国家“十二五”规划重点出版项目

2013-2025年国家辞书编纂出版规划项目

中国社会科学院创新工程学术出版资助项目

中国社会科学院创新工程学术出版资助项目

中国历史地名大辞典

增订本

上

史为乐　主编

邓自欣　朱玲玲　副主编

中国社会科学出版社

图书在版编目(CIP)数据

中国历史地名大辞典：全2册/史为乐主编. —增订本. —北京：中国社会科学出版社，2017.11
ISBN 978-7-5203-0899-1

Ⅰ.①中… Ⅱ.①史… Ⅲ.①历史地名—中国—词典 Ⅳ.①K928.6-61

中国版本图书馆CIP数据核字(2017)第210410号

出 版 人 赵剑英
责任编辑 马晓光
责任校对 林福国
责任印制 李寡寡

出　　版 中国社会科学出版社
社　　址 北京鼓楼西大街甲158号
邮　　编 100720
网　　址 http://www.csspw.cn
发 行 部 010-84083685
门 市 部 010-84029450
经　　销 新华书店及其他书店

印刷装订 北京君升印刷有限公司
版　　次 2017年11月第1版
印　　次 2017年11月第1次印刷

开　　本 787×1092 1/16
印　　张 219.25
字　　数 8353千字
定　　价 1980.00元(全2册)

主　　编　史为乐

副 主 编　邓自欣　朱玲玲

本书作者（以姓氏笔画为序）

卫家雄　王　彬　邓自欣　申友良　田　尚　史为乐

朱玲玲　朱惠荣　华林甫　孙冬虎　杜　瑜　杨仁山

苏治光　吴郁芬　陈怀荃　陈得芝　奇文英　郑宝恒

常凤玄　崔思棣　崔恒昇　薛惠引

项目统筹　郭沂纹　安　芳

增订本前言

《中国历史地名大辞典》出版后受到读者的广泛好评，后来还荣获郭沫若史学奖和首届政府图书奖，我当然感到很欣慰。这是参加本辞典编纂的全体同志二十余年不间断努力的结果，大家感到很兴奋也是可以理解的。但是我清醒地知道，我们的书中还存在很多缺点乃至错误，我从来没有陶醉过，我想得更多的是书中的缺点和不足。在各种场合和朋友谈到这部书时，我甚至更加关注大家对该书的批评意见。在书出版不久，我就有一个想法，一定要广泛搜集资料，为今后的修订工作作好准备，要把这部书改得更好，更便于读者使用。经过数年的努力，总计新增重要条目逾千条，大幅改动和调整的条目不下四五千条，改正书中的错误也不在少数，使原书有了一个新的面貌。

一　修订的第一要务就是改错

本书出版后，不断接到读者的来信，有赞扬，也有批评。批评意见讲得很具体，也很客观。最先收到的是来自广西的侬兵先生的信，他对历史上壮族首领侬智高的居住地“雷火峒”条目的释文提出了批评，指出此条同时有两个解释：①是“北宋置，属邕州右江道。治所在今广西大新县西北下雷镇”。②是“在今越南北部高平省之广渊县西北”（高平省后之“之”字误作“文”，乃排印之误）。前一条的引文是：“《宋史·蛮夷传》侬氏又有宗旦者，知雷火。”后一条的引文则曰：“《宋史·广源州蛮侬氏》：侬智高“与其母奔雷火峒，其母又嫁特磨道侬夏卿……（交趾）使知广源州，又以雷火、频婆四洞及思浪州附益之。”仿佛有两个雷火峒，一个在中国广西境内，一个在越南境内。而这两条释文所征引的资料看似不同，实际上都是出自《宋史·蛮夷传》的同一章节，结论也只能是一个，而不可能是两个。侬兵先生是下雷人，是广西土著，“文化大革命”期间支边，回到下雷中学教历史。在下雷中学任教期间，曾对当地的历史作过一些调查研究。他在信中还介绍了几个他所了解的下雷附近的侬王山寨遗址，如闷侬王山寨在今下雷镇信隆村，岜倖侬王城墙在仁爱村，彝侬王火灶洞在智兴村。这些都是典型的侬智高遗址。距下雷9公里的湖润镇坡州村有个侬智高洞，1996年当地老百姓建立了纪念碑。侬兵先生以史书记载为据，又有遗址为证，认为“雷火峒”释文中的第①点符合事实，应在今广西大新县西北下雷镇；而第②点则是不可信的。希望我们明辨是非，予以改正。并望我们以后增补有重要意义的“傥犹州”条目。收到侬兵先生的信后，我当即写了回信，首先承认，由于我在审稿中把关不严，以致在资料引用和结论上都出现了不应有的失误。特别感谢他严肃认真、有理有据的批评意见，并告诉他以后修订时，一定要作全面认真的修改，并增补颇为重要的“傥犹州”词条。按，傥犹州置于北宋，治所在今广西靖西县东。最初侬智高正是在此建“大历”国的。其后由于交趾进犯，才袭据安德州（在今靖西县西北），建立了“南天国”政权。傥犹州的确很重要，这次我们修订时已予增补。

接下来又收到深圳胡昭著先生对有关“夜郎”词条的批评意见。胡先生是大学教授，喜欢搞古诗词注释。唐朝诗人李白在天宝八年（749）作有一首《闻王昌龄左迁龙标遥有此寄》诗：“杨花落尽子规啼，闻道龙标过五溪。我寄愁心与明月，随君直到夜郎西。”后来夜郎又是李白流放之地，因而他对历史上的夜郎甚为关注。但经胡先生查对，不仅相关古诗词中对夜郎的注释不能解决问题，就是最权威的工具书《辞海》、历史地图及几部历史地名词典、古今地名词典的注释亦有错误。因此，他给各出版社及有关作者写信，但这些信都如石沉大海，得不到任何回音。后来他便给我写信，说明其中的原委。信的最后还说：“我恳切地请求您能和您的同志们认真研究我的意见，作出处理，并书面告知在下。如在我的有生之年得到赐教，则将来我在九泉之下也能瞑目。”我接到信后，对他提出的问题一一进行了查对和进一步考证，查证的结果证明他的意见是对的。本辞典夜郎县④所载“唐贞观八年（634）由龙标县析置”的夜郎县，治所并不在今湖南芷江侗族自治县西七十四里便水市（集镇名），而是在今湖南新晃侗族自治县西南凉伞镇。与此相关联的峨山县及舞州、鹤州、业州治所的注释当然也都是错误的；夜郎县⑤所载“唐贞观十六年（642）置，为珍州治”的夜郎县，治所也不是在今贵州正安县西北，而是在贵州桐梓县北夜郎镇驻地夜郎坝。我当即给胡昭著先生写了回信，对他的意见作了肯定，说明我们在书中对这个问题的处理是错误的，并表示以后在本书修订时，不仅对唐贞观八年和贞观十六年所置夜郎县治所的解释要改，与此有关的峨山县和舞州、鹤州、业州、珍州、夜郎郡等都要作相应的改动。胡先生接到我的信心情异常激动，立即将这个消息捅到深圳报社。报社的记者也觉得，我这个“老专家”能坦然面对自己书中的错误，公开承认自己的错误，实属难得，便要在深圳报上把我的信发表出来，打电话来问我同意不同意。我的回答很简单，要发表尽可以去发表，书中出现一些错误是正常的，特别是如此大型的工具书，稍有疏忽就会出错，更何况有些错误还不是出于疏忽，而是延续了前人的错误，是不少书上共有的。而且，有些错误是由于当时学界的认识水平就是如此，但随着研究的深入，或考古工作中有新的发现，原来的结论就会得到修正。我认为发现错误，承认错误，并不是一件丢人的事，能明辨是非，认识错误，实际上就是前进了一步。我不愿意强不知以为知，也不愿意强词夺理作辩解，那样做于事丝毫无补，对学术的发展更是有百害而无一利。

2007年12月安徽阜阳《志鉴》上发表了胡天生先生撰写的《〈中国历史地名大辞典〉汝颍水系部分疏误摘编》一文，逐条列举了汝颍水系不少条目释文的失误。我们都认真作了研究，凡是合理的意见，一概加以采纳。此前还有辽宁义县退休干部邵恩库写的《对棘城故址初探》一文，也很有说服力，为我们修改有关条目提供了很好的参考。

我院历史研究所曲英杰研究员的《史记都城考》一书出版后，嘱我为他的大作写篇书评，对于朋友的嘱托我自然乐于应承。曲先生是从研究城市史的视角来考察各个时代城市的不同类型及某些城市是如何从最早的聚落一步步发展起来的。这实际上也给我提供了一个机会，让我重新审视一下历史地名大辞典中与此有关的部分词条是否有失误和不足之处，以作为修订时的参考。结果自然是符合预期的，曲先生的书中对不少问题的研究很值得我们借鉴。比如关于尧都，历代典籍中一向以为“尧都平阳”，故址在今山西临汾市西南。今山西襄汾县（史村）东北的陶寺遗址，自1950年以来就陆续发现有龙山文化时期聚落遗址及大面积墓葬区，出土有红铜铃与砷青铜齿轮形器、朱书文字以及土鼓、鼍鼓、特磬等礼乐重器。至21世纪初又发现有大规模的城墙遗迹。曲先生系统梳理了古代典籍中对尧都的记载，并结合陶寺遗址的考古发掘情况，认定今陶寺遗址即古之尧都，这是个令人信服的结论。在修订历史地名大辞典时，我为此补写了“尧都”一条，定点即今陶寺遗址。

又如关于殷商时帝仲丁所迁的隞城。《史记·殷本纪》载："帝中丁迁于隞。"司马贞《史记索隐》："隞亦作嚣，并音敖字。"而《尚书序》则曰："仲丁迁于嚣。"曲先生经过研究，认为河南郑州市区内的商城遗址即隞城（或称嚣）之所在。又据其外郭城修筑时间较晚，及相关文献记载，推考当属周初管叔鲜所筑之管城。他指出，以嚣城在今郑州市西北古荥镇北之秦敖仓城址，当属后世附会。秦时于其地置敖仓，当因敖山而得名。而仲丁所迁之地当以嚣为本称，太史公写作"隞"，当属通假，而并非指此敖山为嚣城之所在。这些意见无疑都是正确的，我们在修改嚣或隞城条目时都采纳了，并且还增补了西周初管叔鲜所营建的"管城"一条。

又如关于周代卫国都城濮阳。濮阳本帝丘，《春秋》僖公三十一年（前629），"卫迁于帝丘"，即此。战国时名濮阳，仍为卫都。曲先生在未掌握最新考古资料之前，根据今河南内黄县南30公里梁庄镇三杨庄西1.5公里硝河西岸沙丘上有帝喾陵与颛顼陵，误以为古濮阳城（或称帝丘）亦当在其附近一带。但在他见到新的考古资料后，立即认定古之帝丘和卫都濮阳就在今濮阳县东南二十里高城村附近。秦汉魏晋时的濮阳县治所一直在此。而且秦汉时的濮阳县为东郡治，西晋咸宁间为濮阳国治，西晋末又为濮阳郡治，治所都要作相应的修改，从而解决了这一系列的问题。

兰州大学刘满教授对西北地区古地名深有研究，他的《河陇历史地理研究》一书不仅广泛搜集、悉心研究古今文献资料，而且不避山高水险，亲临现场进行实地考察，所以得出的结论往往令人不能不折服，其中对凤林津、凤林关、凤林县的研究就是一例。权威著作大多认为，凤林关在今甘肃永靖县西南炳灵寺石窟黄河南岸附近，但刘满教授通过实地考察认定，炳灵寺石窟对面的黄河南岸附近之地是一个无路可通的地方。按《水经·河水注》的记载：河水"又东北流历研川，谓之研川水，又东北注于河，谓之野亭口"。"银"即"研"之转音，研川即今甘肃积石山保安族东乡族撒拉族自治县东银川河。所谓野亭口或野城口或冶城口，即银川河入河口的寺沟峡下峡口。他不仅引述了《水经注》中关于今寺沟峡的记载，而且引用了20世纪50年代冯国瑞《炳灵寺石窟勘察记》的相关内容，说明寺沟峡以下一段黄河流经峡谷之中，黄河北岸是无法东西穿行的。而且这里水流湍急，黄河南北也是无法摆渡的。所以他认定只有银川河入河口东的俺哥集（已没入刘家峡水库），才是适合津渡之处。历史上的凤林关、凤林县、凤林津只能是设在这里。加之冯国瑞《炳灵寺石窟勘察记》又指出："唵哥集是个富有历史意义的集市，河边巨石上刻'凤林关'三字。在古代河上是有桥梁的。"并说："唵哥城跨河南北，遗迹犹存。"这几乎令人没有怀疑的余地。因此，在本辞典修订时，我们不仅改写了"凤林关"条，还增补了"凤林津"和北魏"凤林县"二条。

刘满教授对唐会州治所及唐代会宁关、乌兰县和乌兰关的位置的研究是对古代交通史的一大突破。关于唐会州治所会宁县的位置问题，国内一些权威著作都认为，唐会宁县治在今甘肃靖远县城关。而中国历史交通地理权威严耕望先生在《唐代交通图考》中指出："唐之会州当在今陡城堡地区"（即今甘肃白银市平川区水泉镇陡城堡一带）。刘满教授在吸收前人研究成果的基础上又向前推进了一步，他紧紧抓住唐代重要典籍《元和郡县图志》关于会州州治会宁县与黄河的关键记载："黄河堰，开元七年，河流渐逼州城，刺史安敬忠率团练兵起作，拔河水向西北流，遂免淹没。"经过实地考察，他发现今陡城堡古城所处的位置与唐会宁县的情况十分相像，最终证实唐会州州治在今白银市平川区陡城乡陡城堡古城。

与唐会州治所紧密相关的还有唐代的会宁关、乌兰县和乌兰关的位置问题，因为《元和郡县图志》、《太平寰宇记》等书都记载了会州与会宁关、乌兰县和乌兰关之间的方位、里数，所以唐会州治所会宁县位置的确定，对于考定这几个地名的位置关系很大。国内一些权威著作因为将会州治所定在今甘肃靖远县城关，加上历来对文献中记载的会州与会宁关、乌兰县和乌兰关等地的方位理解有误，所以做出了一连串的错误结论，将会宁关、乌兰县和乌兰关定在今甘肃靖远县西南七八十里、远离黄河的高山上。而严耕望先生明确指出，乌兰关与会宁关“度其今地当在景泰县地区，黄河大弯曲处。乌兰县关盖在景泰县治东不远，会宁关则在河之东岸也”。而且说：“会宁、乌兰两关相距四里，夹岸并置，中为津渡也。”（严耕望：《唐代交通图考》第2册，第415页）正是因为严先生提出了在今景泰县地区黄河大弯曲处这一说法，纠正了当代学者对这一问题的失误，刘满教授才得以提出唐会宁关在今甘肃靖远县北双龙乡仁和村的北城滩村古城遗址一说，而且提出了关于乌兰县和乌兰关位置的新说。刘教授在严耕望先生研究的基础上，加以进一步的探讨，并经过实地考察，认定乌兰县和乌兰关在今景泰县东五佛乡沿寺东南黄河转弯处。而据《太平寰宇记》卷37“会州”条的记载，乌兰县和乌兰关应在“会宁关西南四里”。历史上的一则错案终于获得解决。为此，我们这次对辞典的修订，不仅改写了会州、会宁县、乌兰县、乌兰关及与之有关的会宁防、会宁镇、西会州、粟州、会宁郡所处的地理位置，还增补了“乌兰津”一条。

关于大震关，有的说在今陕西陇县西北陇山东坡，又有的说在今甘肃清水县东五十里陇山西坡，甚至还有的将这两种说法兼收并蓄加以调和。刘满教授在《大震关考辨》一文中对不同说法的由来进行了认真的梳理，指出大震关在陕西陇县西一说见于《后汉书》李贤注和《元和郡县图志》、《太平寰宇记》，都属早期记载，比较可信；而大震关在甘肃清水县东境之说则出于欧阳修的《新唐书·地理志》，成书较晚，不足信。而《方舆纪要》、《清一统志》等书依违两端，对以上二说加以调和，也不足取。他在辨《新唐书·地理志》大震关之误时，还根据《旧唐书·宣宗纪》的记载指出，唐大中六年（852）陇州防御使薛逵主持大震关迁徙时，在给皇帝的奏章中讲得很清楚：故关位于“汧源西境”。汧源县治所正是今陕西陇县。薛逵当时任陇州防御使、秦州刺史、天雄军使。兼秦、成两州经略使，而且又任陇州刺史，他对秦、陇二州的情况，当地的关防屯戍等要害之地应当是非常清楚的。《唐会要》中还收录了薛逵主持大震关迁徙时的奏章，说到“谨画图进上”。而皇帝的敕旨中也说：“薛逵新置关城，得其要害，形于图画，颇见公忠，宜依所奏。”这些都是当时的第一手资料。应当是最有说服力的。所以对于“大震关”条，我们也根据刘满教授的意见作了修改。

再如，关于唐临潭县及洮州故址的研究也是一个长期困扰人的问题。唐代的临潭县，旧为洮阳城。北周时于此置美相县，并置洮州治此。隋大业间改洮州为临洮郡，唐初复改为洮州，后又改为临洮郡。著名的《哥舒歌》中“至今窥胡马，不敢过临洮”，指的就是这个地方。但唐临潭县故城究竟在何处？有些权威著作如《中国历史地图集》，一些地名辞典或历史地名辞典，还有新《辞海》等，都认为在今甘肃临潭县。本辞典虽然点明了隋唐洮州、临洮郡治所美相县所在的洮阳城在“今甘肃卓尼县西洮河南岸”，但又加了一句“一说即今甘肃临潭县”，仍让人无所适从。为什么会这样？这说明我们对唐临潭故城只有一知半解，还缺乏真正的了解。刘满教授研究学问有个“打破砂锅问到底”的习惯，他先查阅《水经注》，见其中《河水注》有“洮水又东流径洮阳曾城北”的记载，并不囿于“水北为阳”的惯例，坚信《水经注》的记载是真实的。又查《元和郡县图志》，卷39记载北周保定元年（561）置于洮阳城的美相县“其城东、西、北三面并枕洮水”，同样说明故城在洮水之南。但是还有一个问题他一直在苦苦搜寻，没有答案，就是这个故城究竟在何处？后来他在甘肃省博物馆一个内部刊物《陇右文博》1999年第2期上，看到甘南藏族自治州博物馆的樊维华写的《〈八棱碑〉与唐洮州临洮郡》一文，考定唐洮州治所在今甘肃卓尼县卡车乡的羊巴古城。此文不仅否定了地处洮水北十余里子·成相篇》就说过："契玄王，生昭明，居于砥石迁于商。"《尚书序》正义引《世本》亦曰："昭明居砥石。"旧时不知砥石所在，后来有学者认为就在今河北泜水附近。直到在今元氏县南古泜水（今槐河）一带发现軝国故址，軝、泜、砥三字同音通假，证实軝就是昭明所居的砥石所在，也就是说这里就是商族早期的活动中心。我们今天将"軝"确定为新增词条，是完全应该的。而原书中又漏收了"砥石"条，因此这次一并补入，也是十分必要的。

关于曹操墓，因为近年不断被盗掘，河南省文物考古研究所于 2008 年 12 月至 2009 年进行了抢救性发掘，在社会上影响很大。其实在我们编的《中国历史地名大辞典》中本来已经收了曹操墓，而且有二条，但都不是以"曹操墓"的名义收入。它们都是根据历史文献记载的资料撰写的，一条名为"高平陵"，作为主条，指出："亦称高陵。俗称西陵。即曹操墓。在今河北临漳县邺镇西南。"另一条名为"高陵"，作为副条，指出："即高平陵。亦即曹操陵墓。在今河北临漳县邺镇西南。"这次的考古发掘，才真正弄清了曹操墓的具体位置，即"今河南安阳市西北安阳县安丰乡西高穴村 2 号大墓"。因此这次修订又补写了"曹操墓"一条，在释文中增加了曹操的生平及该墓发掘的一些情况。并介绍了出土随葬物品中有刻有"魏武王常所用挌虎大戟"、"魏武王常所用挌虎短矛"铭文及一件刻有"魏武王常所用慰项石"铭文的石枕，所有这些都为确定墓主身份提供了重要历史依据。这样做也许能为读者了解曹操墓及曹操带来一些方便。

又如，近来"秦东陵"的盗墓事件在社会上也搅得沸沸扬扬，一般人可能连秦东陵在什么地方都不清楚。其实，秦东陵就在今陕西西安市临潼区骊山西麓，相对于雍城（今陕西凤翔一带）的秦西陵在东方，故称秦东陵。以前只知道秦东陵的大体方位，1986 年在临潼区韩峪乡范家村，当地农民修水渠时发现秦始皇先祖的陵园，其后发现陵园内有明显暴露的墓葬五处，陪葬坑两处。经探察，其中两座大型墓葬有三十多个陪葬墓。在两座大型墓葬中，北侧的一座呈十字型墓葬，初步推断是秦始皇父母庄襄王与赵姬的合葬墓。这些陵园附近还出土了大批重要文物。2006 年秦东陵被定为全国重点文物保护单位。这样一处有重要历史价值的历史遗址，当然在我们的《中国历史地名大辞典》中应予增补之列。

此外，如河南永城市北芒砀山的"汉梁王墓群"，江苏徐州市及铜山区境内的"汉楚王墓群"（又称"楚王山汉墓群"），河北定州市境内的"汉中山王墓"，浙江绍兴市的"印山越国王陵"，新疆"哈密回王墓"和莎车县东的"叶儿羌汗国王陵"等，1996 年以来先后被定为全国重点文物保护单位。将这类重要遗址作为新词目增补进来是完全应该的。

2. 重要文物古迹

有一些文物古迹，有很重要的历史价值。如在今湖南衡阳市南岳镇北街的南岳庙，又名南岳大庙、圣帝庙。是我国南方现存规模最大的宫殿式古建筑群。规模宏大，与泰山岱庙、登封中岳庙并称于世。2006 年被定为全国重点文物保护单位。其重要性自不待言。

又如在今青海玉树县城东南五十里巴塘乡贝纳沟内的"文成公主庙"，又称"贝大日如来佛石窟寺"，是一座独立的藏式平顶建筑。相传唐贞观十五年（641）文成公主进藏经此时曾短暂停留，教当地藏民耕种、纺织，藏民便在石壁上造像修庙以示纪念。2006 年被定为全国重点文物保护单位。它是汉藏人民友谊的象征。

又如在今河南巩义市东北十六里大力山下、地处伊洛河北岸的"巩县石窟"。此石窟开凿于北魏孝明帝熙平二年（517），历经东魏、西魏、北齐、隋、唐及北宋相继在此凿窟造像。1982 年被定为全国重点文物保护单位。这项文物古迹的历史价值自然不用多说，而且就其被定为全国重点文物保护单位的时间来说，本来是我们在《历史地名大辞典》中应当收入的，之所以没收，是属于漏收，这次修订就更应该补收了。

此外，如在今北京市房山区西北三盆山的“十字寺遗址”，在今福建长乐市塔坪山上的“圣寿宝塔”，在今山东济宁市小闸口古运河西岸的“东大寺”和在今河南开封市顺河回族区的“东大寺”，在今湖北钟祥市区南隅的“元佑宫”，在今陕西周至县城中心的“八云塔”（又称瑞光寺塔），陕西佳县城南十里白云山上的“白云山庙”，在今云南姚安县北二十四里龙华山麓的“龙华寺”，云南大姚县西宝筏山顶的“大姚白塔”，在今新疆焉耆回族自治县城西的“七个星佛寺遗址”等，这类历史价值很高、并在1996年以后先后被定为全国重点文物保护单位的古迹，都应增补。

3. 著名的建筑物

说到古建筑，首先要提的是在一些名山胜地的古建筑群，如“泰山古建筑群”、“五台山古建筑群”、“峨眉山古建筑群”、“武当山古建筑群”等。如今这些地方不仅先后被定为全国重点文物保护单位，还被联合国列入世界文化遗产名录。

讲到有地方特色的古建筑，首先要说在今四川阿坝藏族羌族自治州壤塘县南宗科乡的“日斯满巴碉房”，是一处典型的藏族传统民居碉房。日斯满巴碉房是迄今发现的四川省乃至全国年代最久、规模最大、层数最多、建筑最高的藏族传统民居建筑，被誉为“藏族民房之王”。2006年被定为全国重点文物保护单位。

还有在今四川甘孜藏族自治州丹巴县梭坡、中路、蒲角顶等处的“丹巴古碉群”，也是中国古建筑遗产和世界古建筑杰作之一。其建筑艺术精湛绝妙。2006年也被定为全国重点文物保护单位。

另有一种客家民居土楼建筑，最有名的要数福建华安县东北仙都镇的“二宜楼”，是福建土楼中不可多得的珍品。1996年被定为全国重点文物保护单位。除二宜楼外，福建客家土楼民居可以说遍及全省，而以龙岩、漳州地区为多。福建土楼的产生可追溯至宋元以前。现存的土楼一般为明清以后所建。土楼类型常见的有圆楼、方楼、五凤楼（府第式）、宫殿式楼等。2001年福建土楼（与二宜楼合并）被定为全国重点文物保护单位。

在今安徽黟县东十五里有“西递村古建筑群”，在黟县东北二十里有“宏村古建筑群”，2000年均被联合国教科文组织列入世界文化遗产名录，次年又被定为全国重点文物保护单位。

还有在今山西祁县东北二十里乔家堡村的“乔家大院”和今山西灵石县东北静升镇的“王家大院”，一个是由商业资本家乔致庸祖孙几代人营建的家园，成为清代北方民居的典型代表；一个是由清乾隆年间一个官宦之家、兼营商业的王氏家族营建百余年的家园，有“中华民居第一宅”之称，两个大院分别在2001年和2006年被定为全国重点文物保护单位。

此外，还有一大批著名的中外近代建筑，包括“大连俄国建筑”、“大连中山广场近代建筑群”、“青岛德国建筑”、“青岛八大关近代建筑”、“上海外滩建筑群”、“广州沙面建筑群”、“北海近代建筑”（广西）、“北戴河近代建筑群”等，1996年以来先后被定为全国重点文物保护单位。有不少地方都成了世界建筑博览会，对于研究世界建筑史、帝国主义侵华史大有裨益。这类词目我们也有选择地增补了一些。

4. 近现代革命遗址

近代革命遗址，最重要的莫过于在今广州市纺织路东沙街的“广州大元帅府旧址”。1917年8月孙中山在广州召开非常国会，成立护法军政府。9月1日孙中山被推举为中华民国军政府大元帅，这里就是大元帅孙中山的帅府。1996年被定为全国重点文物保护单位。

还有在今北京市东城区地安门东大街23号的“孙中山行馆”。1921年孙中山组建中华民国政府，就任非常大总统，后实行“联俄、联共、扶助农工”三大政策。1924 年带病赴北京讨论国事，发出对内召开国民会议、对外废除不平等条约的号召，对帝国主义和北洋军阀展开斗争，临时寓居于此，直至 1925 年 3 月 12 日病逝。2006 年也被定为全国重点文物保护单位。

现代革命遗址，有土地革命时期海南省海口市振东区解放西路竹林里 131 号院“中共琼崖第一次代表大会旧址”（1926.6）。抗日战争时期有：在今山西左权县城西南河头村的“八路军一二九师司令部旧址”（1937.11—1939.6），在今山东莒南县北大店镇的“八路军一一五师司令部旧址”（1941.3—1945.9），在今山西潞城市城西山麓浊漳河畔北村的“八路军司令部北村旧址”（1938—1939），在今河南洛阳市老城南关贴廓巷 51、52 号院的“八路军洛阳办事处旧址”（1938.11—1942.2），在今广西桂林市中山北路 96 号的“八路军桂林办事处旧址”（1938）。解放战争时期有：在今河北武安市西南冶陶村的“中共晋冀鲁豫中央局和军区旧址”（1946—1948），在今湖北大悟县东北宣化店的“中原军区旧址”（1946），在今江苏南京市汉府街的“中国共产党代表团办事处旧址（梅园新村）”（1946—1947）等。这些现代革命遗址，在 1996 年至 2006 年，都先后被定为全国重点文物保护单位。

5. 古今名人故居

名人故居很多，向来也备受关注。这里仅将 1996 年以来被定为全国重点文物保护单位者，选一部分列举于下：北京市西城区阜成门内宫门口二条有“北京鲁迅故居”，辽宁省沈阳市区有“张学良故居”（张大帅府），江苏江阴市南旸岐村有“徐霞客故居及晴山堂石刻”，太仓市有明末文学家“张溥宅第”，常州市内有革命烈士“瞿秋白故居”，安徽肥西县西七十四里刘老圩有出任台湾首任巡抚的“刘铭传故居”，浙江余姚市龙泉山有“王守仁故居”，绍兴市有“大通学堂和徐锡麟故居”及“蔡元培故居”，海宁市盐官镇有“王国维故居”，奉化市溪口镇有“蒋氏故居”，山东淄博市淄川区蒲家庄有《聊斋志异》作者“蒲松龄故居”，河南嵩县东北三十里程村有北宋理学家程颢、程颐兄弟的“两程故里”，湖南浏阳市内有戊戌变法“六君子”之一的“谭嗣同故居”等。

此外，广西钦州市有清末抗法名将“冯子材旧居建筑群”和“刘永福旧居建筑群”等。凡是作为全国重点文物保护单位的名人故居或名人墓葬，我们尽量收录。

以上所举各个方面应增补的词条，只是新增词条的一部分，重要考古遗址、古城市遗址，重要文物古迹等还很多，在此不一一列举。总之，凡有重要价值的一定要增补。这些词条绝大多数都属于人文方面，增补这类词条，也正符合一些专家学者反映的多增加一些人文方面的内容的期待，使用起来可以更方便些。

三　随着行政区的调整，释文中的“今地”也须作相应的改动

《中国历史地名大辞典》出版于 2005 年 3 月，按说时间并不长，但由于最后定稿阶段确定的行政区划断限（即“今地”所指的时间）为 1994 年年底，至今已有十六七年之久。这次修订要把行政区划的时间断限后移 16 年，定在 2010 年底。在这 16 年之中，我国行政区划的变化实在太大了。1994 年，重庆市还作为省辖市留在四川省内。1997 年第八届全国人民代表大会第五次会议通过，复设重庆直辖市，管辖原属四川省的重庆市、万县市、涪陵市和黔江地区，改置万州区和涪陵区；另设万州移民开发区和黔江开发区。万州移民开发区代管巫山、巫溪、奉节、云阳、开县、忠县 6 县；黔江开发区代管秀山土家族苗族自治县、酉阳土家族苗族自治县、黔江土家族苗族自治县、彭水苗族土家族自治县、石柱土家族自治县等 5 自治县。2001 年撤销

万州移民开发区和黔江开发区，代管各县由重庆市直辖；同时撤销和黔江土家族苗族自治县，设立黔江区。次年改长寿县为长寿区；其后江津、合川、永川、南川4市分别改为市辖区。至今重庆市共辖19市辖区、17县和4个自治县。

如今北京市辖14市辖区、2县；天津市辖13市辖区、3县；上海市辖17市辖区、1县。这些市辖区、县有些是沿袭了中华人民共和国成立以前的市辖区或县，有些是由以前的县市改置，也有的是新设或由省并而来。因为在这些直辖市范围内，历史上的一切行政建置，都要以今天的市辖区或县说明其相对地理位置，故不得不把这些市辖区或县的由来及其变化交代清楚。

还有一种市辖区是地级市市辖区（相当于县级），为数也不少。如南京市辖11区、2县，广州市辖10区、2市。当然，南京、广州本来就是大城市，中华人民共和国成立后，在一段时间内都曾是中央直辖市，一般城市是无法相比的。而有一些城市本来可能仅仅是个小小的村镇，但随着新兴工业的发展，一跃而为地级市。如山东的东营，原为垦利县的一个集镇，因附近盛产石油，1986年改设地级东营市。现辖2区、3县。又如黑龙江的萨尔图（或作萨勒图），1965年地级安达市迁治于此，即成为地级市。1979年改名大庆市。现辖5区、3县、1自治县。

最近16年的行政区划变化更大。如1995年，广西贵港市升格为地级市；湖北黄州市因撤销黄冈地区改设地级黄冈市，湖南永州市因撤销零陵地区改设地级永州市，四川涪陵市因撤销涪陵地区改设地级涪陵市（1997年涪陵市划归重庆市，改为涪陵区）。

1996年，江苏泰州市和宿迁市均升格为地级市；河北衡水市、安徽阜阳市、福建龙岩市、四川宜宾市、陕西汉中市和延安市，均因撤销地区改为地级市。

1997年，山东聊城市、河南商丘市、湖南怀化市、广西玉林市、贵州遵义市、云南曲靖市和玉溪市，均因撤销地区改设地级市。

1998年，安徽宿州市、江西赣州市、河南信阳市、湖北咸宁市、四川广安县、宁夏吴忠市，均因撤销地区改设地级市。

1999年，内蒙古撤销哲里木盟改设地级通辽市；山西榆次市因撤销晋中地区改设地级晋中市。黑龙江绥化市、安徽巢湖市和六安市、陕西榆林市，均因撤销地区改设地级市。

2000年，安徽亳州市和湖北随州市均升格为地级市；安徽宣州市因撤销宣城地区改设地级宣城市；江西临川市因撤销抚州地区改设地级抚州市。山西运城市、忻州市和临汾市，浙江丽水市，安徽池州市，江西吉安市、宜春市和上饶市，山东滨州市和菏泽市，河南周口市和驻马店市，四川雅安市、巴中市、资阳市和眉山县，贵州安顺市，云南保山市，陕西安康市，均因撤销地区改设地级市。

2001年，内蒙古撤销伊克昭盟，改设地级鄂尔多斯市；撤销呼伦贝尔盟，改设地级呼伦贝尔市。陕西商州市因撤销商洛地区，改设地级商洛市。云南昭通市、甘肃武威市、宁夏固原县均因撤销地区改设地级市。

2002年，甘肃西峰市因撤销庆阳地区，改设地级庆阳市。广西百色市、河池市、贺县（1997年改贺州市）、来宾县、崇左县，云南丽江纳西族自治县，甘肃张掖市、平凉市和酒泉市，均因撤销地区改设地级市。

2003年，内蒙古撤销巴彦淖尔盟，改设地级巴彦淖尔市；撤销乌兰察布盟，改设乌兰察布市。宁夏中卫县改设地级中卫市。山西离石市因撤销吕梁地区，改设地级吕梁市。云南思茅市因撤销思茅地区，改设地级思茅市（2007年改名普洱市）。云南临沧县、甘肃定西县，均因撤销地区改设地级市。

2004年，甘肃武都县因撤销陇南地区，改设地级陇南市。

在此期间，还有不少县改为县级市，也有一些县改为地级市的市辖区，市辖区也在不断进行调整。因此，地级市辖有若干市辖区及县市也成为一个比较普遍的问题，某些县级市（包括某些县）如何变为地级市在辞典中相关部分也要有所交代。如山西的地级吕梁市，是2003年由吕梁地区和县级离石市改置，而离石市则是1996年由离石县改置。这样我们只要在“离石县”条下交代一下“1996年改设离石市。2003年撤销吕梁地区和县级离石市，改设地级吕梁市。原县级离石市改置离石区”即可。又如，临沧县改设地级临沧市也是在2003年。按理说，要在“临沧县”条交代一下，但是我们这部辞典是历史地名辞典，收词时间断限仅至1949年9月底止，而临沧县却是1954年改缅宁县置，本辞典并没有“临沧县”词条，我们要想说明临沧县改设地级临沧市的情况，只好在“缅宁县”条加以交代。

这样在适当的条目中交代一下后来改设地级市的情况固然方便，但要查起来却不容易，不知道到哪里去查。为此我们特编写了一份《中央直辖市及现有地级市1949年前后地名对照表》附于书后。为节省篇幅，仅将1949年前后地名不同的收入其中。读者依此表中的古旧地名可查对相应的中央直辖市和地级市的历史变化。

1995年以后，除了行政区划方面的变化以外，国家文物局先后于1996年、2001年和2006年公布了三批全国重点文物保护单位。有个别词条可能原来已收入本书，但由于当时掌握的资料不够充分，再版时需要作一些修改；而大量原来没有收入本书的词条，则需根据情况加以增补。这一点我们在前面已专门作了介绍，这里不再赘述。

1987年以后，中国的一些著名历史名胜和文物古迹，如泰山、明清故宫、秦始皇陵、周口店“北京猿人”遗址、长城和莫高窟等，先后被联合国列入世界遗产名录。以前在本书中没有介绍过这方面的情况，这次修订时都增加了必要的说明。

顺便还要说一下，这次专门介绍了行政区划的调整，在有关古地名释以今地时也作了相应的改动。牵涉到邻国地名时，凡与今情况不符的，也都作了修改。特别是有关越南的地名，由于以前使用的越南地图大多是20世纪五六十年代的，数十年来越南行政区划调整也很大，因此对有关古旧地名的今释绝大多数也都根据越南最新地图作了相应的改动。

还有，考虑到数十年来，乡、镇地名的变化甚大，这是一个基层政区不断调整的问题。辞典中在注明今地时，有些本为乡、镇的地名，如今有的变为地级市的区，或重要街道名称，也有的在今天的地图上已经消失，还有不少在隶属关系方面发生了变化。凡此种种，若不对原来括注的今地加以改写，就会令人不知所云。但若要一一改成今日的地名，难度着实很大，特别是那些在今日的地图上已经消失的乡、镇地名，要给它定位相当难，为此笔者搜集了几十年来不同时期的各种地图、各种辞典以及其他文献资料，包括新编的地方志书，不避麻烦，终于把这些地名基本搞清楚。笔者粗略地统计了一下，此类改动在本书中足有三千条。笔者相信，通过这样的修改，定会给读者提供方便。

前不久，笔者去台湾时购得一张《台湾行政全图》，对我们正在修订的《中国历史地名大辞典》大有裨益。因对有些地方的区划调整不够明白，笔者曾致函台南市和花莲县政府询问，都得到热情的回复和解答。但由于近几年台湾的行政区划调整幅度很大，有新市的设置、撤县改市、撤县并市以及辖区的调整等等，有些问题着实难以弄清楚。后来看到台湾近年“行政区划”调整资料，对一些政区调整的时间基本上可以弄清楚，至于所处方位及其定点，大体上也可以掌握，在修改词条时尽量做到准确无误，这是我们一贯的原则，自然要尽力做好。

四 增加字头笔画索引

鉴于某些汉字笔画的多少在有些工具书中有出入，书写时笔顺的先后也多有不同，因此有些读者强烈要求增加音序索引。但编制音序索引确有困难，我们只能编制字头笔画索引，为读者提供一定的方便。比如，在我国江浙一带，有些古地名有古越语的残留，如“句吴”、“於越”等。“句”有jù［巨］、gōu［勾］二音。《史记·吴太伯世家》载：“太伯之奔荆蛮，自号句吴。”司马贞《史记索隐》引颜师古注《汉书》，说是“以吴言‘句’者，夷语之发音，犹言‘於越’耳”。“於”亦有二音，一音yú［于］，另一音wū［乌］。《春秋》：定公五年（前505），“於越入吴”。又《春秋》：定公十四年（前596），“於越败吴于槜李”。据《左传》杜预注：“於，发声也。”证明此与“句吴”的“句”意思相同，亦吴越语之发声。

又如“叶”，亦有二音，一为yè［夜］，又为姓氏。今河南有叶县。而叶之古音为shè［摄］。

春秋时楚有叶邑，在今河南叶县南二十八里旧县。《史记·建元以来王子侯者年表》注，司马贞《史记索隐》：“叶音摄，县名，属南阳。”《汉书·地理志》南阳郡叶县下原注：“楚叶公邑”即是。刘向《新序·杂说》载有“叶公好龙”故事，源出于此。

又如“覃”，亦为姓氏，有tán［谈］、qín［秦］二音。《通志·氏族略二》载：“覃氏，本谭，或去言为覃。梁有东宁州刺史覃无克。又音寻，今岭南多此姓焉。”壮族姓氏覃皆读qín［秦］，因姓氏而得名的地名亦读qín［秦］。今广东吴川市有覃塘镇，广西贵港市西北有覃塘镇，即是。

地名中带有“乐”字词头的词条有三音，一音yuè［月］。今浙江有乐清市，是因古时的乐正（乐师）而得名。一音lè［勒］。汉有乐陵县，属平原郡。治所在今山东乐陵市东南二十五里花园镇城子后。东汉为乐陵郡治。据《汉书·地理志》注，颜师古曰：“乐音来各反。”今乐陵县读音仍不变。汉元封间又置乐浪郡，治朝鲜县。在今朝鲜平壤市大同江南岸土城垌，或说即今平壤市。据《汉书·地理志》注，颜师古曰：“乐音洛。浪音狼。”还有一音lào［涝］，河北唐山市有乐亭县，为李大钊之故乡。

又如“费”，亦有二音。一音fèi［废］。今山东有费县。春秋时鲁有费邑，在今山东鱼台县西南（鱼城西南）。《左传》：隐公元年（前722），“费伯帅师城郎”。杜预注：“费伯，鲁大夫。”清江永《春秋地理考实》：费，“《汇纂》：鲁大夫费庈父之食邑。读如字，与季氏费邑读如秘者有别。魏武封费亭侯，即此。今鱼台县西南有费亭”。而费之古音则为bì［必］。春秋时另一费邑在今山东费县西北二十里。《左传》：僖公元年（前659），“公赐季友汶阳之田及费”。《汉书·五行志中之下》：“（襄公七年）夏，城费。”颜师古注：“费，鲁邑也。音秘。”

又如“栎”，亦有二音。一为lì［历］。春秋时有栎邑，在今河南禹州市。《春秋》：桓公十五年（前697），“秋九月，郑伯突入于栎”。杜预注：“栎，郑别都也，在今河南阳翟县……栎音历。”而战国时秦所置栎阳县，在今陕西西安市临潼区东北渭河北岸，音yuè［月］。秦献公曾徙都于此，西汉高帝亦曾以此为都。《史记·货殖列传》：“献（孝）公徙栎邑。”司马贞《史记索隐》：“上音药，即栎阳。”

又如“尉”，亦有二音。一音wèi［卫］。此为今常见读音。尉古为官名，多为武职。春秋时郑有尉氏邑，战国秦置尉氏县，治所即今河南尉氏县。《汉书·地理志》注引应劭曰：“古狱官曰尉氏，郑之别狱也。”臣瓒曰：“郑大夫尉氏之邑，故遂以为邑。”颜师古曰：“郑大夫尉氏亦以掌狱之官故为族耳。应说是也。”另一读音则为 yù［玉］。今新疆有尉犁县。尉又为姓氏。《广韵·物韵》：“尉，姓。古有尉缭子著书。又虏复姓，有尉迟氏，其先魏氏之别尉迟部，因而氏焉。后单姓尉。唐有将军尉迟敬德。”

还有“脩”字，亦为姓氏。也有二音。一音 xiū，与修通。另一音为 tiáo［条］，为古音。汉有脩侯国，治所在今河北景县西北。《史记·汉兴以来将相名臣年表》有“脩侯周亚夫”。司马贞《索隐》：“脩侯周亚夫。脩音条。”《汉书·地理志》信都国脩县注，颜师古曰：“脩音条。”

以“般”为词头的地名有三个音。一为 bān［班］。此为今常见读音。二为 pán［盘］，为古音。汉有般阳县，属济南郡。治所在今山东淄博市西南淄川城。《汉书·地理志》注引应劭曰：“在般水之阳。”颜师古曰：“般音盘。”三音 bō［玻］，《龙龛手鉴》音拨。“般若”，为梵语音译，意即智慧。今山西五台山有般若寺。

有些翻译地名也涉及古音，上面提到的“般若”即是源于梵语的音译。又如“身”也有二音。一为 shēn［申］，为今常见读音。二为 juān［捐］，为古音。身毒为古印度的别译。《史记·西南夷列传》：“或闻邛西可二千里有身毒国。”司马贞《索隐》：“身音捐，毒音笃。”

又如“龟”，亦有二音。一音 guī［规］，此为今常见读音。《诗经·鲁颂·閟宫》：“奄有龟、蒙，遂荒大东。”毛《传》：“龟，山也；蒙，山也。”孔颖达《疏》：“龟、蒙今在鲁地。”今湖北武汉市亦有龟山。而龟又有古音为 qiū［丘］。龟兹为汉时西域诸国之一，受西域都护府管辖。故地在今新疆库车县一带。汉又置龟兹县，属上郡。故治在今陕西榆林市东北。《汉书·地理志》注引应劭曰：“音丘慈。”颜师古曰：“龟兹国人来降附者，处之于此，故以名云。”

此外，还有不少地名都有两个以上的读音，如“乾”，有 gān［干］和 qián［前］二音。如春秋齐地名乾时，指今山东临淄西北以下时水支津，乾音 gān［干］。而唐乾宁元年（894）在今陕西西安市西北置乾州，即今陕西乾县，则音 qián［前］，以位居京城长安的西北方（八卦称为乾方）而得名。又如“浚”，有 jùn［峻］、xùn［训］二音。今河南有浚县，在今河南濮阳市西南，浚应读 xùn［训］，为古音。《诗经·鄘风·干旄》：“孑孑干旄，在浚之城”即此。又，古代著名水利工程芍陂的“芍”，古音为 què［鹊］。《后汉书·王景传》在庐江郡界有“楚相孙叔敖所起芍陂稻田”之下，唐李贤注明确指出：“芍音鹊。”还有“浒”，有 hǔ［虎］、xǔ［许］二音。今江苏苏州市西北有浒墅关，常熟市东北长江边有浒浦，皆读 xǔ［许］。经过考证、辨析，我们发现这类情况近百条，在此不一一列举。特撰写《辨析历史地名读音手记》一文，附于书后。

五　重新编绘地图

本辞典初版时，书后附有当时（1994 年）的中国行政区划图 4 幅及图例 1 幅。鉴于 16 年来全国行政区划的重大变化，这次修订，附图自然也要根据最新的行政区划（以 2010 年底为限）予以重编和改绘。

附注：《中国历史地名大辞典》名称的来历

《中国历史地名大辞典》一书是本着历来对历史上地名的传统说法而命名的，若与《中国古今地名大辞典》相比较，大体上与其书中的“古地名”相当。无论是“历史地名”也好，

“古地名”也好，此类说法都不符合当今联合国地名标准化的要求。按照联合国的规定，“历史地名”应是：“历史文献中可以找到，现在不再使用了的地名”；而与此相对应的“官方地名”是：“由国家法定地名机构认可的并在其管辖范围内使用的地名。”这也可以理解为今地名，既包括历史很悠久的地名，也包括历史不太久远或新命名的地名。明白了这一点，读者在使用本辞典时，凡是词条中的某地，注明与今地相同时，都是“官方地名”，亦可称为今地名；而今已不存的古地名就可以称之为“历史地名”。

序 一

所有地名都是空间的坐标，即使在太空中人们也给每一个星球起了名字；否则在浩渺无垠的宇宙中，将无从辨认，这会带来许多麻烦与不便。但时间在变，历史在发展，与之相对应的空间在变，空间的坐标自然随之而变，于是有所谓“历史地名”。中国是一个大国，历史长，人口多，随着时间而变化的地名更是复杂万端，“历史地名”遂成为一种颇有内涵的学问。从事这部历史地名辞典编纂的，都是专家学者，许多是历史地理学专家。

我们现在还在使用的《中国古今地名大辞典》是20世纪20年代出版的辞书，至今已有半个多世纪，当时在该书内注明之所谓“今地”，其实已变成历史地名，社会上需要一种更新的、大型的、正确的历史地名大辞典。以史为乐同志为主编，邓自欣、朱玲玲为副主编的这部《中国历史地名大辞典》，是在《中国古今地名大辞典》的基础上进行的。有鉴于商务印书馆已经编纂了《中华人民共和国地名辞典》，所以本辞典的时限截至1949年9月底，取名为《中国历史地名大辞典》。和史为乐主编一起从事这部辞书编纂的专家学者，他们都有自己的专长，他们运用的是第一手资料，通过考据研究而得出结论，不是从现成的二手资料中引进不成熟的学说。

不仅地名在变，水文地貌也在变。“沧海桑田”说的就是这种变化的过程。清末显宦张佩纶，有日记名《涧于日记》，“涧于”之名少见，其实是他的家乡（丰润县）一个水名，如今只见于《水经注》。按诸今日丰润县之水文地貌，千余年来，面目全非。《水经注》卷14“鲍丘水”条下有云：“鲍丘水又东，庚水注之。水出右北平徐无县北塞中，而南流历徐无山得黑牛谷水，又得沙谷水，并西出山，东流注庚水。昔田子泰避难居之，众至五千家。《开山图》曰，‘山出不灰之木，生火之石’。按注云，其木色黑似炭而无叶，有石赤色如丹，以二石相磨则火发，以然无灰之木，可以终身，今则无之。其水又径徐无县故城东……其水又西南与周庐溪水合，水出徐无山，东南流注庚水……庚水世亦谓之为柘水也……庚水又南径北平城西，而南入鲍丘水，谓之柘口……鲍丘水又东，巨梁水注之，水出土垠县北陈宫山。巨梁水又南，径土垠县故城西，左会寒渡水，水出县东北，西南流至县，右注梁河。梁河又南，涧于水注之，水出东北山，西南流径土垠县故城东，西南流入巨梁水。”

上述水流在今京东丰润、玉田一带，土垠即今丰润，今丰润县内有陈宫山，说《红楼梦》者或以为“青埂峰”也。按今日之水文地貌，与《水经注》校，千余年来，面目全非矣！巨梁水已湮灭无闻，涧于水亦不知其所在；张佩纶之用以名其日记，亦发“思古之幽情”而已。更自鲍丘水谈起，我们参考清代雍正年间侍读学士陈仪所撰之《直隶河渠志》，在该水条下有云：“鲍丘河源出密云北山……过林亭口……又东由八门城入蓟运河。”而蓟运河“一名潮河……《宝坻县志》，潮河在县东二十里，自三河县流入……又东南至县东九十里名丰台河……又考蓟运河源出迁安县三台营……至白龙港入宝坻县界……迤逦东南流至盛家庄，还乡河自南支自东北来入之”。此处见还乡河，《直隶河渠志》云：“还乡河即洹水，亦名环香河，源出迁安县泉庄黄山之麓……南流径九丈窝丰台镇至江潢口入蓟运河。”

比较以上两书，《水经注》比《直隶河渠志》早出约1200年，而《直隶河渠志》早于现在200余年，所以《直隶河渠志》的记载，近于现在，而亦有所不同。比如洹水，《水经注》云“鲍丘水又东庚水注之”。庚水即洹水，亦即还乡河。现在洹水不入鲍丘水，未分两岐，亦无入鲍丘水的可能。又《水经注》云“水（庚水）出右北平徐无县北塞”，《开山图》曰，“山出不灰之木，生火之石……有石赤色如丹，如二石相磨，则火发”。此说不见于《直隶河渠志》，但确系事实，余当儿时见祖父辈吸烟，即以火石相磨而生火，俗名打火石，则与现代洰水面貌完全不同，其中谓“至赵官屯分为二股”，今已不见。今日该水自丰润西流入玉田后，径鸦鸿桥，窝洛沽，迤逦西南行，径丰台，更南流七八里至江潢口入蓟运河。63 年前自窝洛沽乘船可达卢台，换车至京。今日则水枯，不仅无船，河道亦日渐湮没！

自《水经注》成书，已经千余年，北方日趋干旱，许多河流不复存在，存者或改道或断流，与昔日之水文地貌，大不相同。如今丰润玉田界内，曾见于《水经注》之河流，三之二不见，即以“涧于”论，只能见诸张佩纶的日记，地方人士早忘其名，更不知有此水矣！

沧海桑田之变，华北如此，西北的甘肃新疆，变化更大，不仅是沧海桑田，已由桑田而沙漠。考古学家黄文弼先生的《蒙新考察日记》是记载他于 1927—1930 年间在蒙新一带作考古旅行的日程。在 1929 年 10 月 20 日的日记中有：“《西域水道记》称开都河自哈满沟西行三十余里出山……又西南漾为苇荡……又西径库尔楚军台而西，凡三百里，仍曰开都河。乃折而南行三百里，又折而东入塔里木河。按《水道记》所述，乃古时开都河流，（所述苇荡即博塔草滩）与今流不合。又《水经注》曰，敦薨之水，自西海经尉犁国，国治尉犁城，西去都护治所三百里，北去焉耆百里。其水又西出沙山铁谷关，又西南流，径连城别注，裂以为田。其水又屈而南，径渠犁国西。故史记云，西有大河。即斯水也。又东南流，径渠犁国，治渠犁城，西北去乌垒三百三十里。汉武帝通西域，屯渠犁，即此处也。又南流，注于河。按尉犁即今库尔勒也。库尔勒至四十里城市一百二十二里，至策特尔三百二十里，与《水经注》所述相合。所谓连城西古屯田地，今均变为沙漠，所谓霞尔克太克是也。渠犁在库尔楚之南，今亦没为戈壁沙漠。”

桑田变为沙漠，黄先生所见多矣，都载于日记中。今日再去，六十年来的变化，与黄先生所见又异。此于丰润水道，民初异于清初，而清初大异于南北朝，今日与民初又不同，可以类推。水道的变迁不以人们的意志为转移，但人们的意志可以推迟或改变这种恶性变迁。我们要维持这水土之间的平衡，水土平衡，是保障人类生存的主要条件。人、水、土之间的平衡，也就是生态平衡。物理学界讲究宇称守衡，因为宇称守衡，维持着宇宙之间的和谐，这和谐是美！世界是美的，不应该破坏其和谐。人世间更需要和谐，更需要美！没有生态平衡，不会有人世间的和谐，而和谐的自然基础是保护这生态平衡，人、水、土之间的自然平衡！

《中国历史地名大辞典》不仅是供研究者使用的工具书，书中这些地名的变迁，可以反映水土的变迁，从而提醒人们，要注意生态平衡，否则会自食苦果！

杨向奎

序　二

《中国历史地名大辞典》的编纂出版，在中国历史地理学和地名学学术领域乃至整个学术界，都是影响深远的大事。这部历时二十年，由许多专家学者倾注大量精力，特别是曾经获得历史地理学泰斗谭其骧先生生前指导设计的辞书，在学术水平和实用价值方面，无疑都是划时代的。

历史地名辞典的编纂是一种难度极大的工程。这是因为不论从历史地理学还是地名学的角度来说，历史地名中都有许多问题令人感到棘手。这中间的第一种困难是它的数量巨大。众所周知，历史地名的主要来源是历史文献，而我国的历史文献浩如瀚海。根据韩长耕先生《中国编纂文集之始和现存最早的诗文总集〈昭明文选〉的研究与流传》（《韩长耕文集》，岳麓书社1995年出版）一文的记叙："中国古代文献包括现存的和有目无书即散佚的，大概不下十五万种，而其中尚存世流传可供披览检证的，也仍在十二万种以上。"而绝大部分文献都涉及地名，则在这十二万种、数百万卷的古代文献中，历史地名的数量，实在难以估计。

我们也可以把涉及历史地名的古代文献缩小到地理书的范围。我曾在拙作《论地名学及其发展》（《中国历史地理论丛》第一辑，1981年）一文中统计过南北朝以前的几种地理书中出现的地名，其中仅《水经注》一书，地名就达二万左右。若把时间再向后延伸，将宋代以来的地方志计算在内，我在拙文中提到："宋代以来的地方志总数超过七千种、十万卷。从低估计，平均每一种涉及地名五十处，则单单地方志一项，涉及地名就达五百万处以上。"显然，我们不可能也不需要一部收词漫无限制的地名辞书，而是要从学术性和实用性角度考虑，确定收词的原则和范围。这就是本辞典在《凡例》中所说明的。收词的原则和范围，决定了辞典的规模，实际上也决定了辞典在学术性和实用性方面所能达到的水平。这也就是《中国历史地名大辞典》能够获得如此高度成就的先决条件。在这方面，除了中国社会科学院领导的远见和支持以及专家学者们的渊博学问和卓越见识以外，也应该感谢谭其骧先生的精心指导。例如，辞典收入全部《读史方舆纪要》所收地名，就是他的建议。

历史地名的第二种困难在于古籍记载的缺失。以都、邑、郡、县地名为例，这是中国历史地名的重要组成部分，也是这部辞典大量收录的地名。但这种工作是经历了许多困难的。大家知道，记载这类地名的权威文献主要是正史地理志。《汉书·地理志》："本秦京师为内史，分天下作三十六郡。汉兴，以其郡太大，稍复开置，又立诸侯王国。武帝开广三边，故自高祖增二十六，文景各六，武帝二十八，昭帝一，讫于孝平，凡郡国一百三，县邑千三百一十四，道三十二，侯国二百四十一。"《汉志》是我国沿革地理的鼻祖，也是历代正史地理志记载这类地名的基础。问题在于正史地理志的记载常有缺失。即以《汉志》本身而言，汉初分封的侯国，清钱大昕在《潜研堂答问》卷九中指出："汉初功臣侯者百四十余人，其封邑所在，班孟坚已不能言之。"

以《晋书》为例，《庾翼传》记及翼为"西阳太守"，《陶侃传》记及侃"领枞阳令"。但《地理志》中却不见西阳郡名和枞阳县名。仅《水经注》一书中记及有建置年代的晋朝县名，不见于《晋书·地理志》的就达四处，即沌阳县（《江水注》）、灵道县（《沫水注》）、溧阳县（《澧水注》）、豫宁县（《赣水注》）。

对于《晋书·地理志》的这种缺失，清毕沅在《晋书·地理志新补正》序中探索其原因："盖唐初诸儒于地理之学非所研究。"但问题是，正史地理志的这种缺失并不限于《晋书》，各史都有存在，常对后世学者的研究造成困难，包括辞书编纂在内。例如《水经·沔水》："又东过牛渚县南，又东至石城县。"清代的郦学名流如赵一清和戴震，都认为这是《水经》之误。赵云："牛渚圻名，汉未尝置县也。"（《水经注释》）戴云："案牛渚乃山名，非县名。"（《武英殿》本《水经注》）赵、戴对《水经》的批评，是基于两汉志及晋、宋、齐诸志均无牛渚县名。但郦道元却并不否定牛渚县。他在注文中指出："牛渚在姑熟、乌江两县界中。"这里郦氏用以说明牛渚县地理位置的姑熟县，恰恰也是两汉志和晋、宋、齐三志所不载的。赵、戴认为牛渚是山名，这是因为《通典·州郡十一》宣州当涂县有牛渚矶的记载，而《通典》是治史者必读的权威文献。但他们不曾注意到，《三国志·吴书·全琮传》："得精兵万人，出屯牛渚。"《通鉴地理通释》卷十二："孙皓时，以何植为牛渚督。"特别是《通鉴》卷一百、晋纪二十二、穆帝永和十一年"镇寿春"胡注："永和元年，赵胤为豫州刺史，治牛渚。"牛渚曾经是一个侨州的治所，岂仅山名而已？此外，《水经·禹贡山水泽地》有金兰县，也不见于两汉志及晋、宋、齐诸志。但郦道元在《决水注》中指出："其水导源庐江金兰县西北东陵乡大苏山。"把金兰县的隶属地名说得如此清楚，不由人不信。为此，如上所述的这些正史不载的郡县地名，如何处理，实使后世学者煞费揣摩。历来学者为了研究这一类地名，早已历尽艰辛。清吴增仅《三国郡县表附考证序》指出沈约《宋书·州郡志》对于三国郡县地名的疏缺："已言三国置县不书，唯以《续汉·郡国》校《太康地志》，参伍异同，用相征验，补苴之难，何况今日。"现在，《中国历史地名大辞典》收录的都、邑、郡、县地名，远远超过了历来的一切典籍，这是辞书作者们辛勤耕耘的成就，也是这部辞典的不同凡响之处。

历史地名的第三种困难是它们的地理位置不易确定。现代科学重视计量，现代地名都可以通过经纬坐标得出计量数值。但历史地名由于种种原因，很难每一处都有确切的地理位置。毕沅在《晋书地理志新补正》序中提及："颜师古注《前汉书》，以京兆南陵当今宁国府南陵县；章怀太子注《后汉书》，以九江当涂为今太平府当涂县。案之乐史《太平寰宇记》，汉南陵县故城，在万年县东南二十四里白鹿原上；当涂县故城，在钟离县西一百十七里。皆无缘至江左。二人盖误以东晋侨县为汉旧县也。此类尚多，非可详矣。"当然，如上述颜师古和章怀太子之误，尽管实际上也反映了历史地名的复杂性，而毕沅归咎于"唐初诸贤不究地理学之过也"，也不算责备过甚。但如前面提到的西阳郡、枞阳县以及沌阳、灵道、溧阳、豫宁、牛渚、姑熟、金兰等郡县，即深究地理学的当今学者，也难以逐一厘清。而要确定这些地名的地理位置，当然更有困难。

上面已经提及了颜师古与章怀太子误东晋侨县为汉县的事。在我国，侨州郡县之设，虽然早见之于东汉，但以晋永嘉之乱以后为最。谭其骧先生考证当时南渡人口占全国人口的六分之一（《晋永嘉丧乱后之民族迁徙》，载《长水集》卷上），侨州郡县在江南大量出现。这些临时性的政区建置，往往治所播迁，辖属无定，遑论查究其地理位置。是以历来文献，对此多付之阙如。钱大昕认为："涉猎之未周，良讨论之未易也。"（《东晋南北朝舆地表序》）钱氏是这方面的著名学者，所出此言，实是他多年研究的心得，则此中艰难，可以想见。

此外，还有不少古代地名，特别是位于平原上的地名，由于年代久远，故址湮废，河川改道，地物沦移，要辨明当年的地理位置，实在缺乏凭证。对于这个难度极大的问题，辞典作者们长期努力，深入查索，计其所得，也已经远胜前人，成为这部辞典的又一特色。

历史地名的第四种困难是来源费解。自从《穀梁》僖公二十八年提出"水北为阳，山南为阳"的地方命名原则以来，地名来源的解释，已成为我国地理书的传统习惯。例如《汉书·地理志》解释京兆尹华阴"太华山在南"，解释敦煌县瓜州"地生美瓜"等，简明正确，为以后的地名来源解释树立了典范。如《水经注》一书，解释地名来源就达二千四百余处之多。但是由于我国幅员广袤，历史悠久，地名繁多，来源复杂，要对每一个历史地名都作出正确的来源解释，实在很难做到。记得曩年我主编《浙江古今地名词典》，请谭其骧先生为顾问。谭先生曾叮嘱我，浙江省境内有许多古代遗留的越语地名，来源费解，而历来有不少望文生义的曲解，今天的词典中必须避免。他并以《汉书·地理志》敦煌郡为例，应劭解释为："敦，大也；煌，盛也。"谭先生对此大不以为然，明明是一个少数民族遗留的非汉语地名，却以汉语牵强附会，不仅毫无价值，而且留为笑柄。的确，在我国的大量历史地名中，特别是非汉语地名，其来源在古代就已经费解。例如《水经·河水注》记载的薄骨律城，郦道元只是指出："赫连果城也。"对于地名来源，虽然郦氏去赫连不过百年，但他已经无法查究："语出戎方，不究城名。"对于赫连兴筑的首都统万城，郦注记载甚详，但对于地名来源，却也不置一辞。直到《晋书·赫连勃勃载记》，才对这个地名提出"统一天下，君临万邦"的解释。此后，从《元和郡县志》、《资治通鉴》直到现代的《辞海》，都采用这种《水经注》不措一辞而由初唐人作出的解释。当然，对这种几乎已成定论的解释，学术界并非一致同意。缪钺先生《读史存稿》（三联书店，1963 年出版）曾经指出："今案赵万里先生集冢墓四之五四元彬墓志，四之五七元湛墓志，四之六十元举墓志，俱称'统万突镇都大将'。三之二三元保洛墓志又称'吐万突镇都大将'。吐、统一声之转，是本译胡语，故或统或吐（《古今姓氏书辨证》亦言统万亦作吐万），或省去突字。赫连氏当时自无《元和志》所言之义（驿案，此是缪氏偶失，统万城的解释始于《晋书》，不始于《元和志》）。《水经注》河水又北［径］薄骨律镇城，子注云：赫连果城也……遂仍今称，所未详也。薄骨律与统万突皆是胡语，汉人不识其义，强为之说，则较白口騮韵传说尤为晚矣。"现在或许还不到否定流传已久的《晋书》之说的时候，但是至少可以让我们警惕，望文生义地解释地名来源，或者是不加思考地附和古人的解释，都是很冒风险的事。《中国历史地名大辞典》在这方面的成就也令人深感满意。作者们对许多地名的渊源来历，不仅言必有据，而且采择从精，亦为以往各种典籍所望尘莫及。

历史地名的困难除了上述四种以外，当然还有不少。例如，古代文献由于辗转传抄，常常造成错误，而发生于地名中的错误，校改特别困难。以《水经·江水注》中记及的"金女、大文、桃班三治"为例。既然称"治"，当然是个大地名，所以清李鸿章为李兆洛《历代地理志韵编今释》所作的序言中就为此惶惑不解："金女、大文、桃班、阳口、历口之类，皆不见于诸志……亦不能无疑焉。"直到杨守敬、熊会贞为《水经注》作疏，才通过对许多古代文献的比勘获得结论，原来"治"字是"冶"字之误。《御览》八百三十三引《武昌记》有"元嘉发水冶"之语。在这个地区，经过杨、熊的考证，称"冶"的地名甚多，它们在刘宋时代就已经存在。

我在这篇序言中提出了关于历史地名的这许多困难，主要是为了说明这部《中国历史地名大辞典》的来之不易。毫无疑问，编纂这部辞书的专家学者面临的困难，比我所扼要提出的还要多得多，他们的工作可以说是披荆斩棘的，他们的成就是值得赞赏的。自从晋京相璠撰《春秋土地名》、杜预撰《春秋释地》以来，地名典籍，历代多有编纂。地名研究和地名工具书的编写，在我国有悠久的传统。现在，《中国历史地名大辞典》在规模之庞大、收词之广泛、考证之精深、释文之明确等方面，都已达到前所未有的水平。我们感谢辞典作者们对学术界所作的卓越贡献。

陈桥驿

2001 年 4 月于杭州大学历史地理研究中心

初版前言

早在20世纪30年代中期,《禹贡》创刊词中就概叹没有一种可用的地理沿革图,没有一部够用的历史地名大辞典。因此,当时提出的工作计划中,一件工作是要把研究的结果,“用最新式的绘制法,绘成详备精确而又合用的地理沿革图”,另一件工作就是要“广事搜罗所有中国历史上的地名,一一加以考证,用以编成一部可用,够用,又精确而又详备的中国历史地名辞典”。到70年代中期,由谭其骧先生主编的《中国历史地图集》陆续分册出版,而一部“可用,够用,又精确而又详备的”中国历史地名辞典仍在空缺。当时已是“文化大革命”的后期,各单位陆续恢复工作,我们历史研究所历史地理研究室办公桌上摆着的还是那本又旧又破的《中国古今地名大辞典》(以下简称《古今地名大辞典》。这是一部20世纪20年代末编纂出版的工具书,书的质量本来就不高,再加上出版已历半个多世纪,有些地名早已改变,有的甚至变过不止一次。书中解释历史地名时所说的今地,对照今日的地图已面目全非,对于那些遇到问题想通过翻检辞典求得解答的读者,有时真是如坠五里雾中。就当时讲,有些海外华侨、港澳台同胞已陆续回大陆探亲,有的前来寻根,但有些地名改变了,他们要查问自己的祖籍在今何地,就颇费周折;当时旅游热也悄然兴起,有的游客要查考某些文物古迹的历史和它们的确切地址也是一件很不容易的事;再说,当时有的人想对照今天的地图,看看我国历史上的边界变迁,了解一下帝国主义列强当年是怎样一步一步侵占我国领土的。但不少地名已非旧称,要想追根问底也很难。更不用说大、中学校的教师、学生,他们都在为没有一部合用的历史地名辞典而苦恼。因此,不断有人发出呼吁,希望新编一部古今地名大辞典或历史地名辞典,来取代这部内容陈旧的《古今地名大辞典》,以适应时代的需要,方便广大读者。正是在这样的形势下,我们提出了新编《中国古今地名大辞典》的动议,1975年10月和1978年1月,我们曾两次写报告给当时中国科学院哲学社会科学部(今中国社会科学院)和历史研究所的领导。领导同志看了我们的报告非常重视,当时在国务院主持政治研究室工作主管哲学社会科学部的胡绳同志和后来主持中国社会科学院工作的胡乔木同志都先后批示同意。但由于种种原因,我们没有能够立即着手这项工作,直到1982年下半年,才开始动手编撰此书。谭其骧先生答应做我们的顾问。

编这部书开始时只想在《古今地名大辞典》的基础上作一些修改补充,尽快拿出来以应社会的急需,但动起手来又觉得旧的《古今地名大辞典》问题太多,实在没有修订的必要。一则释文中需要修改的并不仅仅是一个“今地”,有的定位本来就不准确;而且所引资料也欠确切,有些该引的资料又没有引,补的多了自然会面目全非;再者,收词本身问题也很多,大量该收的词没有收,有些从不见经传、又无多少实际意义的小地名倒是收了不少。我们考虑再三,干脆另起炉灶,新编一部《中国历史地名大辞典》,以取代旧的《古今地名大辞典》。后来,作为顾问的谭其骧先生向我们提出了两点建议:1.《读史方舆纪要》中的地名可以全收;2.一定要查对第一手资料,要尽量找出地名的最早出处。这是希望我们进一步提高对质量的要求。到1990年下半年,本辞典被确定为历史研究所“八五”重点项目。为此,我们决心狠抓书稿的质量,凡是质量不合要求的,宁可废去重写,绝不迁就。书中虽然保留了《古今地名大辞典》的大部分词目,但释文全部重写,对所引资料一律认真核实;遵照谭其骧先生的意见,对《读史方舆纪要》中的地名，凡有历史事实者，尽量收录，并力求查对第一手资料，尽量找出地名的最早出处，努力做到准确无误。经过二十年的艰苦工作，特别是自1990年以来的十余年时间，锲而不舍，顽强奋战，终于完成了全书的撰写和审定工作。

在编纂过程中，为了保证辞典的质量，也为了给读者提供最大的方便，在以下几个方面我们特别注意：

1. 注意收词的合理性，尽量增强该书的实用性。本辞典共收词目七万余条，内容包括古国、都邑、各级政区、山川、泽薮、津梁、关隘、城镇、堡寨、交通道路、水利工程及与历史上重大历史事件、著名历史人物、重要战役有关的地名。除了从先秦古籍、历代正史及《水经注》、唐宋以来重要地方志加以搜集外，还特别收录了被誉为“言山川险易、古今用兵战守攻取之宜、兴亡成败得失之迹”的《读史方舆纪要》中与历史事实有关的全部地名，以及近代史上的重要地名，更显示了本辞典的特色。对于那些为读古史或研究近、现代史而翻检此书的读者，或许能够多提供一些方便。

2. 坚持可靠的资料依据，叙述简要的隶属关系并标明具体的方位、里距。旧的《古今地名大辞典》征引资料皆曰某书如何如何，即使引用地方志也不讲版本、不具卷数，引文亦多割裂节取，参以己意。另外有的辞书直叙史实，不言根据，使读者或查对困难，或者根本无法查对。本辞典引文凡遇有版本歧异的典籍，特别是方志，一般都注明版本、卷数，以便读者查考。就内容而论，为了使用第一手资料，干脆重新改写，而不避麻烦和困难。

旧的《古今地名大辞典》一般都没写隶属关系，本辞典不仅县级以上的政区地名都写了隶属关系，府、州以上的政区还写了辖境范围，也要增加很大的工作量。说到古地名的方位、里距，一些工具书上的写法多不能令人满意。如旧的《古今地名大辞典》所说某地在某县某方位，有的竟差至三五百里乃至更多，就今地而言，有的竟远隔三四个县。而现在工具书上最流行的做法是，不注里距，仅说在今某县某个方向。但县东南一里是在县东南，县东南一百里或二百里也是在县东南，这样读者虽然看了地名辞典，对其具体方位仍无一个明确的概念。我们的做法是，凡是有明确方位和里距记载的，一律注明，尽量给读者提供明确可靠的信息。

3. 尽量找出地名得名的由来，阐明名称的含义。我们认为地名辞典中对释名应给予一定的重视。一个地名，它的名称是怎样来的，含义是什么，读者自然很想知道。何况地名中还包含着丰富的文化积淀，有些很可以给人以启迪。而且，在我国历史典籍中，也有注重释名的传统，我们应当在这方面多下些功夫，加以发掘、整理。如闻喜县，旧的《古今地名大辞典》仅说明“本古桐乡。汉置闻喜县。故城在今山西闻喜西南。后汉徙治左邑，即今治也”。并未说及名称的来历及含义。是没有这方面的记载吗？不是。《汉书·武帝纪》就明确记载：“元鼎六年”(前111)，武帝“将幸缑氏（今河南偃师市东南），至左邑桐乡，闻南越破，以为闻喜县”。原来闻喜之名与汉武帝出兵南越国、平定吕嘉之乱有关。这是当时人记当时的事，是最可靠的第一手资料，理应在词条释文中有所反映。

有些文献对释名的记载未必对，有些属于误传，有的误将古民族语地名当成汉语地名，牵强附会加以解释，闹出很多笑话。所以，我们不得不认真加以鉴别。如余姚县，旧的《古今地名大辞典》作“秦置。舜支庶所封，舜姚姓，故曰余姚”。这是根据《史记·五帝本纪》正义引顾野王的说法，其实完全是出于附会。《越绝书》卷8载：“越人谓盐曰余。”本辞典不仅引述了顾野王的解释，同时也指出其谬误，并说明“余姚”乃古越语地名。还有广西北流市东北的风景胜地勾漏山，旧的《古今地名大辞典》引用了《方舆胜览》的记载：“其岩穴多，勾曲而穿漏，故名”。这种说法也是望文生义，实际上“勾漏”乃古僮语地名。近人徐松石《粤江流域人民史》说：“僮人呼酒为漏，呼杯为勾，勾漏即是酒杯。”以山形似酒杯倒置，故名。我们在本辞典中不仅指出《方舆胜览》中这条记载的谬误，同时也说明了“勾漏”一名的真正语源及其含义。

对于边疆地区少数民族语地名，旧的《古今地名大辞典》中只对少数地名有释名，而多数则未加解释。本辞典根据近年来的地名普查资料，尽量指出每个地名的语源及其含义。但对地名的语源及含义弄不清楚者，宁付阙如，也不作牵强附会的解释。旧的《古今地名大辞典》中本来有释名的，是否正确，也需要认真辨别。如“乌鲁木齐”一名，旧辞典说是“回语争斗之义。准、回二部尝斗于此，故名”。这是沿袭了《西域同文志》的说法，但这种说法未必可靠。当地还有一种说法，认为“乌鲁木齐”系蒙古语地名，意为“优美的牧场”，有些学者也认为根据不足。现在有的学者在公元925年的塞文手稿中找到了对“乌鲁木齐”一名的记载，认为这是个古塞语地名，意为“柳树林”。看来对地名语源的研究也在不断深化，也要注意掌握最新研究资料。

4. 注意吸收最新研究成果，要反映最新水平。随着考古工作的进展和研究的不断深入，有些原来不清楚的地方，现在清楚了；有些原来搞错了的，现在改正过来了。所以，编写地名辞典要勤于搜集资料，包括考古发掘资料和各类研究资料，辞典里要能反映最新成果。如古楼兰国，又名鄯善国，本来并不知其具体方位，旧的《古今地名大辞典》仅说在“新疆鄯善县东南”，但这种说法是欠妥的。中华人民共和国成立后通过实地考察，终于把这个历史的疑案搞清楚了，知道它的确切位置应在若羌县东北罗布泊西岸。又如西汉元始四年（公元4年）所置西海郡，见于《汉书·平帝纪》。本来对郡治旧址也弄不清楚，旧的《古今地名大辞典》称“治龙夷”。但龙夷城在何处，并不清楚。也是根据中华人民共和国成立前后的考古资料搞清楚的，知其故址就在今青海省海晏县驻地三角城。这样的例子很多，这类成果本辞典都吸收了。

还有不少历史地名，以前的讲法并不准确，有些纯粹是以讹传讹，并无确凿的根据。由谭其骧先生主编的《中国历史地图集》集全国著名专家学者、通过数十年艰苦卓绝的工作，对大量历史地名进行了缜密的考证，予以定位。这无疑是代表了当今对历史地名研究的最新水平，我们这部辞典中注意吸收了这些成果。此外，从20世纪70年代开始，在全国开展地名普查的基础上，编辑出版的各县市地名录或地名志，80年代以后全国陆续编纂出版的地方志，对一些历史地名也下了不少考证功夫，有些长期不能定点的地名有了着落；有些疑窦丛生的地名排除了疑点，找到了确切的地址。这些都在我们新编的辞典中得到了反映。

5. 增加边疆部分和中外交通部分地名的分量。本辞典词目大增，与旧辞典迥然有别，边疆地区及中外交通部分所增尤多。旧的《古今地名大辞典》有相当一部分毫无意义的小词条，或曰某村，或曰某山，既不见于历史典籍，有的甚至在今天的地图上连方位也找不出来，这类词条我们一概删除；对于保留下来的词条则重新改写。而需要增补的条目大量增补，使面目完全改观。变化最为显著的是边疆省区。如西藏，旧的《古今地名大辞典》收词200条，本辞典增至800余条。仅元明以前，在其他书中尚属空缺的部分，本辞典即收入150条以上。旧的《古今地名大辞典》内蒙古部分收词近500条，删除大量毫无意义的小地名后，又增补了400多条。台湾省部分，包括澎湖列岛，旧的《古今地名大辞典》收词极少，20世纪50年代台湾再版时，增补了一部分今地名；本辞典增至400余条。在今黑龙江省境外，黑龙江以北、外兴安岭以南及乌苏里江以东和今新疆维吾尔自治区境外，巴尔喀什湖以东以南，这些历史上属于中国的地区，旧的《古今地名大辞典》亦收词甚少。今黑龙江省境外，黑龙江以北、乌苏里江以东仅收入海兰泡、乌地河、库页岛、雅克萨、六十四屯等少数词条；今新疆维吾尔自治区境外，巴尔喀什湖以东以南仅收入碎叶水、碎叶城、康居等数条。本辞典在这两块历史上属于我国的地方，也就是在清朝末年，沙皇俄国通过逼签《瑷珲条约》、《北京条约》和《中俄勘分西北界约记》等不平等条约割占的150多万平方公里的土地上，根据我国历史典籍记载和历代王朝在这里的行政建置，做了大量增补，无疑将给阅读我国史书和研究帝国主义列强侵华史及我国疆域变迁史的读者提供极大的方便。此外，旧的《古今地名大辞典》对中西交通和中国南洋交通方面的辞条基本不收，这对研究中国古史（一般见于正史的《外夷传》、《外国传》、《属国传》等）或中外交通的人来说，无疑是个很大的遗憾。为了方便读者，我们对于这方面的重要条目亦尽量收录。

本辞典是全国有关单位大力协作的产物。参加协作的单位有复旦大学历史地理研究室（今中国历史地理研究所）、南京大学元史研究室、云南大学历史系、中央民族学院（今中央民族大学）历史系、中国社会科学院民族研究所、国家测绘总局测绘研究所地名室（今地名研究所）及中国人民大学、安徽大学、芜湖师范学院（今安徽师范大学）等。感谢这些单位的领导和参加撰稿的诸位先生的大力支持，复旦大学历史地理研究室为支持我们的工作，同意我们复印了编绘《中国历史地图集》用的全部地名考证资料。国家文物局为我们提供了有关文物的历史资料。南京大学陈得芝教授和中国社会科学院民族研究所的常凤玄研究员都是在工作极端繁忙的情况下为本辞典撰写释文的。云南大学的朱惠荣教授在身体受伤的情况下，抱病完成了本辞典的撰稿。感谢所有参加这项工作的诸位先生的通力合作，使这一任务得以完成。在撰稿过程中，我们除查阅了先秦典籍、历代正史、《水经注》、《资治通鉴》及唐宋以来的地志等重要文献、近现代史史料以外，还参考了谭其骧主编《中国历史地图集》、陈佳荣等编撰《古代南海地名汇释》、《辞海·历史地理分册》、《中国历史大辞典·历史地理分册》、《中国名胜词典》、商务印书馆组织编纂的《中华人民共和国地名词典》、陈桥驿主编《中国都城辞典》、魏嵩山主编《中国历史地名辞典》、郑宝恒《民国时期政区沿革》等及数以千计的今人论著，恕不一一罗列，在此一并致谢。

主编　史为乐

副主编　邓自欣　朱玲玲

本书作者（以姓氏笔画为序）

卫家雄　王　彬　邓自欣　申友良　田　尚　史为乐　朱玲玲　朱惠荣

华林甫　孙冬虎　杜　瑜　杨仁山　苏治光　吴郁芬　陈怀荃　陈得芝

奇文英　郑宝恒　常凤玄　崔思棣　崔恒昇　薛惠引

史为乐

2001 年 12 月

凡　例

一、本书所收词目，一律以我国历史文献记载为准，列目皆用全称。

二、本书前面有字头笔画索引。字头笔画索引按笔画数多少排序。笔画数相同的，按笔形横（一）、竖（丨）、撇（丿）、点（丶）、折（㇆）的顺序排列，竖勾（亅）与竖（丨）同样看待。字头笔画索引中加注字的读音，是为读者辨认生僻字时提供方便，仅供读者参考。

三、本书采用简体字横排。在地名中，非一对一的繁简字，则尽可能将原文中的繁体字用括号标注出来，以免读者误认。

四、异体字，一般也采用括号加注的方式，但某些在古籍习用的异体字，则在必要时给予保留。

五、本书地名中出现的繁体字和异体字，读者都能在词头索引中查到。

六、同名异地，用①②③分别叙述。

七、为行文简便起见，《元和郡县图志》、《太平寰宇记》、《大明一统志》、《读史方舆纪要》、《嘉庆重修一统志》，分别省作《元和志》、《寰宇记》、《明一统志》、《方舆纪要》、《清一统志》。

八、凡历史地名的方位众说纷纭者，择其常见的几种主要说法并列，并尽量叙明编者的倾向，以供读者参考。

九、鉴于历史上府、州、县治所多有变迁，古籍中记载某山、某水或某地名与府、州、县的相对位置，与今市、县的相对位置出入较大，为阅读方便，必要时在引文中括注今地。

十、历史纪年，辛亥革命前用王朝纪年括注公元，辛亥革命后用公历纪年。

十一、所释今地一律以2010年12月底行政区划为准。

凡　例

[illegible]

字头笔画注音索引

一画

二画

三画

四画

五画

六画

七画

九画

十画

十一画

十二画

十三画

十四画

十五画

十六画

十七画

十八画

十九画

二十画

二十一画

二十二画

二十三画

二十四画

二十五画以上

附："读音未详"词头：

1. 垞 见于《清一统志》
2. 浌 见于《清一统志》
3. 烁 见于西周《敔簋》铭文
4. 寙 见于《兮甲盘》铭文
5. 瞸 见于战国《鄂君启节》铭文
6. 籑 见于《新唐书·西域传》

目录

一画

二画

〔一〕

三　画

〔丿〕

〔丶〕

四　画

〔丨〕

〔丿〕

五 画

〔一〕

〔丨〕

〔7〕

六　画

〔丿丿〕

〔丿丶〕

〔丿フ〕

〔丶一〕

〔丶丨〕

〔丶丿〕

〔丶丶〕

〔乛丿〕

〔乛丶〕

七　画

〔一丨〕

〔丿一〕

〔丿乛〕

〔丶7〕

〔7丨〕

一　画

一人泉　又名一勺泉。在今江苏南京市东北紫金山峰绝顶之上。其泉仅容一勺，可饮一人。故名。宋王安石《和子瞻同王胜之游蒋山并序》："森疏五愿木，蹇浅一人泉。"（载《临川文集》卷16）

一勺泉　在今江苏南京市紫金山绝顶北高峰法云寺侧。今寺已不存。据《金陵物产风土志》称："品茶必先试水。钟山一勺泉品茶最佳也。"

一女关　在今云南洱源县东北。《明史·地理志》浪穹县："东北有佛光山，山半有洞，可容万人。山后险仄，名一女关。"

一片石　一名九门水口。即今河北抚宁县东北一百一十里九门口。《方舆纪要》卷17抚宁县：一片石关乃"董家口东第十二关口也。一名九门水口。有关城……嘉靖三十九年，朵颜卫影克勾致把都儿犯一片石，戍将郭琥败却之。近时一片石、红草沟一带屡被冲突，防守最切"。《明史·李自成传》：崇祯十七年（1644），自成率军十余万，"东攻山海关，以别将从一片石趋关外。三桂惧，乞降于大清"。即此。

一公城　即循化城。在今甘肃夏河县北，甘加乡东白石崖南麓八角城古遗址。《宋史·地理志》乐州：循化城"旧名一公城"。

一斗泉　在今北京市房山区西南上方山象王峰腰。清雍正《畿辅通志》卷21：一斗泉"在房山县上方山东北山坳间，相传华严祖师开山时有龙占此，师叱之避，尽挈其山泉以去，师飞锡击其尾，留泉斗余，故名"。

一半山站　明初置，在今黑龙江省依兰县东北松花江西岸舒乐村。明《辽东志》卷9：海西东水陆城站有"一半山站"。

一百八渡河　即八渡河。在今陕西略阳县城东。《方舆纪要》卷56略阳县：一百八渡河"自巩昌府徽州界流入境，下流合嘉陵江。明初，徐达下秦州，遂南出一百八渡河，由略阳入绵州，是也"。

一百零八塔　在今宁夏青铜峡市南黄河西岸陡峭山坡上。明嘉靖《宁夏新志》卷2："一百八塔寺，在硖口山内，以塔数名。"为元塔。系为三角形的大型塔群。最上端的一座形体较大，其余各排较小。造型分别为覆钵式、宝瓶式、葫芦式的实心喇嘛塔。这种组合塔，在国内属极为罕见之例。1988年定为全国重点文物保护单位。

一帆河　在今江苏涟水县东北五十里。《方舆纪要》卷22安东县：一帆河"南接东涟，北通海州，东北遏蛮、白阳等河，凡十余道，皆西接官河，东入一帆河，以达于海"。

一全坞　或作一泉坞。在今河南宜阳县西五十四里福昌村。《晋书·魏该传》："时杜预子尹为弘农太守，屯宜阳界一泉坞。"《水经·洛水注》："洛水又东径一全坞南，城在川北原上，高二十丈，南北东三箱天险峭绝，唯筑西面即为全固。一全之名起于是矣。"北周灭齐，移宜阳县治此。唐改置福昌县于此。

一合坞　即"一全坞"之讹。在今河南宜阳县西五十四里福昌村。

一字河　在今山东武城县西。《方舆纪要》卷34武城县：一字河"在县西。《河防志》：黄河旧经县境。金明昌五年，河犯武城堤，泛及金山。明年，凿新河，修石岸十四里有奇以塞之。元时河自河南原武县决而东南，此河遂绝。金山或云在县东北"。

一字城　在今重庆市合川区东十里钓鱼山。为钓鱼山城组成部分。《元史·宪宗纪》：九年（1259），帝亲率大军攻钓鱼城，二月"辛巳，攻一字城"。即此。

一秃河　又作伊敦河、移爞河。即今吉林中部松花江支流伊通河。明《辽东志》卷1：一秃河在"（开原）城北四百里。源出艾河北山，北流入松花江"。

一条山镇　即今甘肃景泰县治。民国申报馆《中国分省新图》：景泰县西有一条山。1978年景泰县迁治于此。

一条城　又名一条城堡。明置，属金县。在今甘肃榆中县东北青城镇（新城）。《清一统志·兰州府二》：一条城堡"在金县东北一百里。明万历二十五年，兵备张栋以龙沟堡改建一条城，移党家堡守备于此"。

一亩泉　在今河北保定市西北一亩泉村。《明一统志》卷2保定府：一亩泉"在府西三十里。一名尚泉。其流与鸡距泉合，俗称西塘泊，民多利之"。

一拉溪　亦作伊拉齐街。即今吉林永吉县西北一拉溪镇。清光绪《吉林通志》卷15吉林府屯镇：正西

“八十里伊拉齐街。街东西有石桥各一”。民国熊知白《东北县治纪要》吉林永吉县：“县属一拉溪，在县市往伊通道路上。”

一泡江　即今云南大姚县西之渔泡江。《清一统志·楚雄府》：一泡江“在大姚县西北一百四十里。自大理府云南县界流入，经姚州之西北注金沙江”。

一线天　在今福建武夷山市西南九曲溪二曲南之灵岩。明《八闽通志》卷6《地理志·山川》崇安县：灵岩“又名风洞。两石相倚，长数十丈，中一罅窥见天光，隐隐如线，谓之‘一线天’”。

一柱观　在今湖北松滋市北老城镇东。《舆地纪胜》卷64江陵府：一柱观，“《皇朝郡县志》云：‘在松滋县东邱家湖中。’按《渚宫故事》：‘宋临川王义庆在镇，于罗公洲立观甚大，而唯一柱’”。

一面坡　即今黑龙江省尚志市东南一面坡镇。清光绪《吉林全省地舆图》：长寿县西南有一面坡。设巡司于此。民国徐曦《东三省纪略》卷8：东清铁路有一面坡站。

一泉坞　即一全坞。在今河南宜阳县西五十四里福昌村。《三国志·魏书·杜恕传》注引《杜氏新书》曰：“恕遂去京师，营宜阳一泉坞，因其垒堑之固，小大家焉。”

一泉崮　在今山东费县西南八十里。《方舆纪要》卷33费县“大沫崮”条：一泉崮“上有泉一泓，虽旱不涸”。

一迷河　即移里闵河。今吉林中部松花江支流饮马河。明《寰宇通志》卷116：一迷河“在开原城北四百里。源出艾河北山，北流合一秃河，入松花江”。

一统暗沙　在南海中中国中沙群岛北部，位于中沙群岛与香港之间。距中沙大环礁约140海里。1947年公布名称为一统暗沙。郑资约《南海诸岛地理志略》载：一统暗沙“沙东西长二浬，宽一浬，平均深度8—9寻，最浅处有达6.5寻者。周围则深100寻以上，天气恶劣时波浪极大”。

一堵墙堡　明置，在今辽宁本溪满族自治县东北马家城子。明《全辽志》卷2：“（散羊峪堡）并一堵墙堡、孤山堡……皆嘉靖二十五年巡按御史张铎奏设。”民国《奉天通志》卷75本溪县：碱厂河“又北流径马家城子村南，村为明一堵墙堡故址”。

一宿河　在今贵州长顺县东北。《清一统志·贵阳府》：一宿河“在广顺州（治今广顺镇）东从仁里。俗传明建文帝入白云山时宿于此，因名”。

一碗泉驿　清光绪年间置，在今新疆哈密市西北一碗泉。清宣统《新疆图志》卷80哈密厅：一碗泉驿“遍地顽石，店一，泉水甘”。

一鲲身　在今台湾省台南市西安平区。1632年荷兰殖民者于此建热兰遮堡，俗称红毛城。

乙连城　在今辽宁建昌县东境六股河边。《晋书·慕容皝载记》：东晋咸和九年（334），慕容皝遣“材官刘佩攻乙连，不克”。又，咸康三年（337），“筑好城于乙连东，使将军兰勃戍之，以逼乙连”。皆此。

乙泉戍　即一全坞。在今河南宜阳县西五十四里福昌村。《资治通鉴》：东晋太和四年（369），慕容垂奔秦，“乙泉戍主吴归追及于阌乡”。即此。

乙离骨水　即今朝鲜咸镜南道东部端川之南大川（斜下洞川）。源出赴战岭山脉，东南流入日本海。《金史·高丽传》：“（高丽）遣使来请和，遂使斜葛经正疆界，至乙离骨水、曷懒甸、活祢水，留之两月。”即此。

乙离骨岭　即今朝鲜咸镜南、北道分界之摩天岭。《金史·世纪》：穆宗时，太祖“命胜管、丑阿等抚定乙离骨岭注阿门水之西诸部居民”。即此。

二　画

〔一〕

二十二省　清旧制内地分置十八省，边疆地区不置省。光绪中除蒙古、青海、西藏仍沿旧制外，新疆、台湾、奉天、吉林、黑龙江陆续建省，但不久台湾被日本侵占，故合内地原有十八省，共有二十二省。1928年，改直隶省为河北省，奉天省为辽宁省，又增置热河、察哈尔、绥远、西康、宁夏、青海六省，成为二十八省。

二十八都镇　即今浙江江山市西南廿八都镇。《方舆纪要》卷89浙江重险仙霞岭："大竿岭南七里曰廿八都，最为平旷，民居甚众，有歧径可达衢处诸郡"。清设枫岭营游击于此。

二十八渡　黄河古渡口。即今甘肃榆中县东北青城镇的大川渡。《水经·河水注》："又东北过天水勇士县北……有水出县西，世谓之二十八渡水，东北流，溪涧萦曲，途出其中，迳二十八渡，行者勤于溯步，故因名焉"。

二十三路　北宋神宗初沿袭真宗以来旧制，分境内为十八路。熙宁五年（1072）以后续有分置，至七年共为二十三路，即淮南分为东、西二路，陕西分为永兴军、秦凤二路，京西分为南、北二路，河北分为东、西二路，京东分为东、西二路。元丰八年（1085）成书的《元丰九域志》即是按此二十三路编制而成。

二十四陂　在今河南西平县境。《寰宇记》卷11西平县："二十四陂，在县界，并魏典农邓艾所置也。"

二十四桥　在今江苏扬州市西门外。《方舆胜览》卷44扬州：二十四桥"隋置，并以城门坊市为名。后韩令坤省筑州城，分布阡陌，别立桥梁，所谓二十四桥者，或存或废，不可得而考"。宋沈括《补笔谈》犹载二十四桥之名。或谓二十四桥即吴家砖桥，一名红药桥。古有二十四美人吹箫于此，故名。《扬州画舫录》卷15斥其非。

"二十四道拐"抗战公路　在今贵州晴隆县（莲城镇）五一村半官坡。是第二次世界大战时期滇缅公路上的"生命线"，中缅印战区的交通大动脉，曾多次被日军轰炸。是1936年修筑黔滇公路时，沿晴隆大山南坡开凿形成的二十四个弧形弯道，山脚至山顶4公里，蜿蜒而上。"二十四道拐"抗战公路，是世界反法西斯战争和中国抗日战争的历史见证，在公路修筑史上也具有重要价值。尤其可贵的是，由于公路改道，这一段"二十四道拐"完整地保存了它的历史原貌。2006年定为全国重点文物保护单位。

二十四湖　在今安徽青阳县东北。《清一统志·池州府一》：二十四湖"在青阳县东北二十里。夏秋潮涨，汪洋千顷，冬春则涸，连亘平野。旧属大通河泊所"。

二十四路　北宋熙宁七年（1074）分全国为二十三路，即京东东、京东西、京西南、京西北、河北东、河北西、永兴军、秦凤、淮南东、淮南西、河东、两浙、江南东、江南西、荆湖南、荆湖北、成都府、梓州、利州、夔州、福建、广南东、广南西。九年，分两浙为东、西二路，共为二十四路。十年，两浙东、西二路复合为一。此后续有并合析增，至元丰八年（1085），复行二十三路制。崇宁四年（1105），增设京畿路，又成二十四路。大观元年（1107），分广南西路增设黔南路；三年，复并黔南入广南西路，仍为二十四路。至政和初，相沿不改。

二十四溪　在今福建泰宁县西。《方舆纪要》卷98泰宁县：二十四溪在"县西四十里。汇山溪之水东出，有石山夹岸错立，崒嵂周密，凡二十四曲，西南至梅口入大溪"。

二十里铺　①即今山东潍坊市东南二十里铺镇。清光绪《山东通志》卷2《舆图志》：潍县东有二十里铺。民国《潍县志稿》卷6：二十里堡街"距城二十里"。

②即今河南荥阳市东二十里铺。民国《续荥阳县志》卷1：县城东有二十里铺。

③即今陕西清涧县南下廿里铺乡。清光绪《陕西全省舆地图》清涧县：南乡大村有二十里铺。

④即今陕西延安市南二十里铺。清光绪《陕西全省舆地图》肤施县：二十里铺"在城东（南）二十里"。光绪《皇朝中外一统舆图》作延安肤施县南。

二十里堡　在今河北河间市北二十里。清于此设把总。

二十家子 ①即今内蒙古和林格尔县治。蒙古语“和林”意为“二十”,“格尔”意即“房屋”。

②即今辽宁朝阳县东南九十里二十家子镇。清光绪重订道光《承德府志》卷7朝阳县之东南境:“二十家子在五十家子东二十里。”

③即今吉林公主岭市南二十家子满族镇。清光绪《吉林通志》伊通州图:西北有二十家子。

二广 ①指今广东、广西两省区。《宋史·仁宗纪》:景祐二年(1035)冬十月,“丁卯,诏诸路岁输缗钱,福建、二广易以银,江东以帛”。

②南北朝时北魏所置广州(治所在鲁阳郡,今河南鲁山县)、东魏所置南广州(治所在襄城郡,今河南襄城县)的合称。《周书·杨忠传》:时侯景渡江,梁武丧败,朝廷将经略汉、沔,“乃授忠都督三荆、二襄、二广、南雍、平、信、随、江、二郢、淅十五州诸军事,镇穰城”。北周建德六年(577)改南广州为汝州。“二广”之名遂废。

二飞山 在今福建仙游县北五里。《元丰九域志》作“大飞山”,为县之主山。《新定九域志》卷9兴化军:大飞山,“山地本平湖数顷,一夕风暴至,旦见此山耸峙,因名焉”。《方舆纪要》卷96仙游县:二飞山“蜿蜒数百里。屹立为二,高可千仞,其形翼然作飞扬之状”。

二王庙 亦名崇德庙、李冰祠、广济王庙。在今四川都江堰市西北二里岷江东岸玉垒山麓。《舆地纪胜》卷151永康军:崇德庙李冰祠“在导江县西三十余里。《舆地广记》谓之广济王庙”。是祭祀都江堰创建者蜀守李冰庙宇,始建于南朝齐,五代后蜀先后封李冰及其子为王,清始称二王庙。今庙为清建,石壁嵌“深淘滩,低作堰”、“遇弯截角,逢正抽心”等治都江堰口诀。

二王冢 在今山东淄博市临淄区齐都镇南郑家沟西南鼎足山上。旧籍多记载为齐桓公小白和齐景公杵臼之墓。《史记·齐太公世家》集解引《皇览》曰:“桓公冢在临菑城南七里所菑水南。”又曰:“景公冢与桓公冢同处。”但1984年经过山东省考古研究所的稽考,确认二王冢为齐侯田剡和齐桓公田午之墓。

二水 即今台湾彰化县东南二水乡。为台湾铁路集集线之起点站。

二户来镇 即今辽宁桓仁满族自治县西北二户来镇。清宣统《怀仁县志》卷3:二户来在“城西六十里”。

二石阙 在今四川乐山市西南。《方舆纪要》卷72嘉定府:二石阙“在州西南旧市镇。《郡国志》:龙游县有二石阙,汉武使唐蒙下夜郎置。《舆地碑目》云:旧市镇石阙上有‘唐李德裕领重兵过此’九字。《晏殊类要》误作二石关。近志皆从之,宜辨。又《州志》云:关在州东,亦误”。

二龙山镇 即今吉林梅河口市西南大湾镇(二龙山)。清光绪《奉天全省地舆图说图志》海龙厅图:西南有二龙山。

二龙乡 在今河南平舆县北四十里。为东汉许劭兄弟所居。《后汉书·许劭传》:劭兄虔“亦知名,汝南人称平舆渊有二龙焉”。李贤注:“平舆故城,今豫州汝阳县东北,有二龙乡。”

二龙湖古城遗址 在今吉林梨树县东南石岭子镇二龙山村北葳子屯。古城址平面呈方形,面积约3.5万平方米。城墙由黄土夹沙石堆砌而成,残高1—5米,宽12—15米。南墙中部保存城门缺口。城址内出土有战国时期的铁镬、铁质马具、铜箭头及陶釜、陶罐、陶尊等器物,还有绳纹的板瓦、筒瓦等。陶器的特点有较明显的战国时期燕文化风格特征,对研究燕文化与东北地区的密切关系提供了重要材料。这是迄今所知东北地区受燕文化影响最北的古城址。2001年定为全国重点文物保护单位。

二龙渡 在今辽宁宽甸满族自治县东北。《清史稿·地理志》宽甸县:“二龙渡巡司,光绪三年置。”民国初改置县佐。

二甲镇 在今江苏南通市通州区(金沙镇)东南二十七里二甲镇。当串场河南岸。清光绪《江苏全省舆图》:通州(今南通市)东南有“二甲”。

二仙庙 ①又称二仙观。在今山西晋城市东南二十五里太行山中峰下。始建于北宋大观元年(1107),至政和七年(1117)建成。现存东西配殿、正殿及左右各跨垛殿等。殿内木制“天宫壁藏”,雕刻精致,金碧辉煌。后槽的仙台上塑二仙姑泥像,两侧立胁侍四尊,眉目清秀,身材修长,为宋塑中的佳作。1996年定为全国重点文物保护单位。

②又称“小会岭二仙庙”。在今山西陵川县西南附城镇小会村东。始建年代无考。北宋嘉祐八年(1063)重修,明清时屡有修葺。现存正殿为宋代原构。拜殿、垛殿、配房、山门等为清代遗构或近代所建。山门面阔三间,上层内侧建戏台,保存古代舞楼之制。正殿面阔三间,进深六椽,单檐歇山顶。梁架与斗拱连构,构架具有明显的北宋特征。殿内彩画为元代图案,明代重绘。庙内石质焚炉上有“嘉祐八年李则为首率修”题记。2001年定为全国重点文物保护单位。

③又称“西溪二仙庙”。在今山西陵川县西五里岭常村。南向。创建于唐,金皇统二年(1142)重建,明、清时维修增建。现存山门楼、掖门楼、香亭、中院、前院两庑、后殿、垛殿、殿前东西两侧的梳妆楼等。后殿面阔三间,进深六椽,单檐歇山顶。东西梳妆楼为二层,周回廊,重檐歇山顶,外形比例保持金代楼阁建筑特点。这三座建筑为金代原构。屋面琉璃瓦件为明万历年间烧制。中殿面阔三间,进深六椽,单檐歇山顶,保留了元代木构。庙内还保存有一批明代小木作楼阁和雕像,还有金、元、明、清石碑题刻二十九通及四棵千年古柏。2001年定为全国重点文物保护单位。

二仙洞 即今重庆市巫溪县北三十里宁厂镇二仙山上之仙人洞。《舆地纪胜》卷181大宁监:二仙洞“在监东北十七里,盐泉之侧。峭壁上有石纹,若人相对起伏状。旁有洞，深广莫测。洞中有双松，中有石塌。前有一池，泉流如注，不见其溢。又有仙骨长丈余”。明曹学佺《蜀中名胜记》卷23大宁县：“《志》云：二仙洞，去盐场二里，一名王子洞，山高百余丈，上下皆削壁。唯一径宽二尺，长四五丈许始达，中可丈许，凡游者不敢下视。洞口宽、高十余丈，深不可测。岩上石文生成千字，水出石笋，四时不绝。相传昔有王子采樵，见二人围棋于此。局未终而斧柯已烂，其人仰壁留题而去。”今洞为巫溪县重要旅游胜地。

二台站　亦名察布奇尔站、查普奇尔、察普起尔台。即今黑龙江省肇源县东二站镇。旧属肇州。《清史稿·地理志》肇州厅：“自茂兴站起……又东至察布奇尔。”民国汤尔和译《黑龙江》第三章肇州县：有“二台（察普起尔台）”。

二华　指太华、少华。在今陕西华县境。东汉张衡《西京赋》：“缀以二华，巨灵赑屃，高掌远蹠，以流河曲。”

二刘市　即今福建长乐市东北十六里二刘村。宋时村人刘砥、刘砺兄弟同科进士，故名。

二关　在今贵州瓮安县南。《清一统志·平越州》“头关”条下：“（瓮安）县南二十五里有二关。”

二江　古代郫、捡二江的总称。战国秦李冰任蜀守时，兴修岷江水利工程都江堰，在今四川都江堰市西北分江水为二支：北支为郫江，又名北江；南支为捡江，又名流江、南江。分流经过成都城北面和南面，然后合而南流。今成都市北的油子河和市南的走马河，大体即古郫、捡二江所经流。

二妃墓　又称香妃墓。在今湖南岳阳市西南君山上。据《史记·秦始皇本纪》：始皇二十八年（前219），“浮江，至湘山祠。逢大风，几不得渡。上问博士曰：‘湘君何神？’博士对曰：‘闻之，尧女，舜之妻，而葬此’”。墓为石砌，前立石柱，上雕麒麟、狮、象，中竖墓碑镌“虞帝二妃之墓”，清光绪七年（1881）两江总督兼兵部右侍郎彭玉麟立。

二克山　即今黑龙江省克东县治。1915年设克山县于此。1917年县治迁三站（今黑龙江克山县）。1929年又于此置克东设治局。

二酉洞　在今重庆市酉阳土家族苗族自治县东南二里翠屏山麓。清同治《酉阳直隶州志》卷1：二酉洞“洞高宽各七八尺，宽敞圆明，其深莫测。两崖石壁天然层叠，状若图书，旁有石窍，别为一洞。乾隆五十七年权州事丁映奎建亭其上，额曰‘二酉亭’……又手书‘二酉藏书’四字勒石。有石鼓，以石击之，声彻内外”。

二连盐池　即今内蒙古二连浩特市东北十八里额仁达布森淖尔。19世纪末20世纪初在其附近发现大量的恐龙化石，被国际誉为“恐龙的墓地”、“著名的恐龙化石产地”而载入世界古生物学名册。

二里冈　在今河南郑州市东南郊。该地发现商代前期文化遗址。

二里头　在今河南偃师市西南。该地发现夏、商大型文化遗址。

二里头遗址　在今河南偃师市西南十八里伊、洛二河之间。遗址面积375万平方米。1959年发现并开始发掘，发现有大面积夯土建筑基址。其中有一处宫殿建筑基址，由堂、庑、庭门组成，布局严谨，规模宏大，周围有房基、窖穴、水井、窑址、道路和墓葬等。出土大量陶、石、骨、蚌、铜、玉器和铸铜陶范等。铜器有刀和爵。遗址年代距今3600—3500年，相当于我国夏代晚期，是研究我国夏文化的重要遗址之一。1988年定为全国重点文物保护单位。

二里关　在今陕西宝鸡市西南。《元史·郑鼎传》：元初，“从塔海绀不征蜀，攻二里、散关，屡立战功”。《方舆纪要》卷55宝鸡县：二里关“在县西南四十里高岭上。茜萃盘折，长亘二里，因名。亦有巡司戍守”。

二沟汛　在今河北承德县（下板城）北，三沟镇西北。清于此设外委驻守。

二层行溪　即二赞行溪。今台湾省台南、高雄二市间之二仁溪。源出高雄市北旗山附近丘陵间，西南流至台南、高雄二市界上，西流入海。郑氏治台期间，为承天府与南路联系必经之地。

二林社　即今台湾省彰化县西南二林镇。清康熙间蒋毓英《台湾府志》卷1：二林社“离府治二百八十里”。

二股河　宋代黄河东流的别称。据《宋史·河渠志》载：庆历八年（1048）黄河在澶州（治今河南濮阳市）商胡埽决口后，河道改由北流，合御河入海，史称北流。嘉祐五年（1060）黄河北流又在魏县（今河北魏县东北）境内第六埽（在今河南南乐县南）决口，东北流经一段西汉大河故道，至大名府及恩、德、博诸州境内称四界首河，下循西汉时笃马河（今山东马颊河）入海。为与黄河北流区别，因称东流。其后，或塞北流，或与北流并行。元符二年（1099）黄河决内黄入北流，东流遂断绝。

二京　东汉都洛阳，称为东京；又称西汉旧都长安为西京，合称“二京”。亦称“两京”。

二宜楼　在今福建华安县东北仙都镇。是客家民居土楼建筑，有宜山宜水、宜室宜家之意。建于清乾隆三十五年（1770），为双圈圆形土楼民居。该楼直径73.4米，内圈平房，外圈四层楼。圆楼外墙高16米，厚2.5米，底层为花岗岩块石砌筑，二层以上用生土夯筑。外环楼共二百二十四间，分为五十二开间，有十二个单元，自备梯道，相对独立。外环二层至四层建内走廊，可绕楼一周。二宜楼空间布局独具特色，防卫系统构思独创，建筑装饰精巧华丽，是福建土楼中不可多得的珍品。1996年定为全国重点文物保护单位。2001年二宜楼与福建土楼合并，也成为福建土楼保护单位中的一部分。

二郎山　①在今四川泸定县东，与天全县交界。历为川、藏路所经之地。海拔 3040 米。民国刘赞廷《泸定县志》："本县北由马鞍山绵亘南伸向二郎山至飞越岭。"

②在今陕西子长县西安定镇南。《方舆纪要》卷57 安定县：二郎山"在县（治今子长县西北安定镇）南一里。双峰并立，因名"。

二郎场 即今重庆市合川区西北一百八十里二郎镇。《清史稿·骆秉璋传》：同治元年（1862），清军镇压李永和义军，"黄淳熙援顺庆，战于定远，阵斩何国樑，贼大败。追至潼川二郎场，中伏，淳熙阵亡"。即此。

二郎关 ①元置，在今山西岚县北二十五里。元、明置巡司于此。

②在今重庆市西九龙坡区石桥镇西南。为佛图关锁钥。明万历间，永宁安抚奢崇明叛乱，占据重庆。《明史·秦良玉传》：良玉率军平叛，攻重庆，"乃还军攻二郎关，民屏先登，已克佛图关"。即此。

③明置，属广元县。在今四川广元市南。《方舆纪要》卷68 广元县"望云关"条内："二郎关在县南五里。相传昔有赵昱二郎者屯兵于此。"清彭遵泗《蜀碧》卷1：丁丑（崇祯十年，即1637年）十月，李自成义军攻占广元，"分兵守二郎关……从浅滩过河，破昭化"。

④在今四川宜宾市东南。《清一统志·叙州府二》：二郎关"在宜宾县东南隔江"。

二郎坝 ①即今陕西宁强县东二郎坝。清嘉庆间经略额勒登保兵胜于此。

②即今陕西太白县南二郎坝。魏源《圣武记》卷10：嘉庆六年（1801），清兵镇压白莲教起义，"杨遇春追冉贼由二郎坝入南山，乘夜突击高、马贼队，溃斩六百"。

③即今贵州习水县东南二郎坝。明万历二十八年（1600）征播州杨氏，吴广由二郎坝出合江屯。即此。

二郎沟 在今河北涿鹿县西南。《方舆纪要》卷17保安州：二郎沟"亦出矾山下，居民资以灌溉，东北流入于洋河"。

二郎坪 即今河南西峡县东北六十六里二郎坪乡。清尹耕云《豫军纪略》卷10：同治三年（1864）三月，捻军张总愚"由庙子街、羊子沟、长阳河、二郎坪窜遁"。

二郎庙市 一名二郎店。即今湖北大悟县。旧属孝感县。清光绪《湖北全省分图》：孝感县北有二郎庙市。1933 年划归礼山县。1952 年置大悟县于此。

二郎庙镇 即今河南鲁山县西九十二里二郎庙。清尹耕云《豫军纪略》卷10：同治二年（1863）十二月，"下汤之西为二郎庙"。

二郎畈店 一名二郎店。即今湖北大悟县。《清一统志·汉阳府一》：新店"在孝感县东北一百十里。地险僻。其南为二郎畈店，相传孙权尝射猎于此"。

二郎滩 即今贵州习水县东南二郎乡。清道光《遵义府志》卷6 仁怀县：二郎滩在"城西北九十里"。

二郎滩村 在今四川古蔺县东一百四十四里二郎滩镇东北。以赤水河中二郎滩为名。自古为川黔通衢，赤水河川盐中转站。1935 年春，红军长征四渡赤水河，此为第二、第四次渡口，激烈的二郎滩背水战即发生于此。今有红军开仓分盐遗址及二郎滩背水战指挥所遗址。所产"郎酒"为全国名酒之一。

二屈 春秋晋邑。在今山西吉县东北。《左传·庄公二十八年》：骊姬使言于晋献公曰："蒲与二屈，君之疆也。"一说"二屈"当作"北屈"。

二陕 陕东、陕西的总称。唐明皇《途观陕州》诗曰："境出三秦外，途分二陕中。"

二郢 南北朝时北魏所置西郢州（治所在比阳县，今河南泌阳县西）和北郢州（治所在安贵县，今湖北随州市西北）的合称。《魏书·贺拔胜传》：出帝"除胜使持节、侍中、都督三荆、二郢、南襄、南雍七州诸军事、骠骑大将军、开府仪同三司、荆州刺史"。西魏废帝三年（554），改西郢州为鸿州。"二郢"之名遂废。

二泉 即天下第二泉。又称惠山泉。在今江苏无锡市西惠山白石坞下。明李东阳有《寄题二泉亭为邵泉斋作》诗。

二庭 ①汉车师国前后王庭。汉宣帝时（前73—前49），汉破车师，分车师为前后王国，前王国治交河城（今新疆吐鲁番市西北二十里雅尔湖西交河故城）；后王国治务涂谷（今新疆吉木萨尔县南天山山谷泉子镇一带）。唐骆宾王在仪凤四年（679）佐裴行俭征西突厥到达蒲类海（今新疆巴里坤哈萨克自治县西北巴里坤湖），夏至西州（今新疆吐鲁番市西北四十余里高昌故城），为汉车师国旧壤，其《夕次蒲类津》中"二庭归望断，万里客心愁"之二庭即指此。

②东汉时，匈奴分裂后的两个单于庭。东汉时，匈奴立左贤王为单于，右薁鞬日逐王比以己长不得立，乃率部南迁，自立为呼韩邪单于，并依附东汉，匈奴由是分立。北单于庭在今蒙古鄂尔浑河上游哈尔和林（或作哈剌和林），南匈奴庭于西河郡的美稷（今内蒙古准格尔旗西北纳林镇古城）。

③西突厥的南北庭。《续高僧传·玄奘传》："突厥常法，夏居北野，花草繁茂，放牧为胜；冬处山中，用遮寒厉，故有两牙"。《旧唐书·突厥传》："自焉耆国西北七日行，至其南庭；又正北八日行，至其北庭"。南庭即龟兹北的三弥山牙庭（在今新疆库车县北哈尔克山），北庭即今吉木萨尔县的可汗浮图城（在今吉木萨尔县北二十五里破城子）。其后又有迁徙，据《新唐书·突厥传》载："自是西突厥又分二国矣，咄陆可汗建廷镞曷山西，谓之北庭。"《西域图志》谓以布喀鄂拉当镞曷山。当在今伊犁河西。

④《旧唐书·德宗本记》："二庭四镇，统西夏

五十七番、十姓部落。”此二庭指北庭、安西两大都护府。岑参《送青龙招提归一上人远游吴楚别诗》中“往年仗一剑，由是佐二庭”之二庭即指此。

二将城 在今甘肃华池县东南三十里二将川。北宋康定元年（1040），范仲淹与韩琦戍边抗御西夏时筑。今存古城遗址。

二祖镇 北宋置，属滏阳县。在今河北磁县东北。

二夏 即北魏夏州（治所在今陕西靖边县北白城子）、东夏州（治所在今陕西延安市东北甘谷驿镇附近）的合称。《资治通鉴》：南朝梁普通五年（524），“魏自破六韩拔陵之反，二夏、豳、凉，寇盗蜂起”。胡三省注：“二夏，夏州及东夏州也。”

二站 又作甘井子。即今黑龙江省甘南县治。民国《黑龙江志稿》卷2：甘南设治局“地濒音河之西岸，旧名二站”。

二浙 浙东、浙西的合称，泛指今浙江全省、上海市和江苏长江以南部分。《资治通鉴》：唐咸通元年（860），“时二浙久安，人不习战”。即指此。

二陵 即二崤。在今河南洛宁县西北六十里。《左传》：僖公三十二年（前628），蹇叔哭曰：“晋人御师必于殽，殽有二陵焉，其南陵，夏后皋之墓也；其北陵，文王之所辟风雨也，必死是间。”杜注：“此道在二殽之间南谷中，谷深委曲，两山相嵚，故可以辟风雨。古道由此。魏武帝西讨巴汉，恶其险而更开北山高道。”

二崤 崤山分东崤、西崤，故又称二崤。在今河南洛宁县西北。《左传》：僖公三十二年（前628），“晋人御师必于殽，殽有二陵焉”。《后汉书·班固传》：“《两都赋》：左据函谷，二崤之阻。”《三国志·魏书·庞德传》：“张白骑叛于弘农，德复随（马）腾征之，破白骑于两殽间。”《元和志》卷3永宁县：二崤山“自东崤至西崤三十五里。东崤长坂数里，峻阜绝涧，车不得方轨。西崤全是石坂十二里，险绝不异东崤”。

二程故里 在今河南嵩县东北三十里耙楼山下程村。“二程”即程颢（1032—1085）、程颐（1033—1107）兄弟二人。北宋理学家，同受学于周敦颐，并称“二程”。村东有石坊一座，上书“圣旨”，下书“二程故里”。村中路北有“二程祠”。

二程墓 为北宋程颢、程颐之墓。在今河南伊川县西三里白虎山下。程颢（1032—1085），字伯淳，后人称为明道先生。程颐（1033—1107），字正叔，后人称伊川先生。程颢、程颐是同胞兄弟。他们是宋理学的奠基人，世称“二程”。后世称其思想和学派为“洛学”。程氏祖籍中山巨野（今河北正定），其曾祖父程希振死后葬于伊川（今伊川县城关），其家遂迁居河南府（今洛阳），宋崇宁三年（1104）居嵩县程村。“二程”死后随祖茔而葬。墓地有三冢成品字形，上为“二程”之父程珦墓，左为程颢墓，右为程颐墓，墓前均有墓碑。祠院内两侧分别为明宣德、清康熙、乾隆、嘉庆年间竖立的重修碑四通。

二堡 又名阿斯塔纳。即今新疆哈密市西二堡镇。清乾隆《西域图志》卷9哈密：阿斯塔纳“亦名二堡”。《新疆图志》卷80哈密厅：二堡，“回语呼阿斯塔纳。注：言先贤墓地也。缠民三十余户”。

二道井站 清置，即今辽宁黑山县东北二道乡。《清一统志·锦州府二》“十三山站”条下：小黑山站“又五十里至二道井站，在（广宁）县东一百十里”。

二道江 ①即今吉林松花江东源。《清史稿·地理志》安图县：“西北有二道江，自天池出，北流，曰二道白河。娘娘库河导源荒沟，西北流，左合五道、四道，三道白河注之，趋西，富尔河自吉林南流注之，曰上两江口，二道江之名始此。又西，左受头道白河，入抚松。松花江正源也。”

②即今吉林靖宇县（靖宇镇）。清光绪三十三年十二月（1908年1月）置濛江州于此。1913年降为濛江县治。民国魏声龢《吉林地志》：“濛江县，土名二道江。”即此。

二道花园 即今吉林靖宇县东南七十五里花园镇。民国丁文江《中华民国新地图》：濛江县东南有二道花园。

二道沟 ①在今吉林长春市北，头道沟西北二里。旧为中东铁路南部之终点。北达哈尔滨，南沿南满线可达辽宁。

②在今吉林和龙市西北。产金矿。清光绪《吉林通志》卷23：海兰河“又东北，北受二道沟河。河出富尔岭，东南流，北受小水一，南受小水四，合东南入海兰河”。

二道河 ①即今内蒙古兴和县（城关镇）。清于此置二道河巡司，属丰镇厅。光绪二十二年（1896）升为兴和直隶厅。1912年改为兴和县。

②在今吉林珲春市东南。近俄罗斯滨海边疆区。《清史稿·地理志》珲春厅：“东路三道沟、哈达门、二道河并达俄。”

二道河子 即今黑龙江省五常市北二河乡（二道河子）。清光绪《吉林通志》卷16五常厅：东北“五十里二道河子街，有莫勒恩河渡口”。

二道崴子 在今吉林集安市西北百八十里大苇沙河东岸二道崴子村。道通通化。民国《辑安县志》卷1：古城子“在城西北二道崴子，设治时土址犹存”。

二渡关 在今福建浦城县西北一百十里，接江西广丰县界。《方舆纪要》卷97浦城县：二渡关“为入闽之间道。其地山岭巉岏，溪流回绕，东西二面皆为桥以渡，因曰‘二渡关’”。

二疏城 在今山东枣庄市东南峄城东北峨山镇北萝藤村附近。《寰宇记》卷23承县：“汉疏广墓在县东四十里。广，字仲翁，东海兰陵人。汉疏受墓在县东四十二里。”元于钦《齐乘》卷4：二疏宅在“峄州东四十里，罗滕城墓亦在焉。城周五六里，土人指以为宅”。

二塘铺 在今贵州织金县北。《清一统志·大定府》“头塘铺”条下：“又有二塘铺……皆戍守处。”

二塘墟 ①即今广西武宣县西北三十五里二塘镇。清光绪《广西舆地全图》武宣县图：西北有二塘墟。

②即今广西平乐县东四十里二塘镇。清王闿运《湘军志》卷11：咸丰七年（1857），蒋益沣“会师自恭城进，平乐寇用战艇依水通粮，筑屯平乐北二塘墟、沙子街，阻险自固……与（江）忠濬等分军，已绕二塘攻城南，忠濬缘水边屯城北”，遂克平乐。

二榆 指大、小榆谷。在今青海贵德县东北、尖扎县西北黄河南岸一带。《后汉书·西羌传》：永元年间，隃麋相曹凤上言：“臣愚以为宜及此时，建复西海郡县，规固二榆，广设屯田。”

二豫 北魏豫州（治所在上蔡县，今河南汝南县）和东豫州（治所在南新息县，今河南息县）的合称。《资治通鉴》：南朝齐中兴元年（501），北魏东豫州刺史田益宗上表曰：“请使两荆之众西拟随、雍，扬州之卒顿于建安，得捍三关之援；然后二豫之军直据南关，对抗延头”。胡三省注：“二豫，谓魏置豫州于汝南、东豫州于新息也。”

二赞行溪 又名二层行溪。即今台湾省台南、高雄二市间之二仁溪。清乾隆间范咸《重修台湾府志》卷1：二赞行溪“在（台湾）县治南二十里。合冈山、红毛寮二溪，由喜树港入海。台、凤分界处”。

二襄 南北朝时北魏所置襄州（治所在赭阳县，今河南方城县东）和南襄州（治所在湖阳县，今河南唐河县西南湖阳镇）的合称。《北齐书·王则传》：东魏天平初，“行荆州事，都督三荆、二襄、南雍六州军事，荆州刺史”。西魏废帝三年（554）改南襄州为湖州。“二襄”之名遂废。

丁山 又名丁公山、文明山。在今四川合江县西南三十五里。《舆地纪胜》卷153泸州：丁公山“在安乐溪之左，高逾千仞，舟行数百里，隐隐烟云间”。《永乐大典》卷1822《泸州志》：丁山“在合江县西南五十里。其山峰状如笔形，因名丁山”。

丁山镇 即鼎山镇。在今江苏宜兴市东南三十里丁蜀镇。今与蜀山、汤渡二镇合并为丁蜀镇。以生产紫砂茶具著称于世。

丁义里 《天下郡国利病书》卷93西洋有“隶安丁义里”。或谓即今印度尼西亚爪哇岛的谏义里。

丁义渎 在今江苏丹阳市南三十里。《方舆纪要》卷25镇江府丹阳县：丁义渎“自金坛白鹤溪分派，导流而北，凡三十五里，溉田数千顷，后废。宋绍熙中复浚治之，岁则大熟，至今赖之”。

丁义堡 明置，属宁夏前卫。即今宁夏贺兰县西北丁义村。

丁公山 又名丁里村。在今安徽萧县东南十五里。《元和志》卷9萧县：“丁公山，在县东南二十里。丁公追汉高帝处。”《寰宇记》卷15：“楚汉相攻，高祖败，薛人丁固追之，即此也。”

丁公遗址 在今山东邹平县东北苑城镇丁公村东。为新石器时代遗址，距今5500—2000年。总面积近24万平方米。1982年发现，1985年以来曾先后进行过七次发掘，结果表明“丁公遗址”以龙山文化时期的遗存最为丰富和重要。遗址内发现龙山文化城址，城墙宽约25米，城外有宽30—40米的壕沟，最深处低于城内地面3米以上。城内面积10.5万平方米，发现房屋基址近百座，其中既有面积超过50平方米的大型房屋，也有面积不足10平方米的小屋。此外，还发现墓葬六十余座及陶窑、水井等重要遗迹。出土各类遗物标本五千余件，其中有一件刻有十一个“文字”的龙山文化陶片。丁公龙山文化城址对研究中国文明起源具有重要学术价值。2001年定为全国重点文物保护单位。

丁氏故宅 在今山东龙口市东南丁家庄。是黄县巨富丁氏“西悦莱”的部分宅院。始建于清道光年间（1821—1850）。建筑面积3589平方米，分东、西两区，每区由若干座四合院构成。建筑为砖木石构硬山顶，木作精细，彩画绚丽，辅以亭台楼阁、松竹梅竹，颇有情趣。1996年定为全国重点文物保护单位。

丁平山 在今四川青川县西南青溪镇北。《方舆纪要》卷73青川守御千户所：丁平山“在所北一里。《志》云：元平章丁世珍击番蛮，尝屯兵于此，因名”。

丁东水 在今四川乐山市城内。《清一统志·嘉定府一》：方响洞“在乐山县儒学前东百步许。水从洞出，甃为大井，声若环佩，锵然有韵，旧名丁东水”。北宋黄庭坚改为方响洞，作诗云：“古人题作丁东水，自古丁东直至今。我为更名方响洞，信知山水有清音。”

丁田寨 在今浙江瑞安市东北梅头镇之前岗。《方舆纪要》卷94瑞安县：丁田寨“在县东北海安所东。相近又有前、后冈二寨。丁田地势平缓，前、后冈俱临深水，至险要”。

丁令 亦作丁灵、丁零。秦、汉时北方部落。在今俄罗斯贝加尔湖地区。《史记·匈奴列传》：冒顿单于时，“北服浑庾、屈射、丁零”。西汉武帝时，匈奴单于封卫律为丁灵王。《汉书·苏武传》：天汉元年（前100），苏武出使匈奴，被扣留。“乃徙武北海上无人处，使牧羝，羝乳乃得归……其冬，丁令盗武牛羊，武复穷厄。”

丁令溪水 即今甘肃成县西北东河。源出天水市南界，南流经徽县，至成县东南入龙峡合南河。《水经·漾水注》：丁令溪水“北出丁令谷，南径武街城西，东南入浊水”。

丁卯桥 即今江苏镇江市南三里丁卯桥。《寰宇记》卷89润州丹徒县：丁卯桥“在城南。晋褚裒镇广陵运粮出京口，为水涸，奏请立埭，以丁卯日，后人构桥，因名。许浑别墅在其侧”。许浑诗集亦名《丁卯集》。

丁卯埭 在今江苏镇江市南三里运河上。《舆地纪要》卷7镇江府：丁卯港，“《京口志》：在城南三里，即晋所立丁卯埭。《舆地志》：晋元帝子裒镇广陵，运粮出京口，为水涸，奏请立埭丁卯。制可。因以为名”。

丁吉牙城　即今西藏定结县东南定结乡。《清一统志·西藏》藏地诸城：丁吉牙城“在日喀则城西南四百十里”。

丁机宜　在今印度尼西亚苏门答腊岛东岸的直名丁宜。明张燮《东西洋考》卷4：“丁机宜，爪哇属国也。幅员最狭，酋众仅千余。柔佛黠而雄，丁机宜境相接也。”《顺风相送》“苧盘往丁机宜针”条：“(长腰屿)出猪母头用庚酉、庚申二更见昆宰，使沿昆宰去，见港须认是也。”

丁当丁山　即今云南永平县西南博南山。《清一统志·永昌府》：博南山“一名金浪巅山，俗讹为丁当丁山”。

丁当丁山关　在今云南永平县西南博南山。《方舆纪要》卷118永平县：丁当丁山关“山路峻险，置哨守于此”。

丁庄湾　在今河北沽源县西南三十里。清于此设把总驻守。

丁江市　即今江西吉水县东南丁江镇。清同治《吉水县志》卷4：丁江市“在县东四十里”。

丁汲镇　亦作丁级镇。北宋置，属六安县。即今安徽六安市西北五十里丁集镇。

丁字沽　在今天津市红桥区北部，北运河西岸。《方舆纪要》卷11武清县：丁字沽“以三水会流如丁字也。沽东南去天津六十里”。又同书卷13静海县：丁字沽“在天津卫东北五里。自武清县汇白河之水注于直沽，今有丁字沽渡”。

丁字河镇　北宋置，属渤海县。即今山东滨州市滨城镇西二十五里大营城。亦名丁河口。

丁字泊堡　明置，属懿路千户所。即今辽宁铁岭县西南小丁字泡。《方舆纪要》卷37铁岭卫：丁字泊堡“在懿路所西，接沈阳卫蒲河所界”。

丁字湾市　即今湖南望城县东十里湘江东岸丁字镇。清嘉庆《长沙县志》卷4：丁字湾“砠石崔嵬，横出岸外，水至此出入迂回，形如丁字，故名”。

丁村民居　在今山西襄汾县城南八里丁村。村内遗存明、清两代民居院落四十余处，较早者为明万历二十一年（1593）至四十年（1612）建，较晚者为清康熙、咸丰间建，基本上是明清时期村子的布局。分为北、中、南三个建筑组群，院落多为坐北朝南的四合院格局，有正厅、厢房、倒座、过厅、后楼等。明代院落院门多在东南角，清代则灵活多变。建筑构件上的石雕、砖雕和木雕，题材丰富，有人物、花卉、飞禽走兽，内容则包括古典戏曲、历史故事等，造型优美，雕刻精细，是我国明清民居中雕刻艺术的佳作。1988年定为全国重点文物保护单位。

丁村遗址　在今山西襄汾县南八里丁村附近的汾河东岸。1953年发现，1954年进行调查，并作重点发掘，发现人牙三枚，旧石器二千零五件，哺乳动物化石梅氏犀、披毛犀、野马、纳玛象、斑鹿、方氏鼢鼠、原始牛等二十八种。1976年在以前曾发现旧石器时代三枚人牙的地点，又发现一块小孩的右顶骨化石。因发现于丁村，故名丁村人。丁村人形态介于北京猿人与现代人之间，距今约10万年。石器较粗壮，以直接打击法打制。石器类型有砍砸器、刮削器、尖状器、石球等。三棱大尖状器为突出的代表性器物。由于石器有显著特点，故被命名为“丁村文化”。丁村人及文化的地质时代为晚更新世早期，文化时代为旧石器时代中期。目前我国旧石器时代中期的文化，主要以丁村文化为代表。丁村遗址是我国最重要的旧石器文化遗址之一。1961年定为全国重点文物保护单位。

丁村集　①即今河北海兴县西北后丁村。清同治《畿辅通志》卷50盐山县图：东北有丁村镇。

②即今河南项城市南二十六里丁集镇。明正德中，起义军刘六、刘七等尝出没于此。

丁谷山　在今新疆库车县城西南五十里库木吐喇村北。清徐松《西域水道记》卷2载：“丁谷山有石室五所，高丈余，深二丈许。就壁凿佛像数十铺，璎珞香花，丹青斑驳。”此即库木吐喇石窟，亦称库木吐喇千佛洞。

丁角镇　北宋置，属丹徒县。在今江苏镇江市丹徒区西南七十里丁角村。

丁沟镇　即今江苏江都市东北三十六里丁沟镇。清光绪《江苏全省舆图》：甘泉县东北有丁沟。民国《江都县新志》卷2有丁沟镇。

丁青宗　亦名穹布丁青、霍尔丁青。即今西藏丁青县。藏语意为大台地、上广。原为三十九族首邑。西藏地方政府设丁青宗。1960年与色扎、尺犊两宗合并设丁青县，驻加莫塘。

丁呵儿　即登牙侬。今马来西亚马来半岛东岸瓜拉丁加奴。《元史·外夷·马八儿等国》：至元二十三年（1286），马八儿、丁呵儿等国“皆遣使贡方物”。

丁岭　在今广西临桂县西北，为义江发源处。《明史·地理志》义宁县：“北有丁岭，义江出焉。”

丁河口　即大莹城。又作大营城。在今山东滨州市滨城镇西二十五里。《元史·世祖纪》：中统三年（1262），“滨棣安抚使韩世安败宋兵于滨州丁河口”。即此。

丁郎山　一名丁兰山。在今广西岑溪市东三十里。《舆地纪胜》卷109藤州：丁兰山“在岑溪县”。《方舆纪要》卷108岑溪县“乌峡山”条下：丁郎山“以汉孝子丁密而名。下有孝感泉。或讹丁兰山，亦高胜”。

丁房阙　在今重庆市忠县东门外土主庙前。《舆地纪胜补阙》卷7：“丁房双阙在临江县。巴王庙有丁房双阙对峙庙庭，高可二丈，上为层观，飞簷裴裒，四旁多刻车马人物。在阙上为双扉，其一扉微启，有美人出半面而立，皆极巧妙。其刻漫灭，有汉丁房等字尚可认。”今双阙高约7米，为东汉时建。右阙下刻明万历、清康熙、道光年间祠铭。2001年定为全国重点文物保护单位。

丁城 ①在今安徽来安县东北，半塔镇南。《方舆纪要》卷29来安县：“白塔镇，县东北五十五里。其东南五里有丁城，四面平远，城址高数丈，其西有高塘山，山下有塘，曰高塘，旧可灌田二百顷。今堙。”

②南朝宋元嘉中筑，在今河南南阳市东南。《寰宇记》卷142南阳县：“丁城，《隋图经》云：‘宋元嘉中掠得武阳人万户，遂于新城置丁城安置。丁城一名新城。’”

丁癸江 在今云南峨山彝族自治县西北。《方舆纪要》卷115嶍峨县：丁癸江“在县西北二百五十里。源自三泊流经丁癸林，其水深阔，居民刳大木为舟，下流入于曲江”。

丁奚城 在今宁夏灵武市南。《后汉书·西羌传》：永初六年（112），羌零昌“以杜季贡为将军，别居丁奚城”。元初二年（115），司马钧“攻拔丁奚城”。三年（116），“任尚遣兵击破先零羌于丁奚城”。皆此。

丁留县 一作丁溜县。西晋太康七年（286）置，属苍梧郡。治所当在今广西苍梧县境。南齐以后废。

丁栾集 即今河南长垣县东北二十四里丁栾镇。旧属滑县。民国《重修滑县志》卷6：“丁栾集，距城八十里。”1949年改属长垣县。

丁家山 在今浙江杭州市西南。民国《西湖新志》卷2：丁家山“俯瞰全湖，水天一碧，又名一天山；西沿麦岭，三面无邻，又名小孤山”。清雍正九年（1731）辟磴道数十级以达山顶。山下有水竹居（刘庄）。

丁家伙镇 即今江苏江都市东北二十二里丁伙镇。民国殷惟龢《江苏六十一县志》：江都县有丁家伙镇。

丁家坳 即今重庆市璧山县西南丁家镇。清同治《璧山县志》卷1：丁家坳在“县南七十里”。

丁家所 即今江苏海安县东三十六里丁所。清光绪《通州直隶州志》卷1如皋县：北“三十五里曰陆家浅，曰丁家所”。

丁家房身 即今辽宁法库县西南五十里丁家房镇。清光绪《奉天全省地舆图说图志》铁岭县：丁家房身“在县西一百里”。

丁家洲 在今安徽铜陵县东北二十里长江滨。《宋史·贾似道传》：南宋德祐初，元军沿江东下，贾似道师次芜湖，“时一军七万余人，尽属孙虎臣，军丁家洲。似道与夏贵以少军军鲁港”。即此。

丁家埠 即今安徽金寨县西南一百二十里丁埠镇。1929年5月6日，共产党人周维炯等人在此策动民团起义。因是日为立夏节，史称“立夏节起义”。起义旧址在丁家埠小街北端大王庙，清代原为湖北会馆。20世纪20年代是国民党地方民团总部所在地。起义成功后即在大王庙前召开民众大会，号召穷人起来闹革命。5月9日成立了中国工农红军第十一军第三十二师（简称红三十二师）。

丁家道口 亦作丁镇。又名道口集。即今河南商丘市东北三十二里双八镇。旧有管河主簿驻此。明置巡司。后省。

丁塔店镇 在今安徽霍邱县西南八十里。明成化间置巡司于此。

丁堰河 在今江苏常州市武进区东。《方舆纪要》卷25常州府武进县：丁堰河“在府东十五里。南枕运河，北流二十里接网头河”。

丁堰镇 ①明置，属如皋县。即今江苏如皋市东丁堰镇。《方舆纪要》卷23如皋县：丁堰镇在“县东四十里。嘉靖中，倭贼尝犯此”。

②即今江苏常州市东南戚墅堰区丁堰镇。清光绪《江苏全省舆图》阳湖县记：“丁堰镇在城东南一十五里。”

丁零 即丁令。在今俄罗斯贝加尔湖地区。

丁溪 即今福建德化县南汀溪。源出县西南芹山，东北流，在县南汇入浐溪。《方舆纪要》卷99泉州府德化县：丁溪“在县南……相传溪本南流，不与浐会。宋元符中，大雷雨，水流回转，纵横若丁字，因名”。

丁溪山 又名铁山。在今江西上饶县东南。《寰宇记》卷107信州上饶县：铁山“在县东南七十里。又名丁溪山。先任百姓开采，官收什一之税，后属永平监，今废”。

丁溪场 北宋置，在今江苏大丰市西南丁溪村。产海盐。《寰宇记》卷124盐城监盐场九所有丁溪场。清时设盐课大使。民国设场知事。

丁溪闸 在今江苏大丰市西南角。《方舆纪要》卷23兴化县：丁溪闸“在县东一百三里。即丁溪盐场也。又东北七里为少海、草堰二场，又东北百二十里曰白驹场，又北曰刘庄场，接盐城县界。天启二年，兴化知县边之靖修拦潮五闸。明年，淮湖大涨，自高宝而东，俱由五闸汇流入海，公私利之”。

丁旗堡 古名金鸡堡。清代名丁旗堡，即今贵州镇宁布依族苗族自治县西北二十四里丁旗镇。1932年置安西镇。1941年改名丁旗镇。

丁壁镇 在今山西高平市东南。《清一统志·泽州府》：丁壁镇“在高平县南三十里。有堡”。

十一行中书省 元代从至治后到至正前，境内除京师附近地区直属中书省，吐蕃地区由宣政院管辖外，共设有岭北、辽阳、河南、陕西、四川、甘肃、云南、江浙、江西、湖广、征东十一行中书省。简称十一行省。

十一都司 在今广东龙川县东北一百五十里枫树坝镇西。明、清置巡司于此。《方舆纪要》卷103惠州府龙川县：十一都司“为县境水陆之冲，防守最切”。

十一道沟　即今吉林长白朝鲜族自治县鸭绿江北岸十一道沟。隔江斜对朝鲜罗竹里。清光绪《吉林全省地舆图》：临江县东南有十一道沟。民国徐曦《东三省纪略》卷7："十一道沟金矿在长白（县）十一道沟迤东。前清光绪末，曾有韩人在矿地掏取。"

十二子山　又作十二子石。在今印度尼西亚加里曼丹岛西南卡里马塔岛稍北，或以为即其中之塞鲁土岛。《顺风相送》"猪蛮饶潼回针再详"条："（假里马）用单壬五更见十二子山。"

十二子石　古岛屿名。在今印度尼西亚加里曼丹岛西南卡里马塔岛稍北。或以为即其中之塞鲁土岛。中世纪时为中国和阇婆（今印度尼西亚爪哇岛或苏门答腊岛）间往来船舶所必经。南宋周去非《岭外代答》卷3"航海外夷"条："阇婆之来也，稍西北行舟，过十二子石，而与三佛齐海道合于竺屿之下。"

十二台（臺）山　在今江西弋阳县西。《方舆纪要》卷85广信府弋阳县：十二台山"在县西四十里，峻峭秀拔"。

十二圩镇　即今江苏仪征市东南十里十二圩镇。清同治十二年（1873）扬子淮盐总栈自瓜洲移此，为淮盐转运总枢纽，渐成集镇。

十二回（迴）山　在今河南沁阳市北六十里。《方舆纪要》卷49怀庆府河内县：十二回山"山麓旋绕，凡十二回"。

十二关　在今云南洱源县西。明洪武十五年（1382）置土巡检司于此。

十二关长官司　明洪武中改十二关防送千户所置，属大理府。治所在一泡江之东今云南大姚县境。嘉靖元年（1522）徙于一泡江西今云南祥云县东北五十七里米甸街。民国废。

十二关防送千户所　元至正间置，属大理路。治所在一泡江之东今云南大姚县境。明洪武中改十二关长官司。

十二州　①传说中尧舜时代的行政区划制度。《尚书·尧典》："肇十有二州。"马融释十二州名，乃杂取《职方》、《尔雅》所载《禹贡》九州以外州名拼凑而成。

②西汉元始五年（公元5年）王莽废除司隶校尉部和十三刺史部，改置雍、豫、冀、兖、青、徐、扬、荆、益、幽、并、交十二州。东汉光武帝罢十二州，恢复西汉旧制。

③三国魏分境内为司隶、冀、豫、兖、青、徐、荆、扬、雍、凉、并、幽十二州。

十二连城　①在今内蒙古准格尔旗东北黄河南岸十二连古城。为隋、唐榆林县及胜州故址。

②在今河南潢川县东三十里。清同治《河南通志》卷52："后唐朱全忠以军四十万攻淮南，屯光州，筑城十二，刺史柴再用严守备，城得免。故世传十二连城云。"

③在今陕西潼关县东。《清一统志·同州府二》：十二连城"在潼关厅南禁沟西。旧时每三里设一城，凡设十二城，以防御禁沟之潜越，谓之十二连城。后废"。

十二里庄　在今山东武城县西北。清光绪二十六年（1900）义和团首领阎书勤、高元祥等曾两次率队攻打此处的法国教堂。

十二径（逕）　在今广东恩平市西南。《方舆纪要》卷101肇庆府恩平县：十二径"在县西南。又西南为白石径，皆通阳江、阳春，盗贼出没之处"。

十二洞桥镇　在今重庆市合川区东北。清光绪《合州志》卷4：十二洞硚"距城七十里"。

十二都镇　在今广东五华县西南安流镇西北，琴江与周江河合流处。明、清置巡司于此。

十二桥遗址　在今四川成都市蜀都大道十二桥路。是十二桥文化的中心聚落遗址，沿故郫江及其支流分布面积超过5万平方米。发现有保存完好的商代大型宫殿式木结构建筑和小型干栏式建筑群遗迹。在商、西周地层中出土大量陶器、石器、骨器及卜甲、铜器。十二桥文化是继三星堆文化之后，古蜀文明发展史上的又一高峰。商代木结构建筑遗迹的发现为研究古代蜀地的建筑形制、建筑风格、营造技术提供了重要实物资料，是对中国建筑史内容的重要补充。2001年定为全国重点文物保护单位。

十二营长官司　元置十二营寨，明洪武十九年（1386）改置十二营长官司，属安顺州。治所在今贵州普定县东十六里十二营。清康熙二十三年（1684）废。

十二营寨　元置，在今贵州普定县东十六里十二营。明洪武十九年（1386）改置十二营长官司。

十二道沟　即今吉林长白朝鲜族自治县西北十二道沟乡。清光绪《吉林全省地舆图》：临江县东南有十二道沟。民国徐曦《东三省纪略》卷7："十二道沟铁矿在十二道沟迤东之十二道湾，质性甚优。"

十八先生墓　在今贵州安龙县北马场。南明永历时大学士吴贞毓等十八人冤死后葬此。清顺治十三年（1656）南明永历帝朱由榔亲笔大书"十八先生成仁处"，并建庙立碑于马场。

十八里铺　①在今河北卢龙县东。《方舆纪要》卷17卢龙县：十八里铺"建文四年，辽东兵攻永平，燕将谷祥过小河，拒却之于十八里铺"。即此。

②即今陕西汉中市东铺镇。清乾隆《南郑县志》卷3：东乡有十八里铺。光绪《陕西全省舆地图》南郑县：十八里铺"在城（今汉中市）东十八里"。1950年至1958年为南郑县驻地。

十八里铺驿　即今安徽颍上县西北十八里铺镇。清乾隆年间置驿。

十八里集　即今河南尉氏县东十八里镇。清道光《尉氏县志》卷3《村镇》："十八里村，至城十八里。"

十八陇山　在今四川梓潼县西北。《旧唐书·地理志》剑州阴平县："有十八陇山，山有陇十八也。"《寰宇记》卷84阴平县：十八陇山"在县西南五十里，高千余丈，冈峦连属十八垅，因以为名。十二垅在绵州昌明县界，六垅在当县界”。

十八省 清初对长城以南的明代故土仍沿明制分为十五省，改其中的北直隶为直隶省，南直隶为江南省。康熙初分陕西为陕西、甘肃两省，湖广为湖北、湖南两省，江南为江苏、安徽两省，共为十八省（边疆地区由将军、都统、参赞大臣、办事大臣、驻藏大臣等统辖，不置省）。清光绪年间，新疆、台湾、奉天、吉林、黑龙江陆续建省后，仍沿称这十八省为内地十八省。

十八涧 在今浙江杭州市西南。宋吴自牧《梦粱录》卷11：“十八涧在龙井山之西。”民国《西湖新志》卷2：“当其穿绕林麓，并括细流，不知凡几，约而举之，乃以十八为数。”近代与“九溪”合称“九溪十八涧”，为杭州胜景之一。

十八盘 在今山东泰安市北泰山石壁峪中。路陡绝，左右悬铁链引客上下。十八盘尽处，为南天门。

十八盘口 在今河北赞皇县西。《方舆纪要》卷14赞皇县：十八盘口“在县西十八盘岭下”。

十八盘山 ①在今河北宣化县西南。《方舆纪要》卷18万全都司：十八盘山“以高峻盘折而名”。

②在今辽宁绥中县西北。《方舆纪要》卷37广宁前屯卫：十八盘山在“卫北九十里。萦回曲折，十有八盘”。

③在今河南舞阳县南八十里。《方舆纪要》卷51舞阳县：十八盘山“周回一十八盘，因名”。

④在今湖北郧西县西北。《方舆纪要》卷79上津县：十八盘山在“县西北百五十里。山高峻，盘折十有八曲方至其巅”。

⑤在今云南南华县北十五里。《方舆纪要》卷116镇南州：十八盘山“在州北十五里，登之者迂回山冈，十八折乃至其巅”。

⑥在今陕西石泉县南五里。《方舆纪要》卷56石泉县：十八盘山“高出云表，曲盘十八，始达于巅，因名”。

⑦在今甘肃礼县西南。《寰宇记》卷150秦州大潭县：“十八盘山在县南一百二十里，今有十八盘路在。”

⑧在今甘肃临洮县东南一百里。《方舆纪要》卷60狄道县：十八盘山“山高险，有石级一十八盘”。

⑨在今甘肃通渭县西南五十里。《清一统志·巩昌府一》：十八盘山“山径险仄，路凡十有八盘，始得至顶，为县境控扼之处”。

十八盘关 在今陕西周至县西南十八盘岭上，南至骆谷关十里。明正德十六年（1521）设关，并置巡司戍守。清废。

十八盘岭 ①在今北京市西北。《方舆纪要》卷11顺天府：十八盘岭“在府西北八十里，其山萦曲十有八折”。故名。

②在今河北唐县西北六十里。《清一统志·保定府二》：十八盘岭“为云中要路。高峻插天，不能直上，盘延曲折而过，因名”。

③在今河北赞皇县西。《方舆纪要》卷14赞皇县：十八盘山在“县西六十里，山势嵯峨，林木郁茂。中有小径，萦纡上下十有八盘”。

十八盘岭口 在今河北平山县西。《明史·地理志》平山县：“西有十八盘、下口村巡检司。”《方舆纪要》卷14平山县：十八盘岭口，“《关隘考》：十八盘已下凡二十一口，俱在县境，谓之龙泉南路，而十八盘尤为要害。正统二年筑城置戍。嘉靖二十年复增置官兵防守”。

十八盘隘 在今山西壶关县东南。《方舆纪要》卷42壶关县：十八盘隘“在县东南八十五里。以回盘险僻而名，路通河南林县”。

十八渡岭 在今江西万载县北。《方舆纪要》卷87袁州府万载县：十八渡岭在“县北四十里。旧时路在岭下，循环一水，往来凡十八渡。后人避路岭上，遂免迂陟”。

十八塘墟 即今江西南康市北十八塘乡。清同治《江西全省舆图》卷8：南康县北有十八塘。

十八路 宋太宗末年分境内为十五路。至真宗时又分西川、峡路（即峡西）为益州（成都府）、梓州、利州、夔州四路，江南为江南东路、江南西路，共为十八路。经仁宗、英宗至神宗初年不变，为北宋一代维持最久的路制。

十八溪 在今云南大理市西北点苍山十九峰之间。源自山椒悬瀑流注，峰夹一溪，谓之锦浪十八川。元郭松年《大理行记》：十八溪“悬流飞瀑，泻于群峰之间，雷霆砰轰，烟霞晻霭，功利布散，皆可灌溉”。《清一统志·大理府》引《云南通志》：“溪在马龙峰之南峪，一名三岔涧，亦名翠盆水。曰龙溪，出马龙峰。曰绿玉溪，出玉局峰。曰中溪，出龙泉峰。曰桃溪，出中峰。曰梅溪，出观音峰。一名瀑布泉。在应乐峰之南涧，悬流百尺。其承流处，有石如盆。盆中有一石，为瀑流所激，跳跃如马，声如雷鞫。曰隐仙溪，出应乐峰。曰双鸳溪，出雪人峰。曰白石溪，出兰峰。曰灵泉溪，出三阳峰。曰锦溪，出鹤云峰。曰芒涌溪，出白云峰。曰阳溪，出莲花峰，亦名上阳溪。曰万花溪，出五台峰。曰霞移溪，出苍琅峰。诸溪各夹于十九峰之间，流为十八川，东注洱河。川流所经，沃壤百里，灌溉赖之。”

十八滩 在今江西赣县北、万安县南。《清一统志·赣州府一》：赣水，“《旧志》，赣水自府城北，北流三百里，历十八滩，乃至万安。在赣县境者一百八十里，有九滩：曰白涧、天柱、小湖、鳖滩、大湖、铜盆、落濑、青洞、梁口”。又《吉安府》：赣江“《万安县志》，赣江自赣县梁口滩北入县界，有滩凡九，曰昆仑、晓滩、武朔、昂邦、小蓼、大蓼、绵滩、漂神、惶恐。水性湍险，惟惶恐滩尤甚”。

十八寨 即今云南弥勒县西南六十三里虹溪镇。民国时有县佐驻此。

十八寨千户所 明嘉靖元年（1522）置，属云南都司。治所在今云南弥勒县西南六十三里虹溪镇。《清一统志·广西州》：十八寨“在弥勒县西南。今蛮党分居者，曰永安寨、石洞寨、禄庆里寨、阿营里寨、米车寨，余或以山名，本一山而群蛮分居其中，曰十八寨，明嘉靖元年尝设十八寨守御千户所于此”。清康熙七年（1668）废。

十九州 西晋沿袭东汉以来旧制，分境内为十七州。太康元年（280）平吴后，共有司、冀、兖、豫、荆、徐、扬、青、幽、平、并、雍、凉、秦、梁、益、宁、交、广十九州。

十九坨 在今河北乐亭县南六十里渤海中，今名石臼砣岛。《方舆纪要》卷17乐亭县：十九坨“在月坨西，大数十顷，饶给与月坨相似。一名石臼坨，相传漕运时，店市民居也。《旧志》：滦人以平坡而蓄水者曰坨”。

十九泉 在今甘肃成县西南四十里。唐杜甫《秦州杂诗二十首》之十三有“近接西南境，长怀十九泉”句。

十九路 金沿袭宋制，分境内为若干路。大定末共分中都、上京、咸平、东京、北京、临潢、西京、南京、河北东、河北西、山东东、山东西、大名府、河东南、河东北、京兆府、凤翔、鄜延、庆原、临洮二十路。章宗时并临潢路入北京路，是为十九路。

十三万户 藏籍对元代在前藏、后藏所设十三个万户的总称。元沿金制，全国均设万户官职。内地诸路万户为军职，分属各行省而总辖于枢密院；藏族地区各万户军民通摄，分属各宣慰司而总辖于宣政院。前藏、后藏各万户，始置于至元五年（1268）。据《西藏王臣记》载：前藏有六：嘉玛、止贡、蔡巴、塘波且巴、帕竹、雅桑；后藏有六：拉堆洛、拉堆绛、古尔摩、曲弥、襄、霞鲁；前藏、后藏间有羊卓，共计十三。

十三山 在今辽宁凌海市东北石山镇一带。《新五代史·四夷附录第二》：“（胡）峤等东行，过一山，名十三山。”即此。《清一统志·锦州府一》：十三山“在锦县（今锦州市）东七十五里。高一里余，周二十里，峰有十三，故名”。清圣祖东巡过此，有十三山诗。

十三山驿 明置，在今辽宁凌海市东北石山镇。《方舆纪要》卷37广宁卫：十三山驿“在卫西南七十里。即十三山堡也”。

十三布政使司 明代自宣德三年（1428）以后，境内的府、州分统于两京和十三布政使司。十三布政使司简称十三司，俗称十三省，即山东、山西、河南、陕西、四川、湖广、浙江、江西、福建、广东、广西、云南、贵州。

十三州 汉武帝置十三刺史部，其中十一部沿用《尚书·禹贡》、《周礼·职方》中的州名，习惯上称为十三州。成帝绥和元年（前8）罢部刺史，改置州牧，州遂成为正式名称。其后州牧又改为刺史。东汉晚期以后，刺史的辖境即不再称部，专称为州。

十三里桥 在今河南洛阳市东北汉魏故城西。因距城十三里，故名。《晋书·惠帝纪》：太安二年（303），“（河间王）颙遣其将张方，（成都王）颖遣其将陆机、牵秀、石超等来逼京师。乙丑，帝幸十三里桥”。同年冬，“张方退屯十三里桥”。皆此。

十三刺史部 汉元封五年（前106），除京师附近七郡外，分境内为豫州、兖州、青州、徐州、冀州、幽州、并州、凉州、益州、荆州、扬州与交趾、朔方十三区，各置刺史一人，称十三刺史部，简称“十三部”，亦称“十三州”。至征和四年（前89）又以京师附近七郡设置司隶校尉部，性质略同刺史部。东汉时朔方并入并州，交趾改称交州，加上司隶校尉部仍合称十三部或十三州。

十三省 明初袭元制，境内分设若干行中书省。洪武九年（1376）改行中书省为承宣布政使司，但习惯上仍沿称布政使司为省。至永乐十一年（1413）有十三布政使司，故又称十三省。

十三都镇 在今广东兴宁市西北端大桥头。明置巡司于此。

十三站 清改明十三山驿置，即今辽宁凌海市东北石山镇。清杨宾《柳边纪略》卷2：“大凌河三十里至十三站，四十里至闾阳驿。”后金天聪二年（1628）毁十三站以东墩台，即此。

十三陵 在今北京市昌平区北天寿山。因明代十三个皇陵皆营建于此而名。陵园有长陵（成祖）、献陵（仁宗）、景陵（宣宗）、裕陵（英宗）、茂陵（宪宗）、泰陵（孝宗）、康陵（武宗）、永陵（世宗）、昭陵（穆宗）、定陵（神宗）、庆陵（光宗）、德陵（熹宗）、思陵（思宗）十三处，称明十三陵，俗称十三陵。占地40平方公里。以长陵建筑最为雄伟。定陵于1956—1958年发掘，出土大量珍贵文物。1959年辟为定陵博物馆，有“地下宫殿”之称。1961年定为全国重点文物保护单位。

十万大山 又称十万山。在今广西上思县西南部。《明史·地理志》上思州：“南有十万山，上思水出焉。”《清史稿·地理志》防城县：“十万大山在西北。”《明史·广西土司传》：洪武二年（1369），丘广等讨左江上思州黄英杰，“英杰走十万山，官军追及，斩之，上思州平”。

十万山 ①即今广西上思县南，与防城港市交界之十万大山。《方舆纪要》卷110上思州：十万山“在州西南八十里，群峰巑岏，百溪分注，明江之源出焉”。《明史·广西土司传》：洪武二年（1369），丘广等讨左江上思州黄英杰，“英杰走十万山，官军追及，斩之，上思州平”。

②在今贵州石阡县南十里。《清一统志·石阡府》：十万山“平衍中有沃壤。杨再兴屯兵于此。又有十万囤，在府城南六里”。

十万溪大箐 在今贵州黔西县东。《清一统志·大定府》：十万溪大箐“在黔西州东。《黔记》：自新添砦西三十里入箐中，溪水回环，山峦峭拔。又六十里。悬崖绝壁，无径可行，遥望一山甚危峻，四面皆设屯寨，即十万溪箐也”。

十五里冈 在今湖北枣阳市西北。《宋史·扈再兴传》：金人围枣阳城，“再兴夜以铁蒺藜密布地，黎明佯遁，金人驰中蒺藜者十踣七八，敌却走，追至十五里冈”。即此。

十五里店 即今河南漯河市郾城区西龙城镇。民国《郾城县记》图：西有十五里店。

十五省 明初沿袭元制，境内分设一个中书省直辖区，若干行中书省辖区。洪武九年（1376）改行中书省为承宣布政使司，十三年（1380）撤销中书省，以所领府、州直隶京师。自宣德三年（1428）以后，全国的府、州分统于两京（京师，即北直隶；南京，即南直隶）、十三布政使司，但习惯上仍称一直隶区或一个布政使司为一省，合称十五省。

十五喧 在今云南保山市西北。旧属施甸县，民国时有县佐驻此。

十五道 唐贞观初分全国为十道，开元二十一年（733）分关内道置京畿道，分河南道置都畿道，分山南道为山南东、山南西二道，分江南道为江南东、江南西和黔中三道，合原有河东、河北、陇右、淮南、剑南、岭南共为十五道。各道置采访处置使，并有固定治所。乾元元年（758）废除。此后“十道”、“十五道”即变为地理区划名，一直沿用到五代。

十五路 宋初为了加强中央集权，废除节度使统辖支郡制度，分境内为若干路。设监司，掌管一路财政、刑狱，并监督地方官吏。其初未有定制，至道三年（997）始分为京东、京西、河北、河东、陕西、淮南、江南、荆湖南、荆湖北、两浙、福建、西川、峡、广南东、广南西十五路。

十五寨 在今湖南邵阳市、邵阳县及附近之地。《方舆纪要》卷81邵阳县：十五寨，“《志》云，邵阳县有十五砦。宋初以蛮寇抄掠，命将讨平之，置寨戍守，曰武冈、真田、白沙、水竹、界冈、三堂、罗尾、盆溪、塘儿、古限、查水、新兴、安定、三门、砂口，环列县境，遗址犹存”。

十六路 南宋建炎元年（1127）诸路遍设安抚司，掌一路兵民之政，代替转运司成为一路的主要统治机构。南宋初分境内为：两浙东、两浙西、京西南、淮南东、淮南西、江南东、江南西、荆湖南、荆湖北、成都府、潼川府、利州、夔州、福建、广南东、广南西十六路。建炎四年（1130），江南东、西两路合为一，绍兴元年（1131）复分为东、西两路。绍兴十四年（1144），利州分为东、西两路，乾道四年（1168）又合为一路，复旧制。其后又时有分合，至嘉定三年（1210）复合为十六路。

十方寺堡 明置，属沈阳中卫。即今辽宁沈阳市西北九十里石佛寺朝鲜族锡伯族乡。明《辽东志》卷3：有十方寺堡。《方舆纪要》卷37辽东都司“上榆林堡”条下：“十方寺堡在蒲河所西北，其南有马空堡，亦万历末增置。”

十方院 俗称弥勒庵。在今北京市西直门南小街。清《日下旧闻考》卷52引《燕都游览志》：“十方禅院，相传为北留庵。万历初，有大力者夺之。于时五台陆公捐资首唱归其直，堂其址。畚筑之余，得残碑尺许，有贞观年月及北留寺记等字，然后知其为唐寺也。”

十方垒 亦作十里垒。在今河北赵县南一里。《元和志》卷17赵州平棘县：十方垒，“后汉安帝永初元年，以御史任尚讨羌无功，槛车征还。羌遂入侵河内，赵、魏间百姓相惊。北军中侯朱宠，将五营兵屯孟津，诏魏郡、赵国、常山等缮作坞垒六百一十处，此其一也”。

十方普觉寺 俗称卧佛寺。在今北京市海淀区香山寿安山南麓。建于唐贞观年间，初名兜率寺。元延祐七年（1320）扩建，改名昭孝寺，后亦称洪庆寺。明宣德、正统年间重修，改称寿安寺。崇祯年间又改名永安寺。清雍正十二年（1734）改今名。初，寺内后殿置檀香巨卧佛一尊，元至治元年（1321）铸造一尊大铜卧佛像，长5米余。清《日下旧闻考》卷101引《世宗御制十方普觉寺碑文》：“此七宝床上古佛，现前丈六金身，盖覆大地，占断三际，不往不来，岂非一佛卧游十方普觉欤？因名之曰十方普觉寺。”2001年定为全国重点文物保护单位。

十石垆渠 在今山西河津市东南。《新唐书·地理志》龙门县：“东南二十三里有十石垆渠，（贞观）二十三年县令长孙恕凿，溉田良沃，亩收十石。”

十四道沟 即今吉林长白朝鲜族自治县西十四道沟镇。民国徐曦《东三省纪略》卷7：临江县至长白县之途程有十四道沟。

十字火礁 即今南海中中国南沙群岛之永暑礁。1935年公布名称为十字火礁或西北调查礁。1947年改名永暑礁。

十字寺遗址 在今北京市西南郊房山区西北三盆山。山间有三清泉，泉池如盆。据三盆山崇圣院碑记，早在晋唐时代已建有寺殿。辽应历二年至八年（952—958）曾重修崇圣院，初为佛教古刹，元代改建为景教（基督教派之一）寺院，赐名“十字寺”。原十字寺建筑已毁，仅存遗物两碑记、殿基、石臼、围墙等。现在寺记残碑碑首额心浮雕有十字。“十”字额匾民国时被南运南京博物院。是国内现存的少量景教文物之一。2006年定为全国重点文物保护单位。

十字路镇 即今山东莒南县治。西汉置高乡侯国于此。明、清置十字路巡司。

十里关 在今贵州黄平县东北。《清一统志·镇远府》：十里关“在黄平州东十里”。

十里坡 在今陕西西安市东北灞桥东。清同治六年（1867）十二月，西捻军张宗禹部在此痛击清军，湘军提督刘厚基、道员黄鼎败走，汉中镇总兵萧德扬、记名提督杨德胜、萧集山、萧长青、道员萧德纲等被杀，谭玉龙部被围三昼夜，西捻军乃主动撤围而去。

十里店 在今河南荥阳市北古黄河南岸。唐、宋为河阴县地。北宋熙、丰年间因汴河口屡遭泥沙淤塞，岁岁开闭，所费不赀。遂于元丰二年（1079）开凿清汴工程，自洛口开渠引水，经广武山北滩地至河阴十里店，注入汴河。

十里河 ①旧名稠柳河。为浑河支流。在今辽宁沈阳市西南苏家屯区南。《清一统志·奉天府一》：十里河“在辽阳州东北六十里。源出庙儿岭，西流合沙河入浑河。旧名稠柳河”。

②在今云南富源县西南二里。《方舆纪要》卷114平夷卫：十里河“在卫西南二里。会清溪河入罗平州，注于盘江”。

十里河站 清置，即今辽宁沈阳市西南苏家屯区南十里河镇。因滨十里河得名。《清一统志·奉天府二》“第一站”条下：“奉天南至朝鲜站道，南六十里至十里河站，与辽阳州接界，即明之虎皮驿。”

十里陌 在今四川成都市南十里。《晋书·李势载记》：东晋永和三年（347），桓温伐成汉，“温已造成都之十里陌，昝坚众自溃”。即此。

十里垒 又作千万垒或十方垒。在今河北赵县南。《元和志》卷17赵州平棘县：“千万垒，县南一里。后汉安帝永初元年，以御史任尚讨羌无功，槛车征还。羌遂入侵河内，赵、魏间百姓相惊。北军中侯朱宠，将五营兵屯孟津，诏魏郡、赵国、常山等缮作坞垒六百一十处，此其一也。”《清一统志》引此作“十里垒”。

十里堠 即今山西忻州市北十里堠。清光绪《忻州直隶州志》卷13：十里堠“距城十里”。

十里铺 在今青海西宁市东。清乾隆《西宁府新志》卷12西宁县：十里铺在“城东十里”。

十里堡 在今吉林长春市南。《清史稿·地理志》长春府：“东南十里堡达双阳。”

十里溪 在今贵州福泉市西北。《方舆纪要》卷121平越府杨义司：十里溪在“司西八十里，清水江支流也。《志》云，明初王师征蛮，尝驻兵十万于此”。

十里墟 即今广西容县东北十里之十里乡。清光绪《广西舆地全图》容县图：东北有十里墟。

十贤堂 在今四川绵阳市东旧绵州城内。《方舆胜览》卷54绵州：十贤堂“绘涪翁、庞统、蒋琬、杜微、尹默、李白、陈该、苏易简、王仲华、欧阳修共十人”。

十岭山 在今内蒙古和林格尔县东南、山西右玉县西北。《魏书·太宗纪》：北魏拓跋嗣永兴五年（413）出巡，“东逾十岭山，田于善无川”。即此。

十庙集 即今安徽阜南县东南三十六里老观乡。《阜南县文物志》载：明末清初称十庙集。后因每年正月十五，百姓都在此观看彩灯，故改今名。

十房洞 在今湖南安化县东南。《方舆纪要》卷80安化县“辰山”条下：“又十房洞，在县（治今梅城镇）北二十里。洞门广丈余，中若堂室，左右列十房。又有石田、石池之属。”

十赍城 亦作什赍城。在今内蒙古杭锦旗北什拉召附近。《元和志》卷4夏州朔方县：“什赍故城，在县理北，即汉朔方县之故城也……自汉至今，常为关中根本。什赍之号，盖蕃语也。”《新唐书·地理志》夏州塞外道：“过横水，五十九里至十赍故城。”

十香园 在今广东广州市南江南大道中隔山村怀德大街。为晚清著名画家居廉、居巢的故居。园中种有素馨、茉莉等十种香花及各种草木，供写生之用，故名“十香园”。

十洲 海中之十洲。汉东方朔《海内十洲记》载：“汉武帝既闻王母说，八方巨海之中，有祖洲、瀛洲、玄洲、炎洲、长洲、元洲、流洲、生洲、凤麟洲、聚窟洲。有此十洲，乃人迹稀绝处。”亦说指仙境。唐卢照邻《赠李荣道士》诗：“风摇十洲影，日乱九江文。”

十都墟 即今湖南炎陵县东北三十七里十都镇。清光绪《湖南通志》卷1酃县图有十都墟。

十笏园 又名丁家花园。在今山东潍坊市旧城北部胡花牌坊街。始建于明嘉靖年间。清光绪十一年（1885）丁善宝改建为私人花园。因建筑小巧玲珑，占地少，人喻之为“十个笏板”，清末状元曹鸿勋题名“十笏园”。廊内建有亭、台、楼、阁，以回廊、小桥、过道相通，假山、鱼池、奇花、垂柳点缀其间，布局紧凑。主要建筑“砚香楼”系明代建筑，三开间二层楼，墙壁上嵌有郑板桥、金农等书画碑刻九十方。1988年定为全国重点文物保护单位。

十部县 唐武德七年（624）置，属西利羁縻州。治所在今四川攀枝花市附近。贞观十一年（637）属微州。后废。

十家堡 即今吉林梨树市东南十家堡镇。民国徐曦《东三省纪略》卷8：南满铁路“十家堡驿距四平街驿九里七”。

十家湖 在今河南汝南县北十里。《方舆纪要》卷50汝阳县：十家湖“水产鱼、莲，旱种粳稻，居民赖之。《宋志》谓之东辋湖”。

十堰店 即今湖北十堰市。清属郧县。《清一统志·郧阳府》：神定河“源出（郧）县南六十里十堰店”。1967年置十堰办事处。1970年改设十堰市。1973年升为地级市，由省直辖。

十道 唐贞观元年（627），依自然形势分全国为关内、河南、河东、河北、山南、陇右、淮南、江南、剑南、岭南等十道。开元以前，曾先后设置十道存抚使、巡察使、按察使等，皆不久即罢。开元二十年（732）置十道采访处置使，始定为常制，职掌和汉武帝所置的十三部刺史略同，即监察区。

十寨　一名右江十寨。在今广西忻城、上林二县红水河南北。明《万历武功录·广西十寨诸僮列传》："思吉、周安、落洪、古卯、罗墨、古钵、古凭、都者及龙哈、咘咳，右江皆号为十寨。"明代，十寨僮民不断进行反抗斗争。《明史·广西土司传》："十寨复聚党作乱，据民田产，白昼入都市剽掠，甚至攻城劫库，戕官民。总制刘尧诲、巡抚张任急统兵进剿……于是右江十寨复安辑输赋。"

十薮　古代十大泽薮的总称。据《尔雅·释地》："鲁有大野、晋有大陆、秦有杨陓、宋有孟诸、楚有云梦、吴越之间有具区、齐有海隅、燕有昭余祁、郑有圃田、周有焦护，十薮。"

厂头　在今上海市嘉定区东南三十五里。《方舆纪要》卷24苏州府嘉定县：厂头"相传为韩世忠屯兵处"。

七十二沽　在今天津市区及宝坻区、宁河县境。清同治《续天津县志》卷7："天津有七十二沽之名，实只二十一沽。曰丁字沽、西沽、东沽、三汊沽、小直沽、大直沽、贾家沽、邢家沽、咸水沽、葛沽、元沽、草头沽、桃源沽、盘沽、四里沽、邓善沽、郝家沽、东泥沽、中泥沽、西泥沽、大沽，此二十一沽从西潞河名也。西潞河一名西沽河。在宝坻者二十九，曰蓟子沽、南寨沽、五道沽、小塔沽、又小塔沽、王家沽、曹家沽、葫芦沽、青稗沽、于家沽、梁家沽、貂子沽、西鲁沽、东鲁沽、菱角沽、砥石沽、塔沽、半截沽、大洵沽、玛瑙沽、大骆里沽、小骆里沽、大沽、滩沽、北李子沽、南李子沽、八道沽，傍道沽、西壮沽；在宁河者二十二，曰齐家沽、南沽、江石沽、大麦沽、傍道沽、捷道沽、麦子沽、东槐沽、中兴沽、北涧沽、盘沽、南涧沽、钓楼沽、汉沽、马杓沽、李家沽、又李家沽、蛏头沽、宁车沽、塘儿沽、田家沽、丰家沽。此二县五十一沽从东潞河名也。东潞河一名东沽河。"今大部分沽已淤积成平地，沽名成为地名。

七十二泉　在今山东济南市旧城区。济南市向以泉城著称于世。元代于钦《汇波楼记略》云："济南山水甲齐鲁，泉甲天下"。其所著《齐乘》卷2"大明湖"条载："历下名泉有曰金线、曰皇华、曰柳絮、曰卧牛、曰东高、曰漱玉、曰无忧、曰石湾、曰酒泉、曰湛露、曰满井、曰北煮糠、曰北珍珠、曰散水、曰溪亭、曰濯缨、曰灰泉、曰知鱼、曰朱砂、曰刘氏、曰云楼、曰登州、曰望水、曰洗钵、曰浅井、曰马跑、曰舜泉、曰香泉、曰鉴泉、曰杜康、曰金虎、曰黑虎、曰东蜜脂、曰西蜜脂、曰孝感、曰玉环、曰罗姑、曰混沙、曰灰池、曰南珍珠、曰芙蓉、曰滴水、曰灰湾、曰悬清、曰双桃、曰温泉、曰汝泉、曰龙门、曰染池、曰悬泉、曰都泉、曰柳泉、曰车泉、曰煮糟、曰炉泉、曰白虎、曰甘露、曰林汲、曰白泉、曰金沙、曰白龙、曰花泉、曰独孤、曰醴泉、曰浆水、曰南煮糠、曰苦苣、曰熨斗、曰鹿泉、曰龙居，合趵突、百脉，总七十二，见名泉碑。"

七十二渡河　在今陕西镇巴县西七十五里。《方舆纪要》卷56西乡县：七十二渡河"源出金竹山，其流萦回，有渡者凡七十二处，亦流入于洋水"。

七十城门甸　宋大理置，属秀山郡。在今越南莱州省黑河两岸一带。元改置宁远州。

七山　亦名戚山。在今江苏沛县西南三十里。《清一统志》称"县之镇山"。今因采石，山已不存。

七山砦　俗名栖山圩。即今江苏沛县西南三十里栖山镇。清乾隆四十六年（1781）沛县城被水冲没，迁治于此。咸丰元年（1851）又陷于水，迁治夏镇（今山东微山县）。十一年（1861）还治今沛县，于此旧城南关筑土垣为砦。

七个子井卡伦　清置，即今新疆哈密市西北七角镇。清道光《新疆识略》卷2巴里坤：七个子井卡伦"距城三百二十里"。

七个星佛寺遗址　在今新疆焉耆回族自治县城西。是焉耆地区最大的佛教建筑、古代焉耆国最重要的佛寺。由佛寺、石窟组成，残存遗迹九十三处（间）佛寺建筑和十一处石窟。主要地表建筑有北部中心区的三大殿和南部中心区的南大寺与殿堂。石窟多为依山开凿的支提窟，部分石窟内残存基座和壁画。20世纪初出土一批精美的佛教雕塑和珍贵的吐火罗文、回鹘文文书，其中以吐火罗文《弥勒会见记》最著名。该遗址对研究晋宋时期焉耆国和回鹘历史与佛教文化具有重要价值。2001年定为全国重点文物保护单位。

七及镇　清置，属临晋县。即今山西临猗县西南五十五里七级镇。

七门山　在今安徽舒城县西南三十里。《方舆纪要》卷26舒城县"云雾山"条下："又七门山在县西南三十五里。山滨大溪下，有石洞如门者七，即七门堰之上源也。"

七门郡　西魏置，属巴州。治所在江阳县（今重庆市江津区东顺江镇）。辖境相当于今重庆市江津区。隋开皇三年（583）废。

七门堰　在今安徽舒城县西南七门山下。西汉初，羹颉侯刘信筑。《方舆纪要》卷26舒城县：七门堰"在县西南七门山下，三堰之源出焉。三堰者，一曰乌羊堰，在县南十五里；一曰千功堰，在县南二十里；一曰槽牍堰，在县南二十五里。与七门堰共灌田二万余顷。俱汉初羹颉侯所筑。后汉末刘馥经理之，为灌溉之利"。1968年龙河口水库建成，七门堰纳入淠史杭灌区综合利用工程。

七门滩　在今重庆市江津区西南长江中。《舆地纪胜》卷175重庆府：七门滩"在江津县西七十里。有大石横江，凡七处，望之如门，因名"。

七女冈　在今河南禹州市东北。《水经·潩水注》：皇陂水"出西北皇台七女冈北"。《寰宇记》卷7阳翟县：七女冈"在县东北三十里。下有七女泉，流至长葛入洧"。

七女池　在今陕西城固县北。《水经·沔水注》："壻水又东径七女冢，冢夹水罗布如七星，高十余丈，周回数亩。元嘉六年，大水破坟，坟崩出铜不可称计。得一砖刻云，项氏伯无子，七女造墩，世人疑是项伯冢。水北有七女池。”《明一统志》卷34引《汉中记》：“昔人无男，养七女。父没，女于此负土，各为一冢，遂成此池。其冢三在城固县，四在兴道县。”

七女栅　在今湖北宣恩县南。《宋史·史方传》：“天禧中……徙夔州。时，富、顺州蛮田彦晏寇施州，焚暗利砦。方领兵直抵富、顺，荡其巢穴，穷追彦晏至七女栅。除之。”《方舆纪要》卷82施州卫“暗利砦”条下：“《志》云：忠建司西二十里有七里寨。”

七女津　在今河南范县东南、古黄河西北岸。旧时河津。《魏书·世祖纪》：神䴥三年（430），南朝宋到彦之等还保东平，“时河北诸军会于七女津，彦之恐军南渡，遣将王蟠龙溯流欲盗官船，征南大将军杜超等击破，斩之”。即此。《方舆纪要》卷33东平县：“《志》云：州北三十五里有七女泉，出蚕尾山，旧注于河，今入积水湖，会汶水。七女津当即其处。”

七女湖墟　在今广东惠州市东北。清光绪三十三年（1907），孙中山派人到广东惠州发动起义，以响应黄冈之役。6月2日，邓子瑜和陈纯等集合少数三合会党在此截获清军防营枪械，击毙巡勇及水师哨弁多人。5日进攻泰尾，清守兵溃逃，起义军乘胜连克杨村、三达、柏塘等地，旋又在八子爷打败清营管带洪兆麟。归善、博罗、龙门各地会党纷纷响应，队伍增至二百余人。清水师提督李准急调兵镇压，起义军声东击西，使清军疲于奔命。史称“七女湖起义”，因时在丁未年，又称“丁未惠州七女湖起义”。后因黄冈起义失败，得不到声援，遂在梁化墟解散。起义军部分逃亡香港，大部退入罗浮山区。

七子山　①即横山。又名踞湖山、荐福山、五坞山。在今江苏吴中区西南十五里。民国《吴县志》卷19：横山“上有七墩，俗称七子山”。又引康熙《志》云：“山之岭九，九岭各有墩，中空为藏军处。”

②在今山东海阳市西南。《寰宇记》卷20莱阳县：七子山“在县东南九十三里。山有八峰，大峰居中，七山在侧，俗谓之七子山，若大峰之子也”。

七井子　即今吉林通榆县（开通镇）。清光绪三十年（1904）十月，移开通县治此。民国徐曦《东三省纪略》卷2：“开通县原治哈拉乌苏，是年十月移治七井子。”

七屯城　在今新疆若羌县东北米兰古城。《新唐书·地理志》引贾耽《四夷路程》：“自蒲昌海南岸，西经七屯城，汉伊脩城也。”

七介山　即今山西朔州市平鲁区西北六十五里井家山。《魏书·世祖纪》：北魏太延五年（439），“蠕蠕犯塞，遂至七介山，京师大骇”。

七公镇　①金置，属南宫县。在今河北南宫市境。

②又作漆工镇。即今江西弋阳县东北漆工镇。清同治《广信府志》卷1弋阳县：七公圳在“县北七十里。烟户稠密，商民三百余家，米谷互易。按，《县志》七公圳作漆工镇”。

七乌海　亦作乌海。即今青海玛多县东北的托索湖（冬给诺纳湖）。《隋书·地理志》河源郡：“有七乌海。”一说即今玛多县东北与兴海县交界处之苦海。《资治通鉴》：唐贞观九年（635），侯君集等讨吐谷浑“追及伏允于乌海，与战，大破之”。即此。

七尺渡　在今浙江云和县西。《方舆纪要》卷94云和县：七尺渡在“县西三十里。尺亦作赤”。古渡今已淹没于紧水滩水库中。

七引店　在今湖北英山县北七十里。清置巡司于此。

七石山　即七峰山。在今河南方城县北三十里。《魏书·地形志》：荆州方城县“有七石山”。即此。

七布徐之河寨　在今四川黑水县东北慈坝乡。清康熙四十二年（1703）置七布徐之河寨土千户。

七布寨　在今四川红原县东南。清置七布寨土百户。

七汇（匯）镇　即今上海市青浦区东北十里七汇。清光绪《江苏全省舆图》：青浦县东北有“七汇”。

七圣山　即七峰山。在今甘肃渭源县东北三里。《清一统志·兰州府一》：七峰山“亦名七圣山”。

七台（臺）山　①在今福建邵武市东南，与顺昌县交界处。《寰宇记》卷100南剑州顺昌县：七台山“在县西四十八里。其山磊落相连，莫知其几何，有高峰峭壁，动逾千丈。山有微云当雨，土人以为候”。《方舆胜览》卷10《邵武军·山川》：七台山“在邵武县东（南）百里。山有七级，峰峦相比，故名”。明《寰宇通志》卷47邵武府：七台山“在邵武县东南一百里，连跨汀、延、邵三郡之境。山势高耸，上有七台”。

②在今四川万源市西南一百五十里。民国《万源县志》卷1：七台山“山高而平，数十峰环之，圆如伏釜”。清嘉庆初，白莲教义军据此。

七台河地区　原为勃利县地。1941年勃利县地区划表“街村名”中即有“七台河村”之名。1947年所写的《勃利县志》概况中提到：“本县矿产为煤，最富。现在已发现大四站之连珠河沟里，七台河至桃山、大六站等数处，煤质良好。”1948年设七台河区。1951年为勃利县第十二区。1960年改为七台河镇。1965年改设七台河特区（县级）。1970年改为七台河市。1983年升为地级市。

七圩港镇　即今江苏泰兴市南七圩镇。七圩港由此西出通大江。清光绪《江苏全省舆图》作“七圩市”。

七巩墟　即今广东阳山县西南七拱镇。《清一统志·连州》：七巩墟巡司“在阳山县南。明洪武二年，置星子墟巡司，在州东北。本朝嘉庆二十一年，移驻此，改今名”。

七亘村　即今山西平定县东七亘。1937年12月晋冀鲁豫边区曾在此置平东县。

七曲山 在今四川梓潼县东北二十里。山腹有路，盘转七曲，因名。《寰宇记》卷84梓潼县："《郡国志》云：（张）恶子昔至长安，见姚苌，谓曰：却后九年，君当入蜀，若至梓潼七曲山，幸当见。寻至建元十二年，随杨安南伐，未至七曲山，迷路，游骑贾君蒙忽见一鹿，驰逐至庙门，鹿自死，追骑共剥之，有顷苌至，悟曰：此是张君为我设主客之礼，烹食而去。"庙曰顺济王庙，今称七曲山大庙。

七曲山大庙 在今四川梓潼县东北二十里。始建于晋，为蜀地百姓祭祀因拒前秦苻坚入侵益州战死的张亚子而建。元初，张亚子被封为"文昌帝君"后，在此建"文昌宫"。后经元、明、清三代多次扩建，逐渐形成了由三条轴线组成的建筑群。主要建筑有文昌、桂香、天尊、关圣、家庆等殿及大悲楼等，共二十三幢殿阁宫堂。据《蜀故》载，明末农民军张献忠经此，认张亚子为宗，改称太庙，清避讳改为大庙。大庙的天尊殿最为宏丽，庙内有十二尊明代铁铸神像，体态匀称，技术精湛。此庙为剑门蜀道风景名胜区景点之一。1996年定为全国重点文物保护单位。

七曲水 即今云南昭通市和大关县西之洒鱼河。《元和志》卷32曲州："七曲水，在州西北三十里。"

七朵山 在今福建沙县南，滨太史溪。《寰宇记》卷100南剑州沙县：七朵山"在县前水南。山分七峰，踊成石壁"，故名。

七州 唐置，治所在比景县（今越南河静省境）。贞观八年（634）改为景州。后废。

七防关 在今甘肃康县东北云台镇（白马关）东五里。明属阶州，设巡司于此。

七级渠 在今宁夏灵武市南。《新唐书·代宗纪》：大历八年（773），"吐蕃寇灵州，郭子仪败之于七级渠"。《宋史·刘昌祚传》：元丰四年（1081），泾原副都总管刘昌祚从环庆高遵裕西征，薄围灵州，"遵裕围城十八日，不能下，夏人决七级渠以灌遵裕师，军遂溃"。皆此。

七级集 即今河北威县北七级镇。明嘉靖《威县志》卷2：七级集"在县北七十里"。

七级渡 即今山东阳谷县东北境运河东岸七级镇。《方舆纪要》卷33阳谷县"阿泽"条下载："有七级渡。今运河经县东北六十里，有七级上、下二闸。或以为古阿泽是其处。"镇以七级渡或七级上、下二闸而得名。

七村沟 在今四川巴塘县东北党巴乡（当村乡鱼卡通）。以位于巴楚河岸边的党村、鱼卡通、布须同、易古工、卯溪、扎马、邦喜等七村而名。《清史稿·土司传》：光绪三十一年（1905）春，"七村沟番民聚众劫杀垦夫，吴以忠阵亡，凤全避入正土司寨，与乱民议和"。即此。

七矶 一名碛矶。在今安徽芜湖市西北沿江弋矶山北。《陈书·周文育传》："徐嗣徽引齐寇渡江据芜湖，诏征文育还京。嗣徽等列舰于青墩，至于七矶，以断文育归路。"《舆地纪胜》卷18太平州：七矶"在芜湖县西北十五里"。

七里山 在今湖南岳阳市北七里。《方舆纪要》卷77岳州府巴陵县：七里山，"宋岳飞讨杨幺，屯兵于此"。

七里川 一名羌源河。即今陕西旬邑县东南七里川、羌家河。《清一统志·邠州》：七里川"在淳化县北四十里。源出石门山，自三水县西南，流为七里川，又径三里原为姜源河，又西南入泾"。

七里井 在今河北河间市南七里。《旧唐书·窦建德传》：大业十三年（617），"隋遣右翊卫将军薛世雄率兵三万来讨之，至河间城南，营于七里井"。即此。

七里冈 ①在今安徽六安市西北二十五里。《方舆纪要》卷26六安州"霸王冈"条下："又七里冈亦在州西界。明正德中，流贼赵风子自河南光山县走六安，官军追败之于此。"

②在今江西九江市南五十里。《方舆纪要》卷85九江府：七里冈"横亘平旷，袤七里"。

七里市 北宋置，属赣县。即今江西赣州市东水东乡七里镇。

七里头 在今湖北南漳县西七里。明置巡司于此。

七里关 ①在今江西玉山县西。《方舆纪要》卷85广信府玉山县：七里关在"县西三里。旧有戍兵"。

②即七里涧。在今湖南常德市北七里万金村。

③在今陕西旬阳县东南一百五十里。《清一统志·兴安府二》：七里关"为楚蜀之冲。旧置铜钱关，后以山僻难守，移建于七里沟，故名"。

七里江 在今广西象州县东北。《方舆纪要》卷109象州：七里江在"州东七里。有天堂岭，江源出焉，流入象江"。

七里村 即今陕西延长县西七里。清光绪《陕西全省舆地图》延长县：西乡大村有七里村。今为延长油矿所在地。

七里谷 ①又名曹阳墟、七里涧。在今河南陕县西南。《宋书·柳元景传》：元嘉二十七年（450）北伐，"（庞）季明率方平、赵难军向陕西七里谷"。即此。

②在今贵州黄平县东。《方舆纪要》卷121黄平州：七里谷"在州东五里。俗名七里冲。两山壁立，中通一路。杨应龙叛时，屯兵二十七营于此，以窥黄平，盖以此为贵竹咽喉也"。

七里沔 在今湖北仙桃市西南沔城镇东一里。《寰宇记》卷144沔阳县：七里沔"按《周地图记》云：夏水合潴水同入汉，自汉入潴水名为七里沔，即屈原逢渔父与言濯缨鼓泄而去之处"。

七里沟 ①即七里港。在今江苏扬州市东北十里。《方舆纪要》卷23作"七里沟"。

②在今江苏徐州市西北（或曰在九里山南）。《资治通鉴》：唐建中二年（781），"（信都）崇庆、（王）温攻彭城，二旬不能下，请益兵于（李）纳，

纳遣其将石隐金将万人助之，与刘洽等相拒于七里沟”。即此。

③在今甘肃环县东。《方舆纪要》卷57环县：七里沟“在县东七里……流入环河”。今于其上建七里沟水库。

七里坪　即今湖北红安县东北四十五里大别山南麓七里坪镇。清尹耕云《豫军纪略》卷11：同治三年（1864）八月，张总愚由麻城至“黄安之七里坪”。民国时为县北重要集镇。1927年蒋介石发动“四·一二”政变后，成为黄麻地区革命活动的策源地。1929年七里坪曾改名为“列宁市”。1930年秋在此召开了鄂豫皖边区第1次工农兵代表大会，选举了苏维埃政府成员，成为鄂豫皖边区的中心。现存鄂豫皖特区苏维埃、革命法庭、工会、银行、列宁小学等革命旧址四十多处。镇后山上建有宏伟的纪念碑。七里坪革命旧址1988年定为全国重点文物保护单位。

七里店　一名七里寨。在今河南开封市北二十里，后圮于水。《资治通鉴》：五代汉乾祐三年（950）十一月，郭威率大军自郸进兵东京。慕容彦超“以大军屯七里店”。军溃，帝“独与三相及从官数十人宿于七里寨”。即此。

七里河　①在今山西原平县北。《方舆纪要》卷40崞县：七里河“在县北，南流入于滹沱河”。

②在今山东青州市南。《方舆纪要》卷35青州府益都县：“七里河在府南。源出劈山之阴。又有石井水，亦出劈山，流经废广县城东，七里河流合焉。经府城南，又东北入南阳水。”

七里河铺　清置，属义州。即今辽宁义县南七里河镇。乾隆《钦定盛京通志》卷33：义州南“十七里七里河铺”。

七里亭　①在今江苏徐州市西。《资治通鉴》：唐中和元年（881），感化节镇牙将陈璠“伏甲于七里亭”，杀节度使支祥。胡三省注：“亭去彭城七里，因名。”

②在今四川成都市北。《资治通鉴》：五代唐同光三年（925）十一月，“蜀主至成都，百官及后宫迎于七里亭”。胡三省注：“亭去成都城七里，因以为名。”

七里海　①在今天津市海河西岸。清光绪《畿辅通志》卷76：“七里海在宁河西南宝坻县东南天津之东。《明实录》：七里海计二百二十五里，有荒地二万一千五百余顷。其西接塌定河，北承后海，后海之西北为鲫鱼淀，又北为香油淀海，其东南为曲里海，又南为宁车沽。每逢雨多水汇，则渺浟泼漫，极目无涯，旱干则诸洵皆涸。唯七里海尚有宁车沽一道，下通北塘潮汐，水常不竭，然仅濡轨而已。”

②在今河北昌黎县东南三十里。《方舆纪要》卷17昌黎县：溟海“海至县界，突然北出七里而瀛，亦曰七里滩，广袤三十余里。有菱芡、鱼蟹之利，居民赖焉”。

七里涧　①在今河北井陉县北。《方舆纪要》卷14井陉县：七里涧“在县（今城关镇）东北，诸山溪之水在县北境者，皆汇流于此，南入绵蔓河，霖潦暴作，行路皆绝”。

②在今河南洛阳市东北汉魏故城东受谷水，东流至今偃师市西复入谷水。《晋书·陆机传》：太安二年（303），陆机与长沙王乂战于鹿苑，“机军大败，赴七里涧而死者积焉，水为之不流”。即此。

③又名七里谷、曹阳墟。在今河南陕县西南。《水经·河水注》：“河水又东得七里涧，涧在陕城西七里，故因名焉。其水自南山通河，亦谓之曹阳坑。”

④又名七里关。在今湖南常德市北七里万金村。《南史·沈约传》：“时贼党郭亮之招集蛮、晋，屯据武陵，武陵太守王镇恶出奔。林子率军讨之，斩亮之于七里涧而纳镇恶。”后因设关于此。

七里涧桥　在今河南洛阳市东北汉魏故城东七里。西晋泰始十年（274）筑。《水经·谷水注》：谷水“又东左合七里涧……涧有石梁，即旅人桥也”。

七里营镇　即今河南新乡县西南三十六里七里营镇。民国《新乡县续志》卷1：县西有七里营。

七里淀　即今河北沧县东南二十七里七里淀。清同治《畿辅通志》卷50沧州图：东南有七里淀。

七里街　即今安徽石台县治（七里镇）。在石埭水上中游，为三国吴石埭城，石埭县也曾治此。清康熙《石埭县志》引宋县尉桂大受《水晶宫记》云：“宋理宗宝庆初始作新邑于此。以四面皆山，故不立城郭。因掘珠岭为东门，南山为南门，处岭为西门，砌礤路为北门。后六年余复迁他所。”

七里港　亦曰七里沟。在今江苏扬州市东北十里。《新唐书·地理志》江都县：“宝历二年，漕渠浅，输不及期，盐铁使王播自七里港引渠东注官河，以便漕运。”即此。

七里湾桥　在今四川双流县东北。清嘉庆《四川通志》卷31双流县：七里湾桥“在县东十三里。省南冲衢。西源金花堰，东合簇桥河。乾隆六年修。俗名小金花桥”。

七里溪　即今四川茂县西北之松坪沟水。《旧唐书·地理志》翼州卫山县：“隋改为翼针县，治七顷城。贞观十七年，移治七里溪。”《方舆纪要》卷73叠溪千户所：七里溪“在所东（西）七里。源出松坪寨……流入于汶江”。

七里滩　即严陵濑。指今浙江钱塘江自建德市东乌石滩至桐庐县南泷口的七里泷峡谷。宋《淳熙严州图经》卷2建德县：七里滩“在城东四十里，山峡之中。谚云：‘有风七里，无风七十里’，因以名之”。

七里滩镇　一名七里头。在今湖北南漳县西七里。《方舆纪要》卷79南漳县：七里滩镇“旧为盗贼出没之所。向有巡司。嘉靖中移置于保康县之常平堡”。

七里墟镇　即今江西进贤县北十五里七里镇。清同治《南昌府志》卷4有七里墟镇。

七里镇 ①即今安徽石台县治。清道光《安徽通志》卷27石埭县：七里街在“县西一百五十里。为石埭故县”。

②在今河南息县南七里冈。《金史·仆散安贞传》：兴定五年（1221），伐宋，“安贞出息州，军于七里镇”。即此。

七里濑 即严陵濑。亦名七里滩。指今浙江钱塘江自建德市东乌石滩至桐庐县南泷口的七里泷峡谷。《寰宇记》卷95桐庐县“严子陵钓台”条：七里濑“亦谓严陵濑”。南朝宋谢灵运有《过七里濑》诗。

七龟山 在今四川眉山市西北。《方舆纪要》卷71眉州：七龟山“在州西北二十里。南北两山对峙，延亘十余里，中平坦，有七山罗列前后”。

七角井 即今新疆哈密市西北七角井镇。清李德贻《北草地旅行记》：东盐池“四十里七角井。此为南北二路会合之总口。居民较多，约七八十家”。1929年置七角井设治局。

七角井设治局 1929年析鄯善县置，属新疆省。治所即今新疆哈密市西北七角井镇。1949年改为七角井中心区。1954年撤销。

七甸铺 即今云南呈贡县东北三十二里七甸乡。旧置哨。滇越铁路经此。

七沟汛 即今河北平泉县西五十里七沟镇。清于此设外委驻守。

七顷山 在今四川茂县西北叠溪镇境。《元和志》卷32卫山县：七顷山“一名落目山，此路山岩峻阻，平地唯有七顷，因呼为七顷山”。隋翼针县城在山下，称七顷城。

七顷城 即翼针县城。在今四川茂县西北一百二十里叠溪镇南叠溪古城。《旧唐书·地理志》：“隋改为翼针县，治七顷城。”

七虎林河 又称锡布克里河。在今黑龙江省虎林市北。源出虎林县西，东北流入乌苏里江。《清史稿·地理志》虎林厅：乌苏里江“又北纳七虎林河”。

七贤乡 在今河南辉县市西南吴村镇东北山阳村。《三国志·魏书·嵇康传》裴松之注引《魏氏春秋》：“康寓居河内之山阳县，与之游者，未尝见其喜愠之色。与陈留阮籍、河内山涛、河南向秀、籍兄子咸、琅邪王戎、沛人刘伶相与友善，游于竹林，号为七贤。”

七贤店 即今山东临朐县东南十四里七贤村。清光绪《山东通志》卷2《舆图志》：临朐县东南有七贤店铺。

七贤祠 在今河南辉县市西南吴村镇东北山阳村。《水经·清水注》：“世亦谓之重泉水也。又径七贤祠东，左右筠篁列植，冬夏不变贞萋。魏步兵校尉陈留阮籍、中散大夫谯国嵇康、晋司徒河内山涛、司徒琅玡王戎、黄门郎河内向秀、建威参军沛国刘伶、始平太守阮咸等同居山阳，结自得之游。时人号之为竹林七贤。向子期所谓山阳旧居也。后人立庙于其处。”《清一统志·卫辉府二》：七贤祠“在辉县西南六十里。今为竹林寺”。

七岩山 ①在今山西定襄县东南。《方舆纪要》卷40定襄县：“七岩山在县东南十五里，其岩有七，故名。”

②在今福建长乐市西南。《方舆纪要》卷96福州府长乐县：七岩山“在县西南三十里，上有七岩，其北则诸山环峙，围绕如城，亦曰罗山”。

七岭子 即今辽宁鞍山市东南千山镇（七岭子村）。民国《辽阳县志》卷4：七岭子“距城四十五里”。为第六区区公所驻地。

七径（迳）墟 即今广东电白县北七径镇。清道光《电白县志》卷8：七径墟“在县（今电城镇）西南八十二里”。

七金山 即今内蒙古宁城县西大明镇北九头山。《辽史·地理志》：辽圣宗“尝过七金山土河之滨，南望云气，有郛郭楼阙之状，因议建都”，遂于统和二十五年（1007）建中京大定府于山南。《金史·地理志》：“北京大定府，有七金山。”

七金河 在今内蒙古察哈尔右翼前旗东北。《清一统志·察哈尔·正黄旗》：七金河“在旗西二十里。蒙古名贺尔博金。源出贺尔博金山，南流入希尔池”。

七泽 古时对楚地诸湖泊的泛称。《史记·司马相如传》：《子虚赋》曰：“臣闻楚有七泽，尝见其一，未睹其余也。”南朝宋颜延之《登巴陵城楼》诗：“三湘沦洞庭，七泽蔼荆牧。”

七宝山 ①在今安徽巢湖市东南三十里，无为县东北，接含山县界。《方舆胜览》卷48无为军：七宝山“在巢县。濡须山谓之东关，七宝山谓之西关”。《方舆纪要》卷26巢县：七宝山在“县东南三十里，与含山县界之濡须山对峙，相距十里。魏人筑西关于此，以拒吴处也”。

②在今浙江杭州市区白马巷西、吴山南。宋《淳祐临安志》卷8：“旧有七宝寺”，故名。《方舆纪要》卷90：七宝山“即吴山西南面支峰也”。

③在今福建长汀县东南。宋置上宝场，采银锡，后废。明嘉靖《汀州府志》卷2《山川》长汀县：七宝山“在县东南，出七宝，故名。下有上宝场。今废”。

④在今江西东乡县东。《方舆纪要》卷86抚州府东乡县：七宝山在“县东十余里。旧常产银、铅，因名”。

⑤在今山东莒县北一百里。清光绪《山东通志》卷25：七宝山“山出金银铜铁铅锡土，凡金银非此土不液，故曰七宝”。

⑥在今湖南浏阳市东北。《方舆纪要》卷80浏阳县“大围山”条下：七宝山“其山产铅、铁矿，硼砂，青、胆二矾，土黄、吸针石，故名”。

七宝山砦 在今陕西紫阳县西南六十里。《清一统志·兴安府二》：七宝山砦“七峰连起，如连环然”。

七宝镇　即今上海市闵行区西北七宝镇。《方舆纪要》卷24松江府青浦县：北七宝镇“旧有南北二七宝寺，镇在其北，因名”。《清一统志·松江府二》：七宝镇“在青浦县东南四十五里，居华亭之东北，上海之西南，为三县分界处。前临蒲汇塘，商旅辐集。明初置税课局。本朝设县丞驻此”。

七郎山　在今陕西宜川县西南。《清一统志·延安府一》：七郎山“在宜川县西南。城跨其上。上有石门及山砦，相传杨业之子七郎所筑”。

七孤龙　在今福建宁化县南。《方舆纪要》卷98宁化县：“七孤龙在县南，北去乌路峡十五里，石峻路险，怒涛奔湍，逶迤七曲，舟行甚艰，盖即正溪所经矣。”

七姑尖　一作七股尖。在今安徽绩溪县东三十里，南接歙县界。明弘治《徽州府志》：一山并列七峰，峭拔可爱，中一峰崇耸如阖门之状，常有云雾缭绕。

七城山　在今重庆市梁平县西。《舆地纪胜》卷179梁山军引《元和志》：七城山“在县西二十里”。《方舆纪要》卷69梁山县：七城山“在县西三十里。山有七峰，壁立如城”。

七药（藥）山　在今湖北利川市西南。《明史·地理志》施南宣抚司：“西有前江，发源七药山，西南流与后江合。”《清一统志·施南府》：七药山“在利川县西。一名七曜山，与支罗所相近”。

七树庄　即今河北唐山市丰润区西北二十里七树庄镇。清同治《畿辅通志》卷54丰润县图：西有七树镇。

七鸦浦　又名七丫浦、七浦。即今江苏太仓市北七浦塘。《方舆纪要》卷24太仓州：七鸦浦，“《志》云：娄江别一支，自昆山西至和塘而北，合常熟、昆承及阳城、巴城诸川泽，汇流为七浦塘。经州西三十里直塘市，又东北十里为沙头市，又东北十里经涂松镇一带而入海”。

七鸦塘　即七鸦浦。今江苏太仓市北七浦塘。

七星山　①在今福建霞浦县东南。《方舆纪要》卷96福宁州“太姥山”条：七星山“以七石浮立海面如七星而名。嘉靖中，官军尝败倭于此”。

②在今台湾省本岛北端，为大屯火山群之最高峰。海拔1120米。清康熙间蒋毓英《台湾府志》卷2：七星山“此山脱落七顶，至第七峰山顶更高，上有石圆静如星，故名曰七星山”。

③在今江西弋阳县北。《寰宇记》卷107弋阳县：七星山“在县北三十里。相传七星坠此，因名”。

④在海南省文昌市北。《舆地纪胜》卷124琼州：七星山“在琼山县东文昌界海滨，状如七星”。

⑤又名七星岩、栖霞洞、碧虚洞。在今广西桂林市城区东三里普陀山西侧。南宋范成大《桂海虞衡志》：“栖霞洞在七星山。七星山者，七峰位置如北斗。又一小峰在旁，曰辅星。石洞在山半腹。”明《徐霞客游记》卷3七星岩：“洞口右岩，则曾公（曾布）之记在焉。始知是洞昔名冷水岩，曾公帅桂，搜奇置桥，始易名曾公岩，与栖霞盖一洞潜通，两门各擅耳。”

⑥在今四川宜宾市南二十里。明曹学佺《蜀中名胜记》卷15引《方舆胜览》：东山“南望七星山，七峰团秀，状若连环，即南山也”。《清一统志·叙州府一》：七星山“在宜宾县南十五里”。山上有明嘉靖年间建黑塔，高27米，塔顶早圮，今有七层。有磴道盘旋而上。与旧州塔、登高山（东山）塔齐名，誉为三塔映戎州。

⑦在今贵州都匀市北七里。峰峦拱立，如七星。清康熙《贵州通志》卷6：“内有洞，颇清迥。梯石而下，如闻风雨声。初甚纡暗，行数武便得平地，极宽。中有潭，风急涛骇，寒气逼人。”

⑧在今贵州毕节市西南九十里。《清一统志·大定府》：七星山“《（贵州）通志》：山有七峰如星”。

七星冈　即今广东龙门县。《明史·地理志》龙门县：“弘治六年以增城县七星冈置。”

七星关　①明置，属茂州。在今四川茂县西南四十五里南新镇（七星关）。《明史·地理志》茂州：“又南有七星关。”《清一统志·茂州》：七星关“关前山有小孔七，大孔一，穿山而成，如七星伴月然，故名。关南栈道临江倚崖，古称绝险。明嘉靖十九年，副使张问之凿崖开修，旁有偏桥”。

②在今贵州福泉市北五里。明郭子章《黔记》卷5：“自东北由七星关地松水洞、阿亮砦、打铁关、瀚埋砦、上塘坡洞，至平越行府，共九十余里。”

③明洪武十五年（1382）置，即今贵州毕节市西南九十里七星关。

七星关后（後）千户所　明洪武二十一年（1388）置，属乌撒卫。治所即今贵州毕节市西南七星关。永乐十二年（1414）改属毕节卫。清废。

七星关河　即今贵州毕节市西六冲河。《明史·地理志》毕节卫七星关后千户所：“有七星关河，亦曰可渡河，源出四川乌撒府，即北盘江上流，七星关在其上，下流入云南沾益州界。”

七星岗古海遗迹　在广东广州市南郊七星岗。我国地理学家吴尚时教授于1937年发现。因较典型地显示广州的海陆变迁，故名古海遗迹。海蚀岸高3米左右，岸前有一海蚀平台，石岸与平台之间有一连串由海浪侵蚀而成的海蚀穴。它说明广州一带地方在七千至一万年前曾是浅海，古海岸即在此。

七星岩　①在今广东肇庆市北。《方舆纪要》卷101肇庆府高要县“石室山”条：七星岩“连属曲折，列峙如北斗，岩之中亦为石室，容数百人”。

②旧称栖霞洞、碧虚岩、仙迹洞。在今广西桂林市东三里七星山第三峰（天玑峰）半山上。全长约三里，有六洞天、两洞府（玉谿洞府和群仙洞府），雄伟深邃，瑰丽多彩，是桂林最大最奇的岩洞。自隋唐

即为游览胜地。

七星岩摩崖石刻　在今广东肇庆市城北七星岩风景区内。有唐至现代的摩崖石刻五百三十一处，绝大部分集中在石室岩和玉屏岩。最早的石刻是唐代文学家、书法家李邕的“端州石室记”，之后有唐李绅、北宋包拯、元张显祖、明俞大猷、清屈大均和现代的朱德、叶剑英、陈毅、郭沫若等名人雅士，或书写隽语，或赋诗作对，刻石于芳林云崖之上。七星岩摩崖石刻，就文字种类看，有汉字、满文、西班牙文；就字体看，篆、隶、楷、行、草，应有尽有，巨者丈余，小者半寸。该石刻群以诗词歌赋为主。计有一百九十二则二百一十七首。其中有四言、五言、七言，有长诗、短诗，律诗、绝句、唱和诗等。岩洞深处还发现有崖刻画——单线观音像。七星岩摩崖石刻分布集中，书法精湛，雕工细腻，保存完整，而且记述了肇庆的地理环境、山河变迁、历史大事、宗教信仰、庙宇建筑、岩石水土以及朝代更迭，是一座开放式的历史文献和文学宝库。2001 年定为全国重点文物保护单位。

七星岭　在今湖南宁乡县西南六十里。《方舆纪要》卷 80 宁乡县：七星岭“有七峰插天”。

七星桥　战国秦蜀守李冰建。在今四川成都市旧城西部及南部。东晋常璩《华阳国志·蜀志》：“西南两江（郫江、检江）有七桥……长老传言：李冰造七桥，上应七星。”故名。在检江（流江）上有万里桥、笮桥；郫江上有市桥、江桥、冲治桥、长升桥、永平桥，形似北斗七星状。《方舆胜览》卷 51“七星桥”引李膺《益州记》载：七星桥“一长星桥，今名万里；二员星桥，今名安乐；三玑星桥，今名建昌；四夷星桥，今名笮桥；五尾星桥，今名禅尼；六冲星桥，今名永平桥；七曲星桥，今名升仙”。《水经·江水注》：“李冰沿水造桥，上应七宿，故世祖谓吴汉曰：安军宜在七桥连星间。”即此。唐乾符三年（876）高骈建罗城，使郫江改道，七桥仅存笮桥、万里桥，余皆逐渐废毁。

七星涧水　在今江西黎川县南。《方舆纪要》卷 86 建昌府新城县：七星涧水“出县南之福山，中有七石，因名。西流经县西南二十里之高台山，与西溪诸水合，折而北，至城南合黎水”。

七星砦　北宋置，属安化县。即今湖南涟源市东北五十八里七星街。熙宁六年（1073）改为七星镇。

七星渠　在今宁夏中宁县黄河东岸。清乾隆《宁夏府志》卷 8：七星渠“自泉眼山开口，引河水东南流……至白马、张恩段，延长一百四十里……渠梢至张恩堡入河，共浇田七万九千一百六十亩”。

七星镇　北宋熙宁六年（1073）改七星砦置，属安化县。即今湖南涟源市东北五十八里七星街。

七泉　在今湖南道县东。唐元结《七泉铭序》曰：“道州东郭有泉七穴……其一曰潓泉，次曰淲泉，次曰涍泉、汸泉、德泉。铭之泉上，欲来者饮漱其流而有所感发者矣。留一泉名曰漫泉……一泉出山东，故命之曰东泉。”

七闽　①古时分居于今福建和浙江南部一带的闽人为七族，总称七闽。后泛指今福建省地。《周礼·职方》：“辨其邦国、都、鄙、四夷、八蛮、七闽、九貉、五戎、六狄之民。”郑玄注：“闽，蛮之别也。《国语》曰闽芊蛮矣。四、八、七、九、五、六，周之所服国数也。”贾公彦疏：“叔熊居濮如蛮，后子从分为七种，故谓之七闽也。”苏轼《送张职方吉甫赴闽漕六和寺中作》诗有“空使吴儿怨不留，青山漫漫七闽路”句。

②即今福建省之别称。

七首塘　在今福建晋江市北。《方舆纪要》卷 99 泉州府晋江县：七首塘“在府南二十里。境内之塘四十有一，七首为最大。七首之中，盈塘、砂塘最大。塘中有屿，群峰皆奇耸”。

七洲洋　①即今广东珠海市东南之九洲列岛。《宋史·二王本纪》：南宋景炎二年（1277）“十二月丙子，昰至井澳，飓风坏舟几溺死，遂成疾。旬余，诸兵士始稍稍来集，死者十四五。丁丑，刘深追昰至七州洋，执俞如珪以归”。即此。

②即今海南省海南岛东北七洲列岛。南宋吴自牧《梦粱录》：“若欲船泛外国买卖，则是泉州便可出洋。迤里过七州洋。”《元史·史弼传》：“至元二十九年十二月，弼以五千人合诸军，发泉州……过七洲洋、万里石塘，历交趾、占城界。”元周达观《真腊风土记》：“自温州开洋行丁未针，历闽广海外诸州港口，过七洲洋，经交趾洋，到占城。”近一百多年来，中外学者误认为七洲洋即今西沙群岛，谭其骧《七洲洋考》始辨明此七洲洋指今海南岛东北之七洲列岛。

③南中国海的一部分。得名于七洲列岛（即今海南文昌市东北的七洲列岛）。宋、元、明记载中的七洲洋专指七洲列岛附近一带海面。清图籍中的七洲洋有广、狭二义：狭义沿袭明以前旧义，如成书于 18 世纪的《指南正法》、《海录》等；广义则用以泛指北起海南岛东侧，南抵越南昆仑岛的整个南中国海西部，见于 18 世纪的《海国闻见录》、19 世纪的《瀛寰志略》等。

七都村　即今安徽石台县东北小溪水北岸七都镇。明万历《石埭县志》有七都。

七桥瓮　在今江苏南京市光华门外秦淮河上。建于明初，原名上方桥。清代始名七桥瓮，以桥身由七孔桥瓮而名。清咸丰四年（1854），太平军罗大纲部由间道攻七桥瓮兵营，为清参将张国梁击退。即此。

七格星　在今新疆焉耆回族自治县西南。有古代寺院遗址。

七峰山　①在今福建上杭县北。《方舆纪要》卷 98 汀州府上杭县：七峰山“在县城北三里。七峰岌业，翠丽可爱。一名七星山，为邑后镇”。

②一名七石山。在今河南方城县北三十里。《方舆纪要》卷 51 方城县：七峰山“上有七峰列峙，下

有暖泉，三时俱凉，至冬则暖”。

③俗名七股山。在今四川开江县北。《方舆纪要》卷69新宁县：七峰山距“县治五里。一峰突起，分为七枝，秀列如戟”。

④在今陕西汉中市北。《方舆纪要》卷56汉中府南郑县：七峰山在“府北五十里。峰峦峭拔，其数有七，因名”。

⑤一名七圣山。在今甘肃渭源县东北三里。《方舆纪要》卷60渭源县：七峰山，“有七峰错峙，因名”。

⑥明张燮《东西洋考》卷9：小烟山“其上有仙人掌，用丁未针，五更，取七峰山”。在今菲律宾巴拉望岛东北岸一带。一说指杜马兰岛。一说为维多利亚山。

七峰驿 宋置，属沙县。在今福建沙县南。明初废。

七部县 唐武德七年（624）置，属西豫州。治所在今云南元谋县北江边乡（龙街）附近。贞观三年（629）属靡州。天宝后废。

七浦塘 在今江苏常熟市东南、太仓市西北之七浦塘。《方舆纪要》卷24常熟县：七浦塘在“县东南七十里。《旧志》云：塘北通白茅港，西通阳城湖，南入昆山县境。今东南接昆山、太仓界，遇白茅浦塞，县境诸水，皆由此以入海”。

七家岭驿 在今河北迁安市西南七十里七家岭。《方舆纪要》卷17迁安县：七家岭驿“其地有七家岭，因名。相近者曰枣村河，为往来之要道”。后移至今迁安县南四十里沙河驿镇。

七盘山 ①在今四川邛崃市西八十里。《方舆胜览》卷56邛州：七盘山“在临邛”。《方舆纪要》卷71邛州：七盘山“有石径自趾至巅，委曲七盘。其相近者曰马崖山，以崖石如马形也”。

②在今四川巴中市西北一百二十里。《寰宇记》卷139七盘县：“唐久视元年于七盘山东南立，因山为名。”

③亦名棋盘山。在今四川乐至县南。《方舆纪要》卷71乐至县：七盘山“在县南四十五里。冈峦曲折，凡有七盘，因名”。

④在今四川汶川县北。《寰宇记》卷78茂州汶川县：“七盘山在县北九里。”《资治通鉴》：唐大历十四年（779），吐蕃入寇，“范阳兵追及于七盘，又破之，遂克维、茂二州”。

⑤在今陕西汉中市西北鸡头关下。唐元稹诗中“迤逦七盘路，坡陀数丈城”，即指此。《清一统志·汉中府一》：七盘山“自北南上，盘回七转，由此入连云栈，最为险峻。下有穴如斗大，曰鱼洞”。

⑥亦名七盘岭。在今陕西蓝田县南十里。古武关路经此。因盘道逶迤，屈曲回绕，故有“七盘十二诤”之称。《新唐书·尚可孤传》：“朱泚之难，召可孤，可孤率兵三千，道襄、邓而西，属贼兵锐，乃壁七盘”。即此。

七盘关 ①即玉垒关。在今四川都江堰市西玉垒山下。《方舆纪要》卷67灌县：玉垒关“在县西玉垒山下。唐贞观初建，乃番人往来之冲也。亦曰七盘关”。《明史·地理志》灌县：“玉垒山下有玉垒关，一名七盘关。”

②明置，属广元县。在今四川广元市东北一百七十里七盘山。《明史·庄烈帝》：崇祯十年（1637），“冬十月丙申，（李）自成自七盘关入西川”。

③即今陕西宁强县西南棋盘关。《清一统志·汉中府二》“铁锁关”条下：“七盘关，在州西南六十五里，接四川界。”明末李自成破此关后，分三道入蜀。

七盘县 唐久视元年（700）置，属巴州。治所在今四川巴中市西北一百二十里。一说在今巴中市西南一百四十里花丛场。《寰宇记》卷139七盘县：“因山为名。”北宋熙宁三年（1070）废入恩阳县。

七盘坡 在今贵州福泉市东南五里。官道经其上。转折凡七。《明一统志》卷88平越卫：七盘坡“高峻崎岖，盘回七里。坡下有溪”。

七盘岭 ①在今湖南沅陵县东南四十里。《方舆纪要》卷81沅陵县：七盘岭“崒嵂当道，行者仄足”。

②亦名五盘岭。在今四川广元市东北。唐岑参《利州道中行》诗云：“前日登七盘，旷然见三巴。”《方舆纪要》卷68广元县：七盘岭“在县北百七十里，与陕西宁羌州接界。一名五盘岭。自昔为秦、蜀分界处。有七盘关”。

③即七盘山。在今陕西蓝田县南十里。

七龛山 在今重庆市武隆县西北。《舆地纪胜》卷174涪州：七龛山“在武龙县北一十五里”。《方舆纪要》卷69武隆县：七龛山“在县北二里。山高大，上有七穴”。

七麻堡 北宋置，属巩州。在今甘肃通渭县境。后废。

七淜 在今云南姚安县西南。《方舆纪要》卷116姚安军民府：七淜“在府城西南。土人称陂堰为淜，凡七，皆前代所筑，潴水灌田，民皆赖之”。

七琴墟 亦作七擒市。即今江西新干县东南四十四里七琴镇。明嘉靖《临江府志》卷3：新淦县市镇有七擒。清同治《江西全省舆图》卷6新淦县：“芦岭又迤东稍南行十里至七琴。”

七雄山 在今云南会泽县东北一百二十里。《方舆纪要》卷73东川军民府：七雄山“在府东北百二十里。石崖陡峻”。

七道泉子 一名七道营。即今辽宁朝阳市西北七道泉子镇。清光绪重订道光《承德府志》卷7朝阳县西境：“七道营在县治西北十里。”

七渡河 在今河北三河市西北。《方舆纪要》卷11三河县：七渡河“在县西北。一名黄颁水。源自顺义县黄颁峪，流经县界，下流入于白河”。

七塘铺 即今重庆市璧山县北七塘镇。清嘉庆《四川通志》卷89巴县：七塘铺“在县西北一百二十二里”。后为场市。同治《璧山县志》卷1：七塘场在“县北六十里”。

七源州 唐置羁縻州，属邕州都督府。治所在今越南谅山省西北七溪。北宋属邕州左江道。后废。

七溪岭 即今江西井冈山市北七溪岭。《清一统志·吉安府一》：七溪岭“在永宁县（治今新城镇）北十里。长二十余里。两山夹峙，险峻如阨吭。林木交荫，有泉流萦绕，为七溪三十六涧”。其东北方即龙源口。1928年6月，中国工农红军在此与国民党军激战，粉碎了国民党军队的进攻，称为“龙源口战斗”，又称“七溪岭战斗”。

七溪部 又作七溪溪处部。宋大理置，属秀山郡。在今云南红河县东南三十三里石头寨。元属和泥路。明改溪处甸长官司。

七擒渡 又名七纵渡、孟渡。在今四川荥经县东北十里，为荥经水之津渡。《舆地纪胜》卷147雅州：落孟山“在荣经县东十里。前大江曰七纵渡，孔明擒孟获之地也”。

七鲲身 在今台湾省台南市西南沿海一带。北起安平古堡故址（在一鲲身），南至二层行溪（即二仁溪）口，原由多处沙洲连续发展而成，地势起伏，有如鲸（鲲）背浮露水面，故名“鲲身”。清康熙间高拱乾《台湾府志》卷1：“自打鼓山蜿蜒而亘西南，共结七堆土阜，有蛛丝马迹之象，如鲲鱼鼓浪然，自一鲲身递至七鲲身，相距有十里许。”

七曜山 一名七药山。在今湖北利川市西南。《方舆纪要》卷82施州卫：七曜山“在卫西北三百里。上有梅子关”。

〔丨〕

卜门山 在今云南双柏县西南。《方舆纪要》卷116碍嘉县：卜门山在“县（治今碍嘉街）东北三十里。高可千仞，最为险峻。《志》云，即楚雄峨碌之支也。高耸入云，其泉下绕，为卜门河，自县入郡路必经此。凡三十六折，乃至其顶。亦曰北门山”。

卜弋堰镇 即今江苏常州市武进区西二十五里卜弋镇。清光绪《江苏全省舆图》武进县图：西有卜弋堰镇。

卜古罕城 即窝鲁朵城、古回鹘城。在今蒙古国鄂尔浑河上游西岸哈剌巴剌哈逊古城址。《辽史·耶律大石传》：保大三年（1123）大石西行，“先遗书回鹘王毕勒哥曰：‘昔我太祖皇帝北征，过卜古罕城’……”

卜龙山 在今云南弥勒县南五里。《方舆纪要》卷115弥勒州：卜龙山在“州南五里。旧部笼部千户所置于此。叠嶂重峦，环绕州治”。

卜花儿 即蒲华。今乌兹别克斯坦布哈拉。《明史·西域传》：卜花儿“在撒马儿罕西北七百余里。城居平川，周十余里，户万计”。明永乐十三年（1415），陈诚出使至此。

卜忽秃河卫 明永乐十二年（1414）置，属奴儿干都司。在今吉林延吉朝鲜族自治州布尔哈通河流域。后废。

卜剌罕卫 明永乐四年（1406）置，属奴儿干都司。治所在今黑龙江省境绰尔河流域。后废。

卜奎 亦作卜魁。即齐齐哈尔城，今黑龙江省齐齐哈尔市旧城区。清西清《黑龙江外记》卷1：“齐齐哈尔，屯名，在今城西南十余里，城所在号卜奎。相传筑城议在齐齐哈尔，既以中隔嫩江不便，改今地，故齐齐哈尔虽以名城，而卜奎实通称。卜奎，方言也，国语奎作克伊切，有音无字，因以奎代，亦作魁。”据清方式济《龙沙纪略》：卜魁，达斡尔语意为“大力士”。

卜哈儿 即蒲华城。今乌兹别克斯坦布哈拉。元《圣武亲征录》：辛巳（公元1221年），“上与四太子进攻卜哈儿”等城。

卜容营 明洪武二十二年（1389）置，在今贵州兴义市南。

卜勒克站 明初改元别烈可站置，在今俄罗斯哈巴罗夫斯克边疆区黑龙江下游库穆苏之下别勒尔屯。明《辽东志》卷9：海西东水陆城站有狗站“卜勒克站”。后废。

卜隆儿川 即古南籍端水。今甘肃西部疏勒河。《明史·哈密卫传》：成化十年（1474），都督李文等救哈密，“兵至卜隆儿川，谍报阿力集众抗拒，且结别部谋掠罕东、赤斤二卫。文等不敢进”。

卜鲁兀卫 明永乐八年（1410）置，属奴儿干都司。治所在今俄罗斯哈巴罗夫斯克边疆区黑龙江下游东岸博戈罗茨科耶附近。后废。

卜鲁丹河卫 明永乐五年（1407）置，属奴儿干都司。在今俄罗斯阿穆尔州黑龙江中游波罗穆丹河流域。后废。

卜魁 即卜奎。今黑龙江省齐齐哈尔市。《清史稿·地理志》龙江府：“即齐齐哈尔，旧曰卜魁。”

卜颜卫 明永乐四年（1406）置，属奴儿干都司。治所在今黑龙江木兰县城东十三里五站屯。后废。

〔丿〕

乂头村 在今河北藁城市西北七十里。明置巡司于此。

乂安府 明永乐五年（1407）属交趾布政司。治所在衙仪县（今越南中部义安省宜春）。辖境相当今越南义安省大部分地。宣德二年（1427）以后地入安南。

八一南昌起义指挥部旧址 在今江西南昌市中山路洗马池。原为江西大旅社，是一座灰色五层大楼。1927年7月下旬，起义部队到达南昌，在此成立了以周恩来为书记的中共前敌委员会。这里遂成为领导起义的指挥中心。周恩来与朱德、叶挺、贺龙、刘伯承等在此讨论起义计划，草拟了《八一革命宣言》、《八一革命宣传大纲》和《土地革命宣传大纲》，并指挥武装起义，全歼守敌一万余人。这次武装起义是中国共产党创建中国工农武装进行革命战争的开始，因此“八一”成为中国人民解放军建军节。1961 年定为全国重点文物保护单位。

八十一寨　在今贵州安顺市东旧州镇。明初置安顺州治此。成化中移治普定卫城（今贵州安顺市）。万历三十年（1602）升为安顺府。

八十四盘　在今四川峨眉山市西南峨眉山雷洞坪至金顶之间的山道。南宋范成大《吴船录》卷上：“过新店八十四盘娑罗平……自娑罗平过思佛亭、软草平、洗脚溪，遂极峰顶光相寺。”明曹学佺《蜀中名胜记》卷 11 峨眉县：“由雷洞坪至天门，石路诘曲，为八十四盘。”

八十四渡山　在今湖南东安县北。《方舆纪要》卷 81 东安县：八十四渡山“山势重复，流水萦纡，经此山者，凡八十四渡”。《清一统志·永州府一》：八十四渡山“在东安县（治今紫溪市镇）北一百五十里。山根迤逦不断四十余里，芦洪水出焉。周回曲折，人经此山者，凡四十八涉，因名”。

八十里山　在今湖南新宁县南四十里，接广西全州界。《宋史·蛮夷二》：“静江兴安之大通虚，武冈军之新宁、盆溪及八十里山，永州之东安，皆可以径达溪峒。”《方舆纪要》卷 81 新宁县“樟木山”条下：八十里山，“《志》云，山南北延袤几八十里，山麓南抵全州四十里，北抵县治亦四十里，石磴峻峭，俨若蜀道”。

八十里川　在今山西安泽县东南。今上游名王村河，下游名兰河。《方舆纪要》卷 41 岳阳县：“八十里川在县东百六十里。源出长子县发鸠山，西南流入境，合于沁水。其川长八十里，因名。”

八十垱岗遗址　在今湖南澧县东北梦溪镇五福村夹河北岸。遗址面积约 3 万平方米。文化堆积主要属彭头山文化时期，年代距今 8500—7500 年（树轮校正）。遗址内发现有围墙和围壕环绕的聚落，整体呈南北向。南北长约 210 米，东西宽约 160 米。壕沟深约 1 米，开口宽约 4 米。围墙顶宽 3—4 米，高距沟底约 2 米。遗址东北部发现海星状石台遗迹一处，遗迹四角外伸，立有中心柱，并发现有牛下颌骨，推测应为宗教祭祀遗迹。在遗址中部、东部也有此类遗存发现。遗址内发现大量完整形态的稻谷、稻米，是目前世界上发现最早的稻作农业遗存，为科学完整地认识“古栽培稻”在植物进化过程中的群体特征与地位，认识原始农业的真实面貌与发展状况提供了重要资料。八十垱岗遗址是迄今长江流域发现最早的环壕聚落，它极大地丰富了彭头山文化的内涵，对研究聚落形态的起源、发展及中国古代都城的起源都有重要意义。2001 年定为全国重点文物保护单位。

八十家子　在今内蒙古和林格尔县东南百里。清代为右玉县北杀虎口外驿站。光绪《山西通志》卷 30：八十家子“在（和林格尔）厅南，杀虎口外，为入口第一站”。

八十冢　在今湖北天门市东北。《方舆纪要》卷 77 景陵县：八十冢在“县东北七十里。有疑坟凡八十。地名长河，接德安府应城县界”。

八七会议会址　在今湖北武汉市江岸区鄱阳街 139 号（原汉口三教街 41 号）。为一幢西式三层楼房。1927 年 8 月 7 日，中共中央在此召开紧急会议，结束陈独秀右倾机会主义在中央的统治，确定了武装起义和土地革命的总方针。1982 年定为全国重点文物保护单位。

八儿真　亦作巴耳赤邗。在今哈萨克斯坦克孜勒奥尔达东南奇伊利一带。《元史·太祖本纪》：十六年（1223），“皇子术赤攻养吉干、八儿真等城，并下之”。

八大壕　即今辽宁黑山县西北三十五里八道壕镇。民国熊知白《东北县治纪要》辽宁黑山县：“县属大虎山距县治东南二十里，在北宁路八道壕支线分歧点。”民国《东北年鉴》：八道壕煤矿“在黑山县城西北三十里许，大通铁路线通过矿厂，设有车站”。

八万山　在今广东陆丰市东。清乾隆《陆丰县志》卷 2：八万山“在邑东六十里。旧为平南王藩下商人矿场，禁绝已久。今奉题请开采，矿砂稀少，现经停采”。

八万亮寨长官司　明洪武三年（1370）改亮寨长官司置，属湖广辰州卫。治所即今贵州锦屏县南亮司。寻属靖州卫。后废。永乐元年（1403）改置亮寨长官司。

八川　又作八水。即关中地区长安附近泾、渭、灞、浐、酆、镐、潦、潏八水的总称。酆亦作沣、丰，镐亦作滈，潦今作涝，潏亦作泬。司马相如《上林赋》：“荡荡乎八川分流”，即指此。

八门城　在今山西汾阳市东北十七里罗城镇村。《元和志》卷 13 西河县：“八门城在县北十五里。刘元海遣将乔嵩攻西河，筑营自固，营有八门，因名。”

八门城镇　即今天津市宝坻区东南六十四里八门城镇。清乾隆《宝坻县志》卷 6：“八门城、小塔沽庄皆县东南六十里。”

八义集　即今江苏邳州市西南八义集镇。清咸丰《邳州志》卷 3 有“八义集”。

八义镇　金置，属上党县。即今山西长治县南八义镇。

八弓铺　即今贵州三穗县驻地八弓镇。旧属天柱县。《清一统志·镇远府》“县前铺”条下：又有“八弓铺”等，“皆天柱县管理”。“八弓”系苗语音译，意为高山下面的寨子。

八王陵　在今湖北武汉市武昌城东。明洪武十四年（1381）朱元璋第六子桢封为楚王，驻江夏县（今湖北武汉市武昌城）。死后建陵寝于此。继有庄、宪、康、靖、端、愍、恭诸王均葬于此。

八开铺 即今贵州榕江县西南八开乡。清置八开土千总。“八开”系苗语音译，意为蛤蟆山。

八云塔 在今陕西周至县城中心。又称瑞光寺塔。寺始建于唐景龙二年（708），后寺毁塔存。该塔为砖木结构密檐式佛塔，平面为正方形，高十三层，中空。现塔残高35.74米，底层边长9.05米。塔身第一层较高，北面正中辟券门，另三面作假券门。二、三、七层及以上各辟二券门，两相对开，上下位置逐层相错。每层的叠涩出檐。塔顶已毁。塔内木楼梯清代被焚毁。2001年定为全国重点文物保护单位。

八扎塔拉 在今新疆叶城县西南叶尔羌河北岸麻扎达拉。清宣统《新疆图志》卷9：八扎塔拉卡“查该卡祇可扼坎巨提由星峡、红孜纳普各达坂来路入叶城各道”。

八分山 在今湖北武汉市武昌区北。《舆地纪胜》卷66鄂州：八分山“在江夏东南四十里。高五十丈。有水南分流如八字。其旁有八分湖、八分院”。

八公山 ①在今安徽和县城北半里。《舆地纪胜》卷48和州：“八公山在郡城北来山之左。世说八仙人围棋会饮于此，故名。张祁谓仙风对八公，盖一郡之胜概也。”

②一名肥陵山。在今安徽寿县北五里，南滨东淝河，西、北面临淮河。《水经·肥水注》：淮南王刘安笃好儒学、方术，“忽有八公，皆须眉皓素，诣门希见……乃与安登山，薶金于地，白日升天。余药在器，鸡犬舐之者，俱得上升。其所升之处，践石皆陷，人马迹存焉。故山即以八公为目”。东晋太元八年（383）“淝水之战”时，前秦苻坚登寿阳城（今寿县）望八公山草木，以为晋兵，即此。

八公桥集 即今河南濮阳县东南四十里八公桥镇。清尹耕云《豫军纪略》卷4：咸丰十一年（1861）四月，清军“追至八公桥”。

八公塠 在今陕西富平县东南二十五里。《寰宇记》卷31富平县：八公塠“其塠两畔各有小谷，象公字，中心有堆，因以为名”。《方舆纪要》卷53云：“亦曰八公原，金人由扶风东还，将犯永兴，宋将贺师范与战，于此败死。今垒壁尚存。”

八乌龙 即八乌笼。在今四川九龙县西南八窝龙乡。

八乌笼 即今四川九龙县西南八窝龙乡。清康熙四十年（1701）置八乌笼土百户。后废。

八方寺 即今山东惠民县治。《宋史·地理志》棣州：“大中祥符八年，移治阳信县界八方寺。”即此。

八方泊 在今山东惠民县西北五里。《清一统志·武定府》：八方泊，“凡经雨潦，西南商河县界之水，自沙河镇来注；东南府城北壕之水，自北关来注于泊。泊北有遥堤，穴为水道，达于阳信县界，截河东流，经沾化北青泥沟入海”。

八斗溪 在今湖南桑植县北。《方舆纪要》卷77安福所：八斗溪“在所（今桑植县）北。绕城而西，合永定诸溪水，入（九溪）卫境，合喝堡诸溪。亦名西水”。

八尺门 在今台湾省基隆港东北，和平岛南。因与和平岛间的水道狭窄似八尺之门而得名。今为基隆市中正区公所驻地。

八尺江 即今广西南宁市邕宁区南八尺江。《方舆纪要》卷110南宁府宣化县：八尺江在“府东南六十里。其上流自广东钦州界流入境，北流入于郁江”。在入江处有八尺寨巡司。

八尺墟 即今广东平远县西北八尺镇。清设八尺墟汛。

八尺寨 在今广西南宁市邕宁区西八尺江北岸。明置巡司于此。明《徐霞客游记·粤西游日记三》：“八尺之北，大江之西，巡司名八尺，驿又名黄花。”

八功德水 ①故址在今江苏南京市钟山东。宋《景定建康志》卷19：八功德水“在蒋山悟真庵后。因梁天监得名”。又引《天圣记》云：“天监中，有胡僧昙隐飞锡寓止修行，忽一庞眉叟相谓曰：予山龙也。知师渴，饮功德池，措之无难矣。人与口灭，一沼沸成，深仅盈寻，广可倍丈……一清、二冷、三香、四柔、五甘、六净、七不饐、八蠲痾，又其效也。”

②在今云南宾川县西北鸡足山之巅。《清一统志·大理府》引《宾川州志》：“水出飞崖下，仅容一瓢，四时不竭。其东有石窍，故老云，昔有异人，以咒术禁蛇其中，故一山无蛇。”

八节那间 在今印度尼西亚爪哇岛中部北岸的北加浪岸。元汪大渊《岛夷志略》：八节那间“其邑临海，岭方木瘦，田地瘠，宜种粟、麦”。或谓即“八节涧”之同名异译。

八节涧 在今印度尼西亚爪哇岛东北部泗水附近，或谓在泗水南面的Bakachak河口。《元史·外夷·爪哇》：“（八节涧）上接杜马班王府，下通莆奔大海，乃爪哇咽喉必争之地。”

八石坪 在今重庆市巫山县东北一百八十里。道光《夔州府志》卷5：“分防把总署在八石坪。”清嘉庆四年（1799），白莲教龚文玉等曾在此屯聚。

八龙山 在今甘肃秦安县西北六十里。《方舆纪要》卷59秦州秦安县：八龙山，“山阜有八，回合如龙，其势如羁如御，亦谓之把龙山”。

八平城 唐代通海城路上的要站。在今云南蒙自市城附近。

八仙山 在今河北怀来县东北长安岭西侧。《方舆纪要》卷18长安岭堡：八仙山在“堡西二里。八峰高耸，中有石室”。

八仙屯 在今广西忻城县境。《方舆纪要》卷109忻城县：“《土夷考》：元置八仙屯千户，授土官莫保。洪武初罢屯官，籍屯田兵为民，莫氏遂徙居忻城界。”

八仙洞 在今四川阆中市南三里锦屏山（阆中山）。清道光《保宁府志》卷6：八仙洞“嘉庆十六年，川北镇罗思举所开，凿八仙像并纯阳瓜皮诗于壁”。

八仙海　一名南海子。又名草海。即今贵州威宁彝族回族苗族自治县西南草海。清爱必达《黔南识略》卷26威宁州：“八仙海子在城西南十里。列石八，如人状。”故名。

八仙筒　即今内蒙古通辽市奈曼旗东北八仙筒镇。1931年绥东县迁治于此。“八仙筒”，蒙古语意为土平房。

八仙堡　亦名八仙峒。在今广西宜州市西南。《方舆纪要》卷111思恩府：八仙堡“在府东北。即元所置八仙屯也。亦曰八仙峒。本庆远府宜山县地。正统中，割属思恩，置堡于此，仍以八仙为名”。

八白室　在今内蒙古鄂尔多斯市伊金霍洛旗南伊金霍洛镇西北。有供奉成吉思汗陵的“八白室”，故名。

八斥站　元置，即今江苏吴江市东南、江南运河东岸之八圻。

八台（臺）山　在今四川万源市东南八台乡境。道光《城口厅志》卷4：八台山“厅西二百三十里交太平县界，山极雄厚，上下六十里，即后江发源于此”。《明史·张令传》：张献忠转入柯家坪，围张令，“急令参将张应元、汪之凤从八台山进，总兵贺人龙从满月嶆进”。即此。

八圩镇　即今江苏靖江市南八圩镇。清光绪《江苏全省舆图》靖江县：“八圩镇在城南一十五里。”

八吉打　即八哈塔。今伊拉克首都巴格达。《元史·地理志·西北地附录》有“八吉打”。即此。

八吉堡　在今湖北武汉市武昌城区东北长江南岸。清设守备、千总驻守。《清一统志·武昌府》：八吉堡“在江夏县北五十里”。

八芝连　又作八芝林、八芝兰、八芝兰林。即今台湾省台北市北士林区。本高山族平埔人社名的音译，意为温泉。

八百大甸宣慰司　明洪武二十四年（1391）置八百大甸军民宣慰使司，属云南布政司。治所在今泰国清迈。辖境约当今泰国境内北纬17°线以北地区。后废。

八百里　在今浙江临安市东。《新五代史·钱镠传》：唐广明元年（880），黄巢起义军进逼临安，钱镠“乃引兵趋八百里。八百里，地名也。告道旁媪曰：‘后有问者，告曰临安兵屯八百里矣’。巢众至，闻媪语，不知其地名，曰：‘向十余卒不可敌，况八百里乎？’遂急引兵过”。

八百桥镇　又作八柏桥镇。即今江苏南京市六合区东北三十里八百镇。明嘉靖《六合县志》卷1：“八百桥市在治东北三十里。”民国《江苏六十一县志》六合县：“八百桥在东北三十里，跨滁河支流为市。”

八百等处宣慰司　元至顺二年（1331）置八百等处宣慰司都元帅府，属云南行省。治所在景迈（今泰国北部清迈）。领蒙庆府、木安府、孟杰府及孟绢路，辖境约当今缅甸南垒河以南的景栋地区，泰国北部清莱府和清迈府等地。明洪武二十四年（1391）改八百大甸军民宣慰使司。

八百媳妇土司　在今缅甸掸邦东部，萨尔温江以东、湄公河以西地区。相传其部长有妻八百，各领一寨，故名。元泰定四年（1327）以其部分地区设置蒙庆宣慰司，至顺二年（1331）改置八百等处宣慰使司统辖全境。明洪武时改置八百大甸军民宣慰使司。

八达岭　亦名石门关。在今北京市延庆县东南三十里。元人以此为居庸北口，上有城并设官兵戍守。《明一统志》卷5隆庆州：八达岭“在州城南三十三里居庸关外”。顾炎武《昌平山水记》卷上：“自八达岭下视居庸关，若建瓴，若窥井，故昔人谓居庸之险不在关城，而在八达岭。”八达岭是万里长城重要关隘——居庸关的外口，是现存明长城中保存最好的一段。1961年万里长城——八达岭被定为全国重点文物保护单位。1987年又被联合国教科文组织世界遗产委员会确认为世界文化遗产。

八达河　即今云南曲靖市东南及广西西北、与贵州交界之南盘江。《清一统志·曲靖府》：八达河“源出沾益州花山洞，南流经南宁县东北，为潇湘江。又南至陆凉州，汇为中埏泽，折而西为大赤江”。又《清史稿·地理志》泗城府西隆州：“南盘江即八达河，西江初源也，下流为红水江”。

八达墟　①即今广西西林县治。《清一统志·泗城府》：八达“在西隆州西南土黄甲，逼近滇黔苗寨，最为扼要之地。本朝雍正七年设州同驻此”。“八达”系壮话音译，八意为口，达为河，八达意即河口，因位于驮娘口、花贡沟交叉口而得名。

②即今广西田林县西北八渡瑶族乡。清光绪《广西舆地全图》西林县图：东北有八达墟。

八匡河　在今云南镇雄县西八十里。《清一统志·昭通府》引《旧志》：“八匡河，源出却佐山箐，又名却佐溪，下流六十里，合勿食料溪，又八十里入白水江。”

八团镇　在今上海市浦东新区川沙镇。《方舆纪要》卷24松江府上海县：川沙堡“产盐，商贾辐辏。地名八团镇”。

八舟山　在今贵州黎平县北。《明一统志》卷88黎平府：八舟山“在八舟长官司南。上有石如人，名仙人岩”。

八舟江　在今贵州黎平县北。《方舆纪要》卷121黎平府：八舟江“在（八舟长官）司南。自府境流经此而入龙里司界，即新化江也”。明曹学佺《名胜志》：八舟长官司“西南为八舟江，来自黎平府城东北，流入新化江”。

八舟军民长官司　宋置，治所在今贵州黎平县北二十里高屯镇西南八舟。元属思州安抚司。明洪武五年（1372）改为八舟蛮夷长官司。

八舟蛮夷长官司　明洪武五年（1372）改八舟军民长官司置，属思州宣慰司。治所在今贵州黎平县北二十里高屯镇西南八舟。后废。永乐元年（1403）复置，属贵州卫。十二年（1414）属黎平府。清以后废。

八关 ①东汉中平元年（184），灵帝为阻止黄巾军进攻都城洛阳，置八关都尉，驻洛阳西南散关城（今河南宜阳县东北三十里洛水北岸），统函谷、广城、伊阙、大谷、轘辕、旋门、小平津、孟津等八关。

②明万历二十二年（1594）云南巡抚陈用宾于腾越州西北至西南境边界内筑，即神护、万仞、巨石、铜壁、铁壁、虎踞、天马、汉龙八关。前四关属蛮哈守备，后四关属陇把守备。关址距当时边界或数十里或百余里不等。清光绪二十三年（1897）中英勘定滇缅边界，铁壁、虎踞、天马、汉龙四关划入缅甸（铁壁关今属中国）。

八关城 在今河南宜阳县东北三十里。东汉灵帝中平元年（184）为阻止黄巾起义，于此置八关都尉官。《水经·洛水注》："其城西阻塞垣，东枕惠水……置函谷、广城、伊阙、大谷、轘辕、旋门、小平津、孟津等八关，都尉官治此，函谷为之首，在八关之限，故世人总其统目，有八关之名矣。"

八米俺 在今阿富汗喀布尔西北巴米安。元代为察合台汗国属地。清洪钧《元史译文证补》卷22下《西域补传》：太祖"逾印度固斯大山至八米俺，以其城当冲，留攻之……太祖破八米俺，皇孙谟阿图堪死之。太祖怒，屠其城，畜类无遗，毁为平地"。即此。

八字门 在今湖北京山县北三十里龙老山东北麓。1940年1月新四军豫鄂挺进纵队司令部驻此。

八字陂 在今广西兴安县东。《方舆纪要》卷107全义县：八字陂"在县治东……皆灵渠之水分引灌田处"。

八字桥 在今浙江绍兴市越城区八字桥直街东端三河交汇处。始建于南宋，而后多次维修，1982年再行加固性修缮。八字桥为梁式石桥，主桥东西向，横跨稽山河，总长32.82米，桥洞净跨4.91米。宽3.2米，洞高3.84米。金刚墙用条石叠砌，主桥孔两侧各立石柱九根与金刚墙连接。其两侧第五根石柱上镌"时宝祐丙辰冬吉日建"题记。桥面用七根石梁铺就，梁面微拱，两侧设覆莲望柱与勾栏。石桥设落坡踏跺四道，东端分南、北落坡与沿河石板小路相连，西端分西、南落坡连八字桥直街和沿河石板小路。从桥南北望，两条沿主河岸向南的踏跺呈八字形。此桥为我国早期简支梁桥的孤例。2001年定为全国重点文物保护单位。

八字桥镇 ①即今江苏扬中市南八桥镇。民国《江苏六十一县志》：扬中县有"八字桥镇"。

②又名镇八士桥。即今江苏无锡市东北锡山区八士。清光绪《江苏全省舆图》金匮县图：东北有八字桥。

八字脑 在今江西鄱阳县西，鄱江南岸。《方舆纪要》卷85饶州府鄱阳县：八字脑"在府西三十里。正德中，伍文定败宸濠之兵于此。《舆程志》云，府十里为竹鸡林，又二十里为八字脑"。清于此设八字脑汛。

八字堡 在今四川苍溪县北八十里五龙镇（八字关）。《方舆纪要》卷68苍溪县：八字堡在"县北八十里。有巡司戍守"。

八阵图 ①又名诸葛亮八阵。在今四川成都市东北弥牟镇南。《元和志》卷31新都县："诸葛亮八阵，在县北十九里。"《寰宇记》卷72新都县引李膺《益州记》云："稚子阙北五里武侯八阵图，土城四门，中起六十四魁，八八为行，魁方一丈，高三尺。"今尚存残垒三处。

②亦称八阵碛。相传三国蜀相诸葛亮所造。在今重庆市奉节县东南二里，梅溪河注入长江处。《晋书·桓温传》："诸葛亮造八阵图于鱼复浦沙丘之上。"《寰宇记》卷148引《荆州图副》云："永安宫南一里，渚下平碛上。周回四百十八丈，中有诸葛武侯八阵图。聚细石为之，各高五尺，广十围，历然棋布，纵横相当，中间相去九尺，正中开南北巷，悉广五尺，凡六十四聚。或为人散乱，及为夏水所没，冬水退后，依然如故。"又引盛弘之《荆州记》云："垒西聚石为八行，行八聚，聚相去二丈许，谓之八阵图。"唐杜甫《八阵图》诗云："功盖三分国，名成八阵图。江流石不转，遗恨失吞吴。"

③在今陕西勉县南。《水经·沔水注》："（定军）山东名高平，是亮宿营处……营东即八阵图也。"《元和志》卷22西县：八阵图"在县东南十里。诸葛亮叠细石为图"。《清一统志·汉中府二》"督军坛"条引《府志》："八阵图，在定军山下，图列八阵，聚细石为之，各六十四聚。又有二十四聚，作两层，每层各十二聚，其迹尚存。或为人所散乱，及夏水没，水退如故。"

八赤镇 即今江苏吴江市东南之八圻。元、明时置长桥巡司于此。

八苏木 即今内蒙古卓资县东北八苏木。清同治间属蒙古族原正红旗第八苏木，故名。1949年为正黄旗驻地。

八连城遗址 又名半拉城。在今吉林珲春市西南图们江东。有唐渤海国东京龙原府古城遗址，由内城和外城组成，内城有宫殿遗址，建筑格局模仿唐朝。2001年定为全国重点文物保护单位。

八步关 明置，在今四川芦山县东北。《方舆纪要》卷72芦山县：八步关"在县东北五十里"。

八步墟 即今广西贺州市八步区驻地。清光绪《广西舆地全图》贺县图：西北有八步墟。1952年贺县由贺街迁此，改为八步镇。

八里川 在今湖北郧西县西。《方舆纪要》卷79上津县：八里川"在县西南三十里。亦曰八里河，流入吉水"。

八里屯阿懒 在今蒙古国东北肯特省北鄂嫩河滨。《元史·太祖纪》：先王孛端叉儿"独乘青白马，至八里屯阿懒之地居焉"。

八里水铺 即今贵州遵义县（南白镇）北八里水。清道光《遵义府志》卷6遵义县：八里水在"城南三十里"。

八里庄 ①在今天津市武清区西北城关镇东南。《方舆纪要》卷11武清县：正德中，刘六等于霸州起义，“官军击之于八里庄，败绩”。即此。

②在今山东茌平县东南。清光绪中，义和拳首领朱红灯曾在此设立拳场，积极宣传灭洋主张。

③在今河南夏邑县东三十二里。1944年9月新四军第四师师长彭雪枫在与侵华日军作战中在此牺牲。

八里庄堡 清置，即今辽宁辽阳市西南八里庄。《清一统志·奉天府二》：八里庄堡“在辽阳州西南八里”。

八里岗遗址 在今河南邓州市东六里湍河南岸，是一处新石器时代遗址。遗址面积5万平方米，文化层厚3—5米。发现有房基六十六座，墓葬一百五十余座，灰坑、窖穴千余个。其中仰韶文化的近百人葬于一穴的特大型二次墓葬、由多套单元套房相连而成的“长屋”和排房村落布局，以及单侧推拉式房门，都是极为重要的考古发现，对研究仰韶文化的聚落形式、埋葬习俗及社会形态等，具有重要的学术价值。而发现的保存较好的“长屋”房基是复原仰韶文化中晚期“长屋”建筑的珍贵的实物标本。八里岗遗址面积大，内涵丰富，文化序列完整，是豫西南地区最为重要的一处新石器时代遗址。2001年定为全国重点文物保护单位。

八里坌 即今台湾省新北市北面八里区。清雍正九年（1731）于此置八里坌巡司。同治《淡水厅志》卷2：八里坌山“山凡八面，故名”。八里坌因山为名。2010年改设八里区。

八里甸子 即今辽宁桓仁满族自治县西南八甸子镇。清光绪《奉天全省地舆图说图志》兴京厅属境图：怀仁县西南有八里甸。

八里罕 即今内蒙古宁城县西南八里罕镇。1948年宁城县由小城子迁治于此。1954年又迁治天义镇。“八里罕”，蒙古语意为佛爷。

八里河 在今安徽颍上县城南八里。《清一统志·颍州府一》：八里河“其上流曰东西二柳沟。自阜阳县界流入，又东南入淮”。

八里郎 一作巴里郎。即今西藏洛隆县西八里。清《西藏图考》卷3：巴里郎“一作八里郎”。

八里城遗址 在今黑龙江省肇东市西南四站镇西八里乡。是松花江北最大的古城址。建于金太宗天会八年（1130），当时称肇州。元成宗元贞元年（1295）又设肇州屯田万户府于此。城址平面呈正方形，周长3761米，城墙夯筑，四边均有马面，每侧十四个。四面中部有门，宽8米，有半圆形瓮城，四角有半圆形角楼。城墙外侧约10米处有护城壕，壕外有土堤环绕。城内出土有铜器、铁器、瓷器等多种器物，有近千件金代文物。其中铁器种类较多，有武器、马具、农器等。2001年定为全国重点文物保护单位。

八里垛镇 即今安徽颍上县东南六十里八里垛。清顺治《颍上县志》卷2：八里垛“商贾舟楫，贸易聚集，亦淮、颍襟带之处”。

八里茫 察合台汗国属地。在今新疆温宿县东南，一说在阿克苏市东。《元史·地理志·西北地附录》有八里茫。

八里桥 即永通桥。在今北京市通州区西八里通惠河上。因距县治八里而名。为陆路入北京的重要孔道。清咸丰十年（1860），英、法联军由天津入侵北京，清军于此抵御。《清史稿·文宗纪》：“瑞麟等与洋兵战于八里桥，不利。”即此。

八里堤（隄） 在今河北河间市南八里铺。《方舆纪要》卷13河间府河间县：八里堤“在府南八里庄，自苏家口迄徐家口，亘二十里，以防涨水。亦万历中修筑”。

八里湾铺市 即今湖北红安县南七十里八里湾镇。清光绪《湖北全省分图》：黄安县南有“八里湾铺市”。

八邻 在今俄罗斯鄂毕河上游地区。《元史·土土哈传·床兀儿》：大德元年（1297），“领征北诸军帅师逾金山，攻八邻之地。八邻之南有答鲁忽河，其将帖良台阻水而军……还次阿雷河，与海都所遣援八邻之将孛伯军遇”。

八岔沟镇 一名八岔子，又名岔沟。即今辽宁海城市东南岔沟镇。清光绪《奉天全省地舆图说图志》海城县图：东南有八岔沟。

八甸 即今云南弥勒县。明景泰《云南志》卷3：“弥勒州，蛮名八甸。”

八甸溪 又称巴甸江。即今甸溪河。在云南弥勒县。《方舆纪要》卷115弥勒州：八甸溪“在州治北。其源有三，一出旧村，一出阿欲山，一出北倾山，至州治东而合流，南入盘江，或谓之巴甸江”。

八角厂 在今四川德昌县西南宽裕乡东。民国《西昌县志》：“县属宽裕场之东名八角厂者，产黄金。”

八角山 ①在今山西武乡县东南八里。《方舆纪要》卷43武乡县：八角山“以山形八角而名”。

②在今甘肃陇西县北。《方舆纪要》卷59巩昌府陇西县：八角山“在县北八十里，以山岩层峙而名”。《清一统志·巩昌府一》：“在陇西县西北九十里。峻峭嵯岈，有悬溜从石崖乱下如筛。”

八角千户所 明嘉靖二年（1523）置，治所即今山西神池县西北六十里八角镇。清初废。

八角台（臺） ①即今辽宁台安县（台安镇）。清光绪《奉天全省地舆图说图志》新民厅图：南有八角台。1914年于此置台安县。

②今辽宁凌海市西北八角台。清光绪《奉天全省地舆图说图志》锦县图：东北有八角台。

③在今安徽亳州市东南三里。《方舆纪要》卷21亳州：八角台“相传曹操所筑，于此大飨军士”。

八角城址 在今甘肃夏河县（拉卜楞镇）北甘加乡东白石崖南麓、央曲北岸。古八角城为一空心十字形城。在十字城各角上设城墩八个，形成八角，故名。古城占地20万平方米，城墙周长2193米，墙高达10米。东西瓮城有“S”形通道。城外有护城河。北城依山，无门。从西城经南门至东城筑有外廓，南门外筑有外城。城墙以沙土、芦苇、红柳等层层夯筑而成，至今保存完好。由于墙面多，对城下弩射无死角，故易守难攻。八角城壁垒建筑突破方形、矩形格局，式样奇特、不同于一般古城。据考证应即宋代的一公城。2006年定为全国重点文物保护单位。

八角海口 在今山东烟台市西北大季家镇，北濒渤海。《宋史·高丽传》：淳化四年（993），"遣秘书丞直史馆陈靖、秘书丞刘式为使……靖等自东牟趣八角海口"。即此。

八角堡 即今山西神池县西北六十里八角镇。《方舆纪要》卷40 崞县：八角堡"（明）弘治二年筑，万历十五年增修，周四里有奇"。嘉靖二年（1523）于此建八角守御千户所。

八角湖 在今辽宁营口市东南。《方舆纪要》卷37盖州卫：八角湖"在卫西近海。铁岭卫盐场百户所置于此"。

八角楼 ①在今江西井冈山市西北茅坪慎公祠后面。是一座土砖结构的两层楼房。因楼上有一八角形的天窗，故有此名。井冈山斗争时期，毛泽东经常在此居住和办公，写有《中国的红色政权为什么能够存在?》、《井冈山的斗争》两文。

②在今四川雅江县东六十里八角楼乡。为打箭炉（今康定）入藏驿站，又为八角楼土百户驻地。清乾隆《卫藏通志》卷4：卧龙石西行"六十里至八角楼。有塘铺，间有旅店"。

八角碉 亦名八稜碉。在今四川小金县北四十里八角乡。《清史稿·木塔尔传》：乾隆三十七年（1772）征金川，"将军温福令从军，即率土兵夺八角碉，降千余人，复官寨"。事后，设八角碉屯，有把总驻防。

八角镇 在今河南开封市西南八角店。《资治通鉴》：唐光启元年（885）十月，"秦宗权败朱全忠于八角"。北宋为镇。《宋史·钦宗纪》：靖康元年（1126）一月，"贬少保、淮南节度使梁师成为彰化军节度副使，行至八角镇，赐死"。即此。

八沟厅 清雍正七年（1729）置，属直隶省。治所即今河北平泉县。乾隆四十三年（1778）改置平泉州。

八沟营 即今河北平泉县。旧称东河汛。清雍正九年（1731）于此设守备驻防，后又增置千总参将于此。

八陉 即太行八陉。由太行山天然峡谷开辟成陉道，历来为华北平原与黄土高原的交通要隘。宋王应麟《小学绀珠》卷2："太行八陉：轵关陉（在今河南济源市）、太行陉（在今河南沁阳市）、白径陉（在今河南辉市）、滏口陉（在今河北磁县）、井陉（在今河北井陉县）、飞狐陉（在今河北蔚县）、蒲阴陉（在今河北易县）、军都陉（在今北京市昌平区）。"

八卦山 在今台湾省彰化县东北。原名了望山，后改定军山。清道光《彰化县志》卷1："定军山即八卦山，雍正间巡道倪象恺平大甲西社番林武力等之乱，乃建亭山上，名山曰定军，名亭曰镇番，纪武功也。"所谓雍正间，乃雍正十年（1732）之事。至于八卦山之名，比较后起。多数认为嘉庆三年（1798）彰化知县吴应魁在县署之后建太极亭，取《易经》"太极生两仪，四象生八卦"之意而改称定军山为八卦山。光绪二十一年（1895）8月27日台湾军民在此与日军激战，吴汤兴、吴彭年等壮烈殉国。

八卦台（臺） 亦作八卦坛。在今河南淮阳县北一里。《元和志》卷8 宛丘县："八卦台及坛，县北一里。古伏羲氏始画八卦于此。"

八卦岩 在今重庆市涪陵区南。民国《涪陵县续修涪州志》卷1：八卦岩在"州南百里。岩壁有天然八卦。又名宋师岩。明司谏刘瘤习易于此。被刑之日，岩崩见图"。

八坼镇 又名八测、八赤、八尺、八斥、北坼。即今江苏吴江市南二十里八坼镇。清徐崧、张大纯纂辑《百城烟水》卷4："八坼塘自北来，至此向东而南，向西复南，俨似弓形。唐范传正治水劈河而直其路，斥土为二，故名八坼。"元、明置长桥巡司于此。

八咏楼 在今浙江金华市城区东、婺江东北岸。南朝齐隆昌元年（494）东阳太守沈约建。初名玄畅楼，唐时更名八咏楼。南宋李清照有《题八咏楼》诗。今楼系明万历时重建。

八岭山 在今湖北荆州市荆州区（故江陵县城）西北。《方舆纪要》卷78 江陵县：八岭山"在府西北三十五里。山上有八岭"。

八岭山古墓群 在今湖北荆州市荆州区西北二十四里。古名龙山。方圆40平方公里。山上古墓密集，较大的墓冢有三四百座。有的高20米，周长300米，以战国时楚墓最多。据记载楚有十八个王和明代楚王系诸王均埋葬于此。已发掘的几座战国楚墓，出土文物非常丰富，有誉满中外的越王勾践剑和彩漆木雕座。1988年定为全国重点文物保护单位。

八所镇 即今海南省东方市。1959年东方县迁治于此。1987年改设东方黎族自治县。

八庙场 即今四川安岳县北八庙乡。清道光《安岳县志》卷7：八庙场"在治北六十里"。场北卧佛沟，半岩上有唐代巨型释迦牟尼涅槃像，长23米。卧佛上方为释迦说法图，沟两侧岩壁间有139龛窟，1613躯造像及四十余万字的佛经。

八宝山 ①在今北京市复兴门外、石景山区东部。原名黑山，明朝在山南麓建有护国寺。后因附近产火石（石英石）、石灰石、红土、坩土（耐火黏土）、砂石等八种建筑材料，故名。1950年护国寺被改建为北京市革命公墓，1970年改名八宝山革命公墓。

②在今河北怀来县西北二十里八宝山村。清乾隆《宣化府志》卷5 怀来县：八宝山，"《宣化镇志》：在新保安城北八里"。

八宝屯 即今辽宁开原市西八宝镇。清康熙《开原县志》卷上：八宝屯城在“城西三十里。周围一里。南一门”。

八宝寺　即今青海祁连县（八宝镇）。1939年于此置祁连设治局，1943年改为祁连县。

八郎安抚司　明永乐十五年（1417）置，属松潘卫。治所在今四川松潘县北三十里。明曹学佺《蜀中广记》卷31《边防记》：“《志》云：八郎山在（松潘）卫北三十里。山下为八郎安抚司也。”一说在今南坪县西北八郎沟。《明史·四川土司传》：“（麻儿匝安抚司）初著八讠卜时侵边民，及遮八郎安抚司朝贡路。”即此。后废。

八房场　在今江西上饶县南。《清一统志·广信府二》：八房巡司“亦作八坊场，与福建邵武府接界。明初置巡司，今因之”。

八姑荡　在今贵州贵阳市西北。《方舆纪要》卷121贵阳府“洪边堡”条下：“又有八姑荡及平八庄诸砦，在府西北，皆诸苗窟穴也。天启初，安邦彦作乱，洪边十酋宋万化与诸苗应之，刻期复犯会城，抚臣王三善遣别将王建中等剿八姑荡，焚庄砦二百余处，穷追渡河，贼谋始寝。”

八政堡　在今山西平陆县东北八政村。《清一统志·解州》“金鸡堡”条下：八政堡“在县（按指平陆县旧治）东北三十里”。

八柏桥镇　即八百桥镇。今江苏南京市六合区东北三十里八百镇。清光绪《江苏全省舆图》六合县：“八柏桥镇在城东北三十里。”

八柳树　在今河南新乡县南。《明史·地理志》新乡县：“又西南有大河故道，正统十三年河决县之八柳树由此。寻塞。”

八柳树堡　在今山西偏关县东四十里八柳树村。《方舆纪要》卷40偏关县：八柳树堡“（明）景泰二年建，万历二十五年修筑，周二里有奇。堡西北红水沟最为冲”。

八剌沙衮　即虎思斡耳朵。在今吉尔吉斯斯坦托克马克东南二十里布拉纳古城遗址。马哈茂德·喀什噶里《突厥语词汇》：“窝鲁朵，八剌沙衮附近的城镇。八剌沙衮因此也称为虎思窝鲁朵。”为西辽国都城。

八剌忽　元北境部族，又译八里灰、八儿忽、八立浑、巴儿忽等。居地在今俄罗斯贝加尔湖东侧巴尔古津河流域。元太祖先世曾避难于此地。《马可波罗行记》载其民隶属大汗，其地所产鹰隼甚有名，元世祖曾遣人取之来贡。

八剌剌　即今印度尼西亚苏门答腊岛东北佩雷拉克。《元史·亦黑迷失传》：至元二十九年（1292），“军次占城，先遣郝成、刘渊谕降南巫里、速木都剌、不鲁不都、八剌剌诸小国”。

八剌撒浑　亦作巴拉沙衮、巴剌沙衮，又名虎思斡耳朵。在今吉尔吉斯斯坦托克马克东南二十里布拉纳古城遗址。志费尼《世界征服者史》上册：“菊儿汗进抵八剌撒浑，登上那不费他分文的宝座。”

八面山　①在今湖南资兴市东北，接桂东县界。《方舆纪要》卷82兴宁县：八面山“峭险壁立，延袤二百余里，登之可见郴、衡、吉、赣诸郡。又山中有上洞、中洞及雷家洞，皆深险，素为贼窟。嘉靖末，‘瑶贼’黄积珠等据险肆掠，寻就擒。隆庆二年，‘瑶贼’谢福通复猖獗于此，官军讨平之，因置堡戍于此”。

②在今湖南龙山县西南一百六十里。《清一统志·永顺州》：八面山“横亘百里，接四川酉阳州界”。

③在今江西井冈山市（茨坪）西北、湘赣交界处。海拔1800余米。为井冈山最高哨口，是通往湖南酃县（今炎陵县）的要隘。为五大哨口之一。南通大井，东通上井，十分险要。1928年10月设哨。现哨口遗址保存完好。

④在今重庆市黔江区西北。《方舆纪要》卷69黔江县：八面山在“县西二里。山分八面。上有池，周回百顷，四时不竭”。

⑤在今四川洪雅县南。明嘉靖《洪雅县志》卷1：八面山“在县南，与峨眉山对峙，广长数十里。山有八面，视之如一”。《方舆纪要》卷72洪雅县“九胜山”条下：“八面山在县南三十里。峰峦高峻，黛色参差，八面如一，因名。”

八面城　即今辽宁昌图县北一百一十里八面城镇。清光绪间由梨树城移昌图分防照磨于此。民国《昌图县志》卷1载：清道光间筑城时，掘得八面城石碣，遂名其城曰八面城。

八面通镇　即今黑龙江省穆棱市。1930年穆棱县迁治于此。

八哈剌因　即今波斯湾西岸巴林国。《元史·地理志·西北地附录》有“八哈剌因”。即此。

八哈塔　亦名白达、缚达、报达、巴黑塔场、八吉打。即今伊拉克首都巴格达。《元史·宪宗纪》：三年（1253），“夏六月，命诸王旭烈兀及兀良哈台等帅师征西域哈里发八哈塔等国”。

八闽　福建省的别称。福建古为闽地，北宋时始分福、建（南宋升为建州府）、泉、南剑、漳、汀六州和邵武、兴化二军。元代分为福州、建州、泉州、兴化、邵武、延平、汀州、漳州八路。明初改为八府，因之有八闽之称。元吴海《游鼓山记》：“福为八闽都会。”明邓应奎《君山歌》：“八闽丘壑称奇绝。”

八美　俗称八美司。即今四川道孚县东南八美镇。清康熙四十年（1701）置八美土百户。

八将山　在今广西博白县东南一百三十里。《舆地纪胜》卷121郁林州：八将山“在博白县。八峰攒立，因名”。

八屋　即今吉林公主岭市西北八屋镇。《清史稿·地理志》怀德县：旧设铺司“西八屋，西南朝阳坡，皆入奉化……由县西北小边经八屋至边壕赴辽源”。

八陡　即今山东淄博市博山区东南八陡镇。胶济铁路有支线通此。

八陡支线 自山东博山（今属淄博市）至八陡。长9.3公里。为胶济铁路支线。日伪于1940—1941年修筑。

八陡镇 即今山东淄博市博山区东南十三里八陡镇。民国《续修博山县志》卷2《乡镇》有八陡镇。旧为博山县巨镇。

八素山 在今浙江武义县东北四十里。《元丰九域志》卷5：婺州武义县有“八素山”。乾隆《浙江通志》卷17引万历《金华府志》：八素山“在县北四十里，周二十里。《东阳山水记》云：秦末有八士从洛阳来，逋栖于此，皆青素冠履，因名”。

八素溪 武义江支流。在今浙江武义县东北、金华县东南。《方舆纪要》卷93武义县：八素溪“出县北八素山，流入金华县境，为松溪之上源”。

八都马 古港名。在今缅甸萨尔温江入海处的莫塔马一带（又称马达班）。为古代东西方水陆交通线所经重要港口。元汪大渊《岛夷志略》：八都马“闹市广阳，山茂田少，民力齐，常足食”。

八都市 即今福建宁都市北四十里八都镇。1919年《江西福建明细图》：福建宁都县北有八都。

八桂 广西桂林市别称。唐韩愈《送桂州严大夫》诗云：“苍苍森八桂，兹地在湘南。江作青罗带，山如碧玉簪。”宋贺铸《宗州桂林从叔》诗云：“江到三湘尽，山围八桂滨。”

八桥镇 北宋置，属柘城县。即今河南柘城县东南十六里砖桥集。

八顿寨土司 清康熙四十二年（1703）置，属松潘镇漳腊营。在今四川九寨沟县西北大录乡北八屯村。后废。

八哩笼坝 在今四川雅江县东南八衣绒乡。另一说在今九龙县西八窝笼乡。清康熙四十年（1701）置八哩笼土百户。

八峰山 在今广西龙州县西北。《方舆纪要》卷110上下冻州：八峰山在“州（治今下冻镇）西二里。八峰并耸”。

八特阪 在今河南新安县东。《水经·涧水注》：“《地理志》曰：涧水在新安县东南入洛，是为密矣。东北流历函谷东坂东，谓之八特坂。”《晋书·载记·刘曜》：“曜前军刘黑大败季龙将石聪于八特坂。”即此。

八站 在今黑龙江哈尔滨市区西。民国熊知白《东北县治纪要》吉林滨江县：“县市沿松花江南岸之傅家甸，西连八站，南对秦家冈，东接四家子、太平桥、圈儿河等处。”

八部山 一名捧诰山。在今贵州盘县东北城关镇东三十里。《方舆纪要》卷121普安州：八部山“九峰摩空，一泉奔注，普安旧治在其下”。

八涧镇 在今江西乐平市北。明置巡司于此。

八浪沙 一作布朗萨。在今新疆皮山县南喀喇昆仑山口北神仙湾一带。清宣统《新疆图志》卷9：八浪沙“沿途柴草全无”。

八家镇 即今吉林公主岭市北怀德镇。清光绪三年（1877）于此置怀德县。《清史稿·地理志》怀德县：“旧名八家镇，初属开原，同治五年划归昌图，设分防经历，光绪三年，改置县，隶府。”

八陵县 东汉改蚕陵县置，属蜀郡。治所在今四川茂县西北一百二十里叠溪镇南叠溪城。三国蜀汉复为蚕陵县。

八排门港 在今浙江象山县南。《方舆纪要》卷92象山县：八排门港在“县南百四十里，与佛头山相连。港内多腴田，地下便于栖泊，倭船据此，剿灭为难”。

八梨铁路 从八面通（今黑龙江穆棱市）至梨树镇（今鸡西市西南）。长24公里。1924年动工修筑，次年建成。今为城鸡线的一段。

八舭洞 北宋置，属邕州左江道。治所在今广西龙州县东南八角乡。元废。

八盘汛 在今广西田林县西。《清一统志·广西统部》：上林营八盘汛驻额外外委防守。

八盘岭 在今浙江永康市东。《方舆纪要》卷93永康县：八盘岭在“县东八十五里。巅高险，路通天台”。

八宿 在今西藏八宿县西北同卡镇境内八宿。清为八宿寺。民国初设八宿宗。1960年改设八宿县。1961年迁驻白马。“八宿”，藏语意为勇士山麓。

八塔山堡 明置，属义州卫。即今辽宁义县西南八塔子。清乾隆《钦定盛京通志》卷30：八塔堡在“（义州）城西南二十五里”。

八棱山 在今江西鄱阳县北。《方舆纪要》卷85饶州府鄱阳县：八棱山“在府北六十里。峰峦攒起，高百仞，亘数十里”。

八棵树 即今辽宁开原市东南八十里八棵树镇。清光绪《奉天全省地舆图说图志》开原县图：东南有八棵树。

八掌溪 在今台湾省嘉义县和台南市界上。源出嘉义县东北阿里山奋起湖，西南流至布袋镇南入台湾海峡。清蒋毓英《台湾府志》卷3：“八掌溪自鹿子埔山东南出，西过上茄冬之北，诸罗山之南，又西过小龟佛山，逶逦数里，汇于猴树港，入于海。”

八景楼 在今甘肃成县城西裴公湖侧。《方舆胜览》卷70同庆府：八景楼“取仇池、子美祠、凤台、醉仙岩，仙人龛、鹿玉山、泥功山、裴公湖八景”。《元一统志》卷584成州：“宋游师雄诗有‘行尽秦川路，谁如此一州。半湖无尽藏，八景最高楼。’”

八赋岭 一名八缚岭。有南北二岭，南岭在山西和顺县西九十里，称武山；北岭在和顺县西北八十里，称辘山。《寰宇记》卷44：“辽阳水从平城县西北八赋岭下出，名八赋水。”《方舆纪要》卷43和顺县：八赋岭“在县西百余里，两山对峙，如八字然”。

八答黑商 即元代之巴达哈伤。在今阿富汗东北境之巴达克山。《明史·西域传》：八答黑商“在俺都淮东北。城周十余里……永乐六年命内官把太、李达赐其酋敕书彩币，并及哈实哈儿、葛忒郎诸部，谕以往来通商之意，皆奉命”。清代名巴达克山。

八番　在今贵州惠水县境。清张澍《黔中纪闻》：“八番者，大龙番、小龙番、卧龙番、洪番、程番、石番（《蛮谿合志》作金石番）、卢番、韦番也。五代时，楚王马殷遣八姓帅率邕管柳州兵讨两江谿洞至此，留军戍之，遂各分据其地，号八番。”元置八番顺元等处宣慰司，治所即今贵州贵阳市。

八番顺元宣慰司　元世祖至元二十九年（1292）置，属湖广行省。治所在今贵州贵阳市。辖境相当今贵州毕节、六盘水、息烽、罗甸及三都水族自治县间地。明初废。

八鲁弯　一作巴鲁安。即今阿富汗喀布尔北帕尔万。《元史·太祖纪》：十八年（1223）“夏，避暑八鲁弯川”。元为察合台汗国属地。

八普　亦作巴补、巴普。西辽属地。在今乌兹别克斯坦纳曼干西南纳伦河北岸。元耶律楚材《西游录》上：八普城“西瓜大者五十斤，长耳（按：指驴）仅负二枚，其味甘凉可爱”。

八道江　即今吉林白山市。清光绪二十八年（1902）帽儿山巡检移驻于此。1915年改为县佐。1960年于此设浑江市。1994年改为白山市。

八道沟　①即今吉林长白朝鲜族自治县西北八道沟镇。清康熙《皇舆全览图·盛京全图》有八道沟。光绪《吉林全省地舆图》：临江县东南有八道沟。民国徐曦《东三省纪略》卷7：“八道沟金矿在临江、长白交界之八道沟，沙金全沟。沟之上套，有最优之线金头绪。”

②清光绪间建屯。即今吉林龙井市西北朝阳河西岸八道镇。

八道河　在今湖北郧西县东。《方舆纪要》卷79郧西县：八道河在“县东北八十里。南流合县东五里之五里河，至县前与天河合”。

八道河子　即今吉林龙井市东南德新乡。清光绪《吉林通志》卷17珲春城：“正西迤南，距城二百一十里八道河子屯。”天图铁路经此。

八渡山　在今陕西略阳县北十五里。《方舆纪要》卷56略阳县“玉女山”条下：八渡山“山下水流环绕，可渡凡八处，因名”。

八渡水　在今陕西略阳县东。《清一统志·汉中府一》：八渡水“在（略阳）县东八十步。源出退水，自徽县界来径八渡山下，绕城东南，会夹渠水入嘉陵江。自源徂流，渡者凡一百八处，故又名一百八渡河”。即《水经注》之北谷水。《寰宇记》之黄板水。

八渡关　汉置，在今河北唐县西北五十里。《水经·滱水注》引《中山记》曰：“八渡、马溺是山曲要害之地。”

八渡墟　即今广西田林县西八渡瑶族乡。《清一统志·泗城府》：八渡墟“在西林县，旧有主簿。本朝嘉庆二年裁”。

八塘场　即今重庆市璧山县东北八塘镇。清同治《璧山县志》卷1：八塘场在“县北八十里。古名新市镇”。

八路军一一五师司令部旧址　在今山东莒南县北大店镇。1939年3月初，八路军一一五师从晋西北来到山东境内，转战于鲁中、鲁西、鲁南。1941年3月初，八路军一一五师司令部由鲁中沂蒙山区转移到莒南县，直至1945年9月中旬离开山东，挺进东北。四年多的时间里，一一五师司令部一直驻在大店等处。旧址包括原大店庄氏“居业堂”和“四余堂”院内。整体布局属于大四合院套小四合院的清代建筑。东院“居业堂”原有房屋五十七间，当时为罗荣桓居室、作战会议室及一一五师征战纪实版面陈列室；西院“四余堂”原有房屋五十二间，当时为山东省政府成立纪念碑及陈列室。旧址总占地面积3288平方米。抗日战争时期，莒南县一度成为山东党政军指挥中心，被誉为“山东的小延安”。1996年定为全国重点文物保护单位。

八路军一二九师司令部旧址　①在今山西左权县城西南四里西河头村。1937年11月15日，刘伯承师长、徐向前副师长率领八路军一二九师司令部进驻辽县（今左权县）西河头，开辟太行、太岳抗日根据地，在此开办抗日游击训练班。1938年1月，十八集团军政治部副主任邓小平任一二九师政委后，建立了中共辽县委员会，同年3月在此召开太行根据地会议。1939年6月司令部撤离。旧址坐西朝东，三进院落，占地680平方米，有房屋五十二间，硬山顶砖木结构。2006年定为全国重点文物，归入八路军一二九师司令部旧址保护单位。

②在今河北涉县西北赤岸村。1940年八路军一二九师挺进太行山区，司令部从山西辽县（今左权县）南桐峪村迁驻涉县西北常乐村，同年迁驻其东南之赤岸村。此后这里成为抗日战争时期八路军一二九师首长刘伯承、邓小平等同志的司令部。至1945年12月迁往武安县（今武安市）。1996年定为全国重点文物保护单位。

八路军驻西安办事处旧址　又称八路军驻陕办事处旧址。在今陕西西安市北新街七贤庄。建于1936年。包括七贤庄一、三、四、七号院。一号院是主要办公地点，三、四号院是办公处下属各部门和工作人员住室，七号院为招待所。1936年12月“西安事变”和平解决后，出现了国共第二次合作的新形势。中国共产党为了团结一切可以团结的力量，动员全国人民一致抗日，在西安市七贤庄一号院设立了红军联络处，由叶剑英主持工作。1937年7月，抗日战争全面爆发，红军联络处改名为八路军驻陕办事处，又称八路军驻西安办事处。林伯渠、董必武先后任中共中央办事处代表。1946年9月，办事处奉命撤回延安。1959年在此建八路军西安办事处纪念馆，将一号院恢复原貌，展出当年革命斗争事迹实物和照片。1988年定为全国重点文物保护单位。

八路军重庆办事处旧址 1938年日本侵占武汉，八路军在重庆设立办事处。旧址在今重庆沙坪坝区化龙桥红岩村13号和渝中区中山四路曾家岩50号。红岩村13号办公楼是一幢三层楼房，是办公处的办公楼，现设红岩纪念馆。曾家岩50号是抗日战争时期中共中央南方局和周恩来的办公处，俗称周公馆。1946年改作中共代表团驻渝联络办事处和四川省委驻地，被称为"吴（玉章）公馆"。1961年定为全国重点文物保护单位。

八路军前方总部旧址 在今山西左权县东南麻田镇。1940年11月，八路军前方总部等机关进驻麻田镇一带，指挥华北军民坚持抗战，直到胜利。1996年定为全国重点文物保护单位。

八路军总司令部北村旧址 在今山西潞城市城西山麓浊漳河畔北村。旧址在村中场地西北侧，为一居民四合院，占地1100平方米。七间北房是总司令部作战室（1938—1939），现辟为陈列室，展出革命文物五十六件及大量照片、文字资料。四合院西房是朱德总司令住处，东房北间是彭德怀副总司令和夫人浦安修住处。东房南间是左权副总参谋长住处。村东建有革命烈士塔。2006年定为全国重点文物，归入八路军总司令部旧址保护单位。

八路军总司令部旧址 在今山西武乡县东王家峪和砖壁村。抗日战争时期1939年6月以后，八路军总司令部曾在两村驻扎一年多，是华北各解放区的指挥中心。砖壁村在王家峪之东，相距约二十里。中华人民共和国成立后将司令部旧址复原，在王家峪建有"八路军总部旧址纪念馆"。1961年定为全国重点文物保护单位。

八路军洛阳办事处旧址 在今河南洛阳市老城南关贴廓巷51、52号院。两院并列，前后三进，青砖灰瓦民房共三十多间。旧址初称通讯处，简称"洛八办"。1938年11月，中国共产党经与国民政府协商，设此办事处。由刘子久、袁晓轩主持。主要任务是护送从延安至前线总部、中原局和晋东南八路军前方总部及豫皖苏边区的工作人员，动员、组织群众参加八路军，输送地方干部到延安学习。1939年刘少奇两次到此，召开豫西特委和河南省委会议。1940年朱德赴重庆谈判途经洛阳曾到八办作政治报告。彭德怀、彭雪枫、徐海东等均曾到此指导工作。1941年国民党发动皖南事变破坏抗日统一战线，1942年2月全体人员奉命撤回延安。2006年定为全国重点文物保护单位。

八路军桂林办事处旧址 在今广西桂林市中山北路96号。是抗日战争期间中国共产党领导的八路军、新四军设在桂林的公开办事机构（1938），又是中共中央南方局派出的秘密办事机构，曾代表党中央负责联系、领导南方各省党组织及海外中共党组织秘密活动，筹集和转运抗日军需物资。旧址原为"万祥醋坊"，占地342平方米，二进三开间砖木结构楼房。布局为四合院式。以天井为界，分前后两楼，两厢为平房。前楼为主体建筑，面阔三间，硬山顶二层楼房。1944年毁于战火，1967年按原状进行修复，1977年旧址辟为八路军桂林办事处纪念馆。1996年定为全国重点文物保护单位。

八罩屿 又名望安岛。在今台湾省澎湖县西南。清蒋毓英《台湾府志》卷3：八罩屿"周围二里余，颇有居民。冬天可舶船。今澎湖水师拨兵防守"。清置八罩巡司于此。

八滩镇 即今江苏滨海县东北五十二里八滩镇。旧属阜宁县。清光绪《阜宁县志》卷2：八滩镇在"治东北九十里。旧在长淮南堤之北，今迁堤南，海南巡检司驻此。今裁"。

八叠山 在今湖北南漳县西南六十里。《北齐书·陆法和传》："初，八叠山多恶疾人，法和为采药疗之，不过三服皆差，即求为弟子。"《舆地纪胜》卷82襄阳府：八叠山"在南漳县西六十里。司马宣公凿石开道，屈曲八叠，因名"。

八叠岭 在今江西修水县东南，与宜丰县互界。《清一统志·南昌府二》：八叠岭巡司"在义宁州南八叠岭。明正统四年置巡司，后废。本朝雍正四年复置"。

八叠滩 在今安徽寿县西北淮河边。《金史·仆散揆传》：泰和六年（1206），揆总大军南伐，"密遣人测淮水，唯八叠滩可涉，即遣奥屯骧扬兵下蔡，声言欲渡。宋帅何汝砺、姚公佐悉锐师屯花靥以备，揆乃遣右翼都统完颜赛不、先锋都统纳兰邦烈潜渡八叠，驻南岸"。即此。

八瑶湾 又作大磘湾。在今台湾省屏东县东南满州乡九棚村东北。连横《台湾通史·疆域志》恒春县："自治东越射麻里、万里，得高士佛而至八瑶湾。"

八境台（臺） 在今江西赣州市北章、贡二水合流处。建于北宋嘉祐年间（1056—1063），宋郡守孔宗翰作《南康八境图》。苏轼《八境图序》云："《南康八境图》者，太守孔君之所作也。君作石城，城上楼观台榭，东望七闽，南望五岭，览群山之参差，俯章、贡之奔流。"苏轼另有《虔州八境图》诗八首。

八寨 明上林、忻城二县境红水河（泥江）两岸八个村寨之总称。《方舆纪要》卷109上林县"周安堡"条："八寨者曰思吉、曰周安、曰古卯、曰古蓬、曰古钵、曰都者、曰罗墨、曰剥丁，后又益以龙哈、布咳为十寨。其地东达柳州三都、皁岭、北四诸峒，西连东兰等州及夷江诸洞，南连思恩及宾州上林铜盘、渌毛诸峒，北连庆远忻城、东欧、八仙诸洞，周环五百里。"八寨均在今广西上林、忻城等县境。成化以后，僮、瑶各族不断起事，至万历初期始平定。

八寨厅 清雍正七年十二月（1730年1月）置，属都匀府。治所在今贵州丹寨县东十里老八寨，据民国《贵州通志》建置志《城池》载：八寨厅城"因附近有苗寨八环绕，即以名之"。乾隆十二年（1747）迁今八寨县。1913年改为八寨县。

八寨长官司　明永乐十二年（1414）置，直属云南都司。治所在今云南马关县西六十八里八寨镇。后废。

八寨汛　即今云南马关县西六十八里八寨镇。清时设八寨汛。

八寨县　1913年改八寨厅置，属贵州黔中道。治所即今贵州丹寨县。1920年直属贵州省。1941年与丹江县合并，改设丹寨县。

八撮　即今云南梁河县。本名南甸，清属腾越厅。民国初设八撮县丞，后改县佐。1953年于此置梁河县。

八磘湾　即大瑶湾。在今台湾省屏东县东南。《清史稿·地理志》台东州："八磘湾并在州东南，入于海。"

八薮　古代八个泽薮的总称。《汉书·严助传》："以四海为境，九州为家，八薮为囿，江汉为池。"颜师古注："八薮谓鲁有大野、晋有大陆、秦有杨纡、宋有孟诸、楚有云梦、吴越之间有具区、齐有海隅、郑有圃田。"

八濛山　在今四川渠县东北七里。《方舆胜览》卷64渠州：八濛山"在流江县东北七里。起伏八处，有水环之，不匝者一里。常有烟雾濛其上，故名。《三国志》：张郃自汉川进军宕渠蒙头荡石，与张飞相距五十余日，飞率精兵万余人，从他道邀郃军交战，山道狭，前后不得救，飞遂破郃，巴土乃得安"。《方舆纪要》卷68渠县：八濛山在"县东北七里，八峰起伏，其下平旷十余里，江水环之不匝者一里。常有烟雾濛其上……山下有勒石云：汉将张飞大破贼首张郃于八濛。飞所自题也"。

八濑溪　在今福建莆田市西北。《方舆纪要》卷96兴化府莆田县：八濑溪"在府西北十里。《志》云，溪浅流急曰濑，亦曰碧濑，或讹为鳖濑，东为龙潭，流合延寿溪"。

八激堤（隄）　在今河南原阳县西南古黄河南岸。《水经·河水注》："河水又东径八激堤北。汉安帝永初七年令谒者泰山于岑于石门东积石八所，皆如小山，以捍冲波，谓之八激堤。"

人门　在今河南陕县东北黄河中三门山。王翰《游三门记》："砥柱在陕州东五十里黄河中。循河至三门，中曰神门，南曰鬼门，北曰人门。水行其间，声激如雷，而鬼门尤为险恶。舟筏一入，鲜有得脱。三门之广，约二十尺。其东百五十步即砥柱。"三门中唯人门可行舟。

人头山　在今四川广元市西南。《方舆纪要》卷68昭化县：人头山在"县西四十里。山巅突出，宛若人头"。因名。《资治通鉴》：五代后唐长兴元年（930），王弘贽等"引兵出人头山后，过剑门之南，还袭剑门克之"。即此。

人头堰　在今四川广安市北五十里悦来镇。《清史稿·杨芳传》：嘉庆四年（1799），镇压白莲教义军，"歼冷天禄于人头堰"。即此。

人存山　在今重庆市万州区西二十里。《舆地纪胜》卷177万州：人存山"在州西四十里。亦名万户山"。《清一统志·夔州府一》：人存山"四面悬壁，周回数十里。亦名万户山"。

人字洞遗址　在今安徽繁昌县西南孙村镇西北四里。时代距今240—200万年。1998年发现，前后经过六次大规模发掘，共出土珍贵哺乳类动物化石标本七千多件，动物种类七十多种，尤其是大型灵长类（原黄狒）化石、人工石制和骨制品，被学术界认定为欧亚大陆迄今为止发现的最早人类文化遗址。人字洞遗址所提供的信息在全国甚至世界范围内都具有重要的历史价值。2006年定为全国重点文物保护单位。

人和驿　在今福建浦城县西南石陂镇。《清一统志·建宁府》：人和驿"在浦城县南乡人和里石陂街"。

人和墟　即今广西苍梧县西浔江（西江）北岸人和镇。清光绪《广西舆地全图》苍梧县图：县西有人和墟。

人和寨　在今河南光山县东南。清同治三年（1864）赖文光率领捻军大败清军僧格林沁部，杀清将巴扬阿等于此。

人荒寨　在今四川松潘县东南。《明史·李应祥传》："王廷瞻抚蜀时，尝遣副将吴子忠击破丢骨、人荒、没舌三砦，诸酋乃降。"

人复（復）县　即民复县。治所在今重庆市奉节县东十里白帝城。《隋书·地理志》巴东郡人复："旧置巴东郡，县曰鱼复。西魏改曰人复。开皇初郡废。大业初置巴东郡。有盐井。"今人王仲荦《北周地理志》卷4指出，根据《隋开府仪同三司龙山公墓志》："人复，西魏、周、隋作民复，盖唐臣修《隋志》时，避讳追改。今改正。"

人骏滩　在南海中中国南沙群岛西部，西北与广雅滩相距约3.5海里。南北长约9公里，东西宽约6.5公里。滩底珊瑚清晰可见。1935年公布名称为埃勒生达滩。1947年改名人骏滩，以纪念清末粤督张人骏派军舰巡视西沙群岛。

人鲊瓮　在今湖北秭归县西北归州镇西二里。南宋范成大《吴船录》卷下："未至（归）州数里，曰吒滩，其险又过东奔。土人云，黄魔神所为也。连接城下大滩曰人鲊瓮，很石横卧，据江十七八。"《舆地纪胜》卷74归州：人鲊瓮"吒滩在秭归，一名人鲊瓮"。

人滩　在今湖北宜昌市西陵区西。《水经·江水注》："江水又东径狼尾滩而历人滩。袁山松曰：二滩相去二里，人滩水至峻峭，南岸有青石，夏没冬出，其石嵚崟，数十步中，悉作人面形，或大或小。其分明者，须发皆具，因名曰人滩也。"

人境庐　在今广东梅州市东六里杨桃墩小溪边。建于清光绪十年（1884），是清末爱国诗人黄遵宪的别墅。其名取自陶渊明"结庐在人境"诗。有息亭、无壁楼、五步楼、十步阁、卧虹榭等建筑。门匾为日本大书法家大域成赖温所书。

九十九曲水　在今江西上犹县东北。《明一统志》

卷58南安府：九十九曲水“源发上犹县东北四十里，西南流合县水入章江。其湾九十九，故名”。《清一统志·南安府》：九十九曲水“在上犹县东北四十里。源出上坪，西南流入益浆水，回环九十九曲，故名”。

九十九岗 在今湖北枣阳市东南二十五里。《舆地纪胜》卷88枣阳军有“九十九岗”。宋邢居实《枣阳道中》诗：“岐路剧羊肠，重冈九十九。”《清一统志·襄阳府一》引胡三省《资治通鉴》注：“自枣阳至厉乡，道路交错，号九十九冈。”

九十九陇 在今贵州普定县南。清康熙《贵州通志》卷6安顺府：九十九陇“周围一百余里，两水界其左右，外开重关七八所，内藏九十九陇，大小不等，皆弯环如带，分门别户，各作城府，道通一线。中多平衍可耕，四面奇峰插汉，绝壁摩空，可称天堑。最高即高峰山，俗传罗鬼弄兵于此，至今四面营垒遗址尚存”。

九十九段隘 在今福建上杭县西南。《方舆纪要》卷98上杭县：“九十九段隘在县西南六十里。”

九十九泉 ①在今北京市延庆县东北团山西麓、东西龙湾一带。《魏书·太祖道武帝纪》：天赐三年（406）秋七月，“丙辰，西登武要北原，观九十九泉”。《水经·㶟水注》：“《魏土地记》曰：沮城城东八十里有牧牛山，下有九十九泉，即沧河之上源也。”《资治通鉴》：五代周广顺元年（951），契丹欲谋会北汉兵入寇，与诸部“酋长议于九十九泉”。

②在今内蒙古卓资县北灰腾梁。《魏书·太宗纪》：泰常元年（416），拓拔嗣北巡，“临殷繁水之南，观于九十九泉”。《清一统志·察哈尔》：九十九泉泊在“（镶红）旗西北五十里。蒙古名伊伦伊孙泊”。

九十九洲 在今湖北枝江、松滋及荆州市荆州区境长江中。《水经·江水注》：“自（枝江）县西至上明，东至江津，其中有九十九洲。楚谚云：洲不百，故不出王者。桓玄有问鼎之志，乃增一洲，以充百数，僭号数旬，宗灭身屠。及其倾败，洲亦销毁。”

九十五镇 即今黑龙江省宾县东南宁远镇。清光绪《吉林通志》卷16宾州厅《屯镇》：东南“一百里九十五集”。

九工桥市 又作九弓桥或九公桥。即今湖南邵阳县东北三十六里九公桥镇。清光绪《湖南通志》卷1邵阳县图：县西南有九工桥市。

九山 ①《尚书·禹贡》有“九山刊旅”，指九州的名山。《吕氏春秋·有始览》、《淮南子·墬形训》以会稽、泰山、王屋、首山、太华、岐山、太行、羊肠、孟门为九山。《史记·夏本纪》司马贞《索隐》以汧山、壶口、砥柱、太行、西倾、熊耳、嶓冢、内方、汶山为九山。

②在今河北迁西县东北。《方舆纪要》卷17迁安县：九山“下有九泉会流入于滦水，或曰以山有九叠，因名。旁有洞如团，盖容数百人”。

③即今浙江象山县东南海中南韭山岛。《郑和航海图》作九山。

九山城 在今江苏盱眙县东北古淮河北。《魏书·元澄传》：“遣统军傅竖眼、王神念等进次大岘、东关、九山、淮陵，皆分部诸将，倍道据之。”

九山湾 在今江苏盱眙县西北。《资治通鉴》：南朝梁天监二年（503），魏元澄分命诸将犯淮陵、九山，“徐州刺史司马明素将兵三千救九山”。胡三省注：“今招信军盱眙县西南一十五里有三城，又西十五里至淮陵，城临池河，池河过淮陵城西而北，入于淮，谓之池河口。九山店在淮北，南直淮陵。九山店之东则陷坰湖，南则马城。淮流至此，谓之九山湾。其东则凤凰州，在淮水中，约长十里。今土人亦呼九山湾为狮子渡，北兵渡淮之津要也。”

九川 《尚书·禹贡》有“九川涤源”，指九州的大川。《史记·夏本纪》司马贞《索隐》以弱、黑、河、游、江、沇、淮、渭、洛为九川。

九门 战国赵邑，故址在今河北藁城市西北二十五里九门回族乡。《史记·赵世家》：赵武灵王十七年（前309），“王出九门，为野台，以望齐、中山之境”。又，赵惠文王二十八年（前271），“蔺相如伐齐，至平邑，罢城北九门大城”。皆此。西汉置九门县。

九门口长城 又名一片石关。在今河北抚宁县与辽宁绥中县交界处。有京东首关之称。明洪武十四年（1381）设关筑城，属明长城蓟镇长城段。以跨九江河的城桥和一片石关城为主体，包括南北两侧的城墙。城桥有八个船形桥墩，两侧有围城和用铁件连接巨石铺成的7000多平方米的过水石面。两侧城墙还有九座敌楼、哨楼及由拦马沟、拦马墙组成的防御体系。城墙用条石为基，三合土夯筑，内外全用城砖包砌。1996年万里长城——九门口被定为全国重点文物保护单位。

九门口关 即一片石关。在今河北抚宁县东北一百一十里，南与秦皇岛市接界。《清一统志·永平府二》：一片石关，“城东有九门水口，有水分九道，南下合为一流，因名”。

九门县 西汉置，属常山郡。治所在今河北藁城市西北二十五里九门回族乡。北齐废。隋开皇六年（586）复置，属恒州。义宁初为九门郡治。唐武德四年（621）改为观州治，次年仍属恒州。北宋开宝六年（973）废。

九门郡 隋义宁元年（617）置，治九门县（今河北藁城市西北二十五里九门回族乡）。领九门、信义、新市三县。辖境相当今河北藁城市西北境一带。唐武德元年（618）改名观州。

九子山 ①即今安徽青阳县西南九华山。李白《改九子山为九华山联句》诗序云：“青阳县有九子山，山高数千丈，上有九峰如莲华。”《寰宇记》卷105青阳县：九华山“在县南二十里，旧名九子山……又按顾野王《舆地志》云：其山上有九峰，千仞壁立，周回二百里，高一千丈，出碧鸡之类”。故名九子山。

②在今四川南部县南七十里。《舆地纪胜》卷185阆州：九子山，"《元和郡县志》云：在南部县东九十里。有九峰因名。又名九陇山"。

九子岭　在今湖南新宁县东七十里。《方舆纪要》卷81新宁县：九子岭"上有九峰"。

九子河　亦作九资河。即今湖北罗田县北之天堂河。《方舆纪要》卷76罗田县：九子河"在县北百二十里。源出多云山……流入官渡河"。

九女关　在今山东蒙阴县西南，接平邑县界。清宣统《蒙阴县志》卷1：九女关"距县南三十里"。

九女原　在今河南商城县东。《新唐书·吴元济传》：元和十一年（816），寿州刺史李文通讨吴元济，"以兵衔枚夜出九女原，屠保壁三十所"。即此。

九女集　即今山东成武县西南九女集镇。清乾隆《曹州府志》卷1《成武县图》：西南有九女墓。集因九女墓为名。道光《城武县志》卷1：九女集在"县西十五里"。

九井山　在今安徽当涂县东南十里。山有九井，相传桓温所凿。《文选》卷22有殷仲文《南州桓公九井作》一首。李善注引庾仲雍《江图》曰："姑孰至直渎十里，东通丹阳湖，南有铜山，一名九井山。山有九井，井与江通。"《资治通鉴》：晋元兴二年（403），"十二月庚寅朔，（桓）玄筑坛于九井山北。壬辰，即皇帝位"。胡注："《九域志》，太平州有九井山。"

九井驿　在今四川射洪县西北金华镇附近。《方舆纪要》卷71射洪县：九井驿"在县西，马驿也。嘉靖中，自广元改今属"。

九井镇　北宋置，属舒城县。即今安徽舒城县西南四十里九井乡。

九天圣母庙　在今山西平顺县西北北社乡东河村东。隋唐时创建，北宋建中靖国元年（1101年）重建，明清时屡有重修、续建。现存主要建筑为山门、献殿与圣母殿。圣母殿为方形平面，面阔、进深各三间，单檐歇山顶，梁架、斗拱，皆为宋代原构。献殿为元代建筑。山门上层为戏楼，两侧挟屋，为清同治四年（1865）所建，是当地较为典型的民间祀庙门楼形式。庙内存有宋、元、明、清碑刻十余通，对研究祀庙沿革、当地习俗具有史料价值。其中北宋建中靖国元年（1101）"潞州潞城县三池里东圣母仙乡之碑"记载："命良工再修北殿，创起舞楼"，是中国戏剧史上有关宋代杂剧发展的重要史料。2001年定为全国重点文物保护单位。

九支县　北宋大观三年（1109）置，为纯州治。治所在今四川泸州市纳溪区东南打鼓镇东北古纯村。宣和三年（1121）改为九支城。

九支城　北宋宣和三年（1121）改九支县置，属泸州。在今四川泸州市纳溪区东南打鼓镇东北古纯村。元废。

九日山　即今福建南安市东九日山。《方舆胜览》卷12泉州《山川》：九日山"在南安县西三里……《府志》或云，有道人语自戴云山来此，九日乃到，因名"。山上有宋、元、明、清摩崖石刻七十五方，其中十三方为祈风石刻，记载南宋时有关人员为从事海外贸易的"蕃舶"祈风的事迹。

九日山摩崖石刻　在今福建南安市东丰州镇旭日村九日山上。自晋以来，历代均有石刻。现存有摩崖石刻七十五方，分布于东西两台，有反映海外交通的祈风石刻十三方，记载从北宋崇宁三年（1104）至南宋咸淳二年（1266）泉州郡守偕市舶司官员为"蕃舶"祈风，预祝一帆风顺、满载而归的史实。有蔡襄、苏才翁、苏绅、虞仲房等人的题刻。西峰顶上有一尊大石佛，盘膝于莲花须弥座上，全高7.5米，为五代乾德三年（965）陈洪进所刻。1988年定为全国重点文物保护单位。

九日岭　在今江西南康市北。《舆地纪胜》卷36南安军：九日岭，"《祥符经》有九日台山，在南康县北。盖县治之主山。陈魏公来主县簿，梦九日山神来谒，而已生秀公，升之官至宰相"。《方舆纪要》卷88南安府南康县：九日岭"在县北一百里。隆然高峙，为县主山"。

九水坪　在今重庆市巫山县东北。《方舆纪要》卷69夔州府大昌县：九水坪"在县东百二十里。《志》云：其下水流环汇，因名"。

九牛驿　明初置，在今江西南康市东北四十里。《方舆纪要》卷88南安府南康县：九牛驿"在县东北。水驿也，与潭口巡司并置"。

九气台（臺）　在今云南洱源县东郊。《方舆纪要》卷117浪穹县："县东二里有九气台，台凡九窍，下有温泉，其气从窍而升，台因以名。"《清一统志·大理府》引《县志》："大理府境温泉甚多，惟此为最，浴之可以愈疾，因筑台于其上，名九气台。"

九斤城　在今湖北保康县北。《方舆纪要》卷79保康县：九斤城在"县北五十里。相传昔人秤土筑城，以水土轻浮，将成复弃。今荒城犹存"。

九公山　在今安徽六安市西南。《隋书·地理志》：开化县有九公山。《寰宇记》卷129六安县："九公山在县西北三十五里。山有九石柱，似人形，人号为九公山。"

九公寨　在今安徽六安市西南九公冲。《方舆纪要》卷26六安州：九公寨"在州西南六十里九公山上。山有九石如人立，因名"。

九文山　在今俄罗斯哈巴罗夫斯克边疆区阿姆贡河北。清乾隆《钦定盛京通志》卷27：九文山在"（宁古塔）城东北三千二百六十九里"。

九斗（鬭）山　亦名九头山。在今安徽全椒县西北。《隋书·地理志》：全椒县有九斗山。《舆地纪胜》卷42滁州："《元和郡县志》云：在全椒县南（按，应为北）九十余里。昔项羽兵败，欲东渡乌江，途经此山，与汉兵一日九斗，因名。"《寰宇记》卷128滁州："九斗山在县北九十四里。一谓阴陵山。《江表传》云：项羽败走乌江，取此山过，汉遣灌婴兵追羽至此，一日九战，因名九斗山。今山石犹有磨刀砺镞之迹尚存。”

九尺铺 即今四川彭州市东九尺镇。清光绪《彭县志》卷2：九尺铺“在南街仁凤里，距县东二十里，东南距濛阳场、竹瓦街俱二十里。雍正中设。由场东北出二里为新九尺铺，南出二里为老街子，今并废”。

九节滩 在今贵州遵义县东南乌江中。《方舆纪要》卷70遵义府遵义县：九节滩，“（明）万历中，永宁奢崇明作乱，其子寅据遵义，官军讨之，战于九节滩，复追败之于南城外锣钢渡，遂复遵义”。

九节镇 北宋置，属青石县。即今四川潼南县北五十里古溪镇。

九龙山 ①即今江苏无锡市西郊惠山。《隋书·地理志》毗陵郡无锡县：“有九龙山。”唐陆羽《游慧山寺记》云：“其山有九陇，俗谓之九龙山。或云斗龙山。九龙者，言山陇之形，若龙虬缥螭合沓然。”

②在今江西安福县西北。《清一统志·吉安府一》：九龙山“在安福县西北一百十里。张程《武功山志》，自武功绝顶行十五里为九龙山。万峰环绕，林木蓊郁”。

③在今江西万载县西。《方舆纪要》卷87袁州府万载县：九龙山“在县西百里。山有九峰，嵯峨秀丽”。

④在今福建南平市东南一百二十五里。明《寰宇通志》卷49延平府：九龙山“在南平县治东南长安北里。其山九峰蜿蜒如蟠龙状”，故名。《明通鉴》：正统十四年（1449）五月，邓伯孙据九龙山，反抗官军，即此。

⑤一名鬼候山。在今福建漳州市西北。《寰宇记》卷102漳州龙溪县：九龙山，“山下有水名九龙水。按《郡国志》云，一名鬼候山，背有金陵水。山中多山魈，一名羊花子”。

⑥在今山东邹城市东北二十里。《方舆纪要》卷32邹县“凫山”条下：九龙山“山形起伏凡九。上有灵泉。一名灵山”。

⑦在今山东郯城县东十里。《清一统志·沂州府一》 谓“即马陵山别支。山有九岭，屈曲如龙。沭水经其北，白马河出焉”。

⑧在今四川平武县东。《方舆纪要》卷73龙安府平武县：九龙山在“府东五十里。其地峻险，前拒铁蛇关抵蕃地。一山九岭，叠耸如龙”。

⑨在今云南永胜县南。《方舆纪要》卷117北胜州：九龙山在“州南百里。山有九顶，一名九头山。高万余丈，四顾可千里”。

⑩在今贵州惠水县西南。《方舆纪要》卷121定番州：九龙山“在（小龙番长官司）司治北。有九岭起伏蜿蜒如龙”。

⑪即今贵州江口县西北与印江土家族苗族交界处之梵净山。《方舆纪要》卷122铜仁府乌罗司：九龙山在“司西九十里。高百丈，下分九枝，铜仁大江出焉，俗名饭甑山”。清陈鼎《黔游记》：“梵净山在铜仁、思南之交，下小上大，土名饭甑山，高数千仞，有古刹六，春月进香者日以千计。”

⑫在今甘肃秦安县东一里。《方舆纪要》卷59秦州秦安县：九龙山，“九峰相拱，状若龙翔，磅礴百里”。

九龙川 即今甘肃宁县东九龙河。《方舆纪要》卷57宁州：九龙川在“州东百二十里。一名九陵川。以川中有堆阜凡九似陵也。自横岭流至州西南，合奢延川，又南流入泾河。其水清莹，即真宁河矣。亦曰宁江，又曰宁河”。

九龙乡 即今福建漳平市。明成化七年（1471）置漳平县治此。

九龙井 又名九井。在今安徽亳州市城南。《新唐书·五行志三》：唐开元二十九年（741），“亳州老子祠九井涸复涌”。

九龙半岛 在今广东深圳市南，珠江口东侧，隔海与香港岛对峙。旧属新安县。清设九龙巡司，大鹏水师副将驻守，治所在今九龙半岛南九龙城。咸丰十年（1860）英法联军入侵，英国强占九龙半岛南端岬角至尖沙咀一带。光绪二十四年（1898），英国强迫清政府签订《展拓香港界址专条》，强行租占九龙半岛深圳河以南地区及附近岛屿，“租借期”九十九年。1997年7月1日归还我国。

九龙司 在今香港九龙城。《清史稿·地理志》广州府：新安县有“九龙司”。统辖九龙半岛。清咸丰十年（1860）英国强占九龙半岛南端岬角至沙咀一带。光绪二十四年（1898），英国强迫清政府签订《展拓香港界址专条》，强行拓租九龙巡司辖地九龙半岛及其附近岛屿，“租期”为九十九年。1997年7月1日归还我国。

九龙江 ①一名龙溪。在今福建漳州市东北，为闽南最大的河流。北源九鹏溪（新桥河）和西源雁石溪在漳平市汇合后称九龙溪，东南流，经华安、长泰二县，至龙海市东入厦门湾，长258公里。《舆地纪胜》卷131漳州《景物下》“九龙江”条引蔡如松《漳南十辩》云：“漳有九龙江，因梁大同间九龙戏于江而得名也。”《方舆纪要》卷99漳州府：九龙江在“府东北四十里。一名北溪，亦曰龙溪。源出汀州府上杭、连城二县及延平府沙县界，东南流，合宁洋、龙岩、漳平之水而下华峰，又合长泰诸水过香洲渡，历峡中，出峡为柳营江，与南溪会流入海。梁大同间，有九龙游戏江上，因名县曰龙溪，并以名江也”。《清一统志·漳州府》：九龙江“一名龙溪。自龙岩州漳平县流入龙溪县界，经九龙山，因名九龙江”。

②明、清称澜沧江在今云南西双版纳傣族自治州段为九龙江。《方舆纪要》卷119车里军民宣慰使司：“《志》云，澜沧江在司境，经九龙山下，亦谓之九龙江。”《清一统志·普洱府》：九龙江“在（宁洱）县南五里，为澜沧江之委。自西北流绕，山势九岭相向，矫若游龙，故名”。

九龙池 ①在今北京市昌平区北翠屏山下。顾炎武《昌平山水记》卷上："九龙池在昭陵西南，于山崖下凿石为龙头，泉出其吻，潴而为池。上有翠泽亭……缭以周垣，为车驾谒陵事毕临幸之所。嘉靖十五年世宗所敕建也。峭壁清流，茂林幽馆，今存者唯垣壁而已。"

②在今河南洛阳市东北汉魏故城内。《水经·谷水注》云："渠水又东，历故金市南……又枝流入石逗，伏流注灵芝九龙池。魏太和中，皇都迁洛阳，经构宫极，修理街渠，务穷幽隐。发石视之，曾无毁坏，又石工细密，非今之拟，亦可为精至也，遂因用之。"

③在今云南玉溪市西北。《方舆纪要》卷115新兴州：九龙池"在州西北二十里，池聚九泉，分灌赤壤"。今为风景胜地。

④又称荷花池、菜海子。即今云南昆明市翠湖。《方舆纪要》卷114昆明县：九龙池"在城内。中多废圃，亦曰菜海。其平者为稻田，下者为莲池，沿五华之右，贯城西南，流入顺城桥，汇于龙江达滇池"。

九龙设治局 1914年置，后属康安道。治所即今四川九龙县。1926年改为九龙县。

九龙县 ①西汉元封元年（前110）置，属儋耳郡。治所在今海南省东方市南感城镇东北。昭帝始元时废。

②1926年改九龙设治局置，属川边特别区。治所即今四川九龙县。《四川省情续集》："九龙，藏语称奇卜龙，即中岩龙、八窝龙、麦地龙、速窝龙、菩萨龙、雪洼龙、三丫龙、湾坝龙、洪坝龙等九龙得名。"1939年属西康省。1955年属四川省。

九龙顶山 在今云南大理市东南。《方舆纪要》卷117赵州：九龙顶山"在州（今大理市凤仪镇）南五十里。九峰相聚，望之如龙。与云南县（今祥云县）接界"。

九龙岭 在今福建龙海市西。《方舆纪要》卷99漳州府：九龙岭"在府南三十里。两山夹峙，中萦石磴，凡十余里，路通潮州。岭下有木绵庵。宋郑虎臣诛贾似道于此"。

九龙驿 明洪武初置，属清流县。在今福建清流县西。《清一统志·汀州府二》：九龙驿"在清流县治西。旧名皇华，明洪武初改名，以县有九龙滩而名"。

九龙泉 ①在今河南灵宝市西北阌乡南十五里。清同治《河南通志》卷8：九龙泉"泉有九窟，源深莫测。唐开元间旱祷有应，赐名九龙泉"。

②在今陕西大荔县东南。《寰宇记》卷28冯翊县："九龙泉在县东南八里。有九穴同为一注，因名九龙，今谓之鹅鸭池。"已湮。

③在今甘肃西和县西八里。《方舆纪要》卷59西和县：九龙泉"四时湛然，水旱如一，夏凉冬温，居引以灌溉"。

九龙洞 在今贵州铜仁市东四十里锦江南岸六龙山。洞口西向，高30—50米，最高处95米，已探明长度1400米。洞分上、下二层，由七个大厅、一个天厅和暗河组成。其中一巨型石笋如九龙盘绕。九龙洞之名盖出于此。

九龙桥 即通济桥。在今江苏南京市通济门外秦淮河上。

九龙埠 在今江西余干县西南。清同治《江西全省舆图》卷12饶州府余干县："南路出南门三里过神迁渡，又十二里至龙津镇，过渡十里至长岗山，又十五里至九龙埠。"

九龙砦 ①在今湖北省保康县西南。《方舆纪要》卷79保康县：九龙砦"在县西南九十里。因高设险，可以避兵"。

②在今陕西平利县南三百六十里。《清一统志·兴安府二》：九龙砦"山连八里冈。俗传为蛮王砦。砦后三里有九龙洞，故名"。

九龙渠 一名代龙渠。在今河南洛阳市东北汉魏故城西。西晋泰始七年（271）在五龙渠故迹之西开凿。《水经·谷水注》称："代龙渠即九龙渠也。"

九龙铺 即今重庆市江津区北享堂镇（九龙场）。明正德《四川志》卷13：江津县有九龙铺。清嘉庆《四川通志》卷89江津县：九龙铺"在县东二十里"。

九龙溪 ①即今福建漳平市南九龙江北溪。《方舆纪要》卷99漳平县：九龙溪在"县治南。自龙岩县雁石岭东流，亦曰雁云溪。又东历县境，萦绕县南，汇诸川水为深潭大湍，亦曰漳平上溪。下流入龙溪县界，经华峰岭，水石巉险，凡十余里，东南流，为柳营江之上游"。

②即今福建罗源县北潮格溪。《清一统志·福州府一》"起步溪"条：九龙溪"在县北，南流入起步溪"。

九龙滩 在今福建清流县东南、永安市西北九龙江上。《方舆纪要》卷98清流县：九龙滩在"县东南百里。上六龙属本县，下三龙属永安县。九龙上下二十余里，每龙两崖石峡道窄如关隘，仅可丈余，而石龙横绝水中，高可数丈，乘舟下龙，如在高山坠于平地。舟子欲下，必倚铁石矶，人尽遵陆，空舟而行，雇土著篙师栏头，庶可无恙。以县境止有六龙，亦曰六龙滩。元季陈友定尝开凿之，以通汀州粮运。明朝成化十八年，县令张宲募工凿去恶石，滩势稍杀，然险峻犹为七闽最"。

九龙殿 三国魏洛阳宫殿。在今河南洛阳市东北汉魏故城内。《三国志·魏书·明帝纪》载：青龙三年（235），"秋七月，洛阳崇华殿灾。八月……命有司复崇华，改名九龙殿"。

九龙镇 北宋置，属丽水县。在今浙江丽水市西南二十四里平原乡驻地九龙村。

九龙潭 ①在今福建永安市西九龙溪上。《方舆纪要》卷97永安县：九龙潭"在县西。即龙溪之滩也，曰长龙、曰安龙、曰伤龙、曰马龙、曰悟龙、曰五白龙、曰兴龙、曰暮龙、曰下长龙，乃溪水最险处。未至长龙，有铁石矶，从清流县来者，必舣舟于此，厚缚竹叶，遮蔽船头，别募土人持篙前立。遇龙处，水之高低常数丈，舟从高坠下，钻入浪中；跃起，即有巨石当头，相去才尺许，土人以篙轻拄即转前滩，水既悬奔，又转折于乱石之间。两山夹峙，险隘阴翳，一瞬迟误，便为齑粉，天下之险，无逾于此矣。内六龙属清流县，下此又历十一滩至沙县界。正统中，群盗结寨于此，曰九龙山'贼'。官军以计夺其砦，又败'贼'于县西高阳里"。

②在今河南登封市北太室山东岩之半。《清一统志·河南府一》：九龙潭"古名龙渊水，山巅诸水咸会于此。盖一大峡也。峡作九垒，每垒结为一潭，递相准输，深不可测"。

③在今云南永胜县西十五里。《方舆纪要》卷117北胜州：九龙潭"有泉九眼，溉田可万余亩。其下流亦入金沙江"。

九龙壁 ①在今北京市北海北岸天王殿西。是一座彩色琉璃砖影壁。清乾隆二十一年（1756）建。面阔25.86米，高6.65米，厚1.42米。影壁用四百二十四块预制的七色琉璃砖砌筑而成，色彩绚丽。壁面九条浮雕蛟龙形态各异，栩栩如生。

②在今山西大同市城区东街。建于明洪武二十五年（1392），为明太祖朱元璋第十三子朱桂代王府前照壁。壁长45.5米，高8米，厚2.02米。崇祯末年府邸毁于兵火，唯九龙壁幸存。大同九龙壁是我国年代最早、规模最大的九龙壁。2001年定为全国重点文物保护单位。

九目山 在今山东蓬莱市东南七十里。《隋书·地理志》：牟平县有"九目山"。《寰宇记》卷20蓬莱县："晏谟《齐记》云：'山有九窍，因名九目。'"

九仙山 ①在今安徽霍邱县西南境。《寰宇记》卷129寿州霍邱县："九仙山在县南百八十里。上有九臼。旧有九仙人在此山中捣药，因名。"

②在今福建尤溪县南七十里。《清一统志·延平府》"九仙山"条下：九仙山"又名蓬莱山。《闽书》：峰峦秀拔，人迹罕到。上有金鲫池、石棋局、黑白二石马、炼丹灶，时有仙灵往来，仿佛闻鼓乐音"。

③即今福建仙游县东北大仙山。《寰宇记》卷102兴化军仙游县：九仙山"在县北四十五里"。《新定九域志》卷9兴化军：九仙山"何氏兄弟九人栖此登仙"，故名。

④即今福建福州市内于山。《寰宇记》卷100福州闽县："九仙山在州东南二里。越王九日燕于此山，亦曰九日山。又俗传昔有何氏兄弟九人于此学道上升，故曰九仙山。"宋曾巩《道山亭记》："城中凡有三山，东曰九仙，西曰闽山，北曰越山，故郡有三山之名。"《清一统志·福州府一》引《府志》："旧名于山，上有峰曰鳌顶峰，亦曰状元峰，为宋陈诚之读书处。"

⑤即今福建德化县西北九仙山。《舆地纪胜》卷130泉州《景物下》：九仙山"在德化县西，耸起九峰如笔，中峰有人迹犹存"。《方舆纪要》卷99泉州府德化县"大帽山"条下："九仙山在县西北百里，广袤峻拔，甲于诸峰。俗传尝有九仙隐此。"故名。

⑥即今福建将乐县北二十余里之九仙山。明弘治《将乐县志》卷1：九仙山"在忠孝都。冈叠陇如龙翔凤翥，相传尝有九异人游息往来于其山，因名。即三华八景中之九仙霁雪也"。

⑦即今山东五莲县东南三十里九仙山。潮河出此。《方舆纪要》卷35诸城县：九仙山在"县西南七十里。高耸摩空，峰峦十有一，磐石十有八，苏轼以为奇秀不减于雁荡。金时土贼尝据九仙山为巢穴。今山西北兀子山南有大路，东出信阳场，西走沂莒，为奸徒亡命出入之处"。

九仙岩 在今江西会昌县西北。《方舆纪要》卷88赣州府会昌县：九仙岩在"县西北五十里。深广三里许"。

九头山 ①在今江苏盱眙县南三十五里。《舆地纪胜》卷44盱眙军：九头山，"《寰宇记》云，在城南三十五里。山有九丘，因名"。

②即九斗山。在今安徽全椒县西北。《史记·项羽本纪》张守节正义引《括地志》："九头山在滁州全椒县西北九十六里。《江表传》云：项羽败至乌江，汉兵追羽至此，一日九战，因名。"

九穴泊 在今山东高密市西北二十五里。《方舆纪要》卷36高密县：九穴泊"泊有九沟，因名"。

九边 明代北方九个军事重镇的合称。初设辽东、宣府、大同、延绥（一称榆林）四镇，继设宁夏、甘肃、蓟州三镇，又太原与固原以近边亦称二镇，合称"九边"。明魏焕有《皇明九边考》。

九台（臺）山 在今云南楚雄市西南九十里。《清一统志·楚雄府》引《府志》："上有九台，曰大本、曰广珠、曰甘露、曰聚仙、曰大中、曰振衣、曰写经、曰满月、曰涌莲。"又有三十峰，参差耸峙，为一郡之胜。

九台市 1988年撤销九台县，改设九台市，市人民政府驻九台大街。由长春市代管。2014年撤销九台市，设立长春市九台区，区政府驻九台街道九台大街67号。

九台（臺）县 1932年析永吉、长春、德惠三县地置，属吉林省。治所在下九台（今吉林九台市）。1988年改设九台市。

九丝山 在今四川兴文县西南九丝城镇西北。《方舆纪要》卷70兴文县：九丝城"在县西南。山箐峻深，至为阻隘。自宋、元以来，常为都掌蛮依阻之地……九丝山形盘礴，上修广，可容万灶，而西面峭仄壁立，真蛮中天险"。此山海拔1247米，极为险峻，仅有一径可至其上，周围三十余里。都掌人世据其地，建九丝城。《明史·刘显传》："其酋阿大、阿二、方三等据九丝山，剽远近。其山修广，而四隅峭仄。"有《九丝山石刻》、《西关口岩刻》等摩崖石刻。

九丝城 在今四川兴文县西南九丝城镇西北九丝城。《方舆纪要》卷70兴文县：九丝城，"明隆庆中，蛮叛据为巢穴，四出焚掠。万历初，官兵进讨，蛮固守鸡冠岭及九丝大城两地，雄峻相望，几四十里。其间龙坂盘折，崖壁对峙，中阻长谷、军人谷，两阵夹攻，无得脱者。又有内官、钓猴诸砦相形援，既而官兵攻九丝……寻破九丝城，贼平，诏改九丝城为平蛮城，仍置官兵戍守。《志》云：九丝城壁立万仞，周围三十余里，上有九岗四水极广，可以播种，仅通一径鸟道"。城遗址可寻。

九老洞 即今四川峨眉山市西南峨眉山中之九老洞。明胡世安《登峨山道里记》："九老仙人洞，昔黄帝、广成子访天皇真人游此，遇一叟洞外，询有侣乎？答以九人。今名以此。岩栈曳练，石首崴盘如象鼻，右衽洞扃，从阒左入，必然炬乃谙道……蝙蝠如鸦，竞来扑炬。"

九老堂 在今河南洛阳市东南贺村西唐白居易故宅。《履道里第宅记》："有九老堂五间。"《新唐书·白居易传》："尝与胡杲、吉旼、郑据、刘真、卢真、张浑、狄兼谟、卢贞燕集。皆年高不事者。人慕之，绘为九老图。"

九有 即九州。《诗经·商颂·玄鸟》："奄有九有。"毛传："九有，九州也。"

九戍山 在今云南禄丰县东北碧城镇南。《方舆纪要》卷114罗次县：九戍山"在县（今碧城镇）南五里。以九峰高起而名。一名九涌山"。

九成台（臺） 在今广东韶关市北城上。《舆地纪胜》卷90韶州：九成台"在州衙。狄咸建。东坡书且铭焉"。《清一统志·韶州府》：九成台"旧名闻韶台，在州治北城上。宋郡守狄咸建。《府志》：宋建中靖国元年，苏轼与苏伯固北归。狄守延饮台上，伯固谓舜南巡奏乐于此台，宜名九成。轼即席为铭，自书刻石台上。后以元祐党事，碑毁台圮"。

九成宫遗址 在今陕西麟游县城西五里。《元和志》卷2麟游县：九成宫"即隋文帝所置仁寿宫，每岁避暑，春往冬还。义宁元年废宫，置立郡县。贞观五年复修旧宫，以为避暑之所，改名九成宫"。《新唐书·地理志》麟游县："永徽二年曰万年宫。乾封二年复曰九成宫。周垣千八百步，并置禁苑及府库官寺等。"宫宇早已圮废，现仅存贞观六年（632）魏征撰《九成宫礼泉铭》碑和永徽五年（654）唐高宗御撰御书《万年宫序铭》碑二通。1996年与隋仁寿宫遗址一起被定为全国重点文物保护单位。

九夷 古时谓东夷有九种。《论语·子罕》："子欲居九夷。"宋邢昺疏："东有九夷：一玄菟、二乐浪、三高骊、四满饰、五凫臾、六索家、七东屠、八倭人、九天鄙。"又《尔雅·释地》："九夷、八狄、七戎、六蛮，谓之四海。"注："九夷在东。"《后汉书·东夷列传》："夷有九种，曰畎夷、于夷、方夷、黄夷、白夷、赤夷、玄夷、风夷、阳夷。"

九尖岭 在今安徽霍山县西。《方舆纪要》卷26霍山县：九尖岭"在县西七十里"。

九曲 ①在今陕西西安市东北。《新唐书·朱泚传》：兴元初，"张光晟以精兵壁九曲，距东渭桥十里，密约降于晟"。

②指今甘肃玛曲以下至青海贵南县龙羊峡一段黄河东岸之地。《旧唐书·吐蕃传》：睿宗时，"杨矩为鄯州都督，吐蕃遣使厚遗之，因请河西九曲之地以为金城公主汤沐之所，矩遂奏与之。吐蕃既得九曲，其地肥良，堪顿兵畜牧，又与唐境接近，自是复叛，始率兵入寇"。唐天宝十二载（753），哥舒翰收九曲故地，复置郡县。

九曲山 ①即大伾山。在今河南荥阳市西北汜水镇西北一里。《清一统志·开封府一》：大伾山"在汜水县西北一里。有大涧九曲，又名九曲山。上有成皋旧城，山之东尽于玉门山，为汜水入河处。西去洛口裁四十里"。

②在今广西三江侗族自治县西南。《方舆纪要》卷109怀远县：九曲山"在县（治所在今老堡乡）西北。高万仞，怪石巉岩，中流一泓，碧练千尺"。

③在今四川广元市西南。《方舆纪要》卷68昭化县：九曲山"在县西南百五十里。山势盘回九曲，与剑门相峙"。

④即今云南宾川县西北境鸡足山。元、明称九曲山。《元混一方舆胜览》大理路：九曲山"峰峦攒簇，状如莲花，盘曲九折，在洱河东北"。《明一统志》卷86大理府：九曲山"在洱河东百余里，峰岳攒簇，状若莲花，九盘而上，又名九重岩。上有石洞，人莫能通"。

九曲水 在今广东江门市新会区西南。清道光《新会县志》卷2：九曲水"在县西南三十里潭冈村南，西南流经梁家村出泷水口"，入熊海（今银洲湖）。

九曲池 ①又名善泉池。故址在今江苏南京市东北。宋《景定建康志》卷19：九曲池"在台城东，东宫城内。周回四百余步。《金陵故事》：梁昭明太子所凿，中有亭榭洲岛，曲尽幽深之趣，太子泛舟池中"。

②在今江西湖口县南三十里。《寰宇记》卷111江州湖口县：九曲池"相传晋陶潜所凿"。清时已成小河。

九曲军 唐置，在今青海贵南县一带。

九曲坡 在今贵州万山特区东南。《方舆纪要》卷122思州府黄道溪长官司：九曲坡在"司西十里。山高路险"。

九曲岭 ①在今江西永丰县南。《方舆纪要》卷87吉安府永丰县：九曲岭"在县南二百里。连属九曲，上有九峰"。

②在今湖北鄂州市西五里樊山。《舆地纪胜》卷81寿昌军：九曲岭"在武昌九曲亭下。山九折。东坡因亭名之"。

③在今广东新丰县西南。《清一统志·惠州府》：九曲岭"在长宁县西三十里。高数百丈，九折而上，

势极峻耸。其西有黄牛石山”。

九曲河 ①又名新河。在今江苏丹阳市东。元《至顺镇江志》卷7：九曲河“在丹阳县北，首起漕渠，尾距江口委曲七十里，今废”。《方舆纪要》卷25镇江府丹阳县：九曲河“在县北。南接漕渠，北达大江。委蛇七十余里，亦谓之新河。河口有博望堰闸。昔时由此通潮，利漕，且利灌溉”。

②即九渡河。在今河南信阳市南。《方舆纪要》卷50信阳州：九渡河“在州南六十里。源出鸡翅山，溪涧萦委，沿溯九度，亦曰九曲河”。

九曲城 即今河南宜阳县西北八里甘棠寨。《水经·洛水注》：“洛水东径九曲南，其地十里有坂九曲。”《周书·陈忻传》：大统十年（544），“侯景筑九曲城，忻率众邀之”。即此。

九曲亭 在今湖北鄂州市西九曲岭。《清一统志·武昌府一》：九曲亭“为孙吴遗迹。宋苏轼重建，苏辙有记。后废。元泰定中重建，名最乐亭，又废。明嘉靖中又建，名怀坡。崇祯中更名怀苏。本朝顺治七年重建”。

九曲渎 在今河南巩义市西。《水经·谷水注》：阳渠“亦谓之九曲渎。《河南十二县境簿》云：九曲渎在河南巩县西，西至洛阳”。《晋书·赵王伦传》：司马虔自河北还洛阳，“宿九曲”。即此。

九曲溪 ①即今福建上杭县东北旧县河。《方舆纪要》卷98上杭县：“九曲溪在县东北三十里。萦回九折，流合大溪（汀江）。”

②在今福建武夷山市南。《方舆纪要》卷97崇安县：九曲溪“在县南三十里。出县西四十里三保山，东流经大源山，合诸溪水历武夷群岫间，萦纡九曲，出石鼓渡，合于大溪”。

③指今四川泸州市东龙溪河。《方舆纪要》卷72泸州：九曲溪“在州东北十里。蜿蜒九曲，可通小舟，引流灌溉，为利甚溥……入于大江”。

④在今贵州长顺县西南睦化乡南。《方舆纪要》卷121金筑安抚司：九曲溪在“（木瓜长官）司南八里”。

九曲寨 在今陕西西安市东北。《资治通鉴》：唐兴元初，“（朱）泚遣张光晟将兵五千屯九曲，去东渭桥十余里”。

九回（迴）山 在今山东青州市西四十里，即古为山。北阳水出此。元于钦《齐乘》卷2“北阳水”条称：九回山“俗名九息，古广县为山也”。

九华山 ①即覆舟山。又称小九华山。在今江苏南京市太平门西侧。山顶有三藏塔，塔下葬有唐玄奘的部分顶骨。现已辟为九华山公园。

②在今安徽青阳县西南四十里，西接贵池市，南接石台县。《寰宇记》卷105青阳县：九华山“旧名九子山，李白以有九峰如莲花削成，改为九华山”。李白与高霁、韦权舆等有《改九子山为九华山联句》，由李白首唱：“妙有分二气，灵山开九华。”后又有《望九华赠青阳韦仲堪》诗：“昔在九江上，遥望九华峰。天河挂绿水，秀出九芙蓉。”从此，九华之名，遂广为流传。唐开元间，新罗僧金乔觉来此，定居化成寺。贞元间圆寂后，被尊为地藏道场。经宋及明，大兴寺院，发展为全国佛教四大名山之一。

③在今福建莆田市西北。《方舆纪要》卷96兴化府莆田县：九华山在“府北十里。由县之西南诸山而来，至延寿溪，九峰攒簇如莲花，故名。亦名陈岩，以昔有陈姓者隐此也。亦曰陈仙山”。

九华台（臺） 在汉魏洛阳故城天渊池中。今河南洛阳市东北。《三国志·魏书·文帝纪》载：黄初七年（226），“三月，筑九华台”。《水经·谷水注》曰：“其水东注天渊池。池中有魏文帝九华台，殿基悉是洛中故碑累之，今造钓台于其上。”

九华府 元末农民战争期间，朱元璋于至正二十一年（1361）改池州路为九华府，治所在贵池县（今安徽池州市贵池区）。寻改为池州府。

九华宫 在今河北临漳县西南。《十六国春秋·后赵录》：石虎建武二年（318），“建九华宫，以三三为位，故谓之九华”。《清一统志·彰德府二》：九华宫“在临漳县西，故邺城东北隅。石虎所建”。

九华楼 ①在今安徽池州市城内。《舆地纪胜》卷22池州：九华楼，“《池阳记》：即子城东门楼”。《清一统志·池州府二》：九华楼“在贵池县九华门上，唐建。……唐杜牧有《九华楼寄张祜》诗”。

②在今安徽青阳县东南。《清一统志·池州府二》：九华楼“在青阳县东南二里。唐杜牧有《九华楼寄张祜》诗”。

九华寨 在今安徽青阳县西南四十里九华山。《方舆纪要》卷27青阳县：九华寨“在九华山。元季土豪赵普胜与陈友谅合兵攻安庆，置寨于此”。

九名九姓独山州长官司 明洪武十六年（1383）改独山州长官司置，属都匀卫。治所即今贵州独山县。弘治七年（1494）升为独山州。

九庄岭 在今北京市密云县北三十里。《水经·鲍丘水注》：“鲍丘水出御夷北塞中，南流径九庄岭东。”即此。

九羊砦 北宋元符元年（1098）于九羊谷置，属怀德军。在今宁夏西吉县东北。金属镇戎州。元废。

九州 ①或称九有、九囿、九围、九域、九野。指传说中的我国中原上古行政区划。州名未有定说：《尚书·禹贡》作冀、兖、青、徐、扬、荆、豫、梁、雍；《吕氏春秋·有始览》有幽州，而无梁州；《周礼·职方》有幽、并州而无徐、梁州；《尔雅·释地》有幽、营州而无青、梁州。《汉书·地理志》始以《职方》九州为周制；三国魏孙炎注《尔雅》，始以《尔雅》九州为殷制。后世经学家遂合称之为三代九州。实际上九州只是春秋、战国时学者各就其所知的大陆所划分的九个地理区域。

②泛指全中国。陆游《示儿》诗：“死去原知万事空，但悲不见九州同。”

③中国以外加八州，是战国时齐人邹衍创立的大

九州说。

九州山 又作九州、九洲山。即今马来西亚马来半岛西岸霹雳河口外的 Semblan 群岛。明费信《星槎胜览》：九洲山“其山与满剌加国接境”。

九州戎 在今豫西、渭南群山中。《左传》：昭公二十二年（前 520），“晋籍谈、荀跞帅九州之戎及焦、瑕、温、原之师，以纳王于王城”。

九冲（衝）营 明置，在今广西昭平县东。《方舆纪要》卷 107 昭平县：九冲营“其地倚山为险，瑶僮常屯聚于此。万历中，设营戍守”。

九江 《尚书·禹贡》荆州：“九江孔殷。”“九江纳锡大龟。”后人对其所在地解释有三说：（1）《汉书·地理志》寻阳：“《禹贡》九江在南，皆东合为大江。”是说九江在汉寻阳境内，即今湖北广济、黄梅一带。汉、唐诸儒多主此说，但对九江的江源又岐见不一：《汉书·地理志》注引应劭曰：“江自寻阳分为九。”郭璞《江赋》：“流九派乎浔阳。”《尚书伪孔传》：“江于荆州界分为九道。”都认为源自大江，派分为九。《尚书正义》引郑氏则认为九江各自别源，出自山溪。《经典释文》引六朝人《浔阳记》、《缘江图》，并列举九江名目，而二书互有出入。（2）《晋太康地记》：“九江，刘歆以为湖汉九水入彭蠡也。”这是汉人别说，以注入彭蠡（今鄱阳湖）的湖汉水（今赣江）及其八大支流合称九江。（3）宋人胡旦、朱熹、蔡沈等皆以注入洞庭湖的沅、湘等水为九江。各家所举名目也不尽相同。《禹贡》下文导山、导水二章都提到“过九江”，其地望在大江北岸。故三说中以第一说比较符合原义。寻阳在汉代虽属扬州西境，于《禹贡》应属荆州东境。

九江市 1949 年当地解放后由九江县城郊区析置，治所即今江西九江市。1980 年升为地级市。

九江村 即今广东佛山市顺德区西九江。清康熙二十三年（1684）设守备防守。

九江县 ①东晋初置，属寻阳郡。治所在今江西九江市西。南朝宋元嘉初省入寻阳县。

②1914 年改德化县置，为江西浔阳道治。县治即今江西九江市。1926 年直属江西省。1949 年以城区及近郊设九江市。1971 年迁今治沙河街镇。

九江国 秦亡后项羽封英布置，都六县（今安徽六安市东北）。辖九江、庐江二郡，相当今安徽淮河以南大部与江西全境。后改名淮南王国。

九江府 元至正二十一年（1361）朱元璋改江州路置，治所在德化县（今江西九江市）。辖境相当今江西九江、德安、湖口、瑞昌、彭泽等市县地。1912 年废。

九江城 ①在今湖北黄梅县西南。《元和志》卷 27 黄梅县：九江故城“在县西南七十里。汉九江王黥布所筑”。《方舆纪要》卷 76 黄梅县：九江城“在县西南七十里……《晋书》：宁康元年于黥布旧城置新蔡郡。即此”。

②即今广东佛山市南海区西南九江镇，东与顺德县为界，南与新会、鹤山二县为界。清设主簿及守备驻防。清朱次琦隐居于此，号九江先生。

九江钞关 明置，在今江西九江市西二里。《方舆纪要》卷 85 九江府德化县“寻阳驿”条下：“《志》云，城西二里有九江钞关。景泰初置户部分司以榷商税，嘉靖初议者以关右矶险湍厉，请立新厂于海天堤。商舟泝流者泊龙开河，随流者泊官簰夹，公私便之。既而以荒远诲盗多水患，复还旧所。”《清一统志·九江府二》：九江钞关“康熙二十一年移驻湖口县，设税厂于钟山之侧，每年差部臣一员监督。雍正元年，世宗宪皇帝念湖口关形甚险，商船不利停泊，特命移归九江，别设分司于大姑塘，停差监督，令巡抚选贤能官二员，驻扎收税。商船由湖广抵江西者，纳税九江；由江西至湖广者，纳税大姑塘。自是商民往来，咸称便焉”。

九江郡 ①战国秦置，治所在寿春县（今安徽寿县）。辖境相当于今安徽、河南淮河以南，湖北黄冈以东及江西全省。以境内有九江得名。秦末，楚、汉之际西境置衡山郡，割南境置庐江、豫章二郡。西汉高帝五年（前 202）改为淮南国，元狩初复为九江郡。辖境相当于今安徽淮河以南，瓦埠湖以东，巢湖以北地区。三国魏黄初二年（221）改为淮南国。

②隋大业三年（607）改江州置，治所在湓城（今江西九江市）。唐武德四年（621）复改为江州。

九阳堡 北宋置，属定边军。在今陕西吴起县西北。金废。

九坝 即今贵州桐梓县西北九坝街。清咸丰四年（1854）杨龙喜（杨凤）在此发动起义。起义军以黄巾帕头，自称“黄兵”，史称“黄兵起义”。

九折坂 亦名邛崃坂。又称邛道。今四川汉源县北清溪镇北大相岭山南坡山道七十四盘。《汉书·王尊传》：“先是琅邪王阳为益州刺史，行部至邛郲九折坂，叹曰：奉先人遗体，奈何数乘此险，后以病去。及尊为刺史，至其坂，问吏曰：此非王阳所畏道耶！吏对曰是，尊叱其驭曰：驱之。王阳为孝子，王尊为忠臣。”即此。《旧唐书·地理志》荣经县：“县界有邛来山、九折坂。”

九折岩 在今浙江临安市西玲珑山上。《清一统志》引咸淳《临安志》：玲珑山“两山屹起，盘曲凡九折，上通绝顶，名九折岩”。

九折峰 在今浙江天台县东北。《舆地纪胜》卷 12 台州：九折峰“在天台县东北三十里。僧智顗宴坐立道场处。孙绰赋所谓‘既克济于九折，路威夷而修通’也”。

九吾山 在今陕西志丹县西北。《方舆纪要》卷 57 保安县：九吾山在“县西五十里。上有湫，岁旱不竭”。

九矶滩 在今湖南沅陵县北三十里沅江中。《方舆纪要》卷 81 沅陵县“沅江”条下：九矶滩“矶凡有九，环峙中流，长可二里”。

九连山 ①又名九龙山。即今广东连平县东九连山。《方舆纪要》卷 103 惠州府和平县：九连山“峰峦高峻，林木茂密，东连龙川、河源，南连博罗、增城、龙门、从化，西连乳源、翁源，北连赣州龙南，凡九县界，因谓之九连山。正德中三浰余贼屯聚九连山。山四面险绝，唯一面可上，守仁设计克之。贼走，官军四路设伏，擒斩略尽"。

②在今陕西延长县西十五里。《方舆纪要》卷57延长县：九连山"山有九峰，相连不断"。

九连城 即今辽宁丹东市东北九连城镇。《金史·斡鲁传》："高丽筑九城于曷懒甸……斡鲁亦对筑九城与高丽抗。"《清史稿·德宗纪》：光绪二十年(1894)，中日甲午之战，九月"庚子，日兵渡鸭绿江。辛丑，陷九连城"。皆此。

九里 ①在今江苏南京市东南。《三国志·吴书·吴主五子传》引《吴历》曰："（孙）和四子：皓、德、谦、俊。孙休即位，封德钱唐侯，谦永安侯，俊拜骑都尉，皓在武昌。吴兴施但因民之不堪命，聚万余人，劫谦，将至秣陵，欲立之。未至三十里住，择吉日，但遣使以谦命诏丁固、诸葛靓。靓即斩其使。但遂前到九里，固、靓出击，大破之。"

②在今湖北武汉市武昌城区东北。《梁书·武帝纪》："命王茂、曹景宗帅众济岸，进顿九里。"即此。《资治通鉴》卷144胡注："其地去郢城九里，因以为名。"

九里山 ①又名九嶷山、象山。在今江苏徐州市西北五里。《魏书·地形志》：彭城有九里山。《寰宇记》卷15徐州彭城县：九里山，"《元中记》云，彭城北有九里山，有穴潜通琅邪，又通王屋，俗呼为黄穴池"。《方舆纪要》卷29徐州：九嶷山"俗谓之九里山，即汉兵败项王处。明建文中，燕兵攻徐州，亦尝伏兵于此。一名象山，以山西一峰如蹲象也"。

②即今江苏江阴市东南花山。《舆地纪胜》卷9江阴军：九里山在"县东十五里。又名由里山。郡人吕天荣《题葛少川迎翠轩诗序》有'前对九里秦望诸山'之语。或云山之四面皆九里"。

③在今山东济南市城东北九里。《清一统志·济南府一》载："相传韩信破齐历下，曾驻军于此。"

④在今四川广元市西南。《方舆纪要》卷68昭化县：九里山在"县北二十里。盘曲嵯峨，约高九里"。

九里关 又作百雁关。在今河南罗山县西南一百里，河南、湖北二省交界处。《舆地纪胜》卷80信阳军：黄岘关"今名九里关，在军南百里"。明置巡司于此。

九里村 在今江苏常州市西北。《宋书·孔觊传》：泰始二年(466)：孔觊"所遣孙昙瓘等军，顿晋陵九里"。《资治通鉴》卷131胡三省注："其地在晋陵西北九里，因以为名。"

九里松 在今浙江杭州市西。周密《武林旧事》卷5：九里松"唐刺史袁仁敬守杭日，植松于左右，各三行"。《清一统志·杭州府一》："长松夹道，凡九里，名九里松。"明李攀龙有《九里松图为马侍御作》诗。

九里岭隘 在今江西吉安县西。《方舆纪要》卷87吉安府庐陵县：九里岭隘"在府西七十里。山长九里，因名。其地平旷，近时常为营垒处"。

九里城 在今湖北武汉市武昌附近。《资治通鉴》：南朝齐中兴元年(501)，萧衍攻张冲于郢州，"使（王）茂等帅众济江，顿九里"。胡三省注："其地去郢城九里，因以为名。"

九里堤 即糜枣堰。在今四川成都市西北郊。《方舆纪要》卷67成都县"浣花溪"条下："九里堤，《郡志》云：在府城西北隅，其地洼下，诸葛武侯筑堤九里，以防冲啮。"

九围 即九州。《诗经·商颂·长发》："帝命式于九围。"孔颖达疏："九围者，盖以九分天下各为九处规围然。"元稹《月》诗："迢递同千里，孤高净九围。"

九岐山 在今广西博白县西七十里。明万历《广西通志》卷5博白县："回峦复嶂，分为九峰，四时翠蔼可爱。"

九龟山 在今湖南岳阳市南五里。《方舆纪要》卷79岳州府"巴丘山"条下：九龟山"水际有九山相连"。《清一统志·岳州府一》"白鹤山"条下：九龟山"九山相连，形如龟，滨洞庭。以形似名"。

九灵山 ①在今江苏丹阳市东北四十里。元《至顺镇江志》卷7：观音山"在（丹阳）县东五十里"。《方舆纪要》卷25镇江府丹阳县：九灵山"九峰相连，下有桃花洞"。

②在今浙江浦江县北。《清一统志·金华府一》：九灵山"在浦江县北九十里。山有九峰，元末戴良居此"。戴良因号九灵山人。

九层山 在今山西广灵县西北。《方舆纪要》卷44广灵县："九层山在县北二十五里。山有九层，山崖出泉仅斗许，可供百余家，名一斗泉。"

九层楼山 亦称九层崖。在今广西桂平市西北碧滩北。明代为大藤峡瑶民义军的据点之一。《明史·广西土司传》：成化初，赵辅、韩雍等率兵镇压瑶民义军，"复督兵追蹑，铲山开路，直抵横石塘及九层楼等山"。

九阿 又称九曲。在今河南宜阳县西北。《水经·洛水注》："洛水东迳九曲南。其地十里，有阪九曲。《穆天子传》所谓'天子西征，升于九阿'，此是也。"

九陇山 ①在今湖北嘉鱼县南。《方舆纪要》卷76嘉鱼县：九陇山"县南六十里有九陇四合"。

②亦名九龙山。在今重庆市开县西。《方舆纪要》卷69开县：九陇山"在县西二十里。九峰连峙，势相起伏"。《清一统志·夔州府一》：九龙山"有九峰曰石楠、垂云、玉环、凝香、飞虹、啼猿、磨嵯、飞仙、青枫。亦名九陇山"。

③亦名九峰山。在今四川广元市西。《舆地纪胜》卷184利州：九陇山"在州西北二里"。《方舆纪要》

卷68广元县“乌奴山”条内：“天台山，《志》云：在县西二十里。其北为九陇山，环拱九十九峰，如剑戟之排列，亦谓之九峰山……《志》云：九陇山有汉王寨，相传汉高祖驻跸于此。”

④在今四川彭州市西北。《元和志》卷31九陇县：“九陇山在县西二十五里。连峰迤逦，凡有九曲。”《方舆胜览》卷54彭州：九陇山“古彭州之西山：一伏陇、二豆陇、三秋陇、四龙奔陇、五走马陇、六骆驼陇、七千秋陇、八较车陇、九横担陇”。

九陇县 北周武成二年（560）改南晋寿县置，属九陇郡。治所在今四川彭州市西北九陇镇。《元和志》卷31九陇县：“取九陇山为名。”隋属蜀郡。唐为彭州治，移治今彭州市。《宋史·仁宗纪》：天圣元年（1023）闰九月，“禁彭州九陇县采金”。元至元十三年（1276）废入彭州。

九陇郡 北周改南晋寿郡置，治所在九陇县（今四川彭州市西北九陇镇）。隋开皇初废。

九顶山 ①在今山东宁阳县东一百里。《方舆纪要》卷32宁阳县“灵山”条下：“又东十里有九顶山，山有九峰，参差竞胜。”

②亦名岷山、汶山。在今四川茂县东南二十里。《清一统志·茂州》：岷山，“《旧志》：山有九峰，四时积雪不消，一名雪山，俗呼九岭山”。山主峰海拔4984米。

③又名凌云山。在今四川乐山市东。《舆地纪胜》卷146嘉定府：九顶山“在府城左，有报恩寺。其九峰之名曰：凤集、栖鸾、灵宝、就日、丹霞、祝融、拥翠、望云、兑说。会昌以前九峰各有寺，其后八寺废，唯此独存”。报恩寺即凌云寺。《方舆纪要》卷72嘉定府：九顶山在“州治东一里隔江。山有九峰……山下有凌云寺”。《元史·速哥传》：至元三年（1337），“从行院帖赤战九顶山”。即此。

九顶山城 南宋末建，在今四川乐山市东凌云山。《元史·忙古带传》：至元十二年（1275），“从汪田哥攻九顶山，破之，杀都统一人，嘉定降”。即此。

九顶塔 在今山东济南市历城区南柳埠镇灵鹫山原九塔寺内。寺已废。塔始建于唐，单层八角，顶有小塔九座，通高13.3米。明人许邦才《九塔寺记》称此塔“一茎上而顶九各出，构缔诡巧，他寺所未经有”。1988年与千佛崖造像等一起被定为全国重点文物保护单位。

九英山 在今江西乐平市北。《寰宇记》卷107浮梁县：九英山在“县南五十里。黄巢乱唐，宁赓据此以御之，因名九英”。《方舆纪要》卷85浮梁县：九英山“赓有九子，名皆从山，后人因呼山为九英”。

九杵关 明置，在今贵州务川仡佬族苗族自治县西南。《清一统志·思南府》：九杵关“在婺川县北（南）三十里，通遵义界”。

九松山 在今北京市密云县北二十七里。《清一统志·顺天府二》：九松山，“康熙四十五年，圣祖仁皇帝巡幸经此，见山有松九株，遂赐名九松山。建庵曰朝天”。

九垄银铜场 北宋属瑞金县，在今江西瑞金市。《元丰九域志》卷6：瑞金县有九垄银铜场。

九岩山 在今浙江龙游县东三十五里。《南齐书·徐伯珍传》：“宅南九里有高山，班固谓之九岩山，后汉龙丘苌隐处也。”

九岭 即今浙江桐庐县西北九岭村。《方舆纪要》卷90桐庐县：九岭在“县东北四十里”。

九牧镇 即今福建浦城县西北七十里九牧镇。清雍正十年（1732）庙湾巡司移驻于此。

九乳螺洲 指中国西沙群岛。宋《武经总要》前集卷20：“从屯门山，用东风西南行，七日至九乳螺洲。”

九服 指古时京畿以外的九等地区。《周礼·夏官·职方氏》：“乃辨九服之方国。”九服即侯服、甸服、男服、采服、卫服、蛮服、夷服、镇服、藩服。后泛指藩属。《宋书·武帝纪中》：“王略所宣，九服率从。”

九股水 即今陕西府谷县西孤山川。《清一统志·榆林府一》：九股水“一名孤山水。源出草地，九源并导。今为一流，东南流入边墙，经镇羌堡东、孤山堡西，又东南流入河”。

九股河 即今贵州雷山县北之巴拉河。清爱必达《黔南识略》卷9丹江通判：“九股河在城东，发源九摆罗山中，东北经凤党诸寨，入清江。”《清史稿·地理志》丹江厅：“大丹江源出厅西南，小丹江自厅东南来会，曰九股河，东北流，入台拱（今台江县）。”

九股树 即今陕西略阳县北八十里九股树。明置巡司于此。

九河 《尚书·禹贡》导河：“又北播为九河。”据《尔雅·释水》即指徒骇、太史、马颊、覆釜、胡苏、简、絜、钩盘、鬲津等九河，当在今华北平原东部近海一带，其具体流经地今已不能确指。近人多主张九河为古代黄河下游众多支派的合称，不一定是指九条河。

九河关 即今云南丽江市玉龙纳西族自治县西南九河白族乡（白汉场）。为由剑川出中甸、维西要道。清有经制外委驻此。

九宗山 一名九嵕山。在今湖北孝昌县东。《寰宇记》卷132孝感县：九宗山，“刘澄之《宋永初山水记》，吉阳县西有九宗山”。

九官台（臺）门 清置，为柳条边门之一。即今辽宁义县西北九关台。《清一统志·锦州府二》：九官台边门“在义州西北三十里，东至清河边界十九里，西南至松岭子边门一百十里。有章京驻防”。

九官墟 即今广东德庆县东九市镇。清光绪《广东舆地全图》：德庆州东有九官墟。

九郎山 在今广东潮州市东北。《方舆纪要》卷103潮州府海阳县：九郎山“在府东北十里。起伏有九，右为尖峰，高百余丈”。《清一统志·潮州府》：九郎山，“《寰宇记》云：县有九侯山，疑即此”。

九陌　《三辅黄图》卷2引《三辅旧事》云：“长安城中有八街九陌。”后遂泛指都城中的大路。唐骆宾王《帝京篇》：“三条九陌丽城隈，万户千门平旦开。”亦指田间的道路。

九姑山　在今浙江龙泉市龙渊公园。《方舆纪要》卷94龙泉县：九姑山“在县治西北”。为县治诸山屏障之一。

九姓乡　清道光二年（1822）以九姓长官司辖地置，属泸州。治所在今四川兴文县（中城镇）西北。光绪壬午任五采、车登衢等修纂《泸州九姓乡志》，即为此乡之志书。

九姓长官司　明洪武六年（1373）改九姓罗氏党蛮夷长官千户所置，属永宁卫。治所即今四川兴文县西北久庆镇（久庆场）。天启六年（1626）改属泸州。清顺治时，归泸州州判及泸州营管辖。嘉庆元年（1796）移治故泸州卫城北（今兴文县北）。道光后又名九姓乡。光绪三十四年（1908）改置古宋县。

九姓罗氏党蛮夷长官千户所　亦作九姓党蛮夷长官司。元至元中改夷民罗氏党九人把总置，属永宁路。治所在今四川兴文县西北久庆镇。明洪武六年（1373）改为九姓长官司。

九姓党蛮夷长官司　即九姓罗氏党蛮夷长官千户所。治所在今四川兴文县西北久庆镇。《方舆纪要》卷73九姓长官司：“元初立夷民罗氏党九人为总把，至元初，改为九姓党蛮夷长官司。洪武四年改置是司。”

九星岩　在今广东云浮市东北五十里。《方舆纪要》卷101罗定州东安县：九星岩，“九峰尖秀如玉笋，下有岩穴如堂，中有幽径，又有石泉，水引流可以溉田”。《清一统志·罗定州》：九星岩“群峰森列，独西南一峰有石室。穹窿高八九丈，宽可容数十人。一石有窍，吹之声振山谷，相传瑶蛮吹以号众者。左偏有石门，深窈幽邃，名曰观音洞，北为下岩，诸水汇出其下，引流溉田”。

九星洋　一作九洲洋。又作七洲洋、七里洋。即今广东珠海市东南九洲岛洋面。《方舆纪要》卷101广州府香山县“零丁洋”条：“宋景炎二年，元将刘深袭井澳，帝至谢女峡，复入海，至九星洋，欲往占城，不果。”即此。

九囿　即九州。《通鉴外纪·包牺以来纪》：“（人皇氏）依山川土地之势，财（裁）度为九州。谓之九囿。”《说文解字》段玉裁注：“凡分别区域曰囿。常道将引《洛书》曰：‘人皇始出，分理九州为九囿’。九囿即《毛诗》之九有，《韩诗》之九域也。”

九重山　在今安徽太湖县西。《方舆纪要》卷26太湖县：九重山“在县西三十里。以盘回绵亘而名”。

九重城　在今云南大理市境。《清一统志·大理府》引《府志》：“俗曰南诏城。皆南诏备吐蕃所设。一在河尾里，一在关邑里，一在太和村，一在北国，一在蟠溪里，一在塔桥，一在摩用，合羊苴咩城与史城为九。又有金刚城，在点苍山佛顶峰麓，亦南诏所筑。”

九泉山　①在今四川资阳市东南九十里。《方舆纪要》卷67资阳县：九泉山“在县东北。万历中，奢崇明作乱，自泸、叙而西，败官军于此，遂薄成都。或云：山与资县接界”。

②在今甘肃礼县北。清乾隆《直隶秦州新志》卷2礼县：九泉山在县“北三十里。其麓九，皆有泉。旱不涸、涝不溢，民咸赖之”。

九侯山　①一名九猴山、筋山。在今福建龙岩市北，筋溪出此。《元丰九域志》卷9漳州：龙岩县有筋山。《方舆纪要》卷99漳州府龙岩县“天宫山”条下：“又九侯山，在县北三十里，高入云汉，广袤数十里，九峰列峙，尊若公侯，因名。或讹为九猴山，云形若猿猴也。一名筋山，《旧志》云，支麓盘据如筋络然。”

②在今福建诏安县北。九峰并列，有石门可通车马，中多泉石之胜。《舆地纪胜》卷131漳州《景物下》：“《图经》序谓九侯山传夏后之绪，似指九侯为夏之子孙，而蔡如松《漳南十辩》则云九峰之神各主一山。”

九胜山　在今四川洪雅县北一里。《方舆纪要》卷72洪雅县：九胜山“九峰屹立，近如屏阑，远如户阈，为县之胜”。

九度河　即今云南易门县西绿汁江。《方舆纪要》卷114易门县：九度河“在县西。即禄丰县之大溪也，流入县境，为九度河。下流入元江府界”。

九度溪　在今湖北恩施市西北。《方舆纪要》卷82施州卫：九度溪“在卫北。源出四川石柱宣抚司，流入卫境，至都亭山下，又东入清江。居民多引水灌溉”。

九洲江　古名南廉水。即今广东廉江市西九洲江。《方舆纪要》卷104石城县：九洲江在“县东北二十里。其上流即广西陆川县之龙化江也，南流入县境，至县南，有双水流合焉。又南注于海。其江至冬水浅沙露，分为九洲，因名”。

九洲河　在今江西定南县东北。《方舆纪要》卷88赣州府定南县：九洲河在“县（治今老城镇）东北百里。会高砂、横江、下历、杨梅诸水，流入广东龙川县境。中有廉子、曲滩、鹅叫三滩。滨河有猪婆岩。皆峻险”。

九洲镇　即今江西会昌县驻地湘江镇。《寰宇记》卷108虔州会昌县：“本雩都县地。皇朝太平兴国年中析雩都县六乡于九洲镇置会昌县。”

九宫山　①在今河北蔚县东南三十里。《方舆纪要》卷44蔚州：九宫山，“金章宗尝避暑于此，因名。有九宫口，路通易州，置巡司于此”。

②即今湖北通山县南八十里，与江西武宁县接界之九宫山。《太平御览》卷48引《武昌记》曰：九宫山“西北陆路去州五百八十里。其山晋安王兄弟九

人，造九宫殿于此，山遂以为名”。《舆地纪胜》卷33兴国军：九宫山“《富川志》云：九宫山乃伏虎禅师道场，其山自下而上高峰九层，故名”。清顺治初，农民义军领袖李自成败死于此。在山下牛迹岭有闯王殿。

九都市　即今湖南南县驻地南洲镇。清光绪二十三年（1897）南洲直隶厅迁治于此。1913年为南县治。1982年称南洲镇。

九都堡　在今福建龙海市东南，海澄镇西。《方舆纪要》卷99海澄县：九都堡“在县城（治今海澄镇）西。今学宫饷馆设于此”。

九真山　一名五藏山、仙潜山。在今湖北武汉市蔡甸区南。《舆地纪胜》卷79汉阳军：九真山“即五藏山。九仙女炼丹于此”。又，仙潜山“即五藏山。咸通八年改为仙潜山。俗呼为九真山”。

九真州　明永乐五年（1407）属清化府。治所在古平县（今越南清化省东南部静嘉县）。辖境相当今越南中部清化省南部地。宣德二年（1427）以后地入安南。

九真观　元改邵雍故居为九真观。在今河南洛阳市定鼎路洛河桥南的安乐窝村。祠东华、帝尹、正阳、纯阳、海蟾、重阳、丹阳、长真、长春等九人。今仍祀邵子。

九真县　隋置，为九真郡治。治所在今越南清化省清化。唐为爱州治。天宝初为九真郡治。后废。

九真郡　西汉吕后、文帝时南越赵佗置。元鼎六年（前111）归汉。治所在胥浦县（在今越南清化省东山县杨舍村）。辖境相当今越南清化、河静两省及义安省东部地区。东汉属交州。三国吴以后辖境逐渐缩小。南朝宋移治移风县（今越南清化省清化北马江南岸）。梁属爱州。隋移治九真县（今越南清化省清化）。唐初废。天宝元年（742）改爱州复置九真郡，乾元元年（758）复改为爱州。

九原　①指九州。《国语·周语下》：“汨越九原，宅居九隩。”韦昭注：“隩，内也。九州之内皆可宅居也。”

②战国赵邑，在今内蒙古乌拉特前旗东南先锋镇东三顶帐房村古城。一说在今包头市西北。《史记·赵世家》：赵武灵王二十六年（前300），“复攻中山，攘地北至燕、代，西至云中、九原……（二十七年）欲从云中、九原直南袭秦”。《水经·河水注》：“《竹书纪年》云：魏襄王十七年，邯郸命吏大夫奴迁于九原，又命将军大夫适子、戍吏皆貉服矣。其城南面长河，北背连山。”

九原山　①在今山西忻州市西。《方舆纪要》卷40忻州：九原山“在州城西。汉末以此名县。今州城跨冈上，三面俱临平畴。亦曰九龙冈”。

②在今山西新绛县西北。春秋晋诸大夫葬此。《礼记·檀弓下》：“赵文子与叔誉观乎九原。”相传即此处。

九原县　①秦置，为九原郡治。治所或即今内蒙古乌拉特前旗东南堡子湾古城（一说在今包头市西哈德门沟口古城堡）。秦末地入匈奴，郡、县俱废。西汉元朔二年（前127）复置，为五原郡治。东汉建武中徙废。《水经·河水注》：河水“又东径九原县故城南，秦始皇置九原郡治此……西北接对一城，盖五原县之故城也，王莽之填河亭也”。

②东汉建安二十年（215）置，为新兴郡治。治所即今山西忻州市。北魏太平真君七年（446）废。

③隋开皇五年（585）置，为丰州治。治所在今内蒙古乌拉特前旗西北西小召镇古城村。一说在今五原县西南黄河北岸。大业初为五原郡治。隋末废。唐永徽四年（653）复置，为丰州治。五代初废。

九原郡　①秦始皇三十三年（前214）取匈奴河南地后置，治所在九原县（今内蒙古乌拉特前旗东南先锋镇东三顶帐房村古城。一说在包头市西）。辖境相当今内蒙古后套及其以东至包头市、黄河南岸的鄂尔多斯市北部地。秦末地入匈奴，郡、县俱废。

②唐天宝元年（742）改丰州置，治所在九原县（今内蒙古乌拉特前旗西北西小召镇土城村。一说今五原县西南）。辖境相当今内蒙古阴山以南、黄河以北，卓资、凉城以西，磴口、杭锦后旗以东地区。乾元元年（758）复为丰州。

九原站　元置，在今山西忻州市北。明改为九原驿。

九峰山　①在今福建福州市北七十里。《清一统志·福州府一》：九峰山，“峰顶九出，峭拔若华，与芙蓉、寿山亦并称三山。有岭曰长箕岭，一名长岐岭，又名桃枝岭，路出古田、罗源二县”。

②即今福建南平市南九峰山。明《寰宇通志》卷49延平府《山川》：九峰山“在南平县治南剑津里。九山苕荛相接，为郡境诸峰之冠”。山上有明代石塔。宋代在这里建有延平书院，传为李侗、朱熹讲学之处。现九峰山已辟建公园，可俯瞰南平山城胜景。

③在今福建惠安县南二十五里。明《寰宇通志》卷46泉州府《山川》：九峰山“在惠安县南，九峰高耸争雄”，故名。

④在今福建建阳市西北四十五里。明《寰宇通志》卷48建宁府《山川》：九峰山“在建阳县西北嘉禾里，其山九峰联峙”，故名。宋蔡沈读书其下，朱熹卒后亦葬于此。

⑤在今浙江金华市西南。《寰宇记》卷97兰溪县：九峰山“在县南六十里，下有唐中书侍郎徐安贞读书岩”。《方舆纪要》卷93汤溪县：九峰山“在县（治今汤溪镇）南十里。峰峦秀拔，岩洞玲珑”。

⑥又名九仙山。即今山东曲阜市东北五十里九山。《方舆纪要》卷32曲阜县：九峰山“峰峦相接，参差有九。与宁阳县接界”。

⑦在今湖南临湘市境。《方舆纪要》卷77岳州府巴陵县：九峰山“在府东北百里。山高耸，有九峰并峙”。

⑧在今海南省昌江黎族自治县西南。《清一统志·琼州府一》：九峰山“在昌化县东南六十里。山有九峰，盘旋百余里。《通志》：俗传有峨娘生九子，皆为酋长，分主九洞。其下峨娘溪出焉”。

⑨亦名九陇山。在今四川广元市西二十里。《方舆纪要》卷68广元县“乌奴山”条内：九陇山“亦谓之九峰山”。

⑩在今四川彭州市西北大宝镇东北。《清一统志·成都府》：九峰山“在彭县西北中隋山北，山极高大，北连茂州界”。山顶有雷音寺，传系明代晚期一名叫无暇的和尚所建。

⑪在今陕西凤县凤州镇北五里。《方舆纪要》卷56凤县：九峰山“有九峰攒聚”。

九峰隘　在今浙江泰顺县东与苍南县接界处。《方舆纪要》卷94泰顺县：九峰隘在“县东南百六十里，平、泰二邑往来之咽喉也”。

九峰镇　即今广东乐昌市北九峰镇。元、明、清置巡司于此。

九皋山　一名鸣皋山。在今河南嵩县东北陆浑山以东。《清一统志·河南府一》引《县志》谓鸣皋山“亦名九皋山”。山下有鸣皋镇。

九皋县　唐武德五年（622）置，属前真州。治所在今越南清化省清化西北。贞观元年（627）废。

九卿陂　又称菏泽、龙池。在今山东定陶县东北。《史记·夏本纪》：“导菏泽。”《正义》引《括地志》：“菏泽在曹州济阴县东北九十里定陶城东，今名龙池，亦名九卿陂。”

九座山　一名仙游山。在今福建仙游县西北。《元和志》卷29福州仙游县：仙游山“在县西二十里，县因以为名”。《明一统志》卷77兴化府：九座山“在仙游县西北。山有九峰，故名”。《清一统志·兴化府》山川：九座山“即古仙游山也”。

九离　又作九稚。即今马来西亚马来半岛东岸之朱盖。唐杜佑《通典》卷188“边斗”条：拘利国“一云九离”。

九站　亦名旧站。即今吉林省吉林市西北、松花江之西九站乡。清光绪《吉林通志》卷15吉林府《屯镇》：正北“二十八里旧站街”。民国熊知白《东北县治纪要》吉林永吉县：“县属九站，位于松花江之右岸，距县市西北二十五里，为吉长铁路一驿站。”

九递山　在今重庆市南川区东六十五里。《舆地纪胜》卷180南平军：九递山“广高不知其几里，遇晴霁则祥云覆其上，绝壁如银色，人视其色之昏明，以候晴雨。上有水潴为洞，高广百尺，有异鱼，人不敢取。左右石台有两泉，温冷靡常，池各蟠石龙一，初非镌刻，鳞鬣宛然，洞以龙名”。

九域　即九州。泛指全中国。《晋书·孙惠传》：“今明公名著天下，声振九域。”

九野　指九州。《后汉书·冯衍传下》：“疆理九野，经营五山。”李贤注：“九野，谓九州之野。”

九银坑　在今湖南桂阳县境。《舆地纪胜》卷61桂阳州：九银坑“在平阳县境。曰大凑山、大板源、龙图、毛寿、九鼎、小白竹、水头、石笋、大富”。《方舆纪要》卷80桂阳州“九鼎山”条下：“《志》云，桂阳州产银，宋天禧三年，置有九坑……今皆废。”

九盘山　①即今浙江临海市东南涌泉、溪口、兰田、梓林诸乡镇交界处之九支山。《舆地纪胜》卷12台州：九盘山“在临海县东南七十五里。以其路萦回九转，故名。绝顶可眺大海”。

②又名九盘寺山。在今四川大竹县西。明曹学佺《蜀中名胜记》卷28大竹县：“九盘者，治西十里，有山高峻，盘旋九折，行者惮之。”

③在今四川万源市东南二百里。民国《万源县志》卷1：九盘山“山腰有银厂坪，相传曾开银厂”。

④在今重庆市南川区东十二里。《方舆纪要》卷69南川县：九盘山“峰峦高远，九折而上”。

九盘子堡　明置，属綦江县。在今重庆市綦江县南一百三十里。清道光《綦江县志》卷5：九盘子堡“山峰峻峭，最为险要，通贵州大路。明将军刘綎征杨应龙，曾交战于此”。

九盘关　明置，属宁番卫。在今四川喜德县西北冕山镇北。《明一统志》卷73四川行都司：九盘关“在宁番卫城东一百八十里”。

九盘溪　在今四川南溪县西北。《舆地纪胜》卷163叙州：九盘溪“在南溪县。有洞。普溪上有童子遇龙翁于此”。《方舆纪要》卷70南溪县：九盘溪在“县西北四十里。其水盘曲入于江”。

九彩坪　即今宁夏海原县（三河镇）西南九彩乡。九彩坪拱北始建于清同治间，是伊斯兰教尕德忍耶门宦七辈教主杨保元及九辈教主杨枝等墓地。

九淋水　即龙门水。今广东龙门县南之龙门河。《明史·地理志》龙门县：“南有龙门水，亦曰九淋水，流入东江。”

九隆山　在今云南保山市西十里。《后汉书·西南夷传》：“哀牢夷者，其先有妇人名沙一，居于牢山。尝捕鱼水中，触沉木若有感，因怀妊，十月，产子男十人。后枕木化为龙，出水上……九子见龙惊走，独小子不能去，背龙而坐，龙因舐之。其母鸟语，谓背为九，谓坐为隆，因名子曰九隆……后牢山下有一夫一妇，复生十女子，九隆兄弟皆娶以为妻，后渐相滋长……九隆死，世世相继。”《明一统志》卷87金齿军民指挥使司：九隆山“山有九岭，又名九坡岭。沙河源出于此”。《清一统志·永昌府》引《府志》：“诸葛亮南征，尝凿断山脉以泄其气，今迹存焉。”

九鼎山　①在今湖南桂阳县西北七十里。《方舆纪要》卷80桂阳州：九鼎山“高三里，周十里。宋时出银铅，今废”。

②在今云南祥云县西北二十里。《明一统志》卷86大理府：宝泉山“又名九鼎山”。《清一统志·大理府》引《云南县志》：“九峰相并，望之簇如青莲，石穴崆峒，盘折而升，上有九鼎寺，傍岩结构，

飞槛悬梯。以山有九顶，又名九顶山。”

九鼎钟（锺）山　在今云南姚安县东北五十里。《清一统志·楚雄府》：九鼎钟山“一名华山。峰峦有九，形如悬钟。春时花木茂盛，游人不绝”。

九赕　宋大理置，属善巨郡。治所在今云南丽江市玉龙纳西族自治县西北一百五十里巨甸镇。元改巨津州。

九堡墟　即今江西瑞金市西北二十六里九堡镇。明嘉靖《赣州府志》卷5瑞金县：“九保（墟），县西北。”清道光《宁都直隶州志》卷4作九堡墟。

九道梁镇　即今湖北房县西南一百四十四里九道梁乡。清置巡司于此。

九渡　在今江西信丰县西南正平镇西北。清同治《赣州府志》卷3：信丰县有“九渡水”墟。

九渡水　在今湖南慈利县西南。《水经·澧水注》：“澧水又东，九渡水注之。水南出九渡山，山下有溪，又以九渡为名……九渡水又北流注于澧水。”

九渡河　在今河南信阳市南。《方舆纪要》卷50信阳州：九渡河“源出鸡翅山，溪涧萦委，沿溯九度，亦曰九曲河，经州南二十五里有卧牛河合流焉，谓之双河，又东北流合于浉水”。浉水东北流，注入淮河。

九塘铺　即今重庆市合川区南九塘。清嘉庆《四川通志》卷89巴县：九塘铺“在县西北一百六十七里”。

九稚　或作拘利、九离。即今马来西亚马来半岛东岸之朱盖。《梁书·诸夷·扶南国》：“（范曼）乃治作大船，穷涨海，攻屈都昆、九稚、典孙等十余国。”

九源山寨　在今广东封开县东北。《方舆纪要》卷101开建县：九源山寨“在县（今南丰镇）东，瑶寨也。《志》云，县境瑶山凡三十有七”。

九溪　①即今福建南安市南之九溪。《方舆纪要》卷99南安县：“九溪在县（旧治在丰州镇）西南二十五里。有柏峰山，溪流出焉。逶迤而东，分为九派，汇为龙潭。下流至晋江县之安海镇，过安平桥入海。”

②在今浙江杭州市西南。宋《咸淳临安志》卷36：九溪“在赤山、烟霞岭西，南通徐村，出大江，北达龙井”。民国《西湖新志》卷2：“以其九水合成，故谓之九溪。”近代与“十八涧”合称“九溪十八涧”，为杭州胜景之一。清俞樾有《游九溪》诗。

九溪卫　明洪武二十二年（1389）置，属湖广都司。治所在今湖南慈利县西北七十二里江垭镇。清改置巡司。后废。

九溪河　在今贵州安顺市东南四十里。《方舆纪要》卷123普定卫：九溪河“溪流九曲，萦回而东。即威清卫（今清镇市）的澄河之上源也”。

九溪洞　在今湖南浏阳市北七十里。《方舆纪要》卷80浏阳县：九溪洞“上合下开，路通往来，有九水绕流其前”。

九塞　古代的九个要塞。《吕氏春秋·有始览》：“何谓九塞？大汾、冥厄、荆阮、方城、殽、井陉、令疵、句注、居庸。”《淮南子·墬形训》大汾作“太汾”，冥厄作“渑厄”，殽作“殽阪”。

九叠山　在今湖南靖州苗族侗族自治县南二十里。《舆地纪胜》卷72靖州：九叠山，“《图经》云，山势盘纡，九峰相次。每天晴日明烟敛，峰峦争翠，俨若画图”。

九叠云（雲）屏　在今江西庐山五老峰东北。唐李白《庐山谣寄卢侍御虚舟》诗：“庐山秀出南斗傍，屏风九叠云锦张。”《舆地纪胜》卷25南康军：九叠屏“在五老峰之侧，唐李林甫女学道此山。山九叠如屏”。宣统补刊《庐山志》引桑乔《庐山疏》：“九叠云屏者，谓之屏风叠，亦谓之九奇峰。山九叠如屏，故名。在麻姑崖北。”其下为九叠谷。

九箕山　在今山西洪洞县东。《方舆纪要》卷41洪洞县：九箕山“县东十五里。厥状类箕，南向有九。一名土山”。

九疑山　亦作九嶷山。在今湖南宁远县南六十里。《史记·五帝本纪》：舜“葬于江南九疑”。《水经·湘水注》：营水“西流径九疑山下，蟠基苍梧之野，峰秀数郡之间。罗岩九举，各导一溪，岫壑负阻，异岭同势，游者疑焉，故曰九疑山”。山南有舜庙。《方舆胜览》卷24道州：九疑山“亦名苍梧山。九峰相似，望而疑之，谓之九疑山。有九峰……其一曰朱明峰，其下湘水源；二曰石城峰，其下沲水源，女冠鲁妙典所居；三曰石楼峰，其下巢水源；四曰娥皇峰，其下池水源；五曰舜源峰，其下瀑水源，亦曰华盖，此峰最高；六曰女英峰，其下砅水源；七曰萧韶峰，其下洊水源；八曰桂林峰，其下泶水源；九曰梓林峰，其下洏水源”。

九疑鲁观　即今湖南宁远县南五十五里九疑瑶族乡。明、清置巡司于此。

九寨　即今辽宁盖州市西南九寨镇。民国徐曦《东三省记略》卷8南满铁路各线车站道里表：“九寨驿距许家屯驿四里七。”

九墩子滩　在今重庆市巫山县西长江中。清光绪《巫山县志》卷7：九墩子滩“在江上游瞿唐峡内，离城七十里”。水底有巉岩乱石，每年自十月起至次年三月止，水枯石现，巨浪汹涌，号为险滩。

九德县　三国吴天纪二年（278）分咸驩县置，属九德郡。治所在今越南义安省荣市。西晋为九德郡治。南朝为德州治。隋为日南郡治。唐为驩州治。唐末废。

九德郡　三国吴天纪二年（278）分九真郡置，属交州。治所在咸驩县（今越南义安省演州西）。西晋移治九德县（今越南义安省荣市）。《水经·温水注》：“《林邑记》曰：九德，九夷所极，故以名郡。”西晋辖境相当今越南义安省和河静省大部。南朝宋治所在浦阳县（今越南义安省荣市东南）。南齐还治九德县。隋开皇十年（590）废。

九鲤湖　即今福建仙游县东北九鲤湖。位于万山之巅，是一个天然的石湖。湖的四周林木葱茏，千岩竞秀，怪石嶙峋，溶洞百态。山巅瀑布历九漈而下，更为人所赞道。明代地理学家徐霞客曾称：江西庐山之三叠泉、浙江雁荡山之龙湫“各以一长擅胜”，而九鲤湖的瀑布则“集奇撮胜”。《舆地纪胜》卷135兴化军《仙释》：何氏九仙，“《旧经》云，昔有何氏兄弟九人于九仙山炼丹，丹成乘九鲤而去”，故名。

九潭 在今湖南常德市东四十里。《方舆纪要》卷80武陵县：“《志》云，龙阳县（今汉寿县）西三十里有崇神潭，即九潭也。其在武陵境内者凡二潭，今有九潭河泊所，置于府东三里。”

九畿 先秦时理想中的一种行政区划。据《周礼·夏官·大司马》载：“乃以九畿之籍，施邦国之政职。”以王畿为中心，自内而外，每五百里为一畿。共有侯、甸、男、采、卫、蛮、夷、镇、藩等九畿，为各级诸侯的领地及外族所居之地。

九薮 古泽薮的总称。《周礼·职方》谓指扬州的具区、荆州的云梦、豫州的圃田、青州的望诸、兖州的大野、雍州的弦蒲、幽州的貕养、冀州的杨纡、并州的昭馀祁；《吕氏春秋·有始览》指吴的具区、楚的云梦、秦的阳华、晋的大陆、梁的圃田、宋的孟诸、齐的海隅、赵的巨鹿、燕的大昭；《淮南子·墬形训》指越的具区、楚的云梦、秦的阳纡、晋的大陆、郑的圃田、宋的孟诸、齐的海隅、赵的巨鹿、燕的昭馀。

九磜隘 即今福建长汀县西北九磜。《方舆纪要》卷98汀州府长汀县：九磜隘在“府西北三十里……为戍守要地”。

九嵕山 ①又名九宗山。在今湖北孝昌县东。《舆地纪胜》卷77引《宋永初山水记》云：“其山环阜叠嶂，林麓深杳，中有圆明寺，大豁横前，景物幽趣。盖不减长安之九嵕也。”

②在今陕西礼泉县东北。《汉书·地理志》谷口县：“九嵕山在西。”东汉张衡《西京赋》：“九嵕甘泉，涸阴沍寒。”宋敏求《长安志》卷16引《四夷郡国县道记》：“九嵕山东连仲山，西当泾水出处，高六百五十丈，周十五里。”唐太宗李世民死后葬于此，谓之昭陵。

九嶷山 ①即今江苏徐州市西北九里山。《方舆纪要》卷29徐州：九嶷山在“州北五里。其山自东而西，绵亘五里，俗谓之九里山，即汉兵败项王处”。

②即九疑山。又名苍梧山。今湖南宁远县南六十里九疑山。

九曜山 ①在今浙江杭州市南。明田汝成《西湖游览志》卷3：“旧有九曜星君殿”，故名。《方舆纪要》卷90杭州府“南屏山”条：其西为九曜山，“山石嵯峨，颇为雄峻”。

②即今广东珠海市东南九洲列岛。《方舆纪要》卷101香山县“零丁洋”条引《一统志》：“海中有九曜山，罗列如九星，洋因以名。”

九曜石 即药洲。在今广东广州市教育路南方剧院水池内。清屈大均《广东新语》卷5：九曜石“在药洲旁，南汉主刘龑使罪人移自太湖灵壁浮海而至者。石凡九，高八九尺或丈余。嵌崟崱屴，翠润玲珑，望之若崩云，既堕复屹。上多宋人铭刻。一石上有掌迹、长尺二，旁有米元章（米芾）诗”。明代“药洲春晓”为羊城八景之一，其后西湖渐淤塞。1988年整修药洲遗址。

儿国 商代方国。在今山东滕州市东。西周时为郳国所灭。

儿塘 即倪塘。在今江苏南京市江宁区东。《梁书·敬帝传》：太平元年（556）五月，北齐军水、步至秣陵故治，“癸卯，齐军进据儿塘，舆驾出顿赵建故篱门，内外纂严”。《陈书·高祖纪》：“齐兵自方山进及儿塘，游骑至台。”即此。

几（幾） 战国魏邑。在今河北大名县东南。《史记·赵世家》：惠文王二十三年（前276），“楼昌将攻魏几，不能取。十二月，廉颇将攻几，取之”。《清一统志·大名府二》“几城”条引《括地志》：“几城在元城县东南。”

几山 即今江西新建县东北，鄱阳湖中矶山。《方舆纪要》卷84南昌府：几山在“府东北百四十里，屹立鄱阳湖中，上有仙岩”。

几江 今重庆市江津区北长江之别称。《清一统志·重庆府一》：江水“至江津县北，还绕县治，状如几字，亦名几水”。

〔刁〕

刁马河 在今河南中牟县东南。《宋史·河渠志》：北宋元丰二年（1079）开清汴工程，元丰六年（1083）因汴河暴涨，“创开生河一道，下合入刁马河”。

刁江 在今广西都安瑶族自治县东北，为红水河支流。《清史稿·地理志》永顺正长官司：“刁江、洪龙河下流也，自河池流入司西北，东南流，经司治北，入安定土司。”

刁鱼砦 北宋置，属文安县。在今河北霸州市东五十里。

刁河 即古朝水。源出河南内乡县西北，东南流经邓州市，至新野县入淯水。《方舆纪要》卷51邓州“朝水”条下：“刁河在县南十五里。源出内乡县之萧山，流经州界，亦至新野县东南，而入于淯水。”《清一统志·南阳府一》：朝水“按刁河出内乡县霄山”。即此水。

刁官楼镇 即今河北南皮县东南刁公楼村。《清一统志·天津府二》“底桥镇”条下：“刁公楼镇在（南皮）县东南七十里。即晋刁协故里。”

刁涧镇 北宋置，属穰县。在今河南邓州市境。

刁家庄 即今山东章丘市北刁镇。清光绪《章丘县乡土志》有刁家庄。1946年后称刁镇。

刁家铺 即今江苏泰兴市西北四十六里刁铺镇，接泰州市及江都县界。清光绪《江苏全省舆图》：泰兴县西北有“刁家铺镇”。

刁黄岭 一名彫黄岭。在今山西长子县西五十里，与发鸠山相连。《资治通鉴》：唐大顺元年（890），李存孝擒孙揆，“追击余众于刁黄岭，尽杀之”。即此。

刁翎县　1946年由依兰县刁翎镇、三道通一带析置，属合江省。治所在刁翎镇（今黑龙江林口县西北刁翎镇）。1949年1月撤销，并入林口县。

刁翎镇　即今黑龙江林口县西北刁翎镇。1946年东北革命根据地在此置刁翎县。

刁跸山　在今辽宁法库县东南。《明一统志》卷25辽东都司：刁跸山“在三万卫西南一百五十里辽河西岸”。《清一统志·奉天府二》：刁跸山“在铁岭县西七十里，俗呼貂皮山”。

乃东宗　原西藏地方政府设，治所即今西藏乃东县。“乃东”，藏语意为象鼻山尖前。1960年改设乃东县。

乃延城　又作乃颜城、聂延城、纳延城。在今黑龙江省拜泉县东南。《元史·食货志》：“胜利、延州、乃延等城之珠，（至元）十三年命朵鲁不䚟等捞焉。”

乃沙不耳　又作纳商城、泥沙兀儿、亦薛不儿、你沙不儿。即今伊朗东北部内沙布尔。《元史·地理志·西北地附录》有“乃沙不耳”。

乃河堡　即今山西朔州市平鲁区西四十里下乃河村。《方舆纪要》卷44朔州：乃河堡“嘉靖四十五年筑，万历初增修，周一里有奇，西去老营堡四十里。嘉隆间，寇由此入犯，掠石州崞县诸处”。

刀刃山　又名剑脊山。在今江苏南通市南狼山东。《寰宇记》卷130通州静海县：刀刃山“在江海之际”。《方舆纪要》卷23通州：刀刃山“高二十九丈，周四百七十二丈。相传秦皇磨剑处。下有淡竹滩”。

刀毕河　即乌苏里江上源。在今俄罗斯滨海边疆区东北。民国徐曦《东三省纪略》卷3：乌苏里江“刀毕河在三道沟河之西。源出锡赫特山脉之南端，东北流与三道沟河合。二河既合北流至密山县东界，松阿察河挟兴凯湖之水自左岸来会，自此以下，始有乌苏里江之名”。

刀州　益州的别名。《晋书·王浚传》：王浚任广汉太守，“夜梦悬三刀于卧屋梁上，须臾又益一刀，浚惊觉，意甚恶之。主簿李毅再拜贺曰：‘三刀为州字，又益一者，明府其临益州乎？’及贼张弘杀益州刺史皇甫晏，果迁浚为益州刺史”。后因称益州为刀州，唐人多用此名。岑参《送严黄门拜御史大夫再镇蜀川兼觐省》诗：“刀州重入梦，剑阁再题词。”

刀沟　在今河南舞阳县东北。《资治通鉴》：唐贞元十三年（797）十月，“淮西节度使吴少诚擅开刀沟入汝”。即此。

刀环湖　一名皮思海。在今湖北武汉市蔡甸区南。《寰宇记》卷131汉阳县：刀环河“以河形弯曲，像刀环”。《方舆纪要》卷76汉阳府“太白湖”条下：“府西南五十里有刀环湖，以形似名也。”

刀靶水铺　即今贵州遵义县（南白镇）西南刀靶村。清道光《遵义府志》卷6遵义县：刀靶水在“城西南八十里”。

刀镮川　在今河南洛宁县东北三十五里。《方舆纪要》卷48永宁县：刀镮川“源出陕州界，下流入宜阳县界入洛水。一名昌河。一曰昌谷水”。

力力社　在今台湾省屏东县东南，春日乡东北十八里力里村。原为高山族排湾人社名。清康熙间高拱乾《台湾府志》卷2：力力社“离府治二百五十五里”。连横《台湾通史·经营纪》：康熙五十四年（1715），总督满保奏言：“所有凤山县之熟番力力等十二社……数十余年，仰邀圣泽，俱各民安物阜，俗易风移。”

力干（乾）县　西魏置，属番和郡。治所在今甘肃永昌县西南二十里焦家庄乡者来坝。隋开皇中废入番和县。《清一统志·凉州府一》“骊靬废县”条谓“力乾”盖即“骊靬之讹”。

力士营　在今云南祥云县南九里。《方舆纪要》卷117云南县：力士营“相传诸葛武侯驻兵之地”。

力山　在今广西蒙山县西南三十里。《明史·广西土司一》：“藤峡、府江之间为力山，力山之险倍于藤峡……力山又有僮人，善傅毒药弩矢，中人无不立毙，四姓瑶亦惮之。”正德年间，王守仁镇压藤峡瑶族起义，瑶人“奔入永安、力山，官军次第破之”。即此。

力乏桥　亦作力发桥、立发桥。在今江苏海安县东十里城东镇。清《乾隆内府舆图》：如皋县北有力乏桥。

又把洞安抚司　元至元中置，属四川南道宣慰司。治所在今湖北咸丰县南。后废。

了丝坡　在今河北赞皇县西南。清光绪《畿辅通志》卷68《关隘二》：了丝坡汛“在县西四十五里。旧设把总驻守”。

了味司　在今云南新平彝族傣族自治县境。《清一统志·元江州》：了味土巡司“在新平县境，旧系鲁魁山土目，至普为善，于本朝康熙二十七年归附，授土巡检世袭”。

了溪　即今曹娥江支流黄泽江。在今浙江嵊州市东。《方舆纪要》卷92绍兴府嵊县：了溪“在县北余粮山下。《志》云：县东十里有浦口溪，其上源出奉化、宁海间，经县东三十里者为黄泽溪……俱出浦口，北绕余粮山而入剡，曰了溪。一名雨溪”。宋王十朋有《了溪》诗。

乜江　在今贵州松桃苗族自治县西南。《方舆纪要》卷122铜仁府乌罗司：乜江在“司治（今乌罗镇）南。上纳乌罗溪、羊溪二水，下达湖广辰州，可通舟筏。其旁地为宋陇诸苗蛮所据，阻绝不通人迹”。

乜河镇　亦作梅河镇。即今黑龙江牡丹江市东南兴隆镇。清光绪《吉林通志》卷17：宁古塔城北“六十里乜河大屯。靖边军营及卡伦驻此。有牡丹江渡口，北通头道卡伦，东北通二站等路”。

三 画

〔一〕

“三二九”起义指挥部 在今广东广州市越华路小东营5号。1910年11月，孙中山领导的同盟会决定在广州起义，总指挥黄兴的秘密指挥部即设在此。1911年4月27日（清宣统三年三月二十九日），黄兴率敢死队百余人由此出发，一举攻入两广总督署，揭开了辛亥革命的序幕。但因当时未搜获两广总督张鸣岐，便放火焚烧总督署后退出。而总督张鸣岐和水师提督李准则部署兵力，围攻起义部队。由于众寡悬殊，一昼夜后起义便告失败。1958年将此房辟为纪念馆。

三十二窟山 在今河北迁西县北稍东五十五里。《方舆纪要》卷17迁安县：三十二窟山“在县西北百八十里。袤五十里，高七八里，盘折而上。郭造卿曰：辽泽州有神山、九宫、石子岭，此山可以当之，因改名泽高山”。

三十九族地区 在今西藏自治区昌都县西北。包括原丁青、色扎、尺牍、巴青、比如、索宗、聂荣等宗。明末清初为蒙古族和硕特部所辖，清雍正后由驻藏大臣管辖。1916年改由原西藏地方政府统治。1950年后划归昌都人民解放委员会。1955年划归西藏自治区筹备委员会。1960年丁青、色扎、尺牍宗划归昌都专区，改设丁青县（现属昌都地区）；巴青、聂荣、比如、索宗划归那曲专区，分别改设巴青、聂荣、比如、索县（现属那曲地区）。

三十六冈山 在今湖北保康县东南。《方舆纪要》卷79保康县：三十六冈山“在县东南三十里。旁多冈阜，因名”。

三十六陂 在今江苏扬州市附近。《方舆胜览》卷44扬州：三十六陂“在江都县”。宋王安石《题西太乙宫壁》诗：“三十六陂春水，白头相见江南。”

三十六郡 秦始皇二十六年（前221）完成统一，推行郡县制，分全境为三十六郡。郡名不见于《史记》本文，裴骃《集解》作“三川、河东、南阳、南郡、九江、鄣郡、会稽、颍川、砀郡、泗水、薛郡、东郡、琅邪、齐郡、上谷、渔阳、右北平、辽西、辽东、代郡、巨鹿、邯郸、上党、太原、云中、九原、雁门、上郡、陇西、北地、汉中、巴郡、蜀郡、黔中、长沙凡三十五，与内史为三十六郡”。清以来学者多数认为裴说不足尽信，各家说法又各不同。考之史实，九原、鄣郡均不应在其内，而内史亦不应在三十六郡之列；据《史记》、《汉书》纪传及《水经注》诸书，当补以广阳、陈郡（楚郡）、闽中三郡，成三十六郡之数。其后续有增析，至秦末共有四十余郡。

三十六峰 在今河南登封市西北少室山。唐李白《元丹邱歌》：“元丹邱，爱神仙。朝饮颍川之清流，暮还嵩岑之紫烟。三十六峰常周旋。”清同治《河南通志》卷7：“嵩山居四岳之中，故谓之中岳，其山二峰，东曰太室，西曰少室。……少室山，颍水之源出焉。其山有三十六峰：曰朝岳、曰望洛、曰太阳、曰少阳、曰石城、曰石笋、曰檀香、曰丹沙、曰锋盂、曰香炉、曰连天、曰紫霄、曰罗汉、曰七佛、曰来仙、曰清凉、曰宝胜、曰瑞应、曰璠璧、曰紫盖、曰翠华、曰药室、曰紫微、曰白道、曰帝字、曰卓剑、曰白云、曰金牛、曰明月、曰凝璧、曰迎霞、曰玉华、曰宝柱、曰系马、曰白鹿、曰灵隐。”

三十里埠 即今江苏南通市通州区（金沙镇）西六十二里平湖镇。旧属通州。清光绪《江苏全省舆图》：通州西有“三十里，一名平潮镇”。民国《南通县图志》卷1有三十里埠。因距通州城（今南通市）三十里而得名。

三十里铺 ①又名黄沟寨。即今安徽颍上县西北西三十里铺镇。清光绪《颍上县志》图：西北有三十里铺。

②即今安徽桐城市东北大关镇北卅铺。清道光《桐城续修县志》卷1《乡镇》：三十里铺在“城北三十里，距孔城三十里”。

③即今山东高唐县西三十里铺镇。清光绪《高唐州乡土志》：城西有三十里铺。

④即今山东茌平县南三十里铺。清光绪年间义和拳首领朱红灯曾在此设立拳场，积极宣传“灭洋”主张。

三十里铺镇 即今陕西延安市南三十里铺。清光绪《陕西全省舆地图》肤施县：三十里铺镇“在县南三十里”。

三十里堡 即今山东沂水县东南三十里堡。清嘉庆《莒州志》卷3有三十里铺集。

三厂 在今广西南丹县南大厂镇。清设三厂汛，有把总驻守。

三七市　即今浙江余姚市东三十六里三七镇。旧属慈溪县。清雍正《慈溪县志》卷1：三七市在“县（旧治慈城镇）西二十五里”。

三士冢　在今山东淄博市临淄区齐都镇南。据《晏子春秋》载：传说齐景公有三士：公孙接、田开疆和古冶子，都以勇武闻名。一日宰相晏婴从三武士身边走过，三武士自恃功高，傲慢无礼，晏婴因此认为他们是“危国之器也，不若去之”。于是就与齐景公合谋，用两个蜜桃宴请三武士，让他们“计功而食桃”。公孙接和田开疆都认为自己功劳很大，便先援桃欲食，而古冶子却说他们的功劳都不如自己，要他俩把桃子退回。他俩羞愤不已，遂拔剑自刎。古冶子见二人已死，觉得自己独生不义，也自杀身亡。这便是“二桃杀三士”的故事。《水经·淄水注》载：“淄水又东北径荡阴里西，水东有冢，一基三坟，东西八十步，是列士公孙接、田开疆、古冶子之坟也。晏子恶其勇而无礼，投桃以毙之，死葬阳里，即此也。”1981年国家拨款修建院墙保护，院外立有“三士冢”石碑。

三大偏关　又作三达奔棍、桑达木贡、萨木达博木关。即今西藏比如县东南桑达本贡。为旧日康、卫分界处。清乾隆《西藏志·程站》：“自察木多由类乌齐草地进藏路程”经三大偏关。

三丈浦　在今江苏张家港市东鹿苑镇。《方舆纪要》卷24常熟县：黄泗浦“浦东三里曰三丈浦，亦北通大江。嘉靖三十四年，倭从三丈浦出没，官军扼而歼之。后筑土坝于浦口，寇警虽少，而农田甚病”。

三万卫　明洪武二十年（1387）置，属辽东都司。治所在开原城（今辽宁开原市东北老城镇）。辖境相当今辽宁开原、昌图一带。清康熙三年（1664）改置开原县。

三口浪　在今广西钦州市南海口。《清一统志·广东统部》：龙门协把总驻防于此。

三山　①在今辽宁绥中县西。《辽史·地理志》：来州“有三州山”。《方舆纪要》卷37广宁前屯卫：三山“在卫西北三十里。高数千仞，三峰并秀”。

②又名护国山、下三山。在今江苏南京市西南，长江东岸板桥浦西。《寰宇记》卷90升州上元县：三山“其山孤绝，面东，西绝大江。按《舆地志》云：其山积石滨于大江，有三峰，南北接，故曰三山”。《晋书·王浚传》：太康元年（280），王浚伐吴，“顺流鼓棹，径造三山”。谢元晖有《晚登三山还望京邑》诗。唐李白《登金陵凤凰台》诗：“三山半落青天外。”皆此。

③在今江苏常州市武进区东三十五里新安东北。《方舆纪要》卷25常州府武进县：三山“三峰相连，中一峰尤峭拔。明初张士诚遣兵寇常州，吴良自江阴取间道，歼其援兵于无锡之三山，即此”。

④在今江苏南京市六合区西北六十五里竹镇。《舆地纪胜》卷38真州：三山，“巴山、麝香山、盘石山并在竹镇”。

⑤即今江苏镇江市北长江江滨金山、北固山和江中焦山合称。三山夹江相峙，世称京口三山。

⑥在今江苏徐州市东南十余里。《清一统志·徐州府一》：三山“上有三峰，故名。山腰有洞，又名南洞山。其下为三山堤。明万历四十年，大河尝决于此”。

⑦在今江苏苏州市吴中区西南百里东山镇西南太湖中。《水经·沔水注》：“（太）湖中有大雷、小雷、三山。”唐皎然诗：“太湖三山口，吴王在时道。”《清一统志·苏州府》“三山”条：“《寰宇记》引《吴兴山墟名》云：三山在太湖中，白波天合，三点黛色，今属吴县。《府志》：在县西南一百二十里。山有三峰，地相连接。上有吴妃太姥祠。”

⑧即今安徽淮南市西南山三铺。旧属寿县。清光绪《寿州志》卷3：“三山在治东三十里，与凤台县接壤。”

⑨在今安徽来安县东。《舆地纪胜》卷42滁州：三山“在来安县东二十里，并立三山，因名”。

⑩在今浙江台州市（椒江区）西十六里椒江南岸。《方舆纪要》卷92台州府：三山在“府东八十五里海门卫西南。卫滨海、散漫无险可依，山峙立椒江南岸。为卫境之望”。

⑪福建福州市的别称。宋曾巩《道山亭记》：“城中凡有三山，东曰九仙，西曰闽山，北曰越王，故郡有三山之名。闽山一名乌石山。”明《寰宇通志》卷45福州府《山川》：三山，“九仙、乌石、越王三山俱在城中，故名”。

⑫一作参山。在今山东莱州市北五十里之三山岛。《史记·封禅书》载：古帝王所祀八神，“四曰阴主，祠三山”。《索隐》：“《地理志》：东莱曲成有参山，即此三山。”

⑬在今河南确山县南。《方舆纪要》卷50确山县：三山“在县南三十里。与马鹿山、会龙山并峙。因名”。

⑭在今广东揭西县北。《方舆纪要》卷103潮州府揭阳县：三山“在县西百五十里。一名独山，南溪经其下”。

⑮在今广东佛山市南海区东，北距广州市二十七里。《方舆纪要》卷101广州府南海县：三山“在府南二十七里。三峰并起，竞秀凌空，旧有三山寨，明初廖永忠擒邵宗愚于此。今为桂华堡”。

⑯在今宁夏盐池县南。明嘉靖《宁夏新志》卷3韦州守御千户所：三山“在城（韦州）东百里。三峰列峙如指”。

三山千户所　明洪武二十年（1387）置，属临山卫。在今浙江慈溪市治浒山镇。《方舆纪要》卷92绍兴府：三山守御千户所“嘉靖三十四年倭寇犯此，守将刘朝恩败却之”。

三山门　明南京城西门之一。即今江苏南京市城水西门。因门外有三山，故名。

三山矶 在今安徽繁昌县东北三十五里。《舆地纪胜》卷18太平州：三山矶“国朝陈尧佐泊舟三山矶”，即此。《明史·地理志》繁昌县：“又三山矶在东北，滨江。”明置三山巡司于此。

三山谷 即今贵州印江土家族苗族自治县东南与江口县交界处之梵净山。《汉书·地理志》武陵郡辰阳：“三山谷，辰水所出。”

三山岛 ①即今辽宁大连市东大连湾中三山岛。《方舆纪要》卷37金州卫：三山岛“在城南海中。天启中，毛文龙言三山岛在旅顺东三百里，从岛可以入旅顺，旅顺者，登莱朝鲜水路津要也。三山岛转北二百里为广鹿岛，从岛可入金州”。

②在今山东莱州市北五十里海中。即春秋、战国、秦、汉时帝王所祀之三山。《明史·河渠四》：“自峁屺西历三山岛、芙蓉岛、莱州大洋、海仓口。”即此。

三山驿 明洪武间置，属侯官县。在今福建闽侯县西南。清康熙三十八年（1699）废。

三山浦 即今辽宁大连市东三山岛。《新唐书·高丽传》：唐贞观二十三年（649）征高丽，“诏陕州刺史孙伏伽、莱州刺史李道裕储粮械于三山浦、乌胡岛”。即此。

三山营堡 明置，属广宁前屯卫。即今辽宁绥中县西三山营子。《方舆纪要》卷37广宁前屯卫“铁场堡”条下：“三山营堡在卫西北三十里。”

三山庵 俗称麻家庵。在今北京市西山八大处中第三处。位于翠微、平坡、卢师三山之间。建置年代不详。清乾隆年间重修。庵南有一厅，可眺望山景，旧称“翠微入画”。

三山堡 在今陕西定边县西南九十里。清康熙《延绥镇志》卷1：三山堡，“宋盐池地三山儿。明参将岳嵩退保，余子俊撤砖井兵守之。成化九年始增筑，设在山畔，系次冲中地。……今裁并定边营”。

三山街 在今江苏南京市区南部。明洪武时建净觉寺于此。为伊斯兰教著名寺院之一。

三山镇 ①即今安徽繁昌县东北三十五里三山镇。临江有三峰秀起，称三山矶，为江船避风港。宋李心传《建炎以来系年要录》卷58：绍兴二年（1132）九月乙丑，“初命沿江岸置烽台以为斥堠”，凡八所，“三山”为其一。《明史·地理志》繁昌县：“三山矶在东北，滨江。”有三山巡司。

②在今浙江慈溪市东司城山。《方舆纪要》卷92余姚县：三山镇“在县东北五十里金山上。以蔡山、金山、破山并峙而名。旧置巡司，洪武二十年移于破山西南，去县六十里，有小城戍守，仍曰三山巡司”。

三川 ①西周以今陕西泾、渭、洛三河为三川。《史记·周本纪》：幽王二年（前780），“西周三川皆震”。即此。

②战国时以河、洛、伊为三川。为韩地，介于秦、楚之间。东接东、西二周。《战国策·秦策一》：“今三川、周室，天下之市朝也。”又《韩策二》：“秦王之言曰，请道于南郑、蓝田，以入攻楚，出兵于三川以待公”。即此。

③唐中叶后以剑南东川、剑南西川及山南西道三镇，合称三川。《资治通鉴》：唐永贞元年（805），“刘辟以剑南支度副使将韦皋之意于（王）叔文，求都领剑南三川，谓叔文曰：太尉使辟致微诚于公，若与某三川，当以死相助；若不与，亦当有以相酬”。即此。

三川口 在今陕西延安市西北。《宋史·石元孙传》：北宋康定元年（1040），“夏人寇延州，元孙与战于三川口，军败见执”。即此。

三川水 ①在今湖南郴州市南一里。《方舆纪要》卷82郴州：三川水“源出坦山，流经州西三里通陂堰，分为三派，绕城内外，其下流皆入于郴”。

②在今陕西富县南六十里。《寰宇记》卷35鄜州三川县：“三川水谓华池水、黑水、洛水同会，谓之三川水，古为三川郡也。”

三川县 ①西魏改长城县置，属中部郡。治所在今陕西富县西南六十里固县。《元和志》卷3三川县：“古三水郡，以华池水、黑源水及洛水三川同会，因名。”隋属鄜城郡。唐属鄜州。北宋熙宁七年（1074）并入洛交县。

②金升三川砦置，属镇戎州。治所在今宁夏固原市西北三十里彭堡镇隔城子古城。蒙古至元七年（1271）省入镇原州。

三川郡 ①战国韩宣王置，因有河、洛、伊三川而得名。《战国策·韩策三》 见“三川之守”。桓惠王时地入秦。

②秦庄襄王元年（前249）置，治所在洛阳县（今河南洛阳市东北汉魏故城）。一说在荥阳县（今荥阳市东北）。《史记·秦本纪》《集解》：韦昭曰，“有河、洛、伊，故曰三川”。辖境相当今河南北部北汝河上游及卢氏县以东，中牟、原阳以西伊、洛流域。汉高帝二年（前205）改为河南郡。

三川砦 北宋天圣八年（1030）置，属镇戎军。在今宁夏固原市西北三十里彭堡镇隔城子古城。金升为三川县。

三川街 一名三川店。即今河南栾川县西北三川镇。旧属卢氏县。清尹耕云《豫军纪略》卷3：清咸丰七年（1857）十月，“追贼至三川街”。

三川溪 在今广东汕头市澄海区北。《方舆纪要》卷103潮州府澄海县：三川溪在“县北一里。又北一里有玉带溪流合焉。又有南港、北港及黄洲溪、新溪诸水，俱流注于三川溪，下流入海，居民资以灌溉”。

三川镇 北宋改三川县置，属洛交县。在今陕西富县西南六十里固县。《金史·地理志》误作三水镇。

三门 即砥柱山。在今河南陕县东北黄河中。唐赵冬曦《三门赋序》：砥柱山之六峰，“其最北有两柱

(即今鬼门岛、神门岛)相对，距崖而立，即所谓三门也”。清雍正《河南通志》卷15：“康熙四十三年，陕甘总督博济等疏称：会勘三门在陕州东北四十里。两岸石山，凿分三涧，中流谓之神门，水势正溜；南岸谓之鬼门，水更汹涌；北岸谓之人门，水势舒缓。”

三门山 ①在今河北武安市西北。《寰宇记》卷56武安县：“三门山，县西北八十里。山有三足，峻峙如门。”

②在今浙江象山县南三门湾中。《方舆纪要》卷92宁海县：三门山“在县东二百五十里海中。海舟出入必经之所，今设兵船舶守”。

三门仓 又称盐仓。在今河南三门峡市西五里黄河北岸下仓村附近，今已沦入水库中。唐开元二十二年(734)转运使裴耀卿因三门峡险阻，常有覆舟之患，遂在三门峡北岸山崖上凿开陆道十八里，在峡西置三门仓，以为水陆转运时贮粮之用。

三门六刺滩 一称六刺滩。在今安徽黄山市黄山区北四十里陵阳山麓舒溪上，现已没入太平湖。李白《下陵阳溪三门六刺滩》诗：“三门横峻滩，六刺走波澜。石惊虎伏起，水状龙萦盘。何惩七里濑，使我欲垂竿。”

三门市 即今湖南株洲县(渌口镇)西南二十四里三门镇。因湘江中有三门滩，故名。原属湘潭县。清光绪《湖南通志》卷1湘潭县图：县东南有三门市。

三门运渠 唐代在今河南三门峡市和山西平陆县间黄河三门峡人门左岸开凿的运渠。开元二十九年(741)陕州刺史李齐物为改善三门漕运，在人门岛左岸岩石间开凿一条运道。十一月开工，次年(天宝元年)正月完工。并开其山巅以为挽路。《资治通鉴》称之为“三门运渠”。旋因河泥淤塞，不能通舟。三门峡水库修筑前，尚有遗迹可寻，全长280余米。

三门县 ①北魏太平真君七年(446)置，属澄城郡。治所在今陕西澄城县西北三十里三门村。北周废。

②1940年置，属浙江省。治所在今浙江三门县东南四十二里六敖镇。以三门湾得名。同年冬徙今三门县治。

三门岭 在今安徽黄山市黄山区东北十五里。《方舆纪要》卷28太平县“龙门山”条下：“其东为三门岭，三方阻绝，一径中通，县治据其阳。”

三门海 在今广东东莞市西南。《方舆纪要》卷101广州府东莞县：三门海在“县西南六十里海中，有三洲，潮自东南来，至此分为三道，既而复合，因曰三门。《旧志》，县境海道之备，有南头、屯门、鸡栖、佛堂门、十字门、冷水角、老万山、伶仃洋等澳，皆有哨兵戍守”。

三门港 在今浙江象山县西南。《方舆纪要》卷92象山县：三门港“在县西南百里。港口为石浦巡司及土湾、番头一带居民喉舌，倭从温、台突犯，必取道于此。《海防说》：三门去石浦稍远，而与朱门海洋邻近，戍守最切”。

三门滩 在今湖南株洲县西南二十四里。《方舆纪要》卷80湘潭县：三门滩“石峻水险，仅有洪路三处，可通舟楫，经者股慄，比于底柱三门之险，因名”。

三丫径(逕) 在今广东封开县北。《方舆纪要》卷101封川县：三丫径在“县(今封川镇)北二十里续岭下。相近又有埇彪径”。

三丫墟 在今广东化州市东南三丫村。清光绪《高州府志》卷10化州：三丫在“州东三十里”。

三义镇 即三汊镇。在今江苏泗阳县东南三岔。《明史·河渠志二》：万历四年(1576)，御史陈世宝言：“河自桃源三义镇历清河县北，至大河口会淮入海。”《清一统志·淮安府二》：三义镇巡司“旧名三汊镇。在桃源县东三十里。旧置三岔关于此，明末移于白洋河”。

三卫 明洪武二十二年(1389)设朵颜、泰宁、福余三卫于兀良哈之地，通称兀良哈三卫或朵颜三卫。简称三卫。其牧地在今内蒙古东北部洮儿河、绰儿河下游和黑龙江西部嫩江下游一带。宣德、正统间逐渐南徙，其后遂定牧于蓟辽边外北至今西拉木伦河、西辽河和东辽河一带。16世纪中叶以后渐为蒙古部落所并。

三女河 即今河北唐山市丰润区西南三十里三女河村。清光绪《丰润县志》卷9：三女河，“相传元末有姊妹三人，避兵乱，有兵追至，恐为所污，相携投河而死，因得名”。即此。

三女砦 北宋置，属沧州清池县。在今天津市西。政和三年(1113)改名三河砦。《清一统志·天津府二》：三河砦，“按《水经注》：清河东北径穷河邑南，俗谓之三女城。三女砦之名因此”。

三叉 在今安徽肥东县南三十二里，店埠河入南肥河口处。《梁书·韦叡传》：“魏人乘胜至叡堤下，其势甚盛，军监潘灵祐劝叡退还巢湖，诸将又请走保三叉。”即此。

三叉河 今安徽裕溪河含山县境段之俗称。《方舆纪要》卷29含山县：三叉河在“县南八十里。其水西通巢湖，东通大江，北通铜城闸，因名。《志》云：天河经流合海子口、黄洛河、运漕河，迤逦经此，又铜城闸别流南出，汇为一河，东合裕溪河，入于大江”。

三叉城 唐置，属檀州。在今天津市宝坻区北十五里三岔口。《新唐书·地理志》：檀州“有叉城”。即此。

三叉站 元置，即今陕西凤县(双石铺)东南三叉。明改为驿。

三乡县 明万历二十一年(1593)筑三乡城。四十二年(1614)析维摩州置三乡县，属广西府。治所在今云南丘北县北三十里马者龙。清康熙《广西府志》谓指马者龙乡、阿宁乡、嵝岣里“并在府东盘江之外，总谓三乡”。但对三乡的名称有不同说法，雍正

《云南通志》及《师宗州志》则指马者龙、阿宁、丘北三乡。明末废。清康熙八年（1669）废维摩州，复置三乡县，治所在丘北县西十里新城。九年（1670）又废。

三乡镇 ①北宋置，属寿安县。在今河南宜阳县西南七十六里三乡乡。金属福昌县。

②在今甘肃华亭县南八十里上关乡。明置巡司于此。《清一统志·平凉府二》：三乡镇“地有三乡川，故名”。

三王城 在今湖北京山县北六十八里三王城村。《水经·涢水注》：小富水出大阳山之东，“而南径三王城东。前汉末，王匡、王凤、王常所屯，故谓之三王城。城中有故碑，文字阙落，不可复识”。

三王陵 在今河南洛阳市西南秦山之巅。《水经·洛水注》：“又东北径三王陵，东北出焉。三王或言周景王、悼王、定王也。魏司徒公崔浩注《西征赋》云：‘定当为敬。’子朝作难，西周政弱人荒，悼、敬二王与景王俱葬于此。故世以三王名陵。”《资治通鉴》：唐武德元年（618），李建成、李世民率军至东都洛阳。引还，设三伏“于三王陵”。大破东都追兵于此。

三井州 唐开元后置羁縻州，属雅州都督府。治所在今四川泸定县北岚安乡境。北宋属雅州。后废。

三井桥 在今四川成都市旧城区北。《宋史·雷有终传》：咸平三年（1000）王均之变，“（杨）怀忠率众入益州，焚城北门，至三井桥”。即此。

三井堡 明万历中置，在今山西岢岚县东北三井镇。

三天子都 今安徽黄山山脉的古名。西起祁门、黟县，以黄山市区为中心，东连歙县、绩溪等地，横亘在皖南山地的中枢，是长江下游与钱塘江的分水岭。《山海经·海内经》：“南海之内，有山名三天子之都。”又《海内东经》：“浙江出三天子都，在其（蛮）东，在闽西北入海，余暨南；庐江出三天子都，入江，彭泽西。”盖出自古越人传说。今黄山主峰之一天都峰，即此名之简称。

三天子鄣山 古山名。《山海经·海内南经》：“三天子鄣山，在闽西（海）北，一曰在海中。”盖出自古越人神话传说，义为在三天子都东面的屏障。约指北起今苏皖浙间的丘陵地带，南迄天目山南端今皖浙间新安江东岸山区。主峰在今安徽绩溪县境的大鄣山。秦鄣郡以此为名。

三天竺 在今浙江杭州市西，上、中、下天竺山的合称。周密《武林旧事》卷5：三天竺“自灵鹫至上竺郎当岭止”。

三元井 在今四川内江市南五里三元山下。旧产盐。清道光《内江县志要》卷1：三元井在“治南五里。旧出盐卤，今仍”。

三元坝 即今贵州桐梓县北三元坝。清爱必达《黔南识略》卷31桐梓县：“三元坝在城北九十里。”

三元县 1940年由沙县、明溪、永安三县析置，属福建省。治所在三元镇（今福建三明市西南三元区）。1956年与明溪县合并，改设三明县。因设治于三元镇，故名。1960年改置三明市（地级）。1963年改为县级市。1983年撤销三明地区和县级三明市，改设地级三明市。

三元里平英团遗址 在今广东广州市北郊三元里村之北。清初建三元庙，为一道教神庙。道光二十一年（1841）三元里人于此设立平英团指挥部，组织附近一百零三乡人民在牛栏岗痛击英国侵略军。中华人民共和国成立后修复，辟为纪念馆。1961年定为全国重点文物保护单位。

三元洞 在今云南峨山彝族自治县西。《方舆纪要》卷115嶍峨县：三元洞在“县西十五里。两山并峙，东西二门高十余丈。洞分三层，可容一二百人”。

三元街 即今福建三明市西南三元区。清《乾隆内府舆图》：沙县西南有三元街。

三元镇 本沙县地，即今福建三明市西南三元区。1938年设三元特种区。

三木楼山 在今蒙古国西南部。《后汉书·窦固传》：永平十六年（73），伐北匈奴，“耿秉、秦彭率武威、陇西、天水募士及羌胡万骑出居延塞。……耿秉、秦彭绝漠六百余里，至三木楼山”。即此。

三不剌川 又作散不剌川。元明地区名。在今内蒙古察哈尔右翼后旗西南。一说在旗北境。为元帝狩猎地，有泉如悬帘，五色贯射，元世祖名之曰三不剌（乱泉）；地旷衍，宜种瓜，乃发南戍卒垦树之，因成聚落。明洪武三年（1370），命孙兴祖等率军攻北元，战于此，败殁；七年，李文忠部擒北元平章陈安礼等于此；八年，冯胜军出大同，遂定其地。今察右后旗西南海卜子村南有察罕不浪元代古城，疑即元时屯戍聚落遗址。一说在今甘肃靖远县北境。《明史·孙兴祖传》载：洪武三年（1370），“帅六卫卒从（徐）达出塞，次三不剌川，遇敌力战死”。又《李文忠传》洪武七年（1374），“遣部将分道出塞，至三不剌川，俘平章陈安礼”。《方舆纪要》卷62靖远卫：三不剌川“在卫北境。其西为五郎口。明初，孙兴祖战死于此”。

三屯河 ①即今吉林辉南县南辉发河支流三统河。《清一统志：吉林一》：图们河“在（吉林）城南五百里。又三屯河在城南四百八十里。源俱出纳噜窝集，东北流会雅吉善河为辉发河”。

②亦名罗克伦河。在今新疆昌吉市西。清徐松《西域水道记》卷3：“（昌吉县）治南三十里为二工屯，治北二十五里为三工屯，皆在三屯河东。乾隆戊子八月十五夜，屯官犒诸流人，置酒山坡，男女杂坐，屯官醉逼诸流妇使讴。流人怒杀屯官，劫库兵为乱，即三屯河侧也。”

三屯营 即今河北迁西县西北二十五里三屯营镇。《清一统志·永平府二》：三屯营巡司，“（明）天顺间筑城于忠义中卫三百户屯，因名三屯营。本朝设副将驻守，兼置巡司于此”。

三屯堡 在今山西左云县北二十里三屯村。《方舆纪要》卷44大同府：三屯堡“在左卫北。隆庆三年土筑，万历二年增修。周不及一里，分边亦仅一里零，边外土城一带，即属部驻牧。堡虽临边，而山险足峙，左卫之屏障也”。

三冈县 南朝梁大同二年（536）置，为新安郡治。治所在今四川达县西南四十里河市镇。《寰宇记》卷130三冈县：“因邑界山有三陇为名。”西魏为新宁郡治。隋属通川郡。唐武德初属通州，天宝初属通川郡。乾元初复属通州。宝历元年（825）废。大中五年（851）复置。北宋属达州，熙宁六年（1073）废。

三冈郡 西魏置，属开州。治所在今四川大竹县北。北周天和四年（569）属通州。辖境相当今四川大竹县北部地。隋开皇三年（583）废。

三贝子花园 今北京市西直门外北京动物园西部。明为皇室庄园，清初为皇族私人园邸，称可园。清代分封皇子最高封爵为“贝勒”或“贝子”，此园为康熙第三子诚隐亲王邸，故俗称三贝子花园。后又属内务部郎中文麟所有，改名继园。清震钧《天咫偶闻》卷9：乐善园“西则为可园，俗称三贝子花园，今亦改为御园”。清末与乐善园合并为农业试验场，并于场内设动物园。光绪三十四年（1908）向外开放，俗称“万牲园”。1950年改称西郊公园。1955年改名北京动物园。

三水口 在今广东佛山市三水区西河口镇南隔江江根村。明洪武二年（1369）置巡司于此。

三水山 在今浙江安吉县（递铺镇）东。《方舆纪要》卷91安吉州：三水山“在州（治今安城镇）东南六十里。一水东南入乌程，一水北入长兴，一水北入州境，故名”。

三水关 即今四川广汉市东南十五里三水镇。《方舆纪要》卷67汉州：三水关在“州东十里。关下有渡，即绵水渡口也，亦曰三水关渡。有巡司戍守”。清裁巡司。光绪二十八年（1902），义和团廖观音高举“灭清、剿洋、兴汉”旗帜，进攻三水关。

三水江 在今贵州贵阳市北。《方舆纪要》卷121贵阳府“南明河”条下：“三水江在府北三十里。府西境之水派流而下，至此合流为一，东流合于清水江。即陆广诸水之下流也。”

三水县 ①西汉置，属安定郡。为属国都尉治。治所在今宁夏同心县东北下马关镇北红城水古城。东汉末废。

②北魏太延二年（436）置，属新平郡。治所在今陕西旬邑县西二十八里。西魏大统十四年（548）移治今彬县西北十五里白马堡。隋开皇三年（583）移治今彬县。大业元年（605）移治今旬邑县北十五里陇川堡，属豳州。后属北地郡。唐属邠州，广德元年（763）移治今旬邑县东北职田镇。元和十二年（817）还治今旬邑县北陇川堡。蒙古至元七年（1270）废。明成化十四年（1478）复置，仍属邠州。移治今旬邑县。1914年改为栒邑县。

③明嘉靖五年（1526）析南海、高要县置，属广州府。治所在今广东佛山市三水区西河口镇。明曹学佺《名胜志》广东三水县：“三水者，汇水、翁水、陶水也。国朝（明）嘉靖五年析南海县之北境，高要县之东境建县，治白塔，而三水俱在其南，故名。”而《清一统志·广州府》引《旧志》称：“西江为一水，北江为一水，合流而达省城为一水，故名三水。”民国初属广东粤海道。1920年直属广东省。1945年移治今三水区（西南镇）。1993年改设三水市。2002年撤销三水市，改设佛山市三水区。

三水河 一名汃水。即今陕西旬邑县东南马栏河、三水河。源出县东北，西南流经县城南，又西南流至彬县入泾水。《方舆纪要》卷54三水县：三水河“源出宜君县，西流入县界，又西南入于泾水。《志》云，县境有罗川水，以三泉并流而名三泉者。县东二里有玉泉。县南三里为梢泉，自高山涌出。县北为白马泉，会流为一河，故曰三水河，亦曰罗川水”。

三水镇 北宋置，属高要县。在今广东佛山市三水区西河口镇。明于此置三水县。1945年徙治西南墟（今三水区）。

三公山 ①在今安徽无为县西南。《隋书·地理志》：庐江县有三公山。《寰宇记》卷126庐江县：三公山“在县东南一百五十里。山有三峰，相去一里。俗传头皆东靡，似有顾瞻江东宣城郡界。有九子峰，俗云是三公子。天宝六载改为东顾山”。《清一统志·庐州府一》：三公山“在无为州西南一百二十里，兼属庐江县。山势深峻，与铜罗尖、白云岩连接，周数百里。明季为群盗薮穴”。

②在今山东郯城县东。《三国志·魏书·张辽传》：曹操遣夏侯渊、张辽围太山屯帅昌豨于东海，辽说豨降，“遂单身上三公山，入豨家，拜妻子”。即此。《方舆纪要》卷33郯城县：“县有三公山……或以为即马陵山也。”

三公亭 在今广西南宁市东望仙坡。《舆地纪胜》卷106邕州《景物下》：三公亭“在望仙坡上。……陶弼有三公亭诗，谓狄青、余靖、孙沔三公也。诗云：异日谁相继，来书第四名”。又载：望仙坡“在州东，与罗秀山对。昔有罗秀隐于此，后昇仙，遂目曰望仙坡。皇祐间，狄青、余靖、孙沔平侬贼，营于上。后知州陶弼即其地建堂”。

三公旗 即西公旗（乌拉特前旗）、中公旗（乌拉特中旗）、东公旗（乌拉特后旗）的合称。今为内蒙古乌拉特前、中、后三旗。

三斗坪镇 即今湖北宜昌市西陵区西北四十八里长江南岸三斗坪镇。嘉靖《归州志》卷1：三斗坪在

“州东一百里”。

三户 ①春秋楚邑。在今河南淅川县西北。《左传》：哀公四年（前491），晋人执戎蛮子与其五大夫，“以畀楚师于三户”。即此。杜注：“今丹水县北有三户亭。”

②津渡名。在今河北磁县西南漳水上。《史记·项羽本纪》：“项羽使蒲将军日夜引兵渡三户，军漳南，与秦战，再破之。”同书“楚虽三户，亡秦必楚”句下，《正义》按：“服虔云：‘三户，漳水津也。’孟康云：‘津峡名也，在邺西三十里。’”《水经·浊漳水注》：“漳水又东径三户峡为三户津。”

③山名。即今山东平度市西南七十里三合山。《汉书·郊祀志》：宣帝神爵元年（前61），“祠太室山于即墨，三户山于下密”。《魏书·地形志》：即墨县有三户山。

三爿沙 在今上海市崇明县东北。《方舆纪要》卷24太仓州崇明县“三沙”条记：三爿沙“向为三沙门户。《志》云，三爿沙孤立海中，倭贼从东北大洋而来，必经此沙。南行则苏、松及宁、绍、台、温之界也”。

三巴 ①东汉末益州牧刘璋分巴郡为永宁、固陵、巴三郡。建安六年（201）改固陵为巴东，改巴郡为巴西，改永宁为巴郡，合称三巴。相当今重庆市嘉陵江和綦江流域以东大部分地区。南朝宋泰始五年（469）以益州之巴郡、巴西、梓潼，荆州之巴东、建平五郡置三巴校尉，治所在白帝城（今重庆市奉节县东十里）。《南齐书·州郡》：“三峡险隘，山亦寇贼，议立三巴校尉以镇之。”

②即三纳拉巴。今西藏比如县东南白嘎乡东南那如（色那贡巴）。清乾隆《西域同文志》卷18载：“西番（藏）语：三谓姓，即三纳拉巴。旧有姓三纳巴者居之，故名。”

三巴郎国 故地在今印度尼西亚爪哇岛三宝垄一带。为中爪哇北岸重要港口所在。清谢清高《海录》卷中：三巴郎国“在蒋哩闷南少东，海道顺风约二三日可到”。

三巴郡 北周天和四年（569）改巴渠郡置，属通州。治所在东乡县（今四川宣汉县东北一百里普光镇西）。辖境相当今四川宣汉县地。隋开皇三年（583）废。

三正铺 亦作三真铺。明置，即今重庆市万州区西三正镇。清以后裁。

三节镇 北宋置，属金水县。在今四川金堂县东南。《舆地纪胜》卷164怀安军：三节镇“在金堂县七十里。父老相传，以为其地接三界首之间，故名。谓东接潼州铜山县界，南接简州阳安县界，西接本军本县界”。

三石山 在今内蒙古克什克腾旗西达里诺尔北。明金幼孜《北征录》：“晚次通川甸，即应昌东二海子间。上登山遥望，指海边石山曰：‘此即三石山也’。”

三石镇 在今浙江临海市东九十里三石浦。《方舆纪要》卷92台州府：三石镇“在府东。嘉靖中，倭掠临海之三石镇”。即此。

三布口 在今山东肥城市东。《资治通鉴》：东晋太元十二年（387），后燕慕容隆败张愿于瓮口，“愿脱身保三布口，燕人进军历城”。《十六国疆域志》卷12注：“案《图经》，在肥城县东，与泰山相近。”

三龙口 在今安徽砀山县东南二十五里。《方舆纪要》卷29砀山县：龙扒沟在“县东南三十里。旧通汴水。明嘉靖三十八年淤。创开一派，由城东南二十五里冲三龙口”。

三龙山 在今陕西岐山县东北。《方舆纪要》卷55岐山县“梁山”条下：“三龙山在梁山西，宇文周置三龙县，盖以山为名。”

三龙县 北周天和四年（569）置，属岐山郡。治所在今甘肃灵台县南。隋开皇十六年移于岐山南十里（今陕西岐山县东北五十里），改名岐山县。

三平山 即今福建平和县东三平山。《方舆纪要》卷99漳州府平和县：三平山“在县东南。岩谷深邃，结曲崎危，登者必历三险三平，乃至其巅。有峰岩泉石诸胜”。

三平寺 在今福建平和县东三十六里文峰镇九层岩峡谷中。唐咸通七年（866）僧义中创建。清末重建。分前后两组，前组有山门、钟鼓楼、大雄宝殿，后组有祖殿、塔殿、斋堂等。塔殿内有明李宓书《重刻唐王讽漳州三平大师碑》等。1937年秋，红三团与红九团在此胜利会师，整编为新四军第二纵队北上抗日。

三归县 南朝梁置，属广业郡。治所在今江苏高邮市境。后属神农郡。隋开皇初废。

三甲店 在今河北涿州市南三十里南三家店，南接高碑店市界。《方舆纪要》卷12新城县：三甲店“在县（今市东南新城镇）北三十五里，北至涿州之牛道也”。

三生石 在今浙江杭州市西下天竺寺后。明田汝成《西湖游览志》卷11“北山胜迹”有三生石。《甘泽谣》谓“三生石上旧精魂，赏月临风不要论”，即此。

三丘山 即岘山。在今浙江东阳市南建设林场。《方舆纪要》卷93东阳县：三丘山在“县南八里。高三百六十丈，周二十里”。

三仙台（臺） 又名三台山。在今安徽萧县城北。《明一统志》卷18徐州：三仙台山“在萧县（旧治）南二里。岩上镌三仙台三字”。

三仙洞 在今新疆喀什市西北荒地乡北三十里库玛塔格山东坡、恰马河右岸悬崖上。为东汉至三国时的佛教遗迹。三洞均分前后二室，前室长宽各4米、高约2.5米，后室较小，约为前室之半。中间的洞窟仅后室正中尚存一石胎释迦牟尼坐像。西侧的洞窟空无一物。唯东侧的一窟保存有珍贵壁画和藻井。洞壁四周画有大小不同的佛像七十余幅。窟顶藻井为一莲花，四周各绘有高50厘米的坐佛。后室绘有一立佛画像，造型优美。

三白荡 在今浙江嘉善县西北。《方舆纪要》卷91嘉善县：三白荡“在县西北五十里，入吴江县界。三荡相接，广十二里，又西北六十里而达苏州之盘门”。

三白渠 唐关中平原太白、中白、南白三渠的合称。

三汇（匯）口 即今重庆市开县西三汇口乡。清咸丰《开县志》卷3：三汇口“离城一百四十里”。

三汇（匯）场 即今四川渠县东北三汇镇。清同治《渠县志》卷4：三汇镇在“县北九十里。县丞分驻于此”。因州河、巴河、渠江三水在此汇合，因名。民国初设县佐。

三汇（匯）坝镇 即今重庆市合川区东北三汇镇。清光绪《合州志》卷4：三汇坝“距城一百里”。

三边 ①幽、并、梁三州的合称。《小学绀珠》：“三边，幽、并、梁三州也。”

②明自正统以后，瓦剌经常由偏关渡黄河以掠晋疆，特设重臣提督三边以卫畿辅。三边即榆林、甘肃、宁夏三镇的合称。

三圣寺 在今山西繁峙县东七十里砂河镇西冶口村，五台山北麓。因供华严三圣（释迦牟尼佛和文殊、普贤二菩萨）而得名。创建年代不详，金、元时重建。坐北朝南，一进二院，山门居前，禅房在东。山门内左右为钟鼓楼，入内前院东有奶奶庙，西有妈祖庙。后院东为关帝庙（已坍毁），西为二郎庙，两院间过殿内有地藏菩萨等塑像。正殿大雄宝殿居后院正北，为三间见方，单檐歇山顶，前见小山台。殿内梁架结构特殊，四角不施抹角梁，太平梁下不用驼峰，而以两个大斗相叠承托梁架，丁栿后尾上置矮柱，以承平梁，是中国建筑史上重要实物资料。2006年定为全国重点文物保护单位。

三圣庙 即今四川平武县东南平南羌族乡。1935年川陕革命根据地在此置平南县。

三圣站 元置，在今四川乐山市东南四十里茫溪河注入岷江处之五通桥。

三圣瑞现塔 在今山西陵川县城西南西河底镇积善村。金大定年间（1161—1189）建。平面为四方形，十四级，通高30余米。每层均叠涩出檐，下施菱角牙子二重，底层高，门朝南，塔室内佛龛门框以条石砌筑，上刻金大定年间（1161—1189）题记。塔身内外镶嵌造像碑四通。塔室内佛龛与塔身间有通道，可抵塔梯。在第三层仰视塔内空洞直达塔顶，若倒悬之井。塔室两侧有洞外通，层层上下错叠，可逐层攀登。2006年定为全国重点文物保护单位。

三台（臺） 在今河北临漳县西南三台村。东汉末曹操筑于邺城内西北隅。《三国志·魏书·武帝纪》：东汉建安十五年（210），“作铜雀台”。十八年，“作金虎台”。其后又筑冰井台，故称三台。《水经·浊漳水注》：“（邺）城之西北有三台，皆因城为之基，巍然崇举，其高若山。”《文选·魏都赋》：“三台列峙而峥嵘。”李善注：“铜爵园西有三台，南则金虎台，北则冰井台……三台与法殿皆阁道相通，直行为径，周行为营。”

三台（臺）山 ①在今江苏盱眙县西南一百五十里。《舆地纪胜》卷44盱眙军：三台山“在招信县南九十里。保聚之所，上可屯十万众”。《方舆纪要》卷21盱眙县：三台山“山有三峰，东、西、南鼎立，上可屯十万众。宋建炎中，刘纲保聚于此。元末，定远豪王弼亦结寨其上”。

②在今江苏宿迁市北二十里。《清一统志·徐州府一》：三台山“三峰突耸，势若连珠，为县主山”。

③在今安徽萧县城北。《方舆纪要》卷29萧县：三台山“在今城北。城东里许有龙蟠山，西一里曰虎踞山”。明万历五年（1577），因大水迁县治于三台山之南，即今县城。

④在今湖北宜都市西。《方舆纪要》卷78宜都县：三台山在“县西十五里。三峰并峙如台”。

⑤在今广东台山市北。《方舆纪要》卷101广州府新宁县：三台山在“县（今台山市）北一里，一名上坑山，县之主山也”。台山县以此为名。

⑥在今广东蕉岭县北三里。《清一统志·嘉应州》：三台山“在镇平县北半里。三峰员秀，环绕县治”。

⑦在今广西隆安县东二里。《方舆纪要》卷110隆安县：三台山在“县东二里隔江。俗呼岜横顶。有三峰，因改今名。旁有那觉岩，深不可测”。《清一统志·南宁府一》：三台山在“大江之东。脉自归德九峰山逦逦而来，历百余里，三峰耸起，江水流绕其下。旧名岜横山”。

⑧又名龟山。即今重庆市涪陵区东北雨台山。《宋史·地理志》：“咸淳二年，移州治三台山。”

⑨在今四川广安市东四十里，南临渠江。《元史·赵匣剌传》：“宋杨立以兵护粮，运大良平，匣剌察知之，遂率所部兵与立战于三台山。”即此。

⑩在今四川三台县西五里。明曹学佺《蜀中名胜记》卷29潼川州：“本志云：西五里三台山下，有鲁交祠。交读书于此，即宋仁宗手录其《清夜吟》者。”《方舆纪要》卷71潼川州“东山”条下：“《志》云：州西五里有三台山，突起三级，状若层台。”县以此名。

⑪在今贵州惠水县西南二十里余。《方舆纪要》卷121定番州：三台山在“（金石番长官）司南一里”。

⑫在今云南呈贡县北。《方舆纪要》卷114呈贡县：三台山“在县治北。三山相属如台星，因名。一名万福山”。

⑬即今云南建水县东北三尖山。《清一统志·临安府》：三台山“在建水县东北八十里。俗名三尖山。绝巘凌空，羊肠一线。上有梁王城，昔蛮酋常恃险居此”。

⑭在今陕西紫阳县东三十里。《清一统志·兴安府一》：三台山“云台三层，山腰有石洞龙泉”。

三台（臺）场 在今四川三台县。产井盐。民国设场长，理盐务。

三台（臺）县 清雍正十二年（1734）置，为潼川府治。治所即今四川三台县。《清一统志·潼川府一》：三台县以三台山为名。《清史稿·毛大瀛传》：嘉庆五年（1800），白莲教“张子总窜潼河，扰三台、中江地”。民国初属四川嘉陵道。1928年直属四川省。

三台（臺）岭 在今山西怀仁县北。《方舆纪要》卷44怀仁县：三台岭“在县北。《边防考》：怀仁城周四里有奇，黄花岭峙其前，三台岭拥其后”。

三台驿 清置，即今新疆吉木萨尔县西七十里三台镇。清宣统《新疆图志》卷79孚远县：三台驿“市面阔大，沿途多树林、村庄”。

三台（臺）城 即今河北安新县西北二十里三台镇。《寰宇记》卷67容城县：“三台城在县南三十五里。按《城冢记》云：燕、魏二国各据一城，分易水为界。燕筑三台，登降耀武。汉赤眉起兵于此，亦增筑三台。”

三台站 亦名鄂尔多图、鄂尔灵图、俄多勒图。即今黑龙江省肇源县东三站镇。《清史稿·地理志》肇州厅：“自茂兴站起……又东至鄂尔多图。”民国汤尔和译《黑龙江》肇州县：有“三台（鄂尔多图名）”。

三台（臺）湖 在今湖北应城市西南。《方舆纪要》卷77应城县“五龙港”条下：“县西南五十里之三台湖，湖中有三土台，故名。”

三母山 即今浙江台州市东南海中下大陈岛南三小岛。明《郑和航海图》作“三母山”。

三圩镇 在今江苏南通市通州区（金沙镇）西南先锋镇（三圩头）。清光绪《江苏全省舆图》：通州（今南通市）东南有“三圩头”。

三圳汛 即今广东蕉岭县南三圳镇。清置三圳墟汛。

三耳山 在今云南大理市东。《方舆纪要》卷117赵州：三耳山“在州治（今凤仪镇）西里许。有三峰高耸如耳，一名凤仪山。以一支两翼如凤来仪也”。

三亚 即今海南省三亚市。明正德《琼台志》卷6崖州：三亚水“在州（治今崖城镇）东一百里。出白佛齐岭，经椰根三亚村通毕潭港，合临川港入海”。清时设把总防守。1952年崖县迁治于此。1984年改设三亚市。

三亚市 1984年撤销崖县，设立三亚市，属海南行政区海南黎族苗族自治州。1987年升为地级市。1988年属海南省。2014年撤销三亚市崖城镇，设立三亚市崖城区，区政府驻水南大道288号。

三亚港 在今海南省三亚市南榆林港。清光绪《崖州志》卷2：三亚港在“城（今崖城镇）东一百二十里，受三亚、大陂、临川水入海，为商船麇集处”。

三过山 约在今浙江余姚市东南。《舆地纪胜》卷11庆元府：三过山“在慈溪县南。山势孤峻，临于江滨，潮水萦回，舟人理棹，虽一过犹三过焉”。

三百坑水 ①即今江西安远县南九曲河。《方舆纪要》卷88赣州府安远县：三百坑水“在县南四十里。有三百坑水源出焉，东流一百五十里至九洲河始通舟楫。又二百五十里入广东龙川县界，而为东江”。

②即今广东东江上源定南河。《明史·地理志》安远县：“又南有三百坑水，下流入广东龙川县。”

三百里滩 即茱萸滩。在今湖南新邵县西北二十里资水中。《资治通鉴》：南朝梁绍泰元年（555），“邵陵太守刘芬将兵援江陵，至三百里滩，部曲宋文彻杀之，帅其众还据邵陵”。即此。

三尖山 ①在今山西沁水县东北。《方舆纪要》卷43沁水县：三尖山在“县东北三十里。三峰并峙”。

②即今福建漳平市南三尖山。明嘉靖《漳平县志》卷2：三尖山“在县南三十里，崇峰耸峙，林木青翠”。

③在今湖北老河口市西北。《宋史·赵方传》：南宋嘉定十二年（1219），金人复大举犯枣阳，“西师由光化境出，砦于三尖山，拔顺阳县，金人率众仰攻，大败”。

④在今云南耿马傣族佤族自治县西。《方舆纪要》卷119耿马安抚司：三尖山“在司西。万历中，罕虔党罕老聚众负固于此，官军讨平之”。

⑤在今陕西紫阳县西南一百里。《清一统志·兴安府一》：三尖山“林谷丛密。明嘉靖中，巨寇李三聚党于此”。

三尖观 在今湖北巴东县西南七十里。清有千总驻守。

三曲滩 在今江西吉水县西北十五里。明尝移白沙巡司于此。

三屿 又称三岛。南宋赵汝适《诸蕃志》卷上：“三屿乃麻逸之属，曰加麻延、巴姥酉、巴吉弄等，各有种落，散居岛屿。舶舟至则出而贸易，总谓之三屿。”即今菲律宾群岛中民都洛岛西南的卡拉棉、巴拉望和布桑加诸岛。一说在今吕宋岛西南沿岸。

三屿寨 北宋初置，属宁德县。即今福建宁德市东北三屿。元丰初废。

三回（迴）山 在今安徽霍山县西南二十里。《方舆纪要》卷26霍山县：三回山“一名三曲山。中有小港，达县治，水随山势萦回三湾，因名”。

三竹节寨 明代西藏地名。其地即今西藏日喀则市。元末，大司徒伯木古鲁（帕主）万户长在乌思藏置十三个宗，三竹节为十三宗之一。

三休亭 在今浙江临安市西玲珑山上。宋苏轼《登玲珑山》诗：“三休亭上工延月，九折岩前巧贮风。”

即此。

三仰峰　在今福建武夷山市西南武夷七曲。《清一统志·建宁府》“天柱峰”条下：三仰峰“上有碧霄洞，峰下有小桃源”。

三华山　在今广西全州县南三里。《方舆纪要》卷107全州：三华山“顶有三峰，形如华盖，湘江绕出其背”。

三华店　在今广东广州市花都区西北三华村。清末革命军攻督署之役，计划悉于此进行。粤汉铁路经此。1937年花县曾迁治于此。

三华驿　在今福建将乐县西。《方舆纪要》卷97将乐县：三华驿“在县西。元置三华站，明初改为驿”。

三华镇　即今广东翁源县西南三华镇。《方舆纪要》卷102翁源县：三华镇“在县北三十里三华山下。有城，嘉靖中筑，控制诸隘为保障”。

三会水　在今山西定襄县南。《魏书·地形志》永安郡平寇县：“有鸡头山神祠、三会河。”《寰宇记》卷42忻州：“三会水出九原县西，东流入滹沱水，经定襄界。”即此。

三会县　北魏置，属肆卢郡。治所在今山西忻州市西北。太平真君七年（446）废。

三会驿　明置，在今湖北恩施市东。《方舆纪要》卷82施州卫：三会驿“在卫东百二十里”。

三会城　在今山西忻州市西北。《魏书·太宗纪》：北魏泰常八年（423）拓跋嗣南巡，“秋七月，幸三会屋侯泉”。

三会溪　在今福建仙游县西十五里。《清一统志·兴化府》：三会溪“其源有二，一出白隔岭，东过古濑村；一出金华岭，合大目溪，与古濑溪会”。

三会寨　在今重庆市巫山县东北两坪乡之三合铺。《宋史·刘廷让传》：乾德三年（965），刘光义等伐后蜀，“由归州入其境，连破松木、三会、巫山等砦”，进取夔州。道光《夔州府志》卷31：三会寨“在县东四十里。……今为三会铺”。

三会镇　北宋置，属乐至县。在今四川乐至县北三十里宝林镇。《舆地纪胜》卷158普州：三会镇“在乐至县。系遂宁、潼川、简池三州交会之地，故名三会镇”。

三合山　在今四川蓬安县西五十五里。《明一统志》卷68顺庆府：三合山“在蓬州西五十里”。《方舆纪要》卷68蓬州：三合山“三峰并起，围环相合，因名”。

三合场　即今重庆市江津区南中山镇。清光绪《江津县志》卷2：三合场“距城一百八十里”。

三合村　即今山东苍山县南二十里三合乡。《方舆纪要》卷33沂州“亶丘戍”条下：“又西南有三合村，与峄县接界。东、西二泇水及鱼沟水合流于此，因名。”

三合县　1913年改三脚垌州同置，属贵州黔中道。治所即今贵州三都水族自治县。据《地学杂志》1914年第7、8期载《贵州移置增设各县呈表并批附清单》：“该县有天河、地河、马场河三河合流之地”，故名三合。1920年直属贵州省。1941年与都江县合并，改设三都县。

三合店　即今湖北随州市西北一百三十八里三合店乡。民国《湖北通志》卷33随州：三合汛“《光绪地记》：在州西北百七十里，有额外外委驻防”。

三合站　元置，在今广东廉江市北五十里。明成化七年（1471）改建三合堡。

三合堡　在今广东廉江市北。《清一统志·高州府》：三合堡“在石城县东北五十里。明成化七年建，有官兵防守”。

三合墟　即今广东台山市西南三合镇。清光绪《广东舆地全图》：新宁县（今台山市）西有三合旧墟，其东南有三合新墟。

三众　公元3世纪前期流行于东南亚一带的一种地理分区概念。《史记·大宛列传》《索隐》及《正义》引三国康泰《外国传》：“外国称天下有三众，中国为人众，秦为宝众，月氏为马众也。”

三危山　即今甘肃敦煌市东南三危山。《尚书·尧典》：“窜三苗于三危。”《史记·五帝本纪》：“三苗在江淮、荆州数为乱。于是舜归而言于帝，……迁三苗于三危，以变西戎。”《正义》引《括地志》云：“三危山有三峰，故曰三危，俗亦名卑羽山，在沙州敦煌县东南三十里。”

三多祝墟　即今广东惠东县东多祝镇。清光绪《广东舆地全图》：归善县东南有三多祝墟。

三多寨　即今四川自贡市东北三多寨镇。民国《富顺县志》卷3：三多寨“上距县百一十五里。场附砦垣高踞山半，昆连内邑，托庇金汤”。

三庄　即刘三公庄。在今山东日照市西北三庄镇。

三齐　古地区名。《史记·田儋列传》载：秦亡，项羽分齐国故地为三国，立齐王田市为胶东王，都即墨（今山东平度市东南）；田都为齐王，都临淄（今淄博市东北旧临淄）；田安为济北王，都博阳（今泰安市东南），称为三齐。相当今山东省大部地区。不久，田荣击走田都，杀田市、田安，“尽并三齐之地”。

三交口　一名三交寨、三交城。在今山西太原市北五里古城村。《宋史·太宗纪》：北宋太平兴国四年（979），“命潘美屯河东三交口”。即此。

三交县　唐贞观五年（631）置，属羁縻麟州。治所在今四川若尔盖县东境。后废。

三交驿　北宋属盩厔县，在今陕西周至县南。

三交城　①在今四川彭州市西。《资治通鉴》：唐龙纪元年（889），“王建大破山行章于新繁，杀获近万人，行章仅以身免。杨晟惧，徒屯三交”。

②在今陕西汉中市东北。《水经·沔水注》：“褒水又东南径三交城，城在三水之会故也。一水北出长安，一水西北出仇池，一水东北出太白山，是城之所以取名矣。”

③在今陕西宝鸡市西。三国魏司马懿与诸葛亮在

此相持时所筑。《资治通鉴》：东晋建元二年（344），“凉州将张瓘败赵将于三交城”。即此。一说在今陕西绥德县境。

三交堡　北宋置，属晋宁军。在今陕西佳县西。《宋史·地理志》：三交堡“地名三交川岭。元符元年神泉砦筑堡毕工，赐名”。

三交寨　即三交口。又名三交城。在今山西太原市北五里古城村。《寰宇记》卷40并州：“皇朝太平兴国四年平晋，移州于三交寨。”即此。

三交镇　①唐置，属九陇县。在今四川彭州市西。《资治通鉴》：唐龙纪元年（889），王建大破山行军于新繁，“杨晟惧，徙屯三交”。即此。

②清置，属临县。即今山西临县南三交镇。

三关　①三国蜀汉阳平关（今陕西宁羌县西北）、江关（今重庆市奉节县东十里）、白水关（今四川青川县东北）的总称。《三国志·吴书·贺邵传》：“近刘氏据三关之险，守重山之固，可谓金城石室。”

②又称义阳三关。南北朝时黄岘、武阳、平靖三关的总称。为南北双方争夺之险隘。《南齐书·州郡志》司州：“（宋）泰始中，立州于义阳郡，有三关之隘。”

③五代周以益津、瓦桥、高阳为三关，关北属辽。益津关即今河北霸州市。瓦桥关即今雄县。高阳关在今高阳县东。另说三关中有淤口关（今霸州市东信安镇），无益津关。

④一名外三关。明代称山西境内沿内长城的雁门关、宁武关、偏头关为外三关，与今河北境内沿内长城的居庸关、倒马关、紫荆关（即内三关），并为京师屏障。北边有事，必分别戍守之。

⑤明称今北京市及河北境内沿长城之居庸关、倒马关、紫荆关为内三关，以今山西境内沿长城之雁门关、宁武关、偏头关为外三关。

⑥今山西东南部三个关的总称。《后汉书·冯衍传》：“夫上党之地，有四塞之固，东带三关，西为国蔽。”李贤注：“三关谓上党关、壶口关、石陉关也。”上党关在今屯留县（一说在今晋城南）；壶口关在今黎城县东北，石陉关无考（一说即井陉关）。

三州口　在今湖北襄阳市襄州区东唐白河入汉江处。《水经·沔水注》：“襄阳城东有白沙，白沙北有三洲。”《晋书·宣帝纪》：魏正始二年（241），吴将朱然围樊城，司马懿督军往援，“吴军夜遁走，追至三洲口”。即此。

三州山　即三山。在今辽宁绥中县西。《辽史·地理志》来州：“有三州山。”《方舆纪要》卷37广宁前屯卫：三山，“《辽志》谓之三州山”。

三州镇　北宋置，属金水县。在今四川金堂县西南。《舆地纪胜》卷164怀安军：三州镇“在金水县西南四十五里。地势最高，其上可以见三州，谓益州、汉州、简州也”。

三江　①《尚书·禹贡》扬州：“三江既入，震泽底定。”《周礼·职方》扬州：“其川三江。”汉以后各家解释不一：(1)《汉书·地理志》以今江苏太湖尾闾吴淞江为南江，安徽芜湖市至江苏宜兴市间长江通太湖的青弋江、水阳江、胥溪和荆溪为中江，长江下游干流为北江，合称三江；(2)《初学记》引郑玄说，以今江西赣江为南江，四川岷江及其以下的长江干流为中江，陕西与湖北的汉水为北江，合称三江；(3)盛弘之《荆州记》以今岷江及以下的长江上游为南江，中游为中江，下游为北江，合称三江；(4)《水经注》以《汉书·地理志》中的分江水，即自今安徽贵池县与长江分流，东南至浙江余姚县入海的水为南江（实际上并不存在这条水道），芜湖市至宜兴市之间的青弋江、水阳江、胥溪、荆溪为中江，长江下游干流为北江，合称三江；(5)《吴越春秋》以浙江（今钱塘江）、浦江（今浦阳江）、剡江（今曹娥江）为三江；(6)韦昭《国语》注以今吴淞江、钱塘江、浦阳江为三江；(7)《水经注》引郭璞说，以今岷江及其以下的长江、松江（今吴淞江）、浙江（今钱塘江）为三江；(8)顾夷《吴地记》以松江（今吴淞江）和由吴淞江分流今已湮塞的东江、娄江（今浏河）为三江。近人认为上述种种说法都很牵强，所谓“三江”应为众多水道的总称，并非确指某几条水。

②岷三江，在今四川西北。《山海经·海内东经》：“岷三江，首大江出汶山，北江出曼山，南江出高山。”

③蜀三江，指今四川岷江、涪江、沱江。明杨慎《升庵外集》卷5：“蜀之三江，外江岷江、中江涪江、内江沱江也。”

④今广东西江、北江、东江之总称。《明史·地理志》广州府南海县：“三江者，一曰西江，上流合黔、郁、桂三水，自广西梧州府流入；一曰北江，即浈水；一曰东江，即龙川水，俱与西江会，经番禺县南，入于南海。”

⑤在今四川新津县东三里。《方舆纪要》卷67新津县：三江“县东三里有三江上渡，又东二里曰三江下渡。《志》云：大江之水，自崇庆州流经县北十里曰白马江，绕流县南一里，又东与二江下流合，故曰三江”。

⑥一名明溪。在今贵州道真仡佬族苗族自治县西南。《方舆胜览》卷61珍州：三江“去州三十里”。《明一统志》卷72播州宣慰司：三江“在真州长官司（今道安仡佬族苗族自治县东南旧城镇）南五十里。源出羊毛坡，东南流合虎溪”。

⑦在今越南富寿省境。《方舆纪要》卷112安南三江府：三江“在府西，洮江、沱江、宣光江合流之口也。府因以名”。即沱江（黑水河）、泸江（明江、宣光江）与红河合流，故名。

三江口　①即今辽宁昌图县西北三江口镇。西滨东辽河，与内蒙古通辽、吉林双辽接界。《奉天省全界地图》：昌图县西北有三江口。民国《昌图县志》卷1：三江口“此系蒙界，距县二百二十里”。

②在今江苏苏州市吴中区东南三十里。为古东江、松江、娄江分流处。《吴越春秋》卷5：吴太子友曰："越王将选死士，出三江之口，入五湖之中。"《水经·沔水注》引庾仲初《扬都赋·注》曰："今太湖东注为松江，下七十里有水口分流，东北入海为娄江，东南入海为东江，与松江而为三也。"《史记·夏本纪》《正义》曰："三江者，在苏州东南三十里，名三江口。"

③在今湖北黄冈市西三十里，隔江与鄂州市接界。《舆地纪胜》卷49黄州：三江口"在团风镇之下，有江，二路而下，至此会合为一"。

④在今湖北监利县东南长江北侧荆河脑附近。南宋李焘《续资治通鉴长编》卷4：北宋乾德元年（963），讨周保权，"慕容延钊遣战棹都监武怀节等分兵趣岳州，大破贼军于三江口，获船七百余艘，斩首四千余级，遂取岳州"。

⑤亦名西江口。在今湖南岳阳市北，为洞庭湖入江处。《水经·湘水注》："巴陵西对长洲，其洲南檐湘浦，北届大江，故曰三江也。三水所会，亦或谓之三江口矣。"《元和志》卷27岳州巴陵县："巴陵城，对三江口。岷江为西江，澧江为中江，湘江为南江。"

⑥在今湖南汝城县东南。《清一统志·郴州二》：三江口"在桂阳县（今汝城县）东南七十里，接广东韶州府仁化县之城口"。

⑦在今广东广州市东南。西、北二江合流而东，与东江汇合，谓之三江口。《南史·谢灵运传》：南朝宋元嘉十年（433），薛道双云："灵运犯事徙广州，给钱令买弓箭刀楯等物，使道双要合乡里健儿于三江口篡之。"指此。

⑧在今广西梧州市西。《明史·地理志》苍梧县："城西南有大江，江即黔、郁二水，合流于浔州府城东，为浔江；入府界，东经立山下，又东经此，与桂江合，谓之三江口，下流为广东之西江。"

⑨在今重庆市合川区东南涪江注入嘉陵江处。《明史·地理志》合州："又东北有嘉渠口，嘉陵江与渠江合流处，经城东南，涪江自西流合焉，亦曰三江口，并流而南入于大江。"

⑩即今四川长宁县南三江口。北宋于此置三江砦。《明史·地理志》长宁县："治东西有二溪，并泠水溪，三溪合流入大江，曰三江口。"

⑪指岷江与金沙江会合之口，在今四川宜宾市。《元史·地理志》叙州路："贞观初徙治僰道，在蜀江之西三江口。"即此。

三江口场　即今四川汶川县西南三江乡。以地处中河、西河、黑石河汇合处而名。民国《川西边事辑览》第八编：水磨沟至三江口，"此地为汶川巨市，居民约一百余家。过此，即人家稀少"。清代征大小金川，一路军由此而进。

三江口关　在今湖南澧县西北。《方舆纪要》卷77澧州：三江口关在"州西北二十里。……皆昔时置戍屯兵之所"。

三江口镇　①即今江西南昌县（莲塘镇）东南三江镇。清置巡司于此，乾隆四十四年（1779）改置主簿。

②在今湖北鄂州市西北三十三里三江口。《方舆纪要》卷76武昌县：三江口镇，"《志》云：镇左通团风，右通七矶，三江合流延袤广阔。明初设巡检司于此，嘉靖中革。万历二年以盗贼出没，乃设三江口营哨守，为武昌、蕲、黄之保障"。

三江千户所　明置，在今浙江绍兴县东北三江村。《方舆纪要》卷92绍兴府：三江守御千户所"在府东北三十七里浮山之阳。洪武二十年建，城周三里有奇"。清初裁。

三江水　①即今江西信丰县东之东河。《清一统志·赣州府一》：三江水"在信丰县东。有三源：一出安远县界，西流径新田，为新田江；一出会昌县界，西流为周坑江；一出会昌、雩都二县界，西南流与周坑江合为寺坪脑江。三江既会，西流四十里，巫水源出巫山，西流入焉。又西十里，禾溪水源出长老山，西流入焉。又西二十里，绵水源出武山，西流入焉。又西二十里，安息江水源出安远县界，西北流入焉。又西二十里，至龙湖口，入桃江。为安乐乡之通津，亦曰安乐乡水"。

②在今广东佛山市三水区西南，东南流入南海县。《清一统志·广州府》：三水镇，"《旧志》，西江为一水，北江为一水，合流而达省城为一水，故名三水"。

③在今贵州湄潭县东。《方舆纪要》卷121湄溪县："三江水在废容山司东五里。有三源，俱出苗界山箐中，流经司东之望浦，合为一川，下流亦入乌江。"

三江平原汉魏时期遗址　在今黑龙江省东北部佳木斯、双鸭山、富锦等市和友谊、宝清等县，地处三江（黑龙江、松花江、乌苏里江）平原中西部。至20世纪90年代中期，在此已发现六百余处古文化遗址。根据有无防御设施分为城址和遗址两类。其中城址多为山地城址，少有平原城址，具有一道至四道不等的城垣。遗址除了不同规格的聚居址之外，还有祭祀遗址、防御遗址和瞭望遗址等。迄今发现较重要的有炮台山古城址、滚兔岭城址、凤林城址、前董家子古山寨及兴隆山、仁合、长胜、民富等遗址群。三江平原汉魏遗址密布，保存完整，类型丰富，为国内乃至世界所罕见。2001年定为全国重点文物保护单位。

三江市　即今海南省海口市琼山区东南三江镇。清宣统《广东舆地全图》琼山县图：东南有三江市。

三江司　明洪武三年（1370）置，在今广东佛山市南海区北官窑镇。《方舆纪要》卷101广州府南海县"金利砦"条：三江巡司"在侧水村，本名三江寨"。

三江场　即今四川崇州市东南三十里三江镇。清光绪《崇庆州志》卷3：三江口"黑石、羊马、青洋三水汇流处，各市俱全。江中货船甚多。烟火数百家”。

三江县 ①北宋崇宁元年（1102）置，属诚州。治所即今湖南会同县。二年（1103）改为会同县。

②1914年改怀远县置，属广西柳江道。治所在今广西三江侗族自治县西南丹洲镇。1928年直属广西省。1932年迁县治古宜镇，即今三江侗族自治县。1952年改为三江侗族自治区。1955年改为三江侗族自治县。

三江府 明永乐五年（1407）属交趾布政司。治所在麻溪县（今越南北部富寿省红河右岸锦溪）。辖境相当今越南富寿省部分及宣光省南部地。宣德二年（1427）以后地入安南。

三江闸 明嘉靖十六年（1537）建，在今浙江绍兴县北三江村。《明史·汤绍恩传》：“绍恩遍行水道，至三江口，见两山对峙……遂兴工”，筑三江闸。《方舆纪要》卷92绍兴府：三江闸在“府北二十八里。会稽、萧山、山阴之水赖以停蓄，其外即三江口也”。由于海滩外涨，闸已废弃，改建为桥。

三江河 即今重庆市酉阳土家族苗族自治东部之酉水，为沅江上源支流。《方舆纪要》卷73酉阳宣抚司：三江在“司东北九十里。源出酉阳山，亦曰酉水，有三小溪流合焉。又合平茶水及楠溪，东注辰州大江”。

三江城 即今广东连南瑶族自治县驻地三江镇。《清一统志·连州》：三江城“在州境高良峒。周二百八十丈。本朝康熙四十三年建”。1946年置连南县治此。

三江省 1934年伪满置，省会在佳木斯市（今黑龙江省佳木斯市）。辖境相当今黑龙江省佳木斯、依兰、勃利、宝清、饶河、汤原、萝北以东以北地。1945年日军投降后废。

三江峒 在今广东连山壮族瑶族自治县南小三江镇。清置汛，有把总驻防。

三江营 即今江苏江都市东南大江北岸三江营，隔江与昧山遥对，为江防要地。清康熙间曾设盐政同知于此，雍正间改三江营同知，设盐务道统领之。

三江砦 北宋置，属淯井监。在今四川长宁县南三江口。《宋史·蛮夷传》：“庆历四年四月，夷人攻三江砦，诏秦凤路总管司发兵千人选官驰往捕击。……未几，夷众复寇三江砦，指使王用等击走之。”即此。皇祐三年（1051）改为宁远砦。

三江渡 ①在今湖南会同县南。《方舆纪要》卷82会同县：“三江渡在县南五里。”

②在今四川芦山县西南。《方舆纪要》卷72芦山县：三江渡“在县南十里。路通天全六番。《志》云：三江渡水注多功峡，入平羌江”。

三江碛城 南宋嘉熙三年（1239）筑，属泸州。故址在今四川江安县西中坝。《方舆纪要》卷72江安县“大江”条下：“《志》云：县西旧有三江碛，控江为险。宋嘉熙三年筑城于此，以御蒙古。或曰三江碛即绵水口也。”

三江溪 亦名葫芦河。即今重庆市石柱土家族自治县、丰都县境之悦来河、龙河。《方舆纪要》卷73石砫宣抚司：三江溪在“司东北二十里。有三水合流，北注大江”。《清一统志·石砫厅》：三江溪“在厅东北八十里。有三源：一出桂子洞；一出冷箐溪；一出龙嘴山。皆由湖北中路司界，西流七十里至沙子关三溪合流，又八十里绕厅治北，又西北流七十里经忠州丰都县界漩孔山龙洞，出丰都县南曰葫芦溪，又西入江”。

三江墟 ①即今广东江门市新会区东南三江镇。清光绪《广东舆地全图》：新会县东南有三江墟。

②即今广东佛山市三水区东北乐平镇南三江墟。清光绪《广东舆地全图》：三水县东北有三江墟。

三江寨 即今浙江绍兴县东北三江场。明、清置盐课司于此。

三江镇 ①北宋置，属资阳县。在今四川简阳市东南四十里三冈场。

②北宋置，属应灵县。即今四川井研县西南四十里三江镇。《舆地纪胜》卷160荣州：三江镇“在应灵县”。在附近小山上有南宋孝宗壬午年（1162）建楼阁式十三级方形砖塔。

③在今浙江绍兴县东北。《方舆纪要》卷92绍兴府：三江镇“在府东北四十里浮山北麓，小江经其前，大海浸其东，与三江所城南北相峙，为东海之门”。

④在今广西三江侗族自治县西南七十里老堡乡。《明史·地理志》怀远县：“洪武十年废，置三江镇巡检司。十三年十一月复置县，来属，治大融江、浔江之汇。”

⑤在今广西贵港市西五十里。《方舆纪要》卷108贵县：三江镇，“（郁江）上流诸水咸汇于此，向为盗薮。万历中置三江城，设兵戍守”。清设百总分防。

⑥即今贵州锦屏县。1914年锦屏县迁治于此。

三汲山 在今广东阳江市南海陵岛南大海中。《方舆纪要》卷101阳江县：三汲山“在县东南大海中。又东有小镬、中镬、大镬三山，皆在大洋中，相去数十里”。清道光《阳江县志》卷1：三汲山“在海陵南十里。屹立海中，形类笔架”。

三汲村 在今河北平山县北。该地发现中山国故城遗址。

三池郡 简州（阳安郡）别称。治所在今四川简阳市西北绛溪河北岸。《舆地纪胜》卷145简州：三池郡“郡以三池名。或指赖简池、柳池、凤池，以备三者之数”。

三汊口城 一称三汊城。在今山东陵县东南。《旧唐书·李师古传》载：唐贞元初，淄青帅李纳“于德州南跨河而城以守之，谓之三汊，交田绪以通魏博路”。八年（792），纳卒，子师古袭位，成德帅王武俊引兵将取此城及蛤蜊城，师古遣赵镐将兵拒之。后“师古毁三汊口城，从诏旨”。

三汊河 ①在今江苏南京市西南。《方舆纪要》卷

20江宁县“新开河”条：“又自下新河而东，水分三股：一引石城桥，一引江东桥，一自草鞋夹以达于江，名三汊河。”

②在今湖北监利县东。《方舆纪要》卷78监利县：三汊河“在县东六十里。亦流入沔阳州”。

三汊河镇　①即今安徽无为县东北三汊河。清同治《含山县志》关津：三叉河镇在“县南八十里，东七都”。

②在今湖南澧县东北。《清一统志·澧州二》：三汊河镇“在州东北。北接湖北荆州界，西北路通鹤峰州，为守御要地”。

三汊城　在今山东陵县东南。《新唐书·李师古传》：“棣州有蛤蜊盐池，岁产盐数十万斛。……蛤蜊为纳所据以专利……纳乃筑垒德州南，跨河以守蛤蜊，谓之三汊。”后王武俊“率兵取蛤蜊、三汊”。德宗遣使者谕武俊罢兵，“师古亦隳三汊”。

三汊埠　一名三家步店。即今湖北孝感市孝南区东三汊镇。《清一统志·汉阳府一》：三家步店“在孝感县东三十里。即三汊埠也”。

三汊港市　即今江西都昌县东三汊港镇。清同治《南康府志》卷5都昌县：三汊港市“在治东五十里五都，水通柴棚”。

三汊镇　亦作三义镇。在今江苏淮安市淮阴区西三岔。明置巡司于此。

三阳山　即长山。在今甘肃秦安县南二里。明嘉靖《秦安志》卷2：“南二里曰长山。《武经总要》：亦曰长山。东自陇城南山延亘百余里至社树平迤逦而西，至东南，翩然而集。亦曰三阳山。其山连秦州之三阳川，有路焉，径秦州以达于蜀。”

三阳川　在今甘肃天水市北。《方舆纪要》卷59秦州：“三阳川在州北三十里，东流入渭，宋三阳砦以此名。”

三阳水　在今江西进贤县北。《方舆纪要》卷84南昌府进贤县：三阳水在“县北六十里。上源在县西，曰南阳、洞阳、武阳，合流经此，故曰三阳。又东北入鄱阳湖。李琯曰：进贤县之水惟以鄱阳为统会，而水之经则曰三阳”。

三阳坑　即今安徽歙县东北七十七里三阳乡。民国《歙县志》附图：县东北有三阳坑。

三阳店　即今湖北京山县北六十六里三阳镇。民国《湖北通志》卷73《兵事》：清同治三年（1864）十月，“任柱等已由京山折向三阳店”。

三阳宫　在今河南登封市西。《方舆纪要》卷48登封县：三阳宫“在县西二十里石淙山。武后圣历三年建。自是数幸焉。长安四年毁”。

三阳桥　即今江西宜春市北三阳镇。明嘉靖《袁州府志》卷2：宜春县有三阳铺，“三阳桥，县北四十里”。

三阳砦　北宋开宝元年（968）置，属秦州。在今甘肃天水市北四十里三阳川。

三阳集　即今江西进贤县北六十二里三阳街。清同治《江西全省舆图》：进贤县北有三阳集。

三阳湖　在今湖北仙桃市西南沔城镇西二里。《舆地纪胜》卷76复州：三阳湖“在玉沙县西二里。东曰朝阳，南曰南阳，北曰水阳，故曰三阳”。

三阳渡　又名师过渡。在今江西进贤县北三阳街。《方舆纪要》卷84南昌府进贤县：三阳渡“相传伍子胥为吴伐楚，师尝经此”。

三阳镇　即今江苏海门市东六十里三阳镇。清光绪《海门厅图志》卷9有三阳镇。

三防塘　即今广西融水苗族自治县西北三防镇。清设三防塘主簿驻此。

三观山　在今甘肃庆城县北。《资治通鉴》：唐武德五年（622）九月，“交州刺史权士通、弘州总管宇文歆、灵州总管杨师道击突厥于三观山，破之”。

三级石佛图　在今山西大同市东御河西。北魏皇兴年间建。《魏书·释老志》：“皇兴中，又构三级石佛图。榱栋楣楹，上下重结，大小皆石，高十丈。镇固巧密，为京华壮观。”

三坝厅　清光绪三十四年（1908）置，属巴安府。治所在三坝（今四川巴塘县东南波密后山刀许河）。1913年改为义敦县。

三坝河　即今湖北巴东县西北龙船河。《方舆纪要》卷78巴东县“清江河”条下：“三坝河在县西六十里。源出县西北九府坪。一流入房县，一流入四川大宁县，一流入西瀼溪，合大江。”

三坝桥　一作嘉裕桥。即今西藏洛隆县东北加玉桥。清乾隆《卫藏通志》卷4：嘉裕桥“番名三坝桥”。《西藏图考》卷3：嘉裕桥“番名三坝桥，一作三巴桥，一作嘉玉桥，又作假夷桥”。

三坝塘　亦作立登三坝。在今四川理塘县西南格则西南。为打箭炉至西藏南路驿站之一。清乾隆《卫藏通志》卷4：“喇嘛丫至二郎湾尖，三坝塘宿。”民国贺觉非《西康纪事诗本事注》：“自理化西行，经公撒塘、拉尔塘、喇嘛丫、二郎湾等处到三坝塘。三坝塘者，巴、理二塘交界处也，赵尔丰于此设三坝厅，委员治之。”

三坑　即今贵州务川仡佬族苗族自治县东北二十八里三坑。明置巡司于此。

三坑墟　即今广东清新县西南三坑镇。清设三坑汛，有外委把总驻防。

三坊七巷和朱紫坊建筑群　在今福建福州市老城区西南部。三坊为衣锦坊、文儒坊、光禄坊，七巷为杨桥巷、郎官巷、塔巷、黄巷、安民巷、宫巷、吉庇巷。三坊七巷建于五代十国闽王王审知筑罗城时，现存明清建筑约三百座。户院深三进至五进，多至十一进，为风火墙建筑，俗称马鞍墙。前有门罩，进门后有石铺天井，正厅旁有花厅，花厅与后院间有花园假山。里坊保留唐宋格局。坊巷人家多为古时官宦、文人学士，明抗倭名将张经、辛亥革命志士林觉民等名人居此。老城区西南部文儒坊宅院为清代咸丰进士陈承裘所建，其祖为刑部尚书，其长子为光绪帝的老师，祖孙五代“七科八进士”之家，宅院为典型的清末风火墙式福州民居，建筑精巧。2006年定为全国重点文物保护单位。

三块石关 明置，属永宁宣抚司。在今四川叙永县西北。《方舆纪要》卷73永宁宣抚司“镇远关”条下：“三块石关在司西北六十里。”清属叙永厅。后废。

三花山 在今四川通江县东北。《方舆纪要》卷68通江县：三花山“在县东北七里”。

三苏坟 俗称苏坟、苏家坟。在今河南郏县西北五十里小峨眉山麓。坟院中有三冢，苏洵墓居中，苏轼、苏辙墓分葬两侧。西南300米处有广庆寺，寺后有三苏祠，供奉三苏塑像。苏轼于北宋元丰七年（1084）贬授汝州团练副使时，赞此山水类家乡峨眉山，嘱弟以此为其墓地。建中靖国元年（1101）七月卒于常州，次年葬此。苏辙在轼死后十一年卒于许昌，其子孙将其葬此。其父苏洵于北宋治平三年（1066）先卒于京师（今河南开封），翌年十月葬于四川彭山县安镇乡可龙里。今四川眉山县柳沟有苏洵及程夫人合葬墓。此处的苏洵墓系元至正年间县尹杨允所置衣冠冢。2006年定为全国重点文物保护单位。

三苏祠 在今四川眉山市西南纱縠街。为北宋苏洵及子苏轼、苏辙故居。《明一统志》卷71眉州：三苏祠“在州西南，即苏洵故宅。元建为祠。本朝洪武间重修”。明末毁于战火。清康熙四年（1665）重建，直至光绪二十四年（1898），形成今日之规模。有大殿、启贤堂、木假山堂、瑞莲亭、抱月亭、云屿楼、碑亭等建筑及环祠池溪，形成园林式的祠庙。1924年辟为三苏公园。1959年改为三苏纪念馆。2006年定为全国重点文物保护单位。

三村砦 北宋置，属合浦县。在今广西合浦县西南十里。《元丰九域志》卷9廉州合浦县：有“鹿井、三村二寨”。《清一统志·廉州府》“鹿井寨”条下：合浦县“三村寨亦在县（合浦）西南，控宝蛤湾至海口，水路东南转海，至雷州递角场”。

三杨庄遗址 在今河南内黄县西南梁庄镇西北三杨庄。遗址面积15万平方米。多为黄沙覆盖，发现有仰韶文化、龙山文化陶片。遗址内有远古传说中的“颛顼陵”。2006年定为全国重点文物保护单位。

三吾驿 在今湖南祁阳县东。《方舆纪要》卷81祁阳县：“三吾驿在县东十五里。”

三连 在今湖北安陆市西。《资治通鉴》：东晋义熙十一年（415），雍州刺史鲁宗之与其子竟陵太守鲁轨起兵应司马休之，刘裕遣檀道济等出襄阳，“江夏太守刘虔之将兵屯三连，立桥聚粮以待，道济等积日不至，鲁轨袭击虔之，杀之”。即此。

三吴 古地区名。三国吴韦昭著有《三吴郡国志》，其书久佚，所指“三吴”不详。其后说法不一：《水经注》以吴郡、吴兴、会稽三郡为三吴，相当今江苏太湖以东、以南和浙江绍兴、宁波一带；唐杜佑《通典》、《元和志》以吴郡、吴兴、丹阳三郡为三吴，相当今江苏秦淮河流域和太湖以东、以南及浙江钱塘江以北地区；唐梁载言《十道四蕃志》以吴郡、吴兴、义兴三郡为三吴，相当今太湖周围和浙江钱塘江以北地区。因义兴始置于晋，不应纳入三国时“三吴”之称，故当以《水经注》或《通典》、《元和志》之说较为符合原意。至于宋税安礼《历代地理指掌图》以苏、常、湖三州为三吴；明周祁《名义考》以苏州为东吴、润州为中吴、湖州为西吴，更是后人之附会。

三吴镇 在今江西婺源县东，大鳙水北岸。《方舆纪要》卷28徽州府婺源县：三吴镇“在县东七十五里。唐乾符中，黄巢作乱，兵马使汪道安镇婺源，其子渍分戍于此。今废”。

三县寨 北宋元丰初置，属宁德县。在今福建宁德市东三十里。明洪武二十年（1387）废。

三县镇 北魏延兴二年（472）改华州置，治所在今甘肃宁县。太和十一年（487）改置班州。

三里三镇 即今黑龙江省明水县。清宣统三年（1911）改名兴隆镇。

三里坝 即今湖北建始县东三十六里三里坝镇。清同治《建始县志》卷2《场市》：东乡有“三里坝”。

三里沟 在今江苏扬州市邗江区西南十九里。《宋史·忠义六·姜才传》：南宋德祐初，蒙古大兵乘胜攻扬州，“（姜）才为三叠阵逆之三里沟，战有功”。即此。

三里店 在今湖北广水市北四十里。清雍正十年（1732）移平里市巡司于此。

三里浅 在今天津市武清区北三十四里，北运河东沿岸北蔡乡三里浅村。清雍正年间设把总驻防。

三里驿 在今广西永福县东。《方舆纪要》卷107永福县：三里驿“在县城东”。

三里城 ①即今湖北大悟县北六十里三里城镇。清设外委驻防于此。清郑元善《宦豫纪事》：“《败游勇刘尚义记》云：‘三里城为湖北巨镇，商贾辐辏。’”

②即今广西上林县东北六十里三里镇。明万历三年（1575）建。设思恩参将驻守，八年（1580）又移宾州之南丹卫于此。清改设三里营。

三里桥 在今浙江桐乡市西南三十二里。《方舆纪要》卷91崇德县：三里桥“在县（治今崇福镇）南三里。嘉靖三十五年，倭贼自湖州乌镇南犯杭州至此，官兵击之”。

三里营 清改南丹卫置，属广西提督。都司驻上林县三里（今广西上林县东北六十里三里镇），并分驻州同。乾隆三年（1738）改设县丞。后废。

三里湾渡 在今安徽阜阳市东北三里，柳河（又名旧黄河）汇入白杨湖诸水入颍处。明正德《颍州志》卷2：三里湾渡“在州东三里颍水。旧与黄河会处渡，通东北乡蒙、亳二县”。

三里塘 在今广西象州县南。《方舆纪要》卷109象州：三里塘“在州南。方广三里，灌南乡诸田”。

三里墟 即今广西武宣县东南三十里三里镇。清咸丰元年（1851），洪秀全在金田村起义后，向西进军，大败清军于此。

三利溪　在今广东潮州市西。《方舆纪要》卷103潮州府海阳县：三利溪“在府城西。导濠水西历潮阳、揭阳二县，回抱曲折，殆将千里，而后入海。三县利之，因名。……《通志》：三利溪，宋元祐间浚，明正统以来，日就湮塞，宏治五年复浚，八年复塞。至今惟小沟泄水潦而已”。

三秀山　一名仙人亭山。在今福建厦门市同安区东北。明《寰宇通志》卷46泉州府：仙人亭山“在同安县西北。又名三秀山。上有石榻、禅床及仙人迹”。《方舆纪要》卷99泉州府同安县：三秀山“在县北十里。三峰秀出，一名仙人掌（亭），为邑之北镇”。

三佛齐　又作三弗齐、三佛国。都城在今印度尼西亚苏门答腊岛巨港。南宋周去非《岭外代答》卷2：“三佛齐国在南海之中，诸蕃水道之要冲也。东自阇婆诸国，西自大食、故临诸国，无不由其境而入中国者。”

三佛铁路　从今广东佛山市三水区至佛山市。长27公里。即广三铁路的一段。清光绪二十七年（1901）动工修筑，二十九年（1903）建成。

三余（馀）　余暨（今浙江杭州市萧山区）、余杭（今余杭区）及余姚（今余姚市）三市，古人习称三余。《水经·浙江水注》：“汉末，童谣云：‘天子当兴东南三余之间。’”宋王应麟《小学绀珠》卷2谓“三余”为余干（今江西余干县）、余姚、余杭。《方舆纪要》卷91长兴县“戍山”条则谓三余乃指浙江长兴县境内的余干山、余䍐溪、余吾浦。

三余（馀）镇　即今江苏南通市通州区（金沙镇）东四十二里三余镇。东滨海。因垦地分属旧余西、余中、余东三盐场，故名。

三希堂　今北京市故宫养心殿西室。清以珍藏王羲之、王献之、王珣三人墨帖而名。《日下旧闻考》卷17引《御制三希堂记》：“内府秘笈王羲之快雪帖、王献之中秋帖，近又得王珣伯远帖，皆希世之珍也，因就养心殿温室易其名曰三希堂，以藏之。”

三谷守捉城　唐置，属翼州。在今四川茂县西北。

三岔　①在今辽宁海城市西北牛庄镇。《清史稿·地理志》海城县：“三岔巡司，清康熙二十一年置，驻牛庄。”

②在今云南曲靖市西北西山街道。西汉至唐为味县治。

③在今陕西旬阳县西北两河关。明置巡司于此。

三岔儿堡　明置，属懿路千户所。在今辽宁铁岭县东南三岔子。《清太祖实录》：后金天命三年（1617）五月，努尔哈赤“统兵征明，克抚安堡、花豹冲、三岔儿堡”。即此。

三岔口　即今黑龙江省东宁县东南三岔口朝鲜族镇。因位于瑚佈图河（亦作三岔河）汇入绥芬河处而得名。清光绪二十八年（1902）于此置绥芬河厅。

三岔口堡　在今河北赤城县西南四十里三岔口村。《方舆纪要》卷18龙门卫：三岔口堡“东北抵赤城，南通雕鹗，西达卫城，为行旅三岐之路，因名。本民堡，嘉靖二十八年始议筑城，置戍”。

三岔川　在今陕西榆林市南。《方舆纪要》卷61榆林镇：三岔川“在镇南十里，或曰即黑水上源也。黑山之水分流并导，会合于此，因有三岔之名”。

三岔子　①即今吉林白山市江源县北三岔子镇。清末置巡检于此。梅辑铁路有支线（浑三支线）至此。

②在今吉林长白朝鲜族自治县东北。清张凤台《长白征存录》卷3：“三岔子地方，此地系二十道与二十一二道等沟交尾之所。日俄战时，日本军用木植即取给于此。修有轻便铁道，长约十余里，四通八达。上接平顶山、红头山，下通鸭绿江。”

三岔关　即今甘肃临潭县东南三岔乡。《明一统志》卷37洮州卫：三岔关“在卫城东四十五里”。

三岔坝镇　即今四川简阳市西南三岔镇。民国《简阳县志》卷2：三岔坝，“《采访册》按：《乾隆志》作三岔坝场，《咸丰志》云近仁寿县界，又并云在州西，未确。距城八十里（《乾隆志》）。创建（于）清雍正元年”。

三岔沟　①在今陕西志丹县北九十里。《方舆纪要》卷57保安县：三岔沟“涸溢不时，水涨则注于吃莫河，通于洛河”。

②在今甘肃武威市东南。《方舆纪要》卷63凉州卫：三岔沟“在卫东南。成化中，土达满四作乱，四本名俊，明初徙降部于边地，俊居凉州三岔沟，谓之满家营”。

三岔坪　在今湖南吉首市西南二十里。清严如熤《苗疆险要考》谓“两面高山，中有田坪，涧水萦洄，苗寨左右环列”。为清乾隆、嘉庆年间苗民起义首领吴廷举出生地和发难处。

三岔河　①即今辽宁海城市西北三汊河。明《辽东志》卷1海州卫：三岔河在“城西七十里”。《清一统志·奉天府一》：三汊河“在海城县西六十里，辽河、浑河、太子河合流入海处”。

②即今云南景东彝族自治县北三岔河。明置三岔河土巡检司。

③古名谷水。今甘肃民勤县境之石羊河。《清一统志·凉州府》：谷水“在武威县东，东北流径镇番县，东出边海。亦名武始泽，即今三岔河也……《旧志》，三岔河在凉州卫东北三十里……又北潴为白海”。

④在今甘肃临洮县西北。《方舆纪要》卷60临洮府狄道县：三岔河“在府西北十里，……流入洮河”。

⑤指今宁夏银川市西南黄河。《方舆纪要》卷62

宁夏镇：三岔河“在镇东南黄河西岸，即河流曲折处也。成化中，寇犯韦州还，总兵刘聚邀败之于三岔河”。

三岔河市 即今湖南安乡县东三岔河镇。民国《安乡县志》卷5：三岔河在“县东三十里。商户数百家，贸易盛”。

三岔驿 ①明初置，即今甘肃漳县西三十里三岔镇。

②明置，即今陕西凤县东南三岔镇。民国初置县佐。

三岔砦 在今贵州普定县北三岔街。《明史·贵州土司传》：崇祯初，总督朱燮元讨水西，“分遣别将林兆鼎从三岔入”。即此。

三岔堡 ①一名山岔堡。在今山西五寨县西北六十里三岔镇。《方舆纪要》卷40岢岚县：三岔堡“堡城嘉靖十八年筑，万历九年增修。堡当四达之冲，偏关商旅，尽出其途，亦要地也”。《清一统志·宁武府》云：“东达神池，西达岢岚，北达偏关，当三路之冲，故名。”

②在今云南曲靖市西十五里西山街道驻地三岔。《清一统志·曲靖府》：三岔关“在南宁县西十五里。今名三岔堡”。

③北宋熙宁四年（1071）置，属通远军。在今甘肃陇西县东北二十五里。金废。

三岔溪 即今四川筠连县东南三十里巡司镇。明置巡司于此。

三岔墟 即今广西宜州市东三岔镇。清光绪《广西舆地全图》宜山县图：东有三岔墟。

三岔镇 在今甘肃天水市东渭水南岸。《清一统志·秦州二》：三岔镇“有州判驻此，兼设把总”。

三龟山 在今四川乐山市东北三里。《舆地纪胜》卷146嘉定府：三龟山“其形似龟，而首亦具，因名。当中一龟，循其趾而上，弯环有九洞”。南宋末为抗元建城山上。

三龟山城 南宋末建，在今四川乐山市东北三里三龟山。《宋史·瀛国公纪》：南宋德祐元年（1275）六月，嘉定府守将“昝万寿以嘉定及三龟、九顶、紫云城降”。即此。

三角山 ①在今辽宁海城市南。《方舆纪要》卷37海州卫：三角山在“卫南二十里”。

②一名多智山。在今安徽舒城县西南百二十里三尖寨，与霍山县接界。《寰宇记》卷126舒城县：“三角山在县西南三百五十里。高五里。山峰似角。一名多智。其山出水，以润益生人。又饮之聪明博敏，故曰多智。”《方舆纪要》卷26舒城县：三角山“近时土豪结三尖寨于此。为控拒处。《志》云：山亦为霍山之支陇也”。

③在今河南信阳市西。《方舆纪要》卷50信阳州：三角山在“州（今信阳市）西五十里。高峰横云，状如鼎足”。

④在今湖北浠水县东六十里。《舆地纪胜》卷47蕲州：三角山“在州北七十里。其山有二龙潭，因祷雨有应，赐寺额三峰山龙门禅院”。《明一统志》卷61黄州府：三角山“峰峦秀拔，顶有三尖，故名”。

⑤在今湖北阳新县北。《方舆纪要》卷76兴国州：三角山“在州北九十里。州之名山也”。

⑥即莲花峰。在今广东东莞市南五十里。同治《广东图说》卷4东莞县：三角山“一名莲花峰，九峰峻耸，故名。海船往来，必过山下，粤海门户，最为险隘。东南界新安县”。

三角市 即今广东梅州市南三角镇。清光绪《广东舆地全图》嘉应州图：州南有三角。

三角司 在今广西全州县东北黄沙河镇。《清一统志·桂林府一》：三角巡司“在全州北五十里。明洪武四年置驿。本朝康熙二十五年设巡司”。光绪《广西舆地全图》全州图：东北有黄沙街，三角司驻此。

三角庄 在今贵州江口县西北四十四里德旺土家族乡杨柳坝。清咸丰五年（1855）铜仁许廷杰、梅继鼎率领五洞（今属江口县）民众起义反对“折征”，印江田宗达、吴灿奎等响应。起义军称红号军，先后攻占铜仁、思南、印江、石阡、青溪、玉屏等府、县，并东进湖南。为抵御清军镇压，咸丰六年（1856）红号军赵子隆部在梵净山三角庄建营垒，筑土、石、木城作为据点。遗址尚存。

三角汛 在今广西苍梧县南。清光绪《广西舆地全图》苍梧县图：南有三角嘴，有千总驻守。

三角村 一名新皋。即今江苏宝应县西新集。南宋嘉定六年（1213）议于此决白水塘以阻北兵南下。

三角垄 即今贵州三都水族自治县。清雍正十二年（1734）于此置三角垄独山州州同。1913年改为三合县。1941年与都江县合并，改设三都县。1956年改为三都水族自治县。

三角岩 在今四川高县南。清同治《高县志》卷6：明魏天威妻妾抗拒农民义军死此。

三角城 ①在今北京市密云县西。《方舆纪要》卷11怀柔县“扦连口”条载：“其东北二十八里有三角城，本名三角村，徐达攻元于此。”

②在今山西太原市西北。《元和志》卷13晋阳县：“三角城在县西北十九里，一名徒人城。”

③即今青海海晏县治。西汉元始四年（公元4年）于此置西海郡，新莽末废。1937年于此置海晏设治局。1943年改设海晏县。

三角涌 即今台湾省新北市西南三峡镇。据林兴仁主修《台北县志》说：“附近为大嵙崁溪、横溪、三角涌溪，三川汇口之处，地呈三角形，故名。”

三角淀 古雍奴薮。在今河北霸州市、永清、文安、大成及天津市静海等县间。《明一统志》卷1顺天府：三角淀“在武清县南，周回二百余里，或云即古之雍奴。……其源自范瓮口、王家陀河、越深河、刘道口河、鱼儿里河诸水所聚，东会叉沽港入于海”。《清一统志·顺天府二》：三角淀“按，古时唯三角淀最大，又当西沽之上，故诸水皆会入于此，今渐淤而小。《新志》：合相近诸淀泊，总谓之东淀。云延袤霸州、文安、大成、武清、东安、静海之境，东西亘百六十余里，南北二三十里或六七十里，为七十二清河之所汇潴。永定河自西北来，子牙河自西南来，咸入之”。今多成陆地，尚存霸州市东南之东淀。

三角湖　在今江苏淮安市淮阴区西。《方舆纪要》卷22淮安府清河县：“三角湖在县西北八里。四围高阜，水潴其中，雨潦涨溢，则注于大清河。”

三条岭　在今四川万源市北。《方舆纪要》卷69太平县：三条岭“在县治北二里”。

三岛　①即三神山。传说东海中的蓬莱、方丈、瀛洲三山。徐霞客《题小香山梅花堂·醉中漫歌》：“三岛、十洲竟谁别。”

②元汪大渊《岛夷志略》：三岛“居大崎山之东，屿分鼎峙”。即今菲律宾群岛中民都洛岛西南的卡拉棉、巴拉望的布桑加诸岛。或说在今吕宋岛西南沿岸。

三岛山　在今越南太原省东境。《方舆纪要》卷112安南宣化府：三岛山“在杨县境。有三峰突起”。

三间房　即今黑龙江齐齐哈尔市西南昂昂溪区三间房。为齐克铁路的起点站和洮昂铁路的终点站。

三间房卡伦　清置，即今新疆哈密市西北三间房。清道光《新疆识略》卷3哈密：三间房卡伦“距城四百六十里”。清末废。

三灶山　即今广东珠海市西南三灶岛。《明一统志》卷79广州城：三灶山“在香山县南三百里海中。周回三百余里，林木葱翠，中有三石如灶”。《清一统志·广州府一》：三灶山，“元末，海寇刘进据焉。明洪武初平之，有田三百余顷，皆极膏腴。后奸民复通番为乱，二十六年，指挥花茂歼其魁，番迁其余党，禁民不得耕种”。

三灶岛万人坟　在今广东珠海市西南三灶岛茅田村。1938年2月，日军在莲塘登陆，平毁村庄，修建机场。其后又血洗三灶岛，屠杀村民八百余人，制造了震惊中外的大惨案。万人坟遗址建有死难同胞纪念碑牌坊。牌坊上横书“悲恨长天”，两侧楹联为“日伪凶狂血洒人间千载愤，中华抗暴气壮山河万古存”。

三灶镇　即今上海市浦北新区南汇西北三灶镇。清光绪《南汇县志》卷1：三灶镇在“邑西北十二里。向呼为周家庙，以先有庙而后成市也”。

三沙　在今上海市崇明县东北三沙洪一带。《方舆纪要》卷24太仓州崇明县“崇明旧城”条下记：北宋建中靖国初（1101）于姚刘沙岛西北涌出一沙，“以三次叠涨，因名三沙，亦谓之崇明沙。绍兴初，盗邵青聚党于崇明沙，将犯江阴，刘光世遣王德讨平之”。明嘉靖八年（1529）曾迁县治于三沙之马家浜西南，二十九年（1550）海水啮城东北隅，又迁县治于平洋沙。

三沙办事处　1981年10月，设立西沙群岛、南沙群岛、中沙群岛办事处（县级，驻西沙群岛的永兴岛），作为广东省人民政府的派出机构，由海南行政区领导。

三沙市　2012年6月，撤销海南省西沙群岛、南沙群岛、中沙群岛办事处，设立地级三沙市，管辖西沙群岛、中沙群岛、南沙群岛的岛礁及其海域。三沙市人民政府驻西沙永兴岛。

三沙堡　即今福建霞浦县东北三沙镇。明永乐十八年（1420）置烽火门水寨于此，正统九年（1444）移于松山。

三沦湖　即西湖。在今湖北武汉市西北东西湖区。《元史·伯颜传》：至元十一年（1274）伯颜至汉口，欲渡江攻鄂州，“千户马福进言，沦河口可通沙芜入江……诸将自汉口开坝，引船入沦河。……径趋沙芜，遂入大江”。《清一统志·汉阳府》：三沦湖“盖即此沦湖。非自孝感入汉川之沦河也”。

三沟汛　即今河北承德县（下板城）北六十里三沟镇。清于此设把总驻守。

三沟驿　即今安徽舒城县东北十里三沟。《方舆纪要》卷26舒城县：三沟驿在“县东十五里。路出合肥”。

三灵屯　即三陵屯。今黑龙江省宁安市西南七十里三陵乡。

三层岭　即今福建永定县东南三层岭。为通粤要道。明、清置巡司于此。

三层堡　明成化四年（1468）置，属泸州卫。在今四川泸州市纳溪区南。《方舆纪要》卷72泸州卫“江门堡”条内：“三层堡在卫西北百六十里。……分拨卫兵戍守。”后废。

三阿　在今江苏金湖县东南平阿西村。东晋时尝侨置幽州。《晋书·谢玄传》：东晋太元四年（379），前秦苻坚南侵，坚将彭超“围幽州刺史田洛于三阿”。即此。

三陇水　即今广东乐昌、韶关等市县境之武江。《明史·地理志》乐昌县：“西有三陇水，即武水。”

三陂　疑在今江西抚州市临川区北境。《资治通鉴》：南朝陈永定三年（559），周文育进讨余公飏，“文育军于金口，公飏诈降，谋执文育，文育觉之，囚送建康。文育进屯三陂”。

三陂地蓬等处长官司　元置，属新添葛蛮安抚司。治所在今贵州福泉市东南三十里。明初废。

三陂站　元置，在今湖北咸宁市北。明改为驿。

三陂港店　即今湖北安陆市北二十三里三陂港。清光绪《湖北全省分图》：安陆县北有三陂港店。

三陉　在今河北卢龙县东北。《十六国春秋·前燕录·慕容儁传》：慕容儁二年（350），伐赵，命慕容霸率兵二万车道出徒河，“军至三陉，赵征东将军邓恒惶怖焚仓库，弃安乐遁去”。即此。

三驱镇　北宋置，属大足县。即今重庆市大足县西南三十里三驱镇。

三纳拉巴 一作三巴。即今西藏比如县东南白嘎乡东南那如（色那贡巴）。清乾隆《卫藏通志》卷15载："三纳拉巴族，属下五十户，东至达隆宗（边坝），南至俄喀，西至拉哩（嘉黎），北至加树边噶尔。"为藏北三十九族之一。

三纽岭 在今广西容县南。《方舆纪要》卷108容县：三纽岭"在县南百里。岐岣峭险"。

三茅山 又名句曲山。即今江苏西南部茅山。《元和志》卷25润州延陵县："茅山在县西南三十五里。三茅得道之所，事具《仙经》，不录。"《舆地纪胜》卷7镇江府：三茅山"汉有咸阳三茅来治，故名茅山焉"。《清一统志·镇江府一》：三茅山，"汉景帝时，茅濛曾孙盈，与其弟武威太守固、西河太守衷，得道于此，因名三茅山"。

三茅镇 又名三茅菴镇。即今江苏扬中市治三茅镇。清光绪《江苏全省舆图》丹徒县图：东北有三茅庵。民国《江苏六十一县志》：扬中县治三茅镇。

三林庄 即今上海市浦东新区西三林镇。明、清置三林巡司于此。

三林塘镇 即今上海市浦东新区西三林镇。清光绪《江苏全省舆图》上海县："三林塘镇在城东南一十八里。"

三奇戍 唐置，属导江县。在今四川都江堰市西北。《新唐书·韦皋传》：贞元十三年（797），"皋遣大将陈泊等出三奇"，伐吐蕃。即此。《方舆纪要》卷67灌县：三奇戍"在县西"。

三贤祠 在今河南开封市东南古吹台上。《清一统志·开封府三》：三贤祠"在祥符县东南吹台上。祀唐高适、李白、杜甫。明毛伯温有记"。

三贤堂 又名思贤堂。故址在今江苏苏州市城内。南宋范成大《吴郡志》卷6："思贤堂，旧名思贤亭，以祠韦应物、白居易、刘禹锡，后改曰三贤堂。绍兴二十八年，郡守蒋璨建。三十二年郡守洪遵又益以王仲舒及范文正公二像，更名思贤。"

三旺土州 元置，治所即今广西河池市西南三旺。明洪武初废。

三旺里 即今广西河池市西南新街。元置三旺土州。明洪武初省入河池为三旺里。清设河池州同驻此。

三明市 1960年以三明县城区设立三明市（地级），由福建省直辖；将三明县划归三明市领导。1963年置三明专区，三明市改为县级市。1971年三明专区改为三明地区。1983年撤销三明地区，改设地级三明市。

三明县 1956年三元、明溪二县合并，设置三明县（驻原三元县城），属南平专区。1960年以三明县城区设立三明市（地级），由福建省直辖；将三明县划归三明市领导。1963年置三明专区，三明市改为县级市。1971年专区改为地区。1983年撤销三明地区，改设地级三明市。

三固山 即三户山。在今山东平度市西南七十里三合山。《方舆纪要》卷36作三固山。

三岩 ①在今四川青神县南岷江东岸。明曹学佺《蜀中名胜记》卷12青神县："县之名胜，在乎三岩。三岩者：上岩、中岩、下岩也。今惟称中岩焉。"俚谚云："先有中岩，后有峨眉。"即言中岩名声早于峨眉。三岩间各相距数里不等，均有不少唐、宋以来摩崖佛像及题刻。

②在今西藏贡觉县东南雄松乡。藏语意为劣地。有上岩、中岩、下岩之分。清宣统三年（1911）置三岩委员，属川滇边务大臣。1912年改置武成县。

三岩龙 在今四川九龙县西南三岩龙乡。清置三岩龙土百户。

三岩宗 即三岩。1917年西藏地方政府改武成县置，治所在今西藏贡觉县东南雄松乡。1960年并入贡觉县。

三罗骨山 在今西藏那曲县西南。唐时吐蕃于山下置蛤不烂驿。《新唐书·地理志》："（阁川驿）又经恕谌海，百三十里至蛤不烂驿，旁有三罗骨山，积雪不消。"

三垂冈 一名三垂山。在今山西潞城市西二十里。《资治通鉴》：五代梁开平二年（908），"晋王伏兵三垂冈下，诘旦大雾，进兵直抵夹寨"。即此。

三迤 明时云南省以昆明为中心，分为迤东、迤西两部分。迤东包括今滇东及滇南，迤西即滇西。清初置迤东、迤西两道，乾隆时分迤东道为迤东、迤南两道，迤南专辖滇南，合称三迤。

三阜城 唐置，为嶲州治。在今四川西昌市。唐樊绰《云南志》卷1："至苏祁四十里，至嶲州三阜城四十里。"注："州城在三阜山上。"

三舍羊峒和药寨 在今四川九寨沟县西九寨沟镇。清雍正二年（1724）置三舍羊峒和药寨土百户。

三舍关 一名三舍堡。明置，属松潘卫。在今四川松潘县东北一百十七里黄龙乡（三舍驿）。明曹学佺《蜀中广记》卷31《边防记》："三舍者，去（松潘）卫城九十里而遥也，为小河适中地，有把守指挥一员，管辖上至望山，下至四望，共十三关堡。"《方舆纪要》卷73松潘卫：三舍关"东至小河所，此为适中之地。关东十里为镇远堡。……《志》云：三舍关有偏将驻守。所辖上至望山，下至四望，共十三关堡，四岩绝壑一线，仅通羊肠鸟径，峭磴危湍，险巇万状"。

三舍溪关 明置，属綦江县。在今重庆市綦江县南一百里。明曹学佺《蜀中名胜记》卷18綦江县："《志》云：治南三舍溪关，上有雁塔碑，曰：此地南平军旧址。南平王墓亦在此关。"

三受降城 唐景龙二年（708）朔方总管张仁愿于今内蒙古黄河以北筑三受降城，以防突厥。《元和志》卷4："于河北筑三受降城，首尾相应，绝其南寇之路。……六月而三城俱就。以拂云祠为中城，与东西两城相去各四百余里，遥相应接。"中受降城在今包头市西南敖陶窑村古城；东受降城在今托克托县南黄河东岸；西受降城在杭锦后旗北、乌加河（古黄河）北岸。其后东西两受降城均曾改筑。

三肤河　即今内蒙古宁城、喀喇沁旗境之坤都伦河，为老哈河支流。北宋沈括《熙宁使虏图抄》：“又十里余，路曲，走西北，逾十里济三肤河，至临都馆，皆平川。”

三鱼堂　在今浙江平湖市。为清代著名学者陆陇其祖居。陇其有《三鱼堂文集》。

三店　又名三店塘。在今上海市松江区东南。《方舆纪要》卷24松江府华亭县：三店“在府东南。嘉靖三十四年，官军击倭于吴江之平望，倭败走三店，官军复邀击，败之”。

三店街　即今湖北武汉市新洲区北二十里三店镇。清置把总戍守。

三庙场　即今重庆市合川区西北三庙镇。清光绪《合州志》卷4：三庙场“距城一百里”。

三河　①汉代称河内、河南、河东三郡为“三河”。《史记·货殖列传》：“昔唐人都河东，殷人都河内，周人都河南。夫三河在天下之中，若鼎足，王者所更居也。”《汉书·百官公卿表》：司隶校尉“察三辅、三河、弘农”。《后汉书·光武帝纪赞》：“三河未澄。”李贤注：“三河，河南、河北、河东也。”

②汉时羌人所居黄河、赐支河（今青海海南藏族自治州、黄南藏族自治州境内一段黄河）、湟河的合称。《后汉书·西羌传》：羌人“俱亡入三河间”。

③在今广东大埔县西北。《方舆纪要》卷103大埔县：三河在“县（治今茶阳镇）西四十里。上流有三：自汀杭北注者曰大河，自长乐县西注者曰小河，自平和县东注者曰小溪，三支交会，潆洄渟滀，南达府城东，所谓韩江也”。

三河口　①即今江苏常州市武进区东北三河口镇。清光绪《江苏全省舆图》阳湖县图：东有三河口镇。

②在今陕西华阴市东北。当洛水、渭水入黄河之口。清光绪《陕西全省舆地图》华阴县：三河口镇“在县东北二十二里”。

③即今四川马边彝族自治县西北三河口乡。清嘉庆《马边厅志略》作“三河场”。

三河口盐务　北宋置，属海阳县。在今广东大埔县西北三河镇。

三河屯　亦作山河屯。即今黑龙江省五常市南山河镇。当呼兰河（细鳞河）注入拉林河处。清光绪《吉林通志》卷16五常厅：南“五十里山河屯镇，分防经历驻此”。

三河市　1949年1月当地解放后由肥西县析置，属江淮解放区。治三河镇（今安徽肥西县东南三河镇）。同年4月改属皖北行署区。1950年撤销，并入肥西县。

三河场　即今四川成都市新都区西南十五里三河镇。清同治《成都县志》卷1：三河场“距城三十里”。为成都北通新都要冲。

三河戍　唐置，在今浙江建德市东南五十余里三河村。《新唐书·地理志》：睦州“有三河戍”。《方舆纪要》卷90严州府：三河关“在府（治今梅城镇）南四十里。有三河渡，即东阳江渡口也。唐置三河戍于此”。

三河尖　在今安徽阜南县东南。清置巡司于此。

三河坝　即今广东大埔县西北四十二里三河镇。1927年8月1日南昌起义军南下粤东，9月下旬抵三河坝，朱德率起义军在此与国民党钱大钧部发生激战。

三河县　①唐开元四年（716）置，属幽州。治所在今河北三河市东三里。因地近七渡、鲍丘、临泃三水而名。五代初废，后唐长兴三年（932）复置，移治今三河市。辽属蓟州。金属通州。清属顺天府。民国初属直隶京兆地方。1928年直属河北省。1993年改设三河市。

②辽太祖置，属沈州。治所在今辽宁沈阳市老城区。后改为乐郊县。

三河冶　唐置，属飞狐县。为铸铜钱之地。在今河北涞源县南。《元和志》卷14飞狐县：“三河冶，旧置炉铸钱，至德以后废。元和七年，中书侍郎平章事李吉甫奏：‘臣访闻飞狐县三河冶铜山约数十里，铜矿至多，去飞狐钱坊二十五里，……制置一成，久长获利。’”即此。

三河郡　十六国后凉吕光置，治所在白土县（今青海化隆回族自治县东南黄河北岸）。以金城河、赐支河、湟河而名。后废。

三河站　①元置，即今浙江建德市东南三河。

②元置，在今广东大埔县西北三河镇。明为三河驿，并置巡司于此。

三河砦　北宋政和三年（1113）改三女砦置，属沧州清池县。在今天津市西。金废。

三河镇　①即今安徽肥西县东南四十八里三河镇。《清一统志·庐州府二》：三河镇“在合肥县南八十里。外环两岸，中峙三洲，三水贯其间，故曰三河”。1858年太平军将领陈玉成、李秀成击败清军李续宾的三河大捷即发生于此。

②即今广东大埔县西北三河镇。以大靖溪及梅江自此东西合于韩江，故名。《方舆纪要》卷103大埔县：三河镇“在县西。有巡司，洪武九年置，又三河驿亦置于此。嘉靖中筑城，周不及三里。万历末司废”。清代为三河坝市。

三河潭　在今浙江建德市东南五十余里三河村。《方舆纪要》卷90严州府：三河潭“在府（治今梅城镇）东南四十里，潭水逆流而入于东阳江，江水从两傍顺流回合焉，故曰三河”。

三泊县　元世祖至元十三年（1276）置，属昆阳州。治所在那龙城（今云南安宁市西南二十二里县街镇）。《方舆纪要》卷114三泊县：“望洋、鸣矣、利资三河萦抱县治，是为三泊，下流入于滇池。”清康熙八年（1669）废入昆阳州。雍正三年（1725）以原辖境改属安宁州。

三泖 又名华亭泖、泖湖。即今上海市松江区西的泖河。《方舆纪要》卷24松江府华亭县：泖湖，“《吴地志》：泖有上、中、下三名。《图经》：西北抵山泾，水形圆者，曰圆泖，亦曰上泖，南近泖桥；水势阔者，曰大泖，亦曰下泖；自泖桥而上，萦绕百余里，曰长泖，一名谷泖，亦曰中泖。泖湖之水，上承淀湖，凡嘉湖以东，太湖以南诸水，多汇入焉。下流合黄浦入海”。今大半已淤为平地。

三注山 即三柱山。在今山东日照市西南。《清一统志·沂州府一》作“三注山”。

三学山 亦名栖贤山。在今四川金堂县东十二里。《舆地纪胜》卷164怀安军：三学山“在金堂县东北一十里。上有法海、普贤、广济三寺”。为蜀名山之一。《资治通鉴》：唐景福元年（892），王建攻杨晟于彭州，“杨守亮遣其将符昭救之，径趋成都，营三学山”。隋僧智炫有《游三学山》诗。有唐摩岩造像，宋题记、碑刻及明代宝塔。

三宝山 在今四川马边彝族自治县境。《明史·李应祥传》：万历十五年（1587），“郭成复至三宝山大战，生擒（腻乃酋）撒假”。嘉庆《马边厅志略》卷1：三宝山“在夷地凉山，出黄连、贝母、附子，故名”。

三官寺 亦名三官台。即今湖南慈利县西九十里三官寺土家族乡。三国吴置溇中县于此。

三官堡 明嘉靖三十年（1551）置，在今广西南宁市邕宁区西南。《方舆纪要》卷110南宁府宣化县：三官堡“在府西那梧村”。《清一统志·南宁府》：三官堡巡司“在宣化县西南一百八十里。明嘉靖三十年置堡设巡司，今因之”。

三官殿市 即今湖北丹江口市南十里三官殿镇。清光绪《湖北全省分图》：均州东南有三官殿市。

三弥山 即今新疆库车县北哈尔克山。《新唐书·突厥传》：西突厥“曷萨那朝隋，国人皆不欲，既被留不遣，乃共立达头孙，号射匮可汗，建廷龟兹北之三弥山，玉门以西诸国多役属”。

三姑山 ①即今安徽黟县东北三十里三府尖。黟山主峰之一。《寰宇记》卷104黟县：三姑山“一名吉阳山。在县东一十五里。山有三峰，故名三姑山……有吉阳水出焉。又《新安记》云：天将雨，此山先有鼓角之音”。

②即今浙江嵊泗县西崎岖列岛中之大洋山。宋《乾道四明图经》卷7昌国县：三姑山“在县西北八百里”。《宝庆四明志》卷20昌国县：“三姑都巡检，治在三姑山。”

三姑石 在今福建武夷山市西南武夷一曲。明《八闽通志》卷6《地理志·山川》崇安县：三姑石“三峰并峙。相传秦时有三女游于此，因化为石”。实则以形似为名。

三姑台（臺） 在今山东滨州市东南蒲城街道东南。《方舆纪要》卷31蒲台县：三姑台“在县（按指蒲台县旧治）东一里。相传古贞女蒲氏所筑，有三台并峙，遗址仅存。或以为即秦蒲萦台云”。

三姓 一作依兰哈拉。清康熙五十四年（1715）筑城。即今黑龙江省依兰县。清萨英额《吉林外记》卷2：“三姓又名依兰哈拉，国语（满语）依兰，三；哈剌，姓也。乃努叶葛、依克勒、湖西哩三姓赫哲也。”雍正七年（1729）设副都统镇守。光绪三十一年（1905）改置依兰府。

三姓副都统 清雍正九年（1731）改三姓协领置，属吉林将军。治所在三姓城（今黑龙江省依兰县）。辖境相当今黑龙江省依兰、宝清东北地区及俄罗斯黑龙江下游流域，萨哈林岛（库页岛）。宣统元年（1909）裁。

三春集 即今山东东明县西南三春集镇。旧属河南长垣县，民国初置县佐。后划归东明县。

三封县 西汉置，属朔方郡。治所在今内蒙古磴口县西北哈腾套海附近麻弥图庙古城。东汉末废。后赵复置，仍属朔方郡。北魏废。

三城 在今陕西延安市东南。《资治通鉴》：东晋咸和九年（334），“长安人陈良夫奔黑羌，与北羌王薄句大等侵扰北地、冯翊，章武王斌、乐安王韬合击，破之。斌等收军还三城”。即此。《魏书·地形志》偏城郡广武县：“有三城。”

三垢镇 在今山西吉县东南三堠村。《清一统志·平阳府一》：三垢镇“在吉州西南二十里”。

三垛镇 元改三墩镇置，属高邮州。即今江苏高邮市东四十里三垛镇。《元史·纳速剌丁传》：至正末，张士诚义军袭高邮，“纳速剌丁以舟师会诸军讨之。距三垛镇，贼众猝至，纳速剌丁麾兵挫其锋”。

三荆 北魏时所置荆州（治所在穰县，今河南邓州市）、南荆州（治所在安昌城，今湖北枣阳市南三十里）、东荆州（治所在比阳县，今河南泌阳县西）的合称。《魏书·尔朱荣传》：永安三年（530），尔朱荣曰：“仍出鲁阳，历三荆”。即此。《北齐书·王则传》：“天平初，行荆州事。都督三荆、二襄、南雍六州军事，荆州刺史。”《周书·杨忠传》：时侯景渡江，梁武丧败，朝廷“将经略汉、沔，乃授忠都督三荆、二襄、二广、南雍、平、信、随、江、二郢、淅十五州诸军事，镇穰城”。即此。西魏废帝三年（554）改东荆州为淮州，南荆州为昌州。“三荆”之名遂废。

三带州 在今越南富寿省东部。《明史·张辅传》：永乐四年（1406）征安南，“辅自新福移军三带州，造船图进取”。

三带江 今越南西北部红河、明江、黑水河等之合称。元黎崱《安南志略》卷1：“三带江，归化江水自云南，宣化江水自特磨道，陀水自撞龙，因名焉。”

三莒 春秋时“三莒”邑。一在齐国东部。《左传》：昭公三年（前539），“齐侯田于莒”。杜预注：“莒，齐东境。”一为周邑。《左传》：昭公二十六年（前516），“阴忌奔莒以叛”。杜注：“莒，周邑。”一为鲁邑。又作莒父。《春秋》：定公十三年（前497），“城莒父”；《论语·子路》：“子夏为莒父宰”。即此。

三栋村　即今广东惠州市南三栋镇。清同治《广东图说》卷22归善县：“四围社约堡，城南五里，……往来大道有镇龙墟、三栋墟汛。”

三柱山　一作三注山。在今山东日照市南。《水经·沭水注》：葛陂水“发三柱山”。即此。

三要山　在今陕西洛南县东南一百里。《水经·洛水注》：要水“南出三要山”。《清一统志·商州》引《雒南县志》：“其地南出青草河，可通武关，东出即卢氏通衢，北望阌乡、灵宝，皆有捷径，因名三要。”

三要司　即今陕西洛南县东南三要镇。明、清置巡司于此。民国初置县佐。

三面山　①在今四川彭州市西。《方舆纪要》卷67崇宁县：三面山“在县北六十里。上有龙湫，径不盈尺，而水常不绝”。

②在今四川北川羌族自治县西北。《方舆胜览》卷56石泉军：三面山“在石泉县北六十里。三面内向，因名。上有龙湫，径不及四寸，以小勺挹之，十数仅获一卮，然千百人挹而不竭，以此为异”。

三面船　即今辽宁法库县南三面船镇。《清史稿·地理志》法库直隶厅：“辽河……径厅南入新民。其津渡处有三面船市镇。”

三鸦水　在今广东遂溪县东南。《方舆纪要》卷104遂溪县：三鸦水在“县东南八十里。源出县东之大陂，流经此，旁有三石如鸦，因名。《志》云：县治东有东溪，流经县治南一里。合于傍塘溪，又西南流合东流水，折而东会三鸦水，又东入于海”。

三鸦（鵶）水　即鲁阳关水。在今河南鲁山县西南、南召县东。《元和志》卷6鲁山县：“鲁阳关水，俗谓之三鸦水。”

三鸦（鵶）路　自河南南阳盆地循今白河支流口子河谷北行，逾伏牛山分水岭循瀼河谷抵鲁山，为南阳北通汝、洛之捷径。唐杜佑《通典·州郡典》南阳郡向城县：“北重山在县北，即是三鸦之第一，又北分岭山，岭北即三鸦之二鸦也，其第三鸦入临汝郡鲁山县界。”《周书·郭贤传》：“及侯景来附，思政遣贤先出三鸦。”

三鸦（鵶）镇　即鲁阳关。一名平高城。在今河南鲁山县西南十四里平高城村。《元和志》卷6鲁山县：“其关三鸦镇，在县西南十九里。后周置以御齐，亦名平高城。”扼三鸦路。

三星村遗址　在今江苏金坛市西南二十里，正当长江下游太湖与宁镇两文化区交汇处。为新石器时代文化遗址。是一处原始人群墓葬集中的氏族部落公共墓地。清理墓葬多达一千余座，从发掘出土的文物标本及同位素年代测定其年代距今6500—5500年，相当于长江下游地区崧泽文化早期到马家浜文化中晚期。出土的竹器器形之多、制作之精，为长江下游同时代原始文化中所仅见；陶器中叵形豆、带底盘四柱支撑罐、角状水壶、组合式陶豆等是迄今为止国内首次发现。这对研究该地区当时生产力发展水平、生活习俗等有重要价值。2006年定为全国重点文物保护单位。

三星堆古蜀城遗址　在今四川广汉市西二十里鸭子河南岸，是一处古蜀文化遗址。面积共600万平方米，周围有一圈宽10米，高5米的城垣和一道河水围绕。1929年曾在此发现大批精美的玉石器。1980—1986年曾多次发掘，发现房址、墓葬、祭祀坑和窑址，出土大批珍贵文物。其中身高1.7米的铜人立像，四十余具与真人大小相同的铜头像以及铜面罩等，均为罕见的珍品。1988年定为全国重点文物保护单位。

三星湖　又作三仙湖。清光绪间形成集市。即今湖南省南县西南四十八里三仙湖镇。

三界岭　在今江西万年县西境。《方舆纪要》卷85饶州府万年县：三界岭“在县西。《志》云，岭当余干、乐平、安仁三县之交，因名”。

三界站　元置，即今浙江嵊州市北三界镇。

三界堡　明万历中建，在今湖北竹山县西北。

三界镇　①北宋置，属会稽县。即今浙江嵊州市北三界镇。《元丰九域志》卷5：越州会稽县有“三界镇”。《方舆纪要》卷92嵊县：三界市“在县北六十里，即会稽之三界镇也”。明成化中割属嵊县。东汉永建四年（129）至隋开皇九年（589）间始宁县治此。

②在今安徽明光市东南。1932—1937年曾为嘉山县治。

三品石山　一作三品山或三岩山。在今甘肃陇西县西七里。《清一统志·巩昌府一》：三品石山“俗名安家山。脉自岷岭蜿蜒而来，其上宽平可耕。山腹有三巨石，参列如品字。西、渭二河交会其前。县之主山也。山麓有歧路，西北通狄道，西南通洮岷”。

三咩　北宋时对西藏扎囊县东北桑伊区的汉译称。宋张方平《乐全集》卷22：“秦州奏唃厮啰事”，称唃厮啰为“西域武三咩人”。吐蕃王朝（约629—842）沿臧河流域（今雅鲁藏布江）南北两岸设置称为“如”的军政区域四个，其东部称为“要如”，辖“三咩”。公元779年在该地建成大寺，始有剃度藏僧。吐蕃王朝灭亡后，原建置废，后有王室后裔一支据其地为政、教首领，资遣贵族子弟鲁梅等往青海求佛法，约在公元978年归，在三咩收徒传法，佛教大盛，是为藏传佛教后弘期下路弘传。

三峡　①即长江三峡简称。在今重庆市奉节县东白帝城至湖北宜昌市西南津关间。《南齐书·州郡下》：益州“三峡险阻，蛮夷孔炽”。《梁书·孔谦传》：宋泰始初，“擢为明威将军，巴东、建平二郡太守。郡居三峡，恒以威力镇之”。

②在今广东阳山县东南七十里，接英德县界。《清一统志·连州》：三峡“春水涨时，舟人待之，经旬不能上下”。

三峡山　指今重庆市奉节县东至湖北宜昌市西长江

三峡之山。《寰宇记》卷148奉节县：三峡山“谓西峡、巫峡、归峡。俗云：巴东三峡巫峡长，清猿三声泪沾裳。即禹疏以导江也，绝峻万仞，瞥见阳光，不分云雨”。

三峡桥　在今四川冕宁县南境。一说在今西昌市一带。《明史·李应祥传》：万历中，“连昌逆酋曰安守、曰五咱、曰王大咱，与越嶲、邛部、黑骨夷并起为乱。……黑骨与大咱已据相岭，焚三峡桥”。

三峡涧　在今江西庐山五老峰西。《清一统志·南康府一》：三峡涧“受大小支流九十九派，水行石间，声如雷霆，拟于三峡之险。涧中有潭曰玉渊，众流奔注，中流有白石如羊，其南为三峡桥”。

三峡镇　即今台湾省新北市西南三峡镇。旧名三角涌。日本占领期间于1920年改称三峡。1945年抗日战争胜利后设三峡镇。

三峒　今贵州习水县北三峒。《明史·刘綎传》：万历二十八年（1600）征播州杨应龙，“诸将克丁山、铜鼓、严村，遂直捣楠木、山羊、简台三峒。峒绝险，‘贼’将穆照等众数万连营，诸将惮之。綎分兵攻其三面……尽克三峒，擒穆照及‘贼’魁吴尚华”。

三钟（锺）山　在今湖北随州市东北五十里。《后汉书·王常传》：下江兵领袖王常、成丹等兵败，“收散卒入蒌谿，劫掠钟、龙间，众复振”。注引盛弘之《荆州记》云：“随州随县东北有三钟山也。”《寰宇记》卷144随县：三钟山“在县东五十里。山有石，状如覆钟”。

三钩镇　在今重庆市奉节县东。《寰宇记》卷148夔州：三钩镇“在州（今白帝城）东三里。铁锁断江，山横江逗张两岸，造舟为梁，拖战床于上，以御寇为镇，居数溪之会，故曰三钩。唐武德二年度”。《方舆纪要》卷69奉节县：三钩镇“在瞿唐峡口，即谓铁锁关也”。

三香水　一名三交川水。在今甘肃灵台县东南。《寰宇记》卷32泾州灵台县：“三交川水，在县东南十五里，亦名三香水，源从麟游县。”

三重岭　在今福建漳平市南。明嘉靖《漳平县志》卷2：三重岭“在县南二十里，居仁、永福之间。高下相因者有三，故名”。

三重镇　即今台湾省新北市北面三重区。原为三重埔，为高山族平埔人的渔猎区。1945年设三重镇。2010年改设三重区。

三段岭　在今广东平远县东北。《方舆纪要》卷103平远县：三段岭在“县东南二十二里。段亦作断。三岭相接，纡回断续，通道所经也”。

三皇峁　在今陕西子洲县西。清光绪《绥德州志》卷2：三皇峁“在城西八十里。上有颍山寨。今加修筑，更名光明寨”。

三泉　在今湖北浠水县西。《舆地纪胜》卷47蕲州：三泉，“余章《三泉记》，米芾书。凤山之阴、兰溪之阳有泉出石罅为兰溪；其在寺庭之除，为陆羽烹茶之泉；其在凤山之阴，为逸少泽笔之井。兰溪于《茶经》之品第三，藏诸水底，出则随溪流，无停积。故常新洁，不陈败，甘美而善泛，清澈而不乱也，茶之所最宜。王、陆二水皆兰溪一源耳。今在蕲水县西”。

三泉县　①北魏正始中置，治所在今四川广元市东北。以界内三泉山为名。后废。唐武德四年（621）复置，为南安州治。八年（625）属利州。天宝元年（742）属兴元府，移治今陕西宁强县西北阳平关。北宋升为大安军。南宋绍兴三年（1133）徙治今宁强县北大安镇。元世祖至元二十年（1283）废。

②隋义宁二年（618）置，属弘化郡。治所即今甘肃庆城县西桐川乡（党崾岘）。《元和志》卷3同川县：“分宁州之彭原县西南十五里三泉故城置三泉县”，因名。唐武德三年（620）改名同川县。

③唐贞观五年（631）置，属羁縻雅州。治所在今四川阿坝县东南境。后废。

三泉驿　唐置，即今河南洛阳市西南苗马村。为长安与洛阳间南道陆路交通重要驿站。元稹有《三泉驿》诗。

三泉镇　清置，属汾阳县。即今山西汾阳市西南三泉镇。

三胜土州　元置，属思州军民安抚司。治所在今广西河池市西南三旺乡。明洪武初废入河池县。

三亭　战国魏地。在今河南尉氏县西南。《史记·范雎传》：“王稽知范雎贤，谓曰：‘先生待我于三亭之南’。”《正义》引《括地志》：“三亭冈在汴州尉氏县西南三十七里。”

三亭县　唐贞观九年（635）分大乡县置，属辰州。治所即今湖南保靖县。《元和志》卷30三亭县：“因县西十五里有三亭古城为名。”天授二年（692）属溪州。五代末废。

三音诺颜部　外蒙古旧部名。即赛音诺颜部。清雍正三年（1725）分土谢图汗部西境置，乾隆三十一年（1766）加汗号，是为喀尔喀四部之一。所部二十四旗，会盟于齐齐尔里克。牧地约当今蒙古国后杭爱、巴彦洪戈尔等省和前杭爱、扎布汗、南戈壁等省各一部分。

三音诺颜旗　即赛音诺颜旗。清外蒙古赛音诺颜部所属二十四旗之一。驻地即今蒙古国前杭爱省海尔汗都兰。

三音额音河　即今吉林抚松县南松花江上源头道江。清乾隆《钦定盛京通志》卷27：三音额音河，“国语（满语），三音，好也，额音，流也。（吉林）城南五百二十余里。源出长白山，西北流，复折而东北入混同江”。《清一统志·吉林一》：混同江“西源亦有二脉，东曰额赫额音河，西曰三音额音河，皆自长白山西发源，北流与东派诸泉合为一”。

三首山　一名手山。在今辽宁兴城市东。明《辽东志》卷1：三首山在“（宁远卫）城东五里。有泉。

形如人三首，故名”。泉水四时不竭。

三洞 在今湖南常宁市南三十里。《旧唐书·地理志》衡州常宁县：“吴分耒阳立新宁县，属湘东郡。旧治三洞。”即此。

三洲 在今湖北黄石市东长江中。《水经·江水注》：“江水东历孟家淾。江之右岸有黄石山，水径其北，即黄石矶也。一名石茨圻，有西陵县也。县北则三洲也。”《水经注疏》会贞按：“洲在今大冶县东北。”就今政区而言，应在黄石市境内。

三洲山 在今广东佛山市南海区西南。《清一统志·广州府》：三洲山“一名黄冈，耸拔千仞，周一百余里，峰峦数十，西连高明，东南接新会，与西樵皆为县之镇山”。

三洲岩 在今广东德庆县东七十里。《舆地纪胜》卷101德庆府：三洲岩“在端溪县东。《旧经》云：即西江之三岛也”。《明一统志》卷81肇庆府：三洲岩“取蓬莱第三洲之名。一名玉乳岩。中有石室，室中有石乳，苍绿色间，类佛像、钟磬、玉麟、游鱼之属。相传有皓叟修真于此。宋周敦颐尝游，苏轼有题识，及李纲书‘玉乳岩’三大字俱存”。

三洲驿 即今福建长汀县南三洲乡。《方舆纪要》卷98汀州府长汀县“临汀驿”条下：“又三洲驿，在府西九十里（按，西当为南），本三洲铺，成化十八年建三洲公馆，后改为驿。”《清一统志·汀州府二》“馆前驿”条下：“又三洲驿，在县南六十里，明弘治初置。”

三洲墟 即今广东佛山市高明区西三洲镇。万历《广东通志》卷46：高明县有三洲墟。明万历中迁太平巡司于此，清雍正九年（1731）改为三洲巡司。

三浒淀 在今河北任丘市北三浒村。《方舆纪要》卷13任丘县“白洋淀”条下载：“三浒淀在县东北十三里，西接五龙潭。”

三觉寺汛 即今安徽寿县南三觉镇。清乾隆《寿州志》卷1南乡集：三觉寺“离城一百三十里”。

三宣 明代在云南边地设置的三个较大土司，即南甸宣抚司、干崖宣抚司和陇川宣抚司。

三神山 古代传说东海中有蓬莱、方丈、瀛洲三山，为神仙所居。《史记·秦始皇本纪》：“齐人徐市等上书，言海中有三神山，名曰蓬莱、方丈、瀛洲，仙人居之。”传上有不死药，以黄金、白银为宫阙。战国齐威王、宣王、燕昭王，及秦始皇皆曾遣人入海访求三神山。

三绛县 西汉元鼎六年（前111）置，属越嶲郡。治所在今云南元谋县北八十二里，金沙江北姜驿。东汉改三缝县。

三秦 ①秦亡后，项羽三分秦故地关中，封秦降将章邯为雍王，领有今陕西中部咸阳以西和甘肃东部之地；司马欣为塞王，领有今陕西咸阳以东地区；董翳为翟王，领有今陕西北部地区。合称三秦。唐明皇《登蒲州逍遥楼》诗：“十征巡九洛，居豫出三秦。”

②东晋时，十六国之前秦、后秦、西秦，亦合称三秦。

三都 ①《左传》：定公十二年（前498），“仲由为季氏宰，将堕三都”。杜注：“三都，费、郈、成也。”

②相传古蜀国有三都：成都（今四川成都市）、广都（今四川双流县东南中和镇）、新都（今四川成都市新都区）。东晋常璩《华阳国志·蜀志》：“蜀以成都、广都、新都为三都，号名城。”

③东汉称洛阳为东都、长安为西都、宛为南都，合称“三都”。

④三国魏、蜀、吴三国之都。魏都邺（今河北临漳县西南）、蜀都成都（今四川成都市）、吴都建业（今江苏南京市），称为三都。西晋左思写有《三都赋》。

⑤唐都长安，显庆二年（657）建洛阳为东都，天授元年（690）建晋阳为北都，与长安合称“三都”。

三都市 即今江西修水县东北四十里三都镇。清同治《江西全省舆图》卷1：义宁州东北“山家店又五里至三都”。同治《义宁州志》卷2：三都铺在“州西一百四十里”。

三都汛 即今广西柳江县西南三都镇。清设巡司于此。

三都县 1941年由三合、三都二县合并置，属贵州省。治所即今贵州三都水族自治县。取二县各一字为名。1957年改设三都水族自治县。

三都谷 在今甘肃甘谷县西。《水经·渭水注》：“渭水又东，径落门西山东流三府谷水注之。”三府谷后讹为三都谷。《宋史·曹玮传》：大中祥符九年（1016），“唃厮啰率众数万大入寇，玮迎战三都谷”。即此。

三都岛 即今福建宁德市东三沙湾内三都岛。清光绪二十四年（1898）自辟为商港。旧有县佐驻此。

三都塘 即今贵州惠水县西南三都镇。清爱必达《黔南识略》卷3定番州：场市有“三都”。三都，系布依语音译，意为三处堵水的地方。涟江至此形成三道水塘，故名。

三都墟市 即今江西泰和县西北螺溪镇。清同治《江西全省舆图》卷7：泰和县西北有三都圩。

三都镇 即今江西铜鼓县东北三都镇。清同治《江西全省舆图》卷1：义宁州西南铜鼓营东北有三都塅。

三都澳 即今福建宁德市东三都镇。民国时有县佐驻此。

三壶 传说中的三神山。秦王嘉《拾遗记》卷1：“三壶，则海中三山也。一曰方壶，二曰蓬壶，三曰瀛壶。山形似壶，故曰壶也。”

三恭州 唐开元后置羁縻州，属雅州都督府。治所在今四川康定县境。北宋属雅州。后废。

三晋 古地区名。春秋末，晋国的卿韩、赵、魏三家瓜分晋国，是为战国时的韩、赵、魏三国，史称三晋。其辖境屡有变迁，战国晚期相当于山西省，河南省中部和北部，河北省南部和中部。《商君书·徕民》："秦之所与邻者三晋也。"即此。近代又用作山西省的别称。

三桂墟 在今广东佛山市顺德区北三桂村，东与番禺市接界。清咸丰《顺德县志》卷5：津渡有"三桂"。

三桥 ①在今江苏扬州市西南隅。《资治通鉴》：唐光启三年（887），"毕师铎攻广陵，（吕）用之帅其众千人力战于三桥北"。

②即今陕西西安市西二十里三桥街道。《资治通鉴》：唐兴元元年（784），车驾至长安，李晟"谒见上于三桥"。即此。

三桥河 即今广东电白县北沙琅江。《清一统志·高州府一》：三桥河"在电白县（治今电城镇）西七十里。其源有三：一为丫髻山源，一为连峒山源，一为雷昙山源，三水交会南流为三桥河，又西南经茂名县合罗江，至吴川县入海"。

三桥埠 即今浙江德清县北七里三桥镇。《方舆纪要》卷91武康县：三桥埠"在县（治今武康镇）北七里，自城北至此，历三桥而至水埠，因名"。

三桥堡 在今广东电白县北。《清一统志·高州府二》：三桥堡"在电白县（治今电城镇）西七十里三桥河北。明宏治十年置，有城，周三百六十丈"。

三桥镇 即今安徽怀宁县（高河镇）西南三桥镇。《清一统志·安庆府二》："三桥镇巡司在怀宁县（今安庆市）西。本朝乾隆二十八年设。"

三原护军 十六国前秦置，在今陕西淳化县东巀嶭山北固贤。《元和志》卷1三原县："以其地西有孟侯原，南曰丰原，北曰白鹿原。"故名。北魏太平真君七年（446）改置三原县。

三原县 北魏太平真君七年（446）置，属北地郡。治所在今陕西淳化县东嵯峨山北。永安元年（528）移治清水峪（今三原县西北），为建忠郡治。北周属冯翊郡。隋属京兆郡。唐武德四年（621）废。六年复置，属北泉州。治所在今三原县东北三十里。贞观元年（627）废。又改华池县为三原县，后属京兆府。治所在今县西北清水峪南故任城。五代唐属耀州。北宋开宝九年（976）徙治今县东北唐高祖献陵附近。元世祖至元二十四年（1287）移治龙桥镇（今三原县）。明属西安府。民国初属陕西关中道。1928年直属陕西省。

三原城隍庙 在今陕西三原县城东大街。庙坐北朝南，平面呈长方形。创建于明洪武八年（1375），中轴线上有照壁、木牌楼、山门、石牌坊、戏楼、木牌楼、大殿、明礼亭、寝宫等建筑，两侧配有厢房、钟鼓楼、碑廊等建筑。2001年定为全国重点文物保护单位。

三顾山 在今江西泰和县南。《南齐书·高逸传》：始兴人卢度"隐居西昌三顾山，鸟兽随之"。《清一统志·吉安府一》：三顾山"在泰和县南五十里，正当县治。三峰秀特如相顾状。下有洗马池，相传为郭子仪遗迹。……又宋徽宗时，萧楚隐居此山"。

三畔镇 在今广西上林县西北三十里。明置巡司于此。

三峿山 一名怀德山。在今湖南沅陵县东二里。《方舆纪要》卷81沅陵县：三峿山"三峰鼎峙，万木阴森，辰水出焉"。

三峨山 ①即大峨眉、中峨眉、小峨眉山的合称。在今四川峨眉山市西南。《舆地纪胜》卷146嘉定府：小峨山"此山与中峨、峨眉相连，故峨眉亦名大峨，是为三峨"。《方舆纪要》卷72峨眉县：三峨山，"《志》云：大峨山在县西百里，所谓峨眉山也；中峨山在县南二十里，一名覆蓬山，一名绥山；小峨山在县南三十里，一名铧刃山。三山相连，谓之三峨"。

②指小峨山。在今四川乐山市西南沙湾镇南。清嘉庆《四川通志》卷17峨眉县：三峨山"在县南三十里。一名小峨山。高又减二峨之半"。

三峰山 ①在今江西贵溪市南。《寰宇记》卷107信州贵溪县：三峰山"一名天冠山。三峰鼎立，有泉从崖隙东西泻"。《明一统志》卷51广信府：三峰山"在贵溪县南二里。三峰相并，东连王表岩，西接五面山，南北孤绝"。因移象山书院于山，俗亦呼为象山。

②在今江西宜丰县西。《方舆纪要》卷84瑞州府新昌县：三峰山在"县西五里，与县治前盐岭相接。《志》云，盐岭高出群山，下瞰邑市，鳞鳞可数"。

③在今浙江丽水市西。《方舆纪要》卷94处州府丽水县：三峰山"在府西五十里。下曰灵峰，中曰翠峰，上曰岑峰，林峦秀丽，为一境之观"。

④在今河南禹州市西南二十里。《金史·哀宗纪》：天兴元年（1232）正月，"大元兵及两省军战钧州之三峰山，两省军大溃"。即此。

⑤一名石峰山。在今湖南桂东县南六十里。《方舆纪要》卷82桂东县：三峰山"三峰耸秀，蜿蜒十余里"。

⑥在今广西扶绥县北。《方舆纪要》卷110新宁州：三峰山"三峰并峙，环列如屏，俗名笔架山，下有金鸡岩"。

⑦在今广西环江毛南族自治县东。《方舆纪要》卷109思恩县：三峰山在"县东二十里。三峰并列，下有石岩洞，泉出其中，引流溉田"。

⑧在今重庆市长寿区西。《方舆纪要》卷69长寿县：三峰山"在县西十里，有三峰高耸"。

⑨又名三崇山。在今云南云龙县西南旧州镇西。《方舆纪要》卷117云龙州：三峰山"在州（今旧州）西五里。一名三崇山，壁立万仞，人迹罕至"。

⑩在今蒙古国东南胪朐河源西。《明史·成祖纪》：永乐十二年（1414）亲征瓦剌，六月“追至土剌河，马哈木宵遁。庚戌，班师，宣捷于阿鲁台。戊午，次三峰山，阿鲁台遣使来朝”。

三峰寺塔　在今福建长乐市西南塔坪山上。北宋崇宁间建寺，政和七年（1117）在寺旁建塔。明永乐十一年（1413）郑和下西洋驻舟师于长乐，曾助寺僧修寺，题寺额曰“三峰寺塔”。后寺毁塔存。塔为石构，八角七层，仿楼阁式，高27.4米。

三峰岭　在今福建龙岩市东。《方舆纪要》卷99龙岩县：“三峰岭在县东百里。岭半有隘。”

三笑亭　即虎溪三笑亭。在今江西庐山西北麓东林寺虎溪旁。宣统补刊《庐山志》引《高贤传》：虎溪三笑亭“远公（惠远）送客不过此溪，过则虎辄鸣吼。常送陶靖节（陶渊明）、陆修静，不觉过溪，虎鸣吼，相向大笑”。后建三笑亭。

三高祠　在今江苏吴江市东。南宋范成大《吴郡志》卷13：三高祠“在吴江县垂虹桥南。……乾道三年，县令赵伯虚徙之雪滩。三高者：范蠡、张翰、陆龟蒙也。此祠人境俱胜，名闻天下”。

三亳　《尚书·立政》：“三亳阪尹。”《太平御览》卷155引皇甫谧《帝王世纪》：“殷有三亳，二亳在梁国，一亳在河南谷熟，为南亳，即殷都也；蒙为北亳，即景亳，汤所盟地。偃师为西亳，即盘庚所徙者。”就今地而言，南亳在今河南商丘市东南，北亳在今河南商丘市北，西亳在今河南偃师市西。

三座塔　即今辽宁朝阳市。因城内有辽、金所筑三塔，故土人称其城为三座塔。清乾隆《钦定热河志》卷54：三座塔“蒙古族谓古尔班苏巴尔罕山。古尔班为三，苏巴尔罕谓塔”。今三塔仅存其二，均为十三层。清乾隆三十九年（1774）于此置三座塔厅，四十三年（1778）改为朝阳县。

三座塔厅　清乾隆三十九年（1774）析塔子沟厅东部地置，属直隶省承德府。治所在三座塔（今辽宁朝阳市）。四十三年（1778）改为朝阳县。

三站　①即今黑龙江省克山县治。民国熊知白《东北县治纪要》：“克山县，位于乌尔河流域，地名原称三站。”

②即今黑龙江省通河县东北三站乡。民国熊知白《东北县治纪要》黑龙江通河县：“县属三站，距县市二十五里，户数二百六十，人口二千。”

三涪山　亦作涪山。在今湖南慈利县西北六十里。《清一统志·澧州一》：涪山“山下有泉，泉有二眼，中有龙洞，水一日三涌，高二三尺，溪流亦骤涨，灌田甚广。若五六日不潮，则水自后山逾岭而至”。

三浰水　即今广东和平县西北之和平河。《明史·地理志》连平州和平县：“西北有浰头山，三浰水出焉，亦名和平水。”《方舆纪要》卷103惠州府和平县：三浰水“在县北三十里。其源一出龙南县之牛冈，一出九连山，水流屈曲，经三浰涧，溪涧之水皆合焉。亦曰上、中、下三浰水，龙川、长乐、龙南、安源四县交接之道，闽广、江西闰余之地也。王守仁云：‘三浰之地守之足以控诸贼之咽喉，不守则为狐鼠之窟穴’，盖以山险深阻故也。《图经》，三浰水东流合汤坊水、乌虎镇水，南合县前溪水，下流经龙川入于东江”。

三海　①今北京市西城区南海、中海、北海的总称。金始名太液池。元名西华潭。明初拓建南海，亦称金海。清又称西海子。其水源来自玉泉山合西北诸水，至德胜门汇为积水潭，又经地安门汇为大池。瀛台以南曰南海，瀛台以北曰中海，金鳌玉蝀桥以北则曰北海。

②在今湖北荆州市荆州区（故江陵县）东北。《方舆纪要》卷78江陵县：三海“在城东北。江陵以水为险。孙吴时引诸湖及沮漳水浸江陵以北地，以拒魏兵，号为北海。……五代周显德二年，高保融复自西山分江流五六里筑大堰亦名北海。……（宋）开禧三年守臣刘甲以南北兵端既开，再筑上中下三海。淳祐中孟珙兼知江陵，……乃修复内隘十有一，别作十隘于外，有距城数十里者，沮漳之水旧自城西入江，因障而东之，俾绕城北入于汉，而三海遂通为一。又随其高下为八匮以蓄泄水势，三百里间渺然巨浸，遂为江陵天险，金人尝犯荆门州，距江陵才百里而去，知有三海为之限故也”。

三海子墓葬及鹿石　在今新疆青河县东南查干郭勒乡三海子夏牧场。东西2.5公里、南北6.5公里的范围内共有石围石堆墓、石棺墓三十余座，鹿石十九通。什巴尔库勒石围石堆墓石堆直径78米，残高25米；石围直径210米，宽3—5米。石碓与石围之间有四条片石铺成的通道，最宽的通道达1.6米。墓环水而建，结构独特，是欧亚草原少有的特大规模的墓冢之一。鹿石是早期草原文化的代表性器物，遗址区内现存十九通，占阿勒泰地区鹿石总数的一半以上，表明三海子夏牧场一带是古代游牧民族活动的重要场所，也是欧亚草原文化交流的会聚地。2001年定为全国重点文物保护单位。

三海岩　在今广西灵山县西四里灵山中学校园内。《舆地纪胜》卷119钦州：三海岩“在灵山县西二里。一钱岩、一月岩、一龟岩，治平二年陶弼始访得之，总名曰三海岩”。

三涂（塗）　在今河南嵩县西南十里。《左传·昭公四年》：“司马侯对曰，四岳、三涂……九州之险也。”杜注：“在河南陆浑县南。”《史记·周本纪》：武王曰，“我南望三涂”。《水经·伊水注》：“伊水历崖口，山峡也，翼崖深高，壁立若阙。崖上有坞，伊水径其下，历峡北流，即古三涂山也。”或云：三涂即大行、轘辕、崤渑。

三流集　亦作三刘集。即今安徽霍邱县东南三流乡。明嘉靖《寿州志》卷1：霍邱县有三刘集。清道光《安徽通志》卷29霍邱县：三刘集在“县东南八十里”。

三家市　即今江苏太仓市东北三家市。清光绪

《江苏全省舆图》太仓州："三家市在城东北四十八里。"

三家店 即今河南临颍县东三家店镇。民国《重修临颍县志》卷2《市廛》："三家店，去县东三十里，为华、颍接境之界，中设官廨。"

三朗镇 即今河北故城县西北三朗乡。清光绪《故城县志》卷2：三朗镇"在县西北五十里，冀瀛交界"。

三陵 在今河北保定市东南。《方舆纪要》卷12清苑县：三陵"在城（今保定市城）东。宋祖陵也。宋太祖世籍清苑，既即位，尊其四世祖朓曰僖祖，陵曰钦陵；曾祖珽曰顺祖，陵曰庆陵；祖敬曰翼祖，陵曰安陵。谓之三陵，皆置军护卫"。

三陵屯 即今黑龙江省宁安市西南七十里三陵乡。以有古墓三座而名。民国《宁安县志》卷3："三灵坟，坟距东京城北八里许（一说十二里，不确），三灵屯后半里许。想灵字当是陵字，俗语传诵误陵为灵也。三坟相距各不及半里。"清道光以来陵墓被盗。

三陵坟 又称三灵坟。在今黑龙江宁安市西南三陵乡三星村东侧。为唐渤海国时期著名墓葬。在渤海国上京龙泉府故城北八里。墓葬为玄武岩条石砌筑而成，由墓室、甬道、墓道三部分组成。墓室四壁和甬道两壁上绘彩色壁画，惜已全部剥落。据民国《宁安县志》卷3载："相传道光间被石工偷凿一孔，约二尺许，殉葬贵重品尽为盗去。"三陵坟一带为渤海国王陵所在，三陵坟为整个陵区内的一个墓葬。

三捧舍 在今贵州独山县南百二十里尧棒乡。明、清置三捧土舍。

三探览城 唐南诏置，属剑川节度。在今云南宁蒗彝族自治县北一百十二里永宁。宋大理废。

三堆 当在今甘肃永登县西南或兰州市西北红古区境。《晋书·秃发利鹿孤载记》：隆安四年（400），"吕纂来伐，使傉檀距之。纂士卒精锐，进度三堆，三军忧惧"。即此。

三堆山 ①在今河南宝丰县西三十里。《水经·汝水注》：养水"出鲁阳县北将孤山北长冈下。东历永仁三堆南"。同治《河南通志》卷8："唐白居易尝居于此。"

②在今四川内江市西。明曹学佺《蜀中名胜记》卷8内江县："城西廿余里三堆山。三峰插汉，高阁凭空，有古石像，土人多游焉。"《方舆纪要》卷67内江县：三堆山在"县西二十里。三峰插汉，中江所经"。

③亦作三隅山。又名玄武山。在今四川中江县东。《隋书·地理志》：玄武县"有三堆山"。

三堆戍 即今山西静乐县城。西晋末置三堆县治此。《北齐书·文宣帝纪》：天保四年（553）帝讨山胡，"因巡三堆戍，大狩而归"。《元志和》卷14静乐县："城内有堆阜三，俗名三堆城。"

三堆坝 在今四川广元市西北三堆镇。《清一统志·保宁府二》：三堆坝"在昭化县北二十五里。江岸有大石三堆，因名"。

三堆县 西晋永嘉末置，治所即今山西静乐县城。北魏属永安郡。太平真君七年（446）废入平寇县。

三教堂 即今河南郏县东南二十六里堂街镇。清道光《直隶汝州志》卷3《市集》：郏县有三教堂。

三营 ①即今云南洱源县东北三营镇。《清一统志·大理府》：三营"在浪穹县莲花山下。《旧志》：元世祖自石门关入取大理，见蒙次和为噤喉之地，留军三百户以镇之，因名三营。明洪武十五年，平云南。蓝玉遣兵攻拔三营万户砦"。

②即今宁夏固原市西北三营镇。《清一统志·平凉府二》"永安驿"条下："又三营站，在州北七十里。"

三曹山 在今重庆市涪陵区东北。《元史·速哥传》："复自涪州入奏事，遇宋军于三曹山……己未，宋兵攻涪州浮桥……复败宋军于三曹山。"即此。

三硔滩 在今江西武宁县东三洪。《清一统志·南昌府一》：三硔滩"在武宁县东七十里，接建昌县界。有数大石横列水中，名和尚石，为最险要处"。

三盛公 即今内蒙古磴口县驻地巴彦高勒镇。1950年磴口县迁治于此。

三辅 西汉时于京畿之地所设京兆尹、左冯翊、右扶风的合称。治所皆在长安城中。辖境相当今陕西中部。后世政区划分虽时有变动，但直到唐代，习惯上仍称这一地区为"三辅"。

三堂街 又名三塘街。即今湖南桃江县西北四十五里三堂街镇。清同治《益阳县志》卷3市镇：三堂街在"治西百二十里。有汛"。昔有胡、周、李三姓宗族祠堂，故名。

三眼井堡 明万历二十七年（1599）置，在今甘肃景泰县西北三眼井村。清设守备，后改都司。

三眼堡 即今广西岑溪市西北三堡镇。明万历《广西通志》卷22：藤县有三眼营。

三畤原 在今陕西武功县西，接扶风县界。《元和志》卷2武功县：三畤原"在县西南二十里。高五十丈，西入扶风县界"。隋文帝葬于此，谓之泰陵。《方舆纪要》卷55扶风县："《志》云：秦文公作鄜畤，宣公作密畤，灵公作吴阳上畤，皆近此原，因名。"

三累山 在今陕西韩城市西北。《水经·河水注》：横溪水"出三累山，其山层密三成，故俗以为三累名山……山下水际有二石室"。《清一统志·同州府一》引《陕西通志》："今有三峡山，在韩城县西北四十里，疑即三累山也。"

三崤山 即二崤。在今河南洛宁县西北。《魏书·地形志》陕州崤县："有三崤山。"《北史·崔宏传》：族人崔宽为"陕城镇将。三崤地险，人多寇劫"。《方舆纪要》卷46："三崤山亦曰二崤。"

三崇山 在今云南云龙县西南旧州镇西。《清一统志·大理府》：三崇山“壁立万仞，高不可登。顶有三峰，一名三峰山。《滇志》：三崇山名三危山，澜沧经其麓。其地有黑水祠。或以为即古三危山也”。《方舆纪要》谓此说误。

三兜谷 在今青海尖扎县西北。《后汉书·西羌传》：章和年间，护羌校尉傅育击烧当羌，“夜至建威南三兜谷，去虏数里，须旦击之，不设备。迷吾乃伏兵三百人，夜突育营”，杀之。

三盘砦 北宋置，属龙安县。在今四川安县北。后废。

三脚坓 亦作三角坓。即今贵州三都水族自治县。清属独山州，设三脚坓州同驻此。1913 年改设三合县。1941 年改设三都县。1957 年改设三都水族自治县。

三猛 《明史·云南土司一》：“顺宁附境有猛猛、猛撒、猛缅，所谓三猛也。猛猛最强，部落万人。时与二猛为难。”按猛猛在今双江拉祜族佤族布朗族傣族自治县，猛缅在今临沧县，而“猛撒微弱，后折入于耿马”，即今耿马傣族佤族自治县东北之勐撒镇。

三族砦 在今陕西米脂县西。《方舆纪要》卷 57 米脂县：“宋雍熙二年，李继迁叛，诱杀绥州团练使曹光实，袭据银州，围三族砦。砦将折遇乜附之，乘胜进攻抚宁，是也。”

三章城 在今江西九江市东长江滨。《资治通鉴》：南朝梁大宝元年（550），“鄱阳世子嗣与任约战于三章，约败之；嗣因徙镇三章，谓之安乐栅”。

三望坡 在今四川峨眉山市西南峨眉山中峰寺左。其路险峻，行者三望乃至。《清一统志·嘉定府一》：峨眉山，“《旧志》：中峰寺前为三望桥、三望坡”。

三望镇 北宋置，属威远县。在今四川威远县北四十里山王镇（山王殿场）。

三清山 在今江西玉山县西北。《明一统志》卷 51 广信府：三清山“与环玉山并峙。有羽化坛，晋葛洪与德兴李尚书修炼处。山巅有老子宫。又有金沙水、玉洞、灵济庙、罗汉洞、李尚书铁炉诸奇胜”。《清一统志·广信府一》：三清山“在玉山县西北一百二十里，与怀玉山对峙。高七百余丈，周二百余里，界衢、饶、信三郡之境。有三峰峻拔，自下而升，路极险峻，凡二十五里始至其巅。上有三清观”。三清山是国家重点风景名胜区，主峰玉京峰海拔 1816.9 米。景区内千峰竞秀、溪泉飞瀑、古木茂盛，是一座道教名山。2008 年被联合国列入《世界遗产名录》。

三清湖 在今福建漳平市北。明嘉靖《漳平县志》卷 2：三清湖“地名鱼龙津，在和睦里。自高山发源，涌为石湖，瀑布而下，叠联三潭，白潦渌湖，风凉景幽，相传有龙踪仙迹”。

三渚城 在今河南孟津县北大河中。西晋永嘉末，刘聪子刘粲攻晋故司徒傅祗于三渚，即此。

三梁 战国赵邑，在今河北望都县东。《战国策·魏策三》：“初时惠王伐赵，战胜乎三梁。”《水经·滱水注》有“三梁亭”。

三梁亭 即古勺梁。战国赵地。在今河北望都县东。《水经·滱水注》：博水“东南径三梁亭南，疑即古勺梁也”。

三宿 在今湖南江华瑶族自治县西南。《清一统志·永州府二》引《江华县志》：“竹子尾宿、旦久宿、平冈宿，号三宿，皆平地瑶也。明洪武初，招抚下山，附籍大桐乡。每宿佥点一人为千长，听调征剿，立瑶老以约束众瑶。”

三隅山 ①即玄武山。在今四川中江县东。东晋常璩《华阳国志·蜀志》：五城县“玄武山一名三隅山。山出龙骨。传云龙升其山，值天闭，不达，堕死于此，后没地中，故掘取得龙骨”。《寰宇记》卷 82 玄武县：“废五城县在县东二里。李膺《蜀记》云：五城在三隅山之东。”

②在今四川仁寿县城外。《寰宇记》卷 85 仁寿县：三隅山，“《益州记》云：东隅、西隅、南隅三山相对，去陵井各一里”。《方舆纪要》卷 53 隆州：三隅山“在仁寿县之东南隅，三山相对，去盐井一里。东曰飞泉，南曰翳嘶，西曰跨鳌，即州衙坐山也。民谣云：三隅青，陵阳荣。三隅翠，陵阳贵。郡守何公尝于东山之下作青荣台以表之”。

三隍墟 即今广西永福县西南三皇乡。清嘉庆间喇吊巡司驻此。

三隆墟 即今广西灵山县西南钦江北岸三隆镇。清设千总驻防。

三塔 在今云南大理市北，大理古城西莲花峰下。塔在崇圣寺后。明谢肇淛《滇略》云：“崇圣寺三塔，中者高三十丈，外方中空，其二差小，各铸金为金翅鸟，立其上，以厌龙也。塔顶有铁铸款识，云贞观六年尉迟敬德监造。开元初，南诏修之，请唐匠恭韬、徽义重造。”

三塔谷 明置，属广宁卫。即今辽宁北镇市东北三塔子沟。明《万历武功录》卷 10《灰正列传》：“亡何，汉降夷乃路等七人，出镇边堡，走三塔谷。”即此。

三塔集 即今安徽阜南县东北三塔集镇。清乾隆《阜阳县志》卷 4：三塔集在“西南乡三十五里”。

三越 即吴越、闽越、南越的合称。相当今江苏南部、浙江、福建及广东、广西一带。唐骆宾王诗：“一丘余枕石，三越尔怀铅。”

三塠山 在今陕西甘泉县西北。《寰宇记》卷 36 敷政县：“三塠山在县北一里，其山土石相杂，上有三冢，遥望如塠物，因以为名。”

三萼山 即今浙江象山县东南大目洋中之三岳山。《舆地纪胜》卷 11 庆元府：三萼山“在象山县南海中六十里。其山有三峰，春时三峰之上杂花开发，绮丽可观，因以为名”。

三韩县 辽置，为高州治。治所在今内蒙古赤峰市东北元宝山区风水沟镇哈拉木头村西土城子古城。《辽史·地理志》三韩县："辰韩为扶余，弁韩为新罗，马韩为高丽。开泰中，圣宗伐高丽，俘三国之遗人置县"，因名。金属全州。元废。

三棵榆镇 即今吉林通化县西北三棵榆树镇。清光绪《奉天全省地舆图说图志》通化县图：西北有三棵榆树。

三雅池 在今四川阆中市。明曹学佺《蜀中名胜记》卷24引《侯鲭录》云："阆州有三雅池。昔有人于此池得三铜器。状如杯盏，上各有篆字。一曰伯雅，二曰仲雅，三曰季雅。"清道光《保宁府志》卷15："按魏文《典论》：'刘表一子好饮，乃制三爵，大伯雅，注一斗；次仲雅，注七升；小季雅，注五升'。今池所得，刘氏酒器也。"

三嵎山 在今陕西城固县西北。《寰宇记》卷133兴元府城固县："《周地图记》云，此三嵎山上有三峰如覆鼎足。"《舆地纪胜》卷183兴元府：三隅山"在城固县西北四十里，三峰鼎立，高耸万仞中，多灵药"。

三嵕庙 在今山西壶关县南黄家川村西南阳护村。原名护国灵贶王庙，奉祀后羿，是民间祈雨处。南向。中轴线上自南向北依次为山门、香亭、正殿，两侧有耳殿、配房、钟鼓楼等。创建于金大定十五年(1175)，明、清时多有重修。正殿面阔三间，进深六椽，单檐悬山顶。梁架、斗拱应属金代原构。香亭、钟鼓楼等为清代建筑。庙内存有金、元、明碑，记寺史颇详。2001年定为全国重点文物保护单位。

三赕 又称样渠头甸。宋大理置，属善巨郡。在今云南丽江市玉龙纳西族自治县。元至元十四年(1277)改通安州。

三铺 即今北京市延庆县东南三堡村。清乾隆《延庆卫志略》：三铺在"卫（治所居庸关）北十五里"。同治《畿辅通志》卷52延庆州图：东南八达岭与居庸关间有三铺。

三铺集 俗名三堡。即今江苏徐州市铜山区南三十里三堡镇。清时设把总驻守。

三堡 又作三铺集。即今江苏徐州市铜山区南三堡镇。清光绪《江苏全省舆图》铜山县："三堡集在城南三十里。"

三堡驿 清光绪年间置，在今新疆哈密市西三堡。清宣统《新疆图志》卷80哈密厅：三堡驿，"回语呼托和齐。注：言长官旧居。陶保廉谓即唐纳职县故城。以《唐书》地望准之，近是。托和齐三字急读之，亦音近纳职也"。

三堡镇 苻秦置，在今陕西宜川县东北。《元和志》卷3丹州："后魏文帝大统三年，割鄜、延二州地置汾州，理三堡镇。废帝以河东汾州同名，改为丹州。"

三番汛 即今广西苍梧县东北沙头镇。清有外委驻防。

三貂角 在今台湾省新北市贡寮区东南隅，为台湾岛东北端（即今洋寮鼻和莱莱鼻）。因1626年西班牙殖民者在此登陆，称"Santiago"，音译为"三貂"。明末流寓沈光文《平台湾序》称为"三朝"，清康熙间蒋毓英《台湾府志》卷2有"山朝山"，皆西班牙语之近音译名。

三道沟 ①即今吉林和龙市。旧属延吉县，1940年和龙县迁治于此。

②即今吉林珲春市东北三道沟河。河东有三道沟村。清光绪《吉林通志》卷21珲春河支流有三道沟河。

③即今黑龙江省拜泉县东南三道镇。《清史稿·地理志》拜泉县：官商路"东南三道沟赴府（海伦府）"。民国时有县佐驻此。

④在今贵州安龙县西南。清有把总驻守。

三道沟河 即乌苏里江之源。在今俄罗斯滨海边疆区东北。民国徐曦《东三省纪略》卷3：乌苏里江"江源出（锡赫特山）山脉之西麓，曰三道沟河，曲折西北流，右岸纳支流数条，迤西有刀毕河，自左岸来会。刀毕河在三道沟河之西。源出锡赫特山脉之南端，东北流与三道沟河合，二河既合，北流至密山县东界，松阿察河夹兴凯湖之水，自左岸来会，自此以下，始有乌苏里江之名"。

三道沟堡 明置，属广宁前屯卫。在今辽宁绥中县西北三道沟。《方舆纪要》卷37广宁前屯卫：三道沟堡在"卫东北七十里。又东为新兴营堡"。

三道岭 在今吉林省吉林市北。为邑人避暑之地。清光绪《吉林通志》卷18吉林府：三道岭在"城北二十三里"。

三道岭驿 清光绪年间置，在今新疆哈密市西北三道岭。清宣统《新疆图志》卷80哈密厅：三道岭驿，"回语呼塔勒齐。注：言有寄居人也。旅店一，居民十家，泉甘流畅。按三道岭为西行穷八站之首"。

三道河 即今新疆沙湾县治。清光绪《旧刊新疆舆图》绥来县图：西有三道河（村）。1957年沙湾县徙治于此。

三道桥 即今内蒙古杭锦后旗西三道桥镇。1942年置米仓县于此。

三道浪头 即今辽宁丹东市西南浪头镇。民国《安东县志》卷1：鸭绿江"又西南经三道浪头至大湾村，挂网沟河自西来注"。

三道梁 即今河北滦平县东南五十里三道梁。清于此设镇。

三道堰镇 即今四川郫县北十五里柏条河南岸三道堰镇。民国《郫县志》卷1：三道堰"在城北十五里，属筠村。此处有水路，上通崇宁万寿桥，下达成都省北门"。

三道镇 即今黑龙江拜泉县东南三道镇。民国时有县佐驻此。

三港水 在今江西东乡县东。《方舆纪要》卷86抚州府东乡县：三港水"在县治东南。自金溪县北流入县界，其上源合白莲、青田二港，因名。绕县东，又东北入安仁县境，会锦江而达余干县之龙窟河”。《清一统志·抚州府一》：三港水“至黎盆渡，合青田港水，又历田埠港，合仙岩港水，又北经东乡县东界，名田埠水，又北至饶州府安仁县界，合信水”。

三湖　①在今浙江诸暨市城内。《方舆纪要》卷92绍兴府诸暨县：三湖“在城中近郭。长山以西诸溪涧及浣江之水自城南溢入城中，潴为上、中、下三湖，自城北出为白水河，流入三里，复东合于浣江”。

②在今湖北荆州市荆州区（故江陵县）东。《后汉书·郡国志》江陵县津乡注引《荆州记》曰：“县东三里余有三湖。”《水经·沔水注》：杨水“又东北，路白湖水注之，湖在大港北，港南曰中湖，南堤下曰‘昏官湖，三湖合为一水，东通荒谷，……春夏水盛，则南通大江，否则南迄江堤，北径方城西。方城即南蛮府也。又北与三湖会。故盛弘之曰：南蛮府东有三湖，源同一水”。

三湖镇　一名沙湖镇。即今江西新干县北赣江西岸三湖镇。清同治《江西全省舆图》卷6新淦县：“自界埠登舟顺流……至三湖圩。”

三湘　①一说湘水发源与漓水合流后称漓湘，中游与潇水合流后称潇湘，下游与蒸水合流后称蒸湘，总称“三湘”。一说湖南湘乡为下湘，湘潭为中湘，湘阴为上湘，合称“三湘”。近代一般用作湘东、湘西、湘南三地区的总称，泛指湖南全省。

②即三湘浦。又名湘浦。在今湖南岳阳市东北城陵矶，洞庭湖水入长江处。《梁书·侯景传》：天监中，释宝志曰“起自汝阴死三湘”，即指侯景。《方舆纪要》卷77华容县：湘浦，“后侯景起于汝水之南，而败于三湘之浦，故亦名侯景浦”。

三湘浦　在今湖南岳阳市东北城陵矶。一名侯景浦。《元和志》卷27岳州巴陵县：“侯景浦，在县东北十二里。本名三湘浦，景既克建康，自统兵西趣荆峡，先遣其将宋子仙、任约袭郢州。湘东王绎令王僧辩拒之，景军大败，烧营退走。天监中，宝志道人为符书云：‘起自汝、蔡，讫于三湘。’侯景果起于悬瓠汝水之南，而败于巴陵三湘之浦也。”

三渣　在今西藏比如县东南山扎区，为藏北三十九族之一。清乾隆《西藏志·外番》、《卫藏通志》作三札。

三湾村　在今江西永新县西南三湾乡。1927年9月底，毛泽东率秋收起义队伍到达永新县三湾村，进行了“三湾改编”，在团、营、连建立党组织，并建立士兵委员会，确定了党对军队的领导和新型的官兵关系，从政治上、组织上奠定了新型人民军队的基础。

三渡月落　在今四川冕宁县南。明曹学佺《蜀中广记》卷34《边防纪》宁番卫：“元时于邛都之野立府，名曰苏州，……（国初）废为卫。降官为指挥。环而居者皆西番种，故曰宁番。城周凡二千丈，在建昌北百九十里，东连越嶲卫界，北至西天乌思藏，西邻三渡月落。”明初建宁番卫于此。

三渡关　在今贵州遵义县（南白镇）东北三渡镇。《明一统志》卷72播州宣慰司：三渡关“在宣慰司（今遵义市）东八十里”。《方舆纪要》卷70遵义府遵义县：三度关“有上度、中度、下度三关。（明）万历中，贵州帅李应祥讨杨应龙，自平越进兵攻四牌、乾溪、旋水、天邦、三百落等寨，尽克之，长驱直抵疆界河，屯袁家渡，得降贼为向导，潜出小溪直抵黄滩关，乘胜追至西平张王坝及三度关，关系楚兵出入咽喉，应祥悉拔之”。

三渡河　即今四川兴文县西北之兴文河，为长宁河上源之一。《清史稿·地理志》兴文县：“水车河一名三渡河，源出故建武城山谷中，至县东北，又西流，经梅岭堡入长宁县，注淯溪。”

三游洞摩崖　在今湖北宜昌市区西北，长江西陵峡东口北岸，下牢溪西侧峭壁上。唐元和十四年（819）诗人白居易与其弟白行简及文学家元稹三人游此。白居易作“三游洞序”，洞因此著名。宋嘉祐元年（1056）文学家苏洵与两子苏轼、苏辙游洞留诗，人称“后三游”。三游洞为石灰岩溶洞，洞室开阔，呈不规则长方形。深约30米，宽约23米，高约9米。三根平列钟乳石将洞分隔成连通的前、后两室，前室明亮，有“前三游”三人塑像。洞壁多摩崖题刻，约四十多处。楷隶行草诗文题记，应有尽有。其中以宋欧阳修题刻和明代重刻唐白居易《三游洞序》最有名。2006年定为全国重点文物保护单位。

三游（遊）洞　在今湖北宜昌市西北二十五里长江西陵峡东口北岸峭壁，东临下牢溪。唐白居易与弟知退及元微之三人游此，各赋诗，居易为之序。北宋苏轼、苏辙及欧阳修俱有三游洞诗。南宋陆游《入蜀记》：“登三游洞，蹑石磴二里。其险处不可著脚，洞大如三间屋，有一穴通人过，然阴黑峻险尤可畏。”

三隘营　又名三阨营。在今广西永福县西北。《方舆纪要》卷107永宁州：牛河营“其西为三隘营，皆僮贼屯据处也。弘治五年，官兵讨古田贼覃万贤等，至三阨，为贼所袭，官兵大败”。

三塘铺　即今贵州织金县西南五十里三塘镇。清初设塘汛，为自平远州城（今织金县）出西门第三站，故名。1932年置镇。1936年废。1984年复设三塘镇。

三塘堡　明嘉靖四十五年（1566）置，在今福建福安县东南。

三塘街　即今江西余干县西北三塘乡。清同治《余干县志》卷3有三塘镇市。

三塘湖　即今新疆巴里坤哈萨克自治县北九十里三塘湖乡。清宣统《新疆图志》卷2镇西：三塘湖在“城北二百四十里。水草丰美。东通归化城，北通乌里雅苏台，西通科布多，北路通衢，商贾辐辏”。

三楚　①秦汉时将战国楚地分为西楚、东楚、南楚，合称为三楚。《史记·货殖列传》：“夫自淮北沛、陈、汝南、南郡，此西楚也。……彭城以东，东海、吴、广陵，此东楚也。……衡山、九江、豫章、长沙，是南楚也。”相当今长江中下游地区及淮河流域。但南郡与淮北诸郡隔绝，不应同属西楚，项羽都彭城称西楚霸王，则彭城当属西楚。

②北宋乐史《太平寰宇记》卷127：“（楚）文王徙都郢，故江陵（今湖北荆州市荆州区）是为西楚。汉封元王交于彭城（今江苏徐州市）是为东楚。又封厉王胥于广陵（今江苏扬州市）是为南楚。”此为后起之说，与秦汉时三楚之义不符。

③宋周羽翀著《三楚新录》载五代时马殷据长沙（今湖南长沙市），周行逢据武陵（今湖南常德市），高季兴据江陵（今湖北荆州市荆州区），因三国都在古楚地，故称为三楚。

三槐堂 在今河南开封市区东郊。《清一统志·开封府二》：三槐堂“宋兵部侍郎王祐手植三槐于庭，曰：‘吾子孙必有为三公者。’其后子旦果为相。子孙因建三槐堂。苏轼有铭”。

三碉城 唐建，属黎州。在今四川汉源县西北三交乡。《新唐书·地理志》：黎州有三碉城。《明一统志》卷73黎州安抚司：三交城“在飞越山下。唐时所筑。旧名三碉，后讹为三交”。

三蜀 ①秦灭蜀国置蜀郡，西汉高帝分蜀郡置广汉郡，武帝又分置犍为郡，本一蜀国，称为三蜀。辖地相当今四川中部，贵州北部赤水河流域及云南金沙江下游以东，会泽以北地区。西晋左思《蜀都赋》：“三蜀之豪，时来时往。”刘逵注：“三蜀，蜀郡、广汉、犍为也。”东晋常璩《华阳国志·蜀志》：“益州以蜀郡、广汉、犍为为三蜀，土地沃美，人士俊乂，一州称望。”

②唐代三蜀指东川、西川及汉川。《资治通鉴》：唐天复二年（902），王宗涤对王建曰：“三蜀略平，大王听谗，杀功臣可矣。”胡三省注：“东西川及汉川为三蜀。”

三锥山 在今山西垣曲县东约五十里。《方舆纪要》卷41垣曲县：三锥山“三峰如锥，旧产铜”。

三稜山 在今云南寻甸回族彝族自治县西南六十里。《方舆纪要》卷114寻甸府：三稜山“在府西南六十里，与嵩盟州废邵甸县接界。上有九十九泉，其水流入昆明县，即盘龙江之上源”。

三稜冈 即今四川雷波县西北九十里山棱冈乡。清道光二十年（1840）设普安右营于此。清光绪《雷波厅志》：城“高据山顶，控驭凉山，田家湾、富主寨诸蛮，一望在目，乃筹边雄镇”。

三魁山 在今浙江泰顺县东南三魁镇。《方舆纪要》卷94泰顺县：三魁山在“县南六十里。有东山、西章、中龟三峰，谓之三魁”。

三魁镇 即今浙江泰顺县东南五十里三魁镇。《方舆纪要》卷94泰顺县：三魁镇“在县南三魁山。洪武初置洋望巡司，属平阳县。二十四年改置三魁巡司，景泰三年改今属”。

三新妇山 一名石新妇山。在今安徽祁门县东北三十里，北接黟县武亭山。《寰宇记》卷104祁门县：三新妇山“在县城东北。上有三石峰，状如人形。春雨初晴，朝阳晖映，霞翠媛媚，其状若彩服靓妆之饰，因名为三新妇山”。

三源浦镇 即今吉林柳河县南三源浦朝鲜族镇。民国熊知白《东北县治纪要》辽宁柳河县：“县属三源浦，距县市南九十里。……附近又为人参种植地，以本处为人参大集散场。”

三溪 ①即今浙江嵊州市西四十二里三溪村。《资治通鉴》：唐咸通元年（860），裘甫“设伏于三溪之南，而陈于三溪之北”。即此。

②在今福建长乐市南。《清一统志·福州府一》引《旧志》：“福清县诸溪，汇于破石潭，分流为三如鼎足，亦名鼎溪。历四十里，转由东山港入海。”

③即大溪。今福建泰宁县南之泰宁溪。《清一统志·邵武府》：大溪“在泰宁县南。源出邵武县官尖峰麓，亦曰三溪。西流入县界，合龙湖东西两溪之水，又西合交溪、梅林、朱口、福山诸溪，又西合龙门溪、长兴溪，又西合三溪、黄溪，至县东一里，潴为何潭。又西经县西南三十里梅口，与建溪之绥江合，为双溪渡。复折而东南，经县南四十里，为青洲渡。又东南合将乐县界竹洲溪，而为延平西溪之上源”。

④在今福建建宁县东北。《舆地广记》卷34邵武军建宁县有“三溪”。《清一统志·邵武府》：三溪“在建宁县东北。一曰永城溪，与周平溪合，经横田口，又合楚溪支涧水入大溪”。

⑤在今重庆市綦江县南。《元和志》卷30三溪县：以僰溪、东溪、葛溪三溪合流，因名。《舆地纪胜》卷180南平军：三溪，“《寰宇记》：唐正观置县，以此名”。《方舆纪要》卷69綦江县：三溪“在县南，流合綦江。有三溪渡。杨应龙作乱时，以此为播界。应龙陷綦江，退屯三溪”。即此。

三溪口 在今浙江富阳市西北七十六里南新镇南。《方舆纪要》卷90新城县：葛溪“其源有三：一出县西六十五里之渔洲山，曰西溪；一出县西七十里之回源池，曰釜源溪；一出县西六十里之灵隐洞，曰盘石溪。至南新城而三水合流，谓之三溪口”。明初李文忠将何世明败张士诚军于三溪口，即此。

三溪山 在今四川蓬安县西南。《明史·田铎传》：弘治二年（1489），铎知蓬州，“州东南有江洲八十二顷，为豪右所据，铎悉以还民。建大小二十四桥，又凿三溪山，以便行者”。

三溪县 唐贞观五年（631）置，属南州。治所在今重庆市綦江县东南三江镇。《元和志》卷30南州三溪县：“以县内有僰溪、东溪、葛溪，三溪合流，故以为名。”北宋废。

三溪河 一名紫阳河。即今四川绵竹市西南射水河。《方舆纪要》卷67绵竹县：三溪河“在县东北。源出紫岩山下，亦名射水河，下流入绵州罗江县界”。

三溪铺　即今四川武胜县东北三溪镇。清嘉庆《四川通志》卷89定远县：三溪铺“在县北六十里”。

三溪镇　①明初置，属旌德县。即今安徽旌德县西北三十里三溪镇。古称三溪铺，以麟溪、玉溪、丰溪等三溪合流入于徽水为名。《明史·地理志》旌德县：“北有三溪巡检司。”

②北宋置，属永兴县。即今湖北阳新县西五十三里三溪镇。

③北宋置，属渠江县。在今四川广安市东北四十里三溪场。

④即今重庆市大足县南六十里珠溪镇。清道光《大足县志》卷2：三溪场“在县南六十里”。

三窠关　在今云南姚安县南。《方舆纪要》卷116姚安军民府：三窠关“在府南三窠山上，为南面之险”。明置巡司于此。

三婴　即三朡。又作三鬷。夏、商时方国。在今山东定陶县北。《史记·殷本纪》：“汤遂伐三缨，俘厥宝玉。”即此。

三叠山　在今贵州惠水县西南十里。《方舆纪要》卷121定番州：三叠山“在（洪番长官司）司治南。峰峦绵连，曲折三叠”。

三叠泉　在今江西庐山五老峰后。《清一统志·南康府一》：三叠泉“其泉下注盘石，三叠而后至地，亦名三级泉。游者谓上级如飘云拖练，中级如碎玉摧水，下级如五龙走潭，真天下绝景，非谷帘双瀑所可方”。

三缝县　东汉改三绛县置，属越嶲郡。治所在今云南元谋县北八十二里金沙江北姜驿。西晋废。东晋复置，仍属越嶲郡。南朝宋废。

三寨堡　在今广西忻城县东三寨村。明置三寨堡土巡司。

三慧寺　南宋嘉定间建，在今江西万安县东南良口。南宋末文天祥抗元，设都督行府于此。

三墩镇　①北宋置，属高邮军。即今江苏高邮市东四十里三垛镇。宋李心传《建炎以来系年要录》：建炎四年（1130），金人攻楚州，“独海陵岳飞屯三墩，仅能为援”。即此。

②即今上海市浦东新区南汇南三墩镇。明在里护塘筑墩防倭，这里墩列第三，因名。清光绪《南汇县志》卷1：三墩镇在“邑南十八里。在大团北”。

③即今浙江杭州市余杭区西南四十八里三墩镇。地当西塘河西岸。1990年版《余杭县志》：“三墩因文星墩、灯彩墩、水月湖墩三个高出水面的土墩而得名。”

三槽山　在今重庆市合川区南嘉陵江磨下沱一带。西岸有南槽、后槽，东岸有石魁槽，故名。《元史·李进传》：己未（1259），“夏五月，宋由嘉陵江以舟师来援，始大战三槽山西”。即此。

三樟树市　即今湖南衡东县北六十五里三樟乡。旧属衡山县。清光绪《湖南通志》卷1衡山县图：县东北有三樟树市。

三磊坝镇　即今四川广元市西北三堆镇。镇以三堆坝名。《清一统志·保宁府二》：三堆坝“在昭化县北二十五里。江岸有大石三堆，因名”。

三影塔　又称延祥寺塔。在今广东南雄市城内。建于北宋大中祥符二年（1009）。塔为六角九层，高50米。据乾隆《南雄府志》卷3《名胜志》载：“阴晴塔影”为南雄十二景之一，“在延祥寺中。世传祥符二年己酉，异人建塔，其影有三，因立三影堂。其影阴晴俱见于壁间，二影倒悬，一影向上”，故名。1988年定为全国重点文物保护单位。

三澎　亦作三彭。即今广东南澳县东南大海中之南澎列岛。清乾隆《潮州府志》卷36：“彭山与南澳相对，西至云盖寺约四五十里，北去隆澳约百余里，顺风一潮可到。其山有三：曰南彭、曰中彭、曰北彭，三山列峙海中，周围各一里许。”

三潮水　①在今广西罗城仫佬族自治县西南。《方舆纪要》卷109天河县：三潮水“在县西十里。源出北陵山，注于龙江。其水一日三潮，潮至涨满，潮退则其流一线，可以溉田，民受其利，谓之圣水”。

②在今重庆市开县东北温泉镇。《方舆纪要》卷69开县：三潮溪“在县东北五十里温汤井侧。《志》云：井有三水：曰杉木、曰柏木、曰龙马，皆开煎盐课。溪水经其旁，一日三潮，冬温夏凉，颇为神异”。

③在今贵州修文县北十五里。《清一统志·贵阳府》引《贵州通志》：“其水倏涌倏竭，涌则奔腾怒号，竭则声响俱寂。”

三潭　在今浙江杭州市西湖中。宋苏轼浚西湖，立石塔为界标，夜月映湖，分塔为三。明田汝成《西湖游览志》卷2：“相传湖中有三潭，深不可测，所谓三潭印月者是也。”“三潭印月”为西湖十景之一。

三潺水　即今朝鲜咸镜南道东部北青之大川。源出赴战岭山脉，东南流入日本海。《金史·高丽传》：“石适欢立幕府于三潺水。其尝阴与高丽往来为乱阶者，即正其罪，余无所问。康宗以为能。”

三髻山　在今福建武夷山市西北，北跨江西铅山，西抵福建邵武。明《寰宇通志》卷48建宁府：三髻山“在崇安县西。三峰鼎峙，状如螺髻，巍然为万山之宗”。

三嵕山　在今山西屯留县西北，接沁源县界。《新唐书·地理志》：潞州屯留县“有三嵕山”。《方舆纪要》卷42屯留县：三嵕山在“县西北三十五里。有三峰高峻，……俗传为羿射九乌之所。一名麟山，下有三嵕水”。

三嵕庙　在今山西壶关县南黄山乡南阳护村。原名护国灵贶王庙，奉祀后羿，是民间祈雨处。南向。中轴线上自南向北依次为山门、香亭、正殿，两侧有耳殿、配房、钟鼓楼等。创建于金大定十五年（1175），明、清时多有重修。正殿面阔三间，进深六椽，单檐悬山顶。梁架、斗拱应属金代原构。香亭、钟鼓楼等为清代建筑。庙内存有金、元、明碑，记寺史颇详。2001年定为全国重点文物保护单位。

三壅山 在今山西壶关县东南。《方舆纪要》卷42壶关县："三壅山在县东南九十里，其山三面壅障名山。下出泉，名壅水，东南入河南林县界。"

三澨 《尚书·禹贡》："嶓冢导漾，东流为汉；又东为沧浪之水；过三澨，至于大别，南入于江。"对三澨的解释众说纷纭，其说主要有：（1）水名。在今湖北京山县、天门市境。汉郑玄《尚书》注："三澨，水名，在江夏竟陵县界。"唐孔颖达疏："三澨，水名，入汉。"唐司马贞《史记索隐》："今竟陵有三参水，俗云是三澨水。"（2）三水的简称。有三说：1. 在今湖北京山县、天门市境。《方舆纪要》卷77京山县"澨水"条："又县境有汉澨、漳澨、薳澨。说者谓即《禹贡》之三澨，皆与竟陵接界云。今亦湮。"2. 在今湖北襄阳市境。胡渭《禹贡锥指》："意三澨当在淯水入汉处。一在樊城南；一在三洲口内。皆竟阳县地，在邔县之北也。言在竟陵者非是。"3. 即今河南泌阳县之泌河。金履祥《尚书注》："三澨，即泌河，其一源名三家河，又一源名三里河，西南流至邓州，东南合白河、洁水河入汉。是名三澨也。"（3）水边。许慎《说文》："澨，埤增水边，土人所止者。"侯祯《禹贡古今注通释》："孔、郑以三澨为水名，不及许氏之确。"

三澨水 在今湖北天门市南。《尚书·禹贡》："过三澨，至于大别。"《方舆纪要》卷77景陵县：三澨水在"县南三十里。出京山县西七十里之磨石山，流入县界，东注于蒿台湖。或以为即《禹贡》之三澨也，亦曰三汊口"。

三藏口 在今河北承德市北高寺台附近武烈河东、北、西三源汇合处。以西藏、中藏、东藏三水而名。《水经·濡水注》："濡水又东南流，武列水入焉。其水三川派合，西源右为溪水，亦曰西藏水，东南流出溪与蟠泉水合，泉发（安）州东十五里，东流九十里，东注西藏水。西藏水又西南流，东藏水注之，水出东溪，一曰东藏水，西南流出谷与中藏水合。水导中溪，南流出谷，南注东藏水，故目其川曰三藏川水，曰三藏水。"《资治通鉴》：东晋咸康四年（338），前燕慕容皝与段辽合谋攻赵，"遣慕容恪伏精骑七千于密云山，大败麻秋于三藏口"。即此。

三磴山 在今山西襄汾县西北。《方舆纪要》卷41襄陵县：三磴山在"县西南十五里。山长九十余里，其形三层，山之北有龙斗峪"。

三嶷山 在今山西临猗县西北三十里。《隋书·地理志》：河东郡桑泉县有"三嶷山"。《寰宇记》卷46临晋县：三嶷山"三山鼎足，因名"。

三穗县 1928年改灵山县置，属贵州省。治所即今贵州三穗县。据1985年版《贵州省志》（地理志上册）称：灵山县改名三穗县，是因这一年"当地有'一禾三穗'的喜庆得名"。

三魏 三国魏广平、阳平、魏三郡的俗称。东汉末，曹操封为魏王，都邺，魏郡领地扩大，寻分置为东西都尉。曹丕代汉，分魏郡为广平（治曲梁县，在今河北永年县东南城关镇）、阳平（治馆陶县，即今馆陶县）、魏（治邺县，在今临漳县西南邺镇）三郡，世称三魏。《水经·浊漳水注》："汉高帝十二年置魏郡，治邺县，王莽更名魏城。后分魏郡，置东、西部都尉，故曰三魏。"又《元和志》卷16亦载："黄初二年以广平、阳平、魏三郡为三魏。"

三朡 又作三嵕或三鬷。夏、商时方国。在今山东定陶县北。《尚书·商书·汤誓》：汤伐桀，"夏师败绩。汤遂从之，遂伐三朡，俘厥宝玉"。伪孔传："三朡，国名。桀走保之，今定陶也。"《续汉书·郡国志》 济阴郡定陶"有三鬷亭"。

三瞻 瞻对土司有上瞻、中瞻、下瞻之分，故称"三瞻"。在今四川新龙县境。《清史稿·鹿传霖传》：光绪年间，率兵"渡雅龙江抵瞻巢，斩馘过当，尽收三瞻地"。

三鳣堂 一名校书堂。东汉杨震隐居时讲堂。在今河南灵宝市西北阳平河入黄河处西。《后汉书·杨震传》：杨震在湖县隐居教授，"后有冠雀衔三鳣鱼，飞集讲堂前"。时以为三公之象，堂因以名。

三衢 今浙江衢州市的别称。《明一统志》卷43衢州府：三衢，"《吴会须知》：以路通三越，故名"。

三衢山 在今浙江常山县北二十二里。《元和志》卷26：衢州"以州有三衢山，因取为名"。《寰宇记》卷97常山县：三衢山"《东阳记》云：山上有石，周回三百步"。

于山 即今福建福州市城内于山。《方舆纪要》卷96福州府："九仙山在府城内东南隅。今名于山。"

于已尼大水 又名北海。即今俄罗斯境之贝加尔湖。《魏书·乌洛侯国传》：乌洛侯"又西北二十日行有于已尼大水，所谓北海也"。

于乡侯国 或作干乡侯国（见《尹湾汉简》）。西汉永光三年（前41）封泗水勤王子定为于乡侯，属东海郡。疑于乡原为于县辖乡。于县地望，据王先谦《汉书补注》卷28下《地理志下》引明《寰宇通志》云："故县在海州西。"估计位于泗水国北境，与东海郡邻界，在今江苏连云港西南方向，今沭阳县或灌南县境内。于乡疑在于县北，今连云港西南。

于公浦 在今江苏连云港市附近。《方舆纪要》卷22海州：于公浦在"州北十里。产盐。以汉于公为名。自此而北，有白沟等十余浦，皆通潮汐，居民以煎盐为业"。

于术（術）守捉城 唐置，在今新疆库尔勒市附近。《新唐书·地理志》引贾耽《四夷路程》："自焉耆西五十里过铁门关，又二十里至于术守捉城。"

于矢部 大理后期置，属石城郡。治所在今贵州盘县东旧普安。蒙古宪宗七年（1257）改置于矢万户。

元世祖至元十三年（1276）改为普安路。

于延水 ①又名修水。即今河北西北部之洋河。源于内蒙古兴和县西，南流经河北尚义、怀安、万全、宣化等县，至涿鹿县东入桑干河。《汉书·地理志》代郡且如县："于延水出塞外。"《水经·㶟水注》：于延水"出塞外柔玄镇西，长川城南小山，即修水也"。

②即今内蒙古兴和县北之东洋河。《汉书·地理志》代郡且如县："于延水出塞外，东至宁入沽。"《水经·㶟水注》：于延水"出塞外柔玄镇西，长川城南小山……东南流径且如县故城南"。杨守敬《疏》谓"于延水今出边外曰东洋河"。

于庄 即今河北满城县西于家庄。清同治《畿辅通志》卷47完县图：西北有东于庄、西于庄。

于庄沟 在今甘肃正宁县（山河镇）南。《方舆纪要》卷57真宁县：于庄沟"在县东二十里。其水南流入邠州淳化县，会于清水"。

于州 唐武德四年（621）置，治所在今云南弥渡县西北二十二里红岩镇。天宝后废。

于坑保隘 在今山西岢岚县西北。《方舆纪要》卷40岢岚州：于坑保隘"在州西北八十里，路通保德州"。

于县 或作干县（见《尹湾汉简》）。据《汉书·地理志》泗水国："故东海郡，武帝元鼎四年别为泗水国。"有于县。王先谦《汉书补注》引明《寰宇通志》云："故县在海州西。"估计位于泗水国北境，与东海郡邻界，在今江苏连云港西南方向，今沭阳县或灌南县境内。

于罗国 在今伊拉克东南部幼发拉底河下游，或以为即今巴士拉的音译。《三国志》卷30裴注引《魏略·西戎传》：大秦，"其别枝封小国"有于罗国。《后汉书·西域传》："自安息西行三千四百里至阿蛮国，……又西南至于罗国九百六十里，安息西界极矣。自此南乘海，乃通大秦。"

于底村 即今河北新乐市东二十二里渔砥村。清同治《畿辅通志》卷50新乐县图：东南有于底村。

于底集 即今河北石家庄市西北十八里于底。明嘉靖《获鹿县志》卷2：于底集"在城东十五里"。

于亭 在今山东邹平县南夫村。《左传》：昭公十年（前532），陈桓子召子周"与之夫于"。杜注："济南於陵县西北有于亭。"

于都斤山 亦作都斤山、乌德犍山。即今蒙古国西南之杭爱山。《周书·突厥传》："可汗恒处于都斤山，牙帐东开，盖敬日之所出也。"

于家水 在今山西翼城县东南。《水经·浍水注》："于家水出于家谷，……有范壁水出于壁下，并西北流，至翼广城。……二水合而西北流，至浍交入浍。"

于家坊 即今辽宁辽中县南于家房镇。清光绪《奉天全省地舆图说图志》辽阳县图：西南有于家房。民国熊知白《东北县治纪要》辽宁辽中县："于家房子距浑河右岸约五里，其西十五里达辽河。"

于越 即於越。上古时代分布于今浙江省中部、北部地区的部族。《汉书·货殖传》曰："辟犹戎翟（狄）之与于越，不相入矣。"注引孟康曰："于越，南方越号也。"又，颜师古曰："于，发语声也。戎蛮之语则然。于越犹句吴耳。"

于越王城 辽建，属上京道祖州。故址在今内蒙古巴林左旗西南沙里河上游东岸。《辽史·地理志》祖州：于越王城"太祖伯父于越王述鲁西伐党项、吐浑，俘其民放牧于此，因建城。在州东南二十里"。金废。

于湖县 西晋太康二年（281）分丹阳县置，属丹阳郡。治所在今安徽当涂县南。《晋书·成帝纪》：东晋咸和二年（327），"苏峻使其将韩晃入姑孰，屠于湖"，即此。隋开皇九年（589）废入当涂县。

于谦祠 在今北京市东城区西裱褙胡同23号。于谦（1398—1457），字廷益，浙江钱塘（今杭州）人。明正统十四年（1449）"土木之变"后，从兵部侍郎升任尚书，他拥立郕王即位并率京师军民击退瓦剌军进攻，保卫了北京城。英宗复辟后于天顺元年（1457）以"谋逆罪"被杀。成化二年（1466）宪宗皇帝特诏追认复官，并将其故宅改为"节忠祠"。神宗万历间谥"忠肃"。该祠毁于清初，光绪年间重修时将正院正房辟为享堂，内供于谦塑像。1900年义和团进京第一个神坛即设于此。

于谦墓 在今浙江杭州市西湖西南三台山。于谦为钱塘人，明英宗时任兵部尚书，正统十四年（1449）曾率军民保卫北京。天顺元年（1457）被害。成化二年（1466）得以昭雪，遗体归葬故里。清同治八年（1869）重建。墓向东，占地600平方米，墓道东侧有于谦祠（旌功祠）。1966年墓被毁。1982年重建。2006年定为全国重点文物保护单位。

于塘村 ①在今江苏靖江市西北三十里。《方舆纪要》卷25常州府靖江县：于塘村"旧为晋陵县地，元置于塘巡司。明初以司在江北新开河口，因改属泰兴县。今为两县接境处"。

②即今江苏常州市武进区北澡港河东岸圩塘镇。《明史·地理志》武进县："北有澡江巡检司。旧在江北沙新河，后迁县北于塘村。"

于阗县 清光绪八年（1882）置，属和阗州。治所在哈喇哈什城（今新疆墨玉县）。以古于阗国为名。十年（1885）十二月移治克里雅城（今新疆于田县）。民国初属新疆喀什噶尔道。1920年改属和阗道。1930年属和阗行政区。后直属新疆省。1959年改为于田县。

于阗国 又作于窴国。汉西域三十六国之一，属西域都护府。都城在西城（今新疆和田县市西二十里约特干遗址）。唐置毗沙都督府。

于阗河 即今新疆西南部之和田河。《汉书·西域传》："其河有两源：一出葱岭山，一出于阗。于阗在南山下，其河北流，与葱岭河合，东注蒲昌海。"又说于阗国"其东，水东流，注盐泽，河源出焉，多玉石"。

于阗城 在今新疆和田市西二十里约特干遗址。《魏书·西域传》：于阗国“于阗城东三十里有首拔河，中出玉石”。

于阗镇 唐贞观二十二年（648）置，属安西都护府。为安西四镇之一。治所在今新疆和田市西二十里约特干遗址。《新唐书·西域传·龟兹》：阿史那社尔破龟兹，俘其王献于朝，“始徙安西都护于其都，统于阗、碎叶、疏勒，号‘四镇’”。又，《地理志》引贾耽《四夷路程》：“自拨换南……九百三十里至于阗镇城。”贞元六年（790）后废。

于窴国 即汉于阗国。在今新疆和田市西二十里约特干遗址。《后汉书·西域传》：“于窴国居西域。”

干 春秋卫邑。即今河南濮阳县东北古干城。《诗经·邶风·泉水》：“出宿于干，饮饯于言。”《续汉书·郡国志》：卫国县“有竿城”。即干城之讹。

干山 即今上海市松江区（松江镇）西北天马山。《舆纪纪胜》卷3引《旧经》云：“昔干氏居此，故名。”《清一统志·松江府一》：干山“相传干将曾铸剑于此，故名”。

干木山 在今云南宁蒗彝族自治县西北永宁乡南。《方舆纪要》卷117永宁府：干木山在“府（治今永宁乡）东南十五里。高八十余丈，根盘百余里。一名狮头山，亦名孤山”。

干不昔 又作干不察。即今柬埔寨。《元史·世祖纪》：至元十八年（1281）十月，“诏谕干不昔国来归附”。

干不察 即干不昔。又作甘不察。今柬埔寨。《元史·世祖纪》：至元二十九年（1292）七月，“阿里愿自备船，同张存从征爪哇军，往招占城、甘不察”。

干齐县 西汉置，属酒泉郡。治所在今甘肃玉门市西北。《三国志·魏书·阎温传》：三国魏初，燉煌功曹张恭“遣从弟华攻酒泉沙头、干齐二县”，即此。晋改属敦煌郡。北魏废。

干坝宗 又作岗巴宗、冈马宗、康巴宗。原西藏地方政府置，治所即今西藏岗巴县。“干坝”，藏语意为雪山附近。1960年撤销，并入定结县。1965年析出，复设岗巴县。

干坝营 清嘉庆时置，在今西藏岗巴县。地处日喀则之南，地据进入锡金之要道。《西招图略·审隘》：“由定结东行一站至干坝。”清光绪三十年（1904），英帝国主义军队经此入侵西藏。

干谷驿 明洪武初置，属延长县。即今陕西延安市东北甘谷驿镇。

干言山 在今河北隆尧县西。《隋书·地理志》：内丘县“有干言山”。《寰宇记》卷59尧山县：干言山“在县西五里。李公绪《赵记》云：柏仁有干言山。卫《诗》云：‘出宿于干，饮饯于言’是此山也”。今隆尧县西有大、小干言山。

干沟子墓群 在今吉林长白朝鲜族自治县西十四道沟镇干沟子村。共发现古墓二十一座，分布在1200米长、400米宽的范围内。墓葬大小不一，形制有积石墓、积石串墓。积石墓呈圆形，直径11米，高1.5米。积石串墓呈方形或长方形，墓域内用条石围砌圆形石圹，各石圹间用条石连接。墓内由不同的石块层分隔，人骨残片、陶器等随葬器物夹杂其间，有火葬习俗。从墓圹内采集到假圈足陶罐、“蔺相如戈”铭青铜戈、石斧等随葬品。干沟子墓群是鸭绿江流域发现的年代最早的积石墓群。墓葬形制独特，出土遗物地域特点鲜明，推测为战国至西汉时期东北秽貊人的遗存。2001年定为全国重点文物保护单位。

干陀利 又作干陁利、近陁利、斤陀利、乾陀利。或误作于陁利、于陀利。故地在今印度尼西亚苏门答腊岛的巨港一带。一说在马来半岛，或认为是吉打的泰米尔文 Kadaram 的译音，或认为指霹雳州的金丹。《梁书·南海诸国列传》：“干陁利国，在南海洲上。其俗与林邑、扶南略同。”

干巷镇 旧名干将里。又名干溪。即今上海市金山区（山阳镇）西北干巷镇。相传春秋时干将曾居于此，故名。

干崖长官司 明永乐元年（1403）置，属云南都司。治所在今云南盈江县东三十里旧城镇。后属金齿军民指挥使司。正统九年（1444）升为干崖宣抚司。

干崖行政区 1917年置，属云南腾越道。治所在今云南盈江县东三十里旧城镇。包括干崖宣抚司和户撒长官地，又称干户行政区。1929年直属云南省。1932年改盈江设治局。

干崖宣抚司 明正统九年（1444）升干崖长官司置，属云南布政司。治所在今云南盈江县东三十里旧城镇。辖境约当今云南盈江县大部及境外部分地区。弘治元年（1488）迁治今县南十三里闷掌。清属腾越厅，顺治十七年（1660）后又迁回旧城。乾隆中迁治今县东北三十二里新城。民国废。

干越亭 在今江西余干县东南。《寰宇记》卷107饶州余干县：干越亭，“《越绝书》云，余大越故界，即所谓干越也。在县东南三十步，屹然孤屿，古今游者多留章句焉”。《舆地纪胜》卷23饶州：干越亭“在余干，与白云亭相对，李德裕所成”。《方舆纪要》卷85饶州府余干县：干越亭“在县东南三十步羊角山前。屹然孤崎。唐初张彦俊建，兴元中李德裕重修”。

干塘市 在今广东雷州市西南五十五里。清光绪《广东舆地全图》海康县图：乌石港之北有干塘市。

干赖赕 又作干崖甸。宋大理置，属腾冲府。在今云南盈江县东三十里旧城镇。元改镇西路。

干隧 故址在今江苏苏州市西北四十里阳山下。《战国策·秦策五》：“吴王夫差栖越于会稽，……遂与勾践禽，死于干隧。”《史记·苏秦传》《正义》云：“干遂在苏州吴县西北四十余里，万安山西南一里太湖。夫差败于姑苏，禽于干遂，相去四十余里。”《方舆纪要》卷

24苏州府长洲县：阳山“今山之别阜曰遂山，或以为即干隧”。

亏容土司 民国间属石屏县，在今云南红河县东南下亏容一带。

亏容江 即今云南红河哈尼族彝族自治州南部之藤条江，流入越南境汇红河。《明一统志》卷86临安府：亏容江“在亏容甸长官司西五里。源自元江，入境，东经车人寨，出宁远州境”。

亏容甸长官司 明洪武中改铁容甸部置，属临安府。治所在亏弓村（今云南红河县东三十四里大黑公）。清嘉庆年间属石屏州。光绪二十六年（1900）分设上亏容、下亏容两司。下亏容仍治大寨，上亏容治所在其西北（今红河县东十四里牛多乐）。1933年废入石屏县。

工 元代西藏地名。在今西藏工布江达县境。《汉藏史集》（藏文版）载：元朝设宣政院，在乌思（即前藏）置驿站七个，工为乌思七大驿站之一。

工山 即今安徽南陵县西大工山。《清一统志·宁国府一》：工山“在南陵县西三十里，周七十里，高数千丈，县治之镇山也”。现该山区已发现自西周至唐宋采矿和冶炼遗址十余处，为古丹阳铜的重要产地之一。

工布 即工堡。西藏地名。在今林芝、工布江达等县境。

工布江达宗 在今西藏工布江达县西北江达乡。清乾隆《西藏志·疆圉》：“工布江达、拉里、说板多、洛隆宗、昌都皆为要隘。”1960年改设工布江达县，后迁驻果林卡。

工尧隘 在今广西田东县东南。《方舆纪要》卷111田州：工尧隘“在州东南。亦曰共尧村。州之险塞也。嘉靖初，官兵讨岑猛，猛以劲兵屯工尧隘。别将沈希仪击之，去工尧五里而营，夜分三百人缘山而右，走间道，三百人沿江而左，绕出工尧山背，黎明接战，间道兵登山，树我旗帜，贼警溃，遂入田州”。

工农革命军第一军第一师师部旧址 在今江西修水县城内。原为商会办公楼，前后两进，中间有天井，两边有厢房。1927年9月上旬，秋收起义部队主力、以卢德铭为总指挥的工农革命军第一军第一师师部驻此。现有修水秋收起义纪念馆。

工域 今西藏中部工布区域。《新唐书吐蕃传笺证》引《吐蕃历史文书》云：“罗阿遂弑支弓赞普，王子霞基与聂基二人被放逐于工域”，即此。

工堡 或作工布。西藏古代族部名。藏文史籍《敦煌吐蕃文书》及《吐蕃工布摩崖碑》载：在工地区，首领为工首领，名叫噶布。工堡在隋、唐以前为西藏最早的小邦之一，其首领与吐蕃王室同出一源，后被吐蕃征服。地在今西藏工曲河流域林芝、工布江达等县境。

工塘城 在今江西抚州市临川区东南。《资治通鉴》：南朝陈永定二年（558），王琳将“余孝顷等屯二万军于工塘，连八城以逼周迪”。即此。

土兀拉河 亦作土兀剌河。今蒙古国乌兰巴托西南土拉河，为鄂尔浑河支流。元《圣武亲征录》：“会于土兀剌河上黑林间。”（波斯）拉斯特《史集》作土忽剌河。

土兀剌河 即土兀拉河。又作秃兀剌、秃忽剌、秃剌、土剌。今蒙古国土拉河。《元史·太祖纪》：“遂会（汪罕）于土兀剌河上，尊汪罕为父。”

土山 ①又名东山。在今江苏南京市江宁区（东山街道）。《晋书·谢安传》：谢安“于土山营墅，楼馆林竹甚盛”。《寰宇记》卷90升州上元县“土山”条引《丹阳记》云：“昔太傅谢安旧隐会稽东山，因筑此拟之，无岩石，故谓土山也，有林木台观，娱游之所。安就帝请朝中贤士子侄亲属会宴土山。”唐李白《东山吟》诗：“携妓东土山”，并注：土山“晋谢安携妓之所”。皆此。

②又名银山。即今江苏镇江市西北之云台山。唐刘禹锡《浙西李大夫述梦四十韵并浙东元相公酬和斐然继声》诗：“土山京口峻，铁瓮郡城牢。”即此。

③又名神居山。在今江苏高邮市西南。《寰宇记》卷130高邮县：“土山在县西南。按《南兖州记》云，高邮界有土山，上有土井、石臼，山下之人时见人着朱高冠，徘徊井侧。或云古列仙之宅焉。《图经》云神居山。”《舆地纪胜》卷43高邮军：土山“在高邮西南六十里。《旧经》云，亦名神居山。俗云谢安尝炼丹此井”。

④即今江苏邳州市西南三十里土山镇。清光绪《江苏全省舆图》：邳州西南有土山。民国《邳志补》卷1《总图》：县南有土山社。

⑤一名酸枣山。在今河南延津县东北十五里。《寰宇记》卷2酸枣县：“土山，在县东南二里。旧记云：酸枣县北有土山。”

⑥在今云南腾冲县北十五里。《方舆纪要》卷118腾越州：土山“上有龙池，周五十余丈。下亦有龙池，居民祈雨于此。境内无旱灾”。

土山汉墓 俗称“范增墓”。在今江苏徐州市内彭城路西云龙山北麓。《水经·泗水注》称其为“亚父冢”（即范增墓）。1970年经考古发掘，确知是一座东汉时代的诸侯王墓。在墓后室发现漆棺残件，并出土一具完整的银缕玉衣。墓内随葬银、铜、铁、陶、漆、玉石等器物近百件，显示了高超的工艺水平。

土山县 隋大业三年（607）改真阳县置，属汉东郡。治所在今湖北随州市东北五十里。唐初废。

土山镇 在今河北阜城县东北四十余里大白乡。清同治《畿辅通志》卷49东光县图：西北有土山。

土门 ①即土门关。亦即井陉关。在今河北鹿泉市西南东土门。《资治通鉴》：唐光化二年（899），“葛从周乘破幽州之势，自土门破河东，拔承天军”。

②即芦子关。在今陕西志丹县北与靖边县交

界处。

土门山 ①在今湖北襄阳市襄城区西。《方舆纪要》卷79襄阳县：土门山“在府西四十里。其形如门”。

②在今陕西铜川市耀州区东南。《魏书·地形志》北地郡土门县：“有土门山。”《元和志》卷2华原县：土门山：“在县（即今耀州区）东南四里。”

土门子 ①一名石门山。即今吉林安图县东南石门镇。清光绪《珲春境内村屯里数》：“西北土们子至城三百五十里。”

②在今吉林珲春市东北春化镇。清光绪《吉林通志》卷17珲春城：东“一百七十里土门子河口屯。屯东有珲春河渡口，东通俄界蒙古街，北通土门子招垦分局宁古塔等路一百九十里。土门子街招商分局设此”。其东有拉字界牌。

土门关 ①即井陉关，在今河北鹿泉市西南东土门。《新唐书·地理志》获鹿县：“有故井陉关，一名土门关。”《明史·地理志》获鹿县：“又有土门关在西，亦曰井陉关。”《方舆纪要》卷10：井陉“亦曰土门关，《地记》：太行八陉，其第五陉曰土门关”。即此。

②在今河南新县西北。旧属光山县。《方舆纪要》卷50光山县“白沙关”条下：土门关“在县南九十里”。

③在今甘肃临夏县西南。《方舆纪要》卷60河州：土门关“在州西九十里。又州西北九十里有老鸦关。二关俱有官军防戍”。

土门江 即今吉林与朝鲜分界之图们江。民国徐曦《东三省纪略》卷3：图们江，“满洲语图们色禽：图们译言万也；色禽，河源也。亦曰土门，或称豆满，皆同音而异译，非有数江，亦非一江而数名也”。

土门县 ①北魏景明元年（500）置，属北地郡。治所在今陕西富平县东北美原镇。因县频山有二土阙，状似门，故曰土门。隋大业二年（606）废。义宁二年（618）复置，属宜州。唐贞观十七年（643）又废。

②唐武德二年（619）置，属重州。治所在今湖北保康县境。七年（624）废入永清县。

土门岭 在今吉林永吉县西北、九台市东之大黑山山脉。民国《吉林新志》：永吉县有土门岭。向为吉林、长春间往来要冲，层峦叠嶂、绵亘数十里，越山通行处，山势夹道为门，故名。岭西为土门岭镇。

土门岭站 在今吉林九台市东南土们岭镇。《清史稿·地理志》：吉林府吉长铁路有“土门岭”站。

土门城 明置，属茂州。即今四川茂县东北土门乡。《方舆纪要》卷67茂州：土门城“亦在州东，即土门堡也。正德中，州将何卿破叛蛮于此。《志》云：土门为州东之要塞”。

土门铺 即今四川仪陇县（新政镇）东北土门镇。清同治《仪陇县志》卷2：土门铺“在治西三十里。两丘对峙如门，故名”。

土门堡 ①明置，属镇番卫。在今甘肃民勤县东南。《方舆纪要》卷63镇番卫“东安堡”条下：“又卫东南有土门堡，万历中，设守备驻守于此。”

②即今甘肃古浪县东北土门镇。《清一统志·凉州府二》：土门堡“在古浪县东北六十里，北至边墙三里。城周三百二十丈。今有守备”。

土门隘 在今陕西凤县东。《明一统志》卷34汉中府：土门隘，“自青冈坪过武休山寨至此，甚峻险。元汪世显取蜀经此”。

土门镇 ①即今湖南临湘市南桃林镇。明置巡司于此。

②即今湖北郧西县西北土门镇。清有把总驻防。

土子洛可苏湖 在今新疆新和县西。清宣统《新疆图志》卷70：阿洛浣水“在沙雅县西偏。上流为苦水，自拜城西南、温宿东南交界之阿里拉塔哈庄向东流至铁吉克卡伦南，潴为土子洛可苏泊，止不流”。

土木堡 明永乐初置，属怀来所。在今河北怀来县（沙城）东南十五里土木镇。《方舆纪要》卷18万全都司延庆右卫：土木驿堡“本名漠统镇，唐末（按，应为唐初）高开道据怀戎时所置，后讹为土木”。《明史·英宗纪》：正统十四年（1449），率军亲征瓦剌，“次土木，被围”，为瓦剌所俘。即此。

土木路 即今河北尚义县东南四十里土木路乡。民国《张北县志》图：西南有土木路。

土屯耆 在今江西广昌县东十五里。三国吴于此置南丰县。隋开皇九年（589）县废。

土功堡 明置，属盐井卫。在今四川盐源县东北。《方舆纪要》卷74盐井卫：土功堡“在双桥西十里，又西十里为马蝗堡，又十里为新添堡，又十里为鸳鸯堡，又十里为凉山堡，又十里为高山堡，又十里为箐口堡，又十里则卫治也”。

土卢河 当在今内蒙古四子王旗或达尔罕茂明安联合旗境。《资治通鉴》：南齐永明十年（492），魏以怀朔镇将阴平王（拓拔）颐等分三道伐柔然，“中道出黑山，东道趣土卢河，西道趣侯延河。军过大碛，大破柔然而还”。

土目驿 宋元时置，在今江西都昌县西北八十里。明初废。

土田山 亦作土白山、土日山。在今四川会理县东南三十里。《明史·地理志》会川卫军民指挥使司：“东南有土田山，产石碌。”《清一统志·宁远府》：土白山“在州东南三十里。产石绿，有三色。《汉书·地理志》：会无县东山出碧，即此”。

土尔扈特西旗 简称土西旗。俗称托尔和扎萨克旗。清雍正三年（1725）设，属土尔扈特部。旗府驻地在今青海兴海县西那家附近，后迁今青海刚察县北。

土尔扈特南中旗 简称土南中旗。俗称永安扎萨克旗。清雍正三年（1725）设，属土尔扈特部。旗府驻地在今青海兴海县西南，后迁今青海海晏县西北。

土尔扈特南后（後）旗 简称土南后旗。俗称角昂扎萨克旗。清雍正三年（1725）设，属土尔扈特部。旗府驻地在今青海兴海县西北清沟河源一带，后迁今青海海晏县西北、祁连县东南。

土尔扈特南前旗 简称土南前旗。清雍正三年（1725）设，属土尔扈特部。旗府驻地在今青海河南蒙古族自治县西南黄河北岸多松乡一带。

土尔扈特部 ①明代厄鲁特四部之一。游牧地在塔尔巴哈台附近雅尔地方（今哈萨克斯坦乌尔扎尔一带）。明末为准噶尔所逼，徙居欧洲伏尔加河畔，数传至渥巴锡，因不堪沙皇俄国的压迫、掠夺，复率部东归内附，诏以汗渥巴锡所领乌纳恩素珠克同盟为旧土尔扈特，赐牧伊犁珠克都斯，郡王舍楞所领青色塞特启勒同盟为新土尔扈特，赐牧科布多西南。

②青海额鲁特之一。在今青海东境兴海县及河南蒙古族自治县等地。清张穆《蒙古游牧记》卷12：青海土尔扈特部“初其族隶和硕特。雍正元年，罗卜藏丹津叛，有诺颜格隆者附之，已而乞降……王大臣议别设旗分佐领，令勿隶和硕特族，允之。三年设扎萨克四”。《清史稿·地理志》 青海土尔扈特部：“顺治八年始通贡。雍正三年，编辖旗四。”归西宁办事大臣管辖。

土地公屿 在今台湾省澎湖县西北，白沙岛西北。清高拱乾《台湾府志》卷1：土地公屿“上有石镌神像，不知来自何时，因名”。

土地关 ①明置，属峨眉县。在今四川峨眉山市西南。《方舆纪要》卷72峨眉县：土地关在“县西南四十里。《边略》：县地西南二边，邻松坪木瓜、大小赤口等处，自县三十里至高桥，又十里至土地关”。

②在今湖北宣恩县东南。《方舆纪要》卷82忠峒安抚司：土地关，“《志》云，在忠建路口”。

土地坎 在今四川叙永县西南。《明史·土司传》：天启三年（1623），“川师复遵义，进攻永宁，遇奢寅于土地坎，率兵搏战”。即此。

土地陂 在今河南南召县北。《方舆纪要》卷51南召县载：明正德中，农民起义首领刘三“为官军所败，走死于土地陂”。即此。

土地岭 在今重庆市巫山县东北金坪乡东。岭长1公里，因岭上有土地庙得名。《明史·张献忠传》：崇祯十三年（1640），“（张）献忠乃悉众攻楚兵于土地岭，副将汪之凤战死，遂陷大昌”。

土西旗 土尔扈特西旗的简称。清置，属土尔扈特部。在今青海玛多县东北境。《清史稿·地理志》西旗：“牧地在阿屯齐老图，有阿勒淖尔泊。东至衮阿尔台，南至黄河，西至哈尔古尔希立，北至库克乌苏唐素楞。”

土百新插汉 在今黑龙江省泰来县东。清为扎赉特旗札萨克驻地。1936年日伪统治时扎赉特旗移治音德尔（今扎赉特旗驻地音德尔镇）。

土关隘 在今陕西凤县东南。《清一统志·汉中府》：土关隘“在凤县东南三十五里。《明统志》：自青冈坪墙过武休关山砦，至此甚险峻。元将江世显取蜀经此”。

土州 南朝梁置，治所在龙巢县（北周改左阳县、隋改真阳县，在今湖北随州市东北五十里）。隋大业三年（607）废。

土字界碑 根据清咸丰十一年（1861）不平等的中俄《勘分东界约》，具体勘界，立碑于珲春市东南距图们江口二十里处。沙皇俄国私挪界碑于中方一侧，距图们江口四十五里。光绪十二年（1886）重勘边界《珲春东界约》，中方与俄方斗争，立界碑于沙草峰南麓，距图们江口三十里，收复十里之地。

土军川 在今山西石楼县西。《方舆纪要》卷42石楼县：土军川“在县西五十里。源出团圆山，有土军谷，亦曰吐京谷，西达于大河，县境诸水，悉流合焉，或讹为统军川”。

土军县 西汉置，属西河郡。治所即今山西石楼县。东汉废。

土划 在今河南洛宁县长水村西北二十五里。唐杜佑《通典·州郡部》：长水县“土划，在县西北二十五里。盖古关之塞垣也，后周以为镇防”。

土扶桥 即今河南息县西北三十四里土桥。清尹耕云《豫军纪略》卷4：咸丰十一年（1861）十月，“夥目霍光玉、岳得洋等股复在息境土扶桥等处啸聚”。

土护真水 一作吐护真河。即今内蒙古西拉木伦河支流老哈河。隋时称托纥臣水。《新唐书·北狄传》：唐时奚族“多依土护真水”。即此。

土坊站 元置，在今江西南昌县东南。元《析津志》天下站名：“龙兴陆路：正东土坊。”

土坊镇 北宋置，属南昌县。在今江西南昌县东南。

土伯特 清初文献中对西藏及其附近地区的称谓。一作图伯特、吐伯特、唐古忒。是吐蕃的音变。近代外语中对西藏的称谓如 Tibet，Thebet，Tobut 等即源于此。

土尾河 在今河北蠡县东北。《方舆纪要》卷12蠡县：土尾河，“《志》云：唐河经县东南分流，为土尾河。又东北经清苑县及高阳县境，下流仍合于滋、沙诸河”。

土陂 又名土碑。即今安徽临泉市东南八十里土陂乡。明正德《颍州志》卷1：土陂“士民筑陂障老军屯、栗林坡诸水，以溉黄花陂西之田”。清已形成集镇。

土坪铺 又作土坪场。即今贵州正安县西南土坪镇。《清一统志·遵义府》 正安县境有土坪铺。道光《遵义府志》卷6正安州：土坪场在“城南九十里”。

土拉子屯　在今俄罗斯滨海边疆区西南大彼得湾西岸。清属宁古塔副都统。清聂士成《东省与韩俄交界道路表》：“切落哥司克即西机密，又二十一里七分五至司落于云克即土拉木（按，木为子之误）。”咸丰年间通过不平等的中俄《北京条约》被沙皇俄国割占。

土拉河　亦作图拉河。即今蒙古国中央省西北之图拉河。《明史·李文忠传》：洪武五年（1372），由东道北征趋和林，“进至胪朐河，令部将韩政等守辎重，而自帅大军，人赍二十日粮，疾驰至土拉河。元太师蛮子哈剌章悉众渡河，列骑以待。文忠引军薄之，敌稍却”。

土罗火站　又作木罗火。元置，在今黑龙江省东宁县西南。元《析津志》天下站名：“东洋州百二十（里）土罗火。”明废。

土岭寨　在今山西广灵县西南。《清一统志·大同府》：土峪寨“在广灵县西二十里。明洪武中筑，周围二百步，高一丈五尺，濠深三丈”。

土炉河　一名乾勒河。出今河南禹州市东南境，东南流经襄城、临颍、郾城，至西华县入颍水。《清史稿·地理志》许州襄城县：“土炉河自禹州入，……一曰乾勒河，左渎入临颍”；又陈州府西华县：“渚河即颍，右合土炉河。”

土河　①即今内蒙古西辽河支流老哈河。隋称托纥臣河，唐名吐护真河，辽始称土河，元又作涂河，明作老花母林，清称老哈河。《方舆纪要》卷18大宁卫：土河“明正统八年，命朱勇等讨三卫，分兵出喜峰等口，期至黄河、土河两叉口，会辽东各路兵马追剿，互有斩获而还”。

②在今辽宁海城市北。《清一统志·奉天府一》：“土河在海城县北十五里，源有二：一出分水岭，一出猪窝岭，西北流至土河铺合流，经牛庄西北入三汊河。”

③在今山东惠民县南。《方舆纪要》卷31武定州：土河“在州南。即笃马河下流也。自乐陵县入州境，东注于海。溢涸不时。明初徐达攻乐安（今山东惠民县），师至土河，距城五里，命军士填坝以进，遂下其城”。

④即今山东之徒骇河。自聊城分运河之水东出，东北经茌平、高唐、禹城、商河、惠民、滨州，由沾化县入海。《清一统志·济南府一》：徒骇河“俗名小土河”。

土河寨　在今山西武乡县东南七十余里土河村。《方舆纪要》卷43武乡县：土河寨在“县东七十里。西、南、北三面阻绝深涧，东面有墙，旧为戍守处，今名土河村”。

土沱水驿　明置，在今重庆市北碚区东南水土镇。《方舆纪要》卷69重庆府巴县“朝天驿”条内：“《志》云：北九十里有土沱水驿。隆庆六年，移土沱驿于铁山公馆。”

土沱铺　在今重庆市渝北区东旱土场。清嘉庆《四川通志》卷89江北厅：土沱铺“在厅东七十五里”。

土沱镇　即今重庆市北碚区东南水土镇。《方舆纪要》卷69重庆府巴县“朝天驿”条内：“北九十里有土沱水驿。”

土弥干川　一作赤弥干川。在今甘肃武威市西南五十里。《寰宇记》卷152番和县：“土弥干川，即古匈奴为放牧之地。鲜卑语髓为吐弥干，言此川土肥美如髓，故以名之。”

土城　在今北京市城区德胜门北。《方舆纪要》卷11顺天府：“土城在府西北八里。唐时戍军顿舍处也。或曰元置。正统十四年，也先奉上皇车驾登土城，诏廷臣王复等出谒，即此矣。”

土城山　亦名西施山。在今浙江绍兴市东五云门外。《越绝书》卷8：“今北坛利里丘土城，句践所习教美女西施、郑旦宫台也。”

土城子　①即今河北丰宁满族自治县北二十五里土城子镇。清于此设巡检、千总驻守。

②即今河北围场满族蒙古族自治县西城子乡。清属多伦诺尔厅，于此置汛。

③即今内蒙古和林格尔县西北盛乐镇。汉为定襄郡成乐县治所。

土城镇　1932年置，属赤水县。即今贵州习水县西南土城镇。后划归习水县。

土垠县　①西汉置，属右北平郡。治所在今河北唐山市北丰润区银城铺。东汉为右北平郡治。晋属北平郡。北魏属渔阳郡。北齐废。

②北魏太平真君九年（448）置，属安乐郡。在今河北承德、宽城两县境内。东魏元象中寄治幽州北界（今北京市密云县东北）。北齐废。

土南中旗　土尔扈特南中旗的简称。清置，属土尔扈特部。在今青海兴海县西南境。《清史稿·地理志》南中旗：“牧地当登努尔特达巴罕之阳，东至果库图尔，南至果库图尔山木库尔，西至库克乌松，北至衮阿尔台。”

土南后（後）旗　土尔扈特南后旗的简称。清置，属土尔扈特部。在今青海兴海县西北和都兰县东部。《清史稿·地理志》南后旗：“牧地当硕罗巴颜哈拉山之阳，曰鄂博图。东至莫古立源，南至衮阿尔台，西至库克乌松木鲁，北至登纳吉尔尼。”

土南前旗　土尔扈特南前旗的简称。俗称妥日札萨。清置，属土尔扈特部。在今青海河南蒙古族自治县西南境。《清史稿·地理志》南前旗：“牧地当大哈柳图河之南，小哈柳图河之北。东至古鲁半博尔齐沙拉图，南至黄河，西至宗科尔，北至恰克图。”

土洑镇　即道士洑。今湖北黄石市东南西塞山区。唐符载《土洑镇保宁记》：“夏口至西南四百里，其山曰西塞，其镇曰土洑，山镇相距可百余丈。”

土桥　在今山西晋中市榆次区东北。《方舆纪要》卷40榆次县：土桥“在县东北六十里”。

土桥子　即今吉林榆树市东南土桥镇。清光绪《吉林通志》卷16伯都讷厅：东南“八十里土桥子镇”。

（按：伯都讷厅治在今榆树市）。民国熊知白《东北县治纪要》吉林榆树县："县属土桥子，在县市东百余里。"

土桥汛 即今湖南临武县东南岚桥镇。清光绪《湖南通志》卷1临武县图：县南有土桥汛。

土桥沟镇 即今四川金堂县东南土桥镇。南接简阳县界。清嘉庆《金堂县志》卷2："土桥场去城二百二十里。"《清史稿·毛大瀛传》：嘉庆五年（1800），白莲教张子总部由金堂南进简州，知州毛大瀛率乡勇前往堵御，"行抵土桥沟，马步贼蜂至，力战遇害"。

土桥河镇 即今安徽无为县西南七十里土桥镇。明置巡司于此。

土桥集 即今山东陵县西北土桥镇。明、清属德州。清光绪《山东通志》卷1《舆图志》：德州东南有土桥街。

土桥溪 在今湖南泸溪县（白沙镇）西南。《方舆纪要》卷81卢溪县："土桥溪在县南六十里。其相近者又有浦溪。"

土桥镇 ①北宋置，属上元县。即今江苏南京市江宁区东土桥。

②即今陕西旬邑县东南土桥镇。《清一统志·邠州》：土桥镇"有城，当古公原之冲"。

土基镇 清置，属洛川县。即今陕西洛川县东南土基镇。

土梨树堡 在今甘肃镇原县东。《资治通鉴》：唐贞元三年（787），吐蕃"尚结赞遣其属论泣赞来言：'清水非吉地，请盟于原州之土梨树；既盟而归盐、夏二州。'上皆许之。神策将马有麟奏：'土梨树多阻险，恐吐蕃设伏兵，不如平凉川坦夷。'"

土麻山 在今贵州岑巩县西北。《方舆纪要》卷122思州府都素司：土麻山"在司治北"。

土隗口 在今甘肃酒泉市北。《方舆纪要》卷63肃州卫：土隗口"在卫北塞外。宋大中祥符二年，契丹伐回鹘，破肃州。先是契丹将肃图王伐回鹘入甘肃，至是复破肃州，尽俘其民，修土隗口故城以实之"。

土塔 在今印度纳加帕蒂南西北。元汪大渊《岛夷志略》：土塔"居八丹之平原，木石围绕，有土砖甃塔，高数丈。汉字书云：'咸淳三年八月毕之，传闻中国之人其年敀彼，为书于石以刻之。至今不磨灭焉"。

土喇河 又作土拉河、土兀剌河。即今蒙古国境内图拉河。明洪武五年（1372）李文忠败元太师哈剌章于此。

土番 即吐蕃。《元史·释老传》：元世祖"乃郡县土番之地，设官分职，而领之于帝师"。此指今西藏。

土鲁亭山卫 明永乐四年（1406）置，属奴儿干都司。在今俄罗斯哈巴罗夫斯克边疆区布列亚河（牛满河）中上游以西、图腊纳山西北一带。后废。

土鲁番国 亦作吐鲁番。明西域国名。都土鲁番城（今新疆吐鲁番市）。《明史·西域传·土鲁番》："其地介于阗、别失八里诸大国间，势甚微弱。后侵掠火州、柳城，皆为所并，国日强，其酋也密力火都遂僭称王。"辖境范围包括今新疆吐鲁番、鄯善、托克逊、和静、库尔勒等市县地。清康熙五十九年（1720）大阿浑额敏和卓降清，曾内徙甘州、瓜州等处。乾隆四十六年（1781）于此设吐鲁番领队大臣。

土鲁番城 亦作吐鲁番城。明土鲁番国都城（在今新疆吐鲁番市）。《方舆纪要》卷65：土鲁番，"《四夷考》：土鲁番一名土尔番。本交河县之安乐城。城方二里，地平，四面皆山，气候多暖"。清祁韵士《万里行程记》：土鲁番"地极饶沃，人多而杂，俗复靡丽，奇热尤甚。闻回尊避暑窟室中，盖地气独异。所产棉花遍野，蒲萄蔓地而生，不须架引，绿者无核最佳"。

土富山 在今湖南永兴县西南二十里。《方舆纪要》卷82永兴县"龙耳山"条下：土富山"《志》云，山旧有银井，凿之益深，因名"。《清一统志·郴州一》谓在县东南三十里。

土谢图汗部 又作图什业图汗部。清外蒙古喀尔喀四部之一，称喀尔喀北路，统于乌里雅苏台定边左副将军。明后期，喀尔喀蒙古左翼长阿巴岱崇黄教，为众所服，称汗，至其孙衮布始号土谢图汗。康熙二十七年（1688），其子察珲多尔济与噶尔丹战败，率部投附清朝；三十年，于多伦诺尔会盟，诏保留其汗号，仍领所部。三十六年返回故地。初分十七旗，续增至三十七旗。雍正年间分属下二十一旗别为赛因诺颜部；后增四旗，共二十旗。会盟于汗山（今乌兰巴托南），因称汗阿林盟。属境相当今蒙古国中央省、色楞格省、中戈壁省，以及东戈壁省大部和布尔根省、前杭爱省部分地区。

土谢图汗旗 清外蒙古（喀尔喀蒙古）土谢图汗部所属二十旗之一。顺治十二年（1655）始设旗。旗府驻地在今蒙古国前杭爱省北境哈拉和林。

土鼓县 西汉置，属济南郡。治所在今山东章丘市（明水镇）东。西晋废。南朝宋复置，属济南郡。移治今山东淄博市淄川镇西南四十里古城。北齐天保七年（556）省入卫国县。

土楼 在今河南荥阳市西北汜水镇东。《资治通鉴》：南朝宋永初三年（422），北魏将奚斤等"进击翟广等于土楼，破之，乘胜进逼虎牢"。

土楼山 即今青海西宁市北北禅山。因多土楼，故名。《水经·河水注》："湟水又东径土楼南，楼北倚山原，峰高三百尺，有若削成。楼下有神祠，雕墙故壁存焉。"《元和志》卷39湟水县："土楼山，在县西一百三十里。下有土楼神祠。""鄯城县北枕湟水，西即土楼山。"

土碑集 一作土陂集。即今安徽临泉市东南土陂乡。清乾隆《阜阳县志》卷4：土碑集在"西乡七十里"。

土溪场 ①即今四川渠县东北土溪镇。清同治《渠县志》卷4：土溪场在“县北六十里”。地在渠江北岸，距三汇镇三十里。江对岸城坝为汉宕渠县古城遗址。

②即今贵州道真仡佬族苗族自治县驻地玉溪镇。1941年于此设道真县。

土墙坝 亦作吐祥坝。即今重庆市奉节县西南吐祥镇。清光绪《奉节县志》卷8：吐祥坝“按作土墙坝，距城一百八十里”。

土僚（獠）长官司 元代置，属乌蒙路。治所在今云南盐津、大关二县境。土僚亦作土老、秃老、秃剌，为族名。明洪武十六年（1383）废。

土僚蛮江 又作土老蛮江、秃剌蛮江。即今云南东北部之横江。元代称土僚蛮江。《元混一方舆胜览》乌蒙路：“土僚蛮江，两山夹束五百余里，水中多巨石，湍口峻急，如万马奔，惟五板小舟可行，容使客二人，而水工六人。”

土墱城 在今山西宁武县东北三十五里盘道梁。《魏书·孝静纪》：东魏武定元年（543），“齐献武王召夫五万于肆州北山筑城，西自马陵戍，东至土墱”。

土墱寨 即土墱城。在今山西宁武县东北三十五里盘道梁。《元丰九域志》卷4：代州崞县有“土墱”寨。《续资治通鉴长编》：北宋雍熙三年（986），契丹寇代州，循胡卢河南而西，知州“张齐贤伏步卒二千于土墱寨，掩击，大败之”。

土蕃 即吐番。《大唐西域记》卷4载：大雪山中有苏伐剌拏瞿呾罗国，即东（西）女国，“东接土蕃国，北接于阗国”，此指今西藏。

土默特中旗 1940年伪满由土默特右旗析置，治所在北票街（今辽宁北票市）。

土默特左旗 又称东土默特。清置，属卓索图盟。旗府驻地在蒙古营（今辽宁阜新蒙古族自治县西王府）。

土默特右旗 又称西土默特。清置，属卓索图盟。旗府驻地在黑城子（今辽宁北票市东北黑城子）。

土默特左翼旗 亦名归化城土默特左翼都统旗。后金崇德元年（1635）分归化城土默特部置，设都统，后属绥远将军。治所在归化城（今内蒙古呼和浩特市旧城）。1949年改为土默特旗。

土默特右翼旗 亦名归化城土默特右翼都统旗。后金崇德元年（1635）分归化城土默特部置，设都统，后属绥远将军。治所在归化城（今内蒙古呼和浩特市旧城）。1949年并入土默特左翼旗，改为土默特旗。

土默特部 （1）归化城土默特，又称西土默特。本明中叶蒙古达延汗所置右翼三万户之一的蒙郭勒津万户（汉籍称为“满官嗔”），嘉靖初为俺答所并，遂以俺答统部之名称为土默特万户；有十二鄂拓克，故又称十二土默特，大部分由俺答子弟领有。地在“大同边外，大青山、昭君墓、丰州滩”等处（明萧大亨《北虏风俗》），东至宣府边外，西至黄河。俺答驻丰州滩，建城，后受明封为顺义王，其城赐名归化。崇德元年（1636），分编为归化城土默特左、右翼二旗，俱驻归化城。（2）东土默特，二部。其一出于土默特万户，俺答子辛爱黄台吉扩展势力至蓟镇边外兀良哈三卫地，万历中，其子赶兔随母（朵颜卫首领之女）居满套儿地（今河北丰宁满族自治县潮河上游），自为一部。明末，赶兔子温布（鄂木布楚琥尔）为林丹汗所逼，移牧广宁边外大凌河一带，归附后金，天聪九年（1635）授扎萨克，编为土默特右翼旗。其地跨大凌河中游，扎萨克驻大华山，即今辽宁朝阳东偏北一百里老贝子府，隶卓索图盟。其一本兀良哈朵颜卫一部落，役属于土默特万户。明末，其首领善巴等与温布同归附后金，天聪九年授扎萨克，编为土默特左翼旗。其地在右翼东，今辽宁阜新市境。

土默特旗 亦称土默特总管旗、土默特特别旗。1914年改归化城土默特都统旗置，设总管，属绥远特别区。治所在今内蒙古呼和浩特市。仍为左、右二翼。1928年属绥远省，仍是旗、县并存一地。1954年撤销归绥县建制，政区归土默特旗管辖，不再管辖各县蒙古族。1957年迁察素齐镇。1958年撤销萨拉齐县入旗，治所迁萨拉齐镇。1960年又迁察素齐镇。1965年分为土默特左旗（驻察素齐镇）和土默特右旗（驻萨拉齐镇）。

土壕铺 一名英豪镇。即今河南渑池县西二十四里英豪镇。《金史·完颜伯嘉传》：贞祐四年（1216），“蒲察阿里不孙为右副元帅，备御潼关、陕州。次渑池土濠村，兵不战而溃”。

士乡城 在今山东龙口市东北三十里乡城镇。《寰宇记》卷20黄县“士乡城”引《后汉书》云：“齐有士乡，越有君子里谓此。”（按：今本《后汉书》无此文）。

士乡聚 在今河南洛阳市东。《资治通鉴》：东汉建武元年（25），冯异与更始将武勃“战于士乡下，大破，斩勃”。《续汉书·郡国志》：河南尹雒阳县有士乡聚。

士汉县 南齐置，属安定郡。治所在今湖北南漳县境。后废。

士林 ①在今江苏南京市六合区西北竹镇。《梁书·杜崱传》：承圣元年（552），齐将郭元建攻秦郡，王僧辩令杜崱赴援，陈霸先亦来会，“与元建大战于士林”。即此。

②即今台湾省台北市北士林区。旧名八芝连，或作八芝兰林、八芝林。后改作士林。1945年设士林镇。1968年设士林区。

士敏县 1941年10月晋冀鲁豫边区于沁水县东部置，属太岳区。治所在端氏镇（今山西沁水县东端氏镇）。因军长武士敏抗击日本侵略军，牺牲于此而得名。1947年撤销，与沁南县合并，复置沁水县。

士雅山 即大木山。在今河南信阳市南。《魏书·中山王英传》：北魏正始元年（504），元英围义阳，梁将曹景宗等率军来援，“英又于士雅山结垒，与景宗相抗”。《方舆纪要》卷50信阳州：士雅山“在州南七里。本名大木山。晋祖逖为豫州刺史，藏家属于此。后人以逖字（士雅）名山”。

才（𨷿）口关　亦作巉口关。北宋置，在今甘肃定西市西北四十里巉口镇。西通兰州，北通靖远，为往来交通要道。明成化中置巡司于此，清裁。

才溪　即今福建上杭县北才溪镇。第二次国内革命战争时期毛泽东曾三次到此。今有毛泽东才溪乡调查纪念馆。

下二台镇　即今辽宁昌图县东北下二台乡。民国熊知白《东北县治纪要》辽宁昌图县：“县属双庙子……下二台之西十二里。”

下七山　今广西岑溪市东北周公顶、沙田一带诸山。《明史·童元镇传》载：万历年间，“岑溪西北为上、下七山，介苍、藤间，有平田、黎峒、白板、九密等三十七巢。东南为六十三山，有孔亮、陀田、桑园、古榄、鱼修等百余巢，与广东罗旁接。山险箐深，环数百里无日色。‘贼’首潘积善等据之，久为民患。及罗旁平，积善惧，乞降。……会岁饥，粤东亡命‘浪贼’数百人潜入七山，诱诸瑶为乱”。

下八义　在今四川道孚县东南八美镇。清康熙四十年（1701）置下八义土百户。后废。

下八里墓群　在今河北张家口市怀来县西北。为主要的辽代壁画墓群之一。已发掘九座，其中八座为汉人张氏家族墓。一座为韩师训墓。九座墓的壁画面积共约320平方米，其内容主要反映了当时契丹人统治下汉人的生活习俗和衣冠服饰。有些墓的顶部绘有二十八宿、十二天宫天象图。1996年定为全国重点文物保护单位。

下九台　即今吉林九台市。清光绪《吉林通志》卷15吉林府：西北“一百六十里头道沟屯，又九台边屯”。民国熊知白《东北县治纪要》吉林永吉县：“下九台为吉长路线主要驿站。”1932年于此置九台县。1988年改设九台市。

下三府　指明、清时期浙江省杭州、嘉兴、湖州三府，相当今浙江省的杭州市、临安市、富阳市一线及杭州湾以北地区。

下干峨山　在今云南腾冲县北十五里。《方舆纪要》卷118腾越州：下干峨山在“州北十五里。下有城，亦名下干峨。又上干峨山，在州西北二十五里。下有池，名清河，亦名上干峨。周五百余丈。亦曰澄镜湖”。

下土寨　即今福建宁化县北安远。南宋绍定中改名安远寨。

下口　即南口。在今北京市昌平区西北二十五里南口镇。《魏书·常景传》：孝明帝时，杜洛周反于燕州，“都督元谭据居庸下口”。即此。

下口村　即今河北平山县西百二十里下口镇。明置巡司于此。

下口镇　又作夏口渡。在今河北阜城县东北霞口镇。《方舆纪要》卷13东光县“卫河”条：“《志》云，卫河有大小龙湾，萦回而下，经县北二十里，其地名下口，居民鳞集，行旅辐凑，俨然城市，谓之下口镇。”清于此设经制外委驻守。

下川山　即今广东台山市西南下川岛。在上川山之西。《明一统志》卷79广州府谓“上川石山而下川土山，二山皆产香蜡竹藤之属，而上川为优。居民以贾海为业”。

下川南道　一称永宁道。清代四川省五分巡道之一。治所在泸州（今四川泸州市）。辖叙州府，泸、资两直隶州，叙永直隶厅。相当今四川大凉山以东，仁寿、资阳以南，隆昌、合江以西地区。

下川洲　即今广东台山市西南大海中之下川岛。《寰宇记》卷157新会县：“上川洲、下川洲在县南二百六十里大海中。其洲带山，湾浦极广。出煎香。有盐田，土煎盐为业。”

下马关　在今贵州惠水县南四十余里。《方舆纪要》卷121定番州：下马关在“（卧龙番长官）司南三十里”。

下马关营　明嘉靖五年（1526）置，属固原卫。即今宁夏同心县东北下马关镇。清同治十二年（1873）于此置平远县。

下马房关　即下马关。在今宁夏同心县东下马关镇。《方舆纪要》卷58固原州：下马房关在“州北二百四十里。南至平远千户所四十里。嘉靖初，总制王琼筑此，而后固原中路之患得免”。

下马城　在今山西静乐县东南五十里下马城村。《方舆纪要》卷40交城县：下马城“相传元魏孝文往来避暑下马处”。

下马陵　即“虾蟆陵”。在今陕西西安城东南。

下马营堡　在今山西宁武县西南二马营村。《方舆纪要》卷40静乐县：下马营堡“在宁化所北三十里，又北七十里即宁武关也”。

下马渡　在今重庆市巫山县东北。《明史·邵捷春传》崇祯十三年（1640），“捷春以大昌上、中、下马渡，水浅地平，难以持久，乃扼水寨观音岩为第一隘”。

下扎武土司　清雍正时置，属西宁办事大臣。为玉树四十族之一。驻牧地在今青海玉树县南境。乾隆《西宁府新志》卷19“塞外贡马番族”中，有“住牧下扎武族”。

下历（歷）镇　即今江西定南县驻地历市镇。明、清置巡司。1928年定南县迁治于此。

下车湾市　即今湖北监利县东南三十二里下车湾市。清光绪《湖北全省分图》：监利县东南有下车湾市。

下水站　驿站名。元置，在今内蒙古凉城县东北岱海南。

下水镇　金置，属宣宁县。在今内蒙古凉城县东北岱海南。《长春真人西游记》卷上：“（七月）三日至下水。”王国维注云：“李庭《寓庵集》六：《夹谷公墓志铭》：公居西京下水镇深井村。”

下仓店镇　清置，属蓟州。即今天津市蓟县南六十里下仓镇。

下文州　明永乐五年（1407）属谅山府。治所在越南北部谅山省同登县境。十七年（1419）废入上文州。

下方桥市　即今浙江绍兴县西北齐贤镇。清乾隆《绍兴府志》卷7《市》：下方桥市“去县北二十里”。

下允　在今云南澜沧拉祜族自治县北上允镇北。原属澜沧县，民国时于此置县佐。1944年底裁撤。

下允土千总　民国属澜沧县，在今云南澜沧拉祜族自治县北上允镇北。

下古城堡　在今甘肃酒泉市东北五十里古城村。《清一统志·肃州》：下古城堡“城周一百二十三丈。今设经制外委”。

下石门山　亦名石门山。在今广西三江侗族自治县西南。《舆地纪胜》卷114融州：石门山“县北有下石门山”。《清一统志·柳州府》：石门山“在怀远县西北七十里……亦曰下石门”。

下石西州　北宋置下石西土州，属邕州。治所在今广西凭祥市东夏石镇南旧州。元属思明路。明洪武末废。永乐二年（1404）复置，属思明府。万历二十八年（1600）移治今夏石镇。清末废。

下石坡洞　在今江西萍乡市西北四十里。《方舆纪要》卷87萍乡县：下石坡洞“有巨石室其门。宋靖康中，巨盗曹成辈劫掠乡井，里人相率去石入洞避难。洞空旷可容千人，一夫守之，寇屡攻莫能入”。

下龙司　清雍正三年（1725）置下龙土巡司，属太平府。治所即今广西龙州县。七年（1729）废，移太平通判驻防。乾隆五十六年（1791）改为龙州厅。

下东国　战国楚地。指今淮河以北之安徽东部和江苏西部地区。《战国策·齐策三》：苏秦谓薛公曰：“君何不留楚太子，以市其下东国。”鲍彪注以为楚国之东，其地下，故名。

下东镇　清置，属闻喜县。即今山西闻喜县东北二十四里东镇。

下包座行当寨　在今四川若尔盖东南包座乡下包座。清康熙四十二年（1703）置下包座行当寨土千户。

下司场　清建，即今贵州麻江县东四十二里下司镇。

下司汛　即今贵州独山县南九十里下司镇。旧有把总驻守。

下皮林铺　即今贵州从江县东北下皮林。《明史·陈璘传》：万历二十八年（1600）征播之役，陈璘“遂移师讨皮林。皮林在湖、贵交，与九股苗相接”。

下场坑银冶　在今浙江景宁畲族自治县（鹤溪镇）西下场村银坑洞。《方舆纪要》卷94景宁县：下场坑银冶“在县西十里”。明初开采，弘治中封闭。

下曲阳　战国燕邑，在今河北晋州市西五里鼓城村。《战国策·燕策三》：燕使者见秦王曰，“臣闻全赵之时，南邻为秦，北下曲阳为燕”。即此。汉置下曲阳县。

下曲阳县　西汉置，属巨鹿郡，为都尉治。治所在今河北晋州市西五里鼓城村。《后汉书·光武帝纪》：更始年间，光武帝自信都“北降下曲阳”。又《灵帝纪》：中平元年（184），“皇甫嵩又破黄巾于下曲阳”。皆此。西晋属赵国。北魏改名曲阳县。

下庄　即今福建政和县南东下庄。清乾隆十三年（1748）置巡司于此。

下关　①在今江苏南京市西北部下关区，与浦口隔江相望。为长江南北水陆交通枢纽之一。1842年中英鸦片战争时，英军进迫下关，强迫清政府在附近江面英舰上签订不平等的《南京条约》。1858年中英《天津条约》开为商埠。

②即今河南内乡县北七十里夏馆镇。清尹耕云《豫军纪略》卷10：同治三年（1864）三月，捻军张总愚“由庙子街、羊子沟、长阳河、二郎坪窜遁，将由下关（按：疑为夏馆之讹）出马山口，奔镇平、内乡。此路万山奇险”。

③即今云南大理市治下关。清康熙《大理府志》卷5太和县《关哨》：下关“在城南三十里，倚苍山斜阳峰麓，扼洱河之尾，负山阻水，为郡南屏蔽，山势逆回，如游龙之掉尾，故又名龙尾关”。

下关城　在今重庆市奉节县东白帝山下。《清史稿·徐治都传》：康熙十九年（1680），“治都与镇安将军噶尔汉督兵溯江上，分军为三队击贼（指吴三桂军），进克下关城”。即此。

下江　①古称长江自南郡（今湖北西部）以下为下江。《后汉书·刘玄传》：王莽地皇三年（22），绿林义军“王常、成丹西入南郡，号下江兵”。

②长江上游地区的云南、贵州、四川各省人民泛称长江下游的江苏、安徽、浙江等省为下江。

③江苏旧时的别称。因江苏地处安徽的长江下游，故称安徽为上江，江苏为下江。

④水名。即太湖尾闾之一娄江。《史记·夏本纪》张守节《正义》释“三江”云：“一江东北下三百余里入海，名曰下江，亦曰娄江。”即今苏州娄门外之娄江及其下游浏河。

下江厅　清乾隆三十五年（1770）置，属黎平府。治所即今贵州从江县西下江镇。1913年改下江县。

下江县　1913年改下江厅置，属贵州镇远道。治所即今贵州从江县西下江镇。以在榕江下游而得名。1923年直属贵州省。1958年撤销，并入榕江县。

下江营　清雍正十一年（1733）置，即今贵州从江县西下江镇。清乾隆三十五年（1770）改置下江厅。

下江嘴　在今云南洱源县西南一百里。《清一统志·大理府》：下江嘴“在浪穹县西南一百里。明洪武中置巡司。土官杨姓世袭。本朝因之”。

下汤里 一名下汤镇。即今河南鲁山县西下汤镇。明嘉靖《鲁山县志》卷1：“下汤里，去县西五十里。”

下阳 亦名夏阳。春秋虢邑，在今山西平陆县东北。《左传》：僖公二年（前658），“夏，晋里克、荀息帅师会虞师伐虢，灭下阳”。

下阴 春秋楚国地。在今湖北老河口市西北西集街。《左传》：昭公十九年（前523），“楚工尹赤迁阴于下阴”。即此。

下坝 ①在今浙江余姚市西南二十二里下坝村。《方舆纪要》卷92余姚县：下坝“在县西四十里。一名新坝。石甃西去中坝十八里，左江右河，河高于江丈有五尺，为舟楫所必经之道。亦谓之江口坝”。

②在今四川理塘县北觉吾乡（下坝）。清雍正年间置下坝土百户。

下坝站 元置，在今四川犍为县东南四十里孝姑镇。宋、明置下坝驿。南宋范成大《吴船录》卷上：“过（犍为）县二十里至下坝宿。”

下坝镇 即今江苏高淳县东下坝。明嘉靖三十五年（1556）在东坝东十里处另建新坝，名下坝。镇以坝名。

下坊 即今福建南安市南下房。南宋绍兴十四年（1144）置石井巡司于此，元废，移至今晋江市西南安海镇。

下坊集 即今安徽泾县北太园。明嘉靖《泾县志》卷1：下坊镇在“县北五里”。清嘉庆《泾县志》卷2：下坊镇“在县北五里耿姥渡口，有河东、河西二处”。

下花园 在今河北张家口市东南一百里下花园区。《清一统志·宣化府三》：上花园“在宣化县东南四十里。又有下花园在县东南五十里。相传皆辽萧后种花处”。

下苏阿 在今四川巴塘县南苏哇龙乡。清雍正七年（1729）置下苏阿土百户。

下克度 即今贵州平塘县西南塘边镇。明洪武中于此置下克度里目。

下杜城 即今陕西西安市南杜城。本秦杜县，西汉宣帝迁治东原，更名杜陵县，故以故址为下杜城。《汉书·宣帝纪》：曾孙“尤乐杜雩、鄠之间，率常在下杜”。《水经·渭水注》：“沈水又西北径下杜城，即杜伯国也。”

下邳县 秦置，属东海郡。治所在今江苏睢宁县西北古邳镇东三里。《汉书·地理志》注：“应劭曰：邳在薛，其后徙此故曰下。臣瓒曰：有上邳，故曰下邳也。”东汉为下邳国治。南朝宋为下邳郡治。梁改归政县，东魏复名下邳。隋属下邳郡。唐武德四年（621）为邳州治，贞观元年（627）改属泗州。元和四年（809）改属徐州。北宋太平兴国七年（982）为淮阳军治。金贞祐三年（1215）复为邳州治，徙今睢宁县西北古邳镇。明洪武初省入邳州。

下邳国 东汉永平十五年（72）分东海郡置，属徐州。治所在下邳县（今江苏睢宁县西北古邳镇东）。建初四年（79）以临淮郡及九江郡部分地益之，使辖境大增，相当今江苏邳州市、沭阳县以南，涟水县和淮安市以西，盱眙县和安徽明光市以北，江苏睢宁县和安徽泗县以北地。建安十一年（206）改为郡，西晋太康初复为国。辖境缩小。南朝宋又改为下邳郡。

下邳驿 在今福建福安市东。《方舆纪要》卷96福安县：下邳驿“在县东十里”。

下邳郡 ①东汉建安十一年（206）改下邳国置，属徐州。治所在下邳县（今江苏睢宁县西北古邳镇东）。辖境北部和南部同下邳国，东部缩小至今江苏沭阳、泗洪等县。西晋太康初复为国。南朝宋复改为郡。北魏孝昌元年（525）为东徐州治。梁中大通五年（533）改为武州治，东魏复为东徐州治。隋开皇初废。

②隋大业初改邳州置，治所在宿预县（今江苏宿迁市东南）。辖境相当今山东郯城、江苏邳州以南，淮河以北，宿迁、睢宁及安徽泗县、五河间地。唐武德四年（621）复改邳州。

下县坝 即今重庆市潼南县西北五里大佛场下县坝。民国《潼南县志》卷2：“遂宁废县在今县西五里下县坝。此地于晋设郡，于唐改县，于元至元三十一年（按二十九年）废县设巡检司。明又废司置下县铺。清初因之，旋罢。其城垣故址今为道路。土人犹以城墙呼之。滨江一带有焦巴石，土人传为旧县堤址。”

下里 在今印度喀拉拉邦之坎纳诺尔一带。即《郑和航海图》之歇立。元汪大渊《岛夷志略》：“下里，国居小唄喃古里佛之中，又名小港口。山旷而原平，地方数千里。”

下邑县 战国秦置，属砀郡。治所在今安徽砀山县。西汉属梁国。北魏孝昌元年（525）移治栗县故城（今河南夏邑县），为临涣郡治。东魏兴定中改属马头郡。北齐改属梁郡。唐属宋州。宋属应天府。金属归德府。明洪武初改为夏邑县。

下作革寨 在今四川若尔盖县西北境。清雍正元年（1723）置下作革寨土百户。

下龟山 亦名龟山。在今江苏盱眙县东北洪泽湖滨。《清一统志·泗州》：下龟山“在盱眙县东北三十里”。

下应市 旧名雅应。即今浙江宁波市鄞州区东南下应镇。清光绪《鄞县志》卷2《市镇》：下应“距城二十里”。

下冻州 元分冻州置，属太平路。治所在今广西龙州县西北下冻镇。后与上冻州合为上下冻州。

下冻墟 即今广西龙州县西北下冻镇。旧为上下冻土州。清光绪《广西舆地全图》龙州图：西北有上、下冻。把总驻下冻。

下沙浦 旧名盐铁塘。即今上海市浦东新区南汇西盐铁塘。塘北有下沙镇。《方舆纪要》卷24松江府上海县：下沙浦“相传五代时吴越运盐铁于此。宋绍兴十五年，秀州判曹泳开顾会浦，又浚盐铁塘，舟楫通利，因改名下沙浦”。

下沙溪桥 在今重庆市涪陵区南二十五里。民国《涪陵县续修涪州志》卷5：下沙溪桥“为驿递通衢，明张与可捐修”。

下沙镇 一名鹤沙镇。即今上海市浦东新区南汇西三十二里下沙镇。《方舆纪要》卷24松江府上海县：下沙镇“峙邑南而近海，因名。宋置下沙盐场。旧有盐课司，后迁新场镇。而盐仓则自周浦徙于此。今亦废”。

下牢戍 在今湖北宜昌市西北。《新唐书·地理志》峡州：“本治下牢戍。”即此。

下牢关 在今湖北宜昌市西北。南宋陆游《入蜀记》：“过下牢关。”《方舆纪要》卷78夷陵州：下牢谿“在州西北二十五里。有关曰下牢关，亦曰下牢戍。旧峡州治也”。

下牢镇 在今湖北宜昌市西北长江北岸。《舆地纪胜》卷73峡州：下牢镇，“《元和郡县志》云，在夷陵县二十八里。隋于此置峡州。贞观九年移于步阐垒。其旧城因置镇”。

下牢谿 在今湖北宜昌市西北。南宋陆游《入蜀记》：“过下牢关。夹江千峰万嶂，有竸起者，有独拔者，有崩欲压者，有危欲坠者，有横裂者，有直坼者，有凸者，有洼者，有罅者，奇怪不可尽状。初冬，草木皆青苍不凋，西望重山如阙，江出其间。则所谓下牢谿也。欧阳文忠公有《下牢津》诗云：‘入峡山渐曲，转滩山更多’。即此也。”

下良镇 即今山西襄垣县北下良镇。《清一统志·潞安府》：下良镇“在襄垣县北三十里”。

下社镇 即今山西应县东南下社镇。1941年2月，驻大同日军黑田帅团包围应县下社镇和小石口村，残杀群众和外地商人一千六百五十人，烧房八百五十余间，制造了著名的“下社惨案”。

下改心 在今云南澜沧拉祜族自治县东北谦六彝族乡。清设巡司于此。民国改设县佐。

下阿 在今安徽天长市东北。《寰宇记》卷130天长军天长县：“唐开元二十九年于下阿村置千秋县，天宝七年改为天长县。”

下阿坝阿羌寨 在今四川阿坝县东南（下阿坝）。清雍正元年（1723）置下阿坝阿羌寨土千户。

下阿拉克硕土司 清雍正时置，属西宁办事大臣。为玉树四十族之一。驻牧地在今青海玉树县西南与杂多县交界处，子曲河南北两岸。清末与上阿拉克硕土司合并为拉休土司。

下阿溪 在今安徽天长市东北。《资治通鉴》：唐则天后光宅元年（684），“徐敬业闻李孝逸将至，自润州回军拒之，屯高邮之下阿溪”。胡注：“唐开元二十九年于下阿置千秋县，天宝五年改天长；梁曾于石梁置泾州，以此言之，盖下阿溪即今石梁河也。”

下邽县 战国秦置，属内史。治所在今陕西渭南市东北故市镇故县村。出土秦封泥中有“下邽丞印”可证。西汉属京兆尹。北魏初移治今市东北巴邑，改名下封县。隋大业二年（606）复为下邽县，属冯翊郡。十一年（615）移治今下市北吉镇。唐属华州。元废。

下邽城 在今陕西渭南市北下吉镇。战国秦置下邽县，故治在今下吉镇东南故市镇故县村。《水经·渭水注》：“渭水又东径下邽县故城南，秦伐邽，置邽戎于此，有上邽，故加下也。”隋开皇十一年（591）始移治今下吉镇。

下坪村 在今福建平和县西长乐乡下坪村。1928年3月，平和县数千名工农群众和农民自卫军在朱积垒的率领下在此举行暴动，然后向县城进发，并一举攻入城内。当时暴动指挥所在地——下坪村书斋现已辟为平和暴动纪念馆。

下坭巴寨 在今四川松潘县南青云乡西北下尼巴村。清康熙四十二年（1703）置下坭巴寨土百户。

下若里 即今浙江长兴县东六里下箬寺村。《陈书·高祖纪上》：陈霸先“吴兴长城下若里人”。

下茂墟 即今福建沙县西北夏茂镇。《清一统志·延平府》“华岩墟”条下：“下茂墟，在县北六十里。”

下茅墟 即今广东四会市西北下茆镇。清光绪《广东舆地全图》：四会县西北有下茅墟。

下板城 即今河北承德县治。清于此设把总驻防。1949年承德县迁治于此。

下旺土司 明嘉靖七年（1528）置，属思恩府。治所在今广西平果县北那升村（旧下旺）。清光绪二年（1876）属百色直隶厅。1918年废入思林县。

下国 春秋晋旧都曲沃的别称。故址在今山西闻喜县东北。《左传》：僖公十年（前650），“秋，狐突适下国”。唐孔颖达疏：“晋昭侯尝以此邑封桓叔，桓叔国之三世，武公始并晋国，迁居而就之此。曲沃，晋之旧国，故谓之为下国也。”

下昂镇 即今浙江湖州市南二十八里下昂镇。清光绪《归安县志》卷6：“相传赵子昂曾寓其地，故名。”

下迪镇 即今山西稷山县西南下迪。《清一统志·绛州》“小河镇”条下：下迪镇“在县西二十里……明嘉靖中筑”。

下岸 指今印度尼西亚爪哇岛、苏门答腊岛等处。南宋周去非《岭外代答》卷2：“阇婆国又名蒲家龙，在海东南。势下，故曰下岸。”赵汝适《诸蕃志》卷下：“俗分诸国为上下岸，以真腊、占城为上岸，大食、三佛齐、阇婆为下岸。”

下罗计长官司 元世祖至元十三年（1276）置，属叙南等处蛮夷宣抚司。治所在今四川珙县。元末明玉珍改为珙州。

下罗计堡 明洪武中置，属珙县。在今四川珙县西南六十里下罗乡（老堡场）。清废。

下邾 即今江苏宜兴市东北三十五里洋溪镇（下邾街）。东近太湖。明洪武三年（1370）置巡司于此，清移周铁桥镇。

下迮戍 亦作下笮戍。在今湖北襄阳市东北沔水北。《魏书·贺拔胜传》：永熙二年（533）“胜将图襄阳，攻萧衍下迮戍，克之”。

下舍市 即今浙江德清县东二十里下舍镇。清同治《湖州府志》卷22《村镇》：十八都有下舍。

下肥地 在今辽宁开原市东南九十里下肥地满族乡。民国《开原县志》图：东南有下肥地。熊知白《东北县治纪要》辽宁开原县：“县属下肥地，在八棵树南四十五里。户数三百，人口一千九百。”

下店 一作夏店。即今湖北大悟县东南四十四里夏店镇。旧属黄陂县。清光绪《湖北全省分图》：黄陂县北有下店。1933年划归礼山县。1952年划归大悟县。

下店镇 清置，属同安县。即今福建厦门市西北三十六里城内。

下河 清代称今江苏里运河以东、通扬运河以北地势低洼、陂湖所汇地区为下河。《河防考》卷4：“下河者，扬之江都、兴化、泰州、高邮、宝应，淮之山阳、盐城七州县迤东际海之地也。”

下河湾冶铁遗址 在今河南泌阳县东南马谷田镇下河湾村东。为战国至汉代矿冶古遗址。面积1.05万平方米。发现冶铁古遗址数十处。残存有炉渣、铁块、陶片等。2006年定为全国重点文物保护单位。

下河寨 即今江西宁都县东南八十里下河。明、清置巡司于此。

下河镇 即今河北曲阳县东北下河乡。清道光《定州志》卷7曲阳县市集：下河村在“城北二十里”。

下泺堰 即堰头镇。即今山东济南市北洛口。《清一统志·济南府三》：堰头镇“在历城县东北二十里。亦曰下泺堰，亦曰泺口。即泺水入大清河处，筑堰以分其流”。

下沱市 在今湖北枝江市南沱江上。《宋史·贾似道传》：似道“即弃官去，使吕文德报北兵攻下沱急”。即此。南宋咸淳六年（1270）枝江县治此。

下泥市 一名霞凝港。即今湖南望城县东十八里霞凝港。《清一统志·长沙府二》“榔梨市”条下：“下泥市在（长沙）县西四十里。”

下衬关 在今甘肃康乐县南景古镇附近。《方舆纪要》卷60临洮府：下衬关“在府南百里。又府南百十里有八角关（今甘肃临潭县北八角乡）……诸关皆宋置。今俱属临洮卫卒戍守”。

下封县 北魏改下邽县置，属延寿郡。治所在今陕西渭南市东北故市镇。后废。西魏复置，隋大业二年（606）复名下邽县。

下城子 即今黑龙江穆棱市南下城子镇。为穆棱铁路的起点站。

下城父 又名下城父聚。在今安徽涡阳县西北。《史记·陈涉世家》：秦二世二年（前208），“陈王之汝阴，还至下城父，其御庄贾杀以降秦”。即此。《清一统志·颍州府一》：下城父聚，“《旧志》：以近故城父县，故加下”。

下城县 东魏武定七年（549）置，为沭阳郡治。治所在今江苏沭阳县南三里。南朝陈太建五年（573）省入怀文县。

下革赍 在今四川甘孜县西北。清雍正七年（1729）置下革赍土百户。

下草湾古人类化石产地 在今江苏泗洪县南双沟镇东南十二里。1954年杨钟健和贾兰坡在下草湾引河南岸高地上拾得一块人类股骨化石，根据其石化程度和其海绵骨质空隙中充填的土质，以及含氟量的测定，定为晚更新世人类化石。1979年，在50年代出土河狸化石的地层上面，发现了更新世晚期的红黄土层，从而为下草湾古人类化石找到了地层根据，其时代距今约1—4万年。

下南坑镇 在今江西萍乡市东南三十里南溪水东滨。清同治《江西全省舆图》卷5：萍乡县东南有下南坑。

下查埠塘 一作下渣。即今湖北仙桃市东三十里下查埠镇。清光绪《湖北全省分图》：沔阳州（治今沔城镇）东北有下查埠塘。

下相县 战国秦置，属泗水郡。治所在今江苏宿迁市西南古城。西汉属临淮郡。《汉书·地理志》注：“应劭曰，‘相水出沛国，故加下’。”东汉属下邳国。晋仍属临淮郡。南朝宋省。北魏复置，孝昌三年（527）为盱眙郡治。东魏武定八年（550）改为临清郡治。北齐废。项羽为本县人。

下郦 西汉元封元年（前110）置，在今河南内乡县北十里的郦城。《史记·建元以来侯者年表》：“下郦，以故瓯骆左将斩西于王功，侯。”即此。《汉书·景武昭宣元成功臣表》作“下鄜”。

下峒长官司 简称下峒司。明宣德四年（1429）置，属九溪卫。治所在今湖南桑植县西北下洞街。清废。

下峒司 在今湖南桑植县西北下洞街。本明下洞长官司，清雍正七年（1729）改土归流。乾隆元年（1736）设巡司。后移巡司于古丈坪。

下峒砦 在今广西荔浦县东南。《方舆纪要》卷107荔浦县“上中峒砦”条下：“又下峒砦在县东北（南）三十里。有城，万历十年筑。”曾设巡司于此。

下竿塘山 一名北竿塘。即今福建连江县马祖列岛北北竿塘岛（长屿岛）。南宋中叶《淳熙三山志》列举闽江口外的岛屿，已提到该岛。明洪武二年（1369）曾徙其民于内地。清代岛上设有烟墩，与南竿塘和迤南的白犬、东沙岛合置战船四拨、千把总一员巡防，属海坛镇所辖的闽安协水师副将。晚清以来遂为长屿岛（长屿山）之名所替代。

下饶 即今广东饶平县西北三饶镇。《明史·地理志》饶平县:“成化十二年十月以海阳县三饶地置,治下饶。”

下洼镇 1946年置,即今山东沾化县西下洼镇。

下洪州 明永乐五年(1407)属新安府。治所在长津县(今越南东北部海阳省嘉禄)。辖境相当今越南海阳省地。宣德二年(1427)以后入安南。

下洛县 西晋改下落县置,属广宁郡。治所即今河北涿鹿县。北魏改为广宁县。

下浒堡 即今福建霞浦县南下浒镇。明嘉靖中移延亭巡司于此。

下埔墟 即今广东汕头市东北下蓬镇。清光绪《广东舆地全图》:澄海县西南有下浦。

下都 ①神话中指天帝在下界的都邑。《山海经·西山经》:“曰昆仑之丘,是实惟帝之下都。”郭璞注:“天帝都邑之在下者。”

②对首都而言,古称陪都为下都。西周都镐(今陕西西安市长安区西北),成王营雒邑(今河南洛阳市王城公园一带)为下都。战国燕都蓟(今北京市北京城西南隅),昭王城武阳(今河北易县东南)为下都。北齐都邺(今河北临漳县西南),以晋阳(今山西太原市西南晋源镇)为下都。

下鄀 西周、春秋国名。允姓,都商密。在今河南内乡县、陕西商洛市间。郭沫若《两周金文辞大系考释》谓此鄀为鄀分支,故称“下鄀。”《左传》:僖公二十五年(前635),“秦、晋伐鄀”。杜预以为鄀本在商密,秦、楚界上小国。其后迁于南郡鄀县(今湖北宜城市东南)。无确据。

下桥大河 在今云南曲靖市南。《方舆纪要》卷114越州卫:下桥大河“在卫(治今市东南越州镇)西五十里。曲靖府境之水及龙潭河水合流而下,汇为大河,南注于南盘江”。

下桥墟 即今广东徐闻县西北下桥镇。清宣统《徐闻县志》卷1:下桥市在“县西北四十里”。

下桃 在今陕西汉中市东。南北朝时戍守要地。《宋书·萧思话传》:元嘉十年(433)二月,“(萧)承之等进黄金,(蒲)早子、(萧)健等退保下桃”。

下格尔吉土司 清雍正时置,属西宁办事大臣。为玉树四十族之一。驻牧地在今青海杂多县扎曲及子曲上流。

下哨河 在今越南北部谅山省境。《明史·安南传》:宣德二年(1427)讨黎利,柳升军至倒马坡陷殁,王通“惧甚,大集军民官吏,出下哨河,立坛与利盟誓,约退军”。

下峨桥镇 北宋置,属繁昌县。即今安徽繁昌县东北三十里峨桥镇。当峨溪河入漳河口,明初尝置繁昌河泊所于此。

下峪街 即今河南洛宁县西南七十八里下峪乡。民国《洛宁县志》卷1:“下峪街,长水西南五十里。”

下隽县 西汉置,属长沙国。治所在今湖北通城县西北。因隽水得名。东汉属长沙郡。南朝梁、陈时为隽州及上隽郡治。隋开皇九年(590)省入蒲圻县。

下虒聚 即今山西襄垣县西北虒亭。《汉书·地理志》:上党郡铜鞮县有下虒聚。

下爱茶峒长官司 明宣德三年(1428)置,属东乡安抚司。治所在今湖北宣恩县东南。清雍正十三年(1735)废。

下高岩 在今湖南吉首市西北七十五里,与永绥(今花垣县)境之上高岩相接。清严如熤《苗疆险要考》谓“左倚峭壁,右临深涧,最为险阻”。清乾隆征苗时,屯永绥粮运于此。

下郭罗克纳卡寨 简称下郭罗克司。在今青海班玛县西吉卡乡。清康熙六十年(1721)置下郭罗克纳卡寨土百户。清嘉庆《四川通志》卷90:清康熙五十九年(1720)冬十月,清提督岳钟琪等率诸军进攻,“取下郭罗克吉宜卡等处二十一寨,直抵中郭罗克”。即此。

下浦镇 即今江西宜春市东二十里下浦街道。明嘉靖《袁州府志》卷2宜春县:“下浦,县东。”

下勐(猛)尹 或作下孟引。即今云南澜沧拉祜族自治县北上允镇北之下允。清《乾隆内府舆图》作下猛尹。

下通江县 南宋末置,属巴州。治所在今四川通江县东北九十里。元至元二十年(1283)废。

下桑植司 即上桑植长官司。元置,治所疑在今湖南桑植县西北下洞街。

下埠集 又名王家巷。即今江西进贤县东南三十里下埠集乡。清同治《南昌府志》卷4有下埠集。

下勒凹卜顿寨 在今四川若尔盖县西北。清雍正二年(1724)置下勒凹卜顿寨土百户。

下营 ①即今山东昌邑市东北五十里下营镇。清《乾隆内府舆图》:昌邑县东北有下营。

②在今广东封开县东北。《清一统志·肇庆府》“大峒寨”条:“又有下营……八寨,皆在(封川)县东北归仁乡。”

下营关 在今广西兴安县西。《方舆纪要》卷107兴安县:“下营关在县西五里。”

下营坝 在今湖北恩施市西南,接咸丰县界。清有外委驻防。

下菰城遗址 在今浙江湖州市南郊道场乡。总面积68万平方米。下菰城城垣分内外两重,平面均呈圆角等边三角形。现存外城垣长约2000米,高约9—12米,城址总面积达44万平方米。内城居于外城东南隅,面积约16万平方米。现存城垣长约1350米,外城南侧城墙向内拐,似与内城相连。内、外城垣外侧还有30米宽的壕沟。城垣均为泥土夯筑而成,断面呈梯形。现存内、外城垣各有缺口多处,有的可能为城门址。内城中心略偏北发现有官署基址遗迹。《寰宇记》卷94引《吴兴记》称:“春申君黄歇于吴墟立菰城县”,即此。秦灭楚,改为乌程县。下菰城遗址是浙江省现存规模最大、保存最好的先秦古城址。

2001年定为全国重点文物保护单位。

下笮戍 即下迮戍。在今湖北襄阳市东北沔水北。《魏书·世宗纪》：景明元年（500），“荆州刺史桓道进攻（萧）宝卷下笮戍，拔之”。

下章党 即今辽宁抚顺市东北章党镇。民国熊知白《东北县志纪要》辽宁省抚顺县：“县属下章党在县市东北二十里，户数三百五十，人口二千。”

下清宫 又名青牛观。在今河南洛阳市北五里上清宫南邙山坡下。清乾隆二年（1737）邑人马一鸿、李永吉修。为一座青砖庙院。

下淮 在今浙江建德市东二十四里下涯镇。《陈书·留异传》：陈世祖遣沈恪袭留异，“异出下淮抗御……乃使兵戍下淮及建德，以备江路”。《旧唐书·崔义玄传》：永徽初陈硕真起义，“义玄率兵继进，至下淮戍，擒其间谍二十余人”。均此。

下淡水 在今台湾省屏东县南。清嘉庆十二年（1807）移下淡水巡司于此。

下淡水社 在今台湾省屏东县南。清康熙间高拱乾《台湾府志》卷2：下淡水社“离府治二百四十里”。

下淡水溪 即今台湾省高雄市和屏东县境之高屏溪，南流入台湾海峡。《清一统志·台湾府》：下淡水溪“在凤山县东南三十里。《旧志》：自淡水社西流入海。旁多水田，利畜牧。亦名下湛溪”。

下梁城 在今河南信阳市东南。《南史·梁本纪》：南齐建武二年（495），王广之等援司州，萧衍曰，“今屯下梁之城，塞凿岘之险，守雉脚之路，据贤首之山，以通西关，以临贼垒，三方犄角，出其不备，破贼必矣”。

下窑隘 在今江西赣县南。《方舆纪要》卷87赣州府赣县：下窑隘“在府南。《志》云，府南又有文潭隘，俱路出信丰县”。

下密县 ①战国秦置，属胶东郡。治所在今山东昌邑市东南十五里密城。出土秦封泥中有“下密丞印”可资佐证。西汉属胶东国。东汉初废。安帝复置，属北海国。西晋属北海郡。北齐徙治今山东潍坊市，为高阳郡治。隋开皇初郡废，县属青州。十六年（596）属潍州。移下密县于今潍坊市西二里，又名西下密。大业初复还旧治（今潍坊市），改名北海县；又改潍水县为下密县，属北海郡。治所在今潍坊市东四十五里，俗称东下密。唐武德八年（625）废。

②南齐置，属北海郡。治所在今江苏连云港市东云台山一带。东魏改属东海郡。北齐废。

下隆坝土司 清雍正时置，属西宁办事大臣。为玉树四十族之一。驻牧地在今青海玉树县西与杂多、治多二县交界处。乾隆《西宁府新志》卷19塞外贡马番族：“住牧吉独忒地方下隆坝族，距扎武族二百余里。”清末、民初与上隆坝土司分为中坝三族。

下博县 西汉置，属信都国。治所在今河北深州市东南三十里下博。《元和志》卷17：“以泰山有博县，故此加‘下’字。”东汉属安平国。北魏移治今深州市东，属长乐郡。北周建德六年（577）复还旧治。隋属信都郡。唐属深州。北宋雍熙四年（987）改名静安县。

下博桥 在今河北深州市东南下博。《资治通鉴》：五代梁乾化二年（912），李存审“引兵扼下博桥”。胡三省注：“漳水径下博县，盖跨漳水为桥。”即此。

下落县 西汉置，属上谷郡。治所即今河北涿鹿县。西晋改为下洛县。

下堡寺 即今河北临西县西二十里下堡寺镇。民国《临清县志》卷1：下堡寺为第九区区公所驻地。

下堡塞 在今浙江乐清市东北下堡村。《方舆纪要》卷94乐清县：下堡塞“在蒲岐所南五里，南临大海，所之南藩也”。

下港 古国名。在今印度尼西亚爪哇岛西部万丹（在西冷西北约10英里）一带。公元1568年后国势渐盛，领土扩展至西爪哇全境。中国、印度、波斯、土耳其、葡萄牙和荷兰等国商舶都来此进行贸易。明张燮《东西洋考》卷3：“下港一名顺塔，唐称阇婆，在南海中者也。”

下湖 在今浙江杭州市北。宋《淳祐临安志》卷10：下湖“在钱塘门外，其源出于上湖”。南宋淳祐七年（1247），西湖水涸，曾引天目山水经余杭塘河入下湖，再用水车输入西湖，以救干旱。宋林逋有《上湖闲泛舣舟石函因过下湖小墅》诗。

下渣 即下查埠塘。今湖北仙桃市东三十里下查埠镇。明嘉靖《沔州志》卷6：下渣“东一百二十里”。

下渣坝洼（窪）业石 在今四川道孚县南下扎坝。清康熙四十年（1701）置下渣坝洼业石土百户。

下渣坝莫藏 在今四川道孚县南下扎坝。清康熙四十年（1701）置下渣坝莫藏土百户。

下湾墟 在今广西桂平市西南郁江右岸下湾镇。唐为常林县治。清光绪《广西舆地全图》桂平县图：西南有下湾墟。

下溠戍 南梁天监中置，在今湖北随州市随县西北唐城镇。《元和志》卷21随州唐城县：“梁于此置下溠戍。后没魏，改为下溠镇。”

下溠县 西魏改溉西县置，为唐州治。治所在今湖北随州市随县西北唐县镇。隋开皇十六年（596）改置唐城县。

下溠郡 北周改西义阳郡置，治下溠县（今湖北随州市随县西北唐县镇）。隋废。

下塘河 即今浙江杭州市北及余杭区西京杭大运河南段。宋《淳祐临安志》卷10：城外诸河“一由西北过德胜桥，上北城堰，过江涨桥、喻家桥、北新桥以北入安吉州界，曰下塘河”。《清一统志·杭州府一》：上下塘河“一派由西北至江涨桥，与子塘河合，又余杭塘河亦西来会焉，又出北新关桥，曰下塘河，西北接新开运河至塘栖镇，入石门县界”。

下塘集 即今安徽长丰县南下塘镇。旧属寿州。

清乾隆《寿州志》卷1：下塘集“离城一百五十里”。

下蒲水 即今四川宣汉县、万源市之后河。《寰宇记》卷137东乡县：“分新安县于益迁、下蒲两水间置石州。”

下蒲县 南朝宋置，属巴渠郡。治所在今四川宣汉县西北马渡乡（马渡关）。北周属三巴郡。隋开皇三年（583）废入东乡县。唐武德三年（620）复置，属南石州。八年（625）又废。

下雷州 北宋置，属邕州左江道。治所在今广西大新县西北下雷镇。明初改为下雷峒。万历十八年（1590）复为下雷州，属南宁府。清雍正十年（1732）改属镇安府。光绪十二年（1886）属归顺直隶州。民国初属广西镇南道。1928年与安平、太平土州合并改设雷平县。

下雷峒 明初改下雷州置，属镇安府。治所在今广西大新县西北下雷镇。嘉靖四十三年（1564）属南宁府。万历十八年（1590）改为下雷州。

下歇武 清末、民国间由上歇武族分出，驻地在今青海称多县东南。

下蜀戍 唐置，属升州。即今江苏句容市北六十里下蜀镇。《资治通鉴》：唐肃宗上元元年（760），刘展军于白沙，李峘“悉锐兵守京口以待之。展乃自上流济，袭下蜀”，即此。北宋为句容县下蜀镇。

下蜀港 俗呼为官港。即今江苏句容市北六十里下蜀。《资治通鉴》：唐肃宗上元元年（760），刘展以广陵叛，李峘“悉锐兵守东口以待之，展乃自上流济，袭下蜀”。胡三省注：“升州东北九十里至句容县，有下蜀戍，在句容县北，近江津。”《宋史·虞允文传》：南宋绍兴十一年（1141），金主亮南侵，虞允文驻京口，“以苗定驻下蜀为援”。皆此。

下蜀镇 北宋置，属句容县。即今江苏句容市北六十里下蜀镇。明弘治《句容县志》卷1：“下蜀镇在县治北六十里仁信乡，下有巡检司，馆驿税务。今废。”

下雉县 西汉置，属江夏郡。治所在今湖北阳新县东南。《汉书·伍被传》：被谓淮南王安曰：“有寻阳之船，守下雉之城。”即此。三国吴属武昌郡。东晋义熙中废。

下鄘 即下郦。在今河南内乡县北十里。《汉书·景武昭宣元成功臣表》作“下鄘”。

下新河 在今江苏南京市西南。《清一统志·江宁府一》“新河”条引《（江南）通志》谓：“下新河自三山桥，历石城、定淮诸门，由草鞋夹以达于江。”

下滠市 一名下滠口。即今湖南湘潭市南下摄司，南临湘江。明、清置巡司于此。

下溪场 即今四川马边彝族自治县北下溪乡。清嘉庆《马边厅志略》卷2有“下溪场”。

下溪州 ①五代晋天福五年（940）移溪州治于今湖南古丈县东北会溪坪，改称下溪州。北宋熙宁五年（1072）改为会溪城。

②南宋绍兴中置，治所在今湖南永顺县东南。后废。

下蔡 即今安徽凤台县。本春秋时州来邑。蔡昭侯自新蔡（今河南新蔡县）迁都于此，称下蔡邑。《春秋》：哀公二年（前493），“蔡迁于州来”。即此。

下蔡县 战国楚置。始皇二十三年（前224）入秦，属泗水郡。治所在今安徽凤台县。西汉属沛郡。东汉属九江郡。西晋属淮南郡。南朝宋废。北魏复置，为下蔡郡治。南朝梁为汴州治。隋属汝阴郡。唐属颍州。五代周显德四年（957）为寿州治。北宋为寿春府治。金为寿州治。元属安丰路。明洪武中废入寿州。

下蔡郡 ①北魏太和十九年（495）置，属南兖州。治所在楼烦县（今安徽颍上县境）。辖境相当今安徽颍上、凤台、怀远等县地。北齐废。

②东魏武定六年（548）改颍川郡置，属谯州。治所在黄城县（今安徽颍上县西南三十五里）。辖境相当今安徽颍上县地。北齐废。

下蔡新城 即下蔡戍新城。南齐建，在今安徽凤台县南淮河东岸。《南齐书·垣崇祖传》：建元三年（481），“崇祖虑虏复寇淮北，启徙下蔡戍于淮东。其冬，虏果欲攻下蔡，既闻内徙，乃扬声平除故城。众疑虏当于故城立戍，崇祖曰：‘下蔡去镇咫尺，虏岂敢置戍；实欲除此故城。政恐奔走杀之不尽耳。’虏军果夷掘下蔡城，崇祖自率众渡淮与战，大破之”。

下蔡镇 明废下蔡县为镇，属寿州。即今安徽凤台县。《明史·地理志》寿州：“有下蔡镇巡检司。”

下鼻浦 在今江苏镇江市西十八里。元《至顺镇江志》卷7：下鼻浦，“《舆地志》：浦在城西十八里，北入江。吴置刺好屯，晋郗鉴于浦西筑两垒。《京口记》：有小墩东西长高二丈，有人鼻形著，墩山头又有口在上，鼻在下，东有憩宾亭”。

下察隅 在今西藏东南部。东邻缅甸，南邻印度，西界区域名称珞渝。“下察隅”藏语意为杂人居住的下谷。主要居民是藏族和僜人。地势北高南低，河谷地区受印度洋暖流影响。森林资源丰富，亚热带植物种类繁多，有多种野生动物，素有“西藏江南”之称。历属西藏地方政府管辖，其南部自1944年起，被印度政府非法占领。

下磕戍 在今江苏徐州市东南。《魏书·尉元传》：天安元年（466），刘彧“遣将张永、沈攸之等率众讨（薛）安都，屯于下磕”。即此。

下镇 即今江西玉山县东南下镇。清同治《江西全省舆图》卷11：广信府玉山县有下镇墟。

下镇寨 北宋庆历元年（1041）置，属火山军。在今山西河曲县北。

下颜墟 即今广西隆安县西北三十五里雁江镇（下颜）。清光绪《广西舆地全图》隆安县图：西北有下颜塘墟。

下潘州　北宋分潘州置，治所在今四川若尔盖县东求吉乡。元属吐蕃宣慰司。明初并入潘州卫，于此设漳腊堡。《方舆纪要》卷73松潘卫：漳腊堡“旧治于下潘州，在司北七百余里。景泰中，抚臣罗绮记曰：漳腊潘州城故址也。下有岩穴，空洞深邃，广可容列骑。旁有玻璃泉，冬夏渊然不竭。其土地膏腴，山川秀丽。自唐盛时始开拓，而旋入吐蕃”。

下辨水　即今甘肃徽、成二县境之洛河。《元和志》卷22同谷县：下辨水“一名甘泉，县东北七十里”。

下辨县　①秦置，属陇西郡。治所在今甘肃成县西北三十里。西汉改置下辨道，东汉复为下辨县，移武都郡治此。《三国志·魏书·曹休传》：东汉建安二十四年（219），“刘备遣将吴兰屯下辨，太祖遣曹洪征之”。《宋书·氐胡传》：西晋建兴五年（317），“戊搜卒，（杨）难敌袭位。与坚头分部曲，难敌号左贤王，屯下辨”。皆此。北周省入修城县。

②南朝宋侨置，属武都郡。治所在今四川绵竹市西北。后废。

下辨道　西汉改下辨县置，属武都郡。治所在今甘肃成县西抛沙镇一带。东汉复名下辨县。

下辩县　南朝宋元嘉二十九年（452）以武都流人置，为武都郡治。治所在今四川剑阁县西南武连镇南五里。大明二年（458）改为武功县。

下瞿滩　亦名瞿巫滩。在今重庆市云阳县东长江中。东晋常璩《华阳国志·巴志》：朐忍县“水道有东阳、下瞿数滩”。《水经·江水注》：江水“又东径瞿巫滩，即下瞿滩也”。《舆地纪胜》卷182云安军云安县：下瞿滩“在县东五里。以瞿村为名”。

下瞻对安抚司　清雍正六年（1728）置，属雅州府。治所在今四川新龙县，一说在新龙县东南拉日马乡。宣统三年（1911）改流。

下灌墟　古名下观。即今湖南宁远县东南二十八里下灌圩。清咸丰二年（1852），太平军攻克江华、永明两城后，东进与主力军会师于此。咸丰五年（1855），天地会军焦三、许月桂、李石保、王大才等乘雾袭击清军赵永年部，大败赵军于此，阵斩赵永年及千总唐仁高，乘胜进攻江华城。

下讙亭　在今山东肥城市南夏辉。《春秋》：桓公三年（前709），“齐侯送姜氏于讙”。杜注：“讙，鲁地。济北蛇丘县西有下讙亭。”《水经·汶水注》：“蛇水又西南径夏晖城南，经书齐侯于下讙是也。今俗谓之夏晖城。”

寸金淀　在今河南开封市北。乃黄河泛滥之水汇成。《续资治通鉴》：南宋端平元年（1234）八月，蒙古军“决黄河寸金淀之水”灌宋军，宋军被迫南撤。

寸金堤　在今湖北荆州市荆州区（故江陵县）西。《舆地纪胜》卷64江陵府：寸金堤“在府城外，万寿寺之西。张孝祥有寸金堤记”。《方舆纪要》卷78江陵县：寸金堤“在府城龙山门外。五代时高氏将倪可福筑以捍蜀江激水，谓其坚厚，寸寸如金，因名”。

丈八佛镇　即今山西屯留县西丈八庙。《清一统志·潞安府》“丰仪镇”条下：丈八佛镇“在县西五十里”。

丈八沟　①在今河南中牟县西南。为古圃田泽之遗迹。泽有九沟，其一为丈八沟，东北流入贾鲁河。《宋史·河渠志四》：“凡许、郑诸水合坚白雁、丈八沟……皆会焉。”清同治《中牟县志》卷1：“丈八沟渠源出新郑出佛潭，自张庄南新郑交界起至二十里铺北入贾鲁河。”

②在今陕西西安市西南十五里。宋张礼《游城南记》：“杜城之西，有丈八沟，即杜子美陪诸公子纳凉遇雨之地。潏水上源西北流，而合御宿川水，是名交水。”

丈人山　在今四川夹江县东。《方舆纪要》卷72夹江县：丈人山“在县东十里。亦曰九盘山。上有石，峭拔如人立，俗谓之丈人峰。相近者曰虎履山，上多虎迹，因名”。今山上有古寨遗址及石刻像，在巨石上刻“丈人峰”三个大字。

丈人观　即今四川都江堰市西南青城山麓丈人峰下建福宫。《方舆胜览》卷55永康军：丈人观“在青城北二十里。今名会庆建福宫。旧记云：昔宁封先生栖于北岩之上，黄帝师焉，乃筑坛拜宁君为五岳丈人”。宋陆游有《丈人观》诗。

丈人峰　在今山东泰安市北泰山顶。清聂钦《泰山道里记》：“绝巅西里许，为丈人峰。状如老人伛偻。”唐段成式《酉阳杂俎》前集卷12：“明皇封禅泰山，张说为封禅使。说女婿郑镒，本九品官，旧例封禅后，自三公以下皆迁转一级，惟郑镒因说骤迁五品，兼赐绯服。因大脯次，玄宗见镒官位腾跃，怪而问之，镒无词以对。黄幡绰曰：‘此乃泰山之力也。’”俗称妻父曰泰山，曰丈人，本此。

丈岭集　一作长林。即今山东昌邑市南八十里太保庄镇丈岭。清乾隆《昌邑县志》卷2有丈岭集。民国时有县佐驻此。

丈亭渡　在今浙江余姚市东二十八里丈亭镇南姚江上。《方舆纪要》卷92慈溪县：丈亭渡在“县（治今宁波市西北慈溪镇）西南四十五里慈溪江分流处也。旧建丈亭于其上。宋绍兴间改为丈亭馆。嘉靖三十五年官军败倭贼于此。今有丈亭关”。

丈亭镇　清置，属慈溪县。即今浙江余姚市东二十八里丈亭镇。

大厂　即今云南梁河县东南十九里大厂乡。1932年于此置梁河设治局。

大七　即今浙江嵊泗县西北海中大戢山。明《郑和航海图》作“大七”。

大八支线　自安徽大通（今淮南市南）向西至八公山。长22公里。为淮南铁路支线。日伪于1944年修筑。

大八屯 即今吉林珲春市。旧名珲春庄，清设珲春协领，副都统于此。宣统元年（1909）设珲春直隶厅于此。

大八丹国 故地在今印度西北沿海地区；或以为大八丹为中世纪阿拉伯旅行家所称底发他（Dehfaffan）的对音，在今印度西南沿海的特利切里一带。元汪大渊《岛夷志略》："大八丹，国居西洋之后，名雀婆岭，相望数百里。"

大八号镇 即今吉林榆树市西北八号镇。清光绪《吉林通志》卷16伯都讷厅：西北"一百里八号荒镇"。（按：伯都讷厅治在今榆树市）。

大人山寨 在今广东恩平市西。《方舆纪要》卷101肇庆府恩平县：大人山寨"在县西三十里，瑶寨也。《志》云，县境瑶山凡七"。

大入城 在今山东龙口市东北。《元和志》卷11黄县：大入故城"在县北二十里。司马宣王伐辽东造此城，运粮船从此入，今新罗、百济往还常由于此"。

大九州 战国时齐人邹衍的一种地理学说。《史记·孟子荀卿列传》："（邹衍）以为儒者所谓中国者，于天下乃八十一分居其一分耳。中国名曰赤县神州。赤县神州内自有九州，禹之序九州是也，不得为州数。中国外如赤县神州者九，乃所谓九州也。于是有裨海（小海）环之，人民禽兽，莫能相通者，如一区中者，乃为一州。如此者九，乃有大瀛海环其外，天地之际焉。"

大力 即日丽。今印度尼西亚苏门答腊岛东北岸之日里。《元史·世祖纪》：至元二十一年（1284）十一月，"福建行省遣使人八合鲁思招降南巫里、别里剌、理伦、大力等四国，各遣其相奉表以方物来贡"。

大力山 即今广东郁南县东南大历山。《舆地纪胜》卷101德庆州：大力山"在端溪县西"。《方舆纪要》卷101罗定州西宁县：大力山"高六百丈，周回二百里。上多产竹木赤籐、南漆，山势雄伟，为西境之望。《旧志》：山在德庆州西南二十五里，州之镇山也"。

大力埠 即今广东郁南县东、西江南岸大历口。《方舆纪要》卷101罗定州西宁县：大力埠在"大力山之水入江处。《旧志》：在德庆州西七十里大江南岸。正德五年设，万历五年改今属"。

大工山—凤凰山铜矿遗址 在今安徽南陵县西和铜陵市东南。已发现冶炼、采矿遗址近百处，其中铜陵市的木鱼山、金牛洞，南陵县的江木冲、塌里牧四处，发现一批西周、春秋炼铜竖炉，唐宋矿石焙烧窑、圆形炼铜地炉，汉唐地下采矿场等重要遗迹，出土铜锭、铜器、铁器、陶器等物。该遗址自西周早期始，延续至宋，长达两千余年，对研究古代冶金史和长江下游社会经济史具有重要意义。1996年定为全国重点文物保护单位。

大士阁 俗称四牌楼。在今广西合浦县东山口镇南十二里永安村内。始建于宋，明洪武初重建，历有修葺，仍保持明代风格。为楼式亭阁，铁木穿斗结构、两阁两连，双檐、歇山顶。雄伟壮观。1988年定为全国重点文物保护单位。

大万山 在今贵州万山特区南三里。《方舆纪要》卷122铜仁府大万山长官司"新坑山"条下："又大万山在司南三里。司以此名。"

大万山长官司 明洪武五年（1372）改大万山苏葛办等处长官司置，属思南宣慰司。治所即今贵州万山特区。明曹学佺《名胜志》："大万山在治南三里，司以此名。"永乐十二年（1414）改属铜仁府。清废。

大万山苏葛办等处长官司 元置，属思州安抚司。治所即今贵州万山特区。明洪武五年（1372）改为大万山长官司。

大万谷落府 北宋开宝八年（975）析罗甸国置，为羁縻府。治所即今贵州开阳县。南宋嘉定间移治今贵州贵阳市。后废。

大小化等处长官司 元置，属管番民总管。治所在今贵州长顺县西南代化镇。明洪武七年（1374）改为大华长官司。

大小回 在今湖北鄂州市北长江中。《舆地纪胜》卷81寿昌军：大小回"在武昌樊口者曰大回，元结诗所谓回中鱼好游者是也。在钓台下者曰小回，元结诗所谓回中浪不恶是也"。

大小回湖 在今河南郑州市东三十里。《方舆纪要》卷47郑州：大小回湖"二河相连，下达中牟县，迤逦入黄河"。

大小豆溪 在今安徽宿松县东。《方舆纪要》卷26宿松县：大小豆溪"在县东三十里。又东六十里曰大小伯涝河，合流于张富池，接杨湾口，达于泊湖"。

大小洞天 在今海南省三亚市西崖城镇南二十里。《舆地纪胜》卷127吉阳军：石船"在南岭之南，距海数步，长丈余，如舟然。旁有峻岭，名试剑峰"。《明一统志》卷82崖州：试剑峰"在崖州南二十里海滨。山有巨石，高二丈余。宋毛奎题'小洞天'三字，刻其上。其南有石临海，题曰'钓台'。又入数步，名大洞天。有石室，题曰'海山奇观'。傍有石梯，题曰'仙梯'"。清光绪《崖州志》卷2：大小洞天在"城南二十里。宋知军周鄘始游，毛奎继游而名之"。

大小凉山 指今四川西南部大凉山、小凉山。《清史稿·刘秉璋传》："督蜀八年，历平万县，茂县、川北、秀山土寇，其大小凉山、拉木浪、赡对各夷畔。"

大小涧埠 在今广东德庆县东。《方舆纪要》卷101德庆州：大小涧阜"在州东三十五里"。

大小榆谷 又称二榆。为大、小榆谷的合称。大榆谷指今青海贵南县境的茫拉河河谷，小榆谷指今贵南县境的沙沟（河）河谷。作为地域名，大、小榆谷指今贵南境茫拉河河谷、沙沟（河）河谷与黄河交汇的沿河地区。《后汉书·西羌传》：章和元年（87），迷唐率诸羌入陇西塞，“迷唐不利，引还大、小榆谷”。《水经·河水注》：“河水又东迳允川，而历大榆、小榆谷北，羌迷唐、钟存所居也。永年五年，贯友代聂尚为护羌校尉，攻迷唐，……于逢留河上筑城以盛麦，且作大船，于河峡作桥渡兵，迷唐遂远依赐支河曲。”

大口　即天津关。在今北京市门头沟区西北八十里。《元史·太祖纪》：八年（1213），“帝至中都，三道兵还，合屯大口”。又《文宗纪》：天历元年（1328），“上都王禅兵袭破居庸关，……游兵至大口”。皆此。

大口店　一作大口镇。即今河南偃师市西南大口乡。明弘治《偃师县志》卷1：“大口店，在县西南四十里。”

大口河海口　在今河北海兴县东北海滨。清同治《畿辅通志》卷50盐山县图：东北有大口河海口。

大山　①一名马谷山。在今山东无棣县北大山庄附近。《清一统志·武定府》：马谷山“一名大山。《齐乘》有大山在无棣县东北八十里。《山东通志》：山西南半麓有洞，广二丈余，深不可测。相传古有龙马从此出，故以为名”。

②一名安阳山。在今河南固始县东。唐元和中平蔡，驻兵于此。

大山土守备　即今云南澜沧拉祜族自治县东北大山乡。清嘉庆间设土守备驻此。

大山千户所　明成化中置，属大嵩卫。在今山东海阳市（东村）西南大山所。

大山西洋岛　即今福建霞浦县南西洋岛和洋屿。明郑和下西洋经此。

大山屿　即今台湾岛西澎湖岛。清蒋毓英《台湾府志》卷3：大山屿，“澎湖诸屿独此最大，横直各有十余里，民居颇多。由此而下有五地，曰风柜仔尾、曰峙里、曰猪母落水、曰鸟嵌仔、曰林投仔，而妈宫前即在此屿，水师镇防汛在此”。

大山庄　即今山东无棣县北大山镇。民国《无棣县志》卷2：大山桥“在大山南，距城六十里”。

大山铺　今四川自贡市区东北大山铺镇。旧属富顺县，后划归自贡市。1979年于此发现以恐龙为主体的脊椎动物化石堆积层，誉为“恐龙之乡”。

大川山　在今湖南攸县北百里。《方舆纪要》卷80攸县：大川山“山高耸。其旁川原开广，因名”。

大义山　在今湖北随州市随县东北。《水经·溠水注》：“溠水北出大义山。”《舆地纪胜》卷83随州：大义山“在州东北。几环百里，民居其间，贫富自相取足，有义风。故名”。《方舆纪要》卷77随州：大义山“在州北百五十里。周百里。相传魏、晋置义阳郡，以山名也”。

大义县　唐武德二年（619）置，属中州。治所在今山西大宁县南。贞观元年（627）废。

大义河　在今山东金乡县北。《方舆纪要》卷32金乡县：“大义河在县北。旧自济宁州流入境。《宋史》：庆历中，浚任城金乡之大义河以通漕是也。今亦废。”

大义郡　北周置，治所在今河南桐柏县境。隋开皇初废。

大飞山　在今福建仙游县北五里。《新定九域志》卷9：大飞山“山地本平湖数顷，一夕风雨暴至，旦见此山耸峙，因名”。《清一统志·兴化府》引《旧志》：“谓之大小二飞山，县之主山也。自九座分宗东来，高可千仞，延亘百里，矗为二山，形势耸拔，翼然如飞。”

大马营堡　明置，属山丹卫。即今甘肃山丹县南大马营乡。清设游击驻防。

大乡县　南朝梁置，属武陵郡。治所在今湖南永顺县东南老司城。五代废。

大乡城　在今山东菏泽市西北三里。《魏书·地形志》：济阴郡乘氏“有大乡城”。《寰宇记》卷13曹州乘氏县：“大飨故城在县西北三里。故《志》云古之鄸城也，后改名大飨城。”

大丰（豐）区　2015年撤销江苏省大丰市，设立盐城市大丰区，区政府驻大中镇大华东路1号。

大丰（豐）市　1996年撤销江苏省大丰县，改设大丰市，市人民政府驻大中镇。由盐城市代管。

大丰（豐）县　①南朝梁置，属巴山郡。治所在今江西崇仁县西北。隋省入丰城县。

②1951年改台北县置，治大中集（今江苏大丰市大中镇）。1996年撤销，改设大丰市。

大王山　在今山西壶关县东南二十三里。《魏书·世祖记》：北魏太平真君九年（448），“诏于壶关东北大王山累石为三封，又斩其北凤凰山南足以断之”。即此。

大王店　即今河北徐水县西四十里大王店镇。《清一统志·保定府三》：大王店，“宋太平兴国四年，燕王德昭屯兵大王镇，即此”。

大王庙汛　在今江西湖口县北八里。清时设千总驻防。

大王庙　在今山西阳泉市盂县城西关香河北岸。又名“藏山别祠”。坐北朝南。始建于金大定十二年（1172），元、明、清均有修葺、扩建。现存主要建筑有山门、钟鼓二楼、仪门、乐楼、正殿、寝殿和碑房。正殿面阔三间，进深三间，单檐歇山顶，梁架保存部分元代构件，主体为明代建筑。寝殿面阔三间，进深六椽，单檐悬山顶，覆盆式柱础，是一座规整的金代建筑。正殿东侧为碑廊，内存历代碑碣十五通，有“千佛碑”、“吴道子图像碑”。庙内还有金代铁钟一口。这些都对研究藏山和大王庙的历史沿革有重要历史价值。2001年定为全国重点文物保护单位。

大王城　即代王城。在今河北蔚县东北二十里。

大王桥镇　1912年置，属广饶县。即今山东广饶县东南二十六里大王镇。

大王峰　即天柱峰。在今福建武夷山市南武夷一曲。明《八闽通志》卷6《地理志·山川》崇安县：大王峰“一名天柱峰。昔有张真人坐逝于此山，亦号仙蜕岩”。

大王常镇　即今河北枣强县东北三十五里王常乡。清同治《畿辅通志》卷 54 枣强县图：东北有王常村。

大王镇　①唐代北边七镇之一。即今北京市平谷区。《资治通鉴》：唐会昌元年（841），雄武军吏吴仲舒至京师，对宰相李德裕曰："幽州粮食皆在妫州及北边七镇。"胡注："檀州有大王、北来、保要、鹿固、赤城、邀虏、石子甎七镇。"金大定二十七年（1187）于此置平谷县。

②清置，属鄠县。即今陕西户县东北大王镇。

大井　在今江西井冈山市（茨坪）西。原是王佐的农民自卫军驻地。为井冈山五井（大井、小井、上井、中井、下井）之一。1927 年 10 月，毛泽东率领工农革命军上井冈山时驻此。

大井古铜矿遗址　在今内蒙古林西县东北官地镇中兴村大井自然村北二里。主要遗存集中在山冈和坡地上，有采矿坑、冶炼坩埚、工棚建筑遗迹等。共有露天开采矿坑四十七个，最长者 102 米，最短的有 7—8 米，宽度为 0.8—2.5 米，深 7—9 米。矿坑之间不连接，有顺坡纵向开采的，也有横向开采的，属于夏家店上层文化，年代距今 2900—2700 年。该遗址为研究我国北方古代铜矿开采、选矿、冶炼、铸造技术及发展水平提供了实证。2001 年定为全国重点文物保护单位。

大井墟　即今广东高州市北大井镇。清光绪《茂名县志》卷 2：县治"五十里大井墟"。

大夫庄　即今河北昌黎县西南三十五里大夫庄。清同治《畿辅通志》卷 49 昌黎县图：西南有大夫庄。

大夫关　在今贵州遵义县附近。《明史·李应祥传》：万历二十八年（1600）征播州杨氏，镇雄兵王嘉猷"扬声捣大水田，而潜以一军拔大夫关，直抵马坎"。即此。

大夫嶂　在今江西石城县西北。《方舆纪要》卷 88 赣州府石城县：大夫嶂"在县西北十五里。中凡三十六岩。宋崇宁中，进士陈邦光居此，因名"。

大天马山　亦名天马山。在今广西阳朔县西十五里。《清一统志·桂林府一》：天马山"其形如马。前有二小山，状如执御者"。

大天寿万宁寺　在今北京市东城区鼓楼东大街西口路北。始建于元大德九年（1305）。原为喇嘛庙。泰定四年（1327）五月，以寺中的广寿殿为神御殿，供奉成宗铁穆耳帝后的织锦影像。清末为避道光帝讳改名万寿寺。

大韦河　在今贵州惠水县西南。《方舆纪要》卷 121 定番州：大韦河在"（韦番长官司）司南三里。流入都泥江。《志》云，河上通程番，下接卧龙番"。

大云（雲）山　①在今浙江兰溪市东南云山公园。《方舆纪要》卷 93 兰溪县：大云山"在县治东南。俗名大寺山，以下有佛刹也。山不甚高，而延袤数里"。

②在今湖南衡阳县（西渡镇）西，接邵东县界。《方舆纪要》卷 80 衡州府衡阳县："大云山在府西八十里，跨衡阳、祁阳二县界。云雾尝蒙其上。"

③在今广东江门市新会区西。《方舆纪要》卷 101 新会县：大云山"在县西三里。形如盘龙，浮江旋绕"。

④又名大虫山、大灵山。在今广西梧州市东三里。《方舆纪要》卷 108 苍梧县：大云山"盘回高耸，其下为三台山，郡之主山也。上有扶虎岩。一名大虫山，一名大灵山。《搜神记》谓扶南王范寻养虎之所。今其岩蟠结危耸，为一山之胜"。

大云（雲）寺　①在今山西临汾市西南隅。《清一统志·平阳府》：大云禅寺"在临汾县城内安道坊。唐贞观中建。俗名铁佛寺。内有大铁佛，头上建浮图"。

②在今山西武乡县西北故城镇。始建年代不详。原名严净寺，宋治平元年（1064）改今名。清嘉庆末（1820）大修，但仍保持原有建筑风格。该寺坐北朝南，二进院。主要建筑有戏楼、钟鼓楼、南殿、正殿及角殿、配殿等。正殿（大雄宝殿）面阔五间，进深八椽。建筑构架保存了部分宋代结构和金、元维修补葺时的手法特征。南殿五间，为观音菩萨殿，其建筑也有金元遗风。其余建筑为清代重修，保存较好。武乡大云寺是一座地方佛教建筑，具有一定的建筑历史价值。2001 年定为全国重点文物保护单位。

③在今山东青州市南云门山麓。《清一统志·青州府二》："旧在云门山后，明景泰间徙。唐李邕有《大云寺禅院碑记》。"

④在今河南洛阳市旧城东南。《新唐书·武后纪》称：天授元年（690）"置大云寺"。张彦远《历代名画记》卷 3 载："大云寺门东两壁鬼神，佛殿上菩萨六躯，净土经变，阁上婆叟仙，并尉迟画，黄犬及鹰最妙。"徐松《唐两京城坊考》卷 5 载：大云寺"本后魏净土寺。隋大业四年，自故城徙津阳门内。贞观三年，复徙此坊。天授二年改大云，会昌中废"。

⑤在今广西柳州市南柳江南岸仙迹山（今马鞍山）下。唐建。柳宗元《柳州复大云寺记》："柳州始以邦命置四寺，其三在水北，而大云寺在水南。水北环治城六百室，水南三百室。俄而水南火，大云寺焚而不复且百年。"

⑥在今甘肃武威市东北隅。清初《重修大云寺古刹功德碑》载，大云寺为前凉王张天锡所建。原名弘藏寺，后改天赐庵。武则天称帝，令全国供奉《大云经》，改天赐庵为大云寺。

⑦唐建，在今吉尔吉斯斯坦托克马克东南二十里古纳拉古城。唐杜环《经行记》："碎叶城，天宝七年，北庭节度使王正见薄伐，城壁摧毁，邑里零落。昔交河公主所居止之处，建大云寺犹存。"

大云（雲）关　明置，为梧州府六关之一。在今广西梧州市东二里大云山上。《方舆纪要》卷 108 梧州府苍梧县："大云关在府东二里……成化六年督臣韩雍筑，以控扼冲要。"

大云（雲）经寺 在唐长安城怀远坊东南隅，今陕西西安市。宋敏求《长安志》卷10载：大云经寺"本名光明寺，隋开皇四年，文帝为沙门法经所立。时有延兴寺僧昙延，因隋文赐以蜡烛，自然发焰，隋文奇之，将改所住寺为光明寺，昙延请更立寺以广其教，时此寺未制名，因以名焉。武太后初幸此寺，沙门宣政进《大云经》，经中有女主之符，因改为大云经寺，遂令天下每州置一大云经寺。此寺当中，宝阁崇百尺，时人谓之七宝台"。

大云（雲）院 ①俗称石灰寺。在今山西平顺县城西北四十六里实会村北龙耳山中。创建于五代晋天福三年（938），初名仙岩院。天福五年建大佛殿，后周显德元年（954）建寺外七宝塔。北宋太平兴国八年（983）奉敕改寺名为大云禅院。大佛殿为五代遗构，圆柱方额，五铺作斗拱，飞檐起翘，是现存五代木构中惟一采用普拍枋之孤例。殿内有五代壁画和彩画。寺内有五代和北宋时期的石雕、香炉、经幢、石雕罗汉以及历代碑刻。现存山门、天王殿、后殿及两庑，均为清代建筑。1988年定为全国重点文物保护单位。

②在今山西沁县城西二十六里郭村。又称沁县大云院。坐北向南。始建于宋代，金大定年间（1161—1189）重修，命名大云禅院。现仅存正殿、前殿。正殿面阔三间，进深六椽，单檐悬山顶，梁架规整，为四椽栿前劄牵，大木构架尚有许多宋初做法，据此判断正殿为宋金建筑。寺内现存修寺碑及金代敕赐寺碑，记述金崇庆元年（1212）乞书寺名经过。大云院东侧另有一座道观，名清和观，创建于元大德年间（1297—1307），现存献殿和后殿，与大云院一并保护。2001年定为全国重点文物保护单位。

大木厂市 即今湖北房县西北大木镇。《清一统志·郧阳府》：大木厂"在房县西北一百四十里。旧有官亭"。

大木山 又名天木山、天目山、士雅山。在今河南信阳市西北。《晋书·祖逖传》："乃致妻孥汝南大木山下。"《水经·淮水注》："淮水又东北与大木水合，水西出大木山，山即晋车骑将军祖逖自陈留将家避难所居也。"

大木兰达河 即今黑龙江省木兰县西北木兰达河，由北而南贯穿县境，注入松花江。《清史稿·地理志》木兰县："又西，大小木兰达河，左会镇阳河。"

大木岭 又名大树岭。在今江西乐安县南。《方舆纪要》卷86抚州府乐安县：大木岭在"县南八十五里。其南麓即永丰县界也"。《清一统志·抚州府一》：大树岭"在乐安县南一百二十里。延袤二十余里，跨宁都、宜黄、永丰三县界。一名大木岭"。

大木树关 亦作木树关。明置，即今甘肃礼县北一百里木树关。《方舆纪要》卷59礼县"漩水镇"条下载："《通志》：县有洮平、牛脊、野麻、尖岔、木树等五关。"

大五女镇 即今河北安国市西南二十二里大五女镇。清同治《畿辅通志》卷47祁州图：西南有大五女。

大五井子 又名五井子、双龙城。即今黑龙江省望奎县。旧属海伦县。1913年于此置望奎设治局。1917年改望奎县。

大历（歷） 即今福建南平市西北大力口。宋淳祐中置巡司于此。清初废。

大历（歷）县 唐大历二年（767）置，属道州。治所在今湖南新田县西。北宋乾德三年（965）废入宁远县。

大车湖 在今云南腾冲县南。《明一统志》卷87腾冲军民指挥使司：大车湖"在司南。湖甚广阔，中有山，远观之真琼浪中一点青也"。《方舆纪要》卷118腾越州：大车湖"在州南团坡下。湖面广阔，中有小山若浮"。

大牙墟 亦作大芽圩、大衙圩。即今广东电白县东北大衙镇。明万历《高州府志》卷1：电白县有大衙圩。清道光《电白县志》卷8：大牙圩"在县（治今电城镇）西五十里"。

大屯 ①即今辽宁朝阳县东南东大屯乡。民国《朝阳县志》卷4："城东南大屯距县九十里。"

②即今吉林长春市西南大屯镇。旧南满铁路经此。民国《东北年鉴》：南满铁路有大屯站。

③即今云南个旧市东北二十八里大屯镇。清设大屯汛。

大屯土司庄园 在今贵州毕节市东北一百二十四里大屯彝族乡大屯山麓。始建于清道光初年，为彝族土司余象仪所建，后有扩建。建筑为三重殿式，砖木结构。青砖院墙高约5米，有六座碉楼。正面门楼庄严，东侧有轿厅，西侧有花园及蒂莲式鱼池。整个建筑仿唐代风格。是贵州省保存较为完好的一组土司庄园。1988年定为全国重点文物保护单位。

大屯山 在今台湾省本岛北端，为一火山群。该山在早期文献中亦作大遯山或大洞山，亦有称为奇独龟仑山。大屯之名，相传因其西麓为大屯社所在地而起。清康熙间高拱乾《台湾府志》地图有大屯社之名。

大屯镇 即今江苏沛县北二十四里大屯镇。民国《沛县志》附图：县北有大屯。

大中甸 即今云南中甸县。清于此置土千户。

大中桥 故址在今江苏南京市明宫城西南，白下路与大光路交接处的青溪上。始建于杨吴，称白下桥。明初称为大中桥。《明一统志》卷6南京：大中桥"在长安街西。即古白下桥"。《方舆纪要》卷20江宁府江宁县：大中桥"唐时东门桥也。旁有白下亭，因名白下桥。宋嘉泰四年重建，改曰上春桥。明曰大中桥"。

大中集 即今江苏大丰市驻地大中镇。1942年于此置台北县。1951年改名大丰县。1996年改设大丰市。

大冈 在今四川康定县东深沟子。清康熙三十九年

(1700)，打箭炉营官昌则集列叛乱，与清军在此激战。民国贺觉非《西康纪事诗本事注》："惟大冈不下，后由泸定把总王允吉、天全土官王自唐，募健卒五百人，绕至大冈之后，番人不备，一战溃败"，史称"西炉之役"。

大冈山 ①在今广东信宜市西。《方舆纪要》卷104信宜县：大冈山"在县西北二十里。形势高大，间于茂名、信宜二县界，因名"。

②在今台湾省高雄市北境，南连小冈山。清蒋毓英《台湾府志》卷2：大冈山"在府治（即今台南市）东南。此山离府三十余里。上有大石耸秀，形如冠帽。中有大湖石洞"。又范咸《重修台湾府志》卷1载：大冈山"在县治（凤山县治，即今高雄市东凤山区）北三十五里，与小冈山相联，不甚高。大冈在北，小冈在南，两相对峙。……内地舟来台，过澎湖东即见大冈山"。

大冈镇 清置，属盐城县。即今江苏盐城市南大冈镇。为商民辏集之所。

大水口堡 在今山西朔州市平鲁区平鲁城镇西北。《清一统志·朔平府》：大水口堡"在平鲁县西北四十里，西至边墙二里。明嘉靖中筑，周一里有奇"。

大水井 即今云南罗平县东南大水井乡。清有外委把总驻防。

大水井古建筑群 在今湖北利川市北柏杨坝镇水井管理区。古建筑群包括大水井李氏宗祠、李氏庄园和高仰台李盖五住宅，占地2万多平方米，建筑面积1.2万平方米。李氏宗祠是一个集政权、神权、族权为一体的封建"土围子"，清道光二十九年（1849）在原土家族人黄氏老宅和墓地的基础上建成。三殿两厢，建筑面积3800平方米。硬山式瓦顶，墙壁上镶嵌彩瓷。李氏庄园原为黄氏住宅，清乾隆中期后逐年扩建，建筑面积达6000余平方米。1942—1948年在高仰台加建住宅一座，布局与李氏庄园主体相仿。大水井古建筑群风格中西合璧，神权共张，且规模庞大，设计独特，建筑技术精湛，装饰图案丰富。2001年定为全国重点文物保护单位。

大水田 ①在今重庆市云阳县东北千丘。清道光《夔州府志》卷31：嘉庆五年（1800），德楞泰歼白莲教"赵麻花于云阳之大水田"。

②在今贵州遵义市西。为播州杨氏庄院。《明史·李应祥传》：万历二十八年（1600）征杨应龙，"贼伏兵大水田，别以五千人来袭，败还。（王）嘉猷乃扬声捣大水田，而潜以一军拔大夫关，直抵马坎"，即此。

大水田堡 明隆庆五年（1571）置，在今广西阳朔县西北金宝乡大水田村。《方舆纪要》卷107阳朔县"金宝堡"条下："万历初，'贼'首廖金滥等作乱，围大水田堡。"即此。

大水河屯 即今吉林永吉县西北大绥河镇。清光绪《吉林通志》卷15吉林府《屯镇》：正西"四十五里大水河屯"。民国熊知白《东北县治纪要》吉林永吉县："县属大水河，位于县市与长春道路上交叉点。"

大水泊 亦名大洛泊。即今内蒙古克什克腾旗西达里诺尔（湖）。北宋曾公亮《武经总要前集》卷16："大水泊，周围三百里。至上京五百里，南至幽州千三百里。辽中呼为撒得袅。"《元史·太祖纪》：六年（1211），"二月，帝自将南伐，败金将定薛于野狐岭，取大水泺、丰利等县"。

大水泺 在今内蒙古商都县境。《元史·太祖纪》：六年（1211），"二月，帝自将南伐，败金将定薛于野狐岭，取大水泺、丰利等县"。

大水荡桥 在今四川万源市南。民国《万源县志》卷2：大水荡桥"在治南二百二十里。交九区界。桥左为宣汉县界，右连达县界，俗呼一脚踏三县"。

大水峪关 明置，为明长城关口之一。在今北京市怀柔区东北大水峪村。《方舆纪要》卷11怀柔县：大水峪关在"县东北三十里，北去密云县之石塘岭四十里。有城，旁地平坦，贼骑易入。……《志》云，大水峪西北有西石城、东水峪二堡，南有神堂峪堡，皆有官军屯守"。

大水峪河 即今北京市怀柔区东雁栖河。《方舆纪要》卷11顺义县：大水峪河"在县北三十里，源亦出塞外，经怀柔县流入界，至孙家庄东北，合于黄花镇川河"。

大水溪 在今广东徐闻县东。《方舆纪要》卷104徐闻县：大水溪在"县东十里。源出县东北笼床山，至县东有石滩，水声响急，其下旋洄为潭，深不可测，俗名龙潭。南流经海安所城东入海。俗号石滩，为灵山镇海滩"。

大水窟山 在今台湾省南投县东南，与花莲县交界处。海拔3770米。山东南约五里，海拔约3280米处有一小池。据传清光绪间总兵吴光亮率军开山筑路时用此水，名大水窟，后以水池名山。

大毛山关 在今河北抚宁县东北一百二十里。明于此筑城戍守。清设把总。

大长山岛 在辽宁南黄海中。即今辽宁长海县大长山岛，县治在岛上四块石镇。明《辽东志》卷1：大长山岛"去（金州卫）城三百里"。又《清一统志·奉天府一》：大长山岛"在宁海县（今大连市金州区）东一百五十里。又东南十里有小长山岛"。

大长江 在今广西临桂县西北。《方舆纪要》卷107永宁州：大长江在"州北五十里。源出都狼山之大长泉，一名济泉，东南流入永福县界，下流合于漓江"。

大片岭关 明置，属海州卫。在今辽宁盖州市东。明《辽东志》卷2：大片岭关在"（海州）卫东一百一十里"。

大片岭墩 明置，属海州卫。即今辽宁岫岩满族自治县西北小偏岭。明《辽东志》卷1《海州卫图》：东南有大片岭墩。

大化镇 在今湖北广水市南。《资治通鉴》：五代晋天福五年（940），安州刺史李金全降南唐，南唐将李承裕入安州。晋将马全节讨之，“自应山进军大化镇”。即此。

大斤山 又作秦山。即今内蒙古呼和浩特市西北之大青山。《隋书·突厥传》：开皇二十年（600），“达头自立为步迦可汗，其国大乱。遣太平公史万岁出朔州以击之，遇达头于大斤山，虏不战而遁”。

大分水岭 在今四川松潘县北二百三十里。《明一统志》卷73松潘等处军民指挥使司：大分水岭“其山高峻，水分二流”。《清一统志·松潘厅》“小分水岭”条内引《舆程记》：“有大分水岭……有二派：一东南流为江，一西南流为大渡河。或曰即古羊膊岭也。”

大公岛 在今山东青岛市东南海中，亦曰鼓子洋。东北有小公岛。民国《胶澳志》卷2：“大公岛之西小岛上有灯塔，东距大公岛不及一海里，旧隶即墨。”

大公府 又作公爷府。即今内蒙古喀喇沁旗驻地锦山镇。清乾隆八年（1743）建公爷府于此。1948年喀喇沁右旗迁驻于此。1949年置喀喇沁旗。1956年设公爷府镇。1966年改名锦山镇，取锦绣河山之意。

大仓屿 在今台湾省澎湖县北，渔翁岛与白沙岛之间。清蒋毓英《台湾府志》卷3：大仓屿“澎民罕到，只一圹土耳”。今有大仓村。

大月氏 即月氏由今甘肃河西走廊西迁塞种地区（今新疆西部伊犁河流域及其以西一带）以后的名称。西汉文帝后元三年（前161）左右，国遭乌孙攻击，又西迁大夏（今阿姆河上游）。后灭大夏，国内分为休密、双靡、贵霜、肸顿、都密五部翕侯。《后汉书·西域传》：“后百余岁，贵霜翎侯丘就却攻灭四翎侯，自立为王，国号贵霜。……汉本其故号，言大月氏云。”

大风关 清置，在今重庆市石柱土家族自治县南六十里大峰门山之北。

大丹江 即今贵州雷山县西之丹江。《清史稿·地理志》丹江厅：“大丹江源出厅西南，小丹江自厅东南来会，曰九股河，东北流，入台拱（今台江县）。”

大乌山 在今江西兴国县北，接吉安县界。《清一统志·赣州府一》：大乌山“在兴国县北一百三十三里。高二十余里。四更即见日出。有风、雨二洞，深不可测”。

大乌爹国 在今印度拉贾斯坦邦之乌代普尔，或中央邦之乌贾国。元汪大渊《岛夷志略》：“大乌爹，国近巴南之地，界西洋之中峰。”

大乌墟 即今广西平南县东南五十里大安镇。清置巡司于此。

大方山 ①即今山东栖霞市西南二十里方山。《方舆纪要》卷36栖霞县“百涧山”条下：方山“山顶方平，亦曰大方山。迤西又有小方山”。

②在今四川南充市西。《舆地纪胜》卷156顺庆府：大方山“距城十五里。谢自然真人栖真之地。樊伯奇有记”。相近有小方山。

③在今四川阆中市东北一百里。《方舆纪要》卷68保宁府阆中县：大方山“在府东北百里。山顶四方如坪。其对峙者曰小方山，亦方平”。

大方关 明置，属石泉县。在今四川北川羌族自治县东北。《明史·地理志》石泉县：“东北有大方关。”道光《龙安府志》卷2：大方关“在县东北八十里。左邻白草番番寨”。

大方城 在今贵州大方县。《明史·王三善传》：天启三年（1623），抚臣王三善讨水西安邦彦，“师抵大方”。又《朱燮元传》：崇祯元年（1628），朱燮元“亲率大军驻陆广，逼大方”，皆此。

大方盘城 俗称河仓城。始建于汉。在今甘肃敦煌市西北一百二十里戈壁滩上。是汉至魏晋时期我国西部防线储备粮秣的军需仓库。

大方湖 在今山东郯城县西南十五里。《方舆纪要》卷33郯城县：大方湖“方广百亩，有蒲鱼之利。其下流亦入沂水”。

大斗军 唐开元十六年（728）改赤水军守捉置，属河西节度使。治所在今甘肃永昌县西南。《元和志》卷40凉州：大斗军“因大斗拔谷为名”。后废。

大斗拔谷 一作达斗拔谷、大斗谷。即今甘肃民乐县东南扁都口河谷。《隋书·炀帝纪》：大业五年（609），炀帝伐吐谷浑，“经大斗拔谷，山路隘险，鱼贯而出。……次张掖”。《元和志》卷40删丹县：“大斗拔谷在县南二百里。隋大业五年，炀帝躬率将士出西平道讨吐谷浑，还此谷，会大霖雨，士卒冻馁死者十六七。”《资治通鉴》：唐武德元年（618），西突厥阙可汗与甘州曹琮合兵击李轨，“为轨所败，窜于达斗拔谷”。皆即此。

大尹村 即今河北饶阳县东北大尹村镇。清乾隆《饶阳县志》卷上市廛：“北路有尹村。”

大巴山 亦名大巴岭山。在今陕西南郑县南、四川南江县东北，为米仓山南支。《寰宇记》卷133兴元府南郑县：“大巴岭山在县西南一百九里。《水经注》云：廉水出巴岭，北流经廉州。又《周地图记》云：此岭之南是古之巴国也。”《明史·林俊传》：兰廷瑞义军：“越汉中三十六盘，至大巴山。官军追及，复大破之。”即此。《清一统志·汉中府一》：大巴山，“《旧志》：在县南一百九十里，西乡县西南一百五十里。延亘数百里。冬夏积雪，中包孤云、两角、米仓诸山，南接四川巴州界”。

大巴关 在今陕西西乡县西南一百二十五里。明、清置巡司于此。

大巴岭山 即今川陕边界之大巴山。《寰宇记》卷133南郑县：“大巴岭山在县西南一百九里。《水经注》云：廉水出巴岭，北流经廉州。又《周地图记》云：此岭之南是古之巴国也。”

大允谷　在今青海共和县东南黄河北岸龙羊峡。《后汉书·西羌传》："自烧当至滇良，世居河北大允谷，种小人贫。"

大玉山　在今广东封开县东北。《方舆纪要》卷101开建县：大玉山在"县（今南丰镇）西三十五里。高百三十丈，周三十余里。青碧如玉。其旁为小玉山，高八十余丈，周五里，形势突兀"。

大末县　秦置，属会稽郡。治所即今浙江龙游县。三国吴更名太末县。

大扒塘　即今广西平乐县南四十五里大发瑶族乡。清光绪《广西舆地全图》平乐县图：南有大扒塘。

大甘　即今福建东山县东南兄弟岛桔屿。明郑和下西洋经此。又见明张燮《东西洋考》卷9"西洋针路"。

大古剌宣慰司　明永乐四年（1406）置大古剌军民宣慰使司，属云南布政司。治所在白古（今缅甸勃固）。辖境在今缅甸伊洛瓦底江三角洲。正统以后废。

大丙山　亦作大景山。在今陕西略阳县东南，与小丙山相连。《寰宇记》卷135兴州顺政县："大景山、小景山，景字本为丙，国讳改之，并在县东南七十里。其山峻崖南北相对，阔七步。其崖峻削，高百余丈。山衣石发，被于崖际。北有穴，方圆二丈余。其穴有水潜流，土人相传为丙穴。"

大伾山摩崖大佛及石刻　在今河南浚县城内大伾山东麓天宁寺院内及其附近。摩崖大佛为倚坐的弥勒像，开凿于北齐，唐初刻成，古称大佛岩。依山凿就，通高21.33米。附近保存历代石刻碑铭三百余块，包括北魏石兽，唐代"大山铭"、陇西尹公浮图、八棱经幢，后周"准敕不停废记碑"，宋代"康显侯告碑"、王阳明的"大伾山诗"、王铎的"再至青坛诗"等。摩崖大佛及石刻保存了南北朝时期原样大佛像，同时也保存了北魏到明代大量精美珍稀的石刻、碑铭、塔幢、石兽和石窟，具有深厚的文化内涵和较高的历史研究价值。2001年定为全国重点文物保护单位。

大石　即今山西应县东南约三十里大石口村。宋代为应州东南往代州繁峙要道。《续资治通鉴长编》：北宋雍熙三年（986），潘美攻下契丹寰、朔、云、应等州，与杨业以兵护四州民内徙，契丹复陷寰州，杨业欲"领兵出大石路"以避，即此。

大石口镇　即今江西修水县西北溪口水东岸大石口。清同治《江西全省舆图》卷1：义宁州西北有大石口汛。

大石山　①在今内蒙古乌审旗西南。《资治通鉴》：唐长庆元年（821），"灵武节度使李进诚奏败吐蕃三千骑于大石山下"。胡三省注："大石山在鲁州东南。鲁州，六胡州之一也。在灵武西河曲之地。"

②在今山东莱芜市东南十三里。《明一统志》卷22济南府：大石山"在莱芜县东南一十三里，出铁及大石"。

③又名石林、大石岭、万安山、黄华山。在今河南偃师市西南。《三国志·魏书·孙礼传》："帝猎于大石山，虎趋乘舆，礼便投鞭下马，欲奋剑斫虎。"《水经·洛水注》：来儒之水"又西南径大石岭南。《开山图》所谓大石山也"。《水经·伊水注》："大石山阿有魏明帝高平陵。"

④即今宁夏青铜峡市南青铜峡。《寰宇记》卷36灵州回乐县：大石山，"《水经注》云：河水至此，两山相对，水出其间，即上河峡也。俗号青山"。《资治通鉴》：唐长庆元年（821）十月，"灵武节度使李进诚奏败吐蕃三千骑于大石山下"。即此。

大石门山　在今安徽绩溪县东北。《方舆纪要》卷28绩溪县：大石门"在县东四十里。有石高数十丈，对峙如门。中有道，可通行人。又有石横如门限，水经其上，激荡有声。下流十里又有小石门"。

大石头　即今新疆木垒哈萨克自治县东二百二十里大石头。清《林则徐日记》：道光二十二年（1842）十月初二日，大石头，"此处系奇台县辖，民居数十家，有行馆，甚完整"。

大石关　①在今山东肥城市北。《清一统志·泰安府二》：大石关"在肥城县（旧城）北十里。旧置巡司"。

②明置，在今贵州黄平县北。《清一统志·镇远府》：大石关"在黄平州北"。

大石谷　①即大石口。在今山西应县东南三十里大石口村。《宋史·张耆传》："使自云、应、蔚至者由大石谷入，自朔至者由土墱入。"

②在今内蒙古五原县境。《资治通鉴》：唐元和四年（809），"丰州奏吐蕃万余骑至大石谷，掠回鹘入贡还国者"。

大石林牙　即虎思斡耳朵。简称大石。西辽都城。在今吉尔吉斯斯坦楚河南岸托克马克东南二十里布拉纳古城遗址。元《长春真人西游记》："晚至南山下，即大石林牙。"西辽国主耶律大石曾任翰林，辽人以翰林为林牙，故称大石林牙。

大石岭　①在今北京市延庆县东北。《方舆纪要》卷17永宁县：大石岭在"县东北五十里"。

②在今辽宁辽阳市南。《方舆纪要》卷37辽东都司：大石岭"在司南十五里"。

③在今河南伊川县西南。《周书·裴宽传》：北魏末，"乃将家属避难于大石岭。独孤信镇洛阳，始出见焉"。

④在今湖北恩施市东北。《方舆纪要》卷82施州卫：大石岭"《志》云，山顶有池。又有大石。一名仙掌岭"。

大石河　在今北京市房山区境，为拒马河支流。清《日下旧闻考》卷130："大石河自宛平柳林入房山境长草村，东南归琉璃河。"

大石城　在今新疆乌什县。唐为温肃州治。《新唐书·地理志》："大石城一曰于祝，曰温肃州。"

大石缸镇　即今四川三台县西北金石镇（大石缸）。

清嘉庆《四川通志》卷29三台县：大石缸“在县西北一百里”。

大石桥 ①又名安济桥、赵州桥。在今河北赵县南洨水上。隋建。《清一统志·赵州一》：安济桥“在州南五里洨河上，俗名大石桥。隋建。广四十步，长五十余步。唐张嘉贞、李翔皆有铭”。

②即今辽宁大石桥市。清光绪二十六年（1900）七月初二日义和团与俄军激战于此。1949年于此设营口县。1992年改设大石桥市。

③在今河南临颍县北，接许昌县界。旧属许昌县。《清一统志·许州一》：大石桥“在州城东南三十里。跨石梁河上”。

大石站 元置，即今广西永福县西南大石。

大石浦 在今江苏昆山市东南三十里石浦港。《方舆纪要》卷24苏州府昆山县：大石浦，“《志》云：上承吴淞江，南接三林港，出淀山湖。元至治初，尝浚石浦以东诸塘浦。明宏治中及崇祯末，屡尝开浚。其相近者曰小石浦”。

大石铺 ①即今重庆市合川区西北大石镇。清嘉庆《四川通志》卷89合州：大石铺“在州北五十里”。

②即今四川蓬溪县西南大石镇。清嘉庆《四川通志》卷89蓬溪县：大石铺“在县西四十里”。

大石湖 在今江苏江都市北。即古岱石湖。《清一统志·扬州府一》引《江南通志》：“宋元丰中，知江都县罗适，浚大石湖，改名元丰。”

大石墙山 在今河北赤城县东南。清光绪《畿辅通志》卷65：大石墙山“在独石口东南一百九十里。山产石炭”。

大石墟 即今广东广州市番禺区西北大石镇。清同治《番禺县志》卷18：墟市有“大石墟”。

大石寨 在今山西应县东南约三十里大石口村。《宋史·地理志》：代州繁畤县有大石寨。即此。

大石镇 ①北宋置，属铜山县。在今四川中江县南石笋乡东。

②金置，属繁畤县。在今山西应县大石口村。

大龙 在今湖南常德市北。清设巡司于此。

大龙山 ①大别山支脉。在今安徽安庆市北，跨怀宁、桐城、安庆三县市界。《明一统志》卷14安庆府：大龙山“在府城东北二十里。上有龙池”。《方舆纪要》卷26怀宁县：大龙山“稍东相接者曰小龙山，两山盘亘，下瞰大江，峰峦岩壑，种种奇胜。山周五十里，高十八里”。

②在今江西大余县东。《方舆纪要》卷88南安府大庾县：大龙山“在府东三十里，延亘三里，状如游龙。自麓至巅凡八里许”。《清一统志·南安府》：大龙山“山顶有幞头岩，右折有呆婆岩，岩后有锡坑山。山有坪、有泉、有田亩”。

③又名龙山。在今山东青州市西二十里。其东有小龙山。《方舆纪要》卷35益都县“尧山”条下：“又龙山在府西二十里。有二山，俱蟠曲如龙形。”

④即尧山。在今河南鲁山县西四十里。《寰宇记》卷8鲁山县：尧山“亦号大龙山，因扰龙见称”。

⑤在今湖南常德市北六十里。《明一统志》卷64常德府：大龙山“山势蜿蜒如龙”。

大龙水 即今广东连南瑶族自治县北大龙河。《方舆纪要》卷101连山县：大龙水“在县（治今连山壮族瑶族自治县东北太保镇旧城村）北十六里大龙山下。下流亦入于湟水”。《清一统志·连山厅》：大龙水“在厅北十六里。《旧志》：大龙水、小龙水皆在厅西九十里。源自湖广江华县，合青、梅二水，至厅北为韶陂水，又东南经长径合上吉水”。按，上吉水当是连水（古湟水）。

大龙田墟 即今广东兴宁市西北二十里龙田镇。明嘉靖《兴宁县志》卷2：“冷水井，俗呼冷井水，又两岐：一至大垅田（垅或作龙）。”

大龙头山 在今贵州思南县东北。《方舆纪要》卷122思南府：大龙头山“在府东北七里。其南有白鹿峰”。

大龙华 在今河北易县西南。1939年5月，八路军在此强袭日本侵略军，“大龙华战斗”全歼守敌。

大龙关 明置，属会川卫。在今四川会理县西北六十里。《明一统志》卷73四川行都司：大龙关“在会川卫城西六十里”。

大龙兴寺 简称龙兴寺。在今安徽凤阳县北。为明洪武十六年（1383）在离於皇旧寺（皇觉寺）十五里之中都城内盛家山重建的佛寺。

大龙岭 在今浙江宁海县西南。《方舆纪要》卷92宁海县；大龙岭在“县西南百里。回旋曲折凡二十五盘，接天台县界”。

大龙驿 ①在今湖南常德市北六十里。清乾隆四十一年（1776），置大龙巡司。后废。

②明改大龙站置，在今广西灵川县东北。《清一统志·桂林府一》：大龙驿“在灵川县东北。南至临桂县东江驿五十里，东北至兴安县白云驿八十里。旧有驿丞。本朝顺治十六年裁”。

大龙峒 又名大浪泵或大隆同。指今台湾省台北市北、淡水河与基隆河汇流点之南。本高山族凯达格兰平埔人大浪泵社地，后与奇武卒社合并。清乾隆初闽人入垦，称为大浪泵庄。嘉庆七年（1802）形成市街，改称大隆同。同治年间又改大龙峒。

大龙站 ①元置，在今湖南常德市北。明改为驿。

②元置，属静江路。在今广西灵川县（甘棠镇）东北三街镇北漓江岸。明改为驿。

③元置，在今四川会理县西北六十里。

大龙番长官司 明洪武五年（1372）改大龙番应天府安抚司置，属贵州卫。治所在今贵州惠水县西南三都镇。正统三年（1438）改属贵州宣慰司。万历间属定番州。清以后废。

大龙番应天府安抚司 元置，属八番顺元宣慰司。

治所在今贵州惠水县西南三都镇。明洪武五年（1372）改置大龙番长官司。

大龙湫　在今浙江乐清市东北雁荡山中。高差约一百九十米。《方舆纪要》卷94温州府乐清县：雁荡山“有大、小龙湫，会诸溪涧水，悬崖数百丈，飞瀑之势，如倾万斛水，从天而下也”。

大龙溪　沅水支流。在今湖南洪江市（黔城镇）东南。《方舆纪要》卷81黔阳县：大龙溪“源出罗公山。又有小龙溪，出县（治今黔城镇）东南九十里之柘木隘。二溪水脉相通，皆流入于沅水”。

大龙潭　①在今贵州石阡县西北。《方舆纪要》卷122石阡府苗民司：“大龙潭在司（治今思南县南尧民里）北。澄深不测，有灌溉之利。”

②即古雷塘。在今广西柳州市南十里。《清一统志·柳州府》：龙潭“在马平县（今柳州市）。有二：一为大龙潭，在县南雷山下，即所谓雷塘也；一为小龙潭，在县西南石鱼山下”。

大平伐长官司　明洪武十九年（1386）置，属贵州卫。治所在今贵州贵定县西南铁厂乡。二十八年（1395）改属龙里卫。清康熙二十六年（1687）改属贵定县。

大平湖　在今湖北天门市西南。《方舆纪要》卷77潜江县：大平湖在“县北六十里”。

大东沟　即今辽宁东港市。《清史稿·德宗本纪》：光绪二十年（1894）甲午海战，九月“壬午，海军副将邓世昌及日人战于大东沟，死之”。二十九年（1903）中美、中日通商航海条约，与安东（今丹东市）同时开为商埠。

大东港支线　从辽宁安东（今丹东市）至大东港（今东港市）。长17.8公里。为沈安铁路（今沈丹铁路）支线。日伪于1939—1945年修筑。其后被拆除。

大北山　在今广东中山市东侧。《方舆纪要》卷101广州府香山县：大北山“在县（今中山市）城东一里，莲峰耸其前，金鼓角山峙其后。其与莲峰对峙者为石岐山”。

大北汪镇　即今河北永年县（临洺关）东北三十二里大北汪镇。清同治《畿辅通志》卷51永年县图：西北有大北汪。

大北张　即今河北任县北十四里大北张村。清同治《畿辅通志》卷51任县图：北有大北张。

大业陂　俗称水门塘。在今安徽霍邱县东北八里。《方舆纪要》卷21霍邱县：大业陂在“县东北十五里。周二十余里。人呼为水门塘。相传古名镇淮洲，陷而为陂”。

大业垒　在今江苏丹阳市北。《晋书·郭默传》：东晋咸和年间，苏峻叛乱，“郗鉴议于曲阿北大业里作垒，以分贼势，使默守之”。同书《陶侃传》：“贼攻大业垒，侃将救之，长史殷羡曰：‘若遣救大业，步战不如峻，则大事去矣。但当急攻石头，峻必救之，而大业自解。’侃又从羡言。峻果弃大业而救石头。”即此。

大旦当　即今云南中甸县大中甸坝子。元代称大旦当，属丽江路。《元一统志》临西县：“东北至吐蕃大旦当拔著七十里。”“旦当”为藏语“建塘”的音译转写，意为胜利坝或王子之地。

大目降　又作大穆降。即今台湾省台南市东北新化区。原为高山族平埔人村社。郑成功治台时设新化里。清康熙二十二年（1683）设大目降汛，置千总驻守。嘉庆十二年（1807）称大目降街。日本占领期间于1920年设新化街。1945年抗日战争胜利后设新化镇。

大目溪　即今福建闽侯县（甘蔗镇）西北之大穆溪。《方舆纪要》卷96福州府：大目溪在“府西北五十里。出古田县界，其南为小目溪，出永福县界，皆西北流，注于马渎江”。

大甲　即今台湾省台中市西北大甲区。清为大甲堡，设巡司于此，属苗栗县。日本占领后，初设大甲区，属台中厅大甲支厅。1920年改设大甲街，属台中州大甲郡。1945年抗日战争胜利后设大甲镇。

大甲溪　①在今台湾省本岛西部。源出南湖大山西侧，西流经台中市北入台湾海峡。《清一统志·台湾府》：大甲溪“在彰化县北四十里。《旧志》：源出大山中，流经大甲社南，又西入海”。

②本台湾土著番社名。有大甲东、大甲西两社，据大甲溪入海口。即今台中市西北大甲区。清为苗栗县所属大甲巡司驻此。光绪二十一年（1895）日本侵占台湾，徐骧、吴彭年等 此抗击日军。

大号山　即沮洳山。在今河南辉县市西北。《淮南子·墬形训》：“淇出大号。”《水经·淇水》：“淇水出河内隆虑县西大号山。”

大田山　在今四川汉源县西北。《方舆纪要》卷73黎州守御千户所：大田山“在所西南三十里。下有大井水田。万历二十四年改立黎州土千户所于司南大田坝，坝盖在山之东麓”。

大田山坝　亦作大田坝。在今四川汉源县西北大田乡。《明史·四川土司传一》：万历二十四年（1596），“降黎州安抚司为千户所，立所治于司南三十里大田山坝”。

大田千户所　明洪武二十四年（1391）改散毛千户所置，属施州卫。治所即今湖北咸丰县。清初改置巡司。

大田坝　①当在今四川马边彝族自治县境。一说在今屏山县境。《明史·李应祥传》：万历十五年（1587），“撒假与（杨）九乍率万人据（利济）山，播州兵击走之。至是（朱）文达复破之大田坝，合（周）于德兵追逐，所向皆捷”。

②即今云南昌宁县西北五十五里大田坝乡。洪宪元年（1916）《最新大中华帝国道县形势全图》：保山县东北有大田坝。

大田县　明嘉靖十四年（1535）由尤溪、永安、漳平、德化四县地析置，属延平府。治所在大田里

（今福建大田县）。《清一统志·永春州》：大田里，“今大田县治。本尤溪县地，……明嘉靖十四年……奏请割尤溪县十四都，永安县一都，漳平县十社，德化县黄认一团，凡十四图置县，取旧里为名，曰大田。县治基曰状元丘，旧为田则稻先熟，故名”。清雍正十二年（1734）改属永春直隶州。1913年属福建南路道。1914年属厦门道。1928年直属福建省。

大田驿 明属福州府闽县。在今福建长乐市西南玉田镇。

大田站 元置，在今福建闽侯县西南。

大田镇 北宋置，属临海县。即今浙江临海市东北二十里大田镇。

大由堡 北宋元丰七年（1084）置，属诚州。在今湖南靖州苗族侗族自治县西北二十六里坳上镇。元祐三年（1088）废。崇宁三年（1104）复置。

大由（繇）镇 在今河北曲周县西南东大由村。《清一统志·广平府二》：大繇镇“在永年县（今永年县东南城关镇）东二十五里。……旧皆有城，今圮”。

大凹堡 在今湖南吉首市西南八十五里。《方舆纪要》卷81镇溪千户所：大凹堡“隶辰溪卫，有官兵戍守”。

大仙山 即今福建大田县东南大仙峰。《方舆纪要》卷97延平府大田县：大仙山“在县南。有双峰插天，如仙人角髻立于云外，县之镇山也”。

大仪山 在今四川仪陇县北。清同治《仪陇县志》卷2：大仪山“在县西北三十里。高踞群山之巅，矗立二千余丈”。

大仪殿 唐东都宫殿。在今河南洛阳市隋唐故城内。《元河南志》载：太仪殿“在庄敬之西”。

大仪寨 在今四川仪陇县北大仪山上。《清史稿·周达武传》：同治间，“又破郭刀刀于仪陇大仪寨”。即此。

大仪镇 北宋置，属江都县。即今江苏仪征市东北大仪镇。《宋史·李重进传》：建隆元年（960），太祖亲征李重进，“次大仪顿”。即此。

大白山 在今浙江嵊州市西。《舆地纪胜》卷10绍兴府：大白山“在嵊县西六十里。乃赵广信炼丹登仙之处。有石笋对立如阙，瀑泉飞下”。《明史·地理志》及《清一统志》作“太白山”。

大白米镇 即今江苏姜堰市东白米镇。清光绪《江苏全省舆图》：泰州东有“大白米”。

大白阳堡 明成化初置堡。在今河北宣化县东北六十里大白阳。《方舆纪要》卷18万全都司：大白阳堡“堡地平坦，其镇墩古道梁、毛家墩等口皆极冲”。

大白渠 古水名。在今河北平山、鹿泉、石家庄市一带。其下游即斯洨水。《汉书·地理志》蒲吾县：“大白渠首受绵曼水，东南至下曲阳入斯洨。”《水经·浊漳水注》：斯洨水“受大白渠，大白渠首受绵蔓水。……白渠水又东谓之斯洨水”。大白渠与斯洨水乃一水之上、下游之分，故《清一统志·赵州一》谓：古斯洨水“即白水渠也”。

大印山 又名大印隘、大印堡。今四川平武县南一百四十里大印镇。明属石泉县。清属平武县，嘉庆七年（1802）设主簿驻此。民国初设县佐。

大印堡 在今四川平武县南大印镇。《方舆纪要》卷73石泉县：大印堡“在县东北。《边略》云：堡设在山阜，巍然天险，亦白草番出没要路也”。

大乐 在今广东封开县东。《清一统志·肇庆府》“大峒寨”条：“又有下营、凤楼、龙田、观地、方宅、水斗、大乐、大洋冈八寨，皆在（封川）县东北归仁乡。”

大乐涧 在今甘肃庆城县南。《方舆纪要》卷57庆阳府安化县：大乐涧在“府南五十里。东流入宁州界，会于九龙川”。

大乐墟 即今广西象州县东北大乐镇。清乾隆《象州志》卷1：大乐墟“在昌化里，离城九十里”。咸丰初，太平天国义军大败清军于此。

大市坪 在今湖北保康县西南。《明史·白圭传》：成化初，镇压刘通义军，“通乃退保大市，与苗龙合”。

大玄城 亦作太元城。又名罗城（今四川成都市）。唐乾符三年（876）西川节度使高骈重建成都城。《全蜀艺文志》卷33王徽《创筑罗城记》：“南北东西凡二十五里，拥门却敌之制复八里。其高下盖二丈有六尺，其下广又如是，其上袤丈焉……其上建楼橹廊庑凡五千六百八间。”城较秦城为大，系砖甓城，颇为坚固。《宋史·黄畴若传》：“复念太玄城乃张仪所筑，高骈所修，圮坏岁久复修费重，乃以节缩余钱四十万贯，为修城备。”

大兰山 在今浙江余姚市南八十里大岚镇。《资治通鉴》：唐咸通元年（860），“刘从简帅壮士五百突围走，诸将追至大兰山”。即此。

大头山 一名殿子山。在今河南林州市西北二十五里。《晋书·庾衮传》：“及石勒攻林虑，父老谋曰：‘此有大头山，九州之绝险也。上有古人遗迹可共保之。’惠帝迁于长安，衮乃相与登于大头山而田于其下。”

大头城 在今四川富顺县东南八十五里，濒临沱江。东距怀德镇、西距赵化镇各十五里。南宋于江边虎头山建虎关城。山下集市遂名大虎头城，简称大头城。后因沱江水患，迁集市于今大城乡。

大汁镇 北宋置，属永泰尉司。在今四川盐亭县东北。以大汁盐井为名。

大汇（匯）滩 在今浙江景宁畲族自治县东北。《方舆纪要》卷94景宁县：大汇滩“在县东北……巨石错立，形如犬牙，水行峡中，声震如雷。其下流亦注于青田之大溪”。

大宁 即今山西阳城县北大宁。1942—1945年晋冀鲁豫边区置阳北县治此。

大宁厂 即大宁场。在今重庆市巫溪县北三十里宁厂镇东，后溪河注入大宁河处北岸。

大宁卫 明洪武二十年（1387）置，为大宁都司（次年改名北平行都司）治。治所在今内蒙古宁城县西北大明城。永乐元年（1403）徙废。

大宁场 元置，为盐场。在今重庆市巫溪县北三十里宁厂镇东，后溪河注入大宁河北岸。明改置大宁盐课司。

大宁州 元世祖至元二十年（1283）改大宁监置，属夔州路。治所即今重庆市巫溪县。辖境相当今重庆市巫溪县及巫山县北部地。明洪武九年（1376）降为大宁县。

大宁设治局 1931年2月由平泉县北部及喀喇沁中旗、喀喇沁右旗析置，治所在小城子（今内蒙古宁城县西北小城子镇）。同年12月改名宁城设治局。

大宁县 ①北魏太和中置，属大宁郡。治所即今河北张家口市。后废。

②北周保定元年（561）置，属南汾州。治所在今山西吉县东北县底村。隋开皇初属汾州，二十年（600）移治今大宁县。大业二年（606）废。唐武德二年（619）复置，为中州治。贞观元年（627）属隰州。金兴定五年（1221）改置蒲州。元世祖至元三年（1266）废。二十三年（1286）复置，仍属隰州。民国初属山西河东道。1928年直属山西省。

③元世祖至元二十九年（1292）改大定县置，为大宁路治。治所在今内蒙古宁城县西大明镇。明初废。

④明洪武九年（1376）降大宁州置，属夔州府。治所即今重庆市巫溪县。郭子章《郡县释名》四川卷上：大宁县“巫山大宁河发源此邑，大宁之名本此”。《明史·庄烈帝纪》：崇祯十三年（1640），罗汝才与总兵贺人龙战，败“走大宁”。即此。清康熙六年（1667）废入奉节县，雍正七年（1729）复置。1914年改为巫溪县。

大宁府 明洪武十三年（1380）改大宁路置，属北平布政司。治所在今内蒙古宁城县西大明镇。寻废。

大宁河 又名巫溪水、昌江。在今重庆市东部巫溪、巫山县境，注入长江。《方舆纪要》卷69巫山县：大宁河“在县治东。其上流即大宁县之马连溪也，经大昌县流入境，下流入大江。《水经注》谓之巫溪”。自洋溪乡南之宁河下流至巫山县东北之龙门，长50公里，有滴翠、铁棺、龙门小三峡。重峦叠嶂，奇峰绝岭，景色奇丽壮观。在龙门峡两岸有古栈道遗迹。

大宁城 即今内蒙古宁城县西大明镇。清属平泉州，有州判驻此。

大宁峒 亦名大宁寨。即今广西贺州市东北大宁河西岸大宁镇。明置大宁寨巡司于此。《方舆纪要》卷107贺县：大宁峒“在县东。其地有南乡六冲，连接湖广、广东，地遥山峻，易生戎心，防闲不易。今有大宁土巡司”。

大宁郡 ①北魏太和中置，治所在今河北怀安县东南。后废。

②东魏置，治所在西邸阁城（今河南修武县东南）。北周废。

③唐天宝元年（742）改隰州置，治所在隰川县（今山西隰县）。辖境相当今山西隰县、石楼、永和、交口、蒲县、大宁等县地。乾元元年（758）复改隰州。

大宁都司 大宁都指挥使司的简称。明洪武二十年（1387）置，治所在大宁卫（今内蒙古宁城县西大明镇）。辖境相当今河北、辽宁、内蒙古之交部分地区。次年改置北平行都司。永乐元年（1403）复旧名，侨治保定府（今河北保定市），旧地遂虚。

大宁监 北宋开宝六年（973）以大昌县盐泉所置，治所在今重庆市巫溪县北八里门洞村。明曹学佺《蜀中广记》卷53大宁县：“与治侧永安城相对，取安宁之义也。”端拱元年（988）徙治今巫溪县。元至元二十年（1283）升为大宁州。

大宁路 元世祖至元七年（1270）改北京路置，属辽阳行省。治所在大定县（今内蒙古宁城县西大明镇）。至元二十五年（1288）改为武平路，后复为大宁路。辖境相当今内蒙古老哈河和奈曼旗以南，辽宁医巫闾山、大凌河以西，河北滦河以东及长城线以北地区。明洪武十三年（1380）改为大宁府。

大宁墟 一作大凝墟。即今广西贺州市东北百二十里大宁镇。明置巡司于此。

大宁寨 ①即大宁城。在今内蒙古宁城县西大明镇。明洪武十四年（1381）封子朱权为宁王于此。《方舆纪要》卷18大宁卫：“（洪武）二十年，命宋国公冯胜等征纳哈出，谕令据大宁塞分兵列戍，以控制之。胜遂筑大宁、宽河、会州、富峪四城，师出，辄留重兵为守。”

②即今广西贺州市东北大宁镇。明置大宁寨土巡司于此。

大宁镇 ①北宋置，属获嘉县。在今河南获嘉县境。

②金置，属建安县。即今辽宁岫岩满族自治县北古城。《金史·地理志》建安县：“镇一，大宁。”即此。明昌四年（1193）升置秀岩县。

大礼 南诏自蒙世隆立，亦称大礼，改阳苴咩城为中都。《资治通鉴》：唐大中十三年（859），“酋龙乃自称皇帝，国号大礼”。方国瑜《中国西南历史地理考释》：大礼，“盖因其地有大厘城得名”。世隆亦因居大厘城，而号称大礼国。

大司马镇 即今河南武陟县西南三十四里大司马村。《清一统志·怀庆府二》：司马城“晋司马氏所居。其乡有司马村”。

大民屯 即今辽宁新民市东南大民屯镇。清光绪《奉天全省地舆图说图志》新民厅图：东南有大民屯。

大辽水 即今辽宁辽河。《汉书·地理志》望平县：“大辽水出塞外，南至安市（今辽宁海城市西南）入海。”

大奴管勾洞长官司 元置，属四川行省。治所在今湖北恩施市西南。至正十一年（1351）改为忠孝军民府。

大召 在今内蒙古呼和浩特市旧城。蒙古语称“伊克召”，意为“大庙”。汉名原为弘慈寺，明隆庆年间由土默特蒙古淹答汗与夫人三娘子共同主持兴建。后改称无量寺。因供奉银佛像，俗称银佛寺。2006年定为全国重点文物保护单位。

大召营 即今河南新乡县西二十里大召营镇。民国《新乡县续志》卷1：县西有大召营。

大加蚋 又作大佳腊。即今台湾省台北市。原为高山族凯达格兰平埔人住地的音译，意为浸水的平地。1812年为淡水厅十三堡之一的大佳腊堡。

大加蜡 即大加纳。今台湾省台北市的旧称。

大发（發）汛 在今广西贺州市东北桂岭镇。清光绪《广西舆地全图》贺县图：东北有大发汛。

大圣登山 在今贵州印江土家族苗族自治县东五里。《方舆纪要》卷122印江县：大圣登山“山高耸，为县境之望”。

大弁山 一曰汴山。即今山东沂水县西北五十里卞山。《水经·沭水》：“沭水出琅邪东莞县西北山。”郦道元注：“大弁山与小泰山连麓而异名也。”元于钦《齐乘》卷1“大岘山”条载：“沂山东南曰大弁山。‘大弁’，今人讹作“大屏’，字相类而误。唐沈亚之《沂水杂记》又讹作‘太平山’，因顶平八九十里，故云。当从《水经》作大弁者是。”

大台（臺） ①即今北京市门头沟区西北大台街道。平绥铁路（今京包路）有大台支线经此。

②在今河南沁阳市东。《方舆纪要》卷49怀庆府河内县：大台“在府城东。光武遣王梁击赤眉于此”。

大台（臺）山 在今河北井陉县西北。《方舆纪要》卷14井陉县：大台山在“县（今城关镇）西北二十里。趾削顶平，雄秀甲于封内，亦名五峰山。宋靖康间，女真入犯，居民多避兵于此”。

大台（臺）支线 自今北京市西郊门头沟经大台至板桥。长30.4公里。为平绥（今京包）铁路支线。日伪于1939—1940年修筑。

大母桥 在今青海循化撒拉族自治县东清水河注入黄河处。一说在今青海乐都县西南。《魏书·吐谷浑传》：世祖拓跋焘“诏晋王伏罗率诸将讨之，军至大母桥，……慕利延走白兰”。

大邦店 即今湖北广水市西二十二里大邦店。清同治《应山县志》卷21《兵荒》：同治三年（1864）正月，知县朱某率众西出击捻军，“行至大邦店”。即此。

大圩河集 一作大于河镇。即今山东潍坊市西二十里于河镇。清乾隆《潍县志》有大圩河集。

大地湾遗址 在今甘肃秦安县东北八十里五营乡邵家店村。1978年发掘，有房屋、窑址、灰坑、墓葬多处，出土文物八千余件，据测定为距今5000—7000年前新石器时代遗址。其中鱼纹彩陶大盆，图案精美，为我国最早的绘画艺术作品。1988年定为全国重点文物保护单位。

大场镇 ①即今上海市宝山区西南大场镇。《方舆纪要》卷24苏州府嘉定县“月浦镇”条下：“又县东南四十里曰大场镇。宋尝置盐场于此，因名。”

②在今广东汕头市西大场村。《方舆纪要》卷103潮州府澄海县：大场镇“在县西南近海。其相近有夏岭、新港等镇，接连马耳、莱芜等海澳，以防贼冲”。

大寺 巴利文Mahavihara（摩诃毘诃罗）之意译。为今斯里兰卡最古老的寺院。相传公元前3世纪顷，印度阿育王派王子摩哂陀等到师子国（今斯里兰卡）传播上座部佛教，天爱帝须王因此在都城阿㝹罗陀补罗建此寺。后上座部出现了无畏寺派，此处即称为大寺派，东晋法显《佛国记》记载：“城南七里有一精舍，名摩诃毗诃罗，有三千僧住。”

大寺江 在今广西钦州市西北。《清一统志·廉州府》“如洪江”条：“大寺江一名团良江，在州西北六十里。源出上思州梠羊岭。”

大寺安山 亦名长乐山。在今四川都江堰市西南六十里太安场附近。《舆地纪胜》卷151永康军：长平山“在味江之上。昔杜宇与居人避水其上，城垒居地往往尚在。有大安寺，寺门盖花平老泽路也”。

大寺顶 在今四川高县东南。清同治《高县志》卷11：“大寺顶即中腹寺后山。由寺后斜上，山路崎岖，羊肠一线，上有擦耳岩，尤为奇险。”同治元年（1862），李永和义军与民团激战于此。

大寺墟 即今广西钦州市西北九十里大寺镇。清乾隆四年（1739），移长墩巡司于此。

大寺寨 在今福建光泽县西南杉关。《清一统志·邵武府》：大寺寨巡司“在光泽县杉关。宋置在县西北小和山。元至正二十五年，迁于止马市。明洪武三年，移置于关东”。

大吉口 即今河北平泉县南五十里大吉口。清道光《承德府志》卷7平泉州：南境“大吉口在佟家嶂子南十五里”。

大托山 在今广东珠海市斗门区北。清雍正时建炮台于此。

大共山 亦名大洪山。在今安徽祁门县北五十里。宋淳熙《新安志》卷4祁门县《山阜》：大共山“在县北五十里。高六十仞。与宁国府太平县分界”。《方舆纪要》卷28祁门县：大共山“大共水出焉。山下旧有大共镇，元置。今废”。

大共水 在今安徽祁门县东，阊江上游。宋淳熙《新安志》卷4祁门县《水源》：大共水“出大共山。南流八十里，溉田五顷三十亩。西南流百二十里入浮梁界”。《清一统志·徽州府一》：大共水“在祁门县东。源出大共山，南流合武亭水，径祁山麓，又南合赤溪、榔木岭诸水，又西径县西南十三里，为阊门滩，称路公溪。又西会卢溪、大北港、小北港诸水，入江西浮梁县界为昌江"。

大共镇　在今安徽祁门县北五十里大洪岭下。宋淳熙《新安志》卷4祁门县：大共镇"在县北。绍兴二十三年正月例罢收税坊"。元、明置巡司于此。《方舆纪要》卷28祁门县：大共山"下旧有大共镇。元置。今废"。《明史·地理志》，祁门县："有大共岭巡检司。"

大亚齐国　指今印度尼西亚苏门答腊北部的亚齐特区一带。一名哥打拉夜。清谢清高《海录》卷中：大亚齐国"在锡哩西北，疆域稍大，由红毛浅外海西北行日余即到"。元汪大渊《岛夷志略》"重迦罗"条译作亚崎。《明史·外国列传》"苏门答剌"条译作哑齐。

大西门　五代杨吴金陵城的正西门，明代改名石城门。即今江苏南京城汉西门。

大西国　明崇祯十七年（1644）冬，农民义军领袖张献忠攻占成都（今四川成都市），建大西国，改元大顺，以蜀王府为宫，成都为西京。据有今四川大部分地区。清顺治三年（1646）十一月亡。

大西洋国　①或译作布路叽士。即今葡萄牙。清谢清高《海录》："大西洋国即葡萄牙，又名布路几士。"《明史·外国传》，译作葡都丽家或波而都瓦尔。

②指今阿拉伯半岛一带国家。《海语》卷中："酴醾，海国所产为盛。出大西洋国者，花如中州之牡丹。"

大夼集　即今山东莱阳市东南五十里大夼镇。清光绪《山东通志》卷2《舆图志》：莱阳县东南有大夼集。

大成千户所　亦作大城。明洪武二十七年（1394）置，属潮州卫。在今广东饶平县东南所城镇。清乾隆六年（1741）移黄冈协右营守备驻此。

大成县　西汉置，属西河郡。治所在今内蒙古杭锦旗东南胜利乡古城梁村。东汉改为大城县。

大成坡　在今云南鹤庆县东南六十八里。《清一统志·丽江府》：大成坡"顶有泉，深广尺许，不溢不涸，谓之一碗水。其西又有小成坡。为旧顺州及大理府、并永北厅之孔道"。

大成寨　在今四川宣汉县西北七十里大成镇（双庙场）。清光绪《东乡县志》卷4：大成寨"在治西一甲，离城七十里。四周石壁，若天造地设。相传明季流'贼'张献忠入寇，土人依扎，保全甚众。嘉庆二年，教'匪'倡乱，环寨士民培修入保，代理县事刘清巡视，遂移驻寨上，复谕士庶堵修完固"。嘉庆十八年（1813）设主簿。民国设县佐。

大夹岭　在今广西南宁市邕宁区东北五塘镇东七塘。《宋史·苏缄传》：熙宁中，交阯入寇，围邕州，张守节救援，"守节皇恐，遽移屯大夹岭，回保昆仑关。猝遇贼，不及阵，举军皆覆"。明置大夹铺。

大夹脑营　在今广东恩平市西南三十里。《方舆纪要》卷101肇庆府恩平县：大夹脑营，"嘉靖十一年设"。

大匡山　又名戴天山、大康山。在今四川江油市西北。《寰宇记》卷84龙州江油县：大匡山"在州南八十里。高九百丈。阴洞潜穴，气蒸成川，有飞泉下流，一百里至剑州阴合白泽水"。《方舆纪要》卷73江油县：大匡山"在县西三十里。高耸盘纡，亦接彰明县界"。

大至县　即广至县。在今甘肃瓜州县东南破城子。《隋书·地理志》常乐县："后周并凉兴、大至、冥安、闰泉，合为凉兴县。开皇初郡废，改县为常乐。"按，大至即广至，避隋炀帝讳改。

大毕庄　即今天津市东北大毕庄镇。清乾隆《天津县志》卷4：东路有大毕庄村。

大师姑城址　在今河南荥阳市东北广武镇大师姑村和杨寨村南台地上。为夏至商代古城遗址。城址由城垣和城壕两部分组成。城垣距现地表深度一般在1米左右。已发现的部分为南墙的部分地段、东墙北段、西墙北段和北墙西段。城垣长度，南垣西段为480米，西墙北段为80米。北墙西段为220米。城垣外有城壕，已发现总长度为2450米，复原长度为2900米。所发现的二里头文化遗存全部集中在城垣和城壕以内，总面积51万平方米。整个城址的形状呈东西长、南北窄的扁长方形。城垣残高3.75米。城壕距夯土城垣约6米左右。现存深度在2—2.8米之间，宽度在5—9米之间。城址始建于二里头文化二、三期之交，约在二里头文化四期偏晚阶段至二里岗下层偏早阶段之间被废弃。城址内二里头文化遗存十分丰富，文化层厚度一般在2—2.5米左右。已发掘出土有夯土房址、灰坑、窖穴、灰沟等多处遗迹，出土有青铜工具、玉钺、玉环，大量的石制生产工具和陶制生活用具。尤其是在城址中部发掘出土有成片倒塌的夯土墙体和大量陶制排水管道，显示在城址内部存有规格较高的大型建筑存在。大型大师姑二里头文化城址内早商文化遗存也很丰富，大型环壕的存在说明这里在早商时期仍是一处重要的聚落遗址。在城址的东北角还发现有早商文化的墓地。大师姑城址是我国迄今为止发现唯一的一座二里头文化城址，它的发现填补了我国夏代城址考古的空白，为进一步研究夏代城市发展、社会结构乃至中国古代文明起源，探讨夏商文化关系提供了珍贵的资料。2006年定为全国重点文物保护单位。

大尖山　①即今辽宁义县西南东尖山子。明《万历武功录》卷10《脑毛大列传》：丙戌年（1586）四月，脑毛大以"三千骑从大胜堡大尖山走"欲入寇。即此。

②在今安徽太湖县北。《方舆纪要》卷26太湖县：大尖山"在县北九十里。山崇隆而耸峙，群山皆出其下"。

③在今浙江海宁市（硖石镇）东南四十二里。《方舆纪要》卷90海宁县：尖山，"高峰崛起，南临大海，建烽堠于其巅。一名大尖山"。明嘉靖中，倭寇尝据此焚掠袁花。

大尖峰　在今广东饶平县东南。《方舆纪要》卷

103 潮州府饶平县：大尖峰在“县（今三饶镇）东南百里。峰峦笔立，为高埕栅之镇。东有大埕栅，近凤髻山，又东则虎屿、狮屿；西有大港栅，则近烟楼山；南有柘林栅，则近柘林澳；中有红旗山。四栅之中，设大城千户所。其东南有鲤鱼山，又二里有红罗山，湾港皆通潮汐，蟠蜒四十里，为一方关隘。柘林澳在其南，暹罗、日本及海寇，皆泊巨舟于此，因设官兵戍守”。

大旱江 即大皂江。今四川都江堰市以上岷江。《宋史·蛮夷传四》：“时威州亦建亨、祺二州，然亨至威才九十里，寿宁距茂才五里，在大旱江之外，非扼控之所，未几皆废。”

大虫山 亦名大云山、大灵山。在今广西梧州市东三里。晋干宝《搜神记》卷2：“扶南王范寻养虎于山。有犯罪者投与虎，不噬，乃宥之。故山名大虫，亦名大灵。”

大虫江 即今辽宁凤城市东北叆河。为鸭绿江支流。清《满洲源流考》卷15引《元一统志》：“大虫江在辽阳路，发源县东南龙凤山分水岭下，东南流经废博索府（即婆速府），南流合于鸭绿江。”

大虫岩 在今广西博白县南。《方舆纪要》卷108博白县：大虫岩“在县南百余里，临大江。常有虎伏其下”。

大虫岭 在今陕西宝鸡市陈仓区西北，接凤翔县界。南宋李心传《建炎以来系年要录》：绍兴十年（1140），“右副元帅萨里干既破凤翔，与都统制吴璘、杨政夹渭河而阵，璘驻兵大虫岭”。即此。

大团山 在今辽宁兴城市西三十里。明时山下有团山堡。《方舆纪要》卷37宁远卫：大团山在“卫西北三十里。中高四下，固守之，可断北寇出没之道。今团山堡置于此”。

大团镇 即今上海市浦东新区南汇南大团镇。明隆庆二年（1568）该地区盐业兴盛，以“团”为单位划分区界，此地为第一团。俗呼头团。清光绪《南汇县志》卷1：“一团镇即大团镇，邑南二十四里。”

大同 ①唐、五代方镇。唐乾符五年（878）置，治所在云州（今山西大同市）。中和二年（882）移治代州（今山西代县），改名雁门节度使。五代唐于云州复置大同节度使。后地入契丹。

②在今广西平南县东北八十里。明于此置巡司。

大同山银场 北宋置，在今福建建阳市西南。《元丰九域志》卷9：建阳县有“黄柏洋、武仙、大同山、瞿岭四银场”。

大同川 在今内蒙古乌拉特前旗东北大佘太镇北之小河。《元和志》卷4天德军：唐天宝十二年（753），张齐丘“请于大同川西筑城置军，玄宗赐名曰大安军”。《新唐书·地理志》丰州中受降城：“西二百里大同川有天德军，大同川之西有天安军。”

大同中屯卫 明永乐初置，寄治今河北河间市城西。

大同左卫 明洪武二十五年（1392）置，属山西行都司。治所在大同县（今山西大同市）。建文四年（1402）废。永乐元年（1403）复置，七年（1409）徙治镇朔卫城（今山西左云县）。正统十四年（1449）移云川卫来治，二卫合并改名左云川卫。

大同右卫 明洪武二十五年（1392）置，属山西行都司。治所在大同县（今山西大同市）。建文四年（1402）废，永乐元年（1403）复置，七年（1409）徙治定边卫城（今山西右玉县西北四十五里右玉城镇）。清顺治七年（1650）与玉林卫合并，改置右玉卫。

大同市 ①又称南市。隋东都三市之一。在今河南洛阳市隋唐故城西南部。《大业杂记》载：“大同市周四里，在河南县西十里。”徐松《唐两京城坊考》说：此市“周四里。市开四门，邸一百四十一区，资货六十六行”。唐迁于固本坊，改称西市（旧大同市在其东北，唐改大同坊）。

②1949年5月当地解放后由大同县城区析置，治所即今山西大同市。同年8月改属察哈尔省，为察哈尔省直辖市（地级）。1952年复属山西省，由山西省直辖。

大同场 唐贞元十九年（803）置，即今福建同安县。五代王闽永隆元年（后晋天福四年，939）升县，并改名同安。

大同军 唐大足元年（701）改平狄军置，治所在今山西朔州市东北三十三里马邑村。后废。

大同县 ①唐贞观七年（633）置，属龚州。治所在今广西平南县东北七十五里同和镇大旺圩。北宋开宝五年（972）废入平南县。

②辽重熙十七年（1048）置，为大同府治。治所即今山西大同市。元世祖至元二十五年（1288）为大同路治。明洪武二年（1369）复为大同府治。民国初为雁门道治。1928年直属山西省。1949年改属察哈尔省，1952年复属山西省。1971年移治西坪镇（即今大同县）。

大同府 辽重熙十三年（1044）升云州置，治所在大同县（今山西大同市）。辖境相当今山西大同市及左云、右玉、怀仁、大同、阳高、天镇，内蒙古丰镇、卓资、凉城，河北阳原、怀安等县地。元世祖至元二十五年（1288）改大同路。明洪武二年（1369）复为大同府，辖境相当今山西北部内外长城之间及河北蔚县、涞源等县地。清辖境相当今山西大同市及山阴、应县、怀仁、浑源、广灵、灵丘、大同、阳高、天镇，内蒙古集宁市、丰镇县、兴和县、察哈尔右翼中旗、察哈尔右翼前旗等地。1912年废。

大同城 ①隋为防御突厥所筑。故址在今内蒙古乌拉特前旗东北。《隋书·长孙晟传》：开皇十九年（599），“染干因晟奏雍闾作反具欲打大同城，诏发六总管分道出塞讨之”。唐曰永济栅，亦曰永清栅。《元和志》卷4：“乾元后改［大安军］为天德军。缘居人稀少，遂西南移三里，权居永清栅。……按天德旧城，在西［受降］城正东微南一百八十里，其处见有两城。今之永清栅，即隋氏大同旧城理，去本城约三里已下。”天德军城即今乌拉特前旗乌梁素海东阿拉奔古城，大同城在其西南三里。

②唐景云中吐蕃置，故址在今甘肃敦煌市西南。《资治通鉴》：唐开元十七年（729）三月，“瓜州都督张守珪、沙州刺史贾师顺击吐蕃大同军，大破之”。即此。

大同城镇 隋置，在今内蒙古额济纳旗（达来呼布镇）东南。

大同省 1943年8月日伪改晋北政厅置，治所在大同市（今山西大同市）。辖境相当今山西朔州市及山阴、应县、浑源、灵丘等县以北地。1945年8月日本投降后废。

大同路 元世祖至元二十五年（1288）改大同府置，治所在大同县（今山西大同市）。辖境相当今山西内长城以北，内蒙古大青山以南地区。明洪武二年（1369）复改大同府。

大同镇 ①明九边之一，治所在今山西大同市。防区相当今山西外长城以南，东自晋、冀省界，西至大同市西北一带。明初在此置卫屯田。永乐中放弃兴和所后，成为京师西北门户。

②即今黑龙江省大庆市西南大同镇。旧属肇州。民国《黑龙江志稿》卷2肇州：“第四区大同镇。”

③即今湖北蕲春县东北九十二里大同镇。明、清置巡司于此。

④亦作大洞场。1932年设大同镇，即今贵州赤水市西南大同镇。

大吕宋国 即西班牙。此国于1571年至1898年侵占菲律宾的吕宋岛，故称大吕宋，而以小吕宋称今吕宋岛。清谢清高《海录》有专条记述。

大吕亭 在今河南新蔡县南。《续汉书·郡国志》新蔡县：“有大吕亭。”注引《地道记》曰：“故吕侯国。”《水经·汝水注》：汝水“又东为青陂，陂东对大吕亭。……西南有小吕亭，故此称大也”。

大吃（喫）水沟山 在今河北灵寿县西北。《方舆纪要》卷14灵寿县：大吃水沟山在“县西北百五十里。山北即团箔口，两山对峙，出矿，流民多啸聚于此”。

大屿 即南屿。今台湾澎湖群岛南端之七美屿。

大屿山 又名大奚山。即今香港特别行政区西南大屿山（大濠岛）。清在岛上分别设置东涌口汛、大屿山汛，属大鹏营管辖。

大屿山汛 清置，属大鹏营。在今香港特别行政区西南大屿山岛西深屈。有千总驻防。

大年县 五代梁改万年县置，与长安县同城而治。治所即今陕西西安市。后唐复名万年县。

大朱毛 在今山东平度市东南。有古即墨城址。

大竹卡 在今西藏日喀则市东北。是日喀则经麻江去拉萨渡雅鲁藏布江的渡口，也是西藏著名渡口之一。藏语“大”即大氏家族之意，“竹卡”意为渡口。东至仁布，西至日喀则，北至乌郁都有道路相通，为后藏交通要津。

大竹县 唐久视元年（700）置，属蓬州。治所在今四川渠县北六十里。《寰宇记》卷138大竹县：“以邑界多产大竹为名。”至德二年（757）改属渠州。宝历元年（825）废。五代后唐同光三年（925）复置。北宋景祐三年（1036）废。南宋绍兴二年（1132）复置。元世祖至元二十年（1283）移于木门镇（今四川大竹县），属渠州。明洪武九年（1376）改属广安州。清嘉庆十九年（1814）属绥定府。民国初属四川东川道。1928年直属四川省。

大竹岛 在今山东长岛县长山岛东北海中。其西有小竹岛。苏轼《北海十二石记》：“登州下临大海，目力所及，沙门、鼍矶、车牛、大竹、小竹凡五岛。”元于钦《齐乘》卷1：沙门岛，“其相联属则有鼍矶岛、牵牛岛、大竹岛、小竹岛，历历海中，苍秀如画”。《清一统志·登州府》：竹岛“在蓬莱县东北。小竹岛在长山岛东，大竹岛在小竹岛东”。光绪《登州府志》卷3：“每春夏海市，大小二岛多现竹林，故名。《旧志》云岛中产竹，殊误。”

大竹坪 在今陕西略阳县西南。《周书·异域·氐传》：赵昶“乃简择精骑，出其不意，径入厨中。至大竹坪，连破七栅，诛其渠率，（阴平、卢北）二郡并降”。

大竹河 ①即今重庆市城口县与四川万源市之任河。以流经万源市东北大竹镇而名。源出城口县东南篁墩山，西北流经县北，至万源市东北大竹镇，北流入陕西，注入汉水。光绪《大清帝国全图》四川太平县：东北有大竹河。

②集镇名。即今四川万源市东北大竹河西岸大竹镇。《明史·左良玉传》：崇祯十三年（1640），“（张）献忠营太平县大竹河”。即此。清设把总驻守。民国《万源县志》卷2：大竹河在“治北一百四十里。由陕运来棉花及县属所产药材，多集中交易，商业较盛”。1933年川陕革命根据地在此置城口县。

大伍山 一名大悟山。在今湖北大悟县东南与孝昌县交界处。《寰宇记》卷132孝感县：“大伍山、小伍山并在县东北一百二十里。两山叠嶂，远望如行伍，俗以为名。”

大延寿甘露寺 即古上方寺。在今河南开封市东北隅。清乾隆十六年（1751）重修后，改名大延寿甘露寺。道光二十一年（1841）黄水围城，寺院被拆毁护城。

大任河 即今陕西镇安县南达仁河。《清一统志·商州》“洵水”条下：“大任河在县南一百里，下流皆入洵河。”

大伊山 在今江苏灌云县西北。其北有小伊山。《方舆纪要》卷22海州“蚰山”条下：“州南百里有大、小伊山，南北相距约二十里。”

大伊山石棺墓　在今江苏灌云县大伊山东侧。距今约6500年。1981年发现，1983、1986年两次发掘，在遗址下层清理石棺墓六十二座，石棺呈长方形，以数块石板构筑，无底板，上加石片为盖。全部坐东向西，是罕见的葬俗。出土陶、玉、石、骨器等百余件，文化特征鲜明。我国环中原东北至西南的半月形地带广泛分布的石棺墓，年代以此地为最早。1996年定为全国重点文物保护单位。

大伊镇　即今江苏灌云县治。《宋史·魏胜传》：南宋绍兴末，“遂取海州……距海州南八十里大伊，与金兵遇，胜迎击走之，追至城下”。《清一统志·海州》：大伊镇“在州南六十里。本朝乾隆十二年，移州同于此”。1948年灌云县迁治于此。

大华山　在今辽宁北票市南。《辽史·地理志》兴中府：“有大华山，小华山。”清代名巴颜华山。《清一统志·承德府一》：巴颜华山“在朝阳县东北，土默特右翼境。汉名大华山。其南为右翼贝子驻处，巴图察罕河发源于此”。

大华长官司　明洪武七年（1374）置，属贵州卫。治所在今贵州长顺县南代化镇。后属定番州。清康熙五十七年（1718）裁。

大行城　即今辽宁丹东市西南三十二里娘娘城。《新唐书·薛万彻传》：贞观二十二年（648），“以青丘道行军总管帅师三万伐高丽，次鸭渌水，以奇兵袭大行城”。即此。

大会山　在今安徽绩溪县西北六十里，西接旌德县界。为黄山余脉，雄踞群峰西北。高耸特出，众峰环峙，宛若大山聚会，故名。《方舆纪要》卷28绩溪县：大会山在“县西五十里。高耸特出群山之上，晴霁时陟其巅，可以远望太平、宣、池之境”。

大会平　在今陕西佳县北二十五里。《宋史·夏国传》：元丰二年（1079）六月，“夏人自满堂川入大会平”。即此。

大会墟　在今广西贺州市东北桂岭镇。《清一统志·平乐府二》：大会墟“在贺县东北一百五十里，与大宁寨相近。五方杂处。本朝嘉庆二十年设县丞驻此”。

大兆镇　即今陕西西安市长安区东南大兆乡。1944年长安县曾移治于此。

大创忽儿河　即今吉林、辽宁两省境之招苏台河。明《全辽志》：大创忽儿河“在（开原）城西北一百里。源出分水岭，西流入辽海”。

大名山　又名大明山、镆铘山。即今广西武鸣县东北大明山，与马山、上林县接界。《明史·地理志》思恩府：“有大揽江，出城东北大名山，下流俱入于郁江。”《清一统志·思恩府》：大名山“在府东三十里。一名大鸣山，与上林、武缘二县接界，高数百丈，延袤三百里。上有风穴，高秀为府境诸山之最”。

大名县　五代汉乾祐元年（948）改广晋县置，为大名府治。治所在今河北大名县东北大街乡（旧府城）。北宋熙宁六年（1073）并入元城县。绍圣三年（1096）复置，属大名府。政和六年（1116）徙治南乐镇（今大名县南旧治乡）。金复还故治大街乡（旧府城），与元城县同为大名府治。元世祖至元九年（1272）又移治南乐镇，属大名路。明洪武十年（1377）省入魏县。十五年（1382）复置，为大名府治。治所在大街乡（旧府城）。永乐九年（1411）复移南乐镇，属大名府。清乾隆二十三年（1758）因水患移治今县。

大名府　五代汉乾祐元年（948）改广晋府置，治所在元城、大名二县（今河北大名县东北大街乡）。北宋庆历二年（1042）建为北京。辖境相当今河北大名、魏县、成安、广平、威县、临西、馆陶和山东临清、夏津、冠县、莘县及河南内黄等县市地。元改为大名路。明复改为大名府，移元城县于府城（今大街乡）。清移大名县于今治，并元城县入大名县。辖境相当今河北大名及河南南乐、清丰、濮阳、长垣，山东东明等县市地。1913年废。

大名府故城　在今河北大名县城东北十二里大街乡大街村。大街村周围的南门口、东门口、北门口、铁窗口四个村庄是当年府城的四个大门。城址面积36平方公里。大名府城始建于唐僖宗中和年间（881—884），宋仁宗庆历二年（1042）对大名城郭进行了增修，改名为北京。当时主要是增修了内城和外城，修内城为宫城，周长1.83公里。外城周长约24.3公里。宫城南面有三门：中为“顺预门”、东为“省风门”、西为“展义门”。宫城东有东安门，西有西安门。明洪武三十四年（1401），漳、卫两河同时发大水，此城遂成为废墟。而后又迁于艾家口，即今大名城。历史上大名府故城曾做过三次国都，分别是：五代后唐、北宋仁宗时期和金代。大名东、西两城，是自隋唐经宋、元、明、清直至20世纪30年代前的冀南及周围地区的政治、经济、军事、文化中心。大名府故城2006年定为全国重点文物保护单位。

大名府路　①北宋庆历八年（1048）置，为河北四安抚司路之一。治所在大名府（今河北大名县东北大街乡）。辖境相当今河北大名、成安、威县，山东徒骇河西北，河南濮阳、浚县及卫河上游以西、黄河以北、淇河以南地。建炎元年（1127）改置河北东路。

②金正隆二年（1157）置，治所在大名府（今河北大名县东北大街乡）。辖境相当今河北大名、河南范县、山东夏津以西，山东东明、河南长垣以北和濮阳以东地。元废。

大名城　亦作大明城。在今内蒙古宁城县西大明镇。辽统和二十五年（1007）于此兴建中京城，规模宏大。至明永乐初始废弃。遗址尚存。

大名道　1914年由冀南道改置，属直隶省。治大名县（今河北大名县）。辖境约当今河北太行山以东（涉县、武安、临漳除外），枣强、清河、威县、曲周、广平、大名以西，临城、高邑、赵县、宁晋、冀州、衡水、武邑以南，邯郸、磁县、成安、魏县以北地区及河南南乐、清丰、濮阳、长垣，山东东明等市县地。1928 年废。

大名路 元改大名府置，属中书省燕南河北肃政廉访司。治所在元城、大名二县（今河北大名县东北大街乡）。辖境相当今河北大名、魏县，河南内黄、清丰、南乐、浚县、濮阳、滑县、长垣及山东东明等县市地。明初改为大名府。

大庄市 即今河北清苑县（南大冉）东南大庄镇。明嘉靖《清苑县志》卷 2 有大庄市。

大庄河 ①集镇名。即今辽宁庄河市。清咸丰《岫岩志略》卷 3：大庄河在“（岫岩）城西南一百八十里。旧名红土埃子”。

②即今辽宁庄河市东北之庄河。源出市北老黑山西南东岔沟与西岔沟，东南流经庄河市南入黄海。清光绪《奉天全省地舆图说图志》岫岩州：大庄河“源出本州鸡冠山，南流九十里绕关家山东入海”。

大庄科 即今内蒙古丰镇市东北八十里大庄科村。清属丰镇厅，乾隆三十二年（1767）设巡司于此。

大庄街 即今云南开远市东南三十六里大庄回族乡。旧置哨，滇越铁路经此。

大庄窝 在今河北滦南县南大庄河。清同治《畿辅通志》卷 49 滦州图：“南有大庄窝，刘家河把总驻此。”

大庆山 在今广东英德市北。《清一统志·韶州府》：大庆山“在英德县北。即古英州治。西有流杯池。《旧志》：龙山在县北半里，大庆山在县北二里，盖即一山而异名也”。

大庆市 1960 年以原安达市和肇州县的部分区域设立安达市，由黑龙江省松花江地区代管。1979 年改安达市为大庆市，市人民政府驻萨尔图区。1992 年升为地级市。

大庆关 本名蒲津关。在今陕西大荔县东朝邑镇东三十里黄河西岸。北宋大中祥符四年（1011）改名大庆关。明时因黄河西徙，关在河东岸，故于今朝邑镇东七里另置新大庆关。1929 年分朝邑、华阴二县于此置平民县。1950 年废。

大庆殿 北宋东京（今河南开封市）宫城中的重要宫殿。是宣德门内的正殿。《宋史·地理志》：“旧名崇元，乾德四年重修，改曰乾元，太平兴国九年改朝元，大中祥符八年改天安，明道三年改今名。”《东京梦华录》卷 1：“每遇大礼，车驾斋宿及正朔朝会于此殿。”

大刘店 即今河南漯河市郾城区西南三十四里大刘镇。民国《郾城县记》图：西南有大刘店。

大齐坨 即今河北唐山市丰南区东三十里大齐各庄乡。清光绪《丰润县志》卷 1：欢喜庄镇有“齐家坨距城七十里”；“小齐家坨距城七十里”。

大产 在今广东大埔县东南。《明史·地理志》大埔县：“南有大产巡检司。”

大羊 ①即今浙江建德市东南大洋镇。南宋乾道中范成大去岭南，途宿于此。

②即大阳集。今山东东平县北大羊乡。道通肥城。民国《东平县志》图作大羊。

大羊同 西藏古代族部名。《唐会要·大羊同国》：“大羊同，东接吐蕃，西接小羊同，北直于阗。……至贞观末，为吐蕃所灭”，大羊同在今西藏阿里地区北部及毗邻克什米尔之拉达克地区。隋唐之际地当中亚南北交通要道。汉籍所称羊同、扬同，均指大羊同。

大关 ①在今安徽潜山县西。《方舆纪要》卷 26 潜山县：“大关在县西四十里，地名笼口。”《清一统志》作“龙口”。

②即今安徽桐城市北大关镇。清道光《桐城续修县志》卷 1《乡镇》：大关在“城北四十里”。

③即分水关。今福建武夷山市西北分水关。《清一统志·建宁府》：分水关“在崇安县西北分水岭上，接铅山县界。为江闽之襟要。五代至宋皆置寨于此。元废。明洪武初复置，设巡司。今省。亦曰大关，人称为入闽第一关”。

④在今云南建水县西北大关。《清一统志·临安府》：大关“在建水县城西北三十里。道出澂江府江川县要津”。

大关山 即古邛崃山。今四川荥经县西南与汉源县交界之大相岭山。《明史·地理志》荥经县：“西有大关山，邛崃关在焉。”《方舆纪要》卷 72 荥经县：大关山在“县西八十里，山极险隘，当西南彝要路。或曰山即邛崃之西麓，邛崃关置于此，因名”。清费密《荒书》：明崇祯十七年（1644），张献忠义军张能奇攻占荥经，“（曹）勋守大渡河所之大关山”。即此。

大关厅 清雍正六年（1728）置，属乌蒙府。治所在今云南大关县北十六里雄魁垴。民国《大关县地志》：“大关以有险可守，关寨重垒，故名。”雍正八年（1730）属昭通府，迁治翠华山（今大关县翠华镇老城）。十一年（1733）治所又稍西移至养马坝（即今大关县）。1913 年改为大关县。

大关县 1913 年改大关厅置，后属云南滇中道。治所即今云南大关县。1916 年直属云南省。

大关岭 在今江西万载县西。《方舆纪要》卷 87 袁州府万载县：大关岭“在县西六十里。群峰耸翠，中道崎岖，俗呼大关岭”。

大州堡 北宋元丰四年（1081）置，属乐共城。在今四川泸州市纳溪区南永宁河西花果镇（大洲驿）。南宋属纳溪县。后废。

大壮观 在今江苏南京市北。《陈书·宣帝纪》：太建十一年（579），帝“幸大壮观阅武”，即此。

大壮观山 在今江苏南京市北，旧太平、神策二门间。《陈书·方泰传》：陈太建十一年（579），“高宗幸大壮观，因大阅武”。宋《景定建康志》卷 17：大壮观山“东连蒋山，西有水下注平陆，南临真武湖，北临蠡湖”。

大冲（衝）河 在今云南澄江县东北。《清一统志·澂江府》：大冲河“在河阳县东北十里罗藏山下，汇溪涧诸水为河，流入明湖。明隆庆中，水涨堤决，知县文嘉谟浚深之”。

大冲（衝）墟　亦作大隆墟。即今广西平南县南大新镇大中村。清光绪《平南县志》卷4：大隆墟“即大冲墟，陆路离城七十里”。

大汗都督府　唐龙朔元年（661）置，属安西都护府。治所在活路城（今阿富汗喀布尔西北马扎里沙里夫一带）。8世纪中废。

大江　即长江。《史记·司马相如列传》：“缘以大江，限以巫山。”东汉王充《论衡·书虚篇》：“广陵曲江有涛，文人赋之。大江浩洋曲江有涛，竟以隘狭也。”《水经·江水》：“岷山在蜀郡氐道县，大江所出。”皆此。

大江口汛　即今湖南溆浦县西五十里江口镇。明置江口驿。后以其东有小江口，故此地称为大江口。清《乾隆内府舆图》：溆浦县西有大江口。光绪《湖南通志》卷1溆浦县图作大江口汛。

大江水　指今广西中部红水河。《舆地纪胜》卷105象州：大江水“在来宾县西五十步，沿流至武仙县，下通广州入海。其江有三源：一都泥大江通牂牁勋训州，一通宾州上林县，一通述州”。《方舆纪要》卷109武宣县：大江“在县西六十里。都泥江下游也，自宾州流入界，东合于浔江”。

大江港　在今湖南岳阳市西门外。《方舆纪要》卷77岳州府巴陵县：“大江港在府西门，下为荆、湘、常、澧之通道。”

大江墟　即今广东台山市北大江镇。清光绪《广东舆地全图》：新宁县（今台山市）北有大江墟。

大池江　即今云南宜良县东之南盘江。《方舆纪要》卷114宜良县：大池江“在县东八十里。一名盘江。一名大河。从曲靖陆凉州流入境，流六十里出县界，入澂江府界，谓之铁池河”。

大池县　元初置，治所在今云南宜良县东。至元二十二年（1285）废。

大池砦　即今福建龙岩市西大池。宋置巡司于此。

大兴场　即今贵州松桃苗族自治县东南大兴镇。《清一统志·松桃厅》：大兴场“在厅东九十里，与铜仁府接壤，为往来要路”。

大兴州　即兴州。在今河北承德市西南滦河镇西南。《明史·常遇春传》：洪武二年（1369），“败也速于全宁。进攻大兴州，分千骑为八伏。守将夜遁，尽擒之”。即此。

大兴安岭　亦名西兴安岭。在今内蒙古自治区东北、黑龙江省西北。北起黑龙江岸，南止西拉木伦河上游，主峰为索岳尔济山。民国徐曦《东三省纪略》卷3：“西兴安岭者，江省西部之兴安岭也（亦曰大兴安岭）。其脉远接于阴山山脉，从喀喇山起，东北走辽河之源，更北为苏克斜鲁山，当江省西南界上，起顶为索岳尔济山，山之东为洮儿河之源，其西则哈尔哈河之源也。更北为巴彦哈拉山，为额伯尔岭，为室韦山，为雅克山。自雅克山北，连峰叠巘，绵亘六七百里，统称西兴安岭，最高处曰伊克古克达，此一大山脉，纵贯江省西部为嫩江与额尔古讷河之分水岭。”

大兴县　①北魏置，为大兴郡治。治所即今陕西定边县。西魏改名五原县，后复改大兴县。隋又改为五原县。

②隋开皇三年（583）改万年县置，与长安县同治大兴城内（今陕西西安市）。唐武德元年（618）复名万年县。

③金贞元二年（1154）改析津县置，与宛平县同为大兴府治（在今北京城西南）。元移治大都城内（今北京市城内）。明洪武初为北平府治，永乐中为京师顺天府治。清仍为顺天府治。民国初为京兆尹治。1928年废京兆尹置北平市，移大兴县治黄村，属河北省。1958年划归北京市，设大兴区。1960年复设大兴县。2001年改设大兴区。

大兴苑　隋开皇元年（581）置，在今陕西西安市北。东西二十七里，南北三十三里，东接灞河，西连汉长安城，北枕渭水。唐名禁苑。

大兴府　金贞元元年（1153）改析津府置，建为中都，属中都路。治所在析津县（今北京市城西南，贞元二年改名大兴县）。辖境相当今河北内长城以南永定、北运河流域间地。元世祖至元二十一年（1284）改名大都路。

大兴城　隋开皇二年（582）于汉长安城东南十三里营建新都，号大兴城。三年（583）自长安城迁都于此，故址即今陕西西安市。《隋书·地理志》：“城东西十八里一百一十五步，南北十五里一百七十五步。”城北中部为宫城，宫城南为皇城，宫城、皇城南及东西三面有纵街十一，横街十四，列置一百六里，东西二市。规模宏伟整齐。唐改名长安城或京城。大体沿袭隋城，仅有小部分改筑。

大兴郡　北魏置，属盐州。治所在大兴县（今陕西定边县）。辖境相当今陕西定边县、宁夏盐池县和内蒙古鄂托克旗部分地。西魏改名五原郡，寻又改为大兴郡。后复为盐州。

大兴堡　明置，属广宁左屯卫。即今辽宁葫芦岛市东北大兴堡。《方舆纪要》卷37广宁左屯卫：大兴堡在“卫西六十里，又西与宁远卫接界。堡北有新庄子可屯兵”。

大兴集　即今江苏宿迁市东南三十八里大新镇。清同治《宿迁县志》卷13：大兴集“在治东南四十里”。

大兴善寺　在今陕西西安市南五里。始建于晋武帝时，初名遵善寺。隋开皇二年（582）建大兴城，寺占城内靖善坊一坊之地，改名大兴善寺。《酉阳杂俎续集》卷5：“靖善坊大兴善寺，寺取大兴城两字、坊名一字为名。”隋唐时为京师名刹。而今唐时建筑早已被毁，仅留有唐刻青石龙头和历代整修寺院的碑碣。现存佛殿、禅堂、配房、钟鼓楼等，都是明清时的建筑物。

大兴镇 ①即今吉林辽源市。清光绪二十八年（1902）置西安县治此。1948年析西安市。1952年改为辽源市。

②在今山东临沭县东南。旧置沂郯海赣同知。清乾隆三十八年（1773）改设通判驻此。

大安口关 明置，属遵化县。为长城关隘之一。在今河北遵化市西北三十里。《方舆纪要》卷11遵化县：大安口“嘉靖三十八年尝为寇所陷”。清设把总驻守。

大安山 ①在今北京市房山区西北大安山乡。《新唐书·刘仁恭传》：唐天祐间，“从方士王若纳学长年，筑馆大安山，掠子女充之”。

②在今福建南安市北。《方舆纪要》卷99南安县：大安山在“县（旧治在今市东北丰州镇）西北十七里。地势幽阻，上有栖真岩，岩穴中容数百人。下有泉，岁旱不竭”。

③在今湖北麻城市西二十五里。《清一统志·黄州府一》：大安山“山北有石级，名百丈阶。自县西七里冈至此，逾白沙关，为宋时达汴之通道”。

④在今湖北安陆市西。《寰宇记》卷132安州安陆县：大安山“在县西六十里”。《清一统志·德安府》：大安山“四面陡削，其顶平衍可数里许。周遭有泉，唐许绍家此”。

大安水 在今陕西勉县西。《方舆纪要》卷56沔县：大安水“在县西九十里。源出普明山，又东南流，经废大安城西，而入于汉江”。

大安市 1988年改大安县置，驻莫勒冈子。属吉林省白城地区。1993年撤销白城地区，大安市由省直辖，委托白城市代管。

大安寺 在今辽宁鞍山市东千山南沟。在诸寺中独称雄旷。明《辽东志》卷1辽阳：大安寺“在龙泉南可八九里”。有释迦、韦驮两殿。寺西有通明、金刚二山，雄拔耸峭，别具胜景。

大安场 即今重庆市永川区东大安镇。清光绪《永川县志》卷3：大安场在“县东三十里。原名大坎。邑主许机憩此，更名大安，额书三字于场首。铺户约百家……亦省府通衢”。

大安庄镇 即今河北赵县东四十四里范庄镇东大安庄。清同治《畿辅通志》卷55赵州图：东有大安庄镇。

大安关 即今陕西宁强县北大安镇。《方舆纪要》卷56沔县：大安关“即故三泉县也，以宋兼置大安军而名”。

大安州 元初改大安军置，治所在三泉县（今陕西宁强县北大安镇）。元世祖至元二十年（1283）降为大安县。

大安军 ①唐天宝十二年（753）置，治所在大同川西（今内蒙古乌拉特前旗东北乌梁素海东岸阿拉奔古城）。天宝十四年为安北都护府治。至德二载（757）改为镇北都护府治。乾元中改为天德军。

②北宋至道二年（996）置，治所在三泉县（今陕西宁强县西北阳平关）。至道三年（997）废。南宋绍兴三年（1133）复置，徙治今宁强县北大安镇。元初改为大安州。

大安县 ①五代梁改长安县置，与大年县同为大安府治。治所即今陕西西安市。后唐复名长安县。

②元世祖至元二十年（1283）降大安州置，属沔州。治所在今陕西宁强县北大安镇。明洪武初废。

大安里 在今江西萍乡市东南。明初置巡司于此。

大安府 五代梁改京兆府置，治所在大安、大年二县（今陕西西安市）。辖境相当今陕西秦岭以北、乾县以东、铜川市以南、渭南市以西地。后唐复为京兆府。

大安驿 ①明洪武初改大安站置，属崇安县。即今福建武夷山市西北大安。

②明初改金牛驿置，即今陕西宁强县东北大安镇。《清一统志·汉中府》：大安驿“在沔县西南九十里。本名金牛驿。明初置。旧有驿丞，今裁。设有把总分防”。

大安峒 在今广东海丰县西。清光绪《广东舆地全图》：海丰县图有大安峒。

大安宫 在今陕西西安市西。宋敏求《长安志》卷6：“太宗初居承乾殿，武德五年，高祖以秦王有克定天下功，特降殊礼，别建此宫以居之，号宏义宫……贞观三年，高祖徙居之，改名曰大安宫。”

大安郡 ①北魏置，治所在今山西寿阳县西太安驿。北周废。

②西魏废帝三年（554）置，属长州。治所在长泽县（今内蒙古鄂托克旗东南城川古城）。隋开皇三年（583）废。

大安站 元置，在今福建武夷山市西北三十里大安。

大安溪 ①即今重庆市铜梁县北之关溅河（安居河）。《舆地纪胜》卷159合州：大安溪“在铜梁县北二十余里，溪深多鲤，金鳞赤尾”。民国《铜梁县志》卷2：大安溪“一名关溅溪，又曰安居溪。孟知祥王蜀时，改名禁溪。为涪江经本境第一大支流”。

②在今台湾省台中市北。源出雪山、大霸尖山西侧，西流过大安山北麓，又西流过铁砧山北坡，西北流入海。《清一统志·台湾府》：大安溪“在彰化县北。《通志》：险如大甲，溪面较狭，发源于水沙连内山，西流过岸里、南日二山，支分于南日山之后，曰房里溪；分于铁砧山之北，曰猫盂溪，西汇于双寮海口入海”。

大安墟 即今广东陆丰市北大安镇。清乾隆《陆丰县志》卷2：邑北有大安墟。

大安镇 北宋崇宁二年（1103）改永安镇置，属陵井监。在今四川仁寿县南十五里。宣和四年（1122）属仙井监。后废。

大军山 在今湖北武汉市蔡甸区东南军山镇。《水经·江水注》：“江水东径大军山南，山东有山屯。”《舆地纪胜》卷79汉阳军：大军山、小军山“在汉阳县。昔吴、魏相持，陈兵于大小两山。故有大军、小军之号”。

大军岭　又名大将岭。在今江西宜春市西北。《寰宇通志》卷39袁州府：大军岭“在府城西北九十里。旧传隋炀帝时为战场，故名。山下有水浆湖”。

大农陂　在今安徽南陵县南。《新唐书·地理志》南陵县：“有大农陂，溉田千顷。元和四年，宁国令范某因废陂置，为石堰三百步，水所及者六十里。”《方舆纪要》卷28南陵县：“县南有大农陂。……《志》云，陂水堰漳淮而成。”

大农湖　在今浙江诸暨市城内。《隋书·地理志》：会稽郡诸暨县“有大农湖”。《方舆纪要》卷92绍兴府诸暨县：三湖“在城中近郭……或曰：即唐时大农湖也”。

大那乌　在今云南元谋县东南十里。“元谋猿人”化石发现于此。

大阳　即上阳。在今河南三门峡市。《汉书·地理志》陕县：“北虢在大阳。”

大阳三渠　在今河南洛阳市南。《方舆纪要》卷48河南府：大阳三渠“在府南十里。旧分洛水以溉田。本一渠，后析为三：中曰中渠、北曰青渠、东曰莽渠，合名大阳”。

大阳山　①在今安徽繁昌县西北十里。《方舆纪要》卷27繁昌县：大阳山“在县西。其相接者为小阳山。有龙池，虽旱不竭。山之西麓，尽于江中，有板子矶，一名返秦矶”。

②即今湖北京山县北许家寨。《宋书·柳元景传》：元景自副沈庆之征郧山，“进克大阳”。即此。《清一统志·安陆府》：大阳山“在京山县北九十里，富水出焉。群峰际空，上多猿鹿，其西北有青崖”。

大阳戍　在今湖北蕲春县西南蕲水东岸。《水经·蕲水注》：蕲春县“晋改为蕲阳县，县徙江州，置大阳戍”。

大阳关　又名太阳关、茅津、陕津、太阳津。北周大象元年（579）置，在今河南三门峡市陕县老城西北四里。《新唐书·地理志》陕州陕县：“有大阳故关。即茅津，一曰陕津。贞观十一年造浮梁。”

大阳江　①亦名清溪江。在今湖南东安县南。《元丰九域志》卷6东安县：“有大小阳江。”《清一统志·永州府一》：大阳江“源出县西舜峰万山间，亦曰阳江，奔汛东注，合众水径县城（今紫溪市镇）南，又东流四十余里入湘”。

②即今广西桂林市南桃花江。《方舆纪要》卷107桂林府临桂县：阳江“在城南。源出灵川县思磨山，一云出灵川县维罗岭，经分界山、马公岭，流五十余里，至府郭西，受杉木、莲花诸塘水，汇为澄潭，历西南文昌三石梁东出漓山，与漓水合。《旧志》：静江城依水为固，宋末马塈保静江，蒙古将阿里海牙攻之，不克。乃筑堰断大阳、小融二江，以遏上流，决东南埭以固其隍，城遂破”。

大阳县　西汉置，属河东郡。治所在今山西平陆县西南三门峡水库区。北魏时为河北郡治。北周天和二年（567）改为河北县。

大阳岔　在今吉林集安市西南岔沟河西大阳岔村。产金。民国《辑安县志》卷2：“大阳岔村在城西一百二十里。”

大阳津　即大阳关。一作太阳津。在今河南三门峡市陕县老城西北。《后汉书·邓禹传》：建武元年（25），邓禹围安邑，“更始大将军樊参将数万人，度大阳，欲攻禹”。即此。

大阳桥　一名新桥。唐贞观十一年（637）建，在今河南三门峡市陕县老城东北。《元和志》卷6陕县：大阳桥“在县北三里。贞观十一年，太宗东巡，遣武侯将军丘行恭营造”。

大阳埠　即今江西鄱阳县东北古南乡东太阳埠。《方舆纪要》卷85鄱阳县：大阳驿在“府东北百里，路出浮梁县。《舆程记》：府东北二十里曰磨刀石，又六十里曰鸳鸯岭，又十里即大阳埠也”。

大阳集　亦作大羊。即今山东东平县北大羊乡。清光绪《山东通志》卷1《舆图志》：东平州（今州城镇）东北有大阳集。

大阳渡　即春秋时之茅津。在今山西平陆县西南二十里黄河北岸太阳渡村附近。《清一统志·解州》：大阳渡“在平陆县（治今平陆西南二十里）南二里”。

大防山　即大房山。在今北京市房山区西北。《水经·圣水注》：防水“出（良乡）县西北大防山南”。民国《房山县志》卷1：“自元改建房山县，大防之名遂熄。”今称大房山。

大观山　在今湖北武汉市武昌区东。《舆地纪胜》卷66鄂州：大观山“在江夏东南五十里。《方舆记》云：其山千岩竞秀，万壑争流。高峰峥嵘，是以游观”。《方舆纪要》卷76江夏县：大观山“其土石赤色如金，亦名金华山”。

大观圣作之碑　在今河北赵县城原赵州文庙内。刻于北宋大观二年（1108）。碑由青石雕成，通高5.6米。龟趺座，碑首浮雕缠身双龙。碑额长方形，四周线刻卷龙缠枝牡丹纹。碑文阴刻，满行七十一字，共二十行，因风化剥蚀六十三字。内容为北宋徽宗推行的“三舍法”和“八行取士”学校生员考试提拔制度。“三舍”指太学内之内、外、上三舍；“八行”指孝、悌、姻、睦、任、恤、忠、和。碑文为宋徽宗所撰，由书学博士李时雍仿宋徽宗的“瘦金体”摹写，当时书法名家丞相蔡京题写碑额。赵县大观圣作之碑是我国现存的大观圣作之碑中保存最好的一通，为研究北宋学校、科举取士制度提供了可靠的实物资料。2001年定为全国重点文物保护单位。

大观港　在今广西钦州市东南海湾。《清一统志·广东统部》：廉州营“千总分防大观港”。龙门协把总亦驻防于此。

大观镇 即今四川南溪县北大观镇。民国《南溪县志》卷1：大观镇“原名观音铺，民国元年易今名。地号百里冲。为宜、富往来孔道，居民数百家”。

大牟山 在今四川南江县西南。《旧唐书·地理志》巴州大牟县：“县东三里有大牟山。”大牟县以此名。《舆地纪胜》卷187巴州：大牟山，“《元和郡县志》：在清化县东二里”。

大牟县 唐武德元年（618）置，属静州。治所在今四川南江县西南一百十里。《寰宇记》卷140难江县：废大牟县“取县东三里大牟山为名”。贞观十七年（643）属巴州。永泰元年（765）属集州。北宋乾德五年（967）废。

大红城镇 蒙古名乌兰巴尔哈孙。即今内蒙古和林格尔县西南六十二里大红城乡。民国《绥远通志稿》卷2：和林格尔县第二区驻大红城镇。

大麦地 在今云南武定县西七十里。清有把总驻守。

大麦郊 即今山西交口县东七十里大麦郊镇。民国属隰县，有县佐驻此。1936年3月，中国工农红军东征总指挥部在东征途中曾驻扎于此。

大坝 ①在今四川兴文县南大坝镇。《方舆纪要》卷73太平长官司：大坝“北连都掌，南迫芒布（部），西接乌蒙，东抵永宁，延袤二百余里”。元置大坝军民府于此。《明史·程信传》：成化三年（1467），戎县山都掌族反，分兵数道镇压，“明年至大坝，焚寨千四百五十。前后斩首四千五百有奇，俘获无算。……改大坝为太平川长官司，分山都掌地，设官建制控制之”。

②在今四川南江县东北二百十里。明置巡司于此。《清一统志·保宁府二》“米仓关”条下：“又大坝关，在县西北。明移米仓巡司于此。今裁。”

大坝军民府 元于大坝都掌地置，属永宁路。治所在今四川兴文县南大坝镇。明洪武中废。成化四年（1468）置太平长官司。

大坝河 在今陕西石泉县西北十里。《方舆纪要》卷56石泉县：大坝河“源出秦岭，由大坝峰南流，因名。今县西十里有兴仁堰，相近又有高田堰，俱引大坝河以溉田”。

大坝洪 在今贵州黔西县境。《清一统志·安顺府》：大坝洪“在清镇县西北一百五十里，入水西境内。明天启初，副将张彦方败贼，深入大坝洪冈岛”，即此。

大坝都总管 元世祖至元十七年（1280）置，属马湖路。治所在今四川兴文县西北兴文镇。辖境相当今四川兴文县地。至元二十二年（1285）改置戎州。

大坝营 清置，在今四川兴文县南大坝镇。元置大坝军民府，明置太平长官司于此。《清一统志·叙永厅》：大坝营“在厅西六十里。有城，周三里有奇。明置太平长官司。本朝设都司驻防，嘉庆二十四年改设守备”。道光三年（1823）改设千总，三十年（1850）改设把守。后废。古城遗址尚存。

大坝堡 明置，属宁夏右屯卫。即今宁夏青铜峡市西南大坝镇。清属宁朔县。《清一统志·宁夏府二》：大坝堡“在宁朔县南一百二十里。东至黄河五十步，城周二里，本朝初设守备，后改为都司，又改千总。乾隆四十二年改设把总”。后废。

大坞村 即今山东滕州市西大坞镇。1946—1956年为凫山县治。

大坞城 在今河南渑池县北十五里。《元和志》卷5渑池县：“大坞故城，在县北十五里。后魏武帝入关，使行台杨腾出关安抚，腾因旧城置大坞镇。”隋曾为渑池县治。

大坑口 别名龙川。在今安徽绩溪县东十里，大鄣水西岸。元置坑口务，明初废。为龙川胡氏祖居地。明成化戊戌（1478）进士、户部尚书胡富，嘉靖戊戌（1538）进士、兵部尚书胡宗宪均为本村人。现存有“龙川胡氏宗祠”、“奕世尚书坊”等。

大坑口村 即今广东韶关市曲江区南大坑口镇。粤汉铁路经此。清光绪《广东舆地全图》：英德县北有大坑口汛。

大坑山 在今广东阳江市东南。《方舆纪要》卷101阳江县：大坑山“在县东南十里。有泉北流，溉田数百亩”。

大坑营 在今广东四会市北。《方舆纪要》卷101肇庆府四会县：大坑营“在县北五十余里，又北有大径营，俱嘉靖十一年设”。

大赤水 即今陕西华县西三十里赤水河。《水经·渭水注》：“渭水又东与竹水合，水南出竹山，北径媚加谷，历广乡原东，俗谓之大赤水，北流注于渭。”

大赤县 元置，属中庆路。治所在今云南昆明市东长水。元世祖至元中废入宜良州。

大赤磡 又作赤坎。即今广东斗门县西北大赤坎。《广东舆地全图》香山县图：县西南有大赤磡。

大护国仁王寺 在今北京市海淀区高梁河畔。始建于元世祖至元七年（1270）。大德五年（1301）正月，成宗铁穆耳将昭睿顺圣皇太后的影像供奉于寺内。元末荒废。

大报恩寺 在今江苏南京市城南中华门外长干桥东南。始建于三国吴赤乌间，名长干寺。南朝梁为阿育王寺。宋为天禧寺。元为慈恩旌忠寺。明永乐十年（1412）重建，赐额“大报恩寺”。该寺毁于太平天国时期，现仅存部分殿基和寺碑。

大苇子沟 即今吉林九台市北苇子沟镇。《吉林乡土志》：“本屯南临一小沟，两岸苇芦丛生，每届秋日，因风瑟缩，形成本地之奇景，又为当地之特产，因以名屯。”

大苏山 一名太苏山。即今河南商城县东四十里南大山。《水经·決水注》：灌水“导源庐江金兰县西北东陵乡大苏山”。《方舆纪要》卷50商城县：大苏山“下有苏仙市，灌水出焉。一名灌山”。

大苏堡 在今陕西黄陵县南。姚秦时戍守处。《晋书·姚兴载记下》："姚详时镇杏城，为赫连勃勃所逼，粮尽，委守南奔大苏。"即此。

大村 在今四川冕宁县北大村。清康熙四十九年（1710）置大村土百户。

大村镇 亦作渡村。即今江苏苏州市吴中区西南渡村镇。清光绪《江苏全省舆图》吴县记："城西南有……大村等市。"民国时改为大村镇。

大杉岭 在今福建泰宁县西北。《方舆纪要》卷98邵武府泰宁县：大杉岭在"县西北二十里，路通江西建昌府。多产杉木。吴越时遣兵屯戍于此"。

大杨庄 即今河北宁晋县东北五十里大杨庄。清同治《畿辅通志》卷55宁晋县图：东北有大杨庄。

大巫山 即巫山。在今重庆市东部。《水经·江水注》：江水径新崩滩，"其下十余里有大巫山"。光绪《巫山县志》卷6：大巫山"一名大丹山。县东三十里"。

大李各庄 即今河北清苑县（南大冉）西南大李各庄。清同治《畿辅通志》卷47清苑县图：西南有大李各庄。

大李集 即今江苏睢宁县西南四十里李集镇。清光绪《江苏全省舆图》：睢宁县西南有"大李集"。

大甫县 元至正中置，属中庆路。治所在今云南晋宁县南大古城。寻废。

大西山 ①在今湖南沅陵县西北四十里。《方舆纪要》卷81沅陵县：大西山，"道书第二十六洞天也。上有龙湫"。

②在今湖南辰溪县西二十里。中有大西洞，深广二里。《清一统志·辰州府》"大西山"条："又辰溪县西二十里有大西山。"

大西观 在今湖南辰溪县南十里潭湾镇沅江南岸。《清一统志·辰州府》：大西观"在辰溪县南大西山下。宋祥符间建"。明万历三十六年（1608）重建。旧为游览胜地。观旁有大西洞。

大矶山 在今江西都昌县西七里。《清一统志·南康府一》：大矶山"悬崖百仞，长三里许。一名望仙山。顶有平石，可以眺远。山之瞭望台，旧为备湖巡兵屯聚处"。

大来谷 在今甘肃渭源县西北。《资治通鉴》：唐开元二年（714），吐蕃将岔达延等寇渭源，"将吐蕃兵十万屯大来谷。……（薛）讷时在武街，去大来谷二十里，虏军塞其中间，（王）晙复夜出袭之，虏大溃，始得与讷军合，追奔至洮水"。即此。

大连山 在今江西婺源县西北。《方舆纪要》卷28徽州府婺源县：大连山在"县西北百二十里。高四百仞，周九十里。皖乱时，乡人每保聚于此"。

大连云（雲）山 即今浙江丽水市南大连云山。《清一统志·处州府一》：大连云山"在丽水县东南四十里。一名沙溪尖。巉岩陡绝，上插云霄，与青田小连云山相接"。

大连支线 自今辽宁大连市西北周水子至大连。长9公里。为中东铁路支线。清光绪二十四（1898）修筑。

大连中山广场近代建筑群 在今辽宁大连市区。包括原大连民政署、原朝鲜银行大连支行、原大和旅社、原日本东清轮船会社等。1900年由沙俄始建。1904年日本殖民当局继续实施俄人的城市规划意图，在中山广场相继建成不同类型、建筑形式各异的十幢建筑。其中，原大连民政署建于1908年，为二层砖木结构的哥特式建筑，建筑面积3350平方米。原朝鲜银行大连支行建于1918年，建筑面积4925平方米。原大和旅社建于1914年，为九层钢混结构的巴洛克式建筑，建筑面积1.15万平方米。原日本东清轮船会社建于1902年，为地上二层、地下一层砖混结构的西欧半木屋架式建筑，建筑面积891平方米。整个建筑群保存完好，具有较高的历史、艺术、科学价值。2001年定为全国重点文物保护单位。

大连市 1945年置，属辽宁省。治所在大连（今辽宁大连市）。《南金乡土志》：大连湾有大澳、四小澳，"四澳均可停泊，聚数澳于大澳，故以大连名"。1949年设旅大行署区。1950年改设旅大市，为中央直辖市，由东北行政区领导。1954年改为辽宁省辖市（地级）。1981年复名大连市，是我国的重要港口。

大连县 1946年析大连市置，属辽宁省。治所即今辽宁大连市。1950年裁。

大连俄国建筑 在今辽宁大连市。大连被俄国占领时期的民政署旧址建于清光绪三十四年（1908），建筑面积3350平方米。为二层砖木结构的哥特式建筑，正面对称，西端突出三角形山花。中央高耸尖塔，富于垂直向上的动感，底层采用连卷窗楣，上层窗用柱式划分，红色墙面包白色隅石与装饰线脚。大连被俄国占领时期的市政厅旧址建成于清光绪二十六年（1900），建筑面积4899平方米。钢混结构，俄式风格，共三层。建筑红砖绿瓦，尖顶装饰，主体色彩明快，内部装修精致，整个建筑体现了古典复兴的艺术特色。1996年定为全国重点文物保护单位。

大连湾 在今辽宁大连市北。东西长8海里，周约24海里，港宽水深，冬不结冰，为天然良港。清光绪二十年（1894）甲午战争时被日本强占，后复归中国，旋租与俄国，租期25年。光绪三十一年（1905）日俄战后，又被日本侵占，1915年中日条约，展期至99年。1945年8月日本投降，由我国收回。

大步江 在今湖南永兴县东北七十里。《清一统志·郴州一》：大步江"源出兴宁县界山冈岭，西北流入县界，又西北合潦溪、清溪二水，入衡州府安仁县界，名永乐江"。

大步海 在今广东东莞市西南。《方舆纪要》卷101新安县"合兰洲"条："《志》云：县南百余里有大步海，中有媚珠池。南汉时采珠于此。"早已成陆，今河道纵横。

大卤 又作大原、太原。在今山西太原市西南。《春秋》：昭公元年（前541），"晋荀吴帅师败狄于大卤”。《穀梁传》：“中国曰大原，夷狄曰大卤。”

大围山 ①在今湖南浏阳市东北一百五十里。旧名首禅山。山顶有白沙湖，广袤五十余里。流分四派。《方舆纪要》卷80浏阳县：大围山“冈峦围绕，盘踞四县，因名大围”。

②亦作大城关、大围关。在今四川峨眉山市西南八十里大为镇。《明史·地理志》峨眉县：“西南有中镇巡检司，后徙治大围山。”

大围关 即今四川峨眉山市西南大为镇。明置大围山巡司于此。《清一统志·嘉定府二》：大围关“在峨眉县西南八十里”。

大足川 即今重庆市大足县境之濑溪河。《舆地纪胜》卷161昌州：大足县，“《元和志》云：与昌州同置，以界内大足川为名”。

大足区 2011年撤销重庆市双桥区、大足县，设立重庆市大足区。大足区政府驻棠香街道二环北路中段1号。

大足石刻 在今重庆市大足县境内。始刻于唐永徽年间，终于南宋末年。是我国石窟艺术的宝贵财富，有石刻造像五万余躯，分布于四十余处，总称“大足石刻”。主要分布在北山、宝顶山以及南山、石篆山、石门山等，以北山、宝顶山最为著名。于1961、1996年先后定为全国重点文物保护单位。大足石刻中的北山、宝顶山、南山、石篆山、石门山五处摩崖造像于1999年被列入世界文化遗产名录。

大足县 唐乾元元年（758）置，属昌州。治所即今重庆市大足县。《寰宇记》卷88大足县：“以界内大足川为名。”明曹学佺《蜀中广记》卷53：大足县“取丰足之义也，或云县之宝顶山有巨人迹”。光启元年（883）为昌州治。元世祖至元二十七年（1290）州县俱废。明洪武四年（1371）复置，属重庆府。清康熙元年（1662）废入荣昌县。雍正六年（1728）又置。民国初属四川东川道。1928年直属四川省。今属重庆市。2011年改设大足区。

大员 又作台员。指今台湾省台南市西安平区。此地乃台窝湾族的原住地，因以族名为地名。转音为台湾。

大员驿 明置，属儋州。在今海南省昌江黎族自治县西北南罗镇。

大邑刘氏庄园 在今四川大邑县东南二十四里安仁镇场口。为大地主刘文彩之公馆。初建于清。1928—1942年间进行扩建。分老公馆、新公馆，建筑面积2072平方米，房屋三百五十余间，四周高墙环绕。内有大厅、客厅、接待室、账房、雇工院、收租院等，楼台亭阁、雕梁画栋，为典型的封建地主庄园。1958年辟为陈列馆。收租院泥塑群艺术，被誉为泥塑精品。1996年定为全国重点文物保护单位。

大邑县 唐咸亨二年（671）析晋原县西部置，属邛州。治所即今四川大邑县。《寰宇记》卷75大邑县：“其邑广大，遂以为名。”明洪武十年（1377）废入邛县。十三年（1380）复置，属嘉定州。成化十九年（1483）复属邛州。民国初属四川建昌道。1928年直属四川省。唐代，县所产瓷器冠全蜀，杜甫《又于韦处乞大邑瓷碗》诗云：“大邑烧瓷轻且坚，扣如哀玉锦城传。”

大邑坪 在今四川汶川县南五十八里羊店（大邑坪）。《清一统志·茂州》：大邑坪“在汶川县南。悬崖临江，地势险固，为金川要路。现设塘汛”。

大别山 ①即今湖北东北与安徽西南部交界处之大别山。《尚书·禹贡》：“内方至于大别。”《汉书·地理志》六安国安丰县：“《禹贡》大别山，在西南。”《水经·决水》：“决水出庐江雩娄县南大别山。”安丰、雩娄均在今河南东南部固始县东南。其西南正是今湖北、安徽二省交界处。

②一名鲁山。即今湖北武汉市汉阳东北之龟山。《左传》：定公四年（前506），楚子常“乃济汉而陈，自小别至于大别”。《元和志》卷27汉阳县：鲁山“一名大别山，在汉阳县东北一百步。其山前枕蜀江，北带汉水”。

大别水 即今湖南耒阳市西之舂陵水。《水经·耒水注》：“《十三州志》曰，大别水南出耒阳县太山，北至鄙县入湖也。”《清一统志》谓即耒阳东之浔江水。误。

大岗墟 即今广东开平市东北月山镇西大岗村。清宣统《广东舆地全图》开平县图：县东北有大冈。

大岘山 ①亦名赤焰山。在今安徽含山县东北十三里。《寰宇记》卷124和州含山县：“郦道元注《水经》云：滁水东经大岘山，西北流径大岘亭，即此山也。”《宋书·鲁爽传》：孝建元年（454），鲁爽反，“遣左将军薛安都步骑为前驱，别遣水军入渊，分路并会。安都进次大岘”。即此。

②在今山东沂水县北。《水经·沭水注》：岘水“北出大岘山”。《宋书·武帝纪》：“慕容超闻王师将至，其大将公孙五楼说超：‘宜断据大岘。’”《魏书·刁雍传》：雍谓叔孙建曰，“大岘已南，处处狭隘，不得方轨”。元于钦《齐乘》卷1：大岘山“即穆陵关也……大弁东南即大岘也。其山峻狭仅容一轨，故为齐南天险”。

大岘城 在今安徽含山县东北大岘山。《资治通鉴》：南朝梁天监二年（503），北魏元澄统军“寇东关、大岘、淮陵、九山……魏人拔关要、颍川、大岘三城”。

大利县 ①隋大业初于大利城置，为定襄郡治。治所在今内蒙古和林格尔县西北盛乐镇。隋末废。

②亦作大利县。唐武德元年（618）置，属雅州。治所在今四川芦山县西北。六年（623）废入严道县。

大秀山 ①在今福建永安市东北。明嘉靖《延平府志》卷2《山川》永安县：大秀山“在县东北十五里，巍然秀拔于群山之表”，故名。

②在今安徽巢湖市南。《清一统志·庐州府一》：大秀山“在巢县南三十里。山峰耸秀，訾家河出焉。其侧有黄谷岭，蒋家河出焉”。

大伾山 一作九曲山。“伾”或作“岯”、“邳”。

在今河南荥阳市西北汜水镇西北一里。《尚书·禹贡》："东过洛汭，至于大伾。"孔传："山再成曰伾。"《水经·河水注》："河水又东径成皋大伾山下，……济沇之水与荧播泽出入自此，然则大伾即是山也。"另一说以今河南浚县城东黎阳东山为大伾，见《括地志》等。《元和志》卷16黎阳县："大伾山，正南去县七里，即黎山也。"《明史·地理志》浚县："东有大伾山，一名黎阳山，一名清澶山。"宋人所镌摩崖石刻"大伾佛观"四字，至今犹存。

大佛山 ①在今四川荣县东南。《清一统志·嘉定府一》：大佛山"在荣县南一里。中有佛像，高四十七丈，阔十五丈，架殿十层。北麓有真如崖，有龙洞，深广容数百人"。道光《荣县志》卷5：大佛山在"县东南一里。联直如崖。宋元丰八年，僧淳德募修，因山为大佛像，成于元祐七年。《旧志》载：当时架殿十层，高四十七丈，阔十五丈。今已湮没，惟佛像巍然，身高十五丈有奇"。大佛尚存，高36.7米，称为荣县大佛。

②即今斯里兰卡南部之亚当峰。元汪大渊《岛夷志略》："大佛山界于迓里、高郎步之间。"

大佛头山 即今浙江象山县南三门湾口之花岙岛。《方舆纪要》卷92象山县：大佛头山在"县南百五十里海中。其地名南田，海中十洲，此为第一。日本入贡，每望此山为响导"。明嘉靖时设兵戍守。

大佛寺 ①即大慧寺。在今北京市西直门外魏公村。

②又名定明院、南禅寺。唐建，在今重庆市潼南县西五里定明山大佛岩。《舆地纪胜》卷155遂宁府：定明院"在青石县三里。唐咸通中建。前依岩石，大像高八十尺。下临江流。僧德修为阁五层以覆之"。按：青石县为遂宁县之误。依山所凿大佛坐像一尊，高27米。寺石壁有宋、元、明历代名人题记、诗刻。与乐山大佛、荣县大佛誉为川省三大佛，称潼南大佛。2006年定为全国重点文物保护单位。

③即凌云寺。在今四川乐山市东二里凌云山上。《明史·明玉珍传》：元末，完者都以明玉珍据重庆，"谋复重庆，屯嘉定之大佛寺，玉珍遣万胜御之"。即此。

④在今四川犍为县东南。唐建。元末，明玉珍据重庆，元兵屯大佛寺，为明玉珍所攻破。即此。

⑤在今陕西彬县西二十里。唐建。原名应福寺，北宋熙宁元年（1068）改名庆寿寺。《清一统志·邠州》：庆寿寺"在州西二十里。唐建。有佛像坐石岩下，高十余丈。俗名大佛寺"。

⑥旧名迦叶如来寺。又名宏仁寺。俗称卧佛寺。在今甘肃张掖市城内。建于西夏永安元年（1098）。明、清屡有修缮。现存大佛殿为清乾隆年间重建。楼两层，重檐歇山顶，面阔九间，进深七间。正中塑释迦牟尼涅槃像。大佛身长34.5米，木胎泥塑，金装彩绘。像前两侧塑优婆夷、优婆塞。南北两侧塑十八罗汉。楼壁绘西方极乐世界。是甘肃省境内最大的西夏建筑遗存。2006年定为全国重点文物保护单位。

⑦在今青海西宁市教场街东南端省政府之西，又称西宁大佛寺。是西宁城内藏传佛教古刹。始建于北宋淳化元年（990），寺院建筑藏汉风格结合。后院大殿高二十余丈，雕梁画栋，内供三大佛，为藏传佛教后弘期三位大师，像后泥塑山水图和十八罗汉。

大佛寺石窟 又名庆寿寺石窟。在今陕西彬县西二十里泾河南岸。建于唐贞观二年（628）。大佛窟平面呈半圆形，直径约21米，高30余米。大佛依山趺坐，高24米，两侧侍立二菩萨，各高5米，俗名"丈八佛"。窟壁雕大小佛及菩萨四百多尊。大佛窟东西两侧有罗汉洞和千佛洞。西侧的罗汉洞石窟群，共有面北排列的四个小石窟。窟内除造像外，壁上有浮雕经变故事多幅及唐宋以来游人题刻。东侧的千佛洞共三个石窟，窟内除造像外，并雕有三百多幅人物画像。整个石窟工程浩大，为陕西省最大最完整的石窟寺。1988年定为全国重点文物保护单位。

大佛顶尊胜陀罗尼经幢 在今河北卢龙县城南门内，十字路口中央。高大挺拔，系用多块巨石精雕细刻后叠砌而成。幢高10.35米。屹立在正方形石基上。石刻围栏，占地25平方米。幢身为八棱多层式建筑，七节，其间设置华盖、幢檐、迎莲等石雕饰件，上有莲花宝珠式幢刹，下有须弥幢座，外围龙盘玉柱。幢身各节分别刻有金大定十一年（1171）建幢题记、大悲神咒、陀罗尼经、浮雕佛造像等。幢檐八角上挑悬铁铃，围栏十二柱雕饰云龙、石狮，栏板浮雕佛教人物经变故事等，雕艺古朴，栩栩如生。卢龙经幢是集佛教文化与历代建筑、雕刻艺术于一体的宝贵遗产。2006年定为全国重点文物保护单位。

大佛岩 在今重庆市江津区西南石门镇西。清光绪《江津县志》卷2：大佛岩在"县西百里石门对岸大江边。古镌大佛于岩上，形高十丈许，左有石如净瓶，右如鹦鹉，佛居其中"。有大佛寺，明建。摩岩大佛一尊，高23.3米，雄伟壮观。

大佛沱 在今重庆市东长江岸。以江岸有元末摩崖石刻大佛而名。为往来木舟停泊处。

大佛滩 在今四川乐山市东岷江上，滩在大佛前故名。《元史·石抹按只传》：至元十二年（1275），"嘉定降，宋将鲜于都统率众遁，（石林）不老追至大佛滩，尽毙之"。即此。

大佘太设治局 1926年划五原县东境及包头设治局、固阳县各一部分地置，属绥远特别区。治所在大佘太（今内蒙古乌拉特前旗东北大佘太镇）。1928年属绥远省。1933年改为安北设治局。

大佘太村 又作佘泰。即今内蒙古乌拉特前旗东北之大佘太镇。清光绪二十九年（1903）析萨拉齐厅西境置五原厅，初设治于此，次年改设于兴盛旺。1926年于此置大佘太设治局，1933年改名安北设治局，1942年改设安北县。

大谷 一作太谷。在今河南偃师市西南。张衡《东京赋》："太谷通其前。"东汉灵帝中平元年（184）

置关于此。《三国志·魏书·陈思王植传》注引《魏氏春秋》载曹植诗："大谷何寥廓，山树郁苍苍。"晋潘岳《闲居赋》："张公大谷之梨。"即此。

大谷龙长官司 元末置，明属龙里卫。治所在今贵州龙里县北大谷龙。清改属龙里县。

大谷务 元置，在今安徽绩溪县北。《方舆纪要》卷28绩溪县"濠寨"条下：大谷务"在县北四十里锦谷村口"。

大谷关 一名水泉关。在今河南洛阳市东南大谷口。张衡《东京赋》云："大谷通其前。"即此。东汉灵帝中平元年（184）置八关以备黄巾，大谷关即其中之一。

大谷郡 北魏正始元年（504）于故汉昌县置，治所即今四川巴中市。延昌三年（514）于郡置巴州。辖境相当今四川巴中市地。隋开皇初废。

大谷墟 在今广东佛山市南海区西南大谷村，南隔西江与鹤山、新会二县为界。清光绪《广州府志》卷69墟市：南海县有"大谷墟"。

大肚 本台湾岛土著番社，傍大肚溪入海口。即今台湾省台中市西南大肚区。

大肚川 亦作大度川。即今吉林辉南县东南抚民镇。清宣统元年（1909）于此置辉南直隶厅，寻移治谢家店（今辉南县东南辉南镇）。

大肚溪 在今台湾省中西部。源出合欢山，西流经台中盆地入台湾海峡。《清一统志·台湾府》：大肚溪"在彰化县北十里。《旧志》：源出大山中，西流经大肚社南，又西入海"。据张荣楼、李梦愚编《台中县志稿·台中县乡镇地名的掌故》说：大肚"原为平埔蕃族的根据地。因为平埔蕃族的腹部都是隆起的，所以汉人就把他们称为'大肚蕃'，又因此地是大肚蕃的根据地，所以叫做'大肚'。……当时汉人就把这条山溪叫做大肚溪"。

大邸阁 在今河南项城市西南南顿镇。《三国志·魏书·王基传》：正元二年（255），司马师讨毌丘俭。王基曰："军宜速进据南顿。南顿有大邸阁，计足军人四十日粮。保坚城，因积谷，先人有夺人之心，此平贼之要也。"

大龟山 在今湖北广水市东北六十里。《隋书·地理志》：应山县"有大龟山"。《寰宇记》卷132应山县：大龟山"在县北六十里。《荆州记》云，义阳郡南一百三十里，有石自然若龟形"。《清一统志·德安府》：大龟山"在应山县东北六十里。一名高贵山。山北有泉，流入河南汝宁府信阳州。太平河发源于此。其巅为平靖关"。

大甸 宋大理置，属秀山郡。在今云南金平苗族瑶族傣族自治县西南勐拉坝子。

大甸子遗址 在今内蒙古敖汉旗东宝国吐乡大甸子村。是属北方类型的夏商时期青铜文化遗存。1974年发现，至1983年揭露一处有夯土围墙和壕沟环绕的聚落址，其东侧有一处完整的墓地。该遗址属于夏家店下层文化，距今约3600年，墓地中有墓葬八百余座，大型者占二百多座。二百件精美彩绘陶器大都出土于大墓中，彩绘纹饰类似商代青铜器上的饕餮纹，出土的陶器、爵、鬶等器形与二里头文化同类器相似。1996年定为全国重点文物保护单位。

大甸子镇 在今吉林桦甸市东南。民国《桦甸县志》卷2："大甸子距县城四百三十里。"

大犹山 在今江西上犹县北。《方舆纪要》卷88南安府上犹县：大犹山在"县北二十五里。亦名犹石嶂。耸拔中峙，群山拱揖其旁。上有月岩。又有龙池，深不可测"。

大辛庄 ①即今河北唐山市丰南区东南五十里大新庄镇。清同治《畿辅通志》卷54丰润县图：东南有大辛庄。

②即今山东临清市东南大辛庄镇。为通聊城孔道。民国《临清县志·疆域志》：城南有大辛庄，为第三区公所驻地。

大辛庄商代遗址 在今山东济南市历城区洪家楼镇东北十六里大辛庄南。1953年发现。后经发掘，发现房址十二座，水井八眼，墓葬四十二座，出土石、骨、蚌、陶、铜器七百余件。历年出土的青铜器中，有鄄、觚、盉等酒器，戈、镞等武器，还有斧、锛、刀、车具等工具。

大冶县 五代南唐保大十三年（955）改青山场院置，属鄂州。治所即今湖北大冶市。《方舆纪要》卷76大冶县："县治西南有铜绿山，亦古出铜冶铸之所。县名大冶，盖以此。"宋属兴国军。元属兴国路。明属兴国州。清属武昌府。民国初属湖北江汉道。1932年直属湖北省。1994年改设大冶市。

大冶铁矿 在今湖北黄石市西铁山区。唐、宋时已设冶铁场。清光绪十七年（1891）建汉阳铁厂。二十二年（1896）改为商办。三十四年（1908）与萍乡煤矿合并，成立汉冶萍煤铁厂矿有限公司。民国时年产五十万吨铁。今属武汉钢铁公司。

大冶铁路 清光绪十九年（1893）动工修建，次年竣工。从湖北大冶西北的铁山铺，东至长江南岸的石灰窑港。全长27公里。为大冶铁矿专用。今为武汉至大冶铁路的一段。

大沥墟 即今广东佛山市南海区北大沥镇。明万历《广东通志》卷6：南海县有大历墟。清有把总驻守。

大沙井城 明筑，属灵州守御千户所。在今宁夏灵武市东南四十里。明嘉靖《宁夏新志》卷3引巡抚、都御史冯清《沙井道中诗》："马足凌兢一径斜，晓来天际烂云霞。石沟雨过苔生石，沙井风旋草压沙。"

大沙沟 在今甘肃景泰县境内。《方舆纪要》卷62靖远卫：大沙沟"在卫北黄河外。嘉靖中边臣李承勋言，宁夏自镇远关至大沙沟，旧有台堡相接，以断北寇西行之路是也"。

大沙河 在今江西大余县南。《方舆纪要》卷88南安府大庾县：大沙河在"府南十里。源出大庾岭麓，东北流，经东山麓入章江。《志》云，章水自府西石陂头而南，横城南驿使门外五板桥边，合大小沙河、五板水，下东山麓，如萦带然”。

大沙海 在今新疆鄯善县南。《元和志》卷40柳中县：大沙海“在县东南九十里”。

大沙湾 在今台湾省基隆市东北基隆港内外港交界处之东。包括海滨及岸东居民区。有长约500米的沙滩，故名。日本占领期间，以法国孤拔1884年率军侵台时在此登陆而改名孤拔海滨，并称居民区为真砂町。现为海军营区，并有基隆要塞司令部驻此。附近有1957年重建的1884—1885年抗法阵亡将士民族英雄墓。海滨东北山丘旭岗上有清末炮台遗址。

大沙墟 即今广东四会市东南大沙镇。明万历《广东通志》卷46：四会县有大沙墟。

大汾 即今江西遂川县西南大汾镇。1934年6月国民党南京政府为进攻中央革命根据地在此设大汾政治局（县级）。

大汾汛 在今广东东莞市北十里。清光绪《广州府志》卷73兵防：东莞县有“左哨二司把总一员，分防大汾汛”。

大汾政治局（县级） 1934年6月国民党南京政府为进攻中央革命根据地由遂川县析置，驻大汾（今江西遂川县西南大汾镇）。1936年撤销，并入遂川县。

大汾墟 即今江西遂川县西南二十里大汾镇。清同治《江西全省舆图》卷7：龙泉县西有大汾墟。

大沟 在今河南尉氏县西南。《方舆纪要》卷47开封府祥符县：“大沟在县西南十五里。东南流，与县境众水汇。今下流入于决河。”

大沟村墟 即今广东阳东县东南大沟镇。清道光《阳江县志》卷1有大沟墟。

大沟镇 即今辽宁沈阳市南苏家屯区大沟乡。清光绪《奉天全省地舆图说图志》承德县图：南有大沟。

大汶口遗址 在今山东泰安市南六十里大汶口镇南，地处大、小二汶水会合处。1959年首次发现，进行发掘，考定为新石器时代晚期遗存。后来考古学界即将大汶口遗址及其相类同的文化遗存命名为“大汶口文化”。1974—1978年，大汶口遗址又经过多次发掘，发现墓葬、房址、窖坑等，证实大汶口文化从公元前4000年起，经历了大约2000年的发展过程。1982年定为全国重点文物保护单位。

大沩山 ①即今江西铜鼓县西南大沩山。《清一统志·南昌府一》：大沩山“在义宁州西南二百五十里。周四十里，西通湖南浏阳，东通新昌，南通萍乡。林木茂盛，昔为盗薮。明万历中设铜鼓石营守备于此”。同治《南昌府志》卷2义宁州：大沩山“今为同知都司分驻”。

②在今湖南宁乡县西。明嘉靖间，土民屯据于此，为抚臣翟瓒平定。

大沁他拉 即今内蒙古通辽市奈曼旗驻地大沁他拉镇。1931年奈曼旗迁治于此。“大沁他拉”，蒙古语意为潮湿的甸子。

大牢县 隋开皇十三年（593）升大牢镇置，属资州。治所在今四川荣县西。《元和志》卷33应灵县：大牢县“县界有大牢溪，因取为名”。唐武德六年（623）荣州自公井县移治于此。天宝元年（742）改为应灵县。

大牢溪 即今四川荣县西越溪河支流杨家河。《元和志》卷33旭川县：“大牢溪出县北铁山下，南流经县北。”大牢县以此名。《寰宇记》卷85应灵县：“大牢溪水一名赖溪。”清陈登龙《蜀水考》卷2：“大牢溪源出荣县北铁山，南受浑溪水，又南受苦竹溪，又南受照石溪，又南受桂村溪，又南受桃叶溪，又南为黄沙河，入汶江。”

大牢镇 隋开皇十年（590）置，属资州。在今四川荣县西。《隋书·卫玄传》：玄任资州刺史，“时僚攻围大牢镇，玄单骑造其营”。即此。十三年（593）升为大牢县。

大良山 又名莲花山。在今四川广安市东北八十里渠江东。《元史·宪宗纪》：八年（1258）“己亥，大良山守将蒲元圭降”。即此。

大良平城 亦称大良城。南宋淳祐三年（1243）建，为广安军治。在今四川广安市东北八十里小井乡大良城。咸淳二年（1266）改为宁西军治。《元史·世祖纪》：至元三年（1266），“千户散竹带以嗜酒失所守大良平”。即此。

大良驿 明置，属霸州。在今河北霸州市东八十里，为往来孔道。

大良城 亦作大良平城。在今四川广安市东北小井乡大良城。南宋为广安军治。后改为西宁军治。

大良堡 即今广东佛山市顺德区。《明史·地理志》广州府顺德县：“景泰三年，以南海县大良堡置。”

大灵山 在今湖北浠水县北六十里。《清一统志·黄州府一》：大灵山“旧有城堑。相传为陶琳立砦处。明崇祯中，土人筑砦于此以御寇。全活甚众”。

大陆村 即今河北宁晋县东北三十里大陆村镇。清同治《畿辅通志》卷55宁晋县图：东北有大陆村。

大陆县 ①隋开皇十六年（596）析广阿县置，属赵州。治所在今河北宁晋县东南十里北鱼台。大业初废。

②隋大业二年（606）改象城县置，属赵州。治所在今河北隆尧县东十二里旧城。三年属赵郡。唐武德四年（621）复改象城县。

大陆泽 ①古泽薮名。亦名巨鹿泽、广阿泽。在今河北任县、巨鹿、隆尧三县之间。《尚书·禹贡》：导河“北过降水，至于大陆”。《尔雅·释地》：“晋有大陆。”源于今内丘以南，太行山区河流皆汇于此。至唐代，《元和志》卷15巨鹿县：“大陆泽一名巨鹿，在县西北五里。……泽东西二十里，南北三十里。葭芦茭莲鱼蟹之类，充牣其中。泽畔又有咸泉，煮而成盐。百姓资之。”清代通称南泊。《清一统志·顺德府一》：大陆泽“在任县东北，与巨鹿县及赵州隆平县接界，……《旧志》：大陆泽，在今任县东北十里许，周数十里，诸河之水，皆汇于此”。今已湮为洼地。

②一名吴泽、吴泽陂。在今河南获嘉县、辉县市、修武县交界处。《左传》：定公元年（前509）正月，晋魏舒合诸侯之大夫于狄泉，“魏献子属役于韩简子及原寿过，而田于大陆”。《水经·清水注》：“大陆即吴泽矣。《魏土地记》曰：修武城西北二十里有吴泽陂，南北二十许里，东西三十里。”

大陇山 在今陕西、甘肃两省之间。《元和志》卷39秦州陇城县：大陇山“在县东一百里”。

大陈山 即今浙江台州市东南一百余里海中上、下大陈岛之总称。《方舆纪要》卷92太平县：大陈山“在县东南海中。《志》云：台州之山，惟大陈膏腴，且有淡水，每为倭贼所据，防守最切。嘉靖三十四年，官军败倭于此”。

大陈岭 在今浙江江山市西北。《方舆纪要》卷93江山县：大陈岭“在县西北十二里。路出常山”。

大陂 在今广东湛江市东北。清时设把总驻防。

大陂山 在今湖北武汉市黄陂区东北三十里。《方舆纪要》卷76黄陂县：大陂山“下有大陂，溉田百顷。或谓之九十三里陂。正德中刘六等啸聚于此”。

大陂市 即今湖南耒阳市东北二十二里大市乡。南朝梁、陈间耒阳县迁治鹜山口，即此。《清一统志·衡州府二》“竹塔市”条下：“大陂市，在（耒阳）县东北。即故县治也。”

大陂站 元置，在今广东惠来县西。明改置大陂驿。

大陂流汛 在今湖南泸溪县（白沙镇）西五十余里。清严如熤《苗疆险要考》：大壁流“傍山临涧，为入乾（今吉首）大路。征苗时尝设粮台于此”。

大陂溪 在今广东惠来县西。《方舆纪要》卷103惠来县：大陂溪在“县西九十里。由澳头达海丰县之甲子港入海”。

大妙墟 即今广西平南县南六陈镇西南大妙村。清光绪《广西舆地全图》平南县图：南有大妙墟。

大鸡笼山 即今台湾省基隆港口外基隆屿。清乾隆间范咸《重修台湾府志》卷1：大鸡笼山“在（淡水）厅治东北二百五十里大海中。一望巍然。日本洋船以为指南”。

大纹溪 亦作大汶溪。在今云南绥江县境。《方舆纪要》卷73马湖府平彝长官司：大纹溪在“司治南。又司东十里有小纹溪，二溪俱出乌蒙府界，流入境，水流洄漩，宛如罗纹，俱流注于马湖江”。

大武山 即太武山。在今福建龙海市东南。

大武艺陵 唐渤海国王陵。在今吉林敦化市。武王名武艺，系渤海高王（即大祚荣）的世子，初封桂娄郡王。高王二十二年（719）春三月，武艺嗣立，为渤海二世主。同年八月，唐遣使册封武艺为左骁卫大将军、渤海郡王、忽汗州都督。次年春正月改元，建号仁安。公元737年武艺薨，渤海遣使赴唐告哀，国人上谥曰武王。

大武军 唐置，属朔州。治所在今山西朔州市东北三十里马邑村。调露二年（680）改名神武军。

大武垅山 在今台湾省台南市东北。清康熙间蒋毓英《台湾府志》卷2：大武笼山“在马鞍山西北。尤高耸”。乾隆间范咸《重修台湾府志》作“大武垅山”。山下有大武垅社，山因社名。

大武垅社 即今台湾省台南市东北玉井区东北约二里竹围。旧为高山族大武垅社。清康熙间蒋毓英《台湾府志》卷1：大武垅社“离府治四十里”（高拱乾《台湾府志》作“离府治六十里”）。

大武郡山 在今台湾省彰化县东南。清乾隆间范咸《重修台湾府志》卷1：大武郡山“在（彰化）县治东南四十里。由牛相触分支右出，横亘二十余里结县治”。

大武郡牛社 即今台湾省彰化县东南社头乡。清康熙间蒋毓英《台湾府志》卷1：大武郡牛社“离府治三百四十里”。

大武郡溪 大体相当今台湾省彰化县西南鹿港溪。《清一统志·台湾府》：大武郡溪“在彰化县南。《通志》：源出大武郡山，西流至鹿仔港入海”。

大青山 ①又称青山。即今内蒙古呼和浩特市北之大青山。《明史·鞑靼传》：“俺答常远处青山。”明瞿九思《万历武功录》卷8：“黄台吉遁走，休舍大青山。”吴公坝（古白道谷）和昆都伦沟（古稒阳塞，一称鄂博口）为南北交通孔道。光绪《绥远旗志》卷2：大青山“在城北三十里。亦曰大斤山，又称（秦）山，即阴山也”。

②一名黄金山。在今辽宁朝阳县西北。民国《朝阳县志》卷12：“山巅有南北二城，遗址犹存。……南城宽阔异常，可居万家，石积亦数百亩，古盗贼窃据，荒弃已久，又名为断亲山。”

③即今黑龙江省东北之小兴安岭。民国《黑龙江志稿》卷4：“布伦山即大鞡额木山，亦名小兴安岭，汉语称大青山。（通化）县东南二百余里。自木库山来，其山高大，跨通北、绥楞、乌云、汤原各县境。通肯、扎克、克音、诺敏四河出其西，札里河出其东，科尔芬河出其北，呼兰河出其南。”

④在今宁夏银川市西贺兰山后。《方舆纪要》卷62宁夏镇：大青山“在贺兰山后。隆庆三年，宁夏官兵击套寇于大青山，败之”。

大青山骨记等处长官司 元置，属新添葛蛮安抚司。治所在今贵州贵定县东南。后废。

大现礁 在南海中中国南沙群岛内，位于郑和群礁西南方，在小现礁西三十七里。为一长条形环礁。中国渔民向称劳牛劳。1935年公布名称为大觅出礁。1947年改名大现礁。郑资约《南海诸岛地理志略》载：大现礁“礁极狭，南北长七浬。礁之大部在低潮时干露，上有大石数块突出。在礁之中心有浅泻，无口可入”。

大盂山 在今河南鲁山县西南。《水经·汝水注》：“汝水西出鲁阳县之大盂山黄柏谷。”《方舆纪要》卷

51 鲁山县：大盂山“在县西南七十里，西接卢氏县界。山顶并窊，四围若城，俗呼为大团城、小团城山”。

大盂城 在今山西阳曲县东北二十五里大盂镇。《方舆纪要》卷40太原府阳曲县：“大盂城，府东北八十里。”春秋晋盂县治此。

大拔砦 北宋置，属环州。在今甘肃环县境。后废。

大拉子 又作大砬子、和龙峪。在今吉林龙井市东南智新镇。清宣统元年（1909）置和龙县于此。民国魏声龢《吉林地志》：“和龙县，土名和龙峪，又名大砬子。”即此。

大招寺 即大昭寺。今西藏拉萨市中心大昭寺。

大拨换城 即今新疆温宿县东佳木镇喀什艾日克村古城。一说在阿克苏市。《新唐书·阿史那社尔传》：贞观二十一年（647），社尔等讨龟兹“拔都城，王轻骑逃。社尔留（郭）孝恪守，自率精骑追蹑，行六百里。工据大拨换城，婴险自固。社尔攻凡四十日，入之，禽其王，并下五大城”。

大坪 在今四川峨眉山市峨眉山洪椿坪东。清嘉庆《峨眉县志》卷2：大坪“在峨山会佛寺上。旧名净土禅院”。

大坪田 在今浙江遂昌县东北。《方舆纪要》卷94遂昌县：大坪田“在县东北四十里。《闻见录》：大坪田道通汤溪、武义、宣平，为县境要口”。

大坪隘口 明置，在今四川荣县西三十里。《明史·地理志》 荣县：“又有大坪隘口，成化十二年八月置。”

大坡山 在今湖北阳新县东。《方舆纪要》卷76兴国州“三角山”条下：“大坡山，在州东五十里。旁有石楼，崭然拔出众山。里人于此造茶，名‘坡山凤髓’。有大坡洞。”《清一统志·武昌府一》 大坡山“《州志》：东坡谪黄州过此，有‘埽壁歌’刻于石”。

大坡立营 在今海南省海口市琼山区西南。《方舆纪要》卷105琼州府琼山县：大坡立营“在府西南。防守居林、居碌、沙湾三峒黎‘贼’。《志》云，琼山县村峒凡百二十有六处”。

大坡铺 明置，属普安州。在今贵州盘县西。

大坡墟 即今广西平南县东南大坡镇，接藤县界。清光绪《广西舆地全图》平南县图：东南有大坡墟。

大苦水 在今内蒙古阿拉善右旗西北。清张穆《蒙古游牧记》卷16额济纳旧土尔扈特部：“旗东境有泽曰大苦水，南直甘肃张掖边外。大苦水之东有二泽：曰骟马湖，湖东南有泽曰沙枣湖，亦曰沙枣泉，在肃州东北二百三十里，金塔寺北一百七十里。沙枣湖之东直山丹县边外，有泽曰丰盈大泉。以上诸泽，俱潴于沙。”

大若岩 又名真诰岩、赤水山。在今浙江永嘉县西北。《清一统志·温州府》：赤水山“一名石室山。上有石室，可坐千人，亦曰大若岩。道书以为第十二福地，乃地仙李方回所治。梁陶弘景于此纂集《真诰》，故又名真诰岩。吴甘露中，道士傅隐遥亦于此飞昇”。石室今名陶公洞，高56米，宽76米，深76米，以陶弘景而命名。洞内有清乾隆时建的前、中、后三殿和天台、胡公殿等道教建筑。

大茂山 即恒山。又名神尖。在今河北唐县西北一百五十里。宋沈括《梦溪笔谈》卷24：“北岳常岭（恒山），今谓之大茂山者是也。半属契丹，以大茂山分脊为界，岳祠旧在山下。”即此。

大茂堡 明置，属广宁左屯卫。在今辽宁凌海市西北。《方舆纪要》卷37广宁左屯卫：大茂堡在“卫东北四十里。其南曰流水堡，有苇子沟可以按伏，自堡而东接义州之大定堡”。

大苗里溪 即今台湾省台东县南太麻里溪。《清史稿·地理志》 台东州：“大苗里溪”等“并在州东南，入于海”。

大茅山 在今江西德兴市东南。《明一统志》卷50饶州府：大茅山“在德兴县东南。山最磅礴，千峰万嶂，深林邃谷，为一邑之冠”。

大茅峡 即今重庆市巴南区铜罐驿下游猫儿峡。《清一统志·重庆府》 引《元统志》：“栖真洞在巴县西八十里大茅峡内。相传昔茅君升仙于此，故名其峡曰大茅，洞曰栖真。”

大茅峰 在今江苏句容市东南，为茅山高峰之一。宋《景定建康志》卷17：大茅峰“在崇寿观北。《旧记》云在崇僖观北独高处，昔青童道君乘飚舆少憩于此，今犹有故飚轮之迹。山之半有绣衣亭，昔三天使者衣绣衣执金册以九锡之命诏大茅君，故以为名。山之巅有泉，名曰一人泉，汲之不竭”。明弘治《句容县志》卷4：“大茅峰在元符宫南，即大茅君所居。”

大直沽 在今天津市东南海河东岸。《方舆纪要》卷13静海县：大直沽“今天津卫东南十里即大直沽渡也。小直沽受群川之委流，大直沽又在其东南，地势平衍，群流涨溢，茫无涯涘，故有大直沽之名”。《元史·食货二》：“大都之盐：太宗丙申年，初于白陵港、三叉沽、大直沽等处置司，设熬煎办，每引有工本钱。”

大林 春秋时楚邑。在今湖北荆门市西北。《左传》：文公十六年（前611），“楚大饥，戎伐其西南，至于阜山，师于大林”。即此。

大林寺 在今江西九江市南庐山上，与西林、东林寺合称三大名寺。《清一统志·九江府二》：上大林寺“在庐山西大林峰南。晋建。元末毁。明宣德中重建。寺前有宝树二，曲干垂枝，圆旋如盖。又中大林寺在庐山锦涧桥北，下大林寺在桥西”。

大林店 即今河南正阳县东南大林乡。民国《重修正阳县志》卷1：“大林店，城南九十里。有集。”

大林龛山 在今广东惠州市西南。《方舆纪要》卷103惠州府归善县：大林龛山“在府西南腊石社，产白垩，攒峰叠巘，林木蔚荟，瑶人耕种其上。有岩如厦屋，容五六百人。门至逼仄，一人持戟而守，千人攻之不能入”。

大林镇　即今台湾省嘉义县北大林镇。旧名大莆林，又作大埔林。日本占领期间设大林街。1945年抗日战争胜利后设大林镇。

大板昭　在今四川小金县北两河乡西北大板。《清史稿·常青传》：乾隆三十八年（1773）征金川，“阿桂师进攻勒乌围，常青与富勒浑护饷道，自明郭宗至大板昭、兵卒巡视，分守小沙坝、沙坝、三松坪诸地”。即此。乾隆四十一年（1776）于此设大板昭屯。

大板昭屯　清乾隆四十一年（1776）置，属美诺厅。在今四川小金县北两河乡西北大坂村。四十四年（1779）废入抚边屯。设千总驻防。

大板桥店　即今湖北枣阳市西南大板桥村。《清一统志·襄阳府三》：大板桥店“在枣阳县南二十里”。

大板镇　即今内蒙古巴林右旗驻地。清初以来为巴林右旗驻地。乾隆十九年（1754）迁治今巴林右旗北五十里沙巴尔台苏木。1912年复迁回大板镇。“大板”，蒙古语称“伊和板生”，意为大房子。

大松山　①在今河北赤城县西南。《明一统志》卷5万全都司：大松山“在龙门卫城西一十里。上有古松一株，盘曲森耸，故名。永乐中驻跸于此”。

②一名伊克纳喇苏台山。在今内蒙古赤峰市西南。《清一统志·承德府》：伊克纳喇苏台山“在赤峰县属翁牛特左翼南二十里。汉名大松山。富弼《行程录》：自中京正北一百九十里，至松山馆。刘敞亦有《寄欧阳修宿松山》诗”。

③在今甘肃天祝藏族自治县东。《方舆纪要》卷63庄浪卫：大松山在“卫东百二十里。山多大松。又有小松山，在卫东北百二十里。近代议边事者，谓二山控御边陲，为卫境之要地”。

大松湖　在今湖北汉川市北汈汊湖内。《清一统志·汉阳府一》：大松湖“在汉川县北十八里，又北二里为小松湖，西接瓜子湖、五湖，北通杨子港”。

大枪（鎗）岭　在今安徽滁州市西北六十里大枪岭下。明初置巡司于此。

大轮山　在今福建厦门市同安区东北。《方舆胜览》卷12泉州：大轮山“在同安县（东）一里。群峰环列，如异人奇鬼，或乘车张盖，或衣冕峨冠，或如带甲，或如跃马，势若奔轮，故名”。

大轮驿　明洪武九年（1376）改同安驿为大轮驿，属同安县。在今福建厦门市同安区西。

大非川　在今青海兴海县西南苦海子大草原。一说即今青海共和县西南切吉滩。《新唐书·薛仁贵传》：咸亨元年（670），讨吐蕃，“仁贵退军大非川，吐蕃益兵四十万来战，王师大败”。即此。

大非苦盐池　在今内蒙古乌审旗北。《新唐书·地理志》所载边州入四夷道里中的夏州北道，“夏州北渡乌水……百二十里至可朱浑水源。又经故阳城泽、横划北门、突纥利泊、石子岭，百余里至阿颓泉。又经大非苦盐池，六十六里至贺兰驿”。

大非岭　在今青海兴海县西北鄂拉山口。一说在共和县西北海南山。《新唐书·薛仁贵传》：咸亨元年（670），讨吐蕃，“军次大非川，将趋乌海。仁贵曰：‘乌海地险而瘴，吾入死地，可谓危道，然速则有功，迟则败。今大非岭宽平，可置二栅，悉内辎重，留万人守之，吾倍道掩贼不整，灭之矣’”。

大虎山　即今辽宁黑山县南大虎山镇。京奉铁路在此有支线（大通支线）通至通辽。

大贤河　在今山西岚县南。《方舆纪要》卷40岚县：大贤河“在县南。《志》云，源出县南四十里柳峪村，东北流至静乐县之楼烦镇，入于汾水”。

大贤镇　在今山西岚县西。《清一统志·太原府二》“东村镇”条下：大贤镇“在县（旧治）南”。

大旺土司　清初改大旺安抚司置，属施州卫。治所在今湖北来凤县西南三十二里旧司镇。雍正十三年（1735）废。

大旺山　在今四川眉山市东南。《方舆纪要》卷71眉州：大旺山在“州东南五十里。自蟆颐山南趋，或起或伏，至此峰峦屹立，回拱州城”。

大旺安抚司　明永乐五年（1407）改大旺宣抚司置，属散毛宣抚司。治所在今湖北来凤县西南三十二里旧司镇。清初改为大旺土司。

大旺宣抚司　元末明玉珍置，治所在今湖北来凤县西南三十二里旧司镇。明永乐五年（1407）改为安抚司。

大旺砬子　在今黑龙江饶河县西。1934年冬，日伪军分路向暴马顶子游击根据地进攻，占领了暴马顶子。1935年1月，日军又调集八百余人，继续对根据地进行讨伐。游击队把分散的队伍集中到大旺砬子一带，埋伏在日军必经的险要地带。当日军发动进攻时，向日军发起猛烈攻击。歼日军百余人，打退了日军的进攻，并夺回了暴马顶子，保卫了游击根据地。

大昆山岭　在今浙江嵊州市西。《方舆纪要》卷92绍兴府嵊县：大昆山岭“在县西八十里。高数百丈。山峡险逼，下临深坑，斫木为栈，宛如蜀道”。

大昆（崑）仑（崙）　即大古剌。在今缅甸的伊洛瓦底江下游一带。或在勃固，或在丹那沙林。《新唐书·南蛮下·骠》：“由弥臣至坤朗，又有小昆仑部，王名茫悉越，俗与弥臣同。由坤朗至禄羽，有大昆仑国，王名思利泊婆难多珊那。川原大于弥臣。由昆仑小王所居，半日行至磨地勃栅，海行五月至佛代国。”

大昆（崑）仑（崙）山　即今越南南岸外之昆仑岛。明王宗载《四夷馆考》卷下：“（外罗山）八昼夜可抵占城海次，十二昼可抵大昆仑山。”

大昆仑镇　即今山东淄博市淄川区西南十六里昆仑镇。明代已成为重要村镇，称为昆仑店。清初为区别小昆仑改称大昆仑。

大昆兑河　在今内蒙古准格尔旗东北境。《清一统志·鄂尔多斯》：大昆兑河“在左翼前旗东北七十里。源出平地，东南流入黄河”。

大昆（崑）嵛山　即昆嵛山。一名姑余山。在今山东文登市西北。

大昌关　在今陕西蓝田县西南五十里汤浴南。《新唐书·崔湜传》：“初，湜建言山南可引丹水通漕至商州，自商镵山出石门，抵北蓝田，可通挽道。中宗以湜充使，开大昌关，役徒数万，死者十五。”

大昌县　①北周置，属蔚州。治所在今山西灵丘县南。隋开皇三年（583）废。

②北周改建昌县置，为永昌郡治。治所即今重庆市巫山县西北一百二十里大昌镇。后属建平郡。隋属巴东郡。唐属夔州。北宋端拱元年（988）属大宁监。南宋嘉定八年（1215）徙治水口监（今巫山县北下田乡北水口）。元至元二十年（1283）废入大宁州。明洪武十三年（1380）复置，后废入大宁县。永乐初复置，属夔州府。《明史·庄烈帝纪》：崇祯十三年（1640），“张献忠陷大昌，总兵官张令战死”。即此。清康熙九年（1670）废入巫山县。

大昌原　在今甘肃宁县西南三十里太昌乡附近。《金史·完颜陈和尚传》：正大五年（1228），“北兵入大昌原……（陈和尚）以四百骑破八千众，三军之士踊跃思战，盖自军兴二十年始有此捷”。即此。

大昌镇　金置，属定平县。即今甘肃宁县西南三十里太昌乡。

大明山　①在今浙江松阳县西南。《方舆纪要》卷94松阳县：大明山“在县西三十五里。亦曰留明山。高绝千仞，群峰罗列，涧水环绕，石磴萦纡，称为峻险”。

②即大名山。又名镆铘山。即今广西武鸣县东北大明山，与马山、上林接界。《明史·地理志》宾州上林县：“西有大明山，澄江出焉。”

大明水　在今江西大余县西南。《方舆纪要》卷88南安府大庾县：大明水“在府西南六十里。源出崇义县傀儡山，北流入章江，为大明江口”。

大明寺　①在今江苏扬州市西北蜀岗中峰上。《舆地纪胜》卷37扬州：“平山堂在州城西北五里大明寺侧。”相传寺建于南朝宋大明间，故名。唐高僧鉴真大师居住和讲学于此。今寺为清同治年间建。鉴真为扬州人，东渡日本传教，将中国文化介绍到日本，为中日文化交流作出杰出贡献。1963年鉴真圆寂一千二百周年时，在寺内建鉴真纪念堂。2006年定为全国重点文物保护单位。

②北宋建，在今河南济源市南十二里轵城镇。该寺原为西汉初诸侯轵王祖庙，北宋时改为寺院。元世祖至元十四年（1277）重建，定名大明寺。现存元、明、清各代建筑十三座四十一间。总体平面近似长方形，坐北朝南，主要建筑有山门、中佛殿、伽蓝殿、后佛殿等。主体建筑中佛殿重建于元至元间，面阔、进深各三间，单檐歇山顶，殿前附月台。佛殿补间铺作当心间两朵，次间一朵，为河南省大木结构较为规整的四座元代单体建筑之一。寺内存有元“大明寺恩公勤德之碑”、明“重修大明寺前殿之记”碑及石狮、千年桉罗树等二十余件。2006年定为全国重点文物保护单位。

大明城　北齐别都晋阳的内城。在今山西太原市西南古城营村旁。《元和志》卷13太原府晋阳县：府城“城中又有三城，其一曰大明城，即古晋阳城也，《左传》言董安于所筑。……高齐后帝于此置大明宫，因名大明城”。

大明宫　即唐之东内。在今陕西西安城北二里龙首原上。宋敏求《长安志》卷6：“东内大明宫在禁苑东南，南接京城之北面，西接宫城之东北隅，南北五里，东西三里。贞观八年置为永安宫，明年改曰大明宫，以备太上皇清暑，百官献赀财以助役。龙朔三年大加兴造，号曰蓬莱宫。咸亨元年改曰含元宫，寻复大明宫。”规模宏大，为唐代三大宫中最为壮丽堂皇的宫殿，计有殿、亭、观三十余所。唐末为朱温所破坏。遗址尚存。1961年定为全国重点文物保护单位。

大明塔　在今内蒙古宁城县西大明镇辽中京遗址内。传为感圣寺内的舍利塔，近年发现辽寿昌四年（1098）题记，证实为辽代建筑。八角十三层砖塔，通高81.14米。为国内现存第二高塔，仅次于河北定州市南门内的开元寺塔（又名料敌塔）。

大明湖　在今山东济南市城西北隅。周十余里。《水经·济水注》：“（泺）水北为大明湖，西即大明寺。”《明一统志》卷22济南府：大明湖“在（济南）府城内西北隅，源出舜泉，其大占府城三之一。由北水门出，与济水合。弥漫无际，遥望华不注峰，若在水中，盖历下城绝胜处也”。清乾隆《历城县志》卷9称：“今湖多为民居填塞治圃，夹芦为沼，小舟仅通曲港，而蔬果莲藕菱芡鱼蟹之利，民颇资之。”古历亭在其中央，秋夏间风景颇胜，有西湖之称。

大明殿　即大明城。在今山西太原市西南古城营村旁。为北齐别都晋阳的内城。

大固山　在今浙江临海市城区。《舆地纪胜》卷12台州：大固山“在州城内，州廨宇在其下。晋隆安末孙恩为寇，刺史章景休率士庶于此山，凿山为堑守之，贼不敢犯，因得名”。

大忠祠　明成化中建，在今广东江门市新会区南厓山。祀文天祥等。

大忠桥　即今湖南祁阳县南五十里大忠桥镇。清同治《祁阳县志》卷6：“旧名太冲桥，明检讨姚大复与子兵部司务姚守郭殉节于此。乾隆间改名大忠市。”

大鸣岩　在今浙江临安市西北八十六里。《方舆纪要》卷90於潜县：大鸣岩“在县（今于潜镇）北三十里寨村之东，岩独高峻，四围瓮石如小城，相传钱氏尝屯军于此”。

大鸣泉 在今河北正定县西北。《方舆纪要》卷14真定府：大鸣泉在“府西二十里。西韩河发源处也。又有韩家、曹马口等泉，凡四十余穴，溉田百余顷”。

大伾山 “伾”音浮。又名大浮山、大巫山。在今江苏金坛市南长荡湖中。《寰宇记》卷89金坛县：大伾山“在县南五十里。旧名小坯山”。宋《景定建康志》卷17：大伾山“山形孤秀，颙颙居水中，望之若浮。周处《风土记》云：洮湖中有大伾山。唐《地理志》云：溧阳有湖山，皆指此也”。

大岞山 即今福建惠安县东南大岞。明末清初仍悬在海中，现已与大陆相连。《方舆纪要》卷99惠安县“獭窟山”条下：“又大岞山，在县东南海中。山顶有洞，由小石门入丈余，折而右转，巨石如屏，可蔽内外，容数百人，一人持戟守门，千百人攻之不可入。明初居人避倭乱于此，寇不能攻。嘉靖三十八年，倭寇犯郡，继而自祥芝、石湖、乌浔分道出海，参将王麟追败之于此。”

大岭 ①即今吉林公主岭市东北大岭镇。《清史稿·地理志》怀德县：旧设铺司“东南大岭，接吉林长春”。

②即今吉林榆树市北大岭镇。清光绪《吉林通志》卷16伯都讷厅：北“七十里大岭镇”（按：伯都讷厅治在今榆树市）。镇以岭名。

大岭山 ①在今福建连城县西南。《方舆纪要》卷98连城县：“大岭山在县西南五十里。高峻层叠，有路西北入长汀县界。”

②在今广东东莞市南。《清一统志·广州府》：大岭山“在东莞县西南三十四里，高五百丈。奇突耸峭，下视群山。瀑水泉出其阳，紫霞泉出其阴”。

大岭山抗日根据地旧址 在今广东东莞市东南大岭山区大岭镇大王岭村、连平山村。大岭山抗日根据地旧址包括设在大岭村的广东人民抗日游击队第三大队的队部、会议室、军训班、军械厂、报社、医院、干部训练班、粮站、电台及设在连平山村的后方办事处旧址。1940年，曾生、尹林平等率部七十多人进入大岭山区建设抗日根据地（1940—1943）。队部遗址是农民住宅，泥砖砌筑平房，建筑面积70平方米，现仅存遗迹。会议室旧址是1941年队部研究战略战术的地方，是清代二进四合院建筑。1983年修葺后设大岭山革命斗争陈列室。2006年定为全国重点文物保护单位。

大岭关 在今陕西商南县南八十里。《方舆纪要》卷54商南县“分水岭”条下：大小岭关“南望荆楚，数百里如在目前”。《清一统志·商州》“小岭关”条下：“又南十里有大岭关，峰峦高峻，可以南望荆楚。”

大岭谷 在今青海西宁市西。《资治通鉴》：武周延载元年（694），“二月，武威道总管王孝傑破吐蕃勃论赞刃、突厥可汗俀子等于冷泉及大岭”。胡注：“大岭，谷名。”天宝元年（742），“十二月，陇右节度使皇甫惟明奏破吐蕃大岭等军”。皆此。

大岭城 吐蕃置，在今青海西宁市西。《资治通鉴》：唐天宝元年（742）“十二月，陇右节度使皇甫惟明奏破吐蕃大岭等军”。即此。

大岭寨口 在今河北迁西县东北三十二里大岭寨。《方舆纪要》卷17“榆木岭关”条载：“大岭砦等口，俱有城戍守。”

大岩山 ①即今安徽郎溪县南七十里兴高山。岩石崔嵬。《舆地纪胜》卷24广德军：大岩山“在建平县。山顶有池，冬夏不竭”。

②在今贵州沿河土家族自治县西。《明一统志》卷88思南府：大岩山“在务川县东八十里。山有一岩深邃可容百余人，时多游翫于此”。

③在今贵州从江县东南。《方舆纪要》卷121黎平府西山阳洞长官司：大岩山“在司治（今西山镇）北。《志》云，山之西为高峰岭”。

大岩头山 在今浙江玉环县西南。《方舆纪要》卷94温州府平阳县：大岩头山“在县东南海中。《海防考》：倭贼自南麂、凤凰、霓奥、蒲岐、楚门、玉环而来，俱经此山，巡哨最切”。

大岩江 在今贵州从江县东南。《方舆纪要》卷121黎平府西山阳洞长官司：大岩江“在司（今西山镇）南。源出大岩山，东南流入福禄江”。

大岩岭镇 在今湖北建始县东北一百二十里。清有县丞驻此。

大罗山 ①即泉山。在今浙江温州市东南约三十里瓯江南岸。宋释赞宁《笋谱·二之出》：“龙牙竹笋出永嘉大罗山。”《方舆纪要》卷94温州永嘉县：大罗山“广袤三十余里。一名泉山……即朱买臣所云越王居保之泉山也”。

②在今广东新兴县东。《方舆纪要》卷101肇庆府新兴县：大罗山在“县东二十里。高八十余仞，周二十里。山状如屏，群峰罗列其下。其并峙者曰思防山，以山形峭拔，登者尝防阽危而名”。

③在今广东清新县西北。《方舆纪要》卷101广州府清远县：大罗山，“其脉自阳山来，西抵广西梧州府怀集县界，瑶僚多居其间，中有龙潭”。

大罗卫 明弘治七年（1494）置，属云南都司。治所在今云南宾川县南二十里州城西侧。《方舆纪要》卷117大罗卫：“州境旧为荒原，弘治中置州及卫，得古碑曰大罗城，因以名卫。”清康熙八年（1669）废。

大罗村 在今广东佛山市顺德区西北大罗村。清咸丰《顺德县志》卷5：墟市有“大罗村”。

大罗城 又作罗城。今越南河内市。元黎崱《安南志略》卷1：“大罗城路，古交趾，汉仍之。唐置安南都护府。其城在泸江西岸，唐张伯义始筑，张舟、高骈继增修之。（宋）真宗时，郡人李公蕴于此建国。”

大罗湖 即今湖北赤壁市西四十里大罗湖。《方舆纪要》卷76蒲圻县“蒲圻湖”条下：“大罗湖与龙坑、马蹄诸湖，皂潭、黄土潭诸水互相灌注，入于新店河。”

大罗镇　①在今山西应县南。《清一统志·大同府》“安边镇”条下：大罗镇“在州南四十里”。

②北宋置，属伏虞县。在今四川仪陇县东北大罗乡（大罗池）。

大和山　在今福建光泽县西北铁牛关（铁关）附近。《方舆纪要》卷98邵武府光泽县：大和山在“县西北百二十里，与江西南城县接界。山有铁牛岭，旧置关于此”。

大和关　在今陕西凤翔县东。《资治通鉴》：唐至德二载（757），肃宗自灵武至凤翔，安守忠攻武功，“游兵至大和关，去凤翔五十里”。即此。

大和砦　亦作太和寨。北宋筑，在今陕西神木县南太和寨东南二里太和沟内。金正大三年（1226）升为太和县。

大和堡　在今陕西榆林市东北大河塔。《宋史·地理志》麟州：大和堡“地名麻乜娘，元符二年进筑”。

大岳（嶽）　即武当山。在今湖北丹江口市西南。《方舆纪要》卷79均州：武当山“明永乐中赐名大岳太和山。建太和、南岩、紫霄、五龙、玉虚等宫观。又于天柱峰顶建真武神殿，备极宏丽。嘉靖中又赐名元岳”。

大阜　在今山东临清市北二里。《方舆纪要》卷34临清州：大阜“盘踞百余亩，下视林莽数十仞，岿然为城北主山”。

大阜山　又名大父山、大府山。在今湖北枣阳市东北。《水经·沔水注》：洞水“出安昌县故城东北大父山，西南流，谓之白水”。《清一统志·襄阳府一》：大阜山“在枣阳县东六十里。一名大父山”。

大金　即今广东台山市东南海中大襟岛。《郑和航海图》作“大金”。

大金山　①即南金山。在今福建霞浦县南六十里。

②即今广东台山市东南海中大襟岛。《清一统志·广州府》“上川山”条：“相近有大金、小金二岛。”

大金千户所　明洪武二十年（1387）改西臼巡司置，属福宁卫。治所即今福建霞浦县东南大京。清康熙三年（1664）废。

大金川　亦名金川河。藏名促浸。即今四川大渡河上游大金川。清康熙《皇舆全览图》：四川大渡河上游有大金川土司，土司以河名。

大金川土司　明置，属威州。在今四川金川县。清康熙六十一年（1722）土舍莎罗奔归诚。雍正元年（1723）改置大金川安抚司。

大金川安抚司　清雍正元年（1723）置，属松茂道。治所即今四川金川县。乾隆四十一年（1776）改流，置阿尔古厅。

大金门海　在今广东台山市南上川岛、乌猪岛以东。《清一统志·广州府一》：海，“《旧志》：新宁县西南二百里为寨门海。……又东至上川山右，曰小金门海……又至上川山左，曰大金门海，迤北为铜鼓海”。

大金寺　在今四川甘孜县西卡攻乡。清康熙六年（1662）建，为霍耳十三大黄教寺院之一。“大金”，藏语意为“兴旺发达”之地。民国贺觉非《西康纪事诗本事注》：民国十九年（1930），发生大金寺与果能寺矛盾，发展为汉藏武装冲突，史谓大金之战，至二十一年（1932），川康与西藏达成“冈拖协定”。1967年寺又毁，1982年修复。

大金竹岭　在今浙江衢州市南。《方舆纪要》卷93衢州府西安县：大金竹岭“在府南百二十里，与处州府遂昌县接界”。

大金沙江　即今缅甸境之伊洛瓦底江。明、清称金沙江，见《明一统志》。为区别于云南北部的金沙江，此又称大金沙江。《明史·地理志》缅甸军民宣慰使司：“北有大金沙江，其上流即大盈江也。源出青石山，自孟养境内滚经司北江头城下，下流注于南海。”

大金沟　在今重庆市巫溪县北。《清一统志·夔州府二》：大金沟盐课司“在大宁县北三十五里。明设巡司。本朝乾隆元年，改设盐课大使”。

大金店　即今河南登封市西南二十里大金店镇。清尹耕云《豫军纪略》卷10：同治二年（1863）八月，“张总愚自据大金店”。

大金得胜陀颂碑　在今吉林扶余县北一百六十里徐家店石碑崴子屯东三里土岗上。建于金大正二十五年（1185）。碑通高3.20米，正面和背面分别用汉字和女真文字记载了女真反辽斗争胜利的史实。清道光年间编写的《吉林外记》首录碑文，后《吉林通志》、《满洲金石志》均有著录。1988年定为全国重点文物保护单位。

大斧山　即今内蒙古扎鲁特旗西汉山。《辽史·地理志》：上京临潢府“有大斧山”。

大觅出礁　即今南海中中国南沙群岛之大现礁。1935年命名大觅出礁。1947年改名大现礁。

大周封祀坛遗址　在今河南登封市西万羊岗上。为唐代祭坛遗址。唐万岁登封元年（696）武则天在此举行封禅祭祀少室大典，故名。因少室山体小于太室山，故礼仪降禅一级，又名降禅坛。占地1000平方米，夯土筑成高丘，上圆下方，高10余米。坛上立“大周封祀坛碑”一通。碑高3.3米，武三思撰文，薛曜书丹。碑上部字迹清晰，下部风蚀较重。2006年定为全国重点文物保护单位。

大鱼山岛　即今浙江岱山县西大鱼山岛。1944年8月，新四军七十余人进驻大鱼山岛后，突遭日军二百多人、伪军三百多人和两架飞机的联合进攻。新四军英勇抗击，经7小时激战，毙伤敌一百余人，最后因众寡悬殊，弹尽粮绝，除二十六人突围外，包括副大队长陈铁康和中队指导员严洪珠在内的四十一人全部牺牲。

大鱼关　明永乐中置，属平武县。在今四川北川羌族自治县西北开坪乡（大鱼口）。明曹学佺《蜀中广记》卷53：“嘉靖二十三年，木瓜寨勾引白草番反，为之响导，事平，止许岁至小河领赏，不得度大鱼关。”

大兔场 即今贵州纳雍县。1932年于此置纳雍县。

大狐山 ①即太胡山。在今河南泌阳县东北七十里。张衡《南都赋》：“天封大狐，列仙之陬。”《太平御览》卷43引《南阳图经》：“山有大石如狐。”故名。

②一名大猿山。在今湖北随州市西南。《舆地纪胜》卷83随州：大狐山“《晏公类要》：在随县。《南都赋》云，天封、大狐即此”。《方舆纪要》卷77随州“随州城山”条下：“大猿山在州西南四十里。亦名大狐山。《志》以为即张衡《南都赋》所云天封、大狐者。”

大店驿 又名东五铺。即今安徽宿县东南大店镇。《方舆纪要》卷21宿州“第城驿”条下：“又大店驿在州东五十里，东走灵壁之道。”

大店集 ①即今安徽宿州市东南大店镇。明嘉靖《宿州志》卷1：闵孝乡“在州治东……大店集”。清光绪《凤阳府志》卷11宿州：大店“分南、北二集。有营汛，有驿。州东七十里”。

②即今山东莒南县北三十八里大店镇。清属莒州。光绪《山东通志》卷2《舆图志》：莒州南有大店集。1941年曾一度设镇。1984年复设大店镇。

大庙 ①即今河北承德市西北大庙镇。旧为锦古铁路滦平支线终点站。

②即飞来殿。在今四川峨眉市城北四里飞来岗上。

大庙飞来殿 在今四川峨眉山市北四里飞来岗上。本东岳庙，殿原供奉东岳大帝塑像，早已圮毁。殿建于宋元时期，内有《宋淳化四年重修庙记》和《元泰定四年重修东岳庙记》碑。殿正面檐柱三开间，长18.28米。内柱分成五开间，进深五开间，长13.26米。1982年定为全国重点文物保护单位。

大庙场 即今重庆市铜梁县南大庙镇。清道光《铜梁县志》卷2：大庙场“在县南六十里”。

大庙峡 旧名大冢峡。一曰香炉峡。在今广东英德县西南五十里。上有峡山庙，祀虞夫人。北宋嘉祐间转运使荣諲尝构栈阁七十间，由峡直下清远。张俞有《峡山栈道记》刻石。

大庙镇 清置，属赤峰县。即今内蒙古赤峰市西北大庙镇。清有县丞驻此。

大沫堌 俗名柱子峒。在今山东费县西南六十里。金贞祐三年（1215），红袄军首领刘二祖与金兵战于大沫堌，被俘就义。《方舆纪要》卷33费县：大沫峒“根盘三十里，壁立千霄，如巨柱之擎天也”。

大法寺 一名八王寺。在清盛京福盛门外，今辽宁沈阳市小北门里路东。努尔哈赤进入盛京（今沈阳）后，其第十三子阿济格被封为郡王，后晋为亲王，在此营建家庙。后又为著名的八王之一，故有“八王寺”之名。

大沽口 在今天津市东南海河入海口南岸。《清一统志·天津府二》：“大沽口，众水由此入海，即《通典》所云三会海口。”为海防要地，清于此设海口营。《畿辅通志》卷93：“大沽海口宽一百五十丈，水深一丈五尺……河口有五炮台。”与岸北塘沽互为犄角，为北京门户。

大沽口炮（礮）台（臺） 在今天津市东南一百二十里海河入海口，自古为津门之屏。自明代开始就建有炮台，清咸丰八年（1858）重修。有大炮台五座（南岸三座，北岸两座），分别以“威、镇、海、门、高”五字命名。此外还建有小炮台二十五座，大小炮台内共置炮六十四尊。第二次鸦片战争和清光绪二十六年（1900）抗击八国联军战争期间，爱国士兵和义和团战士曾在此与侵略者进行殊死战斗。光绪二十七年（1901）清政府与八国签订《辛丑条约》，炮台随即被拆毁。唯南岸的“海字”炮台，至今保存尚好。1988年定为全国重点文物保护单位。

大沽河 又名沽河、沽水。源出今山东招远市东北。南流经莱西市西南，小沽河自北注之，合流南经平度市南，至胶州市东北与胶莱河合流入海。《左传·昭公二十年》：晏子曰，“聊、摄以东，姑、尤以西，其为人也多矣”。姑即大沽河，尤即小沽河。

大沽河口 明置大沽河口巡司，属海丰县。在今山东无棣县东北。《清一统志·武定府》：大 河口巡司“在海丰县（今无棣县）东北一百五十里。明置巡司。本朝（清）移置大山”。

大河 古“四渎”之一。又称河水。即今黄河。

大河口镇 即今江苏南京市六合区东南大河口镇。清光绪《江苏全省舆图》六合县图：东南有大河口。民国《江苏六十一县志》六合县：“划子口、大河口俱滨江。”

大河山 在今广东大埔县西北。《方舆纪要》卷103大埔县：大河山在“县（治今茶阳镇）西四十里。高百余丈，周四十里。大河经其西。一名阳石峰”。

大河卫 明洪武二年（1369）置，直隶南京中军都督府。治所在今江苏淮安市。后迁治今淮安市淮阴区。清光绪二十八年（1902）废。

大河屯店 即今河南唐河县东大河屯镇。清乾隆《唐县志》卷1《集镇》：“大河屯，县东五十里。”

大河水 ①即今海南省三亚市西崖城镇南宁远河。《明一统志》卷82琼州府：大河水“在崖州城（治今崖城镇）外。源出五指山，至州北分为二水，环城而下，合而入于海”。

②即今海南省陵水黎族自治县北陵水河。《方舆纪要》卷105陵水县：大河水在“县东二里。源出五指山，绕流经此。有古博渡，南流至县南十五里，与海潮会，曰水口港，远近群川悉由此入海”。

大河古城 在今新疆巴里坤哈萨克自治县东北大河镇东头渠村东南，是天山东部较大的一处唐代城址。古城平面呈长方形，由东西并列的主、附两城组成。两城均为夯筑，由一道墙隔开，中间有门道相通。主城居西，南北长210米，东西宽180米，城墙残高10米。附城南北长240米，东西宽177米，城墙残高4—5米。城内出土有陶器、石器、铜器、建筑构件和唐代钱币等。大河古城是唐代中央王朝对西域行使有效行政管理的证据，对研究唐代伊州的政治、军事等方面有重要意义。2001年定为全国重点文物保护单位。

大河场 亦作太河场、太和场。即今重庆市合川区西北太和镇。清光绪《合州志》卷4：太和场“距城八十里”。在今镇北发掘马门溪恐龙化石、汉墓及岩墓群。

大河坝设治局 1939年析共和县置，属青海省。治所在今青海兴海县西南土尕当村。1943年改为兴海县。

大河村遗址 在今河南郑州市北柳林镇大河村。1964年秋在村西南二里的漫坡土岗上发现古遗址。1972年开始发掘。遗址南北长600米，东西宽500米。面积40万平方米。内含仰韶文化、龙山文化遗存。文化层堆积厚度4—12.5米。已出土房基四十一座，窖穴一百六十六座，墓葬二百五十座。出土完整的或能复原的陶器、石器、骨器、角器、蚌器和玉器计三千五百余件。出土的双连壶、陶钵，造型美观，上绘图案三百余种。特别是太阳、月亮、星座纹，为研究古代天文学提供了珍贵资料。出土的大量石制农具和高粱、粟等种子，说明当时农产品是人们的主要生活来源。据C^{14}测定，时间距今约6800—3500年。对研究我国原始社会农业、文化提供了珍贵资料。2001年定为全国重点文物保护单位。

大河沿子 即今新疆精河县西大河沿子镇。清《林则徐日记》：道光二十二年（1842）十一月初三，“至大河沿，此地为一马头，市肆民居颇盛”。

大河郡 西汉元鼎元年（前116）废济东国置，治所在无盐县（今山东东平县东南）。辖境相当今山东济宁市及汶上、东平等县地。甘露二年（前52）改为东平国。

大河桥 在今云南景东彝族自治县东川河上。《方舆纪要》卷116景东府：大河桥“在府东二里，跨大河上。上覆瓦屋四十九楹”。

大河铺 即今湖北黄梅县西北二十里大河镇。清余名芳《黄梅兵事续纪》：咸丰四年（1854）十月，清军塔齐布、罗泽南败太平军陈玉成于“大河铺”。

大河堡 ①清置，属宁武县。在今山西宁武县东北二里大河堡村。

②在今甘肃武威市东南三十里武南镇。《方舆纪要》卷63凉州卫：大河堡“正德中，边将苏秦等败寇于大河滩，即此堡也。今大河驿置于此”。

大沮水 即青龙河。在今河北东北部。源出辽西丘陵，西南流入河北境，经宽城、青龙二满族自治县，至卢龙、迁安二县南入滦河。《水经·濡水注》：卢水“出（肥如）县东北沮溪，南流，谓之大沮水，……小沮水又南流，与大沮水合而为卢水也”。

大泗庄 即今江苏姜堰市西南大泗镇（大泗庄）。清道光《泰州志》卷2：“南至大泗庄四十五里。”

大泊湖 即今江西彭泽县东北太泊湖。《方舆纪要》卷85九江府：大泊湖“通东流之香口镇，支流为天井、沈湾诸小湖。中有鹤山，双峰耸峙，脉接浩山。湖西有船山，以山如船形也。湖东曰白干山，山皆白石”。《清一统志·九江府一》：大泊湖“在彭泽县东北三十五里，广余百顷”。

大沱石 在今湖北巴东县西北长江滨。《舆地纪胜》卷74归州：大沱石“在巴东县。欧阳文忠公《砚谱》云，归州大沱石，其色青黑斑斑，其文微粗，亦颇发墨”。

大泥 古国名。在今泰国南部北大年一带。当横断马来半岛路线要冲。明代中期后载籍常将大泥误为勃泥、浡泥。《海语》译作佛打泥，《海录》译作太呢。

大沼 在今河南尉氏县西南洧川镇西北三里。《穆天子传》卷5：“天子饮许男于洧上……癸亥，天子乘鸟舟龙卒浮于大沼。”《水经注》作“白雁陂”。《清一统志·开封府一》引《县志》：“大沼纵广百余顷。今名为杨家湖。下流入双洎河。”

大波 在今广东湛江市东南坡头镇南。《清一统志·广东统部》：吴川营有把总驻大波。

大泽 ①在今江苏丰县北。《汉书·高帝纪》：“母媪尝息大泽之陂，梦与神遇。”《寰宇记》卷15丰县：大泽“在县北六里”。

②即今云南宜良、澄江、呈贡三县间之阳宗海。《水经·温水注》：“温水又西会大泽。”

大泽山 在今山东平度市北七十里。岩壑绝胜，有瑞云峰。《方舆纪要》卷36平度州：大泽山“峰顶半岩叠石为城，谓之皇城顶。或以为赤眉故砦也。下有白虎溪，乳泉河出焉。西南流入胶水”。

大泽乡 秦属蕲县。即今安徽宿州市东南四十里大泽乡。《史记·陈涉世家》：秦二世元年（前209）七月，“发闾左適戍渔阳，九百人屯大泽乡。陈胜、吴广皆次当行”。《续汉书·郡国志》沛国：“蕲有大泽乡，陈涉起此。”附近有涉故台遗址，后人在此建祠庙。

大泽关 在今浙江庆元县西北竹口镇北十里大泽村。《方舆纪要》卷94庆元县：大泽关在“县西南五十里。西出龙泉、南达松溪”。

大泽矶社 一名武洛社。在今台湾省高雄市东北，旗山区西南约六里武鹿。为高山族平埔人社名。清康熙间高拱乾《台湾府志》卷2：大泽机社“离府治三百二十里”。

大泽墟 即今广东江门市新会区西大泽镇。清道光

《新会县志》卷4:“墟市”有大泽墟。

大宝山 ①在今辽宁铁岭县东南五十三里，西距小宝山三里。《辽史·地理志》贵德州:“有陀河、大宝山。”

②在今四川彭州市西北大宝镇境。民国楼云林《四川》:“铜矿以彭县为最著，矿区在距城西北约六十里之大宝山。现有开采之处有马松岭、飞水岩、花梯子三处，均在大宝山之南面。”

大宝积宫与琉璃殿 在今云南丽江市玉龙纳西族自治县城北十八里白沙乡东。为明代木氏土司势力鼎盛时建。前为琉璃殿，建于永乐十五年（1417）；后为大宝积宫，建于万历十年（1582），皆重檐歇山式建筑。大宝积宫旁有藏经楼，东北有大定阁，北侧有金刚殿，殿前有文昌宫。整个建筑规模宏大，殿宇壮观。著名的丽江壁画即在此。大宝积宫和琉璃殿各有壁画十二幅。这些画中大乘佛教、藏传佛教、道教题材并存，融合了汉、藏、纳西、白族等艺术风格。1996年定为全国重点文物保护单位。

大宝鼎山 在今四川雷波县东北八十里。清光绪《雷波厅志》:“为东北诸山之主山，最高。约行一日程乃能至其顶，晴霁则黄螂、海脑坝、东林乡各处皆见之。形园如鼎，故名。产铜、铁矿。”

大定山 在今四川犍为县西一里。《清一统志·嘉定府一》:大定山“壁立环抱，俨若列屏。一名翠屏山”。

大定戍 唐置，属嘉诚县。在今四川松潘县北虹桥关。《元和志》卷32嘉诚县:“大定戍在县北四十里。”后废。

大定州 清康熙二十六年（1687）改大定府置，属威宁府。治所在大方城（今贵州大方县）。辖境相当今贵州毕节市及大方、金沙、黔西、织金、纳雍、赫章诸县，威宁彝族回族苗族自治县和六盘水市水城县地。雍正七年（1729）复升为大定府。

大定县 ①辽置，为中京大定府治。治所在今内蒙古宁城县西大明镇。《辽史·地理志》大定县:“白霫故地。以诸国俘户居之。”元世祖至元二十九年（1292）改为大宁县。

②元世祖至元二十年（1283）降大安州置，属沔州。治所在今陕西宁强县北大安镇。明洪武初废。

③1913年改大定府置，属贵州贵西道。治所即今贵州大方县。1923年直属贵州省。1958年改名大方县。

大定沙坝寨 在今四川茂县西北。明、清置大定沙坝寨土千户。

大定府 ①辽统和二十五年（1007）置，为中京道治。治所在大定县（今内蒙古宁城县西大明镇）。辖境相当今内蒙古赤峰市以南，河北滦河流域以东及辽宁大凌河上游一带。金为北京路治。辖境缩小，仅有今赤峰市南部及河北平泉、宽城、青龙，辽宁凌源、建平等县地。元初改为北京路。

②清康熙四年（1665）置，属贵州省。治所在大方城（今贵州大方县）。辖境相当今贵州毕节市及大方、金沙、黔西、织金、纳雍、赫章诸县，威宁彝族回族苗族自治县和六盘水市水城县地。二十六年（1684）降为大定州。雍正七年（1729）复升为大定府。1913年废。

大定城 ①唐乾元二年（759）改和集镇置，属黎州。为黎州十一军城之一。在今四川甘洛县西北海棠镇。唐樊绰《云南志》卷1:“贞元十年十月，西川节度兵马与云南军并力破保塞、大定。”即此。

②在今甘肃兰州市北。《方舆纪要》卷60兰州“西市新城”条下:“又大定城，在州北。亦夏人所置。元丰中与宋分界处也。近代议边事者，谓复大定城，则可屯矿兵以守河北。盖其地尝为寇冲云。”

③一作托林。即今西藏阿里地区札达县治。

大定淀 在今河北唐山市丰南区或滦南县境。《金史·地理志》滦州石城县:“长春淀旧名大定淀，大定二十年更。”

大定堡 明置，属广宁后屯卫。即今辽宁义县西南四十里大定堡满族乡。明《辽东志》卷3:大定堡“官军三百五十一员名。堡东刘温屯可屯兵，十方寺可按伏”。

大宛 汉西域国名。在今乌兹别克斯坦费尔干纳盆地。都贵山城（今卡散赛）。《史记·大宛传》:大宛“在匈奴西南，在汉正西，去汉可万里。其俗土著，耕田，田稻麦。有蒲陶酒。多善马，马汗血，其先天马子也。有城郭屋室。其属邑大小七十余城，众可数十万”。张骞通西域后，与汉往来逐渐频繁。太初三年（前102）大宛降汉。神爵二年（前60）后属西域都护府。东汉初大宛曾附属于莎车。魏晋南北朝时，称为破洛那。唐天宝三年（744），玄宗改其国名为宁远，以宗女妻其王。

大宛都督府 唐显庆三年（658）以石国置，治所在瞰羯城（今乌兹别克斯坦塔什干）。天宝九年（750）后废。

大房山 又名大防山。在今北京市房山区西北。《魏书·地形志》幽州良乡县:“有大房山。”《明一统志》卷1顺天府:大房山“在房山县西十五里，境内诸山唯此山最雄峻而秀。古碑云，乃幽燕奥室，古曰大房山”。

大房身 即今吉林德惠县东北大房身镇。清宣统二年（1910）置德惠县于此。民国魏声龢《吉林地志》:“德惠县，土名大房身。”

大房岭 又作大防岭。即大房山。在今北京市房山区西北。《资治通鉴》:五代梁贞明三年（917）八月，晋李存审等率兵“自易州北行，庚子，逾大房岭”。即此。

大祉澳 即今福建长乐市东南大祉。明崇祯六年（1633）置巡司于此。

大居江 即今大盈江与槟榔江合流前一段。在云南西部，为伊洛瓦底江支流。元代称大居江。《元混一方舆胜览》:大居江“出腾冲北山下，由南甸经干崖，合槟榔江入江头城，名大盈江”。明、清作大车江。

大弥江　即今四川盐亭、射洪等县境梓江（梓潼水）。《舆地纪胜》卷154潼川府：大弥江“在射洪县东。源出剑州”。《方舆纪要》卷71射洪县：大弥江“在县东。源出剑州，经盐亭县流入境。又有小弥江，在县北，下流皆注于涪江”。《清一统志·潼川府一》：梓潼水“在射洪县东。……《旧志》：梓潼水亦曰大弥江、射江。自梓潼县入盐亭县境，南流一百里，经县南二里合鹅溪。又五十里入射洪界，经县界二十里，又南十八里至独坐山下入涪江”。

大孤山　①在今辽宁东港市西、大洋河口西岸。明《辽东志》卷1：大孤山在“（盖州卫）城东二百六十二里”。山插地突起，石骨嶙峋。上有天后宫、圣水宫。

②即今辽宁鞍山市东南大孤山镇。民国《东北年鉴》鞍山铁矿：大孤山在“鞍山正东三十里……矿质尚佳”。民国《辽阳县志》卷3：千山站有大孤山采矿所。

③在今黑龙江省宁安市西南镜泊湖中。民国《宁安县志》卷1：镜泊湖“有一崖曰呼克图峰，湖内有道士、大孤、小孤、老鹳诸山。惟大孤山高出水面约七百余尺，耸立湖中”。

④又名鞋山。在今江西湖口县西南鄱阳湖中。《水经·庐江水注》：“又有孤石介立大湖中，周围一里，竦立百丈，矗然高峻，特为瑰异。”《寰宇记》卷111江州德化县：“彭蠡湖在县东南，与都昌县分界。湖心有大孤山。顾祝诗云：大孤山尽小孤山，月照湖庭归客船。”

⑤即大胡山。在今河南泌阳县东北。

⑥亦名孤山。在今四川越西县南。清嘉庆《四川通志》卷15越嶲厅：大孤山“在厅南二十里。又有小孤山在厅西五里”。清康熙年间置大孤山土百户。

大孤山站　又名阿勒坦额墨勒站。清置，即今吉林伊通满族自治县西南三十五里大孤山镇。《清一统志·吉林二》“尼什哈站”条下：伊巴丹站“又西南六十里至阿勒坦额墨勒站，即大孤山站”。

大孤山港　即今辽宁东港市西、大洋河口西之孤山镇。明《辽东志》卷3：叆阳堡有“大孤山墩”。即此。因山而名。清光绪二十年（1894）中日甲午之战、三十年（1904）日俄之战，日军均由此登陆。

大孤屿　在今福建莆田市东七十里海上。《清一统志·兴化府》：大孤屿“平田中突起一阜，其形如龟。又名大龟屿。又有小孤屿”。

大孤家子　即今辽宁法库县南五十里大孤家镇。《奉天省全界地图》：法库县南有大孤山子。

大孤滩　在今福建上杭县南。《方舆纪要》卷98上杭县：大孤滩在“县南四十里。立石槎牙，舟难上下，行者必易载而渡”。

大姑岭　在今江西宜丰县北。《清一统志·瑞州府》：大姑岭“在新昌县北八十里，与八叠山相连。高二百丈，周三十里”。岭下有镇。

大姑岭镇　在今江西宜丰县北。明置巡司于此。

大姑河　亦作大姑夹河。即今山东莱阳、烟台市境之大姑夹河。源出莱阳市东北四十里三螺山东麓，东北流经栖霞县东，北流至烟台市西入海。《清一统志·登州府》：大姑河“发源莱阳县东北四十里三螺山之东麓，北流经福山县（今福山镇）东又北入海”。光绪《山东通志》卷33：“按此河与《左传》姑尤之姑名同而源委皆异。”

大姑崁　旧名大姑陷，后改大姑崁，清同治初改名大嵙崁。即今台湾省桃园市西南大溪区。

大姑砦　亦作大涡砦。北宋置，属雄州归信县。在今河北雄县东大步村。

大姑塘　即今江西九江市东南三十五里姑塘。东濒鄱阳湖。《清一统志·九江府二》：大姑塘巡司“本朝雍正二年置，并设千总驻防”。又分设九江钞关，凡由江西至湖广之商贾，均于此纳税。

大姓寨　即今四川松潘县南大姓乡。清顺治六年（1649）置大姓寨土百户。

大封县　唐贞观五年（631）置，后属羁縻炎州。治所在今四川茂县西北或黑水县境。后废。

大垭口　在今重庆市万州区。有二：一在今万州区西弹子镇北，路通开江县；一在今区北天城镇北，路通开县。清同治元年（1862），兰二顺率义军至开县，乡绅团勇堵于此。

大垭砦　在今湖北秭归县西北归州镇西。《宋史·孟拱传》：南宋嘉熙三年（1239），蒙古自蜀窥峡州，孟璟“调金铎一军迎拒于归州大垭寨”。即此。

大城　在今内蒙古杭锦旗东南。《资治通鉴》：东晋义熙六年（410），夏赫连勃勃败后秦将姚寿都于清水城，“略阳太守姚寿都弃城走，勃勃徙其民万六千户于大城”。即此。

大城山　在今湖北通山县南六十里。《方舆纪要》卷76通山县：大城山“高峻环结如城，有四石门，可阶而登。中平衍，广数十亩”。

大城千户所　明洪武二十七年（1394）置，治所即今广东饶平县东南所城。清乾隆六年（1741）移黄冈协右营守备驻此。

大城子　①在今黑龙江东宁县东南八里。有唐渤海率宾府遗址。

②即今内蒙古宁城县西北大城子镇。清乾隆二年（1737）喀喇沁中旗第二代札萨克喀宁阿在此建公府及衙门。成为喀喇沁中旗的政治中心。1914年第七代札萨克汉罗札布晋多罗郡王，即称大城子王爷府。蒙民习惯上称大城子府为“德热伊日”，意即“上府”，与小城子“下府”相对而言。汉民通称大城子。

③在今山东蒙阴县西南十五里。西汉置蒙阴县于此。

大城子镇　即今辽宁喀喇沁左翼蒙古族自治县（大

城子镇）。清乾隆《钦定热河志》卷54建昌县："大城子在大鹿沟东四十里，西有长寿山。"辽于此置利州及阜俗县。今有辽建大城子塔。

大城关 在今湖北大悟县东南。《方舆纪要》卷76麻城县：大城关在"县北九十里，接河南罗山县界。宋开庆初，蒙古忽必烈入大城关，宋戍军皆溃"。即此。

大城县 ①东汉改大成县置，属朔方郡。治所当在今内蒙古杭锦旗东南古城梁村。东汉末废。

②五代周显德六年（959）改平舒县置，属霸州。治所在今河北大城县。清属顺天府。民国初属直隶津海道。1928年直属河北省。

大城固 即今陕西城固县。《水经·沔水注》："汉水又东径小城固南，州治大城固。"《水经注疏》"会贞按"引《寰宇记》谓："东晋末，梁州移理城固，即上大城固也。"

大城港镇 元置，在今江苏南京市西南三十里大胜关。《方舆纪要》卷20江宁府江宁县：大胜关"其地大城港镇，有大城港，合板桥、新林等浦之水入江。为江流险阨处，旁有垅阜，亦曰大城冈，宋置巡检寨。绍兴二年复置烽火台，元为大城港水驿，亦曰大城港镇"。

大城塞 东汉朔方郡大城县西北之边塞。在今内蒙古杭锦旗东南古城梁。《后汉书·匈奴传》：永元六年（94），"南单于遣子将万骑，及杜崇所领四千骑，与邓鸿等追击（逐日王）逢侯于大城塞"。

大城镇 一名大城关、大成潭镇。在今湖北武汉市黄陂区北八十里。明、清置巡司于此。

大城潭 在今湖北武汉市黄陂区北。《方舆纪要》卷76黄陂县：大城潭"在县北八十里。县西北境诸水多汇入焉，引流而南入县前河"。

大赵镇 北宋置，属邯郸县。即今河北邯郸县东十五里代召镇。

大荆营 即今浙江乐清市东北七十四里大荆镇。《清一统志·温州府》：大荆营"在乐清县东北一百里。本朝顺治中筑城，设参将守备驻此。雍正二年改参将为游击，移守备于大芙蓉汛"。

大荆镇 清置，属湘阴县。即今湖南汨罗市东北四十八里大荆街。有巡司驻此。

大茗山 即今安徽望江县西北与太湖县接界处之香茗山。《方舆纪要》卷26望江县：大茗山在"县西北六十里。其旁出者曰小茗山。两山东西相向，大茗之巅有巨石耸峙，顶平如砥；大茗之上有莲花峰，峻削而秀丽"。

大荒山 在今广西博白县南一百五十里。《寰宇记》卷167博白县："大荒山，山上池中有婢妾鱼，大如楯，两翼及脐下有三条似练带，长四尺，摇动有光。"

大荒沟抗日根据地 在今吉林珲春市北九十里密江上游，根据地范围包括中岗子、三安、上中沟等十几个自然屯。1930年夏秋间，中共延和中心县委派人到大荒沟等地组建党组织，10月中共珲春县委设此。1932年成立了抗日武装，开展游击战争，成立了苏维埃政府。1934年4月撤离。

大荣寨 即今四川荣昌县东北路孔镇。清光绪《荣昌县志》卷2：大荣寨在"县北三十里，即路孔场。东北距山，西南临水。嘉庆五年建"。

大荔 春秋时戎国，都王城（今陕西大荔县朝邑镇东）。《后汉书·西羌传》："洛川有大荔之戎。"即此。后为秦所灭。

大荔县 西晋改临晋县为大荔县，治所即今陕西大荔县。北魏初复名临晋县。清雍正十三年（1725）复置大荔县，为同州府治。民国初属陕西关中道。1928年直属陕西省。

大胡山 又名大孤山、壶山。在今河南泌阳县东北七十里。《元和志》卷21唐州慈丘县："比水，出县东南大胡山。"《清一统志·南阳府一》引《水经注》："大胡山在沘阳东北三十余里，广员五六十里。张衡赋南都，所谓'天封、大胡'者也。"

大胡河 即今甘肃镇原县之茹河。源出宁夏固原市界，东南流经县南，至庆城县界入蒲河。《元丰九域志》卷3：彭阳县有大胡河。

大南山 ①在今广东汕头市潮阳区西南，与普宁市、惠来县交界处。《清一统志·潮州府》"南山"条引《广东通志》："铁山西十里曰大南山，东溪之水出焉。"1929年彭湃在此建立惠潮普苏维埃政府。

②在今四川泸州市纳溪区东南高洞场南。民国《泸县志》卷1：大南山"周数十里。产茶最盛"。

大南关 即镇南关。今广西凭祥市西南四十五里友谊关。《明史·地理志》凭祥州："南有镇南关，一名大南关，即界首关也。"

大南县 1949年6月改文成县置，治所在今浙江文成县西南黄坦镇。同年9月复名文成县，迁治今浙江文成县。

大南沟 在今辽宁桓仁满族自治县西南。清乾隆《钦定盛京通志》卷51：大南沟卡路"在碱厂边门外"。

大南驿 明置，属琼州府。在今海南省东方市北新街镇。《方舆纪要》卷105昌化县：大南驿，"《舆程记》云，在县（治今昌城镇）南。自县之昌江驿，四十里而至大南驿，又七十里至感恩县之县门驿"。

大南桥 在今江西广丰县北大南镇。《方舆纪要》卷85广信府永丰县：大南桥"在县北三十里。北出玉山县之通道也"。

大南湖 即今新疆哈密市南南湖乡。清宣统《新疆图志》卷2哈密："大南湖，城南七十里。"

大南澳 即今台湾省宜兰县南之南澳乡。连横《台湾通史·疆域志》台东州："番之大者，曰斗史五社，在大南澳。"同书《抚垦志》又载：清光绪元年（1875）十一月，"以宣武左右两军，分戍东澳、大南澳"等地。

大柘山 在今广东平远县治大柘镇附近。清光绪《广东舆地全图》平远县图表："又东超竹岭，其北大柘山，绵延而东南小柘山，去城南五十三里。”

大柘乡　即今广东平远县（大柘镇）。清同治《广东图说》卷91平远县：大柘乡在“城（今仁居镇）东南八十里”。1954年平远县由仁居镇迁治于此。

大柘水　即今广东平远县南之大柘河。《清一统志·嘉应州》：大柘水“在平远县东南。源出阳洞，东流经关上，合河头溪”。

大相公岭　亦名大关山。古名邛崃山。即今四川荥经县与汉源县交界之大相岭。西北—东南走向，蜿蜒百余里，平均海拔3000米左右，为青衣江与大渡河之分水岭。《明一统志》卷72雅州：大相公岭“在荥经县西一百里。相传诸葛亮征西南夷经此，上有诸葛亮庙”。

大相国寺　又名相国寺。在今河南开封市内。北齐天保六年（555）创修建国寺。后废为宅园。唐神龙初僧惠云重建。延和初，睿宗以旧封相王，改为相国寺。北宋至道中，太宗御题额改为大相国寺。南宋孟元老《东京梦华录》卷3：“相国寺每月五次开放，万姓交易。”辽使入朝见讫，次日必诣大相国寺烧香。以后各朝相继重修。明成化十二年（1476）改名崇法市。崇祯十五年（1642）圮于河。清乾隆三十一年（1766）重修，仍名大相国寺。

大柏山　即尧山。在今河南鲁山县西四十里。《寰宇记》卷8鲁山县：“尧山俗名大柏山。”

大柏地　在今江西瑞金市北六十里。是瑞金通往宁都的必经之地。1929年2月，毛泽东、朱德和陈毅亲自部署和指挥红四军在此消灭了尾追之敌刘士毅部，为红四军进军赣南闽西以来的首次大捷。毛泽东为此写下《菩萨蛮·大柏地》词一首。大柏地战斗旧址在大柏地、杏坑村一带。1988年定为全国重点文物保护单位。

大柏油堡　明弘治初置，在今陕西神木县西南三十里。清康熙《延绥镇志》卷1：大柏油堡“其地产柏多油，故名”。《清一统志·榆林府二》：大柏油堡“城在山上，周二里有奇，边垣长二十七里。本朝初设守备，乾隆二十九年裁，设有把总分防”。

大柏树镇　即今重庆市涪陵区西北大柏树。清同治《涪州志》卷1：长滩里有“大柏树”。

大栅城　一名大栅坞。即今河南荥阳市。《水经·济水注》：“索水又北，径大栅城东。晋荥阳民张卓、董迈等遭荒，鸠聚流杂堡固，名为大栅坞。至太平真君八年，豫州刺史崔白自虎牢移州治此，又东开广旧城，创制改筑焉。”太和十九年（495）废豫州，移荥阳郡和荥阳县治此。

大栅镇　在四川崇州市西北三郎镇。《元史·兵志三》：五路万户府军屯：置立于成都路崇庆之大栅镇孝感乡。“平阳军屯：置立于灌州青城、崇庆州大栅头。”

大柳庄　在今山东茌平县西南。清光绪年间，义和拳首领朱红灯曾在此设立拳场，积极宣传“灭洋”主张。

大柳树　即今山东潍坊市西南三十里大柳树镇。清光绪《山东通志》卷2《舆图志》：潍县西南有大柳树。

大柳砦　在今安徽滁州市西北五十里曲亭北。《方舆纪要》卷29滁州：大柳砦在“州西北五十里。元末州人保聚于此。今为大柳树驿”。

大柳镇　①即今安徽滁州市西北大柳。《清一统志·滁州》：大柳镇“为戍守要地。旧置驿丞。本朝乾隆间，以大枪巡检兼管”。

②即今山东宁津县东北大柳镇。清光绪《宁津县志》卷2：“邑北十八里大柳镇。”

大树垭　在今湖北竹山县东南。民国《湖北通志》卷36竹山县：大树垭“《光绪舆地记》：在城东三十里，驻外委”。

大树堡　即今四川汉源县南大树镇。《方舆纪要》卷74越巂卫“晒经关”条下：“镇蛮堡亦名大树堡，在两山峡口，北临大渡河，与河北羊脑山相望，为大小冲番往来之所。”清设把总驻防，同治三年（1863），清将屠杀石达开领导的太平军二千多人于此。民国改设县佐。

大勃律　在今巴基斯坦克什米尔控制区之巴勒提斯坦地区。《新唐书·西域记》：小勃律“或曰布露。直吐蕃西，与小勃律接，西邻北天竺、乌苌。地宜郁金，役属吐蕃。万岁通天逮开元时，三道使者朝，故册其君苏弗舍利支离泥为王”。

大要县　又作大㚟。西汉置，属北地郡。治所在今甘肃宁县东南。东汉废。《后汉书·邓禹传》：建武元年（25），“更征兵引谷，归至大要”。即此。

大厘城　唐代“河蛮”所筑，南诏重加修筑，为大厘赕治所。在今云南大理市北六十里喜洲镇。唐樊绰《蛮书》卷5：“大厘城南去阳苴咩四十里，北去龙口城二十五里，邑居人户尤众。咩罗皮多在此城。并阳苴咩并遵川，今并南诏往来所居也。”

大厘赕　又称史赕。唐南诏中心区十赕之一，治所在大厘城（今云南大理市西北六十里喜洲镇）。辖境约当今云南大理市北部。宋大理改喜赕。

大面铺　即今四川成都市东南大面镇。清嘉庆《四川通志》卷89华阳县：大面铺“在县东二十里”。为成都东出大道。

大星山　在今广东惠东县东南港口镇南。广袤二十余里，清康熙中建炮台于此。《清一统志·惠州府》“平海山”条：“南折斗入海为大星山，又越海面二十余里为小星山。”

大星澳　即今广东惠东县东南海中小星山岛。清时设平海营千总防守。

大昭寺　亦作大招寺。即今西藏拉萨市中心大昭寺。藏语名“祖拉康”，意为大寺庙的集会厅。相传公元7世纪文成公主下嫁吐蕃时，带释迦牟尼等身镀金铜像一尊。为供奉佛像，填平了古老的湖泊卧马塘，由文成公主设计而营建寺庙。后经历代修缮，建筑面积达二万五千一百平方米。殿高四层，上覆金顶，是唐代建筑风格之古建筑群。以建筑精美和壁画生动而著称。宝珍奇玩，荟萃其中。内供松赞干布和文成公主、拜木萨公主等塑像。公主事佛，故寺门西向。门外有唐蕃会盟碑及唐柳等古迹。亦名伊克招庙、老木郎、羊幻显宫等。1961年定为全国重点文物保护单位。2000年定为世界文化遗产，列入布达拉宫历史建筑群扩展项目。

大畈特别区设治局（县级） 1934年4月湘鄂西革命根据地由阳新县大部分及大冶、鄂城、咸宁、通山等县部分地析置，治所在大畈（今湖北通山县东北大畈）。后废。

大界 当在今陕西彬县、甘肃泾川县之间。《资治通鉴》：东晋太元十四年（389），前秦苻登攻后秦姚苌于安定，"秦主登留辎重于大界，自将轻骑万余攻安定羌密造保，克之"。胡注："大界，当在安定、新平之间。"

大虹桥 在今浙江龙游县南。《方舆纪要》卷93龙游县：大虹桥"在县南，路出遂昌。山岩高险，阻塞难行。天顺四年，令王瓒凿石构桥，遂为通道"。

大虹桥镇 即今河南武陟县西南二十四里大虹桥乡。清道光《武陟县志》卷8：集镇有大虹桥。

大虹螺山 一作大红罗山。又名长岭山。在今辽宁葫芦岛市西北。明《辽东志》卷1：大虹螺山在"（宁远卫）城东北六十里，层峦叠嶂"。明时因山筑城，今废。

大峡 ①即今广西平南县东北大峡。明置土巡司于此。

②亦名大石峡。在今青海乐都县西三十里。《清一统志·西宁府一》：大石峡"在碾伯县西北，西去西宁县九十里，较小石峡尤雄壮"。

大峡山 在今广西平南县北十五里。《明一统志》卷85浔州府：大峡山"在平南县北一十五里"。

大峒山 ①在今广东韶关市曲江区东北。宋余靖有《游大峒山诗并序》。《清一统志·韶州府》：大峒山"自州治水行七十里得月华山，舍舟道樵径，又十五里乃至大峒。其山磅礴耸峭，秀倚天际，绝顶之上，千里在目，涧声泠泠，清入毛骨。《旧志》：在县东北八十里"。

②在今广西金秀瑶族自治县东南。《清一统志·平乐府一》：大峒山"在修仁县南百里。山岭层叠，绵亘数百里，达浔州府平南县界，皆诸瑶所居，不通行旅"。

大峒镇 在今广西岑溪市南大隆镇附近。明万历中，督臣凌云翼于大峒镇设参将，筑城驻守。

大崮阜 在今山东费县西南百里。《方舆纪要》卷33费县："亦曰大崮崮。一名货郎阜。祊水发源于此。"

大钟（鐘）寺 即觉生寺。在今北京市海淀区北三环西路甲31号。

大钦岛 又作歆岛或钦岛。在今山东长岛县砣矶岛北，东北有小钦岛。清《乾隆内府舆图》作大钦岛。

大复（復）山 在今河南桐柏县东。《续汉书·郡国志》南阳郡平氏："桐柏大复山，淮水出。"注引《荆州记》曰："桐柏淮源涌发，其中潜流三十里，东出大复山南，山南有淮源庙。"

大段街 即今江西铜鼓县东北大塅镇。清时设讯。

大顺城 北宋筑，属庆州。即今甘肃华池县西北白马乡（柴砭）。《宋史·范仲淹传》：庆历初，范仲淹知庆州，"庆之西北马铺砦，当后桥川口，在贼腹中。仲淹欲城之，度贼必争，密遣子纯祐与蕃将赵明先据其地，引兵随之，诸将不知所向，行至柔远，始号令之，版筑皆具，旬日而城成，即大顺城是也。……大顺城既成，而白豹、金汤皆不敢犯，环、庆自此寇益少"。

大修武城 即今河南获嘉县治。《水经·清水注》："《韩诗外传》言：武王伐纣，勒兵于宁，更名宁曰修武矣……亦曰大修武，有小故称大。小修武在东。"

大信山 在今广东平远县西北中行镇境。清光绪《广东舆地全图》平远县图表："又南帽子山，绵亘而南为大信山。"

大信乡 在今广东平远县西北中行镇境。清设大信汛。

大信河 长江夹河名。江水在今安徽芜湖市北东梁山南大信港酾为夹河，北经当涂县西，至马鞍山市西南采石与主流合流，古称大信河。《明一统志》卷15太平府：大信河"在府城西南二十五里。江自天门山南酾为夹河曰大信，下达采石入大江。宋徐俯诗：'便风击鼓太平州，斜日落帆大信口'，即此"。

大信港 即南浦。在今安徽芜湖市北东梁山南大信镇。《资治通鉴》：南朝宋孝建元年胡注："南浦，其地则今之大信港也。"

大信镇 在今安徽芜湖市北东梁山南大信河口。明、清置巡司于此，亦称东梁山巡司。《方舆纪要》卷27当涂县：大信河"今有大信巡司，亦曰东梁山巡司，置于府西南大信河口之大信镇"。

大侯长官司 明永乐元年（1403）置，直属云南都司。治所在大侯寨（即今云南云县）。宣德三年（1428）改大侯州。

大侯州 明宣德三年（1428）改大侯长官司置大侯御夷州，直属云南布政司。治所在大侯寨（即今云南云县）。万历二十五年（1597）改云州。

大泉驿 清置，即今甘肃瓜州县西北大泉村。《清史稿·地理志》：安西直隶州有大泉驿。

大泉眼镇 即今吉林通化县西南大泉源满族朝鲜族乡。清光绪《奉天全省地舆图说图志》通化县图：西南有大泉眼。民国熊知白《东北县治纪要》辽宁通化县："县属大泉源，在快当帽子西南五十里。由县市往桓仁恒通过此地。”

大泉塘　在今新疆阜康市东五十里。清道光《新疆识略》卷2乌鲁木齐：阜康塘“至大泉塘五十里”。

大禹陵　或作禹陵。在今浙江绍兴市东南八里会稽山麓。传是夏禹的陵墓。《史记·夏本纪》说：“或言禹会诸侯江南，计功而崩，因葬焉，命曰会稽。”陵背负会稽山，面对亭山，前临禹池。池岸建青石牌坊一座，由甬道入内。旧有陵殿，已废。今有1979年重建的大禹陵碑亭一座。内立明人南大吉书“大禹陵”三字巨碑一块。亭南有禹穴辨亭和禹穴亭，系前人考辨夏禹墓穴所在而立。陵右侧建有禹庙。1996年定为全国重点文物保护单位。

大剑山　亦名梁山、剑山、剑门山。在今四川剑阁县（下寺镇）西南。《水经·漾水注》：小剑戍“西去大剑三十里，连山绝险，飞阁通衢，故谓之剑阁”。《寰宇记》卷84剑门县：“大剑山亦曰梁山。《山海经》：高梁之山，西接岷、嶓，东接荆、衡。王隐《晋书》：张载随父收入蜀，作《剑阁铭》。益州刺史张敏见其文，乃表天子刻石于剑阁焉。又有小剑山在其西三十里，故曰此为大剑。”

大剑水　在今四川剑阁县（下寺镇）西南。《元和志》卷33普安县：“大剑水出县西四十九里空冢山下。”《明史·地理志》剑州：“北有大剑溪、小剑溪。”

大剑戍　南朝梁置，属南安县。在今四川剑阁县南剑门关镇。《梁书·张齐传》：“天监四年，齐进戍南安。七年秋，使齐筑大剑、寒冢二戍。”后废。

大剑防　北周置，属普安县。在今四川剑阁县南剑门关镇。《周书·王谦传》：“梁睿未至大剑，谦遣兵镇始州。”后废。

大剑镇　唐置，属普安县。即今四川剑阁县南剑门关镇。《元和志》卷33普安县：大剑镇“在县东四十八里。本姜维拒钟会垒也。在开远戍东十一里。其山峭壁千丈，下瞰绝涧，飞阁以通行旅，梁时于此置大剑戍”。

大食　唐以来对阿拉伯帝国的称呼。公元632—634年，哈里发阿布·伯克尔统一了阿拉伯半岛。公元661—750年，倭马亚王朝统治时期，都城在大马士革（今叙利亚首都）。公元750年，阿拔斯王朝建立后徙都巴格达（今伊拉克首都）。为中亚大国。

大盆山　即今浙江磐安县东南二十四里大盘山。主峰盘山尖海拔1245米。《方舆纪要》卷93东阳县：大盆山“其南为大溪水所出，其北则东阳江之源也。《志》云：山高五百丈，周百三十里，形如覆盆”。故名。

大胜关　①亦名大胜关港、大胜港。在今江苏南京市西南三十里板桥镇西北。《方舆纪要》卷20江宁府江宁县：大胜关“陈友谅来侵，太祖命杨璟驻兵大胜关，友谅至，璟御之。友谅见港水狭，即退出大江，趋江东桥败去。今有巡司，兼置驿于此”。

②在今河南罗山县南一百四十里豫、鄂交界处。《元史·世祖本纪》：南宋宝祐末，元兵伐宋，“八月丙戌渡淮。辛卯，入大胜关，宋戍兵皆遁”。明、清于此置巡司。民国初置县佐。

大胜甸　在今河北万全县北三里。《大金国志》卷22：蒙古大军三千骑驰突冲击，“主急命西京留守纥石烈执中领军迎战于大胜甸。……遂大败，执中以百骑奔还，上怒罢之”。

大胜岭　在今海南省澄迈县北。《明一统志》卷82琼州府：大胜岭“在澄迈县（治今老城镇）西一十里。以伏波将军于此屯兵，征蛮大胜，故名”。

大胜港　在今江苏南京市西南板桥镇西北。为江防要地。原名大城港，后改大胜港。《明史·太祖纪》：元至正二十年（1360），陈友谅攻应天，“杨璟屯大胜港”。即此。

大胜堡　明置，属广宁右屯卫。在今辽宁凌海市西北。《明史·神宗本纪》：万历二十七年（1609），“拱兔陷大胜堡，游击于守志战于小凌河，败绩”。

大度川　即大肚川。在今吉林辉南县东南抚民镇。

大度镇　在今山西吉县东北大度村。《清一统志·平阳府一》“三垢镇”条下有“大度镇”。

大庭氏库　在今山东曲阜市城东。《左传》：昭公十八年（前524），“宋、卫、陈、郑皆火，梓慎登大庭氏之库以望之”。杜注：“大庭氏，古国名，在鲁城内。鲁于其处作库，高显，故登以望气。”

大闾洋　即今浙江温岭市东南隘顽湾。《方舆纪要》卷92台州府太平县：海“在县东南二十里，曰大闾港，亦曰大闾洋”。

大阁儿汛　即今河北丰宁满族自治县（大阁镇）。清于此设巡检、把总驻守。1940年始为丰宁县治。

大洼（窪）　①即今辽宁大洼县（大洼镇）。清光绪《奉天全省地舆图说图志》海城县图：西有大窪。旧属盘山县，1975年于此置大窪县。

②即今辽宁昌图县西北大洼镇。清光绪《奉天全省地舆图说图志》昌图府：大洼“在府城北八十里”。

大洪山　一名涢山。在今湖北随州市西南一百二十里，接钟祥市及京山县界。《水经·涢水注》：涢水出大洪山，“山在随郡之西南、竟陵之东北，盘基所跨，广圆一百余里，峰曰悬钩，处平原众阜之中，为诸岭之秀。山下有石门，夹鄣层峻，岩高皆数百仞”。

大洪江　亦名邻水。即今重庆市东北之御临河。清乾隆《巴县志》卷2：大洪江“县东一百五十里”。李元《蜀水经》卷5：“江水又东北受邻水。邻水有二源，俱出大竹县……仙门水南经龙门镇为大洪溪，南入邻水，邻水又西南经大洪冈为玉溪入（长）江。”

大洪江镇 亦作大红江镇。明置，属巴县。在今重庆市渝北区东南大洪江（御临河）入长江口处。《方舆纪要》卷69重庆府巴县：大洪江镇“在府东百里。亦曰大洪江璧山镇。有巡司戍守”。

大洪县 西魏废帝三年（554）置，属光迁国。治所在今湖北保康县西北。北周保定二年（562）改为永清县。

大洪国王宫 在今广东信宜市西南三十五里镇隆镇八坊村。清咸丰十一年（1860）广东天地会首领陈金釭攻占信宜城，建立大洪国，称南兴王。王宫旧址原为信宜学宫，建于元代。明清扩建。前有棂星门，后有大成殿。

大洪岭 又名大洪山。在今安徽祁门县北。《清一统志·徽州府一》：大共山“在祁门县北五十里，与石埭县接界。大共之水出焉。亦作大洪山”。

大洪寨 在今湖北京山县西北大洪山下。《元史·世祖纪》：至元十五年（1278）十一月，“枣阳万户府言：李均收抚大洪山寨，为宋朱统制所害”。即此。

大浃江 指甬江流经旧镇海县境段河道，在今浙江宁波市北仑区与镇海区界上。《元丰九域志》卷5：明州定海县有“大浃江”。《舆地纪胜》卷11庆元府：大浃江“在鄞县东一里”。其名后为甬江取代。

大浊水溪 即今台湾省宜兰县南、花莲县北和平溪。有南、北二源：北源出南湖北山北，东北流为和平北溪；南源出南湖东峰，为和平南溪，东流折向东北，与和平北溪汇合后称和平溪，东流入太平洋。《清史稿·地理志》台东州：有“大浊水溪”。连横《台湾通史·疆域志》台东州：“番之大者……曰大鲁阁八社，在大浊水以北，依山而居，性最悍。”

大洞 ①即荆山洞。今安徽广德县东北七十里太极洞。《明一统志》卷17广德州：大洞“在州城东北七十里。广数丈，深不可测。游者秉烛而入，有石燕群飞，乳泉滴沥，神人佛像，棋盘钟磬之属，皆白石天成。其东洞水深不可入”。

②亦名波罗里大洞。在今广西容县东南五十里。明、清置巡司于此。

③在今贵州镇远县东五里分水岭北。明嘉靖中改名凌元洞。明曹学佺《名胜志》：“洞门一隙而入，其中宽广如七间屋，故俗名洞为七间屋。”

大洞站 元置，属容州路。在今广西容县东南五十里。

大洞遗址 在今贵州盘县东南珠东乡十里坪。是一个巨大的石灰岩洞穴遗址。1992年发掘，出土石制器一千三百余件及哺乳动物化石等，属旧石器时代中期遗存。1996年定为全国重点文物保护单位。

大洛泊 即今内蒙古克什克腾旗西之达里诺尔。《新唐书·奚传》：“奚亦东胡种。……其国西抵大洛泊，距回纥牙三千里，多依土护真河。”

大洛城 在今内蒙古清水河县西南窑沟乡下城湾古城。《魏书·太宗纪》：永兴三年（411），诏“尉古真统兵五千，镇西境太洛城”。《方舆纪要》卷44朔州：骆城“在州北。汉置骆县，属定襄郡。后汉末废。俗谓之大洛城”。

大洋堆遗址 在今四川西昌市西南郊经久乡合营村境内。在安宁河东岸一级台地上。为商周战国时期古遗址。遗址面积为9600平方米。主体部分的土台为人工堆砌而成。堆积呈斜坡状。其文化层堆积可分为三层，代表三个不同的历史时期，上层为战国时期文化层，主要遗存为大石墓；中层为春秋时期文化层，主要遗存为一种奇特神秘的祭祀遗迹；下层为殷商时期文化层，主要遗存为竖穴土坑墓。西昌大洋堆遗址地层分期明确、堆积清晰，延续时间跨度大，文化内涵十分丰富，是研究我国古代西昌地区历史文化的一处难得的遗迹，具有较高的科学价值。2006年定为全国重点文物保护单位。

大洋墟 即今广西桂平市南大洋镇。清光绪《广西舆地全图》桂平县图：南有大洋墟。

大洋寨 即今福建莆田市北大洋乡。《清一统志·兴化府》：大洋寨“在莆田县西北八十里万山中，东至福清，西至白沙，南至仙游，北至永福，地当冲要。明万历十七年，箐寇曾廷邦等啸聚为乱，未几就擒，置巡司。本朝乾隆五十四年裁”。

大洴墟 即今广西岑溪市东五十里大洴墟。清光绪《广西舆地全图》岑溪县图：东有大洴汛。

大洲 即今江西吉水县南大洲上。《清一统志·吉安府一》：大洲“在吉水县南二十里。元至正中，设兵屯守，居民辏集，后废”。

大洲口 即今广东封开县北大洲镇。元置文德巡司于此。《明史·地理志》德庆州封川县：“北有文德巡检司，初治县西北大洲口，后迁县西贺江口，后又迁于此。”

大洲头 即今海南省万宁市东南大洲岛。清宣统《广东舆地全图》万州图：东南有“大洲，又名天河沙”。

大洲驿 明置，属纳溪县。在今四川泸州市纳溪区南永宁河西岸花果镇。南通叙永孔道。1916年云南蔡锷率讨袁护国军至此。讨袁胜利后于大洲驿北永宁河岸岩石上书“护国岩”。

大洲堡 在今湖南攸县西南四十里大洲。《方舆纪要》卷80攸县“凤岭镇”条下：“《志》云，县南有大洲堡，嘉靖四十三年，县民刘庚甫户丁结党为乱，佥事苟延庚抚定，为之立堡。”

大洲溪 即今福建永定县南永定溪。《方舆纪要》卷98永定县：大洲溪“在县南。源出龙岩县界之大池，西南流入境，过县治西，折而南，入广东大埔县界，为小靖溪”。入韩江。

大洲墟 在今广东佛山市顺德区北大洲村。清时紫泥巡司驻此。

大举口 即今湖北武汉市新洲区南举水入江处大埠镇。《梁书·杜幼安传》：大宝元年（550）助徐文盛讨侯景，败侯景将任约于贝矶，“乃进军大举口”。

即此。

大觉寺 在今北京市西北海淀区北安河、徐各庄西旸台山东麓。创建于辽咸雍四年（1068）。初名清水院，金改为灵泉寺。明宣德三年（1428）扩建，改名大觉寺。大觉寺曾是金章宗巡幸驻跸的“西山八大水院”之一。清雍亲王笃信佛教，常来该寺礼佛。寺内珍藏许多珍贵文物。2006 年定为全国重点文物保护单位。

大宣墟 在今广西桂平市北金田镇（大宣）。明置大宣乡巡司于此。

大室山 即嵩高山。今河南登封市西北嵩山。《左传》：昭公四年（前 538），“四岳、三涂、阳城、大室、荆山、中南，九州之险也”。《淮南子·墬形训》高诱注：“少室、太室在阳城，嵩高山之别名。”

大室韦 在今俄罗斯境额尔古纳河以东，外兴安岭以南，黑龙江以北地区。《隋书·室韦传》：深末怛室韦“又西北数千里，至大室韦，径路险阻，语言不通。尤多貂及青鼠”。《新唐书·室韦传》：“北有大山，山外曰大室韦，濒于室（望）建河。”

大室韦部 唐室韦诸部之一，属室韦都督府。分布在今俄罗斯阿穆尔州西北，额尔古纳河、黑龙江中游以北，结雅河（精奇里江）支流谢列姆扎河以西，外兴安岭以南地区。《新唐书·室韦传》：室韦“分部凡二十余。……直北曰讷比支部，北有大山，山外曰大室韦，濒于室建河”。

大神冈 在今广东江门市新会区东南。《明史·地理志》新会县：“又南有沙村巡检司，本治大神冈，后迁仙洞村。”

大险溪 在今四川通江县东。《方舆纪要》卷 68 通江县：大险溪“在县东百里。又有小险溪，下流俱入于渠江”。

大姥山 ①即今浙江缙云县西大母山。《方舆纪要》卷 94 缙云县：大姥山“在县西南三十五里。上有巉岩，下有石室，可容数百人”。

②在今福建浦城县东北。《寰宇记》卷 101 建州浦城县：大姥山“在县东北七十里。《记》云，大姥即魏夫人也。《老子玉贞经》云，魏夫人以罗浮、天台、大霍、洞宫四处为栖真之所，此山乃洞宫之隣也。上有太母祠存焉”。

大姥庙 在今湖北鄂城市西北华容区樊口。《水经·江水注》：“《武昌记》曰：樊口南有大姥庙。孙权常猎于山下，依夕，见一姥，问权：‘猎何所得?’曰：‘正得一豹。’母曰：‘何不竖豹尾?’忽然不见。……天子卤簿中，后属车施豹尾。于道路，豹尾之内为省中。盖权事应在此，故为立庙也。”

大姚白塔 在今云南大姚县（金碧镇）西二里宝筏山顶。塔呈白色，塔形上大下小，形似磬锤，故名磬锤塔。唐天宝五年（746）梵僧尉迟设计建造。塔高 15.55 米。八角形须弥座，八边每边长 3.12 米，基座上为八角形柱体，柱上砌十二层密檐，托起上大下小的椭圆形塔身。塔身用印有梵文或汉文佛经的砖砌成，坚固无比。经历明弘治十七年（1504）和崇祯九年（1636）大地震，塔顶震裂 1 米余，塔身仍巍然未动。2006 年定为全国重点文物保护单位。

大姚县 元世祖至元十一年（1274）置，属姚州。治所在大姚堡（今云南大姚县）。明属姚安府。清属楚雄府。民国初属云南腾越道。1929 年直属云南省。

大姚河 在今云南大姚县北。《方舆纪要》卷 116 大姚县：大姚河“在县北。源出书案山，流经县西北，合铁索箐之水，又南流至县西南，合姚州小桥村之水，又东流绕县南，复东北会于青蛉河”。

大姚浦 在今江苏苏州市吴中区东南三十八里。《方舆纪要》卷 24 苏州府长洲县：大姚浦“吴淞江由庞山湖出大姚浦东北流，折为三江，俗名上清、中清、下清江，又东入昆山县界。姚，一作摇。《吴志》，其地本名摇城，汉初越君摇尝居此”。

大盈 即今福建南安市南大盈。清有把总驻此。

大盈江 在今云南腾冲、梁河、盈江县境。元代称今盈江新城以下为大盈江。明代以来通名大盈江。《明一统志》卷 87 腾冲军民指挥使司：大盈江“有三源：一出赤土山，流为马邑河；一出宠炊山，潴为小湖，流为高河；一出罗生山，流为罗生场河，绕司城，自东而北而西，三水合为大盈江，又名大车江。南入南甸州为小梁河，至干崖为安乐河，西流为槟榔江”。《方舆纪要》卷 119 南甸宣抚司：大盈江“在司西。自腾越州流入境，经干崖、芒市，又南流入孟养、缅甸界，谓之金沙江”。

大盈驿 即今福建南安县南大盈。南宋嘉定中改名康店驿。

大盈浦 在今上海市青浦区西北。《方舆纪要》卷 24 松江府华亭县：大盈浦“旧在淀山湖东，亦直受湖水自白鹤汇达吴淞江，阔三十丈，潮沙浸入，易致淀淤。宋绍圣中，转运毛渐浚大盈、顾会二浦。元大德初复浚。泰定初，开大盈浦以泄淀湖水，长二十五里有奇。明天顺中，抚臣崔恭亦浚大盈浦入吴淞江。嘉靖初，复浚大盈、赵屯二浦，以宣泄吴淞江下流。今自淀湖东北，南曹港口而北，历青浦县，西绝横泖，与北曹港合。又经青龙江、白鹤汇而北入于松江”。

大耗子岛 即今辽宁长海县东南獐子岛之东大耗子岛。明《辽东志》卷 1：耗子岛在“（金州卫）城南四百里”，有大小二岛，其东为小耗子岛。民国《奉天通志》卷 83 金县：大耗子岛在“城东一百八十里”。

大秦 又名黎轩、犁鞬。汉、晋时对罗马帝国的称呼。都城在罗马（今意大利罗马市）。《后汉书·西域传》：大秦国“一名犁鞬，以在海西，亦云海西国。地方数千里，有四百余城。小国役属者数十。以石为城郭。列置邮亭，皆垩塈之”。永元九年（97），西域都护班超遣甘英使大秦，抵条支，临海而还。延熹九年（166），大秦皇帝安敦遣使来中国。晋武帝太康年间，大秦又遣使来与中国通好。公元395年罗马分裂为二。大秦指东罗马帝国。

大秦寺 又名景教寺。唐贞观十二年（638）建，在今陕西西安市。会昌五年（845）毁。

大秦婆罗门国 在今印度曼尼普尔一带，或以为今阿萨姆北部以西以至于恒河流域。《新唐书·地理志》：安南通天竺道，“弥诺江水，千里至大秦婆罗门国”。唐樊绰《蛮书》卷10：“大秦婆罗门国在永昌西北，正东与诸诺江安西城楼接界。”

大朱山 即今山东胶南市南大珠山。唐杜佑《通典》卷180密州诸城县：“古齐长城，东南自上大朱山起，至州南界二百五十里。”《清一统志·莱州府一》：大珠山“又名玉泉山。山椒有石门，下有泉，迸若喷珠，名曰玉泉”。

大埔村 即今广东大埔县北茶阳镇。《明史·地理志》大埔县：“嘉靖五年以饶平县大埔村置，析滦州、清远二都地益之。”

大埔县 明嘉靖五年（1526）置，属潮州府。治所即今广东大埔县北茶阳镇。《清一统志·潮州府》：大埔县“治大埔村，因以为名”。民国《大埔县志》卷1：“盖俗呼有水宜稻者曰田，呼平旷高原仅宜果蓏蔬麻者曰埔。有俗音而无字，盖即圃也。”民国初属广东潮循道。1920年直属广东省。1961年迁今治湖寮镇。

大埔墟 ①即今香港九龙半岛北大埔镇。清于此设大埔头汛，有把总驻守。

②亦作大铺墟。即今广西柳城县治大埔镇。清光绪《广西舆地全图》：柳城县西北路“由大铺墟……龙袍堂至罗城县界九十里”。1950年柳城县移治于此。

大盐井 在今四川冕宁县北大盐井村。清康熙四十九年（1710）置大盐井土百户。

大盐池 ①即今内蒙古杭锦旗西北哈日芒乃淖尔（盐海子）。《水经·河水注》：“《魏土地记》曰：（朔方）县有大盐池，其盐大而青白，名曰青盐，又名戎盐，入药分。”

②即今哈萨克斯坦西南和乌兹别克斯坦西北之咸海。《元史·郭宝玉传》：“宝玉请封山川神。壬午三月，封昆仑山为玄极王，大盐池为惠济王。”即此。

大盐泺 亦名广济湖。即今内蒙古东乌珠穆沁旗西南达布苏盐池（额吉淖尔盐池）。为辽主要产盐地之一。《辽史·地理志》：上京道有“广济湖、盐泺”。曾公亮《武经总要前集》卷16：“大盐泊，周围三百里。东至上京一千五百里。契丹中更名广济湖，虏中呼为麋到斯臬。”金代于此置大盐泺群牧所。《金史·章宗纪》：承安元年（1196），“大盐泺群牧使移剌覩等为广吉剌部兵所败，死之”。即此。

大都 元都城。在今北京市区。《元史·地理志》：世祖至元四年（1267），“始于中都之东北置今城而迁都”。至元九年（1272）改名大都。二十年（1283）筑城。蒙人称为汗八里，意即汗城。全城平面呈南北略长的长方形，周长约二万八千六百余米。城东西二边相当于旧北京内城东西城墙，南至今东西长安街南侧，北抵今德胜门、安定门外土城旧址。四面设城门十一座，东、南、西三面均为三门，北面二门。皇城位于全城南部中央地区，东墙在今南北河沿西侧，西墙即今西皇城根，北墙在今地安门南，南墙在今东、西华门大街以南。皇城内以太液池为中心，西有隆福、兴圣两宫，东部为宫城。皇城外为居民和商业区，南北向主干道和东西向胡同，把全城划分为五十二坊。大都城规模宏大，布局整齐，宫殿壮丽，商业发达，为当时世界上著名的大城。

大都县 唐武德五年（622）置，属越州。治所在今广西博白县南。贞观六年（632）改属白州，十二年（638）省入博白县。

大都路 元世祖至元二十一年（1284）改大兴府置，为中书省治。治所在大兴、宛平二县（今北京市）。辖境相当今北京市辖区县及河北怀来县及涿州、霸州二市以东，北京延庆及长城以南，河北遵化市、唐山市丰南区以西，天津市武清区和河北大城县以北地区。明洪武元年（1368）改为北平府。

大耆老 即今云南昭通市北大耆老。清《乾隆内府舆图》：昭通府恩安县北有大耆老塘。清有把总驻此。

大莆林 即今台湾省嘉义县北大林镇。清于此设大莆林汛。日本占领期间改设大林街。1945年抗日战争胜利后设大林镇。

大莱芜山 在今广东汕头市澄海区东南莱芜半岛。《清一统志·潮州府》“莱芜山”条：“大莱在（澄海）县东南二十里。一名双髻山。”清康熙五十六年（1717）在此设潮州右营把总，并建炮台于此。

大莫门城 亦作大漠门城。唐时吐蕃筑，在今青海共和县东南。《资治通鉴》：唐开元十六年（728），“河西节度使萧嵩、陇右节度使张忠亮大破吐蕃于渴波谷；忠亮追之，拔其大莫门城，擒获甚众，焚其骆驼桥而还”。胡注：“大莫门城在九曲。”

大莋县 西汉元鼎六年（前111）置，属越嶲郡。治所在今四川盐边县北鳡鱼乡南。《水经·若水注》：“若水又南径越嶲大莋县入绳。”即此。东汉末废。

大获（獲）山 在今四川苍溪县东三十里王渡镇。《方舆纪要》卷68苍溪县：大获山在“县东三十里。有大小二峰，小峰上有一石井，出泉不竭；大峰上有池，广数亩，谓之天池。宋江环绕其下，石城四周，即宋余玠所筑，以护蜀口者”。南宋淳祐三年（1176）修筑此城，移阆州治此。《元史·宪宗纪》：八年（1257）帝伐宋，十一月“进攻大获山，守将杨大渊降”。即此。

大获（獲）城 南宋绍定中筑，在今四川苍溪县东三十里王渡镇大获山上。《宋史·余玠传》：“又移金戎于大获，以护蜀口。”移阆州于此。《元史·杨大渊传》："岁戊午，宪宗兵至阆州之大获城。"即此。据《方舆纪要》卷68苍溪县载大获城："因石岩为之，中通四门，周十里。"城三面临东河，为嘉陵江上游地区险塞，与青居山城、钓鱼山城连成一片，为南宋抗元的战略要地。今遗址尚存。

大莹城 在今山东滨州市滨城镇西二十五里。亦作大营城。元于钦《齐乘》卷4：大营城"金人屯兵所筑，故丁河口。金号铁门关"。

大桐墟 在今广东佛山市南海区西南大同圩，西北近西樵山。明万历《广东通志》卷16：南海县有大同墟。清光绪《广州府志》卷69墟市：南海县有"大桐墟"。

大桥 即今江西樟树市东大桥街道。清同治《江西全省舆图》卷6：清江县东北有大桥墟。

大桥山 在今广东广州市西北。《方舆纪要》卷101广州府南海县：大桥山"在番禺县西北十八里。形如象鼻，下临大涧"。

大桥市 即今湖南祁阳县东北二十五里大桥湾。清光绪《湖南通志》卷1祁阳县图：县东北有大桥市。

大桥头 即十三都镇。在今广东兴宁市西北。明置巡司于此。

大桥头市 即今安徽怀宁县（高河镇）东南大桥头。光绪《大清直省地舆全图》：安庆府怀宁县（今安庆市）北有大桥头。

大桥头河 在今云南剑川县东。《方舆纪要》卷117剑川州：大桥头河"在州东二里。古名合惠尾江，南流入剑川湖。每遇洪潦，辄泛溢害稼"。

大桥场 即今四川南部县西大桥镇。为唐新井县治所。北宋著名学者陈尧叟、陈尧佐、陈尧咨三兄弟故里。

大桥堡 在今广西灵川县西。《清一统志·桂林府一》：大桥堡"在灵川县西南七十五里。接义宁县界……有兵汛守"。

大桥墟 ①即今广东韶关市曲江区东北大桥镇。清同治《韶州府志》卷11曲江县有"大桥墟"。

②即今广西钟山县西南三十里回龙镇。清光绪《广西舆地全图》昭平县图：东北有大桥墟。

大桥镇 ①即今江苏江都市东南大桥镇。清光绪《江苏全省舆图》江都县："大桥镇在城东六十里。"

②在今江苏海门市东南大桥镇村。《清一统志·海门厅》：通济桥"在大桥镇"。

③在今江西弋阳县西北。《清一统志·广信府二》：大桥镇"在弋阳县西北一百余里。本朝乾隆三十一年移县丞驻此"。

④即今湖南蓝山县南五十里大桥瑶族乡。明、清置巡司于此。

大桃 在今陕西略阳县东四十五里。《宋书·萧思话传》：元嘉十年（433），萧承之讨杨难当，"贼不能当，因大败，烧柴奔走，退据大桃"。即此。

大索城 在今河南荥阳市北四里张楼村。《左传·昭公五年》：晋韩宣子如楚送女，郑人"劳诸索氏"。杜注："河南成皋县东有大索城。"《资治通鉴》：南朝宋元嘉二十九年（452），"鲁爽与魏豫州刺史拓拔仆兰战于大索，破之"。即此。

大栗子 即今吉林临江市南大栗子镇。为鸭大铁路的终点站。

大夏 ①在我国西北部地。《淮南子·墬形训》："九州之外，乃有八殥，亦方千里。……西北方曰大夏，曰海泽。"《吕氏春秋·适威》："北至大夏，南至北户。"《史记·秦始皇本纪》载琅邪刻石云："六合之内，皇帝之土。西涉流沙，南尽北户，东有东海，北过大夏。"

②指今山西太原市一带。《左传·昭公元年》："迁实沈于大夏，主参。"杜预注："大夏，今晋阳县。"相传为夏墟所在，故名。《史记·秦始皇本纪》："禹凿龙门，通大夏。"《正义》引《括地志》："大夏，今并州晋阳及汾、绛等州是。昔高辛氏实沈居之，西近河。"

③即西夏。北宋宝元元年（1038），党项羌族首领李元昊称帝，国号大夏，史称西夏。

④中亚古国名。最早见于《史记·大宛列传》。古希腊人称为巴克特里亚，主要指今中亚阿姆河以南，兴都库什山以北地区。原始居民为伊朗人。在古波斯帝国、马其顿亚历山大帝国及塞琉古帝国时代，大夏都是其所属的一个省。公元前255年，郡守狄奥多德宣告独立，建都蓝市城（今阿富汗巴里黑），最盛时领有北起阿姆河上游，南达印度河流域的广大地区。后国土分裂，势衰。约公元前140—前130年之间，大月氏渡过阿姆河，征服了大夏。先是以大夏为臣属，后灭大夏，占领了大夏的全部国土。西方记载称此后的大月氏为吐火罗人，他们居住的地区通称为吐火罗，但中国却长期仍称之为大月氏。

大夏门 汉魏洛阳城北面西头门。在今河南洛阳市东北。汉名夏门，魏、晋改名大夏门。《资治通鉴》：南朝梁中大通二年（530），尔朱世隆以尔朱荣见杀，遣其将皆白服来至洛阳郭下索尸，北魏孝庄帝"升大夏门望之"。即此。

大夏州 唐龙朔元年（661）置，治所在缚叱城（今阿富汗北部马扎里沙里夫西巴尔赫）。8世纪中废。

大夏县 西汉置，属陇西郡。治所即今甘肃广河县西阿力麻土东乡族乡古城。西晋初废。十六国前凉复置，初属晋兴郡，后为大夏郡治。北魏属金城郡。北周属枹罕郡。唐贞观元年（627）废入枹罕县，五年复置，属河州。广德后没于吐蕃。

大夏河 番名阿拉藏河。即古漓水。今黄河支流大夏河。源出今甘肃夏河县西南西倾山东麓，北流到永靖县莲花镇入黄河。《明一统志》卷37谓大夏河为古漓水。而古之大夏河，据《水经·河水注》："水出西山，二源合舍而乱流，径金纽城南，……又东北径大夏县故城南，……又东北出山，注于洮水。"实即今洮河支流广通河。

大夏郡 十六国前凉张骏置，治所在大夏县（今甘肃广河县西阿力麻土东乡族乡古城）。后废。北魏皇兴三年（469）复置，后又降为大夏县。

大砬子 ①亦作大拉子。亦名和龙峪。即今吉林龙井市东南智新镇。民国郭楞熙《吉林汇征》：和龙县"地名和龙峪，又名大砬子。（光绪）二十八年设和龙峪分防经历"。1940年和龙县迁于今和龙县。

②即今黑龙江省依兰县东北涌泉乡。民国《依兰县志》：县城东"大砬子，一百二十里"。

大原 又作太原、大卤。在今山西太原市西南。《穀梁传·昭公元年》："中国曰大原，夷狄曰大卤。"

大套 在今江苏滨海县西南二十四里大套乡。清置巡司于此。《清一统志·淮安府二》：大套巡司，"《河防志》：大套大使，驻扎大套，修防黄河南岸，上自云梯关对岸陈家社起，下至陆家社止"。

大圃墟 在今广东佛山市南海区西北松岗镇西大圃村。清光绪《广州府志》卷69墟市：南海县有"大圃墟"。

大峨眉山 亦名峨眉大山。即今四川峨眉山市西峨眉山。《元和志》卷31峨眉县："峨眉大山，在县西七里。《蜀都赋》云：'抗峨眉于重阻。'两山相对，望之如峨眉，故名。"唐、宋以来成为佛教圣地。南宋范成大曾游大峨眉山，写有《大峨眉山纪行》，为最早的峨眉山游记。

大峪口 ①亦作大谷口。即今山西五台县东北大峪口村。明永乐中置巡司于此。清裁。

②即今山西怀仁县西南大峪口村。《清一统志·大同府》：大峪口"在怀仁县西南四十里大峪口村。高二十丈有奇，盘曲二里，连左云县之四峰山"。

③即今陕西西安市长安区（韦曲街道）东南大峪口。清光绪《陕西全省舆地图》咸宁县图：东南有太峪口。又称：大峪铺"在城东南二十里"。

大峪山 在今山东邹平县西南十五里。《方舆纪要》卷31邹平县：大峪山"高广幽深，中多良田佳木"。

大峪岭 即今山西长治县东南大峪村。《方舆纪要》卷42壶关县："大峪岭在县西南三十里，有铁矿。"

大峪河 即今陕西合阳县西大浴河。《清一统志·同州府一》：大峪河"在郃阳县西二十里。自县西北望乡崖下，西南流径澄城县南，又西南入洛水。其流甚清，一名扑地河。俗传为薄底河。又谓之李家河。郃阳、澄城二县以河分界"。

大峪锥山 一名铁矿山。在今北京市密云县东北三十里。《方舆纪要》卷11密云县：大峪锥山"在县北。《元史》，山产铁矿，至元十三年立四冶。二十五年罢檀州淘金户。明初亦尝开采，后封闭"。

大峰山 ①即今福建平和县西南大峰山。《方舆纪要》卷99平和县"三平山"条下："又大峰山，亦在县东南，县之镇山也。一名大峰崎山。高峻巉岩，石峰凡十有七，自山麓至巅，可五十余里。登陟一望，远近城邑悉在目前。商舶渡海，以此山为表。"

②在今山东济南市长清区南六十二里，与肥城、平阴二市交界处。1938年中共党员魏晋（又名魏金三）等在此开辟大峰山革命根据地。1949年后建革命烈士公墓，安葬抗日战争和解放战争中的革命烈士。

③在今湖南安化县东。明《寰宇通志》55长沙府：大峰山"在安化县（治今梅城镇）东北七十里。有七十峰，绵亘百余里，与大、小仙山相接"。

大峰门山 即今重庆市石柱土家族自治县南六十五里七曜山。《方舆纪要》卷73石砫宣抚司：大峰门山"两崖壁立，中通人行，有故垒在焉"。

大钱河口 在今浙江湖州市东北二十二里大钱村。旧为太湖要口。《方舆纪要》卷91乌程县"后潘村"条：大钱河口巡司"在县东北十五里。亦元时旧址。洪武十四年复置，并设河泊所于此。今所废而司仍旧"。

大铁山 一名铁山。在今重庆市永川区东南。《元和志》卷33永川县：大铁山"在县东南八十里"。

大乘山 在今河南方城县东南。《方舆纪要》卷51裕州方城县："大乘山在州东南。《裕州图经》云'大乘峙前，方城镇后'者也。"

大乘寺泉 在今河南罗山县西南。《方舆纪要》卷50罗山县："大乘寺泉在县西南百二十里。引流灌田，其利甚溥。"

大积石山 亦名积石山。即今青海东南部之阿尼玛卿山。《史记·夏本纪》《正义》："（黄河）东南潜行入吐谷浑界大积石山，又东北流，至小积石山。"《元和志》卷39河州枹罕县：积石山"今名小积石山，在县西北七十里。按河出积石山，在西南羌中……故今人目彼山为大积石，此山为小积石"。

大笔架山 俗称天桥山。在今辽宁锦州市天桥镇东南海域中。清康熙《锦州府志》卷1：大笔架山在"城西南六十里。峙海中，状如笔架。潮退见天桥，广八丈，长四里。上有朝阳寺。多飓风，屋瓦辄飘去。今存空堵。康熙十三年，察哈喇王叛，邑人多避兵其上"。

大皋口 在今江西吉安市南二十里赣江畔。《陈书·高祖纪》：南朝梁大宝元年（550），"高州刺史李迁据大皋"，即此。《资治通鉴》作"大皋口"。

大徐巷镇 即今江苏无锡市西南十五里徐巷。清光绪《江苏全省舆图》无锡县图：西南有徐巷。民国《江苏六十一县志》：无锡县西有"徐巷镇"。并记："河埒口、荣巷、徐巷皆在惠山之南，亦称山南，为锡宜、开原二汽车路所经，居民颇善经商。"

大航 即朱雀航。在今江苏南京市秦淮河上。

大拿（拏）溪 即今福建邵武市东南拿口溪。《方舆纪要》卷98邵武府邵武县：大拿溪在“府东八十里。源出建阳县界，东北（南）流，至拏口，亦曰拏口水。诸溪涧水皆流合焉……流入紫云溪”。

大奚山 亦作大溪山。又名大渔山。即今香港西南大屿山（大豪岛）。《舆地纪胜》卷89广州：大奚山，“《南海志》，在东莞县海中，有三十六屿，居民以鱼盐为生。《朝野杂记》云：大奚山者在广东岛中，庆元三年提举徐安国捕盐，岛民啸聚为盗”。

大翁山 在今贵州黄平县北二十里。《方舆纪要》卷121兴隆卫：大翁山“形势雄伟。其对峙者曰马鞍山，岩石甚胜”。

大翁迦洞 元置，属师壁洞安抚司。治所在今湖北来凤县西南三十二里旧司镇。元末明玉珍改为大旺宣抚司。

大翁铺 明置，即今贵州黄平县西北大翁铺。

大狼水寨 在今山西朔州市西。《宋史·折惟昌传》：北宋景德元年（1004），“秋，入朔州界，破狼水寨”。即此。

大高玄殿 在今北京市西城区景山前街西端北侧，前临筒子河。建成于明嘉靖二十一年（1542），后经多次修葺。坐北朝南。正面有两重绿琉璃仿木结构券洞式三座门，门后为过厅式的大高玄门。门内左右有钟鼓楼，中为大高玄殿，面阔七间，重檐黄琉璃筒瓦庑殿顶，左右配殿各五间。后殿名“九天应元雷坛”，两旁配殿各九间。最后是一座两层楼阁，上为乾元阁，下为坤贞宇。大高玄殿为明、清两代的皇家道庙，设三清像。建筑精巧，气势雄伟。1996年定为全国重点文物保护单位。

大郭遗址 在今山东惠民县东南二十四里麻店镇大郭村东南。1973年发现。南北长62米，东西宽11米，文化层厚1—3米。是龙山文化遗址上的商代奴隶主墓葬。已露出地面的文物有青铜鼎、爵、觚、彝、戈、矛、刀、铙、斧、编钟和石铲、玉环等。并发现有九名殉葬奴隶的骨骼及车、马、狗等殉葬物。对研究奴隶社会文化有重要价值。

大座堡 明置，属宣化县。在今广西南宁市东北。《方舆纪要》卷110南宁府宣化县“三官堡”条下：大座堡“在府东北三十里。防宾州武缘诸山寇”。

大唐天竺使出铭 在今西藏吉隆县正北约4.5公里处，崖壁面阔约1.5米，高约4米，距地表高度约5米。现存文字二十四列，三百一十一字，字体为汉文楷书。铭文为阴刻，铭文宽度81.5厘米，残高53厘米。2001年将曲德寺、卓玛拉康、大唐天竺使出铭三组具有很高历史、文化、艺术及文献价值的建筑和文物定为全国重点文物保护单位。

大唐汛 在今贵州松桃苗族自治县西北。清乾隆六十年（1795）石柳邓领导苗族人民起义后，即以此为根据地，四处打击清军。

大唐峰 在今陕西略阳县东南。《资治通鉴》：唐光启二年（886），“王行瑜进攻兴州，感义节度使杨晟弃镇走，据文州，诏保銮都将李铤、扈跸都将李茂贞、陈佩屯大唐峰以拒之”。

大唐清河郡王纪功载政之颂碑 在今河北正定县城解放街西侧。唐永泰元年（765）立，通高6米。龟趺座，双龙抱额，造型雄伟，刻工精细。篆额“大唐清河郡王纪功载政之颂”。碑文阴刻楷书二十九行，总计一千三百九十八字，现存一千零七字。内容系颂扬当时成都军节度使李宝臣“功德”之辞及立碑人姓名、官职等。书法遒劲潇洒，为历代书法家所称道。2001年定为全国重点文物保护单位。

大唐渠 即唐渠。在今河北鹿泉市东北。《新唐书·地理志》获鹿县：“东北十里有大唐渠，自平山至石邑，引太白渠溉田。……天宝二年又自石邑（今石家庄市西南振头）引大唐渠东南流，四十三里入太白渠。”为大白渠之支渠，后湮。

大唐嵩阳观纪圣德感应之颂碑 在今河南登封市北四里嵩山南麓峻极峰下的书院村。碑立于嵩阳书院大门外西侧10米处。唐天宝三年（744）刻立。由基座、碑身、碑额、云盘、碑首五层雕石组成，通高9.02米。宽2.04米，厚1.05米。李林甫撰文，徐浩书丹，碑文内容记述嵩阳观道士孙太冲为唐玄宗李隆基炼丹九转的故事，是唐代隶书的代表作。2001年定为全国重点文物保护单位。

大悟山 古名大伍山。在今湖北大悟县东南与孝昌县交界处。《方舆纪要》卷77孝感县：大悟山在“县东北百三十里。高二百余丈，广六里，上有平畴可耕种，其下为狮子岩。一名上界山”。

大凌云（雲）口 在今山西浑源县西南。《清一统志·大同府》“李峪口”条下：“又大凌云口，在（浑源）州西南三十五里。相近有小凌云口。”

大凌河 亦作大灵河、灵河、凌河。在今辽宁西部。清《满洲源流考》卷15引《元一统志》：“大凌河在兴中州，下流入义州境。”《方舆纪要》卷37广宁右屯卫：大凌河在“卫西二十五里。自广宁中屯卫流入境，又东南入于海”。

大凌河城 明置，属广宁中左千户所。治所即今辽宁凌海市。《方舆纪要》卷37广宁左屯卫“松山堡”条下：大凌河堡“在卫东四十里。以近大凌河而名。宣德三年亦置中左千户所于此”。后金天聪五年（1631）清太宗皇太极屡统兵围攻大凌河城，明总兵祖大寿降。皇太极毁其城。

大凉山 亦名凉山。在今四川凉山彝族自治州东境。为大雪山之分支，金沙江与马边河的分水岭。呈南北走向，海拔2000—4500米。以黄茅埂为界，西为大凉山，东为小凉山，总名曰凉山。《明一统志》卷73四川行都司：凉山“在都司城东一百三十里。群峰嵯峨，四时多寒”。

大凉山拖觉土司 清雍正六年（1728）置，属阿都副长官司。治所在今四川布拖县南拖觉镇。后废。

大浦 即今江苏连云港市东北大浦镇。陇海铁路有支线通此。

大浦口 指今越南岘港市之大占海口。唐杜佑《通典》卷188："屈璆《道里记》又云，林邑大浦口有五铜柱焉。"

大浦支线 自今江苏连云港市新浦至大浦。长2.8公里。为陇海铁路支线。1935年建成。

大浦市 ①即今江苏连云港市东北大浦镇。旧为陇海铁路终点。

②即大堡塘。今湖南常宁市西四十二里大堡乡。

大涉水 即今川、黔境内之赤水河。《汉书·地理志》南广县："又有大涉水，北至符入江。过郡三，行八百四十里。"符县即今四川合江县。

大浩 在今广东封开县东北。《清一统志·肇庆府》"文德巡司"条："大浩巡司在县东北归仁乡，元至正末置，明洪武十五年裁。"

大海寺 在今河南荥阳市东北四十里。《资治通鉴》：隋大业十二年（616），荥阳通守张须陀攻瓦岗军，李密"分兵千余人伏于大海寺北林间"，须陀兵败，战死于此。

大海陀潭 在今河北赤城县南六十里。《方舆纪要》卷18雕鹗堡：大海陀潭在"堡东三十里。在大海陀崖谷间，有泉下汇为潭"。

大浴真水 亦名中陵川水。即今内蒙古和林格尔县南、清水河县西北之浑河。《水经·河水注》：树颓水"西南流，右合中陵川水。水出中陵县西南山下，北俗谓之大浴真山，水亦取名焉"。

大浮山 ①亦作大桴山。又名蕲山。在今湖北蕲春县东北。《元和志》卷27蕲春县：蕲水"源出东北大浮山，一名蕲山"。《明史·地理志》蕲州："东北有蕲水，出大浮山。"

②一名独浮山。在今湖南临澧县西南，接石门县界。《舆地纪胜》卷70澧州：大浮山，"《元和郡县志》：在澧阳县西南一百三十五里……又《图经》载，石门县亦有浮山，以为浮邱先生学道之所。盖浮山阔远，跨据数县也"。《方舆纪要》卷77澧州：大浮山"跨石门、武陵、桃源三县界，中多石室、石坛及诸溪洞之胜"。

大涤山 即大辟山。在今浙江杭州市余杭区西南一百里与临安县交界处。宋《咸淳临安志》卷24："此山清幽，大可洗涤尘心，故名。"《清一统志·杭州府一》：大涤山，"按《晋书·郭文传》，文辞家游名山，入吴兴余杭大辟山中穷谷无人之地。则大涤旧名大辟，唐以后乃易今名"。为道书第三十四洞天，山南有洞霄宫。

大涧水 即今山西古县北涧河。《水经·汾水注》："涧水东出谷远县西山，西南径霍山南，又西径杨县故城北。……其水西流入于汾水。"

大涧河 一名县川河。源出今山西神池县西，西流经五寨县北境至河曲县南，注入黄河。《方舆纪要》卷40河曲县"关河"条："大涧水去县城百步，西流七里，入于黄河。"

大浪泵 即今台湾省台北市西北大龙峒，在淡水河与基隆河会合处之南。本高山族凯达格兰平埔人大浪泵社。清嘉庆七年（1802）改称大隆同。同治间又改大龙峒。连横《台湾通史·开辟纪》：明天启六年（1626），"西人始至大浪泵，南讫竹堑，谋殖民，而神甫辄遭番害，乃止"。

大浪湖 即今越南中部之岘港、岘港湾。《元史·唆都传》：世祖至元十九年（1282），率军浮海伐占城，"又败之于大浪湖，斩首六万级"。又《亦黑迷失传》："亦黑迷失言于镇南王，请屯兵大浪湖，观衅而后动。"

大浪滩 在今浙江建德市东北六十里富春江中。《明史·李文忠传》：明初张士诚攻严州，李文忠"破之大浪滩，乘胜克分水"。即此。

大涨海 即涨海。指今南海东部。《梁书·南海诸国传》："又传扶南东界即大涨海。"

大涌口 在今广东东莞市虎门镇东南南涌口村。清光绪《广州府志》卷73兵防：东莞县有"左哨头司把总一员，分防大涌口汛"。

大婆娑山 亦名婆娑山。在今四川乐至县南。《元和志》卷33普慈县："婆娑山，在县西北三十里。其山绵亘数百里。"有大、小婆娑山之分。《寰宇记》卷87乐至县："大婆娑山在县西北四十里。小婆娑山在县北三十里。"《方舆纪要》卷71乐至县：大婆娑山在"县治南一里。又治北一里有小婆娑山。山高险，皆可屯兵"。

大宾县 隋开皇十五年（595）置，属藤州。治所在今广西桂平市东北四十里。《元和志》卷38大宾县："以县西北宾水为名。"大业初属永平郡。唐属浔州。北宋开宝五年（972）废入桂平县。

大容山 亦名容山。在今广西容县、北流县西北。东北—西南走向。主峰梅花顶在北流与玉林市界上，海拔1276米。《舆地纪胜》卷104容州：大容山"在州西北。山阳有观曰棋真。唐开元间，有樵者见二人对弈。今石枰犹存"。《方舆纪要》卷108容县：大容山在"县西北二十五里。高五百余丈，周围千余里。以其回阔无所不容，因名大容。北流、兴业诸县，郁林、高、浔诸州分据其麓，皆以此山为望"。容山乃僮（壮）语地名。徐松石《粤江流域人民史》称：大容山即大羊山。

大朗村 即今广东东莞市东南大朗镇。清光绪重修《东莞县志》卷21"墟市"有大荫市。

大诸葛堰 在今云南保山市南六里。《清一统志·永昌府》：大诸葛堰"在保山县南法宝山下，周遭九百八十余丈，中深二丈，汉诸葛武侯所浚。岁久淤涨，明成化三年巡按朱皑修筑，水分口为三，泄以灌田，俗呼为大海子"。

大陵 ①春秋晋平陵邑，赵为大陵。在今山西交城县西南十里大陵村。《史记·赵世家》：赵肃侯十六年（前334），"肃侯游大陵，出于鹿门"。赵武灵王十六年（前310），"王游大陵"。均此。后置大陵县。

②春秋郑地。在今河南临颍县东北十二里巨陵乡。《左传》：庄公十四年（前680），"郑庄公自栎侵

郑，及大陵，获傅瑕”。杜注：“大陵，郑地。”

大陵山　在今山东单县西南五里。《方舆纪要》卷32单县：大陵山“地高耸，水不能啮。俗谓之土山。山下有长堤，以捍黄河”。

大陵县　战国赵改平陵县置，后入秦，属太原郡。治所在今山西交城县西南大陵庄。北魏废。

大陵镇　北宋置，属西充县。在今四川西充县东南二十里。《舆地纪胜》卷156顺庆府：“扶龙山在西充县之大陵镇。”

大陶岭　在今福建永安市西南。《清一统志·龙岩州》：大陶岭“在宁洋县（治所在今漳平县北双洋）北七十余里，接永安县界。其水流归福州，上有大石洞，曰甘乳岩，可容千余人”。

大勐（猛）统　旧作猛垌。即今云南昌宁县南六十八里勐统街，为勐统镇驻地。清有经制外委驻此。傣语“勐统”意为口袋形的地方。

大勐（猛）麻　又作猛麻。即今云南云县东南大寨镇。明、清时设土巡司于此。

大通　即今安徽淮南市大通街道办事处。淮南铁路在此有大八支线向西通八公山。

大通卫　清雍正二年（1724）置，属西宁府。治所即今青海门源回族自治县。乾隆九年（1744）移驻白塔城（今青海大通回族土族自治县西北城关镇）。二十六年（1761）改置大通县。

大通支线　从辽宁黑山县南大虎山，北至通辽（今属内蒙古）。全长251.7公里。为京奉铁路支线。1921年动工修筑，1927年建成。

大通市　1949年当地解放后由铜陵县析置，属皖南行署区。治大通镇（今安徽铜陵市西南大通镇）。1950年撤销，并入铜陵县。

大通关　在今北京市通州区东南上店村。明于此置巡司。《方舆纪要》卷11通州：大通关“在州南张家湾之长店，百货汇集处也。其相近有广利闸提举司及盐场批验所”。

大通军　五代晋天福四年（939）置，治所在大通城（今河南滑县东北）。《旧五代史·晋书·高宗纪》：天福六年（941），“诏以胡梁度月城为大通军，浮桥为大通桥”。

大通县　①清乾隆二十六年（1761）改大通卫置，属西宁府。治所在白塔城（今青海大通回族土族自治县西北城关镇）。民国《大通县志》卷2：“盖县名大通，原自宋时筑城于浩亹河上，名曰大通城，后遂名其河为大通河。清雍正初筑城于此，始复因河而名其卫，继且因河而名其邑。”民国初属甘肃西宁道。1928年属青海省。1958年移治桥头镇，即今县治。1985年改设大通回族土族自治县。

②清光绪三十一年（1905）置，属吉林省依兰府。治所在崇古尔库站（今黑龙江省通河县东北三站乡）。《清史稿·地理志》大通县：“东有大通河，县以此名。”三十四年（1908）改属黑龙江省。1914年移治岔林河口（今黑龙江省通河县），改名通河县。

大通学堂和徐锡麟故居　在今浙江绍兴市。大通学堂在绍兴市内越城区胜利西路北侧，是辛亥革命早期民主革命家陶成章、徐锡麟等为培养革命武装军事干部于1905年9月创办的，名义为师范学校。1907年初由女民主革命家秋瑾接办。同年7月徐在安庆起义中失败，徐、秋先后殉难。学堂一度遭查封。1912年在校内建有徐公祠，内有蔡元培撰祠碑记。徐锡麟故居在绍兴城东北十五里东浦镇孙家漤村，坐北朝南，占地1100平方米，建筑面积720平方米。整座建筑用材硕大，四周除门户之外，均为三拼石墙打底，异常坚固。总体布局三进，三开间，前后门呈一轴线，依次由门斗、大厅、座楼、藏书楼和桐映书屋等建筑组成封闭式院落。是一幢具有水乡特色的居民建筑。2006年定为全国重点文物保护单位。

大通河　①即元通惠河。源于今北京市城西北玉泉山，以流经北京城东便门外大通桥而得名。《明一统志》卷1顺天府：“大通河旧名通惠河，水自玉河而出，绕都城之东南，经大通桥流入高丽庄白河。”

②在今黑龙江省通河县东北。《清史稿·地理志》大通县：“东有大通河，县以此名。”

③即今安徽铜陵、池州二市间之大通河（长河）。《明史·地理志》：铜陵县南有大通河。《方舆纪要》卷27铜陵县：大通河在“县南四十里。出伏牛、天门诸山，汇于车桥湖，至县西南四十里大通镇，入大江”。

④亦名管埠河、临城河。即今安徽铜陵、青阳县境之长河（青通河）。《清一统志·池州府一》：临城河“在青阳县东。一名双河。其源有五，会于双河口，经峡山下，合管埠河，又西北入贵池东界，经铜陵县西南四十里之大通镇，汇诸水曰大通河，入江”。

⑤即古浩亹水。亦名阁门河。在今青海东北部。为湟水支流。《明一统志》卷37：“大通河在庄浪卫城南一百二十里。”《清一统志·西宁府》：浩亹河，“《通志》：有大通河在大通卫南五里。源出野狐山，东南流至碾白县响塘峡，行山峡中经西大通堡，东南合西宁河入黄河。即古浩亹河也”。

大通城　①在今河南滑县东北。《资治通鉴》：唐武德元年（618），“王世充既得东都兵，进击李密于洛北，败之，遂屯巩北”。《考异》引《杂记》曰：“王辩纵等皆没，唯世充败免，与数百骑奔大通城。”即此。

②即今青海门源回族自治县（浩门镇）。清宣统《甘肃新通志》卷9：大通城“在（大通）县池北，即旧卫治。今名北大通，南襟浩亹，北阻祁连。雍正三年以地通西宁、甘、凉筑城”。

③北宋崇宁二年（1103）改达南城置，属河州。在今青海循化撒拉族自治县西黄河南岸。宣和元年（1119）改属乐州。后废。

大通桥　①即今江苏南京市中华门西、城墙西南转角处附近之赛虹桥。《明一统志》卷6南京：大通桥、柏川桥“俱在长安右门外，跨运渎”。

②在今安徽凤阳县东南。《清一统志·凤阳府》：大通桥“在凤阳县东南十里。本名永安桥，明洪武中敕造，改名”。

③在今河南长垣县东北。《清一统志·大名府》：大通桥“在长垣县东北二里许，跨逯家河。明万历五年建”。

④在今四川荥经县西南安靖乡。《明一统志》卷72雅州：大通桥“在荥经县西三十里。洪武五年因征云南，置为笮桥，乃往建昌云南要路”。清乾隆《雅州府志》卷1：大通桥，“乾隆二年重修，板桥上盖瓦屋，往来平坦”。

大通监 北宋太平兴国四年（979）置，治所在交城县（今山西交城县）。天圣元年（1023）改为交城县。明道二年（1033）复置，宝元二年（1039）属太原府。金废。

大通营 即今青海门源回族自治县（浩门镇）。《清一统志·西宁府二》：大通营“在大通县北一百二十里。本朝雍正二年置，城周六里，初设总兵驻防，兼辖白塔、永安二营，寻改副将，属西宁镇辖”。

大通湖 在今湖南南县东南。《清一统志·澧州一》：大通湖“在安乡县东南一百二十里，接常德府沅江县界，亦洞庭之一隅也”。

大通镇 ①北宋置，属铜陵县。即今安徽铜陵市西南二十里大通镇。明、清置巡司于此。

②北宋置，属新建县。在今江西新建县西。元改名乌山铺。

③北宋置，属南海县。在今广东广州市西南珠江南岸。

大桑浦 在今江苏南京市西南。《寰宇记》卷90江宁县：“大桑浦在县（旧治在今南京市）西十二里，可溉田，吴大帝时将讨关公，平南将军吴范屯大桑，即此处也。在蔡洲通大江。”

大绢峒 在今湖南新宁县西。瑶人所居。《清一统志·宝庆府二》有“大绢峒”。

大绥芬河 在今黑龙江省东宁县西南。为绥芬河主流。《清史稿·地理志》东宁厅：“西南大绥芬河自汪清入，左合蛤蚂、黄泥、寒葱河、右苇子诸沟。又东北，左合小绥芬河，径城北，南大瑚布图河，北缘俄东海滨省，合小瑚布图河来会入之。”

大理 ①古国名。五代晋天福二年（937）段思平建。其王曾受宋封为“云南节度使”、“大理国王”。《南诏野史·段思平传》：“段思平诛杨民自立，晋天福二年即位，建都大理，号大理国，改元文德。”以大理为都城（今云南大理市北二十六里大理古城），以善阐（今云南昆明市）为附都。方国瑜《中国西南历史地理考释》：“南诏世隆自称大礼国，后段思平称大理国，名号沿袭，惟用字不同，认为大理即大礼旧名者是也。”辖境约当今云南全省、四川西南部以及缅甸、泰国、老挝、越南的部分地区。蒙古宪宗三年（1253），忽必烈灭大理，后改云南行中书省。

②宋大理国首府地区亦称大理。治所在阳苴咩城（今云南大理市北二十六里大理古城）。辖境约当今云南洱海周围地区，北起洱源县，南达巍山彝族回族自治县，东有宾川、祥云等县，西有云龙县。元改大理路。

大理卫 明洪武十五年（1382）置，属云南都司。治所在今云南大理市北二十六里大理古城。清康熙二十六年（1687）废。

大理水 亦名大力川、平水。在今陕西省北部，为无定河支流。源出靖边县东南，东流经子洲县南，至绥德县入无定河。《寰宇记》卷38绥洲废龙泉县：“长城，一在州西一十五里大力川。”《宋史·夏国传》：大中祥符三年（1010），赵德明“出大里河筑栅苍耳平”。大力河或大里河即今大理河。《清一统志·绥德州》：“大理盖即大力之讹。”

大理县 1913年废大理府，改附郭太和县置，以府名为县名，后属云南腾越道。治所在今云南大理市北二十六里大理古城。1929年直属云南省。1983年撤销，并入大理市。

大理金齿等处宣慰司 元世祖至元二十二年（1285）置大理金齿等处宣抚司，二十八年（1291）升宣慰司都元帅府，属云南行省。于永昌（即今云南保山市）置司。领大理路、永昌府、腾冲府、鹤庆路、姚安路、蒙化路、顺宁府及金齿百夷诸路。辖境约当今云南泸水、云龙、鹤庆、永仁、姚安、巍山、云县、双江、耿马诸县之间及其以西的广大地区。明初废。

大理府 明洪武十五年（1382）置，属云南布政司。治所在太和县（今云南大理市北二十六里大理古城）。辖境约当今云南大理白族自治州中部。1913年废。

大理栈 在今台湾省台中市东南。清乾隆五十一年（1786）十一月天地会林爽文于此起义反清。

大理路 元世祖至元七年（1270）置，属云南行省。治所在太和县（今云南大理市北二十六里大理古城）。辖境约当今云南大理白族自治州的大部分及保山、腾冲、泸水、施甸等市县地。明洪武十五年（1382）废为府。

大琉球 明代称今台湾岛为小琉球，称今琉球群岛为大琉球。

大堆铺 一名勒工街。在今江西浮梁县北八十里勒功。清时尝置巡检于此。

大埠 即今广西资源县（大合镇）。清康熙《全州志》图有大埠头。民国《全县志》第一编：“大埠头在西延中部资江滨。街衢长里许，货品俱备，延需多取给于此。”

大埠市 即今湖南衡东县西南三十八里大浦镇。《清一统志·衡州府二》：大埠市“在衡山县西南八十里”。

大基山 在今山东莱州市东二十里。上有道士谷。元于钦《齐乘》卷1：“金明昌间刘国枢记云，大基山道士谷，后魏郑文公得道之地，流泉花竹，地占高敞，略无纤尘，郡之甲胜。”

大基县　唐武德二年（619）置，属怀州。治所在今河南济源市西南五十二里蓼坞村东河清口。八年（625）废。咸亨四年（673）复置。先天元年（712）改为河清县。

大黄山堡　明弘治中置，属山丹卫。在今甘肃山丹县东南九十里大黄山。《方舆纪要》卷63山丹卫“永兴堡”条下：“又东南有暖泉、大黄山等堡。”

大黄江　亦名黄江。指今越南红河下游。元黎崱《安南志略》卷1：“大黄江，至元甲申，官军破安南处。”

大黄江口　亦称江口。在今广西桂平市东北五十里江口镇。地当相思江与浔江会合之口，为水陆要冲。明、清设大黄江口巡司于此。清王闿运《湘军志》卷1：咸丰元年（1851）洪秀全“僭号天王，出掠旁县。广西巡抚周天爵、提督向荣将万人，并前发诸军四千余人，围之大黄江”。即此。

大黄里　在今广东南雄市东。明置巡司于此。

大黄沙坨　即今辽宁台安县东南黄沙坨镇。民国熊知白《东北县治纪要》辽宁台安县：“黄沙坨距县市东南五十里。户数三百二十。”

大黄泥河　在今吉林敦化市南。清光绪《吉林通志》卷22：牡丹江“又东北径怀德乡西受黄泥河（河出县西南红石砬东流六十余里入牡丹江）”。

大黄圃墟　即今广东中山市北黄圃镇。清置汛，有外委把总驻防，并建炮台于此。

大黄集　即今山东菏泽市西南大黄集镇。旧属东明县。洪宪元年（1916）《最新大中华帝国道县形势全图》：直隶省东明县东南有大黄集。

大营　①即今吉林抚松县南仙人桥镇。《清史稿·地理志》抚松县：“由（长白）府至县之路，自府西梨沟镇至十五道沟，西北行，逾岭顶，经竹木里、漫江营，小谷山、石头河、海青岭、大营、汤河口，再北行达县治。”

②在今江苏东海县东北。《方舆纪要》卷22海州：“大营在州（今海州镇）西五里。《志》云，蒙古阿鲁攻围海州时筑。”

大营支线　即南满铁路营口支线。从今辽宁大石桥（今大石桥市）至营口。

大营汛　清置，属归化厅。在今贵州紫云苗族布依族自治县南百十里。旧有千总驻防。

大营驿　在今湖南祁东县西南。《方舆纪要》卷81祁阳县“白水市”条下：“又大营废驿，在县北五十里。岳武穆尝驻兵于此。今为大营铺。”

大营城　①在今山东昌邑市南五里。《方舆纪要》卷36昌邑县“都昌城”条下：“今城南五里有大营城，北五里有小营城，俗为大营、小营二村，相传即孔融与黄巾相拒处。”

②即大莹城。在今山东滨州市滨城镇西二十五里。《方舆纪要》卷31滨州：大营城“故丁河口也。金人尝屯兵于此”。

大营集　即今河北枣强县南大营镇。明嘉靖《冀州志》卷3枣强县：大营集“在县南四十里”。

大梅山　①在今江西分宜县西南。《清一统志·袁州府》：大梅山“在分宜县（旧治）西六十里。其山多梅。又有桃溪山，环抱溪泉”。

②在今浙江宁波市东南。《清一统志·宁波府》：大梅山“在鄞县东南七十里。相传汉梅子贞隐于此。有石洞、仙井、药炉、丹灶遗迹”。

大梅溪　①兰江支流。即今浙江兰溪市东北梅溪。《方舆纪要》卷93兰溪县：大梅溪“在县北五十里崧山下。源出浦江县之大洪岭，又有小梅溪出浦江县之乌蜀山，经崧山下而合流，至县西北三十五里金家梁，入于大溪”。

②在今福建霞浦县西北。《清一统志·福宁府一》：大梅溪“源出霞浦县西北五十里杉洋，西流经福安县东南四十里入长溪”。

大桴山　一作大浮山。在今湖北蕲春县东北。《方舆纪要》卷76蕲州“鼓角山”条下：大桴山“在州东北六十里。有九十九湾。实岁州故城之祖山也”。

大曹庄　即今河北宁晋县南十五里大曹庄乡。清同治《畿辅通志》卷55宁晋县：南有大曹庄。

大曹关　明置，在今广西宜州市东四十五里洛东乡大曹村。《方舆纪要》卷109宜山县：大曹关“有巡司，其旁为大曹驿。《志》云：府东四十里为大曹渡，即龙山渡处”。

大曹镇　在今广西宜州市东四十五里洛东乡大曹村。明置巡司于此。

大赉厅　清光绪三十年（1904）以扎赉特旗新垦地置，属黑龙江省将军。治所在莫勒红岗子（今吉林大安市）。1913年降为大赉县。

大赉县　1913年改大赉厅置，属黑龙江省龙江道。治所在莫勒红岗子（今吉林大安市）。1929年直属黑龙江省。1946年与安广县合并为赉广县。1947年复分两县。1954年改属吉林省。1958年两县再并为大安县。1988年改设大安市。

大赉店遗址　在今河南浚县西北六十里大赉店南台地上。南北长450米，东西宽220米。包括仰韶、龙山、商代三种文化遗存。1932年春发现，后经多次发掘。在仰韶文化层中，出土有淡红色彩陶片、红陶钵、夹砂红陶鼎、石刀、石斧、石铲等；在龙山文化层中，出土有平底陶郪、绳纹陶鬲、陶郤、陶缸、陶碗、陶纺轮、石刀、石斧、骨针、蚌刀、蚌镰等；商代文化层中有陶鼎、郪、郤、豆、鬲、骨针等。为研究当时的社会生产发展提供了珍贵的实物资料。

大涖　即今广西岑溪市东大涖。清时设兵驻防。

大雪山　①亦名蓬婆山（岭）。即今四川理县西北之鹧鸪山、大白山。《元和志》卷32柘县：大雪山“一名蓬婆山，在县西北一百里”。

②即阿露山。在今四川越西县西。为小相岭南支。《明史·地理志》越嶲卫军民指挥使司：“西有

阿露山，亦曰大雪山。”

③在今四川康定县南。《清一统志·雅州府一》：大雪山“在打箭炉南。高峻，四时有雪”。主峰为贡嘎山，在与泸定县交界处，海拔7556米。

④指喜马拉雅山。在中国西藏自治区和巴基斯坦、印度、尼泊尔、锡金、不丹等国境内。

⑤即今阿富汗东北部兴都库什山。唐玄奘曾跋涉此山。《大唐西域记》卷1：大雪山“山谷高深，峰岩危险，风雪相继，盛夏合冻，积雪弥谷，蹊径难涉”。《元史·郭宝玉传》：“帝驻大雪山前，时谷中雪深二丈。”即此。

大雪山龙潭 在今福建建瓯市西北。《方舆纪要》卷97建宁府：大雪山龙潭“在府西北。上有山，壁立千仞，飞泉泻空而下。潭侧空洞，常有风雷之声”。

大匮寨 即今云南丽江市玉龙纳西族自治县北百里大具乡（营盘）。《方舆纪要》卷117宝山州：大匮寨“在州界。唐时麽些蛮兄弟七人分据七寨。曰大匮、曰罗邦、曰罗寺、曰碍场、曰下头场、曰当波罗场、曰当将郎。蒙古忽必烈征大理，自下头济江，由罗邦至罗寺，围大匮等寨。其酋内附，名其寨曰察罕忽鲁罕，是也”。

大眼营 在今广东连山壮族瑶族自治县西北。《方舆纪要》卷101连山县：大眼营“在县（治今县东北太保镇旧城村）西。地名上章峒，防草峒、大小眼及贺县上下均峒、咸石等山贼”。

大野泽 在今山东巨野县北五里。又名巨野泽。《尚书·禹贡》：“大野既潴。”《周礼·职方》兖州：“其泽薮曰大野。”《左传》：哀公十四年（前481），“西狩于大野”。皆即此。古济水中流在此通过，向东有水道与古泗水相接。东晋时桓温、刘裕曾加以疏浚，以利航运。唐代湖面南北三百里，东西百余里。五代后南部涸为平地，北部成为梁山泊的一部分。

大蚶山 在今福建莆田市东南七十里海滨。《清一统志·兴化府》：大蚶山，“山势岸嵂，有蚶田百顷。十里之内，水草皆香”。

大呗喃国 故地在今印度西南沿岸奎隆一带。即《岭外代答》和《诸蕃志》记述之故临国。明费信《星槎胜览》有“大呗喃国”、“小呗喃国”，其释文尽本元汪大渊《岛夷志略》“小啰南”条。《明史·外国列传》有“小葛兰”、“大葛兰”。《大德南海志》有“大故蓝”，而无“小故蓝”。

大患鬼魅碛 在今新疆哈密市西北、鄯善县东。《宋史·高昌传》：太平兴国六年（981），王延德出使高昌，“次历纳职城，城在大患鬼魅碛之东南，望玉门关甚近”。

大崎山 在今湖北黄冈市东北一百六十里，接麻城市和罗田县界。《清一统志·黄州府一》：大崎山“峰峦回合，飞瀑百道，下汇为涧。涧旁多古木藤萝，西南有留云洞。山上有龙井，旱可祷雨。又东北十里为小崎山，上有飞来石，下有石柱，推之者可转而不可仆”。

大崮寨 即今山东蒙阴县东北大崮。《清一统志·沂州府一》“黑龙寨”条：县东北有大崮寨。

大崇恩福元寺 在今北京市东城区花市上四条。是元武宗海山于至大年间为其曾祖父母、祖父母及父母荐福祝釐而建，后世改名福恩观。

大铜山 在今江苏仪征市西北铜山村。《寰宇记》卷123扬州江都县：“大铜山在县西七十二里。即《汉书》称吴王濞即山铸钱，此其处也。”

大铜川 在今浙江永康市西北。永康溪支流。《方舆纪要》卷93永康县：大铜川“在县西北十七里。或谓之大桐溪，有小铜川流合焉，入于永康溪”。

大笼河 在今贵州麻江县西。《方舆纪要》卷123新添卫“清水江”条下：“大笼河在卫（今贵定县）东六十里。北流入清水江。”

大筰县 即大莋县。治所在今四川盐边县北鳡鱼乡南。东晋常璩《华阳国志·蜀志》：越巂郡“大筰县，汉末省也”。

大盘山 ①在今江西乐安县西北。《方舆纪要》卷86抚州府乐安县：大盘山在“县西北八十里，跨新淦、永丰二县界。有十二峰，环州如盘。志以为宝唐水出此”。

②在今湖北通城县东四十里。《方舆纪要》卷76通城县：大盘山“山岭萦纡广远。因名”。

大盘龙庵 即今盘龙寺。在云南晋宁县东四十八里盘龙山腰。元至正七年（1347）建，以山名寺。元宣光三年（1372）《大盘龙庵大觉禅师宝云塔铭》保存至今。

大盘道 即今黑龙江林口县西北大盘道。1937年1月，东北抗日联军在此伏击日军，三百多名日军全部被歼，俘二十余人，并缴获大量武器、弹药和军用物资。大盘道战斗给日军以重大打击。

大象山 在今福建福州市东南。《清一统志·福州府一》：大象山“在闽县东南五十五里，为城南巨障，下瞰马头江”。

大象岭 亦作大相岭。即今四川荥经县与汉源县交界之大相公岭。《清史稿·唐希顺传》：康熙十九年（1680），“吴世璠将胡柱国等踞关山大象岭”。即此。

大猫屿 在今台湾省澎湖县西南。清蒋毓英《台湾府志》卷3：大猫屿“怪石隐约如猫，故名”。

大斛关 在今河南沁阳市北二十里。《元和志》卷16武德县：故大斛关“在县北一百六里大行山上”。

大麻墟 即今广东大埔县西大麻镇。明为大麻隘。乾隆《潮州府志》卷14大埔县：大麻墟在“县西六十里。大麻社距大河一里，民居鳞次，村店蝉联”。

大庾县 隋开皇十年（590）置，属虔州。治所在今江西大余县西南二里。《寰宇记》卷108虔州大庾县“因以大庾岭为名”。开皇十六年（596）废为大庾镇。唐神龙元年（705）复置县，属虔州。移治今大余县东二里。北宋淳化元年（990）徙今大余县，为南安军治。元为南安路治。明为南安府治。民国初属江西赣南道。1926 年直属江西省。1957 年改名大余县。

大庾岭 五岭之一。古名塞上、台岭，又名东峤山、梅岭、凉热山。在今江西大余县、广东南雄市交界处。东北—西南走向。海拔 1000 米左右。《史记·秦始皇本纪》《正义》引《舆地志》云：五岭“一曰台岭，亦名塞上，今名大庾；二曰骑田；三曰都庞；四曰萌诸；五曰越岭”。《水经·溱水注》：连水“出南康县凉热山连溪，山即大庾岭也，五岭之最东矣，故曰东峤山”。《元和志》卷 34 韶州始兴县：大庾岭“一名东峤山，即汉塞上也，在县东北一百七十二里。……本名塞上，汉伐南越，有监军姓庾，城于此地，众军皆受节度，故名大庾”。岭向为岭南、岭北交通要冲。旧时岭路险阻，唐开元初，张九龄开凿新径，驿路始畅。五代后又荒废。宋嘉祐中，江西提刑蔡挺与弟广东转运使蔡抗重加修筑，遂成坦途。蔡挺且夹道植松，立关岭上，名曰横关。清海禁未开之前，江、广往来者，皆取道于此。

大庾城 西汉筑，在今江西大余县西南。《元和志》卷 28 虔州大庾县引《南康记》云：“前汉南越不宾，遣监军庾姓者讨之，筑城于此，因以为名。”隋开皇十年（590）置为大庾县。《清一统志·南安府》：大庾故城，“《县志》，庾将军城，在今县西南二里。汉时将军庾胜所筑”。

大庾峤水 亦名连水。即今广东南雄市西北之凌江。《水经·溱水注》：“涟水南流，注于东溪，谓之涟口。庾仲初谓之大庾峤水也。”

大庾渡 在今四川射洪县东涪江东岸。《清一统志·潼川府二》：大庾渡“在射洪县太和镇涪江东岸。本朝雍正七年置巡司。今裁”。

大庾镇 隋开皇十六年（596）降大庾县置，属南康县。在今江西大余县东二里。唐神龙元年（705）升为大庾县。

大庸千户所 明洪武三十一年（1398）置，属永定卫。治所即今湖南张家界市西南二十六里大溶溪镇。清属永定县。后废。

大庸卫 明洪武九年（1376）改羊山卫置，属湖广都司。治所即今湖南张家界市。《方舆纪要》卷 77 永定卫：“羊山卫，后以屯饷艰阻，改置今卫。临庸水之阳，名曰大庸。”建文改永定卫。

大庸市 1985 年改大庸县置，驻今湖南省张家界市永定区，由湘西土家族苗族自治州领导。1988 年升为地级市。1994 年改名张家界市，原大庸市改为永定区。

大庸县 1914 年改永定县置，属湖南武陵道。治所即今湖南张家界市。1958 年改设大庸市。1988 年升为地级市。1994 年改名张家界市。

大庸溪 在今湖南张家界市西。《方舆纪要》卷 77 九溪卫“秀水”条下：“又大庸水，在卫西南。出永定卫界，经卫南，又东至慈利县西合于澧水。”

大康山 亦名戴天山、大匡山。在今四川江油市西北大康镇境。《方舆胜览》卷 54 绵州：康山“在彰明县北。……彰明，绵州之属邑，有大小康山，（李）白读书于大康山”。《方舆纪要》卷 67 彰明县：大匡山在“县北五十里。一名大康山。声相近也”。

大康堡 明置，属义州卫。在今辽宁义县西二十里。明《辽东志》卷 3：“大康堡官军三百五十一员名。堡北风口可屯兵，蔡家堡可按伏。”后废。

大鹿山 ①即犍为山。在今四川犍为县东南岷江东。《元和志》卷 31 犍为县：大鹿山“在县（旧治）北一里”。《寰宇记》卷 74 犍为县：“隋开皇三年废沈犀州，于大鹿山下置犍为县。”《清一统志·嘉定府一》：犍为山“在犍为县南十五里。即《元和志》之大鹿门（山）”。

②在今云南绥江县南。《方舆纪要》卷 73 马湖府蛮夷长官司：大鹿山在“司东南二十里。山谷深邃，多麋鹿”。

大鹿墩 在今广西钦州市南海中。清光绪二十七年（1901）《七省沿海要隘全图》：钦州港西南有鹿墩。

大章镇 在今河南嵩县西南四十里伊河北岸大章乡。清乾隆《嵩县志》卷 12：“地为西南山孔道，市廛较盛。”

大商遗址 在今山东惠民县东北二十一里何坊乡大商村西南。是一处原始社会氏族部落居住遗址。1972 年发现。南北长 250 米，东西宽 100 米，文化层厚 2 米。已露出地面的文物十余件，有近仰韶文化晚期的素面陶、彩陶和龙山文化的黑陶及蚌、骨器、石器等，对研究黄河下游鲁北平原的社会发展有重要价值。

大望山 一名大帽山。在今江西寻乌县东南粤赣边境。明弘治、正德间，瑶人于此起义，官军讨平之。

大阇婆 即今印度尼西亚爪哇岛泗水一带。南宋赵汝适《诸蕃志》卷上“苏吉丹”条：“打板国东连大阇婆，号戎牙路（注：或作重迦卢）。”

大凑山 在今湖南桂阳县西。《元丰九城志》卷 6：平阳县有大凑山。《舆地纪胜》卷 61 桂阳军：大凑山，“《旧经》云，出银矿。当其盛时，炉烟蓊然，上接云汉，烹丁纷错，商旅往来辐辏，因以为名”。

大清山 一作太清山。在今湖南石门县北，接澧县界。《清一统志·澧州一》：大清山“上有五老峰、老君岩、石室，又有琼瑶紫极宫，乃李凝阳得道之所。其麓为茹溪所绕”。

大清池 即今吉尔吉斯斯坦东部之伊塞克湖。唐玄奘《大唐西域记》卷 1：“山行四百余里至大清池，或名热海，又谓咸海。周千余里，东西长，南北狭。四面负山，众流交凑，色带青黑，味兼咸苦，洪涛浩汗，惊波汨忽。”

大清河 ①海河水系五大河之一。在今河北省中部。其源出太行山和恒山南麓，由拒马河、唐河、潴龙河等汇合于成，东流经白洋淀等淀泊，在天津市与子牙河、北运河相汇入海河。历代河道变化大，北宋今白洋淀至文安洼一带称为塘泺，北连拒马河下游白沟河，谓界河。《宋史·河渠志五》："塘泺，缘边诸水所聚，因以限辽。……凡并边诸河，若滹沱、胡卢、永济等河，皆汇于塘。"又此时浑河（今永定河）下游南移至安次县，下游合于界河，则界河水系大扩。金大安中滹沱河南迁后，仅潴龙河入注大清河。由于浑河不断变迁，大清河各支流也受夺并。清康熙中筑永定河长堤，大清河河床趋于稳定。

②亦名扣河、清河。即今辽宁开原市东北之寇河。明《全辽志》卷1：大清河在"城（开原老城）东南十五里。源出分水岭者名扣河，西流一百八十九里至石咀，别名大清河"。

③亦曰北清河。东阿以下至济南，皆济水故道；济南东北为漯水故道。金元以后称大清河。清咸丰四年（1854）黄河在铜瓦箱决口，东北入山东，大清河自东阿旧治西鱼山以下遂为黄河所夺。今唯东平境内汶河分南北二支，北支仍名大清河，西北流注东平湖，又自湖北出为大清河，至鱼山下入黄河。

大清河口 又名清河口。在今河北乐亭县南五十里老滦河底入海处。旧时滦河由滦南县东北马城向南经此入海。自清嘉庆二十年（1815）河徙，遂湮。

大清渠 又名清渠。清康熙四十七年（1708）修筑，在今宁夏北部黄河西岸。清乾隆《宁夏府志》卷8：清渠"口在宁朔县大坝堡马关嵯，至宋澄堡归入唐渠。渠介汉、唐二渠间，以济二渠高田不能均溉者，长七十二里"。

大清堡 明置，属义州卫。即今辽宁义县东北清河城子。明《辽东志》卷3：大清堡"堡南姚家屯可屯兵，细河台可按伏"。

大清湖 即今安徽东至县北升金湖。《方舆纪要》卷27东流县：大清湖"在县东北四十里。广十余里，澄澈如鉴"。

大渚潭 即今山东郓城县西北张鲁集乡大潭村。近鄄城县界。商业颇盛。清光绪《山东通志》卷2《舆图志》：郓城县西北有大渚潭。

大渔泺 又作大鱼泺。在今河北张北县西。《金史·地理志》：抚州柔远县有"大渔泺"。又《太祖纪》：天辅六年（1122），"追辽主于大鱼泺"。皆此。

大渔野寨 即今浙江苍南县东南五十里大渔镇。《方舆纪要》卷94温州府平阳县：大、小渔野二寨"在（金乡）卫东南，连坐海滨，倭由此犯卫城"。

大淤尖 即今江苏滨海县东北九十四里淤尖。旧属阜宁县。清光绪《淮安府志》卷首《阜宁县图》有大淤尖。

大梁 战国魏都邑。在今河南开封市西北。魏惠王六年（前364），自安邑徙都于此，为当时最大的都市之一。《史记·秦始皇本纪》：二十二年（前225），"王贲攻魏，引河沟灌大梁，大梁城坏，其王请降，尽取其地"。魏亡，大梁亦成为废墟。隋、唐以后又习称开封为大梁。

大梁山 在今浙江丽水市南，与青田县交界处。《方舆纪要》卷94处州府丽水县：大梁山在"府南二十里。《志》云：山北跨丽水，南接青田，登其巅城郭村落尽在目前"。

大梁水 一名东梁河。即今辽宁浑河支流太子河。《汉书·地理志》辽东郡辽阳县："大梁水西南至辽阳入辽。"《辽史·地理志》东京辽阳府："东梁河自东山西流，与浑河合为小口，会辽河入海。又名太子河，亦曰大梁水。"

大梁平 亦大良平。在今四川广安市东北小井乡大良城。《元史·李忽兰吉传》：至元三年（1266），"宋兵陷大梁平山寨"。即此。

大梁郡 即广梁郡。治所在石封县（今安徽广德县）。《隋书·地理志》宣城郡绥安县："梁末立大梁郡，又改为陈留。平陈，郡废。"

大寅山 在今四川仪陇县（新政镇）东南。《寰宇记》卷139蓬池县："梁天监元年分阆中之地置大寅县，取邑西大寅山为名。"《舆地纪胜》卷188蓬州：大寅山"在蓬池县西。"

大寅县 南朝梁天监元年（502）置，属隆城郡。治所在今四川仪陇县东北斗子山。《寰宇记》卷139蓬池县："大寅县取邑西大寅山为名。"隋属巴西郡。唐武德元年（618）属蓬州，开元二十九年（741）移治斗坛口（今仪陇县东仪陇河西岸。一说今蓬安县北茶亭乡蓬池坝）。为蓬州治。广德元年（763）改为蓬池县。

大密径 在今广东蕉岭县北文福镇境。《清一统志·嘉应州》：大密径"在镇平县北三十里。上下皆崇冈峻岭，中有一径，长十五里。有兵驻防"。

大窑 在今辽宁灯塔市东南。民国《辽阳县志》载：清嘉庆年间"狼洞沟极东地地名大窑"，产煤。

大窑龙泉窑遗址 在今浙江龙泉市城西南九十里小梅镇东大窑村。为我国宋代五大名窑之一。北宋时渐著名，至南宋和元代，已成为庞大的青瓷窑系。窑场广布于处州，以大窑瓷业最盛，所产青瓷质量最好，俗名"哥窑"、"弟窑"等。1962年在大窑高际头到坳头村沿溪十里山坡上，发现自宋至明的瓷窑遗址二十三处。1988年定为全国重点文物保护单位。

大窑沟 在今辽宁锦州市西。旧为京奉铁路通裕支线的终点。

大窑遗址 在今内蒙古呼和浩特市东北六十六里大窑村南山。是一处旧石器时代遗址。面积达200万平方米。1973年发现，1976年以后做过多次发掘。这里的四道沟有着非常典型的地层剖面，层次清晰。每层都有丰富的文化遗物和动物化石。在15米以下的土层中，发现一处大规模的石器制造场，石器大半是初步加工的半成品，很少有使用痕迹，是迄今发现的最古老的石器制造场。1988 年定为全国重点文物保护单位。

大窑铺 即今湖南浏阳市南大瑶镇。清嘉庆《浏阳县志》卷 7：大窑铺市“在县南六十里”。

大隋山 在今四川彭州市西北。《方舆胜览》卷 54 彭州：大隋山“在堋口镇北三十五里。昔神照禅师居之。有瀑布。《张天觉记》云：西山之胜，在彭门者大隋为甲”。

大隍水 今广西桂平市东北五十里。《舆地纪胜》卷 110 浔州：大隍水“在桂平县。源出象州武仙县界”。《清一统志·浔州府》：大隍水“源出武宣县界，东流合浔江”。

大隍站 元置，属浔州路。在今广西桂平市东北江口镇。明改为驿。

大隗山 一名大騩山。在今河南新密市东南。《汉书·地理志》 河南郡密县：“有大騩山，溮水所出。”《资治通鉴》：南朝梁大同四年（538），东魏侯景攻广州（治今河南鲁山县），未拔，闻西魏救兵将至，集诸将议之，行洛州事卢勇请进观形势，“乃帅百骑至大隗山，遇魏师”。即此。

大隗镇 北宋置，属密县。即今河南新密市东南二十四里大隗镇。

大隆山 在今广东台山市西南。《方舆纪要》卷 101 广州府新宁县：大隆山在“县（今台山市）西南百二十里。有瑶寨，旧为盗薮”。《清一统志·广州府》：大隆山“高六百丈，周二十里，径路深阻，中有瑶寨”。

大隆城 元隆州治。在今四川德昌县西北。一说在今四川会理县北。《元史·地理志》 隆州：“本州（南诏）为边府睑。其后睑主杨大兰于睑北岜上立城，分派而居，名曰大隆城，即今州治也。”

大隆洞溪 即今台湾省新北市东北基隆河。《清史稿·地理志》 台北府：“大隆洞溪出基隆厅东鸡笼山，合一水西流注之。又西北，分流复合，经沪尾港入于海。”

大隐山 ①在今浙江余姚市东南大隐镇。《新定九域志》卷 5：大隐山，“夏侯曾先《地志》云：大隐山口南入天台北峰四明东足，乃谢康乐炼药之所”。《舆地纪胜》卷 11 庆元府：大隐山，“晋虞喜三召不就，遁迹此山，因以为名”。《清一统志·宁波府》：大隐山“在慈溪县西南三十里。道书第六十三福地也”。

②在今贵州威宁县东南。《清一统志·大定府》：大隐山“在威宁州东南三里。林峦高秀”。

大隐屏峰 在今福建武夷山市西南武夷五曲中。高可六十余丈。峰下为紫阳书院，即朱熹讲学处。明《八闽通志》卷 6《地理志·山川》 崇安县：大隐屏峰，“其峰夷上锐下，拔地峭立如屏，武夷精舍在其下”。

大塔山 在今四川简阳市西。《元和志》卷 31 广都县：大塔山“在县东四十里。有阿育王塔，因名”。

大堰村 亦名玳堰头村。即今浙江衢州市衢江区北玳堰头。清嘉庆《西安县志》卷 9：城北九十里有大堰村。

大堰垱市 即今湖南澧县西北三十三里大堰垱镇。民国《澧县县志》卷 3《商埠》：大堰垱“离城三十里，最繁盛”。

大堤（隄）城 即今湖北宜城市。南朝宋华山郡及华山县治此。《寰宇记》卷 145 宜城县：“宋大明元年以胡人流寓者立华山郡于大堤村，即今县也。……大堤城今县城也。其俗相传为大堤，城至今不改。”

大堨 在今河南滑县西南古黄河畔，近延津。《资治通鉴》：东晋咸和三年（328），石勒“自统步骑四万趣金墉，济自大堨”。即此。

大揽江 即今广西武鸣县之武鸣江。《明史·地理志》 思恩府：“又有大揽江，出城东北大名山下，下流俱入于郁江。”《方舆纪要》卷 111 思恩府“清水江”条下：“《志》云：大榄江一名剑江，出大明山，流入武缘县，沿江立陂以溉田，盖即可泸水之别名矣。”

大彭氏 即彭祖国。夏、商时国。在今江苏徐州市。《国语·郑语》：“大彭、韦豕为商伯矣。”韦昭注：“大彭，陆终第三子，曰篯，为彭姓，封于大彭，谓之彭祖，彭城是也。”《史记·五帝本纪》：“彭祖自尧时而皆举用。”《正义》：“彭祖自尧时举用，历夏、殷封于大彭。”

大彭馆 在今江苏徐州市西南。唐时邮传所经，亦为迎饯之地。以古大彭国为名。《新唐书·崔彦曾传》：咸通九年（868）庞勋作乱，“囚彦曾大彭馆……勋乃杀彦曾于寝”。

大散水 即今嘉陵江上源。《方舆纪要》卷 56 凤县：大散水“在县东五里。出大散关，流经县西南，入于嘉陵江，亦谓之故道水”。唐以后始称嘉陵江。

大散关 即散关。在今陕西宝鸡市西南。《水经·渭水注》：“渭水又与扞水合，水出周道谷，北径武都故道县之故城西。其水又东北历大散关而入渭水也。”《方舆纪要》卷 55 宝鸡县：大散关“在县西南大散岭上。自古南北之险要也，向设巡司戍守”。

大散岭 在今陕西宝鸡市西南五十二里，上有大散关。《资治通鉴》：唐光启二年（886），上自宝鸡幸兴元，“以传国宝授（王）建负之以从，登大散岭”。即此。

大葆台西汉墓 在今北京市丰台区郭公庄西南大葆台村东。1974 年 8 月发现。是西汉燕王（或广阳王）及其王妃的陵寝。为大型土坑竖穴木椁墓。早期虽曾被盗，但出土器物仍有制作精美的陶器、铜器、铁器、玉器、漆器及丝织品等四百余件。燕王墓室巨大，为“梓宫、便房、黄肠题凑”形制，结构严谨。墓道随葬有彩漆绚丽的朱斑轮车、马等器物。对研究西汉燕国（或广阳国）的政治、经济、文化发展及西汉时期的北京历史具有重要意义。现已建为北京市大葆台西汉墓博物馆，于1983年12月对外开放。

大落城　即大洛城。在今内蒙古清水河县西南。为汉定襄郡骆县故城。《魏书·太宗纪》：永兴五年（413），“遂南次定襄大落城”，即此。

大棋山　在今云南玉溪市西北十五里。《方舆纪要》卷115新兴州：大棋山“在州西北十五里。元末蛮酋据险设寨于此”。《清一统志·澂江府》谓大棋山“上有石坪，传为仙人弈棋遗迹”。

大棘　①又名棘城。在今辽宁义县西北万佛堂西。西晋元康四年（294）鲜卑慕容廆由徒河之青山迁都于此。《晋书·慕容廆载记》：“廆以大棘城即帝颛顼之墟也，元康四年乃移居之，教以农桑，法制同于上国。”

②又名棘壁。春秋宋邑。在今河南睢县南。《春秋》：宣公二年（前607），“宋华元帅师及郑公子归生帅师，战于大棘”。杜注：“大棘，在陈留襄邑县南。”

大雁塔　在今陕西西安市南八里慈恩寺内。本名慈恩寺塔，唐永徽三年（652），慈恩寺主持僧玄奘为保护由印取回的经籍而建。相传建塔时，有雁过坠落而死，瘗于塔，故名。初建为砖表土心五层方形。长安年间重修，改为纯青砖的方形楼阁式七层。楼梯改为盘道。大历年间又改建为十层，后为战火破坏，剩下七层。明代在外表加砌面砖予以保护。高64.1米。塔南西两侧镶嵌唐太宗李世民撰“大唐三藏圣教之序”和唐高宗李治撰“大唐三藏圣教序记”碑。1961年定为全国重点文物保护单位。

大雄山　①在今安徽怀宁县（高河镇）南。《方舆纪要》卷26安庆府怀宁县：太平山“又西二十里曰大雄山。地名释迦坂。山之东四十里余曰愚公峰，山之西为俚子峰，左右夹峙，由万石岭至绝顶，俯视则众山如孙，长江如带”。

②一名感钟山。在今安徽池州市西南三十里。《方舆纪要》卷27贵池县：大雄山在“府西南三十里。群峰排戟，雄峙一隅”。

③在今四川青川县西青溪镇北。《方舆纪要》卷73青川守御千户所：大雄山在“所北十里。山形峻峭，敻出群山”。山西北有大雄关。

大雅口　即今云南澜沧拉祜族自治县东八十五里雅口。清为土都司驻地。洪宪元年（1916）《最新大中华帝国道县形势全图》作大丫口。

大雅堂　在今四川眉山市南五十五里。《方舆胜览》卷53眉州：大雅堂“丹棱人杨素从黄鲁直游。黄谪戎州，尝曰：安得一奇士而有力者，尽刻杜子美东西川及夔州诗，使大雅之音，复盈三巴之耳哉！素闻之，欣然拿舟访黄于戎，请攻坚珉，募善工作华堂以宇之。黄伟其言，悉书子美诗遗之，因以大雅名其堂，且为之记”。

大悲口　在今重庆市巫溪县西马连溪上。《舆地纪胜》卷181大宁监：大悲口“在郡西十六里。溪心两巨石对峙，上广下狭，故名。行人乞灵之祠也。谚云：船过大悲口，盐方是你有”。《方舆纪要》卷69大宁县：马连溪在“县西五里。……溪中有大悲口”。

大悲寺　又名隐寂寺。在今北京市西山八大处中第四处。位于平坡山腰。建于元代。明嘉靖二十九年（1550）建大悲阁。清《日下旧闻考》卷103引明人《新建大悲殿碑略》：“今隐寂寺者，在都城之西……寺后有余地，遂起为大悲阁。”清康熙五十一年（1712）改今名。

大悲院　在今山西临汾市曲沃县东北曲村镇。始建于唐，北宋治平四年（1067）、金大定二十年（1180）重修。院内现存献殿是元大德七年（1303）平阳大地震后该地唯一保存的宋金建筑。东侧墙镶嵌四通碑刻，其中有宋代“大悲院碑记”、金代“大悲院重修碑记”、“大悲院新修卢舍那佛记”。献殿西侧的天王殿、过殿及东西厢房为清乾隆二十三年（1758）续建。2001年定为全国重点文物保护单位。

大紫山　在今湖北随州市东北百三十里。《水经·溮水注》：赐水“水源东出大紫山”。

大景山　即大丙山。在今陕西略阳县东南。

大帽山　①即今江西寻乌县东南大望山。《方舆纪要》卷88赣州府长宁县：大帽山在“县南二百里，与广东程乡、平远、和平、兴宁、龙川等县接壤。山绵亘数百里。中有老虎隘，林木深阻，鸟道三十里，群盗窟其间，多历年所。《志》云，大帽山界江西及闽广三省之交。正德中，贼徒聚此，攻掠州县，督臣周南分江西兵从安远入，广东兵从程乡入，福建兵从武平入。悉平之。嘉靖末，程乡人叶芳等复聚啸其中，至万历初，始克歼其党”。

②一名大帽山峰。即今福建闽清县南与永泰县交界之大帽山。明王应山《闽都记》卷29闽清县：大帽仙峰“在县西十一都，接永福界。峰之巅相传有鼓声，或月一鸣，或岁一鸣”。《方舆纪要》卷96福州府闽清县：大帽山“在县西南四十五里，接永福县界。一名大帽仙峰”。

③一作戴帽山。即今福建漳浦县东北五十里玳瑁山。《方舆纪要》卷99漳浦县：大帽山“山大而峻，四面林木蓊郁，顶有黄茅，形若戴帽，一名戴帽山。岩石泉壑，种种奇胜”。

④在今福建德化县北。《方舆纪要》卷99泉州府德化县：大帽山“在县北七十里。脉自九仙山来，绵亘数十里，卓起大峰，状若大帽”，故名。

⑤即今福建东山县西南大帽山。《方舆纪要》卷99诏安县：大帽山“在县东。负海最奇耸。宋末，丞相陆秀夫、陈宜中，扶帝昺泊舟于此”。

⑥即古灵山。在今福建闽侯县东南。《清一统志·福州府一》：古灵山“在侯官县西南七十里，瓜山之西。一名大帽山，又名席帽山”。

⑦即今福建惠安县西北玳瑁山。《方舆纪要》卷99惠安县：大帽山“在县西北四十里。屹立千仞，

雄峭盘郁，绝顶广百余丈。有泉泓然”。

⑧即今香港九龙北大帽山。《清一统志·广州府》：大帽山“在新安县东南二十里。脉自梧桐山来，延袤百里，旁附群山，皆其分支”。

大嵙崁 即今台湾省桃园市南大溪区。原名大姑崁，清同治元年（1862）改名大嵙崁。光绪二十年（1894）于此置南雅厅。

大嵛山 即嵛山。今福建福鼎市东南大嵛山。

大赕 唐南诏置，属永昌节度。治所在广荡城（今缅甸葡萄）。辖境约当今缅甸坎底坝子一带。

大黑山 ①在今河北隆化县北一百里。海拔1673米。《清一统志·承德府二》：大黑山“在府北一百八十里。当张三营西北，周百余里，复嶂悬崖，烟峦蒸郁，遥望黝然，伊逊河自北来流绕其足”。

②在今辽宁大连市金州区金州镇东。《明史·地理志》金州卫：“东有大黑山，小沙河出焉。”《方舆纪要》卷37金州卫：大黑山在“卫东十五里。绝顶有城，四面悬绝，惟西面一路可通，中有井，昔人避兵处也”。又乾隆《钦定盛京通志》卷25宁海县：大黑山“上有古城，相传为唐太宗驻跸处”。

③一名打虎山，又名大虎山。即今辽宁黑山县东南大虎山镇。民国《黑山县志》卷2：大虎山镇“在县城南十八里。清初为大黑山堡”。在1948年解放战争中，为辽沈战役重要战场。

④在今吉林永吉县西南。清光绪《吉林通志》卷18：大黑山在“（吉林）城西南一百里。高三里”。

⑤在今云南昭通市西南四十里。《清一统志·昭通府》：大黑山“在恩安县西南四十里。为擦拉河源”。集镇因山为名。

⑥即今青海中部偏南之巴颜喀喇山。《清一统志·青海厄鲁特》：古尔坤山“其土石黑色，多野兽，饶水草，又产金银矿。蒙古谓黑为喀喇，谓富贵为巴颜，故名巴颜喀喇山”。

⑦指今印度与缅甸交界之那加山脉。一说指缅甸的阿拉干山脉。是古代从中国西南边境通天竺道上的重要山岭。唐义净《南海寄归内法传》卷1：“从那烂陀东行五百驿，皆名东裔，乃至尽穷，有大黑山，计当土蕃南畔，传云是蜀川西南，行可一月余便达斯岭。”《新唐书·地理志》附“安南通天竺道”作黑山。

大黑山台（臺） 明置，属广宁卫。即今辽宁黑山县大虎山镇。明《辽东志》卷3：镇远堡“大黑山台”。即此。

大黑山堡 清置，即今辽宁黑山县东南大虎山镇。《清一统志·锦州府二》：小黑山堡“东十里有大黑山堡，俱周二里余”。

大黑水 即今宁夏固原市、西吉县境之中河（苦水、臭水河）。明万历《固原州志》上卷：大黑水“在州北一百一十里，流入清水河。小黑水，在州北八十里，流入大黑水”。

大黑水寨 在今四川黑水县。明末置大黑水寨土百户。

大黑公 在今云南红河县东三十四里。“黑公”为“亏弓”之讹，傣语意为河边隆起的小丘。明、清时亏容甸长官司治此。

大黑坨村 在今河北乐亭县东南三十二里。中国共产党创始人之一李大钊（1889—1927）出生于此。建有李大钊故居纪念馆。

大黑河 亦名黑河。古名芒干水。即今内蒙古呼和浩特市南大黑河。为黄河上游支流。源出大青山，西南流至托克托县南河口村注入黄河。

大黑河屯 即黑河屯。今黑龙江省黑河市。《清史稿·地理志》黑河府：“原名大黑河屯。光绪三十四年置府。”

大铺墟 即大埔墟。即今广西柳城县（大埔镇）。清光绪《广西舆地全图》柳城县图：县北有大铺墟。1950年移柳城县于此。

大智门火车站 在今湖北武汉市京汉街。建于1903年，法式建筑风格。中华人民共和国成立后改名为汉口火车站。候车厅为钢筋混凝土结构，建筑面积1022平方米。主出入口系由并列的三洞六扇门组成，设于大厅正中。室内正中为一层候车大厅，空间高10米，两端为二层，楼下用作售票，楼上用作办公。该火车站是我国第一条长距离准轨铁路的大型火车站，其主体建筑候车大厅年代较早，为我国近代铁路建设尚存的重要历史见证。2001年定为全国重点文物保护单位。

大智彭氏家族石刻 在今江西安福县北山庄乡大智村。现存十六处，散布在大智村旁约二里长的古道、田垄一带的花岗岩石上，可考释文字六千余个，记载的是明朝正统八年至弘治六年（1443—1493），官宦之家彭氏家族历史。因此，大智石刻也被文史界称为“彭氏家谱。”彭氏家族时称“父子四进士”（彭贯和其子彭彦充、彭华、彭礼），显赫一时。石刻内容涵盖彭氏家族半个世纪的升迁、寿诞、丧事等家事、族事。刻石或圆或扁，石刻字体阳镌正楷，大者近尺，小者盈寸，苍劲凝重，颇具古拙刚毅之气。据考察，石刻历时五十一年，由彭氏三代接力完成。2006年定为全国重点文物保护单位。

大程委 即今河北博野县东南三十里程委镇。明万历《保定府志》卷2博野县图：东南有东程委庙。清同治《畿辅通志》卷47博野县图：东南有大程委。

大程集 在今江苏涟水县东北。1941—1950年苏北革命根据地置涟东县治此。

大程镇 又作大成镇。即今陕西三原县东四十里大程镇。清《乾隆内府舆图》：三原县东北有大程镇。

大黍堡 即今福建寿宁县西大黍。《清一统志·福宁府》：大黍堡“在寿宁县西。九岭溪出此。县境之堡，凡四十余处，皆明万历中筑”。

大堡 即今辽宁凤城市东北四十里大堡蒙古族镇。

清光绪《奉天全省地舆图说图志》凤凰厅："厅东四十五里大堡。"

大堡子山遗址及墓群 在今甘肃礼县城东二十六里。墓群范围东西6公里，南北3公里，总面积18平方公里。包括大堡子山、赵坪圆顶山等几个墓葬区，已清理墓葬十四座、车马坑二座。其中，中字形大墓二座，应属于秦国国君级墓葬；中型墓数座，为东西向的土坑竖穴墓。大堡子山墓群尤其是大型秦墓的发现，证实这一带是西周至春秋中期以前秦国的中心，它对研究西周时期秦国乃至周代丧葬制度、秦国始封地和西周封邦建国制度，秦人的迁徙及其社会特征等具有很高的学术价值。2001年定为全国重点文物保护单位。

大堡戍 在今山西繁峙县东北代堡。《元和志》卷14代州繁峙县："隋开皇十八年重置于今县东六十里大堡戍。"即此。

大堡津 在今山西保德县西南四十里，黄河津渡。《元丰九域志》卷4保德军：大堡津在"军西南四十里"。即此。

大堡塘 一作大浦市。即今湖南常宁市西四十二里大堡乡。旧属祁阳县。清光绪《湖南通志》卷1祁阳县图：县东有大堡塘。

大集山 在今湖北崇阳县北五里。《方舆纪要》卷76崇阳县：大集山在"县北五里。自通城县龙窖山发脉，历方山、岩头而东至此，诸山崇聚，故县有崇阳之名"。

大街 即今云南江川县治大街镇。1950年江川县自江城镇迁治于此。

大番 即大蕃。指西藏或藏族聚居地区。敦煌文书（《敦煌石室真迹录》卷丙）中有"大番故墩煌郡莫高窟阶处士公修功德记"。

大敦镇 在今广东增城市西南东江北岸大墩村。清宣统《广东舆地全图》增城县图：县西南有大墩村汛。

大斌县 北魏神龟元年（518）置，为安政郡治。治所在今陕西子洲县西。《元和志》卷4："大斌者，取稽胡怀化，文武杂半之义。"隋属雕阴郡。唐武德七年（624）移治魏平城（今子长县南）。贞观二年（628）又移治今子洲县西西魏大斌县故城西五里。北宋废。

大奠堡 一作大佃堡。明万历六年（1578）置，即今辽宁宽甸满族自治县东南坦甸城。《方舆纪要》卷37辽东都司"长奠堡"条下："大佃堡在宽佃东南三十里。"

大道坛庙 又名天师道场。在今山西大同市东御河东曹夫楼一带。北魏始光三年（426）建。《水经·㶟水注》："大道坛庙，始光二年少室道士寇谦之所议建也。"《魏书·释老志》："起天师道场于京城之东南，重坛五层，遵其新经之制。"太和十五年（491）移道坛于桑干之阴，改为崇虚寺。

大港 即今台湾省花莲县南秀姑峦溪下游。《清史稿·地理志》 台东州："大港上源曰打马揽溪，出秀姑峦山，东流经治北，右合网网溪，左合一水，经奇密社北，入于海。"

大港口 即今江西丰城市东北大港口。明初置巡司于此。后移今丰城市东北小港口（小港镇）。

大港寨 在今山东即墨市东北。《方舆纪要》卷36即墨县"走马岭寨"条下："《志》云，县东北六十里有大港寨，九十里有田村寨，与栲栳岛等寨俱筑城戍守。"

大港镇 北宋置，属丹徒县。即今江苏镇江市丹徒区东五十里大港镇。《方舆纪要》卷25镇江府丹徒县：大港镇"以通大港而名，与圌山邻近。《志》云：镇西有大港渡，渡江而北，为扬州之苑林村"。

大湖 又名硕项湖或硕濩湖。今江苏涟水、沭阳、灌南等县间。《元史·董抟霄传》：至正十四年（1354），"抟霄招善水战者五百人，与贼战安东之大湖，大败之，遂复安东"。即此湖。早已成陆。

大湖山 ①即太湖山。在今福建浦城县西南七十里。《清一统志·建宁府》 作"大湖山"。

②一作太湖山。在今福建闽清县东。《方舆纪要》卷96闽清县：大湖山"在县东十里。山椒有湖，约半里许"。

③在今湖北崇阳县南，与江西修水县接界。《清一统志·武昌府一》：大湖山"在崇阳县南八十里。上有五湖，蒹葭丛生，朝岚暮霭，不见其顶"。

大湖银场 北宋置，属翁源县。在今广东韶关市曲江区西南。

大湖墟 即今福建永安市北大湖镇。《清一统志·延平府》"西洋墟"条下："岭后墟，在县北二十余里留坊，相近有大湖墟。"

大湖镇 ①俗呼大湖江。即今江西赣县北湖江乡。清时有巡检驻防。

②即今福建闽侯县北大湖乡。清时侯官县丞驻此。民国置县佐。

大湟江口 在今广西桂平市东北。清道光三十年十二月十二日（1851年1月13日），洪秀全等由金田率兵至大湟江口。咸丰元年正月十八日（1851年2月18日），太平军预设伏兵，埋地雷于大湟江口，清将向荣率兵三路进攻，败绩。

大湾 在今山东惠民县南四十里。《方舆纪要》卷31武定州：大湾"方十余顷，北有堤横亘，多鱼鳖之利"。

大湾川堡 明万历四十年（1612）置，属固原卫。即今宁夏泾源县北大湾乡。后废。

大湾堡 明置，在今广西藤县西北。《方舆纪要》卷108藤县：大湾堡在"县西三十里。又西十里为蒙江堡，水道北达五屯所"。

大湾滩 在今福建古田县西南。《清一统志·福州府一》：大湾滩"在古田县南水口镇（北）二十里。闽江险处也。《旧志》：自水口已上达于浦城，计程六百里。滩石嵯峨，纵横林立。舟行石罅中，至水口则滩险已尽，江流浩瀚，以风阻为虞矣”。

大湾墟　①即今广东英德市西北大湾镇。清光绪《广东舆地全图》：英德县西北有大湾墟。有把总驻防。

②即今广东郁南县东南大湾镇，在南江东岸，南接罗定市。清光绪《广东舆地全图》：西宁县东南有大湾墟。

③在今广西桂平市西南郁江南岸大湾镇。清光绪《广西舆地全图》桂平县图：西南有大湾墟。

④即今广西来宾市东北大湾乡。清光绪《广西舆地全图》来宾县图：东北有大湾墟。

大渡口　古名仁和街。又称大渡口。地处金沙江南岸的仁和沟东侧。即今四川攀枝花市西大渡口片区。1965年析云南永仁、华坪及四川盐边、会理四县置渡口市（地级），即以驻地大渡口而得名。1978年盐边、米易二县划归渡口市，市府迁新城的中心地炳草岗。1987年渡口市改名为攀枝花市。

大渡口镇　又名锦衣镇。即今四川泸州市纳溪区西长江岸大渡口镇。清嘉庆《江安县志》卷1：大渡口“县东五十里佛渡场”。1950年划归纳溪县，为县著名大镇。

大渡水　①指青衣江，在今四川西部。《汉书·地理志》蜀郡青衣县：“《禹贡》蒙山溪大渡水东南至南安入渽。”

②一作大度水。指今四川西部雅砻江支流鲜水河。《水经·若水注》：“若水东南流，鲜水注之，一名州江。大度水出徼外，至旄牛道，南流入于若水。”

③隋唐以后以沫水为大渡水，即今大渡河。

大渡州　唐开元前置羁縻州，属黎州都督府。治所在今四川石棉县西北安顺乡。北宋以后废。

大渡县　唐仪凤二年（677）析汉源县置，属雅州。治所在今四川泸定县南大渡河东岸沈村。一说在今汉源县西北。以近大渡河而名。大足初属黎州。长安二年（702）废。

大渡河　古名渽水、涐水、沫水、羊山江（阳山江）、铜河、中镇水。在今四川西部，为岷江最大支流。源出川、青交界的果洛山，上源曰大金川，在丹巴县纳小金河后始称大渡河。南流经泸定、石棉、汉源、峨边，于乐山市西纳青衣江后注入岷江。《资治通鉴》：唐大和三年（829），南诏从成都大掠子女百工数万南归，“及大度水，嵯颠谓蜀人曰：‘此吾南境也，听汝哭别乡国。’众皆恸哭，赴水死者以千计”；《宋史·宇文常传》：乾德三年（965）平蜀，太祖“取蜀舆图观之，画大渡（河）为境”；《元史·世祖纪》：宪宗三年（1253），忽必烈征大理“过大渡河，又经行山谷二千余里至金沙江，乘革囊及栰以渡”；《清史稿·穆宗纪》：同治三年（1864）太平天国石达开至大渡河，全军覆没；1935年5月红军长征至安顺场，强渡大渡河，又北夺泸定桥。皆此。

大渡河千户所　明洪武十五年（1382）置，属四川都司。治所在今四川汉源县北清溪镇。清康熙时合黎州千户所为黎大千户所。

大渡河站　元置，在今四川汉源县南大渡河南岸。

大渡镇　亦作大渡戍。在今四川汉源县东南大渡河南岸。《元和志》卷32通望县：“隋开皇二十年于此置大渡镇，大业二年改为阳山镇。”

大游山　又名游子山。在今江苏高淳县东三十七里。宋《景定建康志》卷17：大游山“上有石坛。《旧经》云：昔孔子适楚，尝经此山”。

大渥淀　又名大溵淀。在今河北安新县西北。《水经·易水注》：渥水“上承二陂于容城县东南，谓之大渥淀、小渥淀。其水南流注易水，谓之渥洞口”。

大寒山　即今青海大通回族土族自治县北与门源回族自治县交界之大达坂山。《清史稿·地理志》：大通县“北：大寒”。民国《大通志》第一部：大寒山“去县城北四十五里，居浩亹河之南，壁立千仞，自西至东，横亘二百余里，划然大地，界分南北，沿梯而上，怪石嶙峋，曲道萦纡，林木翳荟，山泉滃涌，为通甘凉之要道。土名呼为大坂山，又名打坂山”。

大寒岭　在今甘肃天水市西。《晋书·乞伏乾归载记》：东晋太元二十年（395），西秦将乞伏益州击苻秦故将姜乳于上邽，“至大寒岭，益州恃胜自矜，不为部阵……乳率众距战，益州果败”。

大寒郡　北魏置，属益州（西益州）。治所在今四川广元市东北嘉陵江东岸竹坝河口附近。《魏书·邢峦传》：“萧衍辅国将军任僧幼等三十余将，率南安、广长、东洛、大寒、武始、除口、平溪、桶谷诸郡之民七千余户，相继而至。”后废。

大富山　①在今福建大田县西。《方舆纪要》卷97大田县：大富山“在县西六十里，接漳平县界。上有泉，一乡之田俱藉其灌溉”。

②在今湖南长沙市北。《方舆纪要》卷80长沙府：大富山“在府北七里。一名罗洋山。峰峦峭拔，流水萦带，为一郡之胜”。

大富铅场　北宋置，属翁源县。在今广东翁源县东北。明嘉靖《翁源县志》：“古大富铅场，去今县东一百二十五里。”

大窝关　即今云南屏边苗族自治县。《方舆纪要》卷115蒙自县：大窝关“在县西南。亦曰大窝子，有险可恃”。《清一统志·开化府》：大窝关“在新现交冈之上。明置，今废”。

大谢山　亦作大榭山。即今浙江宁波市东南海中大榭岛。《明史·地理志》定海县：“有大谢、小谢山。”《方舆纪要》卷92定海县：大谢山“在县东南百二十里海中。其旁为小谢山……南临黄崎港。北由大猫海洋至金塘、鹿山，最为险要，有兵戍守”。

大谢戍　唐置，在今山东长岛县南长山岛上。《寰宇记》卷20蓬莱县：“大谢戍在县北海中三十里，周回一百二十步。亦唐太宗征高丽时，与乌湖戍同时置。”

大谢岛 今山东长岛县南长山岛。《新唐书·地理志》：“登州东北海行，过大谢岛、龟、歆岛、末岛、乌湖岛三百里。”唐贞观中征高丽，置大谢戍于此。

大登屿 一作大嶝屿。即今福建厦门市同安区东南大嶝岛。《舆地纪胜》卷130泉州《景物下》：大登屿“在同安县海中”。旧有民居，明洪武二十年(1387)迁入内地，成化后渐复旧土。《方舆纪要》卷99载：大登屿与小登屿“皆广六七里”。

大騩山 一名具茨山。在今河南新密市东南。《国语·郑语》：史伯谓郑桓公云，“主芣騩而食溱、洧”。注：“芣、騩，山名。”騩即大騩山。《山海经·中山经·中次七经》：“又东三十里，曰大騩之山。”《汉书·地理志》 密县：“有大騩山，溦水所出。”

大騩镇 又作大隗镇。即今河南新密市东南二十四里大隗镇。《金史·地理志》 作“大騩镇”。

大缘江 今越南中部承天—顺化省南之香江及其支流。一说在今广南省广南附近大占海口一带。《隋书·刘方传》：大业初，经略林邑，“师次阇黎江……于是济区粟，度六里，前后逢贼，每战必擒。进至大缘江，贼据险为栅，又击破之”。

大瑚布图河 即今黑龙江省东宁县南与俄罗斯滨海边疆区交界之瑚布图河。《清史稿·地理志》 东宁厅：大绥芬河“径城北，南大瑚布图河，北缘俄东海滨省界，合小瑚布图河来会入之”。

大塘 即今贵州平塘县西北大塘镇。《清一统志·都匀府》：清平县有大塘哨。

大塘县 1913年置，属贵州黔中道。治所即今贵州平塘县西北大塘镇。1920年直属贵州省。1936年迁治通州里（今平塘县西南通州镇）。1942年与平舟县合并为平塘县。

大塘隘 在今云南腾冲县东北一百三十八里大塘。明、清为腾越越九隘之一。见乾隆《腾越州志》。

大塘墟 ①即今广东佛山市三水区北大塘镇。清光绪《广州府志》卷69墟市：三水县有“大塘墟”。

②即今广西北流县西北新圩镇大塘村。清光绪《广西舆地全图》北流县图：西北有大塘墟。

大蓝土禄池 在今内蒙古鄂托克旗东北。《清一统志·鄂尔多斯》：大蓝土禄池“在右翼中旗东北四十二里”。

大墓山 在今四川成都市温江区西北寿安镇北。明天启《成都府志》卷2：大墓山在“温江治西二十五里。土人云是鱼凫王墓”。民国《温江县志》卷2：“鱼凫王墓在治西北三十三里吴家场南二里。俗呼大墓山。”

大幕 亦作大漠。即大沙漠。在今蒙古国南部与我国内蒙古北部之间，为戈壁大沙漠。《史记·卫将军骠骑列传》：西汉元狩四年（前119），骠骑将军霍去病一军击匈奴，出代、右北平，“约轻赍，绝大幕”。

大幕山 在今四川名山县东四十里。《寰宇记》卷77名山县：大幕山“在县东四十里。南接河罗戍，北入邛州。高七十里，上耸天际，灵怪错杂之所”。

大蓬山 ①亦名太蓬山，蓥华山。在今四川什邡市西北五十五里。《方舆胜览》卷54汉州：大蓬山“在什邡县。高岩矗天而立，瀑布飞落，最为奇观。有保圣院”。《方舆纪要》卷67什邡县：大蓬山“在县西五十二里。高岩矗天，瀑布飞泻。《志》云：山高逾百里。六月积雪不消，或谓之蓥华山”。

②亦名大鹏山、蓬山、绥山。在今四川营山县东北七十里。《隋书·地理志》：安固县有大鹏山。《舆地纪胜》卷188蓬州：大蓬山“距州城东南七十里。相传状若海中蓬莱，因以为名”。《周书·獠传》：北周天和间，梁州恒稜獠叛，总管长史赵文表军次巴州，“顿军大蓬山下，示以祸福，遂相率来降”。

大蒲河镇 即今河北昌黎县东二十里大蒲河镇。清同治《畿辅通志》卷49昌黎县图：东南有大蒲河，有都司、千总驻此。

大蒲淀 在今河北肃宁县东南十四里百道口附近。《寰宇记》卷66瀛州河间县：“大蒲淀又名大廉陂。在县西南四十一里。《水经注》云：大蒲下导陂沟，竞奔咸注滹沱，是故人因决入之处，谓之百道口，盖有此浦。”

大蒙山 在今安徽萧县东北。《方舆纪要》卷29萧县：大蒙山“在旧县东二十里。其相接者，曰小蒙山”。

大榄村 在今广东中山市西北。明洪武二年(1369)置巡司于此。后移治小榄村（今小榄镇），改名香山巡司。

大榆 指大榆谷。在今青海贵德县东北、尖扎县西北黄河南岸一带。《后汉书·西羌传》：建武间，滇良父子“乃从大榆入，掩击先零、卑湳，大破之，杀三千人，掠取财畜，夺居其地大榆中，由是始强”。

大榆树铺 清置，属义州。即今辽宁义县东南大榆树堡镇。乾隆《钦定盛京通志》卷33：义州东“三十五里大榆树铺”。

大槎墟 即今福建顺昌县西南槎溪。《清一统志·延平府》：大槎墟“在顺昌县西南三十里”。

大楼山 ①在今安徽池州市南。《清一统志·池州府》：大楼山“在贵池县南四十里。孤撑碧落，若空中楼阁然”。

②在今贵州遵义县北。《方舆纪要》卷70遵义府遵义县：大楼山在“府北百里。上有关曰太平关，亦曰楼山关，亦曰娄关。万历中，讨杨应龙，川师至重庆，分道而进，俱刻期抵楼山关。刘綎自綦江进战九盘，入娄关。关为贼前门，万峰插天，中通一线，官军从间道攀藤，鱼贯毁栅而入，进屯白石

口，贼遣其党抄后山夺关，四面合围，綎奋击破走之”。

大感王寨 即今辽宁海城市西南三十五里感王镇。清光绪《奉天全省地舆图说图志》海城县图：西南有大感王寨。光绪二十年（1894），中日甲午之战，提督宋庆与日军战于此。

大碛 即大漠。今蒙古国南部与中国内蒙古乌兰察布市、巴彦淖尔市和锡林郭勒盟北部交界地区的戈壁大沙漠。《北史·魏太祖纪》：登国六年（391），“北征蠕蠕，追破之于大碛南商山下”；又《新唐书·张仁愿传》：景龙二年（708），于黄河北筑三受降城，“三垒相距各四百余里，其北皆大碛也”。

大雷山 ①在今江苏苏州市西南太湖中。《水经·沔水注》：“湖中有大雷、小雷、三山，亦谓之三山湖。”又引杨泉《五湖赋》曰：“大雷小雷，湍波相逐。”

②即今浙江奉化市西南大雷山。《方舆纪要》卷92奉化县：大雷山在“县西四十里。四明支山也。山极高，眺百里外，下瞰鄞江”。

③在今浙江象山县西。《方舆纪要》卷92象山县：大雷山“在县西二十里。盘踞数十里”。

④在今浙江湖州市东北太湖中。杨修《五湖赋》：“大雷、小雷，湍激相逐。”周处《风土记》：“太湖中有大雷、小雷山，相距六十里。”《清一统志·湖州府一》“大雷山”条引《旧志》：“大雷山在（长兴）县北四十里，为洞庭之西山，属长兴；小雷山在县东六十里，为洞庭之东山，属乌程。”

大雷戍 亦作雷池戍。东晋置，即今安徽望江县。为东晋、南朝军事重镇。

大雷池水 亦称雷水、大雷水。源于今湖北黄梅县东南，经安徽宿松县流入望江县东南，积而为池，谓之雷池。又东流在雷港入长江。《舆地纪胜》卷46引《元和志》：大雷池水“西自宿松县流入县界，东南积而为池，经县而入于江”。

大雷郡 南朝陈置，属晋州。治所在新冶县（即今安徽望江县）。隋开皇初废。

大雾山 在今湖南宁乡县南五十里。《方舆纪要》卷80宁乡县：大雾山“峻岩深谷，云雾萦回。宋建炎间，金兵至境，刘廷佐驻兵大雾山，即此”。

大訾山 又名大苦山。即今河南登封市东南大熊山。《山海经·中山经·中次七经》：大訾之山“多㻬琈之玉，多麋玉。……其阳狂水出焉，西南流注于伊水”。《清一统志·河南府一》引《旧志》：“今曰大熊山，在县东南四十里，四围陡峻，顶上宽平，可避兵，其下产铁，山民鼓铸为业。”

大虞浦 在今江苏昆山市西南九里。又有小虞浦在今昆山市西南三里。《方舆纪要》卷24苏州府昆山县：大虞浦，“《志》云，唐天祐初，吴越浚新洋江及璜塘，兼通大小虞二浦，并北出新塘，南通吴淞江。新塘即昆山塘矣”。

大愚山 在今江西高安市城东南隅。《舆地纪胜》卷27瑞州：大愚山，“《新志》云，在州东行春门外。有真如寺。庆元中，太府寺丞吕祖俭上书忤权臣，安置本州寓寺中，因号大愚叟。又《冷斋夜话》云，余还自宋崖馆于高安大愚山”。

大路坡墟 即今广东高州市东南大坡镇。清光绪《茂名县志》卷2：县东“六十五里大路坡墟”。

大蜀山 在今安徽合肥市西二十里。《舆地纪胜》卷45庐州：大蜀山“在合肥县西二十里。合肥四郊坦夷，蜀山杰出于其右。上有寺曰开福，又有永济龙王庙”。《方舆胜览》卷48庐州：大蜀山，“《尔雅》释山：蜀者独也。此山独起，无冈阜连属，故名”。

大蜀国 ①北宋淳化四年（993）三月，蜀州青城县农民王小波、李顺起义。十二月小波战死，众推李顺为帅。次年正月攻占成都（今四川成都市），建立政权，称大蜀王，改元应运。大蜀国势力范围，据《通鉴长编纪事本末·李顺之变》：“北抵剑阁，南距巫峡”，五月败亡。

②北宋咸平三年（1000）益州兵变，推都虞侯王均为首领，在成都（今四川成都市）建立政权，据《宋史·雷有终传》：“号大蜀，改元化顺。”十月败亡。

大嵩千户所 明洪武十九年（1386）置，属定海卫。在今浙江宁波市鄞州区东南五十四里大嵩。其地产海盐，清于此置盐课司。

大嵩卫 明洪武三十一年（1398）置，属山东都司。在今山东海阳市东南凤城镇。《方舆纪要》卷36登州府：大嵩卫“领中、前、后三千户所。城周八里。《志》云：卫南海中有巨高岛，西南边海有草岛咀，俱戍守处”。清雍正十三年（1674）改置海阳县。

大嵰山 在今山西晋中市榆次区东南。《水经·洞过水注》：“洞过泽南，涂水注之，水出阳邑东北大嵰山涂谷。”即此。

大筼筜 即今福建福鼎市东南大筼筜。明洪武二十年（1387）置大筼筜巡司于此。嘉靖中移驻秦屿堡。

大筰县 即大筰县。治所在今四川盐边县北鳡鱼乡南。

大蜑港 又作大蛋港。在今海南省三亚市西崖城镇南。明正德《琼台志》卷6崖州：大蛋港“在州西南三里，入抵大蛋利用坊。客商舶船于此”。清时设千总驻防。

大像山 ①在今甘肃甘谷县（大像山镇）西，因有一尊高23.3米的石胎泥塑大佛而得名。《寰宇记》卷150秦州废伏羌县：“大像在废县东一里。石崖上有大像一躯，长八尺，自山顶至山下一千二百三十丈，有阁道可登。”《清一统志·巩昌府》引《县志》：“山在县（旧治）西南三里。巅有大佛，就山刻像，上有隗嚣歇凉台。”

②在今四川阆中市东南。《方舆胜览》卷67阆州：南岩“在阆中县东南五里。有曰大像山，乃南唐高士安隐居之所。太平兴国中，陈尧叟兄弟读书于

此，亦曰台星岩”。《舆地纪胜》卷185阆州：福昌院“唐僧空政来卓锡号曰云庵。后有何叟望岩半有巨佛状，即其处凿石为弥勒大佛，傍有小佛六千”。山有唐宋摩岩造像五尊，唐宋元明清石刻二十四处。大佛为释迦牟尼坐像，高9.88米，身后有小佛千余尊，系唐凿建。

大像山石窟 在今甘肃甘谷县（大像山镇）西。大像山石窟现存窟龛二十二个，大多为禅窟，第六窟大佛殿为唐代雕凿的圆拱顶大窟，平面为长方形，内塑半圆雕石胎泥塑大佛一尊，高23.3米。大像山大佛是甘肃省东部地区现存最大的盛唐佛像。2001年与水帘洞石窟一起定为全国重点文物保护单位。

大鹏山 ①在今福建福州市北，螺峰山之北。《清一统志·福州府一》“螺峰山”条下引《陶隐居集》曰：“晋太康中，任敦自茅山往居大鹏山王霸宅，得金版仙诀。”即此。

②在今福建永春县西北。明《寰宇通志》卷46泉州府：大鹏山“在永春县北。其山突起万状，形若鸟翼”，故名。《方舆纪要》卷99泉州府永春县：大鹏山在“县城北，形如飞鹏乘翅”。

③在今广东深圳市龙岗区东南大鹏半岛上。《清一统志·广州府》：大鹏山“在新安县东南一百二十里。山脉自罗浮来，状如鹏举，一名七娘山。其前又有老大鹏山在海中”。

大鹏千户所 明洪武二十七年（1394）置，属南海卫。治所即今广东深圳市龙岗区东南大鹏镇。清改置大鹏营，设参将驻防。

大鹏所城 在今广东深圳市龙岗区东北大鹏镇鹏城村。所城平面呈梯形，占地约10万平方米。原城墙长1200米，东墙北段保存较好，残长100余米，残高4米。南、北墙存留土垣。尚存东、南、西三座城门，为明代遗物。门道为花岗岩石铺砌，顶用砖砌拱券。城内有东西、南北向街道四条，在城中心交会。街道地面用长条石板铺砌。南门街宽约4米。城内尚存关帝庙、文庙及南门外炮台遗址。现存建筑有赖恩爵振威将军第（建筑面积2500平方米）、刘起龙将军第（建筑面积510平方米），以及赖氏、李氏、何氏、林氏、郑氏等将军第、大夫第、司马第和怡文楼、赵公祠、天后庙、华光庙、侯王庙等古建筑。明洪武二十七年（1394）置大鹏千户所，所城由左卫千户张斌筑造。清康熙七年（1668）实行“迁界禁海”，城并入惠州协副将管辖。嘉庆时，水陆区分，大鹏营为外海水师营。光绪二十三年（1898），按中英《展拓香港界址专条》，大鹏所下辖诸寨、台、营、汛被裁没，城遂废颓。大鹏所城对研究明清史、军事史、海防史及近代史，均有很高的价值。2001年定为全国重点文物保护单位。

大鹏湾 在今广东深圳市东南、香港九龙半岛以东。湾内水深面阔，为优良大军港。湾东北为大鹏所，明置，属新安县，清时设参将驻防。光绪二十四年（1898）英国强迫清政府签订《展拓香港界址专条》，大鹏湾大部分水域属租借区域，“租期”为九十九年。

大鹏寨 在今四川营山县东北七十里大鹏山。清魏源《圣武记》卷9：嘉庆三年（1798）清兵攻占箕山，罗其清北走，“与李全、王廷诏等尽奔大鹏寨。寨天险，广百余里”。即此。

大解城 即春秋时周解邑。在今河南洛阳市东南。《续汉书·郡国志》河南尹洛阳县：“有大解城。”

大廉山 在今广西合浦县东北。《明一统志》卷82廉州府：大廉山“在府城东一百五十里。上有大廉洞，州以此为名”。《清一统志·廉州府一》：大廉山“山形秀拔，盘礴数十里，与博白县蟠鳞山相连。大廉洞在其阳，陆湖洞在其阴”。

大廉县 南朝陈置，属龙苏郡。治所在今广西合浦县东北曲樟乡。隋大业初废。唐武德五年（622）复置，属越州，寻属廉州。北宋开宝五年（972）并入合浦县。

大廉洞 在今广西合浦县东北大廉山。《舆地纪胜》卷120廉州：“因大廉洞为名。”《方舆胜览》卷39廉州：“因洞为名。《元和志》：地有大廉洞，故元德五年置大廉县。今县虽废，而州名则以大廉洞故名耳。”

大靖堡 ①一作大静堡。明置，属广宁后屯卫。在今辽宁义县东北砖城子。明《辽东志》卷3：大静堡“嘉靖丁亥添设，……本堡原系通贼要路，大宁、大清二堡马兵可为策应”。

②即今甘肃古浪县东大靖镇。《清一统志·凉州府二》：大靖堡“地名扒沙。明嘉靖中，为套夷所据。万历二十六年收复，筑城在高阜，周六百十二丈，设参将驻守。本朝康熙十一年，改设守备，兼辖土门、黑松二堡。后又设巡检司分理”。

大靖溪 即今广东大埔县北漳溪河，为汀江支流。《方舆纪要》卷103大埔县：大靖溪“在县东五十里。一名漳溪。源出永定三层岭，湾曲数十里，绕县治（今茶阳镇）北流入神泉河，所谓永安河也。《志》云，溪有二源：自漳州来者为漳溪，自永定东洋来者为黄沙溪，合流为大靖溪”。

大新庄镇 即今河北定州市东大辛庄镇。清道光《定州志》卷7市集：大辛庄镇在“城东四十里”。

大新店 一名新店。即今湖北大悟县北三十六里大新镇。清尹耕云《豫军纪略》卷1：同治三年（1864）四月，太平军“由应山大新店、双桥镇，驰奔广水驿”。

大新店镇 即新店集。今河南漯河市郾城区西二十八里新店镇。民国《郾城县记》图：西有大新店镇。

大新城 在今云南晋宁县（昆阳镇）西南二里，长松山麓。明崇祯六年（1633）昆阳州尝迁治于此。南明永历四年（1650）州治迁回昆阳镇。

大新桥 在今安徽安庆市西大新桥。《清一统志·安庆府二》：大新桥“在怀宁县西。张葭港水由此入江”。清咸丰三年（1853）太平军石达开守安庆时立榷关于此。

大鄣山　古三天子鄣山主峰。在今安徽绩溪县东六十里，南接歙县，东接浙江临安县界，为县境镇山。《山海经·海内南经》："三天子鄣山，在闽西海北。"郭璞注："今在新安歙县东，今谓之三王山，浙江出其边也。"《寰宇记》卷104绩溪县："三天子都山，一名玉山，在县东南八十里"，指此。《方舆纪要》卷28绩溪县：大鄣山在"县东六十里。高五百五十仞，周百五十里，一名三王山。《祥符图经》云，即三天子鄣山"。

大阖山　在今湖北武穴市东北。《清一统志·黄州府一》：大阖山"一名峇嵝山。《县志》，山有五峰。曰嶙峭、曰翠屏、曰梵合、曰图密、曰嶚嵲，环绕似墙宇壁立。前为飞龙岭，亦曰罡风峡。后曰海潮峰。峰之背曰雷公洞，深黑无底"。

大慈山　在今浙江杭州市西南。宋《淳祐临安志》卷8：大慈山"在钱塘县龙山之西"。山下有虎跑泉。

大慈寺　亦名大圣慈寺。唐至德二年（757）建，在今四川成都市东城北糠市街北口。规模宏伟。其壁画被誉为"精妙冠世"。为成都最大的佛院及农贸集市地。明正德大火，仅存昭觉院小殿，正统间修整，远不如昔。《明史·忠义传》：崇祯十七年（1644），华阳知县沈云祚，"城陷，（张）献忠欲用之，幽之大慈寺"。即此。

大慈镇　亦作大墅镇。即今江苏昆山市南大市镇。清光绪《江苏全省舆图》：昆山县南有"大慈"。1966年改为大市。

大漠　亦称大碛、流沙。在今蒙古国南部，以及中国内蒙古乌兰察布市、巴彦淖尔市和锡林郭勒盟北部地区的戈壁大沙漠。《后汉书·窦宪传》引班固《燕然山铭》曰："遂凌高阙，下鸡鹿，经碛卤，绝大漠。"《汉书·霍去病传》作"大幕"。

大漠州都督府　唐显庆三年（658）以葛逻禄炽俟部置，属北庭都护府。在今新疆福海县境。8世纪前期废。

大源水　在今广西龙州县西北。《方舆纪要》卷110上下冻州：大源水"在州（治今下冻镇）北。源出八峰山，东北流，入于丽江"。

大源渡　即今湖南衡东县西北二十二里湘江南岸洋塘乡驻地。旧属衡山县。清光绪《湖南通志》卷1衡山县图：县南有大源渡。

大源镇　即今浙江富阳市东南大源镇。清光绪《富阳县志》卷2：大源镇"由大船埠南行至此，距城十四里"。

大溵水　亦作大㶏水。在今河南漯河市郾城区南。《方舆纪要》卷47郾城县：大溵水"以临颍有小溵水也。自裕州叶县境流入，至陈州商水县，而入于颍"。

大溵淀　即古大渥淀。在今河北安新县西北。《清一统志·保定府二》：大溵淀，"《通志》：大溵淀在新安县西北五里。周四十里，即大渥淀"。清雍正四年（1726）疏渠泄水，营田数千顷，为膏腴之地。

大溪　①亦名青蒲河、青菩河。在今江苏金坛市西。《方舆纪要》卷25常州府金坛县：大溪在"县西二里。东南流入于长荡湖。王氏樵云：县西有青蒲河，通昆仑河入长阳湖，即故大溪矣"。

②白溪支流。即今浙江宁海县南之杨溪。《方舆纪要》卷92宁海县：大溪"在县南一里。源出县西南百里之桃花坑、牛头潭诸处，至县东南十五里合于上白溪"。

③奉化江支流。即今浙江奉化市境内县江。源出奉化市西南，东北流至方桥镇西入奉化江。《方舆纪要》卷92奉化县：大溪在"县东南三里。县南北诸山溪水悉汇于此而为大溪，或谓之镇亭山，自南而北，纡回环绕，凡七十二堰，溉田甚溥，接于奉化江"。

④即今浙江江山市东江山港。《方舆纪要》卷93江山县：大溪"在县城东。一名鹿溪，亦曰鹿头溪。仙霞诸岭之水至清湖渡始通舟楫，北流经城下，又东北十八里而为大溪滩……又东北入西安县（今衢州市）境"。下流为衢江。

⑤即今浙江天台县及临海市境之始丰溪。《方舆纪要》卷92天台县：大溪"在县城西南。《志》云：始丰溪源出大盆山，引而东，天台、桐柏二水入焉，故曰大溪。流经县南，又东南流入临海县界，合仙居县之永安溪，即澄江上源也"。

⑥瓯江干流的上、中游。源出今浙江庆元县北，北流经龙泉市，折而东北经云和县入丽水市，又东南至青田县与小溪汇合。《方舆纪要》卷94处州府：大溪"在城南二里。一名洄溪，又名洞溪。自龙泉以西汇诸溪涧之水流入境，合松溪、遂昌港，东至青田县南，合诸山溪之水，至温州府界入于海"。

⑦即今福建古田县东古田溪。《方舆纪要》卷96古田县：大溪"在县城南。溪有二源，俱自北来，至县南合流，委蛇澄澈，其平若镜。二溪夹流县治东西，因名曰双溪。又南为蒿溪，群溪之水皆汇焉。又南会于建江，谓之水口溪"。

⑧一作长乐大溪。在今福建长乐市东南三十里。《方舆纪要》卷96福州府：大溪"源出福清县境，分流至此，萦纡数里，溉田数百顷，东流入海"。

⑨即今福建宁化县南之九龙溪。《方舆纪要》卷98汀州府长汀县：大溪"在县城南。源分六派，其正西自赣之石城县堑岭来会，西南自长汀县界狐栖岭来会，西北自石城县界长放坑来会，此大溪之上流也；其东北自建宁县界台田岭来会，正北自苦竹岭至县北三十里之马家渡来会，正东自热水窑头至县东四十里剑潭来会，至县东之东渡，与上流三派合为一溪，复折而东，至清流县。又东会剑江水抵福州入海"。

⑩即今福建泰宁县南泰宁溪。《清一统志·邵武

府》：大溪“在泰宁县南。源出邵武县官尖峰麓，亦曰三溪。西流入县界，合龙湖东西两溪之水，又西合交溪、梅林、朱口、福山诸溪，又西合龙门溪、长兴溪，又西合杉溪、黄溪，至县东一里，潴为何潭。又西经县西南三十里梅口，与建宁之绥江合，为双溪渡。复折而东南，经县南四十里，为青洲渡。又东南合将乐县界竹洲溪，而为延平西溪之上源”。

⑪原名大姑崁，后改大嵙崁。即今台湾省桃园市西南大溪区。日本占领期间于1920年改大溪街。1945年抗日战争胜利后设大溪镇。

⑫在今江西乐安县南。《方舆纪要》卷86抚州府乐安县：大溪“在县南。源出崇仁县华盖山，西流至乌水，流入永丰县界”。《清一统志·抚州府一》：大溪水“在乐安县南二十里。源出华盖山，西流合罗山聋陂水，至乌江渡，与远溪水合，又至员陂，入鳌溪水”。

⑬在今江西德兴市北。《明一统志》卷50饶州府：大溪“在德兴县北二十里。源出徽州府婺源县，至县境会诸溪水，下流入乐安江”。

⑭即今重庆市巫山县西南六十里大溪河。源出奉节县西南，东北流，于巫山县大溪口注入长江。南宋陆游《入蜀记》：“大溪口泊舟，出美梨，大如升。”

⑮即今四川理县西之杂谷脑河。《清一统志·杂谷厅》：大溪“在厅治城西。源发梭磨土司东界大雪山，西南流经直固山，会直固水南流，过玛喏、别思满二寨，会日尔拉山水，至楸抵东北流经二道桥，会商角山、别蚌山二水，历朴头、杂谷脑、维关、木堆，又会上孟董沟水，过厅治，复东北经定廉山之里古城，至废保县城下注于岷江”。

大溪口 ①在今重庆市巫山县西九十里大溪河入长江处之大溪乡。南宋陆游《入蜀记》：“发大溪口，入瞿塘峡。”《明史·傅友德传》：洪武四年（1371）伐蜀夏，“汤和尚顿军大溪口。既而江流得木牌，乃进师”。即此。1959—1975年在大溪村发现新石器时代晚期遗址，与仰韶、龙山、屈家岭文化密切相关，称为大溪文化。

②即今四川华蓥市西南溪口镇。《清一统志·顺庆府二》：大溪口“在岳池县东。本朝顺治初置通判驻此”。

③即今重庆市酉阳土家族苗族自治县东北酉水西岸大溪镇。《清一统志·四川统部》：酉阳营设守备，经制外委驻防于此。同治《酉阳直隶州志》卷4：大溪口在“州东一百八十里，与湖北施南府接壤，前后皆山，后溪河绕其左，合湖北安抚司河，经石堤汇辰水（按：当作酉水），楚蜀要路”。

大溪山 在今安徽郎溪县东三十里，桐水所经。《舆地纪胜》卷24广德军：大溪山“在建平。《图经》云，即桐水也”。

大溪河 ①又名白水。即今重庆市乌江西支流鸭江。《清一统志·重庆府一》：白水“源出南川县南，东北流入涪州界，即今大溪河也”。

②即今四川平武县北之白马河。《方舆纪要》卷73龙安府平武县：大溪河“在府西北二十五里。《志》云：源出白马路西番界，流至此，入于涪水”。

③在今云南玉溪市北五里。《清一统志·澂江府》：大溪河“一名玉溪河。源出夹雄山，自（新兴）州东北绕州西南，过罗么、奇梨二溪，出临安府嶍峨县入曲江，即嶍峨县大河上源也”。

大溪桥铺 即今浙江象山县西亭溪乡。清乾隆《象山县志》卷1：大溪桥铺在“县西十里”。

大溪街 即今浙江温岭县西北三十里大溪镇。明嘉靖《太平县志》图：县西北有大溪。

大溪渡镇 即今江西余干县南二十里大溪乡。清同治《江西全省舆图》卷12：余干县西南有大溪。

大溪滩 即今浙江江山市东北大溪滩。《清史稿·耿精忠传》：康熙十五年（1676），耿精忠将马九玉以万人营于大溪滩，“杰书与赉塔、之芳督兵击九玉，战于大溪滩”。即此。

大滚水山 在今台湾省高雄市北，月世界北侧。为古亭坑断层线上泥火山之一。清康熙间蒋毓英《台湾府志》卷2：大滚水山“此山甚高，将雨之候，山顶上能滚出海泥盐水，故名曰大滚水山”。

大溶江 古名沩水，又名融江、大融江。今广西东北部漓江上源支流。《清一统志·桂林府一》：大融江“亦曰大溶江”。

大溶江镇 亦作大融江铺。即今广西兴安县西南六十里溶江镇。明万历《广西通志》兴安县图：西南有大溶江巡司。清雍正《广西通志》卷20兴安县：“白竹铺十五里至大融江铺。”

大滩 ①即今内蒙古察哈尔右翼中旗西大滩乡。1949年武东县曾迁治于此。

②在今江西永新县东马颊山下。《清一统志·吉安府一》：大滩“在永新县东马颊庙下。江阔半里许，石隙可容舟者仅数尺。其下为木黄滩、鱼矢滩、画角滩，四滩连亘三十余里，石势险恶”。

③在今广西横县东北五十里郁江北岸。清雍正七年（1729）设巡司于此。

大滩营 在今广东封开县东北贺江北岸大滩。《清一统志·肇庆府》：大滩营“在开建县西南七十里，接封川县界，封溪水所经。本朝康熙二年置”。

大福市 即大福坪。今湖南安化县东南一百三十二里大福镇。

大福先寺 在今河南洛阳市东郊、瀍河回族乡唐寺门村内。始建于唐，故址在今寺东五里塔湾村西头俗称“唐寺崖”的地方。武则天曾为福先寺撰写过浮图碑文，著名画家吴道子曾在该寺作“地狱变相”壁画。开元二十一年（733）日本僧人荣睿、普照随第九次遣唐使来到中国，当时正值唐玄宗住在东都洛阳，即敕令二位日本僧人禅居福先寺。三年后，荣睿、普照祈请福先寺僧人道睿赴日弘法传戒，后来道睿成为日本禅宗第二代传人。明代天启年间，福先寺被水冲毁。洪水过后，附近乡人将福先寺保留下来的部分遗物北移数里，重建寺院。清康熙年间又予重修。1922 年再次重修，并由吴佩孚的参谋长张佐民于山门门额题“古唐寺”三字，故又名古唐寺。

大福坪　即今湖南安化县东南一百三十二里大福镇。清光绪《湖南通志》卷1安化县图：县（旧治在今县东南梅城镇）东北有大福坪。

大福堡　明置，属广宁左屯卫。即今辽宁葫芦岛市东北英守堡。《方舆纪要》卷37广宁左屯卫“大兴堡”条下：“大福堡在大兴堡东北，又东为锦昌堡。”

大辟山　又名大涤山。在今浙江杭州市余杭区西南与临安县交界处。《晋书·郭文传》：“步担入吴兴余杭大辟山中穷谷无人之地。”即此。

大障子镇　即今河北青龙满族自治县治青龙镇。清同治《畿辅通志》卷49迁安县图：东北有头（大）嶂子、二嶂子。1933 年于此设都山县。

大障水　又作大鄣水。即今安徽绩溪县东之登源河。源出安徽绩溪县东大鄣山，西南入扬之河。《清一统志·徽州府一》：大障水“在绩溪县东南。源出大障山，郭璞所谓浙江水也。西南流至象山下，合扬之水为临溪。又西南流径歙县界为练溪。绕府城西，又南至歙浦，与浙水会。《方舆胜览》谓浙水有四源，自绩溪者出大障山”。即此。

大嫠山　亦名大蹲山。在今安徽绩溪县北，西接旌德县界。宋淳熙《新安志》卷5绩溪县：大嫠山“在县北六十里。高四百仞，周百里。旧说以为上排层汉，前压澄潭。蹲形矫首，如嫠猛犬焉”。《明一统志》卷16徽州府：大嫠山“前据潭水，弭形矫首，有犬之状。山半有岩，岩下有白龙潭”。

大碧箐场　在今四川盐边县西北国胜乡（大毕箐）。清光绪《盐源县志》卷2：大碧箐场“距县三百里”。旧产铜矿。

大瑶山　亦名瑶山。即今广西金秀瑶族自治县大瑶山。《清一统志·平乐府一》：大瑶山“在修仁县南黄峒山后。丛山叠箐，路险难行。宽袤六七十里。修水自此发源。内有六噶、六定、三片、六段等瑶”。此山东北—西南走向，延伸至象州、象山、平南等县境内。主峰圣堂山，海拔 1979 米，为广西第五高峰。

大瑶冲　在今广西平乐县南桂江西岸。《方舆纪要》卷107平乐县：大瑶冲“在府江西岸。西至荔浦县四十里，为分界处也。瑶僮多出没于此，因名。今设兵戍守”。

大墟　①即今广西贵港市东北大圩镇。清光绪《广西舆地全图》贵县图：东北有大墟。民国《贵县志》卷1：大墟“昔称平塌墟，在县东五十里。……今大墟镇为四大墟之一”。

②即今广西灵川县东南大圩镇。《清一统志·桂林府一》：大墟“在临桂县东南三十里。本朝嘉庆十三年，移同知驻此”。

大境门　在今河北张家口市桥西区。明洪武元年（1368）徐达建，为明长城一关隘。清筑城楼，为扼守京都之北门。口外丛山夹谷，形势险要。也是连接边塞与内地的交通要道，为汉、蒙商贸集散地。

大斡耳朵　元太祖成吉思汗第一斡耳朵（宫帐），地名曲雕阿阑（Kødegüaral）。在今蒙古国西南肯特省克鲁伦河上游北岸，臣赫尔河与克鲁伦河汇流点之西。

大榭山　亦作大谢山。即今浙江宁波市东南海上大榭岛。清康熙《定海县志》卷2：大榭山，“《旧志》皆作大若，以音近讹榭耳”。

大歌罗山　在今重庆市黔江区东北。《舆地纪胜》卷176黔州：“小歌罗山在黔江县东北五十二里。”《方舆纪要》卷69黔江县：大歌罗山“在县东北九十里。旧置歌罗驿于此。又小歌罗山在县东北五十二里。其相近有黄连大垭、黄连小垭二山，皆纡回绵亘”。

大碶头市　即今浙江宁波市东五十里北仑区大碶街道。清乾隆《宁波府志》卷8《村市》：县东泰邱乡有大碶头市。

大墅街市　即今安徽全椒县西南大墅镇。清康熙《全椒县志》卷3：大墅街市“西七十里”。

大叟县　即大要县。西汉置，属北地郡。治所在今甘肃宁县东南。东汉废。《汉书·地理志》北地郡大叟县注：师古曰：“叟即古要字也，音一遥反。”

大稳保　在今江西上犹县西。《方舆纪要》卷88南安府上犹县：大稳保在“县西二十里”。

大榮山　在今陕西富县西北。《元和志》卷3鄜州直罗县：大榮山“在县（治今直罗镇）西北一百一十里”。

大漫天岭　一名漫天岭、藁本山。在今四川广元市北三十五里，与小漫天岭相连。山高路险，孟知祥于此置大、小漫天二砦。《资治通鉴》：五代唐清泰元年（934），山南两道节度使张虔钊降蜀，孟知祥遣“宁江节度使张业将兵一万屯大漫天以迎之”。即此。

大漫天寨　五代蜀置，属绵谷县。在今四川广元市东北漫天岭。《宋史·王全斌传》：乾德中伐蜀，崔彦进等破取小漫天寨，“蜀人退保大漫天寨”。即此。

大漴陂　又名大漴、大崇陂。在今安徽利辛县西。《水经·淮水注》：“（夏肥水）又东为高陂，又东为大漴陂。”即此。

大潴潭　在今山东郓城县西北。《清一统志·曹州府一》：大潴潭“相传即大野泽之余流也。《府志》：潭久涸，雨潦即成巨浸”。

大潒　即今浙江景宁畲族自治县南三十二里大潒乡。明景泰三年（1452）置巡司于此。

大漳溪　在今福建永泰县南。《方舆纪要》卷96永福县：大樟溪“源出德化县，流入境。又东入侯官县界，为泽苗江上流。支流曰印溪，俱东行三十余里，入阳崎江。或谓之漳溪”。

大漳镇 清置，属永福县。在今福建永泰县东。

大演银场 北宋置，属剑浦县。即今福建南平市东大演。《元丰九域志》卷9南剑州剑浦县及《宋史·地理志》南剑州剑浦县皆有大演银场。

大寨 旧名大勐麻。即今云南云县东南大寨镇。光绪《大清直省地舆全图》：云州东南有大寨。民国时设县佐。

大寨岭 即武胜关。又名武阳关、澧山关。在今河南信阳市南，河南、湖北二省交界处。《舆地纪胜》卷80信阳军“三关”条，谓“武阳关今名大寨岭，在东南九十里”。

大寨寅 在今贵州松桃苗族自治县西北。清乾隆六十年（1795）石柳邓领导苗族人民起义于此。

大隧 春秋之要塞。在今河南信阳市南豫、鄂界上。《左传》：定公四年（前506），吴伐楚，楚司马戌建议“还塞大隧、直辕、冥厄”。南北朝时为义阳三关之一的武阳关。一说为黄岘关。

大隧山 在今河南长葛市东北。旧属洧川县。《清一统志·开封府一》：大隧山“在洧川县西南十里。一名牛脾山。高二十余仞，长七八里，其中断处为大隧涧，两崖壁立，中有坦途，可容方轨。相传即郑庄公见母处”。

大慧寺 在今北京市海淀区魏公村东大柳树。为明正德八年（1513）司礼监太监张雄创建。现存主殿大悲殿仍保留明代建筑风格。殿内原有大佛高五丈，故又名大佛寺。现大佛已被毁，两侧的二十八尊诸天像及塑像后描绘世俗百相的壁画仍为明代原作。2001年定为全国重点文物保护单位。

大墩 在今台湾省台中市。清乾隆年间余文仪《续修台湾府志》已有“大敦”之名。光绪十三年（1887）于此置台湾县，后改置台中市。

大蕃 公元八、九世纪对藏族聚居地区的泛称。西藏吐蕃王朝（约629—842）中叶占据青、康大部地区后，藏文史籍中称“蕃”与“大蕃”，意为“西藏与青、康各藏族聚居地区”。《旧唐书·吐蕃传》：“西为大蕃，东实巨唐”，此指青、康、藏各藏族聚居地区。王朝复灭后，大蕃仅在《辽史·百官志》一见，其他汉、藏史籍均以吐蕃称西藏或泛称藏族各聚居地区。

大横山 在今安徽明光市南。《方舆纪要》卷21定远县：大横山“在县东七十里。以横界于东南而名。山上有石垒城”。

大横关 唐置，属好畤县。故址即今陕西乾县西北关头乡。

大横驿 即今福建南平市东北大横镇。《方舆纪要》卷97延平府南平县“剑浦驿”条下：“又大横驿，在府北四十里。明初置，正统间为寇所毁，景泰中修。”

大横琴山 即今广东珠海市南海中横琴岛。《方舆纪要》卷101香山县“浮虚山”条下：“又南百里有大小横琴山，其下即井澳也。”

大槲树 即今山西陵川县西南大槲树。1943年晋冀鲁豫边区置陵高县治此。

大樟墟 即今广西金秀瑶族自治县西南大樟乡。清光绪《广西舆地全图》象州图：东南有大樟墟。

大敷溪 即今湖南桃源县西大洑溪。明《寰宇通志》卷57常德府：大敷溪水“流至高都村入沅水”。《方舆纪要》卷80桃源县“沅江”条下：“《志》云，县西百二十里有大敷溪，自辰州府流入界，注于沅江。”

大磉墩 亦名大镇。即今四川中江县东南龙台镇。民国《中江县志》卷2：大镇在“治南五十里”。1964年改为龙台镇。

大震关 北周和元年（566）置（《舆地纪胜》称西汉置），在今甘肃清水县东北、陕西陇县西北七十里陇山东麓。本名陇关，后改大震关。《元和志》卷2陇州汧源县：大震关“汉武至此遇雷震，因名”。唐大中六年（852）陇州防御史薛逵于故关东三十里徙建新关，改名安戎关。时人称大震关为故关，安戎关为新关。

大踪（蹤）湖 亦作大纵湖。在今江苏盐城市西南，与兴化市接境。南北宽三十里，东西广十五里，与兴化分湖为界，南接鱼鲸湖，北达射阳湖。《元史·董抟霄传》：至正十四年（1354），抟霄“从丞相脱脱征高邮，分戍盐城、兴化。贼巢在大纵、德胜两湖间，凡十有二，悉剿平之”。

大嶓水 一名新溪河。即今湖北赤壁市西新店河。《元和志》卷27鄂州蒲圻县：“大嶓水，西北流入江。”

大镇堡 明置，属广宁左屯卫。在今辽宁凌海市西北。《方舆纪要》卷37广宁左屯卫：大镇堡“在卫西北三十里。其西曰沙河堡”。

大镇墟 即今广东英德市东北七十八里大镇。清光绪《广东舆地全图》：英德县东北有大镇墟。

大稻埕 在今台湾省台北市。昔为高山族凯达格兰平埔人奇武卒社地。清康熙末年汉人入垦，种植水稻。咸丰间在今建成区平阳街附近辟一公用大晒谷场，闽南语称“大稻埕”，后演变为地名。

大黎墟 在今广西藤县西北大黎镇。太平天国将领李秀成、李世贤、陈玉成、陆顺德的出生地。

大德港 在今广东陆丰市南。《清一统志·惠州府》：东海滘“西流出沙塘溪，合赤岸水出大德港入海”。

大潭 即今福建建阳市驻地。《三国志·吴书·贺齐传》：东汉建安八年（203），贼洪明等屯汉兴，“吴五六千户别屯大潭，邹临六千户别屯盖竹”。即此。《清一统志·建宁府》引《县志》，谓“相传古闽越王筑城于此以拒汉，下瞰溪潭，因名”。

大潭山 在今广东佛山市三水区北四十里。《方舆纪要》卷101广州府三水县：大潭山“石壁数仞，飞瀑如练，下注二潭，左曰龙湫，右曰天生塘，方广二亩许，居民引水溉田”。

大潭县　北宋乾德元年（963）置，属秦州。治所即今甘肃礼县西南八十里上店子。熙宁六年（1073）改属岷州。后废。

大潭城　相传西汉初闽越王筑。即今福建建阳市。《明一统志》卷76建宁府：大潭城“在建阳县治西。昔闽越王筑城于此以拒汉，下瞰溪潭，故名”。《三国志·吴书·贺齐传》：建安八年（203），“吴五六千户别屯大潭”。即此。唐时建阳县移治于此。

大澳　①即今广东饶平县南八里大澳村。清置大澳汛并设外委把总驻防。

②在今广东阳东县东平东南。清设水师千总防守。乾隆三十一年（1766）移新宁县丞驻此。

大澳埠　在今广东阳东县东南东平镇之大澳村。清有县丞驻此。

大潘庄　即今河北南宫市东二十五里大潘庄。清同治《畿辅通志》卷54南宫县图：东有大潘庄。

大燕岩　在今广西藤县西北三十里。《方舆纪要》卷108藤县：大燕岩“雄伟秀丽，下瞰长江”。

大融江　亦名融江。即今广西东北部漓江上源支流大溶江。《清一统志·桂林府一》：大融江“在兴安县西五十里，源出全州西延司界，亦曰大溶江。南流入县界，合六峒、黄柏二江，又南至灵川县界，合漓水，即古沩水也”。

大翮山　在今北京市延庆县西北二十五里，相连者为小翮山。《水经·㶟水注》：阳沟水“出（居庸）县东北，西南流径居庸县故城北，西径大翮、小翮山南，高峦截去，层陵断雾，双阜共秀，竞举群峰之上。郡人王次仲少有异志，年及弱冠，变苍颉旧文为今隶书。秦始皇时官务烦多，以次仲所易文简，便于事要，奇而召之，三征而辄不至。次仲履真怀道，穷数术之美，始皇怒其不恭，令槛车送之。次仲首发于道，化为大鸟，出在车外，翻飞而去，落二翮于斯山，故其峰峦有大翮、小翮之名”。

大霍山　亦名罗嵝山，在今四川罗江县西南白马关镇东南。明曹学佺《蜀中名胜记》卷9罗江县：“《志》云：大霍山在县西南十里，罗公远修真处也。上有罗真宫，宋何彦真有记。”

大镛岭　在今江西婺源县东。明置巡司于此。

大穆　即今福建闽侯县西北大穆埕。清时有把总驻此。

大穆降　即大目降。在今台湾省台南市东北新化区。连横《台湾通史·建国纪》：南明弘光元年（1645），“台湾领事集归化土番之长老，设评议会”，其时归化番社中有“大穆降社”。

大穆棱河　即穆棱河。指今黑龙江省东南部穆棱河下游。清光绪《吉林通志》卷22：“大穆棱河一曰莫力河。源出穆棱窝集……又东北入乌苏里江。”

大鲸湖　在今湖南安乡县西北二十里。《方舆纪要》卷77安乡县：大鲸湖“延袤数十里，下流入澧江，而达于洞庭”。《清一统志·澧州一》：大鲸湖“昔有人渔于此湖，一日忽雨雪，有大鲸跃波间，故名”。

大凝墟　亦作大宁墟。即今广西贺州市东北一百二十里大宁镇。清光绪《广西舆地全图》贺县图：东北有大凝墟。

大蕿寨　在今浙江苍南县东南四十六里大岙村。《方舆纪要》卷94平阳县：大蕿寨“在金乡卫东，有大蕿海口，又南为小蕿寨，近蒲门所，西临海，北镇山”。

大濛溪河　亦名濛溪河。在今四川资中县东。源出乐至县南，上源高桥河会石湍河后，流经乐至、资阳、安岳，至县东南苏溪乡濛溪口注入沱江。《寰宇记》卷76盘石县：大濛溪“在县西（东）二十里。溪内有石龙三条，若遇旱，祈即雨”。《清史稿·地理志》资州：“大濛溪源出西龙家坝，又名都溪，东流径城南，至唐明渡入资江。”

大藏峰　在今福建武夷山市西南武夷四曲。《舆地纪胜》卷129建宁府：大藏岩“在武夷山。下际深渊，石壑中开数室，皆插板木。室中有器形状不一”。《明一统志》卷76：大藏岩“在武夷山中，下际深渊，石罅处有仙骨函。又有小藏岩”。《清一统志·建宁府》“天柱峰”条下：大藏峰“在武夷四曲。有李仙岩。其前为御茶园”。

大蹊岭　在今广东海丰县西南。《方舆纪要》卷103海丰县：大蹊岭在“县西六十里。景泰以前，驿路经此，甃石为道”。

大豁山　在今山东平度市西北二十五里。《寰宇记》卷20胶水县：大豁山，“按伏琛《齐记》云：卢乡城东南有豁口，故曰大豁口，即此也。又有小豁山相连”。

大鳌山　在今福建龙海市南。《方舆纪要》卷99海澄县：大鳌山在“县（治今海澄镇）西南十里。蜿蜒巍峨，特耸二峰，形如笔架”。

大鳌（鼇）岭　一作大鳌山。别名游山。在今安徽黄山市黄山区南二十里。《方舆纪要》卷28太平县“尚书山”条下：“又西南十里为大鳌岭，高二百丈，亘三十里。别名游山。”

大藤峡　在今广西桂平市西北。《明一统志》卷85浔州府：大藤峡“在府城西北一百五十里。大山夹江，绵延数百里，山势险峻，中多瑶人”。《方舆纪要》卷108桂平县：大藤峡“大山夹江，自象州武宣县而南，绵亘数百里，山势险峻，瑶出没于此，峡口有大藤如梁”。有明一代，大藤峡瑶民不断进行反抗明王朝的武装起义，但都遭到残酷镇压。成化间都御史韩雍残酷镇压瑶民义军，断大藤，改名断藤峡。正德间都御史陈金奏改为永通峡。今大藤峡全长40公里，辟为太平山自然保护区。今峡以桂平、武宣两县交界的横石矶为入口，弩滩为出口，全长44公里。在大藤峡渡江处，有“敕赐永通峡”、“韩雍平瑶纪功碑”等摩崖石刻。

大藤峡水 即今广西武宣县与桂平市间的黔江段。《舆地纪胜》卷105象州：大藤溪“在武仙县东南百五十里。源出浔州大立山下，注于浔江。又有大藤峡”。《方舆纪要》卷109武宣县：浔江在“县东南三十里。亦曰大藤峡水，即柳江与诸川汇流处也。中有四滩：曰弩滩、新藤滩、锁筒滩、牛角滩，滩有巨石，水势回旋，其声如雷，又南入浔州府境，旧为瑶‘贼’渊薮”。

大镬山 在今广东阳江市东南海中大镬岛。清光绪二十七年（1901）《七省沿海要隘全图》：阳江县东南海中有大镬山。

大镬洲 即今广东阳江市东南大海中之大镬岛。《舆地纪胜》卷98南恩州：大镬洲“在州东南”。

大蹲山 即大嵸山。在今安徽绩溪县北。《方舆纪要》卷28绩溪县：大蹲山“在县北六十里。高四百仞，周百里。前据潭水，嵸形矫首。山半有岩，亦名仙人岩，岩下有白龙潭”。

大鳙山 在今江西婺源县东。《舆地纪胜》卷20徽州：大鳙山“在婺源县东百三十里。《方舆记》云，尧时洪水，溪口有大鳙，及水涸毙，鳞骨鳍鬣积如山阜”。大鳙水出此。

大鳙水 在今江西婺源县东。《方舆纪要》卷28徽州府婺源县：大鳙水“出大鳙山，溉田六十余顷，西北流入斜水。《志》云，大鳙与芙蓉峰水并入绣水。盖斜水合于大鳙矣”。《清一统志·徽州府一》：大鳙水“源出大鳙山。山有二水：东水东流，径开化过兰溪县入浙江；西水西北流，二十里与石耳芙蓉山水会于中平，又西过江湾与武溪会于汪口，又西南与浙源西水会，曰武口”。

大瀼水 即今重庆市奉节县东之梅溪河。《方舆胜览》卷57夔州：大瀼水“在奉节县。州城以景德二年迁瀼西。……杜甫诗：瀼东瀼西一万家，江南江北春冬花”。《方舆纪要》卷69奉节县：大瀼水“在府城东。自达州万顷池发源，经此流入大江”。

大蠡山 亦名蠡山。即今宁夏同心县东北大罗山，系罗山北段。明嘉靖《宁夏新志》卷3韦州：蠡山“在城西二十余里。峰峦耸翠，草木茂盛。旧不知何名。洪武中，庆府长史刘昉以其形似名之”。《清一统志·宁夏府一》：蠡山，“《旧志》，在韦州城西二十里。亦曰螺山。四旁皆平地，屹然独立，上多奇木异卉良药”。今为罗山自然保护区。

大灊山 在今安徽肥西县西。《方舆纪要》卷26合肥县：“大灊山在县西百里。有泉不涸。其西为龙凤山口，道通六安、舒城。”

大衢山 即今浙江岱山县东北之衢山岛。《方舆纪要》卷91海盐县：衢山“在县东南海中。亦曰大衢山”。

兀儿失温河 今内蒙古呼伦贝尔市呼伦湖与贝尔湖之间的乌尔逊河。《元朝秘史》卷1：“捕鱼儿海子、阔连海子，两个海子中间的河名兀儿失温，那河边住的塔塔儿一种人。”捕鱼儿海子即今贝尔湖，阔连海子即今呼伦湖。

兀也卫 又作瑚叶卫。明正统后置，属奴儿干都司。在今俄罗斯滨海边疆区乌苏里江上游刀毕河流域。清光绪《吉林通志》卷12：“瑚叶卫，正统后置，旧讹兀也。”后废。

兀也吾卫 明永乐四年（1406）置，属奴儿干都司。治所在今吉林蛟河市北拉法镇。后废。

兀古儿扎河 即元之浯勒扎河。今蒙古国东方省乌勒吉河。《明太宗实录》：永乐八年（1410）五月，“戊寅，车驾至兀古儿扎，虏果先遁，乃驻兵河上，赐兀古儿扎河名清尘河，夜倍道追虏”。

兀失卫 明正统后置，属奴儿干都司。在今黑龙江省哈尔滨市阿城区阿什河流域。后废。

兀列河卫 明永乐八年（1410）置，属奴儿干都司。在今俄罗斯萨哈林岛（库页岛）中部纳比耳河流域。后废。

兀库尔城 明末清初索伦部城寨。故址在今黑龙江省塔河县东北绥安站附近。《清太宗实录》卷51：崇德五年（1640）四月，萨穆什喀等讨博木博果尔，达尔布尼等“聚七屯之人于兀库尔城”。

兀良河 当今内蒙古科尔沁右翼前旗西北洮儿河支流归流河。《明一统志》卷25辽东都司：兀良河“源出沙漠，南流合洮儿河、脑温江入混同江，东流入海”。《方舆纪要》卷18大宁卫：兀良河“在临潢北。《志》云：源出沙漠，东南流，入女真境，合洮儿河、脑温江，入混同江”。

兀良哈三卫 明洪武二十二年（1389），以元辽王阿扎失里等率部归降，置泰宁、朵颜、福余三卫都指挥使司于兀良哈之地。泰宁卫在元泰宁路境（今内蒙古洮儿河、绰尔河下游）。朵颜卫在朵因温都儿（今内蒙古洮儿河源索岳尔济山）、搠儿河（今绰儿河）一带。福余卫在今黑龙江齐齐哈尔市乌裕尔河和嫩江左右。三卫皆属大宁都司。永乐间改属奴儿干都司。朵颜卫居三卫之首，故又称兀良哈三卫为朵颜三卫。宣德、正统年间，三卫逐渐南徙，其后遂定牧于蓟辽边外北至今西拉木伦河、西辽河及东辽河一带。弘治、正德年间，朵颜卫势力强盛，据地最广，其首领世袭三卫都督、朵颜卫都指挥之职，并与蒙古大汗（察罕儿汗）通婚，有“塔布囊”（驸马）之号。嘉靖后期，三卫被察罕儿汗打来孙和土蛮（土默特）俺答汗子弟瓜分役属，并渐取而代之。但仍以三卫名义与明朝通贡市。明末，先后归附后金。

兀良海牙 即兀剌海。亦作委剌哈、斡罗孩。在今内蒙古乌拉特后旗西南狼山隘口。一说在今甘肃山丹县北之龙首山。

兀者卫 明永乐元年（1403）置，属奴儿干都司。在今黑龙江省呼兰河中下游流域，东抵汤旺河以西，南达哈尔滨、阿城、宾县等地。后废。

兀者左卫 明永乐二年（1404）析兀者卫置，属奴儿干都司。在今黑龙江省伊春市汤旺河中上游流域。后废。

兀者右卫 明永乐二年（1404）置，属奴儿干都司。治所在今黑龙江省青冈县北。后废。

兀者吉烈迷万户府 元至正十五年（1355）改合里宾忒千户置，属水达达路。治所在今俄罗斯哈巴罗夫斯克边疆区黑龙江下游右侧阿纽伊河口附近。明永乐十二年（1414）改置哈儿分卫。

兀者托温千户所 又作海西兀者讨温千户所、兀者屯河千户所。明永乐二年（1404）置，属奴儿干都司。在今黑龙江省伊春市南汤旺河流域。后废。

兀者后（後）卫 明永乐二年（1404）置，属奴儿干都司。在今黑龙江省小兴安岭以南地区。后废。

兀者野人 即吾者野人。元代时居住于我国东北地区松花江中下游及黑龙江中下游少数民族的称谓。

兀者揆野木千户所 明永乐三年（1405）置，属奴儿干都司。治所即今黑龙江省抚远县。后废。

兀者稳勉赤千户所 明永乐三年（1405）置，在今黑龙江省松花江流域。后废。

兀罗思 即斡罗思。指13世纪初期基辅罗斯等公国。约当今乌克兰基辅、俄罗斯莫斯科一带。《元史·阔里吉思传》："曾祖八思不花，从攻乃蛮、钦察、兀罗思诸国。"即此。

兀的罕千户所 明永乐四年（1406）置，属奴儿干都司。在今黑龙江省逊克县南沾河上游。后废。

兀的河 又作乌第河、乌达河。源出外兴安岭，东流入鄂霍茨克海。明永乐五年（1407）于此置兀的河卫。

兀的河千户所 又作兀的千户所。明置，属奴儿干都司。在今俄罗斯哈巴罗夫斯克边疆区东流入鄂霍次克海的乌第河流域。后废。

兀的河卫 明永乐五年（1407）置，属奴儿干都司。在今俄罗斯哈巴罗夫斯克边疆区乌第河流域。后废。

兀泷古河 即龙骨河。今新疆青河、富蕴、福海三县境之乌伦古河。《元朝秘史》卷5：征乃蛮"追至忽木升吉儿地面兀泷古河"。

兀郎海山 在今内蒙古乌拉特中旗、乌拉特后旗境之狼山。《大元仓库记》："相视兀郎海山下，旧新安州故城方圆七里，并无人烟，黄河沿路别无村疃，西至宁夏路七百里。"

兀郎海城 即兀剌海。今内蒙古乌拉特后旗西南狼山隘口。《元史·郭守敬传》：守敬言："舟自中兴沿河四昼夜至东胜，可通漕运，及查泊、兀郎海古渠甚多，宜如修理。"

兀剌忽卫 明永乐十二年（1414）置，属奴儿干都司。治所在今黑龙江省通河县东乌拉珲河口一带。后废。

兀剌忽站 明初改元吾纳忽站置，在今黑龙江省通河县东乌拉浑河东祥顺乡。明《辽东志》卷9：海西东水陆城站有"兀剌忽站"。

兀剌孩 即兀剌海。在今内蒙古巴彦淖尔市临河区东北狼山隘口（狼山镇高北油坊古城）。

兀剌海 又作兀剌孩、兀良海牙、斡罗孩。在今内蒙古巴彦淖尔市临河区东北狼山隘口（狼山镇北高油坊古城）。《元史·太祖纪》：四年（1209），攻西夏，"克兀剌海城，俘其太傅西壁氏"。

兀剌海路 元改西夏黑山威福监军司置，治所在兀剌海城（今内蒙古巴彦淖尔市临河区东北狼山镇北高油坊古城）。明初废。

兀难河 亦作斡难河。即今蒙古国及俄罗斯境之鄂嫩河。《元史·镇海传》："初以军伍长从太祖同饮班朱尼河水，与诸王百官大会兀难河，上太祖尊号曰成吉思皇帝。"

兀提剌耳 即讹打剌城。亦作兀答剌儿、兀的剌儿、兀都剌儿。察合台汗国属地。在今哈萨克斯坦南部奇姆肯特西北帖木儿附近。

兀惹城 在今黑龙江省通河县附近。《辽史·奚和朔奴传》：统和十三年（995）秋，"迁都部署，伐乌惹，驻于铁骊。秣马数月，进至兀惹城"。即此。

兀惹部 又作乌惹、乌舍。辽属国，中心在兀惹城（今黑龙江省通河县附近）。分布地相当今黑龙江省松花江下游及俄罗斯黑龙江下游一带。金称乌底改，元谓吾者野人。

兀鲁灰河 又作兀勒灰河、兀鲁骨河。今内蒙古东乌珠穆沁旗东北乌拉盖郭勒。元太祖建国前曾与克烈部王罕激战于此，后为太祖弟合赤温封地。《元史·土土哈传》："诸王也只里为叛王火鲁哈孙所攻，遣使告急。复从皇孙移师援之，败之兀鲁灰。"即此。明代译名兀鲁骨河。清代译名乌尔虎河、鄂尔虎河、乌尔浑河。又称芦河。

兀鲁回失连真河 今内蒙古东乌珠穆沁旗东之乌拉根果勒、舍根日机果勒。《元史·太祖纪》："岁壬戌，帝发兵于兀鲁回失连真河，伐按赤塔塔儿、察罕塔塔儿二部。"

兀鲁国 即斡罗思。指13世纪初期基辅罗斯等公国。约当今乌克兰基辅、俄罗斯莫斯科一带地区。《元史·速不台传》：辛丑（1241），"太宗命诸王拔都等讨兀鲁思部主也烈班，为其所败"。

兀鲁骨河 即兀鲁灰河。今内蒙古东乌珠穆沁旗东北乌拉盖郭勒。明于谦《少保于公奏议》卷8所载之兀鲁骨河。即此。

万人城 在今广东英德市西北四十里浈山上。《元和志》卷34浈阳县：浈山"尉佗为城于此山上，名曰万人城"。

万人敌城 在今湖北武汉市武昌城区蛇山。《舆地纪胜》卷66鄂州江夏县：万人敌城"在城东黄鹄山顶。亦古城也。西连子城，下瞰外郭。建炎草窃犯城，郡守命其上以强弩射之，寇退。因得其名"。

万人冢 又称大唐天宝战士冢。在今云南大理市下关天宝街。唐天宝十三载（754）南诏王阁罗凤所筑，积尸为冢，以炫耀武功，名曰"大唐天宝战士冢"，通称“万人冢”。《清一统志·大理府》：万人冢“在赵州西二十五里。唐鲜于仲通及李宓之败，死者二十余万。阁罗凤曰：天子致讨，兵士何罪，遂敛尸葬之，其冢如山”。

万人堆 又名万人鼻。在今台湾省基隆港入口西岸北侧海滨。以岸边多海蚀而成状如人体的奇石，故名。基隆港口西防波堤自岬角向北延伸，东与桶盘屿对峙。堤端建有灯塔。

万人聚 一作万人散。在今河南杞县南圉镇北。《水经·渠水注》：“鲁沟水又东南迳圉县故城北……历万人散。王莽之篡也，东郡太守翟义兴兵讨莽，莽遣奋威将军孙建，击之于圉北，义师大败，尸积万数，血流溢道，号其处为万人散，百姓哀而祠之。”《水经注疏》杨守敬按：“《陈留志》作万人聚……此作散，以形近致误。”

万工堰 ①亦名官渠。在今四川彭州市西南十七里蒲阳河上。《元史·河渠志三》：“外江东至崇宁，亦为万工堰。堰之支流自北而东为三十六洞，过清白江堰，东入于彭、汉之间。”《明史·河渠志》：天顺二年（1458），“修彭县万工堰，灌田千余顷”。清嘉庆以后废。

②即今四川汉源县东南大渡河东岸万工乡。清时有把总驻守。

万丈潭 在今甘肃成县东南七里。《方舆胜览》卷70同庆府：万丈潭，“《旧经》，昔有黑龙自潭飞出”。杜甫有《万丈潭》诗：“青溪合冥寞，神物有显晦。龙依积水蟠，窟压万丈内。”

万山 又名汉皋山、方山。即今湖北襄阳市西万山。《晋书·杜预传》：预“刻石为二碑，纪其勋绩，一沉万山之下，一立岘山之上”。《宋书·邓琬传》：孔道存遣将王式民、康元隆等“迎击于万山，道世隆大败”。《水经·沔水注》：“汉皋，即万山之异名。”《元和志》卷21襄阳县：万山“一名汉皋山。在县西十一里，与南阳郡邓县分界处”。

万山汞矿遗址 在今贵州铜仁地区的万山特区万山城北仙人洞。洞分上、中、下三层。洞内有唐代以来采矿时修凿的石梯、隧道、刻槽、标记等遗迹。明永乐十三年（1415）建大万山苏葛长官司后，随即建立大万山汞办局，进一步开采朱砂，仙人洞是当时的采矿场。清光绪二十五年（1899），英法两国商人在此开办“英法水银公司”。宣统二年（1910）陈万顺在仙人洞筑墙建门，内建住房二栋。20世纪50年代拆毁。采矿场已终止采掘，仅存遗址。2006年定为全国重点文物保护单位。

万山堡 元世祖至元七年（1270）建。在今湖北襄阳市西万山附近。《元史·张弘范传》：“移弘范兵千人戍万山。既成，与将士较射出东门，宋师奄至。”

万川县 ①北周改安乡县置，为万川郡治。治所即今重庆市万州区。同治《万县志》卷2：“万川亦以居群川所会为名。”隋开皇十八年（598）改为南浦县。

②隋大业初改义招县置，属义安郡。治所即今广东大埔县。唐武德初废。

万川郡 北周改安乡郡置，属南州。治所在万川县（今重庆市万州区）。辖境相当今重庆市万州区及梁平等县地。隋开皇初废。

万木草堂 在今广东广州市中山四路长兴里3号。原为邱氏书院。清光绪十七年（1891）康有为在此创“万木草堂”，聚徒讲学，并写成《新学伪经考》，为变法改良制造理论依据。从学者有陈千秋、梁启超等人。次年迁至卫边街之邝氏祠堂。光绪十九年又迁至广州府学宫仰高祠（今文明路广州市第一工人文化宫）。

万太县 1931年11月中央革命根据地由万安、太和两县赣江东岸地析置，驻沙村（今江西泰和县东南沙村）。取二县首字为名。1934年11月废。

万历（歷）洞 在今四川筠连县西南七十八里。清同治《筠连县志》卷2：万历洞“洞深十里。有碑书‘万历’年号，故名”。

万匹梁 在今山东高密市西北。《寰宇记》卷24高密县：万匹梁，“《郡国志》：高密县西有郑玄宅，亦曰郑城。玄后移葬于砺阜，墓侧有稻田十万顷，断水造鱼梁，岁收亿万，号万匹梁”。

万冈县 1935年置，属广西省。治所在今广西巴马瑶族自治县。1951年撤销。1956年复置。改为巴马瑶族自治县。

万水泉 在今山西和顺县东。《方舆纪要》卷43和顺县：万水泉“在县东六十里，流合漳水”。

万丹 ①即今台湾省屏东县南万丹乡。清置汛于此，有把总驻守。

②在今印度尼西亚爪哇岛西北岸万丹。《顺风相送》“万丹往池汶精妙针路”条：“万丹出屿外，用乙卯、单卯、甲卯，沿茭绿巴、茭荖园头、遮里问、吧哪大山及胡椒山，对开是吉里问山。”

万户山 在今山西汾阳市西二十里。《方舆纪要》卷42汾州府：万户山“延袤二十里，高八十丈，平坦可居万户，因名”。

万户谷 在今湖北秭归县（茅坪镇）西北归州镇西。《宋史·孟珙传》：南宋嘉熙三年（1239），蒙古兵欲大举临江，孟珙分兵防守，“遣于德兴增兵守归州隘口万户谷”。即此。

万户驿 在今重庆市云阳县东复兴场。明周复俊《全蜀艺文志》卷4：李焘《朐忍记》：“闰月一日泊舟云安之西三十里万户驿下横石滩上。土人云，今驿之左右朐忍之故地也。”

万户城 在今重庆市云阳县东复兴场。《旧唐书·地理志》云安县：“故城曰万户城。县西三十里，有盐官。”《舆地纪胜》卷182云安军：万户城，“《方舆记》云：县西三十一里。汉立县于此。今谓之万户城”。

万户峪 即今陕西神木县南万镇。《雍胜略》：“万户峪古为沃壤，有民万家。”宋咸平中，啜咓引赵保吉，自此入寇麟州，至松花砦。

万世县 亦作万县。北周天和元年（566）改巴渠县置，为万世郡治。治所在今重庆市开县东北大进镇。隋开皇三年（583）属开州。大业三年（607）属万安郡。唐武德元年（618）属开州。二年（619）移治今开县东北温泉镇北县坝。贞观二十三年（649）改为万岁县。

万世郡 亦作万安郡。北周天和元年（566）置，属开州。治所在万世县（今重庆市开县东北大进镇）。辖境相当今重庆市开县东北部地。隋开皇初废。

万古场 ①即今重庆市大足县东六十里万古镇。清道光《大足县志》卷2：万古场“在县东八十里”。

②即今重庆市合川区西北燕窝镇。清光绪《合州志》卷4：万古场“距城一百六十里”。

万古镇 即今河南滑县东南万古镇。居民分居万古沟两侧，称西万古、东万古。民国《重修滑县志》卷6：“东万古，距城五十里”；“西万古，距城五十里。”

万石山 在今广西玉林市西北。《舆地纪胜》卷121郁林州：万石山“在兴业县西南二里”。《方舆纪要》卷108兴业县：万石山“峰峦错落，如累石然。其下有石井涧，绕流结曲”。

万石戍 在今湖南岳阳县（荣家湾）西。《水经·湘水注》：“侧湘浦北有万石戍。”光绪《巴陵县志》：万石戍“在鹿角镇下五里。为泊舟云聚，今长江水师分驻之”。

万石坝 在今四川邛崃市东十五里。相传为西汉著名隐士严君平故里。清嘉庆《四川通志》卷56邛州：“严君平故里在州东十五里地名万石坝。”民国《邛崃县志》卷1：“城东北二十里童桥，一名万兴场。有万石坝，君平故里也。”

万石城 在今陕西南郑县西北。《水经·沔水注》：“汉水又东径万石城下，城在高原上，原高十余丈，四面临平，形若覆瓮，水南遏水为阻，西北并带汉水，其城宿是流杂聚居，故世亦谓之流杂城。”《方舆纪要》卷56谓此城“盖晋、宋间筑”。

万石洲 在今江西樟树市西南。《方舆纪要》卷87临江府清江县：万石洲在“府（治今临江镇）南十里。赣江环其右，袁江经其左，四面滨水。夷旷肥饶，岁收常倍，因名。《志》云，洲接新淦县界，其南为南横河，亦曰上横河，地名龙窟口，即赣江会袁江之故道。洲北曰北横河，东出铜锣江口，亦曰下横河。又北即中洲也，在两江中，因名。横广十里，纵二十余里。又北与金凤洲相接，盖在府城东南，文明门对岸江中，横亘一里，与中洲止隔小溪也”。

万石堤 在今湖北石首市西。《方舆纪要》卷78石首县：万石堤在“县西五里。宋县令谢麟筑，用米万石，故名”。

万石湾 在今湖北石首市西。《方舆纪要》卷78石首县“刘郎浦”条下：“《志》云，县西五里有万石湾，在万石堤下，与江北岸刘郎浦正相值，舟楫经过，遇北风辄坏。俗呼折船湾。”

万石镇 即今广西三江侗族自治县西南梅林村。旧属怀远县，明置巡司于此。

万仞山 在今河北易县西北九十里。《方舆纪要》卷12易州：万仞山，“《志》云：在紫荆关南数里，高峻壁立”。

万仞关 在今云南盈江县北四十里猛弄山顶。明万历二十二年（1594）云南巡抚陈用宾筑，为腾越八关之一。

万仞寨 在今陕西略阳县北。《资治通鉴》：唐光启二年（886），“宋玫将张行实攻大唐峰，李铤等击却之。金吾将军满存与邠军战，破之，复取兴州，进守万仞寨”。

万宁市 1996年改万宁县置，由海南省直辖。市人民政府驻万城镇。

万宁县 ①五代南汉改万安县置，为万安州治。治所在今海南省万宁市北。南宋绍兴六年（1136）复改万安县。

②金大定二十九年（1189）置，属涿州。治所即今北京市房山区西南城关镇。明昌二年（1191）改名奉先县。

③1914年改万县置，属广东琼崖道。治所即今海南省万宁市。1920年直属广东省。1988年划归海南省。1996年改设万宁市。

万宁宫 为金代中都城东北郊最大的离宫禁苑。在今北京市城内北海公园一带。《金史·地理志》中都路：“京城北离宫有太宁宫，大定十九年建，后更为寿宁，又更为寿安，明昌二年更为万宁宫。”此后元建大都城即以此为中心建皇宫大内。

万发拨子遗址 在今吉林通化市南郊金厂镇。是鸭绿江上游地区最有代表性的古文化遗址之一。遗址面积15万平方米，分为东、西两部分，西部是生活居住区，东部为墓葬区。万发拨子遗址年代跨度大，大致涵盖了吉林省东南部、辽宁省东部及朝鲜半岛西北部的文化序列。遗址内所发现的积石墓、方坛积石墓是高句丽时期的一种特殊葬俗。与墓葬同期的生活居址的发现对研究高句丽的起源、发展与早期社会生活具有重要价值。2001年定为全国重点文物保护单位。

万吉都督府 唐置，为党项羁縻府，属灵州都督府。其地当在今宁夏黄河两岸地。后废。

万老高 即今印度尼西亚马鲁古群岛。《海国录》东南洋记：“（网巾礁脑）其东南又有万老高、丁机宜二国。”

万岁山 ①俗称煤山。即今北京市故宫神武门北景山。明永乐五年（1407）兴建北京宫殿，将拆除元宫殿及挖掘紫禁城护城河的渣土，堆积成土山。土山位于纵贯皇城的中轴线上，取名万岁山。《明一统志》卷1：西苑“东北有万岁山，高耸明秀，蜿蜒磅礴，上插霄汉，隐映宫阙，皆禁中胜境也”。崇祯十七年（1644），李自成率领农民起义军攻占北京城，崇祯皇帝吊死在此山东麓一槐树下。《明史·庄烈帝纪》：“帝崩于万岁山，王承恩从死”，即此。清顺治十二年（1655）改为景山。今为景山公园。

②即万安山。在今安徽休宁县东十里万安镇。《寰宇记》卷104休宁县："吴避孙休之名，改为海阳县，仍移于万岁山上。"

③又名城山。在今安徽凤阳县城北隅。《方舆纪要》卷21凤阳县：万岁山"在皇城北，城垣经其上。东西有二峰对峙，东曰日精，西曰月华"。

④北宋政和七年（1117）筑，在今河南开封市东北隅。《宋史·地理志》：政和七年（1117），"始于上清宝箓宫之东作万岁山。山周十余里，其最高一峰九十步，上有亭曰介，分东西二岭，直接南山"。宣和四年（1122）改名艮岳。

⑤即今湖南郴州市西南三十里灵寿山。《水经·耒水注》：千秋水"出西南万岁山，山有石室，室中有钟乳，山上悉生灵寿木，溪下即千秋水也"。《舆地纪胜》卷57郴州：万岁山，"天宝六年改为灵寿山"。

万岁池 亦名万顷池。战国秦惠王二十七年（前311）建成都城取土成池，在四川成都市北十里凤凰山东南。东晋常璩《华阳国志·蜀志》："其筑城取土，去城十里，因以养鱼，今万岁池是也。"《新唐书·地理志》成都县："北十八里有万岁池。天宝中，长史章仇兼琼筑堤，积水溉田。"《宋史·王刚中传》："成都万岁池广袤十里，溉三乡田，岁久淤淀，刚中集三乡夫共疏之，累土为防，上植榆柳，表以石柱，州人指曰：王公之甘棠也。"皆此。明代逐渐淤涸。

万岁县 ①西晋置，属西郡。治所在今甘肃山丹县东南陈户乡北。《资治通鉴》：东晋隆安五年（401），秃发利鹿孤"遣张松侯俱延、兴城侯文支将骑一万袭（沮渠）蒙逊，至万岁、临松"。隋省入删丹县。

②唐贞观二十三年（649）避李世民讳改万世县置，属开州。治所在今重庆市开县东北温泉镇北县坝。《寰宇记》卷137开州万岁县："取县北有万岁谷为名。"宝历元年（825）废，寻复置。北宋改为清水县。

万岁岭镇 北宋置，属历阳县。在今安徽和县西北二十里。

万岁河 在今山东莱州市东北三十里，俗名大王河。《寰宇记》卷20掖县：万里沙，"《汉书·郊祀志》云：武帝元封元年大旱，祷万里沙。又《封禅书》云，天子既出，祷万里沙。还，祀泰山。按：沙长三百里。据《史记》注：在县东北三十里，夹万岁河两岸是也"。

万岁亭 在今河南郑州市东。《后汉书·荀彧传》：东汉建安中，"封彧万岁亭侯"。即此。

万岁宫 西汉武帝时筑，故址在今山西万荣县荣河镇北。《汉书·宣帝纪》：西汉神爵元年（前61），"幸万岁宫，神爵翔集"。即此。

万岁峰 在今河南登封市嵩山太室正南峰下。《汉书·武帝纪》：元封元年（前110）春正月《诏》曰："朕……亲登嵩高，御史乘属、在庙旁吏卒咸闻呼万岁者。"清乾隆《登封县志》卷6引《嵩山志》云："万岁峰，以武帝时三呼万岁得名。"

万岁湖 ①在今江苏盱眙县西。《舆地纪胜》卷44盱眙军：万岁湖，"《寰宇记》云：在城西二里。方圆三十里。昔周世宗驻跸于此。民因山呼，因以为名焉"。

②在今安徽天长市西。《寰宇记》卷130天长军："万岁湖在城西二里，方圆三十里。"《舆地纪胜》卷44盱眙军：万岁湖"昔周世宗驻跸于此，民因山呼，因以为名焉"。《方舆纪要》卷21天长县：万岁池"在县西五里。周十里。相传以秦始皇经此而名"。

③在今江西南丰县城东。《方舆纪要》卷86建昌府南丰县：万岁湖在"城东一里。今名蔓翠湖。水出流出湖口入于盱江"。

万岁楼 东晋隆安中，王恭镇南徐州时建。南宋时称月台，后又为月观。在今江苏镇江市内西南隅。《宋书·景素传》：元徽四年（476），景素举兵京口，台军击之，诸军相系奔败，惟景素参军左暄力战不退，"于万岁楼下横射台军，不能禁，然后退散"。即此。

万岁殿 即福宁殿。北宋东京（今河南开封市）宫殿。《续资治通鉴长编》卷17：开宝九年（972）十月，"癸丑，上（太祖赵匡胤）崩于万岁殿"。此即《湘山野录》所谓宋太宗光义为争夺皇位而发生的"烛影斧声"这一千古之谜。

万岁镇 ①北宋置，属武进县。即今江苏常州市新北区孟河镇西万绥。《方舆纪要》卷25常州府武进县"兰陵城"条下："《志》云，府城西北六十里，为千秋乡之万岁镇。今名阜通镇。有古青城，城南为圆坛，西为方坛。盖萧齐篡位后，以兰陵为其汤沐邑，因置此为郊祀之所。"

②北宋置，属遂宁县。在今四川遂宁市西四十里。

万年大山 在今四川高县东南五十里仁爱村（老王场）。清同治《高县志》卷6：万年大山"在老王场后，山高大。同治二年正月，蛮匪自珙邑恒丰场窜老王场，果后营布政使刘岳昭督兵来场护卫，营扎前后山，相为犄角，击退贼匪，民赖以安"。

万年山 即今江西万年县西万年峰。《方舆纪要》卷85饶州府万年县：万年山"在县治（今青云镇）北。亦曰万年峰。县以此名。《旧志》：德兴县界有万年岭，宋广王由此入闽，曾驻跸山下"。

万年尹 北魏延和元年（432）改代尹置，治所在平城县（今山西大同市东北古城）。太和十七年（493）改为代郡。

万年寺 ①唐建。在今浙江天台县西北六十里。《徐霞客游记·游天台山日记》：明崇祯五年（1632）四月十八日，"五峰围拱中得万年寺，去护国三十里矣。万年为天台西境，正与天封相对，石梁当其中，寺中古杉甚多"。

②在今四川峨眉山市西四十里峨眉山观音岭下。

创建于东晋隆安年间，名普贤寺。唐乾符三年（876）重建，改名白水寺。宋名白水普贤寺。明名圣寿万年寺。为峨眉山最著名的古寺。南宋范成大《吴船录》卷上：白水普贤寺“谒普贤大士铜像，国初敕成都所铸，有太宗、真宗、仁宗三朝所赐御书百余卷”。1946年大火，仅存明建无梁殿（砖殿，普贤殿）。1950年后重建万年寺，规模宏伟。无梁殿建筑奇特，穹窿结构，门楣及穹窿顶饰以彩绘图案，壁龛周围有一千尊铜铸佛像，下龛三层铁铸罗汉五百尊，正中有北宋太平兴国五年（980）铸造普贤铜铁佛坐像（包括坐骑大象、莲台），重62吨。1961年定为全国重点文物保护单位。

万年州 清康熙三年（1664）郑成功子郑经升万年县置，属东宁省。治所在兴隆里（今台湾省高雄市北左营区凤山县旧治）。辖今台湾省南部地区。康熙二十二年（1683）废。

万年县 ①西汉高帝分栎阳县置，与栎阳县同城而治，属左冯翊。治所在今陕西西安市东北阎良区武屯镇古城村。北周明帝二年（558）移治长安城（今陕西西安市西北），与长安县同为京兆郡治。隋开皇三年（583）移治今西安市，改名大兴县。唐武德元年（618）复名万年县，属雍州。开元元年（713）为京兆府治。天宝七年（748）改为咸宁县。乾元元年（758）复名万年县。五代梁改名大年县，为大安府治。后唐仍名万年县。北宋宣和七年（1125）改名樊川县。

②东晋安帝时因秦、雍流民置，属怀宁郡。治所在今四川成都市南。北周废。

③东晋侨置，属义成郡。寄治襄阳（今湖北襄阳市汉水南襄阳城）。南朝宋寄治均口（今湖北丹江口市）。梁废。

④北魏延和元年（432）改平城县置，为代郡治。治所在今山西大同市东北古城。太和十七年（493）复改平城县。

⑤北魏置，属昌平郡。治所在今河北蔚县东北。孝昌中废。

⑥东魏天平中置，属昌平郡。治所在今北京市昌平区西南。隋开皇初废。

⑦隋仁寿元年（601）改广阳县置，属京兆郡。治所即今陕西西安市临潼区东北栎阳镇。唐武德元年（618）改名栎阳县。

⑧明正德七年（1512）置，属饶州府。治所即今江西万年县西南青云镇。《方舆纪要》卷85饶州府万年县：万年山“在县治北，亦曰万年峰，县以此名”。民国初属江西浔阳道。1926年直属江西省。1959年徙今治陈营镇。

⑨清顺治十八年十二月（1662）郑成功置，属承天府。治所在兴隆里（今台湾省高雄市北左营区凤山县旧治）。以管辖今台湾省南部地区。康熙三年（1664）改为万年州。

万年宫 唐永徽二年（651）以九成宫改名，在今陕西麟游县西九成宫镇。乾封二年（667）复名九成宫。

万年桥 ①在今江苏苏州市胥门外。《清一统志·苏州府二》：万年桥，“本朝乾隆五年，抚臣徐士林、知府汪德馨建。延石为堍，架木远接，横跨胥江，中豁三拱，以通巨舰，商贾便焉”。

②在今江西南城县东北郊、横跨盱江。《清一统志·建昌府二》：万年桥“在南城县东北六里。明崇祯中建，凡二十四垒”。桥西有镇，商旅丛集。

③在今江西分宜县东南。《方舆纪要》卷87袁州府分宜县：万年桥“在县（旧）治东，跨秀溪上。嘉靖三十五年建。酾水十一道，长百二十丈，称为壮丽”。

万年顿 在今山西太谷县西北十里。《方舆纪要》卷40太谷县：万年顿“本名龙泉顿，唐开元十年幸太原，道经此，改曰万年”。

万年陵 汉太上皇陵。在今陕西西安市临潼区东北七十五里。

万年港 古港名。即今印度尼西亚加里曼丹岛。一说即今加里曼丹北岸的文莱。元汪大渊《岛夷志略》：万年港“凌门正湾为之引从，仿佛相望”。

万全左卫 明洪武二十六年（1393）置，属山西行都司。治所在今河北怀安县东左卫镇。建文四年（1402）徙治蔚州（今蔚县），永乐元年（1403）又徙治通州（今北京市通州区），后徙治今左卫镇，属万全都司。清康熙三十二年（1693）废。

万全右卫 明洪武二十六年（1393）置，属山西行都司。治所在今河北怀安县东左卫镇。建文四年（1402）徙治蔚州（今蔚县），永乐元年（1403）又徙治通州（今北京市通州区），次年徙治德胜堡（今万全县），宣德五年（1430）属万全都司。清康熙三十二年（1693）改为万全县。

万全县 ①唐至德二年（757）改万安县置，属万全郡。治所在今海南省万宁市北大茂镇旧州村。乾元元年（758）复改万安县。

②唐广德二年（764）改尚安县置，属同昌郡。治所在今四川九寨沟县西北一百十里黑河乡（头道城）。乾元元年（758）属扶州。广德后没入吐蕃。

③清康熙三十二年（1693）改万全右卫置，属宣化府。治所即今河北万全县。1914年移治张家口下堡（今张家口市）。1928年划归察哈尔省。1939年复迁回万全城。1952年属河北省。

万全驿 明置，属万州。在今海南省万宁市（万城镇）。

万全宫 在今陕西蓝田县东。《新唐书·地理志》京兆郡蓝田县：“永淳元年作万全宫，弘道元年废。”宋敏求《长安志》卷16载：“万全宫在（蓝田）县东四十五里，开耀三年诏，新造凉宫为万全宫。”高宗遗诏停废万全宫，武后文明元年（684）诏万全宫置僧寺，并以旧宫为名。

万全郡 唐至德二年（757）改万安郡置，治所在陵水县（今海南省陵水黎族自治县东北）。辖境相当今海南省万宁市及陵水黎族自治县地。乾元元年（758）改为万安州。

万全都司 明宣德五年（1430）置，属后军都督府。治所在宣府卫（今河北张家口市东南宣化）。辖境相当今河北省内、外长城间的赤城、怀来以西和宣化、阳原县以北地区。地势险要，位于京师门户居庸关外，尤其在开平、兴和等卫、所徙废后，地位尤重，分兵屯守。清初废。

万会桥 在今江苏徐州市东北。《方舆纪要》卷29徐州：万会桥“旧城东北三里，跨泗水上。以铁索维舟为之。水陆往来，皆集于此。俗名大浮桥”。

万庄 即今河北廊坊市西北二十二里万庄镇。清乾隆《东安县志》卷2：万庄镇“离城五十里”。

万州 ①南朝梁大同二年（536）置，治在宣汉县（西魏改为石城县，在今四川达州市）。唐杜佑《通典》卷175《州郡》：万州“以州内地万余顷，因以为名”。辖境相当今四川达州市及达县、开江、宣汉等县地。西魏废帝二年（553）改为通州。

②西魏恭帝改江州置，治所在义阳郡（今四川巴中市西南恩阳镇）。北周天和二年（567）废。

③北周保定初置，治所在万荣郡永康县（今四川达县西北七十五里桥湾乡）。辖境相当今四川达县西北及平昌县部分地。隋开皇三年（583）废。唐武德二年（619）复置，治所在永穆县（今达县西北桥湾乡）。贞观元年（627）废。

④隋义宁二年（618）置，治所在盛山县（今重庆市开县南二里）。《旧唐书·地理志》盛山县：“义宁二年分置万州，仍割巴东郡之新浦，通川郡之万世、西流三县来属。”辖境相当今重庆市开县地。唐武德元年（618）改为开州。

⑤唐贞观八年（634）改浦州置，治所在南浦县（今重庆市万州区）。明郭子章《郡县释名》四川卷下：“万州，以地居四达之冲，众川之统会”，即以万川毕会为名。天宝元年（742）改为南浦郡，乾元元年（758）复为万州。辖境相当今重庆市万州区及梁平等县地。宋时辖境缩小。南宋淳祐间，迁治天生城（今万州区北）。元复还旧治。世祖至元二十年（1283）废南浦县入州，属夔州路。明洪武六年（1373）改为万县。

⑥明洪武元年（1368）改万安军置，治所在万安县（今海南省万宁市）。正统五年（1440）省万安县入州。辖境相当今海南省万宁市及陵水黎族自治县地。清光绪三十一年（1905）改为万县。

万州千户所 明洪武七年（1374）置，属海南卫。治所在今海南省万宁市。后废。

万兴砦 在今湖北竹山县西北，接陕西旬阳县界。民国《湖北通志》卷36竹山县：万兴砦“《光绪舆地记》：在城西北二百四十里，驻把总”。

万安山 ①在今山西沁县南。《清一统志·沁州》：万安山“在州南四十里。其地有文中子洞”。相传为隋王通读书处。

②即今江苏苏州市西北阳山。《清一统志·苏州府一》：阳山“在长洲县西北。一名秦余杭山。一名万安山”。

③在今安徽休宁县东十里万安镇。《舆地纪胜》卷20徽州：废海阳县，“《寰宇记》：在休宁县东十三里万安山上。旧名休阳，吴孙休改海阳，晋改海宁”。《方舆纪要》卷28休宁县：万安山“在县东十里。隋大业末，汪华移郡治于此。本名万岁山，宋宣和中，改名万安，避禁苑中山名也。今名古城岩”。

④在今河南宜阳县西南。唐置兴泰宫及兴泰县于此。《新唐书·地理志》寿安县：“西南四十里万安山，有兴泰宫，长安四年置，并析置兴泰县，神龙元年省。”

⑤在今河南商城县西南。《方舆纪要》卷50商城县：万安山在“县西南六十里。上有古砦”。

⑥即大石山。在今河南洛阳市东南四十里，南接登封市界。

万安千户所 明洪武二十年（1387）置，属镇东卫。治所即今福建福清市东南万安。清康熙三年（1664）废。

万安州 唐龙朔二年（662）置，治所在万安县（今海南省万宁市大茂镇北旧州村）。开元九年（721）徙治陵水县（今海南省陵水黎族自治县东北）。天宝元年（742）改名万安郡，至德二年（757）改为万全郡，乾元元年（758）复 万安州。贞元元年（785）还治万安县。辖境相当今海南省万宁市及陵水黎族自治县地。北宋熙宁七年（1074）改为万安军。

万安军 北宋熙宁七年（1074）改万安州置，治所在万宁县（今海南省万宁市）。南宋绍兴六年（1136）废。十三年（1143）复置，治所在万安县（今海南省万宁市）。辖境相当今海南省万宁市及陵水黎族自治县地。明洪武元年（1368）改为万州。

万安县 ①西晋置，属梓潼郡。治所在今四川罗江县。《旧唐书·地理志》罗江县：“晋于梓潼水尾万安故城置万安县。”南朝梁改为潺亭县。

②西魏改潺亭县置，为万安郡治。治所在今四川罗江县。隋属金山郡。唐属绵州。天宝元年（742）改为罗江县。

③隋开皇四年（584）改清泽县置，后属郓州。治所在今山东郓城县东十六里。十八年（598）改郓城县。唐天祐二年（905）复改万安县，五代唐复名郓城县。

④唐武德五年（622）置，属明州。治所在今越南河静省西北甘禄一带。贞观十三年（639）废入越裳县。

⑤唐贞观五年（631）置，属琼州。治所在今海南省万宁市北大茂镇旧州村。十三年（639）改属崖州。龙朔二年（662）为万安州治。至德二年（757）改为万全县。乾元元年（758）复名万安县。五代南

汉改万宁县。北宋为万安军治，南宋绍兴六年（1136）复名万安县，属琼州。十三年（1143）复为万安军治，治所即今万宁市。明洪武元年（1368）为万州治。正统五年（1440）省入万州。

⑥唐垂拱二年（686）置，属锦州。治所在今贵州铜仁市西南五里。天宝元年（742）改名常丰县。

⑦唐圣历二年（699）置，属泉州。以万安乡为名。治所即今福建福清市。天宝元年（742）改名福唐县。唐时地产铁。

⑧北宋熙宁四年（1071）升万安镇置，属吉州。治所即今江西万安县。元属吉安路。明属吉安府。民国初属江西庐陵道。1926年直属江西省。

⑨辽置，属韩州。治所在今辽宁昌图县西北。圣宗时并入柳河县。

⑩1937年日伪由万全、怀安二县合并设置，治所在柴沟堡（今河北怀安县）。1945年裁撤。

万安驿 ①唐置，在今四川罗江县。《方舆胜览》卷54绵州：万安驿“在罗江县西。《旧经》云：唐明皇幸蜀至此，闻驿名，叹曰：一安则不可，况万安乎！移宿真明寺。旧驿碑所载如此”。嘉庆《罗江县志》：万安驿，“棚厂在县西。晋时置万安县于此，故名。国朝顺治十七年并入德阳，改县为驿，设有驿丞专管。雍正八年复设县治，驿归知县兼理。南至德阳旌阳驿五十里，东北至绵州金山驿七十里”。

②在今江西新余市东北。南宋乾道中范成大去岭南，途经此。

万安郡 ①即万世郡。治所在万世县（今重庆市开县东北大进镇）。《寰宇记》卷137开州万岁县：“后周天和元年分巴东郡置万安郡，改巴渠为万岁（世）县，取县北有万岁谷为名。”

②西魏恭帝元年（554）置，属潼州。治所在万安县（今四川罗江县）。辖境相当今四川罗江县地。隋开皇三年（583）废。

③唐天宝元年（758）改万安州置，治所在陵水县（今海南省陵水黎族自治县东北）。辖境相当今海南省万宁、陵水县地。至德二年（757）改为万全郡。

万安桥 即洛阳桥。今福建泉州市东北洛阳桥。

万安陵 南朝陈武帝陈霸先的陵墓。在今江苏南京市江宁区南方山西北麓。《元和志》卷25上元县：陈武帝霸先万安陵“在县东三十八里方山西北。贞观十一年，诏百步内禁樵采”。

万安砦 ①在今福建泉州市东北。《方舆纪要》卷99泉州晋江县：万安砦“在府东北洛阳桥傍，与惠安县分界处。（明）嘉靖中置”。

②北宋崇宁四年（1105）置，属平州。治所即今广西三江侗族自治县西南富禄苗族乡梅林村。明于此置万石镇巡司。

万安堡 北宋置，属延安府。在今陕西子长县北。

万安街 即今安徽休宁县东南万安镇。清道光《休宁县志》卷1：万安街在“县东五里，长三里”。

万安禅院石窟 在今陕西黄陵县西北双龙镇西。又名双龙石窟、石空寺。始凿于北宋绍圣二年（1095），明清两代有所增凿扩建。单窟，朝向东南。窟口处凿有三开间仿木构窟檐，通面阔5.04米。窟室面宽9.2米，进深8.4米，高约5.3米。中央佛坛上有接顶屏壁。坛上供三世佛，左右壁高浮雕三尊立佛和一尊药师佛，高2.55—3.15米。前后壁及屏壁浮雕五百罗汉、一百徒众，千手千眼观音、文殊、普贤、地藏、观音、西方三圣、十方立佛等，共有造像千余尊。甬道两壁雕有日光、月光菩萨及涅槃图等。窟内外还有宋、明、清题刻碑记。2006年定为全国重点文物保护单位。

万安滩 在南海中中国南沙群岛西部，位于李准滩西南约35海里。形似新月，东西长63公里，平均宽11公里。水深一般在37—111米之间，浅处17米。1935年公布名称为前卫滩。1947年改名万安滩。

万安寨 ①北宋元丰元年（1078）置，属将乐县。即今福建将乐县北万安镇。明、清置巡司于此。

②在今福建泉州市东北。《方舆纪要》卷99泉州晋江县：万安砦“在府东北洛阳桥傍，与惠安县分界处。（明）嘉靖中置”。

③北宋崇宁四年（1105）置，属平州。治所即今广西三江侗族自治县西南富禄苗族乡梅林村。明于此置万石镇巡司。

④北宋置，属敷政县。在今陕西安塞县西南。

万安镇 ①五代末吴割遂兴县地置，属龙泉县。故址即今江西万安县。北宋熙宁四年（1071）升为万安县。

②清置，属洪洞县。即今山西洪洞县西北二十里万安镇。

万军城 在今河北迁安市东北二十八里，东近卢龙县界。《方舆纪要》卷17迁安县：万军城“山岩突起，顶有土城，周围二百余步，中有将台遗址，相传唐太宗征高丽尝驻军于此。今名帐房山”。

万阳山 又作万洋山。古名石含山。在今江西、湖南两省边境，属罗霄山脉中段。《方舆纪要》卷80酃县“云秋山”条下：“又万阳山，在县西南八十里，周三百里。上多古木怪石。”

万寿山 ①在今北京市西北颐和园内。金名金山。元称瓮山。清乾隆十六年（1751）乾隆帝为母祝寿，于圆静寺旧址建大报恩延寿寺，改瓮山为万寿山。清《日下旧闻考》卷84引《御制大报恩延寿寺碑记》称：“粤乾隆辛未之岁，恭遇圣寿六帙诞辰，朕躬率天下臣民，举行大庆礼，奉万年觞，敬效天保南山之义。以瓮山居昆明湖之阳，加号曰万寿。”

②在今安徽太和县北。《方舆纪要》卷21颍州太和县：万寿山在“县北五十里。唐以名乡，宋复以名县”。

万寿寺 在今北京市海淀区西三环北路万寿寺桥东

北。始建于明万历五年（1577）。清代多次重修。原为皇家庙宇，清末以后成为民间庙会场所。1989年辟为北京艺术博物馆。2006年定为全国重点文物保护单位。

万寿寺塔林 在今河北平山县三汲乡东林山西麓。占地约6.6万平方米。原有万寿寺高僧墓塔二十三座，现存二群十三座。其中2号墓塔为唐天寿太子（法号圆泽）墓塔。故又称唐太子墓塔群。太子墓塔塔身通高6.5米，底周8米，八角形，塔身正面有拱券门，其余各面有方形方格直棂盲窗二个，檐下为四铺作单挠斗拱，檐上为仰莲葫芦塔刹，显得浑厚稳健。除1、2号塔为唐、五代所建外，其余为宋、元、明、清时建筑。2006年定为全国重点文物保护单位。

万寿场 在今重庆市永川区北万寿镇。清光绪《永川县志》卷3：万寿场在“县北三十五里。地与铜邑连界，街北有铺数间系铜治，贸民百余家”。

万寿县 ①西晋置，为牂牁郡治。治所在今贵州瓮安县东北。南齐属南牂牁郡。梁以后废。

②唐武德五年（622）改万春县置，属渝州。治所即今重庆市永川区南朱沱镇。天宝初属南平郡，乾元元年（758）复属渝州。宋乾德五年（967）废入江津县。

③北宋开宝六年（973）析汝阴县北万寿等五乡置，属颍州。治所在百尺镇（即今安徽太和县东北四十六里原墙镇）。《寰宇记》卷11万寿县：“以万寿乡为名。”宣和中改为泰和县。

万寿坡 在今四川峨眉山市西南峨眉山翠竹峰下。清嘉庆《峨眉县志》卷1：万寿坡在“县西南六十里”。

万寿岩遗址 在今福建三明市西北岩前镇岩前村西北的石灰岩孤峰上。遗址由多处洞穴组成。灵峰洞发现石制品近百件，包括石核、石片、砍砸器、刮削器等。还有多种哺乳动物化石。时代为距今20万年左右。船帆洞出土石制品四百余件，有刮削器、砍砸器、尖状器及石核、石片等，还有骨铲、骨锥与角饰等及哺乳类、爬行类、鸟类化石十多种。时代约为距今3万—1万年。万寿寺遗址的旧石器文化遗存时代较早，延续时间长，洞穴形态及周围环境完好，保存了大量有关当时人类生活及其环境背景的信息，是研究中国东南部早期人类演化历史的重要证据。2001年定为全国重点文物保护单位。

万寿宫 又名铁柱宫。在今江西南昌市翠花街西、棋盘街东。宋名延真观，明嘉靖间改名万寿宫。为道教著名宫观。

万寿桥 即今福建福州市区八一七南路与中洲间的解放大桥。始建于元大德七年，至治二年（1322）落成。《方舆纪要》卷96福州府：万寿桥“在府南，跨南台江上，长三百余丈，石梁水门三十有九。元大德七年建。明成化后屡经修葺，俗名大桥。郡境之桥以十百丈计者，不可胜纪，万寿桥与洪山桥尤为雄壮云”。中华人民共和国成立后重修改建，易名解放大桥。

万寿堡 在今山西芮城县西北八里。《方舆纪要》卷41芮城县：万寿堡“《志》云，周显王时，芮民西接于秦，葺此堡以自守，废址犹存”。

万寿湫 在今陕西旬邑县北二十里。《方舆纪要》卷54三水县“梁渠川”条下：万寿湫“唐大历八年，因风雷而成，民资以灌溉”。

万寿镇 即今江苏江都市东南张纲镇。明、清置巡司于此。

万形州 唐置羁縻州，属邕州都督府。治所在今广西大新县东北。北宋废入万承州。

万劫山 在今越南东北部北江省陆岸河下游南、万安县东。元黎崱《安南志略》卷1：万劫山“前控大江，后山万重，有茂林修竹，小桥流水之胜。兴道王隐其中”。

万劫江 今越南东北部北江省境之陆岸河。《元史·安南传》：“兴道王（陈峻）、范殿前（范海崖）领兵船复聚万劫江口。”

万劫城 在今越南东北部北江省陆岸河下游万安。《元史·安南传》：至元二十二年（1285），镇南王脱欢讨安南，分六路进攻，“兴道王（陈峻）逃去，追至万劫，攻诸隘，皆破之。兴道王尚有兵船千余艘，距万劫十里”。

万村市 即今江西德兴市西南万村乡。《清一统志·饶州府二》：万村市“在德兴县西南八十里。宋初置酒坊。元废。

万杉寺 在今江西庐山庆云峰下。唐名庆云院。宋景德中，僧大超手植万杉，故名。清康熙年间重建。为庐山五大丛林之一。

万束陂 在今江苏金坛市东三十里。《方舆纪要》卷25常州府金坛县：万束陂，“《祥符图经》：陂宜稻，顷收万束，因名”。

万连山 在今湖北省保康县北。《方舆纪要》卷79保康县：万连山在“县北三里。高耸盘亘，如万峰之连结”。

万县 ①即万世县。治所在今重庆市开县东北大进镇。《旧唐书·地理志》：“万岁，后周之万县，隋加‘世’字。贞观二十三年，改万世为万岁县。”

② 明洪武六年（1373）降万州置，属夔州府。治所即今重庆市万州区。清光绪二十八年（1904）不平等的《中英续议通商行船条约》辟为商埠。民国初属四川东川道。1928年直属四川省。1950年以城区置万县市，迁县治于其西之沙河镇。

③清光绪三十一年（1905）改万州置，属琼州府。治所即今海南省万宁市。1914年改为万宁县。

万县市 1992年撤销万县地区和万县，设立地级万县市，原属四川省。1997年划归重庆市，改设重庆市万县区。

万里长沙 明代以后典籍中我国南海诸岛中一些岛屿的名称。见明黄衷《海语》、张燮《东西洋考》等。

万里长城 即长城的俗称。

万里长滩 在今江苏大丰市至如东县东黄海中。大丰县水面已成陆。《元史·食货一》:“海运之道,自平江刘家港入海,经扬州路通州海门县黄连沙头、万里长滩开洋,沿山嶼而行。”

万里石床 又作万里石塘。宋代以后典籍中我国南海诸岛中一些岛屿的名称。赵汝适《诸蕃志》作“万里石床”。

万里石塘 一作万里石床。宋代以后典籍中我国南海诸岛中一些岛屿的名称。见南宋王象之《舆地纪胜》引《琼管志》、祝穆《方舆胜览》、赵汝适《诸蕃志》、元汪大渊《岛夷志略》等。

万里沙 在今山东莱州市东北。《汉书·郊祀志》:武帝元封元年(前110),“是岁旱,天子既出,亡名,乃祷万里沙”。《汉书·地理志》东莱郡曲成“有参山万里沙祠”。《寰宇记》卷20掖县:“按:沙长三百里。据《史记》注,在县东北三十里,夹万岁水两岸是也。”

万里城 在今四川小金县北一百七十里。《清一统志·懋功屯务厅》:万里城在屯务“厅北一百七十里。为抚边屯通崇化屯之间道,连山如城,故名”。

万里桥 ①亦名笃泉桥。战国秦建于检江上,即今四川成都市南跨南河之南门大桥。《元和志》卷31成都县:“万里桥架大江水,在县南八里。蜀使费祎聘吴,诸葛亮祖之,祎叹曰:万里之路,始于此桥。因以为名”;刘光祖《万里桥记》:“今罗城南门外……古今相传,孔明于此送吴使张温,此水下扬州万里,后因以为名。”唐著名诗人岑参《万里桥》诗云:“成都与维扬,相去万里地。沧江东流疾,帆去如鸟翅。楚客过此桥,东看尽垂泪。”今桥为清康熙五年(1666)重建。《清一统志·成都府二》石桥“高三丈,宽半之,长十余丈”。

②唐建,在今广西兴安县东北。《方舆纪要》卷107桂林府兴安县“唐家铺”条下:“白云驿在县东北漓江上,驿南有万里桥,漓江所经也。”《清一统志·桂林府二》:万里桥“在兴安县东北一里漓江上。唐李渤建。明洪武时修”。

万里桥门 又名小南门。即唐成都罗城的南门。唐乾符三年(876)高骈筑成都罗城,周二十五里,开十门。南门曰万里桥门,因近外江万里桥而得名。《宋史·雷有终传》:“王均与其党二万余,南出万里桥门,突围而遁。”即此。

万佛顶 在今四川峨眉山市西南峨眉山千佛顶西,为峨眉山最高峰,海拔3098米。清嘉庆《峨眉县志》卷12:万佛顶“在千佛顶左(右)”。其下旧有万佛庵。

万佛峡 即榆林窟。在今甘肃瓜州县西南约一百四十里。

万佛堂 在今辽宁义县西北。明《辽东志》卷1“寺观”:万佛堂在“(义州)城西十五里。有山俯瞰凌河。魏景明间,好事者于南岩镌石佛像,大小无数,故名”。石窟尚存。

万佛堂、孔水洞石刻及塔 在今北京市房山区西北河北镇万佛堂村西,云蒙山南麓。孔水洞为一地下溶洞,长年有泉水流出。泉水出口处建有一座佛殿,名为“大历万佛龙泉宝殿”,始建于唐。现存建筑为明万历年间(1573—1620)重建的砖券结构无梁殿,称“万佛堂”。殿壁嵌有“万菩萨法会图”石刻,为唐大历五年(770)作品,碑长23.8米,高2.5米,由三十一块汉白玉浮雕而成,所刻佛像不下万余,是唐代石刻艺术佳作。孔水洞口岩壁上亦有隋唐雕像及刻经。洞外东侧有辽代花塔一座,高20米,塔身有辽咸雍六年(1070)、寿昌七年(1101)等题记,为探讨花塔形制出现的年代提供了实物资料。右侧有元代“龄公和尚舍利塔”一座,高18米,为八角七级密檐砖塔。这是一处历跨隋、唐、辽、元、明各代,有石刻、佛塔、佛殿结合为一体的文物群体,也是“房山石经”早期刻经地点之一,具有重要价值。2001年定为全国重点文物保护单位。

万佛堂石窟 在今辽宁义县西北十八里万佛堂村南大凌河北岸的悬崖上。明《辽东志》卷1:万佛堂在“(义州)城西十五里。有山俯瞰凌河。魏景明间,好事者于南岩镌石佛像,大小无数,故名”。分东、西两区,西区共九窟,建于北魏太和二十三年(499)。分上、下两层,下层为六大窟,上层为三小窟,下层窟与窟之间还雕有许多小佛龛。第5窟内有《平东将军营州刺史元景造像碑》。东区共七窟,是韩贞等七十四人于北魏景明三年(502)凿成。在第5窟的门楣上刻有《韩贞造像题记》。东区山顶上有一圆形小塔,为明成化十年(1474)都督佥事王锴所建。1988年定为全国重点文物保护单位。

万松山 ①在今辽宁绥中县西。明《辽东志》卷1:万松山在“(广宁前屯卫)城西北十五里。东西四百余里,连山海、永平界。山多松,故名”。清乾隆《钦定盛京通志》卷26:万松山在“(宁远州)城西一百三十六里,……俗呼松岭山,北有松岭,西有松岭台山,断续绵亘,皆昔之万松山也。土人因地立名,所呼不一”。

②在今山东费县东北十二里。其东南绕祊河。《清一统志·沂州府一》:万松山,“乾隆二十二年春,高宗纯皇帝南巡江浙,有司于此建行馆”。

③在今四川夹江县东北。《方舆纪要》卷72夹江县:万松山在“县东北三十里。山有三峰,中峰尤为峻耸,环山皆松也”。

④在今云南华宁县东。《方舆纪要》卷115宁州:万松山在“州东九里。山麓盘回,峰顶峭立。山有松林,四时苍翠”。

⑤在今云南晋宁县(昆阳镇)东北晋城镇东。《方舆纪要》卷114晋宁州:万松山在“州(治今晋城镇)东五里。山多松树,形如盘龙。一名盘龙山”。

万松寺 在今天津市蓟县西北盘山天成寺北。初名李靖庵，相传为唐名将李靖所建。清康熙年间改名万松寺。寺西有舞剑台，相传为李靖舞剑之处。寺毁于日本侵华战争。现存古塔二座，一为太平禅师塔，明万历四十三年（1615）建。另一为普照和尚塔，清康熙年间建。

万松关 在今福建漳州市东三十里堆云岭。《清一统志·漳州府》：万松关“在龙溪县东三十里鹤鸣、岐山之间，即堆云岭也。山势险峻，为渡江必由之道。明崇祯二年，知府施邦曜筑关于此”。

万松县 北宋政和四年（1114）置，为兑州治。治所在今广西东兰县东南。宣和三年（1121）废。

万松岭 ①在今浙江杭州市南。宋《淳祐临安志》卷9：万松岭“岭上夹道栽松”，故名。南宋时，密迩大内，宅第密布，直至山巅。唐白居易《湖上夜归》诗：“万株松树青山上，十里沙堤明月中。”即此。

②在今湖北鄂州市西五里樊山下。《舆地纪胜》卷81寿昌军：万松岭“在武昌樊山，临江道也。旧有松林，夹道弥坞”。

万松亭 在今湖北麻城市西。北宋苏轼作《万松亭诗叙》曰：“麻城县令张毅植万松于道周以庇行者，且以名其亭。”

万松源 在今浙江兰溪市西。《方舆纪要》卷93兰溪县：万松源在“县西四十里。山绕谷深，源口盘固，可以避乱”。

万顷山 在今重庆市城口县东南境、巫溪县西北境。《清一统志·夔州府一》“永隆山”条下：“万顷山亦在县北。广数百里。中有万顷池。”道光《城口厅志》卷4：万顷山“在七保万顷池侧，距厅东二百二十里。皆老林，连秦岭”。《明史·张献忠传》：崇祯十三年（1640），“（罗）汝才及过天星从宁昌窥大昌、巫山，欲渡江，为官军所扼。献忠至，遂与之合。献忠虽累败，气益盛，立马江岸，有不前赴者，辄戮之。贼争死斗，官军败走。贼毕渡，屯万顷山，归、巫大震”。

万顷池 ①即万岁池。在今四川成都市北十里凤凰山东南。《水经·江水注》：“初张仪筑城取土处，去城十里，因以养鱼，今万顷池是也。”

②在今四川万源市东南九十里石塘乡东北。民国《万源县志》卷2：万顷池“一名龙池。在石塘坝半山上，由翀天观发脉来，周围数亩”。万源县以此名。

③亦名千顷池。在今重庆市城口县东南巫溪县西北万顷山。南宋王应麟《通鉴地理通释》卷11：“盛山之万顷池则洒流有四：一入于渠，三入于夔。”《清一统志·太平厅》：万顷池，“《元统志》：相传楚春申君故居在池旁。《通志》：池在县东三百里峡口山之南，接大宁县界，幽谷深箐，水潴为池。邻境之水，多源于此”。

万顷沙 在今广东广州市番禺区东南。清光绪《广东图说》卷1：香山县海岸有“万顷沙”。沙湾水上承北江，东南流经此入海。

万顷原 在今甘肃临夏市北二里。《方舆纪要》卷60河州：万顷原“四望宽平，居民稠密，其上又有重台原。《志》云：州东西百里，南北五十里。唐及五代俱名广大原，昔时番汉所驻牧地也”。

万顷湖 在今湖北咸丰县西南。《方舆纪要》卷82大田所：万顷湖“在所西南二百里，与酉阳接界。其湖深陷，行之，周回动摇”。

万明寺 在今北京市城正阳门西南香厂路。元名水浉庵，明改名万明寺。清《日下旧闻考》卷61引谷之麟《重建万明寺碑略》：“京师正阳门外有万明寺，相传为水浉庵故址也。考庵之所由，盖自元季有游僧水浉，道行最高，结茅于此，邦人钦仰，即以其名名之。明万历间始改名万明禅林。”万明路以此得名。

万固寺 在今山西永济市西南二十六里中条山腰。《清一统志·蒲州府》：万固寺“在永济县东南十五里中条山麓。唐大中间建，初名建元，后改今额”。但寺内碑文则称“创自元魏”，当以碑记较为可靠。宋代曾重修，明嘉靖三十四年（1555）地震毁坏后重建。山门内大雄宝殿中，佛像已不存。塔院中有释迦塔，高十三层，约54米。塔后无量殿内供无量寿佛。寺最后有罗汉殿，已近山巅。现存四块线刻罗汉像，神态逼真，刻工精致，有唐代遗风。

万忠墓 在今辽宁大连市旅顺口区白玉山东麓。是甲午战争中死难同胞埋骨之所。清光绪二十年十月二十四日（1894年11月21日），日军侵入旅顺口，进行了三天三夜的大屠杀。旅顺人民奋起反抗，英勇搏斗，除三十六人幸免于难外，有二万余人被杀害。后由旅顺人民将尸体收集于花沟地方火化，丛葬于白玉山下。墓建于光绪二十二年（1896）。1922年和1948年两次重修。墓圹用花岗岩条石筑砌，呈正方形。墓顶刊立石碑，正面阴刻“万忠墓”三个大字。1971年在墓后建展览室。2006年定为全国重点文物保护单位。

万罗山 在今安徽池州市南二十里。以圆峰孤突，群山罗列而名。上有逻人石。李白诗“逻人横鸟道，江祖出鱼梁”。即此。

万岭箐 即今四川江安县南万里镇与长宁县东南万岭镇间之蜀南竹海。清嘉庆《江安县志》卷2：万岭箐“一名松山。在县东南七十里。有城墟大小射圃遗迹，碑志灭没不详所始。……《方言》：凡竹木茂者皆呼为箐，竹曰竹箐，木曰木箐”。蜀竹海面积120平方公里，洞穴二十余处。其中仙寓洞长500余米，内有殿堂已毁，石壁有观音十八罗汉等摩岩造像，为蜀南著名的风景名胜区。

万和店 即今湖北随州市北一百一十二里万和镇。清光绪《湖北全省分图》：随州北有万和店。

万佳山 亦作万家山。在今安徽当涂县东南。《清一统志·太平府》：李阳冰宅“在当涂县东南。今为万佳山”。

万舍街 即今江西南昌县（莲塘镇）西南万舍街。

清同治《南昌府志》卷6：万舍街“距（南昌）城五十里”。

万金宫　亦名万泉宫。唐永淳元年（682）建，在今陕西蓝田县东南四十里。弘道元年（683）废。

万金渠　亦名天平渠。在今河北临漳县西南。《魏书·地形志》司州邺县：“天平中，决漳水为万金渠。今世号天平渠。”唐咸亨三年（672）又加疏浚。《新唐书·地理志》尧城县：“北四十五里有万金渠，引漳水入故齐都领渠以溉田。”

万金堤　在今湖北武汉市武昌城区西南。《舆地纪胜》卷66鄂州：万金堤“在城西南隅长堤之外。绍熙间役大军筑之，仍建压江亭其上”。

万庚县　北宋乾德三年（965）置，属江陵府。治所在今湖北石首市境。寻废。

万卷阁　在今湖北荆州市荆州区原江陵县城东。《明一统志》卷62荆州府：万卷阁“在府城东。宋咸平初，朱昂与弟协致仕，于所居建此阁，藏其手抄古今书万卷，因名”。

万卷堂　在今重庆市彭水苗族土家族自治县。《舆地纪胜》卷176黔州：“绿阴堂、万卷堂皆鲁直旧所书墨迹。”《清一统志·酉阳州》：万卷堂“在彭水县治东。宋黄庭坚聚书于此，因名”。

万宝山　①在今吉林长春市南（今伊通满族自治县南）。光绪《吉林通志》卷18伊通州：万宝山在“州南一百里”。1931年4月，长春县长郝永德将万宝山地区生熟荒地三千五百亩转租给朝鲜农民耕种。朝鲜农民为引伊通河水灌溉土地，在中国农民的土地上开沟挖渠，毁地四百余亩，并建水堰横阻伊通河，致使上游低地被淹没。中国农民群起反对。7月1日，中国农民在向当局提出抗议无效的情况下，愤而毁坝、填沟，日本驻长春领事馆派日警镇压，打死打伤数十人。日本政府利用种种手段激化中朝人民的矛盾，在日本和朝鲜报纸上发表大量歪曲事实的文章。7月3日起，朝鲜仁川、汉城、平壤等地相继发生排华事件，中国侨民在朝鲜死一百多人，伤五百多人。日本政府借此大造侵华舆论。“万宝山事件”是九·一八事变的序曲。

②即今吉林德惠市西南万宝镇。清光绪《吉林通志》卷16：长春府东北“七十里万宝山镇”。

万宝山镇　清置，属长春府。在今吉林农安县南万宝山。《清史稿·地理志》长春府官商路：“北：万宝山镇达农安。”

万宝冈　在今吉林长白朝鲜族自治县西南。民国徐曦《东三省纪略》卷7：“万宝山金矿在长白县治迤西万宝冈南端之两江口。前清光绪末，曾有韩人在矿地掏取。”在两江口东侧之石砬子有万宝冈银矿。

万承州　唐置羁縻州，属邕州都督府。治所在今广西大新县东北龙门镇。北宋属邕州左江道。元属太平路。明属太平府。1929年改为万承县。

万承县　1929年改万承州置，属广西省。治所在今广西大新县东北龙门镇。1951年撤销，并入大新县。

万春　在今山西河津市东北。《周书·韦孝宽传》：建德四年（575），武帝志在平齐，孝宽上疏陈策：“三鵶以北，万春以南，广事屯田，预为贮积。”《方舆纪要》卷41河津县称：“时盖置镇于此，自此南至河南鲁山县之三鵶镇，皆与齐分界处也。”

万春山　在今云南牟定县东。《清一统志·楚雄府》：万春山“在定远县东七十里。元李道源《真觉寺记》：山在黑井西里许，墙立屏峙。东龙江之水，踞虎岭之麓，为县最胜处”。

万春圩　在今安徽芜湖县北五十里，接芜湖市及当涂县界。原名万顷湖，三国吴开始屯垦，五代南唐筑成圩田。北宋嘉祐间重修，定名为万春圩。沈括撰有《万春圩图记》。《舆地纪胜》卷18太平州：万春圩“在芜湖东二十五里。计田一千二百八十顷”。为县首圩。

万春寺　在今陕西安康市北白云山下。《舆地纪胜》卷189金州：万春寺“唐咸通中建。有唐画观音地藏像。山形环抱，富有竹石之胜”。《清一统志·兴安府二》：万春寺“初名万顷寺。唐建，在今寺之东。后移此，更名万春。前有万春洞，洞内外多唐、宋名人题名。本朝顺治十六年重修，康熙二十三年，于洞门刊‘白云深处’四字，为一郡名胜”。

万春县　①隋仁寿三年（603）改废温江县置，属益州。治所即今四川成都市温江区。大业二年（606）废入郫县。唐武德三年（620）复置，贞观元年（627）改为温江县。

②唐武德三年（620）析江津县置，属渝州。治所即今重庆市永川区南朱沱镇。五年（622）改为万寿县。

③唐武德五年（622）置，属泰州。治所在今山西河津市东北。贞观十七年（643）废。

万春宫　在今河北永年县（临洺关）东南。《资治通鉴》：唐武德二年（619），窦建德“还洺州，筑万春宫，徙都之”。后堙废。

万春渠　在今山西晋中市榆次区南。《方舆纪要》卷40榆次县：万春渠在“县南三里，引洞涡水西流溉田，凡百二十余顷”。

万城市　即今湖北荆州市荆州区西北四十二里万城村。清光绪《荆州府志》卷4《乡镇》：“万城市，在（江陵）县西五十里。”

万城堤　在今湖北荆州市荆州区（故江陵县）西。《方舆纪要》卷78江陵县：万城堤在“府西六十里。介当阳、江陵之间。嘉靖十一年江水决此，直冲郡西，城不浸者三版。明年有司修筑”。

万荣东岳（嶽）庙　在今山西万荣县（解店）东南隅。创建于唐贞观年间。元代重建。明、清多次重修。有飞云楼、午门、南天殿、享亭、东岳殿、寝宫六座建筑。主体建筑飞云楼为清乾隆十一年（1746）重建，位居山门内。形体壮丽，结构精细，为我国楼阁式建筑的杰作。1988年定为全国重点文物保护单位。

万荣后土庙 在今山西万荣县西南八十里黄河东岸。汉武帝时庙在汾阴，清同治九年（1870）为黄河水所淹，移今址重建。现存建筑有山门、戏台、献殿、正殿、东西五虎殿、秋风楼等。秋风楼结构复杂，楼内藏有元刻汉武帝《秋风辞》碑。1996年定为全国重点文物保护单位。

万荣郡 南朝梁大同中置，属巴州。治所在永康县（今四川达州市达县西北七十五里桥湾乡）。辖境相当今四川达县西北地及平昌县东南地。北周天和二年（567）为万州治。隋开皇三年（583）废。

万荣稷王庙 在今山西万荣县西北太赵村。南向，南北长74米，东西宽46米。现存正殿和戏台。正殿面阔五间，进深三间，单檐庑殿顶。据梁架、斗拱特点和部分柱础造型推断，正殿的木构部分应属金代遗存。清同治四年（1865）曾重修。戏台创建于元世祖至元八年（1271），后拆毁，现存建筑为1921年重建。戏台前沿砖基中心原嵌有至元八年小碑一方，记庙内"修盖舞厅一座"，是我国戏曲史上金元杂剧活动的重要史料，现移嵌在正殿内东墙上。2001年定为全国重点文物保护单位。

万柳堂 在今北京市广渠门内。初为元右丞廉希宪别墅，园内名花万株，为京城第一。元陶宗仪《南村辍耕录》卷9载赵松雪赋诗曰："万柳堂前数亩池，平铺云锦盖涟漪。"池中多莲，池边植柳。清初为大学士益都冯铨之别业。康熙初，于此设博学鸿词科，诏集文学志士。乾隆年间废。

万牲园 即今北京市动物园前身。清末乐善园和三贝子花园合并为农业试验场，并于场内设动物园。1908年对外开放，俗称万牲园。1950年改名西郊公园。1955年改称北京动物园。

万秋门 即章城门。汉长安城西面南头第一门。在今陕西西安市西北雁秋门村东南二里。王莽时改名万秋门。

万泉县 唐武德三年（620）置，属泰州。治所在今山西万荣县西南万泉村南。贞观十七年（643）改属绛州。《元和志》卷12万泉县："县东谷中有井泉百余区，因名万泉。"大顺二年（891）属河中府。元世祖至元三年（1266）废。十五年（1278）复置万泉县，后又废。至正十四年（1354）重置，移治今万荣县西南万泉村。明属蒲州。清属蒲州府。民国初属山西河东道。1928年直属山西省。1954年与荣河县合并为万荣县。

万泉河 ①即小沈水。在今辽宁沈阳市南部。清乾隆《钦定盛京通志》卷25：小沈水在"（承德县）城南四里。俗名五里河，自东关观音阁东泉眼发源。一曰万泉河，至骡子圈南入浑河"。

②在今海南省琼海市南。《明史·地理志》琼州府乐会县："西北有万泉河，有黎盆水流入焉。"《清一统志·琼州府一》：万泉河"在乐会县西北二十五里。源出定安思河、南闾诸水，东南流至县西，分为二支，绕县治，至雷朴山复合，出博敖港入海。以其纳文昌、会同众水之流，故名万泉。又昔人曾此饮马，亦名饮马河"。

万泉宫 一名万金宫。唐永淳初建，在今陕西蓝田县东南四十里。弘道元年（683）废。

万胜山 又名仁寿山。在今贵州思南县东一里。《方舆纪要》卷122思南府：万胜山"四面陡绝。元末红巾之乱，郡人避兵于此"。

万胜冈 ①在今江西宜春市东。《资治通鉴》：五代梁乾化四年（914），淮南将刘崇景以袁州叛附于楚，（吴）杨渥遣"柴再用等与刘崇景、许贞战于万胜冈，大破之"。即此。《明一统志》卷57袁州府：万胜冈"在府城东五里。世传杨吴柴再用败刘崇景于此，因名"。

②在今四川雅安市南二十五里。《舆地纪胜》卷147雅州：万胜冈"在州龙观山。有龙观寺。其趾曰万胜冈。自邛崃或起或伏，联络至州，环抱州治"。《方舆纪要》卷72雅州：万胜冈"在州西。山势起伏，环抱州治。相传诸葛武侯擒孟获，还师至此冈下，人聚观之，因名"。

万胜堆 又名龟胜山。在今四川德阳市北二十里。《新唐书·高崇文传》：元和元年（806）攻刘辟，大战鹿头山，"明日，战万胜堆，堆直鹿头左，使骁将高霞寓鼓之，士扳缘上，矢石如雨，募死士夺而有之，尽杀戍者，焚其栅，下瞰鹿头城，人可头数"。即此。

万胜镇 即今河南中牟县北二十四里万胜村。《新唐书·秦宗权传》：唐光启三年（887），秦宗权围汴州，其将卢瑭"引兵屯万胜，夹汴而栅"。后置镇。《旧五代史·唐书·庄宗纪》：同光四年（926），帝"至万胜镇，即命旋师"。

万洞溪 在今广西田阳县西。《方舆纪要》卷111田州：万洞溪"在州西二十里。水深阔，居民常渔于此，下流入于左江"。

万洋山 即万阳山。在今江西、湖南两省边境。《清一统志·衡州府一》：万洋山"在酃县东南八十里。一名石含山。延亘三百里，中多古木怪石，接江西吉安府龙泉县、永宁县，南安府崇义县，长沙府茶陵州，郴州桂东县界"。

万郡 西魏置，治所在覆津县（今甘肃陇南市武都区东）。北周废。

万载场 五代时吴国置，即今江西万载县。《寰宇记》卷109袁州：万载县"本高安县地。伪吴顺义元年分高安、建成、康乐、高侯等四乡置万载场，因其乡以名。其地去高安路远，伪唐保大十年升高安县为筠州，遂升万载场为县以属焉"。

万载县 五代南唐保大十年（952）升万载场置，属筠州。治所即今江西万载县。北宋属袁州，宣和三年（1121）改名建成县，南宋绍兴二年（1132）复名万载县。元属袁州路。明属袁州府。民国初属江西庐陵道。1926年直属江西省。

万夏村 即今河北石家庄市西南振头乡。《寰宇记》卷61镇州石邑县："隋开皇三年，移定州之石邑县于万夏村。"即此。唐初为恒州治。宋初废石邑县入获鹿县。

万峰山　在今湖北咸丰县西北。《方舆纪要》卷82唐崖长官司：万峰山“在司境。亦曰杉篁峒。顶有池，流为杉篁、杉碧、垒子等溪”。

万部华严经塔　俗称白塔。在今内蒙古呼和浩特市东三十六里白塔村西南、丰州故城西北角。辽圣宗时建。塔为楼阁式砖木结构，八角七层，通高55.6米。第一层南面石额篆书“万部华严经塔”六字。塔内第一层墙上嵌有金代石刻六通，各层都有历代游人题记，除大量使用汉文外，还有契丹小字、女真字、畏吾体蒙古字、八思八字、古叙利亚字及古波斯字等各种文字题记，其中以金大定二年（1162）汉文题记的时代最早。塔内有旋转式阶梯走道，游人可攀登至第七层远眺山川景色。1982年定为全国重点文物保护单位。

万流驿　在今湖北巴东县西五十五里。清有把总驻防。

万流溪　即今重庆市巫山县东南之官渡河。《明史·地理志》巫山县：“东有大宁河，又有万流溪，皆注入大江。”《清一统志·夔州府一》：万流溪“在巫山县东六十里。自湖北恩施县大溪河发源，东流至万流驿入大江”。

万家山　在今安徽巢湖市西北。《方舆纪要》卷26巢县：万家山在“县西北二十里，当四会之冲，一名回车弄”。

万家店　即今湖北随州市东北三十里万店镇。清光绪《湖北全省分图》：随州东北有万家店。

万家埠市　即今江西安义县东万埠镇。清同治《江西全省舆图》：安义县东有万家埠。

万家堤　即今河北大名县东北二十五里万堤镇。明正德《大名府志》卷1：元城县有万家堤集。

万盛场　即今重庆市南部万盛区治所。民国《南川县志》卷2：万盛场“左有荣懿镇。又名石鹅乡，正南八十里”。盛产煤。1955年将南川县、綦江县和贵州省桐梓县各划出部分乡镇组建南桐矿区，以此为治所，属重庆市。1993年更名为万盛区。2011年并入綦江区。

万崖州　①北宋置羁縻州，属邕州左江道。治所在今越南高平省东境广渊附近。后废。

②明永乐五年（1407）属谅山府。治所在今越南北部太原省武涯县一带。宣德二年（1427）以后地入安南。

万铜山　在今湖北谷城县东南。《清一统志·襄阳府一》：万铜山“在谷城县东南九十里。俗传唐时山有广德寺，尝铸万斤铜钟于此”。

万第镇　即今山东莱阳市东南四十里万第镇。民国《莱阳县志》卷1有万第镇。

万象山　在今浙江丽水市城区西南万象山公园。《方舆纪要》卷94处州府：万象山“俯临城邑，下瞰溪光，城中之山凡十，此其最高者”。

万象神宫　即唐东都明堂。在今河南洛阳市中州路与定鼎路相交处的东北角。据《资治通鉴》载：唐则天后垂拱四年（688），“明堂成，高二百九十四尺，方三百尺。凡三层：下层法四时，各随方物；中层法十二辰；上为圆盖，九龙捧之……号曰万象神宫”。

万斛堆　在今宁夏中卫市西沙坡头，系腾格里沙漠南端，濒临黄河，自古以来为黄河北岸的唯一通道。《晋书·武帝纪》：泰始六年（270），鲜卑秃髮树机能叛，“秦州刺史胡烈击叛虏于万斛堆，力战，死之”。即此。

万斯同墓　在今浙江宁波市区海曙区西郊白云庄旁。万斯同（1638—1702），字季野，学者称石园先生。浙江鄞县人。清史学家，著有《历代史表》等。死后葬万氏庄园—白云庄旁。2006年白云庄和黄宗羲、万斯同、全祖望墓一起被定为全国重点文物保护单位。

万感村　即今河南安阳县西北五十二里英烈村。1949年1月，盘踞安阳的国民党军残部吴景仁率千人袭扰万感村，在区干部徐贵保的率领下，民兵四十六人奋起反抗。后退守一座小楼。除五人突围脱险外，余皆壮烈牺牲。1949年后更名英烈村，小楼改名为英烈楼。

万喇国　在今印度尼西亚加里曼丹岛Kapwas河上游Melawi河一带，在昆甸东部山中。清谢清高《海录》卷中：万喇国“在昆甸东山中，由昆甸北河入万喇港口，舟行八九日可至”。

万景山寨　在今浙江缙云县北二十四里，接永康县界。《方舆纪要》卷94缙云县：万景山寨“在县西北，中容万人”。

万答镇　在今江苏常州市武进区南。清光绪《江苏全省舆图》阳湖县图：南有万答。民国《江苏六十一县志》：武进县西南有“万答镇”。

万集镇　北宋置，属江原县。在今四川崇州市东南四十里。

万就砦　北宋置，属黔江县。在今重庆市彭水苗族土家族自治县南万足乡（万足场）。

万善场　即今四川武胜县西万善镇。民国《武胜县志》卷1：万善场在“县西七十里”。

万善镇　即今河南沁阳市北二十里万善村。唐为万善城。《旧唐书·武宗纪》：会昌三年（843），“河阳节度使王茂元以本军屯万善”。北宋设万善镇。

万源县　①1914年改太平县置，属四川东川道。治所即今四川万源市。民国《万源县志》卷1：“县东北有万顷池，邻邑之水，多源于此。应即定名为万源县。”1928年直属四川省。

②1933年8月川陕革命根据地置，治竹峪关（今四川万源市西北竹峪镇）。同年10月迁治县城（今四川万源市）。1935年2月废。

万福庄　即今辽宁盖州市东南八十里万福镇。民国熊知白《东北县治纪要》辽宁盖平县：“万福庄距盖平县治东南约一百里。在往庄河县道路上，户数一百二十，人口约七百。”1946—1948年东北解放区曾在此设万福县。

万福县 1946年东北解放区由盖平、复县、新金、庄河等县析置，治所在盖平县万福镇（今辽宁盖州市东南万福镇）。1948年撤销。

万福店 即今湖北随州市西北九十里万福店。清光绪《湖北全省分图》：随州西北有万福店。

万福河 一名柳林河。自今山东定陶县东北流，经巨野、成武二县间，入金乡县公涞河，东注南阳湖。大体循古菏水水道。清光绪《山东通志》卷31谓此水为古菏水。

万德州 唐置羁縻州，属邕州都督府。治所即今广西平果县东北归德。北宋属邕州右江道。南宋改为归德州。

万德店 又称大万德。即今山东济南市长清区东南八十里万德镇。光绪《皇朝中外一统舆图》：长清县东南有万德店。

万额山 在今云南会泽县北。《方舆纪要》卷73东川军民府：万额山在"府治北二里。其形上阔而下锐，如猪首然"。

弋山 即弋阳山。在今河南光山县西北。《汉书·地理志》弋阳县注引应劭曰："弋山在西北。"

弋阳山 又名弋山、光山、浮光山。在今河南光山县西北八十里。《后汉书·郅恽传》：郑敬"乃独隐于弋阳山中"。

弋阳江 简称弋江。即今江西弋阳县境之信江。《方舆纪要》卷85广信府弋阳县：弋阳江在"县东二十里。其上流即上饶江也。又西弋溪流合焉。《志》云，弋溪源出灵山，西流合葛溪。曰弋者，以水形横斜似弋也。又西南会于上饶江，俗名弋阳江"。

弋阳县 ①秦置，属内史。治所在今陕西咸阳市东北四十一里。西汉景帝五年（前152）于县治东二里营建阳陵，遂改名阳陵县。

②西汉置，属汝南郡。治所在今河南潢川县西北十二里隆古乡。三国魏为弋阳郡治。南朝梁普通八年（527）改为北弋阳县。东魏武定七年（549）复为弋阳县，治所移至今潢川县。北齐改为定城县。

③隋开皇十二年（592）以葛阳县改置，属饶州。治所即今江西弋阳县。《寰宇记》卷107信州：弋阳县"以地居弋江之北为名"。大业初属鄱阳郡。唐初属饶州，乾元元年（758）改属信州。元属信州路。明属广信府。民国初属江西豫章道。1926年直属江西省。

弋阳郡 ①三国魏文帝分汝南郡置，属豫州。治所在弋阳县（今河南潢川县西北十二里隆古乡）。辖境相当今河南淮河以南、竹竿河以东、灌河以西地。南朝宋属南豫州。南齐属豫州。北魏属东豫州。南朝梁普通八年（527）属光州，治北弋阳县（今潢川县西）。东魏武定七年（549）治弋阳县（今潢川县）。北齐郡治弋阳县改名定城县。隋开皇初郡废。大业初复置，移治光山县（今河南光山县）。唐武德三年（620）改为光州，太极元年（712）还治定城县（今潢川县）。天宝元年（742）复为弋阳郡。乾元元年（758）改为光州。

②南朝梁置，为定州治。治所在汝南县（今湖北麻城市东北）。东魏为南定州治。隋废。

③南朝梁侨置，治所在汝阴县（今安徽阜阳市）。北齐改为汝阴郡。

弋阳馆 唐置，在今江西弋阳县城东。《方舆纪要》卷85广信府弋阳县：弋阳馆在"县治东。唐置，宋因之。今为葛溪水驿"。

弋阳隘 在今江西黎川县西。《方舆纪要》卷86建昌府新城县：弋阳隘在"县西六十里。与南丰县接界，今为弋阳铺"。

弋居县 西汉置，属北地郡。治所在今甘肃宁县南。西晋废，寻复置。北周废。

弋溪 在今江西弋阳县东。《寰宇记》卷107信州弋阳县：弋溪水"源出上饶县灵山，西南从当县太平乡过。在县东二十里水口有大石面如镌成弋字"，故名。《清一统志·广信府一》：弋溪"在弋阳县东二十里。源出上饶县灵山，西南流入县界，又西流六十里入弋阳江"。

〔丨〕

上七山 今广西岑溪市东北上林、河三一带山。《明史·童元镇传》载："岑溪西北为上、下七山，介苍、藤间，有平田、黎峒、白板、九密等三十七巢。"

上七里河 在今安徽舒城县西。《方舆纪要》卷26舒城县：上七里河在"县西九里。西山诸水皆汇流于此，经南溪而入巢湖"。光绪《舒城县志》卷5：巴洋河（南溪）"又东数里为上七里河。旧名七里沟。明季巴洋河经流改由此，曰七里河。其北里许有古河。咸丰七年大水，河南徙由今河。又东二里曹家河自南来入"。

上八府 明、清时期习称浙江省会杭州以南的绍兴、宁波、台州、金华、衢州、严州、温州、处州八府为上八府，相当今浙江省的新安江、富春江、钱塘江一线以南全部地区和建德、桐庐、淳安三县（市）。称杭州、嘉兴、湖州三府为下八府。

上干溪 在今江西玉山县东，即信江上游。《寰宇记》卷107信州玉山县：上干溪"水出县东五里，源出怀玉山。《旧记》云，溪源干浅，秋冬不通舟船，故名曰干溪。或谓干之字误也。又《汉书·地理志》云，余干县以水为名，本越勾践之西界也。韦昭云，干越，今余干之别名也。谓此为上干，或以余干之号即因此是也"。

上土市 即今安徽霍山县西南八十八里上土市镇。旧属六安州。明、清置巡司于此。

上下冻州 元并上、下两冻州置，属龙州万户府。治所在今广西龙州县西北下冻镇。明属太平府。民国初属广西镇南道。1927年废入龙州县。

上下岩 在今重庆市云阳县西。《舆地纪胜》卷182云安军："下岩，旧号云嵓，属万州。今在县西四十里。出荔子。鲁直诗云：僧缘蚕麦去，官散荔枝来。""上岩在下岩西二里。嵓下镌刻大佛像，列千佛，建阁庄严水滨。"《方舆纪要》卷69云阳县："上下岩在县西百里。其下岩亦名燕子岩。"

上下竺 古岛屿名。亦称竺屿。指今马来半岛东南岸外的奥尔岛。为古代东西方船舶往来的路标。岛上有山，两峰耸峙，地产巨竹，故名。宋周去非《岭外代答》卷3"航海外夷"条："三佛齐之来也，正北行舟，历上下竺与交洋，乃至中国之境。"

上下细腰涧 在今山西繁峙县东南五台山区。1939年5月，八路军在此粉碎了日本侵略军的进攻。

上口村 即今山东寿光县东北三十四里上口镇。清嘉庆《寿光县志》有上口村。1983年设镇。

上山寺 又称荡山寺。即今云南大理寺北二十里点苍山麓之感通寺。元代称上山寺。《元混一方舆胜览》大理路："又西南有上山寺，幽雅之趣，非云南诸寺比。"

上山遗址 在今浙江金华市北浦江县。是中国迄今发现年代最早的新石器时代遗址之一。距今11000—9000年。在上山遗址出土的夹炭陶片表面发现了许多稻壳印痕，胎土中亦夹杂大量的稻壳，是迄今发现栽培稻遗存年代最早的新石器时代遗址（比河姆渡遗址出土的人工栽培水稻记录提前了3000年）。这证明上山遗址所在的长江下游地区是世界稻作农业最早的起源地之一。2006年定为全国重点文物保护单位。

上川口 即今青海民和回族土族自治县治上川口镇。1931年民和县自古鄯堡移治于此。

上川山 在今广东台山市南海中上川岛，其西为下川岛。《寰宇记》卷157广州新会县：上川洲、下川洲"在县南二百六十里大海中，其洲带山湾浦极广，出煎香，有盐田，土煎盐为业"。《明一统志》卷79广州府谓："上川石山而下川土山，二山皆产香蜡竹藤之属，而上川为优。居民以贾海为业。洪武中迁之，今为荒壤。"

上川场 在今广东台山市西南海宴中镇。清为海矬场，嘉庆时改为上川盐巡司。民国初改为上川场。

上川南道 一名建昌道。清代四川省五分巡道之一。治所在雅安府（今四川雅安市）。辖雅安、嘉定、宁远三府，眉、邛两直隶州，相当今四川大邑、眉山、乐山、自贡、甘洛、金阳以西地区，西藏江达、贡觉二县及芒康县部分地。

上川洲 即今广东台山市南大海中之上川岛。《寰宇记》卷157新会县："上川洲、下川洲在县南二百六十里大海中，其洲带山，湾浦极广。出煎香。有盐田，土煎盐为业。"

上川郡 南朝梁大同元年（535）置，为华州治。治所在淮安县（今河南桐柏县东固县镇）。隋开皇初废。

上马县 北魏置，属襄城郡。治所即今河南唐河县。西魏为襄城郡治。隋属春陵郡。唐贞观元年（627）废。开元十三年（725）复置，属唐州。天宝元年（742）改为泌阳县。

上马桥长官司 明洪武十五年（1382）改上桥县置，属贵州卫。治所在今贵州惠水县东北二十里高镇。正统三年（1438）改属贵州宣慰司。万历间属定番州。清乾隆年间裁。

上马桥河 在今贵州惠水县东北。《清一统志·贵阳府》：上马桥河"在定番州西北废上马桥司东，其水东北流入府界，即南明河上源也"。

上马渡 在今重庆市巫山县东北。《明史·秦良玉传》：崇祯末，"张献忠速破官军于观音岩、三黄岭，遂从上马渡过军"。

上马墩 在今湖南临武县南。《方舆纪要》卷80临武县"泗洲寨"条下："县南有上马墩，当郴州宜章之通道，为扼要之地。"

上乡侯国 西汉元帝封胶东顷王子歙置，属北海郡。当在今山东潍坊市北部地区。东汉省。

上元门 明洪武时所建南京外郭城门之一。故址在今江苏南京市区北。地当长江之滨，东至观音门十里，西距下关十里。

上元水 或作上玄水。即今湖北竹山县北北星河，南流注入堵河。《寰宇记》卷143竹山县：上玄水"在县北六十里。源出庸岭下，南流入孔阳水。有潭深不可测，或投石其中，即卒风暴雨"。

上元县 唐上元二年（761）改江宁县置，属润州。治所即今江苏南京市。以年号为名。光启三年（887）为升州治。五代吴天祐十四年（917）又分上元县地置江宁县。自此与江宁县同城而治，同为升州治。武义二年（920）为金陵府治。南唐升元元年（937）为江宁府治。南宋为建康府治。元为建康路治，后为集庆路治。明为应天府治。清初复为江宁府治，兼为江苏省治。1912年并入江宁县。

上扎武土司 清雍正时置，属西宁办事大臣。为玉树四十族之一。驻牧地在今青海玉树县南巴塘乡。后称布庆族。民国周希武《玉树调查记》卷上："扎武、拉达、布庆，谓之扎武三族，同驻牧一地，在通天河南。"

上车湾市 即今湖北监利县东二十四里上车湾镇。清光绪《湖北全省分图》：监利县东有上车湾市。

上五井 在今云南云龙县境。明置土巡检司于此。

上中峒砦 在今广西荔浦县东南十五里。《方舆纪要》卷107荔浦县：上中峒砦"明万历四年筑城置戍"，并设巡司于此。

上冈镇 清置，属盐城县。即今江苏建湖县东北上冈镇。有巡司驻此。

上水关 在今河北大名县北。《资治通鉴》：唐光化二年（899），刘仁恭攻魏州，"时葛从周自邢州将精骑八百已入魏州。戊申，仁恭攻上水关、馆陶门……从周等殊死战，仁恭复大败"。即此。

上水河 在今云南保山市内。《方舆纪要》卷118保山县：上水河“在城内。又有下水河，源出九龙池及宝盖山箐，合流入城，贯穿委港而达于东河。东河亦曰郎义河，源出龙泉，流经郎义村合清水河，南入峡口洞”。

上仓店镇 清置，属蓟州。即今天津市蓟县南三十里上仓镇。

上仓城 在今河南通许县西。《方舆纪要》卷47通许县：上仓城在“县西八里。五代周世宗所筑，为漕运转输之处”。

上乌山 又名三台山。在今广东罗定市东南六十里。《清一统志·罗定州》：上乌山“有三峰，中峰特峭。乌水所出”。

上勾隘 在今广西靖西县西南龙邦镇东南。《清一统志·镇安府》“频峒隘”条内：上勾隘“在（归顺）州西南七十里，皆接越南高平府界。有兵防守”。同治《广西通志》卷125上勾隘“两山峙立，中成夹道，扼要处砌石墙”。

上文州 明永乐五年（1407）属谅山府。治所在杯兰县（今越南北部谅山省朋漠恬霞一带）。辖境相当今越南谅山省部分地。宣德二年（1427）以后入安南。

上方山 ①在今北京市房山区西南，太行山余脉大房山支脉。最高峰摘星坨，海拔880米。明《帝京景物略》卷8：上方山，“晚得名，一二百年，续续有过从者”。山峦陡峻，古木参天，自隋、唐起为佛教圣地，后经历朝增设，形成以云水洞、华严洞及天柱峰等“九洞十二峰”和兜率寺、毗卢寺等“七十二庵”古迹，分布于群山峻岭之中。今为北京的旅游胜地。

②即楞伽山。在今江苏苏州市西南。明王鏊《姑苏志》卷8：楞伽山“一名上方山”。

上方台（臺） 在今河北饶阳县西北。《方舆纪要》卷14饶阳县：上方台在“县西十三里。台高四丈，周围五里”。

上方寺 ①在今天津市蓟县西北盘山嶕峣峰东。唐太和二年（828）道宗大师建。清道光《蓟州志》卷2：“道宗俗姓田，千牛将军宾庭之后，元和九年，于燕庭金阁寺受戒，闻盘山宝积大师往诣参承，太和二年届盘顶居焉。”

②即开宝寺东院。在北宋东京城（今河南开封市）东北隅安远门里夷山上。《宋东京考》卷14：“晋天福中，僧紫微课初建于明德坊，名曰等觉禅院。乾德间，诏迁于丰美坊，即今所也。”庆历中改名上方寺。明天顺间重修后，敕改佑国寺。清乾隆十六年（1751）改名大延寿甘露寺。

上方桥 即今江苏南京市光华门外七桥瓮。《明一统志》卷6南京：上方桥“在正阳门外”。以近外郭上方门而名。

上方镇 即今浙江衢州市衢江区北七十里上方镇。清于此有汛。

上巴河街 即今湖北黄冈市团风县东北上巴河镇。清光绪《黄冈县志》卷24《兵事》：同治三年（1864）九月，“僧亲王至上巴河”。

上允 即今云南澜沧拉祜族自治县北一百十里上允镇。民国时属澜沧县，有县佐驻此。“上允”乃上勐允的省称，以与其北的下勐允相对而取名。

上允土把总 民国属澜沧县，在今云南澜沧拉祜族自治县北上允镇。

上书房 在今北京市故宫乾清宫东庑。为清代皇子读书处。原称尚书房，道光年间改为上书房。乾隆、嘉庆、道光、咸丰等朝皇帝均曾在此就读。

上艾县 西汉置，属太原郡。治所在今山西平定县南二十里新城村。东汉属常山国。三国魏属乐平郡。西晋属乐平国。北魏属乐平郡，太平真君九年（448）废，孝昌六年（530）复置。后改石艾县。

上古城堡 在今甘肃武威市南五十里。《清一统志·凉州府二》：上古城堡“城周一里二分，境外隘口有八。旧设守备驻防，今改把总”。

上石西州 北宋嘉祐间改石西州置，属邕州。治所在今广西凭祥市东南上石镇。元属思明路。明属思明府。万历三十八年（1610）改属太平府。清废。

上龙门镇 在今广东龙门县城北。《方舆纪要》卷101广州府龙门县：上龙门镇“旧置长沙巡司，洪武四年改今名”。明弘治九年（1496）改置龙门县。移上龙门巡司于县东黄沙坳。

上龙司 清雍正三年（1725）置上龙土巡司，属太平府。治所在今广西龙州县北上龙村。1928年与金龙峒土司并置上金县。

上龙州 元改羁縻上隆州置，属来安路。治所在今广西百色市西北。明废。

上龙州长官司 元置，属管番民总管。治所在今贵州罗甸县西南上隆。后废。

上平关 五代梁置，在今山西柳林县西南四十五里下堡村附近。《资治通鉴》：五代梁开平二年（908），“岐王所署延州节度使胡敬璋寇上平关，刘知俊击破之”。即此。北宋改上平寨。金复置上平关。

上东门 ①今河南洛阳市东北汉魏洛阳城东面北头第一门。汉曰上东门，魏、晋改为建春门。《后汉书·郅恽列传》：恽为上东城门侯，“帝尝出猎，车驾夜还，恽距关不开”。即此。

②汉魏洛阳城内宫城东门。《资治通鉴》：西晋永宁二年（302），齐王冏与长沙王乂相攻于洛阳城内，晋惠帝幸上东门，“矢集御前，群臣死者相枕”。即此。

③今河南洛阳市隋唐洛阳城东面北头第一门。隋曰上春门，唐改为上东门。《资治通鉴》：唐天宝十四载（755），安禄山遣田承嗣犯东都，封常清与之“战上东门内，又败”。即此。

上甲县 ①东晋元帝时置，属寻阳郡。治所在今江西湖口县东南。义熙时废入彭泽县。南朝梁复置，寻废。萧韶封上甲侯即此。

②亦作甲县。南朝梁置，为上甲郡治。治所在今湖北郧西县西南夹河镇。《南史·孙韶传》：韶“初封上甲县都乡侯”。

上甲郡 即甲郡。治所在上甲县（今湖北郧西县西南夹河镇）。《周书·扶猛传》：“扶猛字宗略，上甲黄土人也。其种落号白兽蛮，世为渠帅。”

上四庄 在今山东新泰市西北八十里。明、清于此置巡司。

上白 城名。在今河北广宗县南。《晋书·石勒载记》：石勒“攻乞活李恽于上白，斩之”。即此。

上白沙场 亦名白沙场。即今四川合江县西北白沙镇。民国《合江县志》卷1：上白沙场“距城三十里。旧称白沙镇，在大江北岸。居民三百余家，贸易以米、豆为大宗，谷米多运销朱家沱，豆类多运销贡井”。

上白溪 即今浙江宁海县南白溪。《方舆纪要》卷92宁海县：上白溪在“县西南四十里。源出天台华顶峰，东北流八十里合大溪，由双港渡东流入海”。

上乐村 即今河南卫辉市东北三十里上乐村镇。清尹耕云《豫军纪略》卷4：咸丰十一年（1861）十月，“边马驶及上乐村，距汲城三十里”。

上包座佘湾寨 即今四川若尔盖东南包座乡。清康熙四十二年（1703）置上包座佘湾寨土千户。

上兰观 在今陕西西安市长安区西北，汉上林苑中。《汉书·扬雄传》：“翼乎徐至于上兰。”又《元后传》：王莽欲虞乐太后，令“冬飨饮飞羽，校猎上兰”。即此。

上兰村 即今山西太原市北上兰镇。同蒲铁路有支线通此。

上兰村支线 自今山西太原市西北上兰村至七府坟。长16公里。为同蒲铁路支线。1936年建成。

上皮林铺 在今贵州从江县东北上皮林村。《黔记》：永从县南有上下皮林砦。

上达隘 在今福建永春县西南。《方舆纪要》卷99永春县：上达隘在“县西南二十余里白芒坑山后。相近有高平隘，路出安溪打鼓岭，俱嘉靖初筑以拒贼”。

上夹河镇 即今辽宁新宾满族自治县西北上夹河镇。清光绪《奉天全省地舆图说图志》兴京图：西北有上夹河。民国《兴京县志》卷1：上夹河“距城一百里”。

上曲阳县 西汉改曲阳县置，属常山郡。治所在今河北曲阳县西四里。《水经·滱水注》：“县城在山曲之阳，是曰曲阳，有下，故此为上。”东汉属中山国。三国魏属常山郡。北魏太平真君七年（446）并入新市县。景明元年（500）复置，移治今曲阳县。北齐天保七年（556）改为曲阳县。

上朱（硃）岭 即仙居岭。亦作上洙岭、上株岭。在今江西萍乡市西境。清同治《萍乡县志》卷1：上朱岭“在县西仙居里，距城六十里。有石坚赤如朱，冶者取以锻铁”。

上伍堡 在今湖南江华瑶族自治县西南，接广西壮族自治区境。唐初曾于此置江华县。

上庄 即今河北鹿泉市南十六里上庄镇。明嘉靖《获鹿县志》卷2乡社：有上庄乡。清同治《畿辅通志》卷50获鹿县图：东南有上庄。

上庄堡 明置，属万全右卫。在今河北万全县北。《方舆纪要》卷18万全右卫：上庄堡“永乐中车驾北征尝驻于此”。

上关 即龙首关。在今云南大理市西北上关。

上关县 1947年11月当地解放后由陕西山阳县和湖北郧西县析置，治漫川镇（今陕西山阳县南漫川镇），后迁上津镇（今湖北郧西县西上津镇）。1948年废。

上州 ①西魏废帝三年（554）改南洛州置，治所在上津县（今湖北郧西县西北上津镇）。《寰宇记》卷140上津县：“上州以晋时于此置上津戍为名。”隋大业初废。唐武德元年（618）复置，贞观八年（634）废。

②隋大业元年（605）改绥州置，治所在上县（今陕西绥德县）。辖境相当今陕西绥德、清涧、横山三县以北至边墙之地。大业三年（607）改为雕阴郡。

上江 ①地区名。指长江上、中游。《资治通鉴》：隋大业十四年（618），隋炀帝在江都，将士思归劫之，“帝曰：‘朕方欲归，正为上江米船未至。’”胡注：夏口以上为上江。

②水名。指太湖尾闾之一东江。《史记·夏本纪》：“震泽致定。”《正义》：“泽在苏州西南四十五里……一江东南上七十里至白蚬湖，名曰上江，亦曰东江。”

③地名。旧为今安徽省的别称。长江由安徽流入江苏，故安徽称上江，江苏称下江。

上江嘴 在今云南洱源县西南。明洪武十五年（1382）置土巡检司于此。

上汤头村 即今山西定襄县西北上汤头村。《清一统志·忻州》“横山村堡”条下：“县西北三十里有上汤头村山寨。”

上兴埠 即今江苏溧阳市西北上兴镇。《清一统志·镇江府二》：上兴埠镇“在溧阳县西北六十里。赴江宁者路必由此。明洪武初置巡司，嘉靖间废”。

上安郡 亦作尚安郡。西魏改武进郡置，属邓州。治所在尚安县（在今四川九寨沟县西北）。隋开皇三年（583）废。

上阳 又名大阳。在今河南三门峡市区。春秋时为虢国都。《左传》：僖公五年（前655），“八月甲午，晋侯围上阳”。杜注：“上阳，虢国都。在弘农陕县东南。”

上阳宫 唐高宗上元年间修建，故址在今河南洛阳市旧城西约四里洛水北岸。《旧唐书·地理志》：宫城在东都城西北隅，“上阳宫在宫城之西南隅，南临洛水，西拒谷水，东即宫城，北连禁苑。宫内正门正殿皆东向，正门曰提象，正殿曰观凤。其内别殿、亭、观九所”。高宗晚年曾住此听政。武则天称帝后也曾在此主持朝政。

上阳堡　即尚阳堡。在今辽宁开原市东北，为清河水库淹没。

上阳镇　在今安徽舒城县东。《方舆纪要》卷26舒城县：上阳镇“在县东二十五里……为商旅聚集之所”。

上观　或作上关。即今福建光泽县西南上观。1933年中央革命根据地置东方县治此。

上坑荫　即今广东台山市。《明史·地理志》新宁县：“弘治十一年以新会县德行都之上坑荫置，析文章等五都地益之。”

上坊镇　亦作上方镇。即今江苏南京市江宁区东上坊镇。清光绪《江苏全省舆图》上元县记：“上方镇在城东南十里。”

上苏阿　即今四川巴塘县南苏哇龙。清雍正七年（1729）置上苏阿土百户。

上克度　即今贵州平塘县西南克度镇。清顺治间于此置上克度里目。

上村镇　即今山西屯留县东上村镇。《清一统志·潞安府》“寺底镇”条下：上村镇“在县东二十里”。

上县　西魏置，属绥州安宁郡。治所即今陕西绥德县。隋为雕阴郡治。唐初复为绥州治，天宝元年（742）改名龙泉县。

上里平长官司　即上黎平长官司。治所在今贵州黎平县西南。《元史·地理志》作“上里平”。

上里平河村　在今广西岑溪市东南九十里，黄华河东岸。《明史·地理志》：岑溪县东南有上里平河村巡司。《清一统志·梧州府二》：上里平河巡司“在岑溪县东南平河。旧置镇乌峡山下，今移于此”。

上町村　即今浙江遂昌县西南九十里黄沙腰镇上定村。清光绪《遂昌县地》卷1：西乡二十一都有上町村。

上帐湖　即今湖北天门市东南华严湖。《方舆纪要》卷77景陵县：上帐湖“在县南七十里。《志》云，东南去州百八十里。有河泊所”。

上作尔革　在今四川若尔盖县。清雍正元年（1723）置上作尔革土百户。

上谷　杜洛周之都。在今北京市延庆县。《资治通鉴》：南朝梁普通六年（北魏孝昌元年，525）八月，“魏柔玄镇民杜洛周聚众反于上谷，改元真王，攻没郡县，高欢、蔡儁、尉景及段荣、安定彭乐皆从之”。北魏上谷郡治居庸县，即今北京市延庆县。

上谷郡　①战国燕置。秦治所在沮阳县（今河北怀来县东南官厅水库南岸之大古城）。辖境相当今河北张家口市、小五台山以东，赤城县、北京市延庆县以西，内长城和昌平县以北地。三国魏属幽州，治所在居庸县（今北京市延庆县东）。北魏废。

②隋大业初改易州置，治所在易县（今河北易县）。《寰宇记》卷67易州：上谷郡“遥取汉上谷以为名”。辖境相当今河北拒马河以南、以西，满城、容城以北，府河上游以东地。唐武德四年（621）复改为易州。天宝、至德时又曾改为上谷郡。

上甸关　在今云南永平县北二十里。《清一统志·永昌府》：上甸关“明初，置上甸定夷关巡司。后省”。

上犹场　五代杨吴析南康县置，在今江西上犹县西。以犹水为名。南唐保大十年（952）升为上犹县。

上犹江　旧名益浆水。亦名县前水。即今江西上犹县南上犹江。《清一统志·南安府》：上犹江“旧名益浆水。源出湖南桂阳县，东流径崇义县北，又东经上犹县南，亦名县前水。又东至南康县东北界会章江”。

上犹县　五代南唐保大十年（952）升上犹场置，属虔州。治所在今江西上犹县城偏西。北宋淳化元年（990）属南安军。南宋绍兴年间移治今上犹县。嘉定四年（1211）改名南安县。元至元十六年（1279）改为永清县，十七年（1280）复改为上犹县，属南安路。明、清属南安府。民国初属江西赣南道。1926年直属江西省。

上犹寨　即今湖南桂东县南二十里寨前乡。南宋嘉定四年（1211）于此置桂东县。

上怀恩州　元改怀化州置，属太平路。治所在今广西天等县西南龙茗镇西南。元末废。

上冻州　元分冻州置，属太平路。治所在今广西龙州县西北洞埠村。后与下冻州合为上下冻州。

上冶庄　即今山东费县北四十里上冶镇。清光绪《费县志》村社图：县北有上冶社。

上冶寨　在今河北涞源县东南。《续资治通鉴长编》：北宋雍熙三年（986），北伐契丹，田重进至飞狐北界，命荆嗣出击，“拔上冶、直谷二寨”。即此。

上沛埠镇　即今江苏溧阳市西上沛镇。清光绪重刊《溧阳县志》卷2：上沛步“明代旧名。县西六十三里”。

上牢水　即今江西奉新县东北之南河。《陈书·周文育传》：陈初，周文育击欧阳頠等，屯豫章，“孝顷有舴艋三百艘、艦百余在上牢，文育遣军主焦僧度、羊柬潜军袭之，悉取而归”，即此。《方舆纪要》卷84南昌府奉新县：上牢水“盖上缭之讹也”。

上良镇　即今甘肃灵台县西北七十里上良乡。《清一统志·泾州二》：上良镇“在灵台县西七十里。一名启祥堡”。

上改心　在今云南双江拉祜族佤族布朗族傣族自治县东南四十二里忙糯乡。清设巡司于此。民国改设县佐。

上阿坝甲多寨　在今四川阿坝县西北上阿坝。清雍正元年（1723）置上阿坝甲多寨土千户。

上阿拉克硕土司　清雍正时置，属西宁办事大臣。为玉树四十族之一。驻牧地在今青海玉树县西与杂多县交界处，子曲河南北两岸。乾隆《西宁府新志》卷19“塞外贡马番族”中，有“住牧达尔熊地方上阿拉克硕族”。清末与下阿拉克硕土司合并为拉休土司。

上陈驿　明洪武七年（1374）置，在今河北易县西五十里上陈驿乡。后移今易县西紫荆关。

上卦汛　清置，属永宁州。即今贵州关岭布依族苗族自治县南七十里上关镇。清有把总驻防。

上邽县　战国秦改邽县置，属陇西郡。治所即今甘肃天水市。东汉属汉阳郡。西晋为天水郡治。北魏避道武帝珪讳，改名上封。隋大业初复名上邽县，仍为天水郡治。唐为秦州治，天宝末为吐蕃所占，大中时收复，改为镇。因地处渭水上游，又当陇山外围，自古为秦陇地区的交通中心和军事重镇。

上坪墟　即今广东连平县东北上坪镇。清设巡司于此。

上坪寨　在今江西永新县南三十五里。明、清置巡司于此。

上林长官司　明永乐七年（1409）于上林峒置，属广西布政司。治所在今广西田林县西安定镇。万历中并入泗城州。

上林县　①唐武德四年（621）置，为南方州治。《元和志》卷38上林县：在“上林洞口，因以为名”。治所在今广西上林县东南澄泰乡古城村。贞观八年（634）为澄州治。天宝初为贺水郡治，乾元初复为澄州治。北宋开宝五年（972）属邕州，端拱三年（990）改属宾州。明万历八年（1580）徙治今上林县。清属思恩府。民国初属广西南宁道。1928年直属广西省。

②北宋皇祐间置，属邕州横山砦。治所在今广西田东县东南思林镇东。元属田州路。明属上映州。明末废。清顺治十八年（1661）复置，属思恩府。迁治今田东县东南思林镇南。清光绪二年（1876）属百色直隶厅。1918年改为思林县。

上林苑　①秦都咸阳时置，在今陕西西安市西渭水以南、终南山以北。秦惠文王时即开始兴建。至秦始皇时，先后在上林苑中修建了朝宫和宏伟壮丽的阿房宫前殿，还修建了大量的离宫别馆。西汉初荒废。武帝时复加拓展，周围扩至二百余里。扬雄《羽猎赋序》：“武帝广开上林，南至宜春、鼎湖、御宿、昆吾，傍南山而西，至长杨、五柞，北绕黄山，濒渭而东，周袤数百里。”

②东汉置。在今河南洛阳市东北汉魏故城西。为帝王游猎之地。《后汉书·明帝纪》：永平十五年（72），“冬，车骑校猎上林苑”。《桓帝纪》：延熹元年（158）冬十月，“校猎广成，遂幸上林苑”。

③南朝宋大明三年（459）置，在今江苏南京市玄武湖北。本名西苑，梁改名上林苑。

上林峒　南宋置，属泗城州。治所在今广西田林县西定安镇（旧西林县）。明永乐七年（1409）置上林长官司。

上林营　清置，属右江镇。在西林县（今广西田林县西安定镇）。有都司驻此。后废。

上林湖越窑遗址　在今浙江慈溪市东南二十四里栲栳山北麓。是越窑青瓷的发源地和主要产区之一。创烧于东汉，盛于唐、五代，延至宋代。唐代时瓷器品种丰富，造型优美，釉色晶莹青翠。至唐晚期开始生产贡瓷，是我国最早生产宫廷用瓷的“贡窑”。五代时是吴越国在此建立官窑，生产有名的“秘色瓷”。1988年定为全国重点文物保护单位。

上杭千户所　明成化二年（1466）置，属汀州卫。治所在福建上杭县治西。清顺治十八年（1661）废。

上杭场　唐大历四年（769）析龙岩县胡雷下保置，即今福建永定县东北胡雷镇。五代南唐保大十三年（955）徙艺梓堡（今福建永定县东北）。北宋淳化五年（994）升为上杭县。《元一统志》：“按字义，杭与航同。盖言自县而上可通小舟，自县而下有鱼矶间隔，舟楫不通，故名上杭。”

上杭县　北宋淳化五年（994）升上杭场置，属汀州。治所在今永定县东北四十余里。南唐保大十三年（956）徙治艺梓堡（在今永定县东北六十里高陂北山）。至道二年（996）迁治鳖沙里（今上杭县东北三十里碧沙坑），咸平二年（999）又移治东去白沙二百步的语口市（在今上杭东北旧县的全坊），天圣五年（1027）又徙钟寮场（今县北二十里中寮）。南宋乾道三年（1167）始移郭坊，即今治。因上杭场而得名。元属汀州路。明、清属汀州府。1913年属福建汀漳道。1928年直属福建省。

上贤村　即今山西文水县西南上贤。北宋靖康元年（1126），金人围太原，张灏自辽州援太原，与折可求至文水县上贤村、马村下寨。即此。

上国　①春秋时对中原诸国的通称。《左传》：襄公二十九年（前544），吴“季札聘于鲁”。《史记·吴世家》：“为使上国。”

②对国都以西地区的泛称。《左传》：昭公十四年（前528），“楚子使然丹简上国之兵于宗丘，且抚其民”。杜注：“上国，在国都之西，西方居上流，故谓之上国。”

③指中央政府。《后汉书·陈蕃传》：“蕃乃上疏谏曰：夫诸侯上象四七，垂耀在天，下应分土，藩屏上国。”

④指京师、首都。唐刘长卿《客舍赠别韦九建赴任河南、韦十七造赴任郑县就便觐省》：“顷者游上国，独能光选曹。”

上固镇　即今江西永丰县南一百四十里上固乡。清时有把总驻防。

上明县　隋开皇十八年（598）改洛平县置，属随州。治所在今湖北随州市东北。大业三年（607）属汉东郡。大业末废。

上明城 在今湖北松滋市北三十六里老城镇西。《晋书·桓冲传》：东晋太元二年（377），荆州刺史桓冲上疏曰："南平孱陵县界，地名上明，田土膏良，可以资业军人。在吴时乐乡城以上四十余里，北枕大江。"于是移镇上明。《水经·江水注》："江水又东径上明城北。"即此。

上明郡 南朝梁置，属应州。治所在平林县（今湖北随州市东北八十里）。隋开皇初废。

上明镇 即今山西岚县西南上明乡。《清一统志·太原府二》"东村镇"条下：上明镇"在县（旧治）西"。

上岸 指今中南半岛南部及马来半岛。宋赵汝适《诸蕃志》卷下："俗分诸国为上、下岸，以真腊、占城为上岸，大食、三佛齐、阇婆为下岸。"上、下岸或以马六甲海峡为准而区分。

上岩 在今四川青神县南。《方舆胜览》卷53眉州：上岩"去中岩五里。唐末有佛刹号垂拱寺。相传岩下龙听僧讲经于此，由是建寺"。《方舆纪要》卷71青神县：上岩在"县东北五里，又五里为中岩"。北为南之讹。

上岩山 在今湖南通道侗族自治县西南上岩一带，与广西交界处。《明史·陈璘传》：万历二十九年（1601），洪州司特峒寨苗"石篡太逃广西上岩山，指挥徐时达诱缚之"。即此。

上罗计长官司 元至元间置，属叙南等处蛮夷宣抚司。治所在今四川珙县南上罗镇（上罗场）。明废。

上罗计堡 明景泰初置，属珙县。在今四川珙县（巡场镇）南上罗镇（上罗场）。《方舆纪要》卷70珙县：上罗计堡"正德十一年，抚臣马昊讨都掌叛蛮，屯驻于此"。清废。

上罗场 元上罗计长官司、明上罗计堡。即今四川珙县南上罗镇。清乾隆《珙县志》卷1：上罗乡"南及西南，有上罗计旧场"。

上帕 即今云南福贡县治上帕镇。1916年于此设上帕行政区。1932年改康乐设治局。1935年改福贡设治局。1949年改福贡县。

上帕行政区 1916年析原丽江府地置，属云南腾越道。治所即今云南福贡县。处江边沙坝上，原名沙坝，傈僳语讹为上帕。1929年直属云南省。1932年改康乐设治局。

上岭山 即骑田岭。又名黄岑山、客岭山。五岭之第二岭。在今湖南郴州、宜章之间。《续汉书·郡国志》桂阳郡有"上领山"。又郴县有"客岭山"。

上金县 1928年上龙土司与金龙峒土司合并置，属广西镇南道。治所在今广西龙州县东上金乡。1928年直属广西省。1951年并入龙津县。

上瓮驿 宋置，即今福建德化县西北上涌镇。《方舆纪要》卷99德化县：上瓮驿"在县北。宋置，《志》云，自宋以前，郡城西北取延建路，道南安澄口驿，永春桃源驿，德化龙浔驿、上翁驿，抵尤溪县。透迤经西芹，至延平，盖以避大义江之险；然山岭高峻，卒不可行，自宋以来，西北之驿道遂废"。

上京 ①即上都。京都的通称。东汉班固《幽通赋》："皇十纪而鸿渐兮，有羽仪于上京。"

②京都名。（1）唐渤海国以王都忽汗城为上京龙泉府，在今黑龙江省宁安市西南渤海镇（东京城）。《新唐书·渤海传》："天宝末，钦茂徙上京，直旧国三百里忽汗河之东。"即此。辽天显元年（926）为辽所灭，改为天福城。上京仿唐长安城建，规模宏伟。今尚存遗址。（2）契丹会同元年（938）改皇都为上京临潢府，在今内蒙古巴林左旗（林东镇）南波罗城（上京城遗址）。（3）金初沿袭辽制，仍称临潢府为上京。天眷元年（1138）改为北京，以京都会宁府为上京，在今黑龙江哈尔滨市阿城区南白城。

③亦名西楼。辽五京之一。为前期首都。在今内蒙古巴林左旗（林东镇）南波罗城（上京城遗址）。神册三年（918）建，名曰皇都。《辽史·地理志》："上京，太祖创业之地。负山抱海（河），天险足以为固。地沃宜耕植，水草便畜牧。……天显元年，平渤海归，乃展郛郭，建宫室，名以天赞。……城高二丈，不设敌楼，幅员二十七里。"天显十三年（938）改名上京，置临潢府。金天眷元年（1138）改为北京。古城遗址尚存。

上京城 金天眷元年（1138）以会宁府为上京，故址在今黑龙江省哈尔滨市阿城区南白城。太宗时始筑城。《大金国志》卷12载，熙宗皇统六年（1146），"以上京会宁旧内太狭，役五路工匠撤而新之，规模仿汴京"。遂有都城之制。海陵贞元元年（1153）迁都燕京（今北京市），正隆二年（1157）削上京号，尽毁宫殿、宅第。大定十三年（1173）复为上京，有所修复。

上京道 契丹会同元年（938）置，治所在临潢府（治临潢县，今内蒙古巴林左旗东南）。辖境约当今内蒙古东部、辽宁、吉林、黑龙江一小部分及蒙古国地。金初改为上京路。天眷元年（1138）改名北京路。

上京路 金天眷元年（1138）置，治所在会宁府（今黑龙江省哈尔滨市阿城区南白城）。正隆二年（1157）改名会宁府路，大定十三年（1173）复名上京路。辖境约当今黑龙江中下游，乌苏里江、松花江、嫩江流域和大兴安岭一带。金末废。

上店 在今安徽五河县西五十里，浍河南岸。明置上店巡司。万历中废。

上店镇 ①即今山西平遥县东南上店村。《清一统志·汾州府》：上店镇"在平遥县东南六十里"。

②在今河南汝阳县西南十三里上店村。旧属伊阳县。明置巡司于此。

上闸 在今河南邓州市南。南宋端平二年（1235），蒙古兵攻唐州，守将全子才弃师走，襄阳帅赵范败之于上闸。

上河　①地区名。指江苏里运河以西、淮河、洪泽湖以东地区。清靳辅《治河方略》卷2下河形势："淮以南、扬以北，周围千百里泽国也。运河贯其中，东西二堤夹之。西堤以西为上河，泽之所钟，旧有汜洸、白马、甓社、邵伯等十七湖。东堤以东为下河，泽之所钟，旧有射阳、广洋、喜雀、渌洋、淤溪等三十六湖。"

②汉时称黄河在富平县（今宁夏吴忠市西南）境内一段为上河。《后汉书·安帝纪》：元初四年（117），"任尚及骑都尉马贤与先零羌战于富平上河，大破之"。《水经·河水注》：河水"又北径上河城东，世称之汉城。薛瓒曰：上河在西河富平县，即此也。冯参为上河典农都尉所治也"。

③指今江苏北部通扬运河。《两淮盐法志》卷9河渠："自扬州湾头分支入闸，东经泰州，历如皋，抵通州。"

上河城　在今宁夏永宁县东北黄河西岸。《汉书·冯参传》："阳朔中，中山王来朝，参擢为上河农都尉。"《水经·河水注》：河水"又北径上河城东，世谓之汉城。薛瓒曰：上河在西河富平县，即此也。冯参为上河典农都尉所治也"。

上河峡　即今宁夏青铜峡市南青铜峡。《水经·河水注》：河水东北流，"河侧有两山相对，水出其间，即上河峡也。世谓之为青山峡"。即此。

上油岗集　即今河南潢川县东北上油岗乡。清光绪《光州志》卷1《市集》："州东北六十里有上油岗集。"

上油峒　在今广西柳城县东北太平镇上油村。《方舆纪要》卷109柳城县：上油峒"万历二年洛容叛瑶与上油峒诸贼相连络，官军讨之，分遣别将杨照等攻上油"。

上宝排村　在今江西于都县东北。1932年中央革命根据地置胜利县治此。

上宜川　在今河南宜阳县西南。《资治通鉴》：唐开元十年（722），"上幸寿安兴泰宫，猎于上宜川"。即此。

上宜县　隋开皇十七年（597）置，属京兆郡。治所在今陕西永寿县西南好畤河。唐属雍州，贞观八年（634）并入岐阳县。

上官桥　在今安徽天长市东南官桥街。旧属江都县，明置巡司于此。

上宛县　北周置，为南阳郡治。治所即今河南南阳市。隋开皇初改为南阳县。唐武德三年（620）复置，属宛州。八年（625）废入南阳县。

上陌县　北魏置，属南阳郡。治所即今河南南阳市。北周将宛县省入改为上宛县。

上春门　即隋洛阳城（今河南洛阳市）东面最北门。《资治通鉴》：隋大业九年（613），"（杨）玄感屯上春门"。即此。

上封寺　在今湖南衡阳市南岳区西北祝融峰上。旧为光天观，隋大业中始易为寺。《方舆胜览》卷23潭州：上封寺"在祝融之绝顶。早秋已冰，夏亦夹衣。木之高大者不过七八尺，谓之矮松。上有雷池，题咏甚多"。

上封县　北魏因避道武帝珪讳，改上邽县置，为秦州天水郡治。治所即今甘肃天水市。隋大业元年（605）复改名上邽县。

上草峒　即今广东连山壮族瑶族自治县西北上草。清于此设营防守。

上柏镇　即今浙江德清县南十八里上柏镇。明嘉靖《武康县志》卷3："上柏埠在县南一十八里、柏山之上游，故名。"民国时曾为湘溪镇。后废。

上映州　北宋皇祐中置，属邕州。治所在今广西天等县西上映乡。元属镇安路。明洪武五年（1372）废为上映洞，万历三十二年（1604）复升为上映州，属思恩府。清雍正七年（1729）改属镇安府。1917年并入向都县。

上映洞　明洪武五年（1372）改上映州置，属镇安府。治所在今广西天等县西上映乡。万历三十二年（1604）复改为上映州。

上贵州　唐开元十七年（729）置羁縻州，属黎州都督府。治所在今四川峨山彝族自治县西南黑竹沟镇附近。北宋以后废。

上界山　又名葴山、中阴山、中阳山。在今河南泌阳县东北五十里。《水经·潕水》："潕水出沅阴县东上界山。"郦道元注："《山海经》谓之视水也。郭景纯注：或曰视，宜为潕，出葴山：许慎云，出中阳山。皆山之殊目也。"

上思厅　清光绪十八年（1892）改上思州置，属广西省。治所即今广西上思县。辖境相当今广西上思县及宁明县部分地。1913年改为上思县。

上思州　唐置羁縻州，属邕州都督府。治所在今广西上思县东南隔江，峙武岭之南。北宋属邕州左江道。元属思明路。明洪武初废。二十一年（1388）复置，属思明府。明郭子章《郡县释名》广西卷：上思州"以上思江名也"。弘治十八年（1505）改属南宁府，迁治今上思县。清光绪十八年（1892）改为上思直隶厅。

上思江　即今广西上思县西明江。左江支流。《明一统志》卷85思明府：上思江"在上思州治西。源出十万山，流经于此，至古万寨与小江水合"。

上思县　1913年改上思厅置，属广西南宁道。治所即今广西上思县。1928年直属广西省。清光绪年间抗法、抗日英雄黑旗军领袖刘永福为上思人。

上哈塔墩　明置，属盖州卫。即今辽宁盖州市东上哈塔。明《辽东志》卷1《盖州卫图》：卫东有上哈塔墩。

上峒长官司　简称上峒司。明宣德四年（1429）置，属九溪卫。治所在今湖南桑植县西南上洞街。清废。

上峒司　在今湖南桑植县西南上洞街。本上洞长官司。清雍正七年（1729）改土归流。乾隆元年

(1736) 设巡司，后裁。

上钦州　唐开元十七年（729）置羁縻州，属黎州都督府。治所在今四川冕宁县东北彝海乡。北宋以后废。

上竿塘山　一名南竿塘，即今福建连江县东马祖岛。南宋中叶《淳熙三山志》列举闽江口外的岛屿，即已提到该岛。明洪武二年（1369）曾徙其民于内地。清代岛上设有烟墩，与北竿塘和迤南的白犬、东沙二岛合置战船四拨，千把总一员巡防，隶属于海坛镇所辖的闽安协水师副将。晚清以来遂为马祖岛（马祖山）之名所替代。

上保镇　即今江西崇义县西北上堡乡。《方舆纪要》卷88南安府崇义县：上保镇在"县西北一百二十里。本上犹县之过步镇巡司，正德十四年，王守仁以上保、石溪、烂泥坑路通郴、桂，奏请徙置，改今名"。

上饶水　即今江西上饶市、上饶县境之信江。《寰宇记》卷107信州上饶县：上饶江"出怀玉山，分流两道，一东入衢州常山县入浙江，西南流从玉山县过合沦溪"。

上饶市　1950年由江西省上饶县城关区析置上饶市。1979年上饶县迁驻旭日村（今旭日镇）。2000年撤销上饶地区及县级上饶市，改设地级上饶市。原县级上饶市改置信州区。

上饶县　三国吴分余汉县置，属鄱阳郡。治所在今江西上饶市西北天津桥。西晋省。《寰宇记》卷107信州上饶县："所谓上饶者，以其傍下饶州之故也。"南朝宋复置，仍属鄱阳郡。隋废。唐武德四年（621）复置，为信州治。元为信州路治。明洪武三年（1370）徙治今上饶市，为广信府治。民国初属江西豫章道。1926年直属江西省。1950年由上饶县城关区析置上饶市。1979年上饶县迁驻旭日村（今旭日镇）。

上饶集中营旧址　在今江西上饶市。包括茅家岭、七峰岩、周田、李村等处。1941年3月，国民党将皖南事变中突围未成的新四军干部战士和叶挺将军等六百余人，以及相继被抓的抗日青年、爱国人士八十余人，强行囚禁在此，建立了以监狱、高干禁闭室、苦干营、高等软化所等组成的规模庞大的集中营。著名军事将领叶挺先后被监禁在七峰岩、李村两地。被关押的革命志士以绝食、暴动等方式同国民党进行了坚决斗争。1955年建有烈士陵园。1980年又建烈士纪念馆。1988年定为全国重点文物保护单位。

上亭驿　亦名郎当驿、琅珰驿。唐置，在今四川梓潼县东北五十里上亭铺。南宋魏了翁《题上亭驿》诗："红锦绷盛河北贼，紫金盏酌寿王妃。弄成晚岁郎当曲，止是三郎快活时。"

上亭镇　北宋置于上亭驿，属梓潼县。在今四川梓潼县东北五十里上亭铺。

上帝坪　在今广西平南县西北。清道光末、咸丰初，洪秀全起义曾练兵于此。

上帝庙　即玄贞观。在今辽宁盖州市城内西大街。

上洱池　在今云南洱源县东南。《方舆纪要》卷117邓川州：上洱池在"州（今邓川镇）南十五里。即普陀江之别出者。又南五里有油鱼穴，皆流达于西洱河"。

上洪州　明永乐五年（1407）属谅江府。治所在唐濠县（今越南北部海阳省美豪）。辖境相当今越南海阳省部分地。宣德二年（1427）以后地入安南。

上洪县　西魏改略阳县置，为德广郡治。治所在今湖北宜城市东。隋属襄阳郡。唐贞观元年（627）废。

上洪城　在今越南海阳省海阳县一带。《方舆纪要》卷112安南建平府：上洪城，"《旧志》：在交州府东二百里。安南所置上洪府也。嘉靖中，莫登庸作乱，据安南，其故王黎譓之子宁结，国人攻之，登庸败走海阳，据上洪、下洪……"。

上洪塘市　即今湖南浏阳市东北一百十八里上洪。旧有外委把总驻防。清光绪《湖南通志》卷29载：浏阳县东有"上洪市"。

上洞江　在今福建福州市南。《方舆纪要》卷96福州府："上洞江在马头江北岸，南岸又有下洞江。"

上洙岭　即上朱岭。在今江西萍乡市西境。

上派河镇　即今安徽肥西县治。旧属合肥。清嘉庆《合肥县志》卷3：上派河镇"在城南三十五里"。1949年肥西县迁治于此。

上洛　亦作上雒。春秋时晋邑。即今陕西商洛市。《左传》：哀公四年（前491），楚"司马起丰、析与狄戎，以临上雒"。《战国策·秦策四》："楚、魏战于陉山，魏许秦以上洛。"皆此。战国秦置上雒县。

上洛口镇　金置，属历城县。即今山东济南市城北十二里洛口镇。

上洛山　在今江西兴国县西南四十里。《隋书·地理志》南康郡南康："有上洛山。"《寰宇记》卷108虔州赣县：上洛山，"《舆地志》云，虔州上洛山多木客，乃鬼类也。形似人，语亦如人，遥见分明，近则藏隐。能斫杉枋，聚于高峻之上。与人交市，以木易人刀斧。交关者前置物枋下，却走避之，木客寻来取物，下枋与人，随物多少，甚信直而不欺"。

上洛县　①三国魏改上雒侯国置，属京兆郡。治所即今陕西商洛市。西晋为上洛郡治。北魏为洛州治。北周为商州治。隋为上洛郡治。唐复为商州治。天宝元年（742）改为上洛郡治，乾元元年（758）复为商州治。元废。

②南齐改北上洛县置，为北上洛郡治。治所在今湖北郧西县西北上津镇。梁改为上津县。

上洛郡　西晋泰始二年（266）置，属司州。治所在上洛县（今陕西商洛市）。《水经·丹水注》引

《地道记》曰："郡在洛上，故以为名。"辖境相当今陕西丹江上游、河南熊耳山西北洛河上游地区。其后辖境缩小。隋开皇三年（583）废。大业初复改商州为上洛郡，唐武德元年（618）又改为商州。天宝元年（742）复改上洛郡，乾元元年（758）又改为商州。

上洋口 即今福建顺昌县东洋口镇，为水路要津。清乾隆三十五年（1770）移王台通判驻此。

上洋市 即今福建顺昌县东洋口镇。《清一统志·建宁府》：上洋市"当延、邵二府水陆之冲。旧有税课司，元至正中置，本朝乾隆三十五年，移王台通判驻此"。

上津县 南朝梁改上洛县置，为上津郡治。治所在今湖北郧西县西北上津镇。隋属上洛郡。唐属商州。南宋绍兴十六年（1146）属金州。后废。明洪武八年（1375）复置，属襄阳府。十年（1377）废入郧县。十三年（1380）复置。成化十二年（1476）改属郧阳府。清顺治十六年（1659）废。

上津郡 南朝梁置，属南洛州。治所在上津县（今湖北郧西县西北上津镇）。隋开皇初废，义宁二年（618）复置。唐武德元年（618）改为上州。

上津堡 即今湖北郧西县西北上津镇。南朝以来为上津县治。清乾隆十九年（1754）设巡司于此。嘉庆十一年（1806）裁。

上津镇 即今湖北郧西县西北上津镇。1947年当地解放后设上关县于此。

上宫台（臺） 在今河南浚县西。《诗经·鄘风·桑中》："期我乎桑中，要我乎上宫，送我乎淇之上矣。"唐杜佑《通典·州郡典》：卫县有"上宫台"。《寰宇记》卷56卫县："南临淇水，有上宫台。"

上昶城 在今湖北云梦县西南涢水东岸。《三国志·魏书·王基传》："基又表城上昶，徙江夏治之，以逼夏口。"

上郡 ①战国魏文侯置，秦代治所在肤施县（今陕西榆林市东南七十五里鱼河堡附近）。西汉时辖境相当今陕西北部及内蒙古乌审旗等地。东汉建安二十年（215）废。

②隋大业三年（607）改鄜城郡置，治所在洛交县（今陕西富县）。辖境相当今陕西富县、甘泉、洛川、黄陵、黄龙等县地。唐武德元年（618）废。

③唐天宝元年（742）改绥州置，治所在龙泉县（今陕西绥德县）。辖境相当今陕西绥德、清涧、吴堡三县和子长、子洲二县部分地。乾元元年（758）复为绥州。

上费溪 在今贵州印江县北。《方舆纪要》卷122思南府：上费溪"在府东北百里。旧费州以此名。北流入四川黔江县界，亦曰黔江。又东北入湖广施州界，谓之清江"。

上盐湾 即今陕西榆林市东南上盐湾镇，产盐。清光绪《陕西全省舆地图》榆林县图：城东南有上盐湾。

上都 ①即上京。京都的通称。东汉班固《两都赋》："实用西迁，作我上都。"

②对陪都而言，称首都为上都。北齐以晋阳（今山西太原市西南晋源镇）为下都，称京都邺（今河北临漳县西南邺镇）为上都。唐宝应元年（762）以京兆府（今陕西西安市）为上都，与河南府东都、凤翔府西都、江陵府南都、太原府北都合称五都。

③唐大中十三年（859），南诏王蒙世隆称帝，改东京（今云南昆明市）为上都。

④蒙古宪宗六年（1256）忽必烈于桓州东滦水北建城，命名开平。元世祖中统元年（1260）于此即皇帝位，置开平府；四年以阙廷所在，加号上都。在今内蒙古正蓝旗东北四十里上都河北岸兆奈曼苏默（昭乃门苏木）古城。明洪武元年（1368）徐达率师攻占通州（今北京市通州区），元顺帝北趋上都。次年，常遇春率师出塞薄上都，顺帝北走应昌（今内蒙古克什克腾旗西达里诺尔西岸），攻占开平（上都）。永乐初荒废。城址尚存。城垣呈正方形，每面为2200米，内有宫城、皇城和外城。

上都云（雲）等处长官司 元置，属都云定云安抚司。治所在今贵州都匀市南。明洪武十六年（1383）改置都匀长官司。

上都牧厂 一名御马厂。清置，属上驷院。驻地在博罗城（今内蒙古正蓝旗南上都河东黑城子村）。《清一统志·牧厂》："御马厂亦名上都牧厂。在独石口东北一百四十五里博罗城。东西距一百三十里，南北距一百九十七里。"后废。

上都路 元世祖中统四年（1263）于开平府置，至元五年（1268）省府入路，后属中书省。治所在开平（今内蒙古正蓝旗东闪电河北岸兆奈曼苏默上都故城）。辖境相当今东自河北承德市、滦河，西至山西广灵、灵丘，南至河北涞源、长城，北至内蒙古多伦、正蓝旗一带。明初改为开平卫。

上莪桥河 即今安徽繁昌县东北之峨溪河，为漳河支流。《方舆纪要》卷27繁昌县：上莪桥河"在县南。源出浮丘山，接县东之苎田港，又西接苍龙州，下流注于江"。

上桥县 元置，属定远府。治所在今贵州惠水县东北二十里高镇。明洪武十五年（1382）改置上马桥长官司。

上栗镇 北宋置，属萍乡县。即今江西萍乡市上栗县。《清一统志·袁州府》：上栗镇"在萍乡县北七十五里。依山南北，有街市一里余"。清时有安乐巡司驻此。1997年改设上栗县。

上原县 战国赵置，在今河北元氏县西。《史记·赵世家》：孝成王十一年（前255），"城元氏，县上原"。即此。《方舆纪要》卷14谓上原城"以地势高平而名"。

上顿渡 即今江西抚州市临川区西南上顿渡镇。明弘治《抚州府志》卷6：临川县有上顿渡。清同治

《江西全省舆图》卷2临县川西南有上顿渡。

上党关 在今山西屯留县西。《汉书·地理志》上党郡：有上党关。

上党县 ①东晋义熙中改上党郡置，属淮南郡。治所在今安徽芜湖市西南。南朝宋元嘉九年（432）废入襄垣县。

②隋开皇中析壶关县置，属潞州。治所即今山西长治市。大业初为上党郡治。唐武德元年（618）为潞州治。天宝元年（742）为上党郡治。乾元元年（758）复为潞州治。北宋崇宁三年（1104）为隆德府治。金复为潞州治。蒙元初为隆德府治，蒙古太宗三年（1231）复为潞州治。明洪武二年（1369）废。

上党郡 ①战国韩、赵各置郡。因上党地区而得名。《释名》："党，所也。在山上其所最高，故曰上也。"地入秦后，合为一郡，治所在壶关县（今山西长治市北三十五里故驿村）。西汉移治长子县（今山西长子县西南）。辖境相当今山西和顺、榆社二县以西，沁水流域以东地。东汉末移治壶关县（今长治市北三十五里故驿村）。西晋移治潞县（今潞城市东北四十里古城村）。北魏复移治壶关城（即东汉壶关县旧址），属并州。辖境缩小至今长治市及屯留、长子、潞城、平顺、壶关、安泽等县地。隋开皇初废，大业初复置上党郡，治所在上党县（今长治市）。唐武德元年（618）改潞州，天宝初复为上党郡，乾元元年（758）又改潞州。

②东晋宁康中以上党流民侨置，寄治芜湖县地，治所在今安徽芜湖市西南五里。后省为上党县。

上党道 1938年日伪置，驻长治县（今山西长治市）。辖境相当今山西和顺、沁县、屯留、晋城、壶关等县间地。1945年日本投降后废。

上峨桥镇 北宋置，属繁昌县。在今安徽繁昌县南关外。以上峨桥河为名。《清一统志·太平府一》：上峨桥河"在繁昌县南，城濠也"。又名峨山市。《江南通志·关津·繁昌县》：峨山市在"县南关外，金峨山下"。

上隽郡 南朝梁大同五年（539）置，治所在下隽县（今湖北通城县西北）。承圣三年（554）改为隽州。

上虒亭 在今山西襄垣县西北。《汉书·地理志》上党郡铜鞮县：有上虒亭。

上殷台县 西汉置，属玄菟郡。治所即今吉林通化市。三国魏废。

上航埠头驿 在今浙江衢州市西衢江滨。《方舆纪要》卷93衢州府：上航埠头驿"在府西三里。旧为水驿，弘治八年废信安水驿为上航埠头水马驿"。

上爱茶峒长官司 明宣德三年（1428）置，属东乡安抚司。治所在今湖北宣恩县东南。清雍正十三年（1735）废。

上高场 五代南唐升元中以上高镇改置，属高安县。即今江西上高县。保大十年（952）升为县。

上高县 五代南唐保大十年（952）升上高场置，属筠州。治所即今江西上高县。《寰宇记》卷106上高县："以地形高上，故曰上高。"宋属瑞州。元属瑞州路。明、清属瑞州府。民国初属江西庐陵道。1926年直属江西省。

上高岩 在今湖南花垣县东南九十里。清严如熤《苗疆险要考》谓上高岩"倚山临水，磴道陡险。永绥（今花垣县境）之粮旧皆在此贮仓"。清乾隆征苗时贮粮于此。

上高镇 唐僖宗中和中置，属高安县。即今江西上高县。《资治通鉴》：五代梁开平元年（907），"墨云都指挥使吕师周与副指挥使綦章将兵屯上高"。即此。五代南唐升元间改为上高场。

上郭罗克车木塘寨 简称上郭罗克司。在今青海达日县东南。清康熙六十年（1721）置上郭罗克车木塘寨土百户。清嘉庆《四川通志》卷90：清康熙五十九年（1720），提督岳钟琪等讨郭罗克，破下、中郭罗克，"乘势复抵上郭罗克插六等寨，寨目旦增等绑缚首恶假塭并贼从格罗二十二名以献"。即此。

上郭城址和邱家庄墓群 在今山西闻喜县东南桐城镇。面积约7.5万平方米。城址大部掩埋于上郭村下，村北暴露城墙长约100米，宽7—8米，残高0.5—3.5米，墙体夯筑。城北邱家庄为墓葬区，面积25万平方米。1974—1989年清理墓葬一百三十余座，均为长方形土坑竖穴墓。墓室长2.7—6.5米，宽1.6—5.1米，深0.8—7.9米。出土有东周的铜"刖人守囿"六轮挽车及鼎、豆、盂、壶、甗、"荀侯"匜、兵器、车马器；玉戈、璜、琮；陶鬲、豆、鼎、壶及汉代的陶壶、罐等。春秋时期此地为晋之曲沃邑，上郭古城可能即古曲沃城。2006年定为全国重点文物保护单位。

上唐 即今湖北随州市西北唐县镇。《汉书·地理志》：南阳郡春陵县有上唐乡。《资治通鉴》：王莽地皇三年（22），王常等"引军与荆州牧战于上唐，大破之"。即此。

上唐乡 西汉置，属春陵县。即今湖北随州市西北唐县镇。《后汉书·王常传》：常"引军与荆州牧战于上唐，大破之"。即此。

上粉县 在今湖北房县东南。《水经·粉水注》："粉水导源东流，径上粉县。取此水以渍粉，则皓耀鲜洁，有异众流，故县水皆取名焉。"

上朔镇 今广东南雄市东北。清道光《南雄州志》卷12：有上朔墟。

上浦市 即今浙江上虞市西南二十六里上浦镇。清光绪《上虞县志》卷18引《万历志》：上浦市"在县（旧治丰惠镇）西南四十里"。

上海中山故居 在今上海市区香山路。1918年，孙中山辞去大元帅职务后，由广东到上海。1919年底，加拿大华侨集资为孙中山购置此住所。孙中山于1920年入住，并在此著述《孙文学说》和《实业计划》。1922年8月23日在此会见了中国共产党代表李大钊、林伯渠、瞿秋白等；9月4日在此邀请共产党人参加研究国民党改组方案。同年还与苏联特使越飞商谈，于次年1月26日发表了著名的《孙文、越飞宣言》。故居是一座二层西式楼房，房前有花园、草坪，楼下是餐厅、会客室，楼上是卧室和书房。1961年定为全国重点文物保护单位。

上海外滩建筑群 在今上海市区黄浦江滨外滩一带。这里是上海近代大都市的最初轮廓，荟萃着欧洲各国重要的建筑样式，是近百年来上海的象征。建筑群主要分布在中山东路1—33号的地段之间。包括古典主义风格的亚细亚大楼（1915年），英国古典式的上海总会大楼（1911年）、汇丰银行大楼（1923年）、怡和洋行大楼（1920年）、欧洲古典折中主义的海关大楼（1925年），仿意大利文化复兴风格的汇中饭店大楼（1906年），古典主义的东方汇理银行大楼（1911年），装饰上采用中国传统建筑风格的中国银行大楼（1937年），装饰艺术派风格的沙逊大厦（1928年）、百老汇大厦（1934年）。1996年定为全国重点文物保护单位。

上海务 北宋熙宁年间置，在今上海市旧城区。掌管茶烟酒税。《宋会要辑稿·酒曲杂录》：秀州酒务有“上海”。即此。

上海市 1927年析上海县北部、宝山区西南部等地置上海特别市。1930年改为上海市，直隶国民政府行政院。1949年5月27日上海市解放，中华人民共和国成立后为中央直辖市。辖黄浦、老闸、新成、静安、虹口、卢湾、杨浦、徐汇、江宁、普陀、长宁、邑庙、蓬莱、嵩山、常熟、北站、北四川路、提篮桥、榆林、闸北等20市区及新市、江湾、吴淞、大场、真如、新泾、龙华、高桥、洋泾、杨思等10郊区。1952年析洋泾区置东昌区，新市区并入江湾区。1956年将老闸区并入黄浦区；常熟区并入徐汇区；北站区并入闸北区；北四川路区并入虹口区；嵩山区并入邑庙、卢湾二区；静安区并入新成、长宁二区，存14市区。又将江湾、吴淞、大场三区合并为北郊区；真如、新泾、龙华三区合并为西郊区；高桥、洋泾、杨思三区合并为东郊区。1958年实行市管县体制，将原江苏省所属上海、川沙、南汇、奉贤、金山、松山、青浦、嘉定、宝山、崇明等县划归上海市。同年8月，将北郊区撤销并入闸北、虹口、提篮桥、榆林、杨浦五区及宝山县；西郊区撤销并入徐汇、长宁、普陀三区及上海、宝山二县。10月，东郊、东昌二区合并改设浦东县。1960年1月以蓬莱区全部及邑庙区部分区域合并改设南市区；邑庙区其余区域划入黄浦、卢湾二区；以江宁区全部及新成区部分区域合并改设静安区；新成区其余区域划入黄浦区；提篮桥并入虹口区；榆林区并入杨浦区，共辖10市区。同时，又由宝山县析置吴淞区；由上海县析置闵行区。1961年1月，撤销浦东县并入黄浦、南市、杨浦三区及川沙县。1964年5月又将吴淞区并入杨浦区，将闵行区并入徐汇区。1980年10月以宝钢地区办事处辖地及宝山县部分区域复设吴淞区。1981年2月析徐汇区及上海县复设闵行区。1992年9月撤销上海县，并入闵行区，闵行区驻地由闵行镇迁莘庄镇。同年10月，撤销嘉定县，改设嘉定区；撤销川沙县，以闵行、南市、杨浦、黄浦四区的浦东部分及川沙县辖区设置浦东新区。1997年以后金山、松江、青浦三县相继改设金山、松江、青浦区。2000年将南市区并入黄浦区。2001年奉贤县改设奉贤区。2002年南汇县改设南汇区。2009年将南汇区并入浦东新区。全市辖黄浦、卢湾、徐汇、长宁、静安、普陀、闸北、虹口、杨浦、闵行、宝山、嘉定、浦东、金山、松江、青浦、奉贤17区及崇明1县。

上海县 元世祖至元二十九年（1292）析华亭县东北五乡地置，属松江府。治所在上海镇（今上海市南市区旧城内）。1914年为江苏沪海道治。1927年直属江苏省。1933年迁治北桥。1945年县治先迁三林塘，后迁于闵行，1948年复迁回北桥。1954年再迁闵行，1958年划归上海市。1960年迁莘庄镇。1992年撤销，改设闵行区。

上海邮政总局 在今上海虹口区四川北路。建造于1924年。建筑立面为古典主义式样。主楼高四层，框架结构，转角塔楼高八层。建筑主要立面用贯通三层的科林斯式列柱，塔楼为巴洛克式，墙面作水刷石粉面，楼顶设两组雕像。楼内大厅用大理石装修，设旋转形楼梯。这是一座雄伟壮观的英国古典风格建筑。1996年定为全国重点文物保护单位。

上海宋庆龄故居 在今上海市徐汇区淮海中路1843号。白色的主楼建于1920年，前有草坪，后为花园。故居原是一外籍船主的宅园，几易其主，后为国民政府收归国有。宋庆龄（1893—1981）于1948年住此。中华人民共和国成立后，宋庆龄除在北京的时间外，到上海时一直住在这里，成为她从事国务活动和开展国际友好活动的重要场所。2001年定为全国重点文物保护单位。

上海浦 宋人郏亶《水利书》记松江南岸有大浦一十八条，其中有上海浦、下海浦。约在今黄浦江西岸十六铺附近。上海镇初设时濒上海浦，故以为名。

上海道 ①即清乾隆六年（1741）所置苏松太道，因驻上海县（今上海市区旧城内），通称上海道。

②1914年1月置，驻上海县（今上海市区旧城内），同年6月改为沪海道。

上海镇 南宋咸淳三年（1267）前置，属华亭县。在今上海市区旧城内。元世祖至元二十九年（1292）升为上海县。

上流井 在今四川简阳市北。《方舆纪要》卷67简州：上流井在“州北十里。产盐。有盐课司”。

上容渎 南朝梁建，故址在今江苏句容市东南。唐许嵩《建康实录》卷2注曰：上容渎“在句容县东南五里，顶上分流，一源东南三十里十六埭，入延陵界；一源西南流二十五里五埭，注句容界。上容渎西流入江宁秦淮。后至陈高祖即位，又堙上容而更修破冈”。

上勐（猛）尹 或作上孟引。即今云南澜沧拉祜族自治县北一百十里上允镇。清《乾隆内府舆图》作上孟尹。傣语“勐”为地方，“允”为城，意即上城。

上通江县 南宋末置，属巴州。治所即今四川通江县。元至元二十年（1283）废。

上桑植司 即上桑植长官司。元置，治所疑在今湖南桑植县西南上洞街。

上埠镇 即今江西萍乡市东南上埠镇。清同治《江西全省舆图》卷5：萍乡县东南“紫家坑又十里至上埠”。

上勒凹贡按寨 在今四川若尔盖县西北。清雍正二年（1724）置上勒凹贡按寨土千户。

上黄县 西晋置，属襄阳郡。治所在今湖北南漳县东南五十里。南朝宋大明元年（457）属华山郡。西魏废。

上黄郡 西魏置，属基州。治所在绿麻县（今湖北荆门市东南沙洋县）。隋开皇七年（587）废。

上黄溪 在今贵州黎平县东南。《方舆纪要》卷121黎平府洪州泊里长官司：“上黄溪在司（今洪州镇）东南。源出洒洞山，东北流入通道县界，会洪州江入于渠阳江。”

上黄旗 即今河北丰宁满族自治县北黄旗镇。《清史稿·地理志》：承德府丰宁县有“上黄旗”镇。即此。

上梅 ①本名西坞寨。即今浙江建德市寿昌镇西南四十里梅岭。明置上梅巡司于此。

②在今福建武夷山市东南三十里。1929年1月，陈耿、杨峻德等在此组织暴动。今有上梅暴动纪念亭，村东后坜有上梅暴动旧址。

上砦驿 清乾隆二十年（1755）置，在今贵州盘县东北。

上龛镇 在今湖北房县西南一百八十里上龛乡（范家垭）。清有守备、外委驻防。

上领山 即骑田岭。在今湖南郴州市南。《续汉书·郡国志》桂阳郡有“上领山”。

上馆城 即今山西代县城。北魏明帝时，代县徙治于此。

上庸山 在今湖北竹山县西南。《方舆纪要》卷79竹山县：上庸山“在县西南四十里。上庸水出于此”。

上庸水 在今湖北竹山县西。《明史·地理志》竹山县：“又有上庸山，上庸水所出，南合孔阳水，下流入汉。”清乾隆《竹山县志》卷4：上庸水在“县西四十里。源出上庸山，因以此名县。其水南流与孔阳水合，入汉江”。

上庸县 ①春秋楚置，在今湖北竹山县西南四十里堵水北岸。《史记·张仪列传》：“（楚）靳向曰：秦王甚爱张仪而不欲出之，今将以上庸之地六县赂楚。”即此。秦属汉中郡。东汉建安末为上庸郡治。南朝梁废。

②隋开皇十八年（598）改孔阳县置，属房州。治所在今湖北竹溪县东南。大业初属房陵郡。唐属房州。北宋开宝中废。

上庸郡 ①东汉建安二十二年（217）置，属荆州。治所在上庸县（今湖北竹山县西南四十里堵水北岸）。三国魏黄初元年（220）并入新城郡。太和二年（228）复置。西晋辖境约当今湖北竹山、竹溪二县，十堰市及陕西平利、镇坪二县地。南朝梁废。

②北魏永平四年（511）改东上洛郡置，属洛州。治所在丰阳县（今陕西山阳县）。辖境相当今陕西商州市及丹凤、商南、洛南、山阳等县地。西魏废。

上商里 在今河南偃师市西北（汉魏故城东北）。北魏时又名闻义里。北魏杨衒之《洛阳伽蓝记》卷5：“洛阳城东北有上商里，殷之顽民所居处也。高祖名闻义里。迁京之始，朝士住其中，迭相讥刺，竟皆去之。唯有造瓦者止其内，京师瓦器出焉。”

上清观 在今江西贵溪市上清镇东。汉张道陵之后世居于此。唐名真仙馆。北宋大中祥符间改上清观。清康熙时御赐“太上清宫”匾额。

上清县 元世祖至元十六年（1279）以南安县改置，属南安路。治所即今江西上犹县。十七年（1280）改为上犹县。

上清宫 ①在今河南洛阳市老城西北八里邙山翠云峰上。唐高宗乾封元年（666）追尊老子李耳为玄元皇帝。玄宗开元二十九年（741）诏令两京诸州置庙祭祀，故唐代称上清宫为玄元皇帝庙，又因避玄宗讳改称元元皇帝庙，或称太微宫。老子被后人追尊为太上老君，故又俗称老君庙。上清宫金元已废。明伊王（太祖第二十四子朱㰘）妃方氏捐资重修。嘉靖二十四年（1545）道士张玄慕又募钱修建，把梁柱、椽、瓦以铁铸，配殿覆盖琉璃瓦，故明代以后又称上清宫为铁瓦琉璃殿。嘉靖三十四年（1555）地震，殿宇被毁。清代和民国初又予重修。

②在今安徽池州市南清溪镇东端。为道教创始人张道陵第四代孙张盛，于西晋永嘉年间自汉中移居龙虎山后所建。唐名真仙馆。宋大中祥符间改上清观，政和中敕改上清正一宫。清名太上清宫。现存部分为清代所建。有福地门、九曲巷、下马亭、午朝门、钟楼、龙虎仙峰、玉门殿、东隐院及元、明石刻等珍品。

③在今四川都江堰市西南青城山之高台山上。为青城山道教主要宫观之一。始建于晋，五代前蜀王衍建行宫于此。《方舆胜览》卷55永康军：上清宫“在高台山丈人祠之侧，晋朝立宫于上，夜则神灯遍空。其东北有天师手植栗十七株”。南宋范成大、陆游均曾游览上清宫。范成大《吴船录》：“宫在峰顶，岷山数百峰，悉在栏槛下，如翠浪起伏，势皆东倾。”今宫为清建，左有鸳鸯井，右有麻姑池。顶为呼应亭，日出、云海、神灯为上清宫三大自然

景观。

上清溪 在今江西贵溪市南一百里。《清一统志·广信府一》：上清溪“自泸溪县流入，即泸溪下流也。其源有二：一自分水岭，一自建昌南城县高阜山，至县南八十里，合流入安仁港”。溪北岸有上清镇。清时有巡司驻此。

上清溪镇 清置，即今安徽池州市南清溪镇。

上清镇 即今江西贵溪市西南上清镇。清置巡司于此。

上渠沟 在今河南遂平县西南三十五里。《方舆纪要》卷50遂平县：上渠沟“源出查牙山，东流合阳奉渠入沙河”。

上窑 即今安徽淮南市东北上窑镇。《宋史·李谷传》：五代周显德二年（955），“谷领兵自正阳渡淮，先锋都将白延遇败吴军数千于来远，又破千余人于山口镇，进攻上窑”。即此。

上隆布 清雍正时置，属西宁办事大臣。为玉树四十族之一。驻牧地在今青海玉树县西北。乾隆《西宁府新志》卷19塞外贡马番族：“住牧上隆布族，距阿拉尼克隆布族三百余里。”清末与隆布土司合并为迭达土司。

上隆州 宋置羁縻州，属邕州右江道。治所在今广西壮族自治区百色市东北。元属田州路。明洪武二年（1369）属田州府，成化三年（1467）徙废。

上塔市 即今湖南平江县东北九十一里冬塔乡。明隆庆《岳州府志》称上塌市，清演变为上塔市。

上棘 春秋郑邑。在今河南禹州市西北。《左传》：襄公十八年（前555），“楚师伐郑，次于鱼陵。右师城上棘，遂涉颍”。《水经·颍水注》：“颍水又径上棘城西。”

上雄关 明置，属石泉县。在今四川北川羌族自治县西北。《明史·地理志》石泉县：“西北有上雄关。”

上程聚 即春秋时程国。在今河南洛阳市东。《续汉书·郡国志》：河南尹雒阳“有上程聚”。

上堡市 即今湖南耒阳市东南黄市镇。《清一统志·衡州府二》“竹塔市”条下：“上堡市，在（耒阳）县南四十里。地多冈陵，产铅锡，有锡坑三十余所。”

上集厂 即今黑龙江省绥棱县东南上集镇。清末绥化府设分防经历于此。1915年设绥楞设治局，1917年改绥楞县。民国《黑龙江志稿》卷2：绥楞县“地当努敏河之南，而尼尔吉河之西也。旧名上集厂”。

上集街 即今河南淅川县城关镇。清咸丰《淅川厅志》卷1：上集街“在板桥保。城北五十里，有小集”。1960年淅川县由老城迁治于此。

上善泉 在今陕西黄陵县东北。《新唐书·地理志》中部县：“东北七里有上善泉，开成二年，刺史张怡架水入城，以纾远汲。四年，刺史崔骈复增修之，民获其利。”

上道营 在今广东韶关市曲江区东北平甫。《方舆纪要》卷102韶州府曲江县：上道营“在府东北”。

上道堡 即今广东韶关市曲江区东北平甫。明洪武十六年（1383）置平圃巡司于此。

上湖 ①在今江苏常州市东原芙蓉湖西北部。《寰宇记》卷92常州无锡县：“上湖一名射贵湖，一名芙蓉湖，一谓之无锡湖，在晋陵、江阴、无锡三县界，东去州五十九里。东南流为五泻水。”《清一统志·常州府一》“芙蓉湖”条引《旧志》：“昔时湖岸，南北相距八十里。宋元祐中，堰湖为田，湖流渐塞。明万历中，县丞郭之蕃筑堤捍之，圆可二十里，中筑界堤，长十余里，北障江潮，南捍湖水，自是滨湖皆为良田。”

②即西湖。在今浙江杭州市西。唐白居易《钱塘湖石记》：“钱塘湖一名上湖。”

上湖城 明嘉靖二十四年（1545）置，属诏安县。即今福建诏安县东北上湖。明、清时为戍守要地。

上渣坝卓尼 简称上渣坝司。在今四川道孚县南上扎坝。清康熙四十年（1701）置上渣坝卓尼土百户。

上游镇 北宋置，属宝应县。即今江苏宝应县西北黄浦镇。

上富市 即今江西奉新县西上富镇。清同治《江西全省舆图》卷1：奉新县西有上富。

上禄县 ①西汉置，属武都郡。治所在今甘肃成县西南。《宋书·氐胡传》：东晋太元八年（383），杨氏“求割天水之西县、武都之上禄为仇地郡”。后废。

②隋大业三年改仓泉县置，为汉阳郡治。治所在今甘肃礼县西南西汉水东岸。唐武德初为成州治，天宝初为同谷郡治，乾元初复为成州治。宝应初没入吐蕃，废。

上鄍 春秋齐地。在今山东阳谷县北。《左传》：成公二年（前589），“公会晋师于上鄍”。即此。

上塘长官司 元置，属播州安抚司。治所在今贵州黄平县西北上塘乡。明废。

上塘河 在今浙江杭州市东北部和东部、海宁市西部。为隋大业六年（610）所开江南运河南段。宋《淳祐临安志》卷10：城外诸河“一由东北上塘，过东仓、新桥，入大运河，至长安闸，入秀州，曰运河”，即上塘河河道。《方舆纪要》卷90杭州府：上塘河自艮山门“东北经临平镇，东达海宁县之长安坝。南宋运道俱自长安坝入艮山水门，抵东断河而止，此其故道也”。元末辟下塘河运道，上塘河遂成支线。南宋建炎三年（1129），苗、刘作乱，于上塘河中植鹿角以梗行舟，韩世忠舍舟力战。即此。

上幕镇 隋唐为临川县地。即今江西金溪县。五代周显德五年（958）改为金溪场。

上蓬州 唐开元十七年（729）置羁縻州，属黎州都督府。治所在今四川马边彝族自治县西北三河口乡。北宋以后废。

上榆林堡 明置，属沈阳中卫。即今辽宁沈阳市西北尚义林。明《辽东志》卷3：有上榆林堡。《方舆纪要》卷37辽东都司：上榆林堡“在卫西北四十里，其相近者有倒塔儿空，万历末增置”。

上楼　即今缅甸北部糯千卡河（即小江）南侧的高楼。清代属腾越州大塘隘土把总。光绪《续云南通志稿》卷99土司：大塘隘土把总“管理上楼、痴戛、官寨、痴喷、把仰等夷寨”。

上碑镇　亦作上北镇。即今河北行唐县西北二十里上碑镇。清《畿辅舆地全图》行唐县：上碑镇在“县西北”。

上虞市　1992年改浙江省上虞县置，由绍兴市代管。市人民政府驻百官镇。2013年撤销上虞市，改设绍兴市上虞区，区政府驻百官街道市民大道987号。

上虞江　即今浙江上虞市西之曹娥江。《论衡·书虚篇》：“浙江、山阴江、上虞江皆有涛。”《水经·渐江水注》：“江水东径上虞县南……亦谓是水为上虞江。”《元和志》卷26：剡溪“北流入上虞县界为上虞江”。

上虞县　秦置，属会稽郡。治所即今浙江上虞市（百官镇）。《水经·渐江水注》引《晋太康地记》云：“舜避丹朱于此，故以名县……亦云禹与诸侯会，事讫，因相虞乐，故曰上虞。”隋开皇九年（589）废。唐贞元元年（785）复置，属越州。长庆二年（822）迁治今上虞市东南二十六里丰惠镇。南宋初属绍兴府。元属绍兴路。明、清属绍兴府。民国初属浙江会稽道。1927年直属浙江省。1954年迁治今上虞市（百官镇）。1992年改设上虞市。

上歇武　清末由竹节族分出，驻牧地在今青海称多县东南。百户驻歇武寺（今青海称多县东南歇武）。

上廉县　西晋置，属上庸郡。治所在今陕西平利县西北九十里老县街东。取上廉水为名。南朝宋废。齐复置，西魏并入吉安县。

上新河　明洪武初开凿。在今江苏南京市西南。《明一统志》卷6应天府：“上新河在江东门外稍南五里，通大江，江中舟泊尽舶此，以避风浪。”

上新河镇　1912年置，属江宁县。即今江苏南京市水西门外上新河镇。清光绪《江苏全省舆图》江宁县记：“上新河镇在城西十六里。”

上源驿　在唐汴州城（今河南开封市）内。《旧五代史·唐书·武皇纪》：唐中和四年（884），李克用大破黄巢军，凯旋过汴州。朱温迎劳入城，“馆于上源驿”。《旧五代史·晋书·高祖纪》：天福五年（940）九月，“改东京上源驿为都亭驿”。

上溪口街　即今安徽休宁县西南溪口镇。清康熙《休宁县志》卷1：上溪口街“南五十里。长二里”。

上溪州　①五代末置，治所在今湖南龙山县境。宋为羁縻州。元废。明洪武二年（1369）复置，属永顺宣慰司。清废。

②南宋绍兴中置，治所在今湖南永顺县东南老司城。后废。

上蔡　战国楚邑。在今河南上蔡县城关一带。《水经·汝水注》引《竹书纪年》：“魏章率师及郑师伐楚，取上蔡。”

上蔡县　①战国楚置。始皇二十三年（前225）入秦，属陈郡。治所在今河南上蔡县城关一带。西汉属汝南郡。南朝宋徙治悬瓠城（即今河南汝南县）。北魏神龟三年（520）改置临汝县。

②东汉灵帝析建城县置，属豫章郡。治所即今江西上高县。《续汉书·郡国志》豫章郡刘昭补注引《豫章记》：“上蔡民分徙此地，立名上蔡。”西晋更名望蔡县。

③北魏置，为汝南郡治。治所在悬瓠城（今河南汝南县）。隋开皇初为豫州治。大业三年（607）改为汝阳县。

④北魏置，治所在今河南泌阳县东北。隋开皇初废。

⑤南齐置，为齐兴郡治。治所在今湖北钟祥市北。北周属汉东郡。隋开皇十八年（598）改为汉东县。

⑥隋大业三年（607）改武津县置，属汝南郡。治所即今河南上蔡县。唐属蔡州。元属汝宁府。明洪武初废。四年（1371）复置。民国初属河南汝阳道。1927年直属河南省。

上鲜县　东魏武定七年（549）置，为武陵郡治。治所在今江苏赣榆县南约五十里。隋初废。

上雒　即上洛。在今陕西商洛市。

上雒县　战国秦置，属内史。治所即今陕西商洛市。西汉属弘农郡。东汉改为上雒侯国。三国魏改为上洛县。

上雒侯国　东汉改上雒县置，属京兆尹。治所即今陕西商洛市。三国魏改为上洛县。

上寨驿　在今贵州盘县东北。清乾隆二十年（1755）设驿。

上霄石　在今江西庐山南。《水经·庐江水注》：“庐山之南有上霄石，高壁缅然与霄汉接连，秦始皇三十六年叹斯岳远，遂记为上霄焉。”

上黎平长官司　元置，属思州安抚司。治所在今贵州黎平县西南十八里黎平寨。后废。

上潘州　北宋分潘州置，治所在今四川松潘县东北。明曹学佺《蜀中广记》明曹学佺卷31《边防记》：“宋时分上、中、下潘三州。今阿失寨即上潘州。”元属吐蕃宣慰司。明初废。

上缭营　在今江西永修县西。《方舆纪要》卷84南康府建昌县：上缭营“在县（治今艾城）南十七里。相传昌邑王贺所筑，今皆为民地”。

上疁村　在今浙江宁海县西北四十三里上辽岗。《资治通鉴》：唐咸通元年（860）五月，东路军破裘甫将领“孙马骑于上疁村”。即此。

上瞻对茹长官司　清雍正六年（1728）置，属雅州府。治所在今四川新龙县北大盖乡（曲马路村），一说在县西北雄龙西乡。宣统三年（1911）改流。

上瞻对峪纳　在今四川新龙县北谷日；一说在县东南格日。清雍正六年（1728）置上瞻对峪纳土千户。

上瞻对撒纳　亦作撒敦司。在今四川新龙县北沙堆乡。一说在县北森达。清乾隆十年（1745）置上瞻对撒纳土千户。

上簿山　在今安徽无为县西南九十里。《隋书·地理志》：庐江郡庐江县有上簿山。《清一统志·庐州府》：桐山“又名上箔山，即《隋志》庐江县上簿山也”。

小七　即今浙江嵊泗县西海中小戢山。明《郑和航海图》作“小七”。

小人国　在今黑龙江省海林市东北牡丹江西岸。清光绪《吉林通志》卷17宁古塔：城北“一百三十五里福塔密河屯，一百四十里小人国屯，一百五十里头道河子屯”。

小三家子　即今辽宁黑山县东北九十里小东镇。清末属镇安县。《清史稿·地理志》新民府镇安县：“小三家子县丞，光绪三十二年置。三十四年，其地设奉天官牧场。”

小弋阳陂　在今河南潢川县东。《三国志·魏书·贾逵传》：逵为豫州刺史，“遏鄢、汝，造新陂。又断山溜长溪水，造小弋阳陂。又通运渠二百余里，所谓贾侯渠者也”。

小口　在今山西晋城市泽州县南小口村。《清一统志·泽州府》：小口“在凤台县（今晋城市）南九十里碗子城西。由西梁别径入山，至星轺驿南十三里会大道”。又引《山西通志》曰：“隋大业中，上登太行山，别开道九十里，以达河内御史大夫张衡宅，悦其林泉，留宴三日，即今小口道也。”

小山子　即今黑龙江省五常市东南小山子镇。民国熊知白《东北县治纪要》吉林五常县：“县属小山子，距县市八十里。其北面有著名森林。”

小山泉　当在今内蒙古西乌珠穆沁旗境。《方舆纪要》卷18大宁卫：小山泉“在庆州西境。永乐中，遣将北征，闻元祖脱古思帖木儿在捕鱼儿海，遂由大宁庆州兼道而进，次游魂南，道无水，军士渴甚，路旁小山忽涌四泉，士马得不困乏，因名”。捕鱼儿海即今呼伦湖，庆州在今巴林右旗北境索博日嘎镇。

小山堡　在今湖南蓝山县西一里。明置巡司于此。后废。

小川子镇　即今甘肃成县西南四十里小川镇，为往来驿道。明于此设平洛驿，有驿丞。清改为小川驿。

小川县　唐贞观五年（631）置，后属羁縻穹州。治所在今四川黑水、红原县境。后废。

小广阳　西汉时广阳县之别称。治所在今北京市房山区东北广阳城村。《后汉书·耿弇列传》：“从光武击破铜马、高湖、赤眉、青犊……从追至容城、小广阳、安次，连战破之。”注：“广阳国有广阳县，故曰小广阳。”

小广魏县　亦名广魏县。治所在今四川射洪县南六十里柳树镇。《水经·涪水》：“涪水出广魏涪县西北，南至小广魏，与梓潼水合。”郦道元注：“小广魏即广汉县也。王莽更名曰广信也。”

小门屿　又名丁字门屿。在今台湾省澎湖县西北渔翁岛北侧。清蒋毓英《台湾府志》卷3：丁字门屿“周围不及里许，并无居民，去西屿头有七八里许”。

小门岭　在今江西抚州市临川区北。《明一统志》卷54抚州府：小门岭“在府城北六十里。世传王、郭二仙寻浮丘经此。上有三仙行祠”。

小乡县　北魏建义元年（528）置，属南绛郡。治所在今山西翼城县西南。西魏恭帝时改属绛郡。隋开皇十八年（598）改汾东县，大业初废。义宁元年（617）复置小乡县，属翼城郡。唐属绛州，武德九年（626）废。

小井　在今江西井冈山市（茨坪）西北。为井冈山五井（大井、小井、上井、中井、下井）之一。1928年10月在此建红军医院。

小云（雲）雾山　在今湖南溆浦县西北四十里，与乌龟山对峙。山下水气上腾，时有云雾弥漫，故名。以安化有云雾山，故此称小云雾山。

小五台（臺）山　在今河北蔚县东、涿鹿县西南交界处。《清一统志·宣化府》“倒刺山”条下：“又有小五台山，在（蔚）县东八十里。高四百余丈，周五里。山有五台，四时积雪不消。”

小五指山　在今海南省保亭黎族苗族自治县西南。《清一统志·琼州府一》：小五指山“在陵水县西一百里生黎峒中，与崖州接界。脉自五指山至此挺立数峰，黎人环居其下。《旧志》，下有温郎、岭脚二峒，明嘉靖中征黎，尝分奇兵出此”。

小五湖　即五里湖。在今江苏无锡市西南十八里，西通太湖。《方舆纪要》卷25常州府无锡县：五里湖“一名小五湖”。

小尤　在今福建德化县西。元置小尤巡司于此。明废。

小屯村　在今河南安阳市西北。其地发现商代后期都城遗址，即著名的殷墟。

小屯商周遗址　在今山东济南市长清区南二十四里小屯水库北侧。1956年修建小屯水库时出土商代晚期铜器觚、樽、鼎、觯、戈等一百零四件文物；20世纪70年代后期又出土了商代前期两件铜器爵、郪。这些文物分别由中国历史博物馆、山东省博物馆和长清县博物馆收藏。

小中甸土千总　民国属中甸县，在今云南香格里拉县东南小中甸镇。

小日　即今福建莆田市东南小日岛。见清《海国闻见录》图。

小水铺　即今湖南耒阳市西南二十四里小水铺。清光绪《湖南通志》卷1耒阳县图：县西南有小水。

小毛山口关　在今河北抚宁县东北。《方舆纪要》卷17抚宁县“董家口关”条下载：小毛山口关“董家口东第三口也”。

小长山岛 在辽宁南部黄海中。即今辽宁长海县东南小长山岛，岛上有小长山乡。明《辽东志》卷1：小长山岛"去（金州卫）城二百六十里"。《清一统志·奉天府一》"大山岛"条下："又东南十里有小长山岛。"

小长安岭 在今甘肃秦安县西北。《方舆纪要》卷59秦州秦安县：小长安岭"在县西北百有五里。山势修长，亦曰长安山。宋时置长安砦于此"。

小长安聚 在今河南南阳市南六十里。《后汉书·光武纪》：王莽地皇三年（22）十一月，汉军"与王莽前队大夫甄阜、属正梁丘赐战于小长安，汉军大败"。李贤注："《续汉书》曰：淯阳县有小长安聚，故城在今邓州南阳县南。"

小分水岭 在今四川松潘县北九十里。明曹学佺《蜀中广记》卷31《边防记》："《志》又曰：卫北三舍有龙潭，四序渊澄，其深莫测，谓之小分水岭。"《方舆纪要》卷73松潘卫"大分水岭"条下："小分水岭在卫北九十里。其山平坦，有龙潭，其水亦分二流。"

小仓山 在今江苏南京市清凉门内，为清凉山之支阜。《金陵胜迹志》卷2"小仓山"条引《待征录》："南唐时建仓其上，故名。"清袁枚筑随园于此。

小丹山 在今浙江奉化市西南。《清一统志·宁波府一》：小丹山"在奉化县西五十里四明山南。上有二洞如广厦，可容五六十人，岩罅水流，紫绀赤色。《云笈七籤》所谓丹山赤水是也"。

小丹江 在今贵州雷山县东。《清史稿·地理志》丹江厅："大丹江源出厅西南，小丹江自厅东南来会。"

小丹阳 亦作小丹杨。旧丹阳县俗称。治所在今安徽当涂县东北五十里丹阳镇。两汉丹阳郡治宛陵县（今安徽宣城市）。因丹阳县与郡同名，故尝加小字。《三国志·吕范传》：吕范从孙策渡江，"下小丹阳、湖孰，领湖孰相"。《晋书·陶回传》：苏峻之役，回谓庾亮曰："峻知石头有重戍，不敢直下，必向小丹杨南道步来，宜伏兵要之，可一战而擒。"

小乌江 在今贵州余庆县南。《明史·地理志》余庆县："南有小乌江，下流入于乌江。"《明一统志》卷72播州宣慰司：小乌江"在余庆长官司南六十五里。源出椒溪，南流入涪江"。《清一统志·遵义府》：小乌江"在绥阳县东北。……按，乌江一名涪陵水，此水亦名涪水，故谓之小乌江"。

小乌蒙城 在今云南昭通市北七十里。《明一统志》卷72乌蒙军民府：小乌蒙"在府北七十里。四围皆山中平地，夷人于此耕种，号杰纪"。

小方盘城 在今甘肃敦煌市西北一百六十六里戈壁滩上。为汉代玉门关旧址。

小巴山 亦名小巴岭。在今四川南江县东北。《寰宇记》卷140难江县："小巴岭在县东北一百三十里。《周地图》云：此山之南即古之巴国。其岭上多云雾，盛夏犹有积雪。又有北水源出此山。"

小巴林贝子府 清时巴林左翼旗驻地，在今内蒙古巴林右旗东北一百里幸福之路苏木北八里敖日盖村。

小巴彦苏站 亦作三站。清光绪七年（1881）置，在今黑龙江省林口县西北三道通镇南江东村。光绪《吉林通志》卷17："正南距（三姓）城……一百七十里三站，即小巴彦苏站。"

小双桥遗址 在今河南郑州市西北二十里石佛镇小双桥村南。面积15万平方米。文化层厚约2米。经调查发现有建筑夯土台基、基槽。出土有二里岗期大型青铜兽面纹，凹形建筑构件、磨制方孔石铲、陶鬲、大口尊、盆等文物。2006年定为全国重点文物保护单位。

小甘 即今福建东山县东南兄弟岛柑屿。明郑和下西洋经此。又见明张燮《东西洋考》卷9"西洋针路"。

小丙山 亦作小景山。在今陕西略阳县南，与大丙山相接。《寰宇记》卷135兴州顺政县："大景山、小景山，景字本为丙，国讳改之，并在县东南七十里。"

小石口堡 ①在今山西应县东南三十里小石口村。《方舆纪要》卷40繁峙县：小石口堡"在大石口西五里。堡城正德九年筑，万历二十八年增修，后又增筑北关。今城周二里有奇"。

②在今山西繁峙县东北。明正德九年（1514）筑，万历二十八年（1600）增筑北关。《方舆纪要》卷40繁峙县："《边防考》：小石口辖凌云、大石、茹越、马兰等四堡，分管边一百有六里。"

小石耶寨 元置，属酉阳州。在今重庆市秀山土家族苗族自治县东南。《元史·泰定帝纪》：泰定元年（1324）七月，"思州平茶杨大车、酉阳州冉世昌寇小石耶、凯江等寨，调兵捕之"。即此。

小石峡 即小峡。在今青海平安县西小峡镇境。《清一统志·西宁府一》：峡口山"亦名小石峡"。

小石潭 在今湖南永州市西，小丘之西。唐柳宗元《至小丘西小石潭记》："从小丘西行百二十步，隔篁竹闻水声，如鸣佩环。心乐之。伐竹取道，下见小潭，水尤清冽，全石以为底……西南而望，斗折蛇行，明灭可见。其岸势犬牙差互，不可知其源。"

小龙川关 在今云南腾冲县东南。《明一统志》卷87南甸宣抚司：小龙川关"在司东北八十里"。

小龙门口 在今河北易县西。《方舆纪要》卷12易州：小龙门口"在紫荆关西南四十一里。又西南三十里为黄沙口"。

小龙番长官司 明洪武六年（1373）改小龙番静蛮军安抚司置，属贵州卫。治所在今贵州惠水县西南二十里小龙。正统三年（1438）改属贵州宣慰司。后属定番州。清以后废。

小龙番静蛮军安抚司 元置，属八番顺元宣慰司。

治所在今贵州惠水县西南二十里小龙。明洪武六年(1373)改置小龙番长官司。

小龙湾泉　在今山东莱芜市东北四十里。《方舆纪要》卷31莱芜县：小龙湾泉“亦曰小龙湾河。合县西司马河，又西南流，入于汶”。

小平川　即今陕西延安市西北西川河。《清一统志·延安府》“龙尾水”条下：“《旧志》，西川水至(保安)县东南二十里，会小平川，入肤施县界合延水。”

小平伐长官司　明洪武十五年(1382)置，属贵州卫。治所在今贵州贵定县西南小平司。寻属龙里卫。二十九年(1396)改属新添卫。清康熙二十六年(1687)改属贵定县。

小平茶砦　明置，属平茶洞长官司。治所在今重庆市秀山土家族苗族自治县南。《方舆纪要》卷73平茶洞长官司：小平茶砦“在司南。嘉靖二十七年，大征叛苗，分兵屯平茶、地架二营，剿境内小平茶、地崩、岑沙苗、地龙庭、地龙箐五砦是也”。

小平津　黄河津渡名。在今河南孟津县东北。东汉中平元年(184)为镇压黄巾起义，在津上置关戍守，为八关之一。《后汉书·何进传》：中平六年(189)，袁绍大诛宦官，“张让、段珪等困迫，遂将帝与陈留王数十人步出(洛阳)谷门，奔小平津”。即此。

小平津关　在今河南孟津县东北。东汉中平元年(184)，设八关都尉官。“小平津”为八关之一。

小东坝关　明置，属安县。在今四川安县(花荄镇)西北晓坝乡。《明史·地理志》安县：“东(南)有小东坝关。”清嘉庆《安县志》卷12：小东坝关“一名晓坝关，在县西三十里。防羌番由千佛山窜入茶坪而设。古有关，今废”。

小东岛　明代对今台湾岛的称谓。明嘉靖年间曾出使日本的郑若曾撰写的《日本一鉴·桴海图经》内载《万里长歌》云：“或自梅花东山麓，鸡笼上开钓鱼目。”原注云：“梅花，所名，约去永宁八十里。自所东山外，用乙辰缝针，或辰巽缝针，约至十更，取小东岛之鸡笼山。自山南风用卯乙缝针，西南风正卯针或正乙针，约至十更取钓鱼屿。”小东岛即台湾岛。

小东城　在今安徽凤阳县东北濠水入淮口东岸。《寰宇记》卷128濠州钟离县：“废小东城在州东北三里。按《宋书》：泰始二年筑，以镇濠口。”

小东洋　①指今菲律宾群岛和加里曼丹岛一带。元大德《南海志》卷7：“东洋佛坭国管小东洋。”

②指我国台湾岛及琉球群岛、日本一带。见明张燮《东西洋考》卷9及《舆地全图》。

小北沟　在今黑龙江省漠河县北漠河东岸小北沟村。民国《黑龙江志稿》卷16金矿：“漠河县阿穆尔河流域、胡玛尔河上游、马扎尔河及小沟扎尔图葛河平地(小北沟漠河老沟等)，共五处。”

小北河镇　即今辽宁辽阳县西北小北河镇。清光绪《奉天全省地舆图说图志》辽阳州：“小北河在州西北六十里。”

小史　一名那色波。即今乌兹别克斯坦布哈拉东南卡尔希。唐为安西都护府属地。

小史店　即史家店。今河南方城县东南六十七里小史店镇。清尹耕云《豫军纪略》卷3：咸丰七年(1857)八月，“贼已由裕境小史店窜杨楼”。

小史埭　在今安徽寿县东南。《南齐书·垣崇祖传》：南齐建元二年(480)，北魏攻寿春，崇祖乃于城西北立堰塞肥水，堰北起小城，周为深堑，使数千人守之。“崇祖著白纱帽，肩舆上城，手自转式。至日晡时，决小史埭”，以淹魏军。即此。

小丘　在今湖南永州市西。唐柳宗元《钴鉧潭西小丘记》：钴鉧潭“西二十五步，当湍而浚者，为鱼梁。鱼梁之上有丘焉”。

小代堡　在今山西朔州市东南小岱堡。《清一统志·朔平府》：小代堡“在朔州东南”。

小仙坛窑址　在今浙江上虞市(百官镇)西南二十六里上浦。因在小仙庙祭坛附近，故名。1974年发掘三处，均属龙窑，为典型的东汉青瓷窑址。约100平方米范围内出土器物有壶、盅、碗、罐、鼎、碟等。胎质纯净细腻，做工精细，线条清晰，釉色光润，凹凸多姿，尤以兽类器皿形象逼真，别具一格。属于3—4世纪形成的早期越窑体系。是迄今发现最早的瓷窑。2006年定为全国重点文物保护单位。

小白山　指今吉林、黑龙江两省间之张广才岭。《清一统志·吉林一》：小白山“在宁古塔城西北四百里。清高士奇《扈从录》：小白山，岩岫嵚巇，冰雪夏积”。民国徐曦《东三省政略》卷3：小白山山脉“此山脉自长白山正脉分支，绵亘于松花江与瑚尔哈河之间，其趋向自东南而西北，乃吉省中部一大分水岭也。其脉自英额岭一支西走为儞牙变哈达岭，折而北趋，重阜修岩，连峰接势，亘三百余里，是为老岭之脉。其上森林茂密，有著名之纳穆窝集及色齐窝集老幹百尺，枝叶蔽天，唯(昼)犹暗，自吉林趋宁安，取道于此岭之东。溪流复杂，皆牡丹江之源，其西流之水，则松花江支流也。老岭之脉迤东转而成一大蟠结，凡东南入牡丹江、西北入松花江诸水皆导源于此”。

小白阳堡　明宣德五年(1430)筑，在今河北宣化县东北六十里小白阳村。《方舆纪要》卷18万全都司：小白阳堡“其边墩马圈儿、石塘子为最冲”。

小市　即今辽宁本溪满族自治县。民国熊知白《东北县治纪要》本溪县：“小市在县市东九十里。”1960年本溪县迁治于此。

小市厢　即今四川泸州市东北小市镇，为泸县治。《明史·贺人龙传》：明末，张献忠义军攻占“泸州西北，人龙屯小市厢，隔一水不击”。即此。

小市镇　①旧名梅墅。即今浙江安吉县(递铺镇)东北三十二里晓墅镇。光绪《大清直省地舆全图》：安吉县东北有小市镇。

②即今四川泸州市东北小市镇，为泸县治。明

《泸州志》引南宋《江阳谱》："旧小市镇，居民几千家，资江夏潦冲颓，今存者十之三。嘉定八年，范公于长募工编竹笼石，为长堤一百二十丈以捍之，其两岸为二象鼻。"

小汉县 南齐改广汉县置，属东遂宁郡。治所即今四川遂宁市。梁改为小溪县。

小汉镇 在今四川广汉市东北小汉镇。清嘉庆《汉州志》卷9：小汉镇"在州北二十里。通德阳路，凭石亭江险"。

小汉镇铺 即今四川广汉市东北二十里小汉镇。清嘉庆《四川通志》卷89汉州：小汉镇铺"在州北二十里"。

小宁州 元置，属保宁路。治所在今四川平昌县东荔枝旁小宁村（杨柳村）山顶。《元史·地理志》保宁路："初领新得、小宁二州。"至元二十年（1283）后废入阆中县。

小宁县 北魏太和中置，属大宁郡。治所即今河北万全县。后废。

小宁城 南宋淳祐五年（1245）都统张实建。以御元兵。在今四川平昌县东荔枝旁小宁村（杨柳村）山顶。《元史·杨文安传》：至元九年（1272）秋，"领军出小宁，措置屯田，遣韩福攻达州九君山"。即此。元改置小宁州。今古城遗址尚存。

小辽水 又名辽水。即今辽宁浑河。《水经·小辽水》："玄菟高句丽县有辽山，小辽水所出，西南至辽队县入于大辽水。"清杨守敬《水经注疏》谓即今浑河。

小吉都寨 在今云南永胜县东五里谭家坪。《方舆纪要》卷117北胜州：小吉都寨"在州东五里。《志》云，元时土酋高斌祥屯兵于此"。辛亥革命后改今名。

小亚齐国 一译孙支。故地可能在今印度尼西亚苏门答腊岛西北岸的新支尔一带。清谢清高《海录》有专条记述。

小西天 ①即今北京市房山区西南石经山。《明一统志》卷1顺天府：石经山"峰峦秀拔，若天竺山，故称曰小西天"。

②即千佛庵。在今山西隰县城西北二里凤凰山。

小西洋 ①即今福建霞浦县东南西洋岛。见于清《海国闻见录》图。

②指今南海西部。元大德《南海志》卷7："单马令国管小西洋。""三佛齐国管小西洋。"元代及明代初期，似以马六甲海峡为准划分大、小西洋。

③明末以后一般指今印度洋，又作小西洋海。清陈伦炯《海国闻见录》小西洋记："自呷（指好望角）而东至戈什嗒，自戈什嗒而东至亚齐，其海皆呼曰小西洋。"

④指印度半岛。《万国全图》："小西洋，应帝亚总名也。"

⑤今印度西南沿海之果阿。清谢清高《海录》："小西洋在马剌他东南沿海边界，由打拉者向北稍西行，经马剌他境约六七日到此，为大西洋所辖地，疆域约数百里。"

小西湖 ①在今浙江仙居县西。《方舆纪要》卷92仙居县：小西湖"在县西二十里，延袤数里。南宋初吴芾所开"。

②即莲花池。在今甘肃兰州市西。清宣统《甘肃新通志》卷6：莲花池"近名小西湖。光绪七年护总督杨昌濬重修"。中有来青阁、临池仙馆，螺亭诸胜。

小有洞天 在今河南济源市西北王屋山东南。唐枢《游王屋山录》称："有清虚宫远在东偏，是为小有洞天。"

小匡山 亦名小康山。在今四川江油市西北。宋吴曾《能改斋漫录》卷5：杜田《（杜诗）补遗》云："范传正李白新墓碑云：'自本宗室子，厥先避仇，客居蜀之彰明，太白生焉。'彰明，绵州之属邑，有大、小匡山。"《方舆纪要》卷73江油县：大匡山"其南二十里有点灯山，即彰明之小匡山也。一名读书台，以李白得名"。

小贞村 即今上海市青浦区南小蒸镇。明属华亭县，洪武七年（1374）置小蒸巡司于此。

小吕宋 清代部分载籍称吕宋岛为小吕宋，西班牙为大吕宋。清谢清高《海录》卷中：小吕宋"本名蛮哩喇，在苏禄、尖笔阑之北，亦海中大岛也"。

小吕寨 即今河北巨鹿县西北十六里小吕寨镇。清同治《畿辅通志》卷51巨鹿县图：西北有小吕寨。

小团山堡 又名团山堡。明置，属宁远卫。即今辽宁兴城市西南三十里团山子。明《辽东志》卷3：小团山堡"官军一百七十六员名。堡西吴简山可屯兵，堡西北老虎冲可按伏"。清改为团山堡。

小屿寨 即今福建莆田市东南小屿岛。明洪武年间置巡司于此。嘉靖十三年（1534）废。

小竹山 在今山东胶南市东北。《方舆纪要》卷36胶州"大珠山"条："（灵山）卫西北三里有小竹山，或谓之小竺。"

小竹岛 即今山东长岛县东北、大竹岛西北十里小竹岛。《清一统志·登州府》：竹岛"在蓬莱县东北。小竹岛在长山岛东，大竹岛在小竹岛东"。

小华山 即少华山。在今陕西华县东南。与华山（太华）峰势相连，而山峰稍低。《山海经·西山经》：太华之山"又西八十里，曰小华之山"。郭璞注："即少华山。"

小合龙镇 在今吉林农安县南小哈隆村。清光绪《吉林通志》卷16：长春府北"六十里小合隆镇"。

小羊同 西藏古代族部名。《唐会要·大羊同国》："大羊同，东接吐蕃，西接小羊同，北直于阗，……至贞观末，为吐蕃所灭"；藏文史籍《敦煌吐蕃文书》载：在象雄地区，其主名叫李聂秀。并记载有李聂秀娶松赞干布之姐妹，于644年被吐蕃王朝所灭。

此象雄即羊同，此处指小羊同，地在今西藏阿里南部扎达、普兰等县境。

小关　①明洪武十二年（1379）置，后属叠溪千户所。在今四川茂县西北叠溪镇东南。《明一统志》卷73叠溪所：小关“在所城东五里”。

②又称禁峪关。在今陕西潼关县东，北去旧潼关十里。《周书·文帝纪》：西魏大统三年（537）正月，“庚戌，太祖率骑六千还长安，声言欲保陇右。辛亥，谒帝而潜出军。癸丑旦，至小关。窦泰卒闻军至，惶惧，依山为阵，未及成列，太祖纵兵击破之，尽俘其众万余人。斩泰，传首长安”。《资治通鉴》卷157胡三省注：“小关在潼关之左，唐时谓之禁谷。”

小关山　在今湖北宣恩县西南晓关侗族镇附近。《方舆纪要》卷82大田所：小关山在“所东百里。古置关其上，遗垒尚存”。

小关子　在今湖北竹溪县西南。《方舆纪要》卷79竹溪县“君店砦”条下：“《志》云，县西境有小关子。”与今陕西镇坪县、重庆市巫溪县接界。

小关场　即今湖北宣恩县西南晓关侗族镇。清同治《施南府志》卷6《村集》：“小关，（宣恩县）治西七十里。”

小关镇　一名山小关镇。即今河南巩义市东南三十三里小关镇。民国《巩县志》卷3：县东南有小关镇。

小江　①在今广东汕头市澄海区北。宋置小江巡司于此。

②在今广西上思县东南。《方舆纪要》卷110上思州：小江“在州东南。即源出峨利江之右江也。流经州境，入宣化县界”。

③在今广西浦北县东。源出浦北县北，南流为浦北县与博白县界水，至马口注入南流江（西门江）。《清史稿·地理志》合浦县：“廉江在北，一名西门江。自广西博白入，迤西流，右纳小江水。”

④在今广西龙胜各族自治县北。清设把总驻防。

⑤即今重庆市云阳县西双江镇。明嘉靖《云阳县志》卷下：“小江渡去县五十里巴阳驿。”民国《云阳县志》卷5：彭溪“南入于江，今曰小江口，古之彭口也。去县西七十五里”。

⑥古名彭溪。又名开江。在今重庆市开县、云阳县境，为长江支流。《方舆纪要》卷69云阳县：小江“在县西六十里。源出新宁县界，流经开县，合清江入县境，又西南注于大江。亦谓之开江，对大江而言，谓之小江”。上源为开县东之东河（清江水）和南河（临江），在开县城南汇合南流，纳普里河（垫江），东南于小江口注入长江。

小江口　即今云南丘北县西南盘江东岸之小江口。清光绪《皇朝中外一统舆图》：丘北县西有小江口。

小江口关　在今湖北丹江口市附近。《方舆纪要》卷79均州：小江口关在“州东南八十里，接光化县界。路出河南”。民国《湖北通志》卷36均州：小江口关，“《州志》以为即均口”。

小江口镇　①即今江西信丰县南八十里小江镇。明嘉靖《赣州府志》卷5：信丰县有小江市。清同治《江西全省舆图》卷9：信丰县南有小江墟。

②即今江西丰城市东北二十五里小港镇。清同治《江西全省舆图》卷1：丰城县东北有小港口。

小江水　①在今湖南安仁县南。《方舆纪要》卷80安仁县：小江水“源出郴州北境，流经县界，又北至衡山县，合洣水入湘江”。

②即今广西宜州市北天河，为龙江支流。《舆地纪胜》卷122宜州：小江“在城北。沿流下合龙江，通融州管内乐善寨”。《方舆纪要》卷109庆远府宜山县：小江在“府东北六里。源出西北诸蛮洞，经天河县界，合于龙江”。

小江市　即今湖南衡南县（云集镇）东南江口镇。当马水入耒水之口。《清一统志·衡州府二》“泉溪市”条下：“小江市，在（清泉）县东八十里。”

小江场　在今广东饶平县治黄冈镇。元《大德南海志》卷6：盐课，“隆井、招收、小江三场，隶潮州路”。明、清仍为盐场。《清一统志·潮州府》：小江盐场“在饶平县（今三饶镇）东南黄冈镇。明置盐课司，管四栅。黄冈迤东为大港栅，又东为高桯栅，又东为大桯栅，又东为柘林栅。今仍置盐课司”。清末并入隆井场。

小江村　在今广东汕头市澄海区北。宋置小江巡司及小江驿于此。

小江河　即今四川平武县东南之平通河。《清一统志·龙安府》：小江河“在平武县南。源出药丛山平羌崖。一名青漪江，又名平通河，即古廉让水也。东南流一百七十里，过江油县，西至彰明县西合涪江”。

小江盐场　即今广东饶平县。《清一统志·潮州府》：小江盐场“在饶平县东南黄冈镇。明置盐课司，管四栅：黄冈迤东为大港栅，又东为高桯栅，又东为大桯栅，又东为柘林栅。今仍置盐课司”。1952年饶平县迁治于此。

小江湖　即它山堰。在今浙江宁波市鄞州区西南鄞江镇南它山旁。《新唐书·地理志》明州鄮县：“南二里有小江湖，溉田八百顷，开元中令王元纬置，民立祠祀之。”《方舆纪要》卷92宁波府：小江湖“在府西南五十里它山下，即它山堰也。今曰南塘河，会稽、上虞以东高山深谷，络绎环绕，层次引流，皆汇于此”。

小江隘　即今广西龙胜各族自治县北小江。清有把总驻防。

小江墟　①即今广东阳山县西北四十五里湟水上游小江镇。清宣统《广东舆地全图》阳山县图：县西北有小江墟。

②即今广西浦北县治小江镇。旧属合浦县，清同

治《广东图说》卷61：合浦县东北有小江墟。1952年设浦北县治此。

小江镇　亦曰小港。在今湖南常德市东。《方舆纪要》卷80龙阳县：小江镇在“县西北四十里。澧江支流为鼎水，此即鼎水入沅处”。明置小江口巡司。

小池　即今安徽太湖县东北四十里小池镇。明置巡司于此。

小池口　即今湖北黄梅县南七十二里小池镇。清属德化县（今九江市），乾隆二十三年（1758）置巡司于此。清余名芳《黄梅兵事续记》：咸丰四年（1854）十月，清军收复孔垅，太平军“退通小池口”。

小汝水　今安徽颍河支流泉河。《元和志》卷7沈丘县：“小汝水，在县北。”

小兴安岭　亦称东兴安岭。在今黑龙江省中部和北部。西北—东南走向，长达400公里。《清史稿·地理志》黑龙江省：内兴安岭“正支又东北为嫩江源。又东南为库穆尔，为东兴安岭。西出一支为和罗尔，又西曰乌云和尔冬吉。正支又东迤，为小兴安岭”。

小兴凯湖　古名达巴库湖。在今黑龙江省密山市东南，南临兴凯湖。其间界以地峡，涨水时，两湖相通。

小安国　亦作东安国、小国。都喝汗城（今乌兹别克斯坦布哈拉东北）。《魏书·康国传》有小安国。《资治通鉴》：唐显庆四年（659）九月，“诏以石、米、史、大安、小安、曹、拔汗那、悒怛、疏勒、朱驹半等国置州县府百二十七”。胡注：“小安，一曰东安，曰喝汗，在那密水之阳，东距河二百里许，治喝汗城。”

小安溪河　即今重庆市铜梁县东之小安溪，为涪江支流。《元和志》卷33巴川县：“小安南溪，源出县南巴山中。”《寰宇记》卷136巴川县：小安溪“源出县南巴山中，北流经县理南，又东北合侯溪水”。

小安镇　北宋置，属安岳县。在今四川安岳县北四十里。

小军山　在今湖北武汉市蔡甸区东南军山镇北。《水经·汉水注》：“江水又东径小军山南。”

小红沟　在今甘肃靖远县东。清宣统《甘肃新通志》卷3兰州府靖远县图：东北有小红沟，产盐。

小纪镇　亦作小郑镇。即今江苏江都市东北六十里小纪镇。清道光《泰州志》卷2：西北隅有小纪镇。

小坝堡　明置，即今宁夏青铜峡市。1942年宁朔县迁治于此。1960年8月置青铜峡市。

小坝集　即今河南商丘市西北小坝集。明嘉靖《归德州志》卷1《村镇》：“小坝，州西三十里。”旧为濒河要津，黄河改道后，成为沃野。

小坑口隘　即今浙江武义县北武义江东岸之范村。《方舆纪要》卷93金华府武义县：小坑口隘“在县北四十里。从小径可达府城”。

小坑隘　在今江西崇义县西南。《方舆纪要》卷88南安府崇义县：小坑隘“相近有隐下陑、关田隘，又东南有流决隘”。《清一统志·南安府》“横水隘”条下：小坑隘“在（崇义）县西南四十里。其西又有关田、流决二隘”。

小赤水　一名灌水。在今陕西华县西。《水经·渭水注》：“小赤水即《山海经》之灌水也，水出石脆之山。北径萧加谷于孤柏原西，东北流与禺水合……又北注于渭。”《寰宇记》卷29华州郑县：“灌水一名小赤水，今名高谷水。”

小苇沙河　即今吉林集安市西北一百六十里小苇沙河村。民国徐曦《东三省纪略》卷10奉天省矿产表：辑安县“小苇沙河，煤（矿）”。

小花石　即今湖南株洲县（渌口镇）南五十里王十万乡驻地。唐于此置花石戍。

小花岭　在今湖北京山县北三十九里。原名小焕岭。又名唤岭。1940年中国共产党豫鄂边区党政军机关迁此，改名小花岭，意为革命之花。后在此建立新四军第五师。

小巫山　在今四川南江县东北。《舆地纪胜》卷187巴州：十二峰在“难江县四十里。马盘湾巉岩耸秀，大小十二峰最为奇观。有客题诗云：插立翠峰屏十二，为君唤作小巫山”。《方舆纪要》卷68南江县：小巫山在“县东北五十里。上有十二峰，下有龙洞，即巴山之群峰也”。

小酉山　一名酉阳山。又名乌速山。在今湖南沅陵县西北二十里。《太平御览》卷49引盛弘之《荆州记》曰：“小酉山上石穴中有书千卷，相传秦人于此而学，因留之。故梁湘东王云‘访酉阳之逸典’是。”《方舆胜览》卷30：小酉山“在酉溪口。《方舆记》云，山下有石穴，中有书千卷。秦人避地隐学于此……。耆旧相传，尧时善卷、唐张国老皆尝隐居于此”。

小矶山　在今江西都昌县西南十五里。《清一统志·南康府一》“大矶山”条下：小矶山“脉自大矶山发，截立湖中，二山之间为矶池，舟行多险”。

小连云（雲）山　在今浙江青田县西。《清一统志·处州府》：小连云山“在青田县西一百里，与丽水大连云山相接，延袤数十里，高出云霄中。有二洞：东曰龙须，南曰韩山。其高岩曰金水岭。元至元中始凿石通道，达景宁县界”。

小吴埽　在今河南内黄县南。《宋史·河渠志二》：元丰三年（1080），“澶州孙村、陈埽及大吴、小吴埽决，诏外监丞司速修闭”。即此。

小里镇　即今河北容城县西南小里镇。清同治《畿辅通志》卷47容城县图：西南有小里村。

小里潭　即今湖北汉川市西南四十六里里潭乡。清置巡司于此。

小里潭镇　即今湖北汉川市西南四十六里里潭乡。

《方舆纪要》卷76汉川县：小理潭“在县西南百里，汉水所注也”。

小别山 一名甑山。在今湖北汉川市东南，汉水南岸。《左传·定公四年》：吴伐楚，楚子常“乃济汉而陈，自小别至于大别”。《方舆纪要》卷76汉川县：小别山“县南十里。山形如甑，亦名甑山”。

小岘山 ①在今安徽肥东县东。《舆地纪胜》卷45庐州：小岘山“在梁县东南四十里”。《方舆纪要》卷26合肥县：小岘山，“《志》云：在县东七十里，盖黄山之支陇也。有山口曰余岘，道出全椒”。

②又名昭关山。在今安徽含山县北十五里。《舆地纪胜》卷48和州：小岘山“又名昭关山，在含山县北二十里。两山峙立，庐、濠往来之冲，其口可守御”。《宋书·孝武帝纪》：孝建元年（454），“镇东将军南兖州刺史沈庆之大破鲁爽于历阳之小岘，斩爽”。

小岘戍 在今安徽寿县东南。《宋书·殷琰传》：南朝宋泰始二年（466），“（刘）勔与诸军分营城外，黄回立航渡肥水，（杜）叔宝遣马步三千，欲破航，并栅断小岘埭，回击大破之，焚其船栅”。即此。

小岘城 在今安徽含山县北。《资治通鉴》：南朝宋孝建元年（454），豫州刺史鲁爽为薛安都所败，乃“留军大岘，使鲁瑜屯小岘”。胡注：“小岘在合肥之东，大岘又在小岘之东。”

小谷（榖） 即谷。春秋时齐管仲食邑。在今山东平阴县西南东阿镇。《左传》：庄公三十二年（前661），“春，城小谷，为管仲也”。杜注：“小谷，齐邑。济北谷城县城中有管仲井。”

小谷龙长官司 元末置，明属龙里卫。治所在今贵州龙里县北小谷龙。清改属龙里县。

小甸关 在今云南武定县西北。明置土巡检司于此。

小库伦旗 即锡埒图库伦旗。治所在今内蒙古库伦旗（库伦镇）。清光绪三十四年（1908）与奈曼旗合并设绥东县。

小庐山 ①在今江西新干县东北。《寰宇记》卷109吉州新淦县：小庐山“山周回百里。南接乐安，北抵丰城界”。《清一统志·临江府》：小庐山“在新淦县东北八十里。……上有石池，朗然如镜。又有石泉，分飞瀑四道，汇于山麓，溉田甚广”。

②旧名清修山。在今湖南益阳市南。《方舆胜览》卷23潭州：小庐山“在益阳县。似九江庐山，故曰小庐山”。《清一统志·长沙府一》：小庐山“在益阳县南六十里。一名清修山。上有香炉峰、瀑布泉”。

小冷沟子 在今吉林长白朝鲜族自治县西，对岸为朝鲜境。清张凤台《长白征存录》卷3：“大小冷沟子，改名景和乡。沟与韩国黑河对口。黑河即长津江，为咸兴南道最大之水。”

小沛 即今江苏沛县。汉改泗水郡为沛郡，治相县（今安徽淮北市西北相山区），故以沛县为小沛。《三国志·魏书·吕布传》：“（刘）备东击（袁）术，（吕）布袭取下邳，备还归布。布遣备屯小沛。”即此。

小沔溪镇 即今重庆市合川区东北渠江东岸小沔镇。民国《合川县志》卷2：小沔溪水“至小沔溪场，场故为华银山以下内外山煤贩售货处，日有煤船十数停泊，今稍衰矣。溪水沿场西横过入渠江”。

小沙河所 即宁远卫中右千户所。在今辽宁兴城市西南四十里沙后所满族镇。《明史·地理志》宁远卫：“西有小沙河中右千户所，辖东关驿至曹庄驿。”

小沙摩弄 即今云南陇川县（章凤镇）东北杉木龙。《元史·地理志》平缅路：其地曰“小沙摩弄”。即此。

小沂水 在今山东沂水县东。《水经·沂水注》：“小沂水出黄孤山西南流，径其城（故东莞城）北，西南注于沂。”

小沂河 在今山东滕州市东北一百二十里。《清一统志·兖州府一》：小沂河“有二源：一出县东北太白山之东，一出县东北樵山之西，俱至县东北合为沂河，入沂州府界。盖即沂州大崖阜之上源也”。

小汶河 在今山东新泰市东北三十里。《方舆纪要》卷31新泰县：小汶河“源出东北四十里之龙池。池在龙亭山下，西南流百里，入于汶河”。

小沩山 在今湖南醴陵市东北三十里。《方舆纪要》卷80醴陵县：小沩山“众山环绕，湍流中出，曰小沩泉。道书第十三洞天也”。

小沈（瀋）水 在今辽宁沈阳市南部。明《辽东志》卷1沈阳中卫：小沈水在“东自浑河分流，至城东折流而南，傍城西流，复入浑河”。《方舆纪要》卷37沈阳中卫：小沈水在“卫西南四十里。东流入于浑河，亦谓之活水”。“四十”之“十”为衍字。

小宏城遗址 在今河北沽源县东北二十里闪电河乡闪电河与库伦淖之间。为北魏御夷城遗址。蒙古语名诺海霍朔，又名五蓝城。“五蓝”意为红色，故译成红城，后转写成宏城。遗址略呈方形，南北长346米，东西宽308米，中间有高台。近年出土有古砖瓦、烧焦木料、破碎瓷片、铁门等。2006年定为全国重点文物保护单位。

小灵石县 元初析灵石县置，属霍州。治所在今山西灵石县北二十八里冷泉村。至元二年（1336）废。

小灵河 即今辽宁西部小凌河。《辽史·地理志》：兴中府有小灵河。元改小灵河为小凌河。

小陇山 即今甘肃华亭、清水及陕西陇县境之陇山。《元和志》卷2陇州华亭县：小陇山“在县西四十里”。又同书卷39秦州清水县：小陇山“一名陇坻，又名分水岭。隗嚣时，来歙袭得略阳，嚣使王元拒之。陇坂九回，不知高几里，每山东人西役，升此瞻望，莫不悲思”。《方舆纪要》卷52谓“即今（陇）州西八十里之关山”。

小陈庄 即今河北蠡县西北十六里小陈乡。明弘治《保定郡志》卷5蠡县：“西仓在小陈庄。”

小纹溪 亦作小汶溪。在今云南绥江县东。《明史·地理志》平夷长官司：“南有马湖江，又南有大汶溪，东有小汶溪，俱流合焉。”

小青岛 原名青岛。又名琴岛。在今山东青岛市南青岛湾中，与前海栈桥隔海相望。1929年青岛设市后，此岛乃更名小青岛。

小现礁 在南海中中国南沙群岛，位于郑和群礁西南约六十里，西距大现礁三十七里。为圆形珊瑚礁。中国渔民向称东南角。1935年公布名称为小觅出礁。1947年改名小现礁。郑资约《南海诸岛地理志略》载：小现礁“为一圆形珊瑚礁块，直径670码。低潮时有数处乾露，但礁上深渊很多”。

小坪 即今广东连山壮族瑶族自治县东北太保镇东旧城村。明天顺六年（1462）连山县徙治于此。

小坪村 即今广东广州市北十二里小坪。初名小浦，清中叶改为小坪村。京广铁路经此。

小坪寨 在今贵州天柱县西南（今属剑河县）。明洪武三十年（1397），古州蛮起事，杨文进讨，至沅州，伐山开道二百里抵天柱，遂涉苗境，营小坪。即此。

小坡营 在今湖南麻阳苗族自治县西南。《方舆纪要》卷81麻阳县：小坡营“在县（治今锦和镇）西。嘉靖二十六年，湖广及川贵诸苗皆叛，掠晃州便水驿，破小坡营，遂掠铜仁、思南、石阡诸境”。

小拐庄 清置小拐驿。即今新疆克拉玛依市东南小拐乡。1915年在其附近置沙湾县。1957年沙湾县移治三道河子镇（今沙湾县）。1958年小拐庄改属克拉玛依市。

小招寺 即今西藏拉萨市城区小昭寺。公元7世纪中叶由文成公主督饬藏汉族工匠建造。

小其 在今江苏句容市东南。三国吴孙权在此开凿运河（后改名破冈渎）以通漕运。《三国志·吴书·孙权传》：赤乌八年（245），“遣校尉陈勋将屯田及作士三万人凿句容中道，自小其至云阳西城（今丹阳市西南），通会市，作邸阁”。

小若站 元置，在今福建闽侯县西北小箬乡。

小范镇 即今河北武强县（小范）。《清一统志·深州》：小范镇“在武强县东二十里”。1951年武强县由今县西南武强镇迁治于此。

小茅峰 在今江苏句容市东南茅山。《舆地纪胜》卷17建康府：小茅峰“在中茅峰背。新室地皇三年及汉建武七年遣使赍金献于三君，并埋此”。明弘治《句容县志》卷4：“小茅峰在中茅峰之北，即三茅君所居。”

小林店 即今湖北随州市东北一百四十八里小林镇。《方舆纪要》卷77随州“出山店”条下：“万历初，议者以出山、小林、界牌三处，俱离州二百余里，当河南、桐柏、信阳等州连界之冲，为流寇必由之地。”

小松水 在今山西昔阳县南。《方舆纪要》卷40乐平县：“小松水在县南。发源松子岭，东北流入于沾水。”

小昆（崑）山 即昆山。在今上海市松江区（松江镇）西北二十三里。南朝梁时设昆山县于其北。唐天宝中因置华亭县，昆山县移治西北马鞍山下。后马鞍山习称昆山，此山遂名小昆山。

小昆（崑）仑（崙） ①在今缅甸萨尔温江下游的达通一带，或谓在勃固或勃生附近。《新唐书·南蛮下·骠》：“由弥臣至坤朗，又有小昆仑部，王名茫悉越，俗与弥臣同。”

②在今越南东南岸外的两兄弟群岛。明张燮《东西洋考》卷9：“昆仑山：用单庚及庚酉，三更，取小昆仑。小昆仑：两边有礁，出水，用庚酉及单酉，八更，取真屿。”

小国 即东安国。都喝汗城（在今乌兹别克斯坦布哈拉东北）。《新唐书·西域传》：“东安，或曰小国，曰喝汗。”按《北史·康国传》有“小安国”。《资治通鉴》：显庆四年（659）九月，“诏以石、米、史、大安、小安……等国置州县府百二十七”。胡注：“小安，一曰东安。”小国当脱“安”字。

小岩山 在今贵州从江县东南。《方舆纪要》卷121黎平府西山阳洞长官司：“小岩山亦在司（今西山镇）北，与大岩山相连。”

小罗州 元置，属定元府。治所在今贵州罗甸县东北。后废。

小罗县 元置，属定元府。治所在今贵州罗甸县东北。后废。

小岞 即今福建惠安县东南小岞。《方舆纪要》卷99惠安县“獭窟山”条下：“又小岞山，在净山东十里。北对黄崎山，南控大岞山，邑境诸山之东趋于海者，至此三山而止。”明洪武二十年（1387）置小岞巡司于此。清初废。

小岭子 即今黑龙江省哈尔滨市阿城区东南小岭镇。清光绪《吉林全省地舆图》：阿拉楚客城东有小岭。中东铁路经此。民国徐曦《东三省纪略》卷8：东清铁路有小岭站。

小岭镇 在今湖北十堰市西北。《清一统志·郧阳府》：小岭镇“在郧县西南四十里”。1970年划归十堰市。

小邾 即郳。西周封国。在今山东滕州市东六里。《春秋》：僖公七年（前653），“小邾子来朝”。杜注：“郳犁子始得王命而来朝也。邾之别封，故曰小邾。”

小知汶 指今印度尼西亚丹尼巴群岛的延德纳岛。《海岛逸志》卷3：“（万澜）其属国有小知汶、稽哖、阿汝、鹅朗、丹黎抹。”

小竺山 一名小竹山。在今山东胶南市东北。《明史·河渠五》："考《胶莱地图》，薛岛西有山曰小竺，两峰夹峙。"即此。

小阜街　即今湖北京山县北八十四里小阜街。清光绪《湖北全省分图》：京山县北有小阜街。

小金山　在今江苏扬州市北门外。《扬州名胜录》卷1载："小金山圆如伏釜，四围环水，远近十里中皆埋铁镬。古治水者，以此压水，俗称李王锅。"

小金川　①即今吉林辉南县东南九十四里金川镇。清光绪《奉天全省地舆图说图志》通化县图：东北有小金川。1926年于此设金川设治局，1928年改为金川县。

②藏名儹拉。即今四川小金、丹巴县境之小金川河。《清一统志·懋功屯务厅》：小金川河"源出孟拜山，东南流过大板昭，至撒拉收日尔拉山水，南流底木达、马尔邦至木波收索乌山诸水，复南流至猛固寨收巴郎山诸水，西南流至懋功屯北收功噶山水，复西南流收南北两山诸小溪水，至雅州府明正土司边谷地方，注于大渡河"。此水有两源：北源曰抚边河，源出梦笔山；东源沃日河出邛崃山，于小金县城东北汇合后，始称小金川，西流至丹巴县，与大金川汇合后总称大渡河。

小金川土司　明于小金川地区置，属威州。即今四川小金县。清乾隆四十一年（1776）改流，设美诺厅。

小金门海　在今广东台山市西南上川岛与下川岛间海面。《清一统志·广州府一》：海，"《旧志》：新宁县西南二百里为寨门海。……迤东至下川山南，曰大牌海。又东至上川山右，曰小金门海。诸夷入贡，遇逆风则从此进"。

小觅出礁　即今南海中中国南沙群岛之小现礁。1935年命名小觅出礁。1947年改名小现礁。

小庞遗址　在今山东桓台县西二十三里小庞村东北隅。为龙山文化遗址。遗址高出地面2米，面积约3万平方米。分为居住区、制陶区和墓葬区。文化层厚2—3米。出土文物有新石器时代的石铲、黑陶罐，商周的陶器，秦汉的铜剑、铜铃、神兽镜等。居住区西南为制陶区，遍地是红、灰残陶片；东为墓葬区，已发现瓮棺小孩墓一处。

小店　①即今山东宁津县南小店乡。清光绪《宁津县志》卷2："邑南十五里小店。"

②即今河南延津县西北五十里小店镇。清乾隆《卫辉府志》卷8：延津县小店有集。

小店堡　清置，属太原县。即今山西太原市南小店镇。

小店镇　即今河北博野县北四十里小店镇。明万历《保定府志》卷2博野县图：北有小店村。

小庙镇　即今河北故城县东北三十八里小庙乡。清同治《畿辅通志》卷49故城县图：西北有小庙镇。

小沽河　即古尤水。《左传·昭公二十年》："姑尤以西。"元于钦《齐乘》卷2"姑尤水"条谓"尤即小沽河"。《清一统志·莱州府一》"沽河"条下："自掖县（今莱州市）马鞍山南流，至平度州（今平度市）东七十七里名小沽河。至州东南朱毛城东（与大沽河）合流，径即墨、胶州至麻湾口入海。"

小河　①指今广东大埔县西北梅江。《方舆纪要》卷103大埔县：小河在"县西北五十里。源出惠州府龙川县界，东流经长乐、程乡二县界，会为三河"。

②在今贵州长顺县西南。《方舆纪要》卷121金筑安抚司：小河"在（麻响长官）司治前"。

③在今贵州惠水县南八里。《方舆纪要》卷121定番州：小河"在（方番长官司）司治南。又南五里有底方河；司北一里有云溪水，下流皆合于都泥江"。

小河口　即今陕西山阳县西北小河口镇。清光绪《陕西全省舆地图》山阳县：西乡有小河口（村）。

小河口千户所　明宣德四年（1429）置，属松潘等处军民指挥使司。治所即今四川松潘县东一百九十里小河乡。嘉靖四十二年（1563）属松潘卫。清改为小河营。

小河口市　即今湖北宜城市西北小河镇。当潼口河入汉江处。清同治《宜城县志》卷2："小河口，在县北三十里。……京省通衢，商旅辐辏，今县市之一。"

小河子村　即今河北沽源县南三十里小河子乡。民国《察哈尔通志》卷13：沽源县第一区有小河子村。1925—1948年为沽源县治。

小河关　在今甘肃徽县南小河厂。《方舆纪要》卷59徽州："《旧志》云：小河关，昔时秦蜀咽喉也。其下有泥阳水，流入嘉陵江。"

小河坝镇　即今重庆市南川区南一百里金山镇。民国《南川县志》卷2：小河坝场"一名永兴场，南百二十里"。

小河村　即今陕西靖边县东南小河乡小河村。1947年7月，中共中央前委扩大会议在此召开。会议着重讨论和部署了全国战略进攻问题，制订了人民解放军在解放战争第二年作战的方针，即实行外线作战，将战争引向国民党统治区。会议具体制订了战略进攻的计划，决定派晋冀鲁豫解放军从敌军防线最薄弱的地区打出去，进军中原，远离根据地，吸引敌军来攻，然后在运动中各个歼灭敌人。史称"小河村会议"或"小河村前委扩大会议"。

小河驿　明置，在今四川松潘县东南小河乡。《方舆纪要》卷73小河千户所：小河驿"在所治北"。

小河桥　在今河北三河市南。《清一统志·顺天府四》：小河桥"在三河县南门外泃河支流上，东通错桥，西达金鸡塘，境接通、蓟，为往来要道。旧为浮桥以渡，明正德十二年改建石桥"。

小河营　清改小河所置，属松潘镇。即今四川松潘县东一百九十里小河乡。设守备驻防。

小河堤(隄) 在今山东临沂市北。《方舆纪要》卷33沂州：小河堤“元人所筑，以防涑水冲啮。又北五里有苏家堤，又北五里曰安净堤，皆元筑”。

小河源水 在今广西灌阳县东北。《方舆纪要》卷107灌阳县：小河源水在“县东北五十里。县东又有钟山水，自湖广道州流入境，注于灌水”。

小河溪镇 即今湖北孝昌县东北小河镇。《方舆纪要》卷77孝感县“九里关”条下：小河溪镇“在县北百二十里。地险僻。《志》云，即王莽时王常起兵处”。明、清置巡司于此。嘉庆间改设县丞。民国设县佐。

小河滩城 元筑，即今甘肃民勤县治。明洪武中置临河卫，后改置镇番卫。

小河寨 即今江苏常州市新北区西北孟河镇。《清一统志·常州府二》：小河寨巡司“在武进县西北九十里，孟河闸东。宋置小河寨于小河村。元改置巡司。明嘉靖三十二年移孟河堡”。

小沮水 即今河北迁安市东北冷口沙河。《水经·濡水注》：“沮水又西南小沮水注之，水发冷溪，世谓之冷池。又南得温泉口，……小沮水又南流，与大沮水合而为卢水也。”

小沼 在今河北涞源县东南。《方舆纪要》卷44广昌县：小沼，“宋雍熙二年，定州刺史田重进出飞狐伐契丹，重进至飞狐南，败契丹，遣别将谈延美屯小沼”。即此。

小官镇 即今上海市金山区东南金山卫。《方舆纪要》卷24松江府华亭县“张堰镇”条下：“金山卫，亦曰小官镇。旧时分置盐课司于此，因名。”

小宛 汉西域三十六国之一。属西域都护府。都城在扜零城(今新疆且末县西南十二里来利勒克古城)。东汉初为鄯善国所并。

小宛驿 亦作小湾驿。清置，即今甘肃瓜州县东小宛堡村。《清史稿·地理志》：安西直隶州有小宛驿。

小空山遗址 在今河南南召县东偏北四十四里杜庄东南。1980年中国科学院古脊椎动物与古人类研究所和南阳地区文物工作队在小空山洞内发现一批古脊椎动物化石和一百零五件石器。经鉴定，为旧石器时代早期文化遗物，年代为更新世中期。为探索中原原始文化发展提供了新的实物资料。

小祉镇 在今福建长乐市东南松下镇。明洪武初置巡司于此。嘉靖四十年(1561)葺寨为城。

小孤山 ①即今吉林伊通满族自治县西南小孤山镇。清杨宾《柳边纪略》卷2：“黑而苏站三十里至小孤山，四十里至大孤山。”

②又名孤山、海门山。俗称髻山、小姑山。在今安徽宿松县东南长江边，与长江南岸彭浪矶相对。苏轼有“舟中贾客莫漫狂，小姑前年嫁彭郎”的诗句。《寰宇记》卷111江州彭泽县：小孤山“孤峰耸峻，半入大江”。《舆地纪胜》卷46安庆府：小姑山“在宿松县东南一百二十里江北岸，与江州彭泽接界。山西有小姑庙。又江州有澎浪矶，语讹为彭郎矶，遂有小姑嫁彭郎语”。《方舆纪要》卷26宿松县：小孤山“元天历中，立铁柱于山上，长三丈有奇，曰海门第一关。……成化二十年，江水忽分流于山北，流日益广，自是屹立中流”。《明史·傅友德传》：元末，“太祖攻江州，至小孤山，友德帅所部降”。即此。

③一名旗山。在今贵州都匀市西。《方舆纪要》卷121都匀府：“小孤山在府西二里。”

小姑山 即小孤山。在今安徽宿松县东南一百二十里长江边。《明史·地理志》宿松县：“又小姑山在县南大江中，与江西彭泽县界，有小姑山巡检司。”

小姑山镇 亦作小孤山镇。即今安徽宿松县东南长江滨复兴镇。《明史·地理志》宿松县：“有小姑山巡检司。”

小姑水 即今福建永春县西南小姑溪。《方舆纪要》卷99永春县：“小姑水在县西二十三里，流经县西南二十里西向山，分流东南注，至南安县北塔口村，下流合东关水，即桃溪别名也。”

小姑单张长官司 元置，属播州军民安抚司。约在今贵州都匀市东北。后废。

小姓寨长官司 明末置，属松潘卫。治所在今四川松潘县南小姓乡。《清史稿·四川土司传》：小姓寨土百户“其先郁从文，于明末归附，授长官司职衔印信，管束番众。顺治年间，将明时印信号纸呈缴”。清改为小姓寨土百户。

小练山 即今福建平潭县西北小练岛。明王应山《闽都记》卷27福清县：小练山“在永宾里，五代时卢、林两姓卜居于此”。《方舆纪要》卷96福州府福清县：小练山“在县东海中，旁有大练、小练二门，五代以后居民环集，商贾辐至，号‘小扬州’。洪武二十年与海坛同徙。《志》云，小练山周十里，旧多乔林。其大、小练二门，相去仅十里许，无风，逾月不能渡云”。

小封县 唐咸亨二年(671)于故金川县置，属维州。治所在今四川理县东北。垂拱二年(686)为吐蕃所陷，废。后复置。五代时，移治废通化县，改为通化县。

小城子 ①即今内蒙古宁城县西北小城子镇。1946年于此置宁城县。1948年迁治八里罕镇。

②即今辽宁康平县西北小城子镇。清光绪《奉天全省地舆图说图志》康平县图：西北有小城。

③即今吉林梨树县东北九十里小城子镇。《清史稿·地理志》昌图府奉化县：“旧设铺司二：东北小城子入怀德，东南四平街入府。”

④即今黑龙江省穆棱市南下城子镇。旧中东铁路经此。民国《东北年鉴》：中东铁路有小城子站。

小城子镇 清置，属舒兰县。即今吉林舒兰市东南小城镇。《清史稿·地理志》舒兰县：官商路，“东南小城子镇达额穆”。

小城固 在今陕西洋县东。《水经·沔水注》："汉水又东径小城固南，州治大城固，移县北（按《清一统志》引作'移县治此'），故曰小城固。"

小括山　在今浙江丽水市西二里。《清一统志·处州府》：小括山"在丽水县西二里。其址与万象山相接，众山环簇，状若莲花"。自唐末至元初，处州、处州路治此。

小胡城　即今山东德州市。清光绪《山东通志》卷34：小胡城，"唐初窦建德将王小胡亡命至贝州作乱，此城当其所筑"。唐元和十年（815）曾置长河县治此。

小南门　即唐高骈所筑成都罗城之万里桥门。南宋陆游《夜登小南门城上》，即此门。在《江上散步寻梅诗》中有"明朝更出小南门"，自注曰："万里桥门，一名小南门。"

小南头　即今山西大同市东南小南头村。1949年5月解放后，大同县曾迁治于此。

小南河砦　又名小南湖。北宋置，属沧州清池县。在今天津市西郊区小南河。金废。

小南海　①又名龟亭、龟停山、龟停子、车停子。在今重庆市巴南区西南白沙沱镇东长江中。为江中小岛。唐、宋时上有观音庙，故名。民国《巴县志》卷1："龟亭山……土人呼为小南海。"

②在今重庆市黔江区北小南海镇境、邻湖北咸丰县。是清咸丰六年（1856）五月大地震山崩地陷而成。光绪《黔江县志》卷5："后坝许家湾，距县治六十余里，溪口有山矗起，倏中断如截，响若雷霆，地中石亦迸出横飞，旁击压毙居民数十余家，溪口遂被壅塞，厥后盛夏雨水溪涨不通，潴为大泽，延袤二十余里，土田庐舍尽被淹没，今设舟楫焉。朝阳山寺本一小岭，水盛时适没寺址，四面汪洋，宛若金、焦。泽名小瀛海，土人讹为小南海。"湖东西长五里，南北宽一里，面积2.74平方公里。湖水平均深28米，最深处47米。大地震后地貌遗迹保存完好。

小南海石窟　在今河南安阳县西南五十里善应村龟盖山南麓。因南临小南海山泉，故称小南海石窟。现存石窟三座，均开凿于北齐天保年间（550—559），平面都呈方形，有拱形窟门，窟顶为覆斗形，窟内正壁和两侧壁都有浮雕三尊像。中间窟门楣上雕二龙戏珠和两只金翅鸟，门两侧各雕一尊护法神王立像，门额上方和门西侧岩石上刻有"方法师镂石板经记"。西窟窟门两侧各雕一守门人，守门人头顶上各雕一尊倒立的裸体虎头强梁，在国内石窟中十分罕见。窟门外左侧崖壁上刻有成排供养人像，共四十尊。东窟外壁面刻有大面积浅龛造像和浮雕图案。小南海石窟保存了大量石刻佛经和全国仅有的供养人石造像，雕刻内容丰富，刻工精湛。2001年定为全国重点文物保护单位。

小南海洞穴遗址　在今河南安阳县西南五十二里北楼顶山东麓，面临小南海，是一处岩溶洞穴。1960年3月修小南海水库时发现。洞口宽3米，高2.5米，深约50米。文化层厚6米，堆积分五层。出土七千多件人工打制石器及各种动物化石，并发现灰烬。动物化石有野驴、披毛犀、羚羊、鸵鸟蛋等。是河南省首次发现的旧石器时代晚期洞穴遗址。

小相公岭　在今四川越西县西南。《明一统志》卷73四川行都司：小相公岭"在越嶲卫城南五十里。山势高耸，石磴崎岖"。《方舆纪要》卷74越嶲卫：小相公岭"自麓至顶十五里，武侯所开也。《志》云：岭四时有雪，往来骑者徒步下山，易履再穿，险峻不可名状"。

小相公岭关　明置，属越嶲卫。在今四川越西县南七十里。明曹学佺《蜀中广记》卷34《边防记》越嶲卫：长老坪"又十里为相岭关，设在小相公岭绝顶，又十里为靖边堡"。

小勃律国　唐西域国名。都城在孽多城（今巴基斯坦控制下的克什米尔之吉尔吉特）。开元初置绥远军于此。后臣属吐蕃。天宝六年（747）改其国号归仁，置归仁军。

小昭寺　又名喇木契、巴汉招寺。在今西藏拉萨市中心，南距大昭寺半里许。相传为公元7世纪中时，由文成公主督饬藏、汉工匠建造。原建筑与内地寺庙相同，后几经焚毁修建，已面目全非。因公主悲思唐朝，故庙门东向。寺中壁画甚多，正殿供有尼泊尔尺尊公主带到西藏的释迦牟尼八岁时镀金等身童像。原为喇嘛教密宗经学院之一。2001年定为全国重点文物保护单位。

小钦岛　又名末岛。在今山东省长岛县北，大钦岛之北。清《乾隆内府舆图》作小钦岛。

小竿寨　在今浙江江山市南小竿岭上。明置巡司于此。清亦派兵戍守。

小修武城　在今河南获嘉县东。《史记·高祖本纪》："汉王得韩信军，则复振。引兵临河，南飨军小修武南，欲复战。"即此。《水经·清水注》："修武，故宁也，亦曰南阳矣……亦曰大修武。有小故称大。小修武在东。"

小泉河　即今河北玉田县东荣辉河。《清一统志·遵化州一》：荣辉河"本名小泉河。源出小泉山，绕城东而南，合孟家泉、光沙泉，又西南至宝坻县界入蓟运河"。

小剑山　在今四川剑阁县（下寺镇）西南，南距大剑山三十里。为剑阁道至险地段。唐徐坚《初学记》卷8引《华阳国志》："诸葛亮相蜀，凿石架空，为飞梁阁道，即古剑阁道"，以通蜀汉。《旧唐书·地理志》剑门县：大剑山"其北三十里所有小剑山"。

小剑水　在今四川剑阁县西南。《水经·漾水注》："小剑水西南出剑谷，东北流径其戍下入清水。"与大剑溪合流后注入下寺河。

小剑戍　在今四川剑阁县（下寺镇）东之大仓坝。《水经·漾水注》：清水"又东南径小剑戍北。西去大剑三十里"。《元和志》卷22益昌县："小剑故城在县西南五十一里。小剑城去大剑戍四十里。"为入剑阁必经之地。《魏书·肃宗纪》：孝昌元年（525）“萧衍益州刺史萧渊猷遣将樊文炽、萧世澄等率众围小剑戍”。即此。

小浃江 在今浙江宁波市东北。《舆地纪胜》卷11庆元府：小浃江“在鄞县北五十里”。《明史·地理志》定海县：“南有大浃江，其上流即鄞江，分流为小浃江，并入海。”《方舆纪要》卷92定海县“大浃江”条下：“其下浃江在县南十二里。自县东南十二里竹屿山海口，分流为支江，蜿蜒西南六十里，至鄞县东三十五里之五乡碶，合于鄞江，并泻东钱湖之涨。《海防说》：小浃港内通东江，出穿山所，达宁波城，极险要。嘉靖中，倭贼由此内犯，奸民亦由此出入，漫无关禁。三十四年，以蓄泄之。堰下为江，上为河，自此小浃江之流中断，而县境西南一带，颇被沾溉之利。”

小洞庭湖 在今山东东平县州城镇北三十里蚕尾山下，世称小洞庭湖。唐苏源明《小洞庭洄源亭宴四郡太守诗序》称“左拂蚕尾”。诗中说：“小洞庭兮牵方舟，风袅袅兮离平流。牵方舟兮小洞庭，云微微兮连绝岖。”即指此湖。

小神湖 在今安徽砀山县东南。《清一统志·徐州府一》：小神湖，“清康熙十七年河臣靳辅于毛城铺建减水闸坝。减黄河涨水入此湖，下达雎河及萧县永固姬村等湖，至（江苏）宿迁归仁堤，入洪泽湖”。

小院寺 即今四川资阳市南八十里小院镇。清光绪《资州志》卷3资阳县：永兴场“即小院寺，去县七十里”。民国《资阳县志稿》卷1：小院寺“一名永兴场。今场以寺名……原名朱家场。旧址距现场五里。清乾隆时移兹”。

小耗子岛 在今辽宁长海县东南，大耗子岛东北。明《辽东志》卷1：耗子岛在“（金州卫）城南四百里”。有大、小二岛，其西为大耗子岛。民国《奉天通志》卷83金县：小耗子岛在“城东一百八十里”。此记载较《辽志》准确。

小珠山 亦作小朱山。在今山东胶南市东北。元于钦《齐乘》卷1：大朱山“旁有小朱山，错水所出”。

小盏西 在今缅甸北部南太白江北岸的卡拉阳。清代属腾越州，为万仞关控制地带。见《神护关图》。

小盐池 即惠安堡池。在今宁夏盐池县西南惠安堡镇西南。《清一统志·宁夏府一》：盐池“小盐池在（灵）州所东南一百三十里，惠安城西一里。壕墙周三十六里，设盐捕通判管理”。今盐池有北、中、南三池，长7公里，最宽为4公里，面积16.8平方公里。为县盐产区。

小埕寨 一名小埕堡。明景泰年间（1450—1456）置，属连江县。即今福建连江县东北筱埕。《方舆纪要》卷96福州府连江县：小埕寨在“县东百二十里海中，明初置。《筹海说》：小埕北连界于烽火，南接壤于南日。连江为福郡之门户，而小埕又连江之门户。嘉靖三十五年，倭贼自流江突至小埕水寨，遂犯会城”。即此。清置有把总。

小都江汛 清置，属古州厅。在今贵州榕江县西南三十里。旧有把总驻守。

小耽镇 北宋置，属南充县。在今四川南充市西百里小耽山附近。

小莱芜山 在今广东汕头市澄海区东南。《清一统志·潮州府》“莱芜山”条：“小莱芜在（澄海）县东南十里。一名留子山。”

小莲庄 在今浙江湖州市东六十里南浔镇万古桥西。为江南名园之一。清光绪十一年（1885）当地富商刘镛营造，占地1.7万平方米，建筑面积1250平方米。光绪十四年（1888）建刘氏家庙；光绪二十五年（1899）创立刘氏义庄。小莲庄西部为建筑，东部为园林。园林以池为中心，形成以山为主的内园和以水为主的外园。园中有古挂瓢池，广约7000平方米，夏日荷花盛开，最宜消暑。环池布置山石树木，建筑回廊亭榭。壁间嵌有历代名人帖石四十六方。2001年与嘉业堂藏书楼一起定为全国重点文物保护单位。

小桂 即今广东连州市。其地汉为桂阳县，属桂阳郡，因谓之小桂。《晋书·陶侃传》：侃“执刘沈于小桂”。即此。

小桥场 即今四川营山县东小桥镇。清同治《营山县志》卷4：小桥场在“治东四十里。通青岩铺大道”。

小桥泊 在今山西介休市东北。《方舆纪要》卷42介休县：“小桥泊在县东北十八里，亦西入汾河。”

小桥驿 在今重庆市巫山县东三溪乡月池村南小桥。明正德《夔州府志》卷2巫山县：小桥铺在“县东八十里”。《清一统志·夔州府二》：小桥驿“明万历初改小桥公馆，置巴东马驿。本朝康熙中改名小桥驿，后罢为铺”。

小桥营 明置，属崖州。在今海南省三亚市东，滨海。《清一统志·琼州府二》“乐安营”条下：“又拨把总驻小桥营，分防藤桥诸汛。”

小桃源 在今四川简阳市北三十里。《舆地纪胜》卷145简州：小桃源“在郡治望湖楼东，天水相接，放目无际，遥见云顶，耸翠半空，为西州第一。以桃花最多，故以小桃源扁之。又叠石作武陵洞口之状，迥然与尘寰相隔矣”。

小索 在今河南荥阳市北。《史记·项羽本纪》：“战荥阳南京索间。”《正义》引《括地志》：“小索故城在荥阳县北四里。京相璠《地名》云，京县有大索亭、小索亭，大、小氏兄弟居之，故有大小之号。”

小鬲山 在今江苏连云港市东北。《元和志》卷11海州东海县：小鬲山“在县北六十里。田横避汉所居之山也。其山三面绝壁，皆百余仞，惟东南一道略容行人”。

小哨 在今四川越西县南七十里南菁乡南。《清一统志·宁远府二》：小相岭关“在越嶲厅南小相公岭绝顶，今为小哨，又南十里为靖边堡”。清设千总防守。

小峨山　在今四川乐山市西南沙湾镇南。《元和志》卷31绥山县：小峨眉山“在县南六里”。《方舆纪要》卷52嘉定府：小峨山“在峨眉县南三十里，一名铧刃山，又有李仙洞”。

小峨眉山　即峨眉山。在今河南郏县西北三十五里。其形类蜀之峨眉山。宋苏轼谪汝时，欲为葬地，因取峨眉为名。《宋史·苏轼传·附苏过传》：“轼卒于常州。过葬轼汝州郏城小峨眉山。”即此。

小积石山　在今甘肃积石山保安族东乡族撒拉族自治县西至青海界上。《元和志》卷39枹罕县：积石山“今名小积石山。在县西北七十里。按河出积石山，在西南羌中，注于蒲昌海，潜行地下，出于积石，为中国河。故今人目彼山为大积石，此山为小积石”。

小航　即骠骑航。在今江苏南京市通济门南秦淮河上。《资治通鉴》：南朝陈太建十四年（582），后主弟叔陵据东府作乱，摩柯攻之，叔陵“帅步骑数百，自小航渡，欲趣新林，乘舟奔隋”。即此。

小高桥　在今四川德昌县东南小高乡。清嘉庆《四川通志》卷89西昌县：小高桥铺“在县南一百三十里”。

小站　即新农镇。今天津市东南小站镇。清光绪初，李鸿章命淮军于此屯田驻守，后为袁世凯新建陆军基地。

小部川县　唐贞观四年（630）置，属羁縻西怀州。治所在今四川松潘县西境。八年（634）属羁縻远州。后废。

小益州　即北魏益州、西益州。治所在今四川广元市。《隋书·地理志》义城郡：“后魏立益州，世号小益州。梁曰黎州。西魏复曰益州，又改曰利州。”此后广元有小益州之称，《舆地纪胜》卷184利州：“《图经》：时人又呼为小益，对成都之为大益也。”

小凌河　一名小灵河。在今辽宁西部。《辽史·地理志》：兴中府有小灵河。元代易灵为凌。清张穆《蒙古游牧记》卷2引《元一统志》：“小凌河在兴中州南一百五十里。”《满洲源流考》卷15：小凌河“在锦县（今锦州市）东。源出土默特右翼明安喀喇山，蒙古名明安河，由松岭门西入边，南流至唐家台西入海”。支流有女儿河、哈喇河。

小凌河驿　明置，在今辽宁凌海市西南十五里。《明史·地理志》广宁中屯卫：广宁中左千户所“辖杏山驿至小凌河驿”。

小凌河城　清置，在今辽宁凌海市西南。《清一统志·锦州府二》：小凌河城“在锦县东南十八里。本朝康熙二十九年设佐领骁骑校驻防”。

小海港　在今海南省万宁市东北小海内。《方舆纪要》卷105万州：小海港在“州东北二十里。港口有二小石山，南北对峙如门，海舶往来，取道于此”。

小海寨　又名虎墩。在今江苏大丰市南小海镇。宋范仲淹倡筑捍海堰起此。

小海镇　①即今江苏大丰市南三十九里小海镇。旧属东台县。清光绪《江苏全省舆图》东台县：“小海镇在治东北五十里。”

②即今江苏南通市通州区（金沙镇）西南三十四里小海镇。清光绪《江苏全省舆图》：通州（今南通市）东南有“小海”。

小浮桥　在今江苏徐州市东北隅废黄河上。原跨汴水。金、元黄河屡次夺汴、泗入淮，黄河即经此与泗水合。《明史·河渠志》记元末贾鲁治河后黄河所经，多“出徐州小浮桥”。即此。

小涧　在今湖南桑植县西北。《方舆纪要》卷77桑植安抚司：小涧“在城（今美坪峒）西南。有两涧合流，盘旋司南，不通舟楫”。

小涧集　即今安徽蒙城县西北小涧镇。明嘉靖《寿州志》卷1：蒙城县有小涧集。清道光《安徽通志》卷29蒙城县：小涧集在“县西北二十五里”。

小陵城　在今河北河间市北五里城上村。《魏书·地形志》：武垣县有“小陵城”。《清一统志·河间府二》：小陵城“在河间县西北，……《旧志》：有萧陵城，在河间县西北五里，今曰河头村，亦曰城上村。盖小、萧声近而讹也”。

小陵镇　北宋置，属西充县。在今四川西充县西三十里。

小陶墟　即今福建永安市西南小陶镇。清《乾隆内府舆图》：永安县西南有小陶墟。

小勐（猛）统　今云南永德县北四十里小勐统镇。旧属镇康县，民国时有县佐驻此。

小桑落墅　即今山东阳信县东南四十里小桑落墅。民国《阳信县志》有小桑落墅。东距大桑落墅十五里，故名。

小绥芬河　在今黑龙江省东宁县西北。源出太平岭，南流注入绥芬河。《清史稿·地理揖》东宁厅：大绥芬河“又东北，左合小绥芬河，径城北”。光绪《吉林通志》卷22：协领河“又东南小绥芬河自西南来入。河即鄂勒欢绥芬河也，出穆棱窝集，东北入协领河”。

小绥芬站　亦作六站。中东铁路经此。即今黑龙江省东宁县西北绥阳镇。民国徐曦《东三省纪略》卷8：东清铁路有小绥芬站。

小琉球　明代称今台湾为小琉球，以别于大琉球（今琉球群岛）。清初仍有人沿用此名。

小琉球屿　在今台湾省屏东县西南。大琉球之名在明初乃台湾本岛之旧称。明万历以后，小琉球之名乃专指本岛。《清一统志·台湾府》：小琉球屿“在凤山县南（今高雄市北左营区）一百里下淡水南大海中。《旧志》：屿周二十余里。《通志》：突起一峰，盘郁苍翠，中无人居，多产椰子竹木。下多巉岩巨石，大舟湾泊甚难，盖凤山县之水口也”。

小堵乡　一名小赭乡。在今河南方城县西。《水经·淯水注》：赭水“出赭阳县北山，数源并发，南流径小堵乡，谓之小赭水”。

小基隆　即今台湾省新北市北三芝区。因滨海有港湾可通商，亚于基隆，遂有此名。

小黄 战国魏邑，在今河南开封县东北。《战国策·秦策》：黄歇说秦昭王曰，“以临仁、平兵(丘)、小黄、济阳婴城，而魏兵服矣”。西汉置小黄县。

小黄江 在今越南北部太平省境之茶李河。《旧唐书·地理志》安南都督府：“西北至峰州嘉宁县论江口水路一百五十里，东至朱鸢县界小黄江口水路五百里。”《方舆纪要》卷112安南清化府：小黄江“在府东境，下流入海”。

小黄县 ①西汉置，属陈留郡。治所在今河南开封县东北。西晋为陈留国都。北魏太平真君八年（447）并入外黄县。太和中复置。孝昌中属陈留郡。北齐废。唐武德四年（621）复置，属汴州。治所在今开封县西南。贞观元年（627）废。

②东晋咸康四年（338）侨置，属陈留郡。治所即今安徽亳州市。北魏正始中为南兖州治。南朝梁为谯州治。北周为亳州治。隋大业三年（607）改为谯县。

③东晋义熙十二年（416）侨置，属陈留侨郡。治所在今安徽寿县西南。唐武德七年（624）废。

小黄河 ①元时对卢沟河的俗称。即今河北永定河。《明史·河渠志五》：“《元史》名卢沟曰小黄河，以其流浊也。”

②指旧黄河。在今安徽西北部。《明史·地理志》颍州：“洪武二十四年，黄河决于河南，由陈州合颍，径太和县，又径州城北，又径颍上县，至寿春同入于淮。永乐九年，河复故道。宣德、正统、成化、正德间，河、颍时通时塞，俗亦称颍为小黄河。”

③淮水支流潢河下游的俗称。在今河南光山、潢川二县境。《明一统志》卷31汝宁府：小黄河“在光州治前。源出湖广麻城县分水岭，北流合恨沟入淮”。《清一统志·光州一》：黄水“自湖北麻城县界流入光山县，名官渡河，东流至州西北，名潢河，又曰小黄河”。

④即瑟水。在今河南罗山县东。《方舆纪要》卷50罗山县：小黄河“在县南门外。源出灵山，萦绕县城，东流合于竹竿河”。

⑤即今云南罗平县东之黄泥河。《方舆纪要》卷114亦佐县：小黄河“在县治旁。四时色黄，因名”。

小黄圃村 在今广东中山市北。明弘治九年(1496）置巡司于此。

小营 在今河北武强县北十五里小营村。《方舆纪要》卷14武强县：小营“在县（今县西南旧武强镇）东北三十五里。《志》云：金末蒙古掠河间，金人拒之，屯营于此”。

小营儿堡 在今山西偏关县东北六十里小营村。《方舆纪要》卷40河曲县：“小营儿堡在老营堡西二十五里，嘉靖初置。”

小营城 在今山东昌邑市北五里。《方舆纪要》卷36昌邑县“都昌城”条下：“今城南五里有大营城，北五里有小营城，俗为大营、小营二村，相传即孔融与黄巾相拒处。”

小梅市 即今浙江龙泉市西南小梅镇。清光绪《龙泉县志》卷2：小梅市“在县南百里。小梅公馆在焉”。

小梅关 即今广东南雄市东北大庾岭上小梅关。《方舆纪要》卷102南雄府保昌县：小梅关“在府东北四十里小梅岭上。山径荒僻，有路通三洲、五渡、龙南、信丰等处。贼每由此窥窃往来，旧有土城，恃为限蔽”。

小梅关岭 又名小梅岭。在今江西大余县境内。《方舆纪要》卷88南安府大庾县：小梅关岭“有二，一在府北一里，与梅关相对；一在府西南十五里，较梅岭差平小。《志》云，小梅关，相传唐开元以前入粤之路，由此渡章水滩，故名”。

小梅岭 在今浙江龙泉市西南，与庆元县接界处。《方舆纪要》卷94龙泉县“杨梅岭”条：“大柏岭在县南七十里，旁有小梅岭，皆接庆元县界。”

小梅隘 在今浙江龙泉市西南小梅镇。《方舆纪要》卷94龙泉县：小梅隘在“县南小梅岭上……为入闽之间道，正统中设隘于此”。

小梅溪 即今浙江龙泉市南龙泉溪上源。《方舆纪要》卷94庆元县：小梅溪“在县北七十里。西流入龙泉县界，合于大溪”。

小曹山 在今广西宜州市东三十二里。《方舆纪要》卷109宜山县：小曹山“下有潭，今筑为寨，名水寨”。

小铜山 在今江苏仪征市西北马集镇西铜山。《寰宇记》卷130建安军永贞县：“（唐）广陵监、丹阳监并置在县郭，每岁盐铁使铸钱一万一千余贯。”并称“铜山及小铜山并在县西北八十里”。《舆地纪胜》卷38真州：小铜山“在扬子县北二十里。世传吴王濞鼓铸之地”。《方舆纪要》卷23仪真县：小铜山在“县西北二十五里”。

小铜梁山 亦名铜梁山。在今重庆市铜梁县西北。《元和志》卷33铜梁县：“以小铜梁山为名。”《清一统志·重庆府一》：小铜梁山“在铜梁县西北六十里。《元和志》：铜梁县取山为名”。

小兜 即今福建惠安县东南崇武镇。宋置小兜巡司于此。明洪武二十年（1387）司废，改设崇武守御千户所。

小盘龙山 在今四川南部县南三十里。《方舆纪要》卷68南部县：小盘龙山“似阆之盘龙而小。其相近者曰龙灵山，面嘉陵，背西江，山势如龙，因名”。

小龛河 在今甘肃榆中县境。《方舆纪要》卷60兰州金县：小龛河在“县南十五里。源出龛山，东流与浩亹河合”。

小猫屿 在今台湾省澎湖县西南，大猫屿东南50米。清蒋毓英《台湾府志》卷3：小猫屿“由大猫屿脱落，山形与大猫屿如一而小，故土人呼为大猫、小猫”。

小庾岭 在今广东南雄市东北。《明史·地理志》保昌县：“县东有小庾岭。”

小章村 即今河北辛集市北小章村。民国属束鹿县，有县佐驻此。

小商桥 即今河南临颍县南皇帝庙乡商桥村。《续资治通鉴》：南宋绍兴十年（1140）七月，金都元帅宗弼，“以师十二万次临颍。甲寅，岳飞遣统制杨再兴、王兰、高林以三百骑击之于小商桥，杀二千余人，再兴、兰、林俱战死”。《清一统志·许州一》：小商桥“在临颍县南二十五里。隋开皇四年始建，下临小溵河，与郾城县接界”。小商桥跨于小商河上，虽始建于隋，但经宋代大修，主体结构仍保持北宋早期风格。该桥为圆弧坦拱敞肩石桥，桥长21.3米，宽6.45米，高6.5米。主拱净跨12.14米，主拱西边有对称的小拱，既可泄洪又能减轻洪水对桥身的冲击力。桥拱、桥基、雁翅均用红砂岩砌筑，拱券之间用腰铁加固，东西券脸均雕刻有各种纹饰图案。主拱四角置金刚力士，桥面用青石铺砌，青石栏杆上雕刻有形态各异的石狮、莲座、仙桃等，栏板上刻有游龙、牡丹、飞天等图案。2001年定为全国重点文物保护单位。

小清河 ①即今辽宁开原市东北之清河。明《辽东志》卷1：小清河在“城（开原老城）东门外。源出分水岭，西南流，至城南与大清河合”。

②即辽宁铁岭县南懿路河。明《全辽志》卷1铁岭卫：小清河在“城南六十里。源出归德州南山，西流经懿路城南，流入辽海”。

③宋、金间刘豫导今山东济南市西泺水东行经章丘、邹平、博兴、广饶等县入海。因北临清河，故称为小清河。金皇统年间下流疏导成今河道。

小淹市 即今湖南安化县东五十五里小淹镇。清光绪《湖南通志》卷1安化县图：县（旧治在今县东南梅城镇）北有小淹市。

小淮水 即今安徽繁昌县之漳河。《方舆纪要》卷27繁昌县：小淮水“在县东六十里。自宁国府南陵县流经县境，入芜湖县界，会于石硊渡，为鲁港之上源”。

小淡水 即今台湾省南部之下淡水溪。明陈第《东番记》：“其地……历大员、尧港、打狗屿、小淡水……。”

小婆罗门国 在今缅甸西部阿拉干地区和印度阿萨姆邦南部一带。唐樊绰《蛮书》卷10：“小婆罗门，与骠国及弥臣国接界，在永昌北七十四日程。”

小梁河 即大盈江。在今云南梁河县西。《清一统志·腾越直隶厅》：小梁河“在南甸司东北三十里。有二源：一出腾越赤土山麓，一出缅箐山麓，至南甸合为一，西南流经南牙山下曰南牙江，又南经干崖东云笼山麓，为安乐河，亦名云笼河。沿至司治北，折流而西一百五十里，会槟榔江”。

小隐 在今广东中山市东北小隐村。有水经此东北流，出横门入海。清有把总驻防。

小维西乡 即今云南维西傈僳族自治县西北七十里小维西。元、明为临西县治。清迁治维西后，遂以此为小维西。

小维摩 即今云南砚山县西北维摩彝族乡。旧属广南县，有外委分防。民国初改置县佐。

小越市 即今浙江上虞市东北十六里小越镇。清光绪《上虞县志》卷18引《万历志》：小越市“在县（旧治丰惠镇）东北四十里”。

小堤镇 即今河北饶阳县西南四十里小堤。清于此设堡。

小葛龙洛邦到骆豆虎等处长官司 元置，属新添葛蛮安抚司。治所在今贵州龙里县北谷龙乡（小谷龙）。后废。

小董村 一名小董镇。即今河南武陟县西三十一里小董乡。清道光《武陟县志》卷8：集镇有小董村。

小董墟 明为小董村。即今广西钦州市北七十五里小董镇。明洪武五年（1372）置沿海巡司于此。

小落门砦 北宋置，属秦州。即今甘肃武山县东三十里洛门镇。以伏羌县有大落门，故名。

小韩城 在今河南禹州市西北。《方舆纪要》卷47禹州：小韩城“战国韩哀侯所筑”。《清一统志·开封府二》：小韩城，“《旧志》：小韩城在州西北十三里。韩哀侯所筑，今名韩城”。

小韩寨 在今山东阳谷县东北二十里。《方舆纪要》卷33阳谷县：小韩寨“元知院官韩志所修筑。亦曰小韩寨，城遗址犹存”。

小雁塔 在今陕西西安市南三里荐福寺内。唐景龙年间修建。因小于慈恩寺大雁塔，故名。初为十五级，后经多次地震，塔顶坍塌，塔身破裂。现余十三级，通高43米，秀丽美观。1961年定为全国重点文物保护单位。

小景山 即小丙山。在今陕西略阳县南。

小嵛山 即今福建福鼎市东南小嵛山。见清《海国闻见录》。

小黑山 ①在今辽宁大连市金州区金州镇东北。《明史·地理志》金州卫：“东有大黑山。……又有小黑山，骆马河、澄沙河俱出焉。”

②即今辽宁黑山县治。明《辽东志》卷3：“镇远堡有小黑山台。”即此。清光绪二十八年（1902）置镇安县于此。

小黑山堡 清置，即今辽宁黑山县（黑山镇）。《清一统志·锦州府二》：小黑山堡“在广宁县东六十里。今设站于此。本朝康熙二十九年设佐领骁骑校驻防”。

小黑水寨 在今四川黑水县东北小黑水。清顺治年间置小黑水寨土百户。

小程番长官司 明洪武六年（1373）改小程番蛮夷长官司置，属贵州卫。治所在今贵州惠水县东北小程苑。正统三年（1438）改属贵州宣慰司。后属定番州。清乾隆年间裁。

小程番蛮夷长官司 元置，属管番民总管。治所在今贵州惠水县东北小程苑。明洪武六年（1373）改置小程番长官司。

小集镇 ①即今河北唐山市丰南区东南三十里小集镇。清时于此设把总驻守。

②即今河北南皮县东四十八里小集。清同治《畿辅通志》卷50沧州图：西南有小集镇。

小港口 即今江西丰城市东北小港镇。《明史·地理志》南昌府丰城县："北有港口巡检司，治大江口，后迁县东北小江口，废。"

小湘峡 在今广东高要市西小湘镇东，西江峡口。道光《高要县志》：小湘峡"在县西北四十里。高数十仞，群峰矗峙，大江流其中，多良材美竹"。北宋皇祐四年（1052），侬智高犯端州，州守李宝臣建议以兵数千人伏小湘峡。即此。

小湟中 指今青海大通一带地区。《三国志·魏书·夏侯渊传》："渊别遣张郃等平河关，渡河入小湟中，河西诸羌尽降，陇右平。"

小禄山 在今海南省琼海市北。《方舆纪要》卷105会同县：小禄山在"县西二十里。下有涧水，分二派灌田"。

小隘岭 在今安徽宿松县西北。《清一统志·安庆府一》：小隘岭"在宿松县西北八十里。岭脊与湖北蕲州交界，阻山临河，峭隘盘曲。明初，攻湖广元帅石良，由此岭通道蕲州"。

小登屿 一作小嶝屿。即今福建厦门市同安区东南小嶝岛。《舆地纪胜》卷130泉州《景物下》：小登屿"在同安县。广十五里，居民尤盛"。旧有民居，明洪武二十年（1387）迁入内地，成化后渐复旧土。《方舆纪要》卷99载，大登屿与小登屿"皆广六七里"。

小塘墟 即今广东佛山市南海区西北小塘镇。清康熙《南海县志》卷2："小塘墟在上围堡。"

小蓬山 ①亦作小遂山。即今广东徐闻县南海中头、二、三墩。《方舆纪要》卷104徐闻县：小蓬山"在县南三十里海中，前有海屿，名曰三墩。《旧志》：由此渡海四百里乃至琼州"。《清一统志·雷州府》：小遂山"突起海滨，前有海屿曰三墩，中墩有龙王庙。庙前有井，号曰龙泉。每天旱祈雨，于咸水中取得淡水，则雨立至。《县志》：一墩有独树异种，四时长青"。

②在今四川绵竹市北四十五里。《方舆胜览》卷54汉州：小蓬山"在绵竹县。有石洞极邃，中有石柱，左右隐出白龙十二，蜿蜒如画"。《方舆纪要》卷67绵竹县：小蓬山"与什邡县大蓬山相匹。峰峦奇胜，比于蓬岛，因名"。

小蒲石河镇 清置，属宽甸县。在今辽宁宽甸满族自治县东南八十五里小蒲河口。因河得名。光绪《奉天全省地舆图说图志》宽甸县乡镇："小蒲石河口在县城东南八十五里。"

小蒸镇 又名贞溪。即今上海市青浦区西南三十六里小蒸镇。《方舆纪要》卷24松江府青浦县：小蒸镇"三面傍泖，稍北曰大蒸。《志》云：镇西四里有古濮阳王大小二墓，蒸土筑之，因名。……旧置税局于此，寻废"。明洪武七年（1374）置小蒸巡司。

小榄墟 即今广东中山市西北七十里小榄镇。清置香山巡司于此。

小槐里城 在今陕西兴平市西，接武功县界。《三国志·魏书·杨阜传》："阜徙郡小槐里，百姓襁负而随之。"《水经·渭水注》："渭水径（槐里）县之故城南。《汉书集注》：李奇谓之小槐里，县之西城也。"宋敏求《长安志》卷14："东已有槐里城，故以此城为小槐里。"

小雷山 即今浙江长兴县东太湖中之小雷山。《寰宇记》卷94湖州：具区"有三山，曰石公山、大雷山、小雷山"。《方舆纪要》卷91湖州府：小雷山"府北三十六里。《志》云：太湖中有大雷、小雷二山，相距六十里"。

小睢寨 在今安徽濉溪县南。《资治通鉴》：唐咸通十年（869）七月，"康承训克临涣，杀获万人，遂拔襄城、留武、小睢等寨"。

小锡马 在今缅甸北部南太白江南侧的昔马拱。清代属腾越州，为万仞关控制地带。见《神护关图》。

小锦屏山 在今四川苍溪县南一里，嘉陵江岸。《舆地纪胜》卷185阆州：小锦屏"在苍溪县治之对，仿佛类锦屏，故名"。《方舆纪要》卷68苍溪县：小锦屏山"在县治南。临江高峙，奇秀与阆中之锦屏山相似，因名"。

小靖场 在今广东陆丰市东南海滨。为盐场。清设盐课大使于此。

小新民屯 即今辽宁辽中县东北新民屯镇。民国熊知白《东北县治纪要》辽宁辽中县："小新民屯位于县市东北，当县市往沈阳及由辽阳往新民县大路之交叉点。距辽阳一百十里，新民县九十里。户数七百，人口三千五百。"

小源 即今江西宁都县北小源。本东山坝小源。1933年中央革命根据地所置洛口县后曾迁治于此。

小溵水 在今河南临颍县西南。东流合于颍水。《旧唐书·吴少诚传》：贞元十五年（799），"下诏削夺少诚官爵，分遣十六道兵马进讨。十二月，官军败衄于小溵河"。即此。

小溪 ①一名沐鹤溪。即今浙江景宁畲族自治县、青田县境内之小溪。《方舆纪要》卷94青田县：小溪"在县西南二十里"。东流入大溪后称为瓯江。

②即今福建平和县治小溪镇。元置小溪巡司。至元三年（1337）南胜县曾迁治于此，至正中徙治双溪，改名南靖县。明仍于此置小溪巡司。清设琯溪巡司。1949年平和县治迁此。

③即今江西于都县东南小溪乡。1934年中央革命根据地所置登贤县后曾迁治于此。

④在今贵州惠水县西南十里。《方舆纪要》卷

121 定番州：小溪“在（洪番长官司）司治南。溪流清沏。亦东入都泥江”。

⑤在今贵州思南县境。《方舆纪要》卷 122 石阡府苗民司：小溪在“司（治今思南县南尧民里）北四十里。源出山箐中，出溪口会于乌江。水流漂疾，恒有涨溢之患”。

小溪口 即今浙江长兴县南五十里吴山乡。清同治《长兴县志》卷 2 引《旧志》：“小溪口渡在县南六十里。”（原按语：“渡在县南五十里，《旧志》误。”）

小溪口砦 北宋熙宁七年（1074）置，属淯井监。在今四川长宁县南龙头镇江河村。十年（1077）改为武宁砦。

小溪场 唐咸通五年（864）析南安县西界两乡置，即今福建安溪县。五代南唐保大十三年（955）升为清溪县。

小溪村 即今安徽歙县南小溪村。清乾隆《歙县志》卷 1《都鄙》有小溪村。

小溪县 南朝梁改小汉县置，为东遂宁郡治。治所即今四川遂宁市。西魏恭帝二年（555）改为方义县。北宋太平兴国元年（976）以避讳复改为小溪县，为遂州治。政和五年（1115）为遂宁府治。元至元二十年（1283）为遂宁州治。明初废入遂宁州。

小溪河 即今安徽凤阳县东八十里小溪河镇。明成化《中都志》卷 4：临淮县有小溪店。清光绪《凤阳县志》卷 2：小溪集“在县东北八十里”。

小溪城 明嘉靖三十四年（1555）筑。即今江西大余县东北小溪。明曾迁赤石岭巡司于此。

小溪砦 北宋置，属合江县。在今四川合江县南。以小溪为名。元初废。

小溪隘 在今福建上杭县西南。《方舆纪要》卷 98 上杭县：小溪隘“在县西南百里。《志》云，县西南百二十里曰溪南三图，与潮之大埔接壤，有上下二水，为盗贼巢穴。荡平后，立抚民馆于小溪隘之西坪，诸巢可虑者，惟此为最。今有小城，设兵置守”。

小溪镇 ①即今浙江宁波市鄞州区西南四十二里鄞江镇。东晋隆安四年（400）徙句章县于小溪镇。即此。

②亦作筱溪镇。即今四川自贡市贡井区筱溪街。旧名上丘镇，属富顺县。1939 年改为小溪镇，后改为筱溪镇。1950 年后省。

小溶江 在今广西兴安县西南，为漓江支流。《元史·阿里海牙传》：至元十三年（1276），阿里海牙攻马塈于严关，“又败都统马应麒于小溶江，遂逼静江”。

小滩镇 即今河北大名县东北三十五里金滩镇。《方舆纪要》卷 16 大名府元城县：小滩镇在“府东北三十五里卫河滨。自元以来，为转输要道，又东北三十里而达山东冠县。今河南漕运以此为转兑之所。有小滩巡司。嘉靖三十七年又设税课司于此”。

小境门 在今河北张家口市。与大境门同为长城边口。门外丛山夹谷，形势险要，是通蒙、俄的咽喉要道。

小歌罗山 在今重庆市黔江区东北。《舆地纪胜》卷 176 黔州：“小歌罗山在黔江县东北五十二里。”

小箬驿 一作小若驿。即今福建闽侯县西北小箬乡。位于闽江北岸，路通闽清县，为戍守要地。宋《淳熙三山志》卷 5 驿铺：小若驿在“闽清县东北五里。祥符二年（1009）重建”。《方舆纪要》卷 96 福州府“三山驿”条下：“（府治）又西北六十里至小箬驿，以小箬溪名。”抗日战争期间福建省会一度移此。

小雒郭门 秦汉时成都北门之一。在今四川成都市旧城北。《后汉书·臧宫传》：宫伐公孙述，屠大城，“乃乘兵入小雒郭门，历成都城下”。李贤注：“张载注《蜀都赋》云：‘汉武帝元鼎三年，立成都郭十八门’。小雒郭门盖其数焉。”

小漫天岭 在今四川广元市东北三十五里，与大漫天岭相连。五代唐清泰初，孟知祥置砦于此。《宋史·王全斌传》：乾德间伐蜀，“命（崔）彦进、（康）延泽督阁道进，数日成，遂进击金山砦，破小漫天砦”。即此。

小漫天砦 五代后蜀置，属绵谷县。在今四川广元市东北三十五里小漫天岭。《宋史·王全斌传》：乾德中伐蜀，“命（崔）彦进、（康）延泽督治阁道，数日成，遂进击金山砦，破小漫天砦”。即此。

小漳水 在今山西襄垣县西北。《方舆纪要》卷 42 襄垣县：小漳水在“县西北六十里。源出沁州流入境，合于涅水，亦谓之铜鞮水”。

小濦水 在今河南临颍县南。《水经·颍水注》：颍水东流至临颍县西又别出为大濦水、小濦水。小濦水，《元和志》作小溵水，在大濦水北，东流到商水县界入大濦水。清时曾一度为颍水所夺。后堙。

小寨镇 即今河北鸡泽县南十八里小寨镇。《清一统志·广平府二》“浮图店堡”条下载：小寨堡“周四里，外皆有池”。

小蕃 北宋时藏族地方政权辖地。约在今西藏阿里地区西北部及毗邻克什米尔东部拉达克地区。藏族吐蕃王朝（约 629—842）极盛时号称大蕃，吐蕃灭亡后，其王室后裔的一支领有其地，因称小蕃。公元 10 世纪时曾与辽王朝通好。

小横山 在今安徽凤阳县东南。《方舆纪要》卷 21 临淮县：小横山“在县南五十里，以山势横亘而名”。

小敷溪 在今湖南桃源县西南。《方舆纪要》卷 80 桃源县“沅江”条下：“又县南百里有小敷溪，源出县南百余里丫柱山，亦入于沅江。”

小镇安 即今广西那坡县。清乾隆八年（1743）设土巡司于此。三十一年（1766）改设小镇安厅。

小镇安厅 清乾隆三十一年（1766）改镇安土巡司

置，属镇安府。治所即今广西那坡县。光绪十二年（1886）改为镇边县。

小镇安州 明永乐初置小镇安土州，属镇安府。治所在音峒，弘治中移治麽窑甲（今广西那坡县）。后废。

小稻地庄 即今河北唐山市丰润区西南八十里岔河镇东南小稻地。清同治《畿辅通志》卷54丰润县图：南有小稻地。

小黎母山 在今海南省乐东黎族自治县东。明正德《琼台志》卷6感恩县：小黎母山"在县东二百余里黎峒中拖轮村东北。脉来自黎母山，至是耸危峰，崖石崎岖，人迹罕到，诸黎环居其下，势视大黎母为小，有巨石，刻大元军马下营"。

小黎墟 在今广西南宁市邕宁区东。清乾隆十九年（1754）移南里乡巡司于此。

小虢 乃西虢支庶。即今陕西宝鸡市陈仓区。《史记·秦本纪》：武公十一年（前687）"灭小虢"。后为邑。

小潼水 即今四川剑阁县（下寺镇）西南之西河。《舆地纪胜》卷186隆庆府：小潼水"源出武连县北七十里，经县城西，经普成界入阆州，合嘉陵江"。《方舆纪要》卷68剑州：小潼水在"州西一百二十里。其地有津曰小潼津。源出废武连县北八十里，流经梓潼县，又东南入嘉陵江。或曰此即南部县西水河之上源"。

小潺涧 在今山西汾西县北。《清一统志·平阳府一》：小潺涧"在汾西县东北五里，东流入汾。以声潺潺，故名"。

小樵村 即今河北晋州市东北二十二里小樵镇。清同治《畿辅通志》卷50晋州图：东北有小樵村。

小藏峰 在今福建武夷山市西南武夷三曲。《舆地纪胜》卷129作"小藏岩"。《清一统志·建宁府》"天柱峰"条下：小藏峰"峰右有仙船岩，溪中望之，隐隐若艇，半在岩外。峰背有仙机岩"。

小冀镇 即今河南新乡县西三十二里小冀镇。民国《新乡县续志》卷1：县西南有小冀镇。1949年至1960年新乡县治此。

小濮 即今山东鄄城县西南临濮集。《方舆纪要》卷34濮州临濮城："或谓之小濮。蒙古忽必烈南侵，尝驻兵于小濮。"即此。

小镬洲 即今广东阳江市东南大海中的小镬岛。《舆地纪胜》卷98南恩州：小镬州"在州东南"。

小蠡山 即今宁夏同心县东北小罗山，为罗山南段。明嘉靖《宁夏新志》卷3韦州：小蠡山"在大蠡山之南，其脉相联"。

小衢山 即今浙江岱山县东北小衢山岛。《方舆纪要》卷91嘉兴府海盐县：衢山"在县东南海中。亦曰大衢山，其相望者曰小衢山"。

口北 亦名口外。泛指今长城以北地区，包括今内蒙古及蒙古国地。我国长城关隘多以口为名，如河北之古北口、喜峰口、张家口，山西之杀虎口等，故有口北之名。

口北三厅 即清代直隶省张家口厅、多伦诺尔厅、独石口厅的合称。清雍正二年（1724）置张家口厅，治所在今河北张家口市；十年（1732）置多伦诺尔厅，治所在今内蒙古多伦县；十二年（1734）置独石口厅，治所在今河北赤城县北独石口镇。三厅辖境相当今内蒙古镶黄旗、正镶白旗、正蓝旗、多伦县、高都县及河北张家口、尚义、崇礼、沽源等市县地。民国初废。乾隆时撰有《口北三厅志》。

口北道 1914年由原口北道袭置（张北、独石、多伦三县除外），属直隶省。治宣化县（今河北宣化县）。辖境约当今河北西北部、北京市延庆内外长城之间地区。1928年废。

口外 即口北。泛指今长城以北地区，包括今内蒙古及蒙古国地。在长城隘口以外，故名。

口头镇 即今河北行唐县西北五十六里口头镇。清同治《畿辅通志》卷50行唐县图：西北有口头镇。

口岸镇 即今江苏泰兴市西北四十里口岸镇。旧名柴墟镇。宋时泰兴县尝徙治于此。明改口岸镇，置巡司于此。

口泉 即今山西大同市西南口泉镇。京绥铁路（今京包路）有支线通此。

口泉支线 自今山西大同市西南至口泉。长20.6公里。为京绥（今京包）铁路支线。1918年动工修筑，次年建成。为运煤专用。

口前屯 即今吉林省永吉县治。1970年永吉县迁治于此。清光绪《吉林通志》卷15：吉林府西南"四十里口前屯"。《吉林乡土志》："口前东北有二山，东西相对如门，而口前适居其前。又街前有陡山两座相峙，如天造地设，扼要隘口，因名口前。"

口前村 即今山西山阴县西北口前村。清雍正十二年（1734）于此设安东巡司。

口埠 一作口铺店。即今山东青州市东北口埠镇。明嘉靖《青州府志》卷11：口铺店在"东北四十里"。清光绪《益都县图志》卷3：县东北有口埠。同书卷13《寺观》："又一寺在城东北四十里口埠。《旧志》云，宋皇祐二年建。"

巾山 在今广东南雄市北。《舆地纪胜》卷93南雄州：巾山"在州北。州之主山也"。《方舆纪要》卷102南雄府保昌县：巾山"在府北三十里。郡治主山也。端正如中，凌江水绕其南。巾山之东为威凤冈，高耸轩举，形如翥凤"。

巾子山 ①即今浙江青田县南金鸡山。海拔1320米。《清一统志·处州府》：巾子山"在青田县南六十里。卓立如巾，为县境第一高峰"。

②在今浙江宁波市镇海区东北招宝山西。《舆地纪胜》卷11庆元府：巾子山"在定海县东北八里。与候涛山形势相控，为潮水入之障蔽"。《宋史·张世杰传》：南宋德祐二年（1276），"世杰乃提兵入定海。石国英遣都统卞彪说之使降……世杰大怒，断其

舌，礫之巾子山”。即此。

③在今陕西略阳县南。《寰宇记》卷135兴州顺政县：巾子山“去县三里。山半有洞，名硃沙洞”。《方舆胜览》卷69沔州：凤凰山“一名巾子山。去州一里，如凤之翔”。

巾车乡　在今河南平顶山市西留村。《后汉书·冯异传》：“光武略地颍川，攻父城不下，屯兵巾车乡。”即此。

巾水　即今湖北京山县西南及天门市西北石河。《清一统志·安陆府》：巾水“《县志》：源出京山县之七宝山，南流名巾水河，又南名石家河，又南合杨水河，入三汊河”。

巾台（臺）　在今湖南衡山县西三里。《清一统志·衡州府一》：巾台“台径三丈。昔禹南巡，望九疑而祭舜于此”。

巾戍山　即五华山。在今湖北天门市东北七十里。《水经·沔水注》：巾水“西径巾城，城下置巾水戍。晋元熙二年，竟陵郡巾戍山，得铜钟七口，言之上府”。

山口汛　即今广西合浦县东南山口镇。为海防要地。清有外委把总驻防。

山口城　唐建，属黎州。在今四川汉源县北。《资治通鉴》：五代梁乾化四年（914）十一月，南诏寇黎州，前蜀王宗范等三招讨击之，“丙辰败之于潘仓嶂，斩其酋长赵嵯政等。壬戌，又败之于山口城”。胡三省注：“路振《九国志》：王宗播出邛崃关至潘仓，大破蛮众，追奔至山口城。则潘仓在邛崃之南，山口城又在潘仓之南。”

山口营　①明崇祯九年（1636）置，在今广西合浦县东南一百四十里山口镇。

②在今广西灵山县东北。《清一统志·廉州府》：山口营“在灵山县东北二十里。瑶出没处，与洪崖堡互相守望，相近有风水营”。

山口铺　即今湖南东安县东北三十四里山口铺。清光绪《湖南通志》卷1东安县图：县东北有山口铺。

山口堡　即今湖南城步苗族自治县北九十里山口。明弘治间于此置巡司。后废。

山口隘　在今湖南江永县东南。《清一统志·永州府二》：山口隘“在永明县东南，接广西平乐府富川县界。瑶人出入之路”。

山口寨　①明置，在今浙江金华市西南五十四里山口殿东。《方舆纪要》卷93汤溪县：山口寨在“县（治今汤溪镇）南十里……正统十三年筑，以御括寇”。

②在今海南省儋州市西北部。《方舆纪要》卷105儋州：“山口寨在州（治今中和镇）境。成化五年，七方峒黎符那南叛，官军讨之，凭险阻不下，既而破其上下多邦、山口寨，追擒之于落贺洲，并平其党姜花等峒。”

山口镇　①在今安徽淮南市西。《资治通鉴》：五代周显德二年（955），“先锋指挥使白延遇败唐兵千余人于山口镇”。

②即古皖口镇。今安徽安庆市西北山口乡。《元史·余阙传》：“沔阳陈友谅自上游直捣小孤山，伯颜与战四日夜不胜，急趋安庆。贼追至山口镇。”即此。

③北宋置，属任城县。在今山东嘉祥县西二十五里酒店。金皇统中曾置嘉祥县于此。

④民国置，即今山东泰安市东北山口镇。清同治《泰安县志》卷2《里社》：“山口距城三十里。”

⑤在今湖南汝城县南四十里。《方舆纪要》卷82桂阳县“益将镇”条下：山口镇“道出广东，亦曰长乐山口，以老虎峒为汛地”。明置巡司于此。

山门洞　在今安徽宁国市西北三十里文脊山东南侧。《舆地纪胜》卷19宁国府：文脊山“有六洞，梅圣俞与张献民同游，留题刻石焉”。《方舆纪要》卷28宁国县：文脊山“东南有石壁峭立，划然中开，俨若城阙，谓之山门。中有山洞五，水洞一，岩石最为幽胜”。

山门港　在今浙江温岭市西南。《方舆纪要》卷92太平县：山门港“在县西南十五里。源出温岭诸山，亦曰温岭江，俗称江下，南出山门港及楚门港入海。凡海舰西去温州、乐清，北趋台州、黄岩，率由此舣泊”。

山子头　即今江苏泗洪县东北五十里界集镇山头村。1943年3月中旬，新四军第四师主力在第二、第三师一部的配合下，对盘踞山子头的国民党军韩德勤部发动自卫反击，歼韩军总部、独立第六旅、保安第三纵队，击毙第三纵队司令和第六旅旅长，生俘韩德勤以下官兵千余人。后为团结抗日，将韩释放，并发还其部分人、枪。山子头战役扫除了国民党顽固派留置在苏北的抗日障碍。

山乡侯国　西汉宣帝封鲁孝王子绾置，属东海郡。治所无考。当在今山东省南部或江苏省北部地。东汉废。

山王庙　在今四川雷波县东。清光绪《雷波厅志》卷8：山王庙“在厅东五里。为东乡要隘”。

山王河镇　即今安徽霍山县东山王河村。旧属六安县。清同治《六安州志》卷5：“山王河，州南九十里。”

山井盐井盐课司　明洪武中置，治所在今云南洱源县西。后废。

山车塘　即今云南马关县东北四十里山车村。清有经制外委驻此。壮语“山”为三，“车”为水，意即三个水塘。

山氏城　战国初郑地。公元前354年秦公孙壮伐郑时所筑。在今河南尉氏县西南。《水经·渠水注》：“役水自阳丘亭东流，径山氏城北为高榆渊。《竹书纪年》：‘梁惠成王十六年，秦公孙壮率师城上枳、安陵、山氏’者也。”唐初置苑陵县于此，旋废。

山丹卫　明洪武二十三年（1390）改山丹州置，属陕西行都司。治所即今甘肃山丹县。辖境相当今甘肃山丹县地。清雍正二年（1724）降为山丹县。

山丹州 元世祖至元二十二年（1285）升山丹县为州，属甘肃行省。治所即今甘肃山丹县。辖境相当今甘肃山丹县地。明洪武二十三年（1390）改为山丹卫。

山丹县 北魏改删丹县置，属西郡。治所即今甘肃山丹县。隋大业初复为删丹县。宋入西夏。元至元初复改为山丹县，属甘州。至元二十二年（1285）升为山丹州。明改为山丹卫。清雍正二年（1724）又改置山丹县，属甘州府。民国初属甘肃甘凉道。1927年直属甘肃省。

山丹河 ①在今甘肃武山县西。源出岷县东城儿峪，东北流经武山县西入渭水。《方舆纪要》卷59宁远县：山丹水“亦来自岷州，流经县西十五里山丹铺，因名”。

②亦作删丹河。黑河支流。在今甘肃张掖市东北、山丹县西。《清一统志·甘州府》“弱水”条引《甘镇志》：“删丹河在山丹城西。源出祁连山，西流入张掖河，即弱水也。”

山左 山东省旧时的别称。因在太行山之左（东）而得名。

山石站 即今黑龙江省海林市西山市镇。清光绪《皇朝直省图》吉林图：宁古塔西北有山石。光绪《吉林全省地舆图》作商石。民国徐曦《东三省纪略》作山石站。民国《东北年鉴》作山市站。

山右 山西省旧时别称，因其在太行山之右（西）而得名。清陆陇其《三鱼堂文集》五《答山西范彪西进士书》：“夙闻山右辛复元先生之名，而未见其书。承乏恒阳，幸与右接壤，则又闻先生今之辛复元也。”

山东 古地区名。(1) 战国、秦、汉时代，通称华山或崤山以东为山东，与汉代“关东”含义相同。战国时泛指秦以外的六国领土。《史记·秦本纪》：孝公元年（前361），“河山以东强国六”。《汉书·赵充国传》：“秦汉以来，山东出相，山西出将。”(2) 春秋时晋国和建都平城时的北魏及五代时的晋国，因居太行山西，故称太行山以东为山东。《史记·晋世家》：文公四年（前623），“晋兵先下山东”。(3) 东晋南朝称句曲山（茅山）以东三吴（吴郡、吴兴、会稽三郡）地区为山东。《南齐书·沈文季传》：永明三年（485），唐寓之起义，三吴人民多起而响应。次年攻钱塘建立政权，旋被镇压。御史中丞徐孝嗣奏曰：“风闻山东群盗，剽掠列城，虽匪日而殄，要暂干王略。”(4) 金改北宋京东东路、京东西路为山东东路、山东西路，两路辖境相当今山东大部、江苏废黄河和淮河以北及安徽萧县地，总称山东。元废两路，于其地置山东东西道宣慰司、山东东西道肃政廉访司等，山东之名不改。明置山东省，历清、民国至今，山东遂成为政区名。

山东东西道宣慰司 蒙古中统三年（1262）设济南、滨、棣、益都等路宣慰司，治济南路（治今山东济南市）。元世祖至元二年（1265）罢。至元二十二年（1285）复置济南道宣慰司，即山东东西道宣慰司，二十四年（1287）移治益都路（治今山东青州市）。至大二年（1309）后辖境相当今山东济南、无棣、邹城、枣庄等市县以东地。明洪武元年（1368）改置为山东等处行中书省。

山东东路 金初改宋京东东路置，治所在益都府（今山东青州市）。辖境相当今山东泰山以北，沾化、商河、禹城、济南市长清区以东及沂河流域和江苏沭阳以东，淮河以北地区。金末废。

山东西路 金初改宋京东西路置，治所在东平府（今山东东平县西南州城镇）。辖境相当今山东陵县、平原二县和泰山、高唐以南，龟蒙山以西，聊城、阳谷、郓城以东，金乡以北和江苏邳县、泗阳以西，旧黄河以北地。金末废。

山东运河 清代通称纵贯今山东省境内从临清市至枣庄市台儿庄东黄林庄止的大运河为山东运河。

山东抗日根据地 抗日战争时期中国共产党在山东（包括相邻的河北、江苏部分地区）建立的抗日根据地。包括津浦路以东山东省大部，河北省沧州以东沿海地区，以及江苏省北部地区，划分为渤海、胶东、鲁中、鲁南、滨海五区。1937年冬至1938年，共产党先后在天福山、徂徕山、牟平、清河领导人民举行抗日武装起义，建立游击队，随后编为八路军山东纵队，开展游击战争，建立了鲁南、胶东、清河等抗日游击根据地。1939年又建立了泰山、沂水等根据地。1939年3月，八路军第一一五师主力进入鲁西，与山东纵队会合。到1940年8月，成立了根据地最高政权机关——山东战时工作推行委员会（简称“战工会”）。1943年战工会改为山东省战时行政委员会（简称“政委会”）。1945年8月政委会改为山东省政府。在抗日战争中，根据地军民执行抗日民族统一战线政策，建立三三制政权，实行减租减息，开展生产运动和经济、文化建设，广泛开展游击战争，粉碎日军多次扫荡，击退了国民党顽固派的反共高潮。同日伪军作战一万九千余次，毙伤日伪军十五万余人。

山东县 辽置，属显州。治所在今辽宁北镇市。金大定二十九年（1189）改为广宁县。

山东省 清改山东布政使司置，治所在济南府（今山东济南市）。辖境相当今山东省。民国初废府，省会在历城县（今济南市）。1929年由历城县析置济南市，仍为山东省会。

山东等处行中书省 明洪武元年（1368）改山东东西道宣慰司置，治所在青州（今山东青州市）。九年（1376）移治济南府（今济南市），寻改置山东布政使司。辖境相当今山东省。清称山东省。

山北村 在今河北易县东北。1916年山北村村民为反对袁世凯清丈土地和加捐加税政策，组成山北社。

山北县 ①十六国秦置，治所在今陕西西安市长安区东南引镇附近。以在终南山北而名。北魏属京兆郡。北周天和三年（558）废。

②北魏太和十一年（487）改鲁阳县置，为鲁阳

镇治。治所即今河南鲁山县。十八年（494）为荆州治，二十二年（498）为鲁阳郡治。北周改为鲁山县。

山只昆部　金北边部族。即蒙元史料所载之散只兀（又作珊竹、撒勒只兀惕）部，是蒙古分部之一，与乞颜部为同族疏属。居地在今内蒙古呼伦贝尔盟呼伦湖之东，辉河、伊敏河流域。

山外　与“山东”同义。晋潘岳《西征赋》：“有噤门而莫启，不窥兵于山外。”

山头庄　在今山东平阴县西。清光绪间义和团首领朱红灯曾于此组织群众，鼓动“学拳灭洋”。

山头关　明置，属三万卫。即今辽宁铁岭县东北山头堡。明《辽东志》卷2：山头关在“三万卫南六十里”。

山头镇　即今山东淄博市博山城东南山头镇。清光绪《山东通志》卷2《舆图志》：博山县东南有山头集。民国《续修博山县志》卷2《乡镇》作山头镇。

山宁县　东魏武定七年（549）改北谯郡置，属琅邪郡。治所当在今江苏连云港市境。北齐废。

山戎　亦名北戎。春秋时夷国之一，分布在今河北北部。公元前7世纪颇强大，常为郑、齐、燕之患。《史记·齐太公世家》：桓公二十三年（前663），“遂伐山戎，至于孤竹而还”。

山戎墓葬陈列馆　在今北京市延庆县西北靳家堡玉皇庙。山戎墓葬发现于1984年，经五年发掘，清理墓葬五百余座，出土金、镀金、青铜、陶、蚌、玛瑙、松石制品等各类文物一万余件。1991年博物馆建成，按原状完整地保存了十座墓葬，其中大型酋长墓两座、中型部落成员墓五座、小型部落成员墓三座。展厅内还展出了山戎文献、图表及珍贵文物、殉葬品近千件。

山西　①战国、秦、汉时称崤山或华山以西为山西，与当时所谓“关中”同义。楚、汉相争，萧何镇守关中，《史记·太史公自序》谓“萧何填抚山西”。《正义》曰：“谓华山以西也。”《汉书·赵充国传》：“秦汉以来，山东出相，山西出将。”其后则称太行山以西为山西。元置河东山西道宣慰司。明洪武二年（1369）置山西行中书省，清置山西省，山西遂为政区名。

②即今越南北部河西省西北之山西县。《清史稿·越南》：光绪九年（1883），法侵略军“进攻山西，破之，刘团溃，永福退守兴化城”。

山西行都司　即山西行都指挥使司。明洪武八年（1375）改大同都卫置，治所在白羊城（今山西大同市西一百四十里），二十五年（1392）徙治大同府（今大同市）。领今山西省北部诸卫所。

山西店镇　金置，属望平县。治所在今辽宁黑山县东南境。

山西城　在今河北抚宁县西南五十里。《方舆纪要》卷17抚宁县：山西城“唐太宗征辽时所筑”。

山西省　清改山西布政使司置，治所在太原府（今山西太原市）。辖境相当今山西省。

山西等处行中书省　明洪武二年（1369）改河东山西道宣慰司置，治所在太原府（今山西太原市）。辖境相当今山西省。九年（1376）改置山西布政使司。

山西堡　北宋置，属怀德军萧关。在今宁夏海原县北境。后废。

山西湖　在今安徽萧县西南十二里。《方舆纪要》卷29萧县：山西湖“南接于永固湖，湖在永固山下。其南为梧桐湖，稍西曰时村湖，又南曰土形湖，又南合于睢水”。

山达关　即山塔关。在今云南保山市东北七十五里。《清一统志·永昌府》：山塔关“在保山县东北七十五里阿章寨。亦曰山达关”。

山光寺　在今江苏扬州市东北湾头镇。《资治通鉴》：唐光启三年（887），毕师铎成高邮，还袭广陵，“退屯山光寺”。胡三省注：“山光寺，在广陵城北。”《清一统志·扬州府二》引《宝祐志》谓“即今胜果寺，在湾头镇，前临漕河。隋大业间建。先为隋帝北宫，帝尝筮山火贲卦，恶之，因以宫为寺，名山火。后名山光”。《宋史·河渠志七》：南宋乾道六年（1170），淮东提举徐子寅言：“近运河浅涩，自扬州湾头港口至镇西山光寺前桥垛头，计四百八十五丈，乞发五千余卒开浚。”即此。

山后（後）　①古地区名。五代梁初刘仁恭据卢龙，在今河北省太行山北端、军都山迤北地区，置山后八军以防御契丹。至石敬瑭割幽、蓟十六州于契丹后，才有山后四州的名目。北宋末年所称山后，包括宋人企图收复的山后、代北失地的全部，当时曾预将山后云中一府，武、应、朔、蔚、奉圣、归化、儒、妫八州之地置云中府路，相当今山西、河北两省内外长城之间地区。

②即今河南洛宁县西北小界乡。1947年河南革命根据地在此置洛北县。

山羊隘　在今湖北鹤峰县东南百余里。《清史稿·地理志》鹤峰直隶厅：“山羊隘旧属湖南慈利县，雍正时来属，设巡司驻之，后移白果坪。”

山州　①唐武德五年（622）置，治所在冈山县（在今越南清化省清化县南境）。贞观元年（627）废。

②唐贞观中置，治所在龙池县（今广西博白县西南龙潭镇）。天宝元年（742）改为龙池郡，乾元元年（758）复为山州。辖境相当今广西博白县西南松旺镇、龙潭镇一带。建中年间废。

山江河　在今贵州凯里市西北。《方舆纪要》卷121清平县：山江河在“县（今炉山镇）东五十里。或云，源出香炉山”。

山阳　①战国魏邑。在今河南焦作市东十里墙南村北侧。《史记·秦始皇本纪》：五年（前242），“将军骜攻魏，定酸枣、燕、虚、长平、雍丘、山阳城，皆拔之，取二十城”。后置山阳县于此。

②在今四川双流县东南牧马山南。《晋书·李势

载记》：东晋永和三年（347），桓温伐蜀，“温从山阳出江南，昝坚到犍为，方知与温异道”。宋郭允蹈《蜀鉴》卷4：“山阳在广都。”

山阳池　在今江苏高邮市北。《三国志·魏书·蒋济传》：魏黄初中，曹丕以水军伐吴自广陵还，战舰搁浅于此。曹丕“谓分半烧船于山阳池中”。指此。

山阳县　①战国魏置。始皇五年（前242）入秦，属河内郡。治所在今河南焦作市东北六里墙南村北侧。《后汉书·献帝纪》：建安二十五年（220），“奉帝为山阳公”。即此。北魏属汲郡。北齐废。

②东晋义熙九年（413）置，为山阳郡治。治所即今江苏淮安市楚州区。隋为楚州治。大业初属江都郡。唐为楚州治。南宋绍定元年（1228）改名淮安县。元世祖至元二十年（1283）复名山阳县，为淮安路治。明初改为淮安府治。1914年又改名淮安县。

③金兴定四年（1220）置，属辉州。治所在今河南辉县市西南。元世祖至元三年（1266）废。

④明成化十二年（1476）置，属商州。治所即今陕西山阳县。民国初属陕西汉中道。1928年直属陕西省。

山阳国　①西汉景帝中元六年（前144）分梁国置，立梁孝王子定为山阳王。治所在昌邑县（今山东巨野县南六十里）。武帝建元五年（前136）国除，改为山阳郡。宣帝竟宁元年（前33）复为山阳国。西晋泰始初改为高平国。

②三国魏黄初元年（220）封汉献帝刘协为山阳公，都浊鹿城（应在今河南焦作市东北）。《后汉书·孝献帝纪》：延康元年（220），“皇帝逊位，魏王丕称天子。奉帝为山阳公”。即此。西晋永嘉中，国除。

山阳故城　在今河南焦作市东北六里墙南村北侧。此城始建于汉初，为山阳县城。三国魏曹丕废汉献帝，封其为山阳公（在太行山南，故名山阳）。城垣呈不规则长方形。北、东、西墙长度分别为1850米、1350米、1000米，南墙仅存东西两端残垣。城门北有五门、西有二门、东、南两面各有一门，均存遗迹。城内遍布汉瓦、瓦当残片。城东北有汉献帝墓冢。2006年定为全国重点文物保护单位。

山阳郡　①西汉景帝中元六年（前144）分梁国置山阳国，立梁孝王子定为山阳王。武帝建元五年（前136）改为山阳郡，治所在昌邑县（今山东巨野县南六十里）。辖境相当今山东巨野以南，成武、曹县以东，单县以北，鱼台以西及邹城、兖州等市地。西晋泰始初改为高平国。西汉在此置铁官，永始三年（前14）铁官徒苏令等起义于此。

②东晋义熙九年（413）置，属徐州。治所在山阳县（今江苏淮安市楚州区）。南朝宋属南兖州。隋开皇初废。

③北魏孝昌中置，治所在共县（今河南辉县市东），后移治山阳县（今河南焦作市东十里墙南村北侧）。北魏末废。

山阳渎　古运河名。自今江苏淮安市北通淮河，东南流经射阳湖，南至江都县东，西折经扬州市南入长江。一说即大业初所开邗沟。《隋书·高祖纪》：开皇七年（587），“于扬州开山阳渎，以通运漕”。因北起山阳县（今江苏淮安市楚州区）境而得名。《资治通鉴》：隋大业元年（605）“发淮南民十余万开邗沟，自山阳至扬子入江”。

山阳湖　又名刁阳湖。在今山东微山县境。始见于元。于钦《齐乘》卷2：“南梁水出滕县荆沟村，西南至滕州东门外，折而过城北，又西入山阳湖。山阳俗曰刁阳，由湖南出注于泗。”明、清改称昭阳湖。

山阳湾　在今江苏淮安市楚州区旧城西北。《宋史·河渠志六》：“初，楚州北山阳湾尤迅急，多有沉溺之患。雍熙中，转运使刘蟠议开沙河，以避淮水之险，未克而受代。乔维岳继之，开河自楚州至淮阴，凡六十里，舟行使之。”《淮安河下志》卷16引《旧志》：“淮水由清江口至甘罗城，达清江浦，至相家湾，趋柳浦湾，迆逦迂浙，即古山阳湾也。一名山阳渡，一名山阳津。自黄河北徙，其险遂平。”

山阴大城　又名蠡城。在今浙江绍兴市区府山南一带。在句践小城建成后，即修建大城。大城与小城紧密相连。为春秋战国时越国都城。《越绝书》卷8载：“山阴大城者，范蠡所筑治也。今传谓之蠡城。陆门三，水门三。决西北亦有事。”越王句践二十四年（前473）灭吴，旋迁都琅邪，大越城仍是越国故土基地。至秦始皇平定百越，大越城乃更名山阴。

山阴县　①秦置，属会稽郡。治所即今浙江绍兴市。以在会稽山之北而得名。东汉永建四年（129）为会稽郡治。南朝陈与会稽县同为会稽郡治。隋开皇九年（589）废。唐武德七年（624）复置，次年废。垂拱二年（686）复置，大历二年（767）又废。七年（772）又置，元和七年（812）再省。十年（815）复置，与会稽县同为越州治。南宋为绍兴府治。元为绍兴路治。明、清为绍兴府治。1912年与会稽县合并为绍兴县。

②金大定七年（1167）改河阴县置，属应州。治所在今山西山阴县东南二十五里古城镇。贞祐二年（1214）升为忠州。元世祖至元二年（1265）废，后复置。清属大同府。民国初属山西雁门道。1928年直属山西省。1949年移治岱岳镇（今山阴县）。

山阴城　又名句践小城。春秋战国时越国都城。故址在今浙江绍兴市区府山南麓一带。越国在句践以前，部族酋长均驻于会稽山区，至句践即位，始北迁至山麓冲积扇的平阳，然后迁入山会平原。由于吴越之战，越国战败后句践被俘至吴，于其在位的第七年（公元前490年）才释放回国。据《吴越春秋》卷8载：当时越大夫范蠡提出在平原建都的主张：“今大王欲国树都，并敌国之境，不处平易之都，据四达之地，将焉立霸王之业。于是范蠡”乃观天文，拟法于紫府宫，筑作小城，周千一百二十二步，一圆三方，西北立龙飞翼之楼，以象天门；东南伏漏石窦，以象地户；陵门四达，以象八风。外郭筑城而缺西北，示服事吴也。”据《越绝书》卷8记载：“句践小城，山阴城也，周二百二十三步，陆门四，水门一。”此城乃西北依种山为城，所以至今仍可确定其位置和范围。

山岔驿 亦作三岔驿。在今甘肃漳县西三十里三岔镇。《方舆纪要》卷50巩昌府陇西县：山岔驿在“府西南九十里。《舆程记》：自山岔驿而西南七十里为酒店子驿”。

山角司 在今广西全州县东北五十里湘江西岸。明于此置山角驿。清康熙二十五年（1686））改置山角巡司。

山角站 元置，属全州路。在今广西全州县东北五十里湘江岸。明置驿。清置巡司。

山尾溪 在今广东饶平县北。《方舆纪要》卷103潮州府饶平县：山尾溪水“在县（今三饶镇）东九十里程洋冈下。宋绍圣中凿冈北畔为溪，接上流诸水东行，会水寨溪入于海”。

山坪 在今重庆市江津区西南。《方舆纪要》卷69江津县“合小坪”条内：“山坪在县西南。正德中，‘贼’曹甫反，据江津，抚臣林俊攻败之，又败之于山坪、伏子岸诸处，尽歼其众。”

山坡 亦名山陂。即今湖北武汉市江夏区南山坡乡。清设巡司于此。《清一统志·武昌府》：山坡巡检司“在江夏县东南一百二十里。旧系马驿，本朝乾隆二十七年改设巡司”。民国时有县佐驻此。

山茌县 东汉末改茌县置，治所在今山东济南市长清区东南三十里张夏镇。魏、晋属太山郡。《三国志·魏书·明帝纪》：景初元年（237），“山茌县言黄龙见”。《晋书·慕容儁载记》：“晋将荀羡攻山茌，拔之，斩儁太山太守贾坚。”皆此。南朝宋永初后废。元嘉十年（433）复置，并侨置太原郡。孝建元年（454）改属济北郡。北魏属东太原郡。隋大业初废入历城县。唐武德元年（618）复置，属齐州。治所在今山东济南市西南丰齐镇。天宝元年（742）改丰齐县。

山枣市 即今湖南湘乡市西南二十里山枣市。清同治《湘乡县志》卷1《市镇》有山枣市。

山枣司 在今广西全州县西南六十里咸水乡。明置驿。清改设巡司。

山枣驿 明置，在今广西全州县西南六十里。清于此置巡司。

山旺古生物化石自然保护区 今山东临朐县东四十里尧山东麓山旺村东。面积1.2平方公里。古生物化石蕴藏于硅藻土页岩中，层层叠叠，俗称“万卷书”，以“天然化石博物馆”闻名中外。山旺化石种类繁多，已发现十余门类四百余种生物化石，其中三分之一的种属已经灭绝。植物化石有苔藓、蕨类、裸子植物和被子植物。动物化石有昆虫、鱼、鸟类及两栖、爬行等动物，大型哺乳动物以鹿为多，也有犀、獏、猪等。1976年发现的一具鸟化石填补了我国第三纪鸟类化石的空白。据专家研究，化石地质年代为新生代第三纪中新世，距今约一千多万年。1980年被国家列为古生物化石重点自然保护区。

山国 一名墨山国。汉西域三十六国之一，属西域都护。在今新疆和硕县东北、托克逊县南库鲁克山北麓破城子一带。《汉书·西域传》：山国“山出铁，民山居，寄田籴谷于焉耆、危须”。《后汉书·西域传》：“（班）乃立焉耆左侯元孟为王，尉黎、危须、山国皆更立其王。”

山河 即溇水上游。在今湖北鹤峰县东。《清一统志·宜昌府》：山河“在鹤峰州境。众山溪会流，东入澧州安福县界。即溇水之上流”。

山河屯 即今黑龙江省五常市东南山河镇。清光绪《吉林通志》卷16五常厅：正南“五十里山河屯，分防经历驻此”。光绪《皇朝直省图》吉林图：五常县南有山河屯。

山河县 辽置，为遂州治。治所在今辽宁彰武具西北。金废。

山河堰 一名柳边堰。在今陕西勉县东南。《宋史·河渠志五》：“兴元府山河堰灌溉甚广，世传为汉萧何所作。嘉祐中，提举常平史炤奏上堰法，获降敕书，刻石堰上。中兴以来，户口凋疏，堰事荒废，累曾修葺，旋即决坏。乾道七年，遂委御前诸军统制吴拱经理，发卒万人助役，尽修六堰，浚大小渠六十五，复见古迹，并用水工准法修定。凡溉南郑、褒城田二十三万余亩，昔之瘠薄，今为膏腴。”

山河镇 ①北宋置，属真宁县。即今甘肃正宁县治。1930年正宁县迁治于此。

②一名头道沟。即今吉林和龙市东北头道镇。清宣统元年（1909）中日间岛协约开为商埠。

山陕甘会馆 在今河南开封市徐府街中段路北。为山西、陕西、甘肃三省同乡集会旧址。始建于明代，明末毁于洪水。清乾隆年间复建，道光、光绪年间扩建。现存大部分建筑已移作他用，仅存关帝庙。为四合院，南向，中轴线上有照壁、戏楼、牌楼、拜殿，两侧有左右掖门、垂花门、钟鼓楼、厢房、东西偏院等。会馆的砖雕、石雕、木雕艺术成就较高，面积较大，堪称清代雕刻艺术珍品。2001年定为全国重点文物保护单位。

山陕会馆 ①在今山东聊城市东关古运河西岸。清乾隆八年（1743）山陕商人集资兴建，历时四年完成。总建筑面积三千多平方米，殿阁堂楼一百六十余间，系奉祀关羽的庙堂与会馆相结合的古建筑群。分前、后两重：前部有山门、戏楼、钟鼓楼、爽楼、南北看楼、碑亭等；后部有神殿、春秋楼、游廊、望楼等。前后两部簇拥搭配，楼阁相望，布局紧凑。照壁、折壁、廊柱、檐柱、柱础、木坊均线雕、浮雕、透雕人物、花鸟、兽头图案，造型生动。现为聊城地区博物馆。1988年定为全国重点文物保护单位。

②在今河南社旗县城（原赊旗镇）内。始建于清乾隆二十年（1755），占地面积1530平方米。系山西、陕西两省在该镇的商贾集资兴建。现存大拜殿、东西配殿、东西长廊、悬鉴楼、万人庭院、钟鼓楼、东西辕门、铁旗杆、琉璃照壁等，分前、中、后三院。全部建筑以木结构为主。各种木石雕刻遍布整个建筑，雕刻工艺精巧，金碧辉煌，宏伟壮观。1988年定为全国重点文物保护单位。

山城 即今福建南靖县治山城镇。1938年7月南靖县治由靖城镇迁此。1983年版《南靖县地名录》："因四面环山，依山为城，故称山城。"又因境内有紫荆山，又称紫荆、荆城。

山城子 即今吉林梅河口市西南山城镇。民国《海龙县志》：山城镇"街后山西南坡有古垒一处，山城子以此得名"。旧时商业之盛，胜过海龙县城。

山城堡 即今甘肃环县西北山城堡。1936年10月中国工农红军三大主力会师后，蒋介石不顾中国共产党一再提出的停止内战，一致抗日的正确主张，继续调集重兵进行围攻。红军遵照党中央和毛泽东的指示，一方面对愿意抗日，不愿打内战的东北军，积极进行统一战线的工作；另一方面集中兵力打击蒋介石的嫡系胡宗南的第一军。11月20日，敌第七十八师进占山城堡及其附近地区。11月21日，隐蔽在山城堡东、南、北三个方向之红军突然发起进攻，迅速完成对山城堡之敌的包围。战至黄昏，红军攻占山城堡并转入追击。至22日上午除少数敌人溃逃外，敌第七十八师一个旅又二个团全部被歼。山城堡战役的胜利，给蒋介石嫡系主力胡宗南部以沉重打击，迫使该敌停止了对陕北的进攻，对促进逼蒋抗日方针的实现起了积极的作用。

山城集 即今河南永城市东六十里芒山镇。清光绪《归德府志》卷首《永城县境图》：县北有山城集。

山南东道 ①唐开元二十一年（733）分山南道置，为十五道之一。治所在襄州（今湖北襄阳市）。辖境相当今四川长寿、垫江、万县和陕西紫阳、石泉、宁陕等县以东，河南泌阳、桐柏和湖北随州、京山、沔阳和洪湖以西，秦岭、伏牛山以南、长江以北地区。乾元元年（758）废。但作为地区名直至五代。

②唐方镇名。至德二载（757）升襄阳防御使为山南东道节度使。治襄州（治今湖北襄阳市襄阳城）。领襄、邓、隋、唐、安、均、房、金、商九州。宝应元年（762）金、商两州隶京畿。贞元元年（785）邓州隶东都畿。三年（787）增领复州，十年（794）安州隶奉义军节度。元和十年（815）置唐、隋、邓三州节度使。十二年（817）唐、隋、邓三州还隶山南东道。会昌四年（844）废，同年复置。文德元年（888）号忠义军节度使。天祐三年（906）复为山南东道节度使。北宋初废。

山南西道 ①唐开元二十一年（733）分山南道置，为十五道之一。治所在梁州（后改兴元府，在今陕西汉中市）。辖境相当今陕西秦岭、甘肃嶓冢山以南，四川江津、永川等市县以北，陕西佛坪、西乡、镇巴和四川城口、开县、大竹、邻水以西，嘉陵江流域以东地区。乾元元年（758）废。作为地区直至五代仍沿用。

②唐方镇名。至德元年（756）置山南西道防御守捉使，广德元年（763）升为节度使，寻降为观察使，治梁州（后升兴元府，治今陕西汉中市东）。领梁、洋、集、壁、文、通、巴、兴、凤、利、开、渠、蓬十三州。建中元年（780）升为节度使。兴元元年（784）增领果、阆两州。此后辖境逐渐缩小。景福元年（892）为李茂贞所据，仍领兴元府及集、壁、文、通、巴、开、渠、蓬八州。天复二年（902）又为王建所并。至天祐末所领仅限兴元一府。五代地属前、后蜀。北宋初废。

山南关 在今甘肃张掖市东北。《清一统志·甘州府》：山南关"在张掖县东北四十里人祖山口。明嘉靖二十七年，巡抚杨博置，关城四面凡二十丈有奇。城濠三面、凡三丈有奇"。

山南县 西汉置，属珠崖郡。治所无考，当在今海南省陵水黎族自治县境。《汉书·元帝纪》：初元三年（前46），"珠崖郡山南县反，博谋群臣。待诏贾捐之以为宜弃珠崖，救民饥馑。乃罢珠崖"。

山南章镇 即今安徽青阳县南山南章，南近石台县界。清乾隆《青阳县志》卷1：有山南章。

山南道 唐贞观元年（627）置，为全国十道之一。辖境相当今重庆市嘉陵江流域以东，陕西秦岭、甘肃嶓冢山以南，河南伏牛山西南，湖北涢水以西，自重庆市至湖南岳阳市之间的长江以北地区。开元二十一年（733）分为山南东道、山南西道。

山亭 ①在今山西太原市西。《清一统志·太原府一》：山亭"在太原县西。唐建。有张宏靖诸人石刻"。

②在今四川三台县南牛头山。唐杜甫诗"路出双林外，亭窥万井中"，指此。

山前 古地区名。从五代至宋、金，习惯上将今河北省太行山以东、军都山、燕山迤南地区，统称为山前。初无确定的地域，至石敬瑭割燕云十六州后，才有山前八州的名目。北宋末年所称山前，包括宋人企图收复的山南失地全部，当时曾预将山前燕山一府，涿、檀、平、易、营、顺、蓟、景、经九州之地置燕山府路，相当今河北省大清河以北、内长城以南地区。

山前堡 北宋置，属西安州。在今宁夏海原县北。后废。

山洞簇长官司 明洪武十四年（1381）置，属松潘卫。治所在今四川九寨沟县境。后废。

山都县 秦置，属南阳郡。治所在今湖北襄阳市襄州区西北太平店镇西。东汉移治今湖北谷城县东南固城。西晋属襄阳郡。南朝宋属新野郡。南齐属义安郡。北周废入安养县。

山都坳　在今江西遂川县西。《方舆纪要》卷87吉安府龙泉县：山都坳在“县西十五里。地当通衢。山石险巇”。

山都郡　西魏改南阳侨郡置，治所在今湖北谷城县东南。北周废。

山斋等处长官司　元置，治所在今贵州贵定县西南。

山海卫　明洪武十四年（1381）置，属后军都督府。治所即今河北秦皇岛市东北山海关。清乾隆二年（1737）改为临榆县。

山海关　即榆关。在今河北秦皇岛市东北三十里。《明一统志》卷5永平府：山海关“在抚宁县东北。其北为山，其南为海，相距不数里许，实险要之地。本朝魏国公徐达移榆关于此，改今名”。

山海关八国联军营盘旧址　在今河北秦皇岛市山海关区老龙头西北部。是我国现存规模最大、最完整的军营遗址，占地9平方公里。现存的八国联军营盘旧址共有建筑四十二幢，建筑面积1.1万平方米，建成于1903—1904年，分别是八国联军侵华战争中占领山海关的英、法、德、日、意、俄六国所建的军营及别墅，是帝国主义侵略中国的铁证。2006年定为全国重点文物保护单位。

山海关市　1949年3月当地解放后由临榆县析置，属辽西省。治所即今河北秦皇岛市东北山海关。1952年划归河北省，由秦皇岛市管辖。1953年撤销，并入秦皇岛市。

山桑县　①西汉置，属沛郡。治所在今安徽蒙城县北三十六里坛城集。阚骃《十三州记》曰：“山生于邑，其亭有桑，因为县名。”东汉改为侯国，属汝南郡。三国魏复为县，属谯郡。南朝宋废。

②东晋侨置，属南谯郡。治所在今安徽巢湖市南约二十里岱山坳东南秀芜。南齐后废。

③隋大业初改肥水县置，属谯郡。治所即今安徽蒙城县。唐天宝元年（742）改为蒙城县。

山桑侯国　东汉建武二年（26）改山桑县置，属汝南郡。治所在今安徽蒙城县北三十六里坛城集。三国魏复为山桑县。

山鹿县　北魏太和十二年（488）置，为阐熙郡治。治所在今陕西靖边县西南。隋开皇三年（583）废入长泽县。

山商县　1946年8月陕甘宁边区由山阳、商南二县析置，治所在竹林关（今陕西丹凤县东南竹林关）。1948年8月裁撤。

山塔关　亦名山达关。在今云南保山市东北七十五里。《清一统志·永昌府》：山塔关“在保山县东北七十五里阿章寨。亦曰山达关”。

山焦城　一名山城。在今安徽桐城市东南。《新唐书·地理志》桐城县：“自开元中徙治山城，地多猛虎、毒虺。元和八年，令韩震焚薙草木，其害遂除。”

山普拉古墓群　在今新疆洛浦县城西南二十八里的戈壁台地上。墓葬分东、西两部分，分布在东西长6公里，南北宽1公里的地域内。已发掘墓葬三十八座，马坑两座。出土遗物丰富，除大量生活用具外，精美的丝织品、汉代铜镜和带有异域风格图案的毛织品，皆为东西文化交流的典型例证。2001年定为全国重点文物保护单位。

山塘水　在今江苏苏州市吴中区西北。唐白居易所凿。明王鏊《姑苏志》卷10：山塘水“自沙盆潭西流出渡僧桥诸水，北流与虎丘山塘水合，曰射渎。相传吴王尝射于此，故名。亦名石渎”。

山塘驿　在今湖南辰溪县南三十里。《清一统志·辰州府二》：山塘驿“有集。旧有驿丞。今裁”。

山塘砦　一作三堂寨。北宋置，属武冈县。在今湖南武冈市东北六十五里。

山塘墟　即今广东清新县西南山塘镇。当山塘水入北江之口。清光绪《广东舆地图说》卷1清远县：北江“又西南经白石头，山塘水自西北入焉，屈而南经山塘汛，大燕水自东北入焉”。

山阙烽　唐置，在今甘肃敦煌市西南。《沙州都督图经》：“又西北六十里，至山阙烽，水东即是鸣沙流山。”

山溪河　即今湖北阳新县西三溪河。为长河（富水）支流。《方舆纪要》卷76兴国州：山溪河“在州西八十里。又茅田河在州西南九十里。皆汇诸山之水，注于长河”。

山墟　亦名博掉山墟。即今广东吴川市西振文镇西之山圩。明万历《高州府志》卷1：吴川县有山墟。清光绪《高州府志》卷10吴川县：山墟在“县西北三十里”。

山嘴汛　在今广西柳城县东太平镇南山咀村。清光绪《广西舆地全图》柳城县图：东北有山嘴汛，有外委驻防。

〔丿〕

千人石　在今江苏苏州市西北虎丘山上。《吴地记》：剑池“旁有石可坐千人，号千人石”。

千人湖　在今江苏兴化市东北。《寰宇记》卷130兴化县：千人湖在“县东北百二十里。故老相传云，隋末有千余人避难于此，得见太平，因名千人湖”。

千人塘　在今安徽凤阳县西南。《新唐书·地理志》钟离县：“南有故千人塘，乾封中修以溉田。”

千工堰　①在今河南光山县西。《方舆纪要》卷50光山县：千工堰“在县城西。绕城而东，凡数十里，为众水所汇。嘉靖五年邑令王室筑石障水，负郭数千亩皆资以溉。自是修筑不一。万历十二年，复增修之。寻废”。

②在今湖北武汉市黄陂区北。《方舆纪要》卷76

黄陂县：千工堰“在县北四十里。灌田三千余亩”。

③在今湖北郧西县西北。《清一统志·郧阳府》：千工堰“在郧西县西北十五里。明洪武初筑。水出黑龙潭，溉田千余亩”。

千丈山 在今重庆市巫山县东北。《明一统志》卷70夔州府：千丈山“在巫山县东北一百里。秀异高于众山”。

千万贯长官司 清康熙四十三年（1704）置，属雷波卫。在今四川雷波县西南千万贯乡。雍正六年（1728）改为土千总。

千万垒 即十里垒。在今河北赵县南。《元和志》卷17作“千万垒”。

千山 一名千朵莲花山，又名千顶山。在今辽宁鞍山市东南。明《全辽志》卷1：千山在“（辽阳）城南六十里。世传唐征高丽驻跸于此。峰峦秀丽，独胜辽左”。《方舆纪要》卷37辽东都司“平顶山”条下：“千山在司南六十里，峰峦丛密，以千数记，中有龙泉、温泉、香岩等寺及仙人台、罗汉洞诸胜。”民国《辽阳县志》卷6：“辽东名胜首推千山，所谓无峰不奇，无石不峭，无寺不古。”其中有五大寺、八庵、九宫、十二观，“咸在重峦绝老桧苍松杂花异卉之间”。今为辽宁著名名胜风景区。

千户庄堡 在今青海贵德县东北千户村。《清一统志·西宁府二》：千户庄堡“驻西宁县，距府城一百里。有把总防守”。

千户固 在今陕西西安市临潼区东。《十六国春秋辑补·前秦录》：太初四年（389），苻登“率众从新平径据新丰之千户固”。即此。

千尺幢 在今陕西华阴市南华山。四面陡削，中通一罅如槽，凿石如磴，登者必攀援而上。《清一统志·同州府一》“太华山”条引《旧志》：“登岳之路，自云台观经玉泉院、希夷峡、卧仙坪、洞天坪、十八盘、元天宫、青柯坪，自此引索而升，径回心石、千人幢、百尺峡、胡孙愁、阎王碥、老君犁沟、日月崖，至苍龙岭，即古搦岭也。”

千仙镇 金时泗州虹县平山镇之讹。

千岁山 在今广东佛山市高明区西南。《方舆纪要》卷101高明县：千岁山在“县（治今明城镇）西南三十五里。形势突兀，高百余丈，周十余里”。

千岁衢 明嘉靖二十四年（1545），贵州土司安万铨主持兴修，在今贵州大方县西南四十里。在巉崖绝壁上开凿一条栈道，全长2083米，宽6.7米，行旅称便。易楽《千岁衢碑记》镌于道旁岩壁上，被称为千岁衢摩崖石刻。

千江河 即今重庆市城口县西南、万源市东南之中河上源。清道光《城口厅志》卷29：千江河在“厅西一百八十里。其源自百支山，流入龙潭河，汇中河”。《明史·杨嗣昌传》：崇祯十三年（1640），张献忠在玛脑山败后，又被官军“四川将张令、方国安败之千江河”。即此。

千字坟 在今四川三台县南郪江镇。民国《三台县志》卷1：千字坟在“城南，距城一百二十里。乾隆十七年兴场。通中江小路”。北有汉代墓葬群。

千步沙 在今浙江舟山市普陀区普陀山东海岸。清许琰《普陀纪胜》：“千步沙在东海滨，自几宝岭至飞沙岙约五里许，循山为玉堂街，沿海为千步沙也。每海潮拍岸，浪高数十丈，来如飞瀑，止如曳练，遇大风激荡则雷轰雪涌，眩目震耳，倏忽诡异不可名状，山中之伟观也。”

千步泾 即今上海市松江区东北二十里茜步泾。清光绪《江苏全省舆图》：华亭县东北有“千步泾”。

千里马国 故地当在今斯里兰卡东北部之亭可马里一带。元汪大渊《岛夷志略》：“千里马，北与大奋山截界，溪流护市，四时澄彻，形势宽容。”或以为即《明史·外国传》之千里达。

千里长沙 指中国南海诸岛。宋赵汝适《诸蕃志》卷下“海南”条：海南“南对占城，西望真腊，东则千里长沙、万里石塘。渺茫无际，天水一色，舟舶来往，惟以指南针为则，昼夜守视唯谨，毫厘之差，生死系焉”。《舆地纪胜》卷127引宋《琼管志》记载与此大体相同。

千里石塘 明代以后典籍中我国南海诸岛中一些岛屿的名称。见明顾玠《海槎余录》、清陈伦炯《海国闻见录》等。

千里达 即蒋哩闷。在今印度尼西亚爪哇岛西部北岸之井里汶。《明史·外国列国》：“千里达，永乐十六年遣使贡方物。”

千里松林 即平地松林。在今河北围场满族蒙古族自治县和内蒙古克什克腾旗一带。

千里径 在今山西霍州市东二十里。为晋州（治今临汾市）通往并州（治今太原市）的要道。《北齐书·封子绘传》：“晋州北界霍太山，旧号千里径者，山坂高峻，每大军往来，士马劳苦。”《资治通鉴》：南朝陈太建八年（北周建德五年，576），“周主宇文邕攻北齐晋州，遣齐王宪将兵二万守雀鼠谷，陈王纯步骑二万守千里径”。即此。

千里湖 又名千里湤、莼莼湖。在今江苏溧阳市东南十五里。《寰宇记》卷90升州溧阳县：“千里湖产莼。陆机云：‘千里莼羹，未下盐豉。’”即此。

千佛山 ①又名历山。在今山东济南市南郊。道光《济南府志》卷5：“隋开皇间，因石作形，镌成佛象，又名千佛山。”

②即今四川安县（花荄镇）西北境千佛山。《清一统志·龙安府》：千佛山“在石泉县西一百里。三峰鼎峙，上出云霄。陟其巅，俯视川西如指掌。上有寺，盖以铁瓦。有龙湫，祷雨甚灵”。1935年红四方面军在此与国民党军激战，歼敌一团，胜利进入茂县。千佛山及千佛寺为县风景名胜区。

千佛山摩崖造像 在今辽宁彰武县东北四大家子乡扎兰村西南五里。传清代晚期关内和尚朱温久率弟子来此雕造佛像，本欲雕千尊，但至宣统元年（1909）仅雕成一百九十八尊而终止，因名千佛山。现存雕像一百九十七尊，有武士、罗汉，分别乘马、龙、虎、象、麒麟等，造像一般高1米左右，最高达20.2米，最低仅0.3米。雕工精细，是研究清代造像艺术的重要资料。

千佛场 即今四川井研县南千佛镇。光绪《井研县志》卷4：千佛寺场在“县南二十里”。清乾隆间在场南盐井湾设盐课大使。附近有千佛崖摩岩造像。

千佛顶 在今四川峨眉山市峨眉山金顶右侧。海拔3045米。清道光《峨眉山志》卷2：千佛顶“在山顶，即千佛岩，下多高人隐此”。

千佛岩 在今四川广元市北十里嘉陵江东岸。明曹学佺《蜀中名胜记》卷24广元县：“本志：北十里千佛岩，即古龙门阁，先是悬岩架木，作栈而行，后凿石为千佛像，成通衢矣。”摩岩造像始于南北朝，迄于清，以唐为主。从南至北长达420米，重叠至十三层，高40米，有佛像一万七千余躯。1935年筑公路，毁南段一半。今存佛龛长150米，佛像七千余躯，窟龛为中心屏风或中心柱楼空雕结构，刻工精美，集中表现唐代早、中、晚期石雕风格。还有唐、宋、元、明、清题记六十余通。

千佛洞 ①莫高窟的俗称。在今甘肃敦煌市东南鸣沙山东麓断崖上。《清一统志·安西州》：“雷音寺在敦煌县南三十里，即千佛洞。唐建，岩石间旧有佛像万计。”

②在今新疆吉木萨尔县西南。清徐松《西域水道记》卷3：“保惠城南十五里入南山，山麓有千佛洞，绀宇壮丽。”

千佛崖 又称夹江千佛岩石窟。在今四川夹江县西北八里古泾口处，与大观山相接，西临青衣江。《方舆纪要》卷72夹江县：千佛崖“在县西八里。数峰崭然，崖石峭拔，崖旁多镌佛像，因名。西崖瀑布悬流，响震林壑”。今东西绵延三里的石壁上，有二百七十一处摩崖造像。凿于隋、唐，延及明、清。还有五十余处历代题刻，其中“千佛岩”三大字为唐人所书。2006年定为全国重点文物保护单位。

千佛崖石窟及明征君碑 在今江苏南京市东北栖霞区栖霞山中峰西麓。从栖霞寺舍利塔向东，经三圣殿一直到纱帽峰。石窟最早由南朝宋、齐间居士明僧绍和高僧法度共同规划设计，以后历代皆有开凿，以唐代续凿和明代妆銮最多。现存二百五十余个窟龛。最大的石窟为南朝时期的大佛阁（即三圣殿），正壁主像为无量寿佛坐像，连底座高9—31米，两侧壁为观音和大势至菩萨，各高6.81米。相邻的次大龛也属南朝时期，主像为释迦、多宝并坐二佛，两侧有二胁侍菩萨。这两个大型窟附近分布众多中、小型龛，造像题材以弥勒佛、阿弥陀佛和千佛为主，时代大都是南朝时期。唐代的龛窟大多是中小型龛和千佛龛，分布在南朝诸龛的西北方高处。明征君碑记载千佛崖石窟的缘起和经过，共三十三行，满行七十四字，为唐高宗李治所撰，由高正臣书写行书，王知敬篆额。碑阴刻“栖霞”二字，相传为李治所书。“明征君碑”是我国最早的行书碑之一，笔画圆润丰泽，结构严谨，艺术价值甚高。该碑的碑材为含距今2.8亿年的海百合茎和中国孔珊瑚等浅海动物化石，系地质界罕见的化石标本。2001年千佛崖石窟及明征君碑被定为全国重点文物保护单位。

千佛崖造像 在今山东济南市历城区南柳埠镇东北白虎山东麓。始凿于唐武德年间（618—626），宋、元、明各代均有开凿。现存窟龛一百多个，造像二百一十余尊，题记四十三处，多为唐贞观、显庆、文明年号。造像窟龛较大的有五个，保存均较完整。千佛崖下有神通寺遗址和大、小龙虎塔各一座。塔平面呈方形，大塔的塔基与塔身为唐代石造，塔顶为宋代砖造，四面有门，塔身雕有龙、虎、佛、菩萨、力士、飞天等。神通寺遗址南有唐代九顶塔，磨砖结构，单层八角，顶有小塔九座，造型独特别致。塔后灵鹫山有唐代摩崖造像。1988年千佛崖造像（包括龙虎塔、九顶塔）被定为全国重点文物保护单位。

千佛庵 在今山西隰县城西北二里凤凰山。俗称小西天。建于明崇祯七年（1634）。庵内分上、下两院，下院有无量殿，左右厢房和前向掖门；掖门共两座，一曰“疑无路”，一名“别有天”，由此登楼，可饱赏隰城风光。上院左右为文殊、普贤二殿，正中为大雄宝殿，殿内布满悬塑，造型生动。是我国明末彩塑中的佳作。

千亩 春秋晋地，在今山西介休市南。《左传》：桓公二年（前710），“其弟以千亩之战生，命之曰成师”。《史记·周本纪》：周宣王三十九年（前789），“战于千亩，王师败绩于姜氏之戎”。一说在今山西安泽县北。

千亩原 在今山西左权县东南。《寰宇记》卷44辽山县：“千亩原在县东南三十二里，地方千亩，平原膏腴，人赖其利。”

千顷池 ①亦名万顷池。在今重庆市城口县东南、巫溪县西北万顷山。《寰宇记》卷148大昌县：千顷池“在县西三百六十里。波澜浩渺，莫知涯际，分为三道：一道东流当县西为井源；一道西流为云安县阳（汤）溪；一道南流为奉节县西瀼水”。

②在今云南昭通市境。《续汉书·郡国志》朱提县注引《南中志》：“县有大渊池水，名千顷池。”

千顷洼 在今河北景县东北。《方舆纪要》卷13景州：千顷洼在“州东北三十里。地卑衍，旧为钟水处。明宣德中，大河北决，自德州溃入境内，居民危迫，州臣刘深开渠导入此洼，水害遂息”。

千顷镇 北宋置，属通泉县。在今四川射洪县南小榆坝。

千罗畈镇 明置，属霍山县。即今安徽金寨县南一百一十里天堂寨镇。西侧有后畈。《方舆纪要》卷26霍山县：千罗畈镇在“县西北八十里。《志》云：初置巡司于故埠镇，后改镇为县，因移巡司于千罗后畈，是也”。

千金岛　在今重庆市万州区南长江中。《寰宇记》卷149万州南浦县：千金岛"在县南三里。屹立江心。石高数丈，广百步"。按《明统志》作黄金岛，"土人每淘金于此"。

千金冶　在今河北滦县南。《新唐书·地理志》平州马城县："东北有千金冶。"为冶铸之地。

千金陂　在今江西抚州市临川区东南。《方舆纪要》卷86抚州府临川县：千金陂"在府城东南。汝水受上流诸水，至郡城南，西岩多阻石麓，流缓而江广，渟潴如湖，曰瑶湖。自瑶湖北至孔家渡，地平衍，土疏恶。唐天宝中，决啮旁岸，支港横溢，田畴荡废。上元中，守臣建华陂以遏支流。大历中，刺史颜真卿继筑，名土塍陂。贞元中，刺史戴叔伦又筑，名冷泉陂。咸通中，李渤增筑，名千金陂。军倅柏虔冉记云，陂横截汝水，南北百二十五丈。又凿冷泉故基，凡百七十余丈，接汝江。江水小长，则蹙陂之水丈余而入于冷泉新渠，以通舟楫之利。起文昌桥北，沿流十余里，灌注原田新旧共百顷有余。自是为利益广，东西乡田灌溉各数千顷。后渐废。宋绍兴中，郡民王姓者复修之。嘉靖中，太守赵师都又修之。淳祐中，太守叶梦得又修之。宋季元末，兵乱相寻，陂遂大决，支流日横。明朝弘治中，常议修复，不果。嘉靖中，旋议旋革。二十六年，役始兴，方成而随决。议者谓故道之壅沙尚高，故大川之洪流愈激也。万历以来，亦常议增修，未有成效。《志》云，文昌桥在城东汝水旁，千金陂从东南趋城下，乃抱城而东，过文昌桥，复绕城而北，又折而西也"。清时亦多次议修，均未有成效。

千金郡　西魏置，属蔡州。治所在漻源县（今湖北枣阳市南七十里）。隋开皇初废。

千金渠　①在今河北柏乡县西。《新唐书·地理志》柏乡县："西有千金渠、万金堰，开元中，令王佑所浚筑，以疏积潦。"

②东汉时所开引谷水东流之人工渠。在今河南洛阳市东北。《水经·瀍水注》："谷水自千金堨东注，谓之千金渠也。"

③即高平渠。在今河南安阳县境。北宋改为千金渠。

④在今甘肃张掖市西。《汉书·地理志》张掖郡觻得县："千金渠西至乐涫入泽中。"《清一统志·甘州府》：千金渠，"按北渠盖引羌谷水，即今县西诸渠之类也"。

⑤亦名千金陂。在今宁夏永宁县境。《元和志》卷4灵州灵武县：千金陂"在县北四十二里。长五十里，阔十里"。按：唐灵武县在今青铜峡市西北。

千金堰　①在今山西临汾市东北。《清一统志·平阳府》：千金堰"在临汾县东北八里。明万历间建。高一丈六尺，阔七尺，长一百二十丈。建闸四，以障涝水。其西北三十步为洞，砌以砖石，高三丈"。

②即千金堨。在今河南洛阳市东北。

千金堨　一名千金堰。在今河南洛阳市东北。三国魏太和五年（231）筑，积石为堰，堰谷水。《水经·谷水注》：谷水"东至千金堨。《河南十二县境薄》曰：'河南县城东十五里有千金堨'。《洛阳记》曰：'千金堨旧堰谷水，魏时更修此堰，谓之千金堨。……堨是都水使者陈协所造'"。北魏杨衒之《洛阳伽蓝记》卷4："长分桥西有千金堰，计其水利，日益千金，因以为名。"

千金湖　在今湖北洪湖市东。《方舆纪要》卷77沔阳州：千金湖"在州南二百里。其相接者曰乌流湖、曰黄蓬湖"。

千金寨　一名千山台。在今辽宁抚顺市区东南。清宣统元年（1909）抚顺县由浑河北岸移此。

千金镇　①唐置，在今广西钦州市西南。《资治通鉴》：唐长庆三年（823）秋，"邕州奏黄洞蛮破钦州千金镇，刺史杨屿奔石南砦"。胡三省注："千金镇，当在钦州西南。"

②在今河南邓州市西。《宋史·范致虚传》：靖康二年（1127），"致虚军出武关，至邓州千金镇"。即此。

千秋山　亦名东山。在今广东化州市东南。《舆地纪胜》卷116化州：东山"起于高凉，至本州城外，拱于州治之左"。《方舆纪要》卷104化州：千秋山在"州东南二里，去罗州二里，横亘如屏"。

千秋水　在今湖南郴州市西南三十里。《水经·耒水注》：千秋水"出西南万岁山。……山上悉生灵寿木，溪下即千秋水也。水侧民居号万岁村。其水下合黄水"。

千秋台（臺）　在今河北高邑县南。《方舆纪要》卷14高邑县：千秋台在"县南二里。稍西北有观星台，又有将台，皆高耸可登玩。李氏曰：三台冈阜相连，好事者为之名也"。

千秋关　①在今安徽宁国市东南一百二十里千秋岭上。南宋初置，以为临安藩卫。《宋史·高宗纪二》：南宋建炎三年（1129）二月，"分命浙西监司等官，募土豪守千秋、垂脚、襄阳诸岭，以扼宣、常诸州险要"。

②在今浙江临安市西北八十八里千秋岭上。宋南渡后置戍守于此。《元史·董抟霄传》：元至正十二年（1352），"贼又有犯千秋关者，抟霄还军守于潜……遂复千秋关"。即此。

千秋池　在今四川成都市东南五里牛市口一带。东晋常璩《华阳国志·蜀志》："城东有千秋池。"《寰宇记》卷72华阳县：千秋池，"《任豫记》：在城东，冬夏不竭，名曰千秋池"。《方舆纪要》卷67成都、华阳县"万岁池"条下："又千秋池，在华阳县治东五里。相传亦张仪所凿。谚曰：东千秋，北万岁，谓此。"

千秋观　在今浙江绍兴市东北。《清一统志·绍兴府一》：鸿禧观"在会稽县治东北三里，即唐贺知章宅，置为观，名千秋，宋改今名，为朝官典领之地。明永乐中，又改为明真观"。

千秋坝　又名千秋涧。在今安徽和县西北。《舆地纪胜》卷48和州：千秋涧"在历阳县西北一十七里”。《方舆纪要》卷29和州：千秋涧“亦曰千秋坝。明初，耿再成袭和阳，不克，元兵追至千秋坝”。

千秋县　唐天宝元年（742）析江都、六合、高邮三县地置，属广陵郡。治所即今安徽天长市。天宝七年（748）改为天长县。

千秋岭　在今安徽宁国市东南一百二十里，接浙江临安县界。《资治通鉴》：五代梁乾化三年（913），“吴行营招讨使李涛帅众二万出千秋岭，攻吴越衣锦军（今浙江临安县）。千秋岭道险狭，钱传瓘使人伐木以断吴军之后而击之，吴军大败，虏李涛及士卒三千余人以归”。即此。岭有千秋关。

千秋峡　在今广西灵川县东北。明置巡司于此。《方舆纪要》卷107灵川县“千秋峰”条下：“《志》云，千秋峡丛山列拥，亦名笔峡，大融江经此，风水相搏，涛色如银，名曰银江。”

千秋亭　①在今河北柏乡县北十四里。东汉光武帝即位处。《后汉书·光武帝纪》：建武元年（25）行至鄗，“光武于是命有司设坛场于鄗南千秋亭五成陌”。又《续汉书·郡国志》：高邑县“有千秋亭、五成陌，光武帝即位于此”。

②一名柯亭。在今浙江绍兴县西南四十里。《晋书·谢琰传》：“琰至千秋亭，败绩。”即此。

③在今河南义马市东南五里千秋镇。《水经·谷水注》：“谷水又东径新安县故城，……又东径千秋亭南，其亭累石为垣，世谓之千秋城也。”潘岳《西征赋》：“亭有千秋之号。”

千秋神武门　即神虎门。今河南洛阳市东北汉魏洛阳城内宫城西门。《资治通鉴》：西晋太安元年（302），齐王冏遣将董艾袭长沙王乂，乂驰入宫，闭诸门。“董艾陈兵宫西，纵烧千秋神武门”。即此。

千秋峰　在今广西灵川县东北。《明一统志》卷83桂林府：千秋峰“在灵川县东北。独立耸秀，俗呼为文笔峰”。《方舆纪要》卷107灵川县：千秋峰“下有峡，通大江，亦曰千秋峡。《志》云：千秋峡丛山列拥，亦名笔峡”。

千秋涧　在今安徽和县西北二十五里。《宋史·河渠志》：南宋淳熙十二年（1185），“和州守臣请于千秋涧置斗门，以防麻澧河水泄入大江，遇岁旱灌溉田畴，实为民利”。

千秋冢　亦称千秋墓。在今吉林集安市西南七里麻线沟河口东岸。原墓曾有七级阶梯，墓域广阔。因损毁严重，整个墓葬地表形成一个砾石堆。墓砖上有“千秋万岁永固”、“保固乾坤相毕”字样，故称千秋冢。据推测，墓主应为高句丽第十七代王（小兽林王）或第十八代王（故国壤王）的陵墓。

千秋港镇　即今江苏射阳县北千秋镇。旧属阜宁县，初名下尖头港。1919年华成垦殖公司总部迁此，取“立业千秋”之义改今名。

千秋镇　①在今河南邓州市西。《宋史·宋致虚传》：靖康元年（1126），致虚率军出武关，“至邓州千秋镇，金将娄宿以精骑冲之，不战而溃，死者过半”。

②即今广东惠来县西北葵潭镇东北千秋镇。清雍正《惠来县志》卷3：千秋镇“在县西七十里。其地背山面谷，水绕山盘。宋处置使邹沨尝驻兵其上，因勒铭石上”。千秋镇石铭曰“永镇千秋”。

千泉　古地名。在今吉尔吉斯斯坦北部吉尔吉斯山脉北麓库腊加特河上游一带。唐玄奘《大唐西域记》卷1：“千泉者，地方二百余里，南面雪山，三陲平陆。水土沃润，林树扶疏，暮春之月，杂花若绮，泉池千所，故以名焉。突厥可汗每来避暑。”《新唐书·突厥传》：阿史那贺鲁“取咄陆可汗故地，建牙千泉”。即此。

千峰寺　北魏时建，在今河南汝州市东北风穴山中。本名香积寺，隋改名千峰寺。唐代扩建为白云寺。俗称风穴寺。

千乘　春秋时齐邑。在今山东高青县东南高城镇北二十五里（今滨州市南二十六里旧镇西南十里千乘遗址）。《元和志》卷10千乘县：“千乘者，以齐景公有马千驷，畋于青丘。今县北有青丘，县因以为名。”

千乘县　秦置，属临淄郡。治所在今山东高青县东南高城镇北二十五里（今滨州市南二十六里旧镇西南十里千乘遗址）。《史记·田儋列传》：“使灌婴破杀齐将田吸于千乘。”即此。西汉为千乘郡治。东汉属乐安国。西晋省。南朝宋复置，移治今山东广饶县北，属乐安郡。隋移治今广饶县，属北海郡。唐属青州。金改乐安县。

千乘郡　汉高帝置，治所在今山东高青县东南高城镇北二十五里（今滨州市南二十六里旧镇西南十里千乘遗址）。辖境相当今山东博兴、高青、滨州等县市地。于郡置铁官、盐官。东汉改为乐安国。

千唐志斋石刻　在今河南新安县城西二十四里铁门镇。原为1936年建成的张钫园林“蛰庐”之斋室，因斋室镶嵌唐人墓志石刻千余品，故名。主体建筑为十五孔砖石窑洞及一走廊、三天井院。斋内藏石一千四百一十一通，其中唐人墓志一千一百八十五品，历代墓志一百五十三品，另有书法、绘画、造像、经幢等五十四品。其中宋米芾行书、元赵孟頫楷书、清王弘撰行草、郑板桥所书“风、雨、阴、晴”竹姿四态屏幅等。由章太炎题额和书跋。1996年定为全国重点文物保护单位。

千家店　即今北京市延庆县东北八十里千家店镇。民国《延庆县志》卷8：千家店“在边墙之外……城北门锁钥”。

千家窑镇　即今浙江嘉善县治西北十二里千窑镇。《方舆纪要》卷91嘉善县“陶庄镇”条：千家窑镇“在县西北十二里。民皆业陶”。

千斯门　宋代重庆城门之一，在今重庆市旧城北靠东。《元史·石抹按只传》：至元十三年（1276），“不老志乘夜袭宋军，直抵重庆城下，攻千斯门，宋军惊溃”。即此。

千童县　西汉置，属勃海郡。治所在今河北盐山县西南千童镇。元朔四年（前125）改为千童侯国。

千童城　战国齐地，秦置城。在今河北盐山县西南千童镇。《元和志》卷18盐山县：“秦千童城，始皇遣徐福将童男女千人入海求蓬莱，置此城以居之，故名。”西汉改为千童县。

千童侯国　西汉元朔四年（前125）封河间献王子檐为千童侯，改县为侯国。治所在今河北盐山县西南千童镇。东汉改为饶安县。

千像寺　在今天津市蓟县西北盘山东麓。清乾隆静寄山庄北。寺建于唐开元年间，初名祐唐寺，又名千像寺，清称千相寺。《日下旧闻考》卷116载《辽李仲宣祐唐寺讲堂碑略》：“盘山旧有五寺，祐唐其一。自昔相传有尊者挈杖远至，求植足之所，僧室东北隅岩下有澄泉，恍惚之间，见千佛洗钵，瞬息而泯。因兹构精舍，厥后于溪谷涧石之面刻千佛之像，以显殊胜焉。”现存线刻在巨石上的佛像数十尊。寺后有摇动石。2006年定为全国重点文物保护单位。

千福寺　即今陕西西安市西二里铁塔寺。宋敏求《长安志》卷10：“本章怀太子宅，咸亨四年舍宅立为寺。大中六年改兴元寺。”内有多宝塔，故又名铁塔寺。

千墩浦　即今江苏昆山市东南四十里千灯浦。明嘉靖《昆山县志》卷3：千墩“相传其北三十里，地名木瓜，有墩九百九十有九，与此合为千墩，因名”。其下为千墩浦。淀山湖水由此入吴淞江。《方舆纪要》卷24苏州府昆山县：千墩，“永乐十年，太常少卿袁复奉命浚浦，因名少卿墩”。

千墩镇　亦作茜墩镇。即今江苏昆山市东南千灯镇。明景泰二年（1451）移石浦巡司驻此。明末清初思想家顾炎武故居和墓地在此。1964年改为千灯镇。

乞儿吉思湖　一作奇尔吉兹淖尔、奇勒稽思泊。在清科布多东界。即今蒙古国乌布苏省吉尔吉斯湖。

乞力麻儿　即今伊朗西南部波斯湾附近克尔曼。《明史·西域传》：乞力麻儿“永乐中遣使来贡，……西南傍海”。

乞习山　在今四川茂县西南。《资治通鉴》：唐贞观十九年（645），“右亲卫中郎将裴行方讨茂州叛羌黄郎弄，大破之，穷其余党，西至乞习山，临弱水而归”。

乞斤水　当今青海乐都县东双塔沟水，北流入湟水。《水经·河水注》：湟水“东流，右合来谷、乞斤二水”。

乞石迷　即怯失迷尔。今克什米尔。《元史·郭侃传》：丁巳年（1257），“至乞石迷部，忽里算滩降。西戎大国也，地方八千里，父子相传四十二世，胜兵数十万。侃兵至，破其兵七万，屠西城。又破其东城，东城殿宇，皆构以沉檀木，举火焚之，香闻百里，得七十二弦琵琶、五尺珊瑚灯檠。两城间有大河，侃预造浮梁以防其遁。城破，合里法算滩登舟，睹河有浮梁扼之，乃自缚诣军门降”。

乞史城　隋、唐时西域史国都城。在今乌兹别克斯坦撒马尔罕南沙赫里夏勃兹。显庆中置佉沙州于此。

乞失哈里　即可失哈耳。今新疆喀什市。《元史·拜延八都鲁传》：世祖至元二十一年（1284），“请王术伯命兀浑察往乞失哈里之地为游击军”。

乞则里八寺海　又作乞湿泐巴失海子、乞则里八海。今新疆福海县西北乌伦古湖。元刘郁《西使记》：龙骨河“西注潴为海，约千余里，曰乞则里八寺。多鱼，可食。有碾硙，亦以水激之”。

乞则里八海　一作乞湿泐巴失海子。即乞则里八寺海。今新疆福海县西北乌伦古湖。《元史·郭德海传》：德海“从先锋柘柏西征，渡乞则里八海”。即此。

乞伏泊　即今内蒙古察哈尔右翼前旗东北黄旗海。《资治通鉴》：隋开皇十九年（599）征突厥都蓝可汗，高颎军“至族蠡山，与突厥遇，交战七日，大破之；追奔至乞伏泊，复破之”。

乞伏袁池　即今内蒙古察哈尔右翼前旗东北之黄旗海。《水经·㶟水注》：旋鸣池“北对凉川城之南池，池方五十里，俗名乞伏袁池”。

乞村　原名郗村。即今河北平乡县治。见《平乡县志》卷2村镇表。丁文江《中华民国新地图》作乞村。1945年平乡县迁治于此。

乞里马出河　即今四川若尔盖县东北之黑河。《元史·地理志》：黄河“又两日，水南来，名乞儿马出。二水合流入河。思本曰：……乞里马出河源自威、茂州之西北，岷山之北，水北流，即古当州境，正北流四百余里，折而西北流，又五百余里，与黄河合”。

乞里吉站　明初置，在今俄罗斯哈巴罗夫斯克边疆区库尔河注入黑龙江处。明《辽东志》卷9：海西东水陆城站有狗站“乞里吉站”。后废。

乞沐儿合河　今蒙古国乌兰巴托东鄂嫩河上源。《元朝秘史》卷2：“有乞沐儿合名字的河，西通著斡难河。”陈彬龢注：“今齐母尔哈河。”

乞思合儿　即可失哈耳。今新疆喀什市。《蒙兀儿史记·成吉思汗纪》：太祖十三年（1218），令降将曷思麦里传乃蛮主曲出律首级，“徇下乞思合儿、兀里羌、兀丹”。

乞活台（臺）　即今河南开封市东南繁台。汉为吹台。西晋末，乞活居此，俗称乞活台。《水经·渠水注》：“晋世丧乱，乞活凭居，削堕故基，遂成二层，上基犹方四五十步，高一丈余，世谓之乞活台。”

乞活城　在今河北河间市北六里。《晋书·东海王越传》：东瀛公腾镇邺，“携并州将田甄，甄弟兰、任祉、祁济、李恽、薄盛等部众万余人至邺，遣就谷冀州，号为乞活”。《寰宇记》卷66河间县：

乞活城，"《郡国志》云：太安中，并州刺史东瀛公司马腾，掠羯胡万户于山东卖为生口，值岁俭难售，恐其有叛不听，入州郡筑此城以居之，任自乞活"。

乞神平堡　在今甘肃渭源县西南。《宋史·王韶传》：熙宁五年（1072），王韶知通远军，击降蕃部，"引兵城渭源堡及乞神平，破蒙罗角、抹耳水巴等族"。即此。

乞都卜　亦作吉儿都怯。当在今伊朗德黑兰东北达姆甘一带。《元史·郭侃传》："丙辰，至乞都卜，其城在担寒山上，悬梯上下，守以精兵悍卒，乃筑夹城围之，莫能克。侃架炮攻之，守将火者纳失儿开门降。旭烈兀遣侃往说兀鲁兀乃算滩来降。其父阿力据西城，侃攻破之，走据东城，复攻破杀之。"

乞烈怜隘口　在今黑龙江省抚远县西喜鲁林古城。《明太祖实录》卷142：洪武十五年二月载，"乐浪古隘口至乞烈怜一百九十里"。

乞烈迷　亦作乞烈宾、吉里迷。分布于今俄罗斯哈巴罗夫边疆区东北黑龙江下游一带。明《寰宇通志》卷131《开元新志》女直志："乞烈迷有四种：曰囊家儿、福里期、兀剌、纳衣。"《元史·兵志一》：世祖中统四年（1263）十一月，"女直水达达及乞烈宾地合佥镇守军，命亦里不花签三千人，付塔匣来领之"。

乞烈迷城　明初建，在今黑龙江省抚远县西喜鲁林古城。亦即乞勒尼卫治。明《辽东志》卷9：海西东水陆城站有"乞烈迷城"。

乞勒尼卫　明永乐七年（1409）置，属奴儿干都司。治所在今黑龙江省抚远县西喜鲁林古城。后废。

乞勒伊站　明初置，即今黑龙江省抚远县。明《辽东志》卷9：海西东水陆城站有"乞烈伊城"。

乞塔河卫　明永乐六年（1408）置，在今俄罗斯贝加尔湖以东赤塔河流域。后废。

乞湿（溼）泐巴失海子　即乞则里八海。今新疆福海县西北乌伦古湖。《元朝秘史》卷5：征乃蛮，"又追至乞湿泐巴失海子"。

乞蓝部　宋大理置，属腾冲府。在今缅甸克钦邦西南部莫宁。元代改云远路。

乞督军山　即郁督军山。今蒙古国境内杭爱山。

川　四川省的简称。唐至德二年（757）分剑南节度使为东西川两节度使，合称两川。北宋乾德三年（965）并两川置西川路，开宝六年（973）析置峡西路，合称为川峡路。咸平四年（1001）又分为益、利、梓、夔四路，合称四川路，简称川。元置四川行中书省，明置四川布政使司，清置四川省，亦简称川。

川东　四川东部地区的简称。清代置川东道，包括重庆府、夔州府、绥定府、忠州、酉阳州、石砫厅。范围大致有今四川万源、达县、渠县、武胜及重庆市江津区、大足、荣昌二县以东地区。

川东道　清代四川省五分巡道之一。治所在重庆府（治今重庆市）。辖重庆、夔州、绥定三府，忠、酉阳两直隶州，石砫直隶厅，相当今四川万源、达州、武胜及重庆市江津区、铜梁县以东地区。

川北　四川北部地区的简称。清代置川北道，包括顺庆府、保宁府、潼川府，大致范围包括大巴山以南，乐至、安岳、岳池以北嘉陵江中游流域。民国改为嘉陵道。

川北道　清代四川五分巡道之一。治所在保宁府（今四川阆中市）。辖保宁、顺庆、潼川三府，相当今四川安岳、潼南、岳池、邻水以北，涪江中游、嘉陵江中上游地区。

川边特别区域　亦称川边特别行政区。1912年改川滇边务大臣置川边经略使，1914年改为川边特别区域。因在四川省的西边，故名。治所在康定县（今四川康定县）。辖境相当今四川甘孜藏族自治州及西藏昌都地区。1939年并入西康省。

川边道　1916年依原边东、边西两道区域合并改置，属川边特别区域。治康定县（今四川康定县）。辖境约当今四川大金川、大渡河以西，西藏巴青、索县、比如、嘉黎、工布江达、林芝、墨脱以东地区。1925年改属西康特别区域。

川西道　一称成绵道。清代四川五分巡道之一。治所在成都府（今四川成都市）。辖成都、龙安二府，绵、茂两直隶州，松潘、理番、懋功三直隶厅，相当今四川青川、梓潼、金堂以西，壤塘、金川、丹巴以东，小金、新津、简阳以北地区。

川州　辽应历元年（951）改白川州置，治所在咸康县（今辽宁北票市西南）。辖境相当今辽宁北票市附近地。金大定六年（1166）废。承安二年（1197）复置，移治宜民县（今辽宁北票市东北黑城子镇）。泰和四年（1204）又废。元复置，明初废。

川步镇　又名川埠镇。即今江苏宜兴市南丁蜀镇西北蒋笠附近。清光绪《江苏全省舆图》荆溪县图：东南有川步镇。

川沙厅　清嘉庆十七年（1812）析上海、南汇二县地置，属松江府。治所在今上海市浦东新区川沙镇。1912年改置为川沙县。

川沙县　1912年改川沙厅置，后属江苏沪海道。治所在今上海市浦东新区川沙镇。1927年直属江苏省。1958年划归上海市。1993年撤销，并入上海市浦东新区。

川沙堡　明嘉靖三十六年（1557）置，在今上海市浦东新区川沙镇。《方舆纪要》卷24松江府上海县：川沙堡"产盐，商贾辐辏。地名八团镇，有三场盐课司。嘉靖三十六年抚臣赵圻等，奏置川沙堡，筑城周四里，屯设官兵，以备倭寇。自是商民辐集，屹为巨镇"。

川沙镇　①原上海市川沙县治城厢镇。1993年撤销川沙县，改设浦东新区后，改为川沙镇。

②即小川沙镇。在今上海市浦东新区宝山西北，

濒临长江。清光绪《江苏全省舆图》：宝山县西北有“川沙”。

川拓寨 在今四川若尔盖县东求吉乡。清康熙四十二年（1703）置川拓寨土千户。民国《川西边事辑览》第四编：“川拓为潘州故址，形势重要。”

川岩城 疑在今甘肃武威市境。《资治通鉴》：南朝宋永初元年（420），“河西王蒙逊欲伐凉，先引兵攻秦浩亹，既至，潜师还屯川岩”。即此。

川陕革命根据地 位于四川、陕西边界地区。1928年，共产党领导川东、川北农民起义，组织革命武装，开展游击战争。1932年12月，中国工农红军第四方面军由鄂豫皖区进入四川，与当地革命武装会合，攻下通江、南江、巴中，开辟了川陕革命根据地。1933年2月7日在通江成立川陕工农民主政府，粉碎四川军阀的多次“围剿”，到1934年，根据地扩大到西至嘉陵江，东至城口、开江，南至营山、渠县，北包陕西宁强、勉县、南郑、西乡、镇巴五县邻近四川边界地带。1935年3月，国民党军发动进攻，张国焘擅自决定放弃川陕根据地，向川、康边境转移。

川陕省 1933年2月，红四方面军在川陕根据地置，省会在巴中县（今四川巴中市）。最盛时辖境，北至陕西镇巴、西乡、宁强，南至四川营山、渠县三汇场，东至城口，西至嘉陵江。1935年4月红军长征后撤销。

川南 指四川南部地区。清代置川南永宁道（下川南道），辖叙州府及泸州、永宁、资州三州。范围大致包括今宜宾、仁寿、资阳等市县以南地区。民国初改为四川永宁道。

川陵山 即今福建东山县东苏峰山。《方舆纪要》卷99漳州府诏安县“浙山”条下：“又川陵山，亦在海滨，半入海。俗传帝昺南渡，将都南澳，筑此为东京，地遂陷为海，今城堞尚存。自山巅向海，莫穷其际，其峰青耸秀丽，号为苏尖，一名苍陵，亦号东山。”

川港镇 即今江苏南通市通州区（金沙镇）南三十八里川港镇。清光绪《江苏全省舆图》通州：“川港镇在城（今南通市）东南四十五里。”

川蜀 地区名。指今四川省。《元史·顺帝纪》：至正十七年（1357），“倪文俊陷川蜀诸郡，命伪元帅明玉珍守据之”。

川滇边务区 清光绪三十二年（1906）置，属四川总督。治所在巴塘（今四川巴塘县）。民国傅嵩林《西康建省记》：“康地在川滇之边，故名曰督办川滇边务大臣。”统辖四川打箭炉厅（今康定县）及所属各土司和西藏的康都。辖境相当今四川甘孜藏族自治州及西藏昌都地区。1914年改为川边特别区域。

川滇黔省革命委员会旧址 在今贵州毕节市和大方县。第二次国内革命战争时期，1935年成立的中华苏维埃共和国于当年建立的川滇黔省革命委员会原驻大定县（今大方县），1936年2月迁至毕节城今百花路19号福音堂。占地2200平方米。由礼拜堂、牧师楼、客房、门楼、大小伙房、医药房、佣人住房、奶牛房、办公楼等砖木结构建筑组成院落。该委员会明确宣布，川滇黔省革命委员会是抗日救国政府，是人民革命政府。该政府动员了五千余人参加红军，在黔西、大定、毕节地区组织了游击队。现旧址辟为毕节地区博物馆。2006年定为全国重点文物保护单位。

个（箇）旧厅 清光绪十一年（1885）置，管矿务兼收课税，仍属蒙自县。治所即今云南个旧市。彝语“个”为矿，“旧”为真，意即真大真好的矿。一说彝语“果”为养，“觉”为荞做成的饭食，“个旧”为“果觉”的谐音，意即种荞子吃荞饭的地方。1913年改为县。

个（箇）旧村 即今云南个旧市。明代为个旧村，属蒙自县。正德《云南志》卷4临安府土产：“锡，蒙自个旧治村出。”

个（箇）旧县 1913年改个旧厅置，后属云南蒙自道。治所即今云南个旧市。1929年直属云南省。1951年改设个旧市。

个（箇）失蜜 一名迦湿弥逻。唐西域国名。国都在拨逻勿逻布逻城（今克什米尔斯利那加）。《新唐书·西域传》：个失蜜“或曰迦湿弥逻。北距勃律五百里，环地四千里，山回缭之，它国无能攻伐。……开元初，遣使者朝。八年，诏册其王真陀罗秘利为王”。

个园 在今江苏扬州市东关街。据传初为清名画家石涛的寿芝园故址，嘉庆、道光年间盐商黄应泰修建为私人花园。个园以竹山闻名，园内满植修竹，竹间立石，因竹叶形如“个”字，故名。假山堆砌精巧，以石斗奇，采用分峰用石的手法象征春夏秋冬，故号称四季假山，有古山水画南北两派的情趣，风格独具。1988年定为全国重点文物保护单位。

个（箇）罗国 在今马来西亚马来半岛西岸吉打及其北部地区。《新唐书·地理志》广州通海夷道：“（军突弄山）又五日行至海硖……又西出硖，三日至葛葛僧祇国，在佛逝西北隅之别岛，国人多钞暴，乘舶者畏惮之。其北岸则个罗国。个罗西则哥谷罗国。”

个（箇）碧石铁路 个碧铁路建设过程中，1918—1928年修筑了从云南个旧市北鸡街至临安（今建水县）的支线，1931—1934年又修通了临安至石屏（今石屏县）的支线。个碧至石屏干、支线合称个碧石铁路。全长175.5公里。

个（箇）碧铁路 从今云南个旧市经鸡街、蒙自至碧色寨。全长72.2公里。与滇越铁路衔接。1915年动工修建，1921年建成。

丸山 一名丹山。即今山东临朐县东北纪山。《史记·封禅书》：公王带曰，“黄帝时虽封泰山，然风后、封巨、岐伯令黄帝封东泰山，禅凡山……”。《集解》徐广曰：“一作‘丸’。”

丸都山 在今吉林集安市西北五里山城子。古高句丽国建都于此，称丸都城。《三国志·魏书·高句丽传》：“高句丽在辽东之东千里，南与朝鲜、涉貊，东与沃沮，北与夫余接。都于丸都之下。”又《毋丘俭传》：正始中，俭率步骑万人伐句丽王宫，“大战梁上，官兵破走。俭遂束马县车，以登丸都，屠句丽所都”。

丸都山故城　在今吉林集安市西北五里。建于西汉平帝元始三年（3），是高句丽前期都城的守备城，初称尉那岩城。东汉建安十四年（209），山上王移都山城，历时三十五年。东晋咸康八年（342）故国原王又都于此。山城构筑于临河的高山断崖和陡峭的山脊上，西北高而东南低，方圆7平方公里。东部城墙保存完整，高6米。城墙顶部通道宽阔，女墙高约1米。城门遗址五处，均有瓮城。城内建筑遗迹有蓄水池、瞭望台和规模宏大的宫殿遗址，附近高句丽古墓累累。故城依山傍水，工程浩大，在我国古代城市建筑中颇具特色。1982年定为全国重点文物保护单位。2001年国内城保护单位与丸都山故城合并，保护单位名称改为丸都山城与国内城。从公元3年至427年，这里一直是高句丽的都城。2004年联合国教科文组织确认为世界文化遗产，列入《世界遗产名录》。

久山　在今山东沾化县久山村北。《方舆纪要》卷31沾化县：久山“世传秦始皇集此山以镇海口”。

久山镇　即今山东沾化县北久山村。因久山得名。明置久山镇巡司。清乾隆三十一年（1766）裁。

久长镇　北宋置，属黄冈县。在今湖北新洲县东。后废。

久台水　即今山东诸城市东之卢水。《汉书·地理志》琅邪郡横县：“故山，久台水所出，东南至东武入淮。”注：“师古曰：台音怡。”《水经·潍水注》：“潍水又北右合卢水，即久台水也。”元于钦《齐乘》卷2：“卢一名久台水。”

久护州　唐开元十七年（729）置，属黎州都督府。治所在今四川越西县东南申果乡。北宋以后废。

久隆镇　即今江苏启东市西北久隆镇。原属崇明县。民国《续海门厅图志》：“别有崇海司巡检，光绪二十八年崇明原裁貊貔司巡检改设，分隶崇海，驻崇境久隆镇。”后划归海门。又划归启东。

久越得犍国　一作鞠和衍那国。唐西域国名。都城在步师城（今塔吉克斯坦西南库巴的安）。龙朔元年（661）置王庭州都督府于此。

勺梁　又名三梁亭。战国赵地。在今河北望都县西。《水经·滱水注》引《竹书纪年》曰：“燕人伐赵，围浊鹿。赵武灵王及代人救浊鹿，败燕师于勺梁。”即此。

凡　西周初封国。在今河南辉县市西南。《春秋》：隐公七年（前716）“冬，天王使凡伯来聘，戎伐凡伯于楚丘以归”。杜注：“汲郡共县东南有凡城。”又《左传·僖公二十五年》：“凡、蒋、邢、茅、胙、祭，周公之胤也。”《水经·清水注》：清川“又南径凡城东，司马彪、袁山松《郡国志》曰：共县有凡亭，周凡伯国”。

凡山　即丹山。在今山东临朐县东三十六里。《史记·封禅书》：“黄帝封东泰山，禅凡山。”《汉书·地理志》琅邪郡朱虚县：“凡山，丹水所出，东北至寿光入海。”疑凡山为丸山之讹。

凡城　①在今河北平泉县南。《三国志·魏书·乌丸传》：东汉建安十一年（206），曹操亲征蹋顿，“（袁）尚与蹋顿将众逆战于凡城”。又《资治通鉴》：东晋咸康四年（338），慕容皝“分兵讨诸叛城，皆下之。拓境至凡城”。

②在今河南辉县市西南。《春秋》：隐公七年（前716）“冬，天王使凡伯来聘”。杜注：“汲郡共县东南有凡城。”

凡城县　唐武德元年（618）置，属共州。治所在今河南辉县市西南。四年（621）废。

夕阳县　战国秦置，属右北平郡。治所在今河北滦县西南。出土秦封泥中有“夕阳丞印”可证。汉有铁官。东汉废。

夕阳亭　在今河南洛阳市西。为汉晋时饯别之所。《后汉书·杨震传》：延光三年（124），“震行至城西夕阳亭”。又《种劭传》：中平末，董卓率军入京师，至河南，种劭奉诏止之，“卓辞屈，乃还军夕阳亭”。李贤注：“夕阳亭在河南城西。”《晋书·贾充传》：充出镇关中，“百僚饯于夕阳亭”。即此。唐改名河亭。

夕阳聚　在今河南南阳市西北。《续汉书·郡国志》：南阳郡宛县“有夕阳聚”。唐李贤注引袁山松《后汉书》曰：“贾复从击邓奉，追至夕阳聚。”即此。

夕阳镇　北宋置，属成纪县。在今甘肃天水市西北。

夕佳山民居　在今四川江安县东南二十八里夕佳山镇坝上村南二里。明万历四十年（1612）锡家建宅于此山。清乾隆年间（1736—1795）宅地卖给黄姓。经祖孙三代扩建，因宅主中举，故称举人庄园。有房舍一百零八间，呈四合院式。以正厅为中心，分成十八个大小不等的四合院，雕饰精巧，具有典型的川南古建筑风格。民居地处国家级风景名胜区蜀南竹海范围内，夏日鹭鸟云集，成为民居一大景观。1996年定为全国重点文物保护单位。

夕波亭　在今湖南岳阳市北三江口。亦名合江亭。宋建。《舆地纪胜》卷69岳州：夕波亭“即合江亭也，旧名夕波”。取唐白居易《题岳阳楼》诗“夕波红处近长安”句为名。

〔丶〕

广九铁路　自今广东广州至香港九龙止。全长178.6公里。以深圳河为界分为二段，广州至深圳段由清政府借英款独立修筑，深圳至尖沙咀的九龙段，由港英政府修筑。清光绪三十三年（1907）动工，1911年竣工。

广三铁路　亦名三水铁路。即粤汉铁路三佛支线。

从广州市西之石围塘，经佛山至三水止。全长 44 公里。原由美资修筑，清光绪二十七年（1901）动工，二十九年（1903）建成。后由中国赎回。

广山 在今四川蓬溪县西南。《新唐书·地理志》：长江县“有广山”。《方舆纪要》卷 71 遂宁县：广山在“县北二十里。山极孤峭，斗入江心，涪水、郪水会其下。下有龙潭。相传山常动摇，以龙潜其中也”。

广川县 ①西汉置，属信都国。治所在今河北景县西南广川镇。《水经·淇水注》引阚骃曰：“县中有长河为流，故曰广川也。”东汉属清河国。三国魏属勃海郡，北魏属长乐郡。北齐天保七年（556）废。

②东晋侨置，属齐郡。治所在今山东邹平县东长山镇。南朝宋为广川郡治。北魏属齐郡。北齐并入武强县。

③隋开皇六年（586）置，属冀州。治所在今山东德州市东十里。九年（589）属德州。仁寿元年（601）改为长河县。

广川国 西汉景帝二年（前 155）改信都国置，治所在信都县（今河北冀州市）。辖境相当今河北冀州、深州、武邑、枣强、衡水、南宫、景县等县市及山东德州市的一部分地。五年改为信都郡，中元二年（前 148）复为广川国。宣帝本始四年（前 70）国除为郡。地节四年（前 66）复置国。甘露四年（前 50）又改为郡。建昭二年（前 37）改信都国。东汉永初元年（107）又析清河国置广川国，治广川县（今河北景县西南广川镇）。建光元年（121）废。

广川郡 ①西汉文帝十五年（前 165）分河间国置，治所在信都县（今河北冀州市）。辖境相当今河北武邑、辛集以南，南宫、故城以北，滏阳河西岸以东及山东德州市等地。景帝二年（前 155）改广川国。五年改信都郡。中元二年（前 148）复为广川国。宣帝本始四年（前 70）国除为郡。地节四年（前 66）复置国。甘露四年（前 50）又改为郡。建昭二年（前 37）又改信都国。

②东晋十六国后燕慕容垂置，治所在广川县（今河北景县西南广川镇）。北魏太和十一年（487）废。

③南朝宋侨置，治所在广川县（今山东邹平县东长山镇）。辖境相当今山东邹平县附近地。北齐改东平原郡。

广义县 辽初置，为坤仪州治。治所在今内蒙古克什克腾旗东土城子镇古城。金废。

广乡 在今陕西华县西。《资治通鉴》：东晋太元十五年（390），“冯翊人郭质起兵于广乡以应秦”，移檄讨姚苌。胡三省注：“魏收《地形志》：郑县有广乡原。”

广乡县 ①西汉置，属广平国。治所在今河北任县西。《汉书·王子侯表三下》：神爵三年（前 99），封平顷王子明为广乡孝侯。东汉废。

②北魏置，属固道郡。治所即今甘肃两当县。隋废。

广乡城 在今河南鹿邑县西，涡河南岸。《水经·阴沟水注》：“涡水又东径广乡城北。圈称曰：襄邑有蛇丘亭，故广乡矣，改曰广世。后汉顺帝阳嘉四年封侍中挚填为侯国，即广乡也。”

广乡镇 北魏置广乡县，隋废为镇。即今甘肃两当县治。北宋至道元年（995）移两当县治此。

广丰区 2015 年撤销江西省广丰县，设立上饶市广丰区，区政府驻永丰街道府前街 1 号。

广丰（豐）县 ①南朝梁大通二年（528）置，属巴山郡。治所在今江西丰城市东二十五里。隋开皇十二年（592）移治今丰城市东南二十里石滩乡故县村。仁寿初改名丰城县。

②清雍正九年（1731）以永丰县改名，属广信府。治所即今江西广丰县。民国初属江西豫章道。1926 年直属江西省。2015 年撤销广丰县，改为广丰区。

广元千佛崖摩崖造像 在今四川广元市区北八里嘉陵江东岸。原为古蜀道上的“石栈阁”。始建于南北朝，迄清咸丰年间。以隋唐居多。原有造像一万七千余尊，1935—1936 年修川陕公路，毁去大半。现有石刻南北长 200 余米，最高处约 40 余米。共有龛窟四百余个，造像七千余尊。高低错落，多达十三层。像大者高 4 米余，小者仅 1.5 厘米。另有题记碑刻六十余幅。主要龛窟有大云洞、大佛洞、三世佛窟、牟尼阁、千佛洞等。1961 年定为全国重点文物保护单位。

广元寺镇 在今四川金堂县东南广兴镇，东接中江县界。嘉庆《金堂县志》卷 2：广兴场“旧名广元寺，去城一百八十里”。《清史稿·毛大瀛传》：嘉庆五年（1800），白莲教张子总部“由金堂之广元寺肆行焚掠，及简州境”。

广元州 明洪武九年（1376）改广元府置，属四川布政使司。治所在绵谷县（今四川广元市）。二十二年（1389）降为广元县。

广元县 ①明洪武二十二年（1389）降广元州置，属保宁府。治所即今四川广元市。明郭子章《郡县释名》四川卷上：广元县“犹汉言广汉也”。《明史·李自成传》：崇祯十年（1637）“入蜀，陷宁羌，破七盘关，陷广元，总兵官侯良柱战死”。即此。民国初属四川嘉陵道。1928 年直属四川省。1985 年改置广元市（地级）。

②1933 年 7 月四川革命根据地置，治旺苍坝（今四川旺苍县）。1935 年 3 月废。

广元府 明洪武七年（1374）改广元路置，属四川行中书省。治所在绵谷县（今四川广元市）。九年（1376）降为广元州。

广元塘 在今四川广元市西南昭化镇南。清道光《昭化县志》图：南有广元塘。

广元路 元世祖至元十四年（1277）改利州置，属四川行中书省。治所在绵谷县（今四川广元市）。明曹学佺《蜀中名胜记》卷 24 广元县：“碑云：在《易》曰广大配天地，在《春秋》谓一为元，以示张大之意。”辖境相当今四川梓潼、南部、平昌以北，平武以东，通江以西，大巴山以南地区及陕西略阳、勉县、宁强三县地。明洪武七年（1374）改为广元府。

广水市 1988年撤销湖北省应山县，改置广水市，市人民政府驻应山。属孝感地区。1993年由孝感市代管。2000年改由随州市代管。

广水镇 即今湖北广水市东广水镇。《清一统志·德安府》：广水镇"在应山县东五十里"。

广午山 在今贵州盘县东北。《明一统志》卷88普安州：广午山"林木郁茂，下有小溪流入山穴"。

广长县 北魏太和四年（480）置，为修成郡治。治所在今甘肃成县西南。隋仁寿初改为修成县。

广长郡 亦作广苌郡。治所在苌广县（今四川广元市北嘉陵江西岸广坪河口附近）。后废。

广仁王庙 在今山西芮城县城关镇龙泉村北端。始建于唐大和六年（832），庙内原有正殿、乐楼、厢房。现仅存正殿和乐楼及唐碑两通。正殿面阔五间，进深四椽，单檐歇山顶，是我国现仅存的四座唐代木构建筑之一。乐楼为清代建筑，面阔三间，进深三椽，硬山顶。唐碑二通，一为唐玄宗元和三年（808）的"广仁王龙泉记"碑。记载当地历史和兴修农田水利情况；另一为唐大和六年（832）的"龙泉记"碑。2001年定为全国重点文物保护单位。

广仁寺 又称喇嘛寺。在今陕西西安市西北角。清康熙四十四年（1705）建，为西安地区唯一的藏密黄教寺院。寺内藏经殿原藏有一部明正统年间刊刻、清初印刷的《大藏经》，共六千六百余卷。

广仁岭 在今河北承德市西十一里。《清一统志·承德府二》：广仁岭"即古墨斗岭，岭之西南为滦平县界，自滦平县至热河，为辇路必经之地。本朝康熙五十七年发帑开治，经路平坦，赐名广仁岭"。

广仁城 一名乌克尔博罗素克。俗呼大芦草沟。清乾隆四十二年（1777）建。为伊犁九城之一。在今新疆霍城县北六十里芦草沟镇。

广化寺 ①在今北京市西城区后海鸦儿胡同31号。创建于元代。明、清曾多次重修。清宣统元年（1909）曾在此筹建京师图书馆（北京图书馆前身）。1939年在此创办广化佛学院。现为北京市佛学协会所在地。

②北魏时建。在今河南洛阳市南龙门西山。唐时为龙门十寺之一。中天竺僧人善无畏来中国弘扬佛法，于开元十二年（724）随驾入洛阳，奉诏于福先寺继续译经，曾住圣善寺，开元二十三年圆寂。开元二十八年建塔葬于龙门西山广化寺中。寺址原在龙门镇西北的山坡上，1965年被毁。

广化县 ①三国吴置，为高兴郡治。治所在今广东阳西县东北。南朝宋为宋康郡治。隋开皇十年（590）改为宋康县。

②北魏置，为广化郡治。治所即今甘肃徽县西北银杏树乡。隋开皇三年（583）罢郡，县属凤州。仁寿元年（601）改为河池县。

广化郡 北魏置，属南岐州。治所在广化县（今甘肃徽县西北银杏树乡）。《周书·赵昶传》："世宗初，凤州人仇周贡、魏兴等反，自称周公，有众八千人。破广化郡，攻没诸县，分兵西入，围广业、修城二郡。"即此。辖境相当甘肃徽县地。隋开皇三年（583）废。

广允缅寺 又称学堂缅寺。在今云南沧源佤族自治县城内。傣语"广"为山包，"允"为城，意即城里山包上的缅寺（缅寺即佛寺）。建于清道光初。现仅存大殿及二门。大殿由一围廊式三重檐歇山顶殿堂与四方型五重檐亭阁组成，建筑风格新颖，是傣族和汉族寺院结合的典型。1988年定为全国重点文物保护单位。

广石 在今陕西勉县西。《三国志·魏书·张郃传》："刘备屯阳平，郃屯广石。"即此。

广石戍 在今陕西勉县西。《三国志·魏书·张郃传》："刘备屯阳平，郃屯广石。"即此。

广平水 即今四川广元市西北之广坪河、羊模河。《水经·漾水注》："汉水又西，径石亭戍，广平水西出百顷川，东南流注汉。"

广平县 ①西汉高祖六年（前201）为广平侯国，属巨鹿郡。元狩元年（前122）国除为县，治所在今河北鸡泽县东南二十里旧城营。后为广平郡治。征和二年（前91）改为平干国治。五凤后复为广平郡或广平国治。东汉属巨鹿郡。三国魏属广平郡。西晋仍为广平郡治。后省。北魏太和二十年（496）复置，属广平郡。北齐省。隋开皇初复置，移治今永年县东南城关（旧永年），属洺州。仁寿元年（601）改为永年县。

②东晋于朝阳县侨置，属广平郡。治所在今河南邓州市东南。南朝宋为广平郡治。南齐属广平郡。北魏废。

③东魏武定六年（548）置，属蕲城郡。治所在今安徽固镇县西北公平集。北齐废。

④亦作广年县。北周天和元年（566）置，为广平郡治。治所在今四川黑水县东北三十里。隋仁寿元年（601）改为左封县。"平"为"年"之讹。

⑤亦作广宁县。唐天宝元年（742）分蓟县置，属范阳郡。治所在今北京市西古城。三年（744）废。至德后复置，属幽州。五代时废。

⑥唐置，属静州。治所在今四川马尔康县东。一说在黑水县西沙石多乡西千市坝。开元二十四年（736）为恭州治。天宝元年（742）改为和集县。

⑦金大定七年（1167）置，属洺州。治所即今河北广平县。元属广平路。明属广平府。民国初属直隶大名道。1928年直属河北省。

广平国 西汉高祖六年（前201）封薛欧置，属巨鹿郡。治所在今河北鸡泽县东南二十里旧城营。武帝时国除，改为县。哀帝建平三年（前4）改广平郡复置，治所在广平县（今河北鸡泽县东南）。辖境相当今河北鸡泽、南和、曲周等县，任县东部、平乡县西南部及永年县东部、肥乡县东北部等地。东汉建武十三年（37）省入巨鹿郡。

广平府 明洪武元年（1368）改广平路置，属北京布政司，永乐后直隶京师。治所在永年县（今河北永年县东南城关镇）。辖境相当今河北鸡泽、永年、磁县、曲周、武安、成安、肥乡、广平、邯郸等县市地。1913年废。

广平河 在今山东新泰市西六十里。《方舆纪要》卷31新泰县“小汶河”条下：广平河“源出宫山，西南流二十里，入小汶河”。

广平郡 ①西汉武帝元朔、元狩间分巨鹿郡置，治所在广平县（今河北鸡泽县东南）。辖境相当今河北任县、南和、鸡泽、曲周、永年东南及平乡县西南、肥乡北部等地。征和二年（前91）改置为平干国。五凤二年（前56）复改广平郡。哀帝建平三年（前4）改为广平国。东汉建武十三年（37）省入巨鹿郡。三国魏黄初二年（221）复置广平郡，属冀州。治所在曲梁县（今永年县东南）。辖境扩大。西晋属司州。北魏属相州。东魏属司州。隋开皇初废。唐天宝元年（742）又曾改洺州为广平郡，乾元元年（758）复为洺州。

②东晋侨置，属雍州。寄治襄阳（今湖北襄阳市）。南朝宋移治广平县（今河南邓州市东南）。南齐移治酂县（今湖北老河口市西北西集街北）。梁废。

③即广年郡。治所在广平（年）县（今四川黑水县东北三十里）。“平”为年之讹。

广平淀 在今内蒙古翁牛特旗东北西拉木伦河与老哈河合流附近。辽四捺钵之一。《辽史·天祚帝纪》：天庆五年（1115）九月，“耶律章奴反，奔上京，谋迎立魏国王淳。上遣附马萧昱领兵诣广平淀护后妃……魏国王立斩萧谛里等首以献，单骑间道诣广平淀待罪”。

广平湖 在今浙江奉化市东北。《方舆纪要》卷92奉化县：广平湖在“县东北五里”。

广平路 元世祖至元十五年（1278）改洺磁路置，治所在永年县（今河北永年县东南城关镇）。辖境相当今河北鸡泽、永年、磁县、曲周、武安、成安、肥乡、广平、邯郸等县市地。明洪武元年（1368）改为广平府。

广平墟 在今广西苍梧县东南广平镇，接岑溪县界。清设外委戍守。

广平墟汛 在今广西苍梧县南广平镇。清光绪《广西舆地全图》苍梧县图：南有广平墟汛，有外委驻防。

广平镇 ①北宋置，属聊城县。即今山东茌平县西南三十里广平乡。金改属茌平县，仍为镇。

②金置，属宁津县。在今山东宁津县地。

广东布政使司 明洪武九年（1376）改广东等处行中书省置，治所在广州府（今广东广州市）。辖境相当今广东、海南二省及广西防城港、钦州、北海等市及其辖地。清改置广东省。

广东省 清改广东布政使司置，治所在广州府（今广东广州市）。辖境相当今广东、海南二省及广西防城港、钦州、北海三市地。民国时省会在广州市。1951年防城港、钦州、北海三市地划属广西壮族自治区，1988年海南行政区设立海南省。因广东古为南越（粤）地，故简称粤。

广东咨议局旧址 在今广东广州市红花岗烈士陵园内。建于1909年。是清政府学习西方议会民主政治的场所。建筑结构仿照当时西方古罗马式的议会建筑形式。1911年武昌起义后，广东各界代表在咨议局集会，宣布广东脱离清政府独立，成立都督府。1921年5月，孙中山在此宣誓就任非常大总统。1925年10月至1927年1月，这里是国民党中央党部所在地。毛泽东在这里代理中央宣传部长和主办《政治周报》。1926年召开的国民党第二次全国代表大会、第三次全国劳动大会和国民党中央执行委员会暨各省区代表联席会议等，均在这里举行。国民党中央北迁武汉后，这里为国民党广东省党部所在地。1959年辟为广东省革命历史博物馆。1995年又名广东近代史博物馆。2006年定为全国重点文物保护单位。

广东都卫 明洪武四年（1371）置，治所在广州府（今广东广州市）。八年（1375）改为广东都指挥使司。

广东都指挥使司 明洪武八年（1375）改广东都卫置，治所在广州府（今广东广州市）。清废。

广东等处行中书省 明洪武二年（1369）并广东道宣慰司、海南海北道宣慰司置，治所在广州府（今广东广州市）。辖境相当今广东、海南二省及广西壮族自治区西南钦州、防城港、北海等市地。九年（1376）改置广东布政使司。

广东道宣慰司 元世祖至元十五年（1278）置，属江西等处行中书省。治所在广州路（今广东广州市）。辖境相当今广东封开、郁南、罗定、阳春、阳江以东之广东省。明洪武二年（1369）改置广东等处行中书省。

广东路 即广南东路简称。治所在广州（今广东广州市）。辖境相当今广东贺江、罗定江、漠阳江以东地区。元至元间废入江西等处行中书省。

广业郡 ①南朝梁置，治所在高邮县（今江苏高邮市）。后改名神农郡。

②北魏正始中置，属南岐州。治所在白石县（西魏改为同谷，今甘肃成县）。隋开皇三年（583）废。

广乐 城名。在今河南虞城县西北。《后汉书·光武纪》：建武三年（27），“吴汉率七将军与刘永将苏茂战于广乐，大破之”。即此。

广汉县 ①西汉高帝六年（前201）置，属广汉郡。治所在今四川射洪县南六十里柳树镇。《后汉书·岑彭传》：建武十一年（35），岑彭伐公孙述，

"公孙述使其将延岑，吕鲔、王元及其弟恢悉兵拒广汉及资中"。即此。三国蜀为东广汉郡治。西晋为广汉郡治。南朝梁属遂宁郡。齐改为小汉县。梁于广汉县故址复置，属西宕渠郡。西魏改为广魏县，后又改为广汉县。隋开皇初废入通泉县。

②东晋永和八年（352）侨置。属宁蜀郡。治所在今四川双流县境。西魏废。

③1913年废汉州置，属四川西川道。治所即今四川广汉市。以广汉郡为名。明曹学佺《蜀中广记》卷51汉州："广大也，言能广大汉业也。"1928年直属四川省。1988年改设广汉市。

广汉郡　①西汉高帝六年（前201）分巴、蜀二郡置，初治乘乡（亦作绳乡，在今四川金堂县东），后徙治梓潼县（今四川梓潼县）。辖境相当今甘肃文县、陕西宁强以南，四川旺苍、剑阁、蓬溪以西，潼南、遂宁、新都以北，什邡、北川以东地区。公孙述改名子同郡。东汉复为广汉郡。永初二年（108）移治涪县（今四川绵阳市东），又徙治雒县（今四川广汉市）。西晋泰始二年（266）改为新都郡，属梁州。太康六年（285）复改为广汉郡。南朝宋属益州。隋开皇三年（583）废。广汉郡与蜀郡相犍为郡，古号为三蜀。土地肥美，物产丰盛。东晋常璩《华阳国志·蜀志》称"为蜀渊府"。

②西晋初改东广汉郡置，属益州。治所在广汉县（今四川射洪县南柳树镇）。辖境相当今四川三台、射洪、中江、盐亭、蓬溪、遂宁等市县及重庆市潼南县地。东晋永和中改为遂宁郡。

广汉属国　东汉永初三年（109）改广汉北部都尉置，后属益州。治所在阴平道（今甘肃文县西五里）。辖境相当今川、甘两省交界的白水江流域及四川涪江上游地区，建安末曹操改为阴平郡。

广宁卫　明洪武二十三年（1390）置，属辽东都司。治所即今辽宁北镇市（广宁镇）。清康熙三年改置广宁县。

广宁王部　元代诸王封国，元太祖弟别里古台子孙世袭。受镇守太祖太斡耳朵的晋王节制。其后王封广宁王，主其国事。辖境跨今克鲁伦河中下游南北，北抵鄂嫩河，南与"按只台营地"即济南王部（今内蒙古东、西乌珠穆沁旗及其北蒙古国东方省东南部）接境。

广宁中卫　明洪武二十六年（1393）置，属辽东都司。治所即今辽宁北镇市。二十八年（1395）废。建文四年（1402）复置。后废。

广宁中屯卫　明洪武二十四年（1391）改锦州府置，属辽东都司。始治于锦州东关驿，洪武二十五年（1392）徙治今辽宁锦州市。清康熙三年（1664）改置广宁府。

广宁中左千户所　明宣德五年（1428）置，属广宁中屯卫。治所即今辽宁凌海市西南松山镇。《明史·地理志》广宁中屯卫："南有松山堡，在松山西，宣德五年正月置中左千户所于此。"后废。

广宁中右千户所　明置，属广宁左屯卫。治所即今辽宁凌海市。《明史·地理志》广宁中屯卫："东有大凌河堡……宣德五年正月置中右千户所于此。"后废。

广宁中后（後）千户所　明置，属广宁前屯卫。治所在杏林堡（即今辽宁绥中县绥中镇）。清初废。顺治初，济尔哈朗等与明兵激战于此。康熙间设佐领，乾隆时设巡司。

广宁中前千户所　明置，属广宁前屯卫。治所在急水河堡（今辽宁绥中县西南前所镇）。清初废。

广宁左卫　明洪武二十六年（1393）置，属辽东都司。治所即今辽宁北镇市。二十八年（1395）废。建文四年（1402）复置，后废。

广宁左屯卫　明洪武二十四年（1391）置，属辽东都司。始治辽宁辽河西，永乐元年（1403）徙治广宁中屯卫城（即今辽宁锦州市）。清康熙三年（1664）改为广宁府。

广宁右卫　明洪武二十六年（1393）置，属辽东都司，治所在大凌河堡（今辽宁凌海市），二十八年（1395）废。建文四年（1402）复置，徙治今辽宁北镇满族自治县。后废。

广宁右屯卫　明洪武二十六年（1393）置，属辽东都司。始治十三山堡（今辽宁凌海市东北石山镇），次年徙治旧闾阳县临海乡（今辽宁凌海市东南右卫满族镇）。清初废。

广宁后（後）屯卫　明洪武二十五年（1392）置，属辽东都司。治所在懿州（今辽宁阜新蒙古族自治县东北塔营子乡）。永乐八年（1410）移治义州卫城（今辽宁义县）。后废。

广宁县　①西汉置，属上谷郡。治所在今河北张家口市。西晋废。

②北魏改下洛县置，为广宁郡治。治所即今河北涿鹿县。孝昌中废。

③隋开皇十六年（596）改新蔡县置，为舒州治。治所即今河南新蔡县。仁寿元年（601）改为汝北县。

④辽以所俘定州民置，为营州治。治所即今河北昌黎县。金大定二十九年（1189）改为昌黎县。

⑤金大定二十九年（1189）改山东县置，为广宁府治。治所即今辽宁北镇市。元废。清康三年（1664）改广宁卫置，为广宁府治。次年属锦州府。1914年改为北镇县。

⑥明嘉靖三十八年（1559）析四会县置，属肇庆府。治所即今广东广宁县。明郭子章《郡县释名》广东卷：广宁县"东广长宁之义也"。而《名胜志》则称："言其地广而永宁也。"民国初属广东粤海道。1920年直属广东省。

⑦即广平县。治所在今北京市西。《新唐书·地理志》幽州蓟县："天宝元年析置广宁县，三载省。"

广宁府　金天辅七年（1123）升显州置，治所在山东县，后改名广宁县（今辽宁北镇市）。辖境相当今辽宁辽河下游以西，黑山以南和医巫闾山、大凌河下游以东地区。元世祖至元十五年（1278）改为广宁府路。清康熙三年（1664）复置，次年又废。

广宁府路　元世祖至元十五年（1278）改广宁府置，属辽阳行省。治所即今辽宁北镇市（广宁镇）。辖境相当今辽宁医巫闾山以东，黑山、辽中二县以南，大辽河以西地区。明洪武初废。

广宁城　在今辽宁北镇市。广宁城即北镇城，始建辽代（显州），金元时置广宁府，明置广宁卫，为九边重镇之一的辽东镇，设总兵戍守。清置广宁县，民国初改名北镇。明初所建广宁城（北镇城）南城墙南城门楼正处于今之北镇鼓楼位置。后来城池向南扩展，明代南城门楼遂成为今之鼓楼。砖砌台基，长24米，宽20米，高8米。楼台上有女墙。台上两层楼阁有民国十八年（1929）书“幽州重镇”、“冀北严疆”八个大字。镇城中街北、鼓楼前有明神宗万历八年（1580）敕建的表彰辽东总兵李成梁功绩的石坊。2006年定为全国重点文物保护单位。

广宁前屯卫　明洪武二十六年（1393）置，属辽东都司。治所即今辽宁绥中县西南前卫镇。辖境相当今辽宁绥中县地。《明史·地理志》广宁前屯卫：“西有麻子峪，有铁场。东南为山口峪，有盐场。”清初废。

广宁郡　①西晋太康中置，属幽州。治所在下洛县（北魏改名广宁县，今河北涿鹿县）。辖境相当今河北涿鹿县。北魏孝昌中废。

②十六国西秦置，治所在今甘肃漳县西南五里。北魏景明三年（502）置鄣县为郡治。辖境相当今甘肃漳县和武山县地。北周废。

③北齐置，属朔州。治所在今山西朔州市东南五十五里夏关城村。北周废。

④北齐改新蔡郡置，属豫州。治所在新蔡县（今河南新蔡县）。隋开皇初废。

⑤东魏改山阳郡置，治所在山阳县（今河南焦作市东）。北周废。

广宁监　北宋咸平三年（1000）置，属江州。铸铜钱。故址在今江西九江市。《元丰九域志》卷6江州：广宁监在“州南一百二十步”。后废。

广宁站　清置，在今辽宁北镇市南。《清一统志·锦州府二》“十三站”条下：广宁站“在广宁县南二十里”。

广宁馆　馆驿名。辽置，在今内蒙古翁牛特旗西南山嘴子。《辽史·地理志》上京道引宋薛映记曰：松山馆“七十里至崇信馆，九十里至广宁馆”。

广边军　在今河北赤城县南雕鹗镇附近。《新唐书·地理志》怀戎县：“北有广边军，故白云城也。”《资治通鉴》：五代梁乾化三年（913），晋将李嗣源追燕将元行钦“至广边军，凡八战，行钦力屈而降”，即此。

广吉剌部　金北边部族。即蒙元史料所载之弘吉剌部（又作翁吉剌惕）。据《元朝秘史》和《史集·部族志》记载，其居地在今哈拉哈河、贝尔湖一带，东依兴安岭，南至内蒙古东乌珠穆沁旗乌拉根果勒之北。臣属于金，但叛服不常，屡结诸部入掠金边境地区。承安元年（1196），败金大盐泺（今东乌珠穆沁旗达布苏诺尔）群牧使移剌覩等，金遣完颜襄、宗浩等率兵讨之。后为蒙古部铁木真征服。

广西布政使司　明洪武九年（1376）改广西等处行中书省置，治所在静江府（今广西桂林市）。辖境相当今广西壮族自治区（除钦州、灵山、防城港、合浦以外地），贵州罗甸县、望谟布依族苗族自治县、贞丰布依族苗族自治县、册亨布依族自治县及广东怀集县地。清改为广西省。

广西州　清乾隆三十五年（1770）改广西府置，直属云南省。治所即今云南泸西县。辖境约当今云南泸西、弥勒、师宗、丘北等县地。1913年废为广西县。

广西军　南宋咸淳三年（1267）改广安军置，治所在渠江县（今四川广安市东北）。元至元中废。

广西护卫　明洪武五年（1372）改静江王府置，属广西都司。在今广西桂林市。后废。

广西两江道宣慰司　元元贞元年（1295）置，属湖广行省。治所在静江路（治今广西桂林市）。辖境相当今广西及越南北部地。分司在邕州（今广西南宁市）。至正末，改为广西等处行中书省。

广西县　1913年改广西直隶州置，后属云南蒙自道。治所即今云南泸西县。因与广西省名重复，1917年改泸西县。

广西府　明洪武十五年（1382）改广西路置，属云南布政司。治所即今云南泸西县。辖境约当今云南泸西、弥勒、师宗、丘北等县及砚山县部分地方。清乾隆三十五年（1770）改广西直隶州。

广西城　即今云南泸西县城。《方舆纪要》卷115广西府：广西城“府治旧在矣邦、生纳二村，无城。明朝成化中，始筑土城，寻圮。隆庆五年，易以砖石，周三里有奇”。

广西省　清改广西布政使司置，治所在桂林府（今广西桂林市）。辖境相当今广西（除灵山、浦北、合浦、钦州、防城港、北海等市县）及今广东怀集县地。1912年移治邕宁县（今南宁市）。1936年迁桂林市，1949年又迁南宁市。1958年改为广西壮族自治区。

广西等处行中书省　元至正末改两江道宣慰司置，治所在南宁路（今广西南宁市）。辖境相当今广西南宁、柳州、桂林、梧州、玉林、河池、百色等地区、广东怀集县及贵州罗甸县、望谟布依族苗族自治县、贞丰布依族苗族自治县、册亨布依族自治县地。明洪武九年（1376）改为广西布政使司。

广西路　①即广南西路。治所在桂州（今广西桂林市）。《宋史·仁宗纪》：景祐二年（1035）五月，“丁未，广西言镇宁州蛮入寇”。

②元世祖至元十二年（1275）置，属云南行省。治所即今云南泸西县。辖境约当今云南泸西、弥勒、师宗、丘北等县及砚山县部分地方。明洪武十五年

(1382) 废为府。

广成县　战国秦置，属右北平郡。治所即今辽宁建昌县。东汉废。《水经·大辽水注》：白狼水“东南径广成县，北流，西北屈，径广成县故城南，王莽之平虏也，俗谓之广都城”。

广成苑　一作广城苑。在今河南汝州市西。《后汉书·孝安帝纪》：永初元年（107），“以广成游猎地及被灾郡国公田假与贫民”。唐李贤注曰：“广城，苑名，在汝州西。”马融有《广成颂》。《后汉书·孝桓帝纪》：延熹元年（158）“冬十月，校猎广成，遂幸上林苑”。

广成泽水　在今河南汝州市西。《水经·汝水注》：“汝水又东与广成泽水合，水出狼皋山北泽中。其水自泽东南流，径温泉南与温泉合。……东南入于汝水。”《舆地广记》卷9汝州梁县：“广成，今曰广润河，盖避朱梁庙讳。”

广夷州　宋大理置，属永昌府。治所在今云南昌宁县西五十八里广益。元代废。

广至县　西汉置，属敦煌郡。治所即今甘肃瓜州县东南破城子。北周省入凉兴县。

广年县　①西汉置，属广平国。治所在今河北永年县（临洺关）东三十四里故城村。东汉属巨鹿郡。西晋永嘉后废。北魏太和二十年（496）复置，属广平郡。北齐移治曲梁城（今永年县东南四十五里广府镇）。隋仁寿元年（601）改为永年县。

②亦作广平县。北周天和元年（566）置，为广年郡治。治所在今四川黑水县东北三十里。隋仁寿元年（601）改为左封县。

广年郡　北周天和元年（566）置，属覃州。治所在广年县（今四川黑水县东北三十里）。辖境相当今四川黑水县东部地。隋开皇初废。

广庆寺　在今广东清远市东北峡山（中宿峡）。本名飞来寺，南朝梁普通年间建。宋改今名。《舆地纪胜》卷89广州：峡山“在清远县东三十里。……广庆寺居峡山之中。有殿甚古，梁武帝时物也”。

广羊坝　即广阳坝。今重庆市东五十里广阳镇。《元史·步鲁合答传》：至元十一年（1274），“进攻重庆，宋军突围出走铜锣峡，行院忽敦遣步鲁合答追之，至广羊坝，斩首二百级”。即此。

广州　①三国吴黄武五年（226）分交州置，治所在广信县（今广西梧州市）。不久废。永安七年（264）复置，治所在番禺县（今广东广州市）。辖境相当今广东、广西两省区除广东廉江以西、海南岛、广西桂江中上游、容县、北流以南、宜州西北以外的大部分地区；南朝后渐缩小。隋开皇十二年（592）移治曲江县（今广东韶关市南十里武水西岸），开皇末移治南海县（今广州市）。仁寿元年（601）改为番州，大业三年（607）又改为南海郡。唐武德四年（621）复为广州，后为岭南道治所，天宝元年（742）改为南海郡，乾元元年（758）复为广州，乾宁二年（895）改为清海军。五代为南汉国都，改为兴王府。北宋开宝四年（971）复为广州，治南海、番禺二县（今广州市）。端拱后为广南东路治。南宋祥兴元年（1278）升为翔龙府，同年（至元十五年）元改为广州路。

②北魏永安元年（528）置，治所在鲁阳郡山北县（今河南鲁山县）。辖境相当今河南鲁山、宝丰、叶、郏、襄城、舞阳等县及平顶山市地。西魏大统十三年（547）属西魏，而东魏另置南广州于襄城郡（今河南襄城县）。北周建德六年（577）改为汝州。隋仁寿末改为鲁州。

③辽开泰七年（1018）置，治所在昌义县（今辽宁沈阳市西南六十里大高华堡）。辖境相当今辽宁沈阳、新民、辽中等市县相连地带。金皇统三年（1143）废。

广州大元帅府旧址　在今广东广州市纺织路东沙街。中华民国军政府大元帅孙中山帅府，原为清末广州士敏土厂办公楼，建于清光绪二十一年（1895），为前后两幢坐南朝北的三层楼房。1917年8月孙中山在广州召开非常国会，成立护法军政府。9月1日孙中山被推举为中华民国军政府大元帅，设大元帅府于此。1996年定为全国重点文物保护单位。

广州公社旧址　即广州苏维埃政府旧址。在今广东广州市起义路（原维新路）100号之1。此处在清代原为抚标右营的府署，后为国民党政府的广州市公安局。1927年12月11日，共产党人张太雷、苏兆征、叶挺、叶剑英、恽代英、周文雍等遵照党中央指示，在广州领导工人和革命士兵举行武装起义，当天即在此建立广州苏维埃政府（广州公社）。三天后因力量悬殊而失败。起义指挥部旧址包括大门、苏维埃政府办公楼、工农红军指挥部、警卫连连部和监狱等。1961年定为全国重点文物保护单位。

广州左卫　在今广东广州市北。《方舆纪要》卷101广州府：广州左卫“在府治北。又有广州右卫在左卫之西，俱洪武八年建”。

广州市　1918年设广州市政公所，1921年改设市政厅，属广东省。1925年改设广州市，为广东省会。治所即今广州市。1930年1月改置特别市，同年8月降为广东省辖市。1947年6月升为院辖市。1949年10月解放后为中央直辖市。1954年降为广东省辖市（地级）。

广州圣心大教堂　在今广东广州市内一德路。教堂由法国人按巴黎圣母院样式设计，清同治二年（1863）奠基，光绪十四年（1888）竣工，历时二十五年。占地面积2700平方米，是国内最大的一座以高直尖顶为特色的哥特式建筑。因奠基日是圣心瞻礼日，故称圣心大教堂。教堂墙壁及柱子全部用花岗石砌筑，故俗称石室。正立面为东、西塔楼，高58.5米，中部为大门。教堂南北长78.69米，东西宽35米，东西两侧用飞券，内部为十字形尖券拱顶，两边用侧高窗。整座教堂气势宏伟，装饰精美。1996年定为全国重点文物保护单位。

广州农民运动讲习所旧址 在今广东广州市中山四路东段。明清为番禺学宫（孔庙）。该所创办于1924年7月，一、二届所址在广州市越秀南路惠州会馆（今越秀南路89号，中华全国总工会旧址），三至五届在东皋大道原1号（今东皋大道礼兴街6号，广州市东山区教育局），1926年3月第六届所址始迁此，由毛泽东任所长。1953年建立纪念馆，周恩来题为"毛泽东同志主办农民运动讲习所旧址"。1961年定为全国重点文物保护单位。

广州沙面建筑群 在今广东广州市六二三路对岸荔湾。沙面又名拾翠洲，是珠江岔口近岸处的一片沙洲。1858年《天津条约》之后，英、法两国以该地作租界，并进行独立的市政建设。全岛以道路网分格为十二个区，建有领事馆、银行、教堂、学校等各类建筑。建筑形式有新古典主义、新巴洛克式、仿哥特式、券廊式等。现仍保存的有红楼、维多利亚酒店、圣母天主教堂、新沙逊洋行、法国领事馆等。1996年定为全国重点文物保护单位。

广州府 明洪武元年（1368）改广州路置，后属广东省。治所在南海、番禺二县（今广东广州市）。明郭子章《郡县释名》广东：广州府吴"分置广州以其土地之辟也"。辖境相当今广东东至龙门、增城、东莞、宝安、深圳，北至佛冈、清远、连州，西至连山、三水、高鹤、台山，南至海。清乾隆十一年（1746）移两广总督治此。辖境西北不包括今连州、连山壮族瑶族自治县、阳山县。1912年废。

广州前卫 在今广东广州市西。《方舆纪要》卷101广州府：广州前卫"在府治西。其北为广州后卫，俱洪武二十三年建"。

广州起义指挥部旧址 在今广东广州市起义路（原维新路）100号之1。此处在清代原为抚标右营的府署，后为国民党政府的广州市公安局。1927年12月11日，共产党人张太雷、苏兆征、叶挺、叶剑英、恽代英、周文雍等遵照党中央指示，在广州领导工人和革命士兵举行武装起义，当天即在此建立广州苏维埃政府（广州公社）。起义指挥部旧址包括苏维埃政府办公楼、工农红军指挥部、警卫连连部和监狱等。1961年定为全国重点文物保护单位。

广州都督府 唐武德四年（621）于广州（今广东广州市）置总管府，七年（624）改为都督府，贞观时辖境相当今广东郁南、罗定等市县以东，怀集、乐昌、南雄等县市以南和广西岑溪市地。后桂、容、邕、安南（交州）四府皆隶广府都督统摄，称岭南五府经略使。至德后演变为节度使。

广州通海夷道 唐时中国通西亚和非洲东部的道路名。附见《新唐书·地理志》，系根据贾耽所记从边州入四夷道路转载。主要道路有二：(1) 由广州经由越南中部、南部沿海地区和附近岛屿，渡新加坡海峡，过爪哇岛、苏门答腊岛、尼科巴群岛至师子国（今斯里兰卡），再沿印度半岛西岸经波斯湾至幼发拉底河口的乌剌国（今巴士拉），然后换乘小舟至末罗（今巴士拉之西），再取陆道至缚达城（今伊拉克首都巴格达）。(2) 由上述路线至印度半岛西岸后渡印度洋至非洲东部的三兰国（今坦桑尼亚首都达累斯萨拉姆），向北经数十个小国可通乌剌国，同第一条路线会合。

广州湾 指今广东湛江市西南东海岛等岛屿与大陆之间之海湾。清光绪二十五年（1899），法国强迫清政府签订《广州湾租界条约》，租期九十九年，范围包括"东海全岛、硇洲全岛、赤坎、志满、新墟等地"。基本上包括今湛江市区。1943年为日本占领。1945年抗日战争胜利后收复，设湛江市。

广州路 元世祖至元十五年（1278）改广州置，属江西行中书省。治所在南海、番禺二县（今广东广州市）。辖境相当今广东东至新丰、龙门、增城、东莞、深圳、宝安，北至佛冈、清远，西至三水、佛山、江门、台山，南至海。明洪武元年（1368）改为广州府。

广兴场 即今重庆市江津区东南广兴镇。清光绪《江津县志》卷2：广兴场"距城一百六十里"。

广兴县 ①西晋太康初分永新县西北境置，属安成郡。治所在今江西莲花县城东北侧。隋初废。唐武德五年（622）复置，属南平州。八年（625）省入太和县。

②北魏延和二年（433）置，属广阳郡。治所在今河北隆化县境内。东魏元象中。寄治幽州北境，在今北京市密云县境内。北齐废。

③北魏永熙中置，属昌黎郡。寄治英雄城（今河北徐水县西遂城）。北齐废。

④北魏置，属昌黎郡。治所在今辽宁锦州市。北周废。

广兴府 元至正十六年（1356）六月朱元璋改广德路置，治所在广阳县（今安徽广德县）。明洪武四年（1371）改为广德州。

广兴郡 南朝宋泰豫元年（472）改始兴郡置，属湘州。治所在曲江县（今广东韶关市南十里武水西）。辖境相当今广东清远、佛冈、翁源等市县以北地区。南齐复为始兴郡。

广安 城名。在今辽宁义县西北。《资治通鉴》：东晋咸和八年（333），慕容皝讨宇文逸豆归，"军于广安，逸豆归惧而请和"。即此。

广安千户所 明置，属四川都司。治所在今四川广安市东南五里。后废。

广安门 北京外城西门。明嘉靖年间筑。初名广宁门。俗称彰仪门，乃沿袭金之旧称。清改为广安门。

广安州 ①元世祖至元十五年（1278）升广安县置，属开成府。治所在今宁夏彭阳县西古城镇。明洪武二年（1369）废。

②明洪武四年（1371）改广安府置，属顺庆府。治所在渠江县（今四川广安市）。辖境相当今四川广安市及岳池、渠县、邻水、大竹等县地。十年

(1377) 省县入州。1913 年降州为广安县。

广安军　北宋开宝二年 (969) 置，治所在渠江县 (今四川广安市)。辖境相当今四川广安、华蓥二市及岳池等市县地。南宋淳祐三年 (1243) 迁治今广安市东北大良乡，咸淳二年 (1266) 改为宁西军。

广安市　1998 年撤销四川省广安地区和广安县，设立地级广安市。市人民政府驻新设立的广安区广福镇。以原广安县设立广安区，区政府驻浓洄镇。

广安县　①西魏废帝元年 (552) 置，属偏城郡。治所在今陕西延长县南。隋仁寿元年 (601) 以避太子杨广讳，改为延安县。

②元世祖至元十年 (1273) 改东山县置，属开成州。治所在今宁夏彭阳县西古城镇。十五年 (1278) 升为广安州。

③1913 年废广安州置，次年属四川嘉陵道。治所即今广安市。明曹学佺《蜀中广记》卷 54：广安州"取安辑之义"。1928 年直属四川省。1998 年撤销广安地区和广安县，设立地级广安市。

广安所　明洪武末置，属茶陵卫。治所在今湖南汝城县东北。成化三年 (1467) 移治今汝城县。后废。

广安府　元世祖至元二十年 (1283) 于废西宁军置，属顺庆路。治所在渠江县 (今四川广安市)。辖境相当今四川广安、华蓥二市及岳池县地。明洪武四年 (1371) 改为广安州。

广安城　清乾隆四十六年 (1781) 筑。即今新疆吐鲁番市。清徐松《西域水道记》卷 2："吐鲁番镇城曰广安。"

广安郡　①南齐置，属西楚州。治所在定远县 (今安徽定远县东南大桥乡三官集)。隋开皇三年 (583) 废。

②东魏武定元年 (543) 置，属廓州。治所在今山西原平市北。北齐废。

③西魏改广宁郡县，治所在鄣县 (今甘肃漳县西南五里)。北周废。

④北齐置，治所在招远县 (今山西朔州市)。隋开皇初废。

广安镇　①即今河北大城县西南十八里大广安乡。《清一统志·顺天府四》：广安镇"有堡有集"。

②即今安徽广德县南八十里焦村。明置广安巡司。

广阳　即今山西昔阳县西北广阳。1938 年 2 月晋冀鲁豫边区在此置平西县。

广阳山　①即白石山。在今河南渑池县东北二十里。《寰宇记》卷 5 渑池县："广阳山，在县东北二十里。亦名渑池山。"

②即鲋鰅山。在今河南内黄县南。唐杜佑《通典》卷 180 魏州顿丘县：鲋鰅山"颛顼葬其阳，九嫔葬其阴"。《明一统志》卷 4 大名府：鲋鰅山"一名广阳山"。

广阳门　又称西阳门。今河南洛阳市东北汉魏洛阳城西面南头门。《后汉书·孝灵帝纪》：中平二年 (185)，"广阳门外屋自坏"。又《资治通鉴》：东汉汉安二年 (143)，立南匈奴守义王兜楼储为呼兰若尸逐就单于，"诏太常、大鸿胪与诸门侍子于广阳门外祖会，飨赐、作乐、角抵、百戏"。

广阳水　①即今北京市房山区良乡镇东小清河。《水经·圣水注》："圣水又东，广阳水注之。水出小广阳西山，东径广阳县故城北。又东福禄水注焉。水出西山东，南径广阳县故城南，东入广阳水，乱流东南至阳乡县右注圣水。"《清一统志·顺天府二》：广阳河，"《旧志》，广阳河一名义河，源出房山县东北公村，东南流入良乡境。归入圣水。自卢沟南决，遂东注桑干河"。今自良乡镇东南流入拒马河。

②即今甘肃陇西县西之西河。《水经·渭水注》："广阳水出西山，二源合注共成一川，东北流注于渭。"

广阳坝　亦名广羊坝。即今重庆市东五十里广阳镇。《元史·石抹按只传》：至元间攻重庆，"宋涪州守将率舟师来援，不老击败之于广阳坝"。即此。

广阳县　①西汉置，属广阳国。治所在今北京市房山区东北长阳镇 (广阳城村)。东汉建武初封刘良为侯邑，属广阳郡。西晋属范阳国。北魏属燕郡。北齐废。

②西晋改汶江道置，属汶山郡。治所在今四川茂县西北五十里。东晋后废。南朝梁普通三年 (522) 复置，为绳州及北部郡治。治所即今茂县。北周为汶州治。隋开皇初为蜀州治，不久改为会州治。仁寿元年 (601) 改为汶山县。

③东晋咸康四年 (338) 改陵阳县置，属宣城郡。治所在今安徽黄山市黄山区西北广阳镇 (故址现已没入太平湖)。隋开皇初以避杨广讳，称为南阳县。开皇九年 (589) 并入泾县。

④北魏景明元年 (500) 置，属冯翊郡。治所即今陕西西安市临潼区北栎阳镇。隋仁寿元年 (601) 改名万年县。

⑤唐天宝元年 (742) 改石艾县置，属太原府。治所即今山西平定县。《元和志》卷 13："因县西南八十里广阳故城为名。"北宋太平兴国四年 (979) 改平定县。

⑥元至正十六年 (1356) 朱元璋改广德县置，为广兴府治。治所即今安徽广德县。明洪武四年 (1371) 复改广德县。

广阳国　西汉本始元年 (前 73) 改广阳郡置，治所在蓟县 (今北京市城西南隅)。辖境相当今北京市 (房山区除外) 及河北固安县等地。东汉初省入上谷郡。

广阳郡　①秦始皇二十一年 (前 226) 置，治所在蓟县 (今北京市城西南隅)。辖境相当今河北大清河以北、永定河下游地区。西汉初改为燕国。元凤初复为广阳郡，本始初改为国。东汉初废入上谷郡，永元八年 (96) 复置郡。三国魏太和六年 (232) 改为燕国。

②北魏太平真君二年（441）改益州置，与安州同治方城（今河北隆化县伊逊河东）。东魏元象中与安州同治燕乐县，寄治幽州北界（今北京市密云县东北七十里）。北齐废。

广阳镇 在今安徽黄山市黄山区太平湖北原陵阳河与青弋江交汇口。三国吴移陵阳县治此。东晋咸康四年（338）改名广阳县。隋开皇九年（589）废县为镇。1965年陈村水库建成后，原镇没入太平湖中，建新镇于湖北。原属石台县，现划入黄山市。

广寿县 西魏大统十四年（548）置，属新平郡。治所在今陕西永寿县东北三十八里永寿坊。因县城处在广寿原上，故名。北周大象元年（579）改名永寿县。

广运仓 在今江苏徐州市南。《方舆纪要》卷29徐州："广运仓在旧城南三里。永乐十三年建。今圮于水。"

广运堡 在今广西平乐县东南六十里桂江东岸广运村。《方舆纪要》卷107平乐县：广运堡"即广运驿也。宏治中，以寇患筑城于此，为守御之备。正德三年，城始就"。

广运潭 在今陕西西安市东北浐河西岸。《新唐书·食货志》：开元中，长安令韦坚兼水陆运使，"坚治汉、隋运渠，起关门抵长安，通山东租赋。……又于长乐坡瀕苑墙凿潭于望春楼下，以聚漕舟。坚因使诸舟各揭其郡名，陈其土地所产宝货诸奇物于栿上……众艘以次辏楼下。天子望见大悦。赐其潭名曰广运潭"。

广赤县 1934年6月中央革命根据地由广昌、赤水二县合置，治所在驿前（今江西广昌县南驿前镇），取二县首字为名。后迁高田（今江西石城县东北高田乡）。同年9月废。

广孝泉 在今山西永济市蒲州镇东南二里。古名舜井。南宋李焘《续资治通鉴长编》卷75：宋真宗大中祥符四年（1011），"幸舜庙，赐舜井名广孝泉"。

广苌郡 北魏置，属东益州。治所在苌广县（今四川广元市北嘉陵江西岸广坪河口附近）。后废。

广严寺镇 在今江苏溧水县西北。清光绪《江苏全省舆图》溧水县："广严寺镇在城西北四十五里。"

广吴山 在今甘肃武山县西二十里。《方舆纪要》卷59宁远县：吴山，"山下有广吴堡故城，宋所置也"。

广吴水 即今甘肃武山县西二十五里榜沙河。《方舆纪要》卷59宁远县：广吴水，"《志》云：源自岷州，流绕广吴山下，因名"。《明史·地理志》宁远县："西有广吴水。"

广吴河 即新兴川。今为甘肃漳县、岷县、武山三县境之榜沙河。《清一统志·巩昌府》：新兴川水"又广吴河在宁远县西二十五里。自漳县东北流经广吴山下，又东北合漳水入渭。……（按）广吴河，即古新兴水也"。

广吴堡 北宋置，属通远军宁远寨。在今甘肃武山县西二十里广吴山下。元丰五年（1082）废。

广县 西汉置，属齐郡。治所在今山东青州市西南四里。高帝六年（前201）封召欧为广侯，竟宁元年（前33）封留川孝王子便为侯。西晋改属东莞郡。永嘉后废。

广里 又名光里。即今山东济南市长清区西南孝里镇广里。《左传》：襄公十八年（前555），"晋侯伐齐……齐侯御诸平阴，堑防门而守之广里"。《魏书·侯渊传》载：东魏初，侯渊自齐州罢还，"行达广里，会承制以渊行青州事"。即此。

广里镇 金置，属平阴县。在今山东济南市长清区西南孝里镇广里。

广邑州 明宣德五年（1430）置，属金齿军民指挥使司。治所在广邑寨（今云南昌宁县西五十八里广益）。八年（1433）直属云南布政司。正统元年（1436）迁治于原顺宁府的右甸（即今云南昌宁县）。清废。

广利原 在今河南商水县西。《资治通鉴》：唐贞元十六年（800），韩全义"与吴少诚将吴秀、吴少阳等战于溵南广利原"。即此。

广利墟 即今广东肇庆市东北五十里广利镇。明万历《广东通志》卷46：高要县有广利墟。

广佑寺 原名清安寺。在今辽宁辽阳市白塔公园处。《清一统志·奉天府》：广佑寺"在辽 州西门外。有白塔，俗呼白塔寺。本朝天聪九年敕修。康熙二十一年四月驾幸寺，赐袈裟，有御制广佑寺诗。寺周可二三里，门对千山，亦州之胜也"。

广灵县 金改广陵县置，属蔚州。治所即今山西广灵县。清属大同府。民国初属山西雁门道。1928年直属山西省。1949年属察哈尔省。1952年复属山西省。

广阿县 西汉置，属巨鹿郡。治所在今河北隆尧县东十二里旧城。东汉废。北魏太和十三年（489）复置，为南巨鹿郡治，后改为南赵郡治。隋仁寿元年（601）改名象城县。

广阿泽 即大陆泽。在今河北任县、巨鹿、隆尧三县间。《魏书·韩均传》："广阿泽在定、冀、相三州之界，土广人稀，多有寇盗，乃置镇以静之。"《元和志》卷17昭庆县：广阿泽"在县东二十五里。《尔雅》曰：'晋有大陆。'广阿即大陆别名，《淮南子》曰巨鹿、大陆、广阿，咸一泽也"。

广陈镇 北宋置，属海盐县。即今浙江平湖市东北二十四里广陈镇。《方舆纪要》卷91平湖县：广陈墅"元为广陈镇，芦沥巡司置于此"。

广纳县 唐武德二年（619）置，属万州。治所在今四川通江县南广纳坝。《寰宇记》卷140通江县："废广纳县在州（璧州）南五十里。……以县界广纳溪为名。"贞观元年（627）属璧州。天宝初属始宁郡，乾元初复属璧州。宝历元年（825）

废，大中初复置。北宋乾德四年（966）废入通江县。

广纳溪　在今四川通江县南，为通江河之支流。《旧唐书·地理志》广纳县："以广纳溪为名。"《清一统志·保宁府一》"宕水"条："又有平州水，北自通江县界，流经废广纳县理西，与广纳溪水合，又南流。"

广纳镇　北宋乾德四年（966）废广纳县置，属通江县。在今四川通江县南广纳坝。

广武　城名。在今河南荥阳市东北广武山上。《史记·项羽本纪》：汉王四年（前203），汉王"引兵渡河，复取城皋，军广武，就敖仓食。项王……与汉俱临广武而军，相守数月"。《集解》："孟康曰：'于荥阳筑两城相对为广武，在敖仓西三皇山上。'"《正义》引《括地志》云："东广武、西广武在郑州荥阳县（旧治）西二十里。戴延之《西征记》云三皇山上有二城，东曰东广武，西曰西广武，各在一山头，相去百步。汴水从广涧中东南流，今涸无水。城各有三面，在敖仓西。"

广武山　又名三皇山、三室山。在今河南荥阳市东北广武镇北五里。《史记·项羽本纪》：项王"与汉俱临广武而军"。《集解》：孟康曰，"于荥阳筑两城相对为广武，在敖仓西三皇山上"。《元和志》卷8郑州荥泽县：广武山"一名三皇山"。

广武卫　即今安徽滁州市西北五十里广卫。清光绪《滁州志》卷1之3：广武卫保有市。

广武汉墓群　在今山西山阴县南广武城北。地面有墓冢六十多座，直径和高度都在10米以上。历史上塞北地区曾是南北争夺地带，汉代在此设郡屯兵。这一地区有许多处汉墓群，广武墓群为其中较大者。1988年定为全国重点文物保护单位。

广武庄　在今山西交口县西北三十里。明置广武庄巡司。

广武县　①西汉置，属太原郡。治所在今山西代县西南十五里古城村。东汉改属雁门郡。三国魏为雁门郡治。北魏明帝时移治上馆城（今代县）。隋开皇五年（585）为代州治，十八年（598）改为雁门县。

②三国蜀汉置，属阴平郡。治所在今四川青川县西南青溪镇。《三国志·蜀书·廖化传》："先主薨，为丞相参军，后为督广武"。即此。西晋改为平武县。

③十六国后秦置，为广武郡治。治所在今甘肃永登县。隋开皇初改名邑次县，寻复名广武县，属凉州。后又改名邑次县，大业二年（606）改允吾县，六年（610））改为会宁县。唐武德三年（620）复改广武县，属兰州。天宝初属金城郡，乾元初复属兰州。二年（759）改名金城县。

④北魏太和元年（477）置，为偏城郡治。治所在今陕西延安市东北甘谷驿镇附近。北周建德六年（577）改为丰林县。

⑤东魏武定元年（543）置，属东燕州偏城郡。治所在今北京市昌平区西。北齐废。

⑥隋开皇四年（584）置，属郑州。治所在今河南郑州市西北古荥镇北五里。仁寿元年（601）废入荥泽县。

⑦五代晋改唐林县置，属代州。治所在今山西原平市南十四里唐林岗村。后复改唐林县。

⑧金置，属朔州。治所在今山西山阴县南七十里旧广武村。贞祐三年（1215）改属代州。蒙古中统时废。

⑨1931年并荥泽、河阴二县置，属河南省。治所在今河南郑州市西北河阴旧城。1949年废入成皋县。

广武城　①在今山西代县西南十五里古城村。西汉置广武县，此为县治。北魏县治迁上馆城（今代县）。

②在今山西山阴县南雁门关下。有新旧二城。旧广武城始建于汉，在今山阴县城南八十里勾注山下雁门关以北。南北长约500米，东西宽约300米。东、南、西三面修有城门，城墙下部垒石，上部砌砖，高9.3米，底宽16.7米。是防范北方扰敌的军事据点。新城建于明洪武七年（1374），在雁门关北口，依山建造，周长1500米，一半坐落在半山坡，一半修在山前平川，北门外筑有关城一座，是雁门关的山前防卫据点。明清设守备署，有巡查司驻守。广武新旧两城是研究中国军事史的重要实物资料。2006年定为全国重点文物保护单位。

③在今山东无棣县北八十里鬲津河东。《方舆纪要》卷31海丰县：广武城"相传汉初李左车所筑，因名"。

④在今河南荥阳市东北广武山上。战国韩地，后为秦地。有东、西二城。秦亡，刘邦、项羽各屯一城对峙。《史记·项羽本纪》："与汉俱临广武而军。"《正义》引《括地志》云："戴延之《西征记》云，三皇山上有二城，东曰东广武，西曰西广武，各在一山头，相去百步。汴水从广涧中东南流，今涸无水。城各有三面，在敖仓西。郭缘生《述征记》云，一涧横绝上过，名曰广武。相对皆立城堑，遂号东西广武。"《续汉书·郡国志》河南尹荥阳："有广武城。"

⑤在今陕西富平县东北。《魏书·地形志》：频阳县有广武城。《清一统志·西安府二》：广武城"在富平县东北十五里卤原上"。

广武郡　①十六国前凉置，属凉州。治所在广武县（今甘肃永登县）。辖境约当今甘肃永登县地。东晋太元二十年（395）后凉吕光封秃髮乌孤为广武郡公。隆安元年（397）南凉秃发乌孤建都于此（后徙都乐安）。北魏废。《水经·河水注》：逆水"又东南径广武城西。故广武都尉治"。即此。西魏复置，属凉州。治广武县（今甘肃永登县）。隋开皇三年（583）废。

②东魏天平元年（534）置，属北豫州。治所在中牟县（今河南中牟县东）。辖境相当今河南中牟、原阳、新郑等县市地。北周保定五年（565）郡县均

移治圃田城（今河南郑州市东），属荥州。隋开皇初废。

广武埽 今河南荥阳市北广武北古黄河南岸堤埽。为宋代黄河险工段。《宋史·河渠志二》：元丰五年（1082）十月，"提举汴河堤岸司言：'洛口广武埽大河水涨，塌岸，坏下牐斗门，万一入汴，人力无以支梧。密迩都城，可不深虑。'诏都水监官速往护之"。指此。

广武营 即今宁夏青铜峡市西南青铜峡镇广武。明正统九年（1444）筑城。清设游击守备驻防。

广梁武 在今甘肃兰州市西固区西北新城镇青石村北黄河上，为唐兰州五泉县（治所在今甘肃兰州市城关）与广武县（治所在今兰州市永登县城关镇）间黄河上唯一桥梁。《新唐书·吐蕃传》："元鼎逾成纪、武川，抵河广武梁，故时城郭未隳，兰州地皆杭稻，桃李榆柳岑蔚，户皆唐人，见使者麾盖，夹道观。"

广武镇 ①在今山西山阴县南六十五里新广武村。清置巡司于此。

②在今蒙古国东南苏赫巴托省南境。明金幼孜《北征录》：永乐八年（1410），成祖亲征阿鲁台，"至于广武镇，川中有土城基，问人云：'国初征和林时所筑，屯粮于此'"。又《北征后录》：永乐十二年（1414），五月"次广武镇，即哈剌莽来"。

广苕山 在今浙江安吉县（递铺镇）西南二十八里天荒坪镇（山河）。《方舆纪要》卷91孝丰县：广苕山在"县（治今孝丰镇）南三十里。天目正阴，苕水发源处也"。

广郁（鬱）县 西汉置，属郁林郡。治所在今广西凌云县东南。东汉末废。南朝宋复置，属晋兴郡。南齐以后废。

广昌县 ①西汉置，属代郡。治所在今河北涞源县北七里。东汉属中山国。晋仍属代郡。后废。北周大象二年（580）复置广昌县，属灵丘郡，移治今涞源县。隋仁寿初改为飞狐县。大业初属上谷郡。唐属蔚州。明洪武初复名广昌县。清属易州。1914年改名涞源县。

②三国吴分鄱阳县置，属鄱阳郡。治所在今江西鄱阳县北石门街镇。西晋武帝更名广晋县。南宋绍兴八年（1138）复置，属建昌军。治所即今江西广昌县。元属建昌路。明属建昌府。民国初属江西豫章道。1927年直属江西省。

③南齐置，为广昌郡治。治所即今湖北枣阳市。隋仁寿元年（601）改为枣阳县。

④南宋绍兴八年（1138）析南丰县置，属建昌军。治所即今江西广昌县。元属建昌路。明、清属建昌府。民国初属豫章道。1926年直属江西省。

广昌岭 即五回山。在今河北易县西南，与满城县接界。《水经·滱水注》："徐水出广昌县东南大岭下，世谓之广昌岭。"

广昌郡 南齐置，属宁蛮府。治所即今湖北枣阳市。隋开皇初废。

广明县 唐末置，属桂州。治所在今广西临桂县西北五通镇东北。五代晋属溥州。北宋开宝五年（972）废。

广固城 在今山东青州市西北八里尧山之阳。《晋书·地理志》："自永嘉丧乱，青州沦没石氏。东莱人曹嶷为刺史，造广固城。"为青州治所。《元和志》卷10称："有大涧甚广固，故谓之广固。"南燕慕容德建都于此。东晋义熙五年（409）刘裕克广固，城毁。

广牧县 ①西汉置，属朔方郡，为东部都尉治。治所当即今内蒙古五原县西南西土城子古城。东汉末废。《水经·河水注》："南河上承西河，东径临戎县故城北，又东径临河县南，又东径广牧县故城北，径流二百许里，东会于河（北河）。"《元和志》卷4载唐丰州倚郭九原县，"本汉之广牧旧地，东部都尉所理"。

②东汉建安末置，属太原郡。治所在今山西寿阳县西北三十里古城村。西晋后废。

③东晋元帝侨置，为新兴侨郡治。治所在今湖北荆州市荆州区东三十里。隋仁寿元年（601）改名安兴县。

④北魏置，为广牧郡治。治所在今内蒙古鄂尔多斯市杭锦旗西北境。后废。

广牧郡 北魏置，属朔州。治广牧县（在今内蒙古鄂尔多斯市杭锦旗西北境）。

广金岛 在南海中中国西沙群岛西部永乐群岛内，位于琛航岛西300余米。实际上与琛航岛共基于一珊瑚礁盘上。中国渔民向称三脚屿、小三脚屿。1947年公布名称为广金岛，以纪念李准巡海的军舰"广金号"而命名。

广法寺 在今四川金川县南安宁乡北。为金川土司著名喇嘛寺庙。清乾隆《金川琐记》卷1：广法寺"本名雍市喇嘛寺，距崇化屯署三里。由来既久，日就荒废。乾隆四十一年帑项重修，赐名广法寺，并赐御书，'政教恒宣'匾额"。今寺仍存。

广泽 即今蒙古国西南巴彦洪戈尔省图音河注入之鄂罗克湖。《魏书·蠕蠕传》：太平真君十年（449），拓拔焘亲征柔然，高凉王那与吐贺真激战，吐贺真"弃辎重，逾穹隆岭远遁。那收其辎重，引军还，与车驾会于广泽"。

广泽县 隋开皇十年（590）改广德县置，属连州。治所在今广东连山壮族瑶族自治县北。仁寿元年（601）改名连山县。

广宗寺 清乾隆二十二年（1757）建，在今内蒙古阿拉善左旗东南巴润别立镇境内。乾隆二十五年清廷御赐用蒙、汉、满、藏四种文字书写的"广宗寺"匾额。因地处定远营（后改名巴彦浩特）南，俗称南寺。是原阿拉善八大寺中规模最大、名望最高的寺庙，惜在"文化大革命"中被毁。

广宗县 ①东汉永元五年（93）复置广宗国，后为县，属巨鹿郡。治所在今河北威县东南二十里古城。

三国魏属安平郡。西晋属安平国。北魏为广宗郡治。隋仁寿元年（601）改为宗城县。

②南朝宋置，属平原郡。治所在今山东章丘市南文祖镇。北魏属东平原郡。北齐省。

③蒙古宪宗五年（1255）升武道镇置，属邢州。治所即今河北广宗县。元世祖至元二年（1265）废，后复置，属顺德路。明洪武十年（1377）又废，十三年（1380）复置，属顺德府。民国初属直隶大名道。1928年直属河北省。

广宗国　西汉元始二年（2）置，治所在今河北威县东南二十里古城。《汉书·平帝纪》："立代孝王玄孙之子如意为广宗王。"即此。约废于四年。东汉永元五年（93）复置广宗国。不及一年又废。

广宗郡　北魏太和十一年（487）置，属相州。治所在广宗县（今河北威县东南二十里古城）。辖境相当今威县及广宗县地。寻废。孝昌中复置。北齐天保七年（556）废。北周建德七年（578）复置，属贝州。治所在武强县（今威县北）。隋开皇三年（583）废。

广定县　西魏恭帝二年（555）置，为蒲原郡治。治所在今四川蒲江县北一里。隋仁寿元年（601）改为蒲江县。

广城关　一作广成关。本广成聚，西汉置广成苑。东汉中平元年（184）为镇压黄巾起义，置八关，此其一。故址在今河南汝州市西。《后汉书·皇甫嵩传》载：中平元年（184）黄巾军起，"诏敕州郡修理攻守，简练器械，自函谷、大谷、广城、伊阙、轘辕、旋门、孟津、小平津诸关，并置都尉"。

广城县　①南朝宋置，属魏兴郡。治所在今陕西紫阳县南六十里。西魏废帝元年（552）并入宁都县。

②西魏置，属番和郡。治所在今甘肃永昌县境。隋开皇中省入番和县。

③隋开皇十八年（598）改乐城县置，属瀛州。治所在今河北献县西南一里。仁寿元年（601）改名乐寿县。

广荡城　唐南诏置，属永昌节度，为大赕治所。在今缅甸克钦邦北部葡萄。

广南　在今广西龙胜各族自治县西北六十里广南村。清乾隆三十一年（1766）于此设巡司。

广南卫　明洪武二十九年（1396）置，属云南都司。治所即今云南广南县。永乐元年（1403）迁治今云南昆明市。清康熙七年（1668）废。

广南东路　北宋端拱元年（988）分广南路东部地置，治所在广州（今广东广州市）。辖境相当今广东贺江、罗定江、漠阳江以东地区。简称广东。元世祖至元间废入江西等处行中书省。

广南西路　北宋至道三年（997）置，为至道十五路之一。治所在桂州（今广西桂林市）。辖境相当今广西壮族自治区、海南省及广东雷州半岛。元初废入湖广行中书省。

广南西路宣抚司　元世祖至元十三年（1276）以宋广南西路特磨道等地置，属云南行省。治所即今云南广南县。领路城、上林、罗佐、安宁、富宁五州，辖境约当今云南广南、富宁两县及广西西林、田林等县地。方国瑜《中国西南历史地理考释》："以广南西路为地名，实则原属广南西路特磨道之一部分地而已。"后路城、上林、罗佐归来安路，辖境仅当今广南、富宁二县地。明洪武十五年（1382）废为广南府。

广南县　1913年废广南府，改附郭宝宁县为广南县，以府名为县名。后属云南蒙自道。治所即今云南广南县。1929年直属云南省。

广南府　明洪武十五年（1382）改广南西路宣抚司置，属云南布政司。治所即今云南广南县。清乾隆元年（1736）在府治增设宝宁县。1913年废。

广南路　北宋开宝中置岭南转运使，又称广南路。治所在广州（今广东广州市）。辖境相当今广东、广西及海南三省区。端拱元年（988）分置广南西路、广南东路。

广威州　明永乐五年（1407）属交趾布政司。治所在麻笼县（今越南北部和平省底江与沱江之间从善县）。辖境相当今越南和平省部分地。宣德二年（1427），地入安南。

广威县　①北魏孝昌二年（526）置，治所在邯川城（今青海化隆回族自治县南黄河北岸甘都镇）。西魏于此置浇河郡。北周属洮河郡。隋开皇初废。

②唐天宝元年（742）改化成县置，为宁塞郡治。治所在今青海化隆回族自治县西南六十里黄河北岸群科镇古城。乾元元年（758）为廓州治。后陷于吐蕃。

广香水　即今甘肃两当县东庙河。《水经·漾水注》："广香川水，水出南田县利乔山，南流至广香川，谓之广香川水，又南注故道水。"

广顺场　亦名龙子岗。即今四川荣昌县西广顺镇。清光绪《荣昌县志》卷2：广顺场"距城二十里"。

广顺关　一名南关。又称靖安关。明置，属三万卫。即今辽宁开原市东貂皮屯。《方舆纪要》卷37安东卫"镇北关"条下："广顺关在卫东六十九里，靖安堡东。嘉靖中，海西族分道款关，因以镇北曰北关，广顺曰南关。"清初废。民国《奉天通志》卷74开原县："貂皮屯村，村为明广顺关故址。"

广顺州　明万历四十年（1612）改金筑安抚司置，属贵阳府。治所即今贵州长顺县西北广顺镇。1913年改为广顺县。

广顺县　1913年改广顺州置，属贵州黔中道。治所即今贵州长顺县西北广顺镇。1920年直属贵州省。1942年并入长顺县。

广信千户所　明洪武初建，直隶江西都司。故址在今江西上饶县城东北。

广信军　北宋景德元年（1004）改威虏军置，治所在今河北徐水县西二十五里遂城镇。金天会七年

(1129) 改为遂州。

广信县 西汉置，为苍梧郡治。治所即今广西梧州市。隋开皇十年（590）改为苍梧县。

广信府 元至正二十年（1360）朱元璋改信州路置，治所在上饶县（今江西上饶市西北天津桥）。辖境相当今江西贵溪以东的信江流域地。明洪武三年（1370）徙治今上饶市。1912 年废。

广侯国 西汉置，属齐郡。治所在今山东青州市西南。东汉属齐国。西晋属东东莞郡。永嘉后废。

广衍县 战国秦置，属上郡。治所在今内蒙古准格尔旗西南勿尔图沟秦汉古城址。西汉属西河郡。东汉末废。

广胜寺 在今山西洪洞县东北三十四里霍山南麓。东汉建和元年（147）建，名俱卢舍寺。唐大历四年（769）重建，改名广胜寺。元代在相距里许的山下续建广胜下寺，原广胜寺称广胜上寺。明代于上寺增建琉璃飞虹塔。广胜寺是我国古代著名佛寺。寺内的元代壁画，1928 年被盗卖出国，藏于美国堪萨斯城纳尔逊艺术馆。上寺弥勒殿内曾保存有金版大藏经（俗称“赵城藏”），现存北京图书馆。1961 年定为全国重点文物保护单位。

广饶关帝庙大殿 在今山东广饶县城西北隅。始建于南宋建炎二年（1128），大殿三间，面阔 12.63 米，进深 10.7 米，单檐歇山顶。梁架方式为明间六架椽屋，斗拱重昂五铺作，呈宋代建筑风格，是山东现存早期木结构建筑之一。1996 年定为全国重点文物保护单位。

广饶县 ①西汉置，属齐郡。治所在今山东寿光县北。元鼎元年（前 116）封菑川靖王子国为广饶侯。后为县。东汉废。东汉末复置，属齐国。移治今山东广饶县东北二十里。南朝宋复还故治。北魏仍属齐郡。北齐省。

②北齐置，属北海郡。治所在今江苏连云港市东北郁洲岛上。东魏属东海郡。隋仁寿初改名东海县。

③1914 年改乐安县置，属胶东道。治所即今山东广饶县。1925 年改属淄青道。1928 年直属山东省。

广养城 在今河北保定市东。《方舆纪要》卷 12 保定府清苑县：广养城“在府东九里。《城冢记》：城周五里，南有河薮，相传燕昭王筑此城以牧马”。

广洛县 北魏太平真君十年（449）置，属金明郡。治所在今陕西安塞县东南沿河湾镇。《寰宇记》卷 36：“以界有清水所经，故立广洛为名。”隋仁寿元年（601）改名金明县。

广济寺 ①在今北京市西城区阜成门内大街东口。原为金中都北郊的西刘村寺。明天顺元年（1457）重建，改名弘慈广济寺。简称广济寺。此后曾多次扩建。1934 年 1 月火灾，庙内正殿及后殿烧毁大半，次年重建。主要有山门、天王殿、大雄宝殿、观音殿（圆通殿）和藏经阁（舍利阁）等。现为中国佛教协会驻地。2006 年定为全国重点文物保护单位。

②在今辽宁锦州市古塔区老城北街。始建于隋大业辛未年（611），初名普济寺。辽清宁年间（1055—1064）重建，历经明、清多次维修。现存大部分为明、清建筑。以广济寺为主体，包括广济寺塔、天后宫、昭忠祠。寺塔建于辽清宁三年（1057），工艺精美。天后宫建于清雍正三年（1725），为北方地区最大的天后宫，砖、石、木雕刻尤为精美。昭忠祠建于清光绪二十四年（1898），是光绪帝为甲午战争中牺牲的将士所建，为全国仅见。主要建筑还包括广济寺中路的天王殿、大殿以及两侧的北庭、配殿等。这些建筑从各方面反映了当地的历史、科学和文化面貌，具有丰富的内涵和较高的历史研究价值。2001 年广济寺古建筑群被定为全国重点文物保护单位。现为锦州博物馆馆址。

③在今安徽芜湖市赭山西南麓。始建于唐乾宁年间。原名永清寺。北宋大中祥符年间改今名。历代多次修葺，咸丰时毁于兵火，光绪时重建。殿宇依山构筑，分三重，后殿比前殿高 10 余米。世传寺内藏有唐至德二载（757）所铸纪念金地藏（地藏菩萨）的金印。昔时朝九华山者，必先于此进香，故又有小九华之称。寺旁滴翠轩为宋黄庭坚读书处。

广济寺大雄宝殿 在今山西五台县城内西大街。广济寺始建于元至正年间（1341—1368），清乾隆四十三年（1778）重修。原规模宏大，后因年久失修和“文化大革命”期间破坏严重，现仅存大雄宝殿，面阔五间，进深三间，建筑面积 290 平方米，悬山顶，外檐斗拱无横拱，形式各异。柱头上方饰兽面，为地方特有做法。殿内供奉释迦牟尼佛与文殊、普贤菩萨等塑像三十尊，均系元代优秀作品，保存完好。殿前正中为 1.5 米高的石砌月台，东侧有唐代《尊胜陀罗尼经》残幢一座。2001 年广济寺大雄宝殿被定为全国重点文物保护单位。

广济军 北宋太平兴国二年（977）置，治所在今山东定陶县西北四里。四年（979）置定陶县为军治。熙宁四年（1071）军废。元祐元年（1086）复置，金废。

广济县 唐天宝元年（742）改永宁县置，属蕲春郡。治所在今湖北武穴市北六十二里梅川镇。乾元元年（758）属蕲州。南宋绍兴初废为镇，寻复置。元属蕲州路。明属蕲州。清属黄州府。民国初属湖北江汉道。1932 直属湖北省。1953 年移治武穴镇。1987 年改设武穴市。

广济陂 在今四川绵阳市南。《新唐书·地理志》巴西：“南六里有广济陂，引渠溉田百余顷。垂拱四年，长史樊思孝、令夏侯奭因故渠开。”

广济河 即五丈河。北宋开宝六年（973）改名。西起今河南开封市，东经今兰考县北，折东北经山东定陶县至巨野县西北入梁山泊，下接济水。《宋史·河渠志》：“广济河导菏水。自开封历陈留、曹、济、郓，其广五丈，岁漕上供米六十二万石。”金代后堙废。

广济驿 在今浙江江山市南。《方舆纪要》卷 93 常山县：广济驿“在县城东”。《清一统志·衢州府》：广济驿“在江山县南……顺治十二年始移常山之广济驿于此”。

广济桥　俗称湘子桥。在今广东潮州市东门外，横跨韩江。始建于南宋乾道六年（1170），宝庆二年（1226）建成，历时57年。东西两端筑石桥墩十八个，上架石梁作桥面。中间一段，宽约100米，水流湍急，未能架桥，只用小船摆渡。当时取名济川桥。明宣德十年（1435）重修，两端石桥墩增至二十四个，中段用十八只梭形木船连接成浮桥，故称“十八梭船二十四洲”，改称广济桥。是我国较早的一座开关活动式大石桥。清雍正元年（1723）又在浮桥两端石桥墩上置铁牛两只，牛背镌有“镇桥御水”四字，早已不存。1958年由于交通需要，将梭船拆除，改为直通大桥。1980年重铸铁牛一只，置于桥上。1988年定为全国重点文物保护单位。

广济渠　①即隋通济渠。唐改名。《宋史·河渠志》：“汴河，自隋大业初，疏通济渠，引黄河通淮。至唐改名广济。”

②在今河南三门峡市西陕县老城东。《新唐书·地理志》陕州陕县：“有广济渠，武德元年，陕东道大行台金部朗中孙长操所开，引水入城，以代井汲。”《清一统志·陕州直隶州一》：“《州志》：起自州东三十里交口村，堰水入城。金大定间，耶律翼民重浚，今淤。”

③一称广济河。元世祖中统二年（1261）开浚。自今河南济源市东北沁口筑堰断沁水入渠，东南流循古朱沟、沙沟等水，至温县东入黄河。《元史·河渠志》：“广济渠在怀孟路，引沁水以达于河。”二十余年后淤废。天历三年（1330）修复。《清一统志·怀庆府一》：广济河“其在济源、河内者，即古朱沟水。其至温县入河者，即古沙沟水”。故道在今河南济源、沁阳二市及温县境。

④在今河南北部、山东西部沁水与运河之间。明正统中，河决汴梁，东北趋漕河，溃沙湾东堤，由大清河入海。景泰五年（1454），徐有贞主持开浚用以疏导黄河决流的渠道，西接黄河、沁水，东抵张秋（沙湾北十二里），使决流不复东冲沙湾，改自张秋北出济运。弘治后全河南趋入淮，渠道堙废。

广济湖　即大盐泺（泊）。今内蒙古东乌珠穆沁旗西南达布苏诺尔（额吉淖尔盐池）。《辽史·地理志》：上京道有广济湖、（大）盐泺。同书《食货志》：辽国产盐之地有广济湖；《张孝杰传》：“坐私贩广济湖盐削爵。”《武经总要》卷22《北蕃地理》：“大盐泊，周围三百里，东至上京一千五百里，契丹中更名广济湖，虏中呼为麋到斯袅（按：应作“到麋斯袅”，契丹语，意为“盐湖”）。”据此知广济湖即大盐泺，《辽志》误分为二。

广济墟　在今广东东莞市西南虎门镇。清同治《广东图说》卷4东莞县：“三司额外外委一员，分防广济墟汛。”清末置虎门厅于此。

广洋湖　在今江苏宝应县东南五十里。《方舆纪要》卷23宝应县：广洋湖“东西十里，南北三里，东南通沈垛港，入博支湖，西南接漳河，北连章思荡，东北会三王沟。县境之水，多汇于此。东北达射阳湖，以注于海”。

广贺罕　在今云南瑞丽市东十二里。明代麓川平缅宣慰司尝迁治于此。

广柔县　西汉元鼎六年（前111）置，属汶山郡。治所在今四川理县东北桃坪乡古城村。地节二年（前68）属蜀郡。《后汉书·杨由传》：建初间，“广柔县蛮夷反，杀伤长吏，郡发库兵击之”。三国蜀汉属汶山郡。西晋永嘉后废。

广都　战国蜀之别都。在今四川双流县东中和镇。东晋常璩《华阳国志·蜀志》：“蜀以成都、广都、新都为三都，号名城。”秦蜀郡太守李冰“穿广都盐井、诸陂池，蜀于是盛有养生之饶焉”。西汉于此置广都县。

广都县　①西汉元朔二年（前127）置，属蜀郡。治所在今四川双流县东中和镇。《晋书·李特载记》：永宁元年（301），李特“进攻成都。……（赵）廞独与妻子乘小船，走至广都，为下人朱竺所杀”。即此。东晋移治今双流县东北十里。后又移今双流县。隋仁寿元年（601）改为双流县。

②十六国后燕置，属昌黎郡。治所即今辽宁建昌县。北魏属建德郡。北齐废。

③北魏兴和中置，属建德郡。寄治英雄城（今河北徐水县西遂城）。北齐废。

④唐龙朔二年（662）析双流县置，属益州。治所在今四川双流县东南华阳镇（旧名中兴场）。至德二年（757）属成都府。《资治通鉴》：唐龙纪元年（889）十二月，“王建败山行章及西川骑将宋行能于广都”。即此。元废入双流县。

广晋县　①西晋太康元年（280）以广昌县改名，为鄱阳郡治。治所在今江西鄱阳县北石门街镇。南齐属鄱阳郡。陈废。唐武德四年（621）复置，属浩州。八年（625）并入鄱阳县。

②五代晋天福初改贵乡县置，为广晋府治。治所在今河北大名县东北大街乡（旧府城）。后汉乾祐初改名大名县。

广晋府　五代晋天福二年（937）改兴唐府置，治元城、广晋二县（今河北大名县东北大街乡）。后汉乾祐初改名大名府。

广晋镇　北宋置，属穰县。在今河南邓州市境。

广桥寨　在今福建仙游县西南。《清一统志·兴化府》：广桥寨“在仙游县西南二十里。路当晋江、南安、安溪之冲，设木为寨。其南为南关寨。皆里人魏昇鸠工造设”。

广夏门　十六国后凉都城姑臧城（今甘肃武威市）西门。《晋书·吕纂载记》：吕纂“夜率壮士数百，逾北城，攻广夏门”。即此。

广恩县　北周置，为广恩郡治。治所在今甘肃碌曲县东双岔乡。隋开皇初郡废，县属旭州。仁寿元年

(601) 改为洮河县。

广恩郡　北周置，属旭州。治所在广恩县（今甘肃碌曲县东双岔乡）。隋开皇初废。

广恩镇　唐初废洮阳县置，属临潭县。在今甘肃碌曲县东双岔乡。《元和志》卷39洮州临潭县："广恩镇，在县西一百八十里。"

广积监　北宋绍圣三年（1096）置，属施州。治所在今湖北恩施市境。铸铁钱。元废。

广海卫　明洪武二十七年（1394）置，属广东都司。治所在今广东台山市南广海镇。清康熙二十三年（1674）置营，属阳江镇。设游击防守。乾隆元年（1736）设巡检，嘉庆二十二年（1817）改置主簿。

广海寨　即今广东台山市南广海镇。明设广海卫。清有主簿驻此。

广润县　隋开皇十八年（598）改建安县置，属灵州。治所在今宁夏平罗县西南。仁寿元年（601）改名灵武县。

广润陂　在今河北赵县东。《新唐书·地理志》平棘县："东二里有广润陂，引太白渠以注之，东南二十里有毕泓，皆永徽五年令弓志元开，以蓄泄水利。"

广宴亭　在今湖北武汉市武昌西樊山。《清一统志·武昌府二》：广宴亭"在武昌县西樊山。唐广德中，樊口津吏欲为候舍，元结验之图记，以为故孙吴游宴地，乃谕县令马珦建亭，名曰广宴。结为之记"。

广陵　战国楚地，在今江苏扬州市西北蜀冈上。《史记·六国年表》：楚怀王十年（前319）"城广陵"。即此。

广陵县　①战国楚置。始皇二十三年（前224）入秦，属东海郡。治所在今江苏扬州市西北蜀冈上。西汉为广陵国治。东汉为广陵郡治。隋开皇十八年（598）改为邗江县。五代南唐又改江阳县为广陵县，治所即今扬州市。北宋熙宁五年（1072）省入江都县。南宋初复置，元又废。今蜀冈上有古城遗址。

②南朝宋置，属苍梧郡。治所当在今广西苍梧、昭平、岑溪等县市境。南齐作广宁县。后废。

③五代唐同光二年（924）置，属蔚州。治所即今山西广灵县。金改为广灵县。

广陵国　西汉武帝元狩六年（前117）析广陵郡置，治所在广陵县（今江苏扬州市西北蜀冈上）。辖境相当今江苏扬州、江都、高邮、宝应、金湖等市县地。东汉建武十八年（42）改为广陵郡。

广陵城　①即今河南息县。南北朝时为双方争夺要地。北魏于此置东豫州。《魏书·地形志》：东豫州"太和十九年（495）置，治广陵城"。孝昌三年（527）属梁，相继置西豫州、淮州于此。《周书·宣帝纪》："梁士彦拔广陵。"于此置息州。

②在今河北文安县西北十二里。《方舆纪要》卷11文安县：广陵城"宋时聚粮于此，以守益津关"。

广陵郡　①西汉元狩二年（前121）置，治所在广陵县（今江苏扬州市西北蜀冈上）。六年分置广陵国、临淮郡。东汉建武十八年（42）改广陵国置郡，治所在广陵县（今江苏扬州市西北蜀冈上）。东汉末移治射阳县（今江苏宝应县东北射阳镇）。三国魏移治淮阴县（今江苏淮安市淮阴区西南甘罗城）。东晋时还治广陵县。隋开皇初废。唐天宝元年（742）又改扬州为广陵郡，治所在江都县（今江苏扬州市）。乾元元年（758）复为扬州。

②东魏兴和中析东豫州置，治所在宋安县（今河南息县）。北周废。

广陵溪　在今浙江桐庐县北。宋《景定严州续志》卷9分水县：广陵溪"在县东六十里招延乡，源出新城县"。《方舆纪要》卷90分水县：广陵溪"源出新城县广陵乡……下流皆汇于天目溪"。

广陵镇　①金置，属寿光县。即今山东寿光市东北三十五里大广陵村。

②即今江苏泰兴市东南四十里曲霞镇。清光绪《通州直隶州志》卷1泰兴县：东南"四十里曰路庄，曰广陵镇"。

广通仓　隋开皇三年（583）建，在今陕西华阴市东北渭河入黄河口处。大业初改名永丰仓。

广通坝　一名东坝。即今江苏高淳县东坝镇。明洪武二十五年（1392）筑，称广通坝。嘉靖三十五年（1556）在其东十里增筑下坝，故广通坝又名上坝。

广通县　①隋开皇初改齐通县置，属嘉州。治所即今四川眉山市。仁寿元年（601）改为通义县。

②元至元十二年（1275）改路赕千户置，属南安州。治所在今云南禄丰县西六十六里广通镇。民国《广通县查报省志资料册》："元改广通县，虽华言，实以道通西迤，随意名之，无深义可求。"明、清改属楚雄府。民国初属云南滇中道。1929年直属云南省。1953年迁治一平浪镇（今禄丰县西三十六里）。1958年撤销，并入禄丰县。

广通渠　在今陕西省渭河南。《隋书·食货志》：开皇四年（584），"命宇文恺率水工凿渠，引渭水，自大兴城（今西安市）东至潼关，三百余里，名曰广通渠。转运通利，关内赖之"。因渠经渭口广通仓下，故名。又因是汉时漕渠故道，仍习称漕渠。后以渠下人民颇受其利，亦名富民渠。仁寿四年（604）改为永通渠。

广通镇　又名东坝。明置，属高淳县。即今江苏高淳县东南东坝镇。明、清置巡司于此。

广教寺双塔　在今安徽宣城市北敬亭山南麓。建于北宋绍圣三年（1096）。两塔东西对峙若门阙，各七层，高约20米。平面呈四方形，砖砌仿木结构，除底层三面门外，以上每层四面开门，半木檐、木楼板。塔身砌有佛像、阑额、圆拱门等。塔内嵌有宋代苏轼楷书《观自在菩萨如意陀罗经》石刻。1988年定为全国重点文物保护单位。

广戚县　东汉改广戚侯国为县，属彭城国。治所即今山东微山县（夏镇）。三国时属沛国。西晋仍属彭城国。东晋废。

广戚侯国　西汉置，属沛郡。治所即今山东微山县（夏镇）。东汉改为广戚县。

广野亭　在今山东巨野县东北。《史记·郦生陆贾列传》：沛公“号郦食其为广野君”。《方舆纪要》卷33济宁州巨野县：“韦昭曰，山阳有广野亭。”

广鹿岛　亦作光禄岛。即今辽宁长海县西南广鹿岛，岛上有广鹿乡。明《辽东志》卷1：“广鹿岛去（金州卫）城二百里。”

广望侯国　西汉置，属涿郡。治所在今河北清苑县西南五十里。东汉废。《水经·滱水注》：“博水又东径白堤亭南，又东径广望县故城北。汉武帝元朔二年，封中山靖王子刘忠为侯国。”即此。

广梁郡　南朝梁绍泰元年（555）置，治所在石封县（今安徽广德县）。陈永定二年（558）改为陈留郡。《陈书·陈详传》：“高祖东征杜龛，详别下安吉、原乡、故鄣三县。龛平，以功授散骑侍郎、假节、雄信将军、青州刺史，资割故鄣、广德置广梁郡，以详为太守。高祖践祚，改广梁为陈留，又以为陈留太守。”

广惠寺　①在今河北正定县城内生民街路东。《清一统志·正定府》：广惠寺“在正定县东南。一名华塔寺。《旧志》：唐贞元中建。本朝乾隆十五年，高宗纯皇帝圣驾自河南回銮，有《登正定广惠寺多宝塔御制诗》，并考据寺碑，知寺曾修于唐而实建于隋，以正旧志之误。御书匾额曰‘妙光演教’”。广惠寺华塔，又名多宝塔。1961年定为全国重点文物保护单位。

②在今浙江杭州市萧山区玉峰山下。《清一统志·绍兴府一》：广惠寺“在萧山县玉峰山下。梁大同三年建。名安禅寺。宋景德二年，改广惠禅院。范仲淹有《寄题溪口广惠院》诗”。

广惠监　北宋置，为铸铁钱监，属南平军。在今重庆市綦江县南一百二十里赶水镇西南。《舆地纪胜》卷180南平军：“铸钱监在军西南一里许。渡溪而上于归正坝、松岭塥等处取铁，岁铸钱四万贯。自元丰二年吴洪申请后，增铸至六万贯，名广惠监。绍熙末，郡守张鼎以取铁炭远，鼓铸不充，遂废。”

广惠䃮　在今江苏盐城市东三里。《方舆纪要》卷22盐城县：广惠䃮“旧名白波湫运河。水涨则自此决泄入海，以杀水势；夏秋海潮浩大，亦由此冲入侵田。宋淳熙六年，摄县事教授刘炜始用砖石甃砌，名曰广惠。明万历四年，河臣王宗沐修盐城石䃮海口，以疏运河涨水入海之路”。即此。

广雅书院　在今广东广州市西村。由两广总督张之洞倡办。清光绪十四年（1888）建成。1901年改为两广大学堂，1903年改为两广高等学堂，后又改为广雅中学。书院由于历经兵燹，绝大多数建筑及文物已荡然无存。今仅存山长楼一座及残破不堪的濂溪先生祠。现今的冠冕楼是1935年黄麟书重建的。

广雅滩　在南海中中国南沙群岛西部，位于南薇滩西北约64海里。西北至东南长26公里，宽13公里。各处水深度不等，有数处礁斑水深在15—19米之间。1935年公布名称为比邻无畏滩。1947年改名广雅滩。

广富林镇　本名皇甫林，后讹为广富林。亦作广福林。在今上海市松江区西北十四里。《方舆纪要》卷24松江府青浦县“黄渡镇”条：“广富林市在县东南三十二里细林山南，亦华亭分界处也。”光绪《江苏全省舆图》青浦县：“广富林镇在城南二十八里。”

广漠镇　亦作广漠戍。在今内蒙古科尔沁右翼前旗东北。明金幼孜《北征录》：永乐八年（1410），成祖北征，六月“十三日次广漠戍，归大营。上逐虏于山谷间，复大败之，久方回营。……十四日发广漠戍”。《方舆纪要》卷45：广漠镇“在碛北。永乐九（八）年北征，还至广漠镇渡河。蒙古阿鲁台来袭，与战败遁，上度其必再至，乃伏兵数百于河西柳林中，敌果至，复败去”。

广源州　唐末改平原州置，属安南都护府。治所在今越南北端高平省广渊县。北宋为羁縻州。《宋史·广源州蛮侬氏》：“（广源）州在邕州西南郁江之源，地峭绝深阻，产黄金、丹砂，颇有邑居聚落。……唐邕管经略使徐申厚抚之，黄氏纳质，而十三部二十九州之蛮皆定。自交趾蛮据有安南，而广源虽号邕管羁縻州，其实服役于交趾。”

广溪峡　即长江三峡之瞿塘峡。在今重庆市奉节县东十三里。《水经·江水注》：“江水又东径广溪峡，斯乃三峡之首也。其间三十里，颓岩倚木，厥势殆交。”唐《杨炯集》卷2《广溪峡》诗云：“广溪三峡首，旷望兼川陆。山路绕羊肠，江城镇鱼复。”

广福山　在今湖南武冈市北三十里。《方舆纪要》卷81武冈州：广福山“山峰峻拔，石洞深邃”。

广福乡　即今广东蕉岭县北广福镇。清光绪《广东舆地全图》镇平县图：县北有广福乡、罗冈司。

广福县　即安富县。在今湖北郧县东南。《隋书·地理志》淅阳郡安福县：“梁置，曰广福，并为郡。”广福应为安富之讹。

广福郡　即安富郡。治所在广福县（今湖北郧县东南）。《隋书·地理志》安福县：“梁置曰广福，并为郡。”广福为安富之讹。

广福镇　①又名杨溪。即今上海市宝山区西三十里广福。《方舆纪要》卷24苏州府嘉定县“南翔镇”条下记：“嘉靖二十三年，倭贼犯南翔、广福。”即此。

②明置，属遂宁县。在今四川遂宁市西南。《方舆纪要》卷71遂宁县：广福镇“在县西百里。有盐课司”。

③即今四川中江县东南广福镇。民国《中江县志》卷2：广福镇在“治南一百二十里”。

广熙郡 南齐置，属广州。治所在龙乡县（今广东罗定市南百里）。南朝梁移治安遂县（今广东郁南县东南连滩镇）。隋废。

广慧寺 原名郭隆寺，亦曰古隆寺。藏语意即鹰沟。在今青海大通回族土族自治县东北。《清一统志·西宁府二》：广慧寺"在西宁县北一百三十里。旧名尔郭隆寺。本朝雍正四年赐额佑宁寺。乾隆十四年御书真如权应扁额。三十五年赐今名"。同治年间被焚毁。民国四年（1915）重建。

广德王国 西汉鸿嘉二年（前19）封中山宪王孙云客于黟县，为广德王。治所在今安徽黟县东五里。建平三年（前4）以云客弟广汉绍封为广平王。王莽始建国元年（9）废。

广德寺 ①原名云居寺。在今湖北襄阳市襄阳城西二十六里。建于隋唐时期。唐皮日休《过云居寺玄福上人旧居》诗指此。明景泰年间重修后改名广德寺。现存大殿及殿后之多宝塔。大殿为单檐硬山顶式，系清代重修。多宝塔建于明弘治七年（1494）至九年间，为砖石结构，通高17米。台座八角形，高10余米。四面券门，南面嵌"多宝佛塔"石匾一方。台座上分立高约7米的五塔，正中一塔为覆钵式塔，体量较大，四隅小塔为六角形密檐式实心塔。塔下有雕刻精细的石制须弥座。广德寺多宝塔1988年定为全国重点文物保护单位。

②在今四川遂宁市西郊卧龙山麓。始建于唐，名普济寺（禅林寺），北宋改为广利寺，明改为广德寺。《舆地纪胜》卷155遂宁府：广利寺"在小溪县西五里。岩壑之胜，甲于一方"。今寺为明、清建，为七殿一坊一桥的九重宫殿式建筑。多为明代建筑群体，至今保存完好。内有宋建舍利塔，宋至清碑数通。2006年定为全国重点文物保护单位。

广德州 明洪武四年（1371）改广兴府置，直隶京师。治所在广德县（今安徽广德县）。辖境相当今安徽广德、郎溪二县地。洪武十三年（1380）废广德县入州。清属安徽省。1912年废州为广德县。

广德军 五代南唐保大八年（950）于广德县置广德制置司。北宋太平兴国四年（979）升为广德军，治所在广德县（今安徽广德县）。辖境相当今安徽广德、郎溪二县地。元至元十四年（1277）改为广德路。

广德县 ①东汉末吴分故鄣县置，属丹阳郡。治所在今安徽广德县西南。以西汉鸿嘉二年（前19）在黟县所置广德王国为名。西晋属宣城郡。南朝梁属广梁郡。陈属陈留郡。隋开皇九年（589）并入石封县。唐至德二年（757）改绥安复置，治所即今广德县。北宋太平兴国四年（979）为广德军治。元为广德路治。至正十六年（1356）朱元璋改为广阳县，为广兴府治。明洪武四年（1371）复为广德县，为广德州治。十三年（1380）废入广德州。1912年废州为广德县。民国初属安徽芜湖道。1928年直属安徽省。

②南朝梁置，属阳山郡。治所在今广东连山壮族瑶族自治县北。隋开皇十年（590）改名广泽县。

③唐武德元年（618）分安康县置，属西安州（后改直州）。治所在今陕西汉阴县东。贞观元年（627）废。

广德宫 北魏行宫。在今内蒙古呼和浩特市北阴山后。太平真君三年（442）六月，南秦王杨难当为刘宋所败，朝于北宫。《魏书·世祖纪》载："先是起殿于阴山之北，殿始成而难当至，因名曰广德焉。"

广德湖 在今浙江宁波市鄞州区西部横街镇北、高桥乡南。旧名莺脰湖，约形成于南朝齐、梁之际。唐大历八年（773）更名广德湖。《新唐书·地理志》明州鄮县："西十二里有广德湖，溉田四百顷，贞元九年刺史任侗因故迹增修。"北宋建隆、熙宁年间曾两次疏浚，溉田扩及二千顷。政和八年（1118）后垦废。

广德路 元世祖至元十四年（1277）改广德军置，属江浙行省。治所在广德县（今安徽广德县）。辖境相当今安徽广德、郎溪二县地。明初改为广德直隶州。

广魏县 亦作小广魏县。西魏改广汉县置，属涌泉郡。治所在今四川射洪县南六十里柳树镇。后又改为广汉县。隋开皇初废入通泉县。

广魏郡 三国魏置，属雍州。治所在临渭县（今甘肃天水市东北，南临渭水）。辖境相当今甘肃静宁、通渭、庄浪、张家川、清水等县地及天水市东部。西晋泰始中改名略阳郡。

门 西藏古地区名。《唐蕃会盟碑·碑阴（藏文）》："（吐蕃）南方之门、天竺，西方之大食，北方之突厥……"，此指吐蕃王朝（约629—842）南境毗邻之门地区，在今西藏错那县以南的门达旺等喜马拉雅山麓之门域地区。

门山县 北周大象元年（579）分汾川、云岩二县置，属乐川郡。治所在今陕西延长县东南一百二十里门山村。《元和志》卷3门山县："北有山，形似门，因以为名。"隋属延安郡。唐属丹州，武德八年（625）移治宋斯堡，在门山村北五里。广德二年（764）改属延州，仍迁治门山村。元世祖至元六年（1269）并入宜川县。

门水 一名弘农涧。即今河南灵宝市东宏农涧河或涧河。《山海经·中山经·中次六经》：阳华之山"门水出焉，而东北流注于河"。《水经·河水注》：门水"北径宏农县故城东，其水侧城北流而注于河"。

门斗山 在今四川泸县（福集镇）东顺河乡北。民国《泸县志》卷1：门斗山"山势崀岃如列门，故名"。产铁。

门头村 又名馒头村。在今北京市海淀西十六里。清《日下旧闻考》卷103引《燕都游览志》："以其地为西山门径，故名。"

门州 唐置羁縻州，属安南都护府。治所在今越南谅山省同登。北宋后废。

门村　即今山东平度市西二十里门村镇。清道光《平度县志》卷9有门村。以门姓得名。

门村山砦　在今广东化州市北境。《方舆纪要》卷104化州：门村山砦“在州境。《志》云：州境瑶山凡五十有一，向皆分兵戍守”。

门板湾遗址　在今湖北应城市西南六里，是一处以城址为中心，包含城外数个半从属聚落的大型聚落遗址。面积达110万平方米。城外聚落以许家老屋台保存最好，属环濠台地，遗迹遗物丰富。位于遗址中部的古城址平面略呈方形，面积约20万平方米。西垣保存最好，残高3—4米，城垣外有壕沟。城内东北和西北部各有一个面积较大的高台地。城址内发现大型房屋建筑，面阔16.5米，进深7米，土坯砖砌墙，残高平均1.5米，最高处达2.2米。房屋内分四室，外有走廊、门窗及火膛等，皆保存较好。房子周围有由围墙构成的大院落，面积450平方米。这是迄今发现的新石器时代保存最好的建筑，对研究中国南方地区建筑史有重要价值。门板湾遗址对史前聚落考古及文明进程的研究均有重要意义。2001年定为全国重点文物保护单位。

门岭县　又称筠岭县。1933年7月江西革命根据地由会昌县南部和寻邬县北部析置，治所在筠门岭圩（今江西会昌县南筠门岭镇）。1934年5月废。

门波城　唐南诏置，属镇西节度。在今缅甸昔董。南诏后期属丽水节度。

门毒国　在今越南中部归仁、芽庄之间，是古代中西交通沿海航线要地。《新唐书·地理志》广州通海夷道：“（占不劳山）又南二日行至陵山。又一日行，至门毒门。”

门面山　在今黑龙江省巴彦县东北少陵河北。民国徐曦《东三省纪略》卷10：“门面山产煤。”

门扇峡　在今湖北巴东县西。《方舆纪要》卷78巴东县“东奔峡”条下：“门扇峡在县西三十里，夏秋水泛，涡漩极险。”

门隅　在今西藏南部。西界不丹，东界珞渝，南邻印度。藏语意为山谷之地。门隅是藏族对门巴族居住区的称呼。五世达赖时派遣梅惹喇嘛对门隅行使政教统治，划分三十二个错、定（行政区划通名）。有勒布四错、邦金六定（定比错稍小）、达巴八错、降喀四错、扎南六错、打隆四错。1951年门隅南部先后被印度政府非法占领。

门楼集　即今山东烟台市西南门楼镇。旧属福山县。清光绪《山东通志》卷2《舆图志》：福山县南有门楼集。民国《福山县志稿》卷1《镇集》：门楼集“在县（治今福山镇）南十五里”。

门辟村　在今广东汕头市潮阳区西北六十里。明洪武二年（1369）设巡司于此。

丫八石山　在今辽宁凌海市西北。《清一统志·锦州府一》：丫八石山“在锦县（今锦州市）北三十里。数峰插云，峰后有洞，深不可测，山上有石柱九，相传辽萧太后梳妆楼故址”。

丫头沟镇　在今河北平泉县西南三十五里雅图沟。清于此设把总驻守。《清史稿·地理志》：承德府平泉州有“丫头沟”镇。即此。

丫角岭　在今广东电白县东北。《方舆纪要》卷104电白县：丫角岭“在今县（治今电城镇）北五十里。双峰并峙，山色苍翠”。

丫角庙市　即今湖北荆州市东（江陵区东北）丫角乡。清设县丞驻此。

丫岩砦　在今江西横峰县东五里。明属兴安县，置巡司于此。

丫河镇　即今江苏常州市武进区西南十八里丫河镇。清光绪《江苏全省舆地图》阳湖县：“丫河桥在城西南二十六里。”民国《江苏六十一县志》：武进县西南有“丫河镇”。

丫髻山　①俗称东山。在今北京市平谷区西北刘家店镇北部。为京东名胜，与京西妙峰山齐名。旧属怀柔县，1946年划归平谷。山上有碧霞元君庙。清康熙《丫髻山玉皇阁碑》称：“距京师百里有山曰丫髻，隶怀柔县。两峰高矗，望之如髻，故得是名，自元、明以来，号为近畿福地。因上有碧霞元君之祠，是以每岁孟夏，四方之民会此祈祷者，骈肩叠迹，不可胜计。”《燕京岁时记》亦载：“丫髻山碧霞元君庙在京城东北怀柔县界。每岁四月，自初一日起，开庙半月，繁盛亚于妙峰，而山景过之。都人谓之东山。”

②在今广东广州市花都区（新华镇）西北。双峰高耸，形似丫髻，故名。《清一统志·广州府》：丫髻山“在花县（今花山镇）西南三十二里。狮岭司西，上有雩台，旱祷辄应”。

义山　①在今江苏宜兴市东南。《方舆纪要》卷25常州府宜兴县：义山“在县东八十里。东临太湖，西抵县南六十里之垂脚岭，入（浙江）长兴县界”。

②在今江西永新县东南。《寰宇记》卷109吉州永新县：义山“在县东南二十里。峰峦相顾，若有长幼之序，故名。唐天宝初改为永新山”。《方舆纪要》卷87吉安府永新县：义山“一名永新山。《纪胜》云，永新山三峰相顾，势若龙回。本名龙头山，天宝六载改曰永新。其山周回三百里，远峰去县九十里，即泰和王山也；近峰去县二十里，即义山也”。

③即尧山。今山东青州西北尧王山。尧河出此。《汉书·地理志》甾川国剧县：“义山，蕤水所出。”

④一名仪山。俗名回头山。在今甘肃华亭县东二里。唐置义宁军，五代置义州，以此山名。《方舆纪要》卷58华亭县：义山“唐以此名军”。

义山县　唐天宝元年（742）改马岭县置，属怀泽郡。治所在今广西贵港市西北八十里。乾元元年（758）属贵州。北宋开宝五年（972）省入郁林县。

义川水 在今江西安福县西。《方舆纪要》卷87吉安府安福县：义川水"在县西。一名南溪水。源出袁州府萍乡县。又湖广攸县水亦流合焉，达永新县界，下流合禾水，会流庐陵县神冈山下。水奔涌善溃决，岁啮民田无算。天顺间，乡人刘岳常捐资凿石数里，通舟楫，驯不为害，因名曰义川"。

义川县 ①西魏大统三年（537）置，为义川郡治。治所在今陕西宜川县东北郭下村。北周改名丹阳县。隋开皇初复名义川县，为丹州治。大业初属延安郡。唐永徽二年（651）移治赤石川（即今宜川县），为丹州治。天宝元年（742）为咸宁郡治，乾元元年（758）复为丹州治。宋太平兴国元年（976）改为宜川县。

②唐贞观五年（631）置，后属羁縻炎州。治所在今四川茂县或黑水县地。后废。

③北宋初改汉川县置，属安州。治所在今湖北汉川市北二十六里刘家隔镇。太平兴国二年（977）改名汉川县。

义川郡 ①西魏大统三年（537）置，属汾州（后改丹州）。治所在义川县（今陕西宜川县东北郭下村）。辖境相当今陕西宜川县地。北周改为丹阳郡。

②西魏末改洛安郡置，为东义州治。治所在卢氏县（今河南卢氏县）。隋开皇初废。

义门县 唐武德二年（619）置，为南平州治。治所在今陕西延川县西。四年（621）废。

义门镇 明置，属亳州。即今安徽涡阳县西北四十六里义门镇。明、清置巡司于此。

义马村 原为驿马村。俗讹为益马村。在今河南义马市东南。中华人民共和国成立后建成义马煤矿区。1981年置义马市，因义马矿区为名。

义乡山 在今浙江长兴县西北六十里，与江苏宜兴市接界。《方舆纪要》卷91长兴县：义乡山"晋太守周玘举义兵，平石冰、陈敏诸贼，立义乡县于山下，山因以名"。

义乡县 ①西晋永兴元年（304）分长城县置，属义兴郡。治所在今浙江长兴县西北，与江苏宜兴市接界。隋废。

②南朝梁置，属上川郡。治所在今河南桐柏县东。隋开皇十八年（598）废入桐柏县。

③西魏置，属偏城郡。治所在今陕西延长县西南。隋大业中废。唐武德二年（619）复置，属北连州。贞观二年（628）废入延安县。

④隋开皇十一年（591）改新冶县置，属熙州。治所即今安徽望江县。十八年（598）改名望江县。

义丰（豐）乡 在今浙江永康市西南八里麻车头。明置巡司于此。后废。

义丰（豐）场 在今江西石城县西南。北宋天圣四年（1026）以其地产银置义丰场。

义丰（豐）县 ①隋开皇六年（586）置，属定州。治所即今河北安国市。唐万岁通天二年（697）改名立节县，神龙元年（705）复名义丰县。北宋太平兴国初改为蒲阴县。

②唐武德四年（621）置，属南晋州。治所在今湖北黄梅县南。武德八年（625）废。

③辽置，为滦州治。治所即今河北滦县。元世祖至元二年（1265）废入滦州，三年复置。明洪武二年（1396）废。

④辽重熙元年（1032）改义州置，属永州。治所在今内蒙古翁牛特旗东北西拉木伦河南。后废。

⑤辽重熙元年（1032）置，属庆州。治所在今内蒙古林西县或巴林右旗境。后改名富义县。

义井河 ①又名白洋河。即今山东栖霞、烟台二市境之白洋河。《明史·地理志》福山县："西南有义井河，北入海。"其上源曰大河。栖霞县"南有翠屏山，大河出焉，即义井河之上源"。

②在今湖北麻城市东百里。《方舆纪要》卷76麻城县：义井河"源出固始县界，流入黄冈县之巴河"。

义井堡 即今山西神池县西义井镇。《清一统志·宁武府》：义井堡"在神池县西四十里"。

义水 即今山西汾阳市南之虢义河。源于孝义市西北，东流经汾阳市南入汾水。《方舆纪要》卷42孝义县："义水在县北十五里。亦出狐岐山，东流经此，一名行春川。流入汾阳县境，分为善利、得利、分利、丰义、紫金五渠堰，其溉田数百顷，又东入于汾。"

义乌县 唐武德七年（624）改乌伤县置，属婺州。治所即今浙江义乌市。元属婺州路。明、清属金华府。民国初属浙江金华道。1927年直属浙江省。1988年改设义乌市。

义立县 ①南朝宋置，属乐昌郡。治所在今广东四会市北。隋大业初废。

②南齐置，属晋康郡。治所当在今广东德庆、郁南、罗定等市县境。隋开皇中废。

义头口 在今河北灵寿县西北七十里。明置义头镇巡司。

义宁 古国名。五代唐天成四年（929），杨干贞废赵善政自立，改号大义宁。都阳苴咩城（今云南大理市北二十六里大理古城）。辖境比今云南全省大。后晋天福二年（937）为贵族段思平所灭。

义宁州 清嘉庆六年（1801）改宁州置，属南昌府。治所即今江西修水县。辖今江西修水县地。1912年改为义宁县。

义宁军 ①唐大历八年（773）置，治所在华亭县（今甘肃华亭县）。《资治通鉴》：唐大历十年（775），"凤翔节度使李抱玉奏破吐蕃于义宁"。即此。

②唐乾符五年（878）置，治所在今福建建宁县西里心。后降为永宁镇。

③南宋建炎四年（1130）置，治所在分宁县（今江西修水县）。寻废。

义宁县 ①南朝宋元嘉二十七年（450）置，属新会郡。治所在今广东开平市西北天露山东。隋属南海郡。唐武德五年（622）属冈州，开元二十三年（735）属广州。北宋移治今江门市新会区西南，太平兴国二年（977）改为信安县。

②南齐置，属义安郡。治所在今湖北襄阳市襄城区西。后废。

③南齐置，属武昌郡。寄治鄂县（今湖北鄂州市西南）。后废。

④北魏建义元年（528）置，属义宁郡。治所在今山西安泽县北二十六里和川镇。隋开皇十八年（598）改为和川县。

⑤五代晋天福八年（943）升归义场置，属桂州。治所在广西临桂县西北五通镇。北宋开宝五年（972）废，次年复置。南宋属静江府。元属静江路。明属桂林府。民国初属广西桂林道。1928年直属广西省。1951年并入临桂、灵川二县。

⑥1912年改义宁州置，属江西省。治所即今江西修水县。1914年改为修水县。

义宁驿 明洪武三年（1370）置，属崖州。在今海南省三亚市西北崖城镇。《方舆纪要》卷105崖州：义宁驿“在州城西”。

义宁郡 ①北魏建义元年（528）置，属晋州。治所在沁源县（今山西沁源县）。辖境相当今山西沁源、安泽、古县等县地。隋开皇初废，义宁元年（617）复置。唐武德元年（618）改为沁州。

②唐天宝元年（742）改冈州置，治所在新会县（今广东江门市新会区）。乾元元年（758）复为广州。

义台（臺） 即野台。在今河北新乐市东北。《魏书·太祖纪》：皇始二年（397），“帝临其营，战于义台坞，大破之”。即此。《史记·赵世家》引《括地志》云：“野台一名义台。”又，《清一统志·正定府》“义台”条引《新乐县旧志》：“有伏羲城在县（按：今县东北承安镇）西南十五里。中有羲台，东西十五丈，南北二十五丈，上有羲皇古庙，其北有洗儿池，相传炎帝生此。盖此义台，后人讹义为羲，遂传会其说耳。”

义成军 唐、五代方镇名。唐贞元元年（785）改永平军置，治所在滑州（今河南滑县东南八里城关）。领滑、郑（今河南郑州市）、陈（今河南淮阳县）三州。光启二年（886）改为宣义军。五代唐复为义成军。北宋初废。

义成县 ①东汉改义成侯国置，属九江郡。治所在今安徽怀远县东北十五里拖城。西晋属淮南郡。东晋后废。北魏复置，属临淮郡。北齐废。

②东晋孝武帝侨置，为义成侨郡治。寄治襄阳（今湖北襄阳市汉水南襄阳城）。南朝宋移治均（今湖北丹江口市）。隋移治今湖北谷城县。开皇十八年（598）改为谷城县。

义成侯国 西汉竟宁元年（前33）置，属沛郡。治所在今安徽怀远县东北十五里拖城。东汉改为义成县。

义成郡 东晋孝武帝侨置，侨治襄阳（今湖北襄阳市汉水南襄阳城）。南朝宋移治均（今湖北丹江口市）。北周废。

义师县 唐武德六年（623）置，属龙州。治所在今陕西清涧县境。贞观二年（628）废。

义伦县 南朝梁置，为崖州治。治所在今海南省儋州市西北新州镇。《寰宇记》卷169宜伦县：义伦县“因义伦水为县名”。大业初为珠崖郡治。六年（610）改为儋耳郡治。隋末徙治今儋州市西北旧儋县（中和镇）。唐武德五年（622）为儋州治。天宝元年（742）为昌化郡治。乾元元年（758）为儋州治。北宋太平兴国五年（980）改名宜伦县。

义合县 金正大三年（1226）升义合寨置，属绥德州。治所即今陕西绥德县东义合镇。元世祖至元四年（1267）废。

义合站 元置，在今广东东源县东北义合镇。

义合墟 即今广东东源县东北义合镇。清光绪《广东舆地全图》：河源县东北有义合墟。

义合寨 西夏置，即今陕西绥德县东义合镇。金正大三年（1226）升为义合县。

义州 ①南朝梁置，治所在义城郡苞信县（今河南商城县西）。北齐废。唐武德三年（620）复置，治所在殷城县（今商城县西）。贞观元年（627）废。

②南朝梁置，治所在义城郡（今湖北罗田县东六十里）。隋开皇初废。

③东魏兴和二年（540）侨置，寄治汲郡陈城（今河南卫辉市）。北周废。唐武德元年（618）复置，治汲县（今卫辉市）。四年（621）废。

④南朝陈太建十年（578）以原秦州地置，治所在秦县（今江苏南京市六合区西北）。寻废。

⑤隋大业二年（606）改申州置，治所在义阳县（今河南信阳市）。三年（607）改为义阳郡。

⑥唐武德二年（619）置，治所在今贵州凤冈县东三十里。辖境相当今贵州凤冈、湄潭县地。五年（631）改为智州。

⑦唐武德二年（619）置，治所在南流县（今广西玉林市）。五年（622）改为智州。

⑧唐贞观二年（628）改南义州置，治所在龙城县（今广西岑溪市东二十里）。贞观五年（631）废，六年（632）复置。天宝元年（742）改为连城郡，乾元元年（758）复为义州。治所在岑溪县（今广西岑溪市东二十里）。辖境相当今广西岑溪市地。北宋开宝四年（971）改为南义州。

⑨唐开元七年（719）置，治所在洪雅县（今四川洪雅县）。辖境相当今四川洪雅县及夹江县西北地。八年（720）废。因洪雅为义州治，人称洪雅为义州。

⑩五代唐同光元年（923）置，治所在今甘肃华亭县。辖境约当今甘肃华亭县境。后周显德六年（959）置华亭县为州治。北宋太平兴国二年（977）避讳改为仪州。

⑪辽置，属上京道。治所在今内蒙古翁牛特旗西北西拉木伦河南。《辽史·地理志》永州义丰县："本铁利府义州。辽兵破之，迁其民于南楼之西北，仍名义州。"重熙元年（1032）改置义丰县。

⑫金天德三年（1151）改宜州置，治所在弘政县（今辽宁义县）。辖境相当今辽宁义县地。元属大宁路。明洪武间改置义州卫。清初废。雍正十二年（1734）复置义州，属锦州府。1913年降为义县。

⑬明永乐十二年（1414）属升华府。治所在义纯县（今越南东南部义平省思义一带）。辖境相当今越南义平省部分地。宣德二年（1427）以后入安南。

⑭即今朝鲜平安北道义州。《明史·朝鲜传》："宽奠、镇江与昌城、义州诸堡隔水相望。"

义州卫 明洪二十年（1387）置，属辽东都司。治所在十三山驿（今辽宁凌海市东北石山镇），寻移义州城（即今义县）。清初废。

义州河 一名东义州河。在今湖北麻城市东。《方舆纪要》卷76麻城市"义井河"条下："义州河亦在县东百里。《通志》：后周以史宁为东义州刺史，盖治此。有故城去县八十里。河因以名，下流达于巴河。"

义江 又名白石水。在今广西临桂县西，为洛清江上源。《方舆纪要》卷107义宁县：义江"源出县北之丁岭，流至苏桥分为二，一入永福县永福江，一历铜鼓墟东，东流合相思水，入于漓江"。

义兴县 ①北魏永安三年（530）置，属城阳郡。治所在今河南正阳县北。东魏天平初废。

②南朝梁置，属城阳郡。治所在今河南信阳市东北。东魏为城阳郡治。隋开皇十八年（598）改为纯义县。

③南朝梁侨置，属岳安郡。治所在今安徽霍山县境。后废。

④东魏兴和中侨置，属泰宁侨郡。寄治汲郡陈城（今河南卫辉市）。北齐废。

⑤隋开皇九年（589）改阳羡县置，属常州。治所即今江苏宜兴市。大业初属毗陵郡。唐属常州。北宋太平兴国初为避太宗赵匡义讳，改名宜兴县。

⑥唐武德元年（618）置，属渠州。治所在今四川渠县境。八年（625）废入流江县。

⑦唐武德三年（620）析和顺县置，属辽州。治所在今山西和顺县西十三里仪村。武德六年（623）废。

义兴冶寨 北宋置，属繁畤县。在今山西繁峙县东北七十里义兴寨村。

义兴郡 ①西晋永兴元年（304）置，属扬州。治所在阳羡县（今江苏宜兴市）。辖境相当今江苏宜兴、溧阳二市地。隋开皇九年（589）废。

②北魏置，治所在高家城（今江苏泗洪县西北）。北齐废。

义江 又名白石水。在今广西临桂县西，为洛清江上源。《方舆纪要》卷107义宁县：义江"源出县北之丁岭，流至苏桥分为二，一入永福县永福江，一历铜鼓墟东，东流合相思水，入于漓江"。

义安区 2015年撤销安徽省铜陵县，设立铜陵市义安区，区政府驻五松镇人民大道95号。

义安水 在今江西崇义县南。《方舆纪要》卷88南安府崇义县：义安水"在县南六十里。源出大庾县之玉泉山，流经县东南五十里义安里，因名。下流入于南源水"。

义安县 ①南朝宋泰始二年（466）以流民置，属西阳郡。治所在今湖北黄冈市境。南齐为义安左县。后废。

②南齐置，属义安郡。治所在今湖北襄阳市襄城区西汉水南岸。后废。西魏复置，为长湖郡治。北周末改置常平县。

③唐末置，属宣州。治所在今安徽铜陵县东三十里顺安镇。寻废为铜官治。

④南宋乾道八年（1172）置，属绍兴府。治所在今浙江诸暨市东北四十里枫桥镇。淳熙元年（1174）废入诸暨县。

义安驿 在今河南太康县南。《方舆纪要》卷47太康县：义安驿"在县南三十五里。路出陈州，此为中顿处"。

义安郡 ①东晋义熙九年（413）析东官郡置，属广州。治所在海阳县（今广东潮州市东北）。隋开皇十年（590）废，大业初复改潮州为义安郡。辖境相当今广东梅州、平远、丰顺、宁普、惠来等县市以东地区。唐武德四年（621）仍改为潮州。

②南朝梁大同中置，属巴州。治所在宣汉县（今四川仪陇县东北大罗池）。北周属蓬州。辖境相当今四川仪陇县东北地。隋开皇三年（58）废。

③南齐置，属宁蛮府。治所在郊乡县（今湖北襄阳市襄城区西）。后废。

义阳三关 即"三关"。南北朝时义阳郡（治所在今河南信阳市）南黄岘、武阳、平靖三关的总称。

义阳山 ①在今河南信阳市。《寰宇记》卷132信阳县："义阳山在县东五十步。"《清一统志·汝宁府一》："本名武山。后依山立义阳郡，因更名。"

②在今贵州凤冈县东三十里。《清一统志·石阡府》：义阳山"唐义州治此"。

义阳军 北宋开宝九年（976）降申州置，治所在义阳县（今河南信阳市）。辖境相当今河南信阳市及信阳、罗山二县。太平兴国元年（976）改为信阳军。

义阳县 ①三国魏文帝置，为义阳郡治。治所在今河南信阳市西北。后废。西晋初复置，属义阳郡。后废。南朝宋孝建三年（456）复置。南齐属北义阳郡。北魏正始元年（504）属义阳郡。隋开皇初废。

②南朝梁普通六年（525）置，为义阳郡治。治所在今四川巴中市西南恩阳镇。《寰宇记》卷139恩阳县：“义阳县因界内山为名。”隋开皇十八年（598）改为恩阳县。

③南朝梁置，属白马义阳郡。治所在今四川阆中市东北老观镇。隋开皇初废入奉国县。

④南朝梁置，为北江州义阳郡治。治所在鹿城关（今湖北武汉市黄陂区北七十里木兰山北）。隋废。

⑤北魏永安三年（530）置，属城阳郡。治所在今河南正阳县北。东魏属义阳郡。北齐废。

⑥北魏置，为汝阳郡治。治所在今河南信阳市北。北齐废。

⑦隋开皇初改平阳县置，为申州治。治所在今河南信阳市。大业初为义阳郡治。唐武德四年（621）为申州治。北宋开宝九年（976）为义阳军治。太平兴国元年（976）改为信阳县。

义阳国　西晋泰始元年（265）置，都新野县（今河南新野县）。辖境相当今河南邓州、信阳二市与新野、唐河、桐柏、信阳及湖北随州、枣阳、广水等县市地。其后治所属有迁徙，太康九年（288）改为义阳郡。

义阳郡　①三国魏文帝时置，属荆州。治所在安昌县（今湖北枣阳市南）。后废。东晋末改义阳国复置，移治平阳县（今河南信阳市）。南朝宋属南豫州，后为司州治。辖境相当今河南信阳市与信阳、罗山二县和桐柏县东部及湖北随州、广水二市、大悟县部分地。南齐改为北义阳郡。梁为司州治。东魏武定七年（549）改为义阳郡，为南司州治。北齐为郢州治。北周为申州治。隋开皇初废。大业三年（607）改义州为义阳郡。治所平阳县亦改为义阳县。唐初改为申州。天宝元年（742）复改义阳郡。乾元元年（758）复改为申州。

②西晋太康九年（288）改义阳国置，治所在新野县（今河南新野县）。辖境相当今河南邓州、信阳二市与新野、唐河、桐柏、信阳等县及湖北随州、枣阳、广水等县市地。永宁元年（301）改为新野郡。

③东晋分南平郡置，属荆州。治所在今湖南安乡县西南。南朝宋改为南义阳郡。

④南朝梁普通六年（525）置，属巴州。治所在义阳县（今四川巴中市西南恩阳镇）。辖境相当今四川巴中市西南部地。隋开皇三年（583）废。

⑤《隋书·地理志》奉国县：“梁置白马、义阳二郡，隋开皇初郡废，并废义阳县入焉。”是义阳郡原有属邑，治所当在今四川苍溪县东。

⑥南朝梁置，为北江州治。治所在义阳县（今湖北武汉市黄陂区北七十里木兰山北）。隋废。

⑦东魏天平四年（537）改郢州置，属豫州。治所在真阳县（今河南正阳县北）。北齐废。

⑧即白马义阳郡。治所在今四川阆中市东北。

义声镇　北宋置，属扶沟县。在今河南扶沟县境。

义县　1913年改义州置，属奉天辽沈道。治所即今辽宁义县（义州镇）。1929年直属辽宁省。

义谷道　即今陕西西安市长安区大峪口通往柞水县的道路。因南段傍柞水河谷行走，故又称柞水道。南北朝以前已畅通，《初学记》卷5引北周庾信《终南山义谷铭》：义谷道“东出蓝田，则控灞乘浐，西连子午，则据泾浮渭”。

义谷镇　北宋置，属万年县。在今陕西西安市长安区东南大峪口附近。是古代柞水路（又称乾祐路、义谷路）的要隘。清同治元年（1862），太平军将领梁荣富率领部队曾由柞水两次经由此打败清军。

义序镇　即今福建福州市南十八里义序。1949年林森县（今闽侯县）曾迁治于此。

义怀县　南齐置，属宋平郡。治所在今越南和平省一带。隋开皇初废。

义沟渎　在今江苏南京市东二十里。宋《景定建康志》卷19：义沟渎“源出东青村下，入秦淮，长七里。溉田一百余顷”。

义良县　北周置，属安宁郡。治所在今陕西绥德县境。隋大业初废入上县。

义武军　唐方镇名。建中三年（782）置，治所在定州（今河北定州市）。领定、易、沧三州。后辖境有变化，较长期领易、定二州，相当今河北拒马河与唐河之间地区。北宋建隆二年（961）废。

义招县　东晋义熙九年（413）以东官五营置，属义安郡。治所即今广东大埔县。隋大业初改为万川县。

义昌　在今广西岑溪市西北。明正统十二年（1447）置巡司于此。成化八年（1472）裁。

义昌军　唐方镇名。即横海军后期之号。治所在沧州（今河北沧县东南旧州镇）。《旧唐书·文宗纪下》：大和五年（831），“赐沧德节度使曰义昌军”。乾宁五年（898）并入幽州。

义昌县　①南齐置，属齐安郡。约在今湖北麻城市一带。隋以前废。

②南齐置，属南义阳郡。约在今湖北大悟、孝感之间一带。隋以前废。

③唐天宝元年（742）改卢阳县置，属桂阳郡（后改郴州）。治所在今湖南汝城县南五里城头寨。五代唐改为郴义县。

④唐至德二载（757）改安昌县置，属感义郡。治所在今广西岑溪市西北。乾元初属藤州。北宋开宝三年（970）废。

义昌镇　在今河南渑池县东三十二里义昌村。明、清置驿。《方舆纪要》卷48渑池县：义昌镇，“《志》云，汉三老董公于此遮说汉王为义帝发丧，因名”。

义和市　即今浙江桐乡市西南三十二里崇福镇。《寰宇记》卷95秀州：“置州之时析嘉兴县之崇德等九乡于义和市置县，以乡为县名。”自五代晋天福三年（938）吴越于此置崇德县，至1958年县废，悉为崇德县治。

义和县 即和义县。在今四川威远县东北。一说在自贡市东北何家场。《方舆纪要》卷72威远县：义和废县“在县东南百里”。义和为和义之讹。

义店镇 金置，属扶沟县。在今河南扶沟县境。

义诚县 唐贞观四年（630）置，属羁縻可州。治所在今四川若尔盖县东境。后废。

义封县 隋开皇十八年（598）改梁封县置，属高州。治所在今广东电白县境。大业初废入连江县。

义城台（臺） 在今安徽霍邱县东北三十五里。《寰宇记》卷129霍邱县：“废义城在县北四十里。《地理志》云：宋高祖立，亦名三固县，后废县立戍。”《方舆纪要》卷21霍邱县：义城台“在县东北三十五里。高十丈，广八十丈。亦昔时戍守处”。

义城县 ①北魏置，属临淮郡。治所在今安徽怀远县东北十五里。北齐废。

②西魏恭帝二年（555）置，属晋寿郡。治所在今四川旺苍县西南冯家坝。隋属义城郡，义宁二年（618）改为义清县。

③唐武德五年（622）置，属南义州。治所在今广西岑溪市东南。天宝初属连城郡。乾元中废。

义城郡 ①南朝梁置，为义州治。治所在今湖北罗田县东六十里。隋开皇初废。

②南朝梁置，为义州治。治所在苞信县（今河南商城县西）。北齐属南建州，南朝陈太建六年（574）属建州。隋开皇初废。

③隋大业三年（607）改利州置，治所在绵谷县（今四川广元市）。辖境相当今四川广元、旺苍二市县，青川县东部及陕西宁强县地。唐武德元年（618）复改为利州。

义城堡 在今山东高密市西北一里。《旧唐书·地理志》：“武德三年于义城堡置高密县。”即此。六年（623）移就故夷安城，即今高密市。

义泉 在今重庆市奉节县东北卧龙山。《方舆胜览》卷57夔州：义泉“源出卧龙山”。南宋王十朋《题卧龙山观音泉二十韵呈行可元章》诗云：“曰汲卧龙水，屡赪担夫肩。……官费接筒竹，民蠲沽水钱。丁零后来者，莫负义名泉。”

义泉井 在今江西贵溪市南七十里，当入闽之路。《方舆纪要》卷85广信府贵溪县：义泉井“行者至此多渴，里人徐氏凿井引泉，作亭其上，人赖其利”。

义泉县 隋大业十一年（615）置，属明阳郡。治所即今贵州湄潭县。《元和志》卷30义泉县：“以带山泉为名。”武德中为牢州治。贞观十七年（643）属夷州。北宋属承州，宣和三年（1121）废。

义泉镇 清置，属隰州。在今山西隰县东南二十七里义泉村。

义胜军 ①唐中和三年（883）改浙江东道节度为义胜军节度，治所在越州（今浙江绍兴市）。辖境相当今浙江新安江、富春江、钱塘江以南部分。光启三年（887）改威胜军节度，乾宁初又改为镇东军节度。北宋初废。

②唐方镇名。天祐三年（906）置，治所在耀州（今陕西铜川市耀州区）。唐末改名静胜军。

义亭驿 在今浙江海宁市（硖石镇）西南五十里长安镇。宋《咸淳临安志》卷55盐官县：义亭驿“在县（治今盐官镇）西北二十五里，唐贞观五年置，旧号桑亭驿，八年改今名”。南宋建都杭州，义亭驿西接临平驿，北连石门驿，为迎送官员、传递公文必经之地。唐释皎然有《自义亭驿送李长史纵夜泊临平东湖》诗。

义亭城 在今陕西富平县东北十里旧县村。唐开元中徙富平县于此。元废。

义帝陵 在今湖南郴州市西南。《史记·项羽本纪》：秦末，项羽、刘邦继陈胜、吴广之后，起兵攻秦，访楚怀王孙心于民间，尊为义帝。汉元年（前206），项王使人徙义帝于长沙郴县（今郴州市），“阴令衡山、临江王击杀之于江中”。《集解》：文颖曰：“郴县有义帝冢，岁时常祠不绝。”《水经·耒水注》：“（郴）县南有义帝冢，内有白虎，因呼为白虎郡。”墓前立汉白玉石碑，隶书“义帝陵”。

义津桥 即今安徽枞阳县北义津镇。旧属桐城县。清道光《桐城续修县志》卷1《乡镇》：义津桥“距棕阳五十里”。

义院口关 即今河北抚宁县东北八十五里义院口村。长城隘口之一。《明史·地理志》永平府抚宁县：“又有董家口、义院口等关。”明于此设守备，清改置把总。

义桥 在今山东临沂市西。《资治通鉴》：唐乾符三年（876），王仙芝攻沂州，“天平军奏遣将士张晏等救沂州，还，至义桥”。即此。

义桥镇 1934年合义南、义北二镇置，即今浙江杭州市萧山区西南二十六里义桥镇。

义唐郡 北齐置，治所在莒县（今山东莒县）。隋开皇初废。

义宾县 唐天宝元年（742）改郁鄢县置，属南溪郡。治所在今四川宜宾县西北八十六里蕨溪镇北宣化坝。明曹学佺《蜀中广记》卷53：义宾县“取其慕义来宾矣”。北宋太平兴国元年（976）改为宜宾县。

义陵 西汉哀帝刘欣的陵墓。在今陕西咸阳市秦都区东北大王村附近。《汉书·哀帝纪》：元始二年（1），“葬义陵”。臣瓒曰：“义陵在扶风，去长安四十六里。”

义陵县 西汉置，为武陵郡治。治所在今湖南溆浦县南三里梁家坡。东汉省入辰阳县。《方舆胜览》卷30常德府《郡名》：义陵，“初项羽杀义帝于郴，武陵人缟素哭于招屈亭，高帝闻而异之，故曰义陵”。

义绥县　北魏置，属襄城郡。治所在今河南遂平县北。北齐废。

义堂村　即今山东临沂市西北三十五里义堂镇。民国《临沂县志》舆图：县西北有义堂村。因村内有刘、关、张“三义堂”庙，故名。

义堂镇铺　即今湖北云梦县北十六里义堂镇。清光绪《湖北全省分图》：云梦县北有义堂镇铺。

义康县　隋开皇十八年（598）改宋康县置，属高州。治所在今广东阳西县东北。大业二年（606）废入杜原县。

义章县　隋末置，属桂阳郡。治所在今湖南宜章县北四十里。《寰宇记》卷117义章县：“其县北临章水，因以为名。”唐属郴州，开元二十三年（735）移今宜章县。北宋太平兴国初改名宜章县。

义清县　①南齐置，属义安郡。治所在今湖北襄阳市襄城区西。后废。

②西魏改穰县置，属归义郡。治所在今湖北南漳县东北。北周属武泉郡。隋属襄阳郡。唐属襄州。北宋太平兴国元年（976）改为中庐县。

③隋义宁二年（618）改义城县置，属义城郡。治所在今四川广元市东南一百三十里。唐武德七年（624）为西平州治。贞观二年（628）属利州。天宝元年（742）改为胤山县。

义渠　春秋战国时西戎国。在今甘肃庆阳市境。《史记·秦本纪》：厉共公三十三年（前444），“伐义渠，虏其王”。

义渠县　秦惠文君十一年（前327）置，后为北地郡治。治所在今甘肃庆阳市东境。西汉改为义渠道。《后汉书·冯异传》：建武六年（30），冯异攻隗嚣，“进军义渠，并领北地太守事”。后废。

义渠国　西戎国之一。春秋时立国，都义渠城（今甘肃庆城市附近）。《史记·匈奴列传》：“岐、梁山、泾、漆之北有义渠、大荔、乌氏、朐衍之戎。”又《后汉书·西羌传》载：周敬王时，“义渠、大荔最强，筑城数十，皆自称王”。赧王四十三年（前272）为秦所灭。

义渠道　西汉改义渠县置，属北地郡。治所在今甘肃庆阳市东境。东汉废。

义棠驿　明初置，在今山西介休市西二十里义棠镇。地当汾水南出之口，旧为太原、平阳间交通要隘。清雍正七年（1729）裁，改称义棠堡。

义敦县　1913年改三坝厅置，属边东道。治所在今四川巴塘县东南波密后山刀许柯。次年属川边特别区。1918年废入理化县。1937年复置，治大朔塘，在今理塘县西南格则乡西、扎萨通北。1939年属西康省。1950年迁治今巴塘县东北茶洛乡宗马贡。1954年迁治今巴塘县东北措拉乡。1955年属四川省。1978年撤销，并入巴塘、理塘二县。

义富镇　北宋置，属蓬溪县。在今四川蓬溪县西八十里。

义塘县　东魏武定七年（549）置，属义塘郡。治所在黄郭戍（今江苏赣榆县西北）。北齐移治古辟阳城（今山东莒县西南二十五里五花营）。隋废。

义塘郡　东魏武定七年（549）置，属莒州。治所在黄郭戍（今江苏赣榆县西北城里）。北齐移治古辟阳城（今山东莒县西南二十五里五花营）。辖境相当今江苏赣榆县北部、山东莒南县及莒县南部地。隋开皇初废。

义督赕　宋大理置，属谋统府。治所在望德城（今云南剑川县南三里向湖村）。元世祖至元十一年（1274）改剑川县。

义牒镇　在今山西石楼县西南六十五里。明末出一州官，朝廷下牒文给予封赏，家族为感皇恩，故以义牒名村。清雍正《石楼县志》即有义牒里之名。古迹有琵琶垣商墓和圪堵坪、郝家畔商代遗址，近年出土大量商周青铜器。

义廉县　唐武德四年（621）置，属隆州。治所在今越南和平省西北部。贞观元年（627）废。

义慈惠石柱　又称北齐石柱或石柱。在今河北定兴县西北二十里石柱村。石柱有“标义乡义慈惠石柱”刻铭及“大齐太宁二年”题记。《石柱颂》约三千余字，记述了北魏孝昌元年（525）至永安元年（528）间，杜洛周、葛荣起义及其失败后义葬、义食和兴建石柱的经过。石柱实为起义失败后，人民收拾义军残骸合葬一处建立的纪念碑，对研究我国南北朝史，特别是农民革命战争史有重要参考价值。1961年定为全国重点文物保护单位。

义熙县　隋开皇十八年（598）改齐熙县置，为融州治。治所即今广西融水苗族自治县。大业初属始安郡。唐武德四年（621）为融州治。六年（623）改为融水县。

之江　即浙江。在今浙江省西北部。浙江下游折曲如之字，故名。

之罘山　亦称芝罘山。即今山东烟台市北芝罘岛。《史记·秦始皇本纪》：始皇二十八年（前219），“登之罘，立石颂秦德焉”。二十九年“登之罘，刻石”。三十七年“至之罘，见巨鱼”。《汉书·武帝纪》：太始三年（前94），武帝行幸东海，“登之罘，浮大海”。三面临海，一径南通，实为湾出海中之半岛。湾内即烟台海口。清咸丰八年（1858）《中英天津条约》签订，开作通商港。严冬不冻，盛夏凉爽。汽船往来渤海者，多先系泊于此，故贸易颇盛。东南与崆峒岛对峙，形势险要，为渤海之咽喉。

之罘水　在今山东蓬莱市南。《寰宇记》卷20蓬莱县：“之罘水在县南十五里。源出羽山，与石门水合流入海。”

之莱山　在今山东平度市西北五十里。《方舆纪要》卷36平度州“天柱山”条下：“《通志》：山之东曰之莱山，东连大泽、御驾、明堂诸山。”《清一统志·莱州府一》：之莱山，“曹学佺《名胜志》：汉人祀月之处。山有秦篆悬崖间，人莫能辨”。

之溪　即今贵州习水县、四川合江县境之习水河。《永乐大典》2218《泸州志》：之溪“在合江县。源出播南三百余里，至县西南曲流三折，状如之字，因名之溪”。《明史·地理志》合江县：“北滨大江，西有之溪，北溪入焉，因谓之合江。”

〔乛〕

尸乡 即西亳。在今河南偃师市西。《史记·田儋列传》：“田横乃与其客二人乘传诣雒阳。未至三十里，至尸乡厩置，……遂自刭。”即此。《汉书·地理志》河南郡偃师县：“尸乡，殷汤所都。”《续汉书·郡国志》河南尹匽师县：“有尸乡，春秋时曰尸氏。”

尸乡沟商城遗址 在今河南偃师市西尸乡沟一带。1984年夏发现。城址北依邙山，南临洛水，略呈长方形，南北长1700米，东西宽1200米。城墙全部用夯土筑成，墙体宽18米。已探明城门七座和若干条纵横交错的大道。大型建筑基址已发现三处，以南面正中的一处面积较大，长、宽各200米，四周的夯土围墙厚约3米，墙内居中的是一座长、宽各数十米的宫殿遗址。偃师商城遗址是目前我国早期城址中年代最早，规模宏大，保存最完整的一座。这里很可能是商汤当年所建的都城，即西亳遗址。1988年定为全国重点文物保护单位。

尸氏 一作尸。本西亳，商汤所都。春秋时为周邑。在今河南偃师市西。《左传》：昭公二十六年（前516）五月，“刘人败王城之师于尸氏”。即此。

尸弃尼国 即识匿国。唐西域国名。都城在苦汗城（即帕米尔西部喷赤河东岸舒格南，今属塔吉克斯坦）。《新唐书·西域传》：“识匿或曰尸弃尼，曰瑟匿。”

己氏 春秋时戎州己氏邑。在今山东曹县东南五十里楚天镇。《左传》：哀公十七年（前478），卫侯“入于戎州己氏”。杜注：“己氏，戎人姓。”

己氏县 西汉置，属梁国。治所在今山东曹县东南楚天镇。东汉属济阴郡。北魏属沛郡。北齐废。

己吾县 ①东汉永元十一年（99）置，属陈留郡。治所在今河南宁陵县西南三十九里己吾城。西晋初废。北魏复置。东魏兴和中，徙治平石城（今河南夏邑县境），属马头郡。北齐废。

②北魏侨置，属楚州沛郡。治所在今安徽怀远县西南常坟镇北。北齐废。

③南齐置，为马头郡治。治所在今安徽怀远县西南常坟镇北（一说在县西北二十里古城集）。北魏徙治赤坎城（即今安徽固镇县南仁和集），为仁州临淮郡治。北齐改为临淮县。

已公岭 在今湖北当阳市西。《清一统志·荆门州》：已公岭“在当阳县西二十里。五代僧齐已结庐其下”。

已尼陂 一作于已尼大水。即秦、汉北海，今贝加尔湖。《魏书·高车传》：“后世祖征蠕蠕，破之而还，至漠南，闻高车东部在已尼陂，人畜甚众，去官军千余里。……乃遣（安）原等并发新附高车合万骑，至于已尼陂，高车诸部望军而降者数十万落，获马牛羊亦百余万，皆徙置漠南千里之地。”

已略黄公祠 在今广东潮州市湘桥区义安路铁巷2号。始建于清光绪十三年（1887）。主要建筑为前、后厅及天井两侧的廊轩。黄公祠是传统建筑艺术和工艺美术完美结合的范例，结构严谨，工艺精良。其木雕、石雕构件为潮州雕刻鼎盛时期的代表作，融汇了圆雕、浮雕、镂空和彩绘等技法，体现出中国传统文化和地方工艺在建筑载体上的融合，有很高的艺术价值。2001年定为全国重点文物保护单位。

弓川寨 即弓门寨。今甘肃张家川回族自治县东南恭门镇。《资治通鉴》：五代汉乾祐元年（948）十二月，“韩保贞闻安思谦去，亦退保弓川寨”。

弓门寨 北宋太平兴国三年（978）置，属秦州。即今甘肃张家川回族自治县东南恭门镇。后改为弓门镇。

弓门镇 即今甘肃张家川回族自治县东南恭门镇。北宋于北置弓门砦。

弓长岭 即今辽宁辽阳市东南弓长岭区。盛产铁。清光绪《奉天全省地舆图说图志》辽阳州图：东南有弓长岭。

弓月城 唐属北庭都护府。在今新疆霍城县西北。《新唐书·地理志》北庭大都护府：“渡石漆河，逾车岭，至弓月城。”《新唐书·突厥传》：突骑施乌质勒“谓碎叶川为大牙，弓月城、伊丽水为小牙”。《新唐书·王方翼传》：“永淳初，十姓阿史那车簿啜叛，围弓月城，方翼引军战伊丽河，败之，斩首千级。”

弓卢水 亦作弓闾水。即今蒙古国东部之克鲁伦河。《史记·匈奴列传》：西汉元狩四年（前119），骠骑将军霍去病征匈奴，出代、右北平千余里，“历涉离侯、济弓闾，获屯头王、韩王等三人”。《汉书·霍去病传》：“上曰：票骑将军去病率师躬将所获荤允之士，约轻赍、绝大幕……历度难侯，济弓卢。”

弓兵营 在今福建南平市旧城西水门外。南宋嘉定五年（1212）建。元废。

弓背山 在今四川峨眉山市西南峨眉山凌云梯西。清嘉庆《峨眉县志》卷1：背山在“县西南八十里”。山势绵亘，地势高寒。登金顶公路由此而上。

弓钟（鐘）砦 北宋置，属秦州。在今甘肃天水市或清水县境。

弓洲 亦作恭洲墟。即今广东大埔县西南大麻镇东南恭洲。清光绪二十九年（1903）《广东省全图》：大埔县西南有弓洲。

弓高县 西汉置，属河间国。治所在今河北阜城县南二十七里。西晋废。隋开皇十六年（596）复置，移治今阜城县东北，属德州。大业初属平原郡。唐属景州。五代周显德中废。

弓槓岭 亦作贡嘎岭，又名小分水岭。在今四川松潘县北一百十里。为岷江东支发源处。民国《松潘县志》卷1：弓槓岭“亦名小分水岭。在县北一百里。东岷之高至此乃极，孤峰凌虚，四面俱下，北走南坪”。

弓棚子　即今吉林榆树市西北弓棚镇。《吉林乡土志》：“相传该地始有居民时，系由关内移民，某氏首先以柳木做成弓形之草棚，以为住所，因以命名焉。”

卫　①西周封国。姬姓。都沫邑（今河南淇县）。《史记·卫康叔世家》：周公平定武庚之乱后，“以武庚殷余民封康叔为卫君，居河、淇间故商墟”。公元前660年，狄破卫，徙都曹（今河南滑县东）。前658年又徙都楚丘（今滑县东北）。前629年，迁都帝丘（今濮阳县东南）。前254年为魏所灭。后在秦的支持下复国。前241年秦徙卫君于野王（今河南沁阳市）。前209年，为秦所灭。

②旧时西藏四部之一。在诸藏之中，故一名中藏。又与康合称前藏。东邻康境，西接藏界，约当今西藏的拉萨市西部、那曲地区中部和山南地区。

卫山县　唐天宝元年（742）改翼针县置，为临翼郡治。治所在今四川茂县西北叠溪镇。乾元元年（758）复为翼州治。后没入吐蕃。

卫公山　在今广西博白县东十里。《方舆纪要》卷108博白县：卫公山“崔嵬耸立，为邑之镇。唐初，李靖南征，尝驻兵于此，因名”。

卫生寨　在今重庆市万州区东北熊家镇双河口附近。同治《万县志》卷16：“即董家岩。寨极高峻，周围二十里，四方崭绝，其人力砌成者十一二耳。中有水田，可获谷二千余石。泉流十数处，塘百有八口。林木甚盛。寨门八，可容数万家。近城名寨，为县东保障。同治元年，蓝逆入分水隘，经过近城诸寨堡，惟卫生寨开炮轰击，贼不敢近。”

卫关　在今河南卫辉市南。《方舆纪要》卷49卫辉府汲县：卫关“在府南境。《旧志》：汲县有卫关，亦大河津济处”。

卫州　北周宣政元年（578）置，治所在汲郡（今河南浚县西南淇门渡）。隋开皇初郡废，大业初改为汲郡。唐武德元年（618）复置卫州。贞观元年（627）移治汲县（今卫辉市）。天宝元年（742）改为汲郡，乾元元年（758）复为卫州。辖境相当今河南新乡、卫辉、辉县、浚县、淇县、滑县、新乡等市县地。金大定二十六年（1186）徙治共城县（今河南辉县市）。二十八年（1188）还治汲县。贞祐三年（1215）徙治胙城县（今河南封丘县北）。蒙古宪宗元年（1251）还治汲县。元世祖中统元年（1260）升为卫辉路。

卫阳山　在今河南濮阳县东南。《方舆纪要》卷16开州：卫阳山“以在卫地之阳而名”。

卫县　①东汉改观县置，属东郡。治所在今河南清丰县东南。西晋属顿丘郡。北魏改为卫国县。

②隋大业三年（607）改朝歌县置，为汲郡治。治所在今河南浚县西南四十七里卫贤镇。唐属卫州。北宋熙宁六年（1073）废。元祐元年（1086）复置，属浚州。金末废。

卫青墓　在今陕西兴平市东北十九里。《汉书·卫青传》：“元封五年，青薨，谥曰烈侯。……上乃诏青尚平阳主，与主合葬，起冢象卢山云。”颜师古注：“在茂陵东，次去病冢之西，相并者是也。”

卫拉特　即厄鲁特。明末清初，和硕特部、准噶尔部、杜尔伯特部、土尔扈特部等部总称。游牧于今新疆天山以北、阿尔泰山以南，哈萨克斯坦巴尔喀什湖以东以北地区。

卫国军　唐方镇名。光化元年（898）改宁塞军置，治所在延州（今陕西延安市东）。五代梁改名忠义军。

卫国县　①南朝宋侨置，属顿丘郡。治所在今山东章丘市西南（章丘县旧城绣惠镇西南四十里鸡山东）。北魏属东魏郡。隋开皇六年（586）改为亭山县。

②北魏改卫县置，属顿丘郡。治所在今河南清丰县东南。北周属昌乐郡。隋开皇六年（586）改为观城县。

卫国故城　在今河南淇县（朝歌镇）京广铁路东侧。为周代古城址。有淇河、卫河环绕。公元前1063年周兴师伐殷商，将邶、鄘、卫三监之地及殷民划为卫国，建都朝歌（纣王城），在城内建宫城、此为卫国故城。周长14公里，墙基宽50—70米，残高1.5—3.6米，版筑的城墙夯土中发现有春秋战国时期的陶豆柄、盘等残片。城东有两座作坊遗迹。2006年定为全国重点文物保护单位。

卫固庄　即今山东淄博市（张店）东北二十六里卫固镇。清嘉庆《长山县志》卷1《市集》：卫固“在县（今邹平县东长山镇）东北六十里”。

卫河　①在今河北灵寿县东。《汉书·地理志》常山郡灵寿县：“《禹贡》卫水出东北，东入滹沱。”《清一统志·正定府一》“卫水”条引《灵寿县志》：“卫河在县东十里，俗名雷沟河，源出县东北十四里良同村，南流至县东南合滹沱河。”

②在今山东德州城西，即漕河。《方舆纪要》卷31德州：卫河“自东昌府恩县流经直隶故城县界，又东北流经州城西，又北入直隶景州之境。凡东南漕粟，商贾宾旅以及外夷朝贡，道皆由此”。

③即北宋之御河。明始称卫河，以今河南辉县市西北之百泉水为正源。因其地为春秋卫地，故名卫河。《明一统志》卷4大名府：卫河“源自卫辉府辉县，经本府浚、内黄二县，下流与淇、漳、滹沱等河合，至直沽入海”。即至今天津市东南海河口入海。今卫河以源出博爱县西之沙河为正源。辉县西北之百泉则成为卫河支流。

卫城　①在今河南清丰县东南四十里。相传为灵公所都。

②即今四川盐源县东卫城镇。因明于此设盐井卫，故名。

卫城市 即吉多铺。今湖南花垣县西南五十七里吉卫镇。旧为永绥厅治。

卫南县 隋开皇十六年（596）置楚丘县，寻改为卫南县，属滑州。治所在楚丘城（今河南滑县东）。《寰宇记》卷57："在卫之南垂，故以名县。"大业初属东郡。唐属滑州。仪凤初移治今滑县东北古黄河南岸。永昌初还治楚丘城南。北宋雍熙四年（987）改属澶州。金废。

卫南镇 金废卫南县置，属白马县。在今河南滑县东。

卫真县 北宋大中祥符七年（1014）改真源县置，属亳州。治所即今河南鹿邑县。元废。

卫桥镇 金置，属卫县。在今河南淇县附近。

卫家店 即今湖北孝昌县北卫店镇。清光绪《孝感县志》卷2："卫家店，在王家店十五里。"

卫渠关 土名高岩关。明正德中置，属渠县。在今四川渠县北五里龙骧山。

卫辉市 1948年晋冀鲁豫革命根据地由汲县城区析置，辖中山镇及德胜镇。治所即今河南卫辉市。1949年撤销。1988年撤销汲县，复设卫辉市。

卫辉府 明洪武元年（1368）改卫辉路置，治所在汲县（今河南卫辉市）。辖境相当今河南新乡、卫辉、辉县、获嘉、淇县等市县地。1913年废。

卫辉路 元世祖中统元年（1260）改卫州置，治所在汲县（今河南卫辉市）。辖境相当今河南新乡、卫辉、辉县、淇县、获嘉等市县地。明洪武元年（1638）改为卫辉府。

卫镇 即今河南浚县西南四十七里卫贤镇。《元丰九域志》卷2卫州：北宋熙宁六年（1073）"省卫县为镇，入黎阳县"。元祐元年（1086）复为卫县，金末，县废。

卫藏 旧时西藏的别称。西藏旧分阿里、藏（后藏）、卫（前藏）和康（一作喀木）四部，藏人用卫藏指前后藏，元、明译为乌思藏，清译为卫藏。清人著作中有时也用卫藏概称西藏。

卫藏四如 即乌思藏四如。西藏吐蕃王朝（约629—842）全境建置名。吐蕃在境内原十余小邦故地统一设置了军政区域称为如（意为翼、部），共四个，约当今西藏雅鲁藏布江中游两岸地区。

子丁镇 一作子公道。北宋置，属宛丘县。在今河南淮阳县境。

子云（雲）山 又名紫云山。在今四川犍为县东南岷江岸边。《舆地纪胜》卷146嘉定府：子云山"在犍为县南五里。《旧经》云：子云隐居之地，下有杨雄滩"。南宋末建城山上，曰云子城。嘉庆《犍为县志》卷2：子云山在"县南二十五里。汉杨雄尝徙居于此。山腹有子云洞。其巅有池。宋宣和间，邵伯温官蜀转运，自洛阳迁居蜀中，初亦寓此。至淳祐中，余玠筑城其上，并置戍，因改名子云城"。

子云（雲）城 即紫云城。在今四川犍为县东南二十五里子云山。《方舆纪要》卷72犍为县：紫云城"在县东南十五里，亦曰子云城。相传杨子云曾居此。宋宝祐中兵乱，筑城置戍于此"。

子云（雲）亭 在今四川郫县西二十里友爱镇子云村。杨雄字子云，西汉著名学者，郫县人。死葬于子云村，后人建亭。唐刘禹锡《陋室铭》云："南阳诸葛庐，西蜀子云亭。"即此。明建亭于拜台之南，清重建于拜台并建祠。今亭毁而祠存。

子牙河 海河水系五大河之一。在今河北省南部。北源滹沱河出山西省五台山，南源滏阳河出太行山东侧，在河北献县汇合为子牙河，东北流至天津市汇大清河入海河。《清一统志·顺天府二》：子牙河"在大城县东，即滹沱河及滏阳诸水之下流，因经大城县之子牙村，故得是名"。

子牙镇 即今天津市静海县西南子牙镇。地处子牙河滨，为沿河要地。北宋于此置钓台寨。清设管河驻簿驻此。

子午山 即子午岭。在今陕西黄陵县西，接甘肃正宁县界。《史记·五帝本纪》正义引《括地志》："黄帝陵在宁州罗川县东八十里子午山。"《元和志》卷3真宁县：子午山"亦曰桥山。在县东八十里。黄帝陵在山上，即群臣葬衣冠之处"。

子午关 在今陕西西安市长安区西南。《元和志》卷1长安县：子午关"在县南百里。王莽通子午道，因置此关。魏遣钟会统十万余众，分从斜谷、骆谷、子午谷，趋汉中。晋桓温伐秦，命司马勋出子午道。今洋州东二十里曰龙亭，此入子午谷之路，梁将军王神念以旧道缘山避水，桥梁多坏，乃别开干路，更名子午道，即此路是也"。

子午谷 在今陕西西安市长安区南，北口有子午镇。为关中南通汉中之要道。《汉书·王莽传》：元始五年（5）秋，"莽以皇后有子孙瑞，通子午道。子午道从杜陵直绝南山，径汉中"。颜师古注："子，北方也。午，南方也。言通南北道相当，故谓之子午耳。今京城直南山有谷通梁、汉道者，名子午谷。"三国时，为魏、蜀交争的重要通道。南朝梁另开新路，略向西移，自今西安市西南至宁陕县。唐天宝间，剑南涪州贡献鲜荔枝，即由此道以达长安。宋敏求《长安志》卷12："子午谷长六百六十里，北口曰子，在府南百里；南口曰午，在汉中府洋县东一百六十里。"

子午岭 亦作子午山。在今陕西中部县西。《清一统志·鄜州》：子午岭"在中部县西北二百里，接甘肃庆阳府合水县界。沮水出此"。

子午河 在今陕西洋县东一百四十里。《清一统志·汉中府一》：子午河"上流曰椒溪河，源出秦岭，东南流会蒲河、文水河，名三河口，折而南至白河铺，名子午河。又西南经西乡县东北界，又南入汉水"。

子午道 古代从关中到汉中的南北通道。原自今陕西长安县子午镇南穿过秦岭，通往今安康市境。《汉书·王莽传》：元始五年（5），"莽以皇后有子孙瑞，通子午道。子午道从杜陵直绝南山，经汉中"。

颜师古注："子，北方也。午，南方也。言通南北道相当，故谓之子午耳。"南朝梁时，此道不通，另辟新道，南段略向西移，改至今宁陕县境，沿子午河及汉江河谷以达汉中。全长八百四十一里。唐天宝间，四川涪州（今彭水）向杨贵妃进贡荔枝，即由此道运长安。

子午镇　①即今陕西西安市长安区南三十五里子午镇，地当古代关中通往汉中的子午道北口。宋敏求《长安志》卷12："宋景祐三年置，以南山子午谷为名。"

②即今陕西西乡县东北一百六十里子午乡。明设巡司于此。

子长县　1942年改安定县置，属陕西省。治所在瓦窑堡（今陕西子长县）。为纪念谢子长烈士而命名。

子文镇　即今河北安平县西二十里大子文乡。清于此设子文店堡。

子仙山　在今四川广安市西。《方舆纪要》卷68广安州：子仙山"在州西二十五里。山高秀，即秀屏山来脉也。《志》云：汉车骑将军冯绲之子得仙于此，因名。一名望子山"。

子母山　在今湖北钟祥市北。《方舆纪要》卷79安陆府钟祥县：子母山在"府北百里。有二十二峰，大小相接，环列如屏"。

子母城　在今湖南沅江市东北八十里。清光绪《湖南通志》卷41：子母城"相传宋杨幺屯兵于此"。

子夺　又作紫陀。即今西藏洛隆县驻地孜托。清乾隆《卫藏通志》卷12作"子夺"。

子合国　即西夜国。汉西域国名，属西域都护府。都城在呼犍谷（今新疆叶城县西南）。《汉书·西域传上》："子合土地出玉石。"《后汉书·西域传》："子合国居呼犍谷，去疏勒千里。"

子庄关　即紫荆关。在今河北易县西八十里紫荆关镇。《水经·易水注》：子庄溪水"北出子庄关"。即此。

子庄溪水　即紫荆关水。源于今河北易县西南，自紫荆关南流入白涧水。《水经·易水注》：子庄溪水"北出子庄关，南流径五公城西，屈径其城南，其水东南入于易水"。即此。

子产祠　在今河南新郑市西北。《晋书·李矩传》：晋刘畅领兵讨李矩，"矩未暇为备，遣使奉牛酒诈降于畅……矩令郭诵祷于郑子产祠"。即此。

子甸溪　在今云南南华县东北。《方舆纪要》卷116镇南州：子甸溪"在州东北，亦溉田至数千亩"。

子奇垒　在今山西襄汾县南十五里柴庄附近。《元和志》卷12太平县："子奇垒在县东三十里。后秦王姚兴遣弟义阳公平字子奇，与征虏将军狄伯支等步骑四万伐魏，攻平阳，陷之，遂据柴壁。魏军大至，截汾水以守之。平大败，将麾下三十骑赴汾水而死，狄伯支等十将四万人皆为魏所擒。今按，此垒西临汾水，垒侧尚有柴村，子奇投汾水，即此处也。"

子岭关　一名岭子关、关子岭镇。明置，在今山西介休市东四十里关子岭村。《方舆纪要》卷42介休县：子岭关"县东南六十里，路出沁源县，洪武五年置巡司戍守"。

子城县　西魏置，为金城郡治。治所在今甘肃兰州市城关。隋为兰州治。大业初复改名金城县。

子亭城　又名紫亭城。在今甘肃肃北蒙古族自治县。《晋书·凉武昭王李玄盛传》载："筑城于敦煌南子亭，以威南虏。"即此。

子洪镇　清置，属祁县。在今山西祁县东南三十里子洪村。

子洲县　1944年析绥德、米脂、清涧、子长等县置，属陕西省。治所在马蹄沟镇（今陕西子洲县西）。为纪念刘子洲烈士，故名。旋迁治双湖峪镇（今子洲县）。

子夏口　又名江夏口。在今湖北石首市东北长江北岸合作村附近。即古夏水通长江之口。《水经·江水注》：江水"又东径公安县北……大江又东左合子夏口，水左迤北出，通于夏水，故曰子夏也"。

子夏石室　在今陕西韩城市西南。《礼记·檀弓上》：子夏"退而老于西河之上"。《水经·河水注》："河水又南径子夏石室东，南北有二石室，临侧河崖，即子夏庙室也。"

子陵山　在今湖北京山县城南六十里。《舆地纪胜》卷84郢州：子陵山洞"在京山县南六十里。即严子陵隐所也。傍有石室，名帝星井，寺曰净安。尝有一星光芒见井中"。《清一统志》误作"陵子山"。

子婴沟　在今江苏高邮市北。《方舆纪要》卷23高邮州：子婴沟在"州北七十里。自宝应县界泄官河之水，东南流经州境，又东接漳河，入广洋湖。万历二十四年，浚入兴化县之大踪湖"。

子期山　在今福建浦城县西南。《寰宇记》卷101建州浦城县：子期山"在县西南二十五里。《建安记》云，子期山乃溪畔小石峰也，四面岩峦峭拔，昔秦汉之间有仙人华子期曾师商山四皓，后居此山，山因名之"。

子路河店　即今河南罗山县西南子路镇。清乾隆《罗山县志》卷1《镇店》："子路河店，西南三十里。"

也儿的石河　即今新疆北部流入哈萨克斯坦之额尔齐斯河。《元史·太祖纪》：太祖元年（1206），发兵复征乃蛮，"太阳罕子屈出律罕与脱脱奔也儿的石河上"。即此。

也只里河　亦作亦的勒河。即今俄罗斯境之伏尔加河，注入里海。《元史·速不台传》：太宗崩，诸王大会，速不台往，"甲辰，遂会于也只里河"。

也孙斡论　指今青海达日县西北、玛沁县西南之黄河。《元史·地理志》河源附录：黄河"又一二日，岐为八九股，名也孙斡论，译言九渡，通广五七里，可度马”。

也里古纳河 亦作阿鲁兀纳么连、鄂尔姑纳。即今内蒙古呼伦贝尔市之额尔古纳河，为中俄界河。《元史·特薛禅传》：“初，弘吉剌氏族居于苦烈儿温都儿斤、迭烈木儿、也里古纳河之地。”又《孛秃传》：“太祖曾潜遣术儿彻丹出使，至也里古纳河。”皆此。

也里术河 今青海玛多县南之热曲。《元史·地理志》河源附录：赤宾河“又二三日，水西南来，名亦里出，与赤宾河合。又三四日，水南来，名忽阑。又水东南来，名也里术，合流入赤宾，其流浸大，始名黄河”。

也里虔 即鸦儿看。今新疆莎车县。

也迭儿河 今蒙古国色楞格河上源伊德尔河。元《圣武亲征录》：“汪可汗至土兀剌河，其子亦剌合鲜昆自也迭儿按台河来会父军”，乃蛮将乘其不备，掠其部众。《元朝秘史》作“额垤儿·阿勒台·别勒赤儿”，指两河合流处，在克烈部西境与乃蛮接界附近。

也迷里 即叶密立。在今新疆额敏县东南额敏河南岸。《元史·速不台传》：太祖十八年（1223），速不台“略也迷里霍只部，获马万匹以献”。

也迷里河 一作叶密立河。即额米尔河。今新疆额敏县之额敏河，西流入哈萨克斯坦境之阿拉湖。

也烈赞城 即今俄罗斯莫斯科东南梁赞。《元史·宪宗纪》：蒙哥“复与诸王拔都征斡罗思部，至也烈赞城，躬自搏战，破之”。

女人国 在今印度尼西亚爪哇岛以东，或谓指苏拉威西岛布吉斯人的居住地。南宋周去非《岭外代答》卷2：“阇婆之东，东大洋海也，水势渐低，女人国在焉。”

女几山 俗名石鸡山。在今河南宜阳县西南。《晋书·张轨传》：轨“隐于宜阳女几山”。即此。

女儿河 ①集镇名。即今辽宁锦州市西南女儿河乡。旧为京奉铁路通裕支线的起点。

②即今辽宁葫芦岛市北、锦州市南女儿河。为小凌河支流。《清一统志·锦州府一》：女儿河“在锦县西十八里。派出边外土默特界，名乌馨河，东流由新台门北六十里入境，为女儿河，又东绕吕翁山合小凌河”。

女儿港 又名女儿浦。在今江西九江市东南三十五里。《寰宇记》卷111德化县：“女儿浦内有女儿庙。”《方舆纪要》卷85九江府：女儿港“源出庐山，东北流二十五里入彭蠡湖。水涨可容百余艘。因大孤在其侧，俗讹孤为姑，故有女儿之称，亦曰女儿浦。其东北曰金沙洲，洲本白沙水碛，日照之，灿然作金黄色。明太祖征陈友谅，有术士啸风扬沙，既而风忽转，大歼敌军于洲上”。

女儿港市 即今江西九江市东南三十五里姑塘。《清一统志·九江府二》：女儿港市“彭蠡北出之道，今大姑塘巡司驻此”。

女王国 即今日本九州群岛一带。《三国志·魏书·东夷传》：“倭人在带方东南大海之中，依山岛为国邑。……皆统属于女王国……自郡至女王国万二千余里。”

女水 ①即今山东淄博市临淄东南织女河。《汉书·地理志》甾川国东安平：“菟头山，女水出，东北至临甾入巨定。”《水经·淄水注》：女水“出东安平县之菟头山。《从征记》曰：水西有桓公冢。……或云齐桓公女冢在其上，故以名水也。……东北入巨淀”。

②在今蒙古国西南。《魏书·蠕蠕传》：皇兴四年（470），拓拔弘亲讨柔然予成（受罗部真可汗），分三路，“诸将会车驾于女水之滨……乃选精兵五千挑战，多设奇兵以惑之。虏众奔溃，逐北三十余里，斩首五万级，降者万余人，戎马器械不可称计。旬有九日，往返六千余里，改女水曰武川，遂作《北征颂》，刊石纪功”。《方舆纪要》卷45：女水“在漠北。《北魏书》：女水在弱落水西，去平城三千余里”。

女节山 在今山东潍坊市西三十五里。《隋书·地理志》：北海郡营丘县有“女节山”。《寰宇记》卷18潍州北海县：女节山“《郡国志》云，北海县节女当齐湣王伐楚，苏浑死焉，有五女终身不嫁，呼父魂葬于此山，因名”。

女华山 在今陕西铜川市西北。《寰宇记》卷31同官县：“女华夫人祠在同官县北三十里女华山上。其山高峰秀出，每有大风雷，多从华岳至此。故老传云：华岳女君在此山上，因立祠。”

女祁县 西汉置，为上谷郡东部都尉治。治所在今河北赤城县南。东汉废。

女阳县 即汝阳县。汉置，治所在今河南商水县西南。《汉书·地理志》作“女阳”。师古注：“女读曰汝。”

女阴县 即汝阴县。战国秦置，属陈郡。治所即今安徽阜阳市。西汉复改汝阴县为女阴县，属汝南郡，为都尉治。治所仍在今安徽阜阳市。东汉改为汝阴县。

女观山 ①在今湖北宜都市北。《水经·江水注》：夷道县“县北有女观山，厥处高显，回眺极目。古老传言，昔有思妇，夫官于蜀，屡衍秋期，登此山绝望，忧感而死，山木枯悴，鞠为童枯。乡人哀之，因名此山为女观焉。葬之山顶，今孤坟尚存矣”。

②在今重庆市巫山县东。《方舆胜览》卷57夔州：女观山“在巫山县东北四里。有石如人形。相传昔妇人夫官于蜀，登山望夫，因化为石”。山西畔小山顶有楚故离宫遗址。南宋诗人陆游《入蜀记》：“游楚故离宫，俗谓之细腰宫。”

女观湖 在今湖北荆州市荆州区（故江陵县）东北。《水经·沔水注》：“柞溪又东注船官湖。湖水又东北入女观湖。”《晋书·周访传》：赵诱、朱轨、黄峻等讨杜曾，“而大败于女观湖。诱、轨并遇害”。即此。今湮。

女坟湖　在今江苏苏州市西北。《越绝书·吴地传》："阖庐子女冢，在阊门外道北。下方池广四十八步，水深二丈五尺。池广六十步，水深丈五寸。"《吴地记》：坟"后陷成湖，今号女坟湖"。《寰宇记》卷91引《郡国志》云："以水绕坟，因名女坟湖。"

女怀清台（臺）　在今重庆市长寿区西南江南镇龙山村。《史记·货殖列传》："巴寡妇清，其先得丹穴，而擅其利数世，富亦不訾。清，寡妇也，能守其业，用财自卫，不见侵犯。秦皇帝以为贞妇而客之，为筑女怀清台。"《正义》引《括地志》："寡妇清台山俗名贞女山，在涪州永安县东北七十里。"

女灵山　在今河南鲁山县西。《水经·滍水注》："滍水之北有积石焉，世谓女灵山。其山平地介立，不连冈以成高，峻石狐峙，不托势以自远。四面壁绝，极能灵举，远望亭亭，状若单楹插霄矣。"

女直水达达路　简称水达达路。元世祖至元二十二年（1285）前后分开元路置，属辽阳行省。辖境相当今黑龙江省佳木斯、兴凯湖以东，包括俄罗斯境内黑龙江下游两岸及乌苏里江东岸地区。元派军士在此屯田，设置屯田总管府。

女国　西藏古代族部名。为东女国、西女国之简称。(1)东女国之简称。《隋书·裴矩传》："其三道诸国，亦各自有路，南北交通，其东：女国，南：婆罗门国等，并随其所往，诸处得达。"东女国地在今西藏昌都地区东北部及四川省西北部。(2)西女国简称。《北史·女国传》："女国，在葱岭南，其国世以女为王，姓苏毗，字末羯。"西女国为隋、唐以前汉文史籍中对苏毗之旧称，地在今西藏那曲地区西、北部，后举部北迁至青海境内。

女郎山　①一名章丘山。即今山东章丘市北章丘旧县城（绣惠镇）北章丘山。《水经·济水注》：阳丘县"城南有女郎山，山上有神祠，俗谓之女郎祠"。《寰宇记》卷19引《齐记》云："章侯有三女溺死葬于此。"《方舆纪要》卷31章丘县"龙盘山"条下：女郎山，"《三齐记》：章亥妾溺死葬此，谓之章丘，县因以名"。

②在今四川成都市温江区北。明曹学佺《蜀中名胜记》卷5温江县："《郡国志》梁州女郎山，张鲁女浣石上，……及女死将殡，柩车忽腾跃升此山，遂葬焉。其浣衣石犹在，因谓之女郎山。"

③在今陕西勉县东南。《水经·沔水注》：黄沙水"南注汉水。南有女郎山，山上有女郎冢，远望山坟，嵬嵬状高，及即其所，裁有坟形。山上直路下出，不生草木，世人谓之女郎道。下有女郎庙及捣衣石，言张鲁女也"。

女姑口　在今山东青岛市北，为白沙河入胶州湾之口。清道光《胶州志》总图有"女姑口"。

女姑山　在今山东青岛市北。《新唐书·地理志》：即墨县有女姑山。《寰宇记》卷20即墨县："其山北旧有墓，古老传云，此为明堂。《汉书·地理志》不其太乙仙人祠九所及明堂，武帝所起。不其城西南有七神，号曰女姑，即此是也。"

女思山　在今湖北省丹江口市西南武当山附近。《续汉书·郡国志》南阳郡武当县注引《荆州记》："县有女思山。"《寰宇记》卷143武当县：女思山"汉武当长来郡，女嫁为河内张德子，妇随夫还至此山，南望其父，思慕而死，即葬此山。女即来歙曾孙也"。

女思谷水　在今河北易县西南。为易水支流。《水经·易水注》：女思谷水"出西南女思涧，东北流注于易，谓之三会口"。

女洲山　在今湖南湘阴县南。《方舆纪要》卷80湘阴县：女洲山在"县南三十里。顶平而方，一名仰山"。

女盐泽　一名女盐池。即今山西运城市解州镇西北之硝池。《水经·涑水注》："（盐）池西又有一池，谓之女盐泽，东西二十五里，南北二十里，在猗氏故城南。"《元和志》卷12解县：女盐池"盐味少苦，不及县东大池盐。俗言此池亢旱，盐即凝结，如逢霖雨，盐则不生"。

女真　亦作虑真、女直、女质、朱里真。本源于唐代之靺鞨，五代时始称女真。分布于我国东北松花江、黑龙江中下游，东至于海。分生、熟女真两大部分。北宋末，生女真之完颜部阿骨打统一女真各部，建立金政权，灭辽之后又灭北宋。辖境远至外兴安岭（今俄罗斯境斯塔诺夫山）及黑龙江下游以至库页岛（俄罗斯境萨哈林岛），南达淮河。传九主，一百二十年，南宋端平元年（1234）为蒙古所灭。

女真苦屯　在今吉林双辽市东北东辽河一带。《明史·冯胜传》：洪武二十年（1387），胜为征虏大将军讨纳哈出，"胜已深入，逾金山，至女直苦屯，降纳哈出之将全国公观童"。

女徒山　在今四川盐亭县东北八十里。《新唐书·地理志》永泰县："有女徒山。"《寰宇记》卷82永泰县：女徒山"在县东二十五里。其山从阆州新井县界来。故老相传：昔有女徒千人于通泉县康督井配役，遇贼于此山，乃于山顶置栅御捍，遂以破其贼，俗为之置祠"。

女陵山　在今山东曲阜市北二十六里。《寰宇记》卷21曲阜县：女陵山，"相传秦始皇东巡，女死葬于此山，因名。今山顶墓陵存，其山多美石"。

女娲山　在今陕西平利县西北。《新唐书·地理志》：平利县有女娲山。《舆地纪胜》卷189金州：女娲山"《皇朝郡县志》：在平利县东。有祠曰女娲圣后"。

女娲城　又名柳城。在今河南西华县西二十里都城岗村。《寰宇记》卷10陈州西华县："柳城在县西二十里。古老传云女娲氏之都。本名娲城，魏邓艾营稻陂，时柳舒为陂长，后人因为柳城。"

女娲陵　①在今山西洪洞县北赵城镇东八里侯村。《寰宇记》卷43晋州赵城县："女娲墓在县东南五里。高二丈。按《城冢记》：女娲墓有五，其一在赵简子城东五里。”

②在今山东济宁市东南。《元和志》卷10兖州任城县：“女娲陵在县东南三十九里。”

女娲堡 在今陕西平利县西北五十里女娲山。《资治通鉴》：东晋永和十年（354），“秦丞相（苻）雄帅骑七千袭司马勋于子午谷，破之，勋退屯女娲堡”。

女菁平 亦作羌菁平。在今四川武胜县南二十里旧县。《元史·地理志》：“定远，本宋地名女菁平。元至元四年，便宜都总帅部兵创为武胜军，后为定远州。”

女遮谷 在今甘肃兰州市东三十五里。《宋史·神宗纪三》：元丰四年（1081）“熙河经制李宪败夏人于西市新城，……又袭破于女遮谷，斩获甚众”。即此。

飞山 俗呼胜山。在今湖南靖州苗族侗族自治县西北四里。《资治通鉴》：唐乾宁二年（895），“蒋勋求为邵州刺史，刘建锋不许，勋乃与邓继崇起兵，连飞山、梅山蛮寇湘潭”。胡三省注：“飞山蛮，在邵州西北界，今其山在靖州北十五里，比诸山为最高峻，四面绝壁千仞。”

飞山堡 北宋大观二年（1108）置，属靖州。在今湖南靖州苗族侗族自治县西北四里飞山上。

飞井堡 北宋置，属镇戎军乾兴砦。在今宁夏固原市东北。后废。

飞云（雲）山 在今广西博白县西六十里。《舆地纪胜》卷121郁林州：飞云山“在博白县。山石上有巨人迹。又有石函，常有蛇吐珠，夜出光焉”。《明一统志》卷84梧州府：飞云山“山势险峻，朝夕常有云气”。

飞云（雲）关 在今浙江瑞安市南。《清一统志·温州府》：飞云关“在瑞安县南七里，安阳江津渡处也。本名飞云渡，波流汹涌，关横截南北，往来者必出于此。明置寨，设总哨官，帅舟师泊凤凰海洋。今有把总防守”。

飞云（雲）江 即今浙江瑞安市南飞云江。《明史·地理志》温州府瑞安县：“城南有安阳江，源出福建政和县及青田县界，合流至此，曰瑞安江，亦曰飞云江。”

飞云（雲）洞 在今湖北黄石市东南狮子山。《舆地纪胜》卷33兴国军：飞云洞“在大冶回山之巅，三洞层出，上洞出云，中洞出水，下洞出风，其声如雷霆。唐元结尝读书于此，堂基犹在，洞中有元结像”。今为飞云公园。

飞云（雲）桥 在今江苏沛县南。《方舆纪要》卷29徐州沛县：飞云桥“在城南。泡水经其下，入泗水。为往来津要。明正德四年，大河决于此，入运河。嘉靖八年，飞云桥之水北徙入鱼台。三十七年，支流复冲入飞云桥。四十四年，泛滥益甚，为漕害。万历以后，遏河南徙，横决始免”。

飞云（雲）崖 在今贵州黄平县东北三十里。一名东坡山。《方舆纪要》卷121兴隆卫：飞云崖“壁立千仞，奇胜万端，下有澄潭，旁为月潭寺，今置月潭公馆于此”。

飞云（雲）渡 在今浙江瑞安市南飞云江上。《方舆纪要》卷94瑞安县：飞云渡在“县南七里安阳江津济处也。波流汹涌，横截南北，有飞云关，往来者必出于此渡”。

飞云（雲）濑 在今河南新密市东南，跨马关水上。清嘉庆《密县志》卷6：飞云濑“石色青碧，有数窦，水穿其中，鸣泻之声，瑟瑟中听。前有渟渚，可驾一舟。亦名锦石洲，以其在水中也。上可坐百人，为高士游览之所”。

飞云（雲）壑 当在今内蒙古科尔沁右翼前旗境。明金幼孜《北征录》：永乐八年（1410），成祖朱棣亲征鞑靼本雅失里至斡难河（今蒙古国克鲁伦河），其大元帅阿鲁台东奔，“遂止次飞云壑”。

飞云（雲）崖古建筑群 在今贵州黄平县东北三十里东坡山。此处为昔日京黔滇古驿道。今湘黔公路交通要地。山下飞云崖顶石钟乳倒悬，状如飞云，故名。山林葱郁，崖上飞瀑。当年王阳明、林则徐路过时均曾盛赞其奇秀景色。相传苗民创建了崖下寺宇，明时有学佛者于此结庐，称“普陀岩”。明正统八年（1443）游僧德彬募建月潭寺。此后，明清之际相继建有月潭公馆、圣果亭、“自在真际”牌坊、养云阁（大官厅）、接引阁、皇经楼、关圣殿、小官厅、滴翠亭、碑亭、幽云亭等。平面布局分东、西二院，总建筑面积850平方米。经1963年和1983年重修，现建筑保持清光绪年所建风貌。山门为砖石结构六柱五间五山屏风式牌楼，额枋上有“黔南第一洞天”匾。此外，飞云崖多石刻，明清摩崖有二十二处。2006年定为全国重点文物保护单位。

飞水关 ①明置，在今四川荣县东南。《明史·地理志》荣县：“有瓮溪关、飞水关，俱洪武间置。”

②明置，属荣经县。在今四川荥经县西三合乡（飞水场）。《方舆纪要》卷72荣经县“天险关”条下：“又飞水关亦在县西北路，出西番。”

飞乌山 在今四川中江县东南百七十里。《元和志》卷33飞乌县：飞乌山“在县西南五十五里”。县以山名。《寰宇记》卷82飞乌县：“大飞乌山高二里，周回二里。又有小飞乌山高一里，周回二里。又山在县东，重峦峻削，二山相向，如飞乌之状。”《舆地纪胜》卷154潼川府：飞乌山“在铜山县（旧治在今广福镇）东南十五里。重峦峻峭，绝涧横流，两山相向，形如飞乌”。

飞乌县 隋开皇十三年（593）升飞乌镇置，属新州。治所在故郪王城（今四川三台县南九十里郪江镇，即千字坟）。《旧唐书·地理志》飞乌县：“取飞乌山为名。”大业初属新城郡。唐武德初属梓州，贞观二十二年（648）移治今四川中江县东南一百八十里仓山镇。宋属潼川府。元初废入中江县。

飞乌镇 隋开皇十年（590）置，在今四川三台县南九十里郪江镇（千字坟）。《寰宇记》卷82飞乌县，“本汉郪县地之故城，在县北三十五里故郪王城也。隋开皇十年置飞乌镇，十三年改镇为县，取飞乌山为名”。

飞凤山 ①在今重庆市云阳县东云阳镇南长江岸。《舆地纪胜》卷182云安军云安县：飞凤山“在县治之对”。明曹学佺《蜀中名胜记》卷23云阳县引《方舆胜览》云：“飞凤山，与县治相对。古刻‘凤凰岩’三字，瀑布泉出焉，注于白玉池，产太乙玄精石。”《方舆纪要》卷69云阳县：飞凤山“在县南大江南岸，与县对峙，以形似名”。山麓有张桓侯（张飞）庙。

②在今陕西扶风县南一里。《方舆纪要》卷55扶风县：飞凤山“以形势骞翥而名”。

飞布山 原名安勒山、布射山，又名主簿山。在今安徽歙县北二十里。《寰宇记》卷104歙县：飞布山“在县北。布射水源出焉。旧名主簿山，天宝六年敕改飞布。又按《新安记》云：昔因寇乱，有歙县主簿率百姓保据此山，因名主簿山”。

飞龙山 ①即封龙山。在今河北鹿泉市南，接元氏县界。《晋书·孝怀帝记》：永嘉三年（309），“石勒寇常山，安北将军王浚使鲜卑骑救之，大破勒于飞龙山”。《元和志》卷17获鹿县：飞龙山“在县南四十五里”。

②在今湖北麻城市北三十里。《方舆纪要》卷76麻城县：飞龙山“山势峻耸如雌雄并立，登之可以望远。有龙井，引流可以溉田”。

③在今四川青川县西南。《方舆纪要》卷73青川守御千户所“大雄山”条内：飞龙山“在所东三十里。其相近者曰东山”。

飞龙白塔 即曼飞龙塔。在今云南景洪县西南勐龙镇北四里曼飞龙山上。

飞龙关 在今四川雅安市西南观化乡。《清一统志·雅州府二》：飞龙关“在雅安县南四十里，接荥经县界”。

飞龙峡 在今甘肃西和县南。《方舆胜览》卷70同庆府：飞龙峡“在仇池山下。氐杨飞龙者据仇池，因得名。其东乃杜甫天宝避乱居此。有龙湾虎穴”。

飞仙关 亦名飞仙阁、漏阁。即今四川芦山县西南五十里青衣江东岸关镇。《明史·地理志》芦山县：“南有飞仙关。”《方舆纪要》卷72芦山县：飞仙关在“县南五十里。亦曰飞仙阁，即古漏阁也”。

飞仙岭 一名威风山。在今四川广元市北四十里。清乾隆《广元县志》：飞仙岭“三面环江，峭壁千仞。上有观名飞仙观，一面与前山相接，其间起一阁，名飞仙阁。为径行大路，亦栈道中之险要”。

飞仙阁 ①亦名飞仙关、漏阁。在今四川芦山县西南五十里飞仙关镇。明曹学佺《蜀中名胜记》卷14芦山县：“《志》云：芦山南十里三江渡，通天全六番，下注多功峡，入雅之平羌江。多功河上飞仙阁，为木栈道，即古漏阁也。”

②在今四川广元市北。唐杜甫《飞仙阁》诗云：“土门山行窄，微径缘秋豪。”《方舆纪要》卷68广元县“石柜阁”条内：“县北四十里有飞仙阁，下浸碧潭，悬栈而行，若飞仙然。”

飞仙阁摩崖造像 即蒲江石窟。在今四川蒲江县西南二十里朝阳湖镇南山崖上。

飞鸟山 在今重庆市巫山县西南。《寰宇记》卷148夔州巫山县：“飞鸟山在县西南六十里。言山高，鸟飞不能越。”

飞羊站 元置，在今湖南湘潭市南。明废。

飞州 北宋置羁縻州，属茂州。治所在今四川茂县境。《宋史·蛮夷传四》：政和七年（1117），“涂、静、时、飞等州蛮复反茂州，杀掠千余人”。后废。

飞芬山 在今辽宁抚顺市北富尔哈附近。《明史·马芳传》：万历间，马林“又一军西营飞芬山”，被后金努尔哈赤军大败。

飞来寺 又名东岳寺。在今四川峨眉山市北五里金天庙乡飞来岗上。清道光《峨眉县志》卷2：“飞来冈在县北大庙后，有飞来殿。殿内有唐宋家庆楼、吕纯阳仙笔。”寺始建于唐，宋淳化四年（993）和元泰定四年（1327）两次大规模重建，明、清亦多次修葺。其中大殿建筑保持宋元风格，香殿为明洪武二十年（1391）重建，九蟒殿为崇祯五年（1632）重建。

飞来峡 即中宿峡。在今广东清远市东北三十五里。《清史稿·地理志》广州府清远县：“中宿峡，一名飞来峡。”

飞来峰 一名灵鹫峰。在今浙江杭州市西灵隐寺前。宋《淳祐临安志》卷8“武林山”条引晏殊《舆地记》：“晋咸和元年，西天僧慧理登兹山，叹曰：‘此是中天竺国灵鹫山之小岭，不知何年飞来？’”故名。峰下有玉乳、龙泓诸洞，洞壁遍布五代、宋、元石窟造像三百八十余尊。宋王安石有《登飞来峰》诗。

飞来峰造像 在今浙江杭州市西湖北山区灵隐寺的对面。在石窟内和岩壁上，分布着三百八十多尊造像。始凿于五代后周广顺元年（951），其后宋、元均有开凿，而以元代居多。飞来峰石窟利用天然岩洞或山崖开凿，主要洞窟有青林洞、玉乳洞、龙泓洞等。造像有佛像、菩萨、天王、弥勒、飞天等。许多北宋和元代的题记，可作确切年代的证据。造像风格柔和、圆润，雕造精美，保存完整，是南方晚期造像中具有代表性的作品。1982年定为全国重点文物保护单位。

飞来殿 俗称大庙。在今四川峨眉市城北四里飞来岗上。创建年代不详。现存建筑为宋、元时期遗物。内有北宋淳化四年（993）重修庙记和元泰定四年（1327）重修东岳庙记碑。殿正面檐柱三开间，长18.28米，内柱分成五开间，进深五开间，长13.26米。平面上柱子分布成减柱造。明间左右两柱上塑金身泥胎蟠龙两条，栩栩如生，有宋、元时期风格。屋顶是歇山式，覆盖小青瓦，系明、清时改建。

飞英寺 在今浙江湖州市城区北隅。《方舆纪要》

卷91湖州府：飞英寺“在府东北二里。唐咸通中建，寺西有舍利石塔，高九层，登之则川原城郭了如指掌”。寺内飞英塔系塔中建塔，实属罕见。

飞英塔 在今浙江湖州市内。创建于唐。由内外塔组成。内塔重建于南宋绍兴年间，用白石砌筑，八面五层，实心，塔顶已毁，残高14.55米，仿木构制作，刻有精美的佛像和装饰花纹。外塔砖木结构，罩在内塔外，始建于北宋开宝年间（968—978），毁于雷击。南宋端平元年（1234）重建，八面七层，高55米。明、清时重修。这种塔中有塔的建筑形式，在全国罕见。1988年定为全国重点文物保护单位。

飞鸢堡 在今山西岚县岚城西北六十里乏马岭。《宋史·地理志》：岚州宜芳县“有飞鸢堡”。即此。金升为飞鸢镇。

飞鱼口 在今河北霸州市南鱼津洼。《寰宇记》卷67霸州文安县引《邢子励记》云：“后魏延兴初，文安县人孙愿捕鱼于五渠水中，有群鱼从西来……因呼入海之处为飞鱼口。”明蒋一葵《长安客话》卷6：“霸城南沙河与唐河合流处，俗呼飞鱼口，即鱼津洼也。”

飞狐口 在今河北蔚县东南恒山峡谷口之北口。为古代河北平原通向北方边陲地区的咽喉。《汉书·郦食其传》：郦食其对高帝说：“杜太行之道，距飞狐之口。”即此。

飞狐关 又名常山关、飞狐口、飞狐陉、蜚狐口。在今河北蔚县东南恒山峡谷口之北口。为古代河北平原通向北方边陲的咽喉。《水经·㶟水注》：“《魏土地记》曰：代城南四十里有飞狐关。”即此。

飞狐关水 在今河北蔚县西南。《水经·㶟水注》：飞狐关水“西北流，径南舍亭西，又径句琐亭西，西北注祁夷水”。清已湮。

飞狐县 隋仁寿元年（601）改广昌县置，属易州。治所即今河北涞源县。《元和志》卷14飞狐县：“因县北飞狐口为名也。”大业初属上谷郡，隋末废。唐武德六年（623）复置，寄治易州遂城县（今徐水县西北），贞观五年（631）还旧治（今涞源县）。《宋史·田重进传》：“雍熙中，出师北征，重进率兵经飞狐城下，用袁继忠计，伏兵飞狐南口，擒契丹骁将大鹏翼……逐北四十里，连下飞狐、灵丘等城。”明洪武初复改名广昌县。

飞狐陉 太行八陉之一。即飞狐关。在今河北蔚县东南与涞源县交界处，为古代河北平原通向北方边陲地区的咽喉。

飞狐道 ①古道路名。东汉筑，为飞狐口谷道之延长线。在今河北蔚县县东至山西大同间。《后汉书·王霸传》：建武十三年（37），“诏霸将弛刑徒六千余人，与杜茂治飞狐道，堆石布土，筑起亭障，自代至平城三百余里”。即此。

②唐时称北魏灵丘道为飞狐道，以道出飞狐县（今河北涞源县）南部而名。道由今河北定州市北沿太行山唐河谷道经涞源县，西入山西灵丘县达大同。《资治通鉴》：唐建中四年（783），“（李）晟引兵出飞狐道，昼夜兼行，至代州”。

飞放泊 又名南海子。在今北京市永定门外南苑。《元史·兵志》：“冬春之交，天子或亲幸近郊，纵鹰搏击，以为游豫之度，谓之飞放。”又《方舆纪要》卷11大兴县：“南海子在京城南二十里。旧为下马飞放泊，内有按鹰台。永乐十二年增广其地，周围凡一万八千六百六十丈，乃育养禽兽种植蔬果之所。中有海子，大小凡三，其水四时不竭，一望弥漫。因禁城北有海子，故别名为南海子。”

飞练堡 在今贵州瓮安县北飞练坝。《方舆纪要》卷121瓮安县：飞练堡“旁有飞练泉。（明）万历中，播酋作乱，攻贵州边界，围飞练”。即此。

飞虹桥 一名鲁班桥。在今山西襄汾县西。《清一统志·平阳府一》：飞虹桥“在襄陵县西南三十里。明邢雷记：先是人皆病涉，里人侯思政建桥于故元之丙辰。悬崖巧构，栋宇凌空。正统庚申重葺，迄六十年，宏治已未春新之。《通志》，众木攒成，不见斧痕，俗呼鲁班桥”。

飞虹铺 在今四川资阳市南沱江东岸。清嘉庆《四川通志》卷89资阳县：飞虹铺“在县东二十里”。

飞泉 在今广西阳朔县西五十里。明曹学佺《广西名胜志》卷1阳朔县：飞泉“泉涌山腰，悬石百级，飞注而下，如挂银河，入于桂江”。

飞泉山 在今四川仁寿县东二里。《寰宇》》卷85仁寿县：飞泉山“在县东二里。旧名东隅。按《图经》：隋仁寿元年僚反，百姓城于山顶避难，遂有飞泉涌出，僚平泉涸，因呼为飞泉山”。

飞泉岭 在今广东丰顺县南蓝田。《清一统志·潮州府》“飞泉岭”条引《广东通志》：“岭在揭阳山西。壁立万仞，周数十里，层峦叠巘，人迹罕至，有泉飞空而下，如瀑布。因名。”

飞泉砦 本飞井坞。北宋政和七年（1117）赐名，属镇戎军。在今宁夏彭阳县北。金属镇戎州，后废。

飞桥 东晋义熙年间十六国西秦建。在今甘肃永靖县西南岘塬镇李家塬头南面的刘家峡上，其地今已没入刘家峡水库之中。《水经·河水注》引《秦州记》曰：“枹罕有河夹岸，岸广四十丈。义熙中，乞伏于此河上作飞桥，桥高五十丈。三年乃就。”

飞浮山 在今陕西合阳县东南四十里黄河中。《清一统志·同州府一》引《旧志》：“俗传与河水为升降，故名。上有子夏石室。”

飞鸾岭 在今福建宁德市东南十五里飞鸾镇。明嘉靖《福宁州志》卷2《山川》宁德县：飞鸾山“在二都，形如飞鸾展翼”，故名。

飞鸾溪 在今福建宁德市南飞鸾岭下。《方舆纪要》卷96宁德县：飞鸾溪“源出罗源县境，流入县界，经三屿东，与油溪同入于海”。

飞鸾镇 北宋置，属阳安县。在今四川简阳市东南五十里飞龙乡。

飞盖园　在今陕西延安市南。《清一统志·延安府二》：飞盖园“在肤施县南三十五里。宋知州庞籍游宴处”。司马光诗“军中富余暇，飞盖城南隈”。指此。

飞鸿阁　在今湖南浏阳市后。本名归鸿楼。《清一统志·长沙府二》引《山堂肆考》：“归鸿楼，宋杨时建，取目送归鸿之义，自为图记之。后张方郜修建，易今名。”

飞越山　亦作飞越岭。在今四川汉源县西北，为与泸定县界山。《元和志》卷32汉源县：飞越山“在县西北一百里。山西、北两面并接羌戎界，仪凤二年置飞越县，天宝初废”。山高险，旧为沉黎西境之要害，由蜀入藏必经之路。

飞越水　即今四川汉源县西北之流沙河上源飞越水，以源出飞越山为名。《旧唐书·地理志》飞越县：“仪凤四年，分汉源于飞越水置县，属雅州。”

飞越县　唐仪凤二年（677）析汉源县置，属雅州。治所在今四川汉源县西北。以飞越岭为名。大足元年（701）属黎州。天宝初废。

飞越城　唐天宝初于废飞越县置，属黎州。在今四川汉源县西北。宋《册府元龟》卷359：唐大历十四年（779），吐蕃与南诏三道入寇，李晟率军阻击，“晟乃逾漏天，攻拔飞越、廓清、肃宁三城，绝大渡河，获首虏千余级”。即此。北宋于此置博易务。

飞越镇　在今四川汉源县西北。《新唐书·地理志》黎州洪源郡：“有定蕃、飞越、和孤三镇兵。”

飞鹅山　在今广东东莞市西南。《方舆纪要》卷101广州府东莞县：飞鹅山“在县西南十里，属靖康场，流水环绕，状若飞鹅”。

飞鹅岭　在今广东惠州市南。《清一统志·惠州府》：飞鹅岭“在府城南一里。势若飞鹅，故府城亦曰鹅城”。孙中山、周恩来先后于1923年、1925年登临岭上指挥作战。现尚有战壕与机枪掩体等遗迹，供人参观游览。

飞鹅峡　在今四川广元市西南。清道光《保宁府志》：飞鹅峡在昭化县北二十里，白龙江经其中，“别有巨石孤立，若鹅之将飞者，谚曰：打得石鹅飞，过得阴平道。其言阴平之险而此为门户”。

飞猿水　在今江西黎川县东。《方舆纪要》卷86建昌府新城县：飞猿水“在县东飞猿岭下，亦曰飞猿港。合杉岭以西诸山溪水流经此，又西合众流，过县北入南城县界，过蓝田镇，至峭石合于黎川”。

飞猿岭　在今江西黎川县东。南朝宋谢灵运诗“朝发飞猿峤”，即此。《方舆纪要》卷86建昌府新城县：飞猿岭“在县东六十里。亦曰悲猿峤，又名飞鸢岭。旧置飞猿馆于岭上。登之可望峭石。《舆程记》，飞猿东去杉关十里，西北去峭石八十里。宋绍兴中置飞鸢驿，咸淳间改置巡司。明朝因之。后废”。

飞熊卫　明洪武十一年（1378）置，属中都留守司。治所在今安徽定远县东北五十里。后废。

飞鲤桥　在今安徽郎溪县西南二十五里飞鲤河（旧名苏大溪）上。《清一统志·广德州》：飞鲤桥“在建平县西南二十五里。明嘉靖中建”。明嘉靖《建平县志》：飞鲤桥“俗传运木架桥时，有鲤跃木上，因名”。

飞霞山　在今江西高安市西北。《元丰九域志》卷6：筠州高安县有飞霞山。

习安州　元置，属普定路。治所即今贵州安顺市东旧州镇。明洪武十六年（1383）改为安顺州。

习阳城　在今河南西华县西南。《水经·颍水注》：“（西华）县北有习阳城，颍水迳其南。”即此

习郁池　一名高阳池。在今湖北省襄阳市南。《水经·沔水注》：襄阳湖水“又东入侍中襄阳侯习郁鱼池。郁依范蠡养鱼法作大陂，陂长六十步，广四十步，池中起钓台。池北亭，郁墓所在也”。《元和志》卷21襄阳县：习郁池“在县南十四里”。

习弥山　在今云南云县东六十里。《清一统志·顺宁府》：习弥山“高逾千仞，下瞰苍江。一作昔弥山”。

习降　在今缅甸北部糯千卡河（即小江）南侧。清代属腾越州茨竹寨土守备。见硕色《处置秤戛等处分隶奏摺》及光绪《续云南通志稿》卷99土司。

习家池　又名习池。即习郁池。在今湖北襄阳市襄阳城南十里。《水经·沔水注》：“又东入侍中襄阳侯习郁鱼池。”《初学记》卷8：习池“《襄阳记》：岘山南八百步，西下道百步，有习家鱼池”。

习家寨　在今辽宁喀喇沁左翼蒙古族自治县南之南公营子（俗称喀喇城）。《辽史·地理志》潭州龙山县：“本汉交黎县地，开泰二年以习家寨置。”

习溪水　在今江西吉安市南。《方舆纪要》卷87吉安府庐陵县：习溪水“在府城南。源出古塘渡，由焦冈岭东合众流，至城南贯串城市名长涝水，东北入大江（赣江），此为绕城南之水。焦冈岭在府西南数里，一名天华山”。

叉力失　即今新疆焉耆回族自治县。顾炎武《天下郡国利病书》卷117《西域土地人物略》：“阿剌木又西百里为叉力失城。叉力失西百里为哈喇哈失铁城。”

叉头镇　在今河北灵寿县西北七十里。《明史·地理志》灵寿县：“北有叉头镇巡检司，后迁于慈峪镇。”

叉光镇　亦名汊沽港，即今天津市武清区西南三十六里汊沽港镇。清乾隆《武清县志》图：南有叉光。

马丁民营　在今广东阳山县西南。《方舆纪要》卷101阳山县：马丁民营“在县西南桥下山，接广西怀

集县界（今属广东），防古岭山贼。旁又有马丁兵营”。

马厂　即今河北青县北二十里马厂镇。清初为一小村落，光绪初置军营于此，遂为驻兵之地。民国《青县志》卷1：马厂“屹峙新减河与卫河交会之冲。东通渤海，北达津沽……地势雄壮，国防军驻之，北门锁钥也”。1917年清宣统复辟，段祺瑞自此兴师讨之。

马厂坡　在今江苏泗阳县东。《方舆纪要》卷22淮安府桃源县：马厂坡“在县东黄河南岸。明隆庆四年，大河决于此。万历中，因岗筑堤，以防溃决。《河防考》：马厂坡地势平漫，黄河涨，则从此入淮而淮淤；淮水涨，则从此分入河而清口溺，筑横堤于此，所以障黄淮之浸淫也”。

马厂集　即今安徽全椒县西马厂镇。清康熙《全椒县志》卷3：马厂在“西北五十五里”。

马厂塬遗址　在今青海民和回族土族自治县西北。北濒湟水，面积3万多平方米。为新石器时代遗址。遗址四周断崖上暴露的文化层堆积和窖穴遗迹十分丰富，包括有马家窑文化马厂类型、齐家文化、辛店文化等几个不同时期的文化遗存，是研究青海东部地区古文化之间关系的重要遗址。1988年定为全国重点文物保护单位。

马厂镇　即今江苏沭阳县东南四十六里马厂镇。清光绪《江苏全省舆图》：沭阳县东南有“马厂”。

马八儿国　宋代名注辇国。故地在今印度科罗曼德尔海岸。《元史·外国传三》：“海外诸蕃国，惟马八儿与俱蓝足以纲领诸国，而俱蓝又为马八儿后障，自泉州至其国约十万里。……（至元间）占城、马八儿国俱奉表称藩。”《明史·外国传六》又作项里、西洋琐里。

马乃营　明洪武十七年（1384）置，即今贵州晴隆县南马乃营。清爱必达《黔南识略》卷28普安县：“国朝顺治十八年，普安州属马乃营土目叛，总督赵廷臣讨平之。”

马三家子　即今辽宁沈阳市西北四十里马三家镇。清光绪《奉天全省地舆图说图志》承德县图：西北有马三家。京奉铁路经此。

马下山　在今湖北蕲春县西。《方舆纪要》卷79蕲州：马下山“在州西六十里。高峻难登。相传汉高祖讨英布，下马过此”。

马口良堡　即今湖北保康县南马良镇。《方舆纪要》卷79房县：马口良堡在“县东南二百里。成化中建”。

马口湖　在今湖北武穴市西北。《方舆纪要》卷76广济县“武山湖”条下：“马口湖在县（治今梅川镇）西南八十里，西流入江为马口渡。《嘉熙对境图》：宋初南征，自马口济江。”

马口溪　在今贵州岑巩县西北。《方舆纪要》卷122思州府都素司：马口溪在“司北一里。即洒溪上源也。……下流俱入于清江”。

马口镇　即今湖北武穴市西北田镇北马口垸。明置巡司于此。清光绪间巡司移驻武穴镇。

马山　①即马迹山。今江苏无锡市西南、太湖北岸之马山。

②在今江西遂川县西南。《方舆纪要》卷87吉安府龙泉县：马山“状如奔马，其西一峰，悬崖特出如马首，宋时置寨其上。下有龙潭”。

③在今山东枣庄市南。《方舆纪要》卷32峄县：“马山在县南九十里。以山势若奔马而名。或谓之马旺山，武水出焉。”

④在今山东即墨市西十里。《魏书·地形志》：长广有马山祠。《隋书·地理志》：即墨县有马山。

⑤在今河南内乡县东北五十里。《清一统志·南阳府》：马山“有叠嶂悬崖，下临默河，其相接者为金斗山”。

⑥即昭山。在今湖南长沙市南，接湘潭市界。《清一统志·长沙府一》“昭山”条引《旧志》称：“昭山即马山，与湘潭分界，截江而起，仄立万仞，怪石磅礴，异木层阴，微露岩碍，舟过其下，隐隐见石窗岩牖，窥攀莫及，洵异境也。”

马山口关　明置，在今湖北郧县西五十里。一作马山口堡。

马山口堡　即马山口关。在今湖北郧县西。《方舆纪要》卷79郧阳府郧县：马山口堡在“府西五十里”。

马山口镇　即今河南内乡县东北五十里马山口镇。清设巡司于此。

马山市　即今浙江绍兴县东北马山镇。乾隆《绍兴府志》卷7《市》引《万历志》：马山市“在府城北二十里”。

马山埭　在今福建惠安县西南。《方舆纪要》卷99惠安县：马山埭“在县西南二十五里马山下。埭以山名。《志》云，县南为马山埭，其上流为下曾、黄坑等溪，俱在县西二十余里，南流由埭以入海”。

马山砦　在今湖南汝城县东南百余里万山中。《方舆纪要》卷82桂阳县：马山砦“正德十二年，官军讨乌春山贼，贼首龚福全遁保马山禾仓石寨，官军进克之”。

马千总台（臺）门　在今辽宁开原市北。《清史稿·地理志》：开原“边门三：北马千总台，东北威远堡，东南英额”。

马门江　即今广西博白县西南之南流江。《资治通鉴》：唐咸通四年（863），南诏陷交趾，蔡袭“幕僚樊绰携其印渡浮江”。胡三省注：“自白州博白县西南百里下北戍滩，出马门江，渡海，抵安南界。樊绰携印渡处，即此江。”

马门郡　南齐置，属越州。治所在钟吴县（当在今广西博白县境）。南朝梁废。

马门滩　在今广西博白县西南六十里南流江中。《舆地纪胜》卷121郁林州：马门滩，“《九域志》：在白州。马援南征，以江流迅激，舟楫不通，乃疏凿尽去其石，余有二巨石，双立若门，因谓之马门，滩如奔马”。

马门镇　北宋置，属博白县。在今广西博白县西南南流江西马门。

马之遴社　即今台湾省彰化县西南鹿港镇。为高山族平埔人马之遴社。清康熙间蒋毓英《台湾府志》卷1：马之遴社“离府治四百里”。清为马芝堡，又名鹿港半堡。日本占领期间设鹿港街。1945年抗日战争胜利后设鹿港镇。

马乡城　一作马香城。即今河南汝南县南五十里梁祝镇（马乡镇）。《魏书·地形志》：义阳郡平阳县“有马乡城”。即此。

马乡集　即今河南汝南县南五十里梁祝镇（马乡镇）。清尹耕云《豫军纪略》卷3：咸丰五年（1855）四月，散勇易添富等“本著名巨捻，至是纠众于汝阳县之马乡集”。

马王城　①在今湖南洪江市（黔城镇）境。《舆地纪胜》卷71沅州：马王城“在黔阳县（治今黔城镇）东”。《方舆纪要》卷81黔阳县“镡城废县”条下：马土城“相传五代时马氏征溪蛮，筑此城为控扼处”。

②一名马王坪。在今湖南靖州苗族侗族自治县西北四里飞山上。《舆地纪胜》卷72靖州：马王城，“《楚书》云，马氏偏霸之初，飞山洞酋潘全盛遣其党杨承磊略武冈，马氏遣吕师周讨之，援萝蹑石，昼夜兼行，直抵飞山，分军布栅，全盛大骇，曰：此真从天降也。承磊来战，师周破其军，缚降者为乡导，袭飞山，擒全盛，斩之，尽平飞山巢穴。今环飞山有壕堑，而遗址尚存”。

马王堆　在今湖南长沙市东郊。原以为五代时楚王马殷的墓葬，1972—1974年相继发掘，先后出土三座西汉墓葬，系西汉初期长沙国相轪侯家族墓地。

马扎儿　亦作马札剌。即今匈牙利。都马茶城（今匈牙利布达佩斯）。《元史·速不台传》：太宗辛丑年（1241），讨兀鲁思部后，“经哈咂里山，攻马扎儿部主怯怜。速不台为先锋，……驰至马茶城”。

马五寨　在今宁夏灵武市南。《清史稿·刘松山传》：同治九年（1870），广东提督刘松山镇压回民起义，“先破石家庄，督攻马五寨”，中飞炮死于此。

马车渎　在今山东广饶县东北五十里高家港。《汉书·地理志》齐郡巨定县：“马车渎水首受巨定，东北至琅槐入海。”《水经·淄水注》：巨淀“北为马车渎，北合淄水，又北时渑之水注之”。《方舆纪要》卷35谓马车渎亦谓之马常坑。

马屯山　亦作马毛山。在今宁夏固原市西南（一说在今甘肃平凉市西）。《晋书·苻登载记》：登为姚苌所败，“遂奔平凉，收集遗众入马毛山”。即此。《元和志》卷3平凉县：马屯山“在县西。《十六国春秋》云：姚苌与苻登战于高平，登败，奔于马屯山，即此也。其山南北二十里，东西三十里”。《寰宇记》卷33平高县有马屯山。《方舆纪要》卷58固原州：马屯山在“州西南四十里。本作马毛山。……胡氏曰：马毛山为平凉之险要”。

马冈　在今广东佛山市顺德区南。明置巡司于此。《方舆纪要》卷101顺德县：马冈巡司“在县南三十里。本马冈村，有小湾堡。洪武三年置巡司”。

马冈墟　①即今广东开平市西北马冈镇。明嘉靖十三年（1534）于此设马冈营。万历《广东通志》卷40：恩平县有马冈墟。

②即今广东电白县东麻岗镇。明万历《高州府志》卷1：电白县有麻冈圩。

马水口　在今河北涞水县西北。《清一统志·易州二》：马水口“在涞水县西北二百里。其地山势雄壮，岩岫相连，旧称京师右辅。明永乐八年始设守军，景泰二年建北门正城，又建圈城于北岭上。嘉靖二十三年设守备把总，三十三年改守备为参将。本朝（清）顺治十年，改设都司，兼辖大龙门、金水口”。

马水河　亦作马木河。在今四川彭州市及广汉县境，为湔水之分水。《清一统志·成都府一》：马水河“源出彭县西北五峰，大隋、中隋、白鹿、丽元诸山溪，合流曰王村河，径彭门山下，出三郎镇，复分二支：东流入什邡市慈母山界，其正流东流入汉州界，曰马水河，又东径州南入清白江”。

马水墟　在今广东阳春市西南马水镇东南，石菉水注入漠阳江口处。清同治《广东图说》卷45：阳春县“有马水墟”。

马毛山　亦作马髦岭。在今宁夏固原市西南四十里。或说即今甘肃平凉市西北丰洞山。《晋书·苻登载记》：东晋太元十九年（394），苻登为姚苌所败，“遂奔平凉，收集遗众，入马毛山”。即此。

马升（昇）桥　在今天津市蓟县东北马伸桥。明崇祯二年（1629）十一月，袁崇焕率辽东兵与后金兵相持于马升桥，败后金军，即此。

马仁山　旧名马人山。唐贞元初改今名。在今安徽繁昌县西南三十里，接南陵及铜陵县界。《舆地纪胜》卷18太平州：马人山“山殊秀异。《旧经》云：山石类人马状。唐德宗时，山南有石马妖鸣，遂命去其首。唐宰相陈商旧隐此，今书堂遗址、洗砚池犹在。山有韫玉峰、龙首峰、石庵罗汉峰。古今题咏甚多”。

马仁陂　在今河南泌阳县北七十里。《水经·比水注》：马仁陂水“出沅阴北山，泉流兢凑，水积成湖，盖地百顷，谓之马仁陂。陂水历其县下西南，堨之以溉田畴，公私引裂，水流遂断，故渎尚存”。《清一统志·南阳府一》：马仁陂“上有九十二岔水，悉注陂中，周五十余里，四面山围如壁，惟西南隅稍下，可泄水。汉太守召信臣筑坝蓄水，复作水门，以时启闭，分流碌碰等二十四堰，灌溉民田千余顷，今故迹犹存”。

马公山　在今山东桓台县西南。《方舆纪要》卷31新城县：马公山在“县（治今县西新城镇）东南三十里”。《清一统志·济南府二》：“山下有一亩石，周一里。不生草木，天欲雨，则云气蔚然。”

马公店 即今江苏泗洪县西北马公店。旧属泗县。1912年《安徽省全图》：泗县东有马公店。

马公泉 在今湖北恩施市东一里。《方舆纪要》卷82施州卫：马公泉“宋嘉祐中，运使马公按部至州，以城跨山不可凿井，乃相视水脉，以竹引此泉入城中，公私赖之”。

马公旗 喀喇沁中旗的俗称。旗府驻地在大城子镇（今内蒙古宁城县西北大城子镇）。

马公寨 在今广东紫金县东南。《方舆纪要》卷103惠州府归善县“蚬毂营”条：马公寨“在府东北。《志》云：岭南贼巢曰洋乌潭、马公等寨，皆丛山深箐，延袤八百余里，一夫当关，万夫莫过。贼首伍端、黄世乔等啸聚其中，蚕食东路者数十年。万历初督臣殷正茂剿平之”。

马风屯 即今辽宁海城市东南三十里马风镇。产石棉、沙金。清光绪《奉天全省地舆图说图志》海城县图：东南有马风屯。

马印洲 一作马昂洲。在今江苏南京市西北大江中。《寰宇记》卷90上元县：马昂洲“在县西北三十三里。周十五里。《南徐州记》云：临沂西入江北三里有马昂洲。晋帝渡江牧马于其所，故名之”。《梁书·侯景传》：太清三年（549），南兖州刺史南康嗣王会理等讨景，“率众三万，至于马卬洲”。即此。

马斗（鬬）关 唐置，在今山西大宁县西四十五里黄河东岸马头关村。明、清置巡司于此。

马札儿 亦作马札剌。即今匈牙利。都马茶城（今匈牙利布达佩斯）。《元史·速不台传》：太宗辛丑（1241），讨兀鲁思部后，“经哈咂里山，攻马札儿部主怯怜。速不台为先锋……驰至马茶城”。

马石津 在今辽宁旅顺市西南旅顺口，或说即今旅顺口西南老铁山东石岚子。《资治通鉴》：东晋咸和九年（334），王齐、徐孟浮海去辽东。“船下马石津，皆为慕容仁所留”。胡注：“自建康出大江至于海，转料角至登州大洋；东北行，过大谢岛、龟歆岛、淤岛、乌湖岛三百里，北渡乌湖海，至马石山东之都里镇；马石津，即此地也。”

马龙山 在今云南新平彝族傣族自治县西南。《方舆纪要》卷115新化州：马龙山在“州（今县西北新化）西百里。旧名马笼，蛮酋结寨其上，因名马笼部”。

马龙山石刻群 在今重庆市潼南县南七十八里卧佛镇马龙山太阳坡北麓。1930年开凿，经三年而成。为释迦牟尼涅槃变经像，俗称卧佛，长36米，头长9米，面阔5.4米，胸阔7.5米，手掌长3.8米。周围为石刻群雕。为最大的卧佛像。

马龙他郎甸长官司 元世祖至元时以马龙、他郎二甸置，属元江路。治所在他郎寨（今云南墨江哈尼族自治县）。明洪武十五年（1382）直属云南布政司，二十六年（1393）迁治今云南新平彝族傣族自治县西北二十六里新化。弘治八年（1495）改新化州。

马龙州 元世祖至元十三年（1276）置，属曲靖路。治所在马龙城（今云南马龙县北郊旧城山）。马龙即彝语麻龙的异写，“麻”为兵，“龙”为城，意即驻兵的城。明属曲靖府，万历四十年（1612）迁治今马龙县。1913年废为县。

马龙江 即今红河在云南楚雄彝族自治州南部一段。《方舆纪要》卷116镇南州：马龙江在“州西南百八十里。其上流即定边河也，自定边县流入境，东南流经磸嘉县东，又东南入于元江”。

马龙县 1913年改马龙州置，后属云南滇中道。治所即今云南马龙县。1916年直属云南省。

马龙掌寨 民国属金平县，在今云南金平苗族瑶族傣族自治县东北马鹿塘一带。

马龙寨 在今云南金平苗族瑶族傣族自治县东北马鹿塘一带。清乾隆二十年（1755）置马龙寨土寨长。

马平场 在今广西桂平市西。《舆地纪胜》卷110浔州：马平场“在州西七十里。炉户取采砂宝，烹炼黑铅”。

马平县 隋开皇十一年（591）置，属象州。治所即今广西柳州市。大业初属始兴郡。唐贞观八年（634）为柳州治。天宝初为龙城郡治，乾元初复为柳州治。元属柳州路。明为柳州府治。民国初为广西柳江道治。1928年直属广西省。1931年改为柳州县。

马平郡 南朝梁置，属龙州。治所在潭中县（今广西柳州市东南驾鹤山间）。辖境相当今广西柳州市及柳江县一带。隋开皇九年（589）平陈后废。

马平港镇 即今湖北广水市西马坪镇。清光绪《湖北全省分图》：应山县西有马平港镇。民国《湖北通志》卷33应山县：马平港镇“在城西六十里”。

马东圈 在今河北任丘市东南。《方舆纪要》卷13任丘县：马东圈“明正德中，刘六等作乱，由马东圈越霸州，犯雄县”。即此。

马占山 在今江苏溧水县东南三十五里。宋《景定建康志》卷17：马占山“梁大同二年采铜于此”。

马田鼓楼 原名田心寨鼓楼。在今湖南通道侗族自治县南四十四里坪阳乡马田村。始建于清顺治年间，系侗族传统建筑物。平面呈方形，每边长8米。楼为两层，木架结构，通高18.72米。上层置戏台供演出，下层置长凳供人观看。其顶原为三层，1950年增修为九层塔式叠檐，收尖处为葫芦形宝顶。各檐翘角饰飞禽走兽。封檐板和室内大梁均施彩绘，造型美观。1996年定为全国重点文物保护单位。

马丘聚 又名蓝栅城。在今安徽怀远县南马城镇。《续汉书·郡国志》九江郡当涂县：“有马丘聚，徐凤反于此。”《清一统志·凤阳府二》：蓝栅城“周五里二百四十步。或以为即汉徐凤所据之马丘聚也”。

马白关 即今云南马关县。《清一统志·开化府》：

马白关“本朝雍正六年设”。

马尔邦屯 清乾隆四十一年（1776）置，属阿尔古厅。即今四川金川县西南马尔邦乡。四十四年（1779）裁入崇化屯。

马尔邦寨 在今四川金川县西南马尔邦乡。《清史稿·明亮传》：乾隆四十年（1775）征金川，“阿桂军临噶拉依，明亮取独松趋正地，降马尔邦”。即此。四十五年（1780）于此设马尔邦汛。有把总驻守。

马尔康 即今四川马尔康县。民国谢培筠《川西边事辑览》地图有马耳康。1953年于此设马尔康办事处。1956年改为马尔康县。1958年阿坝藏族自治州首府由刷经寺镇迁此。马尔康为藏语，意为“大苗旺盛”。

马尔康市 2015年撤销四川省马尔康县，设立马尔康市，市人民政府驻马尔康镇达萨街299号。马尔康市由阿坝藏族羌族自治州管辖。

马尔康县 1953年设立四川省藏族自治区办事处（县级），驻马尔康。1956年撤销四川省藏族自治区办事处，设立马尔康县，属阿坝藏族自治州。1987年属阿坝藏族羌族自治州。1997年阿坝藏族羌族自治州驻马尔康县。2015年撤销马尔康县，设立马尔康市。

马务镇 北宋置，即今甘肃岷县东马坞镇。

马市 ①即今江西修水县西，修水北岸马坳镇。清时于此设讯。

②或作牛马市。晋代洛阳市场。在洛阳城（今河南洛阳市东北汉魏故城）东建春门外二里谷水南。《太平御览》卷827引陆机《洛阳记》曰：“马市在城东。”《水经·谷水注》曰：“水南即马市。旧洛阳有三市，斯其一也。亦嵇叔夜（康）为司马昭所害处也。”

③即今广东始兴县东北马市镇。清道光《南雄州志》卷12始兴县：马子坳“在县东北四十里”。

马市坪 即今河南南召县西北三十六里马市坪乡。清尹耕云《豫军纪略》卷10：同治二年（1863）二月，“吴再升由二郎庙进屯南召之马市坪，在李青店之西北”。

马市堡 ①清置，在今辽宁北镇市北。《清一统志·锦州府二》“北镇堡”条下：马市堡“在（广宁）县北二十里”。

②即今辽宁开原市老城镇东北马市堡村。清光绪《奉天全省地舆图说图志》开原县图：东北有马家堡。民国《开原县志》图：东北有马市堡。

马兰山 ①在今陕西白水县西北六十里。西晋时，有马兰羌居马兰山中，因以为种落之号。《晋书·惠帝纪》：元康六年（296），“北地马兰羌、卢水胡反”，即此。《清一统志·同州府一》引《陕西通志》：“晋元康六年，马兰羌、卢水胡反，攻杀北地太守张损、郡尉张光，以百余人戍马兰山，力战得免。”其麓曰马莲滩，即马兰山之讹。

②即马栏山。在今陕西铜川市北。

马兰关 即马兰峪关。在今河北遵化市西。

马兰城 在今山西古交市西南二十里马兰村。《方舆纪要》卷40交城县“下马城”条：“马兰城在县北九十里孔河上，本名马兰村，孔水南流经此，东注于汾。汉、魏、北齐皆尝牧马于此。”

马兰峪关 一名马兰关。明置，属遵化县。长城关隘之一。在今河北遵化市西七十里马兰峪镇。关外有牵马岭与此关互为犄角。《明一统志》卷1顺天府：马关峪关“在遵化县北，自县而东凡三十一关口”。清初设副将于此守卫。雍正中，因陵寝重地改设总兵官驻防。

马兰溪 在今北京市延庆县西。《水经·㶟水注》：马兰溪“水导源马兰城，城北负山势，因阿仍溪，民居所给，惟仗此水，南流出城东南入泽水。泽水……又南流注于清夷水”。《史记·绛侯周勃世家》正义引《括地志》：“妫州怀戎县东北有马兰溪水。”即此。

马兰滩 在今甘肃兰州市东黄河南岸。《方舆纪要》卷60兰州：马兰滩“明初扩廓围兰州。别将于光自巩昌驰救，至马兰滩，为扩廓所袭，兵败被执处也”。

马头山 ①在今河北唐山市丰润区东北四十五里。《明一统志》卷1顺天府：马头山“其山数峰驰骤，最南一峰昂若马首”。

②在今河北万全县西。《方舆纪要》卷18万全右卫：马头山，“《志》云：在洗马林堡西北四里，山下流泉，盛暑极寒，山之阳有水关洞”。

③在今河北蔚县东四十五里。《水经·㶟水注》：“《魏土地记》云：代城东南二十五里有马头山，其侧有钟乳穴。赵襄子既害代王，迎姊，姊代夫人。夫人曰：以弟慢夫，非仁也；以夫怨弟，非义也，磨笄自刺而死。”即此。

④一名马首山。在今山西新绛县西北四十里。《元和志》卷12吕香县：“马头山，在县南六十里。其山峭嶷，形如马首，因以为名。”

⑤在今江苏南京市六合区东北三十五里。《舆地纪胜》卷38真州：马头山“在六合县东”。《方舆纪要》卷20江宁府六合县：马头山“山势雄秀，泉石奇胜”。

⑥亦名马转山。在今安徽宿松县东。《方舆纪要》卷26宿松县：马头山在“县东八十里。峰岫纡回，岩嶂屈曲，以形似名”。《晋书·桓宣传》：祖约、苏峻作乱，“宣将数千家欲南投寻阳，营于马头山”。即此。

⑦在今安徽庐江县东北七十里。《晋书·桓宣传》：“（祖）约还历阳，宣将数千家欲南投寻阳，营于马头山。值祖焕欲袭湓口，陶侃使毛宝救之。焕遣众攻宣，宣使戎求救于宝。宝击焕，破之。”即此。《清一统志·庐州府一》：马头山“上有桃花、仙人二洞，山口曰石龙”。

⑧在今安徽六安市北。《方舆纪要》卷26六安州：马头山“在州北”。唐杜佑《通典》卷181盛唐县：“晋永和中，谢尚镇马头城，即今县

北也。”

⑨在今浙江临安市西南八十里。《方舆纪要》卷90于潜县：马头山在“县（今于潜镇）南四十五里。以形似名。高千二百丈，周四十五里，泉甘土肥，可以树艺”。

⑩在今河南商城县南百五十里。山势高耸，形如马头。《晋书·桓宣传》：谯国内史桓宣以祖约作乱，“将数千家欲南投寻阳，营于马头山”。即此。

⑪在今湖南石门县北。《方舆纪要》卷77添平所：马头山“在所（今石门县西北所街）东。所西有马鞭崖，与此对峙”。

⑫在今云南元谋县东。《方舆纪要》卷116元谋县：马头山“在县东（按，原文为县南，误）。连亘四十里，地势最高，东望寻甸，南见楚雄，北眺黎溪，西瞻大理，县境之镇山也”。

⑬在今贵州湄潭县南十五里。《清一统志·平越州》引《贵州通志》：“山下清泉幽谷，古木阴森，称林壑之胜。”

马头寺　即今河南夏邑县西南四十九里马头镇。清尹耕云《豫军纪略》卷3：咸丰三年（1853）二月，“归德府属之永城县有大股土匪啸聚薛家湖、马头寺等处肆掠”。

马头戍　南朝梁置，在今安徽怀远县南马城镇。《魏书·高祖纪》：太和四年（480），“陇西公元琛等攻克萧道成马头戍”。即此。

马头关　在今浙江德清县南马头关村。《方舆纪要》卷91武康县：马头关在“县（治今武康镇）南三十里。路出余杭，为往来之径道”。

马头江　在今福建长乐市西北。《方舆纪要》卷96长乐县：马头江在“县城西北半里。自闽县流入境，江面益阔。又东北与大海相接，波涛震撼。乘舟入郡，常虞风潮之阻。《志》云，由县城西北入马江，曰太平港，旧名吴船头。相传吴王濞造船处，似误。盖吴越遣兵入闽，尝泊舟于此也”。

马头汛　即今安徽六安市北马头镇。《清一统志·六安州》：马头汛巡司“在州北六十里。本朝乾隆五十四年置”。

马头坞　即覆舟山。在今浙江德清县西南。《晋书·成帝纪》：咸和七年（332）三月，“西中郎将赵胤、司秄中郎匡术攻石勒马头坞，克之”。即此。

马头县　北齐降马头郡置，属荆山郡。治所在今安徽怀远县南马城镇。隋开皇初改为涂山县。

马头岩　在今福建武夷山市西南武夷山风景名胜区内。高可二十丈。明《八闽通志》卷6《地理志·山川》崇安县：马头岩“状如勒马”。

马头岭　在今江西星子县西北码头镇旁。清同治《江西全省舆图》卷14南康府星子县：“又出北门五里至五里牌，迤西行五里至马头岭。”

马头店　在今北京市通州区东南四十四里马头村。明永乐中设巡司。清设通州判驻此。

马头河　即今安徽望江县西北五十二里码头河。《方舆纪要》卷26望江县：马头河在“县北五十里。亦受大茗诸山之水。县西北四十里鸦滩之水，亦流汇焉。下流入武昌湖”。

马头驿　明置，在今广西柳城县西北古砦村。《明史·地理志》：柳城县“北有古砦镇巡检司，初治融江东岸，后迁马头驿”。

马头城　①晋置，即今安徽怀远县南马城镇。《晋书·穆帝纪》：东晋永和十一年（355），“冬十月，进豫州刺史谢尚督并、冀、幽三州诸军事、镇西将军，镇马头”。即此。

②在今安徽寿县西北二十里。北魏置戍。《梁书·武帝纪》：南朝梁普通五年（524），“壬戌，裴邃攻寿阳之安城。丙寅，魏马头、安城并来戍降”。又《资治通鉴》南朝梁太清二年（548）：“（侯）景西攻马头。”胡三省注：“景自涡阳之败，南走马头，戍主让刘神茂迎候之以入寿阳，当途之马头也。今又自寿阳西攻马头，则此马头在寿阳之西，当淮津济渡之要，缚马头以登舟，又当非当途之马头也。”

③即今安徽六安市北马头镇。清乾隆五十四年（1789）置马头汛巡司于此。

④在今湖北公安县北。《水经·江水注》：江津戍“南对马头岸，昔陆抗屯此，与羊祜相对”。《晋书·桓玄传》：杨佺期“自襄阳来赴，与兄广共击玄，玄惧其锐，乃退军马头”。皆此。

⑤在今甘肃礼县东北。《资治通鉴》：东晋义熙十二年（416），“西秦王炽磐使秦州刺史王松寿镇马头，以逼秦之上邽”。即此。

马头郡　①东晋义熙元年（405）置，治所在虞县（今安徽怀远县南马城镇）。《宋书·州郡志》：“因山形立名。”南朝宋属南豫州。辖境相当今安徽怀远县等县地。后属徐州。南齐移治己吾县（今怀远县西南孔岗乡）。后迁治蕲县（今宿县南蕲县集）。北齐降为县。

②北魏置，属谯州。治所在龙亢戍（今安徽怀远县西北七十五里龙亢镇）。辖境相当今安徽怀远县地。后废。

③北魏置，属南兖州。治所在涡阳城（今安徽蒙城县）。后废。

④东魏天平中侨置，属南兖州。治所在建平城（今河南夏邑县西南五十九里马头镇）。辖境相当今河南夏邑县地。北齐废。

马头原　在今陕西西安市附近一带。《资治通鉴》：东晋太元十六年（391），“苟曜有众一万，密召秦主登，许为内应；登自曲牢向繁川，军于马头原”。胡注：“马头原之地盖在长安东。”

马头涵　在今广东乳源瑶族自治县西南。清光绪《广东舆地全图》乳源县图：县西南“长冈圩马头涵”。

马头营　即今河北乐亭县西南四十里马头营镇。明海运于此设仓。清康熙中于此置把总驻守。

马头集　①即今安徽六安市北马头镇。明万历《六安州志》卷2《集》：马头在“北六十里”。同治《六安州志》卷5：马头集在“州北五十里。乾隆五十四年添设巡检司”。

②即今山东东明县南六十里马头镇。民国《东明县志》卷5：马头集“距城二十里”。

③一作码头。即今山东郯城县西北十六里马头镇。清乾隆《郯城县志》作“马头集”。1936年设马头镇。1940年郯城县抗日民主政府设此。

马头街　在今河北阜城县东码头镇。《方舆纪要》卷13东光县：马头镇在“县西三里。下临卫河，……商旅凑集于此”。

马头渡　在今四川广元市西南昭化镇北。《方舆纪要》卷68昭化县：马头渡“在县北三里。又县北十五里有赵销渡，县南五十里有漩口渡，皆往来通道”。

马头溪　在今河南济源市东北八里。《方舆纪要》卷49济源县：马头溪“西有千王堰，六十余泉俱入此溪”。

马头墟　即今广西平果县治。清光绪《广西舆地全图》归德土州图：西南有马头墟。1915年置果德县于此。1951年改为平果县。

马头寨古建筑群　在今贵州开阳县南禾丰布依族苗族乡马头村。宋元时代这里就有布依族活动。明初作为水东土司宋氏所辖十二马头之一，得名马头寨。古寨内现存元、明、清历代建筑九十多栋，除少数部分为元代和民国建筑外，大多始建于明清时期。历经数百年风雨，马头寨古建筑群能大多保存至今，实属罕见。马头寨古建筑民居是汉族与布依族文化有机融合的典范，大多数房屋采用汉族民居穿斗抬梁式悬山青瓦顶结构，但装修则颇具特色，在左厢前外侧建八字朝门，在堂屋大门外加饰腰门；在窗户和楼上走廊多饰有“卍”字图案，布依族民解释为代表“水车花”，表示对水文化的崇拜。与此同时，在门、窗装饰中又大量吸收了传统汉文化中双凤朝阳、福禄寿、桃等吉祥图案。此外，古寨内还有丰富的红军革命文化遗迹。1935年，中央红军长征途中，在马头寨等处留下了许多红军标语。2006年定为全国重点文物保护单位。

马头镇　①即今河北邱县治。旧为丘县一重镇，交通发达，商业繁盛。1952年丘县由丘城镇迁此。

②即今河北涿州市东北三十里，琉璃河东岸码头镇，北近北京市房山区。清于此驻外委。

③即今河北邯郸市南马头镇。民国属磁县，有县佐驻此。京汉铁路在此有支线（马西支线）通峰峰。

④亦作码头镇。即今河北廊坊市东南码头镇。清乾隆《东安县志》卷2乡镇市集：马头镇“在县东南二十里”。

⑤即今河北阜城县东码头镇。《清一统志·河间府》：马头镇“在东光县西三里……皆卫河所经，商旅辏集”。

⑥即今江苏淮安市淮阴区西南码头镇。明置巡司于此。《清一统志·淮安府二》：马头镇巡司“在清河县南，近淮阴故城，为漕运往来要道”。

⑦北宋置，属望江县。即今安徽望江县西北五十二里码头乡。清改为码头镇。

⑧即今安徽泾县东北青弋江东岸马头街。《清一统志·宁国府二》“赤滩镇”条下：“又马头镇在县东北三十里，下临大溪，商舟辏集。”

⑨北宋置，属酂县。即今河南夏邑县西南五十九里马头镇。

马头嶷寨　在今河北抚宁县北。《方舆纪要》卷17抚宁县：马头嶷寨在“县北二十里，……皆民堡”。

马宁镇　在今广东佛山市顺德区西南六十五里马宁圩。明置巡司于此。

马穴山　在今湖北省南漳县北。《水经·沔水注》：“（中庐）县故城南有水出西山，山有石穴出马，谓之马穴山。”

马召原　在今陕西周至县南马召镇。明崇祯九年（1636）七月，闯王高迎祥率领农民起义军与孙传庭大战于此。

马皮墟　即今广西桂平市东北马皮村。清光绪《广西舆地全图》桂平县图：东北有马皮墟。

马边厅　清乾隆二十九年（1764）置，属叙州府。治所即今四川马边彝族自治县。以在马湖府之边而得名。1914年改为马边县。

马边县　1914年改马边厅置，属四川永宁道。治所在今四川马边彝族自治县。1928年直属四川省。1984年改设马边彝族自治县。

马边河　又名新镇河、清溪河。即今四川马边、沐川、犍为等县境之马边河。民国常隆庆《雷马峨屏调查记》：马边河“发源大凉山中，经洼海流出河口，观菩而至马边，即可分段通航。更四十里至黄冈，又一百二十四里至清水溪为犍为第一大场，又四十里至河口入岷江”。

马边营　清置，属四川提督。在今四川马边彝族自治县。乾隆二十九年（1764）改设马边厅。

马台　即今云南临沧市东南马台乡。清有经制外委驻此。

马场山　在今贵州福泉市南马场坪镇。《方舆纪要》卷121麻哈州乐平司：马场山在“司东北五十六里。与牧马场相连，因名”。

马场曲　即今广东从化市。明弘治九年（1496）从化县由横潭村（今广州市花都区新华镇横潭村）迁治于此。

马场江　在今贵州福泉市南四里。与羊场江通。明曹学佺《名胜志》：“其水湍而深，中流如沸，武胜关设于此。左右悬崖，一水中贯，实诸路之冲也。”

马场驿　清置，即今贵州福泉市南二十里马场坪镇。

马场塬遗址　在今青海民和回族土族自治县东南，北濒湟水。是一处新石器时代遗址。面积三万多平方米。遗址四周断崖上暴露的文化层堆积和窖穴遗迹十分丰富，包含有马家窑文化马厂类型、齐家文化、辛店文化等几个不同时期的文化遗存，是研究青海东部地区古文化之间关系的重要遗址之一。1988 年定为全国重点文物保护单位。

马场铺 即今贵州普定县西马场镇。《清一统志·安顺府》"普定铺"条下：又有"马场铺"等，旧皆戍守处。

马场湖 亦作马肠湖。在今山东济宁市西十里。《方舆纪要》卷 33 济宁州：马肠湖"在会通河北岸。本名马常湖。旧与南旺、蜀山二湖相接，故南旺亦兼马常泊之名。《漕河考》：马肠湖北接蜀山湖，蜀山之水，时溢入焉。万历十七年，河臣潘季驯于湖北岸为减水闸三，其东为堤，西口为坝，以时蓄泄"。

马耳山 ①在今河北顺平县西三十里。《方舆纪要》卷 12 完县：马耳山"高耸干云，有两峰并峙，状若马耳。《志》云：县境诸山，马耳为之冠，中有桃花洞及桃花泉"。

②即今山东五莲县东二十八里马耳山。《水经·潍水注》：涓水"出马耳山。山高百丈，上有二石并举，望齐马耳，故世取名焉"。

③即原山。在今山东莱芜市东北七十里。《魏书·地形志》泰山郡嬴县："有马耳山祠，汶水出焉。"

马耳关 在今山东莱芜市东北七十二里原山西麓。《十六国春秋辑补》卷 61《南燕录》：慕容超母与妻自姚秦还，"超亲率六宫，迎于马耳关"。即此。

马耳澳 在今广东汕头市东南濠江区广澳街道东海湾。《明史·李锡传》：隆庆间，与俞大猷讨海寇曾一本，"遇贼柘林澳，三战三捷，贼遁马耳澳复战"。

马西支线 又称西佐支线。为京汉铁路支线。自今河北邯郸市南马头西至峰峰（即西佐）。长 20.6 公里。今为马磁线的一段。

马西寨 在今山西文水县西南十七里马西村。《清一统志·太原府一》：马西寨"在文水县西隐泉山上，因山设险，堰石为城，周三里，明嘉靖十九年置"。

马百户屯 在今天津市武清区西北。《方舆纪要》卷 11 武清县：马百户屯"为往来孔道"。

马戍岭 在今浙江遂昌县北。《方舆纪要》卷 94 遂昌县：马戍岭在"县北三十里"。

马当山 在今江西彭泽县东北马当镇东。唐陆龟蒙《马当山铭》："言天下之险者，在山曰太行，在水曰吕梁，合二险而为一，吾又闻乎马当。"《寰宇记》卷 111 江州彭泽县：马当山"其山横枕大江，象马形。回风急系，波浪涌沸，为舟船艰阻。山腹在江中，山际立马当山庙"。

马当镇 即今江西彭泽县东北三十里马当镇。《方舆纪要》卷 85 九江府彭泽县：马当镇"有巡司，元至正间建于马当山麓，明洪武六年徙于此"。清仍于此置巡司。

马回川 在今河南卢氏县东北七十里。《方舆纪要》卷 48："相传唐初盛彦师杀李密于此，振旅而回，因名。"

马回台集 即今河北武邑县东北四十八里马回台村。明嘉靖《冀州志》武邑县地理图：东北有马回台集。

马回岭 又作马迴岭。在今江西九江县西南马回镇，与德安县接界。清同治《九江府志》卷 4 德安县：马回岭在"县北三十里。明初破陈友谅后军至此回马，故名"。

马刚堡 明置，属固原卫。在今宁夏彭阳县北。

马仲河 亦作马鬃河。即今辽宁昌图县西南十五里马仲河镇。清光绪《奉天全省地舆图说图志》开原县图：西北有马鬃河。民国《昌图县志》图：南有马踪河。

马庄 即今河北辛集市东南三十里马庄乡。清同治《畿辅通志》卷 47 束鹿县图：南有马庄。

马庄馆 在今山东茌平县东南十里。《方舆纪要》卷 34 茌平县：马庄馆"相传唐马周宅也"。光绪《山东通志》卷 36 称"今为马家铺"。

马庄集 在今江苏邳州市东南。《清一统志·徐州府二》：马庄集"在邳州东南运河东岸"。

马庄镇 即今河北固安县西南五十八里马庄镇。清同治《畿辅通志》卷 46 固安县图：南有马庄。

马齐堡 在今广东佛山市顺德区西南马齐。清咸丰《顺德县志》卷 5：墟市有"马齐堡"。

马关水 在今河南新密市东南。《水经·洧水注》："洧水又东南与马关水合，水出玉亭下，东北流历马关，谓之马关水，又东北注于洧。"

马关县 1914 年改安平县置，属云南蒙自道。治所即今云南马关县。民国《马关县志》："县治原名马白，初居民尽为侬人，其地多白马，而侬语倒呼为马白，遂以得名。"1929 年直属云南省。

马江 又称马头江、马渎江、马尾港。即今福建闽江下游，为福州之外港。清光绪十年（1884）中法马江之役发生于此。

马江县 唐长庆三年（823）改开江县置，属富州。治所在今广西昭平县东南马江镇。《寰宇记》卷 163 龙平县：废马江县，"桂管观察使殷侑奏：以开州有开江县名同。按《图经》云：其江是后汉伏波将军马援所开，请改为马江县，从之"。北宋开宝五年（972）废。

马江海战炮台、烈士墓及昭忠祠 在今福建福州市东南四十二里闽江出海口段的马尾港马限山，与罗星塔相对。清光绪十年七月初三（1884 年 8 月 23 日）法国侵略军偷袭马江，福建水师在极不利的情况下仓促还击，英勇奋战，水师将领高腾云等七百多将士壮烈牺牲。为纪念中法战争马江海战阵亡官兵，同年冬奉旨筹建昭忠祠，光绪十二年（1886）竣工，祠分前后两进，正厅及两庑祀殉难官兵七百九十六人，前厅有石碑一方，记述海战经过。祠西为墓园。1920 年重修，将墓园为九冢合为一大坟，重立墓碑，上书“光绪十年七月初三日马江诸战士埋骨处”。现辟为马江海战纪念馆。1996 年定为全国重点文物保护单位。

马江塘 即今广西昭平县东南一百二十里马江镇。唐为马江县治。清置巡司于此。

马池水 在今甘肃天水市西南。《水经·漾水注》：马池水“出上邽西南六十余里，谓之龙渊水，言神马出水事，同余吾来渊之异，故因名焉。《开山图》曰：陇西神马山有渊池，龙马所生，即是水也。其水西流谓之马池川，又西流入西汉水”。

马安 即今福建霞浦县东南马鞍岛。见于清《海国闻见录》图。

马安墟 即今广东惠州市惠阳区（淡水镇）北马安镇。清宣统《广东舆地全图》：归善县有马安墟塘。

马军寨 ①在四川成都市东南三十里。明属华阳县，置巡司于此。

②在今重庆市合川区东十里钓鱼山城。《元史·宪宗纪》：九年（1259），“六月丁巳，汪田哥复选兵夜登外城马军寨，杀寨主及守城者”。即此。

马阴山 在今内蒙古杭锦旗西。《清一统志·鄂尔多斯》：马阴山“在右翼后旗西一百四十里。蒙古名阿克塔和邵”。

马防城 即今山东东阿县治（铜城镇）。唐杜佑《通典》卷 180 济州平阴县：“汉临邑县故城，在今县东，即马防城也。”清光绪《山东通志》卷 35：“临邑县故城在县北，汉置县，属东郡。亦曰马防城，今为铜城驿。”

马防镇 即今山西和顺县西北马防乡。《清一统志·辽州》“寒湖镇”条下：马防镇“在县西北九十里”。

马欢岛 在南海中中国南沙群岛的北部，位于费信岛南 5 海里。近椭圆形。东西长约 360 米，南北宽约 270 米，面积约 0.06 平方公里。中国渔民向称大罗孔、罗孔。1935 年公布名称为南山岛。1947 年改名马欢岛，以纪念明代跟随郑和下西洋的翻译官马欢而命名。

马驮沙 故址在今江苏靖江市。《清一统志·常州府二》“马驮沙”条引《广陵志》：“三国吴赤乌中，有白马负土入江，壅积而成，遂有东、西二洲，因呼为马驮沙。一名骥沙，又名阴沙。”明成化七年（1471）于此置靖江县。天启年间，县北大江淤塞，始与北岸相连。

马纪岭 即今黑龙江省五常市南及吉林舒兰、蛟河县境之老爷岭。《金史·地理志》：会宁有马纪岭。

马坝 即今广东韶关市曲江区（马坝镇）。清同治《韶州府志》卷 11 曲江县有“马坝墟”。1966 年曲江县迁治此。

马坝河 即酸枣河。今四川成都市温江区北之江安河。《元史·河渠志》：“鹿角之北涯，有渠曰马坝，东流至成都，入于南江。渠东行二十余里，水决其南涯四十有九，每岁疲民力以塞之。乃自其北涯凿二渠，与杨柳渠合，东行数十里，复与马坝渠会，而渠成安流。”

马坎 在今贵州遵义市西。《明史·童元镇传》：万历二十八年（1600）征播州杨氏，镇雄兵王嘉猷“扬声捣大水田，而潜以一军拔大夫关，直抵马坎”。即此。

马坞镇 即今甘肃岷县东马坞乡。清康熙《岷州志》卷 4 集场：有马坞集。

马坊桥 即今重庆市璧山县西南马坊镇。清同治《璧山县志》卷 1：马坊桥在“县南八十里”。

马坊镇 在今北京市平谷区西南。清于此设把总，属三河营都司。

马村 ①即今山西文水县西南马村。北宋靖康元年（1126），金人围太原，张灏自辽州援太原，同折可求至文水县上贤村、马村下寨，即此。

②在今山东汶上县北。清光绪二十五年（1899）陈兆举所率大刀会曾在此攻打教堂。

马村关 在今山西石楼县北马村。《清一统志·汾州府》：马村关“在石楼县西北”。

马村河 在今河北高碑店市西南。《宋史·河渠志五》：咸平五年（1002），修塘堤拥鲍河开渠入顺安军、威鲁军，诏莫州部署石普并护其役，“引军壁马村以西，开凿深广，是以张大军势”。《方舆纪要》卷 12 新城县：马村河“自涞水县流入境，东南流合于白沟河。《志》云：马村河本自拒马河分流，由涞水县东南境赤土社经县之马村，因名”。今已湮，仅存今高碑店市西南东、西马村地名。

马村砖雕墓 在今山西稷山县城西八里马村西部。马村金墓以砖雕形式表现了墓主人生前居室的布局样式，一般多为前厅后堂、左右配置厢房的四合院结构，并以写实的手法再现了当时的建筑风格，为宋金时期建筑史的研究提供了翔实的实物资料。该墓出土的戏曲乐舞砖雕，生动地再现了当时的戏楼结构和戏剧表演的舞台形式，是迄今所发现的最为重要的戏剧史实物资料之一。该墓还出土了二十四孝立体雕塑，造型生动，体态优美，也是不可多得的艺术珍品。2001 年定为全国重点文物保护单位。

马村桥集 即今河南永城市西南四十里马桥镇。清光绪《永城县志》卷 15《灾异志》：同治元年（1862）十二月，“僧王亲攻马村桥”。民国初置县佐于此。

马村砦 北宋置，属任丘县。在今河北任丘市西。政和三年（1113）改为安定砦。

马村堡 即今河南清丰县东北二十六里马村乡。《方舆纪要》卷 16 清丰县“主簿寨堡”条下：“县东北二十里有马村堡。皆有小城，周一里有奇，可以守御。”

马村集 在今江苏沛县西南前马村。《清一统志·徐州府二》：马村集“在沛县西南二十七里”。

马来江 即今广西武宣县南马来河。《清一统志·

浔州府》：马来江“在武宣县东。源出贵县界上龙岩，东北入潭江（今黔江）”。

马来城 故址在今缅甸中部的抹谷南面。为古代从云南经缅甸入海交通线所经。《元朝征缅录》：大德三年（1299）十二月，“阿散哥也犯边，攻阿真谷、马来城”。

马连庄 即今山东莱西市北五十里马连庄镇。旧属莱阳县。清光绪《山东通志》卷2《舆图志》：莱阳县西北有马连庄集。

马连冢 即今山东栖霞市东北臧家庄镇西南马陵冢。1941—1953年山东革命根据地置栖东县治此。

马连溪 ①在今湖北长阳土家族自治县南。《方舆纪要》卷78长阳县：马连溪“在县南。《志》云，县境诸溪汇流自西而东凡数十处，俱附清江而达大江”。

②在今重庆市巫溪县西。《方舆胜览》卷58大宁监：马连溪“在监西五里。中春清明，郡守领客于江皋泛舟，游人亦买州鼓吹随之，会饮于绿阴之下，不减蚕市之乐”。《方舆纪要》卷69大宁县：马连溪在“县西五里。源自达州万顷池，流经县治西，历大昌县大巫山县界，注岷江。即大宁河之上源也”。

马步隘 在今浙江遂昌县北二十里大马埠村南。明置马步巡司于此。清废。

马邑川 即灰河。在今山西宁武县南。源出县西管涔山，东流经县南，折北入朔州市界，至马邑故城南入桑干河。《水经·㶟水注》：马邑川水“出马邑西川，俗谓之磨川矣。盖狄语音讹，马、磨声相近故尔。其水东径马邑县故城南，……东注桑干水”。

马邑州 唐开元十七年（729）置羁縻州，属秦州都督府。在秦、成二州山谷间（今甘肃天水市、礼县界）。宝应元年（762）徙于成州之盐井故城（今礼县东盐关镇）。后废。

马邑县 ①秦置，属雁门郡。治所即今山西朔州市。东汉末废。西晋复置，永嘉五年（311）又废。北魏复置，北齐为北朔州治。隋初废。

②唐武德四年（621）置，为尹州治。治所在今云南牟定县东北十二里马厂。天宝后废。

③唐开元五年（717）置，属朔州。治所在大同军城（今山西朔州市东北三十三里马邑村）。五代唐天成初改为寰清县。辽复改马邑县。金贞祐二年（1214）升为固州。元复改马邑县，属朔州。清嘉庆元年（1796）废。

马邑城 ①在今山西沁水县东十五里马邑村。《寰宇记》卷44沁水县：“马邑城置在山上，县东二十里。《史记》：白起与赵括相战于长平之时，筑此城养马。其处峻险，南临小涧，北拒大川。”

②在今山西朔州市东北三十三里马邑村。《汉书·地理志》注：“师古曰，《晋太康地记》云，秦时建此城辄崩不成，有马周旋驰走反复，父老异之，因依以筑城，遂名为马邑。”

马邑郡 隋大业三年（607）改朔州置，治所在善阳县（今山西朔州市）。辖境相当今山西五寨县和恒山以北，内蒙古岱海、黄旗海以南地区。唐武德四年（621）复改朔州，天宝元年（742）又改马邑郡，辖境缩小。乾元元年（758）复改为朔州。

马别河 在今贵州西南部，南盘江支流。《清一统志·兴义府》：马别河“其水自普安县楼下河流入境，南注广西西隆州巴皓河”。

马岙 即今浙江舟山市定海区西北马岙镇。《方舆纪要》卷92宁波府定海县：沙岙“其相近者为马岙。嘉靖中尝设千户所戍守。三十七年讨岑港贼，分兵由马岙、张础而西是也”。

马佐拉 在今西藏阿里地区札达县东南一百六十多里。“马佐”，藏语意为红色山包，“拉”意为山口。马佐拉是从乌热翻越喜马拉雅山赴印度尼提一带的山口之一。

马伸桥镇 清置，属蓟州。即今天津市蓟县东北三十五里马伸桥镇。为蓟县通往河北遵化县要道。

马谷山 在今山东无棣县北六十里大山庄附近。《方舆纪要》卷13庆云县：马谷山在“月明沽东，俗谓之大山。多石无树木，中有洞，深广二丈余”。光绪《山东通志》卷23：“山西南半麓有洞，广二丈余，深不可测。相传古有龙马从此出，故以为名。”

马肝峡 在今湖北秭归县（茅坪镇）西北。南宋陆游《入蜀记》：“入马肝峡，石壁高绝处有石下垂如肝，故以名峡。”

马肠河 亦作马场河。在今安徽无为县东北六十里。濡须水分流。《方舆纪要》卷26无为州：马肠河在“州东北六十里，其上流二十里曰运河，西接巢湖，东汇于马肠河，达于江”。《明史·太祖纪》：元至正十五年（1355），朱元璋自巢湖出湖口。“元中丞蛮子海牙扼铜城闸、马场河诸隘，巢湖舟师不得出”。即此。

马沙窝 在今山东茌平县西南。清光绪年间义和拳首领朱红灯曾在此设立拳场，积极宣传“灭洋”主张。

马沉港 在今江苏溧水县东南。《方舆纪要》卷20江宁府溧水县：马沉港“在县东南三十七里。出县东五十里分界出，流入石臼湖”。

马牢山 在今山西晋城市南二十里。《资治通鉴》：唐大顺元年（890），“李说、李重胤收众遁去，存孝、罕之随而击之，至马牢山，大破之”。

马良坪堡 明建，即今湖北保康县南马良镇。《方舆纪要》卷79保康县：马良坪堡在“县南百里。旧为盗贼出没之所。成化初，官军讨房陵西山贼，别将林贵从安远进兵马良坪是也”。

马良集 ①即今安徽砀山县北马良镇。清光绪二十六年（1900）山东单县大刀会首领智效忠率众在此捣毁官署，焚毁教堂。

②即今湖北荆门市东南九十六里马良镇。西魏置

基州于此。

马尾 在今福建福州市东南，地处闽江下游北岸，负山临水，为福州外港。南宋《淳熙三山志》地理6作“石马”。明王应山《闽都记》卷12：马江“在江右里，南台、西峡皆汇于此。江心有巨石如马头，潮平则没，潮退则现，故名”。清代以后始有马尾之名，因地处石马尾部而得名。清谢洪赉《瀛寰全志》第二编“大清帝国”：“马尾距城外四十里。有船政局，船政大臣监督之。”光绪末年称马江区，为闽县十一区之一。辛亥革命后称马江镇，属闽侯县。1960年划入福州市，今为马尾区。清同治五年（1866）在此创建福州船政局，这是洋务运动初期诞生的中国第一家规模最大的近代造船厂，并附设有海军学堂，旧时不少海军人才悉出身于此。

马尾河 ①在今四川绵竹市东。明曹学佺《蜀中名胜记》卷9绵竹县：“（马尾）河出无为山。宋淳熙间有碑云：群雁排空，成‘无为’二字，因名。有河水出焉，流如马尾，因名马尾河也。”

②即今贵州都匀市南清水河上游。《方舆纪要》卷121都匀长官司：都匀河，“《志》云，司南有马尾河，独山、平州往来所经也，即都匀河矣”。《清史稿·地理志》都匀府清平县：“马尾河，即剑江，自都匀入，北流入清水。”

马尾河堡 明置，属绵竹县。在今四川绵竹市西北二十里马尾村。《方舆纪要》卷67绵竹县：马尾河堡“在县西北，以马尾河而名”。

马尾崖 在今陕西富县南一百二十里。《方舆纪要》卷57鄜州：马尾崖“高数十丈。崖畔水流，遥望如马尾，因名。或云，即马翅谷也。宋绍兴中，李永奇谋南归，金人贼杀之于此”。

马尾镇 在今河南淅川县东南丹江水库东。《明一统志》卷30南阳府：马尾镇“即马圈城”。

马陆镇 即今上海市嘉定区东南马陆镇。清光绪《嘉定县志》卷1：马陆镇“昔有马军司陆南大居此，故名”。

马陉 一名弇中谷。在今山东淄博市南。《左传》：成公二年（前589），“晋师从齐师，入自丘舆。击马陉”。即此。

马纳思河 即今新疆玛纳斯县之玛纳斯河。《元史·耶律希亮传》：元世祖中统二年（1261），“至昌八里城。夏，逾马纳思河，抵叶密里城，乃定宗潜邸汤沐之邑也”。清称马那思，玛纳斯郭勒。

马武山 在今山西陵川县东南五十里马武寨乡。《方舆纪要》卷43陵川县：马武山“在县东五十里。后汉初，马武尝屯兵于此”。

马武窟溪 即今台湾省台东县东北马武溪。《清史稿·地理志》台东州：“马武窟溪”等“并在州东南，入于海”。

马武寨 ①即今山西陵川县东南马武寨乡。《清一统志·泽州府》：马武寨“在陵川县东五十里马武山。周围百里，四壁峭立。汉马武筑寨屯兵于此”。

②在今河南汤阴县南。《续通鉴》：南宋宝庆三年（1227），蒙古军史天泽破金将武仙于真定之高公、抱犊诸寨，仙走入汲县，“天泽复取相、卫、蚁尖、马武等寨”。即此。

马盂山 今内蒙古赤峰市西、河北承德市东之七老图山。《辽史·地理志》：中京大定府有马盂山。清张穆《蒙古游牧记》卷2引《元一统志》：马盂山“在大宁县西六十里。中有一峰，形类马盂，故云”。

马坪口 在今四川北川羌族自治县西北。明属石泉县，置巡司于此。

马坪店 即马坪港市。今湖北广水市西马坪镇。明嘉靖《应山县志》卷2《坊乡》：“马坪店，在治西南六十里。”

马坪堡 明置，在今广西富川瑶族自治县东北。《方舆纪要》卷107富川县：马坪堡，“《志》云：县境有内八源等十五巢，马坪堡为防守要地”。

马坡墟 即今广西陆川县西北马坡镇。清光绪《广西舆地全图》陆川县图：西北有马坡墟。

马茂庄墓群 在今山西吕梁市离石区城关镇西南郊马茂庄村西，墓群范围约2平方公里。墓葬年代多为东汉时期。墓葬一般距地表2—5米，形制为单室、二室、三室和多室墓。大部分为画像石墓。墓室采用砖石结构，画像石一般分布在墓门处，或前室的四壁。画像采用墨线勾勒细部，然后剔地平铲像外衬底，使得画像凸起，增强视觉效果。画像内容有神话、历史故事、建筑、歌舞宴乐、郊游狩猎、车骑出行等。一些画像石上还有纪年题记。2001年定为全国重点文物保护单位。

马者笼山 在今云南丘北县北二十六里马者龙。《方舆纪要》卷115师宗县：马者笼山在“州东二百四十里。山高峻”。彝语“马”为兵，“者”为住，“龙”为城，意即驻兵的城。

马松岭 在今四川彭州市西北龙门山镇北，南距大宝场五十里。民国时，为彭县大宝山铜矿主产区之一。

马奈 即今四川金川县西南马奈乡。《清史稿·明亮传》：乾隆三十九年（1774）正月，“与阿桂策定进军道，明亮自巴旺、布拉克底土司进次马奈。马奈山峻险，河南有地曰斯第，为贼寨障。明亮夜攻马奈”。即此。四十五年（1780）于此设汛，有经制外委驻守。

马尚村 即今山东淄博市（张店）西十里马尚镇。清嘉庆《长山县志》卷1《市集》：马尚“在县（今邹平县东长山镇）东南三十里”。

马尚河 又名陈治沟。为汴河分流。在今安徽亳州市北。《方舆纪要》卷21亳州：马尚河“在城北。自河南商丘县汴河分流，经州境，入于涡河”。

马昌镇 亦作马昌关镇。在今湖北郧县西北汉水北岸。《方舆纪要》卷79郧阳府郧县“马山口”条下：“府西北三十里有马昌关镇。”《清一统志·郧阳府》：马昌镇“在郧县西北二十里”。

马明镇 北宋置，属南皮县。在今河北南皮县境。

马鸣关 在今四川广元市西北。《方舆纪要》卷68昭化县：马鸣关在“县北百里”。

马鸣泉 在今河南修武县北。《魏书·地形志》汲郡北修武县：“有马鸣泉。”《水经·清水注》：“山阳县东北二十五里，有陆真阜，南有皇母、马鸣二泉。”

马鸣阁道 亦名马鸣关、马头寨。在今四川广元市西北。《三国志·魏书·徐晃传》：东汉建安二十二年（217），“晃与夏侯渊拒刘备于阴平。备遣陈式等十余营绝马鸣阁道，晃别征破之，贼自投山谷，多死者。太祖闻，甚喜，假晃节，令曰：‘此阁道，汉中之险要咽喉也。刘备欲断绝外内，以取汉中。将军一举，先夺贼计，善之善者也”。即此。

马鸣溪 在今四川宜宾市西南。《舆地纪胜》卷163叙州：马鸣溪“源出庆符之西，会马湖，达于蜀江。昔土人郑氏，因牧马于溪上，产龙驹，四蹄列爪，朱鬃赪尾，高可七尺。州家闻之，将以贡，在所载，至溪口，振鬣长鸣，跃于溪中，因以名”。《方舆纪要》卷70叙州府宜宾县：马鸣溪在“府西十九里。俗名龙马溪。源出庆符县西，会马湖江，达于大江”。

马罗堡 在今河北曲周县东北五十里。《清一统志·广平府二》：马罗堡“元时名安仁镇，明改今名”。

马岭 ①在今河北邢台县西北。《资治通鉴》：唐天祐三年（906），“李克用遣其将李嗣昭将三千骑攻邢州……（朱）全忠遣右长直都将张筠将数千骑助（牛）存节守城，筠伏兵于马岭，击嗣昭。败之，嗣昭遁去”。《方舆纪要》卷15顺德府邢台县：马岭“府西北百三十里。其地峻险，有马岭口，为戍守要地”。

②在今山西昔阳县东南七十里，与和顺县及河北邢台县交界处。《清一统志·平定州》：马岭“在州乐平乡东南一百里，旧有关，接直隶顺德府邢台县界，五代末为守险之地”。

③在今山西太谷县东南四十五里，与榆社县交界处。《新唐书·地理志》太原府太谷县：“东南八十里马岭上有长城。”《资治通鉴》：唐光化二年（899），葛从周救魏博镇，“自土门攻河东，拔承天军。别将氏叔琮自马岭入，拔辽州乐平，进军榆次”。

④即今四川叙永县北马岭镇。清嘉庆《叙永直隶厅志》卷11：马岭场“在县北七十五里”。

马岭口 在今河北邢台市西北马岭下。《方舆纪要》卷15邢台县“黄榆关”条下载：“马岭口在马岭下，亦有堡寨，与黄榆关相为犄角。”

马岭山 ①即今江苏东海县西马陵山。《方舆纪要》卷22海州：“马岭山在州西五十里，接山东沂州接界。”

②亦作马领山。在今河南新密市南。《水经·洧水注》：“洧水出河南密县西南马领山。水出山下，亦言出颍川阳城山，山在阳城县之东北，盖马领之统目焉。”《元和志》卷5河南府密县：马岭山“在县南十五里，洧水所出”。

③一名苏仙山。又名牛皮山、白马岭、龙头岭。在今湖南郴州市东北。《水经·耒水注》：“黄溪东有马岭山，高六百余丈，广圆四十许里。汉末，有郡民苏耽，栖游此山。”又引《桂阳列仙传》云：“耽，郴县人。少孤，养母至孝。……后见耽，乘白马，还此山中，百姓为立坛祠，民安岁登，民因名为马岭山。”

④又名马度山。在今广西贵港市西北。《舆地纪胜》卷111贵州：马岭山“在州西北七十里。形如马。《南中志》云：峤多虺，其毒杀人，有冷石可以解之，屑着疮内即活。又名马度山”。

⑤在今重庆市云阳县东北。《舆地纪胜》卷182云安军：马岭山“在县北二十九里。扶嘉所谓三牛对马岭是也”。两山之间之盐井，即云安盐场。

⑥在今陕西石泉县东四十五里。《清一统志·兴安府一》：马岭山“延亘二十余里，路径崎岖，纡回盘绕，皆在半山，日出照耀，行人如在天际”。山下有马岭关，有亭曰息担。

⑦在今陕西华县南二十里。《水经·渭水注》：“西石桥水南出马岭山，积石据其东，丽山距其西，源泉上通，悬流数十，与华岳同体。”

⑧一作马领山。在今甘肃庆城县西北七十五里，接环县界。《清一统志·庆阳府一》引《寰宇记》：“马岭山俗名箭括岭，与青山相连亘。在废马岭县西一里有马岭坂，左右带川，相传汉之牧地也。”

马岭水 即今甘肃之环江、马莲河。源出环县西北青冈峡，东南流经庆城、合水、宁县西，南注于泾水。《水经·泾水注》：“泥水一名马岭水。有水出略畔道故城西北，与青山水合，南流注泥水。”《清一统志·庆阳府一》：“今环河即马岭水也。其下流曰马莲河者，盖亦马岭之讹。”

马岭场 明洪武初置盐场，在今海南省昌江黎族自治县西昌城镇南。后裁。

马岭关 ①北宋初置，在今江西婺源县东北。《清一统志·徽州府二》：马岭关“在婺源县东北屏障山。两山对峙，当休、婺二县界。宋初置关”。

②明置，在今山西太谷县东南四十五里马羚关村。《明史·地理志》太原府太谷县：“东南有马岭，路出北直邢台县，上有马岭关，有巡检司。”

③在今陕西石泉县东四十五里。当马岭路，因名。《宋史·高宗纪》：南宋绍兴二年（1132），“王彦大破董先于马岭关”。即此。

马岭县 ①隋大业元年（605）置，属庆州。治所即今甘肃庆城县西北马岭镇。《元和志》卷3马岭县：“以县西一里有马领坂，因名。”三年（608）属宏化郡。十三年（617）废。义宁二年（618）复置，治所移至故治北四十里百家堡（今甘肃环县南）。唐贞观八年（634）复还故治，仍属庆州。五代废。

②唐武德四年（621）改马度县置，属南尹州。治所在今广西贵港市西北八十里。贞观八年（634）属贵州。天宝元年（742）改为义山县。

马岭驿 清以明牵马岭驿改名，属义州。即今辽宁义县东牵马岭。乾隆《钦定盛京通志》卷30：马岭驿城在“（义州）城东四十五里，……明时筑城置驿于此”。

马岭城 在今山东阳信县东南三十五里。《水经·河水注》：“商河又东北流径马岭城西北，屈而东注，南转径城东。城在河曲之中，东海王越斩汲桑于是城。”北魏时为厌次县治。

马岭墟 即今广西荔浦县东北三十里马岭镇。清有把总驻守。

马岭寨 在今陕西凤县（双石铺镇）西。《资治通鉴》：五代周显德二年（955），遣将王景等入散关，攻蜀秦州，“蜀李廷珪遣先锋都指挥使李进据马岭寨”。即此。

马岭镇 北宋以故马岭县置，属通远县。即今甘肃庆城县西北马岭镇。

马牧 在今山东聊城市东。《晋书·石勒载记》：石勒被“卖与茌平人师懽为奴。……懽家邻于马牧，与牧率魏郡汲桑往来，勒以能相马自讬于桑”。《方舆纪要》卷34聊城县：马牧“在府东。晋永兴中，群盗汲桑、石勒起于马牧。《志》云：马牧在茌平县境，亦谓之牧苑”。元于钦《齐乘》卷3记载：“石勒卖为师懽奴，耕田闻鼓鞞之声。县西南地名牛丛块，相传是其旧耕之地。”

马牧山 在今福建福州市城内西北隅，旧越王山西麓。《资治通鉴》：五代晋齐王开运三年（946）九月，福州排陈使马捷引南唐兵攻福州，“自马牧山拔寨而入”。即此。

马牧泽 ①在今河南灵宝市西。《方舆纪要》卷48灵宝县“马牧泽”条引《三秦记》：“桃林塞在长安东四百里。若有军马经过，则牧华山，休息林下马牧泽。”《资治通鉴》：南朝梁大同三年（537），宇文泰袭高欢将窦泰于潼关，至小关。“窦泰猝闻军至，自风陵渡，丞相泰出马牧泽，击窦泰，大破之”。即此。

②在今陕西兴平市东南二十里。《元和志》卷2兴平县：马牧泽“南北广四里，东西二十一里”。后堙为民田。

马牧城 在今湖北荆州市荆州区（故江陵县城）南。《水经·江水注》：“（江陵）城南有马牧城。西侧马径。”

马阜山 在今湖南耒阳市北二里。《方舆纪要》卷80耒阳县：马阜山“高大盘踞，亘二十余里”。

马径（迳） 即马鞍山。在今广东广州市区北部。《宋史·刘钅长传》：开宝四年（971）伐南汉，潘美破英、雄二州，至泷头，“过马径，去广城十里，砦于双女山下”。即此。

马金岭 在今浙江开化县西北。《方舆纪要》卷93开化县：马金岭“在县北九十里，东接遂安，北接休宁，最为冲要”。

马金溪 即今浙江开化、常山二县境内常山港之通称。《方舆纪要》卷93常山县：金川“一名马金溪”。同卷开化县：金溪“亦曰马金溪”。今仅指开化县华埠镇以北河道。

马金镇 即今浙江开化县北三十四里马金镇。明置巡司于此。

马服 战国赵地。在今河北邯郸市西北。《史记·赵世家》：惠文王二十九年（前270），“赵使赵奢将，击秦，大破秦军阏舆下，赐号为马服君”。《正义》：“因马服山为号也。……《括地志》云：马服山，邯郸县西北十里也。”

马店镇 ①即今河北安平县西北三十里马店镇。清设马店堡。

②亦作马甸镇。即今江苏泰兴市西北十八里马甸镇。《清一统志·通州》“印庄巡司”条下：“（泰兴）县西北二十里有马店镇。”

马庙 在今甘肃酒泉市东。《十六国春秋辑补》卷93西凉录：西凉建初六年（410），“沮渠蒙逊率骑来攻，暠遣世子歆及别将朱元虎御之，战于马庙，歆败”。《资治通鉴》东晋义熙六年（410）胡三省注：“古者祭马祖，后世因立庙以祭之，故名其地为马庙。”

马底驿 在今湖南沅陵县东北五十里马底驿乡。《方舆纪要》卷81沅陵县“怡容驿”条下：马底驿“元置堡，明初改为驿”。清置马底镇巡司。

马河坝 即今湖北咸丰县东北二十八里马河坝镇。清同治《施南府志》卷6《村集》：咸丰县太和里有“马河坝”。

马河镇 即今河北邢台县西北马河村。民国《邢台县志》卷1：马河镇在“（西）六十五里”。

马泊泉 在今山西翼城县北。《方舆纪要》卷41翼城县：马泊泉在“县北二十五里。其北有卧马山，泉出山下”。

马波江 亦作马陂江。即今广西上林县北清水河。《方舆纪要》卷109上林县：马波江“在县北四里。源出县西之茶山，流入迁江县境，合于大江”。

马波渡 在今湖南安乡县西北。《方舆纪要》卷77安乡县“澧江”条下：“《志》云，县西七十里澧江上有马波渡，相传马援征五溪蛮，渡兵于此。”

马房屯 即今山东济宁市西南马房屯。1946—1949年为济宁县治。

马祗栅 在今陕西西安市西南。《资治通鉴》：北魏孝昌三年（527），宝寅自称齐帝，都督长史毛遐与鸿宾“帅氐、羌起兵于马祗栅以拒宝寅”。

马驹桥 即宏仁桥。在今北京市通州区西南四十里马驹桥镇。明设弘仁桥巡司于此。

马驿铺 即今山东莱州市南马驿村。为通平度孔道。清光绪《山东通志》卷2《舆图志》：掖县南有马驿铺。

马城县 ①西汉置，属代郡，为东部都尉治。治所在今河北怀安县西。西晋废。

②十六国前凉置，属武兴郡。治所在今甘肃武威市北。西魏废。

③唐开元二十八年（740）置，属平州。治所即今河北滦南县东北三十五里马城镇。辽属滦州。元至元四年（1267）废。

马巷厅 清乾隆三十九年（1774）置，属泉州府。治所即今福建厦门市同安区东南马巷镇。1912年废。

马茶城 今匈牙利之布达佩斯。《元史·速不台传》：太宗时，随拔都攻马扎儿部主怯怜，"速不台曰：'王欲归自归，我不至秃纳河马茶城，不还也。'及驰至马茶城，诸王亦至，遂攻拔之"。

马栅 在今湖北黄冈市西北。《资治通鉴》：南朝梁大宝元年（550），"任约进寇西阳、武昌。……邵陵王纶引齐兵未至，移营马栅，距西阳八十里"。

马栏山 又作马兰山。在今陕西铜川市北。《晋书·惠帝纪》：元康六年（296），"冯翊、北地马兰羌、卢水胡反"。《方舆纪要》卷54同官县："《志》云，北地有马兰山，羌居其中，谓之马兰羌。《邑志》云，山在县北二十里，其山连延绵亘，接同州白水县界。"

马栏关 在今湖北房县东南。《方舆纪要》卷79房县"汤池关"条下："又有马栏关，在县东三十五里。"

马栏县 1949年5月陕甘宁革命根据地由新正、耀县、宜君等县析置，治马栏镇（今陕西旬邑县东北马栏镇）。同年9月撤销，并入栒邑、耀县、宜君、黄陵四县。

马栏桥镇 北宋置，属鄢陵县。即今河南鄢陵县南十里马栏镇。

马栏墟 即今广西浦北县西南马栏村。《明史·地理志》合浦县："又北有高仰巡检司，治马栏墟。"

马栏镇 在今陕西旬邑县东马栏镇。《宋史·赵珣传》：元昊入寇，珣渭葛怀敏曰，"敌远来，众倍锋锐，莫若依马栏城布栅以扼其路"。即此。清设县丞于此。民国改为县佐。1949年革命根据地在此设马栏县。

马剌长官司 明永乐五年（1407）置，属盐井卫。治所在今四川盐边县西北惠民乡（长官司）。清康熙四十九年（1710）改为副长官司。

马面山 在今广西贵港市北。《方舆纪要》卷108贵县：马面山"在县北九十里"。

马面隘 亦称马面关。在今云南腾冲县东北隅与保山市间，高黎贡山山脊。明、清为腾越九隘之一。光绪《腾越厅志》卷2："曰马回者，言其山险，马至此而回也。今马面关即马回之讹。"

马尪溪 常山港支流。即今浙江开化县东南马尪溪。《方舆纪要》卷93开化县：马尪溪"在县东。发源县东十五里白马山，下合大驶、小驶二涧，西南流三十五里至常山县境，注于金溪"。

马品木达赖池 即今西藏阿里地区普兰县北之玛旁雍错。《清一统志·西藏》：马品木达赖池"在阿里之达克喇城东北二百里，冈底斯山东南六十五里。发源自狼千喀巴布山下，西流汇为此池，即冈噶江源也。池周一百八十余里，水色绿，味清甘，午后五色浮面，烂如电光。四面有山如门，俗传取水者必从门中入"。

马哈只墓碑 在今云南晋宁县（昆阳镇）西月山上。原为明代航海家郑和故里，今郑和公园内。在形似巨舰的三宝楼之南有郑和故里碑。西坡的郑和之父马哈只之墓，有明永乐三年（1405）郑和为其父所立墓碑。该碑红砂岩石质，高1.6米，宽0.93米，额呈半圆形，碑额篆书"故马公墓志铭"，墓碑四周刻卷草纹饰，下为巨石龟座。碑文是郑和第一次出使海外前，请大学士李至刚在北京撰写，后带回家乡昆阳勒石立碑，至今字迹清晰可辨。碑阴镌有"马氏第二子太监郑和奉命于永乐九年（1411）十一月二十二日，至于祖家坟茔祭扫追荐，至闰十二月吉日乃还记耳"。正碑两侧立有后人镌刻的《明史·三保太监传》及《郑和太公墓志铭跋》石碑各一通，具有较高的史料价值。2006年定为全国重点文物保护单位。

马骨湖 在今湖北仙桃市东南。《元和志》卷21沔阳县：马骨湖"在县东南一百六十里。夏秋汛涨，森漫若海，春冬水涸，即为平田，周回一十五里"。

马亭城 即今安徽六安市北六十里淠河东岸的马头镇。《后汉书·丁鸿传》：元和三年（86），"徙封马亭乡侯"。《水经·沘水注》："淠水又西北径马亭城西。"即此。

马度山 又名马岭山。在今广西贵港市西北七十里。《寰宇记》卷166郁林县："马度山一名马岭。"明万历《广西通志》卷5贵县：马岭山"一名龙马，又名马度。唐以前有马岭县"。

马度县 隋开皇十一年（591）置，属尹州。治所在今广西贵港市西北八十里。《元和志》卷38义山县：马度县"因县南三十里马度山为名"。大业初属郁林郡。唐武德四年（621）改为马岭县。

马迹（跡）山 ①即今江苏无锡市西南，太湖北岸之马山。《舆地纪胜》卷6常州：马迹山"在州东太湖中，岩壁间有马迹隐然，世传秦王游幸，马所践"。《方舆纪要》卷25常州府武进县：马迹山"其西麓地名西青，石壁屹立，下有马迹，因名。上有避暑宫，相传吴王阖闾故址也。宋置马迹山寨。建炎中，赤心队将刘晏，保马迹山以捍寇。元时亦置巡司。明初下常州，俞通海以舟师略太湖，入马迹山，破张士诚水砦，即此"。原系太湖中主要岛屿，1969年围湖造田，始与北岸连接成半岛。

②在今江苏镇江市丹徒区东南三十五里。《舆地

纪胜》卷7镇江府：马迹山“在城东南三十余里。有青童君马迹，故名。又有灵洞，抱朴子丹井存焉”。《清一统志·镇江府一》：马迹山，“《府志》：在今紫府观，即道书第四十九福地”。

③在今江西鄱阳县东北。明《寰宇通志》卷42饶州府：马迹山“在府城东二十里。一名马蹄。晋王炼丹其上，后人即其处建仙坛”。《明一统志》卷50饶州府：马迹山，“道书为第五十二福地。晋王遥炼丹其上。有斗坛、炼丹井、石药盂遗迹”。

④在今湖北大冶市西南。《舆地纪胜》卷81寿昌军：马迹山“在武昌县南百八十里。石上有双马迹”。

⑤在今陕西旬阳县北。《水经·沔水注》：“（旬阳）县北山有悬书崖，高五十丈，刻石作字，人不能上，不知所述。山下有石坛，上有马迹五所，名曰马迹山。”

马迹（跡）岭 在今江西萍乡市南，接莲花县界。《明一统志》卷57袁州府：马迹岭“在萍乡县南七十里。平夷修远。晋甘卓经此，石上有马迹”。

马迹（跡）泉 在今陕西千阳县东南。《寰宇记》卷32：“秦王马迹泉在节义乡。”久湮。

马迹（跡）塘市 即今湖南桃江县西南七十四里马迹塘镇。清同治《益阳县志》卷3市镇：马迹塘市在“治西百八十里。有汛。讹马家塘”。因紫云宫前泥溪潭中有马迹石，故名。1951年设镇。

马迹（蹟）镇 北宋置，属岐山县。在今陕西岐山县东。元废。

马阁山 在今四川江油市东北马角镇以北。《寰宇记》卷84阴平县：马阁山“在县北六十里。北接梁山，西接岷峨。昔魏将邓艾伐蜀，从景谷路出龙州江油县，至此悬崖绝壁，乃束马悬车作栈阁，方得路通，因名马阁山”。

马阁水 在今四川江油市东北马角镇东，为梓潼水上源。《寰宇记》卷84阴平县：马阁水“在县北。源自龙州江油县大业山下，来经马阁山，南流入县界，又七十一里入梓潼县界，更名潼水”。

马首山 ①即马头山。在今山西新绛县西北四十里，与乡宁、稷山县交界处。《清一统志·绛州》：马首山“俗名马头山。《州志》：《左传》‘赵盾田于首山’，即此”。

②又名首山、驻跸山。即今辽宁辽阳市西南首山。《新唐书·太宗本纪》：贞观十九年（645）太宗征高丽，五月“丁丑，军于马首山。甲申，克辽东城”。即此。

③即今辽宁喀喇沁左翼蒙古族自治县东南与朝阳、建昌二县接界之松岭。《汉书·地理志》辽西郡柳城县：“马首山在西南。”

④俗名马家山。在今四川盐亭县北一里潮江畔。唐杜甫《行次盐亭》诗云：“马首见盐亭，高山拥县青。”

⑤在今贵州三穗县南一里。《方舆纪要》卷122镇远府邛水司：马首山“其山东昂西伏，状如马首。明朝长官邓章常聚兵保民于此”。

马首县 春秋晋置。在今山西寿阳县南十五里马首村。《左传·昭公二十八年》：“魏献子为政，……韩固为马首大夫。”即此。

马洋溪 在今福建长泰县东北。《方舆纪要》卷99长泰县：马洋溪“在县东北四十里。源有二，出山谷间，滩途险恶，合流入龙溪县界……注于九龙江”。

马举龙城 在今云南富民县东南旧县。《清一统志·云南府》引《明统志》：“乌蛮酋罗门罗末始筑马举龙城，号黎瀼甸。元至元中，立黎瀼千户所。”后改置富民县。

马祖岩 在今江西余干县东南。《清一统志·饶州府一》：马祖岩“在安仁县（治今锦江镇）南六十里。四面壁立，仰观有隙如线。上有瀑泉飞下十余丈，岩间禅舍极幽邃。相传马祖道一于此卓锡”。

马神山 在今陕西榆林市东北。《方舆纪要》卷61榆林镇“红山”条下：“又马神山在镇东北二里，秋祭马社于此，因名。”

马退山 在今广西南宁市北十五里。唐柳宗元《邕州柳中丞作马退茅亭记》：“是山崪然起于莽苍之中，驰奔云矗，亘数十百里。”

马骁山 亦作马鬃山。在今重庆市江津区北隔江。《清一统志·重庆府一》：马骁山，“《元统志》：其山萦曲，周三里。形势峭拔。昔有骁骑将军马邈葬此，因名”。

马都山 即今河北青龙县西北都山。唐韩愈《乌氏庙碑铭》曰：乌承玭“从战捺禄，走可突于渤海海上，至马都山，吏民逃徙失业，尚书（承玭）领所部兵塞其道，堑原垒石，绵四百里，深高皆三丈，寇不得进”。《方舆纪要》卷18大宁卫：都山“亦作马都山”。

马莲井 即今甘肃瓜州县西北马莲井村。《清一统志·安西州》：马莲井“旧设县丞驻此。本朝乾隆三十八年改设州判”。

马莲河 即今甘肃东部马莲河，为泾水支流。《明一统志》卷36庆阳府：马莲河“在合水县西南四十里。来自安化县合冉家河，南流入真宁县界合九龙川”。

马莲滩镇 在今陕西白水县西北五十里。或曰其地在马兰山麓，因名。后讹为马莲。明置马莲滩巡司。

马莲镇 又名马莲滩镇。在今陕西白水县西北。《清一统志·同州府二》：马莲镇“在白水县西北五十里秦山堡。有城。北出鄜延必由之路。甚险窄。明嘉靖间设巡司。今裁”。

马桥子 即今新疆呼图壁县西北马桥城。清同治初，居民尝筑堡避兵于此。

马桥古文化遗址 在今上海市闵行区马桥镇东俞塘村。1959年底发现，1960年、1966年两次发掘揭开遗地面积 2600 平方米，含三层文化遗存：上层为晚期几何形印纹陶文化，出土各类印纹硬陶壶和原始青瓷器，属春秋战国年代；中层为早期印纹陶遗存，属商代；下层发现新石器时代建筑遗迹和墓葬，为距今四千多年的良渚文化遗存。文化遗存下面还有一条贝壳沙带，说明遗址所在地是古代海岸，即所谓“冈身”。遗址的发现将上海一带的历史上推了二千多年，并对研究上海地区成陆年代提供了重要佐证。

马桥河 ①在今黑龙江省穆棱市南。源出四个顶子，北流经马桥河镇，于下城子镇注入穆棱河。《清史稿·地理志》 穆棱县：“马桥河出四顶子山，合狐狸密河。”

②集镇名。即今黑龙江省穆棱市南马桥河北岸马桥河镇。《清史稿·地理志》 穆棱县：东清铁路有马桥河站。

马桥镇 ①北宋置，属莘县。在今山东莘县北四十里马桥。

②北宋置，属中江县。在今四川中江县东北六松村附近文家桥村。明曹学佺《蜀中名胜记》卷 30 中江县引眉山程建用《与苏子瞻书》云：“东江来自涪城，历马桥镇，过五成山，至玄武山下，入于南江。”

③在今上海市闵行区南十六里马桥镇西四里。清同治《上海县志》卷 1《镇市》：马桥镇在“县西南五十四里”。

马格庄 即今山东蓬莱市东南二十里马格庄镇。清道光《蓬莱县志》卷 1《市廛》有马格庄。

马根单堡 明置，即今辽宁抚顺县东南马郡村。后金天命三年（1618）克马根单城，即此。《方舆纪要》卷 37 辽东都司：马根丹堡“在（东丹州）堡东三十里。其相近者曰静宁墩，兵冲也。《志》云：马根单堡与清河堡、碱场堡、叆阳堡相距皆七十余里”。清称玛哈丹堡。

马峪 即今河北赞皇县西南土门乡下马峪。道直通临城县。清于此设把总。

马峰山 在今云南腾冲县东十五里。《方舆纪要》卷 118 腾越州：马峰山在“州东十五里”。

马息山 在今湖北房县北。《舆地纪胜》卷 86 房州：马息山“在房陵县北七十里”。其南有马息驿。

马殷庙 在今广西富川县城内。又称百柱庙，是纪念和祭祀五代十国时期楚王马殷的古建筑。始建于明永乐十一年（1413）。百柱庙的各种构件加工精细，装饰考究，极富艺术价值，是南方古代建筑中不可多得的民间建筑工艺精品，也是南方瑶族地区保存最完整、年代最早、规模最大、构件带有较多宋式风格的木结构古建筑。2006 年定为全国重点文物保护单位。

马脑观 即今湖北谷城县西北马脑观。《清一统志·襄阳府三》：马脑观“在谷城县西一百八十里阴岩山。本朝乾隆十九年设巡司。嘉庆十一年裁”。

马脑城 南宋宝祐四年（1256）建于马脑山，在今重庆市南川区东南九十里马嘴村西北马嘴山。有建马脑山城摩岩石刻。民国《南川县志》卷 2：马嘴场在“龙崖城西南三里。龙崖城一名马脑城”。

马袅营 即今海南省临高县东北马袅市。《清一统志·琼州府二》“南定营”条下：马袅营“在（临高）县东北马袅港口，俱有官兵防守”。

马袅渡 即今海南省临高县东马袅市。《清一统志·琼州府二》：马袅渡“在临高县东四十里……有哨船防守”。

马疲岭 在今内蒙古喀喇沁旗东十家满族乡（楼子店）西南。北宋沈括《熙宁使虏图抄》：自临都馆西北行，“乃登马疲岭，岭不甚峻。度岭，行坂间二十里至崇信馆”。

马站堡 即今山西偏关县东马站村。《清一统志·宁武府》：马站堡“在偏关县东四十里，东至老营所四十里。明正德中筑，周四里，高三丈五尺，地界偏老水泉三路之冲”。

马站街 即今山东沂水县东北马站镇。清道光《沂水县志》卷 2：马站集“距城九十里”。

马涡洞 在今湖南慈利县西。《舆地纪胜》卷 70 澧州：马涡洞“在慈利县西之团崖山。洞有石笋，其石玉碧。亦产钟乳鹅管，光彩灿然”。

马浪坪 在今广西荔浦县西南修仁镇西。《明史·地理志》修仁县：“旧治在今县西马浪坪。”

马家口 ①在今天津市东南。《方舆纪要》卷 13 静海县：马家口“在天津卫东南二里”。又清光绪《畿辅通志》卷 22：“在天津县东南，泄南淀之水。”

②即马颊口。在今山东东平县西北。《水经·济水注》：“马颊水又东北流，径鱼山南……西去东阿城四十里。其水又东，注于济，谓之马颊口也。”《新五代史·范延光传》：延光谓唐庄宗曰：“梁兵扼杨刘者甚盛，未可图也，不如筑垒马家口以通汶阳。”即此。

马家山 ①在今云南大姚县北十里。《方舆纪要》卷 116 大姚县：马家山“高出群山，林木深郁”。

②即今陕西淳化县西北马家镇。1935 年西北革命根据地置赤水县治此。

马家山堡 在今福建漳平市北境。《清一统志·龙岩州》：马家山堡“在宁洋县北，路通永安县。本朝康熙二十一年，县令李文然建堡”。

马家屯集 即今河南孟津县西十八里马屯镇。清康熙《孟津县志》卷 1《集市》：有“马家屯”。

马家凹 在今甘肃泾川县东。《方舆纪要》卷 58 泾州：马家凹在“州东四十里。今有递运所”。

马家场 亦名思贤场。即今四川安岳县南三十里思贤乡。清道光《安岳县志》卷 7：马家场“在治南三十里”。

马家庄 即今河北清苑县（南大冉）东北马庄。民国《清苑县志》卷 1：第三区有马家庄。

马家庄镇　北宋置，属招安县。在今山东沾化县东北马家庄子。

马家园　在今安徽南陵县东北。1938年10月，日伪军多次对马家园等地进犯。11月初，新四军对侵占马家园的日伪军进行猛烈反击，予以重大杀伤，夜间又袭击了湾沚、九里山等日伪军要点，迫使侵占马家园的日伪军全部撤回。马家园战斗打退了敌人的进攻，保卫了皖南根据地。

马家沟　①在今河北唐山市东北二十里。初为一村落，因盛产煤而繁荣。清光绪中开掘，属滦州煤矿。1900年属开滦煤矿。

②在今黑龙江省哈尔滨市区南。清光绪《哈尔滨一带全图》有马家沟。民国熊知白《东北县治纪要》吉林滨江县："特别区管辖地，分道里、秦家冈、马家沟、香房、新安埠（一名三十六棚）、八站等六区。"

马家坪　即今陕西商南县西南边境马家坪。1946年当地解放后曾置郧商县治此。

马家店　即今湖北枝江市驻地马家店镇。1962年为枝江县治。1981年改为马家店镇。

马家庙集　即今山东金乡县西马庙镇。清同治《金乡县志》卷2：马家庙集在"城西三十里"。

马家河　相当今河北高阳县东孝义河。《方舆纪要》卷12高阳县：马家河在"县东三里。滹沱河支流也。自晋州饶阳县铁灯竿口导流而北，经蠡县境，又东北至县南延福村，杨村河、上尾河俱流合焉，潴为马家河淀，复东北流入安州界，注于易水"。

马家河市　即今湖南株洲县（渌口镇）西北三十里马家河镇。旧属湘潭县。清光绪《湖南通志》卷1湘潭县图：县东有马家河。

马家城　南宋初州守马彦先筑，在今江西吉水县东北二十里。

马家巷　即今福建厦门市同安区东南马巷镇。清时有通判驻此。

马家洲镇　即今江西泰和县西南马市镇。清置巡司于此。

马家桥　①一名马桥镇。即今河南辉县市西北百泉镇。清道光《辉县志》卷5《村镇》：北路，"马家桥，至县五里"。

②即今湖北咸宁市东南马桥镇。清光绪《咸宁县志》卷1《镇市》：马家桥"东南去县二十里"。

马家浜遗址　在今浙江嘉兴市西南的南湖镇天带桥村。是长江下游、太湖流域新石器时代马家浜文化的代表遗址。遗址面积1.5万平方米，年代距今约6000年。已发掘墓葬三十多座和房屋建筑遗迹一处，出土大量陶器、骨器、玉器、石器及兽骨。墓葬的葬式盛行伏身直肢葬。陶器以夹砂红陶为主，以筒腹腰沿釜、牛鼻式器耳、喇叭形圈足豆为特征。马家浜文化的确立揭示了长江下游地区史前文化在我国史前文化中的重要地位，对研究长江下游地区在我国文明起源中的作用提供了宝贵的实物资料。2001年定为全国重点文物保护单位。

马家砦　在今河北故城县西北。《方舆纪要》卷13故城县：马家砦，"旧传红巾寇乱（按：此为对农民军的侮称），居民于此树栅，据崇冈茂林以为固，寇不能犯"。

马家窑遗址　在今甘肃临洮县南二十里马坪乡马家窑村。1923年在此发现新石器时代遗址，东西长约350米，南北宽280米，出土大量的彩陶器，称为马家窑文化。1988年定为全国重点文物保护单位。

马家堡　即今陕西旬邑县东北马家堡。1934年西北革命根据地置新正县治此。

马家集　即今河南淮滨县西三十二里马集镇。清尹耕云《豫军纪略》卷3：咸丰五年（1855）四月，清兵"进抵马家集"，与代理息县知县会合。

马家集镇　即今江苏南京市六合区北马家集镇。清光绪《江苏全省舆图》六合县图：北有马集。民国《江苏六十一县志》六合县："马家集在北，接安徽天长县界。"

马家渡　又名马家洲、马家步。故址在今江苏南京市江宁区西南，长江东岸。宋《景定建康志》卷16：马家渡，"《皇朝中兴编年纲目》载云：采石江阔而险，马家渡江狭而平，两处相去六十里，皆与和州对岸。昔金人入寇直犯马家渡，则此渡比采石尤为要害。今分上、下二渡"。《宋史·高宗纪》：南宋建炎三年（1129）"杜充遣都统制陈淬、岳飞等及金人战于马家渡"。即此。

马家寨　在今重庆市云阳县东北汤溪河以东。《明史·秦良玉传》：崇祯十三年（1640），"（罗）汝才犯夔州，良玉师至乃去。已，邀之马家寨，斩首六百，又追之留马垭"。

马容山　在今云南镇沅彝族哈尼族拉祜族自治县东北。《方舆纪要》卷116镇沅府禄谷寨长官司：马容山在"司（今河口）北八十里。高千余丈，盘亘数百里，石路狭隘，仅容一马"。

马冢山　在今陕西眉县东。《水经·渭水注》："渭水又东径马冢北，诸葛亮与步骘书曰：马冢在武功东十余里，有高势，攻之不便，是以留耳。"

马陵　①春秋卫邑。在今山东莘县西南大张家镇东南。《春秋》：成公七年（前584），"公会晋侯、齐侯、宋公、卫侯、曹伯、莒子、邾子、杞伯救郑。八月戊辰，同盟于马陵"。《史记·魏世家》：魏惠王三十年（前340），齐宣王用孙（膑）计，救赵击魏。魏"太子果与齐人战，败于马陵，齐虏魏太子申，杀将军涓，军遂大破"。《正义》引虞喜《志林》云："马陵在濮州鄄城县（今山东鄄城县北旧城镇）东北六十里，有陵，涧谷深峻，可以置伏。"孙膑伏弩杀庞涓，即此地。

②战国赵邑。在今山西太谷县东南马陵关。《战国策·燕策二》："至［质］公子延，因犀首属行而攻赵。兵伤于离石，遇败于马陵。"即此。

③战国韩邑。在今河南长葛市东北马陵冈。《史记·韩世家》："懿侯二年，魏败我马陵。"即此。

马陵山　①在今江苏宿迁市北二里。《方舆纪要》卷22邳州宿迁县：马陵山“高十五丈，周十二里，陵阜如马，其冈脉曰灵傑山，前阻运河”。

②在今山东郯城县东十五里。《方舆纪要》卷33郯城县：马陵山，“《志》云：山在沂州东九十里。盖其山冈阜绵亘，凡百余里，北接沂州，南抵宿迁，陵阜高耸，若马首之昂起，故名。或以为即古之琅邪山。有由吾洞，甚深邃”。

马陵台（臺）　在今山东寿光市西南四十五里。《水经·巨洋水注》：“巨洋水又东北径晋龙骧将军、幽州刺史辟闾浑墓东而东北流，墓侧有一坟，甚高大，时人咸谓之为马陵。”元于钦《齐乘》卷5谓臧台“又西五里有马陵台”。

马陵戍　在今山西静乐县北。《魏书·孝静纪》：东魏武定元年（543），“齐献武王召夫五万于肆州北山筑城，西自马陵戍，东至土璒”。

马陵关　一名马岭关。明置，在今山西太谷县东南四十五里马羚关村，与榆社县接界。明置巡司于此。

马陵县　①南齐置，属马门郡。治所疑在今广西博白县境。后废。

②隋开皇六年（586）置，属魏州。治所在今河北大名县东南。大业初废。

马桑关　亦名马桑冲。明置，在今贵州贵定县西五里。《清一统志·贵阳府》：马桑关“旧为苗民出没之地，明万历中筑堡守御”。

马埠寨　在今山东莱州市西二十五里。《清一统志·莱州府二》：马埠寨“明初置百户所，辖墩三，曰马埠、海庙、扒埠”。

马勒亨古站　明初改元末里合温站置，在今俄罗斯哈巴罗夫斯克边疆区黑龙江下游左侧共青城附近梅勒奇屯。明《辽东志》卷9：海西东水陆城站有狗站“马勒亨古站”。后废。

马营　清置，属宝鸡县。即今陕西宝鸡市陈仓区西南马营镇。

马营河堡　在今山西右玉县西北五十里马营河村。《方舆纪要》卷44大同府：马营河堡“万历元年土筑，周不及一里，分边五里零。内十水口最冲”。

马营堡　①明宣德七年（1422）置，属万全都司。在今河北赤城县西北六十里马营乡。《方舆纪要》卷18：马营堡“分管大边百七十余里，二边四十里有奇。其威远等墩为最冲，边外三道沟等处即部长驻牧。《边防考》：马营与独石、长安岭为宣府北路之险”。

②明置，属小河千户所。治所在今四川平武县西北叶塘村附近马元。《方舆纪要》卷73松潘卫小河所：马营堡“在叶堂（堡）东四里。……皆有兵戍守”。

③即今甘肃酒泉市东南马营村。《方舆纪要》卷63镇彝所：马营堡“在所东，向为官军戍守处”。

马营墩堡　即今甘肃民乐县东南马营墩村。《清一统志·甘州府》：马营墩堡，“本朝初设守备，今改都司”。

马营镇　即今甘肃通渭县西北六十里马营镇。西通定西县，南连陇西县，北接会宁县，为县中大镇。清设游击驻此。

马厩湾　在今山东高青县东南高城镇东南隅。《方舆纪要》卷35高苑县“隔会水”条下：“又马厩湾，亦在县东南。相传齐桓公牧马处。”

马常泊　即马场湖。在今山东济宁市西十里。《方舆纪要》卷33济宁州：马肠湖“本名马常湖。旧与南旺、蜀山二湖相接，故南旺亦兼马常泊之名”。

马崖子寨　在今甘肃岷县西北七十里。《明一统志》卷37岷州卫：水磨沟寨“在卫城北五十里。又北二十里有马崖子寨。以上诸寨俱有官军防守”。

马逻乡　明置，属山阳县。在今江苏淮安市楚州区东北马逻村。明置巡司于此。

马逻港　亦作马骡港。在今江苏淮安市楚州区东北马逻村。《方舆纪要》卷22淮安府：马逻港“在府东北九十里。由此陆路走庙湾。明初徐达攻淮安，败张士诚援兵于此，遂拔淮安城。今有巡司戍此”。

马圈子　①在今河北滦平县西南二十里。清于此设把总驻守。《清史稿·地理志》：承德府滦平县有“马圈子”镇。即此。

②在今吉林珲春市东马川子乡。清康熙年间为靖边军牧马场。光绪《吉林通志》卷17珲春城：“正东迤南距城八里马圈子屯。”

马圈戍　即马圈城。在今河南省镇平县南。《魏书·高祖纪》：太和二十三年（499），南齐将陈显达“攻陷马圈戍”。即此。

马圈城　北魏置马圈镇。在今河南镇平县南。《南齐书·陈显达传》：永元元年（499），“围南乡界马圈城”。即此。

马笼部　宋大理置，属威楚府。在今云南新平彝族傣族自治县西南漠沙附近的山上。明万历《云南通志》卷4新化州：马笼山“在州西一百里。蛮酋尝结寨其上，号马笼部”。元代废入马龙他郎甸长官司。

马停镇　金置，属黄县。在今山东龙口市南。明于此置巡司。

马兜山　在今辽宁朝阳市西南。《晋书·慕容皝载记》：东晋咸康二年（336）慕容皝伐段辽，“遣封弈率骑潜于马兜山诸道。俄而辽骑果至，弈夹击，大败之，斩其将荣保”。即此。

马衔山　①在今广东阳东县东北。《方舆纪要》卷101阳江县：马衔山“在县东北五十里。其南有金花岭，攀跻而上，高百余仞，众山环列，莫计远近。顶有巨石，泉流石隙，如马受勒，山因以名。其泉下注，为上、中、下三龙潭，皆清澈深杳。自山而北为合沟、合门、秀石、三龙诸山，皆山瑶盘据处也”。

②即今甘肃临洮县北马啣山，接榆中县界。《宋

史·吐蕃传》：大中祥符七年（1014），曹玮言“宗哥唃厮啰、羌族马波叱腊鱼角蝉等率马衔山、兰州、龛谷、毡毛山、洮河、河州羌兵至伏羌砦三都谷，即率兵击败之”。

马盘山 ①在今四川青川县西。《寰宇记》卷84清川县：马盘山“在（龙）州北二百十里。高三千三百丈。重峦叠嶂，为行者之难”。西魏置马盘县以此名。《清一统志·龙安府》：马盘山，“《旧志》在平武县东北一百二十里。其形似马盘旋而上”。

②在今陕西城固县北一百里。《清一统志·汉中府一》：马盘山“巍然高耸，形如卧马，陂陀萦纡二十余里。内有清溪三道”。

马盘县 西魏置，为马盘郡治。治所即今四川青川县西南青溪镇。《寰宇记》卷84清川县：马盘县“以界内山名郡邑”。隋开皇初属龙州。大业初属平武郡。唐贞观元年（627）属龙州。天宝元年（742）改为清川县。

马盘郡 西魏置，属龙州。治所在马盘县（今四川青川县西南青溪镇）。辖境相当今四川青川县西部地。隋开皇三年（583）废。

马盘寨 在今陕西勉县东北褒城西北。《资治通鉴》：唐天复二年（902），“王宗播攻马盘寨”。即此。

马领县 西汉置，为北地郡治。治所即今甘肃庆城县西北马岭镇。《汉书·地理志》颜师古注：“川形似马岭，故以为名。”东汉废。

马脚镇 北宋置，属什邡县。即今四川什邡市西南二十里马井镇。

马鹿山 即莲峰山。在今甘肃渭源县东南。《方舆纪要》卷59巩昌府陇西县：马鹿山“在府南八十里。四围石崖甚险，戍守要区也。又莲花山亦在府南八十里，与马鹿山并峙。有五峰并列。《通志》以为即马鹿山”。《清一统志·巩昌府一》：马鹿山“在陇西县西南九十里。四围山崖甚险，有五峰分列。一名莲峰山，亦名西五台。怪石林立，草木芬芳，为一方之胜。其旁有老君山”。

马鹿镇 清置，属陇州。在今甘肃张家川回族自治县东马鹿乡。有州同驻北。民国初改为县佐。

马渚 在今河南孟津县东，近洛阳汉魏故城北。黄河津渡处。《魏书·孝庄纪》：“北来军士及随驾文武，马渚立义。”即此。

马渚市 即今浙江余姚市西马渚镇。清乾隆《绍兴府志》卷7《市》引《万历志》：马渚市“在县西南二十里”。

马隆卫 明洪武二十三年（1390）置，属云南都司。治所即今云南马龙县。二十八年（1395）降为马隆守御千户所。

马隆所 又作马龙所。明洪武二十八年（1395）改马隆卫置马隆守御千户所，属曲靖卫。治所即今云南马龙县。清康熙二十六年（1687）废。

马颈子 在今四川雷波县西一百里。产银、铅矿。清有千总驻防。

马颈子镇 即今重庆市涪陵区东北长江南岸马颈子村。民国《续修涪州志》卷5：有马颈子场。

马颈关 亦名马头关。明置，属南川县。在今重庆市南川区东南马嘴村风吹岭南。扼川黔交通孔道。

马塔马 亦作马塔儿海子。亦名清水源。在今内蒙古苏尼特左旗东南廷克木音高毕一带。明金幼孜《北征后录》：永乐十二年（1414）朱棣北征，四月“二十一日，次清水源，即马塔马”。

马超墓 在今陕西勉县西五里、老城东一里处。马超（176—222），字孟起。三国时扶风茂陵（今陕西兴平东北）。出身凉州豪强家庭，东汉末随父腾起兵，后为蜀汉刘备部下的一员大将。马超祠内有泥塑马超像一尊。祠前有“汉征西将军马超之墓”碑一通。墓地在祠后一座小山丘后，冢高约3米。

马援城 ①在今湖南澧县东五十里。《舆地纪胜》卷70澧州：马援城，“《类要》云，援征南（蛮）时所筑”。

②即今云南耿马傣族佤族自治县西孟定镇。《明史·云南土司一》：孟定“有马援城在焉”。

马援墓 在今陕西扶风县西七里伏波村。墓前有清刻“汉伏波将军墓”碑一通。

马落 在今云南沧源佤族自治县西北八十八里。1941年划属英属缅甸，1960年我国收复。傣语“马落”意为羊奶果树，因村有羊奶果树得名。

马落坡 即今河北沧县东北马落坡。《方舆纪要》卷13沧州“灶儿坡”条下载：“马落坡在州东北二十五里。元尝置巡司于此。”

马棚 在今湖北黄冈市西北。《资治通鉴》：南朝梁大宝元年（550），侯景将任约寇西阳、武昌，“邵陵王纶引齐兵未至，移营马棚”。即此。

马颊山 在今江西永新县东。《清一统志·吉安府一》：马颊山“在永新县东四十里。于群山中最为高耸”。

马颊河 ①《禹贡》九河之一。《尔雅·释水》郭璞注以为“河势上广下狭，状如马颊”，故名。《方舆纪要》卷34高唐州载：“亦名旧黄河。自直隶开州（今河南濮阳），流经朝城县及莘县、堂邑、观城、清平县界，又历夏津县，南至州境。东北径恩县、平原、陵县、商河、乐陵入海。”故道久堙。

②为济水支津。在今山东东平县西。《水经·济水注》：“济水又北分为二水，其支津西北出，谓之马颊水者也。”又说：“济水又北径鱼山东，左合马颊水。水首受济，西北流，历安民山北……马颊水又径桃城东，马颊水又东北流径鱼山南，……其水又东注于济，谓之马颊口也。”《资治通鉴》：唐乾宁三年（896），“朱全忠遣庞师古将兵伐郓州，败郓兵于马颊”。即此。

③又称新河。唐久视元年（700）为分泄黄河洪水所开。是唐代黄河下游的一个分支。故道自今山东平原县西南分河水东流，经陵县南、商河县北，历阳信、沾化县北，东流入海。宋初已淤废。

④即今河北大名县东南马颊河。《方舆纪要》卷16元城县："马颊河在县东五十里。旧自开州流经此，阔约百步，今虽枯竭，故道犹存，淫雨泛溢，辄害禾稼，下流入山东朝城（治今莘县西南）等县境。"

马敞集 一名马厂集。即今河南太康县东南马厂镇。明嘉靖《太康县志》卷1《集店》："马敞集，东南二十五里。"

马跑泉 ①在今河北易县东北二十里。《清一统志·易州一》：马跑泉，"相传唐太宗征高丽驻跸于此，马跑得泉，故名"。

②在今河北涞源县南七十里。《清一统志·易州》：马跑泉，"俗传宋杨延昭屯兵于此，马跑得泉，今此山大石上有延昭题'福胜地'三字"。

③在今山东东平县西北五十八里东平湖西岸昆山上。泉西北有月岩寺，为明万历七年（1579）建。泉东北山壁间有唐代开凿的石窟寺，有石雕立体佛像三尊。后人于窟顶立石雕佛像五尊，俗称庙上庙。

④又名昭关泉。在今安徽含山县北十五里昭关附近。《方舆纪要》卷29含山县："俗传伍子胥过昭关，马跑泉出，此其遗迹。"

⑤在今河南禹州市东北。《方舆纪要》卷47禹州：马跑泉"在州东北四十里。世传汉光武驻兵于此，乏水，马跑，泉涌。因名"。

⑥一名虎跑泉。在今湖北京山县北。《明一统志》卷66安陆州：马跑泉"在京山县北一十里。汉关羽驻兵于此。山无水，士卒渴甚，夜有虎咆哮，马惊跑地因而得泉，至今民资灌溉之利"。

⑦一名涌珠泉。在今广西柳城县西南。《舆地纪胜》卷112柳州：涌珠泉"在柳城县之西七十里洛好市。自地涌出，市民汲饮"。《明一统志》卷83柳州府：马跑泉"在柳城县西七十里。一名涌珠泉。相传诸葛亮南征过此，马跑其地，泉遂涌出。故名"。

⑧亦名太子泉。在今广西宁明县东明江镇。《明一统志》卷85思明府：马跑泉"在府治（今明江镇）西。无镇南王讨占城，师还思明，士卒饮明江水。疾，作祷于神，忽马跑地，有水涌出，味甘美，千百人汲之不涸，遂甃为井，又名太子井"。

⑨在今贵州镇宁布依族苗族自治县南。《清一统志·安顺府》：马跑泉"俗传马跑泉出，因名"。

⑩在今甘肃天水市东南马跑泉镇。《方舆纪要》卷59秦州："相传唐初尉迟敬德与蕃将金牙战于此。士卒罢渴，敬德马忽驰，泉遂涌出。因名。明初，徐达定关陇，引兵向秦州，至马跑泉，其守将弃城遁去。"

马跑泉镇 即今甘肃天水市东南马跑泉镇。清乾隆《直隶秦州新志》卷1："东三十五里马跑泉。"

马啼关 在今四川江油市东北。《方舆纪要》卷73江油县：马啼关"在县西（东）二十里"。《清一统志·龙安府二》：马蹄关"在江油县东南十里。窦子明遇仙之处"。

马嵬坡 在今陕西兴平市西二十五里马嵬镇。《新唐书·明皇纪》：天宝十五载（756），帝幸蜀，"次马嵬……赐贵妃杨氏死"。即此。郑畋有《马嵬坡》诗。白居易《长恨歌》："马嵬坡下泥土中，不见玉颜空死处。"皆指此。

马嵬城 亦名马嵬堡。即今陕西兴平市西二十五里马嵬镇。相传为晋人马嵬所筑。《晋书·苻登载记》：东晋太元十一年（386），"苻麟率众数千，据守马嵬城"。唐于此设马嵬驿。《新唐书·明皇纪》：天宝十五载（756），帝幸蜀，"次马嵬。……赐贵妃杨氏死"。即此。

马铺岭 在今甘肃华亭县北四十里。明置巡司于此。

马牌 即今吉林图们市南图们江西岸月晴镇，隔江与朝鲜对境。清末《延吉珲春一带地图》：图们江岸有马牌。民国徐曦《东三省纪略》卷7：图们江上游森林甚密，清末以来大肆垦荒，"自马牌以上至高丽崴以下，其间已成童山"。

马堡 在今山西右玉县北五十五里马堡村。《方舆纪要》卷44大同府：马堡"嘉靖二十五年设，万历初增修，周一里有奇。……嘉靖中数为寇患"。

马街 即今云南元谋县治。清光绪四年（1878）元谋县迁治于此。

马街子 即今云南西畴县西南新马街乡。清有把总驻此。

马街镇 即北宋之冯街镇。在今四川郫县北二十里古城镇（马街场）。《清一统志·成都府二》：马街镇"在郫县北"。

马鲁 亦作马卢、麻里兀。即今土库曼斯坦马雷。《元史·太祖纪》：十六年（1222）"冬十月，皇子拖雷克马鲁察叶可、马鲁、昔剌思等城"。

马鲁涧 或以为在今印度半岛内。元汪大渊《岛夷志略》：马鲁涧"国与遐迩沙喃之后山接壤，民乐业而富，周回广一万八千余里。西洋国悉臣属焉。有酋长。元临漳人，陈其姓也。幼能读书，长练兵事。国初领兵镇甘州，遂入此国讨境不复返"。

马鲁察叶（葉）可 亦作马鲁察。在今阿富汗北境。《元史·太祖纪》：十六年（1222），"冬十月，皇子拖雷克马鲁察叶可、马鲁、昔剌思等城"。

马道驿 在今陕西留坝县东南马道镇。《方舆纪要》卷56褒城县"黄草山"条下："又有马道山在县北九十里，马道水出焉，注于褒水。又有马道驿，旧有桥曰樊桥，相传樊哙所创云。"

马道站 元置，即今陕西留坝县东南马道镇。

马湖 又名龙湖、龙马湖。即今四川雷波县东北之马湖。蜀汉之马湖县及马湖江，以此名。《方舆纪要》卷73马湖府屏山县：马湖在"府西百七十里。湖在山顶，长二十里，广七里余，中有土山，可居四百余人，亦谓之龙湖。《志》云：龙湖四围皆峻崖，去大江止二里，水与江同消长，日夕作潮。相传昔曾有龙马见于此"。此湖系石灰侵蚀石崩陷而成，海拔1100

米，长30里，宽8里，为著名的高山湖泊。《元史·地理志》马湖路："汉唐以下名马湖部。宋时蛮主屯湖内。"即此。

马湖江　即今与美姑河汇合处起至四川宜宾市一段金沙江。两晋至清称马湖江。《华阳国志·蜀志》僰道县："治马湖江会，水通越巂。"《水经·若水注》："绳水又径越巂郡之马湖县，谓之马湖江。"唐樊绰《蛮书》卷2：泸水"又东北入戎州界，为马湖江"。《舆地广记》卷30：泸水"其水下合绳水、若水、孙水、淹水、径马湖，总曰马湖江"。《明一统志》卷69叙州府：马湖江"在府城南，……亦名泸水，一名金沙江"。

马湖县　三国蜀汉置，属越巂郡。治所在今四川雷波县东北黄琅镇。《水经·若水注》："绳水又径越巂郡之马湖县，谓之马湖江。"西晋初废。

马湖府　明洪武四年（1371）改马湖路置，属四川行中书省（后改四川布政使司）。治所在泥溪长官司（后改屏山县，今四川屏山县。弘治九年改土归流）。辖境相当今四川大凉山以东，沐川以南，金沙江金阳至屏山段以北地区。清雍正五年（1727）废。

马湖城　唐乾符二年（875）建，在今四川宜宾市西二十一里。《资治通鉴》：唐乾符二年，西川节度使高骈"又筑城于戎州马湖镇，号平夷军"。胡三省注："马湖镇，当马湖江之要。"元于马湖部置马湖路，在夷部溪口马湖南岸创府治，大德九年（1305）迁今四川屏山县，建城。《方舆纪要》卷73马湖府屏山县：马湖城，"隆庆初，始甃石为城，有门五，城周二里有奇"。

马湖部　三国蜀汉以来，指居住于今四川雷波县东北"马湖"为中心的少数民族部落。《元史·地理志》马湖路："汉唐以下名马湖部。"《明史·四川土司传一》：马湖"有龙马湖，因名焉。唐为羁縻州四，总名马湖部"。

马湖路　元世祖至元十三年（1276）置，属四川行省叙南等处蛮夷宣抚司。治所在今云南绥江县西北金沙江南岸南岸镇。大德九年（1305）徙治今四川屏山县。辖境相当今四川屏山、雷波、马边、沐川等县地及云南绥江县地。明洪武四年（1371）改为马湖府。

马湖镇　唐置，为军镇，属戎州。在今四川宜宾市西二十一里。《元和志》卷31僰道县："马湖戍在县二十一里。"

马湾场　即今湖北天门市东南三十六里马湾镇。清光绪《湖北全省分图》：天门县东南有马湾场。

马渡关　亦作马度关。明嘉靖中置，属巴州。在今四川宣汉县西北马渡乡。《方舆纪要》卷68巴州"米仓关"条内："马度关在州东三百里，其相近又有长乐关。"清属东乡县。《清一统志·绥定府二》：马渡关"在东乡县西北三百里，接巴州界"。

马寒山　亦名马衔山。即今甘肃临洮县北马啣山，接榆中县界。《明史·地理志》狄道县："北有马寒山。"《方舆纪要》卷60狄道县：马寒山"其山绵亘数百里，势极高峻，虽炎夏冰雪不消，亦名马衔山"。

马塘　①即今江苏如东县西马塘镇。1940年以后先后为苏中革命根据地如皋、如东县治。

②在今江西鄱阳县东北。《新唐书·地理志》饶州鄱阳县："东北四里有马塘，北六里有土湖，皆刺史马植筑。"《明一统志》卷50饶州府：马塘"在府城东北四里。唐刺史马植筑，因以为名"。

马塘堰　在今浙江嘉兴市南十六里马王塘。《新定九域志》卷5秀州：马塘堰，"《图经》云：秦始皇三十七年东游至此，改长水为由拳县，遏水为堰，既立，斩白马祭之，因名"。

马塘镇　①即今江苏如东县西三十里马塘镇。旧属如皋县，清时有把总驻守。

②即今云南文山县西北五十里马塘镇。清时有把总驻守。

马訾水　一名鸭渌水。即今中朝界河鸭绿江。《汉书·地理志》玄菟郡西盖马县："马訾水西北入盐难水，西南至西安平入海。过郡二，行二千一百里。"唐杜佑《通典》卷186高句丽："马訾水，一名鸭绿水。水源出东北靺鞨白山，水色似鸭头，故俗名之。"

马路口镇　即今江西永修县西南马口镇。清同治《江西全省舆图》卷14南康府建昌县：西南有马路口。

马路河　即今安徽太湖县境之皖河。《明史·地理志》太湖县："城西有马路河，即后部河之下流也，东合于灊水。"《清一统志·安庆府一》：马路河"在太湖县西一里。上流自后部河汇南阳、青石、罗溪、棠梨诸水绕县南，又东至县东四十里、潜山县南三十里接界处，曰黄泥港，会潜水入江"。

马路堡　明置，属叠溪千户所。在今四川茂县西北叠溪镇南。《方舆纪要》卷73叠溪所：马路堡"在所南。又南为小关堡，接茂州界之实大关。《志》云：新堡附近为巴猪大砦，众逾千数、性喜黠盗。嘉靖二十三年以来渡河入犯。议者欲于旧关脑搭桥进兵，及马路堡后，长宁沙坝潜师绕其后，上下夹攻，可大创也"。

马路墟　即今广西岑溪市西南二十里马路镇。民国《岑溪县志》旧分乡地图：西南有马路墟。

马嗥城　在今浙江海盐县城东南隅。《越绝书》卷8："马嗥者，吴伐越，道逢大风，车败马失，骑士坠死，匹马啼嗥。"故名。东晋咸康七年（341）至唐开元五年（717）间为海盐县治。故址今堙。

马塍　在今浙江杭州市城区马塍路。宋《淳祐临安志》卷10："东西马塍在余杭门外、羊角埂之间。土细宜花卉，园人多工于种接，为都城之冠。"明田汝成《西湖游览志》卷22："钱王时畜马于此，至三万余匹，号曰海马，故以名塍。"宋叶适有《同赵振文游马塍》诗。

马溪河镇　在今湖北孝感市孝南区东南五十里。

明、清置巡司于此。

马溺水 在今河北唐县西，唐河支流。《水经·滱水注》：马溺水“出上曲阳城东北马溺山，东北流径伏亭。马溺水又东流注于滱”。

马滩河 即今重庆市铜梁县南之淮远河。《方舆纪要》卷69铜梁县：马滩河“在县南五十里。源出大足县界，东流经合滩，有楼滩河来会焉，经县南而东注于涪江”。

马窟山 即今湖北老河口市东马头山。《元丰九域志》卷1：襄州光化县“有马窟山”。《舆地纪胜》卷87光化军：马窟山“在二都城东南六里。按《南雍州记》云：汉时有马百匹从此窟出，因此名为马头山，天宝六年改为马窟山”。

马髦岭 亦名马髦山。在今宁夏固原市西南四十里。《魏书·世祖纪》：神䴥元年（428），“司空奚斤追（赫连）定于平凉马髦岭，为定所擒”。即此。

马赫穆德·喀什噶里墓 在今新疆疏附县西南乌帕尔乡艾孜海村艾孜来特毛拉木山上。马赫穆德·喀什噶里（约1008—约1105）为喀拉汗王朝著名学者，编著有《突厥语词典》。其陵墓由庭院、主墓、祈祷室和经堂等几部分组成，造型美观。是一座具有维吾尔族传统建筑艺术特色的建筑物。

马鼻堡 即今福建连江县东北马鼻镇。明嘉靖四十是二年（1563）筑。清有把总驻此。

马骡港 即今江苏淮安市楚州区东北苏咀镇马逻村。《明史·徐达传》：“会（常）遇春攻淮安，破吴军马骡港，守将梅思祖以城降。”

马鞍山 ①又名戒坛山。在今北京市门头沟区西南。西山支脉，其山麓有戒坛寺。《明一统志》卷1顺天府：马鞍山“在房山县北六十里，以形似名。上有庞涓洞”。

②在今河北邢台县西北。《方舆纪要》卷15邢台县：“马鞍山在府西北三十七里。山脊隆起，其南有泉曰金泉，北曰玉泉。”《清一统志·顺德府一》：马鞍山“在邢台县西北三十八里。山脊隆起，宛似马鞍，山腰有洞，可容千余人”。

③在今山西偏关县东。《清一统志·宁武府》：马鞍山“以形似名。明嘉靖四十三年俺答由马鞍山入老营堡”。

④在今吉林永吉县西南，属吉林哈达山脉。清光绪《吉林通志》卷18：马鞍山在“城（今吉林市）西南七十里。高十里。与磨盘山相连”。

⑤即今吉林九台市东南三十里大顶子山，属长白山余脉。明《寰宇通志》卷116：马鞍山“在开原城东北四百里，建州卫东”。《清一统志·吉林一》：马鞍山“在（吉林）城西北一百二十里，即恩额穆山，周四里”。

⑥在今吉林龙井市西北海兰河与布尔哈河之间，东迄帽儿山止。为英额岭东支。清光绪《吉林通志》卷19：马鞍山在“（珲春）城西北二百六十里”。

⑦在今黑龙江省铁力市东。民国《黑龙江志稿》卷4：大马鞍山在“（铁骊设治）局东七十里，高百余丈。产人参，多树木，有熊、罴、虎、豹、貂皮之属。小马鞍山，局东六十里。山高二十丈”。

⑧在今江苏南京市西北。宋《景定建康志》卷17：马鞍山“在城西北十里，西临大江，东与石头城接。高八十五丈，以形似得名”。

⑨又名昆山。在今江苏昆山市城西北隅。《寰宇记》卷91苏州长洲县：马鞍山“形如马鞍，因名”。

⑩在今江苏南通市南狼山之西。《寰宇记》卷130通州静海县：马鞍山“在江海之际”。《清一统志·通州》：马鞍山，“相传隋炀帝征高丽，曾牧马于此。左有沈雁湾，右有药草湾，西有峭壁曰莲花碉，极西有通济闸。元时漕运于此出海”。

⑪在今安徽马鞍山市西北金家庄港口，隔江与古乌江渡相望。《舆地纪胜》卷18太平州：马鞍山“在当涂县西北四十里慈湖港口。有神祠，吴赤乌二年建。《舆地记》云，慈姥山南有神马庙是也”。20世纪初，南山及当涂各地铁矿相继开采，此处为矿石集中外运码头，炼铁高炉又首建于此，为市区兴建的发祥地，故建市时以此山为名。

⑫在今安徽广德县南，接浙江安吉县界。《方舆纪要》卷29广德州：“马鞍山在州南五十里。山周七十里。巅有大石，其状如马鞍。”

⑬在今浙江遂昌县西北。《新唐书·地理志》处州松阳县：“有银，出马鞍山。”《方舆纪要》卷94松阳县：马鞍山“在县西四十八里，横绝松溪之口……元末赵普胜尝立水寨于山下，山接遂昌县界”。

⑭在今浙江台州市黄岩区东北。宋《嘉定赤城志》卷20黄岩县：马鞍山“在县东北五里，以其势奔迸，脊如马鞍，故名”。《方舆纪要》卷92黄岩县：马鞍山，“元末方国珍以舟师突海门，入洲港犯马鞍山，泰不华击之，战死。嘉靖中，倭贼入犯，官军败之于马鞍山”。即此。

⑮在今福建连江县东北。《方舆纪要》卷96福州府连江县：马鞍山“在县东北五十里。山势逶迤，达于海上，有双峦连耸，状若马鞍”。

⑯在今山东蓬莱市南十五里。《方舆纪要》卷36蓬莱县“密神山”条下：“又南五里有马鞍山，山东麓两畔皆深涧，中起石冈，南北通行，谓之天生桥。或谓之马岭。”

⑰在今山东淄博市淄川区淄城镇东四十五里。1942年11月八路军曾在此英勇抗击日本侵略军。今有烈士祠、马鞍山战斗展览室、抗日烈士纪念碑。

⑱在今河南遂平县西南。《资治通鉴》：唐元和十二年（817），“李愬遣山河十将董少玢等分兵攻诸栅；其日，少玢下马鞍山，拔路口栅”。

⑲在今河南舞钢市中部。《新唐书·李愬传》：元和中讨吴元济，“攻马鞍山，下之”。即此。《明一

统志》卷30南阳府：马鞍山“在舞阳县西南四十里。以形似名”。

⑳在今湖北赤壁市西二里。双峰壁立。《清一统志·武昌府一》：马鞍山“在蒲圻县治西”。

㉑在今湖北宜昌市西北。《三国志·吴书·陆逊传》：黄武元年（222），刘备为陆逊所败，“备升马鞍山，陈兵自绕。逊督促诸军四面蹙之，土崩瓦解，死者万数。”《舆地纪胜》卷73峡州：马鞍山“在夷陵县六十里”。

㉒在今湖北长阳土家族自治县南。民国《湖北通志》卷9长阳县：马鞍山“在县西南三十里。山势雄峻，逶迤数十里。中峰突起，自远望之，形如伏马”。

㉓一名望楚山。在今湖北襄阳市西南。《宋书·朱脩之传》：孝武初为雍州刺史，荆州刺史南郡王义宣反，派鲁秀击襄阳，“脩之命断马鞍山道，秀不得前，乃退”。

㉔在今湖南岳阳市东北。《方舆纪要》卷77岳州府临湘县：“马鞍山在县西南二里滨江。以形似名。”

㉕一名马径。又作马鞍冈。在今广东广州市区北部。《水经·泿水注》：“裴渊《广州记》曰，城北有尉佗墓，后有大冈，谓之马鞍冈。秦时占气者言，南方有天子气，始皇发民凿破此冈，地中出血，今凿处犹存。”《寰宇记》卷157广州南海县：马鞍山，“《南越志》，始皇朝望气者云，南海有五色气，遂率千人凿之，以断山之冈阜，谓之凿扰，今所凿形如马鞍”。《方舆纪要》卷101广州府南海县：马鞍山“一云马援尝驻兵于此，因名。或谓之马径”。

㉖在今广东湛江市东南硇洲岛上。清同治《广东图说》卷59吴川县：“东南海中有硇洲岛。……岛东南有马鞍山。二峰突起，形如马鞍，东、南、北三面海滨，黑石峥嵘，形如莲瓣，惟西面津前一带，为海船寄椗之所，西与文昌县之铺前墟相望。海船顺风一昼夜可达。”

㉗在今香港九龙半岛九龙城东北。《清一统志·广州府》：官富山“东十里有马鞍山，脉皆出自大帽，屏蔽东洋”。

㉘在今广西象州县东北。《舆地纪胜》卷105象州：马鞍山“在城东四十里。形如马鞍”。清咸丰初，太平军大败清军于此。

㉙在今广西天等县西北。《明一统志》卷85向武州：马鞍山“在州城（今向都镇）东三里。以形似名”。

㉚在今广西大新县东北龙门镇南。《方舆纪要》卷110万承州：马鞍山“在州治南。以形似名”。

㉛在今广西宾阳县西。《方舆纪要》卷109宾州：马鞍山“在州西十五里。以形似名。其相连者有白村岩”。

㉜即古仙奕山。在今广西柳州市柳江之南，与鱼峰山东西对峙。海拔270米，是市区诸峰之首。《清一统志·柳州府》“仙奕山”条引《旧志》称：“亦名天马山，高数百丈，于群山之中独尊。下有杨文广洞，相传宋时依智高幽杨文广于此。”

㉝在今四川石棉县西北安顺彝族乡东南。《清史稿·骆秉璋传》：同治二年（1863），太平天国翼王石达开率部至紫打地（安顺场），扎营于此，“岑承恩夜袭马鞍山贼营，断其粮道”。

㉞在今四川仁寿县西南。《舆地纪胜》卷150隆州：马鞍山“在仁寿县西南四里。以形类名。虞太师（虞允文）墓在焉”。

㉟在今四川峨眉山市西南峨眉山纯阳殿西北。清道光《峨眉山志》卷2：马鞍山“在五十三步下，太平桥前”。以在二山中凹处，故名。

㊱在今四川乐山市东南。《舆地纪胜》卷146嘉定府：马鞍山“在龙游县东南十二里。望之若马鞍”。

㊲在今云南陇川县北。《方舆纪要》卷119陇川宣抚司：马鞍山“在司北。山高险。正统七年，王骥讨麓川叛贼，进至马鞍山，破蛮象阵，军势大振，径攻贼巢，贼使别军自永毛摩泥寨至马鞍山，潜出我军后，别将方瑛复击败之，于是贼势益窘。《志》云，马鞍山石罅中流温泉成河，热如沸汤”。

㊳在今云南会泽县南。明洪武初东川府建治于此，后寻移治于万额山南，即今会泽县治。《方舆纪要》卷73东川军民府“万额山”条下：马鞍山“在府西南十里。旧府治在其北”。

㊴在今贵州思南县南。《方舆纪要》卷122石阡府苗民司：马鞍山“在司治（今思南县南尧民里）东。山形昂耸”。爱必达《黔南识略》卷17石阡府：“马鞍山在城西南十里，山势昂耸，中凹如马鞍。”

㊵在今贵州清镇市东南。《清一统志·安顺府》：马鞍山“一在清镇县东南。山腰有白石如雪”。

㊶在今贵州安顺市南。《方舆纪要》卷121安顺府：马鞍山在“（宁谷长官）司西十一里。以形似名”。

㊷在今甘肃礼县北。清光绪《礼县新志》卷1：马鞍山在“县北十五里，下有店铺，乃往来通衢”。

㊸在今宁夏灵武市东北。明嘉靖《宁夏新志》卷3灵州守御千户所：马鞍山在“州东北五十里。以形似名”。

马鞍山矿区　原属安徽当涂县地。清光绪三十二年（1906）起，南山、向山等地相继发现铁矿，有宝兴、益华、福民等公司先后开采，矿石集中马鞍山江岸装船外运。日军侵华时期成立马鞍山矿务所、制铁所。抗日战争胜利后设华中矿务局马鞍山分矿。1950年改为马鞍山矿务局。1954年置马鞍山镇。1955年设马鞍山矿区。1956年设马鞍山市（地级），由省直辖。

马鞍场 即今四川仪陇县东北马鞍镇。清同治《仪陇县志》卷2：县东有马鞍场。场西琳琅山下李家湾，为朱德故乡。1981年建有朱德故居纪念馆。

马鞍关 ①在今湖北郧西县西马安镇。《方舆纪要》卷79郧西县“鸡岭关”条下：“马鞍关在县西七十里，皆因山以名。”

②明正统初设，在今广西藤县南。《方舆纪要》卷108藤县：马鞍关在“县南二里。平南、岑溪、容县舟道所经也。山径险隘”。嘉靖末废。

马鞍阪 在今甘肃泾川县西北。《晋书·姚泓载记》：东晋义熙十二年（416），秦将“（姚）绍进兵蹑（赫连）勃勃，战于马鞍坂，败之”。即此。

马鞍岭 在今湖南永州市东三十里。《方舆纪要》卷81零陵县：马鞍岭“岭路险峻，通宁远县界。瑶洞联络，盗贼出没之所也”。

马鞍渡 唐代石门路上的交通要站。在今云南大关县北洒渔河北岸黄葛附近。唐樊绰《蛮书》卷1：“石门外第三程至牛头山，山有诸葛古城，馆临水，名马安渡。”依《新唐书·地理志》作马鞍渡。

马鞍寨 在今四川通江县东。《方舆纪要》卷68通江县：马鞍寨在“县东七十里”。

马鞍镇 唐置，为军镇，属嘉州。在今四川乐山市东南十二里马鞍山。

马蕃巷 又名马粪巷。故址在今江苏南京市北。《梁书·王志传》：“志家世居建康禁中里马蕃巷，父僧虔以来，门风多宽恕，志尤惇厚。……时人号马蕃诸王为长者。”

马槽山 在今安徽庐江县西五十里。《方舆纪要》卷26庐江县“金牛山”条下：“县西五十里又有马槽山，上有寨垒，相传曹魏所筑。”

马槽湖 在今宁夏中卫市东北二十五里。《方舆纪要》卷62宁夏中卫：马槽湖“以形似名。东南流，入于大河”。

马嘶港 在今江苏丹阳市东北。《方舆纪要》卷25镇江府丹阳县：马嘶港“在县东北六十里，通大江。《志》云：洪武二十七年，信国公汤和败群贼于此。岁久淤塞。隆庆二年开浚，引江水溉田，大为民利”。

马影桥 即今江西湖口县东十五里马影镇。清同治《江西全省舆图》卷13九江府湖口县：东有马影桥。

马踏井镇 即今四川井研县西南马踏镇。嘉庆《犍为县志》卷2：马踏井场在“县东一百二十里，通荣县”。产井盐，清设盐务通判于此。1951年划归井研县。

马踏石 即今安徽枞阳县东下枞阳。明、清置马踏石巡司。《方舆纪要》卷26桐城县“孔城镇”条：“又有马踏石巡司，在县东南三十里，地名枞阳下镇。”

马踏湖 在今山东汶上县西南汶河堤北，运河东岸。《方舆纪要》卷33汶上县“南旺湖”条下：“堤北有马踏湖，亦谓之南旺北湖。周三十四里有奇，当南旺东北，亦蓄水以灌渠。”

马踏墟 即今广东电白县东北马踏镇。清道光《电白县志》卷8：马踏墟“在县东北三十里”。

马蝗山 ①即今海南省儋州市西北蚂蝗岭。明正德《琼台志》卷6：马蝗山“在州（治今中和镇）东三十里。形如马蝗。俗传汉曾屯兵于此，后人每掘得铜鼓钲铛等物。其地多鬼火，以阴晴出没，盖古战场血渍所化”。

②约在今四川屏山县境。《明史·李应祥传》：万历中，讨邛部腻乃，“（周）于德首败白禄兵，追至马蝗山，悬索以登，贼溃”。

马镇 在今江苏江阴市南马镇，南与无锡市接界。其东南之南旸歧村为明代著名地理学家徐霞客故居，建有徐霞客纪念堂。

马踶冈 在今江西寻乌县城南。《方舆纪要》卷88赣州府长宁县：“本安远县地。万历四年，抚臣江一麟讨平黄乡保贼巢，奏置。明年筑城于马蹄冈。”即此。《清一统志·赣州府一》：马踶冈“在长宁县治南。由城西环抱西北”。

马蹄冈 今四川江油市东北新兴乡（马蹄冈）。魏源《圣武记》卷9：清嘉庆五年（1800），参赞德楞泰率军镇压白莲教，“遇冉天元、徐万富、陈德奉、汪瀛四人于马蹄冈”，冉天元受伤被俘。

马蹄寺 西晋郭瑀建，名马蹄寺。明改普观寺。在今甘肃肃南裕固族自治县东南马蹄藏族乡。《清一统志·甘州府》：普观寺“在张掖县南一百三十里祁连山下。《行都司志》：内有浮屠塔，古名马蹄寺。有石门二十、石洞七，广狭不一，俱凿佛像，土人倚洞立为禅堂。明初，敕改今额”。今有马蹄寺石窟群，为北魏至明时所建。

马蹄寺石窟群 在今甘肃肃南裕固族自治县东南马蹄河西岸。石窟群包括北寺、南寺、金塔寺、上中下观音寺和千佛洞等七窟。开凿年代大致分为三个时期，年代较早的有金塔寺东、西窟和千佛洞第1、2窟。窟内造像题材和造像样式与迁洛前的云冈石窟相类似，开凿年代或可晚到北魏中期。其次千佛洞3—8窟，中观音洞，主要以中心柱窟为主，也有三壁三龛窟。塑像和壁画出现了中原地区流行的“秀骨清像”样式，其年代约在北魏晚期至北周时期。晚期为元、明时期开凿的洞窟，主要集中在马蹄寺北寺，规模很大。其中三十三天洞最为特殊，它由十九个洞窟组成，上下分五层布列，下面三层并列五窟，第四、五层分别为三和一窟，使外观构成一塔式建筑，十分壮观。1996年定为全国重点文物保护单位。

马蹄沟 即今陕西子洲县西马蹄沟镇。1944年曾于此置子洲县。

马蹄湖 在今湖北赤壁市西。《清一统志·武昌府一》“龙坑湖”条下：“又（蒲圻）县西六十里，有马蹄湖、沧湖，俱流出通新溪河。”

马蹄溪　即今重庆市秀山土家族苗族自治县南平凯镇。明置马蹄溪土千户。

马鬃（鬉）山　①亦名马骁山。在今重庆市江津区北隔江一里。《方舆纪要》卷69江津县：江阳城“宋乾德五年移县治马鬃镇，即今治也。今县治北一里即马鬃山，镇盖因以名”。

②亦作马踪山。在今重庆市合川区东北渠河咀簿刀岭，与云门山相连。《宋史·度宗纪》：咸淳九年（1273）七月，“张钰等复马鬃山”。即此。

马鬃（鬉）岭　①在今湖南慈利县西北。《方舆纪要》卷77九溪卫：马鬃岭在“卫北三十里。壁立万仞，险不可测，岭路窄小，如马鬃然”。

②在今广西荔浦县东。《方舆纪要》卷107荔浦县：马鬃岭“在县东四十里。亦曰鸡冠岭。其相对者曰铜鼓岭”。

③在今贵州黄平县东北。《方舆纪要》卷121黄平州：马鬃岭在“州东四十里。官路所经，接镇远、石阡二府界。岭之阳有马蹄井”。

马鬃（鬉）岭关　明置，在今贵州黄平县北。《清一统志·镇远府》：马鬃岭关“在黄平州东马鬃岭上”。

马鬃（鬉）河　即今辽宁开原市西北马仲河。亦名马桩河。明《全辽志》卷1：马鬃河在“城（开原老城）西二十里。……西南流入大清河”。《清一统志·奉天府一》：马鬃河“在开原城（老城）西二十里。源出吉林界雅秦峰，西南流入县境，至史家堡入辽河”。

马鬃（鬉）镇　北宋置，属江津县。即今重庆市江津区。北宋乾德五年（967）移江津县治此。

马蹬山　在今河南淅川县南，丹江水库北。《宋史·孟珙传》：金将武仙“退屯马蹬”。即此。

马蹬店　在今河南淅川县南丹江口水库中。西魏曾置淅川县于此。明设驿。后废。

马蹬郡　西魏置，属开州。治所在汉兴县（今四川宣汉县东南坝镇）。辖境相当今四川宣汉县东南地。北周改为周安郡。

马磴寨　在今湖北枣阳市西北百余里。南宋嘉定十二年（1219），孟宗政败金人于枣阳，追至马磴寨，焚其城，入邓州而还。

马鬐山　又名巨公山、磨旗山。即今山东莒县东南六十里，与莒南县交界处之马丌山。清光绪《山东通志》卷25：“以形似名。”浔水出此。

马鬣山　在今蒙古国西南。《新唐书·回纥传》：回纥“与薛延陀共攻突厥北边，颉利遣欲谷设领骑十万讨之，菩萨身将五千骑破之马鬣山，追至天山，大俘其部人，声震北方”。天山即今蒙古国之杭爱山。

乡　即今西藏南木林县。元代于此置乡万户府。

乡口溪　即今湖北秭归县（茅坪镇）西北窑湾溪，北流入长江。《水经·江水注》：归乡县“县城南面重岭，北背大江，东带乡口溪。溪源出县东南数百里，西北入县。……又西北径县下入江，谓之乡口也”。

乡宁县　五代唐改昌宁县置，属慈州。治所在今山西乡宁县东南。北宋皇祐三年（1051）移治今乡宁县，熙宁五年（1072）废。金复置乡宁县，属吉州。蒙古至元三年（1266）废。后复置。清属平阳府。民国初属山西河东道。1928年直属山西省。

乡州　唐贞观十五年（641）置，为羁縻州，属黔州都督府。治所在今贵州长顺县南。南宋后废。

乡县　北魏延和二年（433）改武乡县置，属乡郡。治所在今山西榆社县北三十里社城镇。太和十五年（491）移治今武乡县东十里故县乡。隋属上党郡。唐属潞州。武则天时改为武乡县，神龙元年（705）复改乡县，后又改名武乡县。

乡城　即今四川乡城县。清置乡城土百户。“乡城”，藏语意为“手上的珠子”或“串珠”。光绪三十四年（1908）改流，置定乡县。

乡城县　五代后晋天福元年（936）以避唐讳改唐兴县置，属蜀州。治所在今四川崇州市。后复为唐兴县。

乡郡　北魏延和二年（433）改武乡郡置，属并州。治所在乡县（今山西榆社县北三十里社城镇）。辖境相当今山西榆社、武乡、沁县、襄垣、左权等县地。太和十五年（491）与县同移治今山西武乡县东十里故县乡。隋开皇初废。

乡溪　即今湖北兴山、秭归县境之香溪河。《水经·江水注》：夔城“西北皆枕深谷，东带乡溪，南侧大江”。

幺姑场　即今四川犍为县东南孝姑镇。清嘉庆《犍为县志》卷2：么姑场在“县南四十里。通宜宾”。

四　画

〔一〕

丰（豐） ①亦作酆。即丰京。在今陕西西安市长安区西沣河西岸。

②即今江苏丰县。司马迁《史记》中屡称汉高祖“起丰沛”，丰即丰县。

丰（豐）口村 即今安徽歙县西北富资河东岸丰口。清乾隆《歙县志》卷1《都鄙》有丰口村。

丰（豐）山 ①在今安徽滁州市西。《舆地纪胜》卷42滁州：丰山“《丰乐亭记》云：其上丰山耸然而特立，在清流县西南五里。上有汉高帝庙。唐梁载言《十道四番志》：滁州有丰亭山，疑即此山。又按：晋、宋、齐《地里志》：汉之沛郡县邑侨寓于此，疑即此山乃丰人居之，故以名山。至今土俗祠事汉庙甚谨”。山麓有北宋建丰乐亭。

②在今浙江绍兴县东北曹娥江边。《资治通鉴》：唐光启二年（886），“（钱）镠与浙东军战，屡破之，进屯丰山”。即此。

③即今福建清流县东南与永安市交界大丰山。《方舆纪要》卷98汀州府清流县：丰山在“县南百二十里。其顶如磨，常有云气覆之。宋淳熙间，有穷其巅者，积六日乃得至其巅。坦夷如砥，可坐千数人，而四围峭绝，人迹难逮”。

④在今河南南阳市东北三十里。《山海经·中山经》：“丰山，有兽焉，其状若蝯。”

⑤一作苏愚山。在今陕西蒲城县西北三十里。《元和志》卷1京兆府奉先县：“西北三十里有丰山，于此置睿宗桥陵。”

丰（豐）山驿 唐置，在今陕西蒲城县北。北宋废。

丰（豐）山堡 在今湖南会同县西南。《宋史·地理志》：沅州渠阳砦有“丰山新堡”。《方舆纪要》卷82会同县：丰山堡，“宋时蛮置丰山新堡，熙宁中收复。元丰三年改为丰山寨，属沅州。寻属渠阳县。八年废。崇宁初，复置丰山堡。今仍为戍守处”。

丰（豐）川卫 清雍正十二年（1734）置，属大同府。治所在高庙子（今内蒙古兴和县东南店子镇东北）。乾隆十五年十二月（1751年1月）裁。

丰（豐）川县 西魏置，为云州治。治所在今甘肃庆阳市西峰区北彭原乡。北周废。

丰（豐）义县 唐武德二年（619）置，属彭州。治所在今甘肃庆阳市西峰区北彭原乡。贞观元年（627）属宁州。北宋太平兴国中改名彭阳县。

丰（豐）义城 在今甘肃庆阳市西峰区北彭原乡。唐初于此置丰义县，因旧城为名。

丰（豐）子岭 又作峰子岭。在今广西灵山县西北。唐贞观十年（636）移南宾县治于丰子岭南。

丰（豐）乡川水 又作丰河。即今陕西山阳县之县河。《水经·沔水注》：丰乡川水“出弘农丰乡东山，西南流径丰乡故城南……又西南合关袝水”。

丰（豐）乡县 西魏置，为基州治。治所在今湖北沙洋县北马良镇。隋大业初属竟陵郡。唐废。

丰（豐）乡故城 即今陕西山阳县。《水经·沔水注》：丰乡川水“出弘农丰乡东山，西南流径丰乡故城南”。《水经注疏》：“守敬按：后魏上庸郡有丰阳县，今山阳县治。详郦氏所指之丰乡故城，即丰阳城也。”

丰（豐）水 ①在今山西广灵县东南。《方舆纪要》卷44广灵县：丰水“《志》云，源出县南二十里之天井山，伏流至城东南。平地有一山，山下乱泉涌出，东流为葫卢河”。

②即泡河。在今江苏丰县北。自山东单县流入境，东入沛县界。《水经·泗水注》：泡水“径丰西泽，谓之丰水。又东径大堰，水分为二，又东径丰县故城南，水侧城东北流，左合枝水，上承丰西大堰，派流东北径丰城北，东注泮水。泮水又东合黄水”。《明史·地理志》丰县：“北有丰水，即泡河也。”

③即穷水。今安徽霍邱县西南沣河。《寰宇记》卷129霍邱县：“丰水在县西南十里。源出穷谷，本名穷水。按《水经注》云：穷水出六安国安丰县穷谷。又《左传》云：楚救潜，司马沈尹戍与吴师遇于穷。今俗号丰水。”

④在今江西丰城市南。《寰宇记》卷106洪州丰城县：丰水“在州南，陆路一百八十里。自丰城县东南坯（杯）山所出也”。《方舆纪要》卷84南昌府丰城县：丰水在“县南百八十里，出自杯山。西北流，

绕剑池而入赣江。一名剑水”。

⑤即德会水。今山东淄博市、桓台间之朱龙河。

⑥一作沣。又作酆。关中八川之一。即今陕西西安市长安区和咸阳市境内之沣河。下游历代略有变迁。《诗经·大雅·文王有声》："丰水东注，维禹之绩。"宋敏求《长安志》卷12："丰水出（长安）县西南五十里终南山丰谷，其源阔十五步，其下阔六十步，水深三尺，自鄠县界来，经县界，由马坊村入咸阳合渭水。"周时，丰、镐二邑以此水为界。

丰（豐）水县　唐长庆三年（823）改永丰县置，属桂州。治所在今广西荔浦县西北五十里。五代时南汉改为永宁县。

丰（豐）水泉　在今甘肃西和县南仇池山。《北史·氐传》："汉建安中，有杨腾者，为部落大帅。腾勇健多计略，始徙居仇池，方百顷，因以为号。四面斗绝，高七里余，蟠道三十六回，其上有丰水泉，煮土成盐。"

丰（豐）化城　在今河南宜阳县西。《北齐书·斛律光传》：武平元年（570），"光置筑统关、丰化二城，以通宜阳之路"。即此。

丰（豐）仪镇　即今山西屯留县西南丰宜镇。《清一统志·潞安府》：丰仪镇"在屯留县西南四十里。有堡"。

丰（豐）乐水　在今安徽黄山市徽州区。为新安江支流。《舆地纪胜》卷20歙县：丰乐水"在歙县，出黄山"。《清一统志·徽州府一》：丰乐水"在歙县西北，源出黄山，南流至府城西三里入练溪。《方舆胜览》：浙江四源，一出歙之黟山，即丰乐水也"。

丰（豐）乐县　①南朝梁置，属北谯郡。治所在今安徽全椒县西南程家市乡濮集古城村。隋废。

②唐武德元年（618）析始安县置，属渠州。治所在今四川广安市北恒升镇西北茶坪坝古城寨。八年（625）废入渠江县。

丰（豐）乐河　①亦名三汊河。源出安徽六安市南椿树岗，东流经肥西县南，在三汊镇与杭埠河汇合后入巢湖。清嘉庆《合肥县志》卷4：三河"一源出六安州太行山，至双沟入县境……又东二十里为丰乐河，又东二十里会南北诸水，至三汊镇，又东南十五里至南河镇，又东五里至横沟，归巢湖"。

②即巴沟河。在今河南商丘、虞城、夏邑、永城等市县境。

③在今湖北省钟祥市北。《方舆纪要》卷77安陆府钟祥县：丰乐水在"府北九十里。源出大洪山，流经盘石岭，南入汉江。溉田甚广，岁赖以丰，因名"。

丰（豐）乐河镇　即今湖北钟祥市西北六十里丰乐镇。《方舆纪要》卷77钟祥县：丰乐水，"《志》云，丰乐河为郡城津渡要口。常议设兵巡戍。嘉靖十八年车驾南巡以及回銮皆常驻于此"。清设巡司于此。

丰（豐）乐亭　在今安徽滁州市西丰山东北麓。北宋庆历六年（1046）欧阳修建，并作《丰乐亭记》。今亭壁镶有欧阳修作、苏东坡手书的《丰乐亭记》碑刻。为琅玡山名胜之一。

丰（豐）乐铺　明置，即今贵州务川仡佬族苗族自治县南丰乐镇。

丰（豐）乐堡　在今河北肃宁县东十五里。《方舆纪要》卷13肃宁县"南阳务"条下载："丰乐堡在县东。亦宋置戍守处。"

丰（豐）乐塘　又作丰乐里。即今福建建瓯市西北丰乐。清《乾隆内府舆图》：建宁府西北有丰乐塘。

丰（豐）乐镇　①即今黑龙江省肇州县东北丰乐镇。清末《黑龙江全界地图》：肇州县东北有丰乐镇。民国熊知白《东北县治纪要》黑龙江省肇州县："县属丰乐镇，距县市九十里。一名小城子。距满沟驿一百二十里，至安达驿一百五十里。与升平、大通、永乐三处，为肇州县管辖之四镇。"

②在今江苏启东市东北。《舆地纪胜》卷41通州：丰乐镇，"（杨）吴改东州为丰乐镇。周显德中废"。《方舆纪要》卷23引《五代史》："杨吴使东洲静海都镇遏使姚彦洪修城池官廨，改东洲为丰乐镇。"

③金置，属安阳县。在今河南安阳县北四十里漳河南岸丰乐镇村。《清一统志·彰德府二》：丰乐镇，"乾隆十五年，高宗纯皇帝巡幸河南经此。有御制回丰乐镇诗勒石"。

丰（豐）宁下长官司　明洪武间置，属都匀卫。治所即今贵州独山县西南下司镇。弘治八年（1495）属独山州。清属都匀府。后废。

丰（豐）宁上长官司　清改丰宁长官司置，属都匀府。治所在今贵州独山县西南上司镇。后废。

丰（豐）宁长官司　明洪武二十三年（1390）置，属都匀卫。治所即今贵州独山县西南上司镇。弘治八年（1495）属独山州。清改为丰宁上长官司。

丰（豐）宁县　①北魏正始中置，为丰宁郡治。治所在今陕西西乡县西南五十里峡口镇。隋大业二年（606）改为西乡县。

②清乾隆四十三年（1778）改四旗厅置，属承德府。治所在今河北丰宁满族自治县东凤山镇。1928年属热河省。1940年移今治（大阁镇）。1956年属河北省。1986年改设丰宁满族自治县。

丰（豐）宁郡　北魏正始中置，属洋州。治所在丰宁县（今陕西西乡县西南）。辖境相当今陕西西乡县境。隋开皇三年（583）废。

丰（豐）民场　在今山东沾化县（富国）东北丰民，产海盐。清初设场，置盐大使。康熙时并入永利场。

丰（豐）民洲　今重庆市丰都县南长江岸丰稔坝。《水经·江水注》：江水"又径东望峡，东历平都，峡对丰民洲，旧巴子别都也"。《方舆纪要》

卷69酆都县“平都山”条：“下有丰民洲，洲临江。”

丰（豐）台（臺） ①在今北京市城西南丰台。元代始为京城养花之处，因花盛多亭台而名。清《日下旧闻考》卷90：“考丰台为京师养花之所，元人园亭多在其地。丰盖取蕃庑之义；台则指亭台而言。”《京城古迹考》：“今每逢春时，为都人游观之地。……京师花贾，皆于此培养花木，四时不绝，而春时芍药，尤甲天下。”今已为北京重要交通枢纽，京广、京沪、京乌铁路皆由此入京。

②即今天津市宁河县北五十五里丰台镇。清《畿辅舆地全图》丰润县：丰台镇在“县西南一百里，管河主簿巡检驻焉”。

丰（豐）台（臺）支线 自北京西南卢沟桥向东至丰台。长10公里。为卢汉（后称京汉）铁路支线。清光绪二十三年（1897）动工修筑，次年建成。

丰（豐）西泽 在今江苏丰县西十五里。《汉书·高帝纪》：“高祖以亭长为县送徒骊山，徒多道亡。自度比至皆亡之，到丰西泽中亭，止饮，夜皆解纵所送徒。……高祖被酒，夜径泽中……前有大蛇当径……乃前拔剑斩蛇。”

丰（豐）齐县 唐天宝元年（742）改山茌县置，属临淄郡（后改齐州）。治所在今山东济南市西南丰齐集。元和十五年（820）并入长清县。

丰（豐）齐河 又称玉水。即今山东济南市西南玉府河。《方舆纪要》卷31长清县：丰齐河在“县东北三十里。自泰山北下柳坞，都泉诸溪水会而成流，经渴马崖，又西北经丰齐镇。至县北，入大清河”。

丰（豐）齐驿 唐置，即今山东济南市西南丰齐集。

丰（豐）州 ①东魏改南垣州置，治所在乡县（今山西武乡县东十里故县乡）。北周废。

②西魏废帝二年（553）改兴州置，治所在郧乡（今湖北郧县）。《寰宇记》卷143均州：丰州“因以丰城为名”。北周武成元年（559）移治延岑城（今湖北丹江市西北）。辖境相当今湖北丹江口市、郧县地。隋开皇五年（585）改为兴州。

③南朝陈光大二年（568）置，治所在侯官县（今福建福州市）。辖境相当今福建全省。隋开皇九年（589）改名泉州。

④隋开皇五年（585）升永丰镇置，治所在九原县（今内蒙古乌拉前旗西北西小召镇土城村古城。一说在五原县西南黄河北岸）。辖境相当今内蒙古河套西北部及其以北一带。大业初改为五原郡。后废。唐贞观四年（630）复置，十一年废。二十三年（649）复置，永徽四年（653）置九原县为州治。天宝元年（742）改为九原郡。乾元元年（758）复为丰州。唐末废。

⑤唐武德五年（622）置，治所在南安县（今福建南安市东丰州镇）。辖境相当今福建晋江和木兰溪两流域。贞观元年（627）废。

⑥唐渤海国置，属鸭渌府。治所在安丰县（在今朝鲜东北鸭绿江南岸惠山）。辖境相当今吉林抚松、安图、长白朝鲜族自治县及朝鲜惠山一带。辽移治今吉林抚松县东北。金废。

⑦辽神册五年（920）置，治所在富民县（今内蒙古呼和浩特市东白塔村）。辖境约当今内蒙古呼和浩特市、和林格尔县及附近地。元省县入州，属大同路。明洪武中废。宣德元年（1426）复置，正统中内徙，又废。

⑧辽于遥辇氏僧隐牧地置，为头下军州，属上京道。治所在今内蒙古翁牛特旗（乌丹镇）。金废为丰州铺，不久改置安丰县。

⑨北宋嘉祐七年（1062）置，治所在萝泊川（今陕西府谷县北一百十五里）。辖境相当今陕西府谷县地。金废。

丰（豐）州站 亦称丰州亦剌真站、曳剌真站。元置，在今内蒙古呼和浩特市东太平庄附近白塔村。

丰（豐）州铺 金废丰州置，即今内蒙古翁牛特旗。承安元年（1196）升为安丰县。

丰（豐）安军 唐置，属朔方节度使。在今宁夏中宁县西北石空堡附近。《旧唐书·地理志》丰安军：“在灵州西黄河外百八十里，管兵八千人，马千三百疋。”后废。

丰（豐）安县 ①东汉兴平二年（195）分诸暨县置，属会稽郡。治所在今浙江浦江县西南。三国吴属东阳郡。南朝陈属金华郡。隋开皇九年（589）废。

②北齐改新城县置，为丰安郡治。治所在今河南光山县西。隋开皇初废。

③隋开皇十年（590）置，属灵武郡。治所在今宁夏青铜峡市西南，黄河东岸。唐贞观四年（630）属回州，十三年（639）省入回乐县。

④唐麟德元年（664）置，属丰州。治所在今内蒙古乌拉特前旗西北（疑即旧之安化县）。后废。

丰（豐）安驿 隋置，在今江西永修县南二十里。

丰（豐）安郡 北齐改永安郡置，属光州。治所在丰安县（今河南光山县西）。隋开皇三年（583）废。

丰（豐）安镇 隋开皇六年（586）置，属永丰县。在今内蒙古乌拉特前旗西北。唐麟德元年（664）改为丰安县。

丰（豐）阳川 又名丰河。即今陕西山阳县之县河。西晋于此置丰阳县，因丰阳川为名。

丰（豐）阳关 即今陕西山阳县东南一百二十里漫川关。即故漫川县。明成化十三年（1477）移丰阳巡司于此。清顺治十三年（1656）裁。

丰（豐）阳县 西晋泰始三年（267）分商县置，属上洛郡。治所即今陕西山阳县。后废。《寰宇记》卷141丰阳县：“因丰阳川以为名。”北魏太安二年（456）复置，皇兴四年（470）为东上洛郡治。后废。北周复置，隋仍属上洛郡。唐武德元年（618）

移治今山阳县西南金钱河西岸，属商州。麟德元年（664）还治今山阳县。金贞元二年（1154）废入上洛县。

丰（豐）收铺　即今重庆市忠县西北官坝镇南丰收乡。清道光《忠州直隶州志》卷2：丰收溪场“距城七十里”。

丰（豐）寿山　在今广东封开县东。《寰宇记》卷164封州封川县：丰寿山“在县东南四十里。高一百三十丈，多藏雷电霹雳，土人呼为霹雳山”。《清一统志·肇庆府》：丰寿山，“《县志》：在县东北五十里。上有石池，泉涌其中。明嘉靖三十一年山崩”。

丰（豐）远县　北宋景德二年（1005）置，为铸铁钱监，属嘉州。治所在今四川乐山市。南宋建炎三年（1129）废。

丰（豐）县　据近年对秦封泥的发现及其研究，秦封泥中有“豐玺”，证实丰县应置于战国秦，属泗水郡。治所即今江苏丰县。西汉属沛郡。汉高祖刘邦为丰县人。《史记·高祖本纪》载：“高祖，沛丰邑中阳里人。”沛指沛郡，丰邑即丰县。据《史记·樊郦滕灌列传》记载：樊哙等见高祖时曰，“始陛下与臣等起丰沛，定天下”；《史记·郦生陆贾列传》亦载：陆贾也说“皇帝起丰沛，讨暴秦”。这些曾跟随汉高祖刘邦定天下的旧臣，都称高祖“起丰沛”，将丰、沛并列，并将丰置于沛之前，说明丰与沛是并列的县，其地位决不在沛之下，更不可能是从属于沛县的一个乡。东汉时丰县属沛国。南朝宋初废。大明元年（457）复置，属北济阴郡。北齐属永昌郡。隋改属彭城郡。唐属徐州。蒙古宪宗二年（1252）改属济州，元世祖至元八年（1271）属济宁路。明初改属徐州，嘉靖五年（1526）河决城陷，迁治于县东南华山。三十年（1551）复还旧治。清属徐州府。民国初属江苏徐海道，1927年直属江苏省。

丰（豐）邑　①简称丰。亦作酆。在今陕西西安市长安区西北沣河西岸。周文王灭崇国置丰邑，自岐迁都于此。《诗经·大雅·文王有声》：“既伐于崇，作邑于丰。”《史记·周本纪》：西伯“伐崇侯虎。而作丰邑，自岐下而徙都丰”。后武王虽迁都于镐，而丰宫仍为全国政治文化中心。有灵台，唐初遗址尚存。

②即今江苏丰县。《史记·高祖本纪》：“高祖，沛丰邑中阳里人。”即此。

丰（豐）邑坪　在今湖北兴山县（古夫镇）北。三国吴置兴山县于此。清有千总驻守。

丰（豐）财场　在今天津市东南海河南岸葛沽镇。乾隆《天津县志》卷9：“丰财场在葛沽。”盛产海盐。清设盐使于此。

丰（豐）利山　在今青海省青海湖东。《隋书·元谐传》：开皇元年（581），吐谷浑寇凉州，“谐率兵出鄯州，趣青海，邀其归路。吐谷浑引兵拒谐，相遇于丰利山”。即此。

丰（豐）利场　北宋置，产盐，属利丰监。即今江苏如东县西北四十里丰利镇。旧属如皋县，清时设盐课大使。1945年划归如东县。

丰（豐）利县　①西魏置，为丰利郡治。治所在今陕西白河县南。隋属西城郡。唐属均州。北宋乾德六年（968）废。

②隋大业七年（611）置，属河间郡。治所即今河北文安县。唐贞观二年（628）省入文安县。

③金明昌四年（1193）以泥泺置，属抚州。治所在今河北沽源县南二十里石头城子。元废。《元史·太祖纪》：六年（1211）二月，“帝自将南伐，败金将定薛于野狐岭，取大水泺、丰利等县”。即此。

丰（豐）利郡　西魏改南上洛郡置，治所在丰利县（今陕西白河县南）。北周废。

丰（豐）利渠　在今陕西泾阳县西北。《方舆纪要》卷53泾阳县：丰利渠“宋熙宁七年殿中丞侯可议自仲山旁凿石渠，引泾水东南与小师泉会，下流合白渠，不果。大观四年渠成，疏泾水入渠，民赖其利，因赐名曰丰利”。

丰（豐）谷（穀）井　在今四川绵阳市东南三十里丰谷镇。因盛产盐。清嘉庆间筑堡，设盐捕通判驻此。民国设分县知事。水陆四达，为绵阳第一重镇。

丰（豐）谷（穀）堡　亦作丰谷井。即今四川绵阳市东南丰谷镇。清嘉庆《四川通志》卷30绵州：丰谷堡“在州东三十里，即今丰谷井。嘉庆五年乡镇士民公筑，直隶州盐捕州判、潼绵营驻防额外委两署在焉”。

丰（豐）谷（穀）镇　北宋初置，属京山县。即今湖北京山县西南五十六里丰谷乡。

丰（豐）闰县　①唐武德四年（621）置，属东会州。治所在今山西岚县南二里古城村。次年废。

②金泰和中改永济县置，属蓟州。治所即今河北唐山市丰润区。元世祖至元二年（1265）废入玉田县，四年（1267）复置。明洪武初改为丰润县。

丰（豐）良县　北魏置，属南荆州。治所在今湖北枣阳市南。西魏属昌州。隋大业初废。

丰（豐）林县　北周建德六年（577）改广武县置，为偏城郡治。治所在今陕西延安市东北甘谷驿镇附近。隋开皇十八年（598）移治延安市东三十里李渠镇，属延州。大业初属延安郡。唐属延州。北宋熙宁五年（1072）并入肤施县。

丰（豐）国监　北宋咸平三年（1000）置，属建州。故址在今福建建瓯市东北。《元丰九域志》卷9建州：丰国监在“州城东北。咸平三年置，铸铜钱”。

丰（豐）国镇　金置，属渤海县。在今山东利津县东北七十里。明、清置巡司于此。

丰（豐）京　又称丰。亦作酆。与镐京同为西周都城。在今陕西西安市长安区西沣河西岸客省庄、张家坡、马王村一带西周遗址范围内。周文王伐崇侯虎自岐迁此。《诗经·大雅·文王有声》：“既伐于崇，作邑于丰。”周武王迁都镐京，丰京遂成行都。但仍为全国的政治、文化中心。

丰（豐）河 古丰乡川水。即今陕西山阳县之县河。《水经·沔水注》：丰乡川水"出弘农丰乡东山，西南流径丰乡故城南……又西南合关袝水（今马滩河）"。《水经注疏》引《山阳县志》："丰河一名县河，出县东二十里圈岭。"

丰（豐）泽园 清康熙年间建，在今北京市中南海西岸。为清圣祖、世宗、高宗等皇帝劝课农桑、演耕藉田之地。《日下旧闻考》卷23："园内殿宇制度惟朴，不尚华丽，园后种桑数十株。"乾隆时曾多次赐王公大臣、蒙古王、贝勒及外蕃诸部使臣宴于此。1949年中华人民共和国成立后，毛泽东居此。

丰（豐）宝场 北宋置，属大冶县。在今湖北大冶市北。《舆地纪胜》卷33兴国军：丰宝场"离大冶县九十里。出胆水，浸铁成铜"。

丰（豐）城县 ①三国吴置，属苍梧郡。治所当在今广西苍梧县、藤县境。南朝宋初废，元嘉中复置，属永平郡，齐以后废。

②西晋太康元年（280）以富城县改名，属豫章郡。治所在今江西丰城市南四十一里丰水西荣塘。南朝梁属巴山郡。隋平陈废，开皇十二年（592）复置，初名广丰，仁寿二年（602）避杨广讳，复名丰城，属洪州。治所在今丰城市东二十里石滩镇故县村。大业初属豫章郡，十三年（617）废。唐武德五年（622）复置，属洪州。永徽初徙治章水东，即今丰城市。天祐中改名吴皋县。五代南唐复名丰城县。宋属隆兴府。元世祖至元二十三年（1286）升为富州。明洪武二年（1369）复为丰城县，属南昌府。民国初属江西豫章道。1926年直属江西省。1988年改设丰城市。

③即故东城县。在今安徽定远县东南大桥乡三官集。《寰宇记》卷128定远县："梁天监三年土人祭丰据东城，自魏归。武帝嘉之，改曰丰城，立为定远郡。"

丰（豐）城寨 明崇祯中置，在今广西合浦县东南海口。《清一统志·廉州府》"白龙寨"条："英罗寨、萧村寨、井村寨、对达寨、丰城寨、黄泥寨皆南至海猪沙十余里。"

丰（豐）南办事处（县级） 日伪于1944年8月由丰南县析置，属伪冀东特别区。治胥各庄（今河北唐山市丰南区）。1945年日本投降后废。

丰（豐）南县 1947年置，属河北省。治所在胥各庄（今河北唐山市丰南区）。1994年改设丰南市。2002年改设唐山市丰南区。

丰（豐）顺乡 在今广东平远县北仁居镇。《清一统志·嘉应州》：丰顺乡巡司"明初置，在州西北一百二十里。嘉靖中分置平远县，因移于松口，兼管松口驿事"。

丰（豐）顺县 清乾隆三年（1738）析海阳、揭阳、大埔、嘉应地置，属潮州府。治所在今广东丰顺县北丰良镇。《清一统志·潮州府》：丰顺县，"治丰顺镇，因以为名"。民国初属广东潮循道。1920年直属广东省。1949年迁汤坑镇（即今丰顺县治）。

丰（豐）顺营 明嘉靖末置，属海阳县。在今广东丰顺县北丰良镇。清乾隆三年（1738）于此置丰顺县。

丰（豐）顺镇 今广东梅县东北松口镇。明置丰顺巡司于此。《方舆纪要》卷103程乡县"太平镇"条内："县西北百二十里有丰顺巡司，嘉靖末置。隆庆初筑城周二里有奇，以通判驻守，寻以盗平还郡。崇祯初复增设官军汛守。"

丰（豐）泉县 隋开皇十六年（596）置，属密州。治所在今山东胶南市西南琅琊镇（夏河城）。大业初改为琅邪县。

丰（豐）济银场 在今广东潮安县北韩江西岸。《元丰九域志》卷9海阳县：有"强丰济一银场"。《宋史·地理志》：海阳县有丰济银场。

丰（豐）济镇 金置，属长清县。在今山东济南市西南丰齐集。

丰（豐）宫 北魏离宫。在今山西大同市东北。《魏书·太宗纪》：神瑞元年（414）二月，"乙卯，起丰宫于平城东北"。

丰（豐）都市 又称东市。隋东都三市之一。在今河南洛阳市隋唐故城洛河南偏东。周八里。《大业杂记》载："其内一百二十行，三千余肆。甍瓦齐平，遥望如一，榆柳交阴，通衢（渠）相注。市四壁有四百余店，重楼延阁，互相临映，招致商旅，珍奇山积。"唐改称南市。

丰（豐）都县 隋义宁二年（618）置，属巴东郡。治所即今重庆市丰都县丰都镇。明曹学佺《蜀中名胜记》卷19丰都县："丰民洲在平都山下，隋两取之以名县。"唐初属临州，贞观八年（625）属忠州。北宋政和元年（1111）废。南宋绍兴元年（1131）复置，咸淳元年（1265）属咸淳府。元属忠州。明洪武十年（1377）省入涪州，十三年（1380）复置，改为酆都县。1958年复改丰都县。1997年划归重庆市。2003年县城因水淹迁今三合镇。

丰（豐）润县 明洪武初改丰闰县置，属蓟州。治所即今河北唐山市丰润区。清属遵化直隶州。民国初属直隶津海道。1928年直属河北省。2002年并入唐山市，改设丰润区。

丰（豐）润陂 在今陕西西安市东北。《寰宇记》卷25万年县："丰润陂，在县东北二十五里。周太祖名为中都陂。隋初为丰润陂，周回六里。"

丰（豐）陵 唐顺宗李诵的陵墓。在今陕西富平县东北。《元和志》卷1富平县："顺宗丰陵，在县东北三十三里瓮金山。"

丰（豐）盛场 即今重庆市巴南区东北丰盛镇。清乾隆《巴县志》卷2：丰盛场"离城百三十里"。

丰（豐）掘场 清末改丰利场置，即今江苏如东县西北四十里丰利镇。1930年改今名。

丰（豐）湖 又名西湖。在今广东惠州市城西。《舆地纪胜》卷99惠州：丰湖"在郡城西，广袤十里。治平间陈公偁领州，经画作堤截水，今台馆为广东之胜”。《方舆纪要》卷103惠州府归善县：丰湖，“（宋）太守林偀叙云，湖之润溉田数百顷，苇藕蒲鱼之利。数万民之取于湖者，其施以丰，故曰丰湖”。

丰（豐）登坞 亦作丰登务。即今河北唐山市丰润区西南五十里丰登坞镇。清同治《畿辅通志》卷54丰润县图：西南有丰登务。

丰（豐）塘桥镇 即今江西泰和县北十五里枫塘桥。清同治《江西全省舆图》卷7：泰和县北有枫塘。

丰（豐）稔溪 即今福建永定县西黄潭河。《清一统志·汀州府》：丰稔溪“在永定县北八十里。源出龙岩州界，西流经县界。又西经上杭县界，为黄潭溪。又西南过丰稔寺前合跳鱼溪，至石崆嵘入大溪”。

丰（豐）满特区（县级） 1949年置，属吉林省。治丰满街（今吉林省吉林市东南大丰满）。1951年12月划归吉林市管辖。1953年3月撤销，并入吉林市。

丰（豐）溪 即今安徽旌阳县西玉溪河。《方舆纪要》卷28旌德县：丰溪在“县西十里。源出县西南六十里九峰山，东北流经石柱山南，合濠寨水，又北流，至县西北三十里入于三溪”。

丰（豐）溪镇 俗名峰溪。即今湖北竹溪县南九十八里丰溪镇。清有守备、千总等驻防。民国初设县佐于此。

丰（豐）镇厅 清乾隆十五年十二月（1751年1月）由丰川卫及镇宁所合并设置，属大同府。治所在衙门口（今内蒙古丰镇市）。光绪十年（1884）升为直隶厅，属山西省。1912年改为丰镇县。

丰（豐）镇县 1912年改丰镇厅置，属山西省。治所即今内蒙古丰镇市。1914年划属察哈尔特别区兴和道。1928年属绥远省。1954年划归内蒙古自治区。1990年改设丰镇市。

丰（豐）图义仓 在今陕西大荔县东朝邑镇东南。清光绪三年（1877）关中大闹饥荒，朝邑尤甚，邑人、户部尚书阎敬铭倡议修仓，光绪八年动工，至十一年告竣，耗资白银三万余两，慈禧太后御批“天下第一仓”。规模宏大，坚固适用，与苏州丰备义仓并重一时。仓址坐北朝南，三面凭崖为障，地势高燥，周筑墙垣。义仓东西长133米，南北宽83米，高约8米。南墙辟东、西两仓门，中央照壁嵌“丰图义仓”四字石匾，垣外掘壕，垣内周列窑洞式砖砌仓廒五十八孔，中央为天井式场院，西南有坡道通仓顶。仓顶平铺青砖，边砌女儿墙。四周设排水道。场院、仓顶均可晒粮，储运两便。场内支架木板作为地面，适宜防潮。北仓顶建仓楼，出墙嵌慈禧草书“龙”“虎”石碣。该仓可储粮3万多石。光绪二十六年（1900）赈济无数灾民。仓西有后人修建的“阎公祠”。为陕西省唯一的一座完好的城堡式古粮仓。1979年维修，今仍沿用。2006年定为全国重点文物保护单位。

丰（豐）镐遗址 西周的都城。丰京为周文王所建，在今陕西西安市长安区西北沣河中游西岸；镐京为周武王所建，在今长安县西北沣河中游东岸。至周幽王十一年（前771）幽王被犬戎杀于骊山止，丰镐一直是西周的政治、经济、文化中心。1961年定为全国重点文物保护单位。

丰（豐）豫门 原名涌金门。南宋绍兴二十八年（1158）增筑杭城，改称丰豫门。为南宋临安城西门之一。明初复名涌金门。

王二溪镇 亦名忠义场。即今四川资阳市南忠义镇。清光绪《资州志》资阳县：忠义场“去县五十里。即王二溪”。

王干寨 在今安徽歙县东北王玕村。明置巡司于此。《清一统志·徽州府二》：王干寨“在歙县东百二十里昱岭，东接浙江昌化县界，旧有巡司”。

王大人屯 明置，即今辽宁辽阳县西北王大人屯。清乾隆《钦定盛京通志》卷25承德县：浑河“又南绕盛京城南，至辽阳州西北王大人屯，太子河自东来会”。

王口 即今河北辛集市东南五十里王口镇。清同治《畿辅通志》卷47束鹿县图：南有王口村。

王口砦 北宋置，属融水县。即今广西三江侗族自治县西南老堡乡。崇宁四年（1105）于此置清远军（后改平州）及怀远县。政和元年（1111）州、县俱废，仍为王口砦。七年（1117）复置平州，南宋绍兴四年（1134）又废为王口砦。十四年（1144）复置怀远县。

王口镇 即今天津市静海县西十四里王口镇。清同治《畿辅通志》卷46大城县：东北有王口镇，有外委、县丞驻此。

王山 在今江西泰和县东。《寰宇记》卷109吉州太和县：王山“在县东八十三里。周回三百里。其山峰峦秀异。昔王子乔曾控鹤于此，故以王为名。旱则祈雨必应”。《方舆纪要》卷87吉安府泰和县：王山“旧名义山，晋永嘉中有王子瑶者得仙于此，因改今名。唐贞观初，匡智者亦修炼山中，复名匡山”。

王子山寨 在今河南淅川县西南。《续资治通鉴》：南宋绍定六年（1233），孟珙大败金武仙于马蹬山，“复令壮士捣王子山寨，斩金将首而出，遂围马蹬，杀戮山积”。即此。

王子庄 在今甘肃敦煌市东。《方舆纪要》卷64沙州卫：王子庄“在沙州东。正德十年，吐鲁番由此内犯”。

王子庄堡 即今甘肃金塔县治。《清一统志·肃州》：王子庄堡“在州北一百里。初察罕巴勒子莽格和尔耕牧之地，后与诸番族互相攻杀，遗众流散，其地遂墟。旧有州同驻防”。1913年于此置金塔县。

王化堡 即今河北邯郸县北二十里黄粱梦镇。《清一统志·广平府二》“河沙堡”条下载：王化堡

"有土城"。民国《邯郸县志》卷3:"城北二十里王化堡，俗名黄粱梦。"

王公峰 在今安徽祁门县南。《方舆纪要》卷28祁门县：王公峰"在县南二十五里。高出万仞，不与群峰接"。

王凤楼村 即今山东平原县东王凤楼镇。1946—1950年初为平北县治。

王可寨 即今山西沁县西北王可村。《清一统志·沁州》"段村寨"条下：州西北"四十里有王可寨"。

王石谷墓 在今江苏常熟市西门外程家桥西。王翚(1632—1717)字石谷，号耕烟山人、乌目山人，晚称清晖主人。江苏常熟人。清初名画家。善画山水，时称画圣。康熙时尝绘《南巡图》及《长江万里图》，为清代杰出的艺术作品。墓碑"清画圣石谷先生墓"为翁同龢题。

王布田 又作王步田。即今云南金平苗族瑶族傣族自治县。见乾隆五十年(1785)《云南六猛旧图》。因最早在此开街的商人叫王布田而得名。

王平口 在今北京市门头沟区西二十八里。《明史·华云龙传》：洪武三年(1370)，云华上言："王平口至官坐岭隘口九，相去五百余里。俱冲要，宜设兵。"明弘治年间于此筑城。清设巡司。

王卡 在今西藏察雅县北。清乾隆《卫藏通志》卷4:"自梨树至王卡，称为恶八站。"

王仙山 在今湖南醴陵市东三十里。一名大山。又名王乔山。世传王乔曾炼丹于此。《续汉书·郡国志》长沙郡醴陵县注引《荆州记》曰："县东四十里有大山，山有三石室，室中有石床、石臼。"

王仙铺 即今湘南醴陵市东北二十四里王仙镇。清光绪《湖南通志》卷1醴陵县图：县东北有王仙铺。

王瓜店 即今山东肥城市西北十五里王瓜店镇，道通东平县。清光绪《肥城县乡土志》卷7:王瓜店"市面兴盛，商贾云集"。

王务镇 北宋置，属新息县。在今河南息县境。

王兰镇 即今河北唐山市丰南区西南三十里王兰庄镇。清《畿辅舆地全图》丰润县：王兰庄镇在"县南六十里"。

王台(臺)驿 即今福建南平市西王台镇。《方舆纪要》卷97延平府南平县"剑浦驿"条下："又王台驿，在府西六十里。宋淳祐中置王台站，以越王台名也。元因之，明初改为驿，正统中毁于寇，景泰中复置，成化十九年重修，亦曰王台馆。正德中群'贼'邓茂七等据王台馆，遂陷沙县。即此"。

王台(臺)站 南宋淳祐中置，即今福建南平市西王台。明洪武初改为王台驿。

王台(臺)镇 ①北宋置，属汝阳县。在今河南汝南县境。

②即今山东胶南市北之王台镇。西汉于此置柜县。民国属胶县，有县佐驻此。

王母汛 清置，属贞丰州。即今贵州望谟县。

王母宫石窟 在今甘肃泾川县西三里回山上。《寰宇记》卷22:保定县有"西王母祠"。通称王母宫。有石窟，开凿于5世纪末。高11米，宽12米，进深8米。窟门及东壁已塌毁，现存清代四层木结构飞阁。原有造像千余尊，故又称千佛洞。现仅存二百余尊。2006年定为全国重点文物保护单位。

王母渡镇 即今江西赣县南王母渡镇。明嘉靖《赣州府志》卷6:赣县有王母铺。清同治《江西全省舆图》卷9:赣县南有王母渡。

王母礁 在今福建长乐市东六十里壶井山南。《方舆纪要》卷96长乐县"壶井山"条："又有王母礁，在壶井山南。二礁对峙海中。宋末，杨妃负广王、益王，航海时经此。"

王寺镇 即今河北南皮县东四十里王寺镇。清同治《畿辅通志》卷50沧州图：西南有王寺镇。

王老人集 即今安徽利辛县西五十二里王人镇。清乾隆《阜阳县志》卷4:王老人集在"东北乡九十里，淝河南岸"。

王场 亦名王家场。即今四川合江县东榕山镇。民国《合江县志》卷1:王家场"距城三十里。简称王场。在大江南岸。居民六百余家，商业颇盛"。

王曲堡 即今山西阳城县西北王曲村。《清一统志·泽州府》：王曲堡"在阳城县西"。

王爷庙 即今内蒙古乌兰浩特市。以内蒙古扎萨克图第三代郡王鄂其尔于清康熙三十年(169 所建家庙而名。1931年为兴安省会。1947年改名乌兰浩特，设乌兰浩特市(意为红城)。1949年为兴安盟行政公署驻地。

王爷府 ①简称王府。清光绪三十年(1905)色旺敖力布建。在今内蒙古四子王旗(乌兰花镇)北查干补力格苏木。清为四子部落旗驻地。1952年迁驻乌兰花镇。

②又作喀喇沁王府。即今内蒙古喀喇沁旗西南四十里王爷府镇。清康熙九年(1670)喀喇沁旗多罗杜陵郡王班达尔沙建府于此，故名。1946年为喀喇沁右旗驻地。1948年迁驻公爷府(锦山镇)。1984年于此设王爷府镇。

王庄驿 在今安徽凤阳县东北。《方舆纪要》卷21凤阳县：王庄驿在"府东北七十里"。清裁。

王庆坨镇 在今天津市武清区西南三十二里王庆坨镇。清设王庆坨营，有副将、千总、把总驻守。

王充墓 在今浙江上虞市西南四十八里章镇浜笕乡乌石山。王充(27—约97)字仲任。会稽上虞人。东汉唯物主义哲学家。永元中卒，营葬于此。今存清咸丰五年(1855)林鼎臣、谢简廷所立"汉王仲任先生充之墓"石碑。1981年重修。

王江水 又名王水。即今江西安福县南陈山水。《寰宇记》卷109吉州安福县：王水"在县东南百里。《舆地志》云，掔村没于龙陂，即其水"。《清一统志·吉安府一》：王江水"在安福县南。源出陈会二山，东流至县东南六十里王江口，与泸江合，共汇为龙陂”。

王江泾镇 即今浙江嘉兴市北二十六里王江泾镇。《方舆纪要》卷91嘉兴县：“相传以王、江二姓居此而名，今为运河所经，曰王江泾市。”以傍运河，为往来要冲之地。明嘉靖三十四年（1555），胡宗宪大破倭寇于此。清嘉兴府同知驻此。

王守仁故居和墓 王守仁故居和墓分别在今浙江余姚市和绍兴市郊。王守仁（1472—1529），明哲学家、教育家。字伯安，余姚人。尝筑室故乡阳明洞中，世称阳明先生。王守仁故居在余姚市区龙泉山（今龙泉山公园）一带。龙泉山南坡有阳明先生讲学处“中天阁”（现设梨洲文献馆），山上有其故里碑、纪念亭。王守仁（王阳明）墓在绍兴市西南三十二里兰亭乡花街洪溪，墓址兰亭山是其生前自己选定的。墓冢以石块砌筑，其上堆土，墓地长约80米、宽约30米，四周古木参天。王守仁故居和墓于2006年定为全国重点文物保护单位。

王宅溪 即今浙江曹娥江支流黄泽江。在今浙江新昌县北、嵊州市东。宋《嘉泰会稽志》卷10：王宅溪“源出四明奉化，由沙溪西南入剡，转北至杜潭……出嵊县浦口”。下注曹娥江。

王尽美故居 在今山东诸城市西南枳沟镇北杏村。王尽美（1898—1925），1920年在济南组织马克思主义研究会。1921年7月曾出席中国共产党第一次全国代表大会，1925年病逝于青岛。此故居为王尽美出生地，东厢半窖式草房三间，占地38.8平方米。村南建有王尽美烈士纪念馆。2006年定为全国重点文物保护单位。

王寿山 在今广东梅县东北。《方舆纪要》卷103程乡县：王寿山“在县东北百四十里。高八百余丈，周二百里，形如殿阁，上有仙牛岭”。

王弄山长官司 明洪武中置，属临安府。治所在今云南文山县西北六十七里老回龙。清初废入开化府，以其地为王弄里。

王弄山部 宋大理置，属最宁府。在今云南文山县西北六十七里老回龙。元代分为大、小二部，属临安路。明改王弄山长官司。

王弄里 在今云南文山县西北六十六里老回龙。清代以原王弄山长官司地置，为开化府所辖八里之一。

王均村 即今河北枣强县东南王均乡。明嘉靖《冀州志》卷1枣强县：王均社“在县东二十里”。清同治《畿辅通志》卷54枣强县图：东南有王均村。

王坞城 一名汝北城。在今河南汝州市南。北齐为汝北郡治。《寰宇记》卷8梁县：汝北故城“即高齐置汝北郡城。在县南。亦名王坞城。以备周寇也”。

王村 ①即今安徽歙县南王村镇。清乾隆《歙县志》卷1《都鄙》有王村。

②本名王村店，清简称王村。即今山东淄博市西南王村镇。胶济铁路经此。产绸，名王村绸。

③即今湖南永顺东南九十里王村镇。汉为酉阳县治。明为施溶州治。清置王村巡司。

王村场 即今四川井研县西南王村镇。嘉庆《犍为县志》卷2：王村场在“县东北一百里。通井研”。产盐，清设盐课大使于此。1951年划归井研县。

王村河 即今四川彭州市北之湔江。《方舆纪要》卷67彭县：王村河“在县北三十里。源出九峰山，经堋口镇，又南至竹鸡河，合白水、黑水、中隋、乾溪、大隋、白鹿七河，注于沱江”。

王村集 ①即今河北大名县西北四十里王村乡。清同治《畿辅通志》卷52元城县图：西北有王村集。

②即今山东淄博市西南王村镇。产绸，名王村绸。明嘉靖《青州府志》卷11：王村集“在（淄川）县（今淄川区）西五十里”。

王村寨 在今河南范县西南四十二里濮城镇。《旧五代史·唐书·庄宗纪》：同光四年（926）三月，“时潘环守王村寨，有积粟数万，亦奔汴州”。明景泰二年（1451）濮州徙治于此。1913年为濮州治。1956年县撤销，改为濮城镇。

王村镇 ①在今山西浮山县东北。《清一统志·平阳府一》“东张镇”条下：王村镇“在县北二十里”。

②清置，属郃阳县。即今陕西合阳县西南王村镇。

王甫营 在今天津市宝坻区北三十里。《方舆纪要》卷11宝坻县：王甫营，“官军巡戍处”。

王来镇 北宋置，属壁山县。在今重庆市璧山县南五十八里王来山下。

王步城 在今江西新建县北。《水经·赣水注》：“赣水又东径王步，步侧有城，云是孙奋为齐王镇此城之，今谓之王步，盖齐王之诸步也。”

王园寺 东晋高僧罽宾创建，即今广东广州市光孝寺。

王秀桥镇 即今江苏太仓市西北王秀镇。民国《璜泾志稿》卷1载：王秀桥“文肃公之族人居此者建”。镇以桥名。

王快镇 在今河北阜平县东南五十里。清时其地居民汇聚，商业发达，为县重地。康熙中阜平县尝寄治于此。

王陂镇 亦作黄陂镇。即今江西宁都县西北七十里黄陂镇。清设黄陂汛。

王坪场 又名王家坪。即今重庆市永川区西南王坪乡。清光绪《永川县志》卷3：王家坪在“县西南六十里，原系场市，逮今增置，遂成巨镇。铺民百五六十家，亦渝、泸要道”。

王坪村 在今江西南城县东南。1933年中央革命根据地置建东县治此。

王范镇 即今河南洛宁县西王范回族镇。民国《洛宁县志》卷1：“王范镇，在城西五里。”民国时繁盛过于县城。

王杲镇 金置，属历亭县。在今山东平原县西北三十里王杲铺。

王国维故居 在今浙江海宁市西南盐官镇建安路西侧。王国维（1877—1927），清光绪朝秀才，后攻读西学，辛亥革命后东渡日本，研究中国古代史、戏曲史、古文字学。故居占地443米，建筑面积260平方米。始建于清嘉庆年间（1796—1820），砖木结构。王国维青少年时代在此居住、生活、学习。1985年按原貌修复了早已废弃的围墙、石库门、台门等。2006年定为全国重点文物保护单位。

王岭 在今江西吉水县北。《方舆纪要》卷87吉安府吉水县：王岭在“县北九十里。绝顶石壁高数十丈。下有小岩，高五六尺。相传五季时，彭玕作乱，常置寨于此”。

王岭山 在今江西永丰县西北。《方舆纪要》卷87吉安府永丰县：王岭山“西接吉水县界，北接新淦县界，山高四十余里”。《清一统志·吉安府一》：王岭山“在永丰县西北三十里。……世传五代时，彭玕屯兵于此，土城尚存”。

王岭汛 清置，属古州厅。在今贵州榕江县东二十里。旧有千总把总驻防。

王佺堡 亦作王景堡。明置，属宁夏左屯卫。即今宁夏永宁县西南旺全村。

王舍人店镇 金置，属历城县。即今山东济南市东历城区王舍人镇。

王舍城 ①即罗阅。唐玄奘《大唐西域记》作曷罗阇姞利呬。古印度摩揭陀国悉苏那伽王朝（前6—4世纪）的都城，在今印度比哈尔邦巴特那之南。东晋法显《佛国记》：那罗聚落“从此西行一由延，到王舍新城。新城者，是阿阇世王所造，中有二僧伽蓝”。7世纪唐代玄奘在印度时，城已毁。

②即拔底延城。南北朝时期西域哌哒国都城，在今阿富汗北部伐济腊巴德。《魏书·西域传》：哌哒国“其王都拔底延城，盖王舍城也。其城方十里余，多寺塔，皆饰以金”。

王店镇 ①在今浙江嘉兴市南。《方舆纪要》卷91嘉兴府：“王店在府南七十里。嘉靖三十四年，倭贼将犯杭州，不果，还至王店。”即此。有清朱彝尊故居曝书亭。

②在今陕西三原县东三十里王店村。清乾隆《三原县志》卷2：王店镇“东北隅一方居民会集之所，南临清河，北枕干沟”。

王泗营 又名王泗场。即今四川大邑县西南王泗镇。清嘉庆《邛州志》卷3大邑县：王泗营场在“县西南二十里”。

王泽 在今山西新绛县南。《史记·赵世家》：“赵襄子惧，乃奔保晋阳。原过从，后，至于王泽。”《括地志》：“王泽在绛州正平县南七里也。”

王泽市 又名黄泽市。即今浙江嵊州市东黄泽镇。清道光《嵊县志》卷2《市镇》：王泽市“在县东南三十里嵊新界”。

王官 春秋晋邑。在今山西闻喜县南。《左传》：文公三年（前624），“秦伯伐晋，济河焚舟，取王官及郊”。《水经·涑水注》：“涑水又西径王官城北，城在南原上。”

王官屯 即今河北沧县东南王官屯乡。清乾隆《沧州志》卷2坊集：南路有王官屯。

王官庄 即今河北清河县西南十八里王官屯镇。民国《清河县志》图：西南有王官庄。

王官谷 又名横岭。今山西永济市东南四十五里王官峪。《旧唐书·司空图传》：“图有先人别墅在中条山之王官谷。泉石林亭，颇称幽栖之趣。”

王官营 即今河北唐山市丰润区东北王官营镇。清同治《畿辅通志》卷54丰润县图：东北有王官营。光绪《丰润县志》卷1：王官营“距城三十五里”。

王官寨 清置，属宁海县。在今辽宁大连市金州区东南。《清一统志·奉天府二》：王官寨“在宁海县（今大连市金州区）东南三十里”。

王郎城 在今河北邯郸市人民路西北、建设大街东南，原王郎村北。据《后汉书·王昌传》载：“王昌一名郎，赵国邯郸人也。……初，王莽篡位，长安中或自称成帝子子舆者，莽杀之。郎缘是诈称真子舆……。更始元年十二月，（刘）林等遂率车骑数百，晨入邯郸城，止于王宫，立郎为天子。……明年，光武……拔邯郸，郎夜亡走，道死，追斩之。”《清一统志·广平府》：王郎城“在邯郸县西三里。后汉初，王郎屯聚处。俗犹呼为郎村”。

王建墓 在今四川成都市西郊三洞桥附近。王建为五代前蜀皇帝，死后葬此，称为永陵。明天启《成都府志》卷3：王建墓“在大西门外。有二石幢。旁有太后墓冢。右为人马甚伟”。1942年发掘，为圆形墓冢，封土高15米，直径80余米。内有随葬大量文物，其中有王建像石刻。1961年定为全国重点文物保护单位。

王封村 即今山西太原市西王封乡。清设巡检，乾隆二十二年（1757）改设同知。

王垣 战国魏邑，在今山西垣曲县东南王茅。《史记·魏世家》：魏武侯二年（前394），“城安邑、王垣”。《索隐》引徐广云：“垣县有王屋山，故曰王垣。”西汉置垣县。

王城 ①即周公所营城周。因王都在此，后亦称王城。在今河南洛阳市旧城西至王城公园一带。《左传》：庄公二十一年（前673），“夏，同伐王城”。即此。公元前516年，周敬王徙都成周（今洛阳市东北白马市东）。公元前314年还都王城。战国时改建为河南城。20世纪50年代经考古发掘，在今王城公园一带找到了东周时期的王城遗址。

②春秋时大荔戎筑以为都。在今陕西大荔县朝邑镇东。《左传》：僖公十五年（前645），“晋阴饴甥会秦伯，盟于王城”。《寰宇记》卷28朝邑县：“县东一里有王城，盖大荔戎王之城。”

③在今福建连城县西南。《清一统志·汀州府》：王城“在连城县西南七十里。宋末文天祥奉帝昺驻兵

于此，故名”。

④在今台湾省台南市西安平区。连横《台湾通史·建国纪》：南明永历十五年（1661）十二月，“以热兰遮城为安平镇，改名王城”。《明史·琉球传》：“其地北自鸡笼，南至浪峤，可一千余里。东自多罗满，西至王城，可九百余里。”

⑤即今山东胶南市北王台镇。《水经·胶水注》：拒艾水“东北流径柜县故城西，王莽之祓同也。世谓之王城”。

⑥在今山东聊城市东北二十五里。北魏为平原郡及聊城县治。《魏书·地形志》平原郡聊城县：“有王城，郡、县治。”《水经·河水注》：“黄沟承聊城郭水，水泛则津注，水耗则辍流，自城东北出，径清河城南，又东北径摄城北，……又东径文乡城北，又东南径王城北。魏太常七年安平王镇平原所筑，世谓之王城。”

⑦俗称皇城。清同治三年（1864），清真王妥明建，在今新疆乌鲁木齐市。清王定安《湘军记》卷19：光绪二年（1876），刘锦棠“遂克乌鲁木齐迪化州及伪王城。伪王城者，妥明所筑也”。

王城山　一名方城山。又名方岩。在今浙江温岭市西北。宋《嘉定赤城志》卷20黄岩县：王城山“在县南七十五里。石累叠如城，本名方城山……天宝六年改今名”。

王城岗及阳城遗址　在今河南登封市东南告成镇西北。王城岗遗址在告成镇西北一里处，是一处以龙山文化中晚期遗存为主，兼有裴李岗文化、二里头文化、商周遗存的遗址。1976—1891年发掘，发现两座并列的河南龙山文化晚期的小城堡，两城均近方形，面积各约1万平方米。城内发现与城墙同期的奠基坑、窑穴、灰坑等。阳城位于王城岗北面，是东周时期的阳城遗址，平面呈长方形，城垣南北长约1850米，东西宽约700米，残高8米。城内外散布有许多春秋战国时的板瓦、筒瓦和陶器等遗物碎片。城北地下有储水池、输水陶管遗迹。南城墙外有战国铸铁、冶铜手工业作坊遗址。城址内外还出土不少印有“阳城”戳记的战国陶量、陶釜、陶豆。1996年王城岗及阳城遗址被定为全国重点文物保护单位。

王胡城　在今山东寿光市北二十里古城街道。元于钦《齐乘》卷1谓“即古益都城也。汉武元朔元（应为‘二’）年封菑川懿王子胡为益都侯”。即此。

王胡镇　清置，属榆次县。在今山西晋中市榆次区北八里王湖村。

王药（藥）城　在今河南中牟县东北滨河。北齐时戍守处。《周书·武帝纪下》：北周建德四年（575），“齐王宪及于翼、李穆等所在克捷，降拔三十余城，皆弃而不守。唯以王药城要害，令仪同三司韩正守之。正寻以城降齐”。

王相镇　北宋置，属临沂县。疑即今山东临沂市东北的相公镇。

王昭君墓　一称青冢。在今内蒙古呼和浩特市南十八里大黑河南。《汉书·元帝纪》：竟宁元年（前33）春正月，“匈奴虖韩邪单于来朝……赐单于待诏掖庭王嫱为阏氏”。同书《匈奴传》亦载：“元帝以后宫良家子王嫱字昭君赐单于。”阏氏即匈奴王后。王昭君墓的记载，最早见于唐杜佑《通典》单于大都护府金河县有“王昭君墓”。墓高30余米，有土阶可登。中华人民共和国成立后进行修整。墓前有亭，前有碑碣记昭君事迹。2006年定为全国重点文物保护单位。

王峒　在今广西平南县北境。《资治通鉴》：唐贞观八年（634），“行军总管张士贵讨东西王洞反僚，平之”。胡三省注：“东西王洞僚，盖在龚州界。”

王顺街基　即今黑龙江省泰来县南街基乡。民国《黑龙江志稿》泰来县图：县南有王顺街基屯。

王侯峰　在今广东高要市东南七里。《方舆纪要》卷101肇庆府高要县：王侯峰“高数百仞，周三十五里。《志》云：宋元丰中，郡守王洎葬其下，峰因以名”。

王亭镇　在今内蒙古乌审旗西南。《宋史·夏国传上》：雍熙四年（987），“知夏州安守忠以三万众战于王亭镇，败绩，继迁追至城门而返”。

王庭州都督府　唐龙朔元年（661）于久越得犍国置，属安西都护府。治所在步师城（今塔吉克斯坦西南卡菲尔尼甘河下游卡巴迪安）。8世纪中废。

王阁村　在今陕西大荔县西南。清同治二年（1863）当地回民在此举行起义。

王洪堡　亦作王铉堡。明置，属宁夏卫。即今宁夏永宁县南望洪镇。

王洲　即孙洲。在今浙江富阳市西南四十里富春江中王洲。《元和志》卷25富阳县：“县有王洲，出橘，为江东之最，今见进供。”

王屋山　在今河南济源市西北九十里与山西阳城县交界处。《尚书·禹贡》：“底柱、析城至于王屋。”《山海经·北山经·北次三经》：“王屋之山，是多石。𣲖水出焉，而西北流于泰泽。”《元和志》卷5河南府王屋县：王屋山“在县北十五里。周回十五里，高三十里”。

王屋县　①北周武成元年（559）改长平县置，为王屋郡治。治所在今河南济源市西五十八里王屋镇。《寰宇记》卷5王屋县：“《古今地名》云，王屋山状如垣形，故以名县。”隋属河内郡。唐武德初改为邵伯县。显庆二年（657）复改为王屋县，属洛州。开元元年（713）属河南府。北宋属孟州。元世祖至元三年（1266）废入济源县。

②1943年晋冀鲁豫边区由济源县析置，治王屋镇（今河南济源市西王屋镇）。因王屋山为名。1947年裁撤，并入济源县。

王屋郡　北周武成元年（559）置，治所在王屋县（今河南济源市西五十八里王屋镇）。隋开皇初废。

王屋镇　即今河南济源市西五十八里王屋山南王屋镇。北周置王屋县于此。

王险城 西汉初卫满朝鲜都城。在今朝鲜平壤市西南大同江南岸。《史记·朝鲜列传》：燕人卫满渡浿水，"居秦故空地上下障，稍役属真番，朝鲜蛮夷及故燕、齐亡命者王之，都王险"。《集解》："臣瓒云：王险城在乐浪郡浿水之东。"元封三年（前108）置朝鲜县及乐浪郡于此。

王泰堡 明置，属宁夏卫。即今宁夏永宁县南王太堡。

王莽河 东汉以后对西汉时黄河自濮阳以下故道的俗称。因改徙于王莽时，故名。故道自今河南濮阳市西南折北流经南乐县西，又东北经河北大名县、馆陶县东，折东经山东聊城市、茌平县北，又折北经高唐县东、平原县西，再由德州市经河北东光县、南皮县、沧州市，东北至黄骅市、天津市入海。《水经注》称大河故渎。唐宋时故道犹存。北宋嘉祐五年（1060），自今河北大名县至山东陵县一段故道中部分河段（时称四界首河），为黄河东流所夺。金、元以后堙废。

王莽城 在今河南辉县市西北。《方舆纪要》卷49辉县：王莽城"在县西北八十五里。三城如鼎足，相传王莽所筑"。

王桥 ①即今河南民权县东北王桥。旧属睢县，民国时有县佐驻此。

②在今陕西西安市西北汉长安城东。唐中和中黄巢败夏绥帅拓跋思恭、鄜延帅李孝昌于此。

王桥集 即今河南民权县东北三十三里王桥乡。旧属睢州。清光绪《睢州志》卷1《集镇》："王桥集，在州东北，离城八十里。"

王桥镇 又名百谷镇。即今陕西泾阳县西北王桥镇。清时水利通判驻此。

王哥庄 又作王戈庄。即今山东胶南市。旧属胶县，1945年山东革命根据地于此置珠山县。1946年改名胶南县。1990年改设胶南市。

王晖石棺 在今四川芦山县南三里沫东镇石羊村。1942年出土。棺长2.54米，宽0.83米，高1.01米，重万斤以上。雕刻精工，隶书三十五字："故上计史王晖伯昭以建安拾六岁在辛卯九月下旬卒，其拾七年六月甲戌葬呜呼哀哉。"1942年郭沫若见拓片，赋诗二首：《咏王晖石棺》、《题王晖棺玄武象》。

王铁枪（槍）砦 在今河南滑县东北四十里。《方舆纪要》卷16滑县：王铁枪砦"五代梁将王彦章尝屯兵于此，因名"。

王徐寨千户所 明初置百户所，嘉靖中改千户所，属莱州卫。在今山东招远市西北辛庄镇。

王离城 在今山西沁水县东北。《元和志》卷15沁水县："古王离城在县东北五十里，秦时王离击赵所筑，四面绝险。"

王家大院 在今山西灵石县东北静升镇。占地面积15万平方米，包括东、西大院和孝义祠，建筑面积约3.5万平方米，有"中华民居第一宅"之称。王氏家族于清乾隆二十七年至嘉庆十六年（1762—1811）修筑，共有五十四座院落，一千零八十三间房屋。静升王氏始祖王石以卖豆腐起家，后代经商贩卖盐、粮、绸缎和杂货、骡马等，加以科考、捐保，家势日渐显赫。家族中出五品至二品官员十二人。道光后衰败。大院选址背阴抱阳，居高临下，南北向大排水沟东西两侧堡院分别为高家崖、红门堡两大建筑群，东院二十六座院落有房二百十二间；西院二十八座院落有房八百三十四间，街巷呈"王"字形。建筑、装饰技艺超凡脱俗。有如一座规模宏大的建筑博物馆。1997年设"中国民居艺术馆"。2006年定为全国重点文物保护单位。

王家山岛 即今辽宁庄河市南大王家岛，岛上今有王家镇。明《辽东志》卷1：王家岛"去（金州卫）城三百里"。

王家井 在今四川自贡市东南釜溪河西。旧属富顺县，清于此发现新盐井区，产盐次于自流井。

王家井镇 即今河北深州市西南王家井镇。清《畿辅舆地全图》深州：王家井镇在"州西南五十里"。

王家冈场 在今山东东营市南王家冈。清时设盐大使。后因黄河决口，场署被淹，迁于广饶城内。后又迁于羊角沟。民国时与官台场改并为王官场，驻寿光县侯镇。

王家市镇 即王家寺镇。今安徽利辛县西北王市镇。

王家寺镇 亦作王家市镇。北宋置，属汝阴县。即今安徽利辛县西北王市镇。《金史·蒲察官奴传》：天兴二年（1233），哀宗在归德，蒙古将忒木觧围亳州以逼之，哀宗遣蒲察官奴伪与和，自归德"南门登舟，由东而北，夜杀外堤逻卒，遂至王家寺，……持火枪突入，北军不能支，遂大溃"。即此。

王家场 在今四川眉山市南十五里永寿镇。清嘉庆《眉州属志》卷2有王家场。

王家庄堡 即今山西浑源县东南七十里王庄堡镇。《方舆纪要》卷44浑源州：王家庄堡"本王家庄马驿，嘉靖十九年筑堡，周二里有奇。又东南与灵丘县接界，山路崎岖，亦控扼之所也"。清初置王家庄巡司于此。

王家庄寨 即今山东青岛市崂山区东北王哥庄镇。《方舆纪要》卷36即墨县"即墨营"条下："王家庄寨在县东南九十里。"

王家角镇 清置，属鄜州。在今陕西富县西北王家角。《清一统志·鄜州》：王家角镇"本朝嘉庆二十一年，移州判驻此"。

王家坪 ①在今河北赞皇县西南王家坪村。《清一统志·正定府二》：王家坪"在赞皇县西六十里。本朝顺治初，土寇周山尹、李廷臣等，啸聚纸糊套山为民害。康熙三十七年，……巡抚于成龙招抚之，设守备于此防守。雍正十年改设都司"。

②在今陕西延安市城北郊。1937年1月至1947年3月为中共中央军事委员会红军总司令部所

在地。

王家店 即今湖北孝昌县北王家店镇。清光绪《孝感县志》卷2《市店》：王家店“距邑一百二十里”。

王家浅 在今山东临清市北十五里。清置巡司于此。

王家河市 即今安徽潜山县南二十五里王河镇。光绪《大清直省地舆全图》：潜山县南有王家河。

王家河镇 即今湖北武汉市黄陂区东北王家河镇。清王定安《求阙斋弟子记》卷12：同治五年（1866）一月，刘铭传闻捻军“犹踞黄陂城，即由长仙岭进取，二十七日抵王家河，距城二十五里”。

王家洲墟 即今江西丰城县东北王家洲。清同治《临川县志》卷1下：五十四都有王家墟。

王家桥 在今江西东乡县东南二十五里王桥镇。清同治《江西全省舆图》卷2抚州府东乡县：东南有“王家桥”。

王家峪 在今山西武乡县东南。抗日战争时期朱德总司令和八路军总部曾驻此。

王家营 即今河北滦平县东南长山峪镇东王家营子。清于此设把总驻守。《清一统志·永平府一》有“王家营行宫”。

王家营集 即今江苏宿迁市西北王官集镇。《清一统志·徐州府二》“沙坊集”条下：王家营集“在（睢宁）县东北四十里”。

王家营镇 即今江苏淮安市淮阴区驻地王营镇。《清一统志·淮安府二》：王家营镇“为陆路入京孔道。本朝康熙六年，居民以河决分为东西营”。1972年淮阴县迁治于此。

王家砦 北宋置，属任丘县。在今河北任丘市西。政和三年（1113）改为定平砦。

王家集 ①即今河北阜城县东北五十里王集乡。清同治《畿辅通志》卷49东安县图：西北有王家集。

②即今江苏泗阳县东北王集镇。为通沭阳县的孔道。清乾隆《淮安府志》卷5：桃源县有王家集。

③即今湖北宜城市北二十四里王集镇。清光绪《湖北全省分图》：宜城县北有下王家集。其北有上王家集，属襄阳县。

王家港镇 ①即今上海市浦东新区川沙镇西北八里王港镇。清光绪《江苏全省舆图》：川沙县西北有“王家港”。

②在今江苏东台市东北。清时有千总驻守。

王家渡 一作甲南市。即今湖南炎陵县西南二十五里王家渡镇。清光绪《湖南通志》卷1酃县图：县西南有王家渡。

王祥河 即孝水。在今河南洛阳市西。《清一统志·河南府一》：孝水“俗谓之王祥河。盖因近祥墓而名”。

王陵店 即今山东阳谷县东南寿张镇。明洪武十四年（1381）徙寿张县治此。1964年撤销寿张县，改为寿张镇。

王陵城 ①在今河北唐县西北三十里唐河东岸。《方舆纪要》卷12唐县：王陵城“相传汉高祖屯于白登，王陵将兵屯此，因名”。

②在今陕西商洛市南。《水经·丹水注》：“丹水又东南，径一故城南，名曰三户城。昔汉祖入关，王陵起兵丹水，以归汉祖，此城疑陵所筑也。”《史记·高祖本纪》正义引《括地志》：王陵故城“在商州上洛县南三十一里”。

王堌堆集 即今山东鄄城县治鄄城镇。旧属濮县，民国时有县佐驻此。1931年于此置鄄城县。

王营镇 即今江苏宝应县东南子婴河镇。民国殷惟龢《江苏六十一县志》：宝应县东南有王营等镇，“王营南接高邮县界”。

王梅寨 在今贵州榕江县北。《方舆纪要》卷121黎平府古州长官司：王梅寨在“司（今榕江县）北四十里”。

王盘 即今河北清苑县（南大冉）南王盘镇。明万历《保定府志》卷2清苑县图：南有王盘。

王盘山 在今浙江平湖市东南海中，西北距海岸四十里。南宋常棠《澉水志》卷5：“王盘山邈在海中，桥柱犹存。淳祐十年，有于旁滩潮里，得古井及小石桥、古树根之类，验井砖上字，则知东晋屯兵处。”

王船山故居 在今湖南衡阳县（西渡镇）西北六十四里曲兰镇石船山。王船山（1619—1692），名夫之，字而农，号薑斋，湖南衡阳人。明清之际思想家。晚年隐居石船山下，因称“船山先生”。故居有败叶庐、观生居、湘西草堂等处，其中以草堂最为著名。草堂始建于清康熙十四年（1675），茅屋三间。后由其子王敔改建为瓦房。其墓在附近的大罗山上。

王馆镇 北宋置，属聊城县。即今山东聊城市东南四十里王官庄。

王望山 又名黄牛山、北山。在今四川巴中市北十里。《舆地纪胜》卷187巴州：王望山“在江之北岸，自郡城绝江而登，山高二里许，岩径极险，占一郡之胜。相传云：王真人得道此山，真人名蒙，故称王蒙山。旧记云：唐玄宗控白骡至此山，望见京阙，语曰：此去京师不远，因改名曰王望山”。

王盖庙 即今内蒙古西乌珠穆沁旗驻地巴彦乌拉镇。1956年复置西乌珠穆沁旗驻此。1964年改名巴彦乌拉镇。

王渠 在今陕西西安市城北。《汉书·王嘉传》：哀帝“为（董）贤治大第，开门乡北阙，引王渠灌园也”。注引苏林曰：“王渠，官渠也，犹今御沟也。”晋灼曰：“渠名也，在城东覆盎门外。”《水经·渭水注》：沈水支渠“上承沈水于章门西，飞渠引水入城，东为仓池。又东径未央宫北……又东出城，分为二渠，即《汉书》所谓王渠者也”。按：沈水即潏水，王渠为潏水之支渠。

王隅沟抗日根据地 在今吉林延吉市东北依兰镇王隅沟里。地处龙井、汪清两市县交界处，以王隅沟为中心，东西长35公里，南北宽15公里。1932年秋，延边抗日斗争发展到武装游击战争，在中共东满特委的领导下，于1932年10月成立了王隅沟工农苏维埃政府，1933年改称王隅沟人民革命政府。1934年冬，由于日本侵略者武装合围，抗日武装转移到三道湾和汪清、安图等地，继续坚持斗争。

王妇山 在今四川梓潼县东北。《水经·梓潼水注》："县有五女，蜀王遣五丁迎之，至此见大蛇入山穴，五丁引之，山崩，压五丁及五女。因氏山为五妇山。"

王落子镇 一名王洛镇。即今河南襄城县北王洛镇。明嘉靖《许州志》卷1《村镇》：襄城县"王落子镇，在县北二十里"。

王朝场 五代唐清泰二年（935）楚置，在今湖南岳阳市东北陆城镇。北宋淳化五年（994）升为王朝县。

王朝县 北宋淳化五年（994）升王朝场置，属岳州。治所在今湖南岳阳市东北陆城镇。至道二年（996）改名临湘县。

王景堡 即王佺堡。在今宁夏永宁县西南旺全村。

王敦城 即芜湖城。在今安徽芜湖市。《晋书·王敦传》：东晋永昌元年（322），"敦率众内向，至芜湖"。又《明帝纪》：太宁元年（323），"帝乘巴滇骏马微行，至于湖，阴察敦营垒而出"。陆游《入蜀记》："芜湖即于湖，并沿江有王敦城，气象宏敞。"《方舆纪要》卷27芜湖县："《晋阳秋》、《北魏书》皆言敦屯芜湖，故陆游以为即于湖也。"

王道门市 即黄老门镇。今江西九江县西南岷山乡。

王道寨 即今河北南宫市东南十五里王道寨乡。清同治《畿辅通志》卷54南宫县图：东南有王道寨。

王湾遗址 在今河南洛阳市西郊王湾村西北涧河右岸台地上。面积约8000平方米。1958年发现。1959年秋和1960年春两次发掘，揭露面积3350平方米。东西长300米，南北宽150米。发现有新石器时代房基九座，灰坑一百七十九个，墓葬一百一十九座。还有西周、东周、晋、北朝时代灰坑、陶窑、墓葬等。其中新石器时代文化层特厚，分为三期：第一期为仰韶文化，第二期为仰韶文化向龙山文化过渡期文化，第三期属龙山文化。出土器物有石斧、锛、刀、镞、陶釜、灶、甑、小口平底罐、瓮、碗、豆、盘等，对研究仰韶文化与龙山文化的关系具有重要价值。2006年定为全国重点文物保护单位。

王游（遊）苑 即江潭苑。在今江苏南京市西二十里。《梁书·韦粲传》：太清间侯景叛，"（裴）之高造船渡（柳）仲礼，与合军进屯王游苑"。即此。

王富墟 即今江西赣县西南阳埠乡。明嘉靖《赣州府志》卷6：赣县有王富铺。清同治《江西全省舆图》卷9：赣县西南有王富墟。

王谦寺镇 即今河北景县西南二十八里王谦寺镇。清同治《畿辅通志》卷49景州图：西南有王谦寺。

王蒙山 即王望山。在今四川巴中市北十里。《舆地纪胜》卷187巴州：王望山"相传云：王真人得道此山，真人名蒙，故称王蒙山"。

王满渡 在今河南中牟县北。唐时为汴河津渡处。《旧五代史·唐书·武皇纪》：唐中和四年（884）五月，李克用击败黄巢农民军于"王满渡"。即此。

王瑶堡 清康熙四十二年（1703）置，属荔浦县。在今广西荔浦县西北。后废。

王僧辩城 在今山东临沂市东北。《元和志》卷11沂州临沂县：王僧辩城"在县东北五十里。梁将王僧辩屯兵于此"。

王旗 喀喇沁右翼旗的俗称。旗府驻地喀喇沁王府（今内蒙古喀喇沁旗西南王爷府镇）。

王寨城 在今河南济源市东北。汉、晋置沁水县于此。《清一统志·怀庆府二》：沁水故城，"《县志》：废城在县东北沁水南、沁台西。今呼王寨城"。

王褒墓 在今四川资阳市北沱江西岸昆仑乡墨池坝。《元和志》卷31资阳县："王褒墓在县西北十五里。褒，资中人也。宣帝使祠金马、碧鸡，道病死。"

王澄堡 明置，属宁夏左屯卫。在今宁夏贺兰县东北王澄村。明嘉靖《宁夏新志》卷1：王澄堡"有仓场"。《方舆纪要》卷62宁夏镇"潘阳堡"条下：王澄堡"在镇东北三十五里，自堡而东北，又有张政、魏政二堡，俱属宁夏左屯卫"。

王寮镇 即今陕西富平县东北二十里王寮镇。清光绪《富平县志》图：东北有王寮镇。

王耨镇 在今山东昌邑市西南二十里王耨。《清一统志·莱州府二》：王耨店"旧设递运所，久革"。

王嶭囤 亦曰王嶭砦。在今贵州福泉市西六十里。明郭子章《黔记》卷7称：王嶭屯"四围险峻，上宽平，有田可耕"。

王羲之墓 在今浙江嵊州市东南五十里金庭镇瀑布山。王羲之（321—379，一作303—361）字逸少。琅琊会稽（今属山东）人。东晋书法家。官至右军将军、会稽内史，人称"王右军"。辞官后定居会稽山阴（今浙江绍兴）。传晚年隐居金庭山，死后葬此。墓名最早见于隋沙门尚杲的《瀑布山展墓记》。几经修建。现存明弘治十四年（1501）墓碑和清道光二十九年（1849）墓道石坊。

王蠋墓 在今山东淄博市临淄区西北凤凰镇西召口南。东距画邑城遗址（桐林田旺遗址）二里。王蠋，战国时齐画邑人，因进谏齐王不听，故退耕于野。《史记·田单列传》载："燕之初入齐，闻画邑人王蠋贤，令军中曰'环画邑三十里无入'，以王蠋之故。已而使人谓蠋曰：'齐人多高子之义，吾以子为将，封子万家。'蠋固谢。燕人曰：'子不听，吾引三军而屠画邑。'王蠋曰：'忠臣不事二君……国既破亡，吾不能存；今又劫之以兵为君将，是助桀为暴也。与其生而无义，固不如烹！'遂经其颈于树枝，自奋绝脰而死。"《水经·淄水注》：澠水"西北入时水……水南山西有王蠋墓"。

井儿堡　明置，属宁夏后卫。在今宁夏盐池县西。《方舆纪要》卷62：井儿堡"嘉靖初，套寇由此撤墙入犯固原、平凉、泾州诸境，杀伤甚众"。

井口　在今四川江安县东北五十里井口镇。北宋苏轼有《泊南井口期送遵圣长官，到晚不及见，复来》诗，苏辙有《泊南井口期相送遵圣》诗。

井戈山　在今浙江临安市西北六十里。《清一统志·杭州府一》：井戈山"通安吉县，蹊径萦纡，深窈难行，如负戈入井，因名"。

井冈山革命根据地　井冈山革命根据地是第二次国内革命战争时期毛泽东创立的全国第一个农村革命根据地。井冈山位于湖南、江西两省交界处罗霄山脉中段。1927年10月，毛泽东率领秋收起义的部队到达井冈山地区，先后在宁冈、永新、茶陵、遂川等县建立和恢复了共产党的组织，团结改造地方武装，发展革命力量，打退了国民党军阀多次进攻，建立工农政府，创立了井冈山革命根据地。1928年4月，朱德、陈毅等率南昌起义保存下来的一部分部队和湘南起义中组织的农军到达井冈山宁冈砻市，与毛泽东领导的部队会合。5月4日，成立中国工农革命军第四军。不久，将革命根据地扩大到宁冈、永新、莲花三县全部和吉安、安福、遂川、酃县各一部，成立了湘潭边界工农兵政府。12月，彭德怀、滕代远率红五军主力从湘鄂赣边区转战到达井冈山，与红四军会合。1929年1月，毛泽东、朱德率红军主力向赣南、闽西进军，开辟新的农村革命根据地，留下的一部分红军继续坚持井冈山地区的斗争。以后统称为湘赣革命根据地。

井冈山革命遗址　在今江西、湖南两省边境，罗霄山脉中段。1927年10月毛泽东率领秋收起义部队挺进井冈山，创立了全国第一个农村革命根据地。1928年4月朱德、陈毅率领的部队到达宁冈县砻市与毛泽东领导的部队会师，成立中国工农红军第四军。12月彭德怀领导平江起义的部队也进入井冈山，组成红军第五军。根据地以茨坪为中心，拥有宁冈、永新、莲花三县和吉安、安福、遂川、酃县（今湖南炎陵县）一部分，方圆275平方公里。红军利用山险关隘，修筑五大哨所，成立了湘赣边界工农兵政府，设立红军医院、被服厂、军械处、公卖处、各团留守处。井冈山革命根据地的建立，开辟了一条以农村包围城市，最后夺取城市的道路。1929年1月红军转移后，革命建筑物被烧毁，1949年后按原状进行恢复。现在茨坪设有革命纪念馆、烈士陵园，还有革命旧居群、红四军军部旧址、黄洋界纪念碑、大井毛泽东旧居等。1961年定为全国重点文物保护单位。

井冈镇　在今江西吉安县西。《方舆纪要》卷87吉安府庐陵县：井冈镇在"府西六十里。有巡司，元至正中置，明朝因之"。清朝乾隆三十年（1765）巡司移驻永阳镇（今吉安县西南永阳镇）。

井州　隋开皇十六年（596）置，治所在井陉县（今河北井陉县西北）。大业初废。唐武德元年（618）复置，贞观十七年（643）废。

井谷关　即今山西襄垣县东南井关。《新唐书·地理志》：襄垣县东有井谷故关。《元和志》卷15襄垣县：井谷关"在县东南四十里。置在天井谷内，深邃似井，因以为名。魏武初迁邺，于此置关，周建德六年废"。

井尾　即今福建漳浦县东百里井尾。明置巡司于此。

井陉山　又名陉山。在今河北鹿泉市西南。《汉书·地理志》石邑县："井陉山在西。"《元和志》卷17井陉县：陉山"四面高，中央下，如井，故曰井陉"。《清一统志·正定府二》引《旧志》："山在今县北五十里，其险为河北、河东关要。县境诸山错列，大约与陉山相接连，皆太行之支陇也。"

井陉支线　自河北微水（今井陉县）西北至井陉煤矿。长11.8公里。为正太铁路支线。1936年动工修筑，次年建成。

井陉水　又名鹿泉水。在今河北鹿泉市东北。《水经·浊漳水注》：井陉山水"出井陉山，世谓之鹿泉水。东北流，屈径陈余垒西，……其水又屈径其垒南，又南径城西，东注绵蔓水"。《元和志》卷17石邑县：鹿泉水"一名陉水，南去县十里"。已湮。

井陉古驿道　在今河北井陉县。为明清驿道古建筑。这里自古是冀晋间太行山腹地的一条交通要道，是兵家必争之地。井陉古道上，自古以来燕赵晋秦之客，东西往来，络绎不绝，素有"冀晋通衢"之称。古驿道年代久远，已湮没难觅，似为由鹿泉郄庄经上安、井陉故城、板桥、长生口、娘子旧关到山西平定柏井。1940年八路军总部曾在这一带发起了石太线百团大战。2006年定为全国重点文物保护单位。

井陉关　亦名土门关。在今河北鹿泉市西南东土门。为太行八陉之一，历代为兵家攻防要地。《吕氏春秋·有始览》以此为天下九塞之一。《史记·秦始皇本纪》：十八年（前228），大兴兵攻赵，"王翦将上地，下井陉"。同书《张耳陈余列传》：秦二世二年（前208），赵王武臣使李良"略太原，至石邑，秦兵塞井陉，未能前"。皆此。

井陉县　①秦置，属恒山郡。治所在今河北井陉县（微水镇）西北北陉。北齐废。隋开皇六年（586）复置，属恒州。大业初属恒山郡。唐属恒州。北宋属真定府，熙宁六年（1073）废。八年（1075）复置，并迁治今井陉县北威州镇。金天会七年（1129）为威州治。蒙元属广平路，蒙古宪宗二年（1252）又迁治天长镇，即今县西南城关镇。明属真定府。清属正定府。民国初属直隶保定道。1928年直属河北省。1958年废。1960年复置，移治微水镇，即今治。

②北齐改石邑县置，属恒州。治所在今河北鹿泉市东南。隋开皇六年（586）复改为石邑县。

井陉郡 隋义宁元年（617）置，治所在井陉县（今河北井陉县西北）。唐武德元年（618）废。

井陉窑遗址 在今河北井陉县中北部。已发现窑址十处，其中天长镇河东坡、城关两处窑址时代跨度大，内涵丰富，最为重要。该窑创烧于隋代，唐、五代及金代是烧造的高峰期，明清时期衰落。烧制陶瓷品种有白釉瓷器、褐釉瓷器、黑釉瓷器、青花瓷器和三彩器等，以白釉瓷器为主。器类多达二十余种，以碗、盘最多。装饰技法多样，有点彩、划花、刻花、印花等，其中金代印花娴熟、精细，颇具典型性。花纹内容丰富，具有浓厚的生活气息。2001年井陉窑遗址被定为全国重点文物保护单位。

井陉煤矿 在今河北石家庄市西井陉矿区，东南距井陉县十二里，清光绪末开始采挖，为我国著名煤矿之一。

井坪千户所 明成化二十年（1484）置，属平虏卫。治所在今山西朔州市平鲁区井坪镇。清废为井坪城。

井坪城 即今山西朔州市平鲁区驻地。明井坪守御千户所治此。《方舆纪要》卷44朔州："成化二十二年筑，隆庆六年增修，周四里有奇。万历四年移朔州参将驻此。"

井径口 又称井径关或土门口、土门关。在今河北鹿泉市西南东土门。《史记·淮阴侯列传》："信与张耳以兵数万，欲东下井径击赵。赵王、成安君陈馀闻汉且袭之也，聚兵井径口，号称二十万。"《元和志》卷17恒州获鹿县："井径口，今名土门口，县西南十里。即太行八径之第五径也。四面高，中央下，似井，故名之。"

井店集 即今河南内黄县西南井店。民国属濮阳县，有县佐驻此。

井店镇 即今河南内黄县西南四十六里井店镇。清尹耕云《豫军纪略》卷4：咸丰十一年（1861）九月，清军"驰抵开、内交界之井店镇"。

井研县 隋大业元年（605）升井研镇置，属陵州。治所在今四川井研县南来凤乡。《元和志》卷33井研县："井研盐井在县南七里。（井研）镇及（井研）县皆取名焉。"三年（607）属隆山郡。唐武德初属陵州，四年（621）移治今井研县。北宋熙宁五年（1072）属陵井监，宣和四年（1122）属仙井监。南宋隆兴元年（1163）属隆州。元世祖至元二十年（1283）废入仁寿县。元末明玉珍复置。明洪武初属成都府，十年（1377）又废入仁寿县，十三年（1380）复置。清雍正五年（1727）属资州。民国初属四川永宁道。1928年直属四川省。自北周以来，县产井盐，至今不衰。南宋著名学者李舜臣及其子李性传、李道传、李心传，清末经学家廖平为井研县人。

井研盐井 亦作研井盐井。在今四川井研县南。《元和志》卷33井研县：井研盐井"在县南七里。镇及县皆取名焉"。

井研镇 北周宣政元年（578）置，属蒲亭县。在今四川井研县南。镇以井研盐井为名。隋大业元年（601）升为井研县。

井桧行政区 1912年置井桧行政委员，后属云南滇中道。治所即今云南永善县。1919年改井桧县佐。

井监 即淯井监。在今四川长宁县南双河镇。《宋史·蛮夷传》：大中祥符初，"先有蛮罗忽余，防援井监"。

井硎岭 在今浙江建德市东，与浦江县接界处。《方舆纪要》卷90严州府建德县：井硎岭"在府（治今梅城镇）东南五十里。路通浦江，明初李文忠克严州，进兵下浦江，盖取道于此"。清咸丰九年（1859）太平军由浦江经此岭克严州。

井塘 在今广东梅县东北丙村镇北，石窟河注入梅江口西。清光绪《广东舆地全图》嘉应州图：州东北石窟溪口有井塘。

井溪坝 即今四川万源市东南井溪乡。民国《万源县志》卷2：井溪坝在"治东一百六十里"。

井溪镇 北宋置，属渠江县。在今四川广安市北九十里井河镇。

井澳 在今广东珠海市南横琴岛横琴山下。《宋史·瀛国公纪》：南宋景炎二年（1277）十二月丙子，"（赵）昰至井澳，飓风坏舟几溺死"。《方舆纪要》卷101广州府香山县：井澳，"《番禺客记》，井澳海滨有湖居里，里中马南宝者，尝以其家为端宗行宫，及帝崩硐州，殡于南宝家，然后葬于厓山。继又起兵于井澳，与蒙古战不胜，死之"。

井镬山 又名天灯山。在今四川井研县北二里。《新唐书·地理志》：井研县有"井镬山"。《寰宇记》卷85井研县：井镬山"在县北二里。其山俯临井镬，因以为名"。

开山 即今江苏灌云县东北开山岛。清嘉庆《海州直隶州志》卷11引《顾志》：开山在"鹰游山东北，周围约百余里。舟被风者或至其处"。

开山口 在今山西大同市东北。《方舆纪要》卷44大同府：开山口"在府东北五十里，山口有谷，名开山谷"。

开山屯 即今吉林龙井市东南开山屯镇。为天图铁路终点站。

开山驿 明初置，在今陕西勉县东北。后废。

开义县 辽世宗以俘汉户置，为海北州治。治所即今辽宁义县东南四十里开州屯。金属义州。元废。

开丰（豐）铁路 自奉天（今辽宁）开原老城西南石家台，东至西丰。长63.7公里。1925年动工修筑，1927年建成。1945年被拆除。

开元万户府 蒙古太宗七年（1235）置，属开元路。治所在黄龙府（今吉林农安县）。后废。

开元寺 ①故址在今河北赵县城内。已毁。《清一统志·赵州》：开元寺"在州治西南。宋景祐间于寺中建石塔"。石塔即赵州陀罗尼经幢。

②又称东大寺。在今河北邢台市东。《清一统

志·顺德府》：开元寺“在府治东北。唐开元中建。元世祖两幸此”。

③即今山西大同市善化寺。俗称南寺。始建于唐开元年间，故名开元寺。五代晋时改称大普恩寺。明正统十年（1445）整修后，成为当时官吏习仪之所，改名善化寺。

④在今福建泉州市西街。是闽南佛教大寺院。创建于唐垂拱二年（686），初称莲花寺，开元二十六年（738）改名开元寺。现存天王殿、拜亭、大雄宝殿、戒坛、藏经阁、功德堂和东西石塔等。大雄宝殿名曰紫云大殿，为明代重建，面阔九间，进深六间，重檐歇山顶，高20米。斗栱附饰飞天伎乐，为国内木构建筑所少见。大殿东西两侧有建于宋代的一对石塔，东为振国塔，高48.24米，西为仁寿塔，高44.06米。双塔均为五层八角仿木楼阁式建筑，雕刻精致，雄伟壮丽，为国内现存最大的一对石塔。1982年定为全国重点文物保护单位。

⑤即今台湾省台南市海会寺。本郑成功北园别馆，清康熙二十九年（1690）改建。

⑥北宋绍圣三年（1096）建，在今河南虞城县利民镇西南三里。后徙建于利民镇西南隅。

⑦在今河南商丘市南。《清一统志·归德府二》：开元寺“唐时建。宋更名宝融寺，又名兴隆寺。内旧有唐颜真卿书八关斋会报德记石幢”。

⑧唐开元二十六年（738）建，在今广东潮州市湘桥区开元路。是一座宫殿式的四合院建筑群。现存建筑保留了唐代的布局及宋、元、明、清历代建筑风格。主要建筑有金刚殿（山门）、天王殿、大雄宝殿、藏经殿、观音阁、地藏阁等。金刚殿面阔七间，进深三间，单檐歇山顶，为明代建筑。天王殿面阔十一间，进深四间，单檐歇山顶，檐柱下端为八瓣圆肚形石柱。主殿大雄宝殿面阔五间，进深三间，重檐歇山顶，前有月台，环以石栏，七十八块栏板均雕有精美图案。寺内保存有唐代石经幢、宋代阿育王塔、明代大雕千佛塔、清代御赐《大藏经》等珍贵文物。2001年潮州开元寺被定为全国重点文物保护单位。

⑨唐开元元年（713）建，在今陕西凤翔县城内北街。寺内有吴道子画佛像。东阁有王维画墨竹。北宋苏轼《凤翔八观·诅楚文》：“峥嵘开元寺，仿佛祈年观。”

开元寺及钟楼　在今河北正定县城内南街西侧。寺始建于东魏兴和二年（540），原名净观寺。隋开皇十一年（591）改称解慧寺。唐乾宁五年（898）重修，改称开元寺。现寺已毁，仅存砖塔和钟楼各一座。开元寺塔原名须弥塔，始建于唐贞观十年（636）。现存为明代建筑。钟楼建于唐乾宁五年（898），二层楼阁式，形制古朴典雅。开元寺钟楼1988年定为全国重点文物保护单位。

开元寺塔　在今河北定州市南门内。《清一统志·定州》：开元寺“在州治南。中有大塔，宋咸平四年建，至和二年成，高十三级”。因宋代定州地处军事前沿，地位十分重要。宋王朝为了防御契丹，利用此塔瞭望敌情，故又名料敌塔，或瞭敌塔。塔分内外两层，其间有游廊环绕，层间有砖阶可直达顶层。塔内两壁有壁龛，龛内原有壁画、塑像，各层回廊壁上，历代碑刻和名人题咏甚多。1961年定为全国重点文物保护单位。

开元坡　在今陕西富县北。唐韦庄《丙辰年鄜州遇寒食城外醉吟》诗：“开元坡下日初斜。”即此。

开元宫　即今江苏苏州市城内玄妙观。晋咸宁年间建真庆道院，唐改名开元宫。北宋大中祥符中改名天庆观。元改玄妙观。

开元路　金末蒲鲜万奴东夏（又作东真）国置，治所在今黑龙江省东宁县东南三岔口附近。蒙古太宗五年（1233）移治建州故城北石墩寨（即今黑龙江东宁县东南五里大古城）。七年（1235）移治黄龙府（今吉林农安县）。辖境西起今辽宁开原、吉林四平及松花江流域，北抵俄罗斯哈巴罗夫斯克边疆区黑龙江口，南及今朝鲜东北部地区，东至于海。元大德（1297—1308）后，析黑龙江下游地区置水达达路，辖境缩小。至正二年（1342）又移治咸平府（今辽宁开原市北老城镇）。明初废。

开元新河　即新门。在今河南陕县东北三门峡人门岛东。以唐开元末凿，故名。

开云（雲）岭　在今湖南衡山县西北。《方舆纪要》卷80衡山县：“开云岭在县城西北。道经衡岳者，路必出此。”

开化寺　①又称法华寺。在今山西太原市西南蒙山山麓。北齐天保三年（552）建，赐额“开化寺”。

②在今山西高平市东北三十四里陈堰镇舍利山南。创建于北齐，后经历代重修。坐北朝南，有二进院落。现存山门、大雄宝殿及东西配殿、观音阁等。大雄宝殿建于北宋熙宁六年（1073），面阔三间，进深六椽，单檐歇山顶。殿内梁架和栱眼壁上有宋代彩画，并有宋绍圣三年（1096）所绘壁画90余平方米，题有绘画年代和画师姓名，弥足珍贵。观音阁建于金皇统元年（1141），梁架石柱上留有纪年题刻。寺内存有宋、元、明、清碑刻十余通。寺旁舍利山现存后唐同光三年（925）雕造的大愚禅师方形石塔，是唐五代单层方形石塔中留有确切纪年的作品。2001年开化寺被定为全国重点文物保护单位。

开化场　北宋乾德四年（966）吴越置，即今浙江开化县治。太平兴国六年（981）改置开化县。

开化县　①南朝宋元嘉二十五年（448）置，属边城左郡。治所在今安徽六安市西南五十里青山街。南齐属安丰郡。梁属边城郡。隋属庐江郡。唐贞观中废。

②西魏废帝二年（553）置，属上津郡。治所在今湖北郧西县北。北周保定二年（562）废。

③北宋太平兴国六年（981）升开化场置，属衢州。治所即今浙江开化县。元属衢州路。明、清属衢州府。民国初属浙江金华道。1927年直属浙江省。

④1913年废开化府，改附郭文山县为开化县，以府名为县名。治所即今云南文山县。因与浙江开化县

重名，1914年复改文山县。

开化里 在今云南文山县西南六里旧城。清代以原教化司地置，为开化府所辖八里之一。

开化府 清康熙六年（1667）置，属云南省。雍正八年（1730）设文山为府治（即今云南文山县）。辖境约当今云南文山壮族苗族自治州大部及屏边苗族自治县、河口瑶族自治县地。1913年废。

开化镇 即今吉林通榆县西南瞻榆镇。1915年于此置瞻榆县。镇旁有老榆树，因以名县。

开方口 在今河南灵宝市东南。《宋书·柳元景传》：元嘉二十七年（450）北伐，庞法起等度铁岭山，“次开方口”。《水经·河水注》：烛水“历涧东北出谓之开方口”。即此。

开巴郡 南朝梁大同二年（536）置，属万州。治所在宣汉县（今四川达州市）。西魏时治所改名石城县。辖境相当今四川达州市及达县地。隋开皇三年（583）废。

开刊县 西晋改平乡县置，属汉嘉郡。治所在今四川洪雅县西。《水经·沫水注》：“沫水又东径开刊县，故平乡也。晋初置。”后废。

开平卫 明洪武二年（1369），属北平都司。治所在今内蒙古正蓝旗东闪电河北岸。辖境相当今内蒙古正蓝旗及多伦县附近一带。宣德五年（1430）移治独石堡（今河北赤城县北独石口），属万全都司。清康熙三十二年（1693）废。

开平屯 即今广东开平市西北苍城镇。旧为开平县治。《清一统志·肇庆府》：开平屯“今开平县治。……（万历）二年废堡，改城长居都之苍步村为开平屯，置万户官兵屯守……至戊子年始置县，以开平屯为治”。1952年开平县移治今开平市南三埠镇。1999年开平市移治长沙街道。

开平中屯卫 ①明置，属北平都司。在今河北唐山市东北开平区开平镇。《方舆纪要》卷17滦州：开平中屯卫“旧在口北大宁沙岭，后移真定，永乐初复移建于此城，周四里，拨遵化卫军守御”。

②明洪武二十九年（1396）置，属北平行都司。治所在沙峪（今内蒙古正蓝旗东北上都河北岸）。永乐元年（1403）徙治真定府（今河北正定县），属后军都督府。寻徙治滦州西石城废县（今河北唐山市北）。明末废。

开平左屯卫 明洪武二十九年（1396）置，属北平行都司。治所在七合营（今内蒙古多伦县境）。永乐元年（1403）废。

开平市 1993年撤销广东省开平县，改设开平市，人民政府驻三埠长沙街。由江门市代管。1999年开平市驻地由三埠街道长沙沿江东路135号迁至长沙街道长沙光华路1号。

开平县 ①元世祖中统元年（1260）置，为开平府治。治所在今内蒙古正蓝旗东北四十里上都河北岸兆奈曼苏默上都故城。明初废。

②清顺治五年（1648）析思平、新兴、新会三县置，属肇庆府。治开平屯（今广东开平市西北苍城镇）。以开平屯为名。民国初属广东粤海道。1920年直属广东省。1950年移治今开平市西南赤坎镇，1952年移治今开平市南三埠镇。1993年改设开平市。1999年移治长沙街道。

开平府 元世祖中统元年（1260）升开平王府置，治所在开平县（今内蒙古正蓝旗东北四十里上都河北岸兆奈曼苏默上都故城）。四年（1263）以阙廷所在，加号上都，改置上都路。辖境相当今内蒙古正蓝旗、多伦县、赤峰市及河北承德市、赤城县地。明洪武二年（1369）复置开平府，属北平行省。寻废府县置开平卫。

开平城 蒙古宪宗五年（1255）忽必烈命僧子总（刘秉忠）建，为忽必烈王府。在今内蒙古正蓝旗东北四十里上都河北岸兆奈曼苏默古城。《元史·世祖纪》：元世祖中统元年（1260），“春三月戊辰朔，车驾至开平。亲王合丹、阿只吉率西道诸王，塔察儿、也先哥、忽剌忽儿、爪都率东道诸王，皆来会，与诸大臣劝进。……辛卯，帝即皇帝位”。升开平为府。四年（1263）以阙庭所在，加号上都，改府为上都路。成为元朝之陪都。明洪武二年（1369）于此置开平卫。永乐初荒废。

开平碉楼 在今广东开平市境内，包括开平碉楼和立园。开平碉楼是侨乡开平中西合璧的民间建筑。始建于清初，大规模兴建是在20世纪二三十年代，原用于避洪涝、御盗贼。碉楼最具特色的是顶部的装饰艺术。各地华侨回到开平，吸取各侨居国建筑风格，结合中国传统，设计建造风格迥异的建筑，有中国古代建筑的硬山顶式，中西合璧的园林式、别墅式、古罗马式、中东式、美国式、英国式、德国堡垒式、教堂式等十余种。开平现存碉楼一千四百余幢，大致可分为泥楼、青砖楼、钢筋水泥楼，有世界建筑艺术总汇之称，反映了侨乡文化的超前性和创新性，在中国乡村建筑史上堪称奇迹，开平也因而被称为近代建筑博物馆。开平市西塘口镇的立园是旅美华侨谢维立于20世纪20年代回乡兴建的私家园林别墅，占地面积1.1万平方米。主要由别墅区和大、小花园区组成，以人工小河或围墙隔开，又用小桥、凉亭或通天回廊把三者连成一体。园名“立园”为书法家吴道容1933年所书。立园整体建筑风格中西合璧，是华侨文化与华侨建筑艺术的典型代表，有强烈的中国近代历史个性。2001年定为全国重点文物保护单位。

开平煤矿 在今河北唐山市北开平区开平镇附近。东起唐山市，西至古冶一带。清光绪四年（1878）始采掘。民国初与滦州煤矿合并为开滦煤矿。

开平镇 即今河北唐山市北开平区开平镇。明永乐初为开平中屯卫治。成化初筑城。清又设把总驻此。

开宁县 南朝宋置，属宋康郡。治所当在今广东阳西或电白县地。隋废。

开边县 隋开皇六年（586）于外江县野容川置，属戎州。治所在今云南盐津县西北。《寰宇记》卷79：开边县“以开拓边疆为名”。大业三年（607）属犍为郡。唐武德元年（618）复属戎州。贞观四年

(630) 属南通州，八年（634）为贤州治。寻州废，县属戎州。上元元年（760）废，永泰二年（766）复置，治所在今四川宜宾县西南安边镇。北宋乾德三年（965）废入僰道县。

开边砦 北宋咸平元年（998）置，属原州。在今甘肃镇原县西北二十里开边镇。金属彭阳县。元废。

开边镇 唐置，为军镇，属戎州。在今四川宜宾县西南安边镇。

开成州 元至治三年（1323）降开成府置，属陕西行省。治所在开成县（今宁夏固原市南开城镇南开城）。辖境相当今宁夏固原、海原、彭阳三市县及西吉、同心二县部分地。明洪武二年（1369）废。

开成县 元置，为开成府（后降为州）治。治所即今宁夏固原市南开城镇南开城。明属平凉府，成化三年（1467）废。

开成府 元世祖至元十年（1273）镇戎州置，属陕西行省。治所在开成县（今宁夏固原市南开城镇南开城）。辖境相当今宁夏固原、彭阳、海原三市县及西吉、同心二县部分地。至治三年（1323）降为开成州。

开夷县 隋开皇初改乌飞县置，属施州。治所在今湖北恩施市北六十里。大业初属清江郡。唐麟德元年（664）废。

开光寺 在今江西广丰县东南。清同治《江西全省舆图》卷11广信府广丰县：“县东路出东门，五里至小坝头，又十里至大石山，又五里至杉溪，又十里至柴村塝，又五里至边山塝，又五里至坝头，又五里至王家坞，又五里至洋头桥，又五里至开光寺。”

开光县 北周保定二年（562）置，为开光郡治。治所在今陕西榆林市东北安崖镇附近。后属抚宁郡。虽属雕阴郡。唐属银州。北宋废。

开光郡 北周保定二年（562）置，属银州。治所在开光县（今陕西榆林市东北安崖镇附近）。辖境相当今陕西榆林市东北部和佳县西北部地。隋开皇三年（583）废。

开光堡 北宋绍圣四年（1097）修筑，在今陕西绥德县北。元废。

开先寺 五代南唐建，在今江西星子县西十五里庐山南麓。《舆地纪胜》卷25南康军：开先寺，“（南唐）李中主所作也。初为书堂，其后中主嗣国，乃为僧舍。及中主徙豫章，盖尝弭节于此，故榻与画像存焉。寺后有瀑布泉，李白诗云，飞流直下三千尺，谓此也”。《清一统志·南康府二》：秀峰寺“旧名开先。本南唐李中主书堂，后为寺。宋太平兴国二年，赐名开先华藏。明天顺初复旧名”。清康熙时改名秀峰寺。

开州 ①西魏废帝二年（553）置，治所在东关郡新宁县（今四川开江县东北沙坝场）。北周天和四年（569）移治周安郡西流县（今四川宣汉县东南坝镇）。辖境相当今重庆市开县、四川开江及宣汉县东南地。隋大业二年（606）废。

②唐武德元年（618）改万州置，治所在盛山县（后改开江县，今重庆市开县）。天宝元年（742）改为盛山郡，乾元元年（758）复为开州。辖今四川开县地。元属夔州路。明洪武六年（1373）降为开县。

③金皇统四年（1144）改澶州置，治所在濮阳县（今河南濮阳县）。辖境相当今河南濮阳市和濮阳、清丰、长垣三县及山东莘县南部地。元属大名路。明洪武二年（1369）省濮阳县入州。清不领县。1913年改为开县。

④辽置，治所在开远县（今辽宁凤城市）。辖境相当今辽宁凤城市及岫岩满族自治县地。金废。

⑤明崇祯四年（1631）置，属贵阳府。治所即今贵州开阳县。1913年改为开县。

开州坪 即今重庆市开县东南赵家镇开竹村。《清史稿·勒保传》：嘉庆三年（1798），白莲教蓝号“（林）亮工仍在开县之开州坪，勒保令府都统六十七、总兵富森布剿之”。

开江 ①即今广东封开县东北贺江。《方舆纪要》卷101开建县：开江，“其上源即贺江也。自贺县南流二百里，经县境，合群川而南注，流百里入封川县界为封江。嘉靖十四年大水，县城为圮。隆庆五年，开江涨溢，复圮城西。盖西面迫临开江也”。

②即今重庆市开县西之南河（临江）及小江，为长江支流。《方舆胜览》卷59开州有“开江”。《明史·地理志》开县：“南有开江，彭溪之上流，有清江自县东流合焉，亦曰叠江。”

开江县 ①南朝梁置，为开江郡治。治所在今广西昭平县东南马江镇。隋属静州，大业二年（606）废。唐武德五年（622）复置，属梧州。神龙元年（705）属富州。长庆三年（823）改为马江县。

②唐广德元年（763）改盛山县置，为开州治。治所即今重庆市开县。明曹学佺《蜀中广记》卷53开县：“开江县者以江名。”元废入开州。

③1914年改新宁县置，属四川东川道。治所即今四川开江县。因县与湖南新宁县重名而改。《地学杂志》1914年第6号《拟改各省重复县名呈文并批》云：“该县治东有开江，为县境诸水汇流之区”，故名。1928年直属四川省。今属重庆市。

开江郡 ①南朝梁置，属静州。治所在开江县（今广西昭平县东南马江镇）。辖境相当今广西昭平县南部地。隋开皇十年（590）废。

②西魏恭帝三年（556）置，属开州。治所在新浦县（今重庆市开县西南跳蹬场）。辖境相当今重庆市开县西南地。北周天和五年（570）改为江会郡。

③唐天宝元年（742）改富州置，治所龙平县（今广西昭平县）。辖境相当今广西昭平县地。乾元元年（758）复为富州。

开阳山 在今河南新密市西北二十里。《魏书·地形志》 荥阳郡密县："有开阳山。"即此。

开阳乡 在今广东罗定市东南五十里。即废开阳县。明洪武中置巡司于此。

开阳县 ①西汉置，属东海郡。治所在今山东临沂市北十五里鄅古城。东汉为琅邪国都。南朝宋并入即丘县。

②南朝梁置，为开阳郡治。治所在今广东罗定市东南五十里。隋废入泷水县。唐武德四年（621）复置，属泷州。北宋开宝六年（973）废。

③隋开皇十九年（599）改长宁县置，属朔州。治所在今山西神池县境。大业初属马邑郡。唐初改为常宁县。

④1930年改紫江县置，属贵州省。治所即今贵州开阳县。据民国《开阳县志稿》说："开阳本开州之别名，其称已古。嘉庆时重建书院，改为开阳书院。前知州胡壁有曰：开阳者盖欲开阳明之学也，县以此名。"

开阳郡 ①南朝梁置，属泷州。治所在开阳县（今广东罗定市东南五十里）。隋开皇九年（589）废。

②唐天宝元年（742）改泷州置，治所在泷水县（今广东罗定市南百里）。辖境相当今广东罗定市境。乾元元年（758）复为泷州。

开远门 又称安远门。唐长安外郭城西面偏北的一门。隋初建。故址在今陕西西安市西郊大土门村。

开远市 1981年撤销云南省开远县，改设开远市，市人民政府驻灵泉东路，属云南红河哈尼族彝族自治州。

开远戍 西魏改寒冢戍（空冢戍）置，属普安县。在今四川剑阁县（下寺镇）西南汉阳镇之五斗咀。《隋书·张威传》：王谦作乱，"进至开远，谦将赵俨众十万，连营三十里。威开山通道，自西岭攻其背，俨遂败走"。即此。

开远州 南明永历二年（1648）改阿迷州置，治所即今云南开远市。清顺治十六年（1659）复名阿迷州。

开远县 ①东魏武定八年（550）分良城县置，属武原郡。治所在今江苏邳州市境。后废。

②唐武德二年（619）置，属北武州。治所在今陕西安塞县境内。贞观二年（628）废。

③辽置，为开州治。治所即今辽宁凤城市。金废。

④1932年改阿迷县置，直属云南省。治所即今云南开远市。1931年《阿迷县长蒋子孝呈文》："开远二字之意既觉新鲜，字音亦响亮。复明时之旧称，有碑有志，在在可考。"1981年改设开远市。

开远郡 北周置，属弘州。治所在今甘肃碌曲县西南。隋开皇初废。

开远堡 北宋咸平元年（998）置，属镇戎军。即今宁夏固原市南开城镇南开城。金属镇戎州。元置开成府及开成县于此。

开县 ①明洪武六年（1373）降开州置，属夔州府。治所即今重庆市开县。《明史·张献忠传》：崇祯十四年（1641），"献忠乃悉众攻楚兵于土地岭，副将汪之凤战死，遂陷大昌，进屯开县"。民国初属四川东川道。1928年直属四川省。

②1913年改开州置，属大名道。治所即今河南濮阳市城关镇。1914年改名濮阳县。

③1913年改开州置，属黔中道。治所即今贵州开阳县。1914年改名紫江县。

开县场 在今重庆市开县。产井盐。民国设场知事，专理盐务。

开库康卡伦 清光绪末置，属黑龙江副都统。在今黑龙江省塔河县北开库康乡。民国《黑龙江志稿》卷33黑河所属卡伦："开库康，距依西肯八十二里，卡以上二十余里，以下三十余里皆有木厂。"

开拉哩河 即今内蒙古呼伦贝尔市之海拉尔河。《清一统志·黑龙江》：开拉哩河"在齐齐哈尔城西北与呼伦布雨尔接界。源出西北兴安岭，西流会额尔古讷河"。

开林山 一作阙林山。在今湖北谷城县北四县。《续汉书·郡国志》筑阳侯国注引《荆州记》曰："县北四里有开林山。"

开明王城 古蜀开明王自广都徙治成都所建。在今四川成都市北部第三医院至武担山一带。《水经·江水注》："望帝者，杜宇也……帝使鳖令凿巫峡通水，蜀得陆处。望帝自以德不若，遂以国禅，号曰开明。"今北校场武担山一带为其宫殿区，内有开明王妃墓。王勃《游武担山序》称："武担灵岳，开明故地。蜀夫人之葬迹。"

开明寺塔 在今陕西洋县城南。《清一统志·汉中府》：开明寺"在洋县南一里。唐建。有浮图高十三层。宋文同画古松八株，根节礌砢，笔势飞动"。

开明城 在今四川芦山县西铜头场。《舆地纪胜》卷147雅州：开明王城"在卢山县西七里。上有王庙。《旧经》云：开明王所筑"。今有遗迹。

开河水驿 在今山东汶上县西南。《方舆纪要》卷33汶上县：开河水驿在"县西南三十里"。

开河站 元置，为水站。在今山东梁山县东南开河乡。明废。

开宝寺 在北宋东京城（今河南开封市）东北安远门里上方寺西。旧名独居寺。北齐天保十年（559）建。唐开元十七年（729）改曰封禅寺。北宋开宝三年（970）改名开宝寺。北宋政府曾在该寺开设礼部贡院，更使其名声大震。金代被毁。

开宝监 北宋建隆三年（962）为银冶，开宝五年（972）升为监，属凤州。在今甘肃两当县东。治平元年（1064）罢监官，属两当县。元丰六年（1083）废。

开建县 南朝宋文帝时析封阳县置，属临贺郡。治所在今广东封开县东北南丰镇东。以开江为名。寻为宋建郡治。大明元年（457）郡废，县属临贺国。梁为南静郡治。隋平陈郡废，县改属连州。大业初属熙平郡。唐属封州。北宋开宝五年（972）废。六年（973）复置，仍属封州。明洪武初改属德庆州，移治今封开县东北南丰镇。清属肇庆府。民国初属广东粤海道。1920年直属广东省。1959年撤销，并入怀集县。1961年以原封川县与开建县合并，设封开县。

开建砦　在今广西平乐县东南。《宋史·南汉世家》：开宝三年（970），潘美等伐南汉，“十月，美等次昭州，破开建砦，杀卒数百，擒砦将靳晖，昭州刺史田行稠遁去，城遂陷”。

开封　战国魏邑。在今河南开封县西南四十六里古城村。《史记·韩世家》：韩厘王二十一年（前275），“使暴鸢救魏，为秦所败，鸢走开封”。即此。

开封市　1927年由开封县城区析置开封市政筹备处，1929年9月改组为市政府。治所即今河南开封市。1930年9月裁撤。1936年1月复置开封市。同年5月又裁撤。1948年10月解放后复设开封市。1949年为河南省人民政府驻地。1954年河南省会由开封迁至郑州，开封市仍为省辖市（地级）。1958年改为县级市。1959复改省辖市（地级）。

开封县　秦置，属砀郡。治所在今河南开封县西南四十六里古城村。西汉属河南郡。西晋属荥阳郡。北魏太平真君八年（447）废。景明初复置，属陈留郡，东魏为开封郡治。北齐属陈留郡。隋属荥阳郡。唐贞观初废，延和元年（712）复置于汴州城内（今开封市城区），与浚仪县同为汴州治。五代时梁、晋、汉、周及北宋建都于此，与浚仪县同为开封府治。金以此为汴京，贞元初改为南京。元为汴梁路治。明洪武中省入祥符县。1913年改祥符县复置，为河南省会。1948年析城区设开封市。1949年开封县移治黄龙寺（今开封县）。2014年改为祥符区。

开封府　①五代梁开平元年（907）升汴州置，建都于此，号东都。治所在开封、浚仪二县（今河南开封市）。后唐改汴州。后晋、后汉、后周及北宋复升为开封府，皆都于此，号东京。北宋辖境相当今河南延津、长垣以南，扶沟、太康以北，原阳、鄢陵以东，民权、兰考以西地。金宣宗亦徙都于此，号南京。元初改为南京路，又改为汴梁路。明复改开封府，为河南省治。1913年废。

②辽圣宗开泰三年（1014）升开州为开封府，治所在开远县（今辽宁凤城市）。金废。

开封城墙　在今河南开封市区偏西北部。城墙始建于唐德宗建中二年（781），清道光二十二年重建。周长14.4公里，高5—8米，顶宽5米，底宽7米，外壁全部筑砌青砖。城墙四角建有角楼，五座城门，八十一座马面。城外有宽500余米、深13米多的护城河。1996年定为全国重点文物保护单位。

开封郡　东魏天平元年（534）析陈留郡置，治所在开封县（今河南开封县西南四十六里古城村）。辖境相当今河南开封县南部及尉氏县。北齐天宝七年（556）废。

开封道　1914年由豫东道改置，属河南省。治开封县（今河南开封市）。辖境约当今河南漯河、商水、项城、沈丘以北，荥阳、新密、禹州、襄城以东黄河南岸地区。1927年废。

开城　在今辽宁新民市东南，辽河西岸。清高士奇《扈从东巡日录》卷上：康熙二十一年（1682）三月，“庚子，驻跸辽河……河上有小城名开城，本朝初定辽时所筑”。

开城县　①南齐建元二年（480）置，为齐宁郡治。治所疑在今广西南宁市邕宁区至横县南境。后废。

②唐武德三年（620）置，属巢州。治所即今安徽无为县西四十里开城镇。七年（624）废。

开城桥市　即今安徽无为县西四十里开城镇。唐为开城县治。

开城遗址　在今宁夏固原市南开城镇，处于六盘山东边缘清水河与泾河、茹河、葫芦河的分水岭上。遗址面积2.86平方公里。主要遗存为元代。出土大量黄琉璃龙纹瓦、圆形瓦当、雕龙石座等大型建筑构件，表明这里是一处较高级别的遗址。据《元史·世祖本纪》载：至元九年（1273）忽必烈第四子安西王忙哥剌曾“驻兵六盘山”。不久安西王分治秦蜀，在开城设王府。后忙哥剌被封秦王，在此设王相府，夏居开城，冬处长安。旋因地震逐渐衰落，至明代降为县，后废。开城遗址是宁夏境内一处元代大型遗址，面积大、等级高，对研究元代社会和元明时期西北地区政区沿革有较高学术价值。2001年定为全国重点文物保护单位。

开南节度　唐南诏前期置，治所在开南城（今云南景东彝族自治县东南三十一里开南）。辖境东抵哀牢山，西至澜沧江，约当今云南景东彝族自治县往南直至境外。南诏后期废入银生节度。

开南州　元世祖至元十二年（1275）置，属威楚路。治所在今云南景东彝族自治县东南三十一里开南。明初废入景东府。

开南县　宋大理置，属首府大理地区。治所在今云南巍山彝族回族自治县西北郊开南村。元改蒙化府。

开南城　唐南诏置，为开南节度驻地。在今云南景东彝族自治县东南三十一里开南。南诏后期属银生节度。宋大理废。

开栅堡　即今山西文水县东北开栅镇。《清一统志·太原府二》：开栅堡“在文水县北二十五里开栅镇，接交城县界。周四里，其半为文峪水所啮毁”。

开栅镇　即今山西文水县东北开栅镇。民国时为开栅镇管河县佐驻地。

开顺镇　北宋置，属霍丘县。即今安徽金寨县东北二十六里开顺镇。明置巡司于此。

开泰县　清雍正五年（1727）改五开卫置，为黎平府治。治所即今贵州黎平县。1914年移治锦屏乡，改为锦屏县。

开都关　清置，即今新疆库尔勒市北铁门关。宣统

《新疆图志》卷 81 焉耆府：开都关“面山临水，路窄，仅容双轮，有巡卡汛兵。水东壤地百亩，梨树成林，花时颇饶幽景，梨实味甘”。

开都河 亦作海都河。在今新疆和静县、焉耆回族自治县及博湖县境。《清史稿·地理志》焉耆府：“开都河源出和屯博克岭，南流，经朱勒都斯山，分二支，复合扣克讷克水，折东南，纳赛仁木诸小水，南流径城西，汇于博斯腾淖尔。”

开原县 清康熙三年（1664）改三万卫置，属奉天府。治所在今辽宁开原市东北老城镇。民国初属奉天辽沈道。1929 年直属辽宁省。伪满时于 1939 年移治孙家台，即今开原市。1988 年改为开原市。

开原城 即今辽宁开原市东北老城镇。《明史·朵颜传》：成化十年（1474），“复掠开原，庆云参将周俊击退之”。《清史稿·太祖纪》：天命四年（1619）六月，“上率兵攻开原，克之。斩马林等，歼其军”。皆此。

开陵侯国 西汉武帝时置，属临淮郡。治所约在今江苏长江以北或相邻的安徽境内。新莽废。

开通县 清光绪三十年（1904）析科尔沁右翼前旗置，属洮南府。治所在哈拉乌苏（今吉林通榆县东南青龙泡屯），同年徙治七井子（今吉林通榆县）。1914 年属奉天省洮昌道。1929 年直属辽宁省。1954 年改属吉林省。1958 年与瞻榆县合并改为通榆县。

开望州 唐开元十七年（729）置羁縻州，属黎州都督府。治所在今四川冕宁县北大桥镇。北宋以后废。

开鲁县 清光绪三十四年（1908）析阿鲁科尔沁及扎鲁特左、右翼三旗地置，属赤峰州。治所即今内蒙古开鲁县。1914 年划归热河特别区，1928 年属热河省。伪满时为兴安西省省会。1949 年划归内蒙古自治区哲里木盟。1969 年划归吉林省。1979 年划回内蒙古自治区。

开鲁县佛塔 又称开鲁白塔。在今内蒙古开鲁县烈士陵园的东北部。是藏传佛教覆钵式佛塔。建于元世祖至元十六年（1279）。通高 17.7 米。砖砌，外表涂以白灰。全塔由基台、塔座、覆钵、相轮十三天、塔刹等五部分组成。基台为正方形。塔座亦为正方形，边长 6 米，高 4.1 米，高部作五层砖阶收缩。覆钵高 3.7 米，上宽下窄，四面有佛龛，南面佛龛下有券门可通塔心室。相轮十三天亦为砖构，外形为八角形，逐层收缩，共计十三层。塔刹为圆形，砖构，最上端为黄铜铸造的圆形葫芦状刹顶结顶。开鲁县佛塔是内蒙古地区保存不多的元代藏传佛教覆钵塔之一，造型匀称，塔体修长，相轮肥壮，八角形，不设华盖，显示出蒙古族地区特有的覆钵塔的地区形制。2001 年定为全国重点文物保护单位。

开善寺 ①在今河北高碑店市旧城址东北隅。俗称东大寺。始建于唐。现存建筑有天王殿、大雄宝殿等。大雄宝殿为寺内主体建筑。为辽代建筑，面阔五间，进深三间，单檐庑殿顶，出檐深远，殿内仅用四根内柱。殿内还有辽代壁画。1996 年定为全国重点文物保护单位。

②南朝梁建，在今江苏南京市东紫金山西南独龙阜。明初因营建孝陵迁于紫金山东南麓，改名灵谷寺。

开道 即今黑龙江尚志市东南开道村。中东铁路开道支线经此。

开道支线 从黑龙江珠河县（今尚志市）东南亚布洛尼（今亚布力镇）经开道至治山。长 49 公里。为中东铁路支线。日伪于 1940 年修筑。

开福寺 ①在今山西阳城县城内凤城东街。据碑载，该寺原名文殊寺，北魏兴安二年（453）移建今址。金大定年间（1161—1189）改名福严寺，元世祖至元初改今名。清代、民国年间均有修建。占地 2102 平方米，坐北朝南，二进院落。中轴线上有倒座戏台、献殿、大雄宝殿。两侧仅存鼓楼，戏台东侧设便门。献殿单檐歇山顶，为金代遗构。大雄宝殿为元代建筑，建于石砌台基上，单檐悬山顶，琉璃脊饰。寺内有 1917 年立石，为重修开福寺大雄宝殿及禅堂记碑。2006 年定为全国重点文物保护单位。

②在今湖南长沙市北区开福寺路北侧。五代时楚王马殷始建。其子马希范又建会春园、嘉宴堂、祓禊亭于此。宋张栻《题开福寺》：“长沙开福兰若，故为马氏避暑之地。所谓会春园者，今荒郊中时得砖瓦，皆为鸾凤之形。……西祓禊亭下临湖光，举目平远，自为此邦登览胜处。”历代多次重修。主要建筑有三圣殿、大雄宝殿、毗卢殿及山门。大雄宝殿为 1923 年重建。

开福寺舍利塔 即景州塔。在今河北景县城内西北角。塔建于北宋元丰三年（1080），八角十三层，高 63.85 米。塔顶装铜制葫芦形塔刹，塔内有阶梯可盘旋而上。1996 年定为全国重点文物保护单位。

开德府 北宋崇宁五年（1106）升澶州置，治所在濮阳县（今河南濮阳市）。辖境相当今河南濮阳市及濮阳、南乐、清丰等县地。金改为澶州。

开疆县 西魏废帝元年（552）置，为抚宁郡治。治所在今陕西米脂县西。隋属雕阴郡。唐初废。

开疆堡 北宋置，属镇戎军熙宁砦。在今宁夏固原市北。后废。

夫人城 ①在今河北行唐县北。北魏曾为行唐县治。《寰宇记》卷 61 行唐县：“太和初移置夫人城，孝昌四年复行唐县于旧城。”又引《晋太康地记》：“行唐县北二十里有夫人城，即玉女神所筑。”

②在今湖北襄阳市襄城区襄阳城西北隅。《晋书·朱序传》：“初苻丕之来攻也，序母韩自登城履行，谓西北角当先受弊，遂领百余婢并城中女子于其角斜筑城二十余丈。贼攻西北角，果溃。众便固新筑城，丕遂引退。襄阳人谓此城为夫人城。”

夫于 春秋时齐地。在今山东邹平县南夫村。《左传》：昭公十年（前 532），陈桓子召子周“与之夫于"。杜注："济南於陵县西北有于亭。"

夫子山　在今河北隆尧县西。《清一统志·顺德府一》：夫子山"在唐山县（按：今隆尧县西南尧山）北十里。一名孔冈。出文石五采。元孔璠自曲阜移居于此，许衡又于此建学讲艺"。

夫子庙　又称文庙。在今江苏南京市中华门内秦淮河北岸贡院街。是供奉和祭祀孔子的地方。始建于北宋景祐元年（1034），称文宣王庙。南宋初毁于兵火，绍兴年间重建，为建康府学，同时建贡院，为科举考场。元为集庆路学。明初是国子监。后改应天府学。清时为江宁、上元二县的县学。现存建筑是清同治八年（1869）重建。夫子庙以秦淮河为泮池，南岸有照壁。庙前有聚星亭、阁，后有大成殿、尊经阁等。庙北有明、清贡院（今南京市中医院址）。现已成为群众文化活动和对外开放的旅游场所。

夫宁县　东晋义熙中置，属永平郡。治所在今广西藤县东北浔江南、北流江东岸。南齐为永平郡治。梁又为石州治。隋开皇十年（590）改为永平县。

夫夷水　在今湖南新宁县南。《明一统志》卷63宝庆府：夫夷水"源出广西全州界，过此至邵阳会资水"。

夫夷县　西汉置，属零陵郡。治所在今湖南邵阳县西。东汉改为夫夷侯国。三国吴复改夫夷县。西晋属邵陵郡。东晋改为扶县。

夫夷侯国　东汉改夫夷县置，属零陵郡。治所在今湖南邵阳县西。三国吴复改夫夷县。

夫羊句山　在今蒙古国南部南戈壁省布勒干南。《汉书·匈奴传》：武帝时，"贰师将军将出塞，匈奴使右大都尉与卫律将五千骑要击汉军于夫羊句山狭。贰师遣属国胡骑二千与战，虏兵坏散，死伤者数百人"。

夫阮县　东晋末置，属晋康郡。治所在今广东罗定市西北。南朝梁废。

夫余（馀）国　又作扶余、凫臾。在今嫩江中下游及松花江、阿什河、拉林河流域。《后汉书·夫余传》："夫余国在玄菟北千里。南与高勾骊，东与挹娄，西与鲜卑接，北有弱水。地方二千里。"5世纪末亡于勿吉。部分遗民北徙嫩江流域，改称豆莫娄。

夫罗县　南齐置，属高兴郡。治所当在今广东化州、廉江、遂溪等市县境。隋开皇时废。

夫南　亦作扶南。指今柬埔寨及越南南部一带。《文选》卷5左思《吴都赋》："乌浒、狼䄮，夫南、西屠。"刘逵引《异物志》注："夫南特有才巧，不与众同。"

夫钟（锺）　春秋时郕地。在今山东汶上县东北。《春秋》：桓公十一年（前701），"公会宋公于夫钟"。《左传》：文公十二年（前615），"郕伯卒，郕人立君。大子以夫钟与郕邽来奔"。皆此。

夫租县　西汉元封三年（前108）置，为玄菟郡治。治所在今朝鲜咸镜南道咸兴。始元五年（前82）属乐浪郡。东汉建武六年（30）废。

夫犁营　亦作扶黎营。在今辽宁义县东南。一说在辽宁北镇市东南。《后汉书·鲜卑传》：元初二年（115），"辽东鲜卑围无虑县，州郡合兵固保清野，鲜卑无所得。复改扶黎营。杀长史"。

夫椒山　《左传》：哀公元年（前494），"吴王夫差败越于夫椒"。对夫椒山的解释，共有三说：(1)《左传》杜预注："夫椒，吴郡吴县西南大湖中椒山。"即今江苏苏州市西南太湖中之包山，又名洞庭西山。(2)《寰宇记》卷91、《吴郡图经续记》卷中均谓"太湖中别有夫椒山"。《明一统志》卷10载：夫椒山"在无锡县西太湖滨。《左传》：吴夫差败越于夫椒，即此。又名湫山"。(3)《史记·吴太伯世家》裴骃《集解》引贾逵语："夫椒，越地。"唐司马贞《史记索隐》认为："贾逵云越地，盖近得之。"据《越绝书·吴地传》载："夫山者，句践绝粮困也。其山上大冢，句践庶子冢也。去（山阴）县十五里。句践与吴战于浙江之上。"山阴县即今浙江绍兴市，则夫椒山在今浙江绍兴市北十五里。就当时吴越形势来看，应以贾逵说为是。

夫黎县　亦作扶黎县、夫犁县。东汉置，属辽东属国。治所在今辽宁义县东南。《后汉书·安帝纪》：元初二年（115）"八月，辽东鲜卑围无虑县。九月，又攻夫犁营，杀县令"。李贤注："夫犁，县名，属辽东属国。"《方舆纪要》卷37广宁卫：夫犁营"在卫西，或曰夫犁当作巫闾，盖依山结营，以医巫闾山为名也。后汉元初二年，辽东鲜卑围无虑，又破夫犁营杀县令，盖即无虑令"。

夫彝水　又名夫水、西延水。在今广西资源县境，为资水上源。《清一统志·宝庆府一》：夫彝水，"《府志》：源出全州宝鼎山，北流百里至新宁县东为大罗江，与武冈渠、济二水合流入资，可通舟楫"。

天一阁　在今浙江宁波市城区西隅，系我国现存最古之私家藏书楼。明嘉靖四十年（1561）兵部右侍郎范钦建，取郑玄《易经注》中"天一生水，地六成之"之义而名。庋藏文献达七万多卷，多宋、元、明刻本，其中二百七十种明代地方志和四百种进士登科录为世人所重。1982年定为全国重点文物保护单位。2001年将位于宁波市海曙区马衙街、以集民间建筑工艺大成而闻名的秦氏支祠归入天一阁保护单位。

天人山　在今湖北英山县西七十里。《方舆纪要》卷26英山县：天人山"峰峦峻险，上有天人寨"。

天下第二泉庭院及石刻　在今江苏无锡市西郊惠山山麓。相传因唐代"茶圣"陆羽品题而得名"天下第二泉"。唐大历元年（766）开挖出此泉。水质甘香重滑，宋徽宗时成为贡品，上、中、下池泉水质以上池最佳。唐以来修建庭院内二泉亭、漪澜堂、景徽堂等古建筑。庭院内多历代名人题刻，著名的有泉亭上元代书法家赵孟頫所书"天下第二泉"石刻，池东墙上清进士王澍所书“天下第二泉”石刻。2006年定为全国重点文物保护单位。

天山 ①即神居山。在今江苏高邮市西南六十里天山镇。

②即今甘肃西部祁连山。《汉书·霍去病传》：元狩二年（前121），“去病至祁连山，捕首虏甚多”。师古注：“祁连山即天山也，匈奴呼天为祁连。”

③横贯在今新疆中部，西端伸入中亚。全长2500公里，海拔3000—5000米。《汉书·武帝纪》：天汉二年（前99）五月，“贰师将军三万骑出酒泉，与右贤王战于天山”。晋灼曰：“在西域，近蒲类国。”即指天山东段。清乾隆《西域图志》卷21：天山“其山远自葱岭分支，自喀什噶尔之北，迤东而行，经乌什、阿克苏、库车、哈喇沙尔、辟展之北，又东行入镇西府界，至塔勒纳沁而止，皆曰天山”。

④一名燕然山。即今蒙古国西南之杭爱山。《魏书·蠕蠕传》：延和四年（435），世祖亲征蠕蠕吴提，“至浚稽山，分中道复为二道，陈留王崇从大泽向涿邪山，车驾从浚稽北向天山。西登白阜，刻石纪行，不见蠕蠕而还”。

天山军 唐开元二年（714）置，属西州。治所在今新疆吐鲁番市东四十余里高昌故城。

天山设治局 1926年由阿鲁科尔沁旗析置，属热河特别区。治所即今内蒙古阿鲁科尔沁旗驻地天山镇。1947年改设天山县。

天山县 ①唐贞观十四年（640）置，属西州。治所在今新疆托克逊县东北。《旧唐书·地理志》：天山县“取祁连山（按：指天山）为名”。贞元中陷入吐蕃。

②金大定十八年（1178）置，为净州治。治所在今内蒙古四子王旗东北库伦图镇城卜子村古城。元为净州路治。明初废。

③1947年改天山设治局置，属热河省。治所即今内蒙古阿鲁科尔沁旗驻地天山镇。1949年撤销，并入阿鲁科尔沁旗。

天山砦 在今湖北罗田县东北，接英山县及安徽金寨县界。《清一统志·黄州府二》：天山砦“在罗田县东北一百三十里多云镇南。一名天堂砦，元末徐寿辉尝据此”。

天山榷场 金置，属丰州。在今内蒙古四子王旗东北库伦图镇卜子村古城。大定十八年（1178）改为天山县，并为净州治。

天门 在今河北涞源县南。《资治通鉴》：东晋太元二十一年（396），后燕慕容垂攻北魏，“逾青岭，经天门，凿山通道，出魏不意，直指云中”。胡注：“青岭盖即广昌岭，在代郡广昌县南，所谓五回道也。其南层崖刺天，积石之峻，壁立直上，盖即天门也。”

天门下溪水 即今山东泰安市西漆河。《水经·汶水注》：天门下溪水“出泰山天门下谷东流。古者帝王升封，咸憩此水。水上往往有石窍存焉，盖古设舍所跨处也”。《水经注疏》：“会贞按：此水在北汶之东。《水道提纲》谓北汶亦曰漆河，不知漆河即天门下溪水也。今水出岳西白龙池。”

天门口 即天津关。亦名大口。在今北京市门头沟区西北八十里。

天门山 ①一名东、西梁山。在今安徽芜湖市北长江滨，对岸属和县界。《宋书·孝武帝纪》：大明七年（463）十二月，“于博望、梁山立双阙”，即此。《寰宇记》卷105当涂县引《舆地志》云：“博望、梁山，东西隔江相对如门，相去数里，谓之天门。”唐李白有《望天门山诗》：“天门中断楚江开，碧水东流至此回。两岸青山相对出，孤帆一片日边来。”

②在今安徽铜陵县东南四十里，接青阳县界。高耸云表，为县境最高峰。《舆地纪胜》卷22池州：“天门山在铜陵”，指此。

③在今安徽萧县东南三十六里。《方舆纪要》卷29萧县：浮缓山“又东为天门山，山谷幽邃，林木蓊蔚”。《清一统志·徐州府一》：天门山“两山壁立如门”，故名。

④又名东门山。即今浙江象山县东南六十余里东门岛。《汉书·地理志》会稽郡鄞县：“有越天门山”，即此。

⑤在今浙江宁海县北与奉化市交界处。《方舆纪要》卷92宁海县：天门山在“县北六十里，接奉化县界。山从嵊县发脉，缭绕三百余里”。

⑥在今江西德兴市西。《方舆纪要》卷85饶州府德兴县：天门山“在县治西，以山岭崇高而名”。《清一统志·饶州府一》：天门山“在德兴县西半里。周十里，高二百二十丈。下有怪石嶙峋，横障泊河诸水”。

⑦亦名石门山。又名百家岩。在今河南修武县北四十六里。《水经·清水注》：“天门山石自空，状若门焉，广三丈，高两匹，深丈余，更无所出，世谓之天门也。东五百余步，中有石穴西向，裁得容人，自平地东南入，径至天井，直上三匹有余，扳蹑而升，至上平，东西二百步，南北七百步，上有比邱释僧训精舍。”《元和志》卷16修武县：“天门山，今谓之百家岩。”《清一统志·怀庆府》：天门山“在修武县西北四十里。两山对峙，其状如门。山麓有百家岩，有嵇康锻灶”。

⑧在今湖北天门市西北五十里，与京山县接界。《舆地纪胜》卷76复州：天门山“在景陵县西六十里。唐邹夫子别墅在焉，陆羽《自传》云：‘负书于火门山邹夫子别墅’。后俗忌改曰天门山”。《方舆纪要》卷77京山县：天门山“在县南八十里。二石相对，中一径通明，若天门然”。

⑨旧名松梁山。一名嵩梁山。在今湖南张家界市南三十里。《方舆纪要》卷77慈利县：天门山“有十六峰环列，最高者为天门。沈约云，松梁山顶有石开处数十丈，其高以弩仰射不至，谓之天门。孙吴因以

名郡”。

⑩在今湖南宁远县南四十里。《方舆纪要》卷81宁远县：天门山“平地直上百余丈，自下望之，迥若天门”。

⑪在今广西昭平县东南一百四十里。《方舆纪要》卷107昭平县：天门山“有天门岭，接贺县界。上有石门插天。《志》云：县西四十五里有富玉山，亦高广。《图经》所云：东列天门，西环富玉者也”。

⑫在今广西北流市西十里。《方舆纪要》卷108北流县“金龟山”条内：“天门山在县西，与穿境山并峙县之西镇。”古于此置鬼门关，明改为天门关。

⑬在今甘肃两当县南五十里。《方舆纪要》卷59两当县：天门山“以两崖高险而名”。《清一统志·秦州一》：天门山“悬崖有大石门，一阖一辟”。

天门水 在今安徽铜陵县东南四十里。源出天门山，北流会顺安河入江。《元丰九域志》卷6：铜陵县有天门水。

天门石 在今四川峨眉山市西南峨眉山太子坪南。因两大石相对如门，故称天门石。其左有天门寺。明陈文烛《游峨山记》：“入天门石，度天仙桥。”王世性《游峨眉山记》：过通天堂，“右折二石矗天，开一罅为天门石，转而过为七天桥”。清张邦伸《锦里新编》卷16峨眉纪游：“复上天门寺，寺后天门石。两石屹然壁立，峭削如斧劈。”

天门市 1987年撤销湖北省天门县，改设天门市，市人民政府驻竟陵。属荆州地区，1994年改由省直辖。

天门台（臺） 在今湖南桃江县城关桃谷山附近，北瞰资水，西望桃花江。相传为屈原作《天问》处。昔有天问阁，据传建于唐贞观年间，毁于清道光年间。今存天问阁遗址碑。北侧山下有巨石临江，称天问石，亦称屈子钓鱼台。

天门台（臺）山 在今湖南石门县东。《方舆纪要》卷77石门县“石门山”条下：“又县东一里有天门台山，顶方正如台。二小溪合流，台下为天门桥。”

天门寺 在今安徽萧县东南四十里天门山口。元世祖至元中建。明宣德年间（1426—1435）重修。原有殿宇在抗日战争时期被毁，中华人民共和国成立后重修二十余间。四周古木参天，苍翠葱郁。层峦起伏，怪石嶙峋，若虎若牛，若马若羊，景色迷离。

天门关 ①唐置，在今山西太原市西北。《新唐书·地理志》：太原府阳曲县有天门关。《宋史·高继宣传》：元昊“俄寇麟府，继宣帅兵营陵井，抵天门关”。即此。《清一统志·太原府》引《府志》：“天门、陵川，一道相连，互为首尾，山之东尽为天门，山之西尽为陵井，山势险阻，旁有深沟，稍上有石梯，可二丈许。”明置巡司于此。

②又名鬼门关、桂门关。在今广西北流市西十五里，与玉林市交界处。《明史·地理志》北流县：“西有天门关，本名鬼门关。洪武初改为桂门关；宣德中，更今名。”今有“天门关”三字刻在石壁上。

天门县 清雍正四年（1726）以名同圣祖陵改景陵县置，属安陆府。治所即今湖北天门市。《清一统志·安陆府》：天门山“在天门县西北五十里……两峰峙天，其中如门，县以此得名”。民国初属湖北襄阳道。1932年直属湖北省。1987年改设天门市。

天门岭 ①即今黑龙江省东南部之张广才岭。《新唐书·渤海传》：武后圣历中，大将军李楷固讨渤海大祚荣，“祚荣引残痍遁去，楷固穷蹑，度天门岭。祚荣因高丽、靺鞨兵拒楷固，楷固败还”。

②在今广东大埔县南。《方舆纪要》卷103大埔县：天门岭在“县南百二十里。两峰杰峙，中有径通福建平和县。绝顶有泉，大旱不竭”。

③在今广西平乐县东。《方舆纪要》卷107平乐县：天门岭“在府东，与贺县接界。上有石门，故名”。

天门郡 三国吴永安六年（263）置，属荆州。治所在溇中县（今湖南慈利县西三官寺乡）。《宋书·州郡志》：天门太守“充县有松梁山，山有石，石开处数十丈，其高以努（弩）仰射不至，其上名‘天门’，因此名郡”。西晋治所在澧阳县（今湖南石门县）。南朝陈改为石门郡。

天门埭 在今浙江瑞安市西北陶峰镇陶山南麓。《方舆纪要》卷94瑞安县：天门埭“在县西陶山南。宋、元间筑此，以蓄安阳江之水。元至正十四年邑人张文贞筑城陶山天门埭以拒贼是也”。

天义镇 1946年置，属宁城县。即今内蒙古宁城县驻地天义镇。以北洋军阀时期此地曾有一商店名“天义号”而命名。1954年宁城县由八里罕迁治于此。

天子城 即天生城。在今重庆市万州区东北天城乡流水村天城山。明曹学佺《蜀中名胜记》卷23谓：“相传昭烈驻兵于此。”

天子望山 在今河南南召县东南。《方舆纪要》卷51南召县“矾山”条下：“又县西南二十里有天子望山，相传汉光武尝登此以望南阳。因名。”

天子路 在今江苏常州市新北区孟河镇万绥西。齐高帝萧道成的祖宅附近。《南齐书·祥瑞志》：宋泰始中，童谣云“东城出天子”，故明帝杀建安王休仁。苏偘云：“后从帝（顺帝）自东城即位，论者谓应之，乃是武进县上所居东城里也。”熊襄云：“上旧乡有大道。相传云秦始皇所经，呼为‘天子路’，后遂为帝乡焉。”

天女城 在今云南晋宁县（昆阳镇）东北二十四里，晋城镇西天城门。《方舆纪要》卷114晋宁州：天女城“在州（今晋城镇）西。晋大安中，李毅为益州部南夷校尉。病卒，女秀明达，有父才，权领南中，城盖秀所筑，因名”。

天马山 ①在今河北抚宁县北二十里。《方舆纪要》卷17抚宁县：天马山“本名马头崖，巉岩突兀，如控马首于云霄，三伏常有积雪。隆庆初，蒙古土蛮入犯，邑人多避兵于此。万历中改今名”。

②又名干山。在今上海市松江区西北，机山之东。《清一统志·松江府一》：干山“又以山形似马，名天马山。上有浮图七级，登览者极江海之观”。

③在今江西上饶市南。《清一统志·广信府一》：天马山“在上饶县南隔溪一里。势如奔骑，南来直指县治。宋赵汝愚建台于其上”。

④即今福建德化县东南与永春县交界处的天马山。《清一统志·永春州》：天马山“在德化县东南。两峰状如马鞍，高耸插天”，故名。

⑤在今福建邵武市西北七十里。明《寰宇通志》卷47邵武府山川：天马山“在邵武县西，周回五十里，其形如马”，故名。

⑥在今湖北省保康县南。《方舆纪要》卷79保康县：天马山“在县南十里。又南五十里曰马鞍山，皆高峻”。

⑦在今湖北郧县南。《方舆纪要》卷79郧县：天马山“在府南三里，隔江。一名天马崖”。

⑧在今湖南慈利县西北。《方舆纪要》卷77九溪卫：天马山“远望屹立，锁断江流，形如天马”。

⑨在今湖南宁乡县南五十里。《明一统志》卷63长沙府：天马山“高入云汉，如马腾骧”。《方舆纪要》卷80谓“山势高耸，以形似名”。

⑩又名骠山。在今广东怀集县南。《方舆纪要》卷108梧州府怀集县：天马山在“县南五里”。《清一统志·梧州府》：天马山，“石出涌泉，明万历十年凿石开圳，引水灌田”。

⑪在今广西天等县东北。《方舆纪要》卷110镇远州：天马山“在州（治今进远乡）西北。又州东南有笔架山，俱高胜”。

⑫在今四川万源市东。《方舆纪要》卷69太平县：天马山“在县治东。山势高骞，如天马然”。民国《万源县志》卷1：天马山在“治东三里。高于驮山登翠屏，观之如一马兀立，县城之保障也。山顶有七级浮图，系光绪十二年游击徐其中募建。……上有连营旧迹，故又名营盘山”。

⑬在今贵州惠水县西南。《方舆纪要》卷121定番州：天马山在“州（治今惠水县）西南七里”。《清一统志·贵阳府》谓天马山“在定番州西木瓜司西一里。旁有莲花洞”。

⑭在今贵州长顺县西南睦化乡西。《方舆纪要》卷121金筑安抚司：天马山在“（木瓜长官）司西一里。旁有莲花洞”。

⑮在今贵州平坝县西。《方舆纪要》卷123平坝卫：“天马山在城西一里。”清爱必达《黔南识略》卷6安平县：天马山“高耸两峰，状如天马”。

⑯在今云南澄江县东南十里。《清一统志·澂江府》：天马山“在河阳县东南十里。两山夹护，山形如马。涉其巅，东见大池江，南望抚仙湖，西连梁王山，北睹汤池，有流泉环绕如带”。

⑰在今陕西紫阳县南二里。《清一统志·兴安府一》：天马山“状如奔马”。

天马山镇 即今上海市松江区西北天马山镇。清时有把总驻守。光绪《江苏全省舆图》娄县：“天马山镇在城北一十八里。”

天马关 在今云南瑞丽市西南境外的邦欠山。明万历二十二年（1594）云南巡抚陈用宾筑，为腾越八关之一。清季中英勘定滇缅边界，划入缅甸。

天马河 又作骏马河。即今四川会理县境之会川河、城河。东晋常璩《华阳国志·蜀志》：会无县“有天马河，马日千里，后死于蜀，葬江原小亭，今天马冢是也”。《水经·若水注》：“（会无）县有骏马河，水出县东高山。”即此水。

天马都督府 唐龙朔元年（661）置，属安西都督府。治所在解苏国数瞒城（今塔吉克斯坦杜尚别附近）。8世纪中废。

天马镇 即今浙江常山县治。自唐广德二年（764）以来为常山县治。

天王寺 ①在今山西长子县城内南街东侧。寺院坐北朝南，原为三进院落，由南向北分别有山门、鼓楼、过殿、正殿、后殿等，占地面积1141平方米。据清嘉庆《长子县志》载，天王寺创建于唐永徽中期，宋、金、元时期屡有增建与扩建，明洪武初设僧会司于此，直至清末。正殿广、深各三间，单檐歇山顶，琉璃脊兽，灰色筒板瓦覆顶，举折平缓，出檐深远，斗拱单抄单昂五铺作，梁架规整，用材敦厚，采用减柱法，结构简洁，明显保留了宋、金时期的建筑风格。后殿面阔五间，进深三间，悬山式殿宇，具有元代建筑特征。2006年定为全国重点文物保护单位。

②在今湖南宁乡县西南。《方舆纪要》卷80载：明崇祯十一年（1638），“刘高峰等屯聚于此，突犯安化县，官军击破之。又破其余党于大沩山，是也”。

天王寺镇 即今江苏句容市南四十里天王镇。明弘治《句容县志》卷1：“天王寺，县南五十里。”清光绪《江宁府志》卷1《句容县图说》：“天王寺镇距城南二十里，为总控南、东、西三面来路之险要。绿营汛守。”

天王河 即乌苏里江。今中俄界河乌苏里江。民国徐曦《东三省纪略》卷3乌苏里江：“乌苏里，满州语天王也。乌苏里江亦名乌子，又曰戊子。古室鞅鞨所居地。源出东海滨之锡赫特山脉中，山脉沿海岸数千里，东流之水入海。”

天王险寨 在今湖北随州市北。《方舆纪要》卷77随州“铁岭寨”条下：“北八十里有天王险寨。正德中刘丙擒贼于此。”

天王院花园子 在今河南洛阳市旧城一带。园中没有池亭等建筑，独有牡丹数十万本，因称花园子。宋李格非《洛阳名园记》载：“凡城中赖花以生者，毕家于此。至花时，张幕幄，列市肆，管弦其中。城中士女，绝烟火游之。”

天井山　①在今安徽旌德县西北。《舆地纪胜》卷19宁国府：天井山“在旌德县西三十里。有飞泉激湍”。

②在今浙江宁波市鄞州区西南。《方舆纪要》卷92宁波府鄞县：天井山在“府西南七十里。下瞰深渊，上有五井，峻险难陟”。

③在今山东即墨市东十三里。《寰宇记》卷20即墨县：天井山“周回二里。顶上有一井，水味甘美，因号天井”。

④在今云南保山市东北四十里。《清一统志·永昌府》：天井山“冈陵四围，中有平陆，故名”。

⑤在今甘肃成县西二十里。《方舆胜览》卷70同庆府：天井山“在郡西二十里。有白龙潭及汉耿勋磨崖碑”。

天井水　在今山西曲沃县北。《水经·汾水注》：“天井水出东陉山西南，……其水三泉奇发，西北流，总成一川，西径尧城南，又西流入汾。”

天井关　①在今河北武安市西北八十里天井蛟，为通山西要道。《汉书·地理志》上党郡高都县：“有天井关。”《晋书·慕容垂载记》：东晋太元十九年（394），“垂进师入自天井关，至于壶壁”。即此。

②一名太行关。西汉置，即今山西晋城市泽州县南天井关。《汉书·地理志》：上党郡高都县有“天井关”。《汉书·成帝纪》：西汉阳朔二年（前23），“秋，关东大水，流民欲入函谷、天井、壶口、五阮关者，勿苛留”。均此。北宋靖康元年（1126）改名雄定关，元末又称平阳关。其南即羊肠坂道，至为险要。

③在今山西襄垣县东南井关。《魏书·地形志》：上党郡有天井关。《寰宇记》卷45上党县：“井谷关，《上党记》云，在天井谷内，深邃如井，因以名之。”

天井谷　在今河南济源市北二十里盘谷西北。韩愈《卢郎中云夫寄示送盘谷子诗两章以和之》：“昔寻李愿向盘谷，正见高崖巨壁争开张。是时新晴天井溢，谁把长剑倚太行。”《清一统地·怀庆府一》：天井谷，“《府志》，水流为天井溪，石上有数坎，深若井，水自上溢，相接而落，远视若倚剑然”。

天井汪　在今山东费县南四十里。《方舆纪要》卷33费县：天井汪，“《志》云：源自平地涌出，其下流即涑水也”。

天井泽　在今河北定州市东南。《元和志》卷18安喜县：“天井泽在县东南四十七里。周回六十二里。”《寰宇记》卷62定州安喜县“天井泽”条引《水经注》云：“泒水历天井泽南，水流所播为泽，俗名为天井淀。”

天井涧　在今湖北广水市东。《舆地纪胜》卷83随州：天井涧“涧之内有平原寨，在应山县治东。丙寅敌寇侵犯，居民皆在此寨”。《方舆纪要》卷77应山县：天井涧在“县东二十里。深一丈，广八尺，两山夹峙，泉流其中，冬夏不涸，流合汶水”。

天井堰　在今河北临漳县西南。《水经·浊漳水注》：“魏武王又堨漳水，回流东注，号天井堰。二十里中作十二墱，墱相去三百步，令互相灌注，一源分为十二流，皆悬水门。”即此。

天井湖　在今安徽铜陵市西，接铜陵县城。《方舆纪要》卷27铜陵县：天井湖“在县东门。湖心有井不竭。远近诸川，多汇于此，引流为河口河”。

天元市　清初戚天元创市，即今浙江慈溪市西北十二里天元镇。旧属余姚县。光绪《余姚县志》卷1《市肆》有天元市。

天木山　即大木山。在今河南信阳市西北。《元和志》卷21桐柏县：“天木山，俗名天目山，在县东北五十五里。祖逖为豫州刺史，藏家口于天木山。即此山也。山上有池，时人号为天目。”

天中万寿塔　在今福建仙游县东南四十四里枫亭镇斗山上。建于北宋嘉祐四年（1059），为四方形五层实心塔，全部由长方形条石筑成。总高11米。雕刻线条流畅。深浅合宜，具有良好的装饰效果。宝箧印经塔自五代时即流行于我国南方，亦称阿育王式塔，但多为小型的鎏金供养塔，此塔为地面建造的体型最大的该型佛塔实例。2001年定为全国重点文物保护单位。

天中山　在今河南汝南县北三里。《方舆纪要》卷50汝阳县：天中山“亦名天台山。高止尺余，上土下石，以在天地之中，故名。自古考日景测分数，以此为正云”。

天水市　1950年甘肃省天水县城关区设立天水市，属天水专区，为专署驻地。1958年撤销天水县，并入天水市。1961年恢复天水县，属天水地区。1985年撤销天水地区和天水县，设立地级天水市及秦城、北道二区，天水市人民政府驻秦城区。

天水军　南宋嘉定元年（1208）置，治所在今甘肃天水市西南九十里。九年还治今天水市西南天水镇。元初省入成州。

天水县　①南朝梁侨置，属太原郡。治所在今江西彭泽县东。《寰宇记》卷111江州彭泽县：废天水县“在县东五十里。按，顾野王《舆地志》云，天水县，梁武帝置，以拟西水县。隋平陈后废，并入彭泽县”。

②唐初析上邽县置，属秦州。治所即今甘肃天水市西南天水镇。后废。五代唐长兴三年（932）复置，移治今天水市西南九十里。南宋绍兴十三年（1143）改属成州。嘉定元年（1208）于此置天水军，九年（1216）复还旧治。元初省入成州。

③1913年降秦州置，后为甘肃渭州道治。治所即今甘肃天水市。1927年直属甘肃省。1950年以城区设天水市。

天水郡　①西汉元鼎三年（前114）置，治所在平襄县（今甘肃通渭县）。辖境相当今甘肃通渭、静宁、秦安、定西、清水、庄浪、甘谷、张家川等市县及天水市西北部，陇西县东部，榆中县东北部地。东汉永平十七年（74）改为汉阳郡，并移治冀县（今甘肃甘谷县南）。三国魏仍改为天水郡。西晋移治上邽县（今天水市）。北魏辖境相当今天水、秦安、甘谷等市县地。隋开皇三年（583）废。大业及唐天宝、至德时又曾改秦州为天水郡。

②北魏太平真君七年（446）置，属南秦州。治所在水南县（今甘肃礼县东）。辖境相当今甘肃礼县、西和二县地。北周废。

③宋大理置，属首府大理地区。治所在今云南大理市东十六里凤仪镇。元代废。

天水淮 一名天淮水。在今福建泉州市东南。方言谓淮为围。其地原名高洋，田滨海，苦咸卤，唐太和三年（829），刺史赵棨凿渠环之，疏三十六涵，纳笋、浯等水入渠，以灌田凡百八十顷，后人思之，故以其望为名。《舆地纪胜》卷130泉州《景物下》：天淮水，“五季陈氏（按即陈洪进）遂易之为节度淮”。

天水湖 在今甘肃天水市南七里。《汉书·地理志》天水郡注：师古曰：“《秦州（地）记》云，郡前湖水，冬夏无增减，因以名焉。”《水经·渭水注》：天水郡治“五城相接，北城中有湖水，有白龙出是湖，风雨随之。故汉武帝元鼎三年（前114）改为天水郡”。

天长市 1993年撤销安徽省天长县，改设天长市，市人民政府驻天长街道办事处。由滁州市代管。

天长军 北宋置，治所在天长县（今安徽天长市）。至道二年（996）废。南宋建炎初复置，绍兴初废，十一年（1141）复升为天长军，十三年（1143）又废。

天长观 即白云观。在今北京市广安门外。创建于唐开元二十七年（739），初名天长观。赵万里辑校《元一统志》卷1引《唐刘九霄再修天长观碑》：“天长观，开元圣文神武至道皇帝斋心敬造，以兴玄元大圣祖。”金泰和三年（1203）改名太极宫。

天长县 唐天宝七年（748）改千秋县置，属广陵郡。治所即今安徽天长市。乾元初属扬州。宋初改为天长军，至道二年（996）复改为县。南宋属招信军。元属泗州。民国初属安徽淮泗道。1928年直属安徽省。1946年改为炳辉县，1959年复名天长县。1993年改设天长市。

天长海口 亦作闷海口、胶海口。今越南北部太平省东南红河入海处。《元史·安南传》：世祖至元二十五年（1288）征安南，“（陈）日烜及其子复走入海。镇南王以诸军追之，次天长海口，不知其所之，引兵还交趾城”。

天长镇 ①在今河北平山县东。《资治通鉴》：唐景福元年（892）三月，“李克用、王处存合兵攻王镕，癸丑，拔天长镇”。胡三省注：“天长镇，在滹沱河东。”即此。

②即今河北井陉县西南三十里天长镇。《资治通鉴》：唐景福二年（893）二月，李克用进兵攻王镕，“败镇兵于平山。辛巳，攻天长镇，旬日不下”。即此。元以后井陉县迁治于此。

天仓山 在今四川宜宾市西。《清一统志·叙州府一》：天仓山“在宜宾县西二里。上有前代屯兵墩台遗迹。崖壁间有唐乾符二年詹居秀修复古戎州道记。其北有天仓滩，相近大江”。

天仓河 即今甘肃金塔县境之讨来河下游。清梁份《秦边纪略》卷4：讨来河“至岔口、镇夷界，合张掖河水，谓之天仓河。东北流向合黎焉”。

天仓墩 即今甘肃金塔县东北航天镇。明、清时驻兵戍守处。清梁份《秦边纪略》卷4：“天仓墩在（金塔寺堡，今金塔县）东北二百六十里。明时墩军，呼天仓军，名鬼门关。”

天风海涛亭 南宋淳熙间建。在今福建福州市东南鼓山主峰屴崱峰上。宋赵汝愚《游鼓山》诗有“江月不随流水去，天风直送海涛来”句。朱熹爱赵诗，遂书“天风海涛”四字刻石，因以名亭。

天文殿 北魏平城宫殿。在今山西大同市北。据《魏书·太祖纪》载：天兴元年（398）“秋七月，迁都平城，始营宫室，建宗庙，立社稷。……冬十月，起天文殿。……十有二月己丑，帝临天文殿，太尉、司徒进玺绶，百官咸称万岁”。

天方国 亦作天房、天堂。即今沙特阿拉伯之麦加。《明史·西域传四》：“天方，古筠冲地，一名天堂，又曰默伽。……宣德五年，郑和使西洋，分遣其侪诣古里。闻古里遣人往天方，因使人赍货物附其舟偕行。”《方舆纪要》卷65：天方国“在西域之西，……明宣德中，其王遣使入贡”。麦加城中有“天房”，为伊斯兰教祈祷时礼拜的朝向。元刘郁《西使记》：“天房，内有天使神。”后来泛指今阿拉伯。

天心山 即锡义山。在今湖北郧西县西南。《新唐书·地理志》丰利县：“有锡义山，一名天心山。”《元和志》卷21丰利县：锡义山“一名天心山，在县东北六十五里。山方圆百里，形如城，四面有门，相传以为仙灵所居”。

天心阁 在今湖南长沙市东南角城堞上，与岳麓山遥相对峙。清咸丰二年（1852）太平天国西王萧朝贵部在此歼灭清兵甚众，城垣几被攻破，萧于此役殉难。

天龙山 在今山西太原市西南八十里。古称方山，北齐时在山上建天龙寺，因称天龙山。

天龙山石窟 在今山西太原市西南八十里。分布在天龙山东、西峰山崖间，时代为北朝至唐，可分为东魏、北齐、隋、唐四朝。现存二十五窟，自东向西排列。东峰分上、下两列，上列四窟，下列八窟；西峰十三窟。大致坐北朝南。窟室组合有双窟并列，前后室两进、单室。主室平面多为方形，以三壁三龛式居多。造像以圆雕为主，北朝造像组合以三壁三佛、单铺一佛二菩萨为主。东魏造像有典型秀骨清像风格。北齐造像注重身体结构，主体感强，融合印度、中国传统造像两种风格。隋唐造像除延续北朝造像题材外，新增四壁四佛、单铺一佛二弟子、一佛二弟子二菩萨等题材。西峰唐代第九窟上列雕8米高倚坐弥勒佛，下列雕高约6米的十一面观世音和文殊骑狮、普贤骑象像。隋唐造像妍丽、丰腴、优雅和自然的特点在天龙山石窟有充分的表现。天龙山石窟北齐造像的写实手法开启隋唐造像的先河，是中国佛教造像史上一个重要的转折点。2001年定为全国重点文物保护单位。

天龙寺 北齐建，在今山西太原市西天龙山上。寺宇已毁。

天平山 ①在今内蒙古通辽市扎鲁特旗西北，疑即罕山。《金史·地理志》临潢府："有天平山、好水川，行宫地也，大定二十五年命名。"

②在今江苏苏州市城西二十里。支硎山之南。北宋朱长文《吴郡图经续记》卷中：天平山"巍然特出，群峰拱揖，郡之镇也"。明王鏊《姑苏志》卷8：天平山"其山顶正平，曰望湖台，上巨石圆而面湖者，曰照湖镜"。《清一统志·苏州府一》：天平山"范仲淹祖墓在焉。旁即范氏义庄，后辟为园"。

③在今河南林州市西三十里。宋柳开有《游天平山记》。《方舆纪要》卷49林县：天平山"峰峦泉石，奇胜万端"。

天平庄 即今江苏宝应县东北天平镇。清道光《重修宝应县志》卷7："天平庄在草积庄，东北去城六十里。"

天平军 唐五代方镇。唐元和十五年（820）以郓曹濮节度使改名，治所在郓州（今山东东平县州城镇西北十五里）。北宋初废。

天平县 ①唐乾元三年（760）改湖城县置，属虢州。治所在故上阳宫（今河南灵宝市西北阳平河入黄河处东岸）。后移治上阳宫东南一里。大历四年（769）又改为湖城县。

②唐大和四年（830）改东平县置，属郓州。治所在今山东东平县州城镇西北十五里。六年（832）废入须昌县。

天平囤山 在今贵州岑巩县西北都素之南。《方舆纪要》卷122都素蛮夷长官司："天平囤山在司南二里。《志》云，土人避兵处也。"

天平渠 即万金渠。在今河南安阳县及河北临漳县境。《魏书·地形志》司州邺县："天平中，决漳水为万金渠。今世号天平渠。"

天目山 ①在今江苏姜堰市北。《寰宇记》卷130泰州海陵县："天目山，土山也。在县东六十里。山有双井相对，其水清洌，呼为天目山。"《舆地纪胜》卷40泰州：天目山"发运使蒋之奇于井中获金龙、玉璧三十六"。

②一名浮玉山。即今浙江西北部天目山。呈东北—西南走向。为长江与钱塘江水系分水岭。最高峰龙王山海拔1587米。《水经·浙江水注》：桐溪"水出吴兴郡於潜县北天目山，山极高峻"。《元和志》卷25：天目山"有两峰，峰顶各一池，左右相对，名曰天目"。《道书》以为第三十四洞天。山有东天目、西天目之分。

③即大木山。亦作天木山。在今河南信阳市西北。《元和志》卷21桐柏县："天木山，俗名天目山。"

④在今四川阆中市东一百五十里。《寰宇记》卷86奉国县：天目山"在县东十五里。又名天溪洞，葛仙翁修道之山"。

天目溪 即桐溪。今浙江桐庐县西北分水江。《元丰九域志》卷5：睦州分水县有"天目溪"。宋《景定严州续志》卷9分水县：天目溪"源出天目山，绕县境而南，达于浙江，可胜百斛舟，若於潜、若昌化，旧航粟浙江，胥此焉入"。《方舆纪要》卷90分水县：天目溪"为桐溪之上游"。

天生池 在今四川叙永县西北。《方舆纪要》卷73永宁宣抚司：天生池在"司西北六十里。四面山绕，水积于中，不假穿凿，故名"。

天生城 ①亦名天子城、天字城、天自成。南宋淳祐间为抗元而建。在今重庆市万州区东北天城山。明正德《夔州府志》卷7："天自城在（万）县西。其山四面旋绕、自然如城。"因名。城在山上，四面峭壁如堵，惟西北一经可登至。形势极为险要。南宋景炎元年（1276），万州守将上官夔与元军在此激战，死于此。今有城遗迹及南宋之摩崖石刻。

②在今四川洪雅县西南三十里花溪河注入青衣江之西马项岩。清费密《荒书》：顺治十三年（1656），"刘文秀驻兵夹江县南安坝，后移洪雅县山冈，三面阻水，一面以守。文秀名曰天生城"。刘文秀据此为都，称蜀王，名山城为天生城。明永历十一年（1657）刘耀立《天生城蜀王碑》。天生城古城遗址尚存。

天生桥 ①在今江苏溧水县城西十里胭脂河上。《清一统志·江宁府》引《江南通志》称：天生桥"高十二丈。明洪武十年，太祖命崇山侯李新凿胭脂河，因石势而成，故名"。

②在今贵州安顺市南。《方舆纪要》卷121安顺府：天生桥在"（十二营长官）司东北四十里。为往来要道"。

③在今贵州安顺市东北龙潭洞前。《清一统志·安顺府》：天生桥，"《府志》：石壁千仞，环绕如城，水经其下，惊涛急流，乃天设之险也。《名山记》：一名跨潭，溪广二丈许，长二十余丈"。

④明置天生桥哨，属乌撒卫。在今贵州威宁彝族回族苗族自治县西北。清属威宁州，置天生桥汛。

⑤在今贵州长顺县西北。《方舆纪要》卷121金筑安抚司：天生桥在"司（治今广顺镇）北三十里。石壁千仞，环绕如城，水流其下，人行其上，平坦

如桥”。

⑥在今云南临沧市南百余里。清有千总额外委驻防。

⑦一名天桥。又名石马桥。在今云南大理市西。《明一统志》卷86大理府：龙尾关“其右有石长丈余，名天桥。洱河之水过其下，两岸石险，人不可度。又名石马桥”。

⑧在今云南石林彝族自治县东北。《方舆纪要》卷115路南州：天生桥“有二：一在州北五十里，一在州东北十二里，皆石梁可渡，不假人力，因名”。

天生砦 在今贵州松桃苗族自治县北。《方舆纪要》卷122铜仁府铜仁县：天生砦“在府北百二十里。（明）正德八年，官军讨叛苗，入天生砦囤，绝蛮峒水道”。

天生港 ①在今江苏靖江市南十里，长江北岸炮台圩。长江自泰兴市东南而来，过此折向东北，形势险要，江面亦最窄。旧设有炮台防守，与江南岸江阴黄田港炮台遥相对应，相距仅六里余，为江路咽喉。

②即今江苏南通市西长江滨之天生港镇。清光绪《江苏全省舆图》：通州（今南通市）西有“天生港”。

天生墩 在今新疆哈密市东南二百八十里。清道光《新疆识略》卷3哈密：天生墩腰台“七十里至苦水台”。清末废。

天印山 即方山。在今江苏南京市江宁区东南。宋《景定建康志》卷17“方山”条引《丹阳记》载：“形如方印，故曰方山，亦名天印山。”

天兰铁路 从今甘肃天水市至兰州市。全长354公里。为陇海铁路的一段。1946年动工修建，至1949年仅作少量的路基土石及隧道工程。1952年修通。

天汉桥 唐建，在河南开封市东南。本名州桥，宋改名天汉桥。

天宁寺 ①在今北京市西城区广安门外。北魏孝文帝拓跋宏建，初名光林寺。隋仁寿二年（602）改名宏业寺。唐开元间又改名天王寺。金大定二十一年（1181）改名大万安寺。元末寺毁于兵火，明初复建，宣德十年（1435）改称天宁寺。天宁寺塔建于辽天庆九年（1119）。1988年定为全国重点文物保护单位。

②在今山西平定县城南关土垣上。据《平定州志》载：寺“宋熙宁间建，赐名‘天宁万寿禅林’。太师蔡京书额。寺内有大悲阁，双塔东西对峙”。

③在今江苏常州市内。始建于唐，取名广福。北宋政和元年（1111）易名天宁寺。寺内藏经楼存有《大藏经》，向有“东南第一丛林”之称。

④一名天安寺。在今江苏扬州市城北、天宁门外。原为东晋太傅谢安别墅，后尼泊尔高僧佛驮跋陀罗在此译华严经，建兴严寺。北宋政和中改今名。清康熙年间，两淮巡盐御使曹寅受命于寺内设书局，刊刻《全唐诗》，纂修《佩文韵府》。乾隆南巡，多次来此，并于寺西兴建行宫、御花园等。御花园文汇阁内藏有《古今图书集成》一部。咸丰三年（1853）寺毁，同治、光绪间重建。

⑤旧名大藏院。在今浙江金华市东南角的山坡上。北宋大中祥符年间创建，政和间赐名天宁万寿禅寺。元延祐五年（1318）重建，部分构件还是北宋和南宋时的遗物。现仅存大殿，面阔和进深均为三间，单檐歇山顶。梁架下墨书题记甚多。其东首三椽栿下题“大元延祐五年，岁在戊午六月庚申吉旦重建”。1988年定为全国重点文物保护单位。

⑥旧名国宁寺。在今浙江宁波市区中山西路庄家巷口。创建于唐大中五年（851），民国初改名天宁寺。该寺屡毁屡建，主体建筑已不存，原寺前左右两塔，现仅存右塔，即今之天宁寺塔（左塔崩毁于清光绪年间）。方形砖塔，五层高约12米，占地10.24平方米，每层砖叠涩出檐，檐出较远，塔内呈筒形。穹窿顶。第一层开壶门，以上各层设龛。塔砖上有“咸通四年造此砖记”经文。为江南现存最古老的唐塔之一。2006年定为全国重点文物保护单位。

天宁寺三圣塔 在今河南沁阳市区覃怀东路北侧。天宁寺始建于隋，初名长寿寺，金更名为天宁寺，并于金大定十一年（1171）建三圣塔。现寺院早废，惟塔独存。该塔为密檐式，平面方形，由基座、塔身、塔刹三部分组成，总高32.76米。第一层塔身四面设门，施隐窗，在普拍枋上施砖砌斗栱承托撩檐枋，以上十三层叠涩密檐下均施菱角砖，并砌出腰檐。各层高度由下向上逐层递减，宽度也逐级收敛，外轮廓呈抛物线形。该塔外观仿唐，内部结构又似宋代做法，内部中空。在金代砖塔中惟此塔保留回廊，独具特色。它为研究金代砖塔结构、宗教艺术和建筑史提供了实物资料。2001年定为全国重点文物保护单位。

天宁寺木塔 即凌霄塔。在今河北正定县东大街。

天宁寺塔 ①在今北京市西城区广安门外天宁寺，为辽代天庆九年（1119）所建十三层八角形密檐式实心砖塔，高57.8米，塔身浮雕金刚力士、菩萨、云龙纹饰等。1988年定为全国重点文物保护单位。

②在今河南安阳市大寺前街。《明一统志·彰德府》：天宁寺“在府治西北。（五代）周广顺初建”。该塔为密檐式砖塔，通高38.65米，由塔基、塔身、塔刹三部分组成。塔体平面为八角形，拱券门，南向。塔身自下而上逐层外扩，塔檐也随塔身逐层外展，形成上大下小为伞状的优美外观。一层塔身四正面为门，除南门为实用门外，余皆为装饰性假门。八面门窗之上为砖雕佛传故事，八根倚柱为精美的砖雕龙柱。塔体内部中空为筒状，分五层，每层顶部由砖雕斗栱承托出檐，再由青砖叠涩成平座，中间用井字形木架组成上下相通的方形孔洞。塔刹为一高10.8米的喇嘛式塔。2001年安阳天宁寺塔被定为全国重点文物保护单位。

天宁庄 亦作天林庄。即今安徽桐城市东南金神镇北天林庄。清道光《桐城续修县志》卷1《乡镇》：天宁庄“小镇。城南二十五里由县往府之路”。

天宁庄镇 清置，属嘉善县。即今浙江嘉善县西北二十二里天凝镇。

天宁关 在今浙江宁波市甬江东。清同治元年（1862）太平天国设此海关。

天圣砦 北宋天圣元年（1023）置，属镇戎军。在今宁夏固原市东北六十里。《宋史·刘仲武传》：熙宁中，“夏人谋犯天圣砦……如期而敌至，力战却之”。金属镇戎州。元废。

天台山 在今贵州平坝县西南二十余里。《清一统志·安顺府》：天台山“在安平县（今平坝县）南二十里。石壁陡峻，一线石磴，盘旋而上。山顶有殿”。明万历十八年（1590）僧白云开山卓锡于此，建寺山顶。其后历经增修。现存主体建筑，包括大佛殿、两厢配殿、韦驮殿、玉皇阁、祖师殿、钟楼和藏经楼，附属建筑有吟风亭、望月台”、天街、山门牌坊等。

天台山伍龙寺 在今贵州平坝县西南二十余里天龙镇东南四里大山坝村南。始建于明万历十八年（1590），清代多次修葺。现存主要建筑有大佛殿、东西厢配殿、韦驮殿、玉皇阁、祖师殿等。该寺巧用自然地形，建于悬崖之巅，多为穿斗式吊角楼结构，是山顶悬崖石构建筑的代表作。2001年定为全国重点文物保护单位。

天台（臺）山 ①在今河北肥乡县西南。《方舆纪要》卷15肥乡县“浮丘山”条载：“县西南十五里有天台山。土山无石，其顶平衍。”

②在今河北临城县西北三十里。《名胜志》：“以其高耸而上平也。”

③即今浙江天台县北天台山。东晋孙绰《游天台山赋》：“天台山者，盖山岳之神秀者也。”陶弘景《真诰》云：“山有八重，四面如一，当斗牛之分，上应台宿，故曰天台。”《元和志》卷26台州唐兴县：天台山“在县北一十里”。唐李白《梦游天姥吟留别》诗有“天台四万八千丈，对此欲倒东南倾”之句。

④即今福建泰宁县西、与建宁县交界处之天台山。《方舆纪要》卷98泰宁县：“天台山在县西六十五里。四峰并耸，状如宝盖，高千余丈，盘结三十余里。上有池，池北有双人石，以形似名也。”

⑤在今河南新县西南。旧属光山县。《方舆纪要》卷50光山县“浮光山”条下：“又县西南百五十里有天台山，壁立万仞，一望千里。上有铁瓦寺，下有龙池。”

⑥在今河南滑县东南。《宋史·河渠志一》：天禧三年（1019）六月，滑州“河溢城西北天台山旁，俄复溃于城西南，岸摧七百步，漫溢州城，历澶、濮、曹、郓，注梁山泊；又合清水、古汴渠东入于淮”。

⑦在今湖北红安县北，与河南新县西南接界处。《方舆纪要》卷76黄安县：天台山“其顶平旷，可容千家。以牛耳崖为北门，梯之乃达。宋端平、嘉熙间，襄汉、淮西兵扰，土人结寨于此，形势峭险，四面如壁，止通一人往来。石窍泉涌，冬夏不绝。集众固守，常活十万人，寇屡来攻，卒不能克。元末兵乱，有黄杨者，聚众据此曰黄杨寨”。

⑧在今湖北大冶市西南。《清一统志·武昌府一》：天台山“在大冶县西南三十里”。产云雾茶。

⑨在今四川简阳市南。《方舆纪要》卷67简州“逍遥山”条下：天台山，“《志》云：在县南八十里。上有三峰，如三台然”。

⑩在今四川德阳市东北罗江镇南。《寰宇记》卷83罗江县：天台山“在县南，山似吴之天台，折脚之水出焉”。

⑪在今四川广元市西三里。《方舆纪要》卷68广元县“乌奴山”条：天台山“峭崖苍郁，盘道萦回，独木危桥，委曲而上，至巅乃即平陆，若天台然，因名”。

⑫在今贵州长顺县西北。《方舆纪要》卷121金筑安抚司：天台山在“司（治今广顺镇）西南二十里。孤耸如台”。

⑬在今陕西汉中市北。《舆地纪胜》卷183兴元府：天台山“在南郑县北四十余里，山顶平坦如台，兴元坐其岗脉，故云山谷石皆坚润，有金星，可作砚，间有砚材，俗号石碑谷，谷中泉流可溉田”。

⑭在今陕西麟游县。《方舆纪要》卷55麟游县：天台山在“唐九成宫之西”。《清一统志·凤翔府一》：天台山“即九成宫故墟，其阳崇岩崛起，上有苍松古柏”。

⑮在今陕西宝鸡市陈仓区西南四十里。民国《宝鸡县志》卷2：“天台山在县直南四十里。诸山环拱，岗阜突出，形似莲台，上建圣母宫，后庋五层楼。山腰有洞，旁渟灵泉，旱祷有应。”

天台（臺）观 在今湖北宜昌市西南。清设把总驻防。

天台（臺）县 五代梁开平二年（908）改唐兴县置，属台州。治所即今浙江天台县。以山得名。后唐同光初复名唐兴县，后晋天福七年（942）又改台兴县，北宋建隆元年（960）复改天台县。元属台州路。明、清属台州府。民国初属浙江会稽道。1927年直属浙江省。

天台（臺）岭 在今陕西宁强县东五十里。《方舆纪要》卷56宁羌州：天台岭“其山高而顶平，因名。岭下有铁锁桥”。

天台（臺）砦 在今重庆市长寿区北。《清一统志·重庆府二》：天台砦“在长寿县北四十里。旧有天台寺。地极陡峻。明末乡人多避兵于此”。

天台（臺）庵 在今山西平顺县城北五十里王曲村孤山上。现存佛殿一座和唐碑一通。唐碑字迹已风化不清。佛殿面阔进深各三间，单檐歇山顶，布瓦，琉璃脊兽，屋顶坡度平缓，四翼如飞。保存基本完好。1988年定为全国重点文物保护单位。

天台（臺）等处长官司 元置，属管番民总管。治所在今贵州长顺县西北。后废。

天台寨 在今四川叙永县东南五十里。《明史·四川土司传二》：天启间，官军征讨奢崇明之乱，“进克其（永宁）城，降贼二万。复进拔红崖、天台诸囤寨，降者日至”。即此。

天台（臺）寨 在今河南临城县西北。《清一统志·赵州》：天台寨“在临城县西北天台山北，接正定府赞皇县界”。

天邦囤 在今贵州瓮安县北。《方舆纪要》卷121瓮安县：天邦囤“在废草塘司西北三十里。（明）万历中，贵州兵讨杨应龙，与贼战于飞练堡，贼佯走天邦囤，诱官军至，尽歼之”。

天圪力河 在今河北沽源县南。清光绪《畿辅通志》卷65：天圪力河“源出平安岭洞儿沟，东南流入白河，中产画鱼，小而肥美”。

天地坝 亦名田地坝。即今四川金阳县。旧属昭觉县灯厂区。1952年于此置金阳县。

天耳井 在今云南云龙县东和平村（天耳井）。《清一统志·大理府》“诸邓盐井”条下：“大井，在（云龙）州东北三十七里。天耳井，在大井东三里。”

天成山 即今福建漳州市南名第山。《方舆胜览》卷13漳州：天成山“一曰名第山，后有周、潘书堂遗基”。唐元和中，郡人周匡物、潘存实先后举进士，宪宗敕改今名。

天成卫 一作天城卫。明洪武二十六年（1393）置，属山西行都司。治所即今山西天镇县。清初改为天镇卫。

天成寺 又名福庆寺。在今天津市蓟县西北二十五里盘山莲花岭北。唐建。清乾隆八年（1743）改名天成寺。清《日下旧闻考》卷115引《乾隆十二年御制天成寺诗》：“下瞰山麓，如深巷屈曲，硐泉苔石，历历可数。远眺林峦攒簇，天成图画。或曰盘山，《图经》称四正山，四山回合，天然城郭，故旧有天城之名。”毁于日寇侵华战争。1980年重建。寺内保留唐代石幢、辽代古塔及明、清石刻碑记。

天成军 ①唐天宝十三年（754）置，属安昌郡。治所在索恭川（今甘肃积石山保安族东乡族撒拉族自治县南）。《新唐书·地理志》河州：“西八十里索恭川有天成军。”至德初陷于吐蕃。

②唐置，治所即今山西天镇县。后废。

天成观 在今辽宁喀喇沁左翼蒙古族自治县大城子镇内。建于清康熙六年（1667）。清《塔子沟纪略》卷7：“天成观在大城子之东。康熙六年间道士夏一振募建天齐庙三间，东西十阎君殿六间，关帝殿三间。嗣经道徒夏阳春、徒孙蒙古傅来正先后募建增修，因之楼阁殿堂规模宏敞，屋宇焕然，迄于今犹足为边地寺院之巨擘焉。”

天成村 即今内蒙古凉城县东天成乡。民国《绥远通志稿》卷2：凉城县第二区驻天成村。

天成县 辽置，属大同府。治所即今山西天镇县。元属兴和路。明洪武四年（1371）属大同府，寻废。

天成桥 在今河南浚县东古黄河上。《宋史·河渠志三》：政和四年（1114），孟昌龄献议导河大伾，可置永远浮桥，谓：“河流自大伾之东而来，直大伾山西，而止数里，方回南，东转而过，复折北而东，则又直至大伾山之东，亦止不过十里耳。视地形水势，东西相直径易，曾不十余里间，且地势低下，可以成河，倚山可为马头；又有中潬，正如河阳。若引使穿大伾大山及东北二小山，分为两股而过，合于下流，因是三山为趾，以系浮梁，省费数十百倍，可宽河朔诸路之役。”朝廷喜而从之。五年（1116）诏：“居山至大伾山浮桥属浚州者，赐名天成桥。”

天成湖 在今安徽芜湖县西北五十里，接芜湖市界。《清一统志·太平府一》：天成湖“在芜湖县东南十五里。一名天圣湖。广一百八十顷。由荆沼港入长河”。今通称为荆山河，在濮家店对岸入青弋江。《舆地纪胜》谓在当涂县，误。

天邨寨 在今山西岚县北。《方舆纪要》卷40岚县：“天邨寨在县北三十五里。有城周二里，洪武九年调镇西卫官兵戍守。”清初废。

天师泉 在今重庆市云阳县东。《舆地纪胜》卷182云安军：天师泉“在县（旧治在今云阳镇）西二里洞灵观侧。每五月江水涨浊，一水自岩窦间溢出，甘洁清冽，足一邑之用，尽九月而止，号天师泉”。

天师洞 古名延庆观、昭庆观、常道观。在今四川都江堰市西南青城山第三混元顶峭壁间，为青城山道教宫观之一。《舆地纪胜》卷151永康军：延庆观，“自会庆宫西行一二里，有观曰常道，乃古黄帝祠。《青城山记》云：在黄庭授经坛下。隋时建观。有张天师道陵遗迹及唐明皇御笔碑见在”。今庙观为清建。观内有唐开元十二年（724）玄宗手诏敕碑。

天同岙 在今浙江舟山市定海区西北岑港镇东南。《方舆纪要》卷92宁波府定海县：天同岙“在舟山之岑江司东南”。

天回山 亦名天隳山。在今四川成都市北三十里。明曹学佺《蜀中名胜记》卷3：“扬雄《蜀记》以杜宇自天而降，号曰天隳。及玄宗幸蜀返跸之后，土人呼曰天回，今谓之天回镇也。”

天回镇 即今四川成都市东北三十里天回镇。《宋史·石普传》：咸平三年（1000），“会王均叛，以为川峡路招安巡检使，佐雷有终率诸将进讨。至天回镇，贼出拒战，普领前阵，力击破之”。即此。

天竹寨 即今福建福鼎市西天竹。清有把总驻此。

天华山 即南华山。在今云南祥云县东南四十里大坡村。巍峨挺拔，双峰对峙，为当地著名风景名胜区。

天华殿 北魏平城宫殿。在今山西大同市北。《魏书·太祖纪》载：天兴二年（399），“秋七月，起天华殿”。十二月，“天华殿成”。

天后宫 原名天妃宫。俗称妈祖庙。在今福建泉州市南门。南宋庆元二年（1196）建庙祀莆田湄洲林氏女（海神）。明永乐五年（1407）经出使西洋太监郑和奏请，奉旨修庙。明代派官出使外国前皆来祭祀祈祷。清康熙十九年（1680）统一台湾，泉州人施琅以此神显灵助阵，奏请进封天后，庙遂称天后宫。现存大殿、后殿、两翼亭子及东廊，尚保存清初修理时的原貌。近年又重修山门、戏台等。天后宫现为闽台关系史博物馆。1988年定为全国重点文物保护单位。

天全山 在今四川天全县北。清咸丰《天全州志》卷1：天全山“在治北四十里。州因此山名也。长十里，首抵铜斗峡，尾抵龙峡，峭拔千寻，干霄直上。其旁大小诸峰相连旋绕，环拱内向。其山之支脉衍自灵山”。

天全六番招讨司 明洪武六年（1373）并天全、六番两招讨司置，属四川布政使司。治所在今四川天全县。二十一年（1388）属四川都司。清雍正八年（1730）改为天全州。

天全州 清雍正八年（1730）改天全六番招讨司置，属雅州府。治所在硐门城（今四川天全县）。咸丰《天全州志》卷1：天全山“在治北四十里。州因此山名也”。1913年改为天全县。

天全县 1913年改天全州置，属四川建昌道。治所即今四川天全县。1928年直属四川省。1939年改属西康省。1955年仍属四川省。

天全招讨司 元分六番招讨司置，属土蕃等处宣慰司。治所在今四川天全县东南二十五里始阳镇。明洪武六年（1373）与六番招讨司合并为天全六番招讨司。

天庆观 ①即今江苏苏州市城内玄妙观。建于晋咸宁年间，初名真庆道院。唐改开元宫。北宋祥符中改名天庆观。元改玄妙观。

②唐贞观年间建。在今湖北秭归县西北归州镇西二里。南宋陆游《入蜀记》：“离归州，出巫峰门，过天庆观，少留，观唐天宝元年碑，载明皇梦老子事。巴东太守刘瑶所立。……殿前有柏，数百年物。观下即叱滩。”

③在今湖南常德市西。唐建。初名乾明。明曹学佺《名胜志》：“天庆观碑，白云先生管师复集，柳公权书。”

天齐原 在今陕西三原县西北。《元和志》卷1三原县：天齐原“在县西北二十五里，上有天齐祠”。《寰宇记》卷31三原县：天齐原“西连嵯峨山”。

天齐渊 在今山东淄博市临淄东南龙池附近。《史记·封禅书》：“齐所以为齐，以天齐也。”又说，八神：“一曰天主，祠天齐。天齐渊水，居临菑南郊山下者。”《索隐》引解道彪《齐记》云：“临菑城南有天齐泉，五泉并出，有异于常，言如天之腹齐也。”《水经·淄水注》：淄水“又东径临淄县故城南，东得天齐水口，水出南郊山下，谓之天齐渊。五泉并出，南北三百步，广十步……其水北流注于淄水”。

天关山 在今浙江泰顺县北。海拔1269米。《方舆纪要》卷94泰顺县：天关山在“县治北一里”。

天州 元改羁縻添州置，属来安路。治所即今广西百色市。明初废。

天池 ①俗称祁连池。在今山西宁武县西南五十里管涔山上。《水经·㶟水注》：“太原汾阳县北燕京山之大池，池在山原之上，世谓之天池，方里余，澄渟镜净，潭而不流。”《资治通鉴》：南朝陈太建八年（576），北周师东进，北齐后主高纬“与冯淑妃猎于天池”。即此。

②在今河南渑池县东南五十里。《新唐书·太宗纪》：贞观十八年（644）十月，“猎于天池”。即此。

③在今广西昭平县东南九十里北陀山。《方舆纪要》卷107昭平县：北陀山“山后有天池，一名峡口塘。石山对峙，潭水清沏，源常涌不竭”。

④在今重庆市奉节县西北。唐杜甫《天池》诗：“天池马不到，岚壁鸟才通。”《清一统志·夔州府一》：天池“在奉节县西北十五里。源出磨台山，泉水涌出，浸可千顷”。

⑤即今四川雷波县东北马湖。南宋李心传《建炎以来朝野杂记·乙集》卷20：“自叙州沿流十里马湖江上……夷都村又水陆行一百八十三里至天池，亦曰文池，此马湖蛮王所居也。”

⑥在今四川宜宾市西。《舆地纪胜》卷163叙州：天池“在州治之西二十里。别驾牟孔锡有‘天池十里如鉴湖，荷花可折鱼可鲙’之句”。《方舆纪要》卷70叙州府宜宾县：天池在“府西二十里。一名滇池，又名波凌池。《志》云：池长五十里，阔七里，风起则波浪凌山。……池畔有石如梁，横贯南北，往来者由此”。1979年改为天池公园。

⑦在今甘肃文县城西北二百里天魏山上。海拔2400米。为洋汤河被阻断后形成的葫芦样碧池，方圆20公里，水深480米，由九道大湾一百零三曲汇成。《方舆胜览》卷70文州：天池“亦名天魏湫。……合众山凹为大壑，环百五十里，积水其中……水平山之颡，不见畔岸”。《清一统志·阶州》引《郡志》：“即洋汤池也。池旁有洋汤庙。”

⑧即今新疆博乐市西南赛里木湖。元《长春真人西游记》卷上：“西南行约二十里，忽有大池，方圆几二百里，雪峰环之，倒影池中，师名之曰天池。”清徐松跋：“自托多克过晶河，山行五百五十里至赛喇木淖尔东岸。淖尔正圆，周百余里，雪山环之，所谓天池海。”

天池山 ①即华山。在今江苏苏州市吴中区西。明王鏊《姑苏志》卷8：华山“山半有池在绝巘，横浸山腹，逾数十丈，故又名天池山”。

②在今四川江油市西。《寰宇记》卷84江油县：天池山“在（龙）州南一百三十里。高九十二丈。上有池，周二十三步。其水常满，号曰天池。本名石人山。天宝六年敕改为灵液山”。

③在今四川绵阳市东北。《元和志》卷33巴西县：天池山“在县北二十余步”，绵州“依山作固，东据天池，西临涪水，形如北斗，卧龙伏马，为蜀东北之要冲”。《方舆纪要》卷67绵州：天池山“在州北五里。又州东三十里亦有此山，皆高耸”。

④又名池山。在今陕西石泉县西四十里。《清一统志·兴安府一》：天池山“自麓至顶二十里，上有池方一亩，冬夏不涸”。

⑤在今陕西城固县南三十里。《方舆纪要》卷56城固县：天池山“上有大池，四时不涸”。

⑥在今甘肃徽县南三十里。《方舆纪要》卷59徽州：天池山，“山顶有池，流为河池水”。

天池关 明置，属彭水县。在今重庆市酉阳苗族土家族自治县西境。《明史·地理志》彭水县：“东南有天池关。”清同治《酉阳直隶州志》卷4彭水县：天池关，“《县志》：县城东二百里，与酉阳接壤”。

天池县 ①唐武德四年（621）置，属尹州。治所在今云南牟定县西北八里天台街。天宝后废。

②唐龙纪元年（889）置，属宪州。治所在今山西娄烦县南三十里天池店。北宋咸平五年（1002）废。

③唐置，属羁縻驯州。治所在今四川雷波县东北马湖一带。后废。

天池峰 ①在今江西九江县西南五十里庐山天池寺北。《清一统志·九江府一》引桑乔《庐山疏》：“庐山石门者，山之天池、铁船二峰，对峙如门也。”

②在今四川峨眉山市峨眉山仙峰寺西北。山顶有天然石池，因名。清嘉庆《四川通志》卷17峨眉县：“洪椿坪即千佛庵，在牛心寺后，一名天池峰。”

天池铺 即今四川华蓥市东北天池镇。清嘉庆《四川通志》卷89广安州：天池铺“在州东八十里”。

天池寨 明成化九年（1473）筑城，属兴武营守御千户所。即今宁夏盐池县西北天池村。

天兴 古国名。五代唐天成三年（928）贵族杨干贞杀长和国的郑隆亶，立赵善政，号大天兴。都阳苴咩城（今云南大理市北二十六里大理古城）。辖境比今云南全省大。天成四年（928）为义宁政权所代。

天兴州 清康熙三年（1664）郑成功子郑经升天兴县置，属东宁省。以管辖台湾北路地区。治所在佳里兴（今台湾省台南市西北佳里区北佳里兴）。清康熙二十二年（1683）废。

天兴县 ①唐至德二年（757）分凤翔县置，与凤翔县同为凤翔府治。治所即今陕西凤翔县。金大定十九年（1179）改名凤翔县。

②清顺治十八年（1662）十二月郑成功收复台湾置，属承天府。以管辖台湾北路地区。治所在佳里兴（今台湾省台南市西北佳里区北佳里兴）。康熙三年（1664）升为天兴州。

天安门 在今北京市中心天安门广场北侧。原为明、清皇城之正门。建于明永乐十五年（1417），初名承天门。清顺治八年（1651）重修，改名天安门。城门五阙，重楼九间，通高33.7米。整个天安门坐落在汉白玉须弥基座上，下面墩台高10米。城楼重檐飞翘，雄伟壮丽。天安门前环金水河，有跨河石桥五座，即外金水桥。1961年定为全国重点文物保护单位。

天安寺 旧名报恩寺。在今广东雷州市旧城西关外。《舆地纪胜》卷118雷州：寇莱公庙“在敬德门外报恩寺西”。《清一统志·雷州府》：天安寺“在海康县西关外。唐大历五年建。旧名报恩。宋苏轼书‘万山第一’四字于门。李纲、赵鼎、胡铨南谪时，皆寓此”。

天安殿 北魏平城内宫殿。在今山西大同市东北。《魏书·太祖纪》：天赐六年（409）十月，“帝崩于天安殿”。即此。

天阶山 在今福建将乐县东南。《寰宇记》卷100南剑州将乐县：天阶山“在县南二十里。《建安记》云，山下有宝华洞，即赤松子采药之所。洞中有泉，有石燕、石蝙蝠、石室、石柱、石臼、石井。俗云，其井南通沙县溪，复有乳泉，自上而滴，人取服之，登岭若升碧汉，故有天阶之号”。

天妃闸 旧在今江苏淮安市淮阴区西南旧县东。明万历六年（1578），河臣潘季驯移通济闸于甘罗城南泰山墩北，俗称天妃闸。因在天妃庙口，故名。清乾隆十年（1745）移建于县东草坝下北岸堤内，即今址。

天妃宫遗址 在今天津市河东区大直沽中路。俗称东庙，又称天妃灵慈宫。始建于元，为海运漕粮祈求海神保佑而建。有石殿、大殿、东西配殿、二门、山门、戏楼等。1900年被八国联军焚毁。清光绪三十一年（1905）修复大殿三间，1950年被拆除。1998年12月至1999年1月经过考古发掘，揭示出元代建筑基址和明清时期大殿基址，出土大量元、明、清时期的生活器皿、建筑构件等重要遗物。现已建天妃宫遗址博物馆。2006年定为全国重点文物保护单位。

天寿山 本名黄土山。在今北京市昌平区北十八里。清《日下旧闻考》卷137引《大政记》：“永乐七年五月，营寿陵于北京昌平县东黄土山，封曰天寿山。”明十三个帝陵皆营建于此。

天坛（壇） 在今北京市城中正阳门东南天坛公园内。始建于明永乐十八年（1420）。初名天地坛，嘉靖十三年改称天坛。为明、清帝王祭天祈谷之地。有垣墙两重，形成内外坛，坛墙南方北圆，象征天圆地方。天坛是圜丘、祈谷两坛的总称。圜丘坛在南，祈谷坛在北，两坛同在一南北轴线上，中间有墙相隔。圜丘坛内主要建筑有圜丘坛、皇穹宇；祈谷坛则有祈年殿、皇乾殿、祈年门等主建筑。内坛西墙内有斋宫，外坛西墙内有神乐署。天坛是我国现存最大的古代祭祀性建筑群，也是世界建筑艺术珍宝。1961年定为全国重点文物保护单位。1998年被联合国教科文组织世界遗产委员会确认为世界文化遗产。

天坛（壇）山 ①在今河南济源市西北王屋山之绝顶。唐李白《寄王屋山人孟大融》诗有“愿随夫子天坛上，闲与仙人扫落花”。

②在今河南渑池县东北十八里。《寰宇记》卷5渑池县：天坛山“高五百丈，四面陡绝如坛。后魏孝文帝西巡至此。祀天坛神”。

③在今甘肃平凉市北。《明一统志》卷35平凉府：天坛山“在府城北五里。亦名卧虎。上有朝元宫”。

天坑 在今湖北远安县东。《方舆纪要》卷78远安县：天坑“在县东十里。周围山耸，中阔十里，虽霖雨横流，须臾自消，如天造地设”。

天护陀罗尼经幢 在今河北石家庄市西井陉矿区天护村。唐开元十五年（727）建。高4.7米。分基座、幢身和顶三部分。基座作须弥式，上有仰莲台。幢身八角形，南面镌刻“为国敬造佛顶尊胜陀罗尼幢”，余刻经文。幢身之上施宝盖、须弥山和仰莲，以承托八角石柱，柱各面开龛，内雕一菩萨立像。幢顶已残。天护经幢是目前国内最早的陀罗尼经幢实物之一。1996年定为全国重点文物保护单位。

天花井山 在今江西九江市东南。《寰宇记》卷111德化县：天花井山“居庐山之末，其支散为诸冈阜，所行甚远，如乌稍岭、丫髻山，皆其支也”。

天村山 在今广西融安县西南。《舆地纪胜》卷103静江府：天村山“在古县西南一百里。山上有水，人耕田如在天上，故名”。《方舆纪要》卷107永宁州：天村山“在州西南一百里。岭有田，居民耕种成村”。

天村堡 北宋元丰四年（1081）置，属诚州。当在今湖南靖州苗族侗族自治县境。

天社山 即修觉山。在今四川新津县南，当邛崃水（南河）注入岷江处。东晋常璩《华阳国志·蜀志》：秦李冰“又通笮道文井江……与蒙溪分水白木江会武阳天社山下，合江”。东汉建安二十一年（216），犍为太守李严“乃凿天社山，寻江通车道、省桥，梁三津，吏民悦之”。《元和志》卷31新津县：“天社山在县南三里，在成都南百里。北枕大江，南接连岭，每益土有难，人多依焉。”

天际岭 在今广东连州市西十五里。《方舆纪要》卷101连州：天际岭“在州西北十五里。一名昆湖山，以下瞰昆湖而名”。

天林店 即天宁庄。今安徽桐城市东南金神镇北天林庄。光绪《大清直省地舆全图》作天林店。

天板关 明置，在今广西钦州市西。《清一统志·廉州府》：天板关“在钦州西六十余里”。

天国山 亦名大坪山。在今四川都江堰市西南九十里，崇州市西北二百余里。《元丰九域志》卷7：永康县有天国山。《方舆胜览》卷52崇庆府：天国山“在永康县。左连大面，右连鹤鸣，前临狮子，后枕大随等山。有龙池及融照寺。青城山有八大洞，此乃第五洞也”。

天固堡 隋置，在今甘肃庆城县西南八十里。《方舆纪要》卷57安化县：天固堡“在彭原废县南。隋开皇中所置，以天然险固而名”。

天图铁路 由今吉林延吉市西的天宝山老头沟，经朝阳川至图们江边的开山屯。全长125公里。1921年日本擅筑，次年当地集资收回路权。1923年建成。

天岭 ①又名偏岭。在今河北沽源县南。《新五代史·四夷附录第二》：胡峤云：归化州“又三日登天岭，岭东西连亘，有路北下，四顾冥然，黄云白草，不可穷极。契丹谓峤曰：‘此辞乡岭也，可一南望而永诀’。”《方舆纪要》卷18万全都司开平卫：偏岭“盖讹偏为天也。成祖北征，自积石度偏岭，至开平之纺织隰宁驿是也”。

②在今江西上高县西。《明一统志》卷57瑞州府：天岭“在上高县西二十里。其岭最高，行者若登天，因名”。

天岭山 在今广东龙门县南六十里。《方舆纪要》卷101广州府龙门县：天岭山“高千仞，为一邑之望，一名指天岭”。

天竺山 ①在今江西大余县东北。《清一统志·南安府》：天竺山“在大庾县东北六十里，与丫山相对。岩壑延亘，林木茂郁。东有月峰，奇秀特出”。

②在今浙江杭州市西。宋《淳祐临安志》卷8：“既来自天竺，故以名焉。”《宋史·苗傅传》：“（王）渊伏兵天竺”，即此。山分上、中、下天竺，故又称三天竺，各有寺。

③古岛屿名。为印度至中国航道所经。《宋史·外国传·注辇》载：“三佛齐国又行十八昼夜，度蛮山水口，历天竺山，至宾头狼山。”其说有二：(1)在今新加坡以北奥尔岛；(2)在今越南湄公河口外之昆仑岛。以后说为宜。

天竺寺 在今浙江杭州市灵隐寺南山中。有三寺：上天竺寺在北高峰麓，五代吴越建；中天竺寺在稽留峰北，隋建；下天竺寺在飞来峰南，东晋建。为杭州著名佛教寺院。

天竺江 即今印度之恒河。《水经注·河水注》引康泰《扶南传》：“发拘利口入大湾中，正西北入，可一年余，得天竺江口，名恒水。江口有国，号檐帙，属天竺。”

天竺国 古印度别称。《后汉书·西域传》：“天竺国一名身毒，在月氏之东南数千里。”以后《晋书》、《魏书》、《新唐书》、《宋史》均沿称"天竺"。唐玄奘《大唐西域记》卷2："详夫天竺之称，异议纠纷，旧云身毒，或曰贤豆，今从正音，宜云印度。"

天岳（獄）山 即巴丘山。在今湖南岳阳市西南隅。《方舆纪要》卷77岳州府：巴丘山"亦名天岳山，一名幕阜山"。

天乳山 在今陕西富平县西北三十里。《寰宇记》卷31耀州富平县："天乳山在县西北二十五里。两峰相对，类于乳形。"

天河 在今湖北郧西县西为汉水支流。《方舆纪要》卷79郧西县"汉水"条下：天河"在县西南一里。出县西北界虎鸣峪，驾山而下，经县南达汉水，如自天来，故名"。

天河口镇 即今湖北郧西县南三十里天河口镇。清同治《郧阳府志》卷2《市集》：郧西县南乡有"天河口"。

天河山 在今湖南麻阳苗族自治县东。《清一统志·沅州府》：天河山"在麻阳县东八十里。下汉中有天井出泉"。

天河市 即今江西吉安县西南天河镇。清光绪《庐陵县志》卷3：天河市"在县西百二十里"。

天河县 唐贞观四年（630）置，属粤州（后改名宜州）。治所在今广西罗城仫佬族自治县西南四把镇下里旧县。元和八年（813）移治龙水县古波里（今罗城仫佬族自治县西天河镇北四十里）。北宋时移治县北思农镇江浒（今罗城仫佬族自治县西北）。大观元年（1107）废。靖康元年（1126）复置。南宋嘉熙元年（1237）迁治高砦（今罗城仫佬族自治县西天河镇西二十里）。元属庆远南丹安抚司。明属庆远府，洪武二年（1369）迁兰石村，正统七年（1442）迁甘场村（今罗城仫佬族自治县西），嘉靖十三年（1534）迁福禄镇（今宜山县西北福禄村），万历十九年（1591）迁今天河乡。1952年与罗城县合并为罗城县。

天河岩 在今湖南炎陵县西南。《方舆纪要》卷80酃县："天河岩在县西南三十里。高峻为一邑之镇。"

天河海 在今广东江门市新会区东北。清道光《新会县志》卷2：天河海"一名羚海，在城东北八十里。其水源自广西大江来，至肇庆而下，直至新会。其思贤滘乃此水支流，合南雄水，以达于省城。其正流经顺德之甘竹至银瓶咀，又西南行经三沥沙至天河下横江。其自银瓶咀下至白藤，左为顺德，右为新会，直注猪头山海"。

天泽山 在今陕西安塞县东南。《方舆纪要》卷57安塞县：天泽山"在县（今沿河湾镇）东五里。上有天泽泉"。

天泽镇 金置，属孟门县。在今山西柳林县北一带。

天宝山 ①在今北京市海淀区西北。西山支脉。清《日下旧闻考》卷102："天宝山有茶棚庵、山神庙、七圣庙。"

②在今福建建瓯市西北五十里。明嘉靖《建宁府志》卷3《山川》建安县：天宝山"在丰乐里。延袤五六十里，峰峦起伏，联属不绝，下有天宝寺"。

③在今福建漳州市西北天宝镇。明嘉靖《龙溪县志》卷1：天宝山"在县西北二十一都。……宋时有明珠夜飞入九龙江，为渔人所得，以贡，因名"。《方舆纪要》卷99漳州府龙溪县：天宝山在"府西三十里。五峰峭立，周百余里，郡之望山也。宋大中祥符中山下溪产大珠，入贡，因名"。

④在今江西崇仁县东南。《方舆纪要》卷86抚州府崇仁县：天宝山"在县东南三十里。峭拔森耸，为郡界伟观"。

⑤在今四川会东县南嘎吉乡境。清同治《会理州志》卷1：天宝山"在南一百九十里戛吉场后"。产银、铅及锌。

天宝山镇 即今吉林龙井市西北天宝山镇。清光绪《吉林通志》卷17珲春城：西北"二百八十里天宝山，矿务局及靖边防军驻此"。民国徐曦《东三省纪略》卷17："银矿则首推天宝山。其地西距延吉约一百四十里。产额之富，为各矿之冠。光绪初开采，日获银八百余两。"

天宝市 即今福建漳州市西北天宝山南麓天宝镇。清光绪《皇朝中外一统舆图》：漳州西北有天宝市。

天宝军 即天保军。治所在今四川理县西北米亚罗镇。唐杜佑《通典》卷176云山郡（奉州）："西至天宝军百三十里。"

天宝县 唐天宝三年（744）改番禾县置，属武威郡。治所即今甘肃永昌县。《寰宇记》卷152："以界内天宝山出醴泉并石花，民取以为面，贫者赖之，遂改为天宝县。"乾元元年（758）属凉州。长庆中改名番和县。

天宝河 即新门。在今河南陕县东北三门峡人门岛东。唐郑棨《开天传信录》："天宝中，上以三门河道险束，漕运艰难，乃旁北山凿石为月河，以避湍急，名曰天宝河。"

天宝洞 在今江西新建县西八十里西山。《寰宇记》卷106洪州南昌县：天宝洞"在城西八十里西山最胜处。洞门有石泉状如水帘"。《舆地纪胜》卷26：天宝洞"道经所载第八洞天也。杨无为诗云：'天宝洞中如不到，西山无似不曾来'"。《方舆纪要》卷84南昌府新建县：西山天宝洞"洞门喷泉如缕，名玉帘泉。泉水注入山下金钟湖"。

天房 亦作天堂、天方。又名默伽、麻嘉。即今沙特阿拉伯之麦加，为伊斯兰教圣城。《元史·郭侃传》：丁巳岁（公元1257年），攻乞石迷部，"又西行三千里，至天房，其将住石致书请降，……住石果来邀我师，侃与战，大败之，巴儿算滩降，下其城一百八十五"。

天居寺 在今湖北荆州市荆州区原江陵县城内。

《资治通鉴》：南朝梁承圣三年（554），西魏于谨等围江陵，“（元）帝移居天居寺”。即此。

天陈县 西汉置，属酒泉郡。治所在今甘肃玉门市东南。《汉书·地理志》注：颜师古曰，“音衣。此地有天陈阪，故以名”。东汉废。

天封寺 在今浙江天台县天台山主峰华顶山南坡。《徐霞客游记·游天台山日记》：崇祯五年（1632）三月十五日，“逾岭而入天封寺，寺在华顶峰下，为天台幽绝处”。

天城山 在今重庆市万州区东北。《方舆纪要》卷69万县：天城山“在县西五里。四面峭立如堵，惟西北一径可登。又名天生城，相传汉昭烈尝驻兵于此”。

天荒荡 在今江苏金坛市西北。《方舆纪要》卷25常州府金坛县：天荒荡“其上流受长山以南、茅山以东诸水，汇流为荡，俗有十万天荒九万田之语。居民筑堤捍水，引流入于运河，谓之建昌圩。圩田近十万亩，置闸以蓄泄之，为民利甚溥”。

天柱山 ①在今山西静乐县南。《清一统志·忻州》：天柱山“在静乐县南三里。相传后魏天柱大将军尔朱荣尝过此，因名。山间有金龙泉”。

②在今辽宁沈阳城东北。本名东牟山。清太祖努尔哈赤福陵在此，顺治十六年（1659）封山曰“天柱”。

③皖山中一山峰，又名天柱峰。也泛指皖山。在今安徽潜山县西北。《三国志·魏书·张辽传》：“（梅）成遂将其众就（陈）兰，转入潜山。潜中有天柱山，高峻二十余里，道险狭，步径裁通，兰等壁其上。”

④即霍山。在今安徽霍山县南。《汉书·地理志》：“灊，天柱山在南。有祠。”《史记·封禅书》：西汉元封五年（前106），“上巡南郡，至江陵而东。登礼灊之天柱山，号曰南岳”。

⑤即宛委山。在今浙江绍兴市东南。宋《嘉泰会稽志》卷9会稽县：宛委山“在县东南一十五里……有悬崖之险，亦名天柱山”。

⑥在今浙江杭州市余杭区西南余杭镇西。宋《咸淳临安志》卷24：“天柱山在（大涤）洞西南隅，乃五十七福地。”《方舆纪要》卷90余杭县“大涤山”条：天柱山“高六百六十丈，四隅陡绝，耸翠参天”。

⑦在今福建南安市西北境。《清一统志·泉州府》：天柱山“在南安县北少西七十里。高可以望郡中，四围八山拱向，中有田数百亩。田中有数小山如棋子，俗谓之八仙奕棋”。

⑧在今福建南平市西南五十里。明《寰宇通志》卷49延平府：天柱山“在南平县治西大源外里。屹立凌空如柱”，故名。

⑨即今福建长泰县东天柱山。有石室、石梯、海涛岩等二十奇。宋曾循称为临漳第一胜处。明嘉靖《长泰县志》山川：天柱山“在县东南五十里。上有石柱高二丈余，故名”。

⑩在今山东平度市北五十里。《方舆纪要》卷36平度州：天柱山“绝顶巉岩，耸立如柱。又有石龛如屋，州人谓之劈石口”。魏光州刺史郑道昭有铭。

⑪在今河南洛宁县东南四十五里。《元丰九域志》卷1：河南府永宁县“有天柱山”。

⑫一名石柱山。在今湖南蓝山县北二十里。《明一统志》卷64衡州府：天柱山“下有岩洞，石乳融结，奇怪万状。色如碧玉”。

⑬一名云台山。在今四川苍溪县东南。《隋书·地理志》：阆内县有天柱山。《舆地纪胜》卷185阆州：天柱山，“《述巴记》曰：云台山一名天柱山”。

⑭即覆舟山。在今四川中江县西南。《元和志》卷33玄武县：天柱山“一名覆船山。在县西南四十里”。

⑮在今陕西安康市西五十里。《方舆纪要》卷56兴安州：天柱山“悬崖壁立，秀出群岭。下有碧钿、青碌诸洞二十余处，唐、宋俱采取入贡，明始停闭”。

⑯又名牛山。在今陕西山阳县东南八十里。《隋书·地理志》：上津县有天柱山。《寰宇记》卷141引段成式《名山记》曰：“上津天柱山，绝岩壁立，秀出众岭，有穴名游仙洞，洞口有竹数茎，寒风凛凛，人不敢入。”

⑰即岐山。在今陕西岐山县东北。《史记·夏本纪》正义引《括地志》云：“岐山在岐州岐山县东北十里。”《寰宇记》卷30岐山县：“岐山在县东北十里，亦名天柱山。……或云，其峰高峻，迥出诸山，状若天柱，因以为名”。

天柱山山谷流泉摩崖石刻 在今安徽潜山县西北。由“山谷流泉摩崖石刻”、“刘源题字石刻”和“白云岩石刻”三部分组成。山谷流泉摩崖石刻位于潜山县天柱山镇风景村境内凤凰山麓一条长400余米的深邃山谷两侧，东临佛教圣地三祖寺。石刻密布崖壁磐石及溪谷河床，现存唐至民国历代石刻四百余方，以宋刻最多。题刻作者达数百人，著名的有唐代李翱、李德修、吕渭，宋朝李师中、赵孚、舒雅、蔡伯希、王安石、黄庭坚、苏轼、张同之、杨希元，明人胡缵宗、余删，清代张楷等名宦大家皆题字崖谷。题刻内容广涉天文、地理、政治、经济、军事、文化诸多方面；文体多样，有诗词、歌赋、纪事、题名等；书体有真、草、隶、行、篆，是一座天然艺术博物馆和史料档案馆，为研究历史人物活动、文学书法艺术、自然和社会科学等提供了珍贵资料。还有位于天柱山主景区西关寨口崖壁的刘源题字石刻，位于天柱山景区娘娘河东侧的白云岩石刻，2001年也与“天柱山山谷流泉摩崖石刻”一起，被定为全国重点文物保护单位。

天柱山摩崖石刻 在今山东平度市北五十里，为大泽山天柱峰。上有北魏郑道昭、郑祖述父子的摩崖碑刻，书法具有从汉隶到楷书过渡的特点。1988年定为全国重点文物保护单位。

天柱千户所 明洪武二十五年（1392）置，属湖广靖州。治所即今贵州天柱县。万历二十五年（1597）改为天柱县。

天柱冈 在今江西泰和县南。《明一统志》卷56吉安府：天柱冈“在泰和县南二十里。屹若天柱，正当县治”。

天柱观 在今浙江杭州市余杭区西南百余里。《清一统志·杭州府二》：洞霄宫“唐弘道初建天柱观，乾宁二年钱镠重建”。北宋大中祥符五年（1012）改名洞霄宫。

天柱县 明万历二十五年（1597）改天柱千户所置，属湖广靖州。治所即今贵州天柱县。崇祯十年（1637）迁治龙塘（今天柱县东十里社学乡田心寨），改名龙塘县。后仍还故治，复名天柱县。清雍正五年（1727）改属贵州黎平府。十一年（1733）改属镇远府。民国初属贵州镇远道。1923年直属贵州省。据《清一统志·镇远府》：柱石山“在天柱县北十五里。上有石如柱，县以此名”。

天柱峰 ①在今福建武夷山市南武夷一曲。《清一统志·建宁府》：天柱峰“一名大王峰。高五千丈。东瞰北溪，南瞰西溪。东麓有昇真洞，一名仙蜕崖。洞中有雷纹瓷瓮盛仙蜕”。

②在今湖北宜昌市西陵区西北。南宋陆游《入蜀记》：虾蟆碚“稍西有一峰孤起侵云，名天柱峰，自此山势稍平”。《方舆纪要》卷78夷陵州“峡口山”条下：“天柱山在州西三十五里。三峰耸立如柱，故名。”

③在今湖北宣恩县东。《方舆纪要》卷82施南宣抚司。天柱峰“在司东三十里众山中，有石屹立。因名”。

④在今湖北丹江口市西南。为武当山最高峰。海拔1612米。《明一统志》卷60襄阳府：大岳太和山“在均州南一百二十里。山有二十七峰。……其中一峰最高者，旧为天柱峰，亦曰紫霄峰”。

⑤在今湖南衡阳市南岳区西北部，祝融峰西南。为南岳七十二峰之一。《舆地纪胜》卷55衡州：天柱峰“在南岳。其形如双柱，两头耸”。

天威军 ①即神武军。在今青海湟源县西南哈喇库图城附近的石城山。《新唐书·地理志》鄯州鄯城县：定戎城“又南隔涧七里有天威军，军故石堡城”。

②北宋置，属真定府。治所在今河北井陉县北威州镇。熙宁八年（1075）置井陉县。

天威城 在今河北井陉县北十六里威州镇。《方舆纪要》卷14井陉县：天威城，“宋初置天威砦于此，寻曰天威军。熙宁八年，移井陉县治焉。金初置威州亦治此。……今亦谓之威州城，又名威州堡，亦曰井陉店”。

天临路 元天历二年（1329）改潭州路置，属湖南道宣慰司。治所在长沙、善化县（今湖南长沙市）。《元史·地理志》：“以潜邸所幸”，故名天临。明太祖甲辰年（1364）改为潭州府。

天星桥 在今江苏泰兴市南天星村。清光绪《泰兴县志》卷5：“濠河西流十二里达过船港入江，少南西流十八里达洋思港入江，又西南流十里径大孙桥，又西八里至天星桥，又西二星达王家港入江。”

天星砦 明置，属打冲河中前千户所。在今四川西昌市西南。《明史·四川土司传》：四川都指挥使瞿能平月鲁帖木儿叛，“能还攻天星、卧漂诸砦，皆克之”。即此。

天星湖 在今浙江嘉兴市天星湖弄一带。《舆地纪胜》卷3：天星湖“在嘉兴县东。旧传亦系秦始皇掘地为冰之所，水草不生，亦一异也。又名天心湖”。今堙。

天星寨 在今湖南凤凰县北七十二里，南距岩口汛七里。清刘应中《平苗记》言其“四面陡削，为苗中绝险之地”。

天界寺 在今福建厦门市南万石植物园内。其地山势如仙人醉卧，称醉仙岩。岩上天界寺乃清乾隆年间月松和尚募化重修。寺后山巅有摩崖石刻“天界”二字。

天迴镇 即天回镇。在今四川成都市东北三十里天回镇。

天贶殿 在今山东泰安市北泰山下岱庙中。清聂钕《泰山道里记》：“露台北为峻极殿，即宋之天贶殿。殿九间，重檐八角，祀泰山之神。”

天保山 在今广西德保县北三十里。旧名响泉山。明代土知府岑天保死后葬此。《清一统志·镇安府》：岑天保墓“在府城东北三十里天保山麓。洪武初，授镇安土知府，世乱保境息民，世治恪恭奉上，筑城垣，立法度，劝农桑，恤孤寡，民怀其德，遂以其名名山”。

天保军 唐开元二十八年（740）置，治所在今四川理县西北米亚罗镇。天宝八年（749）徙云山郡治此，改为天保郡。

天保县 清乾隆三年（1738）置，为镇安府治。治所即今广西德保县。民国初属广西田南道。1928年直属广西省。1951年与敬德县合并置德保县。

天保城 一作天堡城。在今江苏南京市城东北紫金山第三峰（即天保山）之巅，紫金山天文台大院内，是太平天国时期为保卫天京修筑的重要军事要塞。当时清军在南京城东孝陵卫一带建江南大营，直接威胁太平天国首都天京的安全。天保城居高临下，对阻止清军攻城、保卫首都天京的安全发挥了重要作用。民国初光复南京时，浙军夺天保城战绩最著，因建浙军纪念塔，以志其功。

天保郡 唐天宝八年（749）改云山郡置，治所在定廉县（今四川理县西北米亚罗镇）。乾元元年（758）改为保州。

天保砦 ①在今湖北南漳县南。《清一统志·襄阳府三》：天保砦“在南漳县境。本朝雍正八年设把总分防”。

②在今湖南辰溪县南二十里。《方舆纪要》卷81辰溪县“龙门砦”条下：天保砦“山势危峻。昔居民避兵处”。

天皇寺 在今湖北荆州市荆州区故江陵县城东二里草市。南朝梁天监中建。又名乾明寺。唐杜甫《大历三年春白帝城放船出瞿塘峡久居夔府将适江陵》诗：“喜近天皇寺，先披古画图”句自注：“此诗有晋右军书、张僧繇画、孔子泊颜子十哲形像。”《渚宫故事》：荆州天皇寺，“图卢舍那佛像，夜有奇光，发于屋壁；又于柏堂内图孔、颜十哲像。或谓释门之内，何写素王之容，僧繇笑曰：‘吾诚偶然，安知其不利于后也?’及后周灭二教，梁为附庸，荆楚祠宇，莫不拆毁。惟天皇寺有宣尼像，遂为国庠，时人叹其先觉”。

天泉山 在今浙江德清县西北。《寰宇记》卷94武康县：天泉山“在县（治今武康镇）西北三十五里。《吴兴记》云：山上有长流泉，谓之天泉。旁多沃壤，可耕种”。

天泉池 ①即天渊池。故址在今江苏南京市鸡鸣山南古台城内。宋《景定建康志》卷19：天泉池“宋元嘉二十三年凿，一名天渊池”。《方舆纪要》卷20江宁县“华林园”条下：“《宫苑记》：天渊池亦曰天泉池。相传吴宝鼎中，于元武湖侧凿大窦引水入宫城为此池。”

②在今河南洛阳市东。《晋书·礼志》：“赵王伦篡位，三日会天泉池，诛张林。怀帝亦会天泉池赋诗。陆机云：‘天泉池南石沟引御沟水，池西积石为禊堂。’”

天胎山 在今河北东光县南。《隋书·地理志》：东光县“有天胎山”。《方舆纪要》卷13东光县：天胎山在“县南十里。土阜隆起，南临靳河。一名天台山”。

天狱山 在今江西吉水县南。《明一统志》卷56吉安府：天狱山“在吉水县南五十里。一名黄原岭。相传此山镇伏奸宄，上有地方广丈许，履之觉下虚如鼓声，俗谓之鬼监，故曰天狱”。《清一统志·吉安府一》：天狱山“一名黄冈岭”。

天津广东会馆 在今天津市南开区南门内大街。清光绪二十九年（1903）动工兴建，光绪三十三年落成。建筑面积1461平方米，主要由门厅、正房、配房回廊及戏楼组成。为北方传统四合院形式，内装修为广东潮州风格。1985年修复后辟为天津戏剧博物馆。该会馆的创建与天津盐业、洋行和广帮商贸发展密切相关。1912年孙中山北上期间曾在此演讲，邓颖超等“觉悟社”成员曾在此举办义演，1925年天津总工会在此成立。天津广东会馆具有丰富的历史文化内涵，在历史、艺术与科学诸方面均具有很高价值。2001年定为全国重点文物保护单位。

天津卫 明永乐二年筑城置戍，三年（1405）置卫，属直隶。在今天津市狮子林桥西端旧三汊口附近。因永乐帝于此渡河而名。中华人民共和国成立后，在南门外出土《重修三官庙碑记》：“成祖文皇帝入靖内难，圣驾尝由此济渡沧州，因赐天津，筑城凿池，而三卫由所立焉。”清顺治九年（1652），裁天津左、右卫，并入天津卫。雍正三年（1725）改为天津州。

天津劝业场大楼 在今天津市和平区和平路290号。1926年筹建，1928年建成开业。1931年加建第六、七层作为戏院等娱乐设施。法商永和工程公司建筑师慕乐设计，建筑形式为古典折衷式，建筑面积2.1万平方米。“天津劝业场”匾为著名书法家华世奎所书，为天津著名的老字号商场。1956年实行公私合营，1958年与毗邻的天祥商场合并，1992年成立天津劝业场股份有限公司，为天津商界首家股份制企业。2001年定为全国重点文物保护单位。

天津水 指今四川乐山市金口河区北之金口河。《舆地纪胜》卷146嘉定府：天津水“在峨眉县西南，出徼外，入沫水”。《方舆纪要》卷72峨眉县“彝惜水”条下：“天津水在县西南百五十里，皆出越西界，东北流入县境，注于阳江。”嘉庆《四川通志》卷17峨边厅：“秦水即泾水，一名天津水，今名金口河。”

天津市 1928年于天津县城区置天津特别市，1930年6月改为天津市，隶属行政院。同年10月，改为省辖市，为河北省治。1935年复升为院辖市。1937年日军占领后，改特别市。1945年抗战胜利后仍为院辖市，1949年1月解放后隶属华北人民政府。同年10月，改为中央直辖市。1958年改为河北省辖市。同年4月，河北省会由保定迁此。1967年复为中央直辖市。河北省会迁保定，次年迁石家庄。1973年河北省蓟县、宝坻、武清、静海、宁河5县划归天津市。1979年设立大港区。1992年东郊区改名东丽区，南郊区改名津南区，西郊区改名西青区，北郊区改名北辰区。2000年撤销武清县，改设武清区。2001年撤销宝坻县，改为宝坻区。2009年撤销塘沽、汉沽、大港3区，合并设立滨海新区。天津市计辖和平、河东、河西、南开、河北、红桥、东丽、西青、津南、北辰、武清、宝坻及滨海新区等13市辖区和蓟县、宁河、静海3县。

天津关 又名大口、天门关。在今北京市门头沟区西北八十里。《明一统志》卷1顺天府：天津关“在良乡县北，西至大龙门，凡十五关口，其间差大者曰天津关”。《方舆纪要》卷11：“天门关口或云天津口，一名大口。”

天津州 清雍正三年（1725）改天津卫置，治所即今天津市。辖境相当今天津市及所辖静海县、河北青县、沧州、南皮以东，及山东庆云县以北地。九年（1731）升为天津府。

天津县 清雍正九年（1731）置，为天津府治。治所即今天津市。位当海河水系交通总会，为南粮北运入京咽喉及长芦盐运销中心。咸丰十年（1860）以后，随着沿海对外贸易发达，渐为华北最大商港。咸丰时曾置三口通商大臣于此，同治后又为直隶总督兼北洋钦差大臣驻所。1913 年为津海道治。1928 年于城区设天津特别市。1935 年迁治今天津市南郊区咸水沽。1949 年迁治今天津市河西区灰堆。1952 年又迁治陈塘庄。1953 年撤销，并入天津市。

天津利顺德饭店旧址 在今天津市和平区解放北路。始建于清同治二年（1863），有“华夏第一店”之称。初为英式平房，后逐渐改建、扩建成两座楼房。《中国丹麦条约》、《中国荷兰条约》均于 1863 年在此签订。该饭店是全国最早始用电灯、电话、电报设备的单位。孙中山、宋庆龄、溥仪、袁世凯、梁启超、胡佛等中外名人曾在此下榻。1996 年定为全国重点文物保护单位。

天津府 清雍正九年（1731）改天津州置，属直隶。治所在天津县（今天津市）。辖境相当今天津市及所辖静海县、河北沧县、青县及南皮县以东；山东庆云县以北地。1913 年废。

天津桥 隋大业元年（605）建于洛水上。在今河南洛阳市隋唐故城正南洛水上。《尔雅》：“箕斗之间为天汉之津。”故名。《元和志》卷 5：“用大缆维舟，皆以铁锁钩连之。南北夹路，对起四楼，其楼为日月表胜之象。然洛水溢，浮桥辄坏。贞观十四年更令石工累方石为脚。”北宋建隆初重修。金以后废。

天津街 即端门大街。在隋唐东都皇城正门端门之南，今河南洛阳市隋唐故城内。《隋书·音乐志》载，隋炀帝在洛阳时，每年正月十五，在天津街上盛陈百戏，“金石匏革之声，闻数十里，弹弦擫管以上一万八千人，大列炬火，光天烛地”。

天室山 在今山东青岛市北。《汉书·郊祀志》：神爵元年（前 61），“祠天室山于即墨”。《汉书·地理志》：即墨县“有天室山祠”。

天宫山 一名天公山。即今福建龙岩市北五十里天宫山。《新定九域志》卷 9 漳州：天公山，“阴晦则闻箫鼓之声”。明《寰宇通志》卷 47 漳州府：天公山“在龙岩县西北。唐武德初有山贼至此，为雷所击，因而就擒”，故名。《清一统志·龙岩州》：天公山，“《府志》谓之天宫山”。

天宫寺 ①即今河北定兴县东南天宫寺乡。明万历《保定府志》卷 2 定兴县图：东有天宫寺。

②在隋唐东都城天津桥附近，今河南洛阳市旧城南。《图画见闻志》卷 5 载：“开元中，将军裴旻居丧，诣吴道子，请于东都天宫寺画神鬼数壁，以资冥助。道子答曰：吾画笔久废，若将军有意，为吾缠结舞剑一曲，庶因猛励以通幽冥。旻于是脱去缞服，若常时装束，走马如飞，左旋右转，掷剑去云，高数十丈，若电光下射，旻引手执鞘承之，剑透室而入，观者数千人无不惊慄。道子于是援毫图壁，飒然风起，为天下之壮观。道子平生绘事得意，无出于此。”

天宫溪 在今福建漳州市西北。《方舆纪要》卷 99 漳州府：天宫溪在“府西北七十里。源出龙岩县天宫山，流至此，为漫潭之上流。亦曰天宫大濑。中有石漈，高丈余。其水倾泻溪中，自成音节，俗谓之更鼓水”。

天冠山 即今江西贵溪市南三峰山。《寰宇记》卷 107 信州贵溪县：三峰山“一名天冠山。三峰鼎立，有泉从崖隙东西泻”。

天险关 明置，在今四川荥经县西南。《明一统志》卷 72 雅州：天险关“在荣经县东北（西南）四十里。据邛崃九折坂之险”。民国《荣经县志》：天险关在“治西四十五里，邛崃关下”。

天姥山 在今浙江新昌县南。《元和志》卷 26 越州剡县：天姥山“在县南八十里”。《寰宇记》卷 96 越州剡县引《后吴录》云：“剡县有天姥山，传云登者闻天姥歌谣之响。”故名。《舆地纪胜》卷 10 绍兴府：天姥山“在新昌东南五十里，东接天台，西联沃洲，上有枫千余丈”。唐李白有《梦游天姥吟留别》诗。

天盐池 在今内蒙古四子王旗东北。《魏书·太祖纪》：天赐三年（406）九月，拓拔珪“壬午至漠中，观天盐池；度漠，北之吐盐池”。

天都山 ①在今甘肃兰州市南三十里。《宋史·李宪传》：元丰中讨西夏，“进至屈吴山，营打啰城，趋天都，烧南牟府库，次葫芦河而还”。

②在今宁夏海原县西北。《宋史·夏国传》：元丰四年（1081），李宪等征夏，“营于天都山下，焚夏之南牟内殿并其馆库”。

天都砦 北宋元符二年（1099）改西水新砦置，属西安州。在今宁夏海原县（三河镇）西北海城镇。西夏称东牟会。

天桥 ①在今河南荥阳市东北。《清一统志·开封府三》：天桥“在荥泽县广武山水峪之南。壁立数仞，仅容一人，往来高郇者，道必出此，险若登天”。

②又称石马桥。即今云南大理市区西郊天生桥。《明一统志》卷 86 大理府：龙尾关“在点苍山南，其右有石长丈余，名天桥，洱河之水过其下，两岸石险，人不可度，又名石马桥”。《方舆纪要》卷 117 大理府：天桥在“府西南三十五里。一名石马桥。下断上连，绝壑深险，洱河之水从此泄而南注，郡境无泛溢之患”。

③在今新疆昭苏县西南夏特柯尔克孜族乡南。《清一统志·伊犁》：沙图阿璊台在“特克斯台西南八十里，自沙图阿瞒台南行五里为天桥，伊犁、阿克苏交界之所，又南九十五里为噶克察哈尔海台，至冰岭之阴矣”。

天桥山 在今云南弥渡县东七里。《清一统志·大理府》：天桥山“两山壁立，一石跨空，涧水从中倒下，极为胜境”。

天桥场 亦作天桥厂。即今辽宁凌海市西南天桥乡。清置巡司于此。1915 年改置县佐。

天峨甲 在今广西天峨县西北向阳镇。《清一统志·泗城府》：天峨甲“在凌云县境。山高林密，蛮僮错居。本朝乾隆四年设县丞驻此”。

天峨县 1935年析凌云、南丹、凤山三县地置，属广西省。治所在天峨墟（今广西天峨县西北向阳镇）。因设治于天峨墟，故名。1953年迁今治六排镇。

天峨墟 即今广西天峨县西北向阳镇。清属凌云县，有县丞驻此。1935年于此置天峨县。

天峰山 在今广东南雄市东北。《方舆纪要》卷102南雄府保昌县：天峰山在“府东北八十里。山形陡峻，高插霄汉，有泉出焉。兵乱时，乡民多避难于此”。

天峻山 在今山西介休市东南。《方舆纪要》卷42介休县：天峻山“县东南十五里。以高峻入云而名”。

天息山 一名伏牛山。在今河南嵩县西南。山北为汝水之源，山南为白河之源。《山海经·海内东经》：“汝水出天息山，在梁勉乡西北。”《元和志》卷6汝州鲁山县：“汝水出县西一百五十里天息山，一名伏牛山。”

天黄山 在今广东罗定市西五十里。《方舆纪要》卷101罗定州西宁县：天黄山“旧属泷水县。《志》云，泷水县西界瑶山凡六十五，此其一也。永乐中，叛瑶归化，后复据险为乱。万历四年，督臣凌云翼破其巢而殪之，境内以宁”。

天梯山 ①在今广东连山壮族瑶族自治县北。《方舆纪要》卷101连山县：天梯山在“县北百五十里。高险无草木，行者难若升天”。《清一统志·连山厅》：天梯山“在厅（西）北五十里。高数百丈，周百里。山势高险，无草木，行者艰若登天，故名”。

②在今甘肃武威市南八十里张义镇北。《十六国春秋辑补》卷68前凉录：东晋太兴三年（320），“京兆人刘弘者，挟左道，客居天梯第五山，然灯悬镜于山穴中，为光明以眩惑百姓，受道者千余人”。《方舆纪要》卷63凉州卫：天梯山“山路崎岖，层折而上，因名”。在南麓，有北凉至清石窟造像。今仅存18窟。

天梯山石窟 在今甘肃武威市南八十里张义镇东北天梯山南麓。始建于北凉、北魏，唐代续建，西夏、明、清时重修。现存洞窟十八个，以第13号大佛窟为中心，上下三层分布。其中北凉洞窟以第1、4、18窟为代表，均为平面近方形的中心塔柱窟，中心柱上下有四层，下层为方形基座，上三层逐层收分直达窟顶，柱四面开龛造像。壁画有2100平方米，采用西域绘画风格并结合中国传统绘画技法创作（壁画现移至甘肃省博物馆）。天梯山石窟的兴盛期在唐代，造像以第13号大佛窟为代表，佛像高28米，旁边有胁侍菩萨、弟子和天王共七身大型造像。天梯山石窟是佛教从印度沿丝绸之路传入中原过程中的凉州石窟的典型代表，也是十六国北方地区的佛教中心之一。它融合了西域与中原佛教建筑艺术的特征，并在佛教东传过程中对炳灵寺石窟等产生了重要影响。2001年定为全国重点文物保护单位。

天堂 或译作天方、天房。即今沙特阿拉伯之麦加。元汪大渊《岛夷志略》：“天堂，地多旷漠，即古筠冲之地，又名为西域。…有回历，与中国授时历前后只争三日，其选日永无差异。”

天堂山 ①在今安徽岳西县北二里。《方舆纪要》卷26潜山县：天堂山在“县西北百四十里。四壁高峻，中敞如堂，平广可置万骑，昔尝屯兵于此”。

②即今福建建瓯市东北百里之天堂山。明嘉靖《建宁县志》卷3《山川》建安县：天堂山“在西乡里。高出群山之表，林木蓊翠，其巅高爽，登览者心神舒豁，如在天堂然，故名”。

③在今湖北罗田县东北一百五十里。海拔1876米，与多云山相连。上有道人崖、猿啼岭、驻云峰等名胜。天堂砦尤其著名。元至正十一年（1351）徐寿辉在此领导农民起义。清王国统等有《游天堂砦》诗。

天堂寺 在今甘肃天祝藏族自治县西天堂乡。民国《甘肃省县总分图》永登县：西北有天堂寺。

天堂岩 在今江西黎川县东南。《方舆纪要》卷86建昌府新城县：天堂岩在“县东南三十里。嵯峨万仞，中缘一径。上平广，可容数百人，兵乱时居民常避于此”。

天堂墟 ①即今湖南宁远县西南十五里天堂镇。清光绪《湖南通志》卷1宁远县图：县西南有天堂墟。

②即今广东新兴县西南八十里天堂镇。万历《广东通志》卷46：新兴县有天堂墟。明置立将巡司于此。

天堂寨 元置，属潜山县。故址即今安徽岳西县驻地天堂镇。《方舆纪要》卷26潜山县：天堂山“旧有天堂寨。多事时，往往为跳梁者所据”。明置巡司于此。

天清寺 在北宋东京城宣化门外繁台前，今河南开封市东南。建于五代周显德二年（955）。落成之日，恰逢世宗柴荣诞辰天清节，遂以为名。显德七年（960）赵匡胤发动陈桥兵变，建立宋朝。此后，柴荣之子、后周恭帝柴宗训被迫迁出皇宫，即居住在天清寺内。为北宋京都名寺。寺内有砖塔，原名兴慈塔，一名天清寺塔。元末，寺毁于兵燹。

天涯山 在今山西原平市东二十里。《明一统志》卷17太原府：天涯山“在崞县东南四十里。形类芙蕖，山有石鼓”。《清一统志·代州》：天涯山“亦有小五台之称，俗名莲花峰。峭石壁立，峦岫温和，雪落随消”。

天涯驿 明置，在今广西钦州市东。《方舆纪要》卷104钦州：天涯驿“在州东。永乐十四年，张辅奏：自天涯驿经猫尾港至涌沦、佛淘，从万宁县抵交阯，多由水道，陆行止二百九十一里，比邱温故路近七驿，宜设水马驿传，以便往来，从之。……改天涯水驿为水马驿。宣德三年复旧”。

天涯亭 在今广西钦州市人民公园内。传为北宋庆历年间北宋知州陶弼始建。《舆地纪胜》卷119钦州：天涯亭“在东门北畔。临水。《岭外代答》云‘钦州有天涯亭，廉州有海角亭，二郡并南辕穷途也，钦远于廉，则天涯之名甚于海角之可悲矣’”。亭初建于城东平南古渡头。明洪武五年（1372）同知郭儁迁城内东门口重建。1935年迁今址。

天涯海角 在今海南省三亚市西北天涯镇东南。清光绪《崖州志》卷2：下马岭在“城（今崖城镇）东六十里。斜峙海湾，有一径可通行人。乱石棋布，潮长即不能往来。为州治东路第二重关隘，有汛驻防。麓有巨石，高二丈。雍正间知州程哲刻‘天涯’二大字于上。今通名此地为天涯”。又有一石题“海角”二字。1961年郭沫若游天涯海角时题“天涯海角游览区”七个大字，并作《游天涯海角》诗。

天渊池 ①三国魏黄初五年（224）开凿。在今河南洛阳市东北汉魏故城北隅。《三国志·魏书·文帝纪》：黄初五年（224），“是岁，穿天渊池”。北魏杨衒之《洛阳伽蓝记》卷1：“华林园中有大海，即魏天渊池。池中犹有文帝九华台，高祖于台上造清凉殿。世宗在海内作蓬莱山，山上有仙人馆，上有钓台殿，并作虹蜺阁。”

②又名天泉池。故址在今江苏南京市鸡鸣山南古台城内。《宋书·少帝纪》：景平二年（424），帝“夕游天渊池，即龙舟而寝”。唐许嵩《建康实录》卷12：元嘉二十三年（446）扩建华林园时，“凿池，名天渊”。

天琴山 在今越南中部河静省锦川县东。《方舆纪要》卷112乂安府：天琴山“在奇罗县东海边。相传陈氏主游此，夜闻天籁如琴，因名。永乐初，张辅擒黎仓于此”。

天彭门 即彭门山。今四川彭州市西北三十里寿阳山。《方舆胜览》卷54彭州：彭门山“两峰如阙，相去四十步，名天彭门，因以名州”。《方舆纪要》卷67彭州：彭门山“两峰对立，其高如阙，名天彭门，亦曰天彭阙”。

天彭阙 ①在今四川都江堰市西北。西晋左思《蜀都赋》：“出彭门之阙。”刘逵注：“岷山都安县，有两山相对立如阙，号曰彭门。扬雄《蜀都赋》曰：‘彭门鸿屼。’”《元和志》卷31导江县：“灌口山西岭有天彭阙，亦曰天彭门，两石相立如阙，故名之”。

②在今四川松潘县西北。东晋常璩《华阳国志·蜀志》：“周灭后，秦惠文王以李冰为蜀守。冰能知天文地理，谓汶山为天彭门；乃至湔氐县，见两山对如阙，因号天彭阙。”《水经·江水注》：“至白马岭，而历天彭阙，亦谓之为天彭谷也。”

天雄寺 在辽上京皇城东南隅，今内蒙古巴林左旗（林东镇）南。《辽史·地理志》上京临潢府：“于内城东南隅建天雄寺，奉安烈考宣简皇帝遗像。”

天雄关 在今四川广元市西南昭化镇西南。《清一统志·保宁府二》：天雄关“在昭化县西南五里剑州大路。俗名五里垭”。

天雄军 ①唐大中三年（849）升秦州防御守捉使为秦、成二州经略、天雄军使，咸通五年（864）升为天雄军节度使，治所在秦州（今甘肃秦安县西北），领秦、成、阶三州。后仅领秦州。五代初属岐州，后改为雄武军节度使。

②唐、五代方镇名。唐天祐元年（904）以魏博节度使号为天雄军，治所在魏州（五代唐改名兴唐府，后晋改名广晋府，后汉改名大名府，在今河北大名县东）。五代为梁所并。

天晴县 唐渤海国置，为晴州治。治所在今朝鲜咸兴西北旧津里。辽徙废。

天赐城 南宋景定三年（1262）建于天赐山，在今重庆市巫山县西北龙溪镇天赐村。《清一统志·夔州府二》：天赐城“在巫山县西北废大昌县西六十里。宋将廉康所筑，景定中，守将徐宗武立名”。

天赐盐场 南宋嘉定十五年（1222）置，属海门县。在今上海市崇明县东北响啊镇附近。元世祖至元十二年（1275）升为崇明州。

天街 旧时帝都的街市称为天街。唐裴宜直《和周侍御洛城雾》诗：“天京飞辔踏琼英，四顾会疑在玉京。”又韩愈《早春呈水部张十八员外》：“天街小雨润如酥。”

天童山 在今浙江宁波市鄞州区东南东吴镇天童街。宋李心传《建炎以来系年要录》卷31：南宋建炎四年（1130）春正月，金人再犯明州，刘洪道“悉府实微服而遁，与浙东副总管张思正引所部奔天童山”。即此。

天童寺 东晋建，在今浙江宁波市鄞州区东南。《舆地纪胜》卷11庆元府：天童寺“在鄞县东六十里。山有玲珑岩，东晋时立祠岩上。唐开元中高僧法璿居之，日诵莲经，感天童捧天食来供人”。故名。现存建筑系清重建。寺院建筑梯级布局，中轴线上自南向北依次为外万工池、七塔、内万工池、山门、天王殿、佛殿、法堂（藏经楼）、先觉堂、罗汉殿等，全部殿宇均为重檐歇山顶。东西轴线上有钟楼、御书楼、御碑楼、戒堂、禅堂等。整个寺院占地6万平方米，建筑七百二十间。寺内还有宋、元、明、清各代碑刻三十余方。御碑亭内有清顺治、康熙、雍正御书敕命、诏书、御札、玉玺等。罗汉堂内有清代著名画家竹禅绘的十八罗汉像石刻。天童寺与日本禅宗关系密切，日本曹洞宗尊天童寺为祖庭。佛殿东云水堂内竖有“日本道元禅师得法灵迹碑”。2006年定为全国重点文物保护单位。

天尊山 在今江西武宁县西北，与湖北阳新县交界处。清同治《江西全省舆图》武宁县图说：“金水铺又三十里经天尊山至黄土岭，自县至此一百十里。”

天尊柱 即南诏铁柱。在今云南弥渡县城西南十二里铁柱庙内。

天湖山 ①即今福建永春县西北天湖山。《清一统志·永春州》：天湖山"在州西北一百里。峭碍摩空，有泉四时不竭"，故名。

②在今福建建瓯市西北。《舆地纪胜》卷129建宁府《景物下》：天湖山"在瓯宁县北十里北津下，其山有三十六景"。明嘉靖《建宁府志》卷3：天湖山"在府城北北津耆下。宋郡守赵研登此，有美景天湖，呈六六之句，盖山有三十六景"，故名。

③在今浙江建德市西南。《方舆纪要》卷90寿昌县：天湖山"在县（今寿昌镇）西二十里。山上有池，流下溉田，冬夏不竭"。

天渡 在今山西襄汾县西南汾河西岸。《资治通鉴》：东晋元兴元年（402），后秦姚为北魏军包围于柴壁，"秦王兴将兵四万七千救之，将据天渡运粮以馈平"。胡注："柴壁在汾东，天渡盖汾津之名，在汾水西岸。"

天游（遊）峰 在今福建武夷山市西南隐屏峰北侧。《清一统志·建宁府》"大杜峰"条下，天游峰"在武夷六曲，隐屏之后，其右为仙掌峰，旁有瀑布泉，下注为仙浴池"。

天富盐场 北宋置，在今浙江平阳县东南鳌江口海滨。《元丰九域志》卷5：温州平阳县有"天富盐场"。后徙至今浙江苍南县东芦浦镇、舥艚镇一带。近代废。

天禄阁 在今陕西西安市西北未央区小刘寨村。为西汉王朝收藏典籍之处。《三辅黄图》卷6引《汉宫殿疏》云："天禄麒麟阁，萧何造，以藏秘书处贤才也。"《陕西通志》卷72引《三辅故事》："天禄阁在未央大殿北。天禄，异兽也。即扬雄校书处。"

天塘山 即今广西容县、北流两县市东南之天堂山。《明一统志》卷84梧州府：天塘山"在容县南一百五十里。上有塘水，旱涝不增减，故名"。《方舆纪要》卷108容县："《通志》：山周二百余里，南接信宜。多竹木，有石窍出泉，流至山下为池。"

天塘溪 在今海南省琼海市北。《方舆纪要》卷105会同县：天塘溪在"县北二十五里。源出文昌县界天塘岭，流入境，下流达乐会县，合万泉江"。

天蓬洞 在今四川叙永县西北。一说在今兴文县东北。《明史·朱燮元传》：天启三年（1623）讨奢崇明之乱，"连拔麻塘坎、观音庵、天蓬洞诸砦"。即此。

天路山 又名天露山。即今广东新兴县东南天露山。《元和志》卷34广州义宁县：天路山"在县西十六里"。

天源河 北宋元丰五年（1082）改金水河为天源河。以源流深远，故名。《宋史·河渠四》："金水河一名天源，本京水，导自荥阳黄堆山，其源曰祝龙泉。"

天福山 在今山东文登市东二十八里天福山镇。1937年胶东特委以昆嵛山红军游击队为基础，于12月24日拂晓在此举行武装起义，特委书记理琪宣布成立"山东人民抗日救国军第三军"，成为胶东抗日主力。1949年后在此建烈士陵园、纪念馆和纪念塔。

天福城 ①即南京城。在今辽宁辽阳市北。《辽史·地理志》：契丹天显三年（928）升东平郡为南京。"城名天福，高三丈，有楼橹，幅员三十里。八门：东曰迎阳，东南曰韶阳，南曰龙原，西南曰显德，西曰大顺，西北曰大辽，北曰怀远，东北曰安远"。

②辽东丹国都。在今黑龙江省宁安市西南渤海镇（东京城）。《辽史·太祖纪》：天显元年（926）攻破忽汗城，灭渤海国，"改渤海国为东丹，忽汗城为天福，册皇太子倍为人皇王以主之"。

天福庵镇 在今江苏昆山市东南天福庵。清光绪《昆新两县续修合志》卷8昆山县：天覆庵"介于徐公浦、瓦铺之间。国朝初，居民寥落，雍正年间始成市"。民国《江苏六十一县志》昆山县："菉家浜与安亭、天福庵俱为京沪铁路所经，交通既便，商业因盛。"

天磁山 一作天滋山。在今江西萍乡市南。清同治《萍乡县志》卷1：天滋山"在县南长丰乡，距城四十里。尖峰耸插，香入云际"。山中富含煤矿。

天镇卫 清顺治初改天成卫置，属山西行都司。治所即今山西天镇县。雍正三年（1725）改为天镇县。

天镇县 清雍正三年（1725年）改天成卫、镇虏卫置，属大同府。治所即今山西天镇县。民国初属山西雁门道。1928年直属山西省。1949年改属察哈尔省。1952年复属山西省。

天德山 在今河北宣化县西北三十里。《方舆纪要》卷18万全都司：天德山在"司西北三十里"。《清一统志·宣化府三》：天德山"叠嶂层峦，胜致不一，夕阳时更觉烟霞绚烂"。

天德江 今越南东北部北江省境之陆岸河（东岸河）。《方舆纪要》卷112安南北江府：天德江"在府东，下流注富良江。一名延蕴江，又名东岸江。永乐初，黎寇惧讨，役民堙塞江口。寇既平，重加浚治，舟楫复通"。

天德军 唐乾元中改天安军置，属丰州。治所在今内蒙古乌拉特前旗东北额尔登布拉格苏木阿拉奔古城。后徙西南三里之永济（清）栅。再移治西北一百八十里西受降城（今乌拉特中旗西南乌加河北岸）。元和八年（813）西受降城为河水冲毁，次年还治大同川西旧城。辽初废。不久复置，移治永济（清）栅。末年，天祚帝曾亡走至此。金废。

天德寨 在今广东乳源瑶族自治县东。《清一统志·韶州府》：天德寨"在乳源县东十五里。一名石门寨。周回砌石如城。元至正中郴寇陷城，义士邓可贤率乡民固守于此"。

天磨山 在今河南遂平县西。《方舆纪要》卷50遂平县：天磨山“在查牙山西。高耸如磨”。

天禧镇 北宋置，属安阳县。在今河南安阳县西南四十里天喜镇村。《清一统志·彰德府二》：天禧镇“宋天禧中徙林虑北齐镇于此，因名”。

天隳山 即天回山。在今四川成都市北三十里。《太平御览》卷166引扬雄《蜀王本纪》：“有王曰杜宇，出天隳山。”明曹学佺《蜀中名胜记》卷3：天隳山“玄宗幸蜀返跸之后，土人呼曰天回（山）”。

天籁阁 在今浙江嘉兴市。系明项元汴藏书楼。《清一统志·嘉兴府一》：天籁阁“在秀水县。项元汴，号墨林。有铁琴，因以名阁”。又《嘉兴府二》：项元汴“工绘事，精于鉴赏，其所藏法书名画，极一时之盛，以天籁阁项墨林印记识之”。

天露山 即天路山。在今广东新兴县东南。《元丰九域志》卷9新州新兴县“有天露山”。《舆地纪胜》卷97新州：天露山“在州东南二十里。高甲于诸山之上，神祠有巨石焉。泉出其旁，深丈余，鱼牣于中。山上有岱山寺”。

天露水 在今广东新兴县东南。《方舆纪要》卷101肇庆府新兴县：天露山“在县东南。源出天露山，流至城东门合卢溪水”。

元乂墓 在今河南洛阳市北前海资村（现改名向阳村）西南、洛孟公路西侧。元乂，字伯儁，道武皇帝玄孙，太师京兆王世子。《魏书》中有传。该墓1925年曾被盗掘，1974年再次进入墓内作了调查。墓甬道顶部与壁上均有彩绘，皆被破坏。墓室四壁原来也有壁画，多被盗墓者揭走。唯墓室顶部的天象图保存完好。这是考古中发现的时代较早、幅度较大、数量较多的一幅“天象图”。

元大都城墙遗址 在今北京市海淀区和朝阳区，今北、西土城路侧。俗称土城，是元大都城残留下的北城墙和西城墙北段。现存墙长约12公里，墙基宽约15米，残高6米。元世祖至元三年（1266），忽必烈决定在原中都城东北重建新城，次年始建。以琼华岛（今北海）为中心兴建宫城、皇城、坛庙等。至元九年（1272）命名为大都，二十一年（1284）全部建成。元大都周长28.6公里。南墙在今长安街南侧。全城街巷如棋盘状，共有城门十一座，是当时世界最大都城之一。（明初改建都城时，北墙南移五里）。2006年定为全国重点文物保护单位。

元大都皇城 元大都在金中都的东北。皇城居全城南部的中央地区，南墙在今北京市东、西华门大街以南，东墙在今南、北河沿西侧，西墙在今西皇城根，北墙在今地安门南。其布局是以太液池（今南海、中海、北海）为中心，东岸建有以大明殿为主体的宫城，宫城后为御苑。西岸建有以光天殿为主体的隆福宫和以兴圣殿为主体的兴圣宫及西苑等。在太液池中的万岁山（今北海琼岛）上建有广寒殿等宫殿建筑，在瀛洲（今团城）上建有仪天殿。

元上都遗址 在今内蒙古正蓝旗东闪电河北岸兆奈曼苏默上都故城。初建于蒙古宪宗六年（1256），名开平府，后改为上都。元朝在今北京市建大都后，这里作为陪都，每年四至七月皇帝率群臣到此避暑并处理政务。城址平面呈方形，分三重，外城土筑，周长约9公里。皇城周石块包镶，宫城周砖包镶。整个城址规划整齐对称。城内为官署府邸，城外东、西、南三面关厢地带为市肆、民居。明永乐初年荒废，城垣及建筑基址尚存。1988年定为全国重点文物保护单位。

元山寺 在今广东陆丰市东南碣石镇玄武山。占地5万平方米，建筑面积3400平方米（包括福星塔、玄山戏台）。始建于南宋，明代扩建成现有的格局，称玄山寺。清康熙年间因避讳改称元山寺。元山寺为明代旧构，清乾隆十五年（1750）建成戏台，同治四年（1865）建福星塔。元山寺中殿、正殿在光绪六年（1880）进行了大修。主体建筑为五座四合院，分别象征金、木、水、火、土。整体布局附会阴阳五行之说，建筑合九九之数。梁架结构保持明清建筑风格，建筑形式融合了粤东民居、祠庙和宫殿的特点。其戏台为岭南最大的庙宇戏台，装饰艺术具有地方特色。该庙还是明清时期海防军事“神道治兵”的场所，现存大量石刻、碑记。元山寺历经数代，释道兼容，更加世俗化，并保存大量宗教艺术珍品，是研究民间宗教文化的重要资源。2001年定为全国重点文物保护单位。

元山镇 即今江苏南京市江宁区西南吉山下。清同治《上江两县志》卷5《城厢》：有“元山镇”。光绪《江苏全省舆图》江宁县记：“元山镇在城南四十里。”

元中都遗址 在今河北张北县西北馒头营乡。元中都建于元成宗铁穆耳大德十一年（1307）至武宗海山至大三年（1310）。城址由内、中、外三重城依次相套。内城平面呈长方形，周长2360米，四隅有角台，四面各设一城门，南门三门道，两侧可能有阙台。中城面积约80万平方米。外城城垣的东、北、南墙也已找到。元中都的宫室建筑按中轴线布局，以1号基址为中心的主体宫殿群位于内城的中北部。作为正殿的1号宫殿基址居于内城的中心位置，平面呈“工”字形，发现有排列整齐的柱础石及琉璃瓦当、滴水和花砖等。这里出土的汉白玉螭首，雕刻精美，堪称元代石刻的精品。2001年元中都遗址被定为全国重点文物保护单位。

元水 即玄水。在今河北卢龙县东北青龙河。为滦河支流。《隋书·地理志》：卢龙县有“元水”。

元父 又作元甫。在今河南淇县北。三国魏阮籍《元父赋》：“元父者，九州之穷地，先代之幽虚者也。”（载《阮步兵集》）。《水经·淇水注》云：“淇水又东出山，分为二水，水会立石堰，遏水以沃白沟，左为菀水，右则淇水。自元甫城东南，迳朝歌县北。《竹书纪年》：晋定公二十八年，淇绝于旧卫，即此也。”

元氏 战国时赵元氏邑。在今河北元氏县西北十五里。《史记·赵世家》：孝成王十一年（前

255)："城元氏。"《集解》："《地理志》常山有元氏县。"

元氏县 战国秦置，属恒山郡。治所在今河北元氏县西北十五里故城。西汉为常山郡治。《后汉书·光武帝纪上》：建武初，"光武北击尤来、大抢、五幡于元氏，至右北平，连破之"。即此。魏、晋属赵国。北魏属赵郡。北齐废。隋开皇六年（586）复置，属赵州。大业初属赵郡。隋末移治今元氏县。唐属赵州。北宋属真定府。元属真定路。明属真定府，清属正定府。民国初属直隶保定道。1928年直属河北省。

元玉山 即偰山。在今云南凤庆县北十五里。《方舆纪要》卷118顺宁府："元玉山在府西南（当作北）十五里。一名契山。重冈叠巘，苍翠如画。"

元世祖平云（雲）南碑 在今云南大理市北二十六里大理古城西门外一里苍山中和峰麓。元大德八年（1304）立，由翰林院学士程文海撰书。碑正面朝东，背靠苍山，面向洱海。碑由青石座、两截青石碑身、大理石碑额、麻石砌筑圆券顶和围护边框组成。通高5.35米。碑座长3.36米，宽2.23米，高0.9米，碑顶部稍残。碑身上石长1.3米，碑文三十行，每行二十一字；下石长1.55米，碑文二十八行，每行二十五字。全碑原约有一千三百字，现存一千余字，均为直行正书。上石着重叙述征伐云南事迹，下石颂扬元世祖功德。半圆形碑额正面刻"世祖皇帝平云南碑"和双龙捧月浮雕，背面刻三尊浮雕像。此碑是我国体量较大的古碑之一，碑文出自名家手笔，文辞典雅，气势磅礴。碑文记述平定云南的历史经过和原属羁縻性质的云南正式成为当时的一个行省，内容翔实，对研究元代初年云南政治、军事及地方历史具有很高的价值。2001年定为全国重点文物保护单位。

元石坡 即玄石坡。在今内蒙古苏尼特左旗东南十八里。明金幼孜《北征录》作玄石坡。《方舆纪要》卷45：元石坡"在漠北。永乐十年（当为八年）北征，车驾驻此。旁为立马驿，成祖勒铭处也"。

元州 唐武德二年（619）置，治所在潞县（今北京市通州区东）。贞观元年（627）废。

元次山碑 在今河南鲁山县城文庙内。碑高1.9米，宽0.95米，厚0.28米，右下角有残损。唐大历七年（772）立，唐大书法家颜真卿撰文并书丹。楷书四十二行，四面环刻，全文一千三百八十一字，今残缺二百零三字。碑文记述元次山家世及一生功绩。原立于元次山墓前，元代兵变，碑被移至学宫，明万历年间（1573—1620）建碑亭加以保护。2006年定为全国重点文物保护单位。

元江 即今红河在云南元江哈尼族彝族傣族自治县境一段。元代以来称元江。《明史·地理志》 元江军民府："东南有元江，亦曰礼社江，东南入纳楼茶甸长官司界。"

元江州 清乾隆三十五年（1770）降元江府为元江直隶州，属云南省。治所即今云南元江哈尼族彝族傣族自治县。辖境约当今云南新平、元江、江城等县地。1913年改为元江县。

元江县 1913年改元江直隶州置，后属云南普洱道。治所即今云南元江哈尼族彝族傣族自治县。1929年直属云南省。1980年改设元江哈尼族彝族傣族自治县。

元江府 明洪武十五年（1382）改元江路置，永乐四年（1406）升军民府，属云南布政司。治所即今云南元江哈尼族彝族傣族自治县。辖境约当今云南元江、墨江二县及红河、绿春、江城等县的部分地区。清乾隆三十五年（1770）改为元江直隶州。

元江路 元世祖至元二十五年（1288）置，属云南行省。治所即今云南元江哈尼族彝族傣族自治县。民国《元江全属地志说明书》："以礼社江得名，又以元代所命名，故称元江。"辖境约当今云南新平以南，元江、绿春以西，景洪以北的地区。明洪武十五年（1382）改为府。

元池县 唐末置，属岚州。治所在今山西静乐县东南。北宋咸平五年（1002）废。

元阳观 在今江苏金坛市西大茅峰南。《清一统志·镇江府二》：元阳观"在金坛县大茅峰前。《府志》：唐置，后废。宋隆兴初，吴兴道人沈善智，穴居五十年，韩蕲王妻梁氏经此，见黑虎从道人周旋，因号为伏虎真人，助资建立殿宇"。

元好问墓 在今山西忻州市东南十五里韩岩村侧。元好问（1190—1257），字裕之，号遗山，秀容（今山西忻州）人。金代文学家。曾任行尚书省左司员外郎等职。金亡不仕，在金元之际颇负重望。作有《遗山集》，编有《中州集》。墓周砌石，翁仲、石兽分列。郝经撰碑。

元寿县 南朝宋武帝置，属宋熙郡。治所在今四川旺苍或苍溪县境。隋废。

元坝场 即今四川广元市东南昭坝区驻地元坝镇。1933年川陕革命根据地在此置嘉陵县。

元辰山 即今江西都昌县北苏山。《寰宇记》卷111南康军都昌县：元辰山，"道书第五十一福地。又名苏山，晋苏耽居此"。

元里 在今陕西澄城县南。《史记·魏世家》：文侯十六年（前430），"伐秦，筑临晋元里"。又惠王十七年（前354），"与秦战元里"。皆此。《清一统志·同州府二》 引《县志》：谓元里城"在县南十五里"。

元佑宫 在今湖北钟祥市区南隅。始建于明嘉靖二十八年（1549），历时十年完工。明嘉靖帝自认为元佑道人的化身，建宫纪念，故名。宫观建筑群规模宏大，中轴对称，占地1.4万平方米。部分建筑毁于明末兵火。清初多次修葺，现存明代建筑宫门，钟、鼓楼。红垣绿瓦，琉璃镶嵌。宫门单檐硬山顶，面阔、进深均三间，左右为廊房，钟、鼓楼拱峙环列。前殿元佑殿，后殿降祥殿，均为面阔五间，进深三间，单檐悬歇山顶。后部建筑三洞阁彩饰绚丽，左右为宣法、衍真配殿，五屏硬山顶。宫内还有延禧坊、保祚坊及两座御碑亭。宫门前的琉璃琼花照壁为明嘉靖年间（1522—1566）全用琉璃分块烧成琼花、牡丹、卷草等纹样拼砌而成，设计精密，布局严谨，色彩丰富，具有较高的艺术价值。2006年定为全国重点文物，并入显陵保护单位。

元君庙—泉护村遗址 在今陕西华县东柳枝镇泉护村、安堡村，处于秦岭北侧、渭河南岸二级台地上，总面积60万平方米。主要遗存有仰韶文化、客省庄文化两类。发现有仰韶文化的典型墓地和居址，其中元君庙墓地为仰韶文化半坡类型。发现墓葬共五十七座，其中四十五座分属于两个同时并存的东、西墓区，按早、中、晚分列成三个纵行。除一部分单人墓外，二十八座同时葬入的多人合葬墓，每墓少者二人，多者二十五人，均仰身直肢，头向西。居址位于泉护村，属仰韶文化庙底沟类型。房址有半地穴、地穴式两种。半地穴式为方形圆角，有斜坡道或台阶，中设灶坑。地穴式口部椭圆形，一端有斜坡道或台阶通至底部，近底墙壁抹草拌泥，设灶坑。陶窑为横穴式，两三座为一组。元君庙—泉护村遗址面积大，文化遗存丰富，是研究仰韶文化、探讨我国原始氏族社会结构的代表性范例。2001年定为全国重点文物保护单位。

元武山 即玄武山。又名三隅山、三堆山。在今四川中江县东。《方舆纪要》卷71中江县：元武山“在县城东南涧中。石多龙蛇状，因名。圣水泉出焉”。

元晫墓 在今河南洛阳市北八里金家沟村西。1928年被盗掘，出土墓志一方。志文称：“王讳晫，字仲冏，河南洛阳人，太祖道武皇帝六世孙也。”志文称冏由谏议大夫转中书侍郎，除辅国将军光州刺史，又除给事黄门侍郎，改授散骑常侍。秦川构乱，假平西将军为西讨别将。泾阳告警，除右将军泾州刺史，寻授平西将军银青光禄大夫假安西将军征讨都督，进秦州刺史假镇西将军。孝昌三年（527）十月为萧宝寅所杀，诏赠卫大将军尚书右仆射都督雍岐南幽三州诸军事雍州刺史。墓志现存北京图书馆。

元昌路 元置，治所在和林（今蒙古国鄂尔浑河上游东岸哈尔和林）。后改转运和林使司。

元和县 清雍正二年（1724）析长洲县地置，与吴县、长洲县并为苏州府治。治所即今江苏苏州市。1912年并入吴县。

元和塘 一名云和塘。在今江苏苏州市北齐门外，北至常熟。《清一统志·苏州府一》：元和塘水“东通娄江，西通阊门运河”。

元怿墓 俗称“青菜冢”。又因讹传而称“司马懿坟”。在今河南洛阳市老城北四里洛孟公路东侧瀍河西岸。据1948年该墓被盗掘时出土墓志称：“王讳怿，字宣仁，河南洛阳人也”。为“魏故使持节侍中假黄钺、太师丞相、大将军，都督中外诸军事、录尚书事、太尉公、清河文献王”。元怿死于正光元年（520）的一次宫廷政变，墓志称：孝昌元年（525）“改葬瀍西邙阜之阳”，即此。

元宝山 ①在今内蒙古赤峰市东元宝山镇。据《清高宗实录》载：乾隆三十三年（1768）元宝山开始采煤。1947年元宝山矿由地方政府接管。1983年建赤峰市元宝山区，因元宝山为名。

②在今辽宁丹东市区北元宝山公园。民国《安东县志》卷1：元宝山“在县治北二里许，山以形名”。清宣统三年（1911）辟为公园。

③在今黑龙江省漠河县境。自伊勒呼里山脉分出，东北走达于黑龙江。民国《黑龙江志稿》卷4：元宝山在“县（今北极乡，即漠河）西南七十里。小阜也。因其产金得名。山前有李公祠，祀道员李金镛创办漠河金矿者也。察尔河、巴奇河、漠河、们都里河、什都喀河源所出”。

元邵墓 在今河南洛阳市老城东北八里蟠龙冢东一里。元邵在《魏书》、《北史》均无传，据出土墓志称：“王讳邵，字子开，孝文皇帝之孙，丞相清河文献王之第二子也。武泰元年太岁戊申四月戊子朔十三日庚子暴薨于河阴之野，时年二十有三。”后“追赠侍中、司徒公、骠骑大将军、定州刺史”，并谥曰“文恭王”。于建义元年（528）“葬于瀍水之东二里黄土岗之上”，即此。

元城县 ①西汉置，属魏郡。治所在沙鹿旁（今河北大名县东）。《汉书·地理志》元城县注：“应劭曰：魏武侯公子元食邑于此，因而遂氏焉。”三国魏为阳平郡治。北魏属魏郡。北齐废。隋开皇六年（586）复置，属魏州。移治古殷城（今山东莘县西南），大业初属武阳郡。唐贞观十七年（643）并入贵乡县。圣历二年（699）复置，移治王莽城（今大名县东北）。开元十三年（725）又移治今大名县东北大街乡（旧府城），并与贵乡县同治。五代唐改名兴唐县，后晋复名元城县。北宋为大名府治。元世祖至元二年（1265）并入大名县，寻复置，为大名路治。明为大名府治，洪武三十一年（1398）移治今大名县。1913年并入大名县。

②南朝宋侨置，属阳平郡。寄治无盐县（今山东东平县东南）。北魏移治今宁阳县南。北齐废。

元泉 一作玄泉。在今四川会理县东。《明一统志》卷73四川行都司：玄泉“在会川卫城东。泉色稍黑，灌溉山田，民获其利”。

元祐港 在今福建长乐市东南三十里。《方舆纪要》卷96长乐县：元祐港“宋元祐中，（县）令袁正规以县境田多洼下，因凿港以道溢水，流通漳港，以入于海，因名”。

元结墓 在今河南鲁山县北二十六里泉上村北青条岭下。元结（723—772）字次山，号漫郎、聱叟。曾避乱入猗玗洞，因号猗玗子。河南（今洛阳）人。少居鲁山商余山。唐代著名文学家。曾任右金吾兵曹参军、摄监察御史、道州刺史等职。大历七年（772）正月回京师长安，四月卒于永崇坊，是年归葬。墓前原置唐代书法家颜真卿书“元次山墓碑”，元代移入学宫（县城文庙）。

元都观　在今陕西西安市南，唐崇业坊。宋敏求《长安志》卷9："隋开皇二年自长安故城徙通道观于此，改名元都观。"刘禹锡《赠看花诸君子》诗曰："紫陌红尘拂面来，无人不道看花回；元都观里桃千树，尽是刘郎去后栽。"

元朔山　俗名老爷山。在今青海大通回族土族自治县东北。《清史稿·地理志》：大通县（今城关镇）"南：元朔山"。

元陵　唐代宗李豫的陵墓。在今陕西富平县西北。宋敏求《长安志》卷19富平县："代宗元陵，在县西北三十里檀山永润乡管村。封内四十里，下宫去陵五里。"

元通场　即今四川崇州市北三十里元通镇。清光绪《崇庆州志》卷3：元通场"滨文井江，烟火数千家，诸市俱全"。

元符宫　宋建，在今江苏句容市茅山积金峰下。

元象山　即倒兽山。在今陕西渭南市东南。《元和志》卷1京兆府渭南县：倒兽山"一名元象山，在县东南五十里，干子年隐处也"。

元淑墓　在今山西大同市东南小南头东王庄西北三里。为北魏昭成皇帝什翼犍曾孙常山康王元素之子。名淑，字买仁，谥曰靖。官至使持节、平北将军、肆朔燕三州刺史、平城将军。卒于正始四年（507）十月。《北史》卷15有传。该墓发掘时出土墓志一通。关于元淑官职等的记载，可略补史阙。

元谋县　元世祖至元十六年（1279）置，属和曲州。治所在今云南元谋县南十九里老城。《清史稿·地理志》："《华阳国志》谓县有元马，日行千里，元马河以此得名。土人呼马为'谋'，县以此氏焉。"傣语"元"为飞跃，"谋"为马，意即骏马，因产良马得名。明属武定府。清属武定直隶州。光绪四年（1878）迁治马街（今元谋县）。民国初属云南滇中道。1916年直属云南省。

元谋猿人遗址　在今云南元谋县城东南十四里大那乌村东。1965年5月在这里一座高约4米的山丘中发现两颗青年男性个体的上内侧门齿化石。经古地磁法测定，元谋猿人的年代距今已有一百七十万年左右，是我国迄今发现的最早猿人化石。还发现有旧石器和用火遗迹。1982年定为全国重点文物保护单位。

元扈山　即玄扈山。在今陕西洛南县西洛水之南。《方舆纪要》卷54洛南县：元扈山"相传黄帝受图处。元扈水出于此"。

元湖驿　清置，在今新疆奇台县东北。清宣统《新疆图志》卷79奇台县：苏吉东北八十里为"元湖驿"。

元溪县　西晋析端溪县置，属苍梧郡。治所在今广东德庆县东。东晋为晋康郡治。南朝宋属晋康郡。梁废。

元福宫　在今北京市昌平区东南回龙观镇。《方舆纪要》卷11顺天府：元福宫在"府北三十二里，道出昌平。永乐以后，车驾巡幸，每为驻顿之所。弘治十七年置宫于此。俗呼回龙观"。

元潭镇　即今四川南江县西南一百八十里元潭乡。清道光《南江县志》上卷：元潭铺"在县南"。

无支（枝）跋　古港名。故址即今马来西亚马来半岛之马六甲。在新加坡未开埠前，为马来半岛最重要商港。元汪大渊《岛夷志略》：无支拔"在阇麻罗华之东南，石山对峙，民垦辟山为田，鲜食，多种薯"。《新唐书·南蛮列传下》"瞻博"条有半支跋，义为五山，亦指此港。明马欢《瀛涯胜览》"满剌加"条云："其处旧不称国，因海有五屿之名，遂名曰五屿。"

无切县　亦作无功县。西汉置，属九真郡。治所在今越南宁平省宁平附近。东汉末废。《水经·叶榆水注》："江水对交趾朱鸢县，又东径浦阳县北，又东径无切县北。建武十九年九月，马援上言：臣谨与交趾精兵万二千人，与大兵合二万人，船车大小二千艘，自入交趾，于今为盛。十月，援南入九真，至无切县，贼渠降。"

无为州　元世祖至元二十八年（1291）降无为路置，属庐州路。治所在无为县（今安徽无为县）。辖境相当今安徽无为、庐江、巢湖三市县地。明洪武初废无为县入州，属庐州府。1912年废州为县。

无为军　北宋太平兴国三年（978）分巢县无为镇置无为军，熙宁三年（1070）置无为县，为军治。治所即今安徽无为县。辖境相当今安徽无为、庐江、巢湖等市县地。元世祖至元十四年（1277）升为无为路。

无为县　北宋熙宁三年（1070）析庐江、巢二县地置，为无为军治。治所即今安徽无为县。《方舆胜览》卷48无为军："思与天下安于无事，因取无为而治之意以名之。"元为无为州治。明洪武初省入无为州。1912年废州为县，属安徽安庆道。1928年直属安徽省。

无为路　元世祖至元十四年（1277）升无为军置，属河南行省。治所在无为县（今安徽无为县）。二十八年（1291）降为州。

无为镇　即今安徽无为县。《寰宇记》卷126无为军："本庐州巢县之无为镇，即曹操征孙权筑城于此。攻吴无功，因号为无为城。城临濡须水上塘也，寻为无为监，为江淮之要津。"北宋太平兴国三年（978）于此置无为军。

无功县　即无切县。治所在今越南宁平省宁平附近。《后汉书·马援传》：建武十九年（43），"援将楼船大小二千余艘，战士二万余人，进击九真贼，徵侧余党都羊等，自无功至居风，斩获五千余人，峤南悉平"。

无字碑　在今陕西乾县北、唐乾陵正南御道东侧。通高7.53米。碑身正、背面均无文字。宋、金之后，游人始于碑上题刻文字，南面三十二段，北面十段，共四十二段。最著名的当为"大金皇弟都统经略郎君行记"，不仅保存完整，而且因其契丹文、汉文并行，是研究契丹文字、历史的珍贵资料。因碑头刻有八条螭首，正中一条螭龙，共九条，故又称“九龙碑”。

无阳县　西汉置，属武陵郡。治所在今湖南芷江侗族自治县东南。《水经·沅水注》：“县对无水，因以氏县。”东汉废。

无劳县　西晋武帝时分比景县置，属日南郡。治所在今越南广平省广泽一带。南齐后废。

无极山　在今河北无极县西南三十里。《新唐书·地理志》定州无极县：“有无极山。”《方舆纪要》卷14无极县：无极山，“县以此名。《志》云：山脉自元氏县封龙、无极而来，此山虽不甚高，而托体崇宏，故仍冠以无极之名”。

无极县　唐万岁通天二年（697）改毋极县置，属定州。治所即今河北无极县。金属中山府。明属真定府，清属正定府。民国初属直隶保定道。1928年直属河北省。

无时山　在今湖南泸溪县西一百二十里。《明一统志》卷65辰州府：无时山“山多茶树，乡俗当吉庆之时，亲族聚会歌舞于此”。

无忧城　即维州。在今四川理县东北七十里薛城镇。《旧唐书·地理志》维州：“（吐蕃）赞普更欲图蜀川，累急攻维州，不下，乃以妇人嫁维州门者。二十年中生二子。及蕃兵攻城，二子内应，城遂陷。吐蕃得之，号无忧城。”《新唐书·吐蕃传》：“（维）州南抵江阳岷山，西北望陇山，一面崖，三涯江，虏号无忧城，为西南要扞。”

无穷之门　战国赵地，在今河北张北县南。《史记·赵世家》：武灵王十九年（前307），“王北略中山之地，至于房子，遂之代，北至无穷”。

无底儿河　即乌笫河。今俄罗斯哈巴罗夫斯克边疆区北部乌得河。清康熙《平定罗刹方略》卷2：康熙二十四年（1685）七月，“将军萨布素等奏：无底儿河罗刹鄂衣多里遣宜番等四人，来诱俄乐春立克顶格等，被擒送到”。

无定河　在今陕西省北部。源出陕西白于山北侧，绕经内蒙古自治区南端，穿长城折向东南流经横山、榆林、米脂、绥德等县市，至清涧县河口入黄河。《元和志》卷4朔方县：“无定河，一名朔水，一名奢延水，源出县南百步，赫连勃勃于此水之北，黑水之南，改筑大城，名统万城。”《明一统志》卷36：无定河“因溃沙急流，深浅不定，故更今名”。

无终　春秋山戎所建，初在今山西太原市东。《左传》：襄公四年（前569），“无终子嘉父使孟乐如晋，因魏庄子纳虎豹之皮，以请和诸侯”。又昭公元年（前541），“晋中行穆子败无终及群狄于大原”。即此。后迁今天津市蓟县。

无终山　①又名翁同山、阴山。在今天津市蓟县北，接玉田县界。《三国志·魏书·田畴传》：“畴率宗人避难于无终山。”又《水经·鲍丘水注》：鲍丘水“西南径无终山，即帛仲理所合神丹处也，又于是山作金五千斤，以救百姓，山有阳翁伯玉田，在县西北。有阳公坛社，即阳公之故居也。《搜神记》曰：‘雍伯，洛阳人。至性笃孝，父母终殁，葬之于无终山。山高八十里，而上无水，雍伯置饮焉。’”

②在今河北玉田县东北三十里。《水经·鲍丘水注》引《搜神记》曰：“雍伯，洛阳人，至性笃孝。父母终殁，葬之于无终山。”即此。

无终县　①战国燕置，后入秦，仍为右北平郡治。治所即今天津市蓟县。出土秦封泥中有“无终□□”可证。《汉书·异姓诸侯王表》：汉高帝元年（前206）项羽封韩广为辽东王，“都无终”。即此。汉属右北平郡。三国魏属北平郡。北魏改属渔阳郡。隋开皇中为玄州治。大业末改为渔阳县。

②唐武德二年（619）置，属玄州。治所即今河北玉田县。《寰宇记》卷70玉田县：“于废无终县置，名无终。”贞观元年（627）废。乾封二年（667）复置，属幽州。万岁通天元年（696）改为玉田县。

无畏山寺　巴利文作阿跋耶祇厘毘诃罗。为斯里兰卡最古寺院之一。公元前1世纪中，斯里兰卡瓦塔加摩尼王即无畏王所建，东晋法显《佛国记》：“（大）塔边复起一僧伽蓝，名无畏山，有五千僧……忽于此玉像边见商人以晋地一白绢扇供养，不觉凄然，泪下满目。”

无娄　春秋杞邑，后为莒地。在今山东诸城市西南四十里。《春秋》：宣公十五年（前5□□），“仲孙蔑会齐高固于无娄”，即此。《公羊传》作“牟娄”。

无盐　战国时齐邑。在今山东东平县东南十里无盐村。《史记·项羽本纪》：宋义“遣其子宋襄相齐，身送之至无盐”。即此。《元和志》卷10引《列女传》曰：“无盐有丑女，名宿瘤，齐宣王善之，立为夫人。即此县女也。”

无盐县　战国秦置，属薛郡。治所在今山东东平县东南十里无盐村。出土秦封泥中有“无盐丞印”可证。西汉为东平国治。西晋属东平国。南朝宋为东平郡治。北齐废。

无虑县　西汉置，属辽东郡，为西部都尉治。治所在今辽宁北镇市东南大亮甲村。《后汉书·安帝纪》：元初二年（115）八月，“辽东鲜卑围无虑县”。唐李贤注：“有医无闾山，因以为县名。”

无患桥　在今福建福清市西宏路镇东南。《方舆纪要》卷96福清县：无患桥“在宏路驿东南。宋熙宁七年建，明朝成化十九年修，长二十有九丈”。

无铭阙　在今重庆市忠县城北甘井附近的古驿道旁。始建于东汉，原为双阙，现仅存右阙，由阙基、阙身、阙檐、阙楼、阙顶等共九块石料叠筑而成。总高5.66米。阙身系一整石琢成，右侧浮雕白虎。阙身上置方石，刻上、下二层枋子，正面枋间雕刻男性裸体角神。阙檐上部方石，正面居中高浮雕兽头，背部雕出兽尾，似怪兽穿石。阙顶为庑殿顶。2001年无铭阙与丁房庑阙一起被定为全国重点文物保护单位。

无假之关　战国楚地，确址不详。《史记·越王句践世家》："北围曲沃、于中，以至无假之关者三千七百里"；又云："复雠、庞、长沙，楚之粟也；竟泽陵，楚之材也。越窥兵通无假之关，此四邑不上贡事于郢矣。"徐广曰："'无'，一作'西'。"张守节《正义》："当在江南长沙之西北也。"

无梁（樑）店　即今辽宁黑山县东北无梁殿满族镇。民国《黑山县志》卷2：无梁店在"县城北五十里。明代称王家屯，后改称李家屯，清乾隆五十三年以建修保安寺，只用砖石而无栋梁，故名无梁殿镇"。

无蒌亭　在今河北饶阳县东北四十五里。《后汉书·冯异传》：更始二年（24），"光武自蓟东南驰，晨夜草舍，至饶阳无蒌亭。时天寒烈，众皆饥疲，异上豆粥。明旦，光武谓诸将曰：'昨得公孙豆，饥寒俱解'"。即此。

无棣县　隋开皇六年（586）置，属棣州。治所在今河北盐山县旧庆云东五里。大业初属渤海郡。唐贞观元年（627）废入阳信县。八年（634）复置，属棣州。北宋治平中徙治保顺军城（今山东庆云县东北于店村）。元初改为东无棣县，属棣州。俗谓之东无棣。明永乐初避成祖讳，改置海丰县。1914年复名无棣县，属山东济南道。1925年改属武定道。1928年直属山东省。

无棣沟　在今河北盐山县旧庆云县东。相传春秋时即有此沟，分大河支流，东注于海。《水经·清水注》："清河又东北，无棣沟出焉。东径南皮县故城南，又东径乐亭北，又东径新乡城北。无棣沟又东分为二渎，无棣沟又东径乐陵郡北……又东北径盐山，东北入海。"《新唐书·地理志》 沧州无棣县："有无棣沟通海，隋末废。永徽元年，刺史薛大鼎开。"

无棣河　在今河北沧县西南。《新唐书·地理志》沧州清池县："西南五十七里有无棣河，东南十五里有阳通河，皆开元十六年开。"

无量山　①指今云南景东彝族自治县往南至元江哈尼族彝族傣族自治县一带的大山。明代以来为蒙乐山的异名，清末始以无量山为正名，且区别了无量山与哀牢山，《清史稿·地理志》 景东直隶厅："西，无量山，即蒙乐山，连亘三百余里，与蒙化、云州、缅宁、镇边接界。"

②在今云南耿马傣族佤族自治县西北。《清一统志·永昌府》：无量山"一名无粮山。在孟定土府（今孟定镇）北、镇康土州（今永德县东北旧城）西南，接耿马司界"。

无量寺　即今内蒙古呼和浩特市旧城之大召。清咸丰《古丰识略》卷13《寺塔》：无量寺"俗名大招。在城南门外里许。我朝崇德中，都统古禄格楚琥尔奉谕将旧寺委左翼左领补音图骁骑校喇巴太与德木齐温布剌麻协同新修展大，赐今名"。

无量河　即今四川稻城、木里县境之水落河，为金沙江支流。清乾隆《卫藏通志》卷3金沙江："入金沙江之水，有无量河……又东南入云南界。"

无强（疆）口　在今安徽庐江县西南。《三国志·魏书·满宠传》：太和二年（228），曹休进军淮南，东吴"从无强口断夹石，要休还路"。

无编县　西汉置，属九真郡。治所在今越南清化省靖嘉西龙施。东汉末年废。唐复置，属爱州，唐末废。

无雷国　汉西域国名。都城在卢城（今新疆塔什库尔干塔吉克自治县南）。神爵二年（前60）后属西域都护府。

无虞县　唐武德四年（621）置，属南方州。治所在今广西上林县东。贞观时属澄州。北宋开宝五年（972）废入上林县。

无锡市　1949年4月23日无锡解放，由无锡县析置无锡市（地级），为苏南行署区驻地。治所即今江苏无锡市城区。1952年划属江苏省，仍由省直辖（地级）。1995年无锡县驻地由无锡市区迁至无锡县东亭镇，撤销无锡县，改设锡山市。2002年撤销锡山市，改设无锡市锡山、惠山二区。

无锡州　元元贞元年（1295）升无锡县置，属常州路。治所即今江苏无锡市。明洪武二年（1369）复降为无锡县。

无锡县　西汉置，属会稽郡。治所即今江苏无锡市。《史记·东越列传》：元封元年（前110），武帝封东越降将多军为"无锡侯"。即此。东汉改属吴郡。三国吴省。唐陆羽《游慧山寺记》云："山东峰当周秦间，大产铅锡，至汉兴锡方殚，故创无锡县，属会稽。后汉有樵客山下得铭云，有锡兵，天下争，无锡宁，天下清；有锡沴，天下弊，无锡乂，天下济。自光武至孝顺之世，锡果竭，顺帝更为无锡县。"此乃附会之辞，不足信。实则无锡乃古越语地名。"无"乃古越语发语词，无实义。西晋太康元年（280）复置，属毗陵郡，后属晋陵郡。唐属常州。元元贞元年（1295）升为无锡州。明洪武二年（1369）复降为县，属常州府。民国初属江苏苏常道。1927年直属江苏省。1995年无锡县驻地由无锡市区迁至无锡县东亭镇。

无慈城　在今重庆市黔江区东。《寰宇记》卷120黔江县："唐武德元年再置，移就无慈城。"《清一统志·酉阳州》：石城废县，"《元统志》：县昔为蛮洞侵扰，移治老鹰寨"。清光绪《黔江县志》卷1：故无慈城，"《酉志》：冉崇文考无慈城与老鹰砦为一地，即今县坝东之老鹰关是也"。

无源洞　在今湖北巴东县城东郊罗头山北麓。《清一统志·宜昌府》：无源洞"在巴东县东三里"。

无鼻城　又名无辟邑、毋辟邑。在今河南孟州市东。《水经·济水注》：湨水"又南径无辟邑西，……朝廷以居废太子，谓之河阳庶人"。《资治通鉴》：南齐建武三年（496）"废恂为庶人，置于河阳无鼻城"。即此。

韦　夏、商方国。在今河南滑县东南。《诗经·商颂·长发》："韦、顾既伐。"郑笺："韦、豕韦，彭姓也。"《左传·襄公二十四年》：范宣子曰："在商为豕韦氏。"杜注："豕韦，国名。东郡白马县东南有韦城。"

韦川县 唐置，属羁縻殷州。治所在今四川宜宾县西北。北宋属商州。后废。

韦曲 即今陕西西安市长安区驻地韦曲镇。《清一统志·西安府二》引《咸宁县志》："韦曲东北倚龙首，南面神禾，潏水绕其前，为樊川第一名胜。诸韦世居于此。"1949年长安县迁治于此。

韦庄镇 清置，属澄城县。即今陕西澄城县南四十八里韦庄镇。

韦州 西夏置，治所即今宁夏同心县东北韦州镇。韦州静塞监军司治此。元废。

韦州千户所 亦名韦州群牧千户所。明弘治十年(1497)以故韦州置，属宁夏卫。治所在今宁夏同心县东北韦州镇。清为韦州堡。

韦州驿 明置，即今宁夏同心县东北韦州镇。

韦州堡 即今宁夏同心县东北韦州镇。《清一统志·宁夏府二》：韦州堡"在灵州东南二百二十里，即故韦州。明宏治十年置千户所，筑城周二里。今设把总"。

韦州静塞监军司 简称静塞监军司。西夏置，为左右厢十二监军司之一。治所在韦州城（今宁夏同心县东北韦州镇）。元废。

韦苏图山 又作威逊图山。汉名桦山。在今辽宁喀喇沁左翼蒙古族自治县西南。《清一统志·喀喇沁》：桦山"在左翼（驻地在今喀喇沁左翼蒙古族自治县西南三台子之南）西南四十里。蒙古名韦苏图。盛京锦县大凌河发源于此"。

韦岗 即今江苏镇江市西南韦岗镇。1938年6月，新四军曾在此伏击日本侵略军，称为"韦岗战斗"。

韦谷渠 在今陕西周至县西南三十五里。《方舆纪要》卷53盩厔县：韦谷渠"自南山流清化店，北入渭。一名广济渠"。

韦羌山 在今浙江仙居县西。《舆地纪胜》卷12台州：韦羌山"在天台县西四十里。绝险不可升"。

韦城县 隋开皇六年(586)析白马县置，属汴州。治所在今河南滑县东南。大业初属东郡。唐属滑州。金废。

韦洞营 在今广西昭平县东北九十里。《方舆纪要》卷107昭平县：韦洞营"万历七年，筑城置戍"。

韦特特尔 在今新疆温宿县西北。《清一统志·阿克苏》：韦特特尔"在阿克苏城西北八十里，阿喇勒西二十里"。

韦涌墟 在今广东广州市番禺区西北韦涌村，西与顺德市为界。清同治《番禺县志》卷18：墟市有"韦涌墟"。

韦番长官司 明洪武十五年(1382)改韦番蛮夷长官司置，属贵州卫。治所在今贵州惠水县西南十里。正统三年(1438)改属贵州宣慰司。后属定番州。清以后废。

韦番蛮夷长官司 元置，属八番顺元宣慰司。治所在今贵州惠水县西南十里。明洪武五年(1372)改为韦番长官司。

韦游沟 在今安徽和县东北四十里乌江镇东南。《新唐书·地理志》和州乌江县："东南二里有韦游沟，引江至郭下十五里。溉田五百顷。开元中。丞韦尹开。贞元十六年，令游重彦又治之，民享其利，以姓名沟。"

韦静山 在今宁夏中卫市西南。《清一统志·宁夏府》：韦静山"在中卫县西南"。

专景山 在今安徽池州市西南二十五里。《方舆纪要》卷27贵池县"大雄山"条下：专景山"在府西二十五里王家汉之右。俗呼砖井山。崇峦拱揖，支陇环伏，湖水摇光，芰荷交映，擅一方之胜"。

云（雲） ①云南省的简称。以省境在云岭以南而得名。

②即云梦的简称。一称梦。《左传》：定公四年(前506)，吴师入郢，"楚子涉睢，济江，入于云中"指此。

云（雲）山 ①即东阳山。在今江苏盱眙县东南七十余里。《方舆纪要》卷21盱眙县：云山"一名东阳山，盖以旧县而名。上有天井，冬夏皆水深五丈许"。

②即今安徽宣城市东北六十里南湖北岸之昆山。《方舆纪要》卷28宣城县"麻姑山"条下：云山"在府东北六十里。其西为大延岭，路通水阳巡司。又西有白鱼岭及寨口诸山。云山西北，别为蒋山，下瞰固城湖，接高淳南境"。

③在今江西抚州市临川区北三十五里。清同治《江西全省舆图》临川县图说：县北"白水湖又十里至云山圩"。

④即今山东宁阳县西北十五里云山。《方舆纪要》卷32："上有穴，四时出云。"

⑤在今湖南武冈市南三十五里。《方舆胜览》卷26武冈军：云山"在武冈县。此山为一郡胜处。又有月华山、杏花坞、投龙洞、猿藤水、道者岩、侯公洞，第六十九福地也"。《方舆纪要》卷81武冈州："山有七十一峰……峰峦岩洞，奇胜不一。自麓至巅，盘回石磴几二十里。"

⑥在今广东和平县西北。《方舆纪要》卷103惠州府和平县：云山"在县西北百里。有大小二山，遇冬积冰，弥月不消"。

⑦在今广西平乐县东南四十里。《方舆纪要》卷107平乐县：云山"九峰四垂如云"。

⑧又称独秀峰。在今广西德保县城东北隅。《清一统志·镇安府》：云山"在府署后。形势环抱，层叠如云。旁有独秀峰，峻插天表"。

⑨亦名运山、营山。即古披衣山。在今四川蓬安

县东南河舒镇北燕山寨。《方舆纪要》卷68蓬州：云山在“州东南二十里。四围壁立，其上平广。宋淳祐初兵乱，移州治于山上，藉以保固。元人复迁旧治”。《清一统志·顺庆府一》引《元一统志》：云山“在营山县西四十里。一名披衣山。其山高险，四壁斗绝。宋淳祐三年，制置使余玠建砦栅，移州治于此”。

云（雲）山屯古建筑群 在今贵州安顺市城东北七眼桥东南十六里云鹫山峡谷中。为明洪武间屯田驻军之所。村前后皆有屯门、屯墙、哨棚，是一个易守难攻的古屯堡。村内有一条街保存着当年的商铺、学堂、戏楼、财神庙、药铺等遗址和数十户居民。民居建筑顺缓谷两侧分布，顺山形地势而建，有单体式、三合院、四合院，完好地保存着明、清建筑特色。建筑群布局严谨，主次有序，将木结构、石屋顶、石山墙、石地面、石街巷及石雕、木雕艺术融为一体，有很高的历史、艺术及军事史研究价值。2001年定为全国重点文物保护单位。

云（雲）山县 唐天宝八年（749）析定廉县置，为云山郡治。治所在今四川理县北境。乾元元年（758）属保州。《新唐书·高适传》：广德元年（763），“吐蕃取陇东，适率兵出南鄙，欲牵制其力，既无功，遂亡松、维二州及云山城”即此。后废。

云（雲）山城 又名运山城、营山城、天生城。南宋末建，在今四川蓬安县东南河舒镇北燕山寨。《清一统志·顺庆府二》“相如故县”引《元一统志》：“宋淳祐三年，四川制置使余玠，以相如县接近蓬州营山县界，旁有云山，近去嘉陵江十有五里。其山崇峻，乃营立寨栅，俾县民附入云山保聚。宝祐六年，郡守张大悦以城归附，遂以相如县拨属蓬州。至元十五年蜀定，令毁云山寨，复以军民还旧理。”今遗址尚存，有南宋移治碑、宝祐纪功碑及元人题名等文物古迹。

云（雲）山郡 唐天宝元年（742）改奉州置，治所在定廉县（在今四川理县北一百一十里上孟乡）。八年（749）移治天保军（今理县西北米亚罗镇），改为天保郡。

云（雲）山墟 即今江西抚州市临川区北三十五里云山镇。清同治《江西全省舆图》卷2：临川县北有云山墟。

云（雲）山镇 北宋置，属岳池县。在今四川岳池县东南。《舆地纪胜》卷165广安军：姜山“在岳池县东八十里云山镇外”。“八”为“二”之误。据《明一统志》、《清一统志》均载姜山在岳池县东二十里。

云（雲）川卫 明洪武二十六年（1393）置，属山西行都司。治所即今内蒙古和林格尔县西北盛乐镇。永乐元年（1403）徙治北直隶境，宣德元年（1426）复还旧治。正统十四年（1449）移治旧镇朔卫城（今山西左云县），与大同左卫同治。清乾隆三年（1738）改为左云县。

云（雲）川县 ①唐置，属云州。治所在今四川荣县西南境。景龙二年（708）废入大牢县。

②金大定二十九年（1189）升曷善馆置，属云内州。治所在今内蒙古土默特左旗东境。一说在今呼和浩特市西南大黑河北岸。元初废。

云（雲）门山 ①在今浙江绍兴县南。《水经·浙江水注》：“（山阴）南又有玉笥、竹林、云门、天柱精舍，并疏山创基，架林裁宇，割涧延流，尽泉石之好。”《舆地纪胜》卷10绍兴府：云门山“在会稽南三十一里。有雍熙寺，为州之伟观。昔王子敬居此，有五色祥云，诏建寺号云门”。

②在今福建福州市东南七十里南洋屿。《清一统志·福州府一》：云门山“多松竹泉石之胜。南连芹岩、蒲峰、后湾、石龙诸山，长江绕于前。江中有琴屿、双鱼屿”。

③一名云峰山。在今山东青州市南五里。元于钦《齐乘》卷1：云门山“上方号大云顶，有通穴如门，可容百余人，远望如悬镜”。

④在今广东乳源瑶族自治县北。《方舆纪要》卷102乳源县：云门山在“县东北十里。盘礴高峻，常兴云雾”。山麓有寺名云门寺，五代时，文偃禅师建，南汉赐名大觉寺。佛家称其宗派为云门宗。

⑤又名龙门山。在今重庆市合川区东北二十里。《舆地纪胜》卷159合州：云门山，“《蜀都赋》云：指渠口以为云门”。明万历《合州志》卷1：云门山“两山壁立，白云往来，故名”。《元史·世祖纪》：至元十年（1273）正月，“合剌请于渠江之北云门山及嘉陵（江）西岸虎头山立二戍”。即此。

云（雲）门寺 ①东晋义熙三年（407）建，在今浙江绍兴市南云门山。

②又名大觉禅寺。在今广东乳源瑶族自治县东北十里云门村。建于南汉乾亨七年（923）。1944年重建。是我国佛教禅宗南派云门宗发祥地。山门内壁保留有南汉大宝元年（958）《大汉韶州云门山光泰禅院故匡真大师实性碑》和大宝七年（964）《大汉韶州云门山大觉禅寺大慈云匡圣弘明大师碑记》两块重要石碑。

云（雲）门关 在今四川合江县南。清嘉庆《四川通志》卷30合江县：云门关“在县南五十里。通牂柯路，为边隅险要”。

云（雲）门谷 在今陕西澄城县西北五十里。《方舆纪要》卷54澄城县：云门谷“谷口似门，水气云蒸，因名”。

云（雲）门谷水 即今陕西澄城县西北长宁水。《寰宇记》卷28同州澄城县引《水经注》云：“云门谷水源出澄城县界”，东流注洛水。

云（雲）门洞 在今广西大新县东北。《清一统志·太平府》：云门洞“在万承州（治今龙门镇）南五里。外嶙峋而内宽敞，北广南狭，为往来孔道”。

云（雲）门堰 在今四川安县（花荄镇）西北安

昌河南岸。《新唐书·地理志》龙安县："东南二十三里有云门堰，决茶川水溉田，贞观元年筑。"

云（雲）门镇 北宋置。属石照县。即今重庆市合川区东北三十里云门镇。

云（雲）飞寨 在今湖南邵阳县西北。《清一统志·宝庆府》：云飞寨"在邵阳县西八十里"。

云（雲）云（雲）山 在今山东泰安市东南。泰山之支阜。《史记·封禅书》："昔无怀氏封泰山，禅云云；虑羲封泰山，禅云云；神农封泰山，禅云云；炎帝封泰山，禅云云。"《集解》："李奇曰：'云云山在梁父东。'"

云（雲）屯 在今越南东北拜子湾东之云海岛。一说今海防市东之吉婆岛。《明史·俞大猷传》：嘉靖二十八年（1549）安南入寇，"犯钦州，大猷遮夺其舟，追战数日，生擒（范）子仪弟子流，斩首千二百级，穷追至海东云屯"。即此。

云（雲）屯山 ①在今山东招远市东北二十五里。《方舆纪要》卷36招远县：云屯山"接栖霞县诸山，绵亘百余里"。《清一统志·登州府》：云屯山"中有上九盘、下九盘、上祥光观、下祥光观，又有滴水崖、六公涧、鹤姑顶、绣幕屏诸胜"。

②在今越南东北拜子湾东之云海岛。一说即今海防市东之吉婆岛。《方舆纪要》卷112安南新安府：云屯山"在府东北云屯县大海中。两山对峙，一水中通，番国商舶多聚于此"。

云（雲）中 战国赵武灵王筑。在今内蒙古托克托县东北古城镇古城村西古城。《史记·赵世家》：武灵王"身胡服将士大夫西北略胡地，而欲从云中、九原直南袭秦，于是诈自为使者入秦"。

云（雲）中山 ①在今山西忻州市西北八十里。《方舆纪要》卷40忻州"程侯山"条下："西北十五里有云中山。下有谷，云中水出焉。山之北即崞县界。"

②在今山西河津市西北。《清一统志·绛州一》：云中山"高出云汉，故名"。

云（雲）中水 在今山西忻州市北。源出市西北云中山，东流至米家寨分为北南两支，先后在原平、定襄县境内入滹沱河。《寰宇记》卷42忻州："肆卢川水今名云中水，一名分岭水。"

云（雲）中县 ①战国赵置，后入秦，为云中郡治。治所在今内蒙古托克托县东北古城镇古城村西古城。东汉建安中移治今山西原平县西南，属新兴郡。北魏太平真君七年（446）废入定襄县。

②北周改太平县置，属长宁郡。治所在今山西大同市。隋废。唐开元十八年（730）复置，为云州治，辽为大同府治。元废。

③唐武德四年（621）侨置，属云州。治所在今陕西延安市东。八年并入丰林县。

云（雲）中府 北宋宣和四年（1122）置，治所在今山西大同市。寻入于金，乃废。

云（雲）中城 在今山西河津市西北云中山上。《清一统志·绛州》引《文中子》："登云中之城，望龙门之阙。"即此。

云（雲）中宫 北魏旧都盛乐故宫。在今内蒙古和林格尔县西北盛乐镇。《魏书·太宗纪》："太宗明元皇帝，讳嗣，太祖长子也，母曰刘贵人，登国七年生于云中宫。"即此。《水经·河水注》："白渠水又西径魏云中宫南。《魏土地记》曰：云中宫在云中县故城东四十里。"

云（雲）中郡 ①战国赵武灵王置，秦时治所在云中县（今内蒙古托克托县东北古城镇）。辖境相当今内蒙古土默特右旗以东、大青山以南、卓资县以西，黄河南岸及长城以北地。西汉辖境缩小。东汉属并州。东汉末废。

②北魏置，为朔州治。治所在盛乐（今内蒙古和林格尔县西北盛乐镇）。《水经·河水注》引《魏土地记》："云中城东八十里有成乐城，今云中郡治，一名石卢城也。"后废。

③北魏置，属朔州。治所在今内蒙古托克托县东北古城。后废。

④唐天宝元年（742）改云州置，治所在云中县（今山西大同市）。辖境相当今山西大同市及左云、右玉、怀仁、浑源、大同、阳高等县，内蒙古察哈尔右翼前旗及兴和、丰镇等县，河北尚义、怀安等县部分地区。乾元元年（758）复改云州。

云（雲）中都护府 唐龙朔三年（663）移原瀚海都护府于古云中城（今内蒙古和林格尔县西北盛乐镇），改名云中都护府。统辖漠南东突厥各部诸羁縻府州，相当今内蒙古阴山以南、黄河以北、西拉木伦河源以西地区。麟德元年（664）改为单于大都护府。

云（雲）中都督府 唐贞观四年（630）析突厥颉利右部置，治云中古城（即北魏云中郡治盛乐城，在今内蒙古和林格尔县西北盛乐镇）。统舍利州、阿史那州、绰州、思壁州、白登州等，辖境相当今内蒙古阴山河套一带。龙朔三年（663）改为云中都护府。

云（雲）内口 在今山西忻州市西北五十里。《清一统志·忻州》：云内口"在州西七十里龙门山北，云中水所经也。亦名寨西口"。

云（雲）内州 辽清宁初改代北云朔招讨司置，属西京道。治所在柔服县（今内蒙古托克托县东北古城镇白塔村古城）。辖境相当今内蒙古托克托县及土默特左、右旗部分地。金属西京路。元省县入州，属大同路。明洪武五年（1372）废。

云（雲）内县 隋开皇初置，属朔州。治所在今山西大同市。大业初属马邑郡。唐贞观十四年（640）废。

云（雲）内镇 金置，属秀容县。在今山西忻州市西北五十里寨底村附近。

云（雲）冈 一名武周山。在今山西大同市西三十里。上有北魏时期开凿的石窟。明于此设云冈堡。

云（雲）冈石窟 在今山西大同市西三十二里云冈镇。始凿于北魏兴安二年（453），大部完成于太和十九年（495）。《魏书·释老志》："昙曜白帝，于京城西武州塞，凿山石壁，开窟五所，镌建佛像各一。高者七十尺，次六十尺，彫饰奇伟，冠于一世。”后代屡有修护。现存主要洞窟五十三个，大小造像五万一千余尊，为我国规模最大的古代石窟群之一，以造像气魄雄伟、内容丰富多彩著称，是世界闻名的艺术宝库。1961年定为全国重点文物保护单位。2001年被联合国列入世界文化遗产名录。

云（雲）冈堡　在今山西大同市西三十里云岗镇北。《方舆纪要》卷44：云冈堡，“《边防考》，云冈有新旧二堡。嘉靖中，以旧堡地形卑下，北南受敌，因筑新堡于北崖，移官军戍守。仍存旧堡，以便行旅。二堡皆土筑，各周一里有奇。东通镇城，西近左卫，为云西孔道”。

云（雲）水洞　在今北京市房山区西南圣水峪北上方山，位于兜率寺西八里。明蒋一葵《长安客话》卷5上房山：“毗卢顶之右有陡泉望海峰，左有大小摘星峰，极高。峰后有云水洞，奇邃殊甚。”为上方山著名的风景区之一，由一纵深600米石炭溶洞组成。洞内钟乳、石笋、石花、石幔密布，错落变化，景象万千，多达一百二十一个景点，为长江以北最大的石灰岩洞。1980年始辟为游览区。

云（雲）从山　在今广东高要市南。《方舆纪要》卷101肇庆府高要县：云从山“在府南三十里。高百丈，周五十余里，峰峦叠巘，秀出天表，新宅水经其下”。

云（雲）公城　在今湖北广水市东。《舆地纪胜》卷83随州：云公城“在应山县东七里。高六丈。东临澴水”。

云（雲）凤山　①在今河北井陉县西北。《方舆纪要》卷14井陉县：云凤山在“县（今城关镇）西北四十里，山势回翔有险可恃。元末土人保此曰凤山砦”。

②在今四川营山县北一里。《方舆纪要》卷68营山县：云凤山“在县治北，山势高骞，因名”。

云（雲）右堡　一作云石堡。在今山西右玉县西五十里云石堡村。《方舆纪要》卷44大同府：云右堡“旧堡今在堡东南，嘉靖三十八年筑，山高无水，离边尚远，不便。万历十年改筑于王石匠河，即今堡也，周一里有奇，分边十四里零”。

云（雲）石山　在今江西瑞金市西。1934年，毛泽东、博古、张闻天曾居山顶古庙。中共中央率领红军从这里出发开始二万五千里长征，故又号称“长征第一山”。

云（雲）龙山　①在今江苏徐州市西南。《方舆纪要》卷29徐州：云龙山，“《志》云，山出云气，蜿蜒如龙，因名。其东南岭有大石佛，俗因谓之石佛山”。

②在今江西瑞金市南。《寰宇记》卷108瑞金县：云龙山“在县南五十里。约高十丈，山纯石，泉窦甚多，遇旱不涸。南北有二门，最险，可避乱”。

③在今云南牟定县西二十里。《清一统志·楚雄府》引《旧志》：“延袤二十余里。一名文龙山，一名卧龙山，因武侯遗迹而名。文龙川出其下，一名伏虎箐。”

④在今云南安宁市西南。《方舆纪要》卷114三泊县：云龙山在“县（今县街）西北十五里。冈峦秀耸，四时苍翠。将雨则云凝其上”。

⑤在今云南蒙自市东。《方舆纪要》卷115蒙自县：云龙山“在县东三十里。回环盘束，几数十里。中有石室，可坐千人。又有石洞，足容百人，经行者夜宿其中。其余危峰森束，林箐深广，岩壑幽胜，不可名状。又北为小云龙山，亦奇峭”。

⑥在今云南建水县东北。《清一统志·临安府》“三台山”条下：“云龙山在县东北九十里。一名回龙山。”

云（雲）龙寺塔　又称西山寺塔。在今广东仁化县西董塘镇安岗村后。始建于唐乾宁元年（894）。宋代重修。为四角五层楼阁式砖塔。现高13米。底层有一券顶塔心屋，第二层以上为实心，各层置假平座。寺为清康熙五十二年（1713）重修。1988年定为全国重点文物保护单位。

云（雲）龙州　元泰定二年（1325）前改云龙甸军民总管府置，属大理路。治所在今云南云龙县西南四十二里旧州镇。《云南备征志》卷19载王凤文《云龙记往序》：“其名得之浪沧江，江为蒙诏时四渎之一，或曰江上夜覆云雾，晨则渐升如龙。”明、清属大理府，正统间一度属蒙化府。崇祯二年（1629）迁治雒马井（今云龙县南十七里宝丰乡）。1913年废为县。

云（雲）龙县　1913年改云龙州置，后属云南腾越道。治所在今云南云龙县南十七里宝丰乡。1929年直属云南省，迁治今云龙县治石门镇。

云（雲）龙甸　在今云南云龙县城附近。《方舆纪要》卷117云龙州：云龙甸在“州（今旧州）东北七十里。甸广衍宜畜牧。有巡司戍此”。

云（雲）龙甸军民府　元世祖至元二十六年（1289）置云龙甸军民总管府，属云南行省。治所在今云南云龙县西南四十二里旧州镇。泰定二年（1325）前改州。

云（雲）龙赕　宋大理置，属首府大理地区。治所在今云南云龙县西南四十二里旧州镇。元改云龙甸军民府。

云（雲）平县　西晋咸宁五年（279）析云南县置，为云南郡治。治所在今云南宾川县境。东晋属云南郡。南朝梁末废。

云（雲）台（臺）　①又名平台。明置，在今北京市故宫保和殿后，为召见群臣之地。清《日下旧闻考》卷34引《芜史》：“（建极）殿居中向后，高踞三缠白玉栏干之上者云台门也。两旁向后者，东曰后左门，西曰后右门，即云台左右门，亦名曰平台也。凡朝对阁臣等官，或于平台，即后左门也。”

②在今河南洛阳市东北汉魏故城中。汉筑于南宫，以其高起于云，故曰云台。《淮南子·俶真训》：云台之高，堕者折脊。《后汉书·马武传》：“永平

中，显宗追感前世功臣，乃图画二十八将于南宫云台。”

云（雲）台（臺）工作委员会（县级） 1948年12月革命根据地由江苏灌云县析置，属山东省。治云台（今江苏连云港市东北云台）。1949年撤销，与连云市、云台工作委员会合置新海连市。

云（雲）台（臺）山 ①在今江苏南京市江宁区西南。有泉石之胜。《金陵胜迹志》卷4：云台山“在殷子山东陶吴镇旁，有石龙池，澄泓可爱，清鉴毛发，纤鳞游泳，或云龙族，西迤十里为虎肱洞”。

②即银山。今江苏镇江市西北之云台山。《清一统志·镇江府一》：银山“一名云台山。上有金鸡岭，下有紫阳洞，其侧有镇屏山”。

③古称郁林山、郁洲山。在今江苏连云港市东北。《清一统志·海州》：郁林山，“《旧志》：云台山在州东北海中，周百余里。一名青峰顶。其北有望日峰，其阳有青霄洞。《通志》：云台山幽深秀特，常冠云气。按，云台即古郁林”。

④即古覆釜山。在今河南修武县东北。因山势高峻，山顶常有云雾缭绕，故改名云台山。现为云台山风景名胜区。区内有著名山峰、天然溶洞和瀑布、名泉，自然风景秀美。还有汉献帝陵、三国魏隐士孙登啸台遗迹及晋“竹林七贤”等遗迹。

⑤亦作灵台山。在今四川江油市西。《隋书·地理志》：昌隆县有“云台山”。

⑥又名灵台山、凤凰山。在今四川苍溪县东南。《舆地纪胜》卷185阆州：云台山，“《元和郡县志》云：在苍溪县东南三十五里。《述巴志》云：一名天柱山，上有鱼池，宜五谷，无恶毒，可度灾难。张道陵升仙之地也”。《寰宇记》卷86苍溪县：云台山“高四百丈，上方百里。……《周地图记》云：汉末张道陵在此学道”。

⑦在今四川南溪县西北大观镇云峰村。《方舆纪要》卷70南溪县：云台山在“县北八十里。耸秀干云，俯视众山。悬崖石壁，有石磴萦纡其上”。今山东西北三面县崖，仅南面一小径可通。风景奇丽，为南溪主要风景区。

⑧在今贵州施秉县北六十里。《清一统志·镇远府》引《黔记》：“山前五里有望元关，对山相望，下五百余丈。至河内有石鼓石钟，扣之有声，名钟鼓洞。”

云（雲）台（臺）观 ①在今陕西勉县东北云梦山。《清一统志·汉中府一》：云梦山“在褒城县西北。俗名观山。最高处有云台观”。

②在今陕西华阴市南八里。《宋史·隐逸上·陈抟传》：陈抟隐居武当山九室岩，“移居华山云台观”。即此。《清一统志·同州府二》引《华阴县志》：“云台观以云台峰名。有二：其一北周为道士焦道广建；其一宋建隆二年为陈抟建。”

云（雲）台（臺）峰 即今陕西华阴市南华山之北峰。清光绪《华岳志》卷1引范守已记曰：云台峰“在岳东北。其山两峰峥嵘，四面悬绝，上冠云景，下通地脉，嶷然独秀，有若云台”。

云（雲）母山 ①在今安徽凤阳县东南。《寰宇记》卷128钟离县：云母山“一名濠上山。在州东南三十里。按《神仙传》云：云母，彭祖服食之时，人共传采于此山。今或有道者采取而已”。

②在今广东增城市东北。《寰宇记》卷157广州南海县：云母山“在增城县东七十里。山出云母。《续南越志》云：唐天后朝，增城县有何氏女服云母粉，得道于罗浮山。因所出名之”。《清一统志·广州府》：云母山“即罗浮之支垅也”。

云（雲）母泉 在今湖南华容县东南墨山下。唐李华《云母泉诗》序：“洞庭湖西玄石山，俗谓之墨山。山南有佛寺，寺倚松岭，下有云母泉……自墨山西北至石门，东南至东陵，广轮二十余里，尽生云母……井泉溪涧，色皆纯白，乡人多寿考。”

云（雲）母堂 北魏平城宫殿堂。在今山西大同市北。《魏书·太祖纪》载：天兴三年（400）七月，“起中天殿及云母堂、金华室”。

云（雲）母溪 在今广东博罗县西北。《方舆纪要》卷103惠州府博罗县：云母溪“在县西北百里，亦出罗浮山，流入增城县境，入于增江。旁产云母石，因名”。

云（雲）母殿 北魏平城宫殿堂。在今山西大同市北。《南齐书·魏传》载：太武帝“所居云母等三殿，又立重屋，居其上”。此云母殿疑即《魏书·太祖纪》所载之“云母堂”。

云（雲）场坪 又名大硐喇。即今贵州铜仁市东三十四里云场坪镇。因产朱砂，明初设银场坪水银局，后以银场坪谐音称为云场坪。1899年美国殖民者侵入，掠取汞矿，设立大硐喇汞矿厂。民国年间由国民政府资源委员会管理。1953年成立铜仁汞矿厂。1984年设云场坪镇。

云（雲）西堡 在今山西左云县东北二十五里云西村。《方舆纪要》卷44大同府：云西堡“嘉靖三十七年设，万历二十四年增修，周一里有奇。堡西连左卫，东接高山。敌寇必经之地，虽近腹里，亦要区也”。

云（雲）州 ①北魏永熙中改朔州置，寄治并州寿阳县，在今山西文水县西北云周村。北齐废。

②西魏侨置，治丰义县（今甘肃庆阳市西峰区北彭原乡）。北周废。

③北周天和元年（566）侨置，治所在斜城（今陕西眉县）。建德三年（574）废。

④唐武德三年（620）置，治所在曲阿县（今江苏丹阳市）。五年（622）改为简州。

⑤唐武德四年（621）侨置，治所在丰林县（今陕西延安市东李渠镇）。八年废。

⑥唐武德四年（621）置，治所即今内蒙古和林格尔县西北盛乐镇。贞观二十年（646）改置云州都督府。

⑦唐武德六年（623）置，治所在信义县（今陕西清涧县境）。贞观二年（628）废。

⑧唐置，治所在罗水县（今四川荣县西南）。辖境相当今四川荣县南境。景龙二年（708）废入大牢县。

⑨唐贞观三年（629）置，治所在河滨县（今内蒙古准格尔旗东北黄河西岸）。四年（630）改为威州。

⑩唐贞观十四年（640）置，治所在定襄县（今山西大同市）。辖境相当今山西长城以南、桑干河以北地。永淳元年（682）废。开元十八年（730）复置，治所在云中县（今大同市）。天宝元年（742）改为云中郡，乾元初复为云州。辽重熙十三年（1044）升为大同府。

⑪金贞祐二年（1214）升怀仁县置，治所即今山西怀仁县。辖境相当今山西怀仁县地。元复为怀仁县。

⑫元世祖中统四年（1263）改望云县置，属宣德府（后改顺宁府）。治所在望云县（今河北赤城县北云州镇）。辖境相当今河北赤城县。明洪武五年（1372）废。

⑬元初置，属延安路。治所在神木寨（今陕西神木县东三里）。元世祖至元六年（1269）降为神木县。

⑭明万历二十五年（1597）改大侯州置，属顺宁府。治所在大侯寨（即今云南云县）。民国《云南云县地志资料》："万历二十五年改设流官，时庆云现于天，故以云名之。"万历三十一年迁治新城（今云县东北八里新城坝）。清乾隆五十九年（1794）复移还旧城（今县治）。1913年废为县。

云（雲）州都督府 唐贞观二十年（646）改云州置，治所即今内蒙古和林格尔县西北盛乐镇。龙朔三年（663）移瀚海都护府于此，改为云中都护府。

云（雲）安厂盐课司 在今重庆市云阳县东北云安镇。《清一统志·夔州府二》：云安厂盐课司"在云阳县东北，即故云安监地。本朝雍正七年设巡司，乾隆元年改设盐课大使"。

云安区 2014年撤销广东省云安县，设立云浮市云安区，区政府驻六都镇明珠路11号。

云（雲）安场 亦名云阳场。在今重庆市云阳县东北云安镇。《元史·百官志七》：四川盐场十二所，有"云安场"。明设云安场盐课司大使。清设盐课大使。民国设县佐。

云（雲）安军 北宋开宝六年（973）置，治所在云安县（今重庆市云阳县东云阳镇）。辖境相当今四川云阳县地。南宋末废。元世祖至元十五年（1278）复置，属夔州路。二十年（1283）升为云阳州。

云（雲）安县 北周武帝时改朐䏰县置，属巴东郡。治所在今重庆市云阳县东云阳镇。唐属夔州。《新唐书·成汭传》：乾宁三年（896），攻下夔州，"率（许）存泝江略云安，（王）建将皆奔"。即此。北宋为云安军治。元世祖至元二十年（1283）废入云阳州。2014年撤销云安县，改设云安区。

云（雲）安郡 唐天宝元年（742）改夔州置，治所在奉节县（今重庆市奉节县东十里白帝城）。辖境相当今重庆市奉节、巫溪、巫山、云阳等县地。乾元元年（758）复为夔州。

云（雲）安监 唐顺宗时置，属夔州。为盐监。治所在今重庆市云阳县东北云安镇。《资治通鉴》：五代唐长兴二年（931）三月，"李仁罕陷万州，庚申，陷云安监"。北宋属云安军。《舆地纪胜》卷182云安军：云安监"九井，岁产盐二十万二千二百二十斤"。元废入云阳州。

云（雲）阳 ①春秋吴邑，后属楚。即今江苏丹阳市。《方舆纪要》卷25丹阳县："本楚之云阳邑，秦曰曲阿县。"《清一统志·镇江府》亦谓丹阳县为"战国楚云阳邑"。

②战国秦邑。在今陕西淳化县西北四十里前头村北。《史记·秦始皇本纪》：始皇十四年（前233），"韩非使秦，秦用李斯谋，留非，非死云阳"。即此。

云（雲）阳山 在今湖南茶陵县西十五里。《寰宇记》卷115衡州茶陵县西有"云阳山"。《方舆纪要》卷80茶陵州：云阳山"有七十一峰。其大者，紫薇、偃霞、石柱、白莲、隐形、正阳、石耳，凡七峰。其余岩洞泉石皆奇胜"。光绪《湖南通志》卷15茶陵州引《遁山经》："沙土之地，云阳之墟，可以避时，可以隐居。云阳氏，古之仙人姓氏，因号云阳山。"

云（雲）阳场 在今重庆市云阳县东北云安镇。为盐场。此处历来为我国著名盐产区。西汉时置盐官。唐、宋置云安监。明置云安场盐课司。清置盐课大使。民国置云阳场知事。

云（雲）阳西城 在今江苏丹阳市延陵镇西。《三国志·吴书·吴主传》：赤乌八年（245），陈勋开破岗渎，"自小其至云阳西城"，即此。

云（雲）阳州 元世祖至元二十年（1283）升云安军置，属夔州路。治所在今重庆市云阳县东云阳镇。辖境相当今四川云阳县地。明洪武六年（1373）降为云阳县。

云（雲）阳县 ①战国秦置，属内史。治所在今陕西淳化县西北四十里前头村北。出土秦封泥中有"云阳丞印"可证。西汉属左冯翊。东汉末废。

②三国吴嘉禾三年（234）改曲阿县置，属毗陵典农校尉。治所即今江苏丹阳市。西晋太康二年（281）复名曲阿县。

③东晋孝武帝改育阳县置，属南阳郡。治所在今河南南阳市南六十里。北周废入武川县。唐武德三年（620）复置，属宛州。八年（625）又废。

④北魏太和十一年（487）置，属襄城郡。治所在今河南舞阳县境。永安中属广州定陵郡。西魏废。

⑤北魏太和十一年（487）置，属北地郡。治所在今陕西泾阳县西北四十里长街村。北周为云阳郡治。隋属京兆郡。唐初属雍州，武德三年（620）移治今泾阳县北云阳镇。贞观元年（627）改名池阳县，

八年复故名。开元后属京兆府。五代唐割属耀州。金属京兆府。元世祖至元初废。

⑥北魏永兴置，属云中郡。治所在今内蒙古托克托县境。后废。

⑦唐贞观元年（627）改石门县置，属雍州。治所在今陕西淳化县北。八年（634）废。

⑧明洪武六年（1373）降云阳州置，属夔州府。治所在今重庆市云阳县东云阳镇。明郭子章《郡县释名》四川卷下：云阳县“以其地两山夹江，四时多云，而邑当山水之阳，故名云阳”。《明史·樊一衡传》：清顺治四年（1647），“于大海据云阳。……六年春，（宋）宗藩遂为（李）占春所败，走死云阳”。即此。民国初属四川川东道。1928年直属四川省。1992年迁治双江镇青龙咀，即今云阳县。1997年划归重庆市。

云（雲）阳谷　在今山西右玉县东三十里云阳堡。《北齐书·神武帝纪》：“山胡刘蠡升自称天子，年号神嘉，居云阳谷。”

云（雲）阳宫　在今陕西淳化县西北甘泉山上。《元和志》卷1云阳县：云阳宫“即秦之林光宫，汉之甘泉宫，在县西北八十里甘泉山上，周围十余里，去长安三百里，望见长安城。黄帝已来祭天圜丘处也”。

云（雲）阳郡　北周置，属宜州。治所在云阳县（今陕西泾阳县西北四十里长街村）。辖境相当今陕西泾阳县北部及淳化县地。隋开皇三年（583）废。

云（雲）阳堡　在今山西右玉县东北三十里云阳堡。《方舆纪要》卷44大同府：云阳堡“嘉靖二十七年筑，万历二十四年增修，周一里有奇。堡东蔽左卫，且为白羊之羽翼”。

云（雲）如　西藏吐蕃王朝（约629—842）古地区名。藏文史籍载：吐蕃于全境设置乌如、要如、叶如、如拉等四大军政区域，要如今读云如，故在藏文史籍中二称互见，意为左翼，约当今西藏山南地区各县。

云（雲）远路　元元贞二年（1296）改乞蓝部置云远路军民总管府，属云南行省。治所在今缅甸北部莫宁。明洪武十五年（1382）改府。

云（雲）杜县　西汉置，属江夏郡。治所即今湖北京山县。后徙治今湖北仙桃市西北。西晋属竟陵郡。西魏废。

云（雲）县　1913年改云州置，后属云南腾越道。治所即今云南云县。1929年直属云南省。

云（雲）吟山　在今四川夹江县西北三里。《方舆纪要》卷72夹江县“平羌山”条内：“县西三里有云吟山，亦耸秀。”《清一统志·嘉定府一》：云吟山，“宋魏了翁读书其上，隶书‘云吟山’三大字刻石，今存”。

云（雲）谷　在今福建建阳市西北云谷山上。南宋乾道中理学家朱熹在谷傍筑草堂，读书于此。《方舆胜览》卷11建宁府：云谷“地高气寒，又多烈风，飞云所沾，器用、衣巾皆湿如沐”，故名。

云（雲）间　古地名。江苏旧松江府的别称。指今上海市淞南部分。因西晋文学家陆云，字士龙，家住华亭（今上海市松江区）。对客自称“云间陆士龙”而得名。南宋绍熙年间杨潜所撰上海地区地方志，名《云间志》。

云（雲）际山　①在今广东罗定市西南百余里。《舆地纪胜》卷101德庆州：云际山“在泷水县西南”。《清一统志·罗定州》：云际山“耸拔为诸山最，四时常有云雾蒙其上。一名云雾山。下有温泉”。

②在今广西融水苗族自治县北十里。《方舆纪要》卷109融县：云际山“甚高峻，上有二泉”。

云（雲）际岭　在今福建光泽县东北，北接铅山县界。《方舆纪要》卷98光泽县“杉岭”条下：“又云际岭，在县东北百四十里，接江西弋阳、铅山二县界。又有径路，通浙江江山县。北溪出其下。”《清一统志·广信府》：云际岭“最高耸。俯视城中，历历可数。有飞泉潺湲而下”。

云（雲）际峒　在今广东罗定市西。《资治通鉴》：唐开元十六年（728），“杨思勗讨陈行范，至泷州，破之，擒何游鲁、冯璘。行范逃于云际、盘辽二洞，思勗追捕，竟生擒，斩之”。《方舆纪要》卷101罗定州：云际峒“在州西。旧为蛮峒地。又有盘辽峒”。

云（雲）顶山　亦名石城山、紫云山、慈云山。在今四川金堂县南。《寰宇记》卷76金水县：云顶山“旧名石城山，其状如城，在县西一十五里。顶上平一十亩。有神泉方丈，澄清如照，云霞兴映，唐天宝六载改为云顶山”。山上有云顶山寺，雄伟壮观。南宋淳祐初于山上建城，为抗蒙元重要山城之一。《元史·宪宗纪》：八年（1258），纽璘“进攻云顶山，守将姚某等以众相继来降”即此。今辟为云顶石城风景区。

云（雲）顶山城　南宋淳祐三年（1243）四川安抚制置使余玠建，以备蒙元军。在今四川金堂县南云顶山。《元史·纽璘传》：戊午（1258），纽璘率军入蜀，“大破宋军于灵泉山，乘胜追擒韩勇，斩之，蒲择之兵溃。进围云顶山城，扼宋军归路”。即此。

云（雲）坳亭　在今河南潢川县北。《清一统志·光州一》：云坳亭“在州城北淮河上。元马祖常诗：八月淮南雁又来，云坳亭畔菊花开。”

云（雲）林　在今江苏金坛市南。《清一统志·镇江府二》：云林“在金坛县南八里西瑶村。《县志》：明于玉德建，内有三十六景，泉池山石，巧嵌玲珑，为觞咏之地”。

云（雲）林山　在今江西金溪县东。《方舆纪要》卷86抚州府金溪县：云林山在“县东四十里。崒嵂数百仞，界抚、信、建昌三郡间，为县之巨镇。上有三十六峰，其最高者曰上云峰。宋建炎中，里人邓雩、傅安于山下团结乡社，贼犯境，辄破走之，为郡保障。《志》云，山峻峭干云，故曰云林。脊有三十六尖”。

云（雲）林寺　即今浙江杭州市西灵隐寺。《清一统志·杭州府二》：灵隐寺，“康熙二十八年圣祖南巡，敕赐‘云林寺’额”。

云（雲）林县　清光绪十三年（1887）置，属台湾府。治所在林圮埔（今台湾南投县南竹山镇）。据连横《台湾通史》：“云林设县始于建省之时，则为抚垦之计尔。先是光绪十三年，划嘉义以北之地，经营新邑，择治于林圮埔之云林坪，为郑氏部将林圮埔所辟者，故曰云林，以旌其功。”因县治设于林圮埔之云林坪，故名云林县。光绪十九年（1893）移治斗六，即今云林县治。光绪二十一年（1895）被日本侵占，县废。1950年复设云林县。

云（雲）林镇　即云亭镇。即今江苏江阴市东南十五里云亭镇。明嘉靖《江阴县志》卷2：东南昭云乡有云亭市。清道光《江阴县志》卷2：“云亭镇，十一保，东十五里……旧合绮山、花山同为昭闻乡。”民国《江苏六十一县志》：江阴县东南有“云林镇”，“云林距治十八里，亦名云亭，临应天河，为东南诸乡入城之冲”。

云（雲）昌寺寨　亦名大姓云昌寨。在今四川松潘县南大姓乡东北云昌村。清康熙四十二年（1703）置云昌寺寨土千户。

云（雲）岩　在今广东封开县北。《方舆纪要》卷101封川县：云岩“在县（今封川镇）北九十里。中容三百人，居民常避寇于此。泉自石出，澄泓不竭。石床磴道，殆若天造。其南为荔枝岩，极幽胜”。

云（雲）岩山　①在今福建光泽县南。《方舆纪要》卷98邵武府光泽县：云岩山在“县南一里。苍翠秀拔，高入云表。上有湖，天欲雨，则涌沸如雷”。

②在今广西崇左市东北左州东镇。《方舆纪要》卷110左州：云岩山在“州东三里。岩有二层，平广如一。一名云洲山。一名落城岩”。

③在今陕西宜川县北。《寰宇记》卷35丹州云岩县：“云岩山在县东十里。山岩重叠如云。”

云（雲）岩寺　①在今江苏苏州市虎丘山上。北宋朱长文《吴郡图经续记》卷中：云岩寺“即晋东亭献穆公王珣及其弟珉之宅。咸和二年舍建精庐于剑池，分为东西二寺，寺皆在山下。盖自会昌废毁，后人乃移寺山上”。唐时避太祖讳，改名武丘寺。宋代称云岩寺。云岩寺塔俗称虎丘塔，始建于五代周显德六年（959），落成于北宋建隆二年（961）。塔平面呈八角形，七层，高47.5米，为仿木构楼阁式砖塔，每面正中均辟壶门状拱门。塔内部为套筒式回廊结构，楼梯采用木制浮搁活动梯，每层只以楼层和外壁联系，许多局部手法表现了唐、宋建筑手法的过渡风格，在塔的横额枋、壶门、斗栱和天花藻井等处有绘画，色彩调和，图案优美。1961年云岩寺塔（虎丘塔）被定为全国重点文物保护单位。

②即黄帝宫。在今河南新密市东刘寨镇南。《清一统志·开封府》：云岩宫“在密县东四十里云岩洞旁。有唐独孤及风后八阵图碑”。

③在今四川江油市北武都镇东北八里窦圌山三峰下。清嘉庆《四川通志》卷40江油县：云岩寺“在窦圌山”。据《江油县志》：寺始建于唐乾符间，宋扩建为九重殿宇。明末毁于兵火，唯飞天藏幸存。今寺为清康、雍、乾修建，现有山门、护法殿、星辰殿、大雄殿、南岳殿五处。文物价值最高的是大雄殿西侧星辰殿内的宋代小木作转轮经藏（又称飞天藏、星辰车）。高10.3米，直径7.5米，外形如木塔。整个经藏由一中心为50厘米的轴承托，立于地面一铁铸轴承上，可自由转动。经藏分上中下三层：上层为天宫楼阁，设计精巧；中层为藏身，四周壁板上有大小木雕人像二百余尊，均道教造像，形态各异；下层为藏座。整个转轮经藏工艺精美，是一件珍贵的古代木雕佳作。1988年定为全国重点文物保护单位。

云（雲）岩县　西魏大统三年（537）改永平县置，属义川郡。治所在今陕西宜川县西北。《元和志》卷3云岩县：“有云岩山，因以为名。”其后屡有迁徙。隋大业初废。唐武德元年（618）复置，属丹州。咸亨四年（673）迁今宜川县北云岩镇。北宋熙宁七年（1074）并入宜川县。

云（雲）岩卧佛　在今云南保山市东北板桥镇西北。《明一统志》卷87永昌府：卧佛山“在府城西北二十里。昔人因岩石凿为卧佛”。《清一统志·永昌府》：云岩山“在保山县西北二十五里。《明统志》：山高百丈，盘回三里许。岩深处一横石，凿为卧佛，因以建寺，匾曰‘云岩卧佛’”。

云（雲）岩寨　在今浙江缙云县西北。《方舆纪要》卷94缙云县“万景山寨”条：云岩寨“山势耸峙，岩石磊块，其状如甑，四围环逼，有小径攀援而上，可容万人，为天造之险”。

云（雲）罗山寨　在今广东罗定市东。《方舆纪要》卷101罗定州：云罗山寨“在州东。瑶寨也”。

云（雲）岫山　①在今浙江德清县东。《方舆纪要》卷91武康县：云岫山“在县（治今武康镇）东十里。有烟霞坞、林麓之胜，冠于境内”。

②在今广东高州市西北境。《舆地纪胜》卷117高州：云岫山“在信宜县北（西）七十三里。上有光正侯庙”。《方舆纪要》卷104信宜县：云岫山在“县西南三十里。山高险，中有一峰耸拔，人莫能至，云常盖其上”。

③在今广东新兴县南。《方舆纪要》卷101肇庆府恩平县“天露山”条：“相近有云洞山，亦曰云岫山。旧有云岫营，亦接新兴县界。嘉靖三十五年征良塘巢，即此山也。”

云（雲）岭　一名云岭山。在今安徽泾县西南云岭镇一带。1938年7月—1941年4月，为皖南革命根据地中心，新四军军部设此。

云（雲）岭村　在今安徽泾县西南。抗日战争期间新四军军部驻此。

云（雲）岭栅　在今安徽泾县西南六十里云岭镇。

清置守御所于此。

云（雲）和县 明景泰三年（1452）析丽水县置，属处州府。治所即今浙江云和县。据《方舆纪要》卷94云和县："本丽水县浮云、元和二乡地"，置县后因以为名。民国初属浙江瓯海道。1927年直属浙江省。1942年浙江省徙治于此，1945年迁回杭州。

云（雲）周西村 即今山西文水县东刘胡兰镇。1947年1月12日刘胡兰烈士就义于此。

云（雲）炉山 在今广东高州市西。《方舆纪要》卷104高州府茂名县：云炉山"在府西三十里。山高耸，多云雾，如烟起炉中。弘治十一年，御史万祥言：高州山洞贼巢有云炉、大桂、平地、石羊、冬瓜、捌岭凡六处"。

云（雲）泽县 南朝梁置，为郡州治。治所在今湖北荆州市荆州区（故江陵县）东南。北周属监利郡。隋大业初废。

云（雲）居山 ①即石经山。时有白云绕山之半麓，故名。在今北京市房山区西南。山有五峰，号五台。其中最高峰有云居寺，为隋沙门静琬所居。

②在今福建连江县北三十里。《清一统志·福州府一》引《福建通志》："有莲花石，状若莲花，周围有瓣，轻摇则动，力撼反否。西麓为东岱山。"

③在今福建永春县西南。《方舆纪要》卷99泉州府永春县：云居山在"县西二十里。卓立嵯峨，若趋若伏，云常居之"，故名。

④又名欧山。在今江西永修县西南。《舆地纪胜》卷25南康军：云居山"在建昌。乃欧岌得道之处。或以山尝出云，故曰云居山。俗谓天上云居，地下归宗。又出茶号安茶，草茶中最为绝品"。《明一统志》卷52南康府：云居山"在建昌县（治今艾城）西南三十里。其山纡回峻极，上常出云，故名云居。一名欧山"。

⑤又名灵居山。在今四川安岳县南。《方舆纪要》卷71安岳县：云居山"在县东南十里。岩壑深秀"。在山前后分布唐、五代、北宋摩崖造像及历代碑记。

云（雲）居寺 ①在今北京市房山区西南尚乐水头村。原寺为隋代僧人静琬主持创建，现仅存辽代北塔，称为房山云居寺塔。房山云居寺是世界上石经版收藏量最大的寺院。

②又名真如寺。在今江西永修县西云居山顶。《清一统志·南康府》：云居寺"在建昌县西南云居山。唐元和中建。宋祥符初赐额真如禅院，为江右名刹。后废。明万历中重建"。

③即今湖北襄阳市襄阳城西二十六里广德寺。唐皮日休有《过云居寺玄福上人旧居》诗。

云（雲）迦关 在今内蒙古乌拉特前旗东北。《新唐书·地理志》单于大都护府金河县："有云迦关，后废。大和四年复置。"时李泳为振武节度，以兵千人戍守。开成五年（840），回鹘溃乱，侵逼西城，诏振武节度使刘沔屯云迦关为之备。

云（雲）珑山 在今河南新密市北。《方舆纪要》卷47密县：云珑山"在县北三十里。一名侵云山"。

云（雲）城 在今山东阳信县东一里。《汉书·王子侯表》：西汉元朔四年（前125），封齐孝王子信为云侯。《水经·河水注》："商河又东北，径富平县故城北，……水侧有云城。"

云（雲）南 唐代以来对云南的地区总称。泛指唐代的南诏、宋代的大理及元代的云南行省、明代的云南布政司、清代的云南省。

云（雲）南中卫 明洪武十六年（1383）置，属云南都司。治所即今云南昆明市。清康熙七年（1668）废。

云（雲）南节度 唐南诏前期置，治所在云南城（今云南祥云县东南三十四里云南驿镇东旧站）。辖境约当今云南祥云县及楚雄彝族自治州地。后改弄栋节度。

云（雲）南左卫 明洪武十五年（1382）置，属云南都司。治所即今云南昆明市。清康熙二十六年（1687）废。

云（雲）南右卫 明洪武十五年（1382）置，属云南都司。治所即今云南昆明市。清康熙二十六年（1687）废。

云（雲）南布政使司 明洪武十五年（1382）置，治所在云南府（即今云南昆明市）。辖境约当今云南省（滇东北属四川）及缅甸、泰国、老挝、越南的部分地区。清代改置云南省。

云（雲）南曲靖宣抚司 元世祖至元二十五年（1288）置，治所在南宁县（今云南曲靖市）。二十八年（1291）改为曲靖等路宣慰司。

云（雲）南后（後）卫 明洪武十五年（1382）置，属云南都司。治所即今云南昆明市。清康熙七年（1668）废。

云（雲）南州 ①唐武德七年（624）置，治所在勃弄县（今云南弥渡县境）。后废。

②元世祖至元十一年（1274）置，属大理路。治所在今云南祥云县东南三十四里云南驿镇东旧站。元郭松年《大理行记》："张乐进求时，州北龙兴和山忽五色云起，萧索轮囷。终日不散，人以为祥，州居云之南，因改今名。"明洪武十五年（1382）降为县。

云（雲）南安抚司 唐贞元十一年（795）置，由剑南西川节度使兼云南安抚使，管辖南诏统治境界。五代废。

云（雲）南县 ①西汉元封二年（前109）置，属益州郡。治所在今云南祥云县东南三十四里，云南驿镇东北果城。《续汉书·郡国志》注引《南中志》云南："县西高山相连，西北百数十里有山，众山之中特高大，状如扶风太乙，郁然高峻，与云气相连结，因视之不见，其山固阴冱寒。"袁嘉谷《滇南释教论》认为此山"即指鸡足山而言"。谢肇淛《滇略·版略》："汉元狩间，彩云见于南中，遣使迹之，云南之名始此也。”东汉属永昌郡。三国蜀建兴三年（225）属云南郡。东晋为云南郡治。南齐废入云平县。

②明洪武十五年（1382）降云南州置，属大理府。十七年（1384）改属赵州。治所即今云南祥云县。清代属大理府。民国初属云南腾越道。1918年改祥云县。

云（雲）南陆军讲武堂旧址 在今云南昆明市翠湖西路承华圃。创办于清宣统元年（1909），至1928年共办19期，毕业学员达四千余人。教官多数留学日本士官学校。是我国最早培养新式陆军军官的学校之一。清末创办讲武堂的目的本来是要扑灭孙中山领导的民族民主革命，但教官与学生中有不少是同盟会会员，使这里成了当时云南革命力量的摇篮，在推翻清朝统治的云南辛亥重九起义和粉碎袁世凯复辟帝制的护国首义中起了重要作用。现存的讲武堂主体建筑为走马转角楼式的二层砖木结构楼房，东、南、西、北四楼对称衔接，成一方形四合院。1988年定为全国重点文物保护单位。

云（雲）南府 明洪武十五年（1382）改中庆路置，为云南布政司和云南都司驻地。治所在昆明县（今云南昆明市）。辖境约当今云南滇池周围地区禄丰、易门、宜良、嵩明等县间地。清代为云贵总督、云南巡抚驻地。1913年废。

云（雲）南驿 明洪武中置，在今云南祥云县东南云南驿镇。后废。

云（雲）南城 唐南诏置，为云南节度驻地。在今云南祥云县东南三十四里云南驿镇东旧站。后为云南赕治所，属南诏中心区。唐樊绰《蛮书》卷6：“云南城，天宝中阁罗凤所规置也，尝为信州地，城池郭邑皆如汉制。”

云（雲）南省 清顺治十六年（1659）置，治所在云南府（即今云南昆明市）。辖境比今云南省稍大。辛亥革命后废府，治昆明县（今云南昆明市）。1922年治所称昆明市。

云（雲）南前卫 明洪武十五年（1382）置，属云南都司。治所即今云南昆明市。清康熙七年（1668）废。

云（雲）南郡 三国蜀建兴三年（225）析永昌、益州、越嶲三郡地置，属庲降都督。治所在弄栋县（今云南姚安县西北十七里旧城）。辖境在今滇西北，约当今楚雄市以西，南涧彝族自治县以北，澜沧江以东，金沙江以南地区。西晋属宁州，治云平县（今云南宾川县境）。东晋治云南县（今云南祥云县东南三十四里，云南驿附近果城），辖境约当今云南南涧彝族自治县北至宁蒗彝族自治县间的条形地区。南齐治所在东古复（今云南永胜县境），辖境仅当今云南南涧、巍山、祥云、宾川、永胜、华坪等县地。梁末废。

云（雲）南诸路行中书省 元世祖至元十三年（1276）置，治所在中庆路（今云南昆明市）。辖境约当今云南全境、贵州西部、四川西南部以及缅甸、泰国、老挝、越南的部分地区。明洪武十五年（1382）改置云南布政使司。

云（雲）南殖边督办公署 1929年11月云南省政府在废道后成立第一（滇西）和第二（滇南）两殖边督办公署。1930年9月省府将公署暂行章程及设立理由转请内政部查办，并转行政院及国民政府，当时中央政治会议议决“暂准执行”。该公署为省、县间的一种组织，其权限仅关于殖边事务（如关于界务、垦殖、防守以及边地的交通、实业、文化、教育、卫生等；在必要时对边境各县局之常备团队有指挥权；边境发生非常紧急事件，可径行处理，后呈请省政府查核等）。至于各该县局之普通行政，仍归该省民政厅直接管理，而不受公署支配。两公署于1938年撤销。

云（雲）南赕 唐南诏置，为中心区十赕之一。治所在云南城（今云南祥云县东南三十四里云南驿镇东旧站）。辖境约当今云南祥云县云南驿坝子。宋大理属首府地区。元改云南州。

云（雲）响城 在今河南封丘县南十里。《寰宇记》卷1封丘县：云响城，“按《史记》云，吴、晋率诸侯会于黄池，莫不云集响应，共筑此城。因以为名”。

云（雲）秋山 ①在今湖南炎陵县西南四十五里，接安仁县界。宋本《寰宇记》卷115衡州茶陵县：“云秋山在县南五百里，高二千九百丈，尝云屯于上，经日不散，有如秋景。”《明一统志》卷64衡州府：云秋山“在酃县西四十五里。云烟黯惨，常若秋时”。

②在今湖南郴州市北三十里。一名天飞山，又名仙台山。《清一统志·郴州一》：云秋山“上有莲池，其水清冽，四时不涸。山后石穿如桥，上下俱通往来。有仙坛，为苏耽修炼处”。

云（雲）秋水 即今湖南炎陵县西河潩水。《方舆纪要》卷80酃县：“云秋水在县西四十里，经县东，折而北流，经茶陵州界，合于洣水。”

云（雲）泉山 又名赐儿山。在今河北张家口市西三里。清《畿辅通志》卷65：云泉山“上有寺，一名赐儿山。《县志》案：山以寺得名，赐应作夺。国朝杨国声《云泉山记略》：张家口城倚乱山之麓，其西北一峰，峻嶒秀拔者为云泉山，云气偻逮，四时不绝，薰蒸酝酿，甘泉出焉，山之所由名也”。

云（雲）泉水 即今湖南邵阳市南檀江。《水经·资水注》：云泉水“出零陵永昌县云泉山，西北流径邵阳南，云泉水又北注邵陵水，谓之邵阳水口”。

云（雲）侯国 西汉置，属琅邪郡。当在今山东东部。东汉省。

云（雲）亭江 即今江西泰和县南珠林江。《明一统志》卷56吉安府：云亭江“在泰和县南。一名缯水”。《清一统志·吉安府一》：云亭江“源出赣州兴国县界，有二源，自梁口西北流一百里至县境沙村合流，又自县南株林口入赣”。

云（雲）亭镇 亦作云林镇。即今江苏江阴市东南十五里云亭镇。清光绪《江阴县志》卷2：云亭市“市跨应天河，南曰南云亭，北曰北云亭，街各里许，南市较盛”。

云（雲）津桥 在今云南昆明市东。《清一统志·云南府二》：云津桥“在昆明县东二里许，跨盘龙江上。本名大德桥，明洪武中修建。以其当云南之要津，故更今名”。

云（雲）津渡 在今贵州都匀市西。《方舆纪要》卷121都匀府：“云津渡在府西一里。邦水河渡处也。”

云（雲）栖寺 在今浙江杭州市西南五云山下。《清一统志·杭州府二》：云栖寺“吴越建。宋治平二年改名栖真禅院。后废”。明隆庆五年（1571），掘地得碑，即古云栖寺。“云栖竹径”为杭州胜景之一。

云（雲）根五窍泉 在今贵州镇远县西三十里油榨关崖下。《方舆纪要》卷122镇远县：云根五窍泉“在府西油榨关岩下。五窦并出，行者藉以济渴”。

云（雲）晃山 在今云南盈江县东。《明一统志》卷87干崖宣抚司：云晃山“在司（今旧城镇）南一十五里。上有瀑布泉，即云晃河之源也”。

云（雲）晃河 在今云南盈江县东南。《明一统志》卷87干崖安抚司：云晃河“在司治（今旧城镇）南。源出云晃山，下流与云笼河合，灌田千余亩”。

云（雲）峰山 ①在今河北抚宁县东北五里。《方舆纪要》卷17抚宁县：云峰山“有数峰相属，绵亘如云”，因名。

②即今浙江缙云县西北四十二里雪峰山。海拔1110米。《方舆纪要》卷94缙云县“吏隐山”条：雪峰山“上有龙潭瀑布，亦曰岱岭，岭东之水流于好溪，岭西之水流为南溪，婺、括之水自此而分”。

云（雲）峰山摩崖石刻 云峰山又名文峰山。在今山东莱州市东南十五里。石刻多在突出岩石的侧面，大小不一，形态各异，由山麓到极顶零星分布，共三十余处。大多为北魏书法家郑道昭手书。据《魏书·郑道昭传》载：道昭字僖伯，少而好学，博览群书，称“一代文宗”。著名的“荥阳郑文公之碑”高2.8米，宽3.6米，为山中诸刻之冠。碑文记其父郑羲生前事略，长达一千三百余字。石刻书法谨严浑厚，虽属魏体，但近于楷书，具有从汉隶向楷书过渡的特点，为历代书法家、金石家所推崇。1988年定为国家重点文物保护单位。

云（雲）浮山 又名浮山。即今广东云浮市云安县南大云雾山。《舆地纪胜》卷98南恩州：浮山“一名泉山，在阳春县北七十里”。《方舆纪要》卷101肇庆府东安县：云浮山“高五十丈，周四十里。危峰突起，峰顶常有白云。相传陈霸先曾居此，上有林泉岩石之胜”。

云（雲）浮水 ①在今广东罗定市东南。《方舆纪要》卷101罗定州：云浮水“在州东南。源出东安县界云浮山下，流入州境，注于泷水”。

②一名漠阳江。即今广东阳春、阳东等市县境之漠阳江。《清一统志·肇庆府》：漠阳江“一名云浮水。源出阳春县西北云浮山，经县西，东南流入阳江县，又南入于海”。

云浮市 1992年改云浮县置，由广东省直辖，委托肇庆市代管。1994年云浮市升为地级市，改由省直辖。设立云浮市云城区，市人民政府驻云城区。

云（雲）浮县 1914年改东安县置，属广东粤海道。治所即今广东云浮市。县西南有云浮山，故名。1920年直属广东省。1992年改设云浮市。

云（雲）浮郡 唐天宝元年（742）改勤州置，治所在富林县（今广东云浮市云安县南富林镇）。辖境相当今广东阳春、云浮二市相连地区。乾元元年（758）复为勤州。

云（雲）陵 ①西汉钩弋夫人的陵墓。在今陕西淳化县北铁王乡南大圪垯村。《汉书·外戚传》：武帝后元二年（前87），“钩弋倢伃从幸甘泉宫，有过见谴，以忧死，因葬云阳。……昭帝即位，追尊钩弋倢伃为皇太后，发卒二万人起云陵，邑三千户”。

②北魏孝武帝元修的陵墓。在今陕西渭南市东南。宋敏求《长安志》卷17渭南县：“后魏孝武帝云陵在县东南二十二里广乡原。陵崇六丈，周一百二步，石人、虎尚存。”

云（雲）陵县 西汉始元二年（前85）置，属左冯翊。治所在今陕西淳化县北铁王乡南古城村。《汉书·外戚传》：昭帝“追尊钩弋倢伃为皇太后，发卒二万人起云陵，邑三千户”。县因此得名。元始四年（4）废。

云（雲）黄山 在今浙江义乌市南二十五里。《水经·浙江水注》：“縠水又东径乌伤县之云黄山。”即此。

云（雲）梦 或单称云或梦。在古代典籍中并不专指云梦泽，一般都泛指春秋战国时楚王的游猎区。此区大致包括整个江汉平原及东、西、北三面一部分丘陵山地，春秋时兼有郢都以南的江南地，战国时改为限于江北。在这个区域内，并不全属于云梦，而是错杂着已经开发了的耕地聚落及都邑。

云（雲）梦山 ①在今山西交口县西南。海拔1800米。山上松柏覆盖，多庙宇。明嘉靖十二年（1533）《重修云梦山庙宇碑记》载：“隰郡城北六十里，有峻岭重山，悬崖峭壁，林壑幽隐。上有龙泉一脉，漱石潺潺，入春则帘水珠垂，经冬则水凝玉柱，旁有石洞幽深莫测。”

②在今河南淇县西南。上有著名的云梦山摩崖石刻。

③俗名观山。在今陕西勉县东北。《清一统志·汉中府一》：云梦山“最高处有云台观。观东一里曰飞仙崖，石峰壁立，高三百五十五丈。崖下曰白龙

洞，深数步。下有石池，水自上滴入，不溢不涸”。

云（雲）梦山摩崖 在今河南淇县城西南云梦山。摩崖石刻分布在云梦山上圣庙、小峰门。共有元、明、清各代摩崖题记、碑刻约二百品。其中，元代卫辉路总管府判官、新授同知镇江路总管府事开德常、明代御史孙征兰等名人撰书，赞美水帘洞、云濛山仙境和修复云濛山古建筑之事。石刻保存完好。2006 年定为全国重点文物保护单位。

云（雲）梦县 西魏大统十六年（550）置，属城阳郡。治所在今湖北云梦县。《寰宇记》卷 132 云梦县：“于云梦古城置云梦县，因以为名。”隋属安陆郡。唐属安州。北宋熙宁二年（1069）废。元祐初复置，属德安府。南宋绍兴七年（1137）移治仵落市（在今云梦县北十四里陈李村）。十八年（1148）还旧治。民国初属湖北江汉道。1932 年直属湖北省。

云（雲）梦泽 古泽薮名。本在今湖北江陵以东，江汉之间。《周礼·职方》 荆州：“其泽薮曰云梦。”《尔雅·释地》 称“楚有云梦”。《吕氏春秋·有始览》 列为十薮之一，《淮南子·墬形训》 列为九薮之一。据《汉书·地理志》等汉、魏记载，云梦泽在南郡华容县（今湖北潜江市西南）南，范围并不很大。晋以后的学者将古云梦泽的范围说到大江以南、汉水以北，把洞庭湖也包括在内，与汉以前记载不符，不足信据。

云（雲）梦桥 在今湖北安陆市南。《资治通鉴》：五代晋天福五年（940），“（安）审晖又败唐兵于云梦泽中，虏（李）承裕及其众。唐将张建崇据云梦桥拒战，审晖乃还”。

云（雲）梦镇 北宋熙宁二年（1069）废云梦县置，属安陆县。即今湖北云梦县。元祐初复置为县。

云（雲）梯关 在今江苏响水县南五十七里废黄河北岸。金章宗明昌五年（1194）黄河夺淮入海之口。《清一统志·淮安府二》 引《河防志》：云梯关“乃黄淮入海故道。相传旧时关外即为海口，所以立关设营，有守备驻扎。关以外舟楫所不及也，潮落沙淤，沧海变为桑田。南北两岸，有港、有套、有渠，本无堤岸，前河臣靳辅以一望平滩，不分是河是地，若不为之一束，则虽黄河全归故道，而大溜到此，四散而去，究无入海之路。因筑长堤一万八千余丈”。

云（雲）梯庵 在今北京市房山区西南大方山，为七十二庵之一。位于发汗岭之上，建于断岩绝壁间，如半山之巢，极为险峻，相传为明万历初太监冯保修建。自山脚凿石为磴，攀铁索而上，高约 200 级，踏脚升高如入云霄，故名云梯，云梯尽处即云梯庵。

云（雲）彪县 1942 年晋冀鲁豫边区改望都县置，属北岳区。治所即今河北望都县。为纪念抗日战争中牺牲的刘云彪团长而命名。1946 年复名望都县。

云（雲）崖寺石窟 在今甘肃庄浪县（水洛镇）东韩店镇东南佛沟。始建于北魏永平五年（512），金、元、明各代均有增建。现存大小窟龛十二个，分三层，上层白云洞最大，洞内无遗存。白云洞下为北魏开凿的二洞窟，内有石佛十二尊，其中一尊高 3.2 米，神态生动。下层最大窟深 10 米、宽 5 米、高 4 米，保存明碑两块，一为《主山云崖寺成碑记》，一为《云崖碑记》。2006 年与陈家洞石窟一起定为全国重点文物保护单位。

云（雲）斛山 在今广东新兴县北十五里。《方舆纪要》卷 101 肇庆府新兴县：云斛山“高百余仞，周五十余里。山谷幽深，常有云气”。

云（雲）盖山 ①在今福建龙海市东南。《方舆纪要》卷 99 漳州府海澄县：云盖山“在县东南，有石室，容数百人。岩岭巉峻，云气尝覆其顶”，故名。

②在今湖南长沙县西南三十里。《方舆纪要》卷 80：云盖山“峰峦秀丽，望之如盖。亦名灵盖山”。

云（雲）盖岭 在今陕西镇安县西四十里。《清一统志·商州》：支盖岭“下有云盖寺。相传唐贾岛所居”。

云（雲）盖镇 清置，属镇安县。即今陕西镇安县西北云盖寺镇（简称云镇）。《清一统志·商州》“旧司镇”条下：云盖镇“至县西四十里”。镇以寺名。寺为唐建，相传唐贾岛居此。

云（雲）淡门 即今福建宁德市东北云淡。明嘉靖八年（1529）置巡司于此。寻废。

云（雲）宿山 又名云岫山。在今广东新兴县东南。《方舆纪要》卷 101 肇庆府新兴县：云宿山在“县东八十里。高百余仞，周百四十余里，瑶尝结巢于此。一名云岫山。成化初，按察副使毛吉追贼于此，遇害”。

云（雲）落径 即今广东普宁市西南云落镇。明置巡司于此。

云（雲）棚城 在今江西高安市北。《寰宇记》卷 106 筠州高安县：云棚城“在州北。唐应智项屯兵地”。《方舆纪要》卷 84 瑞州府高安县：云棚城“在府北三十里。又府北五里有断水桥城。隋大业末萧铣、林士宏攻掠江西，土人应智项拒贼于华林山，筑云棚等城，召义兵保安此土。二城即其故址云”。

云（雲）翔寺 即今上海市嘉定区南南翔镇太翔寺。南朝梁天监中建，初名南翔寺。南宋绍定年间改名云翔寺。

云（雲）湖 在今湖南湘潭县西。《元一统志》：云湖“古名沿湖。广三十余里，有九十汊、八十四泉。四山环绕，中有乌石泉。俗传有白龙居之，故多云气，因名云湖”。

云（雲）湖桥店 即今湖南湘潭县西三十九里云湖桥镇。清乾隆《湘潭县志》卷 5 有云湖桥店。

云（雲）窝 亦名簇店、鹭店、初殿。在今四川峨眉山市西南峨眉山骆驼岭后一里。清光绪《峨眉山图说》："初殿，其山形若鸑鷟，亦名鷟殿，又曰簇店。盖原祇板屋一间，僧煮汤以俟游客蒸炊，后改店为殿，即云窝也。"

云（雲）雾山 ①在今安徽舒城县西南四十里。《方舆纪要》卷26舒城县：云雾山在"县南四十里。山高耸，云出必雨"。

②在今湖北蕲春县北。《方舆纪要》卷76蕲州：云雾山在"州北七十里。山高耸尝有云雾"。

③又名云浮山。即今广东云浮市云安县南大云雾山。《清一统志·罗定州》：云浮山"四时云雾不散，亦名云雾山"。

④在今贵州贵定县西南，与龙里县交界处。苗岭高峰之一。《清一统志·贵阳府》：云雾山"危峰峭壁，惟一径可通，为大、小平伐二司之界"。

云（雲）路场 又名过路凼、过路场。即今重庆市大足县东北六十里国梁镇。道通铜梁县。民国时为纪念黄花岗七十二烈士饶国梁烈士而改名。

云（雲）罩寺 在今天津市蓟县西北二十五里盘山，挂月峰左侧。又名降龙庵。唐道宗禅师所建。清《日下旧闻考》卷116引《乾隆十二年御制云罩寺诗》："挂月峰巅浮图，矗峙天际，曰舍利塔。寺居其侧，云滃然若拥若复，自下观之，或见云不见寺，而寺中或不复见山云。"

云（雲）锦山 在今福建邵武市西南。《方舆纪要》卷98邵武府邵武县："云锦山在府西南八十里。高峰环合，凡三十有六。"

云（雲）锦场 即今四川泸县东北云锦镇。清嘉庆《泸州志》卷2：云锦场"在州东北八十里"。民国《泸县志》卷1：云锦场"以云锦山得名"。

云（雲）源山 一名灵源山、源头山。在今广西阳朔县西北七十里。《方舆纪要》卷107阳朔县：云源山"广数百里，阳朔群山之发轫也"。

云（雲）溪 即今浙江遂昌县北之灵山江上源。《方舆纪要》卷94遂昌县：云溪在"在县北五十里。源出马戍岭，合县北诸溪水，经赤津岭而北入龙游县境，又北注于穀溪"。

云（雲）溪山 在今浙江新昌县东。《方舆纪要》卷92绍兴府新昌县：云溪山"在县东八十里。高五百余丈，周二十里。攒峰数重，水缘岩下，飞瀑如雪。有石桥亘其上"。

云（雲）溪水 亦作云溪港。在今湖南岳阳市东北。《方舆纪要》卷77岳州府临湘县：云溪水在"县西南四十里。源出崖岭，流经县南三十五里，汇为松阳湖。又象骨港，亦自县西南，东出松阳湖流合焉，注于大江"。

云（雲）溪县 唐文明元年（684）改江华县置，属道州。治所在今湖南江华瑶族自治县（沱江镇）西南。神龙元年（705）复名江华县。

云（雲）溪驿 ①明置，在今四川盐亭县西。《方舆纪要》卷71盐亭县：云溪驿"在县治西。马驿也"。

②即今湖南岳阳市东北云溪镇。《方舆纪要》卷77岳州府临湘县"土门镇"条下："又云溪马驿，在县东（据《清一统志》应为县南）四十里。"

云（雲）需总管府 元延祐二年（1315）置，后属上都留守司。治所在今河北沽源县北囫囵诺尔东北小红城。《元史·百官志六》：总管府"掌守护察罕脑儿行宫，及行营供办之事"。

云（雲）霁水 一作云际水。在今广东罗定市南百里。《方舆纪要》卷101罗定州：云霁水"源出云霁山，委曲西流，有抱水流合焉，又西北入于泷水"。

云（雲）韶水 又名雩韶水。在今江西丰城市东北。《方舆纪要》卷84南昌府丰城县"丰水"条下：云韶水"源出抚州横汊河，东北入县界，合于赣江"。

云（雲）霄山 一名大臣山、大神山。即今福建云霄县东大臣山。《寰宇通志》卷47漳州府《山川》：云霄山"在漳浦县西九十里，以其高耸云汉，故名"。《方舆纪要》卷99漳州府漳浦县：云霄山，"《旧志》：山形端重，一作大臣山，亦名大神山。县、镇皆以此为名"。

云（雲）霄厅 清嘉庆五年（1800）析原漳浦县丞驻地云霄镇及平和、诏安二县部分地置，属漳州府。治所即今福建云霄县。民国吕式斌《今县释名》："县有云霄山，以高耸云汉得名。"1913年厅废，改为云霄县。

云（雲）霄县 1913年改云霄厅置，属福建西路道。1914年属汀漳道。治所即今福建云霄县。1928年直属福建省。

云（雲）霄站 元置，即今福建云霄县。

云（雲）霄镇 明置，属漳浦县。即今福建漳浦县治。清嘉庆五年（1800）于此置云霄厅。1913年改为云霄县。

云（雲）澳 即今广东南澳县东南云澳。清同治《广东图说》卷41南澳厅："云澳乡，城东南十五里。……宋帝昺被元兵追至此。"

云（雲）濛山 ①在今山西阳城县西南八十里。《清一统志·泽州府》：云濛山"峭壁危岩，有石龛，鸟道可通"。

②在今浙江淳安县（排岭镇）西南四十里。宋《淳熙严州图经》卷3淳安县：云濛山"在县南十八里。高五百丈，周围七十里，出众山之上。天欲雨，先见云雾滃然濛其上，故以名"。

云（雲）簇镇 清置，属榆社县。即今山西榆社县西三十里云簇镇。

云（雲）豁洞 在今贵州凯里市西北。《方舆纪要》卷121清平县："云豁洞在县（今清平镇）北十五里。溪水从洞流出，资以溉田。旧名大空洞。相近有宾阳洞，一名小空洞。"

云（雲）骧阁 在今福建长汀县城乌石山。《清一统志·汀州府》：云骧阁"在长汀县城上东南隅。上接龙山，下瞰龙潭，左有飞来石。旧名清阴阁，亦曰集景楼，又名双清阁。宋建。绍兴间刘乔改今名”。1929年3月中国工农红军第四军首次入闽，攻克长汀县城，在此召开长汀县各界代表会议，闽西第一个县级红色政权长汀县革命委员会即设在此。

云（雲）露山　在今海南省海口市琼山区西南六十里。《舆地纪胜》卷124琼州：云露山“有三潭。俗传旧有民居，陷为三潭，号陷屋潭。上潭林木阴森，人不敢近；其次二潭有小石如橄榄，有窍可穿，号橄榄珠”。

云（雲）衢桥　在今福建建阳市西南。《方舆纪要》卷97建阳县：云衢桥“在县西南三十里。其地所谓建阳书坊也。宋建为商旅辐辏之所，俗名建阳大桥”。

扎牙黑水　即今俄罗斯、哈萨克斯坦境内之乌拉尔河，注入里海。《元朝秘史》卷11：“再命速别额台勇士征迤北康邻等十一部落，渡亦的勒、扎牙黑二水。”

扎什巴堡　在今青海化隆回族自治县西北扎巴镇附近。《清一统志·西宁府二》：扎什巴堡“在西宁县东南一百六十里。城周一百四十丈。本朝乾隆四年筑，设千总驻防”。

扎什伦布寺　一名仍仲宁翁结巴寺。在今西藏日喀则市南尼色日山下。明正统十二年（1447）由喇嘛教格鲁派（黄教）创始人宗喀巴的大弟子根敦珠巴主持兴建。班禅四世以后为历世班禅举行宗教和政治活动的中心。“扎什伦布寺”，藏语意为“吉祥山寺”。1961年定为全国重点文物保护单位。

扎石冈宗　即今西藏阿里地区噶尔县西北一百二十里扎西岗乡。清乾隆《西域同文志》卷18：“西番（藏）语：扎石冈，犹云吉祥普遍也，名其城以为颂祷之词。”

扎布干河　亦作查巴哈、扎布堪、扎卜罕、扎布韩、扎布噶。扎布干，译言流沙。即今蒙古国从扎布汗省流入乌布苏省吉尔吉斯湖的扎布汗河。《清一统志·乌里雅苏台》：扎布噶河“上源曰锡拉河，出赛因诺颜部左翼左旗，西南流，北纳哈拉河、布尔噶苏台河，折西北流，特里乌苏河自北来会，又西北会乌里雅苏台河，西流为扎布噶河，又西流入科布多界”。

扎布扎雅察罕达布逊淖尔　即今西藏仲巴县北之扎布耶茶卡。清《西域同文志》卷22载：“西番（藏）语：扎布扎雅，木名，多年生草根所结，可成碗。察罕达布逊，蒙古语，白盐池。盐池旁多产此木，故名。”

扎尔木　即今内蒙古呼伦贝尔市海拉尔区东扎罗木德。《清史稿·地理志》：呼伦直隶厅有扎尔木车站，为中东铁路车站之一。

扎兰屯　即今内蒙古扎兰屯市。清属布特哈总管管辖，光绪二十年（1894）后属布特哈副都统管辖。1915年设扎兰屯稽垦局，1925年改为雅鲁设治局，1929年改雅鲁县，属黑龙江省。1934年改设布特哈旗，1945年划归兴安省。1947年划归内蒙古自治区。1969年划归黑龙江省，1979年划回内蒙古自治区。1983年改设扎兰屯市。“扎兰”为蒙古语，是管理小屯落的官职名。

扎克必拉色钦毕都哩雅诺尔盟　清代外蒙古喀尔喀扎萨克图汗部十九旗，会盟于扎克河源毕都哩雅诺尔（今蒙古国阿尔泰山之左），故名。

扎克达齐山　即今内蒙古鄂伦春自治旗南扎克奇山。《清一统志·黑龙江》：扎克达齐山“在墨尔根城（今嫩江县）西北二百三十里”。

扎克拜达里克城　亦名拜塔里克。清康熙时建，在今蒙古国西南巴彦洪戈尔省拜德拉格河下游东岸拜达里克村。

扎克雅布　即察雅。在今西藏察雅县东。清乾隆《西域同文志》卷18：“西番（藏）语：扎克，大山峰也。雅布，檐也。地有山峰，下瞰如檐，故名。”

扎里麻站　明海西西陆路驿站之一。在今内蒙古呼伦贝尔市海拉尔区东扎罗木得。《辽东志》卷9海西西陆路有“扎里麻”站。

扎库塔城　约在今吉林延吉、图们市境。明末属东海虎尔哈部，万历三十九年（1611）为努尔哈赤派兵攻克。

扎启宗　又作札期谿，故址即今西藏扎囊县东扎其乡。“扎启”，藏语意为刺树沟外。

扎武土司　清雍正时置，属西宁办事大臣。为玉树四十族之一。驻牧地在今青海玉树县东南，通天河南。乾隆《西宁府新志》卷19“塞外贡马番族”中，有“住牧伦多布领地方扎武族”和“住牧扎尔通地方扎武族”。

扎武班石土司　清雍正时置，属西宁办事大臣。为玉树四十族这一。驻牧地在今青海玉树县东南。乾隆《西宁府新志》卷19塞外贡马番族：“住牧扎武班石族，即在扎武族界内。”后并入扎武土司。

扎拉木台　即今黑龙江省肇东市东南五站镇。民国汤尔和译《黑龙江》肇州：有“五站（扎拉木台）”。清末《黑龙江全界地图》：呼兰县西南有扎拉木。

扎拉卡伦　清雍正十二年（1734）设，在今内蒙古呼伦贝尔市新巴尔虎右旗西扎拉山。见何秋涛《朔方备乘》卷10《北徼喀伦考》。

扎松阿山　在今黑龙江省哈尔滨市阿城区东南。《清一统志·吉林一》：扎松阿山“在（吉林）城东北三百里，高十四里，周五十五里”。阿勒楚喀河、费克图河源皆出于此。

扎依噶珊　又作扎里噶珊。在今俄罗斯哈巴罗夫斯克边疆区黑龙江下游索菲斯克东。清属宁古塔将军，后属三姓副都统。康熙《皇舆全览图》：黑龙江下游乞儿必儿以上有“渣里噶山”。光绪《吉林通志》卷17：混同江南岸，东至海滨旧设噶珊有“扎里”。咸丰年间被沙皇俄国通过不平等的中俄《北京条约》割占。

扎哈苏泊 即今内蒙古正蓝旗西北扎格斯台淖尔。清时察哈尔左翼正蓝旗驻地在其附近。

扎哈苏淖尔 在今哈萨克斯坦斋桑泊西北，额尔齐斯河西岸。清徐松《西域水道记》卷5：额尔齐斯河“既会布昆，北流径扎哈苏淖尔东。扎哈苏二淖尔皆周数十里，南北相去里许，两淖尔间置卡伦”。

扎哈沁部 清科布多参赞大臣管部之一。本准噶尔守边鄂托克，乾隆十九年（1754），其宰桑玛木特被清军所俘而归降，遂安置其众于特斯鄂依浑，即以玛木特为总管。后移牧于拜达里克，设立一旗，仍置总管，不设扎萨克。乾隆四十六年（1781），复移于科布多南布尔根河之东，隶科布多。

扎哈沁旗 清乾隆四十年（1775）置，属科布多。驻地即今蒙古国科布多省莫斯特。后废。

扎真卫 又作劄真卫。明永乐十三年（1415）置，属奴儿干都司。在今俄罗斯哈巴罗夫斯克边疆区黑龙江下游阿纽依河流域。后废。

扎格斯台 即今内蒙古正蓝旗西北扎格斯台。清及民国间为察哈尔左翼正蓝旗驻地。

扎称宗 又称扎谿。故址即今西藏扎囊县西北札村。

扎陵湖 一作查灵海。又名柏海、察汗诺尔。在今青海玛多县西，为黄河上源一大湖。黄河上源自西面注入，从南面流出。“扎陵”为藏语，意为灰白色长湖。清齐召南《水道提纲》卷5：阿尔坦河“东南流注于查灵海，湖泽周三百余里，东西长，南北狭，河亘其中而流，土人呼白为查，形长为灵，以其水白色也”。

扎萨克台吉旗 即新和硕特旗。旗府驻地在今蒙古国巴彦乌列盖省布尔根一带。

扎萨克图汗部 清外蒙古左喀尔喀四部之一，称喀尔喀西路，统于乌里雅苏台定边左副将军。明末，喀尔喀蒙古右翼长素巴弟始称扎萨克图汗，子、孙相继袭号。康熙二十七年（1688），其部被噶尔丹击溃，素巴弟曾孙策旺扎布率众投附清朝；三十年，会盟于多伦诺尔，诏封和硕亲王，统其部众，分编为十旗。三十六年返回故地；四十年，诏袭汗号。后所属旗续增至十八，附辉特一旗，共十九旗，以会盟地之名称为扎克必拉色钦毕都哩雅诺尔盟。属境有今蒙古国扎布汗、戈壁阿尔泰二省，以及库苏古尔省南部和巴彦洪戈尔省西南部部分地。

扎萨克图汗部乌梁海一佐领 ①清康熙间置，属唐努乌梁海。治所在今俄罗斯克孜尔—奥尔达州乌鲁克穆河南岸。

②清康熙间置，属唐努乌梁海。治所在今俄罗斯克孜尔—奥尔达州卡腊苏格南一带。

③清康熙间置，属唐努乌梁海。治所在今蒙古国库苏古尔省库苏古淖尔湖北岸偏西一带。

④清康熙间置，属唐努乌梁海。治所在今蒙古国库苏古尔省察汗乌拉一带。

⑤清康熙间置，属唐努乌梁海。治所在今俄罗斯克孜尔—奥尔达州乌鲁克穆河西乌尤克一带。

扎萨克图汗旗 清外蒙古扎萨克图汗部所属十九旗之一。顺治十二年（1655）设，旗府驻地在今蒙古国戈壁阿尔泰省东部比格尔附近。此地兼为右翼左旗驻地。

扎萨克图旗 ①即内蒙古哲里木盟科尔沁右翼前旗。治所在今内蒙古科尔沁右翼前旗东南。后迁今乌兰浩特市。

②即内蒙古伊克昭盟鄂尔多斯右翼前末旗。清雍正九年（1731）置，驻地在今内蒙古伊金霍洛旗南新街镇。民国间属绥远省。1954年划归内蒙古自治区。1958年撤销，与郡王旗合并为伊金霍洛旗。

扎萨克特固斯库鲁克达赖汗旗 又称杜尔伯特汗旗。清乾隆十八年（1753）置，属蒙古科布多。旗府驻地在今蒙古国乌布苏省乌布苏诺尔湖南。

扎萨克旗 即内蒙古伊克昭盟鄂尔多斯右翼前末旗。清雍正九年（1731）置，驻地在今内蒙古伊金霍洛旗南新街镇。民国间属绥远省。1954年划归内蒙古自治区。1958年撤销，与郡王旗合并为伊金霍洛旗。

扎赉特部 科尔沁别部。明代博地达喇幼子阿敏分领一部，号曰扎赉特。游牧地在今内蒙古绰尔河流域。明末，阿敏子蒙衮随科尔沁台吉奥巴归附后金，赐号达尔汉和硕齐。清顺治五年（1648）其子色稜为扎萨克固山贝子，编为扎赉特旗。

扎赉特旗 清顺治五年（1648）置，属内蒙古哲里木盟。扎萨克驻土百新插汉（在今黑龙江省泰来县东南）。1914年划归黑龙江省。1936年日伪移治音德尔（今内蒙古扎赉特旗驻地音德尔镇）。1945年划归嫩江省。1947年划归内蒙古自治区，属兴安盟。1954年划属呼伦贝尔盟。1969年划归黑龙江省。1979年划回内蒙古自治区，1980年仍属兴安盟。

扎赉诺尔 即今内蒙古满洲里市东南扎赉诺尔矿区。《清史稿·地理志》：胪滨府有扎赉诺尔车站，为中东铁路车站之一。此地早在20世纪40年代即有古人类头骨和古动物化石出土。古人类头骨化石经考古学家认定为“扎赉诺尔人”。“扎赉诺尔”系蒙古语“达赉诺尔”的音变，意为“海一样大的湖”，以其南有达赉湖（呼伦湖）而得名。

扎赉诺尔市 1945年1月伪满由满洲里市析置，属兴安总省。驻扎赉诺尔（今内蒙古满洲里市东南扎赉诺尔）。1945年8月废。

扎麻尔 在今西藏聂荣县西南扎玛。为藏北三十九族之一。见清乾隆《西藏志·外番》。

扎密呼都克卡伦 清雍正十二年（1734）设，在今内蒙古呼伦贝尔市新巴尔虎右旗南贝尔湖之西。何秋涛《朔方备乘》卷10《北徼喀伦考》作“扎穆呼都克”；西清《黑龙江外纪》卷2作“扎密霍都克”。

扎喀关 一作三道关。清置，即今辽宁新宾满族自治县西北扎喀关。《清一统志·兴京》“头道关”条下：“关在城西六十三里，即扎喀关。”

扎喀霍硕　亦作察哈和硕。在今黑龙江省哈尔滨市呼兰区西南对青山镇。《清史稿·地理志》呼兰府：“旧设台三：察哈和硕。”

扎喀霍硕站　又作扎霍硕。清雍正十三年（1735）置。即今黑龙江省肇东市东南五站镇。乾隆《盛京通志》卷33：布拉克站“八十里至扎喀霍硕站”。

扎鲁特左翼旗　清顺治五年（1648）置，属内蒙古昭乌达盟。扎萨克驻齐齐灵花拖罗海山北（今内蒙古扎鲁特旗西北乌日根塔拉农场）。1934年与扎鲁特右翼旗合并为扎鲁特旗。

扎鲁特右翼旗　清顺治五年（1648）置，属内蒙古昭乌达盟。扎萨克驻图儿山南（今内蒙古扎鲁特旗西北罕山南）。1934年与扎鲁特左翼旗合并为扎鲁特旗。

扎鲁特旗　清顺治五年（1648）以扎鲁特部分置左、右翼二旗，属内蒙古昭乌达盟。左翼旗驻齐齐灵花拖罗海山北，右翼旗驻图儿山南。1934年合并为扎鲁特旗，驻鲁北镇（今内蒙古扎鲁特旗）。1947年划归内蒙古哲里木盟。1969年划归吉林省。1979年划回内蒙古自治区。

扎塘寺　在今西藏扎囊县境内。是藏传佛教扎巴派的祖寺。北宋元丰四年（1081），由扎巴·恩协坚创建。原规模较大，有内外三重院墙，现仅存主殿。主殿的形制、布局和风格与桑耶寺中心殿相似。外观五层，实为三层，现仅存一层，由门廊、经堂、回廊和佛殿组成。扎塘寺壁画风格独特，对研究西藏早期壁画艺术、服饰等有很高价值。1996年定为全国重点文物保护单位。

扎滚鲁克古墓群　在今新疆且末县西托格拉克勒克乡扎滚鲁克村西四里绿洲边缘地带的台地上。目前发现五片墓地，有近千座墓葬。1号墓地的墓葬较集中，东西宽750米，南北长1100米。墓地分三期，即先且末国时期、且末国时期和东汉至魏晋时期。墓葬形制有长方形竖穴土坑墓、长方形竖穴土坑棚架墓、单墓道长方形竖穴棚架墓、方形竖穴棚架墓、洞室墓等。一、二期以多人合葬为主，三期多为单人或二人合葬。出土的两件木竖箜篌乐器是中国目前发现年代最早、保存完好的珍贵遗物。还有特色的陶器、骨器、木器、精美的毛织品、鸟纹刺绣织物及“延年益寿大宜子孙”锦等。扎滚鲁克古墓群反映了汉通西域以前至魏晋时期新疆塔里木盆地南缘地区古且末文化的面貌。2001年定为全国重点文物保护单位。

廿八都市　即今浙江江山市西南廿八都镇。明弘治《衢州府志》卷5江山县：二十八都在“二图。去县一百四十里”。

廿三里溪镇　清置，属义乌县。即今浙江义乌市东北廿三里镇。

艺失州　唐贞观二十三年（649）以突厥多地艺失部置，为羁縻州，初隶定襄都督府，后属桑乾都督府。确址不详。后侨置夏州朔方县（今陕西靖边县北白城子）界。

艺圃　在今江苏苏州市古城西北文衙弄。明代袁祖康始建，后归天启年间状元、大学士文震孟（文征明曾孙），改为药圃。明末清初归姜贞毅，改为艺圃，又称敬亭山房。后曾为绸缎业七襄公所所在地。园内以水池为中心，池北延光阁横跨水面，池南以假山为主。园景开朗自然，庭院优雅，较多地保存了明代园林的格局。2006年定为全国重点文物保护单位。2000年以苏州古典园林所包含项目被列入世界文化遗产的扩充项目。

木厂铺　即今安徽六安市北木厂镇。明万历《六安州志》卷2《集》：木场铺在“北四十里”。

木乃兮　即木乃奚。在今伊朗北部里海南岸。《元史·郭侃传》：“从宗王旭列兀西征。癸丑至木乃兮。其国堑道，置毒水中，侃破其兵五万，下一百二十八城。”

木乃奚　一作木剌夷国。在今伊朗北部里海南岸。元刘郁《西使记》：“其木乃奚在西域中最为凶悍，威胁邻国，霸四十余年。王师既克，诛之无遗类。”

木乃路　元泰定三年（1326）置，治所在今缅甸掸邦景栋东。明洪武十五年（1382）改为府。后废。

木刀沟　在今河北新乐市南。《元和志》卷18新乐县：木刀沟“在县东南二十四里。沟旁人姓木名刀，因为名”。《水经注》以滋水东流至行唐县（今河北行唐县东北故郡）之鹿水，称为木刀沟，下游入滹沱河。《清一统志·正定府一》：木刀沟，“《旧志》：新乐县西三十五里，接行唐界，地卑下，行唐诸山溪之水汇于此，南流为林河。至县西二十里长林桥，会闵泉水，又南折东经县南三汊河口，合浴河水，凡六十里。又东南入无极县界，去县西北二十里，此即木刀故道也。明万历中，知县赵琰尝浚之，因名赵泽河。本朝顺治中，知县林华皖重浚，又名曰林河，今俗讹为牧道沟，其下流已堙，余水与沙河相通”。

木门　①春秋时晋邑。在今河北河间市西北。《左传》：襄公二十七年（前546），“及河，又使止之，止使者而盟于河。讬于木门，不乡卫国而坐”。即此。

②在今四川旺苍县东南木门镇。《旧唐书·地理志》：“武德元年，于清化县界木门故地置静州。”

木门山　在今甘肃天水市南，与礼县接界。《三国志·魏书·张郃传》：“诸葛亮复出祁山，诏郃督诸将西至略阳，亮还保祁山，郃追至木门，与亮军交战，飞矢中郃右膝，薨，谥曰壮侯。”

木门寺　①在今四川安岳县北石鼓乡清泉山。清道光《安岳县志》卷7：木门寺“在治北四十里。附郭乡。即福胜寺。明永乐时建，蚕骨真身有塔在此。正统遣官致祭，御制诔词，有碑存焉”。明洪熙元年（1425）建有石仿木结构无梁的无际禅师亭，高12米，长7.8米，宽6.8米。亭内置五级八方石塔，为墓塔，高4.49米，瘗名僧无际禅师骨灰。禅师亭被祖师大殿所覆盖，大殿为三叠檐木结构，建于明万历十年（1582），与天王殿、大雄殿、观音殿等依山布局。祖师殿内禅师亭侧有两块明碑，记述木门寺兴建及禅师事略。该寺是一座“塔于亭中，亭于殿中，殿于寺中”的造型奇特、布局别具一格的古寺庙，有较高的建筑艺术价值。2006年定为全国重点文物，归入安岳石窟保护单位。

②在今四川旺苍县东南五十里木门镇。相传隋末毁于兵。1933年中国工农红军四方面军在此召开木门会议。

木门店 即今河北青县西南二十八里木门店镇。为西汉参户县治。清同治《畿辅通志》卷50青县图：西南有木门店。民国《青县志》卷1：木门店在“西南三十里。俗称门店”。

木门城 即汉参户县治。在今河北青县西南二十八里木门店镇。《元和志》卷18沧州：“参户故城，一名木门城。”《寰宇记》卷65引《舆地志》云：“中有大树，因名木门。”

木门郡 南朝梁普通六年（525）置，属巴州。治所在伏强县（今四川旺苍县东南木门镇）。辖境相当今四川旺苍县地。隋开皇三年（583）废。

木门寨 北宋置，属观州。在今广西南丹县东。

木门镇 北宋置，属流江县。即今四川大竹县。明曹学佺《蜀中名胜记》卷28：大竹县“昔治在凤来乡，接渠县界，今治在木门镇。《志》云：县东门城内二小冈上，有两木对生交合，形如阙门，元徙县治于此”。

木子店集 即今湖北麻城市东六十四里木子店镇。民国《湖北通志》卷73《兵事》：清同治三年（1864）九月，成保夜袭捻军于“木子店”。

木马山 在今四川青川县东沙州镇南。《隋书·地理志》景谷县：“有木马山。”《元和志》卷22景谷县：木马山“在县西南二十五里。诸葛亮之出祁山也，作木牛流马以供运，于此造作，因以名焉”。

木马县 南朝梁大同中置，为东巴州治。治所在今陕西西乡县西南巴岭侧。以木马河为名。后废。

木马河 即今陕西省西乡县南牧马河。《舆地纪胜》卷190洋州：马源水“在西乡县，出巴山。《图经》云：元是木马水，天宝间改为马源水。上有山如马之状，因以名之”。《清一统志·汉中府一》引《县志》：木马河“源出大巴山，东北流经县南百步，转经县东，合洋水入汉”。

木马砦 五代前蜀置，属普安县。在今四川剑阁县（下寺镇）东南木马岭。《资治通鉴》：后唐长兴元年（930），石敬瑭前锋拔剑州，“董璋自阆州将两川兵屯木马砦”。即此。

木马镇 ①北宋置，属广都县。在今四川双流县东南。民国《华阳县志》卷23：“今县南境六十里木马山，镇以得名以此。”

②北宋置，属剑门县。即今四川剑阁县东南木马镇。《舆地纪胜》卷192剑门关：木马镇“在剑门境上”。

木井城 东魏筑，即今山西太原市北阳曲镇。城中有井，以木为甃，因名。隋大业末移阳直县治此。

木冈山 在今台湾省台南市东北。清康熙间蒋毓英《台湾府志》卷2：木冈山“在府治东北约百三十余里。巍峨特耸，其顶每罩云雾，必至天气清朗之时方见山形，远望其峰，上与天齐。台湾之山惟此山最高而且大”。

木仁镇 金置，属东阿县。当在今山东东阿县境。

木末城 北魏时柔然可汗建。在今蒙古国杭爱山东端之北鄂尔浑河上游。《梁书·芮芮传》：“永明中，为丁零所破，更为小国，而南移其居。天监中，始破丁零，复其旧土，始建筑城郭，名曰木末城。”

木石港市 即今湖北阳新县南二十六里木港镇。清光绪《湖北全省分图》：兴国州南有木石港市。

木龙洞 在今广西桂林市伏波山。《方舆纪要》卷107临桂县：木龙洞“在城东癸水门外。《志》云：洞北去伏波岩四百步许，西望叠彩岩百步许，孔道通行，如砥如矢，驱车飞盖，绰然有余，旁复有小洞相通”。

木叶（葉）山 ①在今内蒙古奈曼旗东北老哈河与西喇木伦河汇合处。本契丹族先祖所居。《辽史·地理志》“永州”条载契丹先世传说云：“相传有神人乘白马，自马盂山浮土河而东，有天女驾青牛车由平地松林泛潢河而下，至木叶山，二水合流，相遇为配偶，生八子。其后族属渐盛，分为八部。”同书《营卫志》：“今永州木叶山有契丹始祖庙，奇首可汗、可敦并八子像在焉。”一说古潢河、土河合流点在今合流点之北，故木叶山应在今阿鲁科尔沁旗东南角或开鲁县西南麦新镇境。

②亦名祖山。即今内蒙古巴林左旗西南石房子村西南阿保机陵山。《新五代史·四夷附录·契丹》：“耀屈之后更名德光。葬阿保机木叶山，谥曰大圣皇帝，后更其名曰亿。”

木禾县 西汉置，属上郡。方位缺考，当在今陕西省北部。东汉废。

木丘 即今河北辛集市西南十八里木丘。清同治《畿辅通志》卷47束鹿县图：西南有木丘。

木瓜口 在今重庆市城口县西。清道光《城口厅志》卷3：木瓜口在“厅西四十里。两山相夹十余里，天如一线。路缘溪行，无舟梁。春夏水涨，每阻行旅。为西路要口”。

木瓜山 ①在今湖南常德市东十五里。唐李白流夜郎经此，有《望木瓜山》诗。

②在今甘肃环县东北百十里。《方舆纪要》卷57环县：木瓜堡，“《志》云：旁有木瓜山，因名。明正德四年，寇入花马池。总兵马昂与亦孛来战于木瓜山诸处，颇有斩获”。

木瓜水 在今山西和顺县西北。《清一统志·太原府一》：木瓜水“在榆次县南，源出辽州木瓜岭，西流二十里经八缚岭，合八缚水，又西北流入县，注洞涡水”。

木瓜长官司 明洪武五年（1372）改木瓜仡佬长官司置，属贵州卫。治所即今贵州长顺县西南睦化乡。后属定番州。清以后废。

木瓜仡佬长官司 元置，属八番顺元宣慰司。治所即今贵州长顺县西南睦化乡。明洪武五年（1372）改为木瓜长官司。

木瓜戍 唐开元中置，属镇静军。在今四川都江堰市西北白沙河上游木瓜坪。

木瓜园堡 在今陕西府谷县北五十里木瓜乡。《清一统志·榆林府二》：木瓜园堡“即明初木瓜园砦，成化十六年改置堡，二十三年展筑中城。宏治十四年增新城。城在山上，周三里有奇，边垣长三十三里。今有守备分防”。

木瓜岭 在今四川喜德县西北。《新唐书·地理志》：永安城“又南经水口、西南度木瓜岭二百五十里至台登城”。唐贞元十四年（798），内侍刘希昂出使南诏经此。

木瓜庙 即今贵州桐梓县东北木瓜镇。清道光《遵义府志》卷6桐梓县：木瓜庙在“城东北百八十里”。

木瓜河 在今山西山阴县北、应县西北。《清一统志·大同府》：木瓜河“在应州西北二十里。东流入桑干河”。

木瓜涧 亦作木井涧。在今河北涞源县东南四十里。《资治通鉴》：唐乾宁四年（897），晋王李克用讨刘仁恭，“幽州将杨师侃伏兵于木瓜涧，河东兵大败，失亡大半”。即此。《清一统志·易州》木瓜涧“相传唐乾宁中，晋王李克用讨刘仁恭于此”。

木瓜堡 北宋置，属环州。即今陕西定边县南木瓜城。《方舆纪要》卷57庆阳府环县：木瓜堡，“《志》云：旁有木瓜山，因名。明正德四年，寇入花马池，总兵马昂与亦孛耒战于木瓜山诸处，颇有斩获。即此”。

木瓜溪 在今重庆市城口县西。清道光《城口厅志》卷29：木瓜口河在“厅西五十里。其源一发自广线垭；一自西沟，二水合流至篾子坝合汪家河，至木瓜口合庙坝入平坝河”。《明史·杨嗣昌传》：崇祯十三年（1640），张献中败于玛瑙山后，“川、陕、湖广诸将毕集，复连败之黄墩、木瓜溪，军声大振”。即此。

木瓜寨 又名木瓜坪、木瓜墩。即今四川松潘县东南小河乡南木瓜墩。《方舆纪要》卷73龙安府平武县：木瓜番寨“在府西北二百里，近小河所。境土迫促，种类不繁，虽有五寨，约男女不过二三百人。嘉靖二十三年，导白草番为乱，事平，止许岁至小河领赏，不得过府西大鱼关”。

木皮岭 在今甘肃徽县西栗川乡南。当入蜀要道。唐杜甫《木皮岭》诗：“首路栗亭西，尚想凤凰村。南登木皮岭，艰险不可论。远岫争辅佐，千岩自崩奔。始知五岳外，别有他山尊。”《方舆胜览》卷70同庆府：木皮岭“在郡东二十里。《郡志》：黄巢之乱，王铎置关于此，以遮秦陇。路极险”。

木册土司 清初改木册长官司置，属施州卫。治所在今湖北宣恩县西南。雍正十三年（1735）废。

木册长官司 元末明玉珍改木册安抚司置，治所在今湖北宣恩县西南。明初废。永乐四年（1406）复置，属高罗安抚司。宣德九年（1434）属施州卫。清初改为木册土司。

木册安抚司 元置，属四川南道宣慰司。治所在今湖北宣恩县西南。元末明玉珍改为木册长官司。

木兰山 ①在今福建莆田市南七里。《清一统志·兴化府》“华胥山”条：横山“相近有木兰山，下为木兰溪”。

②在今湖北武汉市黄陂区北。《寰宇记》卷131黄冈县：木兰山“在县西一百二十里。旧废县取此山为名。今有庙在木兰乡”。《清一统志·汉阳府》：木兰山“《旧志》：在今县北七十里。山势嵯峨，群峰攒簇，有危崖邃壑，扳援难至，上有白云洞，下有黄石洞，左挹莲湖，右倚玉屏山，流泉怪石，为县之胜”。

木兰皮国 故地在今非洲西北部和欧洲西班牙南部地区。南宋赵汝适《诸蕃志》卷上：“木兰皮国，大食国西有巨海，海之西有国不可胜数。大食巨舰所可至者，木兰皮国尔。自大食之陁盘地国发舟，正西涉海百余日方至其国。一舟可容数千人，舟中有酒食肆机杼之属，言舟之大者莫木兰皮若也。”

木兰县 ①南齐置，为安蛮左郡治。治所在今湖北武汉市黄陂区北木兰山附近。以木兰山为名。梁改为梁安县。隋开皇十八年（598）复改为木兰县。大业初属永安郡。唐武德三年（620）废。

②清光绪三十一年（1905）置，属呼兰府。治所即今黑龙江省木兰县。民国徐曦《东三省纪略》卷2：“县境有大木兰河，故名。”1914年改属黑龙江省绥兰道。1928年直属黑龙江省。

木兰围场 即今河北围场满族蒙古族自治县。清初为蒙古喀喇沁、敖汉、翁牛特诸旗牧地，周一千三百余里，东西三百余里，南北二百余里。康熙二十年（1681）秋巡塞外，于此举行搜狩之典。此后，每年八月清帝王于此行围，蒙古诸部皆从。《清一统志·承德府一》：木兰围场，“国语（满语）谓哨鹿曰木兰，围场为哨鹿之所，故以得名”。光绪二年（1876）改设围场厅。

木兰陀山 在今北京市西北香山东。山顶有玉皇庙。清孙承泽《天府广记》卷35：“广应寺之西为木兰陀，由寺前鸟径西指，过小桥三四，径渐峻，盘旋入云，上建玉皇庙，栋宇洁饰。殿南别院有轩有室，石楼摇摇，踞山之巅。”

木兰陂 在今福建莆田市城南十里木兰山下。是一座引、蓄、灌、排综合利用的大型水利工程。始建于北宋治平元年（1064），先后经钱四娘、林从世、李宏三次营筑，至元丰六年（1083）始告成功。陂身长110米，高7.25米，陂墩二十九个，陂门二十八个，冲沙闸一个和南北护陂堤、南北进水闸各一个，大小沟渠长113米，沿渠配套工程一百多座，可灌溉农田25万亩。此工程自宋至今已近千年，至今仍发挥效益。1988年定为全国重点文物保护单位。

木兰河卫 明永乐五年（1407）置，属奴儿干都司。治所在今黑龙江省木兰县北白杨木河流域。后废。

木兰郡 南朝梁置，属南梁北巴州。治所在西充国县（今四川南部县西北）。辖境相当今四川南部县西北与阆中市接壤地区。西魏废。

木兰溪 在今福建莆田市南。即濑溪的下游，流经今福建莆田市南木兰山下至三江口，注入兴化湾段称木兰溪。《明一统志》卷77兴化府：木兰溪“经木兰山下”，故名。宋时在此建木兰陂，为闽省古代最大的水利工程。

木兰塞 在今陕西旬阳县东北隅，汉水北岸。岸南即为三国魏伎陵城。《水经·沔水注》：“汉水又东径木兰塞南，右岸有城，名伎陵城，周回数里，左岸垒石数十行，重垒数十里，中谓是处为木兰塞，云：吴朝遣军救孟达于此。”

木兰镇 清置，属木兰县。在今黑龙江省木兰县北。《清史稿·地理志》 木兰县：“北木兰镇巡检协领驻。”

木头城子 即今辽宁朝阳县西南一百十里木头城镇。民国熊知白《东北县治纪要》热河省朝阳县：“木头城子位于大凌河左岸，距县市九十五里。”

木头垛 在今黑龙江省萝北县西北嘉荫河滨。民国《黑龙江志稿》卷23：观都金矿“所管区域有太平沟、都鲁河、木头垛、河烧营、班别夫、大度川、上粮台、桦皮川、沁河口等九处”。

木邦宣慰司 明洪武十五年（1382）置木邦府，后废。三十五年（1402）复置，永乐二年（1404）改军民宣慰使司，属云南布政司。治所在今缅甸掸邦兴维。辖境约当今缅甸掸邦萨尔温江以西部分。明末废。

木邦路 元世祖至元二十六年（1289）置木邦路军民总管府，属云南行省。治所在今缅甸掸邦兴维。辖境约当今缅甸掸邦萨尔温江以西部分。明洪武十五年（1382）改为府。后废。

木吉 即今新疆阿克陶县西南木吉乡。清宣统《新疆图志》卷4蒲犁：木吉（庄）在“城北四百里”。

木吉台 亦作木济。清置，即今新疆皮山县东木吉乡。清《林则徐日记》：道光四十五年（1845），三月二十六日，“至木吉军台”。宣统《新疆图志》卷4：皮山县“木吉，即木济城东南一百一十里”。

木吉驿 清光绪年间置，在今新疆皮山县东木吉乡。

木托山 在今四川昭觉县南。《元史·文宗记》：至顺元年（1330），“罗罗斯撒加伯、乌撒阿答等合诸蛮万五千人攻建昌，跃里铁木儿等引兵追战于木托山下，败之”。即此。清于山下设木托汛。

木场驿 明置，属金州卫。即今辽宁大连市西北前牧城驿。明《辽东志》卷2：木场驿在“（金州）卫西南六十里”。清初废。

木场堡 一作木厂堡。清以明木场驿改置，属宁海县。即今辽宁大连市西北前牧城驿。乾隆《钦定盛京通志》卷29宁海县：木厂堡在“城西六十里”。

木场镇 ①北宋置，属招信县。在今江苏盱眙县西南。

②北宋置，属安丰县。即今安徽六安市北木厂镇。

木耳坡 在今贵州松桃苗族自治县西南孟溪镇西木耳。《方舆纪要》卷122铜仁府乌罗司：木耳坡，“《志》云：在司治旁。官道经其上。俯视群山，森列其下，苍翠郁然”。

木耳溪 在今贵州松桃苗族自治县西南。《方舆纪要》卷122铜仁府乌罗司：木耳溪“在司（治今乌罗镇）西南。源出山洞中，其流曲折，东抵平南砦，为九十九渡水”。

木耳寨 在今四川小金县东达维乡木耳寨沟注入沃日河处。《清一统志·懋功屯务厅》：木耳寨“在懋功屯务厅东一百二十里。现设塘汛”。

木当蛮夷长官司 元置，属新添葛蛮安抚司。治所在今贵州惠水县南百四十里。明初改为木官里。

木曲定 又作木足定。在今西藏南部，门隅地区达旺西北四十里处。原隶属于西藏地方政府管辖，为门隅三十二错、定（错、定是当地的一级行政区划）之一。1951年被印度政府非法占领。

木朵路 元世祖至元三十年（1293）以金齿木朵甸置木朵路军民总管府，属云南行省。治所在今缅甸景栋以东。后废。泰定三年（1326）复置。明洪武十五年（1382）改为府。后废。

木兴河卫 明永乐六年（1408）置，属奴儿干都司。在今黑龙江省尚志市东蚂蜒河流域。后废。

木安府 元泰定四年（1327）置，属云南行省。治所在今泰国难府北部。明初作木按府，洪武十五年（1382）后废。

木孙忒克山 当即今内蒙古察哈尔右翼前旗北境之磨子山。清为察哈尔右翼正黄旗驻地。

木阳河卫 明永乐五年（1407）置，属奴儿干都司。在今俄罗斯滨海边疆区北绥芬河支流格尔兹纳亚河流域。后废。

木级坡 在今贵州凯里市西北炉山镇南五里。《方舆纪要》卷121清平县：木级坡在“县南五里。两木交生，如阶级然。夷苗恒出没于此，为戍守要地”。

木贡村 即今湖北恩施市西北六十八里沐抚镇。清乾隆时移县丞驻此。

木克得赫 在今黑龙江省抚远县东北黑瞎子岛的城子山头上。清光绪《吉林通志》卷17：乌苏里江东岸，北至混同江南岸旧设噶珊有“木克得赫”。

木李溪 在今湖北恩施市东。为清江支流。《方舆纪要》卷82施州卫：木李溪在“卫东三百里。源出长望洞，曲折数百里，沿溪万山深僻，旁地平旷可耕作。元末士民多避难于此”。

木束河卫 明永乐七年（1409）置，在今黑龙江省汤旺河支流穆逊河流域。后废。

木来府 元世祖至元二十九年（1292）置木来军民府，属云南行省。治所在今缅甸景栋北部勐雷。泰定三年（1326）改木来州。明洪武十五年（1382）复为府。后废。

木连路 元至正二十六年（1366）置木连路军民府，属云南行省。治所即今云南孟连傣族拉祜族佤族自治县。辖境比今云南孟连傣族拉祜族佤族自治县大。明初废。

木里寺 明建，在今四川木里藏族自治县西北桃巴乡宁朗山麓。有大经堂、伏魔殿、观音堂等建筑。木里藏族自治县以此名。今寺为1982年重建。

木里吉卫 明永乐七年（1409）置，属奴儿干都司。治所即今黑龙江省嫩江县。后废。

木里安抚司 清雍正八年（1730）置，属盐源县。治所在今四川木里藏族自治县西北桃巴乡瓦厂（旧木里）。“木里”，藏语意为“高而宽广美丽”。同治七年（1868）改为木里宣慰司。

木里沟 又名木渠。在今湖北宜城市东。《水经·沔水注》：“沔水又南得木里水会。楚时于宜城东穿渠上口，去城三里。汉南郡太守王宠又凿之，引蛮水灌田，谓之木里沟。径宜城东而东北入于沔。谓之木里水。”

木里宣慰司 清同治七年（1868）改木里安抚司置，属盐源县。治所在今四川木里藏族自治县西北桃巴乡瓦厂（旧木里）。1952年改为木里藏族自治区。1953年改设木里藏族自治县。1961年迁今治（乔瓦镇）。

木角甸山 在今云南华宁县东。《方舆纪要》卷115宁州：木角甸山“在州东百三十里。地名备乐村。产芦甘石。旧封闭，嘉靖中，开局铸钱，取以入铜，自是复启”。

木饮州 在今海南省海南岛上。《寰宇记》卷169琼州文昌县：“其俗以土为金，器用瓠瓢，无水，人饮木汁，谓之木饮州。”又唐段成式《酉阳杂俎》卷4：“木饮州，珠崖一州，其地无泉，民不作井，皆仰树汁为用。”

木纳山 又作母纳山、穆尼乌拉山。即今内蒙古乌拉特前旗东、包头市西北之乌拉山。《元史·文宗纪》：至顺元年（1330）十月甲子，木纳火失温所居牧人三千户，濒河所居鹰坊五千户，各赈粮两月。“火失温”（qoshi´un）意为“山咀”，木纳火失温即木纳山咀。《明宣宗实录》：宣德九年（1434）十月乙卯条载，阿鲁台为瓦剌所袭，止余人马一万三千，徙居母纳山等处。景泰五年（1454）六月丙申条载，朵颜卫都指挥阿儿乞蛮遣使来朝，言为瓦剌也先所逼，徙其部落于黄河母纳之地。《清一统志·乌喇特》：木纳山“在旗（旧治在今包头市西哈德门）西”。1905年《清帝国图》标为穆尼乌拉山。

木拉 即今四川理塘县东南木拉乡。清雍正年间置木拉土百户。

木昔砦 在今甘肃岷县西南。《方舆纪要》卷60岷州卫：木昔寨“在卫西南十里……官军戍守处”。《清一统志·巩昌府》：木昔砦“在岷州西南十五里”。

木枥山 在今重庆市万州区西南。《寰宇记》卷149万州武宁县：木枥山“在县（旧治在今武陵镇）东南十三里。山顶有池，冬夏可验其浅深，随大江水涨增减”。《舆地纪胜》卷177万州：木枥山“在武宁西十余里。《图经》云：昔大禹治水过此，见众山漂没，惟此山木枥不动，因以为名”。

木奇 即今辽宁新宾满族自治县西北七十里木奇镇。清设穆喜站于此。光绪《奉天全省地舆图说图志》：新宾县西北有木奇。

木果木山 在今四川小金县北。《清一统志·懋功屯务厅》：木果木山“在崇化屯东北二百五十里。山势峻陡，路险箐密”。《清史稿·四川土司传》：乾隆三十八年（1773），定边将军温福征大小金川，取道攻昔岭，驻营于此。僧格桑等“潜兵袭木果木，夺炮局，断汲道，贼四面蹂入大营，温福死之，将士随员死者数十人，各卡兵望风溃”。

木罗夷国 即木乃奚。在今伊朗北部里海南岸。《元史·太宗纪》：元年（1229），“印度国主、木罗夷国主来朝”。即此。

木忽剌河卫 明永乐六年（1408）置，属奴儿干都司。治所在今黑龙江省林口县西南五林河流域。后废。

木底州 唐于木底城置，属安东都护府。治所在今辽宁新宾满族自治县西北木奇镇。后废。

木底城 本高句丽建。在今辽宁新宾满族自治县西北木奇镇。《晋书·慕容皝载记》：东晋咸康七年（341），慕容皝从南道南陕伐高丽。慕容翰与高丽王剑“战于木底，大败之”。即此。唐置木底州于此。

木河卫 明正统后置，属奴儿干都司。治所在今黑龙江省漠河县北。后废。

木波堡 即今甘肃环县东南四十五里木钵镇。《资治通鉴》：唐贞元九年（793），“朔方都虞侯杨朝晟戍木波堡”。即此。

木波镇 五代时升木波堡置，属宁州。在今甘肃环县东南四十五里木钵镇。宋属环州通远县。元废。

木官里 明初改木当长官司置，属贵州卫。后属定番州。在今贵州惠水县南百四十里。

木城街 即今四川夹江县西北二十里木城镇。古为南安县驻地。民国《四川省县乡镇概况图》：夹江县西北有木城乡。相传明末清初城垣大毁。以木栅为城，因名。镇北有庞坡洞磨崖造像。

木栅 即今台湾省台北市南文山区。清乾隆间范咸《重修台湾府志》卷2作“木栅子街”。日本占领初期设木栅区，后期属深坑庄。1950年设木栅乡。1967年由台北县划入台北市，改设木栅区。1990年与景美区合并，改名文山区。

木栅水 在今广东云浮市南。《舆地纪胜》卷98南恩州：木栅水“一名甘娄水。源出县西廉山脚，东北穿岩底过，合富林水。夷语：以水为甘，穴为娄”。《方舆纪要》卷101阳春县：木栅水“在县西北百三十里。一名甘娄水。源出丫髻诸山，东流穿岩底过富林废县，入漠阳江”。

木栅镇 一作穆册镇关。即今河南宜阳县西南七十里穆册关。明置巡司于此。

木树堡 即今贵州松桃苗族自治县东北木树乡。清严如熤《苗疆道路考》9：“由松桃北卡落、长冲苗路，经由水田坝、洞口一带至木树汛，对面为永绥苗寨，路亦崎岖。”

木剌山 即今内蒙古乌拉特前旗东、包头市西北之乌拉山。《新唐书·郭子仪传》：天宝八年(749)，“木剌山始筑横塞军及安北都护府，诏即军为使”。

木剌兰山 当在今蒙古国南之南戈壁省境。《新唐书·王忠嗣传》：天宝元年(742)，“突厥新有难，忠嗣进军碛口经略之。乌苏米施可汗请降，忠嗣以其方强，特文降耳，乃营木剌兰山，谍虚实”。

木剌夷国 即木乃奚。在今伊朗北部里海南岸。《元史·太祖纪》：十七年(1222)春，拖雷“还经木剌夷国，大掠之”。

木峡关 亦作木狭关、木硖关。在今宁夏固原市西南四十里陇山之口。《周书·文帝纪》：永熙三年(534)，太祖讨侯莫陈悦于水洛城，“军出木峡关，大雨雪，平地二尺”。即此。

木骨都束国 故地在今非洲东岸索马里之摩加迪沙一带。《明史·外国传七》：“木骨都束，自小葛兰舟行二十昼夜可至。永乐十四年遣使与不剌哇、麻林诸国奉表朝贡，命郑和赍敕及币偕其使者往报之。后再入贡，复命和偕行，锡王及妃彩币。”

木香村 在今湖北宜城市西六十里。《寰宇记》卷145襄州宜城县：木香村“段成式别业于此村”。

木重州 即作重州。木为作之讹。在今四川康定县境。

木狭关 即木峡关。在今宁夏固原市西南。《资治通鉴》：南朝梁大通六年(534)，宇文泰讨侯莫陈悦，军“出木狭关”。胡三省注：“狭当作峡。《唐志》：原州平高县西南有木峡关。”

木阁箐山 在今贵州贵阳市西北四十里。清爱必达《黔南识略》卷1贵阳府：木阁箐山“在城西北四十里，延袤百余里。横亘修文县境。林木荟翳，中有道通黔西。上有潭，杳深不测”。

木洞站 元置，在今重庆市东长江南岸木洞镇。

木洞镇 即今重庆市巴南区东北木洞镇。元置木洞站。明置木洞驿。清雍正七年(1729)置巡司。民国改设县佐。

木垒山 在今湖南道县北五十里。《清一统志·永州府一》：木垒山“当往来官道。山势峭拔，俯临潇水。沿流而下五十里，皆石磴悬绝”。

木垒河县 1930年置，属新疆省。治所即今新疆木垒哈萨克自治县。清乾隆《西域同文志》卷1：“准语，木垒，河湾也。地有河流环抱，故名。”1954年改为木垒哈萨克自治区。1955年改为木垒哈萨克自治县。

木垒河驿 清光绪年间置，即今新疆木垒哈萨克自治县。清宣统《新疆图志》卷79奇台县：木垒河驿“市上居民约一百五六十家，附近种地者颇多”。

木垒城 一名木垒河。清雍正年间筑，在今新疆木垒哈萨克自治县东南。乾隆三十二年(1767)筑新城(今木垒哈萨克自治县)，设守备驻守。光绪年间置木垒河驿。1930年置木垒河县。

木素尔山 亦作木苏尔山。在今新疆拜城县北。清乾隆《西域图志》卷21：木素尔鄂拉“旧音穆萨尔。……山脉自西三百里之萨瓦布齐鄂拉东行至此。峰峦峻拔，冰雪嵯峨，艰于行旅。自鄂拉北东北行通伊犁”。道光《新疆识略》卷1：“木苏尔达巴罕者译言冰岭也。自噶克察哈尔海台行二十里至冰岭，岭长百里，为坚冰结成，间以巨石，冰复坼裂，其下无底，登陟必由冰梯，其梯移徙无常，高卑无定，冬夏积雪，无鸟兽草木。”

木莲洞 在今重庆市忠县西北。明曹学佺《蜀中名胜记》卷19忠州：“西北五里有木莲洞。宋钱求之诗云：鸣玉溪边堪寓目，木莲洞下更关情。”木莲洞以木莲而名。木莲树产于鸣玉溪滨。《白居易集》卷18：“木莲树生巴峡山谷间，巴民亦呼为黄心树。”

木桐沟 即今河南卢氏县西北木桐。1946年革命根据地置卢灵雒县。

木格墟 即今广西贵港市东南木格镇。清光绪《广西舆地全图》贵县图：南有木格墟。民国《贵县志》卷1：木格墟“在县南七十五里怀化北里三里。……元、明间置墟于平坦坳，后迁卖蔗坳，以汲远，再迁临河五谷庙、三界庙地。相传古多格木，故墟因以为名”。

木桉州 元置，治所在今云南鹤庆县境。明初废。

木桉路 元置，治所在今泰国北部难府北。明洪武十五年(1382)改为府。后废。

木根山 在今内蒙古鄂托克前旗南北大池一带。《晋书·苻坚载记》：东晋兴宁三年(365)，匈奴左贤王卫辰举兵叛，“邓羌讨卫辰，擒之于木根山”。《魏书·太祖纪》：登国七年（392）春正月，“幸木根山，遂次黑盐池”。

木根铺 即今重庆市武隆县西北双河乡西木根。清嘉庆《四川通志》卷89涪州：木根铺“在州东一百九十里”。

木索甸 宋大理置，属永昌府。在今云南澜沧拉祜族自治县南八十里大勐宋。元属大连路。

木钵镇 即今甘肃环县东南四十五里木钵镇。《清一统志·庆阳府二》：木钵镇“即木波镇。明成化中，马文升增筑故城，周三里，建仓储粮，一方称便”。

木乘谷 在今青海湟源县西北。《后汉书·西羌传》：章和初，“张纡遣从事司马防将千余骑及金城兵会战于木乘谷，迷吾兵败走”。即此。

木栾店 即今河南武陟县治木城镇。《明史·河渠志五》：万历三十三年（1605），范守己言：“近者十年前，河沙淤塞沁口，沁水不得入河，自木栾店东决岸。”即此。1939年武陟县徙治于此。

木高镇 即今江西武宁县西八十三里木皋。《清一统志·南昌府二》：木高“在武宁县，有县丞驻此”。

木烛州 唐开元后置羁縻州，属雅州都督府。治所在今四川康定县境。北宋属雅州。后废。

木容山 在今云南陆良县西北。《清一统志·曲靖府》：木容山“在陆凉州旧州西北二十五里”。

木容关 在今云南陆良县北。《明一统志》卷87曲靖军民府：木容关“在陆凉州（旧州）西一十里”。

木容箐山 在今云南马龙县东南六十里。《方舆纪要》卷114曲靖军民府马龙州：木容箐山“在州东南六十里。下有木容溪，流注于府之南境，为潇湘江”。

木陵山 即穆陵山。在今河南新县南鄂、豫两省交界处。《水经·淮水注》：木陵关水“水导源木陵山”。《新唐书·地理志》 麻城县：“西北有木陵关，在木陵山。”

木陵戍 或讹为夷陵戍。在今河南新县南。《资治通鉴》：南朝梁天监元年（502）十二月，“将军张嚣之侵魏淮南，取木陵戍；魏任城王澄遣辅国将军成兴击之，嚣之败走，魏复取木陵”。

木陵关 一作穆陵关。在今河南新县南。《水经·淮水注》：黄水“东北流，木陵关水注之，水导源木陵山”。《梁书·夏侯夔传》：普通八年（527），夔奉敕“出义阳道，攻平静、穆陵、阴山三关”。《新唐书·地理地》 麻城县：“西北有木陵关，在木陵山上。”

木逵 即大理国建昌府。今四川西昌市。《元混一方舆胜览》卷下：“唐为嶲州，蒙氏为建昌府，蛮名木逵。”

木黄 即今贵州印江土家族苗族自治县东北六十里木黄镇。1934年10月，任弼时、王震、肖克率领的红六军团与贺龙、关向应率领的红三军在此会师，会师后红三军恢复红二军团番号。今木黄镇西北隅将军山西麓有“中国工农红军第二、第六军团木黄会师纪念碑”。

木梓墟 即今广西贵港市南九十里武思江东岸木梓镇。清嘉庆十六年（1811）移浔州府通判驻此。

木梯寺石窟 在今甘肃武山县西马力镇北杨家坪。在榜沙河边依山建造。北魏始建，唐、宋增建。仅有北端一门入寺。传早年架一数丈木梯于绝壁处，以便登梯入寺，故而得名。寺西有大石佛一尊。寺内现存窟龛十八个，有造像七十八尊、壁画二百三十四幅，绘画面积2100平方米。2006年定为全国重点文物保护单位。

木曹关 元置，在今陕西城固县。《方舆纪要》卷56城固县“斗山”条：“明初下汉中，明昇遣将来攻，徐达驰援，屯益门镇，遣傅友德径趋黑龙江，夜袭木曹关，攻斗山砦。”《清一统志·汉中府二》 引《府志》：“北木曹关，在县西北三十五里，接连云栈道；南木曹关，在县南三十里，通西乡县界。今皆废。”

木硖关 即木峡关。在今宁夏固原市西南。《隋书·突厥传》：开皇二年（582），沙钵略悉众入寇，“纵兵自木硖、石门两道来寇，武威、天水、安定、金城、上郡、弘化、延安六畜咸尽”。

木崝关 亦作木靖关。在今宁夏海原县西北。《新唐书·地理志》：原州平高县有木崝关。

木鹿寺 在今西藏拉萨市内，位于大招寺之北，小招寺之东。高四层，旧时为僧人习经之所。清乾隆《卫藏通志》卷6：木鹿寺“西有经园，刊布三条经文，颁行各处”。

木鹿州 唐显庆中以东安国置，属安西都护府。治所在篯斤城（今乌兹别克斯坦布哈拉东北）。后废。

木鹿城 即麻里兀。今土库曼斯坦马雷。《后汉书·西域传》：安息国“其东界木鹿城”。即此。

木渎镇 北宋置，属吴县。即今江苏苏州市吴中区西南木渎镇。据《木渎小志》卷1：“相传昔时吴王得越贡神木，将筑姑苏台，积材三年连沟塞渎，木渎之名由此始也。”明置木渎巡司，清乾隆十一年（1746）巡司移驻光福镇，有吴县县丞驻此，并设把总防守。

木密关千户所 明洪武十五年（1382）置，属云南都同。治所在今云南寻甸回族彝族自治县南四十二里易隆。清康熙二十六年（1687）废。

木密关 又作易龙驿、易龙堡。在今云南寻甸回族彝族自治县南四十二里，与马龙县交界处。《方舆纪要》卷114马龙州：易龙堡“在州西南九十里。亦曰易龙驿。……《名胜志》：易龙驿亦曰木密关，与寻甸府接界，为往为走集之冲”。

木绵岭 在今浙江常山县南。《方舆纪要》卷93常山县：木绵岭“在县南十里。由此达江山之道也”。

木塔里山卫 明永乐四年（1406）置，治所在今内蒙古乌兰浩特市北公主陵附近。后废。

木期古 在今云南巧家县西北。《清史稿·地理志》巧家厅："木期古土千户，乾隆三十一年设，禄氏世袭。"

木棉庵 即今福建龙海市西木棉。《清一统志·漳州府》：木棉庵"在龙溪县南二十里。《旧志》，宋郑虎臣杀贾似道于此"。

木稀山 又称木稀峰。在今贵州毕节市东四十里。《方舆纪要》卷123毕节卫：木稀山"巉崖陡峻，石磴崎岖，仅容一马，设关以守其险"。

木稀关 明洪武十七年（1384）置，在今贵州毕节市东四十里木稀山上。

木答里山卫 又作木塔里山卫。明永乐四年（1406）置，为羁縻卫所，属奴儿干都司。治所在今内蒙古乌兰浩特市北公主陵附近。其地有明古城，曾出土"木答里山卫指挥使司"铜印一方。

木鲁乌苏河 亦作穆鲁乌苏河。蒙古语意为"冰河"。即长江上源通天河。在今青海西南部。《清一统志·西藏》："金沙江，古名丽水，一名神川，一名犁牛河，今番名木鲁乌苏，一名布赖楚河，又名巴楚河。"

木鲁罕山卫 明永乐四年（1406）置，属奴儿干都司。在今俄罗斯黑龙江中游北岸穆哩罕山地区。后废。

木阑塞 又作木兰寨。在今陕西旬阳县东北。《资治通鉴》：三国魏太和元年（227），孟达举兵叛，司马懿率兵倍道兼行，"吴、汉各遣偏将向西城安桥、木阑塞以救达"，即此。

木窝普冲普得等处长官司 元置，属顺元路军民安抚司。治所即今贵州大方县。后废。

木属州 唐开元以前置羁縻州，属黎州都督府。治所在今四川泸定或石棉县境。北宋以后废。

木赖山 在今内蒙古乌拉特中旗南。一说在今内蒙古五原县东北。《周书·突厥传》：西魏废帝二年（553），"科罗号乙息记可汗，又破（邓）叔子于沃野北木赖山"。

木赖水 在今广西桂平市西。《舆地纪胜》卷110浔州：木赖水"在桂平县。源出贵州郁林县界"。《方舆纪要》卷108桂平县：木赖水"在府西北九十里。自武宣县境流经贵县界，又东入于黔江"。

木靖关 亦作木峭关。在今宁夏海原县北。《资治通鉴》：唐大中三年（849），"吐蕃秦、原、安乐三州及石门等七关来降"。胡三省注曰："原州界有石门、驿藏、制胜、石峡、木靖、木峡、六盘七关。"

木辘 俗称木辘司。即今四川道孚县南木茹乡。清康熙四十八年（1709）置木辘土百户。

木藏城 吐蕃置，在今甘肃临夏县南。《宋史·王韶传》：熙宁六年（1073），"瞎征以其间据河州，韶进破诃诺木藏城"。即此。

五丁山 在今陕西宁强县北四十里。其峡曰五丁峡。亦曰金牛峡。《方舆纪要》卷56宁羌州：五丁山"相传即秦作五石牛给蜀，蜀令开道引之处也"。

五十三步 在今四川峨眉山市西南峨眉山纯阳殿左。山路陡险，舆马不易。明初蜀献王游山至此，下马行五十三步，后人因以为名。清张邦伸《锦里新编》卷16："沿岩行至五十三步，盖蜀献王下马步行处。"

五十墟 即今广东台山市东四九镇东北五十圩。清光绪《广州府志》卷69：新宁县（今台山市）有"五十墟"。

五十寨驿 明置，即今辽宁瓦房店市西北五十寨。明《寰宇通志》卷77：五十寨"在（盖州卫）城南百一十里"。

五人墓 在今江苏苏州市西北虎丘山麓山塘街。是颜佩韦、杨念如、马杰、沈扬和周文元五义士的合葬墓。明天启时苏州巡抚毛一鹭依仗太监魏忠贤的权势，为非作歹，激起公愤。颜佩韦等五人奋起斗争，直至慷慨就义。苏州百姓拆毁魏忠贤祠，公葬五义士遗骨，建墓立碑，墓碑上刻"五人之墓"。明崇祯进士张溥特作《五人墓碑记》一文，表示追念。

五丈沟 在今山东曹县西南五十里。《水经·济水注》：南济"又东北右合菏水，水上承济水于济阳县东，世谓之五丈沟"。

五丈河 ①北宋以东京（今河南开封市）为中心的漕运四渠之一。以河广五丈为名。始建于五代周显德年间。《资治通鉴》：五代周显德四年（957）四月，"诏：疏汴水入五丈河"。六年（959）二月，"浚五丈渠，东过曹、济、梁山泊以通青、郓之漕"。起自今河南开封市，东经今兰考、山东定陶，至巨野县西北入梁山泊，东接济水。定陶附近一段本系菏水的西段，其余部分本系南济水的中下游。自是齐、鲁漕运直达东京。北宋建隆二年（961）又于东京之西架槽引金水河东注为五丈河源。开宝六年（973）改名广济河。

②即今山东烟台市东南辛安河。源出今烟台市南峼山，合涧谷诸水，东北流入黄海。《明史·地理志》宁海州："西南有五丈河……北入海。"

五丈原 在今陕西岐山县南渭河南，东与眉县接界。《三国志·蜀书·诸葛亮传》：建兴十二年（234）春，"亮悉大众由斜谷出，以流马运，据武功五丈原，与司马宣王对于渭南。……是以分兵屯田，为久驻之基"。其年八月，诸葛亮卒于军。今原上有诸葛武侯祠。

五丈湖 即今湖北鄂州市南洋澜湖。《寰宇记》卷112武昌县：五丈湖"在县东，有长湖通江南。冬则干涸。陶侃作塘以遏水，于是水不竭。因取琅玡摄湖鱼菱置湖内，其菱异于他处"。《舆地纪胜》卷81寿昌军：五丈湖"在武昌东八里。旧曰南湖。以荷自蔽即此"。《清一统志·武昌府一》：五丈湖"在武昌县南半里。一名洋漫湖，一名洋澜湖，连东湖、西洼两湖之水，出大江”。

五大夫城 在今河北易县西。《水经·易水注》：“易水出西山宽中谷，东径五大夫城南，昔北平侯王谭不从王莽之政，子兴生五子，并避时乱，隐居此山，故其旧居，世以为五大夫城。”

五大连池 在今黑龙江省五大连池市。由十二座老期火山、两座新期火山组成，使白河上游形成五个相连的火山堰塞湖，为黑龙江省著名的旅游胜地和疗养地。清西清《黑龙江外纪》卷1：“墨尔根东南，一日地中忽起火，石块飞腾，声震四野，越数日火熄，其地遂成池沼。此康熙五十八年事，至今传以为异。”

五山 ①在今安徽池州市东南六十五里。《方舆纪要》卷27贵池县：五山“孤峰独出，其下散为五支，联络相属，巍然为群山之长”。

②又名五峰山。在今广东佛山市顺德区东北。《方舆纪要》卷101广州府顺德县：五山在“县东北二里。有五峰：一曰拱北，二曰华盖，三曰安东，四曰登俊，五曰迎晖，环列如星”。又《清一统志·广州府》：华盖山“在顺德县南半里，又有安东山、迎晖山、登俊山、锦岩山，在县东北，皆高十余丈，五山环列，累累如五星，总名五峰山”。

③在今四川荣县西北。《方舆胜览》卷64绍熙府：五山在“州北。凡五山：以西为上，州治据其首，州学次之，嘉祐寺又次之，天庆观又次之。东郭外东岳祠又次之。州之西北曰凤鸣山，州之西南曰浮图崖，相连如画屏”。《方舆纪要》卷72荣县：凤鸣山，“《志》云：自县治北至县治西南之浮图崖，有五山相连，亦曰五山”。

五山汛 在今广西贵港市西北樟木乡。清光绪《广西舆地全图》贵县图：西北樟木墟有五山汛，设巡检、守备、外委驻防。

五山镇 一名谢村镇。即今广西来宾市南五山乡。明设守备驻守。《方舆纪要》卷108贵县：五山镇，“《志》云：五山之地，周数百里，界宾州、迁江、武宣、来宾间。山深林密，八砦余孽往往逋逃于此。万历中，浸淫为患。二十二年讨平之”。清设五山镇巡司。

五门山 在今山西晋城市西。《寰宇记》卷44晋城县：“五门山在县西北八里，其山五，似门。”故名。

五门堰 在今陕西城固县北桔园镇东南。相传筑于西汉王莽时期，引湑水河水入堰。元至元年间（1336—1340）城固县令蒲庸改土堰为石堰口渠。渠底开五洞，可启闭控制水量，洞口高、宽各1.7米余。故名五门堰。南流5公里至斗山北麓抱石嘴，被石山所阻，刳木为槽，作涧跨石以引水，蒲庸凿抱石嘴山为渠，深广仅0.3米，流量小，供水不足。明弘治五年（1492），汉中府官兼城固县令篆郝成用火烧水激法，开渠深6.7米，广度加倍，人们称此段为石峡堰，灌田5万亩。现仍在使用。堰西龙门寺为今水利管理处址。2006年定为全国重点文物保护单位。

五门楼寨 即今山西河曲县东南五门楼村。《清一统志·保德州》：五门楼寨“在河曲县南三十五里。险隘可守”。

五子山 又名五华山、京兆山。在今四川剑阁县（下寺镇）西南五十里。《寰宇记》卷84武连县：五子山“在县北七十三里。西自龙州界，迤逦斜连马阁山顶，其山至此，特起五峰，雁行相次，高五百丈，因名五子山”。《方舆纪要》卷68剑州：五子山在“州西北五十里。峰峦奇秀，清流萦流。一名五华山”。

五子石山 在今广东平远县东北。《方舆纪要》卷103平远县：五子石山在“县（治今仁居镇）东北三十里。山多石峰，壁立云际。其最胜者为宝鼎。宝鼎诸峰，含珠、击磬、睡佛诸洞，高处约数百寻，好事者缘崖而上，豫章、闽、越之境，悉在眉睫间”。

五女山 ①在今辽宁桓仁满族自治县北。清宣统《怀仁县志》卷3：五女山“在城北十五里，浑河绕其前，南向峭壁耸立千仞，由东而北盘旋可上，山上平坦，周围二里许。……传闻有五女屯兵其上，因此得名。至今农人锄地常拾残鳖缺镞”。

②在今山东蒙阴县西南四十五里。一名西五女山。《水经·沂水注》：“桑泉水北出五女山。”《清一统志·沂州府一》：五女山“在蒙阴县西南四十五里……《旧志》：此西五女山也。又有东五女山，在县东北五十五里”。

五女山山城 即高句丽纥升骨城。在今辽宁桓仁满族自治县东北十七里五女山上，俗名五女山城。城略呈长方形，依山而建。出土高句丽及辽、金时代之兵器、陶器碎片等物。1996年定为全国重点文物保护单位。

五女店 在今河南许昌县东三十四里五女店镇。旧属鄢陵县。《方舆纪要》卷47鄢陵县：五女店，“相传汉献帝后伏氏与姊妹四人为操所害，葬于此”。清尹耕云《豫军纪略》卷11：同治四年（1865）六月，“至许州之五女店”。

五女墓 在今山东聊城市西。唐王建《宋氏五女》诗注：“贝州宋处士廷芬五女：若华、若昭、若伦、若宪、若荀。”其父老病，五女誓不嫁，以奉事之。后五女同穴而葬于此。

五叉山口 在今河北蔚县西北。《方舆纪要》卷44蔚州：五叉山口“在州西北三十里五叉村。路通大同府”。

五马山 ①在今河北赞皇县东。《方舆纪要》卷14赞皇县：五马山在“县东十里，上有五石马，因名。岩隙出泉，甚甘美，名曰白马泉。后魏孝昌末，赵郡豪李显甫，聚诸李数千家于殷州西山，方五、六十里居之，即五马诸山矣”。

②在今福建明溪县西。《方舆纪要》卷98归化县：“五马山在县西三十里。五峰周遭连属，其中土地蕃衍，居民殷实。溪水绕流其下。”《清一统志·汀

州府》谓五马山“在归化县（治今明溪县）东南二十里”。

③在今福建将乐县西南。明《寰宇通志》卷29延平府：五马山“在将乐县治西南。五峰森列，如驰马状”，故名。

④在今河南内黄县西。《宋史·李全传》：南宋宝庆元年（1225），彭义斌与大元兵“战于内黄之五马山”。即此。

⑤在今广西平乐县南。《方舆纪要》卷107平乐县：五马山“在城南府江南岸。突起五峰，中一峰高耸端园，与郡治相对”。

⑥在今四川蓬安县西。《明一统志》卷68顺庆府：五马山“在蓬州北五里。五峰高耸，势若奔马”。

⑦在今甘肃崇信县西南四十里。《明一统志》卷35平凉府崇信县：五马山“状如五马”。故名。

五马山砦 南宋置，在今河北赞皇县东五马山。《宋史·高宗纪》：建炎二年（1128），“和州防御使马扩奔真定五马山砦聚兵，得皇弟信王榛于民间，奉之总制诸砦”。即此。

五马岛 在今辽宁庄河市南海中。因五岛排列而得名。民国徐曦《东三省纪略》卷4：“五小岛攒聚，曰五马岛。五马岛之东南有海洋岛。”

五马沟 在今安徽亳州市东。清咸丰、同治间，曾为捻军据点。

五马渡 故址在今江苏南京市西北。为长江津渡。宋《景定建康志》卷16：五马渡“在上元县西北二十三里幕府山之前，晋元帝与彭城等五王渡江处”。据《晋书·五行志中》：“太安中，童谣曰：‘五马游渡江，一马化为龙。’后中原大乱，宗藩多绝，唯琅邪、汝南、西阳、南顿、彭城同至江东，而元帝嗣统矣。”五马渡即以此得名。

五乡碶市 即今浙江宁波市鄞州区东五乡镇。清光绪《鄞县志》卷2《市镇》：五乡碶“距城三十里”。明嘉靖间该地有东碶桥、西碶桥、皎碶桥、江碶桥、郧碶桥等五座碶桥，总名五乡碶。因此得名。

五井子 又作大五井子。即今黑龙江省望奎县。民国熊知白《东北县治纪要·黑龙江省》：“望奎县，在呼兰河与通肯河之间，位于呼兰河右岸，旧名五井子。”

五井集 即今山东临朐县西南二十八里五井镇（上五井）。清光绪《山东通志》卷2《舆图志》：临朐县西南有五井集。

五开卫 明洪武十八年（1385）置，属湖广都司。治所即今贵州黎平县。后废。三十五年（1402）复置，清雍正五年（1727）改置开泰县。

五夫村 即今福建武夷山市东南五夫镇。清乾隆三十一年（1766）置巡司于此。

五夫镇 北宋置，属上虞县。在今浙江上虞市东北二十二里五夫村。

五云（雲）山 ①在今浙江义乌市西。《方舆纪要》卷93义乌县：五云山“在县西四十里。五云溪出焉”。

②在今浙江杭州市西南。宋《淳祐临安志》卷8：五云山，“《旧图经》云：在钱塘县，约高百丈，周回一十五里，山中有真际院，岭上有天井，大旱水不竭”。

③即五名山。在今湖北红安县东南。《方舆纪要》卷76黄安县：五云山“在县南十五里。山有仰天窝，最为险绝，炊宠霞举，仅通一线，登之可瞰城中虚实，为近郊之要害，又有平田千顷可耕”。

④在今贵州江口县北。《方舆纪要》卷122铜仁府省溪司：五云山在“司西五里。常出五色云，因名”。

五云（雲）泷 在今广东南雄市西北。《方舆纪要》卷102南雄府保昌县：五云泷在“府西北四十里。群峰险峻，泉水潺湲，飞流曲折，高下成潭，深不可测”。

五云（雲）驿 明置，在今江西万安县城西南。《方舆纪要》卷87吉安府万安县：五云驿“在县城西南滨江。相近又有五云递运所。《志》云，江滨有云洲，亦曰五云洲，驿因以名”。

五云（雲）城 即今江西万安县城。宋置县时，适有五色云见，故名。

五云（雲）站 元置，在今江西万安县西南赣江滨。明改为驿。

五云（雲）馆 在今浙江缙云县北，接永康界。《方舆纪要》卷94缙云县：五云馆“在县北。《闻见录》云：馆去县五十里，本名缙云馆，东通台郡，西北接永康，为县之要隘”。

五云（雲）镇 即今浙江缙云县治。自唐万岁登封元年（695）至今历为缙云县治。1931年置镇。

五友亭 在今四川南充市南三十五里青居山上。《舆地纪胜》卷156顺庆府：五友亭“在南充之青居山。游丙题云：明月清风为道友，古典今文为义友，孤云野鹤为自在友，怪石流水为娱乐友，山果橡栗为相保友，是五友者，无须臾不在此间也”。

五屯屯田千户所 明成化二年（1466）置，属广西都司。治所在今广西藤县西北九十里蒙江东岸。《方舆纪要》卷108梧州府：五屯屯田千户所“其地旧名古赠，当大藤峡、风门、拂子‘贼’僮巢穴之冲，守御最切。《边略》：五屯旧为僮人聚居。……成化初，生齿日繁，督臣韩雍请照迁江屯所，就于本土开设千户衙门，筑城分哨，以控制东隅，而黄丹、白马、蒙江十二矶有警，皆可倚任。从之。始置今所。既而督臣王守仁增置城堡，屹为保障”。

五屯河卫 明永乐十二年（1414）置，属奴儿干都司。治所在今黑龙江省鹤岗市东梧桐河流域。后废。

五冈 即“冈身”。在今江苏太仓市东南至上海市南翔镇。《方舆纪要》卷24苏州府嘉定县：东冈“在城南。亦曰东冈身；又县西五里有青冈，亦曰中冈身；又西七里曰外冈，有溪环其下；县西南十五里又有沙冈；西南十八里曰西冈，或谓之浅冈。盖滨海冈脊，天然障卫。《志》云：县境北至太仓，南至南翔，俱曰冈身路”。

五水 东晋、南朝时对长江支流巴水（今巴河）、希水（今浠水）、蕲水（今蕲河）、赤亭水（今举水）、西归水（今龙河）的总称。因属西阳郡，又名“西阳五水”。居住于此之少数族，被称为“五水蛮”。《宋书·蛮传》：“西阳有巴水、蕲水、希水、赤亭水、西归水，谓之五水蛮。”即此。

五水关 ①在今河南商城县南六十里。《方舆纪要》卷50商城县：五水关“以五水合流于关下而名。旧为隘口，可以守御”。

②即今湖北随州市东北忤水关。《方舆纪要》卷77随州：五水关“在五水山下，亦作忤水关”。

五水关河 在今河南商城县西南。《方舆纪要》卷50商城县：五水关河在“县西南十里。其源为考溪十八道，河出铜井山，旋转迂回，西南流为五水，入光山县界，合泊陂河而入淮”。

五爪渠 在今河北磁县西。《清一统志·广平府一》：五爪渠“在磁州西十里。明洪武间，知州包宗达引滏水作渠，分为五派，溉田千余顷，后渐淤塞”。

五父衢 在今山东曲阜市东南五里。《礼记·檀弓上》：“孔子少孤，不知其墓，殡于五父之衢。”又，《左传》：襄公十一年（前562），季武子将作三军，“乃盟诸僖闳，诅诸五父之衢”。杜注：“五父衢，道名。在鲁国东南。”

五公城 在今河北易县西。《水经·易水注》：子庄溪水“北出于子庄关，南流径五公城西，屈径其城南。五公即王兴之五子也。光武帝即帝位，封为五侯，元才北平侯，益才安憙侯，显才蒲阴侯，仲子新市侯，季才为唐侯，所谓中山五王也。俗又以五公名居矣”。

五公祠 又名海南第一楼。在今海南省海口市振东区海府路169号。清光绪十五年（1889）雷琼道台朱采为纪念唐宋两代被贬来琼的五位历史名臣，唐宰相李德裕和宋抗金英雄李纲、赵鼎、胡铨、李光等五人而建，遂有五公祠之名。后人把海南第一楼所在的古建筑、古遗址、古园林群统称为五公祠。重要建筑有海南第一楼、苏公祠、洞酌亭、两伏波祠等，还有北宋时期苏东坡开凿的浮粟泉等遗迹，保存有宋徽宗“神霄玉清万寿宫诏碑”、妙贞塔等待重要历史文物。2001年定为全国重点文物保护单位。

五公冢 在今山东淄博市临淄区齐陵镇东北吕家孝陵村西北。据《齐乘》卷5记载：五公冢“临淄东南十里。齐昭公、灵公、惠公、顷公、孝公五坟相近”。

五氏 亦名寒氏。春秋晋邑。在今河北邯郸县西。《春秋》：定公九年（前501），“秋，齐侯、卫侯次于五氏”。《左传》：定公十年（前500），“卫侯伐邯郸午于寒氏”。杜注：“午，邯郸大夫，寒氏即五氏。”

五凤山 ①在今湖南醴陵市南六十里。《明一统志》卷63长沙府：五凤山“其山高耸罗列，形类五凤。上有天花台”。

②在今云南峨山彝族自治县西南。《方舆纪要》卷115嶍峨县：“五凤山在县西南九十里。五山连峙，其势如飞。山麓有凤山洞。”

五凤溪场 即今四川金堂县南五同镇。清嘉庆《金堂县志》卷2：五凤溪场“去城（今成都市东北城厢镇）一百里”。

五斗口 在今广东佛山市南海区东平洲镇。《方舆纪要》卷101广州府南海县，五斗口巡司“在县南平洲堡，景泰三年置。嘉靖五年，移置于磨石刀”。后又移至佛山镇，寻复移治平洲堡，改为平洲巡司。清顺治七年（1650）复名五斗口巡司。

五斗坝 在今四川兴文县西仙峰苗族乡北。《方舆纪要》卷70兴文县“南寿山”条下：“宋时蛮酋卜漏据山为寨，一豆一蛮，数有五斗，故名五斗夷。”坝以此名。明《万历武功录》卷5：万历二年（1574）讨都掌蛮，“诸军直上五斗坝”。即此。

五斗港 又名桃花港。在今江苏常州市武进区东北三十里。《宋史·河渠七》：南宋淳熙九年（1182），知常州章冲奏：“常州东北曰深港、利港、黄田港、夏港、五斗港……皆古人开导以为溉田，无穷之利也。”

五尺道 秦始皇统一全国后，为加强中原地区与西南各族间的联系而开筑的一条从蜀地通往云贵高原的重要道路。《史记·西南夷列传》载：“秦时常頞略通五尺道。”《史记正义》引《括地志》：“五尺道在郎州。颜师古云，其处险扼，故道才广五尺。如淳云，道广五尺。”五尺道即因道宽五尺而得名。从今四川宜宾市西南行，经高县、筠连，云南盐津、昭通、宣威，南抵曲靖。由此东通当时的夜郎，往西可达滇、昆明。此道为汉武帝时唐蒙所修治的通西南夷道和隋唐时代石门路的前身。

五节堰 在今陕西陇县西。《新唐书·地理志》陇州汧源县：“有五节堰，引陇川水通漕。武德八年，水部郎中姜行本开，后废。”

五龙口 在今河南济源市东。《清一统志·怀庆府二》：五龙口“在济源县利丰渠西。即今永利渠。《府志》：五龙口即古枋口秦渠。魏司马孚垒石为门。隋怀州刺史卢贲引沁水灌田，名曰利民渠。唐节度使崔宏礼、刺史李元淳相继疏浚。后温造奏复秦渠枋口堰，以溉济、河、温、武四县田五千顷。元中统二年提举王允中、大使杨端仁奉诏开渠修堰，历济源、河内、河阳、温、武陟五县村坊四百六十三处，名曰广济河。本朝乾隆四十九年，河臣何裕诚疏浚五龙口广利、丰利、永利各渠，滨河麦苗均资浇灌之力”。

五龙山 ①在今山西长治县东北。《寰宇记》卷45上党县：“五龙山在县（今长治市）东南二十里。《十六国春秋》云，上党五龙山，慕容永时有五龙见于此山上，因置五龙祠以祭五方神。”故名。

②在今浙江嵊州市西北。《清一统志·绍兴府一》：五龙山"在嵊县西北四十里。岩壑奇胜……产茶"。

③在今福建泰宁县北。《方舆纪要》卷98泰宁县："五龙山在县北十五里，连邵武县之道峰山。"

④在今山东莱阳市南二十里。《寰宇记》卷20莱阳县：五龙山"有水五道于山下合流，穿入于南海，俗以五龙为名"。

⑤在今湖北阳新县西北八十里。《隋书·地理志》：永兴县"有五龙山"。《舆地纪胜》卷33兴国军：五龙山"《晏公类要》云：山有五岭，状如龙"。

⑥在今湖北宜昌市西南。《寰宇记》卷147远安县：五龙山"《郡国志》云：山有五峰若龙状，因以名之"。《清一统志·宜昌府》：五龙山"在东湖县西南十五里大江之西。五峰连峙，蜿蜒如龙"。

⑦在今贵州黎平县。《方舆纪要》卷121黎平府：五龙山"在府城中。高不逾数仞，广十余里，山势盘纡，连绵相属。有二涧夹之，皆西北流。中央曰黄龙山，府治其上。南曰赤龙山，北曰元龙山，皆以方名。府城南北跨二山之巅，其旁二山仅培塿耳"。

⑧在今云南晋宁县（昆阳镇）东北晋城镇南。《方舆纪要》卷114晋宁州：五龙山"在州（治今晋城镇）南五里。上有五龙泉，一名小石屏山"。

⑨在今陕西横山县东。《清史稿·地理志》榆林府怀远县：东有"五龙山"。即此。

⑩在今陕西延安市北十里。《汉书·郊祀志》：宣帝神爵元年（61），"立五龙山仙人祠"于肤施。即此。

⑪在今陕西府谷县东一里。《方舆纪要》卷57府谷县：五龙山"有五峰突起，如伏虎然。一名五虎山"。

五龙水 在今陕西淳化县西四十里，南流入泾水。《隋书·地理志》：云阳县有"五龙水"。

五龙场 在今四川南充市西五十里礼乐乡。民国《南充县志》卷1：五龙场"在治西五十里五龙山下。亦清初老场，当顺蓬大道"。

五龙县 1945年山东革命根据地由莱阳县东南部析置，治穴房庄（今山东莱阳市南穴坊镇）。1949年迁团旺（今莱阳市西南团旺镇）。1950年3月撤销，并入莱阳县。

五龙庙文昌阁 在今四川阆中市西北河楼乡白虎村五龙山上。始建于元至正三年（1343），依山而建。现仅存文昌阁。原位于五龙庙中轴线北端，面阔、进深均为10米，歇山顶。殿堂出檐达150厘米，翼角微翘，形态舒展。为四川地区保存不多的元代建筑，构架基本完好，有地方建筑特点。2001年定为全国重点文物保护单位。

五龙河 ①即今山东东部五龙河。源出山东栖霞县西北艾山。南流经莱阳市东，又南经五龙山下，又南入海。元马端临《文献通考》卷317：莱阳有五龙水。《寰宇记》卷20莱州莱阳县："五龙山在县南二十里。有水五道于山下合流，穿入于南海，俗以五龙为名。"

②源出今山东诸城市东北，北流经高密市西，入胶莱河。清光绪《山东通志》卷33称："河有五歧，故名。"

五龙背 即今辽宁丹东市西北五龙背镇。民国《东北年鉴》南满铁路线图：有五龙背站。

五龙泉 ①在今山东莱州市西三里。《方舆纪要》卷36掖县：五龙泉在"府西三里。潴而为池，凡半亩许。民获灌溉之利"。

②在今陕西延安市东北。《方舆纪要》卷57延安府：五龙泉"在府城东北，从石罅中涌出，汇而为池"。

五龙原 亦名五陇阪。在今陕西彬县南。《元和志》卷3新平县：五龙原"在县南三里。原侧有五泉水，因名"。《资治通鉴》：唐武德七年（624），"世民与虏遇于豳州，勒兵将战。己卯，可汗帅万余骑奄至城西，陈于五陇阪"。即此。

五龙渠 即千金渠。在今河南洛阳市东北汉魏故城东。《水经·谷水注》曰：千金堨"积石为堨，而开沟渠五所，谓之五龙渠。渠上立堨……水历堨东注，谓之千金渠"。

五龙港 在今湖北应城市西南。《方舆纪要》卷77应城县：五龙港在"县西南四十里。源出京山县界林泉山，流入境分为二港，俱至于县西南五十里之三台湖，……下流入汉川县界，入汉水"。

五龙潭 在今河北任丘市北。《方舆纪要》卷13任丘县：五龙潭在"县北十一里。县西十八里为白龙潭，水皆渊渟，大旱不竭"。

五甲寨 在今重庆市城口县西。清道光《城口厅志》卷4：五甲寨在"厅西十里。嘉庆初，教匪滋事，将城口主簿衙署焚毁，移驻于此，复置粮台。居民避难于上者数百家，寨下为厅西通衢"。

五号（號）山 在今广西南宁市南十里。《舆地纪胜》卷106邕州：武号山，"《皇朝郡县志》云：在城南"。《方舆纪要》卷110宣化县：武号山"山势雄武，拱向城郭，为邕江之砥障。一名五象山"。

五仙观 在今广东广州市惠福西路西斋巷内坡山上。《舆地纪胜》卷89广州：五仙观"在州治西偏。初有五仙人各持谷穗，一茎六出，乘羊而至，既遗穗与州人，腾空而去，其地为祠"。观址屡有迁移，北宋时在十贤坊（今省财政厅一带），南宋后期迁至西湖药洲（今南方剧场附近）。明洪武中始迁坡山今址。明、清先后以"穗石洞天"、"五仙霞洞"列入羊城八景。

五圣场 亦作五乘场。即今四川沐川县西五圣乡。清光绪《屏山县志》卷下："沐川场左走小路黑旦子四十里，越万山老林至五乘场，三十里至利店场。”

五台（臺）山 ①又名清凉山。在今山西五台县东北隅。《寰宇记》卷49引《水经注》云：“五台山五峦巍然，故谓之五台山。”五峰之外称台外，五峰之内称台内。台内以台怀镇为中心。五台之中北台最高，海拔3058米，有“华北屋脊”之称。山中寺庙林立，风景秀丽，是中国佛教四大名山之一，为全国著名风景名胜区。《清凉山志》载，东汉永平十年（67）即在山上建大孚灵鹫寺（即显通寺），成为文殊菩萨道场。北魏时在此大肆增修。历经北齐、隋唐以至明清，屡加修建。寺庙最多时达二百余座。现存台内寺庙三十九座，台外寺庙八座。最著名的有台内显通寺、塔院寺、殊像寺、罗睺寺、菩萨顶及南山寺、龙泉寺、镇海寺。台外南禅寺和佛光寺建于唐代，是我国现存最早的木构建筑。寺庙建筑壮丽，雕刻精美，彩画塑像遍及各寺。中唐时期五台山图传至日本，后又传到敦煌，绘入敦煌壁画。五台山多珍贵佛教文物。清康熙、乾隆诸帝曾多次上山朝拜。这里还是抗日战争和解放战争时期晋察冀边区政府所在地，松岩口有白求恩模范医院旧址。

②在今湖北保康县西北。《方舆纪要》卷79保康县：五台山在“县西北五十里。高耸层峙”。

③在今云南罗平县南五里。《方舆纪要》卷114罗平州：五台山“在州南五里”。

④即今陕西铜川市耀州区东三里药王山。《方舆纪要》卷54耀州：磬玉山“其顶五峰，亦曰五台山”。《清一统志·西安府二》：北五台山“五山并峙，顶如平台，东曰瑞应，南曰起云，西曰昇仙，北曰显化，中曰齐天。山有洞曰太元洞，相传孙思邈隐居处。下有洗药池”。

五台子 即今吉林伊通满族自治县西北五台子街。清光绪《吉林通志》卷15《舆地志·疆域上》：伊通州西北有五台子。

五台（臺）县 隋大业二年（606）改驴夷县置，属代州。治所即今山西五台县。《元和志》卷14称，“因山为名也”。后属雁门郡。唐属代州。金贞祐四年（1216）升为台州。明洪武二年（1369）复改为五台县，属太原府。八年（1375）改属代州。民国初属山西雁门道。1928年直属山西省。

五台集 即武台村。今山东平邑县东北三十四里武台镇。旧属费县。清光绪《山东通志》卷2《舆图志》作武台集。

五台山古建筑群 在今山西五台县东北隅。五台山古建筑群包括台怀镇内及周围的塔院寺、罗睺寺、菩萨顶（寺）、龙泉寺、殊像寺、金阁寺等。台怀镇内塔院寺原是显通寺的塔院，现存建筑为明永乐五年（1407）建，占地1.56万平方米，有各种殿堂十九间，楼房十四间，僧房九十四间。院内有大白塔和文殊发塔各一座。大白塔为寺内主体建筑，全称护国佑民释迦文佛真身舍利宝塔，通高54.37米，体形高大，外涂白垩，基座周设勾栏，南向内收，形成一个规模不大的佛殿。底层外围施单檐挑角回廊三十三间，台基四角建亭，二层筑覆钵式藻瓶，上置项轮，以风磨铜鎏金葫芦收刹。塔身四周有凤凰铎二百五十二枚，是五台山标志性建筑。罗睺寺以十六罗汉中第十一位罗睺为名，是黄教喇嘛庙，五台山五大禅处之一。此寺始建于唐代，显迹于宋，占地1.5万平方米，一进四院，今存山门、钟鼓楼、天王殿、文殊殿、大雄宝殿、配殿、后殿、藏经阁、禅院等建筑一百多间。其中藏经阁佛坛上的佛像置于木雕莲瓣内，坛下连动装置带动花瓣一张一合，形成“花开献佛”的奇观。台怀镇北的菩萨顶（寺）建有各种殿堂、楼阁、僧舍、禅堂四百三十多间，今存建筑系清代遗构，构建手法、雕刻图案、琉璃样式多照皇宫官式形制营造，是五台山最大寺院之一。台怀镇西南的殊像寺为五台山五大禅处十大青庙之一。唐建元毁，明清重修，主要建筑有牌楼、钟鼓楼、天王殿、文殊殿、藏经阁、禅堂等，其中文殊殿规模宏大，重檐九脊歇山顶，殿内佛坛上的文殊像塑造精美。附近龙泉寺始建于宋，是杨家将的家庙，明、清、民国初重修扩建成一座宏大的佛寺，拥有殿宇屋舍一百六十多间。龙泉寺的汉白玉大牌楼非常著名，四柱二门，雕有蟠龙八十九条，石狮二十只，还有佛像、果品、花卉、鸟兽等，雕刻精湛，细致之处细如发丝、薄若蝉翼。台怀镇主要寺庙古建筑还有镇南南山寺、镇北碧山寺、镇东黛螺顶及镇西金阁寺等。其中南山寺包括佑国寺、极乐寺、善德堂，是五台山十大青庙之一。创建于元代。寺院依山就势，占地6万平方米，由七层十九处院落组成，有殿堂僧舍三百多间。黛螺顶（寺）主殿五文殊殿，内供象征五台山五大台顶不同形象的文殊法像五尊，因故不能亲临五台顶大朝者，往往到此处进香以小朝台代之。2006年定为全国重点文物保护单位。2009年五台山又被联合国教科文组织列入世界文化遗产名录。

五台镇 清置，属德惠县。即今吉林德惠市东五台乡。《清史稿·地理志》德惠县官商路：“南：五台达省。”

五邦 在今云南元阳县东北，红河南岸。清代为建水州辖十五勐之一，清初设掌寨。

五老山 ①在今山西永济市东南。一名葱茏山。亦为中条山支脉。《元和志》卷12河中府永乐县：五老山“在县东北十三里。尧升首山观河渚，有五老人飞为流星上入昴，因号其山为五老山”。

②在今贵州镇远县南。《清一统志·镇远府》引《贵州通志》：“有五峰伛偻相连，故名。”明置镇远卫于山麓。

五老山城 即今辽宁桓仁满族自治县东北五女山城。（明）朝鲜郑麟趾《高丽史·恭愍王世家》二十年九月辛亥条：“遣西京都万户安过庆、安州上万户李珣往伐五老山城。”即此。

五老峰 ①即五老山。在今山西永济市城东四十里。《清一统志·蒲州府》：五老山“在虞乡县西南。一名葱茏山，亦中条之支山。……《（山西）通志》谓之五老峰，一名玉峰，一名灵峰，即五老之南峰也。《云笈七签》谓是第五十二福地。唐侯道华升仙于此。山有雷公洞，上洞在归云岩，下洞在北峰。又有北斗峰，峰上有北斗台。又有东西锦屏峰，东南有韩君洞。又有太乙峰，峰南有步虚坪。又有太乙、青城、玉峰、苍龙、太白、王母、白沙、玄（元）武、保德诸洞，洞之阳有弃瓢岩，旁有龙井，祷雨辄应。又有鹿饮、金龟、金沙、玉女诸泉，俱出其麓”。是北方道教名山之一，有三十六峰、十二洞、九泉瀑、六十四寺观之说。

②在今江西九江市南庐山。《寰宇记》卷111江州德化县：五老峰“在（庐）山东，悬崖突出，如五人相逐罗列之状”。

五百人湖 在今浙江龙游县东北。《方舆纪要》卷93龙游县：五百人湖在“县东北三十里。周二里。谷溪诸水所汇，溉田五百余顷”。《清一统志·衢州府》：五百人湖“相传昔有五百人于此竭水取鱼，得异鱼及铜缶，已而水暴涨，五百人皆没”，故名。

五百户堡 即永康堡。今宁夏中卫市东南永康镇。《方舆纪要》卷62宁夏中卫：五百户堡“在卫南三十里。永乐二十二年建”。

五百滩 在今浙江金华市城区西。《清一统志·金华府一》：五百滩“在金华县西五里双溪中。盘亘甚大，舟行牵挽须五百人然后可渡，故名”。

五当召 又作武当召。即广觉寺，在今内蒙古包头市东北约一百里大青山内。始建于清康熙年间，乾隆十四年（1749）扩建，为内蒙古重要黄教寺院之一。本名巴达嘎尔召，清廷赐名广觉寺。因地在五当沟内，俗称五当召。“五当”，蒙古语意为柳树。原名“巴达嘎尔”系藏语，意为白莲花。全庙有屋宇二千五百余间，拥有六座大殿、三殿活佛府。其中苏古沁独贡（“独贡”藏语为殿）为全寺中心，高三层，建筑面积2500平方米。二楼绘有全国著名佛教圣地全景图，三楼内收藏两座秘宗修法用的铜质曼陀罗。召内还存有众多的泥塑、铜铸佛教人物像。1996年定为全国重点文物保护单位。

五当沟 又称乌达谷。即今内蒙古包头市东五当沟。《清一统志·乌喇特》：五达河“在旗东南一百二十里。源出布当图山，西南流入黄河”。五达河或译作乌达河，即五当沟。

五屼山 在今四川峨眉山市西南。西汉扬雄《蜀都赋》：“五屼参差。”西晋左思《蜀都赋》：“蹑五屼之蹇浐。”刘逵注：“五屼，山名也。一山有五重，在越巂，当犍为南安县之南也。”皆指此。

五回（廻）山 又名五回岭、五虎岭、广昌岭。在今河北易县西南，与满城县接界。《水经·滱水注》：徐水“西出广昌县东南大岭下，世谓之广昌岭，岭高四十余里，二十里中委折五回，方得达其上岭，故岭有五回之名”。

五回（廻）县 唐开元二十三年（735）置，属易州。治所在今河北易县西一百里。《元和志》卷18五回县：“在五回山东麓，因名之。”次年，迁治五公城（今易县西五十里）。唐末废。

五竹山 在今甘肃渭源县西南三十里。《明史·地理志》渭源县：“又西南有五竹山，清源河出焉。”《方舆纪要》卷60渭源县“七峰山”条内：“五竹山在县西南三十里。山多细竹，峰峦奇秀。有岩曰秀峰岩，山下有谷曰银沟谷。”

五华山 ①在福建古田县西南。明王应山《闽都记》卷30古田县：五华山“在县西南崇礼里。五峰连峙，峭拔千仞，亦名仙山。山上有仙楼、道院、邑人祷雨于此，又名大佛岭”。

②一名五花山。在今湖北天门市东北七十里。《寰宇记》卷144引《周地图记》云：五华山“山岭连属，北接郢州”。即此山。

③在今广东五华县西北华城镇北。《方舆纪要》卷103长乐县“紫金山”条内：“《志》云，县北有迎龙山，峰峦突起，称为秀丽。一名五华山。”五华县以此名。

④在今云南昆明市。元代王升《滇池赋》：“五华钟造化之秀。”该山土为红色，又有五峰，像五朵红花高擎在城中，因名。南诏因此山建五华楼。元代建闵忠寺于其上，明代改称五华寺。南明时为永历帝皇宫，清代于山上建拜云亭，辛亥革命后为云南省政府驻地。

五华县 1914年改长乐县置，属广东潮循道。治所在今广东五华县西北华城镇。以县北五华山为名。1920年直属广东省。1952年迁治水寨镇（今五华县）。

五华峰 即今江西浮梁县东北五花尖。接婺源县界。《寰宇记》卷107浮梁县：五花峰“在县东八十里。五峰并峙，亦名莲花峰”。

五华楼 在今云南大理市北，大理古城西南。《方舆纪要》卷117大理府太和县：五华楼“在府治西。唐大中十年，南诏晟丰祐所建，以会西南夷十六国君长。楼方广五里，高百尺，上可容万人。蒙古忽必烈入大理，驻兵楼前。至元三年，赐金修治。今故址犹存，亦曰五华台”。

五行山 即太行山。在今山西东部与河北接界处。《淮南子·氾论训》：“武王欲筑宫于五行之山。”东汉高诱注：“五行山，今太行山也，在河内野王县北上党关也。”

五朵山 本名岐棘山。一名骑立山。即今河南镇平县西北九十里五朵山。《金史·武仙传》：“初，思烈至邓州，承制授宣差总领黄掴三合五朵山一带行元帅府事。”《明史·地理志》镇平县：“西北有五朵山，产铜。”

五名山 即今湖北红安县东南五云山。《清一统志·黄州府一》：五名山“在黄安县东南二十里。其阴列山如屏，其阳凹嵌如屋，迤而西，有峰如盖，群山合沓，状如窝然。俗因名天窝。林泉木石最为幽胜，中有腴田十余亩，窝内隆冬不寒，盛夏不暑。明嘉靖中，知府周思九改曰五云山”。

五交城 即今陕西洛川县东南八十里武郊。《寰宇记》卷35鄜州："隋大业三年罢州，置鄜城郡。其年自杏城移理于五交城，即今州理。"

五交镇 北宋范仲淹筑，属安化县。即今甘肃华池县西五蛟乡。

五羊驿 在今广东广州市城区南部。《清一统志·广州府》：五羊驿"在番禺县南三里官渡头，明洪武二年设。本朝（清）乾隆二十年裁"。

五羊城 今广东广州市的别称。《寰宇记》卷157广州南海县：五羊城，"按《续南越志》，旧说有五仙人乘五色羊，执六穗秬而至，至今呼五羊城是也。按：其城周十里，初尉佗筑之，后为步骘修之，晚为黄巢所焚"。

五关 在今豫、鄂交界的大别山上。南宋绍兴中，江州都统赵廞建议建五关以拒金兵。嘉定十四年（1221），金人围光州，进犯五关。五关：一说白沙、土门、斗木岭、黄土岭、修善冲；一说木陵、虎头、黄土、白沙、大城。

五州山 在今江苏镇江市丹徒区西三十里。宋《嘉定镇江志》卷6：五州山"山名不知何始，前辈多以为登山之绝顶，望见五州"。故名。

五池口 又称五池沟。在今河南中牟县西。《水经·渠水注》：渠水经圃田泽后，"后合五池沟，谓之五池口。魏嘉平三年，司马懿帅中军讨太尉王凌于寿春，自彼而还，帝使侍中韦诞劳军于五池者也"。

五池沟 在今河南中牟县西。《方舆纪要》卷47中牟县："亦曰五池口，今涸。曹魏嘉平二年，司马懿讨王凌还，魏主使侍中韦诞劳军于五池。宋张洎曰，莨宕渠自荥阳五池口出，注为鸿沟是也。"

五阮关 西汉置，在今河北宣化县西南。或说即今易县西北紫荆关。《后汉书·乌桓鲜卑列传》：光武初，乌桓与匈奴连兵内犯。建武二十一年（45），"遣伏波将军马援将三千骑出五阮关掩击之"。

五如 西藏吐蕃王朝（约629—842）时期在西藏全境建置名。吐蕃建政后，在境内原十余小邦故地统一设置了称为"如"的军政区域，即乌如（中央翼）、要如（左翼）、叶如（右翼）、如拉（分支翼）等，吐蕃灭亡后如亦不存。藏文史籍中一说吐蕃曾建五个如，即四如之外还于苏毗故地即今西藏那曲地区建有苏毗如，而在此后西藏官方文献中对前后藏地方仍每沿称乌思藏四如，未及苏毗如。

五妇山 在今四川梓潼县东北。《汉书·地理志》梓潼县："五妇山，驰水所出，南入涪。"东晋常璩《华阳国志·汉中志》：梓潼县"有五妇山，故蜀五丁士所拽蛇崩山处也"。同书《蜀志》："（秦）惠王知蜀王好色，许嫁五女于蜀，蜀遣五丁迎之。还到梓潼，见一大蛇入穴中。一人揽其尾掣之，不禁，至五人相助，大呼拽蛇，山崩。时压杀五人，及秦五女并将从。而山分为五岭，直顶上有平石。蜀王痛伤，乃登之，因命曰五妇冢山；于平石上为望妇堠，作思妻台。今其山或名五丁冢。"《寰宇记》卷86梓潼县：五妇山"在县北一十二里。高四百二十丈"。

五妇水 即今四川梓潼、盐亭、射洪等县境之梓潼水（梓江、潼江）。《水经·梓潼水注》："五妇山又曰五妇候，驰水所出，一曰五妇水，亦曰潼水也。"

五牟峪 在今甘肃临潭县东北境。《宋史·神宗纪》：熙宁九年（1076），"宗哥首领鬼章寇五牟谷，熙河钤辖韩存宝败之"。

五坞山 即横山。在今江苏苏州市吴中区西南十五里。宋范成大《吴郡志》卷15：踞湖山"山有五大坞。《图经》又名五坞山。五坞，旧名不雅。皇祐五年，节度推官马云三游此山。求其林涧之美，峰壑之秀，云景之丽，泉石之怪。因其物象，各以美名名五坞"。

五花山 ①即五华山。在今湖北天门市东北七十里。《新唐书·地理志》：复州竟陵县"有五花山"。

②在今重庆市涪陵区西。《方舆纪要》卷69涪州：五花山在"州西二十里。五山排列，宛然如花"。

五花岩山 即今安徽广德县东北七十里五峰岩。《明一统志》卷17广德州：五花岩山"在州城北七十里。横列五峰，高三百丈许。最高峰顶有白佛祠，石壁上刊天宝年号"。

五花城 在今河北秦皇岛市山海关西南。《方舆纪要》卷17抚宁县：五花城在"县东百里，山海卫治西南。其城连环五座若五花然。相传唐太宗征辽时筑"。

五花城所 明洪武四年（1371）置，属东胜卫。治所在今内蒙古准格尔旗境。后废。

五花营 在今河南南乐县北十八里。《方舆纪要》卷16南乐县：五花营，"唐时河北五镇尝会兵于此，因名。后人因其壁垒，聚居成镇"。

五花馆 在今湖北荆州市荆州区（故江陵县城）城内。宋钱易《南部新书》："荆南旧有五花馆，待宾之上地也。"

五花嶂 在今广东和平县北。《方舆纪要》卷103惠州府和平县：五花嶂"在县北二十里。邑之负山也。高五百余丈，春夏之间，杂花如绣"。

五县寨 宋置，属怀安县。在福建闽侯县西北寨上。明属侯官县。《方舆纪要》卷96福州府"五县砦"引《志》云："司旧属怀安县，接闽县、侯官、古田、闽清凡五县界，因名。"宋至明均置巡司于此。清雍正十二年（1734）废。

五里川 即今河南卢氏县南六十里五里川镇。清尹耕云《豫军纪略》卷3：咸丰七年十月，萧况等"向五里川奔逸"。

五里水 即今河北玉田县东沙流河。《水经·鲍丘水注》：巨梁水"又东南，右合五里水。水发北平城东北五里山，故世以五里名沟。一名田继泉，西流南屈径北平城东，东南流注巨梁河，乱流入于鲍丘水"。

五里庄 在今山东茌平县东南。清光绪间，义和拳首领朱红灯在此设场练拳，宣传“灭洋”主张。

五里庄镇 即今江苏淮安市淮阴区西北三十二里五里庄乡。民国殷惟龢《江苏六十一县志》：淮阴县北有五里庄等镇。

五里关 在今陕西华阴市南华山。两壁削立，依山为城，昔人避乱时以一巨石塞口，为石门，又名第一关。清光绪《华岳志》卷1引范守已记曰：“自山荪亭而上，履石缘溪，蜿蜒凸凹行者五里，曰五里关。一夫守之，众莫能用矣。”

五里坝 即今陕西西乡县东南一百八十里五里坝镇。山深林密，为南山险要之区。清设县丞驻此。民国改为县佐。

五里甸子 即今辽宁桓仁满族自治县东南五里甸子镇。清宣统《怀仁县志》卷3：“沙尖子东十五里为葡萄架岭五里甸子。”

五里沟 在今山东济南市城西，旧为乡村。清光绪三十年（1904）自辟为商埠。今为槐荫区五里沟街道办事处。

五里坪 即今湖北鹤峰县东六十里五里镇。清有把总驻守。1931年4月，中共湘鄂边特委机关和长阳、五峰、鹤峰、石门、桑植五县联县政府设此。

五里坡 在今陕西凤翔县西千河畔。《宋史·张岩传》：南宋建炎三年（1129），“张岩追击金兵于凤翔，行至五里坡，中金将娄室伏兵，岩败死”。即此。

五里店 即今河南信阳市平桥区东三十二里五里店镇。民国《重修信阳县志》卷6《寨堡》：五里店寨“清初商业极盛，晋楚商人云集，盐纲当业，跨于邻县。咸、同后衰。旧本无寨，同治二年……建修”。

五里界市 即今湖北武汉市江夏区（纸坊镇）东十六里五里界镇。清光绪《湖北全省分图》：江夏县（今武汉市武昌区）东南有五里界市。

五里泉水 约当今山东淄博市、桓台县间涝淄河。《水经·瓠子河注》：“德会水又西北，五里泉水注之。水出（昌国）县南黄阜，北流径城西北入德会。”

五里哨 明置，属清平卫。即今贵州凯里市西北炉山镇西南五里桥。

五里冢遗址 在今山东乐陵市南五里冢村。为新石器时期龙山文化遗存。出土文物有磨制石斧、石镰、卜骨、骨锥及夹沙灰陶鬲足、陶杯、石环、陶纺轮等。

五里牌墟 即今湖南郴州市北五十余里五里牌乡。清光绪《湖南通志》卷1郴州图：州北有五里牌墟。

五里湖 一名漆湖。又名小五湖。在今江苏无锡市西南十八里。湖西即太湖。《方舆纪要》卷25常州府无锡县：五里湖“一名小五湖”。

五里渡口 即今河南太康县西南五里口乡。《方舆纪要》卷47太康县：“五里渡在县西南五十里。路通西华县。”

五里镇 ①在今天津市蓟县西。《方舆纪要》卷11蓟州：五里镇“在州西五里，因名。宣德三年驾至五里镇，遂前行至石门驿是也”。

②清置，属宜君县。即今陕西宜君县东五十里五里镇。

五县寨 宋置，属怀安县。在福建闽侯县西北寨上。明属侯官县。《方舆纪要》卷96福州府“五县砦”引《志》云：“司旧属怀安县，接闽县、侯官、古田、闽清凡五县界，因名。”宋至明均置巡司于此。清雍正十二年（1734）废。

五围 即今台湾省宜兰县。清嘉庆十六年（1811）为噶玛兰厅治。光绪元年（1875）改为宜兰县治。

五岐岭 在今福建将乐县东。《方舆纪要》卷97延平府将乐县：五岐岭“在县东十五里。峻绝难跻，分为五岐”，故名。

五佛顶 在今辽宁鞍山市东南千山西北隅。峭壁凌空，悬崖深涧，险峻难登。山巅有古石佛三，新石佛二，合为五佛，故名。民国《辽阳县志》卷6：“五佛顶在千山之西北隅，为山中第二高峰。峰下有普安观。”

五谷关 在今陕西镇安县西。《方舆纪要》卷54镇安县：五谷关“唐置关于此”。

五谷城 北宋置，属夏州。即今陕西吴起县北五谷城乡。

五岔岭 在今河北阳原县东南四十五里，与蔚县接界。《方舆纪要》卷18万全都司：五岔岭“岭当通衢，岐路四达，因名”。

五角山 在今湖南平江县北五十里。《方舆纪要》卷77平江县“永宁山”条下：五角山“五峰耸峙。高二百丈。上有赵家寨，三面险绝，惟一径仅通，亦幕阜之支山也”。

五亩 在今云南元阳县东北二十二里。清代为建水州辖十五勐之一。清初设掌寨。

五亩尖山 在今安徽无为县北。《方舆纪要》卷26无为州：五亩尖山“在州北五十里。顶平五亩许，堪种植”。

五沟 在今河南漯河市郾城区东南。汝水支流。《旧唐书·宪宗纪》：元和十二年（817），“裴度往沱口观板筑五沟”。又，《清一统志·许州一》：沱沟“汝水别流也。……沟东有粉沟，南有滚水沟，西有石界沟，北有红沟。是名五沟”。

五沟营 即五沟镇。今河南西平县东北二十八里五沟营镇。旧属郾城县。《清史稿·地理志》许州郾城县：“西有沙河，即汝水，……东南岐为洄曲河，径沱口镇、五沟营。”民国时有县佐驻此。

五沟镇 一名五沟营。即今河南西平县东北二十八里五沟营镇。旧属郾城县。《清一统志·许州》：五沟镇“在郾城县东南五十里”。

五汶 今山东泰安市汶水及其四条主要支流的合称。晋郭缘生《述征记》：“泰山郡水皆名曰汶。汶凡有五：北汶、嬴汶、牟汶、柴汶、浯汶，皆源别而流同。”《元和志》沿用。据《水经注》，五汶应为汶水干流及牟汶、北汶、石汶、柴汶。

五社津　在今河南巩义市北。《后汉书·光武纪》：建武元年（25）七月，“遣耿弇率强弩将军陈俊军五社津，备荥阳以东”。《水经·河水》：“又东过巩县北。”郦道元注：“河水于此有五社渡，为五社津。”

五识匿国　亦名尸弃尼、识匿、瑟匿。都城在今塔吉克斯坦帕米尔西南喷赤河东岸舒格南。《新唐书·西域传》：识匿“初治苦汗城，后散居山谷。有大谷五，酋长自为治，谓之五识匿，地二千里，无五谷”。

五层山　在今四川三台县北。《寰宇记》卷82涪城县：五层山“在县北二十五里。天柱山高二里，四面平正，有重山，高一百余步，孤秀如柱，故名天柱山”。《方舆纪要》卷71潼川州：五层山在“州北五十里。一名天柱山。有重冈五层”。

五层楼　今广东广州市北越秀山顶镇海楼的俗称。

五陇山　在今河南邓州市西。《方舆纪要》卷51邓州：“五陇山在州城西，山有五堆连接，因名。”

五陇坂　在今陕西彬县南。《资治通鉴》：唐武德七年（624），突厥颉利、突利两可汗帅万余骑“陈于五陇坂”，秦王李世民诣阵晓以利害，突厥与盟而退。即此。

五坪山　在今山东临沂市西四十里。《方舆纪要》卷33沂州“艾山”条下：五坪山“五峰相连，其上平坦，因名”。

五坡岭　在今广东海丰县北二里。《宋史·文天祥传》：元世祖至元十五年（1278）十二月，从潮阳走海丰，“天祥方饭五坡岭，张弘范兵突至，众不及战，皆顿首伏草莽。天祥仓皇出走，千户王惟义前执之”。

五林县　1946年5月东北革命根据地由宁安县析置，属绥宁省。旋属牡丹江行政区。治五林镇（今黑龙江牡丹江市东北五林镇）。1947年属牡丹江省。1948年7月改属松江省。同年10月与新海县合并，设立海林县。

五林镇　即今黑龙江牡丹江市东北五林镇。1946年东北革命根据地置五龙县治此。

五松山　在今安徽铜陵市西南四里。唐李白《与南陵常赞府游五松山》：“我来五松下，置酒穷跻攀。征古绝遗老，因名五松山。五松何清幽，胜景美沃州。萧飒鸣洞壑，终年风雨秋。响入百泉去，听如三峡流。”《舆地纪胜》卷22池州：五松山“在铜陵。李太白名曰五松山，因作诗以美。今五松山有宴云院及李翰林祠堂”。

五垄山　在今河南淅川县东南厚坡镇。南朝宋至北魏侨置弘农郡（恒农郡）于此。《元丰九域志》卷1邓州顺阳县“有五垄山”。

五虎山　一名五虎门。即今福建连江县东南五虎岛。地处闽江入海口，五峰排列如虎，故名。《明史·汤和传》：元至正二十七年（1367），汤和自明州（今浙江宁波市）渡海攻福州，奄至五虎门，即此。明郑和下西洋亦经此。

五虎门　在今福建闽侯县东南海中五虎山。明置巡司于此。

五虎岩　在今江西定南县西南。《方舆纪要》卷88赣州府定南县：五虎岩“在县城（今老城镇）东南，接和平县界。《志》云，县城南隔河不一里，以山顶分水为界，即和平县境，为江、广分界处”。

五虎涧　在今山西垣曲县南六十五里五福涧村。黄河渡口。明嘉靖时置千总于此。

五味山　在今四川茂县东。《寰宇记》卷78茂州汶山县：五味山“在县东一十八里。山出五味子，因名之”。

五国头城遗址　指辽五国部之一的越里吉。在今黑龙江省依兰县城北松花江南岸、牡丹江东。城为长方形，周长2210米，残高3米。系辽、金时古城。金囚北宋徽、钦二帝死此。

五国城　即五国部。辽时在今黑龙江省依兰县以东至乌苏里江口以下松花江和黑龙江两岸，剖阿里、盆奴里、奥里米、越里笃、越里吉五国部的总称。设节度使领之，称五国城。其中越里吉城即今黑龙江省依兰县，称五国头城。宋徽宗赵佶被金人迁于此。《宋史·徽宗纪》：“绍兴五年四月甲子，崩于五国城。”即此。剖阿里城即今伯力（俄罗斯哈巴罗夫斯克）。

五国部　指辽时分布在今黑龙江省依兰县以东至乌苏里江口以下，松花江和黑龙江两岸的五个部落。《辽史·营卫志下》：“五国部：剖阿里国、盆奴里国、奥里米国、越里笃国、越里吉国，圣宗时来附，命居本土，以镇东北境，属黄龙府都部署司。”重熙六年（1037）罢五国酋帅，设节度使管辖。

五固　即固城。在今山东滕州市东五十里。《魏书·高祖纪上》：太和四年（480），“兰陵民桓富杀其县令，与昌虑桓和北连太山群盗张和颜等，聚党保五固，推司马朗之为主。诏淮阳王尉元等讨之”。

五岫山　在今浙江诸暨市东。《方舆纪要》卷92绍兴府诸暨县：五岫山“在县东六十里。峰峦秀出者五，与会稽云门相连”。

五岭关　在今安徽祁门县西南一百里，接江西景德镇市界。旧为由江西入祁门孔道。《方舆纪要》卷28祁门县：五岭关“在县南百里。《闻见录》：自浮梁入祁门界，有五岭关。自此抵县城，皆高山峻壁也”。

五牧　在今江苏无锡市西北五牧村。《宋史·文天祥传》：南宋末，元兵进攻常州，“天祥遣其将朱华、尹玉、麻士龙与张全援常，至虞桥，士龙战死，朱华以广军战五牧，败绩”。

五岳（嶽）　古代中国五大名山的总称。即东岳泰山（在今山东泰安市北）、南岳衡山（在今湖南衡山县西北）、西岳华山（在今陕西华阴市南）、北岳恒山（原在今河北唐县西北。明改在今山西浑源县东南）、中岳嵩山（在今河南登封市北）。《尔雅·释山》："河南华、河西岳、河东岱、河北恒、江南衡。"又曰："泰山为东岳，华山为西岳，霍山为南岳，恒山为北岳，嵩高为中岳。"其后始改为以衡山为南岳。传说五岳为群神所居，故自古帝王多往祭祀。旧说尧舜时已有巡狩五岳之举，乃汉儒附会，实则五岳制度始于汉武帝。《汉书·郊祀志》云：武帝"自封泰山后，十三岁而周遍五岳四渎矣"。又云：宣帝改元神爵后，"自是五岳四渎皆有常礼"。唐玄宗、宋真宗曾封五岳为王。明初尊五岳为神。

五京 ①唐至德二年（757）改西京京兆府为中京，凤翔府为西京，成都府建号南京，合原有东京河南府，北京太原府共为五京。

②唐渤海国有五京：上京龙泉府（今黑龙江宁安市西南东京城）；东京龙泉府（今吉林珲春市西南半拉城子）；西京鸭渌府（今朝鲜东北长城里）；中京显德府（今吉林敦化市东南敖东城）；南京南海府（今朝鲜咸兴）。

③契丹会同元年（938）改皇都为上京临潢府（今内蒙古巴林左旗南波罗城），改南京为东京辽阳府（今辽宁辽阳市），升幽州为南京幽都府（开泰元年，即1012年又改为析津府，今北京市）。辽统和二十五年（1007）增建中京大定府（今内蒙古宁城县西大明城）。重熙十三年（1044）又升云州为西京大同府（今山西大同市），合称为五京。

④金自贞元元年（1153）定都中都大兴府（今北京市）后，除中都外又以会宁府为上京（今黑龙江阿城县南白城子），辽阳府为东京（今辽宁辽阳市），大定府为北京（今内蒙古宁城县西大明城），大同府为西京（今山西大同市），开封府为南京（今河南开封市），合称五京。

五京道 即辽兴宗重熙后上京、南京、东京、中京、西京道的合称。

五郊城 又作五交城。即今陕西富县。《魏书·地形志》：长城县"有五郊城"。隋为上郡及洛交县治。

五泄 即今浙江诸暨市西三十六里五泄瀑布。《水经·浙江水注》：泄溪"溪广数丈，中道有两高山夹溪，造云壁立，凡有五泄，下泄悬三十余丈……中三泄不可得至，上泄悬二百余丈，望若云垂，此是瀑布，土人号为泄也"。

五泄山 在今浙江诸暨市西五泄镇。宋《嘉泰会稽志》卷9诸暨县：五泄山"在县西五十里。自山五级泄水以至溪，山川最为秀绝"。有小雁荡之称。

五河口 即今安徽五河县南浍河南旧县湾。南宋咸淳七年（1271）置安淮军及五河县治此。《明史·地理志》五河县："东南有漴河，西北有浍河、沱河，东北有潼河，并流合淮，谓之五河口。"

五河市 1949年1月由五河县城区析置，属江淮解放区。治所即今安徽五河县。旋裁撤，并入五河县。

五河县 南宋咸淳七年（1271）置，为淮安军治。治所在今安徽五河县南旧县湾。《方舆纪要》卷21五河县："以五水交流而名。"元属泗州。明属凤阳府，永乐元年（1403）城圮于水，移治故县西北。嘉靖二十五年（1546）迁治今五河县。清雍正二年（1724）属泗州。民国初属安徽淮泗道。1928年直属安徽省。

五泻水 相当今江苏江阴市南锡澄运河。《寰宇记》卷92无锡县：五泻水"在县北一十四里无锡、江阴、晋陵三县界"。《宋史·河渠七》：南宋乾道六年（1170），"两浙转运司并常州守臣言，填筑五泻上、下两闸，及修筑闸里堤岸"。

五宝镇 亦作五保镇。即今四川荣县东南五宝镇。清嘉庆《四川通志》卷29："五保镇在县南五十里。"宣统三年（1911）八月，同盟会在此发动反清起义，史称荣县起义。

五官淀 又名武溘淀。在今河北任丘市东北三十五里。《方舆纪要》卷13任丘县："五官淀在废阿陵县（治今任丘县东北陵城）之东，上流诸水悉汇于此。"

五郎厅 清乾隆四十八年（1783）析长安、盩厔、洋县、石泉、镇安五县地置，属西安府。治所在五郎关（今陕西宁陕县北老城乡）。嘉庆五年（1800）改宁陕厅。

五郎水 在今陕西紫阳县南。《方舆纪要》卷56紫阳县：五郎水在"县南五十里，北流入汉"。

五郎关 即今陕西宁陕县。明正德十六年（1521）设五郎坝巡司。清顺治年间裁。乾隆四十八年（1783）于此置五郎厅，后废。1936年宁陕县迁治于此。

五姓湖 在今山西永济市东北二里。《清一统志·蒲州府一》：五姓湖"分属临晋县、虞乡县界，即古张阳池东西二陂也。……《县志》亦名五姓滩，滩旁有五姓村，因名"。

五弩山 在今山东诸城市东南六十里。《水经·胶水注》："元于钦《齐记》曰：胶水出五弩山，盖胶山之殊名也。"《齐乘》卷2：胶水出"胶州胶西县西南铁橛山也，北径密州东北卤山，古名五弩山"。清光绪《山东通志》卷26称：李文藻《诸城县志》亦以卤山为五弩山，谓在县东南六十里。

五经富墟 即今广东揭西县东北五经富镇。清光绪《广东舆地全图》：揭阳县西北有五经富。

五城 在今湖南辰溪县东。《元和志》卷30辰溪县："五城山，在县东南三百六十二里。《武陵记》云：'楚威王使将军庄跻定黔中，因山造此城。"据《清一统志·辰州府一》：五城山"在辰溪县东一里"，五城当在其附近。

五城山 ①在今安徽泾县西。《方舆纪要》卷28泾县：五城山在"县西南七十里。五峰环绕，势若城郭。东曰蓝山，有蓝山坑，俯瞰安吴渡，旧安吴县址也。其西曰郭山，自九华峡岭至此，高数百丈，为县西南巨镇。其东北为寨山，元末，居民结寨于此以避难”。

②又名东帽山、宝城山、魁山。在今四川中江县东。《寰宇记》卷82玄武县：“五城县属东广汉郡，在五城山。”《舆地纪胜》卷154潼川府：五城山“在中江县东二里，三隅山之东”。《清一统志·潼川府一》：五城山，“《旧志》：山在今县东郭外隔河。一面陡峻，余皆阶级层叠如梯”。

五城水 ①源出今安徽休宁县南九十里松山，北经五城镇西，至龙湾溪口入率水，今称颜公溪。《寰宇记》卷104休宁县：五城水“源出县城南，北流。水旁有五城村，古之大镇，有五城斜偶相对”。

②即今重庆市涪江支流凯江。《水经·涪水注》：“涪水又南，枝津出焉，西径广汉五城县为五城水。”《晋书·毛璩传》：东晋义熙初，毛璩讨桓振，使参军谯纵等出涪水，“蜀人不乐东从，纵因人情思归，于五城水口反”。

五城县 ①三国蜀汉置，属广汉郡。治所在今四川中江县东南。东晋常璩《华阳国志·蜀志》：“五城县，郡东南，有水通于巴。汉时置五仓，发五县民，尉部主之，后因以为县。”魏灭蜀后废。西晋咸宁四年（278）复置，太康六年（285）废，次年（286）又置，仍属广汉郡。南朝宋改为伍城县。

②北魏太和二十一年（497）改京军县置，属五城郡。治所在今山西吉县东北六十里。孝昌中陷，寄治西河郡，在今山西介休市境。隋开皇中改伍城县。

③北魏永安中侨置，为五城郡治。侨治汲郡陈城（今河南卫辉市）。北齐改为伍城县。

五城驿 明置，在今四川中江县。《方舆纪要》卷71中江县：五城驿在“县治北”。

五城郡 ①又名伍城郡。北魏正平二年（452）置，太和十二年（488）属汾州，治所在京军县（后改五城县，今山西吉县东北六十里）。辖境相当今山西吉县、乡宁、蒲县部分地区。孝昌中陷，寄治西河郡，在今山西介休市境。隋开皇初废。

②北魏永安中侨置，属司州。治所不详。东魏天平中属北豫州。武定五年（547）属义州，徙治汲郡陈城（今卫辉市），改为伍城郡。

③东魏天平中置，属晋州。治所在今山西临汾市境。北周废。

五城营 即今安徽休宁县西南五城。《清一统志·徽州府》：五城营“在休宁县西南五十里。五城相去五十里。明嘉靖四十四年置”。

五城镇 在今安徽休宁县南五十里。《寰宇记》卷104休宁县：五城水“旁有五城村，古之大镇。有五城斜偶相对”，故名。元置五城务及南五岭巡司。明嘉靖四十四年（1616）置五城营。

五指山 ①俗名鸡冠山。在今河北承德市东南。《清一统志·承德府二》：五指山“在府东南四十里。五峰崤崒，俨如仙掌，土人称鸡冠山。山有古灵峰禅寺，寺有元至元二十四年僧居实撰《五指山大轮禅师碑》”。金末于此建五指山砦。

②在今山西左权县东与河北邢台县交界处。《寰宇记》卷44辽山县：“五指山在县东五十里，……岩石孤耸，上有一手一足之迹，其大如箕，指数俱全。”

③亦作五脂山。在今辽宁绥中县西北。《辽史·地理志》：来州有五脂山。《方舆纪要》卷37广宁前屯卫“万松山”条下：“北相接者曰五指山，五峰秀拔。若五指然，《志》云：五指山在卫北五十里。”

④在今浙江诸暨市西南同山镇南五指山村。《方舆纪要》卷92绍兴府诸暨县：五指山“在县西南六十里，丰江绕其东北，明初依此山筑诸全州新城，寇不能陷”。

⑤在今广东从化市东北。《方舆纪要》卷101从化县“龙潭山”条，五指山“在县东北九十里。五峰相连，如笔格然”。

⑥在今广东东源县东。《清一统志·惠州府》：五指山“在河源县东一百里。层峦叠嶂，延亘数十里，而五指更为雄峻。山半有湖曰澄心湖，其北有曾田峒、梅子嶂，甚险”。

⑦一名黎母山。在今海南省海南岛中部。为万泉河、陵水、昌化江的分水岭。主峰五指山，在琼中黎族苗族自治县南，海拔高达1867米。清雍正《广东通志》卷13：大五指山“其高际天，其广莫测，五峰如指，屹立琼崖儋、万之间”，故名。

⑧在今广西贺州市东南。《清一统志·平乐府一》：五指石山“在贺县（故治在今贺街镇）南八十里。信都谷中。五峰并列入掌”。

⑨在今广西昭平县东北。《明史·地理志》昭平县：“东有五指山。”《方舆纪要》卷107昭平县：“五指山在县东百八十里。中深广，入仅一线，仅容二人，扼之则万夫莫过。万历三年，昭平‘贼’黎福庄等作乱，抚臣吴文华遣兵袭擒之，捣五指、白冒诸岩”。即此。

⑩亦作五子山。又名夷都山。在今四川沐川县南，与屏山县分界。清光绪《屏山县志》卷下：沐川场“五子山即夷都山，横亘于前，山起入而林深箐密”。

五指石 在今广东平远县北差干镇西北五指石下村。清设五指石汛。

五茸城 即吴王猎场。在今上海市松江区南。唐陆龟蒙《奉和袭美吴中书事寄汉南裴尚书》诗有“五茸春草雉媒娇”句。注：“五茸，吴王猎所，茸各有名。”《方舆胜览》卷3嘉兴府：吴王猎场“在华亭谷东。陆逊子孙游猎于此，又名陆机茸”。

五柞宫 在今陕西周至县东南三十八里。《汉书·武帝纪》：后元二年（前142）二月，“行幸盩厔五柞宫”。即此。《三辅黄图》卷3：五柞宫“汉之离宫也，在扶风盩厔。宫中有五柞树，因以为名。五柞皆连抱，上枝覆荫数亩”。

五显集 即今安徽和县西南白桥镇西南五显集。清光绪《直隶和州志》卷4：五显集在“州西南六十里”。

五星县 1935年1月鄂豫陕革命根据地由柞水县析置，治红岩寺（今陕西柞水县东红岩寺）。同年7月红军北上抗日，县制撤销。

五重山 在今河南嵩县南。《新唐书·食货志四》：“开元十五年，初税伊阳（今嵩县西南旧县）五重山银、锡。”《元和志》卷5伊阳县：银铆窟“在县南五里”。

五重河 即今辽宁岫岩满族自治县境内大洋河上游。乾隆《钦定盛京通志》卷25：五重河在“（海城）城北十五里。自偏岭向东南流，行人连过五次，故名”。《清一统志·奉天府一》：五重河“源出（海城）县南分水岭，东南流经岫岩城，合凤凰城之杓子河，入羊河。俗呼五道河”。

五段砦 即今江苏沛县东南五段镇。民国《铜山县志》卷10：五段砦在“城西北七十里。咸丰七年建”。

五保镇 即今四川荣县南五宝镇。清嘉庆《四川通志》卷29荣县：有五保镇。道光《荣县志》卷4：五宝镇“县南九十里”。

五侯津 亦作武侯津。在今四川广汉市西南。《资治通鉴》：五代唐长兴三年（932），孟知祥败东川董璋于鸡踪桥，“引兵追璋至五侯津”。胡三省注：“五侯津在汉州西南。”

五泉 在今湖北京山县西。《舆地纪胜》卷84郢州：五泉“在京山县西五十里山谷沙石中。泉凡五穴，五色迭出，涌如沸鼎”。

五泉山 即皋兰山。在今甘肃兰州市南。海拔1600多米。因山上有五泉而得名。宣统《甘肃新通志》卷6皋兰县：皋兰山“在西麓，名五泉山”。

五泉县 ①北魏太平真君七年（446）置，属澄城郡。治所在今陕西澄城县南。北周废。

②隋末改金城县置，为金城郡治。治所即今甘肃兰州市。唐武德二年（619）为兰州治。咸亨二年（671）复改金城县。天宝元年（742）又名五泉县，为金城郡治。乾元元年（758）为兰州治。广德元年（763）没于吐蕃，废。

五胜山 在今江西永丰县南。《方舆纪要》卷87吉安府永丰县：五胜山“在县南百里。五峰高耸，山麓有石龟，水流其下”。

五将山 又名武将山。在今陕西岐山县东北，与麟游县接界。《晋书·苻坚载记》：东晋太元十年（385），慕容冲逼长安，“城中有书曰《古符传贾录》载‘帝出五将长得’。先是，又谣曰‘坚入五将山长得’。……坚至五将山，姚苌遣将军吴忠围之”。后被执。即此。

五洲 一名伍洲。在今湖北浠水县西南长江中戴家洲。《水经·江水注》：轪城“南对五洲也。江中有五洲相接，故以五洲为名”。《宋书·沈庆之传》：元嘉三十年（453）正月，“世祖出次五洲，总统群帅，庆之从巴水出至五洲，谘受军略”。即此。

五津 指今四川都江堰市至彭山县之间岷江上所设五个渡口。东晋常璩《华阳国志·蜀志》：“其大江自湔堰下至犍为有五津：始曰白华津；二曰皂里津；三曰江首津；四曰沙头津，刘璋时召东州民居此，改曰东州头；五曰江南津。入犍为有汉安桥、玉津、东沮津，津亦七。”

五客堂 在今湖北钟祥市西北。《舆地纪胜》卷84郢州：五客堂“唐李昉尝画五禽于壁间，以鹤为仙客，孔雀南客，鹦鹉陇客，鹭鸶雪客，白鹇闲客”。

五祐场 即今江苏盐城市东南伍祐。宋、元时设盐场，清设盐课使驻此。

五祖寺 在今湖北黄梅县东北五祖镇北东山上。《清一统志·黄州府二》：五祖寺“在黄梅县东北冯茂山。亦名真慧寺。唐咸亨中，五祖宏忍禅师建”。今寺为清咸丰年间建。有北宋建十方佛塔（八角七级，高6.36米）、释迦多宝如来佛塔。2006年定为全国重点文物保护单位。

五诰山 在今四川开江县南。《方舆纪要》卷69新宁县：五诰山“在县南五十里。五峰相连，如诰轴然”。

五郡山 一名治山。在今四川剑阁县（下寺镇）西南武连镇南。《寰宇记》卷84武连县：“治山一名五郡山。《周地图》云：县南有治山，县人张逸背梁附后魏，与梁将杨乾运于此山下大战，乾运大败，死者千人。恭帝元年，收骸骨并为一墓，死者五郡人，因改治山为五郡山。”

五垒山 在今山东文登市南五十里。山下即五垒岛海口。《寰宇记》卷20文登县：“五垒山在县南五十里，其山南北成形（行）入海，如垒焉。”《方舆纪要》卷36称：五垒山“南北成行入海，宛如营垒”。

五垒城 在今河北沧县东南。《寰宇记》卷65沧州清池县：五垒城“在县西南二里。《舆地志》：汉宣帝封河间献王子雍为景城侯，五子分居城中，俗呼为五垒城”。

五珠山 在今四川兴文县西南。清光绪《叙州府志》卷5兴文县：五珠山“与都督山（县西南一百四十里）相接。五峰联络如贯珠。先都蛮出入巢穴，擒方山在此”。

五盐井 即雒马五盐井。在今云南洱源县西，与云龙县接界。《明史·地理志》：“五盐井提举司，洪武十六年置，万历四十二年废。”

五都 ①战国齐以国内五城置五都，性质略同于其他各国的郡，设有经过选练的常备兵。《史记·燕召公世家》：齐宣王“因令章子将五都之兵，以因北地之众以伐燕”。《索隐》：“五都即齐也。按：临淄是五都之一也。”五都无定说，一说为临淄、平陆、高唐、即墨和莒。

②西汉都长安，以洛阳、邯郸、临菑、宛、成都为五都。《汉书·食货志》：王莽“遂于长安及五都立五均官，更名长安东西市令及洛阳、邯郸、临甾、宛、成都市长皆为五均司市师”。

③三国魏都洛阳，以长安（西汉故都）、谯（皇室本都）、许昌（汉献帝旧都）、邺（曹操时魏都）、洛阳为五都。《三国志·魏书·文帝纪》：黄初二年（221）一月，“改许县为许昌县”。注引《魏略》云：“改长安、谯、许昌、邺、洛阳为五都。”

④唐宝应元年（762）以京兆府为上都，河南府为东都，凤翔府为西都，江陵府为南都，太原府为北都，合称五都。

⑤泛指繁华都市。宋玉《登徒子好色赋》：“周览九土，足历五都。”李善注：“五都，五方之都也。”

五都街 即今江西广丰县东南五都镇。清同治《广信府志》卷1广丰县：五都墟在“县东十五里，路通浦城，产靛青、竹木”。

五莲山 即今山东五莲县东南二十六里五莲山。《清一统志·青州府一》：五莲山，“《县志》：有巨峰五，如青莲矗起，旧名五垛山。东路有十八盘、三垛峰，西路由风门入，与九仙山相近”。

五莲县 1947年5月山东革命根据地由诸城、日照二县析置，治白庙子村（今山东五莲县西白庙）。因境内有五莲山而得名。1949年徙长城镇（今五莲县东北前长城岭）。1950年迁洪疑镇，即今五莲县治。

五桂山 在今广东中山市东南。《清一统志·广州府》：五桂山“俗名五鬼山，岩壑瀑布，与罗浮争胜。山左有大小花园，产异花甚多。其阳产神仙茶”。

五桂市 即今湖北孝感市东北西河镇北五桂市（村）。清光绪《孝感县志》卷8《兵事》：同治三年（1864）十月，捻军四次至邑，“踞五桂市”。

五桥泽 在今河北临漳县北。《资治通鉴》：东晋太元十年（385），刘牢之进兵至邺，后燕慕容垂北遁，“牢之追及垂于董唐渊，……疾趋二百里，至五桥泽，争燕辎重，垂邀击，大破之”。即此。

五速站 明初改元斡孙站置，在今俄罗斯哈巴罗夫斯克边疆区黑龙江下游西侧。明《辽东志》卷9：海西东水陆城站有狗站“五速站”。后废。

五原 在今陕西省南部。宋敏求《长安志》卷11：万年县有毕原、白鹿原、少陵原；同书卷12：长安县有高阳原、细柳原。合称五原。

五原县 ①西汉元朔二年（前127）置，属五原郡。治所或即今内蒙古乌拉特前旗东南堡子湾古城（一说在今包头市西哈德门沟口古城堡）。《水经·河水注》：河水“又东径九原县故城南，秦始皇置九原郡治此。……西北接对一城，盖五原县之故城也，王莽之填河亭也”。

②北魏建义元年（528）析铜鞮县置，属襄垣郡。治所在今山西沁县境。北齐废。

③西魏改大兴县置，为五原郡治。治所即今陕西定边县。后又改为大兴县。隋复改五原县，大业二年（607）为盐川郡治。唐初为盐州治。北宋废。

④1912年改五原厅置，属山西省。治所隆兴长村（今内蒙古五原县）。1914年属绥远特别区。1928年属绥远省。1954年属内蒙古自治区。

五原直隶厅 清光绪二十八年（1902）析萨拉齐厅置，属山西省。治所在大佘太（今内蒙古乌拉特前旗东北大佘太镇）。光绪三十年（1904）移治兴盛旺（今五原县西南）。1912年改为五原县。

五原郡 ①西汉元朔二年（前127）改九原郡置，治所在九原县（今内蒙古乌拉特前旗东南先锋镇东三顶帐房村古城）。辖境相当今内蒙古后套以东，阴山以南，包头市以西和达拉特、准噶尔等旗地。东汉末废。前秦复置，后废。

②西魏改大兴郡置，治所在五原县（今陕西定边县）。辖境相当今陕西定边县、宁夏盐池县及内蒙古鄂托克旗部分地。后又改为大兴郡。

③隋大业元年（605）改丰州置，治所在九原县（今内蒙古乌拉特前旗西北西小召镇土城村古城，一说五原县西南）。辖境相当今内蒙古阴山、乌加河以南、库布齐沙漠以北地区。隋末废。

五原塞 两汉五原郡边塞的统称，今内蒙古大青山西端、乌拉山南麓及阴山南坡的秦汉长城障塞。据考古报告，汉五原郡境（今包头市、乌拉特前旗）有南北两道长城：南线由呼和浩特市大青山南麓（汉云中郡地）西行，至土默特右旗水涧沟门，进入大青山里，至包头市昆都仑区北，过昆都仑河，延伸于乌拉山南麓；北线由武川县南大青山北坡向西延伸，进入固阳县昆都仑河上游，西至乌拉特前旗大佘太北，往西进入狼山（汉朔方郡地）。《汉书·匈奴传》：“呼韩邪单于款五原塞。”

五峰山 ①在今河北遵化市东北二十五里。《明一统志》卷1顺天府：五峰山“山磅礴，突起五峰。东曰快目，南曰瑞云，西曰红翠，北曰虎岩，中曰紫盖，上有禅林寺”。

②在今浙江慈溪市东南。《方舆纪要》卷92慈溪县：五峰山在“县（治今宁波市西北慈城镇）西北三十里。山有五峰，亭亭相峙，其下两岩屹立如门”。

③在今江西宜丰县西北。《舆地纪胜》卷27瑞州：五峰山“在新昌县西一百里。东有归云、积翠二峰，西有折桂峰、罗汉峰，中有佛岩峰，凡五”。上有五峰寺，即南朝宋武帝所建净觉寺。

④在今山东济南市长清区东南四十里。《清一统志·济南府一》“青崖山”条：“稍西北曰五峰山，冈峦还相合，泉石甚胜。”因有会仙、志仙、群仙、望仙、聚仙（一称“迎仙”）五峰而得名。山之南有古道观遗址。建于金泰和年间。贞祐间名洞真观，元代名护国神虚宫，明万历间封为保国隆寿宫。有一天门、洞真观门牌坊、青帝宫、三元殿、真武庙、玉皇殿、三清殿、万历敕修保国隆寿宫石坊、志仙

亭等。

⑤在今山东新泰市东北十五里。《方舆纪要》卷31新泰县：五峰山“有五峰特起。下有泉，澄澈若鉴，谓之宝泉”。

⑥在今湖北五峰土家族自治县西一里许。民国《湖北通志》卷9长乐县：五峰山“五峰耸立。周二十余里，高百余丈。县治在其麓”。县以此名。

⑦在今湖北竹溪县东。《方舆纪要》卷79竹溪县：五峰山在“县东十五里。五峰并耸。山之东有白云岩”。

⑧在今广西昭平县北。《清一统志·平乐府一》：五峰山“在昭平县北五里。五峰并峙，亦名五指山，为县主山”。

⑨在今四川叙永县南。《明史·侯良柱传》：崇祯二年（1629），奢崇明、安邦彦军“据五峰山、桃洪坝”。即此。

⑩在今四川泸州市小市镇西北，沱江东岸。《清一统志·泸州》：五峰山“在州北。五峰并峙，故名”。清王士祯《蜀道驿程记》：山麓“昔盛时为商舶辐辏之所”。1916—1920年讨袁护国之战，朱德驻泸州，登此山写下“立马中峰天地小，众山伏道拜英雄”诗句。

⑪在今云南武定县东三里。《方舆纪要》卷116武定军民府：五峰山“在府东三里。攒列郡前”。

⑫在今青海互助土族自治县西北十里。清乾隆《西宁府新志》卷4：五峰山“五峰林立，形如举掌。山胁左右有大泉二，余泉不计焉。林壑之美，最为湟中胜地”。是闻名遐迩的“花儿会”风景区。

五峰土家族自治县 1984年由湖北省五峰县改置，属宜昌地区。县府驻五峰镇。1992年属宜昌市。2011年迁至渔洋关镇。

五峰石宝长官司 元至正初置，治所在今湖北五峰土家族自治县。明洪武十四年（1381）废。永乐五年（1407）复置，属容美宣抚司。清雍正十三年（1735）改置长乐县。

五峰司 五峰石宝长官司的简称。即今湖北五峰土家族自治县。《清史稿·地理志》长乐县：“明为五峰司，隶容美宣抚司，属施州卫。”

五峰关 在今湖北恩施市东二里。《方舆纪要》卷82施州卫：五峰关“在卫城东连珠山下。有官军戍守”。

五峰县 1914年改长乐县置，属湖北荆南道。治所即今湖北五峰土家族自治县。以五峰山为名。1921年属湖北荆宜道。1932年直属湖北省。1984年改设五峰土家族自治县。

五峰铺 即今湖南邵阳县东南四十六里五峰铺镇。清光绪《湖南通志》卷1邵阳县图：县南有五峰铺。

五脂山 即五指山。在今辽宁绥中县西北。《辽史·地理志》：来州有五脂山。

五站 一名佛思亨站。即今黑龙江省木兰县东五站。道出通河县。清光绪《吉林全省地舆图》：黑龙江省木兰县东有佛思亨。民国《呼兰府志》卷1：木兰县东“佛斯亨站，俗称五站，一名兴隆镇。在县东十八里。乾隆二十七年吉林将军奏设松花江北岸安设台站，此为西行之第五站，木兰税务分局驻焉”。

五部岭 在今浙江仙居县东南。《方舆纪要》卷92仙居县：五部岭在“县东南百五十里，与黄岩县接界”。

五部湖 在今江苏无锡市东北十里。《清一统志·常州府一》：五部湖“东西三十里，南北十里，其源浊而流清，溉田百余顷。汉末，陶谷隐居五部湖，即此”。

五凉 ①东晋十六国时前凉、后凉、南凉、西凉、北凉的合称。

②唐时称今甘肃地区为五凉。岑参《题金城临河驿楼》诗：“古戍依重险，高楼见五凉。”即是。

五涧 在今甘肃武威市东。《十六国春秋辑补》卷91南凉录：秃发傉檀弘昌四年（405），秦姚兴以凉州授傉檀，“傉檀率步骑三万，次于五涧，遂入姑臧”。《水经注》卷40：清涧水“俗亦谓之五涧水也，出姑臧城东，西北流注马城河”。

五家子 即今黑龙江省双城市北五家镇。清光绪《吉林全省地舆图》：双城厅北有五家子。民国《双城县志》卷2：出城东北行，“厢蓝旗四屯五十里五家子，逾此滨江县大路”。

五家子镇 ①清置，属双阳县。在今吉林长春市双阳区东南五家子村。《清史稿·地理志》双阳县官商路：“南皇营，东南五家子镇，并达磐石。”

②即今吉林双辽市东南五家子镇。《清史稿·地理志三》双阳县：“东南五家子镇，并通磐石。”

③即今吉林公主岭市东北五家子村。清光绪《奉天全省地舆图说图志》怀德县：五家子“在县城（今怀德镇）东南六十里”。

五陵 即西汉高祖长陵、惠帝安陵、景帝阳陵、武帝茂陵、昭帝平陵。茂陵在今陕西兴平市东北十七里，余四陵皆在今陕西咸阳市境内。《汉书·原涉传》：“郡国诸豪及长安、五陵诸为气节者皆归慕之。”《班固赋》：“南望杜陵，北眺五陵。”

五陵冈 在今河南新乡县东北。《方舆纪要》卷49新乡县：五陵冈在“县东北二十里。阜之大者有五，因名”。

五陵集 即今河南汤阴县东南五陵镇。清尹耕云《豫军纪略》卷4：咸丰七年（1857）十一月，“复有东省土匪……窜汤阴县境之五陵集”。

五通口 在今湖北武汉市黄陂区南。《方舆纪要》卷76黄陂县“沙武口”条下：“县西南四十里又有五通口及小河口，皆引流达江。”

五通岭 在今福建厦门市同安区南。《方舆纪要》卷99同安县：五通岭在“县东（据《清一统志》，当作南）七十里。《志》云，宋幼主避蒙古兵至泉城，闻蒲寿庚之乱，止郡城北法石寺，越城南下輂，今为下犨铺。自下犨铺过县东五都龙窟村，有三巨石连接水中，由此登舟，谓之御踏石。又至庄坡尾，是为五通岭。路旁二巨石夹峙，高四五丈，文信国题曰龙门”。

五通桥镇　即今四川乐山市东南四十里五通桥。地跨茫溪河两岸，清乾隆五十八年（1793）建桥相连。民国《犍为县志》卷3：五通桥“为盐筴聚会之所”。明设四望溪口巡司。清设督捕盐务通判。清王定安《湘军记》卷13：咸丰十年（1860），“蓝大顺、李短搭合走嘉定，屯城外（南）五通桥，号十余万”。即此。

五黄山　在今广西灵山县南。《舆地纪胜》卷120廉州：五黄山，“《九域志》云：古樵夫迷路，见五人黄冠朱颜，相与谈笑，指示迷者得归”，因名。《清一统志·廉州府》：五黄山“在合浦县西北一百七十里。……俗呼五皇岭。《旧志》：高五百余丈，连亘数十里”。

五梧　春秋时鲁邑。在今山东平邑县西北。《左传》：哀公八年（前487）：“吴师克东阳而进，舍于五梧。”又，哀公二十五年（前470），“公至自越，季康子、孟武伯逆于五梧”，皆此。

五曹　即五嶆。今云南丘北县西北关寨。民国属广西县，有县佐驻此。

五砦　在今湖南新化县境。《宋史·地理志》宝庆府新化县：“有惜溪、柘溪、藤溪、深溪、云溪五砦。”皆太平兴国中置。

五常厅　清光绪八年（1882）改五常堡置，属吉林将军。治所在欢喜岭（今黑龙江省五常市）。因有仁、义、礼、智、信五个城门，故取以为名。宣统元年（1909）升为五常府。

五常县　1913年改五常府置，属吉林省滨江道。治所即今黑龙江省五常市。1928年直属吉林省。1949年划归松江省。1954年划归黑龙江省。

五常府　清宣统元年（1909）改五常厅置，属吉林省。治所即今黑龙江省五常市。辖境相当今黑龙江省五常市及尚志市的部分地区。1913年降为五常县。

五常堡　在今黑龙江省五常市北常堡乡。清同治八年（1869）置协领于此。光绪《大清帝国全图》吉林省五常县北有五常堡。民国熊知白《东北县治纪要》吉林五常县：“县属五常堡，在县市之北三十五里。”

五眼井堡　在今山西偏关县东北四十五里五眼井村。《清一统志·宁武府》：五眼井堡“北至边墙三里，明崇祯十年筑，周百丈，为外边内边之要枢”。

五眼泉　一名兰泉。在今甘肃兰州市南。《明一统志》卷36临洮府：五眼泉“在皋兰山下，泉有五眼”。清宣统《甘肃新通志》卷6：“在（皋兰）县南皋兰山麓，曰甘露、曰掬月、曰摩子、曰蒙、曰惠。又东西两崖有瀑布水数道，半空泻落，汇流成溪，灌溉城南园圃。与阿干河并利。”

五畤原　在今陕西凤翔县南。据《史记·封禅书》载：秦文公梦黄蛇自天下属地，其口止于鄜衍，于是作鄜畤，祭白帝。宣公作密畤于渭南，祭青帝。灵公作吴阳上畤，祭黄帝，作下畤，祭炎帝。献公作畦畤栎阳，祭白帝。汉高祖立黑帝祠，命曰北畤。《汉书·地理志》：雍县“有五畤”。《方舆纪要》卷55凤翔县：五畤原“所谓五畤者，鄜、密，吴阳上、下、北也。一云，五畤原在吴山之南”。五畤说法不一，有谓鄜畤在鄜县，畦畤在栎阳县，不应列于五畤中。又上畤祀黄帝，《水经·渭水注》误为炎帝。

五盘岭　即七盘岭。在今四川广元市东北一百七十里。唐杜甫《五盘》诗云：“五盘虽云险，山色佳有余。”清道光《保宁府志》卷6广元县：五盘岭“在县北一百七十里。一名七盘岭。旧与陕西宁羌州接界，为秦蜀分界处”。

五领　即五岭。今湘、赣和粤、桂等省区边境之越城、都庞、萌渚、骑田、大庾五岭的总称。《后汉书·吴祐传》：父恢为南海太守，欲杀青简以写经书，祐谏曰：“今大人越五领。”李贤注：“领者，西自衡山之南，东至于海，一山之限耳，别标名则有五焉。”裴氏《广州记》云：“大庾、始安、临贺、桂阳、揭阳，是为五岭。”邓德明《南康记》曰：“大庾一也；桂阳甲骑二也；九真都庞三也；临贺萌渚四也；始安越城五也。裴氏之说则为审矣。”

五翎州　唐龙朔元年（661）置，属高附都督府。治所在葛逻犍城（今塔吉克斯坦库利亚布附近胡利布克）。8世纪中叶废。

五鹿　①即五鹿墟，又名沙鹿。在今河北大名县东二十五里。《穆天子传》卷6：“天子东征，舍于五鹿。”即此。春秋时属卫，后属晋。《左传》：哀公元年（前494），“齐侯、卫侯救邯郸，围五鹿”。亦即此。

②春秋卫地。在今河南清丰县西北。《左传》：僖公二十三年（前637），晋公子重耳“过卫，卫文公不礼焉。出于五鹿，乞食于野人”。即此。一说在今河北大名县东。

五鹿山　在今山西蒲县东北三十五里。《方舆纪要》卷41隰州：五鹿山“在州东南七十里，接蒲县界，有五鹿大夫庙”。

五盖山　在今湖南郴州市东南六十里。《舆地纪胜》卷57引《湘中记》云：“山有五峰，望之如盖，乡人每岁以雪占年，谚云：‘五盖雪普，米贱如土；雪若不均，米贵如银。’”

五渚　《水经·湘水注》：湘、资、澧、沅四水，“同注洞庭，北会大江，名之五渚”。《水经注疏》：“谓湘、资、沅、澧四水，自南而入，大江自北而过，洞庭潴其间，谓之五渚也。”《战国策·燕策二》：“汉中之甲，乘舟出于巴，乘夏水而下汉，四日而至五渚。”

五渠镇　即今江苏常熟市东南藕渠镇。清光绪《江苏全省舆图》昭文县图：东南有五渠。民国《江苏六十一县志》：常熟县东南有“五渠镇”。

五梁沟 在今河南西华县南。《水经·洧水注》：“洧水又南径长平县故城西。洧水又南分为二水，枝水东出，谓之五梁沟。”《寰宇记》卷10宛丘县：五梁沟“按《图经》云，西南十里。从西华县界洧水出，东流入谷水。古老传云，此沟有五桥渡，因名焉”。

五塔 即金刚座舍利宝塔。在今内蒙古呼和浩特市旧城五塔寺街。以此塔上有五座小塔而名。

五塔寺 即真觉寺。在今北京市海淀区白石桥东长河北岸。因寺内有金刚宝座石塔一座，塔顶建有五座密檐式小石塔，故有五塔寺之名。

五堰 又名鲁阳五堰。唐景福元年（892）台濛筑。在今江苏高淳县东。《新唐书·杨行密传》：“孙儒围行密宣州，凡五月不解。台濛作鲁阳五堰，拖轻舸馈粮，故行密军不困，卒破孙儒。”《舆地纪胜》卷17建康府：银淋堰，“《续志》云：苏、常承中江下流，常病漂没，故筑银淋五堰以窒之。自是中江不复东，而宣、歙皆自芜湖以达于大江。又以石窒五堰路，又液铁以固石，故曰银淋，今讹为林”。宋《景定建康志》卷16：“银林堰在溧水县东南一百里，长一十一里。”自银林稍东曰分水堰，又东曰苦李堰，曰何家堰，曰余家堰，所谓“鲁阳五堰”。

五棵树 即今吉林榆树市西五棵树镇。《清史稿·地理志》榆树直隶厅：“松花江自舒兰入，西北缘德惠界，径五棵树镇，入新城。”《吉林乡土志》：“五棵树，为本县西部重镇。百年以前，在该镇关帝庙左，有榆树五棵，故名。”民国熊知白《东北县治纪要》吉林榆树县：“县属五棵树，在松花江岸相距五里地，距县市七十五里，陶赖昭驿四十里。”

五街县 西汉置，属北地郡。治所约在今甘肃东部庆阳市附近地区。东汉废。

五畲驿 在今安徽休宁县南。宋淳熙《新安志》卷4休宁县：“五畲驿在县南二十五里。”

五道岭 在今山东肥城市北。《方舆纪要》卷31肥城县：五道岭“当往来通道，旧置马驿于此”。

五港口 即今江苏涟水县东北七十里五港镇。《元史·世祖纪四》：至元九年（1272），“遣步骑趋涟州，攻破射龙沟、五港口、盐场、白头河四处城堡”，即此。明置五港口巡司。

五港河 在今陕西华县西。《方舆纪要》卷54华州：五港河“在州西。《志》云：石堤峪之水，北流为五港河，合赤堤峪水，入沙涧石桥河，以达于渭”。

五湖 ①先秦古籍中记载吴越地区有五湖，后人解释不一：（1）太湖的别名。《国语·越语下》韦昭注：“五湖，今太湖。”《文选·江赋》李善注引张勃《吴录》：“五湖者，太湖之别名也。”（2）指太湖东岸五个与太湖相连通的湖，实即五个湾。《史记·夏本纪》正义：“五湖者，菱湖、游湖、莫湖、贡湖、胥湖，皆太湖东岸五湾为五湖。”（3）指太湖附近的五个湖，湖名各说不一：《后汉书·冯衍传》注引虞翻云：“太湖有五道，胡谓之五湖。”又曰：“滆湖、洮湖、射湖、贵湖及太湖为五湖，并太湖之小支，俱连太湖，故太湖兼得五湖之名。”《吴越春秋·夫差内传》注引韦昭曰：“胥湖、蠡湖、洮湖、滆湖，就太湖而五。”《水经·沔水注》：“五湖谓长塘湖、太湖、射湖、贵湖、滆湖也。”按：从《周礼·职方》扬州：“其泽薮曰具区”，“其浸五湖”来看，具区即太湖，则五湖不是太湖，也不能包括太湖在内。从《国语·越语》、《史记·河渠书》、《史记·货殖列传》等记载来看，均作“三江五湖”，五湖原意当系泛指太湖流域一带所有的湖泊。

②五个大湖的总称，但名称各说不一：（1）《史记·河渠书》索隐：“郭璞《江赋》云，具区、洮滆、彭蠡、青草、洞庭是也。”（2）宋王应麟《小学绀珠》：“五湖：湖州太湖、楚州射湖、岳州青草、润州丹阳、洪州宫亭。”（3）近人一般以洞庭、鄱阳、巢湖、洪泽、太湖为五湖。

③在今安徽天长市东北。《方舆纪要》卷21天长县：五湖在“县东北四十五里，以五水合一而名。东接高邮州之毗沙河”。

五湖山 即今安徽来安县东北长山。《舆地纪胜》卷42滁州：五湖山“在全椒县（按，当为来安县）东北十八里。下有五湖，因名。在县境最为险要，控扼南北”。

五湖水 在今安徽宁国市北五里，即今东津河与西津河合流而成的水阳江上游。旧在两溪合流口有五河渡，亦称五湖渡，遂称此水为五湖水。《元和志》卷28宁国县：五湖水“在县东北四里”。《元丰九域志》卷6：宁国县有五湖水。均指此。

五渡山 在今四川青神县东南。《明一统志》卷71眉州：伍渡山“在青神县东一十里”。《方舆纪要》卷71青神县：五渡山“水径山下，绕流屈曲，渡处凡五，因名”。

五渡水 ①即今老牛河。源于今河北承德县北，西南流至下板城北入滦河。《水经·濡水注》：五渡水“北出安乐县丁原山，南流径其县故城西，本三会城也。其水南入五渡塘……又南流注于濡”。即此。

②在今河南登封市东南。《水经·颍水注》：“颍水又东，五渡水注之。其水导源密高县东北太室东溪。……其水东南迳阳城西，石溜萦委，溯者五涉，故亦谓之五渡水。”

③又名夫溪、扶溪。在今广东仁化县东北。《元丰九域志》卷9：仁化县有五渡水。《清一统志·韶州府》：五渡水“在仁化县东北百里。源出南安府珠子山，西南流合锦石溪”。

五蓝河 在今广东电白县东电城镇东。《方舆纪要》卷104电白县：五蓝河在“县东三十里。源出山涧中，南流入海。有官渡”。

五楼 在今河南商水县西南。《资治通鉴》：唐贞元十六年（800），韩全义“与吴少诚将吴秀、吴少阳等战于溵南广利原，锋镝才交，诸军大溃；秀等乘之，全义退保五楼”。胡三省注：“五楼，在溵水县西南。”

五雷山 在今湖南慈利县南，与石门、桃源二县为邻。《清一统志·澧州》：五雷山“在慈利县南三十里。一名雷岳山。山最高，屏障环拱于县南。有龙头岩、虎踞石、会仙桥诸胜。道水出此”。为道教名山，与湖北武当山遥相呼应，又称南武当山。

五路岭 在今浙江浦江县南境。《方舆纪要》卷93浦江县：五路岭在“县南十里。长五里，自县入郡所经也”。

五溪 古辰州境五条水的总名。《水经·沅水注》：“武陵有五溪，谓雄溪、樠溪、无溪、酉溪，辰溪其一焉。夹溪悉是蛮左所居，故谓此蛮五溪蛮也”。《后汉书·马援传》章怀太子注引郦注作“武陵有五溪，谓雄溪、樠溪、酉溪、沅溪、辰溪，悉是蛮夷所居，故谓五溪蛮。”并指出：“土俗‘雄’作‘熊’，‘樠’作‘朗’，‘沅’作‘武’，在今辰州界”。则“樠溪”应为朗水，“无溪”或“沅溪”应即今武水。

五溪山 ①在今安徽黟县西北。《清一统志·池州府一》：五溪山“在石埭县西南一百二十里。上有五溪，合流而下。土地肥美，中产巨木”。

②在今安徽青阳县西三十里五溪桥，西接贵池市界。《方舆纪要》卷27青阳县：五溪山在“县西三十里。众流环绕，与九华对峙”。又五溪水“合流而北，环绕于五溪山下，入贵池县境”。

③一名军山。在今湖南汉寿县东南。《明一统志》卷63长沙府：五溪山“吴潘濬讨五溪蛮曾营此”。

五溪水 在今安徽青阳县西二十里九华河上游。《元丰九域志》卷6青阳县有五溪。《清一统志·池州府一》：五溪河“在青阳县西二十里。其源有五，皆出九华山。一曰漂溪，出饮猿潭；一曰澜溪，出莲花峰下；一曰双溪，出上下华池；一曰曹溪，出凤凰岭；一曰龙溪，出龙池，会于六泉口，环绕五溪山下，西入贵池县界，会梅根河入江”。

五溪镇 即今重庆市云阳县东北沙市镇。明置巡司于此。

五滧镇 即今上海市崇明县东南五滧。《清一统志·太仓州》：五滧镇“在崇明县东。有县丞驻此”。

五福山 在今陕西周至县东南，为终南山支脉。《方舆纪要》卷53盩厔县：五福山，“《志》云，县东南四十里有太微峰，形势嵯峨，直接太虚。其地又有五峰耸峙，俗呼五福山”。

五福县 1927年置，属云南普洱道。治所在今云南勐海县西三十八里勐遮镇。民国《云南省民政厅〈有关各县更改县名〉案卷》：“该县署驻地名五福山，故定名五福县。”1929年直属云南省。1934年改南峤县。

五福泉 在今四川茂县。《舆地纪胜》卷149茂州：五福泉“在州治厅下”。三溪水，“《图经》云：自三溪口引水入城。由州治至设厅下，贮以两井，号五福泉，居民汲饮”。

五福宫山 在今重庆市西通远门附近。明曹学佺《蜀中名胜记》卷17重庆府巴县：“《志》云：五福宫乃城中最高处，俯窥阛阓，坐带江流矣。”

五福镇 ①即今江西黎川县东北五福街。《方舆纪要》卷86建昌府新城县：五福镇“在县东北二十五里。为江、闽往来必经之道，置公馆于此。商贾交会，民物辏集，屹为大镇”。

②在今江西婺源县西北。《方舆纪要》卷28徽州府婺源县：五福镇“在县西北四十里。唐咸通六年置”。后废。

五嶆厅 清雍正二年（1724）于五嶆地置，属广西直隶州。治所在今云南丘北县西北六十四里官寨。“嶆”即嶆子，当地俗称狭长低洼的谷地为嶆。五嶆指飞土嶆、革勒嶆、官寨嶆、白马嶆、蚌郎嶆。乾隆三十五年（1770）改属曲靖府。四十一年（1776）废入广西直隶州。

五管 唐“岭南五管”简称。辖境相当今广东、广西两省区及越南北部。《旧唐书·地理志》：“永徽后，以广、桂、容、邕、安南府，皆隶广府都督统摄，谓之五府节度使，名岭南五管。”其后广州都督府称号有变，而五管之名仍存。唐韩愈《刘生诗》：“五管历遍无贤侯，回望万里还家羞。”

五端 即斡端。今新疆和田市。元耶律楚材《西游录》：“高昌之西三四千里有五端城，即唐之于阗国也。”

五寨长官司 明洪武七年（1374）置，属保靖州宣慰司。治所即今湖南凤凰县。《方舆纪要》卷82保靖州宣慰司：五寨长官司“唐时为宋沱洞、乌引洞、芦荻洞、杜望洞、白岩洞五寨，命田氏世官之，以控蛮裔。明初五寨官田文归附，因置是司”。清废。

五寨县 清雍正三年（1725）置，属宁武府。治所即今山西五寨县。民国初属山西雁门道。1928年直属山西省。

五寨堡 明置，即今山西五寨县城关镇。《方舆纪要》卷40岢岚州：五寨堡“东去宁武关神池堡八十里，堡城嘉靖十六年筑，万历八年增修，周五里有奇。镇西卫五所屯牧于此，故名五寨”。

五镇 ①五方之镇山，即五岳。《周礼·春官·大司乐》：“四镇五岳崩。”注：“五岳，岱在兖州，衡在荆州，华在豫州，岳在雍州，恒在并州。”疏：“职方九州，州各有镇山。皆曰：其大者以为一州之镇。……但五州五镇得入岳名，余四州不得岳名者，仍依旧为镇号。”

②五岳之外，别有五镇，即南镇会稽山、北镇医巫闾山、东镇沂山、西镇吴山、中镇霍山。

五篆山 一作武篆山。在今广西东兰县西南八十里。《方舆纪要》卷109东兰州：五篆山“在州西南”。

五潮山 在今广东惠来县北。《方舆纪要》卷103惠来县：五潮山在“县北三十里。形势雄伟，高耸如屏，为县枕山。山西有普陀岩，岩口有潭，常盈不竭”。

五谿聚 在今甘肃渭源县南。《后汉书·光武帝纪》：建武十年（34）冬十月，“先零羌寇金城、陇西，来歙率诸将击羌于五谿，大破之”。

五巑山 在今山西襄垣县西南。《方舆纪要》卷42襄垣县：五巑山在“县西南六十里。山岭巉坑，因险设关，为戍守处”。

五巑关 明正统初置，故址在今山西襄垣县西南，接屯留县界。《方舆纪要》卷42襄垣县：“五巑关在五巑山上，正统初置巡司于此。”

五霸冈 在今山东东明县东南三十四里。《方舆纪要》卷16东明县：五霸冈，“《志》云：春秋时齐晋会盟处也。亦曰霸王冈。相传项羽救邯郸时曾驻此冈”。

支汗那 即石汗那。都艳城（今阿富汗东北境斯科扎尔一带；一说即今塔吉克斯坦杜尚别西南迭脑）。

支江 在今四川泸县西北。《寰宇记》卷88泸州泸川县：“支江水从富义县鸳鸯池，屈曲方至城下，与汶江合流。”《清一统志·泸州》：支江“在州西北六十里。源自富顺县椽子漕流入州境，又南五十里至怀德镇入资江”。

支江县 唐置，属羁縻定州。治所在今四川高县西南。后废。

支罗砦 明置，在今重庆市石柱土家族自治县西南。《方舆纪要》卷73石砫宣抚司：支罗寨“在司西南。嘉靖中，石砫宣抚司人黄俊据支罗寨，假龙潭土舍名色，霸占民田，寻以叛诛，子中复据寨叛。四十四年，诏川湖会兵夹攻，川兵进攻牛栏坪，湖兵自施州卫进，中由思南遁去，为楚军所获，川军捣其巢穴，支罗平”。

支派沟 在今山东广饶县北六十里。《方舆纪要》卷35乐安县“巨洋水”条下：“《志》云：支派沟起高苑城南二里，径博兴入县境，泄马家泊诸水入海，今故迹微存。”

支家河 在今江苏涟水县西十五里。《宋史·河渠志六》：“开修楚州支家河，导涟水与淮通。”《方舆纪要》卷22安东县：支家河“其上流为县西北七十里之古寨河，经县西北十五里，为成子河。又南为支家河，南入于淮”。

支硎山 又称报恩山、观音山。在今江苏苏州市吴中区西。《寰宇记》卷91苏州吴县：支硎“晋高士支道林遁迹，游憩其上，故有此名”。明洪武《苏州府志》卷2：“平石为硎，山有平石，故因支遁以支硎为号。”山中有放鹤亭、白马涧等遗迹。

支提寺 又名华藏寺。在今福建宁德市西北四十五里支提山双髻峰下。海拔800余米。“支提”，梵语意为灭恶生善。北宋开宝四年（971）吴越王钱俶建，名华严寺。雍熙二年（985）赐名雍熙寺。明永乐五年（1407）赐名华藏寺，御赐“天下第一山”匾额。主要建筑有大雄宝殿、祖师殿、伽蓝祠、鼓楼、斋堂、山门等。《华严经》云：“不到支提枉为僧”，故天下名僧多进山朝谒，最盛时住僧近千人。1934年9月，闽东红军独立师在此成立。

支塘镇 即今江苏常熟市东南支塘镇。南朝梁置兴国县于此。《方舆纪要》卷24苏州府常熟县：“元末张士诚开浚白茅，因故址筑城，周五里，曰支塘城。今为支塘市，城址犹存，自昔为戍守处。”

支磨原 在今甘肃华亭县东北。《资治通鉴》唐大历十年（775）胡三省注：“考异曰：《汾阳家传》：‘九月，吐蕃略潘原西而还。八日，至小石门白草川。十八日，下朝那川。二十三日，至里城营、支磨原，入华亭。’”

不二寺 在今山西阳曲县城（黄寨镇）内。原在县北小直峪村，1987年迁今址。“不二”原为佛教教义，谓一实之理，彼此无别。寺院迁建时，从正殿内发现的题记中得知此寺创建于五代北汉乾祐九年（956），宋、金至清代屡有重建。寺内仅存正殿和祖师塔。正殿为金明昌六年（1195）大修后的遗物，三间见方，单檐悬山布瓦顶。梁架结构古朴，平梁上所施叉手为寺所罕见，呈现金代形制。祖师塔建于元至大三年（1310），砖构八角五层，通高约8米，仿木结构建筑。2006年定为全国重点文物保护单位。

不儿罕山 今蒙古国东北肯特山。蒙古族早期世居于此。《元朝秘史》卷1：“都蛙锁豁儿同弟朵奔篾儿干上不儿罕山上去，都蛙锁豁儿自那山上望见统格黎名字的河。”《史集》（汉译本第1卷第2册）：蒙古有一名为不儿罕·哈勒敦的大山，源于此山的河流正中南面为怯禄连河，东面为斡难河，西南面为土兀剌河。

不大远镇 即今辽宁宽甸满族自治县东一百三十里步达远镇。清光绪《奉天全省地舆图说图志》宽甸县图：东有不达远。

不韦县 西汉元封二年（前109）置，属益州郡。治所在今云南保山市东北二十二里金鸡村。东晋常璩《华阳国志·南中志》：“徙南越相吕嘉子孙宗族实之，因名不韦，以彰其先人恶行。”东汉永平十二年（69）属永昌郡。建初元年（76）后为永昌郡治。西晋元康九年（299）郡治迁永寿县，仍属永昌郡。南朝梁末废县，但直至唐代仍称不韦。

不牙迷站 又作孛牙迷站。元置，在今黑龙江省木兰县白杨木河东。元《析津志》天下站名：“鹿鲁八十（里）撚站，七十（里）不牙迷。”明改伯颜迷站。

不令支 即令支。在今河北迁安市西。《逸周书·王会篇》：“不令支玄獏。”朱右曾《集训校释》：“卢曰：不字，发声。王曰：《齐语》云：北伐山戎，刜令支，斩孤竹。”

不而县 亦作不耐县。西汉置，属乐浪郡。为东部都尉治。治所在今朝鲜江原道安边郡。东汉初废为不耐城。

不花剌　即蒲华城。察合台汗国属地。即今乌兹别克斯坦布哈拉。《元史·地理志·西北地附录》有“不花剌”。

不其山　亦作不期山。在今山东青岛市城阳区东北。《汉书·武帝纪》：太始四年（前93）“夏四月，幸不其”。《水经·潍水注》：逢萌“浮海至辽东，复还。在不其山隐学”。《寰宇记》卷20即墨县引《三齐记》云：“郑玄教授于不其山，山下有草大如薤叶，长尺余，坚韧异常，土人名曰康成书带。”以东汉童恢为不其令，有驯虎之异，故又名驯虎山。

不其县　西汉置，属琅邪郡。治所在今山东青岛市城阳区城子村。高帝七年（前200）封吕种为侯国，后为不其县。《汉书·武帝纪》：泰始四年（93），“夏四月，幸不其”。注：“如淳曰：‘其音基。不其，山名，因以为县。’”东汉属东莱郡。西晋及南朝宋为长广郡治。北齐废。隋开皇十六年（596）复置，属莱州。同年并入即墨县。《续汉书·郡国志》作“不期”，字误。

不夜　①春秋时莱国筑，在今山东荣成市北埠柳镇西北不夜村。《汉书·地理志》东海郡不夜县，颜师古注引《齐地记》曰：“古有日夜出，见于东莱，故莱子立此城，以不夜为名。”西汉置不夜县。

②即悉补野的异译。西藏吐蕃王朝建政前的称号。《册府元龟·外臣部》称松赞干布自号“不夜氏”。地在今西藏乃东、穷结等县境。

不夜县　西汉置，属东莱郡。治所在今山东荣成市北埠柳镇西北不夜村。因不夜城为名。东汉废。境内成山，汉时有日祠。

不剌　亦作孛罗、普剌、怕剌。宋、金时为西辽属地。在今新疆博乐市附近。元耶律楚材《西游录》：“既过瀚海军千余里，有不剌城，附庸之邑三五。”即此。

不剌哇国　一般认为在今非洲东岸索马里之布腊瓦一带。《明史·外国传七》：“不剌哇，与木骨都束接壤。自锡兰山别罗里南行，二十一昼夜可至。永乐十四年至二十一年，凡四入贡，并与木骨都束偕。郑和亦两使其国。宣德五年，和复往使。”

不咸山　又名徒太山、太白山。即今吉林东南部之长白山。《山海经·大荒北经》：“大荒之中，有山，名曰不咸。有肃慎之国。”《晋书·肃慎氏传》：“肃慎氏一名挹娄，在不咸山北，去夫余可六十日行。”

不耐城　在今朝鲜江原道安边郡。《三国志·魏书·东沃沮传》：“沃沮还属乐浪。汉以土地广远，在单单大领之东，分置东部都尉，治不耐城。”即此。

不思忒　即今阿富汗西北部布斯特。《元史·地理志·西北地附录》有“不思忒”。

不峏罕山　亦作不儿罕山。即今蒙古国东北之肯特山。《方舆纪要》卷45：不峏罕山“亦在漠外。斡难河源出于此”。

不狼山　即今贵州遵义县北龙岩山。《汉书·地理志》牂柯郡鳖县：“不狼山，鳖水所出，东入沅。”《水经·延江水注》：“（鳖）县有鳖水，出鳖邑西不狼山，东与温水合。”《水经注疏》引洪亮吉曰：“鳖水为今湘江，出遵义县北境、桐梓县南境之龙岩山，即古不狼山。”

不家沟水　简称不家水。俗称管水。隋以后称郑水。在今河南郑州市和中牟县境。《水经·渠水注》：不家沟水“出京县东南梅山北溪，……东北流，径管城西，俗谓之为管水”。《寰宇记》卷9郑州管城县：“郑水，一名不家水，源出梅山。”

不著何　即不屠何。又作屠何。在今辽宁锦州市西北。《墨子·非攻中》：“虽北者且一、不著何，其所以亡于燕、代、胡、貊之间者，亦以攻战也。”孙诒让曰：“屠、著声类同，不著何即不屠何也。”

不曹水　即今四川万源、宣汉境之后河，为渠江支流。《汉书·地理志》宕渠县：“不曹水出东北徐谷，南入灊。”

不屠何　或作不著何、屠何。在今辽宁锦州市西北。《逸周书·王会》：“北方台正东……不屠何青熊。”孔注：“不屠何亦东北夷也。”

不期县　即不其县。在今山东青岛市城阳区北。《续汉书·郡国志》作“不期”，字误。

不鲁思河　又作不鲁失、不里郁思。元代称今云南楚雄彝族自治州与四川凉山彝族自治州间的一段金沙江为不鲁思河。《元一统志》丽江路：“考今沿革图志：本路出金。有江曰丽江，古谓丽水，白夷谓金沙江，磨些蛮谓漾波江，吐蕃谓犁枢江。今又名江曰不鲁失。”

不羹　春秋楚邑。有东西二不羹，一在今河南舞阳县西北沙河入汝水处；一在襄城县东南二十里汝水北岸。《左传》：昭公十一年（前531），“楚子城陈、蔡、不羹”。杜注：“襄城县东南有不羹城，定陵西北有不羹亭。”又十二年（前530），楚王与右尹子革语曰：“今我大城陈、蔡、不羹。赋皆千乘，子与有劳焉，诸侯其畏我乎？”对曰：“畏君王哉。是四国者，专足畏也。”杜注：“四国：陈、蔡、二不羹。”《汉书·地理志》定陵县：“有东不羹。”襄城县：“有西不羹。”

太一山　一作太乙山。指今陕西秦岭。《汉书·地理志》武功县：“太一山，古文以为终南。”或指今陕西太白县东南秦岭主峰太白山。《水经·渭水注》：“太一山，亦曰太白山。”南宋王应麟《通鉴地理通释》卷5谓《西京赋》以终南、太一并列；《唐六典》又以终南、太白并立，明非一山。盖终南，南山之总名，太一、太白此山之别号。

太乙山　即终南山。今陕西省秦岭山脉。

太山　①在今江苏徐州市南云龙山东，奎山之西。《清一统志·徐州府一》：太山“视诸山为大。两峰峙立，中辟一径，为南北孔道”。

②即泰山。在今山东泰安市北。《史记·孝武本纪》：“封禅七十二王，唯黄帝得上泰山封。”《正义》

引《河图》云："王者封太山，禅梁父，易姓登崇，有七十二君也。"唐杜光庭《洞天福地岳渎名山记》，兖州乾封县之"太山蓬玄洞天"即在此。

太义镇 即今山西长治县南太义村。清乾隆二十七年（1762）移同知驻此。

太子山 在今陕西宜君县东南四十里。《方舆纪要》卷57宜君县：太子山"世传秦扶苏筑长城时所憩"。

太子冈 在今湖北省荆门市北。《方舆纪要》卷77荆门州：太子冈"在州北五十里。元文宗自潜邸归即位，尝驻此。因名"。

太子寺 今甘肃广河县治。清属河州，有州判驻此。1919年改置宁定县。

太子坪 一名万行庵。在今四川峨眉山市西南峨眉山三倒拐观音岩之上。明古智禅师于此建寺，内供太子，故名。明胡世安《登峨山道里记》："三道拐复沿坡上，为太子坪，再前圆觉寺。"

太子庙市 即今湖北阳新县北四十四里太子庙镇。清光绪《湖北全省分图》：兴国州北有太子庙市。

太子河 浑河支流。在今辽宁东南部。上游北太子河北新宾满族自治县南，南太子河出本溪县东，在北甸附近汇合，西流经本溪市、辽阳市，至海城市境入浑河。《辽史·地理志》 东京辽阳府：东梁河"又名太子河，亦曰大梁水"。《方舆纪要》卷37辽东都司：太子河"在司东北五里。一名东梁河，一名大梁水。源出干罗山，西流五百里至此，又折西南至浑河，合于小口，会辽河入于海"。乾隆《盛京通志》卷25：太子河，"国语曰塔思哈。……虎也"。太子河即塔思哈之音讹。

太子城 在今河北崇礼县东南。据民国《张北县北》卷2：太子城"在县城东南一百八十里……旧时相传城为秦筑，以居太子扶苏者"，此诞妄，不可信。

太子泉 即马跑泉。在今广西宁明县东明江镇。《方舆纪要》卷111思明府：太子泉"在府治（今明江镇）西。《志》云：元镇南王讨占城，师还思明，士卒饮明江水而病，祷于神，马跑泉涌，味甘美，汲之不渴，因甃为井，亦名太子井。明初建楼其上"。

太子洑 即今湖北黄梅县南七十二里小池镇。《宋书·桂阳王休范传》：元徽元年（473），"以第五皇弟晋熙王燮为郢州刺史，长史王奂行府州事，配以资力，出镇夏口。虑为休范所拨留，自太子洑去，不过寻阳"。

太子营 在今河北故城县西北。《方舆纪要》卷13故城县：太子营在"县（治今县东北故城镇）西北五十里有太子营，沙溪所经也。相传唐太子建成讨刘黑闼尝驻于此"。

太子湖 一名昭明湖。在今湖北武汉市汉阳区西南。《舆地纪胜》卷79汉阳军：太子湖"在汉阳县西十五里"。《方舆纪要》卷76汉阳府"太白湖"条下："太子湖在府南十五里。相传以昭明太子得名。"

太王陵 在今吉林集安市东十里洞沟河畔，地处禹山南麓的岗地上。是高句丽第十九代永乐太王谈德的陵墓。谈德是高句丽历史上最强盛时期的统治者，薨于公元412年，陵墓当建于4世纪末或5世纪初。规模宏大。共计十六级阶坛，每边长65米，高14米。墓室建在第十六级阶坛宽阔的平台的中央。墓室中构筑一精致石椁，石椁中有两铺棺床。是高句丽墓葬中最大的一座。

太水 在今河南郑州市南。《山海经·中山经·中次七经》：太山"太水出于其阳，而东南流注于役水"。《水经·渠水注》：太水"出太山东平地。……世谓之礼水也。东北径武陵城西，东北流注于承水"。

太仆（僕）右旗 1936年由太仆寺右翼牧厂改置，旗驻地在上都河（今内蒙古多伦县西北上都河）。

太仆（僕）寺左旗 清初设太仆寺左翼牧厂，1936年改为太仆寺左旗。治所在炮台营子（今内蒙古太仆寺旗西南贡宝拉格苏木）。1956年宝昌县撤销并入，改称太仆寺旗，移治宝昌镇。

太仆（僕）寺左翼牧厂 清置，属太仆寺。驻地在喀喇尼敦井（今内蒙古太仆寺旗南）。《清一统志·牧厂》：太仆寺左翼牧厂"在张家口东北一百四十里喀喇尼墩井。东西距一百三十里，南北距五十里"。后废。

太仆（僕）寺右旗 清初设太仆寺右翼牧厂，1936年改为太仆寺右旗，治所在上都河（今内蒙古多伦县西北上都河）。1949年与明安旗合并设立明安太右联合旗。后又撤销明安太右联合旗，并入正镶白旗和正蓝旗。

太仆（僕）寺右翼牧厂 清置，属太仆寺。驻地在齐齐尔汉河（今内蒙古丰镇市北饮马河）。乾隆间移马莲渠地方（今河北张北县马蓝渠）。《清一统志·牧厂》：太仆寺右翼牧厂"在张家口西北三百十里齐齐尔汉河。东西距一百五十里，南北距六十五里"。

太公城 故址在今缅甸中部抹谷附近。相传为缅甸最古都城。据《新元史·外国列传》"缅国"条所述，此城同江头城、马来城、安正国城和蒲甘缅王城并称为缅中五城。《新唐书·南蛮列传下》 骠国之"悉利移"城亦在此。

太公泉 在今河南卫辉市西北。《水经·清水注》："（汲县）城北三十里有太公泉，泉上又有太公庙。庙侧高林秀木，翘楚競茂。相传云，太公之故居也。晋太康中，范阳卢无忌为汲令，立碑于其上。"

太公路 元世祖至元二十六年（1289）置，属云南行省。治所在太公城（今缅甸北部伊洛瓦底江东岸达冈）。明洪武十五年（1382）改为府。后废。

太仓卫 明初置，属前军都督府。治所即今江苏太仓市。弘治十年（1497）改置为太仓州。

太仓市 1993年改江苏省太仓县置，由苏州市代管。市人民政府驻城厢镇。

太仓州 明弘治十年（1497）以太仓卫、镇海卫改置，属苏州府。治所即今江苏太仓市。清雍正二年（1724）升为直隶州。1912年改为县。

太仓县 1912年降太仓州置县，属沪海道。治所即今江苏太仓市。1993年改设太仓市。

太末县 三国吴改大末县置，属会稽郡。治所即今浙江龙游县。赤乌三年（240）改名龙丘县，宝鼎元年（266）分属东阳郡，后复名太末县。南朝陈属金华郡。隋开皇九年（589）省。唐武德四年（621）复置太末县，为縠州治。武德八年（625）废。

太平 在今海南省屯昌县南。清雍正八年（1730）移青安巡司于此，改名太平巡司。

太平土州 南宋置，属太平砦。治所在今广西大新县西南雷平镇。元属太平路。明属太平府。民国初属广西镇南道。1928年撤销，并入雷平县。

太平山 ①在今河北迁西县东北四十里。《方舆纪要》卷17迁安县："太平山在县西北六十里。有太平营，南北两山，云营二里许，滦河回绕，凭高可眺。"

②在今黑龙江省五常市东。清光绪《吉林通志》卷18：太平山在"厅城东一百里，距吉林城东北二百七十八里"。

③在今安徽怀宁县（高河镇）南。《方舆纪要》卷26安庆府怀宁县：太平山"在府西八十里。其山委蛇深秀。又西二十里曰大雄山"。

④在今浙江余姚市南。《寰宇记》卷96越州余姚县：太平山"在县东南七十八里，接连天台，即谢敷隐居之所"。姚江发源于此。

⑤在今浙江绍兴县东南七十八里。《晋书·谢敷传》：敷"性澄靖寡欲，入太平山十余年"。即此。

⑥在今福建建阳市西三十里。《方舆纪要》卷97建阳县：太平山"峰峦秀伟，峭拔千仞，为县主山。有寒泉林，朱子葬母于此，筑舍墓旁，曰寒泉精舍"。

⑦在今福建莆田市西。《明一统志》卷77兴化府：太平山"在府城西。其山自福之永福延袤而来，峰峦峻拔，为莆田主山"。

⑧在今江西武宁县西北。《清一统志·南昌府一》：太平山"在武宁县西北八十里，烟港水出此"。

⑨在今河南偃师市东南五十里。唐建恭陵、和陵于此。《新唐书·地理志》河南府缑氏县："有恭陵，有和陵在太平山，本懊来山，天祐元年更名。"

⑩在今湖北武穴市东。《清一统志·黄州府一》：太平山"晋僧惠远卓锡于此"。

⑪在今贵州黎平县南八十里。《清一统志·黎平府》：太平山，"《旧志》：夜中恒见有光如灯"。

⑫在今云南昆明市西南太华山旁。《清一统志·云南府一》：太华山"在昆明县西南。环拥苍秀。其麓为太平山，其左为华亭山，皆称名胜"。

⑬在今甘肃礼县西八十里。清光绪《礼县新志》卷1：太平山"壁立千仞，路崎岖，左右两峰拱立，中有门，天然堡寨，嘉庆时，避教匪之乱，故名。同治军兴，两峰前又立一门，更险要，三峰上各有庙"。

太平川长官司 即太平长官司。治所在今四川兴文县南大坝镇。《明史·程信传》：成化三年（1467），镇压戎县山都掌蛮，"明年至大坝，焚寨千四百五十。前后斩首四千五百有奇，俘获无算。……改大坝为太平川长官司。分山都掌地，设官建治控制之"。

太平门 ①明南京城门名。在今江苏南京市城东北。因位于神策门东南，紫金山下，皇宫正北，故明代以此门为南京的正北门。该门于20世纪50年代被拆除。

②宋代重庆城门之一，在今重庆市旧城东南。南宋末年彭大雅为抗击元兵筑城设立此门。历来重庆府署和巴县署及所属各衙在此门内。《元史·石抹按只传》：至元十五年（1278），"复攻重庆太平门，不老先登，杀其守陴卒数十人，宋都统赵安以城降"。即此。

太平乡 即今广东梅县西北梅西镇。明置巡司于此。

太平天国天王府遗址 在今江苏南京市长江路292号大院。原为清两江总督衙门旧址。1853—1864年扩建为太平天国天王府。现存主要建筑有大殿、大殿前东西朝房、大殿后穿堂及暖阁、大殿后东侧内厅三进以及西花园等。1982年定为全国重点文物保护单位。

太平天国永安活动旧址 在今广西蒙山县城县政府院内。占地1.5万平方米。场地呈长方形。清咸丰元年（1851），农民起义领袖洪秀全在此创立"天朝"，建太平天国，自号天王，颁布天历，改辛亥为太平天国元年。旧址中央广场有古玉兰树。树下新立有"天王洪秀全发布诏令处"碑。马城墙边立"永安州遗址"古碑。旧址内尚有武庙、智井等古迹。2006年定为全国重点文物保护单位。

太平天国忠王府 在今江苏苏州市娄门内东北街。太平天国庚申十年四月二十三日（1860年6月2日），太平军攻克苏州后，就拙政园地基改建而成。当时太平天国以苏州为中心，曾就江苏南部的大部地区建置苏福省，忠王府即苏福省省府。太平天国失败后，曾为江苏巡抚李鸿章的衙署。忠王府的规模，以中路最为宏伟，包括二门、正殿、后轩、后殿等建筑。东路和西路系太平天国以前和以后所建。王府的最后进为花园，亦是在旧拙政园的基础上建造的，当时建筑遗存有玉兰堂和见山楼。王府内还保存有若干附属建筑，如大门前的石狮及正殿前雕刻龙凤的窗格，后殿木板壁上的九幅壁画，以及梁枋上的彩绘等，都是太平天国时期的珍贵艺术品。现为苏州博物馆馆址。1961年定为全国重点文物保护单位。

太平天国侍王府 在今浙江金华市酒坊巷，是太平天国侍王李世贤在浙江的指挥所。李世贤是太平天国后期重要将领，忠王李秀成的堂弟。侍王府是李世贤于1861年攻克金华后修建的，分东、西两院，东院有照壁、大殿（议事厅）、穿堂、二殿和耐寒轩；西院有侍王书房及住宅等建筑。此外还建有练兵场和花园。王府的壁墙和梁架上绘满彩画，反映的内容为有关太平天国的制度、战争及民间传统的渔、樵、耕、读等。1988年定为全国重点文物保护单位。

太平厅 ①清光绪三十年十二月（1904年1月）置，属镇江府。治所即今江苏扬中市。1912年改为太平县。

②清嘉庆七年（1802）升太平县置，属四川省。治所即今四川万源市。辖境相当今四川万源市及城口县。道光元年（1821）降为太平县。

太平长官司 明成化四年（1468）置，属永宁宣抚司。治所在今四川兴文县南大坝镇。以太平川为名。后废。

太平市 ①即今江西樟树市西南太平。《方舆纪要》卷87临江府清江县：太平市“在府（今临江镇）西南三十里。元时有巡司，明初革”。

②即今广东清新县西南太平镇。明、清置回岐巡司于此。

太平寺 在今湖南岳阳市城东。宋范致明《岳阳风土记》：“太平寺旧传为屈原宅。盖屈原被逐寓此。”

太平场 ①即今广东从化市西南太平镇，南与广州市交界。清光绪《广州府志》卷69：从化县有“太平场墟”。

②在今广东阳春市西大坪村。清雍正八年（1730）移罗苛巡司驻此，改名西山巡司。

③俗名窑子坝。即今四川双流县东南太平镇。清置巡司于此。

④即今四川新津县西太平乡。清道光《新津县志》卷9：太平场在“县西五里”。

⑤即今四川资中县东太平镇。清光绪《资州志》卷3：太平场“在州东六十里。通岳邑要道，风土静雅，人物繁昌，资州称大镇焉”。《清史稿·凤全传》：光绪二十三年（1897），余栋臣义军与凤全之官军“战太平场”。即此。

⑥在今四川南充市西南七十里安平镇。民国《南充县志》卷1：太平场“在治西南七十里盐溪侧。当果遂大道，又为蓬岳盐运通途。乾隆时兴市，铺户二百余家，为上南区第一大镇”。

⑦即今四川西充县东北太平镇。清光绪《西充县志》卷2：太平场在“治东三十里”。

⑧即今重庆市铜梁县北太平镇。清道光《铜梁县志》卷2：太平场“在（安居镇）南二十里。今废”。

⑨即今四川眉山市南四十里罗平镇。清嘉庆《眉州属志》卷1：眉州有太平场。

太平后（後）千户所 明洪武五年（1372）置，属南宁卫。治所在今广西崇左市。后废。

太平庄 在今河北崇礼县东北。《清史稿·地理志》：直隶张家口厅有“太平庄”镇。即此。

太平庄站 一作头站。清光绪七年（1881）置，为宁古塔至三姓驿站之一。在今黑龙江省依兰县南江湾镇南。光绪《吉林通志》卷57：太平庄站“在三姓城南五十里，驻兵七名”。

太平关 ①唐置，故址在今山西襄汾县西北二十里古城镇。《新唐书·地理志》绛州太平县：“有太平关，贞观七年置。”

②明成化四年（1468）置，属横州。在今广西横县南隔江二里。

③明置，属安化县。在今贵州思南县东三里。《清一统志·思南府》：太平关“明正德、万历间，相继修治”。

④在今福建浦城县西北，接江西广丰县界。《清一统志·建宁府》：太平关“在浦城县西北八十里”。

⑤在今云南呈贡县南。为大渔乡驻地。《清一统志·云南府》：太平关“在呈贡县南二十五里。为临澂孔道”。

太平州 ①北宋太平兴国二年（977）升南平军置，治所在今安徽当涂县。以年号首二字为名。辖境相当今安徽马鞍山、当涂、芜湖、繁昌等市县地。元至元十四年（1277）改为太平路。

②宋置，属邕州羁縻州。治所在今广西大新县西南雷平镇。元属太平路。明属太平府。1912年废。

太平江 在今江西樟树市西南。明《寰宇通志》卷37临江府：太平江“在府治（今临江镇）西三十里。自蒙山之阳八十四源合流入袁江”。

太平兴国寺 一名大别寺、文殊院。唐建。在今湖北武汉市汉阳城区龟山。北宋太平兴国年间重建。苏轼曾游此，有《大别方丈铭》。元末废。明洪武初重建。

太平军 ①北宋太平兴国四年（979）置，治所在兴化县（今福建仙游县东北古邑）。同年改为兴化军。

②北宋太平兴国八年（983）改廉州置，治所在海门镇（今广西合浦县）。辖境相当今广西合浦、浦北二县及北海市地。咸平元年（998）复改为廉州。

太平县 ①北魏置，属代郡。治所在今山西大同市西。孝昌中废。北齐复置，属长宁郡。北周废。

②西魏改永宁县置，属义川郡。治所在今陕西宜川县东南。隋开皇十八年（598）改名咸宁县。

③北周改泰平县置，属平阳郡。治所在今山西襄汾县西北二十里古城镇。隋属绛郡，移治今襄汾县西北十三里北古县村。唐武德元年（618）属绛州，

还治今古城镇。贞观七年（633）移治今襄汾县西南三十二里汾城镇。明属平阳府。1914年改为汾城县。

④唐武德二年（619）置，属万州。治所在今四川达县西石桥镇（石桥河）。贞观元年（627）废入永穆县。

⑤唐先天元年（712）改隆平县置，属交州。治所在今越南河西省山西附近。唐末废。

⑥唐开元二十三年（735）置，属璧州。治所在今四川通江县东一百四十里洪口镇。《寰宇记》卷140通江县："太平县因取彼太平川以为名。"天宝元年（742）改为东巴县。

⑦唐天宝十一年（752）分泾县西南十四乡置，属宣城郡。治所在今安徽黄山市黄山区东仙源镇。《寰宇记》卷103太平县："时以天下晏然，立为太平县。"乾元初，属宣州。大历中废。永泰中复置。南宋属宁国府。元属宁国路。明属宁国府。民国初属安徽芜湖道。1928年直属安徽省。1963年迁治甘棠镇。1983年撤销，改设黄山市。1987年改置黄山市黄山区。

⑧明成化五年（1469）分黄岩县南界置，属台州府。治所即今浙江温岭市。1914年改名温岭县。

⑨明正德十年（1515）置，属达州。治所即今四川万源市。明郭子章《郡县释名》四川卷：太平县"治太平坝上，名则因之"。嘉庆七年（1802）升为直隶厅。道光元年（1821）降为太平县，属绥定府。1914年改为万源县。

⑩1912年改太平厅置，属江苏金陵道。治所即今江苏扬中市。因与安徽省太平县重名，1914年改为扬中县。

太平谷水 即今陕西户县东南太平峪河。《寰宇记》卷26鄠县："太平谷水一名林谷水，即清渠水之上流也，源亦出终南山。"宋敏求《长安志》卷15：太平谷水"在鄠县东南三十里。阔七步，深二尺，其底并碎砂石。北流入长安县界，合丰水"。

太平岛 为南海中中国南沙群岛中最大的珊瑚岛，位于郑和群礁西北。岛呈长梭形，长1400米，宽335米，面积0.43平方公里。中国渔民向称黄山马峙。1935年公布名称为伊都阿巴岛。1947年改名太平岛。

太平沟 即今黑龙江省萝北县北太平沟乡。产金。民国徐曦《东三省纪略》卷5："太平沟金矿。此矿隶于观音山厂，距萝北县治六十五里，距观音山一百四五十里。现已开者凡八处。"

太平岭 即今陕西留坝县治。清嘉庆十三年（1808）留坝厅徙治太平岭，即此。

太平店 即今湖北襄阳市襄城区西北太平店镇。清属谷城县，设巡司于此。

太平府 ①元至正十五年（1355）朱元璋改太平路置，明初直隶南京。治所在今安徽当涂县。辖境相当今安徽马鞍山、当涂、芜湖、繁昌等市县地。清顺治二年（1645）属江南省。康熙六年（1667）属安徽布政使司。1912年废。

②明洪武二年（1369）改太平路置，属广西布政使司。治所在崇善县（今广西崇左市西北，后移今崇左县）。清属广西省。辖境相当今广西崇左、宁明、龙州、大新、凭祥等市县地。1912年废。

太平驿 ①唐置，故址在今山西襄垣县西南十八里太平村。《宋史·李筠传》："（穆）令均营于太平驿，驿东南距潞八十里。"

②宋改风亭馆置，属仙游县。即今福建仙游县东南枫亭镇。元至正七年（1347）改名枫亭驿。

③明洪武二年（1369）改太平站置，属建安县。即今福建建瓯市南太平街。

④明置，属崖州。在今海南省三亚市东北藤桥镇。

⑤明置，在今四川武胜县南三十里中心镇。《方舆纪要》卷69定远县：太平驿"在县治南。《舆程记》：自驿至岳池县之平滩驿，九百六十里"。

⑥明置，在今广西灵山县西。

太平城 在今湖北赤壁市西南。《寰宇记》卷112蒲圻县：太平城"在县西南八十八里。即吴孙权遣鲁肃征零陵于此筑城"。

太平洲 在今江苏扬中市。本系长江中沙洲，原属丹徒县。清光绪三十年十二月（1904年1月）于洲上置太平厅，1912年改为太平县，1914年又改名扬中县。

太平宫 隋建，在今陕西户县东南。《元和志》卷2鄠县：隋太平宫"在县东南三十一里，对太平谷，因名之"。

太平郡 ①北魏置，属朔州。治所在太平县（今山西宁武县东北）。北周废。

②北齐改神武郡置，治所在神武县（今山西神池县东北）。北周废。

太平都 即今广东佛山市南海区西南太平圩。明属高明县，置太平巡司于此。

太平桥 ①在今安徽歙县西练江上。《方舆纪要》卷28徽州府歙县：太平桥"在府城西。《志》云：宋时自府城西南紫阳门达水西，有石桥，后废。驿道所经，出麻坑七里，溪两渡，或遇涨潦，辄邮传不通。端平初，郡守刘炳于西门筑浮桥跨溪，亘五十余丈，名曰庆丰。且伐木石以开新路，遂避两渡之阻。元末兵毁。明初架木为之，曰太平桥。一名河西桥"。

②在今江西南城县城东盱江上。《方舆纪要》卷86建昌府南城县：太平桥"在府城东盱江上。宋嘉定中建，名万寿桥。横江为垒，凡十有三，跨梁其上，长百余丈。德祐二年毁。元至元二十九年复营之，明年工毕，改曰太平桥，明朝成化七年圮，寻复修建"。《清一统志·建昌府二》：太平桥"本朝康熙元年重建"。

③在今江西玉山县东北。清同治《江西全省舆图》卷11广信府玉山县："县东至太平桥四十里。"

清有巡司驻此。

④在今四川南部县东南三十里。清道光《南部县志》卷2：太平桥“上至保宁、下至顺庆要路，久圮。嘉庆十年，太平寺僧正文捐资修，僧华林重修”。

太平桥镇 即今江苏苏州市吴中区东北太平镇。清光绪《江苏全省舆图》长洲县记：“城东北有太平桥（镇）。”民国《江苏六十一县志》：吴县东北有“太平桥镇”。

太平监 北宋太平兴国三年（978）置，为银冶监。在今甘肃清水县西南三十里小泉乡西南康家里。后废。

太平哨镇 清置，属宽甸县。即今辽宁宽甸满族自治县东北太平哨镇。

太平站 ①元置，即今福建建瓯市南四十里太平街。

②元置，即今湖南汨罗市东北大荆镇。

太平海口 又作太平洲、太平海门。在今越南海防市南太平江口。《明史·安南传》：永乐七年（1409）讨简定叛，“追破（邓）景异太平海口，获其党范必栗”。

太平营 ①即太平砦。在今河北迁西县东北四十里太平寨乡。清于此先后设参将、千总、把总驻守。

②在今湖南临武县北。《方舆纪要》卷80临武县：“太平营在县北官山后。”

太平砦 ①又名太平营。在今河北迁西县东北四十里太平寨镇。《方舆纪要》卷17迁安县：城子岭关，“《边略》云：青口东第四关也，关内三十里有太平砦，亦曰太平营。嘉靖十年，三卫部长导北部入寇，犯太平砦，官军拒却之”。清于此先后设参将、千总、把总驻守。

②在今湖北阳新县南。《清一统志·武昌府二》：太平砦“在兴国州南。元末，杨普雄据此以拒敌”。

③北宋置，属邕州。在今广西崇左市。元至元二十九年（1292）改置太平路。

太平银场 ①北宋置，属光泽县。即今福建光泽县北大银厂。《元丰九域志》卷9邵武军光泽县与《宋史·地理志》邵武军光泽县均有太平银场。

②北宋置，在今江西南丰县西南白舍镇。《元丰九域志》卷6建昌军：南丰县有“太平”银场。后废。

③北宋置，属临贺县。治所在今广西贺州市东大宁河西岸。《元丰九域志》卷9：临贺县“太平一银场”。

太平铺 ①即今广东翁源县西北新江镇北太坪街。清光绪《广东舆地全图》翁源县图表：“太平水一名江镇水。源出县东北丫髻山，西南流经太平铺，油溪水自西北来注之。”

②即今重庆市垫江县西南太平镇。清光绪《垫江县志》卷2：太平铺场在“治南二十里”。

太平堡 ①明初置，属大渡河千户所。在今四川荥经县西南。《方舆纪要》卷72荣经县：太平堡“在县西北二十五里”。

②明成化四年（1468）置，属泸州卫。在今四川兴文县南大坝镇。《方舆纪要》卷72泸州卫“洞扫堡”条下：“太平堡在卫南九十里。”

③明嘉靖四十五年（1566）建，属阳江县。在今广东阳西县西。清雍正八年（1730）置巡司于此。

④明万历时置，属峨眉县。在今四川峨边彝族自治县西南大堡镇。清设峨边营游击、守备于此。乾隆五十四年（1789）设主簿，嘉庆十三年（1808）改设经历并置峨边厅。

⑤明置，属叠溪千户所。在今四川茂县北一百六十里太平乡。《方舆纪要》卷73叠溪所：太平堡在“所北三十里。其附近为杨柳沟，河西强种也，万历十八年，纠合松坪、白泥、黑水三千余番，同陷新桥，十九年讨降之”。

⑥明置，属广宁后屯卫。即今辽宁北票市东南太平沟。《方舆纪要》卷37广宁后屯卫：太平堡“在卫北六十里。堡南有狗河寨可按伏”。

⑦即今辽宁大石桥市西北太平庄。清乾隆《钦定盛京通志》卷29海城县：太平堡在“城西南七十里。……俗呼青城子”。

⑧即今江西安远县南太平圩。《清一统志·赣州府二》“长沙营”条下：“太平营在县南太平堡。”

太平集 ①即今山东临沂市东北太平街道。民国《临沂县志》舆图：县东北有太平（村）。

②即今山东巨野县西太平镇。当赵王河南岸。清光绪《山东通志》卷2《舆图志》：巨野县西南有太平集。

太平街 ①即今辽宁康平县北太平街。《清史稿·地理志》康平县：“旧设铺司三：东南吴家店入开原，东小塔子入（昌图）府，北太平街接科尔沁。”

②在今云南盈江县西南二十里，为太平镇驻地。洪宪元年（1916）《最新大中华帝国道县形势全图》：干崖西南有太平乡。

太平湖 在今湖北嘉鱼县南。《方舆纪要》卷76嘉鱼县：太平湖在“县南三十里。《志》云，有河泊所置于礶矶山下”。

太平渡 赤水河主要渡口之一。在今四川古蔺县东北太平镇。清光绪《续修叙永永宁厅县合志》卷2：太平渡口在“治东三百六十里”。1935年中国工农红军长征途中“四渡赤水”主要渡口之一。当年指挥所旧址建有纪念塔及四渡赤水文物陈列室。

太平路 ①元世祖至元十四年（1277）改太平州置，属江浙行省。治所在今安徽当涂县。辖境相当今安徽马鞍山、当涂、芜湖、繁昌等市县地。明初改为太平府。

②元世祖至元二十九年（1292）改太平砦置，治所在今广西崇左市。辖境相当今广西崇左、大新、天等市县地。至正间迁治驮卢（今崇左县东北三十里驮卢村）。明洪武二年（1369）复还旧治，改为太平府。

太平溪金场 明永乐十三年（1415）置，在今贵州铜仁县西。宣德八年（1433）废。

太平墟 ①即今广西灵山县西一百四十里太平镇。明置西乡巡司于此。清有把总驻防。

②即今广西柳城县东北太平镇。清光绪《广西舆地全图》柳城县图：东北有太平汛。

③即今广西藤县西北太平镇。清同治《梧州府志》卷2藤县："太平墟（在）五十四都濛江大任里，商贾颇盛。"

太平镇 ①即今吉林梅河口市东北太平河村。清光绪《奉天全省地舆图说图志》海龙厅图：北有太平河。

②北宋置，属涟水县。在今江苏涟水县北。

③北宋置，属仙游县。即今福建仙游县东南枫亭镇。

④在今江西永修县艾城西北。《元丰九域志》卷6：南康军建昌县有"太平"镇。《方舆纪要》卷84南康府建昌县：太平镇"在县西北四十里。今亦废"。

⑤北宋置，属商河县。在今山东商河县南太平庄。

⑥北宋置，属奉符县。在今山东泰安市西三十里天平店。

⑦北宋置，属应山县。即今湖北广水市东南四十里太平乡。清光绪《德安府志》卷8《兵事》：同治三年（1864）四月，捻军"北掠应山太平镇"。

⑧清置，属孝感县。在今湖北孝感市孝南区东北太平镇村。

⑨即今湖北鹤峰县西南二十六里太平镇。1929年贺龙领导的红军曾建立区、乡苏维埃于此。是贺英坚持武装斗争的重要根据地。

⑩在今广东佛山市高明区西南明城镇东五里。明弘治中置太平巡司于此。后迁至都含海口。

⑪即今重庆市永川区西北双石镇西北太平镇村。清光绪《永川县志》卷3：太平镇在"县西四十五里，宋为牛尾镇。因街西有太平桥，始改今名。系川东大道"。

⑫北宋置，属汉初县。即今重庆市合川区东北高龙镇。

⑬北宋置，属阳安县。在今四川简阳市西三十五里太平桥镇。

⑭北宋置，属邻水县。在今四川邻水县东北三古乡东太平（旧太平场）。

⑮北宋置，属汉初县。在今四川武胜县北十里泰山乡（太平驿）。

⑯北宋置，属魏城县。在今四川绵阳市东北太平乡（太平楼）。

⑰北宋置，属相如县。在今四川南充市东太平沟。

⑱亦作西太平镇。北宋置，属西充县。即今四川西充县东北三十里太平镇。

太甲山 在今江西玉山县北。《舆地纪胜》卷21信州：太甲山"在玉山县北二十里"。《方舆纪要》卷85广信府玉山县：太甲山"在县北二十五里。山势磅礴，上有商太甲庙。其北十里有洞岩。林壑掩映，峰岩奇秀，溪水流出，其声清壮"。

太史河 古九河之一。在今河北东光县之北、泊头市之南。《尚书·禹贡》疏："太史，禹大使徒众通其水道，故曰太史。……在东光之北，成平之南。"元于钦《齐乘》卷2："逾漳而南，清、沧二州之间，有古河堤岸数重，地皆沮洳沙卤，太史等河当在其地。"又清蒋廷锡《尚书地理今释》："太史河，据《齐乘》在清、沧二州之间，《明一统志》亦云在南皮县北，今其地虽无显迹，然以孔疏参之，《明一统志》亦非无据。"

太史城 相传为东汉末建昌都尉太史慈所筑，在今江西永修县西北艾城。三国吴、晋曾为海昏县治。南朝宋为建昌县治。《寰宇记》卷106洪州奉新县：太史城"周回三里，西南有城角山，东南有盘山，北枕江水，其地险固，基础尚存"。

太史溪 即今福建沙县东沙溪。《舆地纪胜》卷133南剑州《景物下》：太史溪"在沙县七峰之下，丞相李纲初以太史谪官于此"，故名。

太丘 即今河南永城市北四十里太丘乡。《史记·六国年表》：周显王三十三年（前336），"宋太丘社亡"。《汉书·郊祀志》："周显王之四十二年，宋大丘社亡。"西汉置太丘县于此。西晋县废。东晋初，祖逖曾据此。《晋书·祖逖传》：逖"进据太丘。樊雅遣众夜袭逖，遂入垒"。

太丘县 东汉明帝改敬丘县置，属沛国。治所即今河南永城市北四十里太丘乡。西晋废。

太白山 ①即今吉林东南部之长白山。《魏书·勿吉国传》："国南有徒太山，魏言'太白'，有虎豹罴狼害人，人不得山上溲汙，行径山者，皆以物盛。"《新唐书·黑水靺鞨传》："其著者曰粟末部，居最南，抵太白山，亦曰徒太山，与高丽接，依粟末水以居，水源于山西。"

②即今浙江宁波市鄞州区东南与宁波市北仑区界上之太白山。《隋书·地理志》：会稽郡句章县"有太白山"。《舆地纪胜》卷11庆元府：太白山"在鄞县东。其峰视四明诸山为最高，其上有龙池，云气蓊勃，生于水而不绝"。

③在今浙江嵊州市西。《明史·地理志》嵊县："西有太白山。"《舆地纪胜》、《方舆纪要》作"大白山"。

④俗称卧牛山。即今山东汶上县东北五十里水牛山。《清一统志·兖州府二》：太白山"在汶上

县东五十里。《县志》：相传唐李白尝至其上，因名。俗呼为牛山。其旁为云尾山。二山出云相接则雨”。

⑤在今河南淅川县东南。《明史·地理志》：淅川县：“东南有太白山。”《清一统志·南阳府》：太白山“峰峦高峻，下临丹水”。此山以似关中之太白而名。

⑥即陕西秦岭（南山）主峰，在今太白县东南。海拔3767米。峰险峭陡，常年积雪。山中有从关中通往四川的古栈道。《水经·渭水注》：太白山“在武功县南，去长安二百里。不知其高几何。俗云：武功太白，去天三百。山下军行不得鼓角，鼓角则疾风雨至”。唐李白《蜀道难》：“两当太白有鸟道，可以横绝峨嵋岭。”

⑦即今甘肃庆城县西太白梁。《方舆纪要》卷57庆阳府安化县“景山”条下：“又太白山在府北百五十里，黑水河发源于此。”

太白池 在今甘肃徽县东二十里。《方舆纪要》卷59徽州：太白池“周回数十亩，诸山环绕其旁”。

太白岩 亦名绝尘龛。在今重庆市万州区西之西山。《方舆胜览》卷59万州：“绝尘龛在西山石壁间，幽人胜士之所游览，有唐人题记。”《方舆纪要》卷69万县“天城山”条下：“县西三里有西山。上有太白岩，以李白名。岩下有池，为登临之胜。”

太白原 在今河南孟津县东南凤凰台南。为金水之源。《水经·谷水注》：金谷水“水出太白原，东南流历金谷，谓之金谷水”。《寰宇记》卷3河南县：“太白原，其原芒山之异阜也。在县西北六十八里。”

太白峰 白兆山最高峰。在今湖北安陆市西三十里。《清一统志·德安府》“白兆山”条引《县志》：“一名碧山。西去随州大洪山百里，高二百丈许。上有桃花岩、李白读书堂。其相属者为太白峰、钵盂山、长老山，弥望烟云，飘缈天半。”

太白湖 ①即今湖北黄梅县西南太白湖。《方舆纪要》卷76黄梅县“源感湖”条下：“太白湖在县西南四十里。其相近者曰南北柴池湖……今皆掌于河泊所。”

②在今湖北武汉市蔡甸区西南汉江分洪区一带。《水经·沔水注》：“沔水又东南径沌水口，水南通沌阳县之太白湖。”《方舆纪要》卷76汉阳府：太白湖在“府西百里九真山之南，西南接沔阳州界。一名九真湖，一名白湖。周二百余里。春夏泛滥，与杨孟池、新滩、马影、蒲潭、沌河，合而为一；冬涸始分。郡境诸湖，太白为最大”。

③即赤湖。今湖北荆州市荆州区（故江陵县）东鼓湖。《清一统志·荆州府一》：赤湖“一名太白湖。李白曾泊舟于此，故名”。

④在今湖南汉寿县东。《方舆纪要》卷80龙阳县：“太白湖在县东八十里，东北入洞庭，西南绕安乐湖，达接港口入沅江。”

太白楼 ①在今山东济宁市南。《清一统志·济宁州》：太白楼“在州南城上。唐李白游任城，县令贺知章觞白于此，后人因建楼焉”。楼原在任城故城内。明洪武二十四年（1391）移今址。

②在今湖北武汉市汉阳城区北。《舆地纪胜》卷79汉阳军：太白楼“在军北十里”。唐李群玉《汉阳太白楼》诗云：“江上晴楼翠霭间，满帘春水满窗山。青枫绿草将愁去，远入吴云暝不还。”

太白镇 即今江西婺源县西南太白乡。清光绪《婺源县志》卷9：太白巡司在“县西南七十里”。

太兰冈 在今辽宁新宾县西北。1585年努尔哈赤拒界凡等四城酋长于此。后金天命四年（1619）拒明兵诸王至太兰冈，欲侯努尔哈赤，亦指此。

太宁郡 东魏置，治所在武陵城（今河南修武县东南二十五里）。北周废。

太朴遗址 在今河南郏县西四十六里太朴寨村。面积约6万平方米，文化层厚达5米。包括仰韶文化、龙山文化和商周文化。出土大量陶器，有鼎、罐、纺轮。石器有斧、凿、镰等。1953年春出土春秋青铜器一百九十余件，其中有鼎、郤、盘、郛、方壶等。有的还刻有铭文。时代早于新郑出土的同类器物，为研究商周文化提供了重要资料。

太华山 ①即今陕西华阴市南十里华山。号为西岳。以西有少华，故曰太华。《禹贡》：“西倾、朱圉、鸟鼠至于太华。”《山海经·西山经》：“太华之山，削成而四方，其高五千仞，其广十里。”《汉书·地理志》华阴县：“太华山在南。”

②在今四川江油市南。《方舆胜览》卷70龙州：太华山“在江油县南一百四十里。三峰奇怪”。《明一统志》卷67成都府：太华山“在彰明县西北。《三洞群仙录》载：黄奉先移家入此山。山有牡丹，花开时望之如锦幛然”。《方舆纪要》卷73江油县：太华山“在县南十里。三峰奇秀，有似西岳，亦南界彰明县界”。

③在今云南昆明市西南滇池西岸。《清一统志·云南府》：太华山“环拥苍秀，其麓为太平山，其左为华亭山，皆称名胜”。

太华殿 北魏平城宫内正殿。在今山西大同市北。《魏书·高宗纪》：太安四年（458）三月，“起太华殿”。同书《高祖纪》：皇兴五年（471），孝文帝“即皇帝位于太华前殿”。太和九年（485）二月，“癸未，大飨群臣于太华殿，班赐《皇诰》”。太和十六年（492）二月，“庚寅，坏太华殿，经始太极”。

太行八陉 亦称八陉。穿越太行山脉的八条陉道。《述征记》：“太行首始河内，北至幽州，凡八陉。第一轵关陉（在今河南济源市西北），第二太行陉（在今河南沁阳市西北），第三白陉（在今河南辉县市西），第四滏口陉（在今河北磁县西北），第五井陉（在今河北井陉县西），第六飞狐陉（在今河北蔚县东南），第七蒲阴陉（在今河北易县西北），第八军都陉（在今北京市昌平区西北）”，向为华北平原和山西高原之间的交通要道。

太行山 一名五行山。或称皇母山。在今河南、山西、河北三省交界处。东北—西南走向。《尚书·禹贡》:"太行、恒山,至于碣石。"《汉书·地理志》河内郡野王县:"太行山在西北。"《元和志》卷16怀州河内县引《述征记》:"太行山首始于河内,自河内北至幽州,凡百岭,连亘十二州之界,有八陉。"《括地志》:"太行连亘河北诸州,凡数千里,始于怀,而终于幽,为天下之脊。"

太行关 即今山西晋城市泽州县南太行山上天井关。《晋地道记》:高都县有太行关。北宋靖康元年(1126)改名雄定关。元末又名平阳关。

太行县 唐武德三年(620)置,属怀州。治所即今河南博爱县。四年(621)废。

太行第一峰 又称佛子山。俗称佛山。在今山西陵川县东六泉村。主峰海拔1884米。《清一统志·泽州府》:佛子山"在陵川县东北四十里。太行绝顶。浙水出焉。上有灵云寺"。

太行堤 位于明、清黄河故道北岸,是著名的黄河堤防工程。明弘治六年(1493),黄河自今河南兰考县东北与山东曹县交界处的黄陵冈决口东流。弘治八年(1495)刘大夏筑长堤,"起胙城,历东明、长垣抵徐州,亘三百六十里"(见《明史·刘大夏传》)。又称大黄堤、太黄堤,万历中始有太行堤之名。

太州 ①唐武德三年(620)置,治所在太谷县(今山西太谷县)。辖境相当今山西太谷、祁县地。六年(623)废。

②唐垂拱元年(685)改华州置,治所在郑县(今陕西华县)。辖境相当今陕西华县、华阴、潼关三县市及渭南市北部地。神龙元年(705)复改为华州。上元元年(760)又改华州为太州,宝应元年(762)复改华州。

太池县 蒙古宪宗六年(1256)置太池千户,元世祖至元十三年(1276)改太池县,属宜良州。治所即今云南宜良县西北二十四里汤池镇。二十一年(1284)后废入宜良县。

太安驿 清置,属寿阳县。在今山西寿阳县西四十里太安驿村。清有驿丞兼巡司驻此。

太阳山 在今甘肃武山县南一百二十里,接礼县界。《方舆纪要》卷59宁远县:太阳山"有隘可守,曰太阳山口。山出铁,旧置铁冶场于此"。

太阳关 明万历中建,在今江西安远县东,接寻乌县界。《清一统志·赣州府》"南径隘"条下:"又上濂隘,在县东五十里。亦名太阳关。"

太阳岭 在今浙江金华县东北。《方舆纪要》卷93金华府:太阳岭在"府东北五十五里。高峻若与太阳齐,逾岭即浦江县界"。

太阳陵 为晋惠帝司马衷的陵墓。在今河南偃师市南蔡庄峻阳陵西至汉魏故城之间的邙山南麓。《晋书·惠帝纪》载:光熙元年(306),"十一月庚午,帝崩于显阳殿,时年四十八,葬太阳陵"。

太阳埠 又作大阳埠。即今江西鄱阳县东北古南乡东太阳埠。清同治《江西全省舆图》卷12:饶州府鄱阳县东北有太阳埠汛。

太阳墟 即今江西高安市西南五十里太阳镇。清同治《江西全省舆图》卷4:高安县南有太阳墟。

太阴山 在今山西绛县东南。《寰宇记》卷47绛县:太阴山"在县东南十里。崖壁峭绝,阳景不到,因曰太阴"。

太阴寺 在今山西绛县东南十四里卫庄镇张上村。始建于北魏。唐永徽三年(650)扩建,金大定十年(1170)重建南大殿。该寺坐南朝北,属阴,故称太阴寺。现存建筑有山门、北殿、南大殿,其中山门、北殿亦为新建或迁建,仅南大殿为金代原构,面阔五间,进深六椽,单檐悬山顶。前檐"大雄之殿"木匾为辽大安二年(1086)镌刻。殿中木制佛龛内,有金大定十年木雕释迦牟尼涅槃像,长4米,高1.5米,造型端庄,比例适度,刀法洗练。龛内并有一组明代绘制的弟子举哀壁画。2001年太阴寺被定为全国重点文物保护单位。

太阴县 唐上元二年(761)改华阴县置,属华州。治所即今陕西华阴市。宝应元年(762)复名华阴县。

太羽镇 清置,属三水县。即今陕西旬邑县北太峪镇。

太极洞 旧名长乐洞。即荆山洞。在今安徽广德县东北七十里。洞口上方有明嘉靖年间朱麟所书"太极洞"三大字摩崖石刻。清《广德县志》载:太极洞广数丈,深不可测,游者秉烛而入,即石燕群飞,乳泉滴沥,神人、佛像、棋盘、钟磬之属,皆白石天成。洞门深广,可容千人,其左岩,石乳融结,如覆钟,如悬磬,如柱,如莲,其他如禽兽状者不可胜纪。洞内又有小洞二,东洞峭刻瑰谲,千态万状;西洞宏邃深邈,莫知所穷。

太极宫 ①即白云观。在今北京市广安门外。金泰和三年(1203)改天长观为太极宫。元初长春真人邱处机应太祖之召,涉沙漠至雪山后还燕京(今北京市),居住于此。太祖二十二年(1227)改称长春宫。

②在今陕西西安城北部,唐长安宫城内。即隋大兴宫。宋敏求《长安志》卷6:"龙朔后,天子常居大明宫,乃谓此宫曰西内。神龙元年又改曰太极宫。"宫中正殿太极殿,是唐太宗李世民文治武功的主要舞台。

太极殿 ①魏晋时洛阳正殿。在今河南洛阳市东北汉魏故城中。《三国志·魏书·明帝纪》载:青龙三年(235),"是时大治洛阳宫,起昭阳、太极殿,筑总章观"。又《晋书·武帝纪》载:泰始元年(265),武帝受禅即位洛阳宫,"幸太极前殿"。

②北魏洛阳的正殿。在今河南洛阳市东北汉魏故城中部偏西的北侧,俗称"金銮殿"的地方。《洛阳伽蓝记》卷1载:尔朱荣之乱,庄帝升"太极"殿朝群臣。

太谷 在今山西太谷县西。《水经·汾水注》："侯甲水又西北历宜岁郊，径太谷，谓之太谷水。"《方舆纪要》卷40太谷县：太谷"在县南十三里，即咸阳谷也。秦筑城于谷口，以置戍军，谷亦因城以名"。

太谷县 隋开皇十八年（598）改阳邑县置，属并州。治所即今山西太谷县。《元和志》卷13太谷县："因县西太谷为名。"大业初属太原郡。唐初属并州，武德三年（620）为太州治，六年（623）改属并州。后属太原府。元属冀宁路。明属太原府。民国初属山西冀宁道。1930年直属山西省。

太初宫 六朝时宫苑名。三国吴建，故址在今江苏南京市鸡鸣山南，古台城西南。《三国志·吴书·吴主传》：赤乌十年（247），"二月，权适南宫。三月，改作太初宫，诸将及州郡皆义作"。唐许嵩《建康实录》卷2：赤乌十一年，"太初宫成，周回五百丈，正殿曰神龙，南面开五门"。西晋惠帝时石冰之乱，太初宫尽焚。

太武山 即今福建龙海市东南太武山。明《寰宇通志》卷47漳州府《山川》：太武山"在漳浦县东北。蔡如松《十辩》云，去州二百八十里，东邻大海。世传越王建德尝避兵于此。按《史记》：越王勾践至无疆七世，未有名建德者，惟西汉元鼎五年南粤相吕嘉反，立术阳侯建德为王，城守番禺，后人误指为越王云"。

太武殿 后赵石虎于曹魏文昌殿旧址建，在邺北城北部，今河北临漳县西南邺镇北。《十六国春秋·后赵录》：建武元年（335）迁都邺城。三年，"太武殿东西宫皆就。太武殿基二丈八尺，下穿伏室置卫士五百人于其中。东西七十五步，南北六十五步，皆漆瓦金铛，银楹金柱，珠帘玉壁，穷极伎巧"。

太拔 即今福建上杭县东南太拔乡。1933年中央革命根据地置代英县治此。

太坪墟 即今广东梅县西北大坪镇。清光绪《嘉应州志》卷1："太坪有太坪墟，由乾隆迄今续建有铺户百余间。"

太昊陵庙 在今河南淮阳县城北三里。淮阳古为陈国，传太昊（即伏羲）都宛丘，死后葬此。春秋时已有陵墓。汉代在陵前建祠。宋太祖赵匡胤诏立陵庙，又大事建筑。明太祖朱元璋曾亲临祭祀。明、清两代对陵园建筑屡加修葺。整个陵域占地五百余亩，分内外两城。以陵墓为中轴线，由南向北依次是午朝门、玉带桥、先天门、太极门、统天殿、显仁殿、太始门等建筑。太极门以内两侧有钟鼓楼等。内外城之间，左侧有女娲观、玉皇观、三仙观；右侧有岳王观、真武观、太清观。寝殿后的伏羲陵高二十余米，周长一百五十多米，陵前巨碑上镌"太昊伏羲之墓"。1996年定为全国重点文物保护单位。

太罗城 亦作太洛城，大落城。在今内蒙古清水河县西南窑沟乡下城湾古城。《水经·河水注》："《十三州志》曰：武县在善无县西南百五十里，北俗谓之太罗城，水亦藉称焉。"

太和山 ①在今河南汝阳县西南。汝水经其下。山有太和谷。北魏置太和城，盖以山名。

②即武当山。在今湖北丹江口市西南。《水经·沔水注》：武当山"一曰太和山"。《元和志》卷21武当县：武当山"一名太和山，在县南八十里。高二千五百丈，周回五百里。阴长生于此得仙"。《明一统志》卷60襄阳府：大岳太和山"在均州南一百二十里。山有二十七峰、三十六岩、二十四涧、五台、五井、三泉、三潭。初名仙室山，又名大岳山。真武奉元君之言游览至此，改名太和。其中一峰最高者，旧为天柱峰，亦曰紫霄峰，岩曰紫霄岩，因栖止修炼。后人谓非玄武不足以当之，又更名武当山"。

③在今广西鹿寨县东北里定村北。明曹学佺《广西名胜志》卷2：永福县"太和山在理定城后，崖谷盘纡，西南有江，自古田出，名太和江"。《方舆纪要》卷107永福县：太和山"在县南六十里废理定城后。岩谷盘纡，峰峦幽峻。太和江经其西南麓"。

太和川 在今河南鲁山县西。《水经·滍水注》："滍水又历太和川。"《魏书·高祖纪》：太和十七年（493），"襄阳蛮酋雷婆思等率一千三百余户内徙，居于太和川"。

太和门 在今北京市故宫午门内。明永乐十八年（1420）建。初名奉天门，嘉靖年间改名皇极门。清顺治四年（1647）重建，随殿易名太和门。光绪十四年（1888）焚于火，后重建。

太和市 即今广东广州市北太和镇。清同治《广东图说》卷2番禺县："李溪堡，城东北七十五里……往来大道有太和市。"

太和场 ①即今重庆市城口县南郊棉沙村。清道光《城口厅志》卷3：太和场在"厅南三里"。

②即今四川眉山市东北二十里太和镇。清嘉庆《眉州属志》卷1：眉州有太和场。

太和关 在今陕西凤翔县东五十里。《资治通鉴》：唐至德二年（756），肃宗驻凤翔，安禄山"游兵至太和关"。即此。

太和州 元元贞元年（1295）升太和县置，属吉安路。治所即今江西泰和县。明洪武初复降为县，改名泰和县。

太和江 即今广西柳江支流洛清河。《明史·地理志》永福县："西南有太和山，太和江环其下，东入柳州府为雒清江。"《方舆纪要》卷107永福县：太和江"其上流即永宁州大长江也，经太和山下，因名"。

太和县 ①隋开皇元年（581）改乌突县置，为太和郡治。治所在今山西临县西南清凉寺乡南曹峪坪附近。大业初属离石郡。唐武德三年（620）改为临泉县。

②隋末置，属楼烦郡。治所在今山西兴县北。唐武德九年（626）省入临津县。贞观三年（629）复

置，属岚州。八年（634）废。

③唐武德八年（625）以泰和县改名，属吉州。治所在今江西泰和县西六里。贞观元年（627）复移治今泰和县西三里。贞元三年（787）又移治今泰和县。元元贞初升为太和州。明洪武初复为县，改名泰和县。

④金正大三年（1226）升太和寨置，属葭州。治所在今陕西神木县南太和寨东南二里太和沟内。元世祖至元六年（1269）省入神木县。

⑤元世祖至元二十六年（1289）置，为大理路治。治所在今云南大理市北二十六里大理古城。明、清为大理府治。1913年改大理县。

⑥元大德八年（1304）改泰和县置，属颍州。治所即今安徽太和县。清属颍州府。民国初属安徽淮泗道。1928年直属安徽省。

太和帐 亦作大河帐。辽置，在今内蒙古巴林右旗北索博日嘎镇东北。北宋沈括《熙宁使虏图抄》："过庆州东北十里径黑水镇，济黑河，至大河帐。"

太和岭 ①在今山西朔州市东南。《金史·地理志》：朔州鄯阳县"有太和岭"。《元史·成宗纪》：元大德四年（1300），"车驾幸上都，置西京太和岭屯田"。

②在今山西代县西北。明置巡司于此。后废。

③即今俄罗斯西南部、里海之西的高加索山。《元史·速不台传》：速不台讨钦察，"引兵绕宽定吉思海，展转至太和岭"。即此。

太和城 ①北魏筑，在今河南嵩县南，汝水东南岸。《水经·汝水注》：汝水"东北流径太和城西，又东流径其城北"。《方舆纪要》卷51伊阳县：太和城"在县西南，后魏时筑。其后西魏得其地，置兵为防御之所"。

②唐代"河蛮"所筑、南诏重加修筑，为太和赕治所。开元二十六年（738）至大历十四年（779）为南诏都城。在今云南大理市北十五里太和村一带。唐樊绰《蛮书》卷5："太和城北去阳苴咩城一十五里。巷陌皆垒石为之，高丈余，连延数里不断。城中有大碑，阁罗凤清平官郑蛮利之文，论阻绝皇化之由，受制西戎之意。"《南诏德化碑》及部分城垣尚存。1961年太和城遗址定为全国重点文物保护单位。

太和宫 在今陕西西安市长安区南。《元和志》卷1长安县：太和宫"武德八年造，贞观十年废。二十一年以时热，公卿重请修筑，于是使将作大匠阎立德缮理焉，改为翠微宫"。

太和宫金殿 又称铜瓦寺。在今云南昆明市东北十四里鸣凤山。建于明万历三十年（1602），系仿湖北武当山金殿样式铸造，称太和宫。崇祯十年（1637）殿被移往宾川鸡足山。现存金殿建于清康熙十年（1671），在殿中横梁上发现"康熙十年平西亲王吴三桂室人王氏敬造"字样。殿方形，边长6.2米，高6.7米。殿内神像、匾联、梁柱、墙屏、装饰等均用铜铸。在鸣凤山巅建有钟楼一座，内悬明永乐二十一年（1423）铸造的大钟一口，十分壮观。1982年定为全国重点文物保护单位。

太和郡 隋开皇元年（581）改乌突郡置，治所在太和县（今山西临县西南）。三年（583）废。

太和赕 唐南诏中心区十赕之一。治所在太和城（今云南大理市北十里太和村一带）。辖境约当今云南大理市西洱河以北一片。《新唐书·南诏传》："夷语山陂陀为和，故谓太和。"《元混一方舆胜览》："赕，汉语府也。"大理废。

太和街 又名草皮街。即今云南镇沅彝族哈尼族拉祜族自治县西北五十里振太乡（太和街）。民国时设县佐。傣语"太"为棉花，"和"为箐，意即箐边种过棉花。

太和殿 ①亦名金銮殿。在今北京市故宫内。为故宫"三大殿"之一，是外朝的前殿。建于明永乐十八年（1420）。初名奉天殿，嘉靖四十一年（1562）改名皇极殿。清顺治二年（1645）改称太和殿。明、清两代皇帝即位，诞寿，每岁元旦、冬至等重大典礼及出兵征讨仪式皆在此殿举行。建筑宏伟壮观，为全国最大的木构殿宇。

②北魏平城宫殿。在今山西大同市东北。《魏书·高祖纪》：太和元年（477）春正月，"起太和、安昌二殿"。同年秋七月，"太和、安昌二殿成"。此后文明太后冯氏临朝称制，居太和殿。太和十四年九月，冯太后崩于该殿。《水经·㶟水注》：太极殿"东堂东接太和殿，殿之东阶下有一碑，太和中立，石是洛阳八风谷之缁石也。太和殿之东北接紫宫寺"。

太和寨 一作大和砦。北宋元符二年（1099）筑，在今陕西神木县南太和寨东南二里太和沟内。金正大三年（1226）升为太和县。

太和镇 即今四川射洪县。《清一统志·潼川府二》：太和镇"在射洪县南四十里。有通判驻此"。清魏源《圣武记》卷9：嘉庆四年（1799）白莲教"焚太和镇复大炽，成都戒严"。民国设县佐。1950年射洪县由金华镇迁此。

太岳 一名霍山、霍太山。即今山西霍州市东南太岳山。为汾河与沁河、浊漳河分水岭。《尚书·禹贡》："壶口雷首，至于太岳。"

太庙 在今北京市天安门东侧。是明清两代的皇家祖庙。始建于明永乐十八年（1420）。嘉靖、万历和清顺治、乾隆时多次重修，但仍保存明代建筑风格。1924年辟为和平公园。1950年改为北京市人民文化宫。1988年定为全国重点文物保护单位。

太河镇 即今山东淄博市淄川区东南太河乡。1939年3月，国民党顽固派制造了太河惨案，杀害八路军官兵十余人。

太泺河 即今吉林大安市北洮儿河。源出大兴安岭索岳尔济山，东南流入嫩江。《魏书·勿吉传》："初发其国，乘船泝难河西上，至太泺河，沉船于水，南出陆行，渡洛孤水，从契丹西界达和龙。"

太城 战国秦惠王二十七年（前311）张仪、张若建，在今四川成都市区东城。太城之西为少城。晋代，益州治太城，蜀郡治少城。《晋书·李特载记》："蜀郡太守徐俭以小城降，特以李瑾为蜀郡太守以抚之。罗尚据太城自守。"即此。

太昭县 清宣统二年（1910）置，属西藏。后划归西康省。治所在今西藏工布江达县西北太昭，后改工布江达宗。

太保山 ①在今内蒙古巴林右旗北境。《辽史·地理志》庆州："本太保山黑水之地，岩谷险峻。"

②在今云南保山市西郊。《方舆纪要》卷118保山县：太保山"在城内正西。嵯峨东向，高千余丈，横冈数里，山巅平衍，可习骑射，周遭林木苍翠，称为奇胜"。为著名名胜区。

太洛城 即大洛城。在今内蒙古清水河县西南。为汉定襄郡骆县故城。《魏书·太宗纪》：永兴三年（411），诏"尉古真统兵五千，镇西境太洛城"。即此。

太室山 在今河南登封市北。为嵩山之东部。《汉书·武帝纪》：元封元年（前110），"亲登嵩高。……其令祠官加增太室祠"。注：韦昭曰，"嵩高山有太室、少室之山，山有石，故以名云"。

太室阙 在今河南登封市东八里中岳庙门前500米处。东汉元初五年（118）建。是汉代太室山庙前的神道阙，与少室阙、启母阙并称"中岳汉三阙"。阙高3.92米，东西两阙相距6.75米。阙身用长方石块垒砌而成，上部用巨石雕成四阿顶，南面刻有"中岳太室阳城"六个篆字，另有汉隶和篆隶参半的铭文，记述吕常等人建阙的经过。阙身四面雕刻有人物、动物、车骑出行、建筑物及长青树等画像五十余幅。1961年定为全国重点文物保护单位。2010年作为"登封'天地之中'历史建筑群"的一部分被联合国列入《世界遗产名录》。

太姥山 即今福建霞浦县西北太姥山。南宋《淳熙三山志》卷35长溪县：太姥山"旧名才山。《力牧录》云，容成先生尝栖之，今中峰下有石井、石鼎、石臼存。王烈《蟠桃记》：尧时有老母以蓝练为业，家于路旁，往来者不吝给之。有道士尝就术浆母饮以醪，道士奇之，乃授以九转丹砂之法，服之，七月七日乘九色龙而仙，因相传呼为大母。山下有龙墩，今乌桕叶落溪中，色皆秀碧，俗云仙母归，即取水以染其色。汉武帝命东方朔授天下名山，文乃改母为姥。山凡有三十六奇"。

太原 ①又作大卤、大原。即今山西太原市一带。《尚书·禹贡》："既修太原，至于岳阳。"

②在今宁夏固原市北。《诗经·小雅·六月》："薄伐猃狁，至于大原。"《国语·周语上》："宣王既丧南国之师，乃料民于太原。"皆即此。顾炎武《日知录》："毛郑皆不详其地。其以为今太原阳曲县者，始于朱子，而愚未敢信也。古之言太原者多矣，若此诗则必先求泾阳所在，而后太原可得而明也……计周人之御猃狁，必在泾原之间。"《清一统志·平凉府二》指出："太原当在今固原北界。盖猃狁内侵，至于泾阳，吉甫逐之，则至太原。泾阳为内地，而太原为边境也。"

③即今越南北部太原省太原县。《清德宗实录》卷179：光绪十年（1884）二月，"法兵已攻取太原，华兵死伤甚众"。《清史稿·越南》："法兵进逼北宁，黄桂兰、赵沃败奔太原。"

太原仓 在今河南三门峡市陕县老城西南四里。《寰宇记》卷6陕县：太原仓"隋开皇二年置，以其北临焦水，西倚大河，地势高平，故谓之太原。周回六里"。

太原市 ①1921年设太原市政公所。1927年设太原市，为山西省会。治所即今山西太原市。1949年为地级市，省人民政府驻地。

②集镇名。即今福建将乐县北大源乡。《清一统志·延平府》"高滩市"条下："太原市，在（将乐）县北八十里隆溪上都。"

太原县 ①东晋义熙中侨置，属泰山郡。治所在升城（今山东济南市长清区东北）。南朝宋为太原郡治。北魏为东太原郡治。北齐废。

②南朝梁置，属汝南、太原郡。治所当在今安徽阜南县境。北魏以后废。

③隋开皇十年（590）改晋阳县置，属并州。治所与晋阳县（改龙山县置）同驻太原城（今山西太原市西南晋源镇）。大业初为太原郡治。唐、五代为太原府、河东节度使治所。后周时北汉都此。北宋太平兴国四年（979）改置平晋县。明洪武八年（1375）复为太原县，属太原府。1914年改为晋源县。

太原府 ①唐开元十一年（723）改并州置，治所在太原县（今山西太原市西南晋源镇）。辖境相当今山西阳曲以南、文水以北的汾水中游和阳泉市、平定、寿阳、昔阳、盂县等地。北宋太平兴国四年（979）复为并州，移治阳曲县（今太原市）。嘉祐四年（1059）复改太原府。蒙古太祖十一年（1216）改为太原路，元大德九年（1305）改名冀宁路。明洪武元年（1368）复改太原府。清辖境相当今山西晋中、太谷以西至黄河东岸兴县、岢岚、岚县等地。1912年废。唐及五代唐曾建为北京，五代末为北汉国都。宋、金先后为河东路、河东北路治所。明、清为山西省会。

②明永乐五年（1407）属交趾布政司。治所富良县（今越南太原省富良县）。辖境相当今越南北部太原省地。宣德二年（1427）以后地入安南。

太原城 即舜井城。在今安徽东至县。《舆地纪胜》卷22池州：南太原郡城"在贵池县西九十里。《舆地志》云：梁大同年置，隋开皇九年废。今建德亦有太原城"。《方舆纪要》卷27建德县：太原城在"县南四里……梁武帝时，因侨置太原郡于此，谓之太原城。今县有太原乡"。

太原郡 ①战国秦庄襄王四年（前246）置，治所在晋阳县（今山西太原市西南）。《水经·汾水注》："《尚书大传》曰，东原底平，大而高平者，谓之太原，郡取称焉。”辖境相当今山西五台山和管涔山以南、霍山以北地区。西汉以后渐小，文帝时改为国，寻复为郡。西晋又为国，北魏复为郡。辖境相当今阳曲、交城、平遥、和顺间的晋中地区。东汉至北周皆为并州治。隋开皇初废。大业三年（607）改并州为太原郡。唐武德元年（618）又改并州。

②南朝宋元嘉十年（433）置，属青州。孝建初以太原侨县（今山东济南市西南丰齐镇北古城）为郡治。辖境相当今山东长清、禹城等县市地。北魏为东太原郡。北齐废。

③南朝梁武帝侨置，治所在今江西彭泽县东北。《寰宇记》卷111江州彭泽县：古太原郡“在县东北五十里。按，顾野王《舆地志》云，太原郡，梁武帝置，属浔阳。领晋阳、天水、和城三县，陈亡废”。

太原路　蒙古太祖十一年（1216）改太原府置，属河东山西道肃政廉访司。治所在阳曲县（今山西太原市）。辖境相当今山西管涔山、五台山以南，霍山以北地区。元大德九年（1305）改为冀宁路。

太原镇　一名三关镇。明九边之一。治所在偏头关（今山西偏关县西北）。后移治宁武关（今山西宁武县），分守今山西北部内长城沿线地区。

太晖山　在今湖北荆州市荆州区故江陵县城西北。《清一统志·荆州府》：太晖山“在江陵县西北十五里”。

太晖观　在今湖北荆州市荆州区故江陵县城西北太晖山上。《清一统志·荆州府》：太晖观“在江陵县西北太晖山上”。

太峪镇　清置，属邠州。即今陕西彬县南24里太峪乡。

太符观　在今山西汾阳市东北三十四里杏花镇上庙村。为道教庙宇。坐北朝南。始建年代不详。现存建筑有牌楼门、正殿昊天玉皇上帝殿、东配殿后土圣母殿、西配殿五岳殿。其中正殿为金代承安五年（1200）建，后土圣母殿为明万历十一年（1583年）重建，五岳殿为清顺治十四年（1657）重修，昊天玉皇上帝殿面阔三间，进深六椽，单檐悬歇山顶。建筑形制有宋代遗风。殿前月台为金代做法。观内保存有数量较多的古代彩塑、悬塑、壁画、石刻、琉璃等艺术品，其中昊天玉皇上帝殿内明代增设神龛，内存金代雕塑品。观内保存有北朝造像碑三通及唐、宋、元、明历代碑刻。2001年定为全国重点文物保护单位。

太康县　隋开皇七年（587）改阳夏县置，属陈州。治所即今河南太康县。大业初属淮阳郡。唐属陈州。五代梁属开封府。元属汴梁路。明属开封府。清属陈州府。民国初属河南开封道。1927年直属河南省。

太清宫　①在今辽宁沈阳市区西顺城街。清康熙二年（1663）由道教东北龙门派祖师郭守真创建。初名三教堂，乾隆四十四年（1779）改名太清宫。为东北地区道教活动的中心。1912年设“中华道教总会关东道教分会”于此。

②又名下清宫、下宫。在今山东青岛市崂山东南蟠桃峰下。创建于西汉建元元年（前140），唐天祐元年（904）重修。北宋建隆元年（960）敕修为华盖真人道场。明万历间倾圮，憨山僧于宫前建印海寺，不久毁寺复宫。现存三宫、三清、三皇三大殿。三皇殿内壁嵌元世祖忽必烈“敕谕护教文”碑及成吉思汗所颁“金虎符文”碑。

③又名老子庙。建于东汉延熹年间。在今河南鹿邑县东十里。相传为老子故里。《水经·阴沟水注》：“涡水又北径老子庙东，庙前有二碑，在南门外。汉桓帝遣中官管霸祠老子，命陈相边韶撰碑。北有双石阙。”《新唐书·地理志》亳州真源县：“有老子祠，天宝二年曰太清宫。”太清宫遗址是一处包括宋金建筑基址、碑刻及明清建筑的大型遗址群。唐宋时期的太清宫建筑基址，范围约1.5平方公里，是唐宋时皇室祭祀老子的地方。分前后两宫，在后宫出土了宋金时的回廊、中门、西配殿、后寝殿等重要基址和大批建筑构件。现存唐宋金元碑刻二十多通，著名的有“唐开元神武皇帝道德经清高碑”、宋真宗三御碑“先天太后之赞”，元“圣旨碑”、“执照碑”。明清建筑有太清宫、老君台等。鹿邑太清宫祭祀老子的遗存始于汉，盛于唐宋，延续至今。其时代早、跨度大、文化内涵丰富，具有很高的历史、科学和艺术价值。2001定为全国重点文物保护单位。

太清楼　北宋东京（今河南开封市）宫廷藏书画楼。在后苑。《续资治通鉴长编》：宋真宗景德四年（1007）三月乙巳：“太清楼藏太宗御制及墨迹石本九百三十四卷、轴，四部群书三万三千七百二十五卷。是日，上召辅臣对苑中，遂登楼阅视。”徽宗时，又将所得新本书缮写几份，其中一份亦藏于该楼。

太清镇　即今湖北秭归县驻地茅坪镇。《通典·州郡十三》归州秭归县：“太清镇在县东南八十五里。吴置以备蜀，居三峡要冲，塞山蛮之路寇掠之道。”

太液池　①西汉元封元年（前110）于建章宫北开凿。在今陕西西安市西北，汉长安城内。《史记·封禅书》：建章宫“北治大池，渐台高二十余丈，命曰太液池，中有蓬莱、方丈、瀛洲、壶梁，象海中神山龟鱼之属”。《汉书·昭帝纪》：“始元元年春二月，黄鹄下建章宫太液池中。”颜师古注：“太液池者，言其津润所及广也。”

②唐于大明宫北兴建，在今陕西西安市北偏东。池分东、西两部分，西部较大，中间以渠道相连。

③指今北京市西城区南海、中海、北海。金始称太液池，元名西华潭，相当今中海、北海。明初拓建南海，亦称金海。清又称西海子。《日下旧闻考》卷21：“西苑太液池，源出玉泉山，从德胜门水关流入，汇为巨池，周广数里。自金盛时，即有西苑太液池之称。名迹如琼华岛广寒殿诸胜，历元迄明，苑池之利相沿弗改。”民国时期，南海曾设总统府、

大元帅府。今中南海为中华人民共和国国务院办公地。

太尉山 在今广东英德市西南二十二里浈水（北江）之西，与皋石山相对，其中即浈阳峡。《水经·溱水注》："溱水又西南，历皋口、太尉二山之间，是曰浈阳峡。"《清一统志·韶州府》：太尉山"相传汉邓彪尝至此，召还为太尉，因名"。

太尉堡 在今山西芮城县东南。《清一统志·解州》："太尉堡在芮城县东南十五里，濒河，本名凤川。唐武德二年，行军总管刘世让讨吕崇茂，屯兵于此，故名。"

太傅山 又名书山、大章山。在今江西上犹县西北八十里。《清一统志·南安府》：书山"一名太傅山。以邑人卢光稠尝居山下，后赠太傅，故名"。

太傅井 在今湖南长沙市天心区太平街太傅里贾谊故宅内。《水经·湘水注》：贾谊宅"中有一井，是谊所凿，极小而深，上敛下大，其状似壶"。唐杜甫有"长怀贾谊井依然"的诗句。

太傅墟 在今江西上犹县西北百里礼水东岸。明、清时浮龙巡司驻此。

太鲁水 亦作他漏河、太岳鲁水。即今内蒙古东北部和吉林西北部嫩江支流洮儿河。源出今内蒙古科尔沁右翼前旗西北大兴安岭，东南至吉林镇赉县东南入嫩江。唐贞观初以奚族度稽部为太鲁州，即在此河流域。

太鲁阁峡 在今台湾省花莲县北，立雾溪谷中。西起上游，东至太鲁阁。"太鲁阁"为高山族语"美丽"之意。立雾溪东流于南北岸高峰间，石灰岩夹峙，东西长约19公里。南侧断崖高达1000米，蔚为壮观。

太湖 ①又名西湖、大湖。即今北京市城西南莲花池。《水经·濛水注》："濛水又东，与洗马沟水合，水上承蓟城西之大湖。湖有源，水俱出县西北，平地导泉，流结西湖。湖东西二里，南北三里，盖燕之旧池也。"《方舆纪要》卷11顺天府：太湖在"府西南四十里，广袤十数亩，旁有二泉涌出，经冬不冻，东流为洗马沟"。

②古称震泽。亦名具区。又有笠泽、五湖等名。在今江苏南部，为长江和钱塘江下游泥沙堰塞古海湾而成。为我国第三大淡水湖。湖中有岛屿数十个，以洞庭西山和马迹山最大。湖水主要收纳西南荆溪、苕溪诸水入湖，东部通过沙墩口、胥口、瓜泾口、南厍口、太浦口诸港，分别经由望虞河、娄江（下游称浏河）、吴淞江、黄浦江等河道泄入长江。宋朱长文《吴郡图经续记》卷中：太湖"吐吸江海，包络丹阳、义兴、吴郡、吴兴之境，其所容者大，故以'太'称焉"。

③在今安徽太湖县西。《寰宇记》卷125太湖县："太湖水源出县西稻积山，东南流入大江。"《方舆纪要》卷26太湖县：太湖"在县西南。县西诸山溪之水钟而为湖，东南流经望江县，入于大江。今为平陆"。

④在今河南商城县北。《方舆纪要》卷50商城县：太湖"在县北四十里。周五里"。

太湖山 ①在今安徽含山县南六十里。《方舆纪要》卷29含山县"龙洞山"条下："太湖山在县南七十里。旧有湖，岁久湮废。山奇峰十余，削立秀挺，状如列戟。"

②又作大湖山。在今福建闽清县东。《清一统志·福州府一》：太湖山"在闽清县东十里。山椒有湖，约半里许"。

③即今福建德化县西北大龙湖。明《寰宇通志》卷46泉州府：太湖山"在德化县西。四面崔嵬，山顶平广，数丈内有池丈许，影涵太空"，故名。《方舆纪要》卷99泉州府德化县"戴云山"条下："又西里许曰太湖山，……俗曰龙湖，又名青草湖。山形如船，亦名飞船山。"

④一名大湖山、圣湖山。在今福建浦城县西南，石陂溪出此。《寰宇记》卷101建州浦城县：太湖山"在县西南一百里。《记》云，太湖山，一名圣湖山。湖在山顶，昔有采药者至此湖畔，见满湖芙蓉，涉水采之，乃石也。亦有禽鸟远如飞翔，近视则石"。

⑤在今江西定南县东南。《方舆纪要》卷88赣州府定南县：太湖山"在县（治今老城镇）东北五十里。高数百仞"。

⑥一名壶山、大狐山。在今河南泌阳县东北七十里。《水经·比水注》："太胡山在比阳北和东三十余里，广圆五六十里。张衡赋南都所谓天封太胡者也。"

⑦在今贵州黎平县东北。《方舆纪要》卷121黎平府："太湖山在府东北五里。"

太湖厅 清雍正八年（1730）置，属苏州府。治所在今江苏苏州市西南东山镇。1912年并入吴县。

太湖水 即今安徽太湖县境之皖河。《舆地纪胜》卷46引《元和志》：太湖县"东北三十五里有太湖水，因以为名"。《寰宇记》卷125太湖县：太湖水"源出县西稻积山，东南流入大江"。

太湖办事处（县级） 1949年由吴县西南境置，属苏南行署区。治东山镇（今江苏苏州市西南东山镇）。辖太湖中东、西洞庭山及附近诸岛。1952年11月划属江苏省。1953年3月撤销，改设震泽县。1960年1月震泽县撤销，并入吴县。

太湖左县 南朝宋元嘉二十五年（448）置，属晋熙郡。治所在今安徽太湖县东北二里。《寰宇记》卷125太湖县："在龙山太湖水之侧，因为县名。"元嘉末移治今太湖县。北齐改为太湖县。

太湖县 北齐改太湖左县为太湖县，属龙安郡。治所即今安徽太湖县。隋开皇三年（583）改为晋熙县，十八年（598）复为太湖县，属熙州，大业初属国安郡。唐属舒州。宋属安庆府。元属安庆路。明属安庆府。民国初属安徽安庆道。1928年直属安徽省。

太温村 即今贵州瓮安县西玉华乡太文。《清一统志·平越州》：太温村“有庙曰太温庙”。

太雷县　1933年8月中央革命根据地由石城、瑞金、宁化（闽）三县边境析置，驻横江东寮脑（今江西石城县南横江镇）。1935年2月废。

太微城　即隋唐东都皇城。在今河南洛阳市隋唐故城中。《新唐书·地理志》载：“皇城长千八百一十七步，广千三百七十八步，周四千九百三十步，其崇三丈七尺，曲折以象南宫垣，名曰太微城。”

太源山　一作大原山。在今湖南武冈市西四十里。《方舆纪要》卷81武冈州“风门山”条下：“其相近者曰太源山。冈原平衍，泉流深阔，溉田甚广。”

犬山　即今浙江绍兴市东南吼山。《越绝书》卷8载：“犬山者，句践罢吴，畜犬猎南山白鹿，欲得献吴，神不可得。故曰犬山，其高为犬亭，去县二十五里。”

犬丘　①西周邑名。在今陕西兴平市东南十里南佐村。《史记·秦本纪》：“非子居犬丘，好马及畜，善养息之。”宋敏求《长安志》卷14引《帝王世纪》：“周懿王二年，王室大衰，自镐徙都犬邱。”秦改为废丘。

②春秋宋邑。在今河南永城市西北。《左传》：襄公元年（前572）秋，“郑子然侵宋，取犬丘”。杜注：“谯国酂县东北有犬丘城。”

③即垂。在今山东曹县北句阳店。一说在鄄城县东南十五里。《春秋》：隐公八年（前715），“宋公、卫侯遇于垂”。《左传》作“遇于犬丘”。杜注：“犬丘，垂也。地有两名。”

④在今甘肃天水市西南九十里。《史记·秦本纪》载，西周时，秦之祖先非子“居犬丘”即此。因另有一犬丘在东，故又名西犬丘。

犬台（臺）宫　在汉长安城西二十八里，今陕西西安市西北。为汉上林苑中的离宫。《汉书·江充传》：“初，充召见犬台宫，自请愿以所常被服冠见上。上许之。”晋灼注引《黄图》曰：“上林有犬台宫，外有走狗观也。”

犬戎　古族名。古戎人的一支。亦作畎戎、畎夷、昆夷、绲夷等。殷周时，游牧于泾、渭流域（今陕西彬县、岐山一带），是殷周西边的劲敌。《史记·周本纪》：“穆王将征犬戎，祭公谋父谏曰：‘……吾闻犬戎树敦，率旧德而守终纯固，其有以御我矣。’王遂征之，得四白狼、四白鹿以归。”公元前771年，犬戎联合申侯攻杀幽王，迫使周室东迁。春秋以后，一部分北迁，一部分逐渐与邻族融合。

犬戎区栗城　即区栗城。在今越南中部广治省广治西北石杆河与甘露河合流处。《南齐书·林邑国传》：南朝宋元嘉二十二年（445），“交州刺史檀和之伐林邑……和之进兵破其北界犬戎区栗城，获金宝无筭，毁其金人，得黄金数万斤，余物称是”。

历（歷）下　春秋时齐邑。在今山东济南市西。《史记·晋世家》：平公元年（前557），“伐齐，齐灵公与战靡下”。《集解》：“徐广曰：‘靡，一作历。’”又《田儋传》：汉高帝三年（前204），韩信“袭破齐历下军”。《清一统志·济南府二》“历下故城”条引《三齐记》云：“历下城，南对历山，城在山下，故名历下城也。”西汉置历城县。

历（歷）下亭　在今山东济南市大明湖公园内湖中小岛上。面山背湖，风景绝胜。唐天宝四年（745）诗人杜甫与书法家北海太守李邕相会，留下了《陪李北海宴历下亭》诗。历下亭旧址早废。今亭为清代所建，中悬清高宗弘历所书“历下亭”木匾。大门楹联为清代书法家何绍基书杜甫名句：“海右此亭古，济南名士多。”

历（歷）口　①在今河北景县西南。晋代为清河津渡处。《资治通鉴》：东晋太元十年（385），后燕慕容垂遣慕容德攻勃海，“慕容麟、慕容隆自信都徇勃海、清河。麟击勃海太守封懿，执之，因屯历口”。《水经·清水注》：“清河又东北径历县故城南。《地理志》信都之属县也。王莽更名曰历宁也。应劭曰：广川县西北三十里有历城亭，故县也。今亭在县东如北，水济尚谓之为历口渡也。”

②在今安徽东至县北历山之口。《三国志·吴书·周鲂传》：周鲂诱曹休，“今使君若从皖道进住江上，鲂当从南对岸历口为应”，指此。

历（歷）口市　原名新丰。始建于宋。即今安徽祁门县西六十里历口镇。当武陵岭西侧官道上。清称历口，为祁红始创地。

历（歷）山　①在今河北涿鹿县西南桑干河南岸。《魏书·太宗纪》：神瑞二年（415），“至广宁，登历山”。《太平御览》卷45引《后魏舆地图风土记》曰：“潘城西北三里有历山，形似覆釜，故以名之。”

②即今山西永济市蒲州镇南雷首山。《水经·河水注》：河东“郡南有历山，谓之历观，舜所耕处也。有舜井，妫、汭二水出焉”。《括地志》：“雷首山亦名历山。”

③在今山西垣曲县东北，接翼城县界。为中条山主峰之一。《清一统志·平阳府一》：历山“在翼城县东南七十里。相传舜耕于此，上有舜王坪”。

④即今江苏无锡市西郊惠山。《汉书·地理志》：会稽郡无锡县“有历山”。《清一统志·常州府一》：惠山“古名华山，又名历山”。

⑤一名大历山。在今安徽祁门县西北，接石台县界。大北港水出此。宋淳熙《新安志》卷4祁门：历山“在县西八十五里。高二百五十仞。北接池州石埭界。绝顶有池，中有石焉。北有管公明仙坛”。《方舆纪要》卷28祁门县：历山“在县西八十里。高二百五十仞。抵石埭县界。高插云霄，险若天堑。巅有池，冬夏不竭”。

⑥即历阳山。亦名亭山。在今安徽和县西北四十里。《舆地纪胜》卷48和州：历阳山，“《江表传》曰：历阳县有石山，谓之石印。又云：石印封发，天下当太平。孙皓遣使以太牢祭历山”。

⑦今安徽东至县北。《寰宇记》卷105东流县：历山“在县东三十里。西枕历池，上有尧舜二庙”。

⑧在今浙江余姚市北二十八里历山镇。《史记·五帝本纪》：“舜耕历山。”《正义》引《括地志》：“越州余姚县有历山、舜井。”即此。

⑨又名釜历山。在今浙江永康市南二十六里。《方舆纪要》卷93永康县“绝尘山”条下：历山，“《志》云：周四十余里。其巅有田、有井、有潭，皆以舜名。以其名同于冀州之历山也”。

⑩即今山东济南市南郊千佛山。《水经·济水注》：“（历城县）城南对山，山上有舜祠，山下有大穴，谓之舜井。《书》：‘舜耕历山’亦云在此。”故又称舜耕山。因山壁多北魏及隋时石刻佛象，俗又名千佛山。

⑪在今山东菏泽市东六十里。《水经·瓠子河注》：“雷泽西南十许里有小山，孤立峻上，亭亭杰峙，谓之历山。山北有小阜，南属池泽之东北。有陶墟。缘生言‘舜耕陶，所在墟阜联属，滨带瓠河’也。”《方舆纪要》卷33曹州：“《志》云：舜耕于历山，渔于雷泽。州北境有雷夏泽，因以此山为舜所耕之历山云。”

⑫在今湖南桑植县西北。《清一统志·永顺府》：历山“在桑植县西北一百二十里。高数十里。澧水发源于此”。

历（歷）乡侯国 西汉置，属巨鹿郡。治所在今河北宁晋县东南二十五里历城。东汉废。

历（歷）水 在今山东济南市城东。《水经·济水注》：“东城历祠下，泉流竞发，其水北流径历城东，又北引为流杯池，分为二水，右水北去，左水西径历城北，西北为陂，谓之历水，与泺水会。”《寰宇记》卷19历城县：历水“在县东门外十步。按《三齐记》云，历水出历祠下，泉源竞发，与泺水同入鹊山湖”。

历（歷）代帝王庙 俗称帝王庙。在今北京市西城区阜成门内大街路北。明、清两代祭祀历代帝王的场所。原为保安寺遗址，明嘉靖九年（1530）改建。清雍正七年（1729）重修。门前有砖砌琉璃瓦顶照壁一座。主要建筑有景德门、正殿、碑亭等。正殿名景德崇圣殿，面阔九间，绿筒瓦重檐庑殿顶，台基四周有汉白玉石护栏。碑亭内有雍正、乾隆御碑。庙前原有雕制精美的牌楼，已于1954年拆除。

历（歷）阳山 一名历山。在今安徽和县西北四十里。《舆地纪胜》卷48和州：历阳山“在历阳县西北四十里”。《三国志·吴书·孙皓传》：天玺元年（276），“鄱阳言，历阳山石文理成字，凡二十。云：楚九州渚，吴九州都，扬州士，作天子，四世治，太平始”。裴松之注：“《江表传》曰：历阳县有山石临水，高百丈，其三十丈所，有七穿骈罗，穿中色黄赤，不与本体相似，俗相传谓之石印……时历阳长表上言石印发，皓遣使以太牢祭历山。”

历（歷）阳县 战国秦置，属九江郡。治所即今安徽和县。西汉为九江都尉治。东汉为扬州刺史治。西晋初属淮南郡，永兴元年（304）为历阳郡治。南朝宋永初二年（421）为南豫州治。南齐属南豫州。北齐天保六年（555）于县置和州。明初省入和州。

历（歷）阳郡 西晋永兴元年（304）分淮南郡置，属扬州。治所在历阳县（即今安徽和县）。辖境相当今安徽和县、含山县地。南朝宋永初二年（421）于郡置南豫州。齐属豫州，永明二年（484）属南豫州。北齐兼置和州。隋开皇九年（589）废。大业初复改和州为历阳郡。唐武德三年（620）改为和州，天宝初复为历阳郡，乾元初改为和州。

历（歷）阳湖 即麻湖。在今安徽和县西三十里。《寰宇记》卷124历阳县：历阳湖，“《郡国志》云：昔有一书生遇一姥姥，待之甚厚。生谓姥曰：此县门前石龟眼赤血出，此地当陷为湖。姥后数往候之。门吏问，姥姥具以对。吏因以朱点龟眼，姥见遂走上西山，顾城遂陷为湖”。

历（歷）观 即历山。在今山西永济市蒲州镇南。《汉书·扬雄传》：汉成帝“行游介山，回安邑，顾龙门，览盐池，登历观”。扬雄《河东赋》：“登历观而遥望兮，聊浮游以经营。乐往昔之遗风兮，喜虞氏之所耕。”均此。

历（歷）县 西汉置，属信都国。治所在今河北景县西南。东汉废。

历（歷）林口 当在今辽宁辽河下游以西一带。《资治通鉴》：东晋咸康元年（335），慕容皝讨慕容仁，“皝帅其弟军师将军评等自昌黎东，践冰而进，凡三百余里。至历林口，舍辎重，轻兵趣平郭。去城七里，候骑以告仁，仁狼狈出战”。

历（歷）城 ①北魏称西汉历乡故城为历城。在今河北宁晋县东南。《魏书·地形志》：廮遥县有历城。

②在今宁夏平罗县西南。汉为浑怀障，北魏太和初徙历下（今山东济南市）民居此，遂称历城。

③在今甘肃西和县北。《三国志·魏书·杨阜传》：东汉建安十八年（213），阜外兄姜叙屯历城。“（马）超袭历城，得叙母……杀之”。《宋书·氐胡传》：东晋太元八年（383），“苻坚败于淮南，关中扰乱，（杨）定尽力奉坚。坚死，乃将家奔陇右，徙治历城，城在西县界，去仇池百二十里”。后改为建安城。

④今山东济南市，西汉置历城县于此，故称历城。《水经·济水注》：“（大明）湖水引渎东入西郭，东至历城西。”

历（歷）城县 ①秦置，属济北郡。治所在今山东济南市。因城南历山（今名千佛山）而得名。西汉属济南郡。东汉属济南国。西晋属济南郡，永嘉后为济南郡治。唐为齐州治。宋为济南府治。元为济南路治。明、清为济南府治。民国初为山东省及济南道治所。1928年直属山东省。1929年析置济南市。1937

年迁治王舍人庄，后又迁洪家楼。1987 年撤销，并入济南市，改为历城区。

②北魏皇兴三年（469）置，治所在今山西朔州市西南。后废。

历（歷）城郡　北周置，属灵州。治所在建安县（今宁夏平罗县西南黄河东岸）。隋开皇三年（583）废。《水经·河水注》："河水又东北，径浑怀障西……太和初，三齐平，徙历下民居此，遂有历城之名矣。"

历（歷）亭县　隋开皇十六年（596）分武城县置，属贝州。治所在今山东武城县东。大业初属清河郡。唐属贝州。武则天万岁登封元年（696）移治今武城县。《元和志》卷 16 历亭县："遥取汉历县为名。"元至元二年（1265）废入恩州。

历（歷）涧戍　在今安徽泗县东南。《水经·淮水注》："（徐）陂水南流，绝蕲水，径历涧戍西。"即此。

历（歷）陵县　西汉置，属豫章郡。治所在今江西德安县东。晋改属鄱阳郡，南朝宋元嘉初省。

历（歷）湖　即历阳湖。在今安徽和县西三十里。唐刘禹锡《和州刺史厅壁记》称："镇曰梁山，浸曰历湖。"《元丰九域志》卷 5：历阳县有历湖。

历（歷）精城　在今甘肃临夏县西南。《宋史·吐蕃传》："董毡母曰乔氏，（唃）厮啰三妻。乔氏有色，居历精城。"即此。

友帖卫　明永乐六年（1408）置，属奴儿干都司。治所在今俄罗斯哈巴罗夫斯克边疆区黑龙江下游右岸由忒河（马奇托瓦亚河）口。后废。

尤口　即尤溪口。今福建尤溪县东北尤溪口镇。《资治通鉴》：五代晋天福七年（942），"闽富沙王延政围汀州，闽主曦发漳、泉兵五千救之。又遣其将林守亮入尤溪，大明宫使黄敬忠屯尤口"。胡三省注："尤口，尤溪口也。"

尤口市　又名沈口市。即今江西南昌县（莲塘镇）东北尤口乡。清同治《南昌府志》卷 6：沈口市"距（南昌）城三十里"。

尤凤站　元置，即今辽宁凤城市西北通远堡镇。明废。

尤泾市　即唐墅。今江苏常熟市东南唐市镇。《方舆纪要》卷 24 苏州府常熟县：唐墅在"县东南三十里。旧名尤泾"。

尤首山　在今甘肃山丹县西北二十五里。《清一统志·甘州府》：龙首山，"明万历中，夷人青把都自昌宁湖移驻于此，巡抚田乐击走之。一名龙头山，俗呼为甘峻山。山腰有三洞，各深五尺。山阴有泉，旱可祷雨"。

尤徕山　即徂徕山。在今山东泰安市东南四十里。《水经·汶水注》："《邹山记》曰，徂徕山在梁甫、奉高、博三县界，犹有美松，亦曰尤徕之山也。赤眉渠帅樊崇所保也，故崇自号尤徕三老矣。"

尤家集　即今山东宁津县东南柴胡店镇尤集。清光绪《宁津县志》卷 2："邑东南二十五里尤家集。"

尤喜县　五代汉乾祐三年（950）楚王马希广置，属长沙府。治所在今湖南长沙县东龙骨市。后废。

尤溪　闽江支流。在今福建省中部。上游湖头溪出大田县南，东北流至尤溪县北尤溪口入闽江。《明一统志》卷 77 延平府：尤溪"在尤溪县。洲多尤姓，故名"。《资治通鉴》：五代晋高祖天福七年（942），闽王曦与建州王延政相攻，曦"又遣其将林守亮入尤溪，大明宫使黄敬忠屯尤口，欲乘虚袭建州"，即此。

尤溪口　一作尤口。即今福建尤溪县东北尤溪口镇，地当尤溪入建溪处。

尤溪县　唐开元二十九年（741）开山洞置，属福州。治所即今福建尤溪县。五代南唐保大六年（948）改属剑州。《寰宇记》卷 100 南剑州尤溪县："其地与漳州龙岩县、汀州沙县及福州侯官县三处交界，山洞幽深，溪滩险峻，向有千里。其诸境逃人，多投此洞。开元二十八年经略使唐修忠使以书招谕，其人高伏等千余户请书版籍，因为县，人皆胥悦。此源先号尤溪，因为县名。"《舆地纪胜》卷 133 南剑州《景物上》：尤溪"州多尤姓，故名"。五代南唐保大六年（948）改属剑州。宋属南剑州。元属延平路。明、清属延平府。1913 年属福建北路道。1914 年属建安道。1928 年直属福建省。

歹补　即今云南会泽县东南待补镇。《清一统志·东川府》：歹补巡司"在会泽县南一百一十里"。

厄口镇　一名铁岭关。五代晋置，即今山西侯马市南绛山上隘口村。

厄井　在今河南荥阳市境内。《寰宇记》卷 52 孟州汜水县载："厄井在县东北七十里。《风俗通》谓汉高祖与项羽战，败于京索，遁入蒲井，鸠止鸣其上。追者以为无人，遂得脱，因名厄井。"又，《初学记》卷 7 引戴延之《西征记》曰："板渚津，津南原上有厄井。父老云，汉祖与楚战，败走逃此井。追军至，见两鸠从井中出，故得免厄，因名厄井。"

厄水戍　在今陕西汉中市或南郑县境。《方舆纪要》卷 56 汉中府南郑县：厄水戍"在府境。晋建兴初，梁州贼杨虎击刺史张光，屯于厄水。盖其地临水为险云"。

厄尔得尼招　即额尔德尼招。在今蒙古国前杭爱省哈拉和林西南。方观承《松漠草从军杂记》诗注曰："厄尔得尼招，在喀尔喀王策令部内。厄尔得尼，宝也，招乃招提省文。地产金银，故称宝寺。寺前有元至正年梵文碑，文犹可辨。"清雍正十年（1732）额驸策凌大败准噶尔军于此。

厄台（臺）　在今河南淮阳县西南。宋庄绰《鸡肋编》卷上："陈州城外有厄台寺，乃夫子绝粮之地。"《清一统志·陈州府二》引《通志》："陈州厄台，明嘉靖间改曰弦歌台。"

厄里谷纳河　亦作额尔古讷。即今中俄交界之额尔古纳河。清雍正《钦定八旗通志初集》卷 153《郎谈传》：康熙二十九年（1690）中俄签订《尼布楚条约》后，"三月，奉旨同副都统诏三往厄里谷纳河口立交界牌……，二十一日至厄里古纳立牌于河口石壁上，镌清、汉、鄂罗斯、蒙古、里的诸五样字毕而还”。

厄鲁特 亦作额鲁特，又名卫拉特。是清代对西蒙古诸部的总称。明末清初，厄鲁特蒙古分四部：和硕特部游牧于乌鲁木齐地区，准噶尔部游牧于伊犁河流域，杜尔伯特部游牧于额尔齐斯河沿岸，土尔扈特游牧于塔尔巴哈台及其以北地方。明崇祯元年（1628）土尔扈特率部西徙伏尔加河下游一带，十年（1637）前后，和硕特部南徙青海一带，并以维护黄教为名，派兵占据青藏高原。而当时准噶尔、杜尔伯特、辉特部，以及一部分和硕特、土尔扈特属众仍留居天山南北，逐渐形成以准噶尔部为中心、联合厄鲁特各部的强大政权，故清代史籍往往把厄鲁特也统称准噶尔。

厄鲁特部 又作额鲁特。清科布多参赞大臣管部之一，统于乌里雅苏台定边左副将军。乾隆二十八年（1763），将原属喀尔喀的厄鲁特台吉达木拜所部移牧科布多，编为一旗，置总管，不设扎萨克。地在科布多西，布彦图河、科布多河之间，今蒙古国巴彦乌列盖省北部。

厄楚河 即薄藏布河。今西藏东部波密县境之帕隆藏布。

车厂子抗日根据地 在今吉林和龙市西北卧龙村附近合安村，地处古洞河上游。根据地方圆约25公里。1934年4月中共东满特委武装攻克车厂子。1935年1月建立了车厂子抗日根据地。东北人民革命军二军军部和一团、二团团部设此。同年10月，第二军撤离车厂子根据地。

车木湾 在今湖北监利县东。《方舆纪要》卷78监利县：车木湾在“县东三十里。宋时江水尝涨决于此。明正德初亦尝冲决。为堤防要害”。

车冈墟 即今广东新兴县北新兴江西岸车冈镇。清光绪《广东舆地全图》：新兴县西北有车冈墟。

车牛岛 又作牵牛岛。即今山东长岛县东北车由岛。苏轼《北海十二石记》：“登州下临大海，目力所及，沙门、鼍矶、车牛、大竹、小竹凡五岛，惟沙门最近。”

车田 在今福建漳浦县西北。清有把总驻此。

车尔楚 一作库尔楚。在今新疆库尔勒市西库尔楚村。清乾隆《西域图志》卷15：车尔楚“在库陇勒西一百七十里。东北距哈喇沙尔城三百五十里，逾海都郭勒而至”。清置军台于此。

车头河 在今贵州平坝县南十里。《清一统志·安顺府》：车头河“水势百折，渔舟往来其中，其下流为洛阳河”。

车臣汗部 清外蒙古喀尔喀四部之一，称喀尔喀东路，统于乌里雅苏台定边左副将军。明末，喀尔喀蒙古左翼首领硕垒始号车臣汗。康熙二十七年(1688)，噶尔丹入侵克鲁伦河地区，硕垒玄孙乌默客随其叔台吉纳木札勒率众投附清朝；三十年，会盟于多伦诺尔，诏乌默客袭汗号，统部众。三十六年，返回故地。所部初分编为十一旗，后续增至二十三旗，以会盟地之名称为巴尔和屯盟（即巴尔斯和坦，在克鲁伦河中游北）。属境有今蒙古国肯特、苏赫、巴托尔三省全境及东戈壁省部分地。

车臣汗旗 清外蒙古车臣汗部所属二十三旗之一。顺治十二年（1655）设，旗府驻地在今蒙古国肯特省温都尔汗。

车师后（後）国 汉西域国名，属西域都护府。都城在务涂谷（今新疆吉木萨尔县南泉子镇一带）。

车师后（後）城长国 汉西域国名，属西域都护府。都城在后城（今新疆吉木萨尔县北二十五里破城子）。

车师国 一名姑师国。汉西域三十六国之一。都城在交河城（今新疆吐鲁番市西北二十里雅尔湖西）。后分为车师前国与车师后国，皆属西域都护。

车师前国 本车师国，西汉时分为车师前、后国，俱属西域都护府。车师前国都城在交河域（今新疆吐鲁番市西北二十里雅尔湖西）。公元450年为沮渠安周所灭。

车后（後）营 又名滦阳营。即今河北迁西县北五十里滦阳镇。《方舆纪要》卷17迁安县：车后营“旧名滦阳营。《郡志》谓即辽所置滦河县也。县属泽州，金废。明初置滦阳营于此。隆庆初亦为三屯营兵驻顿处，改今名”。

车江市 即今湖南衡南县（云集镇）西北车江镇。《清一统志·衡州府二》“泉溪市”条下：“车江市，在（清泉）县南三十里。”

车坊漾 又名镬底潭。在今江苏苏州市吴中区东南车坊镇西。《方舆纪要》卷24苏州府长洲县“陈湖”条引《防险说》：“陈湖旷野之区，湖西八里有镬底潭，可以控扼，亦谓之车坊漾。”明王鏊《姑苏志》卷10：车坊漾“漾比诸湖为深，故又名镬底潭”。

车坊镇 即今江苏苏州市吴中区东南车坊镇。清光绪《江苏全省舆图》元和县：“车坊镇在城东南二十七里。”

车村 即今河南嵩县南八十三里车村镇。清乾隆《嵩县志》卷12：车村“商贾聚集，宛然阛阓，南山一繁胜地也”。

车里克河 即今哈萨克斯坦阿拉木图东库尔契利克河。清徐松《西域水道记》卷4：“伊犁河既会察林西北流百里而近径托博罗尔山南，又西北流径布喀岭北，凡百余里，车里克河自南来入之。”

车里县 1927年置，属云南普洱道。治所即今云南景洪市。1929年直属云南省。1953年撤销，并入西双版纳傣族自治州。

车里府 明洪武十五年（1382）改彻里路置车里军民府，属云南布政司。治所在今云南景洪市东南郊曼景兰。辖境约当今云南西双版纳傣族自治州。十九年（1386）改车里宣慰司。

车里宣慰司 明洪武十九年（1386）改车里军民府置，属云南布政司。治所在今云南景洪市东南郊曼景兰。辖境约当今云南西双版纳傣族自治州、思茅市、普洱哈尼族彝族自治县及老挝部分地区。清代属普洱府，迁治今景洪市东南九里宣慰街。辖境仅今西双版纳傣族自治州澜沧江以西部分。嘉庆十七年（1812）曾迁治今景洪市北二十六里小勐养。同治后仍治宣慰街。民国废。

车里路　一作彻里路。元世祖至元二十九年（1292）置，治所在景兰城（今云南景洪市东南曼景兰）。明洪武十九年（1386）改为车里宣慰司。

车里靖安宣慰司　明永乐十九年（1421）于小彻里地置，属云南布政司。治所在今云南勐腊县境。辖境在澜沧江以东，比今云南勐腊县大。宣德九年（1434）废入车里宣慰司。

车我真山　在今青海祁连县东南。《隋书·炀帝记》：大业五年（609），隋炀帝西巡，“（吐谷）浑主伏允以数十骑遁出，遣其名王诈称伏允，保车我真山”。即此。

车谷山　在今河南潢川县南。《方舆纪要》卷50光州：车谷山在“州南七十里。群峰拥抱，清流萦绕”。

车免镇　北周置，属普州。即今四川乐至县。《元和志》卷33乐至县：“本周车免镇也，属普州，以车免山为名。武德三年于镇置乐至县。”

车灵山　亦作章卢山。在今四川宝兴县南灵关镇处。《元和志》卷32卢山县：灵关镇“在县西北六十里车灵山下，山有峡口似门，阔三丈，长二百步”。

车灵城　在今湖南溆浦县南一里。《元和志》卷30辰州叙浦县：车灵故城“灵则吴之叛臣，入叙溪以自保，号车王，后为吴将钟离杀之”。

车陆屯　即今黑龙江省逊克县东南车陆乡。原为车勒山卡伦，音转为车陆。清末拟设车陆县于此，未果。

车陇镇　北宋置，属西充县。在今四川西充县西南四十五里车龙场。

车陂村　在今广东广州市东郊天河区东圃镇西侧。《方舆纪要》卷101广州府“茅滘镇”条下：番禺县有“车陂等埠，向皆设水兵巡守江路”。

车轮山　①亦作车仑山。当在今内蒙古阴山北。《魏书·高宗纪》：太安四年（458）十月，拓拔濬“北巡至阴山……辛卯，车驾次于车轮山，累石纪行”。

②在今陕西柞水县南五里。《方舆纪要》卷54镇安县：车轮山“其水流为镇安河，绕（镇安）县治南，下流入于乍水”。

车轮洲　在今湖南湘阴县北，湘江之要隘。《梁书·元帝纪》：承圣二年（553），王僧辩率军讨陆纳，三月“丙子，贼将吴藏等帅兵据车轮，……夏四月丙申，僧辩军次车轮”。即此。《方舆纪要》卷80湘阴县：车轮洲“今洲圮于水”。

车岭　在今新疆霍城县东北塔勒奇山之东。《新唐书·地理志》：“渡石漆河，逾车岭，至弓月城。”

车岭镇　北宋置，属名山县。即今四川名山县东四十里车岭镇。

车河　今河北承德县（下板城）东北之老牛河。一说即今承德县西之白河。宋沈括《熙宁使虏图抄》：牛山“西南屈折三十里至中顿，过顿，复西南数里济车河”。《元史·史天祥传》：丁丑（1217）夏，“又灭重儿盗众于兴州之车河”。

车河墟　一名野车河墟。即今广西南丹县东南车河镇。清光绪《广西舆地全图》南丹土州图：东南有野车河墟。民国陈正祥《广西地理》：锡矿“产地以南丹县属的大厂乡、车河乡为最著名”。

车官城　三国蜀建，在今四川成都市西南百花潭公园以西。东晋常璩《华阳国志·蜀志》：锦官城“西又有车官城，其城东西南北皆有军营垒城”。

车孤驼口　即今河北灵寿县西北车轱辘坨村。《方舆纪要》卷14灵寿县：车孤驼口“在县西百五十里，北至龙泉关百四十里。正德二年建城置戍守”。

车城　即今台湾省屏东县东南车城乡。原名柴城。连横《雅言》：“柴城，在恒春辖内。林爽文之役，凤山庄大田起兵应。及败窜琅琇，参赞大臣海兰察逐之，驻军于此；伐木立栅，因称‘柴城’。俗误‘车城’，音相近也。”

车轴山　在今河北唐山市丰润区城南。《清一统志·遵化州》：车轴山“在唐山市丰润区南十里。孤圆而高，若卧毂然”。山上有寿峰寺，又称无梁阁。

车轴山无梁阁　即寿峰寺。在今河北唐山市丰润区城南十余里车轴山峰顶。始建于辽重熙元年（1032），原为一层，后于重熙六年增至三层。阁左、右各建塔一座，现仅存西面的药师灵塔。现存阁为明代重建，共三层，全部用砖瓦筑成，无梁无寸木构件，故名无梁阁。

车度　在今陕西蒲城县东南四十里车渡村。《资治通鉴》：五代梁乾化元年（911），李茂贞遣温韬进攻长安，“怀贞等奏击韬于车度，走之”。

车前营　在今河北迁西县北五十里汉儿庄。明于此设城戍守。《方舆纪要》卷17迁安县：车前营“旧名汉儿庄。《郡志》云：辽人以南人为汉儿，置馆于此，设官司之。金人谓之孩儿庄，承安三年升为滦阳县，属惠州。寻罢。元人仍谓之汉儿城。明初置营于此，隆庆初为三屯车营兵驻顿处，因改今名”。

车洪江　又名牛栏江。在今云南嵩明县及寻甸回族彝族自治县等县境。《清史稿·地理志》　曲靖府寻甸州：“车洪河自嵩明入，亦曰寻川河，纳归龙河、玉带河、螳螂河诸水，为阿交合溪，又东北入会泽。”称为牛栏江。

车突谷　在今山西临县北。《资治通鉴》：南朝齐建武三年（496），北魏朔州刺史元彬行汾州事，“彬遣统军奚康生击叛胡，破之，追至车突谷，又破之”。

车桥镇　即今江苏淮安市楚州区东车桥镇。清光绪

《淮安府志》卷首《图说二》：府东有车桥镇。1944年3月，红四军第一师以一部兵力在地方武装配合下，对车桥镇日伪军进行了一次歼灭战。同时将自淮安、淮阴四次增援之日伪军大部歼灭于车桥镇以西的芦家滩。

车部 宋大理置，为教合三部之一，属最宁府。在今云南砚山县东北六十里阿基。元代属临安等处宣慰司。明代属教化三部长官司。

车家店 在今湖北随州市北一百五十里万和镇西南。清光绪《湖北全省分图》：随州北有车家店。

车家渡 在今安徽和县东北。《方舆纪要》卷29和州："车家渡在废乌江县东南。"

车埠市 即今湖北赤壁市西北二十四里车埠镇。清道光《蒲圻县志》卷4《乡里》："车埠团，距城三十里，有镇。"

车梢山 在今山东枣庄市北。《明一统志》卷23兖州府：车梢山"在峄县北六十里。一名三峰山。沧浪渊出此"。

车厩山 在今浙江余姚市东南陆埠镇车厩南。《方舆纪要》卷92宁波府慈溪县：车厩山，"昔越王勾践置厩于此，停车秣马，遗迹犹存"。

车逻镇 即今江苏高邮市南车逻镇。《清一统志·扬州府二》：车逻镇"在高邮州南十五里。临河石工。本朝乾隆二十六年建"。

车盘岭 ①在今江西铅山县南。《方舆纪要》卷85广信府铅山县：车盘岭在"县（治今永平镇）南六十里。明朝正德中，庆元贼叶宗留作乱，由福建浦城劫建阳，掠建宁，分众袭车盘岭，铅山惴恐，行旅断绝。既而邓茂七作乱于延平，诏张楷等讨之，至广信，以道梗不能前。指挥戴礼请先驱击贼，遇宗留于黄柏铺，殪之。贼党奔入山，拥叶希八为渠魁，复劫车盘岭，悉众驻十三都，欲回浦城，戴礼进军搜山，至十二都败死。今车盘驿置于此"。

②在今浙江临安市西一百四十八里。《方舆纪要》卷90昌化县：车盘岭在"县（今昌化镇）西五十里，路出徽州"。

车盖山 ①在今安徽全椒县西北。《舆地纪胜》卷42滁州：车盖山"在全椒县西北十五里。形如车盖"。

②在今浙江湖州市南七里。《赵孟頫集》卷7《吴兴山水清远图记》："玉湖之上有山，童童状若车盖者，曰车盖山。"《清一统志·湖州府一》：车盖山"山东旧有晋殷康所立亭，瞩望极佳"。

车盖亭 在今湖北安陆市西北隅。《宋史·奸臣·蔡确传》："确在安陆，尝游车盖亭，赋诗十章，知汉阳军吴处厚上之，以为皆涉讥讪。"后以此谪居新州。

车骑关 明弘治十四年（1501）置，属磁州。在今河北邯郸市南三十里。明置车骑关巡司。《方舆纪要》卷49磁州：车骑关"在州北三十里。路通直隶邯郸县，自邺趣河北，车骑往来，往往取道于此，因名"。

车骑城 即汉宕渠城。在今四川渠县东北七十四里土溪镇渠江南岸城坝古城。《后汉书·吴汉传》李贤注：宕渠县"故城在今渠州流江县东北，俗名车骑城"。《寰宇记》卷138渠州：宕渠县"今即流江县东北七十里宕渠故城是也。其城后汉车骑将军冯绲增修，俗名车骑城，东晋末为蛮僚所侵，因而荒废"。古城遗址尚存，有冯焕神道碑。

车道岘 亦作车道岭。在今甘肃定西市西北，与榆中县毗连。《明史·邓愈传》：洪武三年（1370），"以征虏左副将军从大将军出定西。扩廓（帖木儿）屯车道岘，愈直抵其垒，立栅逼之，扩廓败走"。《方舆纪要》卷59安定县：车道岘"在县北百余里"。

车道岭 一名车道岘。在今甘肃榆中县东南七十里，接定西县界。悬崖绝壁，仅通一路。《明通鉴》：洪武三年（1370），"大将军（徐）达师自潼关出西道，元库库退屯车道岘"。即此。

车道峪堡 明置，属蓟州。为长城关隘之一。在今天津市蓟县东北四十里。《方舆纪要》卷11蓟州"黄崖峪关"条："车道峪堡在黄崖峪东。《志》曰：自车道峪、黄崖口直北，即元人之大兴州也。"

车湖 即今清水海。在云南寻甸回族彝族自治县西。《明一统志》卷87寻甸府：车湖"在府城西三十里。一名清水海子。周广四里，四围皆山，有灌溉之利"。《清一统志·曲靖府》：车湖"其水澄碧，中产嘉鱼"。

车溪 ①在今浙江桐乡市西。《方舆纪要》卷91崇德县："车溪在县（治今崇福镇）东北三十六里，南北相距二十余里，接于桐乡之烂溪。"

②在今湖北宣恩县南。《方舆纪要》卷82木册长官司：车溪"《志》云，源出木册山，流入忠建境内"。下流入西溪。

车镇 即今山东无棣县北三十里车镇乡。清光绪《山东通志》卷2《舆图志》：海丰县北有车镇。

车箱坂 亦名车盘岭。在今陕西淳化县北箱屋村一带。《元和志》卷1：车箱坂"萦纡曲折，单轨才通，上阪即平原宏敞，楼观相属，即趋甘泉宫道也"。宋敏求《长安志》卷20引《云阳宫记》："车箱坂下有梨园，汉武筑之。"一说在今陕西泾阳县西北五十里。

车箱谷 即铁岭。在今河南卢氏县北五十里。《清一统志·陕州》：铁岭"一名车箱谷"。

车箱城 在今山西绛县南十里。西魏大统五年（539）筑城。《周书·杨檦传》："复授建州刺史，镇车箱。"即此。

车箱峡 在今陕西平利县西七十余里。《明史·李自成传》：崇祯七年（1634），"自成等陷于兴安之车箱峡"。即此。

车箱渠 在今北京市西部。古代北京地区第一个人工灌溉渠，为曹魏镇北将军刘靖所筑。分灅水（今永定河）之流，自梁山（今石景山）以南，傍河筑坝，障水东下，名戾陵遏。又从戾陵遏以下凿车箱渠，穿行今八宝山一带丘陵，转而接今紫竹院高梁河上源，全长三十余里。《水经・鲍丘水注》：高梁水“首受㶟水于戾陵堰，水北有梁山，山有燕剌王旦之陵，故以戾陵名堰。水自堰枝分，东径梁山南，又东北径刘靖碑北，其词云：‘……登梁山以观源流，相㶟水以度形势，嘉武安之通渠，羡秦民之殷富，乃使帐下丁鸿督军士千人，以嘉平二年，立遏于水，导高梁河，造戾陵遏，开车箱渠”。后废。

牙儿干　即鸭儿看。今新疆莎车县。《明史・西域传・坤城》：奉贡通名天朝者有牙儿干。

牙山　①在今山东邹城市东南。《续汉书・郡国志》鲁国驺县注：“城北有牙山。”《清一统志・兖州府一》：“《府志》：峄山与牙山，大小相错，状若犬牙。”

②在今广西钦州市东南海中。《清一统志・廉州府》：牙山“在钦州东南龙门外海之东，去龙门六十里。海中特起三峰，广十里，形如排牙”。

牙门山　峨眉山别称。即今四川峨眉山市西南峨眉山。西晋张华《博物志》：“南安县西百里，有牙门山。”

牙门戍　在今湖北钟祥市。《元和志》卷21长寿县：“县城，本古之石城，背山临汉水，吴于此置牙门戍城。”

牙不力镇　即牙勃罗尼。今黑龙江省尚志市东南牙不力镇。

牙尔佳藏布河　即今西藏班戈县北之扎加藏布。《清一统志・西藏》：牙尔佳藏布河“在喇萨北七百余里。源出巴萨通拉木山，西流入喀齐国，为卫地之北界”。

牙兰千户所　元改雅懒（耶懒）路置，属开元路。在今俄罗斯滨海边疆区东北塔乌黑河流域。明改牙鲁卫。

牙头寨　元置，在今河北赤城县北。《明史・华云龙传》：洪武初，“行边至云州，袭元平帝僧家奴营于牙头，突入其帐，擒之，尽俘其众”。

牙母鲁克于木卒池　即牙母鲁克池。今西藏浪卡子县羊卓雍错。《清一统志・西藏》：牙母鲁克于木卒池“在纳噶拉则城（今浪卡子县）东。池广四百六十余里，中有三山，一名米纳巴，一名鸦博土，一名桑里。山下溪流甚多，时白时黑，或成五彩。中多鱼，附近居人及居山内者，皆藉鱼为生”。

牙母鲁克池　即今西藏浪卡子县羊卓雍错。清《西藏图考》卷1载《西藏全图》作“牙母鲁克海”。藏语意为碧玉、草原之湖或上部牧区碧玉湖。

牙舟　清设牙舟汛。即今贵州平塘县西三十八里牙舟镇。有把总驻守。古名冗嘎，系布依语音译，意为像豆芽一样的岩石错落的山冲。

牙江　在今四川邛崃市东四十里。《寰宇记》卷75依政县：有“牙江水”。《方舆纪要》卷71邛州“邛水”条内：“牙江在州东四十里，源出大邑县凤凰山，东南流至州东合于邛水。其合处有石如象牙，因名。”

牙江水　在今湖南郴州市东四十里。《方舆纪要》卷82郴州：牙江水“源出五盖山，北流经此，灌田八十顷。又西北流入于郴水”。

牙克什　亦即雅克萨。今内蒙古牙克石市。《清史稿・地理志》：呼伦直隶厅有“牙克什”车站，为中东铁路车站之一。

牙里不藏思八　元代西藏地名。《元史・百官志三・宣政院》载：乌思藏纳里速古鲁孙等三路宣慰使司都元帅府，其属附见有牙里不藏思八万户。藏文史籍《汉藏史集》载乌思藏十三万户中，牙里不藏思八（雅桑）为乌思地区（前藏）六个万户之一，其辖地在今乃东县东南雅桑境。

牙里（裏）堡　即今福建霞浦县东北牙城镇。明嘉靖中，清湾巡司移驻于此。

牙里集　即今河北魏县南四十八里牙里镇。明正德《大名府志》卷1：大名县有牙里集。

牙利县　唐天宝元年（742）置，属静戎郡。在今四川理县东北。《寰宇记》卷80霸州：“牙利县去州五里。在小聋山上村置。”乾元元年（758）属霸州。后废。

牙城　即今福建霞浦县东北六十五里牙城镇。清《乾隆内府舆图》：霞浦县东北有牙城。

牙勃罗尼　亦作牙不力、亚布洛尼。即今黑龙江省尚志市东南亚布力镇。民国徐曦《东三省纪略》卷8：东清铁路有牙勃罗尼站。

牙剌站　又作牙落站。元置，在今黑龙江省富裕县西南塔哈满族达斡尔族乡。元《析津志》天下站名：“吉答正东牙剌”。

牙前县　1945年初山东革命根据地由牟平、海阳、栖霞三县地析置，治桃村（今山东栖霞市东南桃村）。因位于牙山之南，故名。1950年1月撤销，并入海阳、栖东、乳山、牟平等县。

牙梳山　①即今福建宁化县西北牙梳山。《方舆纪要》卷98宁化县“翠华山”条下：“县北六十里又有牙梳山，以形似名。险峻扼塞，啸聚所凭。”

②在今江西石城县东北，与福建省建宁县接界。《方舆纪要》卷88赣州府石城县：牙梳山在“县北百里，盘踞广昌及宁化二县境。有三十六面。元时有蔡五九者聚为巢穴，元兵讨之，不能克，今寨址犹存”。《清一统志・宁都州》：牙梳山“在石城县北七十里。……上有天池”。

牙梳嶂　在今江西广昌县南。《方舆纪要》卷86建昌府广昌县：牙梳障“在县南十里。嶂有三穴，大风常自中出，当寒则暖，当暑则凉”。

牙鲁卫　明永乐六年（1408）置，属奴儿干都司。在今俄罗斯滨海边疆区东塔乌河流域。后废。

屯　春秋时鲁地。在今山东曲阜市东南。《史记・孔子世家》：定公十四年（前496），“孔子遂行，宿乎屯”。《集解》：“屯在鲁之南也。”今曲阜市东南有屯里，应即春秋之屯。

屯门 清置汛，属大鹏营。在今香港九龙西北屯门。有把总驻防。

屯门山 又名杯渡山。在今广东深圳市西南头镇附近。一说即今香港新界屯门青山。唐韩愈《赠别元十八协律》诗："屯门虽云高，亦映波浪没。"即此。南汉大宝十二年（969）封为瑞应山。今有瑞应岩、虎跑井。

屯门镇 即今广东深圳市西南头镇。《新唐书·地理志》：广州南海郡有"屯门镇"。《方舆纪要》卷101广州府新安县"梧桐山"条下：朴渡山，"《纪事》云，东莞南头城，古之屯门镇。……唐置屯门镇兵，以防海寇。天宝二载，海贼吴令光作乱，南海郡守刘巨麟以屯门镇兵讨平之，宋亦置营垒于此"。

屯子集 即今河南浚县北二十四里屯子镇。清嘉庆《浚县志》卷5《集镇》：有屯子集。

屯氏河 黄河下游故道之一。西汉元封后，黄河北决于馆陶（今河北馆陶县），分为屯氏河。《汉书·地理志》馆陶县："河水别出为屯氏河，东北至章武（今河北沧县东北）入海。"《汉书·沟洫志》："元帝永光五年，河决清河灵鸣犊口（今山东高唐县南），而屯氏河绝。"又《水经·河水注》中仍有屯氏河故渎，下游又支分为屯氏别河故渎，别河又支分为南北二故渎，其经行路线与元封、永光间的故道不尽相同，当系永光后决徙所形成，其遗迹至今犹散见于山东、河北两省接壤处各县境内。后隋炀帝开永济渠，其在今山东境内一段（即今卫河），一部分即利用屯氏河故道修浚而成。

屯氏枯河 在今山东临邑县东北。《水经·河水注》："屯氏别河北渎又东北径重平县故城南，又东北径重合县故城南。"《方舆纪要》卷31谓屯氏枯河在德平县东北，"今湮"。

屯田 即今山东寿光市东南屯田。1948年山东革命根据地置寿南县治此。

屯有县 西汉置，属乐浪郡。治所在今朝鲜黄海北道黄州。一说在黄州东南凤山郡或京畿道临津江下游丰德。西晋后废。

屯州 北周置，治所在馆陶县（今河北馆陶县）。隋大业初废。

屯昌镇 清雍正三年（1725）置，即今海南省屯昌县治。1948年于此置新民县。1952年改名屯昌县。

屯河 又作吞河、陶温水或桃温水。即今黑龙江省伊春市东汤旺河。《清一统志·吉林一》：屯河"在宁古塔城东北七百里。源出屯窝集，东南流会十余水，入混同江"。《清史稿·地理志》汤原县："屯河即汤旺河。"

屯河卫 明永乐三年（1405），属奴儿干都司。在今黑龙江省伊春市南汤旺河流域。后废。

屯河猛安 金置，在今黑龙江省汤原县西南大有屯附近固木纳城。《金史·宗尹传》："授世袭蒲与路屯河猛安，并京管谋克。"

屯驻军寨 宋置，属长汀县。在今福建长汀县南。《方舆纪要》卷98汀州府长汀县：屯驻军寨"在府南三里。宋建炎中，群寇扰乱，遣军讨捕，尝驻于此。绍兴十四年始创筑，元废"。

屯城 在今安徽明光市北淮河南岸。《寰宇记》卷16泗州临淮县："古屯城在徐城县西南八十五里。陈太建五年大将吴明彻于此置堰，断淮水以灌濠州，缘此筑城，置兵防守，其城南北作隔分为两城。淮南招义县界又有一城临水，南北相对，亦是同时筑，名为屯城。"

屯留 周代晋国都城。在今山西屯留县南十二里古城村。《史记·晋世家》索隐引《纪年》："桓公二十年，赵成侯、韩共侯迁桓公于屯留。"《水经·浊漳水注》引《竹书纪年》："梁惠成王元年，韩共侯、赵成侯迁晋桓公于屯留。"梁惠成王元年即周烈王六年（前359），晋国一直定都于此。

屯留县 春秋晋置，战国时入秦，属上党郡。治所在今山西屯留县南十二里古城村。出土秦封泥中有"屯留丞印"可证。北魏移治今山西长治市西北四十里故县。北齐废。隋开皇十六年（596）复置，属潞州。治所在今屯留县西二十里西故县。大业初属上党郡。唐属潞州，武德五年（622）移治今屯留县。北宋属隆德府。金复属潞州。元世祖至元三年（1266）废，十五年（1278）复置屯留县。明嘉靖八年（1529）属潞安府。民国初属山西冀宁道。1930年直属山西省。

屯营 在今重庆市江津区南。《清一统志·重庆府二》：屯营"在江津县南二十五里。四围峻绝，中如砥平。明正德中，都御史林俊破'贼'曹甫，屯兵于此"。

屯窝集 在今黑龙江省伊春市北小兴安岭南脉。《清一统志·吉林一》"巴兰窝集"条下："屯窝集，在（宁古塔）城东北八百里。"汤旺河源于此。

屯隘 在今广西靖西县南。《清一统志·镇安府》"频峒隘"条内："屯隘在（归顺）州南六十里。"设外委戍守。

屯溪 一名屯浦。今安徽新安江上源横江与率水会流，合称此名。清朱彝尊《重建屯溪桥记》："或曰：孙吴时毛甘万户屯兵于是，故溪以屯名。"后又以溪名镇。原属休宁县。《明一统志》卷16徽州府：屯溪桥"在休宁县治东南三十五里"。《明史·地理志》休宁县："东南有𡊨厦巡检司，后移于屯溪。"现为黄山市屯溪区。

屯溪市 1949年5月由休宁县析置，属皖南行署区。治屯溪镇（今安徽黄山市屯溪区）。1949年5月至7月为行署驻地。1987年撤销徽州地区及县级屯溪市，改设地级黄山市（驻屯溪区）。原县级屯溪市改置屯溪区。

屯溪镇 即今安徽黄山市驻地屯溪区。明置巡司于此。《明史·地理志》休宁县："东南有𡊨厦巡检司，后移于屯溪。"1949年改置屯溪市。1987年改为黄山市。

屯磨镇　清置，属鄜州。在今陕西富县南五十里。

区水　即今陕西延河。《山海经·西山经》：申山，“区水出焉，而东流注于河”。

区栗城　即区粟城。在今越南中部广治省广治西北石杆河与甘露河合流处。《梁书·林邑国传》误作区栗城。

区粟城　即汉西卷县城。在今越南中部广治省广治西北石杆河与甘露河合流处。《宋书·林邑国传》：元嘉八年（431），“遣楼船百余寇九德，入四会浦口，交州刺史阮弥之遣队主相道生三千人赴讨，攻区粟城不克，引还”。即此。《南齐书·林邑国传》：“区粟城建八尺表，日影度南八寸。”

匹夫关　在今广西都安瑶族自治县东北菁盛乡八甫村。《清一统志·思恩府》：匹夫关“在安定土司东一百八十里红水江北。峭壁万仞，下临大江，鸟道一线而渡，极为险峻”。

匹袍洞　在今湖南汝城县东南。《方舆纪要》卷80桂阳州“泗洲镇”条下：“又匹袍洞，亦在州（今桂阳县）东百里，接桂阳县界，亦与江西连境。洞本上犹县所辖，宏治中，‘贼党’负固于此。正德十六年，官兵讨平之。”

匹（疋）袍隘　在今江西上犹县西北。《方舆纪要》卷88南安府上犹县：匹袍隘“在县北八十里村头里。《虞台图说》云，疋袍峒有猴岭。崔嵬横亘，接湖广桂东县罗木山。又有小径可通南韶诸路。正德中，峯贼谢志珊使其党越岭而东，分道由村头里顺流而下，不半日犯县城，即此处也。嘉靖间，居民于村头里筑城，若遇警，则浮龙巡司可据猴岭，以扼要冲。故匹袍与浮龙形援最切”。

匹播　西藏古地名。唐杜佑《通典·边防》：“隋开皇中，其主论赞率弄赞都牂牁西匹播城。”地在今琼结县琼结镇。隋、唐时吐蕃赞普（王）曾于此筑城建都，7世纪中叶吐蕃都逻娑（即今拉萨），匹播城仍为赞普之夏日行宫。

巨人山　在今四川茂县南二十里。《寰宇记》卷78汶山县：巨人山“在县南三十里。山头有石如人立，面南，玄宗幸蜀时，以石人背立，敕令鞭之一百。下有九池，俗传为九龙池”。

巨口关　明置，属邵阳县。在今湖南新邵县西北四十里巨口铺镇。

巨口铺　即今湖南新邵县西北四十里巨口铺镇。旧属邵阳县，明于此置巨口关。

巨（钜）山　在今山东枣庄市西。《方舆纪要》卷32滕县：巨山“张裴《纪略》曰：巨山盘郁翁葱，下有水，曰圣泉，不涸不盈，味甘而冽”。

巨马河　又名涞水，即今河北拒马河。《水经·巨马水》：“巨马河出代郡广昌县涞山，东过逎县北，又东南过容城县北，又东过勃海东平舒县北，东入于海。”明始称拒马河。

巨公山　即马鬐山。又名磨旗山。今山东莒县东南六十里马丌山。《水经·沭水注》：“（浔）水出巨公之山。”《方舆纪要》卷35莒州“沭水”条下：“《志》云，浔水出州南六十里马鬐山，《水经》谓之巨公山。”

巨石山　亦名石甑山。即今浙江杭州市西湖北岸之宝石山。《寰宇记》卷93钱塘县：“巨石山在县南三里。《郡国志》云，上有七层古塔。王僧儒云：巧绝人工。山北有落星二石。吴越王钱氏号寿星宝石山，后改为巨石山。”宋《淳祐临安志》卷8：“巨石山一名石甑山。”

巨石关　在今云南盈江县西部，昔马东南十里城门洞山。明万历二十二年（1594）云南巡抚陈用宾筑，为腾越八关之一。

巨平山　一名由吾峰。在今江苏连云港市东北。《寰宇记》卷22海州东海县：“由吾大夫庙在县北四十里巨平山南。”《方舆纪要》卷22海州：巨平山“南接东海，北抵虚沟，中有龙潭”。

巨（钜）平县　西汉置，属泰山郡。治所在今山东泰安市西南五十里。东汉为侯国。后复为县。北齐省。

巨（钜）平侯国　东汉改巨平县置，属泰山郡。治所在今山东泰安市西南五十里。后复为县。

巨母古城　辽边防城。在今内蒙古满洲里市东南。《辽史·耶律世良传》：开泰三年（1014），“奉命选马驼于乌古部，会敌烈部人夷刺杀其酋长稍瓦而叛，邻部皆应，攻陷巨母古城”。今内蒙古满洲里市东南扎赉诺尔乡之南十里、木图那雅河之东有一辽金古城，方位颇合，疑为巨母古城遗址。《金史·瑶里孛迭传》所载之骨堡子，疑亦为此城。

巨合水　在今山东章丘市西南。《水经·济水注》：“巨合水南出鸡山西北，北径巨合故城西。……巨合水又北合关卢水。”元于钦《齐乘》卷2：“巨合水出（龙山）镇南五十里，曰榆科泉，径巨里西。武原水出镇南十余里，曰江水泉，径巨里东，俗讹为东西巨治水，俱北流五里余乃相合，北入小清河。巨合之得名以此。”

巨合城　一名巨里城。在今山东章丘市西龙山镇。汉武帝封城顷王子发为巨合侯。《水经·济水注》：巨合水“北径巨合故城西，耿弇之讨张步也，守巨里，即此城也”。

巨（钜）阳　战国楚都。在今安徽阜阳市北。《史记·六国年表》：楚考烈王十年（前253），“徙于巨阳”。即此。

巨里城　又名巨合城。在今山东章丘市西龙山镇。《后汉书·耿弇传》：建武五年（29），张步将费邑守历下，“费邑分遣弟敢守巨里。弇进兵，先胁巨里”，邑趣救，弇“即分三千人守巨里，自引精兵上冈阪，乘高合城，大破之，临阵斩邑，既而收首级以示巨里城中，城中危惧”，遂下巨里。宋改为龙山镇。

巨甸汛　即今云南丽江市玉龙纳西族自治县西北一百五十里巨甸镇。清置巨甸汛。

巨岩堡 在今广西灌阳县东北。清有外委戍守。《清史稿·地理志》灌阳县："北有巨岩堡汛。"

巨河镇 在今河北高碑店市东南。《明史·地理志》新城县："西南有巨河镇巡司。"

巨（钜）定县 西汉置，属齐郡。治所在今山东广饶县东北。东汉省。《水经·淄水注》作"巨淀县"，并称"县东南则巨淀湖，盖以水受名也"。

巨（钜）定湖 亦作巨淀。在今山东寿光市西北。《汉书·地理志》齐郡广县："为山，浊水所出，东北至广饶入巨定。"《水经·巨洋水注》："浊水又径臧氏台西，又北径益城西，又北流注巨淀。"又《淄水注》载：淄水"又东径巨淀县故城南……县东南则巨淀湖，盖以水受名也"。元于钦《齐乘》卷2：巨淀"水泽名，县因氏焉。即今乐安东北清水泊也"。

巨（钜）昧水 即巨洋水，亦即今之弥河。源出今山东临朐县沂山西麓，北流径临朐县东，又北径青州市东，又东北流径寿光县界，东北入海。《后汉书·耿弇列传》：耿弇击张步，"追至巨昧水上"。注："巨昧，水名，一名巨洋水，在今青州寿光县西。"

巨哇 在今西藏阿里地区札达县西北二百七十多里。地当如雪藏布（帕里河）和司丕提河汇流处以西巨哇曲河旁，属西藏阿里扎锡岗举巴扎仓管辖。"巨哇"，藏语意为继承者。1958年被印度侵占。

巨洋水 又作巨蔑水、巨昧水、洱水、浉河、具水、弥水，即今山东境内弥河。源出临朐县沂山西麓，北流径临朐县东，又北经青州市东，又东北流径寿光县界，东北入海。《水经·巨洋水注》："巨洋水即《国语》所谓具水矣，袁宏谓之巨昧，王韶之以为巨蔑，亦或曰朐瀰，皆一水也，而广其目焉。其水北流径朱虚县故城西，……又径临朐县故城东……又东北径剧县故城西……又东北径益县故城东……又西北流而注于巨淀矣。……巨洋水自巨淀湖东北流径（寿光）县故城西……东北径望海台西东北流，又东北注于海也。"

巨津州 元世祖至元十四年（1277）于九赕置，属丽江路。治所在今云南丽江市玉龙纳西族自治县西北一百五十里巨甸镇。《元史·地理志》："盖以铁桥自昔为南诏、吐蕃交会之大津渡，故名。"清顺治十六年（1659）废。

巨桥乡 即今河南浚县西五十里巨桥镇。《清一统志·卫辉府二》：巨桥乡"在浚县西五十里。《明统志》：即武王发巨桥之粟处"。

巨（钜）桥仓 在今河北曲周县东北。《史记·殷本纪》：帝纣"厚赋税以实鹿台之钱，而盈巨桥之粟"。《集解》：服虔曰："巨桥，仓名。许慎曰巨鹿水之大桥也，有漕粟也。"《水经·浊漳水注》："衡漳又北径巨桥邸阁西。旧有大梁横水，故有巨桥之称。昔武王伐纣，发巨桥之粟，以赈殷之饥民。服虔曰：巨桥，仓名。许慎曰：钜鹿水之大桥也。今临侧水湄，左、右方一、二里中，状若丘墟，盖遗囷故窖处也。"

巨桥城 宋大理置，属善阐府。在今云南晋宁县东南四里堡孜。元置昆阳州。

巨峰寨 明嘉靖十三年（1534）建，即今山东日照市西南岚山区西北巨峰镇。

巨流河 一名句骊河。即今辽宁西部之辽河。清乾隆《钦定盛京通志》卷25：辽河"国语曰老哈，即古句骊河也。……今名巨流河"。

巨流河城 后金崇德元年（1636）建，即今辽宁新民市东北巨流河村。清乾隆《钦定盛京通志》卷30：巨流河城在"（广宁）城东北二百三十里。……康熙二十年置巡检司于此，乾隆四十二年移驻凤凰城"。

巨流河站 清初置，即今辽宁新民市东北巨流河村。为奉天至山海关驿站之第三站。《清一统志·奉天府二》：第一站"在奉天府城内。又西六十里至老边站，亦名旧边寨。又西四十里至巨流河站"。

巨家庄 在今天津市南二十里。清康熙《天津卫志》卷1：巨家庄"在城南，去城五十里。世传为汉时巨无霸故里"。

巨陵亭 即大陵。在今河南临颍县东北十二里巨陵镇。《水经·濦水注》：宣梁陂水"东南入许昌县，径巨陵城北，郑地也。……京相璠曰：'颍川临颍县东北二十五里有故巨陵亭，古大陵也'"。

巨（钜）野县 西汉置，属山阳郡。治所在今山东巨野县东北。西晋属高平国。南朝宋属高平郡，移治今巨野县南一里。北魏属任城郡。北齐省。隋开皇十六年（596）复置，属郓州。大业初属东平郡。唐属郓州。五代周为济州治。金天德二年（1150）废。元世祖至元六年（1269）复置，移治今巨野县。为济州治。后为济宁路治。明属济宁州。清属曹州府。民国初属山东济宁道。1925年属曹濮道。1928年直属山东省。

巨（钜）野泽 即大野泽。在今山东巨野县北。《史记·彭越列传》：彭越"常渔巨野泽中"，即此。

巨（钜）鹿 战国赵邑。故址在今河北平乡县西南平乡镇。秦置巨鹿县。

巨（钜）鹿县 ①秦置，为巨鹿郡治。治所在今河北平乡县（乞村）西南平乡镇。北魏景明二年（501）移治今平乡县西南平乡镇东三十里，属南赵郡。北齐废。

②东魏武定七年（549）置，为安远郡治。当在今江苏盱眙县境。北齐废。

③隋大业初改南緣县置，属襄国郡。治所在今河北巨鹿县北夏旧城。唐属邢州，嗣圣元年（684）移治今巨鹿县。北宋属信德府。金属邢州。元属顺德路。明属顺德府。民国初属直隶大名府。1928年直属河北省。

巨（钜）鹿泽 即大陆泽。在今河北任县、巨鹿、隆尧县之间。《吕氏春秋·有始览》谓巨鹿为九薮之一。《元和志》卷15巨鹿县："大陆泽，一名巨鹿，在县北五里。"

巨（钜）鹿郡 ①秦始皇二十五年（前222）置，治所在巨鹿县（今河北平乡县西南平乡镇）。辖境相当今河北白洋淀、文安洼以南，南运河以西，高阳、宁晋、任县以东，平乡及山东临清以北地。汉缩小至今滹沱河以南，平乡以北，柏乡以东，辛集、新河以西地。东汉移治廮陶县（今宁晋县西南）。晋改为巨鹿国。北魏仍复为郡，永安中分为二：一属定州，治所在曲阳县（今河北晋州市西），隋废；一属殷州，治所在廮遥县（今宁晋县），北齐废。唐天宝、至德时又曾改邢州为巨鹿郡。

②东魏置，属定州。北齐治所在高城县（今河北藁城市西南二十八里丘头镇）。北周辖境相当今河北藁城、晋州、束鹿、深州等市县地。隋开皇初废。义宁元年（617）复置，治槀城县（今藁城市）。唐武德元年（618）改为廉州。

③唐天宝元年（742）改邢州置，治所在龙冈县（今河北邢台市）。辖境相当今河北巨鹿、广宗县以西，泜河以南，沙河以北地区。乾元元年（758）复为邢州。

巨鹿镇 即今河北衡水市西南三十四里巨鹿镇。清同治《畿辅通志》卷54衡水县图：西南有巨鹿镇。

巨（钜）淀县 即巨定县。在今山东广饶县北。《水经·淄水注》："（淄水）又东径巨淀县故城南。征和四年，汉武帝幸东莱，临大海，三月耕巨淀，即此也。县东南则巨淀湖，盖以水受名也。"

巨梁水 即今河北玉田县东南之还乡河，为蓟运河支流。《水经·鲍丘水注》："鲍丘水又东，巨梁水注之。水出土垠县北陈宫山，西南流径观鸡山，谓之观鸡水，……巨梁水又南，径土垠县故城西，……又东南，右合五里水……乱流入于鲍丘水。"《清史稿·地理志》永平府迁安县："巨梁水出西北黄山，一曰还乡河。"

巨蔑水 即巨洋水。亦即今之弥河。源出今山东临朐县沂山西麓，北流径临朐县东，又北径青州市东，又东流径寿光县界，东北入海。《宋书·武帝纪》：东晋义熙五年（408）讨慕容超。超遣公孙五楼及广宁王贺赖卢先据临朐城，"临朐有巨蔑水，去城四十里"。即此。

巨魏亭 在今山西应县北。《水经·㶟水注》：㶟水"东径巨魏亭北"。即此。

巨麓岭 在今山西岢岚县西南。《方舆纪要》卷40岢岚州：巨麓岭在"州西南五十里，西南至兴县六十里接境处也。山多松，一名万松山，或谓之松子岭"。

比干山（比 bǐ） 在今山西汾阳市西北。《元和志》卷13西河县："比干山在县北一百一十里。"《方舆纪要》卷42汾阳县："比干山在府西北九十里。相传纣使比干筑城于此。"故名。

比干庙（比 bǐ） 在今河南卫辉市城北十四里。据《史记·殷本纪》："纣乃重刑辟，有炮烙之法。"因比干强谏纣，纣怒曰："吾闻圣人心有七窍，剖比干观其心。"据传比干被纣剖心后，葬于此。相传其墓为周武王所封，北魏孝文帝时因墓立庙。《魏书·地形志》：汲郡汲县有比干墓。《水经·清水注》："（坶野）有殷大夫比干冢，前有石铭，题隶云：殷大夫比干之墓。所记惟此，今已中折，不知谁所志也？太和中，高祖孝文皇帝南巡，亲幸其坟而加吊焉，刊石竖碑，列于墓隧矣。"今庙占地百亩，墓占地约二十亩，冢高二十余米。现存建筑有影壁及三道门、拜殿、大殿等，规模宏伟，并保存宋、元、明、清历代碑刻七十余品。其中有著名的魏孝文帝吊比干文刻石（宋代重刻）、陈宣帝祭比干文及唐太宗赠殷太师比干诏、唐贞观十九年（645）祭文碑（元代重刻）以及乾隆御碑等。1996年定为全国重点文物保护单位。

比川州 亦名北川州。唐开元十七年（729）置羁縻州，属黎州都督府。治所在今四川甘洛县南普昌镇。北宋以后废。

比水 即沘水。今河南西南部泌阳河及其下游唐河。《水经·比水注》："比水又西，澳水注之。水北出茈丘山，东流屈而南转，又南入于比水。"

比地州 亦作北地州。唐开元十七年（729）置羁縻州，属黎州都督府。治所在今四川甘洛县南斯觉镇。北宋以后废。

比耳塘 亦作比耳市。即今湖南保靖县西北比耳镇，与龙山县接界。旧属龙山县。清光绪《湖南通志》卷1龙山县图：县西南有比耳塘。

比阳县 西汉置，属南阳郡。治所即今河南泌阳县。晋属南阳国。南朝宋改属广平郡。北魏改置阳平县。隋开皇七年（587）改为饶良县。大业三年（607）复置比阳县，移治今泌阳县，为淮安郡治。唐为唐州治。天祐三年（906）徙州治泌阳县（今唐河县），比阳县属唐州。元世祖至元三年（1266）废入泌阳县。

比阳镇 军镇名。北魏太和十年（486）改乐陵镇置。治所在比阳城（今河南泌阳县）。《魏书·韦珍传》：韦珍为乐陵镇将，"高祖诏珍移镇比阳"。《魏书·寇臻传》：寇臻"拜振武将军、比阳镇将"。即此。

比如宗 又名纳雪、纳雪比如。1916年原西藏地方政府设哲如宗。治所即今西藏比如县。后改为比如宗。1960年改设比如县。

比苏县（比 pí） 又作茈苏。西汉元封二年（前109）置，属益州郡。治所在今云南云龙县境。东汉永平十二年（69）属永昌郡。西晋永嘉五年（311）属河阳郡。东晋成帝时为西河郡治。南朝梁末废。

比求县 唐仪凤二年（677）置，属巩州。治所在今四川珙县南。天宝元年（742）属因忠郡，乾元元年（758）属巩州。后废。

比思县 亦作北思县。唐贞观七年（633）置，后属羁縻笮州。治所在今四川红原、马尔康县境。后废。

比喇大箐 在今贵州黔西县西北，与大方县分界。《方舆纪要》卷123附水西宣慰司：比喇大箐“崇岩茂林，四面深阻，中平广，容数万人，夷酋奥地也”。清爱必达《黔南识略》卷25黔西州：比喇箐“在城西北三十里，四面深阻，平广容数万人，均昔时罗鬼所负隅也”。

比喇坝 即今贵州织金县。清康熙三年（1664）于此置平远府。二十二年（1683）改平远州。1914年改织金县。

比景县 亦作北景县。西汉置，属日南郡。治所在今越南广平省宋河下游高牢下村。《水经·温水注》：“比景县，日中头上，景当身下，与景为比。如淳曰：故以比景名县。阚骃曰：比，读荫庇之庇。景在己下，言为身所庇也。”南齐以后废。隋大业元年（605）平林邑复置，为荡州治。三年（607）为比景郡治。后废。

比景郡 隋大业三年（607）改荡州置，治所在比景县（今越南广平省宋河下游高牢下村）。辖境相当今越南广平省、广治省部分地。后废。

比渡坡 在今贵州大方县东南。《方舆纪要》卷123附水西宣慰司：“比渡坡在大方东南。《志》云，渡六归河至比渡坡，趋以列箐，道险隘。”清爱必达《黔南识略》卷24大定府：比渡坡“在城东南五十五里，渡六归河而赴以列箐者必由此”。

比蓬州 亦作北蓬州。唐开元十七年（729）置羁縻州，属黎州都督府。治所在今四川马边彝族自治县北下溪乡。北宋以后废。

比微暗沙 在南海中中国中沙群岛内，位于中沙大环礁的东北边缘。西南距中北暗沙约6海里，东南距隐矶滩10海里多，是中沙群岛中延伸最长、面积最大的暗沙。1947年公布名称为比微暗沙。

互乡 一名合乡。在今山东滕州市东二十三里。《论语·述而》：“互乡难与言。”《元和志》卷9谓合乡故城“即《论语》所谓互乡是也”。一说在今河南项城市南秣陵镇东北一里。《寰宇记》卷10项城县：“互乡城在县北一里。故老传云，互乡之地。”

互助县 1930年析西宁县置，属青海省。治所在威远镇（今青海互助土族自治县）。1954年改为互助县土族自治区，1955年改为互助土族自治县。

切木尔切克石人及石棺墓群 在今新疆阿尔泰市西南二十四里切木尔切克乡。墓群分布区南北长125公里，东西宽35公里。墓葬年代主要为公元前1000至公元前700年左右，也有一部分唐代墓葬。遗址中保存了大批古墓葬和墓地石人。墓葬形制多样，以大型茔院制石棺墓、环石围石堆墓和石棺墓居多。二十九尊墓地石人大致代表了阿勒泰地区墓地石人发展的各个序列。出土了大批精美的陶器、石器和金属器。切木尔切克古墓群是阿勒泰地区保存墓葬及墓地石人数量最多的遗址群，是古代北方民族宗教、石雕艺术和丧葬习俗的代表，在研究北方草原古代民族属性、活动范围、迁徙过程及生产、生活方式中占有重要地位。2001年定为全国重点文物保护单位。

瓦 春秋卫邑。在今河南滑县南瓦冈。《春秋》：定公八年（前502），“公会晋师于瓦”。杜注：“东晋燕县东北有瓦亭。”

瓦口 即蒙头荡石。在今四川渠县东北七里八濛山。《三国志·蜀书·先主传》：建安二十年（215），魏将张郃入巴，“先主令张飞进兵宕渠，与郃等战于瓦口，破郃等，郃收兵还南郑”。

瓦川会城 西夏筑，在今甘肃榆中县西南马衔山。

瓦子庄 即今河北故城县西南西半屯乡瓦子庄。民国《武城县志》卷2：“西南九十一村并为一乡，名曰瓦子乡。”

瓦子街 即今陕西宜川县西南瓦子街。1948年2月28日，西北野战军在此对国民党军发起进攻，激战至3月1日，将其全部歼灭，毙敌整编第二十九军军长刘戡。

瓦子湖 即今湖北荆州市东北长湖。《清一统志·荆州府》“王湖”条下：瓦子湖“一名长湖。上通大漕河，水面空阔，无风亦澜。会三湖之水以达沔。相近有象湖、豉湖”。

瓦云（雲）堡 在今甘肃泾川县东五十里。《清一统志·泾州二》：瓦云驿“在州东五十里瓦云堡。有城，周二里有奇。有驿承。今裁，设外委”。

瓦冈集 即今河南确山县西瓦冈乡。民国《确山县志》卷1：“清顺治三年新编乡”中，“有集曰瓦冈，在邑正西四十五里”。民国时有县佐驻此。

瓦丹 亦作大瓦丹屯。清置，属三姓副都统。在今黑龙江省依兰县东北。光绪《吉林通志》卷17屯镇：“正东距（三姓）城六十三里大瓦丹屯。”即此。

瓦石坪 在今陕西镇巴县西二百里。清属定远厅，设有守备防守。

瓦石铺 即今四川通江县东北瓦室镇。清道光《通江县志》卷2：瓦石铺“离城五十里”。1933年川陕省瓦室市苏维埃驻此。

瓦布齐努噶珊 亦名瓦吉，又作瓦布齐鲁。在今俄罗斯哈巴罗夫斯克边疆区黑龙江口罗日别斯特渔斯科耶附近。清初属宁古塔将军。康熙《皇舆全览图》：黑龙江口有“瓦吉噶山”。后属三姓副都统。光绪《吉林通志》卷17：混同江南岸，东至海滨旧设噶珊有“瓦布奇鲁”。咸丰年间通过不平等的中俄《北京条约》被俄割占。

瓦寺安抚司 明正统六年（1441）置，属威州。治所在今四川汶川县西南卧龙镇西北涂禹山。清康熙五十九年（1720）加瓦寺宣慰司衔，嘉庆元年（1796）升宣慰司。

瓦寺宣慰司 清嘉庆元年（1796）改瓦寺安抚司置，属茂州直隶州。治所在今四川汶川县西南卧龙镇西北涂禹山。民国改土归流。

瓦伦噶珊　在今俄罗斯哈巴罗夫斯克边疆区黑龙江下游东岸厄坎附近。清初属宁古塔将军。康熙《皇舆全览图》：黑龙江下游东岸有“瓦伦噶山”。后属三姓副都统。光绪《吉林通志》卷17：混同江南岸，东至海滨旧设噶珊有“瓦伦”。咸丰年间通过不平等的中俄《北京条约》被俄割占。

瓦合山　亦名瓦河山。在今西藏类乌齐县南。清乾隆《卫藏通志》卷3：瓦合大山“在类乌齐西南。山大而峻，路险难行，四山相接，绵亘一百六十里，四时积雪”。清康熙五十九年（1720）云南官兵三百余名，至此山下扎营，一夜风雪，人马僵仆，尽陷窖中。

瓦弄　在今西藏下察隅地区，察隅县治南六十九里处，沿察隅河右岸。藏语意为狐狸沟。原隶属于西藏地方政府管辖，1944年被印度政府非法占领。

瓦里霍吞城址　在今黑龙江桦川县东北万里河村，松花江南岸。为辽五代国部之一的越里笃部故城。元、明、清时期一直沿用。古城依地势而筑，呈不规则形，周长3000多米，残高6米，夯土版筑。设东、西、南三门，东、西门设瓮城。遗址内出土文物有布纹瓦片、定白瓷、土定瓷陶片、轮制泥质灰陶片、铜钱等。2006年定为全国重点文物保护单位。

瓦吹砦　即宁洮砦。在今青海民和回族土族自治县南。《宋史·地理志》乐州：宁洮砦“故瓦吹砦，元符二年收复，三年赐名”。

瓦岗　即今四川雷波县西南雷池乡（呷窝）。1958年于此置瓦岗县。1960年撤销。

瓦岗集　一名瓦岗寨。即今河南滑县东南瓦岗寨乡。民国《重修滑县志》卷6：“瓦岗集，距城五十里。”

瓦岗寨　①在今吉林珲春市东北。产沙金。《清史稿·地理志》珲春厅：珲春河“左合夹心子、胡卢别、瓦岗寨、大小红旗河”。

②即春秋时卫之瓦邑。在今河南滑县东南瓦岗寨。隋末翟让、李密等领导的农民军起义于此。《资治通鉴》：隋大业十二年（616），翟让“遂亡命于瓦岗”。即此。

瓦甸长官司　明宣德二年（1427）置，属金齿军民指挥使司。治所在今云南腾冲县东北七十六里永安街。正统五年（1440）升瓦甸安抚司。

瓦甸安抚司　明正统五年（1440）升瓦甸长官司置，属金齿军民指挥使司。治所在今云南腾冲县东北七十六里永安街。嘉靖元年（1522）属永昌军民府。清废。

瓦拉　又作娃拉。在今西藏索县东南加勤乡南学松，为藏北三十九族之一。见清乾隆《西藏志·外番》。

瓦述毛丫长官司　简称毛丫土司。清雍正七年（1729）置，属里塘宣抚司。治所在今四川理塘县西北毛丫沟。宣统三年（1911）改属巴安府。民国改流。

瓦述毛茂丫　亦作瓦述茂丫。在今四川理塘县东南木拉乡。清雍正六年（1728）置瓦述毛茂丫土百户。

瓦述长垣长官司　清雍正七年（1729）置，属里塘宣抚司。治所在今四川理塘县西北。后废。

瓦述写达　在今四川炉霍县西北。清雍正七年（1729）置瓦述写达土千户。

瓦述曲登长官司　简称曲登土司。清雍正七年（1729）置，属里塘宣抚司。治所在今四川理塘县西北曲登乡。宣统三年（1911）属巴安府。民国改流。

瓦述色他长官司　简称色他司。清雍正六年（1728）置，属雅州府。治所即今四川色达县。宣统三年（1911）改流。

瓦述更平东撒　在今四川炉霍县西北。清雍正七年（1729）置瓦述更平东撒土百户。

瓦述余科安抚司　简称余科或鱼科土司。清雍正六年（1728）置，属打箭炉厅。治所在今四川道孚县北甲宗乡（旧鱼科乡）。宣统三年（1911）改流，归道坞委员管辖。

瓦述咽陇长官司　清嘉庆十二年（1807）置，属理塘宣抚司。治所在今四川白玉县东南纳塔乡。一说在今新龙县西南弓龚纳。宣统三年（1911）改流，属登科府。

瓦述崇喜长官司　简称崇喜司。清雍正七年（1729）置，属理塘宣抚司。治所在今四川雅江县西北红龙乡（崇喜寨）。宣统三年（1911）改流，地属河口县。

瓦述麻里　简称麻里司。在今四川新龙县西南麻日乡。清嘉庆十二年（1807）置瓦述麻里土百户。

瓦述墨科　在今四川新龙县东拉日马乡北麦科。清雍正七年（1729）置瓦述墨科土百户。

瓦舍坝　在今四川青川县西清溪镇北关虎一带。《清一统志·龙安府》：青川镇“又东北有瓦舍坝巡司。今裁”。

瓦店　①即古淯阳城。在今河南南阳市南六十里白河东岸旧瓦店。清光绪《南阳县志》卷2：淯阳城，“今县南瓦店”。1955年移至今市南五十四里，1985年置瓦店镇。

②即今河南安阳县东南三十五里瓦店乡。清嘉庆《安阳县志》南乡图：有“瓦店集”。

瓦官寺　一作瓦棺寺。东晋兴宁二年（364）建。在今江苏南京市西南秦淮河畔凤凰台西花露岗上。唐韩翃《送客之江宁》诗有“楚云朝下石头城，江燕双飞瓦官寺”句。

瓦房店　①即今辽宁瓦房店市。三十年代移复县治此。民国熊知白《东北县治纪要》复县：瓦房店在“复县城东南六十里”。

②即今陕西紫阳县西瓦房镇。清光绪《陕西全省舆地图》紫阳县：瓦房店“在城南十六里”。

瓦房店市　1985年撤销辽宁省复县，改设瓦房店市，市人民政府驻世纪广场。由大连市代管。

瓦房镇 即今吉林洮南市西北瓦房镇。民国熊知白《东北县治纪要》辽宁洮南县：“县属瓦房，距县治西北一百十里。距洮安县西八十里。”1946年为姚北县治。

瓦城 在今江西樟树市东北。明《寰宇通志》卷37临江府：瓦城“在府治（今临江镇）东北四十里。俗传五代时乡豪建此以自保聚”。

瓦亭 ①即春秋卫之瓦邑。在今河南滑县南瓦冈。《水经·济水注》：“酸渎水又东北，径燕城北，又东径滑台城南，又东南径瓦亭南。”

②在今宁夏泾源县北六盘山镇北瓦亭村。《续汉书·郡国志》安定郡乌氏县：“有瓦亭。”即此。瓦亭分东瓦亭、西瓦亭，此为东瓦亭。西瓦亭在今宁夏西吉县东南将台乡。《后汉书·隗嚣传》：建武八年（32），来歙从山道袭得略阳城，嚣乃使“牛邯军瓦亭，嚣自悉其大众围来歙”。又，《晋书·苻登载记》：大元十二年（387），“登次于瓦亭。（姚）苌攻彭沛谷堡，陷之”。皆此。

瓦亭山 在今宁夏泾源县北六盘山镇北瓦亭村附近。《明史·地理志》华亭县：“西北有瓦亭山，有瓦亭关巡检司。”《清一统志·平凉府一》：“《府志》，高山盆西北曰大盘山，其东曰瓦亭山，瓦亭东二十里即弹筝峡也。”

瓦亭川 亦名苦水河、武延川。即今宁夏南部、甘肃东南部之葫芦河。《水经·渭水注》：“一水亦出陇山，东南流历瓦亭北，又西南流合为一水，谓之瓦亭川。”

瓦亭关 在今宁夏泾源县北六盘山镇北瓦亭村。《续汉书·郡国志》安定郡乌氏县：“有瓦亭。”北宋置瓦亭堡。明置瓦亭关巡司，瓦亭驿及递运所于此。

瓦亭驿 ①在今甘肃泾川县东。《方舆纪要》卷58泾州：瓦亭驿“在州东六十里，邠泾之通道也”。

②在今宁夏泾源县北六盘山镇北瓦亭村。明置驿，并设巡司及递运所于此。清设千总驻防。

瓦亭峡 即今宁夏泾源县北六盘山镇北蒿店村三关口。清《辛卯侍行记》：“二十三日出西门就驿路，……五里蒿店，居民五六十，下堆为瓦亭峡，即古弹筝峡，唐德宗时与吐蕃分界处。”

瓦屋 春秋周邑。在今河南温县西北。《春秋》：隐公八年（前715）七月，“宋公、齐侯、卫侯，盟于瓦屋”。

瓦屋山 ①在今江苏溧阳市西北八十里。宋《景定建康志》卷17：瓦屋山“形连亘，两崖稍隆起，宛如屋状”。李白《游溧阳北湖亭望瓦屋山怀古赠同旅》诗：“朝登北湖亭，遥望瓦屋山。”即此。

②在今四川洪雅县西南二百里，与荥经县界上。《舆地纪胜》卷147雅州：瓦屋山“在荥经县东一百二十里。形如瓦屋。唐文宗时，有蒲公者见峰顶见普贤光相。今峰顶有南北岩”。

瓦屋沟 在今重庆市巫溪县东。清道光《夔州府志》卷22：嘉庆四年（1799），“副都统德楞泰生擒线号首逆龚文玉于大宁县之瓦屋沟”。

瓦都寨 在今云南宁蒗彝族自治县西北永宁乡东北。《方舆纪要》卷117永宁府：瓦都寨在“府（治今永宁乡）东北六十五里，与四川盐井卫接界。旧为番部戍守处，旁有温泉”。

瓦桥关 唐置，在今河北雄县南易水上。五代晋入辽，后周显德六年（959）收复，于此设雄州。《旧五代史·周书·世宗纪》：显德六年（959）伐辽，夏四月，“今上先至瓦桥关，伪守将姚内斌以城降。…… 五月乙巳朔，帝驻跸于瓦桥关”。即此。

瓦峪堡 明置，在今辽宁开原市东。《方舆纪要》卷37三万卫：瓦峪堡在“卫东三十里。又扣河堡在卫东南六十里”。

瓦浦 在今江苏昆山市东南三十六里。《清一统志·苏州府一》：瓦浦“元大德八年，都水任仁发西自瓦浦，浚吴淞旧江，东至嘉定石桥洪，迤逦入海。《新志》，西通奣子浦，西南通夏驾浦，东出鸡鸣塘，县境东南之水，皆以此为蓄泄”。

瓦屑墩镇 即今上海市浦东新区南汇西北瓦屑镇。清光绪《南汇县志》卷1：瓦屑墩镇在“邑西北三十里。昔张氏聚族于此。嘉靖间倭人寇毁张氏居，积瓦砾成墩，故名”。

瓦埠镇 即今安徽寿县东南六十里瓦埠湖东岸瓦埠镇。《清一统志·凤阳府二》：瓦埠镇“在寿州东南六十里。肥水旋绕，舟楫商贩来往不绝”。

瓦梁城 在今江苏南京市六合区西五十五里。《资治通鉴》：南朝陈太建五年（573）北伐，五月，北齐“瓦梁城降”。

瓦梁郡 北齐置，治所在石梁城（今江苏南京市六合区西）。南朝陈废。

瓦梁垒 亦曰瓦梁城。在今江苏南京市六合区西五十五里。《明史·太祖纪》：元至正十四年（1354），元兵“围六合。太祖曰：‘六合破，滁且不免。’与耿再成军瓦梁垒，救之”。即此。

瓦窑口堡 在今山西天镇县北三十里瓦窑口村。《方舆纪要》卷44大同府：瓦窑口堡“嘉靖三十年筑，隆庆六年增修，周一里有奇，分边七里，内东烟墩极冲。嘉靖中，寇由宣府膳房堡入，由此堡出”。

瓦窑渠 在今甘肃永登县西。《方舆纪要》卷63庄浪卫：瓦窑渠“在卫西二里”。

瓦窑铺 在今江苏扬州市邗江区东北。清光绪《江都县续志》卷2载：同治六年（1867）十二月，捻军首领赖文光被擒，“于瓦窑铺斩于市”。

瓦窑堡 即今陕西子长县城。1942年子长县由安定镇迁治于此。

瓦窑堡市 1935年10月西北革命根据地由安定县析置，治瓦窑堡（今陕西子长县驻地瓦窑堡镇）。1936年2月撤销，并入安定县。1935年10月—1936年初为中华苏维埃共和国临时政府和陕北省政府所在地，1935 年 12 月下旬著名的中共中央政治局瓦窑堡会议在此召开。

瓦窑堡革命旧址　在今陕西子长县（瓦窑堡）城内下河滩小东门，为一排五孔砖窑。1935 年 12 月下旬，中共中央政治局在此开会，讨论了抗日民族统一战线等问题。12 月 27 日，毛泽东又在瓦窑堡城内天主堂召开党的活动分子会议上作了《论反对日本帝国主义的策略》的报告，阐明了党的统一战线的根据，建立了抗日民族统一战线的理论基础。1988 年定为全国重点文物保护单位。

瓦窑墟　在今广西融安县东雅瑶乡。清属永宁州。光绪《广西地全图》永宁州图：西北有瓦窑墟。

瓦窑镇　在民国间设，属冀县。即今河北冀州市南南午村镇李瓦窑。

瓦渣长官司　明置，属临安府。治所在今云南红河县南二十七里老博山。清康熙四年（1665）改土舍，十三年（1674）迁治其西三里甲寅。嘉庆年间属石屏州。1933 年废入石屏县。

瓦塘渡　即今广西贵港市南三十里瓦塘乡。明置巡司于此。

瓦寨汛　清置，即今贵州三穗县东南二十二里瓦寨镇。“瓦寨”系苗语音译，意为天官寨。

〔丨〕

止马　即今福建光泽县西南止马镇。元至正二十五年（1365）移大寺寨巡司于此。明洪武三年（1370）废。清初为止马市。《寰宇记》卷 101 邵武军邵武县：止马亭“在县西百六十里。洪氏《建安记》云，止马亭当飞猿岭口，马之登降，于此止息，故名”。

止马市　又名东陂市。即今江西宜黄县南百里东陂镇。明置巡司于此。

止戈县　唐武德四年（621）置，属南方州。治所在今广西武鸣县东北陆斡镇卢村。贞观八年（634）属澄州。北宋开宝五年（972）废入上林县。

止戈镇　北宋置，属洪雅县。在今四川洪雅县西南二十里止戈镇。

止水亭　南宋江万里建，在今江西鄱阳县北芝山后。《宋史·江万里传》：江万里罢相后，“闻襄樊失守，凿池芝山后圃，扁其亭曰‘止水’”。及元兵克饶州，万里赴池死。

止那隘　在今云南盈江县东北一百零六里支那乡。明清为腾越九隘之一。

少山　在今山西昔阳县西南二十五里。《山海经·北次三经》：“少山，其上有金玉，其下有铜，清漳之水出焉，东流于浊漳之水。”

少习　山名。在今陕西丹凤县东南。其下即武关。《左传》：哀公四年（前 491），楚人谋北方，使谓阴地之命大夫士蔑曰：“将通于少习以听命。”杜注：“少习，商县武关也。”

少水　即今山西东南部之沁河。源出沁源县北绵山，南流至河南武陟县境入黄河。《左传·襄公二十三年》：“齐侯遂伐晋，……封少水，以报平阴之役。”即此。

少曲亭　在今河南尉氏县东。《水经·渠水注》：“康沟又东径少曲亭。《陈留风俗传》曰：尉氏县有少曲亭，俗谓之小城也。”

少华山　①在今江西德兴市东。《清一统志·饶州府一》：少华山“在德兴县东三十里。一名三清山。高五百丈，盘亘数百里，跨饶、信、衢三州。诸峰罗立，岩洞幽奇。最高者为玉京峰，值天气清朗，匡庐、彭蠡明火可见”。

②在今陕西华县东南。与太华峰势相连而稍低，故名少华。亦曰小华。东南接秦岭。《山海经·西山经》：太华山“西八十里曰小华之山”。《水经·渭水注》：华山“西南有小华山”。《元和志》卷 2 华州郑县：少华山“在县东南十里”。

少阳山　在今山西交城市西北七十里。《山海经·北次二经》：“少阳之山，其上多玉，其下多赤银，酸水出焉。”

少林寺　①在今天津市蓟县西北二十五里盘山紫峰下。相传为晋魏时建造，初名法兴寺，元改名栖云观，后改为少林寺。寺东有清泉水池，石壁凿有红龙腾跃水面，旁有“红龙池”三字，为金大定七年（1167）刻石。寺前有菱角石，大数丈，形如菱角；蟒石长二丈余，横卧松树下。另有蛤蟆石、仙人望海、帐房石、晾甲石、饮马潭等。寺毁于日寇侵华之战火。寺东尚存明末建多宝佛塔一座。

②在今河南登封市西北三十里少室山北麓五乳峰下。建于北魏太和十九年（495）。孝昌三年（527）印度僧人菩提达摩在此首创禅宗，历史上称达摩为初祖。唐初，少林寺僧佐唐太宗开国有功，从此僧徒常习拳术，禅宗和少林拳负有盛名。寺内有唐宋以来的石刻及千佛殿的“五百罗汉壁画”等珍贵文物。2010 年以“登封‘天地之中’历史建筑群”的一部分列入联合国《世界遗产名录》。

少林寺塔林　在今河南登封市西北嵩山少林寺西侧。为历代少林寺高僧墓地。塔林占地 1.4 万平方米，现存唐至清砖石墓二百三十余座，造型各异，是古代砖石建筑和塔雕艺术的宝库。1996 年初祖庵及少林寺塔林被定为全国重点文物保护单位。2010 年又以“登封‘天地之中’历史建筑群”的一部分被联合国列入《世界遗产名录》。

少岱山　在今山东平阴县西南东阿镇东。《方舆纪要》卷 33 东阿县“鱼山”条下载：少岱山“《志》云，在城东一里，横亘郭门。上有台一成。以在岱宗西，故名”。

少城　又名小城。战国秦惠王二十七年（前 311）张仪、张若筑。在今四川成都市旧城西城。东连太城。西晋左思《蜀都赋》云：“亚以少城，接乎其西。”指此。秦代为工商业及其官署所在地。晋代为蜀郡治所。《晋书·桓温传》：永和三年（347），与李势大战笮桥，“乘胜直进，焚其小城”。隋蜀王秀重建少城，北宋张咏《益州重修公署记》：“隋文帝封次子秀为蜀王，因附张仪旧城，增筑南西二隅、通广十里。今之官署，即蜀王秀所筑之城中北也。”唐末高骈建罗城，将大城与少城合一。少城仍为繁庶之区。

少室山 在今河南登封市西北。为嵩山之西部。《山海经·海内东经》：“颍水出少室，少室山在雍氏南。”《水经·颍水》：“颍水出颍川阳城县西北少室山。”《魏书·地形志》 阳城郡阳城县：“有少室山。”《元和志》卷5登封县：“少室山，在县西十里。高十六里，周回三十里。颍水源出焉。”

少室阙 在今河南登封市西十二里少室山下的邢家铺村。约建于东汉元初五年至延光二年（118—123）之间。是汉代少室山庙前的神道阙。阙北面上部刻有双线勾勒的“少室神道之阙”六个篆字，南面的隶书铭文大部剥落，题名中尚能辨认薛政、阴林、夏效、冯宝、张诗等人名。阙身现存画像六十余幅，主要内容有车骑出行、马戏、驯象、月宫、猎鹿、斗鸡、蹴鞠、铺首衔环、龙、虎、共命鸟等。1961年定为全国重点文物保护单位。2010年作为“登封‘天地之中’历史建筑群”的一部分被联合国列入《世界遗产名录》。

少客山 一名黄山。在今河北曲阳县南二十里。《方舆纪要》卷14曲阳县：少客山“山绵延耸秀，上有集圣池。《志》云：五台山圣水潴流于此”。

少误（悮）石 俗称少误石司。在今四川道孚县东南协德乡。清康熙四十年（1701）置少误石土百户。

少海 ①或作沙海。故址在今河南开封市西北。乃战国时魏王著名台池之一。《战国策·东周策一》：颜率曰，“梁之君臣欲得九鼎，谋之晖台之下，少海之上”。隋初曾复旧迹，习舟师以伐陈，平陈之后，立碑其侧以纪功。唐时已堙。

②即今俄罗斯鄂霍次克海。《新唐书·流鬼传》：“流鬼，去京师万五千里，直黑水靺鞨东北，少海之北。”即此。

少陵 是汉宣帝许后的陵墓。在今陕西西安市长安区东南司马村东。北距宣帝杜陵十八里，因规模和封土堆都比杜陵小，故被称为少陵。《汉书·外戚传》：许后“葬杜南，是为杜陵南园”。师古注：“即今之所谓小陵者，去杜陵十八里。”唐诗人杜甫祖籍杜陵，又曾居此，故取号少陵，自称“少陵野老”。

少陵原 即鸿固原。又名杜陵原。在今陕西西安市长安区东南。唐杜佑《通典》卷173京兆万年县：“有少陵原，则汉宣许后陵。”《类编长安志》卷7：少陵原“在今咸阳县南四十里，南接终山，北至浐水，西屈曲六十里，入长安县界，即汉鸿固原也”。

少梁 春秋时秦地。即今陕西韩城市南二十里西少梁。后属晋。《左传》：文公十年（前617），“晋人伐秦，取少梁”。即此。战国属魏。《史记·魏世家》：文侯六年（前440），“城少梁”。后又入秦。秦惠文王十一年（前327）改名夏阳。

少微山 在今浙江丽水市东南十里。《方舆纪要》卷94处州府丽水县“万象山”条：少微山“郡应少微处士星，故山名少微，州曰处州。山西南绝顶有眉岩，从下望之如列眉然”。

少昊陵 又作少皞陵。在今山东曲阜市东北八里旧县村。《明一统志》卷23兖州府：少皞陵“在轩辕陵东。前有石坛、石像，又有八卦石”。

日土宗 又作茹拖、鲁多克。即今西藏日土县。“日土”，藏语意为枪叉支架状山上。据说该地有小山形如枪叉支架，故名。1960年改设日土县。

日下 ①传说中东方荒远之国。《尔雅·释地》：“觚竹、北户、西王母、日下，谓之四荒。”邢昺《疏》：“日下者，谓日所出处其下之国也。”

②都城的别称。即以帝王比日，故称帝王所居之都城为日下。清朱彝尊《日下旧闻》，窦光鼐、朱筠等《日下旧闻考》专记北京建都后的事迹。

日山 ①在今浙江临海市西。《舆地纪胜》卷12台州：日山“在临海县西五里，以其面东朝日，视诸峰独高，故名”。

②在今江西黎川县城西。《方舆纪要》卷86建昌府新城县：日山“在县治西。一名天峰。隔溪百步，高百余丈，周六七里。形势峭拔，日初出先见。其顶有井，昔时深不可测，今渐堙”。

③在今广西宜州市东。《舆地纪胜》卷122宜州：日山“去城东九里，在江北之东，谓之日山”。《方舆纪要》卷109庆远府宜山县：日山“在府东，隔江九里，圆耸特立，拱峙郡城”。

日中城 即今山西怀仁县西南日中城。《水经·㶟水注》：“桑干水又东左合武州塞水，水出故城东南流，出山径日没城南，盖夕阳西颓，戎车所薄之城故也。东有日中城，城东又有早起城，亦曰食时城，在黄瓜阜北曲中。”

日月山 ①番名纳喇萨喇。在今青海省青海湖东，属祁连山脉。为牧区和农业区的分水岭。主峰在湟源县南，海拔4617米。《清一统志·西宁府》：日月山“在西宁县西川口外，……今为番夷互市之所”。日月山以唐代文成公主进藏传说而著名，近年在此发现唐蕃界碑遗石。垭口两边山头上分立日、月两亭。

②今蒙古国东部克鲁伦河上游之西肯特山脉南端。为元初诸帝祭天处。《元史·宪宗纪》：宪宗四年（1254），“会诸王于颗颗脑儿之西，乃祭天于日月山”。（俄）符拉基米尔佐夫《库伦城及库伦地区和肯特山区民族志及语言学调查》：在肯特山上发现有元代祭场及祭器遗存。

日月池 在今吉林大安县西北洮儿河注入嫩江处。清齐召南《水道提纲》卷25：洮儿河“又折东北曲曲流三百里至札赖特旗南汇为纳蓝撒蓝池，犹言日月池也，东流入嫩江”。《清一统志·扎赉特》：日月池“在旗南一百里。蒙古名纳蓝撒蓝，其水东流入嫩江”。

日月湖 又名洪源湖。在今江西进贤县东北二十里。中有二小山，东曰日、西曰月。《明一统志》卷49南昌府：日月湖“水涸则分为二，涨则合为一，中有石人滩。古谚云，日月湖明良将出，石人滩合状元生”。湖水北流入鄱阳湖。

日月潭 在今台湾省南投县东南。由玉山和阿里山间的断裂盆地积水而成。湖面海拔760米，湖周长35公里，水域面积约9平方公里。湖中有一小岛，区分为日潭和月潭。清乾隆《续修台湾府志》作水里湖，盖因为水里社番所据之地而得名。道光《彰化县志》卷1载：“水里社潭，一名日月潭，在水沙连内。潭中水色，两边不同。中突一屿，曰珠仔山。潭长八九里，阔三四里，深二十余丈。”同书卷12《艺文志》载邓传安《游水里社记》称：“水分丹、碧二色，故名日月潭。”

日边驿 即今浙江杭州市萧山区西北西兴镇。《清一统志·绍兴府二》：西兴水驿“在萧山县西兴场运河南岸。唐为庄亭，宋曰日边驿，后改名。今有驿丞”。

日华宫 汉河间王筑，在今河北献县南三十五里。《西京杂记》卷14：“河间王德筑日华宫，置客馆二十余区，以待学士。”即此。

日庄镇 原名日照庄。民国置镇，即今山东莱西市西北三十二里日庄镇。民国《莱阳县志》乡镇图：县西有日庄镇。

日观峰 一名东山。即今山东泰安市北泰山顶之东岩。因其可以东观日出，故名日观峰。《水经·汶水注》：“应劭《汉官仪》云：泰山东南山顶名曰日观。日观者，鸡一鸣时，见日始欲出，长三丈许，故以名焉。”

日坛（壇） 又名朝日坛。在今北京市朝阳区日坛路东侧。明嘉靖九年（1530）建，为明、清帝王春分日祭大明神（太阳）之地。1951年辟为公园。2006年定为全国重点文物保护单位。

日丽 ①古国名。在今越南广治省之丽水一带。见赵汝适《诸蕃志》“占城国”条。

②在今印度尼西亚苏门答腊岛东北岸之日里。元汪大渊《岛夷志略》有专条。古时中国商船常来此，以瓷器、花布等交换当地土产。

日丽国 故地有两说：(1)在今越南中部洞海一带，为占城之属国。南宋赵汝适《诸蕃志》卷上：占城国“旧州、乌丽、日丽、越里、微芮、宾瞳龙、乌马拔、弄容、蒲罗甘兀、亮宝、毗齐皆其属国也”。(2)在今印度尼西亚苏门答腊岛东北岸之日里。元汪大渊《岛夷志略》：日丽“介两山之间，立一关之市。田虽平旷，春干而夏雨，种植常违其时，故岁少稔，仰食于他国”。

日没城 又名黄昏城。即今山西山阴县北二十五里永静城。《水经·㶟水注》：武州塞水“出（马邑）故城东南流，出山径曰没城南，盖夕阳西颓戎车所薄之城，故也”。《方舆纪要》卷44山阴县：黄昏城“亦曰日没城”。即此。

日罗亭 古国名。在今马来西亚马来半岛南部。见宋赵汝适《诸蕃志》“三佛齐国”条。

日注岭 一名日铸岭。在今浙江绍兴县东南三十里。宋欧阳修《归田录》卷1：“草茶盛产于两浙。两浙之品，日注第一。”

日南县 隋开皇十年（590）置，属爱州。治所在今越南清化省清化东北。大业初属九真郡。唐武德五年（622）为积州治。贞观年间属爱州。唐末废。

日南郡 ①西汉元鼎六年（前111）平南越置，治所在西卷县（今越南广治省广治西北广治河与甘露河合流处）。《水经·温水注》：“区粟建八尺表，日影度南八寸，自此影以南在日之南，故以名郡。”辖境相当今越南中部北起横山南抵大岭地区。东汉属交州。三国吴赤乌十一年（248）移治朱吾县（今越南广治省美丽附近）。西晋太康初移治卢容县（今越南广治省广田县东香江、蒲江合流处），后复还治西卷县。东晋永和中迁治比景县（今越南广治省宋河下游高牢下村）。南朝宋治西卷县，南齐以后废。

②隋大业三年（607）改驩州置，治所九德县（今越南义安省荣市）。辖境相当今越南中部地区。唐武德五年（622）改置南德州，八年（625）改为德州，贞观元年（627）又改为驩州，天宝元年（742）复为日南郡，乾元元年（758）改为驩州。

日娃土司 一作日瓦土司。民国分玉树戎模土司置，驻牧地在今青海治多县西境。民国周希武《玉树调查记》卷下：“戎模近又分出日娃族。”

日积礁 在南海中中国南沙群岛内，位于南威岛西12海里。为一环礁。退潮时露出。中国渔民向称西头乙辛，因此礁在南沙群岛西部，且从南威岛来此罗盘上用乙辛方位，故名。1935年公布名称为拉德礁。1947年改称日积礁。

日旁山 在今四川金川县西北七十里，当勒乌围至丹坝土司要道。《清史稿·敖成传》：乾隆年间征金川，“明亮移军宜喜，攻达尔围山梁，使成偕副都统舒景安率师攻日旁，夺贼卡二，破碉寨四百余，歼贼甚众”。

日勒县 西汉置，属张掖郡。治所在今甘肃永昌县西北定羌庙东十里。东汉兴平二年（195）为西郡治。《晋书·沮渠蒙逊载记》：蒙逊“遂攻秃发（傉檀）西郡太守杨统于日勒”。即此。北魏改名永宁县。

日隆寨 在今四川小金县东一百五十里日隆镇。《清史稿·海兰察传》：乾隆三十八年（1773）七月，“美诺、明郭宗俱失守，海兰察退保日隆”。清设塘汛。

日斯满巴碉房 在今四川阿坝藏族羌族自治州壤塘县南宗科乡。是一处典型的藏族传统民居碉房，背山面水，坐西向东，依山势而建。墙基北高南低，平面布局为长方形。碉房共分九层，下大上小，通高25

米，自二层起层层靠北内收成台，如拾级阶梯一般。北石墙自底直通顶部，顶层面积仅为底层的六分之一，十分精美壮观。碉房底层是牲畜圈，二层北为厨房，南为客厅。三、四层为寝室，五层为佛经堂，六层以上为杂物库房。自二层起各层均置木质走廊，用于晾晒粮食或乘凉。三、四层还建有木质吊脚楼厕所，二层以上每层皆开有一扇大窗户和若干小窗孔，作通风或瞭望之用。日斯满巴碉房系该土司为其画师修建的，现已传承使用十三代。根据当地传孙不传子的习俗计算，其建筑年代应在元末明初。日斯满巴碉房反映了藏民族悠久的历史文化传统和崇高的审美意识，堪称藏民族建筑艺术宝库里的一颗明珠。日斯满巴碉房是四川省乃至全国迄今发现的年代最久、规模最大、层数最多、建筑最高的藏族传统民居建筑，被誉为“藏族民房之王”。2006年定为全国重点文物保护单位。

日落县 唐置，为安南都护府棠州治。治所在今老挝甘蒙省东北甘结。后废。

日喀尔公喀尔 即贡噶宗。在今西藏贡嘎县。《清一统志·西藏》卫地诸城：日喀尔公喀尔城“在喇萨西南一百四十里。有番民二万余家，为卫地最大之城”。清乾隆《西域同文志》卷18：“西番（藏）语，言堡居上方，城上土色白也。”

日喀则 一作日噶则。即今西藏日喀则市。元代设桑珠孜宗，清代始译为日喀则，藏语意为“山顶庄园”，或解释为“最好的庄园”。

日喀则市 1986年撤销西藏自治区日喀则县，设立日喀则市，属日喀则地区。2014年撤销日喀则地区和县级日喀则市，设立地级日喀则市。日喀则市人民政府驻新设立的桑珠孜区山东北路4号。

日喀则县 1960年日喀则宗和兰伦饶豁合并，改设日喀则县，属日喀则专区。1970年属日喀则地区。1986年撤销日喀则县。

日喀则宗 原西藏地方政府设，治所即今西藏日喀则市。1960年与兰伦饶豁合置日喀则县。

日喀则城 一作日噶则。即今西藏日喀则市。元代设桑珠孜宗，清代始译为日喀则，藏语意为“山顶庄园”，或解释为“最好的庄园”。《清一统志·西藏》藏地诸城：“首曰日喀则城，在喇萨西南五百三十三里。其先藏巴汗居此，今为班禅所居。”

日铸岭 在今浙江绍兴市东南五十五里从上灶至王化等地的陆路交通线上。《舆地纪胜》卷10绍兴府：日铸岭“在会稽东南五十五里。产茶最佳”。宋欧阳修《归田录》卷1称：“腊茶出于剑、建，草茶盛于两浙。两浙之品，日注第一（日注即日铸）。”

日湖 在今浙江宁波市城区月湖之东。宋《宝庆四明志》卷4叙水：“南隅曰日湖……久湮，仅如污泽。”

日富镇 北宋置，属南充县。在今四川南充市西南八十五里盐溪场东水磨桥。

日照市 1985年撤销山东省日照县，改设日照市，驻石臼所，属临沂地区。1989年日照市升为地级市。1992年设立日照市东港区，区政府驻海曲中路。

日照县 金置，属莒州。治所在今山东日照市东港区。清属沂州府。民国初属山东胶东道。1925年改属琅琊道。1928年直属山东省。1985年改设日照市。

日照镇 北宋元祐二年（1087）置，属莒县。即今山东日照市。金改置日照县。

日噶牛城 即今西藏曲水县东北聂唐乡。藏语意为喜悦坝。《清一统志·西藏》卫地诸城：日噶牛城“在拉萨西南三十里”。1960年并入曲水县。

日噶则 即日喀则。今西藏日喀则市。藏语意为山顶的庄园。清乾隆《西域同文志》卷18：“西番（藏）语：日噶则，堡居山顶之谓。”

日噶努布宗 又作日噶牛城、业党。即今西藏曲水县东北聂唐乡。清乾隆《西域同文志》卷18：“西番（藏）语：日噶，堡也。努布，西也。堡居拉萨之西，故名。”

冄駹夷（冄，同冉 rǎn） 古代少数民族。主要分布于今四川茂县为中心的岷江上游地区。《史记·西南夷列传》：“自筰以东北，君长以什数，冄駹最大。其俗或土著，或移徙，在蜀之西。”西汉元鼎六年（前111）于其地置汶山郡。

中人 春秋鲜虞邑。在今河北唐县西南十三里都亭。《左传》：昭公十三年（前529），“晋荀吴自著雍以上军侵鲜虞，及中人”。《史记·赵世家》：敬侯十一年（前376），“伐中山，又战于中人”。

中大河 ①在今浙江宁波市北。《方舆纪要》卷92定海县：中大河在“县西三十里。源出慈溪之丈亭渡，由夹田桥过茅洲、化纸二闸，直达城西，亘五十里。昔时贯串城中，由城东入海，永乐以后由城西南新闸入浃口江”。

②在今浙江象山县南。《方舆纪要》卷92象山县：中大河“在城南。会县境三十六涧之水，灌上洋田六万余亩，至县西南十五里灵长碶入于海”。

中山 ①在今河北青县南二里。《方舆纪要》卷13青县：中山，“《旧志》云：山岩耸峙，悬瀑凡数十丈。今俗呼为高土冈”。

②又名独山。在今江苏溧水县东南十里。《元和志》卷28宣州溧水县：中山“在县东南一十五里。出兔毫，为笔精妙”。《寰宇记》卷90升州溧水县：“中山又名独山。在县东南十里，不与群山连接。古老相传，中山有白兔，世称为笔最精。山前有水源，号为独水。按《舆地志》：宣州溧水县有独山，下有独水，流演不息，即此山也。”

③在今广西北流市东三十里。明于此置巡司。

④即石钟山。在今云南剑川县城西南五十里。为石宝山支峰。《清一统志·丽江府》引《剑川州志》称：中山“在石宝山南一里。岩石壁立，镌梵像数百，庄严经久不变，谓之中山石佛”。

⑤即今陕西泾阳县西北仲山。《史记·河渠书》：“水工郑国间说秦，令凿泾水自中山西抵瓠口为

渠。”即此。《水经·渭水注》：郑渠“东径中山南”。

中山门 在今江苏南京市中山东路的东端。前身为明初宫城东面的朝阳门，原是一座瓮城，不便通车。1927年在兴建中山陵园大道时，将门拆除，把门基挖低，又重建了一座三孔拱形的砖门。在中门洞上嵌“中山门”的题字石额。可通汽车，为通向中山陵的大门。但中山门两侧仍保留着明代的城墙，城外还有一段护城河，气势相当宏伟。

中山公园 在今北京市天安门西侧。原址是辽金时代燕京东北郊的兴国寺，元代改称万寿兴国寺。明清时为社稷坛，是皇帝祭祀土地和五谷之神的场所。1914年辟为中央公园。1925年孙中山逝世后曾在此停放灵柩，1928年改名中山公园。1915年将原鸿胪寺的习礼亭迁建于南坛门外，1918年从河北大名迁来石狮一对。以后又陆续建立公理战胜牌坊（后改名保卫和平牌坊）、露天音乐堂和兰亭碑亭。

中山尹 十六国后燕慕容垂燕元二年（385）改中山郡为尹，并定都于此，治弗违县（今河北定州市）。北魏复改为郡。

中山古城遗址 又称中山灵寿故城。在今河北平山县东南、黄壁庄水库北岸。为战国中山桓公复国后所建都城。勘探发现城址平面呈不规则三角形，东西宽4公里，南北长4.5公里。分东西两城，东城北部为宫殿区，西城北部和西城外为王陵区；官营手工业分布在宫殿区和王陵区之间，南部为居住区。1974—1978年发掘的中山王墓，出土大批精美文物，其中有我国迄今发现最早的原始地图铜版中山王墓“兆域图”。1988年定为全国重点文物保护单位。

中山市 1983年撤销广东省中山县，改设中山市，市人民政府驻石岐中区。由佛山市代管。1988年升为地级市，改由省直辖。

中山纪念堂 在今广东广州市区越秀山南麓、东风中路北侧。1921—1922年孙中山任非常大总统时，在此设总统府。孙中山逝世后，各界于此筹建纪念堂。工程于1929年动工，1931年落成。由我国著名建筑师吕彦直设计，为一座富丽堂皇的宫殿式建筑。纪念堂前檐下横匾高悬孙中山手书“天下为公”，堂前有孙中山铜像。纪念堂东西两侧各有一座两层楼房的附属建筑。中山纪念碑建在纪念堂北侧的越秀山岗顶上，1930年1月竣工。碑高37.3米，方尖形，由花岗岩砌成，内分十三层，有盘旋梯级可上。碑身正面镌刻“总理遗嘱”。中山纪念碑和纪念堂均为广州标志性革命纪念建筑物。2001年定为全国重点文物保护单位。

中山县 ①五代梁开平三年（909）改唐县置，治所在今河北唐县西南。五代唐同光初复改唐县。

②1925年为纪念孙中山，改香山县置，属广东省。治所即今广东中山市。1983年改设中山市。

中山国 ①春秋狄人所建。又称鲜虞国。治所在今河北正定县东北。战国初期建都于顾（今河北定州市）。公元前406年为魏所灭。寻又复国，迁都灵寿（今平山县东北）。公元前323年与韩、燕、宋同时称王。公元前296年为赵所灭。

②西汉景帝改中山郡置，治所在卢奴县（今河北定州市）。辖境相当今河北狼牙山以南，保定、安国二市以西，唐县、新乐以东和滹沱河以北地区。十六国后燕慕容垂建都于此，改为中山尹。

中山府 北宋政和三年（1113）升定州置，治所在安喜县（今河北定州市）。辖境相当今河北定州市及唐县、新乐、顺平、望都、曲阳、无极等市县地。金天会中降为定州，寻复为中山府。元属真定路。明洪武初复为定州。

中山城 ①后燕都城。在今河北定州市。本为古中山国城址，汉为中山郡和中山国治。后燕建兴元年（386）建都中山。

②在今河北唐县西北十三里峭岭上。《史记·赵世家》正义引《括地志》：“中山故城一名中人亭，在定州唐县东北四十一里，春秋时鲜虞国之中人邑也。”

中山郡 西汉高帝置，治所在卢奴县（今河北定州市）。辖境相当今河北狼牙山以南，保定、安国二市以西，唐县、新乐以东及滹沱河以北地区。景帝改为中山国。十六国后燕慕容垂建都于此，改置中山尹。北魏改为中山郡，北齐治安喜县（今定州市）。隋开皇初废。

中山陵 在今江苏南京市东郊紫金山南麓。孙中山的陵墓。1925年3月12日孙中山在北京逝世，遵照他生前遗愿，自1926年1月动工兴建中山陵，1929年春建成主体工程，同年6月1日，国民政府将孙中山遗体从北京碧云寺迁葬于此。整个陵墓由墓道、广场、牌坊、陵门、碑亭、祭堂、墓室、陵园等组成，规模宏大，气势雄伟。1961年定为全国重点文物保护单位。2001年将廖仲恺墓、邓演达墓、谭延闿墓等归入中山陵保护单位。

中山堡 北宋置，初属延安府，元符二年（1099）改属绥德军。在今陕西米脂县西北，接榆林县界。后废。

中山港 即今广东中山市东北中山港。前临大海，水量深阔。本名唐家环，1930年建为中山港。

中山靖王墓 在今河北满城县西南三里陵山主峰东坡。是西汉中山靖王刘胜及王后窦绾之墓。1968年发掘，墓葬凿山为陵，依岩建墓，布局完全模仿宫殿建筑。墓室规模宏大，随葬品豪华奢侈，两墓共出土文物一万多件，其中最著名的有两套完整的金镂玉衣葬服和长信宫灯、错金博山炉等。1988年定为全国重点文物保护单位。

中川水 又名沙沟。即今山东济南市长清区境沙河。《水经·济水注》：中川水“东南出山茌县之分水岭，溪一源两，分泉流半，解亦谓之分流，交半水，南出太山，入汶。半水出山茌县，西北流，径东太原郡南，郡治山茌。西北与宾溪水合，……谓之格马口。其水又北径卢县故城东，而北流入济，俗谓之为沙沟水”。

中川州 唐天宝前置羁縻州，属雅州都督府。治所在今四川康定县东北境。北宋属雅州。后废。

中川郡 东魏天平初置，属洛州。治所在堙阳县（今河南登封市西南颍阳西）。辖境相当今河南伊川县东部及登封市西部地。北周废。

中卫市 2003年改宁夏回族自治区中卫县置，为地级中卫市。原中卫县改设沙坡头区。

中卫县 清雍正三年（1725）于宁夏中卫故治置，属宁夏府。治所即今宁夏中卫市。民国初属甘肃宁夏道。1928年属宁夏省。2003年改设地级中卫市。

中乡县 ①西魏废帝时改西淅阳县置，为析阳郡治。治所即今河南西峡县。隋开皇三年（583）改为内乡县。

②北周保定二年（562）置，为中乡郡治。治所在今陕西榆林市东北。隋开皇元年（581）改为真乡县。

中乡侯国 西汉置，属山阳郡。当在今山东西南部。东汉省。

中乡郡 北周保定二年（562）置，属银州。治所在中乡县（今陕西榆林市东北）。辖境相当今陕西榆林市东北部和佳县西北部地。隋初废。

中天殿 北魏平城宫殿。在今山西大同市北。《魏书·太祖纪》载：天兴三年（400）秋七月，“起中天殿及云母堂、金华室”。

中云（雲）镇 即今江西婺源县西中云镇。清康熙《徽州府志》卷1婺源县：三十都有中云村。光绪《婺源县志》卷2：三十都“中云，离城四十里”。

中五店 即今山东宁津县东北二十五里仲伍街。《方舆纪要》卷13谓即宋中安镇。

中屯所 明洪武二十八年（1395）置姚安中屯守御千户所，属楚雄卫。治所即今云南大姚县。清康熙七年（1668）废。

中冈站镇 在今江苏赣榆县北。《清一统志·海州》：中冈站镇“在赣榆县北二十里。旧设遞运所，今裁”。

中水 亦作中江。即今四川中部沱江。六朝以来有中水之称。《宋书·臧质传》：东晋义熙九年（413），“高祖遣朱龄石统大军伐蜀，命（臧）熹奇兵出中水”。即此。

中水县 ①西汉高帝封功臣吕马童为中水侯，后为县，属涿郡。治所在今河北献县西北三十里。《汉书·地理志》颜师古注引应劭曰：“在易、滱二水之间，故曰中水。”东汉属河间国。北齐天保七年（556）废。

②南朝宋侨置，属广川郡。治所在今山东邹平县境。北齐废。

中长铁路 即中国长春铁路的简称。1945年抗日战争胜利后对中东铁路满洲里至绥芬河及南满铁路从哈尔滨至大连的干线的合称。全长2400余公里，由中苏共管。1952年全权交回中国。

中公集 即今山东济南市南仲宫镇。旧属历城县，民国时有县佐驻此。

中公旗 即内蒙古乌拉特中旗。

中心台（臺） 在今北京市内城鼓楼西侧。元置，以其为元大都城中心而名。清《日下旧闻考》卷54引元《析津志》：“中心台在中心阁西十五步，其台方幅一亩，以墙缭绕。正南有石碑，刻曰中心之台，实都中东、南、西、北之中也。”

中心洲 在今广东肇庆市东北广利镇西江中墨砚洲。《清一统志·肇庆府》：中心洲“一名东沙洲，在高要县东四十里零羊峡大江中。即宋包拯掷砚处，有居民千余家。按《舆地纪胜》：县西江中有金鸡洲。或即此”。

中心镇公堂 藏语称“瑞巴洗康”。在今云南香格里拉县城东南大龟山麓。始建于清雍正二年（1724）。光绪八年（1882）重修。为三重檐歇山顶殿堂建筑。是当地藏民集会、议事、诵经的场所。1936年4月，中国工农红军长征时，红军二、六军团曾在此召开“中甸会议”，公堂为二军团指挥部驻地。贺龙、任弼时、关向应等均在此居留。1996年定为全国重点文物保护单位。

中书分省 元至正十八年（1358）朱元璋改江浙等处行中书省置，治所在宁越府（今浙江金华市）。二十三年（1363）徙治严州府（今浙江建德市东北梅城镇）。辖境相当今浙江省西部和南部地区。二十六年（1366）罢，改置浙江等处行中书省。

中书省 ①元置，指直属中书省的地区。俗称腹里。治所在大都路（今北京市城区）。辖境相当今河北、山东、山西三省，内蒙古自河套以东至哲里木盟以西，河南的黄河以北（原阳、延津、封丘除外）及虞城、山东的东明、江苏丰县、沛县、安徽砀山等县。明洪武元年（1368）废，辖地分属河南、山东两行省。

②明洪武元年（1368）改江南行中书省置，治所在应天府（今江苏南京市）。辖境相当今江苏、安徽二省和上海市以及江西婺源县地。十三年（1380）废。其地直属六部为京师。

中末右旗 又称东路中末右旗。清乾隆十四年（1749）设，属蒙古车臣汗部。旗府驻地在今蒙古国东戈壁省萨尔呼都格一带。

中末次旗 又称东路中末次旗。清康熙三十四年（1695）设，属蒙古车臣汗部。旗府驻地在今蒙古国肯特省哈尔次扎内。

中末旗 ①又称东路中末旗。清康熙三十年（1691）设，属蒙古车臣汗部。旗府驻地在今蒙古国肯特省弋勒希尔一带。

②原属土谢图汗部，清雍正九年（1731）改属赛音诺颜部。旗府驻地在今蒙古国库苏古尔省塔里亚郎南，色楞河北岸。

中正场 即今江苏灌云县北板浦镇东东辛街。产海盐。清时设盐课大使。民国初设场知事。

中正县 1946年4月改奉化县置，治所即今浙江奉化市。旋复名奉化县。

中古州 北宋置，治所在今贵州黎平县南永从乡西。崇宁四年（1105）改置格州。

中古州乐墩洞长官司 元置，属思州安抚司。治所在今贵州黎平县南永从乡西。明初废。

中古城 在今云南玉溪市西。《清一统志·澂江府》：中古城“在新兴州西二里。《州志》：元时梁王筑以备兵，遗址犹存”。

中左千户所 明洪武二十七年（1394）置，属永宁卫。治所即今福建厦门市。清顺治十四年（1657）废。

中左末旗 原属土谢图汁部，清雍正九年（1731）改属赛音诺颜部。旗府驻地在今蒙古国后杭爱省策策尔勒格西北北特，大临河西岸。

中左前旗 又称东路中左前旗。清康熙三十六年（1697）设，属蒙古车臣汗部。旗府驻地在今蒙古国东方省乔巴山西，克鲁伦河北。

中左旗 ①又称东路中左旗。清康熙二十八年（1689）设，属蒙古车臣汗部。旗府驻地在今蒙古国苏赫巴托省巴颜特热木。

②原属土谢图汗部，清雍正九年（1731）改属赛音诺颜部。旗府驻地即今蒙古国后杭爱省塔里亚特。

③清乾隆二十三年（1758）设，属蒙古土谢图汗部。旗府驻地在今蒙古国布尔根省达辛其楞南。

中左翼末旗 ①清康熙三十三年（1694）设，属蒙古土谢图汗部。旗府驻地在今蒙古国色楞格省东布仁西南（河北岸）。

②又称西路中左翼末旗。清乾隆二十二年（1757）设，属蒙古扎萨克图汗部。旗府驻地即今蒙古国库苏古尔省木伦。

中左翼左旗 又称西路中左翼左旗。清康熙三十三年（1694）设，属蒙古扎萨克图汗部。旗府驻地在今蒙古国库苏古尔省车车尔勒格。

中左翼右旗 又称西路中左翼右旗。清乾隆二十一年（1756）设，属蒙古扎萨克图汗部。旗府驻地在今蒙古国库苏古尔省新依德尔北。

中右末旗 清康熙五十八年（1719）设，属蒙古土谢图汗部。旗府驻地在今蒙古国中央省土拉河北岸那万策仁古内呼勒。

中右后（後）旗 又称东路中右后旗。清康熙三十六年（1697）设，属蒙古车臣汗部。旗府驻地在今蒙古国中央省蒙滚第日特东北，克鲁伦河东岸。

中右旗 ①清康熙二十五年（1686）设，属蒙古土谢图汗部。旗府驻地在今蒙古国中央省额尔德讷桑特。

②又称东路中右旗。清康熙二十八年（1689）设，属蒙古车臣汗部。旗府驻地在今蒙古国东方省塔木察格布拉格。

③清雍正十七年（1752）设，属赛音诺颜部。旗府驻地在今蒙古国巴彦洪古尔省巴彦洪古尔南。

中右翼末次旗 又称西路中右翼末次旗。清康熙四十八年（1709）设，属蒙古扎萨克图汗部。旗府驻地在今蒙古国扎布汗省桑特马尔嘎次。

中右翼末旗 ①又称西路中右翼末旗。清康熙五十三年（1714）设，属蒙古扎萨克图汗部。旗府驻地在今蒙古国戈壁阿尔泰省风黑尔。

②原属土谢图汗部，清雍正九年（1731）改属赛音诺颜部。旗府驻地在今蒙古国后杭爱省图斯哈勒图黑德东。

中右翼左旗 又称西路中右翼左旗。清乾隆二十年（1755）设，属蒙古扎萨克图汗部。旗府驻地在今蒙古国科布多省其其格南。

中平县 北宋初置，属南丹州。治所在今广西南丹县北。南宋废。

中平墟 即今广西象州县东中平镇。清乾隆《象州志》卷1：“中平墟在仁义村后，离城七十里。”

中平寨 在今江西婺源县东北。《方舆纪要》卷28徽州府婺源县：中平寨“宋置寨，元因之，明洪武十八年废。嘉靖三十四年以后，时有寇惊，议设兵防驻。万历十年，议者谓中平为一郡要害，应设把总，帅兵屯守，今为往来孔道”。《清一统志·徽州府二》：中平寨“在婺源县东北九十里”。

中东铁路 又名东清铁路、东省铁路。是俄国通过《中俄密约》在我国领土上修筑。清光绪二十三年（1897）动工，二十九年（1903）建成。中东路干线从满洲里经哈尔滨至绥芬河，长1481公里；南满支线从哈尔滨经长春、奉天（今沈阳）至大连，长944公里。三十一年（1905）日俄战争后，长春以南段为日本占据，称南满铁路。1917年十月革命后，长春以北段由中苏合办，仍称中东铁路。1931年九一八事变后为日本所占。1945年抗日战争胜利后，南满铁路复与中东铁路合并，改称中国长春铁路，由中苏共管。1952年后全部移交中国。

中卢县 ①亦作中庐县。西汉置，属南郡。治所在今湖北襄阳市襄城区西南。三国魏属襄阳郡。南朝梁废。

②北宋太平兴国元年（976）改义清县置，属襄州。治所在今湖北南漳县东北旧县铺。宣和元年（1119）属襄阳府。南宋绍兴五年（1135）废。

中卢侯国 亦作中庐侯国。东汉改中庐县置，属南郡。治所在今湖北襄阳市襄城区西南。三国魏复为中庐县。

中业岛 在南海中中国南沙群岛内，位于中业群礁的中部。面积约0.33平方公里，是南沙群岛第二大岛。中国渔民向称铁峙。1935年公布名称为帝都岛。1947年改称中业岛，为纪念1946年抗日战争胜利后中国政府派遣前往接收该岛的“中业号”军舰而命名。

中业群礁 在南海中中国南沙群岛内，位于双子群礁南17海里。1935年公布名称为帝都岛与群礁。1947年改称中业群礁。郑资约《南海诸岛地理志略》载：中业群礁“包有珊瑚滩两个，东西延长十二海里。滩上连礁极险，二滩之间有水道狭而深”。

中央尖山 在今台湾省台中市东北，与花莲县交界处。北距南湖大山约十二里。海拔3703米。为台湾著名高山。清康熙间高拱乾《台湾府志》卷1：尖山“此山峻起清秀，故名曰尖山”。

中央军委旧址 在今江西瑞金市西乌石垅。原为祠堂。1933年初中央军委从叶坪迁此办公。朱德、周恩来、项英、叶剑英、刘伯承等都在此工作和居住，并指挥了第四次反“围剿”。旧址后面的茅房为中央军委印刷厂，当年邓小平主编的军委机关报《红星报》即在此印刷。红军长征后被毁，1953年按原貌修复开放。

中央红军长征出发地旧址 在今江西于都县驻地贡江镇。1934年7月中共赣南省委、赣南省苏维埃政府在雩都（今于都）贡江城东北成立后，9月毛泽东从瑞金到此。这是清末宣统二年（1910）建的木结构悬山顶两层楼房，毛泽东住东厢房。10月从此出发长征。当时中央红军集结红军主力八万余人从于都河（贡江）上八个渡口渡河，踏上举世闻名的二万五千里长征路。当时还没有于都大桥，于都人民支援红军搭浮桥、摆渡船，把红军送上征程。现在县城于都河畔建立了于都长征第一渡纪念碑。2006年定为全国重点文物保护单位。

中央红军总部驻地旧址 在今云南寻甸回族彝族自治县西丹桂村。1935年4月底，中央红军长征到此，总部驻扎在一幢三合一照壁式的二层楼民房里。毛泽东、周恩来、朱德、刘伯承等在此部署抢渡金沙江的作战计划。

中央苏区 即中央革命根据地。

中央革命根据地 又称中央苏区。位于江西南部和福建西部。1929年1月，毛泽东、朱德率领中国工农红军第四军主力从井冈山进入赣南，3—12月又三度进入闽西，在当地共产党组织和红军游击队配合下，相继开辟了赣南根据地和闽西根据地。1930年春成立闽西和赣南工农民主政府，为中央革命根据地的建立奠定了坚实的基础。1931年9月，取得了粉碎国民党军第三次“围剿”的胜利，两个根据地连成一片，建立了中央革命根据地，11月7日在瑞金成立了中央工农民主政府。根据地最大时包括江西的瑞金、宁都、广昌、石城、黎川、雩都（今于都）、兴国、会昌、寻邬（今寻乌）、安远、信丰，福建的龙岩、上杭、永定、长汀、连城、宁化、清流、归化（今明溪）、建宁、泰宁等二十一县，人口二百五十万。1934年10月，在王明“左”倾冒险主义的错误领导下，中央红军未能粉碎敌人的第五次“围剿”，主力退出中央革命根据地，进行长征。留下的部分红军和当地人民一起继续坚持游击战争。

中央礁 即今南海中中国南沙群岛之中礁。1935年公布名称为中央礁。1947年改名中礁。

中丘 春秋时鲁邑。即今山东临沂市东北白沙埠镇诸葛城。《春秋》：隐公七年（前716），“夏，城中丘”。杜注：“在琅邪临沂县东北。”《续山东考古录》卷20兰山县：中丘邑故城“在东北五十里。又名诸葛城，又名王僧辨城”。

中丘县 西汉置，属常山郡。治所在今河北内丘县西十里。东汉属赵郡。三国魏属赵国，西晋后废。北魏太和二十一年（497）复置，迁治今内丘县，属南赵郡。北齐属襄国郡。隋开皇初改名内丘县。

中丘郡 晋置，属冀州。治所中丘县（今河北内丘县西十里）。十六国石赵改为赵安县。

中立县 明洪武二年（1369）改钟离县置，属中都留守司。治所即今安徽凤阳县东北临淮关。次年改为临淮县。

中立府 明洪武六年（1373）改临濠府置，属南京。治所在临淮县（今安徽凤阳东北临淮关）。次年改为凤阳府，治所迁凤阳县（今安徽凤阳县）。

中宁县 1933年析中卫县置，属宁夏省。治所在宁安堡（今宁夏中宁县）。取中卫县和宁安堡各一字为名。

中召集 一名中赵集。即今河南内黄县南中召乡。旧属滑县。民国《重修滑县志》卷6：“中召集，七十五里。”1949年改属内黄县。

中台（臺） 在今江西大余县城内。《清一统志·南安府》：中台“在府城内。宋周濂溪先生为军司理时，尝居此。明陈献章应召，夜宿其地，有句云：不知风月随侬否，恼杀中台此独眠”。

中场 在今山西运城市西南。明成化二十一年（1485），分盐池东西二场增置中场。民国初并入解池场。

中共中央中原局旧址 在今河南确山县西竹沟镇。在第二次国内革命战争时期和抗日战争时期是中原地区重要的革命根据地。1932年在此成立鄂豫边区工委、特委。1935年合并为鄂豫边区省委。1938年11月—1939年11月为中共中央中原局驻地。1988年定为全国重点文物保护单位。

中共中央政治局旧址 在今江西瑞金市西北沙洲坝下霄村。是一座砖木结构瓦房，前后二进，均有厢房。1933年中共临时中央从上海来瑞金后，博古（秦邦宪）等在此居住和办公。1961年定为全国重点文物保护单位。

中共中央鄂豫皖分局旧址 在今河南新县城内。第二次国内革命战争时期为鄂豫皖革命根据地首府。1931年红军攻克新集（今新县县城）后，鄂东、豫南、皖西三根据地连成一片，此地为鄂豫皖革命根据地政治、经济、文化中心。中共鄂豫皖中央分局、省委，鄂豫皖军事委员会和省苏维埃政府、省革命法庭等领导机关均设此。

中共六届六中全会旧址 在今陕西延安市东北十里桥儿沟。原为天主教堂，是一座具有欧洲塔形尖顶的砖木结构建筑。1934年建。1937—1939年间，是中共中央党校校址。1938 年 9 月 29 日—11 月 6 日，中共中央在此举行中国共产党第六届中央委员会第六次全体会议，毛泽东代表中央政治局作了《论新阶段》的政治报告和《统一战线中独立自立问题》、《战争和战略问题》的会议总结。1939 年 11 月鲁迅艺术文学院也迁此。

中共代表团驻地旧址　在今重庆市渝中区中山三路。1945 年 12 月周恩来、董必武为首的中共政治协商会议代表团三十余人驻此，是中共首次以合法平等的地位派代表团到重庆，由国民政府拨给中山三路 253 号两幢房屋作为办公室兼住房。代表团迁往南京后，中共代表团驻渝联络处及中共四川省委部分机关在此办公。《新华日报》营业部旧址在重庆市渝中区民生路 208 号（现 240 号），建于 20 世纪 30 年代，是抗日战争时期和解放战争初期中共在国民党统治区公开发行的机关报《新华日报》及《群众》周刊营业处。2001 年定为全国重点文物，归入八路军重庆办事处旧址保护单位。

中共晋冀鲁豫中央局和军区旧址　在今河北武安市西南五十里冶陶村。1946 年秋—1948 年 4 月，晋冀鲁豫中央局和军区在此召开华北财经会议，整党整风会议、土地会议、大军南下会议。会场旧址在村东土窑里。司令部设在原村中小学校内。主要建筑有一座二层楼房和两排东西厢房及南屋。董必武、刘伯承、邓小平、徐向前、滕代远、薄一波、李达等领导同志分别住在群众家里和村中寺庙内。旧址保存完好。2006 年定为全国重点文物保护单位。

中共琼崖第一次代表大会旧址　在今海南省海口市新华区解放西路竹林里 131 号。原为邱氏祖宅，建于 1919 年。二进四合院，为典型的海南民居建筑。1924 年宅主邱秉衡将宅院提供给琼崖中共党组织，作为革命活动联络点。1926 年 6 月，中共琼崖第一次代表大会在此召开，选举产生了琼崖党组织的最高领导机构——中共琼崖地方委员会，海南共产党从此诞生。此后，海南党组织领导琼崖人民进行了长达二十三年的革命斗争，涌现出杨善集、王文明等革命英烈。中共琼崖第一次代表大会旧址是海南共产党的诞生地、琼崖革命的策源地，是进行革命传统和爱国主义教育的重要基地。2001 年定为全国重点文物保护单位。

中共湘区委员会旧址　在今湖南长沙市芙蓉区八一西路清水塘路口东侧，长沙市博物馆内。1921 年 10 月，毛泽东、何叔衡等人在长沙建立中共湖南支部，租用清水塘菜园中的砖木平房一栋，作为地下机关。1922 年 5 月，建立湘区委员会（辖湖南全省及江西萍乡地区），毛泽东任书记，毛泽东夫人杨开慧和岳母杨老夫人亦寓此。东边前房是毛泽东办公室兼卧室。西边后房、后厅是会议室。刘少奇、郭亮、李立三、李维汉都曾在此工作。1923 年 4 月，区委机关转移他处。1949 年后多次维修并复制房内家具物品。1969 年，大体仿原状修复大小水塘、菜畦，并兴建纪念馆。1981 年定名为中共湘区委员会旧址陈列馆。2006 年定为全国重点文物保护单位。

中华　①古代华夏族、汉族多建都于黄河南北，在四夷之中，后世因称其地为中华。《三国志·蜀书·诸葛亮传》裴松之注曰：“若使游步中华。”《魏书》：“下迄魏晋，秦赵二燕，虽地据中华，德祚微浅。”初仅指黄河中下游，后各朝疆域渐广，凡所属地，皆称中华，亦曰中国。

②古时对华夏族、汉族的称谓。《北齐书·高昂传》：“于时鲜卑共轻中华朝士。”

中华门　①今北京市天安门广场正阳门北。明永乐年间建，初名大明门。清初改名大清门。1912 年改名中华门。为明、清都城皇城南面正门。清吴长元《宸垣识略》卷 3：“大清门三阙，上为飞檐重脊，前地正方，绕以石栏，名棋盘街。”1958 年因扩建天安门广场而拆除，其位置相当今毛主席纪念堂处。

②即今江苏南京市旧城南门。南朝时已有中华门。《南齐书·刘悛传》：“初，苍梧废，太祖集议中华门。”梁简文帝《守东平中华门开诗》云：“脂车向驰道，总辔息中华。”五代时南唐都此，称正南门为中华门。明洪武初扩建都城，重建此门，称为聚宝门。1931 年复称中华门。

中华全国总工会旧址　①在今广东广州市越秀南路 93 号。1925 年 5 月，在中国共产党领导下，由全国铁路总工会、中华海员总工会、汉冶萍总工会以及广州工人代表联合在广州召开了第二次全国劳动大会，决定成立中华全国总工会，会址即设于此。旧址为一幢券廊式砖木结构两层楼房，楼前立有工人运动死难烈士纪念碑和廖仲恺纪念碑，是 1926 年由全国劳动大会和广东省第二次农民代表联合会建立的。1988 年定为全国重点文物保护单位。

②在今广东广州市越秀南路 89 号惠州会馆。该址始建于清末民初。后为国民党中央党部所在地。1925 年 9 月底，国民党中央党部迁往旧省议会。10 月，中华全国总工会从大德路的临时会所迁此办公。省港罢工后成立的香港总工会也在此办公。1926 年在办公楼前建立了“廖仲恺先生纪念碑”和“工农运动死难烈士纪念碑”。国民革命军攻占武汉后，1927 年，中华全国总工会北迁汉口，本址改为中华全国总工会广州办事处。1958 年辟为纪念馆。1988 年定为全国重点文物保护单位。

中华苏维埃共和国　1931 年 11 月中华苏维埃共和国临时中央政府在中央苏区成立，首都瑞金（今江西瑞金市）。由毛泽东任主席。1933 年 1 月，中共临时中央由上海迁入中央苏区。1934 年 10 月在王明“左”倾冒险主义的错误领导下，中央红军未能粉碎敌人的第五次“围剿”，主力退出中央苏区，进行长征。1935 年 10 月到达西北革命根据地。1937 年卢沟桥事变后，中共中央为促进国共两党合作抗日的实现，提出取消苏维埃政府，改称特区政府。9 月 23 日，蒋介石发表谈话，事实上承认中国共产党的合法地位，自此中华苏维埃共和国宣告结束。

中华苏维埃政府旧址　在今江西瑞金市东北叶坪。

原为谢氏祠堂，前后三进。1931 年 11 月，中国共产党苏区第一次代表大会及中华苏维埃第一次全国工农兵代表大会均在此召开，成立中华苏维埃政府。选举毛泽东、周恩来、朱德等六十三人为中华苏维埃共和国中央执行委员会委员，毛泽东为主席，朱德为红军总司令。此后这里就作为中华苏维埃政府总办公厅，左右两边为各部部长办公室兼宿舍。1961 年定为全国重点文物保护单位。

中华郡 北周闵帝改北地郡置，治所在义亭城（今陕西富平县东北十里旧县村）。武帝建德二年（573）废。

中后（後）末旗 原属土谢图汗部，清雍正九年（1731）改属赛音诺颜部。旗府驻地在今蒙古国后杭爱省温都尔乌兰一带。

中后（後）所城 全称应为广宁前屯卫中后千户所城。即今辽宁绥中县（绥中镇）。明《辽东志》卷 2：中后所城"周围三里六十九步，高三丈，池深一丈，阔二丈，周围四里二百步，城门二座，宣德三年建"。《清一统志·锦州府二》：中后所城"在宁远州西南八十里。明宣德三年，置前屯卫中后千户所于此。本朝康熙二十九年设佐领骁骑校官兵驻防。乾隆四十一年设巡检司"。

中后（後）旗 ①又称东路中后旗。清康熙二十八年（1689）设，属蒙古车臣汗部。旗府驻地在今蒙古国肯特省中巴颜西。

②原属土谢图汗部，清雍正九年（1731）改属赛音诺颜部。旗府驻地在今蒙古国扎布汗省察干海尔汗一带。

中会寺 在今辽宁鞍山市东千山大安寺之北。为千山五大禅林之一。明《辽东志》卷 1 辽阳：中会寺在"祖越寺南十里"。寺前有明嘉靖四年（1525）碑记："襄平南千山之上，自唐敕建古刹有五，中会居其中。"寺内原存有明万历八年（1580）重修碑等明清碑刻十一方，现存二方。寺内建筑分正殿、前殿、禅堂、水亭、后阁等。

中庆路 元世祖至元十三年（1276）改善阐路置，为云南行省省会。治所在昆明县（今云南昆明市）。辖滇池周围地区及今云南禄丰、易门、宜良、嵩明等县地。明洪武十五年（1382）废为府。

中关营 在今河北隆化县东南五十里中关镇，南接承德县。清于此设把总驻守。

中关镇 清置，属承德府。即今河北隆化县东南五十里中关镇。

中州 ①地区名。犹言中原。对异域而言指中国，在中国范围内或泛指黄河流域，或专指居《禹贡》九州中间之豫州之域。明、清以来专指河南一省。

②北周明帝初置，治所在新安郡（今河南渑池县东二十五里）。保定五年（565）移治通洛防（今河南新安县）。《隋书·梁睿传》："出为中州刺史，镇新安，以备齐。"建德六年（577）废。

③唐武德二年（619）置，治所在大宁县（今山西大宁县）。贞观元年（627）废。

④元世祖至元十四年（1277）改沙麻部置，后属建昌路。治所在今四川昭觉县东中回甸。二十二年（1285）降为中县。

⑤约在宋代，乌蛮置，治所在今四川雷波县西南。元世祖至元二十二年（1285）降为县。

中次旗 清康熙五十八年（1719）设，属蒙古土谢图汗部。旗府驻地在今蒙古国东戈壁省阿尔山图西北。

中江 ①《尚书·禹贡》导江："东为中江，入于海。"旧释皆以此为"三江"之一。汉以后各家解释不一：(1)《汉书·地理志》指今安徽芜湖东经江苏高淳、东坝、溧阳至宜兴通太湖的青弋江、水阳江、胥溪、荆溪，中间连结丹阳、固城诸湖，此水在东坝附近穿越茅山余脉，当出于人工开凿，明时筑断东坝，现已不再通流。(2)《初学记》引郑玄说，指岷江（长江）会合北江（指汉水）、南江（指赣江）以下的干流。(3) 盛弘之《荆州记》指长江自今湖北荆州市荆州区至江西九江市间的河段。

②今四川沱江，六朝以来有中江之称，亦称中水。《资治通鉴》：东晋义熙九年（413），齐裕命朱龄石伐蜀，"臧熹从中水取广汉"。即此。

③即今辽宁宽甸满族自治县西南鸭绿江西岸中江台。清乾隆《钦定盛京通志》卷 51："中江在凤凰城边门外。"嘉庆《凤城琐录》谓："鸭绿至朝鲜义州府北分二流，西行二十里复合焉，西支在东支及叆河之中，故称中江。"俗名马市台，因明、清在此与朝鲜互市，故名。

中江水 即今四川中部沱江。《明史·地理志》内江："西有中江，即雒之异名。"

中江场 在今四川中江县。产井盐。民国设场知事。后废。

中江县 ①北周天和二年（567）于中江水滨置汉安戍，寻改为中江县，属资中郡。治所在今四川内江市西二里。隋开皇元年（581）避杨忠讳改为内江县。

②北宋大中祥符五年（1012）改玄武县置，属潼川府。治所即今四川中江县。明郭子章《郡县释名》四川卷下：中江县"东南两水夹流，南江来自绵州旧神泉县，东江来自涪城县，至玄武山下与南江合，邑居其中，故名中江"。明洪武十年（1377）废入潼川州，十三年（1380）复置，属潼川州。清雍正十二年（1734）属潼川府。民国初属四川嘉陵道。1928 年直属四川省。

中兴场 ①即今四川双流县东南华阳镇。清嘉庆《华阳县志》卷 6：中兴场在"治东南三十五里"。1951 年华阳县曾徙治于此。

②即今重庆市璧山县南青杠镇中兴场。清同治《璧山县志》卷 1：中兴场在"县南四十里"。

中兴县 ①唐神龙元年（705）改武兴县置，属汝州。治所即今河南宝丰县。同年改为龙兴县。

②元至元中置，属中兴路。治所即今湖北荆州市。明初废。

中兴府　西夏天庆十二年（1205）改兴庆府置，为国都。治所在今宁夏银川市老城。元世祖至元二十五年（1288）改置宁夏路。

中兴路　元天历二年（1329）置，属河南江北行省。治所在江陵县（今湖北荆州市荆州区故江陵县城）。辖境约当今湖北荆州市荆州区以南、石首市以北、监利县以西、枝江市以东地。明太祖甲辰年（1364）改为荆州府。

中兴镇　即今黑龙江省拜泉县西南六十里保华镇。民国《黑龙江志稿》拜泉县图：西南有中兴镇。

中安堡　①北宋庆历三年（1043）置，属德顺军。在今宁夏西吉县东南十字路附近。金属水洛县。后废。

②明置，属广宁卫。即今辽宁北镇市东北三十里中安满族镇。明《万历武功录》卷10《卜言台周列传》："喻成功将佟元相兵四兵出中安堡。"即此。

中安镇　在今山东宁津县东北二十五里仲伍街。《方舆纪要》卷13宁津卫：中安镇"宋置。今名中五店"。

中阳　战国赵邑，即今山西中阳县。《史记·赵世家》：惠文王十四年（前285），"与秦会中阳"，即此。秦置中阳县。

中阳山　即上界山。在今河南泌阳县东北五十里。许慎《说文解字》："潕水，出南阳舞阴中阳山。"

中阳县　战国秦置，属太原郡。治所即今山西中阳县。西汉属西河郡。三国魏移治今山西孝义县，西晋永嘉后废。1914年改宁乡县为中阳县，属山西冀宁道。治所即今中阳县城。1930年直属山西省。

中阳郡　北魏置，属南汾州。治所在昌宁县（今山西乡宁县西）。辖境相当今山西乡宁县地。隋开皇初废。

中阴山　在今河南泌阳县东北五十里。《汉书·地理志》南阳郡舞阴县："中阴山，潕水所出，东至蔡入汝。"

中牟　春秋晋邑。在今河南鹤壁市西。《国语·晋语》："中牟，邯郸之肩髀。"《左传》：定公九年（前501），"秋，齐侯伐晋夷仪，……晋车千乘在中牟"。《史记·孔子世家》："佛肸为中牟宰。赵简子攻范、中行，伐中牟，佛肸叛。"即此。战国时赵献侯曾迁都于此。《史记·赵世家》："献侯少即位，治中牟。"

中牟台（臺）　一名官渡台。在今河南中牟县东北。《水经·渠水注》：渠水"左径阳武县故城南，东为官渡水，又径曹太祖垒北，有高台谓之官渡台，渡在中牟，故世又谓之中牟台"。《寰宇记》卷2中牟县："中牟台在县北十二里。一名官渡台，又名曹公台。故基在河南，是为官渡城。即曹公与袁绍相持处。"

中牟县　战国赵置，后入秦，属三川郡。治所在今河南中牟县东。西汉属河南郡。西晋属荥阳郡。北魏太平真君八年（447）并入阳武县。景明元年（500）复置。东魏天平元年（534）为广武郡治。北周保定五年（565）移治圃田城（今河南郑州市东）。隋开皇初改为内牟县，开皇十八年（598）改为圃田县。唐武德三年（620）复改中牟县，为牟州治。仍还旧治。后属汴州。龙朔二年（662）改属郑州。五代梁属开封府，后唐属郑州，后晋属开封府。元属汴梁路。明属开封府，天顺中徙治今中牟县。民国初属河南开封道。1927年直属河南省。

中坝　即今四川高县。《明史·地理志》高州："旧治怀远砦，正德十三年迁治中坝。"

中坝土司　清末中坝得马、中坝麦马、中坝班马三司合称。驻牧在今青海杂多县境。民国周希武《玉树调查记》卷上："中坝麦马、中坝班马、中坝得马三族，同牧鄂穆曲及阿云、当木云之上源。东与囊谦、苏鲁克为界；南以当拉岭与藏边之琼布色尔扎、纳鲁养他马、纳鲁木他马、夥尔吉卡、夥尔梭得马各族为界，西境皆无人之地，北与玉树、格吉为界。"20世纪30年代后，中坝麦马并班马，兼管苏鲁克部落。后废。

中坝子　即今重庆市城口县东河鱼乡。清道光《城口厅志》卷3：中坝子场在"厅东一百四十里"。

中坝麦马　清末分隆坝二族置，为玉树等二十五族之一。驻牧地在今青海杂多县南吉曲上流。

中坝班玛　清末分隆坝二族置，为玉树等二十五族之一。驻牧地在今青海杂多县西南吉曲北。

中坝得玛土司　清末分隆坝二族置，为玉树等二十五族之一。驻牧地在今青海杂多县西扎曲河源。

中坝镇　即今四川江油市。清雍正七年（1729）于此置巡司。商贾辐辏，为药材集散地。1951年迁江油县治此。

中克度　即今贵州平塘县西南克度镇西清水。明洪武中于此置中克度里目。

中村　①明建小孙家，清改名中村。即今山东龙口市东十四里中村镇。洪宪元年（1916）《最新大中华帝国道县形势图》：黄县西北龙口东有中村。

②即今山东招远市西北金岭镇。清道光《招远县志》卷3《坊市》：中村集"在城西二十里"。

③在今四川冕宁县北中村。清康熙四十九年（1710）置中村土百户。

中村冈　又名中村岗。即今安徽阜南县东南中岗镇。明正德《颍州志》卷1：中村岗"环岗村落，故名"。

中村隘　在今广东和平县西。《方舆纪要》卷103惠州府和平县：中村隘"在县西"。

中村寨　在今山西屯留县西北。《清一统志·潞安府》"霜泽寨"条下：中村寨"在县西一百里，接沁源县界。俱明嘉靖十一年筑"。

中吴　①江苏旧苏州府的别称。宋龚明之《中吴纪闻》，即记载苏州的风土、人物。

②江苏镇江府的别称。明周祁《名义考》："润

州，中吴也。”镇江府在隋唐时为润州。

中吴军 五代方镇。吴越置，治所在苏州（今江苏苏州市）。北宋初废。

中县 元世祖至元二十二年（1285）降中州置，属建昌路。治所在今四川昭觉县东中回甸。明废。

中邑侯国 西汉置，属勃海郡。治所在今河北沧县东南。高后封吕相朱进为中邑侯。东汉废。

中岔寨土司 清康熙四十二年（1703）置，属松潘镇漳腊营。在今四川九寨沟县西北塔藏乡南中岔。后废。

中甸厅 清乾隆二十一年（1756）置，属丽江府。治所即今云南香格里拉县。“中甸”为纳西语“主地”的音译，意即酋长居住的地方，或饲养牦犏牛的寒冷地方。1913年废为中甸县。

中甸县 1913年改中甸厅置，后属云南腾越道。治所即今云南香格里拉县。纳西语“中甸”意为酋长居住的地方，或饲养牦犏牛的地方。1929年直属云南省。1957年为迪庆藏族自治州首府。2001年改名香格里拉县。

中条山 又名雷首山。在今山西西南部，黄河与涑水、沁河间。《元和志》卷12河东县：雷首山“一名中条山”。《方舆纪要》卷41蒲州：中条山“其山中狭，而延袤甚远，因名”。

中岛 在南海中中国西沙群岛永兴岛北，位于石岛之北七连屿范围内。1935年和1947年公布名称均为中岛。因在南岛和北岛之间，故名。因海滩上有海滩岩出露，中国渔民向称石峙、石岛。

中庐县 即中卢县。治所在今湖北襄阳市襄城区西南。《汉书·地理志》作中庐县。《三国志·魏书·徐晃传》：东汉建安间，晃“从征荆州，别屯樊，讨中庐、临沮、宜城贼”。

中沙洲 在南海中中国西沙群岛永兴岛北，位于石岛之北七连屿范围内。1947年公布名称为中沙洲。以在南沙洲和北沙洲之间，故名。因洲上有红草生长，又排行第二（南沙洲排行第一），中国渔民向称红草二。

中沙群岛 中国南海诸岛中四大群岛之一，属海南省。在西沙群岛东南，由隐于水下的中沙大环礁及其他岛礁组成。1947年命名为中沙群岛。因处于南海诸岛中部而得名。

中阿山 在今云南凤庆县西十五里。《清一统志·顺宁府》：中阿山“奇峰秀岭，林泉环郁。明正德中，有人于此山得方石尺许，镌曰‘襟沧江，带锡河，为昆仑山冢子，厥名曰中阿’，下十数字剥落”。

中阿坝墨仓寨 即今四川阿坝县（中阿坝）。清雍正元年（1723）置中阿坝墨仓寨土千户。

中坪二仙宫 在今山西高平市南二十八里。相传晋时有姊妹俩，生母病故，不堪继母虐待，常仰天痛哭，感动天神，让二女升天成仙。二仙女关心民间疾苦，百姓建庙祀之。庙建成后，金、元、明、清各代均有重修。现存山门、东西廊庑、中殿、配殿、后大殿、舞楼、梳妆楼等建筑。中殿三间见方，单檐九脊顶，殿内无柱，结构简洁牢固，为金代遗构。庙内有金代石碑一通，记载二仙“灵应”事迹，还有清光绪五年（1879）碑，详述光绪三年灾情及民间疾苦，是研究灾荒史的重要资料。2006年定为全国重点文物保护单位。

中坪长官司 明洪武中置，治所在今贵州福泉市西北道坪镇。清废。

中茅峰 在今江苏句容市东南茅山。宋《景定建康志》卷17：中茅峰“在积金山北，其侧有泉，色赤而有味。《真诰》云：饮之延年，山下之民率皆眉寿而无疫”。明弘治《句容县志》卷4：中茅峰“即三茅君所居”。

中林验洞长官司 元置，属思州安抚司。治所即今贵州锦屏县西南钟灵乡。明洪武间废。永乐元年（1403）复置，属五开卫。十二年（1414）属新化府。宣德九年（1434）改属黎平府。清以后废。

中旺 即今天津市东南中旺镇。清同治《畿辅通志》卷50青县图：东有中旺。

中国 古时“中国”含义不一：（1）指京师。《诗经·大雅·民劳》：“惠此中国，以绥四方。”毛传：“中国，京师也；四方，诸夏也。”《史记·五帝本纪》：“夫而后之中国，践天子位焉。”《集解》：“刘熙曰：‘帝王所都为中，故曰中国。”（2）指华夏族、汉族地区。《诗经·小雅·六月序》：“《小雅》尽废，则四夷交侵，中国微矣。”《孟子·梁惠王上》说齐宣王曾经“欲辟土地，朝秦楚，莅中国而抚四夷也”。含义与中土、中原、中夏、中华同。（3）南北朝时代，南朝自称“中国”，而称北朝为索虏；北朝亦自称“中国”，而称南朝为岛夷，都是把自己当成华夏的正统或占据中原地区的美称。（4）19世纪中叶以来，“中国”始专指我国全部领土，不作他用。1912年中华民国成立，实行五族共和，简称“中国”。1949年中华人民共和国成立后，仍简称“中国”。

中国工农红军总政治部旧址 在今江西瑞金市西北沙洲坝白屋子。是一栋砖木结构的农村民房。1933年4月红军总政治部从叶坪迁此。中央军委副主席兼总政治部主任王稼祥和军委机关报《红星报》主编邓小平在此办公和居住。1961年定为全国重点文物保护单位。

中国工农红军第二十五军司令部旧址 在今河南新县西南箭厂河乡方湾村。旧址原为闵氏祠堂，东西宽18米，南北长21米。前后两排，每排五间，东西各有两间耳房，组成天井小院。1932年秋，红军二十五军主力随同红四方面军西征后，鄂豫皖省委于同年11月底以红二十五军留下的七十五师为基础，在檀树岗重建二十五军，军长吴焕先，政委王平章，副军长徐海东，全军共5000人。1933年7月红二十五军司令部迁此。现墙上还保存有军政治部主任郑位三所书“为保障秋收秋耕，坚决扩大二十五军，打破敌人的新进攻”和“十月革命指示了中国工农红军群众的一条出路”标语。2006年定为全国重点文物保护单位。

中国工农红军第七军军部旧址　在今广西百色市区粤东会馆和清风楼。粤东会馆是一座三进两廊砖木结构的平房，清风楼是一座砖木结构的三层小楼房。1929年夏，中共中央派邓小平、张云逸等到广西领导革命。10月，邓小平、张云逸率领广西警备第四大队和广西教导总队到右江，同韦拔群领导的农民武装会合，在百色等地消灭了熊镐等反动武装。12月11日在粤东会馆门前广场集会，宣布百色起义，成立中国工农红军第七军。旧址1988年定为全国重点文物保护单位。

中国工农红军第八军军部旧址　在今广西龙州县新街。是一座两层楼房。1929年夏，中共中央派邓小平、张云逸到广西领导革命，10月，俞作豫率广西警备第五大队到龙州组织工农武装，12月，邓小平带何世昌等从百色到龙州，传达中共中央关于龙州起义建立红八军的指示。1930年2月1日中共广西党组织在龙州新填地广场举行群众大会，宣布龙州武装起义，成立中国工农红军第八军和左江革命委员会，俞作豫任军长、邓小平任政委、李明瑞为红七、八军总指挥、王逸为革命委员会主席，形成了包括今龙州、宁明、凭祥、崇左等地的左江革命根据地。1978年在此展出龙州起义的文物资料。1988年定为全国重点文物保护单位。

中国工农红军第四军军部旧址　在今江西井冈山市西北砻市镇龙江河畔后街。原是一家中药铺，分前后两进，前面是卖药柜台，后进为木质结构的两层楼房。井冈山会师后，中国工农红军第四军军部设此。党代表毛泽东、军长朱德、政治部主任陈毅、参谋长王尔琢都在后楼办公和居住。

中国共产党广东区委员会旧址　在今广东广州市文明路75—81号。1924年底，中国共产党广东区委扩大后在此办公，领导广东、广西、福建西南部和海外党的工作。1927年4月，国民党叛变革命，中共广东区委遭到破坏。4月底，中共广东区委机关迁往香港。

中国共产党六届六中全会旧址　在今陕西延安市城东郊桥儿沟。始建于1930—1934年，原为哥特式砖木结构的天主教堂。1938年9—11月，中国共产党六届六中扩大会议在此召开。毛泽东、张闻天、周恩来、陈云、刘少奇等中央领导分别作了报告。会议通过了《中共扩大的六中全会政治决议案》。会议在政治上、思想上、组织上为实现党对抗日战争的领导奠定了基础。1996年定为全国重点文物保护单位。

中国共产党代表团办事处旧址（梅园新村）　在今江苏南京市区汉府街。1946—1947年，周恩来、董必武为首的中共代表团在此与国民党政府进行长时间和平谈判，并多次举行中外记者招待会，发表重要声明。旧址包括梅园新村17号、30号、35号三处。其中30号为周恩来的办公处，35号为董必武等人的办公处，而17号是代表团外事组、新闻组、军事组、妇女组和八路军办事处所在地。1960年在旧址附近建“中国共产党梅园新村纪念馆”，1990年兴建国共南京谈判史料陈列馆。1996年定为全国重点文物保护单位。

中国共产党代表团驻沪办事处旧址　通称周公馆。在今上海市卢湾区思南路73号（原107号）。1946年5月根据《双十协定》，周恩来率领中共代表团前往南京，与国民党进行谈判。6月间，代表团在沪设立办事处，由于国民党的阻挠，对外只用周公馆名义，英文是周恩来将军寓邸。周公馆是一幢一底三楼的花园洋房，底层有警卫室等，一楼是会客室，二楼、三楼是办公室和工作人员的宿舍。周恩来的办公室兼卧室原在一楼，后迁上三楼。后来由于国民党发动全面内战，代表团于1947年3月被迫撤回延安。

中国共产党第一次全国代表大会会址　在今上海市卢湾区兴业路76号（原望志路106号）。1921年7月23日，各地的共产党早期组织推派毛泽东、董必武、何叔衡、陈潭秋、王尽美、邓恩铭、李达、李汉俊、刘仁静、张国焘和陈公博、周佛海，陈独秀指派包惠僧参加，代表全国五十多名党员，在此举行中国共产党第一次全国代表大会。第三国际代表马林、尼柯尔斯基也出席了会议。因受法租界巡捕房暗探的干扰，后来会议代表转移至浙江嘉兴，最后一天（7月31日）会议在南湖一艘游船上继续举行，通过党纲和关于党的工作任务的决议，选举中央领导机构，宣告了中国共产党成立。会址是一幢一上一下的石库门房屋，建于1920年秋，是李汉俊及其胞兄李书城的寓所。1952年9月，中共“一大”会址修复，辟为纪念馆并对外开放。1961年定为全国重点文物保护单位。2001年归入中国共产党第一次全国代表大会会址保护单位的嘉兴南湖中共“一大”会址位于浙江省嘉兴市，湖面41.6万平方米，自古为浙江名湖，江南名胜。湖中圆形小岛上有五代的烟雨楼为主的古建筑群。1921年7月，中共一大因上海法租界巡捕袭扰，被迫于8月初转移至南湖的一条游船上举行至闭幕。由此，南湖烟雨楼成为中国共产党诞生的见证。

中国共产党第二次全国代表大会会址　在今上海市静安区成都北路7弄30号。1922年7月16日—23日，中国共产党第二次全国代表大会在此举行。出席代表陈独秀、张国焘、李达、蔡和森、杨明斋、罗章龙、王尽美等十二人。大会通过了《关于“世界大势与中国共产党”的决议案》等九个决议案和党的章程。大会选举产生了中央执行委员会，推选陈独秀、张国焘、蔡和森、高君宇、邓中夏当选为中央委员，推举陈独秀为委员长。大会第一次提出了中国革命分两步走，制定了彻底的反帝、反封建的民主革命纲领，为中国革命指明了方向。

中国共产党第三次全国代表大会旧址　在今广东广州市东山恤孤院后街31号（现恤孤院路3号）。1923年6月，中国共产党第三次全国代表大会在此召开。会议决定和孙中山领导的国民党合作。中国共产党“三大”会址在抗日战争时期被日机炸毁。仅存遗址。

中国社会主义青年团中央机关旧址 在今上海市卢湾区淮海中路渔阳里6号。1920年8月，上海共产主义小组发起组织建立中国社会主义青年团，团中央机关设此。旧址为一幢二上二下的老式石库门房屋，客堂楼上是团中央办公室。上海最早的工会组织机器公会发起会也设此。1961年定为全国重点文物保护单位。

中国国民党第一次全国代表大会旧址 简称国民党"一大"旧址。在今广东广州市文明路6号（现文明路215号）。原为中山大学钟楼底层礼堂。1924年1月，孙中山在中国共产党帮助下，在此主持召开了中国国民党第一次全国代表大会，改组国民党，实现了第一次国共合作。1988年定为全国重点文物保护单位。

中固城 明永乐五年（1407）置，属三万卫。即今辽宁开原市南四十里中固镇。明《辽东志》卷1《辽东河东地方总图》：开原城南有中固城。

中岩 ①在今四川富顺县西北马脑山。《舆地纪胜》卷167富顺监：中岩"在监之西北。唐咸通中，依岩镌大悲佛像。国初，僧自悟架屋三百楹，天圣丁丑赐名普觉院。藏两朝宸翰。康定二年，翰林李淑为之记"。《方舆纪要》卷70富顺县"凌云山"条：马脑山"有二岩：曰中岩、北岩，皆奇胜"。

②青神县三岩之一。在今四川青神县南十五里岷江东岸。南宋范成大《吴船录》卷上："中岩号西川林泉最佳处。相传为第五罗汉诺矩那道场。"《方舆胜览》卷53眉州：中岩"在青神县。诺矩罗尊者道场。游者渡江入岩口，有唤鱼潭，循山三里许始至，寺中有罗汉洞，即牛头以木钥扣石笋处"。唐建中岩寺，又称景德院、灵岩寺，今称中岩寺。为县著名的风景名胜古迹区。

中和山 在今云南马龙县西南四十五里。《方舆纪要》卷114马龙州：中和山"在州西南四十五里。其山发自宜良，蜿蜒起伏，至此结为二峰，前后突兀，左右有层峦环列，曲涧回绕，又有仙人洞、五龙潭诸胜。上有平田可十顷，云南前卫屯兵数百家居焉"。

中和场 ①即今四川双流县东中和镇。清嘉庆《华阳县志》卷6：中和场在"治东南二十里"。

②即今四川资阳市东中和镇。清光绪《资州志》卷2资阳县：中和场"在县四十五里"。民国《资阳县志稿》卷1：中和场"创建乾隆八年"。

③即今重庆市开县西中和镇。清咸丰《开县志》：中和场"离城一百里"。

中和桥 在今江苏南京市武定门外秦淮河上。建于明初。《明一统志》卷6南京：中和桥"在上方桥西"。1947年9月，美军士兵将在桥上纳凉的市民王守本和国民党空军士兵葛发庭推入桥下淹死，造成著名的"中和桥事件"，激起中国人民的反美爱国浪潮。

中和殿 在今北京市故宫太和殿后。为故宫主殿之一。明永乐十八年（1420）建，初名华盖殿，嘉靖四十一年（1562）改名中极殿。清顺治二年（1645）改中和殿。凡遇皇帝入太和殿理朝政先在此殿小憩，接受内阁、大臣、礼部及侍卫执事人员的朝拜。每逢大祀及祀太庙、社稷之前一天，皇帝皆在此殿批阅奏章及祝辞。

中和镇 ①即今河南获嘉县西南中和镇。民国《获嘉县志》卷2："中和镇，距城二十一里。"

②即今湖北红安县南中和乡。明、清置巡司于此。

中岳（嶽） 五岳之一。指今河南登封市北嵩山。《尔雅·释地》："嵩高为中岳。"《史记·封禅书》、《汉书·郊祀志》均谓"中岳嵩高也"。金鹗《求古录·礼说》指出：中岳之名，历代随帝都而移。尧都平阳（今山西临汾市西南）、舜都蒲阪（今山西永济市西南）、禹都晋阳（今山西太原市），皆在冀州之城，故并以霍太山（今山西霍州市东）为中岳。殷汤都西亳，在豫州之城，故以嵩高为中岳。周武王都镐（今陕西省长安县西北），在雍州之城，故以吴山为中岳。周东迁以后，复用殷制，仍以嵩高（今嵩山）为中岳。

中岳（嶽）汉三阙 在今河南登封市境内。包括太室阙、少室阙和启母阙。太室阙在今登封市城东八里的中岳庙门前，建于东汉安帝元初五年（118），是太室山庙前的神道阙；少室阙在今登封市城西十二里的少室山下，建于东汉元初五年至延光二年（118—123）之间，是少室山庙前的神道阙；启母阙在今登封市嵩山南麓万岁峰下，建于东汉延光二年（123），是启母庙前的神道阙。

中岳（嶽）庙 在今河南登封市城东六里嵩山黄盖峰下。秦时始建太室祠，西汉元封元年（前110）武帝游嵩山时加以扩建，北魏时改名中岳庙。庙址屡有变迁，唐中叶始定于今址。宋、元、明、清各朝屡有修建，形成今天规模宏大的建筑布局。中轴线上有中华门、遥参亭、天中阁、培天作镇坊、崇圣门、化三门、峻极门、嵩高峻极坊、中岳大殿、寝殿和御书楼，共七进、十一层院落。东西两侧有六座宫院，西为太尉宫、火神宫、祖师宫，东有行宫遗址、神州宫、小楼宫，构成一座完整的古建筑群，现存明清建筑五百一十四间。主殿中岳大殿面阔九间，进深五间，重檐庑殿黄琉璃瓦覆顶，是河南现存规模最大的单体木结构建筑。庙内现存有东汉、北魏及唐至清金石造像三十六座，碑碣八十三品。2001年定为全国重点文物保护单位。2010年作为"登封'天地之中'历史建筑群"的一部分被联合国列入《世界遗产名录》。

中所 在今四川盐源县西南黄草镇。明置中所土千户。

中所坝 在今四川越西县南二十里中所镇。清光绪《越嶲厅全志》卷2：中所坝"翼带各乡，百货交易，文风饶盛，为越嶲冠冕"。光绪三十三年（1907），乡民捣毁此地的天主堂。

中受降城　唐三受降城之一。景龙二年（708）张仁愿于拂云祠筑，初属朔方节度使，后改属天德军。在今内蒙古包头市西南敖陶窑村古城。《旧唐书·张仁愿传》："河北岸有拂云神祠，突厥将入寇，必先诣祠祭酹求福，因牧马料兵而后渡河。……仁愿请乘虚夺取漠南之地，于河北筑三受降城。……以拂云祠为中城。"开元二年（714）至天宝八载（749）安北都护府治此。后废。

中京　①东晋、南朝称西晋故都洛阳为中京。《南齐书·明帝纪》：建武二年（495）十二月丁酉诏曰，"昔中京沦覆，鼎玉东迁"。即此。

②唐至德二年（757），以京城长安（今陕西西安市）为中京。因在东京洛阳和西京凤翔之间，故名。上元二年（761）改名西京。

③唐渤海国以显德府为中京（在今吉林敦化市东南敖东城；一说即今吉林和龙市）。《新唐书·渤海传》："其南为中京，曰显德府。"

④辽统和二十五年（1007）建中京大定府于故奚王牙帐地。为辽五京之一。故址在今内蒙古宁城县西大明城。金贞元元年（1153）改称北京。《辽史·地理志》中京大定府："（统和）二十五年，城之，实以汉户，号曰中京，府曰大定。皇城中有祖庙，景宗、承天皇后御容殿。"中京遗址尚存，城中有大明塔。1961年定为全国重点文物保护单位。

⑤金兴定元年（1217）改河南府为金昌府，建号中京。治所在洛阳（今河南洛阳市）。《金史·宣宗纪》：兴定二年（1218）二月甲辰，"免中京嵩、汝等州逋租"。

中京道　辽统和二十五年（1007）置，治所在中京大定府（治今内蒙古宁城县西大明镇）。辖境北至今内蒙古赤峰市、东至今辽宁锦州市、西至今河北滦河流域、南至今秦皇岛市及其西北至北京市北境长城一线。金贞元元年（1153）改为北京路。

中京路　金初改辽中京道置，治所在中京大定府（治今内蒙古宁城县西大明城）。辖境北至今内蒙古赤峰市、东至今辽宁锦州市、西至今河北滦河流域、南至今秦皇岛市及其西北至北京市北境长城一线。贞元元年（1153）改为北京路。

中庙镇　即今安徽巢湖市西七十里中庙镇。《清一统志·庐州府二》：铜炀镇"在巢县西五十里，又四十里为中庙镇"。

中河　①即今江苏宿迁市至淮阴市间废黄河北岸一段运河的前身。清康熙二十六年（1687）由河道总督靳辅主持开凿。河身在当时黄河北岸缕、遥两堤之间。起自宿迁市西张庄运口，经骆马湖口，历桃源县（今泗阳县），至清河县（今淮阴市西南废黄河北岸）西仲家庄建石闸与黄河相通为运口。三十八、九年总河于成龙弃中河桃源县以下半段，以北堤为南堤，另筑北堤，称新中河。后又因新中河三义坝（今泗阳县东南）以北河身浅狭，改用旧中河，与新中河合为一河。重加修筑，运道称便。

②即今四川宣汉县东北之中河。《清史稿·地理志》东乡县："前、中、后三江为通川江上流，自太平入，至城东合流入达县。"源出城口县西庙坝镇，西南流入宣汉县，于普光场西与后河合流，西南流于县城东与前河合，始称州河。

中河山　在今贵州镇远县东半里。《明史·地理志》镇远府镇远县："东有中河山，以两水夹流而名。"《方舆纪要》卷122镇远县：中河山"元置镇远军民总管府，以授田氏，治中河山上，即此"。

中泠泉　又作中零、中儒、中柀。在今江苏镇江市西北金山西北。旧在江中，盘涡深险。冬日水涸，用长竿汲之可得。今江岸沙涨，泉已在沙中。其南北尚有南泠、北泠，古称三瀍。唐刘伯刍曾谓水之宜茶者七等，以扬子江南零水为第一。《寰宇记》卷89润州丹徒县：中泠泉"天下第一泉"。

中郎城　在今山东龙口市东城关镇。《寰宇记》卷20谓中郎故城在"黄县东一百步"，并引《郡国志》云："石勒遣中郎将石同筑此城以防海，故曰中郎城。"北魏为东牟郡治。北齐为长广郡治。

中诚郡　即忠诚郡。北周治所在石泉县（今陕西石泉县）。《隋书·地理志上》西城郡石泉县："后周省魏昌郡入中城郡。"

中建岛　在南海中中国西沙群岛的西南隅，是永乐群岛西南端的一岛。多海鸟。1935年公布名称为土莱塘岛。1947年改名中建岛，以纪念1946年中国政府派"中建号"军舰接收西沙群岛而命名。中国渔民认为往南沙捕鱼到此已走一半路程，故称半路、半路峙。又名螺岛，以出产各种海螺而得名。

中城　春秋鲁邑，在今江苏沭阳县西北。《春秋》：成公九年（前582），"城中城"。

中垌墟　即今广东化州市西北中硐镇。明万历《高州府志》卷1：化州有中峒墟。清光绪《高州府志》卷10化州：中峒墟在"州西北八十里"。

中南山　即终南山。今陕西秦岭山脉。《左传·昭公四年》：晋司马侯曰，"中南，九州之险也"。《初学记》卷5引潘岳《关中记》：终南山"其山一名中南，言在天下之中，居都之南也"。

中南海　在今北京市西城区西长安街北侧、府右街东侧。原与北海一体，辽金时建离宫西华潭。元代扩建，名太液池。明初开挖南海，营造皇家禁苑，名西苑。1912年后，中海、南海合并称中南海，占地100万平方米，其中水域46.7万平方米。主要建筑有南海瀛台，上有翔銮阁、涵元殿、香扆殿、南熏亭等。还有丰泽园、紫光阁、怀仁堂、海晏堂等。民国初曾在此设总统府。1949年后，中南海为中共中央、国务院办公地。2006年定为全国重点文物保护单位。

中胄县　南朝宋置，属郁林郡。治所在今广西武宣县境。南齐以后废。按《宋书·州郡》：郁林太守"中胄疑即桂林之中溜"。

中峒安抚司　明嘉靖初置，属施南宣抚司。治所在今湖北宣恩县东南。清雍正十三年（1735）废。

中峒隘　清顺治十八年（1661）置，属罗城县。在今广西罗城仫佬族自治县西南。《清一统志・柳州府》：中峒隘“在罗城县西南三十里。路通庆远，环隘皆山”。

中峒镇　在今广西罗城仫佬族自治县西南三十里。明置巡司于此。

中胜州　在今湖南洞口县南郊花山村。《宋史・蛮夷一》：“南江诸蛮自辰州达于长沙、邵阳，各有溪峒：曰叙、曰峡、曰中胜、曰元，则舒氏居之。”皇祐五年（1053），“邵州蛮舒光银因湖南安抚司自陈捍御之劳，愿于峒中置中胜州，诏可”。

中饶堡　即今广东饶平县治。《清一统志・潮州府》：中饶堡“今饶平县治。本海阳县地，东曰上饶，西曰下饶，通名曰三饶。滨海倚山，习俗剽悍，为盗贼薮。明成化十四年，总督朱英奏析弦歌、宣化、信安、隆眼城、隆洲、清远、秋溪、苏湾八都，置饶平县，治弦歌都之中饶堡”。

中亭川　即今陕西武功县西北四十里武功镇。北周建德三年（574）始置武功县于此。

中亭水　亦名武亭川、杜水。即今陕西武功县西漆水河。自麟游县东南流至乾县和永寿县界，折而南流，至武功县西南入渭河。《水经・渭水注》：大横水即杜水，“南径美阳县之中亭川，注雍水，谓之中亭水”。

中亭河　在今河北霸州市南。《清一统志・顺天府二》：中亭河“在霸州南。一名新挑河。又名树栳圈河。旧有古河，上自莲花台，下达台山，绵亘数十里，岁久淤塞。明嘉靖二十四年，副使陆坤循故道修浚，后复淤。本朝康熙三十八年，圣祖仁皇帝命河臣王新命重浚”。

中度桥　在今河北正定县东南五里，跨滹沱河上。《资治通鉴》：五代晋开运三年（946），契丹入侵，自易、定趣恒州，晋杜威御之，“至中度桥，……契丹焚桥而退”。即此。

“中美合作所”集中营旧址　在今重庆市西北角歌乐山下。1943年美国和蒋介石合办“中美特种技术合作所”（简称中美合作所），是一个既替国民党训练和派遣特务、直接进行恐怖活动的特务机关，又是一个屠杀共产党人、进步人士的集中营。此地共有大小监狱二十余所，最大的是“白公馆”和“渣滓洞”监狱。新四军军长叶挺曾囚禁于此。1949年11月重庆解放前夕，国民党对囚禁在狱中的三百多位革命志士，进行了灭绝人性的集体大屠杀，制造了震惊中外的“一一・二七”大血案。1988年定为全国重点文物保护单位。

中前所城　全称应为广宁前屯卫中前千户所城。在今辽宁绥中县西南前所镇。明《辽东志》卷2：中前所城“周围二里二百六十九步，高三丈，池深一丈，阔二丈，周围四里三百步，南门一座，宣德三年指挥叶兴建”。《清一统志・锦州府二》：中前所城“在宁远州西南一百六十五里。明宣德三年置前屯卫中前千户所于此。本朝康熙二十九年设佐领骁骑校驻防。乾隆四十三年修”。现保存完好。2006年定为全国重点文物保护单位。

中前旗　①又称东路中前旗。清康熙二十八年（1689）设，属蒙古车臣汗部。旗府驻地在今蒙古国东方省乔巴山。

②原属土谢图汗部，清雍正九年（1731）改属赛音诺颜部。旗府驻地在今蒙古国前杭爱省阿尔拜赫雷东，翁金河东岸。

中涎泽　又称陆凉海。在今云南陆良县东南。《明史・地理志》陆凉州：“下有中涎泽，即南盘江所汇也。”《清一统志・曲靖府》：中涎泽“在陆凉州东南邱雄山下，潇湘江诸水至是汇而为泽，州境十八泉与南涧诸水皆注之”。《清史稿・地理志》陆凉州：“东北：陆凉湖，与中涎泽相连，周百余里。”近代逐步排干垦殖，现为陆良华侨农场。

中派河渡　即今安徽肥西县东南严店乡中派河。旧属合肥。清嘉庆《合肥县志》卷3：中派河渡“在城南五十里”。为派河经流渡口，故名。

中洲　①在今山东临清市西，汶、卫二水相会处。《清一统志・临清州》：“元时即名中洲。其时未有砖、板二闸，止有旧会通河入卫。今则宛在中央始成洲矣。”

②一名百里洲。在今湖北枝江市南部长江南岸。《三国志・吴书・吴主传》：黄武二年（223）一月，“曹真分军据江陵中洲”。即此。

③一名严家洲。在今湖北武穴市东长江中。《元史・地理志》广济县：“宋嘉熙兵乱，徙治大江中洲，归附后复旧治。”《明史・地理志》广济县：“江中有中洲，崇祯末，迁治于此。寻复故。”

④即今湖北黄梅县西十里路头山（又作漏头山）。南宋嘉熙间黄梅县侨治于此。

中洲桥　一名江南桥。即今福建福州市中洲与南台岛间的中洲桥。明王应山《闽都记》卷14：江南桥“在盐仓前，俗呼中洲桥，又名小桥，与万寿桥接，其长减万寿之半”。《清一统志・福州府二》：中洲桥“在闽县万寿桥之南，又名江南桥。本朝乾隆十六年因旧址甃石为梁，长四百四十尺，广三十八尺。邑人何际逑等捐修，巡抚潘思榘为之记”。

中宫镇　金置，属历城县。即今山东济南市历城区南仲公镇。

中祠山　在今山东即墨市东南。《新唐书・地理志》：即墨有中祠山。《寰宇记》卷20即墨县：“中祠山在县东南五里。《汉书》云：不其山有太乙仙人祠九所，此其一也。”

中院村　在今北京市房山区西南，为孤山口入上方山必经之地。民国《房山县志》卷3引魏必复《天开中院碑阴记》：“至元十年应公禅师始来住持……建中院寺于南沙河。”村因寺名。后分为上、下中院村。

中敖镇　即今重庆市大足县西北二十里中敖镇。清道光《大足县志》卷2：中鳌场“在县北二十里”。

中埠镇　即今安徽巢湖市西北中埠镇。清光绪《庐州府志》卷3巢县：中埠镇在“县西三十里”。

中都　①春秋晋邑，后属赵。在今山西平遥县西南。《左传·昭公二年》：齐陈无宇送女致少姜，晋平公“执诸中都”。《史记·秦本纪》：秦惠文王更元九年（前316），“伐取赵中都、西阳”。均此。秦置中都县。

②春秋鲁邑。在今山东汶上县西四十里。《史记·孔子世家》：“定公以孔子为中都宰。”即此。《水经·汶水注》：“淀水西南出谓之巨野沟，又西南径致密城南。《郡国志》曰：须昌县有致密城，古中都也，即夫子所宰之邑也。”

③在今河南沁阳县东北。《魏书·地形志》：州有中都城。《水经·沁水注》：沁水“又东径中都亭南”，即此。

④都名。(1) 唐因蒲州为东都洛阳和西都长安的交通枢纽，开元九年（721）正月升为河中府，建号中都。故址在今山西永济市蒲州镇。七月罢中都，复改蒲州。(2) 唐大中十三年（859），南诏王世隆称帝，改阳苴咩城（今云南大理市北二十六里大理古城）为中都。(3) 亦称高丽中都城。即今吉林集安市。《辽史·地理志》：“桓州，高丽中都城。……高丽王于此创立宫阙，国人谓之新国。”(4) 金贞元元年（1153）迁都燕京，改燕京析津府为中都大兴府。故址相当今北京市宣武区西部大半。蒙元初名燕京，元世祖至元元年（1264）复名中都。四年（1267）改筑新城于旧城东北，遂定都于此，即今北京城的前身。元世祖至元九年（1272）改称大都。(5) 元世祖中统三年（1262）于隆兴路（今河北张北县）建行宫，元至大元年（1308）建中都于此。四年（1311）废。(6) 明洪武二年（1369）以太祖生地临濠府为中都，建中都城。在今安徽凤阳县城西北隅，凤凰山南。有城三重，外城周30.45公里，中城周7.74公里，内城周3.7公里。内城墙高约15米，城内殿宇壮丽，雕饰奇巧，为我国古代最华丽的都城建筑之一。七年（1374）改府名凤阳。现中都城仅存遗址。1982年定为全国重点文物保护单位。

中都云（雲）板水等处长官司　元置，属管番民总管。治所在今贵州都匀市西北二十里甘塘镇邦水。明洪武十六年（1383）改为邦水长官司。

中都水　即今山西平遥县东南之惠济河。为汾水支流。《水经·汾水注》：“婴侯之水乱流径中都县南，俗又谓之中都水。”

中都场　今四川屏山县西北中都镇。清乾隆《屏山县志》卷1：中都乡在“县西二百五十里。有中都、会隆二场”。

中都县　①秦置，属太原郡。治所在今山西平遥县西南。北魏太平真君九年（448）移治今榆次市东十五里。北齐移治今晋中市榆次区。隋开皇十年（590）改为榆次县。

②唐天宝元年（742）改平陆县置，属兖州。治所即今山东汶上县。贞元十四年（798）改属郓州。宋属东平府。金贞元元年（1153）改汶阳县。《资治通鉴》：五代唐同光元年（923），王彦章为李嗣源所败，“彦章退保中都”。即此。

中都督府　唐置，在今四川西昌市。《元史·地理志》：建昌路“本古越嶲地，唐初设中都府，治越嶲。至德中，设于吐蕃”。中都府脱督字。

中都路　金贞元元年（1153）改燕京路置，治大兴府（治今北京市城西南隅）。贞元二年（1154）以后辖境相当今天津市、河北大城、文安、雄县、高阳、清苑、满城等县以北，长城和北京市内长城以南，河北抚宁、昌黎等县以西和紫荆关以东地区。蒙古成吉思汗十年（1215）改为燕京路。

中桥关　明洪武十二年（1379）置，后属叠溪千户所。在今四川茂县西北叠溪镇南。《明一统志》卷73叠溪所：中桥关“在所南十五里”。

中夏　①与指华夏族、汉族地区的“中国”同义。班固《东都赋》：“目中夏而布德，瞰四裔而抗棱。”

②指黄河流域，与广义的“中原”同义。《后汉书·马融传》：“明德曜乎中夏，威灵畅乎四荒。”《晋书·王珣传》：“时（桓）温经略中夏，竟无宁岁。”

中原　即中土、中州。先秦时代已有雒邑（今河南洛阳市）和陶（今山东定陶）是天下之中的说法，后来华夏族活动范围扩大，古豫州仍被视为九州之中，称之为中原。故狭义的中原指今河南省一带，如《明实录》：永乐十四年（1416），“伏维北京，南俯中原”，即是。而广义的中原或指黄河中、下游地区。如《宋史·李纲传》：“自古中兴之主，起于西北则足以据中原而有东南。”或指整个黄河流域而言，如诸葛亮《出师表》：“当将率三军，北定中原。”

中原军区旧址　在今湖北大悟县东北宣化镇竹竿河东岸。1946年新四军第五师、八路军三五九旅南下支队和豫西部队组成中原军区，司令部驻宣化店。军区旧址占地500平方米，建筑为砖木结构，三厅二院，前、中厅各五间，后厅四间，前后院两侧厢房各一间。1976年经修复，增设纪念馆，陈列有关革命文物。2006年定为全国重点文物保护单位。

中原省　1945年春，日伪在新沦陷区置，驻郑县（今河南郑州市）。同年8月日本投降后废。

中峨眉山　又名二峨。在今四川峨眉山市南。《元和志》卷31峨眉县：中峨眉山“在县东南二十里。有古穴，初才容人，行数里渐宽。有钟乳穴，穴有蝙蝠，其大如筐”。《舆地纪胜》卷146嘉定府：中峨山“在峨眉县南二十里。亚于峨眉，名为覆蓬山，有葛仙洞。又名绥山”。

中峰山　在今四川威远县西一百里。《方舆纪要》卷72威远县：中峰山“山峰高耸，与资县分界”。

中峰寺　又名乾明观。在今四川峨眉山市西南峨眉山中。南宋范成大《吴船录》：“至中峰寺，院有普贤阁，四环十七峰绕之，背倚白崖峰。”《舆地纪胜》

卷146嘉定府：乾明寺“自华严至寺五里。初名中峰寺，后改乾明。前后有八峰，普贤阁倚白崖峰，余十七峰共环之”。寺始建于晋，为道观。后改为寺院。今寺为1935年重建。

中留县 秦置，属桂林郡。治所在今广西武宣县西南。西汉属郁林郡。东汉时改为中溜县。三国吴复名中留县。西晋废。东晋复置。南朝宋为桂林郡治。齐属桂林郡。隋开皇十一年（591）省入桂林县。

中郭罗克插落寨 简称中郭罗克司。在今青海班玛县西北达卡乡境。清康熙六十年（1721）置中郭罗克插落寨土百户。清嘉庆《四川通志》卷90：康熙五十九年（1720）冬十月，清提督岳钟琪等率诸军进攻郭罗克，“直抵中郭罗克那务等寨，贼番抗拒，官兵奋击，连破一十九寨”。即此。

中站 即今广东南雄市北中站。明嘉靖三十六年（1557）筑城，设兵戍守。

中部县 十六国后秦置，为中部郡治。治所在今陕西黄陵县南侯庄乡故城东。后废。北魏太和十五年（491）复置，仍为中部郡治。西魏大统九年（543）移治杏城（在今黄陵县西南十里）。隋开皇元年（581）改为内部县。唐武德二年（619）复名中部县，为坊州治。治所在今黄陵县南四里。天宝元年（742）为中部郡治，乾元元年（758）复为坊州治。元属鄜州。明成化中移治今黄陵县。民国初属陕西榆林道。1928年直属陕西省。1944年改为黄陵县。

中部郡 十六国后秦置，治所在中部县（今陕西黄陵县南侯庄乡故城东）。后废。北魏复置，西魏移治杏城（今黄陵县西南十里）。隋开皇元年（581）改为内部郡。寻废。唐天宝元年（742）改坊州复置中部郡，治所在中部县（今黄陵县西南四里）。乾元元年（758）复改坊州。

中部联合旗 ①1949年由阿巴哈纳尔左翼旗与阿巴嘎左翼旗、浩齐特右翼旗合并置，属锡林郭勒盟。驻贝子庙（今内蒙古锡林浩特市）。1952年撤销，并入西部联合旗。

②1949年由乌珠穆沁左旗、乌珠穆沁右旗及浩济特左旗合并设置，属锡林郭勒盟。驻地在乌兰哈拉格庙（今内蒙古西乌珠穆沁旗东北乌兰哈拉嘎）。1956年撤销，复置东、西乌珠穆沁旗。

中陵川 又名兔毛河。即今山西右玉县西沧头河。《水经·河水注》：中陵川水“出中陵县西南山下，……东北流，径中陵县故城东。……中陵水又西北流，径善无县故城西”。《清一统志·朔平府》：兔毛河“古名中陵川水”。

中陵水 亦作中陵川水。即今内蒙古和林格尔县南、清水河县西北之浑河。《水经·河水注》：树颓水“西南流，右合中陵川水。水出中陵县西南山下，北俗谓之大浴真山，水亦取名焉。……水曰诰升袁河，西南流径沃阳县，左合中陵川，乱流西南与一水合，北俗谓之树颓水……注于河”。隋名紫河。

中陵县 西汉置，属雁门郡。治所在今山西右玉县西南威远镇西。东汉属定襄郡，建安末年废。

中陶县 三国魏置，属南安郡。治所在今甘肃陇西县东南。北魏太平真君八年（447）废。

中理国 故地或以为在今非洲索马里，包括其东北海面的索科特拉岛（今属也门）在内。南宋赵汝适《诸蕃志》卷上：“中理国人露头跣足，缠布不敢著衫，惟宰相及王之左右乃著衫缠头以别……国有山与弼琶啰国隔界，周围四千里。”

中黄铺 即今贵州黎平县东北中黄村。《清一统志·黎平府》“下铜鼓铺”条下：又有“中黄铺”等，“皆戍守处”。

中营堡 明嘉靖六年（1527）置，属灵州守御千户所。在今宁夏吴忠市西南马家湖乡中营村。

中曹 唐西域国名，都城在迦底真城（今乌兹别克斯坦撒马尔罕北）。《新唐书·西域传》：中曹“居西曹东，康之北。王治迦底真城”。

中曹长官司 明洪武五年（1372）改中嘈百纳等处长官司置，属贵州宣慰司。治所即今贵州贵阳市西南中曹街道。清以后废。

中堂 又名南皇堂、中皇堂。故址在今江苏南京市南。《晋书·明帝纪》：东晋太宁二年（324）王敦复反，“帝次中堂”。又《安帝纪》：隆安二年（398），王恭、殷仲堪等举兵反，“会稽王道子屯中堂”。《宋书·文帝纪》：景平二年（424），少帝废，宋义帝“谒初宁陵，还于中堂即皇帝位”。

中盘山 在今天津市蓟县西北二十五里盘山中。清《日下旧闻考》卷116引《盘山志》：“古中盘在紫盖、莲花、毗卢三峰之间，相传宝积住静处。”

中馆驿 即今湖北麻城市西南三十里中馆驿镇。民国《湖北通志》卷73《兵事》：清同治二年（1863）九月，“凡中馆驿、闵家集诸市镇”，捻军旗帜云布。

中渎水 即邗沟。故道自今江苏扬州市南引江水北流，西北至淮安市北入淮。《水经·淮水注》：“中渎水，首受江于广陵郡之江都县……自江东北通射阳湖。《地理志》所谓渠水也。西北至末口入淮。”

中淀河 在今河北乐亭县东十五里。《方舆纪要》卷17乐亭县：中淀河“流经县东南十五里达四沟港，四围皆水，中有高冈，又南通汤家河至胡林口河入海”。

中渠 在今宁夏中卫市南五里。明嘉靖《宁夏新志》卷3宁夏中卫：中渠在“黄河西。长三十六里，溉田一百二十余顷”。清改名贴渠。

中梁山 在今陕西南郑县西北。《新唐书·地理志》：南郑县有中梁山。《舆地纪胜》卷183兴元府：中梁山，“《汉中郡记》云，镇梁州之中，故以为号”。

中宿县 西汉置，属南海郡。治所在今广东清新县西北河洞堡。以中宿峡为名。东汉末废。三国吴复置。南朝梁属清远郡。隋开皇十年（590）废。

中宿峡　即峡山。在今广东清远市东北。《寰宇记》卷157 广州清远县：中宿峡“在县东（北）三十五里。谭子和修海峤志云，二月、五月、八月有潮，上二禺峡逐波返五羊，一宿而至，故曰中宿峡”。

中隋山　在今四川彭州市西北。《方舆胜览》卷54 彭州：中隋山“在大隋山后。又上三十里至光相阁，三月半间，扫去积雪，峰顶下视，葛仙、白鹿、大隋真培塿也”。

中隐山　①在今山西清徐县西北八里。《方舆纪要》卷40 清源县：中隐山“四围高峰，山独中隐，亦曰中隐谷”。

②在今广西桂林市西。《清一统志·桂林府》：中隐山“在临桂县西十里。俗名佛子岩。其岩三重，下岩深广如积大艘。中岩明爽，有乳石凝结。上岩差下。旧有寺，悬岩置屋，恍非人境”。

中堡河　在今河北肃宁县东北。《方舆纪要》卷13 肃宁县：中堡河在“县东北三十里。《志》云：保定府蠡县以东、高阳县以南之水，溢入于县境，播为洋东五十二淀，俱注于中堡河，流经雄县界，会于瓦济河。其洋东五十二淀，俱在县东南二十余里，即唐河、滋河及滹沱诸河散流所汇也”。

中堡镇　即今江苏兴化市北中堡镇。清光绪《江苏全省舆图》兴化县：“中堡镇在城北三十六里。”

中道　古代中国中原地区至西域交通道路之一。(1)《三国志》卷3 裴注引《魏略·西戎传》：“从玉门关西出，发都护井，回三陇沙北头，经居卢仓，从沙西井转西北，过龙堆，到故楼兰，转西诣龟兹，至葱岭，为中道。”即从今甘肃敦煌市西北之玉门关，经罗布泊附近西行，以后的路线大体和《汉书·西域传》的北道相同。(2)《隋书·裴矩传》：“中道从高昌、焉耆、龟兹、疏勒，度葱岭，又经钹汗、苏对沙那国、康国、曹国、何国、大小安国、穆国，至波斯，达于西海。”从今甘肃敦煌市西北之玉门关西行，经吐鲁番、库车、喀什市，西至伊朗，其路线大体和《汉书·西域传》北道相同，终点达于波斯。(3) 唐道宣《释伽方志》卷上所载的中道，系取道沙州（今甘肃敦煌市西）西行，以后的路线大体和《汉书·西域传》的南道相同。

中道镇　在今广东信宜市北。《方舆纪要》卷104 信宜县：中道镇在“县东北五十里。东川所经也。有巡司，洪武中置”。

中港　在今台湾省苗栗县东北竹南镇西约二里。昔为小海港。清嘉庆末年至道光中叶商业颇盛。

中港溪　在今台湾省苗栗县北。源于加里山，西北流至竹南镇南入台湾海峡。《清一统志·台湾府》：中港溪“在彰化县后垅溪之北，源发于合欢大山，西流至中港社西入海”。

中渣坝沱　在今四川道孚县南中扎坝。清康熙四十年（1701）置中渣坝沱土百户。

中渣坝热错　在今四川道孚县南中扎坝。清康熙四十年（1701）置中渣坝热错土百户。

中渭桥　秦始皇修建，初名横桥，在今陕西西安市西北。汉初名渭桥或石柱桥。武帝后称中渭桥。《三辅黄图》卷6引《三辅旧事》云：“秦造横桥，汉承秦制，广六丈三百八十步，置都水令以掌之，号为石柱桥。”《元和志》卷1 咸阳县：“中渭桥，在县东南二十二里。本名横桥，驾渭水上。”唐贞观十年（636）移至今西安市直北。五代以后，被西渭桥取代，逐渐废弃。中华人民共和国成立后在汉长安城横门外（今西安市西北六村堡相家巷）的田野里发现了横门遗址。

中渡　①即今广西鹿寨县西北中渡镇。明万历十四年（1586）移平乐镇巡司于此。

②即今四川雅江县雅砻江东岸河口镇。清康熙五十八年（1719）于此设渡，因位于上下渡之间，故名。雍正八年（1730）于此设德清营，乾隆间改中渡汛。为川藏交通孔道，乾隆《卫藏通志》卷4：八角楼“行六十里至中渡，即河口。过河为里塘界，所谓雅龙江也。设外委一员，专司渡船。夏秋以舟渡，冬春则列船为浮桥，济行旅”。清末于此设河口县。

中渡厅　清光绪三十二年（1906）析永宁州及永福、融县、柳城、雒容四县地置，属桂林府。治所在今广西鹿寨县北中渡镇。1912 年改为中渡县。

中渡县　1912 年改中渡厅置，属广西桂林道。治所在今广西鹿寨县北中渡镇。1928 年直属广西省。1952 年和雒容、榴江二县合并，改置鹿寨县。

中渡店　即中渡镇。在今河南息县南八里。《金史·完颜赛不传》：兴定元年（1217），“遣兵渡淮，略中渡店，拔光山、罗山、定城等县”。

中渡哑出卡　在今四川雅江县河口镇西岸。清康熙四十年（1701）置中渡哑出卡土百户。后废。

中渡镇　即今河南息县南中渡店。南宋设榷场于此，与金互市。《宋史·宁宗纪》：嘉定十年（1217），“金犯光州中渡镇，执榷场官盛允升杀之”，即此。

中路中末旗　即赛音诺颜部中末旗。旗府驻地在今蒙古国库苏古尔省塔里亚郎南，色楞河北岸。

中路中左末旗　即赛音诺颜部中左末旗。旗府驻地在今蒙古国后杭爱省策策尔勒格西北北特，大临河西岸。

中路中左旗　即赛音诺颜部中左旗。旗府驻地在今蒙古国后杭爱省塔里亚特。

中路中右旗　即赛音诺颜部中右旗。旗府驻地在今蒙古国巴彦洪古尔省巴彦洪古尔南。

中路中右翼末旗　即赛音诺颜部中右翼末旗。旗府驻地在今蒙古国后杭爱省图斯哈勒图黑德东。

中路中后（後）末旗　即赛音诺颜部中后末旗。旗府驻地在今蒙古国后杭爱省温都尔乌兰一带。

中路中后（後）旗　即赛音诺颜部中后旗。旗府驻地在今蒙古国扎布汗省察干海尔汗一带。

中路中前旗　即赛音诺颜部中前旗。旗府驻地在今蒙古国前杭爱省阿尔拜赫雷东。

中路左翼中旗 即赛音诺颜部左翼中旗。旗府驻地在今蒙古国布尔根省巴颜阿格特一带。

中路左翼左末旗 即赛音诺颜部左翼左末旗。旗府驻地在今蒙古国后杭爱省罕鄂尤特东南。

中路左翼左旗 即赛音诺颜部左翼左旗。旗府驻地在今蒙古国巴彦洪古尔省古尔班布拉格西北。

中路左翼右旗 即赛音诺颜部左翼右旗。旗府驻地在今蒙古国南戈壁省诺莫冈西南。

中路右末旗 即赛音诺颜部右末旗。旗府驻地在今蒙古国扎布汗省呼亚格特南，依德尔河北岸。

中路右后（後）旗 即赛音诺颜部右翼右后旗。旗府驻地在今蒙古国巴彦洪古尔省巴彦布尔德西。

中路右翼中末旗 即赛音诺颜部右翼中末旗。旗府驻地在今蒙古国巴彦洪古尔省哈拉纽杜延呼都格井一带。

中路右翼中左旗 即赛音诺颜部右翼中左旗。旗府驻地在今蒙古国杭爱省塔尔加图东南。

中路右翼中右旗 即赛音诺颜部右翼中右旗。旗府驻地在今蒙古国后杭爱省查干苏木一带。

中路右翼末旗 即赛音诺颜部右翼末旗。旗府驻地今蒙古国巴彦洪古尔省博木博果尔一带。

中路右翼左末旗 即赛音诺颜部右翼左末旗。旗府驻地在今蒙古国前杭爱省巴特沃勒吉东南。

中路右翼后（後）旗 即赛音诺颜部右翼后旗。旗府驻地在今蒙古国后杭爱省加尔嘎郎特一带。

中路右翼前旗 即赛音诺颜部右翼前旗。旗府驻地在今蒙古国布尔根省赛汗西北，哈努依河东岸。

中路市 即今湖南湘潭县南中路铺。《清一统志·长沙府二》“涂田市”条下：“中路市在（湘潭）县西七十里。”

中路赛音诺颜旗 即赛音诺颜旗。旗府驻地即今蒙古国前杭爱省海尔汗杜兰。

中路额鲁特前旗 即赛音诺颜部额鲁特前旗，旗府驻地在今蒙古国后杭爱省北特，大临河北岸，巴特曾格勒东。

中路额鲁特旗 即赛音诺颜部额鲁特旗。旗府驻地在今蒙古国前杭爱省哈尔赫林一带。

中新河 在今江苏南京市西南。《方舆纪要》卷20江宁县“新开河”条下：“中新河、下新河亦在江东门外，南去上新河十里，流通大江，官司船舫所泊处也，皆洪武初所开。”

中源县 西魏置，属渭南郡。治所在今陕西渭南市西。北周废。

中溜县 东汉改中留县置，属郁林郡。治所在今广西武宣县西南。三国吴复为中留县。

中滦镇 即今河南封丘县西南二十八里黄河北岸钟銮城村。元时为漕运中转站。《元史·食货志》：“运粮则自浙西涉江入淮，由黄河逆水至中滦旱站，陆运至淇门（今河南浚县西南），入御河（今卫河），以达于京。”后以劳费不赀，改从海运，而中滦遂废。明洪武中尝设驿及巡司。明末数遭水患，居民迁徙几尽，村落为墟。

中塘墟 即今广东东莞市西北中堂镇。明设巡司驻此。

中旗 清康熙二十五年（1686）设，属蒙古土谢图汗部。旗府驻地在今蒙古国首都乌兰巴托市。

中寨 即今甘肃岷县西北三十里中寨镇。《明一统志》卷37岷州卫“曹家寨”条下：“自是而西又有中寨、野狐桥、冷地峪三寨。”

中墩屿 又名中屯屿。在今台湾省澎湖县东北，澎湖本岛与白沙岛之间。清蒋毓英《台湾府志》卷3：中墩屿“形如墩堡之状，周围里余。居民十数家”。

中嶆百纳等处长官司 元置，属管番民总管。治所在今贵州贵阳市南。明洪武五年（1372）改置中曹长官司，移治今贵阳市西南中曹。

中镇 即今四川峨边彝族自治县（沙坪镇）。明置巡司于此。《方舆纪要》卷72峨眉县“靖彝堡”条下：“中镇亦在县西南，临中镇河，明初置巡司于此。”后移巡司于大围山（今峨眉山市西南大为镇）。

中镇水 即今四川峨边彝族自治县境之大渡河。《方舆纪要》卷72峨眉县“土地关”条下：“左路由下马胜溪至古金寺，渡中镇河，有中镇巡检戍之。”《清一统志·嘉定府一》：阳江，“《旧志》：大渡河自黎大所穿野夷界至中镇入峨眉县，土人又名中镇河，经县西南百四十里，凡一百二十里入嘉定州界”。

中镇砦 亦作忠镇砦。北宋置，属嘉定府。即今四川峨边彝族自治县。《宋史·宁宗纪》：南宋嘉定六年（1213），“虚恨蛮犯嘉定府之中镇砦”。即此。

中镇隘 在今广东紫金县东。《清一统志·惠州府》：中镇隘“在永安县东。明置县后设”。

中潮千户所 明洪武二十一年（1388）置，属五开卫。治所即今贵州黎平县东南中潮镇。清废。

中潬城 ①在古蒲津关下黄河中流。隋建，大业十三年（617），李渊引兵自河东济河而西，朝邑法曹靳孝谟以蒲津、中潬一城降，即此。

②为河阳三城之一。在今河南孟州市南黄河中沙洲上。《元和志》卷5：中潬城“东魏孝静帝元年筑之，仍置河阳关”。北宋嘉祐八年（1063）秋，毁于河水。《清一统志·怀庆府二》：中潬城，“《县志》，即今黄河中郭家滩”。

中潘州 北宋分潘州置，治所在今四川若尔盖东南或松潘县西北。元属吐蕃宣慰司。明洪武初废。

中藏 旧称喀木为前藏，卫为中藏，藏为后藏。后习称拉萨以东为前藏，以西为后藏。藏语卫是中间、中央之意。清乾隆《卫藏通志》卷3：“前藏居诸之中，亦称中藏。”

中礁 在南海中中国南沙群岛，位于尹庆群礁中部，在西礁东北5海里。是一长900米的环礁，西南端有一露出水面的小沙洲。中国渔民向称弄鼻仔。1935年公布名称为中央礁。1947年改名中礁。

中瞻对茹色长官司 清乾隆十一年（1746）置，属雅州府。治所在今四川新龙县西北。嘉庆二十年（1815）废。

水土镇 即今重庆市北碚区东南水土镇。明于此置土沱水驿。清改置水沱场。清末置镇。

水口 ①即今广东兴宁市东南水口镇。清设兴宁营把总驻防。

②在今重庆市巫山县西北下田乡北之水口。清光绪《巫山县志》卷2：水口在"县东北一百二十里。宋时于此置水口监。今废"。

水口山 在今湖南常宁市东北六十里。矿藏主要有铅、锌、金、硫磺。宋代始开采白银。清光绪二十二年（1896）收归官办，以开采铅锌著名。

水口寺 在今河南新县西南四十四里陈店乡。1928年春中国工农红军第七军由湖北黄陂县木兰山转移到鄂豫边区，在新县柴山堡地区创建了鄂豫边区第一个革命根据地。第七军司令部即设在水口寺。

水口关 清置，在今广西龙州县西北水口镇。《清一统志·太平府》"平南关"条："又有水口关在（龙州）厅西北九十五里。关外大河，舟楫直达交阯。旧时封禁。本朝乾隆五十六年，复准开辟通市，由同知给腰牌放行，有兵防守。"

水口江墟 即今江西会昌县西南六十里水口村。清同治《江西全省舆图》卷9：会昌县西南有水口江墟。

水口村 即今江西南城县东北水口村。1933年中央革命根据地置金南县治此。

水口驿 即今福建古田县南水口镇。《方舆纪要》卷96古田县：水口驿"即废古田县。宋时曰嵩溪驿，元改今名。明初因之，递运所亦置于此"。

水口监 宋置，属大昌县。在今重庆市巫山县西北福田镇北水口村。《宋史·地理志》大宁监大昌县："旧在监南六十里，嘉定八年徙治水口监。"

水口站 元置，即今福建古田县南旧水口。明改为驿。

水口埠 俗称单水口。即今广东开平市东北水口镇。清宣统《广东舆地全图》开平县图：县（治今苍城镇）东南有水口埠。民国《开平县志》卷4："东干路由城（今苍城镇）东门渡河，过牛山桥而塘荫，而峫峒，逾古博岭而金村，而簕竹渡、鳅鱼咀达水口。"

水口堡 北宋置，属镇戎军。在今宁夏固原市境。后废。

水口街 即今贵州黎平县东南七十八里水口镇。民国初有县丞驻此。1936年置水口镇，旋废。1984年复设水口镇。

水口墟 ①即今湖南炎陵县东南四十里水口镇。清光绪《湖南通志》卷1酃县图：县南有水口墟。

②即今广东阳山县东南三十里连江滨水口镇。清宣统《广东舆地全图》阳山县图：县东南有水口墟。

③即今广东惠州市惠阳区（淡水镇）东北，东江水滨水口镇。清光绪《广东舆地全图》：归善县东北有水口墟。

水口寨 北宋置，属邵武县。即今福建邵武市东南水口寨。明洪武二年（1369）置巡司于此。

水口镇 ①北宋置，属长兴县。即今浙江长兴县西北二十八里水口乡。清同治《长兴县志》卷1：水口"顾渚山之水从此出，故名"。唐杜牧有《入茶山下题水口草市绝句》诗。

②北宋置，属古田县。即今福建古田县南水口镇。北宋太平兴国五年（980）至端拱元年（988）尝为古田县治。

③即今安徽来安县南三十四里水口镇。为秦建阳县治所。

④即今江西赣县西北赣江西岸水口。清时有把总驻防。

⑤即今广东兴宁市东南水口镇。《方舆纪要》卷103兴宁县：水口镇在"县南四十里。有巡司。洪武八年置，为兴宁、长乐二水交流之所"。

水门寺关 在今河北抚宁县东北一百一十里。《方舆纪要》卷17抚宁县：水门寺关"义院口东第四关口也。《志》云：水门寺以北为平顶谷、城子谷等关，而东接董家口关"。

水井山 在今云南宜良县西。《方舆纪要》卷114宜良县：水井山在"县西十里。本名观音山。顶有泉，因改今名"。

水井驿 在今云南昌宁县西南湾甸傣族乡。《方舆纪要》卷118顺宁府："《志》云，府境旧有顺宁观音、水井、牛街、锡铅、右甸、枯河六驿，皆土驿丞司之。"

水井堡 在今贵州黎平县南。《方舆纪要》卷121黎平府：水井堡在"府南二十里。有土城，周一里"。

水井街酒坊遗址 在今四川成都市锦江区水井街全兴酒厂的曲酒生产车间内。遗址包括晾堂三处、酒窖八口、灶坑四座、灰坑四个。有蒸馏器基座、路面（散水）、石条墙基、木柱及柱础等。遗址的年代上限不晚于明代，下限直至近现代，保存了当时"前店后坊"的布局形式，是我国目前发现的古代酿酒作坊和酒肆并存的唯一实例。它在一定程度上反映了中国传统酿酒工艺的演进历程，为研究中国蒸馏酒（又称白酒或烧酒）的发展历史提供了珍贵的实物资料。2001年定为全国重点文物保护单位。

水云（雲）关 在今贵州务川仡佬族苗族自治县东。《清一统志·思南府》：水云关"在婺川县东十五里，县境又有虎踞关，皆置戍处"。

水云（雲）洞 在今贵州安顺市南十里。《清一统志·安顺府》引《游名山记》："洞高十余丈，中平旷，可容千余人。旁有潭水下注。西有一大窍，日光穿射，备红、黄、白、黑诸色。西南隅一石直立，若观音。东北有石莲花，形色种种。西北特出一石柱，龙鳞栉比，人称为石龙，盖石髓淋漓，积久所致。”

水车岭　在今安徽池州市西南殷汇镇南灌口。峭壁临渊，奔流冲激，声若桔槔。李白《秋浦歌》：“秋浦千重岭，水车岭最奇。”

水车河　今四川兴文县西北兴文河。《方舆纪要》卷70兴文县：水车河在“县北十里。源出三都乡，流经泸州江安县入大江。居人以竹为轮，高二三丈，斜列以筒，汲水而上，可溉田畴。号曰筒车”。

水车塘　亦作水车隘。即今广东梅县西南水车镇。《方舆纪要》卷103程乡县“太平镇”条内：“西南四十里有水车隘，山荒涧多。”清置水车墟汛。

水牛山　又称太白山。俗称卧牛山。在今山东汶上县东北五十里。海拔92米。南面有洞，洞口右侧石壁有北齐时摩崖石刻，五十二字，字径20厘米。山上原有北齐文殊般若经碑，碑高2米，宽0.68米，厚0.14米。碑额左右分别题“文殊”、“般若”二字，中间雕一大佛，两旁侍者各一。碑文为佛经，隶书近楷，书法浑厚古朴，遒劲有力，是研究中国书法演变及佛经发展的重要珍品。

水牛塘　在今贵州遵义县北。《明史·吴广传》：万历间征播之役，“广合希彬军连战红碗、水土崖、分水关皆捷，遂进营水牛塘”，即此。

水月岩　在今广西玉林市东南。《方舆纪要》卷108郁林州“张道岩”条下：“《志》云：州东南二十里为水月岩，岩中虚明爽豁，洞壑绝胜，右接天马、钓天诸洞，幽异不一。”明崇祯十年（1637），地理学家徐霞客曾到此考察，在游记中记述水月洞的奇景。

水月洞　在今广西桂林市南象鼻山。南宋范成大《桂海虞衡志》：“水月洞在宜山之麓，其半枕江。天然刓刻作大洞门，透彻山背。顶高数十丈，其形正圆，望之端整如大月轮。漓江别派，流贯洞中，踞石弄水，如坐卷蓬大桥下。”范成大有《复水月洞铭》。

水心寨　在今湖北宣恩县南。《方舆纪要》卷82高罗安抚司：水心寨在“司南三里。有水心山，砦据其巅”。

水打田　即今湖南凤凰县南二十二里水打田乡。清严如熤《苗疆险要考》谓水打田“两面高山，中间羊肠一线，计长二十余里，前后隘口极为紧险”。

水龙坑　在今广西东兰县东北。《方舆纪要》卷109那地州：水龙坑“在州西南六十里。《舆程记》：水龙坑山路险仄，沿溪越岭，三日而至东兰州”。

水东土司　即明贵州宣慰司同知宋氏辖地，在宣慰使安氏辖地水西（大部在鸭池河以西）之东，故名。治所在宣慰司城内（今贵阳市）。辖境相当今贵州开阳县地，兼领今贵阳市附近地区。崇祯初改流，以其直辖地改置开州。

水东山　在今安徽宣城市东南七十里水阳江东岸。《方舆纪要》卷28宁国府宣城县：稽亭山“在府东南六十里。……其东南为水东诸山”。有市为水东镇，渡为水东渡。与水西之山对峙。嘉庆《宁国府志》卷10：水东山“一名云雾山。在县东七十里。有市、有渡”。

水东长官司　明永乐元年（1403）以水东寨长官司、水东仡佬长官司改置，属贵州宣慰司。治所在今贵州贵阳市东北。清废。

水东市　在今湖南临武县东北，溱水之北。《清一统志·桂阳州》“渍市”条下：“又水东市，在（临武）县东四十里。”

水东江　①即今湖南邵东县东南水东江镇。旧属邵阳县。清光绪《邵阳县志》卷3有水东江。

②一名永东江。在今广西横县西北。《方舆纪要》卷110永淳县：水东江“在城东一里。一名四岭江，自横州北境流入县界”。

水东楼　在今甘肃兰州市旧城东里许，黄河南岸。连亘十余楹，为夏日游燕之所。本名水洞，民国初赵惟熙改今名。

水东墟　即今广东电白县。明万历《高州府志》卷1：电白县有水东圩。清道光《电白县志》卷8：水东圩“在县西南七十里”。1951年电白县由电城镇迁于此。

水东寨长官司　元置，属顺元路军民安抚司。治所在今贵州贵阳市东北。明永乐元年（1403）改置水东长官司。

水北墟　即今江西新余市东北五十九里水北镇。明、清置巡司于此。

水目山　又称宝华山。在今云南祥云县东南。《方舆纪要》卷117云南县：水目山“在县南二十里。一名宝华山。山巅有泉，深不可测”。山上有水目寺。

水目寺塔　在今云南祥云县（祥城镇）东南二十里水目山上。相传唐元和八年（813）有僧到此，用禅仗戳出一眼水井，建寺因名水目。清代重建，寺向东，中轴上有山门、塔院、前殿、配殿、大雄宝殿等，两侧配以僧房、斋堂、塔林。前殿为重檐歇山顶，大雄宝殿为单檐歇山顶，皆为面阔七间的木结构建筑。寺前水目寺塔为纪念大理国护法公高量成之子皎渊而建，高18.6米，为十五层密檐式方形砖塔。2006年定为全国重点文物保护单位。

水乐亭　在今浙江东阳市西南八里。岘山二峰对峙，西岘飞瀑数丈，下注于洞，淙淙如漱玉。北宋熙宁中，王概作亭洞上，名水乐亭。苏轼有《东阳水乐亭》诗（为东阳令王都官概作），苏辙有《和子瞻东阳水乐亭歌》。

水乐洞　在今浙江杭州市西南烟霞岭东麓。洞深60余米。北宋熙宁二年（1069）取名水乐。宋《淳祐临安志》卷9：水乐洞“常有水声，如击金石，故以名之”。南宋宰相贾似道曾占洞筑私人花园。

水务镇　北宋置，属平原县。即今山东平原县东四十里水务街。

水头营　在今湖南临武县西。《方舆纪要》卷80临武县“石陂镇”条下：“又水头营，在县西二十里水头山下，亦戍守处也。”

水头墟　①即今江西于都县东北三十五里水头圩。清同治《江西全省舆图》卷9：雩都县东北“宰口墟又北行偏东五里至水头墟”。

②在今广东广州市北白云山，有大小两水廉，相去三百步。宋方信儒有诗。

水头寨　北宋置，属温泉县。即今山西交口县西北水头村。

水头镇　即今山西夏县西北水头镇。《清一统志·解州》“曹张镇”条下：“水头镇，在县西三十五里。”

水头镇堡　即宋水头寨。在今山西交口县西北水头村。《清一统志·隰州》：水头镇堡“在州北九十里”。

水宁寺摩崖造像　在今四川巴中市东水宁寺镇。造像共三十八龛，三百十六躯，均系佛教造像。主要有释迦说法像、药师三尊、释迦弥勒并坐说法、一佛二菩萨二力士、观音善财龙女、释迦多宝、五佛观音菩萨及释迦真如舍利塔等，保存完好。2001年定为全国重点文物，归入南龛摩崖造像保护单位。

水母塘　在今广东封开县东北。《方舆纪要》卷101开建县：水母塘在“县（今南丰镇）北五里。广十余亩。源出县北十里之雁山，南流入塘。天顺三年，守备王芳等疏城濠，因浚源凿塘以潴水，又自塘凿渠以灌城壕，水常不竭”。

水寺口　在今山西阳高县西北。《方舆纪要》卷44大同县：水寺口“嘉靖三年，大同抚臣张文锦以镇城孤弱，筑水寺口五堡，遣卒戍之”。即此。

水吉县　1940年6月由建瓯县析置，属福建省。治所在水吉镇（今福建建阳市东水吉镇）。因县治在水吉镇，故名。1956年7月撤销，裁入建阳、建瓯、浦城三县。

水西土司　元在今贵州境内土司即有水西、水东之名。明贵州宣慰司（治今贵阳市）由安氏世袭宣慰使，宋氏世袭宣慰同知，两宣慰各有分地。安氏辖境约当今贵州省西北部息烽、修文以西，普定以北，水城以东，大方以南地区。以其大部分在鸭池河以西，通称水西。崇祯三年（1630）削其水外（指鸭池河以东）地设置卫所，辖境遂以水西为限。清顺治十五年（1658）改称水西宣慰使，康熙年间以绝嗣停袭。

水西山　在今安徽泾县西。《舆地纪胜》卷19宁国府：水西山“在泾县西五里，林壑深邃。唐宣宗诗云‘报道风光在水西’，谓此也”。

水西门　五代杨吴金陵城西门之一。因地处内秦淮河的出城口，成为控制西水关的要隘，故名。明代改称三山门。即今江苏南京城水西门。

水西双塔　在今安徽泾县城西五里，水西寺（宝胜寺）两侧。双塔即大观塔和小方塔，皆为楼阁式砖塔。大观塔建于北宋大观二年（1108），平面为八角形，外观为七层，内室为十二层，全高45米，为一较大型佛塔。底层有木制副阶围绕一周，其余各层皆由挑平座栏杆、塔身及挑檐组成，挑檐平直，每层平面收分亦极小，仅在第七层急速收缩过半，上接金属刹顶。登塔楼梯采用穿壁绕平座方式。全塔上下内外壁上嵌有碑刻一百二十五方，有佛像、经文、祈福碑、赞塔偈等，内容丰富。小方塔建于南宋绍兴年间（1131—1162）。平面四方，塔身七层，全高21.3米。每层设砖叠涩的平座及腰檐，腰檐一角翘起甚剧。双塔对宋代佛塔类型及构造的研究具有重要价值。2001年定为全国重点文物保护单位。

水西司　在今广东广州市花都区（新华镇）西南炭步镇。明崇祯末设守备于此，寻废。清设水西巡司。

水西寺　南齐建，在今安徽泾县西五里。唐杜牧有《题水西寺》诗纪游。宋林逋《送思齐上人之宣城诗》：“萧闲水西寺，驻锡莫忘归。”后改名宝胜寺。

水西关　元建，在今四川都江堰市西北紫坪铺相对之岷江南岸韩家坝。《元史·河渠志三》：元世祖至元元年（1264）修都江堰，“盐井关限其西北，水西关据其西南”。

水西沟　即今新疆吉木萨尔县西南一百五里水西沟。清宣统《新疆图志》卷1孚远县：“水西沟产铁，有故冶场。”

水西驿　即今江西赣州市西北水西镇。《方舆纪要》卷87赣州府赣县：水西驿“在府城西。元为水西站，洪武初改为驿，五年并置递运所于此”。清裁。

水西城　明崇祯九年（1636）筑，即今贵州黔西县。《方舆纪要》卷123附水西宣慰司：水西城“水西巢穴也。直贵阳府之北，旁多大山深箐，径路迂回，夷恃为险”。清康熙三年（1664）置黔西府。

水西营　①在今广东罗定市西。《方舆纪要》卷101罗定州：水西营在“州西二里。又州东二里有水东营，俱嘉靖十三年设，以在泷水旁而名”。

②即今广东仁化县北七十里恩村。明洪武七年（1374）置恩村巡司于此。

水西堡　即今广东龙门县东南水西村。清宣统《广东舆地全图》龙门县图：县东南有水西堡。

水西墟　即今福建宁化县东北水茜乡。《清一统志·汀州府》“南平寨”条下：“又北安寨，在县东北九十里。宋置。本名苦竹寨，亦绍定六年移置改名……今为水西墟。”

水达达路　又作女直水达达路。元中叶析开元路置，属辽阳行省。辖境相当今黑龙江省佳木斯市、兴凯湖以东，包括俄罗斯境黑龙江下游两岸及乌苏里江东岸地区。水达达部族不事耕稼，以捕鱼为生。元世祖至元二十一年（1284）派军士在此屯田，后又设置屯田总管府。

水师营城 即今辽宁大连市旅顺口区北水师营镇。清乾隆《钦定盛京通志》卷51兵防：旅顺水师营"康熙五十四年设"。《清史稿·地理志》金州厅："旅顺铁山角与山东登州头对峙，为渤海口门。有旧水师营城。"

水曲柳沟 即今吉林舒兰市东北水曲柳镇。清光绪《吉林通志》卷15吉林府《屯镇》：东北"二百四十里水曲柳冈官街，即双山堡街"。

水竹居 在今浙江杭州市西南丁家山下。为西湖第一名园。系晚清举人、广东香山（今中山市）刘学询别墅，俗称刘庄。今为西湖宾馆。

水会千户所 在今海南省海口市琼山区西南。《明史·地理志》琼州府琼山县："西南有水蕉村，万历二十八年置水会守御千户所于此。"

水羊寨 在今湖南花垣县西。清乾隆六十年(1795)，石柳邓和石三保领导苗族人民起义军在此击败清军。

水关 在今浙江桐庐县城。《方舆纪要》卷90桐庐县：水关在"县东二里，当桐溪入江之口。合江巡司置于此。一名严、衢、婺三州巡捉私茶盐司"。

水池县 北魏置，为河州洪和郡治。治所在今甘肃临洮县西南洮水西岸。隋属枹罕郡。唐初废。

水池郡 北魏太平真君四年（443）置，属河州。治所在今甘肃临洮县西南洮水西岸。后改为水池县。

水尽源通塔坪长官司 元至正初置，治所在今湖北五峰土家族自治县西北二十里水浕司乡。明洪武十四年（1381）废。永乐五年（1407）复置，属容美宣抚司。清雍正十三年（1735）废。

水阳江 即今安徽南部青弋江支流水阳江。《舆地纪胜》卷19宁国府：水阳镇"南唐始曰水阳渡"。以经水阳镇，因谓之水阳江。

水阳县 即永阳县。在今湖北广水市。《宋书·州郡志》讹作水阳县。

水阳镇 北宋置，属宣城县。即今安徽宣城市北七十里水阳镇。《舆地纪胜》卷19宁国府：水阳镇，"南唐始曰水阳渡，受给圩户租米，后因为镇"。句溪北流至此，东受高淳诸湖分流之水，以此得名水阳江。清置巡司于此。

水观音 ①在今四川成都市新都区西新繁镇西南里许。以出土古蜀国文化遗物而出名。

②即今四川阆中市东南水观镇。1933年川陕革命根据地在此置阆南县。

水进堡 明置，属小河守御千户所。即今四川平武县西北九十里水晶镇。《方舆纪要》卷73小河守御千户所：马元堡"在叶堂东四里。又东七里为水进堡……皆有兵戍守"。

水步墟 一作水步头。即今广东台山市北水步镇。清光绪《广州府志》卷69：新宁县（今台山市）有"水步头墟"。

水返脚 即今台湾省新北市东北汐止区。清同治《淡水厅志》卷2：蜂仔峙"又下十里许为水返脚，谓湖涨至此也"。

水谷寨 在今河北顺平县西北。《金史·靖安民传》：兴定四年（1220），靖安民"封易水公"，领"水谷、欢谷、东安寨"等。即此。

水冶渠 在今河南安阳县西。《方舆纪要》卷49彰德府安阳县：水冶渠在"府西四十里。后魏引水鼓铸于此，因名。其水东北流入洹水。溉田数百顷"。

水冶镇 即今河南安阳县西四十里水冶镇。金置辅岩县于此。元初废县为镇，属安阳县。民国时置安阳县佐于此。

水沙连 ①即今台湾省南投县东南水里乡。清康熙间高拱乾《台湾府志》卷2有"水沙连思麻丹社"。乾隆间范咸《重修台湾府志》卷2有"水沙连社"。

②即今台湾南投县日月潭风景区的旧称。清初尚无日月潭之名，地属水沙连。乾隆《台湾府志》卷1：水沙连山"在（彰化）县治东九十里。内有大湖，四面皆山，番社隔湖负山而居，路极峻险"。

水沟口山 在今河北怀安县（柴沟堡镇）东南。《方舆纪要》卷18怀安卫：水沟口山"两山巍峙百余丈，下有水沟口河，因名"。

水沟口河 在今河北怀安县（柴沟堡镇）东南。《方舆纪要》卷18万全都司怀安卫：水沟口河"自顺圣境流入，经水沟口山下，东北流，至万全右卫，入于西洋河"。

水沟头集 即今山东莱西市（水集镇）。旧属莱阳县，1940年于此置莱西县。

水沉洞 在今湖南张家界市西北。《清一统志·澧州一》：水沉洞"在永定县（今张家界市）西北鲁阳溪。自永顺府桑植县流至此洞，伏流不见，俗呼为鲁阳迷"。《方舆纪要》卷77慈利县"燕子洞"条下："县西北又有水沉洞，皆深广。或曰，《汉志》酉水出充县酉源山，即水沉洞也。"

水尾 ①在今海南省屯昌县西南。旧属琼山县，清设巡司于此。

②即今台湾省花莲县西南瑞穗乡。以地处秀姑峦溪支流红叶、富源两溪下游而得名。连横《台湾通史·疆域志》："水尾迤南，改为花莲港厅，垦熟田约数千亩。"1920年日本占领期间以瑞穗读音与水尾相似，遂改为瑞穗。

水尾城 在今越南西北部老街市。《方舆纪要》卷112归化府：水尾城"在州西南，交趾之水尾州也，与云南老挝宣慰司接界。《志》云：自水尾州至老挝司城五百六十七里。宣德二年，沐晟由云南进讨黎利，至水尾县之高寨。贼水陆拒守。即此"。

水陆洲 在今湖南长沙市西。《清一统志·长沙府一》：水陆洲"在善化县西橘洲尾。湘水至此，入长沙县界"。

水陆庵　在今陕西蓝田县城东二十里普化镇王顺山下。四周青山耸立，河水环绕，故名水陆庵。原为唐代悟真峪北普陀蓝渚庵内的水陆殿，明代秦藩王朱怀卷奉为家祠佛堂。于嘉靖、隆庆间（1522—1572）全面整修。水陆庵东西轴线长75米。主要建筑有山门、前殿、中殿、大殿等，以大殿内保存的彩塑而闻名。塑壁总长60余米，有三千七百多尊佛教和世俗人物，内容有佛教故事、本生故事、经变故事、五百罗汉过海等，是国内现存最完整、数量最多的彩塑泥像群。1996年定为全国重点文物保护单位。

水纹山　在今广东罗定市东南八十里。《方舆纪要》卷101罗定州：水纹山“高七十丈，周四十余里。山下有泉，沸涌而出，或谓之罗旁山”。

水纹淀　在今河北霸州市东。《宋史·河渠志五》：“塘泺，缘边诸水所聚，因以限辽。……东起信安军永济渠，西至霸州莫金口，合水汶淀、得胜淀、下光淀、小兰淀、李子淀、大兰淀为一水，衡广七十里，或十五或六里。”

水岩山　在今贵州荔波县西北。《方舆纪要》卷109河池州荔波县：水岩山“岩穴幽胜，水出其中，因名”。

水底藔　在今台湾省屏东县南枋藔乡东北三里水底藔。旧为水底藔塘，置汛于此，设外委驻守。

水闸渠　在今河北赵县西南。《方舆纪要》卷14赵州：水闸渠“在州西南二里。《志》云：旧引清水河入城濠，壅而无泄，为东北田畴患，因凿此渠，西南出，会于洨河。今淤。近郊复多水害”。

水帘石堡　即今陕西彬县西北水帘洞。《清一统志·邠州》：水帘石堡“在州西十里明岨山上。南北朝时，土人凿以避兵，依山直上数丈，入石洞中，有石乳丈余，透出山顶”。

水帘洞石窟群　在今甘肃武山县东北榆盘乡，分布于响河沟两岸。依天然岩洞或崖壁开龛造像或绘制壁画。始建于十六国后秦白雀年间（384—385），初名白雀寺，寺已不存。现存最早的造像和壁画为北周时期建造和绘制，唐、五代、宋、金、元、明、清各代均有重修重绘。水帘洞以北周壁画为主，题材有说法图、佛、菩萨、飞天、供养人及浮雕舍利塔等，其中以非汉族的“莫折”氏供养画像及牛车形象较为重要，宋代重绘了其中的说法图。水帘洞北二里有千佛洞，又称七佛沟，多北周雕塑，有巨型七佛立像。壁画有说法图等，五代重绘了其中的说法图。2001年与大像山石窟一起定为全国重点文物保护单位。

水帘（簾）岩　在今浙江仙居县西南。《方舆纪要》卷92仙居县：水帘岩“在县西南四十五里。岩壁横峙，悬瀑如帘，下有石室甚深广”。

水帘（簾）洞　①在今浙江仙居县西南。《清一统志·台州府一》：水帘洞“在仙居县西南六十里披云山南。有水自山顶悬崖而下，散温若珠帘”。1962年顶建水库，唯大雨时有瀑布。

②在今山东泰安市泰山三官庙北。清孔贞瑄《泰山纪胜》称：“飞瀑从西北来，净如垂练，洞口藏帘中，水弱时隐约可见。”

水城　在今山东蓬莱市城北。《清一统志·登州府》载：本名备倭城。南与府城（今蓬莱县城）接，北砌水门以御海涛，引海水入城中泊船。明立备倭都指挥。清康熙六年（1667）分设水师营驻水城，后又添设游击守备千总把总于此。

水城山　在今云南开远市东一百二十里。《清一统志·临安府》：水城山“在阿迷州东一百二十里。周围渚泽，环抱如城，故名。蛮人多居其址焉”。

水城厅　清雍正十年（1732）置，属大定府。治所在今贵州水城县西六盘水市钟山区。1913年改为水城县。据清爱必达《黔南识略》卷24水城通判：“城外有河一道，自城西分为二，环城流至城东南，复合为一，东流入乱山中。城之得名以此。”另据光绪《水城厅志》载《水城厅城池图说》称：“环城皆山，而胡以水名城濠外四面皆平田也，盛夏雨久，溪流暴涨，则水高数尺，人行路在出没隐见间，而田塍皆没，上下数十里，淼淼然若湖海，此水城所由名也。”

水城县　1913年改水城厅置，属贵州贵西道。治所在今贵州水城县西六盘水市钟山区。1923年直属贵州省。1964年6月，国务院决定开发六枝、盘县、水城三县煤炭资源，同年11月在六枝组建西南煤矿建设指挥部，1966年分别于六枝、盘县、水城组建六枝特区、盘县特区、水城特区。1967年西南煤矿建设指挥部迁水城。1970年撤销煤矿建设指挥部，设置六盘水地区，将六枝县并入六枝特区，盘县并入盘县特区，水城县并入水城特区，隶属六盘水地区。1978年撤销六盘水地区设立地级六盘水市。1987年撤销水城特区，改置六盘水市钟山区和水城县。钟山区为六盘水市和水城县驻地。1999年撤销盘县特区，改置盘县，将盘县驻地由原盘县特区驻地城关镇迁至红果镇。2003年水城县驻地由钟山区迁至滥坝镇。

水草坪　①在今四川松潘县东北大寨乡一带。《方舆纪要》卷73松潘卫：水草坪“在卫东。又卫东境有猪儿嘴诸险。正德初，抚臣刘洪言：松潘天寒地瘠，物产不多，负贩者以险远难致。……有新开一路，至水草坪与旧路接，当立一墩，宜相度修改，非惟粮运便益，而物价亦稍减矣”。

②在今四川茂县西北飞虹乡北水草坪。清顺治九年（1652）置土巡检司于此。

水荫市　即水银厂。今湖南保靖县南三十里水银乡。清光绪《湖南通志》卷30作“水荫场汛”。

水南山　在今江西玉山县南。《舆地纪胜》卷21信州：水南山“在玉山县溪南。俗呼大王山，又呼武安山。并溪多石山。巅有浮图，有超览亭。山半有半山亭”。《清一统志·广信府一》：武安山“在玉山县南二里。脉自闽来，蜿蜒起伏，至此锐如卓笔。相近有功曹山，亦名大王山。怪石硊磊，古木森蔚，下临冰溪，为县之胜。山之东更起腾折，与武安、功曹鼎峙，名暖水三山。俗以其皆在水南，统谓之水南山”。

水南市 在今福建将乐县东南。《清一统志·延平府》“高滩市”条下：“水南市，在（将乐）县东南一里三华桥头。”

水南圩 即今江西吉水县东南水南镇。1931年中央革命根据地置公略县治此。

水南县 北魏太平真君二年（441）置，后为天水郡治。治所在今甘肃西和县北长道镇。北周省入长道县。

水南城 在今江西大余县南。《方舆纪要》卷88大庾县：水南城“在（大庾）城南隔江，与郡城夹江而峙，民居稠密，倍于郡城。嘉靖四十年创筑，周二里有奇。其北滨江为水门，横亘三百五十七丈有奇，城南门曰梅山门，以门外即梅岭路也”。

水南渡 即今湖南石门县西北一百二十里水南渡。清置巡司于此。

水南墟 即今江西乐安县西南四十里水南。清同治《江西全省舆图》卷2抚州府乐安县：西南有“水南墟”。

水南寨 在今山西灵丘县西南。《方舆纪要》卷44灵丘县：水南寨在“县西南五十里。址高四里，滱河径其北，因名”。

水峡贝子旗 即绰尔罗斯北中旗。在今青海刚察县西，后迁青海海晏县南。

水峡堡 亦名水流崖堡。明成化四年（1468）置，属泸州卫。在今四川叙永县北。《方舆纪要》卷72泸州卫“洞扫堡”条下：“水峡堡在卫东南一百里，亦曰水流崖堡。”后废。

水泉关 古大谷关。明、清名水泉关。在今河南偃师市西南水泉。南接伊川县界。《清一统志·河南府二》：大谷关，“《旧志》：今为水泉关。两岸陡绝，山径崎岖，可以戍守”。

水泉营堡 一名水泉堡。在今山西偏关县东北五十里水泉乡，北至边墙二里。《方舆纪要》卷40河曲县：水泉营堡“（明）宣德九年置，万历三年增修，周二里有奇。二十四年又创筑附堡一座，二十八年增修。一面连旧城，三面周一里零。其北为红门隘口”。《清一统志·宁武府》：水泉营堡“在偏关县东北六十里，北至边墙二里。明宣德九年筑，广三里一百七十步。其营在堡城东。本朝初设游击防守，乾隆二十八年改设守备”。

水泉堡 ①北宋置，属会州怀戎堡。即今甘肃白银市平川区西北水泉乡。

②明置，属永昌卫。即今甘肃永昌县西北七十里水泉子。《皇明职方地图》卷中有“水泉守备”。清亦设守备。

水泉集 即今河北蔚县东北七十里北水泉镇。清乾隆《宣化府志》卷10蔚县：北路有北井（水）泉。同治《畿辅通志》卷52蔚州图：东北有北水泉集。

水泉镇 即今甘肃永昌县西北六十里水泉子。明置水泉儿堡及驿。清置水泉驿。

水阁凉亭 又称禄康插木、龙王潭、龙王塘。即今西藏拉萨市内布达拉宫后之龙王潭。清《西藏图考》卷5：“在布达拉后有一池，约四里，中建八角琉璃亭。又名水阁凉亭。”

水洞沟遗址 在今宁夏灵武市东北七十里水洞沟西南的崖壁上。是我国发现时间较早、材料较丰富的旧石器时代晚期遗址之一。1923年法国古生物学家德日进首先发现，中华人民共和国成立后，又进行多次发掘。出土野驴、犀牛、牛、猪等化石及各类石器万余件。石器制法以锤击法为主，体型较大，器形比较定型。遗址上部还有新石器时代文化层。1988年定为全国重点文物保护单位。

水洛川 即今甘肃庄浪县境之水洛河。源出隆德县南六盘山，西南流经庄浪县城西，至静宁县入葫芦河。《水经·渭水注》：水洛川“源东导陇山，西径水洛亭西。……乱流西南径石门峡，谓之石门水，西南注略阳川”。

水洛县 金升水洛城置，属德顺州。治所即今甘肃庄浪县。元初省入陇干县。

水洛城 即今甘肃庄浪县。《晋书·乞伏乾归载记》：东晋义熙七年（411），乞伏乾归攻“王憬于水洛城”。即此。北宋属德顺军。金升为水洛县。

水浐营 在今广西平乐县东南一百八十里。明置土巡司于此。

水神水 即今山西昔阳县东南赵壁河。源于和顺县东北，北流至昔阳县东二十五里南界都村附近入松溪河。《方舆纪要》卷43和顺县：水神水“源出县东七里涉河谷，北流经乐平县东南八十里水神谷，合沾水”。

水绘园 在今江苏如皋市城东北隅。始建于明万历年间（1573—1620），为复社名士冒襄隐居之处。《清一统志·通州》：水绘园，“县人冒襄栖隐于此。有寒碧堂、洗钵池、小浯溪、小三吾诸胜，一时海内巨公知名之士，咸觞咏其中”。后逐渐荒废。康熙间于该园建雨香庵。乾隆年间汪之珩于雨香庵东洗钵池畔营造水明楼。楼内有三弯九曲回廊连接厅楼，其中琴几、琴台系当年董小宛遗物。2001年定为全国重点文物保护单位。

水真腊（臘） 古国名。真腊在公元670年前后，曾分为二国，北曰陆真腊，南曰水真腊，802年二国复合为一。《旧唐书·南蛮列传》：“水真腊国，其境东西南北约员八百里，东至奔陀浪州，西至堕罗钵底国，南至小海，北即陆真腊。其王所居城号婆罗提拔。”当在今越南南圻之地。

水桥屯 在今贵州安顺市东。《清一统志·安顺府》：水桥屯“在府城东三十五里，接安平县界”。

水蚌支线 自安徽水家湖（今长丰县）至蚌埠（今蚌埠市）。全长61公里。为淮南铁路支线。日伪于1944年修建。因接通津浦、淮南两线，故亦称水蚌联络线。

水峪山 在今河南沁阳市北二十五里。《清一统志·怀庆府一》：水峪山“泉流石蹬间，夜静时如闻琴瑟声”。

水特姜长官司　元置，属思州安抚司。治所即今贵州思南县。明洪武初改为水德江长官司。

水脑洞　在今贵州毕节市北。《清一统志·大定府》：水脑洞“在毕节县废赤水卫西四十三里。《府志》：明成化中，讨叙州都掌蛮，别将崔铭由普市水脑进，即此”。

水烟等处长官司　元置，属播州安抚司。治所在今贵州遵义市西北。后废。

水浦砦　北宋置，属辰州。在今湖南沅陵县东北。熙宁七年（1074）废。《方舆纪要》卷81沅陵县“会溪镇砦”条下：“《志》云，府东百八十里有浦寨，即宋初所置水浦寨也。”

水涧沟门　亦名苏勒哲谷。在今内蒙古土默特右旗（萨拉齐）北二十里。清乾隆十九年（1754）于此置苏勒哲卡伦。光绪《归绥识略》：苏勒哲卡伦“即（萨拉齐）厅北之水涧沟门”。

水家洋铺　即今浙江临海市东南三十二里灵江南岸水洋镇。清康熙《临海县志》卷2：县南有水家洋铺。

水砚山　在今贵州江口县西南，接石阡、岑巩县界。《明史·贵州土司传》：万历三十四年（1606），“贵州巡抚郭子章讨平贵州苗……其在水砚山介于铜仁、思石者，曰山苗，红苗之羽翼也。……子章乃命总兵陈璘、参政洪澄源率官军五千，益以士兵五千，攻水砚山”。又，同书《陈璘传》：万历三十四年（1606），“令璘军万人攻水砚”，即此。

水眼　即今云南施甸县北水长乡。明洪武十五年（1382）置水眼土巡检司。

水眼关　在今云南保山市南五十里。明置土巡司于此。

水逻城　在今重庆市巫山县境内。《周书·蛮传》：北周天和元年（566），信州蛮族冉令贤等起义，陆腾率兵镇压，“令贤率其精卒，固守水逻城”。即此。

水银厂　亦作水葫场。即今湖南保靖县南三十里水银乡。清严如熤《苗疆险要考》：水银山“乱峰合沓，幽径蟠绕。山洞旧产水银，故名”。

水银山　①在今贵州江口县西南，接石阡、岑巩县界。明时为山苗所居，万历三十四年（1606）陈璘率军攻此。

②在今陕西旬阳县东北一百四十里。《清一统志·兴安府一》：水银山“南临蜀河，北连鹳岭，有硃砂水银洞三处”。

水保寨　明置水保寨巡司，属范县。即今山东郓城县西北水堡乡。

水道集　即今山东烟台市东南水道镇。旧属牟平县。民国《牟平县志》卷3：水道集“在县（治今宁海镇）南六十里”水道镇。

水湾集　即今山东无棣县东北水湾镇。民国《无棣县志》卷2：水湾桥“在县东北三十五里”。

水塘　在今云南元阳县东北，红河南岸。明崇祯十二年（1639）设掌寨。清代为建水州辖十五勐之一，仍设掌寨。

水塘铺　即今贵州盘县东南水塘镇。《清一统志·普安厅》“高励铺”条下：“又有水塘铺……旧皆戍守处。”

水塘寨　即今云南个旧市西南元江北岸水塘。明置水塘寨土寨长。

水新驿　在今河南新郑市西。《方舆纪要》卷47新郑县：水新驿“在县治西”。

水源县　唐武德五年（622）置，属源州。治所在今越南义安省香山一带。贞观十三年（639）废。

水塞山　在今陕西府谷县北十五里。《方舆纪要》卷57府谷县：水塞山“两川夹流，山屹峙川中，因名”。

水窦　在今广西蒙山县东南。《太平天国文献史料集》：咸丰元年（1851），赛尚阿等奏永安州城失守折：太平军败清军，“现踞州城并附近之莫家村、卫龙村及水窦等处”。

水窦岩　在今河北曲阳县西北五十里。《清一统志·定州》：水窦岩“石骨清峭，拔地涌出，山雨骤至，则飞泉奔泻两崖间，汇而为潭。岩际有漱玉亭。金章帝尝游此。山坡石上勒宋苏轼书‘浮休’二字，元卢挚因名曰坡山峡”。

水窦港　在今上海市崇明县西北。《方舆纪要》卷24太仓州崇明县“清潭港”条：“嘉靖三十二年，倭寇从水窦港登，劫攻东南水门及东北栅，城陷。三十八年，复由水窦港登岸，盘据三沙，官军就围之，贼寻遁去。”

水漕铺　在今贵州赫章县西南。《清一统志·大定府》“黑章铺”条下：又有“水漕铺”等皆戍守处。

水寨　①在今山西保德县东北十五里义门村西黄河中流。《方舆纪要》卷40保德州“保马水关”条：“《志》云，州东北二十里有水寨，地名义门村，黄河中流，岿然屹立，高二十八丈，周围如之。旧尝置寨于此。”

②在今广东饶平县西。《方舆纪要》卷103潮州府饶平县：水寨“在县（今三饶镇）南，去柘林一日程，近澄海县界。洪武三年，指挥俞良辅筑城，周不及二里。凿池于内，置水关于西北隅，内通海港。自南而西，转入水关潴于池，以泊战船”。

③唐置，在今陕西安康市汉水北岸。《资治通鉴》：五代唐清泰二年（935），蜀金州防御使全师郁寇金州，拔水寨”。胡三省注：“按《元和郡县志》，汉水去金州城百步，故唐置水寨以防蜀兵。”

水寨关　明置，属打冲河中前千户所。在今四川西昌市西北。《方舆纪要》卷74守御打冲河中前千户所：洪武初，月鲁帖木儿叛，四川都指挥使瞿能率兵“又破水砦关”。即此。

水寨墟　即今广东五华县。清同治《广东图说》

卷90：长乐县有水寨墟。1952年县治由华城镇迁至此。

水寨镇 即今山东章丘市西北水寨镇。古名黄巾固。元于钦《齐乘》卷3："按《述征记》：历城到营城三十里。自城以东，水弥漫数十里间，南则迫山，实为险固。逮金乱，土人因阻水立邑，号曰水寨。"清光绪《山东通志》卷34"高唐县故城"条称："本古黄巾固城，今为水寨。"

水德江 ①或作德江。在今贵州思南县东南一里。《明史·地理志》思南府安化县："东南有水德江，即乌江之分流……下流亦入于涪陵江。"

②即今贵州、重庆市间之乌江。《方舆纪要》卷69彭水县：水德江"在县东南。其上源即乌江也。自贵州思南府流入界，入于涪陵江"。

水德江长官司 明洪武初改水特姜长官司置，属思南宣慰司。治所即今贵州思南县。永乐十二年（1414）属思南府。万历三十三年（1605）改置安化县。

水潮 即今福建南靖县西北金山镇北水潮。清有千总驻此。

水澳寨 南宋乾道八年（1172）置，即今福建石狮市东南永宁镇。元改为永宁寨。

水磨川 ①在今甘肃礼县东南三十里。清乾隆《直隶秦州新志》卷2礼县：水磨川"地有水磨故名。今新置有店铺，乃蜀陇孔道"。

②一名郭河。即今甘肃永昌县、金昌市境之金川河。《方舆纪要》卷63永昌卫：水磨川"水势汹激，能转水磨，因名"。《清一统志·凉州府一》：水磨川"在永昌县西二十里，一名云川。源出雪山，东北流径新城堡北，又东北径水磨堡西，又北流出边，入小海子，水流迅急，引以转硙灌田，其利甚溥"。

水磨川关 一名水磨关。明置，属永昌卫。在今甘肃永昌县西二十里焦家庄乡。为通西域的孔道。

水磨川堡 明置，属永昌卫。在今甘肃永昌县西二十里焦家庄乡。《清一统志·凉州府二》：水磨川堡"明置关并驿于此。为大黄山部落货马市酒之场"。

水磨沟 即今新疆乌鲁木齐市东北水磨河。有泉出石穴，水势奔涌。旧多设水力磨于此，因名。清宣统《新疆图志》卷79：迪化县"城东十里水磨沟。水木明瑟为近郊胜地"。

水磨沟寨 在今甘肃岷县北。《明一统志》卷37岷州卫：水磨沟寨"在卫城北五十里……有官军防守"。

水磨沟镇 即今四川汶川县西南水磨镇（兴仁场）。民国《灌县志》卷2：兴仁场"在治西南九十里。一称水磨沟，濒寿江西岸，据两金门户。旧属漩口乡，古老人村即其地"。1957年划属汶川县。

水磨河 在今新疆巴里坤哈萨克自治县东南。清宣统《新疆图志》卷71："松树塘水北流经沙山南入于招摩多河，合西北流五十里至沙山子庄而伏，又三十余里再出为水磨河，又北流折西酾为三大渠，又西流经镇西厅城北注于巴尔库勒淖尔。"

水磨疃堡 即今山西浑源县西南水磨疃村。《清一统志·大同府》"荆家庄堡"条下：水磨疃堡"在（浑源）州西十八里"。

水藤堡 在今广东佛山市顺德区西北水藤村。明万历《广东通志》卷16：顺德县有"水藤墟"。

水鹭洲 一作水陆洲。在今湖南长沙市西湘江中橘洲之尾。清咸丰二年（1852），太平军围长沙，大破清军于此，向荣仅以身免。

内三关 明代对沿内长城三个关的总称。即居庸关（在今北京市昌平区西北）、倒马关（在今河北唐县西北）、紫荆关（在今河北易县西北）。

内乡县 隋开皇三年（583）以避讳改中乡县置，属邓州。治所即今河南西峡县。大业初属淅阳郡。唐属邓州。金移治渚阳镇（即今河南内乡县）。清属南阳府。民国初属河南汝阳道。1927年直属河南省。

内乡县衙 在今河南内乡县城东大街。始建于元大德八年（1304），现存建筑为清光绪年间（1875—1908）重建。面积1.8万平方米。主要建筑有宣化坊、大门、大堂、二堂、三堂及配房、花厅、帐房、库房、狱房等。其平面布局是按堪舆学说的八卦含义设计，反映官署衙门坐北朝南、左尊右卑、左文右武和前衙后邸的制度。在建筑风格上具有北方四合院与南方风火墙相结合的特点。1996年定为全国重点文物保护单位。

内五龙桥 为明南京皇宫内午门之北的一座桥梁。在今江苏南京市明故宫午朝门内。

内水 亦称内江。今四川之涪江。《宋书·朱龄石传》：东晋末伐蜀，一军"使羸弱乘高舰十余，由内水向黄虎……谯纵果备内水，使其大将谯道福以重兵戍涪城"。即此。

内方山 ①在今湖北汉川市南六十里。《元和志》卷27沔州汉川县：内方山"在县南九十里"。《方舆纪要》卷76汉川县"阳台山"条下：内方山"在县南六十里，或以为《禹贡》内方，误也"。

②一名章山。即今湖北荆门市东南马良山。《尚书·禹贡》："道嶓冢至于荆山；内方至于大别。"《孔传》："内方在荆州，汉所径。"《汉书·地理志》江夏郡竟陵县："章山在东北，古文以为内方山。"《舆地纪胜》卷84郢州：内方山"在长寿县南一百三十五里。又名章山。西魏尝立章山郡"。

内史 秦始皇时置，与长官同名，因掌治京师，不称郡。治所在咸阳县（今陕西咸阳市东北窑店镇北）。辖境相当今陕西关中平原。西汉景帝二年（前155）分为左、右内史。武帝时改为京兆尹、左冯翊和右扶风，合称三辅。

内丘县 隋开皇初因避讳改中丘县置，属赵州。治所即今河北内丘县。大业初属襄国郡。唐属邢州。北宋属信德府。金仍属邢州。元属顺德路。明属顺德府。民国初属直隶大名道。1928年直属河北省。

内外管　在今广东惠东县南。《方舆纪要》卷103惠州府归善县：内外管巡司“在府东南百三十里，地名饭罗冈，皆洪武初置”。清仍设内外管巡司，雍正十一年（1733）移驻梁化墟（今惠东县西北梁化镇）。

内江　①指今湖北枝江市南之长江。《寰宇记》卷146枝江县：百里洲“洲首派别南为外江，北为内江”。东流至枝江县东南百里洲尾又合为一江。

②亦曰内水。即今四川之涪江。《水经·漾水注》：“涪水注之，庾仲雍所谓涪内水者也。”

③在今四川郫县南。《方舆纪要》卷67郫县：内江“在县治南，东流入成都县界。亦曰郫江，亦曰沱江”。《清一统志·成都府一》：沱江“至三石洞，酾为二渠，其一自上马骑东流过郫入于成都，古谓之内江，今府河是也”。

内江市　1951年由四川省内江县城区设立内江市，属川南行署区内江专区，为专署驻地。1985年撤销内江地区，设立地级内江市，以原内江市设立市中区。1989年撤销内江县，设立内江市东兴区。

内江县　隋开皇元年（581）改中江县置，属资州。治所在今四川内江市西二里。明郭子章《郡县释名》四川卷上：“隋文帝因父名忠，览图见江水自三堆环绕至黄市，遂改中江为内江。”大业三年（607）属资阳郡。唐武德元年618）属资州。南宋绍兴十六年（1146）移治今内江市。元初废。明洪武四年（1371）复置，属成都府。清雍正五年（1727）改属资州。民国初属四川永宁道。1928年直属四川省。1951年析城区置内江市。1985年撤销内江地区，改设地级内江市。1989年撤销内江县并入内江市。近现代国画大师张大千为本县人。

内兴安岭　黑龙江省北部山脉的总称。曰内者，对外兴安岭（今俄罗斯斯塔诺夫山脉）而言。大致分三大支：西为大兴安岭，北为伊勒呼里山，东为小兴安岭。清西清《黑龙江外记》卷1：“黑龙江省山为北障，山之大者曰内、外兴安岭。内岭环卫诸城，外岭限俄罗斯，冈峦起伏，联络群山，诸水多出其下。”

内牟县　隋开皇初改中牟县置，属郑州。治所在今河南郑州市东。十八年（598）改为圃田县。

内良隘　即今江西大余县西内良乡。《方舆纪要》卷88南安府大庾县：内良隘“府西北百里。相近有沙村等隘”。

内附郡　北魏要置，属恒州。治所未详（当在今山西北部地）。是时置此郡意在安抚附塞敕勒部落，故取名内附郡。

内国姓　即今台湾省南投县东北国姓乡。1662年郑氏治台后，刘国轩屯垦时名内国姓，日本占领期间于1920年改设国姓庄。1945年抗日战争胜利后设国姓乡。

内官营堡　明置，即今甘肃定西市西南内官营镇。

内官砦　在今四川兴文县西南建武乡。《方舆纪要》卷70兴文县“鸡冠岭砦”条下：“其相近又有内官、钓猴诸砦。……内官砦曰武宁砦，其地广衍，旁皆沃壤，遂均田授畛，即其列雉为城，设官屯戍，诏赐名为建武所。”

内亭县　隋开皇十八年（598）改新化县置，属钦州。治所在今广西灵山县西南陆屋镇。《元和志》卷38内亭县：“因内亭水为名。”大业初属宁越郡。唐属钦州。北宋开宝五年（972）废入灵山县。

内洋山　在今广东陆丰市东北。《清一统志·惠州府》：内洋山“在陆丰县东北六十里。旧名三白山。巨石对峙，循径而入，山洞屈曲。明季贼首杨子亮据此。今居民丛集，改曰内洋”。

内津镇　又名芮津镇。即今安徽蒙城县北芮集。《清一统志·颍州府一》：内津镇“在蒙城县北三十里”。

内部县　隋开皇元年（581）改中部县置，为内部郡治。治所在今陕西黄陵县西南十里。开皇三年（583）属敷州。大业初属敷政郡。三年（607）移治今黄陵县南四里，属上郡。唐武德二年（619）复改中部县。

内部郡　隋开皇元年（581）改中部郡置，治内部县（今陕西黄陵县西南）。开皇三年（583）废。

内陶县　北魏改桓道县置，为南安郡治。治所在今甘肃陇西县东南文峰镇东三台。隋初改名武阳县。

内黄县　西汉置，属魏郡。治所在今河南汤阴县东北故城村。《汉书·地理志》注引应劭曰：“陈留有外黄，故加内云。”东魏天平初废。隋开皇六年（586）复置，属相州。移治今内黄县西二十里旧县。大业初属汲郡。唐属相州。五代晋属大名府。北宋元丰以后徙治今内黄县。金改属滑州。明属大名府。清雍正二年（1724）改属彰德府。民国初属河南河北道。1927年直属河南省。

内黄集　春秋宋之黄邑。即今河南民权县西北三十八里内黄集。战国魏之外黄邑。秦、汉之外黄县城在此。

内蒙古　清地区名。指内扎萨克蒙古六盟之地。明末，漠南（包括兴安岭东）蒙古各部归附后金、清，编为旗，设扎萨克管领；至康熙九年（1670），陆续增置至四十九旗，各旗牧地也先后划定。按各部地域，若干旗会为一盟，置盟长主持会盟事，共分设哲里木、昭乌达、卓索图、锡林郭勒、乌兰察布、伊克昭六盟，称内扎萨克蒙古，隶于理藩院。其后，西套二扎萨克旗（阿拉善额鲁特旗和额济纳旧土尔扈特旗）、归化城土默特都统旗和察哈尔八总管旗也被视为属内蒙古地区。

内管　即今广东连平县东内莞镇。《清一统志·惠州府》：内管营“在连平州东北十里。旧称九连门户，最为要隘。明崇祯八年置”。

内管水　即今广东连平县东大埠河。《清一统志·惠州府》：内管水“在连平州东四十里。源出江西龙南县界，南流经内管，出大席水口，至长宁县界入新丰江”。

冈上街 即今江西南昌县（莲塘镇）西南冈上镇。清光绪《南昌县志》卷4：冈上街“距城六十里”。

冈山 春秋属楚，在今河南上蔡县东。《左传》：昭公十一年（前531），“冬十一月，楚子灭蔡，用隐大子于冈山”。即此。

冈山县 唐武德五年（622）置，为山州治。治所在今越南清化省清化县南境。贞观元年（627）废入建初县。

冈山溪 在今台湾省台南市东南。《清一统志·台湾府》：冈山溪“在台湾县（今台南市）东南三十里。源出大冈山。红毛寮溪，在县东三十里，源出深沟；二赞行溪，在县南二十里，合冈山、红毛寮二溪，由喜树港入海”。

冈山镇 即今台湾省高雄市西北冈山区。原名阿公店。日本占领期间改名冈山。1945年抗日战争胜利后改设冈山镇。因附近有大小冈山为名。《清一统志·台湾府》：大冈山“在台湾县南八十余里。山顶险峻，上有巨冈，可望不可登，近凤山县之嘉祥里，亦曰江山，又曰硐山。其东南为小冈山，近凤山县之长治里”。

冈门镇 ①清置，属盐城县。即今江苏盐城市西龙冈镇。《清一统志·淮安府二》：冈门镇“盐城县西十八里。旧置税课司，今裁”。

②在今四川合江县西南。《方舆纪要》卷72合江县：冈门镇“在县南。路通遵义。万历中，杨应龙之乱，合江募兵扼冈门以拒之，是也”。

冈马宗 即干坝宗。治所即今西藏岗巴县。

冈仁波齐峰 通称雪灵山。在今西藏普兰县北玛旁雍错以北。是冈底斯山的主峰。海拔6638米。为著名佛教圣地之一。

冈巴则山 在今西藏曲水县西南。古为通后藏大路打尖处。清乾隆《卫藏通志》卷3：冈巴则山“离曲水五十里，由沟内登陟过岭，南即西海子，亦颇侧南行”。

冈布藏布河 即今西藏波密县西之易贡藏布河。源于嘉黎县南部，为帕隆藏布一支流。下游有易贡错。清乾隆《卫藏通志》卷3《山川》：“冈布藏布河入藏布江。”

冈成城 在今山东莘县西。《史记·范雎蔡泽列传》：“蔡泽相秦数月，人或恶之，惧诛，乃谢病归相印，号为纲成君。”《续汉书·郡国志》：东郡阳平侯国有冈成亭。《水经·河水注》：漯水“东北出郭径阳平县之冈成城西”。《方舆纪要》卷34莘县“莘亭城”条下谓“冈成城亦在县西”。

冈州 隋开皇十一年（591）改允州置，治所在新会县（今广东江门市新会区北）。《新唐书·地理志》广州新会县：冈州“以地有金冈以名州”。辖境相当今广东新会市境。大业初废。唐武德四年（621）复置，贞观十三年（639）移治今新会市。开元二十三年（735）废。

冈李店 即今河南息县东北八十里岗李店乡。清尹耕云《豫军纪略》卷11：同治四年（1865）七月，“贼由阜阳至固始之往流集，………窜息县之包信里、贾家寨、刚（按：应为冈）李店”。

冈里 在今四川巴塘县北。清雍正七年（1729）置冈里土百户。

冈里木孙山 在今西藏日土县北。《清一统志·西藏》：冈里木孙山“在鲁多克城西北三百八十里，山甚高险，自遮达布里山绵亘而北，至此为阿里之北界”。“冈里”藏语意为雪山，“木孙”突厥语意为冰。

冈身 在今江苏太仓市东面。北宋朱长文《吴郡图经续记》卷下：“尝闻濒海之地，冈阜相属，俗谓之冈身。此天所以限沧溟而全吴人也。”《方舆纪要》卷24太仓州：冈身，“元潘应武云：自常熟福山而下，有沙冈身二百八十余里，以限沧溟。冈身间有港浦百五十余处，以泄太湖之水。今州据冈为城，有上冈身、下冈身、归吴等冈身。其冈门亦多湮塞，州境得名者，犹二十有六，皆环于城西及南北间”。

冈底斯山 在今西藏西南部，和喜马拉雅山隔雅鲁藏布江河谷平行，西自狮泉河和噶尔藏布汇流处起，向东延伸，东接念青唐古拉山，长约二千余里。其主峰冈仁波齐峰，在阿里普兰县北。《清一统志·西藏》：“唐古特言冈底斯者，犹言众山水之根。”外人曾称之为“外喜马拉雅山”。冈底斯山是印度洋水系和内流水系的分水岭。

冈城 在今河北怀安县东。《水经·灅水注》：“于延水又东径冈城南。按《史记》：蔡泽，燕人也。谢病归，相秦号冈成君。疑即泽所邑也，世名武冈城。”

冈爱泊 亦作冈噶诺尔。即今内蒙古克什克腾旗西岗更诺尔。清张穆《蒙古游牧记》卷4阿巴哈纳尔部：“多伦诺尔正北三百五十余里有池二处，河三道。其最大者名达尔诺尔……东南四十里曰冈噶诺尔，广四五十里，中有细流，与达尔诺尔相通。”

冈溪县 即南朝宋之冈溪县。治所在今广东连州市西北。

冈溪县 南朝宋泰始六年（470）置，属始兴郡。治所在今广东连州市西北。泰豫元年（472）废。

冈噶江 即狼楚河。今西藏西部象泉河。清乾隆《卫藏通志》卷3《山川》：冈噶江“源出冈底斯山东南，山在番地极西阿哩之达克喇城东北……东南有朗卜切喀巴普山，山形似蹲象，故名。其山北麓有泉，出汇为池，西北流，有一水自北来会。又西北，有公生池水东北来会……其水流汇为池……又西出为浪噶池，池南北百七十里，东西百里。又西出，折南曰狼出河（狼楚河）……狼出河既会玛楚河，曰冈噶江。江水又东南，出阿哩界，径玛木巴作大朗部落，至厄讷特克国，入南海”。

贝大日如来佛石窟寺 即文成公主庙。在今青海玉树县（结古镇）东南五十里贝纳沟内。

贝山 在今浙江富阳市西三十里。《方舆纪要》卷

90：贝山“高三百丈，广七十八里。顶有湖，流为步溪，南入浙江。山之西麓属新城县界”。

贝子庙　①清乾隆八年（1743）建。即今内蒙古锡林浩特市。清为锡林郭勒盟及阿巴哈纳尔左旗驻地。1953年改名锡林浩特。1983年改设锡林浩特市。

②在今内蒙古锡林浩特市北侧额尔敖包南麓。清乾隆八年（1743）阿巴嘎纳尔旗（俗称贝子旗）巴拉吉日道尔吉贝子主持兴建，故称贝子庙。乾隆三十三年御赐“崇善寺”额。民国年间陆续扩建，成为内蒙古藏传佛教中心之一。遗存喇冉巴、却日、珠都巴三座殿宇。该庙是传统四合式寺庙建筑群。20世纪60年代被毁坏。唯却日殿尚存并已修葺。2006年定为全国重点文物保护单位。

贝子府　在今内蒙古敖汉旗东南贝子府镇。1922—1940年为敖汉南旗驻地。

贝子堡　在今广西龙胜各族自治县东北一百四十五里。清设外委戍守。

贝中聚　即贝丘。在今山东博兴县南五里。《续汉书·郡国志》乐安国博昌“有贝中聚”。

贝水营　在今广东肇庆市东北、西江北岸贝水村，东接佛山市三水区界。《方舆纪要》卷101肇庆府高要县“金鸡坪营”条下：贝水营“在府东七十里，近大河，嘉靖十一年置”。

贝左县　唐贞观五年（631）置，属羁縻向州。治所在今四川茂县西北或黑水、红原县境。后废。

贝丘　又作浿丘、沛丘。春秋时齐地。在今山东博兴县南五里。《左传》庄公八年（前686），“齐侯游于姑棼，遂田于贝丘”。杜注：“博昌县南有地名贝丘。”

贝丘县　①西汉置，属清河郡。治所在今山东临清市南十五里大辛庄南。三国魏属清河郡。西晋属清河国。北魏属清河郡，移治今临清市东北。北齐省入清河县。

②南朝宋侨置，属清河郡。治所在今山东淄博市西南淄川城。隋开皇十八年（598）改为淄川县。

③北齐改清河县置，属清河郡。治所在今山东临清市东北。隋开皇六年（586）改清阳县。

④隋开皇六年（586）置，属贝州。治所在今山东临清市东南。开皇十六年（596）改清平县。

贝州　北周宣政元年（578）分相州置，治所在武城县（隋改为清河县，在今河北清河县城关乡西北十二里）。隋大业初改为清河郡。唐武德四年（621）复为贝州。天宝元年（742）又改为清河郡，乾元元年（758）复为贝州，咸通元年（860）移治今清河县西城关乡。辖境相当今河北清河县、山东临清市及武城、夏津等县地。北宋庆历八年（1048）改为恩州。

贝克穆河　在清唐努乌梁海东北境，萨彦岭南，为伊克克穆河北源。即今俄罗斯图瓦共和国北部之大叶尼塞河。《清一统志·乌里雅苏台统部》：扎萨克图汗部乌梁海一佐领“北临贝克穆河，西与南俱临华克穆河”。

贝矶　在今湖北鄂城市西北长江南岸。《资治通鉴》：南朝梁大宝元年（550），“徐文盛军贝矶，任约帅水军逆战，文盛大破之”，即此。《水经·江水注》：江水“又东径贝矶北，庾仲雍谓之沛岸矣”。

贝拉　在今新疆叶城县东南。《清一统志·叶尔羌》：贝拉“在哈尔噶里克东南六十里”。

贝岭墟　又名黄贝岭墟。即今广东龙川县北贝岭镇，道通江西寻邬县。清光绪《广东舆地全图》：龙川县北有黄贝岭墟。

贝海山　在今四川雷波县东北黄琅镇西。《清一统志·叙州府一》：贝海山“山形如带，林木郁葱”。

贝勒庙　①清康熙四十二年（1703）建，即今内蒙古达尔罕茂明安联合旗驻地百灵庙。由达尔罕贝勒主持兴建，故名。后讹为百灵庙。

②即今内蒙古苏尼特左旗驻地满都拉图镇。20世纪40年代起为苏尼特左旗驻地。1968年改名满都拉图（蒙古语意为“兴旺”）。

贝勒府　亦名王府街。即今辽宁阜新蒙古族自治县西三十五里王府镇。民国熊知白《东北县治纪要》热河阜新县：“蒙古镇距县市四十里。……东端为王府，宅第壮大，围以城郭。”

贝寨　即今福建武平县西北贝寨。明初移永平寨巡司于此。

见山亭　在今河南汝南县城。《金史·哀宗纪》：天兴二年（1233）八月，“丁丑，上阅兵于见山亭”。《清一统志·汝宁府二》：见山亭“在府治前牙城上”。

见子陵　即“南陵”。在今陕西西安市东南二十余里白鹿原上太康村附近。《资治通鉴》：唐建中四年（783），朱泚作乱，刘德信率兵自汝州讨伐，“与泚众战于见子陵，破之”。即此。

〔丿〕

午门　今北京市故宫正门。明、清紫禁城正门。建于明永乐十八年（1420），清顺治四年（1647）重修。城门高8米，下有高大砖石墩台通高37.95米，向左右伸展，建殿阁五座，称五凤楼。主楼面宽九间，重檐庑殿顶。左右设钟鼓亭，凡皇帝视朝，则鸣钟鼓以示威严，凡祭太庙、献俘诸大典皆于此举行。

午子山　一名母子山。在今陕西西乡县东南二十里。《清一统志·汉中府一》：午子山“三峰削立，二水环流，山岭有洞四五，深不可测。风出入有声，谓之风洞，亦谓之午子洞”。

午冈峰　在今江西吉水县西。《方舆纪要》卷87吉安府吉水县：午冈峰在“县西五十里。一名斗峰。五冈连延，一峰独高”。

午田营　即今湖南道县西南午田桥。《清一统志·永州府二》：午田营“在道州西南。设把总戍守”。

午汲镇 亦作五级。即今河北武安市西南午级镇。明嘉靖《武安县志》卷2镇店：有五级。清乾隆《武安县志》卷3集镇：午汲在“县西十二里”。

午极集 即今山东乳山市北午极镇。旧属牟平县。民国《牟平县志》卷3：午极集“在县（治今宁海镇）南偏西九十里”午极镇。

午沟里 又名衣锦乡。在今安徽砀山县东北。《方舆纪要》卷29砀山县“孤父聚”条：“又县南（按，应为北）有午沟里，朱温生长于此。”《清一统志·徐州府二》：午沟里“在砀山县东北接丰县界，北去丰县五十里。朱温生长于此，尝改为衣锦乡”。

午河 在今河北柏乡县北。《方舆纪要》卷14柏乡县：午河在“县西十里。源出临城县西北诸山，东南流入县境，又东经县北三里，下流合于野河”。

午城 即今山西隰县西南午城镇。1938年3月，八路军第一一五师曾在此袭击日本侵略军，粉碎了敌人侵占黄河渡口的企图。

午桥 在今河南洛阳市南豆腐店。唐裴度建别墅绿野堂于此。《旧唐书·裴度传》：度“又于午桥创别墅”。白居易《奉和裴令公〈新成午桥庄绿野堂即事〉》：“旧径开桃李，新池凿凤凰。只添丞相阁，不改午桥庄。”

午腊蔚山 亦名牟那山。即今内蒙古乌拉特前旗东、包头市西北之乌拉山。《宋史·夏国传》：元昊“置十二监军司，委豪右分统其众。自河北至午腊蔚山七万人，以备契丹”。

牛厂石卡 在今四川小金县北。《清一统志·懋功屯务厅》：小牛厂“在懋功屯务厅北七十八里。又十五里有大牛厂。并设塘汛”。《清史稿·曹永阊传》：“乾隆三十六年，随温福征小金川，提督董天弼檄守牛厂石卡，旋为贼据。”

牛儿宗寨 明代西藏地名。其地在今堆龙德庆县。元末，大司徒伯木古鲁（帕主）万户长在乌思藏置十三个宗，牛儿宗为十三宗之一，永乐十一年（1413）置牛儿宗寨行都指挥使司，隶属于乌思藏都指挥使司。

牛口 在今四川宜宾县西北。《苏轼诗集》卷1《夜泊牛口》诗云：“日落江雾生，系舟宿牛口。”《方舆纪要》卷70叙州府宜宾县“汶川驿”条下：“牛口水驿在府西北六十里。”

牛口渚 在今河南荥阳市北牛口峪。《资治通鉴》：唐武德四年（621），李世民大破窦建德军于板渚，“建德中槊，窜匿于牛口渚”，被擒。

牛口镇 即今湖北秭归县西北泄滩乡牛口村。明置巡司于此。

牛山 ①在今河北承德县北。辽于牛山东置牛山馆。

②在今江苏东海县南。明隆庆《海州志》卷2：牛山“去州治西南七十里。山下有石，故名”。1958年东海县由海州镇迁至此山北侧（牛山镇）。

③在今浙江桐庐县西南。宋《景定严州续志》卷7桐庐县：牛山“在孝泉乡。去县西十五里，并浙江而北。南渡时，乡兵败金人于此”。《方舆纪要》卷90桐庐县：牛山“在县西十里。山当驿道，俯瞰大江”。

④即今福建平潭县东南牛山岛。明郑和下西洋经此。

⑤在今山东淄博市临淄南十里。《晏子春秋·内篇谏上》：“景公游于牛山，北临其国城而流涕。”《孟子·告子上》：“牛山之木尝美矣，以其郊于大国也。”注：“牛山，齐之东南山也。”

⑥即牛栏山。在今湖南新化县南百里。

⑦在今陕西安康市北。《舆地纪胜》卷189金州：牛山“在城北五里。为金州群山之冠。上有泉，大旱不涸，久雨不盈”。

牛山帐 辽置，在今内蒙古巴林右旗东北。北宋沈括《熙宁使虏图抄》：“（中）顿西数里，大山之颠有废垒，曰燕王城。逾顿，西北三十里余至牛山帐，皆平川。牛山毡帐南距保和馆九十里。”

牛山河 在今河南商城县南。《方舆纪要》卷50商城县：牛山河“在县南七十里。其上有大、小二牛山，河出其下，流六十里，合为一河，即固始县史河之上源也”。

牛山馆 馆驿名。辽置，在今河北承德县东北三沟镇附近。《辽史·地理志》“松山州”后引宋王曾《上契丹事》曰：“松亭岭甚险峻，七十里至打造部落馆，东南行五十里至牛山馆。”

牛山镇 在今河南光山县东南。明洪武七年（1374）于此置巡司。万历中移于长潭驿。

牛川 古地区名。当在今内蒙古集宁市一带。《魏书·太祖纪》：登国元年（386），“春正月戊申，帝即代王位，郊天建元，大会于牛川”。冬十月，“帝自弩山迁幸牛川”。同书《太宗纪》：泰常元年（416）秋七月，“帝自白鹿陂西行，大狝于牛川，登釜山，临殷繁水而南，观于九十九泉（今内蒙古卓资县北）”。

牛马战 在今湖南桑植县西北。《方舆纪要》卷77桑植安抚司“雷打崖”条下：“又司（治今美坪峒）西有山曰牛马战，以高险难越也。”

牛王庙戏台（臺） 在今山西临汾市西北五十里魏村牛王庙内。戏台建于元世祖至元二十年（1283），大德七年（1303）毁于地震，至治元年（1321）重建。明、清曾予修补。庙内现存廊庑、献亭、正殿、垛殿等。殿内供三王（牛王、马王、药王），塑像俱存。戏台为木构亭式舞台，背面及两侧后部筑墙壁，还保留着宋金乐亭古制。台上无前后场之分，前檐用石柱两根，雕牡丹及化生童子，柱侧刻创建与重修年代。戏台古称乐亭或乐楼，宋、金时晋南一带已有，元代相当普遍，但今已不存。

此台为研究元杂剧在山西一带发展历史和金元时期戏台建造规制的重要资料。1996年定为全国重点文物保护单位。

牛王堌 一名牛成驿。在今河南夏邑县西北二十二里。民国初置县佐于此。

牛王堌集 一名牛成驿。即今河南夏邑县西北牛王堌村。明嘉靖《夏邑县志》卷1《集店》："牛王堌集，县西北五十里。"

牛井 即今云南宾川县治牛井镇。明景泰《云南志》卷5："其在海东牛井者曰小白夷，服食器用与汉、僰不同。传云段氏时，海东地广民稀，又炎热生瘴疠，乃于景东府移此白夷以实之。"《徐霞客游记·滇游日记五》："又西一里过坞中村后，有坊曰'金牛溢井'，标胜也。土人指溪北冈头，有井在石穴间，云是昔年牛从井出处也。"

牛厄曲营 在今广东阳春市东北。《方舆纪要》卷101阳春县：牛厄曲营在"县北百二十里。嘉靖二十四年置，防新兴黄三坑、恩平君子山等贼"。

牛屯 在今江苏南京市东南。《三国志·吴书·三嗣主传》：宝鼎元年（266），永安山贼施但等聚众数千人，劫皓庶弟永安侯谦出乌程，"至建业众万余人。丁固、诸葛靓逆之于牛屯，大战，但等败走。获谦，谦自杀"。《资治通鉴》卷79胡三省注："据《吴历》，牛屯去建业城二十一里。"

牛屯河 在今安徽和县南。源出巢湖，上流为裕溪河。流经含山县铜城闸附近始称牛屯河，北流折向东，在横江津入长江。《方舆纪要》卷29和州：牛屯河在"州南四十里，与江东牛诸矶相对。……其源出巢湖，从铜城闸入长江"。

牛屯河镇 在今安徽和县南六十五里。明、清置巡司于此。

牛牛坝 一作吽吽坝。即今四川美姑县西南牛牛坝乡。产铜。《清史稿·四川土司传》：宣统元年(1909)，马边厅阿侯苏噶支杀英传教士于连渣脑，清兵征剿，"两军于十月二十五日贯通凉山夷巢，会于吽吽坝"。即此。

牛毛坞 即今辽宁宽甸满族自治县东北一百五十里牛毛坞镇。清光绪《奉天全省地舆图说图志》宽甸县图：东北有牛毛坞。

牛斗山 在今重庆市大足县东南。《元和志》卷33大足县："牛斗山在县东南八十里。"《寰宇记》卷88大足县：牛斗山"山长三百里，岩石巉岩，有双峰对立如牛之状"。《宋史·卢斌传》：淳化二年（991），"任诱等寇昌、合州。斌率兵顿昌州南牛斗山"。即此。

牛心山 ①在今北京市昌平区西。清光绪《昌平州志》："牛心山在城西七十里，与上常谷口近。"与长峪、镇边相邻。

②在今内蒙古武川县西境。《清一统志·归化城六厅》：牛心山"在归化城西北一百十里。蒙古名巴颜朱尔克。《九边图说》云：东连牛心之堡。即此"。

③在今辽宁义县西、北票市东南。《方舆纪要》卷37广宁后屯卫：牛心山"在卫西六十里，与废兴中州接界"。

④即今吉林东南之南岗山脉，界于海兰河与图们江之间。清光绪《吉林通志》卷19：牛心山在"（珲春）城西北二百二十里"。

⑤在今湖北宜城市西南。《方舆纪要》卷79宜城县"石梁山"条下："《志》云，县西南二十里有牛心山，其南五里为鹞子山，有天坑。宋末与蒙古战于牛心山不利，士卒多坑于此。"

⑥在今湖北房县东。《清一统志·郧阳府》：牛心山"在房县东一里。旧有关"。

⑦在今四川平武县东南南坝镇西。《资治通鉴》：唐长庆四年（824），"龙州刺史尉迟锐上言：'牛心山素称神异，有掘断处，请加补塞。'从之。役数万人于绝险之地，东川为之疲弊"。胡三省注："牛心山在龙州江油县西一里。"

⑧在今四川长宁县南七十里双河镇。《舆地纪胜》卷166长宁军：砚石溪"在牛心山后"。《方舆纪要》卷70长宁县"宝屏山"条下："牛心山在县治东。山形峍崒，如牛心然。"

⑨即牛心堆。在今青海湟中县东南、南川河西。《新唐书·吐谷浑传》：贞观九年（635），李靖等"诸将战牛心堆、赤水源，数虏将南昌五慕容孝儁，收杂畜数万"。《清一统志·西宁府一》"牛心堆"作牛心山。

牛心山帐 辽置，在今内蒙古西乌珠穆沁旗东。宋沈括《熙宁使虏图抄》："（窦都）岭间行十余里，复北行原阜间，又十余里牛心山帐。牛心山毡帐西南距里河帐八十里。"

牛心山馆 辽置，在今辽宁朝阳市东新店附近。

牛心山铺 即今贵州绥阳县西南蒲场镇东北牛心山村。《清一统志·遵义府》"中堡铺"条下：又有"牛心山铺"等，皆戍守处。

牛心川水 又名宗哥川。亦曰宗水。即今青海湟中县东之南川河。《水经·河水注》："湟水又东牛心川水注之。水出西南远山，东北流径牛心堆东，又北径西平亭西，东北入湟水。"

牛心台 即今辽宁本溪市东北牛心台镇。民国熊知白《东北县治纪要》辽宁本溪县："牛心台距县市东北三十里，太子河右岸约二里，分上下牛心台。上牛心台，有炭坑，在南东入溪谷四里处……下牛心台在上牛心台下流三里，附近产石炭。"

牛心谷 在今陕西蓝田县南。《旧唐书·吐蕃传》：广德元年（763）吐蕃陷长安，"郭子仪领部曲数百人及其妻子仆从南入牛心谷"，即此。

牛心顶子 即今吉林梅河口市东北牛心顶镇。《清史稿·地理志》海龙府："牛心顶子至郭大桥入吉林磐石。"

牛心岭 在今四川峨眉山市西南峨眉山牛心寺后。清光绪《峨眉山图说》："广福寺一名慈云寺，乃前牛心寺别院也。寺后绿阴簇抱，蔽于天日，为牛心岭。”

牛心堆 一名牛心山。在今青海湟中县东南，南川河西。《水经·河水注》：“湟水又东，牛心川水注之。水出西南远山，东北流径牛心堆东。”《资治通鉴》：唐贞观九年（635）夏闰四月，“癸巳，（李）靖等败吐谷浑于牛心堆”。即此。

牛心堡 在今山西右玉县东北二十里牛心堡村。《方舆纪要》卷44大同府：牛心堡“嘉靖三十七年筑，隆庆六年增修，周六里有奇。俱出左、右二卫之中。北有黑龙王等山，重冈叠嶂，设骑窃伏处也”。

牛心寨 ①在今山西吉县西六十里。《方舆纪要》卷41吉州：南宋嘉定十五年（1222），“吉州为蒙古所据，金人侨置吉州于牛心寨，蒙古将木华黎自隰州攻拔之”。

②在今湖北广水市东北。《方舆纪要》卷77应山县“黄陵寨”条下：“牛心寨在县东北四十里。其相接者曰鵶狐寨。”

牛心礁屿 在今台湾省澎湖县西，渔翁岛东南。清蒋毓英《台湾府志》卷3：牛心礁屿“屿下有礁如牛心形，故名”。

牛田 即今福建福清市东南龙田镇。《明通鉴》：嘉靖四十一年（1562），“参将戚继光统浙江兵乘胜至福清，捣败牛田贼，覆其巢”，即此。

牛田场 即今福建福清市东南二十八里龙田镇，与海口镇隔海湾相望。明置牛田场盐课司。后改为龙田市。

牛仔营 在今广东阳山县东。《方舆纪要》卷101阳山县：牛仔营“在县东，接乳源县界。防企山、滑峒坑诸贼”。

牛尔河卡伦 清光绪十年（1884）设，在今内蒙古额尔古纳市北激流河口西牛尔河村。

牛市口 亦名得胜场。在今四川成都市东郊牛市口。清嘉庆《华阳国志》卷6：得胜场“即牛市口，治东五里”。

牛市屯集 一名牛屯集。即今河南滑县西南牛屯镇。民国《重修滑县志》卷6：“牛市屯集，距城七十五里。”

牛兰山 ①在今河南鲁山县西北。《续汉书·郡国志》：鲁阳县“有牛兰累亭”。注引谢沈书云：“牛兰山也。”《水经·滍水注》：牛兰水“发（鲁阳）县北牛兰山”。

②在今云南禄丰县东北。《汉书·地理志》 秦臧县：“牛兰山，即水所出。”

牛兰水 即今河南鲁山县东大浪河。《水经·滍水注》：牛兰水“发（鲁阳）县北牛兰山。东南径鲁阳城东，……又东南径鲁山南。水南注于滍”。

牛头山 ①在今北京市密云县北境。《元史·文宗纪》：致和元年（1328），“燕帖木儿大兵继之，转战四十余里，至牛头山”，擒孛罗帖木儿、蒙古塔失等。

②又名牛首山、天阙山、仙窟山。在今江苏南京市西南。《宋书·礼志》：大明三年（459），“移郊兆于秣陵牛头山西”。《文选》卷56陆倕《石阙铭》记：“乃假天阙于牛头。”《元和志》卷25润州上元县：牛头山“山有二峰，东西相对，名为‘双阙’”。宋《景定建康志》卷17：牛头山“状如牛头”，故名。

③在今江苏南京市六合区东北五十里。《舆地纪胜》卷38真州：牛头山“在六合县”。《方舆纪要》卷20江宁府六合县：马头山“其相接者曰牛头山，峰峦耸秀，高入云表，有泉出焉，西流为冶浦”。

④在今安徽含山县西北。《方舆纪要》卷29含山县“褒禅山”条：牛头山“在县北三十里。山产煤。明正德中，居民采以为业”。

⑤一名临江山。在今浙江杭州市萧山区东南。《寰宇记》卷96越州萧山县：牛头山“在县东南，水陆并行三十里。其山北，江水回流，舟行信宿，犹经万渚，说云：‘牛头苎罗，一日三过’”。

⑥在今浙江云和县北与丽水市、松阳县接界处。《方舆纪要》卷94云和县：牛头山在“县北四十里，以形似名，下为深渊”。

⑦在今湖北丹江口市西北。《方舆纪要》卷79均州：牛头山在“州北六十里。山势高险。昔人置关于上。旁有大石，形如瓶，俗名油瓶关”。

⑧在今四川三台县西南。《元和志》卷33郪县：牛头山“一名华林山，在县西南二里。四面危绝”。《寰宇记》卷82郪县：牛头山“高一里，似牛头，四面孤绝，俯临州郭。下有长乐寺。楼阁烟花，为一方之胜概”。唐诗人杜甫来梓州（三台），写有《上牛头寺》、《望牛头寺》、《登牛头山亭子》等诗篇。

⑨在今陕西勉县东北。《新唐书·地理志》：褒城县有牛头山。《寰宇记》卷133褒城县：“牛头山，山形如牛头，高百仞，云覆如笠即雨，故彼人一号为戴笠山。”

⑩在今甘肃岷县东。《三国志·魏书·陈泰传》：嘉平初，蜀大将姜维伐魏，“率众依麹山筑二城，使牙门将句安、李歆等守之……（魏）使泰率讨蜀护军徐质，南安太守邓艾等进兵围之，断其运道及城外流水。安等挑战，不许，将士困窘，分粮聚雪以稽日月，维果来救，出自牛头山，与泰相对”。

⑪即今宁夏青铜峡市南牛首山。清王定安《湘军记》卷18：同治九年（1870）回民义军与清军激战于峡口，“金积回蜂集，扼牛头山阻（黄）鼎归路”。即此。

牛头门 即今福建福清市东南牛头尾。明洪武十二年（1379）置巡司于此。清为牛头门镇。

牛头寺 ①亦名长乐寺。后名永福寺。在今四川三台县西门外半里牛头山下。唐杜甫有《上牛头寺》、《望牛头寺》诗。

②在今陕西西安市南二十里樊川北。《清一统

志·西安府四》："唐贞元六年建，内有四季柏，形如张盖，四时皆花。"

牛头岭　①即今福建古田县东北牛头岭。岭上有牛头寺，五代唐天成间（926—930）建。

②在今海南省陵水黎族自治县东北。《清一统志·琼州府一》：牛头岭"在陵水县东北三十里临海。两峰对峙，路径崎岖。明万历四十六年修平之"。

牛头店　在今陕西镇坪县北五十里。1936—1954年为镇坪县治。

牛头河　在今山东西南部。首受南旺湖水于嘉祥县北，东南经济宁，至塌场口，入于旧运河。明初开此以资运道。自运渠东徙，河水南流，此河与故渠同塞。《方舆纪要》卷33济宁州"芦沟泉"条："牛首之渠，来自西南，出于鱼、沛，以泄潴水。……牛首渠，即巨野县之牛头河也。"

牛头城　亦名赤牛城、牛头寨。在今重庆市梁平县西二十里仁贤镇（沙河铺）牛头村附近。《元史·杨文安传》：元世祖至元十二年（1275），"文安乃移兵攻万州之牛头城，杀守将何威，迁其民，进围万州"。

牛头营　在今河北抚宁县东南三十里牛头崖。《方舆纪要》卷17抚宁县：牛头营，"《志》云：营在望海冈西，营西北有满井，随汲随满，大旱亦然。营之西即连峰山"。

牛头朝那山　在今内蒙古固阳县东。《资治通鉴》：唐景龙二年（708）三月，"朔方道大总管张仁愿筑三受降城于河上……拓地三百余里。于牛头朝那山北，置烽候千八百所，以左玉钤卫将军论弓仁为朔方军前烽游奕使，戍诺真水为逻卫"。

牛头寨　①在今湖北竹溪县东南一百六十里。清有外委驻防。

②亦名牛头城、赤牛城。在今重庆市梁平县西二十里仁贤镇（沙河铺）牛头村附近。《方舆纪要》卷69梁山县：牛头寨"在县西二十里赤牛山上，亦名赤牛城。宋淳祐二年筑。周三百六十步，敌楼百四十二座，四隅有门。盖戍守之处"。光绪《梁山县志》卷6：牛头寨在"县西十五里赤牛山下，赤牛城设焉"。

牛头镇　即今四川成都市东北弥牟镇。《明史·朱燮元传》：万历年间，"石硅女土司秦良玉卒败贼（奢崇明）牛头镇，复新都"。《方舆纪要》卷67新都县：弥牟镇，"牛头即弥牟镇，音讹也"。

牛皮关　唐置，在今山西大同县北牛皮岭下。《新唐书·地理志》：云州东有牛皮关。

牛皮箐　在今贵州雷山县东南。清爱必达《黔南识略》卷9丹江通判："牛皮箐在城东南，自厅属南亘古州、八寨、都江地界，迤逦数百余里，复嶂萦纡，深林蒙密，雾雨阴翳，蛇虎交行，从古人迹未至。"《明史·贵州土司传》：天顺三年（1459），白圭与方瑛"进青崖，令总兵李贵进牛皮箐"。

牛老陂　在今河南叶县南十二里尤潦铺。清同治《叶县志》卷1：牛老陂"即荷蓧丈人止子路宿处。今尤潦铺是其地"。

牛场　①亦称刘场。即今四川中江县东南永安镇。民国《中江县志》卷2：刘场"治东南七十里"。又，同书卷3："刘场俗名牛场。"

②清设牛场团。即今贵州福泉市北四十四里牛场镇。1942年设镇。

③即今贵州湄潭县西南黄家坝镇南牛场。清康熙《湄潭县志·场市》有"牛场"。以村南卧牛山而得名。

牛场铺　在今贵州晴隆县西北。《清一统志·兴义府》"保甸铺"条：安南县（今晴隆县）有牛场铺。

牛耳山　在今陕西铜川市耀州区西北十八里。《方舆纪要》卷54耀州：牛耳山"以两山东西分，若牛耳也"。

牛戍驿　在今河南夏邑县西北四十二里牛王堌村。《寰宇记》卷12下邑县：牛戍驿"在县西北五十里。隋大业元年废。本梁孝王牧牛戍也"。

牛吃水乡　即今四川雷波县东北三十五里汶水镇。清置牛吃水汛。产铁矿。

牛华溪　又名油华溪、牛花溪。即今四川乐山市南二十里牛华镇。《清一统志·嘉定府》：牛花溪盐课司"在犍为县北九十里。其地有油花溪，即四望溪之上源，后讹为牛花，与乐山、荣县、井研皆接界。本朝雍正七年设巡司，乾隆九年改设盐课大使"。民国设县佐，后划归乐山市。

牛庄驿　又名牛家庄驿。明置，即今辽宁海城市西北牛庄镇。明《全辽志》卷1：牛庄驿在"（海州卫）城西四十里"。

牛庄城　即今辽宁海城市西牛庄镇。《清一统志·奉天府二》：牛庄城"在海城县西四十里。城周二里九十三步，门三。本朝天命八年建。乾隆四十三年修。……初设章京驻防，康熙二十一年设巡检司，乾隆十三年增设四品协领"。清咸丰八年（1858）中英《天津条约》辟为商埠。

牛羊汛　在今云南西畴县南四十八里牛羊箐（今老街）。清设牛羊汛。

牛羊城　在今江西遂川县西北。《方舆纪要》卷87吉安府龙泉县：牛羊城在"县西北三里古山寨。宋建炎四年寇邱权犯（县），县令赵迪之筑城御之。亦曰牛羊寨"。

牛羊街　即今云南西畴县南四十八里兴街镇南老街。宋为牛羊土司驻地。清设牛羊汛。

牛羊箐　在今云南西畴县南四十八里兴街镇南老街。《方舆纪要》卷115教化三部长官司：牛羊箐"在司南。有酋长守其地"。

牛村寨　即今山西盂县东牛村镇。《清一统志·平定州》：牛村寨"在盂县东二十里。有市聚。通直隶正定府井陉、平山二县界"。

牛吼江　在今江西泰和县西。《方舆纪要》卷87

吉安府泰安县“云亭江”条下：牛吼江“在县西南。亦曰牛吼水。出永新县拔铁山，东北流合清江、蜀水、禾溪水、上横江水，俱由县境入于赣江”。

牛佛渡 亦作牛腹渡。即今四川富顺县东北七十里牛佛镇。为沱江水路交通要道，是富顺县大镇之一。《清史稿·胡中和传》：咸丰十一年（1861），“（李）永和窜踞富顺牛腹渡，两岸筑坚垒，背而阵”，与清军激战。

牛肚湾墟 即今广东江门市新会区西司前镇。明、清置巡司于此。

牛甸湖 在今云南永胜县西南。《方舆纪要》卷117顺州：牛甸湖在“州（今顺州乡西北州城）东二里。其下流合于河头溪”。

牛角山 在今广西天等县西南。《明一统志》卷85太平府：牛角山“在龙英州治（今龙茗镇）东。山有岩，形如牛角”。

牛角坡 又名牛坡山。在今湖南洪江市（黔城镇）西。《方舆纪要》卷81黔阳县“卧龙岩”条下：“牛角坡在县（治今黔城镇）西十里。坡连环如牛角。路通沅州。”

牛角店 即今山东东阿县东北牛角店镇。据《天齐庙碑》记载，宋朝立村。民间传说，苕瓜打金牛，在此打掉一只角，故名。

牛角湾 在今江苏徐州市铜山区北坨城下。《方舆纪要》卷29徐州：牛角湾“明万历初，运河经此。既而运河由茶城东南十里镇口闸合黄河，旧河遂淤。议者以其地平旷，河易泛滥，因筑坝以防之，谓之旧河坝”。

牛角寨石窟 在今四川仁寿县北高家镇。山寨地势高亢，周围寨壁有唐代佛龛五十余个，佛像一千余尊。崖壁上刻有“唐德宗贞元太岁乙亥（795）七月建”。寨顶石刻大佛高15.8米，宽11米，神态端庄，两手合十。山寨腰部神坛岩有“并列真人”、“罗汉道装”，“三教会”等石刻造像，岩内壁有三十二龛，佛像二百余尊。2006年定为全国重点文物保护单位。

牛饮水 又名清水。即今四川双流县北十里之江安河。《元和志》卷31广都县：“牛饮水在县西三里。”《寰宇记》卷72双流县：“清水在县北十里，改名牛饮水。李膺《益州记》云：牛饮水之末流也，水名客舍，昔程郑家于此，每群牛饮，江为之竭，故名。”

牛尾庄寨 在今山西忻州市西南七十里牛尾庄。明置巡司于此。

牛尾谷 在今辽宁朝阳县西南。《资治通鉴》：东晋咸和九年（334），辽西鲜卑段兰等攻柳城，慕容皝遣慕容汗等救之，“与兰遇于牛尾谷，汗兵大败，死者大半”。胡三省注：“牛尾谷，在柳城北。”即此。

牛尾河 源于今河北邢台县西北，东经任县汇入大陆泽。《清一统志·顺德府一》：牛尾河“一名响水河，俗以府城旧名卧牛城，故呼为牛尾河。源出邢台县治西北之瓦瓮泉，东流汇达活、野狐诸泉，又东北百泉之支水入之，又东北入任县境，其分支环任县城为濠，仍与正流会，东入于大陆泽”。

牛尾镇 北宋置，属永川县。在今重庆市永川区西北四十五里太平乡。

牛武镇 清置，属鄜州。即今陕西富县东北四十里牛武镇。道光《鄜州志·舆地部》：牛武故城“（汉）董翳步将筑城练兵，畜牛以备用，故名”。

牛岩铺 在今重庆市彭水苗族土家族自治县北鹿鸣乡。清嘉庆《四川通志》卷89彭水县：牛岩铺“在县北一百里”。

牛岩隘 在今广西富川瑶族自治县东北。《清一统志·平乐府二》：牛岩隘“在富川县东。民瑶杂居，与湖南江华县山界相连，设兵防守”。

牛岭 ①在今福建福安市西二十余里。《方舆纪要》卷96福安县：牛岭，“《志》云，山界宁德，通延、建。其高接天”。

②即今江西赣县东南牛岭。1932年中央革命根据地所置信康县后曾迁治于此。

③即今山东淄博市临淄南之牛山。左思《齐都赋》：“牛岭镇其南。”即此。

牛岭镇 在今海南省陵水黎族自治县东北二十里。明置巡司于此。

牛牧寺 亦称牛牧佛寺。在今湖北荆州市荆州区（故江陵县城）北。《资治通鉴》：东晋义熙八年（412），“（刘）毅夜投牛牧佛寺。初，桓蔚之败也，走投牛牧寺僧昌，昌保藏之，毅杀昌。至是，寺僧拒之，……遂缢而死”。胡注：“牛牧寺在江陵城北二十里。”

牛牧佛寺 即牛牧寺。在今湖北荆州市荆州区（故江陵县城）北。

牛河营 在今广西临桂县西北。《方舆纪要》卷107永宁州：牛河营“隆庆三年，总兵俞大猷讨古田叛僮，先遣分屯牛河、三厄，以扼要害”。

牛河梁遗址 在今辽宁凌源市与建平县交界处，是一处新石器时代遗址。遗迹分布在十余处地点，范围达50平方公里。1986年发现有用于祭祀的女神庙与积石的墓冢群。已发现的女神庙由一个多室和一个单室两组建筑物构成，墙壁表面绘赭红色图案，出土大型泥塑女神像、动物塑像、陶祭器等。积石是用石块建造的，有方形和圆形两种，墓内出土多种精美玉器。遗址距今五千余年，属红山文化。1988年定为全国重点文物保护单位。

牛房 在今北京市昌平区东牛房圈村。清置把总驻守。

牛栏山 ①又名顺义山。在今北京市顺义区东北。《方舆纪要》卷11顺义县“牛栏山”条引宋王曾《上契丹事》：“顺州至檀州，渐入山，牛栏是其要地。”顾炎武《昌平山水记》卷下：牛栏山“山上有洞，俗言有金牛出焉，至今洞前石壁如小槽形，名曰牛饮池也”。

②即今湖南新化县南之牛山。《方舆纪要》卷81

新化县：牛栏山在“县南百里，为控扼之处，其相连者曰梅山枫岭”。

牛栏山镇 即今北京市顺义区北二十里牛栏山镇。镇在牛栏山东南，因山而名。为历史上军事要塞。辽置牛栏都统领司于此。清设把总。

牛栏关墟 在今广西南丹县东瑶寨村一带。清光绪《广西舆地全图》南丹土州图：“东有牛栏关墟”。光绪三十年（1904），陆荣廷破曾五、陆三等于此。

牛栏江 ①即今云南巧家县东北牛栏。以滨牛栏江为名。清有把总、外委驻此。

②水名。在今云南鲁甸县西南、巧家县东北。《方舆纪要》卷73东川军民府：牛栏江在“府东南百二十里。源出云南故寻甸军民府，至府北境，而合于金沙江。江之下流，江阔水急，彝人用藤索横江，贯以木筩，过者缚于筩上，用游索往来相牵以渡，谓之索桥”。

牛栏峒 在今湖南城步苗族自治县东南。《清一统志·宝庆府二》：牛栏峒“领城溪等九砦”。

牛骂头 即今台湾省台中市西北清水区。清光绪二十一年（1895）日本侵台时，“彭年驻兵牛骂头，将扼大甲溪”。即此。日本占领期间于1920年改名清水街。1945年抗日战争胜利后改设清水镇。

牛泉山 即今安徽黟县北五十里拜年山。黟山主峰之一。《寰宇记》卷104黟县：牛泉山“在县北五十七里。顾野王《舆地志》云：牛泉峤，通故广阳县。自下上至山顶，九里一顿，凡九顿。山常风，树至合抱而高不至丈。当顶有泉方丈余，俗云牛跑所致，亦犹虎跑泉也”。

牛首 春秋郑邑。在今河南通许县东北。《左传》：桓公十四年（前698），宋人以诸侯之师伐郑，“取牛首”。即此。

牛首山 ①一作牛头山。即今江苏南京市西南牛首山。《方舆纪要》卷20上元县：牛首山“本名牛头山，有二峰，东西相对”。世传晋室欲立阙，丞相王导指牛头山为天阙，故又名天阙山。南宋建炎四年（1130），金兀术趋建康（今南京），岳飞设伏牛头山以待之，即此。

②在今湖南攸县东。《方舆纪要》卷80攸县：“牛首山在县东二里，攸水经其下。”

③在今陕西户县西南。《山海经·中山经》：牛首之山“劳水出焉，而西流注于潏水”。张衡《西京赋》：“绕黄山而款牛首。”《元和志》卷2鄠县：牛首山“在县西南二十三里，南接终南，在上林苑中”。

牛首乡 又名牛首城。在今河南开封县南。《水经·渠水注》：“新沟又东北流，径牛首乡北，谓之牛建城。”又，“沙水又东南径牛首乡东南，鲁渠水出焉”。《寰宇记》卷1陈留县：“牛首城，在县西南十一里。”

牛首水 即今河北邯郸市南沁水。《汉书·地理志》赵国邯郸县：“堵山，牛首水所出，东入白渠。”《水经·浊漳水注》：牛首水“出邯郸县西堵山，东流分为二水，洪湍双逝，澄映两川。汉景帝时，七国悖逆，命曲周侯郦寄攻赵，围邯郸，相捍七月，引牛首拘水灌城，城坏，王自杀。其水东入邯郸城径温明殿南，汉世祖擒王郎，幸邯郸昼卧处也。其水又东径丛台南”。

牛首市 北宋为牛首镇。即今湖北襄阳市樊城区西北牛首镇。《清一统志·襄阳府二》引《府志》：牛首市“东南临汉江，为均、郧要路”。原街于清代崩落汉江，今址系在旧城北门遗址重建。

牛首池 一作牟首池。在今陕西西安市西北。汉司马相如《上林赋》：“濯鹢牛首。”张揖注：“牛首，池名，在上林苑西头。”

牛首亭 即春秋郑牛首邑。在今河南通许县东北。《水经·渠水注》：“沙水又东南径牛首亭东。……俗谓之车牛城矣。”

牛首镇 北宋置，属邓城县。即今湖北襄阳市樊城区西牛首镇。

牛神径（迳） 在今广东连平县东南茶亭附近。《方舆纪要》卷103长宁县：牛神径“在县东，接和平县界。亦戍守处”。《清一统志·惠州府》：牛神径隘“在连平州南十里茶山”。

牛埚堡 即今河北固安县南四十里牛驼镇。《清一统志·顺天府四》：牛埚堡“堡周八百丈，久废。今有集，往来者以此为中顿，为县南巨镇”。

牛桥镇 在今湖南桂阳县南六十里。明于此置巡司。清康熙中裁。

牛眠山 在今安徽潜山县西北七十里。《方舆纪要》卷26潜山县：牛眠山在“县北七十里。以形似名。近有牛眠寨，为据险处。《志》云：山麓有金镜潭甚深，又北三里曰水吼岭，控天堂之胜”。

牛眠村 在今安徽淮北市东北。1938年5月，日军包围牛眠村，屠杀群众一百九十三人，杀绝十余户，烧毁房屋五百多间，制造了著名的“牛眠惨案”。

牛眠岭 在今贵州惠水县南三十里。《方舆纪要》卷121定番州“九龙山”条下：“牛眠岭在（小龙番长官）司南十里。其相近有文秀峰。”

牛脑水驿 明置，在今四川合江县西北牛脑驿。《方舆纪要》卷72合江县：牛脑水驿“在县治北”。

牛浪湖 即今湖北公安县西南，与湖南澧县接界之牛浪湖。《清一统志·荆州府一》：牛浪湖“在公安县南”。

牛家庄 ①即今辽宁海城市西北牛庄镇。《明史·地理志》：“辽海卫，洪武二十三年三月置于牛家庄。”

②即今辽宁昌图县西老城镇。明初置辽海卫于此。

牛家桥镇 即今河北隆尧县东二十二里牛家桥乡。清同治《畿辅通志》卷55隆平县图：东有牛家桥。

牛家营子 清建，即今内蒙古喀喇沁旗东北牛家营子镇。

牛埠 即今安徽无为县西南牛埠镇。清光绪《庐州府志》卷3无为州：老牛铺镇在“州南八十里”。

牛渚山 一名牛渚矶（圻）。又名采石山。即今安徽马鞍山市西南采石山。《续汉书·郡国志》丹阳郡秣陵县：“南有牛渚。”《元和志》卷28当涂县：牛渚山“在县北三十五里。山突出江中，谓之牛渚圻，津渡处也……温峤至牛渚，燃犀照诸灵怪，亦在于此”。《方舆纪要》卷19江南名山采石引陈顾野王《舆地志》云：“牛渚山北，谓之采石。盖大江东北流，牛渚、采石，俱列江东岸，采石去牛渚不过里许，故牛渚圻通谓之采石。”

牛渚水 在今广西桂平市东北。《方舆纪要》卷108桂平县：牛渚水在“府东北九十里。自藤峡分流，为瑶贼出没处。……流入浔江”。

牛渚县 在今安徽马鞍山市西南长江边牛渚矶。《水经·沔水》：“又东过牛渚县南，又东至石城县。”郦道元注：“牛渚在姑熟、乌江两县界中。”据《三国志·吴书·全琮传》：“得精兵万人，出屯牛渚。”孙皓时，何植曾为牛渚都督。《三国志·吴书·三嗣主传》称“牛渚都督何植为司徒”。又《资治通鉴》：东晋永和十一年（355），“以豫州刺史谢尚督并、冀、幽三州，镇寿春”。胡三省注：“永和元年，赵胤以豫州刺史治牛渚。”足见牛渚曾为县无疑。

牛渚镇 采石镇本名。在今安徽马鞍山市西南采石街道。《三国志·吴书·孙策传》裴注引《江表传》曰：“策渡江攻（刘）繇牛渚营，尽得邸阁粮谷、战具，是岁兴平二年也。”《晋书·袁宏传》：“谢尚时镇牛渚，秋夜乘月，率尔与左右微服泛江”，皆此。

牛椆溪 即今台湾省嘉义县北朴子溪。清高拱乾《台湾府志》卷1：“牛椆溪自鹿子埔山西发源，西过覆鼎山南，又西过诸罗县山之北、打猫社之南，至南世竹西入龟子港，同猴树港而入于海。”

牛赕 宋大理置，属善巨郡。治所在今云南永胜县西四十六里州城。元改顺州。

牛铺 即牛埠市。今安徽无为县西南九十里牛埠镇。清光绪《庐州府志》卷3无为州乡镇图：西南有牛铺镇。

牛筋岭 在今浙江永康市东南。《方舆纪要》卷93永康县：牛筋岭“在县东南十五里。两岩石壁如犬牙错峙，中间一罅，仅通溪流”。

牛堡屯 即今北京市通州区南三十里牛堡屯镇。清光绪《通州志》卷1村镇：牛堡屯在“城南三十里”。

牛街 即今云南彝良县东北牛街镇。《清史稿·地理志》：镇雄州西北有“牛街”。

牛街礼拜寺 在今北京市西城区牛街。建于辽统和十四年（996）。明正统七年（1442）重修。清康熙三十五年（1696）又大修一次。主要建筑有礼拜殿、邦克楼、望月楼、碑亭等。建筑形式采用中国传统木结构式，内部装饰有浓厚的伊斯兰风格。寺内有明弘治九年（1496）用汉文和阿拉伯文两种文字镌刻的《敕赐礼拜寺记》碑。是北京市规模最大、历史最久的清真寺院。1988年定为全国重点文物保护单位。

牛街驿 在今云南凤庆县东北犀牛街。《方舆纪要》卷118顺宁府：牛街驿“在府北百八十里濞溪江上。路通蒙化。有渡深险不测，飞涛乱石，不容巨舟，旧刳木为舫，如竹半破，渡者畏沮。近时建桥以渡，行者便之”。

牛脾山 一名大隧山。在今河南长葛市东。《清一统志·开封府一》：大隧山“高二十余仞，长七八里。其中断处为大隧涧。两崖壁立，中有坦途，可容方轨。相传即郑庄公见母处”。

牛脾城 即牛鞞县城、鞞县城。在今四川简阳市西北石桥镇。《宋书·朱龄石传》：东晋义熙九年（413），朱龄石率师伐谯纵，十年（414）“朱林至广汉，复破谯道福，别军乘船陷牛脾城，斩其大将谯抚”。即此。

牛湖 在今湖北武汉市黄陂区西南五十里。《清一统志·汉阳府》：牛湖“东通大江，其支流西南入于汉阳县界”。

牛渡坝铺 在今贵州正安县东南流渡镇。《清一统志·遵义府》“牛角巷铺”条下：又有“牛渡坝铺”等，皆戍守处。

牛隘堡 在今湖南吉首市西南七十里。《方舆纪要》卷81镇溪千户所：牛隘堡“隶辰溪卫，有官兵戍守”。

牛塘 在今江苏常州市武进区西南。《明史·常遇春传》：元末从元帅徐达取常州，“吴兵围达于牛塘，遇春往援，破解之”。《方舆纪要》作“游塘”。

牛塘坝关 明置，在今贵州石阡县西南。《清一统志·石阡府》：牛塘坝关“在府城西南废葛彰司（治今河坝场）境”。

牛塘铺 明置，即今贵州务川仡佬族苗族自治县南牛塘。

牛路河 在今湖南永顺县东南四十里，即灵溪下游。《清一统志·永顺府》：牛路河“自旧司城五六十里至此，又五六十里达王村。激石奔沙，水势奇险。自王村至郡城，陆路必过此。两岸悬崖夹峙，上下约十里，极陡险”。

牛稠山 在今台湾嘉义县境。清乾隆五十二年（1787）十一月，天地会义军与清将福康安战于牛稠山，败绩。

牛满卡伦 亦作纽勒们河喀伦、牛曼河口喀伦。清置，属黑龙江副都统。在今俄罗斯阿穆尔州布列亚河注入黑龙江口西岸。因濒牛满河（今布列亚河）得名。乾隆《钦定盛京通志》卷33：黑龙江有“纽勒们河喀伦”。清西清《黑龙江外纪》卷2：黑龙江副都统所属卡伦，“曰乌鲁苏湾喀伦、毕剌拉河口喀伦、牛曼河口喀伦、孙河口喀伦、讷墨尔河源喀伦、黑龙、混同两江会口喀伦，凡六处”。

牛满河　即纽勒们河。今俄罗斯境之布列亚河。清康熙《平定罗刹方略》卷1：康熙二十二年（1683）十一月，“将军萨布素等奏：牛满河之奇勒尔奚鲁噶奴等杀十余罗刹，携其妻子来归”。

牛溪镇　北宋置，属汶川县。在今四川都江堰市西北三十里龙池镇。

牛群头站　驿站名。又称失八儿秃站。元上都至大都南驿路第四站。故址即今河北沽源县南小厂。明初改称隰宁驿，又名盘谷镇。后废。

牛鼻滩市　即今湖南常德市东四十里沅水北岸牛鼻滩镇。清代有县丞驻此。

牛鼻镇　唐置，在今广东佛山市南海区北。《元和志》卷34南海县：牛鼻镇“在县西北五十里”。

牛鞞井　在今四川简阳市西北绛溪河北岸古城内。《元和志》卷31阳安县“阳明井”条下：“又有牛鞞等四井，公私仰给。”《舆地纪胜》卷145简州：牛鞞井“在州郭内西岸。因牛鞞戍地，因名”。

牛鞞水　①指今四川简阳市一段之沱江。东晋常璩《华阳国志·大同志》：大安中，李雄攻成都，“闰十二月，（罗）尚粮运不继，而被急攻，夜退，由牛鞞水东下，留牙门张罗持城终夜”。《水经·江水注》：洛水“又径犍为牛鞞县，为牛鞞水。昔罗尚乘牛鞞水东征李雄，谓此水也”。

②指今四川简阳市西之绛溪河。《明史·地理志》简州：“东有雁水，即雒水也，绛水自北来合焉。一名赤水。亦曰牛鞞水。”

牛鞞戍　南齐于鞞县置，在今四川简阳市西北石桥镇。《舆地纪胜》卷146简州：牛鞞戍“在州城内西岸。《元和志》：南齐于此置牛鞞戍”。后改为牛鞞县。

牛鞞县　①西汉元鼎二年（前115）置，属犍为郡。治所在今四川简阳市西北石桥镇。东晋永和中改属蜀郡。南朝宋改为鞞县。齐复为牛鞞县。西魏恭帝二年（555）改为阳安县。

②隋大业十二年（616）置，属资阳郡。治所在今四川内江市东北八十里。《元和志》卷31清溪县：牛鞞县“因牛鞞水为名”。唐武德元年（618）属资州，天宝元年（742）改为清溪县。

牛鞞镇　北宋置，属平泉县。即今四川简阳市。《元丰九域志》卷7：平泉县有“牛鞞镇”。

手山　即今辽宁辽阳市西南十五里首山。《辽史·地理志》东京辽阳府：驻跸山“俗称手山。山巅平石之上有掌指之状，泉出其中，取之不竭”。

手窐岭　在今浙江临安市西一百三十八里手窐司村。《方舆纪要》卷90昌化县：手窐岭“在县西九十里手窐岭上，岭甚平坦，旧置巡司于此”。

毛　西周封国。姬姓。在今河南宜阳县东北。《左传》：僖公二十四年（前636），“富辰谏曰：‘管、蔡、郕、霍、鲁、卫、毛……，文之昭也’”。据毛公鼎，西周初叶毛公厝为周王卿士，毛公鼎、毛伯敦盖并出扶风，可知毛公采邑西周时本在陕西扶风，东迁后，始移今河南宜阳县境。

毛卜剌堡　①明置，属兴武守御千户所。在今宁夏盐池县西北高沙窝镇营西村西北角。清属灵州，设把总于此。《方舆纪要》卷62灵州守御千户所：毛卜剌堡“在清水营东南三十五里，又东南三十里即兴武所，亦戍守要地”。

②在今甘肃永昌县西北六十里毛卜剌村。《清一统志·凉州府二》：毛卜剌堡“东至水磨川四十里，北至边墙有暗门”。“毛卜剌”为蒙古语，意为“苦泉”。

毛山县　唐贞观二十三年（649）析潘水县置，属潘州。治所在今广东茂名市东北。《新唐书·地理志》：“毛山县，以毛山为名。”开元二年（714）改为潘水县。

毛夕里　亦作勿斯离、木发里、麻呵斯离。即今伊拉克北部摩苏尔。《元史·地理志·西北地附录》有“毛夕里”。

毛水峪　在今甘肃礼县东北九十里。清乾隆《直隶秦州新志》卷2礼县：毛水峪“其里多回民，畜羊剪毛织褐以治生”。

毛牛山　亦作牦牛山。即今四川冕宁县与西昌市境、雅砻江以东之牦牛山。《明史·李应祥传》：万历中，“五咱据磨旗山挑战。官军夹击，贼退保毛牛山。山延袤六七百里，东大小西番界，（朱）文达兵大破之”。

毛公山　在今安徽庐江县东北。《清一统志·庐州府一》：毛公山“在庐江县东北七十里，与巢县接界。相传汉毛义隐此，上有毛公洞。又北半里为莲花洞，石莲下垂，巧侔追琢”。

毛目县　1913年析高台县置，属甘肃安肃道。治所在毛目城（今甘肃金塔县东北鼎新镇）。1928年改名鼎新县。

毛目城　明置，在今甘肃金塔县东北鼎新镇。《清一统志·肃州》：毛目城“在高台县镇夷城北一百五十里。乾隆元年设县丞驻防，并设把总……（城）周一里。相传皆元时守御，属威远卫”。1913年于此置毛目县。

毛仙山　在今江西萍乡市东二十三里。《舆地纪胜》卷28袁州：毛仙山，“《方舆记》云：昔人行过此山，逢一人遍体有毛，言词聪智，异于凡人，故名”。《方舆纪要》卷87：毛仙山“宋时置毛山驿于山下，为往来通道”。

毛尔盖　即今四川松潘县西上八寨乡。1935年8月，中国工农红军长征经此，中共中央在乡北索花寺（毛儿盖寺院）召开政治局会议，继续批判张国焘右倾机会主义路线，决定红军分左右两路北上抗日，史称“毛尔盖会议”。

毛竹山　在今江西修水县东南一百二十里。《舆地纪胜》卷26隆兴府：毛竹山，“《修水志》云：在分宁县南一百二十里。其山多毛竹，因以得名”。《方舆纪要》卷84南昌府宁州：毛竹山，“《图经》云：此山路塞，宋治平间有金（余）奭者，出家财凿山径至烂泥坪，通奉新道。山周三百余里，高千仞”。

毛州 唐武德五年（622）置，治所在馆陶县（今河北馆陶县）。辖境相当今河北馆陶、临西，山东冠县、临清、堂邑等县市地。贞观元年（627）废。

毛阳镇 北宋置，属费县。在今山东平邑县东北十二里大三阳。明置巡司于此。

毛寿山 在今湖南桂阳县西二十里。《方舆纪要》卷80桂阳州“九鼎山”条下：毛寿山“五代时亦出铅，宋废”。

毛坝市 即今湖南永顺县北毛坝乡。洪宪元年（1916）《最新大中华帝国道县形势全图》：永顺县北有毛坝。

毛坝关 在今陕西紫阳县西南毛坝镇。《清一统志·兴安府二》：毛坝关“在紫阳县西南一百二十里任河旁，与汉中府西乡及四川太平厅接界。今设主簿驻此”。

毛苌宅 又名毛精垒。在今河北河间市北三十里诗经村乡。《寰宇记》卷66瀛州河间县：“毛苌宅，郡人，汉时为博士。今郡有宅冢俱存，今号其处为毛精垒。”

毛良苦站 又作毛连苦。元置，在今朝鲜咸兴北道镜城。元《析津志》天下站名：“蓬苦百三十（里）毛连苦（站）。”后废。

毛坪场 即今四川峨边彝族自治县东北毛坪镇。民国《峨边县志》卷2：毛坪场“在县东北一百二十里”。产沙金。

毛坦厂镇 即今安徽六安市东南毛坦厂镇。清同治《六安州志》卷5：茅坦厂在“州南一百里”。

毛岭峒 元初置，属四川南道宣慰司。治所在今湖北宣恩县南。至正十五年（1355）置宣化镇南五路军民府。

毛岱 又作毛代。即今内蒙古土默特右旗东南毛岱。清咸丰《古丰识略》卷10关津：毛岱渡口“在湖滩河朔西北。距城二百四十里”。“毛岱”，即蒙古语“毛都太”，意为有树。

毛怜卫 明永乐三年（1405）置，属奴儿干都司。在今吉林汪清县嘎呀河以东地区。后废。

毛河 在今河北沧州市西南。《新唐书·地理志》景州南皮县：“古毛河自临津经县入清池，开元十年开。”

毛宗镇 北宋置，属确山县。在今河南确山县东南三十里。

毛城 ①在今河北武安市西。《三国志·魏书·武帝纪》：建安九年（204），“攻邺，为土山、地道。武安长尹楷屯毛城，通上党粮道”。即此。

②在今河南新蔡县西。《资治通鉴》：南朝梁大通二年（528），“改魏郢州为北司州，以（夏侯）夔为刺史兼督司州。夔进攻毛城，逼新蔡”。

毛城集 在今安徽砀山县东南。《清一统志·徐州府二》：“毛城集在砀山县东三十里。”

毛革阿根寨 在今四川松潘县西上八寨乡西南阿俄村。清雍正四年（1726）置毛革阿根寨土千户。

毛俊镇 即今湖南蓝山县东二十里毛俊镇。明置巡司于此。《清一统志·桂阳州》：毛俊镇“镇东南有大水源汛堡，西南有浆洞汛堡地，近广东连州，瑶人出入，皆由两汛，而毛俊实两汛总口。有千总一员驻防”。

毛洞 在今贵州黎平县西。《明史·陈璘传》：“有吴国佐者，洪州司特峒寨苗也。”万历二十九年（1601），“游击宋大斌攻破特峒，焚之。国佐逃天浦四十八寨，复入古州毛洞，追获之”。

毛桥 在今江西乐平市东。《方舆纪要》卷85乐平县：毛桥“在县东十里”。

毛浴镇 即今四川通江县东北毛浴乡。清嘉庆《四川通志》卷27通江县：毛浴镇“在县东二十里。国朝康熙二年设守备，又有巡查公署”。1933年川陕革命根据地在此置赤江县。

毛家口 即今湖北监利县东北毛市镇。明置巡司于此。

毛家市 又名双桥镇。即今江苏太仓市北新毛镇。清光绪《江苏全省舆图》太仓州：“毛家市在城北十三里。”

毛家铺 即今贵州绥阳县东北旺草镇北茅家铺。《清一统志·遵义府》：“中堡铺”条下：又有“毛家铺”等，皆戍守处。

毛家集 ①即今江苏泗阳县西毛集。清乾隆《重修桃源县志》卷1《集镇》有毛家集。

②即今河南桐柏县东北六十四里毛集镇。明成化十二年（1476）移桐柏镇巡司于此。

毛堌堆集 即今河南商丘市西南毛堌堆乡。明嘉靖《归德州志》卷1《村镇》：“毛堌堆集，州西南三十里。”

毛鸿宾堡 北魏将毛鸿宾筑，在今陕西铜川市耀州区西南。

毛密水 即今俄罗斯滨海边疆区西北兴凯湖南们河。《金史·斡赛传》：穆宗时，“纳根涅虽伏而不肯偿所取，因遁去。治诃等不欲追，斡赛督军而进，至把忽岭西毛密水，及之，大破其众”。清作毛尔毕河。

毛巅岭 在今浙江奉化市西六十里。宋《宝庆四明志》卷14奉化县：毛巅岭“崎岖涧谷，行者限阻，宋绍兴初，有毛居士者凿岩，以便民旅往来”。

壬水 即今陕西紫阳，四川万源、重庆市城口等县市境之任河。《元丰九城志》卷1：金州石泉县有壬水。

壬田镇 即今江西瑞金市东北三十里壬田镇。明嘉靖《赣州府志》卷5瑞金县：东北有壬田墟。清同治《江西全省舆图》卷10：瑞金县北有壬田寨墟。

壬庄卡 在今广西靖西县南六十里壬庄乡。清光绪《广西舆地全图》归顺州图：南有壬庄墟。有外委戍守。

升（昇）山 ①即欧余山。在今浙江湖州市东二十二里。《寰宇记》卷94乌程县：升山，吴均《入东记》云："王羲之为太守，常游践，因升此山。顾谓宾客曰：'百年之后，谁知王逸少与诸卿游此乎?'因有升山之号"。明初常遇春破张士诚升山水寨，即此。

②在今福建建瓯市南二里。《清一统志·建宁府》：升山"一名朗山。以晋司马王朗尝游于此而名。王延政据郡，僭筑郊坛于此"。

③在今福建福州市北十里。《隋书·地理志》：闽县有岱山、飞山。《寰宇记》卷100福州：升山"在州西北十四里。越王勾践时，一夜从会稽飞来西南地，号道士洞。旧名飞山，临海人任敦于此升仙，其迹犹存。天宝六载敕改为升山"。

升乡寨　在今江西井冈山市西北古城。《清一统志·吉安府二》：升乡寨巡司"在永宁县（治今新城乡）西十五里。本名胜业寨。明初置巡司于砻头隘。洪武五年，以地僻，移驻于此。本朝改名升乡"。

升元观　在今山东泰安市泰山岱宗坊西。清聂钕《泰山道里记》："观初名建封院，宋政和八年赐额升元，有敕牒碑。元至元二十二年张志纯重修，改曰朝元，有徐世隆碑。其神祀东华帝君，俗谓之东岳福神。"

升龙　即今越南河内市。安南李陈朝之都。安南吴士连《大越史记全书》卷2：顺天元年宋大中祥符三年（1010），"秋七月，帝（李公蕴）自华闾城徙都于京府大罗城。暂泊城下，黄龙见于御舟，因改其城曰升龙城。……遂于升龙京城之内，起造宫殿"。

升平县　辽开泰二年（1013）置，属大定府。治所当在今内蒙古赤峰市及喀喇沁旗一带。金废。

升平郡　北周置，治所在湖阳县（今河南唐河县南湖阳镇）。辖境相当今河南唐河县等地。隋开皇初废。

升仙太子碑　在今河南偃师市南府店镇缑山上。此处原有升仙观（升仙太子庙）。武周圣历二年（699）二月初四，武则天由东都洛阳赴登封封禅，留宿于此，感兴而撰此文并书丹。现庙亡碑存，碑高6.7米，宽1.55米，厚0.55米，盘龙首龟趺座高1.3米。碑文借述周灵王太子升仙故事，颂扬武周盛世。碑额"升仙太子碑"六字以飞白体书就。笔画中丝露白，碑文三十三行，每行六十六字，行草相间，近章草书体。武则天之书法笔画婉约流畅，意态豪放。碑文上下款和碑阴《游仙篇》杂言诗、题名等分别出自当时书法名家薛稷、钟绍京之手，为书法艺术珍品。2006年定为全国重点文物保护单位。

升（昇）平县　唐天宝十二年（753）析宜君县西北升平等三乡置，属坊州。治所在今陕西宜君县西北三十五里。以乡为名。北宋熙宁元年（1068）废。

升（昇）平社学旧址　在今广东广州市区西北石井镇。社址布局为三路三进的祠堂式建筑。清道光二十一年（1841）三元里平英团抗英斗争胜利后，次年把升平社学改组为联合附近各乡共同反对外国侵略的爱国武装组织。1959年重修旧址。祠内尚存"众志成城"、"气慑鲸鲵"、"义维桑梓"等石匾。

升（昇）平镇　①北宋熙宁元年（1068）废升平县为镇，属宜君县。在今陕西宜君县西北三十五里。

②即今黑龙江省安达市南升平镇。民国熊知白《东北县治纪要》黑龙江肇州县："县属升平镇，距老城基七十里。铁路线安达驿六十里。"

升（昇）仙山　即星宿山。今四川成都市北十里羊子山。明曹学佺《蜀中名胜记》卷3："《成都记》云：城北有升仙山，升仙水出焉。相传三月三日，张伯子道成，得上帝诏，驾赤文於菟，于此上升也。"《方舆纪要》卷67成都府成都县：星宿山"即城北之升仙山矣"。

升（昇）仙桥　亦名升迁桥、驷马桥。战国秦建。在今四川成都市北沙河上。东晋常璩《华阳国志·蜀志》："城北十里有升仙桥，有送客观。司马相如初入长安，题市门曰：不乘赤车驷马，不过汝下也。"《新五代史·庄宗子继笈传》：后唐同光三年（925），魏王继笈伐前蜀，"王衍乘行舆至升仙桥"降。

升（昇）迁县　①西晋改湔氐道置，属汶山郡。治所在今四川松潘县西北。南朝宋废。

②东晋永和八年（352）侨置，属宁蜀郡。治所在今四川双流县境。北周属蜀郡。隋废。

③即升迁县。治所在今四川松潘县西北。《水经·江水注》氐道县："本秦始皇置，后为升迁县也。"

升迁桥　即升仙桥。在今四川成都市北沙河上。《资治通鉴》：唐咸通十一年（870），南诏军攻成都，"官军至城下与蛮战，夺其升迁桥。是夕，蛮自烧攻具遁去"。胡注："升迁桥即升仙桥。秦时李冰所起，旧名七星桥。"

升华府　明永乐十二年（1414）属交趾布政司。治所在黎江县（今越南广南省升平县）。辖境相当今越南广南省及义平省地。宣德二年（1427）以后地入安南。

升州　明永乐十二年（1414）属升华府。治所在黎江县（今越南广南省升平县地）。辖境相当今越南广南省升平、维川、桂山三县地。宣德二年（1427）以后入安南。

升（昇）州　①隋仁寿初改湖州置，治所在湖阳县（今河南唐河县南湖阳镇）。大业初废。

②唐乾元元年（758）改江宁郡置，治所在上元县（今江苏南京市）。辖境相当今江苏南京市及江宁区、句容市和溧水、溧阳等县地。上元二年（761）废，光启三年（887）复置。五代吴武义二年（920）改为金陵府，南唐改为江宁府，北宋开宝八年（975）复为升州，天禧二年（1018）升为江宁府。

升城　在今山东济南市长清区西南。《水经·济水注》："济水又径升城北，城际水湄，故邸阁也。祝阿人孙升将家居之以避时难，因谓之升城焉。"东晋义熙中侨置太原县于此。南朝宋为太原郡治。北魏为东太原郡治。《魏书·慕容白曜传》："并州刺史房崇吉屯升城。"即此。北齐郡、县俱废。

升（昇）原县 北魏永安中置，属建平郡。治所在今山西孝义市境。北齐废。

升（昇）原渠 ①唐因汉、魏成国渠故道改修，在今陕西兴平市南十五里。宋敏求《长安志》卷14兴平县：升原渠"西自武功县流入县界，凡六十里，溉田七千余顷，东流入咸阳……以其升原而流，故名之。唐垂拱初，运岐、陇木。今涸"。

②在今陕西宝鸡市陈仓区东。《新唐书·地理志》虢县："西北有昇原渠，引汧水至咸阳，重拱初运岐、陇水入京城。"咸通三年（862）复开升原渠，引渭水注入，以通长安城。

升麻县 唐武德元年（618）置，属南宁州。治所在今云南寻甸回族彝族自治县境。东晋常璩《华阳国志·南中志》："山出好升麻。"明李时珍《本草纲目》卷13："其叶似麻，其性上升，故名。"该书并引陶弘景曰："旧出宁州者第一。"贞观八年（634）属郎州，开元五年（717）复属南宁州。天宝后废。

夭坝长官司 明置，治所在今贵州丹寨县东北二十里夭坝司。清康熙五十年（1711）废。

长干巷 古建康城巷名。故址在今江苏南京市南中华门外。《文选》卷5左思《吴都赋》："长干延属。"刘渊林注："建业南五里，有山岗，其间平地，吏民杂居，东长干中有大长干、小长干，皆相连。大长干在越城东，小长干在越城西，地有长短，故号大小相干。"江东称山陇间为"干"，故名。《晋书·桓玄传》：元兴中，有童谣："长干巷，巷长干，今年杀郎君，后年斩诸桓。"既而桓玄即死。

长干桥 在今江苏南京市城中华门外。始建于杨吴。明初重修后名聚宝桥，以聚宝门为名。《明一统志》卷6作"长安桥"，曰："在聚宝门内。即古长干桥。吴杨溥城金陵，凿濠引秦淮水绕城，置此桥跨之。"

长山 ①在今辽宁新民市东三十里。明《全辽志》卷1沈阳中卫：长山在"（沈阳）城西北八十里"。

②在今江苏镇江市丹徒区西南二十五里。宋《嘉定镇江志》卷6：长山"山有灵泉，旧传其流与练湖通注，溉民田万顷"。《宋史·河渠志》："丹阳练湖幅员四十里，纳长山诸水。"

③在今安徽霍邱县西。《方舆纪要》卷21霍邱县：长山"在县西八十里。有三山相连，曰南长山、北长山、中长山"。

④又名读书山。在今安徽青阳县东二十里。北宋范仲淹曾读书于此。元萨都剌诗："断云衔雨溪南去，失却长山一半青。"

⑤在今浙江诸暨市西城西乡。宋《嘉泰会稽志》卷9诸暨县：长山"在县西一里。夏侯曾先《地志》云：山高五十余丈，其顶平博，有石室，可坐百人"。

⑥一名金华山。在今浙江金华市北二十里。《隋书·地理志》：东阳郡金华县"有长山"。《寰宇记》卷97婺州金华县：长山"一名金华山"。东汉末置长山县，即取此以为县名。

⑦在今浙江宁波市镇海区南四十里。明洪武初置巡司于此。

⑧在今山东蒙阴县东三十里。《方舆纪要》卷35蒙阴县：长山"其山或起或伏，南北连延凡数十里"。

⑨在今湖北丹江口市西南。《旧五代史·梁书·冯行袭传》：行袭"授均州刺史。州西有长山，当襄、汉、蜀路，群贼屯据，以邀劫贡奉，行袭又破之"。

⑩在今甘肃秦安县南二里。《元丰九域志》卷3秦州：静戎砦有长山堡，以山为名。《清一统志·秦州一》：长山"长八十里，迤逦经杜树坪，止于县之东南，其西连州北之三阳川，亦名三阳山"。

长山八岛行政区 1928年由蓬莱县析出设置，隶山东省及海军部。治南长山岛。辖今山东庙岛群岛诸岛屿。1939年4月为日军侵占，设长山八岛专员办事处，隶烟台市。1945年当地解放后成立长山岛特区，治连城村（今山东长岛县驻地南长山镇北连城村）。1947年10月为国民党军队占领，成立长山八岛设治局。1949年8月二次解放，恢复长山岛特区。

长山口 在今辽宁凌海市西南西长山子、南长山子一带。后金天聪五年（1631），明军阵于长山口，皇太极督兵三万击之。即此。

长山列岛 一名长山群岛。在今辽宁辽东半岛东侧黄海中。包括大长山、小长山、广鹿、獐子、海洋、石城、王家等50余个岛屿，尤以大长山岛为最大，总称长山群岛。清光绪三十一年（1905）日俄战争后，曾被日军强占，1945年日本投降后收回。中华人民共和国成立后置长山县，后改名长海县。

长山县 ①东汉初平三年（192）分乌伤县置，属会稽郡。治所即今浙江金华市。以山得名。三国吴宝鼎元年（266）为东阳郡治。南朝陈为金华郡治。隋开皇九年（589）改名吴宁县。

②隋开皇十八年（598）改武强县置，属齐州。治所在今山东邹平县东长山镇。《太平御览》卷160引《图经》曰："以界内长白山为名。"大业初属齐郡。唐属淄州。元属般阳路。明属济南府。民国初属山东济南道。1928年直属山东省。1956年撤销，并入邹平县。

③唐武德四年（621）置，属婺州。治所在今浙江金华县东北四十里孝顺镇西。武德八年

(625）废。

④唐置，属长州。治所在今越南河南省或太平省境。后废。

⑤1949年4月置，属辽宁省。治所在今辽宁长海县东小长山岛长山乡。1953年改为长海县。1961年迁治大长山岛四块石（今大长山岛镇）。

长山岛 在今山东长岛县。《清一统志·登州府》：长山岛“在蓬莱县北三十里。东西长三十里，若马鬣然。《县志》：凡海道至登州，不得入水城者，必于此驻泊。明时尝命军士屯田”。

长山岛特区（县级） 原为长山八岛行政区，1939年4月为日军侵占，改设长山八岛专员办事处。1945年8月当地解放后成立长山岛特区，治连城村（今山东长岛县驻地南长山镇北连城村）。1947年10月为国民党军队占领。1949年8月二次解放，恢复长山岛特区，仍驻连城村。

长山桥场 即今四川荣县西六十里长山镇。清道光《荣县志》卷10：长山桥场在“县西六十里。……设立关隘，盘查乐山、峨眉两县过道茶引”。

长山堡 北宋置，属秦州静戎砦。在今甘肃秦安县西南。《方舆纪要》卷59秦州秦安县：长山堡，“宋置，以近长山而名”。

长山寨 ①五代南唐置，在今湖北通城县南。《资治通鉴》：五代周显德三年（956），“王逵奏拔鄂州长山寨”。胡注：“长山在鄂州南界。唐立寨，以备潭、朗。”

②在今浙江宁波市东北仑区大碶镇芦山。《方舆纪要》卷92宁波府定海县：长山寨“旧为海内东寨。明朝洪武初徙长山盐场之右，曰长山巡司，二十七年徙今所。嘉靖中废”。

长川古墓群 在今吉林集安市东北青石镇长川村。旧称长川壁画墓。现存古墓葬一百零五座，分积石墓、有坛积石墓、阶坛积石墓和封土石室墓等类型。已发掘的长川1号、2号、4号墓为封土石室墓。由墓道、前室（耳室）、甬道和墓室几部分组成。墓室内均有彩绘壁画，内容包括狩猎、百戏、歌舞、鼓乐天人、日月星辰、佛像、墓主人礼佛画面，还有莲花及缠枝忍冬花纹等与佛教有关的内容，布局严谨，图案华美。出土的遗物有铁器、鎏金器、陶器和织锦残片等。其中鎏金器制作精美，显示出墓主人有较高的身份地位。长川古墓群为一处数量较多、类型丰富的高句丽墓地，是研究高句丽政治、文化、艺术、宗教及埋葬习俗的重要资料，具有较高的历史、文化价值。2001年定为全国重点文物，归入洞石沟古墓群保护单位。

长川县 隋开皇十八年（598）改安阳县置，属纪州。治所在今甘肃秦安县北安伏乡。大业初属陇西郡。唐贞观三年（629）省入陇城县。

长川城 北魏建，在今内蒙古兴和县西北。长川是北魏先世居地之一，位于石漠（今内蒙古兴和西）东北，濡源（今滦河源）之西，北魏前期诸帝常巡幸其地。《魏书·太宗纪》：泰常八年（423），“筑长城于长川之南，起自赤城，西至五原，延袤二千余里，备置戍卫”。同书《世祖纪》：始光三年（426），“筑马射台于长川，帝亲登台观走马，王公、诸国君长驰射”。《水经·㶟水注》：于延水“出塞外柔玄镇西，长川城南小山，……东南流径且如县故城南”。于延水即今后河东洋河。

长勺（长 cháng） 春秋鲁地。在今山东莱芜市东北。《春秋》：庄公十年（前684），“公败齐师于长勺”。即此。据《左传·定公四年》载：周武王时，“分鲁公以……殷民六族，条氏、徐氏、萧氏、索氏、长勺氏、尾勺氏，使帅其宗氏，辑其分族，将其丑类，以法则周公。用即命于周”。长勺因长勺氏为名。

长广县 西汉置，属琅邪郡。治所在今山东莱阳市东五十里。东汉属东莱郡。晋属长广郡。《晋书·王弥传》：惠帝末，“刘柏根起于东莱之惤县，弥率家僮从之，柏根以为长史。柏根死，聚徒海渚，为苟纯所败，亡入长广山为群贼”。北齐天保七年（556）移治今山东平度市。隋仁寿元年（601）改名胶水县。

长广郡 东汉建安初置，治所在长广县（今山东莱阳市东五十里）。旋废。西晋咸宁三年（277）复置，属青州。治所在不其县（今山东青岛市北）。辖境相当今山东青岛、莱阳、莱西、即墨诸市及海阳县地。北魏移治胶东城（今山东平度市）。北齐移治黄县（今山东龙口市东城关镇）。隋开皇初废。

长广溪 在今江苏无锡市南十八里。《方舆纪要》卷25常州府无锡县：长广溪，“《志》云，溪源出历山，南流分为二派，俱合于梁溪，一出吴塘门，一出独山门，皆入太湖”。

长门川 在今青海乐都县西。《水经·河水注》：湟水“又东，吐那孤、长门两川，南流入湟水”。清康熙《碾伯所志》：长门川“在所治西，流入湟水”。

长门宫 在今陕西西安市东北，汉长安故城东南。《汉书·东方朔传》：窦太主献长门园，武帝大说，“更名窦太主园为长门宫”。又《外戚传》：武帝使有司赐（陈）皇后策曰：“皇后失序，惑于巫祝，不可以承天命。其上玺绶，罢退居长门宫。”即此。

长门镇 在今福建连江县东南闽江口北岸长门，为江口要塞。清代设长门汛。

长子（长 zhǎng） 春秋时晋邑，在今山西长子县西南八里。《左传》：襄公十八年（前555），“晋人执卫行人石买于长子”。即此。

长子县（长 zhǎng） 春秋晋置，战国时入秦，为上党郡治。治所在今山西长子县西南八里。东汉属上党郡。北魏移治今长治县东北十五里西故县。北齐废。

长乡县 西晋置，属范阳国。治所在今河北涿州市东五十里长安城。北魏改名苌乡县。《水经·圣水注》："《地理风俗记》曰：涿县东五十里有阳乡亭，后分为县，王莽时更名章武，即长乡县也。"

长丰（豐）县 ①唐开元十年（722）改利丰县置，属莫州。治所即今河北任丘市东北五十里长丰镇。《寰宇记》卷66长丰县："以县北有长丰渠，遂改名曰长丰。"北宋熙宁六年（1073）废入任丘县。

②一作常丰县。北宋乾德三年（965）置，治所在今湖南长沙县东一百里上杉市。开宝中废入长沙县。《宋史·地理志》作"长丰县"。

长丰（豐）泊 在今河南浚县西。《明一统志》卷4大名府：长丰泊"在浚县西二十里。按《地理志》，天下水名泊者有二：一曰梁山泊，二曰长丰泊。今为牧马地。然常为水占，不得用"。《清一统志·卫辉府一》：长丰泊"即宋李垂所谓牧马陂，古河道所经也。……《县志》：即白祀、同山二陂所汇。明嘉靖中疏浚，延袤九十里"。

长丰（豐）渠 在今河北河间、任丘二市东。《新唐书·地理志》河间县："西北百里有长丰渠，（贞观）二十一年刺史朱潭开。又西南五里有长丰渠，开元二十五年，刺史卢晖自束城、平舒引滹沱东入淇通漕，溉田四五百顷。"

长丰（豐）镇 北宋熙宁六年（1073）改长丰县置，属任丘县。即今河北任丘市东五十里长丰镇。

长冈 在今河北高邑县西。《方舆纪要》卷14高邑县：长冈在"县西二十五里。冈峦耸秀，环抱村疃间，周十余里，中有兔儿坡，甚宽广"。

长冈乡 即今江西兴国县北长冈乡。1933年冬，毛泽东在此进行农村调查，写下《长冈乡调查报告》。在1934年2月召开的中华苏维埃共和国第二次代表大会上，表彰为模范乡，并印发了调查报告，对根据地的建设起到了积极作用。

长冈店 即今湖北随州市西南长岗镇。《清一统志·德安府》：长冈店"在随州东（西）南"。民国《湖北通志》卷33随州：长冈店在"州西南百十里"。

长冈郡 北周保定二年（562）改淯阳郡置，治所即今陕西旬阳县东北蜀河镇。三年（563）废。

长冈埭 在今江苏丹阳市西南。即破冈渎中七埭之一。《梁书·丘仲孚传》：南齐永泰元年（498），王敬则过武进陵口，曲阿令丘仲孚"谓吏民曰：'贼乘胜虽锐，而乌合易离。今若收船舰，凿长冈埭，泻渎水以阻其路，得留数日，台军必至，如此则大事济矣。'敬则军至，值渎涸，果顿兵不得进，遂败散"。《资治通鉴》卷141胡三省注："长冈在曲阿县界，今谓之上、下夹埛，埭即今之上金斗门。"

长冈墟 ①即今广东广州市花都区北长冈圩。清光绪《广州府志》卷69墟市：花县有"长冈墟"。

②即今广东封开县东南长冈镇。清光绪《广东舆地全图》：封川县东南有长冈墟。

长水 ①浙江嘉兴的别称。因秦时曾于此置长水县而得名。

②又名荆谷水。在今陕西蓝田县西北，西北流入长安县入浐水。北魏以来讹为浐水。《水经·渭水注》：长水"出杜县白鹿原，其水西北流谓之荆溪，又西北左合狗枷川水。……乱流注于霸"。宋敏求《长安志》卷11："荆谷水，一名荆溪。来自蓝田县白鹿原，东流至康村，入万年县界，西流二十里出谷至平川，合库谷、采谷、石门水为荆谷水。……号浐水。下流二十五里合灞水。"《两京道里记》："荆溪本名长水，后秦姚兴避讳改焉。"

长水县 ①秦始皇三十五年（前212）置，属会稽郡。治所在今浙江桐乡市东北二十里。《水经·沔水注》引《神异传》曰："由卷县，秦时长水县也。"秦始皇三十七年（前210）改名由拳县。谭其骧先生《长水集》即取义于此。

②隋义宁元年（617）改长渊县置，属弘农郡。治所在今河南洛宁县西四十一里长水乡。唐属河南府。金属嵩州。元废。

长水海子 又名插汉脑儿，汉译白海子。又作库尔查干诺尔。即今内蒙古阿巴嘎旗南查干淖尔镇。明《蓟镇边防》："插汉脑儿即白海子，在宣府大青山后，宣边相去尚有六百余里。此处原有长水海子、苦水海子二处，夷人因长水海子四望平沙，遂名插汉脑儿。"隆庆二年十一月宣府总兵马芳袭击蒙古兵于长水海子（见《明穆宗实录》卷26），即此。

长水塘 在今浙江嘉兴市南。《方舆纪要》卷91嘉兴府：长水塘在"府南六里。长五十余里。县旧名长水以此"。水源自海宁硖石诸山，东北流入嘉兴，至城南汇为鸳鸯湖。

长水镇 即今河南洛宁县西四十一里洛水北岸长水乡。隋置长水县于此。

长化县 南齐置，属广熙郡。治所在今广东罗定市境。隋废。

长风山 在今湖北武穴市西北。《水经·江水注》："江水又左径长风山南，得长风口，江浦也。"《清一统志·黄州府一》：长风山，"《县志》：当夤山下，近南一带左翼山是也"。

长风县 ①南朝宋元嘉二十五年（448）置，属西阳郡。治所在今湖北麻城市西北。后废。

②唐武德四年（621）置，属晏州。治所在今广西象州县东。贞观十二年（638）属象州。大历十一年（776）废。

长风沙 在今安徽安庆市东北长风乡。《寰宇记》卷125怀宁县："长风沙在县东一百九十里。置在江界，以防寇盗。元和四年入图经。李白《长干行》云：'相迎不道远，直至长风沙'。即此是也。"

长风沙镇 北宋置，属怀宁县。即今安徽安庆市东北五十里长风乡。唐李白《长干行》诗"相迎不道远，直至长风沙"指此。明、清于此置巡司。

长风城 ①在今河南潢川县西南。《魏书·世宗纪》：景明元年（500），“东豫州刺史田益宗破宝卷将吴子阳、邓元起于长风”。即此。《资治通鉴》：南齐永元二年（500），“军主吴子阳等出三关侵魏，九月，与魏东豫州刺史田益宗战于长风城”。胡三省注：“长风城在阴山关南，阴山关在弋阳县界。宋文帝元嘉二十五年，以豫部蛮民立十八县，长风其一也，属西阳郡。”

②在今湖北麻城市西北。《魏书·田益宗传》：景明初，“益宗遣光城太守梅兴之步骑四千，进至阴山关南八十余里，据长风城，逆击子阳，大破之”。即此。

长风港 在今安徽安庆市东北长风乡。《方舆纪要》卷26安庆府怀宁县：长风港“其上流为莲湖，湖汇大龙山溪涧水及江水支流而成。一名段塘。中多莲，引流为长风港，达桐城县之枞阳河入大江”。

长乌寨 北宋置，属清湘县。在今广西全州县东北六十里、湘江西岸长乌村。

长石县 南齐置，属临漳郡。治所在今广西浦北县境。梁、陈时废。

长龙 即今江西崇义县东南四十五里长龙镇。明、清置巡司于此。

长平 ①战国赵地，在今山西高平市西北二十里王报村。《史记·秦本纪》：昭襄王四十七年（前260），使武安君白起击赵，“大破赵于长平，四十余万尽杀之”，即此。

②战国魏地，在今河南西华县东北。《史记·秦始皇本纪》：五年（前242），蒙骜攻魏，拔长平，即此。其时应已置为县。

长平关 ①隋置，在今山西高平市西北四十里。《新唐书·地理志》：高平县北有长平关。《元和志》卷15泽州高平县：“长平关，在县北五十一里。”

②在今广西贵港市南。《方舆纪要》卷108贵县：长平关“在县城南。《志》云：县城外有东宁、西镇、北靖三关，环城为卫”。

长平阪 古代从咸阳通往甘泉宫道上的坡道。唐代称眭城阪。在今陕西咸阳市渭城区东北底张镇眭村与泾阳县高庄镇修石渡村北的泾河渡口之间。《汉书·宣帝纪》：甘露三年（51），“匈奴呼韩邪单于稽侯狦来朝，……使有司道单于先行就邸长安，宿长平。上自甘泉宿池阳宫。上登长平阪，诏单于毋谒。其左右当户之群皆列观，蛮夷君长侯迎者数万人，夹道陈”。即此。

长平观 在今陕西咸阳市渭城区东北底张镇眭村。《汉书·宣帝纪》：甘露三年（51），“匈奴呼韩邪单于稽侯狦来朝，……使有司道单于先行就邸长安，宿长平。上自甘泉宿池阳宫。上登长平阪，诏单于毋谒。其左右当户之群皆列观，蛮夷君长侯迎者数万人，夹道陈。上登渭桥，咸称万岁”。颜师古注：“如淳曰：‘阪名也，在池阳南。上原之阪有长平观，去长安五十里。’师古曰：‘泾水之南原，即今所谓眭城阪也。’”

长平县 ①战国魏置，后入秦，属陈郡。治所在今河南西华县东北十八里。出土秦封泥中有“长平丞印”可证。西汉属汝南郡。东汉属陈国。西晋初废。永康元年（300）复置，属颍川郡。南朝宋属陈郡。北魏太平真君七年（446）废。后复置。北齐废。

②南朝梁侨置，为北陈郡治。治所在今安徽寿县境内。隋开皇初废。

③北魏置，属汝南郡。治所在今河南息县境。北齐废。

④北齐改西华县置，属陈郡。治所在今河南西华县东北。隋开皇十八年（598）改为鸿沟县。

⑤即苌平县。在今河南济源市西五十八里王屋镇。《隋书·地理志》：河内郡王屋县“旧曰长平”。即此。

⑥五代梁开平中改永定县置，属相州。治所在今河南安阳县东四十里。后唐同光初复改为永定县。

长平驿 在今福建武夷山市南。《方舆纪要》卷97崇安县：长平驿“在县治南。水驿也。元置崇安驿，明初改今名。崇安递运所亦置于此”。

长平城 战国赵地。在今山西高平市西北二十里。《史记·秦本纪》：秦昭襄王四十七年（前260），“秦使武安君白起击，大破赵于长平，四十余万尽杀之”。北魏高平县治此。北齐移治泫氏，此城遂废。

长平郡 ①北魏永安中置，属建州。治所在玄氏县（今山西高平市）。辖境相当今山西高平市地。北齐废。

②隋大业初改泽州复置，治所在丹川县（今山西晋城市泽州县东北高都镇）。辖境相当今山西晋城、高平二市及沁水、陵川、阳城等县地。唐武德元年（618）废。

长平馆 在今陕西咸阳市渭城区东北底张镇眭村。《资治通鉴》：新莽天凤三年（16），“戊辰，长平馆西岸崩，壅泾水不流，毁而北行”。胡注：“长平馆，即长平观，在泾水之南原。泾水东南流入渭，为岸所壅，故毁而北行。”

长平堡 在今四川茂县北。《清一统志·茂州》：长平堡“在州北六十里。明初置安抚司，设同知于此。辖凿溪、章贡等寨，后废。改置长平堡。今为松潘叠溪要路”。

长平墟隘 在今福建明溪县东北。《方舆纪要》卷98归化县：“长平墟隘在县东北四十里。路出邵武府之泰宁县及将乐县。”

长平镇 北宋置，属阴平县。在今四川江油市东北文胜乡（长坪场）。

长卢山 在今福建平和县北。《方舆纪要》卷99平和县：长卢山在“县北十里。县之主山也”。

长生观 在今四川都江堰市西南二十里。《方舆胜览》卷55永康军：长生观“旧名碧落观。在青城县北二十里。昔有范寂字无为，刘先主时栖止青城山中，以修炼为事，先主征之不起，就封为逍遥公，得长生久视之道，刘禅易其宅为长生观”。南宋陆游《长生观观月》诗云：“碧天万里月正中，清夜弭节长生宫。”

长生岛 一名长兴岛。即今辽宁瓦房店市西南，复州河口外长兴岛。《明史·地理志》复州卫：“西南有长生岛。”《清一统志·奉天府一》：长生岛“在宁海县（今大连市金州区）西北五十里。一名长兴岛，上有塔”。

长丘 春秋宋邑。在今河南封丘县西南。《左传》：文公十一年（前616），鄋瞒伐宋，“以败狄于长丘”。杜注：“长丘，宋地。”

长白山 ①古名不咸山、太白山、徒太山、从太山、白山、太皇山。广义指今辽、吉、黑三省东部和中朝东北部山地的总称，东北—西南走向，包括完达山、穆棱窝集岭、老爷岭、张广才岭、吉林哈达岭、老岭等；狭义指今吉林东南部安图、抚松和长白朝鲜族自治县三县间，并与朝鲜相邻之长白山。主峰白头山，海拔2700米。《金史·地理志》上京路：“其山有长白。”大定十二年（1172）封山神为王，《金史·礼志八》：“有司言：‘长白山在兴王之地，礼合尊崇、议封爵、建庙宇。’十二月，礼部、太常、学士院奏奉敕旨封兴国应灵王，即其山北地建庙宇。”明昌四年（1193）复册为开天弘圣帝。《明一统志》卷25辽东都司：长白山“在三万卫东北千余里，横亘千里。其颠有潭，周八十里，渊深莫测，南流为鸭绿江，北流为混同江”。今长白山为吉林著名的旅游风景、自然保护区。

②即今山东邹平县西南会仙山。以山中云气长白，故名。隋大业七年（611）王薄起义，以此为根据地。《隋书·周法尚传》：“齐郡人王薄、孟让等举兵为盗，众十余万，保长白山。”

长白山天池 又称白头山天池。在今吉林省东南、中国和朝鲜两国边界上。系中朝两国界湖。坐落在长白山主峰白头山顶部，为火山口湖。《长白山冈志略》：“天池在长白山巅，为中心点，群峰环抱，离地高约二十余里，故名为天池。”面积9.8平方公里。湖面海拔2194米，最深达312.7米。为典型的高山湖泊。

长白山国 金源部落之遗。分布在今吉林东南部长白山地区。主要有讷殷、鸭绿二部。明季为满洲所并。《清史稿·太祖本纪》：癸巳（1593）九月，叶赫“乃纠约扈伦三部乌拉、哈达、辉发，蒙古三部科尔沁、锡伯、卦尔察，长白二部讷殷、朱舍里，凡九部之兵三万来犯。……冬十月，遣兵征朱舍里路，执其路长舒楞格，遣额亦都等攻讷殷路，斩其路长搜稳塞克什，以二路之助敌也”。

长白县 ①唐武德元年（618）置，属淄州。治所在今山东淄博市淄川区罗村镇。六年废。

②1913年改长白府置，属奉天东边道。治所即今吉林长白朝鲜族自治县。1929年直属辽宁省。1934年属安东省。1940年属通化省。1945年属安东省。1949年属辽东省。1954年属吉林省。1958年改为长白朝鲜族自治县。

长白府 清光绪三十三年（1907）置，属奉天省。治所在塔甸（今吉林长白朝鲜族自治县）。长白山为名。辖境相当今吉林长白朝鲜族自治县及安图、抚松县地。1913年改为长白县。

长白铁路 又名长洮铁路。原拟从长春至洮南（今洮安），后改为从长春至洮安（今白城市）。全长332.6公里。日伪于1934—1935年修筑。1946年拆除长春至前郭旗一段长148.5公里。

长乐山 ①在今福建福州市东。《寰宇记》卷100福州：长乐山“在州东六里。越时有神仙骑马来此，因名白马山。天宝六载敕改为长乐山”。

②在今四川遂宁市西三里。《明一统志》卷71潼川州：长乐山“在遂宁县西。形如蟠龙，顶平如砥”。

③即今宁夏同心县东北罗山。《元和志》卷4灵州回乐县：长乐山“旧名达乐山，亦曰铎洛山，以山下有铎洛泉水，故名。旧吐谷浑部落所居，今吐蕃置兵守之”。《寰宇记》卷36废鸣沙县：长乐山，“按《十道记》云：安乐州在灵武南稍东一百八十里，近长乐山”。

长乐山口 一称山口镇。在今湖南汝城县南四十里。明置巡司于此。

长乐千户所 明洪武二十四年（1391）置，属惠州卫。治所在长乐县（今广东五华县西北华城镇）。清废。

长乐乡寨 在今浙江嵊州市西南。宋高似孙《剡录》卷1：长乐乡寨“在县西南五十里，宣和三年知越州刘述古奏置”。明初废。

长乐水 在今江西德兴市南。《清一统志·饶州府一》：长乐水“在德兴县南四十里。源出大茅山。西流合上饶桐川水，又西流为长乐水，又西至乐平县明口，会大溪为乐安江”。

长乐公主墓 为唐太宗第五女李丽质之墓。在今陕西礼泉县东北烟霞乡陵光村。李丽质为长孙皇后所生。贞观十七年（643）暴亡，时年二十三岁。陪葬昭陵。1986年发掘该墓，出土了一批精美壁画，如“铠甲仪卫图”、“群侍图”和“给使图”等，对研究唐前期历史及艺术有重要价值。

长乐寺 ①故址在今江苏南京市内古台城南。《陈书·高祖纪》：南朝梁绍泰二年（556）：“齐兵自方山进及儿塘，游骑至台……天子总羽林禁兵，顿于长乐寺。”即此。

②一名牛头寺、永福寺。在今四川三台县西牛头山下。《寰宇记》卷82郪县：牛头山“下有长乐寺，楼阁烟花。为一方之胜概”。

长乐关 即长台关。在今河南信阳市北五十一里。

长乐村 在今浙江兰溪市西四十里诸葛镇西北。村内居民以金、叶两姓为主，金姓是宋元时著名学者金履祥的后裔。明清时，长乐村科甲不断，成为兰溪望族，陆续建造了许多规模宏大的祠堂和住宅。现仍保存几十处明清建筑，其中包括大宗祠、象贤厅等祠堂，望云楼、金海土等住宅，以及牌坊、过街亭、骑楼等各种类型的建筑，都是珍贵历史文化遗产。1996年与诸葛镇民居一起被定为全国重点文物保护单位。

长乐县　①三国魏置，属魏郡。治所在今河南安阳县东四十里。北齐废。隋开皇十年（590）复置，属相州。十八年（598）改为尧城县。

②东晋置，为晋昌郡治。治所在王水口（今陕西西乡县东古城子）。北魏延昌三年（514）改为永乐县。

③南朝宋侨置，属勃海郡。治所在今山东高青县东南高城镇西北二里。北齐移治被阳城（今高青县东南高城镇）。隋开皇十八年（598）改会城县。

④北魏武泰元年（528）析凉城县置，属东郡。治所在今河南滑县东。北齐废。

⑤隋开皇初置，属冀州。治所即今河北冀州市。大业初为信都郡治。唐改名信都县。

⑥唐武德六年（623）改新宁县置，属泉州。治所即今福建长乐市南古槐镇。上元元年（760）移今治。《元和志》卷29福州：长乐县“以长安乐为名”。元和三年（808）废，五年（810）复置，属福州。五代梁乾化元年（911）王闽改曰安昌县，后唐同光初复名长乐县。闽永隆三年（后晋天福六年，941）又改为安昌县，后复名长乐县。宋属福州。元属福州路。明、清属福州府。1913年属福建东路道。1914年属闽海道。1928年直属福建省。1994年改设长乐市。明宣德六年（1431），郑和第七次下西洋时立《天妃灵应之记》碑于此。

⑦唐乾元后改安乐县置，属临州。治所即今甘肃康乐县。宝应初地入吐蕃。

⑧五代闽龙启元年（后唐长兴四年，933）改闽县置，为长乐府治。治所即今福建福州市。永和元年（后唐清泰二年，935）复为闽县。永隆三年（后晋天福六年，941）又改为长乐县，四年复为闽县。

⑨北宋熙宁四年（1071）升长乐镇置，属循州。治所在今广东五华县西北华城镇东北二里。南宋绍兴六年（1136）废为长乐镇。十九年（1149）复改置长乐县，治所在今五华县北琴江之北。元世祖至元二十九年（1292）复还旧治（今华城镇东北）。明洪武初徙治今华城镇，属惠州府。清雍正十一年（1733）改属嘉应州。1914年改为五华县。

⑩辽太祖时置，为饶州治。治所在今内蒙古林西县南一百二十里双井店乡黄土坑村古城。《辽史·地理志》长乐县：“本辽城县名。太祖伐渤海，迁其民，建县居之。”金废。

⑪清雍正十三年（1735）置，属宜昌府。治所即今湖北五峰土家族自治县。1914年改为五峰县。

长乐坡　一作长乐陂。在今陕西西安市东北。《元和志》卷1万年县：长乐坡“在县东北十二里。即浐川之西岸，旧名浐坂，隋文帝恶其名，改曰长乐坡”。《资治通鉴》：唐天宝十三年（754），“禄山之发长安也，上令高力士饯之长乐坡”。即此。

长乐国　西晋太康五年（284）改安平国置，治所在信都县（今河北冀州市）。辖境相当今河北冀州、武邑、枣强、新河、南宫、广宗等县市地。北魏改为长乐郡。

长乐府　五代闽龙启元年（后唐长兴四年，933）改福州置，治所在长乐县（后改闽县，今福建福州市）。后汉乾祐元年（948）复为福州。

长乐河　在今四川宣汉县南。《方舆纪要》卷69东乡县：长乐河“在县南。其源为白龙、赤甲二泉，会而为河，下流达于渠江”。

长乐驿　唐圣历元年（698）置，在今陕西西安市东十五里长乐坡下。后废。

长乐洞　即荆山洞。今安徽广德县东北七十里太极洞。《方舆纪要》卷29广德州：五花岩山“其相近者曰长乐洞，广数丈，深不可测”。《清一统志·广德州》：“《州志》：有大洞在州北六十里，一名长乐洞。洞口如厦屋四五间，可容千人。一径斜入，有石燕群飞，乳泉滴沥，神人佛像，棋盘钟磬之属，皆白石天成。岸下有潭，深不可测，相传与太湖相通，即荆山洞也。”

长乐宫　在今陕西西安市西北十五里、汉长安城东隅。本秦之兴乐宫。西汉高祖五年（前202）重加扩建，改名长乐宫。由前殿、临华、长信、宣德、温室等十四个宫殿组成，周回二十里。七年（前200）宫成，自栎阳迁都长安居此。

长乐郡　①北魏改长乐国置，属冀州。治所在信都县（今河北冀州市）。辖境相当今河北冀州、枣强、新河、南宫、武邑等县市地。隋开皇三年（583）废。

②唐天宝元年（742）改福州置，治所在闽县（今福建福州市）。辖境相当今福建大田、尤溪以东的闽江流域和古田、屏南、福安、福鼎等市县以东地区。乾元元年（758）复为福州。

长乐桥　又名长乐渡。故址在今江苏南京市区南镇淮桥东。宋《景定建康志》卷16：长乐桥“唐秦淮上有长乐桥，又曰长乐渡，在江宁县东南六里。今桐林湾是其地，隶长乐坊”。

长乐堰　在今湖北阳新县北五十里。《新唐书·地理志》：永兴县“北有长乐堰，贞元十三年筑”。

长乐集　即今安徽肥东县撮镇南长乐集。清光绪《续修庐州府志》卷3：长乐集“（距城）六十里”。

长乐镇　①北宋置，属南充县。在今四川南充市东九十里长乐镇。

②北宋置，属兴宁县。在今广东五华县西北华城镇东北二里。熙宁四年（1071）升为长乐县。

③北宋置，属定远县。在今安徽定远县东六十里。

④明置，属解州。在今山西运城市西南二十里长乐村。洪武八年（1375）置巡司于此，后移中村。

⑤明置，属嵊县。即今浙江嵊州市西南长乐镇。

⑥即今湖南汨罗市东四十里长乐镇。南朝梁时岳阳郡、县曾治此。

⑦在今江苏涟水县东北一百里。明置巡司于此。

⑧在今江苏海门市东北。《清一统志·海门厅》：关帝庙"在厅治东长乐镇"。

长汀 即今黑龙江海林市西南长汀镇。为中东铁路海林支线终点站。

长汀村 即今福建上杭县北九洲。唐开元二十四年（736）始置汀州及长汀县，尝为州、县治。旋徙治东坊口（今长汀县东北东街），又迁白石村（即今长汀县治）。

长汀县 唐开元二十四年（736）置，为汀州治。治所在长汀村（今福建上杭县北十里九洲）。旋迁东坊口（今长汀县东北五里东街）。至大历四年（769）移治白石村（即今长汀县治）。《元和志》卷29汀州："因长汀溪以为名。"元为汀州路治。明、清为汀州府治。1913年属福建西路道。1914年属汀漳道。1928年直属福建省。唐宋时地产铜铁，宋季并置有锡场、银务、铁务于此。

长汀革命旧址 在今福建长汀县。是第二次国内革命战争时期中央革命根据地的重要组成部分。1929年3月至1933年11月间，中国工农红军第四军以及毛泽东、朱德、周恩来、陈毅等曾先后到闽西长汀从事革命活动，创建了长汀红色区域。长汀革命旧址主要包括1932年3月成立的福建省苏维埃政府旧址试院，1929年3月红军入闽西建立的长汀县革命委员会旧址云骧阁以及红军福音医院、毛泽东住地辛耕别墅、中华基督教堂等。1988年定为全国重点文物保护单位。

长汀溪 即汀水。今福建汀江。

长宁山 又名长平山、照山、峨头岭。即今四川剑阁县（下寺镇）南鹤龄镇与苍溪县交界处之长林山。《方舆纪要》卷68昭化县：长宁山在"县西南九十里。上平下险，其上有池，清澈不竭。宋王智于此筑城据守，后王昭因其遗址立寨，驻兵保障"。《元史·宪宗纪》：八年（1258）十月，"庚子，围长宁山，守将王佐、裨将徐昕等率兵出战，败之"。即此。

长宁千户所 明洪武初置，属湖广都司。治所在今湖北秭归县西北归州镇南。后废。

长宁川 即今青海西宁市大通回族土族自治县境北川河。源出大通回族土族自治县西北部达阪山南麓，东南流至西宁市西北入湟河。《水经·河水注》：长宁川"水出松山，东南流径晋昌城，晋昌水注之。长宁水又东南，养女川水注之。……长宁水又东南流注于湟水"。

长宁州 ①唐置羁縻州，属泸州都督府。治所在婆员县（今四川长宁县）。北宋属泸州。后废。

②元泰定二年（1325）改长宁军置，属马湖路。治所在今四川长宁县南七十里双河镇。辖境相当今四川长宁县地。明洪武五年（1372）降为长宁县。

长宁安抚司 明宣德中置，属松潘卫。治所在今四川茂县西北六十里。正统元年（1436）改属叠溪千户所。八年（1443）改属茂州卫。明曹学佺《蜀中广记》卷32引《边防记》："《土夷考》曰：茂州北路有长宁安抚司。其先历日寨首也。国初归顺，屡有从征功、赐敕印为安抚使。……管凿溪、章贡等六寨，有把守官。辖长宁、实大、韩胡、椒园等八关堡。"后废，改置长宁堡。

长宁军 北宋政和四年（1114）改淯井监置，治所在武宁县（今四川长宁县南七十里双河镇）。辖境相当今四川长宁、珙县及兴文、高县、筠连部分地。元属马湖路。泰定二年（1325）改为长宁州。

长宁县 ①西晋置，属西平郡。治所即今青海大通回族土族自治县东南长宁镇。《十六国春秋》：西晋永嘉五年（311），张寔讨曹祛于西平，"别遣从事田迴、王丰率骑八百，自姑臧西南，出石驴，据长宁"。即此。北魏废。

②东晋安帝时置，为长宁郡治。治所在今湖北荆门市西北三十里。南朝宋明帝时为永宁郡治。隋开皇十八年（598）改为长林县。

③北齐置，为长宁郡治。治所在今山西神池县境。隋开皇十九年（599）改开阳县。

④北周改秭归县置，为秭归郡治。治所在今湖北秭归县西北归州镇。隋开皇初改为秭归县。明洪武十年（1377）改为长宁县，治所在今湖北秭归县归州镇东南。十三年（1380）改为归州。

⑤唐武德三年（620）分澄城县置，属同州。治所在今陕西澄城县西北四十里长宁村。因长宁河得名。贞观八年（634）废。

⑥唐上元元年（674）析江陵县置，属荆州。治所在今湖北荆州市荆州区（江陵县故城）西。大历六年（771）废。

⑦北宋置，属羁縻安化中州。治所在今广西环江毛南族自治县东北。元废。

⑧辽置，为永州治。治所在今内蒙古翁牛特旗东北新苏莫苏木巴彦诺尔嘎查古城（俗称达尔罕庙）。金属临潢府。元废。

⑨明洪武五年（1372）改长宁州置，属叙州府。治所在今四川长宁县南七十里双河镇。民国初属四川永宁道。1928年直属四川省。1950年迁治安宁镇，即今长宁县。

⑩明隆庆三年（1569）析河源、英德、翁源县置，属惠州府。治所在鸿雁洲（今广东新丰县东北）。万历元年（1573）移今新丰县。1914年改名新丰县。

⑪明万历四年（1576）分安远县置，属赣州府。治所即今江西寻乌县。1914年改为寻邬县。

⑫清雍正五年（1727）置，属奉天府。治所在白都讷（今吉林松原市）。乾隆元年（1736）废。

长宁谷 即今青海西宁市北川河谷。《隋书·炀帝纪》：大业五年（609），“五月乙亥，上大猎于拔延山，长围周亘二十里。庚辰，入长宁谷”。即此。

长宁河 ①即长临河镇。今安徽肥东县南长临河镇。清光绪《续修庐州府志》卷3作长宁河。

②即《水经注》之云门谷水。在今陕西澄城县西北，南入洛河。

长宁驿 ①明置，属茂州。在今四川茂县北。《方舆纪要》卷67茂州：长宁驿“州北十五里”。

②清设，属大通县。即今青海大通回族土族自治县东南长宁镇。

长宁郡 ①东晋安帝时侨置，属荆州。治所在长宁县（今湖北荆门市西北三十里）。辖境约当今湖北荆门市及南漳县东南部。南朝宋明帝时改为永宁郡。

②北齐置，属北朔州。治所在长宁县（今山西神池县境）。隋开皇初废。

③北齐置，属北燕州。治怀戎县（今河北涿鹿县西南桑干河南岸）。隋开皇初废。

长宁陵 南朝宋文帝刘义隆陵墓。在今江苏南京市东紫金山东南麓。《元和志》卷25上元县：文帝义隆长宁陵“在县东北二十二里蒋山东南”。

长宁堡 ①明置，即今辽宁辽阳县西南唐马寨镇。《方舆纪要》卷37辽东都司“长营堡”条下：长定堡“又西南为长宁堡”。民国《奉天通志》卷75辽阳县：唐马寨村“明时为长宁堡地”。

②亦作长平堡。明改长宁安抚司置，属茂州。在今四川茂县西北六十里。为松潘叠溪要路。《方舆纪要》卷67茂州：长宁堡“明初，历日寨首归附，置长宁安抚司。在州西北。辖凿溪、章贡等寨。后虚其职，置长宁堡于此。《边略》：嘉靖十四年，抚臣宋沧克平茂州鸡公寨。十五年，长宁等处深浅诸蛮声言复仇，备兵使者朱统督官兵剿平之”。

长宁寨 即今山西晋中市榆次区东南二十五里长凝镇。《方舆纪要》卷40榆次县：长宁寨“后魏将李长宁所居，亦曰长宁壁”。

长宁镇 ①北宋置，属宁陵县。在今河南宁陵县境。

②金置，属武亭县。即今陕西武功县东北长宁镇。明改置长宁驿。

③亦名长临河。即今安徽肥东县南长临河镇。旧属合肥。清嘉庆《合肥县志》卷3：长宁镇“在城东南五十五里”。

长台（臺）关 一名长乐关。即今河南信阳市西北五十一里长台关乡。明置巡司于此。附近有长台古渡。旧为信阳“八景之一”。

长吉县 唐武德四年（621）置，属南晋州。治所在今湖北黄梅县南二十里郭家咀村。八年（625）废。

长吉里 在今广东连平县西南七十里百叟村。明、清置长吉巡司于此。

长吉春科儿寺 亦名理塘寺。在今四川理塘县北二里。明万历间建，为黄教寺院。清乾隆《卫藏通志》卷6：“里塘有长吉春科儿寺，大堪布喇嘛居之，管喇嘛三千余名。”

长任镇 金置，属临沂县。在今山东临沂市南三十里。

长行镇 在今广西梧州市东南七里。《方舆纪要》卷108梧州府苍梧县：长行镇在“府东七里。旧有长行巡司置于长行乡，洪武二年移置于此”。

长庆县 ①唐渤海国置，属湖州。治所在今黑龙江省宁安市西南。辽以后废。

②辽统和八年（990）置，为辽西州治。治所在今辽宁义县东南大凌河东岸王民屯。金废。

长州 ①西魏废帝三年（554）改南夏州置，治所在大安郡长泽县（今内蒙古鄂托克旗东南城川古城）。隋大业三年（607）废。

②隋末沈法兴置，治所在今浙江长兴县南古城。唐武德二年（619）李子通据其地。武德四年（621）改为绥州。

③唐贞观七年（633）置，治所在长泽县（今内蒙古鄂托克前旗东南城川镇古城）。贞观十三年（639）废。

④唐置，为羁縻州，属芳池州都督府。在今甘肃华池县西北境。后废。

⑤唐置，治所在文阳县（今越南南定省南定附近）。天宝元年（742）改为文杨郡，乾元元年（758）复为长州。辖境相当今越南南定省地。后废。

⑥元世祖至元十二年（1275）置，后属中庆路。治所即今云南嵩明县。至元十五年（1278）升嵩明府。

长冲（衝）山 在今贵州龙里县西四十里。《方舆纪要》卷123龙里卫“穴刀山”条下：长冲山“旧为苗‘贼’出没之所。成化间，置哨堡以守之”。

长冲（衝）关 明洪武二十五年（1392）置，在今贵州龙里县西十七里。《明史·地理志》龙里卫：“又西有长冲关。”

长冲哨 即今贵州大方县西南鼎新彝族苗族乡东长冲。《清一统志·大定府》：长冲哨“在毕节县境”。后入大方。

长冲铺 明置，即今贵州毕节市西南长春堡镇。清乾隆《毕节县志》卷1：正西有长冲铺。

长江 古代称为江、江水、大江，东汉末始称长江。《三国志·吴书·周瑜传》：东汉建安十三年（208），曹操攻占荆州，孙权集群臣议对策，咸曰：“且将军大势，可以拒操者，长江也。”西晋人称万里长江。南朝宋刘义庆《世说新语·任诞》：周顗曰：“吾若万里长江，何能千里一曲。”隋以今江苏镇江市之长江为扬子江，清末称长江为扬子江。《尚书·禹贡》：“岷山导江，东别为沱。”古人以今岷江为长江之正源。西汉以绳水为长江源，唐以犁牛河为长江源，明以金沙江为长江源。清康熙间实际考察了江源，以发源于青藏高原之巴萨通拉木山之木鲁乌苏河为源，喀七乌兰木伦河（今尕尔曲河）为二源，拜都河（今拜渡河）为三源，三源合流，水势始盛，又纳阿克打木河（今阿克达木河）、托克托乃乌兰木伦（今沱沱河）、那木七图乌兰木伦（今楚玛尔河）后始称金沙江。民国人认为长江为南北二源，北源为楚玛尔河，出青海可可西里山；南源为木鲁乌苏河，出唐古拉山，汇合为通天河，以北源为正源，全长5800公里。1976年对江源实地考察，以沱沱河为正源，全长6380公里，为世界第三大河。（2009年又通过科学考察，认定当曲的且曲源头应为长江源头。且曲发源于青海高原唐古拉山脉东段北支5054米无名台地东北处，属于玉树州杂多县结多乡）。今青海玉树以上为通天河，玉树直门达以下称金沙江，四川宜宾市以下称长江。流经青海、西藏、云南、四川、湖北、湖南、江西、安徽、江苏、上海，注入东海。

长江三峡　即今瞿塘峡、巫峡、西陵峡。西起重庆市奉节县东白帝城，东至湖北宜昌市西南津关，全长193公里。《水经·江水注》："三峡七百里中，两岸连山，略无阙处，重岩迭嶂，隐天蔽日，自非亭午夜分，不见曦月。"诸书记载长江三峡名称不同，如《水经注·江水注》：谓为广溪峡、巫峡、西陵峡；《寰宇记》卷148奉节县下谓三峡为西峡、巫峡、归峡。清光绪《夔州府志》卷1谓巫峡与瞿唐峡、巴东峡并称三峡。是瞿唐峡又名广溪峡，又名西峡；西陵峡又名归峡、巴东峡。《周书·蛮传》：冉氏、向氏、田氏部落尤盛，"更相崇树，僭称王侯，屯据三峡，断遏水路"。《隋书·杨素传》：开皇中，"大举伐陈，以素为行军元帅，引舟师趋三峡"。《新五代史·西方邺传》：荆南高季兴叛，"乃拜邺夔州刺史，副（董）璋以兵出三峡"。均此。

长江山　在今广东中山市东南三十里。《方舆纪要》卷101广州府香山县：长江山"众水皆导源于此，因名"。

长江水　①在今湖南临武县东北。《方舆纪要》卷80临武县：长江水"源出东山，北流入桂阳州境，合于春陵水"。

②即今四川西昌市西南之安宁河。《元和志》卷32台登县："长江水本名孙水，出县西北。"

长江关　在今湖北武汉市武昌区西。《清一统志·武昌府二》：长江关"在江夏县西"。

长江县　①西魏恭帝时改巴兴县置，为怀化郡治。治所在今四川大英县东北郪口镇长江坝。《寰宇记》卷87长江县："以界内大江为名，即涪江。"隋属遂宁郡。唐属遂州。上元元年（760）移治明月山下凤凰川（今郪口镇）。北宋政和间属遂宁府。南宋端平三年（1236）废，后复置。元世祖至元十九年（1282）废入蓬溪县。唐著名诗人贾岛谪为长江主簿，世称贾长江。今长江坝上坝有贾岛祠。

②唐武德五年（622）置，属源州。治所在今越南义安省香山一带。贞观十三年（639）废。

长江埠　即今湖北应城市东南四十里长江埠街道办事处。清置巡司于此。

长江隘　即今广东仁化县东北长江镇。《方舆纪要》卷102仁化县"风门凹隘"条："长江隘在县北七十里。"《清一统志·韶州府》：长江隘"在仁化县东北九十里扶溪乡。界连江西、湖南。山川盘结，黎民稠集。旧有墟曰维贤坊。宋、元间乡民贸易其间。明初以山寇乱始废。至今犹称曰墟里"。

长江镇　北宋置，属彰明县。在今四川江油市西南通口河（石泉河、湔水）东岸。

长池场　在今四川南江县西南一百二十里长赤镇。《清史稿·杨继晓传》：嘉庆初，白莲教义军"破南江，距县境长池数十里，县令始速继晓出御"。1933年川陕革命根据地置长赤县治此。

长池县　隋开皇末改曲细县置，属巴州。治所在今四川南江县西南长池场。大业初属清化县。唐武德初属集州。贞观六年（632）废。

长池镇　北宋置，属江津县。在今重庆市江津区南八十里。

长兴州　元元贞元年（1295）改长兴县置，属湖州路。治所即今浙江长兴县。至正十七年（1357）朱元璋改为长安州。至正二十二年（1362）复名长兴州。明洪武二年（1369）复改长兴县。

长兴县　①五代梁开平三年（909）吴越改长城县置，属湖州。治所即今浙江长兴县。南宋宝庆元年（1225）属安吉州。元初属湖州路，元贞元年（1295）改为长兴州。明初改长安州，洪武二年（1369）复改长兴县，属湖州府。民国初属浙江钱塘道。1927年直属浙江省。

②辽置，与大定县并为大定府治。治所在今内蒙古宁城县西大明镇。蒙古中统二年（1261）省入大定县。

长兴岛　亦名长生岛。即今辽宁瓦房店市西渤海中长兴岛。《方舆纪要》卷37复州卫：长兴岛在"卫西南四十里。亦曰长生岛。内容五军。复州粮一万二千，而长生输其七"。民国徐曦《东三有省纪略》卷4："长兴岛一名景杭岛。位于复州河之口外，自东北至西南，长十三海里，宽约十海里。岛之南面有三岛，北向偏东者曰花椒岛；偏西南者曰莲花岛，亦曰西中岛；偏东南者曰凤鸣岛。花椒、莲花二岛，与长兴岛之西南角相对，中成一湾，曰葫芦山澳。轮船往来于大连、营口间者，恒以此寄碇焉。……（清）设长兴岛州判，驻西崖。"

长兴馆　馆驿名。又名通天馆。辽置，在今内蒙古宁城县西南一肯中附近。宋沈括《熙宁使虏图抄》："又三十里至长兴馆，皆行山间。长兴馆西距富谷馆八十里。"

长兴堡　即今贵州松桃苗族自治县北长兴镇。《清一统志·松桃厅》：长兴堡"在厅北六十里，界接湖南永绥厅，又西六十里与四川秀山县分界，为楚蜀之襟喉”。

长兴煤矿 在今浙江长兴县西北。民国初始行大规模开采，1930年成立长兴煤矿局。今为浙江省重要煤炭供应地。

长兴镇 即今江西赣县东北磨刀。《清一统志·赣州府二》：长兴镇巡司“在赣县东北一百里。旧名磨刀寨，本朝乾隆四十三年改今名”。

长安 ①战国秦长安君封邑，在今陕西西安市市区西北。西汉于此置长安县。

②战国赵地。《战国策·赵四》：“赵氏求救于齐，齐曰：‘必以长安君为质，兵乃出。’”亦见于《史记·赵世家》。《索隐》引孔衍云：“赵亦有长安，今其地阙。”

长安乡 即今广东翁源县西北翁城镇。《明史·地理志》翁源县：“故城在西北，今治长安乡也，洪武初，迁于此。”

长安寺 ①在今北京市西山支脉翠微山西南山脚下。是八大处中第一处。旧称翠微寺。又称善应寺。始建于明弘治十七年（1504）。清康熙十年（1671）重修。前殿为释迦殿，后殿为娘娘殿。寺后有两棵相传是元代种植的白皮龙爪松。

②在今辽宁沈阳市朝阳街长安寺巷6号。明《辽东志》卷1沈阳中卫：长安寺“在城东北隅”。始建于明永乐七年（1409），后多次重修。有天王殿、拜殿、大殿、后殿，布局严整。拜殿内壁上嵌有清道光年间重修碑记两面，大殿东侧有明成化二十三年（1487）长安寺重修碑记一方，现移沈阳故宫博物院保存。

③原名崇因寺。在今重庆市渝中区重庆第二十六中后山。北宋熙宁初建。明曹学佺《蜀中名胜记》：“治西八十里为长安洞。相传崇因寺前居民屋内有洞与此通，故崇因寺亦谓之长安寺。”

长安州 ①元至正十七年（1357）朱元璋改长兴州置，治所即今浙江长兴县。1362年复名长兴州。

②明永乐五年（1407）属建平府。治所在威远县（今越南北部宁平省宁平县西北）。辖境相当今越南宁平省地。宣德二年（1427）以后地入安南。

长安县 ①西汉高帝五年（前202）置，为京兆尹治。治所在今陕西西安市市区西北。晋为京兆郡治。北魏属京兆郡。北周复为郡治。隋开皇三年（587）移治大兴城（今西安市），与大兴县同城，为京兆郡治。唐为京兆府治。五代梁改名大安县，后唐复曰长安县。元为奉元路治。明、清两代与咸宁县并为陕西省治及西安府治。民国初为关内道治。1928年为陕西省省治。1944年迁治大兆镇（今长安区东南大兆乡）。1949年又移治韦曲镇（今长安区）。2002年撤销长安县，改设西安市长安区。

②北魏泰常二年（417）置，属太原郡。治所在今山西太原市晋源镇西北。太平真君中废。景明初复置。北齐废。

③即长兴县。治所在今内蒙古宁城县西大明镇。《辽史·地理志》校勘记：长兴原误“长安”。据《金史·地理志》、辑本《元一统志》及陈襄《使辽语录》改。

长安岭 ①在今河北怀来县东北四十五里，北与赤城县相接。《方舆纪要》卷18：长安岭“本名枪竿岭，或曰桑干岭之讹也，永乐中改今名。嘉靖二十七年，敌由独石逾长安岭掠隆永，即此”。

②在今安徽怀宁县（高河镇）南。《方舆纪要》卷26安庆府怀宁县“峡石岭”条下：“又长安岭在县（今安庆市）西三十里，岭甚远长，达潜山县。明崇祯十年，官军败贼于此。”

长安岭堡 明置，属万全都司。在今河北怀来县东北四十五里长安岭。《方舆纪要》卷18万全都司：长安岭堡，“明初置丰峪驿。永乐九年筑城置堡，改今名”。

长安城 ①我国古都之一。西汉高帝五年（前202）置长安县，七年（前200）定都于此。在今陕西西安市西北十三里。惠帝时，其城周六十五里。亦名斗城。西汉、新莽、东汉（献帝初）、西晋（愍帝）及前赵、前秦、后秦、西魏、北周均为国都，东汉三国魏则以此为陪都。汉末绿林、赤眉起义军政权亦建都于此。隋开皇二年（582）于汉长安故城东南营建新都，号大兴城，周围六十七里，相当今西安城和城东、南、西一带。三年（583）迁都于此。唐改名长安城，亦称京城。天宝元年（742）改称西京，至德二年（757）改称中京，又号上都。上元二年（761）复曰西京。天祐元年（904）迁都洛阳后，因城中民房大半被拆毁，就旧城北部改筑新城，即今西安城。五代唐以此为陪都，唐末黄巢和明末李自成农民起义政权也曾建都于此。汉唐时代，长安又是对外经济文化交流的中心、丝绸之路的起点。西汉时城内有专为外国人设立的居住区。唐代侨居的外国人，来自亚洲各地，远至波斯、大食等国，多时数以万计。

②西汉、隋、唐皆建都长安，故唐以后通称国都为长安。李白《金陵》诗：“晋朝南度日，此地旧长安。”此长安指今南京市。

长安桥镇 即今江苏无锡市惠山区（堰桥镇）东南长安。清光绪《江苏全省舆图》金匮县图：东北有长安桥（镇）。

长安站 元置，即今湖南临湘县。明改为驿。

长安营 即今湖南城步苗族自治县西南一百四十里长安营乡。《清一统志·宝庆府二》：长安营“在城步县西南横岭峒。乾隆七年移本府同知驻此，并设游击守备千总防守”。

长安堡 明置，在今辽宁辽阳县西北。《方舆纪要》卷37辽东都司“长营堡”条下：“长安堡在司西北五十余里，其西为长定堡。”

长安镇 ①北宋置，属盐官县，即今浙江海宁市（硖石镇）西南五十里长安镇。《方舆纪要》卷90海宁县：长安镇“旧为运道所经……元设税课务并置驿于此，明朝改为税课局，嘉靖中驿废”。为商旅聚集、舟车冲要之地，清设州判驻此。

②清置，属临湘县。即今湖南临湘市。清移城陵矶巡司于此。1930年临湘县迁治于此。

③即今广西融安县。明、清置巡司于此。《明史·李锡传》：万历元年（1573）镇压怀远县瑶民等起义，“锡进次长安镇”，即此。1952年为融安县治。

④在今江苏张家港市北。清光绪《江阴县志》卷2：长安镇“与寿兴沙之年丰镇夹江对峙”。

长阳县 唐改长杨县置，属硖州。治所即今湖北长阳土家族自治县。《寰宇记》卷147长阳县：“县南崖有长阳溪，因以为名。”元属峡州路。明属夷陵州。清属宜昌府。民国初属湖北荆南道。1921年属荆宜道。1932年直属湖北省。1984年改设长阳土家族自治县。

长寿县 ①南朝梁改苌寿县置，属竟陵郡。治所即今湖北钟祥市。北周为石城郡治。隋大业初为竟陵郡治。唐为郢州治。元为安陆府治。元末废。明洪武三年（1370）复置，九年（1376）废。嘉靖十年（1513）复置，改名钟祥县。

②北周大象元年（579）置，属龙泉郡。治所在今山西隰县北三十里。隋开皇初改为隰川县。

③唐武德二年（619）置，属西德州。治所在今山西石楼县东五里故县村。贞观元年（627）废。

④元末明玉珍置，属涪州。治所即今重庆市长寿区。明曹学佺《名胜志》：“《乐温志》曰：乐温山下有乐温滩，在县南四十里。……地气常温，禾稼早熟，故名。《志》以此山人多耆耇者，亦名长寿山。国初因之置长寿县矣。”明洪武六年（1373）改属重庆府。民国初属四川东川道。1928年直属四川省。1997年改属重庆市。2001年改设长寿区。

⑤清光绪二十八年（1902）置，属宾州厅。治所在烧锅甸子（今黑龙江省延寿县）。民国魏声龢《吉林地志》：“因县治东有大小长寿二小河。设治时遂以名县。”1914年改名同宾县。

长寿店 即今湖北钟祥市北五十四里长寿镇。民国《湖北通志》卷73《兵事》：清同治二年（1863）八月，张总愚至“钟祥长寿店”。

长寿津 在今河南濮阳县西南古黄河上。《水经·河水注》：河水“又东北为长寿津。《述征记》曰：‘凉城到长寿津六十里，河之故渎出焉’”。《资治通鉴》：南朝梁中大通六年（534），魏孝武帝派遣贾显智、斛斯元寿镇滑台，御高欢。高欢“使相州刺史窦泰趣滑台，与显智遇于长寿津”。即此。

长寿庵 在今广东广州市区西南。明万历时巡按御史沈正隆建，后僧大汕重建。寺西有池通珠江，水增减应潮汐。清光绪时废。

长寿镇 ①即今江苏江阴市东南三十里长寿镇。清光绪《江阴县志》卷2：长寿镇“市跨河东西各里许。《旧志》称，长寿为大镇，考元时有长寿税务，盖今昔异形矣”。

②即今湖南平江县东六十八里长寿镇。明、清时置巡司于此。

长坝场 即今四川万源市西南长坝乡。为川、陕往来通道。民国《万源县志》卷2：长坝场在“治南一百二十里”。

长坝县 辽置，属祖州。治所在今内蒙古巴林左旗西南石房子村。金废。

长坂 亦名长坂坡。又作绿林长坂、栎林长坂。在今湖北当阳市东北。一说在今城西长坂公园。《三国志·蜀书·张飞传》：东汉建安十三年（208），“曹公入荆州，先主奔江南。曹公追之，一日一夜，及于当阳之长阪。先主闻曹公卒至，弃妻子逃，使飞将二十余骑拒后。飞据水断桥，瞋目横茅……敌皆无敢近者，故遂得免”。《水经·沮水注》：“（当阳）故城在东一百四十里，谓之东城，在绿林长坂南。长坂即张翼德横矛处也。”

长坎囤 在今贵州遵义县东。明万历二十八年（1600）征播之役，播州兵聚青蛇、长坎、玛瑙、保子四囤。即此。

长赤县 1933年6月川陕革命根据地置，治长池场（今四川南江县西南长赤镇）。1935年初废。

长芦水 在今河北新河县南。《方舆纪要》卷14新河县：长芦水“在县治南。即漳水支流也，自宁晋县分流入县境，又东至冀州城西，谓之长芦水，下流仍合于漳水。今涸”。东晋永和七年（351）姚襄败石闵将胡睦于此。

长芦江 亦名沙河、西河。在今江苏南京市东北长芦镇。《宋会要辑稿》方域17：天圣三年（1025），“淮南制置使张纶请开真州长芦口河道。从之”。

长芦县 北周大象二年（580）置，属章武郡。治所在今河北沧州市西四里，南运河西。《元和志》卷18长芦县：“《水经》云，长芦，水名也。水傍多芦苇，因以为名。”隋初属瀛州，开皇十六年（596）为景州治，大业初属河间郡。唐属沧州，开元十六年（728）移治永济渠东一里（即今沧州市）。北宋乾德二年（964）废。后复置，仍属沧州，熙宁四年（1071）废为镇，入清池县。

长芦河 ①在今河北衡水市东。《方舆纪要》卷14衡水县：长芦河“在县东，即横漳水也，亦曰胡卢河。旧自（深）州南流经县北，又东入武邑县境。今断续不常，涸溢无时，非复旧流也”。

②又名沙河、西河。为长江支流。在今江苏南京市东北。东流经长芦镇，至瓜步口入江。南宋李焘《续资治通鉴长编》卷103：北宋天圣三年（1025）六月，“发运副使张纶请开真州长芦口为河，属之江，以免舟楫漂失之患，诏从之”。

长芦城 即今江苏南京市东北长芦镇。《南齐书·魏虏传》：建元三年（481），“长芦置三军”。《梁书·南康王续子义理传》：太清中，“会祖皓起兵，义理奔长芦，收军得千余人”。

长芦盐区 在今天津市、河北省渤海沿岸，为北起山海关南至黄骅市盐场的总称。蒙古太宗二年（1230）始设河间税课所，置盐场。六年改立盐运司。元世祖至元二十三年（1286）改立河间都转运司。盐场二十二。明初置北平河间盐运司，后改称河间长芦。运司驻河间府沧州之长芦镇（今河北沧州市）。盐场二十四。隆庆三年（1569）后减为二十。清康熙十六年（1677）运司移驻天津，而长芦之名不改。

长芦镇　①北宋熙宁四年（1071）废长芦县为镇，属清池县。故址即今河北沧州市。《方舆纪要》卷13沧州："明初置长芦都转盐运使司，在今州治西南，领盐课司二十四，在州境者十二，在山东青州府境者亦十二，每岁额办大引折小引盐十八万八百引有奇，又长芦巡司及递运所税课局，俱置于此。"

②北宋置，属六合县。即今江苏南京市东北长芦镇。

长杨县　隋开皇八年（585）改佷山县置，为睦州治。治所在今湖北长阳土家族自治县西。《旧唐书·地理志》："以溪水为名。"开皇九年（589）移治今长阳土家族自治县。大业初属南郡。唐改为长阳县。

长杨店　即今北京市房山区东北长阳镇。清光绪《顺天府志》卷27良乡县："东北八里长阳店镇，南北要道也，有铺在广阳河北。"

长杨宫　战国秦昭王时筑，在今陕西周至县东三十里终南村竹园头村。西汉扬雄《长杨赋序》有"输长杨射熊馆"之句。《三辅黄图》卷1："本秦旧宫，至汉修饰之以备行幸。宫中有垂杨数亩，因为宫名。门曰射熊观。秦汉游猎之所。"

长杨溪　即今湖北长阳土家族自治县西南岔溪。《水经·夷水注》：长阳溪"溪水西南潜穴，穴在射堂村东六七里，谷中有石穴，清泉溃流，三十许步复入穴，即长杨之源也。……其水重源显发，北流注于夷水。此水清冷，甚于大溪，纵暑伏之辰，尚无能澡其津流也"。

长轩岭　在今湖北武汉市黄陂区北。《清一统志·汉阳府》：长轩岭"在黄陂县北五十五里。其南五里有短轩岭"。长轩岭镇即以此为名。

长轩岭集　一名长岭冈。即今湖北武汉市黄陂区北五十里长轩岭镇。清同治《黄陂县志》卷2《乡会》："有长轩岭。"

长步水　在今江西赣县西北。《方舆纪要》卷87赣州府赣县：长步水在"府西北四十里。源出黄塘山，流四十里入赣水"。

长围山　在今江苏盱眙县东北七里。《寰宇记》卷16盱眙县：长围山，"按《宋书》云，元嘉二十七年，宋文帝遣臧质拒魏武帝，遂于梁山筑长围城，造浮桥绝水路，即此山。又改为长围山"。

长岐　在今湖北武汉市黄陂区西南。《晋书·张光传》：永兴二年（305），"江夏太守陶侃与（陈）敏大将钱端相距于长岐。……光发伏兵应之，水陆同奋，贼众大败"。

长岐驿　明洪武元年（1368）置，属文昌县。在今海南省琼海市东北长坡镇。

长岐墟　即今广东化州市东南长岐镇。明万历《高州府志》卷1：化州有长岐圩。清光绪《高州府志》卷10化州：长岐在"州南四十里"。

长岗岭　在今河北灵寿县北。《方舆纪要》卷14灵寿县：长岗岭在"县北十五里。突起一山，盘亘甚远"。

长岗集　即今河南睢县西南长岗镇。清光绪《续修睢州志》卷1："长岗集，在州西南，离城三十五里。"

长岑县　西汉置，属乐浪郡。治所在今朝鲜黄海南道松禾。以山得名。东汉末属带方郡。西晋后废。

长利县　西汉置，属汉中郡。治所在今湖北郧西县西南。东汉废。西晋太康四年（283）复置，属魏兴郡。五年（284）废。西魏复置，北周以后又废。隋义宁二年（618）复置。唐初属上州，贞观元年（627）废。

长利苑　东汉永初六年（112）置，在今四川会理县境。《后汉书·孝安帝纪》：永初六年春，"诏越巂置长利、高望、始昌三苑"。为牧马之所。

长利郡　北魏景明元年（500）置，属洛州。治所在南商县（今陕西商南县西皂角铺）。后改为镇政郡。《魏书·地形志》讹为"苌和郡"。

长伸地堡　明万历十年（1582）置堡，属龙门所。在今河北赤城县东南五十里长伸地村。《方舆纪要》卷18龙门守御千户所：长伸地堡"边墩有镇安台等冲，口外乱泉寺一带皆部长驻牧，堡北有巡简寺，其扼险处也"。

长甸卡伦　清光绪三十四年（1908）设，在今内蒙古额尔古纳市西北额尔古纳河北岸长甸村。

长甸河口　在今辽宁宽甸满族自治县东南长甸河口村。清光绪《奉天全省地舆图说图志》宽甸县："长甸河口在县城南一百里。"

长甸河镇　在今辽宁宽甸满族自治县西南长甸河口。隔鸭绿江与朝鲜相望。清设县丞驻此，民国改县佐。

长狄　春秋时夷国。即鄋瞒。在今山东高青县东南。

长辛店　在今北京市丰台区西南。明称长店，天启年间于此筑墩堡，派兵驻守。清改称长新店。为京城西南交通要冲，京汉铁路经此。1923年在此爆发了震惊中外的京汉铁路工人"二七"大罢工。1937年"七·七"卢沟桥事变后，宛平县治曾迁此。今为长辛店镇。

长沙　①邑名。战国楚地，即今湖北长沙市。《史记·楚世家》："复雠、庞、长沙，楚之粟也。"

②在今上海市崇明县城桥镇一带。《方舆纪要》卷24太仓州崇明县：长沙"旁连十余沙，最为雄壮"。明万历十三年（1585）崇明县治由平洋沙（今三星镇一带）迁此，即今上海崇明县治。

长沙水　即今山东青州市南之南阳河。源出今山东青州市西南，东北流至城西，又东流入巨洋水。《水经·淄水注》：长沙水"出逢山北阜，世谓之阳水也。东北流径广县故城西，……又东径东阳城东南，……又北屈径汉城阳景王刘章庙东，东注于巨洋。后人堨断令北注浊水，时人通谓浊水为阳水，故有南阳、北阳水之论。二水浑流，世谓之为长沙水也，亦或通名之为绳水”。

长沙平 在今陕西白河县东。《宋史·王彦传》：南宋建炎四年（1130），襄阳盗桑仲陷均、房，直捣金州白土关，彦“即勒兵趋长沙平，阻水据山，设伏以待”。即此。

长沙市 1933年由长沙县城区析置，为湖南省会。治所即今长沙市城区。1949年为地级市，湖南省人民政府驻地。2001年迁治岳麓区。

长沙寺 在今湖北荆州市荆州区故江陵县城内。宋元嘉中，临川王义庆镇江陵起寺，为其本生父长沙王道怜资福，因名。《资治通鉴》：南朝梁承圣三年（554），西魏于谨攻江陵，令筑长围，中外信命始绝。元帝出长沙寺，“王褒、胡僧祐、朱买臣、谢答仁等开江出战，皆败还。己酉，帝移居天居寺。癸丑，移居长沙寺”。即此。

长沙场 即今广西合浦县东北石康镇。《宋史·地理志》廉州：开宝五年（972）“移州治于长沙场，置石康县”。

长沙江 即恩平江。今广东台山市北之潭江。《明史·地理志》新宁县（今台山市）：“北有恩平江，一名长沙江。”

长沙村 ①在今广东江门市新会区东南。《明史·地理志》新会县：“南有沙村巡检司，本治大神冈，后迁仙洞村，又迁长沙村，后复故治。”

②即今广东开平市驻地长沙镇。《明史·地理志》肇庆府开平县：“东南有沙冈巡检司，本治沙冈村，后迁平康都之长沙村。”

长沙县 隋开皇九年（589）改临湘县置，为潭州治。治所即今湖南长沙市。大业初为长沙郡治。唐复为潭州治。天宝初为长沙郡治，乾元初复为潭州治。元为天临路治。明为长沙府治。清为湖南省会、长沙府治。民国初为湖南省及湘江道治。1922年废湘江道，仍为湖南省会。1933年析置长沙市。长沙县驻长沙市。1996年迁治星沙镇。

长沙沟 在今江苏宝应县东。《方舆纪要》卷23宝应县：长沙沟在“县东二十五里。西接运河，东入广洋湖”。

长沙国 西汉高帝五年（前202）改长沙郡置。刘邦封吴芮为长沙王，即此。治所在临湘县（今湖南长沙市）。辖境相当今湖南东部、南部，江西西部和广西全州、广东连县、阳山等地。东汉改为长沙郡。

长沙咀场 清置，即今贵州赤水市东北长沙镇。

长沙岭 在今贵州思南县南。《方舆纪要》卷122石阡府苗民司：“长沙岭在司（治今思南县南尧民里）东。”《清一统志·石阡府》：长沙岭“在府城西北废苗民司东。形势高峻”。

长沙府 五代初改潭州置，治所在长沙县（今湖南长沙市）。北宋复为潭州。明洪武五年（1372）又改潭州府为长沙府。辖境相当今湖南洞庭湖及汨罗江以南，资水流域以东，安化、湘乡、攸县、茶陵等县市以北地。1913年废。清为湖南省会所在地。

长沙郡 战国秦置，治所在临湘县（今湖南长沙市）。《史记·天官书》载：“轸为车，主风。其旁有一小星，曰长沙。”《方舆胜览》卷23：长沙“郡以长沙星得名”。辖境相当今湖南东部、南部、江西西部和广西全州、广东连县、阳山等地。西汉高帝五年（前202）改为长沙国。东汉复为郡。辖境渐小。隋开皇中废。大业初复改潭州为长沙郡，并改临湘县为长沙县，为长沙郡治。唐武德四年（621）复名潭州。天宝元年（742）又改名长沙郡，乾元元年（758）复名潭州。

长沙营 ①即今上海市崇明县治。《方舆纪要》卷24太仓州崇明县：长沙营“明初置，设兵戍守”。万历十三年（1585），崇明县移治于此。

②明嘉靖三十二年（1553）置，属新会县。在今广东开平市驻地长沙镇。寻废。清康熙十一年（1672）复置。《清一统志·肇庆府》：长沙营“在开平县（治所在今市西北苍城镇）东南三十里临河，接新宁县界”。

长沙堡 即今江西安远县东北长沙乡。《清一统志·赣州府二》：长沙营“在安远县北。明成化十九年置，万历四年自会昌割属县境。今为长沙堡”。

长沙港 在今广东汕尾市西北长沙。《方舆纪要》卷103海丰县“甲子关”条内：长沙港巡司“在县南长沙海口。港口深广，各三十丈。洪武十三年置巡司”。

长沙塘市 即今广东开平市西北沙塘镇。清雍正《广东通志》卷18：开平县有“长沙塘墟”。

长沙塘营 在今广东江门市新会区南。《方舆纪要》卷101新会县：长沙塘营“在县西南。有北腊、山船、金坑、雷公岩、斩头等山贼”。

长沙墟 即今广东梅州市南长沙镇。清光绪《嘉应州志》卷1：“罗衣堡距城三十里。有长沙墟。”

长沙寨 在今浙江温州市瓯海区东南长沙岗。《方舆纪要》卷94温州府：长沙寨“在府东宁村所东南，东临海涂，地势颇险，亦曰长沙湾。嘉靖三十二年参将汤克宽败倭于此”。

长沟峪 即今北京市房山区西长沟峪。清同治《畿辅通志》卷46房山县图：西北有长沟峪。民国间为周长铁路的终点站。

长沟镇 ①即今北京市房山区西长沟峪。清光绪《顺天府志》卷29房山县：“西南三十五里长沟镇，管村十三。”

②民国置，即今山东济宁市西北三十二里长沟镇。元、明以来为漕运要冲。

长社 战国魏邑，在今河南长葛市东。《史记·秦本纪》：昭襄王三十三年（前274），“客卿胡阳攻魏卷、蔡阳、长社，取之”，即此。秦置县。

长社县 战国秦置，属颍川郡。治所在今河南长葛市东北。出土秦封泥中有“长社丞印”可证。北魏为颍川郡治。东魏武定七年（549）徙治颍阴县（今河南许昌市）。北齐天保七年（556）并颍阴县入长社县。隋开皇初改为颍川县。唐武德四年（621）复为长社县，为许州治。北宋为颍昌府治。金为许州治。明洪武初省入许州。

长陂 在今内蒙古兴和县境。《魏书·太祖纪》：天赐三年（406）九月，拓拔珪“度漠北之吐盐池。癸巳，南还长川。丙申，临观长陂”。

长武县 北宋咸平四年（1001）置，属泾州。治所在长武城（今陕西长武县西北三十里泾河南岸）。五年废。大观二年（1108）复置，元世祖至元十一年（1274）废入新平县。明万历十一年（1583）复置，属邠州。移治今长武县。民国初属陕西关中道。1928年直属陕西省。

长武城 ①北魏筑城，属阴槃县。在今陕西长武县西北三十里。《旧唐书·李怀光传》：“怀光频率师城长武，以处兵士，城据原首，临泾水，俯瞰通道，自是为西边要防。”北宋咸平四年（1001）于此置长武县。

②隋开皇中筑，在今甘肃泾川县东七十里泾河南岸。唐王朝于此置兵戍守。北宋咸平四年（1001）升为长武县。

长青县 辽置，属大同府。治所在今山西阳高县东南二十里大白登镇。金大定七年（1167）改白登县。

长坪 一名箭塘。在今湖南凤凰县西北二十三里。清严如熤《苗疆险要考》谓“四面高山，中有乾坪，名千工坪，纵横近十里，干燥不宜五谷，而为苗巢宽敞之地，旧设前营都司”。

长坪镇 即今湖北南漳县西长坪镇。《清一统志·襄阳府三》：长坪镇“在南漳县西一百里”。

长坡铺 即今海南省琼海市东北长坡镇。清光绪二十九年（1903）《广东省全图》：会同县东北有长坡铺。

长直村 即今山东即墨市西北长直镇。清同治《即墨县志》卷2《市廛》有长直。

长茅司 即今湖北五峰土家族自治县西北长茂司镇。《清史稿·地理志》 长乐县：“雍正十三年置县，以石梁、水浕、长茅三司及长阳、松滋、枝江、宜都与湖南石门等县边地益之。”

长林山 一名庾岭。在今江西东乡县南。《清一统志·抚州府一》：长林山“在东乡县南三里。俯临通衢，一名庾岭。其东曰鸡公岭，有尖石出其顶，号鸡公石”。

长林坝铺 清乾隆三年（1738）设，在今贵州思南县西南长坝乡。

长林县 ①东晋隆安五年（401）置，属武宁郡。治所即今湖北荆门市。《寰宇记》卷146长林县：“盛弘之《荆州记》云：当阳东有栎林长坂。昔时武宁至乐乡八十里中拱树修竹，隐天蔽日，长林盖取名于此。”隋开皇十一年（591）废。

②隋开皇十八年（598）改长宁县置，属鄀州。治所在今湖北荆门市西北三十里。大业初属南郡。唐属荆州，上元元年（760）属江陵府。北宋开宝五年（972）移治于今荆门市，为荆门军治。元为荆门州治。明洪武九年（1376）废。

③本无编县。唐置，属爱州。治所在今越南清化省靖嘉西龙施。唐末废。

长林驿 在今安徽黄山市黄山区西北太平湖镇西广阳南，现已没入太平湖。《舆地纪胜》卷22池州：杜荀鹤旧居“世传在石埭县之长林驿”。清康熙《石埭县志》：“长林街在县前舒溪之南，西自福安桥始，东至石界石止，杂植松杉桧柏，夹于街市，四时葱蒨，可十里许，故名。”

长林盐场 即今浙江乐清市东南乐清市盐场。《明史·地理志》 温州府：乐清县“有长林盐场”。《方舆纪要》卷94温州乐清县“岐头寨”条：“《海防考》：县西四十里有白塔山，其地谓之塔头，有长林盐场，宋政和中置，元为司令司，明初曰盐课司。”

长林镇 北宋于旧长林县城置，属长林县。在今湖北荆门市西北。

长松山 ①即今浙江松阳县西北四十五里牛头山。《方舆纪要》卷94松阳县：长岭山“吴越时以此山名县，俗名牛头山”。

②在今四川简阳市西北，为龙泉山中段。明曹学佺《蜀中名胜记》卷8简州：“《志》云：西北七十里长松山为州斧扆，界内诸山，皆发脉于此。长松寺本蚕丛庙址。开元中，马祖行空和尚乃建寺，明皇召对，赐额长松衍庆寺。又赐名香，为亭以贮之，曰御香亭。宋赐名嘉福寺，今名灵峰。”

③在今云南晋宁县西五里。《清一统志·云南府》：长松山“在昆阳州西五里。其上多松”。

长松县 ①北魏置，属卢北郡。治所在今甘肃文县西北石鸡坝乡。西魏改名建昌县。隋开皇十八年（598）复名长松县。大业后属武都郡。唐属文州，贞元六年（790）省入曲水县。

②唐武德元年（618）置，属雅州。治所在今四川邛崃县西南大井河源处一根虫。六年（623）废。

③五代梁开平四年（910）吴越改松阳县置，属处州。治所即今浙江松阳县。以山得名。后晋天福四年（939）改白龙县。

长明县 唐武德四年（621）置，属姚州。治所在今云南姚安县旧城东北十五里。天宝后废。

长明沟 在今河南尉氏县西。《水经·渠水注》：长明沟水“出苑陵县故城西北……谓之龙渊泉，……东南径凡阳亭西，而南入白雁陂……引渎南流，谓之长明沟”。《寰宇记》卷1开封府尉氏县：“长明沟，在县西四十五里，源出许州长葛县界，与大沟合。”

长明沟水 在今河南沁阳市东北。《水经·清水注》：长明沟水“有二源，北水上承河内野王县东北界沟，分枝津为长明沟，东径雍城南。……又东径修武县之吴亭北，东入吴陂”。

长岸 春秋时地名。《左传》：昭公十七年（前525），“吴伐楚，……战于长岸”。即今江苏当涂县西南的东梁山，旧称博望山。

长罗侯国 西汉本始四年（前93），属陈留郡。治所在今河南长垣县东北八里陈墙村。东汉建武十五年（39）废。

长岭 ①又作嵩岭、天门岭。即今黑龙江省东南部，延伸至吉林省东北部之张广才岭。清光绪《吉林通志》卷18吉林府：长岭“一名张广才岭，即嵩岭也。城东二百十里，东西三十余里，层松饰岩，列柏绮望。南自长白。北至宾州一千三百里。横亘数十里，绿天树海，蔚为巨观，府与敦化县分界于此”。

②在今浙江建德市南四十八里。《方舆纪要》卷90寿昌县：长岭“在县（今寿昌镇）东南二十五里。路通金、衢、宣、歙四郡，岭半有泉，下注为池”。

长岭山 在今辽宁兴城市西北西长岭子。《方舆纪要》卷37宁远卫：长岭山“在卫东北五十余里。今有长岭山堡。万历中，朵颜寇连山驿，总兵杜松出中屯所长岭山，夜至塞外之哈流兔袭敌营，大有斩获”。

长岭子 ①在今辽宁宽甸满族自治县西北二十五里。乾隆《钦定盛京通志》卷51：“叆河边门长岭子卡路。”即此。

②在今吉林珲春市东南敬信镇防川村。与俄罗斯滨海边疆区相近。民国徐曦《东三省纪略》卷1：清光绪十二年（1886）中俄勘东界，“计自图们江下游左岸之长岭子起（距海口三十里地名防川项），有土字界牌（吴大澂勘界时，仿伏波故事建铜柱，而刻铭其上，曰：‘疆域有志国有维，此柱可立不可移。’今已为俄人迁入伯利博物院作陈列品矣）……”。此铜柱为吴书篆文，柱高四公尺一寸五分，铭文前刻四十二字序文。共计四行五十八字。

③即今吉林长岭县（长岭镇）。清光绪三十三年十二月（1908年1月）置长岭县于此。民国魏声龢《吉林地志》：“长岭县，土名长岭子。”即此。

④即今吉林伊通满族自治县东南之哈达岭山脉。《清一统志·吉林一》：长岭子“在（吉林）城西南五百里。土名果勒敏珠敦，南接纳噜窝集，北接库勒讴窝集。自长白山南一岭环绕至此，延亘不绝，为众水分流之地，东北流为雅吉善，辉发等河入混同江；西北流为英莪、瞻河、哈达、叶赫、克尔素等河入边”。

长岭子镇 即今吉林长春市双阳区东北饮马河西之长岭子。清光绪《吉林通志》卷15吉林府：西“一百五十五里长岭子屯”。

长岭冈市 即今湖北广水市西南长岭镇。清光绪《湖北全省分图》：应山县西南有长岭冈市。民国《湖北通志》卷33应山县：长岭冈市“在城西南六十里”。

长岭关 即今湖北麻城市东北一百里长岭关，北接安徽金寨县界。《方舆纪要》卷76麻城县：长岭关在“县北百里。北至河南商城县百二十里。嘉靖中，盗起西山九龙湾，议建军营于此，寻革”。

长岭县 清光绪三十三年十二月（1908.1）置，属长春府。治所在长岭子（今吉林长岭县）。民国郭熙楞《吉林汇征》：“长岭县，地名长岭子”，因名。1913年改属吉林省吉长道。1929年直属吉林省。

长岭府 唐渤海国置，治所在瑕州（今吉林桦甸市东八里辉发河南苏密城；一说在梅河口市西南山城镇）。辖境约当今吉林省辉发河流域及辽宁省浑河，苏子河上源一带。为渤海入营州的主要通道。金废。

长岭镇 在今江西星子县东二十里。《方舆纪要》卷84南康府：长岭镇“有巡司。明初洪武十一年置于府东二十里废延庆县，寻移置于府南三十里之渚溪镇，万历中又移于青山镇，仍曰长岭巡司”。

长和 古国名。唐天复二年（902）贵族郑买嗣灭南诏建，都阳苴咩城（今云南大理市北二十六里大理古城）。辖境比今云南全省大。五代唐天成三年（928）为天兴政权所代。

长和县 唐武德四年（621）置，属曾州。治所在今云南大理市北十里太和村。天宝后废。

长径（逕）山 亦作长径山。在今广东连山壮族瑶族自治县东北。《方舆纪要》卷101连山县：长径山在“县东九里。中有长径通往来。《夏瑜记》云，山在城东四里，高数百丈，周二十里。脉自州东巾子山来，山势中断，若蜂腰然。有径路，连民出入必由此。西通怀、贺，北抵锦田，路多石壁悬崖，可徒行，不容车骑。春夏山水暴涨，所过冲薄荡啮，虽岁加葺治，而圮坏不免。天顺初，广右峒蛮越境寇掠，据县为巢，路益崩坏。六年寇平，知县孔镛修复县治，以山当出入通衢，不容秦塞，乃重辟之，凿其阻险，补其倾缺，于是民无攀蹶之患云”。

长命洲 故址在今江苏南京市西，石头城南江中。《寰宇记》卷90升州江宁县：长命洲“在县西四里，周回十五里。《舆地志》云：梁武帝遣人放生于此洲，仍置十户在洲中，掌谷粟以饲之，故呼为长命洲。魏使李恕来朝，帝正放生，问恕曰：北主颇知此乎？恕对曰：本国不取亦不放。帝无以应之”。

长店 在今北京市通州区东南张家湾镇上店。明设大通关及巡司于此。《方舆纪要》卷11通州：大通关“在州南张家湾之长店”。即此。

长店铺 清置，属宁海县。即今辽宁普兰店市西南长店堡。乾隆《钦定盛京通志》卷33：宁海县“北四十里长店铺”。即此。

长河 ①一名东河。在今江苏江阴市东南。《方舆纪要》卷25常州府江阴县：长河“在县东南十里。自运河分流，经县东南十五里，由里山曰由里泾，又东南亦注于无锡县之新河”。

②青弋江下游入江口别名。青弋江在今安徽芜湖县清水河镇与水阳江合流后，西流横贯今芜湖市区入江。在入江口处，与旧城外十里长街及河南岸商业繁盛区相应，故俗称为长河。

③即今安徽桐城、枞阳等市县境之长河。《方舆纪要》卷26桐城县：长河“在县东南百三十里。其源为双河，一出鲁硔山曰东河，一出洪涛山曰西河，流经城东三十里为孔城河，又有白兔河出县东南六十里独山湖，亦流合焉，汇流为长河，达枞阳入江”。

④在今安徽宿松县东南，有上、下长河。《清一统志·安庆府一》：上长河“在宿松县南五十里，上承湾池河，下出泊涝湖，分三十六段。又下长河在县南七十里，上承泊涝湖，下出望江县泊湖”。

⑤即今湖北东南部之富水。《方舆纪要》卷76兴国州：长河在“州西十里。亦曰富水。源出通山县白羊山，流入州界，经州西七十里之三教山，四十里之白阆山，诸山溪之水皆流入焉，经州治，而东会于富池湖，东入大江”。

⑥即今四川西昌市西南之安宁河。《寰宇记》卷80台登县：“长河水本名孙水，又曰沙水。《史记》曰：司马相如定夷，桥孙水以通邛筰。”《方舆纪要》卷74建昌卫：孙水“在司北，一名长河”。

⑦在今贵州都匀市北。《方舆纪要》卷121都匀府：长河“在府城北。有二源，俱出山涧中，至城东北三里，合流为一。其下流达湖南黔阳县，可通舟楫”。

长河西安抚司 五代后蜀置，属雅州。治所在今四川康定县。元改为长河西宣抚司。

长河西鱼通宁远宣慰司 明洪武三十年（1397）改长河西等处军民安抚司置，属朵甘卫都司。治所在打箭炉（今四川康定县）。辖境相当今四川康定、九龙及道孚、雅江、泸定部分地。清康熙五年（1666）改为明正长河西、鱼通、宁远宣慰司。

长河县 隋仁寿元年（601）改广川县置，属德州。治所在今山东德州市东十里。大业初属平原郡。唐属德州。元和四年（809）移治白桥（今德州市西卫河西岸）。十年（815）又移治卫河东岸小胡城（今德州市）。五代周废入将陵县。

长河塥场 即今四川安岳县东北三十里长河塥乡。清道光《安岳县志》卷7：长河塥场“在治北三十里”。

长泊 在今内蒙古奈曼旗西北孔春庙泡子。北宋曾公亮《武经总要前旗》卷16：长泊“周围二百里。泊多野鹅鸭，辽主射猎之所。道出中京之北四日程，经榆林馆、饥乌馆、香山子馆，南北即长泊。北至上京八百里，西至宜坤州十五里”。

长泽川 在今宁夏固原市北。《资治通鉴》：唐大历十一年（776），“吐蕃寇石门，入长泽川”。即此。

长泽县 西魏大统十二年（546）析山鹿县东部置，为长州大安郡治。治所在今内蒙古鄂托克旗东南城川古城。隋属朔方郡。唐贞观七年（633）为长州治。后属宥州。宋废。

长泾镇 即今江苏江阴市东南长泾镇。《方舆纪要》卷25常州府江阴县：长泾镇“在县东七十里。居民稠密，与无锡县分界。由此出常熟，亦为通道”。

长治市 1945年解放后由长治县析置，属太行区。治所即今山西长治市。1949年11月撤销，改设长治工矿区。1951年改设长治市，由省直辖（地级）。后两度改为县级市，1975年复设地级长治市。

长治县 明嘉靖八年（1529）置，为潞安府治。治所即今山西长治市。民国初属山西冀宁道。1930年直属山西省。1973年移治韩店镇（即今长治县）。

长定堡 明置，即今辽宁辽阳县西高丽城子村。《方舆纪要》卷37辽东都司“长营堡”条下：“长安堡在司西北五十余里，其西为长定堡。”民国《奉天通志》卷75辽阳县：“高丽营子村为明边堡长定堡故址。”

长宜镇 金置，属鹤野县。在今辽宁辽阳市西南。《金史·地理志》鹤野县：“长宜（镇），曷苏馆在其地。”

长官店 即今安徽临泉市三十五里长官镇。明正德《颍州志》卷2：长官店集“在西乡百二十里”。

长官镇 元初于此置长官司。民国置镇，即今山东宁津县东北四十里长官镇。

长空滩 在今福建清流县东。《方舆纪要》卷98清流县：“长空滩在县东。怪石纵横，中有大黄石，尖耸险峭。谚云，黄石蒙头，十舵九愁。下有长空潭，水色澄澈。”

长春厅 清嘉庆五年（1800）于蒙古郭尔罗斯前旗游牧地置，属吉林将军。治所在长春堡（今吉林长春市南四十里永春镇），道光五年（1825）移治宽城子（今长春市）。辖境约当今吉林伊通河、饮马河流域。光绪十四年（1888）升为府。

长春市 1925年由于长春县析置长春市政公所。1929年设长春市政筹备处。1932年伪满改为新京市（1934年改为“新京特别市”），为伪满洲国“国都”。1945年抗战胜利后复置长春市。解放后1948年升为特别市，由东北行政委员会代管。1949年长春市降为吉林省辖市，为吉林省省会驻地。1953年长春市升为中央直辖市，1954年复改为省辖市。

长春州 又作春州。辽重熙八年（1039）置，属延庆宫。治所在长春县（今吉林前郭尔罗斯蒙古族自治县西北塔虎村）。辖境相当今吉林大安市、乾安县和前郭尔罗斯蒙古族自治县地。为辽春捺钵之地。金天德二年（1150）降为县。

长春观 ①在今山东济南市城西。《清一统志·济南府二》：长春观“在历城县西。邱处机修真处。殿后一洞，蜿蜒数十里。一名大庵”。

②在今湖北武汉市武昌大东门外，双峰山南麓。始建于元。因纪念长春真人丘处机而命名。多次重建。现存建筑系清同治三年（1864）按明建筑形式重修。主要建筑有灵官殿、太清殿、七真殿、三皇殿、大士阁、藏经阁等。

③在今云南昆明市东。《清一统志·云南府》引《府志》：长春观“本元梁王宫。明初即其地为岷王宫，后废。因改建为观”。

长春县 ①辽置，为长春州治。治所在今吉林前郭尔罗斯蒙古族自治县西北塔虎村。金属泰州。元废。

②1913年降长春府置，属吉林省吉长道。治所在宽城子（今吉林长春市）。1929年直属吉林省。1953年裁入长春市。

长春府 ①元至正十七年（1357）朱元璋改常州路置，治所在武进县（今江苏常州市）。辖境相当今江苏常州、无锡、江阴、武进、宜兴等市县地。明永乐七年（1409）改为常州府。

②清光绪十四年（1888）升长春厅置，属吉林将军。治所在宽城子（今吉林长春市）。辖境约当今吉林伊通河、饮马河流域。1913年降为县。

长春河 即今吉林西北嫩江支流洮儿河。《辽史·圣宗纪》：太平四年（1024）“二月己未朔，猎挞鲁河。诏改鸭子河曰混同江，挞鲁河曰长春河”。

长春洞 又称巍宝山古建筑群。在今云南巍山彝族回族自治县驻地巍城镇南二十里巍宝山。是唐时南诏（748—937）发祥地和道教名山。长春洞为道教建筑群。原有建筑物二十一处，著名的有文昌宫、巡山殿、培鹤楼、斗姥阁、长春洞、青霞观等，依山建筑，布局规整。长春洞建于清康熙年间（1662—1722），总体布局为八方形含三进两院。仅中殿、正殿在中轴线上。其余建筑按八卦安排方位。正殿（长春洞大殿）建在1.85米高的石砌须弥座上。通面阔14.8米，通进深11.6米，高11米。抬梁与穿斗式木结构，重檐歇山顶，上下檐施斗拱，枋柱等皆精雕彩绘。2006年定为全国重点文物保护单位。

长春宫 ①北周武帝置，在今陕西大荔县朝邑镇西北。《寰宇记》卷28同州朝邑县：长春宫“在强梁原上。周武帝保定元年宇文护所筑。初名晋城，武帝建德二年置长春宫。隋文帝开皇十二年增构殿宇，炀帝大业十三年高祖起义兵自太原赴京师，九月大军济河，舍于此宫，休甲养士而西定京邑。自后凡牧此州多带长春宫使”。

②金置，在今河北唐山市丰南区或滦南县境。《金史·地理志》滦州石城县：“有长春宫。”大定二十年（1180）改石城行宫为长春宫，其后为巡游之地。

③即今北京市广安门外白云观。建于唐代，初名天长观。金泰和三年（1203）改名太极宫。蒙古太祖二十二年（1227）改名长春宫。元陶宗仪《南村辍耕录》卷10“丘真人”条：“甲申三月至燕。八月，奉旨居太极宫。丁亥五月，特改太极为长春。”后改名白云观。

长春淀 在今河北唐山市丰南区或滦南县境。旧名大定淀，金大定二十年（1180）改名长春淀。《方舆纪要》卷17滦州：长春淀“在废石城县西。《志》云：在州西南百二十里”。

长春堡 ①又名新立屯。即今吉林长春市南四十里永春镇。光绪《吉林通志》卷12：清嘉庆五年（1800）“于长春堡设理事通判，名长春厅”。即此。

②在今贵州黎平县南。《清一统志·黎平府》：长春堡“在永从县（今永从乡）东北十五里”。

长垭寨 即今四川平昌县南长垭。民国《巴中县志》第一编：东南“长垭场，二百二十里”。

长垣 本魏首垣邑，在今河南长垣县东北。《战国策·韩策三》韩侈谓秦王曰：“……进齐、宋之兵至首垣，远薄梁郭”，即此。后置首垣县。秦改置长垣县。

长垣县 ①战国秦改首垣县置，属东郡。治所在今河南长垣县东北八里陈墙村。《水经·济水注》：“濮渠东绝驰道，东迳长垣县故城北，卫地也，故首垣矣。秦更从今名，王莽改为长固县。《陈留风俗传》曰：县有防垣，故县氏之。”《寰宇记》卷2开封府长垣县下引《地理志》曰：“秦灭魏以为长垣县。”西汉属陈留郡。西晋属陈留国，后属东郡。北魏太平真君八年（447）废，景明三年（502）复置，隋开皇十六年（596）改为匡城县。

②东晋析谯县地侨置，属谯郡。治所在今安徽亳州市。北魏废。

③五代梁改匡城县置，属开封府。治所在今河南长垣县西南司坡村。后唐复改匡城县。北宋建隆元年（960）改置鹤丘县。寻复改长垣县。金初移治柳冢村（今长垣县东北四十四里），泰和八年（1208）改属开州。明洪武二年（1369）徙治蒲城（即今长垣县）。清属大名府。民国初属河北大名道。1927年直属河北省。1949年属平原省。1952年改属河南省。

长城 ①春秋战国时各国为了互相防御，各于险要之地修筑长城。《左传》：僖公四年（前656），楚国“方城以为城”，长城始见记载。战国时齐、楚、魏、燕、赵、秦和中山等国相继兴筑。秦始皇灭六国完成统一后，为了防御北方匈奴贵族南侵，于公元前214年将秦、赵、燕三国的北边长城予以修缮，连贯为一，西起临洮（今甘肃岷县），北傍阴山，东至辽东，俗称万里长城。此后汉、北魏、北齐、北周、隋各代都曾在北边与游牧民族接境地带筑过长城。明代为了防御鞑靼、瓦剌族的侵扰，自洪武至万历年间，前后修筑长城达 18 次，东起山海关，西至嘉峪关，称为“边墙”。宣化、大同二镇之南，直隶、山西界上，并筑有内长城，称为“次边”。总长 6700 公里，大部分至今基本完好，为世界上伟大工程之一。长城由城堡（城）、关隘、烽火台、城墙等建筑物组成。北京八达岭长城及关城同山海关、嘉峪关均被列为首批全国重点文物保护单位。长城（含八达岭长城、慕田峪长城、司马台长城）于 1987 年被联合国教科文组织世界遗产委员会确认为世界文化遗产。2002 年辽宁绥中县九门口长城亦正式挂牌，成为世界文化遗产“长城”的组成部分（经过多年调查及专家委员会论证最终确定，明长城东端起点在辽宁丹东鸭绿江畔的虎山，西至甘肃嘉峪关，总长度 8851.8 公里，这是人类有史以来首次掌握明长城的确定长度。）

②指楚国方城遗址。在今河南叶县西。《汉书·地理志》南阳郡叶县：“有长城，号曰方城。”《水经·㳽水注》：“盛弘之云，叶东界有故城，始犨县，东至㶏水达比阳界，南北联联数百里，号为方城，一谓之长城。”

③在今山东平阴县东，东至海。《战国策·秦一》：齐有“长城巨防，足以为塞”。《史记·楚世家》：“还盖长城以为防。”《正义》引《齐记》云：“齐宣王乘山岭之上筑长城，东至海，西至济州千余里，以备楚。”又引《括地志》云：“长城西北起济州平阴县，缘河历太山北冈上，经济州淄川，即西南兖州博城北，东至密州琅邪台入海。”

④在今河北徐水县西北二十五里，战国燕、赵分界处。《水经·易水注》：“易水又东流，屈径长城西。”又《资治通鉴》：五代晋开运三年（946），李守贞奏：大军“与契丹千余骑遇于长城北”。即此。

长城山 在今山西岢岚县东。《清一统志·太原府一》：长城山“在岢岚州东三里。下有白龙泉，流合岚漪河”。

长城戍 在今陕西周至县西南三十里。《三国志·魏书·邓艾传》：甘露二年（257），“拒姜于长城，维退还”。即此。

长城庄 即今山东苍山县南四十二里长城镇。西汉置襄贲县于此。

长城关 ①在今陕西定边县北五十步长城口。《明史·王崇古传》：隆庆三年（1569），鞑靼“吉能犯边，为防秋兵所遏，移营白城子。（雷）龙等出花马池、长城关与战，大败之”。即此。

②又名东关门。明嘉靖十年（1531）筑，在今宁夏盐池县北。《方舆纪要》卷 62 宁夏后卫：长城关“隆庆三年，督臣王崇古发宁夏镇兵，从花马池长城关出边，击套寇部落于白城子”。

长城村 即今山西左权县西北长城村。1941—1945 年晋冀鲁豫边区置辽西县治此。

长城县 ①西晋太康三年（282）分乌程县置，属吴兴郡。治所在富陂村（今浙江长兴县东十八里）。《元和志》卷 25 长城县：“昔阖闾使弟夫槩居此，筑城狭而长，因以为名。”东晋咸康元年（335）移治箬溪北（今长兴县东二里）。隋开皇九年（589）省。仁寿二年（602）复置，属湖州。大业初属吴郡，大业十二年（615）徙治夫槩王故城（今长兴县南古城），大业末于此置长州。唐武德四年（621）改绥州，寻改雉州，武德七年（624）州废，县属湖州，并徙治今长兴县（雉城镇）。五代梁开平三年（909）改名长兴县。

②十六国前秦置，属长城郡。治所在今陕西富县西南六十里圁县。西魏改名三川县。

③西魏废帝二年（553）改黄石县置，为长城郡治。治所在今甘肃平凉市西北十里。隋大业初改名百泉县。

④唐武德四年（621）分余干县置，属饶州。治所在今江西余江县锦江镇南。八年（625）废。

⑤唐武德四年（621）置，属濮州。治所在今山东鄄城县境。五年（622）省入临濮县。

⑥唐垂拱元年（685）置，属姚州。治所在今云南大姚县西南二十八里锁北村南七街。天宝初更名泸南县。

长城岭 ①在今山东章丘市南，接莱芜市界。《方舆纪要》卷 31 章丘县：长城岭，“《志》云：岭间有古长城，昔齐宣王所筑，以御楚寇，西接平阴，东距大海”。

②在今山东安丘市西南八十里。《水经·汶水》：“汶水出朱虚县泰山。”郦道元注：“山上有长城，西接岱山，东连琅邪巨海，千有余里，盖田氏之所造也。”《方舆纪要》卷 35 安丘县“牟山”条下：长城岭“以长城故址而名”。

③在今山东庆云县南。《方舆纪要》卷 13 庆云县：长城岭“势如冈陵。《旧志》以为齐之长城。或云禹所筑九河堤”。

④在今山东泰安市西北六十里。《战国策·燕一》：燕王曰：“吾闻齐……有长城巨防，足以为塞。”《水经·汶水注》引《竹书纪年》：“梁惠成王二十年，齐筑防以为长城。”《史记·楚世家》正义引《太山郡记》云：“太山西北有长城，缘河径太山千余里，至琅邪台入海。”又引《齐记》云：“齐宣王乘山岭之上筑长城，东至海，西至济州千余里，以备楚。”长城岭盖即泰山冈阜，以齐所筑长城经此而名。

⑤又名马岭山。在今陕西旬邑县西。《旧五代史·梁书·刘知俊传》：开平三年（909），“灵武节度使韩逊遣使来告急，太祖令康怀英率师救之，师次邠州长城岭，为（刘）知俊邀击，怀英败归”。即此。

长城驿 清康熙初置，在今山东济南市长清区东南九十里万德镇南长城。《清一统志·济南府二》“崮山驿”条：“本朝康熙初改置长城、崮山二驿，一丞主之。今裁。”

长城郡 ①北魏正光五年（524）置，属渭州。治所在黄石县（西魏改名长城县，今甘肃平凉市西北十里）。辖境相当今甘肃平凉市中部地。隋开皇初废。

②唐南诏置，属拓东节度。治所即今云南嵩明县。宋大理改嵩盟部。

长城堡 在今甘肃临洮县西北。《资治通鉴》：唐开元二年（714）十月，陇右群牧使王晙与薛讷会击吐蕃，“追奔至洮水，复战于长城堡，又败之”。胡三省注：“秦筑长城，起临洮，因以名堡。”《清一统志·兰州府二》：长城，“《府志》：（长城堡）在狄道县北三十五里”。

长城街 即今福建政和县西长城。平原广衍，明知县车鸣尝议移县治于此。

长城镇 ①即今安徽肥西县西北官亭镇北长镇。《方舆纪要》卷26合肥县“清水镇”条下：“又有长城镇，道出六安州，元设巡司于此，洪武九年废。”

②即今山东五莲县东北前长城岭。1948年以后五莲县曾由仁里村徙治于此。

长垱口 即今湖北仙桃市东北二十六里长埫口镇。清光绪《湖北全省分图》：沔阳州（治今沔城镇）东北有长垱口。

长荡 在今江苏苏州市西北十里。周回二十里。《方舆纪要》卷24苏州府长洲县：长荡，“府西诸流多汇于此，潴为巨浸。今多为豪民所据，遏水畜鱼，湖流渐狭，又西北达于运河”。

长荡湖 即长塘湖。又名洮湖。在今江苏溧阳市东北、金坛市南。《寰宇记》卷92常州宜兴县：长荡湖“在县西一百里。……《舆地记》云：洮湖即长荡湖也。《江赋》云：具区、洮、滆，皆此也”。

长标岭 在今广西富川瑶族自治县北。《方舆纪要》卷107富川县：长标岭“在县北六十五里。相传李靖讨萧铣收岭南地，常驻师植标于此”。

长柳川 在今甘肃卓尼县境。《晋书·乞伏炽磐载记》：东晋义熙九年（413），“炽磐率诸将讨吐谷浑别统支旁于长柳川、掘达于渴浑川，皆破之”。

长柳村 即今陕西城固县西柳林镇。《水经·沔水注》：“汉水又东得长柳渡。长柳，村名也。汉太尉李固墓碑铭尚存，文字剥落，不可复识。”

长柳镇 北宋置，属南郑县。即今陕西城固县西柳林镇。

长厚原 在今甘肃合水县治南。《方舆纪要》卷57合水县：长厚原“在县西南七十里”。

长临河镇 即长宁镇。今安徽肥东县南长临河镇。

长星沟 又名狄水河、七星沟。在今河北曲阳县西北，东南流经定州市南合古滱水。相当今孟良河。《水经·滱水注》：“滱水又东，右会长星沟，沟出上曲阳县西北长星渚。”《清一统志·定州》“长星沟”条引《旧府志》：“狄水河，在曲阳县东三里，出恒山北谷，南流至定州界入滱。相传宋狄青帅定州，尝转漕于此，故名。盖即长星古渎也。今塞。”

长秋山 在今四川蒲江县东二十里。明曹学佺《蜀中名胜记》卷13蒲江县：“《七签》：主簿山一名长秋山。”《方舆纪要》卷71蒲江县：长秋山“山高耸。一名主簿山，以昔有主簿王兴者得仙于此而名。《寰宇记》谓之小可慕山”。

长秋城 北周置，属临汾县。故址在今山西新绛县西北二十六里泽掌镇。

长顺县 1942年由长寨、广顺二县合并设置，属贵州省。治所即今贵州长顺县。由长寨、广顺二县各取一字为名。

长修（脩）县 西汉初为长修侯国，后改为长修县，属河东郡。治所在今山西新绛县西北泽掌镇。东汉废。

长信泷 在今江西兴国县东。《方舆纪要》卷88赣州府兴国县：长信泷在“县东二十五里。永丰、宁都之水入县界者皆汇于此。狂澜奔驶，声吼如雷。俗呼上曰哑滩，以舟过禁声也，下曰泥滩，以深不可测也”。

长泉县 ①唐武德二年（619）置，属怀州。治所在今河南济源市西南七十八里长泉村。寻废。

②唐开元二十六年（738）置，属兰池州。治所在今内蒙古鄂托克旗境。开元二十六年（738）改置归仁县。

长泉镇 ①北宋置，属河清县。在今河南济源市西南七十八里长泉村。金属孟津县。后废。

②北宋置，属青神县。在今四川青神县西。明曹学佺《蜀中名胜记》卷12青神县：“《志》云：长泉镇有麒麟桥，王蜀时，麒麟见于此，因立麒麟院。”

长律镇 北宋置，属溆浦县。在今湖南溆浦县东。

长胜圩 即今江西宁都县南长胜镇。1933年中央革命根据地置长胜县治此。

长胜县 ①1933年8月中央革命根据地由博生县南部和瑞金县北部析置，驻长胜圩（今江西宁都县南长胜镇）。1934年10月废。

②1933年10月川陕革命根据地置，治立山场（今四川仪陇县驻地新政镇东北立山镇）。后迁治鼎山场（今四川巴中市南鼎山镇）。1935年3月废。

长胜堡 ①明置，即今辽宁辽中县东茨榆坨镇。《方舆纪要》卷37辽东都司“柳条堡”条下：“又长勇堡，在司北百五十里。其西为长胜堡。”民国《奉天通志》卷76辽中县：“茨榆坨为明长胜堡故地。”

②在今山西天镇县北。《清一统志·大同府》：长胜堡“在天镇县北。明永乐元年筑，周五里六里步，濠深一丈”。

长亭盐场 在今浙江宁海县东长街镇。宋《嘉定赤城志》卷7宁海县：长亭盐场“在县东一百二十里。旧在港头，大观三年徙今地”。

长洮铁路 即长白铁路。从吉林长春至洮安（今白城市）。

长洲 ①在今广东广州市东南黄埔区长洲镇。珠江北支东流至此，分流绕之，珠江南支亦于此从西南来会。为广东省第二重门户。清同治《番禺县志》卷5：“沙州南水东流迳长洲村。”

②在今广西梧州市西七里浔江中。《寰宇记》卷164戎城县：“长洲在州西七里浔江心，对戎城县，周回六十里，阔五里，有居人百余户，多以槽酒为业。”《方舆纪要》卷108梧州府苍梧县：长洲“在府西七里大江中。纵三十里，横三里。居民甚繁”。

长洲军 唐乾元二年（759）置，治所在长洲县（今江苏苏州市）。大历五年（770）废。

长洲县 唐武则天万岁通天元年（696）分吴县置，与吴县并为苏州治。治所即今江苏苏州市。《元和志》卷25：长洲县“取长洲苑为名”。宋为平江府治。元为平江路治。明为苏州府治。1912年并入吴县。

长洲苑 在今江苏苏州市西南、太湖北。春秋时为吴王阖闾游猎之处。《越绝书·吴地传》：阖闾“走犬长洲”。《汉书·枚乘传》：枚乘说吴王濞，汉修治上林，杂以离宫，“不如长洲之苑”。注引服虔曰“吴苑”。孟康曰：“以江水洲为苑也。”左思《吴都赋》：“佩长洲之茂苑。”皆此。

长举县 隋初改苌举县置，属兴州。治所在今陕西略阳县西北白水江镇长峰村。大业初属顺政郡。唐属兴州，贞观三年（629）北移三里。元世祖至元二十年（1283）废。

长勇堡 明置，属沈阳中卫。即今辽宁沈阳市西南大高华堡。明《辽东志》卷3：长勇堡“官军五百八十三员名，堡东地势平漫，临境武靖营可按伏”。

长泰县 ①五代南唐保大十三年（955）升武胜场为县，并改名长泰，属泉州。治所即今福建长泰县。北宋太平兴国五年（980）改属漳州。元属漳州路。明、清属漳州府。1913年属福建西路道。1914年属汀漳道。1928年直属福建省。

②辽置，属上京临潢府。治所在今内蒙古巴林左旗（林东镇）东南波罗城（上京城遗址）。县衙在上京皇城西南。金移治今巴林左旗西北，今四方城乡有古城，当是长泰县城。元废。

长泰馆 馆驿名。辽置，在今内蒙古巴林左旗西南。《辽史·地理志》上京道引宋薛映记曰：“七十里宣化馆，五十里长泰馆。馆西二十里有佛舍、民居，即祖州。”

长埔墟 即今广东五华县西南长布镇。清同治《广东图说》卷90：长乐县有长蒲墟汛。

长盐池 在今内蒙古乌审旗北。《清一统志·鄂尔多斯》：长盐池“在右翼前旗（扎萨克驻今乌审旗东北阿都亥）南三十五里。蒙古名达布苏图（意为‘有盐’）”。

长恭县 唐贞观三年（629）置，为燕州治。治所在今广西藤县西七十里。七年（633）废。

长桥 ①在今河北临漳县西南漳水上。《资治通鉴》：唐建中三年（782），马燧等讨田悦，“诸军屯于漳滨，田悦遣其将王光进筑月城以守长桥……悦将王光进以长桥降”。

②又名蛟桥、荆溪桥。在今江苏宜兴市城南。《寰宇记》卷92宜兴县：“长桥在县城前二十步。……按陆澄《地理书抄》云：袁府君，后汉人也，造此桥。即晋周处少时斩长桥下食人蛟，即此处也。其桥有一十三间。”

③又名利往桥、垂虹桥。在今江苏吴江市东二里。北宋朱长文《吴郡图经续记》卷中：“吴江利往桥，庆历八年，县尉王廷坚所建也。东西千余尺，用木万计。萦以修栏，甃以净甓，前临具区，横截松陵，湖光海气，荡漾一色，乃三吴之绝景也。桥成，而舟楫免于风波，徒行者晨暮往归，皆为坦道矣。桥有亭，曰垂虹。”

④在今江苏吴江市南二十里八拆镇。元、明置巡司于此。《清一统志·苏州府二》：八赤镇“在震泽县南二十里。元置长桥巡司于此。明因之。今裁”。

⑤在今陕西凤县东北。《宋史·宁宗纪》：南宋开禧三年（1207），“四川宣抚副使司参赞军事杨巨源与金人战于长桥，败绩”。即此。

长桥海 在今云南蒙自市东。《方舆纪要》卷115蒙自县：长桥海在“县东二十里。构木为梁，长十余丈，四面皆水”。

长桥集 在今河北永年县（临洺关）东南。《新唐书·王虔休传》：“军司马元谊据洺州叛，虔休遣将李廷芝讨之，战长桥，斩级数百。”

长桥墟 即今福建漳浦县东北三十里长桥镇。清《乾隆内府舆图》：漳浦县东北有长桥。

长桥镇 北宋置，属郑城县。即今河南郏县东南三十里长桥镇。

长夏河 在今湖北洪湖市北、仙桃市西南。《方舆纪要》卷77沔阳州：长夏河在“州南四十里。《志》云，襄水为汉之潜，而长夏河即夏水，江之沱也。自监利县流入境，东为大马长川，过沙口，又东北过柴林河，至直埠，与汉水合”。

长峪口堡 明宣德年间置，在今河北宣化县西北四十里常峪口。《方舆纪要》卷18万全都司：长峪口堡“有黄草滩、骆驼鞍等冲，而坝口东堡北，尤为极冲”。

长峪城 在今北京市昌平区西八十里，近怀来县界。清光绪《昌平州志》卷3：“长峪城高一丈八尺，周三百五十余丈，南北二门。明正德十五年建城，南有小城曰长峪新城。”皆为明、清驻守重地。

长脑墟 在今广西河池市西北长老乡。清光绪三十年（1904）曾五、陆三等扰河池，陆荣廷破之于长脑。

长卿山 在今四川梓潼县西南。《寰宇记》卷84梓潼县：长卿山“在县南五里。旧名神山。按《图经》云：唐玄宗幸蜀，遥见山上有窟，近臣奏此汉司马相如读书之窟，敕改为长卿山”。《方舆纪要》卷68梓潼县：长卿山在“县治西南二里。旧名神山”。今有司马长卿石室。山上有唐西崖寺摩崖佛像及宋、明人题记。山下有东汉李业墓阙。

长离水 即今甘肃东南渭水支流胡芦河。《水经·渭水注》：“瓦亭水又南径成纪县东，历长离川，谓之长离水。”《三国志·魏书·夏侯渊传》：东汉建安十九年（214），“渊以为（韩）遂兵精，兴国城固，攻不可卒拔，不如击长离诸羌。长离诸羌多在遂军，必归救其家。若舍羌独守则孤，救长离则官兵得与野战，可必虏也”。

长浦寨 在今浙江台州市路桥区东长浦街之司城。明、清置巡司于此。

长涂（塗）岛 即今浙江岱山县东部之大、小长涂山岛。明嘉靖《宁波府志》谓长涂山在“昌国西北海中”。《清史稿·地理志》：定海直隶厅有大、小长涂山。

长流水 ①在今内蒙古阿拉善左旗南、贺兰山之西。《明经世文编》卷69王越《平贺兰山后报捷疏》：弘治十年（1497），明军出贺兰山，“地方宽漫，兵分奇正，疾驱长捣，遍历有水草虏可居止之处，朱谨抵长流水、乱井、王谷堡泉、臭水井、歇马亭等处”。

②清置台站。在今新疆哈密市东一百四十里。清祁韵士《万里行程记》：格子烟墩“西行七十里至长流水。至此沙退土生，方见林木，水味始甘。村之中央起一土阜，建帝君庙于上”。

长流水驿 明置，在今宁夏中卫市西七十里长流水。清乾隆《甘肃通志》卷6：“节使出入，属国朝贡，路皆由此，近商旅亦接踵往来，遂成孔道。”

长流河 在今河北安新县西南五里。《方舆纪要》卷12新安县：长流河“一名长沟河。其上流即易州之鲍河也。经安肃（今徐水）、容城县，流入县境。又东南流至雄县，入于瓦济河。或以为即渥水旧流也。《志》云：县南三里有梁头河，即长流河下流也”。

长陵 ①西汉高祖刘邦的陵墓。在今陕西咸阳市东北约四十里。《汉书·高帝纪》：惠帝元年（前194）“五月丙寅，葬长陵”。现陵冢长180米，宽175米，高80米，呈长方形夯土堆，远望之若山丘陵起，十分雄伟。陵东南200米处有吕后冢。东北还有汉初著名良臣萧何、张良、周勃等人的陪葬墓几十座。1988年长陵被定为全国重点文物保护单位。

②为北魏孝文帝元宏的陵墓。在今河南洛阳市老城西北三十里孟津官庄村东的大冢。《魏书·高祖纪》载：太和二十三年（499），“夏四月丙午朔，帝崩于谷塘原之行宫，时年三十三。……还京师。上谥曰孝文皇帝，庙曰高祖。五月丙申，葬长陵”。

③在今北京市昌平区北天寿山中峰之下。明十三陵之一。为明成祖朱棣之陵。在明十三陵中规模最大。建于永乐七年至十一年（1409—1413）。《明史·成祖纪》：永乐二十二年（1424）九月，“葬长陵”。外院有陵门、神库、神厨及碑亭。中院有享殿棱恩殿、棱恩门、棂星门。后院有宝城、明楼。宝城下即地宫。1955年地面建筑进行全面整修。

长陵山 在今陕西镇安县北二十里。《方舆纪要》卷54镇安县：长陵山“以崖岫绵延而名”。

长陵冈 在今河南太康县西南。《方舆纪要》卷47太康县“义安驿”条下：“县西南三十里有长陵冈。洪武初置递运所于此。”

长陵县 ①西汉高帝十二年（前195）置，属左冯翊。治所在今陕西咸阳市东北三十里。以汉高祖陵墓而得名。东汉属京兆尹。三国魏废。

②南朝梁置，为长陵郡治。治所即今河南息县东七十一里长陵乡。北齐改属新蔡郡。隋开皇初废。

长陵郡 南朝梁置，属西豫州。治所在长陵县（今河南息县东七十一里长陵乡）。北齐废。

长萝山 在今湖北竹溪县东南。《元和志》卷21上庸县：长罗山“在县北四里”。《方舆纪要》卷79竹山县“上庸山”条下：长萝山“以山势延蔓，如垂萝然”。

长营集 一名常营集。即今河南太康县西常营镇。明嘉靖《太康县志》卷1《集店》：“长营集，西北四十里。”

长蛇水 即今陕西宝鸡市陈仓区西北金陵河。《水经·渭水注》：渭水“东与楚水合，世所谓长蛇水。水出汧县之数历山也，南流经长蛇戍东，楚水又南流注于渭”。

长蛇县 北魏孝昌二年（526）置，属东秦州。治所在长蛇镇（今陕西宝鸡市陈仓区西北县功镇东南十里）。北周为安夷郡治。隋开皇十三年（593）移治今陈仓区西北县功镇。十八年（598）改名吴山县，后废。义宁元年（617）复置，属扶风郡。唐贞观元年（742）改名吴山县。

长蛇镇 北魏和平三年（462）置，在今陕西宝鸡市陈仓区西北县功镇东南十里。孝昌二年（526）于此置长蛇县。

长望川 即今湖北竹溪县西北竹溪河。《方舆纪要》卷79竹溪县：长望川在“县西三里。川深土美，一溪中出，即竹溪河也”。

长清关 元置，在今浙江诸暨市西紫云乡寨头。《方舆纪要》卷92绍兴府诸暨县：长清关在“县西南五十里”。

长清县 ①隋开皇十四年（594）置，属济州。治所在今山东济南市长清区西南三十里。《元和志》卷10长清县：“因清水（即今黄河）为名。”大业初属济北郡。唐属齐州。北宋属济南府，至道二年（996）徙刺榆店，即今长清区治。元属泰安州。明属济南府。民国初属山东济南道。1928年直属山东省。2001年撤销长清县，改设济南市长清区。

②1941年8月山东革命根据地由原长清县分置，治赵官镇（今山东济南市长清区西南赵官镇）。1946年3月改名河西县。

长淮卫　明洪武六年（1373）置，属中都留守司。治所即今安徽蚌埠市东二十里长淮卫镇。清废。

长淮关　即今安徽蚌埠市东长淮镇。《明史·地理志》凤阳县："西北有长淮关，洪武六年置长淮卫于此。"《方舆纪要》卷21凤阳府："长淮关在府西北三十里，地名粉团州，长淮卫置于此。"

长渊县　一作长泉县。西魏废帝二年（553）改南陕县置，属恒农郡。治所在今河南洛宁县西四十一里长水乡。隋属弘农郡，义宁元年（617）改为长水县。

长渠　一名白起渠。在今湖北宜城市西南四十里。《水经·沔水注》："昔白起攻楚，引西山长谷水，即是水也。……白起渠溉三千顷，膏良肥美，更为沃壤也。"《元和志》卷21襄州义清县：长渠"在县东南二十六里，派引蛮水"。曾巩《长渠记》："鄢入秦，而起所为渠不废。引鄢水以灌田，今长渠是也。"

长堰镇　即今湖北武汉市黄陂区东北三十六里长堰镇。清光绪《黄安县志》卷10《兵事》：同治六年（1867）四月，捻军回走"黄陂长堰、长轩岭"。

长堤　①在今河北冀州市北。《方舆纪要》卷14冀州：长堤"在城北，抵宁晋、新河县境。高丈余，长百三十里，以防滹沱漳河之涨溢。成化十八年知州李德美所筑"。

②在今山东东明县南。《方舆纪要》卷16东明县：长堤"在县南。西接长垣县境常村、新丰等堤，东入曹州界，绵亘百余里。《河防考》：县西南二十里有响子口，即正统十三年大河决入处也。又有七里堤，在县西四十里，长七里"。

长堤山　在今河北涞水县西十里。《方舆纪要》卷12涞水县：长堤山"高耸突峙，可以远眺"。

长葛　春秋郑邑。在今河南长葛市东北二十余里。《春秋》：隐公五年（前718），"宋人伐郑，围长葛"。杜注："颍川长社县北有长葛城。"

长葛县　隋开皇六年（586）置，属许州。治所在今河南长葛市东北十六里老城镇。大业初属颍川郡。唐属许州。北宋属颍昌府。金属许州。清属许州直隶州。民国初属河南开封道。1927年直属河南省。1960年徙治和尚桥（即今治）。

长最城　在今甘肃永登县南。东晋永和三年（347），后赵伐前凉时筑。《晋书·石季龙载记》：季龙遣将"与麻秋率步骑三万长驱济河，且城长最"。即此。

长傍城　唐南诏置，属永昌节度。在今缅甸克钦邦东部拖角附近。

长街镇　即今浙江宁海县东五十四里长街镇。宋置长亭盐场于此。

长奠堡　明万历六年（1578）置，即今辽宁宽甸满族自治县南长甸镇。《方舆纪要》卷37辽东都司：长奠堡"在宽佃南百里，其东北五十里为永奠堡"。

长道县　西魏废帝置，为长道郡治。治所即今甘肃西和县北长道镇。隋属汉阳郡。唐属成州，天宝末废。咸通十三年（872）复置，属秦州。北宋熙宁七年（1074）改属岷州。南宋属西和州。元世祖至元七年（1270）废。

长道郡　西魏废帝改天水郡置，治所在长道县（今甘肃西和县北长道镇）。辖境相当今甘肃礼县、西和两县北部地。北周废。

长渍河　即今四川雅安市西之紫石河。《明史·地理志》雅州："东南有荥水，一名长渍河。"清陈登元《蜀水考》卷1：平羌河（今青衣江）"南流四十里至雅州府城东，长渍河注之。河源出雅安县飞龙关"。

长湖　①即镜湖。又名鉴湖。东汉永和五年（140）由会稽太守马臻主持修筑，在今浙江绍兴市南会稽山北麓。周三百余里。唐以后逐渐淤浅，至南宋大部被围为田。《清一统志·绍兴府》：镜湖"在山阴县（今绍兴市）南三里。一名鉴湖。一名长湖。又名太湖"。

②在今湖北荆门市东南。《清一统志·荆门州》：长湖"在荆门州东南二百里东寨村"。

长湖水　在今湖南新宁县西。《清一统志·宝庆府》：长湖水"源出县北罗洪岩，西南流，合新寨水入夫夷水"。

长湖郡　西魏置，属襄州。治所在义安县（后改常平县，今湖北襄阳市襄城区西）。隋开皇初废。

长塘堰　在今浙江宁波市鄞州区西南。《方舆纪要》卷92宁波府鄞县：长塘堰"在府西南二十五里。一名百丈堰，江河夹流其下"。

长塘湖　又名洮湖。在今江苏溧阳市东北、金坛市南之长荡湖。《晋书·苏峻传》：东晋咸和三年（328）苏峻既败，其将韩晃等奔张健于曲阿，"以舟军自延陵向长塘"。即此。

长塘墟　即今广西南宁市邕宁区东北长塘。清雍正《广西通志》卷20南宁府宣化县：东去水路"东瓜塘十里至长塘"。

长椿寺　在今北京市西城区长椿街。为明万历四十年（1612）孝定太后为水斋禅师明阳建。主要殿宇有前殿、大殿及后罩楼等。清乾隆年间御书匾曰"大觉真源"。

长硐镇　唐置，属拓州。在今四川红原县南。《寰宇记》卷80拓州："西至郡内长硐镇九十里。"

长腰山　即今福建霞浦县西南三沙湾内长腰岛。清《乾隆内府舆图》：霞浦县西南有长腰山。

长溪　①在今江苏南京市东南。宋《景定建康志》卷18："长溪在上元县东南六十里，阔五丈。《丹阳记》云：湖熟前有长溪，东承句容县赤山湖水，入于秦淮。"

②在今福建霞浦县西四十五里。《元和志》卷29长溪县：长溪“在县南四十五里，流入大海”。《方舆纪要》卷96福宁州：长溪“源出浙江庆元县界流入境，经福安县而东，会柘洋水达州城西，又南经古镇门入海。迤逦数百里，唐因以长溪名县”。

③即今重庆市彭水苗族土家族自治县南之长溪河，为乌江支流。《清史稿·地理志》：“涪陵江即黔江，自州入，西纳长溪，北径城西，西入涪州合大江。”

长溪关 在今浙江慈溪市东南五磊山东关头。《方舆纪要》卷92慈溪县：长溪关“在县西北长溪岭。溪流其下”。

长溪县 唐武德六年（623）置，属泉州。治所即今福建霞浦县南古县。同年并入连江县。长安二年（702）复置，徙治今霞浦县，仍隶泉州。宋属福州。元世祖至元二十三年（1286）升为福宁州。《资治通鉴》：五代晋齐王开运元年（944），“闽王延政遣卢进以兵三千屯长溪”，即此。宋时置有银场及盐场。

长溪河镇 亦名龙溪场。即今重庆市巫山县西北长溪河注入大宁河口处之龙溪镇。清光绪《巫山县志》卷2：龙溪场在“县东北一百五十里”。

长滨铁路 即中东铁路长滨段。自今吉林长春至黑龙江省哈尔滨。全长240公里。今为京哈线的一段。

长滩井 在今重庆市万州区东南长滩镇。《清一统志·夔州府一》：长滩盐井“在万县南一百里”。

长滩屯 即今辽宁辽中县东北长滩镇。民国《辽中县志》卷5：长滩屯“在辽宁辽中县之东北五十里，濒浑河右岸”。

长滩砦 在今贵州锦屏县南。《方舆纪要》卷121湖耳蛮夷长官司：长滩砦“在司西三十里”。

长滩塘 即今广西平乐县东南二十五里长滩乡。清光绪《广西舆地全图》平乐县图：东南有长滩塘。

长滩镇 北宋置，属长江县。即今四川大英县东北隆盛镇。《清一统志·潼川府二》“客馆镇”条下：“又有长潭镇，在县西一百十里。有堡，即长滩。”

长墙山 在今浙江海盐县西南三十里澉浦镇东。宋《绍定澉水志》卷上：长墙山“在镇东三里。高八十丈，周围十九里。山之阿有黄道祠，山之下有造船场，山之巅立烽燧，山之外捍大海。秦始皇东游，登山望海，以其孤耸，遥望如堵墙，因名”。

长寨山 在今广西横县东二十里。《方舆纪要》卷110横州：长寨山“形如执笏，一名将军山”。

长寨厅 清雍正四年（1726）置，属贵阳府。治所即今贵州长顺县。1913年改为长寨县。

长寨县 1913年改长寨厅置，属贵州黔中道。治所即今贵州长顺县。1920年直属贵州省。1942年与广顺县合并，改设长顺县。

长墩 在今广西钦州市西南三十里。明洪武十年（1377）置巡司于此。清乾隆四年（1739）移治大寺墟（今钦州市西北九十里大寺镇）。

长箱城 在今河南长葛市东北十六里老城镇。《元和志》卷8许州长葛县：长箱城，“东魏武定五年，清河王高岳率众围西魏将王思政于颍川，因筑此城。初以车箱为楼，因名长箱城”。隋置长葛县于此。

长潭驿 在今河南新县北八里长潭乡。明置驿，万历中移巡司于此。

长薄 关隘名。在今河南信阳市南近豫、鄂交界处。《资治通鉴》：南朝梁天监七年（508），魏义阳三关戍主侯登以城降梁。八年，魏中山王英至义阳，将取三关，梁司州刺史马仙琕“使云骑将军马广屯长薄，军主胡文超屯松岘”，即此。《方舆纪要》谓在武阳关北。

长凝街 又名长宁镇。即今河北滦南县东北二十五里长凝镇。清光绪《滦州志》卷8：长凝街在“城南三十里”。

长濑津 即今安徽寿县东五里东津渡。《水经·肥水注》：“肥水自黎浆北径寿春故城东为长濑津。津侧有谢堂北亭，迎送所薄，水陆舟车，是焉萃止。”

长臂州 唐天宝前置羁縻州，属雅州都督府。治所在今四川宝兴县境。后废。

长霸县 辽置，为祖州治。治所在今内蒙古巴林左旗西南石房子村古城。金废。据《辽史·地理志》：祖州城“幅员九里”。长霸县衙在祖州城内东南横街之东。

仁山 ①在今浙江兰溪市西北三十余里。《清一统志·金华府一》：金履祥墓“在兰溪县西北仁山后”。元金履祥（1232—1303）晚年讲学于仁山之下，学者称仁山先生。

②在今广东中山市北。《方舆纪要》卷101广州府香山县：仁山“在县（今中山市）治北。有六阜环列，谓之七星峰。其北一阜曰寿山，东南曰丰山，西曰武山，洪武初筑城，平其三阜”。

仁义河 在今山西灵石县南。《方舆纪要》卷41灵石县：仁义河“在县南四十里。源出沁源县境。经尖阳山，民引渠以灌田，至仁义驿西南二十里而入于汾”。

仁义砦 即今山西灵石县南南关镇东仁义村。《宋史·杨廷璋传》：五代周世宗时，“率兵入太原境，拔仁义、高壁等砦”，即此。

仁义镇 清置，属灵石县。在今山西灵石县南二十五里仁义村。乾隆二十七年（1762）设巡司驻此。

仁丰（豐）镇 金置，属济阳县。即今山东济阳县东北六十里仁风镇。明洪武元年（1368）置巡检司，八年（1375）裁。

仁内乡　即今广东连州市西北西岸镇。《明史·地理志》连州："有西岸巡检司，治仁内乡，后徙阳山县境。"

仁水　即今贵州西北部之赤水河。《清一统志·遵义府》：仁水"在仁怀县西南。亦名仁怀水。又谓之仁怀河。即永宁县赤水河。入县境二百里至县城西，又北流三十里入合江县界"，注入长江。

仁水寨镇　金置，属禹城县。在今山东禹城市地。

仁化县　南齐置，属始兴郡。治所在今广东仁化县北城口镇。民国吕式斌《今县释名》："尉佗自王南越，筑仁化城，后为仁化乡。"因以为名。后废。唐垂拱四年（688）复置，属韶州。治所在今仁化县北三里走马坪。北宋开宝五年（972）废入乐昌。咸平三年（1000）复置，移治今仁化县。元属韶州路。明属韶州府。民国初属广东岭南道。1920年直属广东省。

仁风驿　宋改西亭驿置，在今浙江绍兴市西门外。明改蓬莱驿。

仁风亭　在今湖北武汉市汉阳城区北。《清一统志·汉阳府》：仁风亭"在汉阳县北、秋兴亭东。旧名寥廓。宋知军蔡纯臣更名"。

仁风镇　即今山东济阳县东北仁风镇。1946—1950年先后为杨忠、惠济县治。

仁本　即仁布宗。今西藏仁布县西北仁布乡。清乾隆《卫藏通志》卷12作"仁本"。

仁布宗　原西藏地方政府设，治所即今西藏仁布县西北仁布乡。1960年改设仁布县，驻强钦雪。

仁达　在今西藏江达县东北。藏语意为溪口。产铜、铁。有黄铜、鸡血铜二种。清季尝设厂开采。

仁庆林　即仁进里。今西藏墨竹工卡县东南仁青。

仁州　①南朝梁大同二年（536）废赤坎戍置，治所在赤坎城（在今安徽固镇县东南仁和集；一说在今灵璧县东南）。北魏辖境相当今安徽怀远、固镇、灵璧、泗县等县部分地。隋大业初废。

②唐武德四年（621）置，治所在夏丘县（今安徽泗县）。辖境相当今安徽泗县、固镇等县地。贞观八年（634）废。

仁江　在今贵州遵义县东北。《寰宇记》卷121播州芙蓉县："仁水在县西南一里，东南流注邪水。"《明一统志》卷72播州宣慰司：仁江"在宣慰司东南五十里。源自永安驿山涧，下流合湘江，入乌江"。

仁寿山　在今甘肃陇西县南。《方舆纪要》卷59巩昌府陇西县：仁寿山"在府城南。逶迤百里"。《清一统志·巩昌府一》：仁寿山"在陇西县南一里。山自漳县来，延亘百余里，其东为盘龙山"。

仁寿水　即今四川仁寿县东球溪河。《寰宇记》卷85仁寿县：仁寿水"在县西十里，东流合婆支水"。《元丰九域志》卷7：仁寿县有仁寿水。

仁寿县　隋开皇十八年（598）改普宁县置，为陵州治。治所在今四川仁寿县东二里。明曹学佺《蜀中广记》卷51：仁寿县"从文帝年号"。一说以仁寿宫为名。大业三年（607）为隆山郡治。唐武德元年（618）为陵州治，贞观元年（627）移治今仁寿县。天宝元年（742）为仁寿郡治，乾元元年（758）复为陵州治。北宋熙宁五年（1072）为陵井监治，宣和四年（1122）为仙井监治。南宋隆兴元年（1163）为隆州治。元世祖至元二十年（1283）属成都路。明属成都府。清雍正五年（1727）属资州。民国初属四川永宁道。1928年直属四川省。南宋抗金英雄虞允文为本县人。

仁寿里　即今福建顺昌县北仁寿。民国时有县佐驻此。

仁寿驿　①宋置，在今江西宜丰县西。元废。

②明置，在今甘肃张掖市东四十里。地当往来要道，商业繁盛。

仁寿宫　在今陕西麟游县西五里。《隋书·高祖纪》：开皇十三年（593）行幸岐州，"诏营仁寿宫"。义宁元年（617）废宫置凤栖郡及麟游县。

仁寿郡　唐天宝元年（742）改陵州置，治所在仁寿县（今四川仁寿县）。辖境相当今四川仁寿、井研二县及双流县东南境。乾元元年（758）复改为陵州。

仁寿殿　隋唐东都宫殿。在今河南洛阳市隋唐故城内。徐松《唐两京城坊考》卷5称："宣政之北曰仁寿殿。"

仁寿寨　宋置，即今福建顺昌县北仁寿镇。明置巡司于此。

仁寿镇　即今福建顺昌县北仁寿镇。明洪武初置有巡司。清时顺昌县丞驻此。

仁进里　又作仁庆林。即今西藏墨竹工卡县东南仁青里。藏语意为宝洲。清林儁《西藏归程记》："由墨竹工卡至仁进里，道路较长，几及百里。"1960年并入墨竹工卡县。

仁村湾　即今安徽宣城市北养贤乡（仁村湾）。清光绪《宣城县志》卷4：城北有仁村湾。

仁里村　即今山东五莲县东北仁里。1948年五莲县人民政府迁驻于此。

仁里集　即今山东齐河县西南七十四里仁里集镇。旧属长清县。清光绪《山东通志》卷1《舆图志》：长清县西北有仁里集。

仁里街　即今云南永胜县东南仁和镇。民国初置县佐于此。1988年改名仁和镇。

仁怀厅　清雍正八年（1730）改仁怀县置，属遵义府。治所即今贵州赤水市。乾隆四十一年（1776）升为直隶厅，属贵州省。光绪三十四年（1908）改为赤水厅。

仁怀市　1995年撤销贵州省仁怀县，改设仁怀市，属遵义地区。1997年改由贵州省直辖。委托遵义市代管。

仁怀县　北宋大观三年（1109）置，属播州。治所在今贵州赤水市东南复兴镇。宣和三年（1121）废。

明万历二十九年（1601）复置，属遵义府真安州。治所在留元坝（今赤水市）。据明曹学佺《名胜志》："仁水在县西南一里，东南流注邳水，此仁怀县之所由名也。"郭子章《郡县释名》四川卷下称："仁江在播州宣慰司东南五十里。源自永安驿山涧，下流合湘江入乌江。曰仁怀者，仁水怀来之义也。"清雍正六年（1728）随遵义府改属贵州。雍正九年（1731）移治亭子坝（今仁怀市）。民国初属贵州黔中道。1920年直属贵州省。1995年改设仁怀市。

仁孜营　又称晒、色、色仁孜、色仁则。清乾隆年间置，在今西藏萨迦县东赛乡。

仁青里谿　又称仁庆林谿。原西藏地方政府设，治所即今西藏墨竹工卡县东南仁青里。1960年并入墨竹工卡县。

仁和门　五代晋、周东京城（今河南开封市）里城东面南门。五代梁称观化门，晋天福三年（938）改称仁和门。《续资治通鉴长编》：北宋建隆元年（960），赵匡胤陈桥兵变，还开封府，"乃整军自仁和门入，秋毫无所犯"。即此。太平兴国四年（979）改名丽景门。

仁和场　①即今重庆市长寿区东北乐温。清光绪《长寿县志》卷1：仁和场在"治北一百二十里"。

②即今四川西充县西北仁和镇。清光绪《西充县志》卷2：仁和场在"治西四十里"。

仁和县　北宋太平兴国四年（979）改钱江县置，与钱塘县同为杭州治。治所即今浙江杭州市。南宋为临安府治。元为杭州路治。明、清为杭州府治。1912年与钱塘县合并为杭县。

仁和城　即今四川简阳市西南镇金镇。西魏为仁和郡、贵平县治。

仁和郡　西魏置，治所在贵平县（今四川简阳市西南镇金镇）。隋开皇初废。

仁和盐场　在今浙江杭州市余杭区南十八里乔司镇。《方舆纪要》卷90杭州府：汤镇"有仁和盐场"。产海盐。清初盐课司驻此，设盐场大使。民国时改为场知事。

仁和街　即今云南马关县西南仁和镇。民国《马关县志》卷1：仁和街在县西南四十里。

仁和镇　①北宋置，属蓬溪县。在今四川蓬溪县南二十里。《清一统志·潼川府二》"利国镇"条内："又仁和镇，在（蓬溪）县南二十里。"

②在今江苏滨海县西北。旧属阜宁县，清时设苇荡右营守备驻此。

仁沱场　即今重庆市江津区东南仁沱镇。清光绪《江津县志》卷2：仁沱场"距城六十里"。

仁威庙　在今广东广州市区西部龙津路泮塘前街。是一座供奉道教真武帝的神庙。始建于北宋皇祐四年（1052），历代曾多次重修，以清乾隆、同治年间进行整修规模较大。庙堂建筑独特，雕工精细。

仁威垒　又名甲城。在今江苏句容市南。《南史·周弘让传》：南朝梁承圣二年（553），周弘让"为仁威将军，城句容以居之，命曰仁盛垒"。宋《景定建康志》卷20：仁威垒，"故老相传达溪将军屯兵于此。或云弃甲，因名甲城"。

仁侵孜宗　又作达那仁则、达那仁青孜、达那仁钦则谿、打那仁钦孜谿。治所即今西藏谢通门县东仁钦则乡。"仁侵孜"，藏语意为宝山顶。1960年并入谢通门县。

仁侵孜营　清乾隆后置，在今西藏谢通门县东仁钦则乡。藏语意为宝贵顶、宝山顶。因传说当地有一座发亮的山峰而得名。

仁亭　在今河南修武县境。东汉延熹二年（159）封欧阳参为仁亭侯。即此。《方舆纪要》卷49修武县：仁亭"后汉延熹二年，以诛梁冀功，封尚书令欧阳参为仁亭侯，是也"。

仁首街　即今江西靖安县东二十里仁首镇。清同治《江西全省舆图》卷1：靖安县东有仁首。

仁济桥　在今江西高安市城东，跨锦江西岸。《方舆纪要》卷84瑞州府高安县：仁济桥"在府治东。旧有浮桥，宋淳熙十二年，改建石桥于两岸。作石堤以摄悍流，垒八墩于深渊，以酾水势。墩之上架木为梁，甃以石版。梁之上覆以厦屋六十余间，往来者便之。后修废不一，元季毁于兵燹。明弘治九年，因旧址复建，长数十丈，屹为津要"。《清一统志·瑞州府》：仁济桥"在府治东。宋淳祐中建，名惠政。元大德中重修，改名。赵孟頫记，本朝康熙六年重建"。

仁爱暗沙　即今南海中中国南沙群岛之仁爱礁，位于美济礁东南14海里。为一南北长15公里、东西宽约5.6公里的环礁。低潮时大部分出露。中国渔民向称断节。1935年公布名称为汤姆斯第二滩。1947年改名仁爱暗沙。1983年改为仁爱礁。

仁溪　在今贵州印江土家族苗族自治县东。《方舆纪要》卷122思南府朗溪司：仁溪"在司治（今朗溪镇）前。出山岩中，自高而下，居人引以溉田。中有川主洲，在司治东南。居人建川主庙于其上，因名"。

仁德府　蒙古宪宗六年（1256）置仁地万户，元世祖至元十三年（1276）改仁德府，属云南行省。治所在今云南寻甸回族彝族自治县东北五里雨布村。《元史·地理志》仁德府："至四世孙，因其祖名新丁，以为部号，语讹为仁地。"辖境约当今云南寻甸回族彝族自治县地。明洪武十六年（1383）改寻甸军民府。

什子山　一名什子砦山。在今湖北麻城市东八十里。《元史·地理志》：麻城"兵乱徙治什子山，归附后还旧治"。《方舆纪要》卷76麻城县：什子山"有数峰排列，高耸干云。宋端平间，徙县于此。因山为险也"。

什方县　即今四川什邡县。《晋书·地理志》、《南齐书·州郡志》均作什方县。

什布奇山口　又作拉容玛山口。在今西藏阿里地区札达县札布让西。藏语意为阴坡舒适山口。原属札布让宗，南有高山，北近象泉河，海拔高程3100多米。地势较低，气候宜人，一年四季均可通行。1954年中印协定规定双方商人、香客均可经此山口互通往来。

什邡市 1995年撤销四川省什邡县，改设什邡市，市人民政府驻方亭镇。由德阳市代管。

什邡县 ①汉置，属广汉郡。治所即今四川什邡县。北周闵帝改为方亭县，武帝省入雒县。

②东汉改汁方县置，属广汉郡。治所即今四川什邡市。西晋改为什方县，属新都郡。南朝宋改为什邡县。齐又改为什方县。北周闵帝改为方亭县，武帝省入雒县。唐武德三年（620）复置，属益州。垂拱二年（686）改属汉州。五代前蜀永平元年（911）改为通计县。北宋复为什邡县。明洪武十年（1377）废入绵竹县，十三年（1380）复置。清康熙二十六年（1687）属成都府。1914年属四川西川道。1928年直属四川省。1995年改设什邡市。

什邡堂邛陶窑址 在今四川邛崃市南二里南河乡什邡堂。早在南朝时，邛崃等地即设有瓷窑，烧青瓷，称为邛窑。至唐极盛。现存大小窑包十三座，各种窑具和陶瓷残片堆积如山。1936年曾被军阀乱掘盗卖，致使邛窑遗物流出国外。据1984年的调查和发掘，窑址范围东西长530米，南北宽210米。分布在南河岸边的条形地带上。发掘了第3、5号窑包，清理龙窑数座，作坊遗址四间，出土数千件器物标本，大体可分为生活用具、文具、玩具、工具、人物俑、动物俑等。现窑址修建了300多平方米的陈列室和库房。1988年定为全国重点文物保护单位。

什字川堡 明置，属金县。即今甘肃皋兰县东南什川镇。

什谷 即鄩谷水。在今河南巩义市西南。《史记·张仪列传》："下兵三川，塞什谷之口。"《集解》引徐广曰："一作'寻'，成皋巩县有寻口。"《正义》引《括地志》："温泉水即寻，源出洛州巩县西南四十里。"一说"什谷之口"。即指洛口。

什拉穆楞河 即西拉木伦河。今内蒙古西辽河上源西拉木伦河。清魏源《圣武记》卷3：康熙二十九年（1690）八月，额鲁特准噶尔噶尔丹攻破喀尔喀蒙古，长驱南下至乌兰布通山，清抚远大将军福全进击，大破噶尔丹军，噶尔丹"拔营由克什克腾部之什拉穆楞河载木横渡，越大碛山宵遁"。

什帖镇 清置，属榆次县。即今山西晋中市榆次区东北三十五里什帖镇。民国时有县佐驻此。

什刹海 在今北京市城内。前海、后海、西海的总称。最初是积水潭的一部分，元代南方运来漕粮直接停泊于此。明初扩建京城，上游淤塞，湖水面缩小，呈三个相连的小水面，即前海、后海、西海，俗称后三海。《清一统志·顺天府二》：积水潭"自明初改筑京城，与运河截而二，积土日高，舟楫不至，是潭之宽广，已非旧观。故今指近德胜桥者为积水潭，稍东南者为什刹海，又东南者为莲花泡子，其始实皆从积水潭引导成池也"。

什贲城 又作十贲城。在今内蒙古杭锦旗北什拉召附近。《周书·杨忠传》：保定三年（563），"忠乃留（尔朱）敏据什贲，游兵河上"，即此。《元和志》卷4夏州朔方县：什贲故城"在县理北，即汉朔方县之故城也。……什贲之号，盖蕃语也"。

什善镇 在今江西遂川县南二十里。五代时为南唐龙泉县治。北宋明道三年（1034）龙泉县徙治今遂川县，此地仍为什善镇。后废。

什噶溪 亦名石角溪。即今四川屏山县（新发乡）西南西宁河。《方舆纪要》卷73马湖府蛮夷长官司：什噶溪在"司（今新安镇）西二里。源出小悍山……流入马湖江"。

什德宗 即今西藏阿里地区普兰县南十六里细德。藏语意为和平。清乾隆《西域同文志》卷18："西番（藏）语：什德，和平之谓，盖美其城风俗之词。"

仆（僕）千水 即今四川邛崃市南之火井河及南河（邛崃河）。《汉书·地理志》临邛："仆千水至武阳入江，过郡二，行五百一十里。"

仆（僕）水 即今云南南部之红河。汉至南朝称仆水。《汉书·地理志》越嶲郡青蛉："仆水出徼外，东南至来唯入劳，过郡二，行千八百八十里。"

仆（僕）固州都督府 唐置，寄治朔方县界。约在今陕西靖边县境。

仆（僕）固振水 在唐北庭都护府西北，金山（阿勒泰）之西。一说为乌伦古河，一说为哈喇额尔齐斯河，一说为新疆塔城市东之阔布克河。唐时葛逻禄部原在此游牧。

仆（僕）骨部 隋、唐铁勒十五部之一。在今蒙古国东北鄂嫩河上源至俄罗斯鄂嫩河中游一带。《新唐书·回鹘传·仆骨》："仆骨亦曰仆固，在多览葛之东。"唐贞观二十一年（647）置金微都督府。至德时，仆骨部贵族仆固怀恩以功为朔方节度使。

仆（僕）射山 又名胥山、庙诸山。在今江苏无锡市西南四十里闾江口内。汉仆射刘昌葬此，故名。今讹为白石山。

仆（僕）射陂 又名李氏陂、广仁池。在今河南郑州市东四里。《新唐书·地理志》郑州管城县："有仆射陂，后魏孝文帝赐仆射李冲。因以为名。天宝六年更名广仁池，禁渔采。"后名城湖，为郑县胜景。

仆（僕）射洲 在今湖南长沙市西湘江中。《新五代史·楚世家·马殷传》（附《希广传》）："彦瑫败希萼于仆射洲。"即此。

仆（僕）射塘 一名白土塘。旧址在今福建泉州市东北。《方舆纪要》卷99泉州府晋江县"烟浦埭"条下："又有仆射塘，唐元和二年刺史马总开浚，灌田数百顷。总后赠仆射也，俗号白土塘。"明时已废为田。

仇山 在今浙江杭州市余杭区西九十六里。宋《咸淳临安志》卷24：仇山“旧有仇山庙，因名”。有磁土矿。

仇由（仇 chóu） 即厹由。春秋国名。在今山西盂县东北。《韩非子·说林下》：“知伯将伐仇由，而道难不通，乃铸大钟遗仇由之君。”即此。

仇池山（仇 chóu） 一名瞿堆，又名百顷山。在今甘肃西和县南洛峪，为杨氏根据地。《三秦记》：“本名仇维山，上有池，故曰仇池山。”《水经·漾水注》：汉水“屈径瞿堆南。绝壁峭峙，孤险云高，望之形若覆唾壶，高二十余里，羊肠蟠道三十六回，《开山图》谓之仇夷，所谓积石嵯峨，嵚岑隐阿者也。上有平田百顷，煮土成盐，因以百顷为号。山上丰水泉，所谓清泉涌沸，润气上流者也。汉武帝元鼎六年开以为武都郡。天池大泽在西”。《元和志》卷22上禄县：“仇池山在县南八十里。壁立百仞，有自然楼橹却敌，分置均调，有如人功。上有数万人家，一人守道，万夫莫向。其地良沃，有土可以煮盐，杨氏故累世据焉。”

仇池县（仇 chóu） 西魏降仇池郡置，属顺政郡。治所在今陕西略阳县西北。寻改为灵道县。

仇池城（仇 chóu） 在今甘肃西和县南洛峪镇。《宋书·氐胡传》：“汉献帝建安中，有杨腾者，为部落大帅。腾子驹，勇健多计略，始徙仇池。仇池地方百顷，因以百顷为号，四面斗绝，高平地方二十余里，羊肠蟠道，三十六回。山上丰水泉，煮土成盐。驹后有名千万者，魏拜为百顷氐王。”《方舆胜览》卷70西和州：仇池城“晋时杨难当窃据筑城，自山之上属长道，下属成州同谷”。

仇池郡（仇 chóu） ①东晋太元中置，治所在洛谷城（今甘肃西和县西南洛峪镇）。北魏太平真君七年（446）改置镇，后复为郡。曾为梁州，益州、南秦州、成州治。隋开皇初废。

②北魏置，属东益州。治所在今陕西略阳县西北。西魏改为仇池县。

仇池镇（仇 chóu） 北魏太平真君七年（446）改仇池郡置，治所即今甘肃西和县西南洛峪镇。太和十二年（488）复为仇池郡。

仇犹（仇 chóu） 又作厹由、仇首、仇由、厹由。春秋国名。在今山西盂县东北。《史记·樗里子甘茂列传》：“知伯之伐仇犹，遗之广车，因随之以兵，仇犹遂亡。”即此。

仇犹城 一作仇由城。春秋末仇由国所在地，在今山西盂县东北一里。《元和志》卷13盂县：“县城本名原仇城，亦名仇由城。”

仇鸠水 在今甘肃徽县西十五里。《水经·漾水注》：仇鸠水“发鸠溪南，径河池县故城西，王莽之乐平亭也。其水西南流注浊水”。

仇鸠戍 在今甘肃徽县西。《魏书·肃宗纪》：北魏正光五年（524），“（莫折）念生遣其都督杨伯年、樊元、张朗等攻仇鸠、河池两戍”。

仇亭 在今浙江上虞市东北。《汉书·地理志》：会稽郡上虞县“有仇亭”。即此。

仇班渠 在今陕西泾阳县西。《资治通鉴》：东晋太元十年（385），“（前）秦王（苻）坚与西燕主（慕容）冲战于仇班渠，大破之”，即此。

仇留城（仇 qiú） 在今河南柘城县北。《元和志》卷7宁陵县：仇留故城“陈川自始基败后，遣将仇留伐鄢，以逼豫州。祖逖遣卫策进戍谷北高丘，以御仇留，故呼为仇留城”。

仇溪 在今浙江杭州市余杭区西八十六里。宋《咸淳临安志》卷36余杭县：仇溪“有二源：一出临安高陆山，东流八十六里至仇山之北；一出本县独松岭，东流八十里一百步至仇山，合流而东行十二里一百步，又合苕溪。以二水合流处有仇山，故名”。

仇摩置 即今乌斯腾塔格。在今新疆于田县南。《水经·河水注》：“河水又东与于阗河合，南源导源于阗南山，俗谓之仇摩置。”

化马关 明置，属岷州卫。在今甘肃宕昌县东南两河口乡东北化马。《清一统志·阶州二》：化马关“在州境西固城东五十里。明成化十九年筑”。

化石关 明置，属西固城千户所。在今甘肃宕昌县西。《明史·地理志》西固城所：“北有化石关。”《清一统志·阶州二》：化石关“在州境西固城北九十里”。

化龙山 亦名朔龙山。在今四川内江市西二里。明曹学佺《蜀中名胜记》卷8内江县：“城西二里化龙山麓，旧县址也。有长生观，凌风龛及冷然洞。咸淳中，郢有朱真人者，栖其中修炼，有吐纳之术。”

化龙水 在今江西于都县西北。《方舆纪要》卷88赣州府雩都县：化龙水“出县西北五十里鸡公山，西南流入贡水”。

化龙关 明置，属大足县。在今重庆市大足县东北宝鼎镇南化龙。《明史·地理志》：大足县“北有化龙关”。

化龙桥 在今广西北流市东南。《方舆纪要》卷108北流县：化龙桥“两溪水合流其下。旧为行旅津要。宋开庆初，甃石为桥，构亭其上。永乐十一年毁，十四年修治，改曰登龙桥”。

化龙堰 即今湖北房县西北五十里化龙堰镇。清魏源《圣武记》卷10：“房县以化龙堰为要隘。”

化龙溪 ①即今福建武平县南石窟河。《方舆纪要》卷98武平县：化龙溪“在县治南。一名南安溪。源出县东，流经此。又南合群溪水，入广东程乡县界”。

②在今湖南宁乡县东飞凤山之阳。《方舆纪要》卷80宁乡县：化龙溪“源出益阳县四方山，流至县东萦回环抱，宛如束带，合于玉潭江”。

化平川厅 清同治十一年（1872）置，属甘肃省。治所即今宁夏泾源县。1913年改为化平县。

化平县 金大定七年（1167）改安化县置，属平凉府。治所在制胜关（今宁夏泾源县西北四里官庄）。元初并入华亭县西北四里官庄。1913年又改化平川厅为化平县，属甘肃泾源道。1928年直属甘肃省。1950

年改为泾源县。

化北镇 即今福建福清市东南泽朗。《方舆纪要》卷96福州府福清县“化南镇”条下：“镇北数里曰化北镇，泽朗巡司置此。相传隋时掠琉球五千户居此，因名。”

化乍关 又名化榨关。即今贵州纳雍县西北化作苗族彝族乡。《方舆纪要》卷123附水西宣慰司：化乍关“在陆广河西北。夷人于此戍守”。

化乐镇 清置，属蒲县。在今山西蒲县东南二十六里化乐村。

化召县 南朝梁、陈间于废宋元县置，属新会郡。治所在今广东江门市新会区境。隋开皇十年（590）废入新会县。

化皮村 即今河北新乐市西南二十二里化皮镇。清同治《畿辅通志》卷50新乐县图：西南有化皮村。

化寺 即慈化寺。今湖北当阳市东慈化镇。清同治《当阳县志》卷1《市镇》：化寺在“治南二十里”。

化成关 即曷撒罕关。又称哈思罕关。金以辽苏州关改名，即今辽宁大连市北南关岭。《金史·地理志》曷苏馆路：“有化成关，国言曰曷撒罕关。”

化成县 ①唐先天元年（712）改化隆县置，为廓州治。治所在今青海化隆回族自治县西南六十里黄河北岸群科镇古城。天宝元年（742）改为广威县。后陷于吐蕃。

②金皇统三年（1143）改来苏县置，属复州。治所在今辽宁大连市东北金州镇。贞祐四年（1216）升为金州。

③即化城县。治所在今四川巴中市。

化成岩 在今江西宜春市西北。明《寰宇通志》卷39袁州府：化成岩“在府城西北五里，下瞰秀江，旧名化成台。有开花院，唐李德裕读书于此，后人立祠于寺之侧。绝顶有塔，宋郡守王古所立。塔之西峰有亭曰妙高，为登临胜处。绕山有亭轩曰介林、倚岩、翠霭、振鹭、容安。仰高览胜，漱石嵌空，后皆废。昔人诗有云：山秀云成叶，江湍浪作花”。

化庄集 即今河南新蔡县东北三十二里化庄乡。清尹耕云《豫军纪略》卷4：咸丰十一年（1861）六月，“有另股陈太常等分踞化庄集”。

化州 ①隋大业末置，治所在化明县（今安徽明光市东北）。唐贞观元年（627）废。

②唐置，治所在今云南楚雄市西北四十里吕合镇。辖境约当今云南楚雄市西部地。天宝后废。

③北宋太平兴国五年（980）改辩州置，治在石龙县（今广东化州市）。清光绪《高州府志》卷12：“隋时即以石龙名县，唐、宋至元，其名屡易，至我朝始定为化，盖亦取诸龙云。”是取“龙有变化”之意。辖境相当今广东化州、廉江二市及吴川市大部分地。元世祖至元十五年（1278）改为化州路。明洪武七年（1374）降化州府为化州，九年（1376）降为化县，十四年（1381）复为化州。1912年改为化县。

④明永乐五年（1407）属顺化府。治所在利蓬县（今越南中部广治省之香水）。辖境相当今越南广治省地。宣德二年（1427）以后入安南。

化州府 明洪武元年（1368）改化州路置，次年属广东行中书省。治所在石龙县（今广东化州市）。辖境相当今广东化州、吴川、廉江三市地。七年（1374）降为化州。

化州路 元世祖至元十五年（1278）改化州置，属海北海南道。治所在石龙县（今广东化州市）。辖境相当今广东化州、廉江二市及吴川市部分地。明洪武元年（1368）改为化州府。

化州新墟 亦名新圩。即今广东化州市西北合江镇西北新圩。清光绪《高州府志》卷10化州：新圩在“州北一百里”。

化县 明洪武九年（1376）降化州置，属高州府。治所即今广东化州市。十四年（1381）复为化州。1912年改为化县，属广东高雷道。1920年直属广东省。1959年改为化州县。

化林县 1912年于化林坪置，属康安道。治所在今四川泸定县东南兴隆镇东化林。1914年废入泸定县。

化林坪 在今四川泸定县东南兴隆镇东化林村。清代为川藏要冲。康熙二年（1663）于此设化林营。1913年改设化林县，次年改设县佐。

化明县 隋大业初改招义县置，属钟离郡。治所在今安徽明光市东北六十里女山湖镇（原名旧县）。唐武德七年（624）改为招义县。

化注县 南朝宋元嘉十三年（436）置，属绥建郡。治所在今广东广宁县西南三十里。南朝梁废。唐武德五年（622）复置，属南绥州。贞观元年（627）又废。

化城山 在今四川巴中市南三里。《寰宇记》卷139化城县：“以县南三里化城山为名。”

化城寺 在今河南济源市东北三十里。唐咸通中建。明曹学佺《名胜志》：“岩洞幽邃，乃裴通旧学之所。”

化城县 亦作化成县。北周大象二年（580）改梁广县置，为巴州、大谷郡治。治所即今四川巴中市。《寰宇记》卷139化城县：“以县南三里化城山为名。”隋大业初为清化郡治。唐武德初复为巴州治。天宝初为清化郡治。乾元初为巴州治。明洪武九年（1376）省入巴州。

化城镇 北宋置，属渠江县。在今四川华蓥市东北禄市镇西南化城坝。

化政郡 北魏太和十一年（487）置，属夏州。治所在岩绿县（今陕西靖边县北白城子），辖境相当今陕西榆林、佳县、横山等市县和内蒙古乌审旗南部地。西魏大统十二年（546）改名弘化郡。

化南镇 即今福建福清市南前薛。《方舆纪要》卷

96福州府福清县：化南镇“在县东南六十里，有民城，嘉靖中筑以御倭”。《清一统志·福州府一》：化南镇“在福清县东南六十里，地名前薛”。

化峒墟 即今广西靖西县东南化峒镇。清光绪《广西舆地全图》归顺州图：东南有化峒墟。

化觉寺 全称化觉巷清真寺，或称西安清真寺。在今陕西西安市化觉巷。相对于其西侧的大学习巷清真寺，又称东大寺，二者同为西安最古老的伊斯兰教建筑。据大学习巷清真寺内明嘉靖二年（1523）《重建清净寺碑记》载，东大寺始建于宋代。明洪武、万历和清乾隆年间曾多次重修、扩建。坐西朝东，沿东西向中轴线共分四进五院落。主体建筑为前后大殿、省心楼、凤凰亭和朝阳殿，合称五凤朝阳殿。其梁、枋、檐、柱、斗拱及细部构件多系明代风格。大殿可容二千人礼拜。殿内壁板彩画雕刻精细，是国内传统建筑类型清真寺中最宏伟的一座。1988年定为全国重点文物保护单位。

化峪河汛 在今湖北竹山县东北化峪河西岸。民国《湖北通志》卷36竹山县：化峪河“《光绪舆地记》：在城东六十里。驻外委”。

化梭亭 在今江西樟树市城内。明《寰宇通志》卷37临江府：化梭亭“在府治东北三十里清江镇。晋陶侃渔于雷泽，得织梭挂壁间，一日雷电，梭化为龙而去。后人遂作亭于陶母墓前”。

化隆县 ①南朝宋置，属宋康郡。治所当在今广东阳西或电白县境。隋废。

②西魏废帝二年（553）改石城县置，属浇河郡。治所在今青海化隆回族自治县西南六十里黄河北岸。《元和志》卷39廓州化城县：“因境内有化隆谷，故名。”隋属西平郡，唐初为廓州治所，先天元年（712）改为化成县。

③1931年改巴燕县置，属青海省。治所即今青海化隆回族自治县。1954年改为化隆回族自治区。1955年改为化隆回族自治县。

化稍营 即今河北阳原县东北九十里化稍营镇。清乾隆《宣化府志》卷10宣化县：南路有化稍营。同治《畿辅通志》卷52宣化县图：西南有华稍营，驻巡检。

化蒙县 南朝宋元嘉十三年（436）置，属绥建郡。治所在今广东广宁县西南东乡镇。隋属南海郡。唐武德五年（622）属绥州，贞观十三年（639）属广州。北宋开宝六年（973）废。

化德设治局 1934年由康保、商都二县析置，属察哈尔省。治所在嘉卜寺（今内蒙古化德县）。1936年改为新明设治局。

化德县 1949年改新明县置，属察哈尔省。治所在嘉卜寺（今内蒙古化德县）。1950年划归内蒙古自治区。1959年属锡林郭勒盟。1969年划归乌兰察布盟。

化穆县 南朝宋元嘉十三年（436）置，属绥建郡。治所在今广东广宁县东南五十里。南朝梁废。唐武德五年（622）复置，属南绥州。贞观十三年（639）又废。

仍 亦作有仍氏。即任，在今山东济宁市东南。

仍仲宁翁结巴寺 即扎什伦布寺。在今西藏日喀则市南尼色日山下。清《西藏图考》卷3：后藏“有寺曰扎什伦布，乃班禅额尔德尼坐床之所，旧名仍仲宁翁结巴寺”。

片马 在今云南泸水县西四十里片马。清代属云龙州，后改属保山县。见云贵总督硕色《处置秤戛等处分隶奏摺》。1911年被英国侵占。根据《中缅边界条约》规定，1961年6月4日归还中国。1966年改属泸水县。

片角 即今云南永胜县西南片角乡。《清一统志·永北厅》“黄草坡哨”条下：又有“片角、期纳等铺，旧有兵戍守”。

斤员水 即斤南水。今广西西南部左江及上源平而水。《汉书·地理志》误作“斤员水”。

斤沟镇 北宋置，属万寿县。即今安徽太和县东北倪邱镇东南斤沟集。《新五代史·杨师厚传》：“杨师厚，颍州斤沟人。”即此。

斤城县 北魏孝文帝置，治所在今山西吉县西北古贤村。隋开皇十六年（596）改为文城县。

斤南水 即今广西西南部左江及上源平而水。《汉书·地理志》郁林郡临尘县：“又有斤员（南）水。”领方县：“斤员（南）水入郁。”《水经·温水》：郁水“又东至领方县东，与斤南水合，东北入于郁”。

爪哇国 旧称阇婆或诃陵。即今印度尼西亚爪哇岛。元时始称爪哇国。元汪大渊《岛夷志略》、《元史·外国列传》、《明史·外国列传》等有专条记述。

反踪（蹤）城 在今山东淄博市淄川区城东北二十里罗村镇。《寰宇记》卷19淄州淄川县：故反踪城，“《齐记》云，齐景公失马，寻踪遂失于此，故有反踪城。又按《舆地志》云，魏明帝景初三年，以辽东新沓县吏民渡海来去还，于此地置新沓县以居之，属齐郡也”。

刘陵县 北魏太平真君十一年（450）改潞县置，属上党郡。治所在今山西黎城县北十里古县。建义元年（528）改属襄垣郡。北周属上党郡。隋开皇三年（583）属潞州。十八年（598）改黎城县。

介 周时东夷国。在今山东胶州市西南七十里。《春秋》：僖公二十九年（前631），“介葛卢来”。《左传》称“介葛卢来朝”，能通牛语。

介山 ①一名介休山、绵山。在今山西介休市东南。《史记·晋世家》：春秋时介子推隐居绵山后，“文公环绵上山中而封之，以为介推田，号曰介山”。

②在今山西万荣县东南。《汉书·武帝纪》：“朕用事介山，皆有光应。”即此。

介立山 又名方山。在今河南嵩县东北。《水经·伊水注》：焦涧水“东流径孤山南，其山介立丰上，单秀孤峙，故世谓之方山”。

介休山　即介山。在今山西介休市东南。

介休市　1992 年撤销山西省介休县，改设介休市，属晋中地区。1999 年撤销晋中地区，设立地级晋中市。介休市由晋中市代管。

介休后土庙　在今山西介休市城内北隅庙底街，由后土庙、三清观等寺观组成，是全真派道教古建筑群。创建年代不详。据碑记，南朝宋大明元年（457）、梁大同二年（536）皆重修。后毁于地震，元延祐五年（1318）重建。现在存殿堂多为明、清建筑。寺观西侧的主轴线上有影壁、天王殿、护法殿、献殿、二清楼、后土圣母殿。主轴线东依次并列吕祖阁、关帝庙和土神庙，庙前各有戏台一座，连成一体，均保存完好。主体建筑为戏楼和三清楼联体建筑，结构精巧。三清楼和四神殿配殿内珍藏数百尊明代道教彩塑，是此道观特色之一。寺观内还保存唐、五代、宋、元、明、清碑刻十余通。2001 年定为全国重点文物保护单位。

介休县　①西晋改界休县置，属西河国。治所在今山西介休市东南十五里。后废。北魏太和八年（484）复置，属西河郡。移治今介休市。北周废。隋开皇十八年（598）改平昌县为介休县，属介州。治所即今介休市。大业初属西河郡。义宁元年（617）为介休郡治。唐武德元年（618）改为介州治，贞观元年（627）改属汾州。明属汾州府。民国初属山西冀宁道。1930 年直属山西省。1992 年改设介休市。

②北魏永安中侨置，属五城侨郡。寄治汲郡陈城（今河南卫辉市）。北齐废。

介休郡　北周改定阳郡置，属介州。治所在平昌县（今山西介休市）。辖境相当今山西介休市及灵石县地。隋开皇初废，义宁元年（617）复置。唐武德元年（618）改置介州。

介州　①北周改汾州置，治湿城县（今山西汾阳市）。后废。

②唐武德元年（618）改介休郡置，治所在介休县（今山西介休市）。辖境相当今山西介休市、平遥县境。贞观元年（627）废。

介亭　①北宋熙宁中建，在今浙江杭州市南凤凰山上。苏轼有《登介亭饯杨次公》诗。

②在今山东胶州市西南七十里。《汉书·地理志》琅邪郡黔陬县："故介国也。"《续汉书·郡国志》：黔陬侯国"有介亭"。

介根　春秋时莒邑。在今山东胶州市西南（紧邻胶州市）。《左传》：襄公二十四年（前 549），齐崔杼"伐莒，侵介根"。杜注："介根，莒邑。今城阳黔陬县东北计基城是也。"西汉置计斤县。

介湖　在今四川长宁县南七十里双河镇。《舆地纪胜》卷 166 长宁军：介湖"在郡治西城下。植荷其中。建楼临湖曰郁蓝"。《方舆纪要》卷 70 长宁县：介湖"在县西城下。今废为田"。

介溪　在今江西分宜县。《方舆纪要》卷 87 袁州府分宜县：介溪在"县（旧治）北十五里。源出北境之介塘。渟汇清澈，冬夏不竭，溉田千余亩。东南流十余里，出县东五里耽江桥会秀江"。

仑（崙）山　在今江苏句容市东北。宋《景定建康志》卷 17：仑山"在句容县东北五十里。周回一十五里。高一十七丈。东连驹骊山，四十二福地也。唐肃宗时，谒者伍达灵在此山得道，丹成之后记于石壁，在绝顶尚存，仿佛可辨。山下又有伍达灵潭"。

仑头　即轮台。汉西域国名。国都在今新疆轮台县东南四十里。西汉武帝时为贰师将军李广利所灭。《史记·大宛传》："贰师后复行，兵多，而所至小国莫不迎，出食给军。至仑头，仑头不下，攻数日，屠之。"

仑孜　一作隆子。即今西藏隆子县。清乾隆《卫藏通志》卷 12 作"仑孜"。

仓上堡　明嘉靖三十七年（1558）置，属马营堡。在今河北赤城县西北。《方舆纪要》卷 18 马营堡：仓上堡"在马营东南。旧为蓄聚之所，因名。……四面皆鸟道相通，贼从马营犯云州，此其首冲也"。

仓口　①在今河北成安县西南五十里，与临漳县接境。《资治通鉴》：唐建中二年（781），"马隧等诸军屯于漳滨，田悦遣其将王光进筑月城以守长桥，诸军不得度。隧以铁锁连车数百，实以土囊，塞其下流，水浅，诸军涉度。时军中乏粮，悦等深壁不战。隧命诸军持十日粮，进屯仓口，与悦夹洹水而军"。即此。

②即仓门山。在今河北沙河市西北。《清一统志·顺德府一》：仓门山"亦名仓口，唐时赏置仓于此，故名"。

仓山　在今山东莱阳市东五十里。元于钦《齐乘》卷 1：莱阳县"有仓山、林寺、福阜三山"。《明一统志》卷 25 登州府：仓山"山旧产铁"。

仓门山　又名仓门、仓口。在今河北沙河市西北。《方舆纪要》卷 15 沙河县：仓门在"县西南一百二十里。《志》云：唐太宗为秦王时，击刘黑闼于河北，置仓于此，以通馈饷，故有仓门之名。或曰，建中年间，昭义帅李抱真与河北叛帅田悦等相持，因置仓以供军处也。亦谓之仓口"。

仓子埠镇　即今湖北武汉市新洲区西三十八里仓埠镇。民国《湖北通志》卷 73《兵事》：清同治二年（1863）九月，捻军"东走黄冈，掠舟仓子埠"。

仓冈山　在今广东四会市西。《舆地纪胜》卷 96 肇庆府：仓冈山"在四会县西三里。林峦耸秀。旧传伪汉刘氏尝建仓贮兵储于山上，故名"。《方舆纪要》卷 101 肇庆府四会县：仓冈山，"其西南一面俯瞰绥江"。

仓水　即今河南淇县之沧河。《水经·清水注》："清水又东与仓水合，水出西北方山西仓谷，谷有仓玉珉石，故名焉。其水东南流潜行地下，又东南复出，俗谓之雹水。东南历坶野。……又东南入于清水。"

仓什镇　即今辽宁清原满族自治县西南红透山镇南

苍石村。清光绪《奉天全省地舆图说图志》兴京图：西北有南仓什。

仓禾堡 即今湖南嘉禾县治。明崇祯十二年（1639）于此置嘉禾县。《清一统志·桂阳州》：仓禾旧堡“今嘉禾县治”。

仓乐山 在今湖北竹山县东北。《舆地纪胜》卷86房州：仓乐山“在竹山县东北百余里。《旧经》云，昔有邑人徐元周，家富积粟于此。后遇饥馑，民乏食，发仓粟以救饥。乡人德之，故名此山”。

仓头市 即今安徽无为县东北仓头镇。清乾隆《无为州志》卷4《镇集》：仓头“在治北二十里太平乡”。

仓头镇 ①即今江苏句容市北仓头村。南宋《景定建康志》卷16：“仓头市在句容县仁信乡，去城九十里。”清光绪《江苏全省舆图》句容县图：北有仓头。民国《江苏六十一县志》：句容县北有“仓头镇”。

②即今安徽无为县东北仓头镇。1942年10月，驻在无为县城的日军被新四军打死三名士兵，其警备队长滕木郎率日伪军二百余人到仓头镇，将居民集中起来进行搜索，然后对手无寸铁的百姓用机枪疯狂扫射。后来又放火烧毁街两头的商店和附近几个村庄的四十多间房屋，制造了“仓头惨案”。

仓州 即沧州。唐武德四年（621）置，治所在安宜县（今江苏宝应县西南）。七年（624）废。

仓池 在今陕西西安市西北汉长安故城西。《水经·渭水注》：“（仓）池在未央宫西，池中有渐台。”《北史·苏绰传》：西魏大统初，宇文泰“往昆明池观鱼，行至城西汉故仓地（池），顾问左右，莫有知者……乃召绰问，具以状对”。宇文泰大悦。

仓步水 即今广东佛山市高明区南之高明河。《方舆纪要》卷101肇庆府高明县：仓步水“在城南。一名沧江，亦名沧溪。源出老香山，东流二十里有云宿水流合焉，又东二十里合文储、歌乐诸溪，又东南流，远近大小诸溪次第流入焉。至县（治今明城镇）东南七十里入于大江。《郡志》，仓步水至县东四十里名泥滘水，又东五里名三洲水，又五里至龙搅湾，名都含水，府境东南诸水皆附仓步水入江”。

仓步村 亦作苍步村。即今广东开平市西北苍城镇。《方舆纪要》卷101恩平县“十二径”条：“仓步在县东北百十里。通新会、新宁诸贼巢，今为开平屯。”清于此置开平县。

仓步营 在今广东台山市东。《方舆纪要》卷101广州府新宁县：仓步营在“县（今台山市）东四十里，东北至新会县之赤水口营三十里。相近者又有水流径营。《志》云，旧防新宁上朗、张也、恩平、交径等山贼”。

仓库院 在今湖北监利县北。《方舆纪要》卷78监利县：仓库院“在县北八十里。相传曹植曾建城邑，立仓库于此”。

仓松县 东汉改苍松县置，属武威郡。治所在今甘肃武威市东南。十六国后凉改名昌松县。

仓岩州 唐置，为羁縻州，属安东都护府。治所在今吉林集安市西北六十里霸王朝村东北古城。后废。古城遗址尚存。

仓垣城 一名仓垣亭。在今河南开封市东北。《水经·汳水注》：“汳水东径仓垣城南，即大梁之仓垣亭也。”又，《济水注》：“济水又东径封丘县南，又东径大梁城北，又东径仓垣亭。”《晋书·石勒载记》：晋永嘉三年（309），车骑将军王堪等讨石勒，勒至黎阳，“王堪退保仓垣”。后“勒攻仓垣，陷之，遂害堪”。

仓城 在今江苏淮安市楚州区西北。《舆地纪胜》卷39楚州：“故仓城在山阳县。《元和郡县志》云：东南接州城。隋开皇初将伐陈，因旧城储蓄军粮有逾百万，迄于大业末常有积谷。隋乱荒废。”

仓城县 北周保定元年（561）置，属京兆郡。治所在今陕西周至县西南二十五里仓谷附近。大象二年（580）废。

仓泉县 北魏太和四年（480）置，为仇池郡治。治所即今甘肃西和县西南洛峪镇。北周移治今甘肃礼县西南阶陵故城。隋大业三年（607）改为上禄县。

仓亭 即苍亭。在今河南南乐县西三十五里。《方舆纪要》卷16南乐县：仓亭“其地有仓帝陵及造书台，亭因以为名”。

仓亭津 在今河南范县东南。《水经·河水注》：“河水于范县东北流，为仓亭津。《述征记》曰：仓亭津在范县界，去东阿六十里。《魏土地记》曰：津在武阳县东北七十里。津河济名也。”《后汉书·皇甫嵩传》：嵩“进击东郡黄巾卜己于仓亭，生禽卜己，斩首七千余级”。即此。

仓前 即今浙江杭州市余杭区西南六十六里仓前镇。清嘉庆《余杭县志》卷14：“临安便民仓在县东十里，今名其地曰仓前。”章太炎即此地人。

仓前山 即盐仓山。今福建福州市南台岛上仓前山。昔岛上设有盐仓，故名。

仓陵县 西魏置，属丹水郡。治所在今河南淅川县西南。北周废。

仓埠镇 一名仓子埠。即今湖北武汉市新洲区西三十八里仓埠镇。西濒武湖。清嘉庆十四年（1809）置巡司驻此。

仓基湖 在今江苏宿迁市东南三十里。《方舆纪要》卷22宿迁县：仓基湖在“县东南三十里。《寰宇记》：湖周四十五里。旧为石崇积贮之所。有闸曰石崇闸，其水导流为崇河，入桃源县界”。

仓梧 即苍梧。指今湖南南部、广东西北部及广西东北部广大地区。

仓野 在今陕西丹凤县西。《左传》：哀公四年（前491），楚“左师军于菟和，右师军于仓野”。杜注：“苍野在上雒县。”

仓颉台（臺） 在今山东寿光市东北。《水经·巨洋水注》：“（寿光）城之西南水东，有孔子石室，故庙堂也。中有孔子像，弟子问经，既无碑志，未详所立。”元于钦《齐乘》卷5：苍颉台在“寿光西北，洱水所经。《水经注》谓孔子问经石室，非也。《通志》云：《苍颉石室记》二十八字，在苍颉北海墓中，土人呼为藏书室”。《清一统志·青州府二》 引《县志》谓即仓颉墓。

仓颉墓 ①在今河南开封市东北。清周城《宋东京考》卷20：仓颉墓“在城东北二十里时和保，俗呼为仓王冢。旁有仓王城，世传仓颉所筑”。

②在今陕西白水县东北七十里史官乡。传为黄帝时创造文字的仓颉葬地，后人修庙纪念。现后殿和正殿为明代建筑。后殿和正殿两旁陈列着历代碑刻，其中以《仓圣鸟迹书碑》、《孔子弟子题名碑》和东汉延熹五年的《仓颉庙碑》至为珍贵。2001年仓颉墓与庙被定为全国重点文物保护单位。

仓储城 在今湖北公安县北长江边。《水经·江水注》：江水“又东合油口，又东径公安县北。……故侧江有大城，相承云仓储城，即邸阁也”。《方舆纪要》卷78公安县“吕蒙城”条下：“县东北有仓城，今为江水所经，其城址名为仓堤。”

仓渡镇 在今陕西渭南市东北三十里。清同治元年（1862）回民在此起义。

父母寨 北宋置，属保定军。在今河北霸州市西南二十四里寨上村。政和三年（1113）改名安谧寨。《清一统志·顺天府四》“桃花寨”条引《县志》：“（杨）延朗守平戎时，感父业死敌，祭父于此。今称寨上，盖即父母寨也。”

父城县 西汉置，属颍川郡。治所在今河南宝丰县东三十六里古城村。西晋属襄城郡。东晋废。

分云（雲）岭 在今山西运城市南。《清一统志·解州》：分云岭“在安邑县西南四十里，接平陆县界，中条最高处。亦名分云山”。

分水山 ①即今浙江泰顺县东南与苍南县、福建福鼎县交界处。山下有分水关。《方舆纪要》卷94泰顺县：分水山在“县南二百里，与平阳县西南之松山相接。泉发陇上，东西分流以限闽、浙”，故名。

②在今广西陆川县北。明万历《广西通志》卷5：分水山在“县北五里。水二派：一经县南，左合妙洞（水）通石城；一北经郁林通廉州”。

分水冈 在今湖南衡阳县（西渡镇）北。《舆地纪胜》卷55衡州：分水冈“在衡阳县北百余里，与湘乡县分水”。

分水公馆 即今重庆市万州区西南分水镇。《方舆纪要》卷69万县：分水公馆“在县西百里。《志》云：宏治末建”。

分水凹隘 在今广东乳源瑶族自治县西南一百二十里。《方舆纪要》卷102乳源县：分水凹隘在“县南百二十里”。

分水场 即今重庆市万州区西南分水镇。明正德《夔州府志》卷6：“分水公馆在县西百里。弘治十年建。”

分水关 ①在今浙江泰顺县东南分水山下，地当浙、闽之冲。《明史·沐英传》：“从大军征福建，破分水关。”即此。

②一名大关。在今福建武夷山市西北分水岭上，与江西铅山县接界。地当江、闽襟要，自古有入闽第一关之称。五代至宋皆置寨于此，元废。明洪武初复置，设巡司戍守。清初废。

③即今福建诏安县西分水关，为闽、粤二省交界处。明、清置漳潮分界巡司于此。《清一统志·漳州府》：漳潮分界巡司“为漳潮分界处”，故名。

④即今福建福鼎市北与浙江平阳县交界的分水关。相传为五代王闽所置，以备吴越。

⑤明置，属饶平县。在今广东饶平县东。《方舆纪要》卷103饶平县：黄冈镇，“（嘉靖）三十八年，（倭贼）复从平和突犯，入分水关至黄冈”。清设汛，有外委把总驻防。

⑥即今贵州遵义县北分水垭。明万历二十八年（1600）征播之役，吴广军战捷于此。《明史·吴广传》：“广合希彬军连战红碗、水土崖、分水关皆捷，遂进营水牛塘。”

分水县 唐武德四年（621）分桐庐县置，属严州。治所在今浙江桐庐县西北五十四里分水镇。《寰宇记》卷95分水县：“取桐庐江水中分为名。”七年（624）省。如意元年（692）改为武盛县，神龙元年（705）复名分水县，属睦州。北宋宣和三年（1121）属严州。南宋咸淳元年（1265）属建德府。元属建德路。明、清属严州府。民国初属浙江金华道。1927年直属浙江省。1958年撤销，并入桐庐县。

分水岭 ①在今北京市西。《方舆纪要》卷11顺天府：分水岭在“府西四十五里。山涧诸水至此分为二：一入卢沟河；一入房山县界”。

②在今河北迁安市东南二十里。《方舆纪要》卷17迁安县：分水岭“滦河径其西，漆水径其东，因名。其南与卢龙分界”。

③在今辽宁海城市东南。《明一统志》卷25辽东都司：分水岭“在盖州卫东一百四十里，延亘数百里，山下有泉，东西分流，故名”。清乾隆《钦定盛京通志》卷25海城县：分水岭在“城东南九十五里。有水西流，杨柳河、五重河发源于此”。

④在今辽宁本溪满族自治县东南与宽甸、桓仁二满族自治县交界处。《清一统志·兴京》“费叶棱乌河”条下：“小峡河在城西南一百二十里，源出分水岭。碱厂河在城西南一百五十里，亦出分水岭。”即此。

⑤即黑林岭。在今吉林白山市东北、靖宇县西南。《清一统志·吉林一》：“黑林岭在吉林城南八百七里，亦名分水岭。”

⑥在今福建永定县西北。《方舆纪要》卷98永定县：分水岭在“县西北六十里。山势崇峻，石径险隘，水流南北两分。一名猪槽凹，路出上杭县”。

⑦在今福建武夷山市西北分水关，与江西省接界，为入闽第一山，崇溪发源于此。上有分水关。《明一统志》卷76建宁府：分水岭“在崇安县西北石雄里，二水发源其下，一入江西界，一入福建界”，故名。

⑧在今河南鲁山县西南。《水经·淯水注》：鲁阳关水“出鲁阳县南分水岭，南水自岭南流，北水从岭北注，故世俗谓此岭为分头岭”。《寰宇记》卷142邓州南阳县：分水岭“即三鸦之第二鸦也”。

⑨在今湖北宜城市南。《方舆纪要》卷79宜城县：分水岭“在县南六十里，与荆门州分界”。

⑩即今重庆市万州区西南分水镇。清同治元年（1862），夔巫都司薛尚品败兰二顺义军于此。

⑪在今四川雷波县东北五十里。产铜。清乾隆间曾开采，咸丰间封闭。

⑫在今云南临沧市南百四十里。林密箐深，四时云雾不开。清有外委千总驻守。

⑬在今陕西商南县西十里。《方舆纪要》卷54商南县：分水岭“其水分东西流”。

⑭在今甘肃岷县南。《方舆纪要》卷60岷州卫：分水岭“在卫南四十五里。下有分水岭河”。

⑮当今甘肃天祝藏族自治县北之毛毛山。《方舆纪要》卷63庄浪卫：分山岭“在卫西百五十里。岭峤有泉分流，南为庄浪河，北为古浪河。其北又有平岭。嘉靖中，总兵姜奭击敌于分水岭，败之”。

⑯即今朝鲜东北摩天岭北端之小白山，为长白山之支阜。鸭绿江出其西，图们江出其东，因名分水岭。清张凤台《长白征存录》卷2：康熙五十一年（1712），“乌喇总管穆克登奉旨查边至此，审视西为鸭绿，东为土门，故于分水岭上勒石为记”。

分水岭关 ①在今云南马龙县西南。《清一统志·曲靖府》：分水岭关“在马龙州西南二十里。有哨兵”。

②在今甘肃渭源县西。《方舆纪要》卷60渭源县：分水岭关“在县西十五里分水岭上，自岭以西之水，悉入洮河，以东之水，悉入渭河。置关于此，为县境之襟要”。《明史·地理志》：“上有分水岭巡检司。”

分水墩镇 即今江苏宜兴市东北分水镇。清光绪《宜兴荆溪县志》全境图：东北有分水墩。民国《江苏六十一县志》：武进县东北有“分水墩镇”，“分水墩据百渎口内，东接武进县界”。

分水镇 金置，属无棣县。在今山东庆云县西北。

分水嘴 即今湖北汉川市西南三十六里分水镇。清光绪《湖北全省分图》：汉川县西南有分水嘴。

分宁县 唐置，属洪州。治所即今江西修水县。《元和志》卷28洪州：分宁县，“贞元十六年刺史李巽奏分武宁县西界置，因以名焉”。北宋属隆兴府，南宋建炎四年（1130）于县置义宁军，寻罢。元至元间属宁州，大德八年（1304）为宁州治。明洪武初，改为宁县。

分协县 唐武德初置，属靖州。治所即今云南宣威市城区一带，咸亨间移治今鲁甸县城文屏镇。天宝后废。

分州镇 在今四川崇州市西北六十里怀远镇。清设州同于此，故名。

分江水 古水道名。《汉书·地理志》丹阳郡石城县：“分江水首受江，东至余姚入海，过郡二，行千二百里。”《水经》沔水：“又东至石城县，分为二”：其一，“又东至会稽余姚县，东入于海”。这是连接古庐江和浙江两水系的统称。江水浊流由今安徽贵池市秋浦河口倒灌，即《水经·沔水注》所谓“江水自石城东入为贵口”，溯流而上，在今石台县南转入青弋江源头清溪，越过分水岭黟山，南接古浙江源头今黟县漳河，顺流而下，经新安江和钱塘江干流，东出余姚海口，其南侧即为古会稽地区。这是古代中原经江淮间横渡长江，东南通往东越的重要交通干道。这一干道以分在黟山南北的浙江和庐江两水的水路为主，而辅之以两水间短程的山道，古代习惯性地误为一直通的水道，直接与江水连接起来，视为江水下游的分流，称之为分江水。由于历史的发展和交通形势的变化，到郦道元注《水经》时，又以通过黄山北麓的青弋江中游，东通太湖，南下钱塘为主干的交通路线，与《汉书·地理志》会稽郡吴县的南江连接，附会为南江，实际是六朝时期大江下游一条重要交通干线。

分茅岭 在今广西防城港市西南。《方舆纪要》卷104钦州：分茅岭“明宣德二年没于交阯，嘉靖二十一年莫登庸降，仍归版籍”。

分枝岭 一名大关岭。即今福建尤溪县南大官岭。《寰宇记》卷100南剑州尤溪县：分枝岭，“按《县图》云，南至泉州德化县尤岭为界，岭上有分枝树，其树一枝向南，一枝向北，以树枝分二州之界”，故名。

分宜县 北宋雍熙元年（984）析宜春县置，属袁州。治所在钤阳（今江西分宜县东南江口水库区）。《舆地纪胜》卷28袁州：分宜县，“《宜春志》云，以其地分自宜春，故曰分宜”。元属袁州路，明、清属宜春府。民国初属江西庐陵道。1926年直属江西省。1958年因县城被淹，迁治一介桥（今分宜镇）。明时严嵩是分宜县人。

分栋山 即今四川成都平原东南之龙泉山。《元和志》卷31：灵池县“分栋山在县东十五里。其地北连秦陇，南入资泸，其于东川郡，此为隔门也”。《寰宇记》卷76阳安县：“在县西七十里。《益州记》云：蜀人谓岭为栋。”明曹学佺《蜀中名胜记》卷8简州：“刘泾《分栋山少休亭记》：自成都趋陵、简，如在蜀，必由灵泉过分栋。其山周数百里，高大阻险，以石次第为步。”

分界山 在今江苏溧阳市西北。宋《景定建康志》卷17：分界山“在溧阳县西北八十里。溧水、溧阳两县分界此山之颠”。

分界山镇　在今安徽南陵县东南二十三里界山。山与泾县分界，镇以山名。民国《南陵县志》卷3：分界山镇在“县东三十都又一图。地当徽、太往来通衢”。

分界墟　①即今广东罗定市西南分界镇。明万历《广东通志》卷62罗定州：分界墟“在一都水头塘”。《清史稿·地理志》罗定直隶州：“泷水源出西宁县楷棉村，东北流，入州西南分界墟。”

②即今广东高州市东南分界镇。清光绪《茂名县志》卷2：东之南“五十里分界墟。《旧志》：安乐”。

③即今广西玉林市东南二十里分界圩村。清光绪《广西舆地全图》郁林州图：东南有分界墟。

分秦山　又称石堡山。在今云南曲靖市东南。《元混一方舆胜览》曲靖路：分秦山在“曲靖东南，武侯与蛮会盟之地。分秦者，汉语会议也”。《清一统志·曲靖府》：分秦山，“《通志》即石堡山，四望平原，孤峰独立，藤萝挂壁，鸟道萦纡”。今通称石堡山，温泉今名三宝温泉。

分盐所　即今湖北监利县东北四十八里分盐镇。明、清置巡司于此。

分流山　在今湖北浠水县南二十里。《清一统志·黄州府一》：分流山“在蕲水县南二十里。相近有阇黎山、榾拙山”。

分碛山　在今湖北谷城县西北。《南齐书·陈显达传》：南朝齐永元元年（499），陈显达北伐魏，魏兵截均口断其归路，显达“径道从分碛山出均水口”，即此。

分管三郎长官司　在今贵州黎平县南三十里。《清一统志·黎平府》：分管三郎废司“或云即曹滴司也。宋有容江巴黄，元置曹滴，明以容江巴黄并入，共为一司。本朝康熙二十三年裁”。

分黎山　即今朝鲜北部狼林山、小白山。《汉书·地理志》乐浪郡吞列县：“分黎山，列水所出。”

公山　①一名白鹿山。在今四川南江县南。《舆地纪胜》卷187巴州：公山“在难江县南二里。不与诸山相连，四面状如公字，因名”。

②在今云南永胜县西南。《方舆纪要》卷117顺州：公山“在治（今顺州乡西北州城）北七里。危峦耸拔，数峰融结。其并峙者曰漕峰山”。

公山镇　隋于废集州城置，属难江县。即今四川南江县。唐武德元年（618）于此复置集州。

公井县　唐武德元年（618）升公井镇置，为荣州治。治所在今四川自贡市西十里贡井区。《元和志》卷33公井县：“有大公井。故县镇因取为名。”北宋熙宁四年（1071）废入荣德县。

公井镇　北周武帝时置，属富世县。在今四川自贡市西十里贡井区。唐武德元年（618）升为县。北宋熙宁四年（1071）降为镇，属荣德县。

公平墟　①即今湖南耒阳市南四十四里公平圩镇。旧属永兴县。清光绪《湖南通志》卷1永兴县图：县西北有公平墟。

②即火田铺。今湖南蓝山县东北二十里火田渡。

③即今广东海丰县东北公平镇。清乾隆《海丰县志》卷3：明崇祯四年（1631），“山寇钟灵秀寇大安、公平、东海滘墟”。

公丘县　东汉改公丘侯国置，属沛国。治所在今山东滕州市西南十四里。西晋废。

公丘侯国　西汉改滕县置，属沛郡。治所在今山东滕州市西南十四里。东汉改为公丘县。

公主屯　即今辽宁新民市东北五十里公主屯镇。民国熊知白《东北县治纪要》辽宁新民县：公主屯“在县治东北四十七里，户数一百二十，人口约九百。有公安分局”。

公主岭　即今吉林公主岭市。光绪《吉林全省地舆图》：奉天省怀德县东有公主岭。民国熊知白《东北县治纪要》辽宁怀德县：“县属公主岭，位于县市之南九十里，为南满一大驿站。”

公主岭市　1956年以吉林省原怀德县公主岭镇设立公主岭市，将怀德专区改名为公主岭专区。专署驻公主岭市。1958年撤销公主岭专区，改立四平专区。1960年撤销公主岭市，并入怀德县。1969年四平专区改为四平地区。1983年撤销四平地区，将怀德县（驻公主岭镇）划归四平市。1985年撤销怀德县，改设公主岭市（地级），次年又隆为县级市，由四平市代管。

公主河　在今河南陕县东北三门峡人门岛东。《清一统志·陕州直隶州一》：公主河“在州东北四十里三门山之左。唐开元中，凿此通漕，以避三门之艰，流百丈许，复入河”。

公主陵　即今内蒙古赤峰市西北英金河北岸大庙镇东公主陵村。清时有汛兵防守。

公会墟　即今广西贺州市西南公会镇。清光绪《广西舆地全图》贺县图：西南有公会墟。

公爷府　即今内蒙古喀喇沁旗驻地锦山镇。清乾隆八年（1743）喀喇沁多罗杜棱郡王噶勒藏的次子敏珠尔拉布坦被封为辅国公，人称“公爷”，建府于此，故名公爷府。1948年喀喇沁右翼旗迁治于此。1949年喀喇沁右翼旗改称喀喇沁旗。1966年改公爷府为锦山镇，取“锦绣河山”之意。

公庄水　在今广东博罗县东北。南流至沐村入东江。《清一统志·惠州府》：公庄水“源出龙门县界，东南流入县境，又东南经周径山，两山相夹，水折而出，是曰公庄水，又东南入龙江”。

公庄墟　旧名獭子墟。即今广东博罗县东北公庄水上游公庄镇。清光绪《广东舆地全图》：博罗县东北有獭子墟。

公刘墓　在今陕西彬县东八十里上陵村东，居泾河北岸山谷间。冢高约50米，长约1500米。《史记·周本纪》载：公刘是后稷的曾孙，周文王的十代祖先。“公刘虽在戎狄之间，复修后稷之业，务耕种，行地宜，自漆、沮度渭，取材用，行者有资，居者有畜积，民赖其庆。百姓怀之，多徙而保归焉。自道之兴自此始。”《清一统志·邠州》：公刘墓“在州东八十里。北枕山谷，南控泾水。墓长三里许，状类伏龙”。

公安县 三国蜀汉置，属南郡。治所在油口（今湖北公安县）。《寰宇记》卷146公安县：“《荆州记》云：先主败于襄阳，奔荆州。吴大帝推先主为左将军荆州牧，镇油口，即居此城。时号先主为公，故名其城为公安。”西晋太康元年（280）改江安县。陈光大二年（568）复为公安县，为荆州治。隋大业初属南郡。唐属江陵府。元属中兴路。明属荆州府。崇祯元年（1628）移治祝家冈（今公安县西南南坪镇西北）。民国初属湖北荆东道。1932年属湖北省。1955年徙治斗湖堤（今公安县）。明著名文学家袁宗道、袁宏道、袁中道为县孟家溪镇人。

公安堡 在今新疆玛纳斯县西北。清光绪《呼图壁乡土志》：洛克伦河“又西北径公安堡南，又西二百里入阿雅尔淖尔”。

公孙述城 在今四川邛崃市东南。《方舆纪要》卷67新津县：公孙述城在“县西三十里。相传公孙述所筑”。

公来山 在今山东莒县西。《续汉书·郡国志》琅邪国东莞：“有公来山，或曰古浮来。”《水经·沂水注》：“沂水又东径盖县故城南……沂水又东浮来之山，《春秋》经书‘公及莒人盟于浮来’者也，即公来山也。”

公沙山 在今山东平度市北十八里。《清一统志·莱州府一》：公沙山，“《州志》：相传汉公沙穆故居在此”。

公陂市 又名公陂墟。即今江西乐安县东北六十五里公溪镇。清同治《江西全省舆图》卷2抚州府乐安县：东北有“公陂墟”。

公努木擦噶池 即今西藏班戈县北孔纳木错。产白盐。《清一统志·西藏》：公努木擦噶等十一盐池“在喇萨西北七百余里。一名公努木擦噶，一名里牙尔擦噶，一名吕布擦噶，一名牙根擦噶，一名那木鄂岳尔擦噶，一名苦公擦噶，一名必老擦噶，一名加木撮木擦噶，一名马里擦噶，俱在牙尔佳藏布河之两岸。大者广一百九十里，小者广五六十里，俱产盐”。

公坪汛 亦作公平市。即今湖南芷江侗族自治县东北四十里公坪镇。清光绪《湖南通志》卷1芷江县图：县东北有公坪汛。

公具河 在今贵州安顺市南。《方舆纪要》卷121安顺府：公具河在“（十二营长官）司东北四十里。旁有公具砦，因名。灌溉田亩，军民利之”。

公郎 即今云南南涧彝族自治县西南公郎镇。明、清置澜沧江巡司于此。

公姑尔河 即今内蒙古公格尔音郭勒。《清一统志·克什克腾》：公姑尔河“在旗（旧驻地在今克什克腾旗东南瑞芝镇）西北二百二十里。源出巴彦朱尔克山，西南流，入捕鱼儿海（达里诺尔湖）”。

公俄 在今贵州石阡县东。元时为杨溪公俄等处长官司辖地。

公哥儿寨 明代西藏地名。其地即今西藏山南地区贡噶县。元末，大司徒伯木古鲁（帕主）万户长在乌思藏置十三个宗，公哥儿寨为十三宗之一，隶属于乌思藏都指挥使司。

公益埠 即今广东台山市北端公益镇。清光绪三十四年（1908）辟为商埠。

公略县 1931年11月湘赣革命根据地由吉安、吉水两县析置，驻水南圩（今江西吉水县东南水南镇）。为纪念红军第三军军长黄公略而命名。后迁吉安县富田区陂下村（今江西吉安市南陂下）。1934年10月废。

公馆墟 ①即今广东茂名市西公馆镇。清光绪《茂名县志》卷2：县治南“六十里公馆墟”。

②即今广西合浦县东北公馆镇。清宣统《广东舆地全图》合浦县图：东有公馆墟。

公惠桥 在今四川南溪县西。清嘉庆《南溪县志》卷2：公惠桥“在县西四十里。西达府郡孔道也。昔年设候馆于此。今废”。

公道桥镇 即僧道桥镇。今江苏扬州市邗江区西北公道镇。清嘉庆《扬州府志》卷16《都里》引《雍正志》：“公道桥镇在城北四十里，属上官巡司辖，与黄珏桥相距十里，并为湖中高阜，廛市民居亦正相等，俗呼曰僧道桥。”

公输堂 在今陕西户县北二十里渭丰乡祁南村。明永乐元年至二十二年（1403—1424），为纪念公输般而建。历时十一年。原名源远堂，又称万佛堂。坐北朝南，原有照壁、山门，头、中、后三进殿各三间，“文化大革命”中先后拆毁头、二进殿，现仅存后殿（即正殿）及其小院。正殿面阔三间，硬山式灰陶瓦屋面。堂内木构遍布彩绘。天宫楼阁及藻井均按正常尺寸的1∶30缩成建筑模型状，计有楼阁一百三十七栋、斗栱样式二十余种，藻井多层多样，模型多已油漆彩绘，沥粉贴金，色彩以红、黄、黑三色为主。公输堂天宫楼阁及藻井为国内现存小木作精品之一。2001年定为全国重点文物保护单位。

公路城 ①在今安徽凤阳县东北临淮关东。《方舆纪要》卷21临淮县：公路城“在县东。袁术据淮南时所筑”。

②在今河南沈丘县东四里。《续汉书·郡国志》注引《地道记》：“有公路城，袁术所筑。”《水经·颍水注》：“颍水又东，侧颍有公路城，袁术所筑也。故世因以术字名城矣。”

公路浦 在今江苏淮安市淮阴区西南。《水经·淮水注》：“淮水右岸即淮阴也。城西二里有公路浦。昔袁术向九江，将东奔袁谭，路出斯浦，因以为名焉。”

公噶巴喀玛山 即今西藏那曲县那曲河南岸的龚喀巴、龚喀玛二山峰。藏语“龚喀巴”意为凹形白额公牦牛峰，“龚喀玛”意为凹形母牦牛峰。《清一统志·西藏》载：“公噶巴喀玛山，在哈喇乌苏河源之南岸。”

从太山 即今吉林东南部之长白山。《北史·勿吉传》："国南有从太山者，华言太皇，俗甚敬畏之，人不得山上溲汙，行经山者，以物盛去。"

从化市　1994年撤销广东省从化县，改设从化市。治所在街口。2014年撤销从化市，设立广州市从化区，区政府驻街口街道新城东路99号。

从化县　①唐永贞元年（805）改淳风县置，属横州。治所在今广西横县东北七十里镇龙江东岸古城村。北宋开宝五年（972）废。

②明弘治二年（1489）析番禺、增城二县置，属广州府。治所在横潭村（今广东广州市花都区新华镇横潭村）。据雍正《从化县志》卷4载郭遇熙《重修从化县学宫碑记》："邑名从化，欲民从上之化也。"取"服从教化"之意。九年（1496）移治流溪马场（今从化市街口镇）。民国初属广东粤海道。1920年直属广东省。1994年改设从化市。

从州　北宋崇宁五年（1106）改格州置，治所在乐古县（今贵州黎平县南永从乡西）。政和初废。

从江县　1941年并永从、下江二县置，属贵州省。治所在丙妹镇（今贵州从江县）。

从阳县　南齐改顺阳县置，为从阳郡治。治所在今河南淅川县南。西魏改置清乡县。

从阳郡　南齐改顺阳郡置，治所在从阳县（今河南淅川县南）。北魏改置南乡郡。

从陂水　亦名卢达从薄。在今河北景县北。《水经·浊漳水注》："衡漳又东北右会桑社沟，沟上承从陂，世称卢达从薄，亦谓之摩诃河……又东会从陂，陂水南北十里，东西六十步。子午潭涨，渊而不流，亦谓之桑社渊。从陂南出，夹堤东派，径修县故城北，东合清漳。"

从姑山　在今江西南城县东南。《明一统志》卷53建昌府：从姑山"在府城南五里。上有玉泉、玉洞、天梯、天柱等奇胜，又有伏虎洞"。《清一统志·建昌府一》：从姑山"在南城县东南五里。以次于麻姑而名。缘石磴而上数百级，有双石对峙如门，名铁关。又数十级乃至山巅，有伏虎洞，亦名玉洞。又有秋泽岩。岩侧有定应泉"。

从噶克长官司　亦名松冈长官司。清乾隆十八年（1753）置，属杂谷直隶厅。治所在今四川马尔康县西松冈镇。后废。

从颜县　唐置，属羁縻播朗州。治所在今四川珙县西北。后废。

乏马岭　在今山西岢岚县东南。《方舆纪要》卷40岢岚州："乏马岭在州东四十里，山岭高峻，马经此辄疲乏，因名。"

乏马岭寨　在今山西岚县北。《方舆纪要》卷40岚县：乏马岭寨"在县北六十里，与岢岚州接界。有城周三里。洪武九年亦调镇西卫官兵守御"。清初废。

月儿灭怯土　一作欲儿陌哥都。在今蒙古国哈拉和林东南山区。《元史·宪宗纪》：宪宗五年（1255）"夏，帝幸月儿灭怯土"。

月儿岩　在今河南内乡县北一百二十里。《清一统志·南阳府一》：月儿岩"岩间白石方丈余，形如满月，三十里间望若悬鉴，故名"。

月山　在今四川资中县北。《舆地纪胜》卷157资州：月山"在州北三十里。状如偃月。范太史尝赋诗其上，石刻今存"。古月山县以此名。

月山县　隋义宁二年（618）置，属资阳郡。治所在今四川资中县西北五十里。以月山为名。唐属资州。北宋乾德五年（867）废入盘石县。

月山墟　即今广东开平市东北月山镇。民国《开平县志》卷2有月山乡。

月川水　又名越河。即今陕西安康市西月河。源出汉阴县西，东南流至安康市西入汉水。《水经·沔水注》："汉水右对月谷口，山有坂月川，于中黄壤沃衍，而桑麻列植，佳饶水田，故孟达与诸葛亮书，善其川土沃美也。"《舆地纪胜》卷189引《元和志》：月川水"出汉阴县东梁门山，水出麸金"。《清一统志·兴安府一》引《汉阴县志》："月河自县西分水岭发源，合县西诸小水环绕县城，形如半月，流九十里入州界。"东流入汉。

月支都督府　一名月氏都督府。唐龙朔元年（661）于吐火罗国置，属安西都护府。治所在阿缓城（今阿富汗喀布尔北昆都士）。8世纪中期废。

月牙泉　在今甘肃敦煌市南十里鸣沙山麓。《清一统志·安西州》：月牙泉"南邻党河，渊渟澄澈，映月无尘，环以流沙，虽遇烈风，而泉不为沙掩盖"。

月牙湖　在今甘肃高台县西北。筑堤架桥其中，颇具风景。《清一统志·肃州》："月牙湖、高台站湖皆在（高台）县西五里。"

月冈公馆　在今广西灌阳县北。《方舆纪要》卷107灌阳县："月冈公馆，在县北六十里。"

月氏　一作月支。秦汉之际，游牧于敦煌、祁连间。西汉文帝时，月氏为匈奴所逐，大部西徙至今伊犁河流域及其以西一带，称为大月氏。少数没有西迁的入南山（今祁连山），与羌人杂居，称为小月氏。

月氏都督府　即月支都督府。《新唐书·西域传·吐火罗传》："显庆中，以其阿缓城为月氏都督府。"在今阿富汗喀布尔北昆都士。

月氏道　西汉置，属安定郡。治所当在今宁夏隆德县境。东汉省。按：月氏本部族名，游牧于甘肃敦煌、祁连间，后为匈奴所逼西迁。此盖以其国降人所置。

月旦里　在今河南平舆县北四十里。为东汉许劭兄弟所居。《后汉书·许劭传》："许劭字子将，汝南平舆人也。"劭与从兄靖"俱有高名，好共覈论乡党人物，每月辄更其品题，故汝南俗有'月旦评'焉"。月旦里之名当以此。同书又载：劭兄虔"亦知名，汝南人称平舆渊有二龙焉"。唐李贤注："平舆故城，在今豫州汝阳县东北。有二龙乡、月旦里。"

月边州　唐置羁縻州，属巂州都督府。治所在今四川凉山彝族自治州普格县城普基镇。后废。

月江 即今广西横县南郁江。《方舆纪要》卷110横州：郁江“在城南。自永淳县东流至此，环抱州城，其形如月，谓之月江”。

月江场 即今四川高县东北月江镇。清光绪《庆符县志》卷11北路：月口场“距城九十里”。

月坛（壇） 亦名夕月坛。在今北京市阜成门外西南。明嘉靖九年（1530）建，为明、清帝王秋分祭夜明神（月亮）之地。1955年辟为公园。2006年定为全国重点文物保护单位。

月乱州 唐置羁縻州，属嶲州都督府。治所在今四川凉山彝族自治州境。后废。

月坨 在今河北乐亭县南七十里月坨岛。《方舆纪要》卷17乐亭县：月坨“形如半月。《志》云：白绿洋沟入海四十里即月坨也，在巨浸中，广数十顷，其间草木繁植，雉兔充斥。冰合时，居民尝射猎于此，泮则掉艇樵采，为利甚厚”。

月坡峰站 元置，为水站。在今四川宜宾县西北月波乡。

月明沽 在今山东无棣县东北。《寰宇记》卷65无棣县：月明沽“在县东界。西接马谷山，东濒海，煮盐之所”。

月岩 ①又名太极岩。俗称穿岩。在今湖南道县西四十里清塘镇月岩村。明顾宪成《月岩游记》谓月岩“东西两门，望之如城阙，而虚其顶。自东望之，如月上弦；自西望之，如月下弦；就中望之，如月之望，故名月岩”。徐霞客誉称“永南洞目，月岩第一”。

②在今重庆市彭水苗族土家族自治县西壶头山。宋冉永震有《月山岩铭》。

月帖古忽阑山 亦作钆铁锌胡兰山。今蒙古国前杭爱省翁金河源东巴颜乌兰山。为元初诸帝冬季驻地。《元史·太宗纪》：太宗十三年（1241），“至钆铁锌胡兰山，奥都剌合蛮进酒，帝欢饮，极夜方罢。辛卯迟明，帝崩于行殿”。《元史·宪宗纪》：宪宗二年（1252）“帝驻跸月帖古忽阑之地”。

月岭寨 在今湖南安仁县西三十里。《方舆纪要》卷80安仁县：月岭寨“岭上宽平。正德中，以寇警立寨于此，以为保障”。

月狐山 在今云南寻甸回族彝族自治县东北八里。《清一统志·曲靖府》：月狐山“在寻甸州东北八里。延亘五十余里。山顶有云气则雨”。一名凤梧山。凤梧所之名本此。

月河 ①在今山东济宁市南。《方舆纪要》卷33济宁州：“月河在州南。会通河之支流也。有上新、中新、下新等牐，仍合于会通河。”

②在今河南桐柏县东。《清一统志·南阳府一》：月河“在桐柏县北，发源泌阳县，……入淮”。

③亦名月川河。又作越河。在今陕西安康市西。《方舆纪要》卷56汉阴县：“月河在县城西。源出县东六十里之月岭山，流经此，南注于汉水。今城西有月河堰，即引月河溉田处也。”

月波井 在今四川绵竹市东。《清一统志·绵州》：月波井“在绵竹县治东一里。汉严君平凿。每朝霞霁月，井中波纹荡漾，掩映交辉”。

月波场 即今四川宜宾县西北泥溪镇西月波村。元置月波峰站，明改为月波铺，清改为月波驿。清光绪《叙州府志》卷8宜宾县：月波场在“治北二百四十里”。

月波驿 在今四川宜宾县西北泥溪镇西月波村。明正德《四川志》卷16宜宾县：月波水驿“在治西北三百四十里”。

月波楼 在今湖北黄冈市西北城上。北宋王禹偁《咏怀》诗序：“月波之名，不知得于谁氏，《图经》：故老皆无闻焉。”《明一统志》卷61黄州府：月波楼“在府治西北城上。……今改为汉川门”。

月城集 即今江苏洪泽县南十里越城。《清一统志·淮安府二》：月城集“亦名越城集。在山阳县（今淮安市）西南九十里”。

月城镇 即今江苏江阴市南二十里月城镇。清光绪《江阴县志》卷2：月城镇“运河出其间，傍河崖岸多种竹，寒冬水落，运河淤浅之处多在其地”。

月峙 即今福建漳浦县东南月屿。明洪武二十年（1387）移青山巡司于此。清初废。

月峡 即明月峡。在今重庆市区东北。唐杜甫《引水》诗云：“月峡、瞿唐云作顶，乱石峥嵘俗无井。”清杨伦笺注：“月峡即明月峡。”

月亮泊 一作运粮泊。即今吉林大安市西北洮儿河注入嫩江口处之月亮泊。清末《黑龙江全界地图》：大赉县西北有月亮泊。

月浦镇 即今上海市宝山区西北月浦镇。《方舆纪要》卷24苏州府嘉定县：月浦镇“因水而名。顾泾巡司置于此”。《清一统志·太仓州一》：月浦桥“在宝山县东月浦镇，一名步月。元虞集尝泊舟玩月于此”。

月常江 在今越南中部清化省东境。《明史·张辅传》：永乐九年（1411），辅军讨陈季扩，“七月，破贼帅阮景异于月常江，获船百余”。

月港 即今福建龙海市东南海澄镇。明属海澄县。《方舆纪要》卷99漳州府海澄县：月港“在县城西，南接南溪，东通海潮，其形如月”，故名。元置巡司于此。明景泰初，海外贸易逐渐兴起，“民多货番为盗”。成化、弘治年间“人烟辐辏”，“商贾咸聚”，为闽南一大都会，有“小苏杭”之称。嘉靖三十年（1551）置靖海馆，四十五年（1566）设海澄县，治月港。隆庆元年（1567）开设“洋市”。此后直至万历年间，月港空前繁荣，中外商船鳞集。天启、崇祯以后日趋衰落。清康熙二十三年（1684）厦门正式设立海关，厦门港完全取代月港的地位。

月湖 ①即今浙江宁波市城区月湖。《方舆纪要》卷92宁波府“日湖”条下：“（府）治西南又有月湖，周七百三十丈。”原曾有大、小二湖，拆明州之

"明"而名日、月二湖，今日湖已堙。月湖中尝有十洲胜景，今辟为公园。

②在今浙江杭州市萧山区东北三十四里。《方舆纪要》卷90："月湖旧在赭山西侧，今为潮汐壅塞。"

③在今湖北武汉市汉阳城区北。《清一统志·汉阳府》：月湖"在汉阳县北大别山之阴。东以长堤限江，西通汉水，一泓清浅，四围山色如黛，路通汉北，渡者往来不绝"。在城北大别山之阴者为东月湖，在城西北梅子山外者为西月湖。二湖亘五六里。本为一水，中有月湖堤，遂分为东、西二湖。

月湖山 在今湖南邵东县东。《清一统志·宝庆府一》：月湖山"在邵阳县（今邵阳市）东七十里。怪石磷砌，嵌空峭异。上有云岩"。唐建云岩寺。

月漾桥 又名易阳桥。在今河北任丘市北鄚州镇南。《明史·恭闵帝纪》：建文元年（1399）八月，"燕兵陷雄县，潘忠、杨松战于月漾桥，被执"。即此。

夨 西周国名。《散氏盘》铭文有"夨人"、"夨王"。王国维《散氏盘考释》谓在散（今宝鸡市西南大散关一带）东。应在今陕西周至县东南终南镇。

勿邓部 唐、宋大渡河以南少数民族部落。在今四川越西县南。《宋史·蛮夷传四》："邛部川蛮，亦曰大路蛮，亦曰勿邓。"

勿吉 本肃慎，北魏时称勿吉。分布在今吉林省长白山以北，松花江及黑龙江中下游，东至于海。《魏书·勿吉传》："勿吉国在高句丽北，旧肃慎国也。……太鲁水又东北行十八日到其国。国有大水，阔三里余，名速末水。……国南有徒太山，魏言'大白'。"按太鲁水即今洮儿河，速末水即松花江，徒太山即长白山。《北史·勿吉传》载："勿吉国一曰靺鞨，其部类凡有七种：其一粟末部，其二伯咄部，其三安车骨部，其四拂涅部，其五号室部，其六黑水部，其七白山部。"粟末部居最南方，黑水部居最北方，"而黑水部尤为劲健"。至唐初，西南入于粟末，东北并于黑水。

勿州 唐永徽二年（651）置羁縻州，属茂州都督府。治所在今四川汶川县西南邛崃山附近地区。后废。

勿阳峒 北宋置，在今广西靖西县西南。

勿谷寨土司 清同治间置，属南坪营。在今四川九寨沟县南勿角乡。后废。

勿拔国 故地在今阿曼南部之米尔巴特一带。旧说在今阿曼北部之苏哈尔。南宋赵汝适《诸蕃志》卷上："勿拔国边海，有陆道可到大食。王紫棠色，缠头衣衫。遵大食教度为事。"其地为古代东西方海舶所经之地。

勿恶峒 北宋置，即今广西靖西县东南岳圩镇。

勿根山 即东木根山。在今内蒙古兴和县西北。《资治通鉴》：东晋太元十四年（389），"（后）燕范阳王德、赵王麟击贺讷，追奔至勿根山，讷穷迫请降"，即此。

勿斯里国 或译作密徐篱、迷思耳、密昔儿、密乞儿、米昔儿、密思儿。即今非洲之埃及。南宋赵汝适《诸蕃志》卷上："勿斯里国属白达国节制。……管下一十六州，周回六十余程。"《明史·西域传四》："米昔儿一名密思儿。永乐中遣使朝贡。"

勿斯离国 故址在今伊拉克北部之摩苏尔。名见唐段成式《酉阳杂俎续集》卷10。南宋赵汝适《诸蕃志》卷上："勿斯离国，其地多石山……地产火浣布、珊瑚。"《岛夷志略》译作麻呵斯离。《元史·地理志·西北地附录》译作毛夕里。

勿赛气河卡伦 清置，属宁古塔副都统。在今俄罗斯滨海边疆区兴凯湖西岸诺夫卡恰林斯克附近。民国魏声龢《鸡林旧闻录》："湖（兴凯湖）西有勿赛气河卡伦。"后废。

欠马州 唐开元后置羁縻州，属雅州都督府。治所在今四川康定县境。《寰宇记》卷77雅州："吐蕃国师马定德并笼官马德唐等部落在欠马州安置。"即此。北宋属雅州。后废。

欠欠州 亦作谦州、谦谦州、俭俭州。元置，在今俄罗斯图瓦共和国乌鲁克穆河与克穆齐克河会流处南之鄂依玛克古城。《元史·忠义传·伯八》："世祖即位，以伯八旧臣子孙，擢为万户，命领诸部军马屯守欠欠州。"又《刘好礼传》：至元十六年（1279），"叛王召好礼至欠欠州"。

欠对山 又作次对山。在今内蒙古鄂温克自治旗南境，为大兴安岭南段。《隋书·北狄传》："南室韦……土地卑湿，至夏则移向西北贷勃、欠对二山，多草木，饶禽兽，又多蚊蚋，人皆巢居以避其患。"

欠河 亦作谦河。今俄罗斯大叶尼塞河、叶尼塞河。《元史·土土哈传》：世祖至元二十九年（1292），"有诏进取乞里吉思。三十年春，师次欠河，冰行数日，始至其境，尽收其五部之众，屯兵守之。……海都闻取乞里吉思，引兵至欠河，复败之，擒其将孛罗察"。

风门口 在今山西平顺县东南玉峡关。《清一统志·潞安府》：玉峡关"在壶口县东南一百二十里。旧曰风门口。在隆虑万山之巅，势极险峻。明嘉靖八年置巡司，今裁"。

风门山 ①在今湖南常德市北三十里梁山侧。《初学记》卷8引《武陵记》曰："风门山有石门，去地百余尺。将欲风起，此门隐隐有黑气上，须臾有黑风竞起。"

②又作枫门山。亦名枫门岭、风阳山。在今湖南城步苗族自治县西北一百十里，与绥宁、武冈二县交界。《方舆纪要》卷81武冈州：风门山"极高峻，或以为即风阳山也"。

风门凹隘 即今广东仁化县东北长江镇之风门坳村。《方舆纪要》卷102仁化县：风门凹隘"在县东北"。

风门关 在今广东乳源瑶族自治县西。《方舆纪要》卷102乳源县：风门关“在县西风门山下”。

风门坳 在今广西桂平市北。清咸丰元年（1851）七月下旬，太平军兵败猪仔峡、双髻山，转守风门坳。八月初一日夜，清将向荣乘大雾迷漫，率兵三路进攻风门坳，太平军失利。

风门岭 在今海南省琼海市西南。《清一统志·琼州府一》：风门岭“在乐会县西南七十里，跨万州界。山势峻峭，两旁石壁如门，为诸黎出入咽喉之地”。

风乡县 唐武德六年（623）置，为龙州治。治所在今陕西清涧县境。贞观二年（628）废。

风水洞 在今浙江杭州市西南。宋《淳祐临安志》卷9引《祥符经》云：“洞极大，流水不竭。顶上又有一洞，过立夏，清风即自内出，立秋则止，故名风水洞。”宋苏辙有《和子瞻题风水洞》诗。

风占寺塔林 在今河南汝州市东北十八里风穴山。该寺始建于北魏，称香积寺。唐代扩建并改名白云寺，俗称风占寺。明清时曾作修缮和增建。寺院建筑依山布局，具有园林特色。有天王殿、中佛殿、毗卢殿、地藏殿、观音阁、藏经阁、钟楼等建筑。寺内最早的建筑是唐开元时建造的七祖塔，高22米，为单层九级密檐式砖塔。寺外两处塔林有元、明、清僧人墓塔七十三座。1988年定为全国重点文物保护单位。

风化店 即今河北沧县东二十里风化店乡。清于此置巡司。

风月桥 一名具区风月桥。即今江苏苏州市西南洞庭东山与莫厘、武山间的渡水桥。东西相接中贯太湖。旧横木以济，元至正间始易以石。明弘治九年（1496）重建。

风穴山 在今河南汝州市东北。《明一统志》卷30南阳府：风穴山“在汝州东北二十里。上有风穴。宋李廌有诗。吴几复隐此。旧有吴公祠、读书庵、雅才亭，俱废”。

风穴寺 在今河南汝州市城东北十八里风穴山中。据《风穴寺志略》载，该寺建于北魏，称香积寺。唐代扩建，并改名为白云寺。俗称风穴寺。明、清两代对寺内建筑有所修补和增建。现存最早的建筑是唐开元时建造的七祖塔，高22米，为单层九级密檐方形砖塔。金代的中佛殿，面阔进深各三间，单檐歇山顶。明代建筑有毗卢殿和钟楼，钟楼内悬挂有北宋宣和七年（1125）铸造的大铁钟一口。寺外有塔林两处，共有元、明、清各代和尚墓塔七十三座。风穴寺及塔林1988年定为全国重点文物保护单位。

风阳山 即风门山。又作枫门山。在今湖南城步苗族自治县西北一百十里，与绥宁、武冈二县交界。《资治通鉴》：五代汉乾祐二年（949），“楚将徐进败蛮于风阳山，斩首五千级”。即此。

风吹垭 在今湖北恩施市西门外。1942—1945年叶挺将军被国民党反动派囚禁于此。

风谷 在今山西太原市西南。唐时为驿道所经。《新五代史·唐太祖家人传》：五代唐天成元年（926），“（李）存渥与刘皇后同奔于太原，行至风谷，为部下所杀”。即此。

风柜（櫃）尾 在今台湾澎湖县西南风柜里。清乾隆间范咸《重修台湾府志》卷1：风柜尾澳“在厅治南二十五里，可容小艇”。连横《台湾通史·开辟纪》：明天启二年（1622），荷兰船舰至澎湖，“复于风柜尾、金龟头、莳里白沙、渔翁诸岛，各造炮台，以防守海道”。即此。

风岩 在今四川高县东南。清同治《高县志》卷6：风岩“与大寺顶相对，屹立千仞，中有鸟道。上系官山，纵横二十余里。同治间，滇匪（指李永和义军）滋扰，平寨土人集团御贼于此，贼不敢上”。

风采楼 在今广东韶关市内。明弘治十年（1497）为纪念宋代名医余靖而建，其名取自蔡君谟诗“必有谋猷裨帝右，更加风采动朝端”。1933年重建。楼上挂“风采楼”匾，是明代著名书法家陈白沙手笔。

风波亭 在南宋临安大理寺内，今浙江杭州市望湖宾馆一带。为民族英雄岳飞就义处。相传亭前有柏树一株，在岳飞被害之日枯槁。清彭玉麟题曰：“精忠有柏，名成岳武。在浙司狱，宋大理府。昔风波亭，今土地庑。”1922年浙江交涉使将柏树残干移于岳王庙，并建“精忠柏亭”。

风城 即今湖北天门市。《元和志》卷21竟陵县：“县城本古风城，古之风国，即伏羲，风姓也。南临汉水。”

风鬼洞 在今贵州石阡县东南龙山。《方舆纪要》卷122石阡府“龙山”条：“山高耸，左岩畔有古洞，洞内石隙中有水泻入深潭，至春渀漫，流出五巴砦，入于大溪。冬则涸，时有大风飓发，俗呼为风鬼洞。《志》云，洞在石阡司治后龙山下，即此。”

风度楼 在今广东韶关市。《清一统志·韶州府》：风度楼“在府治南。唐张九龄为相，明皇重之，每用人，必曰：‘风度得如九龄乎?’郡人因取以名楼”。

风洞 在今北京市密云县西南十五里。顾炎武《昌平山水记》卷下：黍谷山亦谓之寒谷，“山有风洞，洞口风气凛烈，盛夏不敢入，后人遂名之邹子祭风台”。

风洞山 在今贵州贵阳市东南。《方舆纪要》卷121金筑安抚司：风洞山“在（白纳长官）司西。山腹有洞，风贯其中，有声如雷”。

风洞关 明置，属松潘卫。在今四川松潘县东三十七里风洞山上。《明史·马昊传》：正德十年（1515），“乃督参将张杰等修筑墙栅，自三舍堡至风洞关，凡五十里”。

风凉原 在今陕西蓝田县西南。《水经·渭水注》：狗枷川水“东北流经风凉原西”。宋敏求《长安志》

卷16蓝田县：风凉原“在县西南四十五里，南接石门山，北入万年县界，《遁甲开山图》曰：骊山之西川有阜，名曰风凉原，亦雍州之福地，即碗山之阴也”。

风流岭 在今四川理县东南。《清一统志·杂谷厅》：风流岭“在厅东南。旧有风流部蛮居其下。《元统志》：威州北至后番对如界大风流五十里，西北至后番界小风流一百里”。

风流镇 唐置，属维州。在今四川理县东北。《新唐书·地理志》保州：“东至维州风流镇四十五里也。”

风陵 即封陵。在今山西芮城县西南风陵渡镇。《水经·河水注》：“关之直北，隔河有层阜，巍然独秀，孤峙河阳，世谓之风陵。戴延之所谓风塠者也。”

风陵关 唐置，故址在今山西芮城县西南风陵渡镇。《方舆纪要》卷41蒲州：风陵关“路通潼关，唐圣历初，于风陵堆南津口置关，以讥行旅”。

风陵津 即风陵渡。在今山西芮城县西南黄河北岸。《元和志》卷12河中府河东县：“风陵故关，一名风陵津，在县南五十里。魏太祖西征韩遂，自潼关北渡，即其处也。”

风陵渡 在今山西芮城县西南七十二里风陵渡镇南，黄河渡口。《清一统志·蒲州府一》：风陵渡“在永济县南六十里风陵关下，黄河北岸”。

风堆 在今宁夏固原市西。《水经·河水注》：“（高平县）西十里有独阜，阜上有故台，台侧有风伯坛，故世俗呼北阜为风堆。”

风雩山 一名碧虚山。在今湖南长沙市湘江西岸岳麓山南。《清一统志·长沙府一》：碧虚山“在善化县岳麓山南。宋刘珙建风雩亭于其上。亦名风雩山。与道乡台相左右”。

风渚湖 即今浙江德清县东南下渚湖。以防风氏所居，故名风渚。宋《嘉泰吴兴志》卷5武康县：风渚湖“一名九里湖、下渚、封渚、巽渚。渚旁土粘埴，陶户皆居之。浙右陶器多出于此”。

风琶部 宋代黎州诸少数部落之一。在今四川昭觉县南。《宋史·蛮夷传四》：黎州诸蛮“风琶部在州西南一千一百里”。

风窦镇 北宋置，属营山县。在今四川营山县西三十里封窦场。

风篁岭 在今浙江杭州市西南。宋《淳祐临安志》卷9：风篁岭，“《祥符旧经》云：在钱塘旧治西南一十五里。岭颠最高峻。元丰中，僧辨才师淬治。修篁怪石，风韵萧爽，因名曰风篁”。岭下有龙井。

丹土遗址 在今山东五莲县（洪凝镇）东南八十里丹土村。遗址面积33万平方米，文化层厚2.2米，其遗存以龙山文化为主。1957年以来，陆续出土遗物两百余件，其中较珍贵的有龙山文化的玉铲、玉琮等精美玉器和陶器，春秋时期的铜鬲、鼎、舟、戈，汉代的陶壶、陶缸等。该遗址为探讨鲁东、苏北龙山文化渊源以及东夷文化的发展、变化等提供了宝贵史料。1996年定为全国重点文物保护单位。

丹山 ①亦名丸山，又作凡山。即今山东临朐县东北纪山。《水经·巨洋水注》：朱虚“城东北二十里有丹山，世谓之凡山”。《方舆纪要》卷35临朐县“丹山”条引《大事记》：“轩辕征不道，东至海，登丸山，或讹为凡山，俗谓之丹山。西丹河、白狼河皆源于此。”

②在今湖北巴东县西。《山海经·海内南经》：“夏后启之臣曰孟涂，是司神于巴。人请讼于孟涂之所，其衣有血者乃执之。是请生居山上，在丹山西。”《水经·江水注》：有大巫山“神孟涂所处……丹山西即巫山者也”。

③又名龟山。在今湖南辰溪县西南一里沅江南岸。山中有丹山洞，洞中原有清康熙年间所建丹山寺。下有钟鼓洞，深里许。临江峭壁有“壁立万仞”、“碧水丹山”、“寰海镜清”等石刻。明王守仁、薛瑄等有诗纪游。

丹山县 ①唐贞观四年（630）置，属资州。治所在今四川资阳市东八十里丹山镇。《元和志》卷31丹山县：“取界内崇丹山为名。”六年（632）并入内江县。七年（633）复置。唐末五代曾移治今资中县西五十里。北宋乾德五年（967）废入盘石县。

②即丹溪县。在今重庆市綦江县东南三十里。《舆地纪胜》卷180南平军：废丹山县，“《寰宇记》：在南川县东南三十里。（唐）武德二年于丹溪水西置，因以为名”。

丹山镇 北宋乾德五年（967）废丹山县置，属盘石县。在今四川资阳市东八十里丹山镇。有唐建砖塔，唐、宋时摩岩造像及唐咸通十四年题记。

丹川县 隋开皇十八年（598）改高都县置，为泽州治。治所在今山西晋城市泽州县东北高都镇。《元和志》卷15：“因县东丹水为名。”大业初为长平郡治。唐武德元年（618）为建州治，移治于源泽水北，六年（623）为盖州治，九年（626）废。天祐二年（905）改晋城县复置，为泽州治。治所即今晋城市。五代唐复改晋城县。

丹川城 在今云南曲靖市附近。《晋书·成帝纪》：太康六年（285），“李寿陷丹川，守将孟彦、刘齐、李秋皆死之”。即此。

丹水 ①在今山西晋城市东北。《汉书·地理志》上党郡高都县：“莞谷，丹水所出。”《水经·沁水注》：丹水“东南流，注于丹谷。……丹水又径二石人北，而各在一山角倚相望，南为河内，北曰上党，二郡以之分境。……丹水东南流，注于沁”。《方舆纪要》卷13泽州：丹水在“州东北三十里。源出高平县西北仙公山，流经州境合白水，下流入于沁河”。

②在今山东寿光市境。有二源：一出昌乐县南方山，为东丹河；一出临朐县东北丹山，为西丹水。俱东北流径昌乐县西北合流，又东北径寿光市

会尧河，东入潍坊市北境注于白狼河。《水经·巨洋水注》：朱虚城“东北二十里有丹山”，为丹水所出。“丹水有二源，各导一山，世谓之东丹、西丹也。”

③即今山东烟台市境之大姑夹河。《汉书·地理志》东莱郡腄县：“有之罘山祠。居上（止）山，声洋（丹）水所出，东北入海。”《续山东考古录》谓丹水即今大姑河（大姑夹河），一名外甲河。

④即古汳水、获水。故道自今河南开封市附近古蒗荡渠东出，经商丘市北及安徽砀山、萧县，至江苏徐州市北入泗水。《水经·获水注》：获水“亦兼丹水之称也。《竹书纪年》曰：‘宋杀其大夫皇瑗于丹水之上。’又曰：‘宋大水，丹水壅不流。’盖汳水之变名也”。晋以后称汴水。

⑤即今湖北宜都市西南渔洋河中下游，为清江支流。《艺文类聚》卷7引盛弘之《荆州记》曰：“夷道县西南九十里有望洲山，四面壁立，登此见一州内。东有涌泉，欲雨辄有赤气，故名丹水。”《水经·夷水注》：“丹水又东北流，两岸石上有虎迹甚多，或深或浅，皆悉成自然，咸非人工。丹水又北注于夷水。”

⑥即今陕西、湖北、河南边境之丹江。为汉江支流。源出今陕西商洛市西北冢岭山，东南流经丹凤、商南县，又东入河南，经淅川县会淅川水，又东南称均水，折西南至湖北丹江口市入于汉水。《吕氏春秋·召类》：“尧战于丹水之浦，以服南蛮。”

⑦一名丹阳川。源出陕西洛川县东界牌山，东流合南川水，东入于河。《水经·河水注》：“丹水西南出丹阳山，东北径冶官东，俗谓之丹阳城……又东北入河。”

丹水县 秦置，属南阳郡。治所在今河南淅川县西六十五里寺湾镇。西汉属弘农郡。东汉还属南阳郡。西晋属顺阳郡。西魏为丹水郡治。北周属南乡郡。隋属淅阳郡，大业十三年（617）省。唐武德三年（620）复置，属淅州。七年（624）废。

丹水郡 西魏置，治所在丹水县（今河南淅川县西六十五里寺湾镇）。北周废。

丹丹国 古国名。故地或以为在今马来西亚马来半岛东北岸哥打巴鲁附近，或以为在今马来半岛西岸之天定，或以为在今新加坡附近。《梁书·南海诸国列传》：“丹丹国，中大通二年，其王遣使奉表……谨奉送牙像及塔各二躯，并献火齐珠、古贝、杂香药等。”大同元年（535），“复遣使献金、银、瑠璃，杂宝、香药等物”。唐义净《南海寄归内法传》卷1译作呾呾洲。《新唐书·南蛮传下》译作单单。

丹凤山 在今广东始兴县西北。《舆地纪胜》卷93南雄州：丹凤山“在始兴县西北五里。天监中，九凤飞一凤，翔于是山，因名”。《方舆纪要》卷102始兴县：丹凤山在“县北五里。其峰如戟，为县主山。相传梁天监中有凤集此”。

丹凤县 1949年6月解放后改龙驹寨设治局置，治龙驹寨（今陕西丹凤县）。因位于丹江之滨、凤凰山下而得名。

丹巴古碉群 在今四川甘孜藏族自治州丹巴县梭坡、中路、蒲角顶等处。号称“千碉古国”的丹巴县是我国古老的石碉楼数量最多、外观造型最美、碉楼功能最丰富的地方。众多的石碉楼是这里世居民族历史发展的见证，也是中国古建筑遗产和世界古建筑杰作之一。丹巴古碉群始建年代无从考证，现存古碉大致建于500年前至1000年前不等，最早建于汉代，至迟为清乾隆平定大、小金川时所建。丹巴古碉楼均为石木结构，形式多样，以四角碉最为普遍，多达十三角，高达30米左右，最高达60米。墙体光滑，角如刀刃。其建筑艺术精湛绝妙，与藏寨、古树交相辉映，形成世界独有的奇观之一。从用途上看，有用作战争的“防御碉”，有传递情报的“烽火碉”，有用来求福的“风水碉”和辟邪祛祟的“伏魔碉”等。2006年定为全国重点文物保护单位。

丹巴县 1914年以丹东、巴底、巴旺三土司地置，属川边道。治所即今四川丹巴县。任乃强《西康图经》(地文篇)《正释·七十九·西康三十六县名义》：丹巴“包括丹东、巴底、巴旺三土司，与明正土司属鲁密二十四村，及旧屯地，命名丹巴，集三土司属之首字也”。“丹巴”，藏语意为“山谷岩城”。次年属川边特别区。1939年属西康省。1955年属四川省。

丹平长官司 明洪武三十年（1397）置，属新添卫。治所在今贵州罗甸县东北。寻废。永乐元年（1403）复置，清康熙二年（1663）废。

丹东市 1937年由安东县改置安东市。1947年解放，属安东省。1949年属辽东省。1954年划归辽宁省，为省辖市。1955年属安东专区。1965年改安东市为丹东市。1980年郊区改名振安区。

丹东安抚司 清康熙四十一年（1702）置，治所在今四川丹巴县西北丹东。后废。

丹丘（邱） ①在今河北曲阳县西北。《史记·赵世家》：武灵王二十一年（前305）攻中山，“合军曲阳，攻取丹丘、华阳、鸱之塞”。阚骃《十三州志》载：上曲阳有丹丘城。《方舆纪要》卷14曲阳县“丹丘城”条称：“或曰，丹丘，恒山别名也。城在山下，因名。”

②在今浙江宁海县南。宋《嘉定赤城志》卷22宁海县：丹丘“在县南九十里。葛玄炼丹处。孙绰赋所谓‘仍羽人于丹丘，寻不死之福庭’是也”。

丹头县 元世祖至元元年（1264）升丹头砦置，属延安路。治所即今陕西子长县东三十五里丹头村。四年（1267）废。

丹头砦 北宋庆历年间置，属延州延川县。即今陕西子长县东三十五里丹头村。元世祖至元元年（1264）升为丹头县。

丹穴山 在今河北北部。《山海经·南山经》：“丹穴之山，其上多金玉。丹水出焉，而南流注于渤海。”

丹达山　即今西藏边坝县南夏贡拉。为入藏第一险阻。清乾隆《卫藏通志》卷3《山川》：沙工拉山“一名丹达山，过丹达塘十五里，上山颇侧难行，俯临雪窖，西望峭壁摩空，中一小沟，蜿蜒而上，凛冽冰城，刺肌夺目，少有微风，断不可过。有丹达神庙”。“丹达”，藏语意为东雪山。

丹朱岭　在今山西高平市北。《清一统志·泽州府》：丹朱岭“在高平县北四十五里，与潞安府长子县接界。……按《县志》，丹朱岭接长子县界，以尧封长子丹朱得名。此说傅会。《汉书》长子县注，长读长短之长，今俗为长幼之长，非也。足证其妄矣”。

丹竹楼隘　在今江西寻乌县南丹朱岭下。《方舆纪要》卷88赣州府长宁县：丹竹楼隘“在县南丹竹岭下，与广东兴宁、平远接界”。《清一统志·赣州府二》：丹竹楼隘“明万历四年，尝移大墩巡司于此”。

丹竹墟　即今广西平南县东南四十里丹竹镇。清光绪《广西舆地全图》平南县图：东南有丹竹墟。

丹行长官司　明洪武三十年（1397）置，属新添卫。治所在今贵州平塘县西南。寻省。永乐二年（1404）复置，清康熙五十九年（1720）废。

丹州　西魏废帝三年（554）改汾州置，治所在义川郡义川县（今陕西宜川县东北郭下村）。因丹阳川为名。辖境相当今陕西宜川县地。隋大业初废。唐武德元年（618）复置，治所在义川县（今宜川县东北，后移今宜川县治。宋改名宜川县）。元世祖至元六年（1269）废。

丹江　①为巴拉河上源。源出今贵州雷山县南苗岭，北流入清水江。清爱必达《黔南识略》卷9丹江通判：“丹江在城西，发源城南高坡上，有泉名大塘，溢而下流，合诸山之水成江，下流合台拱之小江，入于清江。沿江苗人有大丹江、小丹江之称，实只一江也。雍正六年，苗人挑绕等四十余寨据大丹江，乌叠等二十余寨据小丹江，鸡讲十余寨切近九股，与大小丹江相勾结。巡抚张广泗以八寨既平，率兵进取丹江，相度形势以乌邪为大小丹江要隘，抱得亦大丹江出没之区，乌骚则延属鸡讲，又囊猛者大丹江绾毂处也，旬日之间次第平定。”

②即丹水。今陕西宜川县西南之丹水。

丹江口市　1937年撤销湖北省均县，改设丹江口市，属郧阳地区。市人民政府驻人民路。1994年由十堰市代管。

丹江厅　清雍正七年十二月（1730）置，属都匀府。治所即今贵州雷山县。1913年改丹江县。

丹江县　1913年改丹江厅置，属贵州黔中道。治所即今贵州雷山县。1920年直属贵州省。1941年并入丹寨县。

丹池山　即桐柏山。一名金庭山。在今浙江嵊州市东南七十二里。《舆地纪胜》卷10绍兴府：桐柏山“天宝六载改为丹池山。《真诰》云：高万五千丈，下有丹池、赤水”。

丹兴县　东汉建安六年（201）置，属巴东属国都尉。治所在今重庆市黔江区。东晋常璩《华阳国志·巴志》：丹兴县“出名丹”。三国蜀汉后废。

丹阳　①西周、春秋初楚国都城，在今湖北秭归县东南。《世本》：“楚鬻熊居丹阳，武王徙郢。”《史记·楚世家》：周成王时，“封熊绎于楚蛮，……居丹阳”。徐广以为“在南郡枝江县”（今湖北枝江县东北）。《通典》以为在秭归县东南，后徙枝江，亦曰丹阳。1973年在今湖北当阳市东南约40公里季家湖西岸发现一处古城址，有些考古工作者认定，此处应即楚国早期都城丹阳。或说在今河南淅川县东南香花镇西（已沦入丹江口水库）。后移至今湖北省境内。

②战国楚邑。在今河南淅川县东南丹水之阳。《史记·楚世家》：怀王十七年（前312）春，“与秦战丹阳，秦大败我军。……遂取汉中之郡”。

③古地域名。丹阳湖区及其附近包括今皖、苏、浙三省间湖河丘陵地带的统称。《史记·秦始皇本纪》：三十七年（前210），始皇浮江下，“过丹阳，至钱塘”。西汉改故鄣郡置丹阳郡，即以此为名。《旧志》以始皇为过丹阳县之小丹阳，非是。

④即今福建连江县北五十五里丹阳镇。清《乾隆内府舆图》：连江县北有丹阳。

丹阳山　在今陕西宜川县南。《水经·河水注》：“丹水西南出丹阳山。”

丹阳川　即丹水。在今陕西宜川县西南。《方舆纪要》卷57宜川县：丹阳川“蒲川水自鄜州洛川县来，流入丹阳川，川口有赤石，因曰赤石川”。

丹阳县　①亦作丹杨县。秦置，属鄣郡。治所在今安徽当涂县东北五十里与江苏江宁县相连的丹阳镇。西汉属丹阳郡。隋开皇九年（589）废入溧水县。唐武德三年（620）复置，属南豫州。贞观元年（627）并入当涂县。

②北周改义川县置，为丹阳郡治。治所在今陕西宜川县东北郭下村。隋开皇初复名义川县。

③唐天宝元年（742）改曲阿县置，属润州。治所即今江苏丹阳市。宋属镇江府。元属镇江路。明属镇江府。民国初属江苏金陵道。1927年直属江苏省。1987年改设丹阳市。

丹阳城　①在今湖北秭归县（茅坪镇）西北归州镇东南。《史记·楚世家》：周成王时“封熊绎于楚蛮，封以子男之田，姓芈氏，居丹阳”。《正义》：“《舆地志》云：秭归县东有丹阳城，周回八里，熊绎始封也。”《水经·江水注》：丹阳城“据山跨阜，周八里二百八十步。东北两面悉临绝涧，西带亭下溪，南枕大江，险峭壁立，信天固也。楚子熊绎始封丹阳之所都也。……又楚之先王陵墓在其间，盖为征矣”。此外，关于丹阳地望，又有以下诸说：（1）在今湖北枝江市境。《续汉志》：枝江有丹阳聚。见《史记·楚世家》集解：徐广曰，丹阳“在南郡枝江县”。又《正义》：颍容《传例》

云："楚居丹阳，今枝江县故城是也。"（2）在今湖北巴东县境。《史记·楚世家》正义引《括地志》云："归州巴东县东南四里归故城，楚子熊绎之始国也。"（3）在今河南淅川县东南。清宋翔凤《过庭录》卷4谓，丹阳在"丹、淅之会"。（4）石泉《古代荆楚地理新探》谓初在今陕西商县境，后徙河南淅川县东南。即分处在今丹江上下游。

②在今陕西宜川县南。《水经·河水注》："丹水西南出丹阳山，东北径治官东，俗谓之丹阳城，城之左右犹有遗铜。"按《汉书·食货志》云："金有三等，黄金为上，白金为中，赤金为下。"注引孟康曰："赤金，丹阳铜也。"

丹阳南朝陵墓石刻 在今江苏丹阳市境内。南朝齐、梁时期的帝王陵葬于丹阳，现有十三处，年代可考的有齐宣帝萧承之永安陵（在今丹阳市东北埤城镇胡桥北狮子湾）、齐武帝萧赜景安陵（在今丹阳市东前艾田家村）、齐景帝萧道生修安陵（在今丹阳市东北埤城镇胡桥东水晶山南仙塘湾）、齐明帝萧鸾兴安陵（在今丹阳市东荆林三城巷东北）、梁文帝萧顺之建陵（在今丹阳市东荆林三城巷东北）、梁武帝萧衍修陵（在今丹阳市东荆林三城巷刘家庄附近）、梁简文帝萧纲庄陵（在今丹阳市东荆林三城巷东北刘家庄附近，梁文帝修陵之南）等。陵墓前石刻雕像有麒麟、天禄等，体积较大，造型雄健，神态生动，刻工精良。1988年被定为全国重点文物保护单位。1996年又将句容市境的梁南康简王萧绩墓石刻归入本保护单位。

丹阳郡 ①亦作丹扬郡。西汉元狩二年（前121）改鄣郡置，治所在宛陵县（今安徽宣城市）。辖境相当今安徽长江以南、江苏宁镇山南北和浙江天目山以西、新安江中上游南北之地。三国吴移治建邺（今南京市）。西晋分置宣城郡。隋开皇九年（589）废。大业初改蒋州为丹阳郡。唐武德三年（620）改为扬州。

②魏太平二年（535）侨置，属北扬州。治秣陵侨县（寄治项城县，今河南沈丘县）。北齐属信州。北周属陈州。隋开皇初废。

③北周改义阳郡置，属丹州。治所在丹阳县（今陕西宜川县东北郭下村）。辖境相当今陕西宜川县地。隋开皇初废。

④唐天宝元年（742）改润州置，治所在丹徒县（今江苏镇江市）。辖境相当今江苏南京、句容、镇江、丹阳、金坛等市县地。乾元元年（758）复为润州。

丹阳湖 ①旧名南湖。在今江苏高淳县西，接安徽当涂县界。《三国志·吴书·濮阳兴传》：永安三年（260），"都尉严密建丹杨湖田，作浦里塘"。郭璞《江赋》：旁有"朱浐丹漅"。注曰："丹湖在丹阳。"《新唐书·食货志》：刘晏为转运使，"又分官吏主丹杨湖，禁引溉，自是河漕不涸"。

②在今安徽当涂县东南。《元和志》卷28当涂县：丹阳湖"在县东南七十九里。周回三百余里，与溧水分湖为界"。《元丰九域志》卷6太平州当涂县有丹阳湖。《清一统志·太平府一》：丹阳湖，"《县志》：在县东南七十里，与溧水、高淳皆以湖心为界。东西七十五里，南北九十里。稍东为固城湖，东为石臼湖，统名曰三湖。徽、池、宁国、广德、江宁之水，俱汇于此，为府境之巨浸"。现以泥沙沉淀，大部已淤塞筑成圩田。

丹阳镇 ①北宋置，属当涂县。在今安徽当涂县东北五十里。为汉丹阳县治故址。现一镇分属二省，南镇属安徽当涂县，北镇属江苏江宁县。

②即今广西三江侗族自治县西南丹洲镇。《明史·地理志》怀远县："万历十九年移治丹阳镇。"即此。

丹坝长官司 一作党坝长官司。清乾隆二十四年（1759）置，属杂谷直隶厅。治所在今四川马尔康县西南党坝乡。《清史稿·岳钟琪传》：乾隆年间，岳钟琪疏言："党坝为大金川门户。"

丹杨县 ①即丹阳县。今江苏丹阳市。《新唐书·地理志》作"丹杨"。

②即丹阳县。在今安徽当涂县东北五十里丹杨镇。《晋书·地理志》作丹杨郡、丹杨县。并云："丹杨山多赤柳，在西也。"《宋书·州郡志》亦作"丹杨令，汉旧县"。

丹杨郡 一作丹阳郡。东魏天平二年（535）置，为北扬州治。治所在秣陵县（今河南沈丘县）。南朝梁太清元年（547）为殷州治。东魏武定六年（548）复为北扬州治。辖境相当今河南沈丘县及淮阳县东部地。隋开皇初废。

丹余吾水 在今蒙古国西南。《汉书·匈奴传》：本始二年（前72），伐匈奴，"云中太守田顺为虎牙将军，三万余骑出五原。……虎牙将军出塞八百余里，至丹余吾水上，即止兵不进，斩首捕虏千九百余级，卤马牛羊七万余，引兵还"。

丹谷 在今山西晋城市东南。《水经·沁水注》："丹水又东南流注于丹谷。"《魏书·孝庄纪》：北魏永安三年（530），"（源）子恭仍镇太行丹谷"。其后，"尔朱兆寇丹谷，……源子恭奔退"。均此。

丹灶墟 ①即今广东江门市北丹灶墟。旧属新会县。清光绪《广州府志》卷69：新会县"墟市"有丹灶墟。1951年划归江门市。

②即今广东佛山市南海区西丹灶镇。清光绪《广东舆地全图》：南海县西有丹灶。

丹良堡 在今广西平果县西北。《方舆纪要》卷110归德州"润山堡"条："又州西有丹良堡。"《清一统志·思恩府》：丹良堡"相传宋皇祐中，有王清者，随平侬智高，授丹良堡土舍"。

丹岩县 唐贞观五年（631）置，属羁縻西金州。治所在今四川松潘县西境。八年（634）属岩州。后废。

丹岩驿 在今浙江台州市黄岩区北门管驿巷。《方舆纪要》卷92黄岩县：丹岩驿"在县治东。旧在县东北三里，宋曰永宁驿，乾道三年又改为仁风驿，元因之，明初改今名”。

丹岭县 隋置，属同昌郡。治所在今甘肃迭部县东南。唐神龙元年（705）废。

丹河驿 在今山东昌乐县西十里。《清一统志·青州府二》：“旧置丹河马驿。又有小丹河店递运所。明万历初，与驿俱革。今为丹河铺。”

丹城县 ①南齐置，属临漳郡。治所在今广西浦北县境。梁、陈时废。

②东魏置，属临涣郡。即今安徽涡阳县东北六十里丹城镇。明嘉靖《宿州志》：“周太子晋常炼丹于此，故名丹城。”北齐属谯州谯郡。隋开皇元年（581）废。

丹南县 东晋置，属牂柯郡。治所在今贵州雷山县北。南齐属南牂柯郡。后废。

丹洲 又名丹阳洲。在今广西三江侗族自治县西南丹洲镇西融江中。《方舆纪要》卷109怀远县“武牢山”条：“《志》云：今县治（今丹洲镇），即故丹阳镇，有丹阳洲。”民国《三江县志》卷1：丹洲“在县南。与融邑接界处，旧治所在地也。怀水至洲头分流为二：曰东门河，曰西门河，环抱全洲，形似椭圆，面积约七八方里，城郭如故，有东南及西北两街，居民约二百户”。

丹神山 在今四川资中县西北。《寰宇记》卷76盘石县：丹神山“在县西北五里。如值天旱，祷告即雨”。丹山县以此名。

丹峰岭 在今浙江缙云县南。《方舆纪要》卷94缙云县：丹峰岭“在县治南。元曰云塘驿，在县北三里。明初迁于县南，改今名”。

丹徒县 战国秦置，属会稽郡。治所在今江苏镇江市丹徒区（谷阳镇）西北丹徒镇。《元和志》卷25润州丹徒县：“初，秦以其地有王气，始皇遣赭衣徒三千人凿长陇，故名丹徒。”东汉属吴郡。三国吴嘉禾三年（234）改为武进县。西晋太康二年（281）复名丹徒县，为毗陵郡治。隋开皇九年（589）废。唐武德三年（620）复置，为润州治。治所即今镇江市。宋为镇江府治，元为镇江路治。明为镇江府治。清咸丰八年（1858）中英《天津条约》辟为商埠。民国初属江苏金陵道。1928年改为镇江县。1949年复改丹徒县。2002年撤销丹徒县，改设丹徒区（驻谷阳镇，在三山镇西）。

丹徒镇 北宋置，属丹徒县。即今江苏镇江市丹徒区（谷阳镇）西北丹徒镇。唐以前为丹徒县治。

丹萨替里寺 明代西藏寺名。藏传佛教噶举教派帕主支派的主寺，1158年建。在今西藏乃东县泽当东北之雅鲁藏布江北岸。

丹崖山 ①在今山东蓬莱市北三里。《明一统志》卷25登州府：丹崖山“东西两面，石壁巉岩。上有蓬莱阁，又有三洞：曰半仙、曰狮子、曰南土，秀丽奇绝为一郡伟观”。《方舆纪要》卷36蓬莱县：丹崖山“山下为珠玑岩，石壁千尺。岩下水中有小石，如珠矶，或如弹丸，俗呼弹子涡，或谓之珍珠门”。

②在今河南淅川县丹水南岸。《水经·丹水注》：“丹水南有丹崖山，山悉赪壁霞举，若红云秀天。”

③在今陕西洛南县东南。《方舆纪要》卷54商州：丹崖山“山皆赤壁，亦曰红崖山”。《清一统志·商州》：西红崖“在洛南县东南五十里。又东红崖，在县东南九十里。崖石皆赤，旧产铜”。

丹兜场 在今广西合浦县东南。产海盐。《清一统志·廉州府》“海北盐场”引《县志》：“白石场在县东南九十里。又东有官寨、丹兜二场，皆明洪武中建。”

丹章砦 在今贵州黄平县西。《清一统志·镇远府》：丹章砦“在黄平州西废重安司西南。旧为苗屯聚处”。

丹渠谷 在今新疆昌吉市北。本西域劫国所都。西汉神爵二年（前60）后为西域都护府属地。

丹景山 在今四川彭州市西北三十里。明曹学佺《蜀中名胜记》卷5彭县：丹景山，“《旧志》以为山莳牡丹，春时红艳照人，故名”。自宋以来，盛种牡丹。南宋陆游《天彭牡丹谱》：“彭州牡丹为蜀中第一，而丹景山的黑、白牡丹尤佳。”

丹稜县 隋开皇十三年（593）改洪雅县置，属嘉州。治所即今四川丹棱县。明曹学佺《蜀中广记》卷52丹棱县：“取多棱川之名。”大业三年（607）属眉山郡。唐武德二年（619）属眉州。元世祖至元二十年（1283）废入眉州。明洪武六年（1373）复置，属嘉定府。十年（1377）省入眉县，十三年（1380）复置，属眉州。《清史稿·穆宗纪》：同治元年（1862），李永和、蓝朝柱义军与清军激战，首领蓝朝鼎牺牲于此。民国初属四川建昌道。1928年直属四川省。南宋著名史学家李焘为丹棱县人。

丹溪 即今重庆市巴南区东北木洞小河。《舆地纪胜》卷175重庆府：丹溪“在府东南二百八十里。源出涅婆山，水色如丹，因名”。《方舆纪要》卷69重庆府巴县：丹溪在“府东南二十八里。从群山中流出，水色如丹”。《清一统志·重庆府一》：丹溪“在巴县东南。自綦江县流来……东北流五十里入江，曰丹溪口”。

丹溪县 唐武德二年（628）置，属南州。治所在今重庆市綦江县东南三十里。《寰宇记》卷122南川县：废丹溪县“于丹溪水西置，因以为名”。贞观十七年（643）废。

丹溪岭 在今福建尤溪县北。《方舆纪要》卷97尤溪县：“丹溪岭在县北六十里。一名桃木岭，界南平县。萦回可十五里，自趾至巅凡三叠，皆数百丈。回视数十里，川原隐隐，沟塍棋布。有丹溪绕流其下。”

丹寨县 1941年由丹江、八寨二县合并设置，属贵州省。治所在原八寨县城（今贵州丹寨县）。取二县名各一字为名。

丹噶尔厅 清道光九年（1829）置，属甘肃西宁府。治所在丹噶尔城（今青海湟源县）。1913 年改为湟源县。

丹噶尔城 即今青海湟源县。《清一统志·西宁府二》：丹噶尔城“在西宁县西九十里，周七百七十丈。本朝雍正五年筑，设参将驻防。乾隆九年增设主簿。其路逼西藏，地通青海，兼为番人交易之所”。道光九年（1829）于此置丹噶尔厅。

丹甑山 一名甑山。在今广西贺州市东南贺街镇西。《方舆纪要》卷 107 贺县：丹甑山“在县（故治在今贺街镇）西十里。高千余丈。时有云气上浮。泉流不竭，注为池，名曰仙池。《志》云：山本名幽山，唐李郃为守，更曰丹甑。宋守邓璧，又更名瑞云。今亦曰甑山”。

丹霞山 ①在今江西南城县西南麻姑山西。《方舆纪要》卷 86 建昌府南城县“麻姑山”条下：“《志》云，麻姑西七里有丹霞山，道书第十福地。亦曰丹霞洞，其旁为出云山。”《清一统志·建昌府一》“麻姑山”条下：丹霞山“绝顶有虎穴”。

②一名留山。在今河南南召县东。《方舆纪要》卷 51 南召县：丹霞山“一名留山。在县（旧治云阳镇）西北三十里三鸦路中。……今山上有栖霞寺，寺后一峰巉崖千仞，左右又有两峰，最为奇胜”。

丹霞驿 在今福建漳州市西。明嘉靖《龙溪县志》卷 1：丹霞峰“在南厢。土石皆赤，晨夕映日，色若丹霞然。下有南山寺，驿名丹霞以此焉”。

丹霞洞 在今江西南城县西南。《清一统志·建昌府》：麻姑山“又西七里，有丹霞山，亦曰丹霞洞，道书以为第十福地”。

乌弋山离 汉西域国名。在今阿富汗锡斯坦的扎兰杰。《汉书·西域传》：乌弋“俗重妄杀。其钱独文为人头，幕为骑马。以金银饰杖，绝远，汉使希至”。公元 1 世纪时被贵霜国王吞并。

乌山 ①即今浙江建德市东北五十八里乌龙山。《水经·浙江水注》：“浙江又东北径建德县南，县北有乌山。”即此。

②一名火焰山。即今福建诏安县北，与云霄县接界之乌山。《方舆纪要》卷 99 漳州府诏安县“九侯山”条下：“其联接者曰乌山，峰头巨石嵯峨，半插天表，北接云霄镇，东联檬仔林山，为邑后障，一名火焰山，以山形尖耸也。”

③在今江西新建县西南。明置巡司于此。

④在今云南蒙自市南。汉、晋称乌山。《汉书·地理志》贲古县：“南，乌山出锡。”

⑤即乌德鞬山。今蒙古国西南鄂尔浑河上源杭爱山。《辽史·太祖纪》：天赞三年（924）太祖西征，次古回鹘城，“取金河水，凿乌山石，辇致潢河、木叶山，以示山川朝海宗岳之意”。此山为突厥、回纥可汗立牙之处，被视为神圣，故契丹取其石以代表收服漠北地区。

乌山县 ①唐渤海国置，属庆州。治所当在今吉林珲春市境。辽废。

②元置，属下思同州。治所在今贵州长顺县东威远镇。后废。

乌山站 元置，在今江西新建县西南。

乌山镇 即今江苏溧水县西北乌山镇。清光绪《江苏全省舆图》溧水县：“乌山镇在城西北二十五里。”

乌门关 即今山西交口县西南石口乡。《元史·文宗纪》：致和元年（1328）令隰州之乌门关等皆“穿堑垒石以为固，调丁壮守之”，即此。

乌飞县 北周置，属施州清江郡。治所在今湖北恩施市北六十里。隋开皇初改为开夷县。

乌云（雲）山 在今安徽凤阳县东南六十里。《方舆纪要》卷 21 凤阳县：乌云山在“府东南六十里。亦名乌雾山。以山多濛雾也。与定远县接界”。

乌云（雲）设治局 1916 年析萝北县置，属黑龙江省黑河道。治所在温河镇（今黑龙江省嘉荫县西北乌云镇）。1929 年改为乌云县。

乌云（雲）县 1929 年改乌云设治局置，属黑龙江省。治所在温和镇（今黑龙江省嘉荫县西北乌云镇）。1947 年撤销，并入逊克县。

乌云（雲）和尔冬吉山 在今黑龙江省五大连池市境。民国徐曦《东三省纪略》卷 3：东兴安岭山脉“其西走一支，当塞尔根南，有息灭之火山，曰乌云和尔冬吉。康熙六十年山忽喷火，日夜震动，声闻数百里，亘一年始息。其喷出之石片、硫磺，近旁积成一山，至今遗迹尚存焉”。

乌云（雲）和伦图吉山 又作乌云和尔冬吉山。在今黑龙江省五大连池市东。清乾隆《盛京通志》卷 29：乌云和伦图吉山“在（墨尔根）城东南一百六十里”。光绪年间为布特哈与墨尔根界山。

乌云（雲）河 在今黑龙江省嘉荫县西北。源出伊春市东北小兴安岭南，东北流至嘉荫县西北双河镇附近注入黑龙江。民国《黑龙江志稿》卷 4：乌云河在“（乌云）县东南百里。二源出玛哈拉山，东北流九十里注于黑龙江”。

乌扎拉 在今西藏阿里地区札达县达巴东南一百四十多里。“乌扎”，藏语意为头发，“拉”意为山口。是我国西藏阿里地区达巴宗东波到印度觉朗姆一带的山口通道。

乌扎拉部 在今俄罗斯哈巴罗夫斯克边疆区东北黑龙江下游宏格力河口附近。清乾隆《皇清开国方略》卷 17：天聪七年（1633）正月乙卯，“征乌扎拉部师还”。即此。光绪十一年（1885）曹廷杰奉命调查沙皇俄国占领区曾至此。《西伯利东偏纪要》：“乌札拉部，在今伯利下六百里金山、银山两岸，银山下尚有乌札拉地名。”

乌扎拉噶珊 清初置，属宁古塔将军，后属三姓副都统。在今俄罗斯哈巴罗夫斯克边疆区东北黑龙江下游、宏格力河口对岸。顺治八年（1851）沙俄殖民主义者哈巴罗夫窜此盘踞。次年，清政府进行驱逐入侵者的乌扎拉之战。康熙《平定罗刹方略》卷1："顺治九年，驻防宁古塔章京海色率所部击之，战于乌扎拉村，稍失利。"

乌木克依布拉克卡伦　清雍正十二年（1734）设，在今内蒙古呼伦贝尔市新巴尔虎左旗东南呼拉特山。见民国《黑龙江志稿》卷33《武备志·兵事》。

乌支县　即乌氏县。战国秦置，在今宁夏固原市东南。

乌尤山　古名青衣山。又名离堆山。在今四川乐山市东三里岷江中，与凌云山一水之隔。《舆地纪胜》卷146嘉定府：乌尤山"在九顶山之左。旧名乌牛，突然（兀）于水中如犀牛之状。至山谷题涪翁亭，始谓之乌尤"。山上有乌尤寺，古名正觉寺，始建于唐大历年间。今寺为清末民国初时建。寺周有尔雅台、旷怡亭、听涛轩、轮珠台、结茅亭等建筑。为乐山市著名的风景名胜地。

乌尤山城　在今四川乐山市东三里乌尤山。《宋史·度宗纪》：南宋咸淳九年（1273）九月，"成都安抚使昝万寿城嘉定乌尤山"，即此。

乌水　①即今内蒙古乌审旗南纳林河。《元和志》卷4夏州朔方县：乌水"出县黑涧，东注奢延水。本名黑水，避周太祖讳，改名乌水"。

②即今宁夏固原市南境之颉河（一说为今清水河）。《汉书·地理志》安定郡乌氏："乌水出西，北入河。都卢山在西。莽曰乌亭。"都卢山即六盘山，乌水应在六盘山之东。

乌水县　西魏置，属安阳郡。治所在今甘肃秦安县西北。隋大业初废。

乌仁关　①在今山西吉县西。《明一统志》卷20平阳府：乌仁关"在吉州西七十里，临黄河"。明置巡司于此。

②在今陕西宜川县东北八十里，下临黄河。《新唐书·地理志》：汾川县"有乌仁关"。

乌什厅　清光绪八年（1882）置，属甘肃省。治所即今新疆乌什县。十年（1884）属新疆省。1913年改为乌什县。

乌什县　1913年改乌什厅置，属新疆阿克苏道。治所即今新疆乌什县。清乾隆《西域同文志》卷3："回语，乌什，即乌赤，盖山石突出之谓。城居山上，故名。"1930年属阿克苏行政区，后直属新疆省。

乌什城　即今新疆乌什县。清祁韵士《西域释地》：乌什"准噶尔时名为图尔璊，今名乌什。乌什者，犹言峰峦飞峻也"。清乾隆二十年（1755），准噶尔达瓦齐汗逃此，阿奇木伯克霍吉斯俘之以献。后设办事大臣。光绪八年（1882）置乌什厅。

乌仑（崙）山　在今甘肃环县西北三十里。《方舆纪要》卷57环县：乌仑山"山甚高峻，顶阔根狭，难于登陟，为险要之地"。北宋于此置乌仑砦。

乌仑（崙）砦　北宋置，属通远县。在今甘肃环县西北三十里。《方舆纪要》卷57环县：乌仑城"以乌仑山而名。为戍守要地"。金称乌伦砦。

乌氏　春秋时西戎国。在今宁夏固原市东南。《史记·匈奴列传》："秦穆公得由余，西戎八国服于秦，故……岐、梁山、泾、漆之北有义渠、大荔、乌氏、朐衍之戎。"秦惠王时置乌氏县。

乌氏县　又作阏氏、焉氏。本乌氏戎地，战国秦惠王置县，属北地郡。治所在今宁夏固原市东南。《史记·货殖列传》：乌氏倮畜牧，"畜至用谷量马牛。秦始皇帝令倮比封君"。西汉属安定郡。东汉改为乌枝县。西晋复名乌氏县。北魏末徙治今甘肃泾川县东三十里，仍属安定郡。西魏废。

乌丹县　1937年伪满统治时由翁牛特左旗析置，属热河省。治所即今内蒙古翁牛特旗驻地乌丹镇。1940年撤销，并入翁牛特左旗。1946年复设乌丹县。1955年划归内蒙古自治区。1956年撤销，并入翁牛特旗。

乌丹城　即今内蒙古翁牛特旗驻地乌丹镇。辽建丰州于此。金为全州治。元为全宁路治。清为翁牛特左翼旗驻地。1945年改置乌丹县，1956年撤销，改为翁牛特旗治所。古城遗址尚存。

乌玉河　亦作黑玉河。即今新疆和田、皮山县境之喀拉喀什河。《宋史·于阗国传》：于阗国"国城东有白玉河，西有绿玉河，次西有乌玉河，源出昆冈山，去国城千三百里。每岁秋，国人取玉于河，谓之捞玉"。

乌古敌烈统军司　辽众部族军司，治所在河董城（今蒙古国东乔巴山市西克鲁伦河北岸）。辖地相当今蒙古国克鲁伦河流域。后废。

乌古部　又作于厥、于骨里、乌虎里。辽北境部族，属乌古敌烈统军司。游牧地相当今内蒙古呼伦贝尔市西南部、蒙古国东方省东部地。

乌石山　①在今安徽和县西北六十里。《方舆纪要》卷29和州：乌石山"在州西北六十里。两山相峙，路经其中，以石多黑，因名"。

②在今安徽池州市西南。《新唐书·地理志》秋浦县："有乌石山，广德初盗陈庄、方清所据。"《元和志》卷28秋浦县：乌石山"在县西一百四十里。广德初为贼陈庄、方清所据，袁傪破平之"。《方舆纪要》卷27贵池县：乌石山寨在"府西南百里。唐永泰初，剧贼方清等聚兵于此，绝江为患，议者始置池州于秋浦，以厄要害，是也"。

③在今浙江衢州市柯城区西南三十里。《方舆纪要》卷93衢州府：乌石山"延袤数十里，巨石周匝如城，石门可入，俗呼寨门……自府境趋江右者多道此"。

④在今福建莆田市东北隅。《方舆胜览》卷13兴化军：乌石山"在城北一里。《郡志》：莆田荔枝为天下第一，乌石荔枝为莆田第一"。

⑤即今福建福州市西侧乌山。《寰宇记》卷100福州侯官县：闽山"去州一里二百步，周回四里。本名乌石山，天宝六载敕名闽山"。《方舆胜览》卷10福州：乌石山"在州西一里。形如龟，亦曰

闽山”。

⑥在今江西德安县北十里。《方舆纪要》卷85九江府德安县：乌石山“旁有狮子岩，两岩相对如门，一名乌石门。其中平畴旷野，水流环绕”。山麓旧有乌石门镇。

⑦在今广东普宁市西。清光绪《广东舆地全图》普宁县：乌石山在“城西南二十里”。

乌石门镇 在今江西德安县北八里乌石门。清同治《江西全省舆图》卷13：德安县北有乌石街。

乌石屯 即今广东紫金县东南乌石镇。《明史·地理志》惠州府永安县：“又有驯雉里巡检司，治凤凰冈，后迁县东乌石屯，寻俱还故治。”

乌石关 在今浙江建德市东北六十五里富春江西北岸。《方舆纪要》卷90严州府：乌石关在“府（治今梅城镇）东十五里。以乌石山而名。江流所经，下有乌石滩”。

乌石岭 在今江西铅山县南。《清一统志·广信府一》：乌石岭“在铅山县（治今永平镇）南八十里。又南五里为郑家岭。往来孔道”。

乌石驿 明洪武间置，属陵水县。在今海南省陵水黎族自治县西。一说在今万宁市西南南桥黎族苗族乡。

乌石城 在今安徽宁国市东南九十里盘山村。《方舆纪要》卷28宁国县：“乌石城在县南九十里槃山北，相传南唐时置城，以备吴越处也。”

乌石站 元置，即今广东增城市西乌石。明改为驿。

乌石涧 在今江西余江县北。《方舆纪要》卷85饶州府安仁县：乌石涧在“县南二十里。源出抚州临川县，下流入白塔河”。

乌石港 亦名清道镇。即今广东雷州市西南乌石镇。《方舆纪要》卷104雷州府海康县：清道镇在“府西南百二十里，地名乌石港。有巡司”。

乌石墟 ①即今广东韶关市曲江区南乌石镇。清同治《韶州府志》卷11曲江县：有“乌石墟”。

②即今广西陆川县南乌石镇。清光绪《广西舆地全图》陆川县图：南有乌石镇。民国《陆川县志》卷5：乌石墟“在城南四十里沙井堡内，为南平乡五堡之中区。……近来贸易繁盛，商货麇集，全县市易以此为最”。

乌石镇 在今广东增城市西南东洲村。《方舆纪要》卷101广州府增城县：乌石镇“在县南东洲村。旧为乌石砦，洪武初改置巡司”。清废。

乌布萨泊 又作乌布萨诺尔。在清科布多东北境。即今蒙古国乌布苏省乌布苏湖。《清一统志·科布多》：乌布萨淖尔“在科布多城东北。特斯河自乌里雅苏台界西流入泊。和赖河、特里河、伊尔河、博尔河、扎尔河、齐塔齐河俱南流入泊。喀喇奇拉河、古萨尔泊水，出杜布伯特左翼旗北流，萨里克哈拉河，亦出杜尔伯特左翼旗东流，俱潴于淖尔”。

乌龙山 ①即古卢龙山。在今河北迁西县北。《清一统志·承德府一》：乌龙山“在府东南二百五十里。古卢龙山也。卢龙塞当在其地”。杨守敬《水经注疏》谓卢龙塞即“今潘家口”。

②一名乌山。在今浙江建德市东北五十八里。宋《淳熙严州图经》卷2仁安山：“旧名乌龙山，其傍当驿路，有岭亦名乌龙岭。”北宋末改名仁安山，明初复旧名，李文忠败苗帅于乌龙岭，即此。

③即乌奴山。在今四川广元市西。清彭遵泗《蜀碧》卷1：崇祯十年（1637），李自成由汉中攻广元，杀总兵侯良柱，“结七十营于乌龙山下”。《清一统志·保宁府一》：乌奴山，“《旧志》：一名乌龙山”。今山东麓有“广元皇泽寺”。

④即今云南昆明市东川区西珙王山。唐至明称乌龙山。《元混一方舆胜览》：乌龙山，“山有十二峰，北临金沙江，蒙氏封为东岳”。《云南山川志》：“山北临金沙江，有十二峰耸秀，为诸山之冠，八九月间，上常有雪。其顶有乌龙泉，下流为乌龙河。蒙氏封此山为东岳。”

乌龙关 北宋置，在今甘肃定西市南东西两河间，南接陇西县。《方舆纪要》卷59安定县：乌龙关“今亦曰乌龙厄”。

乌龙江 即黑龙江。在今黑龙江省及俄罗斯境。清吴桭臣《宁古塔纪略》：“康熙三十年前，沿松花江而下三千里，俱设城郭，直至乌龙江而止。”何秋涛《朔方备乘》卷24引圣祖御制福陵功圣德碑：“北暨嫩江乌龙江，罔不臣服。”

乌龙坝 即今云南昆明市东川区西南乌龙镇（乌龙街）。清于此置乌龙汛。

乌龙沟口 即今河北涞源县东北乌龙沟。《清一统志·易州》：乌龙沟口“在州西紫荆关西北六十里，接广昌县界，外口要冲也。今有把总驻防”。

乌龙沟长城 在今河北涞源县城东北六十六里乌龙沟高山上。筑于明万历元年至四年（1573—1576），崇祯年间重修，是明代后期修筑的重要内边墙的一部分，为嘉靖、万历间加强防务的重要实物遗存，是涞源县内150多公里长城中保存最完整的一段。边墙长36公里，有乌字敌楼六十六座，长、宽各12米。边墙高4—6米，宽3—4米，外侧有垛口。还有乌龙沟城，形状别致，城墙、城门俱在，用石料筑成，南门“翊荆门”和西门“镇朔门”各二道。乌龙沟长城保留了明代长城原状，各种敌楼与边墙或保存完整，或断壁残垣，未有人为干预，为研究长城建造历史提供了极好的实物资料。2001年定为全国重点文物保护单位。

乌龙岭 即今浙江建德市东北乌龙山。《清一统志·严州府》：乌龙山“在建德县（故治在今建德市东北梅城镇）北三里。……旁有乌龙岭。明初克严州，苗帅杨完者屯乌龙岭，李文忠击败之，即此”。

乌龙河 在今云南武定县北。《方舆纪要》卷116武定军民府：乌龙河“在府北五里。源出禄劝州之乌蒙山，绕流经此，溉田数百顷，下流入于金沙江”。

乌龙泉　在今湖北武汉市武昌区南十七里乌龙泉镇。《清一统志·武昌府》引《江夏县志》：乌龙泉“峰回路转处，巨石夹道，或立或伏，其水夏凉冬温，甘甚”。

乌龙砦　北宋元符二年（1099）置，属晋宁军。即今陕西佳县西南乌龙铺。金属葭州。后废。

乌龙集　即今河南淮滨县城关镇。旧属息县。民国初设县左驻此。1952 年以息县、固始、潢川三县地析置淮滨县，设治于此。

乌目山　又名虞山。在今江苏常熟市西北。陶弘景《真诰》十二《稽神枢第二》：淳于斟“会稽上虞人，汉桓帝时作徐州县令，灵帝时大将军辟掾。少好道，明术数……后入吴乌目山中隐居，遇仙人慧车子，授以《虹景丹经》，修行得道”。即此。清代画家王翚籍贯常熟，故号乌目山人。

乌白池　乌池、白池二盐池的合称。在今宁夏盐池县北与内蒙古鄂托克前旗南之北大池一带。《元和志》卷 4 盐州五原县：“盐池四所：一乌池，二白池，三细项池，四瓦窑池。乌、白二池出盐，今度支收粜，其瓦窑池，细项池并废。”《资治通鉴》：唐元和十五年（820）十月，“盐州奏吐蕃营于乌、白池，寻亦皆退”。十二月“盐州奏，吐蕃千余人围乌、白池”。胡三省注：“盐州五原县有乌、白池。”

乌仔别里山口　即今新疆阿克陶县西南乌孜别里山口。清宣统《新疆图志》卷 5：光绪十年（1884），“俄人乘我不觉竟越玛里塔巴尔山口，南侵入二百里至乌仔别里山口”。

乌尔会河　又名鄂尔虎河、贺尔浑河、和尔洪河。在今内蒙古东乌珠穆沁旗东之乌拉盖高勒（乌拉根郭勒）。清魏源《圣武纪》卷 3：康熙二十九年（1690），准噶尔噶尔丹“以追喀尔喀为名，乘锐东犯。五月，侵及乌尔会河，尚书阿尔尼以蒙古兵击之，令喀尔喀夺还所掠牲畜，喀尔喀贪利争取，阵遂乱，反为厄鲁特所败，乘胜东趋内扎萨克蒙古地方”。

乌尔伞（缴）河　即今内蒙古新巴尔虎右旗东、新巴尔虎左旗西之乌尔逊河。《清一统志·黑龙江》：乌尔缴河“在呼伦布雨尔西二百八十余里。源出布雨尔湖，北入呼伦池”。

乌尔罕河　即今俄罗斯哈巴罗夫斯克边疆区布列雅河上源支流乌尔戈河。清乾隆《钦定盛京通志》卷 28：乌尔罕河“国语（满语），乌尔罕，套马杆也。（黑龙江）城北一千六百三十里。源出兴安岭，西南流入阿尔奇河”。

乌尔图绰农河　又称绰纳河、绰那河、绰诺河。汉名狼河。即今内蒙古巴林左旗东之乌力吉木伦河。《清一统志·巴林》：乌尔图绰农河“在旗东北一百九十里。源出巴颜乌兰峰，东南流，会布雅鼐河水，又东流入阿鲁科尔沁界，注于大布苏图池”。

乌尔河　在今俄罗斯阿穆尔州西北，为结雅河支流。清屠寄《黑龙江舆图说·黑龙江城》：“乌尔河，源出伊勒提布斯岭。曲曲东南流百四十四里，有克喇克河东北流百里来注之。又东南流百里有替克德河即田地河，东南流二百里来注之。又东南流……注精奇里江。”

乌尔顺河　即乌尔缴河。今内蒙古新巴尔虎右旗东、新巴尔虎左旗西之乌尔逊河。《清史稿·地理志》胪滨府：“东南有乌尔顺河，自贝尔池出，北流入呼伦池。”

乌尔格图布拉克　一作乌图布拉克。即今新疆托里县东南庙尔沟镇。《清一统志·塔尔巴哈台》：乌尔格尔布拉克台“在雅玛图台东南一百二十里，又东南九十里至库尔喀喇乌苏所属之鄂伦布拉克台”。

乌尔堪屯　明末清初达斡尔族屯寨。在今俄罗斯阿穆尔州东北精奇哩江（结雅河）上游支流乌尔堪河口南岸。清乾隆《盛京吉林黑龙江等处标注战迹图》：精奇哩江上源支流乌尔堪河口有乌尔堪屯。17 世纪中叶，沙皇俄国波雅尔科夫、哈巴罗吉等先后由雅库茨克南行，越过外兴安岭（今俄罗斯斯塔诺夫山）侵入精奇里江，然后入侵黑龙江。

乌尔堪河　又作乌尔罕河。在今俄罗斯阿穆尔州，为结雅河上源支流。《清一统志·黑龙江》“阿尔奇河”条下：乌尔罕河“在（黑龙江）城东北一千六百三十里，俱西南流入阿尔奇河”。河口有乌尔堪屯。17 世纪中叶，沙俄殖民主义者波雅尔科夫入侵至此，掠达斡尔酋长多普狄乌尔为人质。

乌兰山　在今甘肃景泰县东五佛乡沿寺东南黄河转弯处。《明一统志》卷 37 靖虏卫：乌兰山“在卫城南一百二十里。唐有乌兰县以此山名”。

乌兰扎勒哈站　清置，即今吉林前郭尔罗斯蒙古族自治县西南乌兰图扎镇。清西清《黑龙江外纪》卷 2：“由八虎道至盛京道里……哈斐尔罕五十里至乌兰扎勒哈。”

乌兰木伦河　①即古东陵川水、紫河。今内蒙古和林格尔县南之浑河。《清一统志·归化城六厅》：紫河“在和林格尔地。蒙古名五蓝木伦”。上游有二水：北为凉城县之宁远水；南为山西右玉县之兔毛河，二水在杀虎口外，和林格尔县东南合流，西流至清水河县西纳清水河，西流注入黄河。

②在今青海北境。即大通河之上源。《清史稿·地理志》青海和硕特部前左翼头旗：“大通河源出青海西北阿木尼尼库山南诺尔，东南流曰乌兰木伦河。”东南流至今门源回族自治县城后为大通河。

乌兰乌苏　即今新疆沙湾县东南乌兰乌苏镇。清道光《新疆识略》卷 2 乌鲁木齐：乌兰乌苏台“西至安集海一百一十里”。

乌兰乌苏河　①亦作赫色勒河、得尔必楚克河。即今新疆南之克孜勒河。为喀什噶尔河上游。《清一统志·喀什噶尔》：赫色勒河在“喀什噶尔城南。源出北山麓，东南流会特尔墨楚克河入雅璘雅尔河”。徐松《西域水道记》卷1：乌兰乌苏河“河色赤，蒙古语谓赤为乌兰，是曰乌兰乌苏河。回语谓赤为赫色勒，故又曰赫色勒河矣”。

②在今青海乌兰、都兰二县境。民国许公武《青海志略》：“乌兰乌苏河，在和硕特北左翼旗及达颜贝勒阿尔巴图住处，水西北流，南汇格得尔古河，北会布隆吉尔河，入于达布逊池。乌兰乌苏河与布隆吉尔河之间，尽为沙漠。”

乌兰户特图克 即今内蒙古达尔罕茂明安联合旗（百灵庙）西南乌兰忽洞乡。清张穆《蒙古游牧记》卷5喀尔喀右翼部：喀尔喀右翼旗“西至乌兰户特图克”。

乌兰巴尔哈孙 即大红城镇。今内蒙古和林格尔县西南六十二里大红城乡。

乌兰布拉克 即今内蒙古武川县西九十里西乌兰不浪镇。清光绪《皇朝中外一统舆图》：归化城（今呼和浩特市）西北有乌兰布拉克。

乌兰布通山 又作五兰布通山。即今内蒙古克什克腾旗西南红山子乡南。清康熙二十九年（1690）抚远大将军福全率清军在此击败准噶尔噶尔丹。

乌兰刚阿卡伦 清雍正十二年（1734）设，在今内蒙古呼伦贝尔市南贝尔湖东北沙拉尔吉河口。见民国《黑龙江志稿》卷33《武备志·兵事》。

乌兰关 北周置，在今甘肃景泰县东五佛乡沿寺东南黄河转弯处。北周、唐置乌兰县以此名。

乌兰县 ①北周置，属平高郡。治所在今甘肃景泰县东五佛乡沿寺东南黄河转弯处。后废。

②唐贞观九年（626）置，属会州。因乌兰山得名。治所在今甘肃景泰县东五佛乡沿寺东南黄河转弯处。唐末废。

乌兰固木 清科布多属城，在杜尔伯特右翼境。今蒙古国乌布苏省乌兰固木。清康熙、雍正间，用兵准尔噶，以其地当金山之东，土沃，设立屯田。《平定朔漠方略》：康熙五十七年（1718）议，“令将军傅尔丹等，于科卜多、乌兰固木所在筑城垦田，建置房舍，设立驿站”。

乌兰岭 在今哈萨克斯坦东北部阿拉湖以北。清徐松《西域水道记》卷5：“巴克图水二支：东支发自巴克图山，西支发自乌兰岭。”即此。

乌兰哈达厅 清乾隆三十九年（1774）析八沟厅北境置，属直隶。治所即今内蒙古赤峰市。乌兰哈达，蒙古语，意为赤峰。四十三年（1778）改为赤峰县。

乌兰哈拉格庙 即今内蒙古西乌珠穆沁旗东北乌兰哈拉嘎。1949—1956年为东部联合旗驻地。

乌兰哈拉嘎苏 即今内蒙古鄂托克旗驻地乌兰镇。清光绪八年（1882）在此建旗王府。1950年旗政府复由阿日勒庙迁此。

乌兰津 在今甘肃景泰县东五佛乡沿寺东南黄河转弯处。《资治通鉴》卷157梁大同元年（535），“魏渭州刺史可朱浑道元先附侯莫陈悦，悦死，丞相泰攻之，不能克，与盟而罢。道元世居怀朔，与东魏丞相欢善，又母兄皆在邺，由是常与欢通。泰欲击之，道元帅所部三千户西北渡乌兰津抵灵州”。又《北史》卷53《可朱浑元传》载：“可朱浑元，字道元……累迁渭州刺史。元既早为神武（高欢）知遇，兼其母兄在东，恒表疏与神武往来。周文帝（宇文泰）有疑心。元乃率所部三千户，发渭州，西北度乌兰津，历河、源（原）二州境，乃得东出。”即此。

乌兰桥 在今甘肃景泰县东五佛乡沿寺东南黄河转弯处。《资治通鉴》：唐贞元十六年（800），“灵州破吐蕃于乌兰桥”。胡注：“《唐书·地理志》：会州乌兰县有乌兰关；桥当在关外黄河上。”

乌兰浩特市 1947年于王爷庙置，为兴安盟府驻地。治所即今内蒙古乌兰浩特市。1964年并入科尔沁右翼前旗。1980年复设市，科尔沁右翼前旗驻此。

乌兰诺尔站 又作新站。清雍正五年（1727）置，在今黑龙江省肇源县西北新站镇。《清一统志·黑龙江》“布克依站”条下：“古鲁站，又五十五里至乌兰诺尔站。”

乌兰察布山 又名红螺谷。在今内蒙古呼和浩特市东北二十五里。清初为乌兰察布盟会盟地。“乌兰察布”，蒙古意为“红色的谷口”。

乌兰察布盟 清内蒙古六盟之一。后金崇德至清康熙初，先后设四子部落一旗、茂明安部一旗、乌喇特部三旗、喀尔喀右翼部一旗，共四部六旗，会盟地在乌兰察布（今内蒙古呼和浩特市东北红螺谷），故名。隶属于理藩院，并受绥远城将军节制。盟境相当今内蒙古乌兰察布盟四子王旗、达尔罕茂明安联合旗全境及武川县一部分，巴彦诺尔盟之乌拉特前、中、后三旗全境（1958年划归巴彦淖尔盟）及五原县、临河市、杭锦后旗各一部分，包头市及所属固阳县各一部分。清末以来，盟境部分地先后设置武川、五原、包头、固阳、临河等县及设治局。1914年划属绥远特别区。1928年属绥远省。1949年盟府驻四子王府（今四子王旗北查干补力格苏木）。1950年迁驻乌兰花，同年迁驻包头市。1951年迁驻固阳县。1954年划归内蒙古自治区。1958年将乌喇特前旗及中后联合旗划归巴彦淖尔盟；将原平地泉行政区所属集宁市及察哈尔左翼前、中、后三旗，丰镇、兴和、卓资、凉城、和林格尔、清水河、武川等县划属本盟，盟府移驻集宁市。

乌头山 在今湖北丹江口市西北。《清一统志·襄阳府一》：乌头山“在均州东三十里”。

乌奴山 又名乌龙山。在今四川广元市西嘉陵江边。《舆地纪胜》卷184利州：乌奴山“在绵谷县。以李乌奴得名”。《方舆纪要》卷68广元县：乌奴山在“县西二里嘉陵江岸。峭壁如削，高不可上。晋、宋间有氐李乌奴者，据此作乱，因名。有乌奴城，齐永泰初，尝置东晋寿郡于此。一名乌龙山”。

乌吉密河 即今黑龙江省尚志市。民国熊知白《东北县治纪要》吉林省：“珠河县，俗称乌吉密河，为东省铁道东部线一驿站。民国十二年割延寿县土地一部分，新设县治。最近定名曰珠河县。”1946年改珠河县为尚志县。

乌西 在今贵州大方县东。清康熙三年（1664），贵州水西土酋安坤等叛。吴三桂率兵由乌西攻安坤于卧这，即此。

乌达谷 在今内蒙古包头市东北石拐沟附近。清乾隆十九年（1754）于此设乌达卡伦，为大青山十一卡伦之一。光绪《山西通志》卷39：五当沟与乾隆中所设乌达卡伦并是一地，入沟五十里为卡伦，又四十里为广觉寺（即五当召）。

乌列盖设治局 即耳里匽设治局。治所在乌列盖（今蒙古国吉尔格朗图西乌列盖）。

乌屿 在今福建泉州市东北。《方舆纪要》卷99泉州府晋江县“洋屿”条下：乌屿“在府东北二十里。四面潮水环绕，民居辐辏。旧有石路，潮至则没，行者病之。宋宝祐中，始作桥以通往来，人以为便”。

乌竹岭 在今浙江东阳市东北。《方舆纪要》卷93东阳县：乌竹岭“在县东北四十里。逶迤数折”。

乌竹岭寨 即今浙江东阳市东北六石街道东北乌竹岭头。《方舆纪要》卷93东阳县：乌竹岭寨“在乌竹岭上。嘉靖三十七年置。其北接鹭鹚岭，达诸暨县界之乌岩；其南接嵩岭诸山，实为要隘”。

乌延城 ①又名乌城、乌水城。在今陕西横山县南。《新唐书·地理志》朔方县：“长庆四年，节度使李祐筑乌延……等城于芦子关北，以护塞外。”《宋史·夏国传下》：元丰五年（1082），“沈括请城古乌延城，以包横山，使夏人不得绝沙漠”。

②在今越南河内市北红河连接墩河附近。《隋书·刘方传》：“仁寿中，会交州俚人李佛子作乱，据越王故城，遣其兄子大权据龙编城，其别帅李普鼎据乌延城。”唐武德置乌延县，属慈州。贞观三年（629）废县。

乌伤县 秦置，属会稽郡。治所即今浙江义乌市。《水经·渐江水注》：“《异苑》曰：东阳颜乌以淳孝著闻，后有群乌助衔土为坟，乌口皆伤，一境以为颜乌至孝，故致慈乌，欲令孝声远闻，又名其县曰乌伤矣。”按：此系传说，不足信。“乌伤”应是吴越语地名。三国吴宝鼎元年（266）属东阳郡。南朝陈属金华郡。隋属东阳郡。唐武德四年（621）为绸州治，七年（624）改名义乌县。

乌伤溪水 即东阳溪。在今浙江义乌市境。《水经·渐江水注》：吴宁溪水“下径乌伤县入谷，谓之乌伤溪水”。

乌伦古湖 又名布伦托海。即乞则里八寺海。今新疆福海县西北之乌伦古湖。光绪《大清帝国全图》新疆省图：西北有乌陇古湖。

乌衣巷 故址在今江苏南京市东南，东起白鹭洲公园，西至内秦淮河，通夫子庙。东晋王导、谢安诸名族皆居于此。宋《景定建康志》卷16引《丹阳记》曰：“乌衣巷之起，吴时乌衣营处所也。”《宋书·谢弘微传》：“（谢）混风格高峻，少所交纳，唯与族子灵运、瞻、曜、弘微并以文义尝会。尝共宴处，居在乌衣巷，故谓之乌衣之游。”即此。唐刘禹锡有《乌衣巷》诗。

乌衣镇 即今安徽滁州市东南清流河西岸乌衣镇。《清一统志·滁州》：乌衣镇“在州东南三十五里”。

乌充山 即今云南开远市东之东山。明、清称乌充山。《明一统志》卷86临安府：乌充山“在阿迷州东一十五里。又名东山，尝有乌飞集其上。其西有禄丰山，又其西有蓬和山，三山相连，环抱州治”。

乌州 ①唐置，为羁縻州，属安定州都督府。当在今甘肃庆阳市一带。后废。

②辽置，属上京道。治所在爱民县（今吉林双辽市西北）。辖境相当今内蒙古科尔沁左翼中旗和吉林双辽县地。金废。

乌江 ①在今安徽和县东北四十里乌江镇附近。《史记·项羽本纪》：楚汉之际，项羽兵败垓下，“于是项王乃欲东渡乌江。乌江亭长檥船待”。即此。《清一统志·和州》：乌江浦“在州东北四十里。土多黑壤，故名”。

②沩水支流。源出今湖南湘乡市北丰山，东北流入宁乡县南入沩水。《方舆纪要》卷80宁乡县“玉潭江”条下：乌江“临江有石如乌，故名”。

③即今广西陆川县之陆川河，为九州河上游。《清一统志·郁林州》：乌江“在陆川县南一里。上流名妙洞水，源出分水山，南流绕城东合文龙山水，又绕城南，汇妙洞岩水，又南流合水车江，名乌江，复南流汇龙化江，流入广东石城县界，合九州江”。

④在今广西平南县西。《寰宇记》卷156平南县有大乌江。《清一统志·浔州府》：乌江，“《旧志》：在县西半里。小舟泝流，可三四十里至古城，其源直透县西北瑶山地界，下流入龚江。春夏此河水清，则大江水浊，秋冬大江水清，则此水浊”。

⑤古名延江水、涪陵江、黔江、巴江、更始水、水德江。在今重庆市、贵州省境，为长江南支流。《元史·文宗纪》：天历二年（1329），“潘州杨万户引四川贼兵至乌江峰，官军败之。八番元帅脱出亦破乌江北岸贼兵，复夺关口。诸王月鲁帖木儿统蒙古、汉人、答剌罕诸军及民丁五万五千，俱至乌江”。《明史·地理志》四川遵义军民府遵义县：“又东有乌江，源自贵州水西，即涪陵江上源。”源出贵州西北乌蒙山东麓，北源六冲河出赫章县北；南源三岔河出威宁县东，会合后称鸭子河，东北流至息烽县乌江渡下始称乌江，经思南、沿河入重庆市境，折而西北流经彭水、武隆，于涪陵区东注入长江。

乌江市 即今江西吉水县东四十里乌江镇。清同治《江西全省舆图》卷7：吉水县东有乌江市。

乌江关 明洪武中建，在今贵州遵义县西南乌江镇。《方舆纪要》卷70遵义府遵义县："（明）万历中，杨应龙败官军于乌江，旋趋河渡，贵州震动。既而黔帅童元振复克乌江关。"

乌江县 西晋太康六年（285）置，属淮南郡。治所在今安徽和县北四十里乌江镇。东晋属历阳郡。南朝宋为临江郡治。梁为江都郡治。陈复为临江郡治。北魏属临滁郡。隋属历阳郡。唐属和州。明洪武省入和州。

乌江亭 秦置，属东城县。在今安徽和县北四十里乌江镇处。《史记·项羽本纪》：项羽垓下大败，南走东城，"于是项王乃欲东渡乌江。乌江亭长檥船待"。《正义》："《括地志》云：乌江亭即和州乌江县是也。"

乌江郡 即同江郡。治所在乌江县（今安徽和县东北四十里乌江镇）。杜佑《通典》卷181和州乌江县："梁置江都郡，北齐改为密江郡，陈改为临江郡。后周改为乌江郡。"

乌江浦 在今安徽和县北四十里，乌江镇东。《史记·项羽本纪》："于是项王乃东渡乌江。乌江亭长檥船待。"即此。

乌江等处长官司 元置，属播州安抚司。治所即今贵州遵义县西南乌江镇。后废。

乌江镇 即今安徽和县东北四十里乌江镇。《宋史·地理志》乌江县："绍兴五年废为镇，七年复。"《明史·地理志》和州："又南有牛屯河巡检司，后移于乌江镇，即故乌江县也。"

乌讷恩素珠克图盟 清代蒙古诸盟之一。乾隆三十六年（1771）卫拉特蒙古土尔扈特部首领渥巴锡率众由伏尔加河返回伊犁内附，称为旧土尔扈特部。分东、南、西、北乌讷恩素珠克图四路，即四盟。东路，在库尔喀喇乌苏城西南，编左右两旗为盟，隶库尔喀喇乌苏大臣管辖；南路，在喀喇沙尔城（即焉耆）北，编四旗为一盟，隶喀喇沙尔大臣管辖；西路，在伊犁城东，编一旗为一盟；北路，在塔尔巴哈台城东和布克赛尔游牧，编三旗为一盟，隶塔尔巴哈台大臣兼辖。全部归伊犁将军节制。

乌那水 疑即今内蒙古杭锦旗西北之摩仁河。《新唐书·地理志》所载边州入四夷道里中的夏州北道，"又经步拙泉故城，八十八里渡乌那水，经胡洛盐池、纥伏干泉，四十八里度库结沙"。

乌孙 汉西域大国。都城在赤谷城（今吉尔吉斯斯坦伊塞克湖东南伊什提克一带）。曾与汉朝和亲共拒匈奴。神爵二年（前60）后属西域都护府。公元5世纪时西徙葱岭。

乌如 西藏吐蕃王朝（约629—842）古地区名。公元7世纪初吐蕃王朝建立后，将全境划分为乌如、要如、叶如、如拉（亦作藏如拉）等四个军政区域，即乌思藏四如。乌如是藏文音译，意为"中央翼（部）"，其区域东至沃卡，南至玛拉，西至须尼木，北至沙克，以热莫且（今西藏拉萨市小昭寺）为中心，大致当今雅鲁藏布江中游北面的拉萨市辖各县。吐蕃灭亡后原建制废，乌如与要如合称乌思即前藏。

乌弄城 元邛都州城。在今四川越西县北新民镇附近古城。《元史·地理志》邛部州："今其地夷称为邛部川，治乌弄城，昔庅些蛮居之，后仲由蒙之裔夺其地。"

乌坂城 一作乌阪城。在今福建邵武市东故县。《寰宇记》卷101邵武军邵武县：废乌阪城"在县东南三里。《建安记》云，昔越王拒汉其城六，此城一也"。《方舆纪要》卷98邵武府邵武县：乌坂城"亦曰故县城，北倚山麓，南滨大溪"。

乌赤 一作倭赤。即今新疆乌什县。清徐松《西域水道记》卷2：乌什城据默尔彻尔山，"回语谓山石突出为乌赤，乌什即乌赤也"。

乌抛湾 即今四川井研县北乌抛乡。清光绪《井研县志》卷4：乌抛湾场"创自雍正间，县北七十里"。

乌克尔河 即今河北沽源县南之葫芦河。清乾隆《口北三厅志》卷2：乌可尔河"源出独石口北乌可尔老泉（即独石泉），西北流经察哈尔镶白旗界会随客河，西流注克勒泊"。

乌克索米噶珊 亦作乌克苏。在今俄罗斯哈巴罗夫斯克边疆区黑龙江下游东岸萨腊普耳斯科耶。清属三姓副都统。光绪《吉林通志》卷17：混同江南岸，东至海滨旧设噶珊有"乌克索米"。咸丰年间通过不平等的中俄《北京条约》被俄割占。

乌克诺尔 亦作乌固诺尔。即今内蒙古陈巴尔虎旗南乌固诺尔站。《清史稿·地理志》：呼伦直隶厅有"乌古诺尔"车站，为中东铁路车站之一。

乌苏市 1996年撤销乌苏县，改设乌苏市，属新疆伊犁地区。2001年撤销伊犁地区，乌苏市改由伊犁哈萨克自治州直辖。

乌苏江 一作乌斯江。在今西藏墨竹工卡县东南。清《西藏图考》卷3：堆达"过竹贡。六十里至乌苏江"。1960年并入墨竹工卡县。

乌苏县 1913年改库尔喀喇乌苏厅置，属新疆迪化道。治所即今新疆乌苏市。1916年改属塔城道。1930年属迪化行政区，后直属新疆省。1996年改设乌苏市。

乌苏里昂阿卡伦 亦作乌苏哩江口卡伦。清咸丰四年（1854）置，属三姓副都统。在今黑龙江省抚远县东北黑瞎子岛乌苏里江入黑龙江口附近。光绪《吉林通志》卷17："乌苏哩江口卡伦，（富克锦）城东北七百四十里，东岸俄罗斯界。"

乌苏城 在今山西沁县西南二十余里乌苏村。《魏书·地形志》：铜鞮县有乌苏城。

乌苏哩江 古名阿里门江、阿速江。又作乌子江、戊子江。即今黑龙江省东南与俄罗斯交界之乌苏里江，为黑龙江支流。《清一统志·吉林一》：乌苏哩江"在宁古塔城东一千余里。源出锡赫特山，北流会诸河为一，又北受兴凯湖流出之松阿察河，流经千余里，会混同江，东北流入海"。此水原本中国内河，清咸丰十年（1860）签订不平等的中俄《北京条约》，将江东之地划归俄国。

乌来　即今台湾省新北市东南乌来区。原为高山族泰雅人乌来社。“乌来”系番语温泉的音译。乌来温泉为台湾北部著名温泉之一，附近并有瀑布，故为游览胜地。

乌里州　亦作乌丽、乌里。当今越南岘港南之广南省、北至广治省之广治及承天—顺化省之顺化一带。《宋史·占城传》：“占城国在中国之西南。……北曰乌里州。”

乌里雅苏台　①指清代驻乌里雅苏台城的定边左副将军的辖区。乾隆中叶后统辖喀尔喀四部和科布多、唐努乌梁海两区。相当于今蒙古国、俄罗斯额尔齐斯河上游、斋桑泊以东至东萨彦岭一带和中国新疆阿尔泰地区的北部。清季通称外蒙古。

②亦名榆沟谷。在今内蒙古呼和浩特市东北石人湾沟注入大黑河处。清乾隆十九年（1754）置卡伦于此。《清一统志·归化城六厅》：榆沟谷“在绥远城东北八十八里。蒙古名乌里雅苏台”。光绪《绥远旗志》卷2：“榆沟，土名石人湾。在城东北九十里。蒙古名乌里雅苏台。”

乌里雅苏台河　在清乌里雅苏台南，城因河得名。即今蒙古国扎布汗省乌里雅苏台南的博格登果勒。《清一统志·乌里雅苏台》：乌里雅苏台河“源出中后旗。西流东合一水，经乌里雅苏台城南，南纳舒鲁克河，北纳苏布拉河，注扎布噶河”。

乌里雅苏台城　清雍正十一年（1733）建，乾隆十九年（1754）为统辖外蒙古各部的定边左副将军驻所。蒙古语意为柳树城。在今蒙古国扎布汗省省会乌里雅苏台（曾一度改名扎布哈朗特）。统辖喀尔喀四部、科布多诸部、唐努乌梁海部官兵，并会同库伦办事大臣管理蒙古事务，分掌赛音诺颜、扎萨克图汗两部。

乌里雅苏台统部　清代政区名。首府在乌里雅苏台城（今蒙古国扎布汗省会）。统辖喀尔喀四部、科布多、唐努乌梁海二区。辖境相当今蒙古国、俄罗斯图瓦共和国、阿尔泰边疆区大部、哈萨克斯坦东北斋桑湖地区及我国新疆乌伦古河以北阿尔泰地区。民国初废。

乌里雅苏台（臺）镇　清置，在今河北张北县西南三台河沿岸，设千总于此。《清史稿·地理志》：直隶张家口厅有“乌里雅苏台镇”。

乌角关　明置，属宁番卫。在今四川冕宁县南。《明一统志》卷73四川行都司：乌角关“在宁番卫城南五十里”。

乌库尔城　又作乌库勒、伍库尔、兀库尔、厄库尔。故址在今黑龙江省塔河县东北绥安站附近。清乾隆《盛京通志》卷32：乌库勒城在“（黑龙江）城西北一千三百余里”。《清太宗实录》卷51：崇德五年（1640）二月，萨穆什喀等讨博穆博果尔，“时有达尔布尼、阿恰尔都户、白库都、汉必尔代四人聚七屯之人于兀库尔城，萨穆什喀、伊孙、穆成格，拜令众军乘旦攻城，嘉隆噶汛地举火，至晚克之”。即此。

乌沙夹汛　即今安徽池州市西长江南岸乌沙镇。清光绪《贵池县志》卷6：乌沙夹镇，“《采访册》：在城西三十里”。

乌沙克塔勒　一作乌沙克他拉。即今新疆和硕县东乌什塔拉回族乡。清乾隆《西域图志》卷15：乌沙克塔勒“在哈喇沙尔城东二百一十五里。自辟展西行，入苏巴什塔克口，又西南行逾库木什、阿克玛塔克、额格尔齐塔克三百四十里至其地，为哈喇沙尔东境”。宣统《新疆图志》卷81焉耆府：乌沙克他拉驿，“回语乌沙，小也，他拉，谓柳树。居民百余家，有街市”。

乌沙堡　在今河北张北县西。《元史·太祖纪》：六年（1211）秋七月，“命庶别攻乌沙堡及乌月营，拔之”。即此。

乌君山　在今福建光泽县东北。《寰宇记》卷101邵武军邵武县：乌君山“在县西一百里。高二千二百丈。……秦汉之代有徐仲山者，于此山（采药）遇神仙妃耦，多假乌皮为羽，飞走上下，故山因名之，今有乌君石存焉”。《方舆纪要》卷98光泽县：“乌君山在县东北五里。山高二千余丈，其相接者曰乌石岭。”

乌即城　在今新疆疏附县境。《后汉书·班超传》：元和初，疏勒王忠叛，“西保乌即城。班乃更立其府丞成大为疏勒王，悉发其不反者以攻忠。积半岁，而康居遣精兵救之，超不能下。是时月氏新与康居婚，相亲，超乃使使多赍锦帛遗月氏王，命晓示康居王，康居王乃罢兵，执忠以归其国，乌即城遂降于超”。

乌陇古河　即乌隆古河。今新疆青河、富蕴、福海三县境之乌伦古河。《清一统志·科布多》：乌陇古河“在科布多城南。河二源：东曰布尔干河，西曰青吉斯河……合为乌陇古河，折西流，经阿勒坦乌梁海旗，潴为赫萨尔巴什泊”。

乌纳山　在今云南嵩明县南，杨林西南十里。《明一统志》卷86云南府：乌纳山“有石若马头，土人以乌纳名之。山周百余里，西距呈贡，东接宜良，水草宜牧”。

乌纳木河　①即今新疆克拉玛依市东北白杨河。《清史稿·地理志》塔尔巴哈台厅：“乌纳木河又东潴为艾拉克淖尔。”

②即今新疆克拉玛依市东北乌尔禾。1947年在此设乌河设治局。

乌纳河　又作乌娜河。即今俄罗斯阿穆尔州西北、结雅河上流支流。清乾隆《钦定盛京通志》卷28：乌讷河“国语，乌讷，枸杞也。（黑龙江）城北一千七百六十里。源出兴安岭，西南流入阿尔奇河”。

乌坵　一作乌丘山。即今福建莆田市东南乌丘屿。扼兴化湾与湄州湾之口，为本省沿海南北交通要冲。分大丘、小丘两屿。两屿东西并列，相距约二里，大丘在西，小丘在东。因形状象乌龟，故名。大、小乌丘亦名大龟、小龟。岛上丘陵起伏，多岩少土，居民以捕鱼为生。明郑和下西洋经此。又见清《海上闻见录》。

乌坡场 亦作伍坡。在今四川昭觉县东北乌坡。民国《昭觉县志》卷2：乌坡“竹核坝至此二十余里，昭、雷（波）交界处”。有铜矿。

乌拉泊古城 在今新疆乌鲁木齐市南天山区大湾乡乌拉泊村南。古城平面略呈方形，南北长550米，东西宽450米。城墙为生土夯筑，残高2—6米。四隅有角楼，东、南、北墙外有马面痕迹。古城用墙分成东、西、南三个子城。东城呈正方形，正中设门，门外筑瓮城。南城呈曲尺形，南墙、东墙正中设城门，外有瓮城遗迹。西城呈长方形，北墙东侧设城门，外有瓮城遗迹。城东部有夯筑长方形土台，南北长22米，东西宽18米，高1.6米。乌拉泊古城是乌鲁木齐地区保存较完整的古城址，据研究是唐代白水涧道上的重镇轮台城，并一直延用到西辽或元代，对研究乌鲁木齐城建发展史、屯田史有重要意义。2001年定为全国重点文物保护单位。

乌拉珲河 在今黑龙江省通河县东。《清史稿·地理志》大通县：“乌拉珲河西流，汇为二泊，曰三捷泡，曰二龙潭，泊旁地肥饶。”

乌拉桂河 即今内蒙古科尔沁右翼前旗西北乌河，为洮儿河之归流河支流。清光绪《皇朝中外一统舆图》作乌拉桂河。

乌拉特中旗 俗称中公旗。清顺治五年（1648）建旗，属乌兰察布盟。治所原在今内蒙古包头市西哈德门村。后迁治本坝太庙。1914年划归绥远特别区，1928年属绥远省。1952年与乌拉特后旗合并，改设乌拉特中后联合旗，迁治海流图。1954年划归内蒙古自治区。1981年改名乌拉特中旗。

乌拉特后（後）旗 俗称东公旗。清顺治五年（1648）建旗，属乌兰察布盟。治所原在铁柱谷（蒙古名哈达马尔，今内蒙古包头市西哈德门口子）。1914年划归绥远特别区，1928年属绥远省。20世纪30年代迁治管家窑子（今乌拉特前旗东北明安）。1952年并入乌拉特中后联合旗。1970年由乌拉特中后联合旗西部地析置潮格旗，驻潮格温都尔（后改名赛乌素镇）。1981年改名乌拉特后旗。

乌拉特前旗 俗称西公旗。清顺治五年（1648）建，属乌兰察布盟。治所在今内蒙古包头市西哈德门地。1914年划归绥远特别区。1928年属绥远省。20世纪30年代迁治哈拉盖补隆（今白彦花镇）。1954年划归内蒙古自治区。1958年迁治西山咀镇。

乌拉部 明末女真扈伦四部之一。分布中心在今吉林省吉林市永吉县一带。驻地在乌拉城（今吉林永吉县北乌拉街满族镇西北半里处）。《清一统志·吉林二》：打牲乌拉城“乌拉之先，以呼伦为国号，姓纳喇，其始祖名纳齐布禄，四传至都勒善，生子二：长克什讷都督，次古对珠颜，古对珠颜生泰兰。泰兰生布延。布延收服附近诸部，筑城于乌拉河岸洪尼地，国号乌拉”。建州女真首领努尔哈赤屡攻乌拉，万历四十一年（1613）灭乌拉。清先后设打牲乌拉总管、协领等官驻防。今乌拉古城遗址尚存。

乌拉斯台（臺）水 在今新疆塔城市西。清宣统《新疆图志》卷72：乌拉斯台水“上源曰布尔罕河，发自乌里雅苏图山西麓，即《图志》所称乌里雅苏台郭勒也。二水：一出厅城东，一出厅城西，至城南头工、二工之间而合，西南流十余里左潴为南湖，又西南入额敏河”。

乌林 即今湖北洪湖市东北长江北岸乌林矶。《三国志·吴书·吕蒙传》：东汉建安十三年（208），“与周瑜、程普等西破曹公于乌林”，即此。

乌林港 在今湖北武穴市西长江北岸。清置汛于此。

乌枝县 即乌氏县。在今宁夏固原市东南。《续汉书·郡国志》作“乌枝”。

乌雨克灵格 即岭喀尔宗。治所即今西藏南木林县东索金乡东南邬郁。

乌雨克灵喀城 又作领噶尔豁、晤欲领喀尔。即今西藏南木林县东索金乡东南乌郁。《清一统志·西藏》藏地诸城：乌雨克灵喀城“在日喀则城东南三百七十里”。

乌雨勒赫齐卡伦 即胡裕尔和奇卡伦。清雍正五年（1727）设，在今内蒙古额尔古纳市西北七卡屯村。清何秋涛《朔方备乘》卷10《北徼喀伦考》作“乌雨勒赫齐”；《黑龙江外纪》卷2作“乌雨尔霍齐”。

乌郁宗 原西藏地方政府设，治所即今西藏南木林县东南索金乡乌郁。1960年撤销，并入南木林县。

乌虎水 即今广东和平县东北鱼潭江。《清一统志·惠州府》：乌虎水“在和平县东北六十里。《（广东）通志》谓之镇水。源出紫云山，东北流经乌虎山下，又东合和平水”。

乌鸣关 在今贵州晴隆县西南。《明一统志》卷88安南卫：乌鸣关“在卫城（今晴隆县）南二里山巅，下入深箐。洪武中置关，有戍兵”。

乌岩山 在今广东中山市东南。《清一统志·广州府》：乌岩山“在香山县（今中山市）东南七十里。东北抵云梯，西北抵相合，西界香炉，北为千秋岭、红旗峒诸山，迤逦赴海，岩崖幽暗，人迹罕到。宋末，邓光荐避乱居此”。南宋邓剡（光荐）有《乌岩山哀歌》诗。

乌岩市 在今浙江台州市黄岩区西。明万历《黄岩县志》卷1：乌岩市“在县西四十五里”。1931年置乌岩镇。1964年没入长潭水库中。

乌罗长官司 明洪武初改乌罗龙干等处长官司置，属思南宣慰司。治所即今贵州松桃苗族自治县西南乌罗镇。永乐十一年（1413）于此置乌罗府。正统三年（1438）改属铜仁府。清嘉庆二年（1797）改属松桃厅。

乌罗龙干等处长官司 元置，属思州安抚司。治所即今贵州松桃苗族自治县西南乌罗镇。明洪武初改置乌罗长官司。

乌罗关　明置，在今贵州惠水县西南。《方舆纪要》卷121定番州：乌罗关在“（罗番长官）司西四十里”。

乌罗护部　在今内蒙古呼伦贝尔市东南、兴安盟东北绰尔河流域。《新唐书·室韦传》：分部凡二十余，塞曷支部“益东有和解部、乌罗护部……”。

乌罗府　明永乐十一年（1413）置，属贵州布政司。治所在乌罗长官司（今贵州松桃苗族自治县西南乌罗镇）。正统三年（1438）废。

乌罗洞　宋置，属思州。即今贵州松桃苗族自治县西南乌罗镇。《方舆纪要》卷122铜仁府乌罗司：“宋为乌罗洞……祥兴元年，湖南制置使张烈良等起兵兴崖山，军败奔思州乌罗，为元军所袭，皆战死。”

乌罗德健山　即乌德健山。今蒙古国西南杭爱山。

乌岭　①一名黑水岭。在今山西翼城县东北六十五里，与沁水县交界处。《隋书·地理志》：绛郡翼城县有“乌岭山”。《旧唐书·石雄传》：唐会昌三年（843），“雄受代之翌日，越乌岭，破贼五寨，斩获千计”。皆此。

②一称乌涧岭。在今安徽旌德县东北三十里。明置巡司于此。

③在今广西桂林市东二十里。《方舆纪要》卷107临桂县：乌岭“极高峻，有石磴数千级，盘回而上。顶有泉，行者资焉”。

乌岭山　一名黑水岭。在今山西翼城县东北六十五里，南接沁水县界。《隋书·地理志》：翼城县有乌岭山。《寰宇记》卷47翼城县：“乌岭山在县东七十五里。山南北有长岭，岭上东西有通道，即《穆天子传》云‘钘镫’，即此也。”《清一统志·平阳府》：乌岭山“在翼城县东北六十五里，南接泽州府沁水县界。一名黑水岭。有二岭相对，曰东乌、西乌，其南有关子河”。

乌秅国　汉西域国名。都城在乌秅城（今新疆叶城县西南山中）。神爵二年（前60）后属西域都护府。

乌秅城　汉西域乌秅国都城。在今新疆叶城县西南山中。《汉书·西域传》：乌秅国“王治乌秅城”。《后汉书·西域传》：“自皮山西南经乌秅，涉悬度，历罽宾，六十余日至乌弋山离国。”

乌依塔海　即今新疆阿克陶县西南奥依塔克镇。清宣统《新疆图志》卷4蒲犁：乌依塔海（庄）在“城北三百六十里”。

乌金关　明置，在今贵州务川仡佬族苗族自治县西。《方舆纪要》卷122务川县：“乌金关在县西二十里。”

乌金店塘　即今湖北枣阳市东南三十六里乌金店。清光绪《湖北全省分图》：枣阳县东南有乌金店塘。

乌贪訾离国　汉西域国名。自单桓国分置，属西域都护府。国都在于娄谷（今新疆呼图壁县南呼图壁河河谷一带）。

乌夜村　在今江苏吴江市南。南宋范成大《吴郡志》卷9：乌夜村，“晋穆帝后，何准女，窝居县南，产后于此。将产之夕，有群乌惊于聚落，尔后乌更鸣，众共异之。及明，大赦”。

乌底河　亦作乌第河。在今俄罗斯哈巴罗夫斯克边疆区北流入鄂霍次克海。清光绪《吉林通志》卷23：“乌底河在底拉河西北，出外兴安岭南麓，东流二百里入海。分界时此两河为瓯脱地。盖昔日东海之境极于此焉。”

乌河　①在今山西盂县西。源于阳曲县东南，北流至盂县西北入滹沱河。《清一统志·平定州》称，“唐乌河县以此名”。

②亦名时水、耏水。源出今山东淄博市临淄区大武镇矮槐树庄东，北流入小清河。《水经·淄水注》：“时水出齐城西南二十五里，平地出泉，即如水也。亦谓之源水。因水色黑，俗又目之为黑水。”今名乌河。

乌河设治局　1947年由沙湾、和丰二县析置，治乌纳木河（今新疆克拉玛依市东北乌尔禾区）。1949年撤销，并入沙湾、和丰二县。

乌河县　唐武德元年（618）置，属并州。治所在今山西阳曲县东四十五里凌井店乡。贞观元年（627）废。

乌泥江　①又名都泥江。即今广西红水河。《方舆纪要》卷109忻城县：乌泥江在“县西六里。即都泥江也。自那地州流入境，经县北，下流入宾州迁江县界”。

②即今贵州惠水县西之涟江。《清一统志·安顺府》：乌泥江“在镇宁州南一百里。《（贵州）通志》：源出山箐中，汇诸溪涧之水，其流始盛，东南流经广顺州金筑安抚司界，又东北入定番州（今惠水县）界。流急水浑，故曰乌泥，即都泥江也。又东南流入广西庆远府南丹州界为右江”。

乌泥泾　在今上海市闵行区东华泾镇附近。《方舆纪要》卷24松江府上海县：乌泥泾“元泰定初都水监任仁发浚乌泥、大盈二河；二年复浚县之潘浜、乌泥泾，各置石闸，以遏浑潮，闸废。今东流注于黄浦”。

乌泥泾镇　即今上海市闵行区东华泾镇。元置巡司及太平仓芦子税课局于此。元贞年间黄道婆自崖州返乌泥泾，传授纺织技术，遂发展成为当时著名棉纺织手工业中心，至明中叶始趋衰落。

乌泥营　一名乌业营。在今贵州铜仁市西北。《方舆纪要》卷122铜仁府铜仁县“石子营”条下：“（明）嘉靖二十七年，讨叛苗，官军自铜仁进屯乌泥营。”

乌审旗　即内蒙古伊克昭盟鄂尔多斯右翼前旗。清顺治六年（1649）置，原驻地在今内蒙古乌审旗东北阿都亥村。民国间属绥远省，20世纪40年代迁今乌审旗驻地达布察克镇。1954年划归内蒙古自治区。

乌孤山　在今蒙古国乌兰巴托东。《辽史·太祖纪》：天赞三年（923），远征阻卜等部，“八月乙酉，至乌孤山，以鹅祭天”。

乌春山 在今湖南桂东县南境，接江西、广东境内诸山。《方舆纪要》卷82桂东县：乌春山“峰峦攒聚，道径险僻。正德中，土人龚福全等倡乱，据乌春山、腊栗寨等处。十二年，官军分道自桂东、桂阳、郴州、临武等路合击，遂平之”。

乌垣 乌鲁木齐城（迪化城）简称。即今新疆乌鲁木齐市。清王定安《湘军记》卷19：同治九年（1870），阿古柏“潜勾马仲自吐鲁番共攻妥明。妥明乞降，帕夏仍令为清真王，踞守乌垣”。

乌城 在今内蒙古乌审旗或陕西定边县境。《资治通鉴》：唐武德九年（626），“会突厥郁射设将数万骑屯河南，入塞，围乌城”。胡三省注：“乌城，盖在盐州五原县乌盐池。或曰，在朔方乌水上。”

乌城守捉 唐置，属凉州。在今甘肃天祝藏族自治县北乌鞘岭上。后废。

乌城驿 在今山西盂县西北西烟镇。《方舆纪要》卷40太原府阳曲县：“乌城驿亦在府北，唐所置也，为晋阳代州往来之道。”

乌带山 在今浙江诸暨市北。《元和志》卷26越州诸暨县：乌带山“在县北五十里，出紫石英”。

乌剌国 唐西域国名。在今伊拉克幼发拉底河口巴士拉。《新唐书·地理志》：广州东南海行，至提罗卢和国，“又西一日行，至乌剌国，乃大食国之弗利剌河，南入于海。小舟溯流，二日至末罗国，大食重镇也。又西北陆行千里，至茂门王所都缚达城（今巴格达）”。

乌思 元、明对今西藏前藏地区的译称。《元史·百官志三》载：元宣政院依西藏地理建制，分为乌思、藏、纳里速古鲁孙等三路。明沿元制，分为乌思、藏及俄力思。乌思即前藏，约当今拉萨辖区、山南地区、那曲地区南部及林芝地区西部。

乌思藏 一作乌斯藏。元、明两代对西藏前后藏的称谓。Dbus译为乌思（清译为卫），指前藏。Gtsang译为藏，指后藏。元属乌思、藏、纳里速古鲁孙等三路宣慰司都元帅府，明置乌思藏都指挥使司。

乌思藏十一驿站 元代在西藏设置的驿站。元朝建国后置宣政院管理吐蕃军政事务，宣政院派员入蕃设立驿站，在乌思（前藏）置索克（索县）、夏克（比如县）、孜巴、夏颇、工（工布江达县）、衮萨、嘉哇（墨竹工卡县）等驿站七处；在藏（后藏）置撒思加（萨迦县）、答笼、宋都思（日喀则市）、亦思答等驿站四处。是为乌思藏十一驿站。

乌思藏十三万户 元代在西藏地方的建置。世祖中统元年（1260）封吐蕃萨迦高僧八思巴为国师，后升号帝师，命掌全国佛教事务；至元元年（1264）置总制院即释教总制院，后改称宣政院，以专司吐蕃军民事务，定院使秩从一品，命帝师领院事。宣政院在西藏置乌思（前藏）、藏（后藏）、纳里速古鲁孙（阿里三围）等三路宣慰使司都元帅府，宣慰使秩从二品，宣政院派员入蕃，清查乌思藏户籍，又命帝师荐举一人为本钦（长官），封为“乌思藏三路军民万户”，以佐其事。依据此次清查，分封乌思藏各地僧俗领袖为万户长，秩正三品，佩虎符，定额为十三，故称乌思藏十三万户。乌思地区（前藏）封万户六个：（1）止贡（即迷儿军、必里公、必里工瓦、止等，治所在墨竹工卡县直孔）；（2）帕主（即伯木古鲁、帕木竹、帕木主巴、帕等，治所在乃东县泽当东北）；（3）嘉玛（即加麻瓦、嘉哇、嘉等，治所在墨竹工卡县嘉玛赤康）；（4）雅桑（即牙里不藏思八、雅桑巴、雅等，治所在乃东县雅桑）；（5）蔡巴（即搽里八、蔡等，治所在拉萨市东郊茶公堂）；（6）恰域（即札由瓦、恰拉主、恰等，治所在隆子县东南加玉），共万户六。藏地区（后藏）封万户六个：（1）拉堆洛（即洛，治所在定日县谢噶尔）；（2）拉堆绛（即绛，治所在昂仁县）；（3）曲弥（即出密、曲等，治所在日喀则市曲弥）；（4）夏鲁（即沙鲁、夏等，治所在日喀则市夏鲁）；（5）绛卓（即襄卓、襄等，治所在南木林县）；（6）古尔摩（即古尔，治所在定结县古尔莫）共万户六。乌思、藏之间封万户一：羊卓（即俺不罗、俺卜罗等，治所在羊卓雍湖以西浪卡子县）。合计十三万户。由于各万户之间时有战争，彼此消长，而定额限定十三，故在史籍文献中随时间推移，其万户名称不尽一致，故除此以外尚见有其他万户名称者，如：唐波且（即汤卜赤八、汤波且巴、汤等，治所在穷结县）、达垅（即思答笼剌、达垅巴、达等，治所在拉萨市）、拉（即俄里，治所在萨迦）、拉主（一说即达垅）、罗达洛、甲域主巴（一说即恰域）、沓笼答剌（一说即绛卓）、琼扎贝尔，等等。元末帕主万户兼并邻部，至正十四年（1354）攻占乌思藏大部，受顺帝封为大司徒，取代萨迦实权。明初仍依元制分封乌思藏万户亦额定十三，但已名存实废。元代乌思藏十三万户所辖之地，约当今沿雅鲁藏布江中游两岸之拉萨、山南、日喀则等地区所辖各县。

乌思藏十三宗 明代西藏地方建置。元代乌思藏十三万户，伯木古鲁（即帕主）为万户之一，元末势力最强，兼并邻部，至正十三年（1353）受封为大司徒，入明后又击降萨迦，控制乌思藏大部地区，明洪武八年（1375）封万户，永乐四年（1406）封阐化王，成为乌思藏地方实权人物，因仿效故元设乌思藏十三万户体制，遂置乌思藏十三宗，有：日喀则宗、内邬宗、贡呅宗、扎呅宗、穷结达孜宗、尼隆孜宗、雍仁蚌宗、加芝哲古宗、沃卡达孜宗等。约当今雅鲁藏布江中游两岸的拉萨、山南、日喀则地区各市县及林芝地区西部。

乌思藏四如 或作卫藏四如。西藏吐蕃王朝（约629—842）全境建置名。吐蕃建政后，先后兼并境内十余小邦，于其故地统一设置了称为“如”的军政区域四个，即：乌如（中央翼，约当今拉萨市辖各县），要如（左翼，即云如，约当今山南地区辖各县），叶如（右翼，约当今日喀则地区辖北部各县），如拉

（分支翼，即藏如拉，约当今日喀则地区辖南部各县）。四如各设行政、军事各级官员，以不同颜色的旗帜、马辔为各如标识。吐蕃灭亡后四如建置亦废，乌如与要如合称乌思或卫，即前藏；叶如与如拉合称藏；即后藏。而在此后西藏官方文献中对前后藏地方仍每沿称乌思藏四如。

乌思藏纳里速古鲁孙 元代对今西藏译名。乌思即前藏，藏即后藏，纳里速古鲁孙即阿里三部。《元史·百官志三》载乌思藏纳里速古鲁孙等三路宣慰使司都元帅府。

乌哈尔里克河 在今新疆霍城县东，为伊犁河支流。清乾隆格琫额《伊江汇览·水利》："伊犁惠远城之北为塔尔奇沟，距城九十里，有水二渠，一出于本沟，一出于乌哈尔里克沟，绿营屯田藉资浇灌。"

乌峡山 在今广西岑溪市东北十里。《明史·地理志》岑溪县："东北有乌峡山。"《方舆纪要》卷108岑溪县：乌峡山"壁立万仞，险峻可凭"。

乌峡镇 在今广西岑溪市西一里。《方舆纪要》卷108岑溪县：乌峡镇"旧置于乌峡山下。后移于此，改为上里河巡司"。

乌骨城 高句丽置，即今辽宁凤城市东南凤凰山山城。《隋书·于仲文传》："辽东之役，仲文率军指乐浪道。军次乌骨城。"即此。

乌泉山 一名乌石山。在今山西壶关县东南。《方舆纪要》卷42壶关县：乌泉山在"县东南三十里。山色皆黑，山半出泉，伏地而流"。

乌侯秦水 即今内蒙古辽河上游南支流老哈河。《三国志·魏书·乌丸鲜卑东夷传》裴松之注引《魏书》曰："后檀石槐乃案行乌侯秦水，广袤数百里，渟不流，中有鱼而不能得。闻汗人善捕鱼，于是柉石槐东击汗国，得千余家，徙置乌侯秦水上，使捕鱼以助粮。"

乌恰县 1938年改乌鲁克恰提设治局置，属新疆省。治所在黑孜围（今新疆乌恰县）。

乌活图 在今俄罗斯哈巴罗夫斯克边疆区黑龙江下游比契河口北岸。清属三姓副都统。清曹廷杰《西伯利东偏纪要》："特林向东南溯流而上，约二百一十里混同江东岸前坎……，对岸为无底侯温下口，地名乌活图，有不剃发黑斤数十家。"清咸丰年间通过不平等的中俄《瑷珲条约》被俄割占。

乌洛侯 亦作乌罗护。北魏时部落。在今内蒙古呼伦贝尔市一带。《魏书·乌洛侯传》：乌洛侯国"在地豆于之北，去代都四千五百余里。……其国西北有完水，东北流合于难水。……世祖真君四年来朝，称其国西北有国家先帝旧墟，石室南北九十步，东西四十步，高七十尺，室有神灵，民多祈请。世祖遣中书侍郎李敞告祭焉，刊祝文于室之壁而还"。1980年在鄂伦春自治旗（阿里河镇）西北发现北魏先世故墟石室（地名嘎仙洞）。

乌浒山 即乌峦山。在今广西横县东六十里。《方舆纪要》卷110横州：乌浒山"昔乌浒蛮所居之地，亦曰乌浦。……今山与贵县界相近，亦谓之乌蛮山"。

乌浒水 即妫水。今中亚阿姆河。

乌突县 北周大象元年（579）置，为乌突郡治。治所在今山西临县西南三十五里曹峪坪村附近。隋开皇元年（581）改为太和县。

乌突郡 北周大象元年（579）置，属石州。治所在乌突县（今山西临县西南三十五里曹峪坪村附近）。辖境相当今山西临县地。隋开皇元年（581）改太和郡。

乌垒 汉西域国名。都城在乌垒城（今新疆轮台县东北小野云沟附近）。后为西汉所灭。为西域都护府治。

乌垒州 唐置，治所在今新疆轮台县东北野云沟附近。贞元中属吐蕃，废。

乌珠河设治局 1922年析五常、同宾二县地置，属吉林滨江道。治所在乌吉密（今黑龙江省尚志市）。1927年改为珠河县。

乌珠穆沁左翼旗 清顺治三年（1646）置，属内蒙古锡林郭勒盟。驻地在嘎海庙（今内蒙古东乌珠穆沁旗东北乌拉盖）。1914年划归察哈尔特别区，1928年属察哈尔省。1947年划归内蒙古自治区。1949年并入东部联合旗。1956年复置东乌珠穆沁旗，驻喇嘛库伦庙（1966年改名乌里雅斯太）。乌珠穆沁左、右翼旗以乌珠穆沁部为名。"乌珠穆沁"，蒙古语意为"葡萄山之人"。

乌珠穆沁右翼旗 又名西乌珠穆沁旗。后金崇德六年（1641）置，属内蒙古锡林郭勒盟。驻地在今内蒙古西乌珠穆沁旗北。1914年划归察哈尔特别区，1928年属察哈尔省。1947年划归内蒙古自治区。1949年与乌珠穆沁左旗、浩济特左旗合并为东部联合旗。1956年复置西乌珠穆沁旗，驻王盖庙（1964年改名巴彦乌拉）。

乌珠穆沁部 亦作乌珠穆秦。明、清蒙古部名。内蒙古锡林郭勒盟五部之一。明中后期属大汗（明译亦克罕）直辖之察哈尔（察罕儿）万户，由博迪汗（明译不地、卜吉）第三子翁衮都喇尔统领，始号所部曰乌珠穆沁。其幼子多尔济不堪林丹汗压迫，与侄色稜率部由漠南徙往漠北克鲁伦河，依喀尔喀部。崇德二年（1637）率部南还归附后金，先后编为二旗，右翼旗俗称西乌珠穆沁，六年（1641）授多尔济为扎萨克和硕亲王领之，旗地在音扎哈河与胡卢忽尔河一带，约当今内蒙古西乌珠穆沁旗大部及东乌珠穆沁旗一部分。左翼旗俗称东乌珠穆沁，清顺治三年（1646）授色稜为扎萨克多罗贝勒领之，旗地在鄂尔虎河（今乌拉根果勒）流域，约当今内蒙古东乌珠穆沁旗大部及西乌珠穆沁旗一部分。

乌素固部 唐室韦部落之一。在今内蒙古呼伦贝尔市新巴尔虎右旗境。《新唐书·室韦传》："最西有乌素固部，与回纥接，当俱伦泊之西南。"

乌素图召 在今内蒙古呼和浩特市西北二十里大青山南麓。由明代所建庆缘寺及清代所建广寿寺、长寿寺、法禧寺、罗汉寺等五座庙宇组成。“乌素图”，蒙古语意为“水很多”。附近树木茂盛，春夏时节风景优美，为市郊游览胜地。

乌素图谷 在今内蒙古呼和浩特市西北。《清一统志·归化城六厅》：乌素图谷“在归化城西北二十里”。

乌都山 即都山。在今河北青龙满族自治县西北三十里，与宽城满族自治县分界处。海拔1846米。《方舆纪要》卷17迁安县：都山在“县北百五十里，高三十里，周倍之。一名乌都山”。

乌热 在今西藏阿里地区札达县东南一百五十里。“乌热”，藏语意为风啸山。是达巴宗牧民夏季牧场。1957年被印度军队侵占。

乌荼国 在今印度奥里萨邦北部一带。唐玄奘《大唐西域记》卷10：乌荼国“周七千余里。国大都城周二十余里”。

乌桓 又作乌丸。为东胡族一支。秦汉之际，东胡遭匈奴冒顿单于的攻击，部分迁居乌桓山（今内蒙古阿鲁科尔沁旗北境，即大兴安岭山脉南端），因以为名。以游牧射猎为生。《史记·货殖列传》：燕“北邻乌桓、夫余”。西汉武帝时，迁至上谷、渔阳、右北平、辽西、辽东五郡塞外，在今内蒙古锡林郭勒盟、赤峰市、通辽市南部长城以北地。东汉初入居塞内，置护乌桓校尉管理，驻宁城（今河北万全县）。建安十二年（207）曹操平辽西乌桓首领蹋顿，迁万余落于中原，逐渐与汉族及其他族人融合。留居故地者为鲜卑人。

乌桓山 亦作乌丸山。即今内蒙古区阿鲁科尔沁旗之北的大兴安岭山脉一段。据《后汉书·乌桓传》，乌桓是东胡的一部分。汉初匈奴冒顿灭东胡，余众保乌桓山，因以为号。《辽史·地理志》上京道乌州：本乌丸之地，有乌丸川、乌丸山。清张穆《蒙古游牧记》卷3谓阿鲁科尔沁旗西北“百四十里有乌辽山，即乌丸（桓）山”。

乌铁岩 在今浙江景宁畲族自治县东。《方舆纪要》卷94景宁县：乌铁岩“在县东二里。其第二峰尤陡峻。元末居民多避乱于此”。

乌浦 即乌浒山。在今广西横县东六十里。《方舆纪要》卷110横州：乌浒山“昔乌浒蛮所居之地，亦曰乌浦”。

乌海 ①亦作卜海。即今吉林德惠市南布海镇。清光绪《吉林全省地舆图》长宁县西南有乌海。民国熊知白《东北县治纪要》吉林德惠县：“县属双庙子在乌海驿东北十二里。”东清铁路支线有卜海站。

②一名七乌海。即今青海玛多县东北与兴海县交界处之苦海。《资治通鉴》：唐贞观九年（635），侯君集等讨吐谷浑，“追及伏允于乌海，与战，大破之”。

乌海城 即今青海玛多县东北花石峡镇。《新唐书·薛仁贵传》：咸亨元年（670）征吐蕃，“军次大非川，将趋乌海……进至乌海城，以待后援”。

乌家墟 在今广西合浦县西北四十里乌家镇。清雍正《广东通志》卷18：合浦县有乌家铺。

乌宰守捉 唐置，在今新疆玛纳斯县东南乐土驿镇附近。《新唐书·地理志》：北庭大都护府“有乌宰守捉”。

乌诺尔 又作乌诺里。即今内蒙古呼伦贝尔市牙克石市东南乌奴耳镇。《清史稿·地理志》：呼伦直隶厅有“乌诺尔”车站，为中东铁路车站之一。“乌诺尔”，蒙古语意为“美丽富饶”。

乌通山 在今云南镇雄县北五里。《方舆纪要》卷73镇雄军民府：乌通山在“府北五里。蛮语首曰乌，立曰通，谓此山巍然独峙，如人翘首而特立”。

乌聊山 即今安徽歙县城内之长清山。《三国志·吴志·贺齐传》：歙帅“毛甘万户屯乌聊山”。《元和志》卷28歙县：乌聊山“在县东南二百六步，上有毛甘故城。后汉末，贼毛甘万户屯于此，吴将贺齐讨平之”。隋末，汪华亦据此山，并倚山筑城，即今县城基址。

乌梅尖山 在今安徽霍山县西北。《清一统志·六安州》：乌梅尖山“在霍山县西北三十里。山有两峰，多产梅。北峰下有雷公洞，作雾即雨”。

乌常泛 又名乌常泽、黑冢泊。在今山东寿光市东北五十里。元于钦《齐乘》卷2：巨洋水“又东北由黑冢泊入海。黑冢泊，《述征记》谓之乌常泛。齐人名湖为泛。冢即秦皇望海台也”。

乌常泽 即乌常泛。在今山东寿光市东北五十里。《晋书·慕容德载记》：慕容德“置盐官于乌常泽”。即此。

乌蛇山 在今广东遂溪县东北。《寰宇记》卷169雷州海康县：乌蛇山“在县北百里。出乌药，俚人呼药为蛇”。《方舆纪要》卷104遂溪县：乌蛇山在“县东北三十里。山弯长而黑色，产乌药”。

乌符山 在今湖南祁阳县北六十里。《方舆纪要》卷81祁阳县：乌符山“县之望山也。元成宗时，湖南盗詹一仔作乱，左丞刘国杰讨破之，降其余众，相要地为三屯：衡曰清化，永曰乌符，武冈曰白苍，选众耕屯，使贼不得为巢穴，境内宁息，即此乌符山也”。

乌第河 亦作兀的河、乌底河、无底儿河。源出外兴安岭，东流入鄂霍茨克海。即今俄罗斯哈巴罗夫斯克边疆区北部之乌第河。清康熙二十八年（1689）中俄《尼布楚条约》：“惟界于兴安岭与乌第河之间诸川流及土地应如何分割，今尚未解决，此事须待两国使臣各归本国，详细查明之后，或遣专使，或用文牍，始能定之。”后被沙皇俄国侵占。

乌得 ①明属车里宣慰司，在今老挝北部孟乌再。清乾隆六年（1741）置乌得土把总，属宁洱县。光绪二十一年（1895）被法国割占。

②清代张家口至库伦商路西路的一站。即今蒙古国东戈壁省扎门乌德。姚明辉《蒙古志》卷3称：从格子格音哈顺，“涉沙漠，经外蒙古车臣汗部之乌得”。

乌翎湖　在今湖北武汉市江夏区（纸坊镇）东南。即梁湖东南部。《清一统志·武昌府一》：马饮浆湖“在武昌县（今鄂州市）西南一百里。又西南五十里为乌翎湖”。

乌猪山　即今广东台山市南海中上川岛之东乌猪洲。《方舆纪要》卷101东莞县“三门海”条：“又县西南有乌猪海洋。”明黄衷《海语》称乌猪山。

乌猪门　即今广东台山市南乌猪洲。明《郑和航海图》作“乌猪门”。

乌添径（逕）　在今广东封开县东北。《方舆纪要》卷101封川县：乌添径“在县东北七十里。长二三里，崇冈叠巘，起伏蟠曲。其相近者为榄径，乔木森密，猿猴聚居”。

乌梁素海子　即今内蒙古乌拉特前旗东北乌梁素海。黄河北支乌加河东南流至此，汇而成湖。南流合黄河支流。据查总面积约为34万亩，为内蒙古西部最大的淡水湖。

乌梁海二佐领　①清康熙间置，属唐努乌梁海。治所在今蒙古国库苏古尔省察干西北。

②清康熙间置，属唐努乌梁海。治所在今蒙古国库苏古尔省木伦河北岸，阿尔布拉格东。

乌梁海十佐领　清康熙间置，属唐努乌梁海。在今俄罗斯哈卡斯自治州和克麦罗沃州南部地区。同治三年（1864）中俄签订《塔城界约》（即《中俄勘分西北界约记》）被俄国割占。

乌梁海三佐领　清康熙间置，属唐努乌梁海。治所在今俄罗斯克孜尔—奥尔达州乌鲁克穆河南厄列格斯特一带。

乌梁海四佐领　①清唐熙间置，属唐努乌梁海。治所在今俄罗斯克拉斯诺亚尔斯克自治区楚拉克司一带。

②清康熙间置，属唐努乌梁海。治所在今俄罗斯克孜尔—奥尔达州贝克穆河东岸。

乌宿市　又名乌速。在今湖南沅陵县西北二十五里酉水西岸。清同治《沅陵县志》：乌宿“两山夹酉江而峙，为水陆总路”。

乌隆古河　又作乌陇古河、乌伦古河。即龙骨河。今新疆青河、富蕴、福海三县境。有二源：东源布尔根河西流，西源青格里河南流，相汇于青河县南，西流名乌伦古河，经富蕴县，至福海县西南，入布伦托海。清徐松《西域水道记》卷5：“乌隆古河北距额尔齐斯河源亦二百里。阿睦尔撒纳之叛也，由兹以遁。”

乌巢泽　在今河南封丘县西北。《三国志·魏书·武帝纪》裴注引《曹瞒传》：“今袁氏辎重有万余乘，在故市、乌巢。”《水经·济水注》：“济渎又东，径酸枣县之乌巢泽，泽北有故市亭。”

乌塔　即崇妙保圣坚牢塔。在今福建福州市区乌石山东麓。

乌揭　亦作呼揭。在今哈萨克斯坦斋桑湖至新疆阿尔泰山间额尔齐斯河流域。《汉书·匈奴传》：郅支单于破乌孙后，“因北击乌揭，乌揭降”。

乌斯　元北境部族，又译兀儿速惕、乌思。在今俄罗斯叶尼塞河上游支流乌斯河流域。《元史·地理志》乌斯：“亦因水为名，在吉利吉思东，谦河之北。”元太祖命术赤率军取其地，元世祖置益兰州等处五部断事官治之。

乌斯江谿　原西藏地方政府设，治所即今西藏墨竹工卡县东南乌斯江。1960年并入墨竹工卡县。

乌斯河　今俄罗斯克拉斯诺亚尔斯克边疆区南境叶尼塞河上游支流乌斯河。《元史·地理志》：“乌斯，亦因水为名，在吉利吉思东，谦河之北。其俗每岁六月上旬刑白马、牛、羊，洒马乳，咸就乌斯沐涟以祭河神，谓其始祖所从出故也。”清雍正五年（1727）中俄《色楞额界约》：“乌斯河要处，各设鄂博一。”

乌斯藏　即乌思藏。元、明两代对西藏前后藏的称谓。

乌喇特前旗　俗称西公旗。清顺治五年（1648）置，属乌兰察布盟。治所在哈达门（今内蒙古包头市西北哈达门）。1914年划归绥远特别区。1928年属绥远省。20世纪30年代迁治哈拉盖补隆（今乌拉特前旗东北白彦花镇）。1954年属内蒙古自治区。1958年属巴彦淖尔盟。1959年迁驻西山咀镇（即今治）。

乌喇特部　又作吴喇忒。清内蒙古乌兰察布盟四部之一。成吉思汗弟哈撒儿十五世孙布尔海始号所部为乌喇特，居呼伦贝尔。后分为三部。天聪七年（1633），其后裔鄂木布、图巴、色稜率众归附后金；崇德元年（1636），图巴授扎萨克，建一旗。四年，增建二旗，遂分中、前、后三旗。康熙二十九年（1690），调防归化城，后定牧于河套北，东西二百一十五里，南北三百里。东接茂明安、归化城土默特，西与南接鄂尔多斯，北至沙漠，相当今内蒙古乌拉特前、中、后三旗及固阳、五原、临河三县部分地。三扎萨克同驻铁柱谷，蒙古名哈达马尔（即今包头市西昆都仑河之西四十里哈德门口子）。

乌程县　秦置，属会稽郡。治所在今浙江湖州市南十五里下菰城。《寰宇记》卷94引《郡国志》云：“古乌程氏居此，能酿酒，故以名县。”东汉属吴郡。三国吴为吴兴郡治。东晋义熙元年（405）移治今湖州市城区。隋仁寿二年（602）为湖州治。大业初属吴郡。唐复为湖州治。天宝、至德间为吴兴郡治。北宋太平兴国七年（982）析置归安县，与乌程县同为湖州治。南宋宝庆元年（1225）为安吉州治。元为湖州路治。明、清为湖州府治。1912年与归安县合并为吴兴县。

乌禽嶂　即今广东紫金县南乌禽嶂。《清一统志·惠州府》：乌禽嶂“在永安县（今紫金县）南一百里。周百余里。黄沙水南源出此”。

乌鲁木齐　清乾隆二十年（1755）筑城，在今新疆乌鲁木齐市区南。二十五年（1760）置乌鲁木齐直隶厅，属甘肃省。二十八年（1763）于旧城北筑新城，在今乌鲁木齐市，改名迪化。三十六年（1771）设参赞大臣。三十七年（1772）迪化城西八里筑满城，名巩宁城。三十八年（1773）改参赞大臣为乌鲁木齐都统，并设迪化直隶州驻此。光绪十年（1884）为新疆省会。十二年（1886）置迪化府，设迪化县为府治。1945年析置迪化市。1953年改为乌鲁木齐市。据乾隆《西域同文志》卷1："回语，乌鲁木齐，格斗之谓。准、回二部曾于此格斗，故名。"但在古和阗塞语文书《使河西记》中即有乌鲁木齐之名。库尔班·外力《我们祖先的文字》一书认为，乌鲁木齐系古塞语地名，意为"柳树林"。

乌鲁木齐厅 清乾隆二十五年（1760）置，为直隶厅，属甘肃省。治所即今新疆乌鲁木齐市。三十八年（1773）改为迪化州。

乌鲁木齐河 亦作阿勒塔齐河。在今新疆乌鲁木齐市境。源出乌鲁木齐县南界，北流经乌鲁木齐市、米泉区，至昌吉市北潴于白海子。清宣统《新疆图志》卷71：乌鲁木齐河"源出乌可克达坂，东曰库尔齐勒河，西曰阿勒塔齐河，会以北流是为乌鲁木齐河，河北流径迪化城西红山之麓，东引为鉴湖，博克达山水自东南来入之，又北折西流百五十余里，昌吉河自西南会，合流会于固尔班托罗之泊"。

乌鲁木齐都统 清乾隆三十八年（1773）改参赞大臣置，属伊犁将军。治所在巩宁城（亦称满城，今新疆乌鲁木齐市西八里）。统辖当今新疆吐鲁番、乌苏等市县以东地驻军。同治年间，城遭兵燹。光绪六年（1880）在今市区筑新城（建国路一带）。九年（1883）建新疆省后撤销。

乌鲁古河 今蒙古国鄂尔浑河。《辽史·游幸表》：天赞二年（923）九月，"次回鹘城，……观渔乌鲁古河"。据同书《太祖纪》，此年太祖西征，至古回鹘城，勒石纪功。古回鹘城即鄂尔浑河西岸哈剌巴尔戛逊唐回鹘可汗宫城，乌鲁古应为鄂尔浑的异译。

乌鲁克恰提 即今新疆乌恰县西北乌鲁克恰提乡。1930年于此设乌鲁克恰提设治局。"乌鲁克恰提"，柯尔克孜语意为"伟大的山峡"。

乌鲁克恰提设治局 1930年置，属新疆省。治所在今新疆乌恰县西北乌鲁克恰提乡。1938年改设乌恰县。

乌鲁苏城 又作乌鲁苏穆丹。明末清初索伦部城寨，在今俄罗斯阿穆尔州库马拉稍南科尔沙科沃附近黑龙江河湾内。乾隆《钦定盛京通志》卷32：乌鲁苏在"（黑龙江）城西北三百里，在乌鲁苏河北岸，周一百三十步。城北即……乌鲁苏河湾"。清咸丰年间被俄割占。

乌鲁苏穆丹卡伦 亦作乌苏苏湾、乌鲁苏牡丹。清置，属黑龙江副都统。在今俄罗斯阿穆尔州西北科尔沙科沃黑龙江河湾内。乾隆《钦定盛京通志》卷33：黑龙江城"乌鲁苏穆丹喀作，驻防官一员，领兵十七名，每月一更"。咸丰四年（1854）沙俄穆拉维约夫闯越此卡伦东下，九年（1859）将此卡伦焚毁。《筹办夷务始末》咸丰朝卷46：黑龙江将军特普钦等奏："据阿克敦吉林地方坐卡佐领和绷额呈报：乌鲁苏牡丹卡房被烧，当派佐领鄂尔精河前往海兰泡查讯。……查该处卡伦，系康熙年间设立，最为要隘，夷船到此，必须经日方能转过。"

乌鲁岭 在今新疆阿合奇县西，与吉尔吉斯斯坦接界。清光绪《新疆四道志》"乌什"条："乌鲁山在城西北七百六十里。"

乌蛮山 ①亦作乌鸾山。在今广西柳城县南。《舆地纪胜》卷112柳州：乌蛮山"在柳城县（今凤山镇）南五里。临大江，下有潭水湛而深"。《清一统志·柳州府》：乌蛮山"在柳城县南二里。高耸临江，全身皆石，青白相间，形如翔鸾。自县西关渡河望之，首尾双翼俱全。下有深潭，澄泓沏底"。

②一名乌浒山。在今广西横县东六十里。《寰宇记》卷166宁浦县："乌蛮山在州东八十里。乌蛮所居。"

乌蛮滩 在今广西横县东六十里郁江中。清雍正《广西通志》卷15：乌蛮滩"在（横）州东六十里。极险。上有伏波祠，因改为起敬滩"。

乌湖戍 亦作乌湖镇。唐贞观十八年（644）置，在今山东长岛县北隍城岛上。《寰宇记》卷20蓬莱县："乌湖戍在县北海中二百六十五里，置乌湖岛上。唐太宗贞观二十年为伐东夷，当要路，遂置为镇。至永徽元年废。"

乌湖岛 即今山东长岛县北隍城岛。《旧唐书·东夷·高丽传》：贞观二十二年（648），太宗命"莱州刺史李道裕运粮及器械，贮于乌胡岛，将欲大举以伐高丽"。《新唐书·地理志》载："登州东北海行，过大谢岛，龟、歆岛、末岛、乌湖岛三百里。北渡乌湖海，至马石山东之都里镇二百里。"

乌属山 在今浙江兰溪市东北七十二里。《方舆纪要》卷93浦江县：乌属山"其山突然中起，众峰罗列，小梅溪之源出于此"。

乌鹊桥 在今江苏苏州市五卅路南端，跨十全河。唐白居易有"乌鹊桥红带夕阳"等诗句。宋朱长文《吴郡图经续记》："乌鹊桥，在郡前。旧传有古馆八，曰全吴、通波、龙门、临顿、升羽、乌鹊、江风、夷亭。此桥因馆得名。"

乌蒙土司 元世祖至元十五年（1278）于乌蒙部地置乌蒙路总管府，属乌撒乌蒙宣慰司。治所在今云南昭通市东二十里。辖境相当今云南昭通市和鲁甸、大关、盐津、永善等县地。明洪武十五年（1382）改为乌蒙土府，治所在天梯（今昭通市西九里土城）。清雍正八年（1730）改置昭通府。

乌蒙土府 明洪武十五年（1382）改乌蒙路置，属云南布政司。十六年（1383）改属四川布政司。十七年（1384）改乌蒙军民府。治所在天梯（今云南昭通市西九里土城）。辖境约当今云南昭通市及鲁甸、永善、大关、盐津等县地。清雍正五年（1727）复属云南。八年（1730）改昭通府。

乌蒙山　又名绛云露山、雪山。即今云南禄劝彝族苗族自治县东北轿子山。明、清时称乌蒙山。《明一统志》卷87武定军民府：乌蒙山“在禄劝州东北三百里，一名绛云露山，北临金沙江。山有十二峰，耸秀为一州诸山之冠。八九月间常有雪。其顶有乌龙泉，下流为乌龙河。蒙氏封此山为东岳”。

乌蒙河　在今云南禄劝彝族苗族自治县北。《方舆纪要》卷116禄劝州：乌蒙河“在州北。源出乌蒙山，下流入于金沙江”。

乌蒙城　在今云南昭通市东二十里。《方舆纪要》卷73乌蒙军民府：乌蒙城在“府东二十里。《志》云，府旧无城，元初遣兵戍守于此，因筑土城。寻废。洪武中，土官阿普即元总管府旧址建立府治”。

乌蒙部　宋代的部名，属叙州羁縻。在今云南昭通市境。明《寰宇通志》卷69乌蒙府：“古为斗敌甸，乌蒙乃其酋长之祖名，历代相承皆有其地，宋时有名阿杓者始封为乌蒙王。”元代置乌蒙路。

乌蒙路　元世祖至元十五年（1278）于乌蒙部置，属云南行省。治所在今云南昭通市东二十里。辖境约当今云南昭通市及鲁甸、永善、大关、盐津等县地。后至元元年（1335）改属四川行省。明洪武十五年（1382）改乌蒙府。

乌槎　即今广东大埔县东南高陂镇。《明史·地理志》大埔县：“西南有乌槎巡检司，后迁高陂。”

乌槎营堡　明初置，在今广东大埔县西南。嘉靖四十一年（1562）置巡司于此。

乌雷山　在今广西钦州市东南。《方舆纪要》卷104钦州：乌雷山“在州西南大海中，入安南之要道也。唐乌雷县以此名”。

乌雷州　即今广西钦州市东南海中乌雷山。《元和志》卷38乌雷县：“总章元年置在海岛中，因乌雷州为名。”

乌雷县　唐总章元年（668）置，属陆州。治所在今广西钦州市东南乌雷村。《元和志》卷38乌雷县：“因乌雷州为名。”天宝初属玉山郡，乾元初复属陆州。大历三年（768）移治今越南芒街东南玉山。北宋开宝中废。

乌雷岭　在今广西钦州市东南一百六十里。《清一统志·廉州府》：乌雷岭“在钦州东南。一名乌雷门。突起海滨，其地险要，设兵防守。《州志》：脉自那墓山，蜿蜒顿为十二岭，亘出大海伏波庙前，廉州水路经此”。

乌溪　在今台湾省台中市东南与南投县交界处。即大肚溪乌日以上河段。连横《台湾通史·疆域志》台湾县：“南投距治南四十里，中隔乌溪，为内山出入孔道。”

乌溪岭　在今安徽泾县南三十里。《方舆纪要》卷28泾县：乌溪岭在“县东三十五里。其东为破脚岭，晋桓彝拒韩晃战死处也”。

乌溪镇　①亦作乌溪关。在今江苏宜兴市东南。清光绪《江苏全省舆图》荆溪县记：“乌溪镇在城东南五十里。”

②即今安徽当涂县东南乌溪镇。清乾隆《当涂县志》卷6《镇》：乌溪镇“在县东九十里”。

乌滦河　即今内蒙古、河北省境之滦河。《辽史·地理志》中京道大定府引宋王曾《上契丹事》：“四十里至卧如来馆，过乌滦河，东有滦州。”

乌缠国　即乌耆国、焉耆国。西域国名。都员渠城（今新疆焉耆回族自治县）。梁慧皎《高僧传》卑摩罗叉传作乌缠。

乌模鲁河　在今黑龙江省伊春市北。为汤旺河上游支流。源出小兴安岭。清齐召南《水道提纲》卷25：“吞河源出吞你窝集之南。有两池，南池曰吞鄂模，周三十里，南流曲曲二百里，会东北来之乌模鲁河。”

乌碣岩　在今朝鲜钟城附近。明万历三十五年（1607），努尔哈赤弟舒尔哈齐战败乌拉部布占泰于此。

乌竖河　即妫水。今中亚阿姆河。《方舆纪要》卷65：妫水“在吐火罗北。源出葱岭，西南流，入于西海。其水深广，长千余里，远近诸水汇入焉。亦名乌竖河”。

乌舞岩　即今浙江东阳市南千祥镇东青岩背。《方舆纪要》卷93东阳县：乌舞岩在“县南七十里。高五百丈。上宽平，可容千人。唐末置寨于此，以拒黄巢”。

乌撒土司　元世祖至元十三年（1276）于乌蛮乌撒部地置乌撒路，治所即今贵州威宁彝族回族苗族自治县。二十四年（1287）置乌撒乌蒙宣慰司。辖境相当今贵州威宁、赫章县地。明洪武十五年（1382）改为乌撒土府。清康熙五年（1666）改置威宁府。

乌撒土府　明洪武十五年（1382）改乌撒路置，属云南布政司。治所即今贵州威宁彝族回族苗族自治县。十六年（1383）改属四川布政司。清康熙五年（1666）改置威宁府。

乌撒卫　明洪武十五年（1382）置，属云南都司。治所即今贵州威宁彝族回族苗族自治县。永乐十二年（1614）改属贵州都司。清康熙二十六年（1687）废。

乌撒乌蒙宣慰司　元世祖至元二十四年（1287）升乌撒宣慰司置，属云南行省。治所在乌撒路（今贵州威宁彝族回族苗族自治县）。明废。

乌撒后（後）所　明永乐二年（1404）置乌撒卫后千户所，属贵州乌撒卫。治所即今云南宣威市。清康熙二十六年（1687）废。

乌撒宣抚司　元世祖至元二十一年（1284）置，属云南行省。治所在乌撒路（今贵州威宁彝族回族苗族自治县）。二十四年（1287）升为乌撒乌蒙宣慰司。

乌撒递运所　明初置，在今贵州威宁彝族回族苗族自治县西。

乌撒路 元世祖至元十三年（1276）置，属云南行省。治所即今贵州威宁彝族回族苗族自治县。明洪武十五年（1382）改为乌撒府。

乌墩寨 即今浙江桐乡市西北二十六里乌镇。《资治通鉴》：唐乾宁二年（895），“钱镠遣武勇都指挥使顾全武救嘉兴，破乌墩、光福二寨”。即此。

乌墩镇 一名乌镇。北宋置，属乌程县。即今浙江桐乡市西北二十六里乌镇。《方舆纪要》卷91：“唐元和初，镇海节度使李锜反，有将军乌姓者，力抗于此而死，镇因以名。”

乌横岭隘 在今福建漳平市西北。《清一统志·龙岩州》：乌横岭隘“在宁洋县（治所即今双洋镇）南，路通漳平，向为盗薮。本（清）朝顺治十四年，知县萧亮设堡”。

乌镇 即乌墩镇。今浙江桐乡市西北二十六里乌镇。《清一统志·湖州府一》：乌墩镇，“南宋时避光宗讳，止曰乌镇”。

乌德健山 亦作乌德鞬山、乌德犍山、乌都鞬山、乌罗德健山。即于都斤山。今蒙古国西南之杭爱山。《新唐书·回鹘传·葛逻禄》：天宝时，“葛禄之处乌德犍山者臣回纥”。

乌德鞬山 即于都斤山。今蒙古国西南杭爱山。《新唐书·回鹘传上》：骨力裴“自称骨咄禄毗伽阙可汗，天子以为奉义王，南居突厥故地，徙牙乌德鞬山、昆河之间”。又同书《地理志下》：“回鹘衙帐，东有平野，西据乌德鞬山。”

乌鞘岭 在今甘肃天祝藏族自治县西北。山海拔3562米。为陇中高原和河西走廊的天然分界。《清一统志·凉州府一》：乌鞘岭“在庄浪县南六十里，安远堡东五里，接平番县界。长二十里”。

乌嘴市 在今湖南南县东南二十里乌嘴乡。清光绪二十一年（1895）南洲直隶厅驻此。

乌瞻山 在今浙江长兴县北。《方舆纪要》卷91长兴县：乌瞻山“在县北五十里。《志》云：其地迥绝，五峰突出，若群乌之瞻视于云表，故名”。

印州 《文选》汉张子平（衡）《思玄赋》：“愁郁郁以慕远兮，越印州而游遨。”注：“印州，正南州名也。《四海图》曰：‘交广南有印州，其处极热。’”依注地当在今南洋一带。

勾吴 即吴国。先秦国名。为周太王子太伯、仲雍所建，初都藩离（一作梅里，在今江苏无锡市东南），后迁都吴（今江苏苏州市）。春秋后期国力强盛，南败越国，并北上与晋国争霸。公元前473年为越国所灭。

勾城塘 在今江苏扬州市邗江区西南。《新唐书·李袭誉传》载：贞观十八年（644），“扬州，江、吴大都会，俗喜商贾，不事农。袭誉为引雷陂水，筑勾城塘，溉田八百顷，以尽地利，民多归本”。《方舆纪要》卷23扬州府：勾城塘“在府西南三十五里，与仪真县接界，长广十八里有奇，唐李袭誉所筑也。后废为田。明嘉靖中，开浚其水，东南流至乌塔沟，南入于漕河。寻复废”。

勾栏山 古岛屿名。即今加里曼丹西南之格兰岛。古为泉州至爪哇海上交通线所经。元汪大渊《岛夷志略》有专条记述。《元史·史弼传》作勾阑山。《元史·爪哇传》作构栏山。明费信《星槎胜览》作交栏山。

勾格 藏语译称异名。今西藏阿里地区西南部。古为羊同国属，公元7世纪前期属吐蕃。10世纪时吐蕃王室后裔于此建立政权，治所在今扎达，为阿里三部之一。17世纪末为西藏地方政府直接管理。

勾阑山 即勾栏山。今加里曼丹西南之格兰岛。《元史·史弼传》：至元三十年（1293），“至东董、西董山、牛崎屿，入混沌大洋橄榄屿，假里马答、勾阑等山”。

勾慈沟 一名勾兹渡。在今安徽芜湖县北六郎镇（保丰）北。《舆地纪胜》卷18太平州：勾慈沟“在芜湖东四十里。《左传》：吴伐楚，克鸠兹。杜预注谓在芜湖，《舆地志》以为皋兹，即此也”。

勾漏山 在今广西北流市东北十五里。《舆地纪胜》卷104容州：勾漏山“在普宁县。上有宝圭洞，内石室中有水。故老传云：葛仙翁尝于此山修炼，丹灶、石盆在焉。平川中石峰千百，皆矗立特起，周回三十里。其岩穴多勾曲而穿漏，故古以是名山与其邑”。但据徐松石《粤江流域人民史》说，“勾漏”乃僮语地名。“僮人呼酒为漏，呼杯为勾，勾漏即是酒杯”。以山形似酒杯倒置，故名。

勾漏洞 在今广西北流市东北勾漏山主峰下。《方舆纪要》卷106：勾漏山，“《志》云：勾漏洞天，四面石山回绕。其中忽开，平野数里。洞在地上，不烦登陟，外微敞豁，中有暗溪，穿贯而入”。包括宝圭、玉阙、白沙、桃源四洞，全长1公里。相传东晋葛洪于此炼丹修道，洞口有葛仙祠。洞前有唐、宋以来摩崖碑碣百余幅。洞内钟乳石千姿百态，宏伟绮丽。为广西久负盛名的景点之一。

凤山 ①即今河北石家庄市西井陉矿区南凤山镇。清同治《畿辅通志》卷50井陉县图：（旧井陉）北有凤山。石太铁路凤山支线通此。

②在今内蒙古巴林右旗东北浩特艾勒以北。《辽史·太宗下》：大同元年（946）太宗耶律德光死，“葬于凤山，陵曰怀陵”。

③在今浙江三门县东南五十二里健跳镇。《清一统志·台州府一》：凤山“在宁海县南一百三十里。山势如凤张翼。明洪武中设兵戍守，以控制海道，建城山上，为健跳所”。

④在今福建顺昌县西。《方舆纪要》卷97顺昌县：“凤山在县西二十里。五峰叠翠，高数百仞。”

⑤在今福建宁德市北。《舆地纪胜》卷128福州《景物上》：凤山“在宁德县。山分两翼，如凤凰鼓翅”，故名。

⑥一名皇绩山、黄积山。在今福建泉州市东北。《方舆纪要》卷99泉州府晋江县“泉山”条下：“又凤山，在泉山南，山回拱如飞舞，一名皇绩山。嘉靖三十七年，倭贼掠凤山、清源山，犯南安，明年复由此入犯。”《清一统志·泉州府》：凤山“势如飞凤，故名”。

⑦在今福建建宁县西。明《寰宇通志》卷47邵武府：凤山“在建宁县西。状若飞凤。或传有樵者见五色禽翔集其上，故名”。

⑧一名凤髻山。在今福建安溪县北。《方舆纪要》卷99泉州府安溪县：凤山在“县治北，县之主山也，以形似名”。

⑨即今福建罗源县城内北隅凤山。《方舆纪要》卷96福州府罗源县：凤山在“县治北。山势耸起，两翼如张，因名”。

⑩即今福建罗源县治凤山镇。唐以来历为永贞县、永昌县、罗源县治。1941年设凤山镇，因境内有凤山而得名。

⑪在今台湾省高雄市东南凤山区南。据乾隆间范咸《重修台湾府志》卷1：凤山“形如飞凤，旁有二小峰如翅，故名”。

⑫在今江西吉水县东。《舆地纪胜》卷31吉州：凤山“在吉水县东五里。上有桃花院。下瞰江山之半，有凤凰岩，瀑布自岩而下。故老传云，尝有彩凤飞鸣其上，故名”。

⑬在今山东东平县西北蚕尾山旁。《明一统志》卷23兖州府：凤山“在东平州（今州城镇）北三十里。群峰环抱，枫林蔽亏，灿若云锦。骚人墨客登览题咏者甚多”。

⑭在今广东平远县北仁居镇南。《方舆纪要》卷103平远县：凤山在“县（治今仁居镇）南三里。一名鹅山，县之主山”。

⑮即今广西凤山县。《清史稿·地理志》东兰土州：“雍正七年降土知州为州同，分辖凤山外六哨地。”

⑯在今重庆市长寿区西。《方舆纪要》卷69长寿县：凤山“县治西一里有凤山，其形似凤也。一名白虎山”。

⑰一名东山。在今重庆市巫溪县东。《方舆胜览》卷58大宁监：凤山“直监治之东。亦名东山。际溪千仞，木石苍翠，景物幽绝”。《清一统志·夔州府一》：凤山“在大宁县东一里。……上有观音岩，岩中有月窟、云岩、钓雪、玉环、浮玉、宝华诸胜”。

⑱又名秀岩、来凤山。在今四川井研县东。《舆地纪胜》卷150隆州：凤山“在井研县南，与学官相对”。《清一统志·资州》“麟山”条下：“凤山在（井研）县东半里，与县学相对。一峰极秀，土人号为秀岩。”

⑲在今贵州遵义市东一里。《明一统志》卷72播州宣慰司：凤山“在宣慰司东。状如凤翥”。

⑳在今云南凤庆县城郊。《方舆纪要》卷118顺宁府：凤山“在府治东，治西亦有此山，两山夹峙，如双凤然，亦名交凤山”。

㉑又名凤翥山。在今甘肃崇信县北梁坡村北。《清一统志·泾州》：凤山“在崇信县北三十里。形如凤翥。下为殿子坡水，聚贯珠、浓露诸泉之水，由汇口之西，南流入汭”。

凤山支线 从河北井陉县西南南张村，西北至凤山。长约7公里。为正太铁路支线。1922年动工修建，次年建成。

凤山设治局 1929年11月由通河县析置，驻凤山屯（今黑龙江通河县西北凤山镇）。1933年伪满升为凤山县。1939年裁撤，并入通河县。1947年复改凤山县。

凤山县 ①清康熙二十三年（1684）置，属台湾府。治兴隆庄（今台湾省高雄市北左营区）。乾隆五十三年（1788）移治今高雄市东南凤山区。光绪二十一年（1895）被日本侵占，县废。

②1919年改东兰土州同置，属广西田南道。治所即今广西凤山县。刘介《广西县名考察述略》：凤山县“以凤山为县名”。1928年直属广西省。

③1933年伪满升凤山设治局置，驻凤山屯（今黑龙江通河县西北凤山镇）。1939年撤销，并入通河县。1947年复置凤山县。1949年撤销，并入通河县。

凤山驿 明置，在今湖北赤壁市北。清雍正六年（1728）裁。

凤山洞 在今湖北阳新县东北八十里。《舆地纪胜》卷33兴国州：凤山洞“在永兴县东八十五里。《唐地理志》云，有凤山监。今有上、下白砂二寺”。《方舆纪要》卷76兴国州：凤山洞“相传南唐主李煜尝屯兵于此，依山筑城，今山顶遗堞尚存”。

凤山营 即今四川会理县西南凤营乡。清同治《会理州志》卷9：凤山营在“州治南六十里”。清有外委驻防。

凤山溪 在今台湾省新竹县北。《清一统志·台湾府》：凤山溪“在彰化县竹堑溪之北。《通志》：源发查内山，西流至小凤山埔入于海”。

凤山镇 ①即今黑龙江省通河县西北百二十里凤山镇。1929年于此设凤山设治局。

②即今江西婺源县北浙源乡（凤山）。民国《婺源县志》图：北三区有凤山。

凤川镇 北宋置，属合水县。在今甘肃华池县东南凤川河畔。《方舆纪要》卷57合水县：凤川砦“在县东北五十里。亦曰凤川镇。宋范仲淹所置”。

凤乡县 唐武德六年（623）置，属龙州。治所在今陕西清涧县境。贞观二年（628）废。

凤冈山 在今福建沙县北。《方舆纪要》卷97沙县：凤冈山在“县治北。县镇山也”。

凤冈县 1930年改凤泉县置，属贵州省。治所即今贵州凤冈县。

凤冈政治局（县级） 1933年10月国民党南京政府为进攻江西革命根据地由崇仁、宜黄二县析置，驻凤冈墟（今江西崇仁县南凤冈）。1936 年裁。

凤冈街 即今江西鄱阳县东北昌江北岸凤冈镇。清同治《江西全省舆图》卷 12：饶州府鄱阳县东北有凤冈汛。

凤冈墟 ①即今江西南康市东北四十里凤岗镇。清同治《江西全省舆图》卷 8：南康县东北有凤冈墟。

②即今江西抚州市临川区南二十里崇冈镇。清同治《临川县志》卷 1 下：九都有凤冈墟。

③即今江西崇仁县南相水西岸相山镇。清置巡司于此。

凤见关 在今湖北广水市东北。《舆地纪胜》卷 80 随州：凤见关“离应山县一百二十里。俗传曾有凤凰现于关下”。

凤化县 明正德七年（1512）置，属思恩府。治所迁徙无常。嘉靖七年（1528）移治三里（今广西上林县东北三里镇）。八年（1529）废。

凤丘山 在今福建福州市东五里。《清一统志·福州府一》引《福州府志》：“宋初彭粔修真于此。粔鹤林，朱子尝书‘凤丘鹤林’四大字，刻于岩壁。”

凤仪山 ①在今广西河池市西河池镇北。《明史·地理志》河池州：“嘉靖四年又迁凤仪山南。”《清一统志·庆远府》：凤仪山“在池州北四里。极险峻，州城半枕其麓”。

②在今云南大理市东。《清一统志·大理府》：凤仪山“在赵州（今凤仪镇）西一里。州之镇山也。一支两翼如凤。《州志》：山脉自吴苍来，三峰高耸，如凤张两翼。又名三耳山。‘凤山晓月’为一州之胜”。

凤仪县 1914 年改赵县置，属云南腾越道。治所在今云南大理市东十六里凤仪镇。民国《云南省民政厅〈有关各县更改县名〉案卷》：“因治城之西有凤山一岭，取凤凰来仪之义。”1958 年撤销，与下关等市县合置大理市。

凤台（臺） 亦作凤女台。在今陕西宝鸡市陈仓区南。《水经·渭水注》：“又有凤台凤女祠，秦穆公时，有箫史者，善吹箫，能致白鹄孔雀。穆公女弄玉好之，公为作凤台以居之，积数十年，一旦随凤去。”

凤台（臺）山 ①在今江苏南京市南，聚宝门内西南隅。《寰宇记》卷 90 升州江宁县：凤台山“周回连三井冈，迤逦至死马涧。宋元嘉十六年有三鸟翔集此山，状如孔雀，文彩五色，音声谐和，众鸟群集，因置凤凰里，起台于山，号为凤台山”。李白《登金陵凤凰台》诗：“凤凰台上凤凰游。”即此。

②在今河南巩义市西。本名訾王山。北宋天圣八年（1030）改名凤台山。南宋李焘《续资治通鉴长编》卷 109：仁宗天圣八年（1030）正月辛巳，“作会圣宫于永安县訾王山，仍更山名曰凤台”。

凤台（臺）县 ①清雍正六年（1728）置，属泽州府。治所即今山西晋城市。1914 年改晋城县。

②清雍正十一年（1733）析寿州东北境置，为凤阳府治。治所在寿州（今安徽寿县）城内。同治四年（1865）迁今安徽凤台县。嘉庆《凤台县志》卷 1：“以县北之凤凰山名县，曰凤台。”民国初属安徽淮泗道。1928 年直属安徽省。

凤台（臺）镇 北宋置，属长江县。在今四川遂宁市西北桂花镇。

凤屿盘光桥 在今福建泉州市东北。《方舆纪要》卷 99 泉州府晋江县：凤屿盘光桥“在府东北二十里。旧为石路，潮至不可行。宋宝祐中，建桥百六十间，长四百余丈”。

凤关 在今四川屏山县西南旧治（锦屏镇）西二里凤凰山下，与龙关并为马湖府屏山县之屏障。《明史·地理志》马湖府屏山县：“西有凤关。”

凤州 ①西魏废帝三年（554）改南岐州置，治所在固道郡梁泉县（今陕西凤县东北凤州镇）。《元和志》卷 22 凤州：“因州境有鸑鷟山为名。”辖境相当今陕西凤县及甘肃徽县、两当二县地。隋大业三年（607）改为河池郡。唐武德元年（618）复名凤州。辖境稍有扩大。天宝元年（742）又改为河池郡，乾元元年（758）复改凤州。元属兴元路。明洪武七年（1374）降为凤县。

②辽置，治所在今吉林公主岭市北怀德镇西北城子村。金废。

凤池口 在今河南商丘市西北二十二里。《金史·石盏女鲁欢传》：正大九年（1232）二月，“大兵围城，议决凤池大桥水以护城”。《明史·河渠志一》：洪武二十三年（1390）春，河决“归德州东南凤池口”。即此。

凤池山 ①在今福建福州市北七十里。山之坳有凤池，广三、四亩。相传有五色鸟常浴于此，意其为凤，故名。《十国纪年》：“闽王葬夫人任氏于闽县凤池山。”即此。

②在今重庆市黔江区西北白石乡和杉岭乡交界处。清末，同盟会员温朝忠在此建立“铁血英雄会”，1910 年 12 月在此举行武装起义，直入黔江城。

凤池驿 在今江西黎川县北。《方舆纪要》卷 86 建昌府新城县：凤池驿“在县北。宋淳祐元年建，元末废”。

凤阳门 即今河北临漳县故邺县城西南门。《十六国春秋·后赵录》：太宁元年（349），“伏都等攻（石）闵不克，（石）闵、（李）农等攻斩伏都等，自凤阳门至琨华，横尸相镇”，即此。

凤阳巡抚 明景泰初置，驻淮安府（治今江苏淮安市楚州区）。辖南直隶江北诸府大部（唯安庆一府除外）。清废。

凤阳县 明洪武七年（1374）分临淮县置，为凤阳府治。治所即今安徽凤阳县。《明一统志》卷 7 凤阳府：凤阳县“以在凤凰山之阳，故名”。民国初属安徽淮泗道。1928 年直属安徽省。

凤阳府 明洪武七年（1374）改中立府置，直隶南京。治所在凤阳县（今安徽凤阳县）。辖境相当今安徽天长、定远、霍邱以北地区。因府在明代为皇室先世陵墓所在，建为中都。清属安徽省。1912年废。

凤羽山　即今云南洱源县西南罗坪山。《明一统志》卷86大理府：凤羽山“在浪穹县西南三十里。旧名罗浮山。相传蒙氏细奴逻兴时，有凤翔于此，故名凤羽。后凤死，每岁冬众鸟哀吊其上，故又名鸟吊，至今土人于鸟来时举火取之，鸟见火辄赴火自死”。《徐霞客游记·滇游日记八》：“岗条数十支，东下如凤之羽，故名凤羽。”

凤羽乡　即今云南洱源县南二十六里凤羽镇。《清一统志·大理府》：凤羽乡“在浪穹县西四十里。土官尹姓，明洪武中，沐英奏授巡检世袭，本朝初因之，今裁”。

凤羽县　元世祖至元十一年（1274）置，属邓川州。治所在今云南洱源县南二十六里凤羽镇。明初仍存，后废入浪穹县。

凤羽郡　宋大理置，属首府大理地区。治所在今云南洱源县南二十六里凤羽镇。元改凤羽县。

凤村场　即今四川沐川县西北凤村乡。清乾隆《屏山县志》卷1：凤村乡在“县西北三百二十里。有凤村场”。产铁，清乾隆间尝设炉开采。

凤县　明洪武七年（1374）降凤州置，属汉中府。治所即今陕西凤县东北凤州镇。民国初属陕西汉中道。1928年直属陕西省。1950年迁驻双石铺（今凤县）。

凤谷村镇　即今江苏阜宁县西南境罗桥镇凤谷村。清光绪《江苏全省舆图》阜宁县：“凤谷村镇在城西南八十里。”

凤尾镇　在今山西中阳县南凤尾村。《清一统志·汾州府》：凤尾镇“在孝义县西一百六十里，与石楼县接界”。后划归中阳县。

凤林　即今浙江淳安县西南狮城镇南凤林港。南宋建炎初置巡司于此。

凤林山　①亦名凤山、凤凰山。在今湖北襄阳市东南。《隋书·地理志》：襄阳县有凤林山。《新唐书·孟浩然传》：孟浩然襄阳人，死葬于此。山南节度使樊泽“乃更为刻碑凤林山南，封宠其墓”。《舆地纪胜》卷82襄阳府：凤山“在襄阳县东南十里。梁韦叡于山上立寺”。

②即今甘肃临夏县东北莲花镇境内的五女山。《水经·河水注》：“河水又东历凤林北。凤林，山名也，五峦俱峙。耆彦云：昔有凤鸟，飞游五峰，故山有斯目矣。”

凤林川　指今天甘肃临夏县东北大夏河入河口一带黄河两岸的平地，现已没入刘家峡水库中。《水经·河水注》：“《秦州记》曰：枹罕原北有凤林川，川中则黄河东流也。”《元和志》卷39河州凤林县：“后魏大统十二年，刺史杨宽于河南凤林川置凤林县，因以为名。”

凤林冈　即今福建沙县驻地凤冈镇。唐中和四年（884）沙县由今县东古县迁治于此。镇因凤冈山为名。

凤林寺　在今湖北襄阳市东南。明曹学佺《名胜志》：凤凰山“旧有梁武帝寺，宋之问便过襄阳，登凤林山阁。即此处也”。《清一统志·襄阳府三》：凤林寺“在襄阳县东南十里”。

凤林关　①在今湖北襄阳市南。《舆地纪胜》卷82襄阳府：凤林关，“《类要》，在襄阳县”。《方舆纪要》卷79襄阳县：凤林关“在府南七里”。

②在今甘肃临夏县东北莲花镇境内原唵哥集，现已没入刘家峡水库中。《释伽方志》：“晋初唐述谷寺者，在今河州。西北五十里度凤林津。”《寰宇记》卷154河州下：“凤林关，在黄河侧。”唐张籍《凉州词》云：“凤林关里水东流，白草黄榆六十秋。边将皆承主恩泽，无人解道取凉州。”

凤林县　①西魏置，治所在今甘肃临夏县东北莲花镇原唵哥集，现已没入刘家峡水库内。《元和志》卷39河州枹罕县，凤林县“本汉白石县地，后魏大统十二年（546），刺史杨宽于河南凤林川置凤林县，因以为名”。

②唐天宝元年（742）改安乡县置，属河州。治所在今甘肃临夏县西南、大夏河北岸。《元和志》卷39：凤林县“东北至州八十里。本汉白石县地，后魏大统十二年，刺史杨宽于河南凤林川置凤林县，因以为名。仪凤元年，于河州西移安乡县理此，又名安乡，天宝元年改名凤林”。

凤林津　在今甘肃临夏县东北莲花镇境内原唵哥集，现已没入刘家峡水库中。《法苑珠林》卷52载：“晋初唐述谷寺者，在今河州。西北五十里度凤林津，登长夷岭，南望名积石山，即《禹贡》导河之地也。……南行二十里得其谷焉，凿山构室，南有石门滨于河上，镌石文曰晋太始年之所立也。寺东谷中有一天寺……名为唐述。”《法苑珠林》虽成书于唐高宗时，但书中记载经由凤林津可至唐述寺窟（即炳灵寺石窟）。疑北朝时已有凤林津之名。成书于唐开元二十六年（738）的《唐六典》已有凤林关的记载，说明至迟在唐开元之前凤林津上已设凤林关。此后还在凤林津上修建了桥梁。唐高骈《寓怀》诗云：“关山万里恨难消，铁马金鞭出塞遥。为问昔时青海畔，几人归到凤林桥？”。

凤林郡　隋义宁元年（617）改弘农郡置，治所在弘农县（即今河南灵宝市）。唐武德元年（618）改为鼎州。

凤林桥　唐建凤林津上，凤林关下。即今甘肃临夏县莲花镇东北、银川河入河口东的原唵哥集北的黄河上。唐高骈《寓怀》诗云：“关山万里恨难消，铁马金鞭出塞遥。为问昔日青海畔，几人归到凤林桥？”

凤林镇　①北宋置，属襄阳县。在今湖北襄阳市南。

②在今浙江淳安县（排岭镇）西南五十里千岛湖中溪口岛附近。《方舆纪要》卷90遂安县：凤林镇在“县东南四十里，罟网溪经此，亦曰凤林溪。宋建炎

初置巡司，绍兴初废。明初复置，今废”。

凤鸣山 ①在今广西兴安县北。《方舆纪要》卷107兴安县：凤鸣山“在县北三十七里。俗呼鸡爬山。宋淳熙间改今名”。

②一名五山、州北五山。在今四川荣县西北。《舆地纪胜》卷72荣州：州北五山，“《图经》云：五山，凡五山，以西为上，州衙据其首，州学次之，嘉祐寺又次之，天庆观又次之，东郭外东岳祠又次之。州之西北曰凤鸣山，州之西南曰浮图岩，相连属如画屏”。《方舆纪要》卷73荣县：凤鸣山在“县治西北。《志》云：自县治北至县治西南之浮屠崖，有五山相连，亦曰五山”。

凤鸣市 即今浙江桐乡市（梧桐镇）。《方舆纪要》卷91桐乡县：“宣德五年，割崇德之梧桐八乡置县，治凤鸣市。”即此。

凤岭 ①在今湖南攸县东北一百二十里。《明一统志》卷63长沙府：凤岭“宋彭天益入对，徽宗问攸州风景，对曰：‘鸾山配凤岭，金水对银坑’。元元贞初邑人谭渊尝于山下创凤山书院”。

②在今陕西白河县西二里。《清一统志·兴安府一》：凤岭“自县西北，环绕西南，形如凤翥”。

凤岭山 在今江西高安市西。《舆地纪胜》卷27瑞州：凤岭山，“《方舆记》云，在上高县西七（十）里。唐靖州应刺史率邑人归附，百姓康宁，数年之中凤凰见山”。《清一统志·瑞州府》：凤岭山“在高安县西七十里。岭势峻拔，远望如凤”。

凤岭镇 在今湖南攸县东北。明、清置巡司于此。

凤怜砦 北宋置，属观州。治所在今广西东兰县境。宣和三年（1121）废。

凤河 在今北京市东南。《清一统志·顺天府二》：凤河“源出南苑团河，东南流经废漷县西南为新庄河，至东安县东北四十里凤窝村为凤河，至武清县西北二十里为漷水铺河，又绕武清之北折而东，随地异名。至县南八十里为东沽港河，南入三角淀”。

凤河营 即今北京市大兴区东南六十六里采育镇凤河营。凤河于此入安次县。明称凤窝村。清称凤窝营，乾隆间改称凤河营。

凤城市 1994年撤销辽宁省凤城满族自治县，改设凤城市。由丹东市代管。

凤城县 1913年改凤凰厅置凤凰县，1914年因与湖南凤凰县重名改为凤城县，属奉天东边道。治所即今辽宁凤城市。1929年属辽宁省。1945年改属安东省。1949年属辽东省。1954年仍属辽宁省。1985年改设凤城满族自治县。1994年改凤城市。

凤城驿 在今广东潮州市城北。《清一统志·潮州府》：凤城驿“在海阳县北门外，明置，崇祯末废。本朝顺治中复置，康熙三十九年裁”。

凤泉县 ①隋义宁二年（618）置，属郿城郡。治所在今陕西眉县东南三十里。唐贞观八年（634）省入郿县。

②1913年改龙泉县置，属贵州镇远道。治所即今贵州凤冈县。因县西北有龙泉，出凤凰山下，故名。1923年直属贵州省。1930年改名凤冈县。

凤泉驿 唐置，即今陕西眉县东横渠镇。

凤亭山 在今浙江长兴县西北四十里。《茶经·八之出》：湖州“生凤亭山伏翼阁，飞云、曲水二寺，啄木岭，与寿州、常州同”。

凤栖山 ①在今江西永修县西北。《舆地纪胜》卷25南康军：凤栖山在“在建昌，今名同安山。有崇胜院”。《方舆纪要》卷84南康府建昌县：凤栖山在“县（治今艾城）西十五里。山势旋伏，状如栖凤”。《清一统志·南康府一》：凤栖山“上有腾云石，常出天气。下临河，有太子洞，可容数人”。

②在今福建泰宁县西。《方舆纪要》卷98泰宁县：凤栖山在“县西四十里。一名黄西山。峭石壁立，鸟道羊肠，萦纡以登。南麓有池，广数顷，甚深。两旁崖石峭立，筏乃可渡。至则旷然平野，可居数百家。昔人尝避地于此，今涸为田”。

③在今湖北武汉市汉阳城区内。《舆地纪胜》卷79汉阳军：凤栖山，“军治在凤栖山之阳，亦有凤栖阁。知军刘辟疆记云：昔有凤栖于城隅之山间。故名凤栖”。《方舆纪要》卷76汉阳府：凤栖山“在郡治后。今郡城环其上”。

④一名凤山。在今湖北鄂州市东南。《寰宇记》卷112鄂州武昌县：凤栖山“在州西北二百二十五里。吴建兴年凤凰降此山，因以为名。山有石鼓，鸣则雨降”。《舆地纪胜》卷81寿昌军：凤山“在武昌县东五十里”。

凤栖郡 隋义宁元年（617）置，治所在麟游县（今陕西麟游县）。辖境相当今陕西麟游县和甘肃灵台县地。义宁二年（618）改名麟游郡。

凤栖堡 即今陕西洛川县治。清乾隆三十一年（1766）洛川县迁治于此。

凤翅山 ①在今河南郏县西北四十里。《方舆纪要》卷51郏县：凤翅山“以形似名，上有灵泉，澄渟不竭”。

②在今陕西宜川县东南。《寰宇记》卷35宜川县：“凤翅山在县南。形象凤翅。县廨宇在其上。”《明一统志》卷36延安府：凤翅山“在宜川县东南五里”。

凤浦湖 在今浙江慈溪市东南。旧属镇海县。明嘉靖《定海县志》卷5：凤浦湖在“县西北灵绪三都，周环十八里”。今已建为水库。

凤宽支线 从辽宁凤凰城（今凤城市）经灌水至宽甸。长111.6公里。为安奉铁路支线。1945年建成凤灌段，次年修至宽甸，全线贯通。

凤梧山 即月狐山。在今云南寻甸回族彝族自治县东北八里。《清一统志·曲靖府》：月狐山“一名凤梧山。明天启四年，安效良败于磨盘山，贼间道走寻甸，官兵追及，战于凤梧山下，贼从山顶分两路遁去”。

凤梧千户所 明嘉靖六年（1527）置，属云南都司。治所在今云南寻甸回族彝族自治县东南七里马石五。《明史·地理志》："今治在凤梧山下。"清康熙七年（1668）废。

凤凰山 ①在今山西太谷县南。《清一统志·太原府一》：凤凰山"在太谷县南十里，以形似名。上有三浮图"。

②在今山西潞城市西北。《方舆纪要》卷42潞城县："凤凰山在县西北五里。一名天冢冈。顶有风洞，中有玉女泉。"

③在今山西代县南。《方舆纪要》卷40代州：凤凰山在"州东三十里。相传隋仁寿二年凤见于此。一名嘉瑞山，有峰岩洞壑之胜"。

④在今山西古县北。《方舆纪要》卷41岳阳县：凤凰山在"县北五十里。顶有风洞，有泉二道流出其中，一名露岩山"。

⑤在今辽宁凤城市东南五里。《明一统志》卷25辽东都司：凤凰山"在都司城东三百六十里。上有垒石古城，可容十万众，唐太宗征高丽尝驻跸于此"。《清一统志·奉天府一》：凤凰山"在岫岩厅所辖凤凰城东南五里。……《唐书》太宗自安市班师，未尝至此"。

⑥在今辽宁朝阳市东。即古龙山。《清一统志·承德府一》：凤凰山"在朝阳县属土默特右翼东南二十里，群峰连亘，周九十余里。山椒一塔耸峙，诸峰抱之如翠凤昂首舒翼，故名。山亦有朝阳洞，洞有卧石佛像，又塔旁一小洞，有铜佛像。其北麓去朝阳洞二十里，山势伏而复起，土人别名曰麒麟山，其实一山也。山半向西有三洞，夜半尝闻木鱼声，因名闻仙洞，即古龙山也"。今山有三寺，上寺为朝阳洞，中寺为云接寺，有辽建云接寺塔（摩云塔），下寺为延寿寺。

⑦在今上海市松江区（松江镇）西北二十三里。《舆地纪胜》卷3嘉兴府：凤凰山"在华亭县"。《方舆纪要》卷24松江府华亭县：凤凰山"据九峰之首，延颈舒翼，宛若凤翥，因名"。

⑧在今江苏常州市武进区南前黄镇东南。清光绪《江苏全省舆图》阳湖县记："凤凰山在城东南五十里。"

⑨在今安徽铜陵市东南四十里凤凰山矿区。唐属南陵县。《新唐书·地理志》 南陵县："凤凰山有银。"指此。

⑩在今安徽歙县北。《舆地纪胜》卷20徽州：凤凰山"在歙县北十五里。《九域志》云，尝有凤来集"。

⑪在今安徽凤阳县城北，与万岁山相近。《方舆纪要》卷21凤阳县"万岁山"条下："凤凰山在府治北，府之主山也。"《清一统志·凤阳府一》：凤凰山"在凤阳县城内，旧皇城东北隅。府之主山也。府、县皆以此名"。

⑫在今安徽灵璧县西五里。《方舆纪要》卷21宿州灵璧县：凤凰山"以形似名"。

⑬在今浙江杭州市南，北濒西湖，南临钱塘江。海拔178米。《寰宇记》卷93钱塘县：凤凰山"在县南三里，有凤凰欲飞之象"，故名。隋唐以来杭州治所均在此山南麓。五代时吴越国建为宫殿，南宋将整个凤凰山包在皇城之内，故《梦粱录》卷11云："大内座山，名凤凰。"元末张士诚筑城，始将山截于城外。

⑭即今浙江瑞安市东海中之凤凰山岛。《清一统志·温州府》：凤凰山"在瑞安县东三百余里海中。南近江口，其西有江横山，两山相对如门，号凤凰门。昔时海舟往来，可泊此避风，夏有蜃气覆其上。明嘉靖中倭盘踞于此"。

⑮在今浙江云和县西北。《方舆纪要》卷94云和县：凤凰山在"县西北五里。秀拔数百丈，陟其巅可尽一邑之胜"。

⑯在今浙江海盐县西南三十里澉浦镇凤凰村南。《方舆纪要》卷91海盐县：凤凰山，"《海防志》云：山南临大海，倭每犯此，最为冲要"。

⑰在今福建龙海市西北。《方舆纪要》卷99漳州府：凤凰山，"《志》云，在岐山右侧，与文山对峙。中有万松岭。旧名马岐，即郡之孔道也。元末，陈友定破漳人于此，郡城遂下"。《清一统志·漳州府》：凤凰山，"明正统间，郡人植松夹道，连阴十里，因改今名"。

⑱一名茶山。即今福建建瓯市东凤山。《寰宇记》卷101建州建安县：茶山"在郡北，民多植茶于此山，涉冬翠茂，俯瞰城郭"。《舆地纪胜》卷129建宁府《景物下》：凤凰山"在城东北二十五里，山形如凤张翅，其地宜茶，号龙凤茶"。宋置有北苑茶场。地产石砚，苏轼谓之"凤砞"。《资治通鉴》：五代晋天福五年（940），王延政据建州，福州兵来攻，"延政遣其将林汉彻等败之于茶山，斩首千余级"；《续资治通鉴》：南宋绍兴二年（1132）范汝为入建州，"（韩）世忠乃偃兵，自间道急趋凤凰山"。皆指此。

⑲在今福建漳州市东。明嘉靖《龙溪县志》卷1：凤凰山"在鹤鸣（山）之南，形如飞凤，故名"。

⑳在今江西修水县北。《清一统志·南昌府一》：凤凰山"义宁州北二百步亦有凤凰山，上多灵草"。同治《南昌府志》卷2：凤凰山"高二百余丈，周围十余里，峰峦挺秀，山势回旋如凤展翼，故名。俗云，抱子有地接梅山，凤凰举翅过溪滩，即此山也。山上有石台曰凤凰台"。

㉑在今江西南城县北。《舆地纪胜》卷35建昌军：凤凰山"在郡城北二里。盖郡之主山也。耆老相传，凤凰曾降于此，因以名山。太守黄公建翔凤、曦光、望仙、凌云、朝真五亭及圆寂庵于其上。林泉之胜历历可见"。《方舆纪要》卷86建昌府南城县：凤凰山"山麓有凤山堡，宋开庆元年，知军事雷宜中所筑。城周二里，又浚濠五里。并置凤山寨，共为守御。景定三年，知军钱应孙增修，元初废"。

㉒又名凤台山。在今江西宜黄县城北。《舆地纪胜》卷29抚州：凤台山“在宜黄县北门外五十步。上有三仙祠，祈祷尤应”。《清一统志·抚州府一》：凤凰山在“宜黄县治北隅。高百仞，陡绝难攀。旧名鸡笼山。一名凤台山。今县城亦名凤凰城，以山名也。下有狮子石”。

㉓又名碧落山。在今江西高安市城北。《舆地纪胜》卷27瑞州：凤凰山，“《蜀江志》曰，州衙在凤凰山麓。《新志》云，唐武德时，应智作守，凤凰集于此山”。

㉔在今江西丰城市东七十里。《晋书·穆帝记》：东晋升平四年（360）“二月，凤皇将九雏见于丰城”，因以名山。下有九子池，右为道人山。

㉕在今山东邹平县西南三十里。《方舆纪要》卷31邹平县“大峪山”条下：“又有凤凰山，以山形如凤翥也。”

㉖在今山东肥城市南二十五里。《明一统志》卷22济南府：凤凰山，“世传汉章帝时凤凰集于此”。

㉗在今山东淄博市博山区城西南三里。系原山支脉。清乾隆《博山县志》卷1称：凤凰山“峰回翔折，如凤鸟之矫翼，故名”。

㉘在今河南开封市内东北隅。《宋史·地理志》东京：“蔡絛谓初名凤凰山，后神降其诗有‘艮岳排空霄’，因改名艮岳。”

㉙在今河南修武县北六十里。《清一统志·怀庆府一》：凤凰山“高出诸峰之上。相传宋神宗时有凤集此，故名”。

㉚在今湖北武汉市武昌城区北。《舆地纪胜》卷66鄂州：凤凰山“在江夏县北二里。吴黄龙元年，夏口言‘凤凰见’。因以名山”。又嘉鱼县西北半里，蒲圻县西三里，咸宁县西三十里，俱有凤凰山。

㉛在今湖北蕲春县北。《舆地纪胜》卷47蕲州：凤凰台“在蕲春县北凤凰山。即罗真人飞升之所”。

㉜在今湖北蕲春县西南蕲州镇。《方舆纪要》卷76蕲州：麒麟山“在州治北。又有凤凰山，在州治西南。俱以形似名”。

㉝在今湖北罗田县东。《方舆纪要》卷76罗田县：凤凰山“在县东三十里。耸秀若凤翼之飞腾”。明置凤凰关于此。

㉞在今湖北省孝感市孝南区东。《方舆纪要》卷77孝感县：凤凰山“在县东四十里。相传晋永和初，凤产九子于此，名乳凤冈，四面皆水”。

㉟在今湖南桂东县西十里。《方舆纪要》卷82桂东县：凤凰山，“《志》以为县之主山”。

㊱在今湖南凤凰县西南六十里。清雍正四年（1726）置凤凰营于此。

㊲在今湖南辰溪县南七十里。《清一统志·辰州府一》：凤凰山“有仙门洞，石窦如城门，水自外流入窦，伏而不见。约里许，复自洞后窦中出”。

㊳在今湖南沅陵县城东南郊。山上有凤凰山寺。清同治《沅陵县志》载：“凤凰山寺在城东南对岸凤凰山之岭。明万历二十八年知府屠本浚构庙，祀真武。寺僧圆相复募建观音堂于右。崇祯七年提督王宗贵重修。于观音堂之左辟地为精舍三间，复面江为楼，俯视郡城，庐舍烟树，平铺如掌。秋高吟眺，近郭之胜无逾于此。”1938年10月，爱国将领张学良曾被幽禁于此。

㊴亦作凤皇山。即今广东潮安县北之凤凰山。《元和志》卷34海阳县：凤凰山“在县北一百四十里”。《寰宇记》卷158海阳县：凤凰山“一名翔凤山。有凤凰水。昔有爰居于此集因名之。山多相思树”。

㊵又名北甘山。在今广东阳东县西北。《舆地纪胜》卷98南恩州：凤凰山“一名北甘山。有凤凰巢其上，呼为凤凰山。遇大风雨，或堕其雏，古谓之凤凰生于丹穴，即南方也”。《清一统志·肇庆府》：凤凰山“在阳江县东北。石壁千仞，有瀑布飞下，猿猱不能至，相传尝有凤凰巢于上，因名。《县志》：在县东北二十里，自凤凰而北为石龙山”。

㊶在今广东饶平县西北。《方舆纪要》卷103潮州府饶平县：凤凰山在“县（今三饶镇）西北四十里，东南去府六十里。其地为下饶保山，高峻为一郡巨镇，凤水出焉，流入海阳县界。山之西有虎头山，形如虎踞”。

㊷在今广西恭城瑶族自治县东三里。《方舆纪要》卷107恭城县：凤凰山“两峰开豁，中峰昂耸，如凤飞翔。县城旧在山下。成化十三年，迁今治”。

㊸在今广西平乐县城东北隅。明曹学佺《广西名胜志》卷3平乐县：凤凰山“据城东北，势如飞凤，层松千株，干霄拂云，为一方之形胜。有梅公亭遗址。宋景祐中，龙图梅公挚守郡时建”。

㊹在今广西上思县西。《方舆纪要》卷110上思州：凤凰山“在州西十里。北接王侯山，上有廨址，一名王侯寨”。

㊺在今广西陆川县西。明万历《广西通志》卷5陆川县：凤凰山在“县西十里。上有石盘，泉出其中。多产桐竹”。

㊻在今广西罗城仫佬族自治县北二里。《方舆纪要》卷109罗城县：罗城旧城，“《志》云：县旧治西罗乡，洪武三年迁凤凰山下，即今县也”。

㊼在今四川大邑县西。《方舆胜览》卷56邛州：凤凰山“在大邑县”。《方舆纪要》卷71大邑县：凤凰山在“县西八十里。山形如凤。有虎劈泉、骑鲸柏诸胜”。

㊽在今重庆市铜梁县北安居镇东。《方舆纪要》卷69安居县：凤凰山“在县东。《志》云：县理在波罗川东里许。又东去为凤凰山，山顶巨石平正，曰凤凰台。其西南对峙者曰龙归山”。

㊾在今四川达州市西北。《寰宇记》卷137通川县：凤凰山“在县西北五里。山形像凤翅，掩映州

城。俗呼为凤凰山”。1981年在山南麓建凤凰山公园，内有北岩寺遗址。

㊿即铁峰山。在今四川安岳县北。《舆地纪胜》卷158普州：凤凰山“在郡治之后。形如飞凤。福济庙居其绝顶，舞凤亭当其味。州治据其脊。左为惠明院，右白马庙，延袤数里，气象雄胜”。《方舆纪要》卷71安岳县：铁峰山“一名凤凰山”。

51在今四川蓬安县西南。《舆地纪胜》卷156顺庆府：凤凰山“在相如县。远望如凤形”。《清一统志·顺庆府一》：凤凰山“在蓬州江南一里。《元一统志》：‘其上三峰，中峰高峙，两峰相对，如凤凰相舞之状，林木清秀，嘉陵江水从下而流’”。

52亦名凤凰坡。在今四川西充县东南三十里多扶镇西。山势雄伟，蜿蜒数十里。《明史·樊蘅传》：清顺治三年（1646），张献忠“弃成都，走顺庆，寻入西充之凤凰山。至十二月，大清兵奄至，射杀献忠”。即此。

53在今四川南溪县北。清嘉庆《南溪县志》卷3：凤凰山“在县北里许。形似凤凰，首尾两翼俱全。明万历三年知县陈忠改建学宫于此，即唐杨发书院遗址”。

54在今四川夹江县南十里。明曹学佺《蜀中名胜记》卷11夹江县：“道书云：平冈化依凤凰山，亦谓之依凤冈及桐梓林，山下有石湫门及石笋雷柱。”

55在今贵州都匀市南。《方舆纪要》卷121都匀府都匀司：凤凰山在“司治南”。

56在今贵州凤冈县西北。《清一统志·石阡府》引《贵州通志》：“磅礴高大，为县之镇。”山下有龙泉。县名以此。

57在今贵州施秉县北一里。《清一统志·镇远府》：凤凰山“林木苍翠可爱”。

58在今陕西凤县东。《方舆纪要》卷56凤县：凤凰山“在县（今凤州镇）东五里。县以此名”。

59在今陕西安康市西，跨石泉、江阴、紫阳县境。《寰宇记》卷141金州汉阴县：凤凰山，“《周地图记》谓为龙子山，叠嶂有十二层。按《道书》云，凤凰山十二层，上有仙人药园”。

60在今陕西黄陵县西一里。《方舆纪要》卷57中部县：凤凰山“亦即桥山之支阜矣”。

61在今陕西延安市北门内。《清一统志·西安府一》：凤凰山“在肤施县西，城跨其上”。1937年1月—1938年11月，曾是中共中央和红军参谋部所在地。

62在今陕西礼泉县东北三十五里。山巅有唐魏征墓。

63在今甘肃成县东南。《水经·漾水注》：凤溪水“上承浊水于广业郡，南径凤溪，中有二石双高，其形若阙，汉世有凤凰止焉，故谓之凤凰台”。杜甫《凤凰台》诗曰：“亭亭凤凰台，北对西康州。”《方舆胜览》卷70同庆府：凤凰山“在州东南十里，下为凤村溪，中有二石如阙。山腰有瀑布，名迸玑泉。天宝间，哥舒翰有留题刻半岩间”。

64在今甘肃临夏市东。《方舆纪要》卷60河州：凤凰山“在州东十二里。山形若凤，故州亦有凤林之名”。

凤凰山古墓群　在今湖北荆州市荆州区故江陵县城北十二里，楚纪南故城东南角。1975年发掘。有秦汉古墓一百九十四座，已发掘三十余座，出土秦汉时期漆器、铜器、玉器、衡具、竹木简牍二千余件。著名西汉男性古尸出土于此。

凤凰山山城　即高句丽之乌骨城。在今辽宁凤城市区东南凤凰山与高丽山之间。周围全长近16公里，有南、北、东三门。出土陶片、铁镞及辽、金铜印。明《辽东志》云：“城随山铺砌，可容万余众。”1996年定为全国重点文物保护单位。

凤凰山镇　即今广东潮安县东北凤凰镇。《方舆纪要》卷103潮州府饶平县：凤凰山镇“在县西北凤凰山麓，有巡司，宏治五年建”。

凤凰川　亦名白桃川。在今四川大英县东北鄞口镇境。《寰宇记》卷87长江县：“唐上元元年以旧县不安，移在明月山下凤凰川。”

凤凰厅　①清康熙四十三年（1704）以明五寨、筸子坪两长官司置，治所在五寨（今湖南凤凰县西北黄丝桥北二里。）以当地有凤凰山为名。四十八年（1709），徙治今凤凰县。嘉庆元年（1796）升为直隶厅，属湖南省。1913年改县。民国初年属辰沅道。1922年直属湖南省。

②清光绪二年（1876）升凤凰城巡司置，属奉天省。治所即今辽宁凤城市。辖境相当今辽宁凤城市及宽甸满族自治县地。1913年改为凤凰县，次年改为凤城县。

凤凰古城堡　在今湖南凤凰县城（沱江镇）西南五十里阿拉营镇西的黄丝桥。是至今保存完好的古城堡。始建于唐，初名渭阳城，后名凤凰营，为清军驻地。现存城堡筑于清乾隆四十四年（1779），咸丰九年（1859）曾维修。城墙长1500米，高5.6米，用青石块砌筑成，上有箭垛三百个。城门有东、西、北三门，建有城门楼。古城堡内尚有苗汉民族十户人家居住。2006年定为全国重点文物保护单位。

凤凰台（臺）　①故址在今江苏南京市南。《宋书·符瑞志》：元嘉十四年（437），“大鸟二集秣陵民王觊园中李树上，大如孔雀，头足小高，毛羽鲜明，文采五色……改鸟所集永昌里曰凤皇里”。宋《景定建康志》卷22：“凤凰台在保宁寺后……淳熙中留守范公成大重建，更榜曰凤凰台。”唐李白《登金陵凤凰台》诗：“凤凰台上凤凰游，凤去台空江自流。”皆此。

②在今山东泰安市北。《汉书·宣帝纪》：元康元年（前65），“凤凰集泰山”，故名。

③在今河南温县西。《清一统志·怀庆府二》：“在温县西十五里王羊店。《本草纲目》：‘远志，出温县西凤凰台下。’即此。今台基尚存。”

④在今河南温县北。《清一统志·怀庆府二》："在温县北五里渠河。明嘉靖中，凤凰集于渠河东台。因名。"

⑤在今湖北罗田县西。《舆地纪胜》卷47蕲州：凤凰台"今罗田县西三十里亦有凤凰台"。

⑥在今湖北蕲春县北。《舆地纪胜》卷47蕲州：凤凰台"在蕲春县北凤凰山，即罗真人飞升之所。旧有一台，百鸟无栖止其上者"。

⑦在今湖北省鄂州市东。《明一统志》卷59武昌府：凤凰台"在虎头山。吴主因凤凰见，筑台于此，招周瑜、鲁肃以定建都之计"。

⑧在今云南洱源县城北。《方舆纪要》卷117浪穹县：凤凰台在"县治北。旧传施望欠诏所筑。台下有白沙井泉，味甘洌，亦施望欠所凿也"。

⑨即凤凰山。在今甘肃成县东南。

凤凰寺 在今浙江杭州市中山中路。原名真教寺。俗称礼拜寺。因原建筑群状如凤凰，清道光十八年（1838）改今名。是我国现存伊斯兰教四大古寺之一。据清康熙《真教寺碑记》载，寺始建于唐，毁于宋。元延祐年间（1314—1320）阿老丁重建。其后又多次重修。1928年因辟路拆除了寺门、望月桥、长廊等。现存主要建筑为门厅、礼堂、大殿。大殿是全寺的主体建筑，为元代所建，由三个穹隆顶相连成长方形砖结构无梁殿顶，外观作成三个攒尖顶，中间为重檐八角，两边为单檐六角，是中西建筑文化融合的产物。殿内彩绘是明代遗物。寺内碑廊中存古碑数通，碑文记录了凤凰寺历代维修情况。2001年定为全国重点文物保护单位。

凤凰关 ①明置，属达州。在今四川达州市西北。明正德《夔州府志》卷2：凤凰关"在（达）县西五里"。《清一统志·绥定府二》：凤凰关"在达县西三里"。

②在今重庆市奉节县西。《方舆纪要》卷69夔州府奉节县：凤凰关"在府西五里"。

凤凰县 ①1913年改凤凰厅置，属奉天省东边道。治所即今辽宁凤城市。1914年改为凤城县。

②1913年改凤凰厅置，属湖南辰沅道。治所即今湖南凤凰县。以县西南凤凰山为名。1922年直属湖南省。

凤凰谷 ①在今广东博罗县西北罗浮山中。东晋王叔之有《凤凰谷》诗。

②在今陕西铜川市北玉华村。《资治通鉴》：唐贞观二十一年（647），"上以翠微宫险隘，不能容百官。庚子，诏更营玉华宫于宜君之凤凰谷"。《方舆纪要》卷57宜君县：凤凰谷"尝有五色雀现于此，因名。中有地九顷"。

凤凰坡 在今四川西充县南。《明史·张献忠传》：清顺治三年（1646），张献忠"猝遇我（清）兵于凤凰坡，中矢坠马"，即此。

凤凰直隶厅 清乾隆五十二年（1787）改凤凰营置凤凰厅，嘉庆元年（1796）升为直隶厅，属湖南省。治所即今湖南凤凰县。1913年改凤凰县。

凤凰岭 在今陕西绥德县东。《方舆纪要》卷57绥州：凤凰岭"在州东三十里"。《清一统志·绥德州》：凤凰山"一名凤宿岭，古屯戍处"。

凤凰店 即今山东陵县东南十八里凤凰店。明、清属陵县。清道光《陵县志》：县东南有凤凰店。

凤凰城 ①明筑，属定辽中卫。即今辽宁凤城市。《明史·地理志》定辽中卫："东有凤凰城，在凤凰山东南，成化十七年筑，为朝鲜入贡之道。"清乾隆四十一年（1776）设巡司于此。光绪二年（1876）升为凤凰直隶厅。1913年降为凤凰县，次年改为凤城县。

②在今河南长葛市老城镇北二十里。《清一统志·许州一》"东西二城"条下载：凤凰城，"汉黄霸治颍川时，有异政，凤凰来集，因筑此。亦东西二城，基址犹存"。

③在今广西扶绥县西。《清一统志·南宁府》：凤凰城"在新宁州西。周半里许，四围壁立，前后有二山，门中有泉水，长流如带"。

凤凰城门 一作凤边门。又名边门口，简称边门。清置，即今辽宁凤城市南边门镇。《清一统志·奉天府二》：凤凰城边门在"凤凰城西南十里"。

凤凰桥 ①在今上海市松江区西北，凤凰山之东通波塘上。《方舆纪要》卷24松江府华亭县：凤凰桥"在府西北二十七里，跨顾会浦。西接凤凰山，因名"。

②在今江苏扬州市邗江区北。《清一统志·扬州府二》：凤凰桥"在甘泉县北三十五里。相传昔有凤凰至此，故名"。

③在今安徽宣城市东门外。《明一统志》卷15宁国府：凤凰桥"在府城东南泰和门外。隋开皇中建，后更名上浮桥，为霖潦所废。本朝正统中重建，复旧名"。

凤凰营 清雍正四年（1726）置，在今湖南凤凰县西南六十里黄丝桥。以凤凰山得名。

凤凰堡 即今广西永福县西北凤凰。清时设兵戍守。

凤凰湖 在今湖南益阳市东。《方舆纪要》卷80益阳县：凤凰湖在"县（今益阳市）东五里"。

凤凰寨 在今广西永福县西北凤凰村。《明史·广西土司传》：弘治中，韦银豹"尝挟其五子据凤皇、连水二寨"。即此。

凤绵（緜）镇 即今黑龙江省密山市东南知一镇（为纪念柳知一而命名）。清季尝设招垦局于此。后改密山府。1913年改密山县。1948年始迁治今密山市。

凤巢山 在今广西永福县北。《舆地纪胜》卷103静江府：凤巢山"元（原）名华盖山。大业二年有凤凰来巢，百禽集于山下。本朝建隆双凤复集，因号凤巢山"。

凤喈桥 即今浙江嘉兴市东南三十二里凤桥镇。清咸丰八年（1858）由庞家桥改名。简称凤桥。民国时置镇。

凤翔 唐方镇名。至德元年（756）置兴平节度使，永泰初改为凤翔节度使。治所在凤翔府（今陕西凤翔县）。领岐、陇、金、商、秦五州，相当今甘肃秦安县以东，陕西凤翔、陇县以至商县、安康等县市地。金废。

凤翔县　唐至德二年（757）改雍县置，与天兴县同为凤翔府治。治所即今陕西凤翔县。宝应元年（762）省入天兴县。金大定十九年（1179）复改天兴县为凤翔县，仍为凤翔府治。民国初属陕西关中道。1928年直属陕西省。

凤翔府　唐至德二年（757）升凤翔郡置，称西京。治所在凤翔、天兴二县（今陕西凤翔县）。辖境相当今陕西凤翔、岐山、扶风、麟游、宝鸡、眉县、周至等县市地。上元二年（761）取消西京称号。宝历元年（825）称西都，不久又取消都号。金为凤翔路治。元属陕西行省。明属陕西布政使司。清属陕西省，辖境扩大，相当今陕西麟游、扶风、眉县以西，秦岭以北地区。1913年废。

凤翔郡　唐至德元年（756）改扶风郡置，治所在雍县（今陕西凤翔县）。辖境相当今陕西凤翔、岐山、扶风、麟游、宝鸡、眉县、周至等县市地。二年（757）升为凤翔府。

凤翔路　金大定二十七年（1187）分熙秦路东部置，治所在凤翔府（今陕西凤翔县）。辖境相当今秦岭以北，陕西麟游、扶风、周至及甘肃崇信、平凉等县以西，葫芦河流域以东，宁夏同心、海原二县以南地区。金末废。

凤湖水　即今广东海丰县西鹅埠河。《方舆纪要》卷103海丰县：凤湖“在县西百里。《志》云：湖受鹅哺岭、赤口港诸水，西流入海”。

凤溪山　在今云南保山市东北三十里。与安乐山并峙。上有吕公台。《清一统志·永昌府》引《府志》：“不韦废县在其麓。”

凤溪长官司　明洪武二十三年（1390）置，属金齿军民指挥使司。治所在今云南保山市东北二十二里金鸡乡金鸡村。《方舆纪要》卷118：“凤溪山，在司治东，有东西二泉，合流为凤溪，山去府东北三十里，与哀牢山并峙。”嘉靖元年（1522）属永昌军民府。清顺治十六年（1659）废入保山县。

凤翼山　在今越南北部富寿省西北夏和县境。《方舆纪要》卷112安南三江府：凤翼山“在府西南夏华县。山势回翔，如凤矫翼”。

凤灌支线　从辽宁凤凰城（今凤城市）至灌水（今宽甸满族自治县西北灌水满族镇）。长78.2公里。为安奉铁路支线。1945年建成。

厹由　或作仇由、仇犹。春秋、战国时国。在今山西盂县东北半里。《战国策·西周策》：“游腾谓楚王曰：昔智伯欲伐厹由，遗之大钟，载以广车，因随入以兵，厹由卒亡，无备故也。”

厹犹　春秋时宋地。在今江苏宿迁市东南郑楼镇古城。汉置厹犹县，属临淮郡。晋改宿预县。唐宝应元年（762）以避李豫（代宗）讳，改宿迁县。

殳山　在今浙江海宁市（硖石镇）北四里双山乡。《舆地纪胜》卷3嘉兴府：殳山“昔道士殳基隐居学道”，故名。宋张尧同有《殳山》诗。

〔丶〕

卞　春秋鲁卞邑。卞庄子食邑于此。在今山东泗水县东四十二里卞桥。《春秋》：僖公十七年（前643），“夫人姜氏会齐侯于卞”。又，《左传》：襄公二十九年（前544），“季武子取卞”。即此。西汉置卞县。

卞山　一作弁山。在今浙江湖州市西北十八里。《隋书·地理志》：长城县“有卞山”。《方舆纪要》卷91：卞山“山有石似玉，因名。亦曰弁山”。

卞水　一作汴水。即今河南荥阳市西索河。《汉书·地理志》河南郡荥阳：“卞水、冯池皆在西南。”

卞庄　即今山东苍山县治卞庄镇。《方舆纪要》卷33沂州：“卞庄在州西南，东㳺水所经也。”

卞县　西汉置，属鲁国。治所在今山东泗水县东四十二里卞桥。三国魏属鲁郡。西晋属鲁国。北魏废。

卞和洞　又名抱璞岩、抱玉岩。在今安徽怀远县西南淮河北岸荆山。为春秋时楚人卞和采玉处，故名。北宋苏轼《涂山荆山记所见》诗中“刖人有余坑，美石肖温瓒”。即指此。洞内原有唐胡曾《荆山诗》碑，惜已毁。

卞桥　在今山东泗水县城东四十二里卞桥村。卞桥横跨泗水上游。始建年代不详，仅在桥下中孔拱券石上发现重修题记，有“自大定二十一年（1181）八月一日起工，至二十二年四月八日”文字。是山东现存最早的古桥。桥长24米，宽6米，东西引桥各长35米。卞桥为单券三孔石拱桥，桥头各有一对相向石狮，桥面望柱、栏板浮雕滚龙猛虎、金刚力士、山水花卉。券孔上顶各有透雕龙首向南北探出，或口含宝珠，或吞食游鱼，神采飞扬。2006年定为全国重点文物保护单位。

卞桥镇　在今山东泗水县东四十二里。古为卞邑。春秋时鲁庄子食邑于此。《春秋》：僖公十七年（前643），“夫人姜氏会齐侯于卞”。即此。桥跨泗水上，称为卞桥。镇以桥名。

卞塘镇　北宋置，属彭城县。即今江苏徐州市铜山区东北汴塘镇。

六　夏至春秋时国。为皋陶之后，偃姓。在今安徽六安市北十里城北乡。《左传》：文公五年（前622），“楚人灭六”。即此。

六一泉　在今浙江杭州市西湖中孤山下。宋《淳祐临安志》卷8：“孤山僧慧勤，尝游六一先生欧阳公之门，东坡守郡日，见讲堂之后孤山之址，有泉枉然，甚白而甘，因名曰六一泉，以表思公之意。”

六十三山　今广西岑溪市东南黎河南诸山。《明史·童元镇传》：岑溪“东南为六十三山，有孔亮、陀田、桑园、古榄、鱼修等百余巢，与广东罗旁接”。万历中，广西总兵童元镇曾用兵于此。

六十里铺驿 在今安徽颍上县西北五十六里六十铺乡。清置驿。

六工山 在今山东东平县西北五十八里斑鸠镇南部，东平湖北岸。相传古须句国曾在此设土、石、金、木、草、鲁六工，故名。《清一统志·泰安府一》：六工山“在东阿县西南三十里。其南有北腊山，又西有柏木山、子路山、凤凰山，自西南至张秋，皆平地小山，其名不可胜纪”。山上有建福寺，建于唐初，金大定题额，明正德九年（1514）重修。寺北是一处巨大的佛龛，崖壁上镌大小佛像二十八尊，形体丰满，体现了唐代的雕塑风格，有较高的艺术价值。

六丈镇 北宋置，属全椒县。即今安徽全椒县西四十五里六镇。《方舆纪要》卷29全椒县：六丈镇“在县西南。唐置六丈驿于此”。

六小池 在今山西运城市西南解州镇西北。《清一统志·解州》：六小池“在州西北十五里，女盐池西北四里。一曰苏老，二曰贾瓦，三曰金井，四曰熨斗，五曰永小，六曰夹凹。多淤莱，水溢女盐池为害。明隆庆中，以正课不登，并括六池盐利。寻罢。本朝康熙中，以大池水患，暂开小池浇晒，水退封禁。乾隆二十三年，因大池被淹，又复准开晒”。

六口山 在今江西彭泽县东南二十四里。清时设巡司于此。

六山 即医巫闾山。在今辽宁北镇市西与义县间之医巫闾山。《方舆纪要》卷37广宁卫：医巫闾山“其山掩抱六重，亦谓之六山”。

六川 一作六水。据《吕氏春秋·有始览》：“何谓六川？河水、赤水、辽水、黑水、江水、淮水。”高诱注：“河出昆仑东北陬，赤水出其东南陬。辽水出砥石山，自塞北东流直至辽东之西南入海。黑水出昆仑西北陬。江水出岷山，在蜀西徼外。淮水出桐柏山，在南阳平氏县也。”《淮南子·墬形训》作“六水”。

六广河 即六归河。今贵州大方县西南六冲河。《明史·李橒传》：天启二年（1622）安邦彦叛军“东渡陆广河，直趋贵阳”。

六广等处长官司 元置，属顺元路军民安抚司。治所在今贵州修文县西北六广镇。明初废。

六门陂 即六门堤，亦名鹿门堤。在今河南邓州市西三里。《水经·湍水注》：“湍水又径穰县为六门陂。汉孝元之世，南阳太守邵信臣，以建昭五年断湍水，立穰西石堨，至元始五年更开三门为六石门，故号六门堨也。溉穰、新野、昆阳三县五千余顷。……晋太康三年镇南将军杜预复更开广利加于民。”

六门堰 ①即六门陂。在今河南邓州市西三里。

②在今陕西武功县南。宋敏求《长安志》卷14引《十道志》曰：“西魏文帝大统十三年，置六斗门节水，因名之。”后经唐、宋先后修治，溉田甚广。

六井 在今浙江杭州市城区、西湖东岸。唐大历间（766—779）李泌任杭州刺史时所凿。宋《乾道临安志》卷3：白居易“复浚李泌六井，民赖其汲”。六井为相国井、西井、白龟井、金牛井、方井、小方井，分布在从钱塘门到涌金门的湖滨地带，引西湖水以济城市用水，故井实为引水池。今除相国井尚存（在解放路浣纱路口）外，余皆堙没。

六水 即六川。《淮南子·墬形训》作“六水”。

六石关 在今江西广丰县东六石峰下。《方舆纪要》卷85广信府永丰县：六石关“其地亦名上团峰。下设上团隘，其相接者曰平石隘。西去平洋坑十里，路通江山、浦城二县”。

六石峰 在今江西广丰县东。《方舆纪要》卷85广信府永丰县：六石峰“在县东七十里，与平洋山相望。六峰特立，中有圣泉，冬至则涸，夏至则溢。六石关置于此”。

六平山 ①在今福建长乐市东北。明王应山《闽都记》卷26长乐县：六平山“距县里许。蜿蜒六曲，故名”。《清一统志·福州府一》引《福建通志》：“宋宝庆中太傅陈俞居其下，又名太傅山。”

②在今贵州黎平县东南。《方舆纪要》卷121黎平府洪州泊里长官司：“六平山在司（今洪州镇）西北十里。”

六归河 又称六冲河。在今贵州大方县西南。为乌江北源。源出赫章县北，在黔西县南与三岔河汇合后称鸭池河。《方舆纪要》卷123附水西宣慰司：六归河“在水西城西三十余里。自山箐中汇流而东出，经岩石间，湍流峻急，阔处几数十丈，涉渡为艰。夷人以阁鸭江为外险，六归河为内险，下流入于乌江”。

六归河铺 在今贵州大方县东南六冲河北。《清一统志·大定府》“阁鸦铺”条下：又有“六归河铺”，“皆戍守处”。

六甲墟 即今广西河池市西北六甲镇。《东方杂志》1905年第5期：陆荣廷镇压人民起义，义军走“河池属六甲、岜崙，陆荣廷率荣军渡江截剿”。即此。

六甲镇 即今江苏海门市东北七十一里刘浩镇。旧属通州。清光绪《江苏全省舆图》：通州东有六甲坝。民国《南通县图志》：余东第三市区有六甲。后划归海门。

六印江 在今福建福安市南。《方舆纪要》卷96福安县：六印江在“县南百里。中有六小屿”。

六尔阿乌 清帕米尔八卡之一。光绪五年（1879）后置，在今穆尔加布。宣统《新疆图志》卷5：光绪十八年（1892），“俄兵筑垒于让库尔及六尔阿乌”。即此。今属塔吉克斯坦。

六汉水 即今甘肃成县、西和二县边境的六巷河。《明一统志》卷35巩昌府：六汉水“在成县西北六十里。源出西和县境，流经县之六汉保入翠牛江，即西汉水也”。

六百丈　在今安徽枞阳县东北，长江北岸老洲镇。《明史·地理志》桐城县：“又东有六百丈巡检司。”《清一统志·安庆府二》：六百丈巡司“在桐城县东一百六十里老洲”。

六团湾镇　即今上海市浦东新区川沙镇东南十里六团镇。清光绪《南汇县志》卷1：六团湾镇在“邑北三十五里”。

六同郡　南朝梁大同十年（544）置，属戎州。治所在僰道县（今四川宜宾市东之南广镇。一说在今宜宾县西南安边镇）。《寰宇记》卷79戎州：“以六合所同为郡之名。”辖境相当今四川宜宾、南溪、高县等市县地。北周治所在南广县（今宜宾市东李庄镇）。隋开皇三年（583）废。

六合山　①在今江苏南京市东北，与六合区接界。《隋书·地理志》：六合县有六合山。《舆地纪胜》卷38真州：六合山“即定山也。其山相接，通谓之六合山。旧名六峰，曰寒山、曰狮山、曰双鸡、曰芙蓉、曰高妙、曰石人。山有三泉：曰虎跑、曰真珠、曰白鼍。……六合县因六合山以为名”。

②又名方山、如方山。即今安徽和县西北六十里如花山。《隋书·地理志》：历阳郡乌江县有六合山。《寰宇记》卷124和州历阳县：“六合山，梁武帝登此山以望六合，故名。”《宋书·孝武帝纪》：大明七年（463）二月，“车驾校猎于历阳之乌江。己未，车驾登乌江县六合山”。即此。

六合县　隋开皇四年（584）改尉氏县置，为方州治。治所即今江苏南京市六合区雄州镇（原六城镇，2000年改名）。《寰宇记》卷126扬州六合县：“以六合山为名。”大业初属江都郡。唐武德七年（624）仍为方州治。贞观初属扬州。南唐于此置雄州。周显德中，州徙，仍为六合县。宋属真州。明属应天府。清属江宁府。民国初属江苏金陵道。1927年直属江苏省。2002年撤销六合县，与南京市大厂区合并，改设六合区。

六合郡　北周改秦郡置，属秦州。治所在尉氏县（今江苏南京市东北六合区）。隋开皇初废。

六合镇　隋置，属六合县。即今江苏南京市六合区南瓜埠镇。《资治通鉴》：隋开皇九年（589），“晋王广帅大军屯六合镇桃叶山”。胡注：“张舜民曰：桃叶山，即今瓜步镇之地。”

六州河　即今辽宁绥中县与兴城市分界之六股河。清张穆《蒙古游牧记》卷2引《元一统志》：“六州河在利州（今辽宁喀喇沁蒙古自治县）东南八十里。”《明一统志》卷25辽东都司：六州河“大宁建州六州之水合流，自广宁前屯卫东北七十里入境，南流至蛇山务入海”。

六安山　一名六万寨。在今安徽霍山县西南。《方舆纪要》卷26霍山县：六安山“在县西三十里。四周险峻如城，有四门，古多避兵于此”。宋筑寨于此。现遗址尚存。

六安卫　明洪武初置，属直隶。治所在六安州（今安徽六安市）。后废。

六安市　1949年2月当地解放后由六安县城区析置，属江淮解放区。治所即今安徽六安市。同年4月改属皖北行署区。5月裁撤，并入六安县。1978年复设六安市。1992年撤销六安县，并入六安市。1999年撤销六安地区及县级六安市，设立地级六安市。

六安州　元至元末置，属庐州路。治所在六安县（今安徽六安市）。辖境相当今安徽六安、霍山等市县和湖北英山县地。明洪武初废六安县入州。1912年废州为县。

六安军　北宋政和八年（1118）升六安县置，治所在六安县（今安徽六安市）。辖境相当今安徽六安、霍山等市县地。南宋绍兴十三年（1143）废，嘉定五年（1212）复置，端平元年（1234）又废，后复置。元至元二十八年（1291）废。

六安县　①三国魏改六安侯国置，为庐江郡治。治所在今安徽六安市北十里城北乡。西晋改为六县。

②北宋开宝四年（971）改盛唐县置，属六安军。治所即今安徽六安市。明洪武初废入六安州。1912年废六安州为六安县，属安徽安庆道。1928年直属安徽省。

六安国　西汉元狩二年（前121）分九江郡置，治所在六县（今安徽六安市北十里北城乡）。辖境相当今安徽淮河以南，霍邱、六安以西和河南固始县地。东汉建武十三年（37）并入庐江郡。章帝元和二年（85）以庐江郡复置六安国，和帝章和二年（88）六安国除为庐江郡。

六安宣抚司　即六番招讨司。在今四川天全县。明曹学佺《蜀中广记》卷25天全六番招讨使司：“元宪宗时复置六安宣抚司，属吐蕃等处宣慰司，后改六番招讨司，又分置天全招讨司。”

六连山　在今海南省万宁市北。《方舆纪要》卷105万州：六连山“在州北六十里。山脉接黎母山，六峰突起峻拔，连续起伏三十里。《志》以为州之主山也。中多鹿麋，一名鹿市山。弘治十七年，官军讨鹧鸪啼、龙吟洞诸叛黎，‘贼’多匿于坛口村六连山麓，官军遇伏败绩”。今为六连岭自然景观保护区。

六县　秦置，属九江郡。治所在今安徽六安市北十里城北乡。西汉为六安国治。东汉改为六安侯国，属庐江郡。三国魏改为六安县，为庐江郡治。西晋复为六县。东晋末废。

六里坪集　即今湖北丹江口市西一百里六里坪镇。清光绪《湖北全省分图》：均州西南有六里坪集。

六里桥镇　即今上海市浦东新区川沙镇西三十六里六里村。清光绪《江苏全省舆图》：上海县东南有“六里桥”。镇上旧有高昌庙颇著名。

六里堰市　又作角里堰市。即今浙江海盐县西南角里堰。清光绪《海盐县志》卷4：六里堰市，“《图经》：去县四十二里。《新纂》：堰以南为上河，去澉城六里，客船不能达澈，咸泊于此，居民辐辏成市，木商咸贾亦萃集焉”。

六库 即今云南怒江傈僳族自治州首府六库镇。清代属云龙州，乾隆十二年（1747）置六库土千总。云贵总督硕色《处置秤戛等处分隶奏摺》载有六库，谓“接壤云龙，应归云龙州管辖”。傈僳语“六”为龙，“库”为洞，意即龙洞。民国年间废。

六灶湾镇 即今上海市浦东新区南汇南六灶湾。清光绪《南汇县志》卷1：六灶湾镇在“邑南九里”。

六灶镇 即今上海市浦东新区南汇西北六灶镇。清光绪《南汇县志》卷1：北六灶镇在“邑西北二十四里”。

六沟汛 即今河北承德县（下板城）北四十里六沟镇。清于此设把总驻守。

六诏 唐西南地区乌蛮国六部的总称。即越析诏（在今云南宾川县）、浪穹诏（在今洱源县）、邆赕诏（在今洱源县东南邓川）、施浪诏（在今洱源县东）、蒙嶲诏、蒙舍诏（二诏俱在今巍山彝族回族自治县北境）。“诏”意即王。蒙舍诏因地居五诏之南，故又名南诏。唐开元末六诏为南诏所统一。

六诏山 在今云南砚山县东北。《清一统志·开化府》：六诏山“在（文山）县西北（按，当为东北）。山形旋折，云烟环绕”。

六诏汛 即今云南砚山县东北六诏。旧属文山县，清时有外委戍守。

六诏岭 在今浙江奉化市西南一百里六诏村。清乾隆《宁波府志》卷7：六诏岭“相传王右军尝隐此，故诏起之”。

六陈墟 即今广西平南县南一百一十里六陈镇。清光绪《广西舆地全图》平南县图：东南有六陈墟。

六顶山古墓群 在今吉林敦化市南十里牡丹江右岸六顶山南坡，是唐代渤海国前期王室、贵族墓地。墓群分东、西两区，地面有封土八十余座。1949年发掘的贞惠公主墓，墓室长方形，四壁用岩石平砌，顶盖大石板，以砖铺地。出土墓志一方，正面阴刻汉字楷书七百二十五字，记述贞惠公主生平。1961年定为全国重点文物保护单位。

六枝市 1960年撤销郎岱县，改设六枝市，属贵州省安顺专区。1962年撤销六枝市，改为六枝县。

六枝场镇 即今贵州六枝特区西北六枝乡。旧属郎岱县，有千总驻防。

六明镇 在今河南滑县东北。《资治通鉴》：五代晋天福二年（937），杨延光举兵魏州，其将“冯晖、孙锐引兵至六明镇”。胡三省注：“六明镇，在胡良渡北。”

六牦牛部 西藏古代族部名。据藏文史籍载，民间传说西藏人类是由雅隆河谷的“六猴雏”变成。《敦煌吐蕃文书》载：吐蕃王室的始祖聂墀赞普为天神之裔，降临雅隆地方，作“蕃地区六牦牛部首领”。六牦牛部即雅隆六氏族：（1）斯，（2）穆，（3）桐，（4）东，（5）查，（6）楚。故地在今西藏山南地区雅隆河谷乃东、穷结等县境。

六和塔 在今浙江杭州市钱塘江边月轮山上。北宋开宝三年（970）智觉禅师建，以镇江潮。宣和三年（1121）毁于兵火。现存砖构塔身系南宋绍兴二十三年（1153）重建，隆兴元年（1163）完成。明、清时又进行几次修缮，修缮工程主要是外檐，内部砖砌塔身仍是宋代原构，现在塔内还有宋代重修时的碑记。塔平面呈八角形，外观十三层，内部为七层，高59.89米。塔内有穿壁螺旋式阶梯，盘旋直登顶层。1961年定为全国重点文物保护单位。

六店湾 又作六吊湾。即今上海市松江区西南三十里角钓湾。清光绪《江苏全省舆图》：娄县西南有“六店湾”。

六店湾镇 亦作六吊湾镇。即今上海市松江区西南三十里角钓湾镇。清乾隆《娄县志》卷3：有六店湾镇。光绪《江苏全省舆图》娄县图：西南有六店湾。

六郎关 在今湖北郧西县西北六郎乡。《清一统志·郧阳府》：六郎关“在郧西县西南一百七十里。旧上津县南六十里”。

六郎桥镇 即今江苏南京市江宁区西南陆郎镇。清《江苏布政司属疆域表》：江宁县有陆郎桥镇。

六陌 亦作陆陌。在今陕西乾县东十五里。《资治通鉴》：晋元康七年（297），周处“攻万年于六陌，……力战而死”。太元十九年（394），“秦主登自六陌趣废桥”。皆此。

六城 在今安徽舒城县东南。《寰宇记》卷126舒城县：“六城在县东南六十里。按《春秋·文公五年》：‘楚人灭六’。杜预云：六，皋陶之后也，今庐江六县，即淮南王黥布所都之邑也。”

六城坝 在今云南巧家县北。民国有县佐驻此。

六茶山 在今云南普洱市南。《清一统志·普洱府》：六茶山“在县南六百五十里。层峦复岭，多茶树”。《清史稿·地理志》：思茅厅东南有六茶山“曰攸乐、曰蟒支、曰革登、曰蛮砖、曰倚邦、曰漫撒”。

六胡州 唐调露元年（679）在灵、夏二州南界设鲁、丽、含、塞、依、契六州，用唐人为刺史，以处突厥降户，谓之六胡州。治所在今内蒙古鄂托克旗和鄂托克前旗境。长安四年（704）并为匡、长二州。神龙三年（707）在盐州白池县（今内蒙古鄂托克旗西南北大池）北八十里设兰池都督府，仍分六州管辖。开元八年（720）六州胡户在康待宾等率领下起义，九年攻陷六胡州，进逼夏州，被唐发兵镇压，康待宾被杀。十年又改为鲁、丽、契、塞四州，康待宾余众在康愿子率领下继续反抗，旋为唐朔方军所镇压，于是移河曲六州残胡五万余口配许、汝、唐、邓、仙、豫等州。十八年复置匡、长二州。二十六年唐将六州胡户遣归，在夏州西北三百里设置宥州管理。贞元二年（786）迁六州胡于云州（治今山西大同市）、朔州（治今山西朔州市）间。

六品泉 在今江苏吴江市东南六里。《清一统志·

苏州府一》：六品泉“唐陆羽品为第四，张又新品为第六”。

六峒镇　一名融江六峒。在今广西兴安县西四十里司门前。濒临大融江。明于此设融江六峒巡司。

六种（種）　在今新疆鄯善县西南。《宋史·高昌传》：太平兴国六年（981），王延德使高昌，“次历地名宝庄，又历六种，乃至高昌”。

六顺　在今云南普洱市西。本名六困。清雍正七年（1729）设土把总驻守。

六顺县　1929年改芦山县置，直属云南省。治所在今云南普洱市西南六十二里六顺乡（官房，翠云）。清代为六困土把总，布朗语意为六个大村落，以汉字反其意作六顺。1953年撤销，并入思茅县。

六泉　在今甘肃陇西县东南五里。《元和志》卷39襄武县：“六泉水在县东北原上。泉源有六，因以为名。”《晋书·乞伏国仁载记》：东晋太元十二年（387），“国仁率骑三万袭鲜卑大人密贵、裕苟、提伦等三部于六泉”。即此。

六度县　唐武德四年（621）置，属管州。治所在今山西娄烦县北三十里六度村。六年（623）废。

六洞山　①在今福建永泰县南。明王应山《闽都记》卷28永福县：六洞山“在县南。山极秀耸，有仙居之，风雨晦冥时有音乐出洞外。乡人沿崖至其巅，遇二人对弈，翼日再造，遂不复见。众异之，刻六洞仙像，祷祈响应”。

②在今贵州平塘县西南。《明一统志》卷88都匀卫：六洞山“在平洲六洞长官司西南七十里。其山险峻，上有大六洞砦”。

六洞柔远等处长官司　元置，属播州军民安抚司。治所在今贵州平塘县西南六硐。后废。

六神港市　即今湖北浠水县西南六神港。民国《湖北通志》卷33蕲水县：“六神港市在县南二十里。”

六都护府　唐开元、天宝时安西、北庭、安北、单于、安东、安南六都护府的合称，用以统辖诸羁縻府、州，控制各降附部落、属国。安史乱后渐次撤废，自贞元以后但存单于、安南两府，会昌中又改单于为安北。

六都墟　即今广东云浮市北云安县驻地六都镇。清设六都汛。

六都寨　即今湖南隆回县北六十里六都寨镇。1947年于此置隆回县。1949年隆回县迁治桃洪镇后改为六都寨镇。

六桥　在今浙江杭州市西湖中苏堤上。周密《武林旧事》卷5：苏公堤“夹道杂植花、柳，中为六桥”。自北而南分别为：跨虹桥、东浦桥、压堤桥、望山桥、锁澜桥、映波桥。“六桥烟柳”为杭州胜景之一。

六峰山　在今安徽池州市南二十里。《方舆纪要》卷27贵池县：六峰山“有六峰竞秀”。

六射垛寨　宋置，故址在今江苏江阴市北四里。《方舆纪要》卷25常州府江阴县：六射垛寨“相传为秦始皇射垛，宋置寨于此，以控扼江滨”。

六家子　即今辽宁朝阳县西南一百六十里六家子镇。《清史稿·地理志》：朝阳府朝阳县有六家子镇。

六家集　亦作陆家集、陆集镇。即今河南范县东南三十八里陆集乡。明嘉靖《范县志》卷2：有六家集。

六辅渠　又名辅渠、六渠。西汉元鼎六年（前111）在左内史兒宽主持下，于郑国渠上游南岸开凿六道小渠，以辅助灌溉郑国渠所不能达到的高地。约起自今陕西淳化县西南，至泾阳县西北云阳镇北。唐元和中尚有存留。

六盘山　在今宁夏南部和甘肃东部，南段又称陇山。南北走向，长约240公里。为陕北与陇中高原的界山。《元史·太祖本纪》：二十二年（1227），“闰（五）月，避暑六盘山”。《方舆纪要》卷58固原州：六盘山“曲折险峻，盘旋有六”。故名。

六盘水市　1978年撤销贵州省六盘水地区，设立地级六盘水市，辖六枝特区（驻下营盘）、盘县特区（驻城关镇）、水城特区（驻黄土坡）。1987年撤销水城特区，设立六盘水市钟山区和水城县（驻钟山区）。1999年撤销盘县特区，设立盘县，将盘县驻地由原盘县特区驻地城关镇迁至红果镇。2003年水城县驻地由钟山区迁至滥坝镇。

六盘关　唐置，在今宁夏隆德县东北六盘山上，与固原县分界。《新唐书·地理志》原州平高：“西南有木峡关。州境又有石门、驿藏、制胜、石峡、木靖等关，并木峡、六盘为七关。”《方舆纪要》卷58固原州：六盘关“在六盘山上。关路险阻。唐为原州七关之一”。

六麻墟　即今广西北流市南九十五里六麻镇。清光绪《广西舆地全图》北流图：南有六麻墟。

六塔河　北宋开，在今河南清丰县东南三十二里。《宋史·河渠志一》：景祐元年（1034）七月，“河决澶州横陇埽”。庆历八年（1048）六月，“河决商胡埽”。皇祐四年（1052），“议者请开六塔以披其势”。嘉祐元年（1056）四月，“塞商胡北流，入六塔河，不能容，是夕复决，溺兵夫，漂刍藁不可胜计”。《方舆纪要》卷16开州：黄河故渎，“靖康以后，大河益徙而南，商胡、六塔诸河尽成平陆”。

六塔镇　在今河南清丰县东南三十二里六塔乡。北宋六塔河故渠在此。

六番招讨司　元改碉门宣抚司置，属吐蕃等处宣慰司。治所在今四川雅安市。明曹学佺《蜀中广记》卷35天全六番招讨使司：“部落凡六曰：马村、苏村、金村、杨村、陇东村、西碉村，或谓六番之名始此。”明洪武六年（1373）与天全招讨司合并为天全六番招讨司。

六道冈　在今黑龙江省五常市东。清光绪《吉林通志》卷16五常厅：东“三十五里，六道冈屯”。

六道江　即今吉林白山市西南六道江镇。清光绪《奉天全省地舆图说图志》通化县图：东北有六道江。

六道沟 ①即今辽宁丹东市元宝区北六道沟。光绪《奉天全省地舆图说图志》安东县："县城西南村屯六道沟等十七处。"

②即今吉林龙井市。《清史稿·地理志》延吉府：官商路，"南六道沟达和龙"。1950年延吉县迁治于此。1988年改设龙井市。

③即今吉林临江市东南六道沟镇。清光绪《吉林全省地舆图》：临江县东南有六道沟。民国徐曦《东三省纪略》卷7："六道沟铜矿在临江（县）六道沟内弁家营附近，其矿沙金黄色，制成之铜系黄色，铜内含有金质，每铜百斤，约含金质三钱。……前清光绪末，县民郝景堂采取新铜矿线五条，寻以办理不善，半途停止。"

六道河 即今辽宁桓仁满族自治县（桓仁镇）。清光绪间于此置怀仁县，后改为桓仁县。

六塘墟 即今广西临桂县西南六塘镇。清乾隆三十一年（1766）设巡司于此。

六靖墟 亦作陆靖墟。即今广西北流市南一百五十里六靖镇。

六叠山 在今贵州锦屏县南新化乡西。《方舆纪要》卷121黎平府新化司：六叠山在"司西十五里。盘回六叠，始至山顶，因名"。

六墟桥镇 又名六区桥镇。即今江苏无锡市西阳山镇。明洪武《无锡县志》："西：富安乡有陆墟。"

六嘉井 在今广西横县东南。《清一统志·南宁府》：六嘉井"阔二尺，深三尺，溃出沙泥中，色味清冽，绕村数百家，随取随足。酿酒尤佳，乡人珍为酒泉"。

六榕寺 在今广东广州市六榕路。始建于南朝宋。梁大同三年（537）诏许昙裕法师在此建一木塔，以供奉从域外携回的佛骨，赐号宝庄严寺舍利塔。塔建在寺内大殿前。五代南汉时，改称长寿寺。北宋初寺和塔皆毁于火，端拱二年（989）重修寺院，改称净慧寺。绍圣四年（1097）重建宝塔，因塔龛藏有千佛像，又称千佛塔。又因塔身色彩斑斓，俗称花塔。元符三年（1100）苏轼题"六榕"二字，后人遂称六榕寺、六榕塔。2006年六榕寺塔被定为全国重点文物保护单位。

六豪山 在今广东信宜市东。《清一统志·高州府》六豪山"在信宜县东北六十里，通罗定州界。昔有瑶人六家居此，故名"。

六寨等处长官司 元置，属庆远南丹安抚司。治所即今广西南丹县西北六寨镇。明洪武初废入南丹州。清设千总驻防。

六横山 即今浙江舟山市普陀区西南部之六横岛。《清史稿·地理志》定海直隶厅："又六横山西对前仓嘴，牛鼻山扼其中。"

六磊塘 在今上海市西南。《方舆纪要》卷24松江府上海县：六磊塘"自盘龙汇分支，东合诸流，接乌泥泾，下流入于黄浦"。

六镇 北魏为防御北方柔然等部的侵扰，在京都平城（今山西大同市）东，阴山以南，自西而东先后建立六个军事重镇：即沃野镇（今内蒙古五原县东北）、怀朔镇（今内蒙古固阳县西南白灵淖尔乡城库伦古城）、武川镇（今内蒙古武川县西乌兰不浪土城梁古城）、抚冥镇（今内蒙古四子王旗东南乌兰花土城子古城）、柔玄镇（今内蒙古兴和县西北台基庙东北）、怀荒镇（今河北张北县）。一说六镇中有御夷镇（今河北赤城县西北），而无沃野镇，不足据。六镇起义后，魏正光五年（524）下诏改镇为州，时六镇已尽为义军所据，乃以所改州寄治并州界。起义军失败后，六镇故地皆荒废。

六德驿 明洪武初置，属广南府。在今云南师宗县东南科白。寻废。

六慰 明代在云南边地设置的六个较大土司。即车里宣慰司（治景咙，即今云南西双版纳景洪市）、孟养宣慰司（治今缅甸孟养）、木邦宣慰司（治今缅甸新维）、缅甸宣慰司（治今缅甸阿瓦）、八百大甸宣慰司（治今泰国清迈）和老挝宣慰司（治芒龙，即今老挝琅勃拉邦）。

六赢山 在今重庆市铜梁县西。《舆地纪胜》卷159合州：六赢山"在巴川县西二十里。相传昔人御寇于此，六战皆捷，故名"。《方舆纪要》卷69铜梁县：六赢山在"县西三十五里。唐合州刺史赵延之集义兵于此，六战皆赢，因名"。

六壁城 北魏筑，在今山西孝义市西二十里六壁头村。北魏永安中为显州治。《寰宇记》卷41汾州孝义县："六壁府，《后魏书》云，太平真君五年，讨胡'贼'于六壁，即此城也。俗以城有六面，因以为名。在县西八里。"《水经·文水注》：胜水"东径六壁城南，魏朝旧置六壁于其下，防离石诸胡，因为大镇。太和中罢镇，仍置西河郡焉"。

六鳌千户所 明洪武二十年（1387）置，属镇海卫。治所即今福建漳浦县东南六鳌镇。清顺治十四年（1657）废。

文山 ①在今山西交城县西北。《方舆纪要》卷40交城县：文山"在县西北九十里。文水历榆城，又南径文山下，山因以名"。

②在今福建龙海市西北。《清一统志·漳州府》：文山"在龙溪县东二十里。一名观音岩。北临大溪，三面通潮。其右为水头山，脉自县南太平岭而下，至溪而止，与凤凰、石壁并称为水口"。

③在今福建尤溪县西北。《清一统志·延平府》：文山"在尤溪县西北五里许，为县治之右弼……又有公山，与文山对峙，邑人义斋郑氏故居。宋朱松为县尉，秩满假馆郑氏，生朱子于此。先是二山草木繁密，及朱子生，野烧同时尽焚，山形毕露，俨若文公二字，二山因以此名"。

④一名观音山。在今福建漳州市东。明嘉靖《龙溪县志》卷1：文山，"俗名观音山，在十一都，山下人多业儒，科第相继，元进士林弼与国朝方伯林同建观澜书院于山"。

⑤在今江西乐平市东南。《明一统志》卷50饶

州府：文山“在乐平县东南七十里。山势磅礴，亘连广信之弋阳、贵溪二县。多幽险，今特设官镇之”。

⑥在今江西安义县南。《方舆纪要》卷84安义县：文山“在县南十里。峰峦秀丽”。

⑦在今江西吉安市东南。《清一统志·吉安府一》：文山“在庐陵县东南十五里。宋文天祥取以为号”。

⑧在今山东平度市西十八里。《清一统志·莱州府一》：文山，“《州志》：其西有武山对峙。世传秦始皇东巡集文武于此，因名”。

⑨即文登山。在今山东文登市东北。元丁钦《齐乘》卷3文登县：“以地有文山，始皇召集文人登之，号曰文登。”

⑩在今广西全州县北三十里。《方舆纪要》卷107全州：文山“洮水出其下”。雍正《广西通志》卷13：文山“在（全州）城北三十里。昔有文蒙村，故名。山穴出泉，注为洮水”。

文山市　2010年撤销云南省文山县，改设文山市，市人民政府驻开化镇。

文山关　明置，属小所守御千户所。在今四川松潘县东小河乡北。《明史·地理志》小河所：“北有师家山，一名文山，山麓有文山关。”

文山县　①即汶山县。治所即今四川茂县。《元史·地理志》作“文山”。

②清雍正八年（1730）置，为开化府治。治所即今云南文山市。徐松石《粤江流域人民史》称：“僮人呼火烟亦为云（或作文），云南的文山县即火烟山义。”《清史稿·地理志》：“东文山，县以此得名。”1913年改开化县，1914年复名文山县，属云南蒙自道。1929年直属云南省。1959年为文山壮族苗族自治州首府。2010年改设文山市。

文川县　即汶川县。治所即今四川汶川县。《新唐书·南诏传》：异牟寻与吐蕃合力内扰，“一趋茂州，逾文川，扰灌口”。

文义县　唐武德三年（620）置，属绵州。治所在今四川江油市南境。贞观元年（627）废入昌隆县。

文乡城　在今山东高唐县西南清平镇南。《水经·河水注》：“漯水又东北径文乡城东南。”即此。

文井场　即今四川蓬溪县北文井镇。清魏源《圣武记》卷9：嘉庆五年（1800），白莲教义军“渡江即掠蓬溪，魁伦遣宋射斗、阿哈保、百祥以兵三千进击，约自率后队四千继进。及朱射斗兵二千逐贼文井场，被围数重，众寡不敌，魁伦拥兵不援，反回屯城内，朱射斗力战死。百祥以千兵断后，亦几殆尽”。

文井江　①即今四川岷江西支流西河。东晋常璩《华阳国志·蜀志》：“江原县，郡西，渡大江，滨文井江，去郡一百二十里。”

②即今四川邛崃市之邛崃河（南河）。《水经·江水注》：江水“又与文井会，李冰所导也。自笮道与濛溪分水至蜀郡临邛县与布仆水合……文井江又东至武阳县天社山下入江”。

文天祥墓　在今江西吉安市青原区富田镇文家村鹜湖大坑。文天祥（1236—1283），字履善，一字宋瑞，号文山，吉州庐陵（今江西吉安）人。南宋宝祐四年（1256）进士。历任刑部郎官，知瑞、赣等州。积极主张抗元。后任右丞相，被派往元军营中谈判，被扣留。后于镇江脱险，由通州（今江苏南通）入海，南下福建，与张世杰、陆秀夫等坚持抗元。后在五坡岭（在今广东海丰北）被俘。元将张弘范使写信招张世杰，他坚决拒绝，书所作《过零丁洋》诗以明志。次年被送至大都（今北京），囚禁三年。元世祖屡次劝降，并许以相位，文天祥誓死不屈，于至元十九年十二月初九日（1283年1月9日）在柴市被害。初葬于都城小南门外五里路旁，次年灵柩返乡。至元二十一年（1285）正式安葬于鹜湖大坑。今墓前有新立石碑，上刻“宋丞相文信国公天祥之墓”。

文扎卡宗　即温宗。治今西藏乃东县东北温村。

文水　①亦名文谷水、文峪河。汾水支流。源出今山西交城县西北孝文山，南流至文水县东南入汾水。《水经·文水》：“文水出大陵县西山文谷，东到其县，屈南到平陶县东北，东入于汾。”

②即今陕西城固县西北文川河。《水经·沔水注》：“汉水又左会文水，水即门水也。”《南史·胡谐之传》：范柏年对宋明帝言：“梁州唯有文川、武乡，廉泉、让水。”文川即文水。《清一统志·汉中府一》引《（城固）县志》：“文水在县西北四十里。两水合流，有如文字。”

文水县　隋开皇十年（590）改受阳县置，属并州。治所在今山西文水县东十里旧城庄。《元和志》卷13文水县：“因县西文谷水为名。”大业三年（607）属太原郡。唐初属并州，天授元年（690）改为武兴县，神龙元年（705）复为文水县，开元中属太原府。北宋元符间移治今文水县。元属冀宁路。明属太原府。民国初属山西冀宁道。1930年直属山西省。

文公场　亦名文公庵。即今四川仁寿县北六十里文宫镇。清光绪《补纂仁寿县志》卷1：东北顺河乡一甲有文公庵。

文石津　古黄河津渡。在今河南延津县北胙城乡东北。《晋书·石勒载记》：“勒出成皋关，围陈留太守王赞于仓垣，为赞所败，即屯文石津。”

文仙山　一名文斤山。在今湖南新化县南一百里。《方舆胜览》卷26宝庆府：文仙山“上有三峰，石壁峭绝。半山之间有石室，旁有龙池”。《方舆纪要》卷81新化县：文仙山“相传晋高平令文斤得仙于此”。

文市　即今广西灌阳县北文市镇。清光绪《广西舆地全图》灌阳县图：北有文市。

文兰洞　在今广西东兰县东南大同乡更乐村老圩。《方舆纪要》卷109东兰州：“《土夷考》：宋时韦君朝者居文兰洞，为土夷长，传子晏闹。崇宁五年内附，置兰州，以晏闹知州事，世其职。”

文汇（匯）阁 在今江苏扬州市大观堂。清乾隆间建以藏《四库全书》。咸丰间以兵燹毁。

文台（臺） 在今山东东明县东北。《战国策·魏策》：无忌谓魏王曰：“秦十攻魏，五入国中，边城尽拔。文台堕，垂都焚。”《史记·魏世家》《索隐》引《列士传》曰：“隐陵君施酒文台。”皆即此。

文老古 古岛屿名。即今印度尼西亚马鲁古群岛。以盛产丁香著名，故亦称香料群岛。元汪大渊《岛夷志略》有专条记述。明张燮《东西洋考》和《明史·外国列传》作美洛居。

文成山 亦和文城山。在今四川阆中市东。《方舆纪要》卷68保宁府阆中县：文成山在“府东三十里。峰峦耸列，林木葱箐，一峰突出，上有张道陵元都台”。

文成公主庙 又称贝大日如来佛石窟寺。在今青海玉树县城结古镇东南五十里巴塘乡贝纳沟内。是一座独立的藏式平顶建筑。分三层，通高9.5米，长宽各10米多。庙内有顶柱十二根。正中供文成公主坐像一尊，端坐于狮子莲花座上，从坐像头部到地面将近8米。坐像两旁分上下两层站立佛像八尊，高度亦在3米以上，都是在石壁上雕凿成形，然后施彩，俨如泥质彩塑。相传唐贞观十五年（641）文成公主进藏经此时曾短暂停留，教当地藏民耕种、纺织，藏民便在石壁上造像修庙以示纪念。2006年定为全国重点文物保护单位。

文成坝 在今江苏常州市东南七里。《清一统志·常州府二》：文成坝，“先是城中水出东水门直行，明万历九年开新河，使水南入运河。旁筑二坝，建祠屋其上，曰文成里”。

文成县 ①西汉置，属辽西郡。治所在今辽宁建昌县东六十里巴什罕。东汉废。

②1946年由瑞安、泰顺、青田三县析置，属浙江省。治所即今浙江文成县。因县境南田系明朝开国功臣刘基故里，刘基死后谥文成公，故名。

文曲集 即曲河店。今河南邓州市西北二十八里文曲乡。清尹耕云《豫军纪略》卷3：清咸丰七年（1857）二月，“众皆感奋，期翌日复战于文曲集”。

文竹山 即扶阳山。在今湖南新宁县东十五里。《舆地纪胜》卷59宝庆府：文竹山，“按《湘川记》云，竹山上有石床，高一丈四尺。四面绿竹扶疎，常随风委拂。此床天旱则祷雨时应”。

文华山 在今云南巍山彝族回族自治县东十里，为县城镇山。《清一统志·蒙化直隶厅》引《云南通志》：文华山“高出云表，体势尊严。其左为葫芦山，右为绣墩山，皆以此山为鼻祖”。

文华殿 在今北京市故宫东华门之内。明建。清康熙二十二年（1683）重建。前为门三间，后为主敬殿。清每年皇帝经筵典礼之处。由大学士、尚书、左都御史、侍郎、学士、詹事充任经筵讲官。

文州 ①北周明帝二年（558）置，治所在葭芦郡（或名芦北郡，今甘肃文县西南）。隋大业初废。唐武德初复置文州，移治曲水县（今文县西五里白水江南岸）。天宝元年（742）改为阴平郡，乾元元年（758）复改文州，建中三年（782）移治今文县。辖境相当今甘肃文县一带。宋端平后乱废。元复置，属图沙玛路。明洪武四年（1371）降为县。地处陇、蜀之间，岩陡谷深，径路悬绝，有阴平道，为入蜀捷径。

②隋大业十二年（606）置，治所在延川县（今陕西延川县）。唐武德二年（619）改置基州。

③唐武德三年（620）于鲁邱堡置文州及药城县（治所在今安徽亳州市东南）。四年（621）文州废为文城县。

④五代梁开平初改成州置，治所在同谷县（今甘肃成县）。后唐同光初复改为成州。

⑤北宋置，为羁縻州，属宜州。治所在思阳县（在今广西巴马瑶族自治县西北盘阳）。大观元年（1107）废为绥南砦。南宋绍兴四年（1134）复置文州。元属庆远南丹安抚司。明洪武十二年（1379）废。

文安县 ①西汉置，属勃海郡。治所在今河北文安县东北二十五里大柳河镇。东汉属河间国。三国魏属河间郡。晋属章武国。北魏属章武郡。隋属河间郡。唐贞观二年（628）迁治今文安县，后属莫州。五代周属霸州。清属顺天府。民国初属直隶津海道。1928年直属河北省。

②北魏置，为文安郡治。治所在今陕西延川县西南文安驿镇。隋改为延川县。

③唐武德四年（621）置，属昆州。治所在今广西柳江县东白沙。寻改为乐沙县。

④即文定县。治所在今辽宁建平县西北红帽子村附近。金废为文安镇。

文安驿 即今陕西延川县西南文安驿镇。《方舆纪要》卷57延川县：文安驿“为延绥往来之通道”。北魏时为文安郡、文安县治。

文安郡 北魏置，治所在文安县（今陕西延川县西南文安驿镇）。辖境相当今陕西延川县地。隋开皇初废。

文安镇 金废文安县置，属富庶县。在今辽宁建平县西北红帽子村附近。

文阳县 ①唐置，为长州治。治所在今越南南定省南定附近。天宝初为文杨郡治，乾元初复为长州治。后废。

②唐置，属羁縻棠州。治所在今老挝甘蒙省西北班梳东北。后废。

文进县 唐贞观六年（632）置，属羁縻彻州。治所在今四川茂县西北或黑水县境。后废。

文村堤 在今湖北荆州市荆州区（故江陵县）东。《方舆纪要》卷78江陵县“黄潭堤”条下：“文村堤在黄潭东三十里。弘治十四年江水决此，因筑堤捍御。正德十一年再决，复修筑之。”

文村堡　①北宋元丰七年（1084）置，属融州。即今广西三江侗族自治县东北文村。后废。

②即文溪寨。在今湖南会同县西南。《宋史·蛮夷二》：元祐二年（1087），“有杨晟台者，乘间寇文村堡”。即此。

文县　①西汉置，属辽东郡。治所在今辽宁大石桥市东南汤池镇附近英守沟古城。东汉改为汶县。

②明洪武四年（1371）降文州置，属阶州。治所即今甘肃文县。二十三年（1390）省入阶州。成化九年（1473）复置，属阶州。清属巩昌府，雍正七年（1729）属阶州。民国初属甘肃渭川道。1927年直属甘肃省。

文县千户所　明洪武二十三年（1390）置，治所即今甘肃文县。成化九年（1473）改置文县。

文秀山　在今广东乳源瑶族自治县南。《方舆纪要》卷102乳源县：文秀山“在县南五里。有三峰尖耸”。

文彻县　唐贞观六年（632）置，属羁縻彻州。治所在今四川茂县西北或黑水县地。后废。

文良港　又名良文港。即今台湾澎湖县澎湖岛东龙门村。清乾隆《澎湖志略》：“文良港至妈宫旱路二十五里。”光绪《澎湖厅志》卷2：文良港“即龙门港”。又卷5：“文良港汛外洋次冲要口，营房三间，烟墩一座。”连横《台湾通史》卷4：光绪二十一年（1895）二月二十七日，日军“潜入龙门港，据拱北炮台之南，以扼园顶归路”。清兵大败，占据澎湖岛。

文君井　在今四川邛崃市城内里仁街。《方舆胜览》卷56邛州：文君井“在临邛。陆务观诗：落魄西州泥酒杯，酒酣几度上琴台。青鞋自笑无拘束，又向文君井上来”。《明一统志》卷72嘉定州：文君井“在邛崃县南二里，郡卓文君当垆，司马相如涤器处”。嘉庆《四川通志》卷56邛州：文君井“在州南街左琴台侧。相传即文君当垆处”。

文招县　南朝宋置，属晋康郡。治所在今广东德庆县东北。隋开皇十二年（592）废入乐城县。

文英营　即今江西崇义县西南文英乡。旧名文英隘，亦曰文英堡。清设守备驻此，雍正十年（1732）改设都司。

文昌山　在今江西定南县西南老城镇城内。《方舆纪要》卷88赣州府定南县：文昌山“在县治（今老城镇）东城内。旧名高寨冈。乱时居民常于此避寇”。

文昌水　即今广东郁南县东南连城河，为西江支流。《清一统志·罗定州》：文昌水“在西宁县东一里。源出广西梧州府岑溪县界，东流入县境，径封门所南，又东北径城南，又东北至罗旁口入江”。

文昌江　在今海南省文昌市南。《方舆纪要》卷105文昌县：文昌江在“县南一里。一名南桥水。《志》云，江源有二：一出县境之迈南山，一出龙塘。至县南一里合流，又东南达清澜港入海”。

文昌县　①唐贞观元年（627）改平昌县置，属崖州。治所在今海南省文昌市西北。《寰宇记》卷169文昌县：“取偃武修文之意。”北宋改属琼州。元属乾宁军民安抚司，至顺二年（1331）移治北山都（今文昌市）。明属琼州府。民国初属广东琼崖道。1920年直属广东省。1988年划归海南省。

②即苍溪县。1933年川陕革命根据地置，治所在今四川苍溪县东北文昌镇。

文昌阁　在今贵州贵阳市东门月城上。始建于明万历三十七年（1609）。历经修葺。至1981年全面修复。是一座九角三层的宝塔形建筑。两侧有配殿，前有联结配殿的斋房，在平面布局上构成一四合院。阁楼坐落在宽厚高大的月城上，雄伟壮观。2006年与甲秀楼一起定为全国重点文物保护单位。

文昌营　在今广东惠来县南。《方舆纪要》卷103惠来县：文昌营“在县南文昌山下。……有兵戍守”。

文昌堰　在今江西抚州市临川区东。《方舆纪要》卷86抚州府临川县：文昌堰“在府城东，汝水之浒。唐宋时堰水溉田”。

文昌殿　曹操邺都北城北部正中的大殿。在今河北临漳县西南邺镇北。晋左思《魏都赋》曰：“造文昌之广殿，极栋宇之弘规。”《水经·浊漳水注》：“魏武封于邺，为北宫，宫有文昌殿。”

文明山　在今湖南郴州市南一里。明《寰宇通志》卷60郴州：文明山“上有塔，又有亭，名曰第一江山”。

文明市　旧名镇安镇。即今湖南汝城县西南八十里文明乡。明、清于此置巡司。

文明铺　即今湖南祁阳县西北四十六里文明镇。清《乾隆内府舆图》：祁阳县西北有文明铺。光绪《湖南通志》卷1祁阳县图作文明市。

文学城　秦章邯筑，在今陕西兴平市东南十五里王家附近。北周大象二年（580）始平县尝移治于此。

文学泉　即陆子泉。在今湖北天门市北门外。《舆地纪胜》卷76复州：文学泉“即陆羽井”。

文宗阁　在今江苏镇江市北金山寺。清乾隆间建，以贮四库全书。咸丰间以兵燹毁。

文定县　亦作文安县。辽开泰二年（1013）置，属大定府。治所在今辽宁建平县西北红帽子村附近。金废文安镇。

文官屯　即今辽宁沈阳市北大东区文官街。清光绪《奉天全省地舆图说图志》承德县图：北有文官屯。南满铁路有文官屯站。

文郎马神国　古国名。即今印度尼西亚加里曼丹岛南部海岸之马辰。明张燮《东西洋考》：文郎马神“文郎马神国以木为城，城只一半，余半皆山也”。清谢清高《海录》作马神。

文诞　古岛屿名。即今印度尼西亚班达群岛。以产肉豆蔻著名，故亦称肉豆蔻群岛。元汪大渊《岛夷志略》有专条记述。

文城 即今山西吉县西北文城镇。西魏汾州文城县治此。《元和志》卷12文城县：文城“故老曰此城晋文公为公子时，避骊姬之难，从蒲奔狄，因筑此城，人遂呼为文城”。

文城县 ①北齐改角城县置，属淮阳郡。治所在今江苏泗阳县南李口镇。北周改为临清县。

②北周改五城县置，属定阳郡。治所在今山西吉县西北六十里文城乡。后废。

③隋开皇十六年（596）置，属耿州。治所在今山西吉县西北四十五里古贤村。后属汾州。大业初属文城郡。唐武德元年（618）属汾州，五年（622）属南汾州。贞观八年（634）属慈州。显庆三年（658）移治今吉县西北四十里文城村。天祐中改为屈邑县。五代唐复改文城县。北宋熙宁五年（1072）废。

④唐武德四年（621）改文州置，属亳州。治所在今安徽亳州市东南。七年（624）废入城父县。

文城栅 即今河南遂平县西南四十里文城乡。《资治通鉴》：唐元和十二年（817），“吴秀琳以文城栅降于李愬”。

文城郡 ①北齐改襄城郡置，属豫州。治所在武阳县（今河南西平县西南）。隋开皇初废。

②隋大业初置，治所在吉昌县（今山西吉县）。辖境相当今山西吉县、乡宁等县地。唐武德元年（618）改为汾州，五年（622）改为南汾州，贞观八年（634）改为慈州，开宝元年（742）复改文城郡，乾元元年（758）改为慈州。

文选楼 ①在今江苏扬州市东南。《清一统志·扬州府二》：文选楼，“相传梁昭明太子撰《文选》于此；一云隋曹宪以《文选》教授生徒所居，号文选巷，楼以是得名”。清阮元居此巷，因构楼曰“文选”，用以藏书。

②在今湖北襄阳市襄阳城南。《舆地纪胜》卷82襄阳府：文选楼，“《旧经》云，梁昭明太子所立，以撰《文选》。聚才人贤士刘孝威、庾肩吾、徐防、江伯操、孔敬通、惠子悦、徐陵、王筠、孔烁、鲍至等十余人，号曰高斋学士”。

文种（種）墓 在今浙江绍兴市城内府山（又名卧龙山）北麓。文种，字少禽，一作子禽。楚国郢（今湖北荆州市荆州区故江陵县城西北）人。春秋末为越国大夫。吴越之战，越国战败，范蠡随句践入质于吴，文种留越，主持国政。句践归国后，君臣刻苦图强，终于灭亡吴国。后句践听信谗言，赐剑令文种自尽。《吴越春秋》卷10载：“越王遂赐文种属卢之剑，种得剑又叹曰，南阳之宰而为越王之擒。自笑曰，后百世之末，忠臣必以吴为喻矣。遂伏剑而死。越王葬种于国之西山。”徐天祐注：“即卧龙山，又名种山，一曰重山。”《越绝书》卷8记载：“种山者，句践所葬大夫种也。”今文种墓在卧龙山望海亭下。

文泉县 清乾隆二十八年（1763）置，属沔阳州。治所在今湖北洪湖市（新堤镇）。三十年（1765）废入沔阳州。

文侯乡 在今河南原阳县西北。《清一统志·怀庆府》：文侯乡“在阳武县西北二十五里。汉丞相张苍故里”。

文侯镇 ①北齐置，在今山西稷山县西北。《北齐书·斛律金传》：北齐天保十年（559），斛律光“遂取文侯镇，立戍置栅而还”。

②疑在今河南宜阳县西境。《资治通鉴》：南朝陈永定三年（北齐天保十年，559），“齐斛律光将骑一万击周开府仪同三司曹回公，斩之，柏谷城主薛禹生弃城走，遂取文侯镇，立戍置栅而还”。即此。

文亭山 在今山东成武县西北二里。《方舆纪要》卷32成武县：文亭山在“县西北二里。上有文士亭。相传汉高曾驻跸于此”。

文津阁 清乾隆时建，在今河北承德市避暑山庄内。《清一统志·承德府一》：文津阁在“山庄千尺雪之后，卜高明爽垲，用浙江范氏天一阁之式，建为高阁，收藏四库全书，高宗纯皇帝御题曰文津阁”。

文祖镇 即今山东章丘市南文祖镇。南北朝时曾侨置广宗县于此。清光绪《山东通志》卷34：“广宗县故城在县（按指今章丘市北旧章丘县城绣惠镇）东南五十里，刘宋侨县，今为文祖镇。”

文莱 即婆罗国。今印度尼西亚加里曼丹岛北部之文莱。《明史·外国列传》：“婆罗，又名文莱。”

文桥市 即今江西湖口县东南文桥乡。清同治《江西全省舆图》卷13九江府湖口县：“出东门，至距城三十里之文桥。”

文殊山 ①在今福建罗源县北。明王应山《闽都记》卷32罗源县：文殊山“在县东隅。其山如伏狮，宋邑宰林椎尝梦岩中电光四起，明晨往视，见石罅中有文殊像，遂构殿居之，故名山”。

②在今甘肃嘉峪关市南肃南裕固族自治县西北祁丰藏族乡。《清一统志·肃州》：文殊山“在州西南三十里。两峰南北对峙，水泉中流。昔人多凿洞穿穴，绘塑佛像，又名罗汉洞”。

文殊山石窟 在今甘肃省肃南裕固族自治县西北祈丰藏族乡。是一处规模较大的佛教石窟群。开凿于文殊山前和后山崖壁上。始建于北凉时期，现存窟龛一百多个。其中有早期中心柱窟八座，禅窟一座，窟前寺院遗址二十八处。现存较重要的洞窟有前山千佛洞、万佛洞和后山古佛洞、千佛洞等，均为穹隆顶、平面近方形的中心柱窟。中心柱上下分三层，下层为方形台基，上面两层每面凿圆拱龛，龛内塑一佛像，龛外塑二胁侍菩萨，造像躯体健壮古朴，具有犍陀罗艺术特点。洞窟四壁及顶部彩绘壁画，题材有千佛、说法图、七佛、伎乐天、供养人等。壁画采用西域晕染画法，强调色彩的明暗对比和人物形象的立体效果。万佛洞有西夏时绘制的大型“弥勒经变”及“镇窟四天王”像。文殊山石窟是我国早期佛教遗存，是研究十六国时期佛教艺术的珍贵资料。其壁画具有河西地区早期洞窟壁画的布局特点，有些壁画内容可弥补莫高窟之不足，有些则是敦煌艺术的延续和发展。现存的西夏时期的壁画是研究西夏佛教及其绘画艺术的重要资料。2001 年定为全国重点文物保护单位。

文殊寺 一名文殊院。在今山西五台县东北中台灵鹫峰顶。唐释法云建。《清一统志·代州》：文殊寺“相传寺成时，文殊现金像，塑工安生肖之，名曰真容院。明易今名”。清康熙二十二年（1683）重修，乾隆二十五年（1760）于寺改建行宫。

文殊寺集 即今河南光山县西南三十二里文殊乡。清尹耕云《豫军纪略》卷 3：咸丰五年（1855）五月，清军攻克光山县城，“初九日，追至文殊寺”。

文殊院 又名妙圆塔院、信相寺、空林寺。相传建于南朝。在今四川成都市旧城区西北文殊院街。《清一统志·成都府二》：文殊院“在成都县西北，即妙圆塔院”。今寺为清康熙三十年（1691）重建。主要建筑有天王殿、三大士殿、大雄宝殿、说法殿、藏经楼等。寺内文物极为丰富，是古今中外文物荟萃之所。

文殊寨 即今福建仙游县西文殊。明嘉靖二十二年（1543）移白岭寨巡司于此。

文圃山 即今福建厦门市西文圃山。层峦叠嶂，深洞长谷。有龙池岩及云岳、云峰、云泉、云峤诸胜。《舆地纪胜》卷 130 泉州《景物下》：文圃山“在同安县西。上有花圃蔚然，唐文士谢修尝居此”。故名。

文峰塔 ① 在今山西汾阳市城东四里建昌村。是全国最高的文峰砖塔，十三层，原残高 80.12 米，维修后高 84.97 米。文峰塔又有几水塔、文笔塔等名称。各地多有，依“气”脉而建，为儒释道三教合流后产物。汾阳文峰塔通体线条向上，收分显著，外部轮廓十分刚挺，给人以秀出云表、清秀峻拔的感觉。由下至上分为塔基、塔座、塔身、塔刹。外部层数与内部层数一一对应，塔道及塔窗宽阔顺畅，采光充足，塔心室一至十三层面积相等，充分考虑了游人休息和瞭望的用途。塔心第一层塑观音，从第二层依次为鼠、牛、虎等十二生肖，因此成为全国罕见的生肖塔。文峰塔修建以来，历经数百年风雨，到 20 世纪 80 年代后期，遍体鳞伤，岌岌可危。1992—1995 年得到全面修葺。2006 年定为全国重点文物保护单位。

②在今江苏扬州市南门外宝塔湾古运河畔。明万历十年（1582）建于文峰寺内。为仿楼阁式砖木结构。七层八面。塔下文峰寺久废。唐鉴真和尚由此启航东渡日本。

文笔山 ①在今广西钦州市南。《明一统志》卷 82 廉州府：文笔山“在钦州南二里。又名镇安峰。山峦峭拔，状若文笔”。

②在今贵州福泉市东南五里。《方舆纪要》卷 121 平越府：文笔山“一峰挺秀，如立笔然，下临三江。稍西曰天马山，与文笔并峙”。

③在今贵州贵定县南六里。《方舆纪要》卷 123 新添卫“金星山”条下：文笔山“亦名笔峰山，以山势高耸也”。

文笔峰 ①在今福建南平市西南六里。明《寰宇通志》卷 49 延平府《山川》：文笔峰“在南平县西南罗源里。高耸群山之巅，为潭津诸峰之首冠”。嘉靖《延平府志》卷 2《山川》南平：文笔山“在资福里。一峰秀耸，如卓笔然”。

②在今江西吉安县东南。《清一统志·吉安府一》：文笔峰“在庐陵县东南一百二十里。宋文天祥居其下”。

文翁石室 即文翁学堂。在今四川成都市文庙前街第四中学处。《宋史·蒋堂传》：“庆历初，诏天下建学。汉文翁石室在孔子庙中，堂因广其舍为学宫，选属官以教诸生，士人翕然称之。”即此。

文翁坊 在今四川成都市旧城文庙前街一带。《宋史·雷有终传》：咸平三年（1000）讨王均，八月雷有终军攻入成都城，“（王均）贼之余众，犹砦天长观前，于文翁坊密设炮架”。即此。

文翁学堂 亦名文翁石室，又名周公礼殿。西汉景帝时蜀郡太守文翁建。在今四川成都市文庙前街第四中学校内。为四川最早的官办学校。《周书·辛昂传》：尉迟迥“复表昂行成都令。昂到县，即与诸生祭文翁学堂，因共欢宴”。北宋名府学礼殿。至明代毁。清重建，为成都府学、锦江书院。

文脊山 在今安徽宁国市西北三十里。《寰宇记》卷 103 宁国县：文脊山“一名曷山，在县西三十里。按何法盛《晋中兴书》云：有瞿硎先生，不知姓名，住宣城文脊山，即其山也”。《方舆纪要》卷 28 宁国县：文脊山在“县西北三十里。高数千丈，周三百余里。西接泾县、旌德诸山，北接宣城柏枧山，峰峦攒秀，岩洞盘回，为郡之雄镇”。

文家市 即今湖南浏阳市东南六十二里文家市。清光绪《湖南通志》卷 29 载：浏阳县南有“文家市”。1927 年 9 月 19 日，秋收起义部队在此会师，毛泽东主持召开前敌委员会会议，决定到湘赣边界农村发动群众，建立革命根据地。次日，起义部队由此出发，开始向井冈山进军。

文家寺 在今河南孟津县东南。《宋史·高宗纪》：翟进守西京，“率御营统制韩世忠、京城都巡检使丁进等兵战于文家寺，又败”。即此。

文家场 即今四川成都市西北文家街道。旧属温江县，民国《温江县志》卷 1：文家场“在治东二十里东太平乡。原名安谷场，为后蜀御史文谷故里”。

文家港镇 亦作闻家港。即今江西进贤县西南文港镇。清同治《江西全省舆图》卷 2：临川县北有闻家港。

文陵 东汉灵帝刘宏陵。在今河南洛阳市东北汉魏故城西北。《后汉书·灵帝纪》：中平六年（189）六月，“辛酉，葬孝灵皇帝于文陵”。同书《礼仪志》注引《帝王世纪》曰：“山方三百步，高十二丈。在雒阳（今洛阳市东北汉魏故城）西北，去雒阳二十里。”

文教市 即今海南文昌市东五十三里文教镇。清宣统《广东舆地全图》文昌县图：东有文教市。

文象水 即今云南东南部及广西西部之西洋江。汉至南朝称文象水。《汉书·地理志》：“句町，文象水东至增食入郁。”

文渊 即文渊县。今越南北部谅山省北同登县。《清史稿·越南》：光绪十一年（1885），冯子材大败法国侵略军于镇南关，随即“率兵攻文渊，法军弃城走。诸军三路攻谅山”。

文渊阁 在今北京市故宫东华门内。明建，清移至文华殿北。清《日下旧闻考》卷12：“乾隆三十九年，命于文华殿后规度方位所宜，创建文渊阁，用贮四库书籍凡三万六千册。”

文登山 在今山东文登市东北。一名文山。《寰宇记》卷20文登县：“文登山在县北二里。故老相传，秦始皇东巡，召集文人登此山论功颂德，因名。”

文登市 1988年撤销山东省文登县，改设文登市。市人民政府驻文山路，属威海市。2014年撤销文登市，设立威海市文登区，区政府驻天福街道文山路30号。

文登县 北齐天统四年（568）置，属长广郡。治所即今山东文登市。《元和志》卷11文登县：“取县界文登山为名。”隋属东莱郡。唐属莱州，后属登州。金属宁海州。明洪武初属莱州，九年（1376）改属登州府。民国初属山东胶东道。1925年属莱胶道。1928年直属山东省。1988年改设文登市。

文登营 即今山东文登市东北文登营镇。《清一统志·登州府》：文登营“在文登县东十里。明宣德二年建。初在县西门内，十年迁此。有土城周三里，东、西、南三里。营当东面之险。今移县城中”。

文新县 1949年8月当地解放后由文安、新镇两县合并设置，治所即今河北文安县。取两县首字为名。1949年冬复名文安县。

文源阁 在今北京市海淀区圆明园遗址公园内。清《日下尊闻录》卷5：“圆明园水木明瑟之北稍西为文源阁，与文华殿后之文渊、避暑山庄之文津阁，皆以贮四库全书。”清咸丰十年（1860），为英法联军所焚毁。

文溪 ①即今浙江江山市西南江山港上游。《方舆纪要》卷93江山县：文溪“在县西三十五里。出县南九十里石鼓山，又合四境群山之水，汇为一溪，北流入常山县”。

②即今福建连城县南之文川溪。《方舆纪要》卷98连城县：文溪“在县治南。亦名清溪。源出县南百里金鸡山，与长汀滁合流至县，凡九折而东达于清流县界，亦谓之罗口溪。皆以萦回曲折而名也”。

文溪江 在今湖南会同县西北。《方舆纪要》卷82会同县：“文溪江在县西北二十里。《志》云，源亦出湖耳长官司，流为潭溪，又北至云潭，又北至文溪寨，其下流亦会郎水，入沅江。”

文溪寨 亦名文村堡。宋置，在今湖南会同县西南。

文溯阁 在今辽宁沈阳市故宫西路。乾隆四十七年（1782）仿浙江宁波天一阁建，以贮《四库全书》。今阁东碑亭有乾隆《御制文溯阁记》。

文镇铺 在今四川茂县西南文镇村。清嘉庆《四川通志》卷89茂州：文镇铺“在州南五十里”。

文黎山 在今广西陆川县南。明万历《广西通志》卷5陆川县：文黎山在“县南五十里。产黄白藤及多鹇雉鹿蚺。有水潆洄，凡九十九渡”。

文德县 唐末置，为武州治。治所即今河北张家口市东南宣化区。辽属归化州。金大定二十九年（1189）改名宣德县。

文德桥 在今江苏南京市城内夫子庙照壁西侧秦淮河上。六朝时为浮桥，唐代始建木桥，明代改建为石墩木架桥。《清一统志·江宁府》：文德桥“在武定门之东、县学之右，其东为利涉桥”。

文德殿 北宋东京（今河南开封市）宫殿名。《宋史·地理志》：“宋初曰文明，雍熙元年改今名。”《东京梦华录》卷1称：文德殿为“常朝所御”。

文德镇 在今广东封开县东北渔涝镇。明、清置巡司于此。

文澜阁 在今浙江杭州市西湖区孤山南路25号，即今浙江省博物馆院内。占地1700平方米，建筑面积852平方米。文澜阁所在地原为清康熙行宫，雍正五年（1727）改为圣因寺，乾隆十六年（1751）分其为二，复建行宫。乾隆四十九年（1784）为收藏《四库全书》建成文澜阁。清咸丰年间因太平军战争，部分建筑遭损坏。光绪七年（1881）重建，增建二宫门等。文澜阁系木构六开间二层楼房，阁前凿水池，池中有奇石耸立，名“仙人峰”，并建平厅一座，当时用作阅览室之用。东南侧有碑亭一座，碑上正面刻有清乾隆帝题诗，背面刻颁发《四库全书》上谕。东侧亦有碑亭一座，碑上刻清光绪帝题“文澜阁”三字。文澜阁是中国历史上最著名的藏书建筑之一，也是典型的南方园林建筑，具有重要的历史、文化和艺术价值。2001年定为全国重点文物保护单位。

文澜镇 1940年置，为蒙自县治。即今云南蒙自市城。

亢父 战国齐地。在今山东济宁市南四十余里喻屯镇城南张村。《战国策·齐策一》：苏秦谓齐宣王曰：“今秦攻齐则不然，倍韩、魏之地，过卫阳晋之道，径亢父之险，车不得方轨，马不得并行，百人守险，千人不得过也。”即此。秦置亢父县。

亢父县 秦置，属薛郡。治所在今山东济宁市南四十余里喻屯镇东南八里。《史记·项羽本纪》：秦二世二年（前208），项梁“引兵攻亢父”。即此。西汉属东平国。东汉属任城国。南朝属高平郡。北魏属任城郡。北齐废。

亢村驿　即今河南获嘉县南三十二里亢村镇。清置驿丞及巡司于此。

方下庄　即今山东莱芜市西北方下镇。明嘉靖《莱芜县志》卷2《街里》：方下庄在“县西十五里”。

方丈山　①又名方壶。古代传说中三神山之一。《史记·封禅书》：“自威、宣、燕昭使人入海求蓬莱、方丈、瀛洲。此三神山者，其傅在勃海中。”或以为即今韩国南济州岛。

②即今观音山。在云南鹤庆县南部。《元混一方舆胜览》鹤庆路：方丈山“半岩一洞，中有池，深不可测，水滴岩下，如方响音。上有石观音，故又名观音山”。

方与　春秋时宋邑。战国属楚。在今山东鱼台县西北古城集。《战国策·秦四》：“秦、楚之构而不离，魏氏将出兵而攻留、方与、铚、胡陵、砀、萧、相，故宋必尽。”方与即此。

方与县　战国魏置，后入秦，属薛郡。治所在今山东鱼台县西北古城集。西汉属山阳郡。《史记·高祖本纪》：秦二世元年（前209），沛公“攻湖陵、方与”。又，二世二年（前208），“沛公还军亢父，至方与”。晋属高平国。北魏属高平郡。北齐废。隋开皇十六年（596）复置，属徐州。大业初属彭城郡。唐属兖州，宝应元年（762）改鱼台县。

方与郡　战国魏置，疑治所在方与县（今山东鱼台县西北古城集）。辖境约当今山东嘉祥、金乡、鱼台等县一带。《史记·楚世家》：顷襄王十八年（前281），楚人以弋说王曰：“而外击定陶，则魏之东外弃而大宋、方与二郡者举矣。”即此。

方山　①在今山西寿阳县东北三十五里。《元和志》卷13寿阳县：“方山在县北四十里。”《方舆纪要》卷40：方山“顶方一里，一名神福山，或以为寿阳山”。

②一名方岭。在今山西大同市北。《魏书·高祖纪》：北魏太和三年（479）八月，“幸方山，起思远佛寺”。

③在今山西长子县西。《魏书·地形志》：上党郡寄氏县有方山。《清一统志·潞安府》“方山”条引《县志》：“山顶平直。北接屯留县界。”

④在今山西方山县南。《元和志》卷14方山县：“隋大业三年移治今县南三十五里方山置”，即此。

⑤在今山西平定县西北，与寿阳县、阳泉市交界处。《清一统志·平定州》：方山“壁立千仞，顶方一里，有池周百步，水旱不盈缩”。

⑥在今山西太原市东。《方舆纪要》卷40太原府阳曲县“罕山”条下：“方山在府东六十里。山形如削，南面正方，其西接清源县界。”

⑦又名天印山。在今江苏南京市江宁区东南。《文选》卷20有晋谢灵运《邻里相送方山》诗。《元和志》卷25润州上元县：方山“秦凿金陵以断其势，方石山垝，是所断之处也”。《寰宇记》卷90升州上元县：方山“其山四面等方孤绝。《舆地志》云：姑熟西北有方山，顶方正，上有池水”。

⑧在今江苏南京市六合区东南三十里。《舆地纪胜》卷38真州：方山“隋朝六宫曾居之，黄龙池、凤凰桥、王子石并在方山，谓之方山府”。

⑨即四平山。在今江苏句容市东南与金坛市交界处。《舆地纪胜》卷17建康府：四平山，“《真诰》曰：大茅山西南有四平山，俗曰方山”。《清一统志·江宁府一》“四平山”条引《旧志》：“方山在大茅峰南，周八十五里，山顶平衍，故名，下有方台洞。”

⑩在今安徽肥东县东。《方舆纪要》卷26庐州府合肥县：方山“在府东六十里。山顶四平。南宋初，居民尝结寨保聚于此”。

⑪在今安徽芜湖县南十里，青弋江东岸。《方舆纪要》卷28宣城县“行廊山”条下：“又西北有方山，与南陵县接境。”山下有芳山镇。

⑫在今浙江青田县东南方山乡。《清一统志·处州府》：方山在“在青田县南二十里，山势崔巍，石宜镌刻”。

⑬在今浙江长兴县西四十里。《旧唐书·于頔传》：“长城方山。其下有水曰西湖。”

⑭即今福建闽侯县东南五虎山。《寰宇记》卷100福州闽县：方山“在州南七十里，周回一百里，山顶方平，因号方山。上有珍果，惟就食则可，携去即迷。天宝六载敕改为甘果山”。《方舆纪要》卷96福州府：方山在“府南五十里，端如几，城南望之，势若五虎，一名五虎山，其峰曰天柱峰。跨闽、侯二县界。元末陈友定遣兵驻守”。

⑮在今山东昌乐县东南二十里。《寰宇记》卷18潍州引晏谟《齐记》云：“剧城东南二十五里有方山，远望正方。”《方舆纪要》卷35昌乐县“孤山”条下：方山“山麓有龙池，四时不竭，盖东丹河所出”。

⑯又名灵岩山。在今山东济南市长清区东南九十里。《水经·济水注》：玉水“西北流径玉符山”。元于钦《齐乘》卷1“西龙洞山”条谓方山“疑即《水经注》之玉符山”。《明一统志》卷22济南府：方山“四面方正，故名。……上有六泉，曰黄龙、白露、独孤、双鹤、卓锡、石龟”。

⑰即浮戏山。在今河南荥阳市西南。《水经·河水注》：汜水“南出浮戏山，世谓之方山也”。《清一统志·开封府一》：“《县志》：山周回数百里，嶙峋万仞，势出天表。”

⑱在今河南嵩县东北。《隋书·地理志》：陆浑县“有方山”。《资治通鉴》：隋义宁元年（617），李密、翟让“将精兵七千人，出阳城，北逾方山，自罗口袭兴洛仓，破之”，即此。

⑲在今河南南乐县北七里。《方舆纪要》卷16南乐县：方山，“《志》云：旧有二土山并峙，其形方正。宋嘉祐以后，大河经县境，荡决不时，夷为平陆。今其地名方山村”。

㉐在今河南沁阳市北四十里。《方舆纪要》卷49怀庆府河内县：方山“周围方正，上可容数百人”。

㉑一名重山。在今湖北长阳土家族自治县南。《方舆纪要》卷78长阳县“巴山”条下：“方山在县南三十里。四面俱方。”

㉒即今湖北襄阳市西十里之万山。《晋书·刘弘传》：“旧制，岘、方二山泽中不听百姓捕鱼。”指此。方为万之误。

㉓在今湖北崇阳县西。《方舆纪要》卷76崇阳县：方山在“县西五十里。四面皆平，瀑布悬流，岩壑甚胜，跨蒲圻、临湘二县界”。

㉔一名丰山。在今湖北当阳市东北。《舆地纪胜》卷78荆门军：方山“在当阳县北二十七里漳水之上，西有紫金观基，四顾层峰环列”。《清一统志·荆门州》：方山“在当阳县东北四十里漳水上。俗名丰山。上有宋唐介读书台”。

㉕在今湖南桃源县北八十里。《方舆纪要》卷80桃源县“灵岩山”条下：方山“山势嵯峨，顶有石洞，可容数百人”。

㉖在今广东连州市西北九十里。《隋书·地理志》：桂阳县有方山。《寰宇记》（残本）卷117连州桂阳县：“《郡国志》云，方山对九疑山，高下相类。”

㉗在今重庆市区东。《舆地纪胜》卷175重庆府：方山“在巴县四十八里。又名凝脂山”。相传尧时洪水不没，故又名浮山。

㉘又名回峰山、云峰山。在今四川泸县西南四十里。东晋常璩《华阳国志·蜀志》：江阳县“有方山兰祠”。《水经·江水注》：“绵水至江阳县方山下入江。”《寰宇记》卷88江安县：方山“唐天宝六年敕改为回峰山，在县东二十里，山形八角”。《永乐大典》卷2218《泸州志》：方山“泸州之西南山也，去州二十里。青翠耸拔，高方而平，因名方山”。

㉙在今四川通江县北。《舆地纪胜》卷187巴州：方山“在通江县（北）十五里。突出众山之上，其状类斗，俗以方山名之”。

㉚在今四川阆中市东北。《寰宇记》卷86奉国县：方山“在县西北三十五里”。《明一统志》卷68保宁府：方山“远望如几案之状，古方州城也”。

㉛在今甘肃成县东四十里，接徽县界。《晋书·姚兴载记》：“武都氐屠飞、啖铁等杀陇东太守姚回，略三千余家，据方山以拒。”即此。

方山戍 在今湖北麻城市东北。《水经·江水注》：垂山水“又南径方山戍西”。

方山关 在今陕西汉阴县西三十二里。《舆地纪胜》卷189引《元和志》云：方山关，“（唐）贞观十二年置，北阻方山，南临汉水，当东西驿站”。《宋史·高宗纪》：南宋绍兴二年（1132），“金人攻方山原，陕西统制杨政援之，金兵引去”。

方山县 ①北周改横山县置，属六合郡。治所在今江苏南京市六合区东，以方山名县。隋开皇四年（584）省入六合县。

②隋大业三年（607）改良泉县置，属离石郡。治所在今山西方山县南二十八里方山村。因方山为名。唐属石州，贞观十一年（637）移治今方山县南十里古贤。金贞祐四年（1216）移治积翠山（今方山县北二十八里方山村）。元至元后废。1918年复置，属山西冀宁道。1930年直属山西省。1971年移治圪洞（今方山县）。

方山坪 在今四川平昌县东北岩口乡内。清道光《巴州志》卷1：方山“在州东三百二十里。山顶平旷，四面岩壁险峻。嘉庆元年十二月（白莲）教‘匪’罗其清踞方山坪作乱，事平改名永安坪”。

方山津 在今浙江长兴县西四十里方山下。《清一统志·湖州府一》“方山”条引《吴兴掌故》云：“陈武帝为信武将军，自长城遣二千人夜下方山津，即此。”

方山原 在今陕西宝鸡市陈仓区西。南宋李心传《建炎以来系年要录》：绍兴十二年（1142），金人遣贺景仁来分划，“乃割商、秦之半，存上津、丰阳、天水三邑及陇西成纪余地，弃和尚原、方山原，以大散关为界”。

方山埭 在今江苏南京市江宁区南方山南秦淮河上。唐许嵩《建康实录》卷2：三国吴赤乌八年（245），使陈勋“于方山南截淮立埭，号曰方山埭”。

方山寨 在今安徽舒城县南。《方舆纪要》卷26舒城县“阳山寨”条下：“县南五十里有方山寨，俱宋设戍守处。”

方山镇 即今安徽芜湖县南十里，青弋江东岸芳山。旧属宣城县。清嘉庆《宁国府志》卷12：方山镇“距城六十里”。

方广寺 ①在今浙江天台县北四十六里天台山中。原分上、中、下三寺。《徐霞客游记·游天台山日记》：万历四十一年（1613）四月初三日，“过上方广，至石梁，礼佛昙花亭，不暇细观飞瀑；下至下方广，仰视石梁飞瀑，忽在天际”。今上寺已毁。

②在今福建永泰县东北方广岩下。石室可容千人。五代汉乾祐二年（949）建。《清一统志·福州府一》引《福建通志》曰：“宋黄飞熊读书其中，尝摭山中十奇，刻诗于石。明谢肇淛有《方广志》。”

③在今湖南衡阳市南岳区南岳镇西十八里莲花峰下。寺建于南朝梁天监二年（503），历经兴废。今寺为明崇祯年间重修。寺侧二贤祠，为纪念朱熹、张栻游学而建。

方广岩 在今福建永泰县东四十里葛岭山腰。《清一统志·福州府一》引《旧志》：“峭拔千仞，上有石室，周围二千丈，可容千人。石乳参差，下垂瀑布千丈。有泉曰龙尾泉。”

方义县 西魏恭帝二年（555）改小溪县置，为东遂宁郡治。治所即今四川遂宁市。北周为石山郡及遂州治。隋大业初为遂宁郡治。唐武德初为遂州治。天宝初为遂宁郡治。乾元初为遂州治。北宋太平兴国元年（976）复改为小溪县。

方井镇 北宋置，属新津县。在今四川新津县北二十四里。《宋史·马知节传》：至道三年（997），知节领兵追刘旰至蜀州，"次方井镇，与旰遇，杀之无噍类"。即此。

方斗山 即今重庆市东部长江南岸万州区至丰都县间之大山。清道光《石砫厅新志》卷1："大山坪障蔽北境。东西绵亘五百里。青翠插空，厅城直北倚天峰（一名方斗山）为最高处，常有积雪。"

方斗城 在今四川宣汉县西北方斗山。《元史·杨文安传》：世祖至元元年（1264），"复筑方斗城，为蟠龙声援，令裨将高先守之"。

方以智墓 在今安徽枞阳县西北四十八里浮山东麓。方以智（1611—1671）字密之，号曼公。桐城人。明崇祯十二年（1640）进士，授检讨。明亡，愤而出家，改名大智，字无可，号弘智。明末著名科学家、思想家。死于江西，移葬于此。墓依山面水，分墓冢、祭坛、拜台三部分。墓圹由花岗石垒砌。冢后竖碑，冢前有"事略碑"及石刻楹联。

方正县 清宣统元年（1909）改大通县置，属吉林省。治所即今黑龙江省方正县。因方正泡为名。民国初属吉林省依兰道。1928年直属吉林省。1954年划归黑龙江省。

方正泡 在今黑龙江省方正县西北，有方正泡水。县以此名。清光绪《吉林通志》卷22：混同江"又东北入三姓城界，又东方正泡、弹弓泡、蒲萄泡、横头泡、黄泥河、楚山泡诸水自南次第来注之"。旧泡东西长二里，产鲤鱼、长蛤。相传蛤中有明珠。

方石岭 在今江西吉安县东南。《宋史·文天祥传》：南宋景炎二年（1277），文天祥自永丰引兵还兴国，蒙古将李恒"穷追天祥方石岭。巩信拒战，箭被体，死之"。即此。《方舆纪要》卷87吉安府庐陵县：方石岭在"府南百里。层峦叠嶂，石崖峭耸"。

方石岭隘 在今江西兴国县北方山岭。《方舆纪要》卷88赣州府兴国县：方石岭隘"在县北。亦曰方山岭阨"。

方石镇 北宋置，属梁泉县。即今陕西凤县驻地双石铺镇。

方宁县 即方亭县。今四川什邡市。《旧唐书·地理志》什邡县："汉县，属广汉郡。后周改为方宁。"宁为亭之讹。

方向（嚮）礁 即今南海中中国南沙群岛的指向礁。1935年公布名称为方向礁。1947年改名指向礁。

方州 ①西魏恭帝改江州置，治所在今四川阆中市东北方山上。北周天和二年（567）废。唐武德三年（620）复置，八年（625）又废。

②北周置，治所在尉氏县（隋改为六合县，今江苏南京市六合区）。大业初废。唐武德七年（624）复置，贞观初废。

③唐武德二年（619）置，治所在方山县（今山西方山县南三十五里南村）。辖境相当今山西方山县地。次年废。

④唐武德三年（620）置，治所在仪陇县（今四川仪陇县北）。辖境相当今四川仪陇县地。八年（625）废。

方孝孺墓 在今江苏南京市城南雨花台东岗后山西北麓。方孝孺（1357—1402），字希直，又字希古，人称正学先生。浙江宁海人。宋濂弟子。明惠帝朱允炆即位，任侍讲学士。燕王（即成祖）兵入京师（今南京），令其起草登极诏书，拒不从命，被磔于市，凡族十族（九族及其学生），株连而死者八百七十余人。终年46岁。其门生将其骨骸收葬于雨花台下。万历年间，汤显祖始为其修墓，并立碑建祠。今所存墓碑系清同治五年（1866）所立，上刻"明方正学先生之墓"。

方村 即今贵州荔波县西北方村乡。清有县丞驻此。民国时改置县佐。

方村镇 即今河北栾城县西北三十八里方村镇。清同治《畿辅通志》卷50获鹿县图：东南有方村。

方吴岭 在今安徽歙县南，为大连岭主峰之一，南接浙江淳安县界。《方舆纪要》卷28歙县：方吴岭"在县南九十里，高二十余仞，有小岭七十二。自府境往严州遂安县，此为捷径"。

方里集 即今河南长垣县东北方里乡。明嘉靖《长垣县志》卷1《镇集》："方里集，城东北三十五里。"

方秀川 在今河南宜阳县西南。《新唐书·玄宗纪》：开元十四年（726），玄宗"猎于方秀川"，即此。

方伯堆 一名方伯阜。在今河南灵宝市东南五里。《宋书·柳元景传》：元嘉二十七年（450）北伐，"庞法起诸军进次方伯堆，去弘农城五里"。《水经·河水注》：烛水"历涧东北出谓之开方口，水侧有阜，谓之方伯堆。宋奋武将军鲁方平……北入军次方伯堆者也，堆上有城，即方平所筑也"。

方陀县 唐置，属羁縻驯州。治所在今四川雷波县境。后废。

方顶山 在今湖南石门县西北一里。《方舆纪要》卷77石门县"石门山"条下：方顶山"山顶方平"。

方岩 即王城山。在今浙江温岭市西北三十五里。宋《嘉定赤城志》卷20黄岩县：王城山"本名方城山……俗呼方岩"。

方岩山 在今浙江永康市东三十二里方岩镇南。《方舆纪要》卷93永康县：方岩山"高二百丈，四面如削，驾飞桥石梯而登绝顶，二岩相峙为关，上有亭曰透关亭，自亭而入，地皆平衍，约数百亩。中有池，池侧又有井、岩、石、泉、涧，争奇竞胜”。今为著名风景区。

方岭寨 即今河北井陉县东十二里西方岭。《方舆纪要》卷14获鹿县：方岭寨“在西屏山麓。元末居民设砦于此，据险自保处”。

方泽坛（壇） 即地坛。在今北京市东城区安定门外地坛公园。清《日下旧闻考》卷57引《太岳集》：明嘉靖九年（1530），“建方泽于安定门外，每岁夏至祀地，以五岳、五镇、四海、四渎、陵寝诸山从祀”。即此。

方官店 一名樊馆镇。即今河北高碑店市东方官镇。明万历《保定府志》卷2新城县图：北有方官社。清《畿辅舆地全图》新城县：方官店在“县北二十里”。

方城 ①战国燕邑，后为赵地。在今河北固安县西南十七里方城村。《史记·赵世家》：悼襄王二年（前243），“李牧将攻燕，拔武遂、方城”，即此。西汉置方城县。

②在今河南淮阳县东南四十里。《魏书·地形志》陈郡项县：“有方城。”即此。

③在今河南叶县南、方城县北。《左传·僖公四年》：楚屈完曰：“楚国方城以为城，汉水以为池。”杜注：“在南阳叶县南。”《续汉书·郡国志》叶县：“有长山，曰方城。”

④一名长城。在今湖北荆州市荆州区（故江陵县城）西北四十二里万城乡。《水经·沮水注》：“沮水又东南径长城东。”《方舆纪要》卷78江陵县：方城在“府西北六十里。或云孙吴所筑，取故方城之名。……宋末，荆南制置使赵方子葵守方城，避父讳改曰万城”。《清一统志·荆门州》：方城“在当阳县东南一百二十里。相传唐郭子仪筑。旁有秣马山。明初尝移县治此”。

⑤春秋庸邑，在今湖北竹山县东。《左传》：文公十六年（前611），楚“使庐戢梨侵庸，及庸方城”，即此。

方城山 ①即王城山。在今浙江温岭市西北三十五里。宋《嘉定赤城志》卷20黄岩县：王城山“本名方城山，王羲之《游四郡记》云：临海南界有方城山，绝巘壁立，越王失国，尝保此山”。

②在今湖北竹山县东南。《左传》：文公十六年（前611），楚侵庸，“及庸方城”。杜注：“方城，庸地。上庸县东有方城亭。”《元和志》卷21竹山县：方城山“在县东南三十里。顶上平坦，四面险固。山南有城，周十余里”。

方城县 ①西汉置，属广阳国。治所在今河北固安县西南十七里方城村。东汉属涿郡。三国魏属范阳郡。晋属范阳国。北魏属范阳郡。北齐天保七年（556）废。

②北魏太和二十二年（498）置，属襄城郡。治所即今河南方城县。《元和志》卷21：“取方城山为名。”西魏为襄邑郡治。隋属淯阳郡。唐属唐州。北宋庆历四年（1044）废入南阳县，元丰元年（1078）复置。金为裕州治。明洪武初废入裕州。1913年复置，属河南汝阳道。1927年直属河南省。

③北魏普泰元年（531）置，为安州及广阳郡治所。在今河北隆化县伊逊河东岸。东魏元象中寄治幽州北界，在今密云县境内。北齐废。

方城亭 在今湖北竹山县东南方城山。《水经·沔水注》：“堵水又东径方城亭西。”

方城郡 西魏置，治所在方城县（今河南方城县）。寻废。

方城砦 在今四川开江县北。《清一统志·绥定府一》：方城砦“在新宁县北三十里。四方璧立如城。明正德中，居民避寇于此，得免者数千人”。

方城遗址 在今河南太康县西北二十六里方城村西岗地上（俗称鲍岗）。东西长1000米，南北宽500米。总面积为0.5平方公里。文化层厚1—6米。包括仰韶、二里头、商、周、秦、汉几个时期的文化层。内涵丰富，除石器、陶器残片、磨制骨器外，还发现有炼铜作坊和夯土城墙遗迹。

方响洞 在今四川乐山市城内。《舆地纪胜》卷146嘉定府：方响洞“在丁东院。洞腹有水，下注洞中，泠然如环佩声。山谷改为方响洞”。南宋范成大《吴船录》卷上：“至广福院，中有水洞，静听洞中，时有金玉声，琅然清越，不知水滴何许作此声也。旧名东丁水，寺亦因名东丁院，山谷更名方响洞。”

方便城 在今四川成都市温江区北十五里。《方舆纪要》卷67温江县“鱼凫城”条下：“又北五里有方便城。《志》云：汉朱遵所筑。”《清一统志·成都府二》：方便城“去鱼凫城五里。周四里。汉朱遵所筑”。

方顺河 即南濡水、曲逆水。源于今河北顺平县东祁山，东南流经满城县界为方顺河，又东至清苑县南为石桥河，与清苑河相汇。《清一统志·保定府二》引《旧志》：“土人云，本名曲逆河，以其名不美，故改曲为方，改逆为顺。”

方顺桥 在今河北满城县南五十里。《清一统志·保定府二》：方顺桥“隋开皇间建。长十五丈。石室雕栏，坚致雄伟”。

方剑站 元置，即今湖南永州市冷水滩区北高溪市镇。明改为驿。

方亭县 北周闵帝改什方县置，属广汉郡。治所即今四川什邡市。武帝时省入雒县。

方度县 南朝宋置，为南流郡治。治所在今广西玉林市。南朝梁废。

方泰镇 即今上海市嘉定区西南十八里方泰镇。清光绪《嘉定县志》卷1：方泰镇“以寺名。南北一里。康熙间陈、严两姓创市”。

方载县 唐武德五年（622）置，属积州。治所在今越南清化省清化东北。后废。

方壶 传说中的仙山。《列子·汤问》：“渤海之东……其中有五山焉：一曰岱舆，二曰员峤，三曰方壶，四曰瀛洲，五曰蓬莱。”秦王嘉《拾遗记》卷1：“三壶，则海中三山也。一曰方壶，二曰蓬壶，三曰瀛壶。山形似壶，故曰壶也。”

方桥市　即今浙江余姚市西北老方桥镇。清光绪《余姚县志》卷1《市肆》：方桥市在“开原乡。治西北二十里”。

方家屯　即今辽宁康平县西南方家屯镇。清光绪《奉天全省地舆图说图志》康平图：南有方家甸。

方家营　即今河北威县东十六里方家营乡。清《畿辅舆地全图》威县图：东有方家营。

方家窑镇　即今上海市青浦区东二十二里方家窑。依崧子浦为市。清光绪《青浦县志》卷2：方家窑镇“相传方正学后裔业陶于此，故名”。清嘉庆十三年（1808）镇上永安桥建成，曾易名永安。后复名方家窑。

方家堰　在今湖北南漳县东南武安镇东。《方舆纪要》卷79南漳县“七里滩镇”条下：“县东五十里又有方家堰巡司。”

方家集　即今安徽阜南县西南方集镇。《清一统志·颍州府一》：方家集“在阜阳县西南一百二十里汝河北岸，接河南息县界。县丞驻此”。

方渠县　战国秦置，属北地郡。治所在今甘肃环县南七十里。《元和志》卷3方渠县：“因渠为名。”东汉废。唐景龙元年（707）复置，属庆州。移治今甘肃环县。《资治通鉴》：唐贞元十三年（797），“上以方渠、合道、木波皆吐蕃要路，欲城之。使问邠宁节度使杨朝晟……二月，朝晟分军为三，各筑一城”。五代初废为镇。

方渠寨　唐贞元十三年（797）筑，即今甘肃环县南方渠镇。

方维县　隋开皇三年（583）改泰兴县置，属龙州。治所在今四川青川县东北沙州镇北白龙江西岸。大业初属平武郡。唐武德初属龙州。四年（621）属沙州，贞观元年（627）废人景谷县。

方维镇　北宋置，属曲水县。在今四川青川县东北白水镇北白龙江西岸。《清一统志·龙安府》：方维故城“在平武县东北。……《县志》：方维城在今县东二百二十里”。

方期驿　唐置，在今四川剑阁县（下寺镇）南剑门关镇。《旧唐书·地理志》剑门县：圣历二年（699）“于方期驿城置剑门县”。

方番长官司　明洪武五年（1372）改方番河中府安抚司置，属贵州卫。治所在今贵州惠水县南八里。正统三年（1438）改属贵州宣慰司。后属定番州。清乾隆间废。

方番河中府安抚司　元置，属八番顺元宣慰司。治所在今贵州惠水县南八里。明洪武五年（1372）改为方番长官司。

方腊（臘）洞　在今浙江淳安县（排岭镇）西北五十四里威平镇洞源村朴树坞，为南宋农民起义领袖方腊聚义洞。

方源山　在今安徽休宁县南，东南接浙江淳安县界。宋淳熙《新安志》卷4休宁县《山阜》：方源山“在县南百十八里。高二百五十仞。周三十里。本名黄土山，唐天宝六年改”。

方滩镇　北宋置，属富顺监。在今四川富顺县东。《元丰九域志》卷7：方滩在“监东六十里”。

火厂坪　即今湖南邵东县东南三十四里火厂坪镇。旧属邵阳县。清光绪《湖南通志》卷1邵阳县图：县东南有火厂。

火儿赤纳　今内蒙古巴林左旗东之乌力吉沐沦河。《元史·特薛禅传》：太祖成吉思汗谕按陈弟大忽曰：“哈老温迤东，涂河、潢河之间，火忽赤纳庆州之地，与亦乞列思为邻，汝则居之。”

火山　①在今山西河曲县南六十五里。《寰宇记》卷50：“火山军在岚州火山之下，皇朝平晋后置，控临边境，仍以火山为名。火山在军东四十里。”《辽史·景宗本纪》：辽乾亨元年（979），“太保矧思与宋兵战于火山，败之”。均此。

②在今山西大同市西五里。《水经·漯水注》：“火山上有火井，南北六七十步，广减尺许，源深不见底，炎势上升，常若微雷发响，以草爨之，则烟腾火发。”《资治通鉴》：南朝齐建元二年（480），“夏四月，辛巳，魏主如白登山；五月，丙申朔，如火山”。即此。

③在今内蒙古科尔沁右翼前旗西北。《清一统志·科尔沁》：火山“在右翼前旗北二百里。蒙古名葛尔齐七”。

④在今广西梧州市南隔江二里。唐刘恂《岭表录异》卷上：“梧州对岸西火山，山形高下大小，如桂林独秀山。山下有澄潭，水深无极。其火每三、五夜一见于山顶。每至一更初火起，匝其顶如野烧之状，食顷而息。或言其下水中有宝珠，光照于上如火。上有荔枝，四月先熟，以其地热，故名火山也。”

⑤一名火焰山。在今新疆吐鲁番市东鄯善县西北。清祁韵士《西域释地》：火山“在城东。肃州志载作火焰山。自土鲁番东至喀喇和卓诸回城，山皆赤色，如火焰然。故明时有火州之名”。唐诗人岑参《火山云歌送别》诗云：“火山突兀赤亭口，火山五月火云厚。火云满山凝未开，飞鸟千里不敢来。”

火山州　金大定二十二年（1182）改火山军置，治所在河曲县（今山西河曲县东南），后改隩州。

火山军　北宋太平兴国七年（982）置，治所在今山西河曲县东南。金大定二十二年（1182）改火山州。

火山县　北宋治平四年（1067）置，为火山军治。治所在今山西河曲县东南。熙宁四年（1071）废。

火门山　在今湖北天门市西北五十里。《新唐书·陆羽传》：天宝中“庐火门山”。《方舆纪要》卷77景陵县：天门山“亦名火门山。相传光武行兵，举火夜度处也。俗忌火故曰天门”。《清一统志·安陆府》：火门山“去天门山里许，差小，两两相对。……按天门、火门本二山。《旧志》作为一山，误。今改正”。

火井 ①在今四川邛崃市西南火井镇。西晋张华《博物志》卷2：“临邛火井一所，纵广五尺，深二、三丈。井在县南百里。昔时人以竹木投以取火。诸葛丞相往视之，后火转盛。执盆盖井上煮盐，得盐。入于家火即灭。”西晋左思《蜀都赋》：“火井沈荧于幽泉，高焰飞煽于天垂。”刘逵注：“蜀郡有火井，在临邛县西南。火井，盐井也。”东晋常璩《华阳国志·蜀志》：临邛县“有火井，夜时光映上昭。民欲其火，先以家火投之。顷许，如雷声，火焰出，通耀数十里，以竹筒盛其光藏之，可拽行终日不灭也。井有二，一燥一火。取井火煮之，一斛水得五斗盐；家火煮之，得无几也”。

②在今四川自贡市一带。为天然气井。清乾隆《富顺县志》：火井“在县西九十里。井深四五丈，大径五六寸，中无盐水，井气如雾，燧焞上腾，以竹去节入井中，用泥涂口，家火引之即发火……光芒异于常火，声隆隆如雷殷地中。周围砌灶，盐锅重千斤，嵌灶上煎盐，亘昼夜不息。如不用，以水泼之，火即灭”。

③在今四川大英县南古井寺一带。《舆地纪胜》卷155遂宁府：火井“在长江县客馆镇之北二里伏龙山下。地洼若池，以火引之，则有声隐隐然发于地中，少顷炽炎。夏月积雨停水，则焰生水上，水为之沸，而寒如故。冬月水涸，则土上有焰，观者至焚其衣裾”。清光绪十一年（1885），在伏龙山下穿井得火。今油井、气井、盐井林立。

④在今四川仪陇县（新政镇）北金城镇。《寰宇记》卷139蓬池县：火井在“县西南三十里。水涸之时，以火投其中，焰从地中出，可以御寒，移时方灭。若掘深一二丈，颇有水出”。

⑤在今云南开远市东北三十里。《方舆纪要》卷115阿迷州：“火井在州东北三十里。其水溢出于田，常有烟气，投以竹木则火燃，夜则有光。”

火井坝 即今四川邛崃市西南六十里火井镇。明置巡司于此。后移巡司于今市南二十里处。

火井县 隋大业十二年（616）升火井镇置，属临邛郡。治所在今四川邛崃市西南六十里火井镇。唐属邛州。北宋开宝三年（976）移治平乐镇（今邛崃市西南平落镇），至道三年（997）复移故治。元废入邛州。

火井槽 即今四川邛崃市西六十里火井镇。明初置火井坝巡司于此，后移于今市南二十五里。清康熙中裁，雍正六年（1728）复置。后移于今火井镇，名火井槽巡司。民国设县佐。

火井镇 北周置，属临邛县。即今四川邛崃市西南六十里火井镇。为隋至宋火井县治。明置火井坝巡司于此。

火风山 在今四川平武县北。《方舆纪要》卷73龙安府平武县：火风山“在府北十里。山势峭险，其麓即箭楼山，拥抱府城。一名旗山”。

火石垭 即今重庆市彭水苗族土家族自治县西火石垭。同治《酉阳直隶州志》卷4酉阳州：火石垭场在“州西北二百四十里”。清设州判。民国设县佐。

火龙沟 即今黑龙江海林市西南火龙沟。中东铁路海林支线经此。

火占国 亦作火站。即今塔吉克斯坦苦盏。《明史·西域传》：坤城“奉贡通名天朝者”有火占。

火田铺 亦名公平墟。即今湖南蓝山县东北火田渡。清光绪《湖南通志》卷1蓝山县图：县东北有火田铺。

火发岭 在今湖南岳阳市东北。《方舆纪要》卷77岳州府巴陵县：“火发岭在府东北三十里。两山夹峙，形势崇绝。”

火竹卡 在今四川理塘县东南五十里。为川藏驿路要站，清有把总驻此。乾隆《卫藏通志》卷4：“火竹卡至火烧坡尖、裹塘宿，计程五十里。”

火州 本汉魏以来高昌城，西州回鹘时音讹作火州，一作和州。在今新疆吐鲁番市东南哈拉和卓西南。约在元明之际迁今哈拉和卓。明前期察哈台汗后裔在此建立割据政权，居民以畏兀儿族为主。15世纪中叶为吐鲁番所并。

火寻国 又名货利习弥国、过利国。唐西域国名。都城在急多飓遮城（今乌兹别克斯坦阿姆河下游一带）。《新唐书·西域传》：火寻“居乌浒水之阳。……乃康居小王奥鞬城故地。其君治急多飓遮城。诸胡惟其国有车牛，商贾乘以行诸国”。

火孛 一名霍博、虎八。西辽属地。在今新疆和布克赛尔蒙古自治县。《元史·耶律希亮传》：耶律希亮“冬，至于火孛之地”。即此。元为察合台汗国辖地。

火连寨 即今辽宁本溪市北火连寨回族满族镇。清光绪《奉天全省地舆图说图志》辽阳州图：东北有火连寨。

火里·秃麻 元北境部族，并为地区名。火里又译豁里，秃麻又译秃马惕。即今贝加尔湖东西地区，俄罗斯布里雅特共和国境。《史集》（第1卷第1册）：巴儿忽、火里、秃麻等部居住在巴尔忽真·脱古木地面，在薛良格河的那边，蒙古之地的极边。元太祖时，遣军征服火里、秃麻等部。元朝太仆寺掌马政，所属十四道牧地中最北面的即是火里秃麻。

火灼堡 在今贵州黔西县北。《明史·贵州土司传》：天启三年（1623），王三善“率兵直入大方，奢社辉、安位焚其巢，窜火灼堡”，即此。《清一统志·大定府》：火灼堡“水西巢穴也。亦谓之灼城。或讹为火著”。

火炉铺 即今重庆市武隆县东北火炉镇。清嘉庆《四川通志》卷89涪州：火炉铺“在州东三百一十里”。

火星埠 在今山东临朐县西南。《元史·顺帝纪九》：至正二十二年（1362），扩廓围田丰于益都，“刘福通以兵援田丰，至火星埠，扩廓帖木儿遣关保邀击，大破之”，即此。

火神淀　①在今河北涿鹿县西。《资治通鉴》：五代周广顺元年（951），契丹谋会北汉兵寇，“诸部皆不欲南寇，契丹主强之。癸亥，行至新州之火神淀”。胡三省注引宋白曰：“火神淀在新州西。”即此。

②亦作大神淀。在今内蒙古巴林左旗西南。《辽史·地理志》：上京临潢府有火神淀。《方舆纪要》卷18大宁卫：大神淀“在临潢西南。又永州有柳林淀”。

火峰山砦　亦名火峰砦。在今湖北巴东县西北三十里。《方舆纪要》卷78巴东县：火峰山寨“其地有火烽，据险置寨，因名。明初，汤和伐蜀，克归州，取火烽山砦。即此”。

火站河　亦作忽章河、西洪河。即今塔吉克斯坦西北部之锡尔河。《方舆纪要》卷65：火站河“在沙鹿海牙城西。城东又有哈卜连河”。《明史·西域传》：沙鹿海牙“城居小冈上，西北临河，河名火站，水势冲急，架浮梁以渡，亦有小舟”。

火烘坡　即今贵州紫云苗族布依族自治县西南火花乡（火烘）。明郭子章《黔记》卷8：火烘坡“古名和弘，山石高峻，其气燥燠，虽隆冬登之，亦汗出浃背”。元置镇宁州治此。

火烧舟　又名新州、永福场。即今贵州遵义县东北新舟镇。1932年始置新舟镇。

火烧关　在今甘肃文县北。《清一统志·阶州二》：火烧关“在文县北二十里。两山壁立，中通一径”。光绪《甘肃新通志》卷9：“相传元阔端自成都入文，破城北去，以火攻此关故名。”

火烧岛　即今台湾省台东县东南绿岛。连横《台湾通史·抚垦志》：“又有火烧屿者，横直二十余里，与红头屿并峙，距卑南六十里，居民五百余人。商船避风，间有至者。”因岛上居民每于夜间举火山顶，为出海捕鱼者指示目标，故名。1949年为谋绿化该岛，改名为绿岛。

火烧沟遗址　在今甘肃玉门市东南清泉乡火烧沟村东。为青铜时代文化遗址。1976—1990年间发掘古墓葬三百一十二座，大多为竖井带台的侧穴墓，也有少数竖穴墓。墓坑头向东，以仰身、单人葬为主，出土有铜器、石器、陶器等。铜器多为模铸，有斧、镰、镢、凿、刀、匕首、镞、锥、锤等共二百多件，红铜、青铜兼有。石质生产工具有石锄、石磨盘，还有石刀。随葬品差异大，富有者除大量陶器外，还有金、银、铜、玉器及绿松石珠、玛瑙珠、贝、蚌等。有人殉或人祭的墓葬有二十多座。随葬品中陶器占半数以上，四耳带盖彩陶罐和粗罐为代表，还有酒器彩绘方杯和人足罐。陶器上彩绘的狗、马和雕塑的狗、羊头，形态逼真。有的墓中陶罐内贮有粟粒。随葬牲畜有狗、猪、羊、牛、马等。出土文物中有二十多个陶埙，全是一个吹孔，三个音孔，能吹出四个完全音和一个半音。有海贝作为货币含于死者口中或藏于陶罐中。被定为火烧沟文化类型，年代大约与夏代同时。2006年定为全国重点文物保护单位。

火烧岭　在今山西广灵县西北与河北阳原县交界处。《清一统志·大同府》：火烧岭“在广灵县西北五十里。赤崖烂然，与桦山皆称险峻”。

火烧城　在今新疆库车县西北。《新唐书·突厥传》：景龙二年（708），突骑施娑葛“杀（冯）嘉宾，使弟遮弩率兵盗塞。安西都护牛师奖与战火烧城，师奖败，死之”。

火烧淀　在今河北文安县东。《元史·河渠志一》“河间河”条：“黄龙港，自锁井口开凿，至文安县玳瑁口，以通泺水，经火烧淀，转流入海。”《方舆纪要》卷11文安县：火烧淀在“县东二十五里。广四十余亩。县境有石沟、折河、急河三水皆聚流于此，东入卫河，达于直沽”。今已堙废。

火烟驿　明置，在今广西横县西、郁江北岸。《方舆纪要》卷110永淳县：火烟驿在“县南六十里。水驿也。旧名罗帏站，明初改今名”。

火烟站　元置，属横州路。在今广西横县西六十里郁江北岸。明改置驿。

火烟溪　在今广西横县西。《方舆纪要》卷110永淳县：火烟溪“在县东三十里。源出广东灵山县。……下流皆入于郁江”。

火麻营　在今湖南凤凰县北九十里。清严如熤《苗疆险要考》谓火麻营“在箄子哨西北，为㮾木营粮运必经之地。征苗时设粮台于此。刘应中称其山高而稍秀，水险而差清，亦酋中要地也”。

火鲁火疃谋克　金置，属蒲与路。在今俄罗斯阿穆尔州外兴安岭南侧巴金诺城。《金史·地理志上》：“金之壤地封疆，东极吉里迷、兀的改诸野人之境，北自蒲与路之北三千余里，火鲁火疃谋克地为边。”即此。

火敦脑儿　即星宿海，在今青海曲麻莱县东北麻多乡境。《元史·地理志·河源附录》：河源有泉百余泓，“方可七八十里，履高山下瞰，灿若列星，以故名火敦脑儿。火敦，译言星宿也”。

火焰山　①在今北京市延庆县东北。《方舆纪要》卷17永宁县：火焰山，“《志》云，山当宣蓟、昌平之要道，登其巅，可以望远”。民国《延庆县志》卷1：“在永宁（今延庆县东四十里）东九十里，属南山地方，形如火焰，多奇峰峻岭。”

②在今广西隆安县东北三十里。《明史·地理志》隆安县：“东有火焰山。”《方舆纪要》卷110隆安县：火焰山“俗曰邑桑。脉自归德州来，上有泉，六七月间，山表火焰自发，因名”。

③又名华盖山、铜鼓岭。在今广西荔浦县东四十五里。清康熙《荔浦县志》卷1：火焰山“高数百丈，周围二十里，即府城南面之向山”。《清一统志·平乐府一》：火焰山“峰峦叠出，亦名铜鼓岭。山顶有塘宽数亩，深丈许。或曰即古之方山”。

④在今云南元谋县西北。《清一统志·武定州》引《旅途志》："自元谋北渡金沙江，初行谷中，缘溪而上，十里升火焰山，其高三十里，峰回路转，陡绝之处，辅以木栈。"

⑤在今云南建水县西北。《方舆纪要》卷115建水州：火焰山在"府西北十里。土有硫黄气，履之灼足，著枯叶即焦。人卧其上，可去湿疾"。

⑥一名火山。在今新疆吐鲁番市东。《方舆纪要》卷65火州：火焰山"在柳城东，连亘火州"。

为山 即今山东青州市西四十里九回山。《汉书·地理志》齐郡广县："为山，浊水所出。"《水经·淄水注》：浊水"出广县为山，世谓之冶岭山"。元于钦《齐乘》卷2"北阳水"条：九回山"俗名九扈，古广县为山也"。

为州 唐析扶德州置羁縻州，属戎州都督府。治所在今四川珙县南境。后废。

为美县 元世祖至元二十四年（1287）于溢浦适侣赕甸置，属仁德府。治所在今云南寻甸回族彝族自治县东北五里雨布村。明初废。

斗（鬭）口淀 在今山东利津县东北。《元和志》卷17蒲台县："海，在县东一百四十里。海畔有一沙阜，高一丈，周回二里，俗人呼为斗口淀，是济水入海之处，海潮与济相触，故名。今淀上有甘井可食，海潮虽大，淀终不没，百姓于其下煮盐。"

斗山 ①一名陡山。在今江苏盱眙县西南。《寰宇记》卷16盱眙县：斗山"在县西南，与都梁山相连，枕当淮水险峻，名曰斗山"。唐咸通十年（869），辛谠为泗州迎粮于淮南，舟载钱米，还至斗山。即此。

②即今福建永安市东南天斗山。明《寰宇通志》卷49延平府：斗山"在永安县治东南。其山高峻，自顶凹下，广可五里，以形似名"。《方舆纪要》卷97延平府永安县：斗山"在县东南三十里。一名天斗山"。

③在今陕西城固县西北。《寰宇记》卷133城固县："《周地图记》云，斗山上下有石穴，道家开山经云：斗山凡五穴，一通昆仑山，一通陇山，一通武当山，一通青城山，一通长安穴。"《清一统志·汉中府一》引《府志》："斗山在县西北二十里。脉自三嵎山迤逦而南，回转东向，耸起一峰，与三嵎山对峙，形似斗杓，因名。"明初下汉中，傅友德袭木曹关，攻斗山砦。

斗山墟 即今广东台山市东南斗山镇。为新宁铁路的起点站。

斗门 在今河南濮阳县东南。《旧五代史·梁书·太祖纪》：唐景福元年（892），"郓州朱瑄率步骑万人袭朱友裕于斗门"。即此。

斗门墟 即今广东珠海市斗门区（井岸镇）西北斗门镇。清设黄梁都司驻此。

斗门镇 ①又名陡门桥镇。即今江苏无锡市西北陡门桥。清光绪《江苏全省舆图》无锡县图：西北有斗门镇。

②即今陕西西安市长安区西北斗门街道。《清一统志·西安府三》：斗门镇"在长安县（今西安市）西三十里。旧设主簿，嘉庆七年移"。

斗门磨沙 一名瓦白果。在今云南新平彝族傣族自治县西南。清雍正十年（1732）置斗门磨沙土千总。

斗子山 在今四川仪陇县（新政镇）东北。《旧唐书·地理志》大寅县："旧治斗子山，后移治斗坛口。"《舆地纪胜》卷188蓬州：斗子山"在蓬池县东北三十里。山势方平，如覆斗。……上有龙教院，有天生池，千岁再生柏，李特读书台"。

斗子岩 在今浙江诸暨市南。《方舆纪要》卷92绍兴府诸暨县：斗子岩在"县南四十里。形高如斗，峻不可上，即胡德济败张士诚兵处"。

斗六 即今台湾省云林县治。清康熙间蒋毓英《台湾府志》卷1有"柴里斗六社"。康熙《诸罗县志》作"斗六门街"。本是洪雅族的一个社名，后简称"斗六"或"斗六门"。清光绪十九年（1893）云林县移治于此。日本占领后于1901年设斗六厅，1920年设斗六街。1945年抗日战争胜利后设斗六镇。1950年升为县辖市。

斗方山 在今湖北浠水县东。《方舆纪要》卷76蕲水县：斗方山"在县东五十里。有岩洞泉石之胜"。

斗（鬭）龙山 即今江苏无锡市西郊惠山。《方舆纪要》卷25引《吴地记》云：慧山"古名华山，一名西神山，又名斗龙山"。唐陆羽《游慧山寺记》云："其山有九陇，俗谓之九龙山。或云斗龙山。……斗龙者，相传隋大业末，山上有龙斗六十日，因而名之。"

斗（鬭）龙港 在今江苏大丰市西。清《乾隆内府舆图》：盐城县东北有斗龙港。

斗色山 一名陡石山。即今俄罗斯哈巴罗夫斯克边疆区黑龙江下游布列亚山北段。清乾隆《钦定盛京通志》卷27：陡石山在"（宁古塔）城东北二千五百四十四里"。

斗米径 古水名。在今安徽含山县西南。《寰宇记》卷124含山县："斗米径水在县西南八十里。按：旧径历阳豪杰李子建当隋末杜伏威之起，从伏威守城，伏威分兵戍栅口，欲开路运粮以救军食，子建请以东关下开沟通黄港陂入历湖，率都下人各赍米一斗，功就米尽径成。馈运无阙，故谓之斗米径。"

斗米镇 清置，属霞浦县。即今福建霞浦县东南长春镇东斗米。清有把总驻守。

斗（鬭）阵坡 在今四川资中县西。清光绪《资州志》卷2：斗阵坡"在州西一百三十里。明季州人朱泗林败流寇于此。今名朱家营"。

斗（鬭）坛（壇）口 在今四川仪陇县（新政镇）东北仪陇河西。一说今蓬安县北茶亭乡蓬池坝。《旧唐书·地理志》大寅县："旧治斗子山，后移治斗坛口，今为蓬州治所。"

斗（鬭）鸡台（臺） ①在今山西大同市旧城东。《资治通鉴》：唐乾符五年（878），"（李）克用帅其众趣云州……至城下，众且万人，屯于斗鸡台下。……（李）尽忠械（段）文楚等五人送斗鸡台下，克用令军士剐而食之，以骑践其骸”。《金史·地理志》：大同县有斗鸡台。

②在今河南洛阳市东北汉魏故城。《元河南志》引《述征记》曰：“广阳门西南有刘曜垒，垒西曜试弩棚，西北有斗鸡、射雉台。”

③在今四川都江堰市西三道岩顶平台，下为岷江分水堤北之北江。《元史·地理志》：“北江少东为虎头山，为斗鸡台。台有水则，以尺画之，凡十有一。水及其九，其民喜，过则忧，没其则困。又书‘深淘滩，低作堰’六字其旁，为治水之法，皆(李)冰所为也。”

斗（鬬）虎店　在今江苏沛县东南。清光绪《江苏全省舆图》沛县：“斗虎店在城东南三十里。”

斗岩　即今云南个旧市西南五十四里陡岩。清代为建水州辖十五勐之一，设掌寨。

斗姆阁　即今云南个旧市南斗姆阁。清代设斗姆阁汛。

斗城　①春秋郑地。在今河南通许县东北。《左传》：襄公三十年（前543），“伯有死于羊肆，子产襚子，……既而葬诸斗城”。《水经·渠水注》：“沙水又东南径斗城西。”即此。

②西汉长安城的别称。在今陕西西安市西北。因城南、北突出，形状似天上的北斗，极不规则，故后人称其为斗城。

③在今山东禹城市西南。《资治通鉴》：东晋太元十二年（387），张愿屯祝阿之瓮口，后燕慕容隆讨之，“军至斗城，去瓮口二十余里，……遂进，战于瓮口，大破之”。

④在今浙江温州市。《方舆纪要》卷94温州：永嘉城“东、西附山，北临江，南环会昌湖，用石甃砌，跨山为险。名曰斗城，谓城内有山错立如北斗也”。

斗桥　在今浙江温岭市新河镇西北。《方舆纪要》卷92太平县：斗桥“在新河所西北。嘉靖中，戚继光屯此，与倭战，败之”。

斗家坝镇　即今安徽无为县东北里陡沟镇。清乾隆《无为州志》卷4《镇集》：斗沟坝“在治东北三十里铜城乡”。

斗野亭　北宋建，在今江苏江都市西北邵伯镇。《清一统志·扬州府二》：斗野亭，“扬州于天文属斗分野，故名”。宋苏东坡、秦观、孙觉、黄庭坚、米芾等皆有诗。

斗堤（隄）　即今湖北潜江市（园林镇）。元至正二十七年（1367）潜江县徙治于此。

斗奥隘　在今广西龙州县西北水口镇北。《清一统志·太平府》“那怀隘”条：斗奥隘在龙州北，“逼近越南僻路，有龙凭营官兵及土兵防守”。

斗焰关　一名陡阳关。在今安徽和县西北四十里，陡山北。《方舆纪要》卷29和州：“斗焰关在州西北四十里。其地有斗焰山，亦名陡阳山。巍然峻绝，一径中开。明初取和阳，遣张天祐等将奇兵出陡阳关，进薄小西门，遂克之，即此。”

斗塘隘　在今江西吉安市西北。《清一统志·吉安府二》：斗塘隘“在庐陵县西北九十里，地界安福、吉水，兼通袁州府及新喻县”。

斗蒲村　在今四川兴文县西北。《宋史·蛮夷传四》：元丰四年（1081），讨乞弟，“（林）广遂破乐共城，至斗蒲村”。

计山　在今江苏宜兴市东北二十五里。《隋书·地理志》：义兴县“有计山”。《寰宇记》卷92宜兴县：“《郡国志》云：义兴县计山西一峰名金鹅峰，昔有金鹅飞集此峰，因以名。”

计斤　即介根。在今山东胶州市西南城子村。西周为莒国都。西汉置计斤县。

计斤县　西汉置，属琅邪郡。治所在今山东胶州市西南城子村（紧邻胶州市）。《汉书·地理志》：“莒子始起此，后徙莒。”师古曰：“即《春秋》左氏传所谓介根也。”东汉废。

计式水　亦作计戍水、计舒河。即今新疆天山以南之塔里木河。《魏书·西域传·龟兹国》：龟兹国“其南三百里有大河东流，号计式水，即黄河也”。

计戍水　亦作计式水、计舒河。即今新疆天山以南之塔里木河。《周书·异域传》：龟兹国“其南三百里有大水东流，号计戍水，即黄河也”。又，于阗国“城西十五里亦有大水，名达利水，与树枝俱北流，同会于计戍”。

计州　唐置羁縻州，属嶲州都督府。治所在今四川凉山彝族自治州境。后废。

计城峒　亦作计峒。北宋置，属邕州左江道。即今广西靖西县。《宋史·蛮夷传》：嘉祐七年（1062），侬宗旦父子“请以所领雷火、计城诸峒属县官，愿得归乐州，永为王民”。

计峒　北宋置，属邕州左江道。即今广西靖西县。《清一统志·镇安府》：归顺州故城“旧治在今州南十里。明弘治间筑。本朝初，移治计甲，即故计洞也”。

计亭　在今江苏宜兴市东北屺亭镇。《方舆纪要》卷25宜兴县：计亭“在县北二十里。《舆程记》作岜亭，误也。今有计亭桥，自亭而北三十里，地名浪打川”。

计都山　在今广东郁南县东百里。《方舆纪要》卷101罗定州西宁县：计都山“高百六十丈，周五十里，形势奇崛，西有龙潭”。

计舒河　亦作计戍水、计式水。即今新疆天山以南之塔里木河。《新唐书·郭元振传》：“阙啜在计舒河与（冯）嘉宾会，娑葛兵奄至，禽阙啜，杀嘉宾。”清徐松《西域水道记》卷2：额尔勾河即《魏书》所云之计戍水，《唐书》作计舒河。

计筹山　在今浙江德清县东南。《寰宇记》卷94武康县：“计筹山在县（治今武康镇）东南三十五里。《吴兴记》云：计筹山，昔越大夫计然多才智，筹算于此山。按其地与余杭县分界，今俗谓之界头山，盖筹、头声相应也。”

户永 在今云南澜沧县西北。清光绪十三年(1887)设土外委驻守。

户村堡 即今河北邯郸县西北户村镇。《清一统志·广平府》"河沙堡"条下载:"户村堡在县西二十五里,俱有土城。"

户撒长官司 明正统间置,清雍正二年(1724)废。乾隆三十六年(1771)复置,属腾越厅。治所在今云南陇川县(章凤镇)北户撒。傣语"户"为上或头,"撒"为构皮树,意即构皮树林上方的寨子。民国废。

户牖 春秋卫邑。在今河南兰考县东北二十里。《左传》:哀公十三年(前482),黄池会后,吴人囚鲁子服景伯以还,"及户牖",归之。即此。秦为乡,《史记·陈丞相世家》:"陈丞相平者,阳武户牖乡人也。"西汉置东昏县于此。

冗刀山 在今贵州贵定县南。《明一统志》卷88龙里卫:冗刀山"在平伐长官司治西。峰峦高耸,状如列屏。元时有蛮酋保郎者立寨此山,招集蛮类"。

〔フ〕

尹 商、周时国。东迁后为周畿内国,在今河南宜阳县西北。《春秋》:成公十六年(前575),"公会尹子、晋侯、齐国佐、邾人伐郑"。又,《左传》:定公七年(前503),"单武公、刘桓公败尹子于穷谷"。

尹儿湾 在今天津市东。《方舆纪要》卷13静海县:尹儿湾"在天津卫城东。永乐初,建百万仓于此。因筑城置卫,以贮海运。今去城八里,有运粮河,旧自海口达尹儿湾之运路也"。

尹山桥 在今江苏苏州市吴中区东南二十里,跨运河。《方舆纪要》卷24苏州府长洲县"宝带桥"条下:"明初,康茂才败张士诚兵于此。"

尹山湖 在今江苏苏州市吴中区东南二十五里。《方舆纪要》卷24苏州府长洲县:尹山湖"其西北接渎墅诸湖,及车坊漾之水,委流亦入于三泖"。

尹夫人台(臺) 即刘林台。在今甘肃武威市西北五里金羊乡宋家园村。东晋元熙二年(420)北凉灭西凉,西凉国主李歆的尹夫人被俘到北凉都城姑臧(今武威),囚禁于此,故名。

尹公山 一名项公山。在今浙江遂昌县东北。《方舆纪要》卷94遂昌县:尹公山"在县东三十五里。峰峦高耸"。

尹公亭 在今湖北随州市。《名胜志》:"宋龙图阁尹洙,庆历中贬随州,寓居城东金灯院。后人立尹公亭。"北宋曾巩有《尹公亭记》。

尹卯垒 在今山东东阿县西南。《资治通鉴》:南朝宋永初三年(422),"魏主遣中领军代人娥清、期思侯柔然闾大肥将兵七千人会周几、叔孙建南渡河,军于碻磝。癸未,兖州刺史徐琰弃尹卯南走"。景平元年(423),"道济分遣王仲德向尹卯。道济仃军湖陆,仲德未至尹卯,闻魏兵已远,还就道济。刁雍遂留镇尹卯"。即此。《水经》:济水"又北过谷城西"。郦道元注:"济水侧岸有尹卯垒。"

尹庆群礁 在南海中的中国南沙群岛,位于南威岛东北方。东西长38海里,由华阳礁、东礁、中礁和西礁等组成。1947年命名尹庆群礁,以纪念明代在郑和下西洋以前曾出使爪哇、满剌加国的尹庆而命名。

尹州 ①隋开皇九年(589)平陈后改南定州置,治所在郁林郡布山县(今广西桂平市西南古城)。大业二年(606)改为郁州。

②唐武德四年(621)置,治所在马邑县(今云南牟定县东北十二里马厂)。辖境约当今云南牟定、元谋、禄丰等县的部分地区。天宝后废。

③唐置,为羁縻州,属芳池州都督府。在今甘肃华池县西北境。后废。

尹店 即今湖北竹溪县城。明置巡司于此。成化十二年(1476)改置竹溪县。

尹珍场 即旺草场。今贵州绥阳县东北旺草镇。相传东汉名儒尹道真曾在此讲学,故名。1932年于此置尹珍镇。后复名旺草。

尹家卫镇 即今陕西西安市长安区东南引镇。《清一统志·西安府三》:尹家卫镇"在咸宁县南五十里。嘉庆七年由霸桥镇移县丞驻此"。清同治元年(1862)陈德才、赖文光率西北太平军大败清军于此。

尹家市 亦名永嘉场。即今重庆市铜梁县南永嘉镇。清光绪《铜梁县志》卷2:尹家市"在县南九十里"。

尹家河镇 即今湖北红安县东南三十六里永佳河镇。清光绪《湖北全省分图》:黄安县东南有尹家河镇。

尹隆河 在今湖北京山县西南。清同治六年(1867)正月十五日,清军刘铭传攻捻军任柱、赖文光部于尹隆河。即此。

尹集 即今山东高唐县东北二十里尹集镇。清光绪《高唐州乡土志》:城东北有尹集。

尺八口 在今湖北监利县东南九十里尺八镇。《方舆纪要》卷78监利县"大江"条下:"县治临江尝多水患。元大德中议开尺八穴以杀江流,至明时穴已湮废。"

尺牍宗 1942年原西藏地方政府设,治所在今西藏丁青县城西北尺犊镇。"尺牍",藏语意为万石。1960年并入丁青县。

引驾回(迴)镇 即尹家卫镇。今陕西西安市长安区东南引镇。《清一统志·西安府三》"鸣犊镇"条下称:万年县东南五十里"有引驾回镇"。

引翔港 又名尹翔港。在今上海市杨浦区中部。以旧水道引翔港为名。旧属上海县,清时有汛。

引藤山 ①在今重庆市万州区东南。《方舆胜览》卷61咸淳府:引藤山"在龙渠县(治今龙驹镇)东十五里。山出引藤，俗用以取酒”。《清一统志·忠州》引藤山引《方舆胜览》：“山出藤枝长十余尺，其大如指，中空可吸，谓之引藤。屈其端置醅中注之如晷漏，本夷俗所尚，土人效之。”白居易《春至》诗：“闷取藤枝引酒尝”，即此。

②在今重庆市忠县南。《方舆纪要》卷69忠州“屏风山”条下：“引藤山在州南四里。山出引藤，可以吸酒。”道光《忠州直隶州志》卷1：引藤山“山出引藤，大如指，长十余尺，中空，可以吸酒”。

丑（醜）陀山　在今湖南吉首市东五十里。《方舆纪要》卷81镇溪千户所“张家山”条下：丑陀山“高峻。有蛮砦”。

丑（醜）坨汛　在今湖南吉首市东，乾州东四十里。清严如熤《苗疆险要考》谓“两山夹峙，中缘深涧，为乾州门户。路沿山脚溪岸而行，地势逼仄，极为要险”。

巴　西周初封国，称为巴子国。春秋时，与楚、邓等国交往甚密，向川东发展。战国时，巴国亦称王。都江州（今重庆市区）。东晋常璩《华阳国志·巴志》：“其地东至鱼复，西至僰道，北接汉中，南极黔、涪。”鱼复在今奉节县，僰道在今宜宾市，汉中即今陕西汉中市。辖境大致包括今重庆市嘉陵江、涪江、南溪县以东至奉节县，大巴山以南、贵州东北部地区。周慎王五年（前316）为秦所灭，以其地为巴郡。

巴儿思阔　亦作巴儿思渴。即今新疆巴里坤哈萨克自治县。顾炎武《天下郡国利病书》卷117《西域土地人物略》：“阿思打纳西为巴尔思阔。”

巴口　在今湖北黄冈市东巴水入江处。《水经·江水注》：巴水“南流注于江，谓之巴口”。《梁书·武帝纪》：南齐永元三年（501），萧衍围郢城，东昏侯遣吴子阳救郢州，“进据巴口”，即此。

巴山　①又名临川山。即今江西崇仁县西南相山。为崇仁、乐安二县界山。《寰宇记》卷110抚州崇仁县：临川山“在县南六十一里。旧名巴山，天宝六年敕改为临川山”。《明一统志》卷54抚州府：巴山“有栾巴祠，故名。唐改曰临川山。宋邑宰孙懋避栾仙讳，又改曰相山。相传巴山有四仙，曰梅、栾、邓、叶。梅即汉梅福。栾即栾巴，隐此山。邓、叶俱南城人”。清光绪《江西通志》卷52抚州府：相山“有汉豫章太守栾巴治妖于此，邑人以其名名山。唐天宝六载改曰临川山，以其为临水所自出也。宋绍兴中，县令孙懋避巴讳，以巴尝迁沛相，改今名”。

②在今湖北松滋市西北。《晋书·杜预传》：太康元年（280）伐吴，预“又遣牙门管定、周旨、伍巢等率奇兵八百，泛舟夜渡，以袭乐乡，多张旗帜，起火巴山”。《寰宇记》卷146松滋县：巴山“《左氏传》巴人伐楚。《荆南志》云：‘巴人复遁而归，因有巴复村在山北，因曰巴山。’”

③在今湖北长阳土家族自治县西七十里巴山村附近。唐杜佑《通典·州郡部》巴山县：“今县北有山，曲折似巴字，因以为名。”

④在今湖北巴东县南一里。《舆地纪胜》卷74归州：巴山“在巴东，县治所依”。《方舆纪要》卷78巴东县：巴山“一峰矗起，下分三冈，形如金字。一名金字山”。山产茶。

⑤在今广东电白县境。《寰宇记》卷161茂名县：“废南巴县在县东一百里。……取县东一百里南巴山为名。”《舆地纪胜》卷117高州：巴山，“《方舆记》云：在电白县”。

⑥即今重庆市区内之枇杷山。清乾隆《巴县志》卷1：巴山“在城内。郡城坐山。……沿山为城，环江为池，人烟廛市，傍峦凌霄，有千佛崖、滴珠泉、七星坎、洪崖洞”。《清史稿·地理志》巴县：“城内巴山，县以此名。”

⑦即今重庆市西北北碚区北碚镇西北缙云山。《舆地纪胜》卷157重庆府：巴山“在巴县西南一百三十里。又名缙云山”。

⑧即巴岭山。又名大巴山。在今陕西南郑县南。

巴山县　①南朝梁普通三年（522）置，属临川郡。治所在今江西乐安县东北公溪镇。以巴山为名。大同二年（536）为巴山郡治。陈光大年间属巴山郡。隋开皇九年（589）废。

②隋开皇五年（585）置，属江州。治所在今湖北长阳土家族自治县西七十二里巴山村。《寰宇记》卷147长阳县：废巴山县“县北有山曲折似巴字，因以为名”。大业初属清江郡。唐属硖州，天宝八年（749）废。

巴山郡　南朝梁大同二年（536）置，治所在巴山县（今江西乐安县东北公溪镇）。陈光大二年（568）移治今江西丰城县东南二十三里。隋开皇九年（589）废。

巴山站　元置，为水站。在今湖北松滋市西北松滋河岸边。

巴川县　唐开元二十三年（754）割石镜县之南、铜梁县之东地置，属合州。治所即今重庆市铜梁县东旧县镇。《寰宇记》卷136巴川县：“以地在巴川故为名。”天宝初属巴川郡，乾元初复属合州。元初废入铜梁县。

巴川河　即今重庆市铜梁县东巴川河。《方舆纪要》卷69铜梁县“马滩河”条：“巴川河在县治南，水流曲折如巴字。”《清一统志·重庆府一》“赤水河”条：“巴川河源出龙透山东北二十里，至铜梁城北，环绕县治如巴字，穿城至平滩，与淮远河合。”

巴川郡　唐天宝元年（742）改合州置，治所在石镜县（今重庆市合川区）。辖境相当今重庆市合川、铜梁、武胜、大足等区县地。乾元元年（758）复为合州。

巴川堡　即今青海民和回族土族自治县南巴州镇。《方舆纪要》卷64西宁镇“平戎堡”条下：“卫东南二百三十里，有巴川堡，巴川马驿置于此。”

巴子台（臺） 在今重庆市忠县东。唐白居易《九日登巴台》诗云：“今岁重阳日，萧条巴子台。”《登城东古台》诗云：“迢迢东郊上，有土青崔嵬。不知何代物？疑是巴子台。”明曹学佺《蜀中名胜记》卷19忠州：“《志》云：巴王庙在城东一里，神即蔓子将军也。岁三月七日，太守以豕帛致祭。先期，土人具千钧蜡祠之。宋为永顺祠，今为忠贞祠。”

巴子城 ①在今重庆市合川区南。《元和志》卷33合州石镜县：巴子城“在县南五里”。明正德《四川志》卷13：合州巴子城“在治南五里。一名临江故城”。

②即今重庆市万州区西南之武陵镇。《旧唐书·地理志》武宁县：“汉临江县地，周分置源阳县，隋改为武宁县，治巴子故城。”

巴乡村 当在今重庆市云阳县东龙洞乡。《水经·江水注》：“江水又径鱼复县之故陵……江之左岸有巴乡村，村人善酿，故俗称巴乡清。”

巴中 地区名。指今四川盆地。《三国志·魏书·武帝纪》：东汉建安二十年（215），“刘备袭刘璋，取益州，遂据巴中”；又《张鲁传》：太祖攻张鲁，鲁“乃奔南山入巴中”。皆即此。

巴中市 1933年红军四方面军置，为特别市。治所即今四川巴中市。中共川陕省委、川陕省苏维埃政府驻此。亦是川陕革命根据地的首府。1935年5月红军北上抗日后撤销。1993年复设巴中市。2000年撤销巴中地区和县级巴中市，改设地级巴中市和巴州区。

巴中县 ①西魏分涪县置，属巴西郡。治所在今四川绵阳市。隋开皇初废入巴西县。一说西魏末改涪县置，隋开皇元年（581）避庙讳改为巴西县。此从《隋书·地理志》。

②1913年改巴州置，次年属四川嘉陵道。治所即今四川巴中市。民国吕式斌《今县释名》：巴中县“地居三巴之中，有巴中之号，故名”。1928年直属四川省。1932—1935年为川陕革命根据地中心，红四方面军、川陕省委、川陕省苏维埃驻地。

③1933年2月川陕革命根据地置，治清江渡（今四川巴中市东清江镇）。1935年3月废。

巴中驿 在今重庆市巫山县东月池乡南小桥。《方舆纪要》卷69巫山县：巴中驿“在县东八十里。《志》云：巫山陆路至巴东百八十里，鸟道崎岖，行者苦之。万历三年改小桥公馆建巴中驿，巴、巫二郡之民，始免疲困”。

巴中郡 南朝梁置，属万州。治所在新安县（今四川开江县东北沙坝乡）。西魏恭帝二年（555）改为巴渠郡。

巴中特别市 1933年2月川陕革命根据地由巴中县城区析置，曾为川陕省苏维埃政府驻地。治巴中城（今四川巴中市）。1935年3月废。

巴水 ①一名临水。在今江西抚州市临川区西南及崇仁县境。《寰宇记》卷110抚州崇仁县：巴水“源出巴山，沿流合宝唐水”。《清一统志·抚州府一》：巴水“在崇仁县西南。……《县志》，巴水出临川山，一名临水，其山最高，四向之流不一，西北入宝唐，由是宝唐亦兼临水之名”。

②在今湖北东北部，为长江支流。源出湖北罗田县北，西南流为黄冈市和浠水县界河，南流入长江。《宋书·蛮传》：“西阳有巴水。”《水经·江水注》：巴水“出雩娄县之下灵山，即大别山也。……南流注于江，谓之巴口”。

③在今四川东北部。有东西两源：西源小通江，东源肖水河（大通江），均出陕西南郑、镇巴县境内米仓山，南流至四川通江县南汇流，称为通江，西南流至平昌县南与南江合流，称为巴河（南江），下游为渠江、嘉陵江。《水经·江水注》：“巴水出晋昌郡宣汉县巴岭山……西南流历巴中，径巴郡故城南，李严所筑大城北，西南入江。”

巴水戍 在今湖北浠水县西七十里巴河镇。《水经·江水注》：巴水“又南径巴水戍”。即此。

巴水驿 明置，在今湖北浠水县西北三十二里。《方舆纪要》卷47蕲水县“兰溪镇”条下：“有巴水驿，南北陆道所经也。”

巴什库斯河 今俄罗斯阿尔泰边疆区鄂毕河上游支流比亚河捷列茨耶湖东南支流。《清一统志·科布多》：阿勒坦淖尔“在科布多城北，阿勒坦淖尔乌梁海东北。……巴什库斯河、阿斯巴图河俱出阿勒坦淖尔乌梁海旗，合北流潴焉”。

巴什罕河 即今哈萨克斯坦巴尔喀什湖东南列普瑟河上游。清徐松《西域水道记》卷4：“勒布什河西北流百三十余里有巴什罕河由南来汇。”

巴什雅克玛 在今新疆乌什县西南巴什阿克玛村。《清一统志·乌什》：巴什雅克玛“在乌什城西南九十里，逾托什干河至其地”。

巴什雅哈玛 即今新疆乌什县西南巴什阿克玛。清道光《新疆识略》卷3乌什：巴什雅哈吗卡伦“东至乌什城九十里，西通布鲁特胡什齐部落”。

巴什滚别孜 一作巴什拱伯孜。清帕米尔八卡之一。光绪五年（1879）后置，在今叶什勒库里湖东南巴什古木别孜。后被俄国侵占，今属塔吉克斯坦。

巴公原 在今山西晋城市泽州县东北巴公镇。《资治通鉴》：五代周显德元年（954），“北汉主以中军陈于巴公原”。胡三省注：“巴公镇在晋城东北。”

巴公溪 在今湖北恩施市南。《方舆纪要》卷82施州卫“黄连溪”条下：“巴公溪亦在卫南。其源一出药山，一出城南三十里鼓楼山，合于翠涛山，下至城南二里入清江。”

巴公镇 金置，属晋城县。即今山西晋城市泽州县东北巴公镇。

巴斗山 在今湖南泸溪县（白沙镇）西南。清严如熤《苗疆险要考》：巴斗山“高入云表，登其巅者盛夏挟纩，俯视乾、凤、泸、麻苗寨民村，历历在目，绵亘数十里。东之五里坪，西之军田坪，南之踏虎，北之狗琵岩，俱此山支麓。山高谷深……生苗入境，多于此山瞭望虚实，为泸境必据之险”。清魏源《圣武记》卷7《乾隆湖贵征苗记》载：乾隆六十年(1795)，乾州苗“出泸溪巴斗山，大焚浦市，分寇泸溪、麻阳东北，复逼镇筸”。

巴平墟　即今广西田阳县西南巴别乡。《清史稿·地理志》：百色厅恩阳县西有巴平墟汛。

巴东三峡　在今湖北巴东县境。《明史·地理志》巴东县：“北滨大江，自四川巫山县流入，东经门扇、东奔、破石，谓之巴东三峡。”

巴东县　①隋开皇十八年（598）改乐乡县置，属信州。治所在今湖北巴东县西北长江北岸旧县坪。《寰宇记》卷148：巴东县“在巴之东，因以为名”。大业初属巴东郡。唐属归州。北宋太宗时移治今巴东县。南宋时尝移江北旧治，后复迁今巴东县。清属宜昌府。民国初属湖北荆南道。1921年属荆宜道。1932年直属湖北省。

②即东巴县。治所在今四川通江县东一百四十里洪口镇。《旧唐书·地理志》巴东县：“开元二十三年六月置太平县。天宝元年八月二十四日，改为巴东县。”

巴东郡　①东汉建安六年（201）改固陵郡置，属益州。治所在鱼复县（三国蜀汉改为永安，西晋复为鱼复，在今重庆市奉节县东十里白帝城）。二十一年（216）复改固陵郡。三国蜀汉章武元年（221）复为巴东郡。辖境相当今重庆市开县、万州区以东，大宁河中上游流域一带。西魏废帝三年（554）移治阳口县（今重庆市奉节县西南安平乡）。隋开皇三年（583）废。大业三年（607）改信州为巴东郡，治所在民复县（今重庆市奉节县）。辖境相当今重庆市开县、梁平、丰都以东地区及湖北兴山、秭归以西地。唐武德元年（618）复改为信州。地控三峡之险，历为重险之地。三国时为蜀汉东部门户，有重兵屯守于此。

②唐天宝元年（742）改归州置，治所在秭归县（即今湖北秭归县西北归州镇）。辖境相当今湖北秭归、兴山、巴东三县地。乾元元年（758）复改为归州。

巴东属国　东汉建安六年（201）置，治所在涪陵县（今重庆市彭水苗族土家族自治县）。辖境相当今重庆市彭水、酉阳、黔江、石柱、武隆等县及长江以东以南地。二十一年（216）刘备改为涪陵郡。

巴丘山　即巴陵山。在今湖南岳阳市西南隅。《水经》：湘水“又北至巴丘山入于江”。《三国志·吴书·周瑜传》：“瑜还江陵，为行装，而道于巴丘病卒。”裴松之注：“瑜欲取蜀，还江陵治严，所卒之处，应在今之江陵，与前所镇巴丘，名同处异也。”又《吴书·吴主（孙权）传》：东汉建安十九年（214），“使鲁肃以万人屯巴丘，以御关羽”。皆此。

巴丘县　三国吴分新淦、石阳两县置，属庐陵郡。治所在今江西峡江县西南巴邱镇北里许。《三国志·吴书·周瑜传》：建安中，孙策“还定豫章、庐陵，留（周瑜）镇巴丘”，即此。隋开皇中废入新淦县。

巴丘邸阁城　即巴丘城。今湖南岳阳市。

巴丘城　即今湖南岳阳市。相传孙吴所筑。《三国志·吴书·吴主传》：东汉建安十九年（214），“使鲁肃以万人屯巴丘”。裴注：“巴丘今曰巴陵。”《水经·湘水注》：巴丘山“有巴陵故城，本吴之巴丘邸阁城也”。

巴氐　居于巴地的氐族人，为氐族一支。东汉末，自巴西（今四川阆中）、宕渠（今四川渠县东北）徙于汉中盆地。三国魏时，首领李虎率众五百余户附魏。西晋元康间，首领李特率众入蜀，太康年间占领成都（今四川成都市），建立成汉政权，为十六国之一。

巴尔达城　明属建州女真哲陈部，在今辽宁清原县浑河流域。万历十五年（1587）为努尔哈赤所并。

巴尔库勒淖尔　即汉代蒲类海。今新疆巴里坤哈萨克县西北巴里坤湖。清乾隆《西域图志》卷24：巴尔库勒淖尔，“旧音巴里坤淖尔。在镇西府城西北十五里。周一百二十余里。源出天山北麓，西北流百余里。汇为巨浸”。

巴尔哈孙河　即今内蒙古凉城县东南之五号河，注入岱海。《清一统志·察哈尔》：奄遏水下海“在（镶红旗察哈尔）南四十里。蒙古名黛哈池。……按黛哈池颇为巨浸，莽喀图、阿拉齐、巴尔哈孙共汇其中”。

巴尔珲岭　在今吉尔吉斯斯坦伊塞克湖南。为清代自伊犁通往喀什噶尔的要道。道光《新疆识略》卷1：“自伊犁西南出鄂尔果珠勒卡伦一百三十里经善塔斯岭，五百五十里逾巴尔珲岭。”清徐松《西域水道记》卷5：“巴尔珲岭幽险怪异，盛夏殷雷，飞雪如掌，岭阴之雪恒十余丈，终古不消。”

巴尔斯和坦　元末所建临时都城。在今蒙古国东方省乔巴山市西，克鲁伦河中游北巴尔斯浩特。《蒙古源流》卷5元顺帝失大都北走后，“先后脱出之六万人聚集于克鲁伦河边界，起造巴尔斯和坦城居住”。清龚之钥《后出塞录》：“达赖贝子境内有城名巴喇和屯，译言虎城也。”即此。《乾隆内府舆图》标于克鲁伦河中游北，作巴拉斯和屯。

巴尔鲁克卡伦　清乾隆年间置，在今新疆裕民县西南。清《塔尔巴哈台事宜》卷3：巴尔鲁克卡伦“在额尔格图西南四十里”。

巴尔楚克　即今新疆巴楚县。清乾隆《西域图志》卷18叶尔羌：巴尔楚克，“喀什噶尔达里雅流经其南，西南距叶尔羌城七百五十里”。光绪二十八年（1902）于此置巴楚州。1913年改置巴楚县。

巴尔嘎力卡伦　清光绪末置，属瑷珲副都统。在今黑龙江省漠河县东北黑龙江南岸尔嘎力村。后废。

巴兰河 在今黑龙江省依兰县西北，松花江支流。《清一统志·吉林一》：巴兰河“在宁古塔城东北六百余里。源出巴兰窝集，南流入混同江”。

巴兰窝集 在今黑龙江省铁力市东南。《清一统志·吉林一》：巴兰窝集“在宁古塔城东北六百五十里，混同江之北”。巴兰河源于此。

巴汉招庙 即小招寺。在今西藏拉萨市中心。清《西藏图考》卷5：“巴汉招庙即小招。”蒙古语“巴汉”意为小，“招”意为庙。

巴加西仁 又作邦家锡仁。在今西藏东南部珞渝地区。为梵语名。原西藏贵族拉鲁之庄园。现被印度政府非法占领。

巴邦山 在今贵州镇远县东南四十五里。明郭子章《黔记》卷9：巴邦山在邛水司西二十里。“山势壁立，乡人避寇就此。土人呼石为巴”。

巴戎县 1913年改巴燕戎格厅置，后属甘肃西宁道。治所即今青海化隆回族自治县（巴燕镇）。1928年改名巴燕县。

巴耳打阿 在今阿塞拜疆里海西，靠近库拉河。《元史·地理志·西北地附录》有“巴耳打阿”。

巴耳赤邗 亦作八儿真。在今哈萨克斯坦克孜勒奥尔达东南奇伊利一带。《元史·地理志·西北地附录》有“巴耳赤邗”。

巴西 即今四川若尔盖县东巴西乡。1935年中国工农红军长征经此。八月在乡南班佑寺（亦称巴西寺）召开党中央政治局会议，粉碎张国焘分裂主义路线，红军继续北上抗日，史称“巴西会议”。

巴西县 西魏废帝二年（553）改涪县置，为潼州及巴西郡治。治所在今四川绵阳市东涪江东岸。隋开皇五年（585）为绵州治，大业三年（607）为金山郡治。唐武德初复为绵州治，天宝初为巴西郡治，乾元初为绵州治。《新唐书·地理志》：巴西县“有金、有银、有铁、有盐”。北宋移治今绵阳市。元初废入绵州。

巴西郡 ①东汉建安六年（201）刘璋改巴郡置，属益州。治所在阆中县（今四川阆中市）。辖境相当今四川阆中、武胜以东，广安、渠县以北，万源、开江以西地区。三国蜀汉章武元年（221）改为巴郡，不久复为巴西郡。西晋属梁州。东晋末改为北巴郡。隋大业三年（607）改隆州复置，治所在阆内县（今四川阆中市）。辖境相当今四川阆中、苍溪、仪陇、蓬安、南充、西充、营山、岳池等市县地。唐武德元年（618）复为隆州。

②西晋永嘉后侨置，属梁州。与梓潼郡同治于涪县（西魏改为巴西县，今四川绵阳市东涪江东岸）。合称为巴西梓潼郡。南朝宋属益州。西魏废帝二年（553）分置潼川郡（亦作梓潼郡）于旧梓潼县城（今梓潼县）。此仍为巴西郡，潼州治。隋开皇三年（583）废。唐天宝元年（742）改绵州复置。辖境相当今四川罗江上游，潼河以西，江油、绵阳间的涪江流域。《旧唐书·玄宗纪》：天宝十五年（756）七月，李隆基避安史之乱入蜀，“次巴西郡，太守崔涣奉迎”。即此。乾元元年（758）复为绵州。

巴西、梓潼郡 西晋永嘉后侨置，属梁州。两郡同治于涪县（涪城，今四川绵阳市涪江东岸）。合称为巴西、梓潼二郡。南朝宋属益州。辖境相当今四川绵阳市、梓潼、安县二县及德阳、江油二市部分地。西魏废帝二年（553）遂一分为二：梓潼郡又名潼川郡，徙理梓潼县旧城（今梓潼县），巴西郡仍理巴西县（今绵阳市东）。

巴西蛇住坝寨 在今四川若尔盖县东北巴西乡。清雍正元年（1723）置巴西蛇住坝寨土千户。

巴达克山 亦作拔达克山。本元代之巴达哈伤、明代之巴答黑商。在今阿富汗东北境巴达赫尚一带。《清史稿·兆惠传》：乾隆二十四年（1759），清军讨伐大小和卓木，“富德师复进，追及霍集占，战于阿勒楚尔，再战于伊西洱库尔淖尔，布拉泥敦、霍集占窜入巴达克山，师从之。巴达克山汗素勒坦沙初言霍集占中弹死，生获布拉呢敦；复言两酋已皆死，献霍集占首”。

巴达哈伤 察合台汗国属地。在今阿富汗东北巴达克山一带。《元史·地理志·西北地附录》有“巴达哈伤”。

巴延珠尔克卡伦 即巴彦鲁克卡伦。在今内蒙古额尔古纳市西北额尔古纳河东岸。《朔方备乘》卷10《北徼喀伦考》作“巴延珠尔克”。

巴伦裕勒都斯河 即今新疆和静县西北依克赛河，为开都河支流。《清一统志·喀喇沙尔》：巴伦裕勒都斯河“在喀喇沙尔西北。源出裕勒都斯地西南五百里，额什克巴什山西麓，东流一百二十里，南会特尔默哈达泉，又东七十里，南会布兰泉，又东一百二十里，南会哈尔噶纳图泉，又东二十里，北会淮裕勒都斯河……折东南流为海都河。即古所谓敦薨山之敦薨水也”。

巴庆宗 即巴青宗。治所在今西藏巴青县西北。

巴州 ①东晋义熙元年（405）谯纵据蜀置，治所在白帝城（今重庆市奉节县东十里）。辖地大致在今重庆市开县、万州区以东地区。《晋书·谯纵传》：以“（谯）明子为镇东巴州刺史，率其众五千屯白帝”。即此。后废。

②南齐建元二年（480）置，治巴东郡（在今重庆市奉节县东十里白帝城）。辖境相当今重庆市壁山、綦江流域以东、湖北秭归，清江中上游流域以西地区。永明元年（483）废。

③南朝梁置，治所在巴陵县（今湖南岳阳市）。隋开皇九年（589）改为岳州，大业初改为罗州，寻改巴陵郡。唐武德四年（621）复置巴州，六年（623）改为岳州。

④北魏延昌三年（514）于大谷郡置，治所在今四川巴中市。《寰宇记》卷138巴州：“盖取古巴国以为名。”隋大业三年（607）改为清化郡。唐武德元

年（618）复为巴州。天宝元年（742）改为清化郡。乾元元年（758）复改巴州。辖境相当今四川巴中、平昌二县地。元属广元路。明洪武九年（1376）降为巴县。正德九年（1514）复升为巴州，属保宁府。1913年改为巴中县。

⑤西魏大统十七年（551）改楚州置，治所在巴郡垫江县（今重庆市垫江县）。《元和志》卷33渝州："《禹贡》梁州之域，古之巴国也。阆、白二水东南流，曲折如巴字，故谓之巴。"州以古巴国、巴郡、巴水而得名。辖境相当今重庆市渝北区以南，江津区以东，涪陵区以西地区。北周闵帝元年（557）复改为楚州。

⑥北齐置，治所在西阳郡（今湖北黄冈市东长江北岸）。辖境相当今湖北黄冈市地。隋开皇初废。

巴汗俄尔扎萨克旗 和硕特东上旗的俗称。在今青海祁连县、门源回族自治县、海晏县三县交界处。后迁今乌兰县东南。

巴江 ①即今四川南江县东之南江，为渠江上游支流。《元丰九域志》卷8化城县"有巴江"。《舆地纪胜》卷187巴州：巴江"水屈曲如巴字，因名。即字江也"。

②即今四川仪陇县东之消水河。《方舆纪要》卷68仪陇县：巴江在"县东五十五里。自巴州流入境，又南流入蓬州界"。

③即今重庆市、贵州省境之乌江。《寰宇记》卷120武龙县："内江一名涪陵江，一名巴江，在县南屈曲北流，水自黔州信宁界入。李膺《益州记》云：内江水自万宁北二百八十里至关头滩，滩长百步，悬崖倒水，舟楫莫通。蜀江门滩，在县前巴江水中。"《明史·地理志》武隆县："西南有涪陵江，亦曰黔江，亦曰巴江。"

④指今重庆市合川区至重庆市区间之嘉陵江。东晋常璩《华阳国志·巴志》："汉世郡治江州巴水北。……后都护李严更城大城，周回十六里，欲穿城后山，自汉江通水入巴江，使城为州。"《方舆胜览》卷60重庆府：巴江"在巴县，水折三回如巴字"。后延伸为全嘉陵江。《舆地纪胜》卷183阆州：阆水，"《图经》云：阆水，巴水，渝水，西汉水，皆其名也。出凤州梁泉县嘉陵谷"。

巴江水 指今四川之长江。《白居易集》卷11《南宾郡斋即事·寄杨万州》："山上巴子城，山下巴江水。中有穷独人，强名为刺史。"

巴江县 唐置，属蛮州。治所在今贵州龙里县北巴江乡。后废。

巴兴县 东晋永和中置，为遂宁郡治。治所在今四川大英县东北郪口镇长江坝。南齐为东遂宁郡治。西魏改为长江县。

巴安县 清光绪三十三年（1907）置，为川滇边务大臣驻地。治所在今四川巴塘县。次年升为巴安府。1913年复改巴安县，属边东道。次年属川边特别区。1939年属西康省。1951年改为巴塘县。1955年属四川省。

巴安府 清光绪三十四年（1908）升巴安县置，属川滇边务大臣。治所即今四川巴塘县。辖境相当今四川巴塘、乡城、得荣三县，理塘西部及西藏盐井县地。1913年复改为巴安县。

巴阳水驿 在今重庆市云阳县西。明嘉靖《云阳县志》卷上：巴阳水驿在"县西五十里"。《清一统志·夔州府二》：巴阳驿"在云阳西六十里。一名小彭驿。以彭溪为名"。

巴阳溪镇 在今重庆市云阳县西巴阳溪注入长江处之巴阳村。镇以巴阳溪而名。明嘉靖《云阳县志》卷5：有巴阳公馆、巴阳水驿、巴阳河，均在县西五十里。《清一统志·夔州府二》：巴阳驿"在云阳县西六十里"。一说在今县东龙洞乡东。

巴贡 在今西藏察雅县北。清乾隆《卫藏通志》卷6："包墩东行一百里，名巴贡，有观音阁，自察木多至于此，多建汉人寺。"

巴克什营 即今河北滦平县西南六十里巴克什营镇。清置巴克什行宫。

巴克图卡伦 清乾隆年间置，在今哈萨克斯坦东部额敏河北。清《塔尔巴哈台事宜》卷3："巴克图卡伦在城西三十里。"

巴克特里亚 即大夏。中亚细亚古国。在今阿富汗北部兴都库什山与阿姆河上游之间。

巴县 ①北周武成二年（560）改垫江县置，为巴郡及楚州治。治所即今重庆市区。《元和志》卷33巴县："阆、白二水东南流，曲折如巴字，故谓之巴，因以为名。"隋开皇初为渝州治，大业三年（607）为巴郡治。唐武德元年（618）为渝州治，天宝元年（742）为南平郡治，乾元元年（758）复为渝州治。北宋崇宁元年（1102）为恭州治。南宋淳熙十六年（1189）为重庆府治。元为重庆路治。明、清为重庆府治。民国初为东川道治。1929年析城区置重庆市。1954年迁治渔洞镇。1994年撤销，并入重庆市。改为巴南区。

②明洪武九年（1376）降巴州置，属保宁府。治所即今四川巴中市。正德九年（1514）复升为巴州。

巴里木 即巴里玛。今内蒙古呼伦贝尔市之牙克石市东南巴林镇。《清史稿·地理志》：布西直隶厅有"巴里木"等车站。

巴里玛 又作巴里木。清雍正十年（1732）设驿站，即今内蒙古呼伦贝尔市之牙克石市东南巴林镇。"巴里"为蒙古语"巴拉"的音变，意为"有虎的地方"。

巴里坤 即巴尔库勒。今新疆巴里坤哈萨克自治县。清雍正七年（1729）建城。九年（1731）设安西厅，乾隆三十八年（1773）升为镇西府，咸丰五年（1855）改为镇西厅。1913年改镇西县。1953年改名巴里坤县。1954年改设巴里坤哈萨克自治县。据冯承钧《西域地名》：巴里坤，"突厥语，意为'虎湖'。清之巴尔库勒、巴里库勒、巴里坤，皆为其音译。因湖在其境内，以湖得名”。

巴里坤湖 即巴尔库勒淖尔。在今新疆巴里坤哈萨克自治县西北十五里。《清一统志·镇西府》：巴尔库勒海“旧音巴里坤淖尔”。

巴里郎 亦名八里郎。即今西藏洛隆县西八里。藏语意为帐篷山、牛帐篷山。当内地与西藏往来通道。清乾隆《卫藏通志》卷3：巴拉山“在硕板多西南，势平坦，上下约三十里，至巴里郎”。

巴里黑 即班勒纥城。今阿富汗北境巴尔赫。《元史·地理志·西北地附录》有“巴里黑”。为察合台汗国地。

巴邑镇 清置，即今陕西渭南市东北二十八里巴邑镇村。北魏为下封县治。

巴沟河 一名丰乐河。在今河南商丘、虞城、夏邑、永城等市县境。《清一统志·归德府》：丰乐河“自商丘县朱家双庙流至焦家庄，入夏邑县界，名曰响河。又东流至朱家桥，入永城县界，名曰巴沟河。又流至梁家桥入江南境，出睢河以达洪泽湖。此为商丘、夏邑、永城受水、泄水之干河，名虽有三，其实一河也”。

巴补 即八普。察合台汗国属地。在今乌兹别克斯坦纳曼干西南纳伦河北岸。《元史·地理志·西北地附录》有“巴补”，即此。

巴纳木宗 即白朗宗。在今西藏白朗县东北。清乾隆《西域同文志》卷18：“西番（藏）语：巴，乳牛也。纳木，有也。牛多孳乳于此，故名。”

巴青宗 又名何巴青。亦作巴庆宗。原西藏地方政府设，治所在今西藏巴青县西北。藏语意为大牦牛帐篷。1960年改设巴青县，驻拉西乡。

巴林 又称巴铃箐。即今贵州兴仁县东北巴铃镇。清时有巴林汛千总驻守。“巴铃”系苗语音译，意为铃山。

巴林左翼旗 本巴林部，清初建巴林左、右翼两旗，属内蒙古昭乌达盟。左翼旗驻今巴林右旗东北一百里幸福之路苏木北八里敖日盖村。1914年属热河特别区，1928年属热河省。1932年改设林东县，1934年复改巴林左旗，属伪满兴安西省。治所即今巴林左翼旗驻地林东镇。1947年划归内蒙古自治区。1969年划归辽宁省，1979年划回内蒙古自治区。

巴林右翼旗 本巴林部，清初建巴林左、右翼两旗，属内蒙古昭乌达盟。右翼旗驻托钵山（今巴林右旗驻地大板镇套白山下）。乾隆十九年（1754）迁今巴林右旗北五十里沙巴尔台苏木（“沙巴尔台”，蒙古语意为淤泥）。1912年复迁回大板镇。1914年划归热河特别区，1928年属热河省。伪满时属兴安西省。1947年划归内蒙古自治区。1969年划归辽宁省，1979年划回内蒙古自治区。

巴林桥 古潢水石桥。在今内蒙古巴林右旗南西拉木伦河上。清张穆《蒙古游牧记》卷3巴林部：“潢水石桥在今巴林旗界内，距翁牛特北境不远，今尚存。《承德府志》：土人呼为巴林桥，在赤峰县北潢江两岸。”

巴林部 清内蒙古昭乌达盟八部之一。明后期，达延汗第四子阿尔楚博罗特之孙苏巴海，始号所部为巴林，隶属察哈尔汗。天聪二年（1628），苏巴海孙色特尔与其子、侄，因不堪林丹汗掠夺，率部往依科尔沁部，复从科尔沁归附后金。清顺治五年（1648），编为左、右翼二旗。牧地南起西拉木伦河，北至兴安岭山区，其境当今内蒙古巴林左、右旗及林西县地。

巴旺宣慰司 清乾隆三十九年（1774）置，属雅州府。治所在今四川丹巴县北巴旺乡。宣统三年（1911）改流，属道坞委员管辖。

巴咆诺尔池 即今西藏申扎县西北二百三十余里吴如错。南距查尔喀特湖五十余里。清末辛亥年版《西藏新志》卷上：嘉零湖“自西北隅流出，而入查尔喀特湖。又自其北隈出而入巴咆诺尔池”。

巴岭 即今川陕边界之大巴山。《水经·漾水注》：宕渠水“西北出南郑县巴岭，与槃余水同源派注，南流，谓之北水”。《元和志》卷22兴元府南郑县：“巴岭，在县南一百九里。东傍临汉江，与三峡相接。山南即古巴国。”

巴图山 又作勃突山。即今内蒙古巴林右旗南巴尔达木哈喇山。《辽史·地理志》庆州：“辽国五代祖勃突……生于勃突山，因以名。没，葬山下，在州（南）二百里。”《清一统志·巴林》：巴图山“在旗南三十里。蒙古名巴尔当”。

巴图尔和硕卡伦 清雍正五年（1727）设，在今内蒙古额尔古纳市西额尔古纳河西岸。

巴和里河 又作巴呼里河。即今黑龙江省桦南县北倭肯河支流八虎力河。源出县东北七星砬子。西流入倭肯河。清光绪《吉林通志》卷22：窝肯河“北受巴呼里河，河亦曰巴和里”。

巴岳山 在今重庆市铜梁县东南十五里。《舆地纪胜》卷159合州：泸昆山“一名巴岳山，在巴川县南十五里。山有巨石如狻猊，是名香炉峰。有昆谷洞，多苍玉。有濑玉溪，有木莲花，高五六丈，叶如楩楠，花如菡萏，出山则不植”。《方舆纪要》卷69铜梁县：巴岳山“在县南十五里。岩洞幽胜”。

巴忽鲁卫 明正统后置，属奴儿干都司。在今黑龙江省黑河市至逊克县之间黑龙江两岸地区。后废。

巴底宣慰司 一名布拉克底。清康熙四十一年（1702）置安抚司。乾隆二十九年（1764）升为宣慰司，属雅州府。治所在今四川丹巴县北巴底乡。宣统三年（1911）改流，属道坞委员。

巴河 即湖北之巴水。《清一统志·黄州府一》：巴水“南径巴水戍，南流注入江，谓之巴口……《黄冈县志》：上巴河在县东北八十里。南流至东南四十里下巴河入江。……（按）盖巴水上流已湮没，其源之可见者，惟平湖乡河为上流也”。

巴河镇 即今湖北浠水县西七十里巴河镇。明、清置巡司于此。为近代著名学者闻一多故乡。

巴郎山 在今四川小金县东。《清一统志·懋功屯务厅》：巴郎山“在懋功屯务厅东二百一十五里。其山袤延三百余里，与茂州瓦寺土司接界”。民国《懋功县志》：巴郎山“一名斑斓山。古称冉駹，盘亘八九十里。山内有水发源，由东而西，独流至明郭宗，与抚边梦笔山下之水合流，直趋章谷大河”。

巴城湖 在今江苏昆山市西北二十里，西通阳澄湖。《方舆纪要》卷24苏州府昆山县：巴城湖，“《志》云：其地有古巴城，又有巴王冢，湖因以名。西接包湖，东连雉城湖，今包湖、雉城湖大抵为平陆”。

巴城镇 即今江苏昆山市西北十八里巴城镇。元名高墟村，置巴城巡司于此。后徙县西真义镇（今正仪镇）。清改名为巴城镇。《方舆纪要》卷24苏州府昆山县：巴城镇“西枕巴城湖及七鸦浦，又西南通傀儡、阳城诸湖，盐徒往往出没于此”。

巴某 即今伊朗克尔曼东南巴姆。《元史·地理志·西北地附录》有“巴某”。

巴南巴西 在今印度卡纳塔克邦卡尔瓦尔东南。元汪大渊《岛夷志略》：“巴南巴西，国居大响山之南，环居数十里。”

巴思阔山 亦作巴儿思阔山。在今新疆哈密市西北。顾炎武《天下郡国利病书》卷117《西域土地人物略》：鲁珍儿城“有巴思阔山”。

巴哈兰 元察合台汗国属地，即今阿富汗北部昆都士以南巴格兰。

巴哈柴达木 在今青海大柴达镇南。民国汪公亮《西北地理》第五节：青海柴达木戈壁区有巴哈柴达木。

巴峡 ①指今重庆市奉节县东长江瞿塘峡和巫山县之巫峡。《资治通鉴》：南朝陈天康元年（566），“周信州蛮冉令贤、向五子王等据巴峡反，攻陷白帝，党舆连结二千余里”。即此。

②即巴国三峡的简称。指今重庆市区至涪陵区间长江铜锣、明月、黄草三峡。东晋常璩《华阳国志·巴志》：“巴乃畜牧在沮，今东突峡下畜沮是也，……其郡东枳有明月峡、广德屿，故巴亦有三峡。”《资治通鉴》南朝陈天康元年（566）胡三省注：“巴峡，在巴郡巴县，有明月、广德等峡，亦谓之三峡。”

巴音 即今新疆和静县东巴音。1945—1949年在此置莞鲁都斯县。

巴音托海 俗名南屯。即今内蒙古鄂温克族自治旗驻地巴音托海镇。1934年为索伦旗驻地。1948年命名为“巴音托海”，蒙古语意为“富饶的河套”。1958年后为鄂温克族自治旗驻地。

巴彦土库木庙 亦作巴彦图呼穆庙。在今内蒙古阿拉善左旗北巴彦毛道。“巴彦土库木”蒙古语意为“富饶的洼地”。

巴彦州 清光绪三十年十二月（1905年1月）置，属呼兰府。治所在巴彦苏苏（今黑龙江巴彦县）。1913年降为巴彦县。

巴彦苏苏 即今黑龙江省巴彦县。清同治元年（1862）于此置呼兰厅，光绪三十年十二月（1905年1月）改置巴彦州。1913年改为巴彦县。民国徐曦《东三省纪略》卷2：巴彦“县治土名巴彦苏苏”。

巴彦县 1913年改巴彦州置，属黑龙江省绥兰道。治所在巴彦苏苏（今黑龙江省巴彦县）。1928年直属黑龙江省。1945年划归嫩江省。1949年划归松江省。1954年划回黑龙江省。

巴彦岱 即今新疆伊宁市西北二十里巴彦岱镇。清乾隆三十一年（1766）筑惠宁城于此。《清一统志·伊犁》：惠宁城“在伊犁河北、惠远城东北七十里，地名巴彦岱”。

巴彦岱呼巴海 在今新疆昭苏县附近。清徐松《西域水道记》卷4：“特克斯河又东北二十里，伊克华诺辉水入之。……嘉庆六年，（铜厂）又自哈什移于巴彦岱呼巴海（蒙古语：巴彦岱，谓富者；呼巴海，无草木也。谚名曰三道沟）。即伊克华诺辉水所经也。”

巴彦河 又作巴言河。即今黑龙江省鸡东县南大石头河。源出老爷岭，东北流入穆棱河。清齐召南《水道提纲》卷25：穆轮河“又东流，有巴言河自南来注之”。

巴彦南称土司 清雍正时置，属西宁办事大臣。为玉树四十族之一。驻牧地在今青海囊谦县（香达）南，扎曲与吉曲之间。乾隆《西宁府新志》卷19塞外贡马番族：“住牧奇可地方巴彦南称七族，距苏尔莽五百余里。”

巴彦南称界内住牧喇嘛 即觉巴拉土司。在今青海囊谦县西北觉拉乡，为玉树四十族之一。

巴彦哈拉 在今青海称多县西北。为清代西藏拉萨至西宁驿站之一。乾隆《卫藏通志》卷4：乌河那峡“四十里至巴彦哈拉”。

巴彦诺尔 在今青海共和县东北。《清史稿·地理志》青海辉特部南一旗：“巴彦诺尔在青海东南，周四十余里。水西北流出，屈曲三百数十里，入和尔必拉。”

巴彦鄂佛罗门 即法特哈门。在今吉林舒兰市西北法特镇。《清史稿·地理志》舒兰县：“有巴彦鄂佛罗边门，即法特哈，康熙中更名。”

巴彦塔拉 即今内蒙古通辽市科尔沁左翼中旗南巴彦塔拉镇。1947年科尔沁左翼中旗迁治于此。“巴彦塔拉”，蒙古语意为“富饶的甸子”。1956年科尔沁左翼中旗迁今治保康镇。

巴彦塔拉盟 1937年后日伪置，驻厚和豪特市（今内蒙古呼和浩特市）。辖地相当今内蒙古呼和浩特、包头、武川、托克托、清水河、丰镇、兴和、集宁、土默特右旗、察哈尔右翼中旗、察哈尔右翼后旗、察哈尔右翼前旗等地。后废。

巴彦鲁克卡伦 又作巴延珠尔克卡伦。清雍正五年（1727）设，在今内蒙古额尔古纳市西北。

巴彦旗 1933年伪满置，旗府驻地额尔和（今内蒙古莫力达瓦达斡尔族自治旗东北额尔和）。1945年日本投降后仍设巴彦旗。1947年划属内蒙古自治区。1949年4月属内蒙古呼纳盟，5月裁撤，并入莫力达瓦旗。

巴施山 在今贵州施秉县东南。《方舆纪要》卷122施秉县：巴施山在“县东北二十五里。其山圆耸插天，状如卓笔”。

巴郡 ①战国秦惠文王后元九年（前316）灭巴国置，治所在江州县（今重庆市江北区，三国蜀汉移治南岸区）。辖境相当今四川阆中、南充、泸州等市以东，重庆市奉节县以西，綦江、武隆县以北地区。高祖六年（前201）分巴、蜀两郡置广汉郡，辖境缩小。东汉兴平元年（194）益州牧刘璋分置永宁、固陵二郡。建安六年（201）改巴郡为巴西郡，永宁郡为巴郡，固陵郡为巴东郡。三国蜀汉属益州，梁属楚州，隋初属渝州。开皇三年（583）存渝州废巴郡，大业三年（607）又曾改渝州为巴郡。唐武德元年（618）复改为渝州。

②东汉兴平元年（194）刘璋分巴郡为三郡，以垫江以上置巴郡，属益州。治所在安汉县（今四川南充市北）。辖境相当今四川嘉陵江、渠江中下游流域。建安六年（201）改为巴西郡。

巴峪关 明置，属南江县。在今四川南江县东北二百三十五里米仓山，与陕西南郑县交界道口处。《方舆纪要》卷68巴州“米仓关”条下：“《郡志》：大小巴山之间有巴峪关，嘉靖中置。”

巴铃箐 即今贵州兴仁县东北巴铃。《清一统志·兴义府》“阿坚屯”条引《黔记》：“自（安南县）南门小路四十里至阿坚屯，三十里至独脚屯，四十里至巴铃箐，树木蓊翳。”

巴浪宗 明作巴朗。又称白浪木、巴朗宗、巴浪宗、巴纳木宗。即今西藏白朗县西北白郎学。“巴浪”为两姓名。传说13世纪著名喇嘛译师巴扎·尼玛扎巴和纳朗·多吉敦炯二人曾在此处一起念经，后以二人姓名首字为当地地名。清《西藏图考》卷3：“巴浪迤逦而进，过大桥路坦，七十里至春堆。”

巴陵山 又名巴丘山、天岳山。在今湖南岳阳市西南隅，濒临洞庭湖。宋本《寰宇记》卷113岳州引《江源记》云：“昔羿屠巴蛇于洞庭，其骨若陵，故曰巴陵。”

巴陵县 西晋太康元年（280）置，属长沙郡。治所即今湖南岳阳市。《元和志》卷27巴陵县：“昔羿屠巴蛇于洞庭，其骨若陵，故曰巴陵。”南朝宋为巴陵郡治。唐为岳州治。明洪武九年（1376）省入岳州。十四年（1381）复置，为岳州府治。1913年改为岳阳县。

巴陵郡 南朝宋元嘉十六年（439）分长沙郡置，属湘州（后属郢州）。治所在巴陵县（今湖南岳阳市）。梁为巴州治。隋开皇九年（589）废。大业初改罗州复置巴陵郡。辖境相当今湖南洞庭湖南、北、东沿岸各县市地。唐武德四年（621）改为巴州，六年（623）改为岳州。天宝元年（742）复改巴陵郡，乾元元年（758）又改为岳州。

巴勒尔河 又作扎克蒐尔河。即今俄罗斯哈巴罗夫斯克边疆区黑龙江下游东岸支流宏格力河。《清一统志·吉林一》：扎克蒐尔河“在宁古塔城东北二千五十八里，源出庄蔼窝集，西北流入混同江”。

巴勒滚 一作巴尔浑。在今吉尔吉斯斯坦伊塞克湖南岸。清乾隆《西域图志》卷13伊犁西路：巴勒滚“在图斯库勒南岸，古尔班伊勒噶齐西二十里”。

巴萨通拉木山 即今西藏北部及西藏、青海间的唐古拉山。《清一统志·西藏》：巴萨通拉木山“在喇萨北八百余里。即金沙江发源之山也。山势高大，状如乳牛，故名。木鲁乌苏，由山之东流出，入云南界，为金沙江；山西流出之水，名牙尔加藏布河”。

巴盘江 在今云南石林彝族自治县西。《方舆纪要》卷115路南州：巴盘江“在州西。源自曲靖府陆凉州，流经云南府宜良县，入府境，过邑市废县（今宜良县东北古城），至州西南，合铁赤河东南流，入广西府界”。

巴惕客先 即巴达哈伤。在今阿富汗东北巴达克山一带。

巴惯山 在今重庆市秀山土家族苗族自治县东南石耶乡南。《方舆纪要》卷73石耶洞长官司：巴惯山在“司治南一里。山崖多板石，土人呼板石为巴惯也。又南一里有石崖”。

巴渠县 ①南朝宋置，属巴渠郡。治所在今四川宣汉县东北下八乡（下八庙场）。《寰宇记》卷137巴渠县：“以境在巴州宕渠内，故为巴渠县。”隋开皇初废。唐永泰元年（765）复置，属通州。太和三年（829）属开州，四年（830）又属通州。宋属达州。《元史·杨文安传》：世祖中统三年（1262），“军于巴渠”。即此。至元二十二年（1285）废。

②南朝宋武帝时置，属巴东郡。治所在今重庆市开县东北大进镇。《水经·江水注》：清水“源出西北巴渠县东北巴岭南獠中，即巴渠水也”。县取巴渠水为名。北周天和元年（566）改为万世县。

巴渠郡 ①南朝宋置，属梁州。治所在宣汉县（今四川达州市）。南齐辖境相当今四川达州、达县、开江、万源等市县地。后废。

②西魏恭帝二年（555）置，为石州治。治所在东乡县（今四川宣汉县东北一百里普光镇西）。辖境相当今四川宣汉县东北地。北周天和四年（569）改为三巴郡。

巴隆扎萨克旗 和硕特西右翼后旗的俗称。在今青海都兰县西南巴参一带。

巴雅尔河 在今哈萨克斯坦东部斋桑泊西南，为入斋桑泊之水。清徐松《西域水道记》卷5：“哈尔巴哈河西北五十余里有巴雅尔河。”

巴雅斯胡郎图温都尔卡伦 清雍正五年（1727）设，在今内蒙古额尔古纳市西北。因山得名。民国《黑龙江志稿》卷4《地理志·山川》室韦县：巴雅思呼朗图温都尔山“蒙古语，有去皮虎高山也。县西南百八十里，即巴彦珠鲁克山最高拔起之一峰也”。

巴鲁安 一作八鲁弯。元为察合台汗国属地，即今阿富汗喀布尔北帕尔万。

巴普 即八普。察合台汗国属地。在今乌兹别克斯坦纳曼干西南纳伦河北岸。

巴塘 即今四川巴塘县。清于此置巴塘宣抚司。

巴塘宣抚司 清康熙五十八年（1719）置，属雅州府。治所即今四川巴塘县。乾隆《西域同文志》卷18：“巴塘，西番语。巴，乳牛也。地为广甸，多牛群孳乳处，故名。”另据1986年版《巴塘县地名录》云：“巴塘”藏语意为“绵羊声坝”，含“吉祥之意”。光绪三十二年（1906）改流，次年置巴安县。

巴楚州 清光绪二十八年（1902）改玛喇巴什厅置，属莎车府。治所即今新疆巴楚县。1913年改为巴楚县。

巴楚县 1913年改巴楚州置，属新疆喀什噶尔道。治所即今新疆巴楚县。清乾隆《西域同文志》卷3：巴尔楚克，“回语，楚克，全有也。地饶水草，故名”。1930年属喀什噶尔行政区。后直属新疆省。

巴碌头 古海角名。即今印度尼西亚苏门答腊岛东北岸兰沙西北的珀拉克。为古代东西方海上交通线所经。名见《郑和航海图》。明张燮《东西洋考》卷9“西洋针路”条作巴禄头。

巴雾河 在今重庆市巫山县北三十里双龙镇。《明史·邵捷春传》：崇祯十三年（1640），“（罗）汝才、（惠）登相越巴雾河，陷开县”。

巴雾堡 即今重庆市巫山县北双龙镇。清光绪《巫山县志》卷2：巴雾堡在“县东北六十里”。

巴暖三川营 旧名古鄯堡。即今青海民和回族土族自治县南古鄯镇。《清一统志·西宁府二》：巴暖三川营“旧名古鄯堡……城周二里有奇。本朝设守备驻防”。

巴溪戍 在今陕西洋县东北。《水经·沔水注》：汉水“南流径巴溪戍西，又南径阳都坂东”。

巴蔓子墓 俗称将军坟。在今重庆市渝中区七星岗东北民生路侧德兴里与莲花池交界处。巴蔓子为战国时巴国人。据《华阳国志·巴志》记载：“周之季世，巴国有乱，将军蔓子请师于楚，许以三城。楚王救巴，巴国既宁，楚使请城。蔓子曰：‘藉楚之灵，克弭祸难，诚许楚王城，将吾头往谢之，城不可得也！’乃自刎以头授楚使。王叹曰：‘使吾得臣若蔓子，用城何为？’乃以上卿礼葬其头，巴国葬其身，亦以上卿礼。”这座古墓于明崇祯八年（1635）由礼部尚书兼东阁大学士王应熊收入其“涵园”而遭拆毁。至清代以后多次重修。民国间重修时由荣县但懋辛书碑“东周巴将军蔓子之墓”。但《清一统志·施南府》谓楚葬其头于荆门山之阳（在今枝江市西北长江西岸），巴国葬其身于恩施县西北都亭山。

巴翠部 大理国时部落之一。居住于沙过甸一带。在今四川德昌县西南。《元史·地理志》威龙州：“在路西南，夷名巴翠部，领小部三：一曰沙娲普宗；二曰乌鸡泥祖；三曰娲诺龙菖蒲，皆狆鲁蛮种。”元世祖至元十五年（1278）合三部建威龙州。

巴噶泊 即今新疆福海县西南吉力湖。清徐松《西域水道记》卷5：乌隆古河“又西北注噶勒札尔巴什淖尔。淖尔二：小者曰巴噶淖尔，周二百余里，椭圆形，在东南。大者曰噶勒札尔巴什淖尔，周五百余里，形狭而长，在西北。大小相联，正如葫芦而近上为细腰”。

巴颜乌兰山 在清外蒙古车臣汗部境。即今蒙古国克鲁伦河上游之北的巴彦乌兰山。清张穆《蒙古游牧记》卷9：车臣汗右翼中前旗“北至巴颜乌兰山”。康熙二十九年（1690），侍郎温达奏：“噶尔丹令奈冲鄂木布，卜行师，不吉，因居巴颜乌兰诵经三日，沿喀鲁伦河下流而去。”

巴颜布喇 在今甘肃敦煌市西南。《清一统志·安西州》：巴颜布喇“在敦煌县西南一百二十里，通伊逊察罕、齐老图及当色尔腾柴达木之要路”。

巴颜喀喇山 又称大黑山、紫山、闷摩黎山。在今青海中部偏南。为昆仑山脉南支。西接可可西里山，东接岷山及邛崃山。长江与黄河的分水岭。西北—东南走向。海拔5000—6000米。《清一统志·青海厄鲁特》：枯尔坤山“今黄河发源之处，虽有三山，而其至西最大，为真源所在者，巴颜喀喇也。东北去西宁边外一千四百五十五里，延袤约千余里，山不极峻，而地势甚高，……蒙古谓黑为喀喇，谓富贵为巴颜，故名巴颜喀喇山。盖即唐时吐蕃所称昆仑也”。

巴燕戎山 亦作摆羊戎山。古名拔延山，明以后改名。即今青海化隆县北之拉鸡山。明万历《西宁卫志》：正德十四年（1519），“革哑部番镇南温古六失加侵掠洪化寺，兵备副使高显、守备杨佑率兵袭至摆羊戎山，破之”。即此。

巴燕戎格厅 清乾隆九年（1744）置，属西宁府。治所在摆羊戎（今青海化隆回族自治县）。《清一统志·西宁府二》：巴燕戎格厅“其地番回杂居，水草丰美，可垦荒地四十余里。九年增设通判分驻”。1913年改为巴戎县。

巴燕戎格河 亦作巴燕戎格渠。在今青海化隆回族自治县中部。《清史稿·地理志》西宁府：巴燕戎格厅“巴燕戎格河出小积石山东麓，纳厅境诸小水，南入黄河”。

巴燕县 1928年改巴戎县置，属青海省。治所即今青海化隆回族自治县。1931年改为化隆县。

巴燕滩 亦名巴燕庄。在今青海湟源县西北巴燕乡。清宣统《丹噶尔厅志》卷6：巴燕峡“在厅城西三十余里，巴燕庄西北三四里至峡口。峡长五里许，出峡为青海界。海北蒙番从此路进口，西藏番商来丹贸易亦由之，故土人呼为‘藏北路’云”。

孔山 ①在今河北曲阳县西北十五里。《方舆纪要》卷14曲阳县：孔山“山多洞穴，因名”。

②即今河北易县西南五十里孔山。《水经·易水注》：“易水又东径孔山北。山下有钟乳穴，穴出佳乳，采者篝火寻沙，入穴里许，渡一水，潜流通注，其深可涉于中，众穴奇分，令出入者疑迷不知所趣，每于疑路，必有历记，返者乃寻孔以自达矣。上又有大孔，豁达洞开，故以孔山为名也。”

③在今山西大宁县西北三十里。《水经·河水注》：“孔山之上有穴，如车轮三所，东西相当，相去各二丈许，南北直通，故谓之孔山也。”

④在今河南济源市东北二十五里沁河西岸。《水经·沁水注》：“水西有孔山，山上石穴洞开，穴内石上有车辙牛迹。”《隋书·地理志》：河内郡济源县“有孔山”。

⑤在今湖北广水市东。《舆地纪胜》卷77德安府：孔山，“《元和郡县志》，在应山县”。《方舆纪要》卷77应山县“吉山”条下：孔山“在县东三十里。上有风洞，一名洞山。下有孔山坡。正德中，贼赵燧走死于此”。

孔子山 在今湖北黄冈市北九十里，与武汉市新洲区交界处。《方舆纪要》卷67黄冈县：孔子山“在县东百里。俗传孔子自陈、蔡适楚时登此，盖传讹也”。

孔子故井 在今山东曲阜市城中孔庙东诗礼堂后。《清一统志·兖州府二》：孔子故井“相传即夫子所饮之井也”。

孔子准（凖）字池 在今山东汶上县治堂上。《清一统志·兖州府二》：“《县志》：自汉唐以来，中有池，以石为之，外方内圆，刻鲤鱼四，环注以水，上不在水面，下不在底，以示为政者中行之意。”

孔夫子水道 在今江苏长江口狼山、福山之中流。西人第一次驶行长江之轮船名孔夫子，因呼此船所测之水道为孔夫子水道。

孔夫关 在今安徽宁国市东南一百二十里仙霞镇孔夫村，东接浙江安吉县界。《方舆纪要》卷28宁国县“千秋关”条下：“孔夫关在县东南百二十里……其相近者曰豪阡关、唐舍关、白沙关、潼岭关、黄花关，皆自县东南通于潜之别径也。宋南渡后，置关为临安藩卫。”

孔氏南宗家庙 又称南孔庙。在浙今江衢州市城内新桥街。孔子第48代孙孔端友随宋高宗南渡，赐居衢州。南宋宝祐三年（1255）于城北菱塘创建孔子家庙。元季毁于兵火。明正德十五年（1520）在今址重建。清以来曾多次整修。中轴线上建筑有庙门、仪门、大成殿、思鲁阁。阁上存有南渡时从曲阜移来的孔子和亓官夫人楷木像。1996年定为全国重点文物保护单位。

孔水洞 在今北京市房山区西北河北镇万佛堂村西。为一地下溶洞。泉水出口处即万佛堂。洞口岩壁上亦有隋唐雕像及刻经。洞外东侧有辽代花塔一座，右侧有元代“龄公和尚舍利塔”一座。为全国重点文物保护单位。详见“万佛堂、云水洞石刻及塔”条。

孔古烈仓 元岭北行省仓廪。在今蒙古国中戈壁省德勒格尔杭爱附近。《元史·选举志》：“和林昔宝赤八剌哈孙、孔古烈仓改立从五品提举司。”明罗洪先《广舆图》于旺吉河（今翁金河）东标有“孔古列仓”，其地有红古勒山，故名。

孔阳县 西魏改新丰县置，属上庸郡。治所在今湖北竹溪县东南。《元和志》卷21：“因界内孔阳水为名。”隋开皇十八年（598）改为上庸县。

孔村集 即今山东平阴县南孔村镇。清嘉庆《平阴县志》卷3：孔村铺“在城南三十里”。

孔灵山 在今安徽歙县南二十五里。《晋书·孔愉传》：“惠帝末，东还会稽，入新安山中，改姓孙氏，以稼穑读书为务，信著乡里。后忽舍去，皆谓为神人，而为之立祠。”《寰宇记》卷104歙县有孔灵邨，“在县南二十五里”，孔愉“居止在此，谓之孔灵山，祀其上”，即此。

孔垅镇 即今湖北黄梅县南四十二里孔垅镇。清余名芳《黄梅兵事续记》：咸丰三年（1853）九月，太平军“仍由孔垅回窜九江”。

孔林 在今山东曲阜市北三里。《史记·孔子世家》：“孔子葬鲁城北泗上。”《集解》引《皇览》曰：“孔子冢去城一里。冢茔百亩，冢南北广十步，东西十三步，高一丈二尺。”孔子墓东为其子孔鲤（伯鱼）墓，孔子墓南为其孙孔伋（子思）墓。当初墓地不过一顷。自汉以来，历代帝王不断赐给祭田、墓田，面积逐渐扩大，至清代已达三千亩，林垣周长十余里。1961年定为全国重点文物保护单位。1994年与孔庙、孔府一起列入世界遗产名录。

孔垄镇 即今湖北黄梅县南四十二里孔垅镇。清置巡司于此。

孔明礁 在南海中中国南沙群岛中，位于恒礁南。1947年公布名称为孔明礁。以三国时期的政治家、军事家诸葛亮（孔明）命名。

孔岭关 唐置，在今山西广灵县北。《新唐书·地理志》蔚州灵丘县：“有直谷关。其北有孔岭关。”《新五代史·高行周传》：“高思继兄弟在孔领关。”即此。

孔庙 在今山东曲阜市旧城内，东与孔府毗邻。是历代祭祀孔子的地方。鲁哀公十六年（前479）孔子卒，次年，鲁哀公将其故宅三间改建为庙，“岁时奉祀”。自西汉以来，历代帝王不断对孔庙进行重建、扩建，成为一处规模宏大的建筑群。前后共九进院落，从大成门起分为三路，东路为孔子故宅，内有秦始皇焚书坑儒期间孔子九世孙保藏《论语》、《尚书》的鲁壁，中路有巍峨宏丽的祭孔主殿大成殿和拥有一百二十幅明代雕刻圣迹图的圣迹殿，西路为祭祀孔子父母的启圣王殿、启圣王寝殿等。全庙共有殿宇四百六十六间，南北长1000余米，占地三百二十七亩。庙内碑刻上至两汉、下迄民国，真草隶篆各家书体俱备，是国内罕见的大型碑林之一。1994年与孔林、孔府一起被列入世界遗产名录。

孔府 旧称衍圣公府。在今山东曲阜市城内，西与孔庙毗邻。为历代衍圣公的官署和私邸。汉代封孔子嫡裔为奉祀君、关中侯；唐开元年间封文宣公；北宋至和二年（1055）封孔子四十六世孙孔宗愿为衍圣公，徽宗时又封世袭衍圣公。孔子嫡长子原住阙里故宅，称“袭封宅”。宝元年间另建新第，封衍圣公后，始改称衍圣公府。明洪武十年（1377）敕命于故宅东重建府第，弘治十六年（1503）再次拓广，嘉靖时重修。经明、清历次维修扩建，遂具现在规模。面积二百四十余亩，楼房厅堂四百六十三间，院落九进。其布局分为三路，孔府中路前为官衙，后为宅院，东西两路分别为家庙和历代衍圣公读书习礼处。1994年与孔庙、孔林一起被列入世界遗产名录。

孔河 即今山西古交市西屯兰川。《清一统志·太原府一》：孔河“在交城县东北。源出县西北龙鬚山，东南径马兰城北，又东径故交村南，注汾”。

孔函谷 在今甘肃舟曲县南。《三国志·魏书·邓艾传》：景元四年（263），姜维“闻雍州已塞道屯桥头，从孔函谷入北道，欲出雍州后。诸葛绪闻之，却还三十里”。即此。

孔城 ①在今山东平阴县东南孔村。清光绪年间，义和团首领邢兆陆、邢兆复兄弟率众在此焚毁教堂。

②在今河南伊川县西南高山乡张村。东魏天平中置新城郡及北陆浑县于此。后属西魏。《周书·裴宽传》：大统十四年（548），“授孔城城主。十六年迁河南郡守，仍镇孔城”。

孔城镇 北宋置，属桐城县。即今安徽桐城市东二十里孔城镇。

孔亮山 在今广西岑溪市东南黎河南。《明史·童元镇传》：万历二十三年（1595）元镇率兵镇压瑶民起义，“孔亮山‘贼’凭高，弩矢雨下。诸军用火器攻，大破之”。即此。

孔家冈镇 北宋置，属溧水县。即今江苏溧水县南四十五里孔镇村。

孔家庄 即今河北万全县驻地孔家庄镇。清乾隆《宣化府志》万全县四境图：南有孔家庄。

孔家集 一名大孔集。即今河南宁陵县东北二十二里孔集乡。清光绪《归德府志》卷首《宁陵县境图》：东北有孔家集。

孔家渡驿 在今江西抚州市临川区东。《方舆纪要》卷86抚州府临川县：孔家渡驿在“府东五里。宋曰朝京驿，置于文昌桥东。元改置于孔家渡西岸。今因之”。清裁。

孔家镇 古名孔家冈镇。即今江苏溧水县南四十五里孔镇村。《清一统志·江宁府二》：孔家镇“在溧水县南”。

孔雀山 在今广西钦州市西。《舆地纪胜》卷119钦州：孔雀山“在州西南五里。一名内三山。其山特出一郡众山之表，三峰峙立。山中多孔雀。陶弼创亭其上”。

孔雀河 ①在今新疆库尔勒市和尉犁县境。清宣统《新疆图志》卷70：“开都河自博斯腾淖尔溢出，折西南行径库尔勒回庄为孔雀河，其流南入布它海子，又折东南行为共琦河，又东南与英乞盖河合流迳蒲昌城之东，南流注塔里木河。”“孔雀”系维吾尔语“皮匠”的音译。

②集镇名。即今新疆尉犁县。1914年新平县迁治于此。寻改新平县为尉犁县，仍治此。

孔雀河烽燧群 在今新疆尉犁县孔雀河故道旁或山坡地上。为汉晋时期丝绸之路楼兰道上的重要军事设施。始建于公元前1世纪。烽燧群地处营盘古城至库尔勒之间，基本走势是由楼兰沿孔雀河故道向库尔勒方向延伸，分布在长约150公里的地段内。现存十一处烽燧遗迹，自东向西依次为营盘、兴地1号、兴地2号、兴地3号、脱西克吐尔、脱西克西吐尔、卡勒塔勒、沙鲁瓦克、萨其该、孔基、孔基西亚克伦等。其间距5—10公里不等，用夯土和土坯筑成，烽体方形，残高3—10米不等。孔雀河烽燧群是汉晋时期楼兰地区军事设施，对研究汉晋时期西域历史、军事、交通等具有重要意义。2001年定为全国重点文物保护单位。

孔雀溪 即今四川筠连县西南孔雀场。明于此置土巡司。明曹学佺《蜀中名胜记》卷15筠连县：“县西南孔雀溪，有孔雀溪巡检司，土舍主之。”

孔望山 ①在今江苏连云港市西南五里，锦屏山锦屏峰东北。《寰宇记》卷22海州朐山县：“孔望山在县西南一百六十里。《春秋》……云，此山与郯城相近，当是孔子之郯问礼之时，因登此山遂以名之。”《清一统志·海州》引《舆地要览》：“孔子之郯问礼时，尝登此山，故名。”《明一统志》以今连云港市海州锦屏山东北之故城山为孔望山。山上石刻最为珍贵的是汉代摩崖画像石刻，依山岩的自然形式凿成，是我国迄今发现最早的佛教石刻艺术。有佛龛共一百〇五个，可分为十八组。与佛教有关的十二组，与道教有关的六组。佛教内容有佛、菩萨、弟子、力士和供养人等，故事以释迦牟尼佛的本生和本行故事为题。道教内容主要表现道教崇拜形象。雕刻以平面浮雕为主，风格古朴。1988年定为全国重点文物保护单位。

②在今山东郯城县东南三十里。《寰宇记》卷17淮阳军下邳县：孔望山“在郯城乡。传云：孔子昔于此山登望”。

孔提县 北魏置，属武都郡。治所在今甘肃陇南市武都区东北。寻入于南朝宋，属北阴平郡。《宋书·孝武帝纪》：大明四年（460），“索虏寇北阴平孔堤，太守杨归子击破之”。即此。西魏兼置孔提郡。北周郡县俱废。

孔提郡 西魏置，属武州。治所在孔提县（今甘肃陇南市武都区东北）。北周废。

孔嘎宗 即贡嘎宗。治所在今西藏贡嘎县西。

𠙽山 又作𡶷，读作偶。又名𠙽亭山、𡶷姥峰。在今江苏溧阳市东北二十五里，与宜兴市交界处。宋

《景定建康志》卷17引《风土记》云："昔有凾姓姥于此得道。"《方舆纪要》卷20江宁府溧阳县：昷山"宋德祐初，蒙古陷建康，转运判官赵淮起兵溧阳、宜兴间，屯据昷山，阻长荡湖为固，寻败没"。即此。

办顿市 在今湖北京山县西北。《方舆纪要》卷77京山县：办顿市"在县西北九十里。亦名办顿村。相传汉光武曾屯留于此，又关壮缪亦尝驻焉。一名卓刀市"。

以冲海子 在今贵州安龙县南。《方舆纪要》卷121普安州"响水"条下："以冲海子在州西南安所城南。周三里，深不可测。旁有石门，海子之水注入焉。"

以撒河 在今贵州黔西县西北。《方舆纪要》卷123附水西宣慰司："以撒河在果勇底东北，湍流迅险，流合六归河。"

允山县（允 yǔn） 即胤山县。治所在今四川广元市东南一百三十里。《方舆纪要》卷68广元县：允山城"在县东南。……天宝初，改（义清）曰允山，宋初改为平蜀县"。

允川 在今青海贵德县西北黄河以北地区。《后汉书·西羌传》：永元十三年（101），烧当羌迷唐复还赐支河曲，将兵向塞，周鲔等"兵合三万人，出塞至允川，与迷唐战"，迷唐败走赐支河首。

允州（允 yǔn） ①隋开皇十一年（591）改封州置，治所在新会县（今广东江门市新会区北），当年改为冈州。

②北宋崇宁四年（1105）于安口砦置，治所安口县（今贵州从江县东北）。政和中州、县俱废。

允吾县（允 yán） ①西汉置，为金城郡治。治所即今青海民和回族土族自治县南古鄯镇北古城。三国魏废。

②隋大业二年（606）改邑次县置，属凉州。治所在今甘肃省永登县。三年（607）属武威郡。六年（610）改为会宁县。

允谷盐池 即今青海海晏县西北尕海。《汉书·王莽传》：元始五年（公元5年），平宪等奏言："羌豪良愿等种，人口可万二千人，愿为内臣，献鲜水海、允谷盐池，平地美草皆予汉民，自居险阻处为藩蔽。"

允常冢 在今浙江绍兴市南会稽山麓。《越绝书》卷8载："木客大冢者，句践父允常冢也，初徙琅琊，使楼船卒二千八百人伐松柏以为桴，故曰木客。去县十五里。"《水经·浙江水注》："浙江又径越王允常冢北，冢在木客村。耆彦云，句践使工人伐荣楯，欲以献吴，久不得归，工人忧思，作木客吟，后人因以名地。句践都琅邪（今山东胶南市西南琅琊镇），欲移允常冢，冢中生分风，飞沙射人，人不得近，句践谓不欲，遂止。"木客村今称木栅，在城南会稽山麓。

允街县（允 yán） 西汉神爵二年（前60）置，属金城郡。治所在今甘肃兰州市西北红古区花庄镇。《后汉书·明帝纪》：中元二年（57）九月，"烧当羌寇陇西，败郡兵于允街"。李贤注："允街，县名也。音铅，街音佳。属金城郡。故城在今凉州昌松县东南。城临丽水，一名丽水城。"西晋末废。

予道县 西汉置，属陇西郡。治所当在今甘肃洮河流域。东汉废。

邓 ①西周国名。曼姓。在今湖北襄阳市襄城区西北邓城。《左传·昭公九年》："及武王克商，……巴、濮、楚、邓，吾南土也。"公元前678年为楚所灭。

②春秋蔡邑。即今河南漯河市东南召陵区邓店。《春秋》：桓公二年（前710），"蔡侯、郑伯会于邓"。杜注："颍川召陵县西南有邓城。"

③春秋时鲁地。在今山东兖州市境。《左传》：隐公十年（前713），"公会齐侯、郑伯于中丘。癸丑，盟于邓为师期"。杜注："鲁地。"

④战国魏邑。在今河南孟州市西南。《史记·秦本纪》：昭襄王十六年（前291），"左更错取轵及邓"。《正义》引《括地志》云："故邓城在怀州河阳县西三十一里。"又，《水经·湛水注》："湛水又东南径邓，南流注于河，故河济有邓津之名。"

邓川州 元世祖至元十一年（1274）改德源千户置，属大理路。治所在德源城（今云南洱源县东南三十六里，邓川镇东北郊）。明、清属大理府。万历二十八年（1600）迁治来凤冈（今洱源县东南三十二里旧州），崇祯十三年（1640）又迁邓川驿称新州（今洱源县东南三十八里邓川镇）。1913年废为县。

邓川县 1913年改邓川州置，后属云南腾越道。治所在今云南洱源县东南三十八里邓川镇。民国《云南省民政厅〈有关各县更改县名〉案卷》："邓川县名系由唐时六诏中邓赕诏之土名继续更易，沿用至今。"1929年直属云南省。1958年撤销，并入剑川县。

邓门陂 在今河南西华县西二十里。《新唐书·地理志》陈州西华县："有邓门废陂。神龙中，令张余庆复开，引颍水溉田。"《清一统志·陈州府》：邓门陂"在西华县西二十里柳城侧，以邓艾故址，因名"。

邓井关 清置，即今四川富顺县西南十五里邓井关镇。自流井、贡井盐舟出关，在此查验，为富顺水陆通衢，濒溪市聚之冠。《清一统志·叙州府二》：邓井关"在富顺县南十五里。本朝乾隆二十三年设县丞驻此"。

邓井镇 北宋置，属富顺监。即今四川富顺县西南邓井关镇。

邓公山 又名银山或银峰山。在今江西德兴市东。《舆地纪胜》卷23饶州：邓公山"本名银山，因邓远为场，改今名"。《明一统志》卷50饶州府：银山"在德兴县东三里。一名邓公山。山出银，唐总章初置场。至宋天圣间，山穴倾摧，而银课未除，范仲淹守郡，请罢于朝。因有诗云：三出专城鬓如霜，一封奏罢邓公场"。

邓公场 ①唐上元二年（675）置。即今江西德兴市。《寰宇记》卷107饶州德兴县："本饶州乐平之地，有银山，出银及铜。唐总章二年，邑人邓远上列取银之利。上元二年因置场监，令百姓任便采取，官司什二税之，其场即以邓公为名，隶江西盐铁都院。至伪（南）唐升为德兴县。四面皆水。"

②在今四川新津县南邓双镇北。清道光《新津县志》卷9：邓公场在"县南五里，彭山大道"。

邓艾城　在今甘肃文县东。《元和志》卷22曲水县：邓艾故城"在县东七里。魏景元四年，邓艾伐蜀……所筑城也"。

邓石如故居　俗称邓家大屋。在今安徽安庆市北大龙山下白麟坂。邓石如（1743—1805）名琰，字顽伯。自号完白山人。清代书法名家。故居建于清乾隆六十年（1795），分厅堂、书斋、起居室，为邓氏晚年隐居之所。因自用铁砚一方，故名书斋为铁砚山房。清嘉庆十年（1805）邓氏病逝于此。附近有邓石如墓。

邓宁郡　西魏废帝元年（552）置，属邓州。治所在尚安县（今四川九寨沟县西北）。《寰宇记》卷134文州："取前邓羌部落所居为州郡之名。"辖境相当今四川九寨沟县西北地。恭帝二年（555）改为武进郡，后又改为尚安郡。隋开皇三年（583）废。

邓至山　在今四川九寨沟县东二十五里。《隋书·地理志》同昌县："有邓至山，云邓艾所至，故名焉。"《元和志》卷22同昌县："邓至山，在县东二十五里。"

邓至羌　南北朝时羌族的一支。《魏书·邓至传》："邓至者，白水羌也，世为羌豪，因地名号，自称邓至。其地自亭街以东，平武以西，汶岭以北，宕昌以南。土风习俗，亦与宕昌同。"居住范围相当今甘肃东南隅及四川九寨沟、松潘二县及平武以北地区。主要集中于白水江流域，因号白水羌。

邓至城　南北朝时邓至羌建。有二：一在今四川九寨沟县白水河东岸。《水经·漾水注》："白水又东南径邓至城南，又东南与大夷祝水合。"一在今九寨沟县南。《元和志》卷22扶州同昌县："邓至故城在县南三里。"

邓廷桢墓　在今江苏南京市仙鹤门东、灵山下邓家山。邓廷桢（1776—1846），字嶰筠，江宁（今南京）人。嘉庆进士。道光年间任两广总督，积极支持林则徐禁烟。后调任闽浙总督，被投降派诬陷，与林则徐同时被革职，谪戍伊犁。不久又召回任陕西巡抚，道光二十六年（1846）卒于西安任所。归葬江宁灵山。1958年由南京市文物保管委员会竖立的墓碑正面刻"清两广闽浙陕甘总督邓廷桢之墓"，背面刻"重立碑记"，叙述邓廷桢的简历和功绩。

邓州　①西魏废帝元年（552）于邓至羌地置，治所在尚安县（在今四川九寨沟县西北）。《元和志》卷22扶州：旧置邓州，"因邓至羌为名也"。辖境相当今四川九寨沟县及甘肃舟曲、文县部分地。隋开皇七年（587）改为扶州。

②隋开皇七年（587）改荆州置，治所在穰县（今河南邓州市）。大业初改为南阳郡。唐武德二年（619）复改邓州。辖境相当今河南邓州、南阳二市及南阳、新野、内乡、西峡、淅川、镇平、南召等县地。天宝元年（742）改为南阳郡，乾元元年（758）复为邓州。元属南阳府。明省穰县入州。清不领县。1913年改为邓县。

邓州市　1988年撤销河南省邓县，改设邓州市，市人民政府驻新华路。1994年由南阳市代管。

邓坎砦　在今贵州凤冈县南。《清一统志·石阡府》：邓坎砦，"明万历中，杨应龙攻龙泉，袭官军于邓坎，官军击走之"。

邓步镇　宋置，属溧水县。即今江苏高淳县东北定埠镇。宋《景定建康志》卷16：社渚镇"乾道四年移税额于溧水县邓步"。

邓县　①春秋楚置，秦昭襄王二十八年（前279）入秦，属南阳郡。治所在今湖北襄阳市襄城区西北邓城。汉为南阳郡都尉治。西晋属义阳郡。南朝宋属京兆郡。南齐为京兆郡治。北周废。

②1913年改邓州置，属河南汝阳道。治所即今河南邓州市。1927年直属河南省。1988年改为邓州市。

邓国故址　在今湖北襄阳市城区西北十二里。为西周邓国都城遗址。公元前678年，邓被楚国所灭。至北宋时，邓城尚存。现存故城址呈正方形，南北宽760米，东西长850米，占地1.5平方公里，城墙基宽30—50米，东、西城门宽15米，南、北门宽10米，护城河宽40—50米。城内有清代建筑宁国寺（现为邓城学校）。2006年定为全国重点文物保护单位。

邓里渠　在今山东茌平县东。《水经·瓠子河》："又东北过临邑县西，又东北过茌平县东为邓里渠。"又，《水经·河水注》：河水"又东北迳东阿县故城西，而东北出，流注河水，支津东出，谓之邓里渠也"。

邓城　春秋蔡邑。即今河南漯河市东南召陵区邓店。《春秋》：桓公二年（前710），"蔡侯、郑伯会于邓"。杜注："颍川召陵县西南有邓城"。《水经·汝水注》："汝水又东南流，迳郾县故城北，……汝水又东南流迳邓城西。"均即此。

邓城县　西晋置，属襄阳郡。治所在今湖北襄阳市襄城区西北。寻废。唐贞元二十一年（805）改临汉县置，属襄州。治所在今襄城区西北邓城。北宋宣和元年（1119）属襄阳府。南宋绍兴七年（1137）废。

邓城镇　①南宋绍兴七年（1137）废邓城县为镇，属襄阳县。在今湖北襄阳市襄城区西北邓城。《宋史·食货志八》：南宋乾道元年（1165），"襄阳邓城镇、寿春花靥镇、光州光山县中渡市皆置榷场，以守臣措置，通判提辖"。

②即今河南商水县西北三十四里邓城镇。《清史稿·地理志》商水县：西北有"邓城"。即此。

邓柯县　1913年改登科府置，属边西道。治所在今四川石渠县南洛须镇。次年属川边特别区。1939年属西康省。1955年属四川省。1978年撤销，并入石渠、德格二县。

邓家坝堡 在今湖北竹山县西南。《方舆纪要》卷79竹山县“吉阳关”条下：“县南三百里为邓家坝堡。……成化以后增置，为控驭之所。”

邓家栅 即今河北丰宁满族自治县西五十里邓家栅子。清于此设外委戍守。《清史稿·地理志》：承德府丰宁县有“邓家栅”镇。

邓家埠口 简称埠口街。即今河南社旗县南十六里埠口。旧属唐县。清乾隆《唐县志》卷1《集镇》：“邓家埠口，县北七十里。”

邓家埠市 即邓埠镇。今江西余江县驻地。

邓通城 在今四川荥经县北三十里。《舆地纪胜》卷147雅州：邓通城“在荣经县东三十里。文帝尝赐通严道铜山铸钱。又有饿死坑，亦通饿死之地也。李石诗曰：多少金钱满天下，不知更有邓通城”。

邓埠镇 ①即今江苏高淳县东六十里定埠镇。南宋《景定建康志》卷16：“邓步镇在溧水县南一百二十里。乾道四年正月差官收税。宝祐四年权镇张师鲁申府移东坝市收税。”清光绪《江苏全省舆图》高淳县：“邓埠即古东坝镇，亦曰广通镇。在治东五十里。”

②即今江西武宁县西南邓埠。明嘉靖《武宁县志》卷1：“邓埠港源出杨港山。”清同治《南昌府志》卷6武宁县：邓埠市“距县三十里”。有渡，为西通修水县要道。

③又名邓家埠镇。即今江西余江县驻地，地当上清水合青田港水之口。《清一统志·饶州府二》：邓家埠市“在安仁县西南四十里，与抚州东乡县、广信贵溪县接界。本朝嘉庆十六年移县丞驻此”。

邓尉山 又名袁墓山。或作玄墓山、元墓山。俗名光福山。在今江苏苏州市吴中区西南光福镇附近。相传汉有邓尉隐此，故名。民国《吴县志》卷19：“玄墓山在邓尉山东南六里，本为一山，北称邓尉，而南称玄墓也。相传东晋青州刺史郁泰玄葬此，故名。明初，万峰和尚居之，又名万峰山。”

邓赕 宋大理置，属首府大理地区。治所在德源城（今云南洱源县南三十六里，邓川镇东北郊）。元改邓川州。

邓塞 在今湖北襄阳市东北。西晋陆机《辨亡论上》：“魏氏尝藉战胜之威，率百万之师，浮邓塞之舟。”《水经·淯水注》：“浊水又东径邓塞北，即邓城东南小山也。方俗名之为邓塞。昔孙文台破黄祖于其下。浊水东流注于淯。淯水又南径邓塞东。”即此。

邓演达墓 在今江苏南京市中山门外灵谷寺东。邓演达（1895—1931），字择生，广东归善（今惠阳）人。早年加入同盟会。坚决捍卫孙中山先生“联俄、联共、扶助农工”的三大政策，参加过讨伐陈炯明的战役。1925年后任黄埔军官学校训练部副主任、教育长。北伐战争期间任国民革命军总政治部主任、湖北省政府主席。1927年蒋介石背叛革命后，反对蒋介石的独裁统治。1931年8月在上海被捕，11月被杀害于南京东郊砂子岗。1957年11月将其遗骸迁葬于此。墓碑由何香凝题“邓演达烈士之墓”。2001年定为全国重点文物，归入中山陵保护单位。

邓襄城 即春秋战国时之邓邑。在今河南漯河市召陵区东南邓襄镇。

劝农山 在今四川富顺县南二里。《方舆纪要》卷70富顺县：劝农山“在县治南。岩洞殊胜，前接圣灯山。山之西有石峰峭拔”。《清一统志·叙州府一》：劝农山“宋太守黄商卿常劝农于此。上有洗马池、清泉洞”。

劝农县 辽开泰二年（1013）置，属大定府。治所在今内蒙古宁城县西南必斯营子乡邢家沟村东。该村曾出土辽贾师训墓碑，碑文称“葬于京南劝农县西德山之阳”。金废。

劝农亭 即今湖北巴东县南九十四里野三关镇。清雍正八年（1730）移野山关巡司于此。民国初设县佐驻此。

双下水 在今广东韶关市曲江区西北。《方舆纪要》卷102韶州府曲江县：双下水“在府西五十里。有两涧合流，因名。南流五十里入于浈水”。

双山 ①在今山西永和县东南。《寰宇记》卷48永和县：双山“在县东二十里，二山各高千余尺，峰岩秀异，因名双山”。

②在今重庆市铜梁县东南。《舆地纪胜》卷159合州：双山“在巴川县南五十里。相传渔者网得二石，其一飞去，其留者因即山筑屋而宝祠之，石埋土中，其可见者高不盈尺，广尺有三寸”。《元史·王守诚传》：至正间，“重庆铜梁县尹张文德，出遇少年执兵刃，疑为盗，擒执之，果拒敌。文德斩其首，得怀中帛旗，书曰南朝赵王。贼党闻之，遂焚劫双山”。即此。

③在今贵州大方县西北二十里。《清一统志·大定府》引《贵州通志》：“两峰屹立道旁，如双阙然。”山下有双山镇。

双山台（臺） 明置，即今辽宁阜新蒙古族自治县阜新镇西南双山堡。明《万历武功录》卷11《阿台阿革列传》：“（阿革）与酋长讨花，拥一百六十余骑，从三山寨堡双山台入，……汉出兵追逐。”即此。

双山关 在今湖北红安县北。《方舆纪要》卷76黄安县：双山关在“县北百里。《志》云：关距木陵关十里，北抵光山县界。两岸万仞，一窦九折，怪石欲堕，惊涛如雷，过其下者虽勇夫健儿未尝不逡巡色变，盖诸关中之至险者。今有巡司”。

双山县 ①1914年置，属奉天省洮昌道。治所在今吉林双辽市东北双山镇。1929年直属辽宁省。1940年并入辽源县。

②1944年山东革命根据地由峄县北部山区和滕县东南部析置，治辛庄（在今山东滕州市东南）。1946年改名麓水县。

双山崖镇　即今吉林德惠市西南双山子。《清史稿·地理志》德惠县："西：双山崖镇，达农安。"

双山堡　在今陕西榆林市东北麻黄梁镇。《清一统志·榆林府一》：双山堡，"明正统二年筑水地湾寨，成化中余子俊移筑今堡。城在山冈，周三里九十步，门三，东北深沟，南面峻坡深壑，唯西稍平，为极冲中地。本朝初设都司驻守。乾隆四十七年裁，设有千总分防"。

双门山　在今江西广丰县东。《方舆纪要》卷85广信府永丰县：双门山在"县东北三十五里。两峰并峙，纡回二十余里。东接衢州，北连玉山，远望如双门。往来常、玉二邑者必取道于其下"。

双女山　在今广东佛山市南海区北，东距广州市十五里。《宋史·刘张传》：开宝四年（971），伐南汉，潘美破英、雄二州，次泷头，刘张遣使请和，美挟张"过马径，去广城十里，砦于双女山下"。《方舆纪要》卷101广州府南海县：双女山"俗名凤山"。

双女屿　即今海南省陵水黎族自治县东南海中双帆石。《舆地纪胜》卷126万安军：双女石"在城南陵水县界"。《方舆纪要》卷105陵水县：双女屿"在县东百里大海中，去岸半日。周围数十里。两石对峙如人。上有淡水，海舶多就汲焉"。

双马山　在今广西武鸣县西北。《方舆纪要》卷111思恩府：双马山"在府西五十五里。二峰昂耸，如骏马并驰，因以名"。

双马石　在今江西井冈山市（茨坪）西南。为井冈山五大哨口之一，是通往遂川及湖南的要隘。因哨口前路右侧有两块巨石叠在一起而得名。1927年10月底，毛泽东率领工农革命军到达双马石外面的荆竹山，王佐在大井闻讯，亲自到此迎上井冈山。

双井　①在今江西修水县西双井。《明一统志》卷49南昌府：双井"在宁县西二十里。黄庭坚所居之南溪心有二井，士人汲以造茶，绝胜他处"。

②在今云南曲靖市北。《清一统志·曲靖府》：双井"一井两窍，相传诸葛亮所筑"。

③在今四川泸州市旧城内。《舆地纪胜》卷156泸州：双井"在州治中。又郡城西偏有甘井。绍兴中斥濠堑得碑，乃唐乾元中苏德充所开也"。

双井堡　即今甘肃高台县西北一百七十里双井子村。《清一统志·肃州》：双井堡"在高台县镇夷城西南七十里，西至本州临水堡六十里。城周一百二十四步。今有把总"。

双井湖　在今广东东莞市东南。《舆地纪胜》卷89广州：双井湖"在东莞县东南一百里。《旧经》云，昔岗下有双女陷湖，岁月绵邈，每至晴霁，湖中有双鲤长丈余"。

双井镇　即今河北魏县东南三十里双井镇。《方舆纪要》卷16魏县："又有双井镇，即双井渡，漳卫合流之冲。"

双冈　在今河北邯郸市西北。《资治通鉴》：唐建中二年（781），魏博帅田悦拒命，河东帅马燧"命大将李自良等御之于双冈"。胡三省注："双冈在邯郸西北、临洺之西，亦名卢家疃。"即此。

双凤山　在今山西寿阳县北。《方舆纪要》卷40寿阳县："双凤山在县北三十里，两峰状若伏凤，山之东有剩水泉。"

双凤驿　即今四川隆昌县西北双凤镇。清乾隆《隆昌县志》卷4：双凤驿场"北六十里"。驿当内江与隆昌之间，距离均六十里，为巴蜀通衢。

双凤墟　即今广西博白县西北浪平乡双凤村。清光绪《广西舆地全图》博白县图：西北有双凤墟。

双凤镇　又名双林。别称凤林、凤溪。即今江苏太仓市西北二十里双凤镇。《清一统志·太仓州一》：双凤镇，"相传晋成帝时，耕者斫土皆五色，得一石函，中有石龟二，化为双凤，故以名乡，镇亦因之"。

双古坟镇　即今四川荣县西北双古镇。清道光《荣县志》卷10：双古坟场在"县北六十里"。

双石崖　在今湖南洪江市境内。《明一统志》卷65辰州府：双石崖"在黔阳县（治今黔城镇）南九十里。有二石对立，又名屏风崖。三面如一，传言石根随水高下，土人神之，舟楫莫敢忤犯。本朝景泰间，苗寇弗靖，人皆避其上，因筑寨置戍，名为安江双崖城"。

双石铺　①即今四川自贡市西南仲权镇。民国《富顺县志》卷3：双石铺"距县一百里。双溪环绕，富、宜分疆"。著名的革命者李仲权、卢德铭为本镇人。为纪念李仲权，改名为仲权镇。

②在今四川资中县北。清嘉庆《四川通志》卷89资州：双石铺"在州北二十里"。

③亦作方石铺。即方石镇。今陕西凤县驻地双石铺镇。1950年凤县迁治于此。

双石铺支线　自陕西宝鸡至双石铺（今凤县）。长106.2公里。为陇海铁路支线。1938年建成。1945年被拆除。

双龙石窟　即万安禅院石窟。在今陕西黄陵县西北双龙镇西。

双龙场　①即今重庆市长寿区东北双龙镇。清光绪《长寿县志》卷1：双龙场在"治北六十里"。

②即今四川阆中市南双龙镇。民国《阆中县志》卷5：双龙场在"县南三十里"。

③即今四川宜宾县西南双龙镇。清光绪《叙州府志》卷8宜宾县：双龙场在"治西南一百九十里"。《清史稿·曾纪凤传》：同治元年（1862），"石达开窜踞叙州双龙场"。即此。

双龙镇　又作双龙城。亦名大五井子。即今黑龙江省望奎县。1913年于此置望奎设治局。1917年改为望奎县。

双辽市　1996年撤销吉林省双辽县，改设双辽市，市人民政府驻辽河路。由四平市代管。

双辽县　1940年伪满改辽源县置，属四平省。治所在郑家屯（今吉林双辽市）。1945年属辽北省。1949

年属辽西省。1954 年属吉林省。1996 年改设双辽市。

双台（臺）子　即今辽宁盘锦市双台子区。清光绪年间于此置盘山厅。1913 年改为盘山县。1984 年改设地级盘锦市，为盘锦市驻地。

双屿　在今浙江舟山市普陀区西南六横岛与佛渡岛之间，系明中叶贸易商港。《明史·朱纨传》："闽人李光头、歙人许栋据宁波之双屿，为之主司。"即此。明嘉靖二十七年（1548）港为朱纨捣毁。

双屿港　即双屿。在今浙江舟山市普陀区西南六横岛与佛渡岛之间。明嘉靖间，奸商王真勾结倭寇盘踞于此，出没剽掠，后为巡抚朱纨所破。

双则红凹寨　在今四川若尔盖县境。清康熙四十二年（1703）置双则红凹寨土千户。

双合场　亦名双河场、铁山坪。即今重庆市大足县西六十里铁山镇。清道光《大足县志》卷 2：双合场"在县西六十里"。

双凫铺　即今湖南宁乡县西南六十里双凫铺镇。清嘉庆《宁乡县志》卷 3 有双凫铺。

双羊山　在今安徽宣城市南。《方舆胜览》卷 15 宁国府：双羊山"在宣城南五里。以山有双羊石，故名。梅圣俞诗：风雪双羊路，梅花山下村"。

双羊店　即今山东高密市西四十里双羊镇。清光绪《山东通志》卷 2《舆图志》：高密县西有双羊店。

双州　①南朝梁置，治所在龙乡县（今广东罗定市南）。隋废。

②辽太宗置，治所在双城县（今辽宁铁岭县西南六十里古城子村）。辖境相当今辽宁铁岭县以西、法库县以南一带。金皇统三年（1143）废。

双江口市　一作双河口市。即今湖南宁乡县东北双江口镇。《清一统志·长沙府二》"茶园市"条：双江口市"在县东三十里沩江北岸"。

双江县　1927 年析缅宁、澜沧二县地置，属云南普洱道。治所在今云南双江拉祜族佤族布朗族傣族自治县西二十四里营盘。民国《云南行政纪实》："境内双江环流，因以名县。"1929 年直属云南省。1952 年迁今县治勐勐镇。1985 年改设双江拉祜族佤族布朗族傣族自治县。

双江镇　①即今湖南通道侗族自治县驻地双江镇。清属绥宁县，置双江巡司。1951 年划入通道县。1958 年通道侗族自治县迁治于此。

②即今重庆市潼南县西北双江镇。民国《潼南县志》卷 1：双江镇在"县西二十里"。

③即今四川乐山市西北双江村（罗石桥）。清嘉庆《乐山县志》卷 3：双江镇铺"在县西二十里"。

④亦名江口镇。即今四川彭山县东北江口镇。清嘉庆《彭山县志》卷 1：双江镇"在县东十里彭亡山下。岷江诸水至此合注，直下嘉、渝，来往商旅泊舟憩，每日约有数百艘"。

双池镇　清置，属灵石县。即今山西交口县东南双池镇。

双阳山　即今福建泉州市北朋山岭。《清一统志·泉州府》：双阳山"在晋江县（今泉州市）北十里，与南安县接界。郡城望之，微有大小，曰大阳、小阳，南望之则两山并峙。一名朋山"。

双阳县　清宣统二年（1910）置，属吉林府。治所在苏斡延（今吉林长春市双阳区）。民国郭熙楞《吉林汇征》：双阳县"地名苏斡延，因境内有双阳河，故名"。1913 年改属吉林省吉长道。1929 年直属吉林省。

双阳河　即苏斡延河。今吉林长春市双阳区境之双阳河，为饮马河支流。双阳县以此名。《清史稿·地理志三》双阳县："南土顶子、将军岭、光僻山，双阳河出焉。"

双阳镇　即今黑龙江省依安县东南双阳镇。旧属拜泉县。民国《依安县志》：双阳镇"以双阳河命名。距城三十五里，依安征收局即设于此"。

双妃园寝　即景妃园寝。在今河北遵化市马兰峪西清东陵中景陵东偏南。是圣祖康熙帝的贵妃悫惠皇贵妃和惇怡皇贵妃的园寝。

双杨店　又作双阳堡或双羊堡。即今辽宁凌海市西南双羊镇。清杨宾《柳边纪略》卷 2：松山"十八里至小凌河，十里至双阳店，二十里至大凌河"。

双杨站　又作苏斡延站、刷烟站。清置，故址即今吉林长春市双阳区。《清一统志·吉林二》"尼什哈站"条下："伊勒们站，又西南五十五里至苏斡延站，即双杨站。"宣统二年（1910）置双阳县于此。

双岔口　在今吉林长白朝鲜族自治县东北，隔江与朝鲜境遥对。清张凤台《长白征存录》卷 3：双岔口"此口为中国暖江、韩国葡萄江合流之处，名曰鸭绿江。由葡萄江而上直接包胎山（即葡萄之转音）。由暖江而上，直接长白山。一旦有事，中韩胜负之机，即伏于双岔口"。

双岔沟镇　即今吉林集安市西北台上镇南老岭村北双岔。民国《辑安县乡土志》："双岔河，城西一百二十五里。"

双甸子　即今吉林抚松县（抚松镇）。清宣统元年（1909）置抚松县于此。民国徐曦《东三省纪略》：抚松县"县治设于会房北双甸子"。

双甸镇　即今江苏如东县西六十八里双甸镇。清光绪《江苏全省舆图》：如皋县东有"双甸"。

双角山　一名二角山。在今广西博白县西十五里。唐刘恂《岭表录异》卷上："绿珠井，在白州双角山下。"《舆地纪胜》卷 121 郁林州：二角山，"《九域志》云：在白州，二峰角立，因名。又名双角山"。

双岛　即今辽宁大连市旅顺口区西北双岛湾镇。明《辽东志》卷 1：南双岛在"（金州卫）城西南一百里"。北双岛在"城西南九十里"。《明史·庄烈帝纪》：崇祯二年（1629）六月，"袁崇焕杀毛文龙于双岛"。即此。

双岛湾　在今辽宁大连市旅顺口区西北双岛湾镇西，有北双岛与南双岛。明《辽东志》卷 1：南双岛在"（金州卫）城西南一百里"；北双岛在"城西南九十里"。两岛之间即双岛湾，为船舶避风佳地。今已淤塞为旅顺盐场。

双沟镇 ①北宋置，属谯县。即今安徽亳州市南六十里双沟镇。《方舆纪要》卷21亳州："宋绍定六年，金主自归德如蔡，至亳州。进次州南，避雨双沟寺。"即此。

②金置，属彭城县。即今江苏睢宁县西北双沟镇。清属铜山县，置巡司于此。

③即今江苏泗洪县南双沟镇。《清一统志·泗州》：双沟镇"在州东南。州同驻此"。双沟大曲驰名中外。

④即今湖北襄阳市襄州区东北双沟镇。明、清置巡司于此。

双顶山 在今浙江宁波市西北慈城镇西南双顶山村。《方舆纪要》卷92慈溪县：双顶山在"县西南七里。两峰并峙，屹立平野"。

双林寺 原名中都寺。在今山西平遥县城西南十四里桥头村北侧。始建于北齐武平二年（571）。明代曾多次重修，现存建筑和塑像大都为明代遗物。有三进院落。除山门外，中轴线有天王殿、弥陀殿、大雄宝殿、佛母殿，两厢配有罗汉殿、地藏殿、钟鼓楼、千佛殿、菩萨殿等。各殿满布彩塑，原有二千〇五十二尊，现在完好的有一千五百六十六尊。其中天王殿金刚与罗汉殿中的罗汉造型生动，有很高的艺术价值。1988年定为全国重点文物保护单位。

双林镇 即今浙江湖州市东南四十六里南浔区双林镇。《方舆纪要》卷91湖州府"南浔镇"条下：双林镇"嘉靖中，倭贼尝突犯此"。

双明洞 在今贵州镇宁布依族苗族自治县西五里。《清一统志·安顺府》：双明洞"又名紫云洞。俗名观音洞。轩敞高朗，东西相通如城阙。中有流水，有桥可渡。明时车马大道经其中，后因苗'贼'伏劫，乃改路于洞后里许，非探奇者莫至"。

双忠祠 在今广东汕头市潮阳区东山。《清一统志·潮州府》：双忠祠"在潮阳县东山，祀唐张巡、许远，宋文天祥过此，书'沁园春'词于壁。又祠左有大忠祠，祀文天祥"。

双忠集 即今安徽五河县北双忠庙镇。清光绪《五河县志》卷3：双忠集"在县治北二十里。大路南至县二十里，北至界碑二十里，交虹乡界"。

双岩 在今浙江临海市南。《舆地纪胜》卷12台州：双岩"在临海县南一十五里。峭峻并峙，为江南诸山之冠，州治对焉"。

双岩岭 在今福建福安市东南双岩。《方舆纪要》卷96福安县：双岩岭在"县东南百二十里。宋建炎间，韩世忠讨建'寇'范汝为，尝屯兵于此"。

双岭山 在今河北行唐县西北。《方舆纪要》卷14行唐县：双岭山"在县西北八十里。以双岭并峙而名"。

双图山 在今四川西充县东。《寰宇记》卷86西充县：双图山"在县东十里"。《方舆纪要》卷68西充县：双图山"两峰相对，宛如图画"。

双和尔山 一作济尔哈朗图。即今内蒙古科尔沁左翼后旗东北吉尔嘎朗镇。清为内蒙古哲里木盟科尔沁左翼后旗驻地。

双鱼千户所 简称双鱼所。明洪武二十七年（1394）置，属神电卫。在今广东阳西县南上洋镇东南双鱼城。《方舆纪要》卷101双鱼所："在阳江县西南百五十里。……有城，周二里有奇。所东有双鱼角，临大海，颇险，所因以名。"清雍正八年（1730）移县丞驻此。

双鱼寨 在今福建永春县南。《方舆纪要》卷99泉州府永春县：双鱼寨在"县治南留湾山上，山亦名双鱼山，寨因以名"。

双店镇 亦作双甸。今江苏如东县西双甸镇。清嘉庆《如皋县志》卷2：双店镇在"东六十里"。

双庙子 ①即今辽宁昌图县东北双庙子镇。清光绪《奉天全省地舆图说图志》昌图府图：东北有双庙。民国《昌图县志》图：东北有双庙子。

②今黑龙江省兰西县。民国《黑龙江志稿》卷2："兰西县，地当呼兰河西，旧名双庙子。"

双庙子镇 在今吉林德惠市南双庙子村。民国熊知白《东北县治纪要》吉林德惠县："县属双庙子在乌海驿东北十二里。……为附近农村杂货食品料之供给市场。"

双庙铺 即今重庆市涪陵区西北李渡镇西北双庙场。清嘉庆《四川通志》卷89涪州：双庙铺"在州西八十里"。

双庙湾 即今陕西子洲县西后湾村。清光绪《绥德州志》卷2：双庙湾"在城西一百一十里。延长五里。"

双庙镇 即今河南泌阳县西北二十二里双庙街乡。清尹耕云《豫军纪略》卷3：咸丰七年（1857）八月，"闻官军至，乃窜泌境之双庙镇诸处"。

双闸街 即今江苏南京市西南双闸镇。清光绪《江苏全省舆图》江宁县记："双闸镇在县西南。"

双河 ①又名双溪。在今江苏无锡市北五里。《方舆纪要》卷25常州府无锡县：双河"自运河分流曰双河口，分为二派，一东南流，合于梁溪；一西北经河浒钱桥，达直湖港，入武进界"。

②今安徽太湖县东之黑河。《方舆纪要》卷26太湖县：双河在"县东南五里。源出四面山，萦回曲折，流合罗溪诸河，而达于黄泥港"。

③即今新疆博乐市南之博尔塔拉河。《旧唐书·突厥传》：永徽二年（651），阿史那贺鲁"据咄陆可汗故地，总有西域诸郡，建牙于双河及千泉"。《资治通鉴》：唐显庆四年（659），"西突厥兴昔亡可汗与真珠叶护战于双河，斩真珠叶护"。

双河古城址 在今四川崇州市西北上元乡芒城村。平面呈长方形，面积为11万平方米。是成都平原著名史前城址之一。

双河场 ①即今重庆市江津区东北双溪镇。清光绪《江津县志》卷2：双河场"距城四十里"。

②即今四川宣汉县西北双河镇。清光绪《东乡县

志》：双河场“去县治七十里，接达县界”。

③即今重庆市梁平县东南柏家镇南双河场。清光绪《梁山县志》卷3：双河场在“县南六十里”。

④亦名双合场。即今四川华蓥市。清宣统《广安州新志》卷9：双合场在“州南五十里。本名双合口，地界岳池县。山产矿产”。1979年于此建立华云工农区，1985年改为华蓥市。

双河关 在今陕西紫阳县东南一百二十里。《清一统志·兴安府二》：双河关“当汝、洞二水间，故名”。

双河县 1947年7月东北革命根据地由佛山县析置，治双河镇（今黑龙江嘉荫县西北双河镇）。1949年废。

双河店 即今湖北随州市西一百〇六里双河镇。清置汛，设外委驻防。

双河都督府 唐显庆二年（657）以西突厥摄舍提暾部置，属北庭都护府。在今新疆博尔塔拉河流域。贞元中废。

双河集 即今安徽六安市东南九十里双河镇。清同治《六安州志》卷5：双河集在“州东南九十里。河南州境，河北合肥”。

双河镇 ①即今吉林永吉县西南双河镇。《吉林乡土志》：双河镇“东有倒木河，西有西大河，二川相抱，交会于镇北。自清同治初年，始有人来此领荒开垦，其后住户日益稠密，商贾云集，乃成村落。因命名为双河镇”。

②清置，属绥化府。即今黑龙江省绥化市东北双河镇。《清史稿·地理志》绥化府：官商路“东北双河镇达铁山包”。清光绪《吉林全省地舆图》：黑龙江省绥化府北有双河镇。民国熊知白《东北县治纪要》黑龙江省绥化县：“县属双河镇，距县市七十里，庆城县五十里。”

③即今黑龙江嘉荫县西北双河镇。1947年东北革命根据地置双河县治此。

④在今河南淅川县南丹江水库内。清咸丰《淅川厅志》卷1：双河镇“即丹、淅二水交会处。道光十三年被水后。市集遂衰”。

双城 ①在今湖北巴东县北。《周书·蛮传》：天和元年（566），陆腾讨向五子王，“时向五子王据石默城，令其子宝胜据双城。……腾虑双城孤峭，攻未易拔。……乃令诸军周回立栅，遏其走路。贼乃大骇。于是纵兵击破之，擒五子王于石默，获宝胜于双城”。《方舆纪要》卷78巴东县：双城在“县北六十里。两城相距十余里。相传三国时筑”。

②即双城子。今绥芬河下游俄罗斯边疆区乌苏里斯克。《元史·世祖纪》：至元二十一年（1284），“命也速带儿所部军六十人淘金双城”。即此。

双城卫 明永乐四年（1406）置，属奴儿干都司。治所在今俄罗斯滨海边疆区乌苏里斯克（即双城子）。后废。

双城子 ①即双城堡。今黑龙江省双城市。民国《双城县志》卷2：“城东南六十里三合店东有古城二：南城周三里，北城周里许，俗称双城子。即由是得名。”

②即今俄罗斯滨海边疆区乌苏里斯克。清属宁古塔副都统。清曹廷杰《西伯利东偏纪要》：“双城子，以东西两城得名。”咸丰十年（1860）通过不平等的中俄《北京条约》被沙皇俄国割占。

双城厅 清光绪八年（1882）置，直属吉林将军。治所在双城堡（今黑龙江省双城市）。宣统元年（1909）升为双城府。

双城市 1988年撤销吉林省双城县，改设双城市。市人民政府驻双城镇，属松花江地区。1996年由哈尔滨市代管。2014年撤销双城市，设立哈尔滨市双城区，区政府驻双城镇新兴大街99号。

双城州 唐置羁縻州，属黔州都督府。治所在今广西凌云县东南下甲乡。后废。

双城县 ①辽置，为双州治。治所在今辽宁铁岭县西南六十里古城子村。金章宗时废。

②1913年降双城府置，属吉林省滨江道。治所在双城堡（今黑龙江省双城市）。民国魏声龢《吉林地志》：“旧有土城二。”故名。1928年直属吉林省。1954年划归黑龙江省。

双城府 清宣统元年（1909）改双城厅置，治所在双城堡（今黑龙江省双城市）。辖境相当今黑龙江省双城市及五常市西北部一带。1913年改双城县。

双城驿 明置，即今湖北武穴市东北余川镇东双城驿。清代仍置驿于此。

双城总管府 元置，属开元路。治所在双城（今朝鲜咸镜南道永兴）。《高丽史》卷58：“高宗四十五年（1258），蒙古兵来侵，龙津县人赵晖、定州人卓青叛，……以和州迤北附于蒙古。蒙古乃置双城总管府于和州，以晖为总管，卓青为千户以治之。”元至正十六年（1356）废。

双城堡 ①亦称小双城堡。即今吉林公主岭市西北双城堡镇。清光绪《吉林通志》卷16长春府图：西有双城堡。

②亦作双城子。即今黑龙江省双城市。清嘉庆十九年（1814）设协领驻防。光绪八年（1882）改置双城厅。

双城镇 一名双河口。在今湖北红安县北倒水东岸。《方舆纪要》卷76黄安县：双城镇在“县北十三里。其相近者又有中和镇，皆有巡司”。

双柏县 西汉元封二年（前109）置，属益州郡。治所在今云南双柏县境。三国蜀建兴三年（225）属建宁郡。西晋太安二年（303）属益州郡。东晋属晋宁郡。南朝梁末废。产银。1926年改摩刍县复置，治所在今云南楚雄市南三十八里云龙镇。民国《双柏县沿革志》：“因汉时城内有古柏二株，故以得名。”1962年迁治今双柏县。

双柏岭 在今浙江淳安县（排岭镇）西北十里。《方舆纪要》卷90淳安县：双柏岭在“县东二十里。其并峙者曰真坞岭，当往来驿道，崎岖连亘”。

双柳树集 即今河南潢川县东南双柳树镇。清光绪《光州志》卷1《市集》："州南六十里有双柳树集。"

双树堡 即今辽宁兴城市东北十五里双树乡。《清太宗实录》：后金天聪元年（1627）四月，癸巳，皇太极于宁远城下击败明兵，"军至双树铺驻营"。即此。

双威寨 在今广西北流市东南六十里北流江东岸。明、清置巡司于此。

双威镇 即双威寨。在今广西北流市东南。《方舆纪要》卷108北流县：双威镇在"县南百里。有巡司"。

双峡水 在今贵州惠水县西南二十里。《方舆纪要》卷121定番州：双峡水"在（小龙番长官司）司治南。有二水导流会于司东，又南流而西折，入于都泥江"。

双泉 在今海南省海口市琼山区东北。《舆地纪胜》卷124琼州：双泉"昔东坡寓东坡台及双泉，亦久后绍兴间李光琼州安置居双泉，九年冉贬昌化军，有诗曰：曾是双泉旧主人。盖双泉有两井，相去咫尺，而味异，号双井"。

双泉务 五代晋置，在今河南林州市南五十里淇水之北。后废。北宋端拱元年（988）复置。金废。

双泉州 唐龙朔元年（661）置，属月支都督府。治所在悉计蜜悉帝城（今阿富汗喀布尔北昆都士东南伊什卡姆希）。8世纪中废。

双泉县 西魏改南阳县置，属蔡州蔡阳郡。治所在今湖北枣阳市东南三十二里。隋大业初废。

双泉镇 即今陕西大荔县东北双泉镇。《清一统志·同州府二》"赵渡镇"条下：县西又有"双泉"镇。

双剑峰 在今江西九江市南五十里庐山龙门西峰下。《寰宇记》卷111江州德化县：双剑峰"在州南龙门西，下有池名小天池，峰势插天，宛如双剑"。

双洎河 上游为溱、洧二水，合流为双洎河。《方舆纪要》卷47洧川县：洧水"源出河南府登封县北阳城山，至禹州密县，又东流至新郑县合溱水为双洎河，经长葛县北……又东经鄢陵、扶沟、西华县境而合于颍水"。今双洎河至扶沟县合于贾鲁河。

双莲市 即今湖北当阳市西南双莲镇。清同治《当阳县志》卷1《市镇》："双莲市，治西南五十里。"

双桂堂 在今重庆市梁平县南金带镇北双桂村。清光绪《梁山县志》卷3：双桂禅院在"县西南三十里。为破山禅师丛林。桂树已非旧植。寺前有藏经楼，后有破山塔"。今寺为清顺治十年（1653）破山法师兴建，先后六次扩建，占地约7.3万平方米，房屋三百二十八间。内藏佛经七千余册。被誉为"西南丛林之首"。

双桥 ①在今北京市朝阳区南部，距城二十余里。清光绪《通州志》卷2：双桥"在州城西十二里，与大兴县接界。明文征仲诗：'立马双桥日欲斜'"。即此。

②在今广东鹤山市西南。清乾隆三年（1738）置巡司于此。

双桥水 即今广东开平市西北镇海水。《清一统志·肇庆府》：双桥水"在开平县（今苍城镇）东北四十里。源出皂幕山，曰水坪海。西南流经老虎山，与庞村水合，又东经县东门至合水咀，与独鹤水合"。东南流与蚬冈水合，东流为潭江，直达新会厓门入海。

双桥司 在今广东鹤山市西南双桥圩。清乾隆三年（1738）置巡司于此。

双桥关 明置，属盐井卫。在今四川盐源县东北。《明史·地理志》盐井卫："东有双桥关。"《方舆纪要》卷74盐井卫：双桥关在"卫东八十里，亦曰双桥堡，又东十里为杭州堡，又五里为平川驿"。

双桥河 即今四川盐源县西盐井河。《方舆纪要》卷74盐井卫：双桥河在"卫西五里。源出卫东三十里之凉山，绕流径此，又东北流入打冲河"。

双桥集 ①即今安徽凤台县西南夏集镇。清光绪《凤台县志》卷1：双桥集"距县四十里"。

②即今安徽寿县西南双桥镇。1912年《安徽省全图》：寿县西有双桥集。

双桥墟 即今广西横县东马山乡双桥村。清光绪《广西舆地全图》贵县图：东南有双桥墟。民国《贵县志》卷1：双桥墟在"县南一百三十里。……毗连广东合浦境，为全县西南极边墟市"。

双桥镇 ①在今江西寻乌县北二十里。《方舆纪要》卷88赣州府长宁县：双桥镇"有双桥堡巡司。明初置，属安远县。隆庆以前尝为贼巢，置县后改今属"。

②即今安徽宣城市东十里双桥。有双桥跨宛溪。清光绪《重修安徽通志》卷40："地有二桥，上曰凤凰，下曰济川，皆隋开皇中建。李白诗'双桥落彩虹'，即指此也。"

③即今湖北大悟县北十五里双桥。清尹耕云《豫军纪略》卷1：同治三年（1864）四月，太平军"由应山大新店、双桥镇"驰奔广水驿。

双鸭山地区 1946年双鸭山地区属集贤县。1947年合江省委、省政府决定开发双鸭山煤矿，成立双鸭山矿务局。1949年双鸭山煤矿由松江省管辖。1954年以集贤县的双鸭山地区设立双鸭山矿区（县级），由松江省直辖。同年，松江省和黑龙江省合并，双鸭山矿区由黑龙江省直辖。1956年撤销双鸭山矿区，改设双鸭山市（县级）。1966年双鸭山市升为地级市，由省直辖。

双恩场 在今广东阳东县东南。《方舆纪要》卷101阳江县：双恩场"在海朗所西南。产盐。宋、元时设管勾官于此。明洪武二十年改设盐课司"。

双峪岭 在今甘肃定西市南。《方舆纪要》卷59安定县：双峪岭在"县南五十里"。

双峰 ①在今天津市蓟县西北二十五里盘山。清道光《蓟州志》卷2:“双峰在舞剑台北三里，两峰并峙丫角。一名玉峰，峰背有塘产玉石。”下有双峰寺，旧名重峦禅院，相传为唐贞观中尉迟敬德监造。

②在今福建长汀县东南。《舆地纪胜》卷132汀州《景物上》：双峰“在长汀县东南二里。峰峦双耸，插入云衢”，故名。

③在今江西万年县西。《清一统志·饶州府一》：双峰“在万年县东北十五里。宋儒饶鲁宅当其前，因以为号”。

双峰山 ①在今山西文水县北。《方舆纪要》卷40文水县：双峰山在“县北二十里，两峰壁立”。故名。

②在今浙江桐庐县西北五十四里分水镇北。宋《景定严州续志》卷9分水县：双峰山“在县之北，县治依为主山”。

③又名西山、四祖山。在今湖北黄梅县西北。《寰宇记》卷127黄梅县：慈云塔“在县西北四十里双峰山。第四祖道信大师寂灭之所”。

④在今湖北孝昌县东。《方舆纪要》卷77孝感县“九嵕山”条下：双峰山“两峰挺峙，飞瀑悬流，登之可望江汉之胜”。上有双峰寺。

⑤在今广东乳源瑶族自治县西。《方舆纪要》卷102乳源县：双峰山在“县西二里。有两峰对峙”。

⑥一名平冒山。在今贵州镇远县西三里。明曹学佺《名胜志》:“诸山自白羊坡顿伏而来，至此方止，双峰圆耸插天，江水环其前，四山回合，中有平原可居。”

双峰驿 明洪武初改顺兴驿置，属顺昌县。在今福建顺昌县。

双峰湖 在今辽宁北镇市南。《方舆纪要》卷37广宁卫：双峰湖在“卫南二十里。源出医巫闾山，东西沿流通扳桥河”。

双峰寨 在今广东仁化县西石塘镇石塘村。建于18世纪末叶，为一坚固的砖石寨堡建筑。有一主楼和四个炮楼。围墙外有护城河。1928年石塘区农民协会在此办公，组织农民与地主豪绅作斗争。同年3月，国民党出动一个团攻打石塘村，寨内七百多军民坚守达9个多月，四百多军民壮烈牺牲。

双流区 2015年撤销四川省双流县，设立成都市双流区，区政府驻东升街道顺城街1号。

双流县 隋仁寿元年（601）以避炀帝讳改广都县置，属益州。治所即今四川双流县。《元和志》卷31双流县:“因以县在二江之间，仍取《蜀都赋》云：‘带二江之双流’为名也。”大业初属蜀郡。唐复属益州。至德二年（757）属成都府。元属成都路。明洪武十年（1377）废入华阳县，十三年（1380）复置，属成都府。清康熙元年（1662）并入新津县，雍正六年（1728）复置。民国初属四川西川道。1928年直属四川省。

双流镇 又作沙碛茅土。即今吉林洮南市。清光绪三十年（1904）置洮南府于此。1913年改为洮南县治。民国徐曦《东三省纪略》卷2：洮南县治“土名双流镇（原名沙碛茅土），当洮儿河南岸”。即此。

双捷墟 即今广东阳东县西北漠阳江南岸双捷镇。清道光《阳江县志》卷1有双捷墟。

双堆集 在今安徽濉溪县东南一百三十里。因境内有尖谷堆、平谷堆得名。1948年冬淮海战役中，中国人民解放军全歼国民党黄维兵团于此。

双崮峪 在今山东沂水县北六十五里沂山南麓。1942年11月，八路军在此与侵华日军发生激战。

双望堡 即今河北卢龙县东三十四里双望镇。明设堡，为出山海关孔道。清为驿站。《方舆纪要》卷17卢龙县：双望堡“嘉靖三十八年，蒙古入犯至双望堡”。即此。

双清河 四川成都平原上之走马河。《方舆纪要》卷67郫县：双清河“在县西北十里，自灌县东流，经合江浦分为二，至县东北复合为一”。《清史稿·地理志》郫县：“双清河即走马河，亦自崇宁入，东流入华阳，为锦江。”

双清亭 在今湖南邵阳市东区资水南岸砥柱矶上。《明一统志》卷63宝庆府：双清亭“在府城东五里江心石上。宋建。资、邵二水汇于下，故名”。1956年辟为双清公园。

双渠 在今新疆英吉沙县东南。《新唐书·地理志》引贾耽《四夷路程》:“苦井、黄渠三百二十里至双渠，故羯饭馆也。”

双塔 ①在今内蒙古正蓝旗东北上都河北岸。明杨荣《北征记》：永乐二十二年（1424），朱棣北征，五月“丁丑次环州。戊寅，次双塔。己卯，次开平”。

②在今辽宁葫芦岛市东北。《方舆纪要》卷37宁远卫：双塔“在卫东。万历中，三卫贼尝聚此，犯宁前诸处。或曰即塔山所也”。

③即广教寺双塔。在今安徽宣城市北敬亭山南麓。

双塔河 在今北京市昌平区西南。《元史·河渠志》:“双塔河，源出昌平县孟村一亩泉，经双塔店而东，至丰善村，入榆河。”元初曾利用此河作为由通州至居庸关的漕渠。

双塔堡 在今甘肃瓜州县东双塔堡村。清雍正六年（1728）筑，设千总。

双塔镇 即商榻镇。即今上海市青浦区西三十六里商榻镇。《方舆纪要》卷24松江府青浦县“金泽镇”条下：双塔市“商旅往来苏松之中道也”。

双牌站 元置，即今湖南株洲市东双牌铺。明废。

双童岭 在今江西大余县南。《方舆纪要》卷88南安府大庾县：双童岭在“府南三十里。即大庾之支陇，名三将军岭。绵亘二十里，三峰并秀。俗谓双童讲书台，以两峰并列，中峰稍平也”。

双港　①即今江西弋阳县东南双港。清光绪《大清一统舆图》：弋阳县东南有“双港”。

②在今湖南岳阳市东。《方舆纪要》卷77岳州府临湘县：“双港在县西南六十里。源出方山，二流并导，出桃林，逾西井，过罐子口，入洞庭湖。”

双港镇　①北宋置，属桐城县。即今安徽桐城市南双港铺。

②清置，属天津县。即今天津市南郊区海河西岸双港镇。清设千总驻守。

③即今江西鄱阳县西双港镇。鄱江经此西北行二十二里入鄱阳湖。为濒湖水陆要隘，清时有水师营参将驻防。同治《江西全省舆图》卷12饶州府鄱阳县：“西路出西门，十里至双港。”

双湖峪　即今陕西子洲县治。《方舆纪要》卷57葭州：双湖峪“其间有窑砦六十余所，近代砦为贼薮，官军讨之”。1944年子洲县迁治于此。

双瑞岩　在今广西永福县西南。《清一统志·桂林府一》：双瑞崖“旧属永福县，其形如狮，岩在其口，深数十丈，中有佛像，皆石乳所凝结”。

双槐镇　清置，属孟津县。在今河南孟津县东三十里。

双碑村　即今河北隆尧县西二十八里双碑乡。清同治《畿辅通志》卷51唐山县图：西北有双碑村。

双路铺　即今重庆市西南双桥区治所。清嘉庆《四川通志》卷89大足县：双桥铺“在县东六十里”。1975年划入重庆市双桥区。

双路镇　在今四川蒲江县西。《方舆纪要》卷71蒲江县：双路镇在“县西六十里。有巡司”。

双阙　在今浙江天台县北天台山中。《徐霞客游记·游天台山日记》：万历四十一年（1613）四月初七日，“下视峭削环转，一如桃源，而翠壁万丈过之，峰头中断，即为双阙”。《方舆纪要》卷92天台县“天台山”条下：“（琼台山）稍南三里曰双阙山，两峰万仞，屹然相向。孙绰云，双阙云耸而夹道，琼台中天而悬居，此矣。”

双溪　①即今浙江遂昌县西之前、后溪。《方舆纪要》卷94遂昌县：双溪“在县治南。其源一出县西北之大楼岩，引流而东谓之金溪；一出县西北七十里之湖山，亦谓之湖溪，群山之水皆汇入焉，萦洄荡漾，恍若江湖，经县东南一里碧澜桥始合为一”。

②在今浙江嘉兴市东。《方舆纪要》卷91嘉兴府：双溪“在府东十里。松江漕舟由嘉善县达于双溪，又西北合于运河”。《清一统志·嘉兴府一》：双溪，“以其近汉塘、魏塘，故名”。

③瓯江支流。指今浙江武义县西南宣平港上游之午溪及其支流东溪、西溪。《方舆纪要》卷94宣平县：双溪在“县（治今柳城镇）南一里”。《清一统志·处州府》：双溪“其上流有二源，一出竹峰岭，东流至县西栗山之南，谓之午溪；一出砻碇山，东南流至栗山之西，谓之申溪。二溪合流曰双溪”。

④在今浙江杭州市余杭区西一百三十六里。《清一统志·杭州府一》：双溪“有二源，一出天目山，一出高陆山，至双桥合流，又东入径山港，达于苕溪”。

⑤即今浙江临安市西、昌化溪在昌化镇南的一段河道。宋《咸淳临安志》卷36昌化县：“双溪在县（今昌化镇）前一百步。”《方舆纪要》卷90昌化县：县境之水“东经县治前，溪中有洲，水分南北，因曰双溪”。

⑥在今浙江淳安县西南。宋《景定严州续志》卷8遂安县：双溪“自歙山发源，东至三渡，与邑境诸小涧合，又东至于县，又东入于武强溪”。《方舆纪要》卷90遂安县：双溪“源出歙县界之石岭，分为二流，既而复合”，故名。1960年后，径入千岛湖。

⑦在今福建永泰县西三里越峰山下。《清一统志·福州府一》：双溪“有二派，一出县西南山中者曰湫口溪，亦曰南溪；一出县西北十七里瑞峰山者曰潦溪，亦曰西溪，合流为双溪，会流入大樟溪，为泽苗江”。

⑧在今福建武夷山市西北四十五里。《方舆纪要》卷97崇安县：双溪“源亦出分水岭，流经此，达于西溪”。

⑨在今福建南靖县南。《方舆纪要》卷99南靖县：双溪在“县治前。一曰大溪，出县西南平和县界，入县境，与诸溪合，至县前；一曰小溪，出西北龙岩县界，经县北，亦与诸溪合流，至县前合大溪，东流出峡口，入龙溪县界，即南溪上源也”。

⑩即今江西靖安县西北潦水。《方舆纪要》卷84南昌府靖安县：双溪“源出宁州之毛竹山，东北流入县界，分二支，复合流而绕县前，又东北出安义县界，汇奉新江诸水注于修水”。

⑪在今广东饶平县西。《清一统志·潮州府》：双溪“在饶平县西五十里平溪村。《旧志》，一曰漳溪，源出青嶂洞山，东流四十里与黄冈溪合；一曰秋溪，在县西龙眼城，中有石龟潭，合小江溪入海”。

⑫在今广东雷州市东南南渡河口南岸。清光绪《广东舆地全图》海康县图：双溪炮台设此。

⑬今四川荣县北旭水河（荣县河）上源之一。《舆地纪胜》卷160荣州：双溪“城之北三里许。高城山下有双溪，一从西来，其水浊；一从东来，其水清，会于此。又西别流绕州衙之后，绕城出东南隅。州城之东北又一水，自赖镰坝东入鲲化桥，与前双流水合流而南，出公井镇入富顺监”。

双溪口　在今台湾台南市西北溪口。明陈第《东番记》：“其地……又有双溪口加哩林。”

双溪水　在今广东连州市西南。《方舆纪要》卷101连州：双溪水“在州西南三里。其上流为乐簪溪，古名斟水。一出连山县界，亦名茯水。径县西九里，合高良水。又东为双溪水，注于湟水”。

双溪县　1949年5月由永嘉县瓯江北析置，治岩头镇（今浙江永嘉县北岩头镇）。当年9月改名永嘉县，迁治枫林镇。

双溪岭 在今福建上杭县北双溪。《方舆纪要》卷98汀州府上杭县：双溪岭“在县北四十里。有二小溪环绕其下，与长汀县分界”，故名。

双溪驿 在今浙江金华市城区南通济桥附近。《方舆纪要》卷93金华县：双溪驿，“五代时钱氏置金华驿，宋元因之，明朝改为双溪马驿”。清时与双溪水驿并为双溪水马驿，雍正二年（1724）废。

双溪馆 明置，属政和县。即今福建屏南县东北双溪镇。

双溪铺 亦称烟溪口。清设铺递，即今湖南洪江市（黔城镇）东北双溪镇。

双溪隘 ①又称双溪公馆隘。在今福建屏南县东北双溪。《清一统志·福州府一》：双溪公馆隘“在屏南县北，接政和县界。明万历十七年，以矿徒作乱创建，拨兵防守”。

②亦名双溪口隘。在今四川峨边彝族自治县大堡镇南双溪。民国《峨边县志》：双溪口隘在“治（今大堡镇）南十里。两河环绕，险要异常”。

双溪寨 在今福建武夷山市西北。《方舆纪要》卷97崇安县：双溪寨在“县西北四十五里。即双溪水口也。其南十余里为四渡寨，旧尝设兵戍守”。

双溪镇 ①北宋置，属璧山县。在今重庆市璧山县西。

②即今浙江杭州市余杭区西一百三十里泾山镇（惑塘）西北双溪。《方舆纪要》卷90：双溪镇“即双溪合流处也。自独松而南，此为要路”。

③即今福建屏南县东北双溪镇。清雍正十二年（1734）置屏南县，为县治。1950年徙治今县西南长桥镇。1956年迁今治（古峰镇）。

双滘 即今广东阳春市西南双滘镇。清光绪《广东舆地全图》：东安县西南双滘水岸有双滘墟。

双滘墟 即今广东阳春市西双滘镇。清宣统《广东省舆地全图》东安县图：西南有双滘墟堡。

双塞 在今河北蔚县境内。《方舆纪要》卷44蔚州：双塞“正统十四年亲征至大同，东还次双塞，议从紫荆关入，既又转从宣府，遂有土木之变”。

双福场 即今四川峨眉山市东北双福镇。《清史稿·唐友耕传》：咸丰十年（1860），镇压李永和蓝大顺义军，“战峨眉索桥，破贼双福场”。即此。

双墩集 即今安徽长丰县南双墩镇。清光绪《续修庐州府志》卷3：双墩集“（距城）三十里”。

双髻山 ①在今北京市延庆县东北。《明一统志》卷17永宁县：双髻山“在县东北二十里。绝顶有双髻并峙，状若髻然”。

②即今福建莆田市东南五侯山。《方舆胜览》卷13兴化军：双髻山“亦名笔架山”。《方舆纪要》卷96莆田县：双髻山“在府东五十里。自西视之，双峰尖耸；自南视之，则五峰并立，故亦名五侯山。又名笔架山，以郡城视之，则三峰如笔架也。积石峻峋，上摩霄汉，顶有涌泉岩，大旱不竭”。

③在今福建永春县北。《方舆纪要》卷99泉州府永春县：双髻山“在县北十里，耸结二峰，若双髻。一名朋山”。

④一名双峰。即今福建尤溪县北双髻山。《舆地纪胜》卷133南剑州《景物上》：双峰“一名双髻山。在尤溪县北二十五里。峭壁万仞，如倚双剑于天外”。

⑤在今福建大田县北。《方舆纪要》卷97延平府大田县：双髻山“在县城北。高耸圆秀，双峰并峙，为县主山”。

⑥即今福建福清市西南双髻山。《舆地纪胜》卷128福州《景物下》：双髻峰“福清云峰寺有双髻峰”。《清一统志·福州府一》：双髻山“在福清县西南五十里，上有仙坛，高二丈余，上平如削，宋乾道二年雷震为二，形如双髻，故名”。

⑦在今湖南芷江侗族自治县西南五十里。《舆地纪胜》卷71沅州：双髻峰“在卢阳”。《方舆纪要》卷81沅州：双髻山“二峰并耸，状如双髻”。

⑧在今广西来宾市西南迁江镇南。《舆地纪胜》卷115宾州：双髻山“在迁江县”。《方舆纪要》卷109迁江县：双髻山“在县南十里，两峰并峙”。

⑨在今广西桂平市西北，与武宣县交界处。为紫荆山一支。清咸丰元年（1851），太平军与清军激战于此。《清史稿·洪秀全传》：太平军据紫荆山，“山前以新墟为门户，后以双髻山、猪仔峡为要隘。巴清德与川楚乡勇出其后，上下夺双髻山”。

双壁岩 在今湖南洞口县西北五里，平溪江出雪峰山峡谷处。《清一统志·宝庆府》：双壁岩“在武冈州北九十里。《州志》：洞水出洞口，两山峭削，如小桥以通行人。中开石洞，无径可跻，从洞后石窦而入，构龙王阁于中，下为深潭。舟过其处，望之如岛”。1945年5月中国军民在此重创日本侵略军。

双穗盐场 北宋置，属瑞安县。在今浙江瑞安市东北场桥镇埭上村一带。

双鹰国 今意大利的旧称。亦译作意大里亚、一打挚。清谢清高《海录》：“双鹰国又名一打挚，即澳地利亚，在祋古口之西北，疆域与西洋同。与单鹰国为兄弟。”

双靡州 唐龙朔元年（661）置，属悦般州都督府。治所在俱兰城（今阿富汗东北境科克恰河流域）。8世纪中废。

书山 ①又名大章山、太傅山。在今江西上犹县西北。《明一统志》卷58南安府：书山“在上犹县西八十里。形如书柜。一名太傅山，出巨木美材”。《清一统志·南安府》：书山“一名太傅山。以邑人卢光稠尝居山下，后赠太傅，故名”。

②在今广东云浮市东六十里。《清一统志·罗定州》：书山“高千仞，周五十余里，乡人严穆创书斋其上，故名”。

书云（雲）台（臺） 在今山东曲阜市城内东南故泮宫中，亦曰泮宫台。《方舆纪要》卷32曲阜县：

书云台，“《诗》所谓‘既作泮宫，淮夷攸服’者。《左传》：僖五年，日南至，公登台，以望云物。后人因谓之书云台”。

书台（臺）山　①在今浙江武义县西。《清一统志·金华府一》：书台山“在武义县西三里。相传唐舒元舆读书于此”。

②在今四川资阳市南。《清一统志·资州》：书台山“在资阳县南五里。相传汉王褒读书处”。

书坊街　即今福建建阳市西书坊。《方舆胜览》卷11建宁府：“麻沙、崇化两坊产书，号为图书之府。”《清一统志·建宁府》：书坊街“在建阳县西三十里崇化里。天下书籍，多出于此。商旅辐辏”。

书案山　在今云南大姚县东北。《方舆纪要》卷116大姚县：书案山“在县东北百五十里。山形如几案，大姚河出焉”。

书堂山　①有二，均在今江西境。一在宜春市西南，一在万载县西。《寰宇记》卷109袁州宜春县：书堂山“在州西南三十里，唐卢肇读书于此。按万载西八十里亦有书堂山，习凿齿避地处”。《方舆纪要》卷87袁州府万载县“汤周山”条下：“《志》云，县西八十里有书堂山。山谷深郁，常有云雾，世传晋习凿齿常居此。”

②在今湖南望城县东北十五里。明《寰宇通志》卷55：书堂山“在长沙县北五十一里。唐欧阳询尝读书于此”。

③在今陕西洛南县北。《清一统志·商州》：书堂山“在洛南县北二十里。为县主峰。俯视群山，环向若揖。山后有二洞，相传昔有逐鹿者至此，闻其中有书声，故名”。

书堂岩　在今广东韶关市东南。《方舆胜览》卷35韶州：书堂岩“在城东十五里。白芒渡相对。岸洞划然，象清石洁。张曲江读书之所”。

毌丘（毌 guàn）　在今山东曹县南十里。《史记·六国年表》：“（宣公）与郑会于西城，伐卫，取毌。”司马贞《索隐》：“音馆”。按：《史记·田敬仲完世家》作“宣公与郑人会西城，伐卫，取毌丘”。司马贞《索隐》云：“毌音贯，古国名，卫之邑。今作‘毌’者，字残缺耳”。

毋血水　又作无血水。即今云南楚雄彝族自治州境内之龙川江。汉至南朝称毋血水。《汉书·地理志》益州郡弄栋县：“东农山，毋血水出，北至三绛南入绳，行五百一十里。”《水经·若水注》：“水出益州郡弄栋县东农出毋血谷，北流径三绛县南，北入绳。”

毋极县　西汉置，属中山国。治所在今河北无极县东北一里。三国魏属中山郡。西晋废。北魏太和十二年（488）复置，属中山郡。北齐废，寻复置，并移治今无极县，仍属中山郡。隋属博陵郡。唐属定州，万岁通天二年（697）改为无极县。

毋单县　西汉元鼎六年（前111）置，属牂牁郡。治所在今云南宜良县南。三国蜀建兴三年（225）属建宁郡。南朝梁末废。

毋敛县　西汉置，属牂牁郡。治所在今贵州独山县附近。南齐属南牂牁郡。梁废。

毋棳县　西汉元封二年（前109）置，属益州郡。治所在今云南华宁县南境。王莽时改名有棳。三国蜀改西丰，西晋泰始五年（269）复为毋棳，属兴古郡。永嘉五年（311）属梁水郡。南朝梁末废。

毋辟邑　即无鼻城。在今河南孟州市东。《水经·湛水》：“湛水出河内轵县西北山……东过毋辟邑南。”

五　画

〔一〕

玉口山 又名牛斗山、玉城山。在今重庆市大足县东南。《方舆纪要》卷69大足县：玉口山“有老君洞，宏敞可容百余人”。

玉山 ①在今河北满城县北十五里。《清一统志·保定府二》：玉山“山多白石如玉，所谓燕石次玉者也。下有玉山店”。

②在今浙江绍兴县北斗门镇。宋《嘉泰会稽志》卷9山阴县：玉山“在县北三十三里。《旧经》云：唐贞元元年浙东观察使皇甫政凿此为斗门八闸，泄水入江”。

③即怀玉山。在今江西东北和浙江西部边境。

④在今台湾省南投县东南，与高雄市东北接界处。海拔3997米。为我国东部高峰之冠。清蒋毓英《台湾府志》卷10：玉山“山甚高，皆云雾罩于其上，时或天气光霁，遥望皆白石，因名为玉山”。

⑤在今广东韶关市东南。《隋书·地理志》：曲江县有玉山。《元和志》卷34曲江县：玉山“在县东南十里。有采玉处”。

⑥即蓝田山。在今陕西蓝田县东。以出美玉得名。

⑦在今甘肃肃南裕固族自治县西北。《山海经·西山经》：“玉山是西王母所居地也。”郭璞注：“此山多玉石，因以名云。《穆天子传》谓之群玉之山。”毕沅以为在肃州西七十里昆仑之连麓。

玉山州 唐武德五年（622）置，治所在安海县（今越南广宁省芒街东南玉山）。贞观二年（628）废。上元二年（675）复置，改名为陆州。

玉山县 ①南朝梁置，属宁海郡。治所在今广西钦州市东南。隋大业初废。唐上元二年（675）复置，属陆州。天宝元年（742）改为华清县。

②南朝梁分湘阴县置，属岳阳郡。治所在今湖南汨罗市西北玉笥山。隋废。

③北周闵帝元年（557）分蓝田县地置，属蓝田郡。治所在今陕西蓝田县东二十五里玉山镇。建德二年（573）废。唐武德三年（620）复置，属雍州。移治今陕西蓝田县东南四十三里。贞观元年（627）省入蓝田县。

④唐贞观五年（631）置，属羁縻玉州。治所在今四川若尔盖县西北境。后废。

⑤唐武后证圣二年（695）析常山、须江、弋阳等县置，属衢州。治所在今江西玉山县东二里东津桥，后徙今玉山县。乾元元年（758）属信州。《寰宇记》卷107信州玉山县：“以有怀玉山，故为称。”元属信州路。明属广信府。民国初属江西豫章道。1926年直属江西省。

⑥金承安三年（1198）以乌速集、平郭、林河之间地置，属咸平府。治所在今辽宁开原市境。贞祐二年（1214）升镇安军。

玉山草堂 在今江苏昆山市西界溪上。《清一统志·苏州府二》：玉山草堂，“《府志》，元顾仲瑛筑，亦曰玉山佳处。园池亭榭，诗酒觞咏，吴中第一”。

玉山郡 唐天宝元年（742）改陆州置，治所在乌雷县（今广西钦州市东南乌雷村）。辖境相当今广西钦州市东南部合浦县、防城港市及越南芒街一带。乾元元年（758）改为陆州。

玉山街 即今福建建瓯市东南玉山镇。民国《建瓯县志》卷6乡市：“玉山街，南才距城百里，通古田要道。物产笋菰，矿最富铁。”

玉山寨 北宋置，属钦州。在今越南广宁省芒街东南玉山。后废。

玉山镇 北宋置，属彭水县。即今重庆市彭水苗族土家族自治县东北郁山镇。

玉川井 即玉泉。在今河南济源市东一里泷水北。《清一统志·怀庆府一》：玉泉“唐卢仝尝汲泉煮茶。亦名玉川井”。

玉门关 亦名玉关。西汉武帝置，在今甘肃敦煌市西北一百五十里小方盘城。因古代西域玉石皆经此输入，故名。与其南边的阳关，同为汉时通往西域的重要门户，习称出玉门关为北道，出阳关为南道。《汉书·西域传》：西域本三十六国，“东则接汉，扼以玉门、阳关”。《后汉书·班超传》：“超自以久在绝域，年老思土。十二年上疏曰：‘……臣不敢望到酒泉郡，但愿生入玉门关。’”六朝时，关址东移至今瓜州县东南锁阳城，而称汉玉门关为故玉门关。

玉门关及长城烽燧遗址 玉门关遗址包括大方盘与小方盘，在今甘肃西部敦煌市西北疏勒河下游。汉魏以后一直是中原通往西域诸国的重要关隘，是汉唐丝绸之路的咽喉。汉武帝时为抗击匈奴、联络西域各国，在河西辟四郡、设两关。玉门关即两关之一，为汉玉门都尉治所。关址四垣为夯土版筑。玉门关附近长城由沙砾石土夹芦苇间层叠压筑成，是目前保存最好的汉代长城。烽燧附近还有保存完好的积薪。马圈湾烽燧遗址经发掘，城堡内房基排列整齐，出土汉简牍、麻纸等多种文物。1988 年“玉门关（包括大方盘、小方盘）及长城烽燧遗址”被定为全国重点文物保护单位。

玉门军 唐置，在今甘肃玉门市赤金镇稍东。《元和志》卷 40 玉门县：“玉门军，开元中玉门县为吐蕃所陷，因于县城置玉门军。天宝十四年，哥舒翰奏废军，重置县。”

玉门县 西汉置，属酒泉郡。治所在今甘肃玉门市西北赤金镇稍东。《元和志》卷 40 玉门县：“汉罢玉门关屯戍，徙其人于此，因以名县。”北魏分置玉门郡治此。北周改为会稽县。隋开皇十年（590）复改为玉门县，属瓜州。大业三年（607）属敦煌郡。唐属肃州，开元中废为玉门镇，天宝十四载（755）复置，后陷于吐蕃。清乾隆二十四年（1759）复置，属安西州，迁治今甘肃玉门市西北玉门镇。民国初属甘肃安肃道。1927 年直属甘肃省。1958 年并入玉门市。

玉门郡 北魏孝明帝时置，属瓜州。治所在玉门县（今甘肃玉门市西北赤金镇稍东）。辖境相当今甘肃玉门市地。北周废。

玉女山 ①亦名玉女灵山。在今四川简阳市东北二十里。《舆地纪胜》卷 145 简州：玉女山“仙人李八百修炼于此。希夷观在此”。《方舆纪要》卷 67 简州：玉女山“在州东北二十里。山东北有泉，西北有悬崖，腹有石乳房十七眼，土人呼为玉华池”。

②又名仙台山。即今陕西南郑县南米仓山。《新唐书·地理志》：南郑县有玉女山。《寰宇记》卷 133 兴元府南郑县：“仙台山一名玉女山，在县南一百九十里，上有古城三门，不可登。山下时闻钟磬之声。道家开山经云，此山仙人玉女所居之地也。”

③在今陕西略阳县东南三十里。《方舆纪要》卷 56 略阳县：玉女山“山高千仞，多云霞覆之，不见其巅。山多白石，修洁如人形，因名”。

玉女冈 又名玉女峰。在今江西萍乡市东六十里，内有玉女台。《寰宇记》卷 109 袁州萍乡县：玉女冈“按，顾野王《舆地志》云，玉女冈去州西陆路九十里，（县）东六十里。其墩天气若雨，即涌出石间五色玄云之气，百姓咸云玉女披衣。又名玉女墩”。

玉女池 在今山东泰安市北泰山顶。《清一统志·泰安府一》：玉女池“在府北泰山顶。水味甘冽，四时不涸。一名圣母池”。

玉女汤 即玉女泉。在今湖北应城市西南汤池。

玉女灵山 亦名玉女山。在今四川简阳市东北二十里。《新唐书·地理志》 阳安县：“有玉女灵山。”《寰宇记》卷 76 阳安县：“石乳城水在县北二十一里玉女灵山，东北有泉，西北两岸各有悬崖，腹有石乳房一十七眼，状如人乳流下，土人呼为玉华池。”

玉女泉 ①在今山西潞城市西北五里。《寰宇记》卷 45 潞城县：“玉女泉在县西北五里。深五尺，未尝盈竭。泉内时有白气升出，蒙覆其上则有雨，时人谓之玉女披衣，恒以为候。”

②即今湖北应城市西南汤池。《舆地纪胜》卷 77 德安府：玉女泉“野老相传，玉女炼丹之地。近山有洞”。《方舆纪要》卷 77 应城县“五龙港”条下：“《志》云，玉女泉在县西南六十里。”唐李白有《安州应城玉女汤作》诗。

③即富世盐井。在今四川富顺县城西南。《旧唐书·地理志》 富义县：“界有富世盐井，井深二百五十尺，以达盐泉，俗呼玉女泉。”

玉女峰 ①在今福建武夷山市西南武夷二曲。高可六七十丈，亭亭秀丽，立于水畔。明《八闽通志》卷 6《地理志·山川》 崇安县：玉女峰“亦名三娘石。三石差肩而立，其色红润，望之有姝丽之态。下有妆镜台、仙冠石。宋辛弃疾诗：‘玉女峰前一棹歌，云鬟雾髻动清波’”。

②在今四川峨眉山市西南峨眉山华严寺附近。清嘉庆《四川通志》卷 17 峨眉县：玉女峰“在玉女桥上，华严寺左，峰上有池。相传为天女浴器，深广四尺，岁枯不涸。宋邛州守冯楫结茅峰下，讽诵华严，天女馈食于此”。

玉女堡 在今陕西铜川市耀州区西北八十里。《方舆纪要》卷 54 耀州：玉女堡“其地有玉女山，因名。……相传后周时置”。

玉女潭 ①在今陕西宝鸡市西南二十五里。《资治通鉴》：五代汉乾祐元年（948），蜀将安思谦“败汉兵于玉女潭”。即此。

②在今陕西麟游县西南。《清一统志·凤翔府一》：玉女潭在“鱼塘峡内，其水自永安宫前流入此潭，从半山飞下，声振岩谷，四面屏山，围绕如画”。

玉区塔什 在今新疆乌恰县西北。清宣统《新疆图志》卷 4：疏勒府布鲁特岳瓦什部辖境中有“玉区塔什”。

玉斗山 即怀玉山。在今江西玉山县西北。《清一统志·广信府》山川：怀玉山“在玉山县北一百二十里。高四百余丈。盘亘三百余里。……唐贾耽云：其山上干天际，势连北斗，又名玉斗山。循山之麓，升降凡十有五里。至大洋坂，地宽广约数百亩，而奇峰峻岭，怪石深池，环列于前后左右，山灵之窟宅也”。元王奕家乡在此，因自号玉斗山人，有《玉斗山人集》传世。

玉斗村 即今河北涞水县西北玉斗村。民国时有县佐驻此。

玉古尔 一作布古尔。即今新疆轮台县。清乾隆《西域图志》卷15：玉古尔“有城垣，当孔道。盖即古轮台地也”。清光绪二十八年（1902）置轮台县于此。

玉石岩 在今江西龙南县北。《方舆纪要》卷88赣州府龙南县：玉石岩在“县北五里。有石莹如白玉。山半有洞，广数十丈。宋太宗赐书百二十卷，邑人依岩阁藏之。旁有巨人迹，下有王迹寺。治平间赐额曰普和，此为上岩。岩后层层深入，登高台有大窦通天，亦谓之通天岩，空阔明爽。正德十二年，督臣王守仁平龙川湫（浰）寇，班师作《平南记》，刻于洞壁，此谓下岩。下岩之后有洞六七，视二岩尤胜”。

玉龙山 在今云南丽江市玉龙纳西族自治县西北。明代以来称玉龙山，又称雪山、耸雪山、雪岭。《明史·地理志》通安州：“西北有玉龙山，一名雪岭。”《方舆纪要》卷113：“玉龙山在丽江军民府西北二十里，一名耸雪山，亦曰雪山。条冈百里，峀耸十峰，上插云霄，下临丽江，山岭积雪，经夏不消，壁立万仞，千里望之，若在咫尺，与蜀松州诸山连接，蒙氏封为北岳，或谓之雪岭。”

玉龙关 ①在今云南永平县西南二十五里花桥。《清一统志·永昌府》：玉龙关“下有花桥河。控扼险隘之处也。即古花桥关”。

②又名下关、龙尾关。在今云南大理市。《清史稿·白文选传》：顺治十六年（1659），清兵下云南，“定国战屡败，令文选为殿；战于玉龙关，文选复败，走木邦”。

玉龙杰赤 亦作玉里鞬、兀笼格赤、月恋揭赤。在今土库曼斯坦北部库利亚乌尔根赤。元《圣武亲征录》：辛巳（1221）“秋，分遣大太子、三太子率右军攻玉龙杰赤城”。即此。

玉龙镇 清置，属盐亭县。即今四川盐亭南玉龙镇。嘉庆《四川通志》卷29盐亭县：玉龙镇“在县南八十里”。

玉田 在今江西崇仁县南。《舆地纪胜》卷29抚州：玉田“有玉田观。在崇仁县。即晋萧子云种玉之地”。《方舆纪要》卷86抚州府崇仁县：玉华山“在县南十五里。《舆地纪胜》：县南三十里有玉田，为梁萧子云种玉处。或曰即玉华山也”。

玉田县 唐万岁通天元年（696）改无终县置，属幽州。治所即今河北玉田县。后属蓟州。清属遵化直隶州。民国初属直隶津海道。1928年直属河北省。

玉田峰 在今福建建阳市西南七十里。《方舆纪要》卷97建阳县：玉田峰“尖如削玉，高出云表。一名美女山。又名草山岩。有三峰竞秀”。

玉印山 亦名印山、石宝山。在今重庆市忠县东北长江北岸石宝寨。《方舆胜览》卷61咸淳府：石宝山“在临江县东五十里”。清嘉庆《四川通志》卷21忠州；石宝山“在州东五十里。一名玉印山”。道光《忠州直隶州志》卷1：玉印山在“大江之北。一名石宝山。巉石凌空，四遭如削，形如累累之印，无路可上。乾隆初年，土人创建岑楼，凿石若谷，贯铁索于壁。攀援而跻。嘉庆二十四年贡生邓洪愿等更新旧制，楼冠山巅，游人铲转螺旋，不事依附之劳直达最高顶上。上有兰若殿”。

玉印山寨 即今重庆市忠县东北之石宝寨。清嘉庆《四川通志》卷30：玉印山寨“在州北八十里。国初有谭宏、谭文等据此梗化”。道光《忠州直隶州志》卷7：清康熙十九年（1680），谭宏等“踞忠州石宝寨以储粮”。

玉台（臺）山 ①在今四川阆中市北七里。山上有玉台观。《舆地纪胜》卷185阆州：玉台观“在州北十里。唐滕王尝游之，有滕王亭基”。唐杜甫《阆山歌》：“阆中城东灵山白，阆州城北玉台碧。”今山上有古舍利塔和滕王亭子故址。

②在今云南元江哈尼族彝族傣族自治县东五里。《方舆纪要》卷115元江军民府：玉台山“在府城东。旧名罗槃山，凡二十五峰，悬崖绝壁，险厄难登，苍翠如玉，望之若台”。

玉台（臺）山石塔 在今四川阆中市沙溪镇滕王阁村北。石塔始建于唐初（7世纪初叶），系唐高祖李渊第二十二子、滕王李元婴被贬作隆州刺史迁阆中时，常游玉台山，后建塔纪念而得名。玉台山原有玉台观、滕王亭，早废，近年修复。石塔保存基本完好，塔全用石建造。通高8.25米，塔基呈四方形。2006年定为全国重点文物保护单位。

玉夺三巴桥 在今西藏拉萨市中心。唐时建。上盖绿色琉璃瓦，汉称琉璃桥。藏语“玉夺”意为玉石，“三巴”意为桥。由此西行二里，即至布达拉宫。

玉华山 ①在今江西崇仁县南。《方舆纪要》卷86抚州府崇仁县：玉华山“在县南十五里”。《清一统志·抚州府一》：玉华山“上有玉华仙坛”。

②在今江西宜黄县南。《方舆纪要》卷86抚州府宜黄县：玉华山“在县南十五里。亦曰石麓山。三面壁立，惟南一径可通。上有田可二顷，又有泉，昔人常立寨于此”。

③在今陕西铜川市西北玉华村附近。唐于此筑玉华宫。宋张岷有《游玉华山记》。

④在今贵州瓮安县西。清咸丰、同治年间，何得胜领导的起义军黄号军，以此为据点，发展壮大起义队伍，联合都匀、贵定等地苗族起义军，攻占瓮安、福泉、开阳、修文、龙里等县城，直逼贵阳。同治四年（1865）起义军失败。山上营垒被毁，关卡、战壕尚存。

玉华岭 在今福建清流县北。明嘉靖《清流县志》卷2：玉华岭“在县北五十里，属永得里。上有玉华西洞，中有石窗、石龛、石观音、石莲花、石狮子之类。宋乾道间始建佛庐于内”。

玉华洞 ①在今福建将乐县东南天阶山下。《舆地纪胜》卷133南剑州《景物下》：玉华洞“在将乐县十五里。有两门，相去一二里，相通。中分二路，会于后门”。洞内有两条通道，全长约十里，由六个洞穴组成。洞底有三条地下河。钟乳石发育完美，造型各异，形成仙人田、炉丹炉、彩云楼、玉龙吐珠、八仙过海等景，仪态万千。明代徐霞客考察后称其“炫巧争奇，遍布幽奥”。洞内外保存宋代以来摩崖石刻。为全国重点风景名胜区。

②在今江西九江县西。《寰宇记》卷111江州瑞昌县：玉华洞“在县东二十五里。泉涌如雷。唐时，僧于洞中获磬与钱皆汉代物也”。《舆地纪胜》卷30江州瑞昌县：玉华洞“按，《寻阳新旧录》云，清虚玉华洞，千形万状，不可殚记”。

玉华宫 在今陕西铜川市西北八十四里玉华镇玉华村凤凰谷。《元和志》卷3宜君县：玉华宫“贞观二十年奉敕营造。其地本县人秦小龙宅，太宗云：‘小龙出，大龙入’。当时以为青凉胜于九成宫。永徽二年，有诏废宫为寺，便以玉华为名。寺内有肃成殿，永徽中奉敕令玄奘法师于此院译经，每言此寺即阎浮之兜率天也”。玉华宫建于唐初，为唐代四大避暑行宫之一。现有遗址，面积1平方公里，发现三处建筑基址和夯土围墙。遗址北面的悬崖上有唐代开凿的石窟，内有佛龛八处，龛内仅存长方形石座，龛间的隔墙雕刻浮雕。当年的巍峨宫殿建于幽谷松石之中，人工建筑与自然美景巧妙结合，在中国古代宫苑建筑史上具有重要地位。2001年玉华宫遗址定为全国重点文物保护单位。

玉华峰 在今蒙古国东方省境克鲁伦河。金幼孜《北征录》：明永乐八年（1410），成祖亲征阿鲁台等，五月顺胪朐河（今克鲁伦河）东行，“初七日次玉华峰。初八日发玉华峰，胡骑都指挥款台获虏一人至，知虏在兀古儿扎河。晚遂度饮马河（即胪朐河）”。

玉华站 元置，在今福建清流县东北。

玉华镇 金置，属宜君县。在今陕西铜川市西北玉华村。

玉关 即玉门关。在今甘肃敦煌市西北一百五十里小方盘城。

玉州 ①隋开皇七年（587）改平州置，治所在当阳县（今湖北当阳市）。辖境相当今湖北当阳、远安等市县地。九年（589）废。唐武德六年（623）改平州复置玉州，八年（625）废。

②隋平陈后置，治所在今湖南汨罗市西北玉笥山。《方舆纪要》卷80湘阴县：玉笥山，“隋置玉州，盖以山名”。开皇十二年（592）废。

③隋开皇十八年（598）改黄州置，治所在安平县（今广西防城港市西南）。大业初废。

④唐武德四年（621）置，治所在安海县（今越南芒街东南玉山）。辖境相当今广西防城港市、钦州市部分地及越南芒街一带。贞观二年（628）废。

⑤唐贞观五年（631）置，为羁縻州，属芳池州都督府。在今甘肃华池县西北境境。后废。

⑥唐贞观五年（631）以处降羌置，为羁縻州，属松州都督府。治所在今四川若尔盖县西北境。后废。

⑦五代时于阗国置，治所在今新疆和田市西二十里约特干遗址。《新五代史·四夷附录》 于阗：晋天福三年（938）张匡邺、高居诲出使于阗，居晦记曰：“其（国）南千三百里曰玉州，云汉张骞所穷河源出于阗，而山多玉者此山也。”

玉祁镇 即今江苏无锡市西北玉祁镇。明弘治《无锡县志》卷2：西北兴道乡八都有玉祁。清光绪《江苏全省舆图》无锡县图：西北有玉祁镇。

玉阳山 ①在今河南济源市西三十里。《清一统志·怀庆府一》：玉阳山“有二峰相对，曰东玉阳、西玉阳。《通志》：相传唐睿宗女玉真公主修道之所。有尚书谷，谷内有憩鹤堂”。

②在今湖北当阳市西北。《方舆纪要》卷77当阳县“玉泉山”条下：“玉阳山，在县西二里，沮水之阳。”《清一统志·荆门州》：玉阳山“在当阳县西北，一名仲宣台，县之主山也。其麓有真武洞”。

③在今海南省文昌市西北十里。《寰宇记》卷169：琼州文昌县有玉阳山。《方舆纪要》卷105文昌县：玉阳山“一名青山岭。林木青翠，邑之主山也”。

玉妃溪 在今四川绵竹市东北。《方舆胜览》卷54汉州：玉妃溪“在绵竹县。《成都耆老传》载：妃与五丁同生，父母弃之溪中，后闻呱呱之声，就视乃一女、五男，女即蜀文併妃，男即五丁”。

玉苍山 在今浙江苍南县西。主峰海拔921米。《方舆纪要》卷94平阳县：玉苍山“亦名八面山，山周百余里，跨峙八乡”。1981年析平阳置苍南县，因位于玉苍山之南而得名。

玉里 即今台湾省花莲县西南玉里镇。原名璞石阁，名称来源有二说：一是阿美语音译，意为“灰尘世界”，因秀姑峦溪久旱干涸，风起尘沙飞扬而名；二是传说秀姑峦溪中有石洁白如璞，砥柱中流，忽隐忽现，溪边曾建璞石阁，故名。1917年就璞石阁原意，改称玉里。

玉岘山 在今浙江临海市东。《寰宇记》卷98临海县：玉岘山“在县东一百九里。《临海记》云：黄石山泄水九层，沿崖注落如白练。东南有钟乳穴，多水，有伏翼如鹅大。其山本名黄石，唐天宝六载敕改为玉岘山”。

玉佛寺 在今上海市普陀区安远路上。清咸丰、同治间普陀山僧人慧根至缅甸迎回大小玉佛五尊，回国后途经上海，留下两尊并募款在江湾建寺。光绪八年（1882）在江湾建成玉佛寺。辛亥革命后，寺废。1918年在今址重建，1928年竣工。中轴线上建有天王殿、大雄宝殿、玉佛楼，东西配殿有卧佛堂、弥陀堂等。玉佛楼上供玉佛坐像，高1.9米。两侧卧佛堂内供卧佛，即释迦涅槃像，身长96厘米。为国内名刹。

玉沙县 北宋乾德三年（965）置，属江陵府。治所在今湖北洪湖市西北沙口镇。至道三年（997）改属复州。熙宁六年（1037）废。元祐元年（1086）复置，仍属复州。元世祖至元十五年（1278）移治沔阳镇（今湖北仙桃市西南沔城镇），为沔阳府治。明洪武九年（1376）废。

玉沙镇 北宋熙宁六年（1073）废玉沙县为镇，属监利县。即今湖北洪湖市西北沙口镇。元祐元年（1086）复改置县。

玉沟泉 在今山东泗水县西南。《方舆纪要》卷32泗水县：玉沟泉在“县西南十一里。西北流入泗水”。

玉局化 即玉局观。在今四川成都市南。《资治通鉴》：后唐同光元年（923），“（前）蜀司天监言国有大灾。蜀主诏于玉局化设道场”。胡三省注：“玉局化在成都。”

玉局观 在今四川成都市南。《寰宇记》卷72益州：“玉局坛在城南柳堤玉局观内，张道陵得道之所，其一也。”《方舆胜览》卷51成都府：玉局观“道经二十四化，上应二十四气，六十甲子分隶之，玉局化其一也。《彭乘记》：后汉永寿元年，李老君与张道陵至此，有局脚玉床自地而出，老君升座，为道陵说《南北斗经》。既去，而座隐地中，因成洞穴，故以‘玉局’名之”。《明一统志》卷67谓观在城北二十里，盖明初别建，非故址。

玉局峰 在今云南大理市西北，大理古城西南。为点苍山十九峰中的第六峰。《清一统志·大理府》引《名山志》，记点苍山十六峰，“六曰玉局峰，峰顶之南有冯河，周回万步”。

玉陇哈什河 即今新疆西南部之玉龙喀什河。为和田河东源。清道光《新疆识略》卷1：“和阗河凡二源，皆出呢莽依山，东支北流经伊里城东、玉陇哈什城西，是为玉陇哈什河，经勒沁抚海至色格尔雅尔，长四百四十里。”“玉龙”系古代突厥语“白色”，“喀什”为突厥语“玉石”，“玉龙喀什”即“白玉”之意。

玉陇哈什镇 即今新疆洛浦县西玉龙喀什镇。清宣统《新疆图志》卷4：“《西域图志》，和阗所属回庄……曰玉珑哈什城，东南三十里。在玉珑哈什郭勒环抱之内。民物繁庶，无城垣，居六城之一。”

玉环山 即今浙江玉环县玉环岛。《寰宇记》卷99温州瑞安县：玉环山“一名木陋屿，又名地胇山，在海中，周回五百余里，去郡二百里。上有流水，洁白如玉，因以为名”。原在海中，1977年筑成大坝与陆地相连。

玉环厅 清雍正六年（1728）置，属温州府。治所即今浙江玉环县。以玉环岛得名。1912年改为玉环县。

玉环县 1912年改玉环厅置，属浙江瓯海道。治所即今浙江玉环县。1927年直属浙江省。

玉林卫 明洪武二十六年（1393）置，属山西行都司。治所在今内蒙古和林格尔县东南新店子乡东榆林城。永乐元年（1403）徙治北直畿内。宣德元年（1426）复迁旧治。正统十四年（1449）徙治旧定边卫（今山西右玉县），与大同右卫同治，而卫城遂废。

玉林市 1983年撤销广西壮族自治区玉林县，改设玉林市，属玉林地区。1997年撤销玉林地区和县级玉林市，设立地级玉林市；原县级玉林市改置玉州区，市人民政府驻玉州区玉林镇。

玉枕山 ①在今江西大余县北。《舆地纪胜》卷36南安军：玉枕山“在郡正北。盖郡之主山”。《清一统志·南安府》：玉枕山“在大庾县北五里。地名石人坑，郡之主山也。高三百仞，连延三里。两麓五岩，次第相属。俗名五指山，又名华盖山”。

②在今江西武宁县北。《明一统志》卷49南昌府：玉枕山“状若枕”，故名。《清一统志·南昌府一》：玉枕山“在武宁县北一百八十步”。

③在今福建建阳市西南二十里。山麓即考亭。其左曰玉尺山，其前曰翠屏山。《清一统志·建宁府》引《福建通志》：“宋朱松爱考亭山水清邃，欲卜筑于此。绍熙间朱子熹因父志而徙居焉。”

玉轮江 即今岷江。《寰宇记》卷78茂州汶川县：“玉垒山在县北三里。又有玉轮阪其下，汶水所经焉。蜀谓之玉轮江。”《方舆纪要》卷67汶川县：玉轮江在“县治西三里。即汶江也。自保县流经此，又南入灌县界。《江源记》：岷江自汶川转银岭合草坡河，至蚕崖入灌口分道而下。又由威至玉垒山为玉轮江，至汶为皂江，至灌为沫江，实一江而名屡迁也”。

玉岩山 在今浙江丽水市西北境。《方舆纪要》卷94宣平县：玉岩山“其东为东岩，四面陡绝，惟有一径扪萝可入，一名赤石楼。稍西为西岩，两岩对峙，中有清风峡、桃花洞”。

玉岩书院 在今广东广州市东郊萝岗洞萝峰山下。书院东为萝峰寺，又名萝坑寺，旧称种德庵。南宋钟启初（字圣德，号玉岩）青少年时庵西读书，后入仕官至参议中书省兼知政事。嘉定十二年（1219）还乡，在庵西筑萝坑精舍，为讲学之处。元朝时，玉岩后人钟复昌扩建，改名玉岩书院。书院与其东之萝峰寺连为一体，寺旁有“漱玉听泉”等景，重楼迭阁，有亭台池苑之胜。萝岗洞四周环山，深冬时节梅花盛开，漫山遍野一片雪白，蔚为奇观。“萝岗香雪”曾为羊城八景之一。

玉乳泉 在今江苏丹阳市东北三里观音山。唐张又新《煎茶水记》“谓刘伯刍称，较水之与茶宜者凡七，丹阳县观音寺水第四”。

玉乳洞 在今浙江杭州市西飞来峰下。洞高2—3米。明田汝成《西湖游览志》卷10：“玉乳、射旭二洞，宛转通明，悬泉淅淅，乳溜若凝，肪然有陉可陟。”

玉京山 ①一名上京山。在今江西星子县西七里鄱阳湖滨。晋陶潜《还旧居诗》："畴昔家玉京"，指此。《清一统志·南康府一》：玉京山"一峰最秀，其东西云山烟水数百里，浩渺萦带，皆列于几席间。"

②又名玉清山。在今四川资中县西南。《舆地纪胜》卷157资州：玉京山"在州西南五十里。嵯峨半空，峭崄壁立，插天连云，俨然在目。上有观曰太霄"。光绪《资州志》卷2：玉京山"在州西六十里。危石联络百步许，突起石台，高六丈，周十余丈。石壁刻'冲虚之观'四大字"。

③在今陕西南郑县西南。《舆地纪胜》卷183兴元府：玉京山"在南郑县西南四十余里玉银村旱山之阳。一峰突出"。

玉河　①又名御河。即今北京市城内、外金水河。《明一统志》卷1顺天府："玉河源自玉泉山，流经大内，出都城东南，注大通河。"

②即今新疆西南部和田河及其东西源。因产玉得名。《梁书·西北诸戎传·于阗》："有水出玉，名曰玉河。"《新唐书·西域传》：于阗"有玉河，国人夜视月光盛处，必得美玉"。《新五代史·四夷传·于阗》引晋高居诲《使于阗记》曰："其河源所出，至于阗，分为三：东曰白玉河，西曰绿玉河，又西曰乌玉河。三河皆有玉，而色异。每岁秋水涸，国王捞玉于河。然后国人得捞玉。"

玉河县　唐末幽州节度使刘仁恭析蓟县置，属幽州。治所在今北京市西门头沟区城子村。辽属南京析津府。金废。

玉房山　在今江西赣州市东南。《寰宇记》卷108虔州赣县：赤石山"唐天宝六年敕改为玉房山。在县东南二十四里。《南康记》云，大石连耸，粲若舒霞。山角多赤石，有玉房、琼室"。

玉函山　一名函山。在今山东济南市城南二十里。唐段成式《酉阳杂俎》卷16："齐郡函山有鸟，足青，咀赤，黄素翼，绛颡，名王母使者。昔汉武登此山得玉函，长五寸。帝下山，玉函忽化为白鸟飞去。世传山上有王母药函，常令鸟守之。"

玉城县　①西魏废帝元年（552）改石城县置，为安乐郡治。治所在今河南灵宝市东南六十里。《寰宇记》卷6玉城县："因荆山之石有玉而美故名。"北周天和元年（566）废。隋义宁元年（617）复置，属虢郡。治所在今河南灵宝市东南六十里。唐武德元年（618）属虢州。北宋熙宁四年（1071）废入虢略县。

②西魏改石城县置，治所即今河南卢氏县。北周废。

③唐武德四年（621）置，属恒州。治所在今河北行唐县西北二十里玉亭乡。后废。

④唐贞观二年（628）置，属羁縻轨州都督府。治所在今四川阿坝县境。后废。

玉城镇　北宋熙宁四年（1071）废玉城县为镇，属虢略县。在今河南灵宝市东南六十里。

玉带河　①在今河北省中部，自博野经肃宁、任丘、雄县，至霸州市东南与永定河相汇入于海。《元史·河渠志一》"河间河"条：泰定三年（1326）都水监言，"古陈玉带河，自军司口浚治，至雄州归信县界，以导淀泺积潦，注之易河"。《明史·地理志》霸州保定县："玉带河在北，东流入会通河。西南有磁河，东南与玉带河合。"《清一统志·河间府一》：玉带河"在肃宁县东，即唐河下流。旧自蠡县流入，与河间县界接界，又东北接任丘县界，为镜河。……《旧志》：博野县滋、沙、唐三水，由铁灯竿口注洋东、五千二淀，东北流入肃宁县境，为中堡河，在县东三十里。又东分为玉带河，在县东三十五里。又经河间县西门外，北入任丘县界，为镜河，至县南三里，会莲花泊，又北环城为壕，至县东北会五龙潭。又东北会于五官淀"。东北入永定河。

②即兀儿失温河。今内蒙古呼伦贝尔市新巴尔虎右旗与新巴尔虎左旗间之乌尔逊河。明金幼孜《北征录》：永乐帝"遂赐（阔滦海子）名玄冥池。晚次玉带河"。

玉带桥　在今四川安岳县北四十里通贤镇姚市河上。清道光《安岳县志》卷7：玉带桥"在治北四十里。即国清寺桥。乾隆五年重修，上竖以亭，为四达要路。嘉庆五年为贼所焚，十年重修"。

玉带溪　即今四川内江市西南二里公园河。《方舆纪要》卷67内江县：玉带溪在"县西南二里。下流合于中江"。

玉茗亭　在今江西抚州市临川区城区内。《明一统志》卷54抚州府：玉茗亭"在府治。宋时建。亭下有花名玉茗，如山茶而色白，黄心绿萼。人以比扬州之琼花。宋、元名人多赋咏之"。

玉树土司　指清、民国年间玉树二十五族土司，住牧地在今青海南部曲麻莱、杂多以东，巴颜喀喇山以南之玉树藏族自治州。民国周希武《玉树调查记》卷下："玉树二十五族，囊谦千户为之长，本应称囊谦等二十五族，其名乃正。而《卫藏通志》则云阿里克等族；《西宁府志》则云玉树等族；《平番奏议》亦云玉树等番子；而自道光、咸丰以后，西宁案卷直称为玉树二十五族。玉树本二十五族细部之名，沿袭既久，辞无差别，遂以专名为公名矣。"

玉树市　2013年改玉树县置，属青海省玉树藏族自治州管辖。玉树市人民政府驻结古镇结古大道199号。

玉树县　1931年置，属青海省。治所在结古（今青海玉树县）。

玉虹河　即今四川会东县南之鲹鱼河。《清一统志·宁远府一》：玉虹河"在会理州东。自州东北发源，南流经苦竹坝，又东南入金沙江"。

玉虹泉　在今湖北英山县西北。《清一统志·六安州》：玉虹泉"在英山县西北三十里。石壁镌三大字，并有石刻题咏"。

玉峡关　即今山西平顺县东南玉峡关。《清一统志·潞安府》：玉峡关“在壶关县东南一百二十里。旧曰风门口，在隆虑万山之巅，势极险峻。明嘉靖八年置，今裁”。

玉峡驿 明初置，在今江西峡江县西南。《方舆纪要》卷87临江府峡江县：玉峡驿“在县治（今巴邱镇）南峡江滨。明初与峡江巡司同置。北去金川驿八十里”。清裁。

玉钩山 在今山西运城市东北。《寰宇记》卷46安邑县：“玉钩山在县东北二十里，其山东西一十里，势如玉钩，因此为名。”

玉钩亭 在今江苏扬州市西南。《舆地纪胜》卷37扬州：玉钩亭，“元和中，李夷简建，名曰玉钩亭。皇甫湜作记”。

玉钩斜 ①在今江苏扬州市。戏马台下有路曰玉钩斜，为隋葬宫女处。《方舆胜览》卷44扬州：玉钩斜，“《桂苑丛话》：唐李蔚自大梁移镇淮海，见郡寡胜游之地，命于戏马亭西连玉钩斜道葺亭名曰‘赏心’。坡诗：路失玉钩芳草合”。

②在今江苏徐州市南戏马台下。《桂苑丛谈》：咸通中，李蔚镇彭城，“命于戏马亭西连玉钩斜道，开辟池沼，构葺亭台，名之曰赏心”。

玉皇山 在今浙江杭州市南。本名育王山。民国《西湖新志》卷3：“吴越王迎明州（今浙江宁波市）阿育王塔，置于城南”，故名。清改建为玉皇宫（即福星观），始称玉皇山。

玉皇顶 ①在今北京市西北香山东麓木兰陀山，因山顶建玉皇庙而名。清《日下旧闻考》卷102引明天启元年袁志学《新建玉皇庙碑略》：“都门瞻望西山，葱茏瑞气，突兀屏开，乃香山乡木兰陀之地也。”

②在今山东泰安市北泰山最高处。旧称太平顶。有观曰玉帝观。院内有石错落凸起，绕以朱栏，世称泰山绝顶。观外有没字碑，高一丈五尺而无字。亦称“石表”。此碑或说秦始皇所立，清顾炎武《山东考古录》“辨无字碑为汉立”条，定为汉武帝所立。

玉皇庙 ①在今山西晋城市城东二十四里府城村北。创建于北宋熙宁九年（1076）。金泰和七年（1207）重修。元至正十五年（1355）建山门及钟鼓楼。明、清均有修葺。分三个院落。现存玉皇殿（后大殿）为创建时原物，殿宽三间，深六椽，单檐悬山式。诸神殿（中殿）为金代建筑，面宽、进深各三间，单檐悬山式。庙内有宋、金、元、明、清塑像二百余尊，其中宋代塑像及后院西廊庑内元代塑像二十八宿是其精华。庙内还有唐代石幢和宋、元碑刻，是研究道教史及道教艺术的珍贵文物。1988年定为全国重点文物保护单位。

②即今山东商河县南玉皇庙镇。清道光《商河县志》卷2：玉皇庙在“城西南三十里”。1984年设镇。

玉泉 ①在今北京市西北颐和园西玉泉山。因泉水清澈、晶莹如玉而名。赵万里校辑《元一统志》卷1引赵著碑记云：“燕城西北三十里有玉泉。泉自山而出，鸣若杂珮，色如素练，泓澄百顷，鉴形万泉。”明蒋一葵《长安客话》卷3：“泉出石罅间，潴而为池，广三丈许，名玉泉池。池内如明珠万斛，拥起不绝，知为源也。水色清而碧，细石流沙，绿藻翠荇，一一可辨。池东跨小石桥，水经桥下东流入西湖，为京师八景之一，曰‘玉泉垂虹。’”水出山名玉河，汇入昆明湖，东南流入北京城，为元、明、清北京城主要水源。

②在今浙江杭州市西。明田汝成《西湖游览志》卷9：“南齐建元中，僧昙超说法于此，龙王来听，为之抚掌出泉。”即此。

③又名玉泉井。在今河南济源市东一里。《明一统志》卷28怀庆府：玉泉“在济源县东泷水北岸。唐卢仝尝汲此泉煮茶。其傍有寺”。

④在今湖南资兴市西北。《方舆纪要》卷82兴宁县“程水江”条下：“又玉泉，在县（今兴宁镇）西四十里。上有玉泉馆，洪武十二年建。”《清一统志·郴州一》：玉泉“渟瀜如镜”。

⑤在今陕西华阴市南华山上。《清一统志·同州府二》：玉泉“其水自崖而下，莹洁如玉”。玉泉院以此名。

⑥在今陕西凤翔县西北。《方舆纪要》卷55凤翔府凤翔县：玉泉“在府治西北五里。引以溉田”。

玉泉山 ①西山分支。在今北京市海淀区。明蒋一葵《长安客话》卷3“玉泉山”条：“山以泉名。泉出石罅间，潴而为池，广三丈许，名玉泉池。……池东跨小石桥，水经桥下，东流入西湖，为京师八景之一，曰玉泉垂虹。”群泉注入昆明湖，折向东南流入北京城，为金中都、元大都重要水源。

②在今河南林州市西南二十里。《清一统志·彰德府一》：玉泉山“有玉泉谷，故名。有望仙、朝霞、迎霞三峰。有溪曰甘露溪，滴乳泉”。

③一名覆舟山，又名堆蓝山。在今湖北当阳市西三十里。《舆地纪胜》卷78荆门军：玉泉寺“在当阳县西南二十里。山曰玉泉山。陈光大中浮屠知顗自天台飞锡来居此山”。《方舆纪要》卷77当阳县：玉泉山“山有泉色白而莹。本名覆船山。三国时易今名。隋置玉州以此”。

④在今云南富宁县西北七十里。《明一统志》卷87广南府：玉泉山“在富州西北七十里。山顶有泉，飞流如素练。下有石池，清碧回旋，溢流于西洋江”。

玉泉山行宫 在金中都城西北郊玉泉山，今北京市西北。《金史·地理志》中都路大兴府宛平：“本晋幽都县，辽开泰元年更今名。有玉泉山行宫。”

玉泉井 一名玉井。在今云南大理市东，凤仪镇北十五里。《清一统志·大理府》引元杨庭《记》：“世祖南征驻跸于此，军士渴甚，世祖祷祖，以剑插地，清流涌出，因建亭于其上。”

玉泉水 ①在今山西黎城县北。源于源庄乡源泉村西南。东流河北涉县境内入清漳河。《方舆纪要》卷42黎城县：玉泉水在“黎城县西北五十里。山下有石窍三，泉喷涌而出。合为一川，入河南涉县界，注清漳”。

②在今湖北当阳市西南。《明史·地理志》 当阳县：“南有玉泉山，玉泉水出焉。”《清一统志·荆门州》：玉泉水“俗名金龙池。在玉泉寺阶东，其东翠寒山下，珠泉出焉，每鼓掌，泉如串珠而上，西流与玉泉合，折而东，径已公岭，又东径县城，合沮水”。

玉泉观 俗称城北寺。又名崇宁寺。在今甘肃天水市城北。始建于元大德三年（1299），现存建筑为明清时重建。自山下山门入观过通仙桥，向上有青龙殿、白虎殿、人间天上坊、玉泉阁、三清殿，山顶有三官殿、诸葛祠、神仙洞等。2006年定为全国重点文物保护单位。

玉泉寺及铁塔 在今湖北当阳市西南玉泉山东麓。始建于梁。《舆地纪胜》卷78荆门军：玉泉寺“在当阳县西南二十里。山曰玉泉山。陈光大中，浮屠知觊自天台飞锡来此山，寺雄于一方，殿前有金龟池”。今存大雄宝殿为明代重修。殿前有隋铁镬、宋铁塔、元铁釜，殿侧有唐代石刻观音像等珍贵文物。据塔身铸铭，铁塔原名“佛牙舍利宝塔”，铸于北宋嘉祐六年（1061）。塔八角十三层，高17.9米，为国内现存最高的铁塔。仿木构楼阁式塔铸造，铸出斗栱、额枋、柱子、门窗等形式，并铸有精美的花纹和佛像。1982年玉泉寺及铁塔被定为全国重点文物保护单位。

玉泉院 在今陕西华阴市南华山上。以泉得名。为宋陈抟（希夷先生）隐处。《清一统志·同州府二》：云台观“其相近有玉泉院，宋皇祐三年陈抟建”。

玉泉盐场 南宋置，在今浙江象山县东南。宋《宝庆四明志》卷21象山县：玉泉盐场“绍兴初置。县东北三十里”。《方舆纪要》卷92象山县：玉泉场盐课司“在县东南十五里”。

玉泉营 明置，在今宁夏青铜峡市西北。清改为玉泉营堡。《清一统志·宁夏府二》：玉泉营堡“在宁朔县西南八十里，东去黄河，西去贺兰山皆三十里。明万历十五年筑城，周三里。本朝设游击守备驻防”。

玉亭县 ①隋开皇十六年（596）置，属恒州。治所在今河北行唐县西北二十里东玉亭。大业初废。

②唐武德四年（621）析余干县置，属饶州。治所在今江西余干县东南。七年（624）省入长城县。

玉亭镇 在今河北行唐县西北东西玉亭。隋开皇中置玉亭县于此，大业初废。唐武德中又于此置玉城县，寻废。《清一统志·正定府二》“滋阳废县”引《旧志》：“县北二十里中羊社有东玉亭村，县北三十里高平社有西玉亭村……盖皆以故县得名。”

玉津 在今四川眉山市东岷江上。《清一统志·眉州》：玉津“在州东四里。宋陆游有诗”。

玉津县 隋大业十一年（615）置，属眉山郡。治所在今四川乐山市南三十里。《元和志》卷31玉津县：“以江有璧玉津，故以为名。”唐武德初属嘉州，天宝初属犍为郡，乾元初复属嘉州。北宋乾德四年（966）废入犍为县。

玉津园 ①五代周显德中置，故址在今河南开封市旧城南门外。北宋诸帝常幸此。南宋孟元老《东京梦华录》卷6：“收灯毕。都人争先出城探春。州南则玉津园外。”《宋史·太祖纪》：建隆元年（960）四月，“幸玉津园”。即此。

②在今浙江杭州市南江干区洋泮桥附近。南宋绍兴十七年（1147）仿汴京玉津园建。《宋史·宁宗纪》：开禧三年（1207），“诛韩侂胄于玉津园”，即此。元时园废。

玉津泉 在今四川茂县西北叠溪镇南叠溪古城。《明一统志》卷73叠溪千户所：玉津泉“在所城外，以铁瓦石甋缘坡接引，直抵城下，居民取汲甚利”。

玉津镇 唐置，为军镇。在今四川乐山市南三十里岷江西岸。《元和志》卷31玉津县：玉津镇“在县城中”。北宋乾德四年（966）废玉津县为镇，属犍为县。元为犍为县治所。《明史·地理志》：“犍为旧治玉津镇。今治惩非镇，洪武中徙此。”

玉屏山 ①即薛山。在今上海市松江区西北。《清一统志·松江府一》：薛山“在青浦县南，兰笋山东，中隔一水。下尝掘地得石志曰玉屏，又称玉屏山”。

②又名驻跸山。在今安徽歙县城东北。《方舆纪要》卷28歙县：玉屏山“在城东北。本名石壁山。上有石，方峙如屏帐，其下宽平，可以屯兵。明太祖尝驻跸其下，因易今名”。

③在今湖南长沙市西。《方舆纪要》卷80善化县“岳麓山”条下：“玉屏山在善化县西五里，乃岳麓支山也。环峙如屏。”

④在今四川仁寿县西南虞丞乡。《方舆胜览》卷53隆州：玉屏山“距城西二十里。四山环聚，玉屏为之冠。虞丞相（虞允文）父祺功德院在焉”。

⑤亦名白崖山。在今四川射洪县西北二十五里。《方舆纪要》卷71射洪县“金华山”条下：“玉屏山在县南十五里。一名崖山。远望悬崖，皎如白雪，岩阜逶迤，宛类玉屏。亦曰悬崖山。”

⑥在今贵州麻江县北一里。《清一统志·都匀府》：玉屏山“峰峦环列如屏，故名”。

玉屏县 清雍正五年（1727）改平溪卫置，属思州府。治所即今贵州玉屏侗族自治县。清爱必达《黔南识略》卷18：玉屏县，“玉屏山在县治后，屹立如屏，县所由名也”。民国初属贵州镇远道。1923年直属贵州省。1983年改设玉屏侗族自治县。

玉垒山 ①在今四川都江堰市西北隅。《汉书·地理志》绵虒县："玉垒山，湔水所出。"西晋左思《蜀都赋》："包玉垒以为宇。"东晋郭璞《江赋》："玉垒作东别标。"《方舆纪要》卷67灌县：玉垒关"在县西玉垒山下"。

②在今四川汶川县东北。《元和志》卷32汶川县："玉垒山在县东北。"《旧唐书·地理志》汶川县："玉垒山在县东北四里。"山高耸，石刻"玉垒山"三大字，传为宋淳熙时书。

玉垒关 ①唐建，属导江县。在今四川都江堰市西玉垒山下。《新唐书·南诏传》：咸通十四年(873)，坦绰率军攻雅州，"击定边军，卒溃入邛州。成都大震，人亡入玉垒关，士乘城"。即此。《舆地纪胜》卷151永康军：玉垒关在"军城正西一隅，距玉垒关而止。《永康续志》云：军城门曰玉垒关，系夷人往来之冲"。

②在今甘肃文县东南。《清一统志·阶州二》：玉垒关"在文县东南一百二十里，路通四川剑州"。光绪《甘肃新通志》卷9："唐宋以来所置守戍处也。"

玉莲池 在今陕西宜川县北。《方舆纪要》卷57宜川县：玉莲池，"《志》云，池广数千顷，为一方之胜。今湮"。

玉峰山 一名峰山。在今安徽东至县北。《方舆纪要》卷27建德县：玉峰山"在县治南。绝顶奇石，光莹似玉"。

玉峰场 即今四川大英县西北玉峰镇。清道光《蓬溪县志》图：玉峰场在"县西一百八十里"。

玉笔城 在今云南景东彝族自治县西景董山上。《方舆纪要》卷116景东府"景东城"条下："又别为小城，在卫城之西，据景东山之顶，周三十余丈，开东北门以望远，名玉笔城。"

玉笋（筍）山 ①在今湖北武汉市蔡甸区境。《清一统志·汉阳府》：玉笋山"在汉阳县西北六十里。山多白石，参差如筍（笋）。一名栲栳山"。

②即今云南澄江县西南之尖山。明代为涌拔山的异名。万历《云南通志》卷3：玉笋山"旧名涌拔山。在府治西南二十里，屹立抚仙湖上，不与众山接，高峰独秀，状如玉笋，故名"。清代通称玉笋山。

③在今甘肃临潭县东新城镇北。《方舆纪要》卷60洮州卫："玉笋山在卫北五里。《志》云：山高耸，登眺可见数百里外。"

玉海楼 在今浙江瑞安市城东北金带桥畔。建于清光绪十四年（1888），是清经学家、文字学家孙诒让的藏书楼。原有藏书八九万卷，以多名家批校本，孙衣言、孙诒让父子手批手校本、瓯郡乡土文献而著称。孙氏亡故，藏书多散佚。中华人民共和国成立后，其后人将所存善本书送杭州大学图书馆、温州市图书馆收藏。现尚有古籍三万五千册左右。楼下辟有文物展览馆。1996年定为全国重点文物保护单位。

玉涧 在今江西峡江县西。《方舆纪要》卷87临江府：玉涧"出玉笥山，回互纡曲，三十六涧之一也，下流入于峡江"。《清一统志·临江府》：玉涧水"在峡江县（今巴邱镇）东北"。

玉涧水 一名阌乡水。即今河南灵宝市西双桥河。《水经·河水注》：玉涧水"南出玉溪，北流径皇天原西，……又北径阌乡城西，世谓之阌乡水也"。

玉案山 ①在今云南昆明市西。《方舆纪要》卷114云南府昆明县：玉案山在"府西二十五里。一名列和蒙山。山秀丽，多泉石，南去滇池十余里，远望出西南诸峰之上。一名寨盘山。下有菩提山泉"。

②在今云南大理市东北，洱海之东。一名玉几岛，又名稌禾岛。形如几案，故名。《清一统志·大理府》引《志胜》："上有摩崖刻字云，蜀诸葛亮平南中，阵于是水之南。"又引《云南通志》："山在叶榆河，相传汉司马迁、司马相如奉使皆尝至此。"

玉诺礁 在南海中中国南沙群岛内，位于榆亚暗沙西北25海里。实为一暗礁。1935年公布名称为马林诺暗礁。1947年改名玉诺礁。

玉梅川 在今甘肃合水县（西华池镇）东北。《方舆纪要》卷57合水县：玉梅川"在县东，与延鸠川俱出子午山，东流入华池水"。

玉虚观 在今湖北兴山县东。《清一统志·宜昌府》：玉虚观"在兴山县东香溪侧。唐天宝中建，有明皇御赐题额"。

玉虚河 即今四川会理县南之会川河（城河）。《清一统志·宁远府一》：王虚河"在会理州城东。源出州北分水岭，南流经玉虚山……又南经白马口，入金沙江。州境之田，资其灌溉"。

玉虚洞 ①又称滴水岩。在今福建明溪县城北郊蟠龙山下。《清一统志·汀州府》山川：滴水岩"在归化县（今明溪县）东北五里。上有泉水下滴，亢旱不竭。岩西有洞口虚鸣洞，一名玉虚洞，阔数十丈。洞内孔窍相通，凡数十里，泉石奇胜，甲于一邑"。曾被徐霞客喻为"武夷三绝"之一。分上、下两洞。上洞为主洞，分前、中、后三洞：后洞约50平方米，暗同黄昏，巉岩危石，崎岖不平；中洞约200平方米，有祥云岩、接仙桥、跃鲤岩、狮子岩、佛头石、天鼓和石竹等近百处景物。其中尤以天鼓、虚鸣窍最妙，用鞋、笠轻拍，即嘭、嘭作响，经久不息；前洞豁亮平坦，约100多平方米，有天泉、天池、仙枪、仙戟、仙剑和南天门等景致。下洞名听泉台，有困鲤石、洞底日月、天河等数十处胜景。径曲廊回，有两条甬道可通上洞。洞前峭壁上镌有"玉虚洞天"四个大字和宋以来题刻五十多处。

②在今湖北秭归县西北香溪镇东四里谭家山麓。《寰宇记》卷148归州兴山县："玉虚洞在县南五十里。唐天宝五载，其洞忽开，可容千人。"南宋陆游《入蜀记》："过白狗峡，泊舟兴山口。肩舆游玉虚洞。去江岸五里许，隔一溪，所谓香溪也。……过

溪又里余，洞门小，才袤丈，既入则极大，可容数百人，宏敞壮丽，如入大宫殿中。有石成幢盖、幡旗、芝草、竹笋、仙人、龙虎鸟兽之属，千状万态莫不逼真。其绝异者，东石正圆如日，西石半规如月。予平生所见岩窦无能及者。”其下即香溪。《清一统志·宜昌府》引《州志》：“洞有三：中曰玉虚，旁有二小洞，一名青莲，一名水帘。”

玉虚宫遗址　在今湖北丹江口市西南武当山镇。据《太和山志》载，真武被封为“玉虚师相”，宫以封号名。玉虚宫建于明永乐十一年（1413），嘉靖三十一年（1552）重修。平面布局为五进三城，即外乐城、紫禁城、里乐城，占地8万平方米。清乾隆十年（1745）毁于火灾。现存建筑外乐城有泰山庙、御碑亭；紫禁城有宫门、宫墙、小宫门、玉带河、玉带桥、御碑亭；里乐城有琉璃八字墙、小宫门、宫墙、琉璃焚帛炉、神坛、道房、父母殿等。2001年定为全国重点文物保护单位。

玉堂山　在今四川遂宁市北十五里。《舆地纪胜》卷155遂宁府：玉堂山“在小溪县北十里。岩峦耸秀，气象雄峙”。《方舆纪要》卷71遂宁县：玉堂山“在县北十五里。……县之主山也”。

玉堂江　在今湖南宁乡县西五十里。源出十泉峰，南流入沩水。《清一统志·长沙府一》：玉堂江“相传宋易祓以玉堂学士归，濯缨于此，乡人荣之，因名”。

玉笥山　①即宛委山。在今浙江绍兴市东南。《水经·渐江水注》：“（山阴）南又有玉笥、竹林、云门、天柱精舍，并疏山创基。”《史记·太史公自序》：“上会稽探禹穴。”《正义》引《括地志》：“石箐山一名玉笥山，又名宛委山，即会稽山一峰也，在会稽县东南十八里。”

②即今江西峡江县西南复箱峰。《隋书·地理志》：庐陵郡新淦县“有玉笥山”。《寰宇记》卷109吉州新淦县：玉笥山“在县南六十里。道书云，玉笥山福地山也，有水东流。山数十里，地宜谷稻，肥美。陶宏景《玉匮书》云，山今属巴山，在县西四十里。有废清居观，即梁公社。被流于南，回而隐于此山，因置观焉。梁司徒左长史萧子云为作铭也”。《清一统志·临江府》：玉笥山“在峡江县（治今巴邱镇）东南四十里。……《旧志》，旧名群玉峰。相传汉武帝元封五年，行巡南部，受上清箓于群玉之山。见有玉箱如笥，委坛中，忽失去，因改今名。道书以为第（三）十七洞天。有三十二峰、二十四坛、十二台、六洞、十一亭、七源、二坞、四谷、三十六涧，其余潭石宅井坡岭，名迹不可悉数。元《揭傒斯万寿承天宫碑》云，天下称名山，在大江之西者有三：曰匡庐、曰阁皂、曰玉笥，而玉笥尤为天下绝境”。

③一名石帆山。在今湖南汨罗市西北。《水经·湘水注》：“汨水又西径玉笥山。罗含《湘中记》云，‘屈潭之左有玉笥山，道士遗言，此福地也。亦曰地肺山’。”《方舆胜览》卷23引甄烈《湘中记》：“屈潭之左有玉笥山，屈平之放，栖于此山而作《九歌》焉。”山之得名，据《太平御览》卷41引《玉笥山记》说：“汉武好仙，察众山之迹，知此山为灵感之司，遂于山顶致降真坛，日夕祈祷，天乃降白玉笥置坛上。武帝遣使取至其坛侧，飘风大振，卷玉笥而去，因封为玉笥山。”

玉麻州　明永乐十三年（1415）置，属羖安府。治所在今越南中部义安省境。宣德二年（1427）以后入安南。

玉渊　即玉渊潭。在今江西星子县庐山栖贤寺侧三峡涧中。《舆地纪胜》卷25南康军：玉渊“在栖贤寺门外。张孝祥书‘玉渊’二字”。清同治《江西通志》卷60南康府：玉渊潭“诸水合流奔注潭中，惊波喷空泻下三峡。潭上有白石如羊，横亘中流”。

玉渊潭　在今北京市阜成门外三里河路西侧。为元、明、清游览胜地。《明一统志》卷1顺天府：玉渊潭“在府西一十里。元郡人丁氏故池，柳堤环抱，景气萧爽，沙禽水鸟多翔其间，为游赏佳丽之所”。今为玉渊潭公园。

玉液泉　在今北京市延庆县西南隅。《方舆纪要》卷17延庆州：玉液泉“在州城西南，元时取以造酒，因名。其水西流入清水河”。

玉梁渠　在今河南息县西北。《元和志》卷9新息县：“玉梁渠，在县西北五十里。隋仁寿中修筑，开元中县令薛务更加疏导，两岸通官陂一十六所，利田三千余顷。”

玉隆万寿宫　即今江西新建县西山万寿宫。《清一统志·南昌府》：玉隆万寿宫“在新建县西逍遥山。旧名游帷观，真君许逊故宅也。相传逊飞升时，所御锦帷，自云中堕故宅，乡人因置游帷观。宋祥符中改今名”。

玉绳泉　在今甘肃成县东南七里万丈潭之右，水自岩窦飞落如玉绳。唐杜甫《大云寺赞公房四首》诗中有“玉绳回断绝”之句。

玉琢礁　在南海中中国西沙群岛内，位于华光礁东北方9海里。1935年公布名称为符勒多儿礁。1947年改名玉琢礁。中国渔民因认为是西沙群岛中没有岛和沙洲的第二大环礁，故向称二筐、二塘、二圈。郑资约《南海诸岛地理志略》载：玉琢礁“在盘石屿东端之东北10浬，东西长7浬，宽2.5浬。礁边峭崖，礁上有小岩石数块，突出海面以上，有时有破浪可辨”。

玉琯岩　又名书字岩。在今湖南宁远县南九疑瑶族乡熊家村。《方舆胜览》卷24道州：玉琯岩“在古舜祠之侧。汉哀帝时，零陵郡文学奚景得玉琯十二于此，今舜祠后石室是也。前有天皇元年舜碑尚存”。岩上镌“玉琯岩”三隶字及东汉蔡邕《九疑山铭》，系南宋郡人李挺祖书。

玉喇阿里克　亦作裕勒阿里克。在今新疆叶城县南。《清一统志·叶尔羌》：裕勒阿里克“在叶尔羌城南三百里，有小城。在汉为西夜国地”。

玉堡山 在今四川天全县西。《方舆纪要》卷73天全六番招讨使司：玉堡山在“司南五里。亦曰玉垒山，以积雪如玉也”。《清一统志·雅州府》谓玉堡山在“天全州西”。

玉湖 在今浙江湖州市南。《赵孟頫集》卷7《吴兴山水清远图记》：“南来之水，出自天目之阳，至城南三里而近汇为玉湖，汪汪且百顷……玉湖之水北流入于城中，合苕水于城东北，又北东入于震泽。”

玉湖市 即今广东揭东县西北玉湖镇。清宣统《广东舆地全图》揭阳县图：县西北有玉湖市。

玉窖溪 即今广东揭阳市南之南江。《方舆纪要》卷103州揭阳县：玉窖溪“在县治南。有南、北二源，南溪出海丰、长乐二县，分水并流，经三山百折而东，过玉窖会北溪。北溪出程乡、长乐二县，分水并流，经贵人、飞泉诸山，又东有石硿、循梁、大罗诸水流入焉，过玉窖会南溪，绕县治而东南，至浦湾渡入于海”。《清一统志·潮州府》：南溪“绕县城南，引入城中，旋绕县治，潆洄津宫，谓之玉窖溪。以县治旧为玉窖村，故名”。

玉窖墟 即今广东揭阳市东玉窖镇。东接潮州市界。清光绪《广东舆地全图》：海阳县西南有玉窖墟。

玉楼店 即今山东茌平县东北二十里望鲁店。《方舆纪要》卷34茌平县：玉楼店“相传鲁仲连所居。亦名鲁连村”。光绪《山东通志》卷36称：“今为望鲁店。”

玉照崖 一名玉照山。在今河南淅川县东南太白山附近。《清一统志·南阳府一》：玉照山“北有石壁，高仞许，截然如削，其色青莹，其下溜水涟漪”。

玉溪 ①在今山西沁水县东。《清一统志·泽州府》：玉溪河“源出空仓山，西流合海子河，又西南入沁水”。

②在今福建建阳市东南六十里。《方舆纪要》卷97建阳县：玉溪“源出庵山，一名将溪，流达洪滩而入于交溪”。

③即今江西玉山县之信江。《明一统志》卷51广信府：玉溪“在玉山县东五里。因怀玉山为名。水有二源，合流十余里会沦溪水入上饶县境”。

④即玉涧水。在今河南灵宝市西部。《水经·河水注》：玉涧水“南出玉溪，北流径皇天原西”。

⑤在今湖南宜章县南。古名黄岑溪水。又名岑水、谷溪水、五溪、龙河。《水经·溱水注》：黄岑溪水“出郴县黄岑山，西南流右合武溪”。《水经注疏》：“今水曰玉溪，出宜章县西北。”《清一统志·郴州一》引《县志》：“五溪源出黄岑岭，亦名岑水，至县西两江口合梧水，东径县城南，又东南过小泷径平石村，亦名谷溪水，至七姑滩入溱水，入广东韶州府乐昌县界，亦名龙河。”

⑥即今云南玉溪市北之大溪。《清一统志·澂江府》：大溪河“一名玉溪河。源出夹雄山，自州东北绕州西南，过罗么、奇梨二溪，出临安府嶍峨县入曲江，即嶍峨县大河上源也”。玉溪县名本此。

玉溪山 在今湖北南漳县城西南郊。《清一统志·襄阳府》山川：玉溪山“在南漳县南一里。《九城志》：玉溪山其峰高峻，有溪水声淙淙如玉珮，故名。”最高海拔263米。山上树种主要为松、柏。山西北麓水镜庄为著名胜地。

玉溪市 1983年撤销云南省玉溪县，改设玉溪市，属玉溪地区，为地区行署驻地。1997年撤销玉溪地区和县级玉溪市，设立地级玉溪市。市人民政府驻新设立的红塔区红塔路。以原县级玉溪市设立红塔区，区政府驻红塔红塔路。

玉溪县 ①唐贞观六年（632）置，属羁縻冉州。治所在今四川黑水、红原县境。后废。

②1916年改休纳县置，属云南滇中道。治所即今云南玉溪市。民国《续修玉溪县志稿》：“玉溪为境内最大河流，可以概括全县。”1929年直属云南省。1983年改设玉溪市。

玉溪洞 在今山西夏县东南中条山中。《清一统志·解州》：玉溪洞“俯瞰溪流，清澈可爱。相传司马温公尝隐此读书”。

玉遮山 又名查山、茶山，俗呼遮山。在今江苏苏州市吴中区西。明王鏊《姑苏志》卷8：玉遮山“在阳山之南，横立如屏。今但呼为遮山。《旧志》为查山”。

玉潭江 即今湖南宁乡县境之沩水，东北流经望城县新康东入湘江。《方舆纪要》卷80宁乡县：玉潭江“有三源：一出大沩山，一出县西百五十里之芙蓉山，一出湘乡县北境之丰山，三水合流，绕县治东，至新康口，注于湘江”。

玉潭馆 在今江西南康市北。《方舆纪要》卷88南安府南康县：玉潭馆在“县北三十里。县西三十里又有银度馆。俱宋宝祐间置，元废”。

玉潭镇 北宋置，属湘乡县。即今湖南宁乡县治。《资治通鉴》：五代汉乾祐三年（950），马希萼侵潭州，希广遣其将“崔洪琏将兵七千屯玉潭”。即此。太平兴国二年（977）于此置宁乡县。

玉澜浦 在今福建晋江市北。《方舆纪要》卷99泉州府晋江县：玉澜浦在“府南四十里。汇灵源山东南诸澜之水趋于海”。

玉磬山 在今浙江安吉县（递铺镇）东北。《寰宇记》卷94引《高僧传》曰：“释云谛姓康氏……入故鄣之昆山，每夜间有声，寻其发声之所掘之，得玉磬，因以为名。”

玉融山 在今福建福清市南。《舆地纪胜》卷128福州《景物下》：玉融山“在福清县，今灵宝观。元（原）自石竹山，林真君骑虎上升之地，移于今所”。《方舆纪要》卷96福州府福清县：玉融山“在县治南五里，以山石融润而名”。

玉镜潭 在今安徽池州市贵池区西南。唐李白、南宋周必大皆曾游此。

玉壁城　西魏置，在今山西稷山县西南。《周书·王思政传》："思政以玉壁地在险要，请筑城。即自营度，移镇之。迁并州刺使，仍镇玉壁。"《元和志》卷12稷山县：玉壁故城"在县南十二里。后魏文帝大统四年，东道行台王思政表筑玉壁城，因自镇之。……城周回八里，四面并临深谷"。

玉谿　在今河南济源市西北。唐李商隐少时曾读书于此。元耶律楚材《王屋道中》："行吟想象覃怀景，多少梅花坼玉谿。"即此。

玉谿馆　在今陕西蓝田县东南。宋敏求《长安志》卷16蓝田县："玉谿馆在县东南四十五里，入商州路，俗曰碢子平。"

玉璧山　在今云南牟定县东六十里。《方舆纪要》卷116定远县：玉璧山"高千仞，旭日照之，如玉璧然"。

玉蟾山　①在今四川泸县北福集镇南。《方舆纪要》卷70隆昌县：玉蟾山在"县南四十里。盘旋耸峙，如蟾除偃仰，南眺雒汀，回环如带，为登临之胜"。同治《隆昌县志》卷42：玉蟾山"距县八十余里。绵亘数里，高耸捕天。张献忠陷泸州，杨嗣昌于此处伏兵邀之"。今山上有唐至明摩岩造像，北宋黄庭坚书"玉蟾"二字及后人书"玉蟾古关"。

②在今四川渠县西三里。《明一统志》卷68顺庆府：玉蟾山"在渠县治西，峰峦耸翠，形如新月，故名"。

玉蟾寺　在今四川泸县驻地福集镇南玉蟾山。《明史·猛如虎传》：崇祯十三年（1640），张献忠义军攻占泸州，明监军万元吉"将遣大兵南捣其老巢，而伏兵旁塞玉蟾寺"。即此。

玉蟾岩遗址　在今湖南道县西北寿雁镇。是一处新石器时代洞穴遗址。发现有制作粗糙的原始陶器，包括陶片和可以复原的釜形器。石制品有砍砸器、刮削器、切割器及锄形器等。还发现有骨铲、骨锥、角铲与穿孔蚌器等。动物化石有二十八种哺乳类、二十七种鸟类、五种鱼类、三十三种软体动物。可以鉴定的植物有十七种，其中有稻谷壳四枚。时代距今约1万年。陶器的出现，丰富的石器与骨、角、蚌器及大量动植物化石的发现，反映了我国南方从旧石器时代向新石器时代的过渡。尤其重要的是稻谷壳的发现，是迄今发现的世界上最早的人工栽培稻的实物，为研究稻作农业起源的时间、地点和演化历史提供了难得的证据。2001年定为全国重点文物保护单位。

刊沐涟河　即今内蒙古额尔古纳市北之根河。《元秘史》作刊沐涟河。

刊都　即今江西南丰县东南康都。明时尝置巡司于此。

未央宫　西汉高帝七年（前200）由丞相萧何主持兴建，故址在今陕西西安市西北十三里未央区长安故城西南隅。《三辅黄图》卷2："未央宫周回二十八里，前殿东西五十丈，深十五丈，高三十五丈。"为朝见之处。新莽末被毁。东汉末董卓劫献帝至长安，复修未央宫。前赵刘曜、西魏都曾修葺。唐时，宫在禁苑中。唐末再次被毁。今仍保存前殿的台基，位于西安市西北马家寨附近。东西长200米，南北宽100多米，北端最高处为十余米。

未名湖燕园建筑　在今北京市海淀区北京大学校园内。未名湖燕园建筑群是近代著名学府原燕京大学以明代名园"勺园"故址为中心兴建的校舍，于1920年动工，1926年建成。是近代仿古建筑的优秀作品。该建筑群以未名湖为中心分布，主要有校门、办公楼、图书馆、外文楼、体育馆、南北阁一至六院、岛亭、水塔和男女生宿舍等，全部为清宫式建筑风格。建筑物大分散、小集中，主轴线为东西向。各群组大都为三合院式，总体疏朗，局部尺度适宜，与自然地形地貌结合紧凑。建筑物多为二三层，主要建筑用灰瓦红柱、石造台阶，浅色墙面，檐下有斗栱梁枋，施以彩画；次要建筑取民居园林形式，湖边水塔为八角密檐式。园内尚保留一些明清旧园遗物，也有从圆明园遗址搬来的石刻小品。未名湖区现仍保持初建时的原貌。2001年定为全国重点文物保护单位。

末口　在今江苏淮安市楚州区北五里北神堰，古邗沟入淮处。《左传》：哀公九年（前486），"秋，吴城邗，沟通江淮"。杜注："于邗江筑城，穿沟东北通射阳湖，西北至末口入淮，通粮道也。"

末山　①在今江西上高县西南。《舆地纪胜》卷27瑞州：末山"亦名九峰山。以其山有九峰突兀亘天，出于云表，因以末山名之，言其居天末也"。《明一统志》卷57瑞州府：末山"在上高县西六十里，东连九峰。唐人云，韫映回合，迥出云末，故名。宋阮阅往知袁州，道经此，有诗：斜阳骑马末山限，淡碧晴空雁宇回；一片愁怀似黄叶，晚风吹送九峰来"。

②在今广西那坡县西。《清一统志·镇安府》：末山"在小镇安西三十里。山势延亘，山外即云南界"。

末水　即今广西那坡县南之百都河（那孟河）。《清一统志·镇安府》：末山水"在小镇安南三十里。源出末山，南流与劳水合，入越南界"。

末吉站　又作末末吉站。元置，在今俄罗斯哈巴罗夫斯克边疆区黑龙江下游阿姆贡河注入黑龙江处。元《经世大典》：辽阳等处行中书省所辖狗站有"末末吉站"。明改满泾站。

末束城　即今云南石屏县东南，异龙湖东仁寿村。《清一统志·临安府》：末束城"在石屏州异龙湖三岛山。今名乞断山。《明统志》：异龙湖中有三岛，唐时乌么蛮始居一岛，筑末束城，宋时阿僰蛮夺据之"。

末里合温站　元置，在今俄罗斯哈巴罗夫斯克边疆区黑龙江下游左岸共青城附近之梅勒奇屯。元《经世大典》：辽阳等处行中书省所辖狗站有"末里合温站"。明改马勒亨古站。

末岛　即小钦岛。在今山东长岛县北，大钦岛之北。《新唐书·地理志》："登州东北海行，过大谢岛、龟、歆岛、末岛、乌湖岛三百里。"《宋会要辑稿》第186册兵29载：北宋政和八年（1118）五月二日臣僚言：与北朝"乞以末岛、呜呼岛为界"。

末国　南朝梁称且末国为末国。都且末城（今新疆且末县西南）。《梁书·诸夷传·末国》："末国，汉世且末国也。……其王安末琛盘，普通五年遣使来贡献。"

末罗国　在今伊拉克巴士拉之西。《新唐书·地理志》广州通海夷道：弗利剌河"小舟泝流，二日至末罗国，大食重镇也"。

末罗游洲　即末罗瑜。在今印度尼西亚苏门答腊岛占碑附近。唐义净《南海寄归内法传》作末罗游洲。

末罗瑜　古国名。一译末罗游洲。在今印度尼西亚苏门答腊岛占碑附近。唐咸亨三年（672），我国僧人义净赴印度时，曾在此居留二月。公元7世纪末为室利佛逝所兼并。宋为三佛齐之地。但此后又曾复国。《元史》所载与中国保持友好关系的末剌由、木来由、没剌由和麻里予儿诸国名，皆其异译。

末柸城　在今山东武城县西南。《元和志》卷16清河县："故末柸城，在县东北五十里。《十六国春秋》曰：'鲜卑段末柸自称辽西公，于此筑城，与石勒相持。'因为名。"

末恭城　在今四川汶川县境。《新唐书·吐蕃传》：贞元十六年（800），"韦皋拔末恭、颙二城"，即此。

末鲁孙站　元置，在今俄罗斯哈巴罗夫斯克边疆区阿纽伊河下游库契河口附近。元《经世大典》：辽阳等处行中书省所辖狗站有"末鲁孙等十五站"。明改莫鲁孙站。

末鞨河　即莫勒恩河。今黑龙江省五常市东北之牤牛河，为拉林河支流。

示衣坂　在今河北藁城市西北。《方舆纪要》卷14真定府藁城县：示衣坂"在县西北三十里路侧。唐天宝末，安禄山陷藁城，常山太守颜杲卿以力不敌，至藁城迎见，禄山以金紫衣畀之，令仍守常山。杲卿归至中途，驻坂侧，顾长史袁履谦曰，何为著此衣，因相与起兵讨禄山，后人遂以名坂"。

击蓼寨　又作吉了寨。北宋置，在今福建莆田市东南八十里。

邗　城名。春秋时吴国建，在今江苏扬州市西北蜀冈上。一说在今扬州市东南濒江处。《左传》：哀公九年（前486），"秋，吴城邗沟通江淮"。即此。

邗江县　隋开皇十八年（598）改广陵县置，属扬州。治所即今江苏扬州市。大业初改名江阳县。

邗沟　又名邗江、邗溟沟、渠水、中渎水。春秋时吴王夫差开凿。我国最早有文字记载的人工运河。《左传》：哀公九年（前486），"吴城邗，沟通江淮"（一作"吴城邗沟，通江淮"）。故道自今江苏扬州市南引江水北过高邮市西，折东北入射阳湖，又西北至淮安市北入淮。东汉建安初广陵太守陈登改凿新道，自今高邮市直北径达淮安，大致即今里下河一线。惟淮安以南一段仍须绕道射阳湖，不能直达。隋大业元年（605）重开邗沟，略循建安故道。此后江淮间运道即自扬州直达淮安。唐改称漕河、官河或合渎渠。

邗沟城　亦名邗城。公元前486年吴王夫差建。在今江苏扬州市西北蜀冈上。《寰宇记》卷123扬州江都县："芜城，即州城，古为邗沟城也。"

邘　亦作于、盂。在今河南沁阳市西北二十六里邘邰村东。殷时鄂侯所居。周武王封子邘叔于此。《左传》：僖公二十四年（前636），富辰谏曰："邘、晋、应、韩、武之穆也。"《水经·沁水注》："邘水南流，径邘城西。故邘国也。"

邘县　本古邘国。在今河南沁阳市西北二十六里邘邰村东。周武王封子邘叔于此。战国秦置邘县。

邛川州　唐开元十七年（729）置羁縻州，属黎州都督府。治所在今四川越西县东北白果乡。北宋以后废。

邛川县　元世祖至元十三年（1276）置，属嶍峨州。治所在今云南峨山彝族自治县西北六十四里甸中镇。二十六年（1289）废。

邛广都河　即今四川西昌市东南邛海及邛海河。《续汉书·郡国志》邛都县，刘昭注：《南中志》曰："县东南数里有水名邛广都河，从广二十里，深百余丈。"

邛水　①古名仆千水、文井江。即今四川邛崃市南之南河（邛崃水）。《明史·地理志》邛州："西有邛水，自雅州流入，至新津县入大江。"《方舆纪要》卷71邛州：邛水在"州南五里。俗呼南河。源出雅州邛崃山，流入州界，与山溪诸水合，东流至崇庆州新津县境而入大江"。

②即今四川荥经、天全两县境之荥经河。《汉书·地理志》严道："邛来山，邛水所出，东入青衣。"

③在今贵州三穗县南。明郭子章《黔记》卷9：邛水"首受松明、藁把诸水，过司东行入洪江，首尾三百余里"。

邛水十五洞长官司　明洪武二十九年（1396）并团罗、得民、晓隘、陂带、邛水五长官司置，属思南宣慰司。治所在今贵州三穗县东长吉乡司前村。永乐十二年（1414）属镇远府。清改为邛水长官司。

邛水长官司　明洪武五年（1372）改邛水县置，属思州宣慰司。治所在今贵州三穗县东长吉乡司前村。二十九年（1396）改置邛水十五洞长官司。清复改为邛水长官司。

邛水县　北宋政和八年（1118）置，属思州。治所在今贵州三穗县西南。宣和四年（1122）废。南宋绍兴二年（1132）复置，元改定安县。后复名邛水县。

明洪武五年（1372）改置邛水长官司。1913 年复置邛水县，属贵州镇远道。1923 年直属贵州省。1926 年改名灵山县。1928 年改名三穗县。

邛州 南朝梁置，治所在蒲口顿（西魏改置依政县，在今四川邛崃市东南五十五里）。《元和志》卷 31 邛州："南接邛来山，因以为名。"隋大业二年（606）废。唐武德元年（618）复置，治依政县。显庆二年（657）移治临邛县（今邛崃市）。天宝元年（742）改为临邛郡，乾元元年（758）复为邛州。辖境相当今四川邛崃、大邑、蒲江等市县地。元属嘉定府路。明洪武九年（1376）降州为邛县，成化十九年（1483）升为直隶州。1913 年改为邛崃县。唐代州境盛产瓷器，大邑瓷器轻坚质美。

邛池 即今四川西昌市东南之邛海。《后汉书·西南夷传》："邛都县，无几而地陷为汙泽，因名为邛池。"清乾隆《西昌县志》卷 1：邛池"亦名邛海，治东南十五里"。

邛池泽 即今四川西昌市东南十五里邛海。《汉书·地理志》 邛都县："有邛池泽。"《水经·若水注》："邛都县，汉武帝开邛莋置之。县陷为池，今因名为邛池，南人谓之邛河。河中有蜯嶲山。"

邛来大山 即邛崃山。今四川荥经县与汉源县分界之大相岭山。《后汉书·南蛮西南夷列传》：永平中，益州刺史朱辅疏中云："路经邛来大山零高坂，峭危峻险，百倍岐道。"

邛来山 亦作邛崃山。即今四川荥经县与汉源县分界之大相公岭。《汉书·地理志》 严道县："邛来山，邛水所出，东入青衣。"《元和志》卷 32 荥经县：邛来山"在县西五十里。本名邛筰山，故筰人之界也。山岩峭峻，出竹高节实中，堪为杖，因名山也"。

邛来水 亦名邛水。即今四川荥经、天全二县境之荥经河。《元和志》卷 32 荥经县："邛来水，东流经县北三里。"

邛来镇 唐置，属荣经县。在今四川荥经县西南。《元和志》卷 32 荣经县："邛来镇在县西南八十七里。"

邛县 明洪武九年（1376）降邛州置，属嘉定州。治所即今四川邛崃市。成化十九年（1483）复升为邛州。

邛邮 在今四川荥经县西南大相岭。《汉书·淮南王传》：文帝时，淮南王长谋反，"有司奏：请处蜀严道邛邮，遣其子、子母从居，县为筑盖家室，皆日三食，给薪菜盐炊食器席蓐"。注引张晏曰："严道，蜀郡县也。邛，邮置名也。"

邛冻州 唐开元十七年（729）置羁縻州，属黎州都督府。治所在今四川越西县东南中普雄区。北宋又作邛陈州。后废。

邛陈州 即邛冻州。治所在今四川越西县东南中普雄区。

邛河 即今四川西昌市东南邛海及邛海河。《后汉书·西南夷传》 邛都县："地陷为汙池，因名为邛池，南人以为邛河。"

邛郲关 即邛崃关。在今四川荥经县西南五十五里大相岭上大关。《新唐书·南诏传》：大历十四年（779），异牟寻以二十万军分三路寇蜀，一路"侵黎、雅、叩邛郲关"。即此。

邛洲县 元世祖至元十三年（1276）置，属嶍峨州。治所在今云南峨山彝族自治县西北。二十六年（1289）废。

邛都夷 古代少数民族。主要分布于今四川以西昌市为中心的安宁河流域。《史记·西南夷列传》："自滇以北君长以什数，邛都最大。此皆魋結，耕田，有邑落。"西汉元鼎六年（前 111）灭邛都夷，于其地置越嶲郡。

邛都县 西汉元鼎六年（前 111）于邛都国置，为越嶲郡治。治所在今四川西昌市东南五里。《后汉书·西南夷传》：建武十九年（43），越嶲太守邛谷王长贵谋叛，武威将军刘尚击之，"分兵先据邛都，遂掩长贵诛之"。即此。西晋属越嶲郡。南朝宋复为越嶲郡治。南齐废。北周复置，属越嶲郡。治所在今西昌市南。唐上元二年（675）移治会川城（今会理县），改名会川县。

邛都河 指今四川西昌市东南邛海及邛海河。东晋常璩《华阳国志·蜀志》：邛都县"有邛都河，河中有蜯嶲山"。

邛崃山 ①在今四川邛崃市西南。《方舆纪要》卷 71 邛州"白鹤山"条内："《志》云：县南八里有邛崃山。汉张骞奉使西域，得高节竹，植于邛山，故名。自沈黎千里至州，环抱为镇。"

②亦名邛莋山、邛筰山、邛来大山、大关山。即今四川荥经与汉源二县分界之大相岭山。《后汉书·南蛮西南夷列传》：唐李贤注引《华阳国志》："邛来山本名邛筰，故邛人、人界也。岩阻峻回，曲折乃至。山上凝水夏结，冬则剧寒，王阳行部至此而退者也。"

邛崃石窟 在今四川邛崃市西北十里花石山。因山顶原有花置寺，故又名花置寺摩崖造像，俗称千佛岩。据碑记，始凿刻于唐贞元十四年（798），最大的立佛像高 4.2 米，另两龛为千佛龛，浮雕小佛像一千七百四十五尊，虽经战乱破坏，仍有部分保存完好的佛像。邛崃石窟另一处是邛崃市西北四十里大同乡的石笋山石刻造像，它是邛崃石刻造像最集中而又保存完好的石窟造像（"石笋山摩崖石刻"另有专条介绍）。2006 年邛崃石窟被定为全国重点文物保护单位。

邛崃市 1994 年撤销四川省邛崃县，改设邛崃市，市人民政府驻临邛镇。由成都市代管。

邛崃关 亦作邛郲关。隋大业十年（614）置，属严道县。在今四川荥经县西南五十五里大相岭上大关。唐置邛崃守捉于此。《资治通鉴》：唐乾符元年（874），"南诏乘胜陷黎州，入邛崃关，攻雅州"。即此。

邛崃守捉 唐置于邛崃关。在今四川荥经县西南五十五里大相岭上大关。后废。

邛崃县 1913年改邛州置，属四川建昌道。治所在今四川邛崃市。《元和志》卷31邛州："南接邛来山，因以为名。"县以邛崃山为名。1928年直属四川省。1994年改设邛崃市。

邛部 亦作邛部川。唐、宋四川西南少数民族部落之一。宋代为黎州属部。住牧在今四川越西县境。《宋史·蛮夷传四》："邛部川蛮，亦曰大路蛮，亦曰勿邓。……（开宝）四年，黎州定远兵士构叛，聚居鹿角溪，阿伏令弟游击将军卑吠等率兵平之。"《元史·地理志》 邛部州："至宋岁贡名马土物，封其酋为邛都王。今其地夷称为邛部川，治乌弄城。"

邛部川安抚司 元世祖中统五年（1264）置，属成都元帅府。治所在今四川越西县北新民镇古城。至元十年（1273）属罗罗斯宣慰司。二十一年（1284）改为邛部州。

邛部长官司 明永乐元年（1403）改邛部州置，属越嶲卫。治所在今四川越西县北新民镇古城。清康熙四十二年（1703）改为宣抚司。五十二年（1713）改为长官司。雍正七年（1729）属越嶲营。后废。

邛部州 元世祖至元二十一年（1284）改邛部川安抚司置，属建昌路。治所在今四川越西县北新民镇古城。明洪武十五年（1382）属建昌府。永乐元年（1403）改为邛部长官司。

邛部军民府 明洪武二十七年（1394）升邛部州置，属建昌府。治所在今四川越西县北新民镇附近古城。后仍为邛部州。

邛部县 北周天和三年（568）置，为邛部郡治。治所在今四川越西县北新民镇古城。《元和志》卷32邛部县："周武帝于此邛部城置县，仍以旧城为名。"隋属越嶲郡。唐武德初属嶲州。唐咸通中废。

邛部宣抚司 清康熙四十二年（1703）改邛部长官司置，属宁远府。治所在今四川越西县北新民镇古城。五十二年（1713）复改为长官司。

邛部郡 北周天和三年（568）置，属严州（后改西宁州）。治所在邛部县（今四川越西县北新民镇古城）。辖境相当今四川越西、甘洛等县地。隋开皇三年（583）废。

邛海 古名邛池泽、邛河。在今四川西昌市东南。清乾隆《西昌县志》："邛池亦名邛海，治东南十五里。周围四十余里，澄澈可鉴。东南西三面环山，深不可测，西流二十余里，东转达安宁河。"

邛窑 南朝至宋代著名瓷窑之一。在今四川邛崃市南五里什方堂。除外，还有市东固驿镇之瓦窑山，西北西桥乡之尖山子，西白鹤乡之大鱼村等处窑址。以产于邛州，故亦名邛窑。

邛道 即九折坂，在今四川荥经县西南大相公岭。《汉书·王尊传》载：益州刺史王阳"行部至邛郲九折坂"时慨叹于此。

邛筰 亦作邛笮。古西南夷二国，在今四川西南部荥经县南至西昌市一带。《史记·西南夷列传》："自滇以北君长以什数，邛都最大……自嶲以东北，君长以什数，徙、筰都最大。"蜀人司马相如言西夷邛筰可置郡县，使相如往喻，便略定邛筰为内臣，置沈黎郡、越嶲郡。

邛僰山 亦作邛来山、邛崃山。即今四川荥经县与汉源县交界之大相岭山。《续汉书·郡国志》 严道县："有邛僰、九折坂者。"《方舆纪要》卷72荥经县：邛崃山"一名邛筰山，亦曰邛僰山"。

打马揽溪 即今台湾省花莲县西南乐乐溪，为秀姑峦溪西源。《清史稿·地理志》 台东州："大港上源曰打马揽溪，出秀姑峦山，东流经治北……经奇密社北，入于海。"

打牛坪 在今云南永平县城东郊。明洪武十六年（1383）置土巡检司于此。

打牛坪堡 在今云南永平县东北大古坪。《清一统志·永昌府》：打牛坪堡"在永平县东九十里。明正统间，置土巡司、土驿丞。今皆裁"。

打仇关 在今贵州长顺县西南。《方舆纪要》卷121金筑安抚司：打仇关在"（麻响长官）司东二里"。

打耳班 即今阿塞拜疆里海西岸高加索山南达尔班特。《元史·地理志·西北地附录》 有"打耳班"。

打回 即淡邈。今缅甸南部之土瓦。见《明史·外国列传七》"剌泥"条。

打冲河 即今四川西部之雅砻江。《方舆纪要》卷74建昌卫打冲河中前千户所：打冲河"在府治西。蛮名黑惠江，又名纳夷江。源出吐蕃，流径盐井卫界，又南流径此，水势奔急，洪涛汹涌，因名打冲河。下流至会川卫，合金沙江。亦曰大冲河"。《明史·陈瑄传》：明洪武初讨月鲁帖木儿叛军，"从征贾哈剌，以奇兵涉打冲河，得间道，作浮梁渡军，既渡彻梁，示士卒不返，连战破贼"。

打冲河中左千户所 明洪武二十五年（1392）置，属建昌卫。二十七年（1394）属盐井卫。治所在今四川盐源县东北二百里雅砻江西岸。明曹学佺《蜀中广记》卷34《边防记》盐井卫："明洪武中立中左一所，今分为五，在卫北百六十里。唐为沙野城，今沙平递运所其旧址也。元为建昌路泸州之地。"清改为盐中所。

打冲河中前千户所 亦名守御打冲河中前千户所、建昌中前千户所。明洪武二十七年（1394）置，属建昌卫。治所在今四川西昌市西巴汝乡西南雅砻江东岸打罗村。《方舆纪要》卷74盐井卫打冲河守御中左千户所：打冲河，"《志》云：中左所在河西，中前所在河东，盖滨河为守御也"。后废。

打冲河所 即明置打冲河中左千户所的简称。在今四川盐源县东北。明曹学佺《蜀中广记》卷34《边防记》盐井卫："打冲河守御千户所，洪武中立中左一所，今分为五，在卫北百六十里。唐为沙野城，今沙平递运所其旧址也。"

打冷莽柯国　今印度喀拉拉邦特拉凡哥尔之旧译。清谢清高《海录》："打冷莽柯国在西岭西北，顺东南风西北约二三日可到，疆域甚小，民极贫穷。"

打罕州　即永宁州。在今贵州关岭布依族苗族自治县西南永宁镇北十里打罕坡。《方舆纪要》卷121永宁州："郭子章《黔记》：州初治打罕砦。宣德间改建于关索岭所，俗仍谓之打罕州。成化三年，打罕州土同知韦阿礼作乱，调广西泗城州土舍岑善忠剿平之，即此。"

打罕坡　在今贵州关岭布依族苗族自治县西南永宁镇北十里。《方舆纪要》卷121永宁州"红崖山"条下：打罕坡"旧名达安坡，道经其上，凡十里，崎岖险峻"。

打孜宗　即达孜宗。治今西藏达孜县东北达孜。

打陇宗　在今西藏南部，门隅地区达旺东南一百一十四里处。藏语意为虎乡堡，虎谷堡。原隶属于西藏地方政府管辖，1951年被印度政府非法占领。

打拉　即今云南贡山独龙族怒族自治县北五十六里打拉。怒语"打拉"意为胜利。藏语称菖蒲桶，"菖蒲"为一层层，"桶"为平地，意即层层平地。1916年为菖蒲桶行政委员驻地。1919年菖蒲桶行政区移治茨开。

打拉池　原名大麻川。在今甘肃白银市平川区东南共和镇。北宋崇宁二年（1103）建怀戎堡。明成化十年（1474）改建打剌赤堡。

打杵关　一名玉杵关。在今贵州贵定县东。《清一统志·贵阳府》关隘：打杵关"在贵定县东五里。其地亦名打鼠岭"。

打枪（槍）坝　在今重庆市和平路西段五福宫右侧。旧为清代绿营射击场。1927年3月27日中共重庆市负责人杨闇公组织数万人的群众集会，抗议英、法枪击南京及刘湘向外借款，遭到军阀刘湘血腥屠杀，史称"打枪坝事件"。

打虎山　即今辽宁黑山县大虎山镇。《清史稿·地理志》新民府镇安县：京奉铁路在县境有四站，打虎山为一站。

打虎亭汉墓　在今河南新密市城西南十二里绥水南岸台地上。1960—1961年发掘。东西两墓并列，土冢相连，结构相似，均用砖石筑成，墓室庞大。西墓画像石刻丰富，雕刻有迎宾、庖厨、烹饪、宴饮等图像。东墓墙壁和券顶用红、黄、绿、黑、白等颜色彩绘，题材丰富，画面宽广生动，线条流畅，其中以车骑出行、舞乐百戏图最为精致。1988年定为全国重点文物保护单位。

打金坝　即旧巨甸汛。在今云南丽江市玉龙纳西族自治县西北巨甸镇。清有经制外委驻此。

打狗　又作打鼓。即今台湾高雄市。最早见于明陈第《东番记》。清郁永河《稗海纪游》作"打狗仔港"。本平埔族打狗社的音译。日本占领期间因"打狗"谐音与日文"高雄"同，故改名高雄。1924年设高雄市。1945年抗日战争胜利后收复，仍设高雄市。

打狗山　又名打鼓山、鼓山。即今台湾高雄市高雄港北侧万寿山。清康熙间蒋毓英《台湾府志》卷2：打狗山"其山踞海岸上，有大潭石洞，为安平镇七昆身之宗"。

打狗港　即今台湾高雄市高雄港。清康熙间蒋毓英《台湾府志》卷3：打狗仔港"在观音山庄打狗山下。其港口有巨石裂成一门，门甚窄，仅容一舰，中有港可泊船"。

打宝坡　在今贵州岑巩县南。明嘉靖《贵州通志》卷16思州府：打宝坡"石可凿用"。

打剌赤堡　明置，属靖虏卫。在今甘肃白银市东南共和镇（打拉池）。《清一统志·兰州府二》：打剌赤堡"在靖远县东七十里。其地本名麻川。明天顺中，官军讨满四，分道出此。成化十年巡抚马文升置堡"。

打歪　即淡邈。今缅甸南部之土瓦。《郑和航海图》作打歪。

打面梁　在今广西那坡县西南。《清一统志·镇安府》"平孟隘"条："打面梁那坡、者赖、者欣三村，在城西南。本朝乾隆三十一年设兵防守。"光绪《镇安府志》卷9载总督杨廷璋《请添设小镇安通判疏略》称："离怕怀大隘四十里之打面梁地方，与滇省接壤，附近并无村落，人迹罕到，亦应添设隘卡，以严边境。"

打牲乌拉城　又作布特哈乌拉，简称乌拉。在今吉林永吉县北乌拉街满族镇西北。旧城临松花江，清康熙二十四年（1685）为防水患，于旧城东改建新城，即今乌拉街满族镇。清初置打牲乌拉总管于此，乾隆五年（1740）复添设协领驻防。

打洛　明为景洛。即今云南勐海西南打洛镇。清设土便委。

打洛垛　亦作科鹿洞、可浪洞。即今四川德格县东北之柯洛洞乡。为从打箭炉（今康定县）入藏北路主要驿站之一。《清史稿·四川土司传》：光绪三十四年（1908），赵尔丰率军平德格土司乱，经"擦玉龙、濯拉、扩洛垛，以至更庆"。

打班堡　即安远堡。今甘肃天祝藏族自治县西北安远镇。《方舆纪要》卷63古浪所"黑松堡"条内："又东南三十里为打班堡，即安远驿也。"

打铁关　在今贵州福泉市东北五十里，与黄平县接界。明郭子章《黔记》卷5：平越府东北境有"打铁关"，旧有外委驻守。

打造部落馆　馆驿名。又作打造馆。辽置，在今河北承德市东北高寺台东南（今为承德县地）。《辽史·地理志》"松山州"后引宋王曾《上契丹事》曰："松亭岭甚险峻，七十里至打造部落馆。东南行五十里至牛山馆。"

打狼山 亦名狼山。在今宁夏同心县东北。《方舆纪要》卷62韦州所：打狼山“在所东南。套寇由韦州而南，犯镇原、平凉之道也”。

打硙口 在今宁夏石嘴山市附近。明嘉靖《宁夏新志》卷1：打硙口“在平虏城西北。沿山诸口，虽通虏骑，尚有险可凭，北则惟打硙，南则惟赤木，旷衍无碍”。《方舆纪要》卷62平罗所：打硙口在“所北四十里，在镇远关内。为山后贼冲。嘉靖十六年，寇由此入犯，官军御却之。议者谓欲复镇远关，必先固打硙之守是也”。

打略汛 清置，属独山州。即今贵州三都水族自治县东打略。

打猫 即今台湾省嘉义县东北民雄乡。原为高山族打猫社。清蒋毓英《台湾府志》卷1即有“打猫社”之名。日本占领期间，嫌打猫名不雅，乃取“打猫”的日本语音，改称民雄。1945年抗日战争胜利后设民雄乡。

打隆宗 一名达隆宗。原西藏地方政府设，治所即今西藏浪卡子县东南打隆镇。藏语意为虎乡。1960年改设打隆县。1964年撤销，并入浪卡子县。

打鲁克雨木撮池 亦作达鲁克池、达罗克裕木磋。即今西藏仲巴县北塔若错。《清一统志·西藏》：打鲁克雨木撮池“在藏之者巴部落西北五百五十里，池广二百八十余里”。

打鼓山 ①在今安徽宿州市北。《清一统志·凤阳府》：打鼓山“在宿州北三十里。有三峰倚天，名曰鼓山。山中有声如鼓自鸣，岁则大熟。其东北岭有二泉，可溉田数千亩”。

②又名打狗山。即今台湾省高雄市高雄港北侧万寿山。清康熙间高拱乾《台湾府志》卷1：打鼓山“在漯底山西南。俗呼为打狗山。其山踞海岸上，有大潭石洞，为安平镇七鲲之宗。其形如鼓，故名”。

打鼓岭 在今江西安远县南。《方舆纪要》卷88赣州府安远县：打鼓岭在“县南十余里。岭势嵯峨，上有石鼓”。《清一统志·赣州府一》：打鼓岭“上有石鼓，相传旧与谯鼓相应”。

打鼓洞 ①在今广西灌阳县西四十里。《水经·湘水注》：“观阳县东有裴岩，其下有石鼓，形如覆船，扣之清响远彻。”

②又名小岭关。在今陕西商南县南七十里。《清一统志·商州》：小岭关“今名打鼓洞”。

打煎炉 亦作打箭炉。即今四川康定县。《明史·西域传三》：“洪武时，其地打煎炉、长河西土官元右丞剌瓦蒙遣其理问高惟善来朝，贡方物，宴赉遣还。”

打鼻山 即鼎鼻山。在今四川彭山县南。《宋书·臧质传》：东晋义熙十年（414），朱龄石伐蜀，蜀主谯纵，“遣大将谯抚之屯牛脾，又遣谯小苟重兵塞打鼻”。即此。

打箭炉厅 清雍正十一年（1733）置，属雅州府。治所即今四川康定县。乾隆《卫藏通志》卷4：“相传汉诸葛武侯南征，遣将郭达安炉打箭之地。”因名。实是其地为打、折二水汇流之处，藏语称打折多，音讹为打箭炉。简称为炉城。辖厅治迤西诸土司。全境相当今四川甘孜自治州及西藏宁静山以东地区。光绪三十年（1904）升为直隶厅。此后土司陆续改流，分设州、厅、县，辖境日减，宣统三年（1911）改为康定府。

扑马山 即白马山。在今内蒙古巴林左旗西南。《新五代史·四夷附录·契丹》引胡峤记：（世宗）兀欲与（祖母）述律战于沙河，“述律兵败而北，兀欲追至独树渡，遂囚述律于扑马山”。《方舆纪要》卷18大宁卫：祖山“契丹兀欲囚述律后于扑马山，或曰即祖州之白马山”。

扑劓县 西汉置，属武威郡。治所在今甘肃古浪县西北。三国魏废。

扒里砦 在今甘肃武威市东北。《方舆纪要》卷63凉州卫：扒里砦“在卫东北。……俱为甘肃寇门”。

扒沙城 在今甘肃天祝藏族自治县境。《方舆纪要》卷63庄浪卫：扒沙城“在卫西北一百里。又西北去凉州二百五十里。正统中，以其地为控御之要，议建城调靖边中所于此”。

扒齿港镇 即今河北滦南县西北二十五里扒齿港镇。清光绪《滦州志》卷8：扒齿港在“城西南七十里”。

扒桑 在今四川康定县西新都桥镇北拔桑。清康熙四十年（1701）置扒桑土百户。

巧尔齐召革命遗址 在今内蒙古呼和浩特市旧城五十家子街。巧尔齐召为清代建筑的一座藏传佛教寺庙。1925年春，中国共产党北方局派遣吉雅泰等蒙古族同志在归绥（今呼和浩特）等地开展革命工作。中共绥远工作委员会就设在巧尔齐召内的西四合院里。1927年国民党反动派叛变革命后，归绥等地的党组织转入地下活动，中共绥远工委也终止了在巧尔齐召的革命活动。

巧家厅 清嘉庆十九年（1814）析会泽县地置，属东川府。治所即今云南巧家县。民国《云南巧家县调查地志资料》：“巧家二字系初开辟时一夷人之名，附城一带先年系渠领有，此土身殁后，人即以此二字名其领土，设县治时亦即以此二字命名。”1913年改为巧家县。

巧家县 1913年改巧家厅置，后属云南滇中道。治所即今云南巧家县。1916年直属云南省。

巧家营 在今云南巧家县北二十二里。清置巧家汛。雍正五年（1727）于此置会泽县，六年（1728）会泽县移为东川府附郭（今会泽县）。

功山 即今云南寻甸回族彝族自治县北功山镇。光绪《大清直省地舆全图》：寻甸县北有功山。旧有外委驻防。

功立桥 一作恭立桥。即今安徽阜南县西南公桥乡。明正德《颍州志》卷2：功立桥集“在南乡，九十里。工商杂集，货亦适中”。清乾隆《阜阳县志》卷4：张汉集在“西南乡九十里近河谷。即旧功立桥”。

功臣山　在今浙江临安市城南。《新五代史·吴越世家》：钱镠既贵，“昭宗诏镠图形凌烟阁，改大官山曰功臣山”。山上有功臣塔，山南麓钱坞垄传为钱镠出生地。

功臣塔　在今浙江临安市东南二里功臣山顶，因山得名。据《吴越备史》载，塔始建于五代后梁贞明二年（916），为砖砌仿木构楼阁式五层方塔，通高25.12米，由基座、塔身、塔刹组成。基座直接砌在岩石上，边长5.36米，高0.44米。中心原有地宫，系凿石而成，长70厘米，宽50厘米，深108厘米，早年被盗。五层塔身高22.06米，各层叠涩出檐。塔顶四坡，上有铁铸塔刹，高2.62米。塔内现状为上下直通，1982年维修时曾于塔身内外发现卯孔，内存被焚烧过的木构残件，说明塔内外原有木构做法。2001年定为全国重点文物保护单位。

功州　唐置羁縻州，属黔州都督府。治所在今贵州修文县东北。南宋后废。

功饶州　唐置羁縻州，属邕州都督府。治所在今广西田东县东南右江北岸。北宋属邕州右江道。元废。

功都县　晋邛都县之讹。治所在今四川西昌市东南。

功剩桥镇　北宋置，属历阳县。即今安徽和县西南四十五里功桥镇。

功噶山　一作功噶尔拉山。在今四川小金县西北。峰峦盘亘，四时雨雪，险峻异常。《清史稿·温福传》：乾隆三十八年（1773）征金川，“温福师至功噶尔拉，贼险阻，不得进，别取道攻昔岭，驻军木果木”。

功德寺　在今北京市海淀区青龙桥西。创建于元天历二年（1329），初名大承天护圣寺。明宣德二年（1427）重修后，改名功德寺。

正大营　明万历中置，即今贵州松桃苗族自治县东南正大乡。清移铜仁县丞驻此。乾隆六十年（1795）石柳邓领导苗族人民起义军围此。民国改置县佐。

正山　一名尖山。在今安徽旌德县西。《方舆纪要》卷28旌德县：正山在“县西三十里。峰岩峭峻，泉石错列。谚云：正山巍峨接星斗，分别冈峦九十九。南唐屯戍于此，以备吴越”。

正川堡　北宋置，属德威城。在今甘肃靖远县西南。金废。

正义县　①隋开皇十八年（598）改罗阳县置，属泷州。治所在今广东郁南县南。大业初废入泷水县。

②唐永贞元年（805）改纯义县置，属蒙州。治所在今广西蒙山县西北蒙江北岸。北宋熙宁五年（1072）废。

正太铁路　原拟从今河北正定修至太原，后为避开滹沱河大桥工程，改以石家庄为起点。清光绪三十年（1904）动工修建，三十三年（1907）建成。全长243公里。今称石太线。

正龙山　在今四川峨眉山市西南。清嘉庆《峨眉县志》卷1：正龙山在“县西南五十里”。

正平县　①隋开皇十八年（598）置，属绛州。治所在今山西新绛县。《元和志》卷12正平县：“因正平故郡城为名。”大业初属绛郡。唐属绛州。明初废。

②唐贞观十二年（638）置，为环州治。治所在今广西环江毛南族自治县西北大环江西岸。北宋废。

正平郡　①北魏太和十八年（494）改征平郡置，属东雍州，治所在临汾县（今山西新绛县）。辖境相当今山西闻喜、曲沃、新绛县地。北周属绛州。隋开皇初废。

②唐天宝元年（742）改环州置，治所在正平县（今广西环江毛南族自治县西北大环江西岸）。乾元元年（758）复名环州。

正东圩镇　又名镇东圩镇。即今江苏靖江市西南东兴镇。清光绪《靖江县志》卷2：“正东圩市在邑西南新沙。去城三十里。”民国《江苏六十一县志》：靖江县西南有“正东圩镇”。

正白旗　1949年以察哈尔左翼正白旗改名，属察哈尔省。驻布日都庙（今内蒙古正镶白旗西北布日都）。1950年与镶白旗合并为正镶白旗。

正白旗察哈尔　清康熙十四年（1675）置，属察哈尔左翼。驻地在布尔噶台（今内蒙古化德县东北七号镇）。1914年改称察哈尔左翼正白旗。

正宁县　清乾隆初改真宁县置，属庆阳府。治所即今甘肃正宁县（山河镇）西南罗川（旧正宁）。民国初属甘肃泾原道。1927年直属甘肃省。1930年移今正宁县（山河镇）。

正场镇　即镇场镇。今为江苏南通市通州区（金沙镇）西南正场镇。清光绪《江苏全省舆图》：通州（今南通市）东有“正场”。

正西村　即今河北永年县（临洺关）东北五十里正西乡。清同治《畿辅通志》卷51永年县图：西北有正西村。

正西县　西魏置，属芦北郡。治所在今甘肃文县西南五十五里。隋属武都郡。唐贞观元年（627）废。

正西堡　清以镇西堡改置，属铁岭县。即今辽宁铁岭县西北镇西堡镇。《清一统志·奉天府二》“唐王营堡”条下：“正西堡在（铁岭）县西北二十里。”

正州　唐渤海国置，属西京鸭绿府绿州。治所在今吉林通化市东北老通化。金废。

正州隘　亦名哨楼山。在今四川筠连县东南镇舟镇（正州场）。清同治《高县志》卷11：正州隘“在县南一百九十里定边乡。上通沐柔三十里，下至筠连平安堡五十里。明设卫控扼，国朝裁置塘”。光绪《叙州府志》卷13：同治元年（1862），“四川提督胡中和筑修木城，建南北二门，扎营驻防”。

正安州　清雍正二年（1724）改真安州置，属四川遵义府。治所即今贵州正安县。雍正七年（1729）随遵义府改属贵州。1913年改为正安县。

正安县 1913年改正安州置，属贵州黔中道。治所即今贵州正安县。1920年直属贵州省。

正安堡 明置，属广宁卫。即今辽宁北镇市东北三十里正安满族镇。明《辽东志》卷3：镇安堡“堡西正安堡可安伏”。

正阳门 ①俗称前门。在今北京市天安门广场南侧。明、清北京内城正门。城楼建于明永乐十九年（1421），箭楼建于明正统四年（1439），后皆曾被焚毁又重修。现存城楼是清光绪二十六年（1900）被焚毁后重建的。1916年拆除瓮城，成为现在的外貌。1988年定为全国重点文物保护单位。

②明代南京城的正南门。在今江苏南京市城东南隅。1931年改名光华门。20世纪50年代被拆除。

正阳县 清雍正二年（1724）改真阳县置，属汝宁府。治所在即河南正阳县。民国初属河南汝阳道。1927年直属河南省。

正阳镇 ①宋置，属颍上县。在今安徽颍上县东南七十里颍河入淮之口。因寿州（今寿县）有正阳镇在东，故此亦名西正阳。《方舆纪要》卷21颍上县：正阳镇，“所谓西正阳也，下临淮津。……上有刘备、关羽二城。蒙古将董文炳所筑也。旁又有土城基。周三里，欲谓之张飞城”。

②亦名东正阳。即今安徽寿县西南六十里正阳镇。《资治通鉴》：唐天祐二年（905），朱全忠攻寿州，“寿人坚壁清野以待之。全忠欲围之，无林木可为栅，乃退屯正阳”。胡三省注：“淮水流出颍、寿之间，夹淮有正阳镇，东正阳属寿州安丰县界，西正阳属颍州颍上县界。”明设正阳镇巡司。

正阶县 南齐改令阶县置，属始兴郡。治所在今广东始兴县西七里。梁大同后废，移始兴县于此。

正红旗 1949年以察哈尔右翼正红旗改称，属绥远省。驻地在集宁城关（即今内蒙古乌兰察布市集宁区）。1950年改称中心旗。1954年划归内蒙古自治区，改设察哈尔右翼后旗，驻土牧尔台（今察哈尔右翼后旗北土牧尔台镇）。1971年迁驻白音察干镇。

正红旗察哈尔 清康熙十四年（1675）置，属察哈尔都统。驻地在古尔班托罗海山（今内蒙古察哈尔右翼前旗西北三岔口乡北大土城一带）。1914年改称察哈尔右翼正红旗。

正果墟 亦作证果。即今广东增城市北四十里正果镇。明万历《广东通志》卷16：增城县有“证果墟”。

正定文庙大成殿 在今河北正定县城内西部。现主要建筑仅存大成殿、照壁和东西庑。大成殿高11.2米，面阔五间，进深三间，为五代遗物，是国内现存文庙中时代最早的一座。1996年定为全国重点文物保护单位。

正定县 清雍正元年（1723）避世宗胤禛讳，改真定县置，为正定府治。治所即今河北正定县。民国初属直隶保定道，1928年直属河北省。

正定府 清雍正元年（1723）避世宗胤禛讳，改真定府置，属直隶省。治所在正定县（今河北正定县）。辖境相当今河北大沙河以南，晋州、栾城、赞皇以北地区。1913年废。

正春垭 亦名真春垭。在今重庆市綦江县南，与贵州习水县互界。《舆地纪胜》卷180南平军：真春垭“在军西南八十里。元系巡检驻扎处。旧曰吼滩寨，以吼滩之名似无宁息之意，而近有地名真春垭，曰雁门垭，遂用真春名之”。

正觉寺 ①俗称大寺。在今山西长治县（韩店镇）西北二十里看寺村。清光绪《长治县志》卷3：正觉寺“在城（今长治市）南二十里刊字村。唐太和间建”。寺名取佛经中“登上正觉彼岸”之意。现存建筑有过殿、后殿和东西配殿。后殿为正觉寺主要建筑，从形制判断为宋代建筑，面阔五间，单檐歇山顶，明间辟门，梁架为六架椽屋。过殿面阔五间，进深三间，单檐悬山顶，明代建筑。东西配殿各小三间，单檐悬山顶，元代建筑。正觉寺具有较高的建筑历史价值，2001年定为全国重点文物保护单位。

②南朝宋泰始中建。原名延祚寺，又名铁塔寺。故址在今江苏南京市区西南朝天宫。《南史·徐爰传》：“爰子希秀甚有学解，亦闲篆隶，正觉、禅灵二寺碑，即希秀书也。”清道光二十二年（1842），钦差耆英与英国代表璞鼎查于此议和，签订《南京条约》。

③在今江西抚州市临川区东门外。唐初建于犀牛山，故又称“犀牛山正觉寺”。寺内有天王殿、大雄宝殿、方丈楼、禅堂、斋堂、祖师殿、地母殿、将军殿、箨龙轩等。大雄宝殿有如来佛祖、十八罗汉；方丈楼共四层，上三层是千佛楼，内有形态各异的千尊佛像。箨龙轩是座临水楼阁。王安石有一首《正觉寺箨龙轩》诗：“凤玉萧萧数亩秋，箨龙名字道人留。不须乞米供高士，但与开轩作胜游。此地七贤谁笑傲，何时六逸自赓酬。侵寻衰境心无著，尚有家风似子猷。”

正觉寺镇 即今江苏高淳县西正觉寺。清光绪《江苏全省舆图》高淳县图：西有正觉寺。

正黄等四旗牧厂 清置，在今内蒙古兴和县北境五台河上源。《清一统志·牧厂》：正黄等四旗牧厂“在张家口西北二百里诺莫浑博罗山，东西距一百三十里，南北距二百五十里”。后废。

正黄旗 1949年以察哈尔右翼正黄旗改名，属绥远省。驻地在今内蒙古察哈尔右翼前旗东北巴音塔拉镇。1954年划归内蒙古自治区，改设察哈尔右翼前旗。

正黄旗牛群厂 清置，属内务府庆丰司。驻地在康湖地方（今内蒙古兴和县西南与丰镇市交界处）。后改驻今河北张北县西北。后废。

正梯隘 在今山西平顺县东南五十里穽底村。《方舆纪要》卷42平顺县：正梯隘“在县东九十里。一名梯头隘。以形险若梯而名，路通河南林县”。

正蓝旗　1949年改察哈尔左翼正蓝旗置，属内蒙古察哈尔盟。治所在今内蒙古正蓝旗西北那日图苏木（后曾改名黄旗大营子）。1958年划归锡林郭勒盟。1966年迁上都河浩特。1979年迁敦达浩特镇。

正蓝旗察哈尔　清康熙十四年（1675）置，属察哈尔左翼。驻地在扎哈苏泊（今内蒙古正蓝旗西北那日图苏木西扎格斯台）。1914年改称察哈尔左翼正蓝旗。

正德铁路　即石德铁路。自今河北石家庄市至山东德州市。原拟以河北正定为起点，故名。

正嘴村　在今陕西淳化县西北十里塬乡境内。1935年西北革命根据地置赤淳县治此。

去斤水　亦作濯筋水。又名清水。即今陕西北部黄河支流延河。《元和志》卷3延州肤施县：“清水，俗名去斤水，北自金明县界流入。《地理志》谓之清水，其肥可然，鲜卑谓清水为去斤水。斤一作筋。”

去畿陂　在今内蒙古太仆寺旗南。《魏书·太宗纪》：北魏神瑞二年（415），“六月戊午，幸去畿陂，观渔”。

甘　①春秋周畿邑。在今河南洛阳市西南。《左传》：僖公二十四年（前636），“初，甘昭公有宠于惠后”。杜注：“甘昭公，王子带也，食邑于甘。”《续汉书·郡国志》：河南尹河南县“有甘城”。《水经·甘水注》：故甘城“北对河南故城，世谓之鉴洛城，鉴、甘声相近，即故甘城也，为王子带之故邑矣”。

②甘肃省的简称。因省内张掖西魏时为甘州治所而得名。

甘山　①又名大绀山。在今广东云浮市西北。《方舆纪要》卷101罗定州东安县：甘山“高七百余丈，周百余里。上有龙头潭，悬流如瀑布”。《清一统志·罗定州》：大绀山“在东安县（今云浮市）西北十五里。《旧志》：一名甘山，产金橘篱笋”。

②即今重庆市彭水苗族土家族自治县西之摩围山，为道家第六十六福地。

甘井子支线　自辽东半岛的南关岭至大连湾边的甘井子码头。长11.9公里。为南满铁路支线。1926年动工修筑，1930年建成。

甘井子设治局　清光绪三十三年（1907）析龙江府地置，属龙江府。治所在甘井子（今黑龙江省甘南县）。1926年改为甘南设治局。

甘不拉　又作噶木布拉山、西昆仑山。在今西藏贡嘎县西，为通往浪卡子县的必由之路。清乾隆《西藏志·山川》：“甘不拉，即西昆仑山。路崎难行，途长九十里。”

甘水　①即今广西灵川县西北甘棠河。《寰宇记》卷162临桂县：甘水“在灵川县北三十里。其源出融州北界潭洞涓流，引派百余里，经灵川县西南，穿过大山下，萦回五百余步，江阔十丈，深一丈，东流经甘棠驿南，而东注漓水。今邑人呼为甘岩，即此水也”。《方舆纪要》卷107灵川县：甘水“在县（故治在今三街镇）南。源出融山北界，流经县西南，过大山下，东流至县南二十里之甘棠墟而合漓江”。

②渭水支流。在今陕西周至县东。《方舆纪要》卷53盩厔县：甘水“在县东十里。县东六十五里有甘河镇，以此名……下流俱入渭水”。

甘水驿　唐置，在今河南洛阳市西南洛河南岸。

甘公城　在今安徽南陵县北。《方舆纪要》卷28南陵县：甘公城“在县北七里。甃甓甚工，缭以漳水，可容数千人。四旁门址，犹有存者。或曰，吴将甘宁尝屯此。俗讹为甘罗城”。

甘丹寺　即噶丹寺。在今西藏达孜县东拉萨河南岸旺古尔山上。

甘丹颇章　在今西藏拉萨市西北十里哲蚌寺内。旧称兜率宫，意为天神宫殿。明嘉靖九年（1530）达赖二世根敦嘉措主持修建。后成为达赖三世索南嘉措、达赖四世云丹嘉措、达赖五世阿旺·罗桑嘉措坐床驻锡之地。崇祯十五年（1642），和硕特蒙古首领固始汗支持达赖五世打败藏巴汗后，建立了格鲁派统治政权，其政权机构即设于此。直到清顺治五年（1648）布达拉宫白宫建成，达赖五世及其政权机构才移居布达拉宫。后来把格鲁派统治的西藏地方政权统称为甘丹颇章政权。

甘巴里国　亦译坎巴夷、坎八叶。有二说：（1）在今印度西部坎贝一带，即甘瑟逸旧地；（2）在今印度西南部科英巴托尔一带。《明史·外国传七》：“甘巴里，亦西洋小国。永乐六年，郑和使其地，赐其王锦绮、纱罗。十三年遣使朝贡方物。十九年再贡，遣郑和报之。”

甘龙口　即今贵州松桃苗族自治县西北甘龙镇。民国时属后坪县，有县佐驻此。

甘东县　南朝宋置，属新宁郡。治所在今广东阳春市西北。南齐改为甘泉县。

甘北镇　北宋置，属醴泉县。在今陕西礼泉县东北十里甘河北岸。

甘田　即今广西乐业县西南甘田镇。1944年冬广西省府部分机关迁此。

甘宁关　一名甘亭关。隋开皇初置，在今陕西勉县北褒城镇北。

甘场山　在今广西罗城仫佬族自治县西天河镇。《方舆纪要》卷109天河县：甘场山“在县治东。形如幞头，岩险可恃，县治倚其麓”。

甘夷川　即今青海互助土族自治县东南哈拉直沟。为湟水支流。《水经·河水注》：湟水东流，“左则甘夷川水入焉”。

甘竹市　即今江西广昌县北三十里甘竹镇。明正统《建昌府志》卷9广昌县：“管竹塘市在麟角里。”清同治《江西全省舆图》卷3：广昌县北有甘竹市。

甘竹堡　在今广东佛山市顺德区西南甘竹河岸。清光绪《广东舆地全图》：顺德县西南有甘竹堡。设守备驻防。

甘州 西魏废帝三年（554）改西凉州置，治所在永平县（今甘肃张掖市西北）。《元和志》卷40甘州："因州东甘峻山为名。或言地多甘草，故名。"辖境相当今甘肃高台县以东弱水上游地区。其后屡有伸缩。隋大业三年（607）改为张掖郡。唐武德二年（619）复为甘州，治所在张掖县（今张掖市）。天宝元年（742）改为张掖郡。乾元元年（758）复名甘州。永泰二年（766）陷于吐蕃。大中后又为回鹘所据。北宋天圣六年（1028）入于西夏，改置宣化府。

甘州卫 明洪武二十五年（1392）改甘肃卫置，属陕西行都司。治所即今甘肃张掖市。二十六年移都司治此。辖境相当今甘肃张掖、临泽、民乐和青海祁连等市县地。清雍正二年（1724）改为甘州府。

甘州甘肃监军司 简称甘肃监军司。西夏置，治所在甘州城（今甘肃张掖市）。元废。

甘州府 清雍正二年（1724）改甘州卫置，属甘肃省。治所在张掖县（今甘肃张掖市）。辖境相当今甘肃张掖市、临泽、山丹、民乐、肃南裕固族自治县及青海祁连县地。1913年废。

甘州路 元世祖至元八年（1271）改甘肃路置，后属甘肃行中书省。治所即今甘肃张掖市。辖境相当今甘肃张掖、民乐、临泽、高台、肃南裕固族自治县及青海祁连县等地。十八年（1281）置甘肃行中书省于此。明洪武五年（1372）改置甘肃卫。

甘州群牧千户所 明置，属太仆寺。在今宁夏固原市西二十里。《方舆纪要》卷58固原州：甘州群牧所"成化三年，敌犯固原，官军拒之，不克，敌遂屯牧所城外，进陷开城县，杀掠甚众"。

甘江铺 亦作乾江铺。即今四川夹江县东南甘江镇。明正德《四川志》卷19夹江县：县东有乾江铺。清嘉庆《夹江县志》卷2：乾江场（乾江铺）在"县南二十里"。

甘阳县 唐置，属都金羁縻州。治所在今越南宣光省咸安一带。后废。

甘坊市 即今江西奉新县西南甘坊镇。清同治《江西全省舆图》卷1：奉新县西南有甘坊。

甘村沟 在今河北衡水市西南。《方舆纪要》卷14衡水县：甘村沟"在县西南十里。旁有洼地二千余顷。弘治中，开此沟以泄水患。寻塞。正德中复疏通之，洼地填淤，民获种植之利"。

甘村营 在今广东台山市东南。《方舆纪要》卷101广州府新宁县：甘村营"在县（今台山市）东南，接顺德县界"。

甘孛智 真腊的别称。亦译澉浦只。明张燮《东西洋考》卷3始用今译名柬埔寨。

甘里塘墟 即今广西乐业县西南甘田镇。清光绪《广西舆地全图》：凌云县北有甘里塘墟。

甘谷水 ①在今陕西乾县东北之泔河。《方舆纪要》卷54乾州：甘谷水在"州东北三十里。源自永寿县温秀岭流入州境，又流入醴泉县界，合于泾水"。

②即今陕西户县西甘河。《水经·渭水注》：甘水"出南山甘谷，北径秦文王萯阳宫西，又北径五柞宫东，又北径甘亭西，……又东得涝水口"。宋敏求《长安志》卷15鄠县：甘谷水"在县西南二十二里，阔三步，深一尺，其底并碎砂石，北流入兴平县界合渭水"。

甘谷县 ①金升甘谷城置，属秦州。治所在今甘肃通渭县西南。贞祐四年（1216）属西宁州。元废。

②1928年改伏羌县置，属甘肃省。治所即今甘肃甘谷县。

甘谷驿 即干谷驿。今陕西延安市东北甘谷驿镇。

甘谷城 北宋熙宁元年（1068）置，属秦州。在今甘肃通渭县西南。金升为县。

甘孜州 1912年改甘孜委员置，属康安道。治所即今四川甘孜县。次年改为甘孜县。

甘孜县 1913年改甘孜州置，属四川边东道。治所即今四川甘孜县。以甘孜寺而名。"甘孜"藏语意为"洁白美丽"。次年属川边特别区。1936年红军二、四方面军会师后，在此召开"甘孜会议"。1939的属西康省。1955年属四川省。

甘孜委员 清宣统三年（1911）霍耳甘孜麻书安抚司改流置，属登科府。治所即今四川甘孜县。1912年改为甘孜州。

甘松 ①在今内蒙古多伦县及河北围场县一带。《资治通鉴》：东晋建元二年（十六国后赵建武十年，344），"及燕人伐逸豆归，赵王（石）虎使右将军白胜、并州刺史王霸自甘松出救之"。胡注："甘松在濡源之东，突门岭之西。"

②在今甘肃迭部县一带。《三国志·魏书·三少帝纪》：元帝景元四年（263）伐蜀，遣邓艾"趣甘松、沓中以罗取（姜）维"。即此。

甘松县 ①西魏置，属甘松郡。治所在今四川松潘县东黄龙乡。隋开皇初废入嘉诚县。

②唐贞观五年（631）置，属西金州。治所在今四川松潘县西境。八年（634）属岩州。后废。

甘松岭 一名甘松山。在今四川松潘县西南（一说在今松潘县西北）。《隋书·地理志》：通轨县"有甘松山"。《新唐书·吐蕃传》：开元十九年（731），吐蕃请"互市于甘松岭。宰相裴光庭曰：'甘松中国之阻，不如许赤岭'"。《寰宇记》卷81嘉诚县：甘松岭"按《山海经》云：甘松岭亦谓之松叶岭，即江水发源于此。土人谓之松子岭"。《方舆纪要》卷73松潘卫：甘松岭在"卫西北三百里。亦曰甘松山，一名松桑岭。土人谓之松子岭。后魏有甘松县、唐置松州皆以此山名"。

甘松郡 ①十六国西秦建义元年（385）乞伏国仁置，治所在今甘肃迭部县东南，接四川若尔盖县东境。北周于此筑城置甘松防，建德六年（577）改置芳州。

②北周天和元年（566）置，属宕州。治所在怀道县（今甘肃宕昌县西南）。辖境相当今甘肃宕昌、舟曲二县交界之地。隋开皇三年（583）废。

甘若县 西魏置，治所在今甘肃礼县境。北周废。

甘枣山 即雷首山。在今山西永济市西南蒲州镇南。《山海经·中山经》："薄山之首曰甘枣之山，共水出焉。"即此。

甘枣沟 在今山东临邑县北古黄河之南。《水经·河水注》："大河右溢，世谓之甘枣沟。水侧多枣，故俗取名焉。"

甘卓垒 又名草垒。在今江西萍乡市芦溪县西南古岗，为隋以前萍乡县治。《寰宇记》卷109袁州萍乡县：萍乡县故城"在县东四十里。晋大兴元年（318）陈敏自王江东，与杜弢相应作逆，晋遣镇南将军陶侃水陆二道来伐，甘卓领兵于县东，筑垒连接五所，号为卓垒"。

甘岩 亦名官岩、冠岩。在今广西阳朔县北。《方舆纪要》卷107阳朔县：甘岩"在县北七十里漓江旁。一名官岩"。《清一统志·桂林府一》：冠岩"一名甘岩。水石窈曲，中有甘泉，溢流不竭"。

甘罗城 在今江苏淮安市淮阴区西南码头镇北约里许。《舆地纪胜》卷39楚州：甘罗城"在淮阴县北一里。俗传以为秦甘罗所筑。雨后常于土中得小钱，状如钟，有篆文，不可识，号甘罗钱。或云，宝应有甘罗庙，盖甘罗葬于此"。旧尝移清河县治此。清为运口重地，设山清河务同知及清河县丞驻此。

甘鱼口 战国楚地。在今湖北天门市西北。《战国策·秦策三》：楚"南有符离之塞，北有甘鱼之口"。即此。

甘鱼陂 即鱼陂。在今湖北天门市西北。《左传》：昭公十三年（前529）"公子比为王，公子黑肱为令尹，次于鱼陂"。杜注："竟陵县城西北有甘鱼陂。"《水经·沔水注》："（竟陵）城旁有甘鱼陂。"

甘河 亦称旱河。即今内蒙古鄂伦春自治旗南之甘河。《清一统志·黑龙江》：甘河"在布特哈西北五百二十里。源出西北兴安岭，东南流入嫩江"。民国《黑龙江志稿》卷3：甘河"在（嫩江）县西南（会口距县十五里），自布西入界，东南流受阿里河，又径窟窿山东北，喀布齐志哈达西南约五里入嫩江。西岸属布西界"。

甘河镇 一作甘泉镇。北宋置，属鄠县。即今陕西户县西北三十里甘河镇。

甘肃卫 明洪武五年（1372）改甘州路置，属陕西行都司。治所即今甘肃张掖市。辖境相当今甘肃张掖、临泽、民乐和青海祁连等市县地。二十五年（1392）改为甘州卫。

甘肃布政使司 清康熙七年（1668）改巩昌布政使司置，治所在兰州（今甘肃兰州市）。辖境约当今甘肃、宁夏及新疆、青海部分地。清末废。

甘肃巡抚 明宣德十年（1435）置，驻甘州卫（今甘肃张掖市）。统辖甘肃兵备、西宁兵备、庄浪兵备三道，陕西行都司之甘州左右十二卫、镇夷等三所城堡，赤斤蒙古等六卫，西番诸族，西海丙兔诸部贡市。清顺治五年（1648）移驻兰州（今兰州市），康熙元年（1662）移驻凉州卫（今武威市），五年还驻兰州，不久移驻巩昌府（治今陇西县），十九年仍还驻兰州。乾隆十九年（1754）废。

甘肃监军司 西夏置，为十二监军司之一。治所在甘州（今甘肃张掖市）。以辖甘、肃二州而得名。后废。

甘肃省 在我国西北部。清顺治初置，治所在兰州府皋兰县（今甘肃兰州市）。旧以甘州（张掖）、肃州（酒泉）两地首字得名。辖境东界陕西，南界四川，西界青海，西北与伊犁将军辖地接，北与内蒙古诸盟旗接。据《清史稿·地理志》：甘肃"广二千一百二十里，袤一千四百十里"。1928年划西宁等七县属青海省，宁夏等八县属宁夏省（今宁夏回族自治区）。1941年析皋兰县城区置兰州市，仍为甘肃省省会。

甘肃等处行中书省 简称甘肃行省。元世祖至元十八年（1281）置，治所在甘州路（今甘肃张掖市）。辖境相当今甘肃黄河以西、宁夏大部、内蒙古西部及新疆、青海部分地区。明洪武二年（1369）并入陕西等处行中书省。

甘肃路 元世祖至元元年（1264）改宣化府置，治所即今甘肃张掖市。辖境相当今甘肃张掖、民乐、临泽、高台、肃南裕固族自治县及青海祁连县等地。元至元八年（1271）改为甘州路。

甘肃镇 明九边之一。治所在甘州城（今甘肃张掖市）。洪武五年（1372）于此置甘肃卫。二十五年（1392）罢。二十六年（1393）陕西行都司自庄浪徙置于此。其分守地自庄浪而北，又西迄嘉峪关，即甘肃西北边之长城。

甘城 又名东古城。简称古城。即今安徽颍上县北东古城。唐杜佑《通典》卷177颍州颍上县："又有故甘城，梁置下蔡郡。有关。吴、魏以来关防津济之所。"

甘草店 即今甘肃榆中县东南甘草店镇。光绪《大清直隶地舆全图》：金县（今榆中县）东南有甘草店。旧为驿道所经，商业发达。

甘草镇 故址在今江苏太仓市东北七十里江中。《方舆纪要》卷24太仓州："甘草镇在州东北七十里。亦曰甘草市。旧名甘树。一名甘林。东连大洋。洪武七年置甘草泾巡司于此。"清道光中塌入江中。

甘南设治局 1926年改甘井子设治局置，属黑龙江省龙江道。治所在甘井子（今黑龙江省甘南县）。1933年改为甘南县。

甘南县 1933年改甘南设治局置，属黑龙江省。治所在甘井子（今黑龙江省甘南县）。1945年改属嫩江省，1949年又划归黑龙江省。

甘相营 即今四川喜德县。民国《西昌县志》卷9：同治八年（1869），《周达武征剿建南夷匪碑记》云："由西堡子取道竹山子，商请李、丁两军由甘相营取道两河口。"

甘树市 或作甘澍市。即甘草镇。在今江苏太仓市东北七十里江中。

甘昧汛 即今湖南新晃侗族自治县南甘美。《清一统志·晃州厅》：甘昧汛"在西溪僻路"。

甘思 藏语的音译，亦作甘，康。大体上当今四川、云南藏族聚居区和西藏东境。

甘泉 ①在今四川北川羌族自治县西北治城乡南二里。《清一统志·龙安府》：甘泉"有泉甘洌，岩石上刻'甘泉古迹'四字"。县旧名石泉以此。

②在今陕西甘泉县西南，东入洛河。县以此名。《寰宇记》卷36甘泉县："甘泉在县南岩谷上。其泉去地一丈，飞流激下，其味甘美。"

甘泉山 ①在今天津市蓟县西北。《方舆纪要》卷13蓟州：甘泉山在"州西北七十里。山下有泉，极甘美，因名。一名石燊山"。

②在今江苏扬州市邗江区西北。《方舆纪要》卷23扬州府：甘泉山在"府西北三十五里。高二十余丈，周围二里。山有七峰，联络如北斗，平地错落。又有圆冈二十八，如列宿之拱北。上有泉，甚甘，因名"。上有东汉广陵王刘荆墓。1981年于此出土"广陵王玺"金印。

③在今湖北枣阳市东北四十里。《舆地纪胜》卷88枣阳军：甘泉山"在县东北四十里。地肥水甘，故名"。

④在今陕西淳化县西北五十里。《史记·封禅书》："黄帝接万灵明廷。明廷者，甘泉也。"《史记·范雎蔡泽列传》：雎说秦昭王曰：秦"北有甘泉、谷口"。《正义》引《括地志》："甘泉山一名鼓原，俗名磨石岭，在雍州云阳县西北九十里。《关中记》云：甘泉宫在甘泉山上。年代永久，无复甘泉之名，失其实也。"《清一统志》引《县志》，谓"山在今县西北五十里"。

甘泉水 ①即今陕西澄城县西之县西河。会县西诸泉入于洛。《寰宇记》卷28同州澄城县引《水经注》云："甘泉水出匮谷中，其水尤美。"

②在今陕西淳化县北。《隋书·地理志》：云阳县有甘泉水。《清一统志·邠州》引《淳化县志》："水在县北四十里，俗传其味甘美，异于他水，南流入冶谷水。"

甘泉寺 在今湖北宜昌市西南十里。南宋陆游《入蜀记》："以小舟游西山甘泉寺，竹桥石磴，甚有幽趣。有静练、洗心二亭，下临江，山颇疏豁。"

甘泉关 在今甘肃武威市西。《方舆纪要》卷63凉州卫：甘泉关"在卫西。《唐志》：凉州有甘泉关"。按《新唐书·地理志》、《旧唐书·地理志》未发现有甘泉关。

甘泉县 ①南齐改甘东县置，属新宁郡。治所在今广东阳春市西北。隋开皇九年（589）平陈后废。

②西魏大统四年（538）分宁夷县置，属宁夷郡。治所在今陕西礼泉县北。因近甘泉山得名。北周明帝元年（557）废。

③唐武德四年（621）置，属尹州。治所在今云南元谋县南五十二里甘泉。天宝后废。

④唐天宝元年（742）改伏陆县置，属洛交郡。治所即今陕西甘泉县，后属鄜州。宋属延安府。元属延安路。明、清属延安府。民国初属榆林道。1928年直属陕西省。

⑤唐置，属羁縻悦州。治所在今四川兴文县境。后废。

⑥清雍正九年（1731）析江都县置，与江都县同为扬州府治。治所即今江苏扬州市。1912年并入江都县。

甘泉岛 在南海中中国西沙群岛西部，位于永乐群岛西部，北距珊瑚岛2海里。岛的西北方有中国渔民建造的珊瑚石庙。1974年在岛的西北部发现一处唐宋时期的居住遗址。中国渔民向称圆峙、圆岛。清宣统元年（1909）李准巡海时，以岛上泉水甘甜可饮用，命名甘泉岛。郑资约《南海诸岛地理志略》载：甘泉岛"岛形如锅，长800码，高26呎。上覆植物，绕岛有礁，但可登陆于东侧，或东南侧之码头。岛上有房数间，井一，无人"。

甘泉岛遗址 在今海南省西沙群岛中的甘泉岛坡地上。文化堆积层厚度约1米，地层中有少量植物燃烧剩下的炭粒灰烬。1974—1975年发掘出土半陶半瓷器双耳罐十件，卷沿罐五件、棱形壶二件、器盖三件，年代为唐至五代。出土瓷器有小口瓶、点彩瓶、点彩罐、粉盒、凸唇盏、莲瓣纹钵、宽沿画花大碗等，时代为宋。大部分器型与广州西村皇帝岗晚唐至北宋窑址所产相同，胎釉、纹饰均一样，应是该处窑场所产。证明我国人民早已在西沙开发经营。2006年定为全国重点文物保护单位。

甘泉苑 ①西汉长安苑囿。在今陕西淳化县西北甘泉山地区。《三辅黄图》卷4载："甘泉苑，武帝置，缘山谷行，至云阳三百八十一里，西入扶风，凡周围五百四十里。苑中起宫殿台阁百余所，有仙人观、石阙观、封峦观、鳷鹊观。"

②南汉宫苑。在今广东广州市小北门外。《南海百咏》云："甘溪在郡东北五里北山山脚下。东晋太守陆胤所凿，引泉以给广民，亦呼甘泉。唐会昌间，节度卢公遂疏导其源以济舟楫。更饰广厦为踏青避暑之胜地。伪刘时，复凿山为甘泉苑，中有泛杯池、濯足渠、避暑亭之类，其下流为甘溪。夹溪南北三四里，皆刺桐、木棉，旁侧平坦大道。"

甘泉驿 明置，属琼州府。在今海南省乐东黎族自治县西南佛罗镇。

甘泉城 ①在今陕西渭南市东北。《寰宇记》卷29下邽县：故甘泉城"在县（今渭南市北下吉镇）东南四十里。以此地水多咸苦，城中井泉美，遂名甘泉。亦谓之夏王城，俗传赫连勃勃所筑”。

②在今甘肃会宁县东南。《方舆纪要》卷59巩昌府通渭县：甘泉城“在县东北九十五里。宋元丰中置城于此，为戍守要地”。

甘泉宫 ①一名云阳宫。在今陕西淳化县西北甘泉山。《史记·封禅书》：“齐人少翁以鬼神方见上……作甘泉宫。”《三辅黄图》引《关辅记》：“在甘泉山，宫以山为名。”《汉书·扬雄传》：“甘泉本因秦离宫，既奢泰，而武帝复增通天、高光、迎风。”宋敏求《长安志》引《关中记》：“林光宫，一曰甘泉宫，秦所造，在今池阳县西北故甘泉县甘泉山上，周回十余里。汉武帝建元中增广之，周回十九里一百二十步，有宫十二，台十一。”现有甘泉宫遗址，保存大型夯土宫殿台基八处以及部分夯筑宫墙、宫室基址和水道遗迹。遗址内出土大批汉代文物，瓦当上有“长乐未央”等文字及花纹图案。1996年定为全国重点文物保护单位。

②隋筑，在今陕西户县西南。《元和志》卷2鄠县：隋甘泉宫“在县南二十二里，对甘泉谷，因名之”。

甘泉堡 ①北宋崇宁五年（1106）置，属秦州。在今甘肃会宁县东南。金废。

②清置，属海城县。即今辽宁海城市东北甘泉镇。《清一统志·奉天府二》“土河堡”条下：“甘泉堡在（海城）县北三十里。”

甘亭 即今陕西户县治。《续汉书·郡国志》：鄠县有甘亭。《水经·渭水注》：甘亭“在（甘）水东鄠县”。

甘洛县 1934年西北革命根据地由安塞、甘泉二县析置，治胡皮头（在今陕西甘泉县西北胡皮头）。后迁王家坪（今甘泉县西北王家坪）。1936年12月并入甘泉县。

甘珠尔庙 即今内蒙古新巴尔虎左旗西北甘珠尔庙。以清乾隆四十九年（1784）在此所建甘珠尔庙得名（庙因收藏经“甘珠尔”为名）。

甘盐池 一作干盐池。在今宁夏海原县西北盐池村东南老城。《清史稿·地理志》：固原州西北有“干盐池堡水，径打拉池，县丞驻”。

甘埋里 在今伊朗东部，当波斯湾要冲，对东、西方通商甚盛。元汪大渊《岛夷志略》：“甘埋里…南冯之地，与佛郎相近。”

甘都堂堡 在今青海化隆回族自治县东南六十里甘都镇。清宣统《甘肃新通志》卷9：“乾隆三年西宁道佥事杨应琚以地势宽广，咫尺黄河，生番出没，议筑土城，周一百七十六丈，高二丈二尺，东西二门，次年工竣。”

甘峻山 一作绀峻山。在今甘肃张掖市东北。《隋书·地理志》：张掖县“有甘峻山”。《元和志》卷40张掖县：甘峻山“在县东北四十五里。出青鹘鹰，称为奇绝，常充贡献”。

甘峻堡 明置，属甘州左卫。即今甘肃张掖市西甘浚镇。《清一统志·甘州府》：甘峻堡“在张掖县西南八十里，黑河西。明置。城周三百五十步”。

甘凉道 1913年由河西道改置，属甘肃省。治武威县（今甘肃武威市）。辖境约当今甘肃省肃南裕固族自治县东部和临泽县以东，民勤、武威、古浪、永登等县市以西地区。1927年废。

甘涧 在今天津市蓟县盘山东路。清《日下旧闻考》卷116引《盘山志》：“甘涧有三青沟，前为上甘涧，其下隔一小山，东为东甘涧，西为西甘涧。”上甘涧在盘谷寺前。东甘涧有观音庵，西甘涧有净土庵。

甘陵 在今山东临清市东北。《元和志》卷16清阳县：“甘陵在城内。后汉清河王庆陵，庆即安帝父也。”《方舆纪要》卷15清河县：甘陵，“《城冢记》：汉安帝父清河孝王庆葬处，在清河县（治今清安县西城关乡）东南三十里，谓之英陵。帝母左氏葬于县东北角，名曰甘陵”。

甘陵县 东汉安帝时改厝县置，为清河国治。治所在今山东临清市东北。西晋废。《水经·河水注》：“大河故渎又东径甘陵县故城南。《地理志》之所谓厝也，王莽改曰厝治者也。汉安帝父孝德皇以太子被废为王薨于此，乃葬其地，尊陵曰甘陵，县亦取名焉。”

甘陵国 东汉建和二年（148）改清河国置，治所在甘陵县（今山东临清市东北）。辖境相当今河北清河及枣强、南宫各一部分，山东临清、夏津、武城及高唐、平原各一部分地。东汉建安十一年（206）国除，改为清河郡。

甘梗泉 在今贵州松桃苗族自治县西南平头乡南。《方舆纪要》卷122铜仁府平头著可司：甘梗泉“在司（今平头乡）南石崖中，一泉涌出，清浊分流，居人资以灌溉”。

甘鹿 春秋周地。在今河南伊川县西北。《左传》：昭公十七年（前525），“陆浑子奔楚，其众奔甘鹿”，即此。

甘淘河 冶河上游。在今河北井陉县南。《方舆纪要》卷14井陉县：甘淘河在“县（今城关镇）东南十五里。其地有柏山岩，河流绕其下，一名冶河，其上源出山西平定州之绵山，即泽发水也，流经县境，合于绵蔓河”。

甘琶逸国 故地在今印度西部坎贝一带。古代东西交通重要贸易港口。南宋赵汝适《诸蕃志》卷上：南毗国“故临、胡茶辣、甘琶逸、弼离沙、麻啰华、冯牙啰、麻哩抹、都奴何、哑哩喏、嗷啰啰哩皆其属国也”。1292年意大利旅行家马可波罗离华西行，曾至此，并在《游记》中记述其地船舶麕集，商业繁盛。

甘棠市 ①即今安徽黄山市黄山区驻地甘棠镇。旧名赶坦市。为市境古老集市。明代雅称改为今名。1963年太平县移治于此。1983年为黄山市驻地。1987年改为黄山市黄山区驻地。

②即今福建福安市南甘棠镇。清光绪《福安县志》卷3街市：甘棠市在“邑南六十里”。

甘棠州 唐置羁縻州，属安南都护府。治所在今越南老街省甘唐。后废。

甘棠县 西魏大统末置，属宜阳郡。治所即今河南宜阳县。隋仁寿四年（604）改为寿安县。

甘棠驿 元置，属南靖县。即今福建南靖县北甘棠。清以后废。

甘棠铺 即今四川开江县南甘棠镇。清同治《新宁县志》卷2：甘棠铺“治南四十里。旧名添子店。总制勒保督师过此，易今名。地当孔道，为邑四达通衢”。

甘棠湖 又名景星湖。在今江西九江市中心。由庐山泉水注入而成。《新唐书·地理志》：浔阳“南有甘棠湖，长庆二年刺史李渤筑，立斗门以蓄泄水势”。《舆地纪胜》卷30江州：甘棠湖“李渤筑堤长七百步以利行旅而为此湖。张洪靖思而美之，故名甘棠。李翱为铭”。

甘棠墟 即今广西灵川县（甘棠镇）。北宋为甘棠驿。《方舆纪要》卷107灵川县：甘水“在县（故治在今三街镇）南……东流至县南二十里之甘棠墟而合漓江”。1965年灵川县迁于此。

甘掌 在今河南宜阳县西。《水经·甘水》：“甘水出宏农宜阳县鹿蹄山。”郦道元注：“水之所导发于山曲之中，故世人目其为甘掌焉。”

甘微河 即今蒙古国科布多东之扎布汗河。《后汉书·南匈奴传》：永元二年（90），中郎将耿潭、左谷蠡王师子等击北匈奴出鸡鹿塞，“至涿邪山，乃留辎重，分为二部，各引轻兵两道袭之。左部北过西海至河云北，右部从匈奴河水西绕天山，南度甘微河，二军俱会，夜围北单于”。

甘溪 在今广东广州市东北。《舆地纪胜》卷89广州：甘溪池“在州东北五里。《番禺杂记》云，晋陆（允之）使君以海水味碱，导以给民。唐会昌中，节度卢（钧）公复加疏导，南汉凿山取泉以广之，名甘泉，引入苑中，有泛杯池、濯足渠、避暑亭”。

甘溪镇 ①北宋置，属新明县。在今四川华蓥市西北永兴镇。

②即今江西上饶县南甘溪村。清同治《江西全省舆图》卷11：上饶县南有乾溪。丁文江《中华民国新地图》作甘溪。

甘蔗洲 即今福建闽侯县驻地甘蔗镇。明王应山《闽都记》卷22侯官县：甘蔗洲“在十五都。宋时有砦，设巡检司，置戍焉。今革。环洲以居千家，种树艺圃，地产橄榄，向时种甘蔗为糖，故名”。1970年闽侯县迁治于此。

甘橘县 唐置，属羁縻林西州。治所在今越南老街省老街东南。后废。

甘霖洞 在今湖北远安县北。《方舆纪要》卷78远安县：甘霖洞在“县北二十五里。岩穴深邃，有泉南流为石洋河，东入沮水”。

甘露山 在今湖北武汉市黄陂区东十五里。《舆地纪胜》卷49黄州：甘露山“在黄陂。陈高宗时，甘露降。曾于南司州建甘露寺”。《方舆纪要》卷76黄陂县：甘露山“峰峦叠出，林木郁然”。

甘露川 在今新疆巴里坤哈萨克自治县西北。《新唐书·地理志》伊州：“西北三百里甘露川有伊吾军，景龙四年置。”

甘露寺 ①在今江苏镇江市北一里北固山上。始建于三国吴，唐、宋又重建。《新定九域志》：“甘露降于此，因以名。”

②在今安徽青阳县南九华山北半山腰。为九华山第一景。与祇园寺、百岁宫、东崖寺并称九华四大丛林。清康熙六年（1667），玉琳国师奉旨进香九华，见此地山水环拱，于是倡在此立寺，动工之夕，满山松竹皆滴甘露，兼取义佛经，名甘露寺。乾隆间成为丛林。寺依山而建，高达五层，琉璃瓦顶，气势雄伟。

③在今四川资中县西北五十里甘露镇。清嘉庆《资州直隶州志》卷5：甘露寺“唐僧真德建。明正统十二年，寺僧明义补修。国朝乾隆初年，寺僧宏慈重修。嘉庆六年，僧月山增修。寺侧西岩，旧传僧无几修炼处。下有泉可以疗疾。寺以此得名。山门有石坊，明刑部郎中题‘第一禅林’”。今寺之大雄宝殿及壁画为明代物。

④在今陕西华阴市东南八里少华峰西。唐张乔、郑谷并有《游少华山甘露寺》诗。

甘露场 即今四川资中县西北甘露镇。清光绪《资州志》卷3：甘露场“在州西北五十里”。场以寺名。今寺有明建大雄宝殿及壁画。

甘露坊 在今陕西麟游县西北马坊。即唐马坊，先置于九成宫苑外，后移于此。

甘露沟 即今山东枣庄市东南甘露沟乡。旧属峄县。清光绪《山东通志》卷1《舆图志》：峄县东有甘露沟。

甘露岭 在今河南宁陵县西五里。《寰宇记》卷12宁陵县：甘露岭“隋开皇十三年驾幸于岱，至此甘露降，因以名焉”。

甘露镇 ①即今江苏无锡市锡山区东五十二里甘露镇。《新唐书·昭宗纪》：大顺二年（891），“甘露镇使陈可言陷常州”。即此。元于此置巡司。明废。

②在今江苏镇江市北部北固山西侧。《资治通鉴》：唐景福元年（892），“刘建锋为孙儒守常州，将兵从儒击杨行密，甘露镇使陈可言帅部兵千人据常州”。胡三省注：“润州城东角土山上有甘露寺，前对北固山，后枕大江。宝历中，本德裕建寺，适有甘露降，因以名之。孙儒盖因此寺而置甘露镇也。”

③在今浙江常山县西北四十里。《资治通鉴》：五代梁开平二年（908），“吴越王钱镠遣兵攻淮南甘露镇，以救信州”。即此。

世太史第 在今安徽安庆市。世太史第即赵朴初故居。始建于明万历年间（1573—1620），因赵氏四代相继为翰林，故称“世太史第”。是安庆市保存较好、面积最大的一组明清古建筑。清光绪三十三年（1907）十一月五日，赵朴初诞生于此，直至清宣统三年（1911）迁居安庆市西太湖县。世太史第集古建与园林艺术于一体，占地面积4463平方米，建筑面积2773平方米。古建筑群坐北朝南，古朴典雅，马头墙高低起伏，富有韵律。其整体风格融北方古建的恢弘、粗犷及徽州古建的细腻、精致于一体，有着浓郁的地方特色和较高的历史、科学、艺术价值。2006年定为全国重点文物保护单位。

艾　①春秋齐地。在今山东沂源县西南。《春秋》：隐公六年（前717），“公会齐侯盟于艾”。杜注：“泰山牟县东南有艾山。”

②春秋吴邑。在今江西修水县西渣津镇东南龙岗坪。《左传》：哀公二十年（前475），“吴公子庆忌骤谏吴子曰：不改必亡。弗听，出居于艾。”杜注：“艾，吴邑。豫章有艾县”。

艾山　①在今江苏邳州市北。东魏于此置艾山县，以此山为名。

②在今山东胶州市西南三十五里。《方舆纪要》卷36胶州“铁橛山”条下：“艾山旁有天泽泉，即艾水之源也。”

③在今山东沂源县西南。《春秋·隐公六年》杜注：“泰山牟县东南有艾山。”即此。一说在今山东临沂市西二十五里。

④在今山东栖霞市西北三十里。元于钦《齐乘》卷1：艾山在“栖霞西北三十里。山前温泉可浴”。《清一统志·登州府》：艾山“巑岏秀出，上产灵艾，光异凡种”。

⑤在今越南西北部山萝省东南境。《方舆纪要》卷112嘉兴州：艾山“在州之蒙县。面临大江。峭石环立，人迹罕至。山有仙艾，因名”。

艾山县　东魏武定八年（550）分僮县置，属武原郡。治所在江苏邳州市北艾山东北。因艾山为名。北齐废。

艾山渠　在今宁夏吴忠市境内。《魏书·刁雍传》：太平真君五年（444），薄骨律镇将刁雍表曰：“富平西南三十里，有艾山，南北二十六里，东西四十五里，凿以通河，似禹旧迹。其两岸作溉田大渠，广十余步，山南引水入此渠中。……于河西高渠之北八里，分河之下五里，平地凿渠，广十五步，深五尺，筑其两岸，令高一丈。北行四十里，还入古高渠，即循高渠而北，复八十里，合百二十里，大有良田。……小河之水，尽入新渠，水则充足，溉官私田四万余顷。”

艾不城　在今江苏连云港市东云台山一带。《寰宇记》卷22海州东海县：废艾不城“在县北二十四里。今古相传，田横避难，汉使艾不追横而筑。后晋移赣榆县于此。北齐天保元年省”。

艾祁浦　在今上海市青浦区东北旧青浦镇东。《方舆纪要》卷24松江府青浦县：艾祁浦“南接顾会浦，东北流达于吴淞江”。

艾县　春秋吴艾邑。西汉置县，属豫章郡。治所在今江西修水县西渣津镇东南龙岗坪。南朝陈属豫宁郡，隋省入建昌县。

艾拉克泊　即今新疆克玛依市东北艾里克湖。清宣统《新疆图志》卷72：“苏尔图河源出斋尔山，曲折东流，左会纳木河水合东南流，……汇于艾拉克淖尔。”

艾拉克淖尔　即今新疆克拉玛依市东北艾里克湖。《清史稿·地理志》塔尔巴哈台厅：“苏尔图河出斋尔山，东流，会纳木河，又东潴为艾拉克淖尔。”

艾河　即今辽宁东辽河上游部分。明《全辽志》卷1：艾河在“城（开原老城）东北二百五十里。源出那丹府，西流至黑咀（山）与土河会，别名辽海”。

艾城河　即溵水中下游。在今河南许昌、临颍、西华等市县境。《清一统志·许州一》：艾城河“即溵水，自州东秋湖分流，以临颍县东北，又东南入陈州府西华县界。曹魏屯田时，邓艾所引河也”。

艾亭丘　在今安徽临泉县南九十里艾亭镇。《魏书·地形志》：颍州财丘、梁兴二郡梁兴县“有艾亭丘”。

艾浑　即瑷珲。旧城在今黑龙江省黑河市东江东六十四屯界内。清康熙二十三年（1684）另筑新城，在今黑河市南爱辉镇。清方式济《龙沙纪略·方隅》：“艾浑，在墨尔根东三百四十里，距五站。一名艾浒，言可畏也。镇城在黑龙江西岸。江之东有旧艾浑城，相传元黑龙卫城也。”

艾陵　春秋时齐地。在今山东莱芜市东北。《春秋》：哀公十一年（前484），“齐国书帅师及吴战于艾陵，齐师败绩”。即此。

艾陵湖　在今江苏江都市北邵伯镇东。《寰宇记》卷123扬州广陵县：“邵伯埭有斗门，县东北四十里。临合渎渠有小渠，阔六步五尺，东去七里入艾陵湖。”又引《阮升之记》云：南齐建武五年（498），“遏艾陵湖立裘塘屯”。《清一统志·扬州府一》：艾陵湖“西接官河，东北通渌洋湖”。

艾提尕尔清真寺　在今新疆喀什市中心艾提尕尔广场西侧。始建于回历846年（1468），公元1537年、1787年、1873年三次扩建。寺院南北长140米，东西宽120米，有大殿、教经堂、洗澡堂、院落、拱北、宣礼塔和大门楼组成。大殿长140米、宽16米，总计一百间，由一百四十根木柱支撑，分为内殿、前廊和侧廊三部分，能同时容纳四千二百人进行礼拜。门楼高12米，多角穹顶，大门两侧为高20米的砖砌圆柱体塔楼。该寺现为全国规模最大、历史最悠久的伊斯兰清真寺之一，其布局、造型、建造技术和豪华的彩画装饰，富有浓郁的地方特色和民族风格，在国内外伊斯兰教建筑中享有盛名，是喀什历史文化名城的重要标志。2001年定为全国重点文物保护单位。

艾湾岭　在今青海民和回族土族自治县南巴州乡。

《清一统志·西宁府一》：艾湾岭"在碾伯县（今乐都）县界南巴州堡，高十五里，山半有泉，自沙中出"。

艾塘 在今江苏连云港市西北。《南齐书·垣崇祖传》：宋泰始三年（467），"太祖在淮阴，板为朐山戍主"。魏来袭，戍者皆下船欲去，崇祖使人高呼"艾塘义人已得破虏，须戍军速往，相助逐退"。船中人果喜，争上岸，"崇祖引入据城，遣羸弱入岛"。

艾蒿岭 在今陕西志丹县东。《方舆纪要》卷57保安县：艾蒿岭"在县东六十里。即子午岭之异名也。绵亘于延、庆两郡间，几数百里云"。

艾雷克淖尔 又作爱拉克泊。即今蒙古国乌布苏省艾拉格湖。《嘉庆会典图》卷132科布多图说："扎布噶河自扎萨克图汗西北流，……又西北会奇勒稽思泊、爱拉克泊水。"

节义峰 在今甘肃庆城县西北。《宋史·夏国传》：景祐元年（1034），夏入侵庆州，"环庆路都监齐宗矩、走马承受赵德宣、宁州都监王文援之，次节义峰，伏兵发，执宗矩，久之始放归"。

节度石 在今湖北鄂州市东。《水经·江水注》："江中有节度石三段，广百步，高五六丈，是西阳、武昌界，分江于斯石也。"《方舆纪要》卷76武昌县"芦洲"条下："又县东三里江中，有节度石三，亦作接渡石。相传子胥去楚，渔父接渡于此。"

古丈县 1913年改古丈坪厅置，属湖南辰沅道。治所即今湖南古丈县。1922年直属湖南省。

古丈坪厅 清道光二年（1822）置，属永顺府。治所在古丈坪（今湖南古丈县）。光绪《古丈坪厅志》卷2："古文坪厅以厅治古仗坪得名。"1913年改古丈县。

古万寨 北宋景祐四年（1037）置，归邕州节制。在今广西扶绥县北。辖有左州等十五羁縻州、县、峒。元至元中省入太平、思明二路。

古井坝 即今四川三台县西南古井镇。清嘉庆《四川通志》卷29三台县：古井坝"在县西南四十里"。

古井墟 即今广东江门市新会区东南古井镇。清道光《新会县志》卷4："墟市"有古井墟。

古天县 北宋置，为羁縻添州治。治所即今广西百色市。元废。

古木 即辑怀城。又名古牧地。在今新疆乌鲁木齐市米东区。清乾隆《西域图志》卷2迪化州：古木"在州治东北四十里。乾隆二十七年于其地建辑怀城"。

古水 一名鼓水、鼓堆泉。汾河支流。在今山西省南部。源出新绛县西北古山下，南流入汾河。《水经·汾水注》：古水"出临汾县故城西黄阜下，其大若轮，西南流，……又西南径魏正平郡北，又西径荀城东，古荀国也。……古水又西南入于汾"。

古水井堡 明万历时建，属宁夏中卫。在今宁夏中卫市西南三十里。清设守备驻防。

古长山 即今安徽青阳县东长山。《方舆纪要》卷27青阳县：古长山"在县东南三十里，秀拔群山。宋范仲淹尝读书其中，更名读山"。

古化县 1914年改永宁县置，属广西桂林道。治所在今广西永福县西北百寿镇。1933年改为百寿县。

古月桥 在今浙江义乌市南赤岸镇雅治街西侧100米，横跨龙溪。建于南宋嘉定六年（1213），采用单拱纵联分节并列砌置法建造。桥全长31.2米，净跨15米，桥面宽4.5米，两侧引桥各长8.1米。桥身分三层叠砌，底层用条石块直砌，搭接处用横锁石承接。全桥共用三十根条石、四根横锁石。中间层为条石横砌，规格不一。桥面以沙泥和方石铺成，桥面两侧设有宽0.5米、高0.4米的压栏石。桥侧面中部横石匾上刻有"皇宋嘉定癸酉秋季润月建造"字样，为该桥建造年代无疑。此桥虽经几百年风雨侵蚀，石质风化严重，但仍保持其古朴风貌与别致造型。其石拱形式与《清明上河图》中的虹桥相类似，是研究我国古代石拱桥的重要实物资料，具有很高的历史、科学价值。2001年定为全国重点文物保护单位。

古风岩 在今湖南浏阳市东五十里。《方舆纪要》卷80：古风岩"岩深数十里，溪水内出，灌田百余亩。其相连者，又有毛公、白石等岩"。

古丹山 即古清山。在今广西融安县东南。《清一统志·柳州府》：古清山"在柳城县东北七十里。西北去融县亦七十里"。

古乌延城 在今陕西靖边县西。《宋史·夏国传下》：元丰五年（1082）五月，"沈括请城古乌延城以包横山，使夏人不得绝沙漠"。

古方山 在今江西会昌县东。《方舆纪要》卷88赣州府会昌县：古方山"在县东十里。高出群山，壮观一邑"。

古心坪 在今四川峨眉山市西南峨眉山纯阳殿附近。清嘉庆《四川通志》卷17峨眉县：华严坪"在纯阳殿，后有古心和尚开建静室，亦名古心坪"。

古书县 唐贞观十二年（638）置，属古州。治所在今广西三江侗族自治县境。后废。

古石山 亦名古城山、五面山。在今四川邛崃市南十里。东晋常璩《华阳国志·蜀志》：临邛县"有古石山，有石矿，大如蒜子，火烧合之，成流支铁，甚刚，因置铁官，有铁祖庙祠。汉文帝时，以铁铜赐侍郎邓通，通假民卓王孙，岁取千匹；故王孙赀累巨万，邓通钱亦尽天下"。

古龙冈墟 即今江西兴国县东北九十里古龙冈镇。清同治《江西全省舆图》卷9：兴国县东北有古龙冈墟。

古龙关 在今湖北阳新县西北。《方舆纪要》卷76兴国州：古龙关在"州西北三里。旧为屯戍处，元末多事，尝驻兵于此"。

古北口 又名北口、虎北口。即今北京市密云县东北一百二十里古北口。为长城重要关口之一。《新唐书·地理志》燕乐县："东北百八十里有东军、北口二守捉。北口，长城口也。"《旧五代史·唐书·庄宗纪》：天祐十年（913）三月，"乙丑，收古北口"，即此。形势险峻，为历代军事守备重地。元设古北口千户所。明洪武十二年（1379）置守御千户所于此，三十年（1397）改为密云后卫，嘉靖后设参将驻之。清康熙三十二年（1693）设直隶提督并置巡司驻此。

古田会议会址 在今福建上杭县东北一百里古田镇八甲街彩眉岭笔架山下。1929年12月，毛泽东在此主持召开中国工农红军第四军党的代表大会，总结了南昌会议以来建军、建党的经验，并通过了毛泽东起草的《关于纠正党内的错误思想》的决议（即著名的古田会议决议），规定了建党、建军的基本原则。会址原为廖氏宗祠，建于清道光二十八年（1848），民国以后曾为小学校址。祠堂由前后厅和左右厢房组成。祠堂外面右侧有红军检阅台，左侧有水井，背后杉柏参天。附近建有古田会议纪念馆。1961年定为全国重点文物保护单位。

古田县 ①唐开元二十九年（741）开山洞置，属福州。治所在今福建古田县东北古田溪水库中。宋梁克家《三山志》云："唐开元二十八年，洞豪刘疆等三人，以土地人民归于都督李亚邱，乃遣杨参军招致林镕等千余户，咸曰祖父咸亨中来此潜焉，因古昔田亩垦辟而居，以闻于朝。明年立县双溪之汇，屏山之南。"因名古田县。宋太平兴国五年（980）迁今治南水口镇。端拱元年（988）复还旧治。元属福州路。明、清属福州府。1913年属东路道，1914年属闽海道，1928年直属福建省。1957年修建古田溪水库，县城淹没，移治新城镇，即今治。

②明洪武十四年（1381）改古县置，属桂林府。治所在今广西永福县西北百寿镇东南山南村。成化十八年（1482）移质今百寿镇。《明史·广西土司传》：明弘治间，"韦朝威据古田"即此。隆庆五年（1571）升为永宁州。

古田溪 在今福建古田县东。《清一统志·福州府一》引《三山志》：古田溪"源出建宁界，东南流曰横溪，至上生院，南合薦溪潭，数里合桃溪，东流至县东北隅龙津桥，合东北溪。又南经戴星洲、鸣玉滩、磨剑石，下百丈漈，曰水口"。又引《旧志》曰："横溪在县西北，又桃溪出县西黄蘖山流合焉，又南合于建江，亦谓之蒿溪。"

古令镇 在今广东封开县东北南丰镇北五十里。《方舆纪要》卷101开建县：古令镇，"其地有古令山、黄沙岭。洪武初置巡司于此。万历六年，瑶作乱，徙置于县东北之褥村。十年剿平黄沙等山贼，复还旧处"。

古乐郡 唐天宝元年（742）改古州置，治所乐预县（在今广西三江侗族自治县境）。辖境相当今广西三江、贵州从江等县地。乾元元年（758）复为古州。

古尔毕岭 在今新疆富蕴县西北。清乾隆《西域图志》卷22：古尔毕达巴"在额尔齐斯河东北。哈喇图郭勒发源西麓。……其支山西出，走哈喇额尔齐斯郭勒、哈喇图郭勒之间"。

古尔板图尔噶山 又名鼎足山。在今内蒙古敖汉旗驻地新惠镇。清为昭乌达盟敖汉旗驻地。

古尔班托罗海山 在今内蒙古察哈尔右翼前旗西北大土城乡附近。清为察哈尔右翼正红旗驻地。

古尔班阿里玛图 即今哈萨克斯坦首都阿拉木图。清乾隆《西域图志》卷13伊犁西路：古尔班阿里玛图"在伊犁郭勒南。……旧属准噶尔库本诺雅特部鄂齐尔乌巴什之昂吉"。

古尔班阿里玛图水 亦名阿里玛图水，为伊犁河支流。在今哈萨克斯坦阿拉木图西。清徐松《西域水道记》卷4：伊犁河"又西北古尔班阿里玛图水注之"。"阿里玛图三源并发，流五十里而汇，又东北流八十里，又北流百四十余里入伊犁河"。

古尔鼐湖 在今内蒙古阿济纳旗东南。清张穆《蒙古游牧记》卷16额济纳旧土尔扈特部："东至古尔鼐，接阿拉善旗界。"

古卯 在今广西忻城县境内，明时为八寨之一。

古市镇 又名旧市镇。即今浙江松阳县西北二十四里古市镇。本章安县地，东汉建安四年（199）置松阳县，设治于此。唐贞元中迁治紫荆村，即今松阳县治。

古尼山 亦作古泥山、古宜山。在今广西三江侗族自治县西五里。《方舆纪要》卷109怀远县"九曲山"条内："《志》云：县境有古尼山，峰峦环抱，岚气凝聚。"

古发廷噶珊 又作古发潭、古法坛、谷发亭。在今俄罗斯哈巴罗夫斯克（伯力）东北黑龙江南岸。原为明古伐替站。清属宁古塔将军。康熙《皇舆全览图》：黑龙江下游南岸有"古发潭噶山"。后属三姓副都统。《乾隆内府舆图》作"古发廷噶珊"。康熙《平定罗刹方略》卷1：顺治十七年（1660）"巴海大败之古法坛村"。即此。咸丰年间通过不平等的中俄《北京条约》被俄割占。

古圣寺 在今重庆市合川区东南草街镇凤凰山上。始建于明代。清咸丰五年（1855）重建。1939年陶行知曾在寺下院办育才学校。

古老无名泉 在今辽宁北镇市东北。《方舆纪要》卷37广宁卫：古老无名泉"在城北。二泉涌出，自城西南流入城中，至东南隅达于城濠，四时不竭，汲者便之"。

古西岩口隘 在今广西蒙山县东北。旧为瑶族出没处。《方舆纪要》卷107永安州：隆庆六年（1572）"官兵分道进讨，三峒兵克古西岩口、木鱼、青靛诸巢"。

古回鹘城 即窝鲁朵城、卜古罕城。今蒙古国鄂尔浑河上游西岸哈剌巴剌哈逊古城遗址。《辽史·太祖纪》：天赞三年（924），亲征阻卜等部，"九月丙申朔，次古回鹘城，勒石纪功……甲子，诏耆阙遏可汗故碑，以契丹、突厥、汉字纪其功”。

古伐替站 明初置，在今俄罗斯哈巴罗夫斯克（伯力）东北黑龙江右侧古发潭屯。明《辽东志》卷9：海西东水陆城站有狗站“古伐替站”。后废。

古交镇 即今山西古交市。旧属交城县，民国时有县佐驻此。

古羊河 亦作沨水。即今湖北谷城县西之北河。《清一统志·襄阳府一》：沨水，“《旧志》：古羊河，源出房县滴水岩，名八渡河，东北流至石花街，名古羊河。又东一百里至（谷城）县城东北，折而南，会南河入汉水”。

古州 ①唐贞观十二年（638）置，治所在乐预县（在今广西三江侗族自治县境）。辖境相当今广西三江、贵州从江等县地。天宝元年（742）改为古乐郡。乾元元年（758）复为古州。后废。

②即保州。治所在定廉县（今四川理县西北）。《新唐书·地理志》保州：“本奉州云山郡……后又更名古州，其后复为保州。”

③北宋置，属黔州，为羁縻州。治所即今贵州榕江县。后废。

④亦作谷州。辽置，治所在今黑龙江省牡丹江市南郊海浪河注入牡丹江处古城。

古州八万总管府 元世祖至元二十年（1283）置，治所在今贵州黎平县西南。至治二年（1322）废。

古州八万洞长官司 元置，属思州安抚司。治所即今贵州黎平县西北罗里乡。明洪武三年（1370）改为古州长官司。

古州八万洞总管府 元世祖至元二十年（1283）置，属思州安抚司。治所即今贵州黎平县西北罗里乡。至治二年（1322）废。后复置，明洪武三年（1370）改为古州长官司。

古州千户所 元延祐七年（1320）置，属海西辽东哈思罕等处万户府。治所在今黑龙江省牡丹江市南郊海浪河注入牡丹江处古城。一说在今黑龙江省宁安市西南。后废。

古州厅 清雍正七年（1729）置，属黎平府。治所即今贵州榕江县。1913年改为榕江县。

古州长官司 明洪武三年（1370）改古州八万洞长官司置，治所在今贵州黎平县西北罗里乡。清废。

古州江 即今贵州榕江县西都柳江。为广西柳江上源。《方舆纪要》卷121黎平府古州长官司：古州江“在司（今榕江县）西南。又南流入府境，即福禄江之上源”。

古州站 明改元古州置，在今黑龙江省牡丹江市南郊海浪河注入牡丹江处古城。一说在黑龙江宁安市西南渤海镇（东京城）。

古州蛮夷长官司 明洪武三年（1370）改古州八万洞长官司置，属湖广辰州卫。治所即今贵州黎平县西北罗里乡。寻改属靖州卫。后废。永乐元年（1403）复置，属贵州卫。后改属黎州府。清雍正七年（1729）改置古州厅。

古江口 在今广西横县东六十里百合镇北江口村。明置古江口巡司。

古安县 唐武德五年（622）置，属山州。治所在今越南清化省清化县南境。贞观元年（627）废入建初县。

古那村 在今广西凌云县西北。《方舆纪要》卷111泗城州：古那村“在州西北，与利州接界。宣德七年，总兵柳溥以泗城与利州争地，议将古那易利州之利甲庄，不果”。

古阳县 唐置，属羁縻琳州。治所在今广西宜州市西北怀远镇。北宋熙宁八年（1075）废。

古阳镇 旧名古丈坪。1934年于此置古阳镇。为湖南古丈县治。

古如朗杰宗 又作古朗、古浪、古鲁朗杰、古囊。17世纪中叶，甘丹颇章政权建立后，西藏地方政府设古如朗杰宗。治所即今西藏朗县西古如朗杰。古如，为姓氏名。即嘎玛王朝时期三大家族之一的德巴古如巴。朗杰，在此指宫殿名，即朗杰颇章。意为全胜宫。1960年并入朗县。

古如囊木杰宗 又作古如朗木杰谿。治所即今西藏朗县西古如朗杰。

古观象台（臺） 在今北京市东城区建国门立交桥西南角。初为元代司天台，明初毁后于正统七年（1442）重建，名观星台，复制了元代浑仪、简仪等，崇祯年间（1629—1644）徐光启等人制作了许多天文观测仪器。清代改称古观象台，曾遭八国联军破坏。现存紫微殿、司天台等建筑和清代制造的天体仪、象限仪、赤道经纬、黄道经纬仪等多种天文仪器，是目前世界上保存有天文仪器的最早的一座天文台。1912年后改名中央观象台。1929年改为国立天文陈列馆，终止天文观测活动。原有明代的天文仪器，已移置于南京紫金山天文台和南京博物馆。此台现存天文仪器有天体仪、赤道经纬仪、黄道经纬仪、地平仪、象限仪、纪限仪、地平经纬仪和玑衡抚辰仪等八件，均为清初制造。1982年定为全国重点文物保护单位。

古红螺山寨 即今辽宁葫芦岛市东北红螺岘镇。《清一统志·锦州府二》：古虹螺山寨“在府治西五十里。……土人相传疑渤海时建。《通志》：其遗墟周二里三百三十四步，有门三，今圮”。

古纤道 原名纤塘、运道塘、纤道桥。在今浙江绍兴市北部，从东到西横贯绍兴全境，绵延20余公里。唐元和十年（815）始筑。后依萧绍运河延至萧山、上虞。明、清两代数次修葺，改用石甃。纤道桥是由石墩梁桥间以数十座拱桥、梁桥构成的水中长桥。它的修建为行舟背纤、躲避风浪带来了极大的便利。1988年定为全国重点文物保护单位。

古坈县 元置，属金竹府。治所在今贵州长顺县西南。明初废。明郭子章《黔记》卷7作古筑，隶金竹府。俗名古羊县。

古坝墟 在今广东广州市番禺区西市桥水上游古坝村。清同治《番禺县志》卷18：墟市有“古坝墟”。

古劳县　唐置，属抚水羁縻州。治所在今广西环江毛南族自治县东北。元废。

古劳墟　即今广东鹤山市北古劳镇。明万历《广东通志》卷16：新会县有古劳墟。清属鹤山县，有把总驻防。

古苏　亦作古束。即今广西蒙山县东古苏村。清咸丰二年（1852）二月，太平军在永安州城（今蒙山县）被围，天地会主将罗大纲破古苏冲清军防线，大队由古苏冲小路突围。

古村　即今山东鱼台县西旧城。民国时有县佐驻此。

古邳州　古为邳国。北周于此置邳州。故址在今江苏睢宁县西北古邳镇东三里。金贞祐三年（1215）邳州移治睢宁县西北古邳镇。清康熙二十八年（1689）邳州又移治今邳州市北邳城镇。对清代邳州而言，故称以前的邳州为古邳州。亦作旧邳州。

古邳镇　即今江苏睢宁县西北古邳镇。金贞祐三年（1215）下邳县徙治于此，为邳州治。清康熙二十八年（1689）移治今邳州市北邳城镇，城遂废为镇，移直河巡司驻此。

古县　唐乾宁二年（895）析慕化县置，属桂州。治所在今广西永福县西北百寿镇东南山南村。南宋属静江府。元属静江路。明洪武十四年（1381）改为古田县。

古县街　即今江西永丰县东南古县镇。清同治《永丰县志》卷2：古县街“在二十七都，距城五十里”。

古里村镇　古又作“罟”。即今江苏常熟市东古里镇。镇西街有铁琴铜剑楼，为清道光时瞿绍基恬裕斋，曾藏书十万卷，多宋、元善本，为清末“四大藏书家”之首。

古里佛国　亦作古里国。在今印度西南沿海之科泽科德一带。元汪大渊《岛夷志略》：“古里佛，当巨海之要冲，去僧加剌密迩，亦西洋诸马头也。”

古里河卫　明永乐七年（1409）置，属奴儿干都司。在今俄罗斯阿穆尔州结雅河上源吉柳伊河上游一带。后废。

古里寨　明崇祯中置，在今广西北海市西南海滨。《清一统志·廉州府》：白龙寨“又西有龙潭寨、古里寨，皆南至青婴池十余里”。

古岘庄　即今山东平度市东南六十里古岘镇。清道光《平度县志》卷9作“故现”。

古冶镇　在今河北唐山市东北古冶区。盛产煤。清光绪中始采掘。

古宋县　清光绪三十四年（1908）改九姓长官司（九姓乡）置，属永宁直隶州。治所即今四川兴文县（中城镇）。民国初属四川永宁道。1928年直属四川省。1960年撤销，地入叙永县，改县城为中城镇。1983年划属兴文县，1985年兴文县迁治于此。

古良　在今广东阳春市西南潭水镇。明洪武初置巡司于此，建文四年（1402）废。永乐初复置。后移于今市东北四十里那乌石。

古良溪　在今江西上饶县南五十五里。《方舆纪要》卷85广信府上饶县：古良溪“出封禁山北溪，与丁溪山水合而入上饶江”。

古灵山　在今福建闽侯县东南。《清一统志·福州府一》：古灵山“在闽侯县西南七十里，瓜山之西。一名大帽山，又名蓆帽山。山腰有石室曰太乙崖，有甘泉曰安德泉，瀑布悬崖千尺。又有碧王潭，潭底沙石五色，灿若机锦。有古灵书院，为宋儒陈襄读书处”。

古灵镇　在今重庆市云阳县东故陵镇（高坪）。明嘉靖《云阳县志》卷上：古灵镇在“东三十里，莘南徼路”。古灵河至此入大江。

古陂墟　即今江西信丰县东南三十里古陂镇。清同治《江西全省舆图》卷9：信丰县东南有古陂墟。

古邵集　即今山东枣庄市南古邵镇。旧属峄县。清光绪《山东通志》卷1《舆图志》：峄县南有古邵集。

古现　又作古帨。即今山东烟台市西北五十五里古现镇。汉为牟平县治。

古林县　唐置，属羁縻西原州。治所在今广西大新县西北。北宋废。

古林沱　亦作故陵沱。在今重庆市云阳县东故陵镇（高坪）。明曹学佺《蜀中名胜记》卷23云阳县：“按故陵者，即古陵陀也。郦道元以为旧郡治，今名旧县坝矣。”清李元《蜀水经》卷6：“南岸数小峰如陵，古林即故陵之讹也。”

古林箐　即今云南马关县西南古林箐乡。深林丛竹，亘数十里，为滇边要害。民国《马关县志》卷1：古林箐在县西南一百八十里。

古松驿　明置，在今四川松潘县南。《方舆纪要》卷73松潘卫：古松驿“在卫治南”。

古瓯城　一名东瓯城。在今福建建瓯市东南。《寰宇记》卷101建州建安县：古瓯城，“《郡图》云，县东有古瓯城，汉吴王世子刘驹发兵围东瓯即此也”。

古罗江　在今越南河静省东南奇英、安兴南，为东入南海小溪。《新唐书·地理志》：“一路自驩州东二日行，至唐林州安远县，南行经古罗江，二日行至环王国之檀洞江。”

古岭寨　明置，属侯官县。即今福建福州市东鼓岭。昔为戍守要地。

古牧地　即古木、辑怀城。在今新疆乌鲁木齐市米东区。光绪二年（1876），清军收复新疆之役，与阿古柏军激战于此。左宗棠《官军攻拔古牧地坚巢，克复乌鲁木齐迪化州大概情形摺》谓“刘锦棠见古牧地城大而坚”。即此。

古凭（凴）　即古蓬。明右江十寨之一。在今广西忻城县南古蓬镇。

古朋　即今广西金秀瑶族自治县西南大樟乡古朋村。清光绪《广西舆地全图》象州图：东南有古朋。

古饩 在今江西东乡县西北十里。明初置巡司于此，正德中裁。

古泄兀儿 亦作曲薛兀儿泽、曲笑儿泽。元汪罕夏季驻地之一。在今蒙古国和林格尔东南。

古河滩 即今安徽全椒县西南古河镇。清康熙《全椒县志》卷3：古河滩“西七十余里”。

古泥关 一作古宜关。明置，即今广西三江侗族自治县。清钱秉镫《所知录》卷中：永历元年(1647)，桂王“遂由靖（州）幸柳（州），道出古泥，总兵侯姓，司礼监庞天寿率舟师五千迎驾”。即此。

古泥镇 一作古宜镇。即今广西三江侗族自治县。《清一统志·柳州府》：古泥镇“在怀远县（治所在今三江侗族自治县西南丹洲镇）北一百六十里。本朝乾隆四十二年，设古宜甲主簿”。

古宜镇 亦作古泥镇，又名宜良镇。即今广西三江侗族自治县。民国《三江县志》卷3：“宜良镇在石眼口，又名古宜镇、宜阳镇。乾隆四十三年于古宜设主簿一员。”1932年移三江县治此。

古郎山 在今广西来宾市东南。《元和志》卷37循德县：古郎山“在县西（南）四十里”。《舆地纪胜》卷105象州：旧古郎城“在来宾县东南五十里，倚古郎山。周回一里。以山得名。《九域志》云：在古郎山”。

古驿镇 在今山西蒲县西北。《清一统志·隰州》“化乐镇”条下：蒲县西“三十五里有古驿镇”。

古城 ①在今江苏泗阳县西北六十里。《方舆纪要》卷22淮安府桃源县：古城，“《志》云：晋石崇镇下邳时筑此城。今为古城驿。嘉靖四十五年改巡司”。清亦置巡司于此。

②亦名诸葛古城。即今四川荥经县西五里古城坪。《方舆纪要》卷72荥经县“邓通城”条下：“古城在县西五里。相传诸葛武侯征南时屯兵处也。唐李德裕增筑之，置兵戍守。”据考古发掘，此成为秦、汉严道县城。

③即今新疆奇台县。一名孚远城。清乾隆四十年(1775)筑，为古城巡检治。旧在今奇台县西南五里许。同治间毁于兵，改筑于今奇台县治。光绪十五年(1889)徙奇台县于此。

古城山 ①在今江苏连云港市南锦屏山东北。《方舆纪要》卷22海州：古城山“在州东五里。《地理新书》以为海州故城也，基址犹存。宋时戍守其上。一名孔望山。相传孔子问官于郯子，尝登此望海”。

②在今湖南常德市西南七十里。《清一统·常德府一》：古城山“前有古堤，城迹宛然，盖即古沅南县”。

③亦名古石山。在今四川邛崃市南。《方舆纪要》卷71邛州：古城山在“州西七里。亦谓之古石山。《寰宇记》铁山铸钱即此山也。《州志》云：山在州南十里，山有五面，对拱州治”。嘉庆《邛州志》卷1：古城山在“州治南七里。《方舆记》：山有铁祖祠，铸铁之家常祀之”。

④在今四川汶川县西。《方舆纪要》卷67威州：玉垒山“在州治后。又治西五里有峨眉山，一名古城山。《志》云：州城包玉垒、古城二山是也”。

古城子 ①即今辽宁沈阳市东南古城子乡。清光绪《奉天全省地舆图说图志》承德县图：东南有古城。

②在今甘肃张掖市东四十里。明于此置仁寿驿。

古城屯 即今辽宁海城市西北三十五里古城子。明《辽东志》卷3海州：东胜堡“堡南古城屯可按伏”。即此。

古城市 即今湖南蓝山县东北五里古城。光绪《湖南通志》卷1蓝山县图：县东北有古城市。秦汉于此置平阳县。

古城关 在今湖南澧县西北。《方舆纪要》卷77澧州“三江口关”条下：“又州西北七十五里为古城关，皆昔时置戍屯兵之所。今古城关旁有营门遗址。”

古城岩 在今湖南靖州苗族侗族自治县西三十里。《明一统志》卷66靖州：古城岩“洞穴深广可六七里，土人岁以正月朔旦游焉”。

古城河 在今四川成都市东北。《方舆纪要》卷67金堂县：古城河“在县（今成都市东北城厢镇）南。《志》云：旧自二江分流，由灌子滩径县东南之斜滩，会于金堂河”。

古城驿 明置，属龙安府。在今四川平武县东南古城镇。明曹学佺《蜀中广记》卷33龙安府：青川所“西通白马路转古城驿而抵龙安”。《清一统志·龙安府》：古城驿“在平武东一百二十里”。此里数有误。嘉庆《四川通志》卷89平武县及道光《龙安府志》卷5：古城铺“在县东三十里”。

古城洼 即汉日勒县故治。在今甘肃永昌县西北定羌庙东十里。

古城峰 ①在今湖南邵东县东南，接衡阳、祁东二县界。为南岳七十二峰之一。

②在今湖南常宁市南。《方舆纪要》卷80常宁县“英头山”条下：“又古城峰，在县南八里。上有古寨。”

古城堡 ①明置，属三万卫。即今辽宁开原市西古城子。《方舆纪要》卷37三万卫：古城堡在“卫西南四十五里”。成化四年（1468）摩啰欢犯辽东，三万卫都指挥刘旺及其子战死于古城堡。即此。

②在今云南马龙县西。《清一统志·曲靖府》：古城堡“在寻甸州木密所北三十里之下板桥驿道”。

③亦作南古城堡。明置，属甘州前卫。故址即今甘肃民乐县西北南古镇。《方舆纪要》卷63甘肃镇“柳树堡”条下：“《志》云，古城堡在镇东南四十

里。”清设守备驻防。

古城集　①即今安徽亳州市南古城镇。清乾隆《亳州志》卷2南乡村集：古城集“去城八十里”。

②在今山东宁阳县南十七里。西汉置宁阳县于此。

古城街　即今广西富川瑶族治县东南十五里古城镇。清光绪《广西舆地全图》富川县图：东南有古城街。

古城寨　即今福建长汀县西古城镇。《方舆纪要》卷98汀州府长汀县：古城寨在“府西四十里。五代时，王延政筑此城以备江南兵，宋因置寨为戍守处，亦曰古城里”。明、清置古城寨巡司于此。

古城寨城址　在今河南新密市东南七十里的曲梁乡大樊庄村。是我国迄今发现保存最好、城防设施最完整、中原地区面积最大的龙山文化时代城址。建在溱河东岸的河滨台地上，为东西长方形，现存三面城墙和南北相对的两座城门缺口。城址规模宏大，面积17.65万平方米，周围环绕护城河。城外西南部是仰韶文化遗址，北面、东面是龙山文化遗址。城墙夯筑采用小版块版筑法，与郑州西山仰韶遗址筑法有明显的继承关系，为商代城墙建筑技术发展提供了重要借鉴。城址东北部发现大面积龙山时代夯筑建筑群，已清理出大型房基两座。F1为南北长方形，长28.4米，宽13米，南、北、东三面有回廊。这是我国迄今发现的龙山文化时期面积最大、结构最复杂的宫殿式建筑，与二里头遗址一、二号宫殿建筑有许多相似之处。F1遗址北面的F4遗址，由三道墙基槽、柱洞、门道和门卫房等组成，是一座廊房式建筑。该城址为探索夏文化、研究我国文明起源与国家形成提供了宝贵资料。2001年定为全国重点文物保护单位。

古城镇　①即今河北阜城县东二十里古城镇。西汉为阜城县治。清同治《畿辅通志》卷99阜城县图：东有古城。

②即今福建长汀县西古城镇。《方舆纪要》卷88赣州府瑞金县：古城镇，“《舆程记》：县东南水行四十里之古城。又陆行五十里至汀州府”。

③即今河南确山县北古城乡。民国《确山县志》卷1：“清顺治三年新编乡”中，“有集曰古城镇，在邑北二十里”。

④唐于故白牟县置，属金堂县。在今四川成都市东北城厢镇，一说在今金堂县西。北宋嘉祐间迁金堂县于此。

⑤即今四川平武县东南古城镇。清嘉庆《四川通志》卷89平武县：古城铺“在县东三十里”。

古带　在今广西柳城县西北。《元丰九域志》卷9融州：“古带一铅场，一铁坑。”

古荡　在今浙江杭州市西。《方舆纪要》卷90杭州府：古荡河泊所“在府西北九里，属钱塘，洪武初置”。

古荥冶铁遗址　在今河南郑州市西北四十八里古荥镇（汉荥阳城）西门外。是汉代河南郡的一处主要官营冶铸作坊。遗址总面积12万平方米。发现两座规模宏大的炼铁高炉遗迹，炉基深达3米，用夹有木炭的耐火土夯筑而成。炉缸呈椭圆形，平面8.5平方米。炉前清理出多块巨型积铁，最重者达23吨。根据炼炉和积铁情况复原，高炉原高达6米，为容积约50立方米的土冢式高炉，是我国目前发现的汉代最大的高炉。从高炉周围发现的矿石加工场、高架、鼓风设施和矿石、陶排风管、煤饼等遗物，结合炉前设水井、炉后置水池等分析，可知汉代不仅已形成较大规模的冶铸系统，而且已使用煤饼作燃料并应用了预热鼓风技术。遗址出土大量汉代铁质生产工具和用品，有的器物铸“河一”铭文。该作坊生产的铁器中有的根据需要作过柔化处理，铁的品种有灰口铁、白口铁、麻口铁、脱炭铸铁、铸铁脱碳钢、古代球墨铸铁等。古荥冶铁遗址的发现，在中国乃至世界冶金史上占有重要位置。2001年定为全国重点文物保护单位。

古柏树　在今四川盐源县东双河乡。清康熙四十九年（1710）置古柏树土千户。

古骨龙城　在今青海门源回族自治县东南大通河北岸。《宋史·童贯传》：政和元年（1111），“将秦、晋锐师深入河、陇，薄于萧关古骨龙，谓可制夏人死命”。即此。《宋史·地理志》震武军：“政和六年进筑古骨龙城，赐名震武城。未几改为震武军。”

古饶集　即今安徽淮北市南古饶镇。旧属宿州。清光绪《宿州志》卷3：古饶集“至城三十五里”。后属濉溪县。2006年划归淮北市烈山区。

古亭　在今江西赣州市西。《资治通鉴》：五代梁均王贞明四年（918），淮南（吴）攻虔州，州将谭全播求援于楚，“楚将张可求将万人屯古亭”。即此。

古亭驿　在今山东潍坊市东北。《清一统志·莱州府》：古亭马驿“在潍县东北三十里。今废”。

古亭城　在今河南尉氏县东南四十里。《寰宇记》卷1尉氏县：唐武德四年（621），绥抚使任瓌置康阴县“于古亭城”。即此。

古亭墟　即今江西崇义县西南古亭镇。清同治《江西全省舆图》卷8：崇义县西南有古亭墟。

古洞山　在今浙江松阳县西南。《清一统志·处州府》：古洞山“在松阳县西南二百里。高千仞，自西南五岭亘入括松界中，有牧龙渊，道书称为成德隐元之天”。

古洞河　在今吉林桦甸市东南，南流注入二道江。清光绪《吉林通志》卷22：古洞河“亦出珲春西界山中，直西流百余里入吉林府界，北岸界敦化县，又西百里许与富太河（即富尔哈河）会”。

古祚驿　明置，在今广西阳朔县北。《方舆纪要》卷107阳朔县：古祚驿“在城北龙头山下。旧在县北十五里，正统二年移于此”。

古祚站　元置，属静江路。在今广西阳朔县北漓江东岸。明改为驿。

古眉山　在今广西蒙山县东南三十里。《方舆纪要》卷107永安州：古眉山，“旧设古眉巡司于山东麓，今废”。明成化三年（1467），韩雍镇压大藤峡瑶族起义，令夏正越此山，伏林峒扼其东岸。

古眉寨　在今广西蒙山县东南，蒙江南岸古湄村。《明史·地理志》永安州：“南有古眉寨土巡检司。”同书《广西土司传一》：“荔浦之峰门、南源，修仁之丽壁，永安之古眉诸巡司，为诸僮所夺。”

古勇关　亦称古勇隘。在今云南腾冲县西北八十里古永。明、清为腾越九隘之一。《方舆纪要》卷118腾越州：古勇关“在州西百里古勇甸”。

古勇县　①唐永泰二年（766）置，属郎茫州。治所在今云南河口瑶族自治县西北六十里田房。后废。

②元置，属腾冲府。治所即今云南腾冲县西北古永。后废。

古垒　①在今河南安阳市北十里。《方舆纪要》卷49彰德府安阳县：古垒“南北斜长五里。唐郭子仪等九节度围安庆绪于相州时，营垒于此”。

②亦作格烈、格列。当在今越南中部广义省广义一带。《明史·占城传》：正统十二年（1447）“故王占巴的赖姪摩诃贵来遣使奏：……（摩诃贲该）屡兴兵伐安南，致敌兵入旧州、古垒等处，杀掠人畜殆尽”。安南占后改为思州、义州。

古都县　唐置，属谅州羁縻州。治所在今越南谅山省谅山一带。后废。

古莲花池　在今河北保定市南市区。是著名的北方古典园林。金正大四年（1227）蒙古军保州等处元帅张柔建造“雪香园”，开始了古莲花池的历史。明万历十五年（1587）保定知府续建为官署园林，命名为“水鉴公署”。清康熙四十九年（1710）保定知府扩建，命名为“保定府莲花池”。雍正十一年（1733）直隶总督建莲池书院。乾隆十一年（1746）起建为行宫。乾隆皇帝、慈禧太后出巡曾在此驻跸。光绪三十二年（1906）辟为莲池公园。古莲花池现水面约2.4万平方米，分东、西、南三塘。环湖建有临漪亭、寒绿轩、藻咏厅以及假山、石桥等。在东、西、北碑廊和水东楼等处藏有历代碑石一百四十余方。2001年定为全国重点文物保护单位。

古桂县　唐置，属羁縻述昆州。治所在今广西都安瑶族自治县西北。北宋废。

古格王国遗址　在今西藏阿里地区札达县萨让乡象泉河畔的小山上。五代唐同光元年（923）吐蕃赞普达玛的后裔尼玛衮逃至阿里，其子德祖衮于北宋初年在萨让、托林一带建古格王国。直到公元1630年阿里僧俗人民暴动，推翻了古格王朝统治。古格王国遗址至今犹存。遗址占地18万平方米，三百余座房屋依山而建，组成雄伟的建筑群。建筑群内部修有四通八达的地下暗道。遗址的主体建筑是寺庙和王宫。保存完好的寺庙有白庙和红庙。白庙建在最下层，坐北朝南；红庙在白庙上方，坐西朝东。王宫在山顶，是遗址内最大的建筑。1961年定为全国重点文物保护单位。

古格札什鲁木布则城　亦作泽布隆城、匝布朗宗。在今西藏阿里地区札达县札布让区象泉河畔古格。《清一统志·西藏》阿里诸城：古格札什鲁木布则城“在喇萨西南二千四百九十余里。其所属有冲龙、则布龙、楚木尔的三城”。

古钵山　①亦名古钵岭。在今广西横县北。《舆地纪胜》卷113横州：古钵岭“在横州城北之七里外”。《清一统志·南宁府一》：古钵山“一名古钵岭。山形圆耸，为州镇山”。

②在今广西田阳县境。《方舆纪要》卷111田州：古钵山“在州境。万历二十一年，土目黄关据周安镇作乱，官兵讨之，贼败遁古钵山，官兵追及之于石岩藤萝间，斩之”。

古钵寨　明右江十寨之一。在今广西忻城县西南红渡镇之古钵村。《明史·广西土司传》：右江十寨，以“罗墨、古钵、古凭、都北、咘咳立一州，属那地土官黄旸”。

古锝泉　在今湖南资兴市东。源出八面山李家洞，为资兴水之源。《舆地纪胜》卷57郴州：古锝泉“山下有一泉，方圆十余里。泉旁石壁峭立，其泉深邃清澄莫测”。

古徐鬼国讹夷朵　即虎思斡耳朵。西辽都城。在今吉尔吉斯斯坦楚河流域托克马克东南二十里布拉纳古城遗址。《元史·郭宝玉传》：甲戌（公元1214年），宝玉“从帝讨契丹遗族，历古徐鬼国讹夷朵等城，破其兵三十余万”。

古殷城　在今山东莘县西南。《旧唐书·地理志》魏州元城县下载：“古殷城，在朝城东北十二里。”隋为元城县治。

古高平堡　北宋置，属怀德军通峡砦。在今宁夏固原市西北。后废。

古唐寺　即大福先寺，在今河南洛阳市东郊、瀍河乡唐寺门村内。为唐代著名寺院，故名。1922年重修时，吴佩孚的参谋长张佐民于山门门额题“古唐寺”三字，故又名古唐寺。

古站　即今黑龙江省呼玛县。民国白眉初《满洲三省地志》：呼玛县“民国四年迁移古站，即今治地”。

古浪千户所　明正统三年（1438）置，属陕西行都司。治所即今甘肃古浪县。清雍正二年（1724）改为古浪县。

古浪县　清雍正二年（1724）改古浪千户所置，属凉州府。治所即今甘肃古浪县。民国初属甘肃甘凉道。1927年直属甘肃省。

古浪河　古名松陕水。即今甘肃古浪县之古浪水。《方舆纪要》卷63古浪所：古浪水“在所南。流绕关城，所以此名”。

古浪宗　一作古囊宗、古如囊木杰宗、古如朗木杰谿。即今西藏朗县西古如朗杰。清乾隆《卫藏通志》卷12作“古浪”。

古浪溪　在今广西河池市西南。《清一统志·庆远府》：古浪溪“一名乾溪。源出罗山，东北流入金城江”。

古涌（湧）关 亦作古勇关或古勇隘。在今云南腾冲县西北八十里古永。《方舆纪要》卷118腾州：“古涌关在州西百里古勇甸。”

古涌（湧）步 又作贾勇步。唐代云南南部交通线上的水陆转运码头。在今云南河口瑶族自治县西北六十里田房。

古涌（湧）县 元初置，属腾冲府。治所在今云南腾冲县西北七十九里古永。世祖至元二十五年（1288）废入腾冲府。

古家马头集 一名马头镇。即今河南太康县东北马头镇。明嘉靖《太康县志》卷1《集店》：“古家马头镇，东三十五里。”

古陵坡 在今福建安溪县东。《明通鉴》：正统十三年（1448）十二月，邓茂七攻泉州，知府熊尚初“提民兵数百，与晋江主簿史孟常、阴阳术杨仕弘分统之，拒于古陵坡，兵败，三人皆败死”。即此。

古勒山 在今辽宁新宾县西北古楼附近。明万历二十一年（1593），努尔哈赤在此战败扈伦叶赫部为首的九部联军，为统一女真各部奠定了基础。

古营堡 在今河北枣强县南。《清一统志·冀州》“圈子堡”条下：“又古营堡，在县南四十五里，达清河县界。”

古营集 俗呼古戎集。即今山东曹县东北古营集镇。清康熙《曹县志》卷1《集镇》：古营集在“县东北三十里”。

古萧窑遗址 又名白土寨窑址。在今安徽萧县东南二十六里青龙山南麓。以出产白瓷土著称。建于唐代，出产民用、佛用、建筑用的彩瓷。北宋达到极盛，建窑七十二座，产品畅销今苏、鲁、皖、豫等省。现尚可辨识窑址十余座。

古娄水 在今广东肇庆市东北。《舆地纪胜》卷96肇庆府：古娄水“在高要县东北七十里”。《清一统志·肇庆府》：古娄水，“《新志》：源出四会县界，南流入（高要）县界，经横查都，一名横查水，入大江”。

古砦镇 亦作古訾镇。在今广西柳城县西北古砦乡。明、清置巡司于此。

古訾镇 即古砦镇。在今广西柳城县西北古砦乡。《明史·地理志》柳城县：“北有古訾镇巡检司。”

古崖居遗址 在今北京市延庆县西三十里张山营镇东门营村北。是古人在山崖峭壁上开凿的形状不一、大小不等的崖居遗址，崖居洞口共一百十七个，总面积达10万平方米。这些洞穴有单间的，有两套间的，也有三套间的；有的左右相连，有的上下相通，宛如层楼居室；还有的一洞多门，四通八达。洞内凿有石灯台、石灶台、石槽、石炕、排烟道、气孔等。这些洞穴的开凿年代众说纷纭，据《新唐书·北狄传》记载，这里很可能是唐代北方西奚族部落的居住遗址。

古崤关 明初改虎牢关置，在今河南荥阳市西北三十六里。《明史·地理志》汜水县：“又西有虎牢关，洪武四年九月改曰古崤关，有巡检司。”《清一统志·开封府二》：“明洪武二年改虎牢为古崤关，置巡司戍守，成化十七年裁。”

古帨 即古现。今山东烟台市西北五十五里古现镇。汉为牟平县治。

古笪国 在今越南东南部庆和省之芽庄。是古代中西交通沿海航线要地。《新唐书·地理志》：广州通海夷道“门毒国，又一日行，至古笪国”。

古符县 唐永淳元年（682）置，属党州。治所在今广西玉林市西北。次年属平琴州。建中二年（781）复属党州。北宋开宝七年（974）废入南流县。

古兜山 俗称百峰山或北峰山。在今广东江门市新会区西南。《清一统志·广州府一》：古兜山“在新会县西南八十里。最高峻，东与厓山相峙，西与新宁县百峰山相连，有峰曰汤瓶咀”。徐松石《粤江流域人民史》说：“僮人称‘我’为‘姑’，与‘古’音亦颇相近，所以古字有时作我字解。……广东新会县的古兜山，就是我到山的意思。”

古猗园 原名猗园。在今上海市嘉定区南翔镇。明嘉靖年间镇人闵士籍所建。有逸野堂、鸢飞鱼跃轩、小松岗、小云兜、戏鹅池、浮筠阁诸景。园中山石花木为著名竹刻、盆景艺人朱三松布置。清乾隆十一年（1746）园归叶锦，重葺并扩充，改名古猗园。1931年九一八事变后，当地人士为不忘东北国土沦陷，造方亭一座独缺东北角，今则成为历史遗迹。1937年八一三抗战时，大部分园景毁于炮火，仅存南厅、不系舟和部分假山。1959年重建，并恢复部分旧景。为上海市郊游览胜地。

古望山 在今广西宁明县东明江镇南。《清一统志·太平府》：古望山“在明江厅（治今明江镇）南五里。高百余丈，山岭平广，四旁泉流，极目百里。相传汉征交阯，常屯兵于山上”。

古清山 亦作古丹山。在今广西融安县东南。《清一统志·柳州府》：古清山“在柳城县东北七十里，西北去融县亦七十里”。

古清镇 在今广西柳城县东北。明置巡司于此。

古琴台（臺） 在今湖北武汉市阳龟山西麓。传春秋时楚国大夫伯牙鼓琴于此，为隐士钟子期所闻，结成知音，后人筑台纪念。又名伯牙台。始建于南朝宋，后历经修建，1949年后多次扩修。

古塔巴 元察合台汗国属地。即今新疆呼图壁县。《元史·地理志·西北地附录》有“古塔巴”。

古博岭 在今浙江绍兴县西南，与诸暨市接界。《方舆纪要》卷92绍兴府：古博岭在“府西南四十五里。群峰交峙，中通一径，俗呼虎博岭”。

古斯拉克 在今新疆尉犁县东南。清宣统《新疆图志》卷3新平县：古斯拉克（庄）在“城东南四百四十里”。

古斯拉克驿 清光绪二十五年（1899）置，在今新疆尉犁县东南。

古董 即今广西金秀瑶族自治县西南大樟乡古董村。清光绪《广西舆地全图》象州图：东南有古董。

古森峒 在今广西东兴市西北。南宋李焘《续资治通鉴长编》卷189：嘉祐四年（1059）二月，广西安抚都监萧注言："交趾寇思望、古森、贴浪等峒，掠十九村人畜不可胜数。"明属如昔巡司统辖。

古筑 即今安徽黟县西南十里西武村。清道光《黟县志》卷2：四都有古筑。

古鲁卫 明永乐十年（1412）置，属奴儿干都司。在今俄罗斯哈巴罗夫斯克边疆区黑龙江中游库鲁河流域。后废。

古鲁纳木吉牙城 即今西藏朗县西古如朗杰。《清一统志·西藏》：古鲁纳木吉牙城"在喇萨东南六百二十里"。藏语意为"古如巴"（姓氏）的全胜宫。1960年并入朗县。

古鲁河千户所 明置，属奴儿干都司。在今俄罗斯哈巴罗夫斯克边疆区黑龙江中游支流库鲁河流域。后废。

古鲁浑山卫 明永乐五年（1407）置，属奴儿干都司。治所在今俄罗斯滨海边疆区图们江北克腊斯基诺城西南。后废。

古鲁站 清康熙二十五年（1686）置，在今黑龙江省肇源县西北古龙镇。《清一统志·黑龙江》"布克依站"条下："塔勒哈站，又六十五里至古鲁站。"

古道径（逕）营 在今广东佛山市高明区（高明镇）西北。《方舆纪要》卷101肇庆府高明县：古道径营"在县（治今明城镇）北，接高要县界"。

古港市 即今湖南浏阳市东北三十里浏水滨古港镇。清光绪《湖南通志》卷29载：浏阳县东有"古港市"。

古渭砦 北宋皇祐四年（1052）置，属秦州。即今甘肃陇西县。熙宁五年（1072）于此置通远军。《宋史·王韶传》："帝志复河、陇，筑古渭为通远军，以韶知军事。"元祐五年（1090）升为陇西县。

古湫桥 在今福建浦城县西南五里。《方舆纪要》卷97浦城县：古湫桥"元大德间建。洪武十七年以后，屡经修葺。叠石架梁，凡数十丈，跨大溪之上。有潭甚深，所谓古湫潭也"。

古塘山 一名万萝山。在今安徽绩溪县西北五十里。宋淳熙《新安志》卷5绩溪县：古塘山"在西北五十三里。高三十五仞，周十五里。西至黄石坑与旌德分界"。《方舆纪要》卷28绩溪县：古塘山"一名葛萝山。缘麓以上，周遭皆田。顶宽平，旧有塘水，冬夏不竭，溉田数十顷"。

古塘桥市 即今湖南湘潭县西南三十八里古塘桥。清乾隆《湘潭县志》卷5有古塘桥渡。

古蓬 亦作古凭。明为八寨（后为十寨）之一。在今广西忻城县南古蓬镇。《明史·广西土司传》：右江十寨以"罗墨、古钵、古凭、都北、喃咳立一州，属那地土官黄旸"。

古蓬洞 在今广东郁南县东南南江西岸古蓬圩。《方舆纪要》卷101罗定州东安县：古蓬洞"在县西北百六十里。《志》云，洞在德庆州东南十五里，瑶人所居。在州界凡五十四山，此其一也。昔时屡为民害，洪武中剿平之，然未尽帖服。永乐中，向化来归，始入版图。亦曰古蓬山"。

古榄村 即今广西崇左市东北左州镇。明正德十五年（1520）迁左州治此。

古槐 一作古县。即今福建长乐市南古槐镇。唐武德六年（623）于此置新宁县，旋改名长乐县。上元元年（760）迁吴航，故此地称古县。后以该地种槐树为城，因而又称古槐。

古楼子 即今辽宁宽甸满族县西南一百三十里古楼子乡。清光绪《奉天全省地舆图说图志》宽甸县图：西南有鼓楼。民国徐曦《东三省纪略》卷10：宽甸县古楼子产金。

古楼埠 即今江西余干县东北古埠镇。清同治《江西全省舆图》卷12：余干县东北有古楼埠。

古楼埠水 在今江西万年县西。《方舆纪要》卷85饶州府万年县：古楼埠水"在县（今青云镇）西北。《志》云，其水北流，合余干县冯田水入鄱阳县界，会于珠湖。明朝正德四年，官军捕姚源盗遇伏于古埠，即此"。

古楼堡 在今广东佛山市顺德区南。《方舆纪要》卷101广州府顺德县"冲鹤堡"条："古楼堡在县西南八里。"

古楼隘 又名鼓楼隘。在今江西南康市西北。《方舆纪要》卷88南安府南康县：古楼隘"在县西北六十里，亦曰古楼堡。正德中，桶冈左溪贼出茶坪坳，由上犹入古楼堡，竟薄城下，即此"。

古楼寨 在今湖南华容县南六十里。《元丰九域志》卷6：华容县有"古楼寨"。明置巡司于此。

古雷 在今福建漳浦县东南古雷。明置巡司于此。《方舆纪要》卷99漳浦县：古雷镇在"县东南鼓雷山下。古亦作鼓。有巡司，洪武二十年置。初属南靖县，正统六年改今属。有城戍守"。

古雷山 在今福建漳浦县东南。《清一统志·漳州府》：古雷山"在漳浦县东南五十里。一名鼓雷山。断岸千尺，下瞰大江。每潮至，怒浪急涛，其声如雷"。

古零土司 明嘉靖七年（1528）置，属思恩府。治所在今广西马山县东南古零镇。1915年废。

古路岭 在今安徽六安市西。《方舆纪要》卷26六安州：古路岭在"州西百五十里。盘回三十七折，始至其顶"。

古像山 在今四川乐山市城西。《舆地纪胜》卷146嘉定府：古像山"在府城西门外。有石镌弥勒佛，如凌云像而小。或谓初作此以为大像之式，故山门榜为古像山"。

古塞山 一名大塞山。在今湖北郧县东南八十里。《通典》卷177均州：武当"汉旧县。有古塞城，在县北。战国时楚筑，以备秦。所据之山，高峻险峭。今名大寨山”。

古福洞　在今贵州龙里县。清陈鼎《黔游记》称：古福洞深四十余里，“其中景物真天造地设，浮图高十六级，每级三丈余，皆玲珑有阶可登，每级俱有瞿昙像，香炉、炬台皆天生成者。石钟、石鼓，击之声闻洞外，万山俱响，百谷皆鸣，数十里都震动”。

古障　即今广西西林县西古障镇。清光绪《广西舆地全图》西隆州图：西南有古障汛，有把总、外委驻防。

古蔺州　即今四川古蔺县。《明史·樊一蘅传》：清顺治二年（1645），张献忠义军攻叙州，“一蘅退屯古蔺州”。即此。清雍正七年（1729）于此置古蔺州巡司。光绪三十四年（1908）移永宁县于此，寻改为古蔺县。

古蔺县　清光绪三十四年（1908）改永宁县置，属永宁州。治所即今四川古蔺县。以古蔺州为名。民国初属四川永宁道。1928年直属四川省。

古蔺河　即今四川古蔺县境之古蔺河，为赤水河支流。清康熙《皇舆全览图》：四川叙永县东有古蔺河。

古模村　在今广东罗定市东南围定镇西北古模村。《明史·地理志》罗定州：建水巡司“治建水乡，后迁县东南古模村，又迁高要县白坭村，寻复还白模”。

古辣场　即今广西宾阳县东南古辣镇。《舆地纪胜》卷113横州：古辣场“在永定县北一百十里。又有古辣铺”。

古辣泉　在今广西宾阳县东南古辣镇。《舆地纪胜》卷113引《桂海虞衡志》云：“古辣，乃宾、横间墟名。以墟中泉酿酒，既熟不煮，但埋之地中，日足取出，色浅红，味甘而致远，虽行烈日中不亟坏，南州珍之。”又引宋徐安国诗云：“古辣觞客醉，宝华镌句清。”

古鄯堡　即巴暖三川营。今青海民和回族土族自治县南古鄯镇。《清一统志·西宁府二》：巴暖三川营“在碾伯县东南。旧名古鄯堡……本朝设守备驻守”。

古漏山　在今广西宾阳县西南。《元丰九域志》卷9岭方县：“有古漏山。”《方舆纪要》卷109宾州：古漏山在“州（治今新宾镇）西四十里。有泉如滴漏，四时不竭”。

古漏水　在今广西宾阳县西南。《舆地纪胜》卷115宾州：古漏水，“《元和志》云：在岭方县北，自古漏山麓过顶山。咸平二年，知州王举重开浚入古漏，今漕运米咸由此”。《明史·地理志》宾州：“西有古漏山，下有古漏关，古漏水出焉，入于宾水。”

古漏关　在今广西宾阳县西南古漏山下。《新定九域志》卷9：宾州有古漏关。《方舆纪要》卷109宾州：古漏关在“州（治今新宾镇）南四十五里。以古漏山名。宋置”。

古寨　①在今山西榆社县南。《方舆纪要》卷43榆社县：古寨“在县东南二里。高三丈，东南二面俱临沟涧。旁有幽洞，盖昔人避兵处”。

②在今云南鲁甸县西北三十八里古寨。清雍正五年（1727）设古寨巡司。

古镇　①又名小古镇。清置，属霞浦县。即今福建霞浦县东古镇。

②即今福建永定县西南古镇。明洪武五年（1372）置兴化乡巡司于此。寻废。

③即今山东胶南市南古镇营。明洪武八年（1375）于此置巡司。清乾隆三十七年（1772）裁。

古镇山　在今广东中山市西北。《清一统志·广州府》：古镇山“在香山县北八十里，西接新会县界”。山下即今古镇，清嘉庆时建炮台于此。

古镇门　在今福建霞浦县西南。《方舆纪要》卷96福宁州：古镇门“在州西南。长溪之水会州境及福安县诸溪涧水而入海。一名白马门”。

古儋驿　明置，属儋州。在今海南省儋州市西北儋州林场。

古德关　明置，属盐井卫。在今四川盐边县西北格萨拉彝族乡西北岩口。《方舆纪要》卷74盐井卫“土功堡”条内：“《志》云：卫西二百八十里旧有古得关，为戍守处。”光绪《盐源县志》卷2：古得关“在县西南二百八十里。地名岩口，为山后必由之路，险峻天然”。

古德林　在今四川峨眉山市西南峨眉山牛心岭北。即古楠树林。相传为明代别传和尚手植。清张邦伸《锦里新编》卷16《峨眉纪游》：“古德林林木皆楠，别传和尚手植如法华经字数。”

古潘驿　在今广东高州市西。《方舆纪要》卷104高州府茂名县：古潘驿“在府治西”。

古磡洞　即今广西凌云县治。明洪武六年（1373）泗城州移治于此。清乾隆三年（1738）置凌云县。

古甑洞　北宋置，属邕州左江道。治所在今广西龙州县西北古甑山上。元废。

古囊宗　又作古浪宗。即古如朗木杰谿。治所在今西藏朗县西古如朗杰。

本化县　隋大业十二年（616）分江阳县置，属江都郡。治所在今江苏扬州市邗江区西北。寻废。

本当堡　北宋置，属巩州。在今甘肃通渭县境。后废。

本固暗沙　在南海中中国中沙群岛内，位于中沙大环礁西北部边缘。东北与美滨暗沙相距5.5海里。1947年公布名称为本固暗沙。

本溪市　1939年伪满由本溪县析置本溪湖市，治本溪湖（今辽宁本溪市）。抗战胜利后改名本溪市。1949年4月升为中央直辖市，由东北行政区领导。1954年划属辽宁省，降为省辖市。

本溪县　清光绪三十二年（1906）析辽阳县及兴

京、凤凰二厅地置，属奉天府。治所在本溪湖（今辽宁本溪市）。《奉天郡邑志》谓："治本溪湖，名曰本溪县。"民国属奉天辽沈道，1929年属辽宁省。1952年裁入本溪市，1956年复置。1960年迁小市镇，即今治。1989年改名本溪满族自治县。

本溪湖 在今辽宁本溪市区。民国《奉天通志》卷75本溪县：本溪湖山"下有石湖水，由洞底流出，入太子河"。严冬不冰，蒸气若雾。清置本溪县以此名。

本溪湖山 在今辽宁本溪市城西二里，太子河北岸。《清一统志·奉天府一》：本溪湖山"在辽阳州东一百二十里。峰峦回抱，多产煤铁"。

本溪湖市 1939年伪满由本溪县析置，属奉天省。驻本溪湖（今辽宁本溪市）。1945年抗战胜利后改名本溪市。

本溪湖煤矿 在今辽宁本溪市。矿区东南至太子河，东北到明山沟，西南迄蚂蚁屯沟，东、南、西三皆山。山谷均有煤层，总面积25平方公里。发现甚早，清乾隆时准民开采。光绪三十一年（1905）日俄战后为日人占据。宣统二年（1910）由本溪湖中日商办煤矿有限公司经营。民国年间年产量约30万吨。

本噶 在今四川康定县西一百三十里瓦泽乡东北安良坝。清置本噶土百户。

术（術）水 即今山东东南部、江苏北部之沭河。《汉书·地理志》琅邪郡东莞县："术水南至下邳入泗，过郡三，行七百一十里。"注引师古曰："术水即沭水也。"

札木达城 亦名江达、隆达、工布江达、佳木达。在今西藏工布江达县西北太昭。《清一统志·西藏》卫地诸城：札木达城"在喇萨东南五百四十四里"。"札达"藏语意为大谷口。

札不剌站 明置，在今黑龙江省宾县东北宾安镇。明《辽东志》卷9：海西东水陆城站有"札不剌站"。

札什伦布 即今西藏日喀则市。为后藏首府。班禅喇嘛驻此。本名日喀则，以班禅所居名札什伦布寺，故亦名札什伦布。

札什营 清雍正十一年（1733）置，即今西藏拉萨市东北夺底乡（札什城）。

札布让宗 原西藏地方政府置，治所在今西藏阿里地区札达县（托林镇）西萨让乡。1960年与达巴宗合并，改设札达县。

札由瓦 元代西藏地名。《元史·百官志三·宣政院》载：乌思藏纳里速古鲁孙等三路宣慰使司都元帅府，其属附见有札由瓦万户。藏文史籍《隆多喇嘛全集》载乌思十三万户中，札由瓦（加玉）为乌思地区（前藏）六个万户之一，其辖地在今隆子县东南加玉境。

札（劄）西 即今云南威信县城扎西镇。清有经制外委驻此。1921年威信县迁治于此。

札伊河 即今黑龙江省嘉荫县南、萝北县北之嘉荫河。清康熙《皇舆全览图》有查衣河。民国《黑龙江志稿》卷4：札伊河"一作折温河，又作嘉荫河，《提纲》作查衣河，《盛京志》作寨河，《纪略》作宰河。蒙古语寨，方才也。《金史》谓之主隈河……源出哲温山，北流九十余里有火烧沟东流七十余里来会……又迤而东流八十里径札伊喀伦东注于黑龙江"。

札克达霍洛卡伦 清光绪末置，属瑷珲副都统。在今黑龙江省黑河市西北张地营子乡黑龙江西岸大新屯。后废。

札佐长官司 明洪武五年（1372）改落邦札佐等处长官司置，属贵州宣慰司。治所即今贵州修文县东北札佐镇。崇祯三年（1630）改为敷勇卫。

札佐驿 一作劄佐。明置驿，即今贵州修文县东北札佐镇。《清一统志·贵阳府》：劄佐驿"一作札佐驿。在修文县东，本朝乾隆十五年裁"。民国初置县佐于此。

札岭卫 明永乐七年（1409）置，属奴儿干都司。治所在今俄罗斯哈巴罗夫斯克边疆区黑龙江下游右岸索菲斯克地方。后废。

札肥河卫 明永乐七年（1409）置，属奴儿干都司。在今黑龙江省同江市北松花江与黑龙江汇合处附近。后废。

札（劄）空陂 在今广西天等县西北。《明一统志》卷85都康州：劄空陂"在州（治今都康乡）西。自炉泉水涌流筑为陂，与黎塘俱有溉田之利"。

札哈苏淖尔卡伦 清乾隆年间置，在今哈萨克斯坦斋桑泊西北卡兹纳科夫卡附近。清徐松《西域水道记》卷5：额尔齐斯河"札哈苏二淖尔皆周数十里，南北相去里许，两淖尔间置卡伦"。《塔尔巴哈台事宜》卷3：札哈苏淖尔卡伦"在霍通哈尔海（卡伦）北稍东七十里"。

札称营 清乾隆间置，在今西藏扎囊县西北扎村。

札雅 即察雅。在今西藏察雅县东。清乾隆《卫藏通志》卷4："至乍丫，有寺院，即《会典》图注之札雅庙也。"

札喀关 即今辽宁新宾县西南三道关。为后金边防要地。天命四年（1619），努尔哈赤征叶赫部，分兵守此，以御明兵。

札鲁特部 清内蒙古昭乌达盟八部之一。明后期，达延汗第四子阿尔楚博罗特之孙乌巴什（自称伟征诺颜）始称所部为札鲁特。初服属内喀尔喀。后受察哈尔林丹汗所掠，依附科尔沁部。天聪二年（1628），乌巴什后裔内齐、色本先后率众归附后金。清顺治五年（1648）编其部为左、右二旗；封内齐子尚嘉布为扎萨克、多罗贝勒，掌左翼旗，扎萨克驻齐齐灵花陀罗海山北，牧地当今内蒙古通辽市扎鲁特旗东部；封色本子桑噶尔为扎萨克、多罗达尔汉贝勒，掌右翼旗，扎萨克驻图尔山南，牧地当今内蒙古通辽市札鲁特旗西部。

札溪营 清乾隆间置，在今西藏扎囊县东扎其乡。

札藏寺　清建，在今青海湟源县西北三十里湟水南岸。民国《湟源县风土调查录》：“札藏、福海二寺，寺僧系蒙古种族，附近有田地百数十石。”

札囊宗　在今西藏扎囊县西南。藏语意为山桃林中。清乾隆《西域同文志》卷18：“西番语：扎，谓山桃；囊，犹云林中也，地多山桃，故名。”1960年与桑宗合并设扎囊县，驻扎唐。

可门　即今福建连江县东北可门。清有千总驻此。

可木儿温都尔山　在今内蒙古克什克腾旗西南红山。《元史·特薛禅传》：“申谕按陈曰：‘可木儿温都儿、答儿脑儿、迭蔑可儿等地，汝则居之。’”

可木卫　又作可木河卫。明永乐十年（1412）置，属奴儿干都司。治所在今黑龙江省同江市东北科木地方。后废。

可木站　明置，在今黑龙江省同江市东北科木地方。明《辽东志》卷9：海西东水陆城站有“考郎古城、可木站”。后废。

可不里　察合台汗国属地。即今阿富汗首都喀布尔。《元史·地理志·西北地附录》有“可不里”。即此。

可允山　一作可胤山、可沇山。在今四川广元市东南。《元和志》卷22胤山县：“后魏于今县西南十五里置义城县，隋义宁二年改名义清县，天宝元年改为胤山，以县北三十里有可胤山为名。”

可可以力更　一作克克伊尔根。简称可镇。即今内蒙古武川县驻地可可以力更镇。旧属归绥县，1915年划归武川县，为县驻地。

可可托海设治局　1937年析布伦托海县置，属新疆省。治所在可可托海（今新疆富蕴县东北可可托海镇）。“可可托海”，突厥语意为“绿色的树林”。1944年改为富蕴县。

可卢山　在今四川宜宾市东南。《元和志》卷31南溪县：可卢山“在县南五十里。山多筇竹”。《方舆纪要》卷70南溪县：可卢山“在县南五十里。山多筇竹。《蜀志补遗》云：古宜宾县也。本名可无山，讹为可卢”。

可失哈儿　即可失哈里。今新疆喀什市。《元史·曷思麦里传》：太祖西征“哲伯令曷思麦里特（乃蛮主）曲出律首往徇其地，若可失哈儿、押儿牵、斡端诸城，皆望风降附”。《元史·地理志·西北史地附录》有可失哈尔。

可失哈里　又作可失哈尔、可失哈耳、可失哈儿、合失合儿、合失哈儿、哈什哈尔、哈什哈儿、喀什噶尔、乞思合儿、乞失哈里。今新疆喀什市。《元史·耶律希亮传》：中统四年（1263），耶律希亮“至可失哈里城”。即此。

可乐遗址　在今贵州赫章县西北七十里可乐彝族苗族乡可乐河两岸的丘陵坡地上。包括汉代城址一处、战国时期夜郎文化遗址一处及墓葬群十四处。汉代城址位于可乐河南岸，平面为猪心形，面积约6—7万平方米，有夯土城墙环绕，出土大量青铜戈、矛、镞等武器，“大泉五十”等钱币，汉代板瓦、筒瓦、瓦当、花纹砖等建筑材料及陶、铜、铁等生产和生活用品。夜郎文化遗址距汉城约二里，位于可乐河北岸，出土石器、铜器、陶器。汉墓一般规模较大，最大者长17.7米。宽4.75米，随葬少量金、银、玉等饰件及铜、铁、陶器等物。少数民族墓群除随葬少量陶、铜、铁、漆器外，其葬式极为特殊，其中的“套头葬”在国内罕见，反映出夜郎民族的埋葬特点。可乐遗址对研究夜郎民族的政治、经济和文化都具有重要的历史价值和科学价值。2001年定为全国重点文物保护单位。

可兰山　一名都卢山。在今甘肃平凉市西南二十里。《十六国春秋辑补》卷64：夏赫连定胜光二年（429），“畋于阴槃，登岢兰山，望统万城而泣”。即此。《元和志》卷3：百泉县“可兰山，一名都卢山”。

可弗叉国　即钦察国。都城在今俄罗斯乌拉尔河与伏尔加河下游之间、里海北岸。元耶律楚材《西游录》上：“黑色印度之西北有可弗叉国。数千里皆平川，无复丘垤。”《元史·郭宝玉传》：辛巳（1221），“可弗叉国唯算端罕破乃满国，引兵据挦思干，闻帝将至，弃城南走，入铁门，屯大雪山，宝玉追之，遂奔印度”。

可当县　元置，为洮州治。治所在今甘肃临潭县东新城镇。后废。

可伞城　亦作可散城、柯散城。在今乌孜别克斯坦东部纳曼干北卡桑赛。元耶律楚材《西游录》上：塔剌思城“又西南四百余里有苦盏城、八普城、可伞城、芭榄城”。

可州　①唐贞观八年（634）改西义州置，为羁縻州，属松州都督府。治所在今四川若尔盖县东境。后废。

②唐永徽二年（651）置羁縻州，属茂州都督府。治所在今四川汶川县西南邛崃山附近地区。北宋曾公亮《武经总要前集》卷20：可州“管部落二百户，去（茂）州五百里”。宋以后废。

可汗州　五代时契丹改妫州置，治所在怀来县（今河北怀来县东南旧怀来）。辖境相当今河北怀来县地。金废。

可汗浮图城　在今新疆吉木萨尔县北二十五里破城子。《旧唐书·高昌传》：“初西突厥遣其叶护屯兵于可汗浮图城。”唐贞观十四年（640）置庭州于此。

可县　即可泉县。在今四川西昌市西南二十五里佑君镇（西河）。《新唐书·杨收传》：“蜀有可县，直嶲州西南，地宽平多水泉，可灌秔稻。”

可园　①在今北京市东城区地安门外帽儿胡同，是清代京城的私家宅院。占地南北长近100米，东西宽约70米。始建于清末，是大学士文煜的宅第花园。正宅偏西侧。园分前后两进，以假山为屏，山下造溪，依山势筑亭榭，彩绘游廊伸向后园，后园置花厅五间，与树木、花草相映成趣。建筑布局灵活，造园艺术精湛，是我国北方私家宅园中保存较好的实例。1996年定为全国重点文物保护单位。

②在今广东东莞市区西部。清道光三十年（1850）建成。建筑物分西南、东北两组，中隔庭园。主要建筑名可楼，底层大厅名可轩。楼阁为水磨青砖结构，红砖阶，缀以花台、花径、假山、水池，由环碧廊贯串，构成整体。轮廓幽美，构思巧妙，被誉为广东四大名园之一。1996年东莞可园被定为全国重点文物保护单位。

可昙县 西魏恭帝二年（555）置，属和仁郡。治所在今四川仁寿县东北。北周废。

可泸水 即今广西右江支流武鸣河。《方舆纪要》卷110南宁府宣化县：可泸水“在府西九十里。源出思恩府境大明山，流经武缘县界，至龙安县曲流村合郁江”。《清一统志·南宁府》认为是《寰宇记》卷126上林县之渭龙水。

可泸江 在今广西隆安县东南。《方舆纪要》卷110隆安县：可泸江在“县东南七十里，与武缘县接界。流入宣化县界，合大江。可通舟楫”。

可波水 即今四川盐亭县东南榉溪。《舆地纪胜》卷154潼川府：可波水“在射洪县东，合梓潼江。有可波池，在永泰县”。《方舆纪要》卷71射洪县：可波水“在县东。流入盐泉县界，合梓潼水”。

可封镇 唐置，为军镇，属戎州。在今四川宜宾县西北七十里七峰山下。

可咱隆 即今伊朗德黑兰市南卡泽龙。《元史·地理志·西北地附录》有“可咱隆”。

可泉县 北周天和三年（568）置，为宣化郡治。治所在姜磨戍（在今四川西昌市西南三十里佑君镇西南）。隋属越嶲郡。唐武德初属嶲州。七年（624）移治今佑君镇。天宝元年（742）改为西泸县。

可烈儿站 元置，在今俄罗斯哈巴罗夫斯克边疆区黑龙江下游右岸特林南赫勒里河口。元《经世大典》：辽阳等处行中书省所辖狗站有“可烈儿站”。明改黑勒里站。

可峰山 在今四川宜宾县西北。《舆地纪胜》卷163叙州：梯云岭“一名可峰山，在宜宾县北七十里，高百余丈”。《方舆纪要》卷70叙州府宜宾县：可峰山“在府西北七十里。峻险难越，一名梯云岭”。

可疾云 即今伊朗德黑兰西加兹温。《元史·地理志·西北地附录》有“可疾云”。

可盛盐井 在今四川江安县东北南井场。《元和志》卷33泸州江安县：“可盛盐井，在县西北一十一里。”北宋于此置南井监。为四川著名井盐产区。元、明、清三代盐业逐渐衰落，至民国间废。

可象山 即可蒙山。在今四川中江县南。《新唐书·地理志》铜山县：“南可象山，西北私铸山，皆有铜。”《寰宇记》卷82铜山县：“可蒙山在县西北三十里。高一里。出铜。”《方舆纪要》卷71中江县：可蒙山“在县西南百二十里。产铜”。

可散城 即可伞城。今乌孜别克斯坦东部纳曼干北卡桑赛。《元史·曷思麦里传》：曷思麦里“初为西辽阔儿罕近侍，后为谷则斡儿朵所属可散八思哈长官。太祖西征，曷思麦里率可散等城酋长迎降”。

可落峐 在今甘肃武威市东南。《资治通鉴》：隋开皇二年（582），“突厥又寇兰州，凉州总管贺娄子干败之于可洛峐”。胡三省注：“山无草木曰峐。”

可敦城 回鹘古城，即回鹘建牙之地。见于《辽史·地理志》者有三：（1）云内州“有古可敦城”。在今内蒙古乌拉特中旗西北阴山北麓。唐天宝中于此置横塞军，并移安北都护府治此。（2）镇州“本古可敦城”。在今蒙古国布尔干省青托罗盖古城。《辽史·圣宗纪》：统和二十二年（1004），“六月戊午，以可敦城为镇州，军曰建安”。又《萧图玉传》：开泰元年（1012），“阻卜复叛，围图玉于可敦城，势甚张，图玉使诸军齐射却之，屯于窝鲁朵城”。（3）“河董城，本回鹘可敦城，语讹为河董城”。在今蒙古国乔巴山市西巴尔斯浩特古城。

可渡关 在今云南宣威市东北可渡村。明洪武初建。清有巡司驻防。

可渡河 北盘江上源。在滇、黔两省交界处。《清一统志·大定府》：可渡河“在威宁州南九十五里。《（贵州）通志》：可渡河，在可渡站，流入盘江”。

可渡堡 在今云南宣威市东北可渡村，临可渡河。《清一统志·曲靖府》：可渡堡“在宣威州北可渡桥，今设巡司于此。有关”。

可蓝山 在今宁夏泾源县北六盘山镇东蒿店附近。《元和志》卷3原州百泉县：“可蓝山，一名都卢山，在县西南七十里。《十六国春秋》曰：赫连定据平凉，登可蓝山望统万城。”即此。

可蒲寨 在今云南施甸县南。《方舆纪要》卷118永昌军民府施甸长官司“蒲关”条：“至元十六年，广西宣抚使讨平和泥蛮，遂徇金齿甸七十城，越麻甸，抵可蒲，皆下之。”

可蒙山 亦作可象山。在今四川中江县南百二十里。《寰宇记》卷82铜山县：可蒙山“在县（旧治在今广福镇）西北三十里。高一里。出铜”。

可溜铺 即今安徽怀远县西北涡河南岸河溜镇。清光绪《凤阳府志》怀远县图：县西北有河溜铺。

可暮山 即今四川洪雅县西北总冈山。《元和志》卷32洪雅县：可暮山“在县西北三十九里。山多材木，公私资之”。

可镇 可可以力更的简称。又作克克伊尔根。即今内蒙古武川县驻地可可以力更。

丙王山 在今贵州三都水族自治县西南烂土乡。《方舆纪要》卷121独山州：丙王山“在（烂土）司东。高数百丈。又梅花洞，在司东南三十里。宣德九年，叛苗据此为变，都指挥顾勇讨破之”。

丙龙岩　在今云南双柏县西南。《方舆纪要》卷116碍嘉县：丙龙岩“在县（治今碍嘉街）北十里。岩高数丈，下有水，自景东府流入境，下流亦入于卜门河”。

丙穴　①在今重庆市城口县南一百四十里。《方舆胜览》卷59达州：丙穴“在明通县井穴中。其穴凡十，其中皆产嘉鱼。春社之前，鱼即出穴，秋社即归”。

②在今四川雅安市南。《舆地纪胜》卷147雅州：丙穴鱼在“州城南，地名丙穴，出嘉鱼，味咸而美”。清嘉庆《四川通志》卷16雅安县：丙穴“在州南五里。有嘉鱼。《图经》：严道山下有丙穴，出嘉鱼”。

③在今四川广元市北二十五里嘉陵江南。《清一统志·保宁府一》：丙穴在“汉水之南，出鱼肥美，故名”。

④大丙山之穴。山在今陕西略阳县东南。晋左思《蜀都赋》：“嘉鱼出于丙穴。”注：“丙穴在汉中沔阳县北，有鱼穴二所，常以三月取之。丙，地名也。”《水经·沔水注》：“穴口向丙，故曰丙穴。”《寰宇记》卷135兴州顺政县：“大景山、小景山，景字本为丙，国讳改之，并在县东南七十里。其山峻崖南北相对，阔七步，其崖峻峭，高百余丈，山衣石发，被于崖际。北有穴，方圆二丈余，其穴有水潜流，土人相传为丙穴。”

丙村驿　在今广东梅县东北丙村镇。《方舆纪要》卷103程乡县：丙村驿“在县东三十三里。旧为盗薮”。

丙村墟　即今广东梅县东北丙村镇。清光绪《嘉应州志》卷4：丙村堡在“城东四十里。岭岫环绕，最为险要。有丙村墟”。

丙谷　即今四川米易县南丙谷镇，清于此设汛，有把总驻守。

丙妹铺　即今贵州从江县驻地丙妹镇。清属永从县，有县丞驻此。民国初改为县佐。1941年于此置从江县。据1985年版《从江县地名志》说：“丙妹”是侗语古地名，因住在江岸的小坪地上，侗语叫“兵美”。“兵”意为坪，“美”意为新。“丙妹”即“坪地上的新建村”。

丙溪铺　即今贵州玉屏侗族自治县西南丙溪村。《清一统志·思州府》：丙溪铺“在府境……旧皆戍守处”。

左人　春秋狄邑。在今河北唐县西四十里西雹水。《国语·晋语九》：“赵襄子使新稚穆子伐狄，胜之，取左人、中人。”《续汉书·郡国志》，唐县有“左人乡”。

左人城　即左人邑。在今河北唐县西四十里西雹水。《水经·滱水注》：“滱水又东径左人城南。应劭曰：左人城在唐县西北四十里。县有雹水，亦或谓之为唐水也。”

左山　又名左冈。在今山东曹县西北六十五里。冈西南去济阴城（旧州城）五里，即所谓左城。《寰宇记》卷13济阴县：“左冈在县东北五里，冈阜连属，林木交映，以近左城，故以名焉。”

左乡郡　北魏置，属荆州。治所在左南乡县（今河南淅川县南）。西魏改为秀山郡。

左云（雲）川卫　明正统十四年（1449）并大同左卫、云川卫置，治所即今山西左云县。清顺治七年（1650）改为左云卫。

左云（雲）卫　清顺治七年（1650）改左云川卫置，治所即今山西左云县。雍正三年（1725）改为左云县。

左云（雲）县　清雍正三年（1725）改左云卫置，属朔平府。治所即今山西左云县。民国初属山西雁门道。1928年直属山西省。1949年划归察哈尔省。1952年复属山西省。

左氏　战国卫邑。在今山东定陶县西。《韩非子·外储说右上》：“吴起，卫左氏中人也。”《战国策·宋卫策》：“胥靡逃之魏，卫赎之百金不与，乃请以左氏”，即此。

左末城　亦作且末城、且志城、沮末城。在今新疆且末县西南。汉魏南北朝时为且末国都。

左右江　今广西郁江上源左、右江的合称。宋代之左江道、右江道以此得名。《舆地纪胜》卷106邕州：左江右江“左江隶太平永平寨；右江隶横山寨。邕州有左江道、右江道”。

左右两江道宣慰司　元初置，属湖广行省。治所在邕州路（今广西南宁市）。辖境相当今广西西部地区。贞元元年（1295）与广西道宣慰司合并改名广西两江道宣慰司。

左冯翊　西汉太初元年（前104）改左内史置。《汉书·百官表》注：“冯，辅也。翊，佐也。”职掌相当于郡太守，辖区相当于一郡，因地属畿辅，故不称郡，为三辅之一。治所在长安城（今陕西西安市西北）。辖境相当今陕西渭河以北、泾河以东洛河中、下游地区。东汉移治高陵县（今高陵县西南）。三国魏去“左”字，改辖区为冯翊郡。

左权墓　在今河北邯郸市晋冀鲁豫烈士陵园内。左权（1905—1942），湖南醴陵人。1925年在黄埔军校参加共产党。曾任工农红军第五军团十五军军长兼政委、第一军团参谋长等职。抗日战争时期任八路军副参谋长。1942年5月在山西辽县（今左权县）南艾铺十字岭反扫荡战斗中英勇牺牲，当时安葬在涉县西北石门村。1950年10月迁葬邯郸。

左回城　北魏焉耆国地，在今新疆和硕县东曲惠乡。《魏书·西域传》：万度归讨焉耆国，“击其边守左回、尉犁二城，拔之”。

左各庄　即今河北文安县东北四十四里左各庄镇。清同治《畿辅通志》卷46文安县图：东北有左各庄。

左州　唐置羁縻州，属邕州都督府。治所在今广西崇左市东北左州镇东。宋属邕州左江道。元属太平路。明属太平府，成化十三年（1477）迁治思崖村。

正德十五年（1520）又迁古揽村，即今左州镇。1912年改为左县。

左江 亦名左溪。在今广西西南部，为郁江上源之一。《寰宇记》卷166邕州上林县：“左水源从笼州中，出六百里，流入郁江。”《明一统志》卷85太平府：左江“发源交阯界。流五百八十里至古万寨，下流九十里，至合江镇与右江水合流，入横州号郁江”。左江有两源：一为水口河，一为平而河，均发源今越南北部。两河在龙州县城附近汇合，东流至上金会明江后，始称左江。东流至南宁市西北同江村与右江会为郁江。

左江驿 明置，在今广西崇左市东南。《方舆纪要》卷110太平府崇善县：左江驿“在府城东南，与下郭渡相近”。

左江道 ①北宋置，属邕州。治所在今广西南宁市邕宁区西。《舆地纪胜》卷106邕州：左江镇“在宣化县西去二程”。辖左江流域羁縻州县。元废。

②明置，属广西布政使司。清治所在南宁府（今广西南宁市）。1913年改置邕南、田南诸道。

左江镇 在今广西南宁市西左江东岸杨美。《新唐书·西原蛮传》：长庆间，“黄（洞）贼更攻邕州，陷左江镇”。《元丰九域志》卷9：邕州宣化县有左江镇。

左安城 在今江苏仪征市西。《方舆纪要》卷23仪真县：“左安城在县西二十里。地多山溪，旁有崇丘，道出六合，盖旧时戍守处也。”

左安镇 即今江西遂川县西南九十里左安镇。明时曾移禾源巡司于此。清亦有巡司驻此。

左阳县 北周改龙巢县置，为齐郡治。治所在今湖北随州市东北五十里。隋开皇十八年（598）改为真阳县。

左贡宗 民国初西藏地方政府设，治所在今西藏左贡县西北田妥镇（亚中）。“左贡”，藏语意为犏牛岗。1960年改设左贡县。1967年由亚中迁驻汪达。

左县 1912年改左州置，属广西镇南道。治所在今广西崇左市东北左州镇。1928年直属广西省。1951年撤销，并入崇左县。

左里 又作左蠡。城名。东晋卢循所筑，在今江西都昌县西北左里镇。《晋书·卢循传》：义熙六年（410），卢循为刘裕所败，“欲遁还豫章，悉力栅断左里”。即此。

左邑县 秦置，属河东郡。治所即今山西闻喜县。东汉废。

左谷水 又名听水。即今陕西城固县西北湑水。《汉书·地理志》汉中郡安阳县：“左谷水出北，南入汉。”《水经·沔水注》：“左谷水出汉北，即湑水也。”

左担山 在今四川平武县东南、江油市东北。东晋常璩《华阳国志》卷2《汉中志》：平武县“有关尉。自景谷有步道径江油左担出涪，邓艾伐蜀道也”。《方舆胜览》卷70龙州：左担路“自文州界青塘岭至州百五十里。《地理志》：自北至南者右肩不得易所负，故云左担，此则邓艾伐蜀路”。《方舆纪要》卷73龙安府平武县“马阁山”条下：左担山，“《志》云：在府东百八十里，邓艾伐蜀路经江油，因山高江险，修凿栈阁，以通担负，今七里阁是也”。

左担道 古道路名。又名阴平道。为甘肃入蜀的重要交通道路。自今甘肃文县东南行，至四川平武县东。因山径险窄，自北而南，担在左肩不得易右肩，故名。东晋常璩《华阳国志·汉中志》：“自景谷有步道径江油，左担出涪，邓艾伐蜀道也。”

左国城 西晋时匈奴左部所居，在今山西方山县南三十五里南村。《晋书·刘元海载记》：“（刘渊）乃迁于左国城，远人归附者数万。”

左所 在今四川盐源县西北泸沽湖镇。明置左所土千户。

左封县 隋仁寿元年（601）改广平县置，属会州。治所在今四川黑水县东南。大业三年（607）属汶山郡。唐武德元年（618）属翼州。二年（619）废。贞观四年（630）复置。二十一年（647）隶当州。显庆元年（656）属悉州。咸亨元年（670）为悉州治。载初元年（689）迁治匪平川（今黑水县东南五十里）。天宝元年（742）为归诚郡治。乾元元年（758）复为悉州治。广德后地入吐蕃。

左封郡 北周天和元年（566）置，属早州。治所在广平县（今四川黑水县东南色尔古乡）。王仲荦《北周地理志》卷2：左封郡“盖取羌部大小左封立名”。隋开皇三年（583）废。

左城 亦称左人城。在今河北唐县西。《资治通鉴》：南朝梁普通七年（526），北魏“五原降户鲜于修礼等帅北镇流民反于定州之左城”，即此。

左南乡县 北魏置，为左乡郡治。治所在今河南淅川县南。西魏改为安山县。

左南乡郡 北魏置，治所在左南乡县（今河南淅川县南）。西魏改名秀山郡。

左南县 西晋永嘉五年（311）前凉张轨置，属晋兴郡。治所在今甘肃永靖县西南黄河北岸原白塔寺川，已没入刘家峡库区。《晋书·秃发傉檀载记》：东晋义熙年间，西秦王炽磐入乐都，秃发傉檀将尉贤政“闻傉檀至左南，乃降。炽磐以傉檀为骠骑大将军，封左南公”。即此。

左南津 在今甘肃永靖县原白塔寺（今已没入刘家峡水库）南黄河边。《水经·河水注》：“河水又迳左南城南。《十三州志》曰：石城西一百四十里，有左南城者也，津亦取名焉。”

左南桥 在今甘肃永靖县原白塔寺（今已没入刘家峡水库）南黄河上。本左南津，唐代在此处架桥。吕温《题河州赤岸桥》：“左南桥上见河州，遗老相依赤岸头”。即指此桥。

左要岭 即今甘肃岷县东北七十五里普鲁岭。《宋史·刘豫传》：南宋绍兴四年（1134），“熙河路马步军总管关师古与豫兵战于左要岭，败绩，遂降贼。洮岷之地尽归豫也”。

左原山　在今浙江乐清市东北。《方舆纪要》卷94乐清县：左原山“在县东北三十五里。群峰环绕，中有田二千余亩，居民悉藏谷中”。

左部城　在今山西孝义市南二十五里。《水经·汾水注》：“汾水之右有左部城，侧临汾水，盖刘渊为晋都尉所筑也。”

左家务镇　即今河北唐山市丰润区北三十里左家坞镇。清同治《畿辅通志》卷54丰润县图：北有左家务镇。

左能寨长官司　明洪武中置，属临安府。治所在今云南红河县西南左能。清嘉庆年间属石屏州。1933年废入石屏县。

左桑　在今湖北天门市东南。《水经·沔水注》：“沔水又东迳左桑。昔周昭王南征，船人胶舟以进之。昭王渡沔，中流而没，死于是水。齐、楚之会，齐侯曰：昭王南征而不复，寡人是问。‘屈完曰：君其问诸水滨。’庾仲雍言：村老云，百姓佐昭王丧事于此，成礼而行，故曰佐丧。左桑，字失体耳。”

左营　即今台湾省高雄市北左营区。原名兴隆庄。郑氏治台时军队在此屯垦，称为左营。清康熙二十三年（1684）于此置凤山县。乾隆五十三年（1788）凤山县迁治埤头（今高雄市东凤山区）。1945年于此设左营区。

左厢神勇监军司　简称左厢监军司。亦名神勇军、神猛军。西夏置，治所在弥陀洞（今陕西榆林市东南）。元废。

左骑县　东汉置，属张掖属国。约在今甘肃高台县境。后废。

左绵　绵州别称。即今四川绵阳市。《方舆胜览》卷54绵州：“郡名左绵。以绵水经其左，故谓之左绵。左太冲《蜀都赋》：于东则有左绵巴中。绵者，绵历也。”

左源山　在今浙江乐清市东北。《清一统志·温州府》：左源山“在乐清县东北三十五里。群峰环绕，中有田二千余亩，民居悉藏谷中。山有四景，曰梅溪、莼湖、左岭、小雁荡”。

左溪　①在今浙江天台县西北。《清一统志·台州府一》：左溪“在天台县西五十里。源出左溪岙，委蛇曲折，凡七十里，南入始丰溪”。

②浦阳江支流。在今浙江浦江县东。《方舆纪要》卷93浦江县：左溪在“县东二十五里。源出县南三十五里之白岩岭，与大阳岭水合流，一名双溪，东北注于浦阳江”。

③在今湖南道县城东。《方舆纪要》卷81道州：“左溪在城东下津门外，又右溪在城西营川门外，俱入于营水。二溪皆以元结名。”

左旗营　在今湖北老河口市西北二十八里傅家寨。明、清置巡司于此。

左翼中左旗　清雍正十年（1732）设，属蒙古土谢图汗部。旗府驻地在今蒙古国中戈壁省乌勒吉图南。

左翼中旗　①清顺治十二年（1655）设，属蒙古土谢图汗部。旗府驻地在今蒙古国东戈壁省赛汗都兰南。

②又称东路左翼中旗。清康熙二十八年（1689）设，属蒙古车臣汗部。旗府驻地在今蒙古国肯特省巴特瑙饶布东。

③又称西路左翼中旗。清雍正五年（1727）设，属蒙古扎萨克图汗部。旗府驻地在今蒙古国戈壁阿尔泰省加尔嘎郎南。

④清乾隆二十四年（1759）设，属赛音诺颜部。旗府驻地在今蒙古国布尔根省巴颜阿格特一带。

左翼末旗　清康熙三十年（1691）置，属蒙古土谢图汗部。旗府驻地在今蒙古国东戈壁省满达赫一带。

左翼左中末旗　清康熙五十年（1711）设，属蒙古土谢图汗部。旗府驻地在今蒙古国前杭爱省巴彦温都尔东北。

左翼左末旗　原属土谢图汗部，清雍正九年（1731）改属赛音诺颜部。旗府驻地在今蒙古国后杭爱省罕鄂尤特东南。

左翼左旗　①又称西路左翼左旗。清顺治十二年（1655）设，属蒙古扎萨克图汗部。旗府驻地在今蒙古国扎布汗省桑特马尔嘎次。

②又称东路左翼左旗。清康熙四十年（1701）设，属蒙古车臣汗部。旗府驻地在今蒙古国东方省巴颜乌拉东南。

③原属土谢图汗部，清雍正九年（1731）改属赛音诺颜部。旗府驻地在今蒙古国巴彦洪古尔省古尔班布拉格西北。

左翼右末旗　清康熙三十六年（1697）设，属蒙古土谢图汗部。旗府驻地在今蒙古国中戈壁省乌嘎塔拉东南。

左翼右旗　①又称西路左翼右旗。清康熙二十九年（1690）设，属蒙古扎萨克图汗部。旗府驻地在今蒙古国科布多省达尔维西南。

②又称东路左翼右旗。清康熙四十年（1701）设，属蒙古车臣汗部。旗府驻地在今蒙古国肯特省依德尔莫格西北。

③原属土谢图汗部，清雍正九年（1731）改属赛音诺颜部。旗府驻地在今蒙古国南戈壁省诺莫冈西南。

左翼后（後）末旗　①又称东路左翼后末旗。清康熙五十年（1711）设，属蒙古车臣汗部。旗府驻地在今蒙古国东方省马塔特。

②又称西路左翼后末旗。清雍正四年（1726）设，属蒙古扎萨克图汗部。旗府驻地在今蒙古国乌布苏省温都尔杭盖南。

左翼后（後）旗　①又称西路左翼后旗。清顺治十二年（1655）设，属蒙古扎萨克图汗部。旗府驻地在今蒙古国巴彦洪古尔省巴彦察干。

②又称东路左翼后旗。清康熙三十年（1691）设，属蒙古车臣汗部。旗府驻地在今蒙古国苏赫巴托省苏赫巴托。

③清康熙三十二年（1693）设，属蒙古土谢图汗部。旗府驻地在今蒙古国中戈壁省德勒格尔杭盖西

南。

左翼前旗 ①又称西路左翼前旗。清康熙二十八年（1689）设，属蒙古扎萨克图汗部。旗府驻地在今蒙古国乌布苏省温都尔杭盖南。

②又称东路左翼前旗。清康熙三十年（1691）设，属蒙古车臣汗部。旗府驻地在今蒙古国东方省巴音布尔地东。

③清康熙三十年（1691）设，属蒙古土谢图汗部。旗府驻地在今蒙古国布尔根省赫希格温都尔西。

左蠡山 在今江西都昌县西北五十里。《清一统志·南康府一》：左蠡山"一名蓝车。山势逶迤，为县西北之襟喉，以临彭蠡湖东而名。其下旧有左蠡城"。

左蠡城 即左里城。在今江西南昌县西北左里镇。因在彭蠡湖（今鄱阳湖）之左而得名。

左蠡镇 即古左里城。今江西都昌县西北五十里左里镇。元、明、清均置巡司于此。

厉（厉 lài） ①商至春秋方国。《鲁大司徒匜铭》作"䕵"。在今河南鹿邑县东。《春秋》：僖公十五年（前645），"齐师、曹师伐厉"。即此。

②一作赖。西周国名。姜姓。在今湖北随州市东北。《春秋》：僖公十五年（前645），"秋七月，齐师、曹师伐厉"。即此。

厉山（厉 lì） 一名烈山。又名重山、丽山。在今湖北随州市北。《史记·五帝本纪》正义引《括地志》云："厉山在随州随县北百里。山上有石穴，曰神农生于厉乡，所谓烈山氏。"

厉门 一作濑湖。在今广西平乐县西南。为战国时楚关隘。《史记·甘茂列传》："越国乱，故楚南塞厉门，而郡江东。"《正义》："刘伯庄云：厉门，度岭南之要路。"

厉乡（厉 lài） ①一作濑乡。春秋楚地。在今河南鹿邑县东。老子生地。《史记·老子列传》："老子者，楚苦县厉乡曲仁里人也。"

②在今湖北随州市东北。《汉书·地理志》南阳郡随县："厉乡，故厉国也。"师古注："厉读曰赖。"

厉阜 在今山东高密市西北五十里。《水经·潍水注》：潍水"西有厉阜，阜上有汉司农卿郑康成冢，石碑犹存"。

丕山 在今河南荥阳市汜水镇西北。《国语·周语上》："商之兴也，梼杌次于丕山，其亡也，夷羊在牧。"韦昭注："丕，大邳山，在河东。"一说在今河南浚县东。商称黎山。战国称大丕山。

右屯卫城 即广宁右屯卫城。今辽宁凌海市东南右卫镇。《方舆纪要》卷37广宁右屯卫：右屯卫城"今卫治。元闾阳县之临海乡也。洪武二十六年置卫于十三山堡，二十七年迁治于此。永乐中筑卫城，周五里有奇"。

右末旗 清雍正三年（1725）设，属赛音诺颜部。旗府驻地在今蒙古国扎布汗省呼亚格特南，依德尔河北岸。

右玉卫 清顺治七年（1650）改玉林卫置，属山西行都司。治所在今山西右玉县西北四十四里右卫镇。雍正三年（1725）改置右玉县。

右玉县 清雍正三年（1725）改右玉卫置，为朔平府治。治所在今山西右玉县西北四十四里右卫镇。民国初属山西雁门道，1928年直属山西省。1949年改属察哈尔省。1952年复属山西省。1973年移治梁家油坊镇（即今右玉县）。

右北平郡 战国燕置。秦治所在无终县（今天津市蓟县）。西汉移治平刚县（今内蒙古宁城县西南）。辖境相当今河北承德、天津市蓟县以东（长城南滦河流域及其以东除外），辽宁大凌河上游以南，六股河以西地区。东汉移治土垠县（今河北唐山市丰润区东南），北部辖境缩小，以今长城一线稍北为界。西晋改为北平郡。

右史堰 在今湖南常德市东北。《新唐书·地理志》武陵县："又有右史堰，（长庆）二年，刺史温造增修，开后乡渠，经九十七里，溉田二千顷。"

右江 亦名右溪。在今广西西部，为郁江上源之一。《寰宇记》卷166邕州："右水源出西北田州，流入郁江。"《明一统志》卷85田州府：右江"在府城东南。源出云南富州，历上林洞，至本府流入南宁府界"。右江主源为驮娘江，发源于云南广南县龙山，流经西林，至百色市，汇澄碧河，始称右江。东南流至南宁市西北同江村附近与左江相汇为郁江。

右江十寨 即十寨。在今广西忻城县红水河南北。《明史·广西土司传》："右江十寨，隆庆中，总督殷正茂击破古田，即以檄趣八寨归降，得贷死。于是寨老樊公悬、韦公良等踵军门上谒，自言十寨共一百二十八村，环村而居者二千一百二十余家，皆请受赋。"

右江工农民主政府旧址 在今广西田东县驻地平马镇。是广西第一个最高红色政权所在地。旧址原为经正书院，建于清光绪三年（1877），辛亥革命后改经正学堂。1929年12月，邓小平、张云逸、韦拔群等人领导举行百色起义，创建中国工农红军第七军。同时在经正学堂召开了第一届工农兵代表大会，选举产生了工农民主政府，政府机关设在学堂内。旧址总面积7000余平方米，主体建筑为四合院式平房，另有前、后、侧厢房等。1996年定为全国重点文物保护单位。

右江道 ①北宋置，属邕州。治所在今广西南宁市邕宁区西北。《舆地纪胜》卷106邕州：右江镇"在宣化县北去二程"。辖右江流域羁縻州县。元废。

②明置，属广西布政使司。治所在柳州府（今广西柳州市）。1913年改置柳江道。

右江镇 ①北宋置，属宣化县。即今广西南宁市西北七十里那龙镇。

②清雍正五年（1727）置，属广西提督。治所在凌云县皈乐墟（今广西百色市北）。七年（1729）改

驻百色（今百色市）。后废。

右扶风 西汉太初元年（前104）改主爵都尉置，分右内史西半部为其辖区，职掌相当于郡太守。因地属畿铺，故不称郡，为三辅之一。《汉书·百官表》注：“扶，助也。风，化也。”治所在长安县（今陕西西安市西北）。辖境相当今陕西秦岭以北，户县、咸阳、旬邑以西地。东汉移治槐里县（今兴平市东南）。三国魏去“右”字，改辖区为扶风郡。

右甸千户所 明万历十三年（1585）置右甸土守御千户所，属云南都司。治所即今云南昌宁县。清康熙二年（1663）废。

右甸河 亦称顺宁河。即今云南昌宁县东南之昌宁河。源出昌宁县北，东南流经县城东，至凤庆县南，东流至云县东，注于澜沧江。

右甸驿 在今云南昌宁县城内。《方舆纪要》卷118顺宁府：“《志》云，府境旧有顺宁观音、水井、牛街、锡铅、右甸，枯河六驿，皆土驿丞司之。”

右所 在今四川盐源县东北右所乡。明置右所土千户。

右厢朝顺监军司 简称右厢监军司。西夏置，治所在克夷门（今宁夏银川市西北贺兰山口）。元废。

右辅 右扶风为汉三辅之一，因地处京兆尹之右（西），故别称右辅。后世亦通称京西之地为“右辅”。唐李商隐《行次西郊》：“右辅田畴薄，斯民常苦贫。”

右溪 在今湖南道县西。唐元祐《右溪记》：“道州城西百余步有小溪，南流数十步合营溪水，两岸悉皆怪石，欹嵌盘曲，不可名状……为溪在州右，遂命之曰右溪。”《清一统志·永州府一》引《府志》谓“有汴河池，其水流出，名右溪，南入濂溪水”。

右翼中末旗 原属土谢图汗部，清雍正九年（1731）改属赛音诺颜部。旗府驻地在今蒙古国巴彦洪古尔省哈拉纽杜延呼都格井一带。

右翼中左旗 ①又称东路右翼中左旗。清康熙五十二年（1713）设，属蒙古车臣汗部。旗府驻地在今蒙古国肯特省克鲁伦河东。

②原属土谢图汗部，清雍正九年（1731）改属赛音诺颜部。旗府驻地在今蒙古国杭爱省塔尔加图东南。

右翼中右旗 ①又称东路右翼中右旗。清康熙五十一年（1712）设，属蒙古车臣汗部。旗府驻地在今蒙古国肯特省达尔汗东南。

②原属土谢图汗部，清雍正九年（1731）改属赛音诺颜部。旗府驻地在今蒙古国后杭爱省查干苏木一带。

右翼中前旗 又称东路右翼中前旗。清乾隆二十年（1755）设，属蒙古车臣汗部。旗府驻地在今蒙古国肯特省温都尔汗西南，克鲁伦河北岸。

右翼中旗 又称东路右翼中旗。清康熙二十八年（1689）设，属蒙古车臣汗部。旗府驻地在今蒙古国中戈壁省巴彦加尔嘎郎北。

右翼末旗 原属土谢图汗部，清雍正九年（1731）改属赛音诺颜部。旗府驻地在今蒙古国巴彦洪古尔省博木博果尔一带。

右翼左末旗 ①清康熙三十年（1691）设，属蒙古土谢图汗部。旗府驻地在今蒙古国色楞格省那腊苏台敖若斯东。

②原属土谢图汗部，清雍正九年（1731）改属赛音诺颜部。旗府驻地在今蒙古国前杭爱省巴特沃勒吉东南。

右翼左后（後）旗 清雍正八年（1730）设，属蒙古土谢图汗部。旗府驻地在今蒙古国布尔根省罕博音呼热东南。

右翼左旗 ①又称西路右翼左旗。清顺治十二年（1655）设，属蒙古扎萨克图汗部。旗府驻地在今蒙古国戈壁阿尔泰省东部比格尔附近。

②清康熙三十年（1691）设，属蒙古土谢图汗部。旗府驻地在今蒙古国布尔根省布尔根。

③又称东路右翼左旗。清康熙四十年（1701）设，属蒙古车臣汗部。旗府驻地在今蒙古国肯特省依德尔莫格西南。

右翼右末次旗 清康熙三十五年（1696）设，属蒙古土谢图汗部。旗府驻地在今蒙古国布尔根省色楞格东北。

右翼右末旗 ①又称西路右翼右末旗。清雍正二年（1724）设，属蒙古扎萨克图汗部。旗府驻地在今蒙古国库苏古尔省图木尔布拉格西。

②清雍正九年（1731）设，属蒙古土谢图汗部。旗府驻地在今蒙古国中央省木胡雷诺扬驿站。

右翼右后（後）旗 原属土谢图汗部，清雍正九年（1731）改属赛音诺颜部。旗府驻地在今蒙古国巴彦洪古尔省巴彦布尔德西。

右翼右旗 ①又称西路右翼右旗。清康熙二十八年（1689）设，属蒙古扎萨克图汗部。旗府驻地在今蒙古国戈壁阿尔泰省欠德曼。

②清康熙三十年（1691）设，属蒙古土谢图汗部。旗府驻地在今蒙古国前杭爱省巴彦温都尔西南。

右翼后（後）末旗 又称西路右翼后末旗。清康熙三十六年（1697）设，属蒙古扎萨克图汗部。旗府驻地在今蒙古国戈壁阿尔泰省阿尔泰西南。

右翼后（後）旗 ①又称东路右翼后旗。清康熙三十年（1691）设，属蒙古车臣汗部。旗府驻地在今蒙古国苏赫巴托省额热格策金呼都格井一带。

②又称西路右翼后旗。清康熙三十年（1691）设，属蒙古扎萨克图汗部。旗府驻地在今蒙古国戈壁阿尔泰省加尔嘎郎南。

③原属土谢图汗部，清雍正九年（1731）改属赛音诺颜部。旗府驻地在今蒙古国后杭爱省加尔嘎郎特一带。

右翼前旗 ①又称西路右翼前旗。清康熙二十八年

(1689) 设，属蒙古扎萨克图汗部。旗府驻地在今蒙古国戈壁阿尔泰省额尔德讷。

②又称东路右翼前旗。清康熙三十年（1691）设，属蒙古车臣汗部。旗府驻地在今蒙古国肯特省南德勒格尔东。

③原属土谢图汗部，清雍正九年（1731）改属赛音诺颜部。旗府驻地在今蒙古国布尔根省赛汗西北，哈努依河东岸。

石八铁路　海南岛八所（今海南省东方市）经北黎至石碌（今昌江县）。长53公里。日人于1941—1942年修筑。1946年被毁。

石人山　①一名圣人岩。在今山西晋城市东南。《寰宇记》卷44晋城县："石人山在县东南八十八里，有双石高标类人形。"

②在今河南鲁山县西。清嘉庆《鲁山县志》："石人垛，西南百七十里。大山壁立，苍松郁茂，北连没大岭，十八垛环抱。"

石人县　西魏置，属析阳郡。治所在今河南内乡县附近。北周废。

石人汪　即今辽宁长海县东北之石城岛。《新唐书·地理志》："登州东北海行……东傍海壖，过青泥浦、桃花浦、杏花浦、石人汪、橐驼湾、乌骨江八百里。"吴承志《贾耽记州边入四夷道里考实》谓：石人汪，庄河口外石城岛。

石人沟　又作希鲁河、西洛河。在今俄罗斯滨海边疆区东北。清齐召南《水道提纲》卷26："西洛河，亦出大山松林，合三水南流二百余里入海。此河源北隔山，即乌苏里江之源也。"

石人城子　即今黑龙江哈尔滨市呼兰区东北石人镇。民国《呼兰府志》卷1："石人城子，（距）府九十里。"

石人埠　在今广西扶绥县东。《方舆纪要》卷110新宁州：石人埠"在州东五十里，接宣化县界。有石如人，卓立水滨"。

石下江市　即今湖南洞口县东四十四里石江镇。镇东峭石壁立，溪水沿崖东流，故名石下江。清道光《宝庆府志》卷71：石下江市"店户约二百余"。

石大兴安岭　一作大兴安岭，今作外兴安岭。位于东西伯利亚勒拿河流域和黑龙江流域之间。清康熙二十八年（1689）中俄《尼布楚条约》规定，以石大兴安岭和格尔必齐河、额尔古纳河作为中俄东段边界。咸丰八年（1858）沙俄强迫清政府签订《瑷珲条约》后被划入俄国境内。

石口　即今山西交口县西南石口乡。《元史·文宗纪一》：天历元年（1328），令隰州之乌门关"穿堑垒石以为固"。光绪《永宁州志》谓之石口。

石口隘　在今江西信丰县东。《方舆纪要》卷88赣州府信丰县：石口隘"在县东。又有鸦鹊隘，路通会昌、安远二县"。

石口镇　一作岳山镇。即今安徽宁国市东南五十里石口镇。明置巡司于此。

石山　即今海南省海口市琼山区西南石山镇。明洪武中置巡司于此。

石山侯国　西汉置，属琅邪郡。当在今山东东部。东汉省。

石山郡　北周闵帝元年（557）改东遂守郡置，属遂州。治所在方义县（今四川遂宁市）。辖境相当今四川遂宁市大部地。隋开皇三年（583）废。

石山街　即今安徽黟县东南石山。清道光《黟县志》图：城东南有石山。

石山镇　即今辽宁凌海市东北三十里石山镇。民国《奉天通志》卷78锦县："石山站村本以十三山得名，后简称曰十三站，更易十三为石山，遂成今名。"

石门　①一名白径岭。在今山西运城市解州东南。《水经·涑水注》："（盐贩）泽南面层山，天岩云秀，地谷渊深，左右壁立，间不容轨，谓之石门，路出其中，名之曰白径，南通上阳，北暨盐泽。"《隋书·地理志》：虞乡县有白径山。《元和志》卷12河中府解县："通路自县东南逾中条山，出白径，趋陕州之道也。山岭参天，左右壁立，间不容轨，谓之石门，路出其中，名之白径岭焉。"

②在今江苏无锡市西惠山白云洞前。峭壁悬崖，孤绝奇险，巨石翼峙，中虚一隙，明邵宝摩崖书"石门"二字。

③春秋齐地。在今山东济南市长清区西南七十里，后圮于河。《春秋》：隐公三年（前720），"齐侯、郑伯盟于石门"，即此。《水经·济水注》："水有石门，以石为之，故济水之门也。"

④鲁城门。在今山东曲阜市东北古城村。《论语·宪问》："子路宿于石门。"注："鲁城外门"，亦即郭门。《寰宇记》卷21曲阜县：鲁国古城凡有七门，"次南第二门名曰石门"。

⑤山名。在今山东曲阜市东北。上有石门寺。唐李白有《鲁郡东石门送别杜二甫》诗。

⑥在济水上。有二：(1) 东汉阳嘉三年（134）王诲主持修建，在今河南荥阳市东北。《水经·济水注》：荥渎"首受河水，有石门，谓之为荥口石门也"。(2) 东汉建宁四年（171）修建，在今河南荥阳市西北。《水经·济水注》："汉灵帝建宁四年，于敖城西北，垒石为门，以遏渠口，谓之石门。故世亦谓之石门水。门广十余丈，西去河三里。"

⑦在今河南罗山县西南。《方舆纪要》卷50罗山县：石门，"《志》云，县有二石门。在县西南八十里者曰小石门。又十里曰大石门。乃两山之峡，其形似门。《胜览》云：二门皆凿鸟道以通往来，南扼荆楚，居然险塞"。

⑧在今广东广州市西北三十里。《方舆纪要》卷101广州府：石门山"两山对峙如门"，故名。有贪泉、沉香浦、西华市诸胜。"石门返照"为羊城八景之一。

⑨在今四川巴中市北三十里。《方舆纪要》卷68

巴州：石门“左右皆峭壁，环围三里许”。

⑩在今四川剑阁县（下寺镇）南剑门关北。《资治通鉴》：南朝梁大宝二年（551），“杨乾运攻拔剑阁，杨法昌退保石门”。即此。

⑪即今乃古石林。在云南石林彝族自治县东北。元代至清称石门。《元混一方舆胜览》陆凉州：石门“在陆凉西平壤中，石笋森密，周匝十余里，大者高百仞，参差不齐，望之如林，俯仰侧直，千态万状，东西行者，皆穿其中，故曰石门”。《清一统志·曲靖府》：石门山“在陆凉州西。……又东出数百步有离石，状类西岳三峰，宛然如画”。现为石林风景区的一部分。

⑫又名尧门山。在今陕西泾阳县西北。《史记·秦本纪》：秦献公二十一年（前364），“与晋战于石门，斩首六万”。《正义》引《括地志》：“尧门山俗名石门，在雍州三原县西北三十三里。上有路，其状若门，故老云尧凿山为门，因名之。武德中于此山南置石门县，贞观年中改为云阳县。”

石门口　①即今河北遵化市西四十五里石门镇。《水经·鲍丘水注》：灅水“东南径石门峡，山高崭绝，壁立洞开，俗谓之石门口。汉中平四年，渔阳张纯反，杀右北平太守刘政、辽东太守阳纮。中平五年，遣中郎将孟益，率公孙瓒讨纯，战于石门，大破之”。即此。

②在今山西广灵县东。《清一统志·大同府》：石门口“在广灵县东二十里。壁立直上，径最险隘。旧名隘口关。宋杨延朗尝守此。旧有巡司，后裁”。

石门山　①在今辽宁辽阳市东南。明《辽东志》卷1：石门山在“（辽阳）城东南四十里”。《方舆纪要》卷37辽东都司“华表山”条下：“有石门山在司东南四十里。旧有石门砦，万历中，李如松救朝鲜，道出于此。”

②在今辽宁朝阳县西南。《后汉书·公孙瓒传》：中平间，乌桓入寇，“瓒追击，战于属国石门，虏遂大败”。注云：“石门，山名，在今营州柳城县西南。”

③一名土门子。即今吉林安图县东南石门镇。清光绪《珲春境内村屯里数》：“再西北土们子，至城三百五十里，至老头沟五十里。”清末立“石门山”碑。

④在今江苏溧阳市西南。《方舆纪要》卷20江宁府溧阳县：石门山“在县西南二十里，有两山相距如门”。

⑤在今安徽铜陵县南。《方舆纪要》卷27铜陵县：石门山“在县南十五里。两山石壁，对峙如门”。

⑥在今安徽黟县东南二十里，章水东岸，当盆地南口。《方舆纪要》卷28黟县：石门山“在县东南二十里。凿石为门，下瞰溪潭，壁立千仞。沿岩凿路，名曰栈阁，仅可通人，断处以木济之，古号石门”。现已辟为公路，为县南主要通道。

⑦在今安徽含山县南。《舆地纪胜》卷48和州：石门山“在含山县南二十里。有谷道十里许，商旅经行，其壁峙立如门”。

⑧在今安徽东至县东南。《寰宇记》卷105建德县：石门山“在县东南八十里。双壁耸峙，望之如门”。

⑨在今浙江嵊州市西北。《清一统志·绍兴府一》：石门山“在嵊县西北二十五里。有石洞、龙湫、沸泉诸胜。又县西北九十里亦有山名石门，两石峭立如门”。南朝宋谢灵运有《登石门最高顶》及《夜宿石门》诗。

⑩在今浙江永嘉县南。《清一统志·温州府》：石门山“在永嘉县北十五里，上多名胜。谢灵运尝游此”。

⑪在今浙江青田县西。《元丰九域志》卷5：处州青田县“有石门山”。《方舆纪要》卷94青田县：石门山在“县西七十里。两峰壁立，相对如门，石洞幽深，飞瀑喷泻，上有轩辕丘，道书以为第三十洞天”。唐李白《送王屋山人魏万还王屋》诗：“缙云川谷难，石门最可观”，即此。

⑫在今浙江江山市南石门镇。《方舆纪要》卷93江山县：石门山“在县南三十里。往来者皆道出山麓，谓之石门街”。

⑬在今浙江安吉县（递铺镇）北。《艺文类聚》卷8吴均《与顾章书》：“梅溪之西，有石门山者，森壁争霞，孤峰限日……遂葺宇其上。”即此。

⑭在今江西瑞金市西。《方舆纪要》卷88赣州府瑞金县：石门山“在县西四十里。巨石峻峭如门，止容一骑”。

⑮在今江西金溪县西南。《清一统志·抚州府一》：石门山“在金溪县西南四十里。盱水与清江水合流，环其四面，山屹立中流”。

⑯在今江西靖安县北四十里。《舆地纪胜》卷26隆兴府：石门山“在靖安县北四十里。《权载之集》，海昏南鄙亦有石门山。又权巽诗云，兹山甲天下，葱翠自开辟；石磴缘空青，新营眩金碧”。《清一统志·南昌府一》：石门山“在靖安县北四十里，泐潭之右。《县志》，上有宝莲峰，即马祖道一卓锡之地。峰侧有宴坐岩”。

⑰在今江西婺源县东。《方舆纪要》卷28徽州府婺源县：石门山“在县东九十五里，与大鳙山相接。山巅有石岩，空洞若门”。

⑱在今山东曲阜市东北五十里。上有石门寺。崄河发源于此。唐李白有《鲁郡东石门送别杜二甫》诗。

⑲在今山东青岛市崂山区东北。《清一统志·莱州府一》：“山状如门，天欲雨，则云自门出。”

⑳在今山东蓬莱市西十里。《方舆纪要》卷36蓬莱县：石门山“山口甃石，为驿路所经”。

㉑在今湖北石首市东南。《寰宇记》卷146石首县：石门山“梁邵陵王纶崇奉道士张京于此置观以处

之，凿石开径，其状若门，因名石门山”。

㉒在今湖北郧西县东南。《方舆纪要》卷 79 郧西县：石门山“在县东南十五里”。

㉓在今湖北恩施市西南。《方舆纪要》卷 82 忠孝安抚司：石门山在“司南一里”。

㉔在今湖北鄂州市东五里。《方舆胜览》卷 28 寿昌军：石门山“两石对峙如门。唐武昌令马安与元次山同游，石刻存焉”。

㉕在今湖北巴东县东北。《水经·江水注》：“江水又东径石门滩。滩北岸有山，山上合下开，洞达东西，缘江步路所由。刘备为陆逊所破，走径此门，追者甚急，备乃烧铠断道。”《寰宇记》卷 148 归州巴东县：“石门山在县东北三十五里，山有石径，深若重门。”

㉖在今湖南华容县东三十里。《明一统志》卷 62 岳州府：石门山“一名仙庐山。有七峰，甚高。将雨则云起峰上，霁则云复归中”。

㉗在今湖南新邵县北。《方舆纪要》卷 81 宝庆府邵阳县：“石门山在府（今邵阳市）北六十里。横亘数十里，两山相夹如门，为郡水口。”

㉘在今湖南桂阳县西南六十里，接嘉禾县界。《舆地纪胜》卷 61 桂阳军：石门山“有岩穴如门，岿水自蓝山穿石门西注，舟筏皆经其下”。《清一统志》称“俗呼为仙人桥”。

㉙在今湖南石门县西二十五里。《方舆纪要》卷 77 石门县：石门山“岩石壁立如门，县以此名”。

㉚在今广东广州市西北三十里石门。《史记·南越传》：汉元鼎六年（前 111），“楼船将军将精卒先陷寻陕，破石门，得越船粟”。《索隐》引《广州记》：“在番禺县北三十里。昔吕嘉拒汉，积石镇江，名曰石门。”《舆地纪胜》卷 89 广州：石门“在州西北二十里。两山对峙，横截巨浸，据南北往来之冲，屹若门阙”。《元史·周全传》：世祖至元十三年（1276），“以游骑巡广中，过灵星海、石门，敌势甚张，全奋戈杀敌”。即此。

㉛在今广东中山市西四十里。《方舆纪要》卷 101 广州府香山县：石门山“中有洞，宋末尝拒元兵于此”。

㉜在今广东徐闻县西北。《方舆纪要》卷 104 徐闻县：石门山在“县西北六里。高十余丈，周围十里。上有巨石，耸峙如门。山巅有潭，四时不竭。一名石门岭”。

㉝亦名下斫山。在今广西三江侗族自治县西南。《明史·地理志》　怀远县：“西北有九曲山，山南为石门山，两山夹峙。”《清一统志·柳州府》：石门山“在怀远县西北七十里，大江滨，左右两山夹峙，峭壁如门，亦曰下石门”。

㉞在今广西富川瑶族自治县东三十里。《方舆纪要》卷 107 富川县：石门山“四围峭壁，有门仅容一人，其中平原旷野，居民百余家”。

㉟在今广西融水苗族自治县西北。《舆地纪胜》卷 114 融州：石门山在“县西十八里。其山相对如门，曰上石门山。县北有下石门山。怀远县南亦有石门岭”。《方舆纪要》卷 109 融县“云际山”条：石门山“两峰夹峙江岸，岩石峻削若门，土人谓之上石门。其在怀远县境者曰下石门”。

㊱在今重庆市开县北一百里。《寰宇记》卷 137 万岁县：石门山“在县东北十里”。《方舆胜览》卷 59 开州：石门山“在清水县东北十里。有石穴至深”。《方舆纪要》卷 69 开县：石门山在“县北百里。山有石穴，名盘头洞。洞有水，出嘉鱼”。

㊲即今四川江油市东北、平武县东南界上之龙门山。西晋左思《蜀都赋》：“缘以剑阁，阻以石门。”《元和志》卷 33 江油县：石门山“在县东一百三里。有石门戍，与氐分界”。《寰宇记》卷 84 江油县：石门山，“《汉水记》云：与氐分界于石门。仇池城去石门四百余里。……顾野王《舆地志》云：石门在褒中之北，汉中之西。今按：其山两边有石壁相对，望之如门，邓艾伐蜀历此”。

㊳在今四川高县西北。《明史·地理志》　庆符县：“南有石门山，石门江经其下。”清嘉庆《四川通志》卷 13 庆符县：石门山“在县南五里，即古石门道也”。

㊴在今贵州贵阳市东六十里。明曹学佺《名胜志》：“山石对峙如门，故名。”

㊵在今云南陆良县西。《清一统志·曲靖府》　引《陆良州志》：“州西平壤之上，有石门山，石笋森密，参差不齐，周匝十余里，行者穿其中，故曰石门。”

㊶在今云南建水县东北。《清一统志·临安府》：石门山“在建水县东北百里。箐口凿石为门，以通车马。下临曲江，临隘可守”。

㊷在今陕西旬邑县东南，接耀县界。《史记·秦本纪》：献公二十一年（前 364），“与晋战于石门”。《元和志》卷 3 三水县：石门山“在县东五十里。峰岩相对，望之似门”。明于此设关，并置巡司。

㊸在今甘肃临潭县东南。《清一统志·巩昌府一》：石门山“在洮州厅南十里。两山相对如门，山即古叠州之地，今为蕃界，俗名石门金锁，限隔羌夷”。

㊹即皋兰山。在今甘肃临夏县南。《水经·河水注》：“漓水又东北径石门口，山高险峻绝，对岸若门，故峡得厥名矣。”《元和志》卷 39 河州凤林县：石门山“在县东北二十八里。山高险绝，对岸若门，即皋兰山门也”。

㊺在今甘肃武山县东北五十里。《方舆纪要》卷 59 宁远县：石门山“四围砦峡，仅容一门，曰石门，山口为要隘。又山下有洞，光映如月，名夜月洞”。

㊻即须弥山。在今宁夏固原市西北九十里。《魏书·地形志》：新平郡高平县“有石门山”。

石门山摩崖石刻　在今重庆市大足县城东三十里。

为儒、释、道兼容的摩崖造像。共十二龛窟，造像千余躯。开凿于北宋绍圣元年至南宋绍兴二十一年(1094—1151)。最著者有五显大帝、炳灵太子、三皇像等。尤以6号观音窟最为奇伟，窟正壁镌无量寿佛，夹侍观音、如意轮菩萨，左右壁各有观音立像五躯，手持法器，姿态各异。1996年定为全国重点文物，归入宝鼎山摩崖造像保护单位。

石门川　源出今陕西洛南县北，南流入洛水。《清史稿·地理志》商州洛南县：洛水“又东径城北，合石门川”。

石门井　在今云南云龙县治石门镇。《清一统志·大理府》“诺邓盐井”条下：“又有石门井，在（云龙）州东北三十里。”

石门井镇　即今云南云龙县驻地石门镇。1929年云龙县迁治于此。

石门水　①即今内蒙古包头市西昆都仑河。《水经·河水》：河水“屈东过九原县南，又东过临沃县南”。郦道元注：“河水又东流，石门水南注之。”

②在今广东广州市西北三十里石门。《元和志》卷34广州南海县：石门水“一名贪泉。出县西三十里平地。即晋广州刺史吴隐之饮水赋诗之处”。《寰宇记》卷157引《南越志》：“石门之水，俗云经大庾则清秽之气分，饮石门则缁素之质变，即吴隐之酌饮之所也。”

③亦名西峡水、甜水河。即今宁夏固原市西北之中河。《水经·河水注》：石门水“水有五源，东水导源高平县西八十里，西北流，次水注之。水出县西百二十里如州泉，东北流右入东水，乱流左会三川，参差相得，东北同为一川，混涛历峡，峡即陇山之北垂也。谓之石门口，水曰石门水，在县西北八十余里。石门之水又东北注高平川”。

石门市　1925年河北省政府析获鹿县石家庄、休门二镇合置石门市政公所，1939年设石门市，治石家庄(今河北石家庄市)。1947年11月当地解放，12月改名石家庄市。

石门戍　①西魏置，在今甘肃临夏县南。《水经·河水注》：“漓水又东北径石门口，山高险峻绝，对岸若门，故峡得厥名矣，疑即皋兰山门也。”《周书·李贤传》：“属羌寇石门戍，撤破桥道，以绝援军。”即此。

②唐置，属荣经县。在今四川荥经县西南。《元和志》卷32荣经县：石门戍“在县西南三十五里”。

石门关　①在今北京市延庆县东南八达岭。五代周峤《陷北记》：“自幽州西北入居庸关，明日又西北入石门关，关路崖狭，一夫可以当百，此中国控扼契丹之险也。”《方舆纪要》卷17延庆州：八达岭“或以此即石门关也”。

②唐置，在今山西原平市东北。《新唐书·地理志》：代州崞县有“石门关”。

③明置，属盖州卫。在今辽宁盖州市东。《方舆纪要》卷37盖州卫：石门关在“卫东七十里，亦有官军戍守”。

④在今湖北建始县东。《清一统志·施南府》：石门关“在建始县东一百三十里。险峻。路通巴东”。清设外委驻守。

⑤在今湖南醴陵市北十五里。《方舆纪要》卷80醴陵县：石门关“五代时湖南戍守处也”。

⑥唐置，属景谷县。在今四川青川县东沙州镇南十八里。《元和志》卷22景谷县：石门关“在县南十八里。因山为阻，昔诸葛亮凿石为门，因名”。

⑦明置，属东乡县。在今四川宣汉县东。《清一统志·绥定府二》：石门关“在东乡县东三十里”。

⑧清置，属西昌县。在今四川昭觉县西南境。《清一统志·宁远府二》：石门关“在西昌县东五十里”。

⑨亦名鬼门关。在今重庆市奉节县东北。明正德《夔州府志》卷2：“石门关在府城东北六十里。旧名鬼门关。”《方舆纪要》卷69奉节县“百牢关”条下：“石门关在府东北六十里。《志》云：旧名鬼门关，盖亦传讹也。”

⑩在今云南丽江市玉龙纳西族自治县西北巨甸东南。明初置石门关千夫长。后废。

⑪在今陕西旬邑县东南六十里石门山。《清一统志·邠州》：石门关“为耀州、淳化、宜君、同官四州县交错之地。明置关，甃石为城，屏落东方。旧设巡司，后裁。今设把总分防”。民国时有县佐驻此。

⑫在今宁夏固原市西北须弥山上。《隋书·突厥传》：开皇二年（582），沙钵略“纵兵自木硖、石门两道来寇”。即此。明嘉靖《固原州志》卷1：须弥山“在州北九十里，上有古寺，松柏桃李郁然，即古石门关遗址”。

石门江　①指今四川高县西北南广河段，以流经石门砦（石门山）而名。《明史·地理志》庆符县：“南有石门山，石门江经其下。”

②古名羊官水、朱提江。即今四川宜宾县西南与云南盐津、绥江交界之关河（横江河）。《舆地纪胜》卷163叙州：石门江“其源自靖州蕃部中流，出二百余里至阿蒙坝，有韦南康碑。自此可方舟至开边县，合马湖（江）”。《方舆纪要》卷70叙州府宜宾县：石门江在“府西南百三十里。俗呼横江，又名小江。自乌蒙部流经府界，又北与马湖江合，又东北会于蜀江，所谓三江口也。江中有滩，其水常若钟鸣，名曰钟滩”。

③即今云南东北部之横江。宋至清称石门江。《方舆胜览》卷65叙州：马湖江“源出沉黎，实大渡之支流。从马湖部落之后，舟行十余日，方至平夷，合石门江，至三江口会蜀江水”。《明一统志》卷69叙州府：石门江“在府城西南一百三十里，俗呼横江，又名小江。源出乌蒙蛮部，经本

府境与马湖江合。中有滩，其水常若钟鸣，名曰钟滩”。

石门汛 清置，在今广东遂溪县东三十里石门港西岸。

石门坎 在今四川松潘县南境。《明史·李应祥传》：万历十三年（1585），“杨柳番出攻普安堡，犯归水崖、石门坎，遂入金瓶堡，杀守将”。

石门村 即今台湾省屏东县东南牡丹乡驻地石门村。其西南四里处有石门，两山夹峙，成一天险。清同治十三年（1874）牡丹社人民曾据以抵抗日军侵略，名垂史册。

石门县 ①北魏太平真君九年（448）置，为武都郡治。治所在今甘肃陇南市武都区西北四十里石门乡（水地坝）。西魏改名安育县。

②北魏太和九年（485）置，属临洮郡。治所在今甘肃渭源县西南洮河东岸。西魏废。

③北魏置，属武兴郡。治所在今陕西略阳县西北。西魏、北周间废。

④南朝宋置，属宋康郡。治所当在今广东阳西或电白县境。隋废。

⑤南朝陈改澧阳县置，为石门郡治。治所即今湖南石门县。隋属澧阳郡。唐属澧州。元属澧州路。明属澧州。民国初属湖南武陵道。1916年属辰沅道。1922年直属湖南省。

⑥唐武德元年（618）析云阳县置，属雍州。治所在今陕西淳化县北。因县北石门山得名。唐武德三年为泉州治。贞观元年（627）改名云阳县。

⑦唐贞观四年（630）置，为南通州治。治所在今云南盐津县西南二十六里豆沙关附近。八年（634）为贤州治，旋废入抚夷县。

⑧清康熙元年（1662）改崇德县置，属嘉兴府。治所在义和市（今浙江桐乡市西南三十二里崇福镇）。《清一统地·嘉兴府一》：“改名石门，以县有石门镇故也。”1914年因与湖南省石门县重名，复改崇德县。

石门谷 在今陕西蓝田县西南四十里。《水经·渭水注》：“（狗枷）东川水出南山之石门谷。”《资治通鉴》：唐乾宁二年（895），昭宗“出启夏门，趣南山，宿莎城镇……徙幸石门镇”，即此。

石门岩 在今福建连城县东。《方舆纪要》卷98连城县：“石门岩在县东七里。两石相峙，壁立万仞。”

石门岭 在今广西象州县东南。《方舆纪要》卷109象州：“石门岭在州东南十里。”

石门河 在今湖北红安县北。《方舆纪要》卷76黄安县：石门河“在县北三十五里。又有沙河亦在县北。下流俱入于东流河”。

石门居 即今江西金溪县西南石门乡。地当石门山北、清江水合汝水（今抚河）之口。有石门渡。明王守仁于此置石门驿。

石门驿 ①明置，在今江西金溪县西南石门乡。《方舆纪要》卷86抚州府金溪县：石门驿在“县西五十里。《舆程记》，在府南六十里。又六十里而至建昌郡治”。

②明置，在今重庆市江津区西南长江北岸石门镇。《方舆纪要》卷69江津县“僰溪水驿”条内：“百二十里有石门水驿。万历九年改石门曰白沙驿。”

石门峡 在今河北遵化市西四十五里石门镇。《水经·鲍丘水注》：灅水“东南径石门峡，山高崭绝，壁立洞开，俗谓之石门口”。即此。

石门泉 在今陕西蓝田县西南。宋敏求《长安志》卷16：“石门汤，在县西南四十里石门谷口。旧图经曰：唐初有异僧止于此，大雪其地，雪融不积，僧曰必温泉也。掘之，果有汤泉涌出，遂置舍两区，凡有病者，浴多痊……明皇时，赐名大兴汤院。”

石门亭 在今浙江青田县城西。《清一统志·处州府》：石门亭“在青田县治西。宋建。王安石记”。

石门洞 又称龙王洞。在今湖北宜昌市西南五十里筐覆山。《清一统志·宜昌府》：石门洞“在东湖县南五十里，接宜都县界。洞穴幽邃，潭深莫测，祷雨辄应”。今潭侧尚有清代学者王柏心所写《游石门洞记》、书法家邓石如所书《列岫丛青》及同治间《重建石门洞灵济殿并各殿启》等一批碑刻。

石门郡 南朝陈改天门郡置，属荆州。治所在石门县（今湖南石门县）。隋开皇九年（589）平陈后废。

石门桥 即今河北任丘市南二十里石门桥镇。清为石门桥社。

石门站 ①元置，即今江西金溪县西南石门乡。

②元置，在今重庆市江津区西南一百二十里白沙镇。明万历九年（1581）改为白沙水驿。

石门涧 在今江西九江市南四十里庐山。《水经·庐江水注》：“庐山之北有石门水，水出岭端，有双石高竦，其状若门，因有石门之目焉。水导双石之中，悬流飞瀑，近三百许步，下散漫十数步，上望之连天若曳，飞练于霄中矣。”

石门砦 ①北宋置，属庆符县。在今四川高县西北庆符镇南十里。《方舆纪要》卷70庆符县“靖边堡”条下：“石门砦在县南。《宋志》：县有柔远、乐从、靖平、石门、怀远等五砦。……元俱废。”

②北宋置，属黔江县。在今重庆市彭水苗族土家族自治县东北乔梓乡石门坝。

石门堡 ①故石门峡东塔之嘴。北宋元符元年（1098）建筑，赐名，属怀德军。在今宁夏固原市西北三营镇黄铎堡西。金废。

②北宋政和七年（1117）置，属震武军。在今青海门源回族自治县境。

③南宋置，属泸州。在今四川泸州市江阳区西南石棚镇（原属纳溪区，1996年划归江阳区）。《宋史·李焘传》：南宋乾道八年（1172），“帅潼川兼

知泸州，首葺石门堡以扼夷人”。即此。

④即今湖北南漳县西北石门镇。《清一统志·襄阳府三》：石门堡“在南漳县北四十里。明成化中建”。

石门街　①在今江西万年县西南。《方舆纪要》卷85饶州府万年县：石门街“在县（今青云镇）东南。水陆俱接贵溪县之神前街，亦与余干、安仁接界。为盗贼出没处，有巡司”。

②即今江西鄱阳县北石门街镇。西晋广晋县治此。后降为镇。元置站赤。明、清时设巡司于此。

③原名镇安。即今浙江江山市南石门镇。清同治《江山县志》卷2：石门街“在镇安”。并载：石门墟在“县南三十五里”。

石门道　古道路名。隋唐时自四川盆地通向云贵高原的重要交通线。隋开皇五年（585），率益、汉二州兵所开，是在秦汉五尺道基础上建成。以石门山为名。自今四川宜宾市南行，经高县、筠连、云南盐津、昭通、宣威，南抵曲靖。由此而西达今昆明、大理。唐与南诏的交通，多经由此道。《新唐书·韦皋传》：“由石门趋云南，而南诏复通。石门者，隋史万岁南征道也。天宝中，鲜于仲通下兵南溪，道遂闭。”即此。在今盐津县豆沙关有唐贞元十年（794）袁滋摩岩石刻。

石门港　在今广东遂溪县东。《清一统志·雷州府》：石门港“在遂溪县东三十里。自高州府石城县流入，与吴川县分界，又南至东头山入海。亦名海头港”。

石门湾　指今浙江桐乡市西二十里石门镇运河弯折处。《方舆纪要》卷91崇德县：石门塘“水折而东，湾环如带”。故名。

石门渡　即今江西金溪县西南、汝水（抚河）东石门乡。《清一统志·抚州府一》：石门渡“在金溪县西四十里。盱水与清江合流经此，为四达之衢”。

石门隘　在今湖南新宁县西北三十八里石门。明置巡司于此。《清一统志·宝庆府二》：石门隘“在新宁县西。有土城。明尝移武冈州巡司于此。后巡司仍归州，设隘长、统制、大绢等峒”。

石门塘　在今浙江桐乡市西石门镇。《方舆纪要》卷91崇德县：石门塘在“县东北二十里。亦曰石门泾”。

石门滩　在今湖北巴东县东长江中。《水经·江水注》：“江水又东径石门滩。”《方舆纪要》卷78巴东县“横梁滩”条下：石门滩“在县东三十五里。中有巨漩，为行者患”。

石门障　当即今内蒙古包头市西北前口子村古城。《汉书·地理志》五原郡稒阳县：“北出石门障，得光禄城，又西北得支就城，又西北得头曼城，又西北得虖河城，又西得宿虏城。”

石门寨　①即今河北抚宁县东北八十里石门寨镇。明于此筑城，设参将驻守。清改设都司，乾隆中又改为巡司。附近以产煤为著称。1924年奉直战争剧战于此。

②在今河北内丘县西北。《方舆纪要》卷15内丘县：石门寨，“五代初，晋王存勖以张文礼之乱，自石门趣镇州，即此矣”。

石门镇　①即今河北遵化市西四十五里石门镇。《三朝北盟会编》卷18：宋宣和五年（1123），辽萧干“出卢龙岭，攻破景州，又败常胜军张令徽、刘舜仁于石门镇”。即此。

②即今河北卢龙县南三十里石门镇。清同治《畿辅通志》卷49昌黎县图：西有石门。

③原属获鹿县，1925年合并石家庄与休门二镇置，即今河北石家庄市。1939年改为石门市。

④即今浙江桐乡市西二十里石门镇。《方舆纪要》卷91崇德县“石门塘”条：“春秋时吴拒越，垒石为门。”故名。明嘉靖三十四年（1555）官军败倭寇于此。

⑤北宋置，属鄱阳县。即今江西鄱阳县北石门街镇。

⑥北宋置，属临沂县。即今山东临沭县南石门镇。

⑦北宋置，属番禺县。即今广东广州市西北石门镇。

⑧南宋置，属桂平县。在今广西桂平市西南石贵村（石门屯）。《舆地纪胜》卷110浔州：石门镇“在州西”。

⑨北周武帝时置，属汶川县。在今四川理县东北一百二十里通化乡。隋初改为金川镇。

⑩在今四川平武县南。《舆地纪胜》卷152石泉军：石门镇，“《太平寰宇记》云：后周保定四年置石门镇于县地”。北宋属石泉县。

⑪唐置，在今云南盐津县西南二十六里豆沙关。《元和志》卷31戎州：“西南至石门镇三百里。”唐樊绰《蛮书》卷1：“石门东崖石壁，直上万仞，下临朱提江流，又下入地中数百尺，惟闻水声，人不可到。西崖亦是石壁，傍崖亦有阁路，横阔一步，斜亘三十余里，半壁架空，欹危虚险。”贞元十年（794），西川节度韦皋乃遣巡官监察御史马益开石门路。豆沙关袁滋摩崖题刻今存。

⑫在今陕西蓝田县西南五十里汤峪。《资治通鉴》：唐乾宁二年（895），李茂贞率邠、岐兵进攻长安，“甲子，上徙幸石门镇”。即此。

⑬北宋置，属顺政县。在今陕西略阳县西北九十里。

⑭北宋置，属福津县。即今甘肃陇南市武都区西北石门乡。

石弓山　又名石公山。在今安徽涡阳县东北六十里。清光绪重修《安徽通志》卷31颖州府：石弓山“山形如弓，多石”。故名。民国《涡阳县志》卷3：石弓山“三峰弯曲如弓，石质坚莹。一曰石公山，黄石公盖尝隐焉”。

石弓集　即今安徽涡阳县东北六十里石弓镇。1912

年《安徽省全图》：涡阳县东北有石弓集。

石子山 在今重庆市合川区东北十五里。《元史·宪宗纪》：九年（1259），“二月丙子，帝悉率诸兵渡鸡爪滩，至石子山”，围攻钓鱼山城。

石子冈 又称聚宝山。在今江苏南京市南，聚宝门外。《三国志·吴书·诸葛恪传》：“建业南有长陵，名曰石子冈，葬者依焉。”宋《景定建康志》卷17“石子冈”条引《图经》云：“俗说此冈多细花石，故名石子冈。”《陈书·任忠传》：“隋将韩擒虎自新林进军，忠乃率数骑往石子冈降之。”即此。

石子岭 ①在今河北平泉县北官坟梁村附近。《辽史·地理志》：中京大定府泽州有“石子岭”。其地为燕京通往中京驿路必经之地，宋王曾《上契丹事》：“至铁匠馆，过石子岭，自此渐出山，七十里至富谷馆，八十里至通天馆，二十里至中京。”清乾隆《热河志》卷68引《元一统志》：石子岭“在惠州（今平泉县南会州城）北八十里”。

②在今内蒙古乌审旗北。《魏书·序纪》：东晋太元初，苻坚遣大司马苻洛等伐代，拓拔什翼犍“南部大人刘库仁走云中，帝复遣库仁率骑十万逆战于石子岭，王师不利”。《新唐书·地理志》所载边州入四夷道里中的夏州北道，“又经阳城泽、横划北门、突纥利泊、石子岭，百余里至阿颓泉”。

石子河 ①即今辽宁绥中县西南石河。《清一统志·锦州府一》：石子河“在宁远州西南一百三十三里。源出边外，自高台堡门西入边，绕旧前屯卫城西入海”。

②一名石泉河。在今河南巩义市东南。《水经·洛水注》：“洛水又东北，洞水发南溪石泉，世亦名之为石泉水也。……又径盘谷坞东，世又名之曰盘谷水。……其水又北入洛。”隋末，瓦岗军与隋兵战于此。《资治通鉴》：隋义宁元年（617），“东都兵先至，（刘）长恭等驱之渡洛水，陈于石子河西，南北十余里。李密、翟让选骁雄，分为十队，令四队伏横岭下以待仁基，以六队阵于石子河东”。即此。

石子营 明置，在今贵州铜仁市北三里。《方舆纪要》卷122铜仁府铜仁县：石子营在“府北三里……皆为要地”。

石子镇 北宋置，属确山县。在今河南确山县境。

石马山 ①在今浙江龙泉市北。《方舆纪要》卷94龙泉县：石马山“在县北五十里。峰峦秀耸，为群山冠。旁有洞穴，凡数十处”。

②在今广东龙门县北。《清一统志·广州府一》：石马山“在龙门县北八十里。县境诸山，此为最高。石磴森列，旁有五石，名童子读书石”。

石马关 亦名石马滩镇。在今四川犍为县西北四十里石马村。清嘉庆《犍为县志》卷2：石马关“有石马蹲踞”，因名。明置巡司于此。清废。

石马岭 在今福建福鼎市南。《方舆纪要》卷96福宁州：石马岭在“州北百三十里。有巨石危如立马”。

石马城 在今陕西勉县东十里。《三国志·蜀书·后主传》：建兴五年（227）春，“丞相亮出屯汉中，营沔北阳平石马”。

石马铺 在今湖南长沙市南。清咸丰二年（1852）七月二十七日，太平军萧朝贵部进至石马铺，清总兵福诚、副将尹培立率军千余，仓促拒战，败死。

石马堡 即今四川绵阳市西北石马镇。清嘉庆《四川通志》卷30绵州：石马堡“在州西北三十里古石马镇，松、维要道”。嘉庆五年修筑。

石马隘 即今广东兴宁市东北石马镇。《方舆纪要》卷103兴宁县：石马隘在“县东四十里。路通潮州府程乡、平远县”。

石马滩镇 在今四川犍为县西北石马村。《方舆纪要》卷72犍为县：石马滩镇在“县北四十里。有巡司”。

石马墟 ①即今广东清新县西北石马镇。清光绪《广东舆地全图》：清远县西北有石马墟。

②即今广东兴宁市东北石马镇。明嘉靖《兴宁县志》卷2：“宝山之岐二：一入程乡；一达石马。”

石马镇 ①北宋置，属仁寿县。在今四川井研县北。《舆地纪胜》卷150隆州：石马镇“在仁寿县西南六十五里”。

②在今浙江乐清市东南石马。《方舆纪要》卷94乐清县：石马镇在“县南五里石马山下。嘉靖三十七年倭贼由此登犯，官军御却之”。

③即今福建龙海市驻地石码镇。《方舆纪要》卷99海澄县：石马镇“在县（治今海澄镇）北十五里，北达郡城之津要，有兵戍守”。

石马潭 在今湖南永州市北。《舆地纪胜》卷56永州：石马潭“在城北五十里湘水中，有石状如马”。《方舆纪要》作“府北十五里”。

石乡侯国 西汉置，属北海郡。当在今山东东境。东汉省。

石井 ①在今江西铅山县东南。《方舆纪要》卷85广信府铅山县：石井“在县（治今永平镇）东北四里资圣院后。周六丈，深三丈。有岩三面回抱，瞰于井上。县多胆水，味涩，此独甘。昼夜流涌，溉田数百亩。旧名玉洞泉，又名碧玉泉、慈济泉，唐光启中赐额曰石井”。

②即今福建南安市南石井镇。宋设石井津，置巡检司。明初江夏侯周德兴巡防海疆时，曾题“石井”二字，镌刻井旁。为民族英雄郑成功故里，明末清初是郑氏反清斗争的根据地之一，有“海上誓师”遗址。清顺治十八年（1661）设石井镇。以白鹤山下的一口天然石井而得名。《清一统志·泉州府》：石井“在南安县西南七十五里。有二石并峙海沙上，下有盘石，泉出小窦，下流如盂，挹尽辄盈，潮来则没，

潮去则流”。现有郑成功纪念馆。

石井山　又作天井山。在今贵州黎平县西南。《方舆纪要》卷121黎平府：“石井山在府西南四十里。”

石井冈　在今河北邢台市西北七里。《寰宇记》卷59龙冈县：石井冈在“县西北七里。一名龙冈。《水经》云：蓼水出襄国石井冈，冈上有井，大如车轮，隋《区宇图志》云：光武营军时所凿”。

石井水　在今山东青州市西南。《水经·淄水注》：“阳水又东北流，石井水注之。水出南山。山顶洞开，望若门焉，俗谓是山为劈头山。其水北流注井，井际广城东侧，三面积石，高深一匹有余，长津激浪，瀑布而下，澎赑之音，惊川聒谷，漰渀之势，状同洪河。北流入阳水。”

石井墟　即今广东广州市西北石井镇。清光绪《广东舆地全图》：南海县北有石井墟。

石井镇　即今福建南安市南七十里石井镇。元置巡司于此。

石牙山　在今广西来宾市南三十里。《舆地纪胜》卷105象州：石牙山“在来宾县南乡。平地有二石，峭拔宛如象牙”。

石牙关　明嘉靖十年（1531）置，属黔江县。在今重庆市黔江区东七十里。清黔彭营设经制外委驻此。

石牙墟　即今广西来宾市东南石牙乡。清光绪《广西舆地全图》来宾县图：东南有石牙墟。

石冈门镇　即今上海市嘉定区东南石冈。清光绪《嘉定县志》卷1：石冈门镇在“县治南六里。以水为名”。

石水　今蒙古国色楞格河上源支流齐老图河（楚鲁特河）。《魏书·蠕蠕传》：北魏太平真君四年（443），“车驾至鹿浑谷，与贼将遇，吴提遁走，追至頞根河，击破之，车驾至石水而还”。石水应在頞根河（今鄂尔浑河）西北，即元《长春真人西游记》所载石河。齐老图，蒙古语意为“有石”。

石水湾镇　即今江西瑞金市南二十里石水湾。清同治《江西全省舆图》卷10：瑞金县南有石水湾。

石牛　在今广东云安县西南高村镇东北。《明史·陈璘传》：万历中，副总兵陈璘“会他将朱文达攻破石牛、青水诸巢”，即此。

石牛山　在今湖南平江县东百里。《方舆纪要》卷77平江县：石牛山，“山多岑石，其状类牛。又有大寨石，大者可容万人，小者容千人。井泉饶给，可以避寇”。

石牛驿　南宋端平间置，属宁化县。即今福建宁化县南石牛。《方舆纪要》卷98汀州府宁化县：石牛驿在“县南七十里。以傍有石牛而名”。为通往长汀县的交通要道。清雍正十二年（1734）驿废，改置石牛巡司于此，并兼理驿务。

石牛洞　在今安徽潜山县西北。《清一统志·安庆府一》：石牛洞“在潜山县西北十五里。有唐李翱题咏”。

石牛站　元置，即今福建宁化县南石牛。明改为驿。

石牛营　明置，在今广西贺州市东南贺江西岸。《方舆纪要》卷107贺县：石牛营在“县西南百里。万历八年筑土城于此，置兵戍守”。

石牛道　古道路名。又名金牛道。古代汉中盆地和巴蜀的主要交通路线。自今陕西勉县西南行，越七盘岭入四川境，经朝天驿、广元，而至剑阁。东晋常璩《华阳国志·蜀志》：秦惠王谋伐蜀，乃作五石牛，言能屎金，以欺蜀王；蜀王“乃遣五丁开道迎石牛”。秦由此道灭蜀。“石牛”、“金牛”由此得名。《水经·沔水注》：“来敏《本蜀论》云，秦惠王欲伐蜀而不知道，作五石牛以金置尾下，言能屎金。蜀王负力，令五丁引之成道。秦使张仪、司马错寻路灭蜀，因曰石牛道。”因险绝处筑有栈道，故又有南栈、蜀栈之名。自秦汉以来，一直是川陕间的重要道路。明崇祯十年（1637）李自成率领的农民起义军自陕西入四川，即取道于此。今广元市以北朝天驿附近清风峡和明月峡，尚有栈道遗迹。

石牛镇　①北宋置，属威远县。在今四川威远县东。《舆地纪胜》卷160荣州：石牛镇，“《图经》云：在（威远）县东七十里。本朝尚书右丞何公郯实生于此。何公《庐江集》载：公母夫人墓志云：公生于和义别野，即此地也”。

②在今浙江新昌县治西门外茶亭。《方舆纪要》卷92绍兴府新昌县：“五代梁开平初，吴越始析置今县，治石牛镇。”即此。

石牛潭　①在今湖北通山县东。《舆地纪胜》卷33兴国军：石牛潭“在通山。后唐南米仓米耗大半，占者曰，此石牛所啖，因凿其颐，自是米不复耗”。《方舆纪要》卷76通山县：石牛潭在“县东五里。有石涧六十里，下流入于长河”。

②在今贵州思南县西南三十五里。《方舆纪要》卷122思南府：石牛潭“澄澈深广，水际有石如卧牛，因名”。

石仁堡　明置，在今广西昭平县南。《方舆纪要》卷107昭平县：石仁堡“其相近为东西两营。《志》云：县有上永、藤湾、明源口等村，清瑶僮环县四列，而东营、西营、石仁等堡为戍守要地”。

石分镇　北宋置，属分宜县。在今江西分宜县南石分岭下。

石公山　又名象山。在今江苏镇江市东北八里，与焦山对峙。《元史·阿术传》：至元十二年（1275），张世杰等以舟师驻焦山东，“阿术登石公山望之，舳舻连接，旌旗蔽江，曰：‘可烧而走也’”。即此。

石仓城　或说即上仓城。在今河南通许县西。《水经·渠水注》：“八里沟水又南径石仓城西。”《寰宇记》卷1陈留县：“《城冢记》：‘郑庄公理开封东南，筑此城，积仓粟，因名盛仓城，盛与石音相似，故号石仓城。’”

石氏屯田务　五代后蜀广政二十一年（958）置，

属万州。治所在今重庆市梁平县。《舆地纪胜》卷179梁山军："五代伪蜀在今军治置屯田务，曰石氏屯田务。皇朝平蜀，土豪石处赟纳庄田八所。"北宋乾德三年（965）废，移梁山县于此。开宝三年（970）升县为军。

石六峰山 即今广西灵山县城西侧六峰山。《舆地纪胜》卷119钦州：石六石"在灵山县西百步"。《清一统志·廉州府》：石六峰山"在灵山县西一里。其峰有六，因名"。

石孔山 亦名射姑山。在今山西临汾市西。《寰宇记》卷11晋州临汾县："石孔山有九孔相通，深不能穷。"《清一统志·平阳府一》"姑射山"条引《新志》："姑射山在县西三十五里，即古石孔山也。上有姑射、莲花二洞，其山南跨襄陵、太平二县界。"

石正墟 即今广东平远县西南石正镇。清设石正墟汛。

石艾县 北魏孝昌中改上艾县置，属乐平郡。治所在今山西平定县南二十里新城村。隋属太原郡。唐属并州，天宝元年（742）改广阳县。

石龙 ①即今广东东莞市东北石龙。清康熙三十二年（1693）设陆路游击防守。乾隆十九年（1754）移东莞县县丞驻此。

②在今重庆市万州区西南盘龙碛。《水经·江水注》："江水又东，径石龙而至于博阳二村之间，有盘石广四百丈，长六里而复，殆于阻塞江川，夏没冬出，基亘通渚。"

石龙山 ①在今安徽青阳县东。《方舆纪要》卷27青阳县：石龙山"在县东四十五里，蜿蜒如龙"。

②在今浙江庆元县治松源镇西隅。《方舆纪要》卷94庆元县：石龙山在"县治西。蜿蜒如龙"。

③在今福建浦城县西北九十里，接武夷山市界。《清一统志·建宁府》：石龙山"三峰鼎峙，中一峰曰鹅儿峰，旁有池广袤数丈"。

④在今江西南丰县西。《舆地纪胜》卷35建昌军：石龙山"在南丰县西百二十里。前山如游龙缭绕数百丈，乡人呼石龙山"。

⑤在今湖北广水市东北。《后汉书·王常传》注引盛弘之《荆州记》："永阳县北有石龙山。"《水经·涢水注》："隋水出隋郡永阳县东石龙山。"《元和志》卷27应山县：石龙山在"县东北二十五里。有石盘回屈曲若龙形"。

⑥在今湖南湘潭县西。《明一统志》卷63长沙府：石龙峰"山顶有石，昂如龙首。宋廖宋民讲学其下"。《清一统志·长沙府一》作"石龙山"。

⑦在今云南宣威市东。《清一统志·曲靖府》：石龙山"在宣威州东七里。黔、蜀之交，险阻四塞，其西麓有石如龙。明万历末，土官安边与乌撒构兵，据险设营于此"。

石龙冈 在今广东化州市西南。《寰宇记》卷167石龙县：石龙冈"在州西南三里。上有石，高六尺，周回六丈，左边有文似龙形，其江即鼎之见也"。石龙县以此名。

石龙冈山 亦名龙冈山、营山。在今重庆市大足县西三里。《明一统志》卷69重庆府：石龙冈山"在大足县西一十里。其山环拱，山脊折纹若龙鳞然"。

石龙县 ①南朝梁置，为罗州、石龙郡治。治所即今广东化州市。《方舆纪要》卷104化州："《志》云：州治北有石龙冈，旧石龙县以此名。"隋大业初属高凉郡。唐为辩州、陵水郡治。北宋为化州治。元为化州路治。明洪武初为化州府治，洪武七年（1374）废入化州。

②唐贞观五年（631）置，属羁縻雅州。治所在今四川阿坝县东南境。后废。

石龙岗 即今山西繁峙县城。明万历十四年（1586）繁峙县移治于此。

石龙岩 在今湖南临武县西二十里。《明一统志》卷64衡州府：石龙岩"中有石如龙。相传岁旱洗之即雨"。

石龙郡 南朝梁置，为罗州治。治所在石龙县（今广东化州市）。辖境相当今广东化州市及广西陆川县部分地。隋开皇九年（589）平陈后废。

石龙堡 在今湖北利川市西南沙溪镇西。为明末清初沙溪宣抚司驻地。

石龙墟 ①即今广东东莞市东北石龙镇。清属东莞县，有县丞及游击驻此。

②即今广西象州县西南六十里石龙镇。清光绪《广西舆地全图》象州图：西南有石龙镇。

③即今广西桂平市西南石龙镇。清光绪《广西舆地全图》桂平县图：西南有石龙墟。

④亦作上石龙墟。即今广西贵港市西北石龙镇。清光绪《广西舆地全图》贵县图：西北有上石龙墟。民国《贵县志》卷1：上石龙墟"一名东山石龙墟，在县北七十里……县北重镇，为四大墟之一"。

石平州 元世祖至元七年（1270）于石坪邑置，属临安路。治所即今云南石屏县。《元史·地理志》石平州："阿僰蛮据之，得石坪，聚为居邑，名曰石坪。至元七年，改邑为州。"明洪武十五年（1382）改石屏州。

石平桥 在今福建古田县东南。《方舆纪要》卷96福州府：石平桥"在县治东南。宋建。寻废。明朝宣德间再建，复圮。成化十五年重修，为石墩十有一，覆以亭五十六间"。

石旧县 元世祖至元二十六年（1289）置，属禄劝州。治所在今云南禄劝彝族苗族自治县东北五里旧县。《元史·地理志》："掌鸠甸有溪绕其三面，凡数十渡，故名，今讹名石旧。"明正德中废入州。

石田 在今贵州贵阳市南二十五里。明郭子章《黔记》卷7："相传昔有隐士刁黄石冲举之事甚笃，忽有道士从假牛耕石田种玉，隐士与之。方耕，隐士妻来牵牛，道士怒，遂舍之。至今石上犹存耕犁之迹。”

石仞寨　在今陕西略阳县北。《续资治通鉴长编》：北宋乾德二年（964），王全斌伐蜀，由凤州路进讨，“攻拔乾渠渡、万仞、燕子等寨，遂取兴州”。

石印山　在今安徽东至县北尧渡河岸。《寰宇记》卷105建德县：“印石在县西北五里历水岸。石壁峻拔。旧传许旌阳逐蛟至此，岸崩。其石崩处，屹然成壁，印石而去。其石印篆文，圆若马蹄迹。”《方舆纪要》卷27建德县：石印山“在县北七里，其相近者曰青山。两崖对峙，为邑治捍门，上有石印洞”。

石头　①即石头城之简称。在今江苏南京市西清凉山上。

②在今甘肃武威市东。《十六国春秋辑补》卷68前凉录：东晋太宁元年（323），刘曜率大军攻凉州，河西大震，凉州牧张茂“乃出次石头”。即此。

石头大寨　在今四川兴文县西南。《方舆纪要》卷70兴文县：石头大寨“在县西南，亦都掌蛮寨也。正德十年，蛮部葛魁种普法恶等作乱，诏抚臣马昊等讨之。昊遣兵分道，东从珙县，西从筠连，南自乌蒙东川进讨，攻取老虎、牡猪、岩底等砦，既而西路军围石头大寨，恃险无备，为贼所败”。

石头口　在今江西南昌县北。《方舆纪要》卷83赣水：“绕城而流广十里，度江之北，曰石头口。”

石头口镇　明置，属嘉鱼县。即今湖北赤壁市西北赤壁镇驻地（石头口）。清置巡司于此。后移陆口镇（在今嘉鱼县西南陆溪镇）。

石头山　①即清凉山。在今江苏南京市西汉中门内。宋《景定建康志》卷17“石头山”条引《舆地志》：“缘大江，南抵秦淮口，去台城九里，自六朝以来，皆守石头以为固。”《清一统志·江宁府一》：石头山“《府志》：在上元县西四里，自江北而来，山皆无石，至此，山始有石，故名”。

②又名观山。即今浙江富阳市东富春江畔之鹳山。《隋书·地理志》：余杭郡富阳县“有石头山”。《寰宇记》卷93富阳县：“石头山，山有观涛所。”

③在今湖北赤壁市西北。《隋书·地理志》蒲圻县：“有石头山。”

④在今广东韶关市北。《舆地纪胜》卷90韶州：石头山“在曲江县（今韶关市）北十三里。山上有石高峻，有二圣真身，下建石头寺”。《方舆纪要》卷102韶州府曲江县：石头山“上有巨石特起，俗名鸡冠石。石上有洞深邃，一名貂蝉岭”。

石头河子　即今黑龙江省木兰县西石河乡。清光绪三十一年（1905）设木兰县于此。

石头河镇　即今黑龙江省尚志市东南石头河子镇。清光绪《皇朝直省图》吉林图：长寿县东南有石头河子。光绪《吉林全省地舆图》作十道河子。民国徐曦《东三省纪略》卷8：东清铁路有石头河子站。

石头驿　①唐置，属南昌县。在今江西南昌市西郊红石岗上。《方舆纪要》卷84南昌府南昌县：石头驿“在章江门外十里有石头渚，亦曰投书渚。……《志》云，陈永定中尝置南昌县于此。隋废。唐初复置，旋废县，因置石头驿。明初陈友谅围南昌急，张子明以小渔舟夜从水关潜出，越石头口告急于建康是也。今为石步镇”。

②即今湖北赤壁市西北赤壁镇驻地（石头口）。唐李白有《答裴侍御先行至石头驿以书见招期月满泛洞庭》诗。

石头城　①简称石头。又名石首城、石城。俗称鬼脸城。故址在今江苏南京市西清凉山上。本战国楚金陵城。《三国志·吴书·吴主传》：东汉建安十七年（212），孙权“城石头”，从此改名石头城。六朝时，江流紧迫山麓，城负山面江，南临秦淮河口，当交通要冲，为建康军事重镇。《陈书·后主纪》：祯明二年（588），“大风至，自西北激涛，水入石头城”。隋开皇九年（589）平陈，于此置蒋州。唐武德四年（621），为扬州治所。九年，扬州移治江都县（今江苏扬州市），此城遂毁，但仍为防守据点。《新唐书·韩滉传》：唐建中四年（783）朱泚作乱，韩滉曾“筑石头五城，自京口至玉山”。同书《李锜传》载：元和二年（807），“筑石头城，谋据江左”。北宋以后，长江主流向西北移徙，城西淤为平地，失去当年雄踞之势，古城也荡然无存。今残存城垣为明初扩建应天府城时所修筑。因长年风化剥蚀，石屋凹凸不平，故俗称“鬼脸城”。

②即陌城。在今江苏吴江市北。《寰宇记》卷91吴县：石头山（城）“在县东南三十五里大江边（按，《清一统志》作“吴江县北”）。一名陌城是也。《吴地记》云：夫差十二年既杀子胥，后悔之，与群臣临江作塘，创设祭奠，百姓缘为立庙”。

石头城遗址　在今新疆塔什库尔干塔吉克自治县城北。海拔3100米。由晋唐时期的城墙、城门、寺院、居住遗址和清代官署等遗迹组成。城垣周长1285米，总面积10.7万平方米。古城始建于晋唐时期，城墙用石块或土坯砌筑。城东部寺院遗址墙壁上尚存壁画痕迹。清代官署蒲犁厅就建在寺院遗址上。城内房屋多属半地穴式建筑，砾石砌筑墙体，现存房屋遗迹四十余间。石头城遗址地处喀什绿洲通往中亚及南亚的交通线上，自喀什、英吉沙、叶城、莎车至帕米尔高原的几条道路均汇集于此，位置重要。晋至南北朝时期为羯盘陀国都，唐代为葱岭守捉驻节地，清设蒲犁厅，是古代丝绸之路上的重要古城址。2001年定为全国重点文物保护单位。

石头津步　又名石头渚、投书渚。在今江西南昌市西郊红石岗上。《水经·赣水注》：“赣水又径郡北……水之西岸有盘石，谓之石头津步之处也。”《陈书·周文育传》：“广州刺史萧勃举兵逾岭，诏文育督众军讨之。时新吴洞主余孝顷举兵应勃，遣其弟孝劢守郡城，自出豫章，据于石头。”即此。

石头站 元置，在今湖北赤壁市西北赤壁镇处。

石头渚 又名石头津步、投书渚。在今江西南昌市西郊红石岗上。《寰宇记》卷106洪州南昌县：石头渚“晋太守殷羡，建元中为豫章太守，去郡，人多附书一百余封，行至江西石头渚岸，以书掷水中，咒曰：‘沉者自沉，浮者自浮，殷洪乔非是致书邮’。故时人号为投书渚”。

石头街 即今江西万年县西北石镇。明、清置巡司于此。

石头港 今江苏江阴市东。《宋史·河渠志七》：南宋淳熙九年（1182），知常州章冲奏：“江阴之东曰赵港、白沙港、石头港……皆古人开导以为溉田，无穷之利者也；今所在堙塞，不能灌溉。”《方舆纪要》卷25常州府江阴县：石头港“在县西三十里。北通大江，南入横河，有石头巡司”。

石头渡 在今江西抚州市临川区东南。《方舆纪要》卷86抚州府临川县：石头渡在“府东南二十里。东岸有虾蟆石。……俱汝水所经”。

石头墟 即今广西容县西北石头镇。清光绪《容县志》卷1：石头墟“在城西北七十里。属水里”。

石头寨 在今云南红河县东南三十三里石头寨。宋时为七溪部驻地。明、清时溪处甸长官司治此。

石穴山寨 在今河南淅川县南丹江水库北。《金史·武仙传》：天兴二年（1233），仙驻军顺阳，为宋兵所袭，“徙淅川之石穴”。即此。

石阡万寿宫 在今贵州石阡县（汤山镇）北路。又称江西会馆或豫章会馆。始建于明万历十六年（1588），清乾隆三十二年（1767）改建，光绪二十八年（1902）再次改建。现存万寿宫（含紫云宫、圣帝宫）、禹王宫、玉皇阁等建筑，部分为明代建筑。建筑群规模较大，布局奇特，砖雕、彩绘、木雕、斗拱富于变化，有浓厚的地方色彩。2001年定为全国重点文物保护单位。

石阡长官司 明洪武初改石阡等处长官司置，属思州宣慰司。治所即今贵州石阡县。明永乐十一年（1413）改置石阡府。

石阡县 1913年改石阡府置，属贵州镇远道。治所即今贵州石阡县。1923年直属贵州省。据清爱必达《黔南识略》卷17：“石阡之名，因于阡山。”而明《寰宇通志》卷114说，石阡因石阡河而得名。但此二说对石阡之本义均未讲清楚。蔡正国《石阡县名考辨》（载《贵州文史丛刊》1987年第3期）称：关于石阡的“石”是汉语的石崖、岩石，但“石”字用作地名，则是仡佬族住地的明显标志；而“阡”字为洞，则有考于侗语“天”的汉译音，在侗语中“天”是“千”。石阡之得名是以县城中的五老山和五老山第一峰——龙山崖畔的“风鬼洞”。

石阡府 明永乐十一年（1413）置，属贵州布政司。治所在石阡长官司（今贵州石阡县）。辖境相当今贵州石阡、凤冈二县地。清属贵州省。1913年废。

石阡等处长官司 元置，属思州安抚司。治所即今贵州石阡县。明洪武初改置石阡长官司。

石台（臺）山 在今江西宜丰县南。《舆地纪胜》卷27瑞州：石台山“在新昌县南二十里。中有清凉禅院，东坡栾城尝游焉，有诗赠长老问公”。

石台（臺）县 北魏孝昌三年（527）置，属汝北郡。治所在今河南汝州市西四十里石台村。北周为石台郡治。后废。

石台（臺）郡 北周置，治所在石台县（今河南汝州市西四十里石台村）。后废。

石母山 在今云南巍山彝族回族自治县北七十里。《明一统志》卷86蒙化府：石母山“在府城北七十里。产石黄（《方舆纪要》作“出石黄及雄黄”），下有泉，为赕中溪，南入罗盘江”。

石寺镇 清置，属新安县。即今河南新安县北三十里石寺镇。

石老人 亦作石老人咀。在今山东青岛市崂山区东南。大石兀立海边，上锐而下丰，自西北望之，伛偻如老人。内有石老人山。清同治《即墨县志》卷4《墩堡》：敖山卫有石老人。

石耳山 ①在今安徽歙县东南。《方舆纪要》卷28徽州府歙县：石耳山“在府南四十里。突起大障，高出群峰，多岩石之胜”。《清一统志·徽州府一》：石耳山“孤峰瑰异，峰石倒垂如莲瓣。多产药草”。

②在今浙江开化县西北。《方舆纪要》卷93开化县：石耳山在“县西八十里。周回三百里，连亘婺源、德兴二县界”。

③在今江西婺源县东南。《方舆纪要》卷28徽州府婺源县：石耳山在“县东南九十里。层岩叠嶂，高险接天，有石室甚深广。由衢、信入境，此山为之望。其支脉曰大鳙山，在县东百里。高三百仞。相传洪水时，有大鳙上此而名”。

石耳峰 在今江西九江市西南。《清一统志·九江府一》：石耳峰“在德化县西南三十里庐山圆通寺东南。双峰并耸，形如两耳”。

石西州 唐置羁縻州，属邕州都督府。治所在今广西凭祥市东南上石镇。北宋嘉祐后分为上、下石西州，于此置上石西州。

石灰山 即幕府山。在今江苏南京市北，长江南岸。垄多石，居人煅以取灰，故又名石灰山。《明史·太祖纪》：至正二十年（1360），陈友谅约张士诚合攻应天府，太祖命“常遇春伏石灰山”。即此。

石灰山关 明初置，在今江苏南京市北。《方舆纪要》卷20江宁县：石灰山关“在幕府山北”。

石灰窑 在今河北大名县北。《资治通鉴》：五代唐天成二年（927），明宗“敕卢（芦）台乱兵在营家属并全门处斩。敕至邺都，阖九指挥之门，驱三千五百家凡万余人于石灰窑，悉斩之，永济渠为之变赤”。胡注：“唐开元二十八年，魏州刺史卢晖徙永济渠，自石灰窑引流至城，西至魏桥以通江淮之漕。”

石灰窑市　在今湖北黄石市东南西塞山区。旧属大冶县。清光绪《湖北全省分图》：大冶县东北有石灰窑市。1948年与黄石港、道士洑合设石黄镇。1950年改设黄石市，此为石灰窑区。2001年改名西塞山区。

石灰溪　即今四川富顺县东南六十里安溪河。源出南溪县仙临乡，东北流入县，注入沱江。清乾隆《富顺县志》卷2：石灰溪“在县南五十里。发源仰天铺，东北流为梅家滩、石板滩，至溪口入雒水。内产煤炭，可通小舟”。

石成县　亦作石城县。西汉置，属右北平郡。治所在今辽宁建昌县西。东汉废。

石夹口关　在今河南唐河县东北。《方舆纪要》卷51唐县：石夹口关，“《唐志》：县有石夹口关。昔时戍守处也”。

石夷门　又名石门。在今浙江桐乡市西二十里石门镇。春秋时，吴拒越，垒石为门，谓之石夷门。《资治通鉴》：唐肃宗上元二年（761），“张景超引兵攻杭州，败李藏用将李强于石夷门”。即此。

石帆山　①亦作石帆堆。又名小帆山。在今江苏南京市六合区东四十里。《舆地纪胜》卷38谓之“石帆堆”。《清一统志·江宁府一》：石帆山，“《旧志》云：在瓜步山东，矗起江中，形若张帆，通体皆石，无草木。山之东即黄天荡”。

②在今浙江海盐县西南海中。《方舆纪要》卷91海盐县“葫芦山”条下：“澉浦城南三里有石帆山，屹立海中，如张帆然。”

③即今浙江绍兴县东二十二里之吼山。《水经·浙江水注》：射的山“北则石帆山，山东北有孤石，高二十余丈，广八丈，望之如帆，因以为名”。

④即玉笥山。在今湖南汨罗市西北。屈原被放，曾栖于此山而作《九歌》。

石竹山　在今福建福清市西。《舆地广记》、《舆地纪胜》皆作竹山。《方舆胜览》卷10福州：石竹山“在福清县南一里，有林真君玄光炼丹于此”。《方舆纪要》卷96福州府福清县：石竹山在“县西二十四里，山多竹树，青葱插天，岩洞泉石，奇胜林立，无患溪出其下。《志》云，石竹山下有宋时军寨”。

石臼戍　唐置，属翼州。在今四川茂县西北太平乡境。《元和志》卷32：峨和县“在石臼戍北大江之西”。

石臼岛　在今山东日照市东。《宋史·李宝传》：南宋乾道初，“至胶西石臼岛，敌舟已出海口，泊唐岛，相距仅一山。时北风盛，宝祷于石臼神”。即此。

石臼所　明初置石臼寨备御后千户所，属安东卫。在今山东日照市东石臼所。《清一统志·沂州府一》：“旧有石臼岛，故名。”

石臼河　亦名涉河。在今河北平山县西北。《后汉书·邓寇传》：“永平中，理虖沱、石臼河，从都虑至羊肠仓，欲令通漕。太原吏人苦役，连年无成，转运所经三百八十九隘，前后没溺死者不可胜算。建初三年……遂罢其役。”即此。《清一统志·正定府一》“涉河条”：“《旧志》：涉河在平山县西北六十里，东流至县东北入滹沱。今上流为滋水所乱，故道已湮，下流淤塞，亦不复东行。”

石臼湖　在今江苏溧水、高淳与安徽当涂三县间。《寰宇记》卷90升州溧水县：石臼湖“西连丹阳湖，岸广一百六十余里。北枕横山，东连廪丘山”。《景定建康志》卷18：石臼湖“纵五十里，衡四十里，四连丹杨湖，湖中有军山、塔子、马头、雀垒四山。其水旧有二派，入龙潭梅梁港，经汤家步通浊水，此道今堙塞”。

石臼窝　即今河北玉田县南六十里石臼窝镇。清同治《畿辅通志》卷54玉田县图：西南有石臼窝镇。

石臼镇　北宋置，属中江县。在今四川中江县北永太镇西了金桥附近。民国《中江县志》卷2：“石凹子在双凤场西，县北四十里。疑即《九域志》所载石臼镇。凹臼形似。又道里相同。”

石会关　唐置，故址在今山西榆社县西北。旧为泽、潞北走晋阳之要扼。《资治通鉴》：唐会昌三年（843），“河东奏克石会关”。光化二年（899），周德威追击氏叔琮，“出石会关，又斩千余级”。均此。

石凫山　一名凫山。在今安徽旌德县东北。《舆地纪胜》卷19宁国府：凫山“在旌德县东二十里。山有巨人迹、马蹄石、捣药臼。俗传窦令君二女化青凫随父仙去”。

石庄　即今江苏如皋市南五十六里石庄镇。明、清置巡司于此。

石庄桥镇　即今江苏江阴市西石庄镇。清光绪《江苏全省舆图》江阴县图：西有石庄桥。民国《江苏六十一县志》：江阴县西有“石庄桥镇”，“石庄桥跨桃花港港界武进县，亦为县西要区”。

石庄镇　即今江苏如皋市南石庄镇。明、清置巡司于此。

石羊山　①在今广西武宣县西南。《舆地纪胜》卷105象州：石羊山“在武仙县西五十里。峭壁如粉屏，俯瞰大江，中有石影，宛如一羊，头角尾蹄皆具”。

②在今四川安岳县东南石羊镇。《舆地纪胜》卷158普州：石羊镇“在安居县。又有石羊山去县一百三十里。昔有石羊见此，因名”。北宋石羊镇，元石羊县以此名。

石羊水　即今山西石楼县西南义牒河。《水经·河水注》：“河水又南，左会石羊水，循溪东入，导源穷谷，西流注于河。”

石羊场　①在今四川安岳县东南一百里石羊镇南。清道光《安岳县志》卷7：石羊场“在治东一百里”。

②即今四川都江堰市南石羊镇。民国《灌县志》卷2：石羊场“在治南四十里。介黑石、沙沟两河间，为通崇庆县要道。旧属三阳镇。场中一沟横贯沟边，有石如羊，因名石羊沟，场亦以名”。《清史稿·杨复东传》：咸丰十一年（1861），“又破（冀）朝柱于崇庆，毁石羊场”。即此。

石羊关 ①元至正六年（1346）置，在今河南登封市东南告成镇东二十里。《清一统志·河南府二》引《县志》称：“关据岭上，颍水合流，至此汇为巨浸而出，道路险隘，关口陡峻。”

②在今湖南武冈市东北二十五里石羊桥。《明史·地理志》武冈州：“东有石羊关。”即此。

石羊县 元至正四年（1344）置，属遂宁州。治所在今四川安岳县东南一百里石羊镇。明洪武四年（1371）废。道光《安岳县志》卷7：石羊镇“离石羊场五里，即古石羊废县”。

石羊城 在今四川安岳县东南赤云乡南。《方舆纪要》卷71安岳县：石羊城，“《志》云：在县东百二十里。元置县，明初废为石羊镇”。在遗址内，可见厚瓦与基石。

石羊垒 在今河北蠡县东。《魏书·地形志》：蠡吾县有“石羊垒”。《方舆纪要》卷12蠡县：石羊垒，“昔人屯戍处。今堙”。

石羊湖 在今湖北云梦县东南。《方舆纪要》卷77云梦县：石羊湖“在县东南三十里”。

石羊镇 ①北宋置，属江津县。在今重庆市江津区西南六十里长江畔。

②北宋置，属安岳县。在今四川安岳县东南一百里石羊镇。《舆地纪胜》卷158普州：石羊镇“在安岳县。又有石羊山，去县一百三十里。昔有石羊见此，因名”。

③北宋置，属盐泉县。在今四川三台县西北中太镇（桥楼子）附近。

石关 ①在今河南偃师市西。《资治通鉴》：东晋义熙十二年（416），广武将军石无讳东戍巩城，“檀道济等长驱而进，无讳至石关，奔还”。胡三省注：“自洛城东至偃师四十五里。偃师西山有汉广野君郦食其庙，庙东有二石阙。”

②在今甘肃岷县东一百三十里。《明史·地理志》岷州卫：“东有石关。”《清一统志·巩昌府二》：石关“有砦。东维秦陇，西控番地，天然锁钥”。

石关峒长官司 明宣德三年（1428）置，属金峒安抚司。治所在今湖北咸丰县北。后废。

石关哨 即今贵州纳雍县西北石关。《清一统志·大定府》“长冲哨”条下：又有“石关哨”等旧皆设兵守御。

石关砦 北宋置，属神泉县。在今四川安县（花荄镇）西北。后废。

石州 ①南朝梁置，治所在夫宁县（今广西藤县东北浔江南、北流江东岸）。辖境相当今广西藤县、岑溪、容县及苍梧县西部地。隋开皇十年（590）改为藤州。

②西魏恭帝二年（555）置，治所在巴渠郡东乡县（今四川宣汉县东北一百里普光镇西）。辖境相当今四川宣汉县东北地。北周天和四年（569）废。

③北周建德六年（577）改西汾州置，治所在离石县（今山西吕梁市离石区）。辖境相当今山西吕梁市及中阳、柳林、临县、方山等县地。隋大业三年（607）废。唐武德元年（618）复置，天宝元年（742）改为昌化郡，乾元元年（758）复为石州。明隆庆元年（1567）改为永宁州。

④西夏置，治所在今陕西横山县东北。元废。

石州祥祐监军司 简称祥祐监军司。西夏置，治所在石州城（今陕西横山县东北波罗镇）。元废。

石汗那 亦作斫汗那、赤鄂衍那、支汗那。唐西域国名。都艳城（今阿富汗东北境斯科扎尔一带；一说即今塔吉克斯坦杜尚别西南迭脑）。唐龙朔元年（661）置悦般州都督府于此。

石安县 十六国后赵石勒置，属咸阳郡。治所在今陕西咸阳市东北窑店镇北。北周建德中移治今泾阳县，为咸阳郡治。隋开皇三年（583）并入泾阳县。

石安原 在今陕西泾阳县南，接咸阳市界。《十六国春秋辑补·前秦录》：苻健“率步骑二万攻张琚于宜秋，斩其首，还登石安原而叹曰，‘美哉斯原也，怅然有终焉之志’”。

石阳 在今湖北武汉市黄陂区西。《三国志·吴书·吴主传》：黄武五年（226）七月，“权闻文帝崩，征江夏，围石阳，不克而还”。

石阳县 ①东汉永元八年（96）置，属豫章郡。治所在今江西吉水县北十五里固洲。兴平二年（195）为庐陵郡治。三国时属庐陵郡。西晋太康中又为庐陵郡治。隋开皇十年（590）改名庐陵县。

②三国吴置，属江夏郡。治所在今湖北汉川市西北。西晋太康元年（280）改为曲陵县。

石阶山 在今湖北丹江口市西南。《隋书·地理志》：武当县有石阶山。《寰宇记》卷143武当县：石阶山，“《隋图经》云：一名华岳地肺，一名肺山”。

石妇山 在今安徽广德县东南。《明一统志》卷17广德州：石妇山“在州城东南五十里。众山环绕，中一峰独高，峰之颠有石高二丈许，如妇人状。旧传谢氏女介洁有守，登山化为石，藤萝薜荔，萦绕其上，如衣被之状，独露其面，樵者不敢采”。

石坛（壇）山 一名坛头山。即今浙江象山县东南海中檀头山。《方舆纪要》卷92宁波府象山县“东门山”条下：“又南十里有大门、担子、石坛等山。或曰石坛山即坛头山，有南北礁壳、莱蓝等澳，可以避风泊船。贼由日本而来，每望此山收泊。嘉靖中，设军哨守。”清时设把总驻防。

石坝集 即今安徽明光市东南石坝镇。旧属盱眙县。清光绪《盱眙县志稿》卷3：石坝集在“西南九十五里”。

石坝镇 即今广东博罗县东北石坝镇，北近河源市界。清乾隆《博罗县志》卷3：“墟市”有石坝墟。

石坎墟 即今广东清新县西北石坎镇。清设石坎汛，有把总驻防。

石坑山 在今广东阳东县西北石坑。《方舆纪要》卷101阳江县：石坑山在“县西北六十里。数峰相接，瑶居其中，接阳春县界，恃为藩翰”。

石坑铅场 北宋置，属梅州程乡县。在今广东梅县西北石坑镇。

石花屿 在今河北保定市西北。《方舆纪要》卷12清苑县：石花屿“高数仞，广数十丈，中多花卉。宋时尝置戍于此”。

石花堡 即今贵州松桃苗族自治县东北石花村。清严如熤《苗疆险要考》14松桃厅：石花寨在“城东三十余里。山势崟嵚，径路诘曲，下临深涧”。

石花街 即今湖北谷城县西三十六里石花镇。明、清置巡司于此。民国设县佐。

石村 即今山东广饶县西北十八里石村镇。清光绪《山东通志》卷2《舆图志》：乐安县（今广饶县）西北有石村。

石村汛 在今广西龙胜各族自治县西北。《清一统志·广西统部》义宁协副将：有石村汛，把总驻防。

石村集 即今河北武邑县东南三十二里南石村。明嘉靖《冀州志》武邑县地理图：东南有石村集。

石矶津 即富溪津市。今福建福安市西南廉村。

石匣沟 即古参合陂。在今内蒙古和林格尔县东北西沟门南。

石匣城 亦名石匣营。在今北京市密云县东北。《方舆纪要》卷11密云县：石匣营在“县东北六十里。营西有石如匣，因名。旧有石闸驿在县南里许，宣德四年徙于此。宏治十七年筑城，周四里有奇，自是增兵置守，益为要地”。

石步港 在今江苏南京市东北，摄山西。宋《景定建康志》卷19：石步港“在上元县长宁乡，去县四十里”。又引石迈《古迹编》云：“摄山西，花林市之东，有曰石步港，西连竹筱河，北出大江。”宋置石步砦巡司于此，为滨江戍守处。

石步镇 北宋改罗落桥置，属上元县。即今江苏南京市江宁区东北石埠桥。宋置石步砦巡司于此。

石吠山 在今云南南华县东南二十里。《方舆纪要》卷116镇南州：石吠山在“州东南二十里。产煤炭。相传上有石如犬，凶年则吠”。

石围口山 在今广东恩平市西北二十里。《方舆纪要》卷101肇庆府恩平县：石围口山“卓立江口，巉岩峭绝”。

石围塘 即今广东广州市西南珠江西岸石围塘。广三铁路以此为起点。

石邑 战国初为中山邑，后入赵。在今河北鹿泉市东南南故邑村。《史记·赵世家》：武灵王二十一年（前305）攻中山，“王军取鄗、石邑、封龙、东垣”。又《陈余传》：“赵王复使（李）良略太原，至石邑，秦兵塞井陉，未能前。”皆此。

石邑县 ①战国赵置，后入秦，属恒山郡。治所在今河北鹿泉市东南南故邑村。《史记·赵世家》正义引《括地志》：“石邑故城在恒州鹿泉（今鹿泉市）南三十五里。”西汉属常山郡。东汉废。西晋复置，北齐废。隋开皇六年（586）复置，移治今石家庄市西南振头，属恒州。大业初属恒山郡。唐属镇州。北宋开宝六年（937）废。

②隋开皇六年（586）改曲阳县置，属定州。治所即今河北曲阳县。七年（587）改名恒阳县。

石岐水 即今广东中山市西侧石岐水道。上承横门水道，南流经市西，又南入磨刀门水入海。清光绪《广东图说》卷1：香山县有“石岐水”。

石岘 即今贵州松桃苗族自治县西南石岘。清置石岘汛。严如熤《苗疆道路考》9：“由松桃南渡河……至石岘。此内生苗极悍，常结队于十里坡、龙头营等处伏草，商贾往来至此常有戒心。”

石岗县 西魏置，属武康郡。治所在今四川简阳市西北五指乡石冈。《寰宇记》卷69平泉县：“石冈溪在县北三十八里平泉县界，分栋山在两岸，枕石带冈以为名。”县以此为名。北周以后废。

石佛山 ①即今江苏徐州市西南云龙山。其东南岭有大石佛，俗因谓之石佛山。《新唐书·时溥传》：景福二年（893），朱全忠遣子友裕击时溥于徐州，后“全忠使庞师古代友裕，溥分兵固保石佛山，师古攻拔之”。即此。

②在今四川眉山市西南二十五里。《方舆胜览》卷53眉州：石佛山“在眉山之南。苏子瞻寄子由诗：石田宅向何许，石佛山下路”。因山半有石佛像，故名。

③在今陕西米脂县东七十里。《清一统志·绥德州》：石佛山“高耸峭特，为县境诸山之冠”。

石佛寺寨 即今河南镇平县南西北十七里石佛寺镇。清尹耕云《豫军纪略》卷11：同治三年（1864）十一月，“汤聘珍进屯石佛寺寨”。

石佛谷 在今山西原平市西北六十余里。《方舆纪要》卷40崞县：石佛谷“《志》云，在县西北三十里，北接朔州界。元末用石垒寨，明初因之。南通庙岭，即夹柳树堡也。其西北有郎岭关云”。

石佛岭 ①在今安徽郎溪县南七十里。《清一统志·广德州》：石佛岭“在建平县南七十里。上有三石，高二丈许，形如佛”。“石佛撑云”为县境胜景之一。

②在今浙江松阳县东南。《方舆纪要》卷94松阳县：石佛岭“在县东南四十里。岭险峻，下临松溪，又东南至（处州）府城七十余里，往来通道

也”。

石佛洞遗址 在今云南耿马傣族佤族自治县东南四十里澜沧江支流小黑江河谷巴达山悬崖上。为新石器时代洞穴遗址。洞口面宽约80米，高30米，纵深约100米。1983年试掘，文化堆积厚3.2—3.5米，揭露出五层居住面遗址和椭圆形、长方形房址各一座，出土遗物有石器、骨器、陶器、稻谷等。石器均为磨制，其中状如齿轮的“棍棒头”极为罕见。陶器中单耳罐、折肩罐、圜底钵为云南地区新石器时代遗存所仅见。1996年定为全国重点文物保护单位。

石佛站 元置，在今四川眉山市南复兴乡西岷江东岸石佛场。明改为石佛水驿。

石佛堂 宋名艾峪，后改石佛堂。即今山东临朐县西南寺头镇东石佛。有宋代石刻佛像近百尊。明嘉靖《临朐县志》：石佛堂集“在县西南五十里”。

石佛堡 即今辽宁义县东南石佛堡。清乾隆《钦定盛京通志》卷30：石佛堡在“（义州）城东南四十里”。

石佛寨 即今江西铅山县西南佛寨。《方舆纪要》卷85广信府铅山县：石佛寨“在县（今永平镇）西六十里，有巡司，接弋阳县界”。

石佛镇 ①即今河北安国市东南二十二里石佛镇。清同治《畿辅通志》卷47祁州图：东南有石佛村。

②北宋置，属眉山县。在今四川眉山市西南石佛场。其东有唐李淳风墓。

③即今甘肃天水市西北石佛乡。清乾隆《直隶秦州新志》卷1：“北四十里石佛镇。”

石含山 即今江西遂川县西湘赣交界之万洋山。《方舆纪要》卷87吉安府龙泉县：石含山在“县西百五十里，延袤数百里，跨永新及湖广之桂阳、茶陵二州界。一名万羊山。《郴志》：石含山接吉州泰和县界，有石室，因名含。或以为石令山也。东有小溪，即石溪水之源”。

石龟山 在今河北涞水县北。《方舆纪要》卷12涞水县：石龟山“山岭有石状如龟，内有岩，可容千百人。下有龙湫。又山左一洞，深不可测，相传外狭内宽，有路可通广昌”。

石龟市 在今湖南安乡县西四十里。《舆地纪胜》卷70澧州：石龟市“有巨石枕澧水，其形似龟，因名。岁首封羊以祭，而灼其石，润则丰，焦则歉”。《方舆纪要》卷77安乡县：石龟市在“县西四十里澧水上。旧为商民环聚处”。

石角山 在今湖南永州市东北十里。唐柳宗元《游石角过小岭至长乌村》诗有“石角恣幽步”句，即此。

石角营 在今四川屏山县（新发乡）西南新市镇。《清一统志·叙州府二》：石角营巡司“在屏山县西。本朝雍正八年置”。地处西宁河注入金沙江东岸，与云南绥江县隔江相对，为屏山县西险要之地。民国改设县佐。1951年改置新市镇。

石角墟 ①即今广东佛冈县驻地石角镇。清嘉庆十六年（1811）为佛冈厅治。1914年为佛冈县治。道光《佛冈厅志》卷1：“治西廓外二里许设石角墟。”

②即今广东广州市花都区（新华镇）东流溪水滨石角村，隔河与广州市接界。清光绪《广州府志》卷69墟市：花县有“石角墟”。

③即今广东清远市南石角镇。清光绪《广东舆地全图》：清远县西南有石角墟。

④即今广东廉江市北石角镇。清光绪《高州府志》卷10石城县：石角墟在“县东北九十里。即石门”。

石角镇 即今重庆市綦江县东南石角镇。清同治《綦江县志》卷1：石角镇在“南五十里”。

石甸长官司 元世祖至元十一年（1274）置，属镇康路。治所在今云南施甸县北七里长官司。明洪武十七年（1384）改施甸长官司。

石岛 在南海中中国西沙群岛永兴岛东北七百多米处，与永兴岛同基于一礁盘上，属宣德群岛。面积0.08平方公里。最高处海拔13米，是南海诸岛中地势最高的岛屿。中国渔民向称小巴岛。1935年和1947年公布名称均为石岛。

石岛口 在今山东荣成市南石岛镇，南临黄海。清雍正十二年（1730）置石岛口巡司。

石岛市 1948年山东革命根据地改石岛特区置，治石岛镇（今山东荣成市南石岛）。1950年5月撤销，并入荣成县。

石岛特区（县级） 1945年山东革命根据地由荣成县石岛镇置，治石岛镇（今山东荣成市南石岛）。1948年改设石岛市。

石沛桥街 即今安徽全椒县西北石沛镇。民国《全椒县志》卷1：石沛桥街“距城二十里，街长半里许，俱市肆”。

石沟水 ①亦名龙水、龙泉水。即今山东青州市南石沟河。《水经·巨洋水注》：洋水“西出石膏山西北石涧口，东南径逢山祠西。洋水又东南历逢山下，洋水历其阴，而东北流，世谓之石沟水，东北流出于委粟山北，而东注于巨洋”。

②在今陕西留坝县南。《方舆纪要》卷56褒城县：石沟水“历武曲栈阁旁，至武冈驿栈，而东注于褒水”。

石沟城 明筑，属灵州守御千户所。即今宁夏灵武市东南八十里石沟驿。

石沟镇 北宋置，属平阴县。即今山东肥城市西五十里石横镇。金改石横镇。

石汶 即环水。亦即今山东泰安市东梳洗河。《水经·汶水注》：汶水“又合环水。水出泰山南溪，南流历中、下两庙间。其水又屈而东流，又东南径明堂下，世谓此水为石汶”。

石良集 即今山东龙口市东南六十二里石良镇。清同治《黄县志》有石良集。1984年设镇。

石阿 在今山西隰县北。《史记·赵世家》：赵成侯十一年（前364），“秦攻魏，赵救之石阿”。即此。

石陂街 即今福建浦城县西南石陂镇。清康熙二十年（1681）溪源巡司移驻于此。

石陂镇 一名两路口。在今湖南郴州市西南八十里。明置巡司于此。

石驴山 在今甘肃武威市西南。《十六国春秋辑补》卷67前凉录：张寔讨曹祛于晋昌，“自姑臧西南，出石驴，据长宁”。即此。一说在今青海门源回族自治县境。

石纽山 在今四川汶川县（威州镇）西南四十里飞沙关。《新唐书·地理志》：石泉县有石纽山。《舆地纪胜》卷152石泉军：石纽山，“《志》云：石纽山‘禹之所生也’。《华阳国志》云：‘夷人营其地方百里，不敢居牧，畏禹之所生也’”。《方舆纪要》卷73石泉县：石纽山在“县治南一里。《帝王世纪》：‘禹生于石纽……’宋祁曰：‘汶川县有石纽山’，《志》以为即此山”。一说在今四川北川羌族自治县西北禹里乡附近。

石纽村 在今四川汶川县（威州镇）西南四十里飞沙关。一说在北川羌族自治县西北禹里乡。《三国志·蜀书·秦宓传》：“禹生石纽，今之汶山郡也。”《续汉书·郡国志》广柔县刘昭注：《帝王世纪》曰：“禹生石纽。县有石纽邑。”《元和志》卷32汶川县：“禹本汶山广柔人，有石纽邑，禹所生处，今其地名刳儿坪。”

石武县 南朝梁置，为真阳郡治。治所在今湖北随州市东北。隋开皇十八年（598）改为宜人县。

石青洞 在今陕西洛南县东六十里页山下。《清一统志·商州》：石青洞“亦名青绿洞。旧产石青。明时尝采办为民害，景泰间，知县陈炎奏止之”。

石盂山 在今安徽黟县西北。《方舆纪要》卷28黟县：石盂山在“县西北十余里。高五百仞，袤三十里。中有巨石如盂，泉出不竭。南连碧山”。

石坪邑 即今云南石屏县。唐南诏属通海都督。宋大理属秀山郡。《元史·地理志》：“阿僰蛮据之，得石坪，聚为居邑，名曰石坪。”

石顶关 宋置于石顶原。在今陕西勉县南三十里。《舆地纪胜》卷183兴元府：在顶原“在西县东南三十余里，东接兴州白运山。今置关，最为险要”。

石拉堤（隄） 在今山东临沂市南六十里。《方舆纪要》卷33沂州“小河堤”条下：石拉堤“元人所筑，以捍水患”。

石耶洞长官司 明洪武八年（1375）改石耶洞军民府置，属酉阳宣抚司。治所在今重庆市秀山土家族苗族自治县东南七十里石耶场。清雍正十二年（1734）属黔彭厅。乾隆元年（1736）废。

石耶洞军民府 元置，治所在今重庆市秀山土家族苗族自治县东南七十里石耶镇（石耶场）。明洪武八年（1375）改为石耶洞长官司。

石苟坝城 在今四川南充市东北搬罾镇。《舆地纪胜》卷156顺庆府：宕渠城“在南充县北四十里，即石苟坝城也”。《方舆纪要》卷68顺庆府南充县“安汉城”条下：“宕渠城在府北四十里。一名石苟坝城。《五代志》：西魏平蜀于南充县北三十七里石苟坝置南宕渠郡。隋废。”

石茆岭 在今广东雷州市东南。《清一统志·雷州府》：石茆岭“在海康县东南八十五里。高三十丈。有泉涌出，流至连村，灌田数十顷”。

石茆遗址 在今陕西神木县西南高家堡镇东。新石器时代晚期石茆类型的命名地遗址。在铜川沟南山梁上，面积约90万平方米，文化层厚0.5—2米。1976—1979年和1981年发掘，揭露有灰坑、白灰面居址及土坑墓、石棺墓及瓮棺葬，出土陶、玉、石器数百件。陶器以夹砂灰陶为主，还有泥质灰、黑、红陶，纹饰有蓝纹、绳纹、附加堆纹、划纹，器形有筒形袋足瓮、双耳罐、单耳罐、斝、碗、鬲、盉、鼎、尊、瓶、杯、器座等。玉器、石器制作十分精细，颇有特色。玉器原料主要为墨玉和玉髓，石器有刀、镰、斧、钺、铲、璇玑、璜，人面形雕等。石器原料有泥质灰岩、石灰岩和燧石，分为打制、磨制、细石器三类，有斧、铲、锛、凿、刀、纺轮及细石器刮削器、石镞、石叶、石核。还出土有绿松石、骨锥、颜料等。该遗址是陕西地区面积较大、内涵较丰富的一处新石器时代晚期遗存。遗址中的石棺、瓮棺葬和陶器中的筒形大三足瓮、鼎、斝、盉等，与山西光社遗址、内蒙古大口遗址的同类器物相同或相似，而不见于渭水流域的龙山文化。此外，遗址内还发现商代墓葬的随葬物品玉器等。2006年定为全国重点文物保护单位。

石林 ①又名大石山、万安山。在今河南偃师市西南。《后汉书·马融传》：“元初二年上《广成颂》：‘金山、石林，殷起乎其中’。”李贤注：“石林，大石山也，一名万安山，在河南郡境。《簿》云：‘洛阳县南大石山中有杂树木，有祠名大石祠，山高二百丈’也。”

②即今李子箐石林。在云南石林彝族自治县东北。《清一统志·澂江府》：石林“在路南州东北。旧名李子箐。怪石森立，嵌结玲珑，下有伏流，深远莫测”。现又称大石林、小石林，为石林风景区的一部分。

石柜（櫃）关 ①一名老西关。在今广西阳朔县西一里许。明洪武三十年（1397）建。后废。

②在今广西灌阳县北八里。《清史稿·地理志》灌阳县：“东北有石柜关。”

石柜（櫃）阁 在今四川广元市北二十五里。唐杜甫《石柜阁》诗：“石柜曾波上，临虚荡高壁。”

石枧陂 在今湖北崇阳县东。《方舆纪要》卷76崇阳县：石枧陂“在县东十五里。有宋时旧址，洪武间知县元俊伐石重修，嘉靖九年典史徐球再修，蓄水以溉田为民利”。

石板井 在今重庆市江津区西南。清光绪《江津县志》卷5：“明正德六年，江津‘贼’曹甫作乱，称顺秦王，攻围县治，……巡抚都御史林俊调兵讨之，破甫于石板井伏诛。石板井在县西南四十里。”

石板市 即今广东徐闻县东北石板墟。清宣统《徐闻县志》卷1：石板市在“县北六十里”。

石板关 ①明置，属石泉县。即今四川北川羌族自治县（安昌镇）西北石板关。《方舆纪要》卷73石泉县：石板关“在县西六十里……旧皆为戍守处”。

②在今贵州道真仡佬族苗族自治县南五十六里棕坪乡西南石桥村。《清一统志·思南府》关隘：石板关“在务川县西五十里”。

石板店 亦名金滩场。即今四川达县南之石板乡。民国《达县志》卷3：石板店“距城五十里”。

石板河 即今四川绵阳市东南石板乡。清道光年间建场。民国《绵阳县志》卷1：东南石板河场，“距县城五十五里”。

石板河镇 即今湖北京山县东四十四里石板乡。清光绪《湖北全省分图》：京山县东有石板河镇。

石板溪 在今四川犍为县北石溪镇南。清嘉庆《犍为县志》卷2：石板溪在“县北三十里。溪山出石炭，灶民取以煮盐”。

石板溪场 即今四川犍为县北石溪镇。清嘉庆《犍为县志》卷2：石板溪场在“县北四十里。通乐山”。

石板滩 亦名三溪镇。即今四川大英县西北象山镇。清嘉庆《四川通志》卷29三台县：石板滩“在县北（南）一百八十里”。

石板滩镇 即今四川成都市新都区东南石板滩镇。清嘉庆《华阳县志》卷6：仁和场“即石板滩，治东北五十里。交金堂、简州界”。

石砀关 在今四川剑阁县（下寺镇）西南普安镇北。《方舆纪要》卷68剑州：石砀关“在州北八十里。故设险处也。今废”。

石码镇 明置，属海澄县。即今福建龙海市驻地石码镇。当九龙江入海之口，北达郡城之要津，明时有兵戍守。清康熙时筑城，驻通判分防。民国初改置县佐，南靖、龙岩、平和诸县出口商货皆汇集于此。

石虎山 在今浙江安吉县西。《方舆纪要》卷91安吉州：“石虎山在州（治今安城镇）西南十五里，路出孝丰，此为径道。”

石虎关 ①明置，属纳溪县。在今四川叙永县北一百一十里江门镇北。《方舆纪要》卷72纳溪县“倒马关”条下：“石虎关在县南百五十里，明初置，通云贵之道。关前有石如虎，因名。”

②在今贵州桐梓县北。《明史·刘綎传》：万历二十八年（1600）征播州杨氏，杨应龙军“聚守石虎关，綎亦掘堑守”。其后，刘綎“攻克‘贼’滴泪、三坡、瓦窑坪、石虎诸隘，直抵娄山关”。

石国 又名柘支、柘折、赭时。古昭武诸国之一。国都柘折城（今乌兹别克斯坦塔什干）。《隋书·西域传》：“石国居于药杀水，都城方十余里。”唐显庆三年（658）置大宛都督府。开元初封其君为石国王。《新唐书·西域传》：天宝九年（750）高仙芝讨石国，“王约降，仙芝遣使者护送至开远门，俘以献，斩阙下，于是西域皆怨。王子走大食乞兵，攻怛逻斯城。败仙芝军，自是臣大食。宝应时遣使朝贡”。

石固山 在今安徽来安县北三十五里。《舆地纪胜》卷42滁州：石固山“在清流县北三十五里。群山连亘，惟此独高。绍兴辛巳，居民避敌，其上垒石为城”。

石固驿 即今河南长葛市西南二十三里石固镇。清尹耕云《豫军纪略》卷11：同治四年（1865）一月，“追至石固驿、郭店，皆获胜”。

石固寨山 在今山东济南市城南五十里。《明一统志》卷22济南府：石固寨山“下有渴马崖，南有瓢峰、凤凰山，西有丁公岭，东有虎山，上有修真观”。《方舆纪要》卷31历城县：“昔人置寨于此，因名。”

石固镇 明置，属许州。在今河南长葛市西南二十三里。《方舆纪要》卷47许州：石固镇“商贾辏集处”。

石昌镇 北宋置，在今甘肃环县西南三十里。

石迪站 又作石迪闻站。元置，故址在今吉林敦化市东北官地镇。元《析津志》天下站名：“唆吉正东微北百二十里，石迪。”

石咀头镇 即今安徽庐江县北石头镇。清光绪《庐州府志》卷3庐江县《乡镇图》：北有石咀口。

石咀关 在今陕西陇县西八十里，为越陇山西行的要道。《方舆纪要》卷55陇州：石咀关“成化中，马文升言陇州至秦州清水县二百五十里，别无驿站可宿次。石咀关地多盗，请移西安府兴平县西四十里之长宁驿及咸义巡司于此，以便行旅，从之”。

石岩山 ①在今湖北安陆市西南涢水西岸。《晋书·张昌传》：太安二年（303），“昌于安陆县石岩山屯聚，去郡八十里，诸流人及避戍役者多往从之”。《寰宇记》卷132引《荆州记》云：“安陆县南十五里有石岩山，北临涢水。张昌作乱……即此山。”

②在今云南建水县东。《方舆纪要》卷115建水州：石岩山“在府东十五里。或谓之蒙山。山岩有洞，异龙湖、泸江诸水流入此洞，复流出入阿迷州界。《志》云，山峭壁千仞，其受水洞合五河之水，汇为一泓，折而入，西阻华盖，连冈叠嶂，绵亘数百里，为郡城右臂”。

石岩县 唐调露二年（680）置，属岩州。治所在今广西玉林市境。天宝初属常乐郡，乾元初复属岩州。后废。

石罗山 在今福建永安市东南九十里。《方舆纪要》卷97永安县：“石罗山在县东万山中。突起七峰，次第排列，四面有洞，口狭而中广。”

石罗子 即失罗子国。今伊朗德黑兰市东南设拉子。《元史·郭侃传》：戊午岁（1258），侃由富浪率兵还，“西南至石罗子”。即此。

石罗摩山 在今云南剑川县东北七十里。《方舆纪要》卷117剑川州：石罗摩山“峰高百余丈，屹立如巨人状。亦名将军山”。

石岭 在今安徽宁国市北十五里。《方舆纪要》卷28宁国县“文脊山”条下：“又东十余里为石岭，建炎二年，叛将戚方犯宁国，邑人方致尧拒之于石岭，不克，死之，是也。”

石岭山 在今甘肃临潭县东北。《方舆纪要》卷60洮州卫：石岭山“在卫北十五里。山势峭拔，草木不生，上有关，曰石岭关”。

石岭关 ①在今山西阳曲县东北关城。《资治通鉴》：唐武德三年（620），突厥处罗可汗“自石岭以北，皆留兵戍之而去”。《宋史·郭进传》：北宋太平兴国四年（979），“车驾将征太原，先命进分兵控石岭关，为都部署，以防北边”。均此。金置石岭关镇。

②在今甘肃临潭县东石岭山上。《明一统志》卷37洮州卫：石岭关“在卫城北一十五里”。

石岭墟 即今广东廉江市西北石岭镇。清光绪《高州府志》卷10石城县：石岭墟在“县西北五十里”。

石岭镇 ①金改石岭关置，属秀容县。故址今山西阳曲县东北四十里石岭关村。

②即今河南宜阳县西北二十四里石岭乡。五代晋高祖石敬瑭显陵在此。

石和城 ①唐南诏置，在今云南大理市东十六里凤仪镇西郊。唐樊绰《蛮书》卷3：“阁罗凤据石和城，俘施各皮。”

②在今云南洱源县西北。《新唐书·南蛮传》：施浪诏之裔“据石和城，阁罗凤攻虏之”。

石径山 即今北京市石景山区西部石景山。为永定河河防要地。《元史·河渠志》：延祐三年（1316），“上自石径山金口，下至武清县界旧堤，长计三百四十八里”。清《日下旧闻考》卷104：“永定河自石景山以下始筑堤防，为上流修浚要地。”

石所山 在今福建仙游县东北六十里。《方舆纪要》卷96仙游县：石所山“高数千仞，盘踞百余里。何岩居群峰之上，而此山又居其上。巅有乌头岩，石黟黑，浮海者望以为的”。

石金山 在今安徽绩溪县东北三十里。宋淳熙《新安志》卷5绩溪县：石金山“高六百仞，周三十里，出众山之上。相传为甘露大士道场。每夕常显光相，大率如五台、庐岳所见，然不知所始”。

石乳山 在今湖北恩施市北、建始县西北与重庆市奉节县交界处。《方舆纪要》卷82施州卫：石乳山在“卫西百七十里。周百余里。山石层叠，多生石乳而名”。《清一统志·施南府》：石乳山在“建始县西十五里。山石层叠，多生石乳。《旧志》：县在万山中多产麸金，而产于石乳山者为最”。

石乳水 在今四川简阳市东北二十里玉女山下。《寰宇记》卷76阳安县：“石乳城水在县北二十一里玉女灵山，东北有泉，西北两岸各有悬崖，腹有石乳房一十七眼，状如人乳流下，土人呼为玉华池。”

石乳关 亦作石蕊关。在今重庆市奉节县西南。《清一统志·夔州府二》：石蕊关“在奉节县南一百二十里。路通施州。其地有三尖山壁立，亦名尖山关”。

石鱼山 又名立石山、鱼峰山。在今广西柳州市柳江南岸鱼峰公园内。唐柳宗元《柳州山水近治可游者记》：“石鱼之山全石，无大草木，山小而高，其形如立鱼。”

石鱼河 即今湖北随州市南涢水上源石牛河。《舆地纪胜》卷83随州：石鱼河“在州南洪山界”。《方舆纪要》卷77随州“浪水”条下：石鱼河“在州城南五十里。亦出大洪山”。

石鱼铺 即今重庆市铜梁县东南石鱼镇。清嘉庆《四川通志》卷89铜梁县：石鱼铺在“县东南三十里”。民国《新修铜梁县志》卷1：石鱼乡“以石鱼溪得名。清康熙中建为石鱼场”。

石鱼湖 在今湖南道县东。唐元结《石鱼湖上作》：“吾爱石鱼湖，石鱼在湖里。鱼背有酒樽，绕鱼是湖水。”诗《序》云：“瀀泉南上有独石在水中，状如游鱼，鱼凹处修之可以贮酒，水涯四匝多攲石相连，石上堪人坐，水能浮小舫载酒，又能绕石鱼洄流，乃命湖曰石鱼湖。”

石狗站 元置，在今四川南充市东北搬罾镇。

石狗墟 即今广东四会市西北石狗镇。旧属广宁县。清光绪《广东舆地全图》：广宁县东南有石狗墟汛，设外委把总驻防。

石河 ①在今河北秦皇岛市东北。源出青龙县，南流经抚宁县境，于山海关南老龙头处流入渤海。《清一统志·永平府一》：石河“源出口外，自义院口流入，经石门寨东，合南、北二关河，至南海口入海”。

②在今辽宁义县南。《方舆纪要》卷37义州卫：石河在“卫南四十里。源出卫西南山中，流为石房河。经卫城西一里，南流为石河，又东入大凌河”。《清一统志·锦州府一》：石厂山“在义州西南三十五里。石河发源于此”。

石河口 在今河北秦皇岛市山海关南十里石河入海处。清道光年间于此置炮台。

石河子 即今新疆石河子市。清宣统《新疆图志》卷79绥来县：石河子“汉回铺户五十余家，回民礼拜寺一处。附近村庄相属，为绥邑第一乡镇”。

石河场 即今山东胶州市东北石河。产海盐。清时设盐大使于此，后移即墨县之金口镇。

石河驿 明置，属金州卫。即今辽宁大连市东北石河满族镇。明《辽东志》卷2：石河驿在“（复州）卫南一百二十里”。清废。

石河营 在今北京市延庆县东四里。《明史·翁万达传》：嘉靖二十七年（1548），俺答“遂南下驻隆庆石河营，分游骑东掠”。即此。

石河堡 清以明石河驿改置，属宁海县。即今辽宁大连市金州区北石河满族镇。《清一统志·奉天府二》：石河堡“在宁海县（今大连市金州区）北六十里”。

石泷 在今广西岑溪市北十五里。《方舆纪要》卷108岑溪县：石泷“大石连江，不通舟楫”。

石油井 在今陕西延川县北九十里。《方舆纪要》卷57延川县：石油井“井出石油，六月取之，涂疮疾，即愈。《旧志》：高奴县出脂水，是也。或谓之石液云”。

石油溪 在今重庆市东南。清乾隆《巴县志》卷1:石油溪“有石井现出油，可取供灯火”。

石泓寺石窟 又称石空寺石窟。在今陕西富县西直罗镇，川子河北岸。始凿于隋大业年间（605—618），以后各代续有雕凿。在东西长约70米山崖上共有石窟七个：第一窟三教洞，长方形，内雕三尊坐佛；第二窟略呈方形，坛基上雕背屏五个，东西两壁有造像三十六尊；第三窟为长方形，坛基上有一佛、二菩萨、二弟子雕像，东壁两龛有造像五尊；第四窟中间坛基上有文殊菩萨雕像；第五、六窟相通，内有隋大业年间题记，第六窟规模最大，造像最多，石柱上有大小石佛造像一千三百三十一尊，西壁有道教造像一千九百四十七尊，具唐代风格，第六窟前有楼房；第七窟内有八角藻井，二龙戏珠图案系清代作品。石泓寺石窟造像显示不同时代的风格特点，是研究我国北魏后期至清代石刻造像艺术的重要实物资料。2006年定为全国重点文物保护单位。

石泓（泫）寺 在今陕西富县西一百三十里川子河畔。据清道光《鄜州志》卷2载：“石泓寺在州西一百三十里。石山壁立，凿门成洞，大佛三，其四面小佛尺许者不知其数，凡龛楹柱，无处非佛，连山一石，曲折镌刻，鬼斧神工，莫可端倪，亦不知创自何代矣。”

石波堰 在今四川芦山县东。《方舆纪要》卷72芦山县：石波堰在“县东三里。源出始阳山，用木槽接水溉田”。

石宝山 在今云南剑川县西南五十里。《方舆纪要》卷117剑川州：石宝山“层崖峭壁。上有石坪，方数十亩，岩洞泉壑，往往奇胜，南中之名山也”。《清一统志·丽江府》：石宝山“在剑川州南五十里。层峦峭壁，上有石坪，方数十亩。昔为高僧养道之所，中有罗汉迹。《州志》：山在州西南二十里，有石自然具佛座、狮、象、钟、鼓之形，梵刹凌空，花木丛匝，最为奇境。明李元阳有《游石宝山记》”。山分南北两区。南区有石钟寺、狮子关、玉皇阁、甲子寺，崖壁上有南诏和大理时期的石窟造像；北区有金顶寺、灵泉庵、宝相寺、海云居、蝙蝠洞，以宝相寺景观为最。

石宝砦 在今重庆市忠县东北长江北岸石宝镇印山街17号。孤峰突起，巉石凌空，四周如削，形若玉印，故又名印山、玉印山。明末谭宏起义据此立寨。清乾隆初，乡民创建岑楼，嘉庆二十四年（1819）又重建。道光《忠州直隶志》卷1：“楼冠山巅，游人铲转螺旋，不事依附之劳，直达最高顶上。上有兰若殿。”今寨由寨门、寨身层楼及寨顶右刹三部分组成。寨门为砖石结构，山门上方题“小蓬莱”三字。楼有12层（旧为九层，1956年增修三层），高56米。自底至顶，紧靠山巅、高50余米，为登山唯一之路。山顶广约1200余平方米，有清建古庙，今名天子庙，三重，为寨最高点。海拔230米。俯瞰江流，风景最为明媚。2001年定为全国重点文物保护单位。

石定江 在今四川都江堰市西南二十五里。《方舆纪要》卷67灌县：石定江“在县西南十五里。源出丈人山，下流入于都江”。光绪《灌县志》卷2：石定江“其源出大面山，合八卦台一带溪水，流至中兴场入于沙沟河。《方舆纪要》云源出丈人山下，流入于都江误矣”。

石空山 即今云南弥勒县西南石洞山。汉至南朝称石空山。《汉书·地理志》律高县：“西，石空山出锡。”《续汉书·郡国志》作石室山。

石空寺山 在今宁夏中宁县西北。《明一统志》卷37宁夏中卫：石空寺山“在卫城东七十里，山有石空寺”。清乾隆《宁夏府志》卷3：石空寺山“在（中卫）县东八十里，石空堡西北”。宣统《甘肃新通志》卷1：石空寺山“在中卫县东八十里。石壁峭立，中空如陶穴，宏敞可坐数百人。内因石镂成佛像，梵宇皆依山结构。每夜僧燃灯，远望如星悬天际”。

石空寺石窟 在今宁夏中宁县西北二十里双龙山（石空寺山）南麓。明嘉靖《宁夏新志》卷3西路中卫：石空寺，“元故寺，在石空山”。盖寺始建于唐，盛于西夏，元重修，明、清仍为佛教圣地。石窟群十三孔，有佛像及彩绘壁画。

石空寺堡 亦名石空寺营堡。明永乐二十二年（1424）筑，属宁夏中卫。即今宁夏中宁县西北石空。清乾隆三年（1738）城圮，八年复建，有守备驻防。

石空渠 在今宁夏中宁县黄河北岸。明嘉靖《宁夏新志》卷3宁夏中卫：石空渠“在黄河西。长七十三里，溉田一百七十余顷。弘治六年，参将韩正又加修浚而胡马不能渡矣。口狭腹阔，俗呼为缸子渠”。

石录墟 即今广东阳春市西石菉圩。清光绪《广东舆地全图》阳春县图：县西有石录堡。

石经山 又名白带山、燃题山、云居山、小西天。在今北京市房山区西南。山因藏石经而名。山有石经洞，下有云居寺。《明一统志》卷1：“隋大业间法师静琬者处此，募缘凿石为板，刻经一藏以传于后。唐贞观初，仅成大涅槃经一部，而法师卒。后子孙相继，历辽、金始完。”以后刻经直至清康熙年间，前后历时千年，刻经一千余部，经板一万五千余块，皆贮藏于石经山之九处洞穴及云居寺西南地穴内。山顶有石经堂，方广五丈，四壁皆嵌以石刻佛经，堂中四石柱皆刻佛像，共一千余尊。

石经洞 一名藏经洞。在今北京市房山区西南石经山。洞七穴二。《明一统志》卷1顺天府：石经洞“在石经山东，隋大业间法师静琬者处此，募缘凿石为板，刻经一藏以传于后。唐贞观初，仅成大涅槃一部，而法师卒。后子孙相继，历辽、金始完”。洞内贮藏自隋、唐幽州沙门静琬所刻石经，其后历朝相承，至清康熙年间，前后历时近千年，刻经一千余部，经版一万五千余块。

石经堂 ①亦名雷音洞。在今北京市房山区西南石经山顶，就洞建堂。民国《房山县志》卷3：石经山“山上有石堂东向，方广五丈，曰石经堂，四壁皆嵌以石刻佛经，中四石柱皆刻佛像”。堂左右及堂下建有藏经洞九处。

②北宋建，为贮藏石经之所。在今四川成都市文庙前街第四中学校。明曹学佺《蜀中名胜记》卷1：“《成都记》云，伪蜀孟昶有国，其相母昭裔刻《孝经》、《论语》、《尔雅》、《周易》、《尚书》、《周礼》、《毛诗》、《礼记》、《仪礼》、《左传》凡十经于石……石凡千数，尽依大和旧本，历八年乃成。《公》、《谷》则有宋田元均时刻；《古文尚书》则晁公武所补也。胡元质宗愈作堂以贮之，名石经堂，在府学。”

石封县 南朝梁绍泰元年（555）分广德县置，为广梁郡治。治所在今安徽广德县。陈为陈留郡治。隋开皇九年（589）以广德县并入，寻改为绥安县。

石垭场 即今四川岳池县东南二十五里石垭镇。清光绪《岳池县志》卷3：石垭场“离城二十五里”。

石城 ①在今山西平顺县东北五十里石城镇。《方舆纪要》卷42黎城县：石城“旧传石勒筑此以贮谷，因名”。

②在今内蒙古额济纳旗北。或蒙古国南戈壁省境。《方舆纪要》卷63甘肃镇：石城“在居延城北。正统初，蒙古阿鲁台为脱欢所败死，其部落阿台及朵儿只伯窜据亦集乃路，屡犯甘凉。诏边帅任礼进剿，破之于石城，复追破之于梧桐林，至黑泉而还”。

③即今辽宁庄河市西北五十里城儿山古城。《新唐书·太宗本纪》：贞观二十一年（647）征高丽，“牛进达克石城”。今城儿山上古城遗迹犹存，传为高丽盖苏文筑。

④即石头城之简称，故址在今江苏南京市清凉山上。《文选》卷5左思《吴都赋》：“戎车盈于石城。”注曰：“石城，石头坞也，在建业西，临江。”

⑤故址在今江苏苏州市吴中区西。《吴越春秋》卷4：阖闾“兴乐石城”。南宋范成大《吴郡志》卷15：“砚石山有石城，去姑苏山十里，阖闾养越美人于此。”

⑥在今浙江绍兴县东北三十里石城山下。《资治通鉴》：唐乾宁三年（896），董昌“遣其将汤臼守石城”。即此。

⑦在今山东苍山县西。《资治通鉴》：东晋咸和元年（326），“彭城内史刘续复据兰陵石城，石瞻攻拔之”。

⑧在今河南林州市南。《史记·赵世家》：惠文王十八年（前281），“秦拔我石城”。《水经·淇水注》：“淇水又东北径淇阳川，径石城西北。城在原上，带涧枕淇。”

⑨即今湖北竟陵县。西晋元康九年（299）置竟陵郡治此。

⑩三国吴建。在今湖北钟祥市。《晋书·羊祜传》：“吴石城守去襄阳七百余里，每为边害，祜患之，竟以诡计令吴罢守。”《水经·沔水注》：“沔水又南径石城西，城因山为固。晋太傅羊祜镇荆州立。晋惠帝元康九年分江夏西部置竟陵郡治此。”

⑪在今重庆市忠县东一百里长江北岸。《水经·江水注》：“江水又东径临江县南……又东得黄华水口，江浦也。左径石城南。庾仲雍曰：临江至石城黄华口一百里。”《寰宇记》卷149忠州：“故石城在临江县东百里。当岷江之北岸。李雄之乱，巴西郡寄理此城。其城四面悬绝。”

⑫在今云南曲靖市西北十四里三岔。《新唐书·南蛮传下》：“以爨归王为南宁州都督，居石城。”

⑬亦名石城堡。在今宁夏固原市西北一百五里。明嘉靖《固原州志》卷1：石城堡“古有是堡，莫知所创。四壁削立，中有石井五，各阔丈余以贮水。惟一路可登，地其险窄。成化四年，土达满四等据之以叛，次年遂毁其险隘，以绝后患焉。今为废城矣”。

⑭在今青海化隆回族自治县西南六十里黄河北岸。东汉时为西羌所据。《后汉书·段颎传》：东汉延熹三年（160），“又分兵击石城羌”。北魏于此置石城县。

石城山 ①在今辽宁灯塔市东南。明《辽东志》卷1辽阳：石城山在“城东北五十二里。上有古城石垒”。民国《奉天通志》卷75辽阳县：石城山在“城东北五十七里。有古石城。……俗呼岩州城，因以名村。城址及城中点将台犹存”。

②一名高丽城山。在今辽宁盖州市东北。《明史·地理志》 盖州卫：“东北有石城山。”《方舆纪要》卷37盖州卫：石城山在“卫东北十五里。上有石城，城中有泉。相传唐太宗征高丽，土人筑此城以避兵”。

③在今安徽当涂县东二十里。《舆地纪胜》卷18太平州：石城山“在当涂县东二十里。有石环绕如城，山高十丈。唐罗泰有《石城记》，周成王时楚熊绎受封于此，其上有八角井、饮马池、驾鼓台”。《明一统志》卷15：“按楚封丹阳在归州，谓封于此者

非是。”

④在今浙江永康市南。《寰宇记》卷97永康县：石城山“在县南一十四里”。《方舆纪要》卷93金华府永康县：石城山“四围崯岈，如雉堞然。《地记》云：昔黄帝曾游此。所谓三天子都，此其一也，俗名天马山”。

⑤在今浙江湖州市西南三十里。《寰宇记》卷94引《山墟名》云：“昔乌程豪族严白虎于山下垒石为城，与吕蒙战所。”故名。

⑥在今浙江德清县西南。《寰宇记》卷94武康县：“石城山在县（治今武康镇）西南三里。汉末赤眉之乱也，人于山上垒石为城，因以为名。”

⑦在今浙江绍兴市东北三十里。范坰《吴越备史》：唐乾宁三年（896），“钱镠讨董昌攻石城，去越三十里”，即此。

⑧一名石城岩，又名仙人城。在今江西乐平市东南六十里。《舆地纪胜》卷23饶州：石城岩“凡十余（里）间皆怪石。凡一径萦纡而入。其中空洞，李常名曰‘丛玉’；李伯时写为图；曾肇诸名人皆有诗”。《清一统志·饶州府一》：石城山，“《县志》，山有洞曰会仙，西曰潜光岩”。

⑨在今山东龙口市东南。《清一统志·登州府》：石城山“在黄县南四十里。一名芝阴山。《县志》：峰峦岪嵂，高出云表。惟西北一径可登陟。山半有石垒。又二三里至山口，为南天门，径仅一线，其上平阔”。

⑩即今山东枣庄市东南峄城镇东七里之青石山。《晋书·石勒载记下》：东晋咸和中，“彭城内史刘续复据兰陵、石城，石瞻攻陷之”。即此。

⑪在今山东青岛市北。《清一统志·莱州府一》：石城山“在即墨县东南三十里。《名胜志》：状如城垣，淮涉水出焉”。

⑫在今河南信阳市东南。《水经·淮水注》：“浉水又东径石城山北。”《寰宇记》卷132信阳县：石城山“山甚高峻，在故县东南。即《吕氏春秋》之九塞，此其一也。晋于此山上置义阳郡。今废城犹在石城山。南有天井，阔百步”。

⑬又作衡岭。在今河南灵宝市南。《水经·河水注》：烛水“有二源，左水南出于衡岭，世谓之石城山”。

⑭一名石矶山。在今湖南岳阳县境。《方舆纪要》卷77岳州府巴陵县：石城山在“府南六十里。上有杨么寨”。

⑮一名西城山。在今湖南资兴市东。《方舆纪要》卷82兴宁县：“石城山在县（治今兴宁镇）西三十里。《志》云，山在资兴旧治（今旧市）西。高耸如城。”

⑯在今湖南永州市西。唐柳宗元有《小石城山记》。

⑰一名古城山。在广东化州市西北。《方舆纪要》卷104化州：石城山在“州北五十里。中衍平，四面高耸如城，因名”。《清一统志·高州府》：石城山“明成化中，胡公威结寨于此。一名古城山”。

⑱即云顶山。在今四川金堂县南沱江西岸。《隋书·地理志》：金泉县有“石城山”。《舆地纪胜》卷164怀安军：云顶山，“《晏公类要》云：旧名石城山。其状如城。在金水县西一十五里。顶上有祥符寺，奉安太宗御书。有神泉方丈，澄清如照，云霞常兴。唐天宝六载改为云顶山”。

⑲在今四川达州市西。《寰宇记》卷137通川县：石城山“在县西五里。山四面绝崖，西有一路上山顶，俗谓之石城山”。一说在今达县西三十里。《方舆纪要》卷69达州：石城山在“州西三十里。四面峭绝，惟西南一径可登。梁石城县以此名。或谓之铁山，以石色如铁也”。

⑳在今四川巴中市东南。《舆地纪胜》卷187巴州：石城山“在化城县三十里，突立于清水江心，宇江与清水环绕其下”。

㉑在今四川简阳市西南。《寰宇记》卷76平泉县：石城山“在县西北五十里。山形如城，北连分栋山，南接圣德山，入陵州贵平县界”。《舆地纪胜》卷145简州：石城山，“《皇朝郡县志》云：一名平泉山”。清嘉庆《四川通志》卷10：石城山“在（简）州西南，接仁寿县界”。

㉒在今重庆市云阳县东云阳镇东二里。东晋常璩《华阳国志·巴志》：朐忍县“山有大小石城势”。《舆地纪胜》卷182云安军：石城山“在岷江北岸，去水一里。《汉志》云：朐忍，山有大小石城”。

㉓在今四川仪陇县（新政镇）东北。《方舆纪要》卷68仪陇县：石城山“四壁峭立如城。其相近曰九龙山”。

㉔在今四川宜宾县西南。《方舆纪要》卷70叙州府宜宾县：石城山“在府西南百里。山高峻，环列如城。又有石夹立如门。《志》云：汉武帝使唐蒙凿石以通南中，迄于建宁二千余里，山高广丈余，深三四丈，堑凿之迹犹存。隋史万岁南征经此，赋诗云：‘石城门峻谁开辟’是也。唐贞元九年，韦皋遣崔佐时由石门趋云南南诏，复通石门者，即史万岁南征路也。自天宝中，鲜于仲通下兵南溪，道遂闭，至是蛮经北谷，近吐蕃，皋复治之。又贞元十七年韦皋遣威戎军使崔尧臣引兵出石门南路攻吐蕃，即此也”。

㉕亦名石矩山。在今四川仁寿县北十里。《方舆纪要》卷52隆州：石城山“在仁寿院。石壁似城，绝顶望见峨眉”。《周书·陆腾传》：西魏恭帝三年（556），腾为江州刺史，镇压陵州木笼僚，“僚既因山为城，攻之未可拔。腾遂于城下多设声乐及诸杂伎，示无战心。诸贼果弃其兵仗，或携妻子临阵观乐。腾知其无备，密令众军俱上，诸贼惶惧，不知所为。遂纵兵讨击，尽破之，斩首一万级，俘获五千人”。

石城门 俗称旱西门。明南京城门名。本杨吴金陵城正西门，故名大西门。明代改名石城门。即今江苏南京市城汉西门。

石城场 隋开皇十三年（593）置，属宁都县，即今江西石城县。五代南唐保大十一年（953）升为石城县。

石城戍 即今湖北钟祥市。《资治通鉴》：东晋元兴三年（404），冯该为刘毅所败，“该走石城”，即此。胡注：“竟陵县，古城戍也。《郢州图经》曰：子城三面墉基皆天造，正西绝壁下临汉江。石城之名本此。”

石城后（後）千户所 明正统五年（1440）置，属雷州卫。治所在今广东廉江市。《方舆纪要》卷104石城县：守镇石城后千户所“在县治西”。

石城县 ①西汉置，属丹阳郡。治所在今安徽池州市西南七十里灌口乡石城村。西晋属宣城郡。南朝梁属南陵郡。隋开皇九年（589）废入南陵县。

②十六国后燕置，为石城郡治。治所在今辽宁建昌县西。《资治通鉴》：东晋隆安元年（397），慕容会攻慕容宝，“宝帅数百骑驰二百里，晡时，至龙城。会遣骑追至石城，不及”。即此。北魏属建德郡。北齐废。

③北魏永熙二年（533）置，属秀容郡。治所在今山西原平市北三十五里崞阳镇。后属雁门郡。东魏为廓州治，广安、永定、建安三郡寄治于此。北齐废三郡，为北显州治。北周废州，仍属雁门郡。隋开皇初属代州，十年（590）改为平寇县。

④北魏太和二十一年（497）置，属五城郡。治所在今山西蒲县东南五十里。东魏为石城郡治。北周大象元年（579）改蒲子县。

⑤北魏景明三年（502）置，治所在今青海化隆回族自治县西南六十里黄河北岸群科镇（古城）。西魏废帝二年（553）改名化隆县。

⑥北魏正始二年（505）置，为石城郡治。治所在今河南省灵宝市东南七十五里。后改为同堤县。西魏初复为石城县。废帝元年（552）改为玉城县。

⑦北魏正始二年（505）分卢氏县置，治所即今河南卢氏县。西魏改为玉城县。

⑧北魏置，属上郡。治所在今陕西神木县境。北周改为银城县。

⑨北魏置，属上郡。治所在今陕西甘泉县西北四十里石门乡。西魏废。

⑩北魏永熙二年（533）置，属建德郡。寄治英雄城（今河北徐水县西遂城镇）。北齐废。

⑪西魏废帝二年（553）改宣汉县置，为开巴郡治。治所在今四川达州市。明曹学佺《四川名胜记》卷23引《寰宇记》云：西魏“开拓山南，改宣汉为石城，从山名也”。隋开皇十八年（598）改为通川县。

⑫隋开皇五年（585）置，为庸州治。治所在今重庆市黔江区东二十五里县坝场。大业二年（606）废入彭水县。唐武德元年（618）复置，属黔州。移治无慈城。贞观四年（630）移治今黔江区。天宝元年（742）改为黔江县。

⑬唐武德五年（622）析河源县置，属循州。治所在今广东河源市北。贞观元年（627）废。

⑭唐武德五年（622）置，属罗州。治所在今广东廉江市东北龙湖（今河唇镇西）。《新唐书·地理志》 石城县：“以石城水为名。”六年（623）为罗州治。天宝元年（742）改为廉江县，北宋开宝五年（972）废入吴川县。南宋乾道三年（1167）复置，属化州。治所在今廉江市北。元属化州路，延祐六年（1319）迁治东黄村（今市东北上县村），天历元年（1328）又移治新和驿（今廉江市）。明洪武九年（1376）属高州府，十四年（1381）属化州。清属高州府。1914年改为廉江县。

⑮唐万岁通天二年（697）改临榆县置，属平州。治所在今河北滦县西北榛子镇。辽移治今河北唐山市东北开平镇，属滦州。北宋宣和中改名临间县。金复名石城县。元初废。

⑯五代南唐保大十一年（953）升石城场置，属虔州。治所即今江西石城县。《舆地纪胜》卷32石城县：“山多石，耸峙如城，因名。”南宋属赣州。元属赣州路。明属赣州府。清乾隆十九年（1754）改属宁都州。民国初属江西赣南道。1926年直属江西省。

⑰金置，属辽阳府。治所在今辽宁辽阳市东五十余里太子河北岸燕州城。因近石城山而名。兴定三年（1219）改名东安县。

石城里 即今山西平顺县东北石城镇。清置巡司于此。

石城岛 即今辽宁庄河市南石城岛，岛上有石城乡。明《辽东志》卷1：石城岛“去（金州卫）城二百七十里”。

石城津 在今甘肃永靖县北盐锅峡镇小茨村北、湟水入河口东的黄河边上。《水经·河水注》：“湟水又东流，注于金城河，即积石之黄河也。……河水又东迳石城南，谓之石城津。”《十六国春秋辑补》卷34：前秦伐凉军于西河，“俄而梁熙王统等，自青石津，攻其将梁粲于河会城，陷之。苟苌济自石城津，与梁熙等会攻缠缩城”。即此。

石城郡 ①十六国后燕置，属营州。治所在石城县（今辽宁建昌县西）。北魏废。

②北魏正始二年（505）置，治所在石城县（后改为同堤县，在今河南灵宝市东南七十五里）。西魏废帝元年（552）改为安乐郡。

③西魏置，治玉城县（今河南卢氏县）。西魏废。

④东魏置，治所在石城县（今山西蒲县东南五十里）。北周废。

⑤北周改竟陵郡置，为郢州治。治所在长寿县（今湖北钟祥市）。隋开皇初废。

⑥唐南诏置，属拓东节度。治所在石城（今云南曲靖市西北十五里西山街道驻地三岔）。宋大理升为

一级政区，辖境东抵北盘江，北抵可渡河，南达南盘江，约当今云南东部及贵州部分地区。元改为曲靖路。

石城桥 在今江苏南京市城汉西门外。杨吴始建，明初改建。因汉西门明称石城门，故名石城桥。《清一统志·江宁府》：石城桥“在江宁县西石城门外，跨城濠。本朝康熙十八年修”。

石城银场 北宋置，属剑浦县。即今福建南平市南石城。《元丰九域志》卷9南剑州剑浦县及《宋史·地理志》南剑州剑浦县皆有石城银场。

石城堡 ①明置，属巴州。在今四川巴中市西南石城乡。《方舆纪要》卷68巴州：“石城旧堡，在州东南七十里。”

②即今辽宁凤城市东北石城镇。《清一统志·奉天府二》：“石城堡在凤凰城北六十里。”

石城湾 即今湖北崇阳县西南三十里石城镇。清光绪《湖北全省分图》：崇阳县西南有石城湾。

石城镇 唐上元二年（761）改典合城置，即今新疆若羌县东北罗布泊西岸。《新唐书·地理志》引贾耽《四夷路程》：“自蒲昌海南岸，西经七屯城，汉伊脩城也。又西八十里至石城镇，汉楼兰国也，亦曰鄯善，在蒲昌国南三百里。康艳典为镇使以通西域者。”

石赵 即十六国之后赵，由羯人石勒所建（319—351），故名。都城在襄国（今河北邢台市），后迁至邺（今河北临漳县西南），传石虎、石金等，后为冉魏所灭。

石挺峰 即磬锤峰。今河北承德市东北十六里棒锤山。《水经·濡水注》：武列水“东南历石挺下。挺在层峦之上，孤石云峰，临崖危峻，可高百余仞。牧守所经，命选练之士，弯张弧矢，无能届其崇标者”。即此。

石南县 南朝陈置，为石南郡治。治所即今广西兴业县治石南镇。隋大业初属郁林郡。唐初属南尹州，后属郁林州。建中二年（781）废。

石南郡 南朝陈置，属南定州。治所在石南县（今广西兴业县治石南镇）。隋平陈后废。

石相镇 一名石象集。即今河南长葛市东南石象乡。明嘉靖《许州志》卷1《村镇》：“石相镇，（长葛）县东二十里。”

石栅 在今河南漯河市郾城区境。《资治通鉴》：唐元和十一年（816）九月，“乙酉，李光颜、乌重胤奏拔吴元济陵云栅。丁亥，光彦又奏拔石、越二栅”。

石柱 即义慈惠石柱。在今河北定兴县西北北易水之滨石柱村。《寰宇记》卷67易县：石柱“在县东南三十里，临易水。《州郡志》：易州石柱，后魏末，杜（洛周）、葛（荣）乱杀人，骸骨狼藉如乱麻。至齐神武起兵扫除凶丑，拾遗骸骨葬于此，立石柱以志之”。

石柱山 ①一名石人山。在今安徽旌德县西六十里。《舆地纪胜》卷19宁国府：石柱山“一名射的山。有双石挺然特起，一巨石承之，号豹子尖，尤为奇秀”。明嘉靖《宁国府志》卷5：石柱山，“梁元帝时，新安程灵洗起兵讨侯景，尝誓众于此，上有歃血台”。

②在今浙江临安市西五十九里。宋《咸淳临安志》卷26于潜县：“石柱山，在县东五里。上有石，天然成柱。”故名。《方舆纪要》卷90于潜县：石柱山“高三百丈，周十五里，为县之主山”。

③在今河南唐河县东南八十里。《清一统志·南阳府一》：石柱山“山上两石，屹立如柱，柱有铁环。相传大禹导淮，系舟于此”。

④在今湖北罗田县东北。《方舆纪要》卷76罗田县：石柱山“在县北百二十里。山高峻，屹立如柱”。

⑤即天柱山。在今湖南蓝山县北二十里。《方舆纪要》卷80蓝山县：石柱山“岩洞甚胜”。

⑥在今重庆市巫溪县东北。《舆地纪胜》卷181大宁监：石柱山“在监东四里。一峰削如巫峡，所望剪刀峰与道士峰相连，皆奇观也”。《方舆纪要》卷69大宁县：石柱山“在县北二十里”。

⑦在今贵州思南县西二十里。《明一统志》卷88思南府：石柱山“上有石如柱”。

石柱子镇 在今辽宁宽甸满族自治县东石柱子江口。清光绪《奉天全省地舆图说图志》宽甸县图：东南有石柱子。

石柱场 即今重庆市渝北区东南石坪镇。清道光《江北厅志》卷2：石柱场“去城三十五里”。

石柱关 明洪武初置，在今湖北巴东县南，接鹤峰县界。《方舆纪要》卷78巴东县“连天关”条下：“又石柱关在县南五百里，向设石柱关巡检司。隆庆四年改野三关巡司。《志》云：县东南二百五十里有石柱山，关盖因以名。为扼束群蛮之道。”

石柱村 在今河北定兴县西北二十里。有北齐太宁二年（562）建义慈惠石柱。石柱分基础、柱身、石屋三部分，高6.65米，内刻“标异乡义慈惠石柱颂”。

石柱岭 在今安徽东至县东南。《清一统志·池州府一》：石柱岭“在建德县东南五十里。有石柱高数丈。又十里曰良禾岭，路通徽州府祁门、江西浮梁二县”。

石柱店 在今河南滑县南。《旧唐书·李澄传》：兴元元年（784），李希烈据汴州，滑州刺史李澄降，“希烈苦攻宁陵，邀澄率其众至石柱，澄令纵火焚营而伪遁”。

石柱城 在今湖南慈利县境。《舆地纪胜》卷70澧州：石柱城，“《类要》：在慈利县。山崖有石，耸立如柱”。

石柱砦 北宋置，属黔江县。在今重庆市石柱土家族苗族自治县东北悦来镇古城坝。

石柱寨 在今浙江泰顺县东北石柱村。《方舆纪要》卷94泰顺县：石柱寨在“县北五十里。其地有石柱峰，壁立万仞，上与云齐”。

石砚山砦 在今广东封开县北。《方舆纪要》卷101封川县：石砚山砦，“瑶寨也。正德中，封川之石砚、大和、鸡峒山瑶，纠合开建大玉、小玉、大台，贺县峒金、上峒、下峒等巢，封川归仁、文德二乡，大滑脑、洪秋、南吉、大贺、黑石、麒麟、白马、莲花等巢诸瑶皆叛，山径多岐，穷险莫测。嘉靖八年，官军讨石砚山瑶，平之”。

石炭堡 在今贵州锦屏县东南。《方舆纪要》卷121黎平府铜鼓卫：石炭堡“在卫西”。

石峡口 即今甘肃山丹县东南峡口村。《方舆纪要》卷63山丹卫：“石峡口，右卫东八十里。两峰相对，下有石井。今石峡口堡及石峡口驿，俱置于此。”

石峡口山 在今甘肃山丹县东南。《清一统志·甘州府》：石峡口山“在山丹县东八十里。两峰相对，下有石井”。

石峡山 在今山西静乐县南。《方舆纪要》卷40静乐县：石峡山“在县南六十里。石硖如门，有石峡泉流注于汾。相传昔人以屈产之乘，假道于虞，盖出于此”。

石峡关 亦作硖关。在今宁夏海原县（三河镇）北高崖乡石峡口。《新唐书·宣宗纪》：大中三年（849）二月，“吐蕃以秦、原、安乐三州，石门、驿藏、木峡、制胜、六盘、石峡、萧七关归于有司”。即此。明嘉靖《固原州志》卷1：石峡口“在红古城西五里，古尝设关，遗址犹存”。

石峡涧 在今福建明溪县西南二里。《方舆纪要》卷98归化县：“石峡涧在县西南二里。流出山下，合于腰带水。”

石峡遗址 在今广东韶关市曲江区（马坝镇）西南五里。面积3万平方米。发现柱洞、灰坑、陶窑等遗存，清理墓葬一百三十六座。遗址包含四个不同时期的文化层堆积。第一层是距今约6000年的新石器时代文化层；第二层是距今5000—4000年的石峡文化新石器时代晚期文化层；第三层是距今3800—3100年的早期青铜时代文化层；第四层是时代与中原地区西周晚期到春秋时期相当的晚期青铜时代文化层。石峡遗址的发现和发掘是广大考古工作者的重大突破，填补了岭南地区秦汉以前古文化的空白，为探讨与邻近省区及东南沿海地区同时期文化的关系，提供了宝贵的实物资料。2001年定为全国重点文物保护单位。

石峡寨 又作石硖寨。北宋置，属崞县。在今山西原平市东北。

石峡镇 在今江西黎川县东。《清一统志·建昌府二》：石峡镇“在新城东四十里。一名石溪镇，距飞鸢杉关三十里，为闽赣通道。溪初不能通舟，明时邑人张樌凿石辟河，遂与五福并为巨镇”。

石骨墟 在今广东高州市东北平山镇。清光绪《茂名县志》卷2：县治北“六十里石骨墟”。明、清平山巡司驻此。

石钟（鐘）山 ①在今江西湖口县鄱阳湖入江之口。《寰宇记》卷111引《辩石钟山记》称：“《水经》云，彭蠡之口有石钟山。郦道元以为下临深潭，微风鼓浪，水石相搏，响若洪钟，因受其称。”《清一统志·九江府一》 谓湖口县有二钟山，“一在县治南曰上钟山，一在县治北曰下钟山。各距县一里，皆高五六十丈，周十里许，其势相向”。曾国藩《求阙斋读书录》曰：“上钟岩与下钟岩，下皆有洞，深不可穷，形如覆钟，乃知钟山以形言，非以声言。”清咸丰五年（1855）太平军大败曾国藩水师于此。

②在今重庆市巫溪县东北十五里。《舆地纪胜》卷181大宁监：石钟山“山有巨石如钟，下有三足，烟火之迹宛然。父老谓尔朱仙丹炉云”。

石钟山石窟 在今云南剑川县城西南五十里。石钟山系石宝山支峰，因山上有石如钟而得名。《清一统志·丽江府》 引《剑川州志》：中山“在石宝山南一里，岩石壁立，镌梵像数百，庄严经久不变，谓之中山石佛”。石窟开凿于南诏、大理时期，是云南白族先民创造的石刻艺术宝库。另有宋代以来的题记四十余则。1961年定为全国重点文物保护单位。

石矩山 亦名石城山。在今四川仁寿县北十里。《舆地纪胜》卷150隆州：石城山“在仁寿县。一名石矩山。其山有石壁似城，因名。绝顶望见峨眉。有平等寺、西峨寺”。《方舆纪要》卷67仁寿县：石矩山在“县东北八里。亦名石城山。……西魏末，江州刺史陆腾讨陵州叛僚，僚因山为城，攻之难拔”。山上望峨台有唐、宋磨崖造像。

石秋县 南齐置，属安昌郡。治所在今广西合浦县北境。梁、陈时废。

石保县 北魏置，属中部郡。治所在今陕西宜君县东北西村乡石堡村。隋开皇三年（583）废。

石泉 在今陕西石泉县南。《方舆纪要》卷56石泉县：石泉“在县治南。其水清冽，四时不竭，流入汉水。县因以名”。

石泉水 即慧山泉。在今江苏无锡市西惠山白石坞下。唐张又新《煎茶水记》：“无锡惠山寺石泉水第二。”

石泉军 北宋政和七年（1117）置，属成都府路。治所在石泉县（今四川北川羌族自治县西北治城乡）。辖境相当今四川北川、安县二县地。南宋宝祐中移治龙安县（今安县东北）。元改为安州。

石泉县 ①西汉置，属高密国。治所在今山东诸城市东北。东汉省。

②西魏废帝元年（552）改永乐县置，属魏昌郡。治所在今陕西石泉县南一里。《寰宇记》卷141金州石泉县：“以县北石泉为名。”北周保定三年（563）迁今石泉县，属金州。隋属西城郡。唐属金州，圣历元年（698）改武安县，神龙初复改石泉县，大历六年（771）省入汉阴县。永贞元年（805）复置石泉县。元省。明洪武三年（1370）复置，属兴安州。清属兴安府。民国初属陕西汉中道。1928年直属陕西省。

③唐贞观八年（634）置，属茂州。治所在今四

川北川羌族自治县西北治城乡。明郭子章《郡县释名》四川卷下：石泉县“城南一里有甘泉，上刻‘甘泉’二字，从石窍出，县以得名”。天宝初属通化郡，乾元初属茂州。北宋熙宁九年（1076）改属绵州，政和七年（1117）为石泉军治。南宋宝祐中移军治龙安县。元属安州。明初属成都府，嘉靖四十五年（1566）改属龙安府。1914年改为北川县。

石泉固 在今河北涞水县西北。《水经·易水注》：石泉水“出石泉固东南隅。水广二十许步，深三丈。固在众山之内，平川之中，四周绝涧，阻水八丈有余。石高五丈，石上赤土，又高一匹，壁立直上，广四十五步，水之不周者，路不容轨，仅通人马，谓之石泉固”。

石泉城 ①在今河北涞水县西北。《水经·易水注》：石泉水“出石泉固东南隅，水广二十许步，深三丈。固在众山之内，平川之中，四周绝涧。……水之不周者，路不容轨，仅通人马，谓之石泉固”。《元和志》卷18涞水县：石泉故城在“县西北三十里”。

②在今甘肃临夏县东北。《晋书·乞伏炽磐载记》：东晋义熙十二年（416），“炽磐次溫川，师次沓中，沮渠蒙逊率众攻石泉以救之”。即此。

石泉镇 在今河南渑池县东南三十四里石泉村。《清一统志·河南府二》：石泉镇“泉出石穴，清澈甘美，故名”。古建清凉寺于此。

石盆渡 在今浙江奉化市东象山港沿岸。《方舆纪要》卷92奉化县：石盆渡在“县东七十里。滨海诸支港所经，路达象山县”。

石盆寨 在今山西交城县西北。《续资治通鉴长编》：北宋乾德五年（967），“北汉石盆寨招收指挥使言章以其寨来降”。

石胜关 明嘉靖十年（1531）置，属黔江县。在今重庆市黔江区东五十里。《方舆纪要》卷69黔江县：石胜关，“《志》云：县与施州卫散毛宣抚司接境。正德以后，施州诸土司往往与川蜀诸土蛮表裏奸宄。嘉靖十年于黔江千户所散毛宣抚司中界，设立老鹰等三关五堡，以控扼之”。

石胜城 在今重庆市巫山县境内。《周书·蛮传》：北周天和元年（566），陆腾镇压信州冉令贤等起义，“水逻侧又有石胜城者，亦是险要。……（冉）龙真力不能御，遂平石胜城”。

石狮头 在今广东汕尾市东碣石湾西岸西湖村西北。清时建有炮台。

石狮垭山 在今重庆市北。《方舆纪要》卷69重庆府巴县：石狮垭山“在县北九十里。二山峭峙，四壁绝险，中盘小径，分渝、合之界”。

石亭 ①在今河北赤城县南。《魏书·太宗纪》：北魏神瑞二年（415），拓跋嗣“幸赤城，亲见长老，问民疾苦，复租一年。南次石亭”。

②在今内蒙古察哈尔右翼中旗境。《魏书·太祖纪》：天赐三年（406），太祖拓拔珪“西登武要北原，观九十九泉，造石亭，遂至石漠”。

③在今安徽潜山县东北。《三国志·魏书·明帝纪》：太和二年（228）秋九月，“曹休率诸军至皖，与吴将陆议战于石亭，败绩”。即此。

④在今四川广元市北。《资治通鉴》：南朝梁天监四年（505），“魏邢峦至汉中，击诸城戍，所向摧破。晋寿太守王景胤据石亭，峦遣统军李义珍击走之”。

石亭市 即石亭塘。今湖南醴陵市西四十八里石亭镇。清光绪《皇朝中外一统舆图》：醴陵县西有石亭。

石亭戍 在今四川广元市北。《水经·漾水注》：“汉水又西，径石亭戍。”北魏置石亭县。

石亭江 又名雒水、洛江水。在今四川成都平原东北，为沱江上游支流。嘉庆《什邡县志》卷6：雒水，“刘焉治绵竹时凿石垒亭，以镇洛水，故以名江”。《晋书·李特载记》：永宁元年（301），“长史曹运、犍为太守李苾，督护常俊督万余人断北道，次绵竹之石亭”。即此。

石亭县 北魏置，属东晋寿郡。治所在石亭戍（今四川广元市北嘉陵江岸）。《魏书·邢峦传》：正始二年（505），邢峦取汉中诸城戍，“萧衍平西将军李天赐、晋寿太守王景胤等拥众七千，屯据石亭。统军韩多宝等率众击之，破天赐前军赵賭”。即此。后废。

石亭渡 在今四川德阳市西南、广汉市东北石亭江上。东晋常璩《华阳国志·大同志》：永宁元年（301），“（赵）廞遣万余人断北道，次绵竹，以长史费远为继，前军宿石亭，（李）特等相合得七千余人，夜袭之，因放火，杀嵚军略尽，进攻成都”。

石亭塘 一作石亭市。即今湖南醴陵市西四十八里石亭镇。清光绪《湖南通志》卷1醴陵县图：县西有石亭塘。

石亭镇 即今河北涞水县北石亭镇。明弘治《易州志》卷5涞水县集镇：有石亭集。清光绪《涞水县志》卷1：石亭镇“离城三十里”。光绪二十六年（1900）当地义和团击毙清将杨福同于此。

石闼堰 ①在今江苏连云港市西南。《宋史·河渠志六》：天禧四年（1020），“淮南劝农使王贯之导海州石闼堰水入涟水军，溉民田”。又《宋史·魏胜传》：南宋绍兴三十一年（1161）“金人复遣五斤太师发诸路兵二十余万来攻海州，先遣一军自州西南断胜军饷道。胜择勇悍士三千余骑，拒于石闼堰，金军不能进”。

②在今陕西西安市长安区西北。宋敏求《长安志》卷12长安县：石闼堰“在县西南三十二里。《水经注》曰，交水西至石堨，汉武帝元狩三年穿昆明池所造”。唐太和后，堰废。

石闾山 在今山东泰安市南四十五里。《汉书·武帝纪》：太初三年（前102）“禪石闾”。又《郊祀志》：“石闾者，在泰山下阯南方，方士言仙人闾也。”

石美堡　即今福建龙海市东北十八里石美。《方舆纪要》卷99漳州府：石美堡“在府东七十里覆舟山下。嘉靖三十六年建，有土城。万历四十年增修”。

石首山　在今湖北石首市北。《水经·江水注》：“大江右径石首山北。”《舆地纪胜》卷64江陵府：石首山“《元和郡县志》：在石首县北江中有石孤立，为北山之首，因名”。

石首市　1986年撤销湖北省石首县，改设石首市，市人民政府驻中山路。1994年属荆沙市。1996年委托荆州市代管。

石首县　西晋置，属南郡。治所即今湖北石首市。《旧唐书·地理志》：石首县“取县北石首山为名”。南朝宋废。唐武德四年（621）复置，属荆州（后改江陵府）。元属中兴路。明属荆州府。民国初属湖北荆东道。1932年直属湖北省。1986年改设石首市。

石首城　即石头城之别称。故址在今江苏南京市清凉山。宋《景定建康志》卷17“石头山”条引《丹阳记》：“石头城，吴时悉土坞，义熙初始加砖累甓，因山以为城，因江以为池，地形险固，尤有奇势，亦谓之石首城。”

石洞　在今湖北武穴市北。《方舆纪要》卷76广济县：石洞“在县南六十里石山中。有岩穴广三丈余，中有七湖，深二十里。洞口有泉，曰石洞灵泉”。

石洞水　在今江西万载县西南。《方舆纪要》卷87袁州府万载县：石洞水在“县西南十里。源出县南二十里竹山洞，北流经杨河山，会白沙水，过县治南南浦桥下，绕学前为学前江，又东北出城合于龙河”。

石洞峡　即今重庆市东北之铜锣峡。《寰宇记》卷136巴县：“（渝）州东北二十里有石洞峡，即先主置关之所，东西长约二里。”

石洞镇　①北宋置，属蓬溪县。在今四川蓬溪县北。清嘉庆《四川通志》卷29蓬溪县：石洞镇“在县北三十里”。

②即今四川泸县西北石洞镇。清嘉庆《泸州志》卷2：石洞镇场在“州西北三十里”。民国《泸县志》卷1：石洞镇场“以场后石洞得名。距城二十五里”。

石济水　亦名济水、泲水。即今河北赞皇、高邑、柏乡县境之泲河。《汉书·地理志》常山郡房子：“赞皇山，（石）济水所出，东至廮陶入泜。”其下游历代屡有变迁，已非故道。

石济津　即棘津。在今河南滑县西南古黄河畔。《宋书·垣护之传》：“玄谟攻滑台，护之百舸为前锋，进据石济。石济在滑台西南百二十里。”

石洋河　在今河南遂平县北五里。《方舆纪要》卷50遂平县：石洋河“源出黑龙潭，东流入汝水。明朝天启中，县令胡三省于县东七里疏石洋河，南入沙河，引水周灌，谓之新河，俗呼为玉带水”。

石浔　即今福建同安县东南石浔。明、清置巡司于此。

石室　又名圣心大教堂。在今广东广州市区中部，一德路旧部前街。旧址为清朝两广总督署，咸丰六年（1856）被英法侵略军所毁，十一年（1861）法国据《天津条约》强行在此建教堂。因教堂墙壁及柱子皆用花岗石砌筑，俗称石室。建筑面积2754平方米，高58.5米，为我国最大的双尖顶哥特式建筑。今为广州市天主教徒进行宗教活动的重要场所。

石室山　①在今山西汾阳市西三十里。《方舆纪要》卷42汾州府：石室山“山多岩窟，可居”。

②即烂柯山。在今浙江衢州市南二十里。《寰宇记》卷97西安县：石室山“一名石桥山”。《方舆纪要》卷93衢州府：烂柯山“府南二十里。一名石室。《通典》谓之石桥山，道书谓之青霞第八洞天，即晋樵者王质遇仙处”。南朝宋谢灵运有《石室山》诗。

③又名嵩台山。在今广东肇庆市北。《元和志》卷34端州高要县：石室山“在县北五里”。《方舆纪要》卷101肇庆府高要县：石室山在“府北六里，一名圆屋山，亦名高星山，或谓之定山。山有石室，自生风烟，南北有二门，中可容百余人，号为神仙下都。其前有浦，曰高星浦。旁有耸石，广六十余丈，高二百余仞，谓之崧台”。

石室城　在今越南北部和平省石室县。《明史·安南传》：宣德元年（1426），王通等讨黎利，“（通）亦分兵三道出击。马瑛败贼清威，至石室与通会，俱至应平宁桥”。

石宫寺　即钟山石窟。在今陕西子长县西三十里安定镇北，钟山南麓。

石屋山　在今江苏溧阳市南七十里。宋《景定建康志》卷17：石屋山“山西有铸剑坑。《旧志》云：吴王使欧冶子铸剑于此”。

石屋洞　在今浙江杭州市西南南高峰下。宋《淳祐临安志》卷9：石屋洞“有石洞极高，状似屋”，故名。洞壁原有五代晋至北宋初镌造罗汉五百余尊，毁于“文化大革命”十年浩劫。

石屏州　明洪武十五年（1382）改石平州置，属临安府。治所即今云南石屏县。景泰《云南图经志书》：“讹坪为屏，今因之。”按，石屏峰今存，为扇形喷泉形成的泉华。1913年改石屏县。

石屏县　1913年改石屏州置，后属云南蒙自道。治所即今云南石屏县。1929年直属云南省。

石院铺　即今江西赣县东北石院。《明史·地理志》赣州府赣县：“东北有磨刀寨巡检司，后迁石院铺。”

石都寨　在今山东济南市长清区东南七十里。元、明置石都寨巡司。

石莲洞　在今江西吉水县西北阜田镇境内。《清一统志·吉安府一》：石莲洞“在吉水县西北九十里。盘石屹立，阔三四丈，中空如尾。洞口有罗汉松，甚奇古。明罗洪先题曰梅关，又于洞南建正学堂，久废”。

石晋 即五代后晋，为石敬瑭所建，故后人以其姓氏冠于国号前，称石晋。

石桐水 一名绵水、洪山水。在今山西介休市东。源于绵山，西北流入汾水。《水经·汾水注》：“汾水又南与石桐水合，即绵水也。水出界休县之绵山，北流径石桐寺西，即介子推之祠也。……石桐水又西流注于汾水。”

石桥 ①一名沙河石桥。在今内蒙古巴林左旗西南。《新五代史·四夷附录·契丹》：“（兀欲）与其祖母述律（太祖皇后）相距于石桥。述律所将兵多亡归兀欲。兀欲乃幽述律于祖州。祖州，阿保机墓所也。”《方舆纪要》卷18大宁卫：石桥“在临潢南。宋胡峤《入边录》：‘石桥，沙河之桥也，南则姚家洲’”。

②在今安徽寿县西北。《晋书·桓石虔传》：“袁真以寿阳叛，石虔以宁远将军、南顿太守帅诸将攻之，克其南城。又击苻坚将王鉴于石桥，获马五百匹。”

③即今江西铜鼓县西石桥乡。清同治《江西全省舆图》卷1：义宁州西南铜鼓营西有石桥。

④在今河南洛阳市东北。《资治通鉴》：唐乾元二年（759）九月，“时（史）思明游兵已至石桥”。胡注：“《水经注》：‘谷水东径洛阳广莫门北，汉之谷门也，东径建春门石桥下，即上东门也。’此言汉、晋洛阳诸门，非隋、唐所徙洛城也。上东门之地，唐为镇。”

⑤一名河桥。在今四川剑阁县（下寺镇）西南普安镇北。《资治通鉴》：五代唐长兴元年（930），石敬塘攻剑州，“李肇、王晖陈于河桥”。注：“路振《九域志》：王师陷剑门，赵廷隐帅兵据石桥。”即此。

⑥又名西石桥。在今陕西华县西石桥河上。《晋书·姚泓传》：东晋义熙中刘裕伐秦，“泓自灞上还军，次于石桥以援之”。即此。

石桥山 ①即烂柯山。在今浙江衢州市南二十里。唐杜佑《通典》卷182：衢州信安县有“石桥山。晋王质烂柯处”。

②在今浙江天台县北。《方舆纪要》卷92天台县：石桥山“在县北五十里。石桥架两岩间”。

③一名月岩。在今江西上饶县西二十里。《寰宇记》卷107信州上饶县：石桥山“山中壑穴，犹虹桥然。外窥如昼，远望如月，虽天台石桥不足比。昔有人见白鹿游其上，至亢阳桥上，云生霭然而雨”。《方舆纪要》卷85广信府上饶县：石桥山“其上平坦如桥，因名”。

④在今陕西岐山县南五十里。《方舆纪要》卷55岐山县：石桥山“清水所径，其东连五丈原，与郿县接界”。

石桥子 即今辽宁本溪市北石桥子镇。民国熊知白《东北县治纪要》辽宁本溪县：“火连寨，当西辽阳与北石桥往来道路之交叉点。”

石桥井 ①即今四川简阳市西北十里石桥镇。为成都至重庆往来必经之路。《清一统志·成都府二》：石桥井“在简州界。州判驻此”。

②在今重庆市忠县北。《清一统志·忠州》：石桥井“在州北二十里。本朝乾隆元年移州判驻此”。

石桥场 北宋置，属海丰县。为盐场。在今广东陆丰市东南碣石镇。

石桥河 ①在今河北保定市南。《方舆纪要》卷12清苑县：石桥河在“府南二十里。自满城县方顺河东流经此，入黄狗窥。俗名梁头河。合于清苑河”。

②亦名石硚场。在今四川达县西北石桥镇。乾隆《达州志》卷1：石硚场“在州西方，去城一百六十里”。清有经制外委驻守。

③在今陕西华县西十里。《方舆纪要》卷54华州：石桥水“源出马岭山，北流入渭。旧有石桥跨其上，水因以名。亦曰小石桥水”。

石桥城 唐南诏置，在今云南大理市西郊天生桥附近。唐樊绰《蛮书》卷3：“开元元年中，蒙归义攻石桥城，阁罗凤攻石和，亦八诏之数也。”

石桥盐场 北宋属海丰县，在今广东陆丰市东南碣石镇。《元丰九域志》卷9：海丰县有石桥盐场。

石桥浦 在今湖北武汉市汉口东。《资治通鉴》：南齐中兴元年（501），萧衍攻张冲于郢州，“（曹）景宗遂据石桥浦，连军相续，下至加湖”。

石桥铺 ①即今四川大竹县东北八十里石桥铺镇。《清一统志·绥定府二》：石桥铺“在大竹县。本朝置县丞于此”。民国时置县佐。

②即今重庆市西三十里沙坪坝区石桥铺。明正德《四川志》卷13重庆府巴县：西有石桥铺。乾隆《巴县志》卷2：石桥铺“离城三十里”。

③在今四川南溪县西北四十五里。清嘉庆《南溪县志》卷8：石桥铺“在县北，由洗马铺至此十五里”。

石桥港 在今广东陆丰市东南碣石镇西。《清一统志·惠州府》：大海“碣石卫……又西二十里至石桥港，口内通碣石卫，西门外有田尾澳，亦可泊舟”。

石桥寨 又名石桥镇。在今江苏江阴市东南四十里。《方舆纪要》卷25引《十国纪年》：“宋伐南唐，吴越亦取其江阴宁远军石桥寨。”

石桥镇 ①北宋置，属江阴县。在今江苏江阴市东南四十里。

②北宋置，属南阳县。即今河南南阳市北四十二里石桥镇。

③北宋置，属蕲水县。即今湖北罗田县东石桥镇。元祐八年（1093）置罗田县于此。元徙治今罗田县。

④即今湖北荆门市北石桥驿镇。《方舆纪要》卷

77 荆门州“沙洋镇”条下：“又有石桥驿在州北六十里。”清置巡司于此。

⑤即今四川简阳市北石桥镇。民国《简阳县志》卷2：石桥井“即石桥镇，俗呼石桥。在州北七里大江畔，产盐。清设州判分驻于此。雁江绕其左，舟楫往来，系引盐批验要地。民国废。初设分知事一人，嗣改为榷税官，近又改为场知事，仍驻于此”。

⑥即今陕西泾阳县西北桥底镇。《清一统志·西安府三》：石桥镇“在泾阳县西北四十里。旧有红花市”。

石桥潭 又名方桥潭。在今江西星子县西北十二里，庐山观音桥东招隐泉下。《舆地纪胜》卷25南康军：方桥潭“在栖贤寺下。陆羽以其水为第六。碑，本为石桥潭”。

石硊矶 在今安徽铜陵市西北。《方舆纪要》卷27铜陵县：石硊矶“在县北五里。濒江有三石门，水涸可出入，容数十人。一名五霞洞”。

石砫山 在今重庆市石柱土家族自治县东。《明史·地理志》石砫宣慰司：“东有石砫山。”《清一统志·石砫厅》：石砫山“在厅东一百二十里，与湖北中路司接界”。

石砫厅 清乾隆二十七年（1762）改石砫宣慰司置，属四川省。治所即今重庆市石柱土家族自治县。辖境相当今重庆市石柱土家族自治县地。1913年改为石砫县。

石砫安抚司 南宋景定中置，治所在今重庆市石柱土家族自治县东北悦来镇古城坝。元初改为石砫军民府，寻改为军民安抚司。明洪武八年（1375）改为石砫宣抚司。

石砫军民府 元初改石砫安抚司置，属四川南道宣慰司。治所在今重庆市石柱土家族自治县东北悦来乡古城。后改为石砫安抚司。

石砫县 1913年改石砫直隶厅置，属四川东川道。治所即今重庆市石柱土家族自治县。1928年直属四川省。1959年改为石柱县。1983年改设石柱土家族自治县。1997年划归重庆市。

石砫宣抚司 明洪武八年（1375）改石砫军民安抚司置，属重庆卫。治所即今重庆市石柱土家族自治县。《明史·四川土司传》：“石砫，以石潼关、砫蒲关而名。”嘉靖四十二年（1563）改属夔州卫。天启元年（1621）升为宣慰司。

石砫宣慰司 明天启元年（1621）升石砫宣抚司置，属夔州府。治所即今重庆市石柱土家族自治县。清乾隆二十七年（1762）升为石砫直隶厅。

石硷口峡 在今甘肃兰州市东二十五里。《方舆纪要》卷60兰州：石硷口峡“两岸悬立，黄河经其中，东流入金县界”。

石峪水 在今山西应县东南。《清一统志·大同府》：石峪水“在应州东南三十里。有大石峪、小石峪二水，合而北流，径州城东北，又北合浑河，入桑干河”。

石峰堡 在今甘肃通渭县北六十里华阳山上，四面险绝，沟堑纵横。清乾隆四十八年（1783），回民据此起义。《清一统志·巩昌府二》：石峰堡“今设守备驻此”。

石积 在今陕西华县西南。《资治通鉴》：东晋义熙十三年（417）刘裕伐秦，姚泓“使姚丕守渭桥，胡翼度屯石积”，即此。

石笋山 在今重庆市綦江县西二十里。《舆地纪胜》卷180南平军：石笋崖“在军北百里，往隆化路。有石如笋，高者三四丈，低亦丈余，凡数十焉”。《方舆纪要》卷69綦江县：石笋山在“县西二十里……以形似名”。

石笋山摩崖石刻 即邛崃石刻。在今四川邛崃市西北四十里大同乡北。是邛崃石刻造像最集中而又保存完好的石刻造像。造像分布在高30—50余米、长130余米的悬崖上，共计有三十三龛窟，大小造像一千余尊。据造像题记所载，此窟开凿于唐大历三年（768）。内容丰富，题材广泛，有佛传故事、净土变、释迦和无量诸佛、天工、力士、飞天、舞乐等，其中第四、六龛净土变，刻有殿宇、塔幢、楼阁、桥池、船舫、花鸟等，造像百余，广布其间，紧密繁复的场景中仍使人感觉有宽余的境界，为石刻艺术精品。第十四窟阿弥陀佛坐像通高8.3米，两侧观音、大势至的面相与身饰璎珞，极具唐代艺术瑰丽气象。第三十二窟释迦两侧的胁侍文殊、普贤分别所乘青狮、大象为石刻圆雕，质感极强。第三、八窟的如意轮观音、千手观音是此间密宗石刻的代表作。第二十五窟的浮雕飞天、舞乐、供养人等，都是石刻艺术佳作。2006年定为全国重点文物保护单位。

石笋场 ①即今四川广安市东北石笋镇。清宣统《广安州新志》卷9：石笋场在“州东北六十里。明季兵毁。雍正六年始复市，近王家砦，有石如笋因名。地枕山面江水冲要。嘉庆三年，果勇侯杨芳败‘教匪’十余万于此”。

②清置，即今贵州赤水市东北长期镇西北石笋场。

石笋（筍）场 即今四川中江县南石笋乡。民国《中江县志》卷2：石笋场在“治西南九十里”。

石笋（筍）桥 在今福建泉州市西。《方舆纪要》卷99晋江县：石笋桥“在府西临漳门外，跨笋江上。宋皇祐初，创浮桥，名履坦。嘉祐间重修，改曰济民。元丰初修饰，曰通济。绍兴间，改作石桥。庆元中，又造二小石桥相续，以达临漳门。明朝宣德、成化以后，屡经修治。嘉靖三十七八年，倭贼犯郡，往往啸聚于此。四十年，官兵断桥拒倭。久之复修筑”。

石笋峰 在今浙江天台县北天台山中。《徐霞客游记·游天台山日记（后）》：崇祯五年（1632）三月十八日，“寺僧导余探石笋之奇……践石蹑流，七里，山回溪坠，已至石笋峰底，仰面峰莫辨，以右崖掩之也，从崖侧逾隙而下，反出石笋之上”。

石笋堡 一名石笔堡。北宋政和五年（1115）改梅赖堡置，属长宁军。在今四川长宁县南。元废。

石笋街 唐宋时成都城街道之一。相当今四川成都市红光中路石笋街一带。《全蜀艺文志》卷38唐刘禹锡《新修福成寺记》："益州石门街大逵坦然，西驰曰石笄街。"因街有挺然耸峭石二株得名。杜甫《石笋行》："君不见益州城西门，陌上石笋双高蹲。"

石笋溪 在今山西永济市中条山北麓下。唐卢纶有《奉陪侍中游石笋溪十二韵》诗。

石笋滩 在今四川南溪县西三十里长江中。《舆地纪胜》卷163叙州：石笋滩"在南溪县西三十里。江涨险甚，穷冬水落，岸有石长数丈如笋，因名"。《明史·地理志》南溪县："东滨大江，中有石笋滩，在县西。"

石脆山 在今陕西华县西南。《山海经·西山经》：符禺山"西六十里曰石脆之山"。

石脂水 即今甘肃肃北蒙古族自治县和玉门市境内的石油河。《续汉书·郡国志》延寿县刘昭注："《博物记》曰：县南有山，石出泉水，大如筥篆，注地为沟。其水有肥，如煮肉洎，羕羕永永，如不凝膏，然之极明，不可食，县人谓之石漆。"《元和志》卷40玉门县："石脂水，在县东南一百八十里。泉有苔如肥肉，燃之极明。水上有黑脂，人以草盝取用，涂鸱夷酒囊及膏车。周武帝宣政中，突厥围酒泉，取此脂燃火，焚其攻具，得水逾明，酒泉赖以获济。"

石脑山寨 在今河南光山县西。《方舆纪要》卷50光山县：石脑山寨"元末土豪屯聚于此。明初，邓愈平遂平县玲珑山寨，又进破石脑山寨是也"。

石高寨 在今福建长泰县东。《方舆纪要》卷99长泰县：石高寨"在县东十里。宋置。昔人尝保此以避贼"。

石粉罗家永安等处长官司 元置，属播州军民安抚司。治所即今贵州遵义县北泗渡镇。

石凉伞（繖）山 在今重庆市石柱土家族自治县东北。《方舆纪要》卷73石砫宣抚司：石凉伞山在"司东北百四十里。形如张盖，或谓之石幢山"。

石涝池 在今陕西定边县东。《方舆纪要》卷61榆林镇："石涝池在镇西。正德初，督臣杨一清议于延绥定边营迤东石涝池，至宁夏横城三百里内边墙，增筑高厚处也。"

石涝池堡 明成化十一年（1475）余子俊改石涝池寨置，在今陕西定边县南。清康熙《延绥镇志》卷1：石涝池堡"宋盐池地，水卤不可饮。东有石涝池，人赖汲饮，故名。……今裁，并入定边营"。

石浦厅 清道光三年（1823）置，属宁波府。治所即今浙江象山县东南六十里石浦镇。1912年与南田厅合置南田县。

石浦后（後）千户所 明洪武二十年（1387）置，治所即今浙江象山县东南石浦镇。清废。

石浦河 在今湖北公安县东。《方舆纪要》卷78公安县：石浦河"在县东一里。浅不堪运。正统初，县令俞雍筑坝潴水，以便民漕"。

石浦前千户所 明洪武二十年（1387）置，治所即今浙江象山县东南石浦镇。清废。

石浦镇 ①即今江苏昆山市东南四十里石浦。北宋大中祥符间置巡检司于此。明景泰二年（1451）移千墩镇。

②即今浙江象山县东南六十里石浦镇。明洪武二十年（1387）置石浦守御前、后二千户所。清废。

石流山 在今贵州锦屏县东南。《明一统志》卷88黎平府：石流山"在湖耳长官司东三十里。飞泉迸出，乱石四流"。

石涧山 在今广东广宁县南。《方舆纪要》卷101肇庆府广宁县：石涧山"在县南三十里。高百丈，周十里，泉出窦中，声闻数里。南流五里入绥江"。

石涧市 即今广东广宁县东南绥江东岸石涧镇。清光绪《广东舆地全图》：广宁县东南有石涧市。

石涧镇 即今安徽无为县北四十里石涧镇。《方舆纪要》卷26无为州：石涧镇在"州北四十里。旧置巡司于此"。

石家庄 ①即今河北石家庄市。清同治《畿辅通志》卷50获鹿县图：东有石家庄。光绪《获鹿县志》卷2：石家庄在"县东三十五里"。

②在今宁夏灵武市南。《清史稿·刘松山传》：同治九年（1870），广东提督刘松山镇压回民马化隆起义，"先破石家庄，督攻马五寨"。即此。

石家庄市 1947年当地解放后改石门市置，治石家庄（今河北石家庄市）。1949年为河北省辖市（地级）。1961年仍改为县级市。1968年为河北省会。1978年升为地级市。

石家坡 即今陕西洛南县东北石坡镇。明正统三年（1438）置巡司于此。清裁。

石家河遗址 在今湖北天门市西北石家河镇附近，是石家河文化命名遗址。在8平方公里范围内，密集分布有三房湾、谭家岭等数十处古文化遗址，构成一个原始社会大型聚落群体。该遗址群的文化遗存从相当于大溪文化阶段开始，经屈家岭文化至石家河文化，形成一个基本连续发展的过程。遗址群的中心部位有一座由城墙、城壕和外围台岗构成的石家河城。出土遗物以大量陶质生活用具、陶塑工艺品和数百件小型玉器最具特色。1996年定为全国重点文物保护单位。

石家沱 即今重庆市涪陵区西、长江南岸石沱镇。清同治《涪州志》卷1：长滩里有"石家沱场"。

石家圈 即今河北交河县。金大定七年（1167）于此置交河县。

石家堡 ①明置，属义州卫。在今辽宁义县西南。《方舆纪要》卷37义州卫：石家堡"在卫西南。其相近者曰八塔山堡"。

②北宋元丰四年（1081）置，属诚州。在今湖南

靖州苗族侗族自治县南三十里。后属靖州。

石窌 春秋时齐邑，在今山东济南市长清区东南三十里。《左传》：成公二年（前589），齐侯以辟司徒之妻有礼，“予之石窌”。即此。

石娥溪 在今陕西商洛市西仙娥峰下。唐李白曾游此，作有《春陪商州裴使君游石娥溪》诗。

石通洞 在今湖北建始县西三里朝阳观下。宋黄庭坚游此洞，镌“涪翁”二字于石上，并留诗纪胜曰：“古木萧萧洞口风，昔人曾此出樊笼。崖前况有涓涓水，好涤尘襟去效翁。”

石桑郡 唐南诏置，属弄栋节度。治所在石桑弄（今云南楚雄市西五十里紫溪镇）。宋大理属威楚府，后改白鹿郡。

石埠子镇 即今山东安丘市西南石埠子镇。西汉置灵门县于此。

石埠集 即今山东昌邑市南三十里石埠镇。清乾隆《昌邑县志》卷2有石埠集。

石埠墟 即今广西南宁市西三十里石埠乡。明嘉靖《南宁府志》卷2：宣化县有石埠墟。

石埭 在今安徽石台县东南二十五里，秋浦河上游管溪与琏溪、鸿陵溪合流处。有三巨石横亘如埭坝。中埭四方平广约五丈许，俗称台板石，又名钓鱼台。三埭连锁三溪。《元和志》卷28石埭县：石埭“在县西北一百三十里。有两横石壅江，有如埭焉，因名”。

石埭山 在今广东惠州市西南。《舆地纪胜》卷99惠州：石埭山“在郡之西五、六里。崖石壁立，泉激如飞”。《方舆纪要》卷103惠州府归善县：石埭山“崖石峭立如埭，流泉溅沫，宛若珠帘。其水泻入丰湖，为郡之胜”。

石埭水 在今安徽石台县，秋浦河上游。《寰宇记》卷105石埭县：石埭水“在县西一百七十里。源从栎山东北流，三里至管口合流入石埭乡，与大洪岭水合流。其水从石埭下流过，往来舟船至此，并载拽船于埭上过”。

石埭场 即今安徽石台县治（七里镇）。《三国志·吴书·韩当传》：“黄武二年，封石城侯。”《寰宇记》卷105石棣县：“本吴石城县地。《吴志》云：韩当为石城侯，遂置石埭场，晋太康三年废。”

石埭县 南朝梁大同二年（536）以故石埭场置，属宣州。治所即今安徽石台县治（七里镇）。《寰宇记》卷105石埭县：“因贵池源有两小石埭堰溪水，遂以为名。”隋开皇九年（589）废。唐永泰二年（766）析秋浦、青阳、泾县复置，属池州。治所在今黄山市黄山区西北广阳乡南。元属池州路。明属池州府。民国初属安徽芜湖道。1928年直属安徽省。1959年撤销，并入太平、祁门二县。1965年分黟县、祁门、太平、贵池四县地复置，改为石台县（治七里镇）。

石基村 在今广东广州市番禺区东石碁（棋）镇。《清一统志·广州府二》：石基村“在番禺县东南九十里。本朝乾隆四十七年设永靖营，置游击防守”。

石基塘 即今广东清远市西南石基。清宣统《广东舆地全图》清远县图：西南有石基。

石勒城 ①在今山西武乡县东十里。《清一统志·沁州》：石勒城“周四百六十步，相传石勒尝屯兵于此”。

②在今河南洛宁县西洛水北岸，西接卢氏县界。《水经·洛水注》：高门水“出北山，东南流，合洛水枝津。水上承洛水，东北流径石勒城北”。即此。

石菌铺 在今福建厦门市同安区南。《方舆纪要》卷99泉州府同安县：石菌铺在“县南海滨，为烽堠之所。嘉靖四十年倭贼自漳州府长泰县突犯同安，乡兵袭击之，贼窜石菌海滨是也”。

石营 即今甘肃西和县北石堡乡。《三国志·蜀书·姜维传》：蜀汉延熙十六年（253），“夏，维率数万人出石营，经董亭，围南安”。即此。

石梵 在今湖北天门市东南。《三国志·魏书·文聘传》：“使聘别屯沔口，止石梵。”即此。

石梯山 ①在今山西昔阳县东南。《方舆纪要》卷40乐平县：“石梯山在县东南六十里。石磴陡绝如梯。”

②在今山西广灵县西。《清一统志·大同府》：石梯山“在广灵县西二十里。为驿路所经。自麓至岭，石阶天然。明嘉靖中高仲宝修葺，遂为坦途”。

③在今福建莆田市西南四十里。《方舆纪要》卷96莆田县：石梯山“在府西南四十里。盘礴峭耸，高千余仞，上宜茶。绝顶有炉峰岩，南望大海。《志》云，郡境之茶，龟山为上，石梯次之”。

④在今广西桂平市西八十里。《方舆纪要》卷108桂平县：石梯山“削直如梯，路通梧州府容县”。

⑤在今广西容县南一百三十里。《方舆纪要》卷108容县：石梯山“路出高州，磴道险狭，如梯上下”。

石梯子 即今新疆呼图壁县南石梯子哈萨克族乡。清宣统《新疆图志》卷1呼图壁：石梯子“城东南百八十里，入山二站”。

石梯守捉城 唐置，属维州。在今四川理县东北。后废。

石梯坎 即今四川达县西石梯镇。清乾隆《达州志》卷1：石梯坎场“在州西方，去州一百四十里”。

石梯岭 在今湖南临武县东三十五里。《清一统志·桂阳州》：石梯岭，“由临武至桂阳别径也。山岭一道如线”。

石梯隘口 在今山西河曲县南四十里石梯子村。《清一统志·保德州》：石梯隘口“东枕高冈，西临黄河，边墙始此”。

石硖口 在今青海平安县西小峡镇境。《方舆纪要》卷64西宁镇：石峡口在“卫东七十里……有卫卒戍守”。

石硊 即今安徽芜湖县西北四十里，漳河北岸石硊镇，南接南陵县界。《晋书·桓彝传》：苏峻之乱，“乃遣将军朱绰讨贼别帅于芜湖，破之。彝寻出石硊”。即此。

石硊河 在今安徽芜湖县西，为漳河支流。《明史·地理志》芜湖县：“南有鲁明江，一名鲁港，又有石硊河，俱注大江。”清嘉庆《芜湖县志》卷1：石硊河“在县（今芜湖市）南四十里。源出石硊山，过石硊市合鲁港河入大江”。

石堂 在今福建宁德市西北。清雍正十二年(1734)置巡司于此。

石堂山 ①在今福建宁德市西北一百二十里。明王应山《闽都记》卷33福宁州：石堂山“在二十都。路通古田，山巅有石如堂，宋儒陈普居其下”。

②在今陕西黄陵县西北七十里。《寰宇记》卷35坊州中部县：石堂山，“《水经注》云，猪水西出翟道县西石堂山，本名翟道山。又《穆天子传》：癸西，天子命驾八骏之驷，造父为御，南征朔野，径绝翟道，升于太行。翟道即县之西石堂山也”。

石堂县 北魏置，属安定郡。治所在今甘肃泾川县境。后废。

石堂溪 在今江西贵溪市西二十里。《方舆纪要》卷85广信府贵溪县：石堂溪，“《志》云，县南百二十里有石堂，中可坐数百人，下为石堂溪，北流合于芗溪”。

石蛇滩 在今重庆市武隆县东乌江中。《方舆纪要》卷69彭水县：涪陵江，“《志》云：县北有木梭滩、上新滩、鹿角滩、石蛇滩，黔江经此，水势最险，舟行必出所载，然后可行”。《清一统志·酉阳州》：黔江“又西流一百里至（彭水）县城西，又三十里至木梭滩，三十里至上新滩，十里至鹿角滩，十里至石蛇滩”。

石崖山 在今贵州镇远县城北。《方舆纪要》卷122镇远县：石崖山“石高百仞，屹立如屏，亦曰石屏山，郡之镇山也。山半有石窦，久雨窦中水出，其明如虹，则江必溢，居民候此以避水。山右有路，旋绕屈曲，名九曲冈。《志》云，苗自金浦狗洞来，必由县后大石崖山；自施秉鼓楼坡来，必由卫后小石崖山。有事时戍守于此”。

石铭陉 在今山西灵丘县西。《水经·滱水注》：滱水“出（灵丘）县西北高氏山，……其水东南流，山上有石铭，题言‘冀州北界’，故世谓之石铭陉也”。

石盘山 ①在今浙江温岭市南。《方舆纪要》卷92太平县：石盘山在“县治南二里。峰岩错列，泉石竞胜”。

②在今河南新县北。旧属光山县。《方舆纪要》卷50光山县：石盘山在“县南九十里。山势盘旋险峻，其顶平整。旧有寨栅，可屯千兵”。

③在今湖北房县东。《方舆纪要》卷79房县：石盘山“在县东百四十五里。以山径盘绕而名”。

④又名礌石谷。在今陕西铜川市北。《魏书·地形志》北地郡铜官县：有“石槃山”。即此。《方舆纪要》卷54同官县：石盘山“晋建兴三年刘曜攻北地太守麹昌，麹允来救，溃退。曜追败之于礌石谷，允奔还灵武，礌石谷或即石盘山也。又北魏孝文时，北地民支酉聚众起兵于石山，进至浊谷，向长安。石山即石盘山矣”。

石盘戍 在今四川邛崃市西南。《寰宇记》卷75临邛县：石盘戍“在县界”。《方舆纪要》卷71邛州：石盘戍“在州西百里。相传诸葛武侯征羌驻军于此。俗呼望军顶。与獠界相接”。

石盘闸 在今广东阳山县东南。《方舆纪要》卷101阳山县：石盘闸“在县东南。地名大桥，路通英德县界。防杉木角贼。其北有大青蓝闸。相近为天堂岭，通乳源县莽山险路”。

石盘铺 明置，即今四川简阳市西北四十里石盘镇。道通成都。明诗人杨慎经此，写有《石盘铺》诗。

石盘湖 在今湖北武汉市黄陂区北。《方舆纪要》卷76黄陂县：石盘湖在“县北七十里。发源县西北大溪岭，流经大城潭，达县前河，通沙口入江”。

石船山 简称船山。在今湖南衡阳县（西渡镇）西北曲兰镇。明末清初思想家王夫之晚年居此，筑土室曰观生居，杜门著书，所著书曰《船山集》，学者称之为船山先生。王夫之《船山记》谓船山“山之岑有石如船，顽石也，而以之名”。

石船场 即今重庆市渝北区东北石船镇。清道光《江北厅志》卷2：石船场“去城一百四十里”。

石船铺 即今重庆市渝北区东北石船镇。清嘉庆《四川通志》卷89江北厅：石船铺“在厅东一百二十五里”。

石船镇 北宋置，属潾山县。即今四川大竹县东北七十里石桥铺镇。

石猪圻 在今云南大姚县境。《水经·若水注》：“（青蛉）水出青蛉县西，东迳其县下，县以氏焉，有石猪圻。长谷中有石猪，子母数千头。长老传言：夷昔牧此，一朝化为石。迄今夷人不敢往牧。”

石象集 即石相镇。今河南长葛市东南石象乡。民国《长葛县志》卷2《镇集》：“石象集，在县东南十八里。”

石象镇 一名石相镇。清置，即今河南长葛市东南三十二里石象乡。

石斛山 即棋盘山。在今云南巍山彝族回族自治县东北十五里。《清一统志·蒙化直隶厅》：棋盘山“又名石斛山”。

石康县 五代南汉置，为常乐州治。治所在今广西合浦县东北三十里石康镇。北宋属廉州。元属廉州路。明属廉州府，成化八年（1472）废入合浦县。

石康岭 在今广西兴安县西。《方舆纪要》卷107兴安县：石康岭“周八十里。逶迤而东，绕出县后，其下源泉四出，灌田甚广”。

石兽冈 在今河北易县西南六十里。《方舆纪要》卷12易州：石兽冈“冈有石如虎，亦曰石虎冈。雹水出于此”。

石渎堰 即石窦堰。在今河北临漳县西南古邺城东。《资治通鉴》：东晋永和六年（350），冉闵灭后赵，大诛胡羯，后赵公侯卿校出奔襄国（今河北邢台市），抚军“张贺度据石渎”，即此。

石淙 在今河南登封市东南三十里。《清一统志·河南府一》：石淙水，“唐武后与群臣游宴赋诗于此。薛曜序云，‘石淙者俗谓之平乐涧。……’《旧志》：源出嵩山，南流经告成镇东五里，又南入颍”。

石淙山 在今河南登封市东南三十五里。峰峦叠耸，溪水绕流，为一邑奇观。山上建有三阳宫。唐武则天与群臣会饮于此。《方舆纪要》卷48登封县：三阳宫“在县西二十里石淙山。武后圣历三年建，自是数幸焉。长安四年毁”。

石渠 即新门。在今河南陕县东北三门峡人门岛东。唐杜佑《通典》卷10《食货》：开元二十九年（741），“陕州刺史李齐物避三门河路急峻，于其北凿石渠通运船为漫流，河泥旋填淤塞，不可漕”。

石渠水 在今四川都江堰市东北。《宋史·河渠志五》：“石渠之水，则自离堆别而东，与上下马骑、乾溪合。”

石渠县 清宣统元年（1909）于德尔格忒宣慰司极北地区置，属登科府。治所在色许（今四川石渠县）。以境内最大的喇嘛寺色须寺的谐音得名。“石渠”，藏语意为“所巴下色登部落的后代”。色须寺为其后人所建。1913年属边西道。1914年属川边特别区。1939年属西康省。1955年属四川省。

石渠阁 在今陕西西安市西北未央区西北小刘寨村西南。为西汉王朝收藏典籍之所。《三辅黄图》卷6：“石渠阁，萧何造，其下砻石为渠以导水，若今御沟，因为阁名。所藏入关所得秦之图籍；至于成帝，又于此藏秘书焉。”又引《三辅故事》曰：“石渠阁，在未央宫殿北，藏秘书之所。”

石渠堰 亦作石堰渠。在今湖北天门市西北三里。《新唐书·地理志》竟陵县：“有石堰渠，咸通中，刺史董元素开。”《舆地纪胜》卷76复州：石渠堰“在景陵县西北三里。其流自五花山下通巾水”。

石梁下峒长官司 元至正初置，治所在今湖北五峰土家族自治县西南石梁司。明洪武十四年（1381）废。永乐五年（1407）复置，属容美宣抚司。清雍正十三年（1735）废。

石梁山 ①在今山东苍山县东南。《方舆纪要》卷33郯城县：石梁山“有巨石如梁，名天生桥”。

②在今湖北宜城市西三十里。《隋书·地理志》：汉南县“有石梁山”。《舆地纪胜》卷82襄阳府：石梁山“《南雍州记》云，石梁山形似桥梁也，白云起即崇朝而雨”。

③在今贵州松桃苗族自治县西南。《方舆纪要》卷122铜仁府乌罗司：“石梁山在司（治今乌罗镇）东五里。山石横亘，如栋梁然。”

石梁戍 东晋置，在今安徽天长市西三十里石梁镇。《南齐书·高帝纪》：南朝宋泰始二年（466），徐州刺史薛安都反彭城，遣从子索儿引兵向广陵，为张永、萧道成所败，“索儿引军顿石梁”。即此。

石梁坞 即石梁坞。在今河南偃师市西南。《资治通鉴》：西晋永嘉五年（311），“扬威将军魏浚屯洛北石梁坞”。

石梁坞 在今河南偃师市西南。《晋书·魏浚传》：永嘉五年（311），“及洛阳陷，屯于洛北石梁坞”，即此。

石梁县 ①南朝梁置，属武建郡。治所在今湖北宜城市境。北周废入汉南县。

②北周改沛县置，为石梁郡治。治所在今安徽天长市西三十里石梁镇。隋大业初改为永福县。唐武德七年（624）复名石梁县，贞观初废。

③元世祖至元十三年（1276）于伍勒部地置，属沾益州。治所在今云南宣威市东北。《元史·地理志》石梁县：“其酋世为巫，居石梁原山，至元十三年为县。”因名。明永乐初废。

④清雍正十二年（1734）置，为许昌府治。治所在今河南许昌市。乾隆六年（1741）废。

石梁河 ①又名石梁涧、石梁溪。即今安徽天长市北白塔河。源于来安县西，东流入高邮湖。《南齐书·高帝纪》：南朝宋泰始间，萧道成破薛安都军，“进屯石梁涧北”。即此。

②即今安徽巢湖市东南濡须水。因濡须水流经七宝、濡须二山间，两山对峙，中有石梁，故名。《宋史·刘锜传》：南宋绍兴十一年（1141）金人南侵，刘锜“行兵出清溪，两战皆胜。行至柘皋，与金人夹石梁河而阵”。

③颍水支流。源出今河南禹州市东北境，东南流经许昌市，至临颍县入颍水。《方舆纪要》卷47许州例“溟水”条下：“又州西七里有石梁河，自禹州流入境，东南入临颍县界，亦合于颍水。”

④在今河南临颍县北三十里。《方舆纪要》卷47临颍县：石梁河“自许州界流入，旧俱入颍。今涸流而东南注于决河”。

石梁驿 ①在今河北大名县西南。《资治通鉴》：隋大业九年（613），李密从杨玄感被执，“行至魏郡石梁驿，饮防守者皆醉，穿墙而逸”。

②在今河南安阳市附近。《资治通鉴》：隋大业九年（613），杨玄感既败，李密被锁送高阳，“行至魏郡石梁驿，饮防守者皆醉，穿墙而逸”。

石梁城 ①在今河北廊坊市东南。唐武德中曾为安次县治。《方舆纪要》卷11东安县：石梁城“在旧州头东南五十里。或云南北朝时所置戍守城也”。

②在今江苏南京市六合区西。《陈书·宣帝纪》：

太建五年（573）“南谯太守徐槾克石梁城”。即此。北齐置为瓦梁郡治。

③即今安徽天长市西石梁镇。东晋置戍。北周置石梁郡。唐为石梁县，后废。《清一统志·泗州》“石梁故城”条引《县志》：“石梁城，在县西三十里。俗名古城，遗址尚存。”

石梁郡 北周改沛郡置，属方州。治所在石梁县（今安徽天长市西北石梁镇）。隋开皇初废。

石梁涧 即石梁河。今安徽天长市北白塔河。

石梁蕉山镇 在今福建长乐市东三十里。旁有蕉山，故名。明洪武二十年（1387）自梅花所移巡司于此。

石梁镇 ①北宋置，属天长县。即今安徽天长市西三十里石梁镇。北周至唐初为石梁县治所。

②明置，属合肥县。在今安徽肥东县东北八十里梁兴集。《方舆纪要》卷26庐州府合肥县：石梁镇“在府东百二十里，接巢县界。有巡司戍守”。

石窑（窯）川河 蒙古名额图浑河。今陕西横山县西，无定河上游南支流芦河。《清一统志·鄂尔多斯》：石窑川河“源出贺佟图山北平地，东南流合数小水，入怀远县（今陕西横山县）边，为恍忽都河，又折东北至波罗营，会海留图河，为无定河”。

石窑（窯）镇 亦名麻夫镇。今陕西麟游县西麻夫镇。《方舆纪要》卷55麟游县：石窑镇“在县西一百五十里，今有石窑巡司，为戍守处”。清废。

石密水 即今四川北川羌族自治县之湔江（通口河）。《元和志》卷32石泉县：石密水“经县南一里”。

石隆寨 在今湖南吉首市西南，乾州西南十余里。山幽谷暗，径路丛杂。清乾隆征苗时，苗族首领石柳邓于此被害。

石绿场 唐开元中置，属南陵县。即今安徽繁昌县。《寰宇记》卷105繁昌县：“以地出石绿兼铁，由是置冶。自唐开元以来，立为石绿场。其地理枕江，舟旅憧憧，实津要之地。以南陵地远，民乞输税于场。伪唐析南陵之五乡，立为繁昌县。”

石塔寺石塔 在今四川邛崃市西南高何镇高兴村石塔寺山门外。该塔始建于南宋乾道五年至八年（1169—1172）。平面呈四边形，十三级密檐，通高17.8米，全用红砂石雕砌而成。方形台基，边长5.55米。塔身每层四面各刻圆拱形佛龛三个，内刻坐佛一尊。塔身轮廓二至五层逐渐增大，六层以上又渐缩小，呈梭形。塔刹为双重覆钵上仰莲承托二背靠背坐佛。2001年定为全国重点文物保护单位。

石堰 在今安徽青阳县东北。《方舆纪要》卷27青阳县：石堰“在县东四十里。诸山涧之水皆汇于此，有北山桥跨其上。明正统中作石堰，山水瀑溢，往往圮坏。正德初，邑民韦仙仿做新安堰坝法，以薪代石，遇圮则修。又凿渠分流，以杀水势。其下流达铜陵县界，注于天井湖”。

石堰乡 今四川沐川县西北高笋乡。清乾隆《屏山县志》卷1：石堰乡在“县西北三百四十里”。产铁，乾隆间尝设炉开采。1942年改为高笋乡。

石堰场 ①在今浙江慈溪市南横河镇西南石堰场。《清一统志·绍兴府一》：石堰场“在余姚县东二十里。旧名买纳场，元至正中设盐课司，今并置盐大使”。民国时更名余姚场。今废。

②即今重庆市长寿区东北石堰镇。清光绪《长寿县志》：石堰场在“治北一百里”。

③即今四川简阳市西北老君井乡南石堰场。民国《简阳县志》卷2：石堰场“堰一作燕，俗呼石燕子，讹为石院子。《采访册》按：《咸丰志》云：石堰场州西二十里，未确。距城三十里”。

石堤（隄） ①在今江西星子县南。《舆地纪胜》卷25南康军：石堤“在军之南壁。以石为堤，横截洪流，内浚二澳，可容千艘，往来之舟得以善济”。《方舆纪要》卷84星子县：石堤“宋元祐中，知军吴审礼始栅木为障，崇宁四年，孙乔年以石为堤”。

②即今重庆市秀山土家族苗族自治县东北石堤镇。《清一统志·酉阳直隶州》：石堤巡司“在秀山县东北一百十里。各土司河道总汇。本朝雍正十三年置”。民国设县佐。

石堤县 唐武德四年（621）置，属峰州。治所在今越南永福省白鹤县一带。贞观元年（627）废入嘉宁县。

石堤（隄）谷 在今陕西华县西。《资治通鉴》：唐乾宁四年（897），韩建“拥通、沂、睦、济、韶、彭、韩、陈、覃、延、丹十一王至石堤谷，尽杀之”。胡注：“石堤谷，在华州西。”

石期市 即今湖南东安县东南四十二里石期市镇。明初置驿，万历中废。清设巡司于此。

石期江 在今湖南东安县东南。《清一统志·永州府一》：石期江“源出零陵县（今永州市）黄华岭，东北流至石期市入湘”。

石棚山 一名青龙山。在今江苏连云港市西南海州镇。《清一统志·海州》：石棚山“有巨石覆岩上，其形如棚，可容十数人。八景中所谓‘石室春风’者是也。岭甚高峻，了无花木。宋石延年判海州，使人以泥裹桃核为弹掷其上，数年间，花发满山，烂若锦绣，因名万花岩”。

石棚山石棚 在今辽宁盖州市南浮渡河北岸。明《辽东志》卷1盖州卫：石棚山在“城东南一百四十里”。清康熙《盖平县志》卷上：石棚山在“城南九十里。上有石棚，可容数人”。石棚属“巨石文化”遗迹，是新石器时代晚期和青铜器时代早期的一种墓葬建筑。用六块大石板建成，平面呈长方形，一块大石板铺地面，上用四块高2.4米的石板围成四壁，上用一块长8.6米、宽5.7米、厚0.7米的大石板作盖。南壁已不存在。因极似小屋，故名石棚。又像帝王冠冕，所以汉代人称“冠石”。1996年定为全国重点文物保护单位。

石棚沟　在今辽宁桓仁满族自治县西北。清乾隆《钦定盛京通志》卷51：石棚沟卡路"在旺清边门内"。

石棚泉堡　北宋置，属西安州。在今宁夏海原市境。后废。

石棚寨　即今山东青州市西南百里唐赛儿寨。《方舆纪要》卷35益都县："明永乐中，妖妇（按指对农民起义的侮称）唐赛儿作乱，保据于此。"唐赛儿，山东蒲台（今滨州）人。明永乐十八年（1420）率众在此起义。石棚寨又名"唐赛寨"。当地人尊称赛儿为唐三姐，亦称"唐三寨"。寨顶有清同治二年（1863）所立石碑，碑文称："唐三寨由来久矣，自大明永乐十八年，蒲台民林三之妻唐赛儿者创修此寨，而山同以名焉。"

石棚镇　明置，属泸州。即今四川泸州市纳溪区北长江西岸石棚乡。《方舆纪要》卷72泸州：石棚镇"州南二十里。有巡司"。

石椁口　在今湖南长沙市西。《水经·湘水注》："湘水左合誓口，又北得石椁口，并湘浦也。"

石椁寺　在今湖南长沙市西。《梁书·河东王誉传》：梁太清三年（549），信州刺史鲍泉伐湘州，"泉军于石椁寺"，即此。

石景山　又作石径山。在今北京市石景山区西部。海拔184米。为永定河河防要地。《明史·河渠志》：万历十五年（1587）九月，"神宗幸石景山临观浑河"。即此。

石跋河　在今安徽和县东北。源于县北部山区香泉附近，东南流汇桥河入长江。《方舆纪要》卷29和州：石跋河"在州东北三十里石跋镇，由大江支流，汇州东二十五里之浮沙河口，复出大江。江面约四十里。宋开禧中，周虎尝筑石跋城于浮沙口北，今废"。

石跋镇　在今安徽和县东北三十里。《清一统志·和州》：石跋镇"在州东北三十里。宋开禧中，州守周虎尝筑石跋城于浮沙河口之北，即此"。

石圌寨　在今陕西勉县西北。孟蜀时，置寨以守剑北。《宋史·太祖纪》：乾德二年（964），王全斌伐蜀，"下兴州，连拔石圌等二十余砦"。

石赕　宋大理置，属永昌府。在今云南施甸县北七里长官司。元属镇康路，后改石甸长官司。

石锉山　在今陕西洋县北六十里。《明一统志》卷34汉中府：石锉山"山最高，顶石如锉"。

石牌　在今台湾省台北市北，北投区东南。清乾隆十七年（1752）淡水同知为划定汉人与高山族人土地界限，曾立石碑于此，闽人转音名石牌。

石牌口　亦称石牌。在今安徽怀宁县（高河镇）西南石牌镇。《宋史·樊知古传》：开宝八年（975）伐南唐，樊知古请造浮桥济采石，"乃于石牌口试造之，移置采石，三日桥成，不差尺寸"。明清以来为潜山、太湖、宿松、望江等县通往安庆的水陆交通要道。

石牌山　又名真山、甑山、石筏山、筏梁山。在今江苏江阴市东石牌村。《寰宇记》卷92江阴军江阴县："真山在县东二十三里。"《舆地纪胜》卷9江阴军：石筏山、石牌山，"《十道四蕃记》云：石筏山筏长六十步。始皇欲以浮海，今俗呼为石牌山。其石面平，悬江流中，涨不没，涸亦不高，随水高下"。

石牌市　①即今安徽淮宁县西南石牌镇。宋开宝八年（975）樊若水请造浮梁济采石，先试舟于石牌口，即此。《方舆纪要》卷26安庆府怀宁县：石牌市"在府西九十里。地通四邑，商旅辐聚。亦曰石牌口"。

②即今湖北钟祥市西南石牌镇。《清一统志·安陆府》：石牌市，"县丞分驻于此，兼管水利事"。

石牌银场　北宋置，属将乐县。在今福建将乐县西南将溪源处。《元丰九域志》卷9南剑州将乐县及《宋史·地理志》南剑州将乐县皆有石牌银场。

石牌港　①在今江苏江阴市东二十里。《方舆纪要》卷25常州府江阴县：石牌港"在县东二十里，亦自大江通横河。《志》云：县东十八里有真山，一名甑山。有大石横亘江流中，因名石筏山。又曰筏梁山，亦名石牌山，港因以名也。宋置石牌巡司，元因之。明初，张士诚遣兵袭江阴，明师败之于石牌港，即此"。

②在今湖北襄阳市樊城区西北。《方舆纪要》卷79襄阳府襄阳县：石牌港"在府西北三十里"。

石牌隘　在今福建大田县东南。《方舆纪要》卷97大田县："石牌隘在县东南四十里，路通德化。"

石牌塘　在今广西三江侗族自治县西南石碑村。清为石牌汛，设外委驻守。

石牌镇　①北宋置，属怀宁县。在今安徽怀宁县（高河镇）西南石牌镇。

②即今江苏昆山市北石牌镇。清光绪《常昭合志稿》卷5：石牌镇"为常熟、昭文、新阳三县交界地，距城约四十里"。

石堡山　又名分秦山。在今云南曲靖市东南二十余里。《方舆纪要》卷114曲靖军民府：石堡山"相传诸葛武侯南征时，与诸酋会盟处。下有温泉，阔二丈许，其沸如汤。或曰即东山河之源也"。

石堡寺场　清置，即今贵州赤水市东南石堡乡。

石堡县　北魏置，属中部郡。治所即今陕西宜君县东七十里石堡村。隋开皇三年（583）废。

石堡城　本吐蕃铁仞城。在今青海湟源县西南哈喇库图城附近的石城山。《唐会要》卷78："吐蕃铁仞城，亦名石堡城。开元十七年三月二十四日信安王祎拔之置。四月改为振武军。"《资治通鉴》：唐开元二十九年（741），"吐蕃屠达化县，陷石堡城，盖嘉远不能御"。天宝八载（749），陇右节度使哥舒翰"攻吐蕃石堡城。其城三面险绝，惟一径可上"。

石堡砦　北宋置，在今陕西志丹县北三十里。《宋史·地理志》延安府：石堡砦"崇宁三年进筑，赐名威德军，五年复为砦。国初尝置城，至道后废之，地在延州北”。

石戗山 在今安徽泾县东。《方舆纪要》卷28泾县：石戗山在“县东二十二里，有洞甚深广。宋绍兴初，群盗张琪等寇乱州境，民多避居于此”。

石敦站 亦作建州石敦站。元置，故址在今吉林省吉林市北锦州砬子古城。元《析津志》天下站名：“建州，东南一百（里）石敦。”

石港场 北宋置，为通州八盐场之一。即今江苏南通市通州区（金沙镇）西北石港镇。

石港城 即今江西余江县东北锦江镇东南石港。《清一统志·饶州府》：石港城“在安仁县东南十里。元至正中，邑人王溥就所居，依山临溪，筑城以自固。明洪武初归附，置税课局。今为石港市”。

石港镇 即今江苏南通市通州区（金沙镇）西北三十四里石港镇。明洪武初置巡司，嘉靖中置寨。后废。清设盐课大使于此。民国初并入掘港、吕四二场。

石湖 ①在今江苏苏州市盘门西南。《舆地纪胜》卷5平江府：石湖“在平江盘门西南十里。盖太湖之派，范蠡所从入五湖者。参政范公成大随高下为亭观，植花竹莲芰，湖山胜绝，绘图以传。范公帅江东陛辞之日，孝宗御书‘石湖’二字以赐”。范成大因此自号石湖。

②在今安徽灵璧县东北十五里。《方舆纪要》卷21宿州灵璧县：石湖“旧为睢汴支流所汇，中有巨石，因名”。

石湖关 在今安徽和县西北。《舆地纪胜》卷48和州：石湖关“绍兴辛酉，兀术再犯境，张俊以兵五千守石湖关，敌遂遁去”。

石湖城 一名石湖澳。即今福建石狮市东北石湖。宋熙宁初以石湖村为晋江、南安、同安、惠安四县陆路总要地，置寨戍守。后废。明初置祥芝巡司于此，属晋江县。洪武二十年（1387）移今石狮市东祥芝镇。

石湖荡市 亦作石湖塘。即今上海市松江区西石湖荡镇。清光绪《江苏全图舆图》娄县图：西有石湖塘。民国《江苏六十一县志》松江县西有“石湖荡镇”。

石湖塔 又名六胜塔。在今福建石狮市东北蚶江镇石湖村金钗山。建于北宋政和年间，后废。元至元二年（1336）重建。花岗岩石砌仿楼阁式结构，八角五层，高31米。此塔雄浑壮观，技艺精巧。濒临东海，为古代泉州海外交通之航标。

石湖寨 ①宋熙宁初置，在今福建晋江市东南五十二里。后废。

②即今福建顺昌县西北石湖坑。《方舆纪要》卷97顺昌县：“石湖寨在县西北三十里石湖岭附近。地势宽袤，可容千余家。南唐保大中，别将张彦成领兵置砦于此，故址犹存。”

石湍镇 北宋置，属乐至县。在今四川乐至县南四十里石湍镇。

石湫镇 在今江苏连云港市南。《方舆纪要》卷22海州：石湫镇在“州南二十里。旧有石湫。宋绍兴三十一年，金人围海州，张子盖自镇江赴援，至楚州，先趋涟水，择便道以进，至石湫堰，击败敌兵，是也。今镇东北有九洪桥，即旧时堰水处”。

石湾汛 即今广东佛山市西南石湾镇。清光绪《广东舆地全图》：南海县佛山镇西南有石湾汛。

石湾村 即今广东博罗县西石湾镇，接东莞市界。明、清置巡司于此。乾隆《博罗县志》卷3：“墟市”有石湾市。

石湾窑 在广东佛山市郊石湾。制陶业历史悠久，是我国著名的陶都。

石湾墟 即今广东化州市西北石湾圩。清光绪《高州府志》卷10化州：石湾在“州西三十四里”。

石窝邨 即今北京市房山区西南石窝村。清光绪《顺天府志》卷29房山县：“（西南）五十里石窝邨。”

石犀渠 指今四川成都市南之南河（锦江）。《明史·地理志》华阳县：“又有内江，亦自灌县分流经城南，绕城而东，亦名石犀渠，合流南注于大江。”

石犀溪 战国秦蜀守李冰开凿，沟通成都城南郫江与检江、市桥与笮桥之间溪流，在今四川成都市旧城西南。东晋常璩《华阳国志·蜀志》：李冰“穿石犀溪于江南，命曰犀牛里。后转置犀牛二头：一在府市市桥门，今所谓石牛门是也；一在渊中”。《水经·江水注》：“（市）桥下谓之石犀渊。”

石登村 即今云南兰坪白族普米族自治县西北八十二里石登乡。民国置县佐于此。

石鼓 即今江西贵溪市西石鼓渡。《清一统志·广信府》“江浒山镇”条下：又“（贵溪县金沙埠）西十里曰石鼓……俱为水陆要冲，今皆有兵戍守”。

石鼓山 ①在今山西原平市东。《魏书·尔朱兆传》：北魏建明元年（530），高欢与尔朱兆“斩步蕃于秀容之石鼓山”。

②即今江苏苏州市西灵岩山。春秋吴建馆娃宫于此。北宋朱长文《吴郡图经续记》卷中：砚石山“山西有石鼓，亦名石鼓山”。

③在今福建永春县西北石鼓。《元丰九域志》卷9泉州永春县有石鼓山。《舆地纪胜》卷130泉州《景物下》：石鼓山，“《图经》云，其状如鼓，或鸣则天降霖雨”。

④在今江西浮梁县北。山下为石鼓街。《寰宇记》卷107浮梁县：石鼓山“在县北三十里。有石望之如鼓”。

⑤在今江西宁都县西北。《寰宇记》卷108虔州虔化县：金精石鼓山“在县西北一十五里。旁有石鼓山，相对其山，两面悬崖一百余丈。圆如鼓形”。

⑥在今湖北浠水县北十里。《隋书·地理志》：蕲水县“有石鼓山”。《舆地纪胜》卷47蕲

州：石鼓山“在蕲水县北十里。有巨石如鼓，扣之有声”。

⑦在今湖南衡阳市城北区湘江与蒸水汇口南侧。以山上有巨石如鼓而得名。《水经·湘水注》：“有石鼓高六尺，湘水所径，鼓鸣则土有兵革之事。罗君章云，扣之声闻数十里。此鼓今无复声。”宋于此建石鼓书院，为当时全国四大书院之一。

⑧在今四川简阳市东北十里。《舆地纪胜》卷145简州：石鼓山“在阳安县东北十里。《旧经》云：昔蜀将许都军平定羌戎，回登山击石鼓犒将校。石鼓高六尺”。

⑨在今云南楚雄市与南华县间。《方舆纪要》卷116镇南州：石鼓山在“州东三十里。上有石行列如鼓，旧石鼓县以此名”。

石鼓汛　即今云南丽江市玉龙纳西族自治县西石鼓镇。清有把总外委驻防。

石鼓村　在今四川茂县西南石鼓乡南石鼓。《宋史·王光祖传》：“吐蕃国茂州，光祖领兵三千，会王中正破鸡宗关，贼据石鼓村，扼其半道。中正召诸将问计，光祖独请行。既抵石鼓，择锐兵分袭吐蕃背，出其不意，皆惊遁，遂会中正于茂。”即此。明于此置石鼓堡。

石鼓县　①南朝梁改始安县置（一说西魏置），为宁巴郡治。治所在今四川宣汉县西南东林乡（东林河场）。《寰宇记》卷137石鼓县：“因石鼓山为名。”西魏为临清郡治。隋属通川郡。唐武德初属通州，宝历元年（825）废，大中元年（847）复置。北宋属达州，熙宁七年（1074）废。

②元世祖至元二十二年（1285）置，属镇南州。治所在今云南楚雄市西北四十里吕合镇。二十四年（1287）废入州。

石鼓岭　在今海南澄迈县北。《方舆纪要》卷105澄迈县：“石鼓岭在县（治今老城镇）南七十里。岭上有二石，扣之若钟鼓然，声闻里许。”

石鼓原　在今陕西凤翔县南。《方舆纪要》卷55凤翔府：石鼓原在“府南二十里。旧有石鼓十，纪周宣王田猎之事。唐凤翔守郑余庆迁置孔庙中。宋大观中，致之辟雍，后入保和殿。元移置燕之太学。今原旁一名石鼓镇”。

石鼓堰　唐置，在今浙江安吉县（递铺镇）北。《新唐书·地理志》安吉县：“北十七里有石鼓堰，引天目山水溉田百顷，皆圣历初令钳耳知命置。”

石鼓赕　唐南诏置，属云南节度。治所在今云南楚雄市西北四十里吕合镇。南诏后期属弄栋节度。宋大理属威楚府。元改石鼓县。

石鼓楼山　在今广东从化市东。《清一统志·广州府》：石鼓楼山“在从化县东三里。其石层叠，有石穴大如屋，溪水汇注，冲击有声，因名。又名鹅形岭”。

石鼓源　在今湖南祁阳县东南八十里湘江支流土背河源头石鼓源。1928年阳明县治所一度设此。1931年阳明县改称阳明特区，设行署于此。

石鼓滩镇　即今江西浮梁县东北石鼓。清同治《江西全省舆图》卷12：浮梁县有石鼓汛。

石鼓墟　即今广东高州市西南石鼓镇。清光绪《茂名县志》：南之西“三十五里石鼓墟”。

石鼓寨　①在今福建厦门市同安区西南。《方舆纪要》卷99泉州府同安县：石鼓寨“在县西南。《志》云，宋靖康间筑，以御山寇。故址尚存”。

②在今广东台山市东。《方舆纪要》卷101广州府新宁县：石鼓寨在“县（今台山市）东三十里石鼓山上，瑶寨也”。

石塘山　在今浙江温岭市东南五十二里石塘镇，原为海岛，后因海岸线外移与大陆相连。《方舆纪要》卷92太平县：石塘山“屿岙参错，大山环峙。旧属黄岩县，居民甚众。明初以倭寇犯境，徙居民于内地，此山遂墟”。

石塘连礁　在南海中中国中沙群岛内，位于中沙大环礁浅湖内东北部。东与隐矶滩相距约7海里，南距武勇暗沙6海里。1947年公布名称为石塘连礁。

石塘陂　在今河南正阳县西北二十里。《方舆纪要》卷50真阳县：石塘陂“东汉永平五年，汝南太守鲍昱甃石堰水，灌田数百顷。今堙”。

石塘岭关　在今北京市密云县北五十里。《明史·地理志》密云县：“有石塘岭、墙子岭等关。”《清一统志·顺天府四》：石塘岭关“有城，周二里有奇，旧设参将。本朝改设石塘路都司，今改守备。《县志》：石塘岭关东自陈家峪，西抵瘠连口，延袤二百四十七里，辖关寨二十二。《册说》，石塘路兼领营堡二十三”。

石塘堡　在今广东仁化县西石塘镇。《清一统志·韶州府》“繁华堡”条：“石塘堡在县西四十里。”

石塘隘　在今浙江云和县东北石塘村。《方舆纪要》卷94云和县：石塘隘在“县东三十里。下临溪流曰石塘河，山溪回合，峻险可恃，为县境之东门”。

石塘镇　即今江西铅山县东南石塘镇。清同治《江西全省舆图》卷11广信府铅山县：“县东路出东门十里至五通庙，又十里至横坂，又十里至石塘汛。”

石楼　在今山东青州市西。《资治通鉴》：唐天复三年（903），朱全忠将朱友宁攻王师范，拔临淄，进抵青州城下，“师范帅登、莱兵拒朱友宁于石楼，为两栅”。即此。

石楼山　①在今山西沁水县南。《方舆纪要》卷43沁水县：“石楼山在县城南，山下有濯缨泉，流入杏谷水。”《清一统志·泽州府》：石楼山“在沁水县西南里许，俯瞰县城，山石崚嶒，望之若楼台状”。

②又名通天山。在今山西石楼县东南。《水经·河水注》：“蒲川水出石楼山，南径蒲城东。”即此。

石楼县以此名。《资治通鉴》：南朝梁承圣三年（554），北齐文宣帝高洋自离石道讨山胡，大破之，“遂平石楼。石楼绝险，自魏世所不能至，于是远近山胡莫不慑服”。

③即今山西兴县东北石楼山。《清一统志·太原府》：石楼山“在兴县东北五十里。峭壁孤峰，高百余丈，四面不可梯。唯向北一小径，迂回可达峰头，俯视群山，若培塿然”。

④在今浙江义乌市东。《方舆纪要》卷93义乌县：石楼山“在县东二十八里。一名白岩山。四面孤绝，东西两岩相峙，远望若浮图，层级高下，类重楼复阁”。

⑤一名楼观山。在今陕西周至县东南。《清一统志·西安府一》：石楼山“在盩厔县东南三十七里。峰峦层叠，形势如楼”。

石楼台（臺）山 在今陕西志丹县南七十里。《方舆纪要》卷57保安县“唐毛山”条下：石楼台山“以山岩层叠而名”。

石楼县 隋开皇十八年（598）改吐京县置，属隰州。治所即今山西石楼县。大业三年（607）属龙泉郡。唐属隰州。《元和志》卷12石楼县：“因县东石楼山为名。”明万历四十年（1612）改属汾州府。民国初属山西冀宁道。1930年直属山西省。

石楼城 在今湖北仙桃市西南。《舆地纪胜》卷76复州：石楼城，“《晏公类要》：在州西十五里”。《清一统志·汉阳府一》：石楼城“在沔阳州西十五里。《县志》：三阳府侧有故小城，即石楼城”。

石楼营 明崇祯八年（1635）建，在今山西石楼县西六十五里黄河岸侧花地湾。清顺治六年（1649）移五花新垒。

石碛镇 即今江苏南京市浦口区西南四十里桥林镇。明万历《江浦县志》卷4：“石碛桥市在治西南三十里。”清光绪《江苏全省舆图》江浦县：“石碛镇在城西南四十里。”

石碕 在今越南河内市东南。《宋书·杜慧度传》：东晋义熙七年（411），“卢循袭破合浦，径向交州。慧度乃率文武六千人距循于石碕，交战，禽循长史孙建之。循虽败，余党犹有三千人，皆习练兵事，李逊子李弈、李脱等奔窜石碕，盘结俚、僚，各有部曲”。

石碑场 在今河北乐亭县西南二十八里阎各庄。盛产盐。清于此设盐大使。民国设场知事，理盐务。

石碑谷 在今四川绵竹市南三十里。一说在县北。《资治通鉴》：唐元和元年（806），“严砺遣其将严秦破（刘）辟众万余人于绵州石碑谷”。即此。

石碑镇 北宋置，属绵竹县。在今四川绵竹市南三十里。《方舆胜览》卷54汉州：八角井“在什邡县石碑镇。相传庞真人浴丹于此。患疮者洗之立愈”。

石碌镇 即今海南省昌江黎族自治县。1961年昌江县迁治于此。1987年改设昌江黎族自治县。

石零堡 即今广西来宾市西南石陵乡。《方舆纪要》卷109迁江县：石零堡“在县（治所在今迁江镇）东南三十里。往来者经此，每罹寇患。正德七年设堡于此，筑城置戍”。

石鹭洞 在今安徽黟县东。《方舆纪要》卷28黟县：石鹭洞“在县东二十五里。有石洞，幽邃可容百人”。

石鉴（鑑）山 即石境山。在今浙江临安市城南。宋避太祖之祖赵敬讳，改称石鉴山。

石鉴（鑑）县 即石镜县。在今重庆市合川区。《宋史·地理志》石照县：“魏石鑑县，乾德三年改。”鑑为镜之讹。

石鉴（鑑）镇 即石镜镇。在今浙江临安市城东南二里。北宋初改石镜镇为石鉴镇。《新五代史·吴越世家》：“唐乾符二年，浙西裨将王郢作乱，石鉴镇将董昌募乡兵讨贼。”

石照山 一名石镜山。在今安徽绩溪县东。《舆地纪胜》卷20徽州：石照山“在绩溪县东五里。有石高二丈，光可以鉴。旁有石照院”。

石照县 北宋乾德三年（965）改石镜县置，为合州治。治所即今重庆市合川区。《舆地纪胜》卷159合州：石镜县，“《国朝会要》云：乾德三年，以翼祖嫌名，改为石照”。南宋淳祐三年（1243）移治钓鱼山（今合川区东十里钓鱼城）。元世祖至元二十二年（1285）复移治今合川市，明洪武初废入合州。

石照亭 一名石镜亭。在今湖北武汉市武昌蛇山上。《舆地纪胜》卷66鄂州：石照亭“在黄鹤楼西。临崖有石如镜，石色苍涩，无异凡石，每为西日所照，则炯然发光”。明崇祯十六年（1643），石忽失。不久，亭亦废。清康熙时重建。

石路 在今浙江临安市西一百二十三里龙岗镇西。《方舆纪要》卷90昌化县：石路“南临深溪，北抵绝壁。旧时行者必渡溪而南，迂行数里，复渡北岸。天顺间乡人开凿此路。无复三渡之险”。

石锥山 一名石维山。在山西永济市东，接运城市界。《隋书·地理志》：河东郡虞乡县“有石锥山”。

石锥壁 在今山西永济市虞乡镇东中条山支峰石锥山上。《资治通鉴》：南朝梁大通二年（528），魏长孙稚“使其子子彦与侃帅骑兵自恒农北渡，据石锥壁”。胡注引《五代志》：“河东郡虞乡县有石锥山，于此筑垒壁也。”

石滕溪 即高山溪。今福建平和县东之花山溪。唐杜佑《通典》卷182漳浦郡：“西北到石滕溪一百五十里。”

石新妇山 亦名三新妇山。在今安徽祁门东北。《舆地纪胜》卷20徽州：三新妇山“在祁门东北二十里。每春雨初晴，若彩服艳妆焉”。《方舆纪要》卷28祁门县：石新妇山“高四十一仞，周二十五里，北接黟县武亭山。上有三石峰，亦曰三新妇山”。

石漠 在今内蒙古达尔罕茂明安联合旗、四子王旗、察哈尔右翼后旗北部一带。《魏书·太祖纪》：天赐三年（406），太祖拓拔珪“西登武要北原，观九十九泉，造石亭，遂之石漠”。即此。《方舆纪要》卷44大同府：石漠“在塞北。自阴山而北皆大漠也。其间有白漠、黑漠及石漠之分。白、黑二漠以色为名。石漠以地皆石碛而名”。

石溪 ①在今福建顺昌县南。《方舆纪要》卷97顺昌县：“石溪在县南二十里。相近又有碁溪，皆出沙县界之桃源洞。《志》云，县西南诸溪皆流汇于大溪（金溪）。”

②在今江西铅山县东。《方舆纪要》卷85广信府铅山县：石溪“在县（治今永平镇）东北三十五里。源亦出山溪中。上饶、永丰南境之水皆汇流于此，北入上饶江”。

③春秋楚邑。在今湖北丹江口市西南。为入庸之道。《左传》：文公十六年（前611），“子越自石溪，子贝自仞以伐庸”。

石溪市 即今江西铅山县东石溪，与上饶县交界。清同治《江西全省舆图》卷11广信府铅山县：“北路出北门五里至新岭，又五里至双头铺，又十里至立源铺，又十里至石溪铺。”

石溪洞长官司 元改西高州置，属四川行省。治所在今湖北宣恩县南高罗镇。后改为高罗寨长官司。

石溪镇 北宋置，属桐城县。即今安徽枞阳县东石矶镇。

石溜山 在今河北元氏县西北。《方舆纪要》卷14元氏县：石溜山“在县西北二十五里，岩石环列，旁有长溪回绕，下注深壑，可以引溉”。

石滚河集 即今河南确山县西石滚河乡。民国《确山县志》卷1：“清顺治三年新编乡”中，“有集曰石滚河，在邑西迤南六十里”。

石滩墟 即今广东增城市南增江西岸石滩镇。明万历《广东通志》卷16：增城县有“石滩墟”。

石娄堡 明置，属会川卫。在今四川会理县东南十里。《方舆纪要》卷74会川卫军民指挥使司：石娄堡“在卫东南十里”。

石塞城 在今山东济南市长清区西南。南燕时戍守要地。《资治通鉴》：东晋义熙二年（406）南燕西中郎将封融奔魏，“封融与群盗袭石塞城，杀镇西大将军余郁，国中振恐”。即此。

石窦堰 在今河北临漳县西南古邺城东。《文选·魏都赋》：“石杠飞梁，出控漳渠，疏通沟以滨路。”李善注：“石窦桥在宫东……魏武帝时堰漳水，在邺西十里，名曰漳渠堰。东入邺城，经宫中东出，东南二沟夹道，东行出城，所经石窦者也。”《水经·浊漳水注》：长明沟“渠水又南径止车门下。魏武封于邺，为北宫，宫有文昌殿。沟水南北夹道，枝流引灌，所在通溉，东出石窦堰下，注之洹水”。

石窟司 即今广东蕉岭县。明初置石窟巡司于此。崇祯六年（1633）改置镇平县。1914年改名蕉岭县。

石窟寺 ①即云冈石窟。在今山西大同市西三十二里武周山上。上有北魏时期开凿的石窟造像。其山最高处曰云冈，故称云冈石窟。

②或称伊阙石窟寺、南石窟寺（以别于武州山之石窟寺）。在今河南洛阳市南龙门。北魏宣武帝及孝明帝时开凿。《魏书·释老志》：“景明初，世宗诏大长秋卿白整准代京灵岩寺石窟，于洛南伊阙山，为高祖、文昭皇太后营石窟二所……永平中，中尹刘腾奏，为世宗复造石窟一。凡为三所。”《魏书·肃宗纪》：熙平二年（517），“皇太后幸伊阙石窟寺”。

③在今河南巩义市东北十六里洛水北，大力山下。建于北魏熙平二年（517）。此后，东西魏、北齐、隋、唐及北宋相继在此凿窟造像。现存五窟、二百五十六龛、七千七百四十三尊佛像和数十篇题记。《资治通鉴》唐武德元年（618）正月《考异》引《蒲山公传》：“（王）世充与（李）密战于石窟寺东，密军退败”，即此。

石窟岩 在今广东阳春县西北。《方舆纪要》卷101阳春县：石窟岩“在县西北百三十里。有上、下二岩，上岩轩敞，陆路可抿雷廉。下岩从水中出，可通小舟，石壁奇绝”。

石窟河 即今广东梅县东北石窟河，为梅江支流。《清一统志·嘉应州》：石窟溪“在镇平县西里许。源出福建武平县界，南流经县西，为县巨浸，又南经本州东三十里。一名小溪。又南入梅溪，曰镇平水口”。

石窟溪 源出福建武平县西北。南流经广东蕉岭县西，又南经梅州市东三十里，南入梅江。

石窟镇 金置，属离石县。在今山西吕梁市离石区东。

石碧潭镇 北宋置，属仙游县。在今福建仙游县西南三十五里潭边。明设潭边市巡司于此。

石墙堡 亦作石墙隘。在今广西鹿寨县东南。《方舆纪要》卷107修仁县：石墙隘“在县西南，向为瑶僮门户。万历中置官兵戍守于此，为石墙营”。清设把总防守。

石榴山 在今湖北阳新县西。《方舆纪要》卷76兴国州：石榴山“在州西五十里。有石榴山洞，四面险阻，人多避难于此”。

石榴关 在今甘肃天水市南九十里。《方舆胜览》卷69天水军：“石榴关去天水县九十五里。”赵万里校辑《元一统志》卷4成州：“石榴关，防把秦州陇城县，入东柯谷路，并向北马寨，入永川谷路。”

石榴江 在今广西鹿寨县南石路。《明史·地理志》柳州府洛容县：“东有平乐镇巡检司，治石榴江。后迁县东北中渡。”《清一统志·柳州府》：平乐镇巡司“在（雒容）县东十里石榴江。万历十四年迁于此（中渡）”。

石榴红 在今云南文山县西北九十四里。清代为开化府总兵左营都司驻地。后废。彝语“石榴红”意为赶街处。

石榴花塔 在今湖北武汉市汉阳区汉阳公园内。《明一统志》卷59汉阳府：石榴花塔“在郡城西北。宋时有妇事姑至孝，一日杀鸡为馔，姑食鸡而死。姑女诉于官，妇坐罪无以自明。临刑乃折石榴花一枝，插地而祝曰：妾若毒姑，花即枯瘁；若属诬枉，花可复生。其后，花果生。时人谓天彰其冤，遂立塔花侧，以表其事”。塔原在汉阳添福巷，1964年迁建今址。

石榴园 在今河南洛阳市西北。《资治通鉴》：唐宝应元年（762），仆固怀恩等攻击史朝义，“转战于石榴园、老君庙，贼又败”。

石榴坡 在今贵州松桃苗族自治县西南。《方舆纪要》卷122铜仁府平头著可司“森崖山”条下：石榴坡“在司西南。道出乌罗司，最险仄。有毒雾，行者畏之”。

石榴堌驿 即今河南虞城县南三十六里站集乡。《清一统志·归德府》：石榴堌驿“在虞城县南六十里”。清置驿于此。民国时属商丘县，设县佐驻此。

石榴树 即今江苏东海县北石榴镇。清光绪《江苏全省舆图》：海州西有“石榴树”。

石碶市 唐建它山堰。即今浙江宁波市鄞州区西南石碶镇。清光绪《鄞县志》卷2《市镇》：石碶“距城十里”。

石碣谷 在今山西朔州市南。《宋史·杨业传》：北宋雍熙三年（986），杨业谓潘美等曰：“今辽兵益盛，不可与战。朝廷止令取数州之民，但领兵出大石路，先遣人密告云、朔州守将，俟大军离代州日，令云州之众先出。我师次应州，契丹必来拒，即令朔州民出城，直入石碣谷。遣强弩千人列于谷口，以骑士援于中路，则三州之众，保万全矣。”

石鼻山 一名石簰山。在今湖北宜昌市西陵区西北。《舆地纪胜》卷73峡州：石鼻山“《夷陵志》云，后周移峡州州治于此。其山隔大江五百余仞，广袤二十里，下临江流，中有石横六七十丈，如簰筏然，相传但为石簰，遂泯石鼻山之称”。南宋建炎中，峡州移治于此。

石鼻谷 在今山西霍州市东。《方舆纪要》卷41霍州：石鼻谷在“州东三十五里。谷中出水，引至城南灌田，名石鼻渠”。

石鼻寨 亦名灵壁。在今陕西宝鸡市东三十里。《资治通鉴》：唐光启二年（886），田令孜劫帝幸宝鸡，“留禁兵守石鼻为后拒”。胡三省注：“石鼻，在宝鸡西南，亦曰灵壁。苏轼曰：凤翔府宝鸡县武城镇，即俗所谓石鼻寨也，诸葛武侯所筑城。”

石膏山 ①在今山西灵石县东七十里，尖阳山之东。《清一统志·霍州》：石膏山“产石膏。有上、中、下三岩，峰峦壁立，溪壑幽深”。

②又名北峰山。即今山东青州市西南二十五里玲珑山。南阳水发源于此。《汉书·地理志》齐郡临朐：“石膏山，洋水所出，东北至广饶入巨定。”《明一统志》卷24青州府：石膏山“石色润泽如膏，故名”。

石膏箐口 在今云南宁洱哈尼族彝族自治县东南。清乾隆十六年（1751）开。

石旗山 在今湖北利川市西南忠路镇南。《方舆纪要》卷82忠路安抚司：石旗山在“司南一里。《志》云，司旁有凤凰、狮子、龙洞、金紫诸山，皆高峻”。

石漆河 一名晶河。即今新疆精河县之精河。《新唐书·地理志》北庭大都护府：“西林守捉，又经黄草泊、大漠、小碛，渡石漆河。”清徐松《西域水道记》卷3：“石漆河或晶河之旧称。”

石寨山 在今山东淄博市博山城东四十里。清乾隆《博山县志》卷1载：“明永乐时，唐赛儿据岳阳寨作乱，即此。”

石寨山古墓群 在今云南晋宁县东北二十二里、滇池东岸，是战国至汉代滇王及其家族臣仆的墓地。1955—1996年间经过五次发掘，清理战国至汉代墓葬八十六座，出土“滇王之印”金印等遗物近五千件。其中的青铜器铸造精良，纹饰图案精美，具有浓厚的地方民族特色，反映了古滇国的社会发展水平。2001年定为全国重点文物保护单位。

石寨墟 即今广西容县东南二十里石寨镇。清光绪《广西舆地全图》容县图：东南有石寨墟。

石璜市 即今浙江嵊州市西石璜镇。据《王氏宗谱》载：元末王维承避战乱来此，命其地曰石王，取盘石相安之义。后演化为今名。清道光《嵊县志》卷2《市镇》：石璜市“在县西北四十里”。

石墩山 在今浙江海宁市（硖石镇）东南三十八里。《方舆纪要》卷90海宁县：石墩山“下有小港，外通大洋，贼舟每泊此”。为海防要塞。明嘉靖三十五年（1556）倭寇据石墩为巢犯嘉兴府，即此。

石墩镇 在今浙江省海宁市东南三十八里石墩村。《清一统志·杭州府二》：石墩镇“在海宁州（治今盐官镇）东南六十里。明洪武中自硖石镇徙巡司治此。嘉靖中筑土城，为戍守重地”。

石横镇 金置，属平阴县。即今山东肥城市西五十里石横镇。

石槽 即今北京市顺义区西北三十里石槽。《元史·文宗纪》：天历元年（1328），“上都兵入古北口，将士皆溃，其知枢密院事竹温台以兵掠石槽。……燕铁木耳遣撒敦倍道趋石槽，掩其不备击之”。《方舆纪要》卷11顺义县：“其地有三石槽，分东、南、北三处。”清于南石槽设行宫。

石槽山 在今湖南新化县南六十里。《方舆纪要》卷81新化县"牛栏山"条下：石槽山"崔嵬耸立。山半有瀑布飞泉。宋章惇开梅山时道经山下"。

石槽河　在今河南固始县西南。《方舆纪要》卷50固始县：石槽河"在县南四十五里。源出商城县大苏山，北流入于史河"。

石幢桥镇　即今江苏无锡市西北惠山区石幢村。清光绪《江苏全省舆图》无锡县图：西北有石幢桥（镇）。

石墨山　在今河南宜阳县西南二里。《水经·洛水注》："洛水之侧有石墨山，山石尽黑，可以书疏，故以石墨名山矣。"

石墨池　即葛蒲潭。在今江苏金坛市西茅山。《清一统志·镇江府一》：石墨池，"《府志》：费长房学道于此，书符涤研，涧池悉为墨色。至今用池水合药有验"。

石墨城　亦作石默城。在今重庆市巫山县或巫溪县境；一说在湖北巴东县境。《周书·蛮传》：北周天和元年（566），"向五子王据石默城，令其子宝胜据双城。……（陆腾）擒五子王于石默，获宝胜于双城"。

石镇营　即今广东平远县西南石正镇。《方舆纪要》卷103平远县：石镇营在"县西南百里，向有官兵戍守。又有石镇村隘。《志》云：石镇与兴宁大帽山贼巢接壤，其路险巇，可以遏敌。其山嵯峨，可以固守。其上坦平，可以屯兵。且原田宽衍，可以耕种"。

石镇街　即今江西万年县西北石镇。《清一统志·饶州府二》：石头街巡司"在万年县北四十里石镇市。临洎河，通鄱阳（今波阳）、乐平。明正德中置巡司，今因之"。

石篆山摩崖造像　在今重庆市大足县西南五十里石桌乡石篆山上。为儒、释、道三教摩崖造像群。开凿于北宋元丰五年至绍圣三年（1082—1096）。主要集中在子母殿、千佛崖两处。子母殿有九龛，佛教造像有毗卢佛、文殊、普贤等，儒家造像有孔子，道教造像有太上老君及圣母等。其中以老君龛造像最著。千佛崖开凿于明永乐年间，刻有川主、土主、药王等像。1996年南山—石篆山摩崖造像及多宝塔被定为全国重点文物，归入北山摩崖造像保护单位。

石德铁路　从今河北石家庄市至山东德州市。全长187.7公里。日伪于1940—1941年修筑。

石潭　在今江苏丹阳市北。《清一统志·镇江府一》：石潭"在丹阳县经二十五里。有石潭村。石潭秋月，为云阳八景之一"。

石潭市　即今湖南湘潭县西南石潭镇。《清一统志·长沙府二》"涂田市"条下：石潭市"在（湘潭）县西南七十里"。

石潭村　即今广东从化市西南石潭村。明洪武三年（1370）置流溪巡司于此。后迁神冈村（今从化市西南神冈镇）。

石潭镇　北齐置，属怀宁县。故址在今安徽怀宁县（高河镇）西南清泉乡石潭村。《寰宇记》卷125怀宁县："废石潭镇在县东八十里。北齐皇建二年立。齐、梁二国两界相邻。梁数称兵，互相侵逼，齐乃立镇以相防御。陈太建五年废。至武德五年王宏让置，八年又废。"

石潼关　明置，在今重庆市石柱土家族自治县东北。明曹学佺《蜀中广记》卷39石硅宣抚司："《志》云：司东北百四十里有山形如张盖，俗曰石凉伞，……有石潼关。"《清一统志·石砫厅》：石潼关"在厅西（东之误）北六十里石凉伞山。旧置关。今废"。

石额山　一名金刚台山。在今河南商城县东南。《清一统志·光州》：金刚台山"在商城县东南三十里。旧名石额山。高二十余里，延袤六十余里。双峰并峙，上有风洞、龙井。宋嘉熙元年，光州徙治金刚台山。元至元七年，都元帅伊素德尔略地光州，败宋兵于金刚台山。元末，土豪余思铭据之。明初置巡司"。

石鹤山　在今广东阳江市东南。《方舆纪要》卷101阳江县：石鹤山在"县东南三十里。其东为那湖、香炉、苏峒、南坑诸山，皆险峻。为瑶所据"。

石燕山　①在今湖南嘉禾县北十里。《清一统志·桂阳州》：石燕山"山巅有石壁，夏秋间雨过，坠石如燕，可入药"。

②在今湖南祁阳县西北九十里。《水经·湘水注》：浯水"出永昌县北罗山，东南流径石燕山东。其山有石，绀而状燕，因以名山。其石或大或小，若母子焉，及其雷风相薄，则石燕群飞，颉颃如真燕矣"。《艺文类聚》卷92引《湘中记》曰："零陵有石燕，形似燕，得雷风则飞，颉颃如真燕。"

③在今广东广宁县东北。《方舆纪要》卷101肇庆府广宁县：石燕山在"县东百二十里。高百余丈，周十里，巉岩窟穴，中有大洞，秋燕多蛰焉。其东麓为龙冈，蜿蜒数十里，接清远县之大罗山"。

④在今广西南宁市邕宁区东。《舆地纪胜》卷106邕州：石燕山，"《九域志》云：天欲雨，则石燕出飞"。

⑤一名玉女山。在今四川广元市西北八十里。《舆地纪胜》卷184利州：石燕山，"《元和郡县志》：在集州嘉川县西北六十里。山甚高险，梯格乃得登之。僚人常恃此以为阻"。

⑥在今甘肃永昌县北二十五里。清宣统《甘肃新通志》卷7：石燕山"又名燕儿嘴，夜见群燕飞舞"。

石燕河　一名鱼箭溪。在今四川隆昌县东。源出县东北周兴镇，西南流纳付家河后称九曲河，在泸县北福集镇注入濑溪河。以经石燕桥而名。

石燕桥镇　即今四川隆昌县东二十里石燕镇。有桥跨石燕河上，为往来孔道。清咸丰《隆昌县志》卷10：石燕桥在"县南二十里，下达重庆"。

石嘴山 在今宁夏石嘴山市东北。《明一统志》卷3宁夏卫：石嘴山“在卫城东北二百里，山石突出如嘴”。

石嘴子 即今宁夏石嘴山市东北石嘴山。《清一统志·宁夏府二》：石嘴子汛“在平罗县境。有把总分防，与石嘴主簿同城”。1960年由平罗县析置石嘴山市（驻黄渠桥）。1975年升为地级市，迁治大武口。

石嘴驿 即今陕西清涧县北石咀驿镇。《清一统志·绥德州》：石嘴驿“在清涧县北十里。明洪武初置，北至青阳驿七十里”。

石嘴墟 ①即今江西南丰县南石嘴村。民国《南丰县志》卷2：二十九都石嘴墟在“县东南九十里”。

②即今广西桂平市东北三十里石咀镇。清光绪《广西舆地全图》桂平县图：东北有石嘴墟。

石嘴镇 北宋置，属五台县。即今山西五台县东北八十五里石嘴乡。

石镜山 ①在今浙江临安市城南。《新唐书·地理志》：杭州临安县“有石镜山”。《寰宇记》卷93临安县：石镜山，“按《山川记》云：临安县有石镜，在山之东峰。又《郡国志》云：径二尺七寸，其光照如镜之照物，分毫不差”。故名，唐昭宗时改名衣锦山。宋避太祖之祖赵敬讳，改称石鉴山。

②在今四川茂县西北。《水经·江水注》：“又八十里至蚕陵县，又南下六十里至石镜。”《元和志》卷32翼水县：石镜山“在县东南九里。山侧有石，圆径二尺，明澈如镜，因名”。

③在今甘肃迭部县西北四十五里。《元和志》卷39叠州合川县：石镜山“其山石皎澈，临照莫不见其形体，故以为名。山有铜窟，隋代采铸，今亦填塞”。

石镜县 西魏恭帝三年（556）改宕渠县置，为合州、垫江郡治。治所即今重庆市合川区。《元和志》卷33合州石镜县：“石似镜，因以为名。”隋开皇末为涪州治，大业初为涪陵郡治。唐武德元年（618）为合州治，天宝元年（742）为巴川郡治，乾元元年（758）复为合州治。五代晋天福七年（942）改为仙览县，寻复名石镜县，北宋乾德三年（965）改为石照县。

石镜峰 在今江西星子县西二十五里庐山。《水经·庐江水注》：“山东有石镜，照水之所出。有一圆石，悬崖明净，照见人形，晨光初散，则延曜入石，毫细必察，故名石镜焉。”

石镜镇 在今浙江临安市城东南二里。《新唐书·董昌传》：“始籍土团军，以功擢累石镜镇将。”《资治通鉴》：唐乾符五年（878），“临安人钱镠以骁勇事昌，以功为石镜都知兵马使”。均此。北宋初改称石鉴镇。

石篱山 在今广东廉江市西北。《方舆纪要》卷104石城县：石篱山“在县北四十里。其西、南、北三面皆竣，东稍平，叠石如篱”。

石廪峰 在今湖南衡阳市南岳区北部，祝融峰东南。为衡山七十二峰之一。《太平御览》卷39引盛弘之《荆州记》作“石囷峰”。《舆地纪胜》卷55衡州：石廪峰“在南岳。其峰耸峙如仓廪”。《清一统志·衡阳府一》：石廪峰“形如仓廪，有二户，一开一阖”。

石甑山 一名巨石山。即今浙江杭州市西湖北岸之宝石山。《隋书·地理志》：余杭郡钱唐县“有石甑山”。宋《淳祐临安志》卷8：“山头有巍石如甑然。”故名。

石濑镇 在今浙江杭州市余杭区西七十八里石濑村。《清一统志·杭州府二》：石濑镇“在余杭县东北三十五里，宋时有酒库，并设巡司。明因之。今裁”。

石壁 ①即今福建宁化县西三十六里石壁镇石碧。晋、唐时中原战乱，不少中原人士为躲避战乱来此，或又经此转徙其他地方，故石壁有客家祖地之称。早在1912年英国传教士艮贝尔所著《客家源流与迁徙》一书就已指出：“岭东之客家十有八九皆称其祖先来自福建汀州府宁化县石壁村者。按诸事实，每一姓的第一祖先离开宁化而至广东时，族谱上必登著他的名字，这种大迁徙运动自始至终皆在十四世纪。”1947年客家研究的开创者罗香林教授在《宁化石壁村考》中说：“广东各姓谱乘，多载其上世避黄巢之乱，曾寄居宁化石壁村葛藤坑，因而转徙各地。”

②在今江西大余县东。《方舆纪要》卷88南安府大庾县：石壁“亦在城东一里。下临章江，延八十余丈，为舟人牵挽之路。成化十八年，邑令文志贵病其欹仄，募工凿平之”。

石壁山 ①一名龙山。又名甘山。在今山西交城县西北。《方舆纪要》卷40交城县“锦屏山”条：“县西北二十里有石壁山，四围小山，相向如壁。”

②一名文山。在今安徽旌德县北。《舆地纪胜》卷19宁国府：石壁山“在旌德县北二十里。峰峦对起，清溪中流，最奇绝”。《宋会要辑稿·兵一〇·讨叛四》：北宋宣和三年（1121）二月，方腊起义军攻占旌德县，“二十七日，杨可世由泾县过石壁隘，斩首几三千级，复旌德县”。即此。

③在今浙江庆元县东。《方舆纪要》卷94庆元县：石壁山“在县东十里。石笋凌空，为邑关阻”。

④在今福建松溪县南。明嘉靖《建宁府志》卷3《山川》松溪县：石壁山“在县治之南挂榜山也，石壁峭立，高数十丈，下有龙潭”。

⑤在今江西彭泽县南四十里。《寰宇记》卷111江州彭泽县：石壁山“有玉壶洞，高七尺，深三十丈，泉流不竭”。《清一统志·九江府一》：石壁山“峰峦秀耸，形如削壁，水绕其下，四时不涸”。

⑥在今江西都昌县西南，临鄱阳湖。《寰宇记》卷111南康军都昌县：石壁山“在县西南十一里。旁临清江，有石如壁”。南朝宋谢灵运尝居此。

⑦在今广西宾阳县东北。《方舆纪要》卷109宾

州：石壁山在“州（治今新宾镇）东北二十里。其并峙者曰白羊山，旁有廖平岩，清胜奇绝，四围坚密如城郭”。

石壁石板溪 在今湖北宣恩县西。《方舆纪要》卷82施南宣抚司：石壁石板溪在“司西里许。其旁有九曲溪，合流入施州界，下流注于清江”。

石壁岭 在今福建宁德市西北。明嘉靖《福宁州志》卷2《山川》宁德县：石壁岭“在四都，与石钟山相连，上有石壁峭拔，盖岭之最高者也”。《方舆纪要》卷96福宁州宁德县：石壁岭在“县北十里。嘉靖三十五年官军击倭贼于此，败绩”。

石壁砦 即唐石鼻城。在今陕西宝鸡市东三十里。《宋史·高宗纪》：南宋绍兴十年（1140），“金人犯凤翔府之石壁砦，吴璘遣统制姚仲等拒却之”。即此。

石壁寨 在今山西交城县西北二十里。《清一统志·太原府一》：石壁寨“在交城县西北石壁山上。一岭孤高，下视沟谷，极为险峻”。

石壁潭 ①在今湖南岳阳市东白荆堤下。宋范致明《岳阳风土记》：石壁潭“亦谓之钓丝潭，其深莫测。夏秋水涨，一日之间或增或减，土人以为龙出入此潭。其间多蛟蜃，为行旅之患。滕子京作碑堤上，戒往来者使陆行”。

②在今湖南平江县东三里。《清一统志·岳州府一》：石壁潭“下有龙湫，深不可测”。

石壕场 即今重庆市綦江县南石壕镇。清同治《綦江县志》卷1：石壕场“西南二百四十里”。

石壕村 即今河南陕县东南硖石乡。杜甫《石壕吏》诗：“暮投石壕村，有吏夜捉人。”北宋置镇。

石罅墟 即今广西贵港市西南五十里石卡镇。清光绪《广西舆地全图》贵县图：西南有石罅墟。

石磩 在今河南南阳市附近白河中。《方舆纪要》卷51南阳府南阳县：石磩“在府城外三里。淯水环流，为一城之胜，磩以御水患而障城郭。向甚坚完，后渐毁坏。今甃石犹存”。

石簰峡 即石鼻山。在今湖北宜昌市西陵区西北。南宋陆游《入蜀记》：“泊石牌峡。石穴中有石如老翁持鱼竿状，略无少异。”

石鳖县 北齐置，属阳平郡。治所在今江苏宝应县西八十里。隋开皇初并入安宜县。

石鳖谷 在今陕西西安市长安区南。宋敏求《长安志》卷11万年县：“石鳖谷在县西南五十里。”《方舆纪要》卷53长安县：石鳖谷“谷口有大石如鳖，因名。吕大防曰，隋筑都城，南直南山石鳖谷，是也。今咸宁、长安以此分界。或谓之太乙谷”。

石鳖城 在今江苏宝应县西八十里。《晋书·荀羡传》：东晋永和中，羡“北镇淮阴，屯田于东阳之石鳖”。即此。北齐置石鳖县。

石鳖潭 在今浙江永康市南。《清一统志·金华府一》：石鳖潭“在永康县南五里。昔有人入山经此，遇一大龟，束之归，龟便能言曰：游不良时为君所得。人甚怪之，载上吴王，王命煮之。焚柴万车，语犹如故，诸葛恪命燃老桑，煮之立烂”。

石矆都 在今海南省澄迈县北。《明史·地理志》琼州府澄迈县：“西北有澄迈巡检司，治石矆都。”

石矆港 在今海南省澄迈县北。明正德《琼台志》卷5：石矆港“在县（治今老城镇）西二十里封平都，源合西峰、沙地、南滚、硝阳四水，会潮成港，港口两岸皆石”。《清一统志·琼州府一》：石矆港“其源有三：一曰稍阳水，在县西南三十里；一曰沙地水，在县西南四十里；一曰西峰水，在县西南五十里。三水俱会此港入海。凡贾人巨舰，多泊于此”。

布干 在今新疆吐鲁番市西南六十里。《清一统志·吐鲁番》：布干“在安济彦西南三十里。有城，周二里许。有泉，名哈毕尔噶”。

布山 即瀑布山。在今山东肥城市东南三十一里。唐李白《赠别王山人归布山》之“布山”即此。

布山县 西汉元鼎六年（前111）置，为郁林郡治。治所在今广西桂平市西南古城。南朝梁又为定州治所。隋大业初废。

布日都庙 或作布尔都庙。即今内蒙古正镶白旗西北布日都。1946年察哈尔左翼正白旗（1949年正名为正白旗）迁驻于此。1950年为正白镶白联合旗驻地。“布日根”，蒙古语意为绿洲淀。1956年正白镶白联合旗改称正镶白旗，迁驻查干淖尔。

布水 在今江西永修县西南云居山。《舆地纪胜》卷25南康军：布水“《晏公类要》云，在建昌（治今艾山）西南四十里欧山之上。其潭周回三百步，喷涌悬流三十余丈，形如曳布”。故名。

布古什卡伦 即博霍锡卡伦。清乾隆年间置，在今哈萨克斯坦斋桑泊西北布加兹。

布古什河 又名布固图河。在今哈萨克斯坦东部斋桑泊西南，为注入斋桑泊之水。清徐松《西域水道记》卷5：“巴雅尔河又西北四十余里有布古什河。二源并发，东流而汇，经布古什山南，又东经布古什卡伦南。”

布古尔 一作玉古尔。即今新疆轮台县。清道光《新疆识略》卷3库车：布古尔台“一百二十里至洋萨尔台”。

布尔干河 即今新疆青河县南布尔根河，为乌伦古河上源。《清一统志·科布多》：乌陇古河“在科布多城南。河二源，东曰布尔干河……出新和硕特旗，北合喀喇图泊水，南流经扎哈沁旗，东南流……合（青吉斯河）为乌陇古河”。

布尔克尔卡伦 清雍正十二年（1734）设，在今内蒙古呼伦贝尔市新巴尔虎右旗西南克鲁伦河北岸。何秋涛《朔方备乘》卷10《北徼喀伦考》作“布尔克图”。

布尔图门 亦作布尔德库苏巴尔罕边门、布尔图库门。清建，为柳条边门之一。在今吉林四平市东南山门镇（半拉山门）。《清一统志·吉林二》：布尔德库苏巴尔罕边门“在吉林城西北五百里。东距克尔素边门一百五十里，西至开原县威远堡边界一百七十八里。……每门设防御笔帖式各一员，兵二十名”。

布尔哈图河 又作星显水、佈尔哈通河。即今吉林延吉境之布尔哈通河。《清一统志·吉林一》：布尔哈图河“在宁古塔城南四百里。源出城东南无名山，东流合英莪河、赫图河、图们河，会海兰河入噶哈哩河”。

布尔津设治局 1914年由承化县析置，属阿尔泰区域。治所即今新疆布尔津县。1919年改为布尔津县。

布尔津县 1919年改布尔津河设治局置，属新疆阿山道。治所即今新疆布尔津县。以濒于布尔津河而名。1930年属阿山行政区，后直属新疆省。

布尔津河 一名博喇济河。为额尔齐斯河支流。在今新疆布尔津县东北。源出县北阿尔泰山友谊峰，西南流至县城西北，入额尔齐斯河。清徐松《西域水道记》卷5：额尔齐斯河“北会博喇济河。博喇济者准人名也。旧居于此，因以名河。河二源，东源名霍木河，发自阿勒坦山梁而西流，西源为哈那斯河，西南流，各七十里而汇，又西南流百余里为博喇济河，入于额尔齐斯”。

布尔根县 1924年改布尔根河设治局置，属新疆阿山道。治所在今蒙古国科布多南布尔根。后废。

布尔根河 一名布尔干河。乌伦古河东源。源山蒙古共和国科布多西南，南流折而西流，入新疆青河县南，与青格里河会，南流又折而西北流，名乌伦古河。蒙古语柳树为布尔根。以沿河柳树丛生，故以名河。

布尔根河设治局 1919年置，属新疆阿山道。治所在今蒙古国科布多南布尔干。1920年改设县佐。1924年改为布尔根县。

布尔噶台 在今内蒙古化德县东北七号镇一带。清为察哈尔左翼正白旗驻地。

布尔噶齐驿 一作普尔塔齐。清光绪年间置，在今新疆乌苏市西普尔塔。清宣统《新疆图志》卷80库尔喀喇乌苏厅：“城西七十里布尔噶齐驿，注：布尔噶齐，准语谓伏流之水，旋出地上汇成大泽也。”

布尔德库苏巴尔罕门 亦作布尔图库门、半拉山门。清建，为柳条边门之一。在今吉林四平市南山门镇（半拉山门）。清萨英额《吉林外纪》卷2：“以门之东南塔山为名。”《清一统志·吉林二》：布尔德库苏巴尔罕边门“在吉林城西北五百里。东距克尔素边门一百五十里，西至开原县威远堡边界一百七十八里”。后废。

布尔穆湖 一作布喀池。即今西藏班戈县东南之巴木错。清末辛亥年版《西藏新志》卷上：“布尔穆湖，在腾吉里湖之北，不过一小湖，以产硼砂名。”

布让 在今西藏西部阿里地区。古为羊同国属，公元7世纪前期为吐蕃王朝（约629—842）征服；10世纪时吐蕃王室后裔于此建立政权，治所在今普兰，为阿里三部之一。元代为乌思、藏、纳里速古鲁孙等三路宣慰使司都元帅府所辖。明代为俄力思军民元帅府管理。清初，西藏地方政府于阿里地区置噶尔本（营官）二员直接管理。

布西设治局 1915年于西布特哈总管地置，属黑龙江省。治所即今内蒙古莫力达瓦达斡尔族自治旗。1934年日伪改设莫力达瓦旗。

布达拉宫 在今西藏拉萨市区北部的玛波日小山上。为梵语之音。佛经有观音住南印度普陀洛伽山之说。布达拉是佛教徒比喻为印度佛教圣地普陀洛伽之转音。相传7世纪时，吐蕃赞普松赞干布与唐联姻，为迎娶文成公主在此始建宫室。后世屡有修筑。至清顺治二年（1645）达赖五世大加扩建后，始具今日规模。主楼累积十三层，高115米，东西长400余米，建筑面积13万平方米，顶皆涂金，上下楼房万余间。金银浮屠佛像无数，有达赖喇嘛灵塔八座。另有佛堂、寝宫、庭院等，存有大量历史文物和艺术价值极高的雕塑、壁画及元朝以来中央政府对西藏地方政府官员封赐的诏书、印鉴、经文典籍、工艺珍玩等。1961年定为全国重点文物保护单位。1994年被联合国教科文组织确定为世界文化遗产。

布伦山 一名海伦奔山。今黑龙江省北部之小兴安岭。民国《黑龙江志稿》卷4：布伦山“一作布隆山，又作白罗，又曰小兴安岭。木库山南来之幹山也，（乌云）县西南三百五十里，高七十丈，径二百四十里，科尔芬河源所出，跨乌云，通化，铁骊三县局界”。此山北流之水入黑龙江，南流之水入松花江，西流之水入嫩江。盖三大川之分水岭。布伦，译言青。

布伦托海 即乞则里八寺海。今新疆福海县西北之乌伦古湖。丁文江《中华民国新地图》新疆省图：布伦托县西北有布伦托海。

布伦托海设治局 1914年由承化县析置，属阿尔泰区域。治所即今新疆福海县。1922年改为布伦托海县。

布伦托海县 1922年改布伦托海设治局置，属新疆阿山道。治所在今新疆福海县。以县境布伦托海得名。1930年属阿山行政区，后直属新疆省。1944年改为福海县。

布伦库尔 即今新疆阿克陶县西南布伦口乡。清宣统《新疆图志》卷8引《海英路程记》：“自疏附县至布伦库尔五百三十里。”

布庆土司 亦作布庆班石。为玉树土司二十五族中札武三族之一。驻牧地在今青海玉树县东南通天河南岸。民国周希武《玉树调查记》卷上，“扎武、拉达、布庆，谓之扎武三族，同驻牧一地，在通天河南”。

布庆班石 即布庆土司。驻牧地在今青海玉树县东南通天河南岸。民国周希武《玉树调查记》卷下：“班右，据《西宁府志》当作班石为是。胡文忠《一统舆图》作班诗，今又称节综，附属扎武。”

布庆班右 班右乃班石之误。即布庆土司，驻牧地在今青海玉树县东南通天河南岸。

布忙甸 宋大理置，属腾冲府。在今云南瑞丽市。元改麓川路。

布克图尔玛河 即今哈萨克斯坦东北隅布赫塔尔玛河。清徐松《西域水道记》卷5：额尔齐斯河“又北莫依璘河注之，又东北流布克图尔玛河注之，又东北流达俄罗斯国界”。

布里雅特旗 1922年在锡尼河（今内蒙古海拉尔市南锡尼河）流域为从苏联迁来的布里亚特蒙古人而建立。1934年11月伪满将索伦左旗、索伦右旗、额鲁特、布里雅特等四旗合并，设立索伦旗。

布岚州 唐开元后置羁縻州，属雅州都督府。治所在今四川康定县境。北宋属雅州。后废。

布库里湖 即今吉林安图县西南赤峰下园池。清阮葵生《长白山记》：长白山“山之东有布库里山，山下有池曰布库里湖。本朝发祥于此”。有爱新觉罗氏先世神女浴于此神话。池面积4公顷，景色绮丽。湖对岸有“天女浴躬处”石碑。

布库拉噶珊 又作布枯拉。在今俄罗斯滨海边疆区乌苏里江东岸波惹尔斯科耶西北。清初属宁古塔将军。康熙《皇舆全览图》：乌苏里江东岸有“布枯拉噶山”。后属三姓副都统。光绪《吉林通志》卷17：乌苏里江东岸，北至混同江南岸旧设噶珊有“布库”。咸丰年间通过不平等的中俄《北京条约》被俄割占。

布库哩山 土名红土山。在今吉林安图县西南长白山东赤峰。《清一统志·吉林》：长白山，“《实录》：长白山之东有布库哩山，其下有池曰布勒瑚哩。相传有三天女浴于池，神鹊衔朱果置季女衣，季女含口中，忽已入腹，遂有身，寻产一男，生而能言，体貌奇异。及长，母告以吞朱果之故，因锡之姓为爱新觉罗，名之曰布库哩雍顺”。是为满洲爱新觉罗氏之祖先。

布局隘 在今广西龙州县西北水口镇南，与越南接界。《清一统志·太平府》“叓花隘”条：布局隘在下冻土州东（当作西）三十里，接越南界，有兵防守。

布拖场 即今四川布拖县。民国《西昌县志》有布拖。以布拖坝子为名。1953年设凉山彝族自治区布拖办事处，1955年改为布拖县。

布拉木达克喇城 即今西藏阿里地区普兰县治布让。《清一统志·西藏》阿里诸城：布拉木达克喇城“在布拉木之地。距剌萨西南二千五百余里。其所属有喀尔多木（嘎尔登）、日底二城”。

布拉可巴什 在今新疆和田县南。距阿合兰干八十里。清宣统《新疆图志》卷9：布拉可巴什“柴草俱无，有数泉流入小冰海，泉边青草无多”。

布林泉 在今内蒙古卓资县东南水泉凹村附近。清为察哈尔右翼镶红旗驻地。

布雨尔湖 元代名捕鱼儿海子。即今内蒙古呼伦贝尔市新巴尔虎左旗与蒙古国东方省交界之贝尔湖。《清一统志·黑龙江》：布雨尔湖“在呼伦布雨尔西界。旧名捕鱼儿海。喀尔喀河西北流至此汇为大湖。又北流为乌尔繖河”。

布昆（崑）河 亦作布崈郭勒。即今哈萨克斯坦东北部斋桑泊北大布昆河。清徐松《西域水道记》卷5：“额尔齐斯河西北流七十余里，西会布昆河。河在阿布达尔摩多河之北百余里。源发自喀拉玛山，东南流经博罗鼐山南，凡百里为布昆河。又东流五十余里，经毕陵图淖尔南，和通卡伦北，又五十余里入于河。”

布固图河 即布古什河。在今哈萨克斯坦东部斋桑泊西南，流入斋桑泊。清徐松《西域水道记》卷5：“布古什河亦曰布固图河。乾隆二十三年，副都统唐公喀禄偕厄鲁特散秩大臣和硕齐率兵追捕土尔扈特台吉舍棱至布固图河。”

布呼吉鲁肯山 在今青海曲麻莱县东北星宿海附近。《清一统志·青海厄鲁特》：布呼古鲁肯山“在黄河源鄂敦他拉，亦名枯尔坤。山脉自巴颜喀喇山东来，山之东麓即星宿海。有数峰，甚耸秀，故名”。

布岭 在今云南盈江县西南。铜壁关设于山顶，为腾越八关之一。《清一统志·腾越直隶厅》“布岭”条引《滇附录》：“干崖虽冬月衣葛，犹汗如雨；又西为布岭，稍凉。”

布柳河 在今广西天峨县西南。为红水河支流。《明史·地理志》那地州：“北有都泥江，有布柳水流合焉。”

布哈公旗 和硕特北前旗的俗称。在今青海天峻县东南。后迁今天峻县西北。

布洲夹 当今江苏南通市通州区及海门市一带。《舆地纪胜》卷41通州：布洲夹“在静海县南四十里。潮势如箭激”。《方舆纪要》卷23通州：布洲夹在“州南四十里。有南布洲、东布洲，大海中沙涨为洲也”。

布祜图山 一作布虎图山。即白鹿山。今辽宁喀喇沁左翼蒙古族自治县南大阳山。《清一统志·承德府一》：布祜图山“在建昌县属喀喇沁左翼（今南公营子）东三十里。即古白狼山，汉名白鹿山”。

布垒楚河 亦作布伦楚河。指今四川、西藏境内金沙江中游。清乾隆《卫藏通志》卷3：金沙江“又东南入喀木境，始名布伦楚必拉也”。

布特哈左旗 1932年日伪分雅鲁县置，属伪兴安东省。治所即今内蒙古扎兰屯市。旋废。

布特哈右旗 1932年日伪分雅鲁县置，属伪兴安东省。治所即今内蒙古牙克石市东南博克图镇。旋废。

布特哈总管 清康熙三十年（1691）置，属黑龙江将军。治所在伊倭齐（今内蒙古莫力达瓦达斡尔族自治旗）。光绪二十年（1894）改置布特哈副都统，徙治嫩江东岸博尔多站（今黑龙江讷河市）。三十一年

(1905) 裁副都统，分东西布特哈，以嫩江为界，仍各设总管，西布特哈驻伊倭齐（今内蒙古莫力达瓦达斡尔族自治旗），东布特哈总管驻博尔多站（今黑龙江讷河市）。宣统二年（1910）在东布特哈置讷河厅，1915年在西布特哈置布西设治局。据西清《黑龙江外纪》卷1："布特哈，译言虞猎，故有打牲处之称。"

布特哈检貂卡伦 清置，属布特哈总管。故址在博屯河（今俄罗斯阿穆尔州扎维塔雅河）上源。道光满汉合璧《黑龙江舆图》有布特哈检貂卡伦。后废。

布特哈副都统 清光绪二十年（1894）改布特哈总管置，属黑龙江将军。治所在博尔多站（今黑龙江讷河市）。光绪三十一年（1905）裁副都统，分置东、西布特哈总管。

布特哈旗 1934年置，属黑龙江省。治所在扎兰屯（今内蒙古扎兰屯市）。1945年划归兴安省。1947年划归内蒙古自治区，1969年划归黑龙江省，1979年划回内蒙古自治区。1983年改设扎兰屯市。

布射水 新安江支流，在今安徽歙县北，南流注入扬之水（练河）。《寰宇记》卷104歙县："飞布山在县北，布射水源出焉。"

布朗达克拉噶尔宗 一作布拉木达克喇城。即今西藏阿里地区普兰县。清乾隆《西域同文志》卷18："西番（藏）语：布朗，旧地名。达克谓虎。噶尔，碉也。岭形如虎碉，城建于岭旁，故名。"

布朗达克噶尔宗 即今西藏阿里地区普兰县治。清乾隆《西域同文志》卷18："西番（藏）语：布朗，旧地名，达克，谓虎，噶尔，碉也。岭形如虎，碉城建于岭旁，故名。"

布勒哈齐淖尔 亦作布尔哈齐淖尔。又名喀喇塔拉额西柯泊、盐海子。即今新疆精河县北艾比湖。清乾隆《西域图志》卷25：布勒哈齐淖尔"为天山西北一大泽，周回四百余里，冬夏不盈亏。东会额布图郭勒、济尔噶朗郭勒、库尔郭勒，西会鄂拓克赛里郭勒、库色木苏克郭勒，南会晶郭勒，三面同入于淖尔"。

布袋嘴 即今台湾省嘉义县西南布袋镇。日本占领期间设布袋嘴区。1920年后改设布袋庄。1945年抗日战争胜利后设布袋镇。清高拱乾《台湾府志》卷1：布袋澳"在八罩屿北。其形外狭内广，如布袋状，故名"。

布隆吉尔池 在今青海德令哈市西北。民国汪公亮《西北地理》：青海"柴达木盆地…（湖）大者数十，百年未变其形，如扎陵湖、阿拉克湖、辉同淖尔、布隆吉池、胡鲁池等，皆衍大河之流者也"。

布隆吉尔河 ①即今甘肃西部疏勒河。因流经布隆吉尔城，故名。《清一统志·安西州》：南籍端水"按《舆图》及《新志》：今有苏赖河，亦名布隆吉尔河。发源靖逆卫南山，曰昌马河，北流转而西，经旧柳沟卫北，会十道沟水为苏赖河，又西经州北三十里，又西经敦煌县西北，党河自南来注之。又西流三十里许，入哈喇淖尔。其流长七百余里，池方数十里，即古南籍端水也。今州、县屯田，俱藉此水灌溉"。

②即今青海大柴旦镇东南塔塔陵河。《清史稿·地理志》青海和硕特部西右翼中旗："柴达木河出河源北托逊淖尔，西流至西拉珠尔格塔拉，阿拉克淖尔水东来入之。合而西北流，格德尔古河、乌兰乌苏河、布隆吉尔河，俱自其东注之，又西入于沙。"

布隆吉尔城 即今甘肃瓜州县东布隆吉乡。《清史稿·地理志》 安西直隶州："雍正元年，复置沙州所，筑布隆吉城，设安西同知治焉。"五年（1727），柳沟卫移治于此。按，"布隆吉"为蒙古语，意为河道转弯处。

布隆德尔苏卡伦 清雍正十二年（1734）设，在今内蒙古呼伦贝尔市新巴尔虎右旗东南贝尔湖西北。见民国《黑龙江志稿》卷33《武备志·兵事》。

布雅阿海苏默 在今内蒙古正蓝旗西北宝绍代苏木附近。清为内蒙古镶白旗察哈尔驻地。民国间迁驻阿拉腾打不苏（今阿拉坦嘎达苏苏木）。

布雅密河 即今黑龙江省木兰县北白杨木河。清屠寄《黑龙江舆图说·呼兰厅》："布雅密河即金史蒲卢买水，亦作婆卢买水……源出察哈尔库山，西南流七十三里，径温家窝棚东，又东迤南十四里注松花江。""布雅密，国语（满语）彼岸也"。

布雅噶珊 亦作浦鸦河口。清置，属三姓副都统。在今黑龙江省绥滨县西浦鸦河口附近。光绪《吉林通志》卷17：混同江北岸，东至海滨旧噶珊有"布雅"。

布喇克站 又作布拉克。清雍正十三年（1735）置，即今黑龙江省肇东市南四站镇。乾隆《盛京通志》卷33：鄂多尔图站"七十五里至布拉克站"。

布喀河 ①即今内蒙古准格尔旗西暖水川（牸牛川）。《清一统志·鄂尔多斯》：布喀河"在左翼前旗西三十四里。源出博罗巴尔喀孙东平地，西南流会紫河"。

②即今青海天峻县境的布哈河。《清一统志·青海厄鲁特》：布哈河"源出青海西北三百余里阿母尼额枯山南各喀喇细纳河，南流一百余里与殷格池水会。……复东南流六十里，至天青插汉峰北，与善池之水会。……又东流七十余里，受北来之罗子河、西尔哈河。又东五十余里，受北来之齐拉马尔台河，乃名布喀河。又东流七十余里注青海。其河受六大水，岸阔流深，夏月人不可渡，青海左右诸水，无大于此者"。按："布喀"为蒙语"巴格"之讹，巴格义为"小"，意谓较之黄河，布喀河固应以"小"河称之。

布喀禅噶珊 在今俄罗斯哈巴罗夫斯克边疆区黑龙江下游西岸马耳皮伊苏附近。清初属宁古塔将军。

康熙《皇舆全览图》：黑龙江下游西岸有“布喀禅噶山”。后属三姓副都统。光绪《吉林通志》卷17：混同江北岸，东至海滨旧设噶珊有“布喀禅”。咸丰年间通过不平等的中俄《瑷珲条约》被俄割占。

布鲁勒河　在今哈萨克斯坦东北部斋桑泊北，为布赫塔尔玛河支流。清徐松《西域水道记》卷5：“布克图尔玛河又西北流百五十里，有布鲁勒河西南流七十余里来汇。格埒克延丕勒传云：康熙五十六年，大军由布鲁勒擒厄鲁特罗卜藏锡喇布等。”

布敦河　今内蒙古商都县东十八顷镇小河。《清一统志·牧厂》：布敦河“在（正黄等四旗）牧厂西北九十里。源出汉会图拖罗海山南平地，东流入查喜尔图插汉池”。

布裕尔噶珊　亦名布育里。在今俄罗斯哈巴罗夫斯克边疆区黑龙江口北部特利延格特角北小河河口南岸。清初属宁古塔将军。康熙《皇舆全览图》黑龙江口北部有“布育里噶山”。后属三姓副都统。光绪《吉林通志》卷17：“混同江入海处迤北布裕尔噶珊。”即此。咸丰年间通过不平等的中俄《瑷珲条约》被俄割占。

布禄尔托海河　在今内蒙古达尔罕茂明安联合旗（百灵庙）西南，为艾不盖河上源。《清一统志·茂明安》：布禄尔托海河“在旗东北四十里。源出伊克哈达图山，北流会爱毕哈河”。

布隔墟　又作布吉村。即今广东深圳市东北布吉镇。清光绪《广东舆地全图》：新安县深圳墟北有布隔墟。

布鼓城　一名博固城。在今山东聊城市东北。《寰宇记》卷54博州聊城县：“博固城，《隋图经》云，或谓之布鼓城，即石勒时筑，在大河之曲。”

布雷峰寺　又名布赖寺、别蚌寺。即今西藏拉萨市西北十里哲蚌寺。藏语意为堆米寺。明永乐十四年（1416）由喇嘛教格鲁派（黄教）创始人宗喀巴的门徒降央却杰兴建，后经多次扩建，占地面积二十五万平方米。建筑宏伟壮观，是前藏三大寺（哲蚌寺、噶丹寺、色拉寺）中规模最大、势力最强的一个。寺西南的噶丹颇章（宫）约建于明嘉靖九年（1530），为二世达赖至五世达赖居住的地方。

布路犍城　在今巴基斯坦白沙瓦地区。唐龙朔初置悬度州于此。

布德暗沙　在南海中中国中沙群岛内，位于中沙大环礁南部边缘。东距美溪暗沙1.3海里，西距波洑暗沙8海里。1947年公布名称为布德暗沙。

布豁　即安国。都城在阿滥谧城（今乌兹别克斯坦布哈拉）。《新唐书·西域传》：“安者，一曰布豁，又曰捕喝，元魏谓忸蜜者。”

布濮水　即仆千水。今四川邛崃市南之火井河及南河（邛崃河）。东晋常璩《华阳国志·蜀志》：临邛县“有布仆水，从布仆来合文井江”。

布禳　藏语译称异名。今西藏阿里地区南部。古为羊同国属，公元7世纪前期属吐蕃。10世纪时吐蕃王室后裔于此建立政权，治所在今普兰，为阿里三部之一。

戊己山　在今山东阳谷县东南张秋镇南。《清一统志·泰安府》：戊己山，“《府志》：明弘治间筑土所成，以镇黄河决口，下临龙潭，即古决口也。山名戊己，取土制水之象。山上有亭，为张秋名胜”。

戊子圻　在今湖北汉川市西南十五里。《方舆纪要》卷76汉川县：戊子圻“相传关羽驻兵处”。

龙　①春秋时鲁邑。在今山东泰安市西南。《左传》：成公二年（前589），“齐侯伐我北鄙，围龙”。杜注：“龙，鲁邑，在泰山博县西南。”

②战国赵邑。在今河北曲阳县西南。《史记·秦始皇本纪》：七年（前240），“以攻龙、孤、庆都，还兵攻汲”。即此。

龙大支线　从吉林省吉林市东龙潭山，东南至大丰满。全长22.8公里。为长图铁路支线。日伪于1937—1938年修筑。

龙口　一作龙沟。即今山东龙口市。原为滨渤海一小村，近代航路开通，小轮麕至。大连、营口、烟台、羊角沟等处，均有小轮往来。1914年自辟为商埠，商业日盛。特产细粉丝及花边、发网等手工艺品，远销国外。

龙口市　1945年山东革命根据地设龙口特区。1946年改设龙口市。治所即今山东龙口市。1950年撤销，并入黄县。1986年撤销黄县，复设龙口市。

龙口河　一名饶河。即今安徽东至县南境龙泉河。《清一统志·池州府一》：饶河“一名龙口河，在建德县南九十里。其源有三，至县南百里，汇为昭潭，合为龙口河。迤入江西饶州府之独山湖”。

龙口城　唐南诏置，在今云南大理市西北七十八里上关镇。唐樊绰《蛮书》卷5：蒙归义“取大厘城，仍筑龙口城为保障，阁罗凤多由太和、大厘、邆川往来”。苍山、洱海在此交接，为南诏、大理都城阳苴咩城北面的防戍要地。蒙古忽必烈曾由此取大理。

龙口特区　1945年山东革命根据地由黄县龙口镇析置，治龙口（今山东龙口市）。1946年改设龙口市。

龙口特别区　1938年日伪置，治所即今山东龙口市。1945年8月日本投降后废。

龙口集　即今河南新蔡县北三十八里龙口镇。清尹耕云《豫军纪略》卷2：咸丰八年（1858）一月，清军“退守新蔡之龙口集”。

龙口墟　即今广东鹤山市西龙口镇。清道光《鹤山县志》卷1：“市集”有龙口墟。

龙口寨　南宋庆元四年（1198）置，在今福建永安县北。元废。

龙山　①在今河北迁安市南十五里。海拔266米。《方舆纪要》卷17卢龙县：龙山在“府西四十里。山势蜿蜒，其形似龙”。因名。

②又名遂城山、龙堂坡。在今河北徐水县西五十里。《隋书·地理志》：遂城县“有龙山”。又《方舆纪要》卷12安肃县：龙山“俗名龙堂坡，以其盘绕深曲也”。

③在今河北卢龙县西四十里。《方舆纪要》卷17永平府卢龙县：龙山“山势蜿蜒，其形似龙”。

④一名封龙山。在今山西浑源县西南三十里。《魏书·太宗纪》：北魏泰常二年（417），“司马顺之入常山，流言感众，称受天帝命，年二十五应为人君，遂聚党于封龙山”。即此。《方舆纪要》卷44：龙山“夏时雨过，山气上腾如龙，因名”。

⑤一名和龙山。在今辽宁朝阳市东。《水经·大辽水注》：“白狼水又东北径龙山西，燕慕容皝以柳城之北、龙山之南，福地也，使阳裕筑龙城。”即此。

⑥覆舟山的别称。在今江苏南京市城区东北，太平门内西侧。《方舆纪要》卷20上元县：覆舟山“一名龙山”。

⑦原名岩山。在今江苏南京市西南。南朝宋孝武帝改名龙山。大明六年（462）葬殷贵妃于此，宋武帝景宁陵亦在此。《宋书·符瑞志》：大明六年，甘露降“秣陵龙山”。即此。

⑧在今江苏无锡市西，惠山之北。《越绝书·吴地传》：“无锡西龙尾陵道者，春申君初封吴地所造也。”苏东坡《惠山谒钱道人烹小龙团登绝顶望太湖》诗：“石路萦回九龙脊，水光翻动五湖天。”即此。

⑨即龙眠山。在今安徽舒城县西南八十里。《寰宇记》卷126舒城县：龙山，“按《括地志》云：龙山在舒城，以山状如龙形”。

⑩在今安徽当涂县东南十二里。《陈书·宣帝纪》太建四年（572）闰月辛未诏曰：“姑孰饶旷，荆河斯拟，博望关畿，天限严峻，龙山南指，牛渚北临。”《元和志》卷28当涂县：龙山，“桓温尝与僚佐，九月九日登此山宴集”。

⑪在今浙江杭州市南。宋《淳祐临安志》卷8：龙山“在嘉会门外，去城十里”。南宋淳熙十二年（1185）大阅于龙山，即此。苏轼有《龙山真觉院瑞香花》诗。

⑫在今福建漳州市东北十里。《清一统志·漳州府》：龙山，“北来诸山，此为最秀，其地宜茶”。

⑬在今福建清流县南。明嘉靖《清流县志》卷2：龙山“俗名南寨山，在县坊郭里。……群峰高耸，起伏如龙奔走之状，阴阳家有左龙右虎之说，故名”。

⑭在今福建南平市北。《方舆纪要》卷97延平府南平县：龙山在“府治北。城环其巅，一名龙骑山”。

⑮在今福建顺昌县南三里。明《寰宇通志》卷49延平府：龙山“在顺昌县治南石豆乡，南望一峰如游龙状”，故名。正德《顺昌邑志》卷1：龙山“在石豆都。余良弼尝创庵山下，为游息之所，自号‘龙山居士’，今遗址尚存”。

⑯即今福建福清市东龙山。《方舆纪要》卷96福州府福清县：龙山“在县东二十余里，一名瑞峰山，海口、镇东二城在焉。巅有石塔，可观海口”。

⑰在今江西万载县城北。明《寰宇通志》卷39袁州府：龙山“在万载县后。以龙江经其下，因名”。《清一统志·袁州府》：龙山“其势岗巃，为县之镇。官衙缀倚其麓，俗呼官山”。

⑱在今山东章丘市西。1928年春在城子崖发现新石器时代晚期以磨光黑陶为主要特征的文化遗存，初命名为“龙山文化”。

⑲亦名金螺山、白佛山。在今山东东平县西北。《魏书·地形志》：无盐有龙山。《水经·汶水注》：“汶水又西径危山南，世谓之龙山也。”《清一统志·泰安府一》：龙山“《旧志》：一名金螺山，亦曰白佛山”。

⑳在今山东滕州市北二十五里。《方舆纪要》卷32滕县：龙山“峰峦奇秀，上有龙湫”。

㉑在今山东蓬莱市西南四十里。《隋书·地理志》：东莱郡牟平有龙山。《方舆纪要》卷36蓬莱县“石门山”条下：龙山“上有龙洞及龙冈，旧尝置铁场于此”。

㉒在今河南宝丰县东南三十五里。《元和志》卷6龙兴县：“大龙山，在县东南三十五里。刘累学扰龙，迁于鲁县。因以名山。”

㉓一名善应山。在今河南安阳县西四十里。晋左思《魏都赋》：“虎涧龙山。”指此。《隋书·地理志》：魏郡灵泉县“有龙山”。《清一统志·彰德府一》：龙山“一名善应山。山东南有善应村，洹水伏流出焉”。

㉔在今湖北荆州市荆州区（故江陵县城）西北十五里。《晋书·孟嘉传》：嘉为征西桓温参军，“九月九日，温燕龙山，僚佐毕集。时佐吏并著戎服，有风至，吹嘉帽堕落，嘉不之觉”。《舆地纪胜》卷64江陵府：龙山“《江陵志》云：在江陵县西。昔孟嘉为桓温参军，九日游龙山落帽。今有落帽台”。

㉕在今湖北丹江口市西。《清一统志·襄阳府一》：龙山“在均州东南七十里，下即均水口”。

㉖在今湖南新邵县东北，与连源市及邵东县接界。《方舆胜览》卷26宝庆府：龙山“介于二邑之间，秀峰四出，上有龙池泉”。《明一统志》卷63长沙府：龙山“在湘乡县西一百八十里。山颠有池，池中多鲤。常有烟雾，相传以为龙。涟水出其下”。

㉗在今广东海丰县东二里。《方舆纪要》卷103海丰县：龙山在“县东二里。山势蜿蜒，盘踞龙津水口”。

㉘即黑龙山。在今广东汕尾市西北。《寰宇

记》卷160 惠州海丰县：龙山“在县南大海之上。尝有黑龙藏于山穴。时兴云雨，腾翔海水，故曰龙山”。

㉙在今广东信宜市东南。《方舆纪要》卷 104 信宜县：龙山在“县东二十里。山势峻险，南有石孔，约深五丈许，谓之风窖。北有石孔，其深不测，谓之角窖。相传有龙潜焉”。

㉚在今广东龙川县西南。《隋书·地理志》：河源县有龙山。

㉛在今广东新兴县南。《舆地纪胜》卷 97 新州：龙山“在州南”。《清一统志·肇庆府》：龙山“在新兴县南三十里。周五十里，蜿蜒如龙之蟠。……山有龙山寺，后有峰曰三宝顶，两冈夹峙，左曰左天王岭，右曰右天王岭。右岭大石上有一小石，状如负子，曰舁子山。距山里许曰香灯冈，有瀑布，下注石坪”。

㉜在今广西贵港市北五十里。《舆地纪胜》卷 111 贵州：龙山“山有茶利，摘茶而鬻者，不啻二百余家”。《方舆纪要》卷 108 贵县：龙山“山势险峻，绵亘深远。《新唐书》：贵州有龙山府，盖府兵防戍处也。山产茶，沙江出焉。论者以为藤峡之右臂”。

㉝即卧龙山。在今重庆市奉节县东五里。《宋史·慕容德琛传》：淳化五年（994），李顺部张余率众十余万攻夔州，“与顺战龙山”。即此。

㉞在今贵州都匀市西五里。本名蟒山，明张翀改今名，建龙山道院于上。《方舆纪要》卷 121 都匀府：龙山“高万仞，双峰插天，为府境之望”。

㉟在今贵州惠水县西。《方舆纪要》卷 121 定番州：龙山“在州西。《志》云，在程番司（今惠水县）西二十里”。

㊱在今贵州石阡县东南。明曹学佺《名胜志》：“龙山在府城东南隅。山下有风鬼洞。知府余志《辩略》云，府后高崖曰龙山，矗耸云表，左崖畔一古洞，门敞若户……石隙中有水泻下，潭深莫测。”大风时发，又名风鬼洞。

龙山七里沟　在今陕西山阳县东南。1946 年 8 月当地解放后曾置郧山县治此。

龙山千户所　明洪武二十年（1387）置，属观海卫。即今浙江慈溪市东六十四里龙山镇。明嘉靖三十五年（1556），戚继光大败倭寇于此。

龙山门　①为五代吴越国杭州城（今浙江杭州市）南门。北宋改利涉门，南宋改嘉会门。

②即江陵城（今湖北荆州市荆州区故江陵县城）西门安澜门。《方舆纪要》卷 78 荆州府：江陵城“西门旧名龙山”。

龙山石窟　在今山西太原市西四十里龙山东巅。共有洞窟 9 个（其中第 9 窟已毁），开凿于古昊天观遗址旁东、南两个崖面上。洞窟主体分三部分，第 4、5 窟为一组，居崖面主要位置；第 1、2、3 窟为一组，分上、中、下三层；第 6、7 窟为一组，居第 5 窟左侧；第 8、9 窟则分别居主体崖面两侧下方。其中第 4、5 窟年代最早。第 4 窟平面近方形，平顶三壁三龛式。龛内各造一铺造像，以天尊像为主尊，旁有弟子像胁侍。此三身主尊像应是道教所奉的三清像。第 5 窟仅正壁开一龛，内一天尊、二弟子。窟龛形制和弟子形态均与天龙山唐代洞窟相似，开凿年代有可能早到唐代。其余各窟应为元代宋德方开凿。德方字广道，道号披云子，山东莱州市人。元太祖十四年（1219）曾随道教首领邱处机赴西域乃蛮国朝见成吉思汗，后活动于大都（今北京市）、河东（今山西晋南地区）、终南山（在今陕西境）之间。太宗六年（1234）主持营造龙山石窟。龙山石窟完全为道家所开，这在国内十分罕见。1996 年定为全国重点文物保护单位。

龙山寺　① 始建于隋，在今福建晋江市西南安海镇。初名普现殿，又名天竺寺。寺中有一大樟树雕刻的通身千手千眼观音，宋景德年间易名龙山寺。明天启间重修。清康熙二十三年（1684）施琅捐资修葺，建山门、华表，巍峨壮观。以后不断重修，气象宏伟。

②清康熙三年（1664）建，在今台湾台北市西南万华区（艋舺）。

龙山县　①北魏太和十七年（493）置，属广州顺阳郡。治所在今河南郏县东南。隋开皇初改名汝南县。

②北齐武平四年（573）置，属谯州谯郡。治所在今安徽涡阳县东北二十六里龙山集。隋开皇九年（589）废。

③北齐武平六年（575）置，属太原郡。治所在今山西太原市西南古城营村。《元和志》卷 13：“因县西龙山为名。”隋开皇十年（590）废。

④南朝梁、陈时置，属郁林郡。治所在今广西贵港市北。以近龙山为名。隋大业初废。

⑤隋开皇初改龙城县置，属营州。治所在今辽宁朝阳市。十八年（598）更名柳城县。

⑥唐置，属昌州羁縻州。治所在今河北廊坊市西。至德后废。

⑦辽开泰二年（1013）置，为潭州治。治所在今辽宁喀喇沁左翼蒙古族自治县西南白塔子。金属利州。元初属大定府，世祖至元四年（1267）属利州，后属大宁路。明初废。

⑧清雍正七年（1729）置，属永顺府。治所即今湖南龙山县。民国初属湖南辰沅道。1922 年直属湖南省。

龙山店　即今山东蓬莱市东南四十里龙山店镇。清光绪《山东通志》卷 2《舆图志》：蓬莱县东南有龙山店铺。

龙山河　在今浙江杭州市南。宋《淳祐临安志》卷 10：“南自龙山浑水闸，由朱桥自南水门入城，曰龙山河。”长十二里，置闸以限江潮，宋时滨江纲运，由此入城。后废。明时以河高江低，改闸为坝。元、明、清皆修浚之，今河道犹存。

龙山城　在今江西进贤县北一百里。明正统初置巡司于此。后废。

龙山营 又名龙山集。在今安徽涡阳县东北二十六里，龙山西南麓龙山集。北齐置龙山县于此。

龙山集 即今安徽涡阳县东北二十六里龙山镇。北齐置龙山县于此。

龙山湖 在今安徽涡阳县东北二十六里龙山西。清光绪重修《安徽通志》卷31颍州府：龙山湖"肥水发源于此"。

龙山虞氏旧宅建筑群 在今浙江慈溪市东南龙山镇山下村，系近代中国民营资本家虞洽卿赴上海经商发迹后在家乡营造的私宅。此旧宅由相对独立的两部分，共五进建筑组成，通面阔59米，通进深94米。前三进于1916—1919年建成，为传统的木结构建筑，有大门三间、厅堂九间二弄、后楼九间二弄、左右厢房各两间等构成。后二进于1926—1929年建成，为西洋式建筑，每进九间二弄，以新古典主义风格为主。同时广采博取，不拘一格，又明显地体现出中国传统建筑的文脉，是整个虞氏旧宅的主体建筑和精华所在。前后两部分之间以一条宽3.5米的长弄相隔，前窄后宽，形似"吕"字。虽然两部分建筑结构、风格截然不同，但在布局上以一条中轴线贯穿始终，主次分明，形分气连，过渡自然，是近代建筑中西合璧的成功范例。2001年定为全国重点文物保护单位。

龙山墟 ①在今广东佛山市顺德区西龙山村，西接南海市界。清咸丰《顺德县志》卷5：津渡有"龙山"。

②即今广西贵港市北中里乡。清光绪《广西舆地全图》贵县图：北有龙山墟。民国《贵县志》卷1：龙山墟"在县北三十里北山里……光绪季年开采三岔银矿，于时客商二徒往来络绎，居民熔冶矿砂、墟期兑换银饼贸易，故称繁盛"。

龙山镇 ①北宋置，属历城县。即今山东章丘市西龙山镇。元于钦《齐乘》卷2"巨合水"条："巨里在历城东七十里。自宋为龙山镇。"清于此置巡司。

②北宋置，属郁林县。在今广西贵港市北中里乡（龙山墟）。

③北宋置，属奉国县。在今四川苍溪县东北一百六十里龙山镇。

④即今浙江慈溪市东六十四里龙山镇。明置龙山所于此。

龙川 ①在今福建龙岩市南。《方舆纪要》卷99龙岩县：龙川"在县城南。受汀州上杭及延平大田诸溪水，合大小池历龙闼，至县西，会罗溪、筋溪诸水，环绕城南。至县南三里，汇为石鼓潭。又东经观音座山下，汇为瓮口潭。潭形中广而口狭，因名也。稍东南合传溪水，循石峡而下，石峻水激，险怪万状，谓之传军滩。旧不通舟楫，后辟成港，可引小舟，过雁石渡而达漳平县境，为九龙江之上流"。

②又作龙陂。在今湖北荆州市荆州区（故江陵县城）北纪南城西南。《资治通鉴》：南朝陈太建二年(570)，章昭达攻江陵，"决龙川宁朔堤，引水灌江陵"。即此。

龙川水 在今广西灌阳县西北五十里。《方舆纪要》卷107灌阳县：龙川水"自兴安县流入界。又有盐川水、烈溪源水，会流而入于灌水"。

龙川江 ①即今广东之龙江、东江。《水经注》以为泿水支津。《水经·泿水注》："泿水枝津衍注，自番禺东历增城县……又经博罗县西界龙川。左思所谓'目龙川而带坰'者也。"《寰宇记》卷159循州龙川县：龙川江"旧名涮溪，自虔州安远县流至县界"。《元丰九域志》卷9：龙川县有龙川江。《舆地纪胜》卷99惠州：龙川江"来自赣州安远县岭下，流入县西界，又经归善、博罗县界，至广州增城县入于海"。

②为定川江上游。即今广西玉林市西南车陂江。为南流江支流。《清一统志·郁林州》：定川江"在州西南二十里，上流名龙川江"。

③在今云南楚雄市北。《明一统志》卷86楚雄府：龙川江"在府城北。源自镇南州平夷川东南流，经府城西合诸水，至青峰下为俄碌川，又东合诸水经定边境，下流入金沙江"。

④又名麓川江。在今云南西部，为伊洛瓦底江支流。《明一统志》卷87腾冲军民指挥使司：龙川江"源出峨昌蛮地七藏甸，经越甸傍、高黎共山北，渡口古有藤索桥，下流至太公城，合大盈江"。

龙川江关 在今云南腾冲县东龙川江西岸。《明一统志》卷87腾冲军民指挥使司：龙川江关"在司城东七十五里江之西岸"。《方舆纪要》卷118腾越州：龙川江关"在州东七十里。江之西岸有龙川桥，江上旧编藤铺板，名曰藤桥。明朝弘治中，备兵使者赵炯始缆铁为桥。嘉靖中，潘润复修之，为往来要道，置巡司及驿丞"。清仍设巡司。民国改设县佐。

龙川县 ①秦置，属南海郡。治所在今广东龙川县西南二十里佗城镇。《汉书·地理志》 南海郡龙州县，颜师古注："裴氏《广州记》云，本博罗县之东乡也，有龙穿地而出，即穴流泉，因以为号。"隋开皇十一年（591）废。唐初复置，属循州。贞观初又废。五代南汉乾亨元年（917）复以雷乡县改置，为循州治。治所仍在今龙川县西南佗城。北宋宣和三年(1121）改为雷江县，南宋绍兴元年（1131）复名龙川县。元世祖至元十三年（1276）为循州路治，二十三年（1286）复为循州治。明洪武二年（1369）州废，改属惠州府。民国初属广东潮循道。1912年迁今治老隆镇。1920年直属广东省。

②北宋置，属羁縻武笼州。治所在今广西百色市东北龙川镇。元废。

龙川胡氏宗祠 在今安徽绩溪县东瀛州乡大坑口村。古称龙川。始建于明嘉靖年间。清光绪二十四年(1898）重修。现存多为清代建筑。三进七开间，梁柱、额枋、隔扇窗等均饰有人物、花卉、鸟虫等图案的木雕，为同类建筑中所不多见。1988年定为全国重点文物保护单位。

龙川郡　隋大业三年（607）改循州置，治所在归善县（今广东惠州市东北五里）。辖境相当今广东罗浮山以东东江流域及螺河水流域以西、九连山以南至沿海地区。唐武德五年（622）复为循州。

龙川墟　即今广西百色市东北龙川镇。清属凌云县，有外委戍守。

龙广汛　清置，即今贵州安龙县西龙广镇。

龙门　①即禹门口。在今山西河津市西北和陕西韩城市东北。《尚书·禹贡》："导河积石，至于龙门。"

②即伊阙。在今河南洛阳市南二十五里。以龙门山（今西山）和香山（东山）隔伊河夹峙如门，因名。唐刘长卿《龙门八咏·阙口》："独见鱼龙气，长令烟雨寒。"韦应物《龙门游眺》："凿山导伊流，中断若天辟。"

③在今重庆市南塗山前长江水中。《明一统志》卷69重庆府：塗山"在府城东八里岷江南岸。山之址有石中分，名曰龙门，其下水与江通，左右石壁有鲤鱼飞跃之状"。

龙门口　在今河南兰考县西北铜瓦厢北。为黄河津渡处。《清史稿·地理志》开封府兰封："咸丰五年决铜瓦厢，改东北径龙门口入直隶长垣。"

龙门山　①又名独固门。在今河北赤城县北云州乡东北五里。《辽史·地理志》龙门县："有龙门山，石壁对峙，高数百尺，望之若门。徼外诸河及沙漠潦水，皆于此趣海。雨则俄顷水逾十刃，晴则清浅可涉，实塞北控扼之冲要也。"

②在今山西河津市西北，西与陕西韩城市以黄河为界。《尚书·禹贡》："导河积石，至于龙门。"《汉书·地理志》左冯翊夏阳县："龙门山在北。"《太平广记》卷466引《三秦记》："龙门在河东界，禹凿山断门一里余，黄河自中流下，两岸不通车马。每暮春之际，有黄鲤鱼逆流而上，得者便化为龙。"《水经》：河水"又南出龙门口"。郦道元注："昔者大禹导河积石，疏决梁山，谓斯处也。即《经》所谓龙门矣。《魏土地记》曰：梁山北有龙门山，大禹所凿，通孟津河口，广八十步，岩际镌迹，遗功尚存。"

③在今安徽太湖县西南。《方舆纪要》卷26太湖县"新寨山"条下："又有龙门山，在县西南十三里。两山对峙，状如龙门。"

④在今安徽黄山市黄山区北四十里太平湖南岸。《舆地纪胜》卷19宁国府：龙门山"在太平县龙门乡之东，高百余仞。产百药，邑人皆采斸之。其林麓最为幽深"。

⑤在今浙江杭州市萧山区西南。《方舆纪要》卷92萧山县：龙门山"在县西南八十里。两山对峙，上有龙湫。一名大洪山"。

⑥在今江西修水县东北三十里。《清一统志·南昌府一》：龙门山"洞穴玲珑，宽广可通行人，下有清水岩，多产兰蕙。黄庭坚以为天下绝胜处"。

⑦在今江西九江市西南五十里。《舆地纪胜》卷30江州：龙门山"在德化县西南五十里，与落拖山相对如门。瑞昌所出盆水自此二山间过，至大江"。

⑧在今江西丰城市东南一百里。《方舆纪要》卷84丰城县：龙门山在"县南百里。旁有龙湫，西北与道人山相接"。《清一统志·南昌府一》：龙门山"前有七宝峰，下有龙湫，浩涵澄澈，深不可测。有石坚润可为砚"。

⑨即伊阙山。在今河南洛阳市南二十五里。唐杜甫《龙门》："龙门横野断，驿树出城来。气色皇居近，金银佛寺开。"

⑩在今湖北郧县东北七十里。《方舆纪要》卷79郧县：龙门山"有二崖对峙如门。水从中出名龙门河，东北（南）注于汉江"。

⑪在今湖南麻阳苗族自治县南。《水经·沅水注》：独母水"水源南出龙门山"。《方舆纪要》卷81麻阳县：龙门山"连山参差，崩石对峙，势欲倾仆，最为险绝。唐置龙门县，盖以山名"。

⑫在今四川成都市新都区南。明天启《成都府志》卷2：龙门山在"新都县治南一十里。山有龙洞，因名"。北宋赵抃《次孙直言九日登龙门山》诗："皇祐二年秋九月，九日龙门遇佳节。"

⑬在今四川广元市东北。《寰宇记》卷135绵谷县：龙门山"亦名葱岭山。按《梁州记》：葱岭有石穴，高数十丈，其状如门，俗号为龙门"。《元和志》卷22利州："龙门山在县东北八十二里。出好钟乳。"

⑭在今四川峨眉山市西。《舆地纪胜》卷146嘉定府：龙门山"在峨眉县西十里。分两崖峭峙矗天，其形如削，仰视青天，才余一罅"。《清一统志·嘉定府》：龙门山"在峨眉县西十里。两崖陡峭，仰观青天，仅露一线。上有洞可容百人，对山瀑布飞泉，直下百余丈，潴为深潭。范成大尝游此，以为天下峡泉第一"。

⑮在今陕西勉县西南六十里。《方舆纪要》卷56沔县：龙门山，"《旧志》：山南去废大安军城十里，悬崖环合，溪壑交流，有鸡冠隘、龙尾坡诸险"。

龙门千户所　明宣德六年（1431）置，属龙门卫。治所即今河北赤城县东龙门所。清废。

龙门卫　明宣德六年（1431）置，属万全都司。治所在今河北赤城县西南龙关镇。清康熙三十二年（1693）改为龙门县。

龙门仓　唐开元二年（714）置，在今山西河津市西黄河滨。

龙门水　①即今广东龙门县南之龙门河。《明史·地理志》龙门县："南有龙门水，亦曰九淋水，流入东江。"

②一名潜水。即今四川广元市东北浅溪河，注入嘉陵江。《史记·夏本纪》引《括地志》："潜水一

名复水，今名龙门水，源出利州绵谷县东龙门山大石穴下。”

龙门石窟 在今河南洛阳市南二十五里伊河两岸山上。两岸山岭对峙如阙，故又称伊阙。为中国三大石窟之一。石窟造像开创于北魏太和十七年（493）孝文帝迁都洛阳前后，历经东西魏、北齐、隋、北周、唐四百余年的大规模营造，两山共有窟龛两千一百多个，造像十余万尊，题记、碑碣三千六百多品，佛塔四十余座。代表性洞窟有北魏的古阳洞、宾阳洞、莲花洞、药方洞和唐代的潜溪寺、万佛洞、奉先寺、看经寺等。奉先寺的主佛庐舍那佛坐像高17.14米，是龙门石窟中造像最大者，寺洞内群像形神兼备，是唐代石雕艺术的代表作。龙门石窟中的题记和碑刻，如著名的“龙门二十品”和唐代著名书法家褚遂良书写的“伊阙佛龛之碑”等，都是我国书法艺术的珍品。1961年定为全国重点文物保护单位。2000年被联合国教科文组织世界遗产委员会列入世界文化遗产名录。

龙门寺 在今山西平顺县城东北一百三十里石城村附近的龙门山腰，创始于北齐天保年间（550—559）。北宋乾德年间改今名。明、清时曾修葺。现存殿堂廊庑，布局严谨。其中西配殿为五代唐同光三年（925）所建，我国五代木构建筑悬山式殿宇仅此一例。大雄宝殿为北宋绍圣五年（1098）建。天王殿系元建。其他殿堂均为明、清时建筑。集后唐、宋、元、明、清五朝木构建筑为一寺，为我国现存文物中所仅见。1996年定为全国重点文物保护单位。

龙门场 即今四川南充市东北三十里龙门镇。民国《南充县志》卷1：龙门场在“龙门峡外，为县境第一大镇，有铺户四百余家，大街十余道”。

龙门戍 在今甘肃西和县东南石峡镇。《魏书·李崇传》：北魏太和十一年（487），李崇讨杨灵珍，“从他路夜袭龙门，破之”。《水经·漾水注》：“龙门水又南径龙门戍东，又东南入洛溪水。”

龙门关 ①西魏大统元年（535）置，在今陕西韩城市东北六十里龙门山。关下即禹门渡。

②北周置，在今山西河津市西北龙门山下。《元和志》卷12龙门县：龙门关“在县西北二十二里”。关下有禹门渡。

③明隆庆中置，属龙安府。在今四川平武县西。后废。

④即今河北涞水县西北拒马河南岸大龙门。《清一统志·易州》“乾河口关”条下：“龙门关在县北一百里。”

龙门关堡 在今河北赤城县西南龙关镇。元曾移望云县于此。明宣德三年（1428）筑堡。《方舆纪要》卷18万全都司：龙门关堡，“关门在堡东五里，俯关下瞰，堡城若在平原，然沟河盘错，近实难逾”。

龙门州 唐贞观元年（627）改西龙门郡置，为羁縻州，属茂州。治所在江油县（今四川平武县东南南坝镇旧州）。辖境相当今四川平武县及江油市、青川县部分地。天宝元年（742）改为江油郡。

龙门江 在今越南西北部。元黎崱《安南志略》卷1：“古载交趾封溪县有龙门水，深百寻，大鱼登此化为龙不得，则曝腮点额。”《方舆纪要》卷112嘉兴州：龙门江“亦在蒙县界。……源出云南临安府宁州，流经此，有石门横截江流，中分三道，飞湍声闻百里，舟行过此，必舁上岸，方可复行”。

龙门坝 亦作楼门坝。即今四川绵阳市西北龙门镇。清嘉庆《四川通志》卷30绵州：龙门坝“在州西三十里，巡盐隘口。《旧志》作楼门坝”。

龙门县 ①北魏太平真君七年（446）改皮氏县置，属高凉郡。治所在今山西河津市西。《寰宇记》卷46龙门县：“因山为名。”隋属河东郡。唐属绛州，元和初属河中府。北宋宣和二年（1120）改为河津县。

②唐垂拱四年（688）析麻阳县置，属辰州。治所在今湖南麻阳苗族自治县西南锦和镇东轻土村。寻废。

③唐末置，属新州。治所在今河北赤城县西南龙关镇。辽属奉圣州。金属德兴府。元初废。清康熙三十二年（1693）复置，属宣化府。1914年改名龙关县。

④辽置，治所在今河北赤城县西南龙关镇。元初废。清康熙三十二年（1693）复置，1914年改名龙关县。

⑤即罗门县。唐置，属羁縻长宁州。治所在今四川长宁县境。清嘉庆《长宁县志》卷12：龙门碑“明时渔者于小溪中获石碑一，上书‘龙门’二大字，疑唐置龙门县故云”。后废。

⑥明弘治九年（1496）析增城、博罗二县置，属广州府。治所即今广东龙门县。以龙门镇为名。民国初属广东粤海道。1920年直属广东省。

龙门岭 ①在今安徽黄山市黄山区北十里。《清一统志·宁国府一》：龙门岭“在太平县西北十五里。上下十余里，势甚高峻”。

②在今浙江武义县南。《方舆纪要》卷93武义县“稽句岭”条引《闻见录》：“县南四十里曰龙门岭，有龙门关，东达永康，东南出缙云，要隘处也。”

③在今广西合浦县东。《明一统志》卷82廉州府：龙门岭“在府城东八里龙门村”。《方舆纪要》卷104合浦县：龙门岭“下有龙门村，有龙门水”。

④在今海南省儋州市西北峨蔓镇北。明正德《琼台志》卷6：龙门岭“在州（治今中和镇）西北三十里磨黎都海岸。峙起石峰，两趾奔海，其状肖门，可泊舟。上有石穴，中虚通海透风，名曰风门。内容数十人”。

龙门所 明宣德六年（1431）置，属龙门卫。治所在今河北赤城县东三十里龙门所镇。《方舆纪要》卷18龙门所，“万历十八年，以北路地势隔远，添设下北路参将驻此，分管大边长一百六十里，二边九十一里”。

龙门河 ①即阳乐河。今河北赤城县南红河。清光绪《畿辅通志》卷77：龙门河“源出龙门县（今赤城县西南龙关）西二十里娘子山北三里大龙王堂，水从地出数丈即伏至岩树下，汹涌敖薄，流数里又伏，至朱家营复出，乃东流为河，径县城南，亦名南河。……龙门河东西流，此横河所由名也”。

②即今四川芦山县东芦山河，为青衣江上源东支。《方舆纪要》卷72芦山县：龙门河在“县东北五十里。有二源：一自邛州界九子山西流；一自徼外东流，经冷砧河，南流会于金鸡峡口，过鱼喜河、八步关、青源河，南流入于青衣江”。

龙门驿 明置，为水驿。在今广西昭平县南桂江东岸龙门村。《方舆纪要》卷107昭平县：龙门驿在“县南百二十里。《里道记》：县南门外有昭平驿，自驿而南四十里，地名福登。又四十里为上仰，又三十里至龙门驿”。

龙门城 ①北齐武平元年（570）斛律光筑，即今山西稷山县北里许之古城。

②即今广东龙门县。明初置巡司于此。弘治九年（1496）置龙门县。

③即今广西钦州市南六十里龙门镇。《清一统志·廉州府》：龙门城“在钦州西南海口。本朝康熙二十三年设副将防守，乾隆十四年以防城同知移驻于此”。

④在今广西宜州市西南七十里。清雍正九年（1731）设巡司于此。

龙门峡 ①在今福建长汀县东北龙门。《清一统志·汀州府》：龙门峡“在长汀县东北四十里。地名含前。石洞盘屈深邃，中开一峡，峡中有溪。乡人贸竹木者，俱从此出”。

②在今广西平乐县东南桂江中。《方舆纪要》卷107平乐县：龙门峡在“府东南百余里府江中。今名松林峡。冬月水小，极险恶。稍东南为龙头矶”。

③即龙门山。在今四川峨眉山市西十里。《方舆纪要》卷52嘉定府：龙门山“在峨眉县西十里，分两崖峭峙，其形如削，仰视青天，才余一罅”。南宋范成大《吴船录》卷上：“冒雨以游龙门，竭蹶数里，歘至一处，涧溪自两山石门中涌出，是为龙门峡也。……及至龙门，则双溪又在下风，盖天下峡泉之胜，当以龙门为第一。”

龙门阁 亦名龙洞阁。今四川广元市北千佛崖处。《方舆胜览》卷66利州：龙门阁“在绵谷县一里。冯铃干田云：其他阁道虽险，然在山腰，亦微有径，可以增置阁道，独惟此阁石壁斗立，虚凿石窍而架木其上，比他处极险”。唐杜甫《龙门阁》诗中云：“清江下龙门，绝壁无尺土”。

龙门洞 在今福建大田县东南。《方舆纪要》卷97大田县：“龙门洞在县东南。《旧志》，在尤溪县南六十里。峻绝万仞，四面无路，仅羊肠可通。一名滴水洞，中容二三百人。”

龙门郡 ①东魏置，治西太平县（在今山西河津市境）。领西太平、汾阳二县。北齐废。

②西魏置，属南汾州。治所在龙门县（今山西河津市东南）。北周属绛州。隋开皇初废。

③隋义宁二年（618）改平武郡置，治所在江油县（今四川平武县东南南坝镇旧州）。辖境相当今四川平武县及青川、江油二县市部分地。不久改为西龙门郡。

龙门海 指今广西钦州市南一带海域。《清一统志·廉州府》“龙门”条引《府志》：“钦州之山，自东来者经佛子面、黄坡头至海，皆西向；自西来者，经天板口、大小头口至海，皆东向。两山对峙若门，中有石若砥柱，内潴巨浸曰小海。钦江、渔洪二水，会流于猫尾，南流经此，出注大海。龙门之外，群山错列海中，有七十二水道，随山而转，彼此相通，俗名为龙门七十二径。自此东径牙山乌雷岭，达合浦县；西径涌沦周墩，达交趾永安州，实一州要害之地。”

龙门砦 ①在今湖南辰溪县西三十里。《方舆纪要》卷81辰溪县：龙门砦“宋初置寨于此。熙宁七年废。寻复置，元废。《志》云，砦旁有龙门涧，接麻阳县界。岩石峭峻，涧水深阻，砦因以名”。

②在今广西象州县东北八十里大乐乡境。明、清置巡司于此。《清一统志·柳州府》：龙门砦巡司“山溪险僻，为瑶‘贼’出没之处。旧有巡司，今因之”。

龙门银场 ①北宋属尤溪县，在今福建尤溪县东南。

②北宋属宁化县，在今福建宁化县东北。

龙门龛 在今河南洛阳市南二十五里。两山对峙，东曰香山，西曰龙门。石壁峭立，伊水中出。壁间凿石龛石佛大小千数，多后魏及唐时所凿。唐韦应物《龙门游眺》：“精舍绕层阿，千龛邻峭壁。”

龙（竜）门集塘 一名集口镇。即今湖北南漳县北十八里龙门镇。清光绪《湖北全省分图》：南漳县北有竜门集塘。

龙门港 ①亦名龙门江。在今广西钦州市南龙门港镇。《方舆纪要》卷104钦州：龙门江在“州南六十里。《志》云：安京山之阴有涌沦江，南经州南四十里亦曰罗浮水，又南曰龙门江，两山对峙，形势若门，……嘉靖二十八年，安南贼范子仪等驾船突至龙门港口”。

②在今台湾省澎湖岛东。清乾隆间范咸《台湾府志》卷1引《漳州府志》：“澎湖岛北起北山，南尽八罩澳，北山、龙门港、丁字门、西屿头，倭所必由，为最要地。”

龙门碇桥 在今福建龙岩市西。《方舆纪要》卷99龙岩县：龙门碇桥“在县西十里。道通上杭”。

龙门溪 ①在今福建泰宁县北。《方舆纪要》卷

98 泰宁县："龙门溪在县北四十里。出大杉岭，有钴铒潭流合焉，经县东二十里，下流亦入大溪。"

②辰水支流。在今湖南省西部。源出怀化市火炭冲，北流至辰溪县西南入辰水。《清一统志·沅州府一》：龙门溪"在芷江县东一百四十里。源出寅门山，东北流五十里，至辰阳县界，名仙灵涧，西北入辰水"。

龙门滩 ①在今重庆市长寿区南长江中。《舆地纪胜》卷174涪州：龙门滩"在乐温县龙女镇之下。其滩三级，每春三月，众鱼跃而上，俗因呼为龙门"。

②在今重庆市江津区西南二十里龙门镇南长江中。《方舆纪要》卷69江津县：大江，"《旧志》：江经县治西，有石门曰龙门峡，亦曰龙门滩，流入巴县界"。

龙门墟 ①即今福建龙岩市西南龙门镇。民国《龙岩县志》卷6墟镇：龙门墟"在县西十里……商贾辐辏，为各墟冠"。

②在今广西宜州市西南七十里。清雍正九年（1731）置巡司于此。

③即今广西浦北县西南龙门镇。清同治《广东图说》卷61：合浦县东北有龙门墟。

龙门镇 ①北宋置，属河南县。在今河南洛阳市南二十四里伊河北。金改属洛阳县。

②北宋置，属邻山县。在今四川大竹县西南。《舆地纪胜》卷162渠州：龙门镇"在邻山县西四十五里"。

③北宋置，属巴西县。在今四川绵阳市西北龙门镇。

④北宋置，属南充县。即今四川南充市东北三十里龙门镇。1950—1956年南充县治此。

⑤即今黑龙江省五大连池市（青山镇）东北龙镇。1912年于此设龙门镇设治局。1917年改置龙镇县。

⑥即今安徽黄山市黄山区北龙门乡。明置巡司于此。

⑦即今甘肃西和县东南石峡镇。旧为龙门戍。《水经·漾水注》：汉水"又东合洛溪水，水北发洛谷……又西南与龙门水合，水出西北龙门谷，……又南迳龙门戍东，又东南即洛溪水"。此洛溪水即今甘肃西和、成县境之六巷河，而龙门水正是西和县东南之石峡河。北魏之龙门戍正是今西和县东南之石峡镇。唐为龙门镇，杜甫的《龙门镇》诗正是指此。

龙门镇设治局 1912年置，属黑龙江省绥兰道。治所在龙门镇（今黑龙江省五大连池市驻地青山镇东北龙镇）。1917年改为龙镇县。

龙门潭 在今福建宁化县南二里。《方舆纪要》卷98宁化县："龙门潭在县南。水深莫测。引流而东，亦曰龙津。有龙门桥跨其上，流会于大溪（九龙溪）。"

龙义镇 在今江西乐安县北。《方舆纪要》卷86抚州府乐安县：龙义镇"在县北添授乡。有巡司，明初置"。清乾隆三十年（1765）巡司移驻招携镇。

龙子岭 在今广东四会市东。《舆地纪胜》卷96肇庆府有"龙子岭"。《清一统志·肇庆府一》"仙岭"条："龙子岭在（新会）县东三十里。"

龙子祠 在今山西临汾市西南二十五里。《寰宇记》卷43汾州临汾县："龙子祠在姑射山东平水之源，其地茂林蓊郁，俯枕清流，实晋州之胜境也。"《清一统志·平阳府》"龙子祠"条引《新志》称："谓之平水神祠，在县西南二十五里。"

龙女洞 在今四川泸县东北二十里。《舆地纪胜》卷153泸州：龙女洞"东去城二十五里。溪源峻深，高崖峭壁，近百余丈，崖半二穴，远望幽邃，人不能到。俗传为龙女洞。淳熙中李巽岩来游观瀑布，有留题"。《方舆纪要》卷72泸州"思峩洞"条："龙女洞在州东北二十里。崖壁高峻，有二洞甚幽邃，人不能到。"

龙飞山 即龙须山。在今四川剑阁县（下寺镇）西南。《方舆纪要》卷68剑州：龙飞山在"州（治今普安镇）西百里。本名龙须山"。

龙马山 在今云南姚安县北四十里。《清一统志·楚雄府》：龙马山"在姚州北四十里。叠嶂悬崖，壁立千仞。旧传雨霁时，有神马出没"。

龙马负图寺 在今河南孟津县会盟镇（老城）西雷河村旁。始建于东晋永和四年（348）。《易经·系辞》中有"河出图"之说。"河图"出于黄河孟津段，自今孟津县朝阳乡的卦沟村东北，经送庄乡负图村，白合乡的上河图、下河图村，至老城乡雷河村汇入黄河的一条古河流，全长近四十里，后人因这一神话，将这条河命名为"图河故道"。寺本名浮图寺，晋天竺僧浮图澄西来住锡于此。怀帝永嘉时曰河图寺，梁武帝改曰龙马寺，唐高宗麟德中改为负图寺。现今只有明嘉靖年间所建的一座大殿旧貌未变。室内东西山墙上镶嵌中型石碑二百四十一通，分别记录着寺庙的重修、沿革、赞诗等。特别是有一通石碑，刻画着全寺建筑分布图。在原山门左侧尚存有"龙马负图处"楷书巨碑一通。

龙马坪 即龙马洲。在今江西进贤县北军山湖畔。

龙马泉 在今广西崇左市南。《明一统志》卷85太平府：龙马泉"在府治南。其水清碧，南入丽江。相传有神龙化马于此，因名"。

龙马洲 又名龙马坪。在今江西进贤县北军山湖畔。《方舆纪要》卷84南昌府进贤县：龙马洲"宋德祐元年，蒙古兵逼抚州，州将密祐遂战于进贤坪，进至龙马坪，力战不屈，为敌所执，即此"。

龙马湖 即马湖。今四川雷波县东北马湖。《明史·四川土司一》："马湖，汉牂牁郡内地也，有龙马湖，因名焉。唐为羁縻州四，总名马湖部。"

龙马溪 即今湖北恩施市北带水河。《方舆纪要》卷82施州卫：龙马溪“在卫北百里。一名沱河，俗名带河。相传牧马河滨尝生龙驹，因名龙马溪。经卫北二十五里之观音崖，入于清江”。

龙马槽寨 在今云南通海县西北。《清一统志·临安府》：龙马槽寨“在河西县（今河西镇）北十五里。相传有龙马时现，故名。旧为蛮酋恃险处”。

龙马潭 在今四川泸县东南龙溪河东。《舆地纪胜》卷153泸州：龙马潭“在城东北二十里。唐王昌遇落魄仙于此，以龙马一夕送归潼川，因号曰龙马潭”。今潭中有呈椭圆形小山，约四里许。山上有宋嘉祐间建冲虚观及清光绪辛卯（1891）书法家黄云鹄的诗碑。为泸州八景之一。

龙乡县 东晋末置，属晋康郡。治所在今广东罗定市南百里。南朝宋初为晋康郡治，元嘉中废。南齐复置，为广熙郡治。梁为平原郡及泷州治。隋开皇十年（590）改为平原县。

龙乡城 即春秋时鲁之龙邑。在今山东泰安市西南。《史记·高祖功臣侯者年表》：汉高帝八年（前199），封谒者陈署为龙侯国。即此。（《汉表》作龙阳，乃传抄衍“阳”字）。《水经·汶水注》：“汶水南径博县故城东，……汶水又西南径龙乡故城南。”

龙王山 即今浙江临安市西天目山主峰。海拔1587米。

龙王辿 在今山西吉县西北四十二里龙王辿村。清同治六年（1867），张宗禹率西捻军自陕西宜川壶口渡黄河，攻占龙王辿。

龙王岩 在今云南保山市西十五里。《方舆纪要》卷118保山县：龙王岩“山中断，两崖壁立，如斧劈然”。

龙王庙 ①即今辽宁东港市西北龙王庙镇。清咸丰《岫岩志略》卷3：龙王庙在“城南一百六十里”。产煤、金。

②在今黑龙江省密山市东南兴凯湖东、松阿察河口附近。清光绪《吉林通志》卷22：松阿察河“河内为龙王庙，宁古塔属地”。《清史稿·地理志》密山府：“东南龙王庙达俄。”

③即白河街。今河南嵩县南一百一十二里白河乡。清尹耕云《豫军纪略》卷3：咸丰七年（1857）三月，“复有另股在嵩县属之龙王庙诸处立大旗，持枪炮，吓索钱财”。

龙王庙行宫 在今天江苏宿迁市宿豫区西北四十里皂河镇。行宫平面呈梯形，坐北朝南，占地2.2万平方米，建筑面积2977平方米。始建于清康熙二十三年（1684），其后多次重修、扩建。现存戏楼、禅殿、御碑亭、怡殿、龙王殿、灵宫殿、大禹殿等，以及东西牌楼、钟鼓楼、东西配殿、厢房、御膳房等。整体布局分为前、中、后三进，形成院中院。第三进院内植柏、柿、桐、椿，寓意“百世同春”。庙内有乾隆题诗文碑，记载了治理洪水的史实。是苏北最大的宫式建筑群。2001年定为全国重点文物保护单位。

龙王庙镇 ①即今河北大名县东南十二里龙王庙镇。清同治《畿辅通志》卷52大名县图：东南有“龙王庙，卫河县丞”。

②即今上海市浦东新区川沙镇西三十里花木镇。清光绪《南汇县志》卷1：龙王庙镇在“邑西北六十八里”。

龙王堂 ①又名龙泉庵。在今北京市西山支脉平坡山大悲寺西北。是八大处中第五处。建于清康熙十一年（1672）。山泉从寺后峭壁流出，至前院经石螭吻（石雕龙头）注入水池。《日下旧闻考》卷103：“龙王堂，阶下有方池，深五尺余，其西凿龙口吐水。”

②即今安徽阜阳县西北泉河南岸龙王堂。清乾隆《阜阳县志》卷4：龙王堂在“西乡六十里，颍河南岸”。

③在今浙江海盐县东海滨。《方舆纪要》卷91海盐县：龙王堂“此县城之咽喉，沿海之首冲也”。遗迹今已不存。

龙王嵯 在今河北赤城县东北。《方舆纪要》卷18龙门所：龙王嵯“在所西北八里。嵯峨高耸，云出则雨至”。

龙王集 即今湖北襄阳市樊城区西北龙王镇。《清一统志·襄阳府三》：龙王集“在襄阳县西北一百里”。

龙王潭 即水阁凉亭。在今西藏拉萨市内布达拉宫后。是拉萨著名园林之一。

龙井 ①又作六道沟。即今吉林龙井市（龙井镇）。清光绪《吉林通志》卷17：“正西迤南距（珲春）城……二百三十里六道沟屯。”为延吉府三商埠之一。《清史稿·地理志》延吉府：“商埠：头道沟、龙井村、局子街，三。宣统元年中日间岛约开。”1950年移延吉县于此。

②本名龙泓，又名龙泉。在今浙江杭州市西南风篁岭下。宋《淳祐临安志》卷9：龙井“岩骨棱瘦，中涵一泓，清澈翠映，即之凄然，相传有龙在焉”。故名。环山产茶，名曰龙井茶，名扬中外。元虞集有《游龙井》诗。

龙井关 ①在今河北迁西县西北六十里。长城关隘之一。《清一统志·永平府二》：龙井关“在迁安县西北一百九十里，西接遵化州之洪山口。陡峙边外，有城，旧设把总。本朝嘉庆十六年裁”。

②即今安徽潜山县东北源潭镇北龙井关。《方舆纪要》卷26潜山县“驾雾关”条下：“又县东四十里有龙井关（按，民国《潜山县志》卷1谓龙井关“在县北八十里”）。地名西堡。悬崖瀑布，最为奇胜。”

龙井河 在今贵州平塘县西南。《方舆纪要》卷121定番州：龙井河“在（克度里）寨南”。

龙井涧 在今湖南靖州苗族侗族自治县北十里。《方舆纪要》卷82靖州：龙井涧“源出飞山，绕流经城西，达于渠河”。

龙井堂 在今山东高唐县北二十里。《清一统志·东昌府一》：龙井堂，“徐铉《稽神录》：唐僖昭时，魏州人罗宏信微时投寄高唐田氏，田氏抚爱如子，遂冒姓田。已令浚井，甫下，忽龙自井出，雷雨交作，众皆惊悸。宏信自井出，神色自若。后以军功进爵豫章郡王，迎田氏夫妇，事之如父母。及殁，又为堂于龙井之上以祀之”。

龙井铺 明置，在今贵州镇宁布依族苗族自治县东北。《清一统志·安顺府》“普定铺”条下：又有“龙井铺”等，旧皆戍守处。地有龙井，故名。

龙井寨 即今河南信阳市东北五十六里龙井乡。清尹耕云《豫军纪略》卷4：同治元年（1862）九月，李续焘“遂克龙井”。

龙开河 旧名湓浦或湓江。源出今江西瑞昌县西南青山，东流经县南至九江市西，北流入长江。《明一统志》卷52九江府：龙开河“便于舟楫。世传古有龙开此河，因名”。

龙开河镇 在今江西九江市西五里，当龙开河入大江之口。《方舆纪要》卷85九江府德化县：龙开河镇“亦洪武初置巡司，皆为滨江戍守处”。天启二年（1622）裁。清时设守备驻防。

龙木头都留等十二族军民千户所 元置，属松潘宕迭威茂州等处军民安抚使司。治所在今四川茂县东北四十里。明于此置陇木头长官司。

龙支县 西魏废帝二年（553）改金城县置，属枹罕郡。治所即今青海民和回族土族自治县南古鄯镇。《元和志》卷39龙支县：“西南有龙支谷，因取为名。”唐属鄯州，上元后陷于吐蕃。

龙支城 ①北宋元符二年（1099）改宗哥城置，属西宁州。即今青海平安县（平安镇）。《方舆纪要》卷64西宁镇：龙支城在“镇东南八十里。城西有龙支堆，因名”。

②即龙耆。今青海海晏县（三角城）。

龙支堡 在今青海民和回族土族自治县南古鄯镇。《资治通鉴》：东晋隆安二年（398），南凉秃发乌孤“进击（梁）饥，大破之。饥退屯龙支堡”。即此。北魏于此置金城县，西魏改名龙支县。

龙牙门 古岛屿名。即今印度尼西亚林加岛。古代海舶出入马六甲海峡时经此。明费信《星槎胜览》：龙牙门“在三佛齐之西北也。山门相对，若龙牙状”。清谢清高《海录》作龙牙国。

龙牙交椅 即龙牙菩提。今马来西亚马来半岛西北海上之凌加卫岛。《郑和航海图》作龙牙交椅。

龙牙国 古岛屿名。即今印度尼西亚林加岛。清谢清高《海录》卷中：龙牙国“在旧港北。由峡口水路到此，顺风约三日。由此北行日余，则为柔佛。西北行日余，则至雷哩。此山多木，大者数十围。中华洋船至此，多换桅柁”。

龙牙菩提 古岛屿名。即今马来西亚马来半岛西北海上之凌加卫岛。元汪大渊《岛夷志略》：龙牙菩提“环宇皆山，石排类门。无田耕种，但栽薯芋，蒸以代粮”。明费信《星槎胜览》作龙牙善提。《郑和航海图》作龙牙交椅。

龙牙善提 即龙牙菩提。今马来西亚马来半岛西北海上之凌加卫岛。明费信《星槎胜览》作“龙牙善提”，善应为菩之讹。

龙巨江 在今云南嵩明县南。《明一统志》卷86云南府：龙巨江“一名龙济溪。源出寻甸果马山，流经嵩盟州东南，入嘉利泽”。

龙冈 ①又名卧龙山。蒙古语名巴罕呼喇呼山。在今内蒙古正蓝旗东北四十里上都河北兆奈曼苏默古城（上都故城）北。《元史·刘秉忠传》：宪宗五年（1255），“帝（忽必烈）命秉忠相地于桓州东、滦水北，建城郭于龙冈，三年而毕，名曰开平，继升为上都”。

②又名龙沙。在今江西南昌市城北。《方舆纪要》卷84南昌府：龙冈“在府城北带江，亦曰龙沙”。

龙冈山 ①在今河北任县南。《方舆纪要》卷15任县：龙冈山，“《志》云：其山冈脊横亘，东西长二十里。盖西山之脉，蜿蜒于郡北，与石井、鹿城诸冈，互相接续”。

②在今陕西南郑县西北。《隋书·地理志》：南郑县有龙冈山。《舆地纪胜》卷183兴元府：龙冈山“在南郑县西十里，梁天监中龙斗升此冈”。

龙冈场 即今重庆市巴南区南安澜镇南龙岗场。清乾隆《巴县志》卷2：龙冈场“离城百五十里”。

龙冈县 ①即龙刚县。治所在今广西宜州市。《宋书·州郡志》：“龙定令，晋武帝太康元年立桂林之龙冈，疑是。永初郡国、何、徐并云龙定。”

②隋开皇九年（589）改襄国县置，属洺州。治所即今河北邢台市。《元和志》卷15龙冈县：“以西北有龙冈，因名之。”十六年为邢州治，大业三年（607）改为襄国郡治。唐为邢州治。北宋宣和二年（1120）改为邢台县。

③1933年8月中央革命根据地由永丰县南境和兴国县北境析置，驻龙冈圩（今江西永丰县东南龙冈）。1934年10月与永丰县合并，改置永龙县。

龙冈政治局（县级） 1933年10月国民党南京政府为进攻江西革命根据地由永丰、吉水、吉安三县析置，驻龙冈墟（今江西永丰县东南龙冈）。同年12月撤销。

龙冈镇 即今安徽天长市东北龙集乡北龙冈。《清一统志·泗州》：龙冈镇“在天长县东北五十里，接杨州府高邮州界”。

龙水 ①亦名龙泉水。即石沟水。今山东青州市南石沟河。《方舆纪要》卷35临朐县“石沟水”条引郭缘生曰：“石沟水下流，溢涸有时，亦谓之龙水。”

②即今四川资中县西北龙溪河（球溪河）。《寰宇记》卷76龙水县：“龙溪水从陵州仁寿县流入，过县入中江。至盘石县界。”光绪《资州志》卷2：龙

水“在州西一百三十里。源出仁寿县山，经四眼桥，流环龙水废县，复绕珠溪场下至小三江口，与珠溪水合流，至大三江口，更十里入中江”。

③亦名龙溪河、仁寿河。即今四川仁寿县东之球溪河。《寰宇记》卷76龙水县：龙水溪“从陵州仁寿县流入，过县入中江，至盘石县界”。清道光《仁寿县新志》卷1记载：龙水“源出邑北龙王沟，由北门入城，穿南门而出，为蟠溪，又东北经向家坝受回龙桥水，又东受响水滩水，又东受朱家桥水，又东至游子寺受婆支水，又北至宋家庵受马溹水，又东至辜家坝受禄水，又东南至孙家坝受通江水，又东至清水寺受清江水，又东北至白土镇（今名北斗）为兰溪，又东经资州四眼桥，至球溪入沱江”。

龙水汛 清置，在今广西贺州市东。《清史稿·地理志》：贺县东有龙水汛。

龙水县 ①隋义宁二年（618）置，属资阳郡。治所在今四川资中县西北一百四十里发轮镇南。一说在今资中县西北龙结镇。《元和志》卷31：龙水县“以县西北有溪，屈曲绕州如龙，因以为名”。唐武德初属资州。宣和二年（1120）改为资川县。后复为龙水县。南宋淳祐三年（1243）废。

②唐贞观四年（630）置，为粤州治。治所在今广西宜州市。乾封中为宜州治。天宝初为龙水郡治，乾元初为宜州治。北宋宣和元年（1119）改为宜山县。

龙水囤 在今贵州瓮安县境。《明史·李应祥传》：万历二十八年（1600）征播之役，“副将陈寅等已连克数囤，拒贼四牌高囤下，别遣兵从间道直捣龙水囤”。即此。

龙水郡 唐天宝元年（742）改宜州置，治所在龙水县（今广西宜州市）。辖境相当今广西宜州市大部及罗城仫佬族自治县西南部地。乾元元年（758）复为宜州。

龙水镇 唐置，属大足县。即今重庆市大足县南四十里龙水镇。《宋史·卢斌传》：淳化二年（991），“侦知贼（任诱）在龙水镇，值大雨，斌驰马四十里，骑从数十人，遂斩（任）诱等百余级”。即此。清光绪十年（1884），镇民余栋臣在此举行反洋教、反清武装起义。

龙见石 在今海南省琼海市南。《方舆纪要》卷105琼州府乐会县：龙见石“在县西北十五里。状如龙首。山脊半里许皆黑石，崚嶒叠出，若龙鳞然。黎盃水绕其前”。

龙升（昇）冈 在今四川峨眉山市西南峨眉山观音寺西。旧有寺，以冈名。清张邦伸《锦里新编》卷16峨眉纪游：三望坡“上有龙升冈，坡下峰回路转，苍翠森列”。

龙升（昇）镇 即今河南罗山县南龙升镇村。清乾隆《罗山县志》卷1《镇店》：“龙升镇，南六十里。”

龙化州 辽置，治所在龙化县（今内蒙古通辽市奈曼旗东北八仙筒镇西北平安地西孟家段村古城）。金废。

龙化江 今广西陆川县南陆川河东支流龙化水。《元丰九域志》卷9：陆川县有龙化水。《清一统志·郁林府》：龙化江“在陆川县南四十里。源出大这山，名平南江。西南流十里，又名龙化江。复西流入乌江”。唐龙化县以此水名。

龙化县 ①唐武德五年（622）置，属罗州。治所在今广西陆川县南四十里。《新唐书·地理志》龙化县：“以西有龙化水名之。”寻属辩州。大历八年（773）为顺州治。亦曰顺义郡。北宋开宝五年（972）废。

②辽置，属龙化州。治所在今内蒙古通辽市奈曼旗东北八仙筒镇西北平安地西孟家段村古城。金废。

龙化河 在今山西盂县北。《方舆纪要》卷40盂县“牧马水”条下：“龙化河在县北四十五里，一名兴龙泉。北流至榆枣关口，入于滹沱。”

龙化湖 在今湖南茶陵县西南十里。《方舆纪要》卷80茶陵州：龙化湖“三国吴时，有赤白龙见此，漂荡成湖。今溢涸不时”。

龙化镇 清置，属翼城县。即今山西翼城县东三十五里隆化镇。《清一统志·平阳府一》：龙化镇“南连绛县，北接浮山，为商旅辏集之所”。

龙爪山 即今四川达州市西龙爪山。《方舆纪要》卷69达州“凤凰山”条内：“州西北五里有龙爪山。园耸悬绝，如龙擎珠。”南宋末为抗击蒙元，于此建龙爪城。《清一统志·绥定府一》：龙爪山“上有寨”。山上有明末清初建龙爪塔，有九层，高30米。

龙爪关 在今湖南永顺县东。《清一统志·永顺府》：龙爪关“在永顺县东一百五十里，接澧州永定县（今张家界市）界”。

龙爪驿 即今四川彭山县北青龙镇。《方舆纪要》卷67仁寿县：龙爪驿在“县北百二十里。水道所经”。

龙爪城 在今四川达州市西五里龙爪山。《元史·杨文安传》：世祖至元九年（1272）“九月，筑金汤城，以积屯田之粮，且以逼宋龙爪城。虑宋兵必来争，遣韩福出兵通州，以牵制之，与宋兵遇于铧耳山，败之”。

龙爪滩 亦名龙格。在今四川双流县东南。《资治通鉴》：东晋义熙四年（408），谯纵请桓谦于后秦，相助共击刘裕。“谦至成都，虚怀引士；纵疑之，置于龙格，使人守之”。胡注：“龙格盖即今成都府广都县龙爪滩之地。”

龙凤山 ①即今云南腾冲县南郊之来凤山。元代称龙凤山，见《元混一方舆胜览》腾冲府。明、清时为来凤山的异名。

②即今李家山。在今云南江川县北江城镇西。《方舆纪要》卷115江川县：龙凤山在“县（今江城镇）西三里。崇冈叠阜，为县镇山。下有温泉、冷泉，泉水四绕，合流而注于星云湖”。山上有李家山

古墓群。

③在今贵州平坝县南五里。《清一统志·安顺府》引《贵州通志》：龙凤山“回峰四合，秀水双湾，白云丹峤，峥嵘日表。昔僧自然游此”。

④在今陕西吴堡县（宋家川）附近。《方舆纪要》卷57吴堡县“寨西山”条：“县南十里有龙凤山，以山势回翔而名。”

龙凤冈 即今广东佛山市三水区西河口镇。明嘉靖五年（1526）置三水县于此。

龙凤场 即今重庆市合川区西北龙凤镇。清光绪《合州志》卷4：龙凤场“城一百里”。

龙凤岩 在今广西兴安县东十五里。《清一统志·桂林府一》：龙凤岩“岩内石乳凝结如龙凤形。一名梓林洞。有泉出岩中，溉田甚广”。

龙亢戍 北魏置，为马头郡治。在今安徽怀远县西北七十五里龙亢镇。《南齐书·裴叔业传》：永泰元年（498），“又遣军主萧璝、成宝真分攻龙亢戍，即虏马头郡也”。南朝梁普通六年（525）于此置龙亢郡。

龙亢县 ①西汉置，属沛郡。治所在今安徽怀远县西北七十五里龙亢镇。东汉属沛国，西晋改属谯郡。东晋后废。东魏武定六年（548）复置，为龙亢郡治。隋开皇初废。唐武德四年（621）析夏邱县地复置。贞观八年（634）废。

②东晋侨置，属历阳郡。治所在今安徽含山县西南二十五里清溪镇北，一说在今含山县东南十五里龙角桥。北周省入历阳县。

龙亢郡 南朝梁普通六年（525）置，治所在龙亢城（今安徽怀远县西北龙亢镇）。辖境相当今安徽怀远县部分地。隋开皇初废。

龙亢集 即今安徽怀远县西北七十五里龙亢镇。为古龙亢县治。

龙斗（鬬）山 在今浙江文成县西南珊溪镇西龙斗山。《方舆纪要》卷94泰顺县：龙斗山“在县东一百十里，下有龙斗渡，元末尝置龙斗寨于此。又东接瑞安县界”。

龙斗（鬬）泉 在今山东汶上县东北五十里。《方舆纪要》卷33汶上县：龙斗泉“初出汹涌，流为龙斗河，亘四十里而达蒲湾泊。霖潦时，辄有涨溢之患”。《清一统志·兖州府二》：龙头泉“初出涌沸如两虬相击，故名”。

龙扒沟 在今安徽砀山县东南三十里。《方舆纪要》卷29砀山县：龙扒沟“旧通汴水。明嘉靖三十八年淤。创开一派，由城东南二十五里冲三龙口，又二十里至西镇淀，过萧县境，入胡淀沟，与大彭等沟为州西北之五河，俱大河冲溢处也”。

龙石县 唐开成四年（839）置，为平原羁縻州治。治所在今越南高平省广渊县。后废。

龙布（佈）墟 即今江西安远县北九十五里龙布镇。清同治《江西全省舆图》卷9：安远县北有龙布墟。

龙平山 在今河北赵县东北三十里。《方舆纪要》卷14赵州：“龙平山在州东北宋子城之西。相传山木高耸，一日风雨骤至，龙过而夷其半，因名。”

龙平县 南朝梁置，为静州及梁寿、静慰二郡治。治所即今广西昭平县。隋大业初属始安郡。唐武德四年（621）为静州治。贞观八年（634）为富州治。天宝初为开江郡治，乾元初复为富州治。北宋属昭州，宣和六年（1124）改为昭平县。南宋淳熙六年（1179）复名龙平县。元属平乐府。明洪武十八年（1385）废。

龙平溪 在今湖北宣恩县东。《方舆纪要》卷82施州卫：龙平溪“在卫东南二百余里。又有细沙溪，出东门山，流合龙平溪，共注清江”。

龙平寨 在今广西平乐县东。明于此置巡司。

龙旧市 即今广东广州市北郊龙旧镇。清同治《广东舆地图说》卷2：番禺县东北郭塘堡“有龙旧市，北界花县”。

龙归墟 即今广东韶关市曲江区西北龙归镇。清同治《韶州府志》卷11曲江县有龙归墟。

龙归镇 北宋置，属安居县。在今四川安岳县东南七十里高升场。

龙且县 亦作龙沮县。南朝梁置，为东彭城郡治。治所即今江苏灌云县西北龙苴镇。北齐废。

龙且城 ①亦作龙沮城。即今江苏灌云县西北龙苴镇。《元和志》卷11朐山县：“龙且故城在县南六十里。”

②在今山东无棣县北二十里。《方舆纪要》卷31海丰县“广武城”条下：“县北二十里有龙且城。其地高耸，形势屹然。”光绪《山东通志》卷35谓即荻苴侯城之讹。

③即古高密城。又名城阴城。在今山东高密市西南四十里前田庄。《元和志》卷11高密县：龙且城“楚将龙且所筑也”。《方舆纪要》卷36高密县“稻城”条下：“又有龙且城。城西即且冢。南曰梁台，即韩信击杀龙且之地也。”

龙目山 在今浙江长兴县西。《方舆纪要》卷91长兴县：龙目山“在县西百里。山岭高五百余丈，与江南广德州接界”。

龙田市 即牛田市。今福建福清市东南二十八里龙田镇。

龙田岩 在今广西灵川县东北。《方舆纪要》卷107灵川县：龙田岩在“县（故治在今三街镇）西三里。中有石田，高低委曲，下有龙泉”。

龙丘 在今湖北黄冈市北。《清一统志·黄州府一》：龙丘“在黄冈县北一百二十里。宋陈慥居此，以地为号”。

龙丘山 在今浙江龙游县东。《元和志》卷26：“晋改太末为龙丘，以县东龙丘山为名。”《寰宇记》卷97龙游县：龙丘山，“《东阳记》云：山有九石，晴明远望尽如芙蓉，有龙丘苌隐处，因名龙丘山”。

龙丘县 ①三国吴赤乌三年（240）改太末县置，

属会稽郡。治所即今浙江龙游县。《元和志》卷26："因县东龙丘山为名。"宝鼎元年（266）属东阳郡，后复为太末县。隋开皇九年（589）省。唐贞观八年（634）复置，属婺州。垂拱二年（686）后属衢州。五代唐长兴二年（931）吴越钱镠改名龙游县。

②唐大历中置，为龙武州治。治所在今云南屏边苗族自治县西北四十四里新现。后废。

龙仙墟 即今广东翁源县。清同治《广东图说》卷20翁源县：龙仙铺在"城东北一百里。……往来大道，有龙仙墟"。

龙市镇 ①亦作隆市镇。即今重庆市合川区东北龙市镇。明万历《合州志》卷8：隆市镇"在隆市里"。清光绪《合州志》卷4：隆市镇"距城九十里"。

②即今四川隆昌县西龙市镇。清乾隆《隆昌县志》卷4：龙市镇场在"县西三十五里"。

龙汀省 1933年12月福建人民政府（即中华共和国人民革命政府）改龙漳省置，省会在龙溪县（今福建漳州市）。辖境相当今福建漳浦、长泰、漳平、龙岩、宁化、明溪等市县以南地。1934年1月福建人民政府失败后废。

龙头山 ①在今江西万安县东。《方舆纪要》卷87吉安府万安县：龙头山在"县东二十里。高数百丈，周回十里，形如几案，一名案山。上有仙坛及龙峡。又有仙圣、罗汉二岩。龙溪水出其左，西入赣江"。

②在今广西阳朔县东北。《舆地纪胜》卷103静江府：龙头山"在阳朔县北一里。其南双山者攒眉山也。下有佛阁"。明曹学佺《广西名胜志》卷2阳朔县："龙头山高百余丈，以形似而名。"

③在今四川雷波县西南百余里小沟乡北。产铅。清乾隆末曾开采，咸丰中废。

④在今云南寻甸回族彝族自治县东四十余里。《清一统志·曲靖府》：龙头山"在寻甸州东四十余里。地名九曲里。下有三沟水合为河，流入东川府界"。

⑤在今甘肃文县西北。《寰宇记》卷154文州曲水县："龙头山在县西七里。从故松州党蘗山来，至当州石马水口绝。其山如龙头。"

龙头山古墓群 在今吉林和龙市北五十里龙水镇西龙头山上。1980年延边博物馆发掘贞孝公主墓并对周围进行考古调查时发现，为唐勃海国王室贵族墓地。有古墓十二座，以石块和大石板修筑墓室，其上封土成冢。已发掘的一座是渤海国第三代王大钦茂的第四个女儿贞孝公主的墓。砖砌墓室，大板石封盖，墓壁绘出行人像十二个，色彩明丽，形象生动，风格与中原相同。出土墓志一方，阴刻楷书汉字，记载贞孝公主一生行状。1988年定为全国重点文物保护单位。

龙头冈 又名卧龙冈。在今北京市西北四十五里。《资治通鉴》：五代梁乾化二年（912），"燕主（刘）守光遣其将单廷珪将精兵万人出战，与周德威遇于龙头冈"。

龙头寺 元建，在今内蒙古克什克腾旗西达里诺尔湖畔东南曼陀山东麓。为喇嘛教寺院。

龙头场 在今浙江慈溪市东南龙场镇西龙头场。宋《宝庆四明志》卷6盐课：龙头场"开禧元年于定海县创置"。产海盐。至清末因海滩外涨而废。原属镇海县，1954年改属慈溪县。

龙头坳镇 即今江西靖安县西约七十五里龙头垇。清时设外委把总驻防。

龙头岩 在今湖北崇阳县东。《舆地纪胜》卷66鄂州：龙头岩"在崇阳县东十五里。岩北有泉，滚滚迸溢，流数十丈，石激之声闻百步，萦纡三十里，溉田十万顷"。

龙头岭墟 即今广东湛江市东北龙头镇。清光绪《高州府志》卷10吴川县：龙头岭在"县西四十里"。

龙头河 在今湖北崇阳县东北。《方舆纪要》卷76崇阳县：龙头河在"县东北十五里。即龙头岩水也"。

龙头营 ①在今贵州龙里县东。《明史·贵州土司传》：天启二年（1622），安邦彦进围贵阳，巡抚王三善赴救，"三日抵龙头营，屡败贼兵，遂夺龙里"。

②在今贵州松桃苗族自治县西南。《清一统志·铜仁府》：龙头营"明万历中总督陈璘相视地势，扼其要害，立龙潭、报国、光明、正大四营……复置新镇，名曰龙头营"。

龙头堡 一名龙头壁。在今山西闻喜县东北。《寰宇记》卷46闻喜县：龙头壁"后周绛州及正平郡所理也，在县东北二十八里"。

龙头墟 即今广西扶绥县东北二十里龙头乡。清光绪《新宁州志》卷2：龙头墟"在城东二十五里"。

龙头影营 在今广东英德市东北。《清一统志·韶州府》"高桥营"条："迤南有龙头影营……在县北江东岸。"

龙穴 在今湖南常宁市西南。晋左思《吴都赋》："龙穴内蒸，云雨所储。"唐李善注："湘东新平县有龙穴，中有黑土，天旱，人人便共以水沾穴，则暴雨应之。"《水经·湘水注》：宜溪水"出湘东郡之新宁县西南……西北流，东岸山下有龙穴，宜水径其下，天旱则拥水注之，便有雨降"。

龙穴山 ①在今安徽六安市东。《方舆纪要》卷26六安州：龙穴山在"州东五十里，州境名山也。山脊有龙池，味甘美，亦名龙池山"。

②在今浙江乐清市东。《方舆纪要》卷94乐清县：龙穴山"在县东二十五里。两山相对，延袤十余里"。

③在今广东佛山市顺德区北。《方舆纪要》卷101广州府顺德县：龙穴山在"县西北四十里，山高秀，东有独冈"。

④在今广东龙川县西南佗城北。《汉书·地理志》南海郡龙川县，颜师古注："裴氏《广州记》云，本博罗县之东乡也，有龙穿地而出，即穴流泉，因以为号。"《元和志》卷34循州河源县："龙穴山，今名龙川山，在县东北三百四十里。"《寰宇记》卷160河源县：穴山，"《南越志》云，河源县北有龙穴山，联岩亘地，叠嶂分天，尝有五色龙乘云出入此穴"。

龙穴洲 ①在今湖北嘉鱼县东北。《水经·江水注》：港口"南对龙穴洲，沙洲之下尾也。洲里有驾部口。宋景平二年迎文帝于江陵，法驾顿此，因以为名。文帝车驾发江陵至此黑龙跃出，负帝所乘舟，……故有龙穴之名焉"。

②在今广东广州市番禺区东南龙穴岛。《舆地纪胜》卷89广州：龙穴洲"在东莞县南大海中，有龙出没其间，故名。春波澄霁，蜃气结为楼观、城堞、人物、车盖之状，耆旧见之"。《清一统志·广州府》引《新安县旧志》，谓"在县西北四十里三门海中"。

龙台（臺）观 即今陕西户县东北三十里龙台坊。司马相如《上林赋》："登龙台，掩细柳。"注："张楫曰：观名也。在丰水西北，近渭也。"

龙台（臺）岩 在今广东龙川县西南。《方舆纪要》卷103惠州府龙川县：龙台岩"有巨石如台，台下为岩，岩前有池"。

龙台（臺）城 即汉平昌故城。在今山东诸城市西北。《魏书·地形志》平昌县："有龙台山。上有井，云与荆水通。"《水经·潍水注》："潍水又北径平昌县故城东，荆水注之。水出县南荆山阜，东北流径平昌县故城东。汉文帝封齐悼惠肥子卬为侯国。城之东南角有台，台下有井，与荆水通，物坠于井，则取之荆水。昔常有龙出入于其中，故世亦谓之龙台城也。"

龙台（臺）镇 ①唐置，属普州。即今四川安岳县东六十里龙新镇。《资治通鉴》：唐天复元年（901），"道士杜从法以妖妄诱昌、普、合三州民作乱。王建遣行营兵马使王宗黯将兵三万会东川、武信兵讨之。……西川龙台镇使王宗侃等讨杜从法，平之"。胡三省注："《九域志》：普州安岳县有龙台镇。"

②北宋置，属威远县。在今四川威远县东。《舆地纪胜》卷160荣州：龙台镇，"《九域志》：在威远县东八十里"。

③北宋置，属流江县。在今四川广安县东北一百里龙台镇。

龙母陂 在今广西博白县东。明万历《广西通志》卷5博白县："龙母陂在县东十里，溉田三十顷。"

龙邦墟 亦作陇邦。即今广西靖西县西南龙邦镇。清光绪《广西舆地全图》归顺州图：西南有龙邦墟，南有龙邦隘。有把总、外委戍守。

龙吉镇 北宋置，属龙水县。即今四川资中县西北一百二十里龙结镇。

龙场 即今贵州贞丰县西北龙场镇。清有千总驻此。

龙场驿 明置，即今贵州修文县。《明史·王守仁传》："正德元年冬，刘瑾逮南京给事中御史戴铣等二十余人。守仁抗章救，瑾怒，廷杖四十，谪贵州龙场驿丞。"即此。

龙耳山 ①在今湖南永兴县西二十里。《方舆纪要》卷82永兴县：龙耳山"周亘五十余里，南接郴州界"。《清一统志·郴州一》：龙耳山"双峰如龙耳，故名"。

②在今四川旺苍县北部。《方舆纪要》卷68南江县：龙耳山"在县西二百里。孤峰特出，石壁峭拔，上有甘泉"。

③在今陕西华县西南四十里。《方舆纪要》卷54华州：龙耳山"山后有符嵎山，符嵎水出焉"。《清一统志·同州府一》"符禺山"条下："其南为龙耳山，在牛耳峪西。"

龙夷城 一作龙耆城。即今青海海晏县（三角城）。西汉末置西海郡于此。《水经·河水注》："湟水又东南流径龙夷城，故西零之地也。"

龙光山 在今山东东明县东南三十里。《方舆纪要》卷16东明县：龙光山"以云气升腾如龙而名"。

龙光寺 在今湖北房县南。《舆地纪胜》卷86房州：龙光寺"在州治南。即卢陵王故宫"。

龙当县 唐开成四年（839）置，属羁縻平原州。治所在今越南高平省广渊县一带。后废。

龙屽图山 亦作巄屽山。在今云南巍山彝族回族自治县西北三十五里。《方舆纪要》卷118蒙化府：龙屽图山"初，蒙氏龙伽独者，以唐贞观间将其子细奴逻自哀牢而东迁，居其上，部众日盛。高宗时，细奴逻入朝，授巍州刺史，筑城高三丈，周四百余丈居之，自称奇王，号蒙舍诏。今有浮图在山上，亦曰巄屽山。亦谓之巄屽图城"。

龙回市 即隆回市。今湖南隆回县北八十七里司门前镇。明于此置龙回巡司。清作隆回巡司。

龙回关 唐末置，在今湖南长沙县东南四十五里。《新唐书·邓处讷传》："会刘建锋、马殷兵至，攻澧陵，处讷遣邵州豪杰蒋勋、邓继崇率兵三千断龙回关。"即此。

龙回（迴）滩 在今湖南益阳市西南。《方舆纪要》卷80益阳县："龙回滩在县（今益阳市）西南十五里，资江所经。"

龙刚县 亦作龙冈县。西晋太康元年（280）置，属桂林郡。治所即今广西宜州市。南朝宋改为龙定县。

龙伏关 永定三关之一。在今湖南桑植县东。《明史·地理志》慈利县："西北有龙伏关，东南有后平关、黑崇关，谓之永定三关。"

龙华冈道 清建，即今吉林长白朝鲜族自治县至临江市之道路。《清史稿·地理志》长白府："光绪三十四年新辟龙华冈道，自临江新化街，史家蹚子以下入府西嘉鱼河，到梨沟镇达府治西，长约四百余里，以避江道之险焉。”

龙华市　即今福建仙游县西南十里龙华镇。宋为龙华镇。

龙华寺　①在今上海市徐汇区龙华镇。为五代吴越时建。寺内古龙华塔，相传为三国吴赤乌十年（247）始建。唐末毁。北宋太平兴国二年（977）重建。寺因塔名。龙华塔为八角七层楼阁式砖木结构，高40.64米。各层飞檐高翘，栏杆曲折，塔刹高达8米。外观绰约多姿。2006年定为全国重点文物保护单位。

②在今云南姚安县北二十四里龙华山麓。原名卧佛庵，建于唐末南诏国的安国二至五年（904—907）。元初改建，更名活佛寺，后以山命名。占地4372平方米，建筑面积2797平方米。主建筑有大雄宝殿、碑亭、钟鼓楼、山门，依山势而建，坐西朝东。其北有大悲殿（又称圆通楼），再北为一四合院，明末旅行家徐霞客曾歇息于此。龙华寺每年二月初八有龙华庙会。2006年定为全国重点文物保护单位。

龙华寺遗址　在今山东博兴县城东北陈户镇南，冯吴、崇德、赵楼三村之间。古寺院始建于北魏中晚期。寺庙东西长2公里，南北宽1.5公里，占地300万平方米。朝向南，前后两院，内有大正殿、钟鼓楼等。隋代曾重修，此后屡有兴废，至清末规模甚小，最终废圮。1926年在遗址上出土隋仁寿三年（603）御造龙华碑，高1.45米，宽1.06米，有碑文二十五行，行存五十字，楷体，尚有魏碑遗风。1976年、1983年分别出土北朝佳品石造像七十多件，北魏至隋铜造像一百多件。2006年定为全国重点文物保护单位。

龙华场　在今四川屏山县（新发乡）西龙华镇。清乾隆《屏山县志》卷1：龙溪乡在“县西北八十里，有观音、龙华二场”。咸丰元年（1851）设平安营于此。

龙华江墟　即今江西南康市北龙华乡。清同治《江西全省舆图》卷8：南康县北有龙华江墟。

龙华驿　即今四川屏山县（新发乡）西龙华镇。《方舆纪要》卷73马湖府屏山县“泥溪驿”条下：“龙华驿在府西百里。本名蛮彝驿，万历中改今名。”

龙华革命烈士纪念地　在今上海市徐汇区龙华路。是当年国民党囚禁和杀害共产党人、革命志士的刑场。1927年3月，国民党政府在此设立淞沪警备司令部，共产党人和革命志士约九千余人先后被囚禁于此，有的惨遭杀害，其中有许多中国共产党早期著名领导人。旧址现保存有门头、男牢、女牢及军法处等。1988年定为全国重点文物保护单位。

龙华隘　在今江西大余县东。《清一统志·南安府》：龙华隘“在大庾县东八十里，与信丰县铁塔锅密迩”。

龙华墟　即今广东龙门县西南三十五里龙华镇。清光绪《广州府志》卷69墟市：龙门县有“龙华墟”。

龙华镇　①北宋置，属仙游县。即今福建仙游县西南龙华镇。《舆地纪胜》卷135兴化军《景物下》：龙华寺“在仙游县西南五里。唐垂拱二年置。《旧经》云，隋大业中有润州僧卓庵于此，人迹不到，后有白龙衔白莲华自空中来献，因以为名”。龙华寺是以神话传说得名，镇又以龙华寺为名。清为龙华市。

②即今河北景县西南五十里龙华镇。清雍正十一年（1733）置巡司于此。

③在今上海市西南，徐汇区南部。《清一统志·松江府二》：龙华镇“以龙华古刹著名。漕河泾环其南，蒲汇塘抱其北，居黄浦大湾中”。中华人民共和国成立后改建为龙华公园。镇上有龙华寺、龙华塔等古迹。

龙血戍　在今四川江油市东北。《寰宇记》卷84阴平县：龙穴山“在县东北五十里。亦名龙像岩，亦名龙血山。古老相传昔此有龙斗死，血变为石。宋齐于此置龙血戍”。

龙舟峪关　在今山西祁县东南。《清一统志·太原府》：龙舟峪关“在祁县东南九十里，南通沁州，北通徐沟，两壁皆山，旁有胡甲水。旧有巡司，今裁”。

龙舟堰　在今江苏扬州市邗江区南二十里。《宋史·河渠志六》：天禧二年（1018），江淮发运使贾宗言：“诸路岁漕，自真、扬入淮、汴，历堰者五，粮载烦于剥卸，民力罢于牵挽，官私船艦，由此速坏。今议开扬州古河，缭城南接运渠，毁龙舟、新兴、茱萸三堰，凿近堰漕路，以均水势。岁省官费十数万，功利甚厚。”指此。《方舆纪要》卷23扬州府引《十道志》：“魏文帝丕临江试龙舟于此，因名。”

龙会山　在今江西抚州市临川区西四十里。《方舆纪要》卷86抚州府临川县：龙会山在“府西四十里。双峰耸立，其并峙而错萼者曰万岁岭，宋隆祐太后经此，指问此山，舆人权以万岁对，因名”。

龙会场　即今四川威远县东龙会镇。清嘉庆《威远县志》卷2：龙会镇“在东乡。离城三十里”。

龙会河　一名秦川河。在今四川威远县东。南流注入威远河。《方舆纪要》卷72威远县：龙会河“在县东。曲流如盘龙，合于献宝溪”。《清一统志·嘉定府一》“献宝溪”条下：“其龙会河一名秦川溪。源出佛顶山，南流至县东，合献宝溪。”

龙多山　在今重庆市合川区西北，与潼南县分界。《舆地纪胜》卷159合州：龙多山“在赤水县北五里。有唐孙职方樵。《龙多山录》云：上有一道宫曰至道观，东有大池，即唐武后时放生池。又有天宝十四载韦藏锋祭山题名。中峰有鹫台院，东为佛慧院。院有万竹轩，竹径围尺，暑为之却扇。有东岩，广五十丈，多唐人刻字。又有灵山院，泉自岩出，潴为方池，大旱不竭。其山高明、窈深，变态万状。有驾鹤轩，下视涪水如带，烟云出没，山之伟观也”。《方舆纪要》卷69合州：龙多山“在州西北百里，涪江经其下。山远且高，逶迤如龙蟠。《志》云：铜梁、龙多州境之大山也”。有唐咸通五年（864）“弥勒佛龛”、“千佛龛”石刻及唐、宋摩岩题记，其中北宋政和六年（1116）《知县程公政事记》碑，记载了王安石变法事迹。

龙庆州 元延祐三年（1316）升缙山县置，属大都路。州治即今北京市延庆县。《方舆纪要》卷17延庆州：“（元）仁宗爱育黎拔力八达生于此。”故名。辖境相当今北京市延庆县地。明洪武三年（1370）废。

龙羊峡 亦作陇羊峡。在今青海贵德县西北、贵南县北。为黄河之峡谷。《清史稿·地理志》贵德厅：“（黄河）又东北，环厅西境，至陇羊峡西折而东南。”

龙关 俗名东关。在今四川屏山县（新发乡）西南锦屏镇东二里望龙山下。《明史·地理志》屏山县：“东有龙关。”

龙关县 1914年改龙门县置，属直隶口北道。治所在今河北赤城县西南龙关镇。1928年属察哈尔省。1952年属河北省。1958年移治今赤城县。1960年改名赤城县。

龙关镇 即今四川平昌县东北镇龙镇。《清一统志·保宁府二》：龙关镇“在巴州东三百六十里。州判驻此”。

龙州 ①南朝梁大同三年（537）置，治所在龙城县（今广西柳城县南凤山镇南丹村）。《舆地纪胜》卷112柳州引张维《广西郡邑志》云：“八龙见于江，乃即江南置龙州及龙城县。”隋开皇初废。唐武德四年（621）复置。辖境相当今广西柳城县地。贞观三年（629）废。

②西魏废帝二年（553）置，治所在江油郡江油县（今四川平武县东南南坝镇旧州）。隋大业三年（607）改为平武郡，义宁二年（618）改为龙门郡，寻改为西龙门郡。唐贞观元年（627）改为龙门羁縻州，垂拱中改为龙门州。天宝元年（742）改为江油郡，至德二年（757）改为应灵郡，乾元元年（758）复改为龙州。辖境相当于今四川平武县及青川县、江油市部分地。北宋政和五年（1115）改为政州，南宋绍兴元年（1131）又改为龙州。宝祐六年（1258）徙治雍村（今江油市北大康镇旧县坝）。元世祖至元二十二年（1285）省江油县入州，属广元路。至正间，明玉珍改为龙州宣慰司，治所在兴教镇（今江油市北武都镇）。明洪武六年（1373）复为龙州，徙治青川所（今四川青川县西南青溪镇），十四年（1381）改为松潘等处安抚司，二十年（1387）复为龙州，二十二年（1389）改为龙州军民千户所，徙治盘龙坝箭楼山麓（今平武县），二十八年（1395）升为龙州军民指挥使司，后复为龙州。宣德七年（1432）改为龙州宣抚司，属四川布政使司。嘉靖四十五年（1566）改置龙安府。

③唐武德四年（621）置，治所在龙编县（今越南北宁省仙游附近）。辖境相当今越南北宁省北宁一带。贞观元年（627）废。

④唐武德六年（623）侨置，治凤乡县（在今陕西清涧县境）。贞观二年（628）废。

⑤唐置羁縻州，属安南都护府。治所在今广西龙州县北。北宋属邕州左江道。元大德中，升为龙州万户府，迁治龙江（即今龙州县）。明洪武二年（1369）复为龙州，属太平府。九年（1376）直隶广西布政司，辖境相当今广西龙州县地。清初改属太平府，雍正三年（1725）废。乾隆五十六年（1791）置为龙州厅。

⑥唐渤海国置，为龙泉府治。治所在永宁县（今黑龙江省宁安市西南渤海镇）。辖境约当今黑龙江省宁安市西南一带。辽废。

⑦辽太祖改扶余城置，治所在通远县（今吉林四平市西一面城）。辖境相当今吉林四平、辽源、梨树及辽宁昌图等市县地。圣宗时改为通州。

⑧辽开泰九年（1020）改黄龙府置，治所在黄龙县（今吉林农安县）。辖境相当今吉林农安、德惠、双阳、扶余、长春等市县地。金天眷三年（1140）改为济州。

⑨西夏置，治所在今陕西靖边县南。元废。

龙州万户府 元大德中升龙州置，属广西两江道宣慰司。治所即今广西龙州县。辖境相当今广西龙州县地。明洪武二年（1369）复为龙州。

龙州千户所 北宋改龙州判官置，属龙州。治所在今四川平武县北三十里。元至正间改为宣慰司。

龙州厅 清乾隆五十六年（1791）置，属太平府。治所即今广西龙州县。1912年升为龙州府。

龙州军民千户所 明洪武二十二年（1389）改龙州置，属四川都司。治所在今四川平武县。二十八年（1395）升为龙州军民指挥使司。

龙州军民指挥使司 明洪武二十八年（1395）升龙州军民千户所置，属四川都司。治所在今四川平武县。后复为龙州。

龙州县 1913年改龙州府置，为广西镇南道治。治所即今广西龙州县。1928年直属广西省。1937年改为龙津县。

龙州府 1912年改龙州厅置，属镇南道。治所即今广西龙州县。1913年改为龙州县。

龙州宣抚司 明宣德七年（1432）改龙州置，属四川布政使司。治所即今四川平武县。嘉靖四十五年（1566）改置龙安府。

龙州宣慰司 元至正间改龙州元帅府置，属广元路。治所在今四川江油市东北武都镇。明洪武六年（1373）改为龙州。

龙州铁路 自广西龙州县至镇南关（今友谊关）。全长75公里。清光绪二十四年（1898）由法国出资建造，二十九年（1903）竣工。修湘桂线时，因为此路弯度太大，被废。

龙州堡 即今陕西靖边县东四十里龙洲。《清一统志·延安府二》：龙州堡“明成化五年巡抚王锐建。城在平地，周二里二百十六步，门二，四面深沟，东西俱通边外要路，为极冲中地。今有把总分防”。

龙江　①即今福建福清市东南龙江。《方舆纪要》卷96福清县：龙江在“县东南十里。其上流为县城南之龙首河，汇诸溪而东南广五里，初名螺文江，宋邑人林栗改今名，下流合海口江。……又东十余里入海”。

②又名蜀水。亦即《水经注》之浊水。下游名瑞河。即今江西西部锦江。为赣江支流。源出宜春县西北境慈化附近，东流到新建县南入赣江。《方舆纪要》卷87袁州府万载县：龙江在“县北五里。源出县西百二十里金钟湖，东经大关岭，过龙山为龙河，又东入瑞州府境而为蜀江”。

③即今广东佛山市顺德区西北顺德水道。《方舆纪要》卷101广州府顺德县：龙江在“县西北四十里，即西江水也，流入县界，经龙穴山阳，谓之龙江，又东入南海县境，会于北江”。

④又名循江、龙川江、东江。即今广东粤江支流东江。晋左思《吴都赋》“目龙川而带垌”，指此。《寰宇记》卷159循州龙川县：“龙川江旧名浰溪，自虔州安远县流至县界。”《明一统志》卷80惠州府：东江“出赣州安远县，南流过龙川、河源至府东西流，过博罗入广州界，即为龙川”。又《清一统志·惠州府》：龙江“自江西赣州府定南厅南流入龙川县境，合江西水，又西南受雷江水，又西南入河源县界。会新丰江，经县东而南，又南经永安县西百里，历永安、博罗二县界，左受神江、义容江、秋乡江，右受泷头、公庄诸水，西南经归善县，北受西江水，又西经博罗县南，又西入广州府东莞、增城二县界”。抵虎门入海。

⑤即今广东四会市北龙江。《寰宇记》卷157四会县：龙江水“在县东北。源出万金乡”。《方舆纪要》卷101肇庆府四会县：龙江在“县北百里。源出石港潭，滩石隘险，至金溪始漫流，可通小舟。经县东北二里出金冈山下，会于绥江”。

⑥亦名龙溪水。即今广西柳江西支流龙江。《元和志》卷37龙城县：“龙溪水，经县南，入潭水。”《舆地纪胜》卷112柳州：龙江“同上源出宜州，会于柳”。《方舆纪要》卷109柳城县：龙江“在县西。自庆远府宜山县东流入境，又东南流与融水合而为柳江”。

⑦今广西龙州县水口河及左江。《明史·地理志》龙州：“南有龙江，自交阯广源州流入，即丽江也。”

⑧在今广西来宾市西南。《舆地纪胜》卷115宾州：龙江水“与都历小江合流。在迁江县北二里”。《方舆纪要》卷109迁江县：龙江在“县南三里。源出鹧鸪山之白龙洞，下流入大江”。

⑨在今广西宜山县北，为柳江支流。《寰宇记》卷168宜州龙水县：“龙江在州北一百步，源从抚水等州合流至城北，东流二十三里至柳、象、浔、潭、龚、梧等州，归于南海。”《舆地纪胜》卷122宜州：龙江“其江源自诸溪洞众流出，至州三十余里，谓之江口，近怀远寨合为龙江。古老相传：江道如龙，谓之龙江”。

龙江水　在今江西安义县南。《方舆纪要》卷84安义县：龙江水在“县南一里。源出靖安县境，流入界，北会修水达于彭蠡”。

龙江书院　在今江西井冈山市西北龙市镇龙江河畔。建于清道光十三年（1833）。1927年10月，毛泽东率秋收起义部队上井冈山后，在书院中厅举办军官教导队，训练部队连排长和地方区赤卫队长。1928年4月28日，毛泽东和朱德在后厅三楼文星阁第一次会见，商量两军会师后的一些重大问题。1980年在书院右边新建井冈山会师纪念馆。

龙江关　即今江苏南京市西北部下关。《明史·太祖纪》：元至正二十年（1360），御陈友谅，“张德胜等以舟师出龙江关”，即此。《清一统志·江宁府二》：龙江关“在江宁县西仪凤门外。明设关于龙江，征竹木之税，属工部。国初因之。康熙十年改隶江宁织造，有宣课大使驻此”。

龙江县　1913年改龙江府置，属黑龙江省龙江道。治所在齐齐哈尔（今黑龙江省齐齐哈尔市）。1928年直属黑龙江省。1945年改属嫩江省。1946年移治齐齐哈尔市西南富拉尔基。1949年复属黑龙江省。1955年移治朱家坎镇（今黑龙江省龙江县治龙江镇）。

龙江府　清光绪三十四年（1908）改黑水厅置，为黑龙江省治。治所在齐齐哈尔（今黑龙江省齐齐哈尔市）。辖境相当今黑龙江省齐齐哈尔、龙江、富裕、林甸、依安、甘南等市县地。1913年降为龙江县。

龙江驿　在今江苏南京市西北。《方舆纪要》卷20江宁县“龙江关”条下：龙江驿“在金川门外十五里大江边。舟楫辐凑于此，为南北津要”。

龙江省　1934年伪满置，省会在齐齐哈尔市（今黑龙江省齐齐哈尔市）。辖境相当今黑龙江省杜尔伯特、明水、北安、德都、嫩江以西以北地，吉林通榆、大安以西地。1945年日军投降后废。

龙江船厂遗址　在今江苏南京市雨花台区江东街道中保村。为明代船厂古遗址。此处在明洪武初年开厂造船，原址长1180米，东西宽433米，有工匠四百余户。分两部分：一为船厂提举衙、司、指挥厅等；一为船坞。当年承造快船、漕运船、海船等。明永乐年间（1403—1424）郑和下西洋所用的船只多建造于此。现遗址有七个与船坞相似的水塘，附近有上四坞、下四坞等地名。1953年以来多次发现船体构件和建造材料，有长10余米的方形无孔木、铁梨木制的长11.07米的巨型舵杆木，能起500公斤铁锚的绞关木。为研究我国造船业和造船技术发展提供了重要依据。2006年定为全国重点文物保护单位。

龙江铺　即今广东惠来县西南隆江镇。清雍正《惠来县志》卷2：龙江市“在龙江铺前，水陆辐辏，为邑巨镇”。

龙江道　1914年置，属黑龙江省。治龙江县（今黑龙江齐齐哈尔市）。辖境约当今黑龙江小兴安岭、通肯河以西，呼勒呼里山以南，内蒙古贝尔湖、哈拉哈河及阿尔山、索伦、扎赉特旗、黑龙江泰来、大安、肇源、肇州、肇东一线以北地区。1930年二月废。

龙江墟 即今广东佛山市顺德区西龙江镇。明万历《广东通志》卷16：顺德县有“龙江墟”。

龙池 ①在今河北顺平县西北四十里。《方舆纪要》卷12完县：龙池“旧有灌溉之利，今湮”。

②在今山西运城市东南。《方舆纪要》卷41安邑县：“龙池在县南二十里，与盐池相近，一名黑龙潭。姚暹渠涨溢，往往自苦池灌注于此，池不能受，冲入盐池。今为堰以防之，曰黑龙堰。”

③在今江苏宜兴市西南七十里龙池山上。《清一统志·常州府一》：龙池山“有龙池”。

④在今安徽六安市东南龙穴山上。《方舆纪要》卷21六安州：龙穴山“山脊有龙池，味甘美，亦名龙池山”。同治《六安州志》卷3：龙穴山“一名龙池，州东五十里。池即龙穴，方五十尺，味甘美。张又新《水记》品为天下第十泉”。

⑤即古菏泽。在今山东定陶县东北。《史记·夏本纪》《正义》引《括地志》：“菏泽在曹州济阴县东北九十里定陶城东，今名龙池，亦名九卿陂。”

⑥在今广西桂林市东北十里。《方舆纪要》卷107临桂县：龙池“在尧山下。颇为民利，岁久湮塞。宋张维重浚，以石甃之”。后废。

⑦在今四川峨眉山市西南九十里龙池镇南。《寰宇记》卷74嘉州峨眉县：龙池，“《李膺记》：峨眉山下有池，广袤十里，号龙池”。

⑧在今云南昭通市南。《太平御览》卷791引《蜀都赋》刘逵注：“朱提南十里龙池，周四十七里。”东晋常璩《华阳国志·南中志》朱提郡：文齐“穿龙池，溉稻田，为民兴利”。

⑨即隆庆池。在今陕西西安市东南。宋敏求《长安志》卷9：龙池“本是平地，自垂拱、载初后，因雨水流潦成小池，后又引龙首渠支分溉之，日以滋广。……常有云气，或见黄龙出其中。……俗呼五王子池，置宫后谓之龙池”。

龙池山 ①在今江苏宜兴市西南。《方舆纪要》卷25常州府宜兴县“章山”条下：“《志》云：县西南七十里有龙池山。峰峦峻耸，登览无际。”《清一统志·常州府一》：龙池山“南岩曰白云，壁立数百仞，其石皆白，有龙池”。今为自然保护区。

②在今四川罗江县西南三里。《寰宇记》卷83罗江县：龙池山“在县西南，山有池，池上有石如龙蟠”。

龙池县 ①唐贞观中置，为山州治。治所在今广西博白县西南龙潭镇。天宝初为龙池郡治，乾元初复为山州治。建中年间废。

②唐载初二年（690）置，属羁縻顺州。治所在今贵州习水县境或赤水县境。后废。

龙池河 一名渔水。在今天津市南半里。《方舆纪要》卷11蓟州：龙池河“源自州北卢而岭口流入，南合遵化县之梨河”。《清一统志·顺天府一》：龙池河“源出州北之鹅台，下潴为鹅湖，南流经州城西，又东南入沽河”。

龙池泉 在今湖北钟祥市东。《方舆纪要》卷77钟祥县：龙池泉“在府东三十里。溉田百顷”。

龙池宫 唐筑，故址在今山西运城市东。《寰宇记》卷46安邑县：龙池宫“唐开元八年置，傍有龙池，水流入盐池，因以为名。今古迹微存”。

龙池郡 唐天宝元年（742）改山州置，治所在龙池县（今广西博白县西南龙潭镇）。乾元元年（758）复为山州。

龙池镇 ①在今江西南丰县东南。《方舆纪要》卷86建昌府南丰县：龙池镇在“县东南二十里。有巡司”。

②即今四川峨眉山市西南龙池镇。《方舆纪要》卷72峨眉县“土地关”条下：“《边略》：县地西南二边，邻松林木瓜、大小赤口等处，自县三十里至高桥，又十里至土地关，二十里至龙池场。”嘉庆《峨眉县志》卷2：龙池镇在“县南六十里。因池为名”。

龙兴寺 ①即今河北正定县城内隆兴寺。创建于隋开皇六年（586），原名龙藏寺。北宋开宝四年（971）改名龙兴寺。清康熙年间定名隆兴寺。

②唐建。在今山西新绛县城内。寺内有碧落碑。碑文刻于唐总章三年（670）。书法奇古，行笔精绝，以大篆著名。内容为太宗弟韩王元嘉之子李训、李谊、李譔、李谌等为居母丧造像祈福。咸通十一年（870）郑承规奉命在碑阴下部书刻释文。原文字迹略有损伤，后人摹其旧拓重刊一通，存于原碑之侧，人称新碑，碑阴留题“金大定二十二年”字样。

③即大龙兴寺。在今安徽凤阳县北。为明洪武十六年（1383）在离於皇旧寺（皇觉寺）十五里之中都城内盛家山重建的佛寺。

④在今浙江杭州市北城区。《资治通鉴》：唐天复二年（902），徐绾叛钱镠，“绾退屯龙兴寺”，即此。

⑤在今山东青州市城北门外。《清一统志·青州府》：龙兴寺“在府城北门外南洋桥北。亦名弥陀寺。北齐建，赐额南阳。隋开皇初，改曰长乐，又改曰道庄。唐天授二年，改曰大云。开元十八年，改今名。《齐乘》：龙兴寺宋碑云，寺即田文宅。详考图志，乃《南史》刘善明宅耳。寺内有饭客鼓架，寺东有淘米架。有北齐八分碑，刻制精妙。碑阴大刻四字曰龙兴之寺”。1996年10月，青州寺博物馆在一处学校操场工地，抢救清理了一座掩埋大批佛教造像的窖藏。位于著名的古龙兴寺遗址北端。造像绝大部分为石质，少量为陶、泥、木和铁质。经过粘接整理，形象比较完整的石刻造像已达四百余尊。所属时代自北

魏、东魏、北齐至隋、唐、北宋，跨度约五百余年。这批窖藏入选“1996年全国十大考古新发现”。

⑥在今湖北房县西北一百八十里。《明一统志》卷60襄阳府：龙兴寺“在房县。唐柳宗元《岳州圣安寺碑》云：无姓和尚始居房州龙兴寺中。即此”。

⑦在今湖南永州市西南。唐柳宗元尝僦居于此。西有净土院。柳宗元有《永州龙兴寺修净土院记》。

⑧在今湖南沅陵县城西北虎溪山南麓，俯临沅江。唐贞观二年（628）创建，后历经修葺、扩建。现存建筑有山门、天王殿、弥勒殿、大雄宝殿、观音阁、旃檀阁、弥陀殿及东西厢房等，均依山而筑。大雄宝殿建于元末明初，正前重檐间悬挂“眼前佛国”木匾，是明崇祯年间礼部尚书、书画家董其昌题写的摹刻品。1996年定为全国重点文物保护单位。

⑨一名治平寺。唐建（一说东汉建），在今重庆市忠县东一里。唐杜甫在忠州时，尝居于此，有《题忠州龙兴寺所居院壁》诗。南宋诗人陆游有《龙兴寺吊少陵先生寓居诗》。清康熙五年（1666）重修。

⑩在今重庆市奉节县北十里。《清一统志·夔州府二》：龙兴寺“宋王十朋有诗。自注：钦崇皇帝母王皇后所生之地”。

龙兴观道德经幢 在今河北易县城西南隅龙兴观内。原经幢于唐开元二十六年（738）立于城东开元观，南宋乾道五年（1169）移现址。经幢高6米，屋形顶，幢身八角形，高4.29米。正面镌刻“太上玄元皇帝道德经，大唐开元神武皇帝注”。其他各面镌刻《道德经》八十一篇，是目前国内保存较完整的道德经幢。1996年定为全国重点文物保护单位。

龙兴县 唐神龙元年（705）改中兴县置，属汝州。治所即今河南宝丰县。北宋熙宁五年（1072）废。元祐元年（1086）复置，宣和二年（1120）改为宝丰县。

龙兴路 元世祖至元二十一年（1284）以避裕宗讳改隆兴路置，为江西行省治。治所在南昌、新建二县（今江西南昌市）。辖境相当今江西南昌、新建、丰城、进贤、奉新、靖安、武宁、修水等市县地。明初改为洪都府。

龙兴镇 北宋置，属鲁山县。即今河南宝丰县城关镇。《元丰九域志》卷1汝州：“熙宁四年省龙兴县为镇入鲁山。”元祐初复置龙兴县于此。

龙安山 即今四川安县（花荄镇）西北大安山。《元和志》卷33龙安县：龙安山“在县（旧治安昌镇）北十里。有好林泉，隋开皇中蜀王杨秀立亭馆以避暑”。唐以此名县。

龙安水 ①在今江西黎川县西。《方舆纪要》卷86建昌府新城县“飞猿水”条下：龙安水“在县西三十里。源出会仙岩，西北流，合诸山溪水，经龙安镇，又折而北，至县北三十里之港口达于黎水。《志》以黎川为中川，飞猿为东川，龙安为西川，亦谓之三川水”。

②即今四川安县境之安昌河。《元和志》卷33西昌县：龙安水“在县北五里”。《明史·地理志》石泉县：“北有三面山，龙安水出焉。”《方舆纪要》卷67龙安县：龙安水“在县北。一名安昌水。自石泉县流入境，又东入绵州界，合于涪水”。

龙安寺 在今湖南湘潭市东。唐柳宗元《龙安海禅师碑》称：师“去于湘之西，人又从之。负大木，砻密石，以益其居。又为龙安寺焉”。

龙安县 ①西魏废帝二年（553）改阴平县置，为龙安郡治。治所在今四川江油市东北小溪坝镇北。北周复改为阴平县。

②唐武德三年（620）置，属绵州。治所在今四川安县东北。《元和志》卷33龙安县：“因（龙安）山为名。”天宝初属巴西郡，乾元初属绵州。北宋政和七年（1117）属石泉军，宣和元年（1119）改为安昌县，二年（1120）属绵州，七年（1125）属石泉军。南宋绍兴元年（1131）复改为龙安县，宝祐后为石泉军治。元世祖中统五年（1264）废入安州。

③唐武德五年（622）析建昌县置，属南昌州。治所在今江西安义县东北三十里新民乡。八年（625）废。

龙安府 明嘉靖四十五年（1566）改龙州宣抚司置，属四川布政使司。治所在盘龙坝（今四川平武县）。明郭子章《郡县释名》四川卷下：龙安府“取龙州安辑之义也”。辖境相当今四川平武、青川二县及江油市、北川县部分地。1913年废。

龙安驿 北宋庆历中置，在今江西安义县东北三十里。元废。

龙安城 又作龙湾。即今吉林农安县（农安镇）。清光绪十四年（1888）置农安县于此。《清一统志·郭尔罗斯》：龙安城，“《全辽志》：龙安城在一秃河西金山东。《册说》：城周七里，门四，址尚存。旁有龙安塔，亦曰农安”。

龙安郡 西魏改北阴平郡置，属龙州。治所在龙安县（今四川江油市东北小溪坝镇北）。辖境相当今四川江油市东北地。北周改为静龙郡。

龙安站 明于黄龙府故地置，在今吉林农安县。明《辽东志》卷9：开原北陆路有“龙安站”。后废。

龙安砦 北宋置，属绥德军。即今陕西安塞县北十八里龙安。

龙安镇 ①即今江西黎川县西南龙安镇。《方舆纪要》卷86建昌府新城县：龙安镇“在县西三十里。本名上龙镇，后曰龙安。有公馆，并置铺舍于此。道出南丰县”。

②北宋置，属眉山县。在今四川眉山市北二十里镇江乡之龙安铺。

龙阳山 在今湖南汉寿县西南七十七里。《元丰九域志》卷6：龙阳县有“龙阳山”。《明一统志》卷64常德府：龙阳山“旧名横山。唐天宝中改今名。后以名县”。龙阳县以此名。

龙阳州 元元贞元年（1295）升龙阳县置，属常德路。治所即今湖南汉寿县。明洪武三年（1370）复改龙阳县。

龙阳县 ①三国吴置，属武陵郡。治所即今湖南汉寿县。唐属朗州。宋属鼎州，大观中改为辰阳县。南宋绍兴元年（1131）复为龙阳县，五年（1135）移治黄城砦（今汉寿县西），三十年（1160）复还故治，后属常德府。元元贞元年（1295）升为龙阳州。明洪武三年（1370）复改龙阳县，属常德府。1912年改名汉寿县。

②北魏太和十七年（493）置，属广州顺阳郡。治所在今河南郏县东南。西魏废。

③唐贞观三年（629）置，属燕州。治所在今广西藤县西北。十二年（638）废。

龙级山 在今广西大新县西南。《方舆纪要》卷110思城州：龙级山“在州（治今思城乡）治西南。山盘旋高峻，层级而上”。

龙扶速山 一名速山。在今四川岳池县东四十里。《新唐书·地理志》：岳池县“有龙扶速山”。

龙求县 北周置，为清江郡治。治所在今四川茂县西北六十六里两河口。隋开皇三年（583）改为清江县。

龙坎 在今重庆市区西。《元史·杨文安传》：至元七年（1270），“从严佥省攻重庆，大战龙坎，败宋兵”。即此。明、清为龙坎铺。

龙坑岭 在今浙江遂昌县东北。《方舆纪要》卷94遂昌县：龙坑岭“在县东北七十里……为县境控扼之处”。

龙坊镇 即隆坊镇。今陕西黄陵县西北四十里隆坊镇。

龙花河 即今山西盂县北龙华河。《清一统志·平定州》：龙花河“在盂县北四十里兴道村东崖下。潴水为潭，曰兴龙泉，东北流至榆枣关口入滹沱”。

龙苏县 南齐置，为龙苏郡治。治所在今广西浦北县北十里苏村。隋属合浦郡。唐初废。

龙苏郡 南齐改憧苏郡置，属越州。治所在龙苏县（今广西浦北县北十里苏村）。隋开皇九年（589）平陈后废。

龙矶 又名隆矶、龙眼矶。在今湖北蕲春县西南蕲州镇西。《宋史·地理志》蕲州：“景定元年移治龙矶。”《方舆纪要》卷76蕲州“麒麟山”条下：“《宋志》：景定中移州治龙矶。矶盖在州西一里，亦曰隆矶，以隆然耸峙于江渚也。”

龙来山 在今四川南江县东三里。《方舆纪要》卷68南江县：龙来山“下有大虚洞，空旷幽深，可藏千人。相传古邑人避兵处”。

龙来县 北周置，为清江郡治。治所在今四川茂县西北六十六里岷江东岸两河口。隋开皇三年（583）改为清江县。

龙里千户所 明洪武二十五年（1392）置，属五开卫。治所在今贵州锦屏县西南隆里乡。

龙里卫 明洪武二十三年（1390）于龙里长官司置，属贵州宣慰司。治所即今贵州龙里县。清康熙十一年（1672）改置龙里县。据郭子章《郡县释名》贵州卷：龙里卫“城南一里有龙架山，为卫之镇山。诗云：雨余翡翠香犹湿，日映芙蓉翠欲流。卫名以此”。

龙里州 元初置，属八番罗甸宣慰司。治所即今贵州龙里县。寻废。

龙里县 清康熙十一年（1672）改龙里卫置，属贵阳府。治所即今贵州龙里县。民国初属贵州黔中道。1923年直属贵州省。清林则徐《滇轺纪程》称：龙里县“以城南龙驾山得名”。

龙里驿 明洪武四年（1371）置，在今贵州龙里县西。

龙里等寨长官司 ①元置，属管番民总管。治所即今贵州龙里县。明洪武五年（1372）改为龙里长官司，属贵州宣慰司。二十三年（1390）改置龙里卫。

②元置，属管番民总管。治所即今贵州锦屏县西南隆里乡。明属思州宣慰司，后改属黎平府。清末废。

龙虬庄遗址 在今江苏高邮市东北龙虬镇北。年代距今约7000—5000年。遗址平面近似方形，四面环水，面积约5万平方米。分生活区和墓葬区，中部偏东为生活区，发现有干栏式建筑和地面建筑遗址，其中，地面建筑平面呈长方形，红烧土下铺垫蚌壳层，墙基用植物茎杆两边抹泥烧烤而成。遗址西部偏南为墓葬区，已清理出墓葬四百零二座。出土陶器、玉器、骨角器等两千余件，有生产、生活用具和原始艺术品，发现一块黑陶片上有四个原始文字和一组动物图纹，推测与甲骨文有一脉相承的渊源关系。最引人注目的是各文化层中均出土了炭化稻谷，经鉴定为人工栽培粳稻，把我国史前时期种植水稻的北界从长江向北推移到淮河一线，填补了江淮地区新石器时代早期古文化遗址的空白。2001年定为全国重点文物保护单位。

龙岗山 ①在今吉林通化市北、辽宁新宾满族自治县南。《清史稿·地理志》奉天兴京府通化县：“北：龙脉山脉，自兴京、海龙间纳噜窝集入，迤逦而东，历临江直达长白山，亘二百余里。山南之水皆入鸭绿江，山北之水皆入松花江，为鸭绿江、松花江之分水岭，以其为永陵干脉，故曰龙冈”。今辟为龙冈火山龙湾风景区。

②即石龙冈山。在今重庆市大足县西北。《舆地纪胜》卷161昌州：龙岗山“在大足县西三里”。

龙岗集 即今山东临朐县东北龙岗镇。明嘉靖《临朐县志》：龙岗集“在县东北三十里”。因地处双龙山北麓土岗而得名。

龙佉河 即今四川盐边县西北雅砻江支流永兴河。《新唐书·南诏传》：贞元中，豪酋张寻求杀波冲，冲“兄子于赠持王所宝铎鞘东北渡泸，邑于龙佉河”。即此。

龙谷水 汾水支流。在今山西新绛县东北。《寰宇记》卷47正平县：龙谷水“在县东北一十八里。《左传·昭公二十九年》：‘龙见于绛郊’，即此处也”。

龙谷镇 北宋置，属郪县。即今四川三台县东北龙树镇。

龙甸 在今广西龙胜各族自治县东北四十五里。清有把总驻防。

龙角山 ①在今山西浮山县南。《方舆纪要》卷41浮山县：龙角山在“县南三十五里。两峰对峙，旧名羊角山，唐武德中改今名。其东南峰有珍珠洞，又有华池，山之南麓跨翼城县界”。

②在今湖北大冶市南，与阳新县交界处。《舆地纪胜》卷33兴国军：龙角山“两峰相对，本名龙耳，唐天宝四年改曰龙角”。

③在今四川蓬安县西锦屏镇东。《舆地纪胜》卷156引《元和志》：龙角山“在相如县东二百步”。《寰宇记》卷86相如县：龙角山“在县东，高三百丈，从蓬州朗池县界西来”。

龙角岩 在今江西金溪县东北。《方舆纪要》卷86抚州府金溪县：龙角岩“在县东北。山巅两石对峙如龙角，中通一径深入石室，高明宽广，可坐百人”。

龙角洞 在今湖南凤凰县北八十二里天星寨北、鸭保寨西南。清严如熤《苗疆险要考》谓“两面高山，中有冲垅，蛇径盘屈，为苗中扼要之地”。清乾隆征苗时设粮台于此。

龙角砦 在今贵州黄平县西南。《方舆纪要》卷122清平县：“龙角砦在县（今凯里市炉山镇）北五十里。亦苗砦。《志》云，县多仡佬诸苗，是也。”

龙鸠寨 亦作龙鸠堡、笼鸠寨。南宋置，属嘉州犍为县。在今四川沐川县东南大楠镇龙水村。《宋史·黄畴若传》：南宋开禧间，“（董）蛮再犯龙鸠堡”。即此。

龙床岩 在今广西隆安县东南二十五里床河注入右江处。《方舆纪要》卷110隆安县：龙床岩“内有石如床，下有龙床潭，深不可测”。

龙床滩 在今重庆市南川区北凤嘴江（大溪河、鸭江）中。《舆地纪胜》卷180南平军：龙床滩“在隆化县北五十里。县有朱婆渡，滩面广百步，渡与龙床相近。古语云：‘龙床如拭，济舟必吉；龙床髣髴，济舟必没’，是语颇信”。

龙兑 战国赵邑，后属燕。在今河北满城县东北。《史记·赵世家》：孝成王十九年（前247），“赵与燕易土：以龙兑、汾门、临乐与燕”。

龙沙 ①清康熙中方式济流寓黑龙江齐齐哈尔，著书记当地山川风土，以《龙沙纪略》为名。此后龙沙遂成为齐齐哈尔的别称。

②又名龙冈。在今江西南昌市城北。《水经·赣水注》：“赣水又北径龙沙西，沙甚洁白，高峻而陁，有龙形，连亘五里中，旧俗九月九日升高处也。”“龙沙夕照”为“豫章十景”之一。

③指西域白龙堆沙漠，即今新疆若羌县东北库姆塔格沙漠。自罗布泊以东延袤至甘肃玉门关一带。为古阳关通西域之道路所经。《后汉书·班超传赞》：“坦步葱、雪，咫尺龙沙。”李贤注：“葱岭、雪山，白龙堆沙漠也。”

④泛指塞外沙漠。陈后主《乐府》：“狼山聚云暗，龙沙飞雪轻。”《资治通鉴》：五代汉天福十二年（947），赵延寿恨契丹主负约，谓人曰，“我不复入龙沙矣”。胡注：“卢龙山后即大漠，故谓之龙沙。”

龙尾山 在今甘肃兰州市西南。《方舆纪要》卷60兰州：“龙尾山在州南三里。山形如龙尾，落黄河之壖。《志》云：即府北马寒山之支陇也。”清乾隆四十六年（1781）回民据此反清。事平，建四墩堡于上，与兰州城为犄角。

龙尾冈 在今河北临城县西北。《旧五代史·唐书·武皇纪》：唐大顺二年（891），“李存孝董前军攻临城，镇（州）人五万营于临城西北龙尾岗”。即此。

龙尾水 即今陕西北部杏子河。源出靖边县南白于山，东南流经志丹县东北，至安塞县南合延水。《水经·河水注》：龙尾水“出北地神泉障北山龙尾溪，东北流注清水”。

龙尾庄 在今山西静乐县西。《方舆纪要》卷40静乐县：龙尾庄“明初元裔屯静乐岢岚山中，结寨自固，旋寇武州。太原守将击败之，追至龙尾庄，擒其三太子脱忽的，即此”。

龙尾关 即今下关。在云南大理市区西洱河北岸的旧城。《方舆纪要》卷117大理府：“府南三十里为龙尾关，亦曰下关。城有三门，皆控点苍、洱海之险，为拒守要地。”《清一统志·大理府》：龙尾关“当洱之尾，一名河尾关”。

龙尾江 即今西洱河。在云南大理市区。唐代称洱海出口为龙尾江，见南诏《中兴二年画卷》注记。又称洱水，见唐樊绰《蛮书》卷5。

龙尾坡 一作龙尾陂。在今陕西岐山县东二十里。《资治通鉴》：唐中和元年（881），黄巢遣其将尚让、王播寇凤翔，为唐弘夫“大败于龙尾陂”。《寰宇记》卷30：唐武德七年（624），岐山县“移理龙尾城”。皆即此。清设龙尾镇，后废。

龙尾城 唐南诏置，在今云南大理市区下关，西洱河北岸的旧城。唐樊绰《蛮书》卷5：“龙尾城，阁罗凤所筑。蒙抱玷苍南麓数里，城门临洱水下。河上桥长百余步。过桥分三路，直南蒙舍路，向西永昌路，向东白崖城路。”依山扼河，为南诏、大理都城阳苴咩城南方的防戍要地。

龙尾洲 在今湖北襄阳市襄城区东南汉江中。《宋史·张贵传》：南宋咸淳间，贵自襄阳突围，“至勾林滩，渐近龙尾洲”，遇元兵，贵兵败被执。

龙尾堡 在今陕西岐山县东二十里。《晋书·姚兴载记》：后秦弘始十七年（415），夏赫连建入后秦之新平，“姚弼讨之，战于龙尾堡”。即此。

龙尾碛 在今山西乡宁县西黄河中。《明史·地理志》 吉州乡宁县：“西北有龙尾碛巡检司。”即此。

龙尾镇 清置，属岐山县。在今陕西岐山县东北二十里。

龙陂 ①即摩陂。在今河南郏县东南。《三国志·魏书·明帝纪》：青龙元年（233）春正月，“青龙见郏之摩陂井中。……改摩陂为龙陂”。

②又名龙泉、龙洲。在今湖北荆州市荆州区（江陵县故城）北纪南城西南。《水经·沔水注》：“（龙）陂古天井水也，广圆二百余步，在灵溪东江堤内，水至渊深，有龙现于其中，故曰龙陂。”《晋书·武帝纪》：泰始四年（268），“吴将施绩入江夏，万郁寇襄阳，遣太尉义阳王望屯龙陂”。即此。

龙陂港 在今河南正阳县东六十里。《方舆纪要》卷50真阳县：龙陂港，“《旧志》：源出遂平县之洪山，流入县境，合清水港而入于淮”。唐元和十三年（818），以蔡州牧地为龙陂监，盖因龙陂港而名。

龙陂镇 北宋置，属黄冈县。在今湖北黄冈市北。后废。

龙纳城 宋大理时置，在今四川会东县西南姜州乡。《元史·地理志》 姜州：“乌蛮仲牟由之裔阿坛绛始居闷畔部，其孙阿罗仕大理国主高泰，是时会川有城曰龙纳，罗落蛮世居之，阿罗挟高氏之势，攻拔之，遂以祖名曰绛部。”

龙武州 唐大历中以潘归国部落置，治所在龙丘县（今云南屏边苗族自治县西北四十四里新现乡）。辖境约当今云南屏边苗族自治县北部地。后废。

龙武设治局 1934年析石屏县置，直属云南省。治所在今云南石屏县西北六十五里龙武镇。王树五《辛亥革命以来云南省废旧县名索解》：“因区域东起龙朋，西至扬武，故名取两地中之一字，综合组成龙武设治局名称。”（《地名集刊》1989年第2期）1950改龙武县。1951年复为龙武设治局。1953年迁治今石屏县东北四十里龙朋镇。1955年又改龙武县。

龙青铁路 又称朝开铁路龙青支线。1940年建成。从吉林龙井至和龙（相近为青山）。全长52.4公里。今称和龙线。

龙坪山 在今湖北黄梅县北二十里。《方舆纪要》卷76黄梅县：龙坪山“亦名凤平山。形势峭险，可以保御。宋戚方尝置寨于此”。

龙坪镇 ①即今湖北武穴市东二十八里龙坪镇。清置巡司于此。

②本名龙坪场。1932年置镇，即今贵州遵义县（南白镇）东龙坪镇。

龙势关 明置，在今贵州铜仁市东。《清一统志·铜仁府》：龙势关“在府城东。又东有石榴关”。清严如熤《苗疆险要考》13：“龙势关，城东二十余里。危坂长磴，势极蜿蜒，旁通漾头司。”

龙英州 元升龙英洞置，属太平路。治所在今广西天等县西南龙茗镇。明属太平府。1916年与全茗、茗盈二土州合并，改设龙茗县。

龙英洞 北宋置，属邕州左江道。治所在今广西天等县西南龙茗镇。元升为龙英州。

龙虎山 ①即今江西贵溪市西南龙虎山。《太平御览》卷48：龙虎山，“《信州图经》曰，龙虎山在贵溪县。二山相对，溪流其间，乃张天师得道之山”。《寰宇记》卷107信州贵溪县：龙虎山“两山相峙，山峰屹然，状如龙虎，当溪中流”。《方舆纪要》卷85广信府贵溪县：龙虎山在“县西南八十里，在象山之西北。《志》云，象山一支西行数十里，乃折而西南，两峰对峙如龙昂虎踞，道书以为第三十二福地。后汉章和间，张道陵修炼于此。今有上清宫，在龙虎两岐之间。《图经》，龙虎山在后汉末张鲁之子自汉中徙居此”。

②在今四川荣县西。《清一统志·嘉定府一》：龙虎山“在荣县西三十里。县西境诸山，皆发脉于此”。

龙虎石 原在今吉林珲春市西北凉水镇东南图门江边，1940年因修路曾向东北方迁移300米，1985年为加强保护，将石刻和保护亭一并搬迁至珲春市东南珲春大桥东北侧。石高1.40米，宽1.38米。并排阴刻“龙虎”二字，左下竖刻吴大澂书。吴大澂（1835—1902）系江苏吴县人，同治进士，晚清著名书法家、金石学家，工篆书。据《珲春乡土志》载：“清光绪十二年会勘中俄边界大臣吴大澂曾篆书龙虎二字，刻于石上留作纪念，俗称龙虎石。”吴大澂此次谈判，据理力争，收回黑顶子要隘，使中国船只可自由出图门江口。此石有重要历史价值。

龙虎台（臺） 在今北京市昌平区西十八里龙虎台村。元建行宫于此。《元史·扩廓帖木儿传》：至正二十四年（1368），“扩廓帖木儿遣部将白锁住以万骑卫京师，驻于龙虎台”。顾炎武《昌平山水记》卷上：龙虎台“地势高平如台，广二里，袤三里。……元时车驾巡幸上都，往来皆驻跸其上。成祖、宣、英二宗北征，亦驻跸于此”。《方舆纪要》卷11昌平州“居庸关”条：龙虎台“台广二里，袤三里，与积粟山相峙如龙蟠虎踞状”，故名。

龙虎关 ①在今湖南江永县西南。本名镇峡关。清光绪《湖南通志》卷29引《县志》：“明末总兵曹志建驻此，更名龙虎关。”

②在今广西恭城瑶族自治县东北七十里龙虎村。《清一统志·平乐府》：龙虎关，“《旧志》：今龙虎关即荆峡镇也。关南属恭城，北属湖南永明县”。设外委驻守。

龙虎塔 在今山东济南市历城区柳阜镇四门塔西北白虎山下。有大、小龙虎塔各一座。塔平面呈方形，大塔的塔基、塔身为唐代石造，塔顶砖砌，补建于南宋。单层亭阁式塔，通高 10.8 米。石砌三层须弥座塔基，上有覆莲、狮子、伎乐等精美浮雕。塔身由四块长方形石板筑成，浮雕佛、菩萨、金刚力士、飞天、龙虎等。风格别致。1988 年与千佛崖造像等一起被定为全国重点文物保护单位。

龙虎滩　在今广东龙门县西南。清宣统《广东舆地图说》卷 1：桂村水“屈西北经龙虎滩汛”。

龙固　即今山东巨野县西南龙固镇。清光绪二十五年（1899）韩姑娘率领大刀会攻占其地。

龙固山　在今四川盐亭县西北七十里。《寰宇记》卷 82 盐亭县：龙固山“高四里，四面悬绝，可以固守”。

龙咀河　即今陕西子长县西北李家岔镇龙咀河。1934—1936 年西北革命根据地置赤源县治此。

龙岩　在今四川剑阁县（下寺镇）南。《舆地纪胜》卷 186 隆庆府：龙岩“在剑门县西一里。洞穴可坐百许人。《雪斋小说》云：王建为盗，朝廷捕之，急匿于剑门巨石穴中”。《方舆纪要》卷 68 剑州：龙岩“在州治西。又州北七十里亦有龙岩，蜿蜒如龙盘，洞穴可坐百人。《郡志》：龙岩在剑门山北。洞穴斜入，甚深邃。岩有悬泉，随穴下流，潜通嘉陵江”。

龙岩山　①在今福建龙岩市东。明《八闽通志》卷 8《地理·山川》：龙岩山“在屏峰山下，有小石山突起，中有石穴容百许人。石壁上有纹状若双龙，常有泉滴，故名”。

②在今河南新密市西北。《方舆纪要》卷 47 密县：龙岩山“在县西北二十五里。起伏连绵，其势如龙”。

③在今湖南常德市北九十里。《明一统志》卷 64 常德府：龙岩山“中有石桥，崖壁嵌空，石乳如筍”。

④在今广西贵港市东六十里。《方舆纪要》卷 108 贵县：龙岩山“上有七岩，一岩最大，有四门，虚明爽垲”。

⑤在今贵州遵义县北。《明一统志》卷 72 播州宣慰司：龙岩山“在宣慰司（治今遵义市）北四十里。怪石巉岩”。

⑥一名龙洞山。又名狼洞。在今贵州黄平县北一里。《方舆纪要》卷 121 兴隆卫：龙岩山“石势崭岩，水色深碧，相传龙居其中，时出云雨。明初卫名兴龙以此”。

龙岩市　1981 年撤销福建省龙岩县，改设龙岩市，属龙岩地区。1996 年撤销龙岩地区和县级龙岩市，设立地级龙岩市和新罗区。市人民政府驻新罗区。

龙岩寺　在今山西陵川县西二十里梁泉村西。初创于唐总章二年（669）。原名龙泉寺，金大定二年（1162）奉敕改今名。寺有前、后两院，主要建筑有过殿、正殿、配殿、廊庑等三十余间。过殿位于前院中轴线上，面阔三间，进深六椽，平面近方形，单檐歇山顶。两山墙内壁有壁画，外镶有金大定三年“龙岩寺记”碑一通。从建筑现状判断，过殿为金代建筑。正殿在后院，面阔五间，进深六椽，平面呈长方形，单檐悬山顶，正殿和寺内其他建筑为明代建筑。2001 年定为全国重点文物保护单位。

龙岩州　清雍正十二年（1734）升龙岩县为直隶州，属福建省。治所即今福建龙岩市。辖境相当今福建龙岩、漳平二市地。1913 年废，改本州为龙岩县。

龙岩县　唐天宝元年（742）改杂罗县为龙岩县，属临汀郡。治所即今福建龙岩市。明《八闽通志》卷 2《地理·郡名》：龙岩县“以县有龙岩山名”。同书卷 8《地理·山川》：龙岩山“在屏峰山下，有小石山突起，中有石穴容百许人。石壁上有纹状若双龙，常有泉滴，故名”。乾元元年（758）属汀州，大历十二年（773）改属漳州。元属漳州路。明、清属漳州府。清雍正十二年（1734）升为龙岩直隶州。1913 年复降为龙岩县，为福建西路道治。1914 年为汀漳道治。1928 年直属福建省。1981 年改设龙岩市。

龙岩城　又名马脑城。在今重庆市南川区东南九十里马嘴乡西北马脑山（马嘴山）。有南宋摩岩石刻二：一通为宝祐四年（1256）筑马脑山城碑；二通为开庆元年（1259）龙岩城御鞑纪功碑。

龙岩泉　在今安徽石台县东六十里。明嘉靖《池州府志》卷 1 石埭：龙岩泉“在县（广阳镇）西四十里。清洌而甘，大旱不竭，乡田咸赖以灌”。

龙岩寨　在今湖南慈利县北。《清一统志·澧州二》：龙岩寨“明初周德兴征土蛮时筑”。

龙图阁　北宋东京（今河南开封市）阁名。咸平四年（1001）建。《宋史·职官志》载：“在会庆殿西偏，北连禁中，阁东曰资政殿，西曰述古殿。阁上以奉太宗御书、御制文集及典籍、图画、宝瑞之物，及宗正寺所进属籍、世谱。”景德元年（1004）置待制，四年置直学士，大中祥符三年（1010）置龙图阁学士，班在枢密直学士上。

龙和城　唐南诏置，属拓东节度。在今云南禄丰县东南二十九里腰站。宋大理废。

龙径　在今广东新兴县西南大江镇境。《清一统志·肇庆府》“茶冈营”条：康熙年间“拨千总驻防龙径”。

龙朋里　即今云南石屏县东北四十里龙朋镇。民国初置县佐。

龙鱼川　一作鱼龙川。即今陕西陇县西千河上源北河。《水经·渭水注》：“汧水有二源；一水出（汧）县西山，世谓之小陇山。其水东北流历涧注以成渊，潭涨不测，出五色鱼，俗以为灵，而莫敢采捕，因谓是水为龙鱼水，自下亦通谓之龙鱼川。川水东径汧县故城北，又东历泽乱流为一，右得白龙泉，……东北注于汧。”

龙备堰　在今四川江油市南彰明镇东。《方舆纪要》卷 67 彰明县：“龙备堰在县东。”

龙店镇　即今河北武邑县北龙店乡。明嘉靖《冀州志》卷 1 武邑县：龙店津在县北二十里。清同治《畿辅通志》卷54武邑县图：北有龙店镇。

龙底江 在今贵州石阡县西南三里。亦谓之大溪。《方舆纪要》卷122石阡府：龙底江“其上源为包溪、铺溪，流经府东黄茅囤而合流，绕府前入思南府界，注于乌江”。

龙河县 唐渤海国置，为盐州治。治所在今俄罗斯滨海边疆区西南库拉斯基诺北下岩杵河。后废。

龙河寨 即今安徽舒城县西南龙河镇。《方舆纪要》卷26舒城县“阳山寨”条下：“县西七十里有龙河寨。……宋设戍守处。”

龙沮县 亦作龙且县。南朝梁置，为东彭城郡治。治所即今江苏灌云县西北龙苴镇。东魏为海州治。北齐废。唐武德四年（621）复置，八年（625）又废。

龙沮城 亦作龙且城。即今江苏灌云县西北龙苴镇。《南齐书·垣崇祖传》：南朝宋泰豫元年（472），崇祖“行徐州事，徙戍龙沮，在朐山南”。南朝梁置龙沮县。《清一统志·海州》引《州志》，谓“有大小二垒。相传韩信下齐时，楚将龙且所筑”。

龙沮镇 即今江苏灌云县西北龙苴镇。《方舆纪要》卷22海州：龙沮城在“州西六十里。《城冢记》：楚将龙沮所筑也。……今为龙沮镇”。

龙泥城 在今四川会理县南十里。《元史·地理志》：“武安州，蛮称龙泥城。”十七年（1280）改为武安州。

龙泓山 又名龙岩山、灵岩山、九龙山。在今四川乐山市东北四里。《舆地纪胜》卷146嘉定府：龙泓“在龙游县之龙岩山。东坡《送张嘉州》诗：‘梦中却到龙泓口’是也”。山麓旧有龙泓寺。今西面崖石上有唐末佛教造像大小七十余龛，惜大部剥蚀。

龙泓洞 在今浙江杭州市西飞来峰下。相传三国吴赤乌二年（239），葛仙翁得道于此。宋《淳祐临安志》卷8引《舆地志》曰：“有石洞，彻浙江下，过萧山，有采石乳者，入其洞，闻波浪之声。”

龙宝潭 在今重庆市武隆县东南。《方舆纪要》卷69武隆县：龙宝潭“在县东北七十里。林箐幽绝，入可十里。平沙旷野，自为一境”。

龙定县 南朝宋改龙冈县置，属桂林郡。治所即今广西宜州市。梁、陈间废。

龙祈镇 在今浙江义乌市东北龙祈山村。宋置巡司于此。

龙居寺 在今四川什邡市西北湔底镇龙居山麓。旧名净慈寺。《方舆胜览》卷54汉州：龙居山“在什邡县。有等慈院。飞瀑千尺，虚亭屹然，桥横路转，万柏拥翠”。

龙居县 西魏置，治所在今青海乐都县附近。北周废。

龙居店 即龙混镇。在今山东博兴县东北。

龙居河 今蒙古国东部之克鲁伦河。一说在今蒙古国西南鄂尔浑河上源一带，近和林（哈拉和林）。《元史·泰定帝纪》：英宗硕德八剌被杀后，“诸王按梯不花及也先铁木儿奉皇帝玺绶，北迎帝（也孙铁木儿）于镇所。九月癸巳，即皇帝位于龙居河”。

龙驾山 亦作龙架山。在今贵州龙里县南一里。《清一统志·贵阳府》：龙驾山“峰峦耸峙，为县之镇”。龙里县以此名。

龙驹川水 即今青海湟中县北石惠沟河。《水经·河水注》：“湟水又东，龙驹川水注之。水右出西南山下，东北流，径龙驹城，北流注于湟水。”

龙驹场 亦作龙居场。即今四川仁寿县西龙正镇。清光绪《资州直隶州志》卷3仁寿县：龙居场“在县西五十里”。

龙驹坝 即今重庆市万州区东南龙驹镇。同治《万县志》卷8：龙驹坝“（距县）一百六十里”。清有外委千总驻防。

龙驹岛 即今青海省青海湖中之海心山。《魏书·吐谷浑传》：“青海周围千余里，海内有小山，每冬冰合后，以良牝置此山，至来春收之，马皆有孕，所生得驹，号为龙种，必多骏异，……世传青海骢。”《资治通鉴》：唐天宝七载（748），哥舒翰“筑城于青海中龙驹岛，谓之任龙城”。

龙驹河 亦名胪朐河。即今蒙古国东部之克鲁伦河。《金史·地理志》临潢府长泰县：“其北千余里有龙驹河。”又《瑶里孛迭传》：承安三年（1198），“丞相（内族）襄北伐，孛迭为先锋副统，进军至龙驹河，受围，会襄引大军至，得以解”。

龙驹城 在今青海湟中县北镇海村东。《水经·河水注》：龙驹川水“出西南山中，东北流，径龙驹城，北流注于湟水”。

龙驹寨 即今陕西丹凤县。《清一统志·商州》：龙驹寨“有东、西二寨，据鸡冠山。俗传项羽乌骓产此，故名。其地水趋襄汉，陆入关辅，南北辐辏，一巨镇也。本朝乾隆二十二年，设州同驻此”。民国初改为县佐。

龙驹寨设治局 1947年由商县、雒南、山阳三县析置，治龙驹寨（今陕西丹凤县）。1949年6月全境解放后，改设丹凤县。

龙挂山 在今四川合江县西南。《清一统志·泸州》：龙挂山“在合江县西南五十里。古纯州地。岩峦崒嵂，林壑清幽，每见龙挂其上，云日映耀，鳞爪宛然”。

龙城 ①汉匈奴集会处。《汉书·匈奴传》：“岁正月，诸长小会单于庭祠；五月，大会龙城，祭其先天地鬼神。”其地一在漠南，元光六年（前129），卫青出上谷击匈奴，至龙城。此时匈奴单于庭在今大青山地区，龙城应离此不远，在上谷西北，今内蒙古乌兰察布市东境。一在漠北，今蒙古国鄂尔浑河上游西岸哈剌巴尔戛逊故城。元狩四年（前119），汉军大举出塞攻打匈奴后，单于庭迁到漠北，今鄂尔浑河上游，龙城亦应在此附近。《辽史·萧国图玉传》谓窝鲁城即古龙庭单于城，元耶律铸《下龙庭》诗注谓龙庭在和林西北，地望相符。

②即和龙城。又名黄龙城、龙都。即今辽宁朝阳市。《晋书·慕容皝载记》：东晋咸康七年（341）“使阳裕、康柱等筑龙城，构宫庙，改柳城为龙城县”。十六国前燕、后燕、北燕建都于此。北魏太延二年（436）克龙城，后改置营州。

③即今吉林梅河口市东北海龙镇。清光绪五年（1879）于此置海龙厅。二十八年升为海龙府。1913年改置海龙县。民国《东北年鉴》：“海龙，民国二年由海龙府改设，治龙城。”

④在今安徽萧县东北，凤凰山南麓。《水经·获水注》：“获水东历龙城，不知谁所创筑也。”

⑤在今河南郏县东南。《水经·汝水注》：“汝水又东南流与白沟水合，水出夏亭城西，又南径龙城西，城西北即摩陂也，纵广可一十五里。魏青龙元年有龙见于郏之摩陂，明帝幸陂观龙。于是改摩陂为龙陂，其城曰龙城。”即此。

⑥在今河南长垣县东南三十里龙相村。《魏书·地形志》长垣县：“有龙城。”《寰宇记》卷2长垣县：龙城“昔夏桀臣龙逢所居，因以为名”。

⑦在今湖北公安县西南。《方舆纪要》卷78公安县“吕蒙城”条下：“《志》云，县西南有龙城，周五里有奇。”《清一统志·荆州府一》：龙城“在公安县西永安乡。一名龙墙。上曰上龙墙，下曰下龙墙，中有城曰鸡鸣城。遗址甚具”。

龙城县　①一名和龙。东晋咸康七年（341）前燕慕容皝改柳城置，治所即今辽宁朝阳市。次年自棘城迁都于此。隋开皇元年（581）改名龙山县。

②北魏太和十一年（487）置，为临洮郡治。治所在今甘肃岷县东北，洮河东岸。《水经·河水注》：“洮水又屈而北径龙桑城西，而西北流。马防以建初二年从安故五溪出龙桑，开通旧路者也。俗名龙城。”北周废。

③北魏永熙中置，属昌黎郡。寄治英雄城（今河北徐水县西遂城镇）。北齐废。

④北魏置，属彭城郡。治所在今安徽萧县东北。隋开皇初废。

⑤南朝梁大同三年（537）置，为龙州治。治所在今广西柳城县南凤山镇南丹村。《舆地纪胜》卷112柳州引张维《广西郡邑志》：“八龙见于江，乃即江南置龙州及龙城县。”隋废州，县属桂州。大业初属始安郡。唐武德四年（621）为龙州治。贞观七年（633）属柳州。北宋景德三年（1006）改为柳城县。

⑥隋开皇六年（586）改承高县置，属徐州。治所在今安徽萧县西北十里。十八年（598）改为临沛县。

⑦隋平陈改彭泽县置，属江州。治所在今江西彭泽县城西二里。开皇十八年（598）复改为彭泽县。

⑧唐武德四年（621）置，为南义州治。治所在今广西岑溪市东二十里。贞观年间为义州治。天宝初为连城郡治。至德二年（757）改为岑溪县。

龙城驿　在今江西彭泽县。《方舆纪要》卷85九江府彭泽县：龙城驿“在县治北半里。旧名彭泽水驿，洪武九年改今名”。清废。

龙城郡　唐天宝元年（742）改柳州置，治所在马平县（今广西柳州市）。辖境相当今广西柳州市及柳江、柳城、鹿寨等县地。乾元元年（758）复为柳州。

龙城镇　北宋置，属渠江县。即今四川广安市东北九十里白市镇。

龙茗县　1916年以龙英、全茗、茗盈三土州置，属广西镇南道。治所在今广西天等县西南龙茗镇。1928年直属广西省。1952年并入镇都县。

龙南县　五代南唐保大十年（952）置，属虔州。治所即今江西龙南县。北宋宣和三年（1121）改名虔南县。南宋绍兴二十三年（1153）复名龙南县，属赣州。元世祖至元二十四年（1287）并入信丰县，至大三年（1310）复置，属宁都州。明洪武初，属赣州府。民国初属江西赣南道。1926年直属江西省。

龙南莲若湖　即今安徽宿松县南龙湖。《方舆纪要》卷26宿松县：龙南莲若湖在“县南三十里，中有浮洲，涌若螺黛”。

龙标山　①在今湖南洪江市（黔城镇）。《元和志》卷30龙标县：“因龙标山为名。”《方舆纪要》卷81黔阳县“金龙山”条下：“又龙标山，《志》云：在县治（今黔城镇）东城内。沅、黔二水会流经其下。”

②在今贵州锦屏县南。《清一统志·黎平府》：龙标山“在府城西北龙里司东北。唐王昌龄谪龙标尉，即此”。

龙标县　唐武德七年（624）改龙檦县置，为巫州治。治所即今湖南洪江市（黔城镇）。《元和志》卷30龙标县：“因龙标山为名。”天授二年（691）为沅州治。开元十三年（725）复为巫州治。大历五年（770）为叙州治。五代时废。

龙标城　在今湖南保靖县东。《元和志》卷30三亭县：“酉水南有龙标故城，蜀将马德信所筑。其城甚宽大，在龙标山。”

龙哈　在今广西忻城县境内。明时为十寨之一。

龙峡　在今甘肃成县南。《方舆纪要》卷59成县：龙峡“在县南十里。峡南半山有洞，曰雷洞。宋绍兴初，金人南侵，郭执中集乡豪守此以拒之”。

龙峒　又称白龙洞。在今广西桂林市南。《资治通鉴》：五代周广顺元年（951），楚王（马）希广、希萼兄弟争国，南汉谋取静江地，“希广遣指挥使彭彦晖将兵屯龙峒以备之”。胡三省注：“桂州溪南有白龙洞，在平地半山上。”

龙骨山　在今北京市房山区西南周口店村西。是举世闻名的原始人类北京猿人（中国猿人）遗址所在地。1929年12月我国古生物学家裴文中在此发现距今五十万年前的一个完整的猿人头盖骨，定名“北京猿人”，后又陆续发现大量遗骨和文化遗物。1933年在裴文中主持下，在龙骨山顶洞穴内又发现距今十八万年前的人类化石，定名“山顶洞人”。1973年在龙骨山东南角发现介于北京猿人和山顶洞人之间，距今约十万年前的古人类牙齿化石，定名“新洞人”。现今周口店遗址建有北京猿人展览馆。

龙骨坡遗址 在今重庆市巫山县西南庙宇镇北。1967—1968年发掘出土大量哺乳动物化石。1985—1988年连续四年发掘，获得直立人化石、巨猿牙齿和二件不很典型的石制品，以及大批哺乳动物化石等。其中直立人化石为一段左侧残破下颌骨和一颗上门齿，分属于两个个体，定为直立人巫山亚种。对含人类化石层位的磁性地层年代测定，距今201万年—204万年，地质年代属早更新世。这是我国南方，也是整个东亚地区继云南元谋人之后早更新世人类化石的又一发现，对研究人类起源和人类的演化具有重要意义。1996年定为全国重点文物保护单位。

龙骨河 一名兀泷古河。即今新疆青河、富蕴、福海三县境之乌伦古河。元刘郁《西使记》：“数日，过龙骨河……河西注潴为海。”

龙骨渡 即今江西抚州市临川区西南龙溪镇。清同治《江西全省舆图》卷2：临川县：“西南至龙骨渡八十九里。”

龙泉 ①在今北京市平谷区东南。《方舆纪要》卷11平谷县：“龙泉在县东南十里，成祖尝驻跸于此，饮水而甘，赐以今名。”

②在今河北曲阳县北。《方舆纪要》卷14曲阳县：“龙泉在县北五十里。突出地中，渊涵停蓄，流入唐县界。”

③又名龙跃泉。在今山西代县西北。《寰宇记》卷49雁门县：龙泉水“源出县西北平地。《水经注》云，龙泉出雁门西平地，其大三轮，泉源涌沸腾波奋发，以巨石投之，水辄喷出。亦云潜通燕京山之天池也”。

④即今浙江杭州市西南凤篁岭下龙井。《资治通鉴》：唐天复二年（902），钱镠如衣锦军（今浙江临安县），“镠还，及龙泉，闻变，疾驱至城北”。即此。

⑤又称龙渊。在今河南西平县西南四十五里。《水经·沅水注》引《晋太康地记》曰：“县有龙泉水，可以砥砺刀剑，特坚利，故有坚白之论矣。是以龙泉之剑为楚宝也。县出名金，古有铁官。”

⑥即龙陂。在今湖北荆州市荆州区（故江陵县城）北纪南城西南。《资治通鉴》：东晋元兴三年（404），何无忌、刘道规进攻“桓蔚于龙泉”，即此。

⑦在今广西崇左市东北左州镇龙泉山下。《方舆纪要》卷110左州：龙泉在“州东二里。高山连络，一石卓峙，泉涌其下，四时不竭，汇而为池，北流合于桥龙江。州民引流灌溉，凡数百顷”。

⑧在今贵州万山特区东南。《方舆纪要》卷122思州府黄道溪长官司：“龙泉在司治北。其水清洁而甘，居民赖以溉田。”

⑨在今贵州安顺市东。《清一统志·安顺府》：龙泉“在府城东五里。大旱不竭。其右有哑泉，左有禁碑”。

⑩在今贵州凤冈县西北凤凰山下。县旧名龙泉以此。清爱必达《黔南识略》卷17龙泉县：“凤凰山在城内，为县之镇山，下有龙泉，自洞中流出，灌溉一邑。县之得名以此。”

⑪在今云南保山市北。《清一统志·永昌府》引《府志》：“有龙王泉在保山县北三十里，上有龙王祠。泉由石穴涌出，流为三沟，一由龙滩流经郎义村，浮于中沟坝。明嘉靖间，甃以砖石，岁久淤塞。本朝康熙初重修二沟，灌田一万二千余亩。下沟入于东河。”

⑫在今陕西绥德县东。《清一统志·绥德州》引《延安府志》：“龙泉在州东三里无定河东岸龙儿湾，泉从石龙中流出，可溉田。”唐置龙泉县以此名。

⑬在今甘肃永登县南。为湟水下游支流。《水经·河水注》：允街县“有龙泉，出允街谷。泉眼之中水文成交龙，或试挠破之，寻平成龙。畜生将饮者，皆畏避而走，谓之龙泉，下入湟水”。

龙泉大窑窑址 在今浙江龙泉市城南九十里硫华山下。为我国宋代五大名窑之一。北宋时渐著名，至南宋和元代，已成为庞大的青瓷窑系。窑场广布于处州，以大窑瓷业最盛，所产青瓷质量最好，俗名“哥窑”、“弟窑”等。1962年在大窑高际头到坳头村沿溪十里山坡上，发现自宋至明的瓷窑遗址五十三处。

龙泉山 ①在今北京市房山区（良乡）西。《方舆纪要》卷11良乡县：龙泉山在“县西十五里，下有石龙口，出泉不竭，东流入盐沟河”。

②在今山西石楼县东南。《元和志》卷12石楼县：“龙泉水出县东南，去县十里。山下牧马，多产名驹，故得龙泉之号。”《方舆纪要》卷41称：龙泉山在隰州北七十里。当为此山。

③在今山西隰县北。《元丰九域志》卷4隰州隰川县有龙泉山。《方舆纪要》卷41云：龙泉山“（北）接石楼县界，山下牧马多产名驹，因名。后周以此名郡”。

④在今浙江余姚市城西。《方舆纪要》卷92余姚县：龙泉山在“县治西。一名灵绪山，一名屿山。三峰挺秀，南俯姚江，泉虽微而不竭，谓之龙泉”。

⑤在今福建永泰县东五十里。《清一统志·福州府一》：龙泉山，“其巅有湖曰雁湖，地高水深，与侯官雪峰山相望。古谚云，雁湖深，雪峰沈；雁湖浅，雪峰现”。

⑥在今福建长乐市东南二十余里。《清一统志·福州府一》：龙泉山“有卧牛、仙冠、品石、梯云、莲花五峰，并高峻。仙冠峰之麓，有巨石，宋朱子勒‘朝阳’二字。其南群峰连接”。

⑦在今湖北崇阳县西南。《舆地纪胜》卷66鄂州：龙泉山“在崇阳县西南四十里。高三百余丈，周二百里。山有洞，好事者持炬入之，行可数十步渐坦平如人居室，可容千百众。有石渠泉流清驶，乡人号曰鲁溪岩。……岩有茶甚甘美，曰龙泉茶”。

⑧即灵泉山。在今湖北武汉市江夏区城东六十里。明洪武十四年（1381）朱元璋第六子楚王朱桢就藩武昌后，于此修建陵寝，其后庄、宪、康、靖、端、愍、恭、贺皆葬于此。现有遗迹可寻者，陵园八处，碑亭三座，墓碑四通。

⑨古名分栋山、长松山。在今四川成都平原东南边缘，为成都平原与川中丘陵之分界山。起自东北绵阳市，止于西南之乐山市。平均海拔600米，最高为1051米。山之东北段为沱江切割成金堂峡，西南段为岷江切割成嘉定三峡。清嘉庆《四川通志》卷10简州：龙泉山“在州西北七十里。长松山之左，发脉怀州，绵亘数百里，达于仁、井。其巅有关索寨”。

⑩在今四川茂县南。《隋书·地理志》：北川县“有龙泉山”。《新唐书·地理志》 汶山县：“有龙泉山。”《寰宇记》卷78汶山县：龙泉山“在县南四十八里。山下有湫，水号曰清池，一曰龙池。时或水旱，民祷必应。若放牝马于其侧，多生骏驹”。

⑪在今陕西富平县西北十五里。有唐中宗定陵在此。

龙泉水 ①即今山西石楼县东屈产河。源出县东南，西北流至县西九十里入黄河。《水经·河水注》：“（土军）县有龙泉，出城东南道左山下，……龙泉水又北屈径其城东，西北入于河。”

②在今山东寿光市西南二十里。《方舆纪要》卷35寿光县：二岳龙泉水，“在县西南二十里。一曰东岳龙泉水，出县西十二里，俗名北夹河；一曰西岳龙泉水，出县西南二十六里，俗名南夹河。北流至罗桥，合东岳龙泉水，注于清水泊”。

③亦名龙水。即石沟水。今山东青州市南石沟河。《水经·巨洋水注》：洋水“西出石膏山西北石涧口，东南径逢山祠西。洋水又东南历逢山下，洋水历其阴，而东北流，世谓之石沟水……亦或谓之为龙泉水”。

④一名龙渊水。在今河南西平县西。《史记·苏秦列传》：苏秦曰，韩卒之剑戟。出于“龙渊”等地。《索隐》引《太康地记》曰：“汝南西平有龙泉水，可以淬刀剑，特坚利，故有龙泉之剑，楚之宝剑也。”

⑤即今四川北川羌族自治县（安昌镇）东北之湔江（通口河），为涪江支流。《隋书·地理志》 北川县：“有龙泉水。”

⑥在今宁夏固原市东北。《水经·河水注》：高平水“又北龙泉水注之，水出（高平）县东北七里龙泉，东北流注高平川”。《清一统志·平凉府一》：龙泉水，“《旧志》：今州北五里有暖泉，隆冬不冰，流入清水河。疑即龙泉水”。

龙泉寺 ①即今北京市门头沟区潭柘山腰之潭柘寺。始建于晋，原名嘉福寺。唐改名龙泉寺。金皇统时改名大万寿寺。俗名潭柘寺。

②在今辽宁鞍山市东千山北沟中。为千山五大禅林中现存最大的佛寺。明《辽东志》卷1辽阳：龙泉寺在“城南六十里山巅。有泉，多奇秀可观”。明嘉靖以前的建筑尚有金刚殿、禅堂等。龙泉古寺经清代多次重修，现存主要建筑有大雄宝殿、天王殿、韦驮殿、毗卢殿、龙王庙和藏经阁等。其中大雄宝殿为寺内最大的建筑。

③在今河南新安县西北青要山上。《清一统志·河南府二》：龙泉寺“一名长泉寺。五代周广顺二年建。俯瞰河流，为一方胜概”。

龙泉寺场 即今四川简阳市东南平泉镇。民国《简阳县志》卷2：龙泉寺，“《采访册》按：《咸丰志》云：在州东南，当雁江下流。《乾隆志》云：州南四十里，未确。距城三十里（《咸丰志》）。创建（于）明时”。

龙泉场 五代南唐保大元年（943）置，在今江西遂川县南二十里（旧名什善镇）。后升为龙泉县。

龙泉百户所 明洪武年间置，在今江西遂川县城东。《方舆纪要》卷87吉安府“附见”：龙泉守御百户所“在（龙泉）县治东。洪武七年置，三十二年革。永乐二年复置，隶赣州卫左千户所”。

龙泉关 ①在今河北阜平县西七十里。《方舆纪要》卷14阜平县：龙泉关“有上、下二关，相距二十里。下关，正统二年建。景泰二年又于迤西北筑上关城。天顺二年及成化十二年皆添设官兵戍守。嘉靖二十五年改筑关城，守御益密。《关隘考》：龙泉关东北至倒马关百五十里，西至山西五台县百八十里，自关南北沿山曲折，各数百里，所属隘口凡六十余处，皆与山西连界，分列官军戍守”。清于此设都司。

②即镇龙关。在今四川平昌县东北镇龙镇。清设州判驻此。

龙泉江 又名遂江。在今江西遂川县东南。《清一统志·吉安府一》：遂江“在龙泉县东南。亦曰龙泉江。其上流为左、右二溪，合流绕城东下，会洁溪、雩溪诸水，又东北入万安县界。凡历八十四滩，至县西注于赣江”。

龙泉汤镇 即汤泉镇。今山东烟台市宁海镇东南四十里龙泉镇。有著名的龙泉温泉。

龙泉县 ①西魏置，属南乡郡。治所在今河南淅川县南。北周废。

②唐武德四年（621）侨置，属云州。治所在今陕西延安市东南前、后九龙泉附近。八年并入临真县。

③唐乾元二年（759）析遂昌、松阳二县置，属括州（后改处州）。治所即今浙江龙泉市。《旧唐书·地理志》：龙泉县“以龙泉为名”。北宋宣和三年（1121）改名剑川县，南宋绍兴元年（1131）复名龙泉县。元属处州路。明、清属处州府。民国初属浙江瓯海道。1927年直属浙江省。1990年改设龙泉市。

④唐天宝元年（742）改上县置，为上郡治。治所即今陕西绥德县。乾元元年（758）为绥州治。北宋初入西夏，废。

⑤五代南唐升龙泉场置，属吉州。治所在今江西遂川县南二十里（旧名什善镇）。北宋明道三年（1034）徙治今遂川县，宣和三年（1121）改名泉江县。南宋绍兴初复为龙泉县。元属吉安路。明属吉安府。1914年改为遂川县。

⑥明万历二十九年（1601）改龙泉坪长官司置，属石阡府。治所即今贵州凤冈县。1913年改为凤泉县。

龙泉谷 在今青海西宁市西。《新唐书·吐蕃传》：刘元鼎“逾湟水，至龙泉谷，西北望杀胡川，哥舒翰故垒多在”。

龙泉陂 又名芍陂。在今安徽寿县南。东晋伏滔《正淮论》：“龙泉之陂，良畴万顷。”宋、元以后日渐堙废。今安丰塘即其残留部分。

龙泉坪 即今贵州凤冈县。旧龙泉坪长官司以此名。《方舆纪要》卷122龙泉县“黄阳古囤”条下：龙泉坪，“（明）万历中，杨应龙以播州叛，突攻龙泉，又从龙泉移兵攻婺川。既而湖帅陈琳进兵白泥，分两翼，使陈良玭由龙泉坪进，是也”。

龙泉坪长官司 元置龙泉平长官司，为思州宣抚司治。治所在龙泉平长官司（今贵州凤冈县）。明改置龙泉坪长官司，属思州宣慰司。永乐十二年（1414）改属石阡府。万历二十九年（1601）改置龙泉县。

龙泉店 一名独树镇。即今河南方城县东北三十四里独树镇。清康熙《南阳府志》卷2《集镇》：裕州有龙泉店。

龙泉府 唐渤海国置，号上京。治所在龙州（今黑龙江省宁安市西南渤海镇）。唐天宝末年（755）建都于此。辖境相当今黑龙江省牡丹江、宁安二市和海林县地。辽废。

龙泉河 大石河支流。在今北京市房山区西北。《明一统志》卷1顺天府：龙泉河“源自房山县大安山下，西南流与琉璃河合，河宾有金盘宁宫”。

龙泉河镇 即今黑龙江省巴彦县东北三十五里龙泉镇。民国《呼兰县志》卷1：巴彦州东北，“龙泉河屯（距州）二十五里”。

龙泉驿 ①唐置，即今山西屯留县东南康庄。《资治通鉴》：唐会昌三年（843），郭谊“至龙泉驿迎候敕使”，即此。

②明置，在今四川成都市东南龙泉镇。《明史·忠义传》：奢崇明叛军进攻成都，“成都卫指挥翟英扼贼龙泉驿”。

③明置，在今四川越西县南十五里。明曹学佺《蜀中广记》卷34《边防记》越嶲卫：“卫十五里有龙泉山……下为龙泉驿，又十五里炒米关。”

龙泉郡 北周大象元年（579）置，属汾州。治所在龙泉城（今山西隰县北二里）。辖境相当今山西隰县、蒲县、大宁县地。寻废。隋大业初复置，治所在隰川县（今山西隰县）。辖境相当今山西石楼、永和、隰县、蒲县、大宁、交口等县地。唐武德元年（618）改为隰州。

龙泉峰 在今福建沙县东南。《方舆纪要》卷97沙县：“龙泉峰在县东南十七里。脉自尤溪县界，分三陇蜿蜒而来，至起崛起三峰。”

龙泉砦 在今陕西米脂县西北龙镇附近。《宋史·地理志》绥德军：龙泉砦“宣和二年改名通泉，寻复故”。元废。

龙泉银场 北宋置，属沙县。即今福建沙县东南龙泉。《元丰九域志》卷9南剑州沙县及《宋史·地理志》南剑州沙县，皆有龙泉银场。

龙泉馆 在今新疆吐鲁番市西北。《新唐书·地理志》西州交河县：“自县北八十里有龙泉馆。”

龙泉窑 在今浙江龙泉县南九十里大窑等处。为宋代著名瓷窑。创始于五代，至南宋鼎盛。清中期转衰。

龙泉葛泽长官司 即今贵州松桃苗族自治县西南孟溪镇。明郭子章《黔记》卷7：“废龙泉葛泽长官司，宋置。今孟溪堡乃其故址。”

龙泉铺 即今湖北宜昌市夷陵区东三十四里龙泉镇。清设把总驻守。

龙泉堡 北宋置，属怀德军通远砦。在今宁夏固原市北甘城乡。金废。

龙泉隘 在今四川资中县东南四十里银山镇北。《明史·朱燮元传》：万历中，奢崇明作乱，“陷新都、内江，尽据木椑、龙泉诸隘口”。《方舆纪要》卷67资县：龙泉隘“在银山镇。镇北为杜家沟，有龙泉洞。万历中，奢崇明作乱，据重庆，西犯成都，泸、叙诸郡邑望风瓦解，内江之椑木镇，资县之龙泉诸隘口俱失，贼遂向成都，败官军于资阳之九泉山”。

龙泉溪 在今云南澄江县西十五里。《方舆纪要》卷115澂江府河阳县：龙泉溪“在府西十五里乱石中，流入于抚仙湖”。

龙泉镇 ①金置，属曲阳县。在今河北曲阳县东北。

②清末置，即今吉林大安市西北百里安广镇（龙泉）。1936—1958为安广县治。

③即今黑龙江省依安县南依龙镇。1923年于此置依安设治局。

④即今四川成都市东南龙泉镇。旧属简州，明、清置巡司于此。

⑤一作龙泉寨。唐置，在今陕西旬邑县东北十五

里。《资治通鉴》：唐乾宁二年（895），“李克用急攻黎园，王行瑜求救于李茂贞，茂贞遣兵万人屯龙泉镇，自将兵屯咸阳之旁”。

龙须（鬚）山 ①在今安徽绩溪县东，接歙县界。《方舆纪要》卷28绩溪县：龙须山“在县东二十里，高五百仞，周三十里。山顶有池，四时不竭”。产龙须草，所制澄心堂纸，为文房四宝中珍品。

②在今江西吉安县西。《舆地纪胜》卷31吉州：龙须山“登禅师之道场也。在庐陵县西南六十里。唐代宗时，土人龙须施地筑庵，因名”。《明一统志》卷56吉安府：龙须山“在府城西四十里。上有法云庵”。

③在今四川剑阁县（下寺镇）西南。《魏书·淳于诞传》：正光中，梁“益州刺史萧渊猷遣将樊文炽、萧世澄等率众数万围小剑戍，益州刺史邴虬令子达（建）拒之。……文炽军行之谷，东峰名龙须山，置栅其上以防归路”。即此。

龙须（鬚）门镇 即今河北宽城满族自治县东北十五里龙须门镇。《清史稿·地理志》承德府平泉州有“龙须门”镇。旧于此设把总驻守。

龙须（鬚）滩 在今重庆市奉节县东。唐杜甫有“瞿塘漫天龙须怒”句。

龙剑 唐方镇名。景福元年（892）置，治所在龙州（今四川平武县东南南坝镇旧州）。《资治通鉴》胡三省注：“龙剑节度，领龙、剑、利、阆四州。”相当今四川平武以东，旺苍以西，梓潼、南部以北地区。后废。

龙胜厅 清乾隆六年（1741）置，属桂林府。治所即今广西龙胜各族自治县。1912年改为龙胜县。

龙胜县 ①1912年改龙胜厅置，属广西桂林道。治所即今广西龙胜各族自治县。1928年直属广西省。1955年改为龙胜各族自治县。

②1948年由集宁、陶林、丰镇、凉城4县析置，属绥远省。治所在卓资山镇（今内蒙古卓资县）。1952年改名卓资县。

龙亭 在今河南开封市内西北隅龙亭公园。原为宋代皇宫后御苑的一部分。亭内高台为明周王府花园中土山，名煤山。清康熙三十一年（1692）建万寿亭于煤山上。设有放置皇帝牌位的木制小亭，称为龙亭。遇皇帝生日，文武官员来此朝拜。龙亭之名源此。雍正十二年（1734）建万寿宫于此。在煤山上建平台，台上为黄琉璃御座正殿。1925年改为龙亭公园。1927年改为中山公园。1952年复名龙亭公园。

龙亭山 ①一名龙停山。在今福建漳平市西。明嘉靖《漳平县志》卷2：龙停山“在县西里许，端重舒展，有泉可田，有寨可登，高明寺在其山腰焉”。

②在今河南开封市西北隅龙亭公园内。民国《续河南通志》卷7：“亦名煤山。明太祖封周藩于开封，筑土山于王宫后，建亭阁、列花石为游观所。明末，河决，湮。康熙三十一年恭建万寿宫于上。”

③在今陕西洋县东。北魏置龙亭县于此。为入子午谷之口。山阪赤色，亦名赤阪。《舆地纪胜》卷190洋州“赤阪”条：“《洋川志》：赤阪在今州东二十里龙亭山，色甚赭。”

龙亭区 在河南省开封市区西北部，市人民政府驻地。1921年称北区，1937年改为第四区，1945年改为利汴镇。1952年复称第四区，1956年改为龙亭区。因辖区内有龙亭，故名。1968年改红星区，1972年复改龙亭区。2014年撤销开封市龙亭区、金明区，设立新的开封市龙亭区，区政府驻午朝门街道体育路16号。

龙亭县 ①东汉侯邑。在今陕西洋县东十八里龙亭镇。《后汉书·宦者列传·蔡伦》：元初元年（114），“邓太后以伦久宿卫，封为龙亭侯”，即此。北魏置龙亭县，为晋昌郡治。西魏为傥城郡治。隋开皇初废。

②唐武德四年（621）置，属曾州。治所在今云南大理市北七十八里上关。天宝后废。

龙迹山 在今河北易县西南三十里。《方舆纪要》卷12易州：龙迹山“石上有龙迹。其西麓谷中有坑，大如车轮，中有四穴，春则风出东，夏出南，秋出西，冬出北。孔颖达以为即燕之龙兑也”。

龙帝峡 在今甘肃陇南市武都区西南白龙江畔。《宋史·太宗记》：雍熙三年（986），“阶州福津县有大山飞来，自龙帝峡壅江水逆流，坏民田数百里”。即此。

龙施州 或说当为龙池州。唐置羁縻州，属巂州都督府。治所在今四川凉山彝族自治州东境雷波县城锦城镇。后废。

龙首山 ①在今山西应县东北三十里。《清一统志·大同府》：龙首山“在应州东北三十里。一名边耀山。高峰相接，长二十余里，上有神农庙”。

②在今辽宁铁岭市东。明《全辽志》卷1铁岭卫：龙首山“在城东二里，上有龙王堂”。山上有建于明代的慈清寺和古塔。附近有陶然、滴翠、洗心、稻香等亭阁，均为民国时期所建，现已修葺一新。

③一名大疙瘩山。在今吉林东辽县东。《清史稿·地理志》西安县：官商路“东由龙首山至东冈赴东平（今东丰县）”。

④即今安徽旌德县西北四十里龙山。《方舆纪要》卷28旌德县“石壁山”条下：“又北为龙首山，山西北有龙潭，徽水经其下，与泾县接境。”

⑤在今福建霞浦县北。《方舆纪要》卷96福宁州：龙首山“分为五枝，又名五叶莲花山。山巅平夷，唐末黄巢犯闽，尝屯兵于此，号黄巢坪。坪西有井，广丈许，其水清泚，名曰圣水”。

⑥在今广东汕头市潮阳区北。《元和志》卷34潮阳县：“获子山一名龙首山，在县（旧治）东南五十里。”《清一统志·潮州府》引《潮阳县志》：“龙首

山在县北三里。俗名猴子山，一曰获子山，临高冈之上。”《方舆纪要》卷103谓在县西，与临崑山相接。

⑦一名龙首原。在今陕西西安市旧城北。《水经·渭水注》：“山长六十余里，头临渭水，尾达樊川，头高二十丈，尾渐下，高五六丈，土色赤而坚。”宋敏求《长安志》卷12长安县引《括地志》：“山首在长安故城中，自汉筑长安城及营宫殿，咸以湮平，其余即今宫城之太仓以东是也。”今北郊有龙首村，仍沿用其名。

⑧在今甘肃山丹县西北。《清一统志·甘州府》：龙首山“在山丹县西北二十五里边外。明万历中，夷人青把都自昌宁湖移驻于此，巡抚田乐击走之。一名龙头山，俗呼为甘峻山。山腰有三洞，各深五尺。山阴有泉，旱可祷雨”。

龙首仓　又名石头津仓。故址在今江苏南京市古石头城内。《隋书·食货志》：“京都有龙首仓，即石头津仓也。”

龙首关　①明嘉靖中置，在今浙江景宁畲族自治县东南王木坑村。《方舆纪要》卷94景宁县：龙首关“在县东二十里，地名黄木坑，悬崖绝壑，最为险要”。

②即龙口城。今云南大理市北七十八里上关镇。《元混一方舆胜览》：西洱河“至喜洲界与点苍山合，号龙首，至赵州界与点苍山合，号龙尾。蒙氏于南北置两关”。《方舆纪要》卷117大理府：龙首关在“府北七十里。亦曰石门关，又谓之上关。城有四门”。《清一统志·大理府》：龙首关“当洱河之首，一名河道关”。

龙首桥　在今福建福清市东南。《方舆纪要》卷96福清县：龙首桥“在县南门外。宋天圣五年创建，长四十丈，名曰通海。元祐二年，复建梁于其南，长二十二丈，故名坦履。绍兴二十年，又续为梁，长十六丈，三桥共长八十丈，改今名。自元以来，不时修筑”。

龙首原　即龙首山。在今陕西西安市旧城北。

龙首渠　①我国历史上第一条地下井渠。西汉武帝时开凿。自今陕西澄城县西南引洛水东南流，至今大荔县西仍入洛水。渠经商颜山（今名铁镰山）下，土松渠岸易崩，乃凿井在井下开渠通水，长十余里。历十余年始通。《史记·河渠书》谓“自征引洛水至商颜山下……穿渠得龙骨，故名曰龙首渠”。北周时重加修浚。至唐仅存尾闾一段，称为干坑，即今人民引洛渠的前身。

②隋文帝为营建大兴城（今陕西西安市），解决东城和苑内用水而开凿。宋敏求《长安志》卷11：“龙首渠一名浐水渠，隋开皇三年，自东南龙首堰下，分支浐水，北流至长乐坡西北，分为二渠：东渠北流入苑；西渠屈而西南流，经通化门南，西流入城，经永嘉坊，又西南流经兴庆宫，又西流注胜业坊、崇仁坊、景龙观，又西入皇城，径少府监南，屈而北流，又径都水监、太仆寺、内坊之西，又北流出城。”其后历代屡有疏浚或扩建，水道及引水口亦有改变。今城外故道尚有若干遗迹存在。

龙首堡　明置，在今甘肃张掖市西南五十里黑河东岸。《皇明职方地图》中卷甘肃边镇图有龙首壁。

龙洞　①在今湖南永州市西北六十里。《方舆纪要》卷81零陵县：龙洞“唐末里人唐世旻居此，团聚乡兵，保固里闾处也”。

②即今大龙洞。在今云南昭通市北二十里。《明一统志》卷72乌蒙府：龙洞河“在府东北三十里。源出小山石洞中，灌溉田亩。其石洞俗呼为龙洞”。现为风景名胜。

③在今云南寻甸回族彝族自治县北五里。《方舆纪要》卷114寻甸府：龙洞“在城北五里。洞有流泉，田畴赖之，流为螳螂河”。

④在今贵州思南县东万胜山麓，可溉田千亩。《清一统志·思南府》：龙洞“其顶又有真源洞，清澈一泓，虽旱不涸。明郡人李渭镌‘真泉’二字，讲《易》其上，撰《龙洞易问》”。

⑤在今贵州瓮安县北三里。《方舆纪要》卷121瓮安县：龙洞“在县北三里之鼠场。极幽邃，水深数仞。中有一石，横架如桥，宽夷可涉”。

⑥在今陕西宁羌县西北。《舆地纪胜》卷191载《龙洞记》曰：“自三泉西二里，见有若观阙者，当其前迫而视之则洞也。其深七十三步，广半之。其两旁石壁之嵌空突怒者，若目、鼻、口、鳞甲、跟肘甚具，其下者皆平石为底，水布其上。”

龙洞山　①在今江苏南京市浦口区西。《方舆纪要》卷20江宁府江浦县：龙洞山在“县西二十五里。西接天井山，东连西华山及马鞍山”。

②在今安徽含山县西南。《舆地纪胜》卷48和州：龙洞山“在含山县西南五十里。有诗酬唱”。《方舆纪要》卷29含山县：龙洞山“洞深邃，泉流不竭，下流为鲁桥涧，通铜城闸入于江”。

③一名禹登山。在今山东济南市东南三十里。元于钦《齐乘》卷1：东龙洞山“山如重廚。西洞透深一里许，秉火可入。东洞在万仞绝壁之上，洞口釜鬲尚存，烟火之迹如墨。……有翠屏岩、独秀峰、三秀峰。峰侧龙祠，郡邑祷雨极应”。又引《九域志》云禹登山，谓“禹治水尝登”。

④亦名英山。在今重庆市永川区西北。《方舆纪要》卷69永川县：龙洞山“在县西北二十里。一名英山。上有龙湫”。

⑤在今贵州黎平县东南。《方舆纪要》卷121黎平府洪州泊里长官司：龙洞山“在司治（今洪州镇）南。洞宽广深里许，旁有龙洞”。

龙洞河　在今贵州贵阳市南十里。流入南明河。《清一统志·贵阳府》：龙洞河，“明天启初，安邦彦攻会城，巡抚王三善赴救，邦彦退屯于此”。

龙洞渠　在今陕西泾阳县西北六十里。《清一统志·西安府三》：龙洞渠“明成化初，巡抚项忠，于元时王御史石渠之北，凿小龙山、大龙山腹里许为洞，下属白渠，名曰广惠渠，功巨费广，历余子俊、阮勤，凡二十年，始踵成之。正德中，巡抚萧翀，又凿石渠四十二丈，名通济渠”。

龙洞铺　在今贵州贵阳市东十里。《明史·贵州土司传》：天启二年（1622），安邦彦叛攻贵阳，巡抚王三善引兵赴救，“遂夺龙里。邦彦闻新抚自将大兵数十万，惧甚，遂退屯龙洞”。即此。

龙洞溪　即今重庆市云阳县东龙洞乡龙洞水。《寰宇记》卷148夔州奉节县：龙洞溪“在州西一百里。《舆地志》云：永安宫西有南乡峡，峡西八十里有溪，溪中有灵寿木，此即是龙洞溪，善酿酒之村也”。《方舆纪要》卷69夔州府奉节县：龙洞溪“在府西九十里。下通大江。《志》云：溪上产灵寿木”。

龙涎屿　古岛屿名。即今印度尼西亚苏门答腊岛西北海上之布腊斯岛。一说即今龙多岛。元汪大渊《岛夷志略》：龙涎屿“屿方而平，延袤荒野，上如云坞之盘，绝无田产之利。每值天清气和，风作浪涌，群龙游戏，出没海滨，时吐涎沫于其屿之上，故以得名”。按，龙涎即抹香鲸病胃中所分泌之一种物质。

龙济场　旧名小坎场。即今重庆市永川区东北大安镇东隆济场。清乾隆《永川县志》卷2：小坎场“在县东三十里”。1912年后改为隆济场。

龙洲　①即今江西信丰县东南龙州圩。清同治《赣州府志》卷3：信丰县有“龙洲”墟。

②即龙陂。在今湖北荆州市荆州区（故江陵县）北纪南城西南。《晋书·桓玄传》：东晋元兴三年（404），“何无忌等攻桓谦于马头，桓蔚于龙洲，皆破之。”

龙津水　①在今湖南浏阳市西三里。《方舆纪要》卷80浏阳县：龙津水“源出道吾山，经县西门外入浏水”。

②在今广东海丰县东。《方舆纪要》卷103海丰县：龙津水在“县东七里。源出银瓶山，南流至小金笼山下，与赤岸、大小液诸水合，名三江口。……南出长沙海口而达于海”。

龙津江桥　在今广西玉林市西北石南镇。《方舆纪要》卷108兴业县：“龙津江桥在县南门外，往来通津也。”

龙津县　①五代晋开运初闽王延政升永平镇置，为潭州治。治所即今福建南平市。因剑津以为名。南唐保大六年（948）改名剑浦县。

②1937年改龙州县置，属广西省。治所即今广西龙州县。1951年与上金县合并改置丽江县，1952年复为龙津县。1961年改为龙州县。

龙津驿　即今江西余干县西南龙津。《方舆纪要》卷85饶州府余干县：龙津驿“在县南十五里龙窟河滨。元置，明初因之”。清裁。

龙津桥　旧名通阛桥。宋建，在今福建龙岩市城南门外。明永乐间改名龙津桥。

龙津站　元置，即今江西余干县西南龙津。

龙津渡镇　又名龙窟铺。即今江西余干县西南，信江北岸龙津。明正德《饶州府志》卷2：“龙窑铺在二十九都。”清同治《江西全省舆图》卷12：余干县南有龙津镇。

龙津溪　①在今福建惠安县南。《方舆纪要》卷99惠安县：龙津溪“在县城南。源出东平山，绕流经城西北数里之太白峰，即莲花山也。至龙津陂，绕县治前楼山之阴，又东达下谢溪，入王孙走马埭，汇辋川港接于海”。

②在今福建长泰县东。《方舆纪要》卷99长泰县：龙津溪在“县城东南。导源安溪界，流经县东北，诸溪涧水次第流汇焉，分合回环，至双溪口，入龙溪县。全华峰岭下而合九龙江。或谓之长泰溪”。

龙浔山　在今福建德化县东北。《方舆纪要》卷99泉州府德化县：龙浔山在“县治东北。山势峭拔数千仞，蜿蜒如龙，县主山也。宋绍兴初，令吴崇年凿山筑寨以御寇”。

龙浔寨　南宋绍兴初筑，在今福建德化县东北。

龙究场　即今四川犍为县东龙孔镇。《清史稿·胡中和传》：同治元年（1862），“（李）永和遁犍为龙究场，负隅死抗。中和围之，垒石墙，编木栅，外浚深壕，密布梅花桩”。即此。

龙神堂　在今四川峨眉山市西南峨眉山伏虎寺。南宋范成大《吴船录》：蜀村店“十二里龙神堂，自是涧谷舂淙，林樾雄深”。清嘉庆《四川通志》卷41峨眉县：龙神堂“在伏虎寺左，堂外树石塔，名尊胜幢。《峨眉山志》：宋绍兴间，虎狼为患，人迹罕到，有高僧士性建尊胜幢一座，据镇方隅，人物始遂，虎患遂息”。

龙祗山　在今湖北竹山县南。《寰宇记》卷143竹山县：龙祗山“在县南二里。古老相传，昔有道士王若冲于此山服柏叶，身上毛生碧绿色，白日升天”。

龙眉宫　即苇甸。今内蒙古巴林左旗南波罗城。为上京皇城。《辽史·地理志》上京临潢府：“苇甸、射金龊箭以识之，谓之龙眉宫。神册三年城之，名曰皇都。”又《太祖纪上》：七年（922），“秋八月己卯，幸龙眉宫”。

龙绒寺　在今四川得荣县西南龙绒村。为古喇嘛寺庙。始建于清顺治年间，1982年修复大小金殿。

龙结镇　即今四川资中县西北龙结镇。民国《资中县续修资州志》卷2：“龙结乡旧名龙结镇。在县西一百二十里。通仁寿大道。涧阔数十丈。发源罗泉井山，下流环镇三面，悬崖崭绝，横跨二桥，资中市集险要无逾于此。”

龙珠山　在今云南鹤庆县南二十里。《明一统志》卷87鹤庆军民府：龙珠山“前耸后平，下有石穴，漾共江过焉。每岁四月，郡人祀之，以禳水灾”。《清一统志·丽江府》谓“俗传昔有龙吸珠于此，因名龙珠山”。

龙珠岭　在今江西高安市西北。《舆地纪胜》卷27瑞州：龙珠岭“在高安县西北三十五里”。

龙都 即龙城。又名和龙城、黄龙城。即今辽宁朝阳市。《资治通鉴》：东晋永和八年（352）前燕慕容儁即位，“改司州为中州，建留台于龙都”。胡三省注：“赵置司州于邺。燕初都龙城，时迁于蓟，故建留台于龙城，谓之龙都。”

龙都镇 即今江苏南京市江宁区东南龙都镇。清光绪《江苏全省舆图》上元县：“龙都镇在城南四十里。”

龙耆 一名龙夷。即今青海海晏县（三角城）。《后汉书·西羌传》：和帝时“拜（曹）凤为金城西部都尉，将徙士屯龙耆”。即此。

龙栖山 即今福建将乐县西南龙栖山。明弘治《将乐县志》卷1：龙栖山“在县南义丰都，群峰峭拔，势耸千仞……林木幽映，山底多石潭，有龙潜止，故名”。

龙桥 在今陕西三原县南北二城之间的清河上。为多孔式拱形桥，桥身全用石条铁钳构成，桥面铺青石板，两侧有石雕栏杆。《清一统志·西安府》：龙桥“在三原县北门外，跨清河。宋建隆四年，清河溢。有龙斗于桥下，桥圮。重建，因名。明万历中易以石，长三十有三丈，高七丈五尺，广三丈三尺”。

龙桥山 ①即今湖南洪江市（黔城镇）东南八面山。《水经·沅水注》：“沅水又东径辰阳县，县有龙溪水，南出于龙桥之山，北流入于沅。”

②一名武龙山。即今重庆市武隆县西北武隆山。《方舆纪要》卷69武隆县：龙桥山在“县东五十里。逶迤如龙，下有空洞。一名武龙山。唐以此名县”。

龙桥站 元置，在今陕西三原县北门外。明废。

龙桥镇 金置，属三原县。即今陕西三原县治。元世祖至元二十四年（1287）移三原县治此。

龙格 在今四川双流县东南。《晋书·桓谦传》：东晋义熙四年（408），谯纵请桓谦于后秦，相助共击刘裕，“谦至蜀，欲虚怀引士，纵疑之，乃置谦于龙格，使人守之”。即此。

龙原县 ①唐置，属羁縻殷州。治所在今四川宜宾县西北。北宋属商州。后废。

②唐渤海国置，为庆州治。治所在今吉林珲春市西南八连城（半拉城子）。辽废。

龙原府 又作栅城府。唐渤海国置，建号东京。治所在庆州（今吉林珲春市西南八连城）。大钦茂末年曾徙王都于此。辖境约当今吉林珲春市及俄罗斯大彼得湾北岸、朝鲜东北沿海一带。渤海通日本皆取道于此。辽废。

龙眠山 一名龙山。古称龙舒山。在今安徽舒城县西南、桐城县北，为二县界山。《舆地纪胜》卷45庐州：龙眠山“在舒城县西南八十里春秋村。如卧龙状。邑人李公麟因此取山号龙眠居士”。“龙眠毓秀”为舒城八景之一。《清一统志·安庆府一》：龙眠山，“《县志》：在县北五里，与华崖对峙。多峭壁，俯清流，若青布潭、碾玉硖诸处尤胜。宋李公麟为泗州参军，归老于此，号龙眠居士，自绘龙眠山庄图，苏轼为之跋。《旧志》：有东西两龙眠。在县北五里，与华岩对峙，盖东龙眠也”。

龙峨山 亦名龙翱山。在今四川长宁县南三十里。《宋史·蛮夷传》：大中祥符六年（1013），讨晏州多刚县斗望，王怀信“分遣部下于罗箇頫罗能落运等村及龙峨山掩杀，大获戎具，斩首级及重伤投岩死者颇众，烧舍千区及积谷累万”。即此。

龙峰 在今福建长乐市北十里。《清一统志·福州府一》：龙峰“其西有岩。宋刘砥、刘砺与朱子讲学于此，因名曰晦翁岩”。

龙峰山 在今浙江浦江县东。《方舆纪要》卷93浦江县：龙峰山在“县治东。三峰相属，环顾县左，有浮图在其巅”。

龙透关 在今四川泸州市南。《明史·地理志》泸州：“南有龙透关，崇祯间修筑。”《清一统志·泸州》：龙透关“在州南七里”。

龙耸洞 北宋置，属邕州左江道。治所在今广西大新县西北松洞。元废。

龙脑山 在今广东罗定市北隔河一里。《方舆纪要》卷101罗定州：龙脑山，“山势盘旋，若回龙然”。

龙脑桥 即今四川泸县北九曲河上龙脑桥。明洪武年间建。因桥东原有龙脑寺，桥以寺名。为石墩石梁平桥，桥长54米，宽1.9米，高4.5米。桥面由三十块长360厘米、宽95厘米的石板铺成。有桥墩十四座，由四层灰砂岩石条垒砌而成。在中间的八个桥墩上，雕二麒麟、一狮、一象、四龙，形态各异。每条龙口中各衔重约15公斤的“宝珠”。造型古朴，雄伟壮观。1996年定为全国重点文物保护单位。

龙蓬州 唐开元后置羁縻州，属雅州都督府。治所在今四川康定县境。北宋作龙蓬州。后废。

龙逢城 在今安徽潜山县北皖水北岸。《寰宇记》卷125舒州怀宁县“废皖城”作“逢龙城”。

龙逢银场 北宋属尤溪县，在今福建大田县东北。

龙脊滩 在今重庆市云阳县东云阳镇南长江中。《舆地纪胜》卷182云安军云安县：龙脊滩“在县南岷江中。有石约长百余丈，若龙脊之状”。明曹学佺《蜀中名胜记》卷23云阳县：“江中又有龙脊滩，形如游龙。岁人日，邑人游于上，以鸡子卜岁丰凶。古谣云：‘龙床如拭，济舟必吉。龙床仿佛，济舟必没。’”今龙脊石梁长200余米，宽10余米，有六十八段历代枯水水文石刻题记。

龙益镇 即今陕西富县西北一百四十里张家湾镇南之龙义湾。《方舆纪要》卷57鄜州：龙益镇“金置驿于此。自镇而东，为州西七十里之张村驿，自镇而西六十里，为庆阳府合水县境之邵庄驿”。

龙海塘 即今湖南安仁县南五十里龙海镇。为县南要隘。清同治《安仁县志》：“咸丰间，湖南巡抚骆秉章迭委道员王保生、刘长佑、刘坤一、布政使司萧启江驻防于此。”以御太平军。

龙家务社　在今北京市平谷区境内。《方舆纪要》卷11平谷县：龙家务社“在县境，《屯政考》：县有水峪寺龙家务庄，旧有耕屯处”。

龙家集　即今江苏睢宁县西北庆安镇西龙集。《清一统志·徐州府二》“庙湾集”条下：龙家集“在县西北三十里”。

龙陵厅　清乾隆三十五年（1770）置，属永昌府。治所即今云南龙陵县。傣语称“勐龙”，意为陵墓区，音译“龙”，重复意译“陵”，因名龙陵。1913年废为县。

龙陵县　1913年改龙陵厅置，后属云南腾越道。治所即今云南龙陵县。1929年直属云南省。

龙桑寺镇　民国置，即今山东商河县东北龙桑寺镇。民国《商河县志》卷2：龙桑寺“在城东三十里”。镇因寺名。

龙堌集　①即今江苏沛县西北龙堌镇。民国《沛县志》附图：县西北有龙堌集。

②即今山东巨野县西南龙固堆镇。清光绪《山东通志》卷2《舆图志》：巨野县西南有龙堌站铺。民国《续修巨野县志》图作龙堌集。

龙堆　①在今湖南岳阳市西南洞庭湖中。一名金沙洲。杜甫《泛舟洞庭》诗“龙堆拥白沙”，即指此。

②指白龙堆。在今新疆罗布泊以东至甘肃敦煌间。《三国志·魏书·东夷传》裴松之注引《魏略西域传》：从敦煌玉门关入西域有三道，其中中道“过龙堆，到故楼兰，转西诣龟兹”；新道“经横坑，辟三陇沙及龙堆，出五船北，到车师界戊己校尉所治高昌”。

龙勒山　在今甘肃敦煌市西南三百里。汉龙勒县以山为名。《史记·大宛列传》正义引《括地志》：“沙州龙勒山，在寿昌县南百六十五里。”按：唐寿昌县即今甘肃敦煌市西南破城子。

龙勒水　①在今甘肃敦煌市西南。《元和志》卷40寿昌县：龙勒水“在县南一百八十里龙勒山上。李陵发兵至遮虏障东浚稽山南龙勒水上，徘徊观虏，所见即此水”。《清一统志·安西州》：“按李陵所至龙勒水在居延北塞外，此非其地。”

②今蒙古国西部古尔班博克多山脉南干河。《汉书·李陵传》：天汉二年（前99），“诏陵以九月发，出遮虏鄣至东浚稽山南龙勒水上，徘徊观虏，即无所见”。

龙勒县　西汉置，属敦煌郡。治所在今甘肃敦煌县西南一百五里破城子。《元和志》卷40寿昌县：龙勒县“因山为名”。北魏于此置寿昌郡。北周废。

龙勒府　隋大业十一年（615）于汉龙勒故城置，在今甘肃敦煌市西南破城子。唐武德二年（619）改置寿昌县。

龙硖港　在今湖南沅江市南。《方舆纪要》卷80沅江县：“龙硖港在县南三十里，与益阳县接界。亦流通洞庭湖。”

龙堂镇　即今河北曲周县东北二十五里第四疃乡北龙堂。清同治《畿辅通志》卷51曲周县图：东北有龙堂镇。

龙眼山　在今陕西神木县东。《方舆纪要》卷5神木县：龙眼山“上有二穴，穿透如眼，因名”。

龙眼墟　在今广东佛山市顺德区西龙眼村。清咸丰《顺德县志》卷5：津渡有“龙眼”。

龙跃池　五代前蜀武成元年（908）改摩诃池为龙跃池。在今四川成都市人民南路北端展览馆一带。《资治通鉴》：五代梁乾化三年（913），前蜀王建命王宗侃等攻击太子元膺，“宗侃等陈于西毬场门，兼侍中王宗黯自大安门梯城而入，与（徐）瑶、（常）谦战于会同殿前，杀数十人。瑶死，谦与太子奔龙跃池，匿于舰中。己酉，太子出就舟人丐食，舟人以告蜀主，亟遣集王宗翰往慰抚之；比至，太子已为卫士所杀”。胡三省注：“龙跃池即摩诃池。”乾德元年（919）改为宣华池。

龙跃泉　即龙泉。在今山西代县西北。《方舆纪要》卷40代州：龙跃泉“在州西北二十五里。《水经注》谓之云龙泉”。

龙跃宫　在今陕西高陵县西。《新唐书·地理志》高陵县：“西四十里有龙跃宫，武德六年，高祖以旧第置，德宗以为修真观。”五代梁开平中废。

龙停湖　在今江西乐平市西南，下流入乐安江。《明一统志》卷50饶州府：龙停湖“四时不竭”。

龙盘山　①即今山东章丘市西之龙山。《寰宇记》卷19章丘县：“晏谟《齐记》云：殷末周初有神龙潜于此山，遂以为名。两县中分，南属全节，北属章丘，上有神迹祠。”

②在今陕西宝鸡市陈仓区西北。《隋书·地理志》：南由县有盘龙山。《清一统志·凤翔府一》：龙盘山，“《州志》，山势盘曲如龙，为一州之胜”。

龙船关　明置，属达州。在今四川达州市西北。《方舆纪要》卷69达州：龙船关“在州西北。《志》云：州境山溪绵亘，其西北尤为险僻。正德中，为盗贼渊薮。嘉靖初，以次讨平。因即其险阻，增置龙船诸关，与巴州黄城诸关，相为形援”。

龙龛山　在今广东罗定市东南五十里。《舆地纪胜》卷101德庆府：龙龛山“在泷水县东北七十里。《旧经》云：昔有人于此得龙骨”。《清一统志·罗定州》：龙龛山“中有石笋百余”。

龙脖子　在今江苏南京市城东北太平门外。太平天国时期在此修筑地保城，为保卫天京的重要军事要塞。据清军江南大营的统领向荣在其奏稿中称：南京“地高池深，坚固异常，……但紫金山龙脖子一隅有旱路可通”。

龙庵隘　在今江西遂川县西。《方舆纪要》卷87吉安府龙泉县：龙庵隘在“县西五十五里。《志》云，自阨而西，八十里至燕塘阨，百里抵郴州桂东界口，多崇山峻岭，以北乡巡司为中制”。

龙盖山　在今湖北石首市东二里。《方舆纪要》卷

78石首县：龙盖山“在县东二里。县之主山也。与绮林，马鞍为三峰，俱错列江滨。《水经注》：‘大江右有龙穴水口’。今龙盖山上有石湫，号龙穴水，下流入江。相传唐李卫公征萧铣，取道江陵，屯兵于此”。

龙凑 在今山东德州市东北。《后汉书·袁绍传》：初平三年（192），公孙瓒“遣兵至龙凑挑战，绍复击破之”。即此。

龙渚市 在今广西恭城瑶族自治县北栗木镇上宅村大源头。《宋史·地理志》恭城县：“太平兴国元年，徙治于北乡龙渚市。景定五年复旧。”

龙混镇 亦名龙居店。在今山东博兴县东北。《方舆纪要》卷31蒲台县“三姑台”条下：龙居店“亦曰龙混镇。相传宋太祖微时尝潜寓于此”。

龙涸 又名龙鹤、龙鹄。在今四川松潘县。《宋书·吐谷浑传》：“自抱罕以东千余里，暨甘松，西至河南，南界昂城、龙涸。”即此。北周保定五年（565）于此置龙涸防。天和元年（566）于此置扶州，龙涸郡、嘉诚县。

龙涸防 北周保定五年（565）于龙涸城置，在今四川松潘县。天和元年（566）于此置扶州、龙涸郡和嘉诚县。

龙涸郡 北周天和元年（566）于龙涸防置，属扶州。治所在嘉诚县（今四川松潘县）。辖境相当今四川松潘县地。隋开皇三年（583）废。

龙渊 ①即剑池湖。在今浙江龙泉市南秦溪漠村。《方舆纪要》卷94龙泉县：剑池湖“相传欧冶子铸剑于此，号为龙渊”。

②水名。在今河南舞钢市东、西平县西。《战国策·韩策一》：“韩卒之剑戟，皆出于冥山、棠谿、墨阳、合伯，膊邓师宛冯龙渊、大阿，皆陆断马牛，水击鹄雁，当敌即斩。”《晋太康地记》作龙泉，曰：“汝南西平县有龙泉水，可以淬刀剑，特坚利，故有龙泉水之剑。”

龙渊县 ①南齐置，属安昌郡。治所在今广西合浦县北境。梁、陈时废。

②即龙编县。在今越南北宁省仙游东。《水经·叶榆水注》：叶榆水“又东径龙渊县故城南，又东左合北水。建安二十三年立州之始，蛟龙蟠编于南北二津，故改龙渊以龙编为名也”。

龙渊宫 在今河南濮阳县西南。《汉书·武帝纪》：元光三年（前132）五月，“河水决濮阳，汜郡十六，发卒十万救决河，起龙渊宫”。《水经·河水注》：河南有龙渊宫，“盖武帝起宫于决河之旁，龙渊之侧，故曰龙渊宫也”。

龙渠县 ①宋置，为羁縻县。治所在今湖北利川市西南七十六里忠路镇。元改为忠路寨。

②南宋改南宾尉司置，属忠州。治所在今重庆市万州区东南龙驹镇。元初废。

龙渠集 一名龙曲集。即今河南太康县北四十八里龙曲镇。明嘉靖《太康县志》卷1《集店》：“龙渠集，北五十里。”

龙渠镇 即今重庆市万州区东南龙驹镇。《新定元丰九域志》卷8忠州：“南宾县尉司，本伪蜀龙渠镇，属夔州，皇朝割属忠州，移南宾县尉于此。”

龙隐台（臺） 在今云南武定县西狮山上。《清一统志·武定州》：龙隐台“在州西八里，狮山之岭。孤峰入云，两石相抱，中容数人。世传明建文帝隐此，故名”。

龙隐洞 在今广西桂林市城东七星山瑶光峰山脚下。洞窟奇特，洞内外多唐宋以来名人题刻，如唐乾宁元年（894）张浚、刘崇龟的《杜鹃唱和诗》，宋代张敏中、张定叟等十三人的题刻和梅挚的《五瘴说》石刻等，颇有历史价值。

龙颈山 在今广西荔浦县北。《方舆纪要》卷107荔浦县：龙颈山在“县北一里”。

龙颈墟 即今广东清新县西北龙颈镇。清光绪《广东舆地全图》：清远县西北有龙颈墟。

龙巢 在今湖北石首市东。《水经·江水注》：“大江右得龙穴水口，江浦右迆也。北对虎洲。又洲北有龙巢，地名也。昔禹南济江，黄龙夹舟，舟人五色无主，禹笑曰：吾受命于天，竭力养民。生，性也；死，命也。何忧龙哉？于是二龙弭鳞掉尾而去焉。故水地取名矣。”《水经注疏》熊会贞按：“在今石首县东。”

龙巢山 一名龙山。在今湖北省丹江口市西北上关门岩东。《水经·沔水注》：“沔水又东径龙巢山下。山在沔水中，高十五丈，广员一里二百三十步。山形峻峭，其上秀林茂木，隆冬不凋。”

龙巢县 南朝梁置，为土州治。治所在今湖北随州市东北五十里。北周改置左阳县。

龙堰口关 明置，在今贵州惠水县西南。《方舆纪要》卷121定番州：龙堰口关在“（大龙番长官）司西十二里”。

龙蛟江 即今一泡江。在云南大姚县西，北流入金沙江。《方舆纪要》卷116大姚县：龙蛟江在“县西北百二十里。源出铁索箐，合姚州连场、香水二河，东北注于金沙江。俗名苴泡江，音讹也。水产金”。

龙销谷 在今山西太原市东南五十里。《方舆纪要》卷40阳曲县：龙销谷“明初大兵下泽潞，扩廓遣兵驻此，以为声援”。

龙鹄 即龙涸。在今四川松潘县。《魏书·穆亮传》：高祖时，“领护西戎校尉、仇池镇将，率骑三万，次于龙鹄，击走吐谷浑”。即此。

龙鹄山 亦作龙鹤山。在今四川丹棱县北。《方舆纪要》卷71丹棱县：龙鹄山“在县北十五里。山高耸。宋李焘父子读书于此。一名龙鹤山”。《清一统志·眉州》：龙鹄山“上有天柱峰，下有龙涎洞。宋李焘少时读书于此，筑室曰巽岩。子壁、𡌴亦读书于此。孝宗御书‘龙鹄山’三大字石刻尚存”。今山半有唐开元间道教摩岩造像数十龛，天宝九年松柏铭石刻。孝宗书与“龙鹄山”三大字犹存。山下有李焘墓。

龙集城　在今湖北红安县东，接麻城县界。《方舆纪要》卷76黄安县：龙集城“在县东。相传隋所置县，而《隋志》不载”。

龙街　①即今云南永平县东南六十里龙街镇。清有外委把总驻防。民国初设县佐于此。

②即今云南江川县东北二十六里江城镇南龙街。大理时名碌云异城。元、明时为江川县治。

龙街山　在今云南禄丰县西北。《方舆纪要》卷116广通县：龙街山在“县（治今广通镇）北七十里。有龙街洞，为县之胜”。

龙街关　明永乐五年（1407）建，在今云南武定县西北七十里。有土巡检司。清废。

龙舒　一作舒龙。西周、春秋群舒之一。偃姓。在今安徽舒城县西南。《汉书·地理志》庐江郡有舒城县。应劭曰：“群舒之邑。”

龙舒山　即龙眠山。在今安徽舒城县西南。《舆地纪胜》卷45庐州：龙舒山，“《括地志》云：以山状如龙形，故名。《晏公类要》云：今号龙山，在舒城县”。

龙舒水　即南溪。今安徽舒城、庐江二县境之杭埠河。《寰宇记》卷126舒城县：“龙舒水在县南三里，按《左传》杜预云：庐江西南有龙舒，即此水是也。源从三角山东北流。”

龙舒县　西汉置，属庐江郡。治所在今安徽舒城县西南。东晋末废。

龙额侯国　西汉置，属平原郡。治所在今山东齐河县（晏城）西南。东汉省。

龙焙监　在今福建建瓯市南一百五十里。《寰宇记》卷101：龙焙监“建州建安县南乡秦溪里地，以本州地出银矿，皇朝开宝八年置场，收铜、银。至太平兴国三年升为龙焙监，凡管七场”。

龙港市　即今湖北阳新县西南六十六里龙港镇。清设龙港市汛，有把总驻防。

龙港革命旧址　在今湖北阳新县西南龙港镇，地处与湖北通山及江西武宁、瑞昌等县市交界处。1927年9月，中国共产党在龙港领导秋收起义，实行工农武装割据。1929—1930年，李灿、何长工、彭德怀率红五军进驻龙港，开创鄂东南革命根据地。龙港保存的革命旧址有中共鄂东南特委、鄂东南苏维埃政府、鄂东南工农兵银行、彭德怀旧居、彭杨学校、列宁学校、红军后方医院等七十多处。其中有十五处集中在龙港镇400多米长的老街。始建于清末，大多为二层单檐砖木结构瓦房，具有江南古镇的独特风貌。现保存基本完好。在这里保留有当年的标语、壁画等遗迹近百幅。2001年定为全国重点文物保护单位。

龙港镇　即今湖北阳新县西南六十六里龙港镇。为鄂东南革命老根据地，1931年中国共产党鄂东南特委机关驻此。

龙湖　①在今福建泉州市南。《寰宇记》卷102泉州晋江县：“龙湖在县南一百里，有庙存焉。”明《八闽通志》卷7《地理志·山川》：龙湖“在府城南。相传湖与海通，中为涌沙所隔，遂别为湖。尝有龙出入其中，故名”。《清一统志·泉州府》引《晋江县志》：龙湖“周可二十里，诸溪涧水汇流于此”。又引《闽书》曰：“龙湖与卼湖相去仅咫，龙湖大而水绿，卼湖小而水赤，二湖若雌雄然。龙湖旧传与海通，涌沙界其中，或见龙出没焉。”

②即马湖。又名龙马湖。今四川雷波县东北马湖。《明史·地理志》屏山县：“又有马湖，湖在山顶，亦曰龙湖。”

龙湖墟　即今广东潮安县北龙湖镇。清光绪《潮州府志》卷14：海阳县“墟市”有龙湖墟。

龙湫　①在今江西丰城市东南龙门山下。《舆地纪胜》卷26隆兴府：龙湫“在丰城县龙门七宝禅寺之西，深处有石可以琢砚，龙尾石之亚也”。《明一统志》卷49南昌府：龙湫“在丰城县西南三十里。众峰坳处，内有蛰龙，虽连雨、大旱，水无增减”。

②在今福建罗源县境。《清一统志·福州府一》引《旧志》：龙湫“有二：一在县西南金钟山，一在县西北福源山，二湫相去二十余里，而泉脉相通”。

龙湾　①即今吉林农安县的旧称。清光绪十四年（1888）置农安县于此。民国魏声龢《吉林地志》：“农安县，土名龙湾。”

②在今江苏南京市城西北。《宋史·岳飞传》：南宋建炎四年（1130），“金兀术次龙湾。以飞骑三百、步兵二千驰至新城，大破之”，即此。

③在今山东宁津县北二十里。《方舆纪要》卷13宁津县：龙湾“自景州吴桥县流入界。亦名谷家河。东南流入于土河”。

龙湾山　在今山西应县南三十五里。《方舆纪要》卷44应州：龙湾山“在州南四十里。亦名南山。上有龙池。稍南为茹越口，接代州繁峙县界”。

龙湾市　即今湖北潜江市西南五十四里龙湾镇。清属江陵县，置巡司于此。民国初置县佐。

龙湾河　即今河北香河县南青龙湾河。《方舆纪要》卷11香河县：龙湾河在“县南四十里。有大、小龙湾，夏秋之际，二水合流，经宝坻县界，入永平府昌黎县之七里海。相传辽时海运故道”。

龙湾峪口　在今山西山阴县南。《方舆纪要》卷44山阴县：龙湾峪口“在县西南四十里，南通代州水峪口”。

龙湾遗址　在今湖北潜江市西南五十余里的龙湾镇和张金镇。东周文化遗存丰富。遗址东北部为章华台遗址，总面积达60.7平方公里，为一处重要的楚王宫殿基址群。现已勘探出自东向西分布着十九个夯土台基组成的四大夯土基址群——放鹰台宫殿基址群，其中1号宫殿基址为三层的高台建筑，占地面积1.17万平方米，遗迹复杂，有踏步、地下排水管、檐柱、大方柱、三层台的地梁沟槽、三面环绕的贝壳路、东南侧门等。遗址西南部为黄罗岗遗址，以黄罗岗城为中心，周围分布着众多同时期的文化遗存，总面积达40.2平方公里，为春秋楚城。现已发现城址的南城垣，长约 1200—1400 米。城址内发现大量灰坑等遗物。龙湾遗址的发现对研究楚国历史、文化、建筑史等提供了重要资料。2001 年定为全国重点文物保护单位。

龙湾寨 明建，即今浙江温州市东南龙湾镇。《方舆纪要》卷 94 温州府：龙湾寨在“府东三十里。《志》云：寨东接宁村，西捍府治，坐临深水，颇为险要”。

龙湾镇 亦作龙安镇。又名靖安镇。在今江苏南京市西北。宋《景定建康志》卷 16：龙湾市“在上元县金陵乡，去城一十五里”。《明史·太祖纪》：元至正十二年（1352），陈友谅“至龙湾”，太祖“乘雨夹击，大破之。友谅乘别舸走”。即此。

龙渡山 在今湖南桂阳县南三十里。《舆地纪胜》卷 61 桂阳军：龙渡山“又名神渡山。在军南三十里”。《方舆纪要》卷 80 桂阳州：龙渡山“州之望山也。下有源泉，溉田甚溥”。

龙游市 1949 年解放后由龙游县城区析置，治所即今浙江龙游县。1949 年 10 月撤销，并入龙游县。

龙游寺 即今江苏镇江市西北金山上的金山寺。本名泽心寺，北宋大中祥符五年（1012）改为龙游寺。天禧五年（1021）复名金山寺。

龙游（遊）县 ①北周置，治所在今四川峨眉山市。不久改名峨眉县。

②隋开皇十年（590）改青衣县置，为嘉州治。治所即今四川乐山市。《元和志》卷 31 龙游县：“以隋将伐陈，理舟舰于此，有龙见江水，引军而前，故名县。”大业三年（607）为眉山郡治。唐武德初复为嘉州治。天宝初为犍为郡治。乾元初复为嘉州治。北宋宣和元年（1119）改为嘉祥县。南宋绍兴元年（1131）复名龙游县。庆元二年（1196）为嘉定府治。元为嘉定府路治所。明洪武九年（1376）废入嘉州。

③五代唐长兴二年（931）吴越钱镠改龙丘县置，属衢州。治所即今浙江龙游县。北宋宣和三年（1121）更名盈川，南宋绍兴元年（1131）复名龙游县。元属衢州路。明、清属衢州府。民国初属浙江金华道。1927 年直属浙江省。

龙游府 元至正十九年（1359）朱元璋改衢州路置，属中书分省。治所在西安县（今浙江衢州市）。辖境相当今浙江衢州、江山二市及衢县、常山、开化三县地。至正二十六年（1366）朱元璋改衢州府。

龙游河 在今江苏如皋市东六十里。《舆地纪胜》卷 40 泰州：游龙河“在如皋县。有游龙堰，通于大江”。《清一统志·通州》：龙游河“有九十九湾。《旧志》：河流逶迤，中多湾曲，北接运盐河，南通大江。一名通江河”。

龙游驿 明置，在今广西龙州县西。《方舆纪要》卷 111 龙州：龙游驿“在城西。《舆程记》：自龙州驿正南渡广源、江州，入白藤大小两江，为龙州入交趾之道”。

龙游城 唐置，属雅州。在今四川荥经县东北龙游山。《新唐书·地理志》：雅州卢山郡有龙游城。

龙窝约 即今广东紫金县东南六十里龙窝镇。清光绪《广东舆地全图》：永安县（今紫金县）东南有龙窝约。

龙窝河 在今河南省南乐县东。《方舆纪要》卷 16 南乐县：龙窝河在“县东四十里。自山东观城县界，流经县境之莱村，又经县南，入清丰县界。或曰：本大河故渎也。唐开元十四年，魏州河溢，其决口谓之龙窝。自宋以来，县皆为大河经流之道，其后河既南徙，余流断续不一，因随地立名云”。

龙窝铺 即今贵州清镇市北麦格乡北龙窝。《清一统志·安顺府》“界首铺”条下：又有“龙窝铺”等，旧皆戍守处。

龙窖山 在今湖南临湘市东北。《舆地纪胜》卷 69 引《岳阳志》云：“在巴陵北。山实峻极，上有雷洞，有石门之洞，山瑶居之，自耕而食，自织而衣。”《方舆纪要》卷 77 岳州府临湘县：龙窖山在“县（治今岳阳市东北陆城镇）东百里，跨临湘、通城、崇阳、蒲圻四县界。上有龙湫，因名”。

龙登山 ①在今重庆市江津区东南。《方舆纪要》卷 69 江津县：龙登山在“县东百里。上有虎跳岭，双峰并峙，顶有井泉，四围石壁崭岩，有二路可通。正德八年盗起，义兵屯此，为一方保障”。

②在今重庆市綦江县西，接江津市界。《舆地纪胜》卷 180 南平军：龙磴山“在军西北一百五十里。上有禅居寺，在唐为灵岩寺”。《方舆纪要》卷 69 綦江县：龙登山“在县西七十里。山势如龙，一名石磴山”。

龙登硐 在今四川小金县西。清乾隆《金川琐记》卷 2：“龙登硐，属懋功也。为两金川要口，山形雄峻，所谓一夫当关，万夫莫开者也。讨逆酋时，三年不能下，四路夹攻，长驱直捣，因乘其懈，击破之。”

龙编县 西汉置，属交趾郡。治所在今越南北宁省仙游县东。东汉为交趾郡治。三国吴黄武五年（226）又为交州治。隋移治仙游附近，大业初属交趾郡。唐武德四年（621）为龙州治，贞观元年（627）属交州。唐末废。

龙塘 即今贵州台江县西南龙塘。清雍正九年（1731）置龙塘土千总。

龙塘山 ①在今安徽绩溪县东北，与浙江临安县交界处。《方舆纪要》卷 28 绩溪县：龙塘山“在县东百余里。麓有小径，萦纡险巇，悬绝不通处，则倚木架桥，鱼贯而进。当径有石如门，上有洞，轩豁可容百人。再上有池，极深”。主峰在临安县境，已辟为龙塘山自然保护区。

②在今浙江临安市西南一百五十里浙、皖界上。海拔 1787 米。《方舆纪要》卷 90 昌化县：“龙塘山与昱岭相接，怪石峙立，林谷幽邃。有龙洞，深不可测。”

③在今江西星子县西北三十里。《明一统志》卷 52 南康府：龙塘山“峰峦峭拔，环抱湖湾”。

龙塘冈集 一作龙台冈。即今河南民权县西南龙塘镇。清光绪《睢州志》卷1《集镇》："龙塘冈集，在州北，离城四十里。"

龙塘江 在今广西忻城县西。红水河支流。《方舆纪要》卷109忻城县：龙塘江"在县北。源出龙塘山，东南流入乌泥江"。

龙塘县 明崇祯十年（1637）改天柱县置，属湖广靖州。治所在龙塘（今贵州天柱县东十里社学乡田心寨）。后复改天柱县。

龙塘墟 即今广东清远市东南龙塘镇。清有外委把总驻防。

龙塘寨 即今湖南安化县东北三十八里龙塘乡。《方舆纪要》卷80安化县："《志》云，宋时茶法甚严，县境伊溪、资江滨，皆产茶，民趋利攘窃，遂啸聚为乱。因议于资江、龙塘建砦，命将统兵戍守，民赖以安。"

龙蓬州 即龙逢州。治所在今四川康定县境。

龙楼门 汉长安城内桂宫的南门。《汉书·成帝纪》：帝为太子时，"初居桂宫，上尝急召，太子出龙楼门，不敢绝驰道，西至直城门，得绝乃度，还入作室门（未央宫北面别门）"。注引张晏曰："门楼上有铜龙，若白鹤、飞廉之为名也。"

龙赖县 即龙额县。治所在今广西扶绥县东北。《旧唐书·地理志》作龙赖县。

龙雾洲 在今江西丰城市东北。《方舆纪要》卷84南昌府丰城县"杨子洲"条下：龙雾洲"在县东北四十里大江中。上皆橘林，宋时有渔者得金钟于此，因名金钟口"。

龙雾桥 在今江苏丰县城东北五里梁楼村。《史记·高祖本纪》载："高祖，沛丰邑中阳里人，姓刘氏，名季。父曰太公，母曰刘媪。其先刘媪尝息大泽之陂，梦与神遇。是时雷电晦冥，太公往视，则见蛟龙于其上。已而有身，遂产高祖。"龙雾桥即以此而得名。《古今图书集成·职方典》："龙雾桥在县东北五里，即高祖母遇龙处。"

龙腹山 在今四川南江县西南。《隋书·地理志》：盘道县"有龙腹山"。《寰宇记》卷139巴州清化县："龙腹山在县西九里。"

龙腾山 ①在今湖南沅陵县西南七里。《方舆纪要》卷81沅陵县"南山"条下：龙腾山"高耸突出"。

②在今四川南溪县东。《舆地纪胜》卷163叙州：龙腾山"去南溪县东五里。其北有石横空，长四丈许。父老相传云龙桥"。《方舆纪要》卷70南溪县：龙腾山在"县东二里。下瞰大江。其北有石横空"。

龙腾苑 在今辽宁朝阳市故龙城外。《晋书·慕容熙载记》：十六国后燕光始三年（403），"大筑龙腾苑，广袤十余里，役徒二万人"。建始元年（407），熙"夜至龙城，攻北门不克，遂败走入龙腾苑，微服隐于村中，为人所执，（慕容）云得而杀之，及其诸子同殡城北"。即此。

龙腾驿 明置，在今四川南溪县东。《方舆纪要》卷70南溪县：龙腾驿在"治西（东）二里青衣江口，水驿也"。

龙源口 在今江西永新县西南。1928年6月，中国工农红军在此与国民党军发生激战，粉碎了国民党军队的进攻，称为"龙源口战斗"。

龙源戍 在今四川宜宾市东六十里李庄镇。《旧唐书·地理志》南溪县："后周于废郡置南武戍。隋改为龙源戍。"

龙源县 唐贞观十二年（638）置，属环州。治所在今广西环江毛南族自治县西北水源镇。后废。

龙溪 ①苕溪支流。在今浙江安吉县西。《方舆纪要》卷91安吉州：龙溪"在州治（今安城镇）东南。即苕溪之支流也。自州城西绕流经此，合于马家渎，溢为外溪，分为里溪，远近诸水悉附入焉"。

②在今江西南城县东南。《方舆纪要》卷86建昌府南城县：龙溪"在府南八十里。《志》云，源出高陂，流入石门通汝川。汝川即盱水矣"。

③古名容溪。即今重庆市长寿区东北之龙溪河。《清一统志·重庆府一》：龙溪"在长寿是东……古名容溪"。清李元《蜀水经》卷5："容水又南为龙溪。"

④在今重庆市云阳县东。《方舆胜览》卷58云安军：龙溪"在县西三十里"。明嘉靖《云阳县志》卷上：龙溪"五峰麓，细流入大江。昔龙升于此，故名。见升龙桥记"。

⑤在今四川理县西北。《旧唐书·韦皋传》：贞元十七年（801），韦皋出兵伐吐蕃，"威戎军使崔尧臣兵千人出龙溪石门路南"，即此。

⑥在今贵州岑巩县西五十里。《方舆纪要》卷122思州府：龙溪"相传土人击铜鼓于此而龙出，因以成溪。……俱流合于清溪"。

⑦在今越南太平省西北境，河内市东。《方舆纪要》卷112安南镇蛮府：龙溪"在府东延和县。昔陈氏夜过此溪，不能渡，忽见一桥跨江。既渡，回顾不见。及有国，改名龙溪"。

龙溪山 ①在今广东惠来县西。《隋书·地理志》：海宁县"有龙溪山"。《元和志》卷34潮阳县：龙溪山"今名海宁岭，在县西南一百七十里"。

②在今广西富川瑶族自治县北。《舆地纪胜》卷123贺州：龙溪山"在富川县北。距县五十里。旧在冯乘县东，龙溪之水出焉"。

③在今贵州余庆县西北龙溪。《明史·陈璘传》：万历二十八年（1600）平播之役，湖广总兵陈璘"军次白泥，杨应龙子朝栋率众二万渡乌江迎战。璘前御之，而分两翼蹑其后。'贼'少挫，追奔至龙溪山"，即此。

龙溪水 ①即今江西奉新县西北龙溪河。《寰宇记》卷106洪州奉新县：龙溪水"在县西二十里。源出药王山，流经县界南合冯水。梁天监于此获四目龟"。

②在今四川茂县南。《舆地纪胜》卷149茂州：龙溪水，"《图经》云：引龙溪水入城内，至光孝寺以两池潴之。居民常汲饮"。《方舆纪要》卷67茂州：龙溪水"在州南十里。流入于汶江"。

龙溪场 即今贵州余庆县西北龙溪镇。民国《余庆县志》卷1：龙溪场"距城西五十里"。1932年置镇。1958年废。1984年复置龙溪镇。

龙溪县 南朝梁置，属南安郡。治所即今福建龙海市西北古县。唐乾元二年（759）移治今漳州市。《寰宇记》卷102漳州龙溪县："因龙溪为名。"《方舆纪要》卷99漳州府龙溪县：九龙江，"梁大同间有九龙游戏江上，因名县曰龙溪，并以名江也"。隋属建安郡，唐初属泉州，圣历二年（699）属武荣州。开元二十九年（741）改属漳州。乾元二年（759）迁治今漳州市，为漳州治。元为漳州路治。明、清为漳州府治。1913年属福建西路道。1914年属汀漳道。1928年直属福建省。1950年析置漳州市。（1985年升为地级市）。

龙溪驿 ①明置，在今四川大竹县东北。《方舆纪要》卷68大竹县：龙溪驿"在县东。嘉靖三十六年增置。自蓬州改属"。道光《大竹县志》卷13：古龙溪驿"即新宁馆。在县东北七十里"。

②明置，在今四川蓬安县西五里锦屏镇。《方舆纪要》卷68蓬州：龙溪驿，"《志》云：旧在州治南。景泰中移于城西水浒"。

③在今重庆市长寿区南。《方舆纪要》卷13长寿县：龙溪驿"在县南，水驿也。《会典》：旧属巴县，嘉靖十三年改今属"。

龙溪城 即今四川汶川县西北龙溪乡。《新唐书·韦皋传》：贞观初，"城龙豁于西山，保纳降羌"。《清一统志·杂谷厅》：龙溪城"在厅西北十里。唐贞元初，韦皋城龙溪，筑西山堡以待降羌，今为龙溪番寨"。

龙溪桥 在今福建顺昌县南。《方舆纪要》卷97顺昌县："龙溪桥在县南。其地左负山，右临涧，路转山坳，始与桥直。宋绍定二年寇至，官军据桥为险，与寇战，寇败走。桥久废，今仍架木，以通往来。"

龙溪铁路 1916年修筑，自龙溪（今福建漳州市）向北至浦南。全长30公里，为轻便铁路。后被拆除。

龙溪铺 即今湖南武冈市东南十里龙溪镇（龙溪铺）。清光绪《湖南通志》卷1武冈州图：州东南有龙溪。

龙溪镇 ①旧名牛溪镇。即今四川都江堰市西北三十里龙池镇（龙溪）。《方舆胜览》卷55茂州："龙洞在牛溪镇。入洞数步，向南石壁有路可通。"民国《川西边事辑要》第八编：龙溪镇"在娘子岭之麓，有人百余户。汶川县公安分局在焉"。

②在今四川昭觉县西南。《方舆纪要》卷74建昌卫军民指挥使司：龙溪镇在"司东四十里，有龙溪巡司"。清裁。

龙滚 即今海南省万宁市东北龙滚镇。清乾隆三年（1738）置巡司于此。

龙滚河 在今海南省万宁市北。《明史·地理志》万州："北有六连山，龙滚河出焉。"《清一统志·琼州府一》：龙滚河"在万州北八十里。源出六连山，东北流至乐会县与温泉河合"。流入南海。

龙滘水 在今广东佛山市顺德区西南。《方舆纪要》卷101广州府顺德县：龙滘水"出县西南三十里龙头山，南流入于南海"。

龙滩驿 明置，在今四川广元市西南。《方舆纪要》卷68昭化县：龙滩驿在"县西五里，水驿也。今县南一里有龙滩渡，驿因以名"。

龙滩渡 在今重庆市长寿区南，为长江津渡。清嘉庆《四川通志》卷31长寿县：龙滩渡"在旧县前龙舌滩，通南川要路，上接巴江，下达涪州"。

龙窠水 在今山西大宁县东。《方舆纪要》卷41大宁县：龙窠水"自永和县南流入隰州界，又西南流入县境，合于昕川，注于大河"。

龙窟河 在今江西余干县西南，为信江在余干县之别称。《明一统志》卷50饶州府：龙窟河"在余干县南一十五里。源出广信之兴业溪，经此西流入鄱阳湖"。《方舆纪要》卷85饶州府余干县：龙窟河在"县西南十五里。安仁县锦江、白塔河之水会于此，西流入鄱阳湖"。

龙窟铺 一名龙津市。即今江西余干县西南，信江北岸龙津。元于此置龙津驿，清裁。信江在余干县境亦称龙窟河，铺因以为名。

龙鼻江 在今广西鹿寨县西南。《方舆纪要》卷109洛容县："龙鼻江在旧县西十五里。出托定、洛斗诸乡，流合洛清江，入于柳江。"

龙鼻嘴 在今湖南古丈县西南三十四里。清置汛，有把总驻此。1984年依苗语置默戎镇。

龙銮潭 在今台湾省屏东县东南恒春镇南。《清史稿·地理志》台南府："龙銮潭在恒春县南，西北流入于海。"

龙豪县 唐武德四年（621）置，属南州。治所在今广西陆川县西南十四里大桥镇古城。六年（623）属白州。大历八年（773）改属顺州。北宋开宝五年（972）废入陆川县。

龙漈山 在今福建连江县北。《方舆纪要》卷96连江县：龙漈山"在县治北。县之主山也。冈峦如龙，漈水夹涧而下。有潭曰五峰潭。山北五里曰湖山，高秀出诸峰之上"。

龙漳省 1933年11月福建人民政府（即中华共和国人民革命政府）置，省会在龙溪县（今福建漳州市）。辖境相当今福建漳浦、长泰、漳平、龙岩、宁化、明溪等市县以南地。同年12月改为龙汀省。

龙镇山 亦名三台山。在今广西来宾市东北。《方舆纪要》卷109来宾县：龙镇山在"县北一里。是县之主山"。

龙镇石 在今安徽黄山市黄山区西北十五里秧溪河口，现已没入太平湖。《舆地纪胜》卷19宁国府：龙镇石“在太平县穰溪东北。下临深潭，冬夏澄澈如一，号麒麟潭。其石高二丈余，世传龙镇水最宜纸”。

龙镇县 1917年改龙门镇设治局置，属黑龙江省绥兰道。治所在龙门镇（今黑龙江省五大连池市驻地青山镇东北龙镇）。1928年直属黑龙江省。1932年移治北安镇（今黑龙江省北安市）。1938年改名北安县。

龙德宫 在今河南开封市。《方舆纪要》卷47开封府祥符县“汴故宫”条载：“龙德宫在城内西北隅。宋徽宗潜邸也。即位后广之，易今名。”

龙潜营 在今湖南凤凰县东北。清严如熤《苗疆险要考》谓“在三脚岩北五里，与瑞安营声息相援。此路自三脚岩至晒金塘近三十里，皆前阻深涧，后负峻岭，一径缘石壁中，极为险峨，往时俱设有汛卡”。

龙潭 ①在今山西长治市西。《方舆纪要》卷42潞安府长治县：龙潭“在府西三十里。亦名金龙池。渊深不可测，亦流入于漳水”。

②在今吉林省吉林市东北郊龙潭山。民国魏声龢《鸡林旧闻录》：“龙潭在山顶，终年不涸，下有泉脉通松花江。”

③即今江苏南京市东北龙潭镇。《明史·恭闵帝纪》：建文四年（1402），“燕兵至龙潭”。即此。

④即今安徽凤台县东二里许的黑龙潭。北宋苏轼有《寿春李定卿出饯城东龙潭》诗。为凤台八景之一。

⑤在今河南新密市东南三十里。《清一统志·开封府一》：龙潭“近大隗山麓，有数源流注潭口，两岸皆石，水流倒击，岩窍飞瀑如雷。潭侧峰峦峭拔。其水莹净，色如琉璃”。

⑥又名九龙潭。在今河南登封市东嵩山顶东。唐李白《送王屋山人魏万还王屋》诗：“鬼谷上窈窕，龙潭下奔潨。”

⑦在今广东东莞市东南四十五里。《方舆纪要》卷101广州府东莞县：龙潭，“《志》云：深溪山在县东南二十五里，有瀑水飞流，又十里而汇为龙潭，其水西北出，居民引以灌溉”。

⑧在今广东阳西县南。《方舆纪要》卷101阳江县：龙潭“在县西五十里。即官山之东，下流入海”。

⑨在今四川万源市东。明曹学佺《蜀中名胜记》卷23太平县：“《纪胜》云：太平东七里有龙潭，群峰环拱，凡七十二浦会合，凡四十八渚而汇为潭，广逾百亩，其深巨测，实惟龙湫。”《清一统志·太平厅》：龙潭“在厅东七十里”。

⑩在今重庆市秀山土家族苗族自治县西南。《方舆纪要》卷73平茶洞长官司：龙潭在“司治西。两旁山崖陡峻，潭中水深莫测”。

⑪即今重庆市酉阳土家族苗族自治县东南龙潭镇。旧属酉阳县，民国时有县佐驻此。

⑫在今云南丽江市玉龙纳西族自治县西南十里。《方舆纪要》卷117丽江军民府：龙潭“在府西南十里。阔数十亩。深不可测”。

⑬在今陕西平利县西南。《清一统志·兴安府一》：龙潭“在平利县西南三十里。潭阔四丈，其深莫测，为岁旱祷雨之所”。

龙潭土司 清初改龙潭宣抚司置，属散毛宣抚司。治所在今湖北咸丰县北二十里龙潭司乡。雍正十三年（1735）废。

龙潭山 ①亦名尼什哈山。在今吉林省吉林市东北郊。清光绪《吉林通志》卷18：尼什哈山“一名龙潭山。曰尼什哈山者，国语谓小鱼也，山之东北有河出小鱼，山因以名”。海拔388.3米。上有高句丽古城遗址、龙潭、龙凤寺、牌坊等古迹。为吉林城著名游览胜地。今辟为龙潭山公园。

②即今吉林省吉林市东龙潭区龙潭乡。吉舒铁路在此与吉海铁路相连。

③在今安徽宣城市南。《方舆纪要》卷28宁国县：龙潭山“在县西北百里。下有龙潭，山谷深邃，与文脊山相连亘，宣、旌错界处也”。

④在今广东从化市西北三十里。《清一统志·广州府》：龙潭山“下有龙湫，绕出三、四里许，皆石涧清流，分流至县后，溉田数百顷”。

龙潭山城 在今吉林省吉林市城东十六里龙潭山上。东晋十六国时期，高句丽好太王于公元391—413年筑城，城墙周长2396米，用土石夯筑，墙高约10米。城郭呈不规则多边形。城内低平，适宜屯兵；城外山崖陡峭，易守难攻。设西、南、北三门，四隅制高点设平台四处，长20—25米，宽4—9米，原设角楼、瞭望台，已废。南台最高，称“南天门”。城内有龙王庙、龙凤寺、广场、牌坊等，西南部有“旱牢”（直径10.6米的石垒圆形坑）。2006年定为全国重点文物保护单位。

龙潭子 即今重庆市涪陵区西南龙潭坝镇。清同治《涪州志》卷1：龙潭子在“治西南百二十里。诸溪水汇为黑潭，阴深可畏。相传龙窟其中，下流复潴潭二，旱久不涸，巨鱼见，则灾异生，北流合梨香溪”。龙潭坝以此名。

龙潭水 ①在今广东封开县东北。《方舆纪要》卷101开建县：龙潭水“在县（今南丰镇）北二十里。源出怀集县深山中，流经县北六十里万石岭，又南流，经县北三十里潭霜山，东北群川皆流合焉，西流入于开江”。

②在今广西靖西县城东北。《清一统志·镇安府》：龙潭水“在归顺州（今靖西县）东北一里。源自山下石穴涌出，长流成川，绕州而南，入交趾高平府界。不通舟楫”。

龙潭长官司 元末明玉珍改龙潭宣抚司置，属施州。治所在今湖北咸丰县北清坪镇龙潭司。明洪武四年（1371）改为安抚司。

龙潭市 在今江西湖口县东北黄茅潭水滨。清时有守备驻防。

龙潭寺镇 又名隆兴场。即今四川成都市东北二十里龙潭街道。民国《华阳县志》卷4：龙潭寺“在治东北城外二十里。寺内有龙潭，因以为名”。

龙潭安抚司 明洪武四年（1371）改龙潭长官司置，属施州卫。治所在今湖北咸丰县北清坪镇龙潭司。二十三年（1390）废。永乐五年（1407）复置，属施州卫。后改属散毛宣抚司。清初改为龙潭土司。

龙潭县 南朝宋文帝时置，属新宁郡。治所在今广东新兴县西南天堂镇南龙潭寨。隋开皇九年（589）平陈后迁治今阳春市东北平望镇平地村，改名铜陵县。

龙潭沟 即今四川喜德县北龙塘沟。清有把总分防。

龙潭坪 即今湖北建始县东北九十二里龙潭坪镇。清同治《建始县志》卷2《场市》：东乡有“龙潭坪”。

龙潭店 一名汉龙镇。即今河南唐河县西南龙潭镇。清乾隆《唐县志》卷1《集镇》：“龙潭店，县南七十里。”

龙潭城 在今广东佛山市顺德区西五十里龙潭村。明正统末黄萧养据此称王，名千人聚。

龙潭峡 在今山西晋城市东南。《清一统志·泽州府》：龙潭峡“在凤台县（今晋城市）东南九十里。有五股泉流汇于此，其下陡绝为龙潭”。

龙潭洞遗址 即和县猿人遗址。在今安徽和县西北陶店乡南汪家山北坡龙潭洞。1980年在此发现旧石器时代完好的猿人遗址，有猿人头盖骨一具，上臼齿四颗，左下颌骨一个，并发现粗陋的角器、骨器和火烧过的骨头、灰烬等遗迹。

龙潭宣抚司 元置，属四川南道宣慰司。治所在今湖北咸丰县北清坪镇龙潭司。元末明玉珍改为长官司。

龙潭桥 在今湖南汉寿县东南。清乾隆中置巡司于此。

龙潭堡 北宋元丰二年（1079）置，属叙浦县。即今湖南溆浦县南一百十里龙潭镇。明、清置巡司于此。

龙潭港 在今湖北宜城市西南。《方舆纪要》卷79宜城县：龙潭港在“县西南里许。东通汉江”。

龙潭溪 在今湖南溆浦县南一百二十里。《清一统志·辰州府一》：龙潭溪“源亦出分水隘，东流过龙潭巡司（今龙潭镇）前，汇而为潭。由地中行二里复出，又东北流，至县东入溆水”。

龙潭墟 即今广西博白县西南龙潭镇。清光绪《广西舆地全图》博白县图：西南有龙潭墟。有外委戍守。

龙潭镇 ①即今江苏南京市东北龙潭镇。《方舆纪要》卷20江宁府句容县：龙潭镇“地有龙潭，因名。镇逼临大江。明初置巡司，兼设龙潭水马驿。建文四年燕王济江，次龙潭，是也。正统二年复建岁积仓于此，为滨江要害”。清康熙、乾隆二帝南巡时，曾在此设行宫。

②一名龙滩场。即今四川荣县东南七十五里龙潭镇。清道光《荣县志》卷10：龙滩场“在今县南七十里”。民国《荣县志》卷3：龙潭场在“南七十里”。

③即今重庆市酉阳土家族苗族自治县东南一百里龙潭镇。清雍正十三年（1735）设县丞于此，乾隆元年（1736）改为州同。民国初改县佐。

龙额县 亦作龙赖县。唐贞观十二年（638）置，属笼州。治所在今广西扶绥县东北。唐末废。

龙鹤山 即龙鹄山。在今四川丹棱县北。《寰宇记》卷74丹棱县：龙鹤山，“《华阳国志》云：丹棱县西北十五里有龙鹤山”。《元丰九域志》卷7：丹棱县“有龙鹤山”。

龙鹤戍 三国蜀汉置，属汶山郡。在今四川松潘县。东晋常璩《华阳国志·大同志》：“初，蜀以汶山郡北逼阴平、武都，故于险要置守，自汶江、龙鹤、冉駹、白马、匡用五围，皆置修屯牙门。”

龙摽县 南朝梁改沅阳县置，属南阳郡。治所即今湖南洪江市（黔城镇）。一说在今湖南新晃侗族自治县西南凉伞镇。隋属沅陵郡。唐改龙标县。五代时废。

龙翱山 在今四川长宁县南三十里。《方舆纪要》卷70长宁县：龙翱山“在县北四十里。山形蜿蜒如龙。一名龙峨山”。

龙壁山 在今广西柳州市东北。唐柳宗元《柳州山水近治可游者记》：浔江（今柳江）受背石支川，“因是北而东，尽大壁下，其壁曰龙壁，其下多秀石可砚”。《方舆纪要》卷109柳州府马平县：龙壁山“在府东北十五里。有石壁峭立，下临滩濑，郡城之下关也”。

龙藏寺 ①隋开皇六年（586）建，即今河北正定县城内隆兴寺。北宋开宝四年（971）改名龙兴寺。清康熙年间定名隆兴寺。

②在今浙江嵊州市北。《清一统志·绍兴府一》：龙藏寺“在嵊县北四十五里。梁天监二年建，号龙宫院。唐浙东观察使李绅，少年寓此肄业，绅有碑存寺中，宋大中祥符元年改赐今额”。

龙藏嶂 在今广东蕉岭县南。《方舆纪要》卷103镇平县：龙藏嶂“在县南二十里。峰峦高耸，若龙之腾空”。

龙蟠山 ①在今广西大新县西南。《明一统志》卷58太平府：龙蟠山“在太平州（治今雷平镇）西二里。以形似名”。

②在今广西兴安县东十五里。《寰宇记》卷162兴安县：龙蟠山“本名蟠龙山，天宝六载勅为龙蟠山。有石洞，洞门数里，人秉烛游，于回溪泥沙中尝见龙迹，其大如碗”。

③在今陕西铜川市北。《清一统志·西安府一》：龙蟠山“在同官县（今城关乡）东南里许。蜿蜒如龙，与虎头山相对”。

龙鼍山 又名龟龙山。在今广东恩平市西南二十里。《方舆纪要》卷101肇庆府恩平县：龙鼍山在“县西二十里。亦名大人山，又名鼍山。高三百余丈，周七、八十里。中有龙潭，俗名圣水，东有穴清泉泻出，名曰水磜。旁有紫霞洞，林木蓊蔚，石壁奇绝”。

龙骧山 ①在今广西藤县南。《明一统志》卷84梧州府：龙骧山“在藤县南六里。数峰耸列，下俯清流。晋龙骧将军陈隐镇此州，尝驻兵其下。因名”。

②在今四川渠县北。《寰宇记》卷138渠州：“今县则有龙骧山，盖古符特山。”《舆地纪胜》卷162渠州：龙骧山，“《图经》：在大竹县南三十里。窿脊盘行有四足，头尾稍小，如龙之骧。《汉地理志》云：扶特山在宕渠县西南。《方舆记》云：今龙骧山是也”。

龙骧水 在今湖北武汉市黄陂区西南。《水经·江水注》：江水“东会龙骧水口，水出北山蛮中，江之左有武口”。《元和志》卷27黄陂县：龙骧水“在县南七十二里。相传晋龙骧将军王濬率舟师伐吴，屯军于此”。因名。《清一统志·汉阳府》：龙骧水“在黄陂县南。……《旧志》：今县南东湖之南，牛湖之西北有一水一湾，名龙骧水。盖非故迹也”。

龙骧城 在今河南洛宁县西南四十里洛水南岸。《水经·洛水注》：“洛水又东径龙骧城北。龙骧将军王镇恶从刘公西入长安陆径所由，故城得其名。”

龙鹳山 亦作龙观山，又名万胜冈。在今四川雅安市南。《舆地纪胜》卷147雅州：万胜冈“在州龙观山，有龙观寺”。《方舆胜览》卷55雅州：万胜冈“在州西。有龙观寺。其趾曰百丈山，自邛崃或起或伏，环雅州治”。清费密《荒书》：明崇祯十七年（1644），张献忠义军张能奇守雅州，“曹勋率诸将攻雅州，大破贼于雅州龙鹳山下，贼败入雅州。诸将乘胜至雅城下，贼出战，勋败归荣经县”。

平干国 西汉征和二年（前91）改广平郡置，治所在广平县（今河北鸡泽县东南）。五凤二年（前56）复为广平郡。

平山 ①在今山西垣曲县东北。《山海经·北次三经》：孟门东南有“平山，平水出于其上，潜于其下，是多美玉”。

②即今辽宁营口市东南太平山。《明史·地理志》盖州卫：“又北有平山，其下有盐场。”《方舆纪要》卷37盖州卫“石城山”条下：“又平山在卫北五十里，三万卫盐场百户所置此。”

③在今黑龙江省萝北县北。产煤。民国徐曦《东三省纪略》卷5：“平山煤矿。矿在萝北县治西，距江岸十余里。光绪三十四年开办。”

④又名屏山。在今安徽泗县北二十里。《方舆纪要》卷21凤阳府虹县：平山“山势平衍，因名”。光绪《泗虹合志》卷1：屏山“环翠如屏。‘屏山晚照’为虹八景之一”。

⑤一名九曲山。在今福建福州市东南。《清一统志·福州府一》：平山“在闽县东南七十二里。宋端宗航海时驻兵于此。铲平其顶，故名”。

⑥又名越王山。即今福建福州市北屏山。《方舆纪要》卷96福州府：越王山“在府城北，半蟠城外。东联冶山。一名屏山，以形似屏繡也。亦曰平山”。

⑦在今山东嘉祥县西五十五里。《方舆纪要》卷33嘉祥县“塔山”条下：平山“山顶四平，可耕稼云”。

⑧在今山东聊城市西南。《清一统志·东昌府一》谓平山“土阜隆起如山。旧设平山卫，得名以此”。

⑨即河洑山。在今湖南常德市西三十里。《水经·沅水注》：“沅水又东径平山西，南临沅水，寒松上荫，清泉下注。”

⑩在今广东惠东县（平山镇）。《清一统志·惠州府》：平山“在归善县东少南七十里。其下为平山驿”。

⑪在今广西三江侗族自治县西南。《方舆纪要》卷109怀远县：平山在“县（治所在今老堡乡）北五里。宋平州以此名。亦曰屏山。山东麓有治平州”。

⑫在今宁夏灵武市东北。明嘉靖《宁夏新志》卷3灵州守御千户所：平山在“州东八十里。以形名”。

平山卫 明洪武五年（1372）置，属山东都司。在今山东聊城市城东偏。《方舆纪要》卷34东昌府：平山卫，“《志》云，城中有二阜，谓之平山。明初建卫于此，因名”。

平山台 即今辽宁台安县南平台子。明《万历武功录》卷10《土蛮列传下》：“虏千余骑，从西平堡、平山台入。”即此。

平山圩 在今广西鹿寨县西北平山镇。清光绪间，置中渡厅于平乐镇，移平乐镇巡司驻此。

平山县 ①东汉建安二十三年（218）置，为合浦北部都尉治。治所在今广西横县东北云表镇平山村。西晋属宁浦郡。南朝梁、陈时废。

②唐至德元年（756）改房山县置，属恒州。治所即今河北平山县。北宋属真定府。元属真定路。明属真定府。清属正定府。民国初属直隶保定道，1928年直属河北省。

平山沟 即今辽宁本溪市中心平山区。民国徐曦《东三省纪略》卷10奉天省矿产表：本溪县平山沟产金及铅。

平山河 在今云南楚雄市东三里。《方舆纪要》卷116楚雄府楚雄县：平山河“在府东三里。源出南安州山中，流经府北而入龙川江”。

平山驿 明洪武元年（1368）置，即今广东惠东县。清雍正八年（1730）改置巡司于此。

平山站 元置，即今广东惠东县。明洪武元年（1368）改为平山驿。

平山堂 在今江苏扬州市西北蜀冈上大明寺西侧。北宋庆历八年（1048）郡守欧阳修建。《舆地纪胜》卷37扬州：平山堂“在州西北五里大明寺侧。庆历八年二月，欧公来牧是邦，为堂于大明寺庭之坤隅。江南诸山，拱列檐下，若可攀取，因目之曰平山堂”。《宋史·李全传》：南宋绍定三年（1230），李全“至湾头立砦，据运河之冲，使胡义将先锋骑驻平山堂，伺三城机便”。今堂为清同治间重建。

平山墟 即今广东惠东县治平山镇。原为平山驿，清雍正八年（1730）于此置平山巡司。1958年改设惠东县。

平山镇 ①金置，属虹县。即今安徽泗县北屏山镇。《金史·地理志》讹作千仙镇。

②即今广东高州市东北长坡镇南旧城。明、清置巡司于此。

③即今广西平南县南一百二十里平山镇，与容县接界。清光绪《广西舆地全图》平南县图：南有平山墟。

平川江 即今广西恭城瑶族自治县北栗木河，为恭城河支流。《明史·地理志》恭城县：“北有平川江。”《方舆纪要》卷107恭城县“乐川”条内：“《志》云：县北七十里有平川江，南流合乐川。”

平川县 即平州县。川为州之讹。治所在今四川平昌县。

平川驿 ①唐置，在今陕西太白县附近。

②明置，在今四川盐源县东北平川镇。明曹学佺《蜀中广记》卷34《边防记》盐井卫：“禄马堡十里为绍兴堡，又五里为平川驿，五里为杭州堡。”

平川营堡 明置，属广宁前屯卫。在今辽宁绥中县西。《方舆纪要》卷37广宁前屯卫：平川营堡“在卫北三十里”。

平川堡 明初置，属甘州中卫。即今甘肃临泽县西北平川镇。《清一统志·甘州府》：平川堡，“本朝设守备，初属高台县，后因置抚彝厅，移属之”。

平川街 明万历间筑城，即今云南宾川县东北六十里平川镇。辛亥革命后曾称平川镇。

平广县 即平武县。治所在今四川青川县西南青川镇。《晋书·地理志》误作“平广县”。

平广侯国 西汉置，属齐郡。治所当在今山东淄博市附近及其东北部一带。东汉省。

平门 ①春秋时吴都（今江苏苏州市）北门。《吴地记》：“平门，北面有水陆通毗陵。子胥平齐，大军从此门出，故号平门。东北三里有殷贤臣申公巫咸坟，亦号巫门。西北二里有吴偏将军孙武坟。”

②又称西安门、便门。汉长安城南面西头一门。在今陕西西安市西北马家寨南二里。《三辅黄图》卷1：“长安城南出第三门曰西安门，北对未央宫，一曰便门，即平门也。”《水经·渭水注》：西安门“本名平门，王莽更名信平门”。

平门铁路 即京绥铁路京门支路。自北京西直门站至门头沟京西煤矿。

平马汛 在今广西田东县东。清有千总驻守。

平马墟 即今广西田东县。清光绪五年（1879）移恩隆县于此。

平乡江 即青衣江。在今四川西部。《水经·青衣水注》：“青衣水径平乡，谓之平乡江。《益州记》曰：平乡江东径峨眉山……青衣水又东流注于大江。”《寰宇记》卷77名山县：“平羌水，上源曰邛崃水，又名平乡水。西北自严道县流入，至眉州洪雅县界。又名青衣水。”

平乡县 ①西汉置，属广平国。治所在今河北平乡县（乞村）西南大老营。东汉属巨鹿郡。西晋后废。北魏景明二年（501）复置，移治巨鹿城（今平乡县西南平乡镇）。孝昌中属南赵郡。隋属襄国郡。唐属邢州。北宋熙宁六年（1073）废入巨鹿县，元祐初复置，属信德府。金复属邢州。元属顺德路，明属顺德府。民国初属直隶大名府。1928年直属河北省。1945年迁今治乞村镇。

②西晋初置，属汉嘉郡。治所在今四川洪雅县西。《水经·青衣水注》：“青衣水径平乡，谓之平乡江。”后改为开刊县。

③南朝宋置，属新宁郡。当在今广东新兴县或高要市境。南朝梁以后废。

④北魏置，属南顿郡。治所在今河南项城市西。北齐废。

⑤唐开元七年（719）置，属义州。治所在今四川洪雅县西。八年（720）废入洪雅县。

平井 在今四川仁寿县东北贵坪东南，为盐井。《元和志》卷33陵州贵平县：“平井盐井，在县东南七步。”

平井县 西魏恭帝二年（555）置，属和仁郡。治所在今四川仁寿县东北九十里。以平井盐井为名。北周废。

平无山 即彭亡山。今四川彭山县东北十里仙女山。东汉建武十一年（35），公孙述使刺客杀岑彭于此。东晋常璩《华阳国志·李特雄期势志》：西晋末，罗尚以“张罗屯平无逼（李）雄”。即此。

平无城 在今四川彭山县东北十里江口镇。东晋常璩《华阳国志·公孙述刘二牧志》：东汉建武十一年（35），岑彭伐公孙述，军至彭亡“述使刺客刺杀彭。由是改彭亡曰平无，言无贼也”。《元和志》卷32彭山县：彭亡城“亦曰平无城。……初岑彭至其地，改曰平无，若言巴、蜀已平，无复贼也”。

平冈 即平刚县。在今辽宁凌源市西南。《三国志·魏书·田畴传》：东汉建安十一年（206），曹操征乌桓，“令（田）畴将其众为乡导，上徐无山，出卢龙，历平冈”。即此。

平冈山 在今四川资中县西。《新唐书·地理志》：

盘石县有平冈山。《舆地纪胜》卷157资州：平岗山“在盘石县西三里。李阿傅仙宗居之，阿于此升仙”。

平冈镇　即今辽宁西丰县东北平冈镇。伪满康德五年《西丰县志》卷4：平冈镇在“(县）东北五十里”。

平水　①在今山西临汾市西。《水经·汾水注》：“汾水南与平水合，水出平阳县西壶口山，……其水东径狐谷亭北，……又东径平阳城南，东入汾。”

②平阳府（今山西临汾市）的别称。以城西汾水支流平水而得名。金、元时置经籍所，印行书籍，称为“平水版”。

③即今浙江绍兴县东南二十一里平水镇。《资治通鉴》：唐光启二年（886），钱镠“遂将兵自诸暨趋平水，凿山开道五百里”。即此。

④即今陕西省北部无定河支流大理河。《水经·河水注》：“平水出西北平溪，东南入奢延水。”

平水口关　在今贵州凤冈县西八十里。《清一统志·石阡府》：平水口关“在龙泉县西八十里”。《方舆纪要》卷122误作“牛水口关”。

平水市　即今浙江绍兴县东南二十二里平水镇。唐元稹《白氏长庆集序》：“予尝于平水市中，见村校诸童，竞集歌诗。”即此。

平水溪　即今浙江绍兴市东南平水江。《清一统志·绍兴府》：平水溪“在会稽县东南三十五里。镜湖三十六源之一也。唐咸通元年，浙东‘贼’裘甫，游骑至平水东小江。又光启二年，钱镠讨刘汉宏，将兵自诸暨趋平水，凿山通道五百里，出曹娥埭，皆即此”。胡三省《通鉴注》：“平水在越州东南四十余里。小江源出大木山，南流合于剡江。”

平介县　即铁北县。治任庄（在今山西平遥县北）。

平月长官司　元至元中置，属管番民总管。治所即今贵州福泉市。明洪武十四年（1381）改为平越千户所。

平氏县　①西汉置，属南阳郡。治所即今河南桐柏县西北平氏镇。西晋属义阳国。南朝宋废。南齐永明五年（487）复置，属南义阳郡。南朝梁为汉广郡治。隋大业初属淮安郡。唐属唐州。北宋开宝五年（972）废。

②南朝宋置，属南义阳郡。治所在今湖南安乡县西南。南齐为南义阳郡治。后废。

平氏店　即今河南桐柏县西北平氏镇。明万历六年（1578）南阳白莲教袭据平氏店，即此。

平氏镇　北宋开宝五年（972）降平氏县置，属泌阳县。即今河南桐柏县西北七十里平氏镇。

平石县　南朝梁置，属始兴郡。治所在今广东乐昌市西北老坪石镇。隋属广州，开皇十二年（592）废入梁化县。

平石镇　北宋置，属番禺县。在今广东广州市番禺区西北钟村镇之谢村东南胜石坊附近。

平东县　①1937年12月晋冀鲁豫边区由平定县析置，属太行区。治七亘村（今山西平定县东七亘）。1945年9月与平西县合并，改置路南县。

②1940年9月山东革命根据地由平度县东部析置，治南村（今山东平度市东南南村镇）。1953年7月撤销，并入平度县。

平东郡　北周置，属西宁州。治所在今四川德昌县。隋开皇初废。

平北县　①1935年4月川陕革命根据地置，治治城（今四川北川羌族自治县西北治城乡）。同年5月废。

②1946年5月山东革命根据地由平原、禹城二县析置，治王凤楼村（今山东平原县东王凤楼镇）。取二县首字为名。1950年1月撤销，并入平原县。

平卢　唐方镇名。即淄青。治所在青州（今山东青州市）。

平卢军　唐、五代方镇名。唐开元七年（719）升平卢军使置，为玄宗时十节度使之一。治所在营州（今辽宁朝阳市）。领平卢、卢龙二军，榆关等守捉及安东都护府，屯营、平二州境，相当今河北滦河下游以东，辽宁大凌河以西地区。安禄山反叛，即以此为根据地之一。上元二年（761）移治青州（今山东青州市），号淄青平卢节度使。贞元四年徙治郓州（今山东东平县西北）。元和十四年（819）还治青州。五代梁复称平卢，后晋废。后汉复置。北宋初废。

平旦驿　南宋置，属立山县。在今广西金秀苗族自治县东平坦村。《舆地纪胜》卷107昭州：平旦驿“在昭平县西南五十里。《旧经》有都管木柱八条”。

平旦镇　北宋置，属立山县。在今广西金秀苗族自治县东平坦村。明置平坦堡。

平田　即今广东南雄市东北乌径镇。明、清置巡司于此。

平田凹隘　在今广东南雄市东北油山镇（坪田坳）。《方舆纪要》卷102南雄府保昌县：平田凹隘“在府北。……向设兵哨守”。

平禾水　在今湖南宜章县北三十里。《方舆纪要》卷82宜章县“武水”条下：平禾水，“《志》云，平禾水出县西北戴家源，经十二渡至石门，出为瀑布，下流经冷水湾，至县东合章水”。

平丘　春秋卫邑。在今河南封丘县东南平街。《春秋》：昭公十三年（前529）秋，公会刘子、晋侯、齐侯等诸侯“于平丘”。即此。

平丘（邱）山　在今河北丘县东。《方舆纪要》卷34丘县：平丘山“在县治东。小丘也，县因以名”。

平丘县　战国魏置，后入秦，属东郡。治所在今河南封丘县东南四十六里平街。西汉属陈留郡。西晋废。

平乐　即今广西凤山县西南平乐瑶族乡。清雍正十一年（1733）设巡司于此。

平乐山 在今四川郫县西。《隋书·地理志》：郫县有平乐山。《元和志》卷31郫县："平乐山在县西二十五里。"《元丰九域志》卷7：郫县有平乐山。

平乐千户所 明洪武十三年（1380）置，属广西都司。治所即今广西平乐县。后废。

平乐水 ①在今广东化州市北。《方舆纪要》卷104化州：平乐水在"州西五十里。源出畲禾岭，流经此，又东四十余里与陵水合。水宽平，无滩险，牌筏易达，因名"。

②又名平乐溪、乐川水。即今广西平乐及恭城瑶族自治县境内之恭城河。为桂江支流。《水经·漓水注》："漓水又西径平乐县界，左合平乐溪口，……溪水又西南流注于漓水，谓之平乐水。"《清一统志·平乐府一》："平乐江自湖南永明县，流经恭城县南，又西南经府城东北，又西南入漓江。"

平乐观 又名平乐馆。在今河南洛阳市东北汉魏故城西。《后汉书·灵帝纪》：中平五年（188）十月，灵帝"耀兵于平乐观"。《水经·谷水注》："谷水又南径平乐观东。"张衡《东京赋》："其西则有平乐都场示远之观。"《文选》注："平乐，观名也。"

平乐坝 即今四川邛崃市西南平落镇。嘉庆《邛州志》卷3邛州：平乐坝在"州南三十五里。宋初尝移火井县治此。《九域志》：火井县有平乐镇"。

平乐县 ①汉平舆县之误。《宋书·州郡志》豫州汝南郡："平乐令，汉旧县"。清赵翼《廿二史考异》："疑是平舆之误。"

②三国吴甘露元年（265）置，属始安郡。治所在今广西平乐县东北恭城河西北岸。《元和志》卷37平乐县："取平乐溪为名。"唐武德四年（621）迁今平乐县西南，为乐州治。贞观八年（634）为昭州治，北宋移治今平乐县。元为平乐府治。民国初属广西桂林道。1928年直属广西省。

③西晋末置，为平乐郡治。治所即今四川德昌县。后废，北周复置，隋初废。

④唐武德四年（621）置，属龙州。治所在今越南北宁省仙游一带。贞观元年（627）废入龙编县。

平乐苑 东汉雒阳苑囿。在今河南洛阳市东北汉魏故城外。《元河南志》引《洛阳宫殿名》有"平乐苑"。

平乐府 元大德中改昭州置，治所在平乐县（今广西平乐县）。明属广西布政使司，辖境相当今广西平乐、荔浦、蒙山、昭平、钟山、贺县及恭城、雷川、金秀三个瑶族自治县地。清属广西省。1913年废。

平乐侯国 西汉置，属山阳郡。治所在今山东单县东四十里终兴镇。昭帝元年（前86）封梁敬王子迁为平乐侯。东汉省。

平乐郡 ①西晋末置，治平乐县（今四川德昌县）。后废，北周复置，隋开皇初废。

②南齐析晋宁郡连然县地置，属宁州。治所在益宁县（今云南昆明市西郊西山区驻地马街镇）。辖境约当今昆明市滇池西北岸和安宁市、易门县地。后废。

③唐天宝元年（742）改昭州置，治所在平乐县（今广西平乐县西南）。辖境相当今广西平乐县及恭城瑶族自治县地。乾元元年（758）复为昭州。

平乐馆 在今陕西西安市长安区西北，汉上林苑中。《汉书·武帝纪》："元封六年夏，京师民观角抵于上林平乐馆。"即此。

平乐道 西汉置，属武都郡。治所即今甘肃康县西北平洛镇。东汉废。

平乐镇 ①北宋置，属火井县。即今四川邛崃市西南平落镇。

②即今广西鹿寨县北中渡镇。《明史·地理志》洛容县："东有平乐镇巡检司，治石榴江，后迁县东北中渡。"《清一统志·柳州府》：平乐镇巡司"在洛容县东北七十里。地名中渡，即明初故县也。洪武六年置巡司，在县东十里石溜江，万历十四年迁于此。本朝因之"。

平头著可长官司 明洪武七年（1374）改平头著可通达等处长官司置，属思南宣慰司。治所即今贵州松桃苗族自治县西南平头乡。永乐十二年（1414）属乌罗府。正统三年（1438）改属铜仁府。清嘉庆二年（1797）改属松桃厅。

平头著可通达等处长官司 元置，属思州安抚司。治所即今贵州松桃苗族自治县西南平头乡。明洪武七年（1374）改为平头著可长官司。

平头寨 南宋绍兴三年（1133）岳飞建，在今江西于都县东北。《方舆纪要》卷88雩都县：平头寨在"县北百里，路通闽广，当五峒七径之冲。宋绍兴中，岳飞平固石洞贼，遂于是地建砦，亲率麾下筑之。寨成，立司招收义军捍御，明初设巡司"。

平头潭镇 即平镇。今浙江天台县西平镇。

平宁关 在今山西浮山县东。《方舆纪要》卷41浮山县：平宁关"在县东十里。东汉初鲍永破青犊赋于此，因名"。

平宁陂 在今贵州施秉县西。《方舆纪要》卷122镇远府镇远县：平宁陂在"府西六十三里。居民引水溉田，四时不竭"。

平民县 1929年析朝邑县东部黄河滩地于大庆关城置，属陕西省。治所在今陕西大荔县东五十五里朝邑镇东北平民乡。1934年迁黄河西岸堤浒村东。1950年撤销，并入朝邑县。1958年朝邑县地又并入大荔县。

平台（臺） ①又名紫光阁。在今北京市中南海西岸。清《日下旧闻考》卷24："紫光阁在明武宗时为平台，后废台，改为紫光阁。"中华人民共和国成立后为中共中央、国务院办公处。

②在今河南商丘市东平台镇。《史记·梁孝王世家》："大治宫室，为复道，自宫连属于平台三十余里。"《集解》：徐广曰，"睢阳有平台里"。《索隐》：

"如淳云，'在梁东北，离宫所在者。按今城东二十里临新河，有故台址，不甚高，俗云平台。又一名修竹苑。"

平刑岭关　一名平刑关。即今山西繁峙县东一百二十里平型关。宋置瓶形寨，金称瓶形镇。《方舆纪要》卷40繁峙县"平刑岭关"条："《边防考》：堡城正德六年筑，嘉靖二十四年、万历九年增修，周二里有奇。"自古为交通要隘。

平戎川　即今甘肃合水县东北平定川。源出今陕西志丹县界，南流入葫芦河。《资治通鉴》：唐贞元二年（786），吐蕃尚结赞入寇，"军于合水之北。邠宁节度使韩游瓌遣其将史履程夜袭其营，杀数百人。吐蕃追之，游瓌陈于平川，潜使人鼓于西山，虏惊，弃所掠而去"。即此。

平戎军　①唐天宝后置，属恭州。治所在今四川理县西北鹧鸪山东侧。《新唐书·地理志》　恭州："西南有平戎军。"后废。

②北宋太平兴国六年（981）改新镇置，以扼边陲之喉。治所在今河北文安县西北新镇。景德元年（1004）改名保定军。

平戎驿　明置，即今青海平安县。乾隆《西宁府新志》卷9：平戎城"明洪武十九年置平戎马驿，嘉靖元年置防守官"。清仍设驿丞。

平戎城　亦名平戎军。唐开元二十八年（740）改安戎城置，属维州。治所在今四川理县西北鹧鸪山东侧。一说马尔康县东境。《舆地纪胜》卷149：平戎城，"《图经》云：安戎城，唐初筑之，以断吐蕃趋蛮之路。其后吐蕃取之。开元中，章仇兼琼得之改曰平戎城"。后没于吐蕃。

平戎砦　北宋置，在今陕西志丹县东北九十里。《宋史·地理志》　延安府：平戎砦"地本杏子河东山，绍圣四年赐名"。

平戎堡　即今青海平安县（平安镇）。《方舆纪要》卷64西宁镇：平戎堡"在卫东七十里，有平戎驿"。

平戎镇　北宋置，属安化县。在今甘肃合水县（西华池镇）东北平定川上游河畔。

平吉墟　即今广西钦州市东北五十里平吉镇。清宣统《广东舆地全图》钦州图：北有平吉墟。

平地县　元世祖至元三年（1266）以平地臬置，属大同路。治所在今内蒙古察哈尔右翼前旗西北平地泉镇南苏集村南古城。明洪武中废。

平地松林　古称松漠。今内蒙古赤峰市西北部与河北围场县境之大兴安岭南段地区。《辽史·地理志》：上京道有平地松林。同书《太宗纪》：天显元年（926），"幸平地松林，观潢水（今西拉木伦河）源"。元白珽《续演雅》诗注："去上都二百里，即古松林千里，其大十围，居人薪之，将八百里也。"宋淳熙年间所刻《地理图》于辽中京之西、北安州（今河北承德市西滦河镇）之北标注"平地松林"。明罗洪先《广舆图》注：平地松林在庆州（今内蒙古巴林右旗白塔子）西南。

平地泉　即今内蒙古察哈尔右翼前旗北平地泉镇。清康熙中于此置驿站，蒙古名塔拉布拉克。1919年拟建平绥铁路车站，因民反对，移建平地泉车站于西北二十里老窝咀山下，即今集宁市。

平地泉招垦局　1921年由丰镇、凉城、兴和三县析置，属察哈尔特别区兴和道。治所即今内蒙古乌兰察布市集宁区。1922年改为集宁县。

平地臬　在今内蒙古察哈尔右翼前旗西北平地泉镇南苏集村南古城。《元史·地理志》　大同路平地县："本号平地臬，至元二年省入丰州，三年置县曰平地。"

平西县　①唐贞观中置，属芝州。治所在今广西忻城县南二十里。北宋废。

②1938年2月晋冀鲁豫边区由平定、昔阳二县析置，属太行区。治广阳（今山西昔阳县西北广阳）。1945年与平东县合并，改置路南县。

③1940年9月山东革命根据地由平度县西部析置，治张舍村（今山东平度市西北张舍镇）。1949年迁昌里（今平度市西北店子镇北）。1953年撤销，并入蓼兰县。

平西驿　在今福建上杭县东北旧县乡。《方舆纪要》卷98上杭县：平西驿在"县东三十余里。成化六年置"。

平西城　即定远城。在今陕西西乡县南十五里。东汉永建七年（132）封班超为定远侯，食邑于此。

平西砦　北宋置，在今甘肃定西市西北六十里。《宋史·地理志》：会州平西砦"绍圣四年赐名，地本青石峡，属熙河路"。《方舆纪要》卷59安定县：平西砦"明初洪武二年，元故将扩廓袭兰巩境内。三年遣徐达等御之，达至平西，扩廓退屯车道岘"。

平而关　一名平南关。即今广西凭祥市西北四十六里平而关，西接越南界。《清史稿·越南传》：乾隆九年（1744），两广总督马尔泰奏言："至平而、水口两关，通太源、牧马等地，宜设立铁链横江拦截，逢五、十日开一面以通商。"

平夷川　在今云南南华县西。《方舆纪要》卷116镇南州：平夷川在"州西三十里。源出众山中，经州城西，东南流，至府城西而入龙川江"。

平夷卫　明洪武二十三年（1390）改平夷所置，属云南都司。治所在今云南富源县西郊旧城山。明杨慎《滇程记》："自贵州普安州亦资孔驿七十里而达平夷，自此西望，山平川豁，因以为名。"为贵州西入云南的冲要。弘治七年（1494）迁治今富源县城。清康熙二十六年（1687）废。

平夷关　亦名平夷堡。明万历十四年（1586）置，属松潘卫。在今四川松潘县南一百三十六里。

平夷守捉　在今甘肃临夏县（韩集镇）东双城。《元和志》卷39河州下："平夷守捉，州城西南四十余里。开元二年郭知运置。管兵三千人。"

平夷军　唐乾符二年（875）置，治所在马湖镇（今四川宜宾市西南）。后废。

平夷县 ①西汉置，属牂牁郡。治所在今贵州毕节市东。西晋永嘉五年（311）为平夷郡治。东晋改为平蛮县。

②三国吴析番禺县置，属南海郡。治所在今广东江门市新会区西十五里。西晋太康元年（280）改名新夷县。

③北周大象元年（579）置，属离石郡。治所即今山西中阳县。隋开皇初属石州，大业初属离石郡。唐属石州。金明昌六年（1195）改宁乡县。

④唐武德七年（624）置，属西平州。治所即今云南富源县。贞观八年（634）属盘州。天宝后废。

平夷所 明洪武十四年（1381）置，属云南都司。治所在今云南富源县西郊旧城山。二十三年（1390）升为平夷卫。

平夷郡 西晋永嘉五年（311）分牂牁郡置，属益州。治所在平夷县（今贵州毕节市境）。东晋改名平蛮郡。

平夷堡 即平夷关。在今四川松潘县南一百三十六里。《明史·四川土司传》：弘治二年（1489），“松潘番寇杀伤平夷堡官军，命逮指挥以下各官治之”。

平曲城 在今河北霸州市东二十五里。《史记·孝景本纪》：六年（前151年），封“陇西太守浑邪为平曲侯”。正义引《括地志》：“平曲县故城在瀛州文安县北七十里。”

平曲侯国 西汉置，属东海郡。治所在今江苏东海县东南。东汉废。

平刚县 西汉置，为右北平郡治。治所在今内蒙古宁城县西南甸子镇黑城。东汉废。十六国前燕复置，为冀阳郡治。北齐废。

平伐长官司 明洪武十五年（1382）改平伐等处长官司置，属贵州卫。治所在今贵州贵定县西南云雾镇（平伐）。二十八年（1395）改属龙里卫。万历十四年（1586）省入新贵县。

平伐等处长官司 元大德六年（1302）置，属新添葛蛮安抚司。治所在今贵州贵定县西南云雾镇（平伐）。明洪武十五年（1382）改为平伐长官司。

平舟县 1913年移都匀县治此，改为平舟县，属贵州黔中道。治所即今贵州平塘县。1920年直属贵州省。1942年与大塘县合并，改置平塘县。

平齐郡 北魏皇兴三年（469）置，属司州。治所在今山西大同市西，后徙治今朔州市东南。寻废。

平州 ①东汉初平元年（190）公孙度据辽东，自号平州牧。三国魏分幽州东部地区置，属幽州。治所在襄平县（今辽宁辽阳市老城）。不久废。西晋泰始十年（274）复置。辖境相当今辽宁六股河以东，北票、阜新、铁岭以南，本溪以西以南地区及朝鲜半岛中部以北地区。永嘉后移治昌黎县（今辽宁义县）。北魏改为营州。

②十六国前秦置，治所在龙城（亦名和龙，即今辽宁朝阳市）。后燕复置，仍治龙城，后移治平郭县（今辽宁盖州市东南熊岳镇），慕容宝后侨治于宿军（今辽宁朝阳市东北）。北魏初改为营州。

③十六国前燕置，治所在襄平（今辽宁辽阳市老城）。后废。

④北魏天赐四年（407）置，治所在肥如城（今河北卢龙县北潘庄镇沈庄一带）。唐武德初移治卢龙县（今卢龙县）。辖境相当今河北省陡河以东、长城以南地区。元太祖十年（1215）改为兴平府。

⑤北周武成二年（560）置，治所在当阳县（今湖北当阳市）。辖境相当今湖北当阳、远安等市县地。隋开皇七年（587）改为玉州。唐武德四年（621）复置，六年（623）又改为玉州。

⑥唐武德四年（621）置，治所在李城（即今河南温县）。同年废。

⑦北宋崇宁四年（1105）改怀远军置，治所在怀远县（今广西三江侗族自治县西南七十里老堡乡）。以平山为名。辖境相当今广西三江侗族自治县、融安县北部、贵州从江县及榕江、黎平二县部分地。政和元年（1111）废。七年（1117）复置。南宋绍兴四年（1134）废。

平州水 即今四川平昌县东北通江河，为渠江上游支流。《寰宇记》卷139巴州曾口县：平州水“东北自广纳县界来，南流经县东五里，又南合北水”。

平州长官司 清初改平州六洞长官司置，属都匀府。治所即今贵州平塘县。康熙五十五年（1716）废。

平州六洞长官司 明洪武十六年（1383）置，属都匀府。治所即今贵州平塘县。清初改为平州长官司。

平州县 ①西晋太康元年（280）置，属巴西郡。治所即今四川平昌县。《寰宇记》卷139巴州曾口县：平州县“因县界平州水为名”。南朝宋改为平周县。梁普通六年（525）复改为平州县。北周改为同昌县。

②东晋侨置，属巴西郡。治所在今四川安县（花荄镇）西北沸水场。北周废入西充国县。

③南齐置，属东宕渠僚郡。治所在今重庆市合川区或武胜县境。后废。

平州城 春秋齐地。在今山东莱芜市西。《春秋》：宣公元年（前608），“公会齐侯于平州”。杜注：“平州，齐地。在泰山牟县西。”汉武帝元封三年（前108），封王唊为平州侯，亦在此。

平江州 元元贞元年（1295）升平江县置，属岳州路。治所即今湖南平江县。明洪武三年（1370）复改平江县。

平江县 五代楚改昌江县置，属岳州。治所即今湖南平江县。元元贞元年（1295）升为平江州。明洪武三年（1370）复改县，属岳州府。民国初属湖南湘江道。1922年直属湖南省。

平江府　北宋政和三年（1113）升苏州置，治所在吴县、长洲县（今江苏苏州市）。辖境相当今江苏苏州、常熟、昆山、吴江等市县和上海市西北部地。元世祖至元十三年（1276）改为平江路。平江府治为宋时东南一大都会。

平江起义旧址　在今湖南平江县东三里三阳乡黄土仑。原为天岳书院，建于清同治六年（1867）。1928年7月22日，彭德怀、滕代远、黄公略在此发动湖南独立第五师一团部分官兵武装起义，一举攻克平江县城，成立中国工农红军第五军，史称“平江起义”。旧址保存完好，当年彭、滕、黄的住房、会议室等均作原貌陈列。平江革命博物馆设此。1988年定为全国重点文物保护单位。

平江铺　即今贵州榕江县西北平江乡。《清一统志·黎平府》“朗洞铺”条下：又有“平江铺”等皆戍守处。“平江”系侗语音译，意为江水冲积的平地。

平江路　元世祖至元十三年（1276）改平江府置，属江浙行省。治所在吴县、长洲县（今江苏苏州市）。辖境相当今江苏苏州、常熟、昆山、吴江、吴县等市县和上海市西北部地。明初改为苏州府。

平兴县　①西晋末置，属新宁郡。治所在今广东佛山市高明区西南更楼镇西北古城。后废。南朝宋元嘉中复置，为宋熙郡治。隋属信安郡。唐属端州。北宋开宝五年（972）废。

②北周改平周县置，属平兴郡。治所在今四川青川县东北。隋开皇三年（583）废白水县入平兴县，移治白水废县（今青川县东北沙州镇）。十八年（598）改为景谷县。

平兴郡　南朝梁改南白水郡置，为北益州（后改沙州）治。治所在白水县（在今四川青川县东北沙州镇）。北周辖境相当今四川青川县东北及广元市西北地。隋开皇三年（583）废。

平安关　在今湖北房县西。《方舆纪要》卷79房县“房山关”条下：“《志》云，县西境有平安关。宋咸平五年置。”

平安县　①西汉置，属广陵国。治所在今江苏宝应县西南。东汉属广陵郡。西晋废。

②1960年由青海省湟中县析置平安区（县级）。1962年撤销平安区，归湟中县管辖。1978年从湟中县析置平安县，属海东地区，为海东地区行政公署驻地。2015年撤销平安县，设立海东市平安区，区政府驻平安镇平安大道199号。

平安驿　明洪武四年（1371）置，属惠州府海丰县。在今广东海丰县西南鲘门镇。

平安城　即今河北遵化市西南四十里平安城。《方舆纪要》卷11遵化县：平安城“周五里，旧传唐太宗征辽遘疾，经此旋愈，因名”。

平安侯国　西汉置，属千乘郡。治所在今山东桓台县东北。东汉省。

平安站　元置，在今广东海丰县西。明洪武四年（1371）改为平安驿。

平安砦　亦作安平砦。北宋天圣五年（1027）置，属原州。在今甘肃镇原县西八十里。金属彭阳县。元废。明置安平砦巡司。清裁。

平安堡　①即今辽宁新民市东南平安堡。清乾隆《钦定盛京通志》卷29：承德县（今沈阳市）西南章义城“北曰平安堡”。

②即今黑龙江延寿县西南四十里延河镇南平安堡。清光绪《吉林通志》卷16宾州厅屯镇：东南有平安堡。

平安镇　在今上海市崇明县西北三十里。《清一统志·太仓州》“新镇”条下：“又平安镇，在县西东阜沙。”

平阳　①古尧都。在今山西临汾市尧都区西南十八里金殿镇。春秋时为晋大夫羊舌氏邑。晋顷公十二年（前514）置平阳县。《史记·五帝本纪》正义引《帝王世纪》云：“尧都平阳，于《诗》为唐国。”《汉书·地理志》河东郡平阳县注引应劭曰：“尧都也，在平河之阳。”

②春秋秦国都。在今陕西宝鸡市陈仓区东三十里阳平镇附近。《史记·秦本纪》：宁公二年（前714），“徙居平阳”。即此。德公元年（前677），始徙都雍（今陕西凤翔县南）。

③春秋时鲁邑。即今山东新泰市。《春秋》：宣公八年（前601），“城平阳”，即此。西汉置东平阳县。

④ 春秋鲁邑。即今山东邹城市。《左传》：哀公二十七年（前468），“盟于平阳”，即此。秦置平阳县。

⑤春秋卫邑。在今河南滑县东南。《左传》：哀公十六年（前479）六月，“卫侯饮孔悝酒于平阳”。杜注：“东郡燕县东北有平阳亭。”

⑥即今河北阜平县东平阳镇。1943年10月，日军“扫荡”队荒井大队五百多人，以平阳为中心，对四周四五十里以内的一百多个大小村庄进行残酷“清剿”，用枪杀、火烧、刀刺、活埋等各种残忍手段，杀死群众六千余人，制造了著名的“平阳惨案”。

⑦即今广西来宾市西平阳镇。清乾隆八年（1743）置巡司于此。

平阳千户所　明置，在今浙江平阳县。《方舆纪要》卷94温州府：平阳守御千户所“在平阳县治西。洪武二年建，隶温州卫”。

平阳乡　在今四川三台县西北。《后汉书·臧宫传》：建武十一年（35），岑彭讨公孙述，分遣臧宫溯涪水而上，大破延岑于沈水，乘胜北进，“军至平阳乡，蜀将王元举众降”。即此。

平阳水　即关袝水。今陕西山阳县西马滩河。《水经·沔水注》：关袝水“出上洛阳亭县北青泥西山，南径阳亭聚西，俗谓之平阳水。南合丰乡川水……又南入上津注甲水”。

平阳戍　在今湖南耒阳市西南五十里。《新唐书·地理志》衡州：“有戎分、洞口、平阳三戍。”平阳戍即此。

平阳关 本天井关。北宋靖康元年（1126）改名雄定关。即今山西晋城市南三十里天井关。元末亦名平阳关。《元史·察罕帖木儿传》：至正二十八年（1368），顺帝令诸军攻泽州，“扩廓帖木儿退守于平阳”。即此。

平阳州 元元贞元年（1295）改平阳县置，属温州路。治所即今浙江平阳县。明洪武二年（1369）复名平阳县。

平阳县 ①春秋晋顷公十二年（前514）置，治所在今山西临汾市西南十八里金殿镇。《元和志》卷12临汾县：平阳县“在平水之阳，故曰平阳”。秦汉属河东郡。三国魏属平阳郡。北魏太平真君六年（445）废，太和十一年（487）复置平阳县。隋开皇元年（581）改为平河县。

②秦置，属薛郡。治所即今山东邹城市。西汉改南平阳县，属山阳郡。南朝宋复改平阳县。北魏属高平郡。北齐省。

③三国吴分赣县置，属庐陵郡。治所在今江西兴国县南。西晋太康元年（280）改名平固县。

④ 三国魏置，属泰山郡。治所即今山东新泰市。西晋泰始中改为新泰县。

⑤三国魏置，属魏兴郡。治所在今湖北郧西县西北。西晋太康元年（280）改为兴晋县。

⑥东晋太元中改平春县置，为义阳郡治。治所在仁顺城（今河南信阳市）。南齐为北义阳郡治。北魏正始元年（504）为郢州义阳郡治。南朝梁大通二年（528）为司州北义阳郡治。东魏武定七年（549）为南司州义阳郡治。北齐为郢州义阳郡治。北周为申州义阳郡治。隋开皇初改为义阳县。

⑦东晋分郴县置，为平阳郡治。治所即今湖南桂阳县。南朝陈废。隋末复置，属桂阳郡。唐属郴州。五代时楚马殷废。北宋天禧三年（1019）复置，为桂阳监治。南宋为桂阳军治。元为桂阳路治。明洪武九年（1376）省入桂阳州。

⑧南朝宋侨置，属始平侨郡。治所在今湖北丹江口市西北。梁废。

⑨ 南朝宋置，属高平郡。治所即今山东邹城市。北齐改为邹县。

⑩南齐置，属南义阳郡。治所在今湖北安陆市东北吉阳城。西魏大统十六年（550）改名京池县。

⑪北魏太平真君六年（445）改郿县置，属武都郡。治所在今陕西眉县东北十五里渭河北岸。西魏改名郿城县。

⑫北魏永安三年（530）置，属郢州。治所在今河南汝南县境。东魏属义阳郡，北齐废。

⑬隋大业末萧铣置，属桂阳郡。治所即今湖南桂阳县。唐武德七年（624）废。八年复置，属郴州。天祐元年（904）楚马殷废。北宋天禧三年（1019）复置，为桂阳监治。南宋为桂阳军治。元属桂阳路。明洪武中废。

⑭唐武德二年（619）置，属重州。治所在今湖北南漳县西。七年（624）废。

⑮五代梁乾化四年（914）吴越改横阳县置，属温州。治所即今浙江平阳县。南宋咸淳元年（1265）属瑞安府。元属温州路，元贞元年（1295）改为平阳州。明洪武二年（1369）复为平阳县，属温州府。民国初属浙江瓯海道。1927年直属浙江省。

平阳府 北宋政和六年（1116）升晋州置，治所在临汾县（今山西临汾市尧都区）。辖境相当今山西临汾、霍州二市及洪洞、襄汾、浮山、汾西、安泽、古县等县地。元初改平阳路，大德九年（1305）改晋宁路。明洪武元年（1368）复改平阳府，辖境扩大到今山西石楼、灵石县南，安泽、垣曲县以西的山西西南部地区。清代辖境缩小。1912年废。

平阳府君阙 在今四川绵阳市东北八里仙人桥。清嘉庆《四川通志》卷60绵州：汉平杨府君神道，“《蜀碑记补》题云，‘汉平杨府君叔神道’凡八字”。为东汉初平、兴平年间平阳府君之墓阙，为双阙，由巨石或板石堆砌而成，相距26米。今仅存“汉平府”三字。四周刻各类图案，新颖精美。1961年定为全国重点文物保护单位。

平阳封宫 即平阳宫。在今陕西宝鸡市陈仓区东杨家沟乡以东、阳平镇以西。

平阳城 ①春秋时邾地，后为鲁地。在今山东邹城市。《左传》：哀公二十七年（前468），“越子使舌庸来聘，……盟于平阳”。杜注：“西平阳。”秦于此置平阳县。

②战国赵邑。在今河北临漳县西。《水经·浊漳水注》引《竹书纪年》：“梁惠成王元年，邺师败邯郸师于平阳。”《史记·秦始皇本纪》：始皇十三年（前234），“桓齮攻赵平阳”。即此。

平阳宫 又作平阳封宫。春秋时秦筑，在今陕西宝鸡市陈仓区东杨家沟乡以东、阳平镇以西。《史记·秦本纪》：武公元年（前697），“伐彭戏氏，至于华山下，居平阳封宫”。《雍录》亦称“平阳宫在华山下”。

平阳郡 ①三国魏正始八年（247）分河东郡置，治所在平阳县（今山西临汾市西南十八里金殿镇）。辖境相当今山西霍州市以南的汾河流域及其以西地区。北魏移治白马城（今临汾市），辖境缩小。隋开皇初改平河郡，寻废。义宁初改临汾郡为平阳郡，治所在临汾县（今临汾市南一里）。唐武德元年（618）改晋州，四年（621）移治今临汾市。贞观十二年（638）移治今临汾市西南金殿镇。天宝元年（742）复为平阳郡。辖境相当今山西临汾、霍州二市及汾西、洪洞、古县、安泽、浮山等县地。乾元元年（758）仍改为晋州。

②东晋置，属湘州。治所在平阳县（今湖南桂阳县）。辖今湖南平阳一县之地。南朝陈废。

③西魏侨置，治绛县（今山西绛县南）。平齐后废。

平阳路 元初改平阳府置，属中书省。治临汾县（今山西临汾市）。辖境约当今山西石楼、介休、和顺等市县以南，黄河以东，太行山以西地区。大德九年（1305）改为晋宁路。明洪武元年（1368）改为平阳府。

平阳滩　在今重庆市合川区东北嘉陵江中。《宋史·张珏传》：南宋末，蒙古匣剌筑马鬃城，张珏“乃张疑兵嘉渠口，潜师渡平阳滩攻二城，火其资粮器械，越砦七十里，焚舡场，统制周虎战死，马鬃城卒不就”。

平阴　①春秋时齐邑。在今山东济南市长清区西南孝里镇广里。《左传》：襄公十八年（前555），晋会诸侯伐齐，“齐侯御诸平阴”。即此。

②亦称阴。春秋周邑。在今河南孟津县东北，黄河南岸。《左传》：昭公二十三年（前519），“晋师在平阴”。即此。后置平阴县。

③战国赵邑。在今山西阳高县东南。《史记·赵世家》：幽缪王迁五年（前231），“代地大动，自乐徐以西，北至平阴”。

平阴县　①战国时周置，昭襄王五十二年（前255）入秦，属三川郡。治所在今河南孟津县东北。《汉书·地理志》河南郡平阴县注引应劭曰：“在平城南，故曰平阴。”西汉属河南郡。三国魏黄初中改为河阴县。

②隋大业二年（606）改榆山县置，属济北郡。治所即今山东平阴县。《寰宇记》卷13平阴县：“取界内平阴故城以为名。”唐初属济州，天宝十三年（754）改属郓州。太和六年（832）省。开成二年（837）复置。宋属东平府。元属东平路。明属东平州。清雍正十三年（1735）改属泰安府。民国初属山东东临道。1928年直属山东省。

平阴津　黄河津渡名。在今河南孟津县东北。《汉书·高帝纪》：汉王二年（前205），汉王“南渡平阴津，至洛阳”，即此。

平寿县　战国秦置，属胶东郡。治所在今山东昌乐县东南。出土秦封泥中有“平寿丞印”可证。西汉属北海郡。东汉属北海国。《后汉书·张步传》：张步为耿弇所败，自剧“退保平寿”，即此。西晋为北海国治。北魏为北海郡治。北齐废。唐武德二年（619）复置，属潍州。六年（623）省。

平远千户所　亦作平虏守御千户所。明弘治十四年（1501）以旧豫望城置，属固原卫。治所即今宁夏同心县东南予旺镇。清康熙五年（1666）并入镇戎所。

平远州　清康熙二十二年（1683）改平远府置，属大定府。治所即今贵州织金县。1913年改为平远县。

平远县　①明嘉靖四十一年（1562）由广东之程乡、兴宁，福建之武平、上杭，江西之安远等县地析置，属江西赣州府。治所在林子营（今广东平远县北仁居镇）。四十二年还闽、赣地，止以兴宁、程乡地置县，属潮州府。《方舆纪要》卷103平远县：“以接壤于武平、安远，因名。”清属嘉应州。民国初属广东潮循道。1920年直属广东省。1954年迁大柘镇（即今平远县治）。

②清同治十二年（1873）置，属固原州。治所在下马关（今宁夏同心县东北下马关镇）。1913年改名镇戎县。

③1913年改平远州置，属贵州贵西道。治所即今贵州织金县。1914年因与广东省平远县重名，改名织金县。

平远府　清康熙三年（1664）于比喇坝置，属贵州省。治所即今贵州织金县。二十二年（1683）改为平远州。

平远砦　北宋置，属通远县。在今甘肃环县北七十里。金以后废。

平远堡　在今山西天镇县北六十里平远堡村。《方舆纪要》卷44大同府：平远堡“嘉靖二十五年筑，隆庆六年增修，周二里有奇。……嘉靖中，寇由此入犯宣镇紫沟诸处”。

平远街　即今云南砚山县西北一百二十里平远镇。古为镡封县治。

平坰　亦作平冈。即平刚县。在今辽宁凌源市西南。《晋书·慕容皝载记》：咸和九年（334）“皝遣其司马封弈攻鲜卑木堤于白狼，扬威淑虞攻乌丸悉罗侯于平坰，皆斩之”。

平坝卫　明洪武二十三年（1390）置，属贵州都司。治所即今贵州平坝县。清康熙二十六年（1687）改为安平县。

平坝区　2014年撤销贵州省平坝县，设立安顺市平坝区，区政府驻安平街道中山南路58号。

平坝县　1914年改安平县置，属贵州贵西道。治所即今贵州平坝县。1923年直属贵州省。郭子章《郡县释名》贵州卷载：明置平坝卫，“城东南有上坝，西南有下坝，二坝既平，故云平坝。古称平原、平城亦此义也。《旧志》云，负崇冈临沃壤，地当冲要，城压平原，山拥村墟，水环郊垧，四野田畴，弥望皆平之义也”。《地学杂志》1914年第6期《拟改各省重复县名呈文并批》称：改安平县为平坝县，“系取平坝卫旧名”。2014年撤销平坝县，改设平坝区。

平坝铺　今四川甘洛县西北坪坝乡。清嘉庆《四川通志》卷89越嶲厅：平坝铺“在厅北一百九十里”。

平坝堡　明置，属越嶲卫。在今四川甘洛县西北坪坝乡。清于此置平坝汛。

平赤县　1931年9月由吉安、吉水、水丰等县析置，治南龙（今江西吉安县东南东固镇东南龙）。1934年2月废。

平村营　在今广东德庆县西。《方舆纪要》卷101德庆州：平村营“在州西八十里。近大江。地名上峒。其相近为大塘营”。

平卤砦　即平虏砦。今河北肃宁县。《方舆纪要》卷13肃宁县：“宋雍宁三年置平卤砦，淳化初改平卤城。景德二年又改为肃宁城。”

平吴台（臺）　在今河南灵宝市西北。《方舆纪要》卷48阌乡县：平吴台，“晋末，赫连勃勃取关中，攻克朱的石之兵于此，筑京观以表武功，名曰平吴台”。

平县 西汉高祖六年（前201）置，为侯国，属河南郡。治所在今河南孟津县老城东黄河南岸。东汉废。

平里市 一名平林市。即今湖北广水市西南六十里平林镇。明置巡司于此。清雍正十年（1732）移巡司于三里店。

平里店 即今山东莱州市东北三十五里平里店镇。清《乾隆内府舆图》：莱州府掖县东有平里店。民国《四续掖县志》卷1作平里镇。

平邑 ①战国赵邑，在今山西大同县东。《史记·赵世家》：献侯十三年（前411），“城平邑”，即此。应在此时赵置平邑县。

②战国赵邑。后属齐。在今河南南乐县东北八里平邑村。《水经·河水注》引《竹书纪年》：“晋烈公四年，赵城平邑。”即此。后属齐。《史记·赵世家》：惠文王二十八年（前271），“蔺相如伐齐，至平邑”。

平邑县 ①战国赵置，后入秦，属代郡。治所在今山西大同县东。东汉初废。

②东汉建初四年（79）置，封平邑公主于此。后废。东魏天平二年（535）析元城县复置，属魏尹。治所在今河南南乐县东北八里平邑村。北齐废。隋开皇十六年（596）复置，属魏州。大业初废。

③1944年山东革命根据地由费县西北部析置，治平邑集（今山东平邑县）。因县驻地平邑集为名。据平邑古碑记载：“平邑者，季平子之采邑也。”县因春秋时为鲁国季平子采邑而得名。

平邑集 清置平邑巡司，属费县。即今山东平邑县治平邑镇。

平岚墟 即今广东中山市南三乡镇（平岚）。清光绪《广州府志》卷69：香山县“墟市”有平岚墟。

平利县 ①西汉置，属广平国。治所在今河北南部。东汉废。

②唐武德元年（618）置，属金州。治所在今陕西平利县西北老县镇东。八年（628）移治今平利县西北老县街。元废。明初复置，属兴安州。清嘉庆七年（1802）徙治白土关，即今平利县，属兴安府。民国初属陕西汉中道。1928年直属陕西省。

平谷水 在今四川理县东北。《舆地纪胜》卷148威州：平谷水“在保宁县北”。《方舆纪要》卷67威州：平谷水“在州北，与后谷水及溪谷水俱流合于大江”。

平谷县 ①西汉置，属渔阳郡。治所在今北京市平谷区西北十二里城子庄。西晋初废。后复置。北魏太平真君七年（446）废。

②元世祖至元十三年（1276）置，属蓟州。治所即今北京市平谷区。明洪武十年（1377）省入三河县，十三年（1380）复置。清属顺天府。1914年属京兆地方。1928年属河北省。1958年划入北京市。2001年改设平谷区。

平甸县 元世祖至元十三年（1276）置，属嶍峨州。治所在今云南新平彝族傣族自治县西南郊中古城。二十六年（1289）废。

平甸河 在今云南新平彝族傣族自治县东。《方舆纪要》卷115新平县：平甸河“在县东十里。众流所汇”。

平狄军 唐天授二年（691）改神武军置，属朔州。治所在今山西朔州市东北三十里马邑村。大足元年（701）改为大同军。

平库河 即今黑龙江省塔河县西北盘古河。《清一统志·黑龙江》“额默勒河”条下：平库河“在（黑龙江）城西北一千二百里。俱出兴安岭，北流入黑龙江”。

平羌山 在今四川夹江县西十五里，临青衣江。《寰宇记》卷74夹江县：“平羌化山在县西一十里。《图经》云：天下二十四化，此其一也。道士常正一得道此山，丹灶履迹存。”《方舆纪要》卷72夹江县：平羌山在“县西十五里。山高广，下瞰平羌江。后周以此山名县”。

平羌关 唐置，属平羌县。在今四川乐山市北。《新唐书·地理志》平羌县：“有（平羌）关。”《方舆纪要》卷72嘉定府：平羌关“在州西北。《唐志》平羌县有平羌关。《志》云：白崖山南有临江关。今废。即平羌之讹也”。

平羌江 即青衣江。在今四川西部。《元和志》卷32严道县：平羌水“经县东二里”。《舆地纪胜》卷147雅州：平羌江，“《图经》云：平羌水自卢山发源，至严道之多功峡合硐门、荣经三江，抵郡城下，自此而东即与阳山江合流，汇于凌云、九顶之前，故嘉州亦号平羌江。李白有‘峨眉山月半轮秋，影入平羌江水流’之句”。

平羌县 ①北周保定元年（561）置，为平羌郡治。治所即今四川乐山市。《元和志》卷31平羌县：“因境内平羌水为名。”隋开皇三年（583）改为峨眉县。

②隋开皇四年（584）置，属嘉州。治所在今四川乐山市东六十里。《寰宇记》卷74平羌县：“因平羌山为名。”大业三年（607）属眉山郡。十一年（615）移治今乐山市北十八里。唐属嘉州。宝历二年（826）又移于开峡驿（今乐山市北四十里）。北宋熙宁五年（1072）省入龙游县。

平羌郡 北周保定元年（561）置，属嘉州。治所在平羌县（今四川乐山市）。辖境相当今四川乐山、峨眉山二市地。隋开皇三年（583）废。

平羌站 元置，在今四川乐山市北四十里。明改置平羌驿。《方舆纪要》卷72嘉定州“凌云驿”条下：“州北四十里有平羌水驿，即故平羌县，皆大江所经也。”

平羌砦 北宋置，属延安府。在今陕西安塞县北坪桥镇。《宋史·地理志》延安府：平羌砦“地本克胡山砦，绍圣四年赐名”。

平羌堡　明置，属宁夏右屯卫。即今宁夏银川市西南四十里平吉堡。清有把总外委驻防。

平羌镇　北宋熙宁五年（1072）废平羌县置，属龙游县。在今四川乐山市北四十里岷江东岸。

平汾支线　从今山西平遥县至汾阳。长31公里。为同蒲铁路支线。1935年动工修建，次年建成。1944年被拆除。

平迟安德等处长官司　元置，属顺元路安抚司。治所在今贵州黔西县南。后废。

平陆　战国时齐邑。在今山东汶上县北。《孟子·告子下》：“储子得之平陆。”《史记·田敬仲完世家》：齐康公十五年（前390），“鲁败齐平陆”。均此。

平陆县　①战国齐置，治所在今山东汶上县西北。《史记·田敬仲完世家》载：康公十六年（前389），“鲁败齐平陆”。即此。《战国策·齐策四》载：苏秦劝齐湣王伐宋国时说：“夫有宋则卫之阳城危，有淮北则楚之东国危，有济西则赵之河东危，有阴、平陆则梁门不启。”平陆县应列入齐五都之中。西汉改置东平陆县。

②西汉景帝元年（前156）置平陆侯国，属陈留郡。治所在今河南尉氏县东北。地节元年（前69）国除，改为县。东汉建武元年（25）废。

③南朝宋改东平陆县置，属东平郡。治所在今山东汶上县西北大汶河南。元嘉中，移乐平县寄治于此。北齐改名乐平县。隋开皇十六年（596）复改平陆县，属兖州。大业初属鲁郡。唐天宝元年（742）改名中都县。

④唐天宝三年（744）改河北县置，属陕州。治所在今山西平陆县西南三门峡水库区。《旧唐书·地理志》：“太守李齐物开三门，石下得戟，大刃，有‘平陆’篆字，因改为平陆县。”金属解州。民国初属山西河东道。1928年直属山西省。1959年迁治圣人涧（今平陆县）。

平阿山　又名龙冈。即今安徽怀远县西南六十里平阿山。汉置平阿县于此。《魏书·地形志》：汴郡萧县“有平阿山”。《清一统志·凤阳府一》：平阿山“在怀远县西南六十里与凤台县接界。俗讹为平峨山”。

平阿水　在今四川广元市北。《水经·漾水注》：“又有平阿水，出东山，西流注汉水。”《注疏》：“会贞按：《蜀水考》：涤溪水在广元县北三里。盖即平阿水也。”

平阿县　东汉改平阿侯国置，属九江郡。治所在今安徽怀远县西南六十里平阿山下。《三国志·魏书·王凌传》：正始末，“凌外甥令狐愚以才能为兖州刺史，屯平阿。舅甥并典兵，专淮南之重”。即此。西晋属淮南郡。东晋后废。

平阿侯国　西汉河平二年（前27）置，属沛郡。治所在今安徽怀远县西南六十里平阿山下。东汉改为平阿县。

平阿湖　在今江苏高邮市西北。《舆地纪胜》卷43高邮军：平阿湖“离城八十里”。《方舆纪要》卷23高邮州：“平阿湖在州西八十里，其东南为五湖，接天长县之铜城河。州境诸湖，皆自天长县导流东注。盖五湖汇上流诸川，源多势盛，州境平衍，故所在浸淫，遂为泽国。”

平陇城　在今山西稷山县西五里平陇村。《北齐书·斛律光传》：武平二年（571），“率众筑平陇、卫壁、统戎等镇戍十有三所。周柱国枹罕公普屯威、柱国韦孝宽等，步骑万余，来逼平陇，与光战于汾水之地，光大破之，俘斩千计”。即此。

平武报恩寺　在今四川平武县（龙安镇）报恩寺街。是四川省现存最完整的古代宫殿建筑群之一。明代龙州宣抚司土官佥事王玺僭越封建等级制度，仿北京故宫修建王府，被朝廷发觉，准备问罪，即诳称修建报恩寺，以报皇恩，遂将门额书“敕修报恩寺”，故殿堂建筑、佛像设置与一般佛寺不同。始建于正统五年（1440），天顺四年（1460）竣工。以大雄宝殿为中心，前有天王殿，后有万佛阁，左前侧有大悲殿，右前侧有华严藏。从外到内辅以二经幢、二石刻狻猊、山门、三桥石洞、钟楼、二回廊、二碑亭等陪衬，布局严谨，殿内佛像高大，转轮经藏制作精巧，壁塑、壁画形神兼备。寺内木雕、石刻、陶制、铁铸、彩画等装饰工艺精湛，富丽堂皇。是剑门蜀道风景名胜区重要景点之一。1996年定为全国重点文物保护单位。

平武县　①西晋太康元年（280）改广武县置，属阴平郡。治所在今四川平武县东北。取阴平郡与广武县各一字为名。南朝宋属北阴平郡。梁废。西魏复置，属江油郡。治所在今四川平武县东南二十里古城镇。隋属平武郡。唐贞观八年（634）废入江油县。

②明万历十九年（1591）改宁武县置，为龙安府治。治所即今四川平武县。民国初属四川西川道。1928年直属四川省。

平武郡　①北魏末置，治所在平武县（今四川平武县东北）。南朝梁以后废。

②隋大业三年（607）改龙州置，治所在江油县（今四川平武县东南南坝镇旧州）。辖境相当今四川平武、青川二县及北川、江油部分地。义宁二年（618）改为龙门郡。

平拔镇　北宋初置，属京山县。即今湖北京山县东北七十四里坪坝镇。

平坦墟　亦名坡头墟。即今广东廉江市东南平坦镇。清光绪《高州府志》卷10石城县：坡头墟在“县东南六十五里”。1922年改为平坦墟。

平坡山　即翠微山。在今北京市西八大处。西山支脉。赵万里校辑《元一统志》卷1：“山中有平地，故曰平坡。”

平顶山　①在今山西广灵县北。《方舆纪要》卷44广灵县：“平顶山在县北三十里，其顶方平。”

②在今辽宁抚顺市南。1932年9月16日侵华日军制造“平顶山惨案”于此，殉难三千多同胞。1972

年建立平顶山殉难同胞纪念碑及遗骨馆。

③在今辽宁本溪市南。明《全辽志》卷1：平顶山在“（辽阳）城东一百里。山周三十里，其顶平厂可耕稼”。山当因此而名。

④即今辽宁海城市西南唐王山。明《辽东志》卷1：平顶山在“（海州卫）城南十里”。《清一统志·奉天府一》：平顶山在“上有积水不涸，俗名浴盆山。唐太宗曾驻跸于此。一名车驾山，又名唐王山”。

⑤在今吉林永吉县西南，属哈达山脉。清光绪《吉林通志》卷18：平顶山在“（吉林）城西南九十里。高三里”。

⑥在今河南平顶山市市区北。《清一统志·汝州》：“平顶山，在郏县东南五十五里。接南阳府叶县界。延袤十里。绝顶平垣，无峰峦，故名。”今平顶山市以此山名。

平顶山矿区 在今河南平顶山市。《清一统志·汝州》：平顶山“在郏县东南五十里，接南阳府叶县界。延袤十里，绝顶平坦，故名”。1949年11月，河南省人民政府发布的《关于重点建厂和整理现有公营工矿的决定》中提出，平顶山矿区应即施行钻探。1950年经过地质调查，认为平顶山煤田可能成为河南省最大的煤田。1952年开发平顶山矿区被列入国家第一个五年计划重大建设项目。1955年建立平顶山矿区。1957年由叶县、宝丰二县析置平顶山市（地级），驻诸葛镇。1964年改置平顶山特区，1969年复改平顶山市（地级）。

平顶山惨案遗址 在今辽宁抚顺市东南平顶山下。是日本军国主义侵华战争期间的屠杀现场。1932年9月17日，日本宪兵队包围了平顶山村，将三千多名矿工和农民，不分男女老幼，驱赶至山下草坪上，进行了灭绝人性的大屠杀。之后又用汽油焚烧并放炮崩山，将全部尸骨埋于山下，以掩盖罪责。1950年抚顺市在现场修建了“平顶山殉难同胞纪念碑”。1970年发掘出遗骨八百余具，1972年就地兴建了平顶山殉难同胞遗骨馆。1988年定为全国重点文物保护单位。

平顶山镇 即今辽宁新宾满族自治县西南平顶山镇。清光绪《奉天全省地舆图说图志》兴京：西南有平顶山。民国《兴京县志》卷1：平定山“距城一百二十里”。

平顶堡 即今辽宁铁岭市东北二十里平顶堡镇。明《全辽志》铁岭卫境图：西北有平顶山墩。民国《铁岭县志》卷2：平顶堡在“城北二十里”。

平林 在今湖北随州市西南柳林镇南古城畈；一说在今随州市东北八十八里。《后汉书·刘玄传》：“圣公避吏于平林……平林人陈牧、廖湛复聚众千余人，号平林兵，以应之。”三国魏置县。

平林市 一名平里市。即今湖北广水市西南六十里平林镇。明置巡司于此。

平林关 清置，在今湖北随州市东北。《清一统志·德安府》：平林关“在随州东北上明乡。即古平林县地，当楚豫之交，最为扼要”。

平林县 ①三国魏置，属南阳郡。治所在今湖北随州市西南柳林镇南古城畈；一说在今随州市东北八十八里。西晋属义阳郡。南朝宋改为西平林县。南齐复为平林县，属东新安左郡。治所在今随州市东北八十八里。梁为上明郡治。隋大业初属汉东郡。唐武德五年（622）废。

②唐开成四年（839）置，属羁縻平原州。治所在今越南高平省广渊县一带。后废。

③北宋置，属羁縻智州。治所在今广西河池市东南平林。后废。

平林店 即今湖北枣阳市南六十八里平林镇。清有主簿驻此。民国初设县佐。

平虎隘 在今广东和平县东北六十里下东镇西南兴隆村。初名乌虎村。明嘉靖中筑土城，寻为徐仁器所据，隆庆中平徐仁器，因名平虎。

平虏千户所 ①明嘉靖三十年（1551）置，属宁夏卫。治所在平虏城（今宁夏平罗县）。清初改为平罗所，雍正二年（1724）改为平罗县。

②即平远千户所。在今宁夏同心县东南豫旺镇。《明史·地理志》固原州：“东北有平虏守御千户所。”

平虏卫 明成化十七年（1481）置，属山西行都司。治所在今山西大同市。嘉靖中移治老军营（今山西朔州市平鲁区西北五十五里平鲁城镇）。清雍正三年（1725）改为平鲁县。

平虏城 明永乐初筑，即今宁夏平罗县。嘉靖三十年（1551）改置平虏千户所。

平虏砦 又名平卤砦。北宋雍熙三年（986）置，属河间县。故址即今河北肃宁县。景德二年（1005）改为肃宁城。

平虏渠 ①东汉建安十一年（206）曹操为北征乌桓所开的运渠。起自呼沱（今滹沱河，故道下游经今河北安平、饶阳、献县、青县南，东入海），下入泒河（上游即今沙河，故道下游经今饶阳县北，河间、任丘市西，文安县、天津市静海县北，至天津市区入海）。故道即今青县至独流镇间一段南运河的前身。一说在今饶阳县西。实为司马懿征公孙渊时所凿，见《元和志》。

②在今河北沧县东北。《新唐书·地理志》渔阳县：“有平虏渠傍海穿漕，以避海难，又其北涨水为沟，以拒契丹，皆神龙中沧州刺史姜师度开。”

平虏堡 明置，属沈阳中卫。即今辽宁沈阳市西北平罗镇。明《辽东志》卷3：平虏堡“地势平漫，临境上蒲河屯可按伏”。

平昌山 在今浙江遂昌县东。《方舆纪要》卷94遂昌县：平昌山“在县东十五里。与孟山前后相叠，形如昌字。孙吴以此名县”。

平昌门 汉魏洛阳城（在今河南洛阳市东北）南面东起第二门。汉名平门或平城门，魏晋改为平昌门。《资治通鉴》：西晋永嘉五年（311），汉刘聪遣将呼延晏寇洛阳，攻平昌门，克之。即此。

平昌关　即今河南信阳市西北七十四里平昌关镇。《清一统志·汝宁府二》：平昌关“俗讹为平常关。设有州同驻此”。民国时于此设县佐。

平昌设治局　1946年析巴中县东南部地置，属四川省。治所在江口镇（今四川平昌县）。1948年升为平昌县。

平昌县　①西汉置，属平原郡。治所在今山东临邑县东北古城。东汉移今临邑县北德平镇西南，改称西平昌县。北魏永熙二年（533）复还故治，仍名平昌县。北齐天保七年（556）移今临邑县北德平镇。五代唐改名德平县。

②西汉置，属琅邪郡。治所在今山东诸城市西北六十里都吉台，俗名城阳城。文帝四年（前176）封齐悼惠王子卬为侯国。即此。东汉属北海国。西晋属城阳郡。北魏属平昌郡，延昌中改属高密郡。北齐省。

③三国吴赤乌二年（239）分太末县置，属会稽郡。治所即今浙江遂昌县。以山得名。宝鼎元年（266）属东阳郡。西晋太康元年（280）因与青州城阳郡之平昌县重名而更名遂昌县。

④北魏太和二十一年（497）改刑军县置，属五城郡。治所在今山西乡宁县西南五十二里西坡镇附近。隋开皇初属汾州，十六年（596）废。义宁元年（617）复置，属文成郡。唐属南汾州，贞观元年（627）改吕香县。

⑤北魏孝昌二年（526）析白马县置，属东郡。治所在平昌城（今河南滑县东）。北齐废。

⑥北魏置，属北吐京郡。治所在今山西蒲县西北二十七里古县乡。北周属龙泉郡。隋开皇中改蒲川县。

⑦东魏兴和四年（542）置，属定阳郡。治所即今山西介休市。隋开皇十八年（598）改为介休县。

⑧唐武德五年（622）置，属崖州。治所在今海南省文昌市西北五十六里下路村。贞观元年（627）改名文昌县。

⑨1948年改平昌设治局置，属四川省。治所即今四川平昌县。

平昌城　在今湖北随州市境。《资治通鉴》：南朝齐建元二年（480），“司州蛮引魏兵寇平昌，平昌戍主苟元宾击破之”。即此。

平昌郡　①三国魏文帝置，治所在平昌县（今山东诸城市西北六十里），寻废。晋惠帝时复置，治所在安丘县（今山东安丘市西南十二里）。北魏移治昌安县（今安丘市东南）。北齐省。

②东魏平平中置，治所在昌平县（今北京市昌平区西南）。北周废。旋复置，隋开皇初废。

③北齐置，治所在黔陬县（今山东胶州市西南）。辖黔陬、高密二县。隋开皇初废。

平昌溪　即今海南省文昌市东北文教河。源出县西北，东流曰墨白溪。东南经文教市，折向西南，合白芒溪，至清澜港口入海。洪宪元年（1916）《最新大中华帝国道县形势全图》：文昌县东北有平昌溪。

平明县　西汉置，属右北平郡。治所在今河北东北部。东汉废。

平固江　即兴国江。今江西兴国县东潋江水。

平固县　西晋太康元年（280）以平阳县改名，属南康郡。治所在今江西兴国县南。隋开皇中废。

平固镇　又称平固市。宋置，属赣县。在今江西赣县东。

平罗县　清雍正二年（1724）置，属宁夏府。治所即今宁夏平罗县。《平罗纪略》：“明代有虏警，设兵御寇，故曰平虏。”满清忌“虏”字，改“虏”为罗，故称平罗。民国初属甘肃宁夏道。1928年属宁夏省。1958年后属宁夏回族自治区。

平罗营　清置，属沿河口都司。在今北京市门头沟区清水河北。清于此设把总。

平岭　在今广西平南县西北罗宜水东岸。明置土巡司于此。

平和县　明正德十四年（1519）六月分南靖、漳浦二县地置，属漳州府。治所在河头中营（今福建平和县西南九峰镇）。《方舆纪要》卷99漳州府平和县：“正德十四年，南赣抚臣王守仁讨平象湖‘贼’，上言河头之地，北与芦溪流恩山冈接境，西北与漳平象湖山接境，而平和等乡，又与广东饶平县大缴、箭灌等乡接境，皆穷险‘贼’巢，与所属县治相距五日程，往往相诱出劫，宜设县控制，于是析置今县”。以平和乡为名。《清一统志·漳州府》：平和县“取盗平民和之义，名曰平和”。1913年属福建西路道。1914年属汀漳道。1928年直属福建省。1949年迁治小溪镇（即今平和县治）。

平佳山　又作平嘉山、彭家山。即今台湾省基隆市东北海中彭佳屿。明夏子阳《使琉球录》：“过平佳山”，即此。

平的侯国　西汉置，属北海郡。治所当在今山东潍坊市或安丘、昌邑、寿光附近一带。东汉省。

平周　战国魏邑。在今山西介休市西。《史记·魏世家》：襄王十三年（前306），“秦取我曲沃、平周”，即此。西汉置平周县。

平周县　①西汉置，属西河郡。治所在今山西介休市西。东汉末废。

②南朝宋改平州县置，属北巴西郡。治所即今四川平昌县。梁普通六年（525）改为平州县。

③亦作平州。南朝宋置，属白水郡。治所在今四川青川县东北。梁属平兴郡。北周改为平兴县。

平河设治局　1932年改勐丁行政区置，直属云南省。治所在今云南金平苗族瑶族傣族自治县西北六十四里老衙门。民国《云南省民政厅〈关于更改县名及设治局土名译音〉案卷》：“区内有平坝河，由紫溪流入新安，汇归老猛河，流绕全区境内，故名平河。”1934年与金河设治局合置金平县。

平河村　在今广西岑溪市东南九十里、黄华河东岸。明、清置巡司于此。

平河县 隋开皇元年（581）改平阳县置，属平河郡。治所在今山西临汾市西南十八里金殿镇。三年（584）改为临汾县。

平河郡 隋开皇元年（581）改平阳郡置，治所在平河县（今山西临汾市西南十八里金殿镇）。辖境相当今山西临汾、霍州二市及汾西、洪洞、安泽、浮山等县地。开皇三年（583）废。

平河桥 即今江苏淮安市楚州区东南平桥镇。《方舆纪要》卷22淮安府"周家桥"条下："平河桥在府西南四十里，南至宝应县六十里。为往来通衢。"

平治县 1935年改思林县置，属广西省。治所在今广西平果县北榜圩镇。1951年并入平果县。

平定山 又名太平山、平顶山、品字山。在今辽宁新宾满族自治县西南。民国《兴京县志》卷10：平定山"亦名品字山。以其极巅有水池三眼得名"。峰峦叠嶂，峭壁嶙峋，林谷清幽，为境内名胜。

平定长官司 明洪武二十二年（1389）置，属平越卫。治所即今贵州麻江县东南平定司。后改属麻哈州。清以后废。

平定关 ①北宋置，属福津县。在今甘肃舟曲县西北三十里坪定乡先锋村。

②明洪武二十四年（1391）置，在今贵州都匀市北。《方舆纪要》卷121都匀府：平定关在"府北二十五里。其南有平定桥"。

平定州 金大定二年（1162）改平定军置，治所在平定县（今山西平定县）。辖境相当今山西阳泉市及平定、昔阳等县地。元属冀宁路。明属太原府。清雍正二年（1724）升为直隶州。辖境相当今山西阳泉市及盂县、寿阳、平定、昔阳等县地。1912年改平定县。

平定军 北宋太平兴国四年（979）置，治所在平定县（今山西平定县）。辖境相当今山西阳泉市及平定、昔阳等县地。金大定二年（1162）升为平定州。

平定县 ①西汉置，为西河郡治。治所在今内蒙古伊金霍洛旗东南境。一说在今陕西府谷县西北。东汉末废。

②南朝宋置，属高凉郡。治所在今广东阳春或恩平、阳东等市县境。南齐以后废。

③北宋太平兴国四年（979）改广阳县置，为平定军治。治所即今山西平定县。金大定二年（1162）为平定州治。元世祖至元二年（1265）废。1912年复降平定州为平定县，属山西冀宁道。1930年直属山西省。

平定准噶尔勒铭碑 全名"平定准噶尔勒铭格登山之碑"。在今新疆昭苏县城西南一百二十里格登山上。碑立于清乾隆二十五年（1760），碑文由乾隆皇帝亲撰。碑为青砂石质，高3.03米，分碑额、碑座、碑身三部分，保存完好，碑额两面均刻二龙戏珠图案，正面中部刻"皇清"二字，背面中部刻"万古"二字。碑座两面雕刻万顷碧波烘托一轮朝日图景。碑身两面竖书阴刻四种文字碑文，正面为满文和汉文，背面为蒙文和藏文，其中汉文碑文共计八行二百四十字，用四言叶韵体写成。碑文记述乾隆二十年清军在格登山平定准噶尔部叛众，叛军首领达瓦齐被擒获经过，赞扬参战将士的英勇精神。格登山纪念碑是维护祖国统一、反对民族分裂的历史见证。2001年定为全国重点文物保护单位。

平定堡 ①明置，即今辽宁铁岭县东北平顶堡镇。《方舆纪要》卷37铁岭卫"宋家泊堡"条下："曹（应为曾）迟堡在宋家泊堡东北，其东北又有平定堡。又东北接三万卫之定远堡。"

②即今广东化州市西北平定镇。《方舆纪要》卷104化州"梁家沙镇"条："平定堡在州西北百八十里。向皆设官兵戍守。"

平定堡镇 即今河北沽源县治平定堡镇。民国《察哈尔通志》卷13：沽源县第一区有平定堡镇。1948年沽源县迁治于此。

平定墟 即今广东化州市西北平定镇。清光绪《高州府志》卷10化州：平定在"州北一百四十里"。

平房子 即今辽宁朝阳县西南八十里平房子镇。民国《朝阳县志》卷4："城西南平房子距县八十里。"

平孟隘 在今广西那坡县东南一百八十里平孟镇，接越南界。清时设兵驻防。

平贯沙洲 在今贵州石阡县北。《方舆纪要》卷122石阡府："平贯沙洲在石阡司治北。上有平贯砦，砦前有温泉潭。"

平春县 ①东汉置，属江夏郡。治所在今河南信阳市西北。西晋属义阳郡。东晋太元中改为平阳县，移治仁顺城（今河南信阳市）。南朝宋孝建三年（456）析平阳县复置。南齐属北义阳郡。北魏废。

②南朝梁置，属城阳郡。治所在今河南信阳市北。北齐废。

平春国 东汉章帝建初四年（79）以江夏郡置，治所在平春县（今河南信阳市西北）。旋废。《后汉书·章帝纪》：建初四年四月"辛卯，封皇子伉为千乘王，全为平春王"。同书《平春悼王全传》曰："平春悼王全，以建初四年封。其年薨，葬于京师。无子，国除。"

平型关 古名瓶形寨。在今山西繁峙县东北边境，接灵丘县界。现存关城为明正德六年（1511）筑，万历九年（1581）增修。关门坐西向东，门洞用券栿相间的方法筑成，高4米，宽2.7米。关城残高6米。古道穿城而过，是繁峙通往灵丘的要道。城门匾额上书"平型岭"三字，关楼已毁。清雍正九年（1731）置巡检司，十年并设都司防守。1937年9月，八路军于此首战日本侵略军，取得重大胜利。

平型关战役遗址 在今山西灵丘县西桥沟一带，西南距平型关约5公里，沟长约7公里。附近峰峦叠嶂，峡谷深幽，东通冀北，西抵雁门，地势极为险要。1937 年 9 月，日本侵略军板垣师团数千人，顺沟西进，我八路军一一五师伏击，歼敌一千余人，击毁敌方汽车百余辆，缴获大批武器和军用品，取得了辉煌的胜利。1961 年平型关战役遗址被定为全国重点文物保护单位。

平城山　在今广东恩平市西北。《寰宇记》卷 158 恩州阳江县："恩平江自州界平城山流经县东，下入新会县界。"《舆地纪胜》卷 89 南恩州：平城山"在阳江县东旧恩平县西北"。

平城江　在今广东吴川市西南塘掇江。《方舆纪要》卷 104 吴川县：平城江在"县西二十里。源出（化）州境那阳山，经林公渡入海"。《清一统志·高州府》：平城江在"源出化州那阳山，南流为平泽水，又东南流至平定桥为平城江，合吴川水入海"。

平城县　①战国秦置，属雁门郡。治所在今山西大同市东北八里古城村。东汉末移治今山西代县东北七里下平城村，属新兴郡。西晋属雁门郡。十六国时还治今大同市东北古城村。北魏道武帝在此建都，延和元年（432）改为万年县，太和十七年（493）改为平城县，为代郡治。孝昌二年（526）废。

②东魏天平二年（535）置，属代郡。寄治肆州秀容郡城（今山西忻州市西北）。北齐废。

③隋开皇十六年（596）置，属辽州。治所在今山西和顺县西八十里仪城村。大业初属太原郡。唐属辽州。北宋熙宁七年（1074）废。元祐元年（1086）复置。金贞元二年（1154）废。

平城侯国　西汉置，属北海郡。治所在今山东昌邑市东南四十里。元朔元年（前 128）封河间献王子礼为平城侯。建始二年（前 31）封胶东顷王子邑为侯国于此。东汉省。

平城宫　北魏太和年间修筑，为孝文帝迁都洛阳前的皇宫。故址在今山西大同市火车站附近。《魏书·高祖纪》：北魏太和十八年（494），孝文帝"至平城宫"，又太和十九年（495），"诏皇太子赴平城宫"。即此。其后因迁都洛阳而日渐颓废。《辽史·地理志》西京大同府载："元魏宫垣占城之北面，双阙尚在。"

平城遗址　在今山西大同市区内，是北魏拓跋氏早期都城。太和十八年（494）魏孝文帝迁都洛阳后，平城仍是北魏统治北方的经济、政治、文化中心。城分内、外两重，内城居中，城内有建筑遗址。城北方山为文明皇太后陵，陵前有建筑基址。城南一带为墓葬区。1988 年定为全国重点文物保护单位。

平城堡　即今甘肃永登县东北坪城乡。清置驿，后废。

平城镇　①金贞元二年（1154）降平城县为镇，属辽山县。在今山西和顺县西北仪城。贞祐四年（1216）复升为县，改名仪城。

②即今山西陵川县东北平城镇。《清一统志·泽州府》"池下镇"条下：平城镇"在县北十五里。有堡"。

平政山　在今广东惠东县东南，接海丰县界。《方舆纪要》卷 103 惠州府归善县：平政山"在府东百五十里。有平政驿"。

平政水　在今江西大余县西南。《方舆纪要》卷 88 南安府大庾县：平政水在"府西南五十里。源出广东仁化县长岭，东流合凉热水，又七十里合聂都水，通大江。一云，平政水合流源水而入南康县界"。《清一统志·南安府》：平政水"以经平政乡，故名"。

平政桥　在今福建建瓯市治西南旧平政门外。旧有浮桥，宋乾道初郡守陈俊卿累石为址，架木为梁，建于建江上。后屡圮屡复，清初称通都桥。《方舆胜览》卷 11 建宁府：平政桥"跨大溪，立趾十有一，各高七十二尺，酾水之道有九，梁空而行，复为屋二（一作三）百六十楹于其上，而槲翼之"。

平政站　元置，即今广东惠东县东南吉隆镇北平政村，近海丰县界。明洪武元年（1368）改为平政驿，清雍正八年（1730）于此置平政巡司。

平政浮桥　在今福建永泰县南。《方舆纪要》卷 96 永福县：平政浮桥"在县南。跨双溪上。宋绍圣四年建，用舟三十有六"。

平政墟　即今广西北流市东南一百里平政镇。清光绪《广西舆地全图》北流图：南有平政墟。

平茶水　即今重庆市秀山土家族苗族自治县西南平江河，为梅江河上源之一。《方舆纪要》卷 73 平茶洞长官司：哨溪在"司治东南……满溪在司西南十里，亦出白岁山，以水常溢不竭也，合流而东北曰平茶水，至酉阳东南，会于酉水"。

平茶所　明洪武二十五年（1392）置，治所在今贵州黎平县东北。清废。

平茶洞　北宋政和四年（1114）置，属羁縻思州。治所在今重庆市秀山土家族苗族自治县西南清溪场镇西司城街。宝祐元年（1253）改为平茶承化军民司。元改为溶江芝子平茶等处长官司。

平茶洞长官司　明洪武八年（1375）分溶江芝子平茶等处长官司置，属酉阳宣抚司。治所在今重庆市秀山土家族苗族自治县西南四十里清溪场镇西司城街，十七年（1384）属四川布政司。辖境相当今四川秀山土家族苗族自治县西南部地。永乐十六年（1418）属重庆卫。清雍正十二年（1734）属黔彭厅。乾隆元年（1736）废。

平南关　①即今广西凭祥市西北四十里平而关，西接越南平瑞村。清有把总驻防。乾隆五十六年（1791）曾开关贸易。

②在今贵州松桃苗族自治县西南乌罗镇南。《方舆纪要》卷 122 铜仁府乌罗司：平南关"在司（治今乌罗镇）南。其相近者又有野猫关"。

平南县　①唐贞观七年（633）置，为龚州治。治所在今广西平南县。明郭子章《郡县释名》广西卷："取南方太平之义也。"天宝初为临江郡治，乾元初复为龚州治。南宋属浔州。元属浔州路。明属浔州府。民国初属广西苍梧道。1928年直属广西省。

②辽置，属镇海府。治所在今辽宁岫岩满族自治县西南。金废。

③辽置，属宁海府。治所在今辽宁庄河市附近。金废。

④1935年5月川陕革命根据地置，治三圣庙（今四川平武县东南平南羌族乡）。同年7月废。

⑤1940年9月山东革命根据地由平度县南部析置，治蓼兰村（今山东平度市西南蓼兰镇）。1952年改名蓼兰县。1956年撤销，并入平度县。

平南驿 明成化六年（1470）置，属南靖县。在今福建南靖县西。清以后废。

平南郡 南朝梁大同中置，属东巴州。治所在今四川南江县北。西魏属集州。隋开皇三年（583）废。

平顺县 明嘉靖八年（1529）置，属潞安府。治所即今山西平顺县。清乾隆二十九年（1764）废。1912年复置平顺县，属山西冀宁道。1930年直属山西省。

平泉山 一名石城山。在今四川简阳市西南。《元丰九域志》卷7：平泉县“有平泉山”。《舆地纪胜》卷145简州：石城山，“《皇朝郡县志》云：一名平泉山”。

平泉井 在今四川简阳市西。《舆地纪胜》卷145简州：平泉井“在平泉县。市民日汲于此者五百家，不随所汲多寡为之增损，县因得名”。

平泉庄 ①即今河北赞皇县西北二十二里张楞乡。《清一统志·正定府二》：平泉庄“在赞皇县西北张楞村，唐李德裕游息之所，今为玉泉寺”。

②唐李德裕别墅。在今河南伊川县北梁存沟。《旧唐书·李德裕传》：“东都于伊阙南置平泉别墅，清流翠篠，树石幽奇。”白居易《醉游平泉》诗有“洛客最闲唯有我，一年四度到平泉”句。

平泉州 清乾隆四十三年（1778）改八沟厅置，属承德府。治所即今河北平泉县。1913年改为平泉县。

平泉县 ①北魏太平真君三年（442）置，属天水郡。治所在今甘肃礼县或西和县境。北周废。

②北魏置，属天水郡。治所在今甘肃天水市附近。后废。

③隋开皇十八年（598）改婆闰县置，属益州。治所在今四川简阳市西南五十里草池镇西北绛溪河北。《元和志》卷31平泉县：“以县内有泉源出于平地，故以为名。”仁寿三年（603）属简州，大业初属蜀郡。唐武德三年（620）属简州。天宝初属阳安郡，乾元初复属简州。元世祖至元二十二年（1285）废。

④1913年改平泉州置，属直隶热河道。治所即今河北平泉县。1928年属热河省。1956年属河北省。

平泉冶 隋置，在今山西翼城县东南浍山。后废。

平泉河 即今甘肃礼县东北永坪河。《方舆纪要》卷59秦州礼县：“平泉河在县北二十里。”清光绪《甘肃新通志》卷7：平泉河“源出固城镇野猪山之东，南流经平泉川入西汉水”。

平亭 在今甘肃泾川县北。《魏书·尒朱天光传》：北魏建明元年（530），“（万俟）醜奴弃岐州，走还安定，置栅于平亭”。即此。

平度市 1989年撤销山东省平度县，改设平度市，市人民政府驻平度城。由青岛市代管。

平度州 明洪武二十二年（1389）以胶水县改置，属莱州府。治所即今山东平度市。1913年改平度县。

平度县 ①西汉置，属东莱郡。治所在今山东平度市西北六十七里。《汉书·五行志》：“哀帝建平三年，东莱平度出大鱼。”注：“师古曰：平度，东莱之县。”东汉省。

②1913年改平度州置，属胶东道。治所即今山东平度市。1925年属胶莱道。1928年直属山东省。1989年改设平度市。

平将军垒 在今河北藁城市北。《方舆纪要》卷14藁城县：平将军垒“在县北十二里，即建文中平安屯兵御燕师处”。

平洛县 北魏太和四年（480）置，属修城郡。治所即今甘肃康县西北平洛镇。北周废。

平洛堡 清改平虏堡置，属承德县。即今辽宁沈阳市西北平罗镇。《清一统志·奉天府二》“川盛堡”条下：“又平洛堡，在县北四十里。”

平洛镇 北宋置，属将利县。即今甘肃康县西北平洛镇。

平洋山 在今江西广丰县东南。《方舆纪要》卷85广信府永丰县：平洋山“在县东南六十里。旧有坑曰平洋坑，出银矿。其地去仙霞十五里而近浙、闽，诸盗常窥伺焉”。明时设兵戍守。

平洋沙 在今上海市崇明县西北三星镇一带。《方舆纪要》卷24太仓州崇明县：平洋沙“旧名半洋沙。其相近者曰马腰沙。弘治十五年土豪施天泰、钮东山作乱，据二沙为梗。事平，改半洋为平洋，马腰为马安。嘉靖三十二年移建县城于此。明年，倭登平洋沙焚劫，攻新城东门，不能陷，乃却。万历中，复移县于今治”。

平洋桥 一作平阳桥。明置，在今辽宁台安县西南。《明史·王化贞传》：天启间，化贞“遇大清兵平阳桥。峰始交，（孙）得功及参将鲍承先等先奔，镇武、闾阳兵遂大溃”。

平洲河 在今贵州平塘县南。《明一统志》卷88都匀卫：平洲河“在平洲六洞长官司南。水中有洲，土人开肆贸易其上”。

平洲堡 即今广东佛山市南海区东平洲镇。明、清于此设五斗口巡司。

平津邑 在今河北盐山县南。《汉书·外戚恩泽侯表》：元朔三年（前126）封公孙弘为“平津侯”。

《史记·三王世家》正义引《括地志》："公孙弘所封平津乡，在沧州盐山县（今黄骅市南旧城）南四十二里。"

平津亭　在今湖南益阳市西北。《新五代史·楚世家·周行逢传》：五代周显德中，湖南叛将张文表自衡州取潭州，周保权将杨师璠讨之，"师璠至平津亭，文表出战，大败之"。即此。

平秦郡　北魏太延二年（436）置，属岐州。治所在雍县（今陕西凤翔县东南）。辖境相当今陕西凤翔、麟游、宝鸡、扶风等市县交界之地。西魏改名岐山郡。

平珠长官司　元置，属新添葛蛮长官司。治所即今贵州平塘县。后废。

平都　①春秋战国时巴国别都。在今重庆市丰都县。东晋常璩《华阳国志·巴志》："巴子时虽都江州，或治垫江，或治平都，后治阆中。"《水经·江水注》：江水"东历平都，（东望）峡对丰民洲，旧巴子别都也"。东汉永元二年（90）于此置平都县。

②战国赵邑。在今陕西子长县西南。《史记·赵世家》：悼襄王二年（前243），泄钧为之谓信侯曰："君不如遣春平君而留平都。春平君者言行信于王，王必厚割赵而赎平都。"西汉改置平都县。

平都山　一名丰都山。即今重庆市丰都县东北三里名山。《隋书·地理志》临江县："有平都山。"《寰宇记》卷149丰都县：平都山，"《神仙传》云：后汉延光元年，阴长生于马明生处求仙法，乃将长生入青城山中，煮黄土为金以示之，立坛喹血，取太青神丹经授之乃别出。长生后于平都山白日升天即此。张道陵所化二十四化，居其一也"。自东汉于山上建庙以来，历有发展，至1949年止，寺观达三十余处。主要宫观唐曰仙都观，宋曰景德宫，明曰阎王庙，清曰阎王殿、天子殿。由一般道观发展为"阴曹地府"、"鬼城"、"幽都"。从唐以来，不少学者游历平都山，唐李吉甫、段文昌，北宋苏轼，南宋范成大等均有诗文传世。有"天下名山第一都"之美誉。

平都县　①西汉置，属上郡。治所在今陕西子长县西南。东汉废。

②东汉永元二年（90）置，属巴郡。治所在今重庆市丰都县北名山镇。《寰宇记》卷149丰都县：平都县"取界内平都山为名"。《水经·江水注》："《华阳记》曰：巴子虽都江州，又治平都，即此处也。有平都县，为巴郡之隶邑矣。"三国蜀延熙十七年（254）废入临江县。

③东汉永元八年（96）以安平县改名，属豫章郡。治所在今江西安福县东南六十里洋口、城田一带。兴平中属庐陵郡。三国吴移治今安福县，为安成郡治。隋开皇中改名安成县。

平都城　战国赵简子所立。在今山西和顺县西仪城。《资治通鉴》：南朝梁大宝元年（550），高洋欲受东魏禅，"洋拥兵而东，至平都城"，即此。隋开皇十六年（596）于此置平城县。

平都亭　在今河北武强县（小范）西南平都村。《史记·惠景间侯者年表第七》：汉惠帝五年（前190），封刘到为"平都"侯。即此。

平晋县　①唐武德四年（621）置，属邓州。治所在今河南邓州市东南。六年（623）废入穰县。

②北宋太平兴国四年（979）置，属太原府。治所在今山西太原市南。熙宁三年（1070）废。政和五年（1115）复置，金贞祐四年（1216）又废。兴定元年（1217）复置。明洪武四年（1371）改为太原县。

平桥镇　即今江苏淮安市楚州区东南平桥镇。《清一统志·淮安府二》：平桥镇"在山阳县南五十里。枕堤跨河，田畴沃美，帆樯驿络，为淮甸门户"。

平桃城　即虢亭。在今河南荥阳市东北三十里南城村。《魏书·高祖纪》：太和十九年（495）五月，"皇太子朝于平桃城"。即此。

平夏城　北宋绍圣四年（1097）筑，属镇戎军。在今宁夏固原市西北黄铎堡古城址。《宋史·章楶传》：绍圣四年（1097），"帅四路师出胡芦河川，筑二城于石门峡江口，好水河之阴。二旬有二日成，赐名平夏城、灵平砦"。大观二年（1108）升为怀德军。

平原州　唐开成四年（839）析都金州之平原馆置，属安南都护府。治所即今越南高平省广渊县。唐末改为广源州。

平原县　①战国赵置，后入秦，属济北郡。治所在今山东平原县西南二十五里张官店。《史记·项羽本纪》：项羽北击齐，"北至城阳，田荣亦将兵会战。田荣不胜，走至平原，平原民杀之"。即此。西汉为平原郡治。东汉为平原国治。北魏为东青州治，后属安德郡。北齐始移治今平原县。隋属平原郡。唐属德州。清属济南府。民国初属山东东临道。1925年属德临道。1928年直属山东省。

②南朝宋置，属阳平郡。治所在今山东汶上县西南三十里平原村。北魏属东阳平郡。北齐徙今山东宁阳县。隋改名龚丘县。

③南朝宋侨置，属平原郡。治所在今山东邹平县东南二十里好生镇北。北齐天保七年（556）移治梁邹城（今山东邹平县东北）。隋开皇三年（583）移治邹平城（今邹平县北）。开皇十八年（598）改为邹平县。

④北魏置，属天水郡。治所在今甘肃礼县或西和县境。北周废。

⑤隋开皇十年（590）改龙乡县置，为泷州治。治所在今广东罗定市南百里。开皇十八年改为泷水县。

⑥唐永隆二年（681）置，属思唐州。治所在今广西平南县西北。长庆三年（823）改为思和县。

平原国　东汉延平元年（106）改平原郡为平原国，治所在平原县（今山东平原县西南二十五里张官店）。

《三国志·蜀书·关羽传》："先主为平原相。"即此。建安十一年（206）改为郡，三国魏黄初三年（222）又改为国。七年（226）复改为郡。西晋又改为国。南朝宋复改为郡。

平原省 1949年8月在冀鲁豫根据地基础上设置，省会新乡市（今河南新乡市）。辖境相当今河南北部、山东西南部及河北临漳县西南部地。1952年11月撤销，并入河南、山东二省。

平原津 在今山东平原县西南五十里。为古黄河的重要渡口。《史记·秦始皇本纪》：三十七年（前210），秦始皇自海上还，"至平原津而病"。又《淮阴侯列传》：汉高帝三年（前204），韩信引兵东去，"未渡平原，闻汉王使郦食其已说下齐……信因袭齐历下军，遂至临菑"。平原即平原津。

平原郡 ①西汉初置，治所在平原县（今山东平原县西南二十五里张官店）。辖境相当今山东平原、陵县、禹城、齐河、临邑、商河、惠民、阳信等市县地。东汉延平元年（106）改为平原国。建安十一年（206）复为郡。三国魏黄初三年（222）又改为国，七年（226）复为郡。西晋改为国，南朝宋又改为郡。北魏废。

②东晋侨置，治所在梁邹城（今山东邹平县东北）。北魏称为东平原郡。

③南朝梁置，属泷州。治所在泷乡县（今广东罗定市南百里）。隋开皇初废。

④北魏太和十一年（487）置，属济州。治所在聊城县（今山东聊城市东北二十五里）。辖境相当今山东聊城市及茌平、高唐等地。隋开皇初废。

⑤北魏置，属燕州。在今河北涿鹿县东南。《水经·㶟水注》："涿水又东径平原郡南，魏徙平原之民置此，故立侨郡以统流杂。"即此。

⑥北魏置，属泾州。治所在阴槃县（今甘肃平凉市东南四十里泾水北岸）。辖境相当今平凉市东部。隋开皇三年（583）废。

⑦隋大业初改德州置，治所在安德县（今山东陵县）。辖境相当今山东德州、陵县、平原、宁津及河北吴桥、东光、交河等市县地。唐武德四年（621）复为德州。天宝元年（742）又改平原郡，乾元元年（758）改为德州。

平原桥 在今安徽天长市西。《方舆纪要》卷21天长县：平原桥"在县西九十里，西北通盱眙，东南通六合，为往来之要地"。

平圃站 元置，在今广东韶关市曲江区东北周田镇西南平圃村。

平圃镇 即今广东韶关市曲江区东北周田镇西南平圃村。《方舆纪要》卷102韶州府曲江县：平圃镇在"府北九十里。有巡司……洪武十六年设"。

平恩县 东汉改平恩侯国置，属魏郡。治所在今河北曲周县东南西呈孟。三国魏属广平郡。北齐天保七年（556）移治斥漳城（今曲周县东南）。隋复还治呈孟，属武安郡。唐属洺州。金废为镇。

平恩侯国 西汉置，属魏郡。治所在今河北曲周县东南西呈孟。《汉书·外戚恩泽侯表》：地节三年（前67）宣帝封后父许广汉为"平恩戴侯"。东汉改为平恩县。

平恩镇 金废平恩县为镇，属曲周县。即今河北曲周县东南西呈孟。

平峪县 金大定二十七年（1187）置，属蓟州。治所在大王镇（今北京市平谷区）。元世祖至元二年（1268）并入渔阳县。

平皋县 西汉高帝六年（前201）置，为侯国，后改县，属河内郡。治所在今河南温县东北二十里北平皋村。《汉书·地理志》注引应劭曰："以其在河之皋，处势平夷，故曰平皋。"东魏属武德郡。北齐废。

平皋城 即三鸦镇。一名平高城。北周置，在今河南鲁山县西南十四里平高城村。《寰宇记》卷8鲁山县：平皋故城"后周于此置三鸦镇。在县西南十九里。亦曰平高城，以御寇"。

平高县 ①西魏末改高平县置，为平高郡治。治所即今宁夏固原市。隋为平凉郡治。唐为原州治。广明后废。

②北周改高平县置，为平高郡治。治所在今河南商城县东。隋开皇初废。

平高城 即平皋城。在今河南鲁山县西南十四里平高城村。

平高郡 ①西魏末改高平郡置，属原州。治所在平高县（今宁夏固原市）。辖境相当今宁夏固原、彭阳二市县及甘肃会宁县西北部分地。隋开皇三年（583）废。

②北周改高平郡置，治所在平高县（今河南商城县东）。隋开皇初废。

平郭县 ①西汉置，属辽东郡。治所在今辽宁盖州市西南六十里熊岳镇稍东。《汉书·地理志》平郭县："有铁官、盐官。"西晋废。

②金大定七年（1167）改咸平县置，为咸平府治。治所即今辽宁开原市东北老城镇。元废。

平疴镇 北宋置，属历阳县。即今安徽和县北香泉镇。《方舆纪要》卷29和州："香淋泉在州北三十五里。其水温，相传梁昭明尝浴此，因名太子汤。亦曰平疴泉。宋治平中，名其地曰平疴镇。"

平唐县 唐文明元年（684）置，属当州。治所在今四川黑水县西南。寻废入谷和县。

平朔城 在今甘肃金塔县东北鼎新镇北约七十里。《清一统志·肃州》"毛目城"条下："又有平朔城，在城北二百二十里。二城皆周一里，相传皆元时守御，属威远卫。"

平凉市 1950年析平凉县城区及近郊设立平凉市，属甘肃省平凉专区，为专署驻地。1958年撤销平凉县，并入平凉市。1964年撤销平凉市，恢复平凉县。1983年撤销平凉县，复设平凉市。2002年撤销平凉地区和县级平凉市，设立地级平凉市。市人民政府驻新设立的崆峒区西大街。以原县级平凉市设立的崆峒区，区政府驻西大街。

平凉县　北周置，属长城郡。治所即今甘肃平凉市。隋移治平凉市西北，属平凉郡。唐移治今市西三十五里。唐末废。五代唐清泰三年（936）复置，属泾州。北宋复还今治，仍为渭州治。金为平凉府治。民国初为甘肃泾原道治。1927年直属甘肃省。1950年析置平凉市（县级）。1958年撤销平凉县，并入平凉市。

平凉府　金置，治所在平凉县（今甘肃平凉市）。辖境相当今甘肃平凉、华亭、崇信及宁夏泾源县地。元属巩昌路。明洪武初属陕西布政使司。辖境扩大，东至甘肃泾川、镇原，西至庄浪、静宁，兼有宁夏同心县以南地。清属甘肃省。1913年废。

平凉城　十六国前秦置，为平凉郡治。治所即今甘肃平凉市。《晋书·苻登载记》：东晋太元十四年（389），前秦主苻登“进攻（姚）苌将吴忠、唐匡于平凉，克之，以尚书苻硕原为前禁将军、灭羌校尉，戍平凉”。即此。北周11为平凉县。

平凉郡　①十六国前秦置，治所在平凉城（今甘肃平凉市西北）。北魏移治鹑阴县（今甘肃华亭县西马峡），属泾州。辖境相当今甘肃华亭、平凉西南及东南一带。隋初废。

②隋大业三年（607）改原州置，治所在平高县（今宁夏固原市）。辖境相当今宁夏同心县以南及甘肃平凉市地。唐武德初复为原州。天宝元年（742）又改为平凉郡，乾元元年（758）复为原州。

平海　即今福建莆田市东南平海。清时莆田县丞驻此。

平海山　在今广东惠东县东南平海镇附近。《清一统志·惠州府》：平海山“在归善县东南二百里，下为平海所”。

平海千户所　明洪武二十七年（1394）置，属碣石卫。在今广东惠东县东南平海镇。清康熙四年（1665）裁。九年（1670）复设，四十二年（1703）又设游击驻此，雍正四年（1726）改设参将驻防。

平海卫　明洪武二十年（1387）置，属福建都司。治所即今福建莆田市东南平海镇。辖莆禧千户所。清康熙五年（1666）废。

平海军　①亦名东牟守捉。唐置，驻登州（今山东蓬莱市）。后废。

②五代方镇名。北宋乾德二年（964）改清源军置，治所在泉州（今福建泉州市）。辖境相当今福建龙岩、漳平、永春、德化、莆田、仙游等市县以南地区（上杭县除外）。太平兴国三年（978）废。

平海湾　东海之海湾。在今福建莆田市东南兴化湾之南。湾口明置平海卫，因名。

平浪长官司　明洪武十六年（1383）置，属都匀安抚司（后改都匀府）。治所即今贵州都匀市西南五十里平浪镇。清雍正五年（1727）废。“平浪”系布依语音译，意为平坦的坝子。

平陵　西汉昭帝刘弗的陵墓。在今陕西咸阳市东北十三里，故平陵城北二里。《汉书·昭帝纪》：元平元年（前74），“葬平陵”。

平陵山　①在今江苏溧阳市西北三十五里。《资治通鉴》：东晋咸和四年（329），苏峻将张健、韩晃等西奔，“郗鉴参军李闳追之，及于平陵山，皆斩之”。即此。

②在今广东东源县西。《方舆纪要》卷103惠州府河源县：平陵山“在县西八十里。高数百丈，有通海岩，岩中有泉潜通海”。

平陵县　①春秋晋置，治所在今山西交城县西南十里大陵庄。《左传》：昭公二十八年（前514），分祁氏之田以为七县，“司马乌为平陵大夫”。即此。战国时赵改置大陵县。

②战国齐置，治所在今山东章丘市西北平陵城。战国齐玺印中有“平陵县左廪玺”可证。后改名东平陵县。

③西汉昭帝置，属右扶风。治所在今陕西咸阳市西北十五里。三国魏改名始平县。

④西晋永兴元年（304）分永世县置，属义兴郡。治所在今江苏溧阳市西北三十五里。《方舆纪要》卷20江宁府溧阳县：平陵城“城南五里有平陵山，因名”。南朝宋元嘉九年（432）废。

⑤西晋改东平陵县置，属济南郡。治所在今山东章丘市西北平陵城。北周废。

⑥隋义宁二年（618）置，属均州。治所在今湖北丹江口市西北。大业初属武当郡。唐武德七年（624）废。

⑦唐武德元年（618）分栎阳县置，属雍州。治所即今陕西西安市临潼区东北粟邑庙。二年（619）改名粟邑县。

⑧唐武德二年（619）置，为潭州治。治所在今山东济南市东北、故平陵县西北十五里。贞观元年（627）废潭州，县属齐州。十七年（643）改名全节县。

平陵城　在今天津市静海县西北。《汉书·苏建传》：苏建“以校尉从大将军（卫）青击匈奴，封平陵侯”。即此。

平陵墟　即今广东龙门县东南平陵镇。旧属河源县。清宣统《广东舆地全图》河源县图：县西有平陵墟，清有外委把总驻防。

平陵镇　北宋于废平陵县置，属武当县。在今湖北丹江口市西北。

平陶县　西汉置，属太原郡。治所在今山西文水县西南二十里平陶村。北魏太武帝改为平遥县。

平通堡　即今四川平武县南平通镇。《方舆纪要》卷73石泉县“大印堡”条下：“《志》云：大方（关）相近者有观子、徐坪、平通三堡。”

平桑县　唐武德元年（618）置，属集州。治所在今四川南江县西南。贞观元年（627）废。二年复置。

六年（632）又废。

平桑郡 北周天和五年（570）置，为集州治。治所在难江县（今四川南江县）。辖境相当今四川南江县地。隋开皇三年（583）废。

平绥铁路 即京绥铁路。自北京丰台至绥远省会归绥（今内蒙古呼和浩特市）。因1928—1949年北京称为北平，故称京绥铁路为平绥铁路。

平银江 即今广西钦州市东北大风江。《清一统志·廉州府》：平银江“在钦州东三十里。上流即灵山县之大洸江，流经州东有平银渡，与灵山县分界。又南由大观港入海，与合浦县分界”。

平银渡墟 即今广西钦州市东平银圩。明嘉靖《钦州志》卷7：“平银墟在平银渡头，去城三十五里。”

平祭州 唐永徽二年（651）置羁縻州，属茂州都督府。治所在今四川汶川县西南邛崃山附近地区。后废。

平康水 今四川黑水县东北小黑水河。《元和志》卷32当州平康县：“显庆中因古平康城置，在平康水西。”

平康县 ①三国蜀汉置，属汶山郡。治所在今四川黑水县东北。《三国志·蜀书·姜维传》：延熙十年（247），“汶山平康夷反，维率众讨定之”。即此。南朝宋废。北周复置，属广年郡。治所在今四川黑水县东北六十里。隋大业初属汶山郡。唐武德初废。显庆中于古平康城复置，属翼州。寻废。垂拱元年（685）复置，属当州。天宝初属交川郡，乾元初属松州。后废。

②西魏置，属敦煌郡。治所在今甘肃敦煌市西南。北周省入敦煌县。

平章殿 十六国前凉都城姑臧城（今甘肃武威市城）内的宫殿。《晋书·张天锡传》载：“天锡所居安昌门及平章殿无故而崩，旬日而国亡。”

平望侯国 西汉置，属北海郡。治所在今山东寿光市东北五十里望海台。武帝封菑川懿王子赏为平望侯国于此。东汉废。

平望湖 即今江苏兴化市北平旺湖。《舆地纪胜》卷43高邮军：平望湖“在兴化县西一十八里”。《方舆纪要》卷23兴化县：平望湖在“县北二十里。南接官塘，中有冈阜，四望平坦，因名”。

平望镇 北宋置，属吴江县。即今江苏吴江市南四十五里平望镇。元、明、清置巡司于此。

平盖山 ①在今四川南溪县西。《新唐书·地理志》：南溪县有“平盖山”。《舆地纪胜》卷163叙州：平盖山“在南溪县西十五里。分二山九陇，惟平盖一山特出众山之上，山顶圆而平，故曰平盖山。一名牛心山。一名玛瑙珑。汉解渎侯之子孝灵帝之兄隐此。今有仙迹存焉。汉真人刘景鹤之仙隐，乃二十四化洞天之一也”。

②在今四川彭山县北。《方舆胜览》卷53眉州：平盖山“在彭山县北，二十四化之一也。李文简平盖观诗：平盖神仙院，武阳山水乡”。《方舆纪要》卷71彭山县：平盖山“在县治北，下临系龙潭，潭在县西北四里，有系龙桥”。

平梁山 亦名平梁城山。在今四川巴中市西二十五里。《明一统志》卷68保宁府：平梁山“上平四围石壁如城。宋末尝徙巴州治于此”。《元史·宪宗纪》：九年（1259），“曳剌秃鲁雄攻巴州平梁山”。即此。

平梁城 南宋淳祐中建。在今四川巴中市西二十五里平梁山上。道光《保宁府志》卷15：《张实筑平梁城题名记》：“大宋淳祐十一年都统制忠州刺史环卫张实大使余龙学诸军创平梁山城。山名取抚平梁州之义，地则坐据要地，壁立万仞。”

平梁城山 即今四川巴中市西平梁乡。《方舆纪要》卷68巴州：平梁城山在“州西二十五里。上平坦，四周石壁如城。又有古寺、龙泉二水，四时不竭。宋淳祐中，都统张实筑城于此，取平定梁州之义曰平梁城，山因以名”。

平梁郡 东魏改南梁郡置，属谯州。治所在慎县（今安徽肥东县东北梁园镇）。南朝陈复为南梁郡（亦名梁郡）。

平寇县 ①北魏置，属新兴郡。治所在今山西忻州市西南牧马河处，永安中属永安郡。北齐武成帝时移治今山西定襄县。北周属雁门郡。隋开皇十年（590）废。

②隋开皇十年（590）改石城县置，属代州。治所在今山西原平市北三十五里崞阳镇。大业二年（606）改为崞县。

平隆寨 在今湖南吉首市西南。山势陡险，径路幽曲。清乾隆末苗民吴八月于此起义。

平琴州 唐永淳二年（683）置，治所在安仁县（今广西兴业县东小平山镇西南党州西）。垂拱三年（687）废。神龙三年（707）复置，天宝元年（742）改为平琴郡。乾元元年（758）复改为平琴州。治所在容山县（今广西玉林市西北党州西）。辖境相当今广西玉林市西北部地。建中二年（781）废。

平琴郡 唐天宝元年（742）改平琴州置，治所在安仁县（今广西兴业县东小平山镇西南党州西）。辖境相当今广西玉林市西北部地。乾元元年（758）复改为平琴州。

平堰 在今湖北枣阳市西。《宋史·孟珙传》：南宋绍定元年（1228），珙“创平堰于枣阳。自城至军西十八里，由八叠河经渐水侧，水跨九阜，建通天槽八十有三丈，溉田十万顷，立十庄三辖，使军民分屯，是年收十五万石”。

平越千户所 明洪武十四年（1381）改平月长官司置，治所即今贵州福泉市。次年改置平越卫。

平越卫 明洪武十五年（1382）改平越千户所置，属四川布政司。治所即今贵州福泉市。寻改属贵州都司。清康熙十一年（1672）改为平越县。

平越州 清嘉庆三年（1798）改平越府置，属贵州省。治所在今贵州福泉市。辖境相当今贵州福泉、瓮安、余庆、湄潭等市县地。1913年废。

平越县　清康熙十一年（1672）改平越卫置，为平越府治。治所即今贵州福泉市。嘉庆三年（1798）省入平越州。1913年复改平越州为县，属贵州黔中道。1920年直属贵州省。1953年改名福泉县。

平越坡　在今贵州福泉市东十里。《方舆纪要》卷121平越府：平越坡“在府治东十里。有平越坡之云也”。

平越府　明万历二十九年（1601）置，属贵州布政司。治所在平越卫（清改平越县，即今贵州福泉市）。辖境相当今贵州凯里、福泉二市及黄平、瓮安、湄潭、余庆等县地。清嘉庆三年（1798）改为平越州。

平越驿　明洪武年间建，在今贵州福泉市。《方舆纪要》卷121平越府：“平越驿在府城内。”

平堤（隄）侯国　西汉置，属信都国。治所在今河北景县西南。《寰宇记》卷63枣强县：平堤废县“以界内多古堤，因以为名”。东汉废。

平落坝　即今陕西镇巴县南赤南乡。1933年川陕革命根据地置赤南县治此。

平棘山　在今河北赵县。《方舆纪要》卷14赵州：“平棘山有二：在州城北者曰大平棘，在城南者曰小平棘，皆去城百步许，山顶平而多棘，故以名山，汉又以山名县。”

平棘县　西汉置，属常山郡。治所在今河北赵县东南三里县前村。以平棘山为名。三国魏属赵国。北魏移治今赵县，为赵郡治。隋开皇十六年（596）为栾州治，大业初复为赵郡治。唐为赵州治。北宋为庆源府治。金为沃州治。元为赵州治。明洪武初废入赵州。

平景村　即今河北高碑店市东肖官营乡东北南平景村。明万历《保定府志》卷2新城县图：东北有平景村。

平等县　1927年析洛阳、嵩县、伊阳、宜阳四县置，属河南省。治所在辛营（今河南伊川县西南十四里平等乡）。1932年废入伊川县。

平舒　战国赵邑，即今山西广灵县西十里平城。《史记·赵世家》：孝成王十九年（前247），“赵与燕易土，以龙兑、汾门、临乐与燕；燕以葛、武阳、平舒与赵”。西汉置平舒县。

平舒县　①西汉置，属代郡。治所在今山西广灵县西十里作疃乡平城南堡村。北魏孝昌中废。

②北魏改东平舒县置，为章武郡治。治所即今河北大城县。隋属河间郡。唐属瀛州。五代周改名大城县。

③东魏天平中在军都城（今北京市延庆县东）侨置，为上谷侨郡治。北周废。

平舒城　在今陕西华阴市西北六里。《史记·秦始皇本纪》：三十六年（前211），“使者从关东夜过华阴平舒道，有人持璧遮使者曰：‘为吾遗滈池君’”。即此。《水经·渭水注》：“渭水又东径平舒城北。城侧枕渭滨，半破沦水，南面通衢。昔秦始皇之将亡也，江神素车白马道华山下，返璧于华阴平舒道口，为遗镐池君，使者致之，乃二十八年渡江所沉璧也，即江神返璧处也。”

平番县　清雍正二年（1724）改庄浪千户所置，属凉州府。治所即今甘肃永登县。民国初属甘肃甘凉道。1928年改为永登县。

平番营　清于平番堡置，属松潘镇。在今四川松潘县南一百二十六里镇江关乡南。《清一统志·松潘直隶厅》：平番营“地名黄沙坝。其地宽平，可容千骑，为四十八砦番夷出入之地。明万历十四年建城堡，周一里有奇。本朝设都司驻防。嘉庆十二年改设守备，管辖丢骨寨、呷竹寺、云昌寺等三土千户”。

平番堡　明置，属松潘卫。在今四川松潘县南一百二十六里镇江关乡南。清改置平番营。

平鲁卫　一作平虏卫。明成化十七年（1481）置，属山西行都司。治所在今山西大同市。嘉靖中移治老军营（今朔州市平鲁区西北五十五里平鲁城镇）。清雍正三年（1725）改平鲁县。

平鲁县　清雍正三年（1725）改平虏卫置，属朔平府。治所在今山西朔州市平鲁区北凤凰城镇。民国初属山西雁门道。1928年直属山西省。1949年属察哈尔省。1952年复属山西省。1958年撤销，1961年复置平鲁县并移治井坪镇（今朔州市平鲁区）。1988年撤销平鲁县，改为朔州市平鲁区。

平蛮县　①东晋改平夷县置，为平蛮郡治。治所在今贵州毕节市境。南朝梁末废。

②唐武德三年（620）置，为羁縻充州治。治所在今贵州石阡县西南。后废。

平蛮郡　东晋改平夷郡置，属宁州。治所在平蛮县（今贵州毕节市境）。南朝梁末废。

平善坝　一作平喜坝。在今湖北宜昌市西陵区西北长江南岸。南宋范成大《吴船录》：“黄牛峡尽则扇子峡，……过此则峡中滩尽矣。三十里得南岸平地，曰平善坝，出峡舟至是皆舣泊，相庆如更生。舟师篙工皆有犒赐，上下欢然，将吏以刺字通贺。不待至至喜亭也。”《方舆纪要》卷78夷陵州“大江”条下：“今州西北二十五里有平喜坝。凡自蜀出峡至此相庆。故名。”

平普乐重墺等处长官司　元置，属新添葛蛮安抚司。治所在今贵州福泉市东北。后废。

平道县　西晋置，属武平郡。治所在今越南永福省福安东南。隋属交趾郡。唐属交州。唐末废。

平湖市　①又名岭头街。即今福建古田县东北平湖镇。民国《古田县志》卷6：平湖市“中有大街”。

②即今湖北罗田县西北平湖镇。明嘉靖《罗田县志》卷1《市镇》：“平湖市，在县西四十里。”

③旧名潭黎圩。即今广东雷州市南龙门镇西南平湖圩。明万历《雷州府志》卷4海康县有潭黎。清光绪《广东舆地全图》：海康县图有平湖市。

④1991年撤销浙江省平湖县，改设平湖市，市人民政府驻城关镇。由嘉兴市代管。

平湖关　明置，在今湖北罗田县西北四十里。《方舆纪要》卷76罗田县“岐岭关”条下：“又平湖关，在县西北，抵黄冈县界。”

平湖村　即今广东深圳市宝安区东北平湖镇。清康熙《新安县志》卷3：有平湖墟。

平湖县　明宣德五年（1430）分海盐县置，属嘉兴府。治所即今浙江平湖市。《清一统志·嘉兴府一》：“县曰平湖，言地与湖平也。”民国初属浙江钱塘道。1927年直属浙江省。1991年改设平湖市。

平湖河　在今湖北罗田县西北。《明史·地理志》罗田县：“西北有平湖水。南有官渡河，亦名县前河，平湖水流入焉，下流合黄冈县之巴河。”

平渡关　①在今山西吉县西北。《明一统志》卷20平阳府：平渡关“在吉州西北一百二十里，临黄河”。明置巡司于此。

②即今山西大宁县西南平渡关。《清一统志·平阳府一》：平渡关“在吉州城西北九十里。临黄河，为津济要口”。

平渡驿　亦作平度驿。今四川平武县东南响岩镇南平驿铺。《方舆纪要》卷73江油县：平渡驿“旧在县北五十里，接龙安府界，亦曰西平驿”。

平渡镇　即今浙江兰溪市北女埠镇。《方舆纪要》卷93兰溪县：平渡镇在“县西北十二里大溪北岸，下有女儿渡，溪流至此，东西阔二百余丈，有巡司戍守，洪武六年置”。

平缅宣慰司　元至正十五年（1355）置，属云南行省。治所在勐卯（今云南瑞丽市西郊）。领原麓川、平缅、镇西、茫施、南甸、柔远、镇康、孟定、木连诸路及威远州、远干州、者乐甸等金齿地，辖境约当今云南德宏傣族景颇族自治州永德、耿马、孟连、景谷、镇沅等县及缅甸北部地。明洪武十七年（1384）改麓川平缅宣慰司。

平缅路　元世祖至元十三年（1276）置，属云南行省。治所在今云南陇川县（章凤镇）东北城子镇。辖境约当今云南陇川县及缅甸部分地区。明初废。

平塘县　1942年由平舟、六塘二县合并设置，属贵州省。治所即今贵州平塘县。取二县名各一字为名。

平塘墟　即今广东罗定市东苹塘镇。清康熙《罗定州志》卷2有平塘墟。

平塘镇　在今江西东乡县西南坪塘埠。《方舆纪要》卷86抚州府东乡县：平塘镇“在县西三十里。元置税课局于此。明初邓愈驻兵于临川之平塘，袭抚州克之，后亦为平塘税课局，正德五年废。今为平塘铺”。

平睦墟　即今广西浦北县东北平睦镇。清同治《广东图说》卷61：合浦县东北有平睦墟。

平蜀县　北宋乾德三年（965）改胤山县置，属利州。治所在今四川广元市东南一百三十里。熙宁三年（1070）废入嘉川县。

平遥文庙　在今山西平遥县城内东南隅、云路街北侧。坐北朝南，原与左侧东学、右侧西学组成建筑群。现文庙重建于金大定三年（1163），东学院内尚存崇圣祠、节孝祠各三间。西学已无存。文庙有三进院落，一进院有影壁、棂星门、泮池、大成门、乡贤祠、名宦祠等；二进院有大成殿、腋门、东西庑；三进院有明伦堂、贤侯祠、忠孝祠等。其中大成殿为金代建筑，东西庑为明代建筑，其余均为明清遗构。庙内还有碑碣二十一通。该庙是世界文化遗产平遥古城的组成部分。2001年定为全国重点文物保护单位。

平遥古城　在今山西平遥县城。平遥城历史悠久，现存城墙为明洪武三年（1370）重修，周长6.4公里，是我国现存历史较早、规模较大的一座古县城，明清两代多次补修，基本保持明初的形制和结构。城平面呈方形，城墙高12米左右，外表全部砖砌，墙上有垛口。城外有护城河，深、阔各4米。城开有六门，东西各二，南北各一。门外筑有瓮城，原有城楼、角楼和敌楼、台已大部坍毁。城内楼阁式沿街建筑、四合院民居及市楼特色鲜明，有文庙、武庙、清虚观、古街、衙属、商肆等保存原有形制。城北镇国寺万佛殿（五代）雕塑、壁画精美。城西南双林寺彩塑闻名遐迩。平遥古城是研究明清城建形制的佐证，1988年平遥城墙被定为全国重点文物保护单位。1997年联合国教科文组织世界遗产委员会又将平遥古城列入世界文化遗产名录。

平遥县　北魏改平陶县置，属西河郡。治所即今山西平遥县。《元和志》卷13汾州平遥县称，“魏以太武帝名焘，改平陶为平遥”。隋属西河郡。唐属汾州。元初属太原府，至元二年（1265）复属汾州。明属汾州府。民国初属山西冀宁道。1930年直属山西省。

平靖关　义阳三关之一。亦作平静关。又名西关。在今河南信阳市西南豫、鄂交界处。《元和志》卷9义阳县：“故平靖关城。在县南七十六里。旧有此关，不知何代创立。按义阳有三关之塞，此其一也。……长老云：此关因山为障，不营濠湟，故名平靖。”

平靖县　西魏置，为应州平靖郡治。治所在今湖北广水市西北五十里。隋大业初废。

平靖郡　南朝梁置，属应州。治所在今湖北广水市西北五十里。隋开皇初废。

平粮台古城遗址　在今河南淮阳县城东南八里大朱庄西南。是中国目前发现最早的龙山文化古城遗址。城址高出周围地面3—5米，面积5万平方米。1979年开始作过多次发掘。城址平面呈正方形，长宽各185米，城墙残高3米多，宽10米，用小板堆筑而成，夯打明显，南北各有一门，城内有高台建筑，屋墙用土坯垒砌。城门道路下有排水管道。该城年代距今四千三百多年。1988年定为全国重点文物保护单位。

平源镇　北宋置，属盱眙县。在今江苏盱眙县东六十里。

平溪　①在今福建福安市西北境。《方舆纪要》卷96福安县：平溪“在县西北五十里。自寿宁县流入境，合乎东溪”。

②在今四川仪陇县东北。《旧唐书·地理志》 仪陇县：“旧治金城山，开元二十三年移治平溪。”《舆地纪胜》卷188蓬州：平溪水“水出平原，故名平溪”。《清一统志·顺庆府一》：平溪水，“《旧志》：源出仪陇县东三十里允家山，南流五十里入流江，名曰合水口”。

③即今台湾新北市东平溪区。台湾铁路平溪线经此。

平溪上塘罗骆家等处长官司 元置，属播州安抚司。治所即今贵州黄平县西北平溪镇。后废。

平溪卫 明洪武二十二年（1389）改平溪长官司置，属湖广都司。治所即今贵州玉屏侗族自治县。清雍正五年（1727）改置玉屏县。

平溪关 在今贵州玉屏侗族自治县。《明史·地理志》 思州府都坪峨异溪长官司：“东北有平溪，上有关。洪武二十二年三月置平溪卫于此。”

平溪坝 即今四川通江县西北平溪镇。1933年川陕革命根据地所置红江县后徙治于此。

平溪线 即台湾铁路平溪线。自新北市东三貂岭经平溪至菁桐。长12.9公里。1919年动工修建，1921年建成。

平溪驿 在今贵州玉屏侗族自治县东。明嘉靖《贵州通志》卷16思州府：平溪驿“平溪卫城外。洪武四年都督马烨建”。

平溪等处长官司 元置，属都云军民府。治所即今贵州玉屏侗族自治县。明洪武二十二年（1389）改置平溪卫。

平滦府 明洪武二年（1369）改永平路置，属北平行中书省。治所在卢龙县（今河北卢龙县）。辖境相当今河北省长城以南的陡河以东地。洪武四年（1371）改为永平府。

平滦路 元世祖中统元年（1260）置，治所在卢龙县（即今河北卢龙县）。辖境相当今河北省长城以南的陡河以东地。元大德四年（1300）改为永平路。

平滩场 ①即今重庆市铜梁县西平滩镇。清光绪《铜梁县志》卷2：平滩场“在安居乡西七十里”。

②即今四川岳池县西南坪滩镇。清光绪《岳池县志》卷3：平滩场“离城六十里。一名苹滩”。

平滩站 元置，在今四川岳池县西嘉陵江东岸。明改为驿。《方舆纪要》卷68岳池县：平滩驿“在县西七十里嘉陵江滨，西北至府城六十里。旧置驿于此，驿南有平滩桥”。

平滩堡 明成化二十二年（1486）置，属靖虏卫。在今甘肃靖远县西南九十里平滩堡村。后废。

平滩镇 北宋置，属江津县。在今重庆市江津区东南。

平静关 即南北朝时义阳三关之一的平靖关。《梁书·武帝纪》：普通五年（524），“武勇将军李国兴攻（魏）平静关，克之”，即此。

平嘉山 又作平佳山、彭家山。即今台湾东北彭佳屿。明陈侃《使琉球录》：“过平嘉山，过钓鱼屿。”

平模 即彭模。亦名彭亡、平无。在今四川彭山县东北江口镇。《资治通鉴》：东晋义熙九年（413），朱龄石率大军伐蜀谯纵，“龄石至平模，去成都二百里，纵遣秦州刺史侯晖、尚书仆射谯诜帅众万余屯平模，夹岸筑城以拒之”。即此。

平模山 即彭亡山。今四川彭山县东北十里仙女山。《明史·地理志》彭山县：“东有彭亡山，亦曰平无山，俗呼为平模山。”

平模水 即今四川中部之岷江。《水经·江水注》：“江水自武阳东至彭亡聚。……谓之平模水，亦曰外水。”

平舆 一作平与。战国楚邑。在今河南平舆县西北四十八里古城村。《史记·秦始皇本纪》：始皇二十三年（前224），王翦击楚，“取陈以南至平舆”。即此。

平舆县 ①战国楚置，后入秦，属陈郡。治所在今河南平舆县北四十里。出土秦封泥中有“平舆丞印”。西汉为汝南郡治。三国魏属汝南郡。北魏皇兴中徙治今平舆县西南。北齐废。隋大业三年（607）复置，属汝南郡。唐贞观元年（627）废。天授二年（691）复置，属豫州。移治今平舆县。宝应元年（762）属蔡州。元世祖至元七年（1270）废入汝阳县。

②亦作平豫县。南朝梁置，为汝南、太原郡治。治所在今安徽阜南县境。北魏以后废。

平鼻岭 在今江西婺源县北。《方舆纪要》卷28徽州府婺源县：平鼻岭“在县北九十里。《志》云，浙源之大湾，与休宁接界。《闻见录》，平鼻岭、回岭、张公山及花桥，皆休、婺往来通道也”。

平镇 又名平头潭镇。即今浙江天台县西平镇。民国《天台县志稿》卷9《乡市》：平镇“在县西三十里二十六都。明成化间开设，每逢三、八日为市。按平镇水陆交通，近来商务繁盛，为乡镇之冠”。

平潮镇 一名三十里埠。即今江苏南通市通州区（金沙镇）西六十二里平潮镇。清光绪《江苏全省舆图》通州（今南通市）：“平潮镇在城西三十里。”

平潭厅 清嘉庆四年（1799）于福清旧县丞平潭地置，属福州府。治平潭（今福建平潭县）。辖海坛岛。1913年废厅，改为平潭县。民国《平潭县志》卷3：“按《关都记》：海坛山势远望如坛，故名。自唐以来皆沿用之，平潭特其适中一汛名耳。而考平潭所由得名之故，又因中有一石，平如坛，俗呼巨石为磹，后遂作潭。”

平潭县 1913年由平潭厅改置，属福建东路道。1914年属闽海道。治所即今福建平潭县治潭城镇。1928年直属福建省。

平潭城 在今山西阳泉市西北平坦镇。《方舆纪要》卷40平定州：“平潭城在州西北二十五里，相传赵简子所筑也。今为平潭马驿。”

平豫县 南朝梁置，为汝南、太原郡治。治所在今安徽阜南县境。北魏以后废。

平襄县 西汉置，为天水郡治。治所在今甘肃通渭县。东汉属汉阳郡。《后汉书·隗嚣传》：更始初，隗嚣季父崔，“聚众数千人，攻平襄，杀莽镇戎大尹，……遂共推（嚣）为上将军”。北魏废。

平彝长官司 元世祖至元中置，属马湖路。治所在今四川屏山县（新发乡）西南新安镇（司里头）。明属马湖府。清雍正五年（1727）属叙州府。后废。

平彝县 清康熙三十四年（1695）置，属曲靖府。治所即今云南富源县。民国《平彝地志资料表册》：“平彝之名见于元，始推厥义，历代父老相传，此地夷多汉少，性甚顽梗，数兵以服之，故曰平夷。迨文化渐开，夷字殊不雅观，遂改夷为彝，平彝得名于此。”民国初属云南滇中道。1916 年直属云南省。1954 年改富源县。

平麓城 又称麓川城。在今云南瑞丽市西郊。《方舆纪要》卷 119 陇川宣抚司：麓川城“旧麓川宣慰司治此。……（万历）二十四年孟卯酋多亨复勾缅构乱，木邦酋罕钦奉抚臣陈用宾檄灭之，用宾以孟卯阡陌膏腴，宜耕屯，因筑平麓城于孟卯，大兴屯田。时又檄筑四关堡于陇川以为捍卫，于是境内稍定”。

平壤城 即今朝鲜平壤市。《隋书·高丽传》：“其国东西二千里，南北千余里。都于平壤城，亦曰长安城，东西六里，随山屈曲，南临浿水。”唐为安东都护府治。明代为朝鲜西京。《明史·朝鲜传》：万历二十年（1592），日本丰臣秀吉侵朝，明廷派兵抗倭援朝，“游击史儒等率师至平壤，战死。……十二月，以李如松为东征提督。明年正月，如松督诸将进战，大捷于平壤”。即此。

灭怯思城 亦作蔑怯思城、麦怯斯城。为阿速国都城。在今俄罗斯高加索山北。《元史·昔里钤部传》：从诸王西征，“己亥冬十有一月，至阿速灭怯思城，负固久不下。明年春正月，钤部率敢死士十人，蹑云梯先登，俘十一人，大呼曰：‘城破矣!’众蚁附而上，遂拔之”。

灭渡桥 在今江苏苏州市吴中区东南十里赤门湾。《方舆纪要》卷 24 苏州府长洲县：灭渡桥，“自昔浮渡处，元大德中，有僧建桥于此，曰灭渡。明初，俞通海攻姑苏，败张士诚兵于灭渡桥”。即此。

东 西周国名。在今河南濮阳县西南。《逸周书·作雒篇》：“武王克殷，乃立王子禄父俾守商祀，建管叔于东，建蔡叔、霍叔于殷，俾监殷臣。”晋孔晁注：“东谓卫。”

东八里堡 明洪武二十五年（1392）置，属保安州。在今河北怀来县（沙城）西十里东八里乡。清设兵戍守。

东人山 在今广西阳朔县东南。《舆地纪胜》卷 103 静江府：东人山“在阳朔县东。其形如冠带而拱揖。县西一里有石如人冠带，西向而坐”。《方舆纪要》卷 107 阳朔县：东人山在“县东南二十里。石形如人，东向，其下有三十六洞，南北纵广三十里”。

东三省 ①东北三省简称。清西清《黑龙江外纪》卷 1：“黑龙江今为东三省之一。”清代，在我国东北地区设盛京、吉林、黑龙江三将军，与内地省区同，故称东三省。清末改为奉天、吉林、黑龙江三省。民国徐曦《东三省纪略》卷 1：东三省“当中国全境之东北隅，其地成不正之三角形，以其为本国东部之三行省，故曰东三省”。三省范围大致是今辽宁、吉林、黑龙江三省及内蒙古东北部。

②又称关东三省。清末及民国时代对河北山海关外之奉天（辽宁）、吉林、黑龙江三省的总称。

东三铺 即今安徽宿州市东朱仙庄镇。明嘉靖《宿州志》卷 1：州南闵孝乡有东三铺集。清光绪《宿州志》卷 3：东三铺集“至城三十里”。

东土 ①西周时周人称周故土以东之地为东土。《尚书·康诰》：“乃寡兄勖，肆汝小子封，在兹东土。”《国语·郑语》：“桓公为司徒，甚得周众与东土之人。”注：“东土，陕以东也。”

②佛教徒称中国为东土，盖对印度而言，中国居东。

东土默特旗 ①即土默特左旗。旗府驻地在蒙古营（今辽宁阜新蒙古族自治县西王府镇）。

②即土默特左翼旗。治所在归化城（今内蒙古呼和浩特市）。

东下冯遗址 在今山西夏县东北四十里埝掌镇东下冯村北青龙河两岸的台地上。是夏商时期晋南地区典型文化遗址，面积约 25 万平方米，以东下冯类型遗存和二里岗文化遗存最为重要，其年代大约为公元前 19 世纪至前 16 世纪。东下冯类型时期发现里外两层沟漕，平面呈回字形，沟壁上发现有窑洞式房子和储藏室等。二里岗时期发现有城址。城址南部呈曲尺状，城墙保存较好，城外有城壕。城内西南角发现排列有序的圆形建筑。出土文物有陶器、骨器、蚌器、铜器、石器及卜骨等，以石范、石磬最为珍贵。东下冯遗址的文化分为六期，前四期被定名为二里头文化的东下冯文化类型，与二里头文化面貌大体相同。后二期为二里岗文化阶段。东下冯遗址位于传说中的夏墟，年代大致在夏纪年范围内，对探讨晋南地区夏文化面貌有重要意义。2001 年定为全国重点文物保护单位。

东下密城 在今山东潍坊市寒亭区东南十八里后吉家。隋大业初改潍水县为下密县治此。唐武德八年（625）废。以其在旧下密县城（今潍坊市）东，俗称东下密。

东大寺 ①在今山东济宁市小闸口古运河西岸。传为明太祖朱元璋为表彰回族将领胡大海而建的清真大寺。始建于明洪武年间。寺坐西朝东，东西轴线上依次为序寺、大殿、望月楼三部分。序寺木栅门内是石雕“日月坊”，坊后是朱漆金边大门，门内两侧各有讲经堂六间。邦克楼重檐圆顶，是为斋月宣读《古兰经》，平日召唤穆斯林礼拜之用。寺内大殿面阔 28 米，进深 40 余米，高 30 余米。殿门悬清乾隆帝钦敕保护回民的红漆金字匾额。殿顶举折陡峭，起伏错落，檐下斗拱密列，黄绿琉璃瓦顶，顶脊嵌十六条琉璃滚龙和两颗巨珠。殿堂可容2000人礼拜活动。大殿后是斋月供穆斯林登高的望月楼。楼北侧有沐浴室，楼西侧为教长居室。该寺是一座布局设计精妙的清真寺庙杰作。2006年定为全国重点文物保护单位。

②在今河南开封市顺河回族区清平南北街路西。是河南规模较大的清真寺，俗称东大寺。始建于明代，清道光二十六年（1846）重修。明代规模宏大，至清末衰落。今寺朝东，三进院落。大门面阔五间，三明二暗，门楣悬挂“回族东大寺”匾，左右为廊房。右廊房内现存明代阿拉伯文《可兰经》石碑及清康熙年重修寺碑。二门内庭院两边为厢房，各五间，为讲经堂。中央为礼拜大殿，硬山顶，高10米余，深24米，宽20米。前接卷棚五间，四隅开角门，殿顶覆碧绿色琉璃瓦，造型宏伟。2006年定为全国重点文物保护单位。

③即化觉寺。俗名东大寺。在今陕西西安市。

东大食海 指今阿拉伯海。南宋周去非《岭外代答》卷2：海外诸蕃国“天竺国又其西有海曰东大食海，渡之而西则大食诸国也”。

东上洛郡 北魏皇兴四年（470）置，属洛州。治所在丰阳县（今陕西山阳县）。辖境相当今陕西商州市及丹凤、商南、洛南、山阳等县地。永平四年（511）改名上庸郡。

东上旗 俗称巴汗俄尔札萨克旗。即和硕特东上旗。在今青海祁连县、门源回族自治县、海晏县三县交界处。后迁今乌兰县东南。

东小江 即今浙江东部曹娥江的别称。《资治通鉴》：唐咸通元年（860），“（郑）祇德始令屯郭门及东小江”。胡三省注：“东小江出剡溪，至曹娥百官渡而东入海。”

东小江水 在今广西罗城仫佬族自治县西。《方舆纪要》卷109天河县：东小江水“在县东。发源罗城县界，流入境，注于龙江”。《清一统志·庆远府》：东小江“在天河县东二十里。源出黄甲洞，南入罗城县界，流入龙江”。

东山 ①在今河北赤城县北八十里。《方舆纪要》卷18万全都司开平卫：东山在“卫（独石城）东三十里。极高峻。上有墩台，可了三百余里”。

②即土山。在今江苏南京市江宁区（东山镇）。宋《景定建康志》卷17“东山”条：“上元县有两东山。一在崇礼乡，即土山是也。晋谢安寓居会稽栖迟东山，此安之旧隐也，在会稽。后于土山营筑，以拟东山。”唐李白《东山吟》：“携妓东土山，怅然悲谢安。”即此。

③即今江苏苏州市西南洞庭东山之东山镇。明成化中置巡司。清乾隆二年（1737）设太湖抚民同知治此。

④在今江苏盱眙县东南三里。《宋书·臧质传》：元嘉二十八年（451），魏主攻盱眙，“筑长围，一夜便合，开攻道，趣城东北，运东山土石填之”。

⑤在今安徽巢湖市东。《宋史·刘锜传》：南宋绍兴十一年（1141），刘锜败金人于石梁河，追之“又败于东山”。即此。

⑥在今安徽宁国市东南。《方舆纪要》卷28宁国县：东山“在县东南五十里。山南溪峒逼隘，至此独豁然开朗。下有渡，曰石口，即东溪所经也”。

⑦在今浙江上虞市西南。《晋书·谢安传》：谢安“高卧东山”。《舆地纪胜》卷10绍兴府：东山“在上虞县西南四十五里。晋谢安所居，一名谢安山，特立于众峰间，下视沧海，天水相接”。

⑧在今浙江金华市东五十里与义乌、永康、武义诸市县交界处。《方舆纪要》卷93金华府：东山“高千余丈，周三百里，东接东阳县之大盆山，南为武义县之八素山，山之高巘，曰齐云岗”。

⑨即临安山。在今浙江临安市西南十八里。《晋书·谢安传》：谢安“尝往临安山中……高卧东山”。《清一统志·绍兴府一》：“东山因谢安名者三，一在临安。”成语“东山再起”，即出典于此。

⑩在今福建松溪县东南五十里。《方舆纪要》卷97松溪县：东山“一名吴家山。自趾至顶皆石，少树木。旧产银矿，有穿穴十余，深邃盘曲，莫究深浅，取矿者必举火以入。宋隆兴间，尝立瑞应场，设官采银。后废”。

⑪在今福建建阳市东十里。《方舆纪要》卷97建阳县：东山“雄壮秀丽，中有一峰，高出群山，曰妙高峰”。

⑫在今福建福州市东十里。《南史·虞寄传》：陈天嘉二年（561），虞寄在晋安避陈宝应之乱，“常居东山寺，伪称脚疾，不复起”。指此。《清一统志·福州府一》引《闽县志》谓“山有狮子峰、榴花洞、圣泉、神移泉、龙首涧、灵芝坞诸胜”。

⑬即今台湾省台南市东北东山区。旧名番社，为高山族泰雅人哆啰咽社地。乾隆年间称哆啰咽街。1945年抗日战争胜利后改称东山。

⑭在今江西吉水县东。《舆地纪胜》卷31吉州：东山“吉水县亦有东山。有解空寺、清凉寺、般若寺。有瀑布直下数百尺”。《方舆纪要》卷87吉安府吉水县：东山在“县东二十里，绵亘二百余里。刘智请移郡，谓东通大山，即此。上有田可耕，茶药可采。山之阳有瀑布，悬流凡数百丈”。

⑮在今江西大余县东南。《方舆纪要》卷88南安府大庾县：东山在“府东南二里。隔江山势特起，俯瞰两城。其左折为亚东山，泉石甚胜，亦名南山”。

⑯在今山东昌邑市东二里。俗名土埠，亦名东京埠。长数里，石磴崎岖，峰峦奇秀。《资治通鉴》：东汉建安元年（196），北海太守孔融走保都昌，青州刺史袁谭攻融，“城夜陷，乃奔东山”。即此。

⑰在今湖北荆州市荆州区（故江陵县城）东北。《舆地纪胜》卷64江陵府：东山“《江陵志》云：在城东北，临北海上”。

⑱在今湖北石首市东。《方舆纪要》卷78石首县：东山在“县东七十里”。

⑲在今湖北保康县西南。《汉书·地理志》房陵县：东山“沮水所出，东至郢入江”。

⑳在今湖北荆门市东一里。《舆地纪胜》卷78荆门军：东山“在军城南一里”。《明一统志》卷62荆州府：东山“在荆门州治东。上有楚望亭。亭侧有塔甚高，人多题咏”。《方舆纪要》卷77荆门州：东山“在州治东南一里。一名东堡山”。

㉑在今湖南华容县东三十里。《明一统志》卷62岳州府：东山“峰峦秀丽，连亘百余里。古松夹道，驿路经其中”。

㉒在今湖南临武县东三十里。《方舆纪要》卷80临武县“舜峰山”条下：东山“高与西山等。有八水出其下，一名八源岭”。

㉓今广东广州市区东部。旧指东山寺和东庙一带荒郊之地，在旧广州城大东门外。1842年后，欧美传教士在此建教堂，习称东山，辛亥革命后划归广州市。1962年始称东山区，黄花岗七十二烈士墓、广州起义烈士陵园等多集中于此。

㉔在今广东阳江市东。《舆地纪胜》卷98南恩州：东山“在州东。旧筑熙春台于其上”。《方舆纪要》卷104阳江县：东山在“县东一里。山高数仞，怪石林立，为近城胜概。上有石塔”。

㉕在今广东汕头市潮阳区东。《方舆纪要》卷103潮州府潮阳县：东山“在城东，其相接者亦曰韩山，叠嶂层峦，参差奇胜”。

㉖即韩山。在今广东潮州市东一里。《舆地纪胜》卷100潮州：东山“在州东。昌黎文公旧游览之地。亭榭多见于此”。

㉗在今广东封开县东南封川镇东一里。《舆地纪胜》卷94封州：东山“在城一里。旧于山下为三舍学基”。《方舆纪要》卷101封川县：东山“形如屏障，亦名挂榜山。其对峙曰纱帽岭”。

㉘在今广东和平县城东。《方舆纪要》卷103惠州和平县：东山在“县东一里。高百丈，周三里，形如卓旗”。

㉙在今广西横县东南八十里。《舆地纪胜》卷113横州：东山“在宁浦县南三十里”。《方舆纪要》卷110横县：东山“高数十丈，盘纡百余里，多樟楠之材，武流水出焉”。

㉚在今广西藤县东。《方舆纪要》卷108藤县：东山在“县东一里，绣江东岸。相传唐李靖东征，尝驻师于此。今山上有卫公祠”。

㉛在今重庆市合川区东。《舆地纪胜》卷159合州：东山“在石照县东十里。家子伯章之别业也。下瞰涪内水，有松万章，望之郁然。岩高四五丈，萦纡可二里。引泉为池，冬不凋”。《元史·李进传》：己未（1259）秋七月，“帝立马东山，拥兵二万，夹江而阵”。即此。

㉜亦名毓青山。即今重庆市铜梁县东南与璧山交界之西温泉山。清道光《铜梁县志》卷1：东山“在县南百四十里。高八里，长百里……山属永、璧、合三邑，沿山多产佳茗”。民国《铜梁县志》卷2：毓青山“一名东山。斜亘县东南境，与巴岳对峙，长二百余里，横十余里。与永川、璧山界”。

㉝亦名同心山。在今四川富顺县东三里。《舆地纪胜》卷167富顺监：东山“在监治之东。监治门云：左控东山”。清嘉庆《四川通志》卷13：东山“在（富顺）县东三里。耸秀葱蔚，草木高森茂密，冬月不凋。其上有古刹，名云隐禅林。宋淳熙丙午年创，明永乐初僧太空重修，天顺七年僧古林、嘉靖十九年僧清虚俱重修。寺前有二池，一清一浊”。明万历中邑人熊江、唐登儁、熊师旦、范钫、范矿、杨世则等讲学山中，称东山六子。

㉞在今四川会理县东南。《汉书·地理志》会无县：“东山出碧。”《水经·若水注》：“若水又径会无县，县有骏马河，水出县东高山。”

㉟在今四川德阳市东。清道光《德阳县志》卷1：东山“在县东十里绵阳河外。山原自落凤坡逦迤而来，层峦叠嶂，起伏联绵，登城远瞩，耸翠凝晖，虽无千岩万壑之奇观，而郁郁葱葱，固亦邑中之秀丽也”。

㊱在今四川三台县东四里。《方舆胜览》卷62潼川府：东山“在城东”。《方舆纪要》卷71潼川州：东山“在州东四里、涪江之左，修阜如长城，下顾州郭，有苏公泉及石塔诸胜”。唐杜甫来梓州，写有《登东山》诗。

㊲亦名登高山。在今四川宜宾市东长江岸边。《舆地纪胜》卷163叙州：东山“在城东门外。有报恩寺。有宝塔高二百尺。上藏佛牙二及舍利众宝”。清嘉庆《宜宾县志》卷6：登高山在“治东隔江，一名东山”。今塔尚存。高33米，沿石蹬至顶八层，观市区及三江于眼底，“白塔观流”为县八景之一。

㊳即今重庆市垫江县东与忠县、丰都分界之黄草山。清光绪《垫江县志》卷1：东山在“治东七十里。远望如云，袤延数百里”。

㊴即东岩。在今四川乐山市东岷江东岸。《方舆纪要》卷72嘉定府“九顶山”条下：“圣冈山在州治东南。山冈与凌云寺相连，因名。一名东山。”

㊵在今四川彭山县东。《清一统志·眉州》：东山“在彭山县东一里龙爪滩下。宋虞允文次子公著筑室读书于此。魏了翁为书‘东山精舍’四字”。

㊶在今贵州都匀市东。《方舆纪要》卷121都匀府：东山“在城东”。

㊷在今贵州凤冈县东北三十里。《清一统志·石阡府》：东山“有东山砦。秀丽独出。并峙者为金鸡山”。

㊸在今贵州铜仁市东。明曹学佺《名胜志》：东山“岌嶪峭拔，为郡巨镇。上有石窝，高广数十武”。《清一统志·铜仁府》引《府志》：东山“突兀奇峭，俯瞰大江，涛声撼之，响振林木，绝壁间镌‘云彩江声’四大字”。明嘉靖中山顶建大观楼，后毁。

清顺治十年（1661）建双峰阁于其上。

㊹在今贵州凯里市西北炉山镇东二里。明万历《贵州通志》卷13清平卫：东山“绝顶有盘石，平坦可坐数十人”。

㊺即栖霞山。在今贵州贵阳市东门外。有东山寺，建于明嘉靖年间，崇祯二年（1629）重修，清康熙二十四年（1685）增修。《清一统志·贵阳府》：栖霞山“在府城东五里。一名东山。翠巘崔嵬，峭壁千仞。《名山胜概记》：山半有洞曰来仙”。

㊻又称饱烟萝山。在今云南姚安县，姚安坝子东缘。《明一统志》卷87姚安军民府：东山“在府城东一十里。一名饱烟萝山。其西有武侯塔，相传汉诸葛亮征南驻兵之所，后人建塔于上。其南有唐张虔陀所筑古城”。

㊼在今云南禄丰县西，广通镇东。《方舆纪要》卷116广通县：东山“在县治（今广通镇）东。势若鱼跃”。

㊽在今云南凤庆县东二里。《方舆纪要》卷118顺宁府：东山“在府东二里”。

㊾在今云南永胜县东。《方舆纪要》卷117北胜州：东山在“州东三里。亦曰观音箐。山之西麓，接香炉峰。有三山鼎立”。

㊿在今云南丽江市玉龙纳西族自治县东二十里。《清一统志·丽江府》：东山“一名吴烈山。峰峦起伏，环拱郡治”。

51在今甘肃静宁县东五里。《宋史·吴璘传》：南宋绍兴三十二年（1162），金人入侵，“璘筑堡东山以守，敌极力争之，杀伤大半，终不能克”。

东山口　在今云南开远市东。明属阿迷州，于此置土巡检司。

东山书院旧址　在今湖南湘乡市。为近现代代表性书院建筑。建于清光绪二十六年（1900），占地面积约3500平方米。坐北朝南，砖木结构。主体建筑有讲堂、大成殿、东斋、西斋。封火山墙，小青瓦硬山顶。1910年毛泽东曾就读于此。现为东山学校。2006年定为全国重点文物保护单位。

东山关帝庙　亦名武庙。在今福建东山县城岣嵝山东麓。建于明洪武二十二年（1389）。正德、嘉靖、万历及清康熙、同治、光绪年间均曾重修。庙依山而筑，规模壮观，远望似苍龙舞海。庙门宫殿式，用六根石柱斗栱构成，数百年来历经台风、地震，迄无损坏。庙中木雕石刻工艺精致。庙右为黄道周出生处，称“石斋故里”；左有钓鳌台、风动石、石僧拜塔、虎崆滴玉等名胜，摩崖石刻亦多。1996年定为全国重点文物保护单位。

东山坝墟　即今江西宁都县北六十八里东山坝乡。清道光《宁都直隶州志》卷4:《万历志》墟有东山坝。

东山县　①隋开皇十六年（596）置，属辽州。治所在今山西昔阳县东。大业初废。

②金升东山砦置，属镇戎州。治所在今宁夏彭阳县西古城镇。元世祖至元十年（1273）废入镇原州。

③1916年由诏安县之东山岛及漳浦县之古雷岛析置，属福建汀漳道。治所在铜山（今福建东山县东铜陵镇）。因东山岛得名。1928年直属福建省。1953年迁西埔，即今治。

东山岛　即今福建东山县东山岛。清乾隆《铜山志》旧序称：“铜山者，明防倭之水寨也，环海为区，屹立于五都之东，始称曰东山。”故铜岛亦称东山岛。

东山岭　在今广西合浦县东。《清一统志·廉州府》：东山岭“在合浦县东十里。昔人题为海角第一峰”。

东山径　在今广东翁源县西。《清一统志·韶州府》：东山径“在翁源县（治今翁城镇）东十里。石壁险峻。明嘉靖中，知府符锡命乡人开凿，往来便之”。

东山河　即八达河。今云南曲靖市东南之南盘江。《方舆纪要》卷114曲靖军民府：东山河“在府东南。亦谓之南盘江。即潇湘、白石所汇流也”。

东山皋落氏　赤狄别种。《左传》：闵侯二年（前660），“晋侯使大子申生伐东山皋落氏”，即是。疑都城本在今山西昔阳县东南皋落，后迁至今山西垣曲县东南皋落。

东山营　①清嘉庆十五年（1810）置，属阳江镇。在遂溪县东山墟（今广东湛江市东南东海岛东山镇）。

②在今广东云浮市东。《方舆纪要》卷101罗定州东安县：东山营“在县（今云浮市）东四十里。其北十里有料峒营，相近者又有曲龙营，俱嘉靖二十一年设”。

东山砦　北宋咸平二年（999）置，属镇戎军。在今宁夏彭阳县西古城镇。金升为东山县。

东山堂　宋周行已建，在今浙江温州市东南积谷山下。翁卷《寄题东山堂》诗云：“惟见烟霞起，全无市井喧。观来巢木杪，鼋出戏蒲根。”

东山墟　①即今广东开平市西南东山镇，东近台山市。清光绪《广东舆地全图》：开平县南有东山墟。

②即今广东湛江市东南东海岛上之东山镇。清雍正十一年（1733）置巡司于此。嘉庆十五年（1810）移雷州右营守备驻此。

东山寨　①北宋咸平二年（999）置，在今宁夏彭阳县西古城镇。金大定二十二年（1182）升为东山县。

②在今浙江瑞安市东南。明于此置东山巡司。

东山嘴遗址　在今辽宁喀喇沁左翼蒙古族自治县东七里兴隆庄乡章京营子村东山嘴屯。遗址面积约1.5万平方米，主要是一组以南北轴线布局的石砌建筑群，包括北部的一座大型方形基址、南部的一座小型圆形台址和另两座较早的圆形台址。两翼各以石墙基为界，构成一个整体。方形基址四边均砌石墙基。圆形台基也是石片镶砌。遗址中出土有女性陶塑像残件、孕妇陶塑像残件、双龙首玉璜饰件、绿松石鸟形饰件及彩陶祭器。东山嘴遗址是牛河梁遗址以外又一处有代表性的红山文化晚期大型祭祀性遗址。其南圆北方、东西对称的石砌建筑基址代表了新石器时代晚期出现的一种新的建筑形式。圆形祭坛遗迹是国内最早的古代祭坛之一。陶塑女性像是国内新石器时代遗址中首次出土的明确标本。遗址对中华文明起源及原始宗教、建筑和艺术研究都有重要价值。1996 年定为全国重点文物保护单位。

东千佛洞石窟　在今甘肃瓜州县东南，西距榆林窟（万佛峡）约一百里。开凿于北魏，历唐、五代、西夏等。现存二十三窟，泥塑造像四十六身，壁画 486.4 平方米。东千佛洞以西夏窟为最精彩，其中 2 号窟为其代表。窟为覆斗穿道式，长 10.54 米，宽 23 米，高 5.54 米，为西夏窟中最大者。壁上绘唐僧西天取经故事，为石窟壁画反映此类题材的最早资料。5 号窟有西夏文字记。千佛洞石窟还保存有五代绢画、宋宣纸道教画及西夏文经卷等文物。1996 年定为全国重点文物，归入榆林窟保护单位。

东川　①即今北京市延庆县南妫水河。《辽史·圣宗纪》：统和十年（992），圣宗“猎儒州东川”，即此。

②唐代“剑南东川”的简称。

③指今四川东部及重庆市大部地。范围大致包括今四川万源、宣汉、达县、渠县、武胜以东及重庆市大足、荣昌、江津、綦江等区县以东地。

④今四川荣县北旭水河（荣县河）上源之一。《方舆纪要》卷 72 荣县“荣川”条：“东川在县北。亦自仁寿县山谷中出，东南流经城下，会于荣川。”清李元《蜀水考》卷 11：“荣水有二源：西源出荣隐山为荣川，东源出梧桐沟为东川，左右绕荣县城为双溪。”

⑤即今新疆库车县境之库车河。《水经·河水注》：“东川水出龟兹东北，赤沙积梨，南流，枝水右出，西南入龟兹城。”

东川州　唐开元前置羁縻州，属黎州都督府。治所在今四川甘洛县城新市坝镇。北宋以后废。

东川县　1913 年改会泽县置，后属云南滇中道。治所即今云南会泽县。1916 年直属云南省。1922 年复名会泽县。

东川府　①元世祖中统元年（1260）于顺庆府置征南元帅府，至元四年（1267）改为东川路统军司，后改东川府。治所在今四川南充市高坪区南青居镇。元至元十五年（1278）复为顺庆府。

②明洪武十五年（1382）改东川路置，属云南布政司。十七年（1384）改军民府，改属四川布政司。治所在今云南会泽县西南十里马鞍山麓。寻移治今会泽县。辖境约当今云南会泽、巧家二县及昆明市东川区地。清雍正四年（1726）改属云南省。1913 年废。

东川河　在今山西吕梁市离石区东北。《方舆纪要》卷 42 永宁州：东川河“在州东北。发源谷积山，流经州城西北，合于北川河”。

东川城　即今四川三台县。唐东川节度使驻梓州，故名。《旧五代史·明宗纪》：长兴三年（932），“东川董璋领兵至汉州，西川孟知祥出兵逆战，璋大败，得部下人二十余，走入东川城”。

东川郡　唐南诏世隆时置，属拓东节度。治所在今云南会泽县西八里，马鞍山麓乌龙幕。方国瑜《中国西南历史地理考释》：“其称东川者，盖以在会川之东得名。”宋大理升为一级政区，辖境约当今云南昆明市东川区及会泽、巧家二县地。元至元二十八年（1291）废为东川路。

东川街　在今河南卢氏县境。1946 年革命根据地置卢雒县治此。

东川道　1914 年由川东道改置，属四川省。治巴县（今重庆市）。辖境约当今四川万源、达州二市及宣汉、渠县、大竹、武胜和重庆市以东地区。1928 年废。

东川路　元世祖至元二十八年（1291）置，属云南行省。治所在今云南会泽县西南十里马鞍山麓乌龙幕。辖境约当今云南昆明市东川区、会泽县、巧家县及四川会东等县地。明洪武十五年（1382）废为府。

东川路元帅府　蒙古宪宗八年（1258）置，治所在阆州（今四川阆中市）。元世祖至元十三年（1276）升为保宁府。二十年（1283）改为保宁路。

东广汉郡　三国蜀建兴二年（224）分广汉郡置，属益州。治所在广汉县（今四川射洪县南柳树镇）。一说治所在郪县（今三台县东南）。辖境相当今四川三台、射洪、中江、遂宁等市县地。西晋初改置广汉郡。

东广州　北齐改南兖州置，治所在广陵县（今江苏扬州市西北蜀冈上）。南朝陈太建中复为南兖州。北周大象中又改为东广州。不久改为吴州。

东门山　①即天门山。今浙江象山县东南六十余里东门岛。《乾道四明图经》卷 6 象山县：东门山“即《汉书·地理志》所谓天门山也”。《方舆纪要》卷 92 象山县：东门山“其状若门，下有横石如阙”。

②在今江西吉安县东南。《方舆纪要》卷 87 吉安府庐陵县：东门山“在府东南百里。宋景定中，邹凤集众保此，树栅架梁，以拒蒙古，乡人依以免患”。

③在今湖北宣恩县东南。《方舆纪要》卷 82 施州卫：东门山在“卫东南二百余里。旧有关在山之东，名东门关。相传夷夏尝以此山为界”。

东门市　即今湖南浏阳市东北浏河南岸大围山镇（东门）。《清一统志·长沙府二》“渡头市”条下：“东门市在（浏阳）县东一百里。”

东门关　在今湖北宣恩县东南东门关村。《方舆纪要》卷 78 施州卫“五峰关”条下：“东门关在东门山上。今废。”

东门池　在今河南淮阳县城内。《诗经·陈风·东门之池》：“东门之池可以沤麻。”《寰宇记》卷 10

宛丘县：东门池“在县城东北角，水至清而耗，亦不生草木”。

东门营 在今广东高州市东。《方舆纪要》卷104高州府茂名县：东门营“在府城东”。

东门渡镇 即今安徽芜湖县东裘公河西岸东门渡。旧属宣城县，北宋置符里窑镇于此。

东门溪 在今贵州凯里市西北。《方舆纪要》卷121清平县：东门溪“在县城（今炉山镇）东……下流皆合于山江河”。

东义州 西魏大统中置，治所在卢氏县（今河南卢氏县）。隋开皇初改为虢州。

东义村 在今山西繁峙县西。明成化二年（1467）繁峙县曾移治于此。

东女国 西藏古代族部名。亦作女国。地在今西藏昌都地区东北部及四川西北部。《旧唐书·东女国传》：“东女国，西羌之别种，以西海中复有女国，故称东女焉。俗以女为王。东与茂州、党项接，东南与雅州接，界隔罗女蛮及白狼夷。……其王所居名康延川，中有弱水南流。”汉文史籍中南朝宋元嘉二十七年（450）至唐贞元九年（793），曾入朝入贡。

东乡 ①在今河南新野县东南四十里九女城。《续汉书·郡国志》南阳郡新野县：“有东乡，故新都。”

②即今广西武宣县东六十里东乡镇。《方舆纪要》卷109武宣县“仙山驿”条：“县东有东乡巡司。旧为瑶僮出没处。成化二年平大藤‘贼’，设巡司于此。”万历三十二年（1604）置东乡堡。1851年1月（道光三十年十二月）太平天国革命爆发。3月太平军攻占武宣。3月23日，洪秀全在武宣东乡登极称天王，开始用太平天国年号。同时建立五军主将制，任命杨秀清为左辅正军师，领中军主将；萧朝贵为右弼又正军师，领前军主将；冯云山为前导副军师，领后军主将；韦昌辉为后护又副军师，领右军主将；石达开领左军主将，同主军务。此为太平天国建立政治制度的开端。

东乡土司 清初改东乡五路安抚司置，属施州卫。治所即今湖北宣恩县东北东乡。雍正十三年（1735）废。

东乡五路安抚司 明洪武六年（1373）置，属施州。治所即今湖北宣恩县东北东乡。二十三年（1390）废。永乐五年（1407）复置，属施南宣抚司。清初改为东乡土司。

东乡市 即今广东广宁县西南东乡镇。南朝宋以至北宋间，尝为化蒙县治。

东乡坝 今重庆市南川区西南。《方舆纪要》卷69南川县：东乡坝“在县南。万历中，杨应龙作乱，以此为播州界”。《清一统志·重庆府二》：东乡坝“在南川县西南七十里，去綦江县八十里”。

东乡县 ①南朝梁置，为开巴郡治。治所在今四川宣汉县东北一百里普光镇西。西魏为石州、巴渠郡治。北周废州，改巴渠郡为三巴郡。隋属通川郡。唐武德初属通州，三年（620）为南石州治。八年（625）州废，移治今普光镇。天宝初属通川郡，乾元初属通州。宋属达州。元至元中废。明成化元年（1465）复置，属达州，移治今宣汉县。清初属夔州府，雍正元年（1723）属达州，嘉庆七年（1802）属绥定府。1915年改为宣汉县。

②西魏置，属敦煌郡。治所在今甘肃敦煌市境内。北周省入敦煌县。

③明正德八年（1513）析临川、金溪、安仁、进贤四县地置，属抚州府。治所在今江西东乡县南长林山下，后徙治孝冈（今东乡县治）。民国初属江西豫章道。1926年直属江西省。

东乡垒 在今湖南永州市西南东湘桥。《方舆纪要》卷81永州府零陵县：“东乡垒在府西南。明初杨璟围永州，元广西兵来援，驻东乡，倚湖水列营，璟击败之。即此。”

东乡堡 明置，即今广西武宣县东六十里东乡镇。《清一统志·浔州府》：东乡堡“在武宣县东。藤峡之北户也。明万历三十二年置堡。县境东乡为瑶，西乡为玡，南乡、北乡为僮，惟玡最朴谨，僮瑶颇轻悍”。

东乡镇 在今湖北宣恩县东北四十里。清置巡司于此。后废。

东丰（豐）县 1914年改东平县置，属奉天省辽沈道。治所即今吉林东丰县。1929年直属辽宁省。1945年属安东省。1954年属吉林省。

东王集 即今安徽全椒县西东王集。民国《全椒县志》卷1：东王集街“距城四十五里，街长不及半里，俱市肆”。

东井 在今广西贵港市东北。《舆地纪胜》卷111贵州：东井“在州东北二里。中有怪石，踊跃而出，流入地，出上郭石口。江施诗云：深随石窦千寻去，远自云峰十里来”。《清一统志·浔州府》：东井“水从怪石涌出，流入石底。宋苏轼书‘东潮’二字，刻石其旁”。

东天目山 天目山的东支。在今浙江临安市西北五十里。主峰大仙峰海拔1479米。《清一统志·杭州府一》“天目山”条：东天目“高三千九百丈，有大仙、将军、宝珠等峰，洗眼、浮玉、白龙、炼丹等池，瀑布、玉剑等泉”。

东无棣县 元初割无棣之半属沧州，此地称东无棣县，属棣州。治所在今山东庆云县东北于店村。明永乐初避讳，改名海丰县。

东扎鲁特旗 即内蒙古昭乌达盟扎鲁特左翼旗。

东木根山 在今内蒙古兴和县西北。《魏书·序纪》：东晋太宁二年（324），惠皇帝拓拔贺傉“以诸部人情未患款顺，乃筑城于东木根山，徙都之”。《方舆纪要》卷44大同府：东木根山“在府北。《志》云：五原有木根山。此山在河东，故曰东木根山”。

东不羹 城名。在今河南舞阳县西北。《汉书·地理志》颍川郡定陵县：“有东不羹。”《水经·

湛水注》：湛水"东径东不羹亭南，亭北背汝水"。

东太原郡 北魏改太原郡置，治太原县（在今山东济南市长清区东北）。北齐废。

东屯 在今重庆市奉节县东白帝镇。明曹学佺《蜀中名胜记》卷21引《舆地纪胜》云："（夔州）城东有东瀼水，公孙述于水滨垦稻田，因号东屯。东屯之田，可得百许顷，稻米为蜀第一。"唐诗人杜甫寓夔州时居此，写了不少咏"东屯"的诗篇。

东区县 ①唐武德五年（622）置，属南恭州。治所在今广西蒙山县东南陈塘镇沙灵。后属蒙州。北宋熙宁五年（1072）废。

②唐置，为羁縻纡州治。治所在今广西忻城县东南、红水河北岸。北宋庆历时废。

东中府 北魏太和十九年（495）改北豫州置，治所在虎牢（今河南荥阳市西北三十六里汜水镇）。东魏天平元年（534）又改为北豫州。

东内 即唐大明宫。在今陕西西安市北二里龙首原上。宋程大昌《雍录》卷3："诸帝多居大明，或遇大礼大事，复在太极，……知太极尊于大明也。太极在西，故曰西内。大明在东，故曰东内。"

东冈村 即今河南林州市东北东冈镇。民国《林县志》卷1《乡镇》："东冈村，距城四十八里。"

东冈坡 在今甘肃兰州市东二十五里。《明一统志》卷36临洮府：东冈坡"相传唐太宗为秦王时，获褚亮于此"。

东水 又名东游水、宋熙水。即今四川苍溪县东北之东河。《水经·漾水注》："汉水又东南，得东水口。水出巴岭，南历僚中，谓之东游水。"

东水关 又称东关头。在今江苏南京市秦淮河入城的通济门西南侧城墙下。系明初为控制秦淮河入城水量而建。清道光《上元县志》卷4山川：淮水（秦淮水）有二源，"至方山埭合流，由东水关入城，出西水关，沿石城西北，以达于江"。

东水渠 集镇名。即今山东青州市北东水渠。1945年山东革命根据地置益寿县治此。

东长冈 在今安徽天长市东北。《方舆纪要》卷21天长县：东长冈"在县东北十五里。县西十三里又有西长冈，逶迤萦绕，与望城诸冈前后相接"。

东公县 唐置，属羁縻殷州。治所在今四川宜宾县西北。北宋属商州。后废。

东公旗 即内蒙古乌拉特后旗。

东丹王墓 即辽太祖长子人皇王耶律倍墓，称为显陵。在今辽宁北镇市西北医巫闾山。《辽史·地理志》：显陵"世宗置，以奉显陵，显陵者东丹人皇王墓也"。《新五代史·晋家人传》：辽虏晋石重贵北去，"过海北州，至东丹王墓，遣（石）延煦拜之"。即此。

东丹国 辽属国，都天福城（在今黑龙江省宁安市西南渤海镇）。《辽史·太祖纪下》：天显元年（926），"改渤海国为东丹，忽汗城为天福。册皇太子倍为人皇王以主之"。三年，举国东徙辽阳（今辽宁省辽阳市），应历二年（952）废。

东乌岭关 明置，在今山西沁水县西北三十里，接翼城县界。《方舆纪要》卷43沁水县：东乌岭关"宣德四年（1429）置巡司于此"。清雍正七年（1729）裁。

东乌珠穆沁旗 即乌珠穆沁左翼旗。清顺治三年（1646）置，属内蒙古锡林郭勒盟。驻地在嘎海庙（今内蒙古东乌珠穆沁旗东北乌拉盖苏木）。1949年并入东部联合旗。1956年复置东乌珠穆沁旗，驻喇嘛库伦庙（1966年改名乌里雅斯太）。

东六宫 在今北京市故宫东侧，包括景仁宫、承乾宫、钟粹宫、延禧宫、永和宫、景阳宫。建于明永乐十八年（1420），清代曾予重修。景仁宫，明称长宁宫，清康熙皇帝生于此。东西配殿曾为光绪皇帝珍妃的寝宫。承乾宫，明称永宁宫，为东宫贵妃住所；清多为皇后住所，后成为豢养鱼鸟之处。钟粹宫，明称咸阳宫，万历皇帝为太子时曾住此；清代此处为皇后住所，清初大祭前皇后也在此斋戒。延禧宫，明为嫔妃寝宫；清曾遭两次火灾，宣统时在此修筑水晶宫。永和宫，明称永安宫，由贵妃居住；清雍正皇帝之母仁寿皇太后、光绪皇帝瑾妃均居此。景阳宫，明初称长阳宫，嘉靖时改今名。明为嫔妃住所，清改为后宫贮书之所，其后殿成为"御书房"，康熙、乾隆等皇朝皇帝登极前在此读书。

东方山 本名云峰山。即今湖北黄石市西东方山。《舆地纪胜》卷33兴国军：东方山"在大冶北三十里。《武昌志》云：汉东方朔之故隐也。今有东方寺，乃唐智隐禅师道场"。《明一统志》卷59武昌府：东方山"在武昌东界，故云东方"。

东方县 1933年7月中央革命根据地由黎川、光泽（闽）、邵武（闽）三县析置，驻上观（今福建光泽县西南上观）。1934年废。

东方铺 即今湖北黄石市西下陆区。清同治《大冶县志》卷3《邮舍》：东方铺，"县北三十里"。

东方镇 即今海南省东方市东南东方镇。1952年于此置东方县。1959年迁治八所镇。1987年东方县改置东方黎族自治县。1997年改设东方市。

东引山 旧称东永。即今福建连江县东北东引岛。清《乾隆内府舆图》：连江县东北有东引山。

东巴州 ①南朝梁大同中置，治所在木马县（今陕西西乡县西南巴岭侧）。后废。

②南朝梁大同中置，后治所在今四川南江县北。辖境相当今四川南江、通江二县地。西魏废帝三年（554）改为集州。

东巴县 亦作巴东县。唐天宝元年（742）改太平县置，属始宁郡。治所在今四川通江县东一百四十里洪口镇。《寰宇记》卷140通江县：废东巴县"以处巴江之东为名"。乾元元年（758）属壁州。北宋乾德四年（966）废入通江县。

东正阳镇 即今安徽寿县西南正阳镇，与颍上县西正阳镇隔淮河相对。明置巡司于此。

东古城 即今吉林和龙市东北东城镇（普城）。为金代海兰路总管府故地。

东古复（復）县 南朝宋改姑复县置，属云南郡。治所在今云南永胜县境。南齐为云南郡治。梁末废。

东石 ①即今福建晋江市西南东石镇。清有把总驻此。

②即今台湾省嘉义县西东石乡。清康熙年间，有吴姓及黄姓两家，由福建省晋江县东石渡海来台，为表示不忘故土，遂以东石为当地地名。

东石门山 在今安徽霍山县东。《方舆纪要》卷26霍山县：东石门山“在县东十里。又西石门山，在县西三十里。皆两山相对，中为狭径，如门之辟”。

东石孔州 即东石乳州。在今四川宝兴县境。

东石乳州 唐天宝前置羁縻州，属雅州都督府。治所在今四川宝兴县境。后废。

东石桥水 在今陕西华县东。《水经·渭水注》：“渭水又东与东石桥水会，故沈水也。水南出马岭山，北流径武平城东。石桥水又径郑城东。水有故石梁，《述征记》曰：郑城东西十四里，各有石梁者也。又北径沈阳城北注于渭。”

东石渠 在今广西阳朔县东。《方舆纪要》卷107阳朔县：东石渠，“《志》云：在县东狮子山下。两岩天成，深丈余”。

东石墟 即今广东平远县东北东石镇。清设东石汛。

东布洲 即东洲。今江苏启东市东北。《舆地纪胜》卷41通州：东布洲“元是海屿沙岛之地，古来涨起，号为东洲。忽布机流至沙上，因名布洲。既成平陆，民户亦繁”。

东布特哈 又作布特哈东路总管。清光绪三十二年（1906）置，属黑龙江将军。治所在博尔多（今黑龙江省讷河市）。宣统二年（1910）改置讷河直隶厅。

东布特哈总管 清光绪三十二年（1906）分布特哈副都统嫩江东部地置，属黑龙江省。治所即今黑龙江讷河市。宣统二年（1910）改置讷河直隶厅。

东龙州 唐武德元年（618）置，治所在柏仁县（今河北隆尧县西南尧城）。辖境相当今河北隆尧县西部地。四年（621）废。

东平市 一作东坪市。即今湖南安化县驻地东坪镇。清光绪《湖南通志》卷1安化县图：县（旧治在今县东南梅城镇）西北有东平市。1951年安化县迁治于此。

东平场 即今福建政和县西北东平镇。《寰宇记》卷101建州龙焙监：东平场在“监东北三百五十里，在建安东平里”。

东平州 明洪武七年（1374）改东平府置，属济宁府。十八年（1385）改属兖州府。治所即今山东东平县西南州城镇。辖境包括今山东东平、汶上、东阿、平阴、阳谷、梁山等县地。清属泰安府。1913年改东平县。

东平阳县 ①西汉置，属泰山郡。治所即今山东新泰市。因河东有平阳，故此加东。东汉省。

②北魏改阳平郡置，治所在平陆城（今山东汶上县北）。北齐废。

东平阳郡 北魏改阳平郡置，治所在平陆城（今山东汶上县北）。北齐废。

东平县 ①晋置，属建安郡。治所在今福建松溪县东北旧县乡。南朝宋废。

②北魏太平真君九年（448）置，属武都郡。治所在今甘肃陇南市武都区境。北周废。

③唐贞元四年（788）改宿城县置，属郓州。治所在今山东东平县西北。大和四年（830）改为天平县。

④辽太祖以东平寨置，为同州治。治所在今辽宁开原市南四十里中固镇。金大定二十九年（1189）改为铜山县。

⑤清光绪二十八年（1902），属海龙府。治所在大度川（今吉林辉南县东南七十里抚民镇）。后迁治今东丰县。1914年改为东丰县。

⑥1913年降东平州置，属山东东临道。治所即今山东东平县西南州城镇。1925年属泰安道。1928年直属山东省。1982年迁今治东平镇。

东平陆县 西汉改平陆县置，属东平国。治所在今山东汶上县北。南朝宋改为平陆县。

东平国 ①汉武帝元朔四年（前125）封城阳共王子刘庆为东平侯，属东海郡。地望无考。后废。

②故梁国。景帝中六年（前114）别为济东国。武帝元鼎元年（前116）为大河郡，宣帝甘露二年（前52）改为东平国。治所在无盐县（今山东东平县东南）。以《禹贡》“东原底平”之义取名。辖境相当今山东济宁市及汶上、东平等县地。西汉在此有铁官。东汉属兖州。西晋移治须昌县（今山东东平县西北）。南朝宋改为东平郡。

东平府 ①唐渤海置，治所在伊州（今黑龙江省密山市东南当壁镇东临湖村）。辖境相当今黑龙江省穆棱河中下游、兴凯湖及俄罗斯诺沃卡恰林斯克一带。辽废。

②北宋宣和元年（1119）改郓州置，属京东西路。治所在须城县（今山东东平县西南州城镇）。辖今山东东平、汶上、肥城、平阴、东阿、阳谷、梁山等市县地。元改东平路。至正二十七年（1367）朱元璋复改东平府，明洪武七年（1374）降为东平州。

东平郡 ①南朝宋改东平国为郡，属兖州。治所在无盐县（今山东东平县东南）。北齐废。

②北魏泰常中置，属济州。治所在范县（治秦城，今河南范县东南旧城）太和末废。建义中复置。北齐废。

③北齐改泰山郡置，治所在博平县（今山东泰安市泰山区东南三十里旧县）。辖今山东泰安市及东平等县地。隋开皇初废。

④隋大业初改郓州置，治所在郓城县（今山东郓

城县东十六里）。辖境相当今山东郓城、巨野、鄄城等县地。唐武德初复改郓州，贞观八年（634）移治须昌县（今山东东平县西北）。天宝元年（742）改为东平郡，乾元元年（758）复改郓州。

⑤契丹神册四年（919）置，治所在辽阳城（今辽宁辽阳市老城）。天显三年（928）升为南京。

东平原郡 ①北魏改平原郡为东平原郡，治所在梁邹城（今山东邹平县东北）。辖境相当今山东邹平、高青等县地。北齐并入广川郡（改名东平原郡）。

②北齐改广川郡置，治所在武强县（今山东邹平县东长山镇）。辖境相当今山东淄博、邹平、章丘等市县地。隋开皇初废。

东平监 北宋置，属东平府。治所在今山东东平县西。不久废。

东平陵县 战国秦改平陵县置，属济北郡。治所在今山东章丘市西平陵城。出土秦封泥中有“东平陵丞”可证。西汉为济南郡治，在此置铁官。东汉为济南国治。《后汉书·灵帝纪》载：建宁三年（170），“冬，济南贼起，攻东平陵”。即此。西晋改为平陵县。

东平陵故城 在今山东章丘市（明水）西北龙山镇东北。东平陵城建于战国，汉代济南郡设治于此。文帝十六年（前164）改郡为国，封刘肥之子辟光为济南王，都城也还在东平陵。景帝三年（前154）以参与吴楚七国之乱，国除为郡。东汉建武十五年（39）又改为国。西晋初复改为郡，永嘉后东平陵县改为平陵县。《汉书·地理志》以东平陵县始置于汉，但在秦封泥中有“东平陵丞”的记载，由于近年学界对秦封泥研究的深入，认定东平陵县应置于战国。元于钦《齐乘》曾说过，东平陵城是因“右扶风有平陵，故此加东”。据查《汉志》明明记载，右扶风的平陵县乃“昭帝置”，已属西汉后期，休说战国时东平陵的命名不会与此有关，即便是西汉初作为济南郡治，或其后作为济南国都的东平陵也不会与一百多年后右扶风的平陵县搭上什么关系，两者完全是风马牛不相及。故城大致为每边长1900米的方形。城墙底厚28米，汉城垣尚残存，残高约5米，城门亦存残迹。故城内常有汉文物出土。2006年定为全国重点文物保护单位。

东平舒县 西汉置，属勃海郡。治所即今河北大城县。东汉属河间国。西晋为章武国治。北魏改为平舒县。《水经·浊漳水注》：枝渎“又东径东平舒县故城南。代郡有平舒城，故加东”。

东平路 元世祖至元九年（1272）改东平府置，属中书省。治所在须城县（今山东东平县西南州城镇）。辖境包括今山东东平、东阿、平阴、阳谷、汶上、梁山等县地。至正二十七年（1367）朱元璋改为东平府。

东平墟 即今广东阳东县东南临海之东平镇。清设东平墟汛。

东卡伦街 即卡伦街。今吉林九台市西南卡伦镇。清光绪《吉林通志》卷16：长春府东“五十五里东卡伦镇，街东有雾海河渡口，通瓦铜沟及双庙子等路”。

东北 地区名。一般指今辽宁、吉林、黑龙江三省，内蒙古东部呼伦贝尔市、兴安盟、通辽市、赤峰市及河北东北部承德市等地。1930年《东北年鉴》：“东北省，中华民国领土位在东北之一部，包括辽宁、吉林、黑龙江、热河四省，以行政的区域兼自然的区域而言之者也。”

东北九省 1945年9月将东北三省划分为辽宁、安东、辽北、吉林、松江、合江、黑龙江、嫩江、兴安九省，总称东北九省。

东北大学旧址 在今天辽宁沈阳市皇姑区北陵大街东侧。东北大学是张作霖统治东北时期由奉天和黑龙江两省联办的高等学府，是20世纪前叶东北地区最大的一所综合性大学，由文学院、法学院、理学院、工学院、教育学院五个学院组成。1923年筹建，至1930年陆续建成。1928年张学良任校长后，实行男女同校，增设学院，延聘教授，大力发展体育。一批著名学者如章士钊、梁思成等在此任教，为国家培养了一批革命和建设人才，在中国近代教育史上占有重要地位。东北大学旧址建筑采用中西结合的建筑形式，主要建筑各具特色，保存完好，为近代优秀建筑群，具有较高的历史、艺术、科学价值。2001年定为全国重点文物保护单位。

东北四省 民国时代将辽宁、吉林、黑龙江、热河四省，总称为东北四省。

东北社礁 即今南海中中国南沙群岛之校尉暗沙。1935年公布名称为东北社礁。1947年改名校尉暗沙。

东北调查礁 即今南海中中国南沙群岛之海口礁。1935年命名为东北调查礁。1947年改名海口暗沙。

东北路招讨司 金大定初（1161）改乌古迪烈招讨司置，初治乌古迪烈部，后移治泰州（今吉林洮南市东北四家子村古城；一说在今黑龙江省泰来县西北塔子城）。承安四年（1199）徙治金山（今内蒙古乌兰浩特市东北）。泰和八年（1208）还治泰州。元废。

东旧镇 北宋置，属孝感县。在今湖北孝感市东北六十里。

东且弥国 汉西域国名。属西域都护府。国都在天山东兑虚谷（今新疆昌吉市南）。

东四盟 清代内蒙古六盟中的东部四盟，即后来内蒙古之哲里木盟、卓索图盟、昭乌达盟和锡林郭勒盟。

东丘 在今湖南永州市西南龙兴寺内。唐柳宗元有《永州龙兴寺东丘记》。

东代郡 指北魏所置代郡，治代县（今河北蔚县东北代王城）。是时平城称为万年尹。及至平城改称代郡，而此代郡则称之为东代郡。

东白山 在今浙江东阳市东北六十四里，与诸暨、嵊县交界处。宋《嘉泰会稽志》卷9诸暨县：东白山“一名太白峰，连跨三邑。其在剡曰西白，在东阳曰东白”。《方舆纪要》卷93东阳县：东白山，“《志》云：山高七百三十丈，周五十里，峰峦层叠，与会稽、天台诸山相连属”。

东瓜岩 在今四川内江市东。清宣统《内江县志》卷2：东瓜岩在“治东十五里。明季土人毛文败献贼于此”。

东乐关 明置，在今广西桂平市东。《方舆纪要》卷108浔州府桂平县：东乐关“在府城东。又城西有西靖关，城南有南济关，城北有北定关，皆近郊之卫”。

东乐县 1913年析张掖县置，属甘肃甘凉道。治所即今甘肃山丹县西东乐乡。1927年直属甘肃省。1932年改为民乐县。

东卯镇 清置，属独石厅。即今河北赤城县东南七十里东卯镇。

东市 ①汉长安市场之一。《史记·日者列传》载：司马季主“卜于长安东市”。又《汉书·晁错传》载：晁错“衣朝衣斩东市”。《三辅黄图》、《长安志》均以东市为汉长安九市之一。《文选·两都赋》李善注引《汉宫阙疏》曰：“长安立九市，其六市在道西，三市在道东。”或说东市即长安洛城门外杜门大道东侧三市的合称。

②即丰都市。为隋东都三市之一。在今河南洛阳市隋唐故城洛河南偏东。

③唐长安城（今陕西西安市）两大市场之一。在长安城东部，西接平康、宣阳二坊，东接道政、常乐二坊，北邻胜业坊，南靠安邑坊。徐松《唐两京城坊考》卷3载：东市“南北居二坊之地。东西南北各六百步，四面各开二门，定四面街各广百步，北街当皇城南之大街，东出春明门，广狭不易于旧。东西及南面三街向内开，壮广于旧。街市内货财二百二十行，四面立邸，四方珍奇，皆所积集”。

东兰州 元改兰州置，属庆远南丹安抚司。治所在今广西东兰县东南大同乡更乐村老圩。明属庆远府。成化十一年（1475）徙治今县西南武篆镇北旧州。嘉靖十四年（1535）移治今东兰县。1912年改为东兰县。

东兰州同 清雍正七年（1729）置，属东兰州。治所即今广西凤山县。1919年改为凤山县。

东兰县 1912年改东兰州置，属广西田南道。治所即今广西东兰县。1928年直属广西省。

东头山 即今广东湛江市南东头山岛。《清一统志·雷州府》：石门港“在遂溪县东三十里。自高州府石城县流入，与吴川县分界，又南至东头山海”。

东宁 清康熙三年（1664）郑成功之子郑经改东都为东宁，治所即今台湾省台南市。康熙二十二年（1683）郑克塽降清，废。

东宁卫 明洪武十九年（1386）改东宁等千户所置，属辽东都司。治所在今辽宁辽阳市老城。明末废。

东宁厅 清宣统二年（1910）析绥芬府置，属吉林省。治所在三岔口（今黑龙江省东宁县东南三岔口朝鲜族镇）。1913年降为东宁县。

东宁州 南朝梁大同中置，治所在齐熙郡齐熙县（今广西融水苗族自治县）。辖境相当今广西融水、融安、罗城等县地。隋开皇十八年（598）改为融州。

东宁市 2015年撤销东宁县，改设东宁市。东宁市人民政府驻东宁镇通政路1号。东宁市由黑龙江省直辖，牡丹江市代管。

东宁县 1913年改东宁厅置，属吉林省延吉道。治所在三岔口（今黑龙江省东宁县东南三岔口朝鲜族镇）。因位于宁古塔之东而得名。1928年直属吉林省。1939年移治小城子（今黑龙江省东宁县）。1945年划归松江省。1954年划归黑龙江省。

东宁府 元世祖至元六年（1269）置，属东京总管府。治所在平壤（今朝鲜平壤市）。辖境相当鸭绿江中、下游流域。元世祖至元十三年（1276）升为东宁路。

东宁省 清康熙八年（1669）郑成功之子郑经改东都承天府置，治所在今台湾台南市。辖今台湾岛和附近澎湖等岛屿。二十三年（1885）改置台湾府。

东宁路 元世祖至元十三年（1276）升东宁府置，属辽阳行省。治所在平壤（今朝鲜平壤市）。辖境相当今朝鲜黄海北道以北及辽宁鸭绿江流域。后废。

东宄山 在今越南河内市红河东嘉林县境。《寰宇记》卷170交州：南定县有九宄山。《方舆纪要》卷112安南北江府：九宄山“在嘉林州。一名东皋山。唐高骈建塔其上”。

东永 即东引山。今福建连江县东北东引岛。

东永安县 北魏孝昌中置，为泰宁郡治。治所在今山西沁水县西北二十五里固镇村。北齐改永宁县。

东辽河 亦名赫尔苏河。即古之南苏水，为辽河东源。源出吉林东辽县萨哈岭，曲折西南流入辽宁省，于昌图县西古榆树附近与西辽河汇合为辽河。《清史稿·地理志》昌图府辽源州：“西辽河即西喇木伦河……东辽河自怀德入，西流来汇，以下统名辽河。”

东边道 1914年由东路道改置，属奉天省。治安东县（今辽宁丹东市）。辖境约当今辽宁辽东半岛，新宾、抚顺、本溪、岫岩以东，吉林梅河口、辉南、抚松、安图以南及辽、吉两省鸭绿江以北地区。1929年废。

东台（臺） 在今山东宁阳县东北十里。《方舆纪要》卷32宁阳县“青川村”条下：东台“俗名梁王点军台”。

东台（臺）山 在今湖南湘乡市东十里。《方舆纪要》卷80湘乡县：东台山“一名凤凰山。南连华盖，下瞰涟水，上有平石若台”。

东台（臺）场 五代南唐升元初置，为盐场，属海陵监。即今江苏东台市。明代盐运使分司于泰州者驻此。清乾隆三十三年（1768）升置东台县。

东台（臺）县 清乾隆三十三年（1768）析泰州东北境置，属扬州府。治所即今江苏东台市。以东台场为名。民国初属江苏淮扬道。1927年直属江苏省。1987年改设东台市。

东台（臺）湖 在今安徽寿县城东北隅。《水经·肥水注》：“肥水又西径东台下，台即寿春外郭，……东侧有一湖，三春九夏，红荷复水，引渎城隍，水积成潭，谓之东台湖，亦肥南播也。”守敬按：“《凤台县志》：东台湖即今州城外东北隅，肥水南之尹家湖。”

东吉屿 在今台湾省澎湖县东南。清蒋毓英《台湾府志》卷3：东吉屿“周围里余”。

东老府 即今内蒙古翁牛特旗东南乌敦套海镇。清光绪年间敖汉旗迁治于此。宣统三年（1911）后为敖汉左翼旗驻地。1949年为翁牛特旗驻地。

东场 ①在今山西运城市南。元代在盐池置常满、盐北两场，明初合并为东场。民国初并入解池场。

②在今广东徐闻县西四十里迈陈。明初置巡司于此。

东场县 五代梁开平四年（910）钱镠改东阳县置，属婺州。治所即今浙江东阳市。北宋咸平二年（999）复名东阳县。

东场镇 在今广东徐闻县西迈陈镇。《方舆纪要》卷104徐闻县：东场镇“在县西南海滨，有巡司。《志》云：洪武初，置于迈谷村。二十七年迁于东阳”。

东扬州 ①南朝宋孝建元年（454）分扬州置，治所在会稽郡（今浙江绍兴市）。辖境相当今浙江钱塘江干流以南全部和安徽黄山市。永光元年（465）废。梁普通五年（524）复置，太平元年（556）又废。陈天嘉三年（562）再置。隋开皇九年（589）改为吴州。

②南朝梁置，治所在海阳县（今广东潮州市东北）。后改为瀛州。

③建置无考。治所当在寿春（今安徽寿县）。北魏、东魏、北齐、北周并于寿春置扬州，以项城东魏尝置北扬州，故寿春之扬州俗称东扬州。

东西团 在今福建德化县西北六十里。元置东西团巡司于此。明废。

东西邯 在今青海化隆回族自治县南，黄河北岸。《后汉书·马武传》：显宗初，马武击羌人，“羌乃率众引出塞，武复追击到东西邯，大破之”。即此。

东西两城 在今河南长葛市老城东北五里。《左传》：隐公十一年（前712），“郑伯使许大夫百里奉许叔以居许东偏，……乃使公孙获处许西偏”。《寰宇记》卷7长葛县：“今有东西两城。”

东西侯城 在今山东新泰市西北四十里宫山侧。《方舆纪要》卷31新泰县“东平阳城”条下：“《志》云，县西北四里有东西侯城，相传汉武所筑。”（按，《纪要》作“县西北四里”，误。据光绪《山东通志》卷35，应是“县西北四十里”。）

东西洋 即今福建漳平市西北双洋镇。明正统十一年（1446）置东西洋巡司于此。嘉靖四十五年（1566）升为宁洋县。1983年版《漳平县地名录》：“因地处双洋溪上游两岸。溪东称东洋，溪西称西洋，总名东西洋，亦名两洋。”

东西砬缝 在今吉林长白朝鲜族自治县西北十七道沟。民国徐曦《东三省纪略》卷7：“十七道沟金矿在长白（县）十七道沟迤东之东西砬缝。沙金最旺。”又有东西砬了银矿。

东西嘉梁州 唐置，治所在今四川小金县附近。后废。

东百井镇 金置，属平定州。即今山西平定县东三十里柏井镇。

东成墟 即今广东恩平市东北二十里东成镇。清道光《恩平县志》卷4：“墟市”有东成墟。

东夷校尉 三国魏置，治所在襄平县（今辽宁辽阳市老城）。西晋后废。

东光县 西汉置，属勃海郡。治所在今河北东光县东二十里。东汉为侯国。东魏为勃海郡治。北齐天保七年（556）移治今东光县东南三十里陶店。隋开皇三年（583）又移治后魏废勃海郡城（今东光县）。九年（589）为观州治。大业初属平原郡。唐属沧州。北宋为永静军治。金为观州治。元属景州。清属河间府。民国初属直隶津海道。1928年直属河北省。

东光城郡 北齐置，治所在今河南商城县西。隋开皇初废。

东光站 亦作东关站。清于东关驿置，属宁远州。在今辽宁兴城市西南关站。清杨宾《柳边纪略》卷2：“中后所十八里至东光站，十二里至望海店。”

东曲城县 北魏皇兴中分曲成县置，属东莱郡。治所在今山东招远市西五十里东曲城。北齐并入掖县。

东团镇 在今江苏大丰市西南。旧属东台县。清光绪《江苏全省舆图》东台县：“东团镇在治东北七十里。”

东吕乡 在今山东日照市境。《续汉书·郡国志》：琅邪国西海县刘昭注引《博物记》：“太公吕望所出，今有东吕乡。又钓于棘津，其浦今存。”《元和志》卷11莒县“汉海曲县”下称：“地有东吕乡、东吕里。”

东朱提郡 南齐置，治所在今贵州水城县境。后废。

东迁县 西晋太康三年（282）分乌程县置，属吴兴郡。治所在今浙江湖州市东三十六里旧馆镇。南朝宋元徽四年（476）改为东安县，升明元年（477）复名东迁县。隋开皇九年（589）废。

东迁镇　即今浙江湖州市东五十里东迁镇。《方舆纪要》卷91湖北府：东迁城“张士诚遣援兵屯旧馆，徐达等分兵营于东迁镇南姑嫂桥，运营十垒，以绝旧馆之援是也”。

东华山　①即今江苏丰县东南三十里华山。《方舆纪要》卷29徐州丰县：东华山“亦曰华山，亦曰小华山。周十余里。土山也。明嘉靖五年，以河患移县治此。三十一年复还旧治”。

②在今江西永新县城东。《方舆纪要》卷87吉安府永新县：东华山“在县城东，临溪。林木秀美，俯瞰深潭，为近郊之胜”。

③在今江西南康市东。《方舆纪要》卷88南安府南康县：东华山在“县治东一里。江水萦回若带，因甃石为长堤。其北又有鲤山、髻山，皆当江水下流之口”。

④在今江西广昌县南五里。《方舆纪要》卷86建昌府广昌县：东华山“山巅高耸，俯视群峰”。

东华门　今北京故宫东华门。明、清紫禁城之东门。

东华池塔　在今甘肃华池县东南林镇乡东华池村。始建于北宋元符二年（1099），平面呈八角形，为七级楼阁式塔，通体砖砌，底层边长3.29米，通高26米，无基座。第一层塔身仅东北面开一券门，塔心中空，向上各层逐渐收分。塔身二至七层砖砌八角倚柱、槏柱，当中上下交错设真券门、假版门，塔身出檐表现出檐椽及瓦垄，二至四层塔身施平座栏杆，五至七层则于窗下隐出勾栏。塔顶置塔刹，上置露盘、圆光和宝珠。该塔是保存较好的宋代砖塔，造型浑厚，仿木构造型，做法细腻逼真，塔檐、栏杆等雕刻精巧，具有较高的艺术价值。2001年定为全国重点文物保护单位。

东华里古建筑群　在今广东佛山市福贤街。原名杨伍街，清乾隆间易今名。清嘉庆年间，骆氏家族迁入，并对街北侧建筑大加修筑。道光二十二年（1842）建闸门楼，石刻街额“东华里”，用花岗岩条石铺砌里内路面。清末，招氏迁入街南侧，建祠堂、修宅院。街道全长112米，宽1.8米。东华里北侧后段的骆氏宅第，为四排四进是三间两廊式建筑，每进之间以天井相间，每排之间以小巷相间，青砖外墙，筑有锅耳式封火山墙，完整体现了珠江三角洲清代官家宅第的豪华气派。南侧后段的招氏宅第，加层扩建二楼。内部为走马楼式，临街部分建筑带有西洋风格的露台，使东华里具有中西合璧的特色，体现出典型的民初建筑风格。2001年定为全国重点文物保护单位。

东会州　唐武德四年（621）置，治所在宜芳县（今山西岚县北岚城镇）。六年（623）改名岚州。

东合州　唐贞观元年（627）改南合州置，治所在海康县（今广东雷州市）。辖境相当今广东雷州、遂溪、徐闻、湛江等市县地。八年（634）改为雷州。

东多城　在今山西孝义县北二十里。《魏书·地形志》显州真君郡：“天平中置，治东多城。”

东庄水堡　在今山西太原市西南。《清一统志·太原府》：东庄水堡“在太原县南八里。周二里。因晋水为濠，甚险固”。

东庄桥　在今河北任丘市东南。《方舆纪要》卷13任丘县：东庄桥在“县东南三十里滱水上。广三十八丈（按《清一统志》作‘长十有八丈’）。县南境之水俱由此达五官淀”。

东庄集　即今河南内黄县西南东庄镇。明嘉靖《内黄县志》卷1《乡镇》：“东庄集，在县西十五里。”

东关　①在今安徽含山县西南六十里东关镇西北，裕溪河东岸濡须山上。三国吴诸葛恪筑，隔濡须水与七宝山上的西关相对。《三国志·魏书·齐王芳传》：嘉平四年（252），征南大将军王昶等征吴，“吴大将军诸葛恪拒战，大破众军于东关”。即此。

②即义阳三关之一的武阳关。在今河南信阳市南，河南、湖北两省交界处。因位置偏东，故名东关。《魏书·中山王英传》：永平二年（509）进取三关。英曰：“东关易攻，宜先取之。”乃“身督诸军向东关”。即此。

③在今湖北崇阳县南。《方舆纪要》卷76崇阳县：东关在“县南六十里。其相近者曰高视山，接江西宁州界。寇盗充斥，此为扼要之所，向设官兵戍守”。

④在今湖北省荆门市北。《方舆纪要》卷77荆门州：东关在“州北一里。宋末设以御敌”。

⑤在今湖南绥宁县西南。《方舆纪要》卷82绥宁县：东关“在城（今寨市镇）东。城西又有西关”。

⑥在今广西桂林市东。《方舆纪要》卷107临桂县：东关“在府城东江门外。又有南北两关及府西南文昌门外之中关，皆近郊之捍卫也”。

⑦在今广西合浦县东北。《方舆纪要》卷104廉州府合浦县：东关“在府东北，明初置，久废。嘉靖十五年重修，改曰条风关”。

⑧明置，在今广西宜州市东。《方舆纪要》卷109宜山县：东关“在府城东。成化三年，垒石为垣，以护民居，亦曰迎恩关”。

东关水　即今四川达州市南之州河，为渠江支流。《寰宇记》卷137通川县：东关水“东北自石鼓县界流入，经县南一百六十步，西南流入三冈县界”。清嘉庆《四川通志》卷18东乡县：前江“古东关水也”。

东关县　①东晋置，属晋昌郡。治所在今湖北竹溪县北五里。南朝宋末属新兴郡。西魏废。

②南朝宋置，属巴渠郡。治所在今四川万源县南固军坝。以东关水（今渠江上游前江）为名。北周废入宣汉县。唐武德元年（618）复置，属南并州。贞

观元年（627）废入宣汉县。

③南齐置，属西宕渠郡。治所在今四川盐亭县境。梁废。

④南齐侨置，属巴西侨郡。治所在今四川绵阳市境。梁废。

⑤北宋乾德四年（966）以招葺院置，属梓州。治所在今四川盐亭县东南一百里金鸡镇。《寰宇记》卷82东关县："取古东关地之名。"元至元二十年（1283）废入盐亭县。

东关河 在今辽宁兴城市西南。《方舆纪要》卷37宁远卫：东关河"在城西六十里。自大宁境流入，上通六州河，南流入海"。

东关驿 ①明置，属宁远卫。即今辽宁兴城市西南六十里东关站。《明史·地理志》宁远卫："西有小沙河中右千户所，辖东关驿至曹庄驿。"清改东光站。

②即今浙江上虞县西东关镇。旧名东城驿，明改东关驿。1912年改东关镇。1954年划属上虞。

东关城 今越南河内市。明交州府附郭县。《明史·安南传》：宣德元年（1426）王通计黎利，"一战而败，心胆皆丧，举动乖张，不奉朝命，擅割清化以南地予贼，尽撤官吏军民还东关"。

东关郡 西魏废帝二年（553）置，属开州。治所在蛇龙县（在今四川开江县西北五十里）。辖境相当今四川开江县地。隋开皇三年（583）废。

东关清真大寺 明洪武年间建，在今青海西宁市东关大街。是青海目前最大的伊斯兰教寺院，也是西北地区四大清真寺之一。

东关堡 北宋元丰六年（1083）改巩哥关置，属兰州。在今甘肃兰州市东十八里。元废。

东关镇 在今福建松溪县南四十五里。《清一统志·建宁府》：东关镇，"元皇庆中置东关寨，在瑞应场。明洪武二年改置巡司，在县东关里仰屯。永乐中迁于马鞍岭，嘉靖八年迁于铁岭，万历中又迁于峡桥，即今治也"。

东州 古时多泛称东方为东州，南、北、西方为南、北、西州。如《楚辞》："嘉南州之炎德兮"；《战国策》："秦穆公一胜而霸西州"；《三国志·魏书·郑浑传》裴注引张璠《汉纪》：东汉郑泰称董卓"出自西州"，又说"东州有郑康成，学该古今"。

东州沙 在今广东肇庆市东北广利镇南西江中。《方舆纪要》卷101肇庆府高要县：东州沙"在灵羊峡口之东江中。有居民数千家"。

东州堡 明置，属抚顺千户所。即今辽宁抚顺市东南大东州。明《辽东志》卷3：东州堡"官军五百二十六员名，奉集堡可屯兵，白隆山可按伏"。《方舆纪要》卷37辽东都司定辽中卫：东丹（州）堡"在司东百二十里，其相近者有白泽山"。后金天命三年（1618），癸卯，努尔哈赤统兵攻明，"令左四旗兵，取东州、马根单二处"。

东冲 即今福建霞浦县南东冲。扼三湾湾口，形势险要。清建有炮台，有千总驻此。

东冲（衝）山 在今湖北武穴市东北。《方舆纪要》卷76广济县"多云山"条下：东冲山"山高起冲霄，故名"。《清一统志·黄州府》：东冲山，"《旧志》，重峦叠嶂，积雪不消，其左右烟月蔽亏，江湖环抱，为县最胜。上有鲍照读书处，下有云瀑潭"。

东冲古剌 古国名。即今泰国南部马来半岛东岸之宋卡。为古代横断半岛路线主要港口之一。元汪水渊《岛夷志略》有专条记述。冲古剌是Singgora的对音，东是衍文。

东江 ①又名上江、白蚬江、白蚬湖。为古代太湖尾闾之一。晋顾夷《吴地记》、庾阐《扬都赋注》、唐张守节《史记正义》皆以此为《尚书·禹贡》的三江之一。故道自今江苏苏州市吴中区东南三十里古三江口与松江分流，经白蚬湖东南流入海。8世纪以后逐渐湮废。

②即东阳溪。在今浙江金华、义乌二市境内。《方舆纪要》卷93义乌县：东江"即东阳溪也，自东阳县流入境，县境诸山溪之水悉流合焉，至县东三里始有东江之名"。《清史稿·地理志》义乌县："东江，古乌伤溪。"

③在今湖南常宁市东。《方舆纪要》卷80常宁县：东江"在县城东。源出县南六十里天窗岩，北流入湘"。

④即今广东南雄、始兴、韶关等县市境之浈江。《初学记》卷6"江"引盛弘之《荆州记》曰："始安郡有东北二江。……东江发源于南康大庾峤下，经始兴县界，南流西转，与北江合于郡东，注于南海。"《水经·溱水注》："东溪亦名东江，又曰始兴水……又西注于北江，谓之东江。"

⑤即今广东东部之东江。为粤江主要支流。《方舆纪要》卷100广东："东江源出江西安远县界，流入惠州府龙川县境，至县南为龙江。又西南流经河源县南为槎江，南流至府城东北，折而西，过博罗县南，又西南流入广州府东莞县境，经县北，又经增城县南，而至府之南境会西江以入海。"

⑥即皮岛。今朝鲜铁山县南之椵岛。《明史·毛文龙传》：天启年间，文龙"设军镇皮岛如内地。皮岛亦谓之东江，在登、莱大海中，绵亘八十里，不生草木，远南岸，近北岸，北岸海面八十里即抵大清界，其东北海则朝鲜也。岛上兵本河东民，自天启元年河东失，民多逃岛中"。

东江口营 在今陕西宁陕县东北江口回族镇。《清一统志·西安府三》：东江口营"在宁陕厅北二百四十里。嘉庆七年移长安县斗门镇主簿驻此，改隶宁陕厅。嘉庆十九年设都司驻守"。

东江市 即今湖南资兴市。《清一统志·郴州》：东江市"在兴宁县（旧治兴宁镇）东"。1988年资兴市迁治于此。

东江米巷 在今北京市正阳门内之东，今名东交民巷。明初名东江米巷，后讹为东交民巷。清后期辟为各国使馆区。

东江阳郡 亦名江阳郡。南朝宋置（一说东晋穆帝时置），属益州。治所在汉安县（今四川泸州市纳溪区西二十里三江坝）。齐时辖境相当今四川泸州、泸县、合江、江安等市县地。梁移治江阳县（今四川泸州市）。隋开皇三年（583）废。

东江驿 ①明置，在今广西柳城县南四十里凤山镇。《方舆纪要》卷109柳城县：东江驿“在县西。又县北有马头驿。《舆程记》：自东江驿而西，六十里为罗斯驿”。

②明置，在今广西灵川县南。《方舆纪要》卷107临桂县：东江驿，“《舆程记》：东江驿而东北五十里为大龙驿，道出灵川县”。

东江革命根据地 在广东省东部，是第一次国内革命战争失败后在东江地区建立的革命根据地。范围包括现今汕头、梅州、汕尾三市全部以及惠州、河源二市大部。其中心区域，初在海陆丰，1927年11月由彭湃领导创建。1929年春后转移至丰顺县八乡山。1930年5月在丰顺县下八乡滩下村召开东江第一次工农兵代表大会，成立东江苏维埃政府和中国工农红军第十一军。同年秋后转移至潮阳、普宁、惠来边界的大南山。1935年6月，中共东江特委遭受破坏，9月东江革命根据地全部丧失。1938年10月，日军侵占广州后，原在东江一带的红军游击队和当地人民组成抗日游击队（后称东江纵队），开展游击战争，又建立了东江抗日根据地。

东江盐场 在今浙江绍兴县东北。《清史稿·地理志》绍兴府会稽县：“有东江盐场。”

东江站 元置，属静江路。在今广西灵川县南漓江岸。

东江塘 即今广西河池市东环江西之东江镇。清光绪《广西舆地全图》宜山县图：西北有东江塘墟。

东江镇 即今广西河池市东北东江镇。明置巡司于此。

东池 在今陕西勉县东二十余里。唐人郑谷有《兴州东池》诗。

东池堡 即今山西古县东南旧县镇。《元和志》卷12岳阳县：“东池堡，在县南三十三里。今堡中见贮义仓，北面绝崖，三面各二丈五尺，周回二里。”

东汝南县 北魏孝昌三年（527）置，属汝北郡。治所在今河南汝州市东。北周废。

东汤泉 在今湖北英山县东南。《方舆纪要》卷28英山县：东汤泉在“县东南三里许，平地石中涌出。县西南三里，又有西汤泉，居民俱引以溉田”。

东兴安岭 即小兴安岭。在今黑龙江省中部和北部。民国徐曦《东三省纪略》卷3：东兴安岭山脉“绵亘于江省之东部，自西北而东南，其北端接于伊勒呼里山脉……迤东南为布伦山，亦称小兴安岭。此山北流之水入黑龙江，南流之水入松花江，东流之水入嫩江，盖三大川之分岭也”。

东兴设治局 1928年置，属黑龙江省。治所在东兴镇（今黑龙江省木兰县西北东兴镇）。1933年伪满改为东兴县。

东兴县 ①三国吴太平时分南城县置，属临川郡。治所在今江西黎川县东北三十里。隋开皇中废。唐武德五年（622）复置，属抚州。七年（624）废入南城县。

②1933年伪满改东兴设治局置，属滨江省。治所即今黑龙江省木兰县西北东兴镇。1945年9月属嫩江省。1949年撤销，并入木兰县。

东兴岭 在今江西黎川县东。《陈书·周迪传》：天嘉四年（563），周迪据临川，陈主遣其弟顼击之，迪兵溃，逾岭奔晋安，“明年秋，复越东兴岭”，即此。《方舆纪要》卷86建昌府新城县：东兴岭在“县东三十里。因东兴废县而名”。

东兴城 三国吴建。在今安徽含山县西南东兴镇一带。《三国志·吴书·丁奉传》：“魏遣诸葛诞、胡遵等攻东兴，诸葛恪率军拒之。”即此。

东兴堤（隄） 三国吴筑，在今安徽含山县西南，与巢湖市相接。《三国志·吴书·诸葛恪传》：“初，权黄龙元年迁都建业，二年筑东兴堤以遏湖水。后征淮南，败以内船，由是废不复修。恪以建兴元年十月会众于东兴，更作大堤，左右结山侠筑两城。”

东兴街 即今广西东兴市驻地东兴镇。《清一统志·廉州府》：东兴街“在钦州西南二百余里，近交趾界。本朝乾隆四年移龙门协右营守备防守，八年复移州判驻此”。

东兴镇 即今黑龙江省木兰县西北东兴镇。清设协领驻此。民国《呼兰府志》卷1：光绪二十六年（1900），“俄兵入犯，官民房舍焚毁无遗”。1928年于此设东兴设治局。1933年伪满改置东兴县。1949年并入木兰县。

东安门 为明南京宫城东门。在今江苏南京市轻工机械厂厂区内。

东安子 在今北京市房山区西北南窖乡东安村。盛产煤。清同治《畿辅通志》卷46房山县图：西北有东安子村。

东安乡 在今广西苍梧县东北一百六十里东安河西岸。明、清置巡司于此。

东安水 在今广西苍梧县东北，南流入广东封开县，注入西江。《方舆纪要》卷108梧州府苍梧县：东安水“在府北四十里。东南流入广东封川县界，注于大江”。

东安平县 秦始皇二十六年（前221）改安平县置，属临淄郡。治所在今山东淄博市临淄区东北十里皇城营。出土秦封泥中有“东安平丞”可证。西汉属甾川国。《汉书·地理志》注：“师古曰：阚骃云，博陵有安平，故加东。”东汉属北海国。三国魏属齐国。南朝宋改为安平县。

东安市 1942年1月伪满改东安街置，为东安省会。治所即今黑龙江密山市。1945 年 8 月废。

东安场 五代楚置，即今湖南东安县西南二十里紫溪市镇。北宋雍熙元年（984）升为东安县。

东安州 元世祖中统四年（1263）升安次县置，属大都路。治所在今河北廊坊市西九州镇（旧州）。明洪武元年（1368）降为东安县。

东安江 即今广东封开县北东安河。《舆地纪胜》卷 94 封州：东安水“在州北。源出贺州”。《方舆纪要》卷 101 封川县：东安江“源出苍梧县界，俗名小江，流合贺江，入于西江”。

东安阳县 西汉置，属代郡。治所在今河北阳原县东南。西晋废。北魏复置，改为安阳县。

东安县 ①西汉置，属东海郡。治所在今江苏东海县（牛山镇）西北罗庄古城北。东汉废。

②东汉改东安侯国置，属琅邪国。治所在今山东沂水县西南三十里。西晋元康元年（291）废。隋开皇十六年（596）复置，属莒州。移治今山东沂源县东南东安。大业初属琅邪郡。唐武德初省。

③三国吴置，属建安郡。治所即今福建南安市东丰州镇。西晋太康初改名晋安县。

④南朝宋元徽四年（476）改东迁县置，属吴兴郡。治所在今浙江湖州市东三十六里旧馆镇。升明元年（477）复名东迁县。

⑤隋开皇初改东莞县置，属莒州。治所即今山东沂水县。十六年（596）改为沂水县。

⑥隋开皇四年（584）置，为协州治。治所即今云南彝良县。大业初废入开边县，唐武德元年（618）复置，治所在今贵州威宁彝族回族苗族自治县西北观风海镇。天宝后废。

⑦北宋雍熙元年（984）升东安场置，属永州。治所即今湖南东安县西南二十里紫溪市镇。元属永州路。明属永州府。民国初属湖南衡阳道。1922 年直属湖南省。1947 年迁今东安县（白牙市）。

⑧金兴定三年（1219）置，为岩州治。治所在今辽宁辽阳市东南。元废。

⑨明洪武元年（1368）改东安州为县，属北平府（后改为顺天府）。治所在今河北廊坊市西旧州。洪武三年（1370）迁治张李店（今廊坊市东南光荣村）。1914 年改名安次县。

⑩明万历五年（1577）析泷水、高要、新兴县置，属罗定州。治所即今广东云浮市。明郭子章《郡县释名》广东卷：东安“县治罗旁之东以安也”。1914 年改名云浮县。

⑪1912 年分遂宁、蓬溪二县地置，属潼川府。治所在今重庆市潼南县。1914 年因与湖南东安县同名，改为潼南县。

东安里 即今云南西畴县。清代以原牛羊司地置，为开化府所辖八里之一。嘉庆二十五年（1820）改属安平厅。1914 年置普兰行政区。

东安国 又名小国、小安国。古昭武诸国之一。都喝汗城（今乌兹别克斯坦布哈拉东北）。《新唐书·西域传》：东安“在那密水之阳，东距何二百里许，西南至大安四百里”。显庆中置木鹿州于此。

东安城 在今四川华蓥市西北永兴镇西南东安。《元史·赵匣剌传》：至元五年（1268），“兼管京兆、延安两路新军，戍东安、虎啸山两城”。

东安省 1940 年伪满置，省会在密山县（后改为东安市，今黑龙江省密山市）。辖境相当今黑龙江省密山、鸡西、虎林、宝清、饶河、勃利、鸡东、七台河、林口等市县地。1945 年日军投降后废。

东安侯国 ①西汉置，属东海郡。治所在今江苏东海县西北罗庄古城北。东汉废。

②西汉置，属城阳国。治所在今山东沂水县西南三十里。东汉改为东安县。

东安郡 ①东汉建安初曹操置，属徐州。治所在东莞县（今山东沂水县）。辖境约当今山东沂水、蒙阴、沂源等县地。建安十九年（214）省。西晋元康七年（297）析东莞郡复置，移治盖县（今山东沂源县东南盖冶）。北齐移治东莞县（今山东沂水县）。隋开皇初废。

②三国吴黄武五年（226）分丹阳、会稽、吴三郡置，属扬州。治所在富春县（今浙江富阳市北十八里）。辖境相当今浙江西北部山区。黄武七年（228）废。

东安陵县 西晋置，属渤海郡。治所在今河北吴桥县（桑园镇）北十五里南运河东岸安陵村。北魏改名安陵县。

东安堡 明置，属镇番卫。在今甘肃民勤县东。《方舆纪要》卷 63 镇番卫：东安堡“在卫东”。

东安镇 ①即今黑龙江省饶河县北，挠力河口之东安镇村。1917 年饶河县曾迁治于此。1925 年始移治今饶河县。

②在今浙江富阳市西南四十八里新登镇东。《方舆纪要》卷 90 新城县：“富阳尝置东安郡，故（钱）镠以此名镇。”

③在今陕西凤翔县西。《资治通鉴》：五代唐清泰元年（934），蜀兵出大散关，收阶、成诸州地，“诏凤翔益兵守东安镇以备蜀”。

东农山 又名连山。在今云南姚安县东南。《汉书·地理志》弄栋县：“东农山，毋血水出。”

东那县 辽置，属正州。治所在今吉林通化县西南。金废。

东阳 ①古地区名。春秋晋地，战国时先后属卫、赵，相当今太行山以东的河北南部、河南北部地区。《左传》：昭公二十二年（前 520），“荀吴略东阳”；《史记·赵世家》：赵惠文王十八年（前 281），“秦拔我石城，王再之卫东阳，决河水，伐魏氏”，皆即此。

②春秋时鲁邑。在今山东费县西南八十里关阳司。《左传》：哀公八年（前 487），“吴师克东阳而进”。即此。

③春秋齐邑。在今山东临朐县东三十六里。一名

凡城。又名晏弱城。《左传》：襄公二年（前571），“晏弱城东阳以偪之”。杜注：“齐境上邑。”

东阳山 又名云山。在今江苏盱眙县东南七十五里。《寰宇记》卷16盱眙县：东阳山，“《阮升之记》云，东阳山有池水，一名天池，春夏水深五丈，今见在”。

东阳门 今河南洛阳市东北汉魏洛阳城东面正东一门。汉称中东门，魏晋改称东阳门。《资治通鉴》：西晋太康元年（东吴孙皓天纪四年，280），孙皓归降，“琅邪王伷遣使送孙皓及其宗族诣洛阳。五月丁亥朔，皓至，与其太子瑾等泥面缚，诣东阳门”，即此。

东阳平郡 南朝宋置，治平陆城（在今山东汶上县西北）。北齐废。

东阳卢宅 在今浙江东阳市城东郊，为一组大型的明、清住宅建筑群。主要有“肃雍堂”，“世德堂”、“大夫第”、“世进七第”、“五台堂”、“冰玉堂”、“柱史第”等。肃雍堂是卢氏大族的公共厅堂，梁柱用材讲究，建筑构件上布满精美的木雕、砖雕和彩绘。1988年定为全国重点文物保护单位。

东阳市 1988年撤销浙江省东阳县，改设东阳市，市人民政府驻吴宁镇。由金华市代管。

东阳江 兰江支流。一名吴宁溪水。亦名婺港。在今浙江金华市南。《元和志》卷26金华县：东阳江“有二源，一南自永康县界流入，一东自义乌县界流入，至县界南合为一，谓之东阳江”。

东阳县 ①秦置，属东海郡。治所即今江苏盱眙县东南东阳城。《史记·项羽本纪》：“陈婴者，故东阳令史……东阳少年杀其令，……遂强立婴为长。”即此。西汉属临淮郡。东汉属下邳国。西晋仍属临淮郡。南朝陈废。

②汉高帝置，属清河郡。治所在今山东武城县西北漳南镇。东汉省。隋开皇六年（586）复置，属贝州。十八年（598）改漳南县。

③隋开皇十二年（592）改吴宁县置，为婺州治。治所即今浙江金华市。十八年（598）改名金华县。

④唐垂拱二年（686）析义乌县置，属婺州。治所即今浙江东阳市。《元和志》卷26：“取旧东阳郡名也。”五代梁开平四年（910）改为东场县。北宋咸平二年（999）复名东阳县。元属婺州路。明、清属金华府。民国初属浙江金华道。1927年直属浙江省。1988年改设东阳市。

⑤武周久视元年（700）分蜀、广都二县置，属益州。治所即今四川成都市东南龙泉镇。天宝元年（742）改为灵池县。

东阳岩 在今江西宁都县西南。《清一统志·宁都州》：东阳岩“在州西南八里。高峻插天，其麓有泉石竹木之胜”。

东阳府 唐置，属夔州。在今重庆市巫山县东一里。后废。

东阳河 又作东洋河。在今河北抚宁县西。清同治《畿辅通志》卷49抚宁县：东北有东阳河，为洋河东支。

东阳驿 在今陕西渭南市东东阳水附近。为长安与洛阳间重要陆路交通驿站。《资治通鉴》：南朝梁中大通六年（534），北魏主循河西行，宇文泰备仪卫迎帝，“谒见于东阳驿”。即此。

东阳城 ①在今山东青州市阳水北。《晋书·地理志》：慕容超为刘裕所灭，“留长史羊穆之为青州刺史，筑东阳城而居之”。《水经·淄水注》：“阳水又东径东阳城东南。义熙中，晋青州刺史羊穆之筑此。以在阳水之阳，即谓之东阳城，世以浊水为西阳水故也。”北齐始移益都县治此。隋在阳水之南另建南城，以此城为北城。金天会中颓废，县治移于南城。东晋、南北朝时历为青州、齐郡治所。隋以后历为青州、北海郡治所。宋为京东东路、金为山东东路治所。

②即今河南邓州市东北六十里穰东镇。汉为穰县之东阳聚。《后汉书·光武帝纪》：建武三年（27），“建义大将军朱祐率祭遵与延岑战于东阳，斩其将张成”。

③即今重庆市西北北碚区嘉陵江东岸东阳镇。《舆地纪胜》卷175重庆府：古东阳城“在巴县西一百里。《旧经》云：齐建武元年割巴县置东阳郡”。

东阳峡 即温泉峡。在今重庆市西北北碚与东阳镇之间嘉陵江中。唐陈子昂有《入东阳峡与李明府舟前后不相及》、《合州津口别弟至东阳峡步趋不及》诗。

东阳郡 ①三国吴宝鼎元年（266）分会稽郡置，属扬州。治所在长山县（今浙江金华市）。以郡在金华山之阳、縠水之东而得名。辖境相当今浙江金华江、衢江流域各市县。南朝陈天嘉三年（562）改名金华郡。隋大业初及唐天宝、至德间曾改婺州为东阳郡。辖境逐渐缩小。后复改婺州。

②南齐建武元年（494）置，属益州。治所在巴阳县（在今重庆市西北北碚区嘉陵江东岸东阳镇）。梁属楚州。西魏属巴州。北周废。

③南朝梁置，治所在今江苏盱眙县东南东阳城。陈废。

东阳溪 一名乌伤溪水。又名东江。在今浙江义乌市境。《方舆纪要》卷93东阳县：东阳溪“出大、小盆山，屈曲流二百里，始至此，俗谓之河埠，西入义乌县境，至培磊市与画溪合流”。

东阳滩 在今重庆市云阳县东长江中。东晋常璩《华阳国志·巴志》：朐忍县“水道有东阳，下瞿数滩”。《水经·江水注》：“江水又东径东阳滩，江上有破石，故亦通谓之破石滩，苟延光设处也。”咸丰《云阳县志》称县东三十里有东洋滩。

东阳镇 ①北宋置，属句容县。在今江苏南京市东北东阳村。宋《景定建康志》卷16引《郡国志》云：“楚汉之际改秣陵为东阳郡，因为名。有馆驿。”

②清置，属榆次县。即今山西晋中市榆次区南三

十四里东阳镇。

③即今重庆市西北北碚区嘉陵江东之东阳镇。《舆地纪胜》卷175重庆府：蜀广政十五碑“在东阳镇市心”。

东阴槃县 北魏熙平二年（517）分鹑觚县地置，属赵平郡。治所即今陕西长武县。西魏废帝元年（552）改名宜禄县。

东观场 即今四川南充市东东观镇。民国《南充县志》卷1：东观场“在治东六十里。跨螺溪岸。当顺渠大道，为下东第一大镇”。

东观腰 在今山西阳城县南。1942—1945年晋冀鲁豫边区置阳南县治此。

东牟山 ①即今辽宁沈阳市城东北二十里之天柱山。清太祖努尔哈赤福陵在此。《方舆纪要》卷37沈阳中卫：东牟山在“卫东二十里”。

②即今吉林敦化市南长白山北坡之六顶山。为唐渤海靺鞨大氏的根据地。《新唐书·渤海传》：渤海“本粟末靺鞨附高丽者，姓大氏。高丽灭，率众保挹娄之东牟山，地直营州东二千里”。

③牟山的别称。在今山东文登市西北。

东牟县 战国秦置，属胶东郡。治所即今山东烟台市东南牟平区宁海镇。出土秦封泥中有“东牟丞印”可证。西汉属东莱郡。高后封齐悼惠王子兴居为侯国。《汉书·地理志》东牟：“有铁官、盐官。”南朝宋废。

东牟郡 ①西晋置，不久废。北魏孝昌四年（528）复置，属光州。东魏时治所在黄县中郎城（今山东龙口市黄城东）。辖境相当今山东龙口、栖霞、海阳以东地区。北齐天保七年（556）废。

②唐天宝元年（742）改登州置，属河南道。治所在蓬莱县（今山东蓬莱市）。辖境相当今山东龙口、栖霞、乳山等市县以东地。乾元元年（758）复改登州。

东运河 即泇河。明万历间开凿，自夏镇（今山东微山县）附近李家口引运河水，东流合彭河，又合羕、泇、沂等水，出邳州直河口（今江苏宿迁市西北皂河镇西）入黄河，全长二百六十里。自后运道由泇河经微山湖东，西北直达济宁州，避开了旧道从直河口溯黄河而至徐州的三百里风涛之险。

东扶风镇 即今陕西武功县（普集镇）东北长宁乡。《方舆纪要》卷54武功县：长宁驿“在县东三十五里，俗曰东扶风镇，军站也”。

东坝 宋废鲁阳五堰，改建为东、西两坝。故址在今江苏高淳县东坝镇。《清一统志·江宁府三》“五堰”条引明韩邦宪《东坝考》：“太祖初都金陵，以苏浙粮道自东坝入，可避江险。洪武二十五年复浚胥溪河为运道，建石闸起闭，因置广通镇。又凿溧水县胭脂冈，引丹阳诸湖之水会秦淮以入江，于是苏浙运道，经东坝直达金陵。永乐初，运道废，改筑土坝，自是宣、歙诸水希入震泽。嘉靖三十五年，倭入寇，商旅多由坝上行，复于坝东十里许，古分水堰处，更筑下坝，谓之东、西二坝，而统名曰东坝。自是两坝相隔，湖水绝不复向东矣。”

东坎镇 即今江苏滨海县治。旧属阜宁县。清光绪《江苏全省舆图》阜宁县：“东坎镇在城东北六十里。”1941年于此置阜东县，1949年改置滨海县。

东坞关 在今江西上饶县北柴门关之北。《方舆纪要》卷83上饶县“岑阳关”条下：“又（柴门关）北有东坞关，亦走徽婺之间道也。”

东坑 即赤谿。在今湖北宜昌市西北。《文选》卷53陆机《辩亡论》：“而巴汉舟师沿江东下，陆公以偏师三万北拒东坑。”李善注：“东坑，在西陵步阐城东北，长十余里。陆抗所筑之城在东坑上，而当阐城之北，其迹并存。”

东坑泉 著名温泉。在今安徽庐江县西北四十四里汤池镇东汤池上街头。宋王安石有《东坑泉》诗。今名汤池温泉。

东坑寨 在今江西广昌县南。《方舆纪要》卷86建昌府广昌县：东坑寨在“县南五里。四周高山壁立，上平衍，宋元居民避寇于此”。

东坊口 即今福建长汀县东北五里东街。唐开元间，汀州及长汀县自长汀村（今上杭县北九洲）徙治于此。大历四年（769）又迁治白石村（即今长汀县治）。

东邯水 在今青海化隆回族自治县西。《后汉书·马武传》：“永平初，马武击西羌，追击到东、西邯，大破之。”又《西羌传》载：永元中，“侯霸复上置东、西邯屯田五部”。《水经·河水注》：“河水又东径邯川城南，城之左右历谷有二水，导自北山，南径邯亭，注于河。”唐李贤注：“盖以此水分流，谓之东、西邯也，在今廓州化隆县东。”

东苏尼特旗 简称东苏旗。即内蒙古锡林郭勒盟苏尼特左翼旗。20世纪40年代起驻地在贝勒庙（满都拉图镇）。

东村墟 即今江西兴国县东东村乡。清同治《江西全省舆图》卷9：兴国县东北有东村汎墟。

东村镇 即今山西岚县。《清一统志·太原府二》：东村镇“在岚县东南四十里。有堡”。1950年岚县迁治于此。

东杨岗镇 即今湖北孝昌县东南丰山镇。清光绪《孝感县志》卷8《兵事》：同治元年（1862）九月，捻军“踞涂家巷、东杨岗、两河口一带”。

东两河口 即今安徽六安市东南河口镇。清同治《六安州志》卷5：两河口在“州南八十里”。

东连岛 在今江苏连云港市东北海中。其西有西连岛。清嘉庆《海州直隶州志》卷11引《崔志》：东连岛“即鹰游山东岛”。今二岛相连，称为东西连岛。

东连镇 即今河北东光县西南连镇。清末太平天国将领林凤祥率北伐军与清军激战于此。因众寡不敌而失败。

东卤池 在今陕西蒲城县南二十里。《汉书·宣帝纪》：宣帝少时，“常困于莲勺卤中”。宋敏求《长安志》卷18蒲城县：东卤池“在县南二十里……

唐大历十二年东池生瑞盐，后敕禁断，盐不复生”。

东吴 ①三国吴的别称。因地处江东，故世称东吴。《文选》左思《咏史诗》：“志若无东吴。”刘渊林注：“东吴，谓孙氏也。”

②苏州府的别称。明周祁《名义考》：“苏州，东吴也。”也泛指太湖流域全境。

东吴街 即今浙江宁波市鄞州区东南东吴镇。清光绪《鄞县志》卷2《市镇》：东吴“距城四十里”。

东里 在今河南新郑市城内。春秋郑大夫子产所居。《论语·宪问》：“东里子产润色之。”何晏《集解》：“子产居东里，因以为号。”邢昺《疏》：“东里，郑城中里名。”

东里县 南齐置，属义安郡。治所在今湖北襄阳市襄城区西。后废。

东里店 即今山东沂源县东南东里镇。旧属沂水县，清移县丞驻此。

东岐州 北魏侨置，治所在今河南南召县东。《清一统志·南阳府二》：岐州城“有二，俱在南召县(今县东七十里云阳镇)西六十里。名东、西岐州城。后魏置东、西二岐州于此”。后废。

东岗镇 即今甘肃兰州市城关区东拱星墩街道东岗。宣统《甘肃新通志》卷9皋兰县：“东关堡在县东十八里，即陈关镇。”

东岚山 即海坛山。今福建平潭县海坛岛。《清一统志·福州府一》：海坛山“在福清县东南大海中”。并引《福清县志》谓“在今县东少南七十里。其山如坛，南北长而东西狭，上多云气，亦名东岚山”。

东何场 在今江苏东台市。本东台、何垛二场，民国初并而为一，改今名。设场知事。

东谷 在今甘肃临夏市东南十五里。《资治通鉴》：唐会昌四年(844)，“吐蕃论恐热之将岌藏丰赞恶恐热残忍，降于尚婢婢。恐热发兵击婢婢于鄯州，婢婢分兵为五道拒之。恐热退保东谷”。即此。

东谷涧 一名东涧。在今山西万荣县东南。《方舆纪要》卷41万泉县：“东谷涧在县南，自孤山东谷中发源，北流八里，入于沙涧。又东北入稷山县，注于汾水。”

东谷砦 北宋置，属安化县。在今甘肃华池县北。《方舆纪要》卷57庆阳府安化县：东谷砦“宋时与金汤、柔远诸砦，并为控扼要地”。

东谷堡 北宋熙宁七年(1074)置，属河州。在今甘肃临夏市东南十五里。金废。

东岔抗日根据地 在今吉林集安市西北。北起清河镇东岔村一带，南至长岗村南，长约12.5公里；东从老岭山脉，西至台上乡六道阳岔，宽约10公里。1936年杨靖宇率军开辟东岔抗日根据地。1938年日本侵略者实行武力封山，抗联战士依靠群众在此坚持斗争一年多。

东邹县 西汉置，属千乘郡。治所在今山东高青县西南花沟镇。东汉废。

东迎城 北宋置，属河州。当在今甘肃临夏、和政、广河等市县或东乡族自治县境。

东库伦 ①清代库伦(今蒙古国乌兰巴托市)市街分为三部分：中为宫殿区；西为喇嘛区；东为商业区。俗称西区为西库伦，东区为东库伦或买卖城。

②今蒙古国克鲁伦河西岸克鲁伦城，旧称东库伦。

③即小库伦。今内蒙古库伦旗。

东庐山 亦名庐山。即今江苏溧水县东南二十里东庐山。《寰宇记》卷90引山谦之《丹阳记》云：“溧水县西八十里有庐山，与丹阳分岭。俗传严子陵结庐于此。或云山形似庐舍，因以为名。”《舆地纪胜》卷17谓之东庐山。

东辛庄镇 即今河北遵化市西南四十里东新庄镇。清同治《畿辅通志》卷54遵化州图：西南有东辛庄镇。

东辛店 即今河北泊头市西南交河镇东北东辛店。清同治《畿辅通志》卷49交河县图：东有东辛店。

东冶 今福建福州市。《史记·东越列传》：西汉高帝五年(前202)，“立无诸为闽越王，王闽中故地，都东冶”。即此。

东冶县 东汉改冶县置，属会稽郡。治所即今福建福州市。晋废，其地滨海，为我国通交趾的主要港口。《后汉书·郑弘传》：“旧交趾七郡贡献转运，皆从东冶泛海而至。”

东冶亭 在今江苏南京市东七里，故半山寺后。《晋书·袁宏传》：东晋谢安为扬州刺史，袁宏出为东阳郡守，“乃祖道于冶亭”。《宋书·王敬弘传》：南朝宋元嘉六年(429)，王敬弘辞尚书令东还，“车驾幸冶亭，饯送”。皆为东冶亭。《方舆纪要》卷20江宁县“冶城”条：东冶亭“在半山寺后。自建康东门往蒋山，至此半道，因名”。

东冶镇 ①清置，属五台县。即今山西五台县西南二十五里东冶镇。康熙二十二年(1683)圣祖玄烨西巡经此。

②即今山西阳城县东南东冶镇。《清一统志·泽州府》：东冶镇“在阳城县东南五十里。本朝乾隆二十二年，移拦车镇同知驻此”。

东汪村 即今河北宁晋县东南二十五里东汪镇。清同治《畿辅通志》卷55宁晋县图：东南有东汪村。

东沙 ①在今上海市崇明县东北。《方舆纪要》卷24太仓州崇明县：崇明旧城，“《志》云，唐武德间，吴郡城东三百余里，忽涌二洲，谓之东、西二沙，渐积高广，渔樵者依之，遂成田庐”。元至正十二年(1352)徙崇明州治于东沙，即此。

②即今福建连江县东之东沙岛。清《乾隆内府舆图》：福州府东有东沙。

东沙角 即今浙江岱山县(高亭镇)西北二十里东沙镇。清光绪《浙江省沿海图说》岱山：“中小轮船东沙角亦可停泊。”

东沙岛 是中国东沙群岛中唯一露出水面的珊瑚岛。明、清时代，中国渔民就住岛生产，修建房屋庙宇。清初建有“大王庙”，毁后又建“天后宫”。岛的东北侧有中国渔民所建渔村和清同治年间的坟墓一百三十余座。东沙岛是著名的海人草产地。有月牙岛、大东沙岛等名。清谢清高《海录》“小吕宋”条称：东沙为“往吕宋、苏禄者所必经”。

东沙河 即今辽宁普兰店市东之沙河。《方舆纪要》卷37金州卫：东沙河“在卫东百里，下流入海”。

东沙群岛 中国南海诸岛中最北的群岛，属广东省。由东沙岛和南卫滩、北卫滩等岛礁组成。历代为中国通往吕宋等国的交通要冲。清谢清高《海录》“小吕宋”条云：“东沙者，海中浮沙也。在万山东，故呼为东沙。”

东沟镇 ①即今江苏阜宁县西南东沟镇。清光绪《江苏全省舆图》阜宁县：“东沟镇在城西南五十五里。”

②即今江苏南京市六合区东南三十里东沟镇。清光绪《江苏全省舆图》六合县图：东南有东沟镇。民国《江苏六十一县志》六合县：“东沟镇在东南三十五里，接仪征县江都县界。”

东宋县 南齐侨置，属南汝阴郡。治所在今安徽合肥市附近地。后废。

东宋集 即今山东莱州市西南东宋镇。清光绪《山东通志》卷2《舆图志》：掖县西南有东宋集。

东良河 即今山东招远市之界河。《方舆纪要》卷36招远县“原疃河”条下：“《志》云，东良河源出莱阳县（今莱阳市）西北八十里之芝山，流入界。又平南河出莱阳县西北七十里至下山，北流七十里，合东良河，与原疃河并流入海。”

东良海口镇 在今山东招远市西北五十里东良。《方舆纪要》卷36招远县：东良海口镇“即东良河入海处也。有巡司戍守”。清乾隆三十一年（1766）移驻黄山馆驿。

东社镇 即今江苏南通市通州区（金沙镇）东二十二里东社乡。旧属南通县。民国《南通县图志》卷1有东社。为海滨三余镇入县孔道。

东张 一名东阳。即今山西临猗县西南东张镇。《史记·曹相国世家》：西汉高祖二年（前205），参“东攻魏将军孙遬军东张，大破之”。即此。《正义》引《括地志》：“张阳故城一名东张城，在蒲州虞乡县西北四十里。”

东张市 在今福建福清市西鲍鱼山下。明万历《福州府志》卷3：福清县城西有东张。1958年因建东张水库，迁东张镇于今址。

东张哥庄 本名张哥庄，后称东张哥庄。即今山东平度市东南三十里张戈庄镇。清道光《平度县志》卷9作“张哥庄”；民国《平度县续志》作“东张哥庄”。

东张掖郡 十六国后凉太安二年（387）改昌松郡置，属凉州。治所在昌松县（今甘肃武威市东南）。北魏复为昌松郡。

东张寨 一作东漳镇。即今河南中牟县北四十里雁鸣湖乡。民国《中牟县志》卷2：县北有东张寨。

东张镇 ①清置，属永济县。即今山西临猗县西南六十八里东张镇。

②即今山西浮山县西南东张乡。《清一统志·平阳府一》：东张镇“在浮山县西南三十里”。

东阿巴哈纳尔旗 即内蒙古锡林郭勒盟阿巴哈纳尔左翼旗。清康熙四年（1665）置，驻地在今内蒙古锡林浩特市东北乌力吉德力格尔附近。后迁贝子庙（今锡林浩特市）。1914年属察哈尔特别区，1928年属察哈尔省。1947年划归内蒙古自治区。1949年与阿巴嘎左旗、浩齐特右旗合并为中部联合旗。1952年撤销中部联合旗，并入西部联合旗。1963年复设阿巴哈纳尔旗，驻锡林浩特（即贝子庙，1953年改名锡林浩特）。1983年改设锡林浩特市。

东阿县 战国秦置，属东郡。治所在今山东阳谷县东北五十里阿城镇。三国魏属济北国。南朝宋属济北郡。大明元年（457）废。北魏复置。东魏移治今东阿县西南。唐属郓州。北宋开宝八年（975）徙治南谷镇（今山东东平县西北旧县乡）。太平兴国二年（977）徙治利仁镇（今东平县西北旧县乡南大吉城）。宣和元年（1119）属东平府。金天会十一年（1133）徙新桥镇（在今东阿县南旧城）。元属东平路。明属东平州，洪武六年（1373）移治故谷城（今平阴县西南东阿镇）。清雍正十三年（1735）改属泰安府。民国初属山东东临道。1925年属泰安道。1928年直属山东省。1949年迁今治（铜城镇）。

东陇山 在今甘肃临潭县东新城镇。明建洮州卫于山麓。《方舆纪要》卷60洮州卫：东陇山“番人于此耕种。明洪武十二年，洮州十八族番长汪舒朵儿等叛，沐英讨之，贼悉遁去，筑城于东陇山南川，留兵戍之”。

东陇汛 在今广东汕头市澄海区北三十里。清设把总驻守。

东陇隘 即今江西宁都县东之东龙。《清一统志·宁都州》：东陇隘“在州东八十里”。

东陈村 ①即今河北宁晋县西南北河庄镇东陈村。明正德《赵州志》卷3：宁晋县有东陈社。清同治《畿辅通志》卷55宁晋县图：西南有东陈村。

②在今安徽阜阳市东四十里。《清一统志·颍州府》：东陈村“在阜阳县东四十里。宋嘉定十五年，霍丘人王鉴大败金兵于此”。

东陈县 南齐建元二年（480）置，属龙安郡。治所在今安徽太湖县东。陈太建五年（573）废。

东陈镇 即今江苏如皋市东东陈镇。清光绪《江苏全省舆图》：如皋县东有“东陈”。

东陂 在今河南叶县东。《方舆纪要》卷51叶县：

东陂“在县东。《志》云：春秋时楚叶尹沈诸梁所凿。东西十里，南北七里”。

东陂堡 即今广东连州市西北六十里东陂镇。清光绪《广东舆地全图》：连州西北有东陂堡。

东陂街 又名止马街。即今江西宜黄县南东陂镇。清同治《江西全省舆图》卷2抚州府宜黄县：“东陂旧有止马分防司署，今移棠阴。”

东陉关 唐置，故址在今山西代县东南十五里峪口乡。《旧唐书·郭子仪传》：唐天宝十四年（755），郭子仪“进攻云中马邑，开东陉”。即此。元废。

东邵庄堡 在今山西朔州市东。《清一统志·朔平府》：东邵庄堡“在朔州东二十五里”。

东鸡冠山 在今辽宁大连市旅顺东北。清光绪二十四年（1898）沙俄占领旅顺口后，在此建军事堡垒，三十年（1904）日俄曾在此激战。

东武山 亦作武东山，又名南山。在今四川射洪县西北四十七里金华镇武东场。《舆地纪胜》卷154潼川府：东武山“在射洪县东十里。唐置道观于此，遗址犹存。唐《陈伯玉集》后云：陈方庆本颍川人。好道墨子五行，秘书白虎九变，隐于郡东武山”。《方舆纪要》卷71射洪县“金华山”条下：“县（旧治在今金华镇）东七里有武东山，亦高秀，以武水经其西而名。”

东武阳县 战国秦置，属东郡。治所在今山东莘县东南十里。东汉属清河国，移今莘县西南朝城镇。北魏改武阳县。《水经·河水注》：“《地理志》曰：漯水出东武阳。今漯水上承河水于武阳县东南，西北径武阳新城东。曹操为东郡所治也。……水自城东北径东武阳县故城南。应劭曰：县在武水之阳，王莽之武昌也。然则漯水亦或武水矣，臧洪为东郡大守治此。”

东武县 西汉置，为琅邪郡治。治所即今山东诸城市。高帝八年（前199）封郭蒙为东武侯，即此。东汉属琅邪国。三国魏为城阳郡治。南朝宋属平昌郡。北魏属高密郡。北齐为高密郡治。隋开皇初郡废，县属密州。十八年（598）改诸城县。

东武城 一作“武城”。战国时赵邑。在今河北清河县东北。《史记·平原君列传》：“平原君相赵惠文王及孝成王，三去相，三复位，封于东武城。”又《秦始皇本纪》：始皇十四年（前233），“桓齮定平阳、武城”。《正义》：“即贝州武城县外城是也，七国时赵邑。”西汉置东武城县。

东武城县 西汉置，属清河郡。治所在今河北清河县东北。东汉属清河国。西晋太康中改为武城县。《元和志》卷16东武城县：“自后魏以来，山东贵族清河诸崔，即此邑人，为天下甲族。”

东武郡 北魏永安二年（529）置，治所在东武县（今山东诸城市）。辖境相当今山东诸城、胶南等市地。北齐改高密郡。

东青门 俗称菜市门。南宋临安城东门之一。故址在今浙江杭州市庆春街与东青巷相交处附近。元末张士诚重修杭州城时，将城门东移三里重建新门，后改称庆春门。

东势角 即今台湾省台中市东北之东势区。连横《台湾通史·疆域志》台湾县：“自治北行二十里为葫芦墩……葫芦墩东北二十里为东势角。”

东势镇 即今台湾省台中市东北之东势区。原名东势角。日本占领期间于1920年设东势街。1945年抗日战争胜利后设东势镇。据张荣楼、李梦愚编《台中县志稿·台中县乡镇地名的掌故》说，因居本县东方角落，所以叫作“东势角”。“势”系概括指示方向。

东坡 ①在今湖北黄冈市东。北宋元丰三年（1080），苏轼谪黄州居此，自号东坡居士。有东坡诗八首。《舆地纪胜》卷49黄州：东坡“在州治之东百余步。元丰三年，苏轼谪居寓临皋亭，后得此地，立雪堂而徙居焉。七年，移汝州。去黄之日，遂从雪堂付潘大临兄弟居焉。崇宁壬午，党禁既兴，堂遂毁焉。其后邦人属神霄宫，道士李斯立重建”。南宋陆游《入蜀记》：“早游东坡。自州门而东，冈垄高下，至东坡则地势平旷开豁。东起一垄颇高，有屋三间，一龟头曰居士亭，亭下面南一堂颇雄，四壁皆画，雪堂中有苏公像。”宋朱彧《萍洲可谈》卷1：“苏子瞻谪黄州，居州之东坡，作雪堂，自号‘东坡居士’，后人遂曰子瞻为东坡。其地今属佛庙。”明洪武初展筑县城，旧址遂在城内。

②在今重庆市忠县旧城东门外。唐白居易《东坡种花》诗云：“持钱买花树，城东坡上栽。但购有花者，不限桃杏梅。”《别种东坡花树》诗云：“何处殷勤重回首？东坡桃李种新成！”又有西坡，亦居易故迹。

东坡山 在今贵州镇宁布依族苗族自治县东三里。《清一统志·安顺府》：东坡山“高三十里，亘十余里，州之镇山。与山连麓者有笔架山”。

东坡书院 在今海南省儋州市西北中和镇东二里。北宋苏轼于绍圣四年（1097）谪居儋州（旧治在今儋州市西北中和镇）。初住桄榔漏屋，挚友黎子云让出私地为他盖房。次年新居落成，东坡名之为“载酒堂”，在此煮酒、论诗、讲学。元泰定三年（1326）建东坡祠，明嘉靖二十七年（1548）扩建并改名“东坡书院”。现存载酒亭、载酒堂、东坡祠、望京阁、迎宾堂等，大部为清代重建。1996年定为全国重点文物保护单位。

东坡观 即今广东连州市西北朱冈。清雍正十一年（1733）移朱冈巡司于此。

东坡赤壁 即赤鼻山。亦作赤壁矶。在今湖北黄冈市西北一里。北宋苏轼谪居黄州，作《前赤壁赋》、《后赤壁赋》、《念奴娇·赤壁怀古》，误认为即东汉建安十三年（208）孙权、刘备联军大破曹操于赤壁之处。清康熙年间定名为“东坡赤壁”。2006年定为全国重点文物保护单位。

东坡堡 即今贵州黄平县东北二十五里东坡乡。

《明史·四川土司传》：万历中，播酋杨应龙作乱，“焚东坡、烂桥，楚、黔路梗”。

东苑 ①亦称东园、东明园。为金代皇家御园。在金中都（今北京市）皇城内东垣内侧迤南，西邻宫城东垣，北至东华门处。《大金国志》载：大定十七年（1177）四月，“国主与太子诸王在东苑赏牡丹”。

②亦名梁苑、兔园、竹圃、修竹园。在今河南商丘市东南十里。《史记·梁孝王世家》：“孝王筑东苑，方三百余里。”《索隐》：“《白虎通》云‘苑所以东者何？盖以东方生物故也’。”《西京杂记》云：“梁孝王苑中有落猨岩、栖龙岫、雁池、鹤池、凫鸟。诸宫观相连，奇果佳树，瑰禽异兽，靡不毕备。”

东直门 即今北京市城东直门。为明清北京城东垣北侧一门。本元大都城东垣崇仁门旧址，明永乐十九年（1421）重建后改名东直门。

东林山 ①在今河北平山县西北。《方舆纪要》卷14平山县：东林山“在县北二十里，其西为西林山，冈峦相接，皆有泉石之胜”。

②在今浙江湖州市南四十里。《清一统志·湖州府一》：东林山“突兀于溪泊中，峰峦蓊秀”。光绪《归安县志》卷6：“县南六十里东林山，为形胜山区。”

东林书院 在今江苏无锡市东门苏家弄口。宋杨时讲学处，名龟山书院。元废为僧居，名东林庵。明万历间顾宪成、顾允成兄弟复为书院。天启年间党祸大兴，诏毁天下书院，东林实居其首，诛斥殆尽。崇祯初修复。清末改为东林学堂。2006年定为全国重点文物保护单位。

东林市 即今浙江湖州市南东林镇。清光绪《归安县志》卷6：“东林市在县南六十里东林山。为形胜山区。”

东林寺 在今江西九江市南庐山西北麓。是我国佛教净土宗（莲宗）发源地。东晋名僧慧远创建，南朝宋谢灵运凿池种莲，号莲社。唐时扬州高僧鉴真东渡日本前曾到此。初为律寺，宋改为禅寺。南宋绍兴间毁，明洪武六年（1373）重建。

东林守捉 唐置，在今新疆乌苏市西。《新唐书·地理志》北庭大都护府：“渡黑水，七十里有黑水守捉，又七十里有东林守捉。”

东析阳县 北魏置，属析阳郡。治所在今河南淅川县西南老城镇东三十里。西魏废。

东松州 唐武德六年（623）改江州置，治所在宜都县（今湖北宜都市）。辖境相当今湖北枝城市地。贞观八年（634）废。

东奔峡 在今湖北巴东县北。《方舆纪要》卷78巴东县：东奔峡在“县北二十里。两岸孤峰绝壁，蜀江经流如马奔轶”。

东奔滩 即新崩滩。在今重庆市巫山县东长江中。南宋范成大《吴船录》：神女庙东“二十里至东奔滩，高浪大涡”。《方舆纪要》卷69巫山县：大江“东奔，即新崩之讹”。

东瓯 亦称瓯越，为越族的一支。《史记·东越列传》：“孝惠三年，举高帝时越功，曰闽君摇功多，其民便附，乃立摇为东海王，都东瓯（今浙江温州市），世俗号为东瓯王。”后世遂以东瓯为温州或浙南地区的别称。

东瓯乡 在今浙江温州市。《续汉书·郡国志》会稽郡永宁县：“永和三年以章安县东瓯乡为县。”

东国 ①《尚书·康诰》：“周公初基，作新大邑于东国洛”，原意盖谓洛在东方，东国即东方；后人或专称洛阳为东国。

②春秋战国时指东方诸国。《史记·孟尝君传》：“其攻秦也，欲王之会楚王割东国以与齐。”

东固市 即今江西吉安县东南东固镇。清光绪《庐陵县志》卷3：东固市“在县南一百二十里”。

东昌卫 在今山东聊城市城西南隅。《清一统志·东昌府一》：东昌卫，“明置指挥使。本朝设守备及领运千总”。

东昌县 ①西汉置，属信都国。治所在今河北武邑县东北。后废。

②三国吴分庐陵县置，属庐陵郡。治所即今江西吉安县东南永和镇。隋开皇十一年（591）废。唐武德五年（622）复置，属南平州。八年（625）又废。

东昌府 明洪武初改东昌路置，属山东布政司。治所在聊城县（今山东聊城市）。清辖境相当今山东聊城市及高唐、茌平、冠县、莘县等地。1913年废。

东昌侯国 西汉置，属信都国。治所在今河北武邑县东北二十八里。东汉废。《水经·浊漳水注》：“衡漳又径东昌县故城北，经所谓昌亭也，……俗名之曰东相，盖相、昌声韵合，故致兹误矣。西有昌城，故目是城为东昌。”

东昌堡 ①即今辽宁大石桥市西北东昌堡。清乾隆《钦定盛京通志》卷29海城县：牛庄城“西南曰东昌堡”。

②在今辽宁海城市西北牛庄镇北。《清太祖实录》卷7：后金天命六年（1621）三月，辽阳既下，其辽东之三河、东胜、东昌等“河东大小七十余城官民俱薙发降”。

东昌道 1925年由东临道分置，属山东省。治所在聊城县（今山东聊城市）。辖境相当今山东聊城、阳谷、莘县、冠县、茌平、高唐等市县地。1928年废。

东昌路 元世祖至元十三年（1276）改博州路置，属中书省。治所在聊城县（今山东聊城市）。辖境相当今山东聊城市及高唐、茌平、莘县等地。明洪武初改东昌府。

东明山 在今浙江浦江县东。清康熙《金华府志》卷4浦江县：东明山在“县东三十里大泽中。险然突起”。

东明观 ①在今河北临漳县西南古邺北城东南隅。石赵时为王室宴游之所。《水经·浊漳水注》：邺城

“东城上石氏立东明观”。又《水经·洹水注》：“洹水又东枝津出焉，东北流径邺城南，谓之新河，又东分为二水，一水北径东明观下。昔慕容儁梦石虎啮其臂，寤而恶之，购求其尸而莫之知，后宫嬖妾言虎葬东明观下，于是掘焉。下度三泉，得其棺，剖棺出尸，尸僵不腐，罵詈之曰，死胡安敢梦生天子也，使御史中尉阳约数其罪而鞭之。此盖虎始葬处也。”

②北魏平城宫观。在今山西大同市附近。《魏书·高祖纪》载：太和十五年（491）五月，“己亥，议改律令，于东明观折疑狱”。

东明县 王莽改东昏县置，治所在今河南兰考县东北。东汉以后复名东昏县。西晋废。北宋乾德元年（963）复置，属开封府。金初移治今山东东明县南三十里东明集镇，属曹州。元属开州。明洪武初徙治云台集（在今东明县西十五里）。弘治三年（1490）移治大单集（今山东东明县治）。清属直隶大名府。民国初属直隶大名道。1928年直属河北省。1949年划归平原省。1952年划归河南省。1963年改属山东省。

东明园 即东苑。为金代皇家御园。在金中都（今北京市）皇城内东垣内侧迤南，西邻宫城东垣，北至东华门处。

东明集 即今山东东明县南三十里东明集镇。亦曰南东明集。金时移东明县治此。

东岸墟 即今广东高州市东北东岸镇。清光绪《茂名县志》卷2：“北之西七十里东岸墟。”

东岸镇 ①北宋置，属上蔡县。即今河南上蔡县东北六十里东岸乡。

②即今安徽宁国市西南东岸村。明嘉靖《宁国县志》卷2：东岸市在“县西五十里”。清道光《安徽通志》卷27宁国县：东岸镇在“县西五十里”。

东岩 ①在今广东梅州市东。《舆地纪胜》卷102梅州：东岩“亦名东安岩。在州之东五里”。《清一统志·嘉应州》：东岩“在州东。……又西岩在州西七里。中有兰若曰灵境，依山为宇，景态万状”。

②在今四川资中县东。《舆地纪胜》卷157资州：东岩“距城三里。峭石奇丽，若剖大瓮，侧立千尺，下列五百应真像。溪壑深杳，林木葱倩，其广可庇数百人”。今存磨岩造像一龛，旁刻颜真卿《中兴颂》。

③一名圣冈山。在今四川乐山市东岷江东岸。《方舆胜览》卷52嘉定府：东岩“在城东佛峡，山明水秀，有洞曰东岩，泉宜酿酒。（苏东）坡诗：‘一时何与东岩酒’谓此也”。明曹学佺《蜀中名胜记》卷11：“《方舆记》云：东岩在城东佛峡，即圣冈山。”

东岩山 在今江西黎川县东。《明一统志》卷53建昌府：东岩山“在新城县东四十里。叠嶂排空，与日山相望”。

东罗县 唐武德五年（622）置，属姜州。治所在今广西灵山县南。贞观十年（636）属廉州。后废入封山县。

东岭 ①一名提头岭。在今广西阳朔县东五十里。《方舆纪要》卷107阳朔县：东岭“为昭、贺、全、永必经之地”。

②在今广西永福县东。《方舆纪要》卷107永福县：东岭“在县东二里。形如屏障，下有泉”。

东岭墟 即今广西贵港市东南东津镇之东岭村。清光绪《广西舆地全图》贵县图：东南有东岭墟。

东沓县 三国魏改沓氏县置，属辽东郡。治所在今辽宁大连市金州镇东南。西晋废。

东和州 唐武德二年（619）置，治所在永和县（今山西永和县）。辖境相当山西永和县地。贞观元年（627）废。

东佳山 在今江西德安县西北。《方舆纪要》卷85九江府德安县：东佳山“在县西北八十里。上有白石岩，其下为紫岩，中有泉石潭洞，深窈奇胜，凡数十里”。

东佳城 亦作东家城、栋嘉城。在今辽宁抚顺市南。明万历十三年（1585）东佳等四城酋长袭击努尔哈赤，即此。

东岳石遗址 在今山东平度市北大泽山镇东岳石村东南，东依大泽山。1959年发现，为新石器时代古遗址。面积近5万平方米。1960年进行发掘，出土了岳石文化的典型器物半月形双孔石刀和亚腰形石斧，为岳石文化的命名奠定了基础。1993年再次进行发掘，出土陶、骨、石等各类器物四百五十余件，揭示东岳石遗址的文化内涵以岳石文化和战国时期为主，另有商代和龙山文化遗存。岳石文化早于商，晚于龙山文化，时间大约在前1900—前1600年。东岳石遗址的发现，为研究龙山文化的来龙去脉和夏、商历史都提供了重要资料。2006年定为全国重点文物保护单位。

东岳（嶽） 即泰山。在今山东泰安市北。《史记·五帝本纪》：黄帝“东至于海，登丸山，及岱宗”。《正义》：“泰山，东岳也。”《尔雅·释山》：“泰山为东岳。”

东岳（嶽）庙 ①在今北京市朝阳区朝阳门外。建于元至治二年（1322），祀东岳泰山神。是道教正一派在华北的第一座大型道观。元末毁于兵火。明正统十四年（1449）重建。清康熙三十九年（1700）又遭火焚，四十一年再重建。仍保存元、明两代建筑风格，东配殿后檐保留元木构件。全庙规模宏大，分为东、西、中三组院落，东院有娘娘殿、伏魔大帝殿等；西院有东岳宝殿、玉皇殿、药王殿等；中院有山门、戟门、岱宗宝殿、育德殿等。殿内原有东岳大帝、侍臣像、神主等，现已不存。院内元、明、清各朝碑石林立，约有百余块，其中元赵孟𫖯书《张天师神道碑》（俗称道教碑）最为名贵。1996年定为全国重点文物保护单位。

②即“柏山东岳庙”。在今山西蒲县城东五里柏山中峰之巅。创建于唐，元大德七年（1303）地震毁

坏后，于延祐五年（1318）至至正二十年（1860）重建。明、清屡有增建。主要建筑有凌霄殿，钟、鼓、乐楼，献亭，行宫大殿，寝宫，地狱府等。以行宫大殿为中心，用左右楼廊、前方乐楼、后方北楼围合成楼廊院，四隅角楼高耸，组成规模宏大的建筑群。主殿行宫大殿建于元延祐五年（1318），面阔五间，重檐歇山顶，殿内神龛供奉东岳大帝。献殿有金代泰和八年（1208）柱础和元代石雕蟠龙柱。庙后的地狱府上部为地藏祠，下部为十王府（地狱），为筑于地下6米的窑洞建筑，内十殿阎君、五岳大帝及冥刑均为明代彩塑，大小如同真人，其一百四十多尊。殿内还保存有金、元、明、清碑刻数十通。2001年定为全国重点文物保护单位。

东岱镇　即今福建连江县东北二十里东岱镇。当连江入海之口。旧有城，清康熙八年（1669）修，移北茭巡司驻此。

东征元帅府　元置，治所在奴儿干城（今俄罗斯哈巴罗夫斯克边疆区黑龙江下游右岸特林地方）。明《辽东志》卷9："奴儿干都司，先名远三万卫，前代无所考，元为东征元帅府。"辖境约当今俄罗斯哈巴罗夫斯克边疆区黑龙江口一带及萨哈林岛。明初改置奴儿干都司。

东征阵亡烈士墓　又称"小黄花岗"。在今广东广州市东南黄埔长洲岛黄埔军校旧址西南。1925年国民革命军为消灭盘据在东江一带的陈炯明等军阀的残余势力，先后两次东征。同年12月，军校在附近山岗修建大型墓园，以安葬为国捐躯的师生。纪念坊高约10米，宽约47米，全部用长方形花岗石砌成，坊额为"东征阵亡烈士纪念坊"。墓冢呈方形，中央高耸一碑亭，内立有镌着"东江阵亡烈士墓"的碑石。

东舍溪　又名圻溪。在今江苏宜兴市东南。《寰宇记》卷92宜兴县："圻溪，今俗呼为罨画溪。在县南三十六里。源出悬脚岭，东流入太湖。"《清一统志·常州府一》：东舍溪"唐刺史李栖筠于溪南置贡茶舍，俗谓之东舍溪。又名五云溪。《通志》谓之东泻溪。舍、泻声近而误也"。

东受降城　唐三受降城之一。景龙二年（708）朔方大总管张仁愿筑，隔黄河与胜州相对。在今内蒙古托克托县西南黄河东岸。后属振武军。宝历元年（825）徙治绥远峰南（今托克托县西旧城囫囵大皇城）。后废。

东肥河　在今安徽寿县东。《明史·地理志》寿州："东北有八公山，东肥水径其下，西入淮，谓之肥口。"

东周　战国时国名。都巩（在今河南巩义市西十里康店镇）。《史记·周本纪》：惠公代"封其少子于巩，以奉王，号东周惠公"。秦庄襄王元年（前249）灭其国。

东周王陵　东周建都洛阳，历二十二代国王，但因史籍失载，致使多数王陵难以确定墓主。从现有史料和考古资料，东周王陵大致可分三个陵区：（1）周王区。在今洛阳市西南周山附近。因山上有东周王陵，故名。此处现存土冢四个，其中三个相依的土冢居东，俗称"三山"。"三山"以西750米处又有一孤冢。"三山"以中间一冢最高，直径75米，高34米；东侧的一冢直径65米，高30米；西侧的一冢直径51米，高26米。据历代传说，这里为周敬王、悼王、定王的陵墓。"三山"以西的孤冢巍峨高耸，直径约115米，高近50米，世人称其为周灵王冢。（2）王城陵区。在今洛阳市纱厂南路以东、西工区中心一带。1957年钻探四座东周墓，平面呈现"甲"字形，一侧为近方形的墓室，墓室周围充填河卵石和木炭以防潮防盗，另侧为墓道。发掘出的1号墓室长10米，宽9米，距地表深12米许，南端的斜坡墓道长达40米，墓道和墓圹的壁上，都施红、黄、白、黑四色的彩绘，葬具周围积石积炭。此墓曾遭两次盗掘，从残存的随葬品看，有铜质车马器、玉器、铁器和彩绘陶器，其中石圭还带有"天子"字样。中华人民共和国成立后在这些大墓附近还陆续发现有规格较高的铜器墓、编钟墓、车马坑、随葬坑等。这里可能是东周早期的王陵区域。（3）金村陵区。在今洛阳市东北汉魏故城北端。1962年考古工作者在这里钻探出一座长19米、宽14米、深12米的大墓，墓道长60米。大墓周围另有二十余座大小墓葬，还有陪葬的车马坑。《水经·洛水注》引《帝王世纪》曰："景王葬于翟泉，今洛阳太仓中大冢是也。"太仓位于汉魏故城东北角，即今金村东。金村与翟泉相邻，此大冢应是周景王的陵墓。周威烈王墓也在金村一带。《水经·谷水注》曰："周威烈王葬洛阳城内东北隅，景王冢在洛阳太仓中，翟泉在两冢之间。"

东周廷　即今山东莱州市东北东周廷。道通招远。民国《四续掖县志》卷1作东周廷村，为周廷乡驻地。

东周镇　在今山西襄垣县西南东周村。《清一统志·潞安府》：东周镇"在襄垣县西南二十里"。

东昏县　西汉置，属陈留郡。治所在今河南兰考县东北二十里东昏故城。西晋废。

东京　①东汉都洛阳（今河南洛阳市东北三十里汉魏故城），因在西汉旧都长安之东，故称东京。张衡有《东京赋》。

②北周大象元年（579）以洛阳为东京。隋初罢。大业元年（605）营建洛阳新城（即隋唐故城，今洛阳市），称为东京。《隋书·炀帝纪》：诏杨素、杨达、宇文恺"营建东京，徙豫州郭下居人以实之"。五年（609）改为东都。初罢。显庆初复置东都。天宝元年（742）改为东京。上元二年（761）罢。

③唐显庆二年（657）以洛阳为东都，一称东京。武后光宅元年（684）改称神都，神龙元年（705）复称东都。

④唐渤海国五京之一。在今吉林珲春市西南八连城（半拉城子）。《新唐书·渤海传》："貊貊故地为

东京，曰龙原府，亦曰栅城府。”贞元时，钦茂徙都东京。古城遗址尚存。

⑤唐代南诏寻阁劝（808—809）以善阐府（即今云南昆明市）为东京，与其西的阳苴咩城相对而得名。蒙世隆改称上都。

⑥五代唐同光元年（923）李存勖即帝位于魏州，改魏州为兴唐府，建号东京。在今河北大名县东大街乡。三年（925）改东京为邺都。

⑦五代晋天福三年（938）升汴州为开封府（今河南开封市），建为东京。后汉、后周及北宋皆都此，俗称汴京。金初始正式改为汴京。

⑧契丹天显十三年（938）改南京为东京。在今辽宁辽阳市老城。金天会时改为南京。皇统时又改为东京，有东京留守司。元世祖至元六年（1269）置东京总管府，至元二十五年（1288）改东京为辽阳路。

东京兆　东晋元熙元年（419）侨置，属司州。寄治荥阳郡荥阳县（今河南郑州市西北古荥镇）。南朝宋景平元年（423）废。

东京城　①后金天命六年（1621）建，在今辽宁辽阳市东北，太子河东岸新城村。《清太祖实录》：天命七年（1622）三月，“筑城于辽阳城东五里太子河边，创建宫室，迁居之，名曰东京”。天命十年（1625）迁都盛京，设章京驻防。

②即今黑龙江省宁安市西南渤海镇。为唐渤海国上京龙泉府城。清张缙彦《宁古塔山水记》：“东京，由沙岭而东十数里，有古城石垒，周匝约三十里。……若东京之名，则土人相传久矣，……东面城址，土墉高丈余，以石为基，城门石路，车辙宛然。大河绕城而东，其古渡尚有坏桥乱石，横亘水中。其宫殿三重，在前者规模颇宏，台址三尺，柱础如盘者计一十有六，后二重稍逊焉。殿东西二门，正中无甬道，阶墀陛墄，纷错可识，败瓦断砖，虽野烧之余，尚有存者。且丹绿琉璃，间有夷汉字号，土人取为玩。其别馆回廊周环者不可细辨。前有五台，石垒叠起，高可二丈，似五凤楼制度，内有小城，颇仿皇城焉。在右有石二，首石甃八角，雨水渟泓，尚可牛饮。明堂以外，九陌三衢，依稀可睹。旁石垒似部落军伍所舍，或为列肆贸易之所。”这座规模宏伟的古城遗址。

东京陵　在今辽宁辽阳市东北十里，太子河东之东京陵乡。因在东京城旁，故名东京陵。《清太祖实录》：后金天命九年（1624）四月，“上以辽阳既定，建都东京，努尔哈赤谕令移景祖、显祖、孝慈皇后及皇妃、皇伯父、皇弟、皇子诸陵墓于东京。……至东京城东北四里之杨鲁山，预建寝殿，以安葬焉”。顺治十一年（1654），又将其祖父觉昌安、父塔克世墓迁回赫图阿拉（今辽宁新宾满族自治县西永陵镇老城村）。努尔哈赤的胞弟舒尔哈赤、穆尔哈赤，从弟祜尔哈赤，长子褚英及穆尔哈赤之子大尔差等人之墓仍在此。此陵是清初关外诸陵中规模最小的，仅建有缭墙、山门、亭等建筑。

东京道　契丹会同元年（938）置，为辽五道之一。治所在东京辽阳府（今辽宁辽阳市老城）。辖境南至朝鲜东北部，北达外兴安岭（今俄罗斯斯塔诺夫山），西起医巫闾山、嫩江，东抵日本海。金改为东京路。

东京湾　亦称北部湾。指今广东雷州半岛及海南岛以西、越南以东之间的海域。以越南之东京而得名。

东京路　金初置，治所在东京辽阳府（今辽宁辽阳市老城）。辖境相当今辽宁辽河以东，法库县、清原满族自治县以南及吉林通化、白山、集安三市一带。金末废。

东府　唐末钱镠以越州为东府，系吴越国陪都，即今浙江绍兴市。《新五代史·吴越世家·钱镠》：“镠如越州受命，还治钱塘，号越州为‘东府’。”即此。北宋初吴越纳土后废。

东府城　简称东城。故址在建康城东南，今江苏南京市通济门附近，南临秦淮河。《寰宇记》卷90升州上元县“东府城”条引《舆地志》云：东府城“晋安帝义熙十年筑，其城本简帝为会稽王时第，其东则丞相会稽文孝王道子府，谢安石薨，以道子代领扬州，第在州东，故时人号为东府”。义熙十年（414）筑城，周三里九十步。后为东晋、南朝时宰相兼州刺史的府第。建康每有事，必置兵镇守。《南齐书·高帝纪》：升明三年（479），齐高帝初封齐王，“太祖移镇东府”。同书《东昏侯纪》：永元元年（499），“扬州刺史始安王遥光据东府反”。皆即此。梁绍泰末焚毁，陈天嘉中迁至府城东三里的齐安寺。陈亡后废。

东交民巷使馆建筑群　在今北京市东城区东交民巷。形成于1901—1912年，是一个集使馆、教堂、银行、官邸、俱乐部为一体的欧式风格街区。现存建筑有惇亲王府，美、英、法、意、荷、比、日、奥匈等国使馆，日本公使馆及正金、花旗、俄华、东方汇理等银行，国际俱乐部及法国兵营等旧址。现存建筑均保留原状，保持20世纪初欧美流行的折衷主义建筑风格，用清水砖出线脚和壁柱，砖拱券加外廊，木结构角檩架，铁皮坡顶。东交民巷街两边的使馆围墙、步行道和梧桐树同当年无异，是北京仅存的20世纪初西洋风格建筑群。2001年定为全国重点文物保护单位。

东沽港　即今河北廊坊市东南东沽港镇。《方舆纪要》卷11东安县：东沽港，“《志》云：自县西浑河分流而东，入武清县三角淀港。南有垂杨渡，下通河间府静海县”。

东河　①即今河北赤城县东白河。《方舆纪要》卷18赤城堡：东河“自独石云州东南流，经古北口，为通州白河上源”。

②亦名东湖。指今安徽霍邱县东之城东湖。明嘉靖《寿州志》卷2霍邱县：东河在“县东五十里。东流与正阳河相合”。丁文江《中华民国新地图》：霍邱县东有东湖。

③清代河东河道总督管辖之地。清雍正七年

(1729)改河道副总督为河南山东河道总督（通称河东河道总督），驻济宁（今山东济宁市），后移驻兖州（今山东兖州），专管防治河南、山东境内的黄河与运河，时称总督为"东河总督"，所管诸河为东河。《清会典·工部》："凡河道分治者三，曰北河，曰东河，曰南河。"注："河东河道总督所治为东河。"光绪二十八年（1902）裁东河总督。

④即今湖北广水市东之应山河。《清一统志·德安府》：东河"在应山县东。源出县西北二里，曰汶水，东南流，环城为壕，径应台山潴为池，东流注于方家河，亦曰东湖。……又东南径太平镇，二吉水注之，又径七里冈入黄沙河"。

⑤即今四川喜德县西北深沟河，为孙水河流。《方舆纪要》卷74冕山桥千户所：东河"在所东二里。亦出小相公岭，南流会于泸沽河"。

⑥即今云南马龙县东。《方舆纪要》卷114马龙州：东河"在州治东。治西又有西河，东流合于东河，入寻甸军民府界"。

⑦亦名大东河。源出甘肃礼县东南，南流经徽县，至成县东南合南河，又东南流至陕西境入嘉陵江。《清一统志·阶州一》"丁令溪水"条谓："今东河，或即垩阳水也。"

⑧即关川河的东源。在今甘肃定西市东门外。《明史·地理志》安定县："西有西河，东有东河，流合焉。"

⑨即今甘肃庆城县柔远河。《方舆纪要》卷57庆阳府安化县：东河"在府城东。来自沙漠，至城北合怀安川及灵沟水，南流至合水县界为马莲河"。

东河阳县 南朝宋改河阳县置，为东河阳郡治。治所在今云南大理市北五十六里，洱海东岸大成村。南朝梁末废。

东河阳郡 南朝宋改河阳郡置，属宁州。治所在东河阳县（今云南大理市北五十六里，洱海东岸大成村）。辖境约当今云南洱海东南岸一带。南朝梁末废。

东河县 唐武德五年（622）置，属顺州。治所在今越南清化省清化东南一带。贞观元年（627）废。

东河桥驿 明置，即今陕西凤县东北一百零二里东河桥。

东河桥镇 北宋置，属梁泉县。在今陕西凤县东北境。

东河湾堡 北宋置，属怀德军通峡砦。在今宁夏固原市西北黑城镇东北。后废。

东沛州 即东洲。今江苏启东市东北。《资治通鉴》：五代周显德五年（958），"上闻唐战舰数百艘泊东沛州，将趣海口扼苏、杭路，遣殿前都虞候慕容延钊将步骑，右神武统军宋延渥将水军，循江而下。甲午，延钊奏大破唐兵于东沛洲"。

东泖 即今浙江平湖市东北境之上海塘。《方舆纪要》卷91平湖县：东泖在"县东北三十里，界于松江华亭之陆道"。《明史·地理志》平湖县："北有东泖，即华亭三泖之上流。"

东泇河 即今江苏邳州市北之东泇河。由山东苍山县入境，与西泇河会，是为泇河。元于钦《齐乘》卷2："泇水有二：东泇出沂州西北其山。"

东泾郡 北魏置，属凉州。治所在治城县（今甘肃临夏县东北、莲花镇原唵哥集）。北周废。

东宝山 即今福建龙岩市东东宝山。《方舆纪要》卷99漳州府龙岩县：东宝山在"县东五里。《志》云，山麓旧产银砂，因名"。《清一统志·龙岩州》：东宝山"山麓旧产银砂，每风雨晦冥，常有宝气浮动"，故名。

东宕渠郡 南朝宋元嘉中置，属益州。治所在宕渠县（今重庆市合川区）。齐改为东宕渠獠郡。梁复为东宕渠郡。辖境相当今重庆市合川、铜梁及四川武胜等区县地。西魏恭帝三年（556）改为垫江郡。

东宕渠僚（獠）郡 南朝齐改东宕渠郡置，属益州。治所在宕渠县（今重庆市合川区）。辖境相当今重庆市合川、铜梁及四川武胜等区县地。梁改为东宕渠郡。

东官郡 东晋咸和六年（331）析海南郡置，属广州。治所在宝安县（今广东深圳市西南头镇）。辖境相当今广东深圳市及宝安县地。南齐移治怀安县（今广东惠东县西北梁化）。南朝梁改为梁化郡。

东驿头堡 在今河北高邑县西南。《清一统志·赵州》：东驿头堡"在高邑县东（西）南十里"。

东垣 ①战国中山地，后为赵邑。在今河北石家庄市东北。《战国策·燕一》苏秦说燕："今赵之攻燕也，发兴号令，不至十日，而数十万之众，军于东垣矣。"《史记·赵世家》：武灵王二十一年（前305），攻中山，"王军取鄗、石邑、封龙、东垣"。秦置东垣县。

②西汉垣县别称，属河东郡。治所在今山西垣曲县古城西。《汉书·曹参传》：曹参"击魏王于曲阳，追至东垣，生获魏王豹"，即此。《续汉书·郡国志》注引《博物记》："（王屋）山在东，状如垣。"故县亦有东垣之称。

东垣县 ①秦置，属恒山郡。治所在今河北石家庄市东北。《元和志》卷17真定县："本名东垣……以河东有垣县，故此加东字。"《史记·高祖本纪》："八年，高祖东出韩王信，余反寇于东垣。"即此。西汉高帝十一年（前196）改为真定县。

②东汉改垣县置，属河东郡。治所在今山西垣曲县东南。北魏皇兴四年（470）改为白水县。

③东晋末置，属河南郡。治所在今河南新安县东。北魏属河南郡。东魏属新安郡。隋大业三年（607）改为新安县。

④东魏兴和中侨置，属新安郡。寄治汲郡陈城（今河南卫辉市）。北齐废。

⑤唐武德元年（618）析新安县置，属谷州。治所在今河南孟津县西。四年（621）废。

东城 ①即“东府城”之简称。故址在今江苏南京市通济门附近，南临秦淮河。《梁书·王僧辨传》：侯景叛乱时，虏掠京城，“自石头至于东城，缘淮号叫之声，震响京邑”。《方舆纪要》卷20江宁县：东府城“亦谓之东城”。

②即今安徽利辛县西二十四里东城集。明正德《颍川志》卷1：东城“唐置府兵，分戍于此，筑城屯营，遂名”。

③即伊循城。在今新疆若羌县东北米兰古城。《魏书·西域传·鄯善》：世祖时，沮渠安周击鄯善，魏使“劝（王）比龙拒之，遂与连战，安周不能克，退保东城”。

东城县 秦置，属九江郡。治所在今安徽定远县东南大桥乡三官集。东汉属下邳郡。西晋属淮南郡。南朝宋废。

东城郡 东汉建安初由下邳国析置。辖境不明。据《三国志·魏书·陈登传》裴注引《先贤行状》曰：“迁登为东城太守。” 《后汉书集解》引谢钟英云：“盖汉末为郡，后其地当兵冲，遂废。”

东城镇 宋置，属会稽县。即今浙江上虞市西十二里东关镇。

东荆州 ①北魏延兴二年（472）置，治所在朗陵（今河南确山县南三十二里任店）。后徙治比阳城（今河南泌阳县）。西魏改为淮州。

②西魏置，治广昌郡（今湖北枣阳市）。辖境约当今湖北枣阳市一带。寻废。

东荆河 在今湖北潜江、洪湖、仙桃三市境。《清一统志·安陆府》：夜汊河“在潜江县西南。《县志》：分汉水西南流，谓之大泽口”。民国《湖北通志》卷11潜江县：夜汊河“案大泽口已淤。今汉水分流，自吴家改口入县境，向西南流通江陵者俗呼西荆河，向东南流通沔阳者俗呼东荆河”。

东茶山 在今贵州锦屏县南。《清一统志·黎平府》：东茶山“在府城北欧阳司东。溪水潆洄其下”。

东茶溪 在今贵州锦屏县南。《方舆纪要》卷121黎平府欧阳司：东茶溪“在司东北。出东茶山，流入亮寨界，下流合于湖耳司之朗溪”。

东胡 春秋战国时期中国北方民族，因居匈奴（胡）之东，被称为东胡。其地南邻燕国，战国后期被燕将秦开击败，北却千余里，燕遂筑长城以拒之。燕长城遗迹在今河北丰宁满族自治县北、围场满族蒙古族自治县、内蒙古赤峰市、敖汉旗、奈曼旗南一线，据此知东胡南境最初当达燕山山脉，后以长城与燕国为界。其中心地域在辽河上游西拉木伦河南北。秦末，东胡恃强向匈奴索取名马、阏氏和“瓯脱”外土地，结果被匈奴冒顿所灭，余部退居乌桓山的一支称乌桓，退居鲜卑山的一支称鲜卑。

东南阳郡 北魏置，治所在今河南泌阳县境。西魏改为南郭郡。

东柯谷 在今甘肃天水市东南五十里。杜甫《秦州杂诗二十首》之一曰：“传道东柯谷，深藏数十家。”唐乾元二年（759）杜甫弃官寓秦州时曾居此。南宋开禧二年（1206），宋、金曾战于此。

东临道 1914年由济西道改置，属山东省。治聊城县（今山东聊城市）。辖境约当今山东陵县、临邑、禹城、茌平、东阿、平阴以西，鄄城、梁山、东平以北地区及河北丘县、馆陶、临西，河南范县、台前等县地。1925年撤销，分置东昌、德临二道。

东省 指今东北辽宁、吉林、黑龙江三省及内蒙古呼伦贝尔地区。民国二十年《东北年鉴》：“所谓东省，即指奉、吉、黑而言之。”清光绪二十二年（1896）与俄签订东省铁路公司合同，首始用此名。

东省铁路 又称中国东省铁路。即中东铁路。干线从今内蒙古满洲里市经黑龙江哈尔滨市至绥芬河市。支线从哈尔滨经吉林长春至辽宁旅顺。

东省特别区 1923年3月置，治所在哈尔滨（今黑龙江省哈尔滨市）。此沿袭清末沙皇俄国经营中东铁路两侧属地而设。负责东起绥芬河、西至满洲里、南至长春铁路沿线军警、外交、行政、司法等。1933年7月改为北满特别区。1936年废。

东界山 在今江西南城县东。《舆地纪胜》卷35建昌军：东界山“在南城县东二十里。元祐癸酉冬，甘露降于山岭，松柏受之，霑凝数十里，逾月而释。太守王蒉创亭其上，曰神液”。

东峤山 即大庾岭。在今江西大余县、广东南雄市之间。《水经·溱水注》：连水“出南康县凉热山连溪，山即大庾岭也，五岭之最东矣，故曰东峤山”。《元和志》卷34始兴县：“大庾岭一名东峤山，即汉塞上也，在县东北一百七十二里。……五岭之戍中，此最在东，故曰东峤。高一百三十丈。”历为南北交通要隘。原道崎岖险峻，行旅不便，唐开元四年（716）张九龄主持另开新道，始为坦途。

东香山 在今广西上思县北。《方舆纪要》卷110上思州：东香山在“州北四十里。山最高险，下有弄怀岩，岩峻洞深，怪石层叠，其东曰美丽岩”。

东科寺 在今青海湟源县西南约五十里。民国许公武《青海之志略》第七章：东科寺“当日月山之中途。寺土之广，田租之多，佃户之众，为青海蒙旗各寺院所不及。因其势力甚大，每年收入极丰，环寺肥沃之地，均为其购卖，约计一万三千余顷”。

东俄洛 在今四川康定县西一百九十里东俄洛。为川藏路之孔道。清乾隆《卫藏通志》卷4：“阿娘坝至瓦切尖，东俄洛宿。计程五十五里。”《清史稿·四川土司传》：“乾隆十年，四川提督李质粹等率兵五千，取道东俄落，至里塘进兵，连破番寨，获贼首噶笼丹坪。”

东皇殿场 即今贵州习水县治。清道光《遵义府志》卷6仁怀县：东皇殿在“城西北”。

东泉站 元置，属柳州路。即今广西柳城县东南东泉镇。明改为驿。

东泉镇 即今广西柳城县东南东泉镇。明、清置巡司于此。

东胜卫 明洪武四年（1371）改东胜州置，属山西行都司。治所在今内蒙古托克托县西。二十五年分置左、右、前、中、后五卫。次年罢前、中、后三卫。永乐元年（1403）左卫内迁至今河北卢龙县，右卫内迁至今河北遵化市，直属后军都督府。明末废。

东胜厅 清光绪三十三年（1907）以鄂尔多斯左翼中旗等地置，属山西省。治所在今内蒙古东胜市附近之羊场壕。1912年改为东胜县。

东胜中卫 明洪武二十五年（1392）分东胜卫置，属山西行都司。治所在今内蒙古托克托县境。次年废。

东胜左卫 明洪武二十五年（1392）分东胜卫置，属山西行都司。治所在今内蒙古托克托县西城关镇（旧托克托县城）。永乐元年（1403）徙于北直隶卢龙县（今河北卢龙县），属后军都督府。明末废。

东胜右卫 ①明洪武二十五年（1392）分东胜卫置，属山西行都司。治所在今内蒙古托克托县西城关镇（旧托克托县）。永乐元年（1403）移治北直隶遵化县（今河北遵化市），属后军都督府。明末废。

②明永乐元年（1403）置，属后军都督府。治所在今河北遵化市西。后废。

东胜后（後）卫 明洪武二十五年（1392）分东胜卫置，属山西行都司。治所在今内蒙古托克托县境。次年废。

东胜市 1983年撤销内蒙古自治区东胜县，改设东胜市。2001年与伊克昭盟合并，设立地级鄂尔多斯市。原县级东胜市改置东胜区，区政府驻宣日陶亥街。

东胜州 辽置，治所即今内蒙古托克托县西城关镇。辖境相当今内蒙古托克托县及准格尔旗东北部地。金附郭置东胜县，为州治。辖境缩小，仅今托克托县境。元属大同路。明洪武四年（1371）改为东胜卫。

东胜县 ①金置，为东胜州治。治所在今内蒙古托克托县西城关镇。元世祖至元四年（1267）废。

②1912年改东胜厅置，后属绥远特别区。治所即今内蒙古鄂尔多斯市东胜区。1928年属绥远省。1983年改设东胜市。

东胜前卫 明洪武二十五年（1392）分东胜卫置，属山西行都司。治所在今内蒙古托克托县境。次年废。

东胜堡 ①北宋筑，在今陕西府谷县东北。南宋李焘《续资治通鉴长编》：仁宗庆历元年（1041），民乏饮水，麟府将张亢“以（府）州东焦山有石炭穴，为筑东胜堡”。即此。

②明置，属海州卫。即今辽宁海城市西北开河城。《清太祖实录》卷7：后金天命六年（1621）三月，“辽阳既下，其辽东之三河、东胜……河东大小七十余城，官民俱薙发降”。即此。

东亭 ①在今浙江绍兴市。《清一统志·绍兴府一》：东亭“在府治北。古为饯客之所。唐人如宋之问辈皆有诗。史浩改筑蓬莱馆，然邦人犹谓之东亭。又有西亭，在府治西北。唐孙逖亦有诗”。

②在今广西柳州市城南。《舆地纪胜》卷112柳州：东亭“在就日门外。柳子厚有记”。唐柳宗元《柳州东亭记》：“出州南谯门，左行二十六步，有弃地在道南，南值江，西际垂杨传置，东曰东馆。”于此建亭。

东亭水 即今甘肃清水县牛头河，西南流至天水市境入渭水。《水经·渭水注》：东亭水“亦谓之为桥水也，清水又或为通称矣。水源东发小陇山，众川泻注，统成一水，西入东亭川为东亭水，……又西得清水口，……自下亦通谓之清水矣”。康熙《巩昌府志》卷5：“南道河在清水县东南二里，源出南道峡，西流经牛头山下，与清水合，更名牛头河。又西经坡峡，与秦水合，又西南至秦州东五十里入渭，即东亭水。”

东亭县 东魏天平初置，属阳州宜阳郡。治所在今河南嵩县西南四十八里伊水西岸旧县镇。隋废。

东亭湖 又名浴兵池、东湖。在今安徽广德县东南三十里。《舆地纪胜》卷24广德军：东亭湖“在朝阳门外三十里。张王兴迹之所。王先开一池，曰浴兵池，今呼为东亭湖”。《方舆纪要》卷29广德州：东亭湖“在州东南三十里。广五百余亩。一名浴兵池”。

东亭镇 ①即今河北定州市东南东亭镇。清道光《定州志》卷7市集：东亭镇在“城东二十五里”。

②即今江苏无锡市锡山区驻地东亭镇。清光绪《江苏全省舆图》金匮县：“东亭镇在城东北一十里。”

东恒农郡 北魏太和中置，治所在西城县（今河南内乡县西北）。西魏改为武关郡。

东闾村 即今河北清苑县（南大冉）东南东闾乡。明嘉靖《清苑县志》卷1：东南“四十五里曰东闾村”。

东阁 在今四川崇州市。唐杜甫《和裴迪登蜀州东亭送客逢早梅见寄》诗云：“东阁官梅动诗兴，还如何逊在扬州。”《方舆胜览》卷52崇庆府有“东阁”。《清一统志·成都府二》：“东阁在简州。”

东洪桥镇 一名洪桥寨。即今河南上蔡县东北东洪桥乡。清康熙《上蔡县志》卷2《集镇》：“东洪桥，城东二十五里。新筑墙堡。”

东洛山 即今浙江瑞安市东南海中北麂岛。《方舆纪要》卷94平阳县：东洛山“在县东南海中。倭寇南北往来，往往泊舟取水于此。隆庆初设舟师戍守”。

东洛城　南朝宋置，属晋寿郡。在今四川广元市西南昭化镇西北四十里。《宋书·氐胡传》：元嘉十八年（441）氐王杨难当“倾国南寇，规有蜀土，虑汉中军出，遣建忠将军苻冲出东洛以防之”。即此。西魏于此置东洛郡。

东洛郡　西魏置，属利州。治所在东洛城（今四川广元市西南昭化镇西北四十里）。辖境相当今四川广元市西南部地。北周废入平兴郡。

东济北郡　北魏孝昌三年（527）置，属济州。治所在肥城县（今山东肥城市北老城）。辖境相当今山东肥城、平阴等市县地。北齐废。

东洋　①明代概称婆罗国以东海洋及沿海诸岛国为东洋。明张燮《东西洋考》：“文莱即婆罗国，东洋尽处，西洋所自起也。”即指今文莱以东之加里曼丹岛、苏拉威西岛、马鲁古群岛、菲律宾群岛及其附近海洋。

②清代概称日本、琉球及其以东海洋为东洋。清徐继畬《瀛环志略》：“东洋浩渺，一水直抵亚墨利加之西界数万里，别无大土，附近中国者，止有日本、琉球二国。”即指今太平洋。

③清代以来，因日本在我国之东，称为东洋。

东洋行县　明嘉靖四年（1525）置，治所即今福建周宁县（周墩）。后废。

东洋州站　又作东祥州、祥州。元置，在今吉林汪清县北。元《析津志》天下站名：“唆吉正东微北百二十（里）石迪，正东北五十（里）甫丹，百一十（里）东洋州。”明废。

东洋河　即东阳河。在今河北抚宁县西。清光绪《抚宁县志》卷1：阳河一名洋河，“又有水自营北之峪门口来者，西流径三水头庄北绕流而南，此里人所称东洋河之水道也”。

东洲　①在今江苏常州市武进区东南百里太湖之滨。《资治通鉴》：五代梁开平二年（908），淮南将周本围苏州，“吴越将张仁保攻常州之东洲，拔之”。即此。

②一名东布洲。在今江苏启东市北吕泗镇一带。本长江口沙洲，后与北岸相连。《资治通鉴》：五代梁贞明五年（919），“（钱）镠以节度副大使（钱）传瓘为诸军都指挥使，帅战舰五百艘，自东洲击吴”。即此。

东洲驿　明置，属广州府增城县。在今广东增城市西南东江北岸东洲。清设东洲汛。

东洲镇　唐置，属海陵县。在今江苏启东市北。五代周显德五年（958）置海门县。

东津水　在今江西修水县西。《清一统志·南昌府一》：东津水“在义宁州西一百十里。源出东津山……东流入修水”。

东津桥　即今江西玉山县东二里东津桥。《方舆纪要》卷85广信府玉山县：东津桥“在县东二里。明初陈友谅遣将寇广信，据草平镇，复屯玉山。胡大海时守婺州，遣兵败之于东津桥，遂复玉山县。《志》云，桥旧为浮梁，屡遭洪水漂荡，成化中改建以石”。

东津浮桥　在今福建建阳市东。《方舆纪要》卷97建阳县：东津浮桥“在城东景阳门外。永乐八年，因旧址重建，用舟三十，联维以铁索。成化以后，修废不一”。

东津渡　①即河沥溪镇。今安徽宁国市治河沥溪镇东部。明嘉靖《宁国县志》卷1《津渡》：东津渡“旧名河沥溪，在县东五里”。

②在今越南河内市东。《方舆纪要》卷112安南交州府：东泽渡“在东关县，即富良江渡口也。旧以舟楫往来，阻于风涛。永乐初，张辅、沐晟始置浮桥，一岁一易”。

东津渡关　在今湖北襄阳市襄州区东南东津镇。《方舆纪要》卷79襄阳县“柳关”条下：“又府东十里有东津渡，为汉江渡口。二关皆控汉江之险。”清设千总驻防。

东津墟　即今广西贵港市东郁江南岸东津镇。清光绪《广西舆地全图》贵县图：东有东津墟。民国《贵县志》卷1：东津塘，“《梁志》作东津埠，又作思涌埠，在县东五十里……毗连边境，客货出入，以此为门户”。

东津镇　五代王闽时置，属龙津县。在今福建南平市东，建溪与闽江交会处。宋属剑浦县。《元丰九域志》卷9南剑州：剑浦县有东津镇。明嘉靖《延平府志》卷4古迹：废四镇“延平旧有四镇，……南平县东黄滩范迪简所居地为东津镇”。

东宫　①六朝宫苑名。三国吴造，故址在今江苏南京市鸡鸣寺南，古台城东南。晋曾改为永安宫。宋《景定建康志》卷21“东宫”条：“晋永安宫即吴东宫，在台城东南。”《梁书·侯景传》：太清二年（548），侯景攻台城，“登东宫墙，射城内。至夜，太宗募人出烧东宫，东宫台殿遂尽”。陈复营东宫，大建九年（577）移太子居之。后废。

②在今陕西西安市北，唐太极宫东。《旧唐书·太宗纪》：武德九年（626）八月，“即位于东宫之显德殿”。宋敏求《长安志》卷6：“东宫正殿曰明德殿，本名嘉德殿。……疑此殿即显德殿，太宗即位之殿，后避中宗名改也。”

东郡　战国秦王政五年（前242）置，治所在濮阳县（今河南濮阳县东南二十里高城村）。西汉辖境相当今山东东阿、梁山以西，山东郓城、河南范县以北，山东茌平、莘县、河南南乐、清丰、濮阳以南地。东汉以后辖境缩小。三国以后，废置无常。北魏移治滑台城（今河南滑县东南城关镇）。隋开皇九年（589）废。大业初复置。唐初改为滑州。

东姚集　即今河南林州市东南四十一里东姚镇。清尹耕云《豫军纪略》卷4：咸丰七年（1857）十一月，土匪“至林县之东姚集”。

东泰山　即沂山。在今山东临朐县南九十里。《汉书·地理志》琅邪郡朱虚县：“东泰山，汶水所出，东至安丘入维。”《水经》：“汶水出朱虚县泰山。”又说：“巨洋水出朱虚县泰山，北过其县西。”郦道元

注："泰山即东小泰山也。"元于钦《齐乘》卷1谓沂山在"临朐县南百里。……即公玉带请汉武所封之东泰山也。然《汉志》谓卑小不称其声者，盖沂山远望之则高压群山，缘坡麓曼衍八九十里，以渐而升，逮至其巅则失其峻极耳"。

东泰山郡 北魏皇兴三年（469）置，属北徐州。治所在南城县（今山东平邑县南）。辖境相当今山东平邑县和新泰市部分地。北齐废。

东泰州 唐武德五年（662）置，治所在博城县（今山东泰安市泰山区东南三十里旧县）。辖博城、梁父、嬴、肥城、岱等五县。相当今山东泰安、肥城二市附近地。贞观元年（627）废。

东秦州 ①北魏太和十五年（491）置，治所在杏城镇（今陕西黄陵县西南十里）。辖境相当今陕西富县、甘泉、洛川、黄陵等县地。后改为北华州。

②北魏正光三年（522）置，治所在汧城（今陕西陇县东南三里汉汧县故城）。辖境相当今陕西陇县、千阳、宝鸡等县市地。永熙元年（532）移治陇东郡汧阴县（今陇县东南八里）。西魏废帝三年（554）改名陇州。

东盐州 唐武德四年（621）置，治所盐山县（今河北黄骅市西南三十里旧城镇）。辖境相当今河北沧州、沧县、黄骅、孟村等市县地。贞观元年（627）废。

东盐州都督府 唐置，属北庭都护府。在今哈萨克斯坦咸海东锡尔河一带。后废。

东都 ①西周武王都镐，成王时周公营建洛邑，作为镇抚东方的政治中心。因而称镐为西都，雒邑为东都。

②新莽以长安为西都，以洛阳为东都。

③东汉建都洛阳，因在西汉旧都长安之东，故名东都。班固有《东都赋》。

④隋大业初营建洛阳新城（即隋唐故城，今洛阳市），称东京。大业五年（609）改为东都。唐初废。显庆二年（657）复称东都。光宅初改为神都。神龙初复为东都。天宝初改为东京。上元三年（762）复称东都。五代梁改为西都。后唐同光元年（923）又改为东都。后晋改为西京。

⑤五代梁开平元年（907）改汴京为开封府（今河南开封市），置东都；而以洛阳为西都。

⑥五代南唐江宁府（今江苏南京市）称西都，以吴旧都江都府（今江苏扬州市）为东都。

⑦清顺治十八年十二月（1662）郑成功收复台湾，置承天府于赤嵌城，号东都明京。

东都苑 即唐禁苑。又称神都苑。在今河南洛阳市西。范围较隋缩小。唐韦述《两京新记》说：东都苑"周围一百二十六里，东面七十里，南面三十九里，西面五十里，北面二十四里。"《旧唐书·地理志》载："禁苑，在都城之西。东抵宫城，西临九曲，北背邙阜，南临飞仙。苑城东面十七里，南面三十九里，西面五十里，北面二十里。苑内离宫、亭、观一十四所。"在这两书记载中，当以《旧唐书》之说确切，清人徐松《唐两京城坊考》有考证。

东莱 春秋战国时指今山东半岛龙口、莱阳等市以东地区。《国语·齐语》："通齐国之鱼盐于东莱。"即此。

东莱山 即莱山。《史记·封禅书》称：齐有八神山，"六曰月主，祠之莱山"。韦昭曰："在东莱长广县。"《孝武本纪》作"东莱"，曰："天下名山八，而三在蛮夷，五在中国。中国华山、首山、太室、泰山、东莱，此五山黄帝之所常游，与神会。"《汉书·地理志》记"莱山"有二：一在东莱郡黄县，一在琅邪郡长广县（后汉划属东莱郡）。长广县故治在今山东莱阳市东，则莱山应在今莱阳市境；黄县则在今山东龙口市东南黄城镇。《元和志》卷11登州黄县载：莱山"在县东南二十里"。王先谦《汉书补注》认为，莱山本在长广（今山东莱阳），宣帝时移祀黄县（今山东龙口市黄城镇）东南。

东莱国 西晋改东莱郡置，治所在掖县（今山东莱州市）。辖境相当今山东胶莱河以东、岠嵎山以北和乳山河以东地区。南朝宋复改为郡。

东莱郡 汉高帝分齐郡置，治所在掖县（今山东莱州市）。辖境相当今山东胶莱河以东、岠嵎山以北和乳山河以东地区。《元和志》卷11莱州："在齐国之东，故曰东莱。"东汉徙治黄县（今山东龙口市东南）。西晋改为东莱国，还治掖县。南朝宋复为郡，移治曲城县（今山东莱州市东北六十里）。北魏还治掖县。隋开皇初废。大业初复改莱州置。唐武德四年（621）改为莱州。天宝初复为东莱郡，乾元初改为莱州。

东莲子湖 即今辽宁盘山县东北东莲花泡。明《辽东志》卷3：镇武堡"莲子湖东空"。即此。

东晋寿郡 南朝齐永泰元年（498）置（一说东晋安帝时置），属梁州。治所在今四川广元市。北魏辖境相当今四川广元市大部分地。《梁书·邓元起传》："魏将王景胤、孔陵寇东西晋寿"，元起救之，"比至，魏已攻陷两晋寿"。北周改为晋寿郡。

东莞千户所 明置，属南海卫。治所在今广东深圳市西南头镇。《方舆纪要》卷101广州府：东莞守御千户所"在（东莞）县南东莞县旧城内。洪武二十七年置，有砖城，周三里有奇。环城为池，一名南头城，备倭指挥亦驻于此"。

东莞市 1985年撤销东莞县，改设东莞市，市人民政府驻莞城。属惠阳地区。1988年升为地级市，由广东省直辖。

东莞场 在今广东深圳市西南头镇东。《元丰九城志》卷9广州东莞县有东莞盐场。《清一统志·广州府》：东莞盐场"在新安县东。《县志》，东莞场旧在县南门外，即晋初司盐都尉司也，今移城东"。清设盐课大使。

东莞县 ①西汉置，属琅邪郡。治所即今山东沂水县。元朔二年（前127）封城阳共王子吉为东莞侯，即此。东汉建安初属东莞郡。东晋移治东莞郡故城（今沂水县东北城子）。南朝宋移今莒县。隋开皇初改为东安县。

②东晋侨置，属南东莞侨郡。治所在今江苏常州市武进区境。南齐后废。

③唐至德二年（757）改宝安县置，属南海郡。治所即今广东东莞市。清屈大均《广东新语》卷16《器语》："莞音完，又音官。盖其为用最古。东莞人多以作莞席为业，县因为名。县在广州之东，亦曰东官。"北宋开宝五年（972）废入增城县。次年复置，属广州。元属广州路。明属广州府。民国初属广东粤海道。1920年直属广东省。1985年改设东莞市。

东莞郡 ①东汉建安初分琅邪、齐郡置，属徐州。治所在今山东沂水县东北城子。辖境相当今山东沂水、沂源、蒙阴、临朐等县地。东晋移治莒县（今山东莒县）。北魏属南青州。北齐废。

②东晋侨置于晋陵（今江苏常州市）东南，称为南东莞郡，属南徐州。南齐末废。

③南朝梁置，治所在安宜县（今江苏宝应县西南）。隋开皇初废。

④南齐与琅邪郡合置，治所在朐山城（今江苏连云港市西南海州区）。后废。

东莞盐场 北宋开宝六年（973）置，在今广东深圳市西南头镇。《元丰九域志》卷9：东莞县有东莞盐场。

东真国 又作大真国、东夏国。金贞祐二年（1215）蒲鲜万奴据辽东自立，都咸平（今辽宁开原市东北老城镇）。国号大真。次年，降于蒙古，同年复叛。改国名东夏。旋移都南京（今吉林延吉市东城子山古城）。辖境约当今吉林大部及辽宁东部地区。天兴二年（1233）为蒙古所灭。

东桥江 在今广东廉江市东南。《方舆纪要》卷104石城县：东桥江"在县东南四十里。《志》云：源出化州境谢获山，南流二十里，经雷州府遂溪县之柳浦，东南会石门水入海"。

东桃嶂 在今广东东源县北。《方舆纪要》卷103惠州路河源县：东桃嶂"在县北百里。孤峰高耸"。

东贾楼铺 一名贾楼镇。即今河南泌阳县东北贾楼乡。清道光《泌阳县志》卷1《村镇》："东贾楼铺，城东北六十里。"

东夏 ①泛指华夏东部。《尚书·微子之命》："庸建尔于上公，尹兹东夏。"宋蔡沈《传》："宋亳在东，故曰东夏。"

②指中国东部地区。《后汉书·袁绍传》：建安五年（200），移檄州郡曰："董卓侵官暴国，于是提剑挥鼓，发命东夏，广罗英雄。"

东夏州 ①北魏延昌二年（513）置，治所在偏城郡广武县（今陕西延安市东北甘谷驿镇附近）。辖境相当今陕西延安、延川、宜川、延长、子洲、绥德、清涧、子长、米脂、甘泉、吴堡等市县地。西魏废帝三年（554）改名延州。

②唐置，为党项羁縻州，属乐容州都督府。其地当在今宁夏境内。后废。

东夏渡 即今安徽郎溪县西北东夏镇。明嘉靖《建平县志》卷1《坊乡》：东夏保"在县西二十里临湖乡"。有东夏渡。清光绪《广德州志》卷11建平县《市镇》：东夏镇在"县西二十里"。

东原 ①《尚书·禹贡》："东原底平。"郑玄注："东原，地名，今东平郡即东原。"其地西汉为东平国，在今山东泰安市西境及东平一带。

②在今陕西武功县东。《资治通鉴》：唐至德二载（757），"关内节度使王思礼军武功，兵马使郭英乂军东原，王难得军西原"。即此。

东顾山 在今安徽庐江县东北五里。《元丰九域志》卷5：庐江县"有东顾山"。《清一统志·庐州府一》：东顾山"俗名马家山，为县左护，有黄荆、金狗、诸窝泉出此，灌溉田亩"。

东圃墟 即今广东广州市东北天河区东圃镇。清同治《广东图说》卷2番禺县："东陂堡，城东四十里。……往来大道有新墟、东图墟。"

东峨州 唐总章元年（668）置，治所在峨石县（今广西北流市东南一百里）。次年改为禺州。

东峪口 在今河北易县西北。《方舆纪要》卷12易州：东峪口在"紫荆关东北三十里，戍守要地也。《志》云：东峪口西去官座岭口十里"。

东峪河 即今甘肃洮河支流东峪沟。《方舆纪要》卷60狄道县：东峪河"源出渭源县西十五里之分水岭，流入境，至城东，又西南流入于洮河"。《宋史·夏国下》：熙宁五年（1072）七月，"王韶由东谷径趋武胜，未至十余里，逢夏人战，遂至其城"。

东钱湖 在今浙江宁波市鄞州区东南。面积21平方公里。原系泻湖，约晋时成湖，唐时名西湖，宋名万金湖、东钱湖。宋《乾道四明图经》卷2：东钱湖，"夏侯曾先《地志》云：其湖承钱埭水，故号钱湖"。《舆地纪胜》卷11庆元府：东钱湖"在鄞县东三十里，周八十里"。

东钱湖石刻 在今浙江宁波市鄞州区东南东钱湖北岸郭家峙至天童公路沿线，范围长约8公里。北宋政和八年（1118）前后至明万历十二年（1584）前后建成，主要是指南宋史氏望族和明代少傅兼太子太傅余有丁墓葬神道的地面石刻群体。石刻群全部是圆雕。属于南宋时期的近一百四十件，属于元明时期的超过四十件。卒于北宋政和八年的冀国夫人叶氏太君的墓葬位于东钱湖镇下水长乐里山，神道石刻群是在南宋绍兴年间（1131—1162）由太君之孙史师才增置。该墓神道依山而建，朝向东南，长180米，宽3.8米，现存石笋一对、跪羊两对、蹲虎两对。卒于南宋建炎三年（1129）的太师、越国公史诏的墓葬位于东钱湖镇下水绿野岙，神道朝向西南，长15米，宽4米，神道石刻由入口起列跪羊、蹲虎、站马、武将、文臣各一对和石椅一把，相对排列，陈置完整。卒于南宋绍熙五年（1194）的太师、齐国公史浙的墓葬位于东钱湖镇下水下庄黄梅山，神道朝向西南，长170米，宽4.5米，入口依次为跪羊一只、蹲虎一只、站马一对、武将一对、文臣一对。其周围1. 4万平方米内还迁移集中了失去原地保护价值的零星南宋神道石刻一百零八尊。卒于南宋绍定六年（1233）的忠献卫王史弥远的墓葬位于东钱湖镇下水大慈山，神道朝向西南，长170米，宽3.5米，石刻有文臣、武将、站马、蹲虎、跪羊各一对，已移位。卒于明万历十二年的少傅兼太子太傅余有丁的墓葬位于东钱湖镇郭家峙隐学山，神道朝向南略偏东，长200米，宽25米，由入口起依次为望柱一根及石笋、跪羊、蹲虎、站马、文臣各一对。东钱湖石刻数量多，体型大，雕刻精美，许多石像生形象生动、逼真。有些神道保存较好，布局也较规整。在我国石刻史上，现存南宋时期的神道石像生雕刻资料比较少，东钱湖石刻群可补这个时期的空缺，具有一定的代表意义。2001年定为全国重点文物保护单位。

东皋书舍 在今福建漳浦县城东二里。为黄道周讲学处。明崇祯十七年（1644）黄道周在此建四合院，名“明诚堂”，取义于《中庸》。天井中建天地盘（天方图），用花岗岩石板砌筑。台阶二层，四边各长3.7米，盘面刻一万六千二百八十四个方格，方格间刻同心圆八圈，圆圈表示天，方格表示地，用以观测天象，考究天文。现辟为黄道周纪念馆。

东皋兰州 唐置羁縻州，属灵州都督府。侨治鸣沙县界（今宁夏青铜峡市西南，黄河东岸）。后废。

东皋村 在今山西河津市。《旧唐书·隐逸传》：王绩“尝躬耕于东皋，故时人号东皋子”。

东皋驿 在今重庆市永川区东。《方舆纪要》卷69永川县：东皋驿在“县东十里”。清设于县城。

东徐州 ①北魏献文帝置，治所在团城（今山东沂水县）。辖境相当今山东沂水、沂源、蒙阴、莒县、莒南、日照及江苏赣榆等县市地。太和二十二年（498）改南青州。

②北魏孝昌元年（525）置，治所在下邳县（今江苏睢宁县西北古邳镇东三里）。南朝梁中大通五年（533）改为武州。东魏复名东徐州。北周改为邳州。

③南朝梁改南徐州置，治宿预郡（治今江苏宿迁市东南）。东魏武定七年（549）改为东楚州。

④西魏侨置，在闻喜县界（今山西新绛县境内）。寻废。

东狼谷 指今陕西凤县东南和留坝县西北紫柏山南坡、偏东的一条山前集水谷地，是为沮水上游黑河发源地的横向谷。《水经·沔水》：“沔水出武都沮县东狼谷口。”即此。

东玺县 唐贞观四年（630）置，属粤州。治所在今广西河池市东北东江镇。乾封中属宜州。北宋废。

东高山 又名登山、东门山。在今湖北咸宁市东。《清一统志·武昌府一》：东高山“在咸宁县东一里。为邑之镇”。

东亳 《尚书·立政》：“三亳。”郑玄注以为其一为东亳。在今河南荥阳市汜水镇西北。清魏源则以为在今河南商丘县。但近代学者多不采用三亳中有东亳之说。

东郭湖 在今浙江嘉兴市东北。《方舆纪要》卷91嘉善县：东郭湖“有长堤横亘三十里，俗谓之下塘，绕城北而东南会于华亭塘”。

东郭镇 北宋置，属阆中县。在今四川阆中市东。

东部车臣汗旗 即蒙古车臣汗部车臣汗旗。旗府驻地在今蒙古国肯特省温都尔汗。

东部障 在今甘肃金塔县东黑河东岸。《汉书·地理志》酒泉郡会水县：“东部都尉治东部障。”

东益州 ①北魏置，治所在武兴（今陕西略阳县）。辖境相当今陕西略阳县地。西魏废帝三年（554）改为兴州。

②南朝梁天监中置，治所在南晋寿郡（今四川彭州市西北三十里关口）。北周废。

东凌寨 即今广西德保县西北东凌乡。旧属恩阳州，清置巡司于此。

东凉亭 元世祖时所置行宫，又称只哈赤八剌哈孙（意为渔城）。在上都东南五十里（即今内蒙古多伦县北白城子古城）。至元十三年（1276）置达鲁花赤，延祐二年（1315）改置尚供总管府，隶上都留守司。明初府废，仍置为驿站。明代又称白庙儿、插汉根儿（意为白房子）。

东浦市 即今浙江绍兴县西北东浦镇。清乾隆《绍兴府志》卷7《市》：东浦市“去县西北十里”。

东浩齐特旗 即内蒙古锡林郭勒盟浩济特左翼旗。驻地在今内蒙古西乌珠穆沁旗西北赛汗诺尔。

东海 ①古时东海之名，所指因时而异。先秦古籍中的东海，相当于今之黄海。《礼记·王制》：“自东河至于东海。”注：“徐州域。”但战国时已有兼指今东海北部的。《战国策·楚策》：“楚国僻陋，托东海之上。”秦汉以后，始以今黄海、东海同为东海。明代以后，北部称为黄海，南部始称东海，其海域始与今东海相当。

②中国三大边缘海之一。以在中国大陆之东得名。古代东海包有今东海、黄海范围。《史记·秦始皇本纪》：二十八年（前219），作琅邪台，立石刻颂秦德，“东有东海，北过大夏，人迹所至，无不臣者”；又，三十五年，“立石东海上朐界中，以为秦东门”。在中国大陆与台湾岛、日本的琉球群岛和九州岛之间。北起长江口北岸到韩国济州岛一线与黄海为界，南以广东省南澳岛到台湾省本岛南端（一说经澎湖到台湾东石港）一线与南海为界，东隔日本的九州岛、琉球群岛和中国的台湾岛与太平洋相接。

东海千户所 亦作东海中千户所。明洪武中置，属中军都督府。治所在今江苏连云港市西南海州区。清康熙十七年（1678）废。

东海子 在今云南曲靖市东，南盘江在曲靖坝子东部形成的小湖。《方舆纪要》卷114南宁县：东海子“在城东五里，广轮五十里。夏秋之交，雨水汪洋，称为巨浸”。今已不存。

东海县　①北齐分广饶县置，属东海郡。治所即今江苏连云港市东南南城镇。隋开皇初废。仁寿元年（601）改广饶县复置东海县，唐武德四年（621）为环州治，八年（625）改属海州。南宋端平二年（1235）至淳祐十二年（1252）间曾徙海州治此。元世祖至元二十年（1283）省入朐山县。

②1912年改海州置，后属江苏徐海道。治所即今江苏连云港市西南海州区。1927年直属江苏省。1949年当地解放后由江苏赣榆县南部、山东郯城县东北部及原东海县北部析置东海县，属山东省。治东石榴树（今江苏东海县北石榴）。1949年当地解放后由江苏赣榆县南部、山东郯城县东北部及原东海县北部析置东海县，属山东省。治东石榴树（今江苏东海县北石榴）。1952年划归江苏省。1957年迁治牛山镇（今东海县）。

东海岛　在今广东湛江市东南大海中。《清一统志·雷州府》：蔚律岭“在遂溪县东南一百四十里海中。一名东海岛。广四十里，长七十里，包出白鸽砦之外。中有居民五团，以渔盐为业，为东方巨镇。其北曰东头山，其东曰调鸡门洲。东距吴川县硇洲仅隔一港，地势奋趋，如鸡张翅，故名。其南曰调洲，与海康之时礼岭对峙，为雷州海舟入门之口”。

东海国　东汉建武年间改东海郡置，属徐州。治所在郯县（今山东郯城县北）。辖境相当今山东枣庄、郯城及江苏赣榆、东海、新沂、连云港等市县地。其后兼食鲁郡，移都鲁（今山东曲阜市东北二里古城村）。明帝时仍将原东海郡地划归东海，东海国仅存原鲁郡地，改名鲁国。东汉末复改东海郡为东海国，仍治郯县（今山东郯城县北）。西晋复改东海郡。

东海城　在今江苏连云港市东南南城镇。明洪武初置巡司于此。

东海郡　①秦置，治所在郯县（今山东郯城县北门外）。楚、汉之际为郯郡，西汉仍为东海郡。辖境相当今山东临沂市、费县和江苏赣榆县以南，山东枣庄市、江苏邳州市以东和江苏宿迁市、灌南县以北地区。东汉建武年间改为东海国，其后兼辖鲁郡，并移都鲁（今山东曲阜市东北二里古城村）。明帝时恢复东海郡建制，将东海国原鲁郡部分划出，改名鲁国。东汉末复改东海郡为东海国，仍治郯县（今山东郯城县北）。辖境略有缩小。西晋复改为东海郡。南齐移治涟口县（今江苏涟水县），后改名北东海郡。

②东晋元帝初，割吴郡海虞县之北境侨置，治所在今江苏常熟市北。穆帝永和中改为南东海郡。移治京口（今江苏镇江市）。南朝梁天监元年（502）改为南兰陵郡。陈永定二年（558）复曰东海郡。隋开皇九年（589）废入常熟县。

③南朝宋泰始五年（469）侨置，治所在襄贲县（今江苏涟水县北）。齐改名北东海郡。

④北魏置，治所在峒峿戍（今江苏新沂市南峒峿）。南朝梁武帝时改为北海郡。

⑤东魏武定七年（549）改北海郡置，治所在安流县（今江苏连云港市东南）。辖境相当今江苏连云港市云台山一带。隋开皇初废。

⑥隋大业初改海州置，治所在朐山县（今江苏连云港市西南海州区）。辖境相当今江苏东海、沭阳、涟水等县以东、淮河以北地区。唐武德四年（621）复改海州。天宝元年（742）又改为东海郡，辖境南部缩小。乾元元年（758）复为海州。

东海峪遗址　在今山东日照市石臼所南八里东海峪村西。为新石器时代大汶口文化末期和龙山文化早期遗址。面积3.9万平方米。出土文物有黑蛋壳陶杯、陶鼎、石刀等。从其墓葬和文化堆积可以明显看出为大汶口文化晚期向龙山文化早期过渡，为山东龙山文化的分期提供了重要的科学依据。

东海堡　明置，属广宁右屯卫。即今辽宁凌海市东南东海滩。《明一统志》卷25辽东都司：黑林堡“在广宁右屯卫西北五里。自东北转南又有枯树、东海、凌河、槟榔、常丰、女真凡六堡”。清废。

东海道　1925年由胶东道分置，属山东省。治所在福山县（今山东烟台市西南福山区）。辖境相当今山东烟台、蓬莱、招远、栖霞、龙口、莱阳、莱西、海阳、文登、荣成、乳山等市县地。1928年废。

东海窝集部　金源部落之遗部。分布在今黑龙江省乌苏里江、吉林绥芬河流域，珲春市以东至海之地。包括今俄罗斯滨海边疆区。明末为后金所并。

东海滘　即今广东陆丰市。明嘉靖《惠州府志》卷5：海丰县有东海滘墟。清雍正九年（1731）于此设陆丰县。

东海滘水　即今广东陆丰市西之螺河。《方舆纪要》卷103海丰县“冲口水”条下：东海滘水“在县东北八十里。《志》云：源出吉康罗溪，南流百里，分为二派，东流出县东南迎仙桥，西流至沙塘渡，与众水合，入于海”。

东海滘站　元置，在今广东陆丰市东。明改为驿。《方舆纪要》卷103海丰县“南丰驿”条：“县东八十里又有东海滘驿。”

东海滘寨　明崇祯九年（1636）建，在今广东陆丰市（东海镇）。《清一统志·惠州府》：东海滘寨“顺治八年设游击驻防。康熙三年设总兵镇守，后移总兵治于碣石，改设副将驻防，复改游击，今改设守备”。

东流土司　清初改东流蛮夷长官司置，属施州卫。治所在今湖北来凤县西旧司乡。雍正十三年（1735）废。

东流山　在今安徽泾县南。《舆地纪胜》卷19宁国府：东流山“在泾县南五十里。约高数百丈。唐末有逸士隐此称东府君，至此号东流山”。

东流场 唐会昌初于废和城县侧置东流场，以大江东流为名。大中四年（850）移今安徽东至县西北东流镇。五代南唐保大十一年（953）升为东流县。

东流安抚司 明洪武八年（1375）置，属四川行省。治所在今湖北来凤县西旧司乡。后废。

东流县 五代南唐保大十一年（953）升东流场置，属江洲。治所在今安徽东至县西北东流镇。以大江东流为名。北宋太平兴国三年（978）改属池州。元属池州路。明属池州府。民国初属安徽芜湖道。1928年直属安徽省。1959年与至德县合并为东至县。

东流河 即今湖北红安县境之倒水。《方舆纪要》卷76黄安县：东流河“在县东，即黄冈县界河之上流也。《志》云，县东里许为东流河……逶迤出团风口”。

东流蛮夷长官司 明宣德三年（1428）置，属大旺安抚司。治所在今湖北来凤县西旧司乡。清初改为东流土司。

东流溪 即今四川大竹县北之东柳河。《明史·地理志》大竹县：“东有东流溪，下流合于渠江。”《方舆纪要》卷68大竹县：东流溪在“县东七十里。源出蓬州营山县东三十里狮子山，流经县界，下流注于渠江”。

东流镇 在今江苏南京市江宁区东北东流村。宋《景定建康志》卷16：东流市“市有桥曰东流，以水流自东，因名之。在上元县宣义乡，去城四十里”。

东涧 ①在今河南卢氏县北。《后汉书·献帝纪》：兴平二年（195）“十一月庚午，李傕、郭汜等追乘舆，战于东涧”。即此。《清一统志》陕州《山川》谓：东涧水“在卢氏县北。《明统志》：源出铁岭，流入城中，析为众渠，灌溉蔬圃。又东南入洛”。

②在今河南睢县东。《资治通鉴》：东晋太和四年（369），桓温北伐至枋头，以粮尽撤军，慕容垂率八千骑追之，“及温于襄邑。范阳王德先率劲骑四千伏于襄邑东涧中，与垂夹击温，大败之，斩首三万级”。

东涌山 即今福建连江县马祖岛东北东引岛。《郑和航海图》作东涌山。郑和下西洋经此。

东浚稽山 在今蒙古国西南推河与塔楚河之间之古尔班博克多山。《汉书·李陵传》：天汉二年（前99），“诏陵‘以九月发，出遮虏鄣，至东浚稽山南龙勒水上’……陵至浚稽山，与单于相直，骑可三万围陵军。军居两山间，以大车为营”。

东冢集 即今山东昌邑市北柳疃镇东北东冢。清乾隆《昌邑县志》卷2有东冢集。

东陵 ①清代皇陵。在今河北遵化市西七十里昌瑞山。因位于京师之东，与易县另一清帝之陵西陵相对应，故名东陵。东陵有孝陵（顺治）、景陵（康熙）、裕陵（乾隆）、定陵（咸丰）、惠陵（同治）五座帝陵以及慈禧等后妃公主陵。是我国现存规模宏大、建筑体系完整的皇室陵寝。1928年，军阀孙殿英武装炸墓劈棺，制造震惊世界的“东陵盗宝”案，陵墓遭到很大的破坏。

②即福陵。在今辽宁沈阳城东二十里天柱山。清太祖努尔哈赤葬此。

③在今江苏南京市东北，覆舟山东麓。《晋书·桓玄传》：东晋元兴三年（404），刘裕攻桓玄，桓玄“使桓谦、何澹之屯东陵，卞范之屯覆舟山西”。即此。

④又称懿文太子陵。在今江苏南京市明孝陵东南。为朱元璋长子、皇太子朱标的陵墓。洪武二十五年（1392）四月朱标死，八月“祔葬孝陵东”，谥号“懿文”。建文元年（1399）追尊为兴宗孝康皇帝。

⑤在今安徽寿县南。《资治通鉴》：南朝梁天监五年（506），韦叡攻魏，“诸军进至东陵，有诏班师……全军而还”。胡三省注：“据姚思廉《梁书》，时魏守甓城，去东陵二十里。”

⑥古地域名。在今安徽池州、青阳等市县间以九华山为主体的沿江低山丘陵地带。《禹贡》导江：“过九江，至于东陵。”指此。

东陵山 在今山东章丘市南。《隋书·地理志》：章丘有东陵山。《元和志》卷10章丘县：东陵山“在县（故治在今市西北水寨镇）南二十八里。《庄子》曰：盗跖死于东陵之上”。山南有盗跖冢，亦名跖山。

东陵乡 ①古乡聚名。在今安徽黄山市黄山区太平湖北岸与青阳、石台二县相接处。《汉书·地理志》庐江郡：“金兰西北有东陵乡。”即以陵阳河与青弋江交汇之口为中心的地片，古属东陵地域，汉时以为乡聚。三国吴迁陵阳县治此。东晋改为广阳县。隋废县为广阳镇。

②在今河南商城县东南。《资治通鉴》：南朝梁天监五年（506），韦叡攻北魏，“诸军进至东陵”，即此。《水经·决水注》：决水“导源庐江金兰县西北东陵乡大苏山”。

东陵区 在辽宁省沈阳市东部。辖5街道办事处、9镇、7乡。区人民政府驻文化东路。1938年设区，以境内有东陵而命名。1948年并入大东区，1964年复名东陵区。2014年改名浑南区。

东陵县 ①唐贞观五年（631）置，属羁縻麟州。治所在今四川若尔盖县东境。后废。

②唐置，属羁縻充州。治所在今贵州镇远县西北。后废。

东桑 即今福建霞浦县东南东礌岛。明郑和下西洋经此。

东埠头市 即今浙江慈溪市东南四十里安东乡。清雍正《慈溪县志》卷1：东埠头市在“县（旧治慈城镇）西北三十里”。

东黄山 在今广西罗城仫佬族自治县东三十五里。《方舆纪要》卷109罗城县：东黄山“在县东。中有渊秀岩”。

东黄乡 在今河南开封县东小黄村。《水经·济水注》：济水“又东径小黄县之故城北，……县故阳武之东黄乡也”。

东黄寺 在今北京市朝阳区安定门外黄寺路北。为清顺治八年（1651）敕建，名普静禅林，是活佛脑木汗驻锡之所。后因寺西又建一座藏传佛教寺院西黄寺，普静禅林遂称为东黄寺。该寺于20世纪50年代被拆除。

东营 ①原属山东垦利县。胶济铁路有支线通此。附近盛产石油。1982年设地级东营市（驻东营）。

②在今广东新兴县东。《方舆纪要》卷101肇庆府新兴县：东营在“县东三里。又县西二里有西营，俱嘉靖二十五年置”。

东营子 在今辽宁营口市东北。清光绪《奉天全省地舆图说图志》盖平县图：东北有东营。旧为外国租界，有英、德、日、瑞、俄、美、法、荷等国领事驻此。其西为西营子。

东营澳 即今福建福清市东南东营。《明通鉴》：嘉靖四十一年（1562），戚继光“旋师抵福清，遇倭自东营澳登陆，击斩二百人”，即此。

东梓 在今浙江富阳市西南四十四里。宋《乾道临安志》卷2：东梓巡检司寨“在富阳县界”。明以后废。

东曹 又名率都沙那、苏对沙那、劫布呾那、苏都识匿。唐西域国名。都城在今塔吉克斯坦杜尚别北乌拉秋别。《新唐书·西域传》：东曹“居波悉山之阴，汉贰师城地也”。

东盛涌（湧） 清光绪七年（1881）建屯，即今吉林龙井市东北东盛涌镇。民国熊知白《东北县治纪要》吉林延吉县：“县属东盛涌，距县市二十余里，龙井村十五里。”

东辅山 在今山西沁水县西南。《寰宇记》卷44沁水县：“东辅山在县西南九十二里。其山及西辅山与析山相连，有若相辅之势。”

东常寿 一作东长寿。即今河北新乐市。清同治《畿辅通志》卷50新乐县图：西南有东常寿。1958年新乐县迁治于此。1992年改设新乐市。

东野 春秋时鲁国季孙氏封地。《左传》：定公五年（前505），“六月，季平子行东野”。杜注：“东野，季氏邑。”一说指鲁都东郊外。

东圉 春秋周畿内邑。在今河南偃师市西南。《左传》：昭公二十二年（前520），“单子伐东圉”。即此。

东蛇山子 即今辽宁新民市东北东蛇山子乡。清宣统《新民府志·道里》：东蛇子山通铁岭十二里。民国《新民县志》卷2：“东蛇山子距公主屯三十里。”

东崖 在今湖南祁阳县南五里浯溪之东。唐元结有《东崖铭并序》。

东崮山 在今河北临漳县西南十五里。《方舆纪要》卷49临漳县：东崮山，“东魏高澄凿池游玩，其后往往为游宴之所。亦谓之东山，旧在邺东也”。

东停县 唐置，属羁縻充州。治所在今贵州镇远县东北。后废。

东馆市 即今江西抚州市临川区东南六十里东馆镇。《方舆纪要》卷86抚州府临川县“航步镇”条下：东馆税课局“在府南六十里。元置，明朝因之，并置公馆于此。今税课皆兼领于有司”。后废。

东馆驿 明置，在今湖北麻城市东。《方舆纪要》卷76麻城县：东馆驿“在县东。今废”。

东馆镇 北宋置，属丹棱县。在今四川眉山市西四十五里三苏乡东东馆村。南宋绍兴年间于此设东馆书院。

东清河郡 南朝宋置，治所在般阳城（今山东淄川市西南淄川区）。北齐废。

东清铁路 即中东铁路。干线从今内蒙古满洲里市经黑龙江哈尔滨市至绥芬河市。支线从哈尔滨经吉林长春至辽宁旅顺。

东港市 1993年由东沟县改置东港市，由丹东市代管。

东淡邈 古国名。在今印度半岛西岸之果阿。元汪大渊《岛夷志略》：东淡邈“皋揵相去有间，近希苓数日程。山瘠民闲，田沃稻登，百姓充给”。即《宋会要辑稿·蕃夷七》所载宋庆历八年（1048）遣使来贡之兴涂渤国。

东淀 即古雍奴薮。在今河北省东部，为诸淀泊之总称。《清一统志·顺天府一》：三角淀“按古时，惟三角淀最大，又当西沽之上，故诸水皆会入于此。今渐淤而小。《新志》：合相近诸淀泊，总谓之东淀云。延袤霸州、文安、大成、武清、东安、静海之境，东西亘百六十余里，南北二、三十里，或六、七十里，为七十二清河之所汇潴。永定河自西北来，子牙河自西南来，咸入之。盖其地本皆古雍奴薮也”。

东梁山 即博望山。在今安徽芜湖市北、当涂县西南长江滨。与对岸和县西梁山相对，合称东、西梁山。

东梁州 ①北魏孝昌三年（527）置，治所在安康县（今陕西石泉县东南池河入汉水口之北）。南朝萧绎改为直州。

②西魏废帝元年（552）改南梁州置，治所在西城县（今陕西安康市）。三年（554）改名金州。

东梁河 一名大梁水。即今辽宁浑河支流太子河。《辽史·地理志》东京辽阳府：“东梁河自东山西流，与浑河合为小口，会辽河入于海。又名太子河，亦曰大梁水。”

东密岩 在今安徽休宁县南。《方舆纪要》卷28休宁县：东密岩“在县南三十五里，高六十仞。四面皆平山，土田衍沃，惟此特高。周回绝壁如城，东西二小径，由石磴而登。其顶平衍，方广八百余步。唐乾符五年，黄巢寇郡，郡人程澐率兵立寨于此以拒之，今堑垒犹存”。

东随安左郡 南齐置，治所在今湖北广水市东北。梁改为东随郡。

东随安郡 南齐置，属司州。治所在今湖北广水市东北。后废。

东随县 北魏置，属宋安郡。治所在今湖北广水市东北。隋开皇九年（589）改为礼山县。

东随郡 南朝宋置，治所在今湖北广水市东北。后废。

东堤 在今浙江新昌县东。《方舆纪要》卷92绍兴府新昌县：东堤“在县城东。延袤三里。宋邑令林安宅以溪水冲决，筑堤捍之，后屡修屡筑”。

东彭城郡 南朝梁置，属青州。治所在龙沮县（今江苏灌云县西北龙苴镇）。北齐废。

东葛勒山 在今云南嵩明县西四十里，白邑西北。《明一统志》卷86云南府：东葛勒山“高三十里。为南中之名山”。

东葛镇 在今江苏南京市浦口区西北三十五里东葛村。南朝梁末为临滁郡治。《舆地纪胜》卷42滁州云：古临滁郡“在清流县东五十五里之葛城。俗呼为罗城。按《魏书志》，梁置临滁郡治葛城，恐即此地也”。

东董山 即今越南东南岸外之萨巴特岛。《元史·史弼传》：至元三十年（1293）正月，“至东董、西董山、牛崎屿，入混沌大洋”。

东朝阳县 东汉改朝阳县置，属济南国。治所在今山东邹平县西北七十二里码头镇北。以南阳郡有朝阳，故此称东朝阳。西晋属乐安国。南朝宋复改朝阳县。

东椗 即今福建龙海市东南东椗。《明史·和兰传》：天启中，和兰“出没浯屿、白坑、东椗……甲洲间，要求互市”。即此。

东景德 在今吉林和龙市东南，隔图们江与朝鲜对境。《清史稿·地理志》和龙县：“西南图们江自奉天安图入，合红旗河外六、五、四道沟，径东景德，至汗王习射台。”

东街 在今广西贺州市东南贺街镇东。清王闿运《湘军志》卷11：咸丰十年（1860）镇压梧州义军，“五月，军至贺，夹水为屯。贺城东隔水，有大市曰东街，居廛盛于县城，寇据为栅。戊午，王月亮、李金旸分攻东街，破二卡，因烧其垒”。

东畲口 在今浙江龙泉市北东畲村。《方舆纪要》卷94龙泉县：东畲口“在县北七十五里。为松阳、遂昌两县之要口，行旅往来必取途于此”。

东番 明中叶后称台湾为东番，意谓在祖国大陆的东方番族聚居之地。陈第著有《东番记》。

东善桥镇 即今江苏南京市江宁区西南东善桥街道。清同治《上江两县志》卷5《城厢》：有“东善桥”。

东道 唐代我国对尼泊尔的交通路线。唐道宣《释迦方志》卷上：自河州（今甘肃临夏县）西行，经今青海西宁，西南行经西藏自治区，出境后入“尼波罗国”。

东遂宁郡 南齐改遂宁郡置，属益州。治所在巴兴县（在今四川大英县东北）。辖境相当今四川遂宁、蓬溪及重庆市潼南等市县地。梁移治小溪县（今遂宁市）。北周改为石山郡。

东港 ①即今台湾省屏东县南东港镇。清康熙二十三年（1684）置下淡水巡司于此。

②在今湖南汨罗市西南。《方舆纪要》卷80湘阴县“西港”条下：“又县东五十里有东港，下流通汨水。”

东港市 1993年由辽宁省东沟县改置东港市，由丹东市代管。

东港线 即台湾铁路东港线。从屏东至东港。长6.2公里。是屏东线至东港的支线。1937年动工修筑，1941年建成。

东湖 ①在今浙江瑞安市城区东部。《方舆纪要》卷94瑞安县：东湖“在城东北。源出白岩诸山，引流经县北，至帆游山接会昌湖，直达永嘉南门”。

②在今浙江临海市城区东隅之东湖公园。《方舆纪要》卷92台州府：东湖在“府东三里，宋守钱暄所浚，周十余顷，潴众山之水，引以灌溉”。

③即当湖。在今浙江平湖市城区东。《清一统志·嘉兴府一》：当湖“俗呼东湖”。

④在今浙江绍兴市东六里箬篑山（一名鸟门山）下。汉代以来开凿山石以建造越城（今绍兴城），凿出许多岩洞，渐形成人工湖。清光绪间，邑陶濬宣建书院于此。

⑤在今浙江浦江县西南。《方舆纪要》卷93浦江县：东湖在“县西南三十五里”。

⑥在今福建福州市东北三里。《元和志》卷29福州：东湖“在县北三里”。《方舆纪要》卷96福州府“西湖”条：“又有东湖，在府东北三里。亦严高所凿，引东北诸山溪水注之，周二十里。二湖与海潮汐通，引流溉田，为利甚溥。”

⑦一名万婆湖。即今福建泉州市东东湖。唐欧阳詹有《泉州泛东湖序》。《方舆纪要》卷99晋江县：东湖在“城东一里。郡境诸湖，此为最大。唐时周四十顷，后渐壅塞。宋庆元六年，郡守刘颖浚之，积土湖中为四山，置斗门四。于西南隅引为放生池，岁久浸底。淳祐三年，守颜颐仲复浚，又积土湖为三山，郡人因名湖曰七星湖。后复废。明朝天启五年重浚。一名万婆湖，有万婆祠”。

⑧在今江西南昌市内。《水经·赣水注》：“东大湖十里二百二十六步，北与城齐。南缘回折至南塘，本通章江，增减与江水同。汉永元（平）中，太守张躬筑塘以通南路，兼遏此水，冬夏不增减。水至清深，鱼甚肥美。每于夏月江水溢塘而过，民居多被水害。至宋景平元年，太守蔡君西起堤，开塘为水门，水盛则闭之，水多则泄之，自是居民少患矣。”明代东湖又分西、北二湖，故南昌城中有“三湖九津”之说。

⑨在今江西安福县东南。《方舆纪要》卷87安福县：东湖在“县东南十五里。《舆地志》：湖有石窟，容百人，其鱼味甘如蜜。一名蜜湖”。

⑩在今江西宜春市东。《舆地纪胜》卷28袁州：东湖“在州东城外三十步。郡守祖无择于湖上建亭榭为游观之所。有乐逊廉堂、逊堂休亭、销暑风亭、月台、采香阁、采珠阁。南轩为书东湖扁榜”。《清一统

志·袁州府》：东湖“岁久堙废。嘉定十三年开浚，后复废”。

⑪亦名督军湖。在今江西鄱阳县城东。《寰宇记》卷107饶州鄱阳县：“东湖在城东，又名督军湖，吴芮习水战处。”

⑫在今河南新蔡县东。《方舆纪要》卷50新蔡县：东湖“在县城东。周四十余里。今堙废，仅余十之一”。

⑬一名秋湖。在今河南许昌县东。《方舆纪要》卷47许州：东湖“在州东二十五里。湖本二，合为一，溵水经其中。多菱芡、鱼蝦之利。元时设提领官主办岁课”。

⑭在今湖北荆州市荆州区（故江陵县）东南五里。《舆地纪胜》卷64江陵府：东湖“在公安门外五里佛华寺东北。张商英建，旁敞莲湖，广袤数里。时与名贤泛舟游赏。有《东湖赋》”。

⑮在今湖北天门市东郊。《方舆纪要》卷77景陵县：东湖“在县东。地脉迤逦，为洲坻，盘旋于湖中，凡数层”。《清一统志·安陆府》：东湖“在天门县东门外，广袤二里。中有洲”。

⑯在今湖北公安县东。《方舆纪要》卷78公安县：东湖“在县东五里。广袤数里”。

⑰在今湖北宜昌市东五里。《明一统志》卷62荆州府：东湖“在府城东五里。广袤数十里，为一郡胜概”。

⑱在今湖北武汉市武昌城区东郊。《舆地纪胜》卷66鄂州：东湖“在城东四里。湖上有东园，为近城登览之胜”。1950年辟为东湖风景名胜区。

⑲在今湖南湘阴县南十里。《方舆纪要》卷80湘阴县：东湖，“其上流为拨水江，俗名北水江。《志》云，县东六十余里有白鹤、玉池、密岩诸山，其水皆会流于同含口，经县城东南，谓之秀水。宋绍圣中，改流经城南一里，因名拨水。萦纡凡三十里入东湖，为邑之巨浸，下流入湘江”。

⑳在今海南省海口市琼山区东十五里。《明一统志》卷82琼州府：东湖“相传昔有富家居此，因大风雨陷而为湖”。

㉑在今四川崇州市城东南。《方舆胜览》卷52崇庆府：东湖“有赵清献留题”。《方舆纪要》卷67崇庆州：东湖“在州治东南。又治西有西湖，治北有罨画池。旧时导江水入城，环绕州治，潴为湖池，称佳胜”。南宋诗人陆游游蜀州，写有《秋日忆东湖》诗。

㉒在今云南通海县西。《方舆纪要》卷115河西县：“东湖在县（今河西镇）东南二十里，延四百步，袤三百步。其北有西湖，延百步，植堤蓄水，资以溉田。”

㉓在今陕西凤翔县东门外。即苏轼诗《凤翔八观》之一。《方舆纪要》卷55凤翔县：东湖“雍、渭二水所溢，称城东之胜”。

㉔在今宁夏同心县东北韦州镇。明嘉靖《宁夏新志》卷3韦州所：“东湖在城东一里。”《方舆纪要》卷62韦州所：东湖“湖北三里又有鸳鸯湖，互相萦注，所境田畴，多藉以灌溉”。

东湖池 在今四川邛崃市东。《方舆纪要》卷71邛州：东湖池在“州治东一里。《志》云：孟昶所凿”。

东湖县 清雍正十三年（1735）置，为宜昌府治。治所即今湖北宜昌市。1912年改为宜昌县。

东湖站 元置，在今湖北武昌县东。明改为驿。

东湖铺 即今湖南耒阳市东五十二里东湖圩乡。清《乾隆内府舆图》：耒阳县东有东湖铺。

东湘桥 即今湖南永州市西南六十里东湘桥乡。清《乾隆内府舆图》：永州府零陵县西南有东湘桥。

东渭桥 西汉景帝五年（前152）造，在今陕西西安市高陵县耿镇北白家嘴村南灞水入渭处东侧。唐咸亨中于此置渭桥仓，为转运漕粮必经之地。唐末以后废。现有东渭桥遗址，遗迹长548.8米。宽11米。桥址区发现木柱二十二排，共四百一十八根，分水金刚四处。木柱有方、圆两种形状，木柱周围埋圆石，以抵挡水流冲击。桥基用青石条砌成，间以铁栓板连接。桥址附近发现“东渭桥记”石碑一方，碑身为六面柱形，残高0.7米，上书文字记载唐开元九年（635）京兆府高陵、三原、奉先等县官民重修东渭桥的情况。东渭桥是古渭河三桥之一，北接渭北，南通长安，对唐代京畿与周边地区的经济文化交流起重要作用。该桥规模宏大，结构复杂，在中国古代桥梁建筑史上有重要地位。2001年东渭桥遗址被定为全国重点文物保护单位。

东渭桥仓 即渭桥仓。唐咸亨三年（672）建。《资治通鉴》：唐贞元八年（792），陆贽上言，“令糴米以补渭桥仓之缺数”。胡注：“渭桥仓，即东渭桥仓。”

东游水 即今四川苍溪县东北之东河。《水经·漾水注》：“汉水又东南，得东水口，水出巴岭，南历僚中，谓之东游水。李寿之时，僚自牂柯北入，所在诸郡，布满山谷。其水西南，径宋熙郡东，又东南径平城东，又东南，径巴西郡东，又东入汉水。”《舆地纪胜》卷184利州：东游水“在嘉川县。自兴元府廉水县界入县境，出巴州清水县界”。

东游市 即今福建建瓯市东北八十里东游镇。《清一统志·建宁府》：东游市“元至正中置东游税课局。明因之，今废”。

东禅寺 在今湖北黄梅县西南。明曹学佺《名胜志》：“东禅院在（黄梅）县西一里，号莲花寺，乃五祖传衣钵与六祖者。有六祖簸糠池、坠腰石、樊禅师真身及吴道子所画传衣图。”

东禅场 古为韩朋镇。即今四川遂宁市西南东禅镇。有东禅寺。清光绪《遂宁县志》卷1：东禅场“在县西九十里”。

东缗县 秦置，属砀郡。治所即今山东金乡县。西汉属山阳郡。东汉改为侯国，建武十三年（37）封冯异长子彰为东缗侯。《三国书·魏书·武帝纪》：东汉兴平二年（195），“（吕）布复从东缗与陈宫将万余人来战”，曹操“纵奇兵击，大破之”。即此。西晋省入昌邑县。

东塘 在今江苏扬州市东。《资治通鉴》：唐中和元年（881），高骈声言将攻黄巢，“出屯东塘”，即此。

东塘市 原名尤泾市，明改为唐市。即今江苏常熟市东南唐市镇。清光绪《江苏全省舆图》常熟县图：东南有东塘市。

东塘河 在今江苏建湖县东。《清一统志·淮安府一》：东塘河“源出大踪湖，西北流通官、盐二河，入射阳湖”。

东塘堰 又作东塘墟。在今河北青县东北。《宋史·河渠志五》：景德元年（1004），“诏沧州、乾宁军谨视斗门水口，壅潮水入御河东塘堰，以广溉荫”。后废。

东塘湖 在今福建连江县北。《清一统志·福州府一》：东塘湖“在连江县北，潴水五百顷，溉田四万亩。隋开皇十三年肇兴，唐咸通初令刘逵、宋淳化初知县事鞠仲谋重浚。明天顺四年，知县欧阳翰大加清饬，天启末复湮。本朝康熙六年重濬如故”。

东蒙山 又称蒙山。在今山东蒙阴县西南。《论语·季氏》：“夫颛臾，昔者先王以为东蒙主。”邢疏：“山在鲁东，故曰东蒙。”

东蒙峰 亦名东明峰。在今陕西西安市长安区南终南山豹林谷内。唐杜甫《元都坛歌》：“故人昔隐东蒙峰。”宋种放亦隐此。

东楚 古地区名。“三楚”之一。秦汉时分战国楚地为三楚。《史记·货殖列传》以彭城以东东海、吴、广陵为东楚，相当今江苏大部、安徽东南部和浙江西北部地区。

东楚州 ①东魏武定七年（549）改东徐州置，治所在宿预县（今江苏宿迁市东南郑楼镇古城）。南朝陈太建七年（575）改为安州。

②唐武德初臧君相据楚州，号东楚州。治所在山阳县（今江苏淮安市楚州区）。四年（621）君相降，因置东楚州。辖境相当今江苏淮安市地。八年（625）改名楚州。

东楼 ①又名望海楼、望潮楼。在今浙江杭州市。《清一统志·杭州府二》：望海楼“在府旧治中和堂之北。唐武德七年建。一名望潮楼，又名东楼。白居易诗‘东楼胜事我偏知’。苏轼有《望海楼》诗”。

②唐建，在今四川宜宾市城内。唐杜甫《宴戎州杨使君东楼》诗：“重碧拈春酒，轻红擘荔枝。楼高欲愁思，横笛未休吹。”《清一统志·叙州府》：东楼“在府治东北。唐建”。

东零丁礁 即今南海中中国南沙群岛之东礁。1935年公布名称为东零丁礁。1947年改名东礁。

东訾 春秋时周邑。又名訾城。在今河南巩义市西南。《左传》：昭公二十四年（前518），阴不佞拘得玉者，“取其玉。将卖之，则为石。王定而献之，与之东訾”。杜注：“巩县西南訾城。”《续汉书·郡国志》河南尹巩县：“有东訾聚，今名訾城。”

东睦州 唐武德七年（624）改睦州置，治所在雉山县（今浙江淳安县千岛湖南山岛附近）。辖境相当今浙江建德、淳安、桐庐等市县地。八年（625）废。

东暆县 西汉元封三年（前108）置，为临屯郡治。治所在今韩国江原道江陵。《汉书·地理志》注：“应劭曰：（暆）‘音移’。”东汉废。

东路中末右旗 即蒙古车臣汗部中末右旗。旗府驻地在今蒙古国东戈壁省萨尔呼都格一带。

东路中末次旗 即蒙古车臣汗部中末次旗。旗府驻地在今蒙古国肯特省哈尔次扎内。

东路中末旗 即蒙古车臣汗部中末旗。旗府驻地在今蒙古国肯特省弋勒希尔一带。

东路中左前旗 即蒙古车臣汗部中左前旗。旗府驻地在今蒙古国东方省乔巴山西，克鲁伦河北。

东路中左旗 即蒙古车臣汗部中左旗。旗府驻地在今蒙古国苏赫巴托省巴颜特热木。

东路中右后（後）旗 即蒙古车臣汗部中右后旗。旗府驻地在今蒙古国中央省蒙滚第日特东北，克鲁伦河东岸。

东路中右旗 即蒙古车臣汗部中右旗。旗府驻地在今蒙古国东方省塔木察格布拉格。

东路中后（後）旗 即蒙古车臣汗部中后旗。旗府驻地在今蒙古国肯特省中巴颜西。

东路中前旗 即蒙古车臣汗部中前旗。旗府驻地在今蒙古国东方省乔巴山。

东路左翼中旗 即蒙古车臣汗部左翼中旗。旗府驻地在今蒙古国肯特省巴特瑙饶布东。

东路左翼左旗 即蒙古车臣汗部左翼左旗。旗府驻地在今蒙古国东方省巴颜乌拉东南。

东路左翼右旗 即蒙古车臣汗部左翼右旗。旗府驻地在今蒙古国肯特省依德尔莫格西北。

东路左翼后（後）末旗 即蒙古车臣汗部左翼后末旗。旗府驻地在今蒙古国东方省马塔特。

东路左翼后（後）旗 即蒙古车臣汗部左翼后旗。旗府驻地在今蒙古国苏赫巴托省苏赫巴托。

东路左翼前旗 即蒙古车臣汗部左翼前旗。旗府驻地在今蒙古国东方省巴音布尔地东。

东路右翼中左旗 即蒙古车臣汗部右翼中左旗。旗府驻地在今蒙古国肯特省克鲁伦河东。

东路右翼中右旗 即蒙古车臣汗部右翼中右旗。旗府驻地在今蒙古国肯特省达尔汗东南。

东路右翼中前旗 即蒙古车臣汗部右翼中前旗。旗府驻地在今蒙古国肯特省温都尔汗西南，克鲁伦河北岸。

东路右翼中旗 即蒙古车臣汗部右翼中旗。旗府驻地在今蒙古国中戈壁省巴彦加尔嘎郎北。

东路右翼左旗 即蒙古车臣汗部右翼左旗。旗府驻地在今蒙古国肯特省依德尔莫格西南。

东路右翼后（後）旗 即蒙古车臣汗部右翼后旗。旗府驻地在今蒙古国苏赫巴托省额热格策金呼都格井一带。

东路右翼前旗 即蒙古车臣汗部右翼前旗。旗府驻地在今蒙古国肯特省南德勒格尔东。

东路旧土尔扈特左旗 清乾隆三十六年（1771）渥巴锡率土尔扈特部由伏尔加河流域回到祖国后设置，属乌讷恩素珠克图盟。驻牧地在今新疆乌苏、奎屯两市西南部。

东路旧土尔扈特右旗 清乾隆三十六年（1771）渥巴锡率土尔扈特部由伏尔加河流域回到祖国后设置，属乌讷恩素珠克图盟。驻牧地在今新疆乌苏、奎屯两市西南部。

东路道 ①1913年置，属奉天省。治安东县（今辽宁丹东市）。辖安东、兴京、通化、凤城、宽甸、桓仁、临江、辑安、长白、安图、抚松、抚顺、本溪、海龙、辉南、柳河、金县、复县、岫岩、庄河等县。1914年改名东边道。

②1913年置，属福建省。治闽侯县（今福建福州市）。辖境约当今福建寿宁、周宁、屏南、古田、闽清以东，永泰、福清、平潭以北地区。1914年改为闽海道。

东蜀 地区名。指今四川东部地区。《旧唐书·杜甫传》：永泰年间，杜甫“乃游东蜀依高适，既至而适卒”。

东徙谷 在今山西介休市东南。《方舆纪要》卷42介休县：东徙谷在“县东南四十里，四围皆山，中有石磊，横空数仞，周广三里，岩顶有泉，倒流如瀑布，谓之悬泉，流为白牛泓，滃深莫测”。

东塍市 即今浙江临海市东北三十六里东塍镇。民国《临海县志》卷4：乡市有东塍市。宋嘉定《赤城志》作东陈市。

东麂山 即今浙江临海市东一百五十余里东海中之东矶岛。清雍正《浙江通志》卷16：东麂山“在（临海）县东一百五十七里”。

东靖边县 即1935—1937年西北革命根据地析置靖边县。治所在青杨岔（今陕西靖边县东南青阳岔镇）。

东新安左郡 南齐置，属司州。治所在今湖北随州市东北境。后废。

东新店 即今湖北大悟县东北三十六里东新里。旧属孝感县。清光绪《湖北全省分图》：孝感县东北有东新店。1933年划归礼山县。1952年划归大悟县。

东新桥 在今广东惠州市城东北隅。《舆地纪胜》卷99惠州：东新桥“在郡之东江溪。绍圣三年，道士邓守安治作浮桥，东坡名之曰东新桥。有诗：‘不云二子劳，叹我捐腰犀’。盖二士造桥，予尝助施犀带”。

东新蔡县 南朝梁置，治所在今河南潢川县东北。北周为淮南郡治。隋开皇初废。

东新蔡郡 北魏太和十九年（495）置，属东豫州。治所在固始县（今河南固始县东北）。南朝梁大通元年（527）属西豫州，太清元年（547）属淮州。东魏武定七年（549）仍属东豫州。北齐废。

东雍州 ①北魏初置，治所在南太平郡（神䴥元年改征平郡，后改正平郡，即今山西新绛县）。辖境相当今山西闻喜、曲沃、新绛、河津、稷山、绛县、垣曲、万荣等县及河南济源市等地。太和十八年（494）废。东魏天平初复置。北周武成二年（560）改绛州。

②北魏孝昌二年（526）置，治所在华山郡原郑县城（今陕西华县）。辖境相当今陕西华县、华阴、潼关、渭南等县市地。西魏废帝三年（554）改为华州。

东满省 1945年6月由东满总省改置，驻牡丹江市（今黑龙江牡丹江市）。辖牡丹江、东安二省。同年8月废。

东满总省 1943年10月由牡丹江、东安、间岛三省合并改置，公署驻牡丹江市（今黑龙江牡丹江市）。1945年6月裁撤，改设东满省（包括牡丹江、东安二省）和间岛省。8月废。

东溪 ①即句溪。在今安徽宣城市东三里水阳江上游。《资治通鉴》：唐大顺二年（891）正月，孙儒举兵济江攻杨行密，“儒将李从立奄至宣州东溪，行密守备尚未固，众心危惧。夜，使其将合肥台濛将五百人屯溪西，濛使士卒传呼，往返数回，从立以为大众继至，遽引去”。

②一名杭水。即今安徽宁国市东南东津河。《方舆纪要》卷28宁国县：东溪在“县东五里。源出天目山，北流受千秋岭及诸山之水，又西北经东山下石口市至栏杆溪，又北则县南千顷诸山水及昌化县洋丁山水皆流入焉，谓之杭水，西北去县十五里，又北流五里至河沥溪，是为东溪……为句溪上源”。

③即今曹娥江上源支流新昌江。在今浙江新昌县东。宋《嘉泰会稽志》卷10新昌县：东溪“在县东一里。其源东南来自天台石桥瀑布水……合流入县至虎队岭，支派入蛟湖，入县南流，溉田一万二千亩，其巨派从北流过县后，西北流为三溪，出嵊县为剡溪”。

④在今浙江乐清市东。《方舆纪要》卷94乐清县：东溪“在县治东，一名云溪”。

⑤即今浙江遂昌县东松阴溪。《方舆纪要》卷94遂昌县：东溪在“县东十二里。自双溪分流，合县东诸山溪之水，经马鞍山下，流益盛，入松阳县境，谓之松溪”。

⑥珠游溪支流。即今浙江三门县南亭旁溪。《清一统志·台州府一》：东溪“在宁海县南九十里。源出屈母山南湫水潭，北流三十里入宁和溪。产铁沙，冶之成铁”。

⑦在今福建大田县东北。《清一统志·永春州》：东溪“在大田县东北七十里。源出县西北三十里，曰觞溪潭。东流合渡头桥溪入尤溪”。

⑧即今福建诏安县东之东溪。《方舆纪要》卷99诏安县：东溪“在县城东。源出平和县大峰山，入县境回环流，诸溪涧水悉汇入焉。经县南五里，为横岭渡。又南入于海”。

⑨即今福建厦门市同安区东之东溪。《方舆纪要》卷99同安县：东溪在“县城东。源出大罗山，东南流，有曾溪，出县东北三十里曾岭下流合焉，绕流至县城南，与西溪会……东流五十里入于海”。

⑩在今福建古田县东。《清一统志·福州府一》：东溪“在古田县东。源出县东北杉洋镇，西流至县东，合古田溪”。

⑪即今福建武夷山市东北之北溪。《清一统志·建宁府》：东溪“在崇安县（今武夷山市）东北。亦名东北溪。源出岑阳欧岭，众流合趋，与西溪会”。

⑫在今广东汕头市潮阳区西。《方舆纪要》卷103潮州府潮阳县：东溪在“县西七十里，源出大南山而东注，……流注练江”。

⑬指今重庆市綦江县南之綦江。《明史·地理志》綦江县：“南有綦江，即僰溪之上流，一名东溪。”《方舆纪要》卷69綦江县：綦江“亦曰东溪。万历中，杨应龙作乱，分兵犯南川、江津、綦江诸县，官军与战于东溪，贼少却是也”。

⑭在今贵州平坝县东。《明一统志》卷88平坝卫：东溪“源出东北石洞中，流灌田亩，人赖其利”。

东溪岭 在今浙江象山县西南。《方舆纪要》卷92象山县：东溪岭在“县西南四十里”。

东溪驿 即今重庆市綦江县南东溪镇。《方舆纪要》卷69綦江县：东溪马驿“在县南六十里。有东溪巡司。嘉靖中移赶水镇”。

东溪桥 ①在今福建诏安县城东。《方舆纪要》卷99南诏县：东溪桥“在县东门外，长七十丈。嘉靖二十八年，创建木桥。隆庆五年重修，改曰通济桥。万历二十四年，易以石，仍曰东溪桥”。

②在今福建漳浦县城东。《方舆纪要》卷99漳浦县：东溪桥“在县东门外。宋庆元四年建。元至正三年，累石重修，长三十丈”。

东溪镇 即今重庆市綦江县南东溪镇。元于此置东溪巡检司。明嘉靖十一年（1532）移于今赶水镇。

东滩店 即今山东邹城市西北十五里中心店镇。清光绪《山东通志》卷1《舆图志》：邹县西北有东滩店铺。

东福山 在今浙江舟山市普陀区东北部中街山列岛。《清史稿·地理志》：定海直隶厅有“东、西福山”，即此。

东墙 即今福建平潭县东北东庠岛。明郑和下西洋经此。

东嘉州 唐武德五年（622）置，治所在永嘉县（今浙江温州市）。辖境当今浙江温州市，永嘉、乐清二县，飞云江及鳌江流域。贞观元年（627）废。

东嘉梁州 唐天宝前置羁縻州，属雅州都督府。治所在今四川小金县境。北宋属雅州。后废。

东蔡阳县 南齐置，属蔡阳郡。治所在今湖北枣阳市西四十里翟家古城。梁与西蔡阳县合并为蔡阳县。

东嘎宗 又作洞嘎、洞卡、董郭尔。原西藏地方政府设，治所在今西藏堆龙德庆县驻地东嘎镇。藏语意为白山咀、白山坡。1960年与堆龙德庆等宗合并，改设堆龙德庆县。

东舞阳县 北魏孝昌中置，属期成郡。治所在今河南舞钢市东。隋开皇初属显州，十八年（598）改为昆水县。

东槃县 北魏置，属赵平郡。治所在今甘肃合水县西南，北至庆城县百二十里。北周改为周槃城。

东熊洲 在今广东江门市新会区南。《寰宇记》卷157新会县：“西熊洲、东熊洲俱在县南二十七里海心，有孤山相对耸上。”

东鹜山 一名鹜山。即今湖南宁乡县西南东务山。《清一统志·长沙府一》：鹜山“在宁乡县西南一百里。一名东鹜山。《县志》：宋遗民王显谟不仕，隐居鹜山，即此”。

东横山 在今浙江天台县东。《方舆纪要》卷92天台县：东横山“在县东十里，天台山足也，俗名覆船山。其上坦夷可三十顷”。

东噶尔宗 即东嘎宗。治所在今西藏堆龙德庆县驻地东嘎。清乾隆《西域同文志》卷18：“西番（藏）语：东谓螺，噶尔白色，取象以名其城也。”

东镇 ①即今河北临城县东十八里东镇。清同治《畿辅通志》卷55临城县图：东有东镇。

②即今山西闻喜县东北东镇。《清一统志·绛州》载：下东镇“在闻喜县东三十里。其东有上东镇”。

③即安民镇。在今安徽萧县东北境。《方舆纪要》卷29徐州：东镇在“州西四十里。亦曰安民镇”。

东镇山 在今浙江台州市东东海中。明万历《黄岩县志》卷1：东镇山“在县东二百四十里。《临海记》云：洋山东百里有东镇大山，去岸二百七十里……中四岙，极险峻，山上望海中突出一石，舟往高丽者必视以为准焉，俗呼高丽头”。

东镇城 高昌国置，在今新疆鄯善县。唐贞观十四年（640）于此置蒲昌县。

东镇墟 即今广东信宜市。清光绪《高州府志》卷10信宜县：陈锦在“县东四十五里。又名东镇”。1952年信宜县迁治于此。

东黎县 北魏永安元年（528）析黎阳县置，属黎阳郡。治所在今河南浚县东北。北齐废。

东篁店塘 即今湖北广水市东北四十五里闵家湾西南孝子店。清光绪《湖北全省分图》：应山县东北有东篁店塘。

东德尔山 在今内蒙古乌拉特中旗东南。《清一统志·乌喇特》：东德尔山“在旗（治所在今包头市西哈德门村）西北一百二十里”。

东虢 西周封国。姬姓。在今河南荥阳市东北。《汉书·地理志》陕县：“东虢在荥阳。”《寰宇记》卷6引《帝王世纪》云：周“封虢叔于东虢，即今成皋”。春秋初，为郑武公所灭。

东潮州 明永乐五年（1407）属新安府。治所在东潮县（今越南东北部广宁省东潮县）。辖境相当今广宁省西南部及海兴省东北部地。宣德二年（1427）以后入安南。

东澳 ①即今台湾省宜兰县东南东澳里。连横《台湾通史·抚垦志》：清光绪元年（1875）十一月，“以宣武左右两军，分戍东澳、大南澳”等地。

②又名清水濠。在今广东广州市清水濠街。《方舆纪要》卷101广州府南海县“西澳”条：“清水濠在旧子城东，古东澳也，穴城而近于海，后亦注于南濠。”为宋代广州东部重要码头区，时盐仓汇集于今旧仓巷、仓边路一带，甘溪穿城而过，使此处成为盐船往来之码头。元代，甘溪渐淤塞，东澳码头渐废，至清代，成为新城的一部分。

东澳市 即今海南省万宁市南东澳镇。清宣统《广东舆地全图》万州图：南有东澳市。

东额旗 即额尔古纳左翼旗。1934年伪满置，治所在奈勒穆图（今内蒙古额尔古纳市西北三河镇）。

东豫州 北魏太和十九年（495）置，治所在汝南郡新息县（即广陵城，今河南息县）。南朝梁大通元年（527）改为西豫州。太清元年（547）改为淮州。东魏武定七年（549）复为东豫州。辖境相当今河南息县、淮滨二县及潢川、正阳二县一部地。北周改为息州。

东燕州 东魏置，寄治幽州军都城。在今北京市昌平区西十七里。《魏书·地形志》东燕州：“孝昌中陷，天平中领流民置，寄治幽州军都城。”北周废。

东燕县 ①西晋末改燕县置，治所在今河南延津县东北三十五里。东晋、十六国时为东燕郡治。北朝属东郡。隋开皇十八年（598）改为胙城县。

②北魏置，属陈留郡。治所在今河南郸城县东北。北齐废。

东燕国 西晋光熙元年（306）封司马腾为东燕王，都城在今河南延津县东北三十五里。后废。

东燕郡 十六国后赵置，属兖州。治所在东燕县（今河南延津县东北）。后改属洛州。北魏废。

东霍山 即今浙江岱山县西七姊八妹列岛中之东霍山。宋《宝庆四明志》卷20昌国县：东霍山“在东北，环以大海，世传徐福至此”。《清一统志·宁波府一》：东霍山“在定海县西北海中。相传徐市驻舟处。有石棋盘，修竹环之，清风披拂，常无尘垢。其对峙者为西霍山”。

东衡州 南朝梁承圣中置，治所在曲江县（在今广东韶关市南十里武水西）。《清一统志·韶州府》：“时有衡州治含洭，故谓此为东衡。”隋开皇九年（589）改为韶州。唐武德四年（621）又改番州置，治所在曲江县（今广东韶关市西一里武水西）。辖境相当今广东韶关市曲江区及翁源、乳源以北地区。贞观元年（627）改为韶州。

东礁 在南海中中国南沙群岛。为尹庆群礁东部一环礁。是一个东西长约13公里、宽约2—4公里的不连续环礁。低潮时露出海面。中国渔民向称大铜铳。1935年公布名称为东零丁礁。1947年改名东礁。

东螺溪 在今台湾省彰化县西南。为浊水溪北支，西北流至鹿港入海。清蒋毓英《台湾府志》卷3：“东螺溪自斗六门与吼尾溪同流，西至东螺之眉里社分支北流，西过西螺社，又西过麻芝干社为北社溪，西入于海。”

东魏县 北魏改魏县置，属东魏郡。治所在今山东邹平县东长山镇东北。北齐废。

东魏郡 北魏改魏郡置，属齐州。治所在历城县（今山东济南市）。后徙台城（今济南市东北三十里）。辖境相当今山东济南、章丘等地。北齐废。

东鳀 应为夷州、流求，指今台湾。《汉书·地理志》吴地：“会稽海外有东鳀人，分为二十余国，以岁时来献见。”

东濠水 在今安徽凤阳县东北二十里。有三源合流，北流至临淮关入淮。《水经·淮水注》：“濠水出阴陵县之阳亭北……东北流径其县西，又屈西南转东径其城南，又北历其城东径小城，而北流注于淮。”《元和志》卷9濠州钟离县：“东濠水，出县南濠塘山，东北入淮。”

东瀛 指东海。唐刘禹锡《汉寿城春望》：“不如何日东瀛变，此地还成要路津。”清俞樾编选日本诗集题为《东瀛诗记》，也称日本为东瀛。

东懽渡 在今江西广丰县城东。《方舆纪要》卷85广信府永丰县：东欢渡，“县东三里有东峰山，诸溪之流皆汇于此，筑坝以防其泛滥”。

东瀼水 即今重庆市云阳县东北之汤溪河。明嘉靖《云阳县志》卷上：东瀼水在“县东一里。自汉中万顷池出，经五溪巡司，云安盐场，入大江”。《方舆纪要》卷69云阳县：东瀼“在县东北，流入云安场，下流入江。以水在县东而名，非奉节之东瀼也”。《清一统志·夔州府二》：汤溪水“在云阳县东，即今东瀼河也”。

东瀼溪 即今重庆市奉节县东之草堂河。《水经·江水注》：白帝城“东傍东瀼溪，即以为隍，西临大江”。《方舆纪要》卷69夔州府奉节县“大瀼水”条引《舆地纪胜》：“公孙述于东瀼水滨，垦稻田东屯，东屯稻田水畦延袤，可得百许顷。前带清溪，后枕崇冈，树林葱蒨，气象深秀，去白帝故城五里。而多稻米，为蜀第一。”唐杜甫《丹青》诗云：“瀼东瀼西一万家，江北江南春冬花。”

东蠡河 在今江苏宜兴市东。《清一统志·常州府一》“西蠡河”条：“又有东蠡河，在荆溪县东十五里。北接余皮浐，东南入于太湖，宋咸平中浚。”

东爨 地区名。从南北朝至唐代，爨部有东西爨之分。依方国瑜《中国西南历史地理考释》，东爨范围约当今云南寻甸回族彝族自治县、宣威市及其以北的滇东北和贵州西北部。

匜布朗宗 即今西藏阿里地区札达县西三十里萨让乡。清乾隆《西域同文志》卷18载：“西番（藏）语：匜布朗，旧宫殿也，城旧为古格汗居处，故名。”

匜坐里冈城 即左贡宗。在今西藏左贡县西北亚中。《清一统志·西藏》喀木诸城：匜坐里冈城“在巴塘城西北三百三十里”。

〔丨〕

卡尔布拉 在今新疆阿合奇县西南哈拉布拉克乡。清光绪《新疆四道志》：乌什“卡拉布拉卡，在城西四百四十里”。

卡尔孜宗 一作喀则宗。原西藏地方政府设，治所即今西藏当雄县西南霍若挖怕郎村（喀则）。

卡尔孜营 又作卡则宗、卡尔孜宗、喀则宗。清乾隆年间置，在今西藏林周县西南卡孜乡。“卡尔孜”，藏语意为堡顶、楼顶。

卡伦站 即今吉林九台市西南卡伦镇。《清史稿·地理志》：吉长铁路四站“饮马河、卡伦、长春、头道沟”。

卡伦街 即今吉林九台市西南卡伦镇。清光绪《吉林通志》卷16长春府：东“五十五里东卡伦镇，街东有雾海河渡口，通瓦铜沟及双庙子等路”。吉长铁路经此，设卡伦站。

卡克里克 即今新疆若羌县。清宣统《新疆图志》卷3：婼羌县，“近有四百余户，二千余人，始设卡克里克县丞。光绪二十九年升为婼羌县。无城郭牙署，官租民房而居”。

卡克满设治局 1937年析巩留县置，属新疆省。治所即今新疆新源县。1939年改为新源设治局。

卡利浦 在今阿富汗喀布尔西北阿姆河南岸。元代为察合台汗国属地。

卡岔河 即今吉林榆树市东拉林河支流卡岔河。源出舒兰县西北，北流注入拉林河。《清史稿·地理志》榆树直隶厅：拉林河“至牛头山镇，南卡岔河自舒兰入，右合二、三、四道河注之”。

卡拉库木 元代察哈台汗国属地。在今哈萨克斯坦咸海东北一带。

卡拉胡鲁木达坂 即今新疆皮山县南喀喇昆仑山口。清宣统《新疆图志》卷4：皮山县“南一千七十五里至卡拉胡鲁达坂，逾大山接坎巨堤”。

卡若遗址 在今西藏昌都县城东南约二十四里澜沧江西岸的卡若村。“卡若”藏语意为闭咀。1978和1979年两次试掘，已发现房屋遗址二十六座，出土石器、陶器、骨器等数万件。还有粮食作物及鸟兽骨骼。遗址和出土文物均属原始社会新石器时代。年代距今约5550—4100年。早期房屋以半地穴式或地面的草拌泥墙建筑为代表；晚期以半地穴式石墙建筑为代表。出土石器以打制石器为主，其次为细石器和磨制石器。陶器中早期红陶较多，晚期灰陶较多。卡若遗址代表西藏东部的一种原始文化，证明当时人们已经定居，以农业为主，也有狩猎和家畜饲养，并与邻近地区的原始文化有密切联系。1996年定为全国重点文物保护单位。

卡契园 在今西藏拉萨市西，为回教徒礼拜之所。清《西藏图考》卷5：卡契园“在布达拉西五里许，系达赖喇嘛避暑处。鱼池、经堂多植名花，亦名花园”。

卡墙 即今新疆且末县。清宣统《新疆图志》卷81婼羌县：卡墙“回民四百户。旧名策尔满。西北有古城，周十余里，汉且末国，唐之播仙镇”。1914年置且末县于此。

卡墙河 一名且末河。即今新疆且末县东车尔臣河。源出新疆且末县东南，西北流，经且末县治东，折东北流，经若羌县北，入罗布泊。清宣统《新疆图志》卷67：卡墙河“有三源，一源出乌鲁克苏，一源出阿格塔克，一源出阿里雅拉克，汇为卡墙河……北流入婼羌县境，汇于罗布淖尔”。

卡撒 亦名喀尔撒尔。在今四川金川县南卡撒乡。《清史稿·温福传》：温福等疏言征大小金川，“一为卡撒正路，自美诺至噶尔依，约五程，为傅恒进军路”。乾隆四十一年（1776）后，设卡撒汛。

北大通镇 即今青海门源回族自治县（浩门镇）。清雍正二年（1724）筑城，置大通卫于此。

北弋阳县 南朝梁普通八年（527）改弋阳县置，为光州弋阳郡治。治所在今河南潢川县西北十二里隆古乡。东魏武定七年（549）并入南弋阳县。

北上洛县 南朝宋置，为北上洛郡治。治所在今湖北郧西县西北上津镇。南齐改为上洛县。

北上洛郡 南朝宋置，属梁州。治所在北上洛县（今湖北郧西县西北上津镇）。梁改为南洛州。

北口 指今河北境内长城诸口，以别于西口。

北口铺 明置，属永宁州。即今贵州关岭布依族苗族自治县西南北口。《清一统志·安顺府》“新铺”条下：又有“北口铺”等，旧皆戍守外。

北小店镇 即今山西阳曲县西北北小店。民国时有县佐驻此。

北山 ①指今北京市北燕山山脉。《三国志·魏书·田畴传》：畴自无终（今蓟县），“乃更上西关（当即居庸关），出塞，傍北山，直趣朔方”。

②又名九龙山。在今吉林省吉林市旧城得胜门外。民国魏声龢《吉林地志》：“吉林城北山下有演武厅故址，对北山。山有九峰拱卫，土人称为九龙之象。”北山主峰海拔270米，上有关帝庙，药王

庙、玉皇阁、坎离宫等胜迹。登高远望，城郊尽收眼底，为吉林城著名的旅游胜地。民国时辟为北山公园。

③指今安徽寿县北八公山。《资治通鉴》：南朝梁天监十二年（513）夏五月，“寿阳久雨，大水入城，庐舍皆没。魏扬州刺史李崇勒兵泊于城上，水增未已……将佐劝崇弃寿阳保北山”。胡注：“寿阳北山即八公山。”

④在今江西进贤县北，滨鄱阳湖。《方舆纪要》卷84进贤县：北山在“县北百里，地滨彭蠡湖。四周皆水，与天无际。其上平夷，利耕作。居民常千余户”。

⑤指今河南洛阳市北北邙山。《左传》：昭公二十二年（前520），“王田北山”。杜注：“北山，洛北芒也。”

⑥即今广东肇庆市北北岭山。《舆地纪胜》卷96肇庆府：北山“在高要县北七里，接四会县”。《方舆纪要》卷101肇庆府高要县“石室山”条：北山“亦名北岭，在县北十里，高千仞，盘亘百余里，为府治之后山，峰峦联属若屏障然。其中一峰，屹立雄伟，名将军岭，盖即石室之支阜也”。

⑦在今广西贵港市北。《清一统志·浔州府》：北山“在贵县北二十里。又名宜山。上有瀑布千仞。其北为登仙岩，路通仙女岭”。

⑧又名营山、龙冈山。在今重庆市大足县西北。《舆地纪胜》卷161昌州：北山“在城北二里。唐昌州刺史韦靖置城于此”。并在此造像，经五代至南宋绍兴年间建成。分布于佛湾、白塔寺、营盘坡、观音坡、佛耳岩等处。以佛湾为最集中。保存有《韦君靖碑》、《古文孝经碑》、《赵懿简公神道碑》等，为研究我国历史及书法的珍贵资料。北山唐、宋摩崖造像。

⑨即汉阳山。在今四川剑阁县（下寺镇）西南普安镇北二里。《资治通鉴》：五代唐长兴元年（930），石敬塘伐蜀，“进屯剑州北山”即此。

⑩指陕西关中平原北面诸山。《资治通鉴》：唐建中四年（783），朱泚攻奉天（今陕西乾县），“李怀光自蒲城引兵趣泾阳，并北山而西，……败泚兵于醴泉”。即此。

⑪今甘肃河西走廊北侧诸山的总称。由马鬃山、合黎山和龙首山组成。海拔1500—2500米。马鬃山又名甘肃北山。合黎、龙首二山亦合称走廊北山。

⑫在今青海互助土族自治县西北。民国汪公亮《西北地理》：青海互助县，“北山一带松青柏秀，林木尤多”。

⑬指今新疆天山山脉。因地处塔里木盆地北边，故名。《汉书·西域传》：“自车师前王廷随北山，波河西行至疏勒，为北道。”

⑭指今俄罗斯阿穆尔州北境之斯塔诺夫山脉（外兴安岭）。《明一统志》卷89女直：黑龙江“在开元城北二千五百里。源出北山，黑水靺鞨旧居此。南流入松花江”。

北山寺 又名北禅寺、永兴寺。在今青海西宁市北湟水北岸的山崖上。有佛寺道观洞窟多处，有“九窟十八洞”之称。寺内残存壁画、藻井。从艺术风格上看，属晚唐和宋元遗迹。经修葺的道观有魁星楼、灵官殿等建筑。北山顶有清代所建五层密檐砖塔。

北山关 明置，属宁番卫。在今四川冕宁县北。《方舆纪要》卷74番卫军民指挥使司“乌角关”条内：“卫北二十里有北山关，皆为戍守处。”清设把总驻守。

北山村 在今广东惠来县西南。《明史·地理志》惠来县：“南有神泉巡检司，本名北山，治县西北山村，后迁神泉村，更名。”

北山里 在今广西贵港市西北北山村。清光绪《广西舆地全图》贵县图：西北有北山墟。

北山驿 在今广东惠来县西南。《方舆纪要》卷103惠来县：北山驿“在县西。旧置于县北北山村，后改置于此”。

北山城镇 亦作山城镇。即今吉林梅河口市西南山城镇。清光绪《奉天全省地舆图说图志》海龙厅：北山城镇“在厅西南一百二十里”。1928年曾是东边道镇守使署衙所在地。商业发达，素有“小奉天”之称。东南杨树河左岸半截山，有金代女真文摩岩石刻。

北山站 元置，在今广东惠来县西南。明改为北山驿。

北山塘 在今江苏仪征市北。《方舆纪要》卷23仪真县：“北山塘在县北濠外一里。其相接者为茆家山塘，北面依山，东西引流入濠，旧时潴为水柜以遏敌。”

北山寨 在今广西贵港市北三十里龙山中。明成化二年（1466）置北山寨巡司于此。

北山摩崖造像 在今重庆市大足县城西北四里北山（即古龙岗山）上。唐末昌州刺史韦君靖于此建永昌寨。后于唐景福元年（892）在此造像，经五代至南宋绍兴年间，历时二百五十余年。石刻分布在佛湾、白塔寺、营盘坡、观音坡、佛耳岩等处，以佛湾最为集中。共二百六十余龛窟，岩高7米，长500米。南段多晚唐和五代雕凿，北段多宋代雕凿。名碑有唐《韦君靖碑》、宋《赵懿简公神道碑》等均保存完好。1961年定为全国重点文物保护单位。1996年又将南山一石篆山摩崖造像及多宝塔归入本保护单位。

北川州 即比川州。治所在今四川甘洛县南普昌镇。

北川县 ①北周置，属北部郡。治所在今四川北川羌族自治县西北开坪乡。隋属汶山郡。唐武德初属茂州，永徽二年（651）废入石泉县。

②1914年改石泉县置，属四川西川道。治所在今四川北川羌族自治县西北治城乡（旧石泉县）。1928年直属四川省。1935年红军四方面军长征经此，曾置平北县。1950年迁治今县北曲山镇。2003年改设北川羌族自治县。2009年移治安昌镇。

北川河 在今青海西宁市和大通回族土族自治县境。《清一统志·青海厄鲁特》：北川河“番名阿尔坦河。源出西宁边外北五十余里阿尔坦山，南流一百五十余里，有布呼克河自西北来，流一百五十余里，会二小水，入北川河。又南流五十余里，入西宁北川边内。又东南流八十余里，至西宁城南入湟河”。

北川驿 唐置，在今陕西商洛市西北七十里。久废。

北川铁路 自今重庆市江北区白庙子至合川区东渠江东岸之三汇场。1927年动工兴建，1929年9月建成一段通车。1934年增建至大田坝，全长23里。为单轨运煤铁路。是民国时期四川第一条铁路。

北川营 在今青海大通回族土族自治县东南。《清一统志·西宁府二》：北川营“在西宁县北六十里。旧名永安堡，城周三里，北至暗门边墙十里。本朝设游击驻防。乾隆二十六年归大通县属。三十九年改设都司”。

北广平郡 北魏永安中置，属相州。治所在南和县（今河北南和县）。辖境相当今河北邢台、任县、南和等县市地。北齐废。

北门渡 在今贵州湄潭县北。《清一统志·平越州》：北门渡“在湄潭县北。为龙泉、婺川要道”。

北义州 ①唐武德二年（619）置，治所在武德县（今河南温县东北武德镇）。四年（621）废。

②唐武德五年（622）置，治所在容城县（今河北容城县北十五里城子村）。辖境相当今河北容城、新城、固安等县地。贞观元年（627）废。

北义阳郡 南齐改义阳郡置，为司州治。治所在平阳县（今河南信阳市）。北魏正始元年（504）改为义阳郡，为郢州治。梁为司州治。东魏武定七年（549）改为义阳郡。

北卫滩 在南海中中国东沙群岛内，位于东沙岛西北约44海里。为隐没在海水中的珊瑚暗滩。1947年中国内务部公布名称为北卫滩。

北子礁 即今南海中中国南沙群岛之北子岛，位于双子群礁西北侧。中国渔民向称奈罗上峙或奈罗线仔。1947年命名北子礁。1983年改称北子岛。

北马头镇 清置，属天津县。在今天津市北。清设把总驻守。

北马集 即今山东龙口市东南十四里北马镇。清同治《黄县志》有北马集。1984年设镇。

北乡侯国 西汉置，属齐郡。治所当在今山东淄博市附近及其东北部一带。东汉废。

北乡郡 ①北魏置，属泰州。治所在汾阴县（今山西万荣县西南庙前村）。辖境相当今山西万荣、临猗县地。北周改置汾阴郡，移治今万荣县西南宝井村。

②东魏置，治龙门县（在今山西河津市西）。领龙门、汾阳二县。北齐废。

北乡寨 北宋元丰三年（1080）置，属沙县。在今福建沙县西北。明洪武八年（1375）置巡司于此。

北丰（豐）县 ①东汉末置，属辽东郡。治所即今辽宁瓦房店市。西晋废。

②1947年改西安县置，属辽北省。治所即今吉林辽源市。1949年复改西安县。

北王力 即今河北清苑县（南大冉）西南北王力乡。明嘉靖《清苑县志》卷1：“西南七十五里北王力村。”

北井子 即今辽宁东港市西北井子镇。清咸丰《岫岩志略》卷3：北井子“在城南一百九十里”。

北井县 东汉末置，属巴东郡。治所在今重庆市巫山县北九十五里洋溪乡南宁河。《水经·江水注》：巫溪水“又径北井县西，东转历其县北，水南有盐井，井在县北，故县名北井”。后属固陵郡。三国蜀汉属巴东郡。西晋泰始五年（269）属建平郡。西晋左思《蜀都赋》刘逵注：“盐池出巴东北井县，水出地如涌泉，可煮以为盐。”北周天和中废入大昌县。

北五城县 即北伍城县。今四川三台县。《宋书·州郡》：新城太守“北五城令，何志新分五城立”。

北五城郡 东魏兴和二年（540）置，属晋州。治所在今山西临汾市境。北周废。

北屯镇 清置，即今陕西礼泉县东北五十里烟霞镇东北北屯。秦、汉置谷口县于此。

北中府 北魏置，治所在北中城（今河南孟州市南）。北齐废。

北中城 为河阳三城之一。北魏太和二十年（496）筑，在今河南孟州市南黄河北岸。有二城，置北中郎府领兵戍守，因名。《魏书·孝庄纪》：永安三年（530）九月，尔朱世隆“据北中城，南逼京邑”。即此。北齐置行台。北周置河阳镇。隋移河阳县治此。唐建中二年（781）置河阳三节度。会昌三年（843）兼置孟州。金大定中毁于河水。

北冈 在今江苏丹阳市北。《方舆纪要》卷25镇江府丹阳县“夹冈”条下：“北冈在县北十八里练湖上。相传秦凿云阳北冈，即此。”

北水郡 南朝宋末置，属梁州。治所在今四川南江县西南。梁普通六年（525）于郡置难江县。属巴州。治所在今四川南江县南八庙场。隋开皇三年（583）废。

北仁州 唐武德二年（619）置，治所在今陕西安塞县西北。贞观三年（629）废。

北仑（崙） 在今广西东兴市西北、防城港市防城区西北仑。清时设龙门协把总驻防。

北仑（崙）河 亦名北市江。在今广西东兴市西。《清史稿·地理志》防城县：北仑河“其上源曰文义河，出拷邦岭，东北至北仑汛，屈而南，嘉隆江自西南来注之。其南岸则越南界也”。北仑河从木河村起至东兴镇，为中越界河。

北仓镇 ①即今天津市北运河东岸北仓镇。清乾隆

《天津县志》卷4：西沽巡检辖有北仓村。光绪《天津府志》卷23：天津县北乡有北仓镇。

②在今上海市金山区（山阳镇）西南，金山卫城北三里。五代汉乾祐时，移浦东场盐课司于此。盐业兴盛。

北方城县　北魏太和十八年（494）置，属建城郡。治所在今河南叶县西南。景明末废。永熙二年（533）复置。东魏时，与赭阳县合并为建城县。

北斗山　在今广西玉林市西北。《元丰九域志》卷9：兴业县"有北斗山"。《舆地纪胜》卷121郁林州：北斗山"在旧州西北一十里"。《明一统志》卷84梧州府：北斗山"七峰卓立，如北斗然"。

北斗滩　在今湖南沅陵县东北八十里沅江中。《方舆纪要》卷81沅陵县"沅江"条下：北斗滩"怪石凡七，隐立若斗杓也"。

北户　即北向户的简称。泛指五岭以南中原王朝势力所及地区。《史记·秦始皇本纪》：二十八年（前219）琅邪台刻石，"皇帝之土，西涉流沙，南尽北户"。晋左思《吴都赋》："开北户以向日。"刘渊林注："日南人北户，犹日北人南户也。"

北巴西郡　①亦作北巴郡。东晋末置，属梁州。治所在阆中县（今四川阆中市）。南朝宋辖境相当今四川阆中、苍溪、南部、南充、西充等市县地。西魏废帝二年（553）改为盘龙郡。

②南朝宋元嘉十二年（435）侨置，属益州。治所在今四川绵阳市境。十六年（439）废。

北巴州　即南梁北巴州。治所在阆中县（今四川阆中市）。《旧唐书·地理志》阆中县："梁置北巴州。西魏置隆州。"

北巴郡　即北巴西郡。治所在阆中县（今四川阆中市）。

北正镇　即今吉林长岭县西北北正镇。《吉林乡土志》："本镇在七区正字号地段之内，而正字号地又在七区之北，故名。"

北甘山　一名凤凰山。在今广东阳东县西北。《舆地纪胜》卷98南恩州：凤凰山"一名北甘山。……《倦游录》云：南恩州北甘山，壁立千仞，有瀑水飞下，猿狖不能至。凤凰巢其上，彼人呼为凤凰山"。

北古铁路　即通古铁路。从今北京市至河北密云县古北口。

北左末旗　俗称盐扎萨克旗。即和硕特北左末旗。在今青海乌兰县北。后迁乌兰县东南。

北左翼旗　俗称柯尔洛贝子旗。即和硕特北左翼旗。在今青海乌兰县西北。

北右末旗　俗称柯尔洛果扎萨克旗。即和硕特北右末旗。在今青海天峻县西北。后迁今德令哈市西。

北右翼旗　俗称郡贝子旗。即和硕特北右翼旗。在今青海刚察县北。

北石桥泉　在今山东滕州市北二十里。《方舆纪要》卷32滕县：北石桥泉"旁有三里桥、大乌等泉，俱注于北沙河"。

北石窟寺　又称寺沟石窟。在今甘肃庆阳市西峰区西南五十里复钟山崖壁上。据清乾隆六十年《重修石窟寺诸神庙碑记》及《镇原县志》引自唐碑记载，北石窟为北魏永平二年（509）泾川刺史奚康生开始建造。分上、中、下三层，南北长120米。最高处距地面十余米。北魏的第165窟规模最大，保存最好，窟高14米，长21.7米，宽15.7米。造像以大佛为主，伴以胁侍、弥勒、普贤、阿修罗及佛传故事等。历经西魏、北周、隋、唐、宋各代开凿，共有窟龛二百九十五个，现存造像二千一百二十六躯，石刻及墨书题字一百五十余方。是甘肃规模较大的石窟群之一。1988年定为全国重点文物保护单位。

北平山　在今四川彭山县西北。《寰宇记》卷74彭山县：北平山"在县西北三十四里。李膺《益州记》云：张道陵得仙于此。陵有二十四化，此山是其一也"。《方舆纪要》卷71彭山县：北平山在"县西北三十里。上有天柱峰"。

北平市　1949年1月31日北平市和平解放。10月1日中华人民共和国成立，改名北京市，定为首都。北京市为中央直辖市。1952年原属河北省的宛平县撤销，并入北京市。1956年河北省昌平县并入北京市，改设昌平区。1958年3月河北省的通县、顺义、大兴、良乡、房山5县及通州市划入北京市，同年10月又将平谷、密云、怀柔、延庆4县划入北京市。不久将通县与通州市合并设通州区，将房山与良乡2县合并设周口店区，其后又撤销大兴、顺义2县，改设大兴、顺义2区。1960年先后恢复昌平、通县、顺义、大兴、房山5县。1980年增设燕山区。1986年将房山县和燕山区合并，改设房山区。1997年通县改设通州区。1998年顺义县改设顺义区。1999年昌平县改设昌平区。2001年大兴、怀柔、平谷3县分别改为大兴、怀柔、平谷3区。2010年将宣武、崇文二区分别并入西城、东城二区，现北京市辖东城、西城、朝阳、丰台、石景山、海淀、门头沟、房山、通州、顺义、昌平、大兴、怀柔、平谷等14市辖区及密云、延庆2县。

北平行都司　北平行都指挥使司的简称。明洪武二十一年（1388）改大宁都指挥使司置，治所在大宁卫（今内蒙古宁城县西大明镇）。辖境相当今河北张北、滦平、承德以北，辽宁建昌、北票及内蒙古库伦旗以西，尚义、正镶白旗以东，西拉木伦河以南地区。永乐元年（1403）复改为大宁都指挥使司。

北平军　北宋庆历二年（1042）改北平县置，属定州。治所即今河北顺平县。金改为永平县。

北平县　①西汉置，属中山国。治所在今河北满城县北十里。北魏孝昌中移治今顺平县东北二十里，为北平郡治。北齐属中山郡。隋开皇初属定州，移治今顺平县。唐万岁通天二年（697）改为徇忠县，神龙元年（705）复为北平县。五代唐长兴三年（932）改为燕平县，北宋初复名北平县，属中山府。金改为永平县。

②北魏改蒲阴县置，为北平郡治。治所在今河北顺平县东北二十里。北齐改属中山郡。隋徙治今顺平县。大业初属博陵郡。唐属定州，万岁通天二年（697）改为徇忠县。神龙元年（705）复名北平县。五代唐长兴三年（932）改燕平县。北宋初复改北平县。金改永平县。

③北魏置，为襄州宣义郡治。治所在今河南方城县东南。后为北南阳郡治。隋开皇九年（589）改为真昌县。

北平邑县 东汉永平八年（65）置，属代郡。治所在今山西大同县东。后废。

北平图书馆旧址 在今北京市西城区文津街7号。这是一座历史悠久的国家图书馆。其前身是京师图书馆，清宣统元年（1909）由学部主持设立，馆址原在什刹海后海北岸的广化寺，辛亥革命后由北京政府教育部接管，继承了宋、元、明、清皇家藏书，有敦煌石室写经、宋元刻本、明《永乐大典》、清《四库全书》等善本图书。1915年馆址迁到方家胡同。1928年又迁至中南海居仁堂并改名为“国立北平图书馆”，1929年北平北海图书馆并入，1929—1931年建国立北平图书馆文津街新馆（因藏承德避暑山庄文津阁转移的《四库全书》而得街名）。文津街北平图书馆主楼建筑面积1.3万平方米，主楼代表了民国初期建筑风格，为古宫殿式，实现馆藏要求与古宫殿建筑巧妙结合。1930年从圆明园移来华表、石狮、石象、昆仑山、太湖石和乾隆御碑、御题刻石等。2006年定为全国重点文物保护单位。

北平府 明洪武元年（1368）改元大都路置，属山东行中书省。治所在大兴、宛平二县（今北京市）。辖境相当今北京市长城以南，天津市武清、宁河以北及河北廊坊市与唐山市西部地区。次年为北平行中书省治（后改为北平布政司）。永乐元年（1403）建为北京，改名顺天府。

北平城 ①在今天津市蓟县境。《史记·韩长孺列传》正义引《括地志》：“幽州渔阳县东南七十七里北平城。”又《方舆纪要》卷11蓟州：北平城“倚燕山为板筑。西汉古北平郡治平刚，或以为即此城也”。

②在今河北玉田县西。《魏书·地形志》渔阳郡土垠县：“有北平城。”又《水经·鲍丘水注》：“鲍丘水又东，径右北平郡故城南。《魏土地记》曰，蓟城东北三百里，有右北平城。”即此。

③在今安徽涡阳县东五十六里曹市集北。《魏书·地形志》谯州南谯郡：涡阳有北平城。《水经·阴沟水注》：“（濄水）东南流径山桑邑南，俗谓之北平城。”即此。

北平行省 明洪武二年（1369）分河南、山东两行中书省置北平行中书省，治北平府（治今北京市）。简称北平省。九年（1376）改为承宣布政使司。永乐元年（1403）罢布政使司，以所领直隶北京行部。十九年（1421）又罢行部，直隶六部。

北平郡 ①西晋改右北平郡置，属幽州。治所在徐无县（今河北遵化市东）。辖境约当今河北兴隆、天津市蓟运河下游以东，河北遵化、丰润及唐山以西地区。北魏太平真君七年（446）废。

②北魏孝昌中置，属定州。治所在北平城（今河北顺平县东北二十里）。辖境相当今河北顺平、唐县等地。北齐废。

③北魏分辽西郡置，属平州。治所在新昌县（今河北卢龙县）。辖境相当今河北卢龙、迁安县一带。北齐扩大至今河北长城以南、滦河流域以东地区。隋初废。大业初改平州为北平郡，治卢龙县（今卢龙县）。唐武德初改为平州，天宝初复为北平郡。乾元初复改为平州。后废。

北东莞县 南齐置，属东莞琅邪二郡。治所在今江苏东海县或连云港市境。后废。

北东海郡 南朝齐改东海郡置，治所在襄贲县（今江苏涟水县）。东魏武定七年（549）改为海安郡。

北四墟 在今广西合山市东北北泗乡。清属迁江县。光绪《广西舆地全图》迁江县图：北有北四墟汛。1932年属来宾县。1981年属合山市。

北市 即隋通远市。为隋唐东都三市之一。在今河南洛阳市隋唐故城洛水之北。唐仍称为北市。

北邙山 亦作北山、郏山、芒山。在今河南洛阳市北。《左传》：昭公二十二年（前520），“王田北山”。杜注：“北山，洛北芒也。”《后汉书·城阳恭王祉传》：刘祉“葬于洛阳北芒”。其后，王侯公卿多葬于此。又《梁鸿传》：鸿过京师作《五噫之歌》：“陟彼北芒兮，噫！顾览帝京兮。”《元和志》卷5偃师县：“北邙山，在县北二里，西自洛阳县界东入巩县界。旧说云，北邙山是陇山之尾，乃众山总名，连岭修亘四百余里。”

北兰镇 在今广西环江毛南族自治县北大环江东岸。明属思恩县，于此置北兰镇巡司。

北兰陵郡 为南朝宋泰始年间淮北沦陷后在淮南地区设置的侨郡，当在今江苏淮安市淮阴区一带。土断后并入东平郡。《南齐书·周盘龙传》载：“周盘龙，北兰陵人也。宋世土断，属东平郡。”可证。

北汉 五代十国之一。公元951年五代周灭后汉，后汉河东节度使刘旻在太原称帝，国号汉，史称北汉。建都晋阳（今山西太原市西南晋源镇附近）。辖境包括今山西北部和陕西、河北部分地区。979年为北宋所灭。

北宁 即今越南北部北宁省之北宁县。《清史稿·越南》：光绪十年（1884），法国侵略者攻占扶良，“进逼北宁，黄桂兰、赵沃败奔太原”。

北宁市 1995年撤销辽宁省北镇满族自治县，改设北宁市，市人民政府驻广宁东路。由锦州市代管。

北宁铁路 即关内外铁路。因从北平（今北京）至辽宁沈阳，故名。

北司州 ①南朝梁天监十三年（514）置，治所在湖陂城（今湖北麻城市西南）。后废。

②南朝梁大通二年（528）改郢州置，治所在义阳郡平阳县（今河南信阳市）。东魏武定七年（549）改为南司州。

北皮城 在今河北南皮县东北。《水经·淇水注》："清河又北径北皮城东……《地理风俗记》曰：'南皮城北五十里有北皮城，'即是城矣。"

北台（臺）山 ①在今福建古田县北。《方舆纪要》卷96古田县：北台山"在县西一里。高耸如台"。

②在今广东中山市南。《方舆纪要》卷101广州府香山县：北台山"在县（今中山市）南四十里。又南二十里曰南台山，两山相对如台"。

北吉州 唐武德六年（623）于延福县境侨置，治所在今陕西绥德县东境。贞观二年（628）省入延福县。

北吉祥寺 在今山西陵川县城西三十里礼义镇西隅。创建于唐大历五年（770）。宋、元、明、清历代重修。寺宇规模宏敞，布局严谨，三进院落，皆用卡墙相隔，有山门、钟鼓楼、厢房、前殿、中殿、左右配殿、东西廊庑、后大殿等。前殿、中殿历史最古，余皆明、清重修。寺内碑碣数通，记述寺史及建筑年代。

北吉寨 在今云南景东彝族自治县境。《明史·云南土司传》：洪武十八年（1385），"百夷思伦发叛，率众十余万攻景东之北吉寨"。即此。

北地州 即比地州。治所在今四川泸定或石棉、汉源、甘洛等县境。

北地郡 ①战国秦昭王三十六年（前271）置，治所在义渠县（今甘肃庆阳市西峰区东境）。西汉移治马领县（今甘肃庆城县西北）。东汉又移治富平县（今宁夏吴忠市西南）。辖境相当今宁夏贺兰山、山水河以东及甘肃环江、马莲河流域。东汉末废。

②东汉末置，寄治冯翊郡界，三国魏割冯翊郡之祋祤县（今陕西铜川市耀州区东）为实土，辖境相当今陕西耀州区和富平县地。其后累有伸缩。北魏移治泥阳县（今陕西富平县西北）。西魏废帝三年（554）改为通川郡。

③隋大业三年（607）改豳州置，治所在定安县（今甘肃宁县）。辖境相当今甘肃庆阳市西峰区及宁县、合水、正宁和陕西旬邑、彬县、长武、永寿等县地。唐武德元年（618）改为宁州。

北扬州 东魏天平二年（535）置，治所在项县（今河南沈丘县）。辖境相当今河南沈丘、项城、西华、淮阳、新蔡及安徽临泉等县地。南朝梁太清元年（547）改为殷州。东魏武定六年（548）复改为北扬州。北齐改为信州。

北西阳县 南朝梁置，属西阳郡。治所在今湖北麻城市西北。梁废。

北戍滩 亦名北势滩。在今广西博白县西南流江中。《新唐书·地理志》 博白县："西南百里有北戍滩。咸通中，安南都护高骈募人平其险石，以通盘楫。"

北光城郡 南朝梁置，为光州治。治所在光城县（今河南息县境）。北齐废。

北吐京郡 北魏置，治吐京县（今山西石楼县）。领吐京、平昌二县。北齐废。

北团林子 即今黑龙江省绥化市。民国林传甲《黑龙江乡土志》："绥化县，在呼兰河上游，旧名北团林子。光绪设厅升府，今改县。"

北团寨 即今福建连城县北北团。宋置北团寨巡司于此，后毁于兵。

北朱提郡 南齐析朱提郡北部置，属宁州。治所在今云南永善县境。辖境约当今云南永善、大关等县地。南朝梁末废。

北伍城县 亦作北五城县。南朝宋置，为新城郡治。治所在今四川三台县。齐废。

北伐汀泗桥战役遗址 在今湖北咸宁市西南汀泗桥镇西侧。1926年8月，国民革命军北伐挺进武汉，叶挺率领的独立团奋勇攻击扼守于此的军阀吴佩孚的军队，夺取汀泗桥。1929年在此兴建了国民革命军第四军北伐阵亡将士墓和纪念碑、纪念亭等。1988年定为全国重点文物保护单位。

北华州 北魏明帝改东秦州置，治所在杏城镇（今陕西黄陵县西南十里）。辖境相当今陕西富县、甘泉、洛川、黄陵等县地。西魏改为敷州。

北向（嚮）户 地区名。简称"北户"。泛指五岭以南中原王朝势力所及地区。《史记·秦始皇本纪》：二十六年（前221），秦地"南至北向户"，即此。因北回归线以南，居民往往向北开门户，故名。

北庄市 即今浙江嵊州市东北漳镇。清道光《嵊县志》卷2《市镇》：北庄市"在县东六十里"。

北庄遗址 在今山东长岛县（南长山镇）西北黑山乡北庄村小河北，峰台山南坡。面积2万平方米，为史前时期大型村落遗址。1980年发现。1981—1984年四次发掘，出土大量鼎、钵、罐等陶器，斧、锛、刀、钩、叉等石器和骨器，以及各种装饰品和乐器等，被确立为大汶口文化的北庄类型，发现房址九十余座，为探讨当时海岛上的史前聚落形态及其所反映的社会组织提供了重要资料。1996年定为全国重点文物保护单位。

北庄集 即今山东苍山县西北大北庄。旧属峄县，民国时有县佐驻此。

北庆州 即庆州。在今内蒙古巴林右翼北索博日嘎镇古城。《明史·李文忠传》：洪武三年（1370），北征"时元帝已崩，太子爱猷识里达腊新立。文忠谍知之，兼程趋应昌。元嗣君北走……出精奇穷追至北庆州而还"。

北齐 北朝之一。公元550年高洋代东魏称帝，国号齐，都邺（今河北临漳县西南），史称北齐。有今洛阳以东，晋、冀、鲁、豫诸省及内蒙古一部分。公元577年为北周所灭。

北齐高氏墓群 在今河北景县城西三十里野林庄一带。是北朝时期门阀大族之一的高氏家族墓群。面积

37 万平方米，现存封土十座，封土高 1—30 米不等。已发掘三座，分别判定为北魏定州抚军长史高雅夫妇子女合葬墓、北齐雍州刺史高长命墓和北周阳安县令高谭夫妇合葬墓。三墓分别为三室、二室和单室墓。出土随葬品主要是陶俑及青瓷器和少量铜器、石案、墓志等。2001 年定为全国重点文物保护单位。

北羊城 在今河北沽源县西南小河子乡一带。《金史·地理志》抚州柔远县："有白羊城，国言曰火唵榷场。"

北关 ①在今江苏连云港市西南。《方舆纪要》卷 22 海州：北关在"州（治今海州镇）北五里。或云，南宋时筑此，据险戍守，以保障州城。绍兴末，魏胜败金人于北关，是也"。

②即今山西祁县东南北关。《宋史·姚古传》：金粘罕围太原，"内外不相通。古进兵复隆德府、威胜军，扼南、北关，与金人战，互有胜负"。即此。

③在今台湾省宜兰县东北。《清一统志·台湾府》：北关"在噶玛兰梗枋。高山险峻，大石鳞列，为厅咽喉。本朝嘉庆十五年，设外委驻防"。

④在今湖南长沙市北。《方舆纪要》卷 80 长沙府：北关在"长沙县北十里。又县东五里有东关，西五里有西关"。

北关门 五代吴越国杭州城北门。故址在今浙江杭州市武林路与环城北路相交处。南宋改名余杭门。

北关堡 北宋熙宁五年（1072）置，属熙州。在今甘肃临洮县北二十里。

北关隘 在今广东普宁市北洪阳镇北。《方舆纪要》卷 103 普宁县：北关隘在"县城（今洪阳镇）北。城南有南关隘"。

北关镇 ①清置，属祁县。在今山西祁县东南六十里北关村。

②在今广东潮安县东北。《方舆纪要》卷 103 潮州府海阳县：北关镇在"府东南六十里海口，向设兵戍守"。

北江 ①《尚书·禹贡》导漾："东为北江，入于海。"旧释皆以北江为"三江"之一。说法不一：(1)《汉书·地理志》毗陵（今江苏常州市）："北江在北，东入海"；《水经·沔水》："又过毗陵县北，为北江"；徐锴《说文系传》："江至南徐州（今江苏镇江市）为北江。"皆指今长江下游干流为北江。(2)《初学记》引郑玄说，认为今汉水为北江。

②即今广东北部之北江，为粤江三大主流之一。《方舆纪要》卷 100 广东：北江"即湟水、溱水合流之水也。……又南流经三水县西，至（广州）府西北三十里逶迤而下，会于西江"。

③即今广西之黔江。清齐召南《水道提纲》卷 19："黔即北江。"

④在今四川西北。《山海经·海内东经》："北江出曼山。"

⑤即今重庆市城口、四川万源及陕西紫阳县境之任河。《明史·地理志》太平县："北有北江，又北入陕西紫阳县界，名任河，入于汉江。"

北江州 ①南朝梁置，治所在鹿城关（今湖北武汉市黄陂区北七十里木兰山北）。隋开皇初废。

②南朝陈置，治所在赭圻城（今安徽繁昌县西北三十里）。领南陵等郡。隋开皇九年（589）废。

③北齐改湘州置，治所在新化县（今湖北大悟县东北）。隋开皇初废。

④明永乐五年（1407）属北江府。治所在新福县（今越南北部永福省多福）。辖境相当今越南永福省与河内市相连部分地。宣德二年（1427）后入安南。

北江府 明永乐五年（1407）属交趾布政司。治所超类县（今越南北部北江省顺城）。辖境相当今越南河内市东北部及北江、北宁二省部分地。宣德二年（1427）以后地入安南。

北池湖 在今河南商水县北。《方舆纪要》卷 47 商水县：北池湖，"《志》云：在县北十五里。汇上游诸水而成，方四十里。又东合于颍水"。

北汝河 元至正年间，分汝水上游东出㶏水（今沙河）入颍水，称北汝河。

北宅 战国魏地。在今河南荥阳市东。《史记·穰侯传》：秦昭王三十二年（前 275），"穰侯为相国，将兵攻魏，走芒卯，入北宅，遂围大梁"。《正义》："《竹书》云：'宅阳，一名北宅。'"

北安子 在今北京市房山区西北南窖乡北安村。盛产煤。民国《房山县志》图：县西北有北安子村。

北安丰（豐）镇 即安丰镇。今江苏兴化市东北安丰镇。明、清置巡司于此。

北安市 1960 年撤销黑龙江省北安县，改设北安市，属黑河专区。市人民政府驻北安。1963 年复改北安县。1968 年属黑河地区。1982 年复设北安市。1983 年通北县撤销并入。1995 年由黑河市代管。

北安州 辽圣宗以汉户置，治所在兴化县（今河北承德市西南滦河镇西南）。金皇统三年（1143）废。

北安县 1938 年改龙镇县置，属黑龙江省。治所在北安镇（今黑龙江省北安市）。1939 年伪满于此置北安省。1945 年复置北安县，属黑龙江省。1960 年改为北安市。

北安邑县 北魏太和十一年（487）改安邑县置，属河北郡。治所在今山西夏县西北十五里禹王城。十八年（494）改为夏县。

北安省 1939 年伪满置，省会在北安县（今黑龙江北安市）。辖境相当今黑龙江北安、克东、克山、德都、嫩江、依安、拜泉、海伦、望奎、庆安、绥化、铁力等市县地。1945 年日军投降后废。

北安砦 即今福建宁化县东北水茜乡。《方舆纪要》卷 98 宁化县"安远砦"条下："又北安砦，在县东北七十里。宋绍定六年，移苦竹砦置于此。今皆废。"

北安镇 即今黑龙江省北安市。1932 年龙镇县移治于此。1939 年为伪满北安省会。1945 年为黑龙江省会。1949 年省治移齐齐哈尔市，北安县仍属黑龙江省。1960 年于此改置北安市。

北许昌县 南齐侨置，属颍川郡，治所在今安徽巢湖市东南。后废。

北阳水 即今山东青州市之北阳河。源出今山东青州市西北九回山，东北流径城北，又东北径寿光县西，又北入清水泊，即古浊水。亦谓之绳水。《水经·淄水注》："吕忱曰：浊水一名溷水。"《清一统志·青州府二》："古谚所谓'瘦马不渡绳'，指此。"

北阳平遗址 在今河南灵宝市西阳平镇西，北濒黄河，南抵秦岭。在周围 300 多平方公里范围之内分布遗址三十多处，其中面积最大的是北阳平、西坡遗址。北阳平遗址堆积厚，文化内涵丰富，其中以庙底沟类型为主，具有仰韶文化中晚期中心地位的特点，是探索中国文明起源的重要地区。2001 年定为全国重点文物保护单位。

北阳镇 金置，属邯郸县。在今河北邯郸县境。

北阴平郡 东晋置（一说南朝宋置），属梁州。治所在阴平县（在今四川江油市东北小溪坝镇北）。辖境相当今四川江油市东北及青川、平武二县部分地。西魏改为龙安郡。

北阴阳营文化遗址 在今江苏南京市区北京西路和云南路口南京大学宿舍内。原是明代鹰扬卫驻地，曾名鹰扬营，后改名北阴阳营。遗址邻近鼓楼岗西侧，是一座高约 5 米的土墩，面积 7100 平方米。1955—1958 年间四次发掘，发掘面积 3100 平方米。遗址上层相当于中原商代至西周时期，一般称为湖熟文化；下层属新石器时代文化，分东、西两区，东区为居地，西区为氏族公共葬地。共清理墓葬二百六十六座，随葬品有陶器、石器和玉石、玛瑙饰品等。

北戏村 即今河北深州市东北四十里北溪村乡。清同治《畿辅通志》卷 55 深州图：东北有北戏村。

北运河 在今北京市东南部，通州区以南至天津市，为南北大运河的起始段。《清一统志·顺天府一》：北运河"在通州东。受潮、白二河之水。温榆河及西山诸泉之流为大通河者，亦自西北来注之。径州南至张家湾，会凉水河。又南径故漷县北，又折而东径香河县西，又南径武清县东，又南至天津县界，合大清河入直沽，达于海"。

北投 即今台湾省台北市北之北投区。原为高山族凯达格兰平铺人北投社。北投系音译，意为"巫女"。日本占领初期设北投区，后期设北投街。1945 年抗日战争胜利后设北投镇。1967 年并入台北市，改设北投区。

北坑岩 在今福建仙游县南四十里。《方舆纪要》卷 96 仙游县：北坑岩"在县南。岩石周环如城。元末乡人避寇于此"。

北村 在今山西潞城市西北。1940 年春夏间朱德总司令和八路军总部曾驻此。

北杏 春秋时齐邑，在今山东东阿县北。《春秋》：庄公十三年（前 681），"春，齐侯、宋人、陈人、蔡人、邾人会于北杏"。春秋时以诸侯而主天下会盟之政，自此始。

北巫县 三国魏置，属新城郡。治所在今湖北竹溪县境。太和二年（228）属上庸郡。后废。西晋复置。南朝梁废。

北极阁 在今江苏南京市区鸡鸣山上。明洪武十八年（1385）在此建观象台，名钦天台。清初在山巅建北极阁。康熙七年（1668）仪器北移，是台遂废。1928 年在原址重建气象台。

北杨村镇 即今河北博野县西北十五里北杨村乡。清同治《畿辅通志》卷 47 博野县图：西北有北阳村。

北辰山 ①在今福建厦门市同安区东北。《方舆纪要》卷 99 泉州府同安县：北辰山在"县东二十五里。高耸若拱北辰。上有岩，岩侧有十二龙潭"。王闽时为北镇。

②在今贵州黄平县北。《清一统志·镇元府》：北辰山"颇高耸。相近又有五星山，峰峦错峙，如五星环列，朝拱北斗，故名"。

北连州 唐武德二年（619）置，治所在延安县（今陕西延长县东北谭石塬，后移治今延长县）。辖境相当今陕西延长县地。贞观二年（628）废。

北岙街 即北澳街。今浙江洞头县治北岙镇。

北谷 在今四川冕宁县北。《新唐书·两爨传》：贞元间，韦皋兵与两林大鬼主苴那时"大破吐蕃青海、腊城二节度军于北谷"。即此。

北谷镇 清置，属中部县。在今陕西黄陵县东六十里。

北岔河 在今甘肃合水县东北，为合水川分支。《方舆纪要》卷 57 庆阳府安化县：北岔河"在府东七十里。来自白豹寨，南流至合水县，会于建水"。

北角市镇 亦作北涸镇。即今江苏江阴市东南北涸镇。明嘉靖《江阴县志》卷 2《市镇》中有"北角市"。清末改为北涸。

北岛 在南海中中国西沙群岛永兴岛北，位于石岛之北七连屿范围内。1935 年和 1947 年公布名称均为北岛。因位置居北，故名。该岛为长条形，中国渔民向称长峙、长岛。

北岛州长官司 元置，属管番民总管。治所在今贵州罗甸县东南。后废。

北辛遗址 在今山东滕州市东南官桥镇东北辛村。面积约 5 万平方米，为新石器时代文化遗址。1978 年秋和 1979 年春进行两次发掘，出土大量罕见文物，被考古学界命名为"北辛文化"。窑穴遗址上发现粟类颗粒炭化物，是目前我国出土发现的粟类实物之一。发掘获得石、骨、角、牙、蚌和陶器甚为丰富，石器一千余件，以长方形大石铲、圆头三角形磨盘较有特色。陶器二百余件，均为手制，采用泥条盘筑法。其绝对年代距今 7500—6100 年。北辛遗址发掘使得山东地区找到了早于大汶口文化的新石器文化遗存。2006年定为全国重点文物保护单位。

北沛郡 南朝梁置，属霍州。治所在新蔡县（今安徽霍山县东北）。隋开皇初废。

北沙河 ①在今辽宁兴城市西。《方舆纪要》卷37宁远卫：白沙河“出卫西二十里之小隐山……东流入海”。

②在今山东滕州市北十五里。俗讹为白沙河。《方舆纪要》卷32滕县：北沙河“源出龙山，西南流，合于漷水。《邑志》云：源出邹峄山，至洪疃，分二河，夹休城而西，会白水河，入运河”。

北沙洲 在南海中中国西沙群岛东北部，位于石岛之北七连屿范围内。1947年公布名称为北沙洲。因洲上有红草生长，又排行第三，中国渔民向称红草三。

北沙镇 即今江苏阜宁县西北五十里北沙乡。《元史·董抟霄传》：至正十六年（1356），“剿平北沙、庙湾、沙浦等寨。寻进兵泗州，不利。贼乘胜东下，断我军粮道，乃回军屯北沙”。即此。

北沟 即今山东蓬莱市西南二十八里北沟镇。清道光《蓬莱县志》卷1《市廛》有北沟。

北汶 即今山东泰安市西大汶河支流泮河。《水经·汶水注》：“汶水又南，右合北汶水。水出分水溪，源与中川分水，东南流径泰山，东合天门下溪水。”古代折东至牟汶口南入汶，今改道南流入汶。

北宋东京城遗址 在今河南开封市区。东京城又称汴京，为北宋都城。由于历史上黄河泛滥，城址被淤埋地下深达7米。经勘探发现，城址平面近方形，周长约29公里，分宫城、内城和外城三重。宫城内前半部的中轴线上有大型夯土台基，台基正对内城和外城的南门，呈纵贯南北的中轴线。城内外有宋元建筑多处。1988年定为全国重点文物保护单位。1996年又把宋代的繁塔、元代延庆观归入此遗址保护单位。

北社县 即北舍县。治所在今四川昭觉县南老城。明曹学佺《蜀中广记》卷34《边防记》建昌：“东三百里有元时北社县，国初改为碧社。”《明史·地理志》建昌卫军民指挥使司：“东有北社县，元属永宁州，洪武十五年三月因之，寻改为碧舍县。”

北灵丘郡 ①北魏置，属北北蔚州。治灵丘县（今山西灵丘县）。隋开皇初废。

②东魏天平二年（535）置，属恒州。治灵丘县（今山西灵丘县东）。辖境相当今河北蔚县和山西灵丘县部分地。北齐废。

北灵州 北齐改武州置，治所在雁门川（今山西繁峙县西）。后废。

北陆县 东魏兴和中侨置，为金门郡治。寄治汲郡陈城（今河南卫辉市）。北齐废。

北陆浑县 东魏天平中置，属新城郡。治所在今河南嵩县东北五十里。武定五年（547）属西魏。隋开皇初废。

北阿镇 即晋之三阿。北宋为北阿镇，属高邮军。在今江苏金湖县东南。

北陈州 唐武德四年（621）置，治所即今河南扶沟县。旋废。

北陈郡 ①南朝梁侨置，属扬州。治长平县（今安徽寿县境内）。隋开皇初废。

②北齐置，治所在今安徽合肥市西。隋开皇初废。

北阻卜部 又作阻卜九部或达旦九部，辽北境部族，当即蒙元史料所载之克烈部。天赞三年（924），耶律阿保机西征，抵古回鹘城，尽复阻卜诸部。其后时服时叛，至辽统和中始完全征服，分置诸部节度使辖之，统于西北路招讨司。统和二十二年（1004）于其境建镇州、维州、防州三城，驻军镇戍，移民居住屯垦，并以镇州（今蒙古国布尔根省哈达桑之东青托罗盖古城）为西北路招讨使治所。北阻卜部酋领驻地在今鄂尔浑河上游古回鹘城（今蒙古国后杭爱省哈剌巴剌合孙古城）一带，该部地域范围在今土拉河至杭爱山地区，约当今蒙古国中央省、布尔根省及前、后杭爱省境。辽亡后，宗室耶律大石北走，立国于其境。耶律大石西迁，此部臣属金朝。承安元年（1196），金封其酋长脱斡邻为王（即王罕）。1203年为蒙古部铁木真所灭。

北陀山 在今广西昭平县东南九十里。《方舆纪要》卷107昭平县：北陀山“山高岭峻，登陟艰阻。山后有天池，一名峡口塘。石山对峙，潭水清沏，源常涌不竭。旧为瑶僮出没处。万历中筑城于天池之前，设兵防戍。《里道记》：北陀山有小路，自峡口至大江口，计里一百五十，为滩六十有五”。

北陀营 在今广西昭平县东南北陀镇。《清一统志·平乐府二》：北陀营“在昭平县东南一百三十里，北陀山前。明万历二十八年，总督戴辉筑城，设抚夷同知于此。天启初革。其两旁有镇夷左右二营。本朝设兵戍守”。

北陀砦 明置，即今广西昭平县东南一百三十里北陀镇。《方舆纪要》卷107昭平县“韦洞营”条下：“北陀砦在北陀山东南。旧为贼巢。万历二十八年收复，筑城戍守。城后即峡口塘。”

北陉 在今河北井陉县西北南陉乡之北陉村。清同治《畿辅通志》卷50井陉县图：北有北陉村。

北武当山 俗称真武山。在今山西方山县东南六十里。以奇峰异石著称。为三晋道教圣地之一。现存明清修建的真武行宫、龙王庙等名胜。

北武州 唐武德二年（619）置，治所在金明县（今陕西安塞县东南沿河湾镇）。辖境相当今陕西安塞县一带。贞观二年（628）废。

北青同集 即今河北新乐市西偏北十二里北青同。清同治《畿辅通志》卷50新乐县图：西南有北青同集。

北青州 东晋改青州置，治所在东阳城（今山东青州市）。因侨置青州于广陵（今江苏扬州市西北），故称北青州。后复为青州。

北坼镇　即八坼镇。今江苏吴江市南二十里八坼镇。

北苑　为金代皇家御园。在金中都城（今北京市）皇城北部偏西。《金史·章宗纪》载：明昌五年（1194）四月，"幸北苑"。

北苑茶焙　北宋置，属建安县。在今福建建瓯市东北东峰镇凤山。《元丰九域志》卷9建安县有北苑焙。《方舆胜览》卷11："北苑焙在城东北二十五里凤凰山，南唐保大间命建州制的乳茶，号曰京铤，腊茶之贡自此始，遂罢阳羡茶贡。"《清一统志·建宁府》引《旧志》："苑在凤凰山麓，广三十里。相传伪闽龙启中，里人张廷辉以所居北苑地宜茶，悉献之官，其名始著。"1985年以来发现了五十多个遗迹点。北苑御焙茶起源于五代十国时期的闽王龙启元年（933），持续上贡时间长达四百五十八年。历史上有"北苑贡茶名冠天下"之誉。北苑是宋元时期著名的宫廷茶园，中国古代茶都。因该园地处闽都北部，故称"北苑"。由宋至元明，历代朝廷都在北苑设有漕司行衙，重臣丁渭、蔡襄等曾在此督造贡茶。所产北苑"龙团凤饼"、"密云龙"等贡品精妙绝伦，素有"天下之茶建为最，建之北苑又为最"之美誉。北苑遗址的发现，为研究古代茶史提供了有力的佐证。2006年北苑茶焙被定为全国重点文物保护单位。

北直隶　明永乐初建都北京（今北京市）后，称直隶于京师的地区为北直隶，简称北直。以别于直隶旧都南京的南直隶。辖境相当今北京、天津二市、河北大部和河南、山东小部分地区。清改为直隶省。

北林　春秋郑地。在今河南郑州市东南。《左传》：宣公元年（前608），"楚蒍贾救郑，遇于北林"。即此。

北林镇　北宋置，属河间县。在今河北河间市境。

北郏县　东魏兴和中侨置，属恒农郡。寄治汲郡陈城（今河南卫辉市）。北齐废。

北固山　又名北顾山。在今江苏镇江市北一里。与金、焦二山并称京口三山。山上有甘露寺，为三国吴甘露中建。《南史·梁宗室传上·萧正义传》："京城之西有别岭入江，高数十丈，三面临水，号曰北固。"《元和志》卷25润州丹徒县：北固山"下临长江，其势险固，因以为名"。

北固楼　在今江苏镇江市北一里北固山上。《梁书·武帝纪》：梁大同十年（544），梁武帝"幸京口城北固楼，改名北顾"。即此。

北岸村　即今安徽歙县东北扬溪河西岸北岸镇。清乾隆《歙县志》卷1《都鄙》有北岸村。

北岩　①又名濮岩。在今重庆市合川区北。《舆地纪胜》卷159合州：濮岩"在州北五里。或云即北岩"。明万历《合州志》卷1：濮岩"在州治西北三里。因濮国，故名。又曰北岩"。

②在今四川资中县北，为资中四岩之一。《舆地纪胜》卷157资州：北岩"去郡城半里，等慈寺之东。横岩侧覆，不可游息，其巅古像半湮苔藓，乳泉滴沥，四时不绝。《北岩记》云：东蜀领郡之十六，而江山瑰奇，资中为之甲。资中胜游十数，而附郭便近，北岩为之最"。

北岩山　在今重庆市涪陵区北（长江北三里），铁柜山南。《舆地纪胜》卷174涪州：北岩"绍圣丁丑，伊川先生来涪，于北岩普净院辟堂传易，阅再岁而成。元符庚辰徙夷陵，会太史黄公自涪移戎，过其堂，因榜曰钩深。嘉定丁丑，范仲武请为北岩书院。在大江之北"。程颐的点易洞，系人工开凿，高4米，深3米，阔1.45米。与钩深堂、洗墨池、碧云亭、读画廊等构成北岩十景。

北岩寺　在今四川达州市西北凤凰山。《清一统志·绥定府二》：北岩寺"在达县西北凤凰山。宋建。境幽地胜，人多游览"。寺始建于唐，宋曾改为太平兴国禅寺，元末毁，明宣德中重建。清又多次改修。

北岩寨　在今浙江龙泉市东南跶石岭村。《方舆纪要》卷94龙泉县：北岩寨"在县东十里汰石岭上"。

北岭　在今福建福州市北。《方舆纪要》卷96福州府：北岭在"府北三十里。路通连江县。悬崖而跻，高几千丈。宋嘉祐三年，侯官令樊纪夷高直曲，培凹续陷，岭失故险。今为往来通道"。

北岭上堡　北宋置，属西安州。在今宁夏海原县境。后废。

北制　即制。春秋郑邑。在今河南荥阳市西北汜水镇西。《左传》：隐公五年（前718），"郑二公子以制人败燕师于北制"，即此。

北和州　唐武德三年（620）置，治所在临泉县（今山西临县北二十五里故县村）。辖境相当今山西临县地。贞观三年（629）废。

北和墟　亦名北河墟。即今广东雷州市西南北和镇。明洪武二十七年（1394）设清道镇巡司于此。

北佳镇　即今湖北鹤峰县北北佳镇东。清设鹤峰州州判驻此。1929年至1933年贺龙领导的红军曾建乡苏维埃于此。

北岳（嶽）　即恒山。本指河北曲阳县西北恒山（今河北阜平县东北大茂山）。《尚书·舜典》："十有一月朔巡守，至于北岳"。孔传："北岳，恒山。"明以后指今山西浑源县东南恒山。《明史·地理志》浑源州："南有恒山，即北岳也。"清顺治十七年（1660）定岳祭于此。

北岳村　在今河南新安县东北。1945年3月，八路军在此歼灭侵华日军四十余人，伪军一百余人，日军小队长清水被当场击毙。

北岳（嶽）庙　在今河北曲阳县城内西南隅。北魏时建，为遥祀"北岳恒山之神"庙宇。北宋淳化二年（991）重建。中轴线上有御香亭、凌霄门、三山门、飞石殿（遗址）、德宁殿，两侧为韩琦碑楼、洪武帝碑楼。主体建筑德宁殿为元至正七年（1347）重建。

庙内现存北魏至清碑碣137通。1982年定为全国重点文物保护单位。

北岳（嶽）祠 ①又名岳祠，在今河北曲阳县治西侧。《汉书·郊祀志》：宣帝神爵初，诏：“‘夫江海，百川之大者也，今阙焉无祠，其令祠官以礼为岁事……。’自是五岳、四渎皆有常礼，……北岳常山于上曲阳。”又《水经·滱水注》：长星水“东径恒山下庙北。汉末丧乱，山道不通，此旧有下阶神殿，中世以来，岁书法族焉，魏晋改有东西二庙”。即此。

②亦名岳祠。西汉武帝天汉三年（前98）立祠上曲阳县，故址在今河北曲阳县北境古恒山北谷，谓之上庙。后又在今县城西北十里建神殿，谓之下庙。晋泰始六年（270）修北岳祠堂。北魏太延元年（435）立庙于古恒山上。魏晋时下庙改为东西二庙。《水经·滱水注》：长星水“东径恒山下庙北。汉末丧乱，山道不通，此旧有下阶神殿，中世以来岁书法族焉。晋魏改有东西二庙，庙前有碑阙，坛场列柏焉”。北魏景明、正始间，下庙东庙改建为今北岳庙。

北征（徵） 春秋晋地。在今陕西蒲城县东北。《左传》：文公十年（前617），“秦伯伐晋，取北征”。即此。西汉置征县。

北舍县 一作北社县。元置，属永宁州。治所在今四川昭觉县南老城。明洪武十五年（1382）改为碧舍县。

北肥水 即今安徽淮河支流北淝河。源出自今安徽涡阳县龙山西北，东南流经蒙城、怀远及蚌埠市北，至五河县西南入淮。《明史·地理志》怀远县：“淮水经两山峡间，有北肥水入焉。”

北周文王碑 在今四川成都市东南龙泉驿区山泉镇大佛岩。宇文泰（507—556），鲜卑族人，为大丞相，专制西魏朝政。死后，其子觉代魏，国号周，追尊宇文泰为文王。此碑为北周孝闵帝元年（557）大都督强独乐等为文王颂功的刻石。碑上段阳刻十五行楷书，文为“北周文王之碑，大周使持节、车骑大将军、仪同三司、大都督、散骑常侍、军都县开国伯强独乐为文王建立佛道二尊像树其碑。元年岁次丁丑造”。下段阴刻四十行楷书，每行三十四字，全文一千四百余字，叙述文王宇文泰的战功。书法精美。

北鱼台 即今河北宁晋县东南三十里北鱼台。清同治《畿辅通志》卷55宁晋县图：东南有北鱼台。

北京 ①十六国夏昌武元年（418），赫连勃勃于长安置南台，以统万城为北京。在今陕西靖边县北白城子。

②北魏孝文帝自平城迁都洛阳后，以旧都平城为北京。在今山西大同市东北。

③唐天宝元年（742）改北都为北京。在今山西太原市西南晋源镇。五代唐改为西京，寻复为北京；后晋亦以此为北京，皆为陪都。后汉建都于此，亦称北京。

④北宋庆历二年（1042），仁宗为抗拒辽对瓦桥、益津、淤口关及瀛、莫二州（今河北白洋淀以东的大清河流域以南）“关南”地区的土地要求，表示准备亲征，把真宗亲征时曾驻跸的大名府建为北京。在今河北大名县东北大街乡（旧府城）。

⑤金天眷元年（1138）改上京临潢府为北京，在今内蒙古巴林左旗南波罗城。天德二年（1150）撤销北京名号。

⑥金贞元元年（1153），因中京大定府在新迁都城中都大兴府（今北京市城西南隅）之北，改称北京。即今内蒙古宁城县西北大明城。

⑦明洪武元年（1368）欲定都北宋故都，建开封府为北京（即今河南开封市）。十一年（1378），因漕运难以恢复而撤废。

⑧明永乐元年（1403），改燕王时封地北平府为顺天府，建北京，即今北京市。十九年（1421）迁都顺天府，改为京师。洪熙元年（1425）拟还都应天府（今江苏南京市），仍改京师为北京。正统六年（1441）定北京为首都，复称京师。此后京师之称沿袭至辛亥革命。民国初曾一度改为北平，但自明成祖迁都后，皆俗称北京。

北京大学红楼 在今北京市东城区沙滩五四大街。原为北京大学第一院校舍。建于1916年，1918年竣工。楼四层，通体用红砖砌筑。1918年初李大钊任北京大学图书馆主任，北大成为北方革命活动中心。五四运动中，红楼及其北面的民主广场是爱国活动的主要场所。1918年毛泽东首次来北京时曾在北大图书馆任助理员。在一楼东南隅有两间西向的屋子，为李大钊办公的地方，毛泽东也曾在此办公。许多著名学者如鲁迅、钱玄同、杨昌济、胡适、马叙伦、马寅初等都曾在此任教。1961年定为全国重点文物保护单位。

北京孔庙 在今北京市东城区国子监街北侧。元、明、清三代祭祀孔子的地方。建于元大德六年（1302），明永乐九年（1411）重建。嘉靖九年（1530）添建崇圣祠以供奉和祭祀孔子先人牌位。后曾多次重修。清光绪三十二年（1906）升孔子为大祀，扩建大成殿。正门名先师门，虽历经重修，但其斗拱形式仍保存元代风格。门内有三进院落，中轴线上的建筑依次为大成门、大成殿、崇圣门及崇圣祠。院内有碑亭三座，东一西二。两侧还有进士题名碑一百九十八块。大成殿为孔庙的正殿，面阔九间，进深五间，前有月台，四周有石护栏，是祭孔的场所。殿前左右有碑亭十一座，两侧有东西配庑，放置从祀牌位。殿后有一座独立院落，即崇圣祠。现为首都博物馆旧址。1988年定为全国重点文物保护单位。

北京国会旧址 在今北京市西城区宣武门西大街北侧57号。清宣统二年（1910）在此设置咨议机关资政院，1911年后改为民国国会会场。1923年直系军阀曹锟在此以1356万元（每张票5000元）贿选当上总统。主体建筑坐北朝南，建筑面积2100平方米，北为圆楼，二层为北洋政府总统议长开会处，东有两栋红楼为国会办公处。2006年定为全国重点文物保护单位。

北京城东南角楼 在今北京市内城东南城墙转角处，建国门南一隅。明永乐十五年（1417）始建，正统四年（1439）建成。角楼作曲尺形，重檐歇山顶，四层箭窗共一百四十四个，气势雄伟，是北京内城箭楼中仅存的一座。1982 年定为全国重点文物保护单位。

北京故宫 即故宫，又称紫禁城。为明、清两代的皇宫。

北京特别市 1938 年日伪于原北平市置，即今北京市。同年 4 月，改为北京市。1945 年抗战胜利后复名北平市。

北京站 驿站名。元置，在今内蒙古宁城县西大明镇。

北京鲁迅故居 在今北京市西城区阜成门内宫门口二条。文学家、思想家鲁迅（1881—1936）于 1924 年 5 月至 1926 年 8 月底居此。故居为一小四合院，正房三间为工作室和卧室。南房三间为会客室。院子内有鲁迅手植的丁香树。北屋后面连出一间小屋为工作室，鲁迅称之为“绿林书屋”，在此写作了《坟》、《野草》、《华盖集》、《彷徨》等大量作品。2006 年定为全国重点文物保护单位。

北京路 ①金天眷元年（1138）改辽上京道置，治所在临潢府（今内蒙古巴林左旗南波罗城）。辖境相当今内蒙古翁牛特旗以北、东乌珠穆沁旗以东、莫力达瓦达斡尔自治旗以南及吉林白城市一带。天德二年（1150）改为临潢府路。

②金贞元元年（1153）改中京路置，治所在大定府（今内蒙古宁城县西大明镇）。辖境北至今内蒙古赤峰市、东至今辽宁锦州市、西至今河北滦河流域、南至今秦皇岛市及其西北至北京市北境长城一线。大安后又并有原临潢府路辖境。金末废。

北府城 在今重庆市渝中区江北刘家台街一带。东汉巴郡及江州县曾移治于此。《华阳国志·巴志》：“汉世郡治江州，巴水北有甘橘宫，今北府城是也，后乃迁南城。”

北郊坛（壇） 东晋咸康八年（342）立。故址在今江苏南京市东九华山南。《宋书·礼志》：“北郊，晋成帝始立，本在覆舟山南，宋太祖以其地为东游苑，移于山西北。后以其地为北湖，移于湖塘西北，其地卑下泥湿，又移于白石村东。其地又为湖，乃移于钟山北原道西，与南郊相对。后罢白石东湖，北郊还旧处。”《陈书·高祖纪》：南朝梁太平元年（556），“齐军至玄武湖西北莫府山南，将据北郊坛，众军自覆舟东移，顿郊坛北，与齐人相对”。即此。

北兖州 ①东晋义熙六年（410）刘裕灭南燕，复兖州旧地，因南方已有兖州，改旧兖州为北兖州。治所在滑台（今河南滑县东旧滑县）。辖境相当今山东省泰山以南汶、泗流域及鲁西平原，河南滑县、延津、杞县以东地区。南朝宋初复名兖州。

②南齐改兖州侨州置，治所在淮阴县（今江苏淮安市淮阴区西南码头镇）。东魏改为淮州。

北炉（鑪）桥寨 即今安徽定远县西北九十里炉桥镇。《清一统志·凤阳府二》：北炉桥寨“在定远县西。本朝雍正八年，移主簿驻此”。

北炉（鑪）镇 北宋置，属寿春县。即今安徽定远县西北九十里炉桥镇。《清一统志·凤阳府二》：北炉镇“以镇在南炉之北而名”。

北河 ①清雍正八年（1730）置直隶河道水利总督，驻天津（今天津市），掌防治北河，即直隶（今河北省及北京、天津二市）境内的南北运河、永定、大清、子牙、滹沱等河，称为北河总督。乾隆十四年（1749）后北河总督例由直隶总督兼理。

②即黄河北河。今内蒙古巴彦淖尔市临河区及杭锦后旗、五原县北之乌加河。曾为黄河之正流。

③指今新疆天山以南之塔里木河。《水经·河水注》：“北河自岐沙东分，南河即释氏《西域记》所谓二支北流，径屈茨、乌夷、禅善，入牢兰海者也。”

北河庄 即今河北宁晋县西南十五里北河庄镇。清同治《畿辅通志》卷 55 宁晋县图：西南有北河庄。

北河店 又名河阳镇。即今河北定兴县南十里北河镇。清同治《畿辅通志》卷 47 定兴县图：南有北河店。

北河南郡 南朝宋侨置，属雍州。寄治宛中（今河南南阳市）。北魏废。

北河堡 北宋元丰三年（1080）置，属河州。在今甘肃临夏县境。金废。

北泷水 ①即今广东韶关市西北之武江。《水经·溱水注》：“（曲江）县东傍泷溪，号曰北泷水，水左即东溪口也。”

②在今广东阳春市北。《方舆纪要》卷 101 阳春县：北泷水在“县北十里。东北诸溪涧之水，汇而西南流，入漠阳江”。

北泊 即胡卢河。又名宁晋泊。在今河北宁晋县东南。以与其南大陆泽（称南泊）相对而言。《清一统志·赵州一》：胡卢河，“《通志》：宁晋泊，即北泊也。洨、沙、槐、沛、七里、滏阳诸水咸入焉。自滹沱河南徙，由贾口而入，淤塞滏河故道三十余里，水无所泄，遂冲决洨口、营上等村而东注，水口亦多浅隘”。今已湮为洼地。

北泺 即今黑龙江省萝北县东南莲花泡子。《金史·太祖纪》：奉穆宗命，太祖伐温都部跋忒，“与乌古论部兵沿土温水过末邻乡，追及跋忒于阿斯温山、北泺之间，杀之”。即此。

北定关 明置，属松潘卫。在今四川松潘县南一百五里镇江关乡北。明曹学佺《蜀中广记》卷 31《边防记》：嘉靖七年（1528）守将边轮“巡南路至北定关，遇横梁、茹儿等番”，大战，死于此。

北定簇长官司 明洪武十四年（1381）置，属松潘卫。治所在今四川松潘县南一百五里，镇江关乡北北定关。后废。

北宕渠县 南朝梁大同元年（535）置，为北宕渠郡治。治所即今四川盐亭县。西魏恭帝二年（555）改为盐亭县。

北宕渠郡 ①南齐置，属梁州。梁普通三年（522）治所在今四川渠县。辖境相当今四川渠县、大竹、广安等县地。大同三年（537）于郡置渠州。北周武成元年（559）改为流江郡。

②南朝梁置，属新州。治所在北宕渠县（今四川盐亭县）。辖境相当今四川盐亭县地。西魏改为盐亭郡。

北宜阳县 西魏大统十年（544）置，属宜阳郡。治所在黄栌城（今河南洛宁县东北）。废帝二年（553）改为熊耳县。

北宜春县 东汉改宜春侯国置，属汝南郡。治所在今河南汝南县西南六十里。据《水经·汝水注》："豫章有宜春，故加北矣。"南朝宋废。

北郎镇 金置，属荣河县。故址在今山西万荣县西南宝井村北。

北建州 北齐置，治所在固始县（今河南固始县东北）。寻废。

北屈县 秦置，属河东郡。治所在今山西吉县东北二十一里。三国魏属平阳郡。北魏神䴥元年（428）废入禽昌县。

北孟集 即今山东昌邑市南七十里北孟镇。清乾隆《昌邑县志》卷2有北孟集。因地处孟山之北，故名。1945年为昌南县人民政府驻地。

北陕县 北魏宣武帝改陕县置，为恒农郡治。治所在今河南三门峡市西陕县老城。北周明帝二年（558）复改为陕县。

北姑山 在今安徽宁国市东南。《方舆纪要》卷28宁国县：北姑山"在县南九十里。脉自天目山来，委蛇舒衍，忽然峭拔。有扬龙岩，深邃容百余人。下为泉流飞泻"。

北始新县 北魏侨置，属庐江郡。治所在今安徽六安市或舒城、霍山等县境。后废。

北毒蛇滩 即今南海中中国南沙群岛之都护暗沙。1935年公布名称为北毒蛇滩。1947年改名都护暗沙。

北城镇 在今云南玉溪市北十六里。宋大理时名普札笼城。元普舍县治此。因位于新兴州城之北，故名。

北荆州 东魏武定二年（544）置，治所在新城县（今河南伊川县西南）。辖境相当今河南汝州市及伊川、嵩县、汝阳等县地。北周废。

北带县 西汉置，属交趾郡。治所在今越南河内市东文林附近。晋以后废。

北茭镇 明洪武二十年（1387）改荻芦寨置，属连江县。即今福建连江县东北北茭。《方舆纪要》卷96福州府连江县：北茭镇在"县东北百十里，西北至罗源县八十里。本名荻芦镇，宋时水砦盖设于此。元为荻芦巡司。洪武二十年改今名，并置城于此，与定海（今连江县东北定海）相为唇齿。嘉靖二十七年倭贼流劫北茭，官军御却之，是也"。

北南阳郡 北魏改宣义郡置，为襄州治。治所在北平县（今河南方城县东南）。北齐废。

北栈道 自陕西凤县东北草凉驿入栈，西南至凤县折东南经留坝县，又南至褒城旧治北鸡头关出栈。北段即古故道（亦称陈仓道），南段即古褒谷道。五代以前自褒谷北上或趋斜谷出眉县（今陕西眉县），或西经故道出陈仓（今陕西宝鸡市）。宋以后专用西道，沿途修筑栈阁二千余所，称为连云栈。为别于自汉中南下蜀中的栈道，通称北栈，一名秦栈。

北相堡 即今山西运城市西北北相镇。《清一统志·解州》"霍赵堡"条下："又北相堡，在（安邑）县西北。"

北栅口 即今河北赤城县北一百二十里独石口北北栅子。为边门大口。明宣德中移开平卫于独石口，而口外多伦诺尔、开平城、土城子、张家口等均系独石分营防守，此口专司启闭，是与俄、蒙商贸要孔。

北栅砦 在今安徽东至县北。《方舆纪要》卷27建德县：北栅砦"在县北。明初，罗友贤筑砦于此。今有北栅渡"。

北郦县 北魏置，属东恒农郡。治所在今河南南召县西北。北周废。

北郢州 南朝梁置，治所在定阳县（今湖北随州市西北）。西魏改为欵州。

北显州 北齐改廓州置，治石城县（在今山西原平市北三十五里崞阳镇）。后废。

北星河 一名上元水。即今湖北竹山县北北星河。《方舆纪要》卷79竹山县"上庸水"条下："《志》云，县北三里有北星河。出陕西白河县，合水坪、峎峪、观音沟诸水南流，合庸水，东注于汉。"

北峡关 在今安徽舒城县南。《舆地纪胜》卷45庐州：北峡关"在舒城县南四十五里。关南属安庆府。关门楼堞修砌悉备，官兵守把，为入蕲黄之要地"。

北竿山 即竿山。在今上海市松江区西北三十六里。《方舆纪要》卷24松江府青浦县：竿山"亦曰竹竿山，俗名北竿山，又山在干山之北，故名北干山"。

北修武县 北魏孝昌中析南修武县置，属汲郡。治所在清阳城（今河南修武县东北）。北齐废。

北泉 在今河南确山县西北。《清一统志·汝宁府一》：北泉"在确山县西北十里乐、秀二山之间。泉水涌作莲花状。宋曹庠、魏著、侯冲、贺填尝隐于此"。

北泉寺 在今河南确山县西北十里秀、乐两山之间。《清一统志·汝宁府》：北泉寺"在确山县西北十里。隋时建。唐名资福寺。宋崇宁中改为万寿禅寺，寻改今名"。

北胜州 元世祖至元十七年（1280）改施州置，属丽江路。二十年（1283）升为府。明洪武十五年（1382）复降为州，属鹤庆府。治所在今云南永胜县北四里大树坪。洪武二十九年（1396）改属澜沧卫。正统七年（1442）直属云南布政司。弘治九年（1496）迁治澜沧卫城（即今永胜县）。清康熙五年（1666）改属大理府，三十一年（1692）复为直隶州，属云南省。三十七年（1698）改永北府。

北胜府 元世祖至元二十年（1283）升北胜州置，属丽江路。治所在今云南永胜县北四里大树坪。《古今图书集成·方舆汇编》职方典永北直隶厅：“元以兵自北来，首捷此土，故名北胜。”辖境约当今云南永胜、华坪两县地。明洪武十五年（1382）仍降为州。

北独山 在今安徽全椒县西。《明一统志》卷18滁州：北独山“在全椒县西六十里。崒然特起，不与众山相接。上有汉高祖庙及古塔”。

北亭海 在今甘肃金塔县北。《元和志》卷40酒泉县：白亭海“在县东北一百四十里。一名会水，以众水所会，故曰会水。以北有白亭，故曰白亭海。方俗之间，河北得水便名为河，塞外有水便名为海”。

北庭 ①即东汉时北匈奴单于王庭（在今蒙古国乌兰巴托）。

②唐代北庭都护的简称。治所在今新疆吉木萨尔县北二十五里破城子。

北庭故城遗址 在今新疆吉木萨尔县北二十五里破城子，是唐代北庭都护府所在地。元代在此设别失八里元帅府，作为治理北疆的重镇。古城略呈长方形，分内、外两重。外城周长5公里，城墙残高6米。西墙南北两端有角楼遗址，部分段落尚存马面。开南、西、北三门。城内官署、街市建筑依稀可辨。西门外有当时的大市。1988年定为全国重点文物保护单位。

北庭都元帅府 元成宗元贞元年（1295）置，治所在别失八里（今新疆吉木萨尔县北二十五里破城子）。后废。

北庭都护府 唐长安二年（702）改庭州置，治所在金满县（今新疆吉木萨尔县北二十五里破城子）。辖境相当今阿尔泰山以西，咸海以东，天山以北和巴里坤湖周围地区。贞元六年（790）陷于吐蕃，废。

北恒州 ①北齐天保七年（556）置，治平城（今山西大同市）。北周废。

②唐武德六年（623）置，治所在恒安镇（今山西大同市）。七年（624）废。

北恒礁 在南海中中国南沙群岛内，位于马欢岛西南。1935年公布名称为北干机斯礁。1947年改名北恒礁。

北娄口 即北楼口。在今山西应县东南四十五里北楼口村。

北前旗 俗称布哈公旗。即和硕特北前旗。在今青海天峻县东南。后迁今天峻县西北。

北洞山汉墓 在今江苏徐州市北二十里洞山村。为西汉早期楚王墓。1986年发掘，在封土堆之下，凿山为室，由墓道、甬道、主墓室和附属建筑几部分组成。规模宏大。主室内设前堂、后寝、厕间、侧室、耳室，均凿山而成。附属建筑低于主室3米左右，分四进院落。墓内出土铜钱、陶俑、金缕玉衣片、金带钩、铜印等珍贵文物。

北浍州 唐武德二年（619）改浍州置，治所在翼城县（今山西翼城县）。四年（621）废。

北洛水 即洛水。今陕西省洛河。

北济阴郡 南朝宋侨置，治所在单父县（今山东单县南）。辖境相当今山东成武、单县和江苏丰县三县。北齐废。

北洋 ①旧称今渤海、黄海一带为北洋。南宋姚宽《西溪丛语》：“今自二浙至登州与密州，皆出北洋，水极险恶。”

②清末至民国时称今江苏省以北的山东、河北、天津、辽宁等沿海各省市为北洋，而称其以南沿海各省市为南洋。

③亦作北洋岸镇。即今江苏射阳县南北洋岸。旧属东台。清嘉庆《重修扬州府志》卷17东台县：北洋桥“在富安五灶”。洪宪元年（1916）《最新大中华帝国道县形势全图》：盐城县东北有北洋。

北洋岸镇 即北洋。今江苏射阳县南境北洋岸。

北津山 在今广东阳东县南。《方舆纪要》卷101阳江县：北津山“在县南三十里。其对峙者为南津山，夹峙海口，自东堤海而西，延袤数里。二山之间，有独石，高十余丈，周四十余里，山出海上二里。其下渊深不测。《志》云：北津山外捍奔潮，内卫村陌，邑之外藩也”。

北津戍 在今湖北襄阳市。《水经·沔水注》：“城北枕沔水，即襄阳县之故城也，王莽之相阳矣。楚之北津戍也。今大城西垒是。”

北津村市 即今广东阳东县南雅韶镇之北津。地当漠阳江出海之口。明万历四年（1576）于此置水砦，为海津要隘。清时设千总驻防。

北津城 在今湖南长沙市西北湘江西岸，三汊矶西北。《水经·湘水注》：“（临湘）县治西北有北津城。”《资治通鉴》：五代汉乾祐三年（950），“马希广遣刘彦瑫召水军指挥使许可琼帅战舰五百艘屯城北津，属于南津”。

北津砦 即今广东阳东县南雅韶镇之北津村。《方舆纪要》卷101阳江县：北津砦“在县南北津山上。旧有望海亭。万历四年奏置北津水砦，十四年城之，以防海寇。《海防考》：海陵山西南戙船澳，旧为御倭要地，水师巡哨，皆期会于此。嘉靖二十七年以后，防御渐弛，海寇往往突犯，后遂以北津水砦为重地”。

北津港 即今广东阳东县南北津港。《方舆纪要》卷101阳江县“漠阳江”条内：北津港，“《志》云：港在北津山之阳，阳春、阳江，众水皆此达海。每潮起汹涌而入，遇风则其声砰击如雷，舟楫往来，重防阴碛。益东南大海港口，皆乱石，舟可行者，仅仅丈余，必候大潮始进，故海寇不敢睥睨也”。

北津渡 在今四川南充市北五里。明置巡司于此。《明史·地理志》南充县："北有北津渡，县旧治也。"

北津楼 在今四川南充市北五里。《清一统志·顺庆府二》：北津楼，"明道人张三丰诗：谁唤吾来蜀内游，北津楼胜岳阳楼"。

北津镇 在今四川南充市北五里。《方舆纪要》卷68顺庆府南充县：北津镇在"府北五里。郡城旧置于此。今有北津渡巡司"。

北室韦 在今黑龙江省西北境小兴安岭北端。《隋书·室韦传》："南室韦北行十一日至北室韦，分为九部落，绕吐纥山而居。"

北室韦部 北魏至隋室韦五部之一。分布在今黑龙江省嫩江上游至俄罗斯阿穆尔州结雅河（精奇里江）下游一带。《北史·室韦传》："南室韦北行十一日至北室韦，分为九部落，绕吐纥山而居。"

北宫 ①在今河南洛阳市东北汉魏故城内。《史记·高祖本纪》：高祖"置酒雒阳南宫"。《正义》引《舆地志》："秦时已有南北宫。"《后汉书·明帝纪》：永平三年（60），"起北宫及诸官府"。八年（65）冬十月，"北宫成"。即此。

②汉筑，在今陕西西安市西北二十里汉长安故城中。因在未央宫北，故名。《三辅黄图》卷2：北宫"周回十里。高帝时制度草创，孝武增修之，中有前殿，广五十步，珠帘玉户如桂宫"。

③北魏离宫。在今山西大同市北孤山之北、方山之南。《魏书·太祖纪》载：天赐四年（407）七月，"筑北宫垣，三旬而罢"。《水经·漯水注》：如浑水"乱流径方山西……又南径北宫下，旧宫人作簿所在。如浑水又南分为二水，一水西出南屈，入北苑中"。

北神堰 在今江苏淮安市楚州区北五里古邗沟入淮处。古邗沟水高于淮水，故立堰以防其泄。《资治通鉴》：五代周显德五年（958），"上欲引战舰自淮入江，阻北神堰，不得渡；欲凿楚州西北鹳水以通其道，遣使行视，还言地形不便，计功甚多。上自往视之，授以规画，发楚州民夫浚之，旬日而成，用功甚省，巨舰数百艘皆达于江，唐人大惊，以为神"。北宋天圣后废。

北神镇 北宋属山阳县，在今江苏淮安市楚州区北五里。

北绛县 北魏太和十二年（488）置，属东雍州。治所在今山西翼城县东南二十里北绛村。孝昌三年（527）属北绛郡。隋开皇十八年（598）改翼城县。

北绛郡 北魏孝昌三年（527）置，属唐州。治所在北绛县（今山西翼城县东南二十里北绛村）。辖境相当今山西翼城县地。建义元年（528）属晋州。隋开皇初废。

北泰山庙镇 即泰山庙。今湖北襄阳市襄州区北泰山庙乡。

北秦州 西魏初置，治所在安阳郡安阳县（今甘肃秦安县北安伏乡）。辖境相当今甘肃秦安县北部地。废帝二年（553）改为交州。

北都 ①西晋建兴元年（313），鲜卑拓跋猗卢筑盛乐城以为北都。在今内蒙古和林格尔县西北土城子。

②唐武则天长寿元年（692）因并州是武氏故里建为北都。在今山西太原市西南晋源镇。神龙元年（705）废。开元十一年（723）又因并州为唐高祖发祥地，复建为北都。天宝元年（742）改为北京。上元二年（761）停京号，次年又称北都。

③五代唐同光元年（923）四月升镇州为真定府，建号北都。在今河北正定县。同年十一月罢都。

④五代唐同光元年（923）十一月改西京太原府为北京，亦称北都。在今山西太原市西南晋源镇。沿至后晋、后汉不改。

北真观 北宋时建，在今重庆市长寿区城内北山上。清嘉庆《四川通志》卷39长寿县：北真观"在县北山顶，旁有徐神翁炼丹处"。明万历时重修。高敞幽邃，为邑中名胜第一。

北桥镇 ①即今上海市闵行区东南十六里北桥镇。清光绪《江苏全省舆图》上海县："北桥镇在城西南三十六里。"1933—1944年和1948—1954年上海县两度迁治于此。

②即今江苏苏州市吴中区北北桥镇。清光绪《江苏全省舆图》长洲县记："城北有南桥、北桥、西永昌等镇。"民国《江苏六十一县志》：吴县北有"北桥镇"。

北原 又名积石原。在今陕西眉县西北渭河北岸。《三国志·魏书·郭淮传》：青龙二年（234），诸葛亮出斜谷，"淮策亮必争北原，宜先据之"。即此。

北原和 在今安徽太和县北十里。《明史·地理志》：太和县有北原和巡检司。

北顾山 即北固山。在今江苏镇江市北一里。《南史·梁宗室传上·萧正义传》：北固山"蔡谟起楼其上，以置军实。……（梁武帝）登望久之，敕曰：'此岭不足须固守，然京口实乃壮观'。乃改曰北顾"。

北顾亭 在今江苏镇江市北一里北固山上。《资治通鉴》：南朝梁太清元年（547），朱异曰："陛下昔登北顾亭以望，谓江右有反气，骨肉为戎首。"

北峨山 在今广西合浦县西北。《明一统志》卷82廉州府：北峨山"在府城西北一百里。以峰势嵯峨而名"。

北峪河 在今甘肃陇南市武都区西北。《方舆纪要》卷59阶州：北峪河"在州西二里。自州北境流入，……南流注于白水江"。

北峰山 又名石膏山。即今山东青州市西南二十五里玲珑山。清魏名世有《游北峰山记》石刻。

北皋镇 即今河北魏县西南三十二里北皋镇。《方舆纪要》卷16魏县："北皋镇在县西北，界成安、临漳之间，商民辐集，有北皋堡。"《清一统志·大名府二》：北皋镇“明嘉靖三十年筑城，与双井、沙口俱称境内巨镇”。

北徐州 ①东晋义熙七年（411）置，治所在彭城县（今江苏徐州市）。南朝宋永初二年（421）改为徐州。

②南齐改徐州置，治所在燕县（今安徽凤阳县东北临淮关东）。辖境相当今安徽淮河以南，蚌埠、凤阳、滁州、明光、定远、来安等市县地。东魏武定七年（549）改名楚州。

③北魏永安二年（529）置，治所在即丘县（今山东临沂市西二十里古城）。辖境相今山东新泰、临沂、费县、平邑等市县地。北周宣政元年（578）改名沂州。

北留智镇 即今河北景县南二十里北留智乡。明嘉靖《河间府志》卷8景州有留智屯。清同治《畿辅通志》卷49景州图：南有北留智。

北高山 在今河北赤城县东北四十里。海拔1803米。《方舆纪要》卷18龙门所：北高山“峻拔，经夏冰雪常存”。

北亳 即景亳。商三亳之一。在今山东曹县南二十五里。《孟子·滕文公下》：“汤居亳，与葛为邻。”《太平御览》卷155引《帝王世纪》：“蒙为北亳，即景亳，汤所盟地。”

北唐国 西周方国。在今山西太原市西南。《逸周书·王会》：“北唐以闾。”孔晁注：“北唐，戎之在西北者。”《穆天子传》注引《竹书纪年》云：“北唐之君来见，献一骊马是生騄耳。”即此。

北部冉駹都尉 又名北部都尉、蜀郡北部都尉。西汉地节三年（前67）改汶山郡置，属蜀郡。治所在汶江县（今四川茂县北三里）。东晋常璩《华阳国志·蜀志》：“汶山郡，本蜀郡北部冉駹都尉。”

北部县 北魏置，属武阶郡。治所在今甘肃文县东北。北周废。

北部郡 南朝梁普通三年（522）改北部都尉置，为绳州治。治所在广阳县（今四川茂县）。北周辖境相当今四川茂县、北川二县地。隋开皇三年（583）废。

北部都尉 亦称蜀郡北部都尉、北部冉駹都尉。西汉地节三年（前67）改汶山郡置，属蜀郡。治所在汶江县（今四川茂县北三里）。辖境相当今四川茂县、汶川、松潘、理县等县地。东汉延光三年（124）改为汶山郡。南齐复置，属益州。治所在今四川茂县北三里。梁改为北部郡。

北益州 南朝梁置，治平兴郡（在今四川青川县东北沙州镇）。后改为沙州。

北益都城 即西汉益都侯国故城。在今山东寿光市北二十里古城街道。《水经·巨洋水注》：百尺沟“西北流径北益都城也。汉武帝元朔二年，封菑川懿王子刘胡为侯国”。以在益都县城之北，故曰北益都城。

北朔州 亦称朔州。北齐天保六年（555）置，治所在新城县（今山西朔州市西南四十七里梵王寺），八年（557）移治招远县（隋改善阳县，即今朔州市）。隋大业三年（607）改为马邑郡。唐武德四年（621）复改朔州。

北凉 东晋十六国之一。东晋隆安元年（397）匈奴贵族沮渠蒙逊起兵背后凉，推段业为凉王，据张掖（今甘肃张掖市）。公元401年蒙逊杀业，自称张掖公，史称北凉。后迁都姑臧（今甘肃武威市），并吞西凉。有今甘肃西部地。传二姓三主，共四十三年。公元439年为北魏所灭。

北涉沟 即垣水。今河北涿州市北拒马河支流胡良河。《水经·圣水注》：垣水“上承涞水于良乡县。分桃水，世谓之北涉沟”。

北海 ①春秋时指今渤海。《左传》：僖公四年（前656），齐伐楚，楚子使与师言曰：“君处北海。”《孟子·梁惠王》：“挟太山以超北海。”即此。

②所指因时而异：初为北方远僻地域的泛称；春秋战国时又或指今渤海。《左传》：僖公四年（前656），齐侯伐楚，楚子使与师言曰：“君处北海。”又《孟子·梁惠王》：谓齐宣王曰“挟太山以超北海”。秦汉以后凡塞北大泽往往被称为北海。《史记·大宛列传》：奄蔡“临大泽，无崖，盖乃北海云”，指今里海。《汉书·苏武传》：“乃徙武北海无人处”，指今贝加尔湖。《通典》引《经行记》：碎叶国有勃达岭，“岭北流者，尽经胡境而入北海”，指今巴尔喀什湖。

③在今北京市故宫西北侧。本为元代太液池的一部分，系引玉泉山诸水流注城内的积水湖泊之一。辽、金、元营建离宫，明、清辟为帝王御苑。有永安寺、画舫斋、五龙亭、九龙壁等胜迹。琼华岛耸立湖中，上有清顺治间所建白塔。1925年辟为公园。

北海及团城 在今北京市故宫和景山的西北侧。为辽、金、元、明、清历代帝王宫苑。明时在太液池北岸建五龙亭。清顺治八年（1651）在琼华岛上建白塔，清乾隆时增建画舫斋、静心斋、西方梵境、万佛楼、九龙壁等。团城原是太液池中的一个小岛，元在此建仪天殿，明改名承光殿，并在岛屿周围加筑城墙。承光殿内有玉佛一尊，雕刻精美。另有清代所建玉瓮亭、古籁堂、余清斋、镜澜亭等。玉瓮亭内的玉瓮为元代遗物，原在琼岛广寒殿内，是一件稀世巨型文物。1961年北海及团城被定为全国重点文物保护单位。

北海市 原为合浦县地，1950年置北海市（地级），直属广东省。1952年北海市及合浦县划归广西省，属钦州专区。1955年又划归广东省合浦专区管辖。1958年北海市降为县级市，属广东省合浦专区。1959年撤销北海市并入合浦县，隶属湛江专区。1964年复置北海市（县级），属湛江专区。1965年北海市、合浦县划归广西壮族自治区，属钦州专区管辖。1971年属钦州地区。1983年北海市升为地级市。1987年合浦县归北海市管辖。

北海军 北宋建隆三年（962）于北海县置，治所即今山东潍坊市。乾德三年（965）升为潍州。

北海县 隋大业初改下密县置，属北海郡。治所即今山东潍坊市。唐属青州。宋为潍州治。明洪武元年（1368）省入潍州。

北海近代建筑 在今广西北海市。1876年中英《烟台条约》签订后，北海被列为对外通商口岸。先后有英国、德国、奥匈帝国、法国、意大利、葡萄牙、美国、比利时等八个国家在北海设立领事馆和商务机构，同时建造了欧式风格的楼宇，包括教堂、医院、海关、洋行、修女院、育婴堂、学校等二十余座建筑。其中有十五座建筑保存至今，多为一至二层，平面布置方正，设有回廊、地垄，地垄上铺着木地板。屋顶多为四面坡瓦顶，室内有壁炉，窗门多为拱券式。2001年定为全国重点文物保护单位。

北海国 东汉改北海郡置，治所在剧县（今山东昌乐县西）。辖境约当今山东昌乐县及淄博市临淄以东，安丘、诸城、高密等市以北，莱阳市以西和平度、昌邑二市以南地区。汉末孔融任北海国相，人称孔北海。魏晋时或为国或为郡。北齐改名高阳。

北海郡 ①西汉景帝二年（前155）分齐郡置，治所在营陵县（今山东昌乐县东南五十里古城）。辖境相当今山东潍坊、安丘、昌乐、寿光、昌邑等市县地。东汉改为国，移治剧县（今寿光市东南三十里）。魏晋时或为国或为郡。北魏移治平寿城（在今山东潍坊市西南）。北齐改名高阳郡。

②隋大业三年（607）改青州置，治所在益都县（今山东青州市北）。辖境相当今山东博兴、广饶、青州、临朐、潍坊、昌邑等县市地。唐武德四年（621）复名青州，移治南阳城（今青州市）。天宝元年（742）又改北海郡。乾元元年（758）复改青州。李邕曾任北海太守，人称李北海。

北海埠 即今广西北海市。旧属合浦县。清光绪二年（1876），中英不平等的《烟台条约》开作商埠。为滇、桂货物输出之口。

北流水 在今浙江德清县东。《方舆纪要》卷91德清县：北流水“在县治南。自城南余不溪分流入城，出西水门北流至沙村，与武康县前溪水合，绕流至府城南，合余不水而为霅溪”。

北流县 南朝梁改北流郡置，属阴石郡。治所即今广西北流市。清光绪《北流县志》卷2：以北流江名之。隋大业初属合浦郡。唐贞观八年（634）为容州治。天宝初为普宁郡治，乾元初复为容州治。元和后属容州。元属容州路。明属郁林州。民国初属广西苍梧道。1928年直属广西省。

北流郡 南齐永明六年（488）置，属越州。治所即今广西北流市。辖境相当今广西北流市地。梁改为北流县。

北流堡 即今山西阳城县东北留镇。《清一统志·泽州府》“下孔堡”条下：“相近又有沁渡、北流二堡。”

北流溪 在今四川遂宁市西。《寰宇记》卷87小溪县：“北流溪，今名流溪。”《清一统志·潼川府一》：北流溪“在遂宁县西。……今名倒流溪”。

北宽坪唐渠 即今陕西商洛市东北宽坪。1946年陕甘宁边区置商雒县治此。

北陵 ①即昭陵。在今辽宁沈阳市城北郊北陵公园。清太宗皇太极葬此。

②在今河南陕县东南硖石东。《左传》：僖公三十二年（前628），蹇叔曰：“殽有二陵焉：其南陵，夏后皋之墓也；其北陵，文王之所避风雨也。”

北陵支线 从辽宁沈阳城站至北陵。长11.8公里。为北宁铁路支线。1929年建成。

北桑 即今福建霞浦县东南北礵岛。明郑和下西洋经此。

北基州 唐武德五年（622）改基州置，治所在延川县（今陕西延川县）。八年（625）废。

北萧岐镇 即今江苏江阴市东南峭岐镇。清道光《江阴县志》卷2：“萧岐镇十一保，县东南二十里。”民国《江苏六十一县志》：江阴县东南有“北萧岐镇”。

北票市 1985年撤销辽宁省北票县，改设北票市，市人民政府驻市府街。由朝阳市代管。

北票县 1945年置，属热河省。治所即今辽宁北票市。以北票（北四票简称）煤矿为名。1955年划入辽宁省。1985年改设北票市。

北票煤矿 在今辽宁北票市附近。煤主产于兴隆沟、小札兰营子、木多土鄂赖、大梁冈子等地。清末开采时曾向地方政府领取龙票四张，因其地皆在朝阳县北，故称北四票，简称北票。1921年由京奉铁路局所有，转为官商合办。

北硖山 古称夹石山。在今安徽省桐城市北，与舒城交界处。《方舆纪要》卷26桐城县：北硖山在“县北六十里。有两岸相夹如关”。山南有北硖关。

北硖关 亦作北峡关。即今安徽桐城市北大关镇。《舆地纪胜》卷46安庆府：北硖关“在桐城县北六十里”。《方舆纪要》卷26桐城县：北硖关“以北硖山而名。道出舒城，有巡司戍守。亦为北硖镇”。

北硖镇 北宋置，属桐城县。即今安徽桐城市北四十里大关镇。清置巡司于此。

北砦 ①北宋咸平二年（996）置，属真定府。即今河北阜平县。金改为北镇。

②在今湖北远安县西北十四里。清设把总驻守。

北砦山 在今福建龙岩市北。《方舆纪要》卷99漳州府龙岩县：北砦山在“县治后，县主山也。一名后山，员耸如覆釜，亦名覆釜山”。

北野县 唐永徽五年（654）析歙县北部置，属歙州。治所在今安徽歙县东北三十里竦口村。以在州城北郊为名。大历五年（770）废。

北崖 在今四川达州市西北。《方舆胜览》卷59达州：北崖“岩壁耸然，下有平池。春时游人甚盛”。

北假 指今内蒙古河套以北、阴山以南夹山带河地区。《史记·秦始皇本纪》：三十三年（前214），“使蒙恬渡河取高阙、阳山、北假中，筑亭障以逐戎人”。裴骃《集解》云：“北方官田主以田假与贫人，故云北假。”《汉书·元帝纪》：初元五年（前44），罢“北假田官”。同书《王莽传》：始建国三年（11），“遣尚书大夫赵并使劳北边，还言五原北假膏壤殖谷，异时常置田官。乃以并为田禾将军，发戍卒屯田北假，以助军粮”。

北盘江 西江上源之一。源于云南宣威市，流经贵州西部。元代以来称北盘江。《元史·地理志》曲靖路：“沾益州，在本路之东北，据南盘江、北盘江之间。”《明史·地理志》沾益州：“北有北盘江，其上流即贵州毕节卫之可渡河，流入州境，又东南入贵州安南卫。”与南盘江汇合后称红水河。

北龛摩崖造像 在今四川巴中市城北四里苏山坪南麓。《舆地纪胜》卷187巴州：北龛“大北龛在郡北五里，俯瞰巴江。小北龛在郡北五里风帽山之下，岩如屋”。共有造像三十四龛，三百四十二躯。其中隋代四龛，初唐十四龛，盛唐九龛，晚唐六龛，清代一龛，均系佛教造像。主要有药师经变相、释迦说法、东方三圣、一佛二菩萨、观音、达摩、释迦多宝说法、七佛等，造像保存完好。2001年定为全国重点文物，归入南龛摩崖造像保护单位。

北猎山 即今广东开平市西北百立山。《清一统志·肇庆府》：北猎山“在开平县（旧治在今市西北苍城镇）南少西二里。一名北立山，又名百立山。东去新会县一百里，西南去恩平县一百二十里。产白云茶。脉自恩平北来，与罗汉山相接。明嘉靖三十二年，佥事杜璁败贼于此。东麓有山曰游鱼”。

北猗氏县 北魏太和十一年（487）置，属北乡郡。治所即今山西临猗县。后废。

北康暗沙 在南海中中国南沙群岛南部，位于南通礁西南方。包括南安礁、南屏礁、盟谊暗沙等。1935年公布名称为北卢康尼亚滩。1947年改名北康暗沙。

北望镇 北宋置，属乐寿县。即今河北沧县西南三十八里王村。

北惯墟 即今广东阳东县东北北惯镇。清道光《阳江县志》卷1有北惯墟。

北清河 在今山东境。亦曰大清河。即古济水。其上源与会通河合，自东平分流而西北，至鱼山之东，复折而东北，经东阿、平阴、长清、济南、济阳、博兴等县市，东北入海。清咸丰间为黄河所夺。

北清郡 应为北淯郡。在今河南南召县东南。《魏书·地形志》讹作“北清郡”。

北渚亭 在今山东济南市城内大明湖上。元于钦《齐乘》卷5载：“《水经注》泺水北为大明湖，西有大明寺，水成净池，池上有亭，即北渚也。”而光绪《山东通志》卷34称：“北渚亭在大明湖上，北宋熙宁五年齐郡太守曾巩建。”

北涸镇 即北角镇。今江苏江阴市东南北涸镇。清光绪《江苏全省舆图》江阴县图：东南有北角。民国《江苏六十一县志》：江阴县东南有“北涸镇”。

北渑池县 ①北魏太和十一年（487）改渑池县置，为渑池郡治。治所在今河南渑池县西十三里。西魏大统十一年（545）属河南郡。北周大象中改属同轨郡。隋开皇初复为渑池县。

②东魏兴和中侨置，为渑池郡治。寄治汲郡陈城（今河南卫辉市）。北齐废。

北涪镇 亦作北背镇。即今重庆市涪陵区东北南沱镇长江北岸百汇场，为往来要冲。清同治《涪州志》卷1：罗云里有北背镇。

北淯郡 北魏置，治所在武川县（今河南南召县东南）。辖境相当今河南南召县及方城县西部地。西魏改为蒙州。

北梁州 南朝梁置，治所在西城县（今陕西安康市西北四里汉水北岸）。后改名南梁州。

北梁郡 北魏孝昌中置，属南兖州。治所在城安县（今河南民权县东北）。北齐天保七年（556）废。

北随安左郡 南齐置，属司州。治所在济山县（今湖北随州市北八十里）。梁改为北随郡。

北随郡 南朝梁改北随安左郡置，治所在顺义县（今湖北随州市北八十里）。西魏改为南阳郡。

北隍城岛 即唐代乌湖岛。今山东长岛县北北隍城岛。《清一统志·登州府》：南隍城岛“在蓬莱县北四百余里。又北九十里，有北隍城岛”。

北琴海 即兴凯湖。在今黑龙江省密山市东南中俄两国边境。《金史·世纪》“斡带进至北琴海，攻拔泓忒城，乃还”。即此。

北塔 即朝阳北塔。在今辽宁朝阳市北塔街。

北塔堰 在今湖南常德市西北。《新唐书·地理志》武陵县：“西北二十七里有北塔堰，开元二十七年，刺史李琎增修，接古专陂，由黄土堰注白马湖，分入城隍及永泰渠，溉田千余顷。”

北董堡 即今山西长治市南北董村。《清一统志·潞安府》：北董堡“在长治县东南十里。土城周四里，高一丈八尺。明嘉靖中筑”。

北雄关 明置，属青川千户所。在今四川青川县西青溪镇西北白熊关（北雄关）。《方舆纪要》卷73青川千户所：北雄关“在所北，接陕西文县界”。

北掌村 即今河北沙河市西新城镇西南北掌村。清乾隆《沙河县志》建置志：村庄有北掌。

北景县 即比景县。在今越南广平省宋河下游高牢下村。《旧唐书·地理志》北景县：“晋将灌邃攻林邑王范佛，破其国，遂于其国五月五日立表，北景在表南，九寸一分，故自北景已南，皆北户以向日也。北字或单作匕。”

北黑铁路 自黑龙江北安经孙吴至黑河（瑷珲）。

全长303公里。日伪于1933—1935年修筑。1945年被拆除，后恢复北安至龙镇段。

北集坡 即今山东泰安市岱岳区东南北集坡镇。清同治《泰山县志》卷2《里社》：北集坡“（距城）三十里”。

北集渠 在今重庆市万州区西南。《水经·江水注》：“北水出新浦县北高梁山，分溪南流，径其县西，又南一百里入朐忍县，南入于江，谓之北集渠口，别名班口，又曰分水口，朐忍尉治此。”

北道桥 即今新疆奇台县东北北道桥。清道光《新疆识略》卷2古城：北道桥台“南至古城五十里”。

北港 ①在今浙江象山县东北。《方舆纪要》卷92象山县：北港“在县东北十五里，东达大洋，西距奉化之鲒崎山”。

②一名笨港。原指今台湾北港溪下游北港镇一带。为台湾岛上汉族移民最先到达并开发的地区。连横《台湾通史·开辟纪》载：漳、泉边民渐来台湾，而“以北港为互市之口”。同书卷29《颜思齐郑芝龙列传》载：明天启四年（1624），漳州人颜思齐、泉州人郑芝龙率其党羽“至台湾，入北港，筑寨以居”。是颜思齐、郑芝龙开台时已有北港之名。故明代曾一度称台湾为北港。《方舆纪要》卷99晋江县“彭湖屿”条：“北港盖在彭湖之东南，亦谓之台湾。”

北湖 ①即玄武湖。在今江苏南京市城东北玄武门外。因在城北，东晋初年改称北湖。唐许嵩《建康实录》卷5：东晋太兴三年（320），“创北湖，筑长堤，以壅北山之水”。即此。

②在今浙江杭州市余杭区西南六十四里。《新唐书·地理志》余杭县：“北三里有北湖，亦（归）珧所开，溉田千余顷。”已湮废，今北湖草荡为其残迹。

③在今湖南郴州市西五里。唐韩愈《祭郴州李使君文》：“航北湖之空明。”《方舆胜览》卷25郴州：北湖“在县西北隅城门外，灌田顷余”。

④在今广西南宁市北。《方舆纪要》卷110南宁府宣化县：北湖在“府北十里”。

北湖亭 在今江苏溧阳市西北。《清一统志·镇江府二》：北湖亭“在溧阳县西北四十五里。唐李白登此望瓦屋山有诗”。

北温州 唐武德三年（620）置，治所在温泉县（今山西交口县东北四十五里温泉乡）。辖境相当今山西交口县及孝义市西部等地。贞观元年（627）废。

北温泉 在今重庆市西北北碚区北碚镇北缙云山下。唐于此建温泉寺。《舆地纪胜》卷175重庆府：温泉寺“在府北百余里，下临嘉陵江，有温泉出于岩石间”。市南亦有温泉，故此名北温泉。1927年辟为北温泉公园，为重庆著名风景名胜区。

北渡山 在今河南平顶山市南。《清一统志·南阳府一》：北渡山“产美石”。

北窖郇 在今北京市房山区西北南窖乡东北北窖村。盛产煤。清光绪《顺天府志》卷29房山县：“（西北）七十里北窖村。”

北禅山 俗名土楼山。在今青海西宁市北。《清一统志·西宁府一》“南禅山”条下：“北禅山在（西宁）县西北五里。”

北禅寺 即今青海西宁市北山寺。清乾隆《西宁府新志》卷15：北禅寺“在北门外五里土楼山下，又名永兴寺。湟中古寺第一，即阚骃所谓西平亭，北有土楼神祠者是也”。

北遐洞 元改北遐寨置，属庆远南丹安抚司。在今广西罗城仫佬族自治县西北牙洞。后废。

北遐寨 南宋改北遐镇置，属天河县。在今广西罗城仫佬族自治县西北。元改为北遐洞。

北遐镇 北宋置，属融水县。在今广西罗城仫佬族自治县西北牙洞。南宋改为北遐寨。

北隘岭 在今江西瑞金市东北。《方舆纪要》卷88赣州府瑞金县：北隘岭在“县东北七十里，接福建长汀县界”。

北塘 即今天津市滨海新区塘沽东北北塘镇。明、清均在此设防，并设有炮台。1860年“北塘之战”发生于此。北宁铁路有塘沽支线通此。

北塘口 在今天津市东滨海新区北塘镇。位于蓟运河、潮白新河、永定新河入海处。清为海防要地，于此置北塘营，有游击守备驻防。光绪《畿辅通志》卷93：“北塘镇口之两岸各有炮台。”1900年八国联军入侵时被毁。

北蓬州 即比蓬州。治所在今四川马边彝族自治县北下溪乡。

北楼 在今安徽宣城市。《明一统志》卷15宁国府：北楼“在府治北。南齐守谢朓建。唐李白诗：‘江城如画里，山晚望晴空。两水夹明镜，双桥落彩虹。人烟寒橘柚，秋色老梧桐。谁念北楼上，临风怀谢公。’咸通中，刺史独孤霖改名叠嶂楼”。

北楼口堡 在今山西应县东南四十五里北楼口村。《方舆纪要》卷40繁峙县：北楼口堡“堡城正德九年筑，嘉靖二十三年、万历五年增修，周四里有奇，备兵使者驻焉，所辖边二百五十三里。东起平刑界石窑庵，西抵广武界东津口，皆近腹里”。

北楼墟 在今广西隆林各族自治县东北。《清史稿·地理志》泗城府西隆州：南盘江“经州北，东南至北楼墟，冷水河合治西小水，东北流注之”。有隆林营外委驻守。

北碚管理局 1941年置，属四川省。治所在今重庆市西北北碚区，1949年废入巴县。

北路土谢图汗旗 即蒙古土谢图汗部土谢图汗旗。旗府驻地在今蒙古国前杭爱省北境哈拉和林。

北路中左旗 即蒙古土谢图汗部中左旗。旗府驻地在今蒙古国布尔根省达辛其楞南。

北路中左翼末旗 即蒙古土谢图汗部中左翼末旗。旗府驻地在今蒙古国色楞格省东布仁西南（河北岸）。

北路中右末旗 即蒙古土谢图汗部中右末旗。旗府驻地在今蒙古国中央省土拉河北岸那万策仁古内呼勒。

北路中右旗 即蒙古土谢图汗部中右旗。旗府驻地在今蒙古国中央省额尔德讷桑特。

北路中次旗 即蒙古土谢图汗部中次旗。旗府驻地在今蒙古国东戈壁省阿尔山图西北。

北路中旗 即蒙古土谢图汗部中旗。旗府驻地在今蒙古国首都乌兰巴托市。

北路左翼中左旗 即蒙古土谢图汗部左翼中左旗。旗府驻地在今蒙古国中戈壁省乌勒吉图南。

北路左翼中旗 即蒙古土谢图汗部左翼中旗。旗府驻地在今蒙古国东戈壁省赛汗都兰南。

北路左翼末旗 即蒙古土谢图汗部左翼末旗。旗府驻地在今蒙古国东戈壁省满达赫一带。

北路左翼左中末旗 即蒙古土谢图汗部左翼左中末旗。旗府驻地在今蒙古国前杭爱省巴彦温都尔东北。

北路左翼右末旗 即蒙古土谢图汗部左翼右末旗。旗府驻地在今蒙古国中戈壁省乌嘎塔拉东南。

北路左翼后（後）旗 即蒙古土谢图汗部左翼后旗。旗府驻地在今蒙古国中戈壁省德勒格尔杭盖西南。

北路左翼前旗 即蒙古土谢图汗部左翼前旗。旗府驻地在今蒙古国布尔根省赫希格温都尔西。

北路右翼左末旗 即蒙古土谢图汗部右翼左末旗。旗府驻地在今蒙古国色楞格省那腊苏台敖若斯东。

北路右翼左后（後）旗 即蒙古土谢图汗部右翼左后旗。旗府驻地在今蒙古国布尔根省罕博音呼热东南。

北路右翼左旗 即蒙古土谢图汗部右翼左旗。旗府驻地在今蒙古国布尔根省布尔根。

北路右翼右末次旗 即蒙古土谢图汗部右翼右末次旗。旗府驻地在今蒙古国布尔根省色楞格东北。

北路右翼右末旗 即蒙古土谢图汗部右翼右末旗。旗府驻地在今蒙古国中央省木胡雷诺扬驿站。

北路右翼右旗 即蒙古土谢图汗部右翼右旗。旗府驻地在今蒙古国前杭爱省巴彦温都尔西南。

北路旧土尔扈特左旗 清乾隆三十六年（1771）渥巴锡率土尔扈特部由伏尔加河流域回到祖国后设置，属乌讷恩素珠克图盟。驻牧地在今新疆和布克赛尔蒙古自治县城附近。

北路旧土尔扈特右旗 清乾隆三十六年（1771）渥巴锡率土尔扈特部由伏尔加河流域回到祖国后设置，属乌讷恩素珠克图盟。驻牧地在今新疆和布克赛尔蒙古自治县城附近。

北路旧土尔扈特旗 清乾隆三十六年（1771）渥巴锡率土尔扈特部由伏尔加河流域回到祖国后设置，属乌讷恩素珠克图盟。驻牧地在今新疆和布克赛尔蒙古自治县城附近。

北路道 ①1913年置，属山西省。治所在代县（今山西代县）。辖境相当今山西保德、静乐、忻州、定襄、五台等县市以北地。1914年改名雁门道。

②1913年置，属奉天省。治所在辽源县（今吉林双辽市）。辖境相当今吉林白城、洮南、大安、镇赉、通榆、双辽、梨树、公主岭及辽宁昌图、康平、法库，内蒙古古通辽、突泉等市县地。1914年改名洮昌道。

③1913年置，属福建省。治南平县（今福建南平市）。辖境约当今福建浦城、松溪、政和、建瓯、南平以西，建宁、泰宁、将乐、沙县、三明、永安、尤溪以北地区。1914年改为建安道。

北雉县 北魏置，属南阳郡。治所在今河南南召县东南。后改属北淯郡。西魏为雉阳郡治。隋初废。

北解县 北魏太和十一年（487）改解县置，属河东郡。治所在今山西临猗县西南三十里城东、城西二村之间。北周废。

北麂山 即今浙江平阳县东北麂山列岛。明《郑和航海图》作“东洛山”。民国《瑞安县志》卷3载：“北麂山高167.7公尺，一名北岐山，又名东洛山。前清乾隆年间，海盗蔡牵盘踞，抗拒提督李长庚之师。今山中之大校场、小校场、东水门、西水门等名称均牵所署。”

北新成县 西汉置，属中山国。治所在今河北徐水县西南二十里。《寰宇记》卷68引《十三州志》云：“河间有新城，故此加北字。”东汉改为北新城县。北魏改名新城县。北齐复名北新成县，寻废。

北新关 在今浙江杭州市北大关。清雍正《浙江通志》卷86：“附关有桥曰北新，故以名关。”为杭州城北门户，商旅辐凑，明成化中设户部分司驻此。清设千总驻防。

北新安郡 南朝梁置，属西徐州。治所在蒙县（今安徽利辛县东北三十二里旧城镇）。辖境相当今安徽利辛县地。东魏改置蒙郡。

北新店 即今河南南阳市东北新店乡。清光绪《南阳县志》卷3：“去县治东北三十里为北新店，商贾走集，甲乙石桥。”

北新河 在今上海市崇明县北。《方舆纪要》卷24太仓州崇明县：北新河“在旧县北六十二里，海水西流而入；又南新河在旧县北五十二里，海水北流而入，与北新河通。今三沙日圮，河道亦堙”。

北新泾镇 又称蒲松镇。即今上海市长宁区西北部北新泾镇。清同治《上海县志》卷1《镇市》：“北新泾市，县西二十一里。”民国《江苏六十一县志》上海县：“最西有蒲松镇，一名北新泾，跨吴淞江支流新泾港上。”

北新城县 东汉改北新成县置，属涿郡。治所在今河北徐水县西南二十里。西晋属高阳国。北魏改名新城县。

北新息县 南朝宋析新息县置，属汝南郡。治所在今河南息县北三十里。北齐并入南新息县。

北新道 三国时中原地区至西域交通路线之一。《三国志》卷30裴注引《魏略·西戎传》："从玉门关西北出，经横坑，辟三陇沙及龙堆，出五船北，到车师界戊己校尉所治高昌，转西与中道合龟兹，为新道。……北新道西行，至东且弥国、西且弥国、单桓国、毕陆国、蒲陆国、乌贪国，皆并属车师后部王。……转西北则乌孙、康居。"此道大约在高昌（今新疆吐鲁番东南）附近从新道分出，越过天山，经东、西且弥国（今乌鲁木齐、玛纳斯一带）至乌孙（今伊犁河流域）、康居（今巴尔喀什湖和咸海之间）。

北新蔡郡 南齐改新蔡郡置，属豫州。治所在新蔡县（今河南固始县西南）。北魏改为新蔡郡。

北雍州 北魏永安元年（528）分雍州置，治所在永安城（亦名鸿宾栅，今陕西三原县西北六十里嵯峨山北）。辖境相当今陕西铜川、宜君、淳化、三原、富平等市县地。永熙元年（532）迁治北地郡泥阳县（今陕西富平县西北）。西魏废帝三年（554）改为宜州。

北满洲 简称北满。清末民国时，东三省北部之称谓。东北地区称为满洲，满洲之北部称为北满。

北满特别区 1933年7月伪满在东省特别区的基础上改置，治所在哈尔滨（今黑龙江哈尔滨市）。管辖东起绥芬河、西至满洲里、南至长春铁路沿线军警、外交、行政、司法等。1936年1月废。

北溪 即今广东揭阳市北之北河。《清一统志·潮州府》：北溪"在揭阳县城北。有二源：一出长乐县界，一出嘉应州界，合流经飞泉、贵人诸山。……至浦湾渡合于南溪"。

北溜国 故址在今马尔代夫之马累。元汪大渊《岛夷志略》："北溜，地势居下，千屿万岛。舶往西洋，过僧伽剌傍，潮流迅急，更值风逆，辄漂此国。候次年夏东南风，舶仍上溜之北。"公元13世纪前期，郑和下西洋时曾经此。史籍译作官屿、官屿溜等。

北滘墟 即今广东佛山市顺德区西北北滘镇。明万历《广东通志》卷16：顺德县有"北滘墟"。

北塞径（逕） 在今广东阳春市西南。《方舆纪要》卷101阳春县：北塞径"在县西南。相近有蕉林径"。

北殿山 又名龟山、覆盆山。在今广东汕头市澄海区西北七里。《方舆纪要》卷103潮州府澄海县：北殿山"相传宋太子避元兵至此设行在，因名。俗呼皇子佃山"。

北障山 即百丈山。在今广西灵川县东北。《方舆纪要》卷107灵川县：北障山在"县北十里。倚峙如屏障，与临桂尧山对峙，高广称之，《志》亦谓之元山。山周环有泉百源，其著者曰滑石泉"。

北蔡村 即今天津市武清区北二十八里南蔡村镇北北蔡村。清设把总驻所。

北蔡镇 即今上海市浦东新区川沙镇西二十八里北蔡镇。清光绪《南汇县志》卷1：北蔡镇"相传宋蔡功徙居于此，筑园凿池，以娱晚景。本有南北二蔡，如华亭之南北钱云"。

北蔺 即蔺。战国赵邑，在今山西吕梁市离石区西。《史记·六国年表》：卫声公元年（前372），"败赵北蔺"，即此。

北蔚州 北齐天保中置，治灵丘县（今山西灵丘县）。领北灵丘郡。后废。

北舞阳县 北魏皇兴元年（467）改定陵县置，属襄城郡。治所即今河南舞阳县东北四十六里北舞渡镇。永安中，为广州定陵郡治。隋开皇初改为北舞县。

北舞县 隋开皇初改北舞阳县置，属许州。治所即今河南舞阳县四十六里北舞渡镇。大业三年（607）属颍川郡。唐武德四年（621）属道州。贞观元年（627）废。

北舞渡镇 即北舞镇。今河南舞阳县东北四十六里北舞渡镇。北魏为北舞阳县治。隋、唐为北舞县治。

北舞镇 一名北舞渡。北宋置，属舞阳县。即今河南舞阳县东北四十六里北舞渡镇。元置巡检司。地当冲要，为县北巨镇。清咸丰九年（1859）南阳镇总兵丘联恩部被捻军围歼于此。

北管州 唐武德五年（622）改管州置，治所在静乐县（今山西静乐县）。辖境相当今山西静乐县地。次年废。

北舆县 西汉置，属云中郡。为中部都尉治。治所在今内蒙古呼和浩特旧城。东汉末废。《水经·河水注》：武泉水"南流又西屈，径北舆县故城南，……又西南入芒干水"。《清一统志·归化城土默特》谓北舆故城在"今归化城西界"。民国《绥远通志》（稿本）以为即归绥县治。

北漳淮镇 即今河北冀州市西南四十里北漳淮乡。清同治《畿辅通志》卷54冀州图：西南有北漳淮。

北漳堡 在今河北成安县西北。《清一统志·广平府二》"郭方堡"条下：北漳堡"在（成安）县西北十二里"。

北寨司 在今广东揭东县东南炮台镇。明洪武四年（1371）于今揭阳市西北冈头山置北寨巡司，正统四年（1439）移于今揭阳市东北乌石山南，正德十二年（1517）复还旧址。清顺治十年（1653）改置于桃山都（今炮台镇）。

北寨村 在今山东沂南县西四里。该地发现汉墓，有画像石四十二块，分七十二幅，内容为攻战、祭祀、宫乐、百戏、奇禽异兽等，弥足珍贵。

北寨墓群 在今山东沂南县西北四里北寨村。现已探明古墓六座。1号墓原有高大封土，俗称"将军冢"，为大型画像石墓，墓内分前、中、后三主室和东西侧室，共八室，面积88.2平方米，用石二百八十块。其中画像石四十二块，主要内容有攻战图、祭祀图、出行图、丰收宴享图和乐舞图案等。2号墓为大型砖石结构多室墓，墓葬布局与1号墓基本相同，出土遗物八十余件，其中五龙戏珠、三足砚和铜女俑十分珍贵。3号、4号墓均为小型砖室墓。另外，还发现两座小型石室墓和砖室墓。北寨墓群布局清晰，墓室结构严谨，画像内容丰富，造型奇巧，是不可多得的艺术瑰宝。2001年定为全国重点文物保护单位。

北谯州　唐武德四年（621）置，治所在临涣县（在今安徽濉溪县南）。辖境相当今安徽濉溪、永城、蒙城及宿县部分地。贞观十七年（643）废。

北谯县　①南朝宋侨置，属梁郡。治所在今安徽长丰县西。隋开皇初废。《寰宇记》卷129寿州寿春县："废北谯县，在县东六十三里。"

②南朝梁置，为北谯郡治。治所在故阴陵城（今安徽定远县西北六十五里）。北周废。

北谯郡　①北魏永平元年（508）置，属扬州。治所在安阳县（今安徽寿县东南）。隋开皇初废。

②南朝梁置，属南谯州。治所在北谯县（今安徽全椒县西北二十里）。东魏改为临滁郡。北周复为北谯郡。隋初废。

③南朝梁置，属安州。治所在故阴陵城（今安徽定远县西北六十里）。北周废。

④南朝梁置，治所当在今江苏连云港市或东海县境。东魏武定七年（549）改置山宁县。

北翟管村　即今山西榆社县北北翟管村。1943—1944年晋冀鲁豫边区置榆北县治此。

北镇　①金改北砦置，属行唐县。即今河北阜平县。明昌四年（1193）改置阜平县。

②原属山东滨县。光绪《大清直省地舆全图》：滨县东南有北镇。即今山东滨州市滨城区北滨北街道。民国时有县佐驻此。1982年于此设滨州市。

北镇市　2006年撤销辽宁省北宁市，改设北镇市，属锦州市领导。

北镇场　在今辽宁大洼县东马帐房。产海盐，清初设场，直隶奉天府尹。光绪间设广宁局，以其地旧属广宁县，故名。1914年改广宁为北镇县，场因以改名，设场知事。

北镇关　在今贵州毕节市北。《清一统志·大定府》：北镇关"在毕节县北二里北镇山下"。

北镇县　1914年改广宁县置，属奉天辽沈道。治所即今辽宁北镇市（广宁镇）。县西有医巫闾山，隋开皇间封为北镇，县因此名。1929年直属辽宁省。1989年改置北镇满族自治县。1995年改设北宁市。

北镇庙　又名山神庙。在今辽宁北宁市城西三里山坡上。是医巫闾山的山神庙。《清一统志·锦州府》载：北镇庙"在广宁县西医巫闾山之阳，去山五里余，距城三里余。舜封医巫闾山以镇幽州，《周礼·夏官职方氏》：东北曰幽州，其山镇曰医巫闾。隋开皇十四年，诏就山立祠。唐开元中，封广宁公。辽、金加王号。元大德二年，封贞德广宁王。明改称北镇医巫闾山之神。本朝因之。旧庙毁于元季，明永乐十九年敕建，成化间重修"。现存各殿都是明、清时所建。建筑群从岗下到岗顶依天然地势排列，主要建筑为歇山式大殿，绿琉璃瓦顶，面阔五间，进深三间。梁坊上有彩绘，殿内东、西、北三面墙壁画有星宿人物三十二个。庙内还有山门、神马门、钟楼、鼓楼、御香殿、更衣殿、内香殿、寝殿（后殿）等。庙内的元、明、清碑刻四十五方。1988年定为全国重点文物保护单位。

北黎市　即今海南省东方市东北之北黎村。《清史稿·地理志》崖州感恩县："其正渠西北过北黎市为北黎港，又西南入海。"

北虢　即虢。西周初封国。都上阳（今河南三门峡市东）。春秋时灭于晋。《左传》：僖公五年（前655），"晋侯复假道于虞以伐虢……八月甲午，晋侯围上阳……冬十二月丙子朔，晋灭虢"。1956年冬在今三门峡市北上岭村发现"虢太子墓"。1990年春又发现"虢国君墓"，出土的青铜器中，有铭文"虢季"二字。

北澎湖屿　即今台湾省基隆市东北之海中彭佳屿。《清一统志·台湾府》：北澎湖屿"在彰化县极北鸡笼城东北大海中。《旧志》：屿低平宽广，周约二十余里，其旁多溜，舟人惮之"。

北澳街　亦作北岙街。即今浙江洞头县治北岙镇。清光绪《浙江沿海图说》温州附近海岛表："洞头山北澳街有小市，三盘汛兵驻此。山共七十二澳。"

北额山　在今广东阳西县西南沙扒镇东。清光绪《广东舆地全图》阳江县图：县西南端海滨有北额山。山西有炮台。旧有把总驻防。

北额砦　在今广东电白县东。《方舆纪要》卷104电白县：北额砦"在县西（东）"。

北额港　在今广东电白县东岭门镇东。《清一统志·高州府》：北额港"在电白县（治今电城镇）东三十里，接阳江县界"。

北豫州　①北魏皇兴中改豫州置，治所在大栅城（今河南荥阳市）。太和十九年（495）废。东魏天平元年（534）复置，治成皋郡（今荥阳市汜水镇西北）。辖境相当今河南巩义市以东、中牟县以西、原阳县以南、新密、新郑二市以北地。北周改为荥州。

②南朝梁天监十三年（514）置，治所在湖陂城（今湖北麻城市西南）。后废。

北燕　①即燕。西周封国。都蓟（今北京市城西南隅）。后世为与南方的燕相区别，故称北燕。

②又名黄龙国。十六国之一。东晋义熙五年（409）冯跋灭后燕，都龙城（今辽宁朝阳市），史称北燕。高云死，跋即天王位于昌黎县（今辽宁朝阳市）。领有今辽宁西南和河北东北部地区。南朝宋元嘉十三年（436）为北魏所灭。

北燕州　北齐置，治所在怀戎县（今河北涿鹿县西南桑干河南岸）。辖境相当今河北怀来、涿鹿、昌平等县地。北周改为燕州。隋大业初废。唐武德七年（624）复置，贞观八年（634）改为妫州。

北澧州 唐武德二年（619）置，治所在方城县（今河南方城县）。贞观八年（634）改为鲁州。

北戴河 在今河北秦皇岛市西南三十里，北戴河入海处。其地有联峰山、临榆山、仙人洞、汤泉山、背牛顶、劳岭诸胜。清光绪二十四年（1898）始辟为避暑区。1936年设立北戴河海滨风景管理局，为北方避暑胜地。

北戴河支线 从今河北秦皇岛市西南北戴河至海滨。全长10公里。为京奉铁路支线。1916年修建。1944年被日伪拆除。

北戴河近代建筑群 在今河北秦皇岛市北戴河区海滨。北戴河近代建筑建设可追溯到19世纪末，1917年在此修建了中国第一条旅游铁路支线后就进入繁荣时期，七年间共增建别墅二百七十三幢。加上以前三十多年建的二百五十三幢，到1924年北戴河海滨有中外别墅楼五百二十六幢，其中中国人的别墅占四分之一；以后的二十四年间，又建新别墅一百九十三幢，中国人的占了一半。这些建筑分布在北戴河海滨自西联峰山到鸽子窝沿海，总面积18平方公里，建筑风格多为西式别墅。如乔和别墅，又名瑞士小姐楼，位于北戴河安二路5号，今水利部北戴河疗养院内。建于20世纪20年代，坐北朝南，为地下一层，地上两层，欧式堡垒建筑。该建筑造型独特，风格优雅，占地面积较大，有附属花园，园内种有珍奇花木，环境优美，是目前北戴河优秀近代建筑。北戴河近代建筑群2006年定为全国重点文物保护单位。

北戴河秦行宫遗址 在今河北秦皇岛市北戴河区。是秦始皇东巡的行宫遗址。面积约6万平方米。1987-1991年发掘，揭露出建筑基址四组及灶、水井、水管道、窖穴等遗迹。建筑基址布局紧凑，四面有墙，前辟一门。各组建筑外围均环以院墙。单体建筑分为堂、室，有内室、外室；台式建筑和平面圆形等五类。北戴河秦行宫遗址于1996年被定为全国重点文物保护单位。

北礁 在今海南省中沙群岛办事处辖区，永乐群岛北端。位于赵述岛西北41海里。为西沙群岛北部著名险区。中国渔民向称干豆。1935年和1947年公布名称为北礁。郑资约《南海诸岛地理志略》载：北礁“礁为一椭圆形之环礁，东西长七浬，宽三浬，中抱泻湖。礁之边崖多峻峭，沿礁周围到处有大石露出水面，波浪有时声闻数浬。礁之西南侧有一帆船水道，可入泻湖”。

北礁沉船遗址 在今海南省中沙群岛办事处辖区永乐群岛北端，南距珊瑚岛32海里。渔民通称干豆。1935年、1947年、1983年中国政府均公布为北礁。东西长12.5公里，宽4.6公里，椭圆形环礁，多水下礁滩，是西沙群岛北部航行险区。1947年以后，海南琼海渔民在此打捞到新莽至明清钱币400多公斤，以及铜锭、铜镜、铜剑鞘等大量文物。2006年定为全国重点文物保护单位。

北魏洛阳宫殿 在今河南洛阳市东北汉魏故城内。宫殿悉因魏晋旧基重建。宫廷建筑集中在城中部偏西北侧之宫城中，南北长约1398米，东西宽约600米。南为宫殿区，北为苑区。今孟津金村南，俗称“金銮殿”的地方，可能是主要宫殿太极殿的旧址。

北魏镇 又作北魏村、北位。即今河北大城县西南四十里北位乡。清属河间县，于此设北魏村巡司。

北襄城郡 南齐置，属雍州宁蛮府。治所在赭阳城（今河南方城县东六里）。北魏太和二十二年（498）改为襄城郡。

北黟山 即黄山。在今安徽黄山市西北黄山区。黄山古称三天子都山。黟、歙建县后，通称黟山。东段走向，偏向东北，称北黟山。此段山势峻峭，古属僻远深山区，开发较晚。唐天宝间，太平建县后，始见黄山之名，《元和志》卷28太平县载：“黄山，在县西南四十里。上有泉水，泉侧多黄连。”同书歙县下仍记旧名，曰：北黟山“在县西北二百六十八里，宣、歙二州分界处”。足见此时以此山为分野，南北两州间已开成通衢，新旧两名同时通行于当时。唐宋以来，黄山之名逐渐替代旧名，形成全山主名。世传唐天宝间敕改为黄山，实为后世附会之说。

北瀚镇 即今河北任丘市东南二十二里北汉乡。清乾隆《任邱县志》卷2：东南同梨社有北瀚村。

占不劳山 古岛名。亦译作咕哔罗山。即今越南中部会安东部海上之占婆岛。为古代中西海上交通线所经。《新唐书·地理志》广州通海夷道：“象石又西南三日行，至占不劳山，山在环王国东二百里海中。”

占州 唐永徽二年（651）置羁縻州，属茂州都督府。治所在今四川汶川县西南邛崃山附近地区。后废。

占城 ①即今江苏邳州市西南占城镇。《清一统志·徐州府二》：占城“在睢宁县西北七十里。亦元时所筑，俗名瞻王城”。

②古国名。亦称占婆。在今越南中南部。汉至唐称林邑，唐至德以后改称环王。公元9世纪后期改称占城。1471年，其大部分领土被越南后黎王朝所并。17世纪末亡于广南阮氏。

占城国 亦名占婆、占婆补罗、摩诃瞻婆国。在今越南中南部。古名林邑、环王，公元9世纪后期改称占城。唐刘恂《岭表录异》卷上：“乾符四年，占城国进驯象三头。当殿引对，亦能拜舞，后放还本国。”《宋史·外国传五》：“占城国在中国之西南，东至海，西至云南，南至真腊国，北至驩州界。……庆元以来，真腊大举伐占城以复仇，杀戮殆尽，俘其主以归，国遂亡，其地悉归真腊。”

占婆 即占婆补罗的省译。“补罗”是梵语“城”的意思。

占婆国 为占婆补罗之省译。即占城国。在今越南中南部。《明史·外国传五》：占城“唐时，或称占不劳，或称占婆，其王所居曰占城”。

占蝉县 东汉改黏蝉县置，属乐浪郡。治所在今朝鲜平安南道龙冈西于乙洞古城。《汉书·地理志》注："服虔曰，蝉音提。"后废。

占藏先结簇长官司　明洪武十四年（1381）置，属松潘卫。治所在今甘肃迭部县东南。后废。

卢　①商、周国名。在今湖北襄阳市襄城区西南。《尚书·牧誓》："及庸、蜀、羌、髳、微、卢、彭、濮人。"《左传》：文公十六年（前611），楚伐庸，"自庐以往，振廪同食"。《水经·沔水注》：沔水"又东过中庐县东。……县即春秋庐戎之国也"。

②春秋时齐邑。在今山东济南市长清区西南五十里广里。《左传》：隐公三年（前720），"齐、郑盟于石门，寻卢之盟也"。杜注："卢盟在春秋前。卢，齐地。今济北卢县故城。"

卢山　①又作卢源山。在今江西万安县东。《方舆纪要》卷87吉安府万安县：卢山"在县东五十里。高百余丈。诸峰环列如屏，下有水，源出城江口"。

②在今山东龙口市东南。元于钦《齐乘》卷1：芦山"黄县南四十里。山下有真君宫。金县尹陈公碑云：芦童子，晋时人。九岁居此山，食茯苓升仙，唐封冲禧真君"。

③在今山东烟台市宁海镇东十八里。《寰宇记》卷20牟平县：卢山"北与东牟县岘山相连，岘山正北至海一百里，有望海台"。清光绪《山东通志》卷27谓"其实此山去海十许里"，百里当为十里之讹。

④在今山东诸城市东南三十里。本名故山。《水经·潍水注》："潍水又北右合卢水，即久台水也。《地理志》曰：水出琅邪横县故山，王莽之令丘也。山在东武县故城东南，世谓之卢山也。"宋苏轼《超然台记》："其东则卢山，秦人卢敖之所从遁也。"

⑤在今四川芦山县西北。《元和志》卷32卢山县：卢山"在县西北九里。其山西北连延入夷僚界，正北即邛州火井县界"。《方舆纪要》卷72芦山县：卢山，"《寰宇记》：卢山高八里，束道控川，横亘于邛州火井县界，青衣水出焉"。

⑥在今贵州惠水县西南七十里卢山镇。《方舆纪要》卷121定番州：卢山在"（卢山长官司）司治南。极高。旁有三石峡如门，盘旋而上，顶平广可容千人。有泉池，田土可耕食，盖乡人避兵处也"。

卢山长官司　明洪武六年（1373）改卢山等处蛮夷军民长官司置，属贵州卫。治所在今贵州惠水县西南七十里卢山镇。正统三年（1438）改属贵州宣慰司。后属定番州。清康熙四十年（1701）裁。

卢山县　①北周置，属离石郡。治所在今山西中阳县境。隋大业初并入修化县。

②隋仁寿三年（603）升卢山镇置，属雅州。治所即今四川芦山县。《元和志》卷32卢山县："因（卢）山为名。"大业三年（607）属临邛郡。唐武德元年（618）复属雅州。《新唐书·高骈传》：乾符年间，南诏"攻雅州，壁卢山，闻骈至，亟解去"。即此。元改为泸山县。

卢山郡　唐天宝元年（742）改雅州置，治所在严道县（今四川雅安市西）。辖境相当今四川雅安、名山、荥经、天全、卢山、宝兴等市县地。乾元元年（758）复改为雅州。

卢山都督府　唐贞观二十一年（647）以铁勒思结部置，属燕然都护府。治所在今蒙古国杭爱山东南。总章二年（669）属安北都护府。后废。

卢山等处长官司　元置，属管番民总管。治所在今贵州惠水县西南七十里卢山镇。明洪武六年（1373）改置卢山长官司。

卢山镇　即今四川芦山县。《元和志》卷32卢山县："隋仁寿元年于此置卢山镇，三年于此置卢山县，因山为名。"

卢川水　在今山东蒙阴县东北九十里。《水经·沂水注》：卢川水"出鹿岭山，东南流，左则二川臻凑，右则诸葛泉源斯奔乱流，径城阳之卢县……又东南注于桑泉水"。

卢川县　金承安二年（1197）升黑河铺置，属全州。治所在今内蒙古巴林右旗东南，查干木伦河北岸都希苏木西北友好村。后改属临潢府。元废。

卢门　春秋时宋国都城商丘（今河南商丘市南）南门。《左传》：昭公二十一年（前521），"华氏居卢门，以南里叛"。

卢子城　在今山东平阴县西南。《魏书·地形志》：济北郡卢县有卢子城。《水经·济水注》："济水又北径周首亭西……今世谓之卢子城，济北郡治也。京相璠曰：今济北郡所治卢子城，故齐周首邑也。"

卢乡县　西汉置，属东莱郡。治所在今山东平度市西北五十里灰埠镇。元始五年（5）封陈凤为卢乡侯，即此。北齐天保七年（556）废。隋开皇十六年（596）复置，属莱州。大业初属东莱郡。唐贞观元年（627）省入昌阳县。

卢王屯　在今河北廊坊市西南。《方舆纪要》卷11安次县：卢王屯，"汉初贞绾屯军与刘贾夹攻燕者，绾寻封燕王，因名曰卢王屯"。

卢王庄　即今河北抚宁县东南卢王庄。清光绪《抚宁县志》卷8：东南卢王庄堡辖"户王庄，距城二十二里"。

卢水　①即青龙河。滦河支流。在今河北东北部。源出辽西丘陵，西南流入河北境，经宽城、青龙二满族自治县及卢龙县、迁安市南入滦河。《汉书·地理志》：肥如县有"卢水，南入玄"。《水经·濡水注》：卢水"出（肥如）县东北沮溪，南流谓之大沮水，……小沮水又南流，与大沮水合而为卢水也。卢水有二渠，号小沮、大沮，合而入于玄水"。

②出今山东诸城市东南卢山，北流入潍。《魏书·地形志》：扶其有卢水。《水经·潍水注》：卢

水“即久台水也”。

③在今湖南平江县东。《方舆纪要》卷77平江县：“卢水出县东五十里卢山，西北流合汨水。”

④亦名卢溪水。即今广东连州市西北连水上游东陂河。《隋书·地理志》：熙平郡桂阳县有卢水。

卢氏山 在今河南卢氏县西北。《水经·洛水注》：卢氏川水“北出卢氏山，东南流径卢氏城东，东南流注于洛”。《元和志》卷6卢氏县：“地有卢氏山，或言卢敖得道于此。”

卢氏县 战国时韩置，后入秦，属三川郡。治所即今河南卢氏县。《寰宇记》卷6：“因山以名县。”西汉属弘农郡。西晋属上洛郡。东晋义熙末属弘农郡。北魏属恒农郡。东魏属金门郡。西魏为义川郡治。隋初为虢州治。大业三年（607）属弘农郡。义宁元年（617）为虢郡治。唐属虢州。元属嵩州。明属陕州，万历初改属河南府。清雍正十二年（1734）改属陕州直隶州。民国初属河南河洛道。1927年直属河南省。

卢氏城 城邑名。在今河南卢氏县。《水经·洛水注》引《竹书纪年》：晋出公十九年（前456），“晋韩龙取卢氏城”。

卢石山 亦作芦石山。在今江苏灌云县东北境。《寰宇记》卷22海州朐山县：“卢石山在县东南六十里。……石色黑，因以为名。”相传韩信为楚王，镇于三卢。《清一统志》引宋张耒云：“三卢者，卢石山、伊卢山、句卢山也。”

卢龙 唐方镇名。为河北三镇之一。宝应元年（762）以幽州节度使兼卢龙节度使，遂统称卢龙节度使。治所在幽州（今北京市城西南）。辖境相当今河北怀来、永清县及北京市房山区以东与长城以南地区。其后为李怀山、朱希彩、朱泚、刘济、张仲武、李全忠父子兄弟等长期割据，仅元和间一度听命中央。乾宁二年（895），刘仁恭任藩帅。五代梁乾化元年（911）其子守光遂称帝建号燕。乾化三年（913）为晋王李存勖所灭。

卢龙山 ①自今河北围场满族蒙古族自治县东南七老图山岭起，蜿蜒于长城内外，直至山海关北，卢龙塞道在其地。《魏书·地形志》北平郡新昌县：“有卢龙山。”《水经·濡水注》：“濡水又东南径卢龙山。”杨守敬《水经注疏》谓即“今潘家口”。又黄洛水“北出卢龙山，南流入于濡”。《水经注疏》：“此黄洛水以黄洛城得名，当即今出董家口东北之水，下流至潘家口北入滦河者也。”

②即今江苏南京市挹江门外狮子山。《六朝事迹编类》卷6：卢龙山“《图经》云，在城西北十六里。周回五里，高三十六丈。东有水下注平陆，西临大江。旧经云，晋元帝初渡江到此，见山岭绵延，远接石头，真江上之关塞。以比北地卢龙山，因以为名”。《明史·太祖纪》：至正二十年（1360），明太祖攻陈友谅，“亲督军卢龙山”。即此。

卢龙县 隋开皇十八年（598）改新昌县置，属平州。治所即今河北卢龙县。大业初为北平郡治。隋末改为肥如县。唐武德二年（619）复名卢龙县，为平州治。元为永平路治。明为永平府治。民国初属直隶津海道。1928年直属河北省。

卢龙塞 在今河北迁西县北喜峰口一带。古有塞道，自今蓟县东北经遵化县，循滦河河谷出塞，折东趋大凌河流域，为河北平原通向东北的交通要道。《三国志·魏书·武帝纪》：东汉建安十二年（207）北征乌丸，“引军出卢龙塞，塞外道绝不通，乃堑山堙谷五百余里”。《水经·濡水注》：“濡水又东南径卢龙塞，塞道自无终县东出，渡濡水，向林兰陉，东至清陉。卢龙之险，峻坂萦折，故有九峥之名矣。燕景昭元玺二年，遣将军步浑治卢龙塞道，焚山刊石，令通方轨，刻石岭上，以记事功，其铭尚存。”皆此道。

卢平县 东晋升平五年（361）置，属永平郡。治所当在今广西藤县、岑溪、昭平等县市境。南齐以后废。

卢北郡 西魏置，治所在曲水县（今甘肃文县西）。隋开皇初废。

卢汉铁路 一作芦汉铁路。从北京卢沟桥至汉口。清光绪二十三年（1897）动工，至二十五年（1899）先修通卢保段（卢沟桥至保定）。长132.7公里。1900年八国联军占领北京后，比、法、英三国为便利北京城内交通，将卢保段铁路由卢沟桥经西便门展修至前门，新修线路长17公里。此后卢汉铁路遂改称京汉铁路。至三十二年（1906）又修通保定至汉口段，长1064.8公里。京汉铁路全线通车。

卢奴山 在今四川芦山县东。《寰宇记》卷77卢山县：卢奴山“在县东五里，与始阳山相接”。县以此名。

卢奴水 在今河北定州市北。《水经·滱水注》：“卢奴城内西北隅，有水渊而不流，南北百步，东西百余步，水色正黑，俗名黑水池。或云水黑曰卢，不流曰奴，故此城藉水以取名。”池水东北合滱水。

卢奴县 西汉置，为中山国治。治所即今河北定州市。《水经·滱水注》：“卢奴城内西北隅有水渊而不流，南北百步，东西百余步，水色正黑，俗名黑水池。或云水黑曰卢，不流曰奴，故此城藉水以取名矣。”十六国后燕慕容垂定都于此，改名弗违县。北魏复名卢奴县，属中山郡。北齐废。

卢戎 在今湖北襄阳市襄城区西南。《左传》：桓公十三年（前699），“及罗，罗与卢戎两军之”。

卢师山 在今北京市西八大处。西山东麓支脉。赵万里校辑《元一统志》卷1载“尸陀林卢禅师寺碑”云：“禅师姓卢，隋末唐初行沙门也。……冥搜西山，得此形胜，乃剪荆棘，开道场。”明蒋一葵《长安客话》卷3谓“卢师山以神僧卢师得名”。山有寺，亦名卢师。元改为大天源延圣寺，明又改为清凉寺。据《新唐书·韦挺传》：“遣燕州司马王安德行渠，作漕舻转粮，自桑干水抵卢思台。”顾炎武《北平古今记》：“以唐书考之，当即卢思台，师乃思之误也。”

卢关　即灵关。在今四川宝兴县南灵关镇。《旧唐书·地理志》卢山县：“卢山在县西北六十里章卢山下。有山硖，口开三丈，长二百步，俗呼为卢关。关外即生僚也。”

卢州　①南朝梁天监十年（511）置，治所即今湖南泸溪县。以境内卢水为名。不久废。

②唐渤海国置，属中京显德府。治所即今吉林安图县（明月镇）。一说在今龙井市东船口山城。辖境相当今吉林安图、延吉、龙井、和龙等市县地。《新唐书·渤海传》：俗之所贵者有“卢城之稻”。辽废。

③辽置，治所在熊岳县（今辽宁盖州市西南六十里熊岳镇）。辖境相当今辽宁盖州市南部一带。金废。

卢宅村　在今浙江东阳市区东门外二里。当地卢姓居民长期聚族而居。自明永乐十九年（1421）族人卢睿成进士起，到清代中叶科第不绝，是典型的封建家族聚居点。西面的卢氏宗祠是明代建筑物，雕饰精美。

卢阳　贵州铜仁府的别称。因唐代曾置卢阳郡而得名。

卢阳乡　在今河南邓州市西北三十八里冠军。西汉置冠军县。《汉书·地理志》南阳郡冠军县：“故穰县之卢阳乡。”

卢阳县　①南朝陈天嘉元年（560）改汝城县置，为卢阳郡治。治所在今湖南汝城县南五里城头寨。隋属桂阳郡。唐属郴州，天宝元年（742）改为义昌县。

②唐垂拱三年（687）置，为锦州治。治所在今湖南麻阳苗族自治县境之卢水口，因以为名。长安四年（704）移治今麻阳苗族自治县西南七十五里杜壤。天宝初为卢阳郡治。乾元初复为锦州治。五代时废。

③北宋熙宁七年（1074）以潭阳县地置，为沅州治。治所即今湖南芷江侗族自治县。元为沅州路治。明洪武九年（1376）废。

卢阳郡　①南朝陈天嘉元年（560）置，治所在卢阳县（今湖南汝城县南五里城头寨）。辖卢阳一县，相当今湖南汝城、桂东二县地。隋初废。

②唐天宝元年（742）改锦州置，治所在卢阳县（今湖南麻阳苗族自治县西南七十五里杜壤）。辖境相当今湖南凤凰县、麻阳苗族自治县和贵州铜仁县地。乾元元年（758）复改锦州。

卢吾县　唐置，属羁縻宋州。治所在今四川兴文县东境。后废。

卢县　①战国秦置，属济北郡。治所在今山东济南市长清区西南五十里广里。西汉文帝封东牟侯兴居为济北王，都卢。后属泰山郡，为都尉治。东汉永元二年（90）复分泰山郡置济北国，亦都卢，移治今长清县西南三十里。北齐废。

②西汉置，属城阳国。治所在今山东蒙阴县东北五十二里坦埠镇故县村。东汉省。

③北魏置，属济北郡。治所在今山东茌平县西南。后属东太原郡。隋、唐为济州治，天宝十三年（754）改属郓州。北宋太平兴国后废。

卢沟河　即桑干河。《辽史·地理志》南京析津府潞县引《宋王曾上契丹事》曰：“北渡范水、刘李河，六十里至良乡县。渡卢沟河，六十里至幽州，号燕京。”周煇《北辕录》：“二十七日遇卢沟河，即卢龙也。燕人呼水为龙，呼黑为卢，亦谓黑水，河色黑而浊，其急如箭。”

卢沟桥　一作芦沟桥。在今北京市丰台区永定河上。永定河旧名卢沟河，桥以河得名。辽代为木桥或浮桥，《宣和乙巳奉行使程录》：“卢沟河水极湍激，每候水浅深，置小桥以渡，岁以为常。近年于此河两岸造浮梁。”金改建石桥，《金史·河渠志》：大定二十九年（1189）六月，“复以涉者病河流湍急，诏命造舟，既而更命建石桥。明昌三年敕命曰广利”。元延祐四年（1317），于卢沟桥置巡检司。明、清时皆曾重修。今卢沟桥全长266.5米，宽7.5米。桥下有十一拱卷，是我国北方最大的石桥。桥面石栏杆头雕刻有千姿百态的石狮子。为燕京八景之一，清乾隆题书“卢沟晓月”。1937年7月7日，侵华日军在此发动战争，爆发了举世闻名的“卢沟桥事变”。1961年定为全国重点文物保护单位。

卢灵关　在今陕西洛南县东北一百十五里。《清一统志·商州》：卢灵关“路通河南卢氏、灵宝二县。关之西有黄龛，旧传沙中有金；关之东有石室宏敞，名五仙窑”。

卢灵雒县　1946年8月革命根据地由河南卢氏、灵宝和陕西雒南三县析置，治所在木桐沟（今河南卢氏县西北木桐）。由三县各取首字为名。1947年5月撤销。

卢岭　在今广东佛山市三水区西北。《方舆纪要》卷101广州府三水县：卢岭在“县西北四十里，与四会县接界”。

卢城　汉西域无雷国都城。在今新疆塔什库尔干塔吉克自治县南。《汉书·西域传》：无雷国“王治卢城”。

卢城县　北宋宣和四年（1122）改卢龙县置，为平州治。治所即今河北卢龙县。金复名卢龙县。

卢思台（臺）　在今北京市西卢师山。一说即今天津市宁河县（芦台）或河北秦皇岛市山海关西南卸粮台。《资治通鉴》：唐贞观十九年（645）征高丽，“韦挺坐不先行视漕渠，运米六百余艘至卢思台侧，浅塞不能进，械送洛阳”。胡注：“据《唐书》，卢思台去幽州八百里。此漕渠盖即曹操伐乌丸所开泉州渠也，上承桑乾河。”

卢朐山　当今内蒙古西北阴山支脉。《汉书·匈奴传》：“句黎湖单于立，汉使光禄徐自为出五原塞数百里，远者千里，筑城障列亭至卢朐，而使游击将军韩说、长平侯卫伉屯其旁（注：师古曰：卢朐，山名也）。”

卢洪江　在今湖南东安县东北。《明史·地理志》

东安县："又有卢洪江，源出县北九龙岩，经城东，下流入湘水。"

卢津关 在今河南范县南古黄河北岸。《水经·河水注》："北岸有新台，鸿基层广，高数丈，卫宣公所筑新台矣。《诗》齐姜所赋也。为卢关津。台东有小城，崎岖颓侧，台址枕河，俗谓之邸阁城。疑故关津都尉治也。"

卢栖溪 指小溪在今浙江景宁畲族自治县（鹤溪镇）以下至青田县段。《方舆纪要》卷94景宁县：卢栖溪在"县东六十里。溪上岩洞奇胜，昔有道士卢遨栖其中。旁多笋，亦曰卢栖笋溪。下流至青田县界入大溪"。

卢峰山 在今湖南溆浦县西二十里。《方舆纪要》卷81溆浦县：卢峰山"峭峰岿然，为众山表，有锁子、对马诸洞"。

卢家屯 即今辽宁盖州市西南卢屯镇。民国《盖平县志》卷1：卢家屯村在城西南四十里。南满铁路有卢家屯站。

卢家咀 在今天津市东。清驻守要地，于此设水师营。《清一统志·天津府二》：水师营"在天津县东卢家咀。雍正四年，因天津界海，为福建、浙江、江南、盛京诸省商船出入要隘，建砖城周二里，驻满洲兵于此，以都统等官领之。沿海试战船，俾肄水师，乾隆三十二年裁。嘉庆二十二年，复设绿营兵，增置水师营，总兵等官领之"。

卢家洲 即今江西万载县东北卢家洲。清同治《江西全省舆图》卷5袁州府：万载县东北有庐家洲，"自县治至此计程四十里，与上高、新昌两县交界"。

卢家湾 在今四川通江县北境。清道光《通江县志》卷5：嘉庆六年（1801）八月，"总督勒保生擒（白莲教）襄阳兰号元帅冉学胜于通江之卢家湾"。

卢容水 即今越南广治省甘露河。《水经·温水注》："卢容水出西南区粟城南高山，山南长岭，连接天障，岭西卢容水凑，隐山绕西卫北，而东径区粟城北，又东，右与寿冷水合。"

卢容县 西汉置，属日南郡。治所在今越南承天—顺化省顺化附近。南齐以后废。

卢萧山 又作泸潇山。即今江西、湖南两省边境之罗霄山。《方舆纪要》卷81吉安府安福县：卢萧山"在县西百二十里，周五百里。以卢、萧二道士得仙于此而名。或曰萧、泸二水发源于此，分南北流，因名"。

卢馆镇 北宋置，属尉氏县。在今河南尉氏县北十五里。后废。

卢鹿蛮部 唐南诏置，属拓东节度。在今云南会泽县北部。

卢越县 唐武德四年（621）置，属林州。治所在今广西桂平市南。六年（623）属绣州。贞观六年（632）废。

卢循城 在今广东广州市南。《元和志》卷34广州南海县：卢循故城"在县南六里"。《舆地纪胜》卷89广州：卢循城"在州南岸，状如方壶。又《番禺新志》云，卢循城在郡南十里，与广州隔江相对，今故堞隐然"。《方舆纪要》卷101广州府南海县：卢循城，"《南越志》，河南之洲，状如方壶，乃循旧居。晋义熙七年，沈田子破循，焚其巢穴，即此地也"。

卢番长官司 明洪武六年（1373）改卢番静海军安抚司置，属贵州卫。治所在今贵州惠水县北五里。正统三年（1438）改属贵州宣慰司。后属定番州。清以后废。

卢番蛮夷长官司 元置，属八番顺元宣慰司。治所在今贵州惠水县西北。明洪武六年（1373）并入卢番长官司。

卢番静海军安抚司 元置，属八番顺元宣慰司。治所在今贵州惠水县北五里。明洪武六年（1373）改置卢番长官司。

卢塘 在今湖南耒阳市东北。《水经·耒水注》："（肥）川之北卢塘。塘池八顷，其深不测，有大鱼，常至五月，辄一奋跃，水涌数丈，波襄四陆，细鱼奔迸，随水登岸，不可胜计。"《舆地纪胜》卷55引《湘水记》："耒阳县东北有汉太守谷昕傍约畛，筑塘贮水，名石泸塘，地八顷。"

卢溪水 ①又名湟水、洭水。即今广东连州市西北东陂河、连江。《水经·洭水注》：洭水"出桂阳县西北上驿山卢溪，为卢溪水，东南流径桂阳县故城，谓之洭水"。《方舆纪要》卷101连州：卢溪水在"州西北二十里。源出湖广蓝山县，有卢龙水流合焉，亦名上、下卢水，经州西二十五里，汇为龙潭，东流历楞伽峡，注于湟水"。

②即今广东新兴江上游。在今广东新兴县南。《舆地纪胜》卷97新州：卢溪水"源出义容乡李峒岭脚上卢村，过龙山至肇庆界皆为卢溪。六祖姓卢，故以名之"。《方舆纪要》卷101肇庆府新兴县：泸溪水"在县南。发源李峒岭，经卢村，过龙山，绕县城东门，北流合锦江水"。

③即今青海湟中县西北盘道沟水。源出县西南花石山东，北流于湟源县东入湟水。《水经·河水注》："湟水又东，卢溪水注之。水出西南卢川，东北流注于湟水。"

卢溪村 即今安徽祁门县西南八十里芦溪乡。明万历《祁门县志》卷4《乡市》有卢溪村。

卢溪县 隋末萧铣置，属沅陵郡。治所在今湖南泸溪县西北武溪镇。唐属辰州。天宝间徙治今县西南二十里洗溪镇。南宋绍兴初复迁治武溪镇。元属辰州路。明属辰州府。清改泸溪县。2001年迁治白沙镇。

卢溪郡 唐天宝元年（742）改辰州置，治所在沅陵县（今湖南沅陵县）。辖境相当今湖南沅陵、泸溪、辰溪、溆浦等县及吉首市地。乾元元年（758）复改辰州。

卢溪镇 即芦溪镇。北宋置，属萍乡县。即今江西萍乡市芦溪县。1997年改设卢溪县。

卢滩　即今南海中中国南沙群岛之礼乐滩。1935 年命名卢滩。1947 年改名礼乐滩。

卢聚　山名。在今湖南蓝山县境。《水经·深水》："深水出桂阳卢聚。"郦注："（南平）县有卢溪、卢聚，山在南平县之南，九疑山东也。"《水经注疏》熊会贞《疏》以为此句"卢溪"及前一"山"字为衍文。

卢雒县　1946 年 8 月革命根据地由河南卢氏县和陕西雒南县析置，治所在今河南卢氏县西南东川街。取两县首字为名。1947 年 3 月撤销。

业乐镇　北宋范仲淹筑城，属安化县。即今甘肃华池县西南悦乐镇。1934 年于此置华池县。

业州　①北周建德三年（574）置，治所在建始县（今湖北建始县东三十五里州基山下）。隋大业初废。义宁二年（618）复置。唐贞观八年（634）废。

②唐开元二十年（732）改鹤州置，治所在夜郎县（今湖南新晃侗族自治县西南凉伞镇）。天宝元年（742）改为夜郎郡（治所夜郎县改名峨山县）。乾元元年（758）复为业州。大历五年（770）改为奖州。

业里干脑儿　今蒙古国乌布苏省吉尔吉斯湖及相连之艾拉格湖。《元史·世祖记》：至元二十五年（1288）六月，"海都将暗伯著暖以兵犯业里干脑儿"。按海都军越金山而东，其先锋所至之地应近金山。屠寄《蒙兀儿史记·海都传》考证，业里干脑儿即扎萨克图汗部左翼左旗之艾雷克淖尔。《清内府图》作阿拉克湖。

业党　即日噶努布宗。今西藏曲水县东北聂唐乡。清乾隆《卫藏通志》卷 4："前藏七十里至业党。"

业党山　即今西藏曲水县东北聂当山。藏语意为喜悦坝。清乾隆《卫藏通志》卷 3：业党山，"前藏西南行三十里，名登龙冈。过大桥，又西南折，山势陡峻，为前藏西面屏障，通后藏大道"。

业党宗　一作聂当谿、日噶牛、日噶努布宗。即今西藏曲水县东北聂唐乡。

业瞒　即叶密立。在今新疆额敏县东南额敏河南岸。元刘郁《西使记》："行渐西，有城曰业瞒。"即此。

旧土尔扈特东路二旗　清乾隆三十六年（1771）渥巴锡率土尔扈特部由伏尔加河流域回到祖国后设置，分为左、右二旗，属乌讷恩素珠克图盟。驻牧地在今新疆乌苏、奎屯两市西南部。

旧土尔扈特北路三旗　清乾隆三十六年（1771）渥巴锡率土尔扈特部由伏尔加河流域回到祖国后设置，包括北路旧土尔扈特旗及左、右二旗，属乌讷恩素珠克图盟。驻牧地在今新疆和布克赛尔蒙古自治县城附近。

旧土尔扈特西路旗　即西路旧土尔扈特旗。清乾隆三十六年（1771）渥巴锡率土尔扈特部由伏尔加河流域回到祖国后设置。驻牧地在今新疆精河县西南、尼勒克县西北部。

旧土尔扈特南路旗　清乾隆三十六年（1771）渥巴锡率土尔扈特部由伏尔加河流域回到祖国后设置，包括旧土尔扈特汗旗、旧土尔扈特右旗、旧土尔扈物左旗、旧土尔扈特中旗四旗，属乌讷恩素珠克图盟。驻牧地在今新疆和静县北。

旧口镇　亦作臼口镇。即今湖北钟祥市南六十八里旧口镇。民国设县佐。

旧开原站　明改元开原城置，在今黑龙江省东宁县东南大城子古城。明《辽东志》卷 9：纳丹府东北陆路有旧开原站。

旧龙池镇　北宋置，属渠江县。在今四川华蓥市东北天池镇。

旧市　即今浙江松阳县西北二十四里古市镇。自东汉至唐贞元初，松阳县治此。《方舆纪要》卷 94 松阳县：旧市，"《志》云，县治故址也"。

旧市镇　北宋置，属龙游县。在今四川乐山市西南。《舆地纪胜》卷 146 嘉定府：李德裕石阙"旧市镇有名滩曰墨崖，其上有'唐李德裕领重兵过此'九字"。

旧司坪　在今湖南凤凰县北五十四里三拱桥乡（旧司坪）。清严如熤《苗疆险要考》谓"据岩临流，山路险仄，为营路旁生苗大寨"。

旧考城镇　即今河南民权县东北四十三里北关镇。明正统二年（1437）至清乾隆四十八年（1783）为考城县治。民国初设考城县佐于此。

旧州　亦作旧所、旧县、旧都、阿木喇补。当今越南中部广南—岘港省境。南宋赵汝适《诸蕃志》卷上：占城国"旧州、乌丽、日丽、越里，……皆其属国也"。作为都城在维川县南茶荞一带。《元史·占城传》："旧州水路，乞行省与陈安抚及宝脱秃花各遣一人乘舟招谕攻取……官军获谍者曰：国主实在鸦侯山立寨，聚兵约二万余，遣使交趾、真腊、阇婆等国借兵，及征宾多龙、旧州等军未至。"

旧州江　在今广西灵山县西南，为钦江支流。《明一统志》卷 82 廉州府：旧州江"在灵山县西六十里。源出流洞山，西会南岸江，入钦江，注于海"。

旧州汛　即今广西田林县西北旧州镇。清有隆林营外委驻守。

旧州城　①即今湖北武汉市新洲区驻地。唐为黄州及黄冈治所。中和五年（885），州县徙治郑城南（今黄州市）后，遂改称旧州城。

②在今四川宜宾市西北旧州坝。唐、宋时为戎州治。《方舆纪要》卷 70 宜宾县：僰道城"武宗会昌中大水，徙城于蜀江北岸，今谓之旧州城"。今有旧州塔，系崇宁、大观间建，为十三层印式方形砖塔（高 29.5 米）。内五层塔心室，有墨笔题记二十余处。塔侧耸立南宋绍兴年间《叙州贡院之记》石碑。

旧州草塘等处长官司　元置，属播州军民安抚司。治所即今贵州瓮安县东北草塘镇。明洪武十七年

(1384) 改为草塘安抚司。

旧州墟 ①即今广西灵山县西八十里旧州镇。为唐、宋时灵山县故城。宋天圣元年(1027)曾徙钦州治此。

②即今广西田林县西北旧州镇。清时西隆州州判驻此。

③即今广西田东县西北祥周镇。清光绪《广西舆地全图》恩阳县图:西北有旧周塘墟。

旧州镇 ①又名旧州头。在今河北廊坊市西二十二里九州镇(旧州一村)。为元东安州治。《方舆纪要》卷11东安县:安次废县,"《志》云:今县(即今廊坊市东南光荣村)西北去旧治二十六里,在浑河水次,居民辏集,名旧州头,以元置东安州也"。

②即今四川平武县东南涪江西岸南坝镇。《清一统志·龙安府》:龙州故城"今府东南一百二十里涪水西有故城名旧州坝,遗址尚存"。

③即今贵州黄平县西北四十里旧州镇。宋、元于此置黄平府。明置黄平州。清康熙二十六年(1687)徙州治于兴隆卫城(今黄平县)。乾隆中置巡司。民国设县佐于此。

旧江口 在今江苏仪征市东南。明、清置巡司于此。

旧安乐镇 金置,属历亭县。在今山东武城县东北四十二里四女寺。

旧军镇 在今山东章丘市西北旧军。光绪《山东通志》卷34认为即宋清平军故城。金废为旧军镇。

旧孙耿镇 金置,属济阳县。即今山东济阳县西南四十里孙耿镇。

旧邳州 即古邳州。在今江苏睢宁县西北古邳镇。

旧县 ①即今安徽明光市东北六十里女山湖镇。南朝宋以来,先后置睢陵、睢阳、池南、招义、化明、招信等县,至元始废。明置巡司于此。

②即今福建松溪县东北旧县乡。本名松源镇,五代南唐保大九年(951)置松源县。北宋开宝八年(975)改名松溪县,并移今治,故称此地为旧县。

旧县场 即今重庆市铜梁县东旧县镇。清道光《铜梁县志》卷2:旧县场"在县南四十里"。唐、宋巴川县治于此。故名。

旧县关 即今陕西柞水县治。明属镇安县,于此置旧县巡司。后废。清嘉庆七年(1802)移孝义厅治此。1913年改为孝义县。1914年改名柞水县。

旧县江 即今广西崇左市西北左江支流黑水河。《方舆纪要》卷110太平府崇善县:旧县江"在府西北。一名崇善江。合思城州、太平州诸水,流经故县北,又东南入丽江。《志》云:旧县东又有崇善水出崇官山,与崇善江合流"。

旧县坝 在今四川泸州市纳溪区北十里。《方舆纪要》卷72纳溪县:旧县城"元大德中,移县于江北,以避水害,即此城也。至大初,复还今治。今亦谓之旧县坝"。

旧县村 在今广东湛江市西南湖光镇西。隋铁杷县、唐宋遂溪县治此。明洪武三年(1370)移湛川巡司于此。

旧县集 即今安徽太和县西北八里旧县镇。清光绪重修《安徽通志》卷42颍州府太和县:旧县集"为太和第一镇市"。因宋为泰和县治,故名。

旧县镇 ①在今河北枣强县东三十四里前旧县村。隋唐及北宋时为枣强县治。金废为镇。

②即今河北盐山县西南千童镇。旧属乐陵县,民国时有县佐驻此。

③即今山西河曲县南旧县乡。民国时有县佐驻此。

④一称县市镇。即在今安徽繁昌县西北四十里新港镇。五代南唐繁昌县治此。明天顺初(1475)迁今繁昌县,遂改名旧县镇。《方舆纪要》卷27繁昌县:"县市镇在县西四十里,稍北即旧县治也。"

⑤清置,属桐庐县。即今浙江桐庐县西八里旧县镇。《清一统志·严州府》"桐庐故城"条:"唐初置严州于此,今犹名为旧县。"隋仁寿二年(602)至唐开元二十六年(738)为桐庐县治。

⑥在今山东乐陵市西北三十里。唐移乐陵县于此。北宋熙宁二年(1069)以后徙废。明置旧县镇巡司。

⑦本名南谷镇。即今山东平阴县西南东阿镇南十五里旧县乡。北宋开宝二年(969)东阿县迁治于此。太平兴国二年(977)又迁治利仁镇(今大吉城),自此称为旧县。

⑧在今河南叶县南二十八里旧县乡。秦置叶县于此。元初县徙治后,设巡司于此。

⑨即今河南嵩县西南四十八里旧县镇。唐、宋置伊阳县于此。元初废为镇。明、清置巡司。

⑩即今河南孟津县东旧县村。元为孟津县治。明嘉靖十四年(1535)孟津县徙治今会盟镇(老城)。遂改为镇,于此设巡司。

⑪亦名旧县场。即今贵州贵定县西南四十里旧治镇。明时于此置贵定县。

旧沧州 在今河北沧县东南四十里旧州镇。唐至明初沧州治所,故名。

旧青浦 古名青龙镇。即今上海市青浦区东北旧青浦。因明嘉靖中于此置青浦县,万历后青浦县徙治唐行镇(今青浦县),故以此为旧青浦。

旧坡山 在今贵州安顺市西北。《方舆纪要》卷121安顺府:旧坡山在"州治西北。两峰相峙,中有石关,为郡治之要隘"。

旧坡石关 在今贵州安顺市西北。《方舆纪要》卷121安顺府:旧坡石关"在旧坡山上"。

旧店营 在今河北肥乡县东北旧店乡。《清一统志·广平府二》:旧店营"在肥乡县东十八里。有城。本朝康熙年间,县寄治于此"。

旧店镇 即今山东平度市东北六十六里旧店镇。清光绪《平度县志》卷2有旧店镇。

旧建州　在今吉林永吉县北锦州砬子古城。赵万里校辑《元一统志》卷2：混同江“源出长白山，北流经旧建州西五十里，会诸水东北流，至故上京，……又东北注于海”。

旧城　①即今河北辛集市东北旧城镇。为隋鹿城县治，唐至明为束鹿县治。《清一统志·保定府三》：束鹿故城，“《旧志》：明天启二年，滹沱河决城圮，移治县南圈头市（今辛集市东南新城镇）。故城在今县北三十五里，今有旧城集”。

②即今山东武城县驻地。民国时属恩县，有县丞驻此。

旧城土司　明嘉靖七年（1528）于故思恩州置，属思恩府。治所在今广西平果县东北旧城镇。1918年废入思林县。

旧城集　在今安徽利辛县东北三十二里。《方舆纪要》卷21寿州蒙城县：蒙城县“北魏置蒙县……东魏置蒙郡。后齐废郡。寻复为郡治。隋初郡废，复并县入涡阳。俗谓之旧城”。

旧城镇　①即今河北黄骅市西南三十里旧城镇。隋至元为盐山县治。

②即今河北高阳县东二十五里旧城镇。西汉至元高阳县治此。明万历《保定府志》卷2高阳县图：东有旧高阳。清同治《畿辅通志》卷47高阳县图：东有旧城。

旧饶安镇　金置，属清池县。在今河北盐山县西南千童镇。东汉置饶安县于此。唐贞观年间移饶安县治于浮水故城（今孟村回族自治县南新县镇），故此有旧饶安之称。

旧柔佛　亦称息辣。即今新加坡。清谢清高《海录》卷上：旧柔佛“本柔佛旧都，后徙去，故名旧柔佛。嘉庆年间英吉利于此辟展土地，召集各国商民在此贸易耕种，而薄其赋税，以其为东西南北海道四达之区也。数年以来，商贾云集，舟船辐辏，楼阁连亘，车马载道，遂为胜地矣”。

旧站　即九站。今吉林省吉林市西北九站街道。清光绪《吉林通志》卷15吉林府《屯镇》：北“二十八里旧站街”。

旧馆　①故址在今江苏常州市武进区西南。《方舆纪要》卷25常州府武进县“游塘营”条下：“旧馆在府西南。盖馆驿故址也。明初攻常州，华云龙败张士诚兵于旧馆。”即此。

②即今浙江湖州市东三十六里旧馆镇。西晋太康三年（282）至隋开皇九年（589）间为东迁县治。《明史·常遇春传》：“破其（张士诚）水陆寨，悉俘旧馆兵。”即此。

旧街　今黑龙江省海林市西南旧街。旧街东北古城村西有清宁古塔将军驻地旧址。康熙五年（1666）移建新城（今宁安市），因称此地为旧街。

旧港　①即今台湾省新竹县西北旧港。《清史稿·地理志》台北府：“旧港”等“并在新竹县西北入于海”。

②即巴林冯。公元14世纪后改称旧港。在今印度尼西亚苏门答腊岛东南岸巨港一带。元汪大渊《岛夷志略》：旧港“自淡港入彭家门，民以竹代舟。道多砖塔。田利倍于他壤”。《海岛逸志》作巨港。

旧港镇　在今江苏仪征市东南。清时有巡检把总驻此。

旧衙坪　即今云南华坪县。元、明为土官高氏衙署驻地，故名。清道光元年（1821）置旧衙坪经历署，属永北直隶厅。

旧寨集　又称寨里。即今山东莱芜市西北寨里镇。明嘉靖《莱芜县志》卷2《集市》：旧寨集在“县西北四十里”。

旧镇市　即今福建漳浦县东南二十四里旧镇。清康熙《漳浦县志》卷2街市：旧镇市“在七都”。

旧魏城　在今河北魏县西南旧魏县。金、元时为魏县治。

帅水　又作率水。即今黑龙江省青冈县东通肯河。源出小兴安岭，南流入呼兰河。《金史·太祖纪》：太祖“以偏师伐泥厖古部跋黑、播立开等，乃以达涂阿为向导。沿帅水夜行袭之，卤其妻子”。即此。

归义　唐方镇名。大中五年（851）改河西节度使置，治所在沙州（今甘肃敦煌市西）。辖境相当今甘肃河西走廊。北宋时陷于西夏。

归义场　五代晋天福八年（943）置，即今广西临桂县西北五通镇。

归义州　①唐置羁縻州，属幽州都督。治所在归义县（今北京市房山区东北长阳镇，即广阳城村）。《旧唐书·地理志》归义州：“总章中置，处海外新罗，隶幽州都督。”后废。

②唐宝应元年（762）置，为党项部落州，属秦州都督府。在今甘肃泾川及陕西陇县一带。唐末废。

归义县　①东魏武定七年（549）置，属义塘郡。治所在今江苏赣榆县北。北周废入怀仁县。

②东魏武定七年（549）置，属临清郡。治所在今江苏宿迁市地。后废。

③隋义宁二年（618）析定安县置，属北地郡。治所在今甘肃宁县南。唐初属宁州，贞观十七年（643）省入定平县。

④唐武德二年（619）置，属重州。治所在今湖北保康县境。七年（624）废入永清县。

⑤唐武德四年（621）析兴安、阳朔县地置，属桂州。治所在今广西阳朔县西十五里旧县村。贞观元年（627）废入阳朔县。

⑥唐武德五年（622）置，属幽州。治所在今河北容城县东。大历中属涿州。五代周显德六年（959）移治瓦桥关（即今雄县），为雄州治。北宋改名归信县。

⑦唐总章中置，为归义羁縻州治。治所在今北京市房山区东北长阳镇（广阳城村）。后废。

⑧唐永泰二年（766）置，属羁縻德化州。治所在今越南河江省安平一带。后废。

⑨辽置，属显州。治所在今辽宁北镇市东北。金废。

归义驿　在今湖南汨罗市东南。即古汨罗戍。后为归义驿。

归义城　在今青海贵德县东北黄河北岸、龙羊峡大坝西（今已没入龙羊峡水库中）。《方舆纪要》卷64："汉筑城以招徕诸羌，因名归义。"《后汉书·西羌传》：东汉元和三年（86），烧当迷吾顺命，"退居河北归义城"。又永元中，"金城长史上官鸿上开置归义、建威屯田二十七部"。

归义新墟　即今广西岑溪市东二十里归义镇。民国《岑溪县志》旧分乡地图：东归义乡有新墟。

归义镇　在今湖南汨罗市东南。明置巡司于此。

归子山　在今四川泸州市东北三里。明曹学佺《蜀中名胜记》卷16泸州："《志》云：州东三里归子山，相传（尹）伯奇溺处。"

归乡　在今湖北秭归县（茅坪镇）西北。《汉书·地理志》南郡秭归县："归乡，故归国。"

归乡县　①东晋置，属建平郡。治所在今湖北秭归县（茅坪镇）西北。《水经·江水注》："袁山松曰：父老传言，原既流放，忽然暂归，乡人喜悦，因名曰归乡。"《宋书·州郡志》：归乡公相"按《太康地志》云，秭归有归乡，故夔子国。楚灭之"。南朝梁后废。

②南朝梁置，为信陵郡治。治所在今湖北巴东县西北长江北岸旧县坪。北周天和三年（568）改为乐乡县。

归元寺　在今湖北武汉市汉阳翠微街西端。清顺治年间由白光和尚就明葵园旧址创建，取佛家《楞严经》中"归元无二路，方便有多门"偈语得名。为武汉市佛教四大丛林之一。多次重修。现存建筑系清同治三年（1864）、光绪二十一年（1895）和民国初年陆续建成。有韦驮殿、大雄宝殿、天王殿、地藏王殿、罗汉堂、藏经阁、大士阁等建筑，保存着贝叶真经、藏经及象牙、玉石雕刻和铜铸造像等珍贵文物。《清一统志·汉阳府》：归元寺"在汉阳县西二里。本朝顺治中建"。1911年武昌肇义时，起义军以此为总粮台。

归云（雲）洞　在今甘肃平凉市西北崆峒山中。《明一统志》卷35平凉府：青龙洞"在翠屏山上，雨晴云辄归洞中，一名归云洞"。

归水崖　在今四川松潘县南境。《明史·李应祥传》：万历十三年（1585），"杨柳番出攻晋安堡，犯归水崖、石门坎，遂入金瓶堡，杀守将"。又"窥蒲江关，断归水崖、黄土坎道，筑墙五哨沟，绝东南声援"。

归仁州　明置，属来安府。治所在今广西东兰县东北。后废。

归仁军　唐天宝六年（747）于归仁国置，属安西都护府。治所在孽多城（今巴基斯坦控制下的克什米尔之吉尔吉特）。后废。

归仁县　①南朝梁置，属武建郡。治所在今湖北宜城市境。北周废入汉南县。

②隋开皇九年（589）改同昌县置，属巴州。治所即今四川平昌县。大业初属清化郡。唐属巴州。北宋乾德四年（966）省入曾口县。

③唐开元二十六年（738）置，属宥州。治所在今内蒙古鄂托克旗西。宝应后废。

④辽改强师县置，属通州。治所在今辽宁昌图县北四面城。金属咸平府。元废。

⑤北宋大中祥符九年（1016）改抚水县置，属羁縻安化中州。治所在今广西环江毛南族自治县东北明伦镇。元废。

⑥北宋大观元年（1107）改建隆县置，为孚州治。治所在今广西南丹县西南。四年（1110）州、县俱废。政和七年（1117）复置，宣和三年（1121）又废。

归仁里　在今云南马关县东南三十六里都龙镇。清兵自马白关出兵抗法，收复我国失地，光绪十五年（1889）置，属安平厅。

归仁园　在今河南洛阳市旧城东南。为唐时宰相牛僧孺的故园。园中有七里桧，即唐时旧物。因花园占尽归仁一坊之地，故名归仁园。宋时属中书李清臣所有。《洛阳名园记》说：归仁园"广轮皆里余。北有牡丹、芍药千株，中有竹百亩，南有桃李弥望"。是当时洛阳园池中最大的一处。

归仁国　即小勃律国。唐天宝六年（747）改名。都城在孽多城（在巴基斯坦控制下的克什米尔之吉尔吉特）。

归仁铺　宋置，在今广西南宁市东北三十里。《宋史·狄青传》：皇祐中，狄青率大军讨侬智高军，"青明日乃整军骑，一昼夜绝昆仑关，出归仁铺为阵。贼既失险，悉出逆战"。智高大败。《方舆纪要》卷110南宁府宣化县："归仁铺在府东三十里。"

归仁集　即今江苏泗洪县北归仁镇。万历《宿迁县志》卷2：归仁集"在孝义乡刘武沟，万历四年知县喻文伟建"。《明史·河渠志二》：万历七年（1579），筑"归仁集堤四十余里"，即此。清康熙二十年（1681）置巡司于此。

归仁集堤　在今江苏盱眙县西北。《方舆纪要》卷21泗州：归仁集堤"在州西北五十里，接宿迁东界。其北有白鹿、邸家等湖，其南有祖陵南之陡湖及沙湖。黄河泛涨，倒灌小河诸口，并挟湖水冲射祖陵及泗州城，故筑堤以捍之。近卫泗州，远固高堰，堤长三十九里"。

归仁镇　①宋置，属厌次县。在今山东惠民县东南七十里黄河北岸。明置巡司，清裁。

②在今广西罗城仫佬族自治县西北。旧属天河县，明置土巡司于此。

归化山　在今广东惠东县北梁化林场附近。《隋书·地理志》：龙川郡归善县"有归化山"。《方舆纪要》卷103惠州府归善县：归化山在“府东南百里。俗呼鸡笼山，高二百丈，周百五十里，为群山之冠”。

归化厅　清雍正八年（1730）置，属安顺府。治所即今贵州紫云苗族布依族自治县。1913年改为归化县。

归化长官司　明嘉靖五年（1526）置，属镇雄军民府。治所在彝良寨（今云南彝良县东南七十里奎香）。清雍正五年（1727）废。

归化场　①在今河北秦皇岛市东侧东、西盐务。盛产海盐。《清一统志·永平府二》：归化盐场“在抚宁县东南海滨，南至秦皇岛，东抵山海关，西至昌黎接石碑场，亘四百余里。又旧有惠民场，在县西南海滨，亘二百二十里，今并于归化”。清于此设盐大使。后并入石碑场。

②五代南唐保大三年（945）改归化镇置，即今福建泰宁县治。后周显德五年（958）升为归化县。

归化关　明置，属松潘卫。在今四川松潘县南九十里。《方舆纪要》卷73松潘卫：归化关“地形险要，有龙溪等砦大小横梁，为诸番出没处。自卫城南至叠溪之永镇堡，此为适中之地”。清以后废。

归化州　①唐永徽二年（651）置羁縻州，属茂州都督府。治所在今四川汶川县西南邛崃山附近地区。后废。

②唐开元前置羁縻州，属嶲州都督府。治所在今四川石棉县城新棉镇。后属黎州都督府。北宋以后废。

③唐置羁縻州，属安南都督府。治所在归朝县（今广西柳江县西北洛满乡古州村）。北宋庆历四年（1044）废。

④北宋熙宁六年（1073）置羁縻州，属邕州。治所在今广西靖西县南十里旧州村。元初改为归顺州。

⑤辽改武州置，属奉圣州。治所在文德县（今河北张家口市东南宣化区）。辖境相当今河北张家口市宣化区及宣化县地。金大定七年（1167）改为宣化州。

⑥明永乐五年（1407）属交趾布政司。治所在安立县（今越南西北部老街省及安沛省红河西岸地）。辖境相当今越南老街省及安沛省部分地。宣德二年（1427），地入安南。

归化江　①在今广西昭平县西北。《方舆纪要》卷107昭平县：归化江在“县西北八十里。源出永安州界仙回洞，流经废归化县，因名。东南流入于漓江”。

②今越南北部之红河，以流经归化州而名。《元史·地理志》：安南“有归化江路”。

归化县　①东晋置，属郁林郡。治所在今广西昭平县西北三十里文竹镇桂花村。隋大业初废。唐武德四年（621）复置，属静州。九年（626）废。

②南齐置，属安定郡。治所在今湖北南漳县境。后废。

③北周置，属临河郡。治所在今山西永和县南十五里罢骨村附近。隋开皇十八年（598）改楼山县。

④唐武德三年（620）改江宁县置，属扬州。治所在今江苏南京市。八年（625）改为金陵县。

⑤唐武德四年（621）置，治所在今河南尉氏县南。贞观初废。

⑥唐乾封二年（667）置，属严州。治所在今广西来宾市东南。北宋开宝五年（972）废。

⑦唐天宝元年（742）置，属静戎军。治所在今四川理县东北。《寰宇记》卷80霸州：“归化县去州西北四百里。一乡。在移村。”乾元元年（758）属霸州。后废。四百里有误。《清一统志·杂谷直隶厅》31《寰宇记》：“归化县去（霸）州西北百里。”

⑧唐元和十三年（818）置，属德州。治所在今山东济阳县西北五十里新市城。《旧唐书·郑权传》：“时朝廷用兵讨李师道，权以德、棣之兵临境。奏于平原、安德二县之间置归化县，以集降民。”太和四年（830）废入临邑县。

⑨唐置，为羁縻新安州治。治所在今越南东北部广宁省先安。后废。

⑩五代梁开平元年（907）楚改慕化县置，属桂州。治所在今广西鹿寨县北中渡镇北长安村。后唐同光元年（923）南汉复为慕化县。

⑪五代梁开平二年（908）改唐昌县置，属彭州。治所在今四川郫县西北唐昌镇。后唐同光初改为唐昌县。

⑫五代周显德五年（958）升归化场置，属建州。治所即今福建泰宁县。北宋太平兴国五年（980）改隶邵武军。元祐元年（1086）改名泰宁县。

⑬辽置，属大定府。治所在今内蒙古宁城县西南老哈河上游黑城子西。金废。

⑭元世祖至元十二年（1275）置，属晋宁州。治所在今云南呈贡县南二十三里马金铺乡（化城）。清康熙七年（1668）废入呈贡县。

⑮明成化六年（1470）置，属汀州府。治所即今福建明溪县。民国初属福建西路道。1914年属汀漳道。1928年直属福建省。1933年改名明溪县。明嘉靖《汀州府志》卷1邑名：“旧有明溪镇，后升为县，以其地险民梗，更名归化。”

⑯1912年改归化城厅置，属山西省。治所即今内蒙古呼和浩特市旧城。1914年改名归绥县。

⑰1913年改归化厅置，属贵州贵西道。治所即今贵州紫云苗族布依族自治县。1914年因与福建归化县重名，改名紫云县。

归化驿　明置，即今贵州大方县西北境之归化。《清一统志·大定府》“阁鸭驿”条：“自奢香驿而西北，又经金鸡、阁鸭、归化三驿而至毕节驿。”

归化城　明隆庆六年（1572）蒙古土默特部首领、明封顺义王俺答在其驻地建，万历三年（1575）赐名归化城（取“归附王化”之意）。蒙古名库库河屯（意为青城），俗呼大板升。在今内蒙古呼和浩特市旧城。清代迭经扩建，为归化城土默特都统、副都统驻地。雍正元年（1723）于此置归化城厅。1912 年改为归化县。

归化城土默特 清内蒙古都统旗，隶绥远城将军。本明蒙古俺答汗及其后裔所统土默特部，崇祯五年（1632），其首领博硕克图汗鄂木布及诸台吉率部归附后金。崇德元年（1636），编为左、右两翼，各置都统一人领之，同驻归化城（今内蒙古呼和浩特市）。康熙二十二年（1683），增置副都统。乾隆二十六年（1761），裁都统一人，以一都统总理两翼旗务，二十八年亦裁去，保留二副都统，分驻归化城、绥远城；三十一年，复裁绥远城副都统，仅存归化城副都统。辖境约当今内蒙古呼和浩特市、包头市大部、和林格尔县、清水河县、武川县一部分。境内设归化城等六厅管理汉民事务，归化城土默特副都统专理蒙务。1913 年，裁副都统。次年，复设土默特旗总管，又称土默特特别旗，不再冠归化城之名。

归化城厅 清雍正元年（1723）置，属山西大同府（后改属朔平府）。治所即今内蒙古呼和浩特市西南隅旧城。乾隆六年（1741）升为直隶厅，直属山西省。1912 年改为归化县。

归化郡 南朝宋置，属梁州。治所在今四川巴中市东南六十里曾口镇。梁普通六年（525）于郡置曾口县。北魏属巴州。隋开皇三年（583）废。

归化堡 ①明置，属峨眉县。在今四川乐山市金口河区南永和镇（官村坝）。《方舆纪要》卷 72 峨眉县“土地关”条下：“右路由上马胜溪至金口厂，为邛部司新附之民，名归化乡。”清设千总驻防。

②在今甘肃平凉市西。《新唐书·刘昌传》：贞元十四年（798），“归化堡军乱，逐大将张国诚，诏昌经略。昌入堡，诛数百人，复使国诚统之”。元和中，王潜复筑归化垒于此。后堡废。

归化镇 ①唐末置，属将乐县。即今福建泰宁县治。五代南唐保大三年（945）改为归化场。

②金置，属厌次县。在今山东惠民县西归化街。

③在今福建漳平市南。明置巡司于此。《方舆纪要》卷 99 漳平县：归化镇在“县南三十里（据《清一统志》当在县南七十里）。有巡司”。

归正县 唐贞观三年（629）置，属羁縻洪州（后改彭州）。治所在今四川马尔康县东。后废。

归正里 汉晋洛阳城（今河南洛阳市东北）洛河南岸。北魏杨衒之《洛阳伽蓝记》卷 3：永桥以南、道西有四馆：“一曰归正，二曰归德，三曰慕化，四曰慕义。吴人投国者处金陵馆，三年已后，赐宅归正里。”

归龙山 一作龙归山。在今重庆市铜梁县北安居镇东。《方舆纪要》卷 69 安居县：凤凰山“其西南对峙者曰龙归山，山形盘旋如龙，亦一方之胜”。《清一统志·重庆府一》：归龙山“在铜梁县北旧安居县东……东北对峙者曰凤凰山”。

归乐州 唐置羁縻州，属邕州都督府。治所在今广西百色市西北。北宋属邕州。元废。

归老桥 在今湖南常德市西三里。一名拱辰，以宋柳拱辰得名。曾巩有《归老桥记》。

归有光墓 在今江苏昆山市东南金潼里。归有光（1507—1571）字熙甫，人称震川先生。昆山人。明代散文家。墓地方广五亩多，墓有二冢，东冢为其高祖南隐公暨配俞氏之墓，西冢为归有光及配魏氏、王氏之墓，曾孙归庄墓附葬在西冢之次。原墓门在东，乾隆六年（1741）县令丁元正封筑后，移在西冢之前。1934 年重加修葺，改建墓门，篆额“归震川先生墓”，并立“明太仆寺丞归震川先生墓碑”。

归州 ①西魏废帝三年（554）改南郢州置，治所在今湖北随州市境。北周天和二年（567）废入唐州。

②唐武德二年（619）置，治所在秭归县（即今湖北秭归县西北归州镇）。天宝元年（742）改为巴东郡。乾元元年（758）复为归州。辖境相当今湖北秭归、巴东、兴山三县地。南宋末徙治今归州镇东南。元属湖广行省。明洪武九年（1376）废。十三年（1380）复置，属荆州府。嘉靖四十年（1561）还治今秭归县西北归州镇。清属宜昌府。1912 年改为秭归县。

③又作嶲州。唐置，治所在今云南开远市附近。辖境约当今云南开远市及建水县地。天宝十载（751）后与潘州合为潘归国。

④辽置，治所在归胜县（今辽宁盖州市西南归州镇）。辖境相当今辽宁盖州、瓦房店二市部分地区。金废。

归州安抚司 元世祖至元十二年（1275）升归州置，治所秭归县（今湖北秭归县西北归州镇）。十四年（1277）改为归州路。

归州路 元世祖至元十四年（1277）改归州安抚司置，治所在秭归县（今湖北秭归县西北归州镇）。辖境相当今湖北秭归、巴东、兴山等县市地。十六年（1279）降为归州。

归安县 ①南朝宋武帝置，属宋熙郡。治所在今四川旺苍县或广元市境。齐改为阳安县。

②北魏置，属平齐郡。治所在今山西朔州市南。后废。

③南齐置，属高兴郡。治所无考，当在今广东化州、廉江、遂溪等市县境。隋开皇时废。

④北宋太平兴国七年（982）分乌程县置，与乌程县同为湖州治。治所在今浙江湖州市城区。《明一统志》卷 40：“以吴越王归土，故以归安为名。”南宋宝庆元年（1225）与乌程县同为安吉州治。元为湖州路治。明、清为湖州府治。1912 年与乌程县合并为吴兴县。

归安镇 一名香獐坝。在今陕西安康市北五里。

《资治通鉴》：五代周显德五年（958），李玉自长安袭蜀归安镇，“蜀归安镇遏使李承勋据险邀之，斩玉，其众皆没”。

归阳市 即今湖南祁东县东南五十四里归阳镇。明置巡司于此，清乾隆二十一年（1756）移驻其东二十里之排山驿。

归远县 唐贞观三年（629）置，属羁縻洪州（后改彭州）。治所在今四川马尔康县东。后废。

归来州 亦作归徕州。北宋改柯阴置，属泸州。治所在今四川兴文县西北。《宋史·蛮夷传四》：熙宁年间“乃以箇恕知归来州”。元丰元年（1078），“遣梓夔都监王宣以兵二千守江安，仍奏以乞弟袭归来州刺史”。五年（1082）讨乞弟，“次归来州，天大寒，然桂为薪，军士皆冻堕指。留四日，求乞弟不可得。……以归来州地赐罗氏鬼主”。

归来园 在今山东巨野县南。《宋史·晁补之传》：补之“主管鸿庆宫。还家，葺归来园，自号归来子”。

归林滩镇 即今安徽宿松县南一百十里汇口镇程营附近的归林村。因南临长江，西邻湖北，历为兵家必争之地。明置巡司于此。

归昌县 东魏武定八年（550）置，属郯郡。治所在今山东郯城县西南小归昌。《周书·郑孝穆传》：子译，“宣帝嗣位，授开府仪同大将军、内史中大夫，封归昌县公，邑千户”。后废。

归依城 唐南诏置，在今四川会理县西北五里老街乡。《元史·地理志》 永昌州：“州在（会川）路北，治故归依城，即古会川也。唐天宝末，没于南诏，置会川都督。至蒙氏改会同府，置五睑、徙张、王、李、赵、杨、周、高、段、何、苏、龚、尹十二姓于此，以赵氏为府主，居今州城。”

归服堡 明置，属金州卫。即今辽宁普兰店市东北城子疃村。明《全辽志》卷2：归服堡“原废，嘉靖三十三年新复”。民国《奉天通志》卷83金县：毕利河东南径“城子疃村东，村为明归服堡故址”。

归兹 即龟兹。国都在延城（今新疆库车县东皮朗旧城）。

归宗寺 又名瞻云寺。在今江西星子县西庐山金轮峰下。《舆地纪胜》卷25南康军：归宗寺“即王羲之宅，墨池、鹅池存焉。寺后有金轮、上霄二峰。水曰鸾溪。唐宝历中，有赤眼禅师居之。佛刹之盛冠于江南，与云居相若。俗谓天上云居，地下归宗”。清顺治年间重修，雍正四年（1726），世宗皇帝赐御书“瞻云寺”匾额。

归定县 唐贞观四年（630）置，属羁縻祐州。治所在今四川若尔盖县西境。后废。

归诚州 ①唐置羁縻州，属邕州都督府。治所在今广西右江流域。北宋改为归城州。

②北宋改归诚羁縻州置，属邕州右江道。治所在今广西右江流域。后废。

归诚县 ①唐武德四年（621）置，属林州。治所在今广西桂平市南。贞观七年（633）废。

②唐垂拱二年（686）置，属悉州。治所在今四川黑水县东南。天宝初属归诚郡。乾元初复属悉州。广德后地入吐蕃。

归诚郡 唐天宝元年（742）改悉州置，治所左封县（今四川黑水县东南五十里）。辖境相当今四川黑水县东南地，乾元元年（758）复为悉州。

归城州 北宋改归诚羁縻州置，属邕州右江道。治所在今广西右江流域。后废。

归城城址 在今山东龙口市东南四十四里归城姜家村东，莱山北麓（在七甲镇西）。传为春秋战国时莱国都城遗址。鲁襄公六年（前567）莱国被齐国所灭。20世纪50年代尚残存断垣遗迹，分为外城和内城，现存内城西垣遗址土堆。外城在莱山北麓与凤凰山南、烟台顶、城子顶之间。城内多大型古墓葬。1951—1973年间多次发掘出土带铭文铜器及车马坑，坑内硃涂地面，有马骨、马衔车饰等。城东南还发现一熔铜炉。2006年定为全国重点文物保护单位。

归政县 ①南朝梁改下邳县置，为下邳郡及武州治。治所在今江苏睢宁县西北古邳镇东三里。东魏复改下邳县。

②隋开皇二年（582）置，为疆泽郡治。治所在今甘肃卓尼县西。三年郡废，县属洮州。大业三年（607）属临洮郡。唐废。

③唐贞观七年（633）置，属龚州。治所在今广西平南县西北思旺镇。十二年（638）省入西平县。

归厚县 元世祖至元二十五年（1288）改倘俸县置，属仁德府。治所在今云南寻甸回族彝族自治县西九十二里鸡街乡古城。明初废。

归思州 亦作归恩州。唐置羁縻州，属桂州都督府。治所在履博县（今广西忻城县东南思练镇）。北宋庆历三年（1043）废。

归顺州 ①唐开元四年（716）置，属幽州都督，为契丹松漠弹汗州部落。治怀柔县（今北京市顺义区）。天宝元年（742）改为归化郡，乾元元年（758）复为归顺州。辽废。

②唐宝应元年（762）置，为党项部落州，属秦州都督府。在今甘肃泾川与陕西陇县一带。

③唐元和初改归淳羁縻州置，属邕州都督府。治所在今广西靖西县南十里旧州村。《新唐书·西原蛮传》：“元和初，邕州擒其别师黄承庆。明年，（黄）少卿等归欵，拜归顺州刺史。”后废。

④元初改归化州置，属镇安路。治所在今广西靖西县南十里旧州村。明郭子章《郡县释名》广西卷：归顺州取“远人归顺之义”。明初废为归顺峒。弘治九年（1496）复置归顺州，属镇安府。天启年间移治今靖西县。清光绪十二年（1886）升为归顺直隶州。1912年升为归顺府。

归顺江 即今广西靖西县南难滩河。《方舆纪要》卷111归顺州：归顺江“在州北，流入镇安府，合于驮命江”。

归顺县 ①南朝宋置，属新宁郡。当在今广东新兴县或高要市境。南朝梁以后废。

②北魏永熙中置，属云州（侨州）。治所在今山西文水县东南三十八里刘胡兰镇云周西村（一说在今山西祁县东）。后废。

③唐圣历二年（699）析郁鄢县置，属戎州。治所在今四川宜宾市西北思坡乡。《寰宇记》卷79戎州：归顺县“以归顺为名”。天宝元年（742）属犍为郡，乾元元年（758）复属戎州。北宋乾德五年（967）废入僰道县。

④唐天宝八年（749）析定廉县置，属天保郡。治所在今四川理县北境。乾元元年（758）属保州。后废。

归顺府 1912年改归顺州置，属广西镇南道。治所即今广西靖西县。次年改为靖西县。

归顺峒 明洪武初改归顺州置，属镇安府。在今广西靖西县南十里旧州村。弘治九年（1496）复置归顺州。

归顺营 明置，即今贵州盘县东南民主镇驻地（归顺）。嘉靖《普安州志》：归顺营“在州南六十里”。

归信县 北宋太平天国元年（976）改归义县置，为雄州治。治所即今河北雄县。《资治通鉴》：五代周世宗显德六年（959），宋白曰，“归义县，宋朝避太宗潜藩旧名，改为归信县”。明洪武初省入雄州。

归胜县 辽置，为归州治。治所在归胜城（今辽宁盖州市西南归州镇）。金废。

归美山 在今江西定南县西南，接龙南县界。《寰宇记》卷108虔州安远县：归美山“在县西南三百里，高一千四百丈。《南康记》云，山四面险峻，自然有石城，高数十丈，迥若双阙，其势入云。复有古石室，色如黄金，号曰金室”。《清一统志·赣州府一》：归美山“在龙南县东南一百里，定南厅西四十里”。

归姜寨 在今海南省临高县西南南宝镇。《清一统志·琼州府二》：归姜寨“在儋州（治今中和镇）东北四十里。明洪武初置巡司于此。寻废”。

归真郡 西魏恭帝元年（554）改固道郡置，为凤州治。治所在梁泉县（今陕西凤县东北凤州镇）。辖境相当今陕西凤县和甘肃两当县地。隋开皇三年（583）废。

归恩州 即归思州。在今广西忻城县东南思练镇。《寰宇记》卷168作归恩州。

归峰山 在今广西平果县东北。《方舆纪要》卷110归德州：归峰山在“州治（故治在今归德）西。山势有趋归之状，因名”。

归徕州 亦作归来州。北宋熙宁七年（1074）置羁縻州，属泸州。治所在今四川兴文县西北。《宋史·林广传》：元丰间，讨乞弟“得其种落三万，进次归徕州”。后废。

归唐县 唐贞观五年（631）置，属羁縻肆州。治所在今四川若尔盖县西北境。后废。

归绥市 1937年归绥沦陷后，日伪曾改设厚和特别市。1945年抗战胜利后改为归绥市，为绥远省会。治所即今内蒙古呼和浩特市。1954年划归内蒙古自治区，改名呼和浩特市。为内蒙古自治区首府。

归绥县 1914年改归化县置，属绥远特别区，为归绥道治。治所即今内蒙古呼和浩特市西南隅旧城。1928年为绥远省会。日占期间改为厚和特别市，1945年抗战胜利后改归绥市。1954年撤销，并入呼和浩特市和土默特旗。

归绥道 1913年置，属山西省。治归绥县（今内蒙古呼和浩特市）。辖今内蒙古呼和浩特、丰镇、凉城、兴和、和林格尔、托克托、清水河、武川、东胜、土默特等市、县、旗地。1913年划属绥远特别区。1927年废。

归淳州 唐置羁縻州，属邕州都督府。治所在今广西靖西县南十里旧州村。元和初改为归顺州。

归朝县 唐置，为羁縻归化州治。治所在今广西柳江县西北洛满镇古州村。北宋庆历四年（1044）废。

归善县 南朝陈祯明三年（589）置，属梁化郡。治所在今广东惠州市东北五里。明郭子章《郡县释名》广东卷：“邑东南百里有归化山，归极向善之义也。”隋开皇中为循州治，大业初为龙川郡治。唐复为循州治。五代南汉乾亨初改为祯州治，移治今惠州市。北宋改为惠州治。元为惠州路治。明洪武初为惠州府治。万历六年（1578）还治今惠州市东北五里。1912年改名惠阳县。

归德千户所 明洪武三年（1370）置，属河州卫。驻地即今青海贵德县。清雍正四年（1726）改属临洮府。乾隆三年（1738）改属西宁府。二十六年（1761）改设西宁县县丞。四十七年（1782）改名贵德。五十七年（1792）改置贵德厅。

归德场 ①唐贞元中置，属泉州。即今福建德化县。五代闽龙启元年（后唐长兴四年，933）升为德化县。

②在今广东深圳市宝安区西北海滩。《元丰九城志》卷9广州东莞县有“海南、黄田、归德三盐栅”。《清一统志·广州府》：归德盐场，“《县志》，归德场，旧在县西北三十里福永司之北臣上村，今寄治县西北四十里周家村”。

归德州 ①唐置，为羁縻州，属灵州都督府。侨治银州境，在今陕西横山县东部。

②南宋改万德州置，属邕州横山砦。治所在今广西平果县东北归德。元属田州路。明属南宁府。1915年废入果德县。

③明洪武元年（1368）降归德府置，治所在今河南商丘市南。弘治十六年（1503）徙治今商丘县。辖境相当今河南商丘、宁陵、鹿邑、夏邑、永城、虞城等市县地。嘉靖二十四年（1545）又升为归德府。

归德军 五代方镇名。本后梁宣武军，后唐改名。治所在宋州（今河南商丘市南）。北宋初废。

归德县 ①西汉置，属北地郡。治所即今甘肃环县北一百里归德堡。东汉废。西魏大统元年（535）复置，为恒州治。隋大业元年（605）改名洛源县。

②唐贞观五年（631）置，属羁縻诸州。治所在今四川松潘县西北。后废。

③唐贞观七年（633）置，属南州。治所在今重庆市綦江县南。次年废入三溪县。

④唐永泰二年（766）析歙县八乡置，属歙州。治所在今安徽歙县西南五十里。《新唐书·地理志》休宁县："永泰元年，盗方清陷州，州民拒贼，保于山险。二年，贼平，因析置归德县。"大历四年（769）省。

⑤即阳德县。治所在今广西来宾市东南古郎山下。《新唐书·地理志》作归德县。

归德府　金天会八年（1130）置，治所在睢阳县（今河南商丘市南）。元属河南行省。明洪武元年（1368）降为归德州，省睢阳县入州。嘉靖二十四年（1545）复升为归德府，治所在商丘县（今商丘市）。辖境相当今商丘、宁陵、鹿邑、夏邑、永城、虞城、兰考、睢县、柘城等市县地。1913年废。

归德府城　在今河南商丘市睢阳区（原商丘古县城）。为明清两代归德府城城墙。城墙建于明正德元年（1506），东西长1210.1米，南墙长950.6米，北墙长993.14米，高6.6米，顶宽7米，基宽10米。用黄土分层夯筑，外周城砖包砌。城周有三千六百个垛口，四角各设凸出城外的角台。城周有九处马面及四个砖券城门。城外有护城河及护城大堤，是我国现保存较好的古城墙之一。1996年定为全国重点文物保护单位。

归德郡　唐天宝元年（742）改燕州置，治所在辽西县（今北京市顺义区西北）。乾元元年（758）复为燕州。

归德盐栅　北宋属东莞县。在今广东深圳市西北永福镇北。《元丰九域志》卷9：东莞县有归德盐栅。

归德堡　①北宋置，属环州。在今甘肃环县北。元废。

②即今陕西榆林市南归德堡。《清一统志·榆林府二》：归德堡"明成化中巡抚余子俊置。城周二里六十七步，门二，为腹里中地，有经制外委分防"。

归德墟　即今广西平果县东北归德。清光绪《广西舆地全图》归德土州图：归德土州驻地。

归德镇　金置，属长清县。即今山东济南市长清区西南归德镇。

且一　即翟租。在今内蒙古兴和县西北。《墨子·非攻中》："虽北者且一、不著何，其所以亡于燕、代、胡、貊之间者，亦以攻战也。"《墨子闲诂》："衍'一'字。'且'疑'租'之借字。"吴毓江《墨子校注》："且一即且略。一与略，皆声助之辞。夷狄之言，不甚谛也。在汉为且如县，属代郡。"

且于　春秋时莒邑。在今山东莒县北。《左传》：襄公二十三年（前550），"齐侯还自晋，不入，遂袭莒。门于且于，伤股而退。明日，将复战，期于寿舒。杞殖、华还载甲，夜入且于之隧，宿于莒郊"。杜注："且于，莒邑。"

且末（且 jū）　汉西域三十六国之一。属西域都护府。汉时王治且末城（今新疆且末县城西南）。东汉初为鄯善所并。寻复立。北魏太平真君三年（442）鄯善王比龙避沮渠安周之难，曾奔且末。北魏末，为吐谷浑所并。

且末县（且 jū）　1914年析于阗县置，属新疆喀什噶尔道。治所在卡墙河（今新疆且末县）。1915年改属阿克苏道。1920年改属焉耆道。1930年属焉耆行政区。后直属新疆省。

且末河（且 jū）　亦名阿耨达大水、卡墙河。即今新疆且末县东车尔臣河。《水经·河水注》："释氏《西域记》曰：'阿耨达山西北有大水，北流注牢兰海者也。'其水北流，径且末南山，又北径且末城西，……又曰且末河，东北流径且末北，又流而左会南河。"《隋书·地理志》：且末郡"有且末水"。

且末郡（且 jū）　隋大业五年（609）置，治所在且末城（今新疆且末县城西南）。隋末废。

且末镇（且 jū）　唐置，在今新疆且末县西南。《新唐书·地理志》："于寘东距且末镇千六百里。"

且兰县（且 jū）　西晋改故且兰县置，属牂柯郡。治所在今贵州黄平县西北。南齐为南牂柯郡治。梁以后废。

且兰国（且 jū）　战国至汉初古国。在今贵州东部以黄平为中心的沅水上游㵲水、清水江流域。战国楚顷襄王遣庄跻入滇，攻克其地。西汉元鼎六年（前111）伐南越，发南夷兵，《史记·西南夷列传》载："且兰君恐远行，旁国虏其老弱，乃与其众反，杀（汉）使者及犍为太守。"汉以击南越之军还诛且兰君，平西南夷为牂柯郡，于且兰地置故且兰县。

且次县　即揟次县。在今甘肃古浪县西北。《三国志·魏书·张既传》作且次。《资治通鉴》：魏黄初二年（221），凉州卢水胡等反，张既为凉州刺史，"胡七千余骑逆拒既于鹯阴口，既扬声军从鹯阴，乃潜由且次出武威，胡以为神，引还显美"。《晋书·地理志》作揖次。

且如县　西汉置，属代郡，为中部都尉治。治所在今内蒙古兴和县西北土城子。东汉废。《水经·㶟水注》：于延水"东南流径且如县故城南。应劭曰：当城西北四十里有且如城，故县也"。

且志国　指且末国。在今新疆且末县西南。《三国志·魏书·东夷传》裴注引《魏略·西戎传》："南道西行，且志国、小宛国、精绝国、楼兰国皆并属鄯善也。"

且居县　西汉置，属上谷郡。治所在今河北怀来县（沙城）西北新安堡镇。东汉废。《水经·㶟水注》：于延水"又南径且居县故城南，其水东南流注于㶟水"。

且虑县　西汉置，属辽西郡。治所在今辽宁朝阳市西。东汉废。

且略 即翟租。在今内蒙古兴和县西北。《逸周书·王会》："《伊尹献令》，正北有且略、豹胡。"

旦当 即今云南中甸县。《元史·兀良合台传》："自旦当岭入云南境，遂至金沙江。"

旦武汛 在今湖南古丈县东南三十里。清置汛，有千总驻此。

目山 一名目岩山。在今广西平乐县北二十里。《隋书·地理志》：平乐县"有目山"。《元和志》卷37平乐县：目岩山"岩有两孔相对，如人目瞳子，白黑分明，因号为目岩"。

目加洛湾 即加老湾。在今台湾台南市北安定区下洲、港口村一带。

目加溜湾 在今台湾省台南市北善化区。昔为高山族平埔人目加溜湾社。连横《台湾通史·开辟纪》：南明弘光元年（1644），"台湾领事集归化土番之长老，设评议会"，其时归化番社中有"目加溜湾"。

目夷亭 在今山东滕州市东南木石镇。《左传》：襄公四年（前569），"冬十月，邾人、莒人伐鄫，臧纥救鄫，侵邾，败于狐骀"。杜注："狐骀，邾也。鲁国蕃县东南有目台亭。"《路史·国名纪》在商氏后"目夷"条下记："今滕之东南有目夷亭。"据考证，我国战国时代著名思想家墨子故里应在此。

目屿 即今台湾省澎湖群岛最北之目斗屿。又名北屿。清蒋毓英《台湾府志》卷3：目屿"山形如人眼然，故名"。

目则山 即今云南个旧市东麒麟山。宋大理至清称目则山。《元史·地理志》蒙自县："县境有山名目则，汉语讹为蒙自。上有故城，白夷所筑，即今县治，下临巴甸。"《方舆纪要》卷115蒙自县：目则山"在县西三十里，即汉语讹为蒙自者也。其山横列二十余峰，秀丽如画，百里外举目皆见"。

目则城 唐南诏置，属通海都督。在今云南个旧市东麒麟山上。宋大理属阿僰部。元改蒙自县。

目连山 在今陕西紫阳县东南六十里。《清一统志·兴安府一》：目连山"下有目连洞，人迹不至"。

目初 又作木初、木杵、目梭。在今越南莱州省西北，黑江南侧的坂木树。清代为临安府纳楼土司辖地。见《滇南界务陈牍·普界陈牍·刀丕文禀》。

目岩山 在今广西平乐县东北。《元和志》卷37昭州平乐县：目岩山"在县北三十八里。岩有两孔相对，如人目瞳子，白黑分明，因号为目岩"。

目岭水 在今广东韶关市曲江区东北。《寰宇记》卷159曲江县：目岭水，"水岩间有石穴如人眼极大，瞳子白黑分明，故名"。《方舆纪要》卷102韶州府曲江县：目岭水"在府东北百里。……下流五十里入溱水"。

目集驿 唐南诏置，在今四川会理县西南凤营乡。唐樊绰《云南志》卷1：会川镇"五十五里至目集馆……从目集驿至河子镇七十里"。

甲山 ①在今江苏句容市西南。明弘治《句容县志》卷4："甲山在县西南五十里临泉乡，宋景定间僧行昱爱其丛峰竞秀，甲于左右诸山，因名焉。"

②在今山东淄博市淄川城西南三十里。《水经·济水注》：萌水"出西南甲山"。《方舆纪要》卷31谓夹谷山一名祝其山，又名甲山。

甲子门 在今广东陆丰市东南甲子镇附近。《宋史·瀛国公传》：南宋景炎元年（1276）十二月，"（帝）昰次甲子门"。《元史·张弘范传》：至元十六年（1279），"由潮阳港发舶入海，至甲子门"。皆此。

甲子门千户所 明洪武二十七年（1394）置，属碣石卫。在今广东陆丰市东南甲子镇。清顺治七年（1650）并入海丰所，雍正十一年（1733）入陆丰县，有碣石左营游击驻防。

甲子门水 即今广东陆丰市东南鳌江、流江。《方舆纪要》卷103海丰县：甲子门水在"县东二百十里。《志》云：县有大陂、龙溪诸水，俱由此入海。海上有大石壁立，上下各有六十甲子字，故名。……明嘉靖中，倭寇广州，败还甲子门，为暴风所覆溺，其得脱者，帅臣俞大猷尽歼之"。

甲子兰 即噶玛兰。今台湾东北部宜兰平原。

甲子关 即今广东陆丰市东南甲子镇。明属海丰县，洪武五年（1372）设巡司于此。

甲子澳 在今广东陆丰市东南甲子镇南甲子港。《清一统志·惠州府》：甲子所"在陆丰县东南一百里石帆都海口……明洪武二十七年筑城，置守御千户所，防守甲子门澳"。清乾隆《陆丰县志》卷3：明万历四十八年（1620），"海冠袁老八余党林新老入甲子澳，把总金允武出战死之"。

甲马营 即今山东武城县（旧城）西甲马营乡，当运河东岸。明、清皆置巡司于此。

甲日宗 即拉加里宗。今西藏曲松县。

甲水 ①即今陕西山阳县西南之金钱河、夹河。《汉书·地理志》弘农郡上雒县："甲水出秦岭山，东南至锡入沔。"《水经·沔水注》：甲水"出秦岭山，东南流径金井城南，又东径上庸郡北与关衬水合……又东南径魏兴郡之兴晋县南，甲水又东右入汉水"。

②又名夹河、吉水。即今湖北郧西县西金钱河。《汉书·地理志》弘农郡上雒县："又有甲水，出秦岭山，东南至锡入沔，过郡三，行五百七十里。"《水经·沔水注》：甲水"出秦岭山，东南流径金井城南，又东径上庸郡北……又东南径魏兴郡之兴晋县南，……甲水又东，右入汉水"。

甲水县 隋开皇十八年（598）改阳城县置，属沁州。治所在今山西武乡县西南五里阳城村。大业初废。唐武德三年（620）复置，属韩州。九年（626）废。

甲父 古国名。在今山东金乡县南。《左传》：昭公十六年（前526），齐侯伐徐，徐人行成，“赂以甲父之鼎”。杜注：“甲父，古国名。高平昌邑县东南有甲父亭。”

甲凹寨 在今四川若尔盖县境。清雍正元年（1723）置甲凹寨土百户。

甲仗楼 在今江苏扬州市城西。明曹学佺《名胜志》：“新城有晋甲仗楼，谢安建。”唐张籍有诗。

甲尔木山 在今四川小金县西新格乡境。《清史稿·阿桂传》：“僧格宗者，小金川门户也。甲尔木山梁为僧格宗要经。阿桂乘贼怠，潜赴墨陇沟，夜半大雾，袭据之，进逼僧格宗。”即此。

甲州 明嘉靖二十五年（1546）筑土城，在今福建诏安县东。

甲玛赤康 在今西藏墨竹工卡县西南甲玛乡。为7世纪著名吐蕃赞普松赞干布诞生之地。

甲县 ①西魏置，属淯阳郡。治所在今陕西旬阳县境。北周废入黄土县。

②即上甲县。治所在今湖北郧西县西南夹河镇。《隋书·地理志》西城郡黄土县：“并赤石、甲、临江三县入焉。”

甲秀楼 明建，在今贵州贵阳市城南鳌头矶上。清陈鼎《黔游记》：甲秀楼“左武侯祠，右维摩阁，俱近（涵）碧潭”。今楼为康熙二十八年（1689）重建，阿阁三重，高20米，颇为壮观。2006年与文昌阁一起定为全国重点文物保护单位。

甲版 一作嘉班城。在今辽宁抚顺市东甲邦。《清太祖实录》卷1：癸未年（明万历二十一年，1593）五月，“上即往攻尼堪外兰于图伦城，尼堪外兰预知之，弃军民，携妻子，遁于甲版。……（八月）上复率兵征尼堪外兰于甲版”。即此。

甲河关 一名甲河口关、夹河关。即今湖北郧西县西南八十里夹河镇。清有把总驻防。

甲南市 即王家渡。今湖南炎陵县西南二十五里王家渡镇。

甲峒 ①在今广西扶绥县南。《宋史·交趾传》：嘉祐五年（1060），交趾“与甲峒贼寇邕州，诏知桂州萧固发部兵与转运使宋咸，提点刑狱李师中同议掩击；又诏安抚使余靖等发兵捕讨”。

②在今越南北部谅山。沈括《梦溪笔谈》卷25：北宋熙宁八年（1075），安南“举兵陷邕、钦、廉三州。九年遣宣徽使郭仲通（逵），天章阁待制赵公才（卨）讨之，拔广源州，擒酋钦刘纪，焚甲峒，破机郎、决里，至富良江”。南宋李焘《续资治通鉴长编》卷192：嘉祐五年（1060），“交趾与甲峒夷人又寇太平寨”。

甲洲 在今福建诏安县东南。明嘉靖二十五年（1546）筑城。《明史·和兰传》：天启中，和兰“出没浯屿、白坑、东碇……甲洲间，要求互市”，即此。

甲郡 亦作上甲郡。南朝梁置，治所在上甲县（今湖北郧西县西南夹河镇）。北周辖境相当今陕西洵阳、白河二县及湖北郧西县部分地。隋开皇初废。

甲索山 在今四川金川县西北。峰峦层叠，延袤百五十里。《清史稿·海兰察传》：乾隆四十年（1775）征金川，“寻分兵千人偕福康安赴宜喜，先取甲索贼碉”。即此。

甲站堡 明置，即今贵州荔波县西北甲良镇东甲站。

甲渠候官遗址 俗称破城子。在今内蒙古额济纳旗南四十八里，纳林、伊肯河之间的戈壁滩上。为汉代居延都尉西部防线甲渠候官衙。举世闻名的“居延汉简”大部出土于此。

甲港溪 在今贵州罗甸县东北。《方舆纪要》卷123新添卫：甲港溪在“（丹平长官）司东十五里。流入瓮城河”。

甲错营 清乾隆间置，在今西藏定日县东北加措乡。“甲错”，藏语意为百人部落。

甲错豁 原西藏地方政府设，治所在今西藏南木林县东北甲错乡。“甲错”藏语意为大海。1960年并入南木林县。

甲篆 即今广西巴马瑶族自治县西北甲篆乡。明嘉靖时置巡司于此。

申 ①西周封国。姜姓。在今河南南阳市北二十里。《史记·周本纪》：“申侯怒，与缯、西夷犬戎攻幽王。……于是诸侯乃即申侯而共立故幽王太子宜臼，是为平王，以奉周祀。”《左传》：庄公六年（前688）冬，“楚文王伐申”。为楚所灭。

②春秋时楚国县名。在今河南南阳市北二十里。本申国，楚文王灭申后置县。《左传》：哀公十七年（前478），子谷曰，“彭仲爽，申俘也，文王以为令尹，实县申、息”，即此。战国时改名宛县。

③春秋郑地，在今河南荥阳市西北。《左传》：文公八年（前619），“公壻池之封，自申至于虎牢之竟”，即此。

④今上海市的简称。以境内黄浦江别称春申江，简称申江而得名。

申口 在今陕西旬阳县东。《资治通鉴》：唐宝应元年（762），来瑱与副使薛南阳“追擒（裴）茙于申口”，即此。《新唐书·地理志》洵阳县：“东有申口镇城。”

申王文村 即今河北大城县东北十五里王文镇。清同治《畿辅通志》卷46大城县图：东北有申王文。

申扎宗 又作那仓宗、纳仓宗、香沙宗。清光绪十二年（1886）置，治所即今西藏申扎县。1960年改设申扎县。

申中堡 在今青海湟中县东南。《清史稿·年羹尧传》：雍正初，“罗卜藏丹津攻西宁南川口，师保申中堡”。即此。

申光蔡 唐方镇名。大历十四年（779）改淮宁军置，治所在蔡州（今河南汝南县）。贞元十四年(798)改名彰义军。

申州 ①北周改郢州置，治所在平阳县（今河南信阳市）。隋大业二年（606）改为义州。唐武德四年(621)改义阳郡复置，治所在义阳县（今信阳市）。辖境相当今河南信阳市及信阳、罗山二县地。天宝元年（742）改为义阳郡。乾元元年（758）复为申州。北宋开宝九年（976）改为义阳军。

②金末置，治所在南阳县（今河南南阳市）。元世祖至元八年（1271）升置南阳府。

申江 春申江之简称。即今上海市黄浦江。

申池 在今山东淄博市临淄西北。春秋时齐都临淄申门外之池。《左传》：文公十八年（前609），齐懿公"游于申池"。杜注："齐南城西门名申门。齐城无池，唯此门左右有池，疑此则是。"懿公被害于申池。又襄公十八年（前555），晋侯率诸侯之师伐齐，"焚申池之竹木"。《水经·淄水注》：系水"东北流直申门西，为申池。……又西北流注于时"。

申村堡 在今山西汾西县南四十里申村。《旧唐书·地理志》晋州汾西县："武德初，权于今城南五十里申村堡置。"即此。

申鸣城 亦名申明城。俗名古城堤。在今湖南临澧县北。为楚大夫申鸣邑。《说苑·立节》载申鸣为孝子、忠臣事迹。县北五十里合口寿光寺有申鸣墓。

申河 即今巴基斯坦之印度河。《元朝秘史》卷11："初命巴剌追回回王扎剌勒丁并篾力克王，追过申河，直至欣都思种地面。"

申都寨 明置，即今甘肃岷县东申都乡。

申浦 即申港。在今江苏江阴市西。《新唐书·韩滉传》：唐永兴初，韩滉镇润州，"造楼船三千柁，以舟师由海门大阅，至申浦乃还"。《寰宇记》卷92江阴军江阴县：申浦"春申君开申浦，置田"。因名。

申浦镇 亦名申港镇。即今江苏江阴市西申港镇。《清一统志·常州府二》：申浦寨"唐永泰中商民辏集，货物丰繁，名申浦市。宋置寨。今名申浦镇"。

申家山 在今甘肃两当县东北九十里，接陕西凤县界。《清一统志·秦州一》：申家山"旧尝产银矿"。

申家滩 即今四川达县西南申家乡。清乾隆《达州志》卷1：申家滩场"在州南方九十里"。

申赕 唐南诏置，属永昌节度。治所在今云南腾冲县西北八十里古永。

申港 ①一名申浦。在今江苏江阴市西。其水东入无锡五泻河，西入武进戚墅堰，合于三山石堰。北流入大江。《宋史·河渠志七》常州水："隆兴二年，常州守臣刘唐稽言：'申、利二港，上自运河发源，经营回复，至下流析为二道，一自利港，一自申港，以达于江……'至乾道二年，以漕臣姜诜等请，造蔡泾闸及开申港上流横石，次浚利港以泄水势。"

②即今江苏江阴市西申港镇。宋设寨，又设巡司于此。清时设把总驻守。

申隔宗 又作僧格宗。在今西藏南部，门隅地区达旺东南五十八里处。藏语意为狮子堡。原隶属于西藏地方政府管辖，1951年被印度政府非法占领。

申熙县 1935年1月川陕革命根据地由宁羌县析置，治所在关口坝（今陕西宁强县南关口坝）。以纪念中共鄂豫皖军委副主席、红二十五军军长蔡申熙烈士而命名。同年3月红军长征后废。

叶（葉）（叶 shè） 春秋楚邑。在今河南叶县南二十八里旧县乡。许国曾徙于此。《左传》：成公十五年（前576），"许灵公畏偪于郑，请于楚，楚公子申迁许于叶"。昭公十八年（前524），"叶在楚国，方城外之蔽也"。战国末属秦，《史记·穰侯传》：秦昭王十五年（前292），"又取楚之宛、叶"。后又名叶阳。

叶儿羌汗国王陵（叶 yè） 在今新疆莎车县城东二里。该王陵由阿勒屯清真寺、阿曼尼沙汗陵园及古墓群三部分组成。始建于明嘉靖十一年（1532）。王陵内共葬有苏来坦·赛义德汗、阿布都热西提汗等十三位国王及王室成员。该王陵的修建堪称维吾尔建筑史中的经典之作，不仅为现今的学术研究提供了宝贵的资料，也为研究维吾尔族殡葬礼仪提供了参考依据。2006年定为全国重点文物保护单位。

叶（葉）川州 唐武则天长寿元年（692）置，治所在今四川康定县境。不久改为米川州。

叶（葉）支城 唐安西都护府属城。在今吉尔吉斯斯坦伊塞克湖西、楚河南岸。《新唐书·地理志》引贾耽《四夷路程》："贺猎城又三十里至叶支城。"

叶（葉）升堡 明置，属宁夏卫。即今宁夏青铜峡市东北叶升镇。洪武九年（1376）副将叶升筑堡，因名。

叶（葉）什勒库勒 在今塔吉克斯坦东南部霍罗格东北。《清一统志·喀什噶尔》：叶什勒库勒"在喀什噶尔西境外千里。副将军富德、参赞大臣阿里衮追击霍集占于此，降回众万二千人。旧对音为伊西洱库尔，地以水名。在阿喇楚勒西南二百里，叶什库勒淖尔西。南北高峰对峙，北山有小径通安集延，其西限以大岭，逾岭以南通拔达克山界"。"叶什勒池原名伊西洱库尔淖尔……池上勒高宗纯皇帝圣制纪功碑《平定回部勒铭伊西洱库尔淖尔碑》。"

叶（葉）叶（葉）河 ①即今新疆沙湾县西之安集海河。《新唐书·地理志》北庭大都护府："白杨河七十里有清镇军城，又渡叶叶河，七十里有叶河守捉。"

②即叶河。今中亚锡尔河。《慈恩传》作"叶叶河"。

叶（葉）田口　在今广东南雄市东北油山镇西益田村。《方舆纪要》卷102南雄府保昌县：叶田口"在县东南。《志》云：平田司相近有叶田等六口子"。

叶（葉）尔吉土司　一作克叶尔济土司。清雍正时置，属西宁办事大臣。为玉树四十族之一。驻牧地在今青海玉树县西北境。乾隆《西宁府新志》卷19"塞外贡马番族"中，有"住牧多洛尼托克地方叶尔吉族"。清末并入安冲土司。

叶（葉）尔羌　即今新疆莎车县。清乾隆《西域图志》卷18：叶尔羌"旧对音叶尔奇木，或曰叶尔钦，皆音之转也"。清祁韵士《西域释地》：叶尔羌"本名叶尔奇木，或称叶尔钦，后定今名。叶尔谓土字，奇木急呼为羌，广大之谓，言其土宇广大也"。清乾隆二十四年（1759）于此建莎车城。

叶（葉）尔羌县　1929年析莎车县置，属喀什噶尔道。1930年属喀什噶尔行政区，后直属新疆省。治所在叶尔羌回城（今新疆莎车县）。1944年废。

叶（葉）尔羌河　一名葱岭南河。源出今新疆叶城县东南喀喇昆仑山北麓。为塔里木河主源。清乾隆《西域图志》卷28：叶尔羌谔斯腾"在叶尔羌城北五十里。源出西南葱岭中，屈曲出山，东北流分为二道，过叶尔羌城南，名哈喇乌苏。又东行复合为一，南会听杂阿布谔斯腾，东北行六百余里，入塔里木额尔勾郭勒，东注罗布淖尔"。

叶（葉）州　①北周建德三年（574）置，治所在今湖北建始县东。唐贞观八年（634）废。

②唐武德四年（621）置，治所在叶县（今河南叶县西南旧县乡）。五年（622）废。

叶（葉）阳　即叶。在今河南叶县南二十八里旧县乡。《史记·魏世家》：无忌曰，"秦叶阳、昆阳与舞阳邻"。

叶（葉）如　西藏吐蕃王朝（约629—842）古地区名。公元7世纪初吐蕃王朝建立后，将全境划分为乌如、要如、叶如、如拉（亦作藏如拉）等四个军政区域，即乌思藏四如。叶如是藏文音译，意为"右翼（部）"，其区域东至沙克，南至聂那，西至且玛拉，北至曲那，以香地区的雄巴擦（今西藏南木林县境）为中心，大致当今雅鲁藏布江中游北面的日喀则地区辖北部各县。吐蕃灭亡后原建制废，叶如与如拉合称藏，即后藏。

叶（葉）赤铁路　即叶峰铁路。从辽宁叶柏寿（今建平）经天义（今内蒙古宁城县）至赤峰（今内蒙古赤峰市）。

叶（葉）坊　即今福建建瓯市西北叶坊。元置站。明初改为驿。清乾隆十五年（1750）置巡司于此。

叶（葉）坊驿　明置，在今福建建瓯市西北叶坊。《方舆纪要》卷97建宁府"城西驿"条下：叶坊驿"在府西北四十五里。元叶坊站也。自崇安、浦城沿溪而下者，皆会于此"。

叶（葉）坊站　元置，在今福建建瓯市西北叶坊。

叶（葉）县（叶shè）　①战国楚置，后入秦，属南阳郡。治所在今河南叶县南二十八里旧县。出土秦封泥中有"叶丞之印"可资佐证。西晋属南阳国。东晋属南阳郡。南朝宋大明元年（457）废。北魏复置。东魏改属南安郡。北齐为襄州治。北周为南襄城郡治。隋属颍川郡。唐属汝州。金改属裕州。元至元三年（1266）徙治昆阳（即今叶县）。清改属南阳府。民国初属河南汝阳道。1927年直属河南省。

②西魏侨置，属襄邑郡。治所在今河南叶县西南澧河上游。隋开皇末改为澧水县。

叶（葉）陂　在今广东南雄市北。《方舆纪要》卷102南雄府保昌县：叶陂"在府北。明初守臣叶景龙开以灌田，因名"。

叶（葉）坪　在今江西瑞金市东北。是第二次国内革命战争时期中华苏维埃政府所在地。1931年9月，毛泽东、朱德指挥根据地军民粉碎敌人一、二、三次"围剿"后来此领导各项工作，巩固和发展了中央革命根据地。现有毛泽东和朱德旧居、中央工农民主政府旧址、红军检阅台、红军烈士纪念塔、博生堡、公略亭等。瑞金革命遗址1961年定为全国重点文物保护单位。

叶（葉）茂台　即今辽宁法库县西南叶茂台镇。清光绪《奉天全省地舆图说图志》开原县：叶茂台"在县西南二百里"。

叶茂台辽墓　在今辽宁法库县西南叶茂台镇叶茂台村西、北山岗上。此山辽代称圣迹山，山坡上分布着较大的辽代遗址、墓葬和窑址。辽墓分四个墓区，墓葬形式有石筑八角形墓、石筑圆形墓、砖筑多室墓等，出土了许多珍贵、精美的器物和墓志、壁画等。其中两组绢画《山水楼阁图》立轴和《竹雀双兔图》立轴及带彩绣的衣被、木制房形棺床小帐、雕花石棺等是辽代考古史上的重要发现。据出土墓志记载，叶茂台辽墓是辽代后族萧氏的家族墓地，时间跨度长，基本包括了辽代各个时期，墓葬形制多样，出土器物精美，为研究辽代历史和契丹族习俗提供了新的资料。2001年定为全国重点文物保护单位。

叶（葉）枝　即今云南维西傈僳族自治县西北一百二十四里叶枝镇。清为叶枝土千总王氏驻地。纳西语"叶"为蛟龙，"枝"为起来，意即起蛟的地方。因曾发生过泥石流，故名。

叶（葉）河　即今中亚锡尔河。《大唐西域记》卷1："赭时国周千余里，西临叶河"，即此。

叶（葉）河守捉　唐置，在今新疆奎屯市境。《新唐书·地理志》北庭大都护府："又渡叶叶河，七十里有叶河守捉。"即此。

叶（葉）官屯　在今山东茌平县东北。清光绪二十五年（1899）朱红灯等曾领导义和团焚毁此处教堂。

叶（葉）城县　清光绪八年（1882）置，属莎车府。治所在今新疆莎车县东北塔热木博依附近。

乾隆《西域同文志》卷3：叶尔羌“回语叶尔谓池；羌广之意。其地宽广”，故名。十年（1884）迁治哈哈里克（今叶城县）。民国初属新疆喀什噶尔道。1930年属喀什噶尔行政区。后直属新疆省。

叶（葉）挺县 1948年苏北革命根据地改盐城县为叶挺县，治所即今江苏盐城市。以纪念叶挺将军而命名。1949年复名盐城县。

叶（葉）挺指挥部旧址 在今江西南昌市百花洲东湖旁第二中学内。为砖瓦结构工字形二层楼房。原是南昌心远中学校舍的一部分。南昌起义时，叶挺率领的第十一军指挥部设此。楼上为办公室、会议室和电话机房，楼下是军指挥部警卫部队驻地。

叶（葉）柏寿镇 即今辽宁建平县（叶柏寿镇）。1954年建平县迁治于此。

叶（葉）适墓 在今浙江温州市区北海坦山支阜慈山南麓。叶适（1150—1223）字正则，温州永嘉人。学者称水心先生。南宋哲学家、永嘉学派代表人物。该墓早年被盗，出青瓷墓志一方，上刻“大宋吏部侍郎叶文定之墓，淳祐十年吉立”。1981年重修，墓碑书“宋叶文定公之墓”。

叶剑英故居 在今广东梅州市东北六十里雁洋镇上虎形村。叶剑英（1897—1986），无产阶级革命家、军事家。其故居坐落在阴那山北部虎形山下，为叶氏俊贤公祠右侧二横杂屋。叶氏俊贤公祠建于明中叶成化年间，清乾隆三十二年（1767）重建，民国初年进行较大规模的修整。二横杂屋建筑面积350平方米，是客家单门楼式两杠平房，泥土夯墙，杉木顶架，瓦块天面结构的普通客家民居建筑。叶剑英于1897年4月28日在此出生，并在这里度过了他的童年和少年时代。故居左侧建有叶剑英元帅纪念馆。2001年定为全国重点文物保护单位。

叶（葉）峰铁路 又称叶赤铁路。从辽宁叶柏寿（今建平）经天义（今内蒙古宁城县）至赤峰。长147公里。日伪于1934—1935年修筑。

叶（葉）家山 一名榜山。又名梅坡。在今湖南芷江侗族自治县南四里。《清一统志·沅州府一》：叶家山“沅水经其下，登临眺览，为郡中胜境”。

叶（葉）家祠 在今湖南炎陵县南三十八里水口镇北侧。1927年10月毛泽东率秋收起义部队进军井冈山，途经水口镇，曾驻军叶家祠，在此主持连队建党工作。1947年祠被毁，1969年修复。

叶（葉）家集 即今安徽霍邱县西南一百三十里叶集镇。清乾隆十九年（1754）设巡司于此。

叶（葉）调国 古国名。在今印度尼西亚爪哇、苏门答腊二岛。《后汉书·顺帝纪》：永建六年（131）十二月，“日南徼外叶调国、掸国遣使贡献”。

叶（葉）堂关 亦作叶堂堡。在今四川平武县西北水晶镇西叶塘。《明史·四川土司传》：宣德三年（1428），“陈怀等率诸军败贼于忔答坝、叶棠关，夺永镇等桥”。

叶（葉）堂堡 即叶堂关。在今四川平武县西北水晶镇西叶塘。《方舆纪要》卷73松潘卫小河所：叶堂堡“在所东南十六里。《志》云：小河以东凡七堡，惟叶堂为要隘，有官军屯戍。东通白马、毛公，西逼竹头、野猪、白草诸寨，其西北六里曰峰崖堡”。

叶（葉）密立 又作叶密里、也迷里、业瞒城。在今新疆额敏县东南额敏河南岸。《元史·宪宗纪》：二年（1252），迁“脱脱于叶密立地”。即此。

叶（葉）密立河 一作也迷里河。即额米尔河。今新疆额敏县之额敏河，西流入哈萨克斯坦境之阿拉湖。

叶（葉）谢镇 又作叶榭。即今上海市松江区东南二十二里叶榭镇。因有叶、谢两姓在此经营盐业，故名，明洪武初置税课局于此。

叶（葉）塘墟 即今广东兴宁市西北十五里叶塘镇。清光绪《广东舆地全图》兴宁县图表：兴宁江“又西南经叶塘墟，汤湖水自西北来注之”。

叶（葉）榆县 西汉元封二年（前109）置，属益州郡。治所在今云南大理市西北六十里喜洲。《史记·正义》：“本叶榆王属国也。”《汉书·地理志》：“叶榆，叶榆泽在东。”东汉改楪榆县。

叶（葉）榆河 又作叶榆水。即今云南洱海源的弥苴佉江和洱海出口的西洱河、黑惠江。三国至南朝称叶榆河。《水经》：“益州叶榆河，出其县北界，屈从（叶榆）县东北流，过不韦县，东南出益州界。”但古人未全了解叶榆河源流，故《水经》及《水经注》记载此水多有错误。

叶（葉）榆泽 即今洱海。在云南西部，大理市东。汉至南朝称叶榆泽。《汉书·地理志》叶榆县：“叶榆泽在东。”

叶（葉）赫河 在今辽宁开原市东北。源出吉林伊通满族自治县西南城子沟，西南流入辽宁开原市东北境入扣河（寇河）。《清一统志·吉林一》：叶赫河“在（吉林）城西四百八十余里。源出噶哈岭，入瞻河”。民国《奉天通志》卷74开原县：“扣河之北枝曰叶赫河。……明季叶赫部落居此上游，遂名叶赫河。”“叶赫”，满语谓插盔缨之筒。

叶（葉）赫站 清置，即今吉林梨树县东南叶赫满族镇。《清一统志·吉林二》“尼什哈站”条下：“克尔素站又西南八十里至叶赫站。”后废。

叶（葉）赫部 明末海西女真扈伦四部之一。分布于今吉林梨树县东南叶赫河流域。驻所在叶赫城（今吉林梨树县东南叶赫满族镇）。《清一统志·吉林二》：叶赫城“叶赫之先，蒙古国人姓土默特，灭呼伦国所居璋地之纳喇部，遂据其地，因姓纳喇，后迁于叶赫河岸，号叶赫国”。在四部中力量最强大。明万历间，尝资以敌后金努尔哈赤，四十七年（1619）为后金所灭。

叶赫部城址 在今吉林四平市东南六十里叶赫满族镇东南。是明代女真族扈伦四部之一叶赫部的故城。建于明中晚期。分东、西两城，保存较好的东城呈椭圆形，城墙长900米，土石混筑，墙宽上3米，下18米，内坡长4米，外坡达18米。东北开一城门，仅存一豁口。四城门亦仅存一上宽15米，下宽仅几十厘米的豁口。门外两侧瓮城残墙长20米。叶赫西城依山势建筑，亦略呈椭圆形，分内、外二城。内城墙长850米，土石混筑，有城门三座，而墙凿山作瓮门。内城中有一东西向隔墙，将城内分为东西两部分。外城形状很不规整。叶赫部城是仅存不多的女真族后期古城址之一。城内遗存少量陶、瓷残片和建筑材料。2006年定为全国重点文物保护单位。

叶（葉）镜湖　即今月镜湖。在云南祥云县东南三十六里公路南侧。五代至宋称叶镜湖，见《南诏野史·段思平传》。

叭当国　即今印度尼西亚苏门答腊岛西岸之巴东。清谢清高《海录》有专条记述。

叱日岭　又名赤日岭。即今河北井陉县（微水镇）西青泉岭。《资治通鉴》：唐景福二年（893），李克用败成德兵于平山，进攻天长镇，成德帅王镕“出兵三万救之，克用逆战于叱日岭下，大破之”。即此。

叱略州　唐置，属桑乾都督府。为羁縻州。当在今内蒙古乌兰察布市东南部及河北省西北境。

叱滩　一名人鲊瓮。在今湖北秭归县西北归州镇西二里。南宋范成大《吴船录》卷下：“未至（归）州数里，曰叱滩，其崄又过东奔（滩）。”《舆地纪胜》卷74归州：叱溪“在秭归县。《旧经》云，水石相激如喷咤之声，一名人鲊瓮。在雷鸣洞之南。分三咤，官槽口为上咤，雷鸣洞为中咤，黄石口为下咤。咤心大潭如瓮，故号人酢瓮”。

叩马村　在今河南孟津县东六十二里。《清一统志·河南府二》：叩马村“相传夷、齐叩马谏武王处”。

叫口　在今浙江临安市西交口。元至正十二年（1352），董抟霄大败徐寿辉将项普略于叫口，遂复于潜县。即此。

叫抱山　在今广西龙州县南。《明一统志》卷85龙州：叫抱山“在州城南”。

叨味噔镇　即今辽宁凌源市西南刀尔登蒙古族乡。清乾隆《钦定热河志》卷54建昌县：“多尔登在茶棚西南四十里。”多尔登即刀尔登。蒙古语意为开阔、宽阔。

电白区　2014年撤销广东省电白县，设立茂名市电白区，区政府驻水东镇海滨大道1号。

电白县　隋开皇九年（589）改电白郡置，属高州。治所在今广东高州市东北四十里长坡镇南旧城村。大业初属高凉郡。唐武德初属高州，天宝初属高凉郡，乾元初属高州。大历十一年（776）为高州治。北宋景德元年（1004）属窦州，三年（1006）复为高州治。元大德中属高州。明成化四年（1468）移治神电卫（今电白县东电城镇），属高州府。民国初属广东高雷道。1920年直属广东省。1951年迁治水东镇，即今治。

电白郡　南朝梁置，属高州。治所在今广东高州市东北四十里长坡镇南旧城村。隋开皇九年（589）改为电白县。

电茂场　在今广东电白县东电城镇。产海盐。清设盐课大使。民国时设场知事。

号室部　南北朝至隋勿吉七部之一。分布在今乌苏里江流域。《北史·勿吉传》：勿吉部类凡七种，“其五号室部，在拂涅东”。唐入渤海国。

由文县　唐置，属七州。治所在今越南义安省境。贞观八年（634）属景州。后废。

由吾洞　在今江苏新沂市南、张仓山北。隋由吾道荣学道处。

由里山　一名九里山。即今江苏江阴市东南花山。《舆地纪胜》卷9江阴军：九里山“又名由里山”。《明一统志》卷10常州府：由里山“在江阴县东南一十五里。山巅出云。邑人视为雨候。上有龙祠，旱祷有应”。

由卷县　即由拳县。秦改长水县置，属会稽郡。治所在今浙江桐乡市东北二十里。后徙治今浙江嘉兴市南。《水经·沔水注》引《吴记》：“秦始皇恶其势王，令囚徒十余万人汙其土表，以汙恶名，改曰囚卷，亦曰由卷也。”东汉属吴郡。三国吴黄龙三年（231）改禾兴县。

由钟（锺）穷隆山　即今江苏苏州市西南穹窿山。《越绝书·吴地传》：“由钟穷隆山者，古赤松子所取赤石脂也，去县二十里。”

由特里屯　亦作由得里。在今俄罗斯哈巴罗夫斯克边疆区黑龙江下游西岸通古斯卡河口东北。清初属宁古塔将军。康熙《皇舆全览图》：黑龙江下游枯鲁河口以下有“由得里噶山”。后属三姓副都统。光绪《吉林通志》卷17：混同江北岸，东至海滨旧噶珊有“由特里”。咸丰年间通过不平等的中俄《瑷珲条约》被俄割占。

由倭克特河　又作由忒河、优克特河。即今俄罗斯哈巴罗夫斯克边疆区黑龙江下游东岸支流马奇托瓦亚河。清齐召南《水道提纲》卷24：黑龙江与格林河会流后，“又东北经科儿古噶山东，由忒噶山西南，有由忒河自东南合二水来注之”。光绪《吉林通志》卷22：“河自东南山中西北流三百里许，入混同江。”

由倭克特噶珊　亦作由忒。清初于明友帖卫置，在今俄罗斯哈巴罗夫斯克边疆区黑龙江下游东岸马奇托瓦亚河口，属宁古塔将军。康熙《皇舆全览图》：黑龙江下游由忒河口有“由忒噶山”。后属三姓副都统。《乾隆内府舆图》：黑龙江下游由倭克特必拉口有“由倭克特噶珊”。咸丰年间通过不平等的中俄《北京条约》被俄割占。

由拳山　在今浙江杭州市余杭区西南一百二十里。《元和志》卷25：由拳山“晋隐士郭文举所居，傍有由拳村，出好藤纸”。《方舆纪要》卷90：“三国吴有暨猷者，自由拳来隐此，故名。”

由拳县　一作由卷县。秦始皇三十七年（前210）

改长水县置，属会稽郡。治所在今浙江桐乡市东北二十里，后徙治今浙江嘉兴市南。《续汉书·郡国志》吴郡由拳县，刘昭注引干宝《搜神记》："秦始皇东巡，望气者云'五百年后江东有天子气'。始皇至，令囚徒十万人掘汙其地，表以恶名，故改之曰由拳县。"东汉属吴郡。三国吴黄龙三年（231）改禾兴县。

由隘 土名笏竹根。在今广西凭祥市南，接越南界。清设兵驻防，乾隆五十五年（1790）曾开关通市。

田二河 在今湖北天门市东南。《清一统志·安陆府》：乾滩河"在天门县东六十里。一名田二河，诸水汇流至此，复分二流，一自张家池口入汉，一自竹筒河入汉川县界"。

田二河驿 一作田儿河驿。即今湖北汉川市西南八十里田二河镇。清光绪《湖北全省分图》：汉川县西南有田二河驿。

田马集 即今山东寿光市东南三十里田马。清光绪《山东通志》卷2《舆图志》：寿光县东南有田马集。

田公堤（隄） 在今江西星子县南。《方舆纪要》卷84南康府：田公堤"在府治南一里。万历二十一年，以石堤迤东一带湖水荡啮，渐及城址，郡守田琯因筑石堤长数百丈以卫之。民因谓之田公堤"。

田氏镇 即今河南内黄县西北田氏乡。明嘉靖《内黄县志》卷1《乡镇》："田氏镇，在县西北五十里。"

田心墟镇 即今江西上高县西南田心镇。清同治《江西全省舆图》卷4：上高县西有田心。

田东县 1935年改恩隆县置，属广西省。治所即今广西田东县。以在田州之东，故名。

田市头 即今浙江仙居县西南田市镇。明置巡司于此。后废。

田市堡 明置，即今陕西西安市临潼区东北田市镇。《清一统志·西安府三》"新丰镇"条下："（明）嘉靖三十二年，创筑新丰及零口、相桥、康桥、田市五堡。"清置田市镇。

田市集 即今安徽阜南县东北三十里田集镇。清乾隆《阜阳县志》卷4：田市集在"西南乡六十里，润河南岸"。

田市镇 明为田市堡。即今陕西西安市临潼区东北田市镇。《清一统志·西安府三》：田市镇"在渭南县西北三十里，与临潼接界"。

田头 在今广东湛江市东南南三岛之南三镇。《清一统志·广东统部》：吴川营有把总驻田头。

田头驿 明置，属儋州。在今海南省儋州市西北排浦镇。

田头墟 即今江西宁都县南三十里田头镇。清道光《宁都直隶州志》卷4有田头墟。

田头寨 在今海南省儋州市西北。《清一统志·琼州府二》"归姜寨"条下：田头寨"在州（治今中和镇）西南四十里。亦宏治中置"。

田宁府 明嘉靖七年（1528）置，属广西布政使司。治所即今广西田阳县。八年（1529）废。

田寺 即今浙江仙居县西南田寺。明初置巡司于此。

田地县 十六国前凉张骏时置，治所在今新疆鄯善县西南鲁克沁镇。后废。

田地城 北魏时高昌国置，在今新疆鄯善县西南鲁克沁镇。《新唐书·高昌传》：贞观十四年（640），灭高昌，"（侯）君集奄攻田地城，契苾何力以前军鏖战，是夜星坠城中，明日拔其城"。即此。

田地郡 北魏时高昌国置，治所在田地城（今新疆鄯善县西南鲁克沁）。《魏书·高昌传》："永平元年，（麴）嘉遣兄子私署左卫将军、田地太守孝亮朝京师，仍求内徙，乞军迎援。"即此。唐贞观十四年（640）平高昌时废。

田西县 1935年置，属广西省。治所在今广西田林县西北潞城瑶族乡。1952年与西林县合并，改设田林县。

田师傅 即今辽宁本溪满族自治县东南田师傅镇。溪碱铁路经此。

田各庄 即今河北清苑县（南大冉）南田各庄。清同治《畿辅通志》卷47清苑县图：南有田各庄。

田庄台（臺） 即今辽宁大洼县东南田庄台镇。旧属营口厅。《清史稿·地理志》："锦营铁路自盘山大洼车站入境，历田庄台至河北车站。"

田庄堡 即今陕西绥德县西南田庄镇。《清一统志·绥德州》：田庄堡"在清涧县北一百里，接本州界。明嘉靖中筑"。

田庄镇 在今江苏张家港市东南恬庄。清时黄泗浦巡司驻此。

田齐王陵 俗称"四王冢"和"二王冢"。在今山东淄博市临淄齐故城南十五里鼎足山和牛山之东，是战国时期田齐六君王墓。附近一带有土冢数十个，故有齐陵之名。1988年定为全国重点文物保护单位。

田州 唐开元中置，治所在都救县（今广西田东县西北祥周镇）。天宝元年（742）改为横山郡，乾元元年（758）复为田州。辖境相当今广西百色、田阳、田林、田东等市县部分地。贞元二十一年（805）废，后复置为羁縻州。北宋属邕州右江道。元升田州路。明属广西布政司，嘉靖七年（1528）又降为田州府为田州，治所在田阳县。清属思恩府，光绪元年（1875）改置为恩隆县。

田州府 明洪武二年（1369）改田州路置，属广西行中书省（后改广西布政使司）。治所即今广西田阳县。嘉靖七年（1528）改为田州。

田州城 即定州城。今宁夏平罗县南姚伏镇。《方舆纪要》卷62宁夏镇：田州城"在镇北六十里。西夏所置，蒙古废"。《清一统志·宁夏府一》：定州故城"西夏无田州，盖即定州之讹。今俗呼田州塔。新渠旧县在其南"。田州塔在姚伏镇东二里。

田州塔　俗称姚伏塔。在今宁夏平罗县南四十里姚伏镇东二里。因古田州城而得名。西夏始建。清乾隆四十八年（1783）重修。为七层六角形楼阁式砖塔。通高38米。

田州路　元置，属广西两江道。治所在今广西田东县西北祥周镇。明洪武二年（1369）改为田州府。

田阳县　1935年改奉议县置，属广西省。治所在今广西田阳县西南右江南岸旧城村。后迁今田阳县西北那坡镇。1955年迁今田阳县。

田坝　即今四川甘洛县西北田坝镇。清康熙四十九年（1710）置田坝土千户。

田村　在今河南灵宝市北六里。为西汉时田千秋园。今名北田村。

田村堡　在今河北冀州市南田村。《清一统志·冀州》：田村堡"在州南四十里。明嘉靖间筑。有集，为诸集冠"。

田村寨　在今山东即墨市东北九十里。《方舆纪要》卷36即墨县"走马岭寨"条下：田村寨"与栲栳岛等寨俱筑城戍守"。

田尾远洋　在今广东陆丰市东南碣石镇南。清乾隆《陆丰县志》卷3：崇祯八年（1635），"熊文灿檄闽帅统舟师合击香寇于田尾远洋，香遂伏诛"。

田尾洋山　在今广东陆丰市东。《清一统志·惠州府》：田尾洋山"在陆丰县东八十里。卓立海滨。入洋之船，望此即知碣石港也"。

田坪址湖　在今湖北石首市南。《方舆纪要》卷78石首县：田坪址湖在"县南四十余里。……掌于河泊所"。

田罗县　南齐置，属马门郡。治所当在今广西博白县境。后废。

田店集　即今湖北应城市西北二十八里田店镇。清光绪《德安府志》卷8《兵事》：同治三年（1864）四月，"陈得才由宋河分遣捻首欧罗洪扰应城东北之杨家河，西北之田店"。

田单墓　在今山东淄博市临淄区东北皇城镇安平故城内。田单，战国时齐将，临淄人。初为市吏。燕将乐毅伐齐时，田单退守即墨（在今山东平度东南），先用反间计，使燕惠王改用骑劫为将。田单用火牛阵击败燕军，一举收复失地七十余城，被齐襄王任为相国，封安平君。据民国《临淄县志》载："田单墓，在安平城中，石槽城西里许，高数丈。"

田南　在今江西余江县东北锦江镇东。明初置巡司于此。洪武中裁。

田南道　1914年由原田南道袭置，属广西省。治百色县（今广西百色市）。辖境约当今广西天峨、南丹、东兰、巴马、平果以西，百色、德保、天等以北地区。1928年废。

田浦　即今福建金门县东北田浦。明属同安县，置巡司于此。

田家口　即今山东临邑县西南田口乡。清同治《临邑县志》卷2：田家口在"城西南，距城四十里"。

田家会　在今山西兴县东南。1942年5月，八路军在此激战20日，粉碎了日本侵略军的进攻。

田家会镇　即今山西吕梁市离石区东田家会镇。《清一统志·汾州府》"吴城镇"条下：田家会镇"在州东"。

田家庄　即今山东桓台县西北二十一里田庄镇。民国《新城县志》：城西北有田家庄。1984年设田庄镇。

田家洞长官司　明洪武三年（1370）置，属永顺宣慰司。治所即今湖南古丈县西北田家洞。清改设巡司。后裁。

田家桥　即今山东巨野县西南田桥镇。清光绪《山东通志》卷2《舆图志》：巨野县西南有田家桥。

田家硙　在今陕西户县西。唐时为碾硙之所。《资治通鉴》：唐天复元年（901），宦官韩全诲等劫昭宗幸凤翔，至鄠县。"癸丑，李茂贞迎车驾于田家硙"。即此。

田家砦　北宋置，属信安军。在今河北霸州市东六十里。

田家集　①即今安徽阜阳市西大田镇。清乾隆《阜阳县志》卷4：田家集在"西乡三十五里，颍河南岸"。

②即今湖北宜城市东田集。清嘉庆十一年（1806）设巡司于此。

田家寨　即今青海湟中县东小南川河西之田家寨镇。明《西宁卫志》卷2：伏羌堡"去东南五十里有乞达真寨，一名田家寨"。

田家镇　①即今内蒙古凉城县西南永兴镇。清雍正十二年（1734）于此置怀远所。乾隆十五年十二月（1751年1月）改置宁远厅，1912年改宁远县，1914年改为凉城县，均为县治。1937年凉城县由此迁驻新堂（即今凉城县）。

②即今湖北武穴市西北田镇。清咸丰年间，太平军与清军曾数次激战于此。

田牌镇　在今海南省临高县南二十里。明置巡司于此。

田湖镇　即今河南嵩县东北三十里田湖镇。清乾隆《嵩县志》卷12：田湖镇"米粮聚集"。

田湾岛　在今浙江三门县东三门湾中。《清史稿·地理志》台州府宁海县："群岛错峙，其著者为田湾岛。"

田蓬街　即今云南富宁县西南田蓬镇。清光绪二十三年（1897）设田蓬对汛。1946年置田蓬镇。

田辟　西汉置，属五原郡成宜县，为西部都尉治。故址在今内蒙古乌拉特前旗东南。一说即今烂否圪卜古城。《水经·河水注》："河水又东径西安阳县故城南，王莽更之鄣安矣。河水又东径田辟城南。《地理志》曰：故西部都尉治也。"

田寨江　即今广西融水苗族自治县北田寨河。

《方舆纪要》卷109怀远县“板江”条：田寨江“出吼江北原，经田寨、播营、丹竹诸村，入大江”。

田横岛 在今山东即墨市东北海中。相传即田横率众入海岛处，故名。《史记·田儋列传》：西汉初，田横“与其徒属五百余人入海，居岛中”。又《北史·杨愔传》：“愔潜之光州，因东入田横岛。”即此。《寰宇记》卷20即墨县：“田横岛在县东北一百里。横之众五百余人俱死于此。岛四面环海，去岸二十五里，可居千余家。”一说即郁州，在今江苏连云港市东云台山一带。《元和志》卷11东海县：“小鬲山在县北六十里，田横弟避汉所居之山也。其山三面绝壁，皆百余仞，惟东南一道略容行人。”《寰宇记》卷22东海县：“本秦末田横所保鬱洲，亦曰郁州，亦谓之田横岛。”

田横寨 在今山东蓬莱市西北三里。《方舆纪要》卷36蓬莱县“丹崖山”条下：“田横山在府西北三里。《郡志》：城北有古田横砦，与蓬莱阁对峙。西、北二面皆巨海，石壁高峻。相传韩信破齐，田横东走，结寨于此，遗址尚存。”

田镇 明置田镇巡司，属高苑县。即今山东高青县治。清光绪《山东通志》卷37：“相传为田横故居。”

史山 在今山西阳城县东北三十里史山村附近。《方舆纪要》卷43阳城县：“史山在县东北三十里，产铁，其西五里有金裹谷堆，堆下亦有铁矿。”

史水县 南朝宋元嘉二十五年（448）以豫部蛮民置，属弋阳郡。治所在今河南商城县东北。寻属边城郡。南齐属安丰郡。北魏仍属边城郡。北齐废。

史可法祠墓 在今江苏扬州市广储门外梅花岭扬州博物馆内。史可法（1601—1645）字宪之，号道邻。河南祥符（今开封）人。明末抗清名将，守卫扬州时殉难。养子史德威曾与史可法一道抗击清兵，因未找到史可法的遗体，便把其父穿戴过的衣冠葬此。清乾隆三十七年（1772）扬州人士在梅岭衣冠冢侧建祠祀奉。祠和墓相连，通称史公祠。飨堂前悬楠木匾额“史可法纪念馆”。飨堂后为衣冠墓，墓前有砖牌坊一座，上嵌“史忠正公墓”石额。墓碑上刻“明督师兵部尚书兼东阁大学士史可法之墓”。

史各庄 即今河北文安县西北三十里史各庄镇。清同治《畿辅通志》卷46保定县图：南有史各庄。

史坝站 元置，在今四川合江县东北六十里长江北岸史坝。明改为史坝驿。

史村驿 即今山西襄汾县。清乾隆二十七年（1762）设驿丞驻此。

史村镇 旧为史村驿。即今山西襄汾县。原属汾城县，民国时有县佐驻此。

史国 又名佉沙国、羯霜那国。古昭武诸国之一。都城在乞史城（今乌兹别克斯坦撒马尔罕南沙赫里夏勃兹）。《隋书·西域传》：史国“都独莫水地十里，旧康居之地也。其王姓昭武，字逖遮，亦康国王之支庶也。……大业中遣使贡方物”。唐显庆时于其地置佉沙州。天宝中诏改为来威国。

史河 ①即古決水。源出今安徽金寨县西南，北流至河南固始县东北，入淮河。《方舆纪要》卷50固始县：史河在“县东二十里。其源即商城县之牛山河，东北流，经县南五十里均济等闸，又东至江南霍丘县入于淮”。

②古称決水。淮河支流。上源中山河，发源于今河南商城县牛山，东北流经安徽金寨、河南固始，至安徽霍邱县界入淮河。《水经·決水注》：“決水自（安丰）县西北流，径蓼县故城东，又径其北，世谓之史水。”《方舆纪要》卷50固始县：史河在“县东二十里。其源即商城之牛山河，东北流，经县南五十里均济等闸，又东至江南霍邱县，入于淮”。

史城 ①即今云南大理市西北六十里喜洲镇。隋开皇中，史万岁讨南中夷爨翫时，度西洱河，驻师于此。《元史·地理志》：异牟寻“迁于喜郡史城”。《方舆纪要》卷117引《滇纪》：“史城即太和县喜睑村，元初尝置喜州，旋废。盖讹喜为史也。”

②亦作乞史城。本唐史国都城。在今乌兹别克斯坦撒马尔罕南沙赫里夏勃兹。唐置佉沙州于此。

史侯河 亦作安侯河。即今蒙古国境内之鄂尔浑河。《后汉书·鲁恭传》：永元元年（89），议遣窦宪、耿秉等击匈奴，恭上疏谏曰：“今匈奴为鲜卑所杀，远臧于史侯河西，去塞数千里。”

史家岗 即今山西定襄县东蒋村乡史家岗。同蒲铁路忻窑支线旧有支线通此。

史家岗支线 在今山西定襄县东，从忻窑支线的蒋村至史家岗。长7.9公里。日伪于1940年修筑。1944年被拆除。

史家店 一名小史店。即今河南方城县东南六十七里小史店镇。清康熙《南阳府志》卷2《集镇》：裕州有史家店。

史家集 即今江苏泗阳县西北十八里史集。《清一统志·淮安府二》：史家集巡司“在桃源县黄河北岸。本朝乾隆二十七年置”。

史家街 即今四川内江市西北史家镇。清道光《内江县志》卷1：史家街在“西三十里”。

史源镇 北宋置，属寿春县。即今安徽淮南市南史院乡。

只儿蛮卫 明永乐十年（1412）置，在今内蒙古呼伦贝尔市海拉尔区东七十余里威托海河流域。后废。

只旧井 在今云南武定县北境。《方舆纪要》卷116武定军民府：只旧盐井，“《志》云，距州百六十里。又草起盐井，距州二百里，俱产盐，以为民利”。

只乐店 即今河南鄢陵县西南三十里只乐乡。明嘉靖《鄢陵县志》卷2《镇店》：“只乐店，在西营南保。”

只多　在今西藏丁青县西北尺犊一带。为藏北三十九族之一。见清乾隆《西藏志·外番》。

冉山县　唐贞观六年（632）置，属羁縻冉州。治所在今四川黑水、红原县境。后废。

冉庄　在今河北清苑县西南三十里，清水河北岸。1942年侵华日军向冀中平原进行“五一”大扫荡，实行灭绝人性的“三光”政策，冉庄人民挖掘地道抗日，终于形成一个四通八达的地下防战结合的完整体系，给日军以沉重打击。

冉庄地道战遗址　在今河北保定市清苑县西南。1942年日本侵略者向解放区疯狂“扫荡”，冀中平原的环境非常残酷。冉庄人民为保存革命力量，在原有掩护洞的基础上，进一步发展成为连家贯村的地道网，与敌人进行战斗。地道宽1米，深1.5米，总长约15公里。地道贯通每个角落，其中有四条主要干线，围绕干线有东西支线十一条，南北支线十三条。内设指挥部、秘密洞、休息室、陷阱、翻门、枪眼等。地道口往往设在锅台、炕头、牲口槽、碾台、庙宇、水口等处。冉庄人民利用地道与敌人进行一千余次战斗，消灭了大量敌人。1961年定为全国重点文物保护单位。

冉州　唐贞观九年（635）改西冉州羁縻州置，属茂州都督府。治所在今四川黑水、红原县境。后废。

冉村　即今河北清苑县（南大冉）西南三十里冉庄镇。明万历《保定府志》卷2清苑县图：西南有冉村。

冉固　一作冉堌集。即今山东定陶县东南三十二里冉堌镇。光绪《大清直省地舆全图》：山东定陶县东南有冉固。

冉店镇　即今陕西长武县东二十里冉店乡。《清一统志·邠州》：冉店镇“有关城，其地道路四达。深沟巨壑，中道仅容一车。明弘治间，移宜禄镇巡司于此，后又徙于窑店”。

冉堌集　即冉固。今山东定陶县东南冉堌镇。

冉魏　十六国时期汉族冉氏所建政权。公元350年后赵大将冉闵杀石鉴称帝，建立魏国，史称冉魏。都邺（今河北临漳西南）。有今河北、山西长城以南，山东、河南、湖北及安徽北部、陕西中部及东北部、甘肃东部之地。公元352年为前燕所灭。

皿铁隘　在今广西西林县东皿帖村南。《清一统志·泗城府》：皿铁隘“在西林县西一百里。路最险要，外通云南广南府”。

凹石硖　即今新疆若羌县西南瓦石硖乡。清宣统《新疆图志》卷3婼羌县：凹石硖（庄）在“城北（为西之误）一百八十里”。

凹仔墟　即今广东怀集县东南坳子镇。清宣统年间为怀集县东南界，1911年改为坳子乡。

囚卷　即由卷。在今浙江桐乡市东北二十里。《水经·沔水注》引《吴记》：“秦始皇恶其势王，令囚徒十余万人汙其土表，以汙恶名，改曰囚卷，亦曰由卷也。”

四十二渡水　又名注江。在今湖南永兴县东十五里。《方舆纪要》卷82永兴县“潦溪水”条下：四十二渡“水源出县西之乾溪，流四十里，灌田八十顷，俱西入耒阳县界，注于耒水”。

四十八庄　又称四十八马头。在今贵州贵阳市南。《明史·王三善传》：天启初，水西土司安邦彦围攻贵阳，明将王建中率兵救援，“燔‘贼’四十八庄”，即此。

四十八峰山　在今湖南永兴县北九十里。《方舆纪要》卷82永兴县：四十八峰山“有四十八山，拱峙攒簇”。

四十八盘山　在今安徽霍山县西南。《方舆纪要》卷26霍山县：四十八盘山在“县西南百二十里。山径崎岖，登陟甚艰，行者凡四十八盘，其险始尽。因名”。

四十八渡　在今重庆市巫溪县东。《方舆纪要》卷69大宁县：四十八渡“在县东二百三十里。水流曲折，为行旅之阻，道出湖广房山县”。

四十八渡水　①即今重庆市南川区东北大溪河（鸭江）支流龙岩江。《舆地纪胜》卷180南平军：四十八渡水“在隆化县东三十里。两山壁立，一水弯环其中，涉是溪者凡四十八渡，其门有穴如户牖”。《清一统志·重庆府一》：“《府志》：四十八渡水源出马嘴山，西流二十里至四十八渡，又四十里至流金水，又二十里至水东桥，与镇江桥溪合流。”

②即今重庆市黔江区南之黔江河。《方舆纪要》卷69黔江县：四十八渡水在“县西二十里。源出栅山，曲折流四十八湾，滩碛鳞比，舟楫不通”。

四十八溪　①即今贵州松桃苗族自治县西南普觉镇。《方舆纪要》卷122铜仁府平头著可司：四十八旗（溪）屯军“在司东南（按，应为西南）。为湖广军民杂处之地，嘉靖中议筑堡于此，恃为险囤。不果”。《清一统志·松桃厅》作“濠口四十八屯”。民国置县佐于此。

②在今贵州镇远县东北。清有主簿驻守。

四十六囤蛮夷千户所　元世祖至元十三年（1276）置，属叙南等处蛮夷宣抚司。治所侨置于庆符县（今四川高县西北庆符镇）。《元史·地理志》：“四十六囤蛮夷千户所，领豕蛾夷地，在庆符向南抵定川。”辖境相当今四川高县、筠连等县地。明初废。

四十里山　在今广西平乐县东北。《方舆纪要》卷107平乐县：“四十里山在府东北龙平巡司南十里，周四十余里，因名。为富、贺往来要路，近设三堡，以为戍守。”

四十里城子　即今新疆焉耆回族自治县西南四十里城子镇。为唐焉耆都督府故址。

四十里铺　①即今安徽阜南县东北袁集镇四十里铺。清初为阜阳至颍上驿站。

②即今陕西绥德县北四十里铺镇。清光绪《绥德州志》卷2：四十里铺“在城北，即宋时开光

堡”。

四八墟 即今广西罗城仫佬族自治县西南四把镇。清光绪《广西舆地全图》天河县图：东南有四八墟。

四九墟 即今广东台山市东南四九镇。清光绪《广东舆地全图》：新宁县（今台山市）东南有四九墟。

四大镇 明、清时四大工商业城镇的合称，即朱仙镇（今河南开封县西南朱仙镇）、汉口镇（今湖北武汉市汉口）、景德镇（今江西景德镇市）、佛山镇（今广东佛山市）。

四口关 在今山东茌平县南。《元和志》卷10齐州长清县：废四口关“在县西南五十里。后魏置，武德九年废”。《清一统志·济南府二》载：四口关“盖即古四渎津之口也”。

四川 ①地区名。北宋初将五代后蜀故地分设西川、峡两路，约当今大渡河以东北和陕西汉中地区。咸平四年（1001）分为益州（后改成都府）、利州、梓州（后改潼川府）、夔州四路，合称“川峡四路”。简称“四川”，一说因境内有长江、岷江、沱江、嘉陵江四条大川而得名，不足信。

②北宋咸平四年（1001）分西川路为益州、梓州二路，分峡西路为利州、夔州二路，总称川峡四路，简称四川。相当今四川东部、贵州大部、云南东北部及甘肃东南部、陕西西南部地区。《宋史·仁宗纪》：嘉祐五年（1060）八月，“置江、湖、闽、广、四川十一路转运判官”。南宋设四川宣抚、制置、总领等官职，总辖四路军政财赋。

四川布政使司 明洪武九年（1376）改四川等处行中书省置，治所在成都府（今四川成都市）。辖境相当今四川白河、邛崃山、大凉山以东，重庆市巫山以西，岷山、大巴山以南，云南东川以北，贵州威宁及遵义、瓮安以北地区。清顺治二年（1647）改为四川省。

四川行都指挥使司 明洪武二十七年（1394）置，治所在建昌卫（今四川西昌市）。《明史·四川土司传》：“北至大渡，南至金沙江，东抵乌蒙，西讫盐井。”辖境今四川大渡河以南，金沙江以北，大凉山以西，锦屏山以东地区。后废。

四川南道宣慰司 元世祖至元十六年（1279）置，属四川等处行中书省。治所在重庆路（治今重庆市区）。辖境相当今重庆市、四川省泸州市、湖北省恩施市及湖南省永顺、古丈等县地。明洪武四年（1371）并入四川等处行中书省。

四川省 简称川、蜀。清顺治二年（1645）改四川等处承宣布政使司置，省会在成都府（今四川成都市）。辖境相当今四川省、重庆市及西藏江达、贡觉、芒康以东地区。清末，扩大包括西藏昌都地区。民国治所在成都市。1939年将今雅安地区、凉山、甘孜两自治州划归西康省。1955年撤销西康省，金沙江以东地区划归四川省，金沙江以西划归西藏自治区。1997年重庆市划出，升设中央直辖市，将万县市、涪陵市和黔江地区从四川省划归重庆市管辖。

四川营 在今北京市虎坊桥西四川营胡同。清戴璐《藤阴杂记》卷10：“四川营四川会馆，相传秦良玉勤王至京，驻师于此。”

四川等处行中书省 简称四川行省。元世祖至元二十三年（1286）分陕西四川行中书省置，治所在成都路（今四川成都市）。取名于宋代益、梓、利、夔四路，时称四川路。辖境相当今四川邛崃山、大凉山以东至重庆市巫山，陕西略阳、勉县以南，湖北建始、五峰西南、湖南龙山、永顺、古丈以西地区。明洪武九年（1376）改为四川布政使司。

四门子 即今辽宁凤城市西北九十里四门子镇。民国徐曦《东三省纪略》卷10奉天省矿产表：凤城县四门子产金。

四门岩 在今广东怀集县西。《方舆纪要》卷108广西梧州府怀集县：四门岩在“县西五十里。石山突起数百丈，下有石室，外为四门，岩中奇胜不一。一名花石洞，岩之东为游仙岩，岩之西为冲天、道士诸岩。又西数里曰三潮岩，中有泉，应潮辄涌，因名”。

四门塔 在今山东济南市历城区（洪家楼镇）南八十四里，柳埠镇东北青龙山南麓神通寺遗址东侧。始建于隋大业七年（611），宋代以来习称“四门塔”。塔身用大青石块砌成，单层方形，通高15.04米，每边宽7.4米。塔四面辟拱门，檐部叠涩挑出五层。塔顶用二十三行石板层层收缩叠筑，成四角攒尖锥形。正中有方形塔心柱，四面各有后人移置的石雕坐佛一尊。四门塔是我国现存最早的石塔。1961年定为全国重点文物保护单位。

四子王旗 1949年以四子部落旗改名，属绥远省。驻地在王府（今内蒙古四子王旗北查干补力格苏木）。1952年迁驻乌兰花（今四子王旗驻地乌兰花镇）。1954年划归内蒙古自治区。

四子部落 清内蒙古乌兰察布盟四部之一。成吉思汗弟哈撒儿后裔诺延泰有四子：僧格、索诺木、鄂木布、伊尔扎布，分牧而处，遂为部名。本居呼伦贝尔，天聪四年（1630）率部归附后金，后于西辽河上游西拉木伦河地区划地界安置之。崇德元年（1636），以从征有功，授鄂木布为扎萨克，建一旗。清康熙二十九年（1690），调防归化城，后遂徙居阴山北，定牧于锡拉木伦河一带，东西二百三十五里，南北二百四十里。相当今内蒙古四子王旗及武川县部分地。扎萨克驻四子王府（今四子王旗北查干补力格苏木）。

四子部落旗 清初置，属内蒙古乌兰察布盟。驻地在朝克德力格尔嘎查（在今内蒙古四子王旗东北）。光绪三十一年（1905）迁查干补力格苏木建王府。1914年划归绥远特别区。1928年属绥远省。1949年改称四子王旗。据张穆《蒙古游牧记》卷5“四子部落”称：“元太祖弟哈布图·哈萨尔十五世孙诺延泰，与兄昆都伦岱青同游牧呼伦贝尔，有子四：长僧格，号墨尔根和硕齐；次索诺木，号达尔汉台吉；次鄂木佈，号布库台吉；次伊尔扎布，号墨尔根台吉。四子分牧而处，后遂为所部称。”其后因连年征战迁居此地，清初建旗，遂以四子部落名旗，又称四子王旗。

四女树镇 一作四女寺。在今山东武城县东北四十二里。宋名安乐镇。《清一统志·东昌府二》：四女树镇，“《县志》：安乐镇，今名四女树镇，在卫河东岸。相传汉时有傅长者生四女，因无兄弟，守贞养亲，共植一槐于此，故名”。

四马务 在今陕西兴平市东南二十余里。宋敏求《长安志》卷14：四马务“从东第一曰飞龙务，次大马务，次小马务，次羊泽务。地凡三百七十一顷，南渡渭河。庆历中为营田，寻罢之”。

四王冢 又称四豪冢。在今山东淄博市临淄区齐陵镇西南、牛山之东。传为战国田齐威王、宣王、湣王、襄王四代君主的陵墓。威王名田齐，约公元前356—前320年在位，任用邹忌为相，孙膑为军师，为战国七雄之一。宣王名辟疆，约公元前319—前301年在位，喜文学游说之士，“稷下学宫”盛极一时。湣王一作闵王、愍王，名遂，约公元前300—前284年在位。襄王名法章，约公元前283—前265年在位。四墓自西而东并列，封土高大，分别达100—120余米。此地齐王陵寝颇多，故有齐陵之名。《水经·淄水注》：“淄水又东径四豪冢北，水南山下有四冢，方基圆坟，咸高七尺，东西直列，是田氏四王冢也。”

四殳河 在今河北安新县东南。《方舆纪要》卷12新安县：四殳河“即温义河支流也。经雄县南二十里月样桥，入瓦济河。《志》云：元至正中凿此河，分易水为四流，中央为殳，因名”。

四方岭 在今广西上思县西。《方舆纪要》卷110上思州：四方岭在“州西三十里。山势陡拔，四面方正，上有天池，溉田甚远”。

四平山 即今江苏句容市东南与金坛市交界处之方山。《隋书·地理志》：句容县有“四平山”。宋《景定建康志》卷17引《真诰》曰：“大茅西南有四平山，俗谓之方山。其下有洞屋名方台，又曰幽馆，惟得道者处焉。”

四平市 1941年伪满改四平街市置，为四平省会。治所即今吉林四平市。1945年抗战胜利后仍置四平市，属辽北省。1949年属辽西省。1954年划归吉林省。1983年升为地级市。由省直辖。

四平省 1941年伪满置，省会在四平街市（今吉林四平市）。辖境相当今吉林四平、梨树、长岭、海龙、东辽、东丰、辽源、长岭及辽宁开原、西丰、昌图等市县地。1945年日军投降后废。

四平街 ①一名老四平街，又称古四平街。即今辽宁昌图县北老四平镇。清宣统《昌图府志》：四平街“东通吉林半拉山门，北至奉化县（今梨树县），西达八面城，南抵莺鹭村，其道里距离皆相若，为四达之衢，故以为名”。

②在今辽宁新宾满族自治县西南大四平镇。《清史稿·地理志》怀仁县：“西：四平街巡检，光绪四年置。”民国改为县佐。

③即今吉林东丰县西南小四平镇。民国熊知白《东北县治纪要》辽宁东丰县：“县属四平街，与梨树县之四平街同名。距县市九十里。”“四平”满族意为锥子。以当地地形而得名。

四平街市 1937年伪满置，属奉天省。治所即今吉林四平市。1941年改为四平市，为四平省会。1945年为辽北省会。

四甲镇 即今江苏海门市东北三十四里四甲镇。清光绪《通州直隶州志》卷1：东“八十里曰四甲镇”。

四台站 一名布拉克站。即今黑龙江省肇东市西南四站镇。旧属肇州。《清史稿·地理志》肇州厅：“自茂兴站起……又东至布拉克。”民国汤尔和译《黑龙江》第3章肇州：有四台站（布拉克台）。

四西铁路 从吉林四平街（今四平市）至西安（今辽源）。全长82.5公里。日伪于1935—1936年修筑。

四团仓镇 亦作四团湾。即今上海市浦东新区南汇北盐仓镇。清光绪《南汇县志》卷1：四团仓镇在“邑北十二里，为下沙二场。向有盐仓，故名”。

四团镇 即今上海市奉贤区东五十里四团镇。清时有县丞驻此。

四会市 1993年撤销广西壮族自治区四会县，改设四会市，市人民政府驻四会城中街。由肇庆市代管。

四会县 秦置，属桂林郡。治所即今广东四会市。《寰宇记》卷157：“四会者，东有古津水，南有浈江，西有建水，北有龙江，四水俱臻，因以为名。”汉属南海郡。南朝宋元嘉中改属绥建郡。隋属南海郡。唐武德五年（622）为南绥州治，贞观八年（634）改为浈州治，十三年（639）改属广州。北宋熙宁五年（1072）改属端州，重和元年（1118）属肇庆府。元属肇庆路。明、清属肇庆府。民国初属广东粤海道。1920年直属广东省。1993年改设四会市。

四合 在今广东鹤山市西南泗合村。旧属开平县，明置四合巡司于此。

四合浦口 即今越南广治省广治河口。

四合镇 即今四川大竹县东南一百二十里四合乡。《清一统志·绥定府二》：四合镇“在大竹县”。清设经制外委驻防。乾、嘉间曾设同知于此。

四关 指洛阳城外成皋、伊阙、孟津、函谷四关的总称。《水经·伊水注》：“陆机云：洛有四关。”《初学记》卷7引《洛阳记》：“汉洛阳四关，东成皋关，南伊阙关，北孟津关，西函谷关。”

四州山 ①即今湖南桂阳县北泗洲山。《方舆纪要》卷80常宁县“英头山”条下：“又四州山，在县南六十里。叠峤连云，望见四州，因名。”

②在今陕西留坝县南，与武关驿对。《方舆纪要》

卷56褒城县：四州山“山高耸。登其顶，望见古褒、沔、洋、凤四州，因名”。

四安山 在今浙江长兴县西南泗安镇。《舆地纪胜》卷4：四安溪“源出四安山”。《方舆纪要》卷91长兴县：四安山在“县西南八十里。四面平广”。故名。

四安溪 即今浙江长兴县南泗安塘。《舆地纪胜》卷4：四安溪“在长兴县南四十三里。源出四安山”。《方舆纪要》卷91长兴县：四安溪“在县南三十里。自四安山引流而东南，广德州境之水亦流合焉，下流注于苕溪”。

四安镇 又作泗安镇。北宋置，属长兴县。即今浙江长兴县西南五十四里泗安镇。以其保障吴兴、宜兴、广德、安吉四处，故名。《元史·伯颜传》：世祖至元十二年（1275）十一月，“参政阿剌罕等为右军，以步骑自建康出四安”。即此。

四如 即乌思藏四如。西藏吐蕃王朝（约629—842）全境建置名。吐蕃在境内原十余小邦故地统一设置了军政区域称为如（意为翼、部），共四个，约当今西藏雅鲁藏布江中游两岸地区。

四坝堡 明置，在今甘肃临泽县西北。《皇明职方地图》中卷甘肃边镇图有四坝堡。

四块石抗联遗址 在今黑龙江依兰县北与汤原县交界的丛林中。1936—1938年曾是东北抗日联军三、六军重要活动基地之一，也是中共北满临时省委的驻地。

四块坝 即今四川昭觉县西南四开乡。民国《昭觉县志》卷2：四块坝“平原沃壤，地气温和，汉夷杂居，宜设县佐”。即此。

四连碓造纸作坊 在今浙江温州市瓯海区西泽雅镇石桥村南头。明代先民为了反复利用水利资源，顺流分级连建四座水碓，故名“四连碓”。元末明初，福建南屏人为避战乱迁居浙江温州地区泽雅一带生活。因泽雅水多竹茂，遂重操旧业造“南屏纸”。人们利用水碓将水竹捣成纸绒、纸浆，制成屏纸即竹纸。泽雅一带数千人从事造纸，因此到处是水碓、纸坊。水碓坑、水帘坑等地名亦都与造纸有关，泽雅遂又名“纸山”，被誉为中国古代造纸术的“活化石”，其中以四连碓尤为重要。2001年定为全国重点文物保护单位。

四岔子镇 在今吉林桦甸市东南。民国《桦甸县志》卷2：“四岔子距县城三百九十里。”

四角山 ①在今山西阳泉市北。《清一统志·平定州》：四角山“在州北三十里。其势四起，下出三泉”。

②在今甘肃礼县东北十里。《方舆纪要》卷59礼县：四角山“以山分四向，截然挺峙而名”。

四角屿 在今台湾省澎湖县西南，东距风柜尾约350米。郑氏时曾筑有炮台。清高拱乾《台湾府志》卷1：四角屿“其形正方为名”。

四角板 在今辽宁北票市南。民国《朝阳县志》卷4：四角板“在二官营子东北二十里，川州故城即其城处”。

四角河 在今河北任丘市西北。《清一统志·河间府一》：四角河“在任丘县西北五十七里。其水四达，诸淀汇流，东行至赵北口为清河门，由紫禾淀入至玉带河。按：四角河即清河，所自起，河身宽广，有容受涵蓄之功，浊流皆澄，故得清河之名”。

四亩地城 即今陕西宁陕县西北四亩地镇。《清一统志·西安府三》：四亩地城“嘉庆十九年建城，设把总分防”。清魏源《圣武记》卷9：嘉庆五年（1800），“贼（指白莲教徒）大队西窜华阳，而后队东窜四亩地”。即此。

四沙汛 在今广东广州市番禺区东北珠江南岸四沙，对岸为南海神庙。清时有千总驻守。

四顶山 又名四鼎山、朝霞山。在今安徽肥东县南五十里。《方舆胜览》卷48庐州：四顶山“在合肥县东南。《寰宇记》作四鼎。《郡国志》：魏伯阳炼丹之所。罗隐诗：胜境天然别，精神入画图，一山分四顶，三面瞰平湖”。“四顶朝霞”为庐阳八景之一。

四奇山 在今云南大姚县南七里。《方舆纪要》卷116大姚县：四奇山“有四峰高耸”。

四轮墟 即今广东罗定市西泗纶镇。清光绪《广东舆地全图》：西宁县西南四轮墟。

四贤祠 在今浙江杭州市西湖中之孤山。《清一统志·杭州府二》：四贤祠“在钱塘县孤山。初杭人祀唐白居易于竹阁，后增宋林逋、苏轼，名三贤堂。绍兴后废，徙寄水仙王庙庑后。明正德中复建，增祀唐李泌为四贤祠”。

四明 浙江省旧宁波府（治所在鄞县，今浙江宁波市）的别称，以境内有四明山得名。

四明山 ①在今安徽郎溪县北十五里。俗称蚂蚁山。据地名普查实地考察证实，太平军二破江南大营前之建平会师，于此集结，建平会议即由李秀成主持在此召开。

②在今浙江东部，系甬江与曹娥江之分水岭，绵亘于今浙江余姚、宁波、奉化、嵊州、上虞等市县境。主峰四明山在嵊州市东北，海拔1012米。《唐六典》卷3：江南道名山有“四明”。《舆地纪胜》卷10绍兴府：四明山“四傍皆虚，玲珑如窗牖，故名”。

③在今福建罗源县西。《寰宇记》卷100福州永贞县（今罗源县）：四明山“在县西五里。其山屹然如削，高列四峰，有古坛、生药、丝竹交荫其上。有石井，泉甘如蜜，挠之不浑，雨之不溢，盖灵异之所也”。明王应山《闽都记》卷32罗源县：四明山“在县西隅，一名毒火，有四峰焉。相传此地赤松炼丹，尝有人闻丝竹之音”。

四明县 1948年革命根据地由四明山区部分地析置，属浙江省。治所在今浙江余姚市南三十四里梁弄镇。1949年废。

四明驿 ①在今浙江宁波市城区月湖。《方舆纪要》

卷 92 宁波府：四明驿“在府治西南”。《清史稿·地理志》 作“四明水驿”。近代始废。

②在今福建罗源县西。《方舆纪要》卷 96 罗源县“应德镇”条：四明驿“宋建炎三年，置于县西二里。元至正中废”。

四岩山　①在今四川资中县城周围。由东、西、南、北四岩组成。《方舆胜览》卷 63 资州：东岩“距州城三里”；西岩“在城西六里”；南岩“去盘石县五里”；北岩“去郡城半里，等慈寺之东”。龙重山属于四岩山之列，故亦称四岩山。《方舆纪要》卷 67 资县：重龙山“一名四岩山。东岩在城东三里；西岩在城西六里，皆奇胜。其北岩又有泉，曰君子泉”。

②指简州东、南、西、北四岩之合称。在今四川简阳市城四周。《舆地纪胜》卷 145 简州：东山“在大江之外，当州治之左”。南岩“在阳安县南孝廉坊旁，南山为报恩寺、光孝禅寺，前敞飞阁，尽览江山之胜”。北岩“在州之北，岩院后有岩洞”。《方舆纪要》卷 67 简州“石鼓山”条下：“州城四面有四岩山。东西两岩去城五里，南岩去城一里，北岩去城二里，为附郭之胜。”

四岬山　在今河北万全县北。《魏书·太宗纪》：北魏神瑞二年（415），拓跋嗣“田于四岬山”，即此。

四岳（嶽）　四方之大山。指东岳泰山（一名岱宗，在今山东泰安市北）、南岳衡山（在今湖南衡山县西北）、西岳华山（在今陕西华阴市南）、北岳恒山（原在今河北唐县西北，明改在今山西浑源县东南）。《尚书·舜典》：“岁二月，东巡守，至于岱宗，柴。……岁五月南巡守，至于南岳，如岱礼。八月西巡守，至于西岳，如初。十有一月朔巡守，至于北岳，如西礼。”《左传·昭公四年》：“四岳、三涂、阳城、大室、荆山、中南，九州之险也。”杜注：“东岳岱。西岳华，南岳衡，北岳恒。”

四舍山　在今山东即墨市东四十里。《方舆纪要》卷 36 即墨县“不其山”条下：四舍山“四峰峻起，如舍宇，惟一径可以登陟”。《清一统志·莱州府一》称：四舍山“一名四社山”。

四京　①唐至德二载（757），以蜀郡为成都府，建南京；凤翔郡（治今陕西凤翔县）为府，建西京；改西京京兆府（治今西安市西北）为中京，与北京太原府、东京河南府（治今河南洛阳市）合称五京。上元元年（760）成都府去南京称号，与东京河南府合为四京。《资治通鉴》：唐上元二年（761），“停京兆、河南、太原、凤翔四京”之号。

②宋都开封，初沿袭五代旧制，以开封府为东京，河南府为西京；大中祥符七年（1014）增建应天府为南京，庆历二年（1042）又增建大名府为北京，合称四京。

四郑铁路　即四洮铁路的东段。从吉林四平（今四平市）至郑家屯（今双辽）。长 87.9 公里。1917 年修筑。

四河　宋代都城开封（今河南开封市）周围四条漕运河道的合称。《宋书·食货志·漕运》：“宋都大梁，有四河以通漕运：曰汴河、曰黄河、曰惠民河、曰广济河，而汴河所漕最多。”

四官营子　即今辽宁凌源市东南七十里四官营子镇。民国熊知白《东北县治纪要》热河凌源县：“四管营子距县市七十里。户数二百五十，人口二千。”

四城山　在今福建霞浦县西南五十五里。《清一统志·福宁府》：四城山“亦名四层山。危壁峭立，上有巨石黑色，名铁印山。下多屯田军营”。《方舆纪要》作“泗城山”。

四草湖　在今台湾省台南市西北。连横《台湾通史·独立纪》：清光绪二十一年（1895），日军侵台时，台湾军民迎战日军，“提督陈罗统翊安军备四草湖”，即此。原为岸外沙洲，今已陆化。镇海小学内有四草炮台等遗迹。

四柏亭　在今江苏扬州市文庙西南。《明一统志》卷 12 扬州府：四柏亭，“宋元丰中，邹浩为教授，著《四柏赋》以见志。后彭方为文学掾，植四柏于学宫之南，因以名亭”。

四面山　在今安徽太湖县北。《舆地纪胜》卷 46 安庆府：四面山“在太湖县北十五里。下有大中寺”。《方舆纪要》卷 26 太湖县：四面山“山方而锐，四面如一”。

四面城　即今辽宁昌图县北四面城镇。《清一统志·奉天府二》“跑马城”条下：“四面城距（昌图厅）城四十里。”

四界首河　在今河南、山东境内。《宋史·河渠志一》：嘉祐五年（1060），“河流派别于魏之第六埽，曰二股河，其广二百尺。自二股河行一百三十里，至魏、恩、德、博之境，曰四界首河。七月，都转运使韩贽言：‘四界首古大河所经……今二股河自魏、恩东至于德、沧入于海’”。《方舆纪要》卷 16 南乐县“龙窝河”条下：“二股河在县南，大河故道也。一名四界首河，以流经魏、恩、德、博四州之界而名。”

四洮铁路　从四平街（今吉林四平市）至洮南（今洮安）。全长 362.5 公里。1917 年修成四平至郑家屯（今双辽）段。1923 年延修至洮南。今为平齐线的一段。

四祖寺塔　在今湖北黄梅县西北三十里。《清一统志·黄州府二》：四祖寺“在黄梅县西北双峰山，亦名正觉寺。唐武德间建。为四祖道信禅师道场”。现存古建筑有建于唐永徽二年（651）的毗卢塔，北宋的众生塔、衣钵塔，元代的灵润桥、明月桥等。毗卢塔为道信禅师墓塔，属亭阁式四门塔，砖石结构，四角攒尖顶，高 11.4 米。塔基平面方形，每面长 10 米，上有高 2.5 米的双层须弥座。塔正身高 4 米，每面宽 8 米，东、南、西三面辟莲花券门。塔室平面八角，直径 6 米。塔顶为小青砖叠涩收分的穹隆顶。2001 年定为全国重点文物保护单位。

四都 即今福建长汀县西南四都镇。1934年中央革命根据地置汀西县治此。

四都市 即今福建诏安县东北三十里四都镇。1919年《江西福建明细图》：福建诏安县东北有四都。

四都墟 即今湖南桂东县西南四十里四都乡。清同治《桂东县志》图：西南有四都墟。

四党口 在今天津市静海县东南四党口村。清同治《静海县志》寅集：四党口营守备"管辖陈官屯、唐官屯、马厂、青县、兴济、羊儿庄、同居、严镇、李村、存营十汛额"。

四峨山 又名花山。在今四川峨眉山市西北。清嘉庆《四川通志》卷17峨眉县：花山"即铧山，在县西北十里。产茶。《峨眉山志》：即四峨山，其形棱瓣如花，因名"。

四海 ①指中国四周的"海域"。《尚书·禹贡》："四海会同。"本为泛称之词，九州之外，即为四海。《礼记·祭义》具体提到东海、西海、南海和北海，不过对举而言，没有确指海域。后人因文求实，直以四海为环绕中国四周的海，于是东、南、西、北海，便有方域可指。但亦因时而异，说法不一。如其中西海，因中国西方陆地广远，湖海复杂，无确切海域可定。

②因古代以为中国四周皆有海，遂称中国为海内，外国为海外。四海，指天下。《孟子·梁惠王上》："故推恩，足以保四海。"《汉书·高帝纪》："天子以四海为家。"

③指四邻各族居住地域。《尔雅·释地》："九夷、八狄、七戎、六蛮，谓之四海。"

四海县 1947年晋察冀革命根据地由延庆县东部及热河省丰宁县西南部析置，治四海冶（今北京市延庆县东四海镇）。1949年改属察哈尔省。1951年撤销，并入延庆、赤城、滦平三县。

四海冶堡 明置，属永宁卫。即今北京市延庆县东七十六里四海镇。《清一统志·宣化府三》：四海冶堡"旧尝冶铸于此，以有四水合流，名四合冶。元时往来上都，恒取道于此，后讹为四海冶。明天顺八年筑堡"。清于此设守备驻防，兼辖榆林堡。

四海寨 在今福建大田县北双髻山上。《清一统志·永春州》：四海寨"在大田县后双髻山。平广可容数百人，四围壁立，一径旋绕而上"。

四流山 在今湖北蕲春县东北。《寰宇记》卷127蕲州：四流山"在州北界。山岭迤逦，山南水流入蕲水县界以入大江，即鄂州永兴县界；山西水北流入蕲水县界，次入大江，即鄂州武昌县界；北入寿州霍山县；东入舒州太湖县界"。

四家子 ①一名四家儿。在今辽宁凌源市东北三十里。《清史稿·地理志》朝阳府建昌县："县丞驻东北四家子镇。"

②在今黑龙江省哈尔滨市区北，松花江南岸。清光绪《哈尔滨一带全图》有四家子。民国熊知白《东北县治纪要》吉林滨江县："四家子地方系民国五年以后出放之街基，故又称新市场。"

四冢屯 在今湖北襄阳市樊城附近。《三国志·魏书·徐晃传》：刘备军"围头有屯，又别屯四冢。晃扬声当攻围头屯，而密攻四冢。（关）羽见四冢欲坏，自将步骑五千出战，晃击之，退走，遂追陷与俱入围，破之"。即此。

四通市 北魏洛阳市场。在洛阳城（今河南洛阳市东北汉魏故城）南洛水之南。杨衒之《洛阳伽蓝记》卷3载："别立市于洛水南，号曰四通市，民间谓永桥市。伊洛之鱼，多于此卖，士庶须脍，皆诣取之。鱼味甚美，京师语曰：'洛鲤伊鲂，贵于牛羊。'"

四排山 在今云南双江拉祜族佤族布朗族傣族自治县西北营盘。旧属缅宁县，民国时有县佐驻此。

四排墟 亦作四牌墟。在今广西鹿寨县东南四排乡。旧属修仁县。清光绪《广西舆西全图》修仁县图：西有四排墟。

四基山 在今山东邹城市东北三十里。大小沙河俱发源于此。《方舆纪要》卷32邹县"凫山"条下：四基山"山巅有石，状如堂基。其西麓为孟子墓"。

四辅 唐、宋时京畿附近四个府、州的合称。(1)唐开元十二年（724）称近京畿的同州（治今陕西大荔县）、华州（治今华县）、岐州（治今凤翔县）、蒲州（治今山西永济市西蒲州镇）为四辅。(2)北宋崇宁、政和间，曾以拱州（治今河南睢县）为东辅，郑州（治今郑州市）为西辅，澶州（治今濮阳市）为北辅，颍昌府（治今许昌市）为南辅，合称四辅。

四眼桥 又名法轮场。即今四川资中县西北球溪河岸之法轮镇。清光绪《资州志》卷3：四眼桥"在州西一百四十里。又名法轮场。连仁寿界。人烟稠密，后有巨涧，出阳陵山，下流经龙水废县，委曲数十里，至球溪小三江口，与龙结镇涧水合流入资江，可通舟楫"。

四望山 ①在今河北赞皇县西南。《方舆纪要》卷14赞皇县：四望山"在县西北二十里，山高耸，登临可以望远，因名"。

②在今江苏南京市西北旧定淮门外。《三国志·吴书·三嗣主传》：凤凰二年（273），杀司市中郎将陈声，"投其身于四望山之下"。《晋书·温峤传》：东晋苏峻据石头，峤"于四望矶筑垒以逼贼"。即此。《寰宇记》卷90升州上元县：四望山"其山迥可望四方，以为名"。

③在今安徽霍山县南六十里。《方舆纪要》卷26霍山县：四望山"高千八丈。登其顶，宜于远眺"。

④在今江西都昌县南鄱阳湖中。《清一统志·南康府》"三山"条："又四都山，在县东南九十里湖中。四望空阔。旧有巡寨。"

⑤在今江西会昌县南。《方舆纪要》卷88赣州府会昌县：四望山在"县南一百三十里，清秀如画。东

通福建武平县界，南抵广东程乡县界，相近为雁门峡”。

⑥在今江西武宁县西。《清一统志·南昌府一》：四望山“在武宁县西五百步”。同治《南昌府志》卷2武宁县：四望山“其巅周望，四面山水、市井、烟火历历指数间，为一邑凭眺胜地。有亭曰四望亭，宋韩琦、李纲两次修建”。

⑦在今湖北南漳县南三十里。《资治通鉴》：唐建中二年（781），“梁崇义发兵攻江陵，至四望，大败而归”。即此。《清一统志·襄阳府一》：四望山“一名大府山。登其巅，可东望襄阳，西望房县，南望荆门，北望谷城，故名”。

⑧在今湖北随州市东。《清一统志·德安府》：四望山“在随州东。山最高，四望皆见”。

⑨即今湖南祁东县西北，与东安、邵阳交界处之四明山。《舆地纪胜》卷56永州：四望山“最高顶上望，往往见衡、邵、永、道四郡”，故名。《方舆纪要》卷81祁阳县：四望山“元成宗时，盗詹一仔啸聚四望山，久不能平，寻为刘国杰所破。即此”。

⑩在今四川乐山市东南四十里五通桥镇附近。《方舆纪要》卷72犍为县：四望山“在县东北百里。山高耸，可以四望”。

⑪亦名四望狭。在今青海乐都县东南老鸦峡。《汉书·赵充国传》：西汉神爵年间，西击羌，“遣骑候四望狭中，亡虏。夜引兵上至落都，召诸校司马，谓曰：吾知羌虏不能为兵矣。使虏发数千人守杜四望狭中，兵岂得入哉”！师古曰：“山陗而夹水曰狭。四望者，狭名也。”

四望山寨 在今江西都昌县东南周溪镇泗山。《方舆纪要》卷84南康府都昌县：四望山寨在“县东南六十里鄱阳湖中。宋元时置巡简（检）砦于此，以备逋盗。今废”。

四望水 亦名四望溪，又名应灵水。即今四川乐山市东南茫溪河。《寰宇记》卷74平羌县：“四望水在县东南六十里。源出陵州仁寿县界，来经县界合大江。”《明史·地理志》犍为县：“东有大江，东北有四望溪流入焉。”

四望关 在今四川乐山市东南四十里五通桥区。《清一统志·嘉定府》：四望关“在犍为县东北七十里。旧有四望溪口巡司。相近有永通盐课司”。民国时属犍为县，有县佐驻此。

四望矶 在今江苏南京市西北平淮门外四望山下，西临长江。《晋书·温峤传》：东晋咸和三年（328），温峤讨苏峻，“于四望矶筑垒以逼贼”，即此。

四望岭 在今江西黎川县南。《方舆纪要》卷86建昌府新城县：四望岭“在县南六十里。岭甚峻，登之则四远皆在望中”。

四望城 北魏太和年间筑，在今河南确山县东南。《元和志》卷9朗山县：“四望故城在县东南七十里。后魏太和十一年，豫州刺史王肃于四望陂南筑之以御梁。梁太清二年，豫州刺史羊鸦仁以二魏交逼粮运悬断，乃弃悬瓠归于义阳上表曰：‘臣辄率所领，缩还旧镇，仍留夏绍等停四望城防备。’即此城也。”

四望亭 在今湖北黄冈市内。南宋陆游《入蜀记》：“又有四望亭，正与雪堂相直，在高阜上，览观江上，为一郡之最。”

四望陿 即今青海乐都县东南的老鸦峡，为湟水河谷上的险要。《汉书·赵充国传》：“充国至金城，……遣骑候四望陿中，亡虏。夜引兵上至落都。”

四望堡 明置，属松潘卫。在今四川松潘县东一百八十七里施家堡乡南。明曹学佺《蜀中广记》卷31《边防记》：“师家（堡）下八里为四望堡，又二里为小河所矣。”

四望湖 在今山东济南市城西，即大明湖之别渚。《寰宇记》卷19齐州历城县：四望湖“在县西二百余步，其水分流入县城，至街中与孝感水合流”。

四望楼 在今重庆市万州区南长江滨。唐白居易《寄题杨万州四望楼》诗云：“江上新楼名四望，东西南北水茫茫。”

四望溪口 在今四川乐山市东南四十里五通桥区。以四望溪（今茫溪河）注入岷江之口为名。明置巡司于此。

四渎 古人对四条独流入海在大川江、河、淮、济的总称。唐徐坚《初学记》卷6引《穆天子传》曰：“河与江、淮、济三水为四渎。”《史记·殷本记》：“东为江，北为济，西为河，南为淮。四渎已修，万民乃有居。”西汉刘向《说苑·辨物》：“四渎者，何谓也？江、河、淮、济也。”汉刘熙《释名·释水》：“天下大水四，谓之四渎，江、河、淮、济是也。”

四渎津 在今山东茌平县南古黄河上。北魏于此置四渎关，因四渎津为名。《水经·河水注》：“河水又东北流径四渎津，津西侧岸临河有四渎祠，东对四渎口。河水……始自是出，东北流径九里，与清水合，故济渎也。自河入济，自济入淮，自淮达江，水径周通，故有四渎之名也。”《水经注疏》守敬按：“《释名》：天下大水四，谓之四渎，江、河、淮、济是也。此四渎津则以水道通河、济、淮、江得名。”

四隤山 在今江苏南京市浦口区西南，与安徽和县接界处。《元丰九域志》卷5：乌江县“有四隤山”。

四棵树 ①即今河南鲁山县西南六十里四棵树乡。清尹耕云《豫军纪略》卷10：同治二年（1863）十二月，“乃令总兵吴再升驻鲁山之下汤，葛承霖屯四棵树”。

②即今新疆乌苏市西四棵树镇。清祁韵士《万里行程记》：嘉庆十年（1805），“由布尔噶齐西行四十里至四棵树，一路蒙古男妇往来不绝”。

四鼎山 又名四顶山。在今安徽肥东县南。《隋书·地理志》：庐江郡襄安县有四鼎山。《方舆胜览》卷48庐州：四顶山，“《郡国志》：魏伯阳炼丹之所”。《清一统志·庐州府一》引《县志》：“山俯瞰巢湖，上有四峰特起。”唐罗隐诗：“一山分四顶，三面瞰平湖。”指此。

四铺 在今贵州威宁彝族回族苗族自治县东北。《清一统志·大定府》“黑章铺”条下：又有“四铺”等皆戍守处。

四牌 在今贵州瓮安县东。《明史·陈璘传》：万历二十八年（1600）征播之役，陈璘“追奔至龙溪山，‘贼’合四牌‘贼’共拒。四牌在江外，与江内七牌皆五司遗种、九股恶苗，素助‘贼’。璘广招抚，乃进军龙溪……四牌之‘贼’遂尽”。

四牌寨 在今贵州瓮安县东四十里。《方舆纪要》卷121瓮安县“黄滩关”条下：四牌砦“旧播州叛苗所聚”。

四堡书坊建筑 在今福建连城县北四堡乡。由雾阁、马屋两组建筑群构成。大部分为明清建筑。书坊是雕版印刷的基本场所，称堂、楼或阁。现存林兰堂、翰宝楼、碧清堂、文海阁等八十余座。这些书坊都以耐火砖砌筑，具有防火功能，俗称“风火屋”。四堡书坊建筑群是中国现存最完整的古代雕版印刷遗存。2001年定为全国重点文物保护单位。

四皓镇 在今山西吕梁市离石区东南上四皓。《清一统志·汾州府》“吴城镇”条下：“又四皓镇，在州东五十五里。俱有堡。”

四道沟 ①在今吉林珲春市东北，为珲春河支河。清光绪《吉林通志》卷21：珲春河支流有四道沟河。河口附近有四道沟屯。

②即今吉林临江市东南四道沟镇。清光绪《吉林全省地舆图》：临江县东南有四道沟。民国徐曦《东三省纪略》卷7临江县：“四道沟煤矿在四道沟之大砬子沟及烟筒沟。”

四道河 即今内蒙古多伦县东北羊肠河，为滦河支流。清乾隆《口北三厅志》卷2：四道河在“多伦诺尔东北九十余里，察哈尔正蓝旗与克西克腾交界之境。中产细鳞鱼，极肥美”。

四溃山 亦作四璜山、四隤山。又名四马山。在今江苏南京市浦口区西南，与安徽和县接界。《寰宇记》卷124和州乌江县：“四溃山在县西北七十五里。项羽既败于垓下，东走至东城，所从唯二十八骑，汉兵追者数千，羽乃引骑因四溃山而为圆阵，即此山也。”《舆地纪胜》卷48和州：四璜山“在乌江县西北三十里。直阴陵山……今山石上有走马足痕”。《汉书·项籍传》：垓下之战项羽大败，东走东城，“于是引其骑因四隤山，而为圜陈外向，汉骑围之数重”。即此。

四渡站镇 即今贵州遵义县东北泗渡镇。清道光《遵义府志》卷6遵义县：四渡站在“城北六十里”。

四塘墟 即今广西临桂县西南四塘乡。清嘉庆《临桂县志》卷11：“四塘墟离城四十里。”

四楼 辽太祖耶律阿保机建。《新五代史·四夷附录·契丹》：“以其所居为上京，起楼其间，号西楼；又于其东千里起东楼，北三百里起北楼，南木叶山起南楼，往来射猎四楼之间。”西楼为上京（在今内蒙古巴林左旗南波罗城），或云西楼为祖州（今巴林左旗西南石房子古城）。南楼为永州，在翁牛特旗东北。东楼为龙化州，今敖曼旗东北八仙筒镇。北楼不知其地。

四路口汛 在今湖南凤凰县西北八里。清严如熤《苗疆险要考》谓“当沱江北岸，为往永绥（今湖南花垣县）旧路，极为陡险”。

四路口隘 即今浙江永康市东北四路镇。《方舆纪要》卷93永康县：四路口隘“在县东北六十里，与东阳县接界。《闻见录》：自永康趋东阳，出四路口长户坑，为往来之径道”。

四蜀 宋代益、利、梓、夔四路的合称。《宋史·赵雄传》：“虞允文宣抚四蜀，辟干办公事，入相，荐于朝。”

四豪冢 即四王冢。在今山东淄博市临淄区齐陵镇西南、牛山之东。为田齐威王、宣王、湣王、襄王四代君主的陵墓。

四旗厅 清乾隆元年（1736）分张家口厅置，属直隶省。治所在今河北丰宁满族自治县东凤山镇。辖察哈尔正白、镶白、正蓝、镶黄四旗。四十三年（1778）改为丰宁县。

四墩子镇 在今江苏靖江市西南四十五里太和镇村。清光绪《江苏全省舆图》靖江县：四墩子镇“在城西南四十二里”。

四镇 ①《周礼·春官·大司乐》：“四镇五岳崩”，将四镇与五岳并举。郑玄注曰：“四镇，山之重大者，谓扬州之会稽（在今浙江绍兴市东南）、青州之沂山（在今山东临朐县南）、幽州之医无闾（在今辽宁北镇市西）、冀州之霍山（在今山西霍州市东）。”

②即河南四镇。《魏书·世祖纪》：神䴥三年（430）七月，“刘义隆将到彦之自清水入河，溯流西行。帝以河南兵少，诏摄四镇”。《资治通鉴》：南朝宋元嘉七年（430）胡注：四镇即金墉（今河南洛阳市东北汉魏洛阳故城西北角）、虎牢（今河南荥阳市西北汜水镇）、滑台（今滑县东旧滑城）、碻磝（今山东茌平县西南古黄河南岸）。

③一名安西四镇。为安西都护府所辖的四个军事重镇。唐贞观二十二年（648）置，属安西都护府。《旧唐书·西戎·龟兹传》：“先是，太宗既破龟兹，移置安西都护府于其国城（今新疆库车县东郊皮朗旧城），以郭孝恪为都护，兼统于阗（今新疆和田市）、疏勒（今新疆喀什市）、碎叶（今吉尔吉斯斯坦楚河南岸托克马克西南阿克·贝希姆废墟），谓之‘四镇。’”永徽初罢。显庆三年（658）复置。以焉耆镇（今新疆焉耆回族自治县东南四十里城子附近）取代碎叶镇。咸亨元年（670）罢四镇。调露元年（679）复置四镇。不久罢。长寿元年（692）复置，有碎叶

镇，而无焉耆镇。开元七年（719）又以焉耆取代碎叶。贞元后废。

四霜　一名四礵。即今福建霞浦县东南四礵列岛。包括东礵、南礵、西礵、北礵与小礵等岩岛，其中以北礵为最大。清《海国闻见录》上卷《天下沿海形势录》的“四霜”即此。

〔丿〕

生风洞　在今湖南城步苗族自治县北四十里。《方舆纪要》卷81城步县：生风洞“石路九曲，而进中宽平，容数百人。《志》云，县北有二十六峰，洞壑皆相通”。

生达　即今西藏江达县西北生达乡。藏语意为背阴口。旧属西康同普县，1960年后划归江达县。1983年设立生达县。1999年撤销。

生米渡　又名生米市。即今江西新建县南生米镇。《宋史·岳飞传》：南宋绍兴元年（1131），“张俊请飞同讨李成，时成将马进犯洪州，连营西山。飞曰：‘贼贪而不虑后，若以骑兵自上流绝生米渡，出其不意，破之必矣’”。《明一统志》卷49南昌府：生米潭“在府城西南四十里。昔有人投生米于潭中捕鱼，不觉行入一石门，焕然明彻。见一白髯翁曰：‘此非尔所宜来，速出犹可。’渔人遂出登岸，云入水已三日矣。故老云，此即西山天宝洞南门也。上有市曰生米市”。清于此设生米渡巡司。

生祠堂镇　即今江苏靖江市西北生祠镇。宋岳飞渡百姓于阴沙，即此。后建有生祠祀岳飞，因以名镇。《清一统志·常州府二》：生祠堂镇“在靖江县西十七里。北连通州泰兴，南通大江，舟楫交通”。

生格宗　又作申隔宗、申格宗、僧格宗。原西藏地方政府设，治所在西藏洛扎县东南生格乡。“生格”，藏语意为狮子。1960年并入洛扎县。

生章村　一名小章村。在今河北辛集市北四十四里。《清一统志·保定府二》：生章村“在束鹿县，有县丞驻此”。

生厥江　当在今越南河内市西。《明史·安南传》：永乐六年（1408），简定反，沐晟由云南征讨，“晟与战生厥江，大败”。八年，“（张）辅乃督水军剿（陈）季扩，闻石室，福安诸州县，伪龙虎将军黎蕊等断锐江浮桥，阻生厥江交州后卫道路，遂往征之”。

生窦　又作笙渎。春秋时鲁地。在今山东菏泽市北二十里。《左传》：庄公九年（前685），“杀子纠于生窦”。即此。

失儿古鲁站　驿站名。元置，在今内蒙古锡林浩特市北锡林河岸。

失儿湾沙　一作设里汪。在今里海西北、高加索山附近。《元史·曷思麦里传》帝：“命曷思麦里招谕曲儿忒、失儿湾沙等城，悉降。”

失尔兀赤卫　又作实尔固辰卫。明永乐十二年（1414）置，属奴儿干都司。在今俄罗斯滨海边疆区乌苏里江支流比金河以北之地。后废。

失连真河　今内蒙古东乌珠穆沁旗东部乌拉盖郭勒的支流色也勒吉郭勒（舍野日机河）。《元史·太祖纪》：“岁壬戌，帝发兵于兀鲁回、失连真河，伐按赤塔塔儿、察罕塔塔儿二部。”《圣武亲征录》：铁木真“止军于阿兰塞，移辎重于失连真河上”。

失里绵卫　明永乐三年（1405）置，属奴儿干都司。治所在今黑龙江省虎林市穆棱河南一带。后废。

失罗子国　亦作石罗子、泄剌失、失剌思。即今伊朗德黑兰市东南设拉子。元刘郁《西游记》：“失罗子国出珍珠。”即此。

失怜千户所　元置，属开元路。治所在今俄罗斯滨海边疆区苏祖河流域。明改置失里卫。

失怜站　元置，在今黑龙江嫩江县南伊拉哈镇。元《析津志》天下站名：“奴迷百三十（里）失怜。”明废。

失宝赤万户府　元置，属水达达路。治所在今黑龙江孙吴县东北霍尔莫津屯。专管捕鹰人。明废。

失剌思　一作石罗子。即今伊朗东南部设剌子。《明史·西域传》：失剌思“近撒马尔罕。永乐十一年遣使偕哈烈、俺的干、哈实哈儿等八国，随白阿儿忻台入贡方物”。

矢浦四十八寨　在今贵州黎平县西亮江上源。《明史·陈璘传》：“有吴国佐者，洪州司特峒寨苗也……自称‘天皇上将’……游击宋大斌攻破特峒，焚之。国佐逃矢浦四十八寨，复入古州毛洞，追获之。”

乍丫　即察雅。在今西藏察雅县东。原系乍丫呼图克图地，属驻藏大臣管辖。清宣统三年（1911）置乍丫理事官。1912年设察雅县。

乍丫宗　原西藏地方政府以察雅县设乍丫宗。治所在今西藏察雅县东。1960年复改察雅县，移驻烟多。

乍浦　在今浙江平湖市东南。《方舆纪要》卷91平湖县：乍浦“在县南二十里，与海盐县接界。县南境之水，悉汇于此。《志》云：乍浦之水，旧自官河入海，元至正间，番舶皆萃于此”。

乍浦千户所　明洪武十九年（1386）置，治所即今浙江平湖市东南乍浦镇。清顺治七年（1650）废。

乍浦镇　即今浙江平湖市东南二十六里乍浦镇。以有乍浦得名。唐会昌四年（844）置乍浦镇遏使。南宋淳祐六年（1246）设乍浦市舶提举司。明设税课局，洪武十四年（1381）置镇，并于此置巡司。十九年（1386）置乍浦守御千户所。向为海口重镇。

禾　浙江嘉兴市的简称。

禾山　又名秋山。即今江西永新县西北秋山。《舆地纪胜》卷31吉州：禾山“在永新县西北六十里，其趾五百里。昔有嘉禾生其上，故曰禾山。有甘露禅院。其巅平袤，奇峰累累，有覆舟之状者七十一。旧传唐宰相姚崇未遇时卜居于侧。本朝元绛有诗题亭上”。《清一统志·吉安府一》：禾山“以山在兑方，一名秋山。最高者为赤面峰”。

禾山寺 在今江西永新县西秋山。《清一统志·吉安府二》：禾山寺“在永新县西禾山赤面峰下。旧名甘露寺。唐宋僧徒最盛，千僧釜尚存。山前龙门溪，悬流长数十丈”。

禾山寨 即今江西永新县西北四十里禾山。明置巡司于此。

禾子涧 在今北京市昌平区西。清光绪《昌平州志》卷5：“城西六十里禾子涧。”今仍名禾子涧。

禾丰（豐）镇 即今四川简阳市东五十里禾丰镇。民国《简阳县志》卷2：禾丰场，“《采访册》按：《乾隆志》作火峰，《咸丰志》作禾丰，距城五十里。《乾隆志》：创建（于）清初”。

禾屯吉卫 明永乐七年（1409）置，属奴儿干都司。在今吉林安图县西南松花江上游古洞河流域。后废。

禾水 即永新江。源出今江西永新县西北，南流经永新县南。《方舆纪要》卷87吉安府永新县：永新江“在县南。源出禾山，亦曰禾江。东流合琴亭、胜业诸水，至县东，又东会群川入泰和县界，会牛吼江入赣江”。

禾田山 在今湖南江华瑶族自治县东南。《方舆纪要》卷81江华县：“禾田山在县东南一百七十五里。高险难升，旁多沃壤。岁尝丰。”

禾兴县 三国吴黄龙三年（231）改由拳县置，属吴郡。治所在今浙江嘉兴市南。赤乌五年（242）以避太子和讳，改为嘉兴县。

禾坪 即今福建邵武市西南和平镇。清时邵武县丞及把总驻此。

禾尚坪 旧名杨田营。在今江西宁都县北。晋为宁都县治。

禾亭墟 即和亭铺。今湖南宁远县东北二十里禾亭镇。

禾源镇 即今江西遂川县西南禾源乡。《方舆纪要》卷87吉安府龙泉县：禾源镇“旧在县西北四十里。旁多小径，委曲数十里，为南康、上犹、桂阳诸县之间道。有巡司，元至正二十一年置，明洪武初移置于县南之二十五都，地名左安司，仍旧名”。

禾嘉场 旧名何家场。即今四川仁寿县东南禾加镇。

禾摩村 在今云南元江哈尼族彝族傣族自治县东北。明属元江军民府奉化州，置巡司于此。

丘北县 清道光二十年（1840）置，属广西直隶州。治所即今云南丘北县。民国《丘北县志》：“丘，阜也，高也。境内诸山，唯暮冶峰极高，治城在暮冶之北，故曰丘北。”民国初属云南蒙自道。1929年直属云南省。

丘卢州 唐置羁縻州，属巂州都督府。治所在今四川凉山彝族自治州东境冕宁县西南里庄乡。后废。

丘头 一名武丘。在今河南沈丘县东南四十里颍水北岸。《三国志·魏书·陈泰传》：甘露二年（257），“诸葛诞作乱寿春，司马文王（昭）率六军军丘头，泰总署行台”。

丘州 唐贞观二十三年（649）置，治所在今云南南华县西北二十八里沙桥镇。天宝后废。

丘县 元世祖至元二十六年（1289）置，属东昌路。治所在今河北邱县（马头镇）南丘城镇。明属临清州。民国初属山东东临道。1928年直属山东省。1949年划归河北省。1952年移治马头镇。1996年改为邱县。

丘垭场 即今四川南部县西北丘垭乡。清道光《南部县志》卷2：北路“丘垭场离城二百里”。

丘皇 春秋时楚地。在今河南信阳市。《左传》：昭公二十五年（前517），“楚子使薳射城州屈，复茄人焉；城丘皇，迁訾人焉。”即此。

丘逢甲故居 在今广东蕉岭县北文福镇西逢甲村。丘逢甲（1864—1912），字仙根，号蜇仙，又号仲阏，别号南武山人、仓海君，民国后即以仓海为名。台湾彰化人。光绪进士，官工部主事。曾讲学台中、台南各书院。甲午（1894）中日战起，在乡督办团练。后与台湾士民一起抗日，奋战二十昼夜，兵败后回至原籍广东镇平（今蕉岭）。创办学校，推行新学。曾任广东教育总会会长、广东谘议局议长。民国成立，赴南京，被举为参议院议员，因病返粤卒。著有《岭云海日楼诗抄》、《柏庄诗草》等。故居“培远堂”建于清光绪二十年（1896），是深二进的客家围屋，占地1800平方米。2006年定为全国重点文物保护单位。

丘浚（濬）故居及墓 在今海南省海口市琼山区及海口市境内。丘浚（1420—1495），琼山人。明代著名理学家、经济学家、史学家、文学家，官至礼部尚书、文渊阁大学士、武英殿大学士，被誉为“明代文臣之宗”。故居在今海南省海口市琼山区府城金花村。始建于明洪武二年（1369）。现存前堂、可继堂，为海南现存年代最早的木结构建筑。可继堂是丘浚出生地。丘浚墓在故居之西八里，海口市西南。选墓地时说是琼山水头村五龙池之源。在今海口市西南。北有海瑞墓。今保存有墓冢、墓碑、祭台、牌坊、石象生、华表等。1996年丘浚（濬）故居及墓被定为全国重点文物保护单位。

丘舆 ①春秋时鲁国东境。在今山东平邑县西南。《左传》：哀公十四年（前481），宋司马牛出亡，“赵简子召之，陈成子亦召之，卒于鲁郭门之外，阬氏葬诸丘舆”。

②春秋时齐邑。在今山东淄博市南。《左传》：成公二年（前589），“晋师从齐师，入自丘舆，击马陉”。丘舆当在马陉之南。

③春秋时郑邑。当在今河南郑州市与开封市附近一带。《左传》：成公三年（前588），诸侯伐郑，“败诸丘舆”，即此。

代 ①春秋、战国时国名。在今河北蔚县东北代王城。《史记·赵世家》："简子乃告诸子曰：吾藏宝符于常山上，先得者赏。诸子驰之常山上，求无所得。毋卹还，曰：已得符矣。简子曰：奏之。毋卹曰：从常山上临代，代可取也。简子于是知毋卹果贤，乃废太子伯鲁而以毋卹为太子。"即此。战国初，为赵襄子所灭。

②秦亡后项羽封赵王歇置，都代（今河北蔚县东北代王城）。辖境相当今河北西北部，山西中部与北部，内蒙古土默特左旗和托克托县以东、阴山以南地区。后赵王歇改王赵（即常山），另立陈余为代王，寻为刘邦所灭。

③汉高帝六年（前201）以云中、雁门、代三郡五十三县置，都代县（今河北蔚县东北代王城）。十一年，将云中郡划出，增辖太原郡及由云中郡东部析置之定襄郡。徙都中都（今山西平遥县西南）；一说徙都晋阳（今太原市南）。景帝三年（前154）代国唯余太原一郡。武帝元鼎三年（前114）废。

代马 《史记·苏秦传》："秦四塞之国…南有巴蜀，北有代马。"《索隐》："谓代郡马邑也。《地理志》代郡又有马城县。"此说不确。"代马"应以春秋战国时的代国（国都在今河北蔚县东北代王城）和战国时著名的马邑城（今山西朔州市）并举而名。

代王城 俗称大王城。在今河北蔚县东北二十里代王城镇。《方舆纪要》卷44蔚州：代王城，"项羽封赵歇为代王，歇迁赵，立陈余为代王，又汉高六年立兄喜为代王，此其故城"。

代王城遗址 在今河北蔚县东北二十里代王城镇。代国为商汤所封，后灭于赵。西汉时为诸侯国代国的都城，后为匈奴所灭。城址平面呈椭圆形，东西长3400米，南北宽2200米，周长9265米。城垣高3—12米，南墙有马面十一个，九座城门遗址尚依稀可辨。城内东南部为宫殿区，规模宏大，发现汉代大型夯土台基。城外分布着众多的封土汉墓，现存封土堆六十三座，均为当时王室贵族墓葬。2001年定为全国重点文物保护单位。

代北 ①泛指汉、晋代郡和唐以后代州以北地区。《资治通鉴》：唐乾符五年（878），"代北荐饥，漕运不继"，指此。

②唐方镇名。中和三年（883）以雁门节度使改置，治所在代州（今山西代县）。辖忻、代二州，相当今山西云中山以东，系舟山以北，繁峙以西及旧长城、恒山以南地区。五代唐复名雁门镇。

代北云朔招讨司 辽初置，治所在柔服县（今内蒙古托克托县东北古城镇白塔村古城）。后改置云内州。

代北节度 唐中和三年（883）以雁门节度为代北节度，治代州（今山西代县）。领忻、代二州。北宋太平兴国中废。

代市场 一作代家场。即今四川广安市东北代市镇。清宣统《广安州新志》卷9：戴市场在"州东五十里。地近凫然山。庙观三处，增饰崇丽，地有茶木竹纸之饶，谷米尤为大宗。富者倾邑，银钱多票会，虽数千缗，可一日清割。户五六百，阛阓之盛，甲于赉城"。

代名县 北魏末年废代名郡置，属化政郡。寄治夏州（今陕西靖边县北白城子）。北周废。

代名郡 北魏太安二年（456）置，后属夏州。治所在呼酋县（今内蒙古杭锦旗北）。辖境约当今内蒙古杭锦旗东部、达拉特旗西部地。北魏末废。

代州 隋开皇五年（585）改在肆州置，治所在广武县（十八年改雁门县，即今山西代县）。大业三年（607）改为雁门郡。唐武德元年（618）复置代州。天宝初又改雁门郡，乾元元年（758）复为代州。辖境相当今山西代县、繁峙、原平、五台等县地。元属冀宁路。明属太原府，洪武二年（1369）降为代县。八年（1375）复为代州。清雍正二年（1724）升为直隶州。1912年又改为代县。

代州都督府 唐武德五年（618）于代州设总管府，七年（624）改为都督府。治所在代州（今山西代县）。辖境相当今山西忻州、五寨以北及河北阳原、蔚县、尚义，内蒙古兴和、察哈尔右翼前旗、丰镇等市县间地。

代来城 又称悦跋城。即今内蒙古鄂尔多斯市西大成梁古城。《晋书·赫连勃勃载记》："父卫辰入居塞内，苻坚以为西单于，督摄河西诸虏，屯于代来城。"即此。

代县 ①战国赵置，后属秦，为代郡治。治所在今河北蔚县东北代王城。西晋永嘉后废。

②明洪武二年（1369）改代州置，属太原府。治所即今山西代县。八年（1375）升为代州。清雍正二年（1724）升为直隶州。1912年改为代县，属山西雁门道。1928年直属山西省。

代谷 在今山西代县西北。《史记·韩信卢绾列传》："匈奴常败走，汉乘胜追北，闻冒顿居代谷。"

代陂 在今山东滕州市东。《晋书·褚裒传》：东晋永和间，褚裒帅众伐赵，径进彭城。"鲁郡山有五百余家，亦建义请援，裒遣（徐）龛领锐卒三千迎之。龛违裒节度，军次代陂，为石遵将李菟所败"。即此。

代英县 1933年10月中央革命根据地由上杭、永定二县边境析置，治所在太拔（今福建上杭县东南太拔乡）。以恽代英烈士命名。1935年1月裁撤。

代哈泊 又名大海泊、威宁海。即今内蒙古凉城县东北岱海。清光绪《皇朝中外一统舆图》：丰镇西北有代哈泊。

代郡 ①战国赵武灵王置，秦、西汉治所在代县（今河北蔚县西南）。《史记·匈奴列传》：赵武灵王"北破林胡、楼烦。筑长城，自代并阴山下，至高阙为塞。而置云中、雁门、代郡"。西汉辖境相当今河北怀安、蔚县以西，山西阳高、浑源以东的内、外长城间地，及长城外的东洋河流域。东汉移治高柳县（今阳高县西南）。三国魏复治代县。西晋末废。

②北魏太和十七年（493）改万年尹置，属恒州。治所在平城县（今山西大同市东北八里古城村）。辖境相当今山西大同市及左云县等地。孝昌中废。

③东魏天平二年（535）侨置，寄治肆州秀容郡城（今山西忻州市西北）。北齐废。

代溪镇　即大溪镇。今重庆市巫山县西南长江南岸大溪乡。清光绪《巫山县志》卷2：大溪镇在"县西南九十里"。

仙人山　在今广西武宣县西十里。《寰宇记》卷165引《岭表录》云："象州武仙县，旧有神仙集众高山，羽驾时见。如建州武夷山，皆有仙人换骨函在。"《元丰九域志》卷9：武仙县"有仙人山"。

仙人井　在今浙江舟山市普陀区普陀山东海岸千步沙与百步沙之间。清许琰《普陀纪胜》："仙人井在几宝岭下，从岭麓下坪低丈许，自坪东折，又下丈余有石窟，入窟寒气侵人，虽酷暑不可久居。沙土中有孔如斗，注泉不竭，名仙人井。距海不百步，入地又深，吐乃甘美。"

仙人台（臺）山　又名仙台山。即碣石山。在今河北昌黎县西北十里。《清一统志·永平府一》：仙人台山"绝壁万仞，上凌霄汉，其台崇广"。

仙人关　在今甘肃徽县东南之十里嘉陵江畔。《宋史·高宗纪》：南宋绍兴三年（1133），"金帅撒离曷入兴元府，经略使刘子羽焚其城走三泉县，吴璘退屯仙人关"。四年（1134），"吴玠率杨政、吴璘、田晟、王喜诸将与兀术战于仙人关，大败之。兀术遁去"。即此。

仙人城山　在今江西弋阳县南。《寰宇记》卷107信州弋阳县：仙人城山"山峰壁立，高五十丈，形如层城，群仙之室。上有池水清泠，与捣药山相对"。《清一统志·广信府一》：仙人城山"在弋阳县南四十里"。

仙人洞　在今北京市昌平区东北六里仙人洞村。顾炎武《昌平山水记》卷上："中口北一里有仙人洞，洞在山麓，可容二百许人。洞口向东，从石梯而下，石皆倒垂奇怪，下为平地。洞内西北有一门，皆石槎牙而成，近门上有一大石钟下悬，长数尺。门之内，少入转而南，见有石罅如夹道，中深黑不敢入。"

仙人洞、吊桶环遗址　在今江西万年县东北大源镇附近的小荷山脚和吊桶环山顶，是中国南方地区典型的洞穴遗址。两遗址发现有华南地区洞穴罕见的从旧石器时代晚期向新石器时代早期过渡的清晰地层堆积。遗址出土遗物丰富，有石器、骨器、穿孔蚌器、陶片和人头骨、股骨、下颌骨、牙齿等，还有数以万计的动物骨骼碎片。其中最特别的是年代超过万年的夹粗砂条文陶、绳纹陶，是东亚以至世界上目前发现年代最早的陶器标本之一。两洞穴遗址文化内涵一致，发现1.2万年前野生稻植硅石和1万年前的栽培稻植硅石，是目前所知世界上年代最早的栽培稻遗存之一。2001年定为全国重点文物保护单位。

仙人洲　在今福建建瓯市西南。《寰宇记》卷101建州建安县：仙人洲，"《建安记》云，郡西南大溪中，昔梅真人上升坠马于此洲，故后名坠马洲"。

仙人砦　在今河北平山县西北。《方舆纪要》卷14平山县：仙人砦"在县西北桑园沟口。……昔时戍守处"。

仙人堂寨　在今福建将乐县西南余家坪。危峰天末，峭壁万重，鸟道悬绝，山顶延袤，长亘百里。清顺治七年（1650）白莲教起义军结七十二寨于此。《清一统志·延平府》：仙人堂寨"在将乐县南九十里，地名余家坪"。

仙人崖　在今甘肃天水市东南一百十里朱家后川。《清一统志·秦州》"改龙山"条："其旁为仙人山，亦名仙人崖。有岩突出两山间，其阿如屋。"

仙人崖石窟　在今甘肃天水市东南一百十里朱家后川。群峰中幽谷长约3公里。分东、西、南庵及燃灯阁、献珠山、宝盖山等部分。东、西庵建在簸箕形岩穴中，西庵岩穴长90米，深10余米，建殿阁十四座。东庵岩穴长70米，深8米，内建罗汉堂（水莲寺）。南庵有一尊高约3米的摩崖造像，仅存头部、脚部及水波莲座，为宋代精品。四周原有千佛影塑，现仅存七尊，为北魏遗物。仙人崖始建于北魏晚期，现存宋、明、清塑像一百九十七尊、壁画82平方米，明清殿宇二十二处。2006年定为全国重点文物，归入麦积山石窟保护单位。

仙人塔　在今广东韶关市曲江区东北大塘镇新塘村蛇岭。建于北宋，为七层八角楼阁式砖塔。现存六层。

仙人掌峰　今陕西华阴市南华山东峰。马明卿《华岳志》："岳顶东峰曰仙人掌，峰侧石上有痕，自下望之，宛然一掌，五指具备。"东汉张衡《西京赋》："高掌远蹠，以流河曲。"《清一统志·同州府一》引曹植《述征赋》："表神掌于仙谷。"薛综曰："华岳与首阳本一山，当河，河水过而曲行，河神巨灵手荡脚开而为两，今手掌在华山，人呼为仙掌；脚迹在东首阳下。"

仙人渡塘　即今湖北老河口市南三十里仙人渡镇。旧属谷城县。清光绪《湖北全省分图》：谷城县东有仙人渡塘。

仙口山　在今浙江平阳县东宋埠镇仙口村。《方舆纪要》卷94平阳县：仙口山"在县东二十五里。本名阳屿，晋初因以名县，东枕大海"。

仙口寨　在今浙江平阳县东十八里仙口村。《方舆纪要》卷94瑞安县：仙口寨"在沙园所南，近平阳县之仙口山"。

仙山　①在今湖南安化县东。《明一统志》卷63长沙府：仙山"在安化县（治今梅城镇）东北六十里。两峰对峙，各有仙迹，人称之为大仙、小仙”。

②在今越南永福省北部。《元和志》卷38交州平道县：仙山在“县东北十三里。隐嶙数百里，则龙编之西山也”。《寰宇记》卷170交州平道县：仙山，“古老云：昔有人入此山伐木，值仙人于鬼目树下围棋，其树根盘，今犹在焉”。

仙山县　唐置，治所在今越南永福省三岛山。唐末废。

仙山驿　明置。在今广西武宣县南。《方舆纪要》卷109武宣县：仙山驿“在县南。自浔州府经大藤峡至县，又北出象州之通道也”。

仙门山　亦名金盘山。在今四川大竹县东北。《清史稿·地理志》大竹县：东北“金盘山亦名仙门山。仙门水自月城山发源……西南流入邻水”。

仙门水　即今四川邻水县东之东河、大洪江。《舆地纪胜》卷162渠州：仙门水“在邻山县西北五十里。其水金盘山流下龙穴入龙门镇市，岩下有瀑布一百八十六丈，俗呼散水”。

仙女山　一名仙女岭。在今广西贵港市北七十里。《方舆纪要》卷108贵县：仙女山“亦曰仙女岭。嘉靖初，藤峡瑶民据此，谓之仙女砦”。

仙女岩　在今广东南雄市东北。《舆地纪胜》卷93南雄府：仙女岩“在州东北阙天封寺，杉桧郁翳，泉石潺湲。中有二仙象，谓秦时二女于此得道飞仙”。《方舆纪要》卷102南雄府保昌县“杨历岩”条：“仙女岩在府东北百里。一名阙象山。松桧蔚翳，泉石潺湲，如仙女之秀丽，因名。”

仙女岭　①在今湖南茶陵县东南四十里。《方舆纪要》卷80茶陵州：仙女岭“高险有仙女泉。元末土人避兵于此”。

②即仙女山。在今广西贵港市北七十里。《舆地纪胜》卷111贵州：仙女岭“在州北七十里”。

仙女庙镇　即今江苏江都市驻地。据唐段成式《酉阳杂俎》卷8：“扬州东陵圣母庙主女道士康紫霞，自言少时梦中被人录于一处，言天符会摄将军巡南岳……恍惚而返，鸡鸣惊觉，自是生须数十根。”人谓之仙女，后因立庙祀之，名曰仙女庙。镇因仙女庙为名。1949年江都县迁治于此。

仙女寨　在今江西奉新县西南华林山中。《明史·忠义·周宪传》：正德初，“华林、马脑贼方炽，总督陈金檄宪剿之，平马脑砦及仙女、鸡公岭诸寨，先后斩获千余人”。

仙乡县　辽置，属辽阳府。治所即今辽宁海城市西北六十里高坨镇附近。金废。

仙井　即陵井。在今四川仁寿县南。《明史·地理志》仁寿县：“又南有陵井，产盐，亦曰仙井。”

仙井监　北宋宣和四年（1122）改陵井监置，治所在仁寿县（今四川仁寿县）。《舆地纪胜》卷150隆州：“诏以（张道）陵为高士之名，当隐其称，乃改为仙井监。”辖境相当今四川仁寿、井研二县及双流县东南地。南宋隆兴元年（1663）改为隆州。

仙云（雲）驿　宋置，属漳浦县。在今福建漳浦县。元改名临漳驿。

仙公山　在今山西高平市西北。《明一统志》卷21泽州：仙公山“在高平县西北四十五里”。

仙水岩崖墓群　在今江西鹰潭市西南三十六里。是我国现存崖墓最集中的地区之一，已调查发现二百零五座崖墓，大部分利用天然岩洞造成。洞穴大小悬殊，有的宽2米，有的宽58.3米。洞一朝向东西。墓门有两种，一为夹板式，一为横串式。有单洞单葬、单洞群葬、联洞群葬三种。发掘棺木四十一具，形制多样，全系优质樟科闽楠刳制。随葬品中十三弦古筝是目前国内最早的木制弦乐器；纺织工具是我国乃至世界考古的重大发现，斜织机构件的发现，将其最早年代从东汉提前至战国时期。仙水岩崖墓群为研究我国古越民族习俗、经济活动、文化特征，为研究东南亚地区悬棺葬的源流、传播路线、民族迁徙与文化融合提供了重要资料。2001年定为全国重点文物保护单位。

仙穴山　即灵山。在今四川阆中市东北。《寰宇记》卷86阆中县：仙穴山“在县东北十里。《周地图》云：灵山峰多杂树，昔蜀王鳖灵帝登此，因名灵山……天宝六年敕改为仙穴山”。

仙台（臺）山　又名玉女山。即今陕西南郑县南米仓山。《寰宇记》卷133兴元府南郑县：“仙台山一名玉女山，在县南一百九十里，上有古城三门，不可登。山下时闻钟磬之声。道家开山经云，此山仙人玉女所居之地也。”《舆地纪胜》卷183兴元府：仙台山“一名米仓山”。

仙台（臺）峒　在今广西平南县北。《方舆纪要》卷108平南县：仙台峒在“县北百余里。其相近有花相、白竹、古陶、罗凤等峒，回环相属，皆断藤贼连结煽乱处也。嘉靖七年，王守仁剿仙台，仙台、花相诸贼皆平之。即此”。

仙芝水　即古域谷水。在今山西永和县西。《金史·地理志》：永和县有仙芝水。《清一统志·隰州》引《县志》：仙芝河“源出仙芝谷，西南流经县西，又西南入黄河”。

仙芝谷　在今山西永和县东北五里。《旧唐书·地理志》隰州永和县：“武德二年移治于仙芝谷西。”

仙回（迴）洞　在今广西昭平县西北仙回山。《清一统志·平乐府》：仙回洞“在昭平县西北七十里，接永安州界。明万历中置堡于此”。

仙回（迴）营　明万历时置，在今广西昭平县西北仙回瑶族乡。《方舆纪要》卷107永安州：仙回营“其地有仙回洞，东南去昭平县百二十里，亦曰仙回山。本属平乐县。弘治十一年，督臣邓廷瓒请以仙回洞田给昭平堡耕种，是也。万历四年，筑城置堡于此。今有仙回巡司”。

仙后滩　在南海中中国南沙群岛东部，位于海马滩西南。1935年公布名称为非利拼滩。1947年改名仙后滩。

仙会山 即今广西昭平县西北仙回山。《清一统志·平乐府》：仙会山“在昭平县东（西）八十里。山顶有平石，似棋枰，俗名神仙聚会山”。

仙凫县 唐大历四年（769）置，属仙州。治所在今河南叶县南。五年（770）废。

仙州 ①唐武德六年（623）改南道州置，治所在平道县（今越南永福省福安东南）。贞观十年（636）废。

②唐开元四年（716）置，治所在叶县（今河南叶县南二十八里旧县）。辖境相当今河南叶县、襄城、方城、西平、舞阳等县及平顶山、舞钢二市地。二十六年（738）废。大历四年（769）复置，五年（770）废。

③唐渤海国置，属扶余府。治所在今辽宁西丰县凉泉镇城子山。辽废。

仙池站 元置，为水站。在今重庆市江津区西南三十里。明废。

仙阳镇 即迁阳镇。今福建浦城县北四十里仙阳镇。

仙坛（壇）山 ①在今浙江平阳县东五里。《方舆纪要》卷94平阳县：仙坛山“在县治东。上有平石，号仙坛，本名横奥，亦曰横屿，三国吴置横屿船屯，盖以山名”。

②在今山东枣庄市东南。《方舆纪要》卷32峄县：仙坛山在“县东北一里。《志》云，山巅广数里，攒簇奇秀，望之如庐。相传古仙人所居”。山腰有痕如带，亦名玉带山。又名凤山。

仙村墟 即今广东增城市西南仙村镇。明万历《广东通志》卷16：增城县有“仙村墟”。

仙君岭 在今江西南丰县城北。《明一统志》卷53建昌府：仙君岭“在南丰县揖仙门外。宋曾致尧读书之地，一日忽有羽衣七人被发自外至，环坐室中，故名”。

仙灵山 在今福建尤溪县南。《方舆纪要》卷97尤溪县：“仙灵山在县南九十里。岩石奇胜，得名者凡数处。”

仙灵寺堡 明置，属宁远卫。在今辽宁兴城市西南三十里。明《辽东志》卷3：仙灵寺堡“堡东土岭可屯兵，堡东土烟台可按伏”。

仙茅山 在今福建罗源县东北十里。明王应山《闽都记》卷32罗源县：仙茅山“在徐公里。两山相连，曰大茅、小茅。大而高峻，嘉树繁茂。相传徐登尝采茅根于此”，故名。

仙林场 即今四川西充县东北仙林镇。清光绪《西充县志》卷2：仙林场在“治东三十里。雍正时盐大使分驻，乾隆七年裁”。

仙枣亭 在今湖北武汉市武昌蛇山上。《舆地纪胜》卷66鄂州：仙枣亭，“旧传亭前枣大未尝实，一岁忽有实如瓜，太守命小吏采而进，小吏辄啖之，遂仙去”。明景泰四年（1453）重建，改名吕仙亭。

仙岩 在今江西贵溪市西南龙虎山镇。《舆地纪胜》卷21信州：仙岩“在贵溪县南七十里，去龙虎山二里。峰峦削立，高出云表，岩石嵌空，多为洞穴。房室窗牖，床榻仓廪，棺椁鸡犬禽鸟之状”。宋晁补之《鸡肋集》曰：“出游龙虎山，舟中望仙岩，壁立千仞者不可上，其高处穴中往往如囷仓棺椁云，盖仙人所居也。”据考此即春秋战国时期的崖葬。

仙岩山 ①在今浙江瑞安市东北仙岩镇北。《方舆纪要》卷94瑞安县：仙岩山“在县东四十里，当大罗山之阳。山巅有黄帝池，广五百余亩。水分八派，注为溪潭，高下相属，道书以为第二十六福地”。

②在今广西武宣县南。《舆地纪胜》卷105象州：仙岩“在武仙县南四十里。可容数百人，石壁上有仙人影”。

仙侣山 即真武山。在今四川宜宾市西北隅，与翠屏山相连。《方舆纪要》卷70叙州府宜宾县：仙侣山“在府治西北。竹木耸翠，山腰有清泉一，石洞四，其北曰翠屏山”。

仙宗镇 北宋置，属含山县。即今安徽含山县西北二十七里仙踪镇。

仙居口镇 一名仙居镇。即今湖北荆门市西北仙居乡。明置巡司于此。《方舆纪要》卷77荆门州“沙阳镇”条下：“仙居镇，以近仙居山而名。峰岩险峻，为往来要道。”

仙居山 ①即灵隐山。在今浙江杭州市西。宋《淳祐临安志》卷8：武林山“又名曰灵隐山，曰灵苑，曰仙居。山上有五峰”。

②在今浙江泰顺县东。明嘉靖《温州府志》卷2泰顺县：仙居山“去县东十里”。

③在今江西黎川县西北。《清一统志·建昌府一》：仙居山“在新城县（今黎川县）西北三里，与石硖岭隔溪相对。两崖雄峙，盘踞中流，峡水环绕，洲林森郁，为县治水口。下有龙湖潭”。

④在今河南光山县西。《寰宇记》卷127仙居县：“南仙居山，在县西南二百里。中有石室，仙人所居；北仙居山，在县压山东。元名乐安山。唐天宝中敕改为仙居山。县取仙居为名。”

⑤在今湖北省荆门市西北。《舆地纪胜》卷78荆门军：仙居寺“在仙居山。五代属乐乡，山今长林县北一百二十里。其寺横跨石壁间，而流泉出其下，若神仙所造，故得名。《图经》有《仙居山图》”。

⑥即今湖北大悟县东仙居岭。《方舆纪要》卷76黄安县“五云山”条下：“《志》云，县西八十里有仙居山，素称险僻，有仙人洞。”

仙居县 ①唐天宝元年（742）改乐安县置，属弋阳郡。治所在今河南光山县西北仙居店。乾元元年（758）属光州。南宋建炎初废。

②北宋景德四年（1007）改永安县置，属台州。治所即今浙江仙居县。元属台州路。明、清

属台州府。民国初属浙江会稽道。1927年直属浙江省。

仙居岭　即上朱岭。在今江西萍乡市西境。

仙居溪　即今浙江泰顺县北境的飞云江南源洪口溪。《方舆纪要》卷94泰顺县：仙居溪“在县东十五里仙居山下。源出县西北诸山，东流经此，又经县东四十里……经龙斗山下，抵瑞安县界，入于海”。

仙居镇　在今江西南丰县北二十里。宋崇宁中置世贤巡司。元置镇于此。

仙览县　五代晋天福七年（942）改石镜县置，为合州治。治所即今重庆市合川区。寻复为石镜县。

仙泉井盐课司　明置，在今四川仁寿县南。《方舆纪要》卷67仁寿县：盐井，“《志》云：府境有盐井大小不一，惟仁寿及简州所出至多，民资其利。有仙泉井盐课司，在治南半里”。

仙亭寨　在今福建永春县西南。《方舆纪要》卷99永春县：“仙亭寨在县西南二十余里后头山上。寨容百人。”

仙奕山　亦名仙人山、天马山。即今广西柳州市柳江南之马鞍山。唐柳宗元《柳州山水近治可游者记》：四姥山“又西曰仙奕之山。山之西可上，其上有穴，穴有屏、有室、有宇。……其始登者得石枰于上，黑肌而赤脉，十有八道可奕，故以云”。《寰宇记》卷168马平县：“仙人山在州西南。上有石，形如仙人。”

仙洞山　在今山西柳林县东南。《方舆纪要》卷42永宁州：“仙洞山在州西南五十里，一名白马仙洞。洞深远，中有龙渊。”

仙洞村　在今广东江门市新会区南。《明史·地理志》新会县：“南有沙村巡检司，本治大神冈，后迁仙洞村，又迁长沙村，后复故治。”

仙洲　在今福建南平市东。《方舆纪要》卷97延平府南平县：“仙洲在城东。有山介于二水之间，俗呼仙洲。”

仙宫河　即今陕西洛川县南仙姑河。《方舆纪要》卷57洛川县：仙宫河“在县南。下流入洛”。

仙客山　在今湖南石门县北十五里。《方舆纪要》卷77石门县：仙客山“高岩陡峻，一径萦纡”。

仙都山　①即缙云山。在今浙江缙云县东二十三里仙都镇。《元和志》卷26：缙云山“一名仙都，一曰缙云，黄帝炼丹于此”。《方舆纪要》卷94缙云县：仙都山“本名缙云山，唐神龙初以此名县。又名丹峰山，天宝七载改今名，道书以为第二十九洞天”。今为全国重点风景名胜区。

②一名游仙。在今安徽黄山市黄山区西北六十五里。《舆地纪胜》卷19宁国府：仙都山“在太平县之龙门山上。俗传左难当隐于此”。

仙都观　今重庆市丰都县东北名山上之天子殿（阎王殿）。南宋范成大《吴船录》卷下：“（酆都）县三里有平都山仙都道观。本朝更名景德。冒大暑往游，阪道数折，乃至峰顶。碑牒所传，前汉王方平、后汉阴长生皆在此山得道仙去。有阴君丹炉及两君祠堂皆存。祠堂唐李吉甫所作，壁亦有吉甫像。有晋、隋、唐三殿，制度率痹狭不突兀，故能久存。壁皆当时所画，不能尽精，惟隋殿后壁十仙像为奇笔。……观中唐以来，留题碑刻以百数，暑甚不暇徧读。道家以冥狱所寓为酆都宫。”

仙都苑　北齐武成帝时在华林苑基础上筑成。在今河北临漳县西南古邺城南。《邺中记》曰：“齐武成增饰华林园，若神仙所居，遂改仙都苑。”

仙都墟　即今福建漳州市西北仙都。清乾隆《龙溪县志》卷2《街市》有仙都墟。

仙都摩崖题记　在今浙江缙云县城东二十里仙都风景管理区初阳山、鼎湖峰、仙水洞、铁城、小赤壁五景点，从唐延续到近代。现存摩崖石刻和题记一百二十余处。最早的摩崖石刻为唐代乾元年间（758—760）篆书名家缙云令李阳冰的“倪翁洞”三字篆书和建中元年（780）的一则游记。宋代摩崖题记有五十五处，明清题记有三十二处，民国时期的题记有十五处，当代题记有十处。仙都山是我国道教圣地，所以题记内容不少和道教有关，也有游人题词，体裁包括相当一部分诗赋和散文。书体有篆、隶、行、楷、草诸体。题记作者较出名的有唐代的李阳冰，两宋的沈括、苏舜元、赵忭、陆淙、王廷志、马寻，明代的李健，清代的袁枚，民国的楼村，现代的沙孟海等人。仙都摩崖题记延续一千多年，书法品类众多，风格各异，而且不乏名家和精品，因而在我国书法史上是不多见的。题记中多次记录了仙都山的道教及儒家的活动情况，是不可多得的文史资料。2001年定为全国重点文物保护单位。

仙桃市　1986年撤销沔阳县，改设仙桃市，市人民政府驻大新正街。属荆州地区。1994年为湖北省直辖市。

仙桃镇　又名鸡公滩。即今湖北仙桃市驻地。清属沔阳州，有州判驻此。民国时属沔阳县。1952年沔阳县迁治于此。1986年改设仙桃市。

仙眠洲　在今湖南澧县东一里澧江中。暑夜无蚊，人以为仙尝眠此。明曹学佺《名胜志》：“唐李群玉读书之所。”

仙峰寺　即今四川峨眉山市西南峨眉山中之仙峰寺。清光绪谭钟岳《峨山总图》有仙峰寺。

仙翁山　在今河南襄城县西南十八里。《清一统志·许州》：仙翁山“迥出群峰，有葛仙翁观丹井”。

仙翁关　在今河南方城县东北。《方舆纪要》卷51裕州方城县：仙翁关“道出汝、颍，旧为戍守之处”。

仙（僊）海　即今青海省东部之青海湖。《汉书·地理志》金城郡临羌县：“西北至塞外，有西王母石室，仙海盐池。”两汉、魏、晋又名鲜水海、西海、卑禾羌海、僊海，晋以后通称青海。

仙涌（湧）山　在今广东江门市新会区西南罗坑。《舆地纪胜》卷89广州：仙涌山“在新会县西北六十里。地名罗坑，本无山，一夕风雷震怒，涌出数峰，因名仙涌”。

仙宾暗沙 即今南海中中国南沙群岛之仙宾礁，位于蓬勃暗沙西北26海里。低潮时整个礁平台出露。整个礁盘凸凹不平向东南延伸约四十六里。中国渔民向称鱼鳞，因片片礁石出水似鱼鳞状，故名。1935年公布名称为西宾那滩。1947年改名仙宾暗沙。1983年改为仙宾礁。

仙陵山 即今甘肃陇南市武都区城西侧旧城山。《元和志》卷39武州：“后魏平仇池，于仙陵山东置武都镇，宣武帝于镇城复置武都郡，废帝改置武州。”

仙娥河 即娑陵水。今蒙古国境之色楞格河。《新唐书·地理志下》：回鹘衙帐“北六七百里至仙娥河，河北岸有富贵城。……又自衙帐东北渡仙娥河，二千里至室韦”。

仙娥驿 在今陕西商洛市西十余里。《方舆纪要》卷54商州“椎平原”条下：仙娥峰“唐时于此置仙娥驿”。

仙娥礁 在南海中中国南沙群岛内，位于信义礁西约25海里。为环礁，南北长7.4公里，东西宽4.6公里。高潮时淹没，低潮时露出。1935年公布名称为亚利斯亚安尼礁。1947年改名仙娥礁。

仙堂山 在今山西襄垣县北。《方舆纪要》卷42襄垣县：仙堂山在“县北五十里，山势巍峨，上有龙洞及仙堂寺，山冈有琉璃岩，又有石九圈如车网，环水其中虽旱不涸”。

仙堂寺 在今山西襄垣县东北。民国《襄垣县志》卷7：仙堂寺“在县东北五十里仙堂山下。相传一夜风雨大作，起视林石偃仆，佛殿宝幢已运山上，佛像三：铁一、石一、木一。佛前各涌一泉，殿外别有二泉。又名五泉寺”。

仙崎寨 即今福建长乐市东南仙岐。《方舆纪要》卷98福州府长乐县“黄崎寨”条：“《志》云，县有仙崎寨、广石寨、东山寨，与黄崎为把截四寨。”

仙提县 西晋置，属西郡。治所即今甘肃山丹县东十里仙提堡。隋废。

仙萼州 唐永徽元年（650）或此前置，属燕然都护府。治所在今蒙古国西北色楞格河中游地区。因置于山娥河（今蒙古国色楞格河），故名。总章二年（669）属安北都护府。后废。

仙（僊）萼河 今蒙古国西北之色楞格河。《资治通鉴》：唐龙朔二年（662），郑仁泰等伐铁勒，败铁勒于天山。“仁泰将轻骑万四千，倍道赴之，遂逾大碛，至仙萼河。”胡三省注：“《新（唐）书》：回鹘牙北六百里至仙娥河。”《方舆纪要》卷45仙萼河“仙娥即仙萼之讹也”。

仙掌县 唐垂拱元年（485）改华阴县置，属华州。治所即今陕西华阴市。神龙元年（705）复名华阴县。

仙掌峰 在今福建武夷山市西南武夷六曲北侧。《清一统志·建宁府》“天柱峰”条下：“天游峰在武夷六曲隐屏之后，其右为仙掌峰。”

仙帽山 在今福建漳平市西北。《方舆纪要》卷99漳平县：仙帽山“在县西北十里。一名西雾山，连接群峰，逶迤盘结，而此山特巍峨秀丽。相传乡人尝避寇于此，寇将迫，忽云雾四合，寇迷不能进，因名”。

仙鹅洞 即思峨洞。在今四川兴文县西南。清嘉庆《兴文县志》卷1：仙鹅洞在“县东二十里。一名思峨洞。唐置思峨县本此。洞口狭内阔，石髓凝结，奇形万状。相传仙峨常来此。洞有仙鹅立石痕”。

仙游（遊）山 一曰游仙山。即今福建宁德市西北七十里霍童山。《寰宇记》卷100福州长溪县：霍童山“亦曰游仙山”。

仙游（遊）寺 在今陕西周至县东南三十五里马召镇黑水河畔。隋开皇十八年（598）隋文帝杨坚在此建仙游宫避暑。仁寿元年（601）命大兴善寺释童真和尚送舍利至仙游宫建塔安置，改名仙游寺。唐咸通年间改为三寺，一寺早毁，今存二寺，分隔在黑水南北两岸。南岸为仙游寺，通称南寺。现存正殿五间，前后有大小古塔四座，最大者名法王塔，为七层方形砖塔。北岸为中兴寺，通称北寺。仙游寺法王塔是我国现存唯一的隋代砖塔，1996年被定为全国重点文物保护单位。1998年因修西安市引水工程对法王塔进行拆迁，在塔身天宫出土了石棺、鎏金铜棺、葫芦形琉璃瓶和三枚舍利子；在地宫内出土了石函、黑釉瓷熏炉、鎏金铜棺、直颈琉璃瓶和十枚仁寿舍利子等珍贵文物。

仙游（遊）县 唐天宝元年（742）改清源县置，属清源郡。治所即今福建仙游县。《元和志》卷29泉州仙游县：仙游山“在县西三十里，县因以为名”。清同治《福建通志》卷2《沿革》：仙游县“临川何氏兄弟九人学道于此仙去，故名”。乾元元年（758）属泉州。宋属兴化军。元属兴化路。明、清属兴化府。1913年属福建南路道。1914年属厦门道。1928年直属福建省。

仙游（遊）潭 在今陕西周至县南。宋敏求《长安志》卷18盩厔县：仙游潭“在县南三十里。阔二丈。其水黑色。相传号五龙潭，每岁降中使投金龙”。民国《盩厔县志》卷1：“潭上有石壁峭绝，相传宋苏轼、章惇同游，惇履险以漆墨书名于石壁处。今谓之苏章石壁。”

仙源县 ①唐载初元年（689）改真源县置，属亳州。治所在今河南鹿邑县。神龙元年（705）复为真源县。

②北宋大中祥符五年（1012）改曲阜县置，属兖州。治所即今山东曲阜市东十里旧县。金天会七年（1129）复名曲阜县。

仙源镇 在今安徽黄山市黄山区东十里，麻川西岸。原为太平县治，1963年移往甘棠镇。有仙源桥。《明一统志》卷15宁国府：仙源桥“在太平县南，旧名富溪。宋绍兴间建，本朝正统初重修”。

仙溪　①在今福建仙游县南。《方舆纪要》卷96仙游县：仙溪“在县城南。一名大溪。一名南溪。又名蓝溪。西北受永春、德化之水，东南流，至县前环绕如带。又东南汇诸溪水，亦合于三会溪”。

②在今湖南安化县东。《方舆纪要》卷80安化县：仙溪“源出大仙山，县境诸山溪之水，并流汇焉，至县（治今梅城镇）东北敷溪口，入于资江”。

仙滩场　即今四川富顺县西北六十里仙市镇。民国《富顺县志》卷3：仙滩“北距县六十里。水陆交通，樯船云集，亦荣溪上下之一繁聚”。

仙境山　在今福建福安市西十五里。《清一统志·福宁府》：仙境山“峰峦峭拔，怪石嵯峨，岩洞宽豁，有石门天成，为神仙窟宅”。

仙影崖　在今贵州福泉市南二里武胜关。《清一统志·平越州》：仙影崖，“《旧志》：石壁如屏。上有张三丰遗影。俨然画图。明郭子章镌‘神留宇宙’四字于其旁”。

仙踪山　一名金庭山。在今安徽含山县西北。《舆地纪胜》卷48和州：仙宗山“近尉子桥，见《系年录》”。《方舆纪要》卷29含山县：仙踪山“在县北五十里仙踪镇，即黄山也，与合肥巢县接界”。

仙踪镇　北宋置，属含山县。即今安徽含山县西北仙踪镇。

仙鹤寺　在今江苏扬州市南门街北段西侧。为伊斯兰教礼拜寺。传为南宋咸淳年间伊斯兰教主穆罕默德十六世裔孙普哈丁在此传教时建。因依仙鹤体形建造而得名。明洪武二十三年（1390）哈三重建。后多次重修。该寺按伊斯兰教建筑风格建造，也吸收了地方的造型特点，与广州怀圣寺、泉州麒麟寺、杭州凤凰寺合称我国沿海伊斯兰教四大名寺。

仙鹤岭　在今江西崇义县西南聂都乡。《方舆纪要》卷88南安府大庾县：仙鹤岭在“府西八十里。一名双鹤洞，亦曰石室洞，又名聂都洞，即上犹县聂都山之别峰也。洞门可二寻，中平，可容百人。别有岩穴，相去一二里，玲珑相通，有泉清洁可酌，俗名观音池”。

仙鹤楼　简称鹤楼。在今四川南充市内。《舆地纪胜》卷156顺庆府：仙鹤楼“在郡治之后子城之上，下瞰大江，实为郡治亭台之观”。邵伯温《鹤山楼》诗：“春去秋来好风月，鹤楼端胜庾公楼。”

仙鹤镇　在今江西万年县东。《方舆纪要》卷85乐平县：仙鹤镇“接万年县界。旧置巡司，正德中移于万年县之荷溪”。

仙霞关　南宋置，在今浙江江山市南保安乡南仙霞岭上。《明一统志》卷43：仙霞关“在江山县南一百里，抵福建界，为入闽咽喉之地，今置巡检司”。

仙霞岭　在今浙江省西南部。主峰在今浙江江山市南保安乡南。系钱塘江、闽江、鄱阳湖水系分水岭。《方舆胜览》卷7衢州：仙霞岭“在江山县。黄巢传云：巢破饶、信、衢等州，刊山开道，即此”。《方舆纪要》卷89浙江总叙：仙霞岭“今其山周围百里，皆高山深谷，登之者凡三百六十级，历二十四曲，长二十里……诚两浙之钤束，八闽之咽喉也”。唐乾符五年（878），黄巢起义军由浙东开山路七百里而趋建州，即此。南宋陆游有《宿仙霞岭下》诗。

仙霞贯镇　亦作仙霞观。即今江西于都县东北七十里仙下乡。清同治《江西全省舆图》卷9：雩都县东北有仙霞观墟。

们河　即今俄罗斯滨海边疆区兴凯湖西南源之莫河。《清一统志·吉林一》：勒富河“西曰们河，在（宁古塔）城东南五百五里。又西曰苏扎哈河，在城东南五百十五里。源俱出苏扎哈窝集，南（应为东北）流入兴凯湖”。

们都克伊　又作扪都克依。清雍正十年（1732）设驿站，即今内蒙古呼伦贝尔市之牙克石市东南免渡河镇。

仪　春秋卫邑。在今河南兰考县东仪封乡东北。《论语·八佾》卷3：“仪封人请见。”郑注：“仪，盖卫邑也。封人，官名。”

仪山街　即今浙江苍南县东三十里宜山镇。清末以避宣统名讳而改今名。

仪凤门　明南京城门名。在今江苏南京市城西北，狮子山西侧。1931年改名兴中门。

仪台（臺）　在今河南虞城县西南。《史记·魏世家》：魏惠王六年（前365），“伐宋取仪台”。

仪州　①唐先天元年（712）改箕州置，治所在辽山县（今山西左权县）。《元和志》卷13仪州：“因州东夷仪岭为名。”辖境相当今山西和顺、榆社、左权等县地及河北涉县北部地区。天宝元年（742）改乐平郡，乾元元年（758）复改仪州。中和三年（883）改为辽州。

②北宋太平兴国二年（977）以避讳改义州为仪州。治所在华亭县（今甘肃华亭县）。辖境约当今甘肃华亭县境。熙宁五年（1072）废。

仪陇山　亦名大仪山。在今四川仪陇县（新政镇）北。《寰宇记》卷139仪陇县：仪陇山“在县西三十里。山顶有石铭‘仪陇’二字。俗谓之赤葛山，流江之水出焉”。《方舆纪要》卷68仪陇县：仪陇山在“县西三十里。冈峦回曲，为境内之望。梁因以名县。《志》云：山下有仪陇县废址，疑即梁所置”。

仪陇县　唐大历初改仪隆县置，属蓬州。治所在今四川仪陇县（新政镇）北金城镇。以仪陇山为名。明洪武十年（1377）废入蓬州，十三年（1380）复置。清属顺庆府。民国初属四川嘉陵道。1928年直属四川省。2003年迁治新政镇。

仪坤州　辽初置，属上京道。治所在广义县（今内蒙古克什克腾旗东南土城子镇古城）。辖境相当今内蒙古克什克腾旗及翁牛特旗西北部地。金废。

仪贤堂 原名延贤堂，又名听讼堂。故址在今江苏南京市城内。《宋书·文帝纪》：元嘉三年（426），“车驾临延贤堂听讼”。唐许嵩《建康实录》卷17：南朝梁天监六年（507），改“听讼堂为仪贤堂”。《梁书·侯景传》：太清二年（548），“景立萧正德为帝，即伪位于仪贤堂”。即此。

仪征（徵）卫 亦作仪真卫。明洪武中改千户所置，属直隶中军都督府。治所在仪征县（今江苏仪征市）。后废。

仪征市 1986年撤销江苏省仪征县，改设仪征市，市人民政府驻真州镇。由扬州市代管。

仪征（徵）县 清雍正元年（1723）改仪真县置，属扬州府。治所即今江苏仪征市。宣统元年（1909）改名扬子县。1914年复名仪征县，属江苏淮扬道。1927年直属江苏省。1986年改设仪征市。

仪封乡 清咸丰十年（1860）降仪封厅置，属兰仪县。即今河南兰考县东二十四里仪封乡。民国初置县佐于此。

仪封厅 清乾隆四十九年（1784）升仪封县置，属开封府。治所在今河南兰考县东二十四里仪封乡。咸丰十年（1860）废入兰仪县。

仪封县 元至大元年（1308）置，属睢州。治所在今河南兰考县仪封镇东北十七里。明洪武二十二年（1389）徙治于白楼村（今兰考县东二十四里仪封乡），属开封府。清乾隆四十九年（1784）升为仪封厅。

仪城县 金贞祐四年（1216）改平城县置，属辽州。治所在今山西和顺县西八十里仪城村。元至元三年（1266）废。

仪真县 明洪武二年（1369）改真州置，属扬州府。治所即今江苏仪征市。清雍正元年（1723）改名仪征县。

仪阆县 1933年6月川陕革命根据地由阆中、仪陇二县析置，治所在恩阳（今四川巴中市西南恩阳镇）。由二县各取首字为名。同年8月改设恩阳县。

仪隆县 南朝梁天监元年（502）置，为隆城郡治。治所在今四川仪陇县（新政镇）北。《舆地纪胜》卷188蓬州引《元和志》：仪隆县“以山名”。西魏改为隆城县。北周保定四年（564）复为仪隆县。隋属巴西郡。唐武德三年（620）于县置方州，八年（625）州废，属蓬州。开元二十六年（738）移治平溪（今县北金城镇）。天宝初属蓬山郡，乾元初复属蓬州。大历初避庙讳改为仪陇县。

他山 在今贵州余庆县西北一百里松烟镇社蒲村。南明永历八年（1654），四川巡抚钱邦芑（字开少）拒绝与孙可望共事，削发为僧，移居余庆社蒲村大错庵，常登此山，遂取“他山之石，可以攻玉”之意题名“他山”。山上题刻“钱开少放歌处”等字至今犹存。

他古新 察合台汗国属地。即今新疆托克逊县。《元史·地理志·西北地附录》有“他古斯”。

他里（裏）雾 即今台湾省云林县西南斗南镇。清高拱乾《台湾府志》卷2有“他里雾庄”。日本占领初期设他里雾区，1920年改设斗南街。1945年抗日战争胜利后设斗南镇。

他郎厅 清雍正十年（1732）置，属元江府。治所即今云南墨江哈尼族自治县。“他郎”系傣语“哈南”的音译，意即岔河或金岩子。乾隆三十五年（1770）改属普洱府。1913年废为县。

他郎县 1913年改他郎厅置，属云南普洱道。治所即今云南墨江哈尼族自治县。1915年改墨江县。

他郎寨长官司 明弘治八年（1495）置，属元江府。治所即今云南墨江哈尼族自治县。嘉靖十二年（1533）改恭顺州。

他戛 即今缅甸北部糯千卡河（即小江）南侧拖角。清代属腾越州茨竹寨土守备。《永昌府文征·左孝臣传》：“光绪二十六年正月，英吉利兵数千，越恩梅开江入腾越境，……十四日至他戛，入孝臣分地。”后来左孝臣在反侵略战争中牺牲。

他鲁河 即今吉林西北部嫩江支流洮儿河。南北朝以来称太泺河、它漏河。《辽史·地理志》作他鲁河，又作挞鲁河。辽圣宗改名长春河。

他鲁浑河 即塔尔浑河。今内蒙古达尔罕茂明安联合旗东南特尔洪河，为艾不盖河东源。

他楼县 隋大业元年（605）置，属平凉郡。治所在他楼城（今宁夏海原县三河镇西北李旺堡北）。唐贞观六年（632）于此置缘州。神龙元年（705）改名萧关县。

他楼城 在今宁夏海原县（三河镇）西北李旺堡北。《资治通鉴》：东晋太元十六年（391），前秦将没弈干叛归刘卫辰，“八月，（乞伏）乾归帅骑一万讨没弈干，没弈干奔他楼城。乾归射之，中目”。即此。隋于此置他楼县。

他漏河 ①古作太泺河。即今吉林西北部嫩江支流洮儿河。《新唐书·流鬼传》：“达末娄自言北扶余之裔，高丽灭其国，遗人度那河，因居之，或曰他漏河，东北流入黑水。”

②一作难水。指今黑龙江省西部之嫩江及嫩江注入松花江后之松花江。《新唐书·流鬼传》：“达末娄自言北扶余之裔，高丽灭其国，遗人度那河，因居之，或曰他漏河，东北流入黑水。”

仞 春秋楚地，在今湖北丹江口市西。《左传》：文公十六年（前611），“子越自石溪，子贝自仞以伐庸”。

白 春秋楚邑。在今河南息县东长陵乡西。《左传》：哀公十六年（前479），楚大子建之子曰胜，在吴。楚令尹子西召之，“使处吴竟为白公”。杜注：“白，楚邑也，汝阴褒信县西南有白亭。”

白力城 亦作白刃、白刀。即白棘。北魏时高昌国置，在今新疆鄯善县。《梁书·高昌国传》：其国置四十六镇，有白力镇。《魏书·唐和传》："蠕蠕遣部帅阿若率骑讨和。至白力城，和率骑五百先攻高昌，契与阿若战殁。"

白力登马土司 一作白力得玛、白力麦玛。清末民初分蒙古尔津族置，驻牧地在今青海称多县西北扎曲河源一带。

白土 ①在今江苏扬州市西十八里。《资治通鉴》：南朝宋大明三年（459），竟陵王诞在广陵（今扬州市西北蜀冈上）举兵反，命南兖州刺史沈庆之讨之，"上虑诞奔魏，使庆之断其走路，庆之移营白土，去城十八里"，即此。

②在今广西宜山市西南。《清一统志·庆远府》：白土巡司"在宜山县西南一百四十里。居七十二峒之中，为西、南、北三巢之心腹，绵亘四十余里，实岩疆之要区。本朝乾隆六年设"。

白土厂门 清置，为柳条边门之一。即今辽宁黑山县西北白厂门满族镇。《清一统志·锦州府二》：白土厂边门"在义州东北。本朝乾隆五年设章京驻防"。

白土厂关 明置，属广宁卫。即今辽宁黑山县西北白厂门满族镇。明《全辽志》卷1关梁：白土厂关"在广宁城北七十里，夷人入市由此"。清改置白土厂门。

白土土司 明嘉靖七年（1528）置，属思恩府。治所在今广西马山县西南三十里乔利乡。明末移治陇兔村（今马山县东南）。清康熙十三年（1674）移治博结村，即今马山县。

白土山 即今安徽萧县东南青龙山。《方舆纪要》卷29萧县"浮绥山"条下："大观山在今县东南四十里。山多岩洞。其相近者曰白土山，下为白土镇。"因盛产白瓷土而得名。

白土川 在今陕西彬县西南。《方舆纪要》卷54邠州：白土川"在州西南九里，东北流经白土原及东阳原之西，又东北注于泾水。或谓之漆水"。

白土冈 ①在今江苏南京市东，钟山南麓。《六朝事迹编类》卷6"白土冈"条引《图经》云："北连蒋山，其土色白，因名之。"《陈书·高祖纪》：梁绍泰二年（556），齐兵进及兒塘，"周文育、侯安都顿白土冈，旗鼓相望"。同书《后主本纪》：陈祯明三年（589），"贺若弼进据钟山，顿白土冈之东南"。皆此。

②即今河南南召县西南十六里白土冈镇。清尹耕云《豫军纪略》卷10："李青店、白土冈居万山中，马队不得进。"

白土戍 在今江苏扬州市西。《资治通鉴》：南朝宋大明三年（459），竟陵王诞举兵广陵，诏沈庆之讨之，"上虑诞奔魏，使庆之断其走路，庆之移营白土，去城十八里"。即此。

白土关 即今陕西平利县城。《宋史·王彦传》："桑仲既陷淮安、襄阳，乘势西向，均房失守，直捣金州白土关。"即此。清嘉庆七年（1802）平利县迁治于此。

白土村汛 即今广东韶关市曲江区西白土镇。清设白土汛，有把总驻此。

白土县 ①西汉置，属上郡。治所在今陕西神木县西北秃尾河上游。东汉建安末年废。

②东汉置，属金城郡。治所在今青海民和回族土族自治县南黄河北岸。后废。西晋复置，仍属金城郡。十六国后凉为三河郡治。北魏废为白土城。

③北魏皇兴二年（468）于陈阳原上置，属新平郡。治所在今陕西彬县西南十里白土村。隋开皇三年（583）移治新平城（今彬县），为豳州治。次年改名新平县。

白土坪 在今四川平昌县北。清道光《巴州志》卷1：白土坪"在州东一百六十里。宋向铨、谭渊战元兵处"。

白土岭 在今青海化隆回族自治县东南黄河北岸。《资治通鉴》：唐大中四年（850），"吐蕃论恐热遣僧莽罗蔺真将兵于鸡项关南造桥，以击尚婢婢军于白土岭"。即此。

白土店 即今河南息县东北五十里白土店乡。清郑元善《宦豫纪事》："《擒徐升记》云，汝宁府守、汝阳县令、罗山县令皆率众至白土店。"

白土城 在今青海民和回族土族自治县南黄河北岸杏儿乡余家村附近。《三国志·魏书·郭淮传》：三国魏正始九年（248），郭淮讨叛羌，"淮见形上流，密于下渡兵据白土城，击，大破之"。即此。

白土津 黄河津渡。在今青海民和回族土族自治县南黄河北岸杏儿乡余家村附近。《水经·河水注》：白土城"在大河之北，而为缘河济渡之处"。《晋书·吕光载记》：吕光亲讨羌彭奚念，"奚念大惧，于白土津累石为堤，以水自固，遣精兵一万距守河津"。即此。

白土营 明崇祯八年（1635）设，即今广东韶关市曲江区西白土。

白土墟 ①即今广东高要市东南白土镇。明万历《广东通志》卷46：高要县有白土墟。

②即今广西河池市东南白土乡。清乾隆六年（1741）设巡司于此。《清一统志·庆远府》：白土巡司"在宜山县西南一百四十里，居七十二峒之中，为西南北三巢之心腹，绵亘四十余里，实岩疆之要区"。

白土镇 ①北宋置，属长江县。在今四川蓬溪县西天福镇白土坝。《清一统志·潼川府二》"客馆镇"条下："又有白土堡在长潭之西，即故白土镇也。"

②北宋置，属龙水县。在今四川仁寿县东北斗镇。

③金置，属萧县。即今安徽萧县东南二十六里白土镇。因盛产白瓷土而得名。今于此发现古窑址。

④即今江苏句容市东四十里白兔镇。《方舆纪要》卷20江宁府句容县：白土镇"为句容、丹阳之中路。元置税务。今白埠公馆置于此"。

白下 在今江苏南京市北金川门外。东晋、南朝时为建康（今南京市）西北滨江要地。本名白石陂，东晋陶侃讨苏峻，筑白石垒，又称白下。《宋书·文帝纪》：元嘉二十年（443），“车驾于白下阅武”。即此。南朝齐、梁时为南琅玡郡治。唐武德时移金陵县治此，改名白下县。旧时因此又以白下为南京别称。清甘熙《白下琐言》即记今南京市事迹。

白下县 唐武德九年（626）改金陵县置，属润州。治所在白下城（今江苏南京市金川门外）。贞观七年（633）移治冶城（今南京市朝天宫一带），九年（635）改名江宁县。

白下驿 唐置，属太和县。在今江西泰和县东门外。

白下亭 即白下城。故址在今江苏南京市金川门外，幕府山南麓。李白诗《献从叔当涂宰阳冰》：“小子别金陵，来时白下亭。”即此。

白口城 在今江西泰和县南。《陈书·高祖纪》：南朝梁大宝元年（550），“高祖遣杜僧明等率二万人据白口，筑城以御之，迁仕亦立城以相对”。《寰宇记》卷109吉州太和县：白口城“在县东南二里。……今两旧城迹犹存。近白下驿”。《清一统志·吉安府二》：白口城“在泰和县南。……《县志》，在县南五里隔江。东谓之石城，西谓之高城”。

白口镇 即今江西于都县东北白口。明嘉靖《赣州府志》卷5雩都县：白口（渡）在“县东南四里”。清同治《江西全省舆图》卷9：雩都县有白口塘，“此地向设有盐卡”。

白山 ①即白庙儿山。在今河北沽源县南。《后汉书·乌桓传》：建武二十一年（45），“乌桓与匈奴连兵为寇，代郡以东尤被其害。……其在上谷塞外白山者，最为强富”。《资治通鉴》：唐开元二十年（732），幽州节度使赵含章击契丹，“与虏战于白山”。胡三省注：“白山，后汉时乌桓所居，在五阮关外大荒中。”

②即今吉林省东南部之长白山。《北史·勿吉传》：“其国与隋悬隔，唯粟末白山为近。”《金史·世纪》：“生女直地有混同江亦号黑龙江，所谓白山、黑水是也。”又《高丽传》：“黑水靺鞨居古肃慎地，有山曰白山，盖长白山，金国之所起焉。”

③在今江苏南京市东。《宋书·刘述传》：刘述与从弟秉，同谋诛萧道成，“事败走白山，追禽伏诛”。《南史·韦载传》：“载有田十余顷，在江乘县之白山。”皆此。

④在今浙江临海市东南。《方舆纪要》卷92台州府：白山“在府东南二百五十里。望之如雪。其上有湖，其下有溪”。

⑤在今浙江临安市西南与桐庐县界上。《水经·渐江水注》：“紫溪又东南流，径白山之阴，山甚峻极，北临紫溪。”《清一统志·杭州府一》：白山“山上有浮石，纯白，故名”。

⑥在今甘肃玉门市西北赤金镇北。《方舆纪要》卷64赤斤蒙古卫：白山“在卫北二十里。多草木禽兽，土人呼为折罗漫山”。

⑦亦名阿羯山、阿羯田山。在今新疆库车县北。为天山支脉。《隋书·西域传·龟兹》：“龟兹国，都白山之南百七十里。”《新唐书·西域传·龟兹》：王白氏“居伊逻卢城，北倚阿羯田山，亦曰白北，常有火”。

⑧又名折罗漫山。即今新疆中部之天山。《后汉书·明帝纪》：永平十七年（74）十一月，奉车都尉窦固“出敦煌昆仑塞，击破白山虏于蒲类海上，遂入车师”。注引《西河旧事》曰：“白山冬夏有雪，故曰白山，匈奴谓之天山，过之皆下马拜焉。去蒲类海百里之内。”又《魏书·西域传》：“焉耆国，在车师南，都员渠城，白山南七十里。”

白山马驿 在今山东邹平县东长山镇。《方舆纪要》卷31长山县：“白山马驿在城北门外，旧置递运所于此，今革。”

白山市 1994年改浑江市置，为地级市，属吉林省。市人民政府驻八道江区。

白山司 即今广西马山县。明嘉靖七年（1528）置土巡检司。1915年废土司，为隆山县治。1951年改名马山县。

白山戍 唐于白山县故城置，在今甘肃古浪县东。后废。

白山县 北周改魏安郡置，属武威郡。治所在今甘肃古浪县东。隋废。

白山岩画 在今新疆哈密市东北二百里、沁城乡东北十里处。在不到1平方公里的范围内有岩画数百幅。内容有动物、狩猎、车辆等。大部分为匈奴居民遗作，也有突厥民族的遗存。

白山部 隋靺鞨七部之一，分布在今吉林和龙市至珲春市一带。《隋书·靺鞨传》：“靺鞨在高丽之北，凡有七种……其七曰白山部，在粟末东南。”唐并入渤海国。

白山黑水 长白山与黑龙江的合称，旧以此泛指我国东北地区。《金史·世纪》：“生女直地有混同江、长白山，混同江亦号黑龙江，所谓白山黑水是也。”

白山镇 ①唐吐蕃置，在今四川红原县南。《寰宇记》卷80恭州，“北至吐蕃白山镇七十五里”。

②即今广西马山县。《方舆纪要》卷111思恩府：白山镇在“府北六十里。正德中，土目王受与田州土目卢苏合谋煽乱。嘉靖初，督臣王守仁招抚之，寻分思恩地为九土巡司，管以头目，而授王受白山巡司”。

白川州 辽会同三年（940）置，治所在咸康县（今辽宁北票市西南）。辖境相当今辽宁北票市附近地。应历元年（951）改为川州。

白门 即六朝建康宫城之正南门宣阳门，故址在今江苏南京市。《南史·明帝纪》：“宣阳门谓之白门，上以白门不祥，讳之。”《南齐书·王俭传》：“宋世外六门设竹篱，是年初，有发白虎樽者，言‘白门三重门，竹篱穿不完’。上感其言，改立都墙。”后人遂称金陵为白门。

白卫岭　在今四川广元市西南，昭化镇西南五十里。《舆地纪胜》卷184利州：白卫岭“在昭化县之南境，剑门相接，有铺曰白卫铺。又《唐诗纪事》：唐明皇幸蜀登白卫岭，览眺良久，歌李峤真诗”。

白马口　①即白马津。在今河南滑县东北。为战国时黄河津渡处。《战国策·燕策二》：苏代说燕王曰：“决白马之口，魏无济阳”，即此。

②在今湖南岳阳市东北。《水经·江水注》：“江水自彭城矶东径如山北，北对隐矶，二矶之间有独石孤立大江中，山东江浦，世谓之白马口。”

白马山　①在今山西盂县东北。《山海经·北次三经》：“白马之山，其阳多石玉，其阴多铁，多赤铜，木马之水出焉，而东北流注于滹沱。”北魏于此置白马关。

②亦作扑马山。在今内蒙古巴林左旗西南。《辽史·地理志》：祖州有“白马、独石、天梯之山”。

③在今浙江遂昌县西北二十四里。《方舆纪要》卷94遂昌县：白马山“天日晴朗，远见衢婺，邑之镇山也”。

④在今浙江武义县西南。《方舆纪要》卷94宣平县：白马山在“县（治今柳城镇）西五里。有石岩、瀑布之胜”。

⑤即白司马坂。在今河南洛阳市东北三十里。《资治通鉴》：南朝梁大通元年（527），“丹阳王萧赞闻宝寅反，惧而出走，趣白马山”。即此。

⑥在今河南滑县东。《水经·河水注》引《开山图》曰：“（白马）山下常有白马群行，悲鸣则河决，驰走则山崩。”《方舆纪要》卷16滑县：白马山“今削落过半……盖河水决溢，山久颓圮也。今县东三十里有村曰白马墙，尚沿旧名云”。

⑦在今湖北襄阳市东南。《舆地纪胜》卷82襄阳府：白马山“以白马泉名”。

⑧在今湖北竹山县西南三十里。《水经·沔水注》：堵水旁“有白马山，山石似马，望之逼真。侧水谓之白马塞”。

⑨在今广东恩平市南二十里。《方舆纪要》卷101肇庆府恩平县：白马山“高三百余丈，延绵二十余里，耸立如马”。

⑩在今广东封开县东北。《舆地纪胜》卷94封州：白马山在“在州东一百里。有巨石状如马”。《方舆纪要》卷101封川县：白马山在“县东北百里，与麒麟山对峙。周五十里。石坂甚长，飞泉如练。正德中，僮巢其上，参议周用等剿平之，改名白鹤山”。

⑪亦名宝峰山。在今四川广元市西十里。《寰宇记》卷135绵谷县：白马山，“张平子仕后汉为侍中，少学业于此”。《舆地纪胜》卷184利州：白马山“又名宝峰山”。

⑫在今云南姚安县东十五里。《清一统志·楚雄府》引《府志》：“旧有白马现其上，土人立祠祀之。”

⑬在今陕西勉县西。《水经·沔水注》：“浕水又南径张鲁治东，水西山上有张天师堂，于今民事之。庾仲雍谓山为白马塞。”《寰宇记》卷133西县：白马山，“《汉水记》云，西县有白马山。又《张衡家传》云，衡于浕口升仙时乘白马，后人遥望山上往往有白马，因以为名”。

白马川　在今甘肃华池县西。源出环县东界，东南流经华池县，至庆阳县东合环江为马莲河。《元和志》卷3延庆县：唐置白马县，“以西临白马川水为名”。

白马义阳郡　南朝梁武帝时置，属南梁北巴州。治所在今四川阆中市东北老观镇。辖境相当今四川阆中、苍溪等市县东北地。西魏恭帝二年（555）改为白马郡。

白马井　在今海南省儋州市西北白马井镇。《舆地纪胜》卷125昌化军：白马井“唐咸通中，命辛、傅、李、赵四将部兵来浦滩过海，兵马渴甚，有白马嘶唉，以足跑沙，美泉涌出”。《方舆纪要》卷105儋州：白马井在“州（治今中和镇）南三十里。……一名滔沿井。《郡国志》：井源与伦水通，有人以竹置井口，于伦水中得之，俚人呼竹为滔沿，故名”。

白马冈　即今西藏墨脱县。清末《西南野人山归流记》称：“野人山历为西藏流放之所。凡罪犯流军至此，由白马冈酋长按罪轻重分配各地，因于树上，或穴地为牢。”又说：“每十二年，达赖喇嘛至波密及白马冈讲经一次。”1960年于此置墨脱县。“白马冈”，藏语意为莲花宫。

白马水　①在今河南滑县、濮阳市境。《水经·河水注》：“河水旧于白马县南泆，通濮、济、黄沟。……金堤既建，故渠水断，尚谓之白马渎。故渎东径鹿鸣城南，又东北径白马县之凉城北。又东南径濮阳县，散入濮水，所在决会，更相通注，以成往复也。”

②即今甘肃文县西南白马峪河。源出石垭子梁，东流入白水江。《水经·漾水注》：白马水“出长松县西南白马溪，东北径长松县北，而东北注白水”。

白马卡错　又作邦卡错。在今西藏南部，门隅地区达旺西十二里处。藏语意为莲花堡。原隶属于西藏地方政府管辖，为门隅三十二错、定（错、定是当地的一级行政区划）之一。1951年被印度政府非法占领。

白马氏　古代少数民族，分布在今甘肃省东南部。《史记·西南夷传》：“自冄駹以东北，君长以什数，白马最大，皆氐类也。”《正义》引《括地志》云：“陇右成州、武州皆白马氐，其豪族杨氏居成州仇池山上。”仇池山在今甘肃西和县南。

白马寺 ①在今河南洛阳市东北汉魏故城西三里。东汉永平十一年（68）建，为中国最早佛寺之一。《魏书·释老志》：“孝明帝夜梦金人，项有日光，飞行殿庭。乃访群臣，傅毅始以佛对。帝遣郎中蔡愔、博士弟子秦景等使于天竺，写浮屠遗范。愔仍与沙门摄摩腾、竺法兰东还洛阳……愔之还也，以白马负经而至，汉因立白马寺于洛城雍门西。”北魏杨衒之《洛阳伽蓝记》卷4：“时以白马负经而来，因以为名。”1961年定为全国重点文物保护单位。

②在今湖北襄樊市襄阳城西。《资治通鉴》：南朝梁太清三年（549），“（张）缵至襄阳，（萧）詧推迁未去，但以城西白马寺处之”，即此。

③在今湖北荆州市荆州区（江陵县故城）东。《资治通鉴》：南朝梁承圣三年（554），西魏于谨等攻克江陵，元帝“白马素衣出东门……至白马寺北，夺其所乘骏马，以驽马代之，遣长壮胡人手扼其背以行，逢于谨，胡人牵帝使拜”。即此。

白马戍 ①北周置，在今山西绛县东北白马山附近。

②亦曰白马城。在今陕西勉县西十里武侯镇（老城）。《梁书·杨公则传》：南朝宋“梁州刺史范柏年板为宋熙太守，领白马戍主”。《水经·沔水注》：“浕水又南径张鲁治东……东对白马城。一名阳平。”

白马关 ①长城隘口之一。在今北京市密云县北一百里。《方舆纪要》卷11密云县引《边防考》：“白马关相近有高家堡。万历中，朵颜犯石塘岭，攻白马关及高家堡，官军御却之。”即此。清设把总戍守。

②唐置，属平山县。在今河北正定县西北。《方舆纪要》卷14真定府：白马关“临滹沱河，旁有白马冈，因名”。金大定十七年（1177），滹沱河决白马冈，关始废。

③北魏置，在今山西盂县东北。《元和志》卷13盂县：白马山“在县东北六十里。……山上有白马关，后魏所置”。

④即今山东平邑县东北九女关西北白马庄。《清一统志·沂州府一》：九女关“在蒙阴县南三十里，南北要路。又有白马关，在县西南三十五里”。

⑤在今湖南桃源县西南二十五里。其下即白马渡。《明史·地理志》桃源县：有“白马巡检司”。

⑥在今湖南邵东县东北。《清一统志·宝庆府》：白马关“在邵阳县东六十里”。

⑦唐置，在今四川罗江县西南白马关镇。《新唐书·地理志》罗江县：“有白马关。”《寰宇记》卷83罗江县：白马关“在县西南十里，与鹿头关相对”。明初置巡司于此。《方舆纪要》卷67罗江县：白马关在“县西十五里，与德阳县鹿头关相对。山至险峻，有小径仅容车马。三国时营垒也。其下名落凤坡，相传庞士元侍昭烈至此。卒于流矢下”。白马关侧有庞统祠墓。

⑧在今四川松潘县北。《艺文类聚》卷6引段国《沙州记》：“龙涸北四十里有白马关。关甚险峻，使十人守险，虽万夫亦不能前。”

⑨在今陕西勉县西十里武侯镇。即古阳平关。《元和志》卷22西县：“隋置白马关，后以黎阳有白马关，改名百牢关。自京师趣剑南，达淮左，皆由此也。”

⑩即今甘肃康县东北云台镇。清乾隆间阶州州判驻此。无城垣。1929年于此置康县。

白马江 在今广西平南县东六十里，为浔江支流。《明史·地理志》平南县：“东有白马江。”

白马汛 ①清置，属新建县。在今江西永修县东北吴城镇内。

②在今广西藤县西北，南临浔江之新马村附近。清光绪《广西舆地全图》藤县图：西北藤江北岸有白马汛，有把总驻防。

白马军 南宋置，治所在今贵州龙里县北。后废。

白马村 在今北京市延庆县北三里。《辽史·圣宗纪》：统和七年（989）五月，“祭风伯于儒州白马村”。即此。

白马矶 在今湖南岳阳市东北，白马口旁。唐李白《至鸭栏驿上白马矶赠裴侍御》诗：“侧叠万古石，横为白马矶”，即此。

白马县 ①秦置，属东郡。治所在今河南滑县东二十八里。取白马山为名。西晋属濮阳国。北魏天兴中为西兖州治，徙治滑台城（今滑县东南八里城关镇）。东魏为东郡治。隋开皇中为滑州治，大业初为东郡治。唐为滑州治。明洪武二年（1369）省入滑州。

②三国蜀汉置，属汶山郡。治所在今四川松潘县西北。因白马岭为名。西晋太康元年（280）改为兴乐县。

③唐武德六年（623）置，属庆州。治所在今甘肃庆城县东北四十里。《元和志》卷3延庆县：白马县“以西临白马川水为名”。天宝元年（742）改为延庆县。

④亦作白水县。在今四川彭州市西北。《宋书·州郡志》作白马县。

白马沟 在今河南博爱县南。《水经·沁水注》：白马沟水“首受白马湖，湖一名朱管陂。陂上承长明沟，湖水东南流，径金亭西，分为二水，一水东出为蔡沟，一水南流注于沁水也”。

白马岩 在今广西玉林市西北。《方舆纪要》卷108兴业县：白马岩“在县西十余里。岩深广，容数千人”。

白马岭 即在今四川松潘县西北之喇嘛岭，为松潘至包座要路。《水经·江水注》：“（江水）东南下百余里至白马岭，而历天彭阙，亦谓之为天彭谷也。”

白马庙　亦名茂市镇。即今四川内江市西南三十里白马镇。附近有黄市井古盐井遗址。清道光《内江县志要》卷1："茂市镇名白马庙，西南三十里。"

白马河　①在今河北饶阳县南，东南流入武强县。《水经·浊漳水注》：白马河"上承滹沱，东径乐乡县北、饶阳县南，又东南径武邑郡北而东入衡水"。《寰宇记》卷63饶阳县：枯白马渠"一名黄河。今名白马沟。……李公绪《赵记》云，此渠魏白马王彪所凿"。因名。

②在今山东邹城市北二十里。《明一统志》卷23兖州府："白马河源发九龙山，西流入于泗水。"

③在今山东郯城县西北五里。《方舆纪要》卷33郯城县：白马河"源出县东北之九龙山，经县西南，而入沂水"。

④在今四川崇州市东十里。《方舆胜览》卷52崇庆府：白马江"自晋源县界入新津县界"。《清一统志·成都府一》：白马江"自灌县味江分流入州界，又分为黑石溪河，又东南流九十里入新津县界，与西河合，谓之白西河。东南至县北又会羊马河入于大江"。唐诗人杜甫《送韩十四江东省觐》诗："白马江寒树影稀。"即此。

⑤即今四川梓潼、盐亭、射洪等县境之梓江（梓潼水）。《清史稿·地理志》射洪县："梓潼水一名射江，亦曰弥江，又曰白马河。自盐亭入，南流，径东南独坐山下入涪江。"

⑥即龟兹川。今新疆拜城、新和、库车、沙雅等县境之渭干河。《新唐书·地理志》："安西西出柘厥关，渡白马河，百八十里西入俱毗罗碛。"清徐松《西域水道记》卷2：渭干河"盖唐之白马渡也"。

白马驿　即今山西黎城县治。北宋天圣三年（1025）黎城县移治于此。

白马城　①三国吴筑，为沿江戍守要隘。故址在今江苏南京市北；一说在今燕子矶附近。宋《景定建康志》卷20"白马城"条引《金陵故事》云："吴时沿江烽火台二所，一在石城左，一在白马城。"

②北魏置，即今山西临汾市。《水经·汾水注》："汾水又南径白马城西，魏刑白马而筑之，故世谓之白马城。今平阳郡治。"北魏、唐晋州皆治此。

③在今甘肃成县西南。《晋书·苻坚载记》：东晋太和二年（367），羌敛岐叛坚，坚遣南安太守邵羌讨敛岐于略阳，"敛岐奔白马"。西秦建义元年（385）乞伏国仁于此置白马郡。《方舆纪要》卷59巩昌府成县：白马城"本白马氏羌所居，因置城于此"。

④在今陕西勉县西十里武侯镇（老城）。亦曰白马戍。即汉阳平关。《水经·沔水注》："浕水又南径张鲁治东……东对白马城。一名阳平关。浕水南流入沔，谓之浕口。其城西带浕水，南面沔川，城侧二水之交，故亦曰浕口城矣。"

白马峡　在今江西抚州市临川区南。《方舆纪要》卷86抚州府临川县：白马峡在"府南八十里。上流受山麓八十一源，水并出峡间。两山拱合，中辟如门。石壁崪岈，溪流汹涌，其间曾不容舫"。

白马洞　在今贵州镇宁布依族苗族自治县南三里。《清一统志·安顺府》：白马洞"洞内有白石如马"。

白马津　在今河南滑县东北古黄河东岸，与西岸黎阳津相望。《战国策·赵策二》：张仪为秦连横，说赵王曰："今秦以大王之力，西举巴蜀，并汉中，东收两周而西迁九鼎，守白马之津。"又《燕策二》：苏代约燕王曰，"决白马之口，魏无济阳"。《史记·高祖本纪》："使卢绾、刘贾将卒二万人，骑数百，渡白马津，入楚地。"金代黄河南徙，遂堙。

白马郡　①十六国西秦建义元年（385）置，治所在白马城（今甘肃成县西南）。北魏废。

②西魏恭帝二年（555）改白马义阳郡置，属隆州。治所在奉国县（今四川阆中市东北老观镇）。辖境相当今四川阆中、苍溪等市县东北地。隋开皇三年（583）废。

白马盐场　北宋置，属涪陵县。在今重庆市武隆县西北白马镇。《舆地纪胜》卷174涪州：白马津"在武龙县北三十五里，有盐官"。

白马桥镇　即傅宅市。今浙江浦江县东北四十里白马镇。

白马峰　在今河北任丘市南。《方舆纪要》卷13任丘县"金沙岭"条下："县南有白马峰，其后水流决溢，皆堙为平陆。"《清一统志·河间府一》：白马峰"状如白马，故名"。

白马站　元置，在今四川罗江县西南白马关镇。

白马砦　北宋置，属涪州。即今四川武隆县西北白马镇。大观四年（1110）废。

白马堡　明置，在今四川汉源县西南。《方舆纪要》卷74越巂卫军民指挥使司：白马堡在"卫东北二百九十里。又东十里即晒经关也。堡为分宰猡锹诸番市历处"。

白马湖　①在今江苏宝应县西北十五里。《水经·淮水》："中渎水出白马湖，东北注之。"《舆地纪胜》卷39楚州：白马湖"在宝应县北十五里"。《清一统志·扬州府一》引《旧志》曰：白马湖"东西十五里，南北三里。东北通运河，北达广浦，为往来要津。或曰即故白马塘也"。

②在今浙江上虞市东十二里。《水经·渐江水注》：白马潭"潭之深无底。传云创湖之始，边塘屡崩，百姓以白马祭之，因以名水"。

③在今河南博爱县西南。《水经·沁水注》：白马沟水"首受白马湖。湖一名朱管陂。陂上承长明沟"。

④一名白蟒湖。在今湖南常德市西七里。北宋曾巩《归老桥记》："武陵之西北，有湖属于梁山者，

白马湖也。”

白马渡 在今湖南桃源县西南二十五里白马关下。明置白马巡司。

白马强镇监军司 亦名娄博贝监军司。西夏置，在今内蒙古阿拉善左旗东北巴彦吉兰太苏木吉兰泰盐池附近。元废。

白马塘 在今江苏高邮市西南，接安徽天长市境。《晋书·谢玄传》：东晋太元中，谢玄自广陵救三阿，“何谦解田洛围，进据白马”。即此。《明史·地理志》高邮州：“西南有白马塘。”

白马路簇长官司 明洪武十四年（1381）置，属松潘卫。治所在今四川平武县西北白马藏族乡。后废。

白马溪 在今广西来宾市南。《方舆纪要》卷109来宾县：白马溪“在县西南二十余里，下流亦入大江（红水河）”。

白马溪水 在今河南洛宁县东。《水经·洛水注》：“白马溪水出宜阳山。涧有大石，厥状似马，故溪涧以物色受名也。溪水东北流，注于洛。”《后汉书·陈俊传》李贤注：“在今洛州福昌县西南，有金门、白马水。”

白马墟 即今广西平南县东南六十里白马村。清光绪《广西舆地全图》平南县图：东南有白马墟。

白马寨 ①即今四川平武县西北白马藏族乡。《方舆纪要》卷73龙安府平武县：白马寨在“府北三百里，番寨也。《志》云：白马番北通阶、文，西抵漳腊，其生番号黑人，延袤数百里。碉房不计，有名色可举者凡十八寨，多不过四五百人，少可百人而已。嘉靖元年，白马跳梁，用兵五千，分五路：一路由松潘小河所之铁龙堡；一由松潘东路之三舍堡；一由府西北之黄杨关；一由青川所之北雄关；一会兵陕西由阶、文而进，蛮畏慑听命，今为府境属彝”。

②在今云南丽江市玉龙纳西族自治县西北巨甸镇南。《明一统志》卷87丽江军民府：白马寨“在巨津州（今巨甸镇）南二里。《唐书》云，有姐羌白马氏之裔居此”。

白马镇 ①唐初改黎阳镇置，在今河南浚县东南。《元和志》卷16：黎阳镇“皇朝改曰白马镇”。

②唐置，在今山东平原县恩城西十五里。亦曰白马营。

③北宋置，属盐亭县。在今四川盐亭县东南。

④北宋置，属汉初县。在今四川武胜县西南三十里。

白元镇 即今河南伊川县南十二里白元乡。旧属伊阳县。清道光《伊阳县志》卷1《村镇》：“白元镇，即寨子街。”

白云（雲）山 ①又作插汉和邵、察罕和硕。在今内蒙古达尔罕茂明安联合旗（百灵庙）南。清张穆《蒙古游牧记》卷5喀尔喀右翼部：“旗北三十里有白云山，蒙古名察罕和硕。”

②在今安徽泾县西南。《方舆纪要》卷28泾县：白云山“在泾县西南七里。下临白云潭。旧产茶入贡，今废”。

③在今浙江平阳县西南境，与苍南县接界。《清一统志·温州府》：白云山“在平阳县西南百里，与雁荡相接，高出云表，中有洞，阔数十步，游者援藤而进，名曰藤道。上有玉帘瀑泉、寒瀑泉，飞淙溅沫，最为奇胜”。

④在今江西高安市西北。《舆地纪胜》卷27瑞州：白云山“在高安县西北七十里。下有超果寺。山东西有洞，皆有瀑布水。柳州教授孙伯温有记，谓之小麻姑”。

⑤在今福建连城县东南百里。明《寰宇通志》卷47汀州府：白云山“在连城县南，峻峭叠秀，高插云汉，时有白云覆顶，故名”。

⑥一名棋盘山。即今福建闽清县西北棋盘山。《方舆纪要》卷96福州府闽清县“鼎峰山”条：“又西曰白云山，山势最高，林木蓊蔚，白云吞吐”，故名。《清一统志·福州府一》：白云山“一名棋盘山，中有仙峰巨石”。

⑦在今山东日照市西南。《清一统志·沂州府一》：白云山“在日照县西南三十里。《县志》：冈岭四合，西偏缺处，竹木参差”。

⑧在今河南兰考县西十里。《方舆纪要》卷47兰阳县：白云山“山下有张良洞，山东南即张城山。周围三里，厥势如城”。

⑨在今湖北蕲春县北。《舆地纪胜》卷47蕲州：白云山“在城（今蕲春县北蕲水南岸）北四里。自旦及暮尝有白云缭绕其上。隋时建塔寺其上”。《方舆纪要》卷76蕲州：蕲春废县，“《城邑考》……景定四年蒙古据白云山，州将王益迁州治麒麟山”。

⑩在今湖北嘉鱼县南。《清一统志·武昌府一》：白云山“在嘉鱼县南十里。一名白面山。山石皆白”。

⑪在今湖南醴陵市东六十里。《方舆纪要》卷80醴陵县：白云山“山势屹立，云气尝覆其巅”。

⑫即邪薑山。在今湖南邵东县东南，接衡阳、祁东二县界。为南岳七十二峰之一。

⑬在今湖南汝城县南四十里。《方舆纪要》卷82桂阳县：白云山“高耸磅礴，周二三百里。顶有石岩，旁有九曲池，四时云气常暗，晴霁登望，广、韶、郴、桂，咸在目中”。

⑭在今湖南洪江市（黔城镇）南。《方舆纪要》卷81黔阳县“金龙山”条下：“白云山在县（治今黔城镇）东六十里。高二十里。白云尝绕其上。”

⑮在今广东广州市北郊。《舆地纪胜》卷89广州：白云山“在景泰山之东绝高处”。《方舆纪要》卷101广州南海县：白云山在“府北十五里。山高耸，上多白云。有九龙泉，流为大小水帘洞，又北为虎头岩，岩麓有宝象峰。折而西南五里曰栖霞山，一名景泰云峰山。景泰，六朝时僧名也。下有太霞、玉虹诸洞，又有滴水岩、聚龙冈，其东北六里为蒲涧，皆白云之胜也。《郡志》：府境名山曰白

云”。今辟为白云山风景名胜区，为广州市游览胜地。

⑯亦名笔山。在今重庆市梁平县西。《舆地纪胜》卷179梁山军：白云山“去军西一百里。平地突出，奇峰如笔，亦号笔山。丞相张无尽有诗云：‘白云山上揖世尊，各以愿力济群生”。

⑰在今贵州长顺县东北。《清一统志·贵阳府》：白云山“在广顺州（治今广顺镇）东三十里。万山环列，每旦有白云从山顶起，因名”。清檀萃《黔囊》：“白云山在贵阳城南七十里。明建文帝遁迹之所。上有罗永庵。”建文帝题诗于壁。

⑱在今陕西佳县南。《方舆纪要》卷57葭州：白云山“在州南五里”。《清一统志·榆林府一》：白云山“石洞峥嵘重叠，为中州名胜”。山上有白云山庙。

⑲在今蒙古国东南苏赫巴托省北部克鲁伦河南。金幼孜《北征录》：明永乐八年（1410）五月，“发顺安镇，行十余里，山多白云，上召指示前山曰‘此即名白云山’……度一山冈，遥见胪朐河”。《方舆纪要》卷45：白云山“亦在漠北。《一统志》：永乐八年，六军营于此。时四山云气洁白如练，因赐今名”。

白云（雲）山庙　在今陕西佳县城南十里白云山上。始建于明万历三十三年（1605），清雍正二年（1724）重修并增建。含古建筑五十六栋，是陕西境内现存最大的一处古建筑群。庙因山势而建，主要建筑分布在南北向的山梁上。从山脚到庙内，有石牌坊、六百一十八级磴道、木牌楼、五龙宫、四重天门及真武殿等。主殿真武殿平面呈凸字形，由前部面阔三间的卷棚顶与后部面阔五间的悬山顶勾连搭而成。在真武殿东西有藏经阁、玉皇楼、文昌阁、三清殿等各类建筑三十五座。庙内现存有明清壁画一千九百余幅，碑碣一百二十余通（方）、木匾四十余方及琉璃狮子、石狮等附属文物。2001年定为全国重点文物保护单位。

白云（雲）寺　①即今河南汝州市东北十八里风穴山中风穴寺。北魏时始建，初名香积寺。隋改名千峰寺。唐代又加扩建，改称白云寺。唐开元时所建七祖塔至今犹存。

②在今重庆市奉节县城北。唐李白寓蜀时，有《白云寺》诗刻悬崖间。

白云（雲）关　明置，属涪州。在今重庆市涪陵区西南七十里。《明史·地理志》涪州：“西南有白云关。”康熙《涪州志》卷1：白云关在“治西南七十里。上有乌豆禅师遗迹”。

白云（雲）观　在今北京市西城区西便门外，是北京地区最大的全真派道观，中国道教协会驻地。唐开元二十七年（739）始建天庆观，金明昌三年（1192）重建。泰和三年（1203）改名太极宫。正大四年（1227）改名长春宫。明洪武二十七年（1394）更名白云观。此后多次重修。现存建筑多为清代所建，分为东、中、西三路，后有花园。主要建筑在中路，依次为照壁、牌楼、山门、水池、灵官殿、玉皇殿、志律堂、邱祖殿、三清阁、四御殿等。其他有东路的斗姥阁、真武殿、火神殿，西路的祠堂、元君殿、文昌殿、吕祖殿等。观内有唐刻老子石像、明刻《道藏》一部。后花园称为云集园，是极负盛名的道观园林。2001年定为全国重点文物保护单位。

白云（雲）垕　在今贵州兴义市西南。清罗绕典《黔南职方纪略》卷2兴义府：“捧鲊营溯红水江而西，直抵黄泥河为界。其间歪染、养马、白云、法岩诸寨，皆系昔日顽苗恃险负隅之处。”

白云（雲）县　北周天和元年（566）改武乡县置，属褒中郡。治所即今陕西汉中市东北武乡镇。隋大业初废。唐武德三年（620）复置，九年（626）废。

白云（雲）岩　①在今浙江龙泉市西北白云乡。《方舆纪要》卷94龙泉县：白云岩“在县西五里。有白云垒，相传宋德祐末幼主过此，暮屯岩上，此其遗垒云”。

②在今浙江武义县西南。《方舆纪要》卷94宣平县：白云岩“在县东南二十五里。岩高万余丈，广百丈。有泉，大旱不涸”。

③在今安徽潜江县西北、天柱山景区娘娘河东侧。有白云岩石刻。

④在今广西马山县东南。《方舆纪要》卷111思恩府：白云岩，“《志》云：在旧城东北十余里。林壑甚胜，泉自岩出，流成溪涧”。

白云（雲）岩山　①在今安徽枞阳县东北。《清一统志·安庆府一》：白云崖山“在桐城县东一百二十里。《府志》：有东西两岩，峰有四：旧铁障、铁船、绛霄、双峰。岩之小者五：曰燕子、蛾眉、雪浪、楼子、墓岩。洞有三：曰函云、四顾、抱龙。有泉、有池，多奇石。其名胜亚浮山”。

②在今贵州锦屏县东南。《清一统志·黎平府》：白云岩山“在府城东北湖耳司西五里。岩石耸秀，时有白云停住其上，因名”。

白云（雲）岩石刻　在今安徽潜江县西北、天柱山景区娘娘河东侧。奇石幽涧间散布宋、元、明、清达官名流和释子信士的题刻三十余方，是天柱山景区的一处重要人文景观。2001年与“天柱山山谷流泉摩崖石刻”及位于天柱山主景区西关寨口崖壁的“刘源题字石刻”一起，被定为全国重点文物保护单位。

白云（雲）驿　①在今广西兴安县东北。《方舆纪要》卷107兴安县：白云驿“在县东北漓江上，驿南有万里桥，漓江所经”。

②唐置，即今陕西太白县西南白云镇。

白云（雲）城　在今江西余干县城西。《寰宇记》卷107饶州余干县：白云城“在县西。隋末林士宏所筑。随州刺史刘长卿诗曰，孤城上与白云齐，万古萧条楚水西；官舍已空秋草没，女墙犹在夜乌啼”。即此。

白云（雲）亭　①在今江西余干县南。唐刘长卿《登余干古县城》诗有“孤城上与白云齐”句，亭因以为名。《清一统志·饶州府二》：白云亭“在余干县南”。

②北宋寇准建，在今湖北巴东县城内。南宋陆游《入蜀记》：“白云亭则天下幽奇绝境。群山环拥层出，间见古木森然，往往二三百年物。栏外双瀑，泻石涧中，跳珠溅玉，冷入肌骨。其下是为慈溪，奔流与江会，予自吴入楚行五千余里，过十五州，亭榭之胜，无如白云者。”

白云（雲）洞 ①在今广西来宾市北。《明史·地理志》来宾县：“北有白云洞。”《方舆纪要》卷109来宾县：白云洞“在来宾县北二十里。洞深邃，尝有白云覆其上”。

②一名龙洞山、龙洞岩。在今广西来宾市西南六里。《舆地纪胜》卷105象州：白云洞“在来宾县。山水极佳，今为邑人游赏之地”。

③即白云嶂。在今江西于都县西四十里白云嶂。嶂有三洞，上即为白云洞，又名白云岩。

④在今广东博罗县西北罗浮山。《清一统志·惠州府》“轩辕生故居”条：白云洞“唐轩辕集居此，皮日休、陆龟蒙、李洞皆有诗”。

白云（雲）峰 ①在今浙江天台县北。《清一统志·台州府一》：白云峰“在天台县北三十里。《道书》以为第十六福地。一名司马悔山”。

②在今四川峨眉山市西南峨眉山中峰寺后。清道光《峨眉山志》卷2：白云峰“即白岩峰，中峰寺后”。

③在今陕西华阴市南华山。峰路陡绝，垂铁索数十丈，以登峰顶。清光绪《华岳志》卷1：“白云峰一径北去，狭而长……尖峰耸拔，飞云冉幂其北，迤北为香炉峰。”

白云（雲）站 元置，属静江路。在今广西兴安县北灵渠北岸。明改为驿。

白云（雲）湖 在今山东章丘市北。即淯河之下流。《方舆纪要》卷31章丘县：白云湖在“县（章丘县旧治）西北七里。周六十里。俗名刘郎中泊，流合小清河。湖中多鱼、藕、菱芡、蒲苇之利。洪武中，设河泊所于此，寻革”。

白云（雲）渡 一名白云径。在今江苏溧阳市东。宋《景定建康志》卷18：白云渡“在溧阳县东十里。清沏可玩，东流入荆溪”。

白云（雲）溪 亦作白云径。在今江苏宜兴市西三十六里。自溧阳市流入，即荆溪上源。《方舆纪要》卷25常州府宜兴县：白云径“在县西三十六里。《尔雅》：‘直波为径’。东经县西二十六里之泮淜滂，合于荆溪。《志》云：白云径南北长三十余里”。

白云（雲）嶂 ①一名白云洞。又名白云峰。在今江西于都县西四十里。有三洞联络，各容百余人，上曰白云岩嶂，中曰太虚岩，下曰龙岩，溪流贯注其间。《资治通鉴》：五代晋天福八年（943），南汉循州张遇贤逾岭趋虔州，“遇贤众十余万攻陷诸县，再败州兵，城门昼闭。遇贤作宫室营署于白云洞，遣将四出剽掠”，即此。

②即今广东惠州市惠阳区西北白云嶂，西接东莞市界。《方舆纪要》卷103惠州府归善县：白云嶂“在府西百三十里。高千余仞，广圆二百里。重冈复岭，峭拔崚嶒，西湖诸山皆起于此”。

白云（雲）庄和万斯同墓地 在今浙江宁波市区海曙区西郊管江岸村。原为明末户部主事万泰的庄园，其子万斯选曾著《白云集》，人称白云先生，故名。万泰曾辟书院并请浙东学者黄宗羲来此讲学。万斯同（1638—1702），字季野。为万泰之子，万斯选、万斯大之弟，清代史学家。白云庄右有万斯同及万氏墓地。2006年将白云庄和黄宗羲、万斯同、全祖望墓定为全国重点文物保护单位。

白木江 亦作白术江。即今四川邛崃市西南之夹关河及南河（邛崃河）。东晋常璩《华阳国志·蜀志》：临邛县“（李）冰又通笮道文井江，径临邛，与蒙溪分水白木江会至武阳天社山下，合江”。《元和志》卷31：临邛县：白术水“经县南二里”。

白木陂 在今江苏南京市东北，覆舟山之东。《晋书·苏峻传》：峻“将回趋白木陂，牙将彭世、李千等，投之以矛，坠马，斩首脔割之”。即此。

白犬 即白犬洋。今福建长乐市东海中白犬列岛。

白犬洋 又作白畎。即今福建长乐市东海中白犬列岛。清《乾隆内府舆图》作白犬洋。

白牙山 在今河南固始县东南九十里。《方舆纪要》卷50固始县：白牙山“山产桑，中弓材”。

白牙市 即今湖南东安县治。《清一统志·永州府二》：白牙市“舟车辐辏，为县巨镇”。1947年东安县由紫溪市迁此。

白水 ①集镇名。在今四川普格县西北白水村。《明史·地理志》建昌卫：“东南有白水巡司。”《清一统志·宁远府二》“龙溪镇”条内：“白水巡司在（西昌）县东南二百里……明置，久裁。”

②即今云南沾益县东北白水。民国时有县佐驻此。

③水名。（1）在今山西晋城市南。《水经·沁水注》：白水“出高都县故城西，所谓长平白水也，东南流历天井关。……白水又东南流入丹水，谓之白水交”。同书又载，晋太元十五年（390）征虏将军朱序破慕容永于太行，“遣军至白水，去长子百六十里”。即此。（2）即今湖北枣阳市南白水河。东汉张衡《南都赋》：“曜朱光于白水。”即此。《水经·淯水注》：“淯水又东合洞口，水出安昌县故城东北大父山，西南流谓之白水。又南径安昌县故城东，屈径其县南。白水又西南流而左会昆水。……白水又西合浕水。”《方舆纪要》卷79枣阳县：白水在“县东南二里。源出县东北五十里之大阜山，西南流，经县南四十里与滚河合流，西注汉江”。（3）即今重庆市武隆县西之大溪河（鸭江）。《舆地纪胜》卷180南平军：白水“去隆化县一十里。自夷界龙泉乡出，流入县

界，合黔江。《重庆图经》云：源出大众山，水色如白练”。《清一统志·重庆府一》：白水，“《旧志》：大渡河源出南川县南方竹箐山谷，北流四十里经镇江桥溪，又十五里至僰水桥，又二十里至水东桥，又五十二里至涪州界，名大溪河，又东北流一百里至州南，八十里入涪陵江”。(4) 在今陕西白水县南。即古沮水。《寰宇记》卷28同州白水县引《水经注》云：“洛水东南，沮水入焉。故洛水亦名漆沮水。其境东南谷多白土，因曰白水。”《明史·地理志》白水县：“西有洛水，白水流入焉。”(5) 在今陕西武功县（普集镇）西。宋敏求《长安志》卷14武功县：白水“本名雍水，亦曰围川水。西自扶风县界至县，合武亭水”。(6) 即今甘肃文县南白水江。源出四川九寨沟县西北，东南流至甘肃文县东南入白龙江。《寰宇记》卷134文州曲水县：“白水在州城外五十步，源从故松州赤磨岭流下扶州故万泉县，东至县界。”《水经·漾水注》：白水又东南径阴平道故城南”。即此水。(7) 即今甘肃南部之白龙江。《汉书·地理志》陇西郡羌道县：“羌水出塞外，南至阴平入白水。”《元和志》卷39叠州合川县：“白水，一名垫江水，在州西六十里。”《寰宇记》卷155：“白江即古羌之水，其江南流至利州益昌县嘉陵江合。”汉、魏、南北朝时期，白水羌、邓至羌等少数民族，皆聚居在沿江流域一带。(8) 即今青海湟源县南白水河。《新唐书·吐蕃传》开元时吐蕃上唐玄宗书：“往者疆场自白水皆为闲壤，昨郭将军屯兵而城之，故甥亦城。”

白水山 ①即泉山。在今辽宁瓦房店市复州城镇南五十里。《资治通鉴》：唐咸亨三年（672）讨高丽酋长剑牟岑叛军，十二月，“高侃与高丽余众战于白水山，破之”。《新唐书·高丽传》高侃作高偘，白水山作泉山。

②在今浙江余姚市西南。《方舆纪要》卷92余姚县：白水山“在县西南六十里。山壁峭立，有泉四十二道，投空而下，四面不绝。因名。其岭亦名瀑布岭，为四明山之西址”。

③在今福建邵武市东。《方舆纪要》卷98邵武府邵武县：“白水山在府东百二十里。山势高耸，上有瀑布悬流，凡数十丈，状如匹练。相对者曰九台山，亦有瀑布泉。”

④又名泉山。在今广东增城市东。《寰宇记》卷157引《广州记》曰：“增城白水山有五距鸟。”《清一统志·广州府一》：白水山“在增城东二十里，高二百丈，周二十里，山巅有瀑布如练，故名。……即泉山，后人传写讹合白水二字为一也”。

白水乡 在今湖北枣阳市南三十里。西汉元帝时，徙春陵侯国于此。

白水支线 从今陕西渭南市向北至白水县。长78公里。为陇海铁路支线。1938年建成。1950年拆除。

白水市 即今湖南祁阳县东南五十里白水镇。明置巡司于此。

白水关 ①亦名关头。东汉置，属白水县。在今四川青川县东北沙州镇北。东晋常璩《华阳国志·汉中志》：“白水县有关尉，故州牧刘璋将杨怀、高沛守也。”《后汉书·李固传》注引南齐刘澄之《梁州记》：“关城西南百八十里有白水关，昔李固解印绶处也。”此关为古陕甘入蜀孔道。清于此设巡司。《清一统志·保宁府二》：白水关“在昭化县西北一百二十里。……东接阴平，西达平武，北连文县，最为险要”。

②又称白水驿。在今云南沾益县东北白水镇。《明一统志》卷87曲靖府：白水关“在府城东八十里”。《方舆纪要》卷114：白水关“今有白水驿，又有巡司。《滇程记》：自乌撒达沾益而南，谓之西路；自普安达平夷而西，谓之东路，合于白水驿，谓之十字路云”。为明、清时云南通四川和贵州的要冲。

白水江 ①即今四川广元市西之白龙江，为嘉陵江支流。《汉书·地理志》广汉郡甸氐道：“白水出徼外，东至葭明入汉。”《水经·漾水注》：“白水西北出于临洮县西南西倾山。……东南于吐费城南，东南流注汉水。”《元史·宪宗纪》：八年（1258），“帝渡嘉陵江，至白水江，命（汪）田哥造浮桥以济”。即此。

②又称白江、八匡河。在今云南镇雄县西北。元代以来称白水江。《明史·地理志》镇雄府：“又西有白水，亦曰八匡河。源出乌撒界，流经此，境内诸川俱流入焉，下流至叙州府入大江。”

③在今贵州关岭布依族苗族自治县南。《方舆纪要》卷121永宁州慕役司：白水江在“司（治今花江镇）西北三十里驿道侧。自安庄卫西南流经此。……《志》云，白水河自高崖下注，长数十丈，飞沫如雨，凡二三里，瀑布之大者，无逾于此。其下流注于盘江”。

④即故道水。经陕西略阳县北白水江镇为白水江。《明史·地理志》略阳县：“又西有白水江。”即此水。

白水江篛酬长官司 明正德十六年（1521）置，属芒部府。治所在今云南彝良县东北九十四里牛街镇西南果稠。嘉靖五年（1526）属镇雄军民府。清初废。

白水军 唐开元五年（717）置，属陇右节度使。驻地在今青海大通回族土族自治县西北。《资治通鉴》：唐开元二十七年（739），“吐蕃寇白草、安人等军，陇右节度使萧灵击破之”。胡注：“疑白草军当作白水军。”宝应元年（762）地入吐蕃，遂废。

白水县 ①西汉置，属广汉郡。治所在今四川青川县东北沙州镇。三国蜀属梓潼郡。东晋属晋寿郡。南朝梁为平兴郡治。隋开皇初改为平兴县。

②亦作白马县。南朝宋元嘉十二年（435）以侨流置，属南晋寿郡。治所在今四川彭州市西北。北周废。

③北魏太平真君九年（448）置，属武都郡。

治所在今甘肃陇南市武都区东北龙坝乡。北周改为建威县。

④北魏皇兴四年（470）置，为邵上郡治。治所在今山西垣曲县东南五十七里古城镇。太和中属河内郡，孝昌中属邵郡。北周武成元年（559）改为亳城县。

⑤北魏太和二年（478）置，为白水郡治。治所即今陕西白水县。《寰宇记》卷28白水县："南临白水，因以立名。"隋初属同州，大业初属冯翊郡。唐属同州。金改属耀州。元复属同州，元末移治今白水县南五里。明洪武初还治今白水县。清属同州府。民国初属陕西关中道。1928年直属陕西省。

⑥北魏置，属丹杨郡。治所在今河南淮阳县东北。北齐废。

⑦南齐侨置，属南安郡。治所在今四川剑阁县（下寺镇）南店子乡。西魏改为永归县。

⑧东魏武定七年（549）改济阴郡置，属高平郡。治所在今江苏盱眙县西。北齐废。

⑨北周武帝时改绵水县置，属江阳郡。治所在今四川仁寿县西北清水乡。隋开皇初废。

白水陂 在今江苏洪泽县西南洪泽湖范围内。《寰宇记》卷16泗州临淮县："邓艾庙在白水陂上，去县南一百二十里。艾于此置屯田四十九所。其陂东西长三十五里，去县百里。"

白水河 ①在今湖北宣恩县东南，酉水上源之白水河。《清一统志·施南府》：白水河"在恩施县南。源出将军山，流径宣恩县界。西南流入来凤县界又南流谓之漫水。其上流亦名车溪。亦谓之酉溪"。

②即今四川九寨沟县及甘肃文县境内之白水江，为白龙江支流。上源为二：白水源出弓嘎岭斗鸡台，黑水源出热莫克喀东北坡，两河会于黑河桥始称白水江，东南流注入白龙江。白水羌居此。《旧唐书·地理志》松州嘉诚县："至后魏，白水羌象舒治自称邓至王，据此地。"

白水河场 即今四川彭州市西北大宝镇。清光绪《彭县志》卷2：宝兴场"旧名白水河，在西乡鹿坪里，距县西北八十五里，南距复兴场十五里"。盛产铜。民国设铜矿局于此。

白水泺 即今内蒙古察哈尔右翼前旗东北黄旗海。《辽史·天祚皇帝纪》：保大三年（1123），金"遣兵邀战于白水泺，赵王习泥烈、萧道宁皆被执"。即此。

白水驿 即今甘肃平凉市东白水镇。北临泾水，为往来孔道。《清一统志·泾州》：白水驿"有驿丞，今裁"。

白水城 即白水胡城。在今哈萨克斯坦南部奇姆肯特东南。《新唐书·西域传·龟兹》：呾逻私城"西南赢二百里至白水城"。

白水胡城 一作白水城。在今哈萨克斯坦南部奇姆肯特东南。唐为安西都护府属地。

白水畈市 即今湖北蕲春县东北青石镇东白水畈。清光绪《湖北全省分图》：蕲州东北有白水畈市。民国《湖北通志》卷33蕲州：白水畈市"在州东北百四十里"。

白水洋市 即今浙江临海市西白水洋镇。民国《临海县志》卷4：白水洋市"在县西五十里"。

白水郡 ①南朝宋以仇池氐流寓置，属梁州。治所在白水县（今四川青川县东北沙州镇）。辖境相当今四川青川县东部及广元市西北部分地。西魏改为南白水郡。

②北魏太平真君九年（448）置，属南秦州。治所在今甘肃陇南市武都区东北龙坝乡。后废。西魏复置，改为绥戎郡。

③北魏太和二年（478）置，属华州。治所在白水县（今陕西白水县）。永平三年（510）移治今蒲城县西北。西魏属同州。隋开皇三年（583）废。

白水站 ①元置，水站，即今湖南祁阳县东南白水镇。明废。

②元置，即今甘肃平凉市东南白水镇。明废。

白水浦 又名白水港。即今江西九江市东白水湖。《资治通鉴》：南朝陈永定二年（558），"春，正月，王琳引兵下，至湓城，屯于白水浦"，即此。《方舆纪要》卷85九江府：白水港"今亦曰白水湖。水溢成湖，水落成港"。

白水涧 在今青海大通回族土族自治县西北。《资治通鉴》：唐永淳元年（682），"吐蕃入寇河源军，军使娄师德将兵击之于白水涧，八战八捷"。胡注："白水涧有白水军。"军以涧名。

白水砦 在今广东兴宁市西北罗浮镇南。《明史·地理志》兴宁县："又北有十三都巡检司，后迁白水砦，寻复故。"

白水堡 ①即今江西德安县西北白水街乡。《清一统志·九江府二》：白水堡"在德安县西一百里。东界瑞昌之新义，西接武宁之眉山，北距瑞昌之南刘坂，南距建昌之河浒，四界相连，旧设官兵戍守"。

②即今贵州关岭布依族苗族自治县东北白水镇。《清一统志·安顺府》：白水堡"在镇宁州南二十五里"。

白水港 又名白水湖。在今江西九江市东，通大江。《方舆纪要》卷85九江府：白水港"今亦曰白水湖，水溢成湖，水落为港"。清时设把总驻防。

白水湖 ①在今浙江绍兴市北。《方舆纪要》卷92绍兴府：白水湖在"府北十里。旁通十里，足资灌溉，兼有菱芡鱼虾之利"。

②在今浙江桐庐县西北。《方舆纪要》卷90桐庐县：白水湖在"县西北二十里。广百三十余亩，溉田甚溥。《志》云：县西北有上湖、下湖、鸦湖、高塘湖，凡四湖，而总名曰白水湖"。

白水塘 在今江苏洪泽县西南洪泽湖范围内。《方舆纪要》卷23宝应县：白水塘在“县西八十五里。阔三十里，周二百五十里。北接山阳，西南接泗州盱眙县界。亦曰白水陂，三国魏邓艾所作”。

白水寨　①南宋置，属黎州。在今四川石棉县西北。《宋史·范成大传》：淳熙间年，“白水砦将王文才私娶蛮女，常导之寇边，成大重赏檄群蛮使相疑贰，俄禽文才以献，即斩之”。

②在今福建惠安县北。《方舆纪要》卷99惠安县：白水寨“县北五十里白水铺南。一名陈同寨。其地甚峻。元末寇乱，乡人筑垒为寨。正统十三年，邻境盗起，复藉此控御。邑人呼寨为岭”。

白水镇　①北宋置，属松滋县。即今湖北宜都市东南枝城镇。

②北宋置，属小溪县。在今四川遂宁县东北十里。《方舆胜览》卷63遂宁府：伞子山“在小溪县白水镇……环山之民，素以植蔗凝霜为业”。《清一统志·潼川府二》：白水镇“在遂宁县北伞子山下”。

③民国置，属湘阴县。即今湖南汨罗市南三十里白水镇。光绪《湖南通志》卷1湘阴县图：县东有白水。

④在今江西广昌县南。《方舆纪要》卷86建昌府广昌县“东坑寨”条下：白水寨“亦在县南。宋端平中置近泉镇，因名”。明、清置巡司于此。

⑤即今陕西略阳县北一百三十里白水江镇。明、清置巡司于此。后裁。

白牛　即今河南邓州市东北二十八里白牛乡。《后汉书·安成孝侯赐传》：建武三十年（54），封刘赐子刘嵩“为白牛侯”。唐李贤注：“白牛，盖乡亭之号也。今在邓州东也。”

白牛村市　即今浙江嘉善县东北枫泾镇。元改为枫泾镇，置巡司于此。并设白牛务。

白牛逻　在今河北博野县东南。《魏书·肃宗纪》：孝昌二年（526），“葛荣败都督广阳王渊、章武王融于博野白牛逻”。即此。

白公庙　在今河南卫辉市东。南宋绍定六年（1233）蒙古兵败金元帅完颜白撒于此。《金史·完颜白撒传》：攻卫州不克，班师，元兵踵其后，“战于白公庙，败绩。白撒等弃军逃”。

白公城　①即春秋时楚白邑。在今河南息县东长陵乡西。《史记·伍子胥列传》：楚惠王召胜，“使居楚之边邑鄢，号为白公”。《正义》引《括地志》：“白亭在豫州褒信县南四十二里，又有白公故城。”《方舆纪要》卷50息县“息城”条引《邑志》谓“县西南七里有故白城”，盖出后人附会。

②在今湖南慈利县东五里。《舆地纪胜》卷70澧州：白公城“四面有门。相传以为白公城”。《方舆纪要》卷77称：“相传楚白公胜所筑。”

③在今陕西洋县西二十里。《新定九域志》卷8洋州：白公城，“《汉中记》云：秦白起尝为汉中守”。

白公馆　在今重庆市西北歌乐山下。原为四川军阀白驹的别墅。1939年改为中美合作所监狱。1949年杨虎城将军被蒋介石特务杀害于此。

白公堤（隄）　在今浙江杭州市城区。唐长庆二年（822）刺史白居易浚湖时筑。雍正《西湖志》卷7：白公堤在“钱塘门外石函桥北至余杭门”。故址当今环城西路。

白仓市　即今湖南邵阳县南二十七里白仓镇。清移石门巡司于此。

白仓宗　即宁中宗。治所在今西藏当雄县西南宁中乡。

白凤山　在今湖北咸丰县北。《方舆纪要》卷82龙潭安抚司：白凤山在“司西十里”。

白凤溪　在今湖北宣恩县南。《方舆纪要》卷82高罗安抚司：白凤溪“在司南。源出东门山，流会西溪，名三江口”。

白文镇　即今山西临县东北白文镇。《清一统志·汾州府》“三交镇”条下：白文镇“在县北”。

白玉山　在今辽宁大连市旅顺区（旅顺口）北。山东麓有万忠墓。清光绪二十年（1894）日军侵占旅顺口，屠杀二万余人，葬于此。

白玉关　即今陕西略阳县北八十里九股树。《方舆纪要》卷56略阳县：白玉关“一名九股树。今有九股树巡司置于此”。

白玉州　清宣统元年（1909）于德尔格忒土司南部地置，属登科府。治所在麻陇（今四川白玉县）。“白玉”，藏语意为“吉祥盛德之地”。1913年改为白玉县。

白玉设治局　1940年由下果洛班玛、雅砻江上游及黄河沿岸一带析置，治所在白玉寺（今青海久治县西南白玉乡）。因驻地白玉寺为名。“白玉”藏语意为“吉祥”之地。1948年废。

白玉县　1913年改白玉州置，属边西道。治所即今四川白玉县。1914年属川边特别区。1939年属西康省。1955年属四川省。

白玉河　即今新疆策勒、和田二县境之玉龙喀什河。《新五代史·四夷附录》：于阗“其河源所出，至于阗分为三：东曰白玉河，西曰绿玉河，又西曰乌玉河。三河皆有玉而色异，每岁秋水涸，国王捞玉于河，然后国人得捞玉”。

白玉洞　在今贵州黔西县东北。《方舆纪要》卷123附水西宣慰司：白玉洞“亦曰白玉岩，夷酋聚粮处。洞险恶，西近卧遮龙场”。

白艾里　在今浙江建德市西南二十二里桂村。《旧唐书·地理志》睦州寿昌县：“旧治白艾里。”即此。

白芳砦　北宋置，属泸州。在今四川泸县东北。《宋史·蛮夷传四》：皇祐初，长宁州民反，知益州田况派兵征剿，“于是两路合官军洎白艻子弟几二万人与战，兵死者甚众，饥死又千余人，数月然后平”。元丰二年（1079）废。

白芳镇　北宋置，属金水县。在今四川金堂县东北。《舆地纪胜》卷164怀安军：白芳镇“在金水县东北四十里”。《资治通鉴》：五代唐同光二年（924），唐兵伐蜀，前锋至利州，蜀将王宗勋等西走，“追及（王）宗弼于白芳”。即此。

白术水 亦作白木水。即今四川邛崃市南之南河（邛崃河）。《元和志》卷31临邛县：白术水“经县南二里”。

白石 ①即今福建福安市东北上白石。明成化八年（1472）置巡司于此。

②在今安徽含山县西南。《资治通鉴》：东晋隆安二年（398），“桓玄大破官军于白石”，即此。

白石口 在今贵州遵义县北楼山关南。《方舆纪要》卷70遵义府遵义县：白石口隘“在府北。（明）万历中，刘綎自楼山关进营白石口松垭地方，杨应龙自河渡突至，官军大挫”。

白石山 ①在今河北涞源县南三十五里。《方舆纪要》卷44广昌县：白石山“山多白石，有白石谷口，路通直隶唐县”。

②在今辽宁辽阳县东。《辽史·地理志》东京辽阳府：“白石山亦曰横山。”

③在今江苏苏州市西北三十里。《越绝书·吴地传》：“白石山，故为胥女山，春申君初封吴，过，更名为白石山。”明王鏊《姑苏志》卷8：“白石山在浒墅北。”

④亦名祷应山。在今安徽含山县西南六十里。《水经·沔水注》：“栅水又东，左会白石山水，水发白石山西，径李鹊城南，西南注栅水。”《清一统志·和州》：“《州志》：白石山周七十里。道家第二十一洞天，名琼秀长贞之天。”

⑤即桐源山。今安徽广德县西南八十里太山。《左传》哀公十五年（前480），“楚子西、子期伐吴，及桐汭”。杜注：“宣城广德县西南有桐水，出白石山，西北入丹阳湖”，即此。

⑥在今安徽庐江县东北六十里。《清一统志·庐州府一》“白石山”条：“又庐江县北二十里（按，当为六十里）有白石山。”

⑦在今浙江龙游县南。《方舆纪要》卷93龙游县“岑山”条：白石山“在县南四十五里。《志》云：唐初尝以此山名县”。

⑧在今浙江乐清市西二十里。俗名中雁荡山。谢灵运《白石岩下径行田》诗即指此山。《方舆纪要》卷94乐清县：白石山“一名白石岩，高千丈，周二百三十里。唐天宝中尝改名五色山”。

⑨在今浙江嵊州市西南。《水经·渐江水注》：“江水又东南径剡县，与白石山水会。山上有瀑布，悬水三十丈。”《南齐书·褚伯玉传》：“敕于剡白石山立太平馆居之。”即此。

⑩在今浙江淳安县千岛湖中。《元和志》卷25遂安县：“白石山，在县西七十里（万历《严州府志》作‘县西七里’）。其山出白石英，贡，因以为名。”

⑪在今福建武夷山市北。《舆地纪胜》卷129建宁府《景物下》：白石山“在崇安县北三十里。山皆叠石，若楼台，山巅有石室，室有三井”。

⑫又名广阳山、渑池山。在今河南渑池县东北二十里。涧水出此。《山海经·中山经·中次六经》：白石之山“涧水出于其阴”。《水经·涧水注》：白石山“世谓是山曰广阳山”。

⑬在今广西合浦县东北六十里。《明一统志》卷82廉州府：白石山“在石康县东三十里。山石皆白”。因名。

⑭即今广西桂平市东南白石山。《舆地纪胜》卷110浔州：白石山“在州南六十里。下有岩洞，即白石洞天。内有清真观，旁有寿圣寺。洞门自下入，透容州勾漏洞天。世传葛仙翁炼丹往来于其间。洞之上会仙岩有炼丹灶及八仙在焉”。《明一统志》卷85浔州府：白石山“两峰并立，下有岩洞，即道书第二十一洞天”。明末伟大的旅行家、地理学家徐霞客来此考察，写有白石山游记。

⑮一名白羊山。在今广西陆川县东北二十里。《寰宇记》卷167陆川县：白石山“色洁白，四面悬绝，上有飞泉瀑布，下有勾芒木，可以为布，俚人斫之，新条更生，取皮绩以为布”。

⑯在今海南省琼海市西南。《明史·地理志》琼州府乐会县：“西有白石山。”《清一统志·琼州府一》：白石山“在乐会县西四十里。脉自纵横岭来，周环数十里，高千仞，其顶皆有巨石。风岩水洞，奇胜百出”。今为白石岭风景区。

⑰在今甘肃临夏县东南。《汉书·地理志》金城郡白石县注：应劭曰，“白石山在东”。《水经·河水注》：“漓水又东径白石山北。罗溪水注之。”

⑱在今甘肃临洮县东。《汉书·地理志》陇西郡狄道县：“白石山在东。”《水经·河水注》：陇水“又西北历白石山下”。

白石山水 即今安徽含山县西南林头河。《水经·沔水注》：“栅水又东，左会白石山水，水发白石山西，经李鹊城南，西南注栅水。”杨守敬注：“今水自含山县西南流至巢东南，入濡须水。”

白石山镇 即今安徽庐江县东北白山镇。清光绪《庐州府志》卷3庐江县：白石山镇在“县北六十里”。

白石川 今甘肃黑河支流达溪河上源。《方舆纪要》卷58泾州崇信县：白石川“在县南六十里。东流入灵台县境，合于赤城川”。《清一统志·泾州一》：达溪川水“源出崇信县南五马山，曰白石川，东流入灵台境，为达溪川”。

白石水 ①亦名白石山水。即今安徽含山县西南林头河，流入裕溪河。《水经·沔水注》：“栅水又东，左会白石山水。”《晋书·石季龙载记》：东晋咸康五年（339），石虎遣将寇荆、扬北鄙，“朱保又败王师于白石”。即此。

②亦名桐川。即今安徽郎溪县南之郎川河。《明史·地理志》广德州：“西北有桐川，汇丹阳湖入江。亦名白石水。”

③指今广西柳江支流洛清江、永福县西北河段。

《元丰九域志》卷9：永福县有白石水。《明史·地理志六》义宁县：义江“南流者为永福县之白石水，即太和江也”。

④俗呼洪口河。即今四川通江县东北肖口河。《寰宇记》卷140白石县：“青水一名白石水，东北自洋源县界流入，西南流与诸水合。”《清一统志·保宁府一》：白石水“在通江县北。……《旧志》：宕水别源。源出西乡县，自竹浴关入县境，西南流二百七十里，至水口，与大巴山水合，俗名洪口河，即白石水也”。

白石水村　即今广西浦北县西南白石水镇。清宣统《广东舆地全图》合浦县图：北有白石水村。

白石场　在今广西合浦县东南。产海盐。《清一统志·廉州府》“海北盐场”引《县志》：“白石场在县东南九十里，又东有官寨、丹兜二场，皆明洪武中建。本朝并为白石一场。”

白石戍　在今安徽灵璧县西南。《水经·淮水注》：“涣水又东南径白石戍南。”即此。

白石关　即今湖南江华瑶族自治县东南白石关。清宣统《广东舆地全图》连山厅图：西北有白石关汛。

白石江　在今云南曲靖市北郊。《明一统志》卷87曲靖府：白石江“在府城北八里。本朝洪武十四年，西平侯沐英征云南，闻元司徒平章达里麻拥兵十余万屯曲靖，遂进师至白石江与之大战，擒达里麻，俘甲士二万于此”。《方舆纪要》卷114曲靖府：白石江在“府北八里。源自马龙州界，流经此，东南合于潇湘江”。

白石村　即今福建长汀县治汀州镇。唐大历四年（769）汀州及长汀县自东坊口（今长汀县东北东街）徙治于此。

白石矶　在今江西九江市东北三十里滨江。《方舆纪要》卷85九江府：白石矶“白石巉岩”，故名。

白石县　①西汉置，属金城郡。治所即今甘肃临夏县东南小古城。东汉改属陇西郡。西晋初废。

②北魏正始中置，为广业郡治。治所即今甘肃成县。西魏改名同谷县。

③西魏废帝时置，属其章郡。治所在今四川通江县东北。《旧唐书·地理志》白石县：“以白石水为名。”隋属清化郡。唐武德初属巴州，七年（624）移治故治西北。证圣元年（695），又移至通江县东北一百里。北宋熙宁五年（1072）废。

④唐武德四年（621）分太末县置，属谷州。治所在今浙江龙游县南三十六里。武德八年（625）废。

⑤唐渤海国置，属汤州。治所在今吉林敦化市西北板石顶子。后废。

白石沟镇　在今四川彭州市东北六十里红岩镇白石沟外魏家坝。明于此置巡司。清裁。

白石岩　在今广东翁源县西南。《方舆纪要》卷102翁源县：白石岩“在县（治今翁城镇）东南七十里。石室高敞，可容千人，秉炬穷入，深逾数里，有泉下滴，味极香冽”。

白石岭　①在今河北涞水县东。《资治通鉴》：唐长庆元年（821），朱克融以卢龙叛，“易州刺史柳公济败幽州兵于白石岭”。即此。

②在今广东乐昌市北十五里。又名周山、宝山。唐沈佺期有《自乐昌泝流至白石岭下》诗。

白石河　在今陕西白河县西南。《清一统志·兴安府一》：白石河“源出县南一百二十里南竹山，东北流去县一里入汉。亦名大白石水。又小白石河，在县东南九十里。源出申公岭，北流入白石河”。白河县以此名。

白石驿　宋元时置，在今江西都昌县西十五里。

白石城　①在今山东陵县北二十里。《史记·齐悼惠王世家》：“胶东王雄渠，齐悼惠王子，以白石侯文帝十六年为胶东王。”《正义》：“白石古城在德州安德县北二十里。”

②即今甘肃清水县西北四十里白驼镇。《晋书·乞伏炽磐载记》：东晋义熙九年（413），西秦乞伏炽磐“东讨破休官权小郎、吕破胡于白石川，虏其男女万余口，进据白石城”。即此。北宋开宝间置白石堡于此。

白石洞　①在今广西玉林市东三十里。《明一统志》卷84梧州府：白石山洞“在郁林州。周回七十里。即道书第二十一洞天”。

②在今广西桂平市东南白石山。《资治通鉴》：隋开皇十七年（597），“桂州俚帅李光仕作乱，帝遣上柱国王世积与前桂州总管周法尚讨之。……光仕战败，帅劲兵走保白石洞”。胡三省注：“白石洞在今寻州南六十里。”《方舆纪要》卷108浔州府桂平县：白石山在“府南六十里。两峰并立，下有岩洞，通梧州府北流县之勾漏山”。

白石垒　即白下城。故址在今江苏南京市金川门外，幕府山南麓。其地本名白石陂。《晋书·陶侃传》：东晋咸和三年（328）陶侃讨苏峻至石头，“监军部将李根建议，请立白石垒”。唐许嵩《建康实录》卷7载：陶侃部将“李阳临阵斩（苏）峻于白石陂岸。至今呼此陂为苏峻湖，今在县西北二十里石头城正北，白石垒即在陂东岸”。《南史·临川王宏传》记，梁天监五年（506）萧宏伐魏，自洛口败还，“乘小船济江，夜至白石垒，款城门求入”。即此。

白石原　亦名西原。在今甘肃灵台县西北梁原乡一带。《元和志》卷3良原县：“石原，在县西南，即所谓良原也。”《寰宇记》卷32泾州良原县：白石原“其原起自县西南三十里，东下三十里，分为两原：一在南三十里，更名良原；一在东北四十五里，更名梁杜原”。

白石陵　十六国后凉国主吕纂的陵墓。在后凉国都姑臧（今甘肃武威市）域内。《晋书·吕纂载记》：“纂在位三年，以元兴元年（按，实际上应为此前一年的隆安五年，即公元401年）死，伪谥纂灵皇帝，墓号白石陵。”

白石砦 北宋置，属黔江县。在今重庆市黔江区西北白石乡。

白石崖 在今贵州普定县东北。明曹学佺《名胜志》：“白石崖岩高顶夷，有泉四时不竭，一径攀援而上。”

白石港 在今广东阳西县南上洋镇河北港。《清一统志·肇庆府》：白石港“在阳江县西一百里。一名石门港。受郎官山龙潭水，过双鱼城南入海”。

白石港水 即今江西武宁县西南罗溪河。《清一统志·南昌府一》：白石港水“在武宁县西南四十里。源出小流山斜港，又修澧水源出大孤山，长田港源出牛皮洞，邓埠港源出杨港山，杨浦港源出严阳山，俱自县西南北流入修水”。

白石湖 ①在今浙江乐清市西白石镇北。《方舆纪要》卷94乐清县：白石湖“在县西白石山下，汇诸山溪之水，广三十余丈，长五六里，亦名合湖，引流而东，合于运河”。

②在今湖南岳阳市北。《方舆纪要》卷77岳州府巴陵县：“白石湖在府北七里。”

白石湫 即白石潭。在今广西灵川县南。《清一统志·桂林府一》：白石湫“在灵川县南三十里。唐李商隐《桂林诗》：‘龙移白石湫’即此。亦曰白石潭、白石潨”。

白石渡 即今湖南宜章县东二十里章水西岸白石渡镇。清光绪《湖南通志》卷1宜章县图：县东有白石渡。粤汉铁路在此有支线（白杨支线）通杨梅山煤矿。

白石溪 ①又名鄞江。即今福建长汀县东汀江。《元和志》卷29汀州长汀县：白石溪水“在县南二百步，下流入潮州界”。《清一统志·汀州府》：白石溪“一曰正溪，亦曰大溪，又曰鄞江，即汀水也。源出宁化县界，流经府城长汀县东，又南流经上杭县北回龙滩，合语口诸水，又南经上杭县东，至南山下，过美女峰，西流五百步，萦回三折，又南经潭口，入广东潮州府大埔县界。……以入于海”。

②在今云南兰坪白族普米族自治县（金顶镇）南。《方舆纪要》卷117兰州：白石溪“在州治（今金顶镇）南。中多白石，下流入澜沧江”。

白石墟 即今广东云安县西南白石镇，在白石河之滨。清设汛，有把总驻防。

白石寨 在今广西藤县西北五十里，浔江南岸。明、清置巡司于此。

白石镇 ①即今福建福安市东北上白石镇。《方舆纪要》卷96福安县：白石镇在“县北七十里。有巡司，成化八年置。有城。嘉靖中，移置于县南百五十里黄崎镇”。

②北宋置，属石康县。在今广西合浦县东北六十里白石山下。

③一名白石潭。在今广西灵川县南。《方舆纪要》卷107灵川县：白石镇“在县南白石潭上，有巡司，亦曰白石潨巡司”。

④在今甘肃西和县西。宋为西和州治。

白石镇城 唐宣宗时筑，在今甘肃西和县西南三里。《方舆胜览》卷70西和州：“丙午，金人初犯中原。越五年，陕西尽陷，……熙河偏将关师古率熙河兵戍于本州之白石镇，外控强敌，内为全蜀之保障，州遂侨治于北。”

白石潭 亦作白石潨。即白石镇。在今广西灵川县南。《明史·地理志》：灵川县南有白石潭巡检司。

白石潭墟 即今广东清新县西北石潭镇。清光绪《广东舆地全图》：清远县西北有白石潭墟。

白龙山 ①在今江苏江阴市东南。《舆地纪胜》卷9江阴军：白龙山“在县南四十里。上有白龙洞”。《清一统志·常州府一》：白龙山“在江阴县东南五十里。形如龟，俗呼龟山。上有白龙洞”。

②在今浙江云和县东南。《方舆纪要》卷94云和县“凤凰山”条：白龙山“在县东南五里，环拱县治，上有冷泉，浮云溪绕其南”。

③在今江西瑞昌市西北十里。《方舆纪要》卷85九江府瑞昌县：白龙山“山麓有白龙泉，出县西二十里悬崖洞中，绕流山麓，溉田甚广”。

白龙王庙 在今安徽阜阳市西北十五里。《方舆纪要》卷21颍州：白龙王庙，“明正德中贼杨虎由亳州犯颍，至此渡小黄河，官兵扼而歼之”。

白龙江 一名岷江。嘉陵江的支流。源出甘、川边境岷山北侧，东南流经甘肃舟曲、武都、文县，至四川广元市入嘉陵江。《清一统志·阶州一》：羌水，“《旧志》：岷江源出岷州卫分水岭，东南流入阶州，名曰白龙江”。白龙江乃岷江之别名。

白龙池 古名滋茂池。即今四川都江堰市西北龙池镇（龙溪）东北，龙溪河源处龙池。清嘉庆《汶川县志》卷7：滋茂池在“县南一百二十里，龙溪沟入四十八里。四合皆山，中一巨浸。俗呼为白龙池，曰滋茂池。一名慈母池，在慈母山下，广数里，汪洋无涯”。

白龙县 ①唐武德二年（619）置，属中州。治所在今山西隰县西北。贞观元年（627）废。

②五代晋天福四年（939）改长松县置，属处州。治所即今浙江松阳县。以白龙津得名。北宋咸平二年（999）改松阳县。

白龙尾岛 在今广西防城港市西南白龙村一带。清同治《广东图说》卷62钦州：“西北为白龙尾，西界越南，海疆险阻。”

白龙岩 在今广西柳城县东南。明万历《广西通志》卷4：白龙岩“在旧县东二十里。其上作龙首形”。《明史·地理志》洛容县：“旧治白龙岩。天顺中，徙治朱峒。”《方舆纪要》卷109洛容县：洛容废城在“今县东北三十里。《志》云：县本治白龙岩下，明朝天顺末毁于贼，邑民奔米（朱）峒居之”。

白龙河 在今江苏常州市武进区西北。《方舆纪要》卷25常州府武进县：白龙河“在府西北五十里。西接得胜河，东通澡港，入大江”。

白龙城 今广西合浦县东南六十里白龙村。明洪武中置珠场巡司于此。

白龙荡 一名思湖。在今江苏金坛市南六里。宋《嘉定镇江志》卷6：白龙荡“在县南六里，龙祠在焉。庙前有亭，湖山极可爱”。《方舆纪要》卷25常州府金坛县：白龙荡“旧名思湖。宽衍蓄水，以纾下田之涝。今为居民筑埂，擅菱藕之利”。

白龙洞 ①在今广西桂林市南之南溪山。南宋范成大《桂海虞衡志》：白龙洞“在南溪平地半山中。龛有大石屋，由屋右壁入洞，行半途，有小石室”。

② 在今广西宜州市区北门外北山上。以洞内石达开诗刻而著名。清咸丰九年（1859年）石达开率太平军回师广西、驻宜山八个月，曾偕文武大员游白龙洞，题诗曰：“挺身登峻岭，举目望遥空。毁佛崇天帝，移民复古风。临军称将勇，玩洞羡诗雄。剑气冲星斗，文光射日虹。”诗刻于洞左石壁上。

③即今四川峨眉山市西南峨眉山中之白龙洞。明胡世安《登峨山道里记》：“由牛心寺越双飞桥，北遵蹬道而上，为白岩，石色皓浩，刻有‘白龙洞’字，……再进象牙坡，以山石形得名，小庵二所，俗呼上白龙洞、下白龙洞，皆白水寺下院。”

白龙津 在今浙江松阳县西五里。《方舆纪要》卷94松阳县：百仞山“山麓有白龙津，吴越因以名县”。

白龙桥 在今江苏吴江市南。《方舆纪要》卷24吴江县：白龙桥在“县南十二里。跨白龙港，西泄太湖之水，东经运河，又东潴为湖荡，东北入白蚬江”。

白龙堆 简称龙堆。即今库姆塔格沙漠。在今新疆罗布泊以东至甘肃敦煌间。《汉书·西域传》：“楼兰国最在东垂，近汉，当白龙堆，乏水草。”《匈奴传》亦称：“岂为康居、乌孙能逾白龙堆而寇西边哉?”孟康注：“龙堆形如土龙身，无头有尾，高大者二三丈，埤者大余，皆东北向，相似也，在西域中。”

白龙渠 在今山西孝义市西。《方舆纪要》卷42孝义县：白龙渠“在县西二十里白壁关，居民引以溉田”。

白龙港 ①在今天津市蓟县南。《方舆纪要》卷11蓟州：白龙港在“州南七十里，亦曰白龙江，绕桃花山下，泃河、沽河诸水皆汇焉。入宝坻县界亦名潮河，以河通潮汐也”。

②在今上海市浦东新区原川沙县东北。为由县入海之口，是当时赴口外新涨之横沙岛渡口。清光绪《川沙厅志》卷3：白龙港“自八团钦塘东流，过圩塘水洞，达凌家洪入海”。

白龙湾 即今山东高青县西北白龙湾。《清一统志·武定府》：白龙湾“在青城县西北十八里。大清河所汇也”。

白龙寨 即今广西合浦县东南白龙。《清一统志·廉州府》：白龙寨“在合浦县东南五十里。明洪武中设八寨防倭”。

白龙潭 ①在今北京市密云县东北五十里。明顾炎武《昌平山水记》卷下：“石匣之东南，渡潮河十五里为石盆峪。有龙潭，潭上石如盆形，水悬崖而下入于潭。潭外为盆，水从潭面历盆抵峡而下，数里入于潮河，有龙宅焉，其深无底。潭中有石门，水浅则见，土人曰龙所从出入也。上有庙。”庙名龙泉寺。今于此建高30米、宽20米的大坝，水由坝上直泻而下，形成壮观瀑布。瀑布前方建有水电站。

②在今河北魏县西南。《资治通鉴》：唐乾宁三年(896)，“李克用自将攻魏州，败魏兵于白龙潭”。即此。

③即今辽宁绥中县东南白龙滩西小河。《方舆纪要》卷37广宁前屯卫：白龙潭“在卫东南七十里。南流入海”。

④在今湖北丹江口市西南武当山北。《方舆纪要》卷79均州：白龙潭“在大和山北五龙峰之顶。有水曰灵池，流为黑虎涧，汇为白龙潭，注于磨针涧”。

⑤在今云南建水县西北。《方舆纪要》卷115建水州：“白龙潭在府西北二里。灌溉甚溥。亦曰白龙泉。有桥跨其上。”

⑥在今云南鹤庆县北七里。《方舆纪要》卷117鹤庆军民府：白龙潭“潭之上山数十重，最高一峰，名金顶，下为白鹭山，势若骞凤。泉源甚远，至白龙洞，下有泉百派，汇而为潭。又西龙潭，在府西七里。源出覆釜山，东流溉诸村田，亦名上潭。其东北有龙宝潭，亦名下潭，周五百丈，堤曰万年堤，石闸之下有会济池，东分一小闸，为波流山，亦金灯山脉也。《志》曰，府境龙潭凡十五，流入漾共江者十三，曰黑龙、曰青龙、曰白龙、曰西龙、曰龙宝、曰吸钟、曰石朵、曰香米、曰北漾、曰柳树、曰小柳南、曰赤土和、曰宣化，其流入金沙江者曰龙公，而仃蓄极深者曰大龙”。

白叶（葉）坂寨 明嘉靖二十六年（1547）置，属安溪县。在福建安溪县西北。寻废。

白叶（葉）堡 在今福建诏安县西北。《方舆纪要》卷99诏安县：白叶堡在“县西百余里。有白叶洞，‘贼’巢也。嘉靖中，群‘贼’啸聚于此，出没潮、广间。二十七年，官军四面会讨，平之，因置今堡”。

白田 ①在今山西长治市西北。《晋书·石勒载记》：西晋永嘉二年（308)，“元海使刘聪攻壶关，命勒率所统七千为前锋都督。刘琨遣护军黄秀等救壶关，勒败秀于白田”，即此。

②在今湖南岳阳市北。《资治通鉴》：五代梁开平四年（910)，“（马）殷遣其将侵荆南，军于油口，高季昌击破之，斩首五千级，逐北至白田而还”，即

此。

③在今广西平乐县东南。《宋史·蛮夷传》：北宋皇祐中，浓智高“由清远济江，拥妇女作乐而行，遇张忠战于白田，忠死之”。即此。

白田山 在今福建福州市东南。《清一统志·福州府一》“大象山”条：白田山“在马头江南。晋初郡守严高尝欲迁郡治于此。其地产蕉可为布，有蕉岭、蕉坑、蕉溪”。

白田头山 在今湖南沅陵县西十里。《方舆纪要》卷81沅陵县“南山”条下：白田头山“乱峰嵯峨。每雪霁后，山头积素，望若图画”。

白田坝 ①即今四川广元市西南赤化镇。东晋为益昌县治。1935年川陕革命根据地在此置赤化县。

②即今贵州遵义市。明万历二十九年（1601）于此置遵义府及遵义县。《明史·地理志》遵义府遵义县：“元播州总管。洪武五年正月改为播州长官司，万历二十九年四月改县，与府同徙治白田坝，在故司城之西。”

白田原 在今山西长治市西北。《晋书·石勒载记》：西晋永嘉三年（309），“刘琨遣护军黄秀等救壶关，勒败秀于白田”。《方舆纪要》卷42长治县：白田原“白田一作封田”。

白田镇 ①在今湖南岳阳市北。《资治通鉴》：五代梁开平四年（910），荆南帅高季昌败楚马殷兵于公安之油口，“逐北至白田而还”。又，后唐天成三年（928），“荆南败楚兵于白田，执楚岳州刺史李廷规”。皆此。

②在今广西平乐县东南。《宋史·广源州蛮传》：北宋皇祐四年（1052），侬智高“由清远济江，拥妇女作乐而行，遇张忠战于白田，忠死之。去攻贺州，不克”。

白乐山 在今广西凭祥市东北夏石镇境。《明一统志》卷85思明州：白乐山“在下石西州治北。峰峦耸秀，林木苍翠”。

白乐堡 即今河北蔚县东北六十里白乐镇。清乾隆《宣化府志》卷10蔚州：东路有白乐站堡。同治《畿辅通志》卷52蔚州图：东北有白乐堡。

白市驿 即今重庆市西南白市驿镇。《方舆纪要》卷69重庆府巴县：白市铺马驿“在府西七十里”。《明史·胡平表传》：崇祯元年（1628），总督张鹤鸣言：平表与奢崇明叛军“连战白市驿”即此。清雍正七年（1729）设县丞驻此。民国初改设县佐。

白邙山 亦作白卯山。在今蒙古国东方省哈拉哈河支流纳墨尔根河流域一带。杨荣《北征录》：明永乐二十二年（1424）北征阿鲁台，至答兰纳木儿河，“宁阳侯陈懋、忠勇王王金忠亦还，奏曰：臣等引兵抵白卯山，咸无所遇”。《方舆纪要》卷45：白邙山“在塞外。成祖北征阿鲁台……前锋抵白邙山，无所遇而还”。

白兰 羌族的一支。因境内有白兰山，故名。驻牧地在今青海省青海湖西南都兰一带。东晋以后，臣属于吐谷浑。北周保定元年（561）遣使朝贡。《宋书·吐谷浑传》：“白兰土出黄金、铜、铁。”唐时为吐蕃所并。

白兰山 即今青海曲麻莱县北黄河源西北布尔汗布达山。《晋书·乞伏炽磐载记》：隆安二年（398），炽盘令其安东木奕于率骑七千讨吐谷浑树洛干于塞上，“洛干奔保白兰山而死”。即此。

白头山 指今吉林东南部之长白山。朝鲜呼长白山为白头山。民国《安图县志》卷1：“白头峰，在天池南稍东。山峰隆起，上有孤石，形如佛顶，朝鲜名为白头山，以其形相似故也。由池至巅十一里。”

白头山天池 即长白山天池。在今吉林省东南、中国和朝鲜两国边界上。

白头关 在今江苏涟水县东北百里。《方舆纪要》卷22安东县引《舆程记》：“由县东北三十里至金城镇，又四十里为对江口，又三十里为白头关，由陆路趣海州之道也。”

白汉洛 即今云南贡山独龙族怒族自治县东北四十七里白汉洛。怒语“白汉”为较高，“洛”为凹地。因村处低凹处，故名。清光绪十四年（1888）于此建天主教堂，三十一年（1905）怒、藏各族群众举行反法国传教士斗争，史称“白汉洛教案”。

白司马阪 即白马山。在今山西盂县东北。《旧唐书·太宗纪》：贞观十一年（637）九月，河溢，帝“幸白司马阪以观之”，即此。

白司马坂 一名白马山。在今河南洛阳市东北三十里。《资治通鉴》：隋大业九年（613），杨玄感反，遣杨玄挺率千人为前锋向洛阳，“玄挺自白司马坂逾邙山南入”。《旧唐书·太宗纪》：贞观十一年（637）九月，河溢，“毁河阳中潬，幸白司马坂以观之”。即此。

白皮盐场 在今广西钦州市东南。《清一统志·廉州府》：白皮盐场“在钦州东南陆栏岭之外。明初置，久废。有官署遗址”。

白台（臺） 在北魏平城，今山西大同市北。《魏书·太宗纪》载：泰常二年（417）七月，“作白台于城南，高二十丈”。《水经·㶟水注》：皇信堂“南对白台，台甚高广，台基四周列壁，阁道自内而升，国之图箓秘籍悉积其下”。

白圭 即今山西祁县东北白圭村。同蒲铁路在此有支线（白晋支线）至晋城。

白地 即拜的城。今西藏浪卡子北白地。清乾隆《西藏志》：自藏至布鲁克巴路程，“巴子一百里至白地”。

白地坪 在今云南兰坪白族普米族自治县南六里。1912年为兰坪县治。1938年迁治喇鸡井（今兰坪白族普米族自治县西北二十八里拉井镇）。1947年复迁治白地坪。1950年又迁喇鸡井。

白芒岭 即萌渚岭。今广西富川瑶族自治县东南、贺县西北与湖南江华瑶族自治县西南之萌渚岭。唐杜佑《通典·州郡》：道州“有甿渚岭，今谓之白芒”。《明史·地理志》江华县：“西有白芒岭，即萌渚岭，五岭之第四岭也。"

白芒营 ①即今湖南江华瑶族自治县南五十六里白芒营镇。《清一统志·永州府二》：白芒营"在江华县南，接富川县牛岩滩界。设把总戍守"。

②在今广东阳山县西北。《方舆纪要》卷101阳山县：白芒营"在县西，与连山县相近，为高滩营，接白芒、老鸦坑诸险路，置兵戍守"。

白达旦部 又作白达达、白鞑靼。辽西南路部族，属倒塌岭节度使司。游牧地在今内蒙古四子王旗、达尔罕茂明安联合旗、乌拉特中旗一带。《辽史·天祚皇帝纪》附耶律大石传：大石自夹山"北行三日，过黑水，见白达达详稳床古儿。床古儿献马四百、驼二十、羊若干"。黑水即今达尔罕茂明安联合旗之艾不盖河，为此部首领世居之地。辽亡后臣属于金，为金守备西南边墙，属乣军之一。泰和间（1201—1208）归附蒙古，后联姻蒙元皇室，封王，仍领有故地。

白达国 亦作缚达国。指以缚达城为首都的黑衣大食。即今伊拉克巴格达。南宋周去非《岭外代答》卷3：大食诸国"白达国系大食诸国之京师也。其国王则佛麻霞勿之子孙也，大食诸国用兵相侵，不敢犯其境，以故其国富盛"。

白团卫村 亦作白坛卫村。在今河北清苑县西南。《资治通鉴》：五代晋开运二年（945），败契丹兵于阳城，"晋军至白团卫村，埋鹿角为行寨。契丹围之数重"。即此。

白屿 在今福建晋江市东。《方舆纪要》卷99泉州府晋江县"洋屿"条下："《志》云，岱屿相连者为白屿，耸出江中，为洛阳、圣姑、北镇、石湖诸港湍流分汇之处，而左右多沉沙，迁徙不常，屡为商舶患。"

白屿山 在今福建福清市南江阴岛上。《方舆纪要》卷96福州府福清县：白屿山在"县南百里海滨，一名陈田山，绝顶有鸿休岩，岩窦天成，下瞰沧溟，浩无涯际，昔有僧鸿休者居此而名"。

白岁山 亦作百岁山。在今重庆市秀山土家族苗族自治县西南一百二十里。《方舆纪要》卷73平茶洞长官司：白岁山在"司西三十里。高耸插天。土人以山积雪则有年，故名"。

白则林 在今西藏南部，门隅地区达旺东南一百三十二里处。原隶属于西藏地方政府打陇宗，1951年被印度政府非法占领。

白竹山 在今湖南桂阳县西南二十里。《舆地纪胜》卷61桂阳军：白竹冈"下有狮子岩"。《方舆纪要》卷80作"白竹山"。

白竹寨 在今广西阳朔县西二十五里。明置巡司于此。嘉靖四十五年（1566）裁。

白延市 即今海南省文昌市南白延圩。清宣统《广东舆地全图》文昌县图：南有白延市。

白延架营 在今海南省文昌市西南。《方舆纪要》卷105文昌县：白延架营"在县西南。防斩脚、峒黎等贼。《志》云，县境村峒凡三十有五处"。

白华山 在今浙江舟山市普陀区普陀山南部。清许琰《普陀纪胜》："白华岭在正趣峰下。"有巨石高三丈余，兀立山麓，上镌"白华山"三大字。

白华关 在今河南卢氏县西。《明史·地理志》卢氏县："又西有白华关。"路通陕西。元末尝设兵戍守。

白兆山 在今湖北安陆市西。《周书·于翼传》：建德二年（573），"时属大旱，涢水绝流。旧俗，每逢亢阳，祷白兆山祈雨"。《寰宇记》卷132安陆县：白兆山在"县西三十里"。《明一统志》卷61德安府：白兆山"上有桃花岩、仙人洞，又有僧妙济写经台及李太白读书堂"。元李仲章建长庚书院于山麓。

白庄泉 在今山东邹城市东南四十五里。《方舆纪要》卷32邹县：白庄泉"其旁又有渊源、柳青、三角湾诸泉"。

白衣大食 即阿拉伯帝国倭马亚王朝。以其旗色尚白故名。都城在今叙利亚首都大马士革。《新唐书·西域传》："或曰大食族中有孤列种，世酋长，号白衣大食。种有二姓，一曰盆尼末换，二曰奚深。有摩诃末者，勇而智，众立为王，辟地三千里。"

白羊口 ①在今北京市昌平区西四十里白羊城。为京北重要山口之一。《元一统志》："《图册》云，白羊口在昌平县西北三十里。"并于此置白羊千户所。明景泰元年（1450）于山口建城。《明史·武宗纪》：正德十一年（1516），"小王子犯蓟州白羊口，太监张忠监督军务，左都督刘晖充总兵官，帅东西官厅军御之"。又《世宗纪》：嘉靖二十九年（1550），俺答大举入寇，京师戒备，"仇鸾败绩于白羊口"。皆此。

②即白阳口。在今山西天镇县北白羊口村。《清一统志·大同府》：白羊口"在天镇县北少西三十里，东西六十步，墙高二丈五尺。一作白阳"。

白羊口千户所 亦作白羊口。明置，属直隶。在今北京市昌平区西四十里白羊城村。

白羊山 ①在今湖北崇阳县东北、通山县西。《舆地纪胜》卷33兴国军：白羊山"在通山新丰里。有白羊每现于山顶则云雨"。《方舆纪要》卷76通山县：白羊山"在县西三十里。《志》云：兴国州长河之源出于此"。

②亦名白石山。在今广西陆川县东北。《方舆纪要》卷108陆川县：白羊山在"县东北二十里。山色洁白，四面悬绝，上有飞泉，下有勾芒木，土人练其皮为布"。

③在今四川万源市境内。《明史·左良玉传》：崇祯十三年（1640），"（张）献忠自兴、房走白羊山而西，与罗汝才合"。

白羊平口 又名三岔口。在今河北平山县西北。《方舆纪要》卷14平山县：白羊平口"县西北百六十里，又南五里曰白羊口，东北去龙泉关三百里，皆宏治二年设兵戍守"。

白羊庄 即今河北易县西北白羊镇。明弘治《易州志》卷4乡社：白羊社在“城西北二十里”。清同治《畿辅通志》卷54易州图：北有白羊庄。

白羊陂 即白杨陂。在今河南杞县东。《水经·睢水注》：“睢水又东，径雍丘县故城北，睢水又东……水积成湖，俗谓之白羊陂。陂方四十里，右则邑梁陂水注之。”《方舆纪要》卷47杞县：白杨陂“在县东……储水溉田处也。今涸”。

白羊坳 在今江西泰和县东南。《方舆纪要》卷87吉安府泰和县：白羊坳阨“在县东南，与兴国县接界。山箐蓊郁，迂径羊肠，为闽广盗贼出没之冲。嘉靖四十年，广寇直抵县之上模、冠朝诸处，官兵与战败绩。万历十六年，于白羊坳之三丫左右创两堡，设官兵戍守”。后罢。

白羊寨 在今湖北兴山县西南白羊山上。民国《湖北通志》卷36兴山县：白羊寨“《县志》：白羊山一名白羊寨。明崇祯十三年张献忠走此，与罗汝才合。国朝顺治中，李来亨踞此，建关庙为文勒石尚存”。

白关铺 又名双江口。即今湖南株洲市东白关镇。五代楚马殷据湖南，设白关等五关。南宋以后设铺递，故名。

白米堰 ①在今安徽萧县东南三十里。《方舆纪要》卷29萧县“朱珊泊”条下：白米堰“源出县东南五十里白米山下，导流西北，为灌溉之利”。《清一统志·徐州府二》：“白米泉源出白米山，西北流迂回二十里，入县南五里之双桥湖，居民堰之以灌稻田，故名。”

②在今浙江绍兴县东北。《方舆纪要》卷92绍兴府：白米堰“在府东北。嘉靖中，倭贼由此沿海塘突寇萧山县”。

白州 唐武德六年（623）改南州置，治所在博白县（今广西博白县）。天宝元年（742）改为南昌郡。乾元元年（758）复为白州。辖境相当今广西博白县及陆川县部分地。北宋政和元年（1111）废。三年（1113）复置。南宋绍兴六年（1136）废。

白州长官司 元置，属管番民总管。治所在今贵州罗甸县东南。后废。

白冲 当在今贵州黎平县境。《明史·陈璘传》：万历二十九年（1601），吴国佐党杨永禄“率众万余屯白冲，游击沈弘猷等夹攻，生擒永禄”，即此。

白江水 在今湖南祁阳县东南。《方舆纪要》卷81祁阳县“祁水”条下：“又白水在县东六十里。出县东南二百里白水山下，流入湘水。”《清一统志·永州府一》：白江水“有二源，皆出宁远县界，至两江口合流，又北与零陵之黄溪合，为三江口。亦曰小三江。又北五里入湘”。

白池 亦作白盐池。即今内蒙古鄂托克前旗南北大池。《新唐书·地理志》：盐州五原县有白（盐）池。《元和志》卷4：白池县“以地近白池，因以为名”。

白池县 ①北魏置，属长城郡。治所在今甘肃平凉市西北。隋废。

②唐景龙三年（709）改兴宁县置，属盐州。治所在今内蒙古鄂托克前旗南白池村古城北大池附近。《元和志》卷4：白池县“以地近白池，因以为名”。天宝元年（742）属五原郡，乾元元年（758）复属盐州。西夏废。

白阳口 一名白羊口。在今山西天镇县北白羊口村。《明史·地理志》：大同县有白阳口。

白阳垒 一作白杨浦。在今湖北武汉市武昌区北。《梁书·武帝纪》：南齐中兴元年（501），萧衍围郢城，吴子阳等援军至武口，萧衍“乃命军主梁天惠、蔡道祐据渔湖城，唐脩期、刘道曼屯白阳垒，夹两岸而待之”。

白羽 即析。春秋楚邑。即今河南西峡县治。《左传》：昭公十八年（前524），“冬，楚子使王子胜迁许于析，实白羽”。

白牟县 西魏废帝二年（553）置，属金渊郡。治所在今四川成都市东北青白江区城厢镇。北周废。

白玕镇 即今江西东乡县东北珀玕乡。《方舆纪要》卷86抚州府东乡县：白玕镇在“县东四十五里。有巡司，为路出安仁之中道。旧有安东公馆，今废”。

白坝城 唐建，在今四川青川县东北。《资治通鉴》：唐大历十四年（779），吐番与南诏合兵十万三道入寇，“东川出兵，自江油趋白坝”。胡注：“利州管下景谷县西北有白坝镇城。”

白坑（阬） 在今甘肃清水县西北。《资治通鉴》：东晋义熙九年（413），“河南王炽磐遣镇东将军昙达、平东将军王松寿将兵东击休官权小郎、吕破胡于白石川，大破之，虏其男女万余口，进据白石城。显亲休官权小成、吕奴迦等二万余户据白阬不服，昙达攻斩之”。

白花场 即今四川宜宾县东北白花镇。清光绪《叙州府志》卷8宜宾县：白花场在“治东北一百二十里”。

白花峒 在今广西贺州市东北。《明史·地理志》：贺县东北有白花洞土巡司。后废。

白花铺 即今广东惠东县西南白花镇。清乾隆《归善县志》卷6《邮递铺》：东路有“白花”。

白村墟 即今广东高州市东南泗水镇。清光绪《茂名县志》卷2：县治“东之南三十里白村墟。《旧志》：四水”。

白杨口 即白羊口。在今北京市昌平区西四十里白羊城村。

白杨门 在今山西朔州市东北马邑北。《方舆纪要》卷44马邑县：白杨门“在县北。明初，元兵围大同，李文正出雁门，趣马邑，进至白杨门，败其众，大同围解”。

白杨支线 从今湖南宜章县东白石渡，东北通杨梅山煤矿。长13.8公里。为粤汉铁路支线。1942年动工修筑，次年建成。

白杨关　在今河南嵩县东。《方舆纪要》卷48嵩县：白杨关“有戍兵”。

白杨县　唐渤海国置，属庆州。治所当在今吉林珲春市境。后废。

白杨沟佛寺遗址　在今新疆哈密市西北柳树泉农场。遗址面积达1000平方米，被白杨河分为河东、河西两部分。河西有石窟十二处，佛寺建筑遗迹使十多间，部分石窟内保存有壁画。佛寺主体建筑残高15米，分前后两室，中间有4.6米甬道。后室内有一坐佛，残高8.2米。河东佛寺遗址仅存墙基。白杨沟佛寺遗址是哈密地区现存重要佛寺遗址。2001年定为全国重点文物保护单位。

白杨陂　又名白羊陂。在今河南杞县东。《魏书·地形志》：阳夏郡雍丘县有“白杨陂”。《水经·睢水注》作“白羊陂”。

白杨林镇　在今四川广汉市东十五里和兴镇（和兴场）境。《资治通鉴》：五代唐长兴三年（932），东川节度使董璋攻孟知祥，“璋入境，破白杨林镇，执戍将武弘礼，声势甚盛”。胡三省注：“白杨林镇当在汉州界上。”

白杨岭　在今河北易县西北四十里。《水经·易水注》：白杨水“出遒县西山白杨岭下，东南流入濡水”。又《清一统志·易州》：白杨岭“岭多白杨树，故名。俗讹为白羊”。

白杨河　①河名。(1)在今甘肃肃南裕固族自治县和玉门市境内。源出祁连山，北流径玉门市东。又西北流入石油河。《清史稿·地理志》玉门县：“又东有白杨河。”(2)即今新疆玛纳斯县之玛纳斯河。《新唐书·地理志》北庭大都护府：“乌宰守捉，又渡白杨河。”即此。

②集镇名。一作白洋河台。在今新疆吐鲁番市西北白杨河村。清王定安《湘军记》卷19：光绪三年(1877)，刘锦棠率军讨伐阿古柏，攻占达坂城“进驻白杨”。即此。

白杨城　又名白羊口、白杨口。在今北京市昌平区西四十里白羊城村。明景泰元年（1450）建，后又建新城于西南。《明一统志》卷1顺天府：“白杨口在昌平县西，凡二十七关口；至天津关。”又《方舆纪要》卷11昌平州：“南北冲要处也。正统九年，也先由此入犯。弘治十一年，火筛自大同深入，京师戒严，分遣大臣守潮河川……白杨诸关隘。正德十一年，小王子犯白杨口。”即此。清于此设把总驻守。

白杨浦　在今湖北武汉市武昌城区北。《梁书·王僧辩传》：梁大宝二年（551），王僧辩围侯景将宋子仙于郢城，“子仙行战行走，至于白杨浦，乃大破之，生擒子仙送江陵”。

白杨镇　即今河南宜阳县南三十里白杨镇。清光绪《宜阳县志》卷3《镇集》：有“白杨镇”。1947年河南革命根据地在此置宜南县。

白求恩墓　在今河北石家庄市华北军区烈士陵园内西侧。诺尔曼·白求恩是加拿大共产党员、世界著名胸外科专家。在中国抗日战争中，受加拿大和美国共产党的派遣，于1938年3月到达陕北延安，不久又转赴晋察冀边区，担任军区卫生顾问。1939年冬在抗日前线河北涞源摩天岭抢救伤员时，手指感染中毒，抢救无效，于同年11月在唐县西北黄石口村去世，安葬于唐县西北军城南关晋察冀烈士陵园，1953年迁葬石家庄市内。

白求恩模范（範）病室旧址　在今山西五台县东松岩口村。1938年6月，白求恩同志来到晋察冀军区后方医院所在地后，为了改进战伤救治工作，于9月15日利用松岩口的龙王庙旧址建立外科室，内设手术室、医务室、消毒室、洗涤室、病房，当时被称为“八路军最好的医院”，后来被晋察冀军区命名为“白求恩模范病室”。1974年山西省文物工作委员会修复了模范病室旧址。1982年定为全国重点文物保护单位。

白丽山　在今广西田林县东。《方舆纪要》卷111利州：白丽山在“州治（今利周瑶族乡）北”。

白围　在今湖北襄阳市襄州区东唐白河入汉江处。《三国志·吴书·陆逊传》：嘉禾五年（236），吴大帝孙权使逊与诸葛瑾攻襄阳，“军到白围”。即此。

白邑村　在今云南嵩明县西三十三里滇源镇（白邑）。蒙古宪宗七年（1257）于此置邵甸千户。元至元十二年（1275）改邵甸县。《元史·地理志》嵩明州邵甸：“在州西，治白邑村，无城郭，车蛮、斗蛮旧地，名为束甸，以束为邵。”彝语“白”为山，“邑”为城一样的大村。“白邑”意即山脚下像城一样的大村。

白利土司　清雍正时置，属西宁办事大臣。为玉树四十族之一。驻牧地在今青海治多县西北通天河南。乾隆《西宁府新志》卷19“塞外贡马番族”：“住牧乌哈那哈地方白利族，距玉树族四百余里。”后废。

白利寺　在今四川甘孜县城西二十里雅砻江北岸山腰。始建于清代，为藏传佛教寺院。1936年红军到此，成立博巴政府（“博巴”系藏语，意为藏人），该寺活佛格达被选为副主席。中华人民共和国成立后，格达被选为西南军政委员会委员。1950年为谋求西藏和平解放奔走，不幸在昌都遇害。2006年白利寺被定为全国重点文物保护单位。

白佛山　又名龙山。在今山东东平县西八里。《清一统志·泰安府一》：龙山“《旧志》：一名金螺山，亦曰白佛山”。

白佛山石窟造像　在今山东东平县西八里白佛山之阳半山腰处。造像始雕于隋开皇七年（587），其后唐代和五代至宋初均有增刻，形成了四窟一龛及露天造像等几个群体，共有造像一百四十九尊，现存一百三十八尊，多为佛教内容。其中1号窟内的十六王子像是目前我国境内已知的唯一一处以十六王子为专一题材并有可靠记铭的造像窟，是研究十六王子佛像的重要实物资料。还有与造像共存的隋代以来造像记铭一百一十条，重修碑刻十四方，提供了佛教造像进入鲁西以及向周边地区扩展的大量文字资料。附属文物有金大定年间（1161—1170）修建的三教堂一座，是我国现存较早的三教合一的古建筑。2001年白佛山石窟造像被定为全国重点文物保护单位。

白佛岩　在今浙江龙游县北。《方舆纪要》卷93龙游县：白佛岩“在县（北）三十五里。其地险峻，人迹罕至”。

白佛旗　即察罕诺们汗旗。在今青海贵南县南，与同德县北境交界处。

白岔　今内蒙古克什克腾旗驻地经棚镇的俗称。清于此设巡司。1914年设经棚县。1945年复设克什克腾旗，驻地称为经棚镇。

白龟城　在今安徽泾县东北三十五里柏山下。《方舆纪要》卷28泾县：“柏山在县东北三十五里，亦左难当拒辅公祏处。有白龟城，即难当所筑。”

白狄　亦作白翟。春秋时狄人之一部。其初分布在今陕西延长县一带，部分进入今山西西北汾水以西。春秋末期，其后裔鲜虞建立中山国。

白角山　在今云南宁蒗彝族自治县西南。《清一统志·永北厅》：白角山“在厅城旧蒗蕖州（今县南衙门村）西南白角乡。《名胜志》：乡以山得名”。

白沔峡　在今陕西西乡县东五十里。《清一统志·汉中府一》：白沔峡“一名白面峡。汉水所经”。魏源《圣武记》卷10：嘉庆七年（1802）“贼（指白莲教徒）已改趋白沔峡，夜渡汉北，官军仅追歼其后队二百”。即此。

白沙　①即今江苏仪征市。为扬子县（治今江苏扬州市邗江区南扬子桥附近）滨江沙洲。南齐建武初于此置军戍守。唐至德二载（757）永王璘起兵，其将冯季康奔白沙，降淮南采访使李成式；上元元年（760）刘展据广陵，军于白沙，皆即此。五代唐同光二年（924），吴王至此观楼船，更名迎銮镇。

②在今安徽岳西县西南一百六十里。明、清置巡司于此。

③即今福建晋江市西南东石镇南白沙。《明通鉴》附编：清顺治八年（1651）夏四月，“明郑成功复踞厦门，大会文武誓师，斩郑芝莞以徇，鸿逵惧，以所部付成功，退居白沙”，即此。

④在今江西鄱阳县西。《史记·东越列传》：西汉元鼎六年（前111），东越王余善“号将军驺力等为‘吞汉将军’，入白沙、武林、梅岭，杀汉三校尉”。汉武帝遣下濑将军，“出若邪、白沙”即此。《史记索隐》：“今豫章北二百里，接鄱阳界，地名白沙。有小水入湖，名曰白沙坑。东南八十里有武阳亭，亭东南三十里地名武林。此白沙、武林，今当闽越入京道。”《寰宇记》卷107饶州鄱阳县：“白沙在县西。水路一百二十里。沙白如雪，因以为名。”

⑤在今河南洛阳市东。《资治通鉴》：五代唐同光三年（925），庄宗李存勗“猎于白沙”，即此。胡注：“自白沙至龛涧，其地皆在洛阳东。”

⑥在今湖北宜昌市西陵区西北。《隋书·杨素传》：伐陈，陈将戚欣守狼尾滩，素夜袭之，“令大将军刘二恩率甲骑趣白沙北岸，迟明而至，击之，欣败走”。《方舆纪要》卷78夷陵州：白沙驿“在州西百二十里。……今为白沙馆”。

⑦在今湖南湘阴县北湘江上。《资治通鉴》：南朝齐永元二年（500），萧颖胄遣将杨公则向湘州，“湘州行事张宝积发兵拒守，未知所附。杨公则克巴陵，进军白沙，宝积惧，请降”，即此。

⑧即今广东台山市西白沙镇。新宁铁路有支线（白沙支线）通此。

⑨即今广西富川瑶族自治县东南白沙镇。清时设把总驻守。

⑩即今海南省乐东黎族自治县西白沙河口北白沙。《清一统志·琼州府一》“延德水”条下：“又白沙铺西南有黎白港，盖即延德水也。”

白沙口　一名神应港。又曰白沙津。在今海南省海口市北。《宋史·瀛国公纪·二王附》：至元十五年（1278）十月，“赵与珞与谢明、谢富守琼州，（元）阿里海牙遣马成旺招之，与珞率兵拒于白沙口”。即此。

白沙山　①在今安徽凤阳县东。《寰宇记》卷128钟离县：白沙山“在州东八十里。其山遍是白沙”。

②在今河南新县西南。《水经·淮水注》：壑水“出白沙山，东北径柴亭西，俗谓之柴水。……东北入于淮”。

③在今湖北京山县西北六十里。《新唐书·地理志》：富水县“有白沙山”。白沙水源于此。

白沙山寨　在今广东德庆县东北。《方舆纪要》卷101德庆州：白沙山寨，“瑶砦也。《旧志》：州境诸山瑶寨凡百五十有奇，后割江南岸属罗定州，其在州境者以数十计”。

白沙井　在今湖南长沙市城南白沙街附近。为江南名泉。《清一统志·长沙府》：白沙井“在善化县东南二里。广仅尺许，最甘洌，汲之不竭”。

白沙支线　又称新宁铁路支线。自广东新宁（今台山市）西至白沙。长28.6公里。1917年开工，1920年建成。1939年被日伪拆除。

白沙务　南宋绍兴二年（1132）置，属长溪县。即今福建福安市南白沙。

白沙市　①在今浙江宁波市城区北部甬江西岸白沙公园一带。《清史稿·地理志》宁波府：甬江“又与慈溪汇合，河流纵贯……径白沙市。左出一枝津，首白沙，讫张家堰，与镇海为界水”。即此。

②即今广东英德市东南白沙镇，东近新丰县界。清光绪《广东舆地全图》：英德县东南有白沙市。

白沙场　①即今江西奉新县西北七十里白沙。明置巡司于此。后废。

②在今广西合浦县东南。产海盐。《清一统志·廉州府》“海北盐场”引《县志》：“白沙场在县东南八十里……皆明洪武中建。本朝并为白石一场。”

③即今四川古蔺县西南双沙镇。1935年中国工农红军长征至此，中央军委驻此，在此发布二渡赤水令和告全体红色战士书。

④亦称上白沙场。即今四川合江县西北白沙镇。《永乐大典》卷2217《泸州志》引南宋《江阳谱》：合江县水北里有白沙市。清光绪《泸州志》卷2：白沙镇在县东五十里。民国《合江县志》卷1：上白沙场“旧称白沙镇，在大江北岸”。

⑤即今四川宜宾市东沙坪镇。明正德《四川志》卷16宜宾县“白沙铺在治东”。清光绪《叙州府志》卷8宜宾县：白沙场在“治东二十里”。

白沙戍　①即白沙关。在今河南新县西南。《水经·江水注》：倒水“出黄武山，南流径白沙戍”。

②在今湖南湘阴县北。《水经·湘水注》：“湘水又北径白沙戍西。”《梁书·杨公则传》：南齐永元二年（500），从南康王宝融率军东下，“时湘州行事张宝积发兵自守，未知所附，公则军及巴陵，乃回师南讨，军次白沙”，即此。杜甫有《宿白沙驿》诗。

白沙屿　在今台湾省澎湖县北，白沙岛西北。清蒋毓英《台湾府志》卷3：白沙屿“屿之周围皆有轻白粉沙，故名”。

白沙关　①在今浙江乐清市东后所。《清一统志·温州府》：白沙关“在乐清县东白沙岭之东，陆走台境，水通海岛，为县境咽喉”。

②即白沙戍。在今河南新县西南。《魏书·世宗纪》：景明四年（503）十一月，“镇南将军元英大破肖衍将吴子阳于白沙”。即此。

白沙江　①在今广西平南县南。源出桂平市东南沙坡，东北流入平南县境，于武林镇西入浔江。《清史稿·地理志》浔州府平南县：“浔江自桂平入……白沙江自桂平东北流注之，东入藤县。”

②即今四川西昌市西南之安宁河。《水经·若水注》：“孙水一名白沙江，南流径邛都县，司马相如定西南夷，桥孙水，即是水也。”

白沙汛　①在今广东连山壮族瑶族自治县东北太保镇白沙村。清宣统《广东舆地全图》连山厅图：东北有白沙汛。

②在今广东海丰县东热水西岸，道通陆丰县。清光绪《广东舆地全图》：海丰县图有白沙汛。

白沙守捉城　唐开元中置，属导江县。在今四川都江堰市西北白沙乡（白沙场）。

白沙坝　在今四川阆中市东北二十里。唐初尝为阆中县治，亦谓之张仪城。《方舆纪要》卷68阆中县：“明洪武七年徙县治于府治西南。其故城谓之白沙镇，亦曰白沙坝。”

白沙村　在今广东徐闻县东南海安镇东白沙埠。《清一统志·雷州府》：黄塘港“白沙港在县东南五十里，其左为青湾港”。清设白沙炮台于此。

白沙县　①唐武德元年（618）置，属南丰州。治所在今湖北郧县、郧西县境。八年（625）废。

②1936年由琼山、定安、儋县、陵水、崖县、感恩等县析置，属广东省。治所在牙叉（今海南省白沙黎族自治县）。白沙之名源于薄沙峒，后置薄沙巡司。白沙乃薄沙的转音。

白沙里　在今湖北襄阳市襄州区东北。《清一统志·襄阳府二》引《襄阳耆旧传》：“庞德公孙奂，晋太康中去官归乡，居白沙里。”即此。

白沙角　在今广东汕尾市东遮浪镇东北。为突出海中之一角。清光绪《广东舆地全图》：海丰县图有白沙角。

白沙岛　旧名镇海屿。又名北山屿。在今台湾省澎湖县北白沙乡。明曾在此设防。

白沙岭　在今浙江乐清市东。《方舆纪要》卷94乐清县“白沙寨”条：“县东五里有白沙岭，为水陆要害。”

白沙河　①在今山东青岛市北。《方舆纪要》卷36即墨县：“白沙河在县东四十里。源出大劳山，西流亦合淮涉水入海。”

②即今山东海阳市西白沙河。《清一统志·登州府》：白沙河“在海阳县西北六十里。源出甕崖头，下流入海”。

③即今山东莱州市南四十里沙河。《清一统志·莱州府一》谓白沙河“源出黄山，西北流入海”。

④在今四川万源市南，为后河支流。《清一统志·太平厅》：白沙河“在厅东十里。源出板塞山。西南流二百里与后河合”。

⑤即今四川都江堰市西北白沙河。《舆地纪胜》卷151永康军：白沙水“在导江县西三十余里。李膺记云：玉女房西五里有白沙溪。源出灌口，俗号滋茂池后门。又有白沙绳桥，过崇德庙十里，地名白沙，岁以江阔水湍，故造绳桥以济居民及威、茂二州往来者”。此水源出光光山南麓，南流至白沙场西注入岷江。

⑥在今四川峨边彝族自治县南。清嘉庆《四川通志》卷17峨边厅：白沙河“源出药子山，一百六十里经两河口、杨柳溪，下合苦竹坝河”，注入大渡河。

白沙河镇　即今四川都江堰市西北白沙河村。《清一统志·成都府二》：白沙河镇“在灌县西北。本朝雍正七年置巡司，乾隆二十一年裁”。

白沙驿　①即今福建闽侯县西北白沙镇。地当黄石溪水入闽江之口，为通闽清县要道。明、清有驿丞驻此。

②即今湖北长阳县西北白沙驿。《资治通鉴》：隋开皇八年（588），大举伐陈，遣“王长袭引步卒自南岸击昕别栅，大将军刘仁恩帅甲骑自北岸趋白沙”，即此。

白沙城　现名西古城。即今安徽六安市北十里城北乡西古城。夏至春秋时六国、汉之六安国均建都于此，是一座具有四千年历史的古城遗址。

白沙洞　在今广西北流市东北十五里勾漏山。《舆地纪胜》卷104容州：白沙洞，“吴元美记云：白沙洞秉烛从窦入，俯伛扶服，凡经六七窦，每过益宽，而所见益奇，行里余乃至中洞，千态万状，不可殚尽。勾漏甲于天下，而此洞为勾漏第一”。

白沙洲　①在今江苏仪征市南滨江。明隆庆《仪真县志》卷2：“白沙洲，城外滨江。地多白沙，故名。”

②在今湖北武汉市武昌城区西南长江中。《清一统志·武昌府》：白沙洲“对陈公套，土壤甚沃”。竹木贸易亦盛。

白沙郡　北周武帝时置，属西宁州。治所在台登县（今四川冕宁县南泸沽镇）。辖境相当今四川冕宁县及喜德县部分地。隋开皇三年（583）废。

白沙站　①元置，在今福建闽侯县西北白沙镇。

②元置，在今江西吉水县西北白沙。

③元置，即今海南省海口市。明改为驿。

白沙涡　①在今安徽阜阳市西北三十里。《建炎以来系年要录》：南宋绍兴十年（1140），金军围顺昌城，云“韩将军在白龙涡下寨，距城三十里”，刘锜夜遣千余兵击之，颇杀敌众。

②在今河南宁陵县北。《资治通鉴》：唐至德元年（756），张巡守雍丘，“贼步骑七千余众屯白沙涡，巡夜袭击，大破之”。

白沙埠　即今山东临沂市北二十四里白沙埠镇。民国《临沂县志》舆图：县北有白沙埠。

白沙营　在今广东连山壮族瑶族自治县东北太保镇白沙村。《方舆纪要》卷101连山县：白沙营“在县（治今县东北太保镇旧城村）东。地名茅铺冈，防鸡笼关、台子冈诸山贼。台子冈即长径山路之险也”。

白沙砦　北宋置，属武冈县。即今湖南城步苗族自治县东北七十八里威溪乡（白沙庙）。熙宁六年（1073）废。

白沙渠　在今河南商丘市东。《方舆纪要》卷50商丘县：白沙渠“在府东。又有石梁渠，宋张亢知应天府治此二渠，民无水患”。

白沙堤（隄）　即白堤。在今浙江杭州市西湖中。唐白居易《钱塘湖春行》：“最爱湖东行不足，绿杨阴里白沙堤。”即此。

白沙铺　①即今湖北咸宁市东南四十里白沙桥。清光绪《咸宁县志》卷2《铺舍》：白沙铺“南往通山路”。

②即今湖北孝昌县西南白沙镇。清光绪《孝感县志》卷2：“白沙铺，在花园西南三十里。”

白沙铺市　即今湖北阳新县西北四十里白沙铺镇。清光绪《湖北全省分图》：兴国州西北有白沙铺市。

白沙堡　①即今湖南常宁市东南白沙镇。《清一统志·衡州府二》：白沙堡“在常宁县东南七十里，接耒阳县及桂阳州界”。

②即今广东韶关市曲江区西南白沙镇。明洪武十六年（1383）置濛瀼巡司于此。

③又名沙湾，即今广东广州市番禺区西南沙湾镇。明洪武三年（1370）置沙湾巡司于此。

白沙集　即今山东临朐县西南九山镇北白沙集。明嘉靖《临朐县志》：白沙集“在县西南七十里”。

白沙街　在今广西富川瑶族自治县东南白沙镇。清设把总驻守。

白沙湖　①又名武阳湖。在今江西进贤县西北。《清一统志·南昌府一》：白沙湖“与南昌之大、小沙湖相连，延袤四十余里”。

②在今广东汕尾市东南。清光绪《广东舆地全图》海丰县图：田畸墟东有白沙湖汛。清有把总驻防。

白沙湾　在今浙江平湖市东海滨。明洪武十九年（1386）置巡司于此。

白沙渡　①在今浙江建德市南新安江上。宋《淳熙严州图经》卷2建德县：“白沙渡在县（治今梅城镇）西六十里。”《方舆纪要》卷90建德县：白沙渡“新安江渡口也。《南征记》：自建德县绕乌龙岭背，出白沙渡入寿昌，自常山县径达于江西，为陆行之径道”。1960年于此建成白沙大桥。

②古黄河津渡处。在今河南濮阳县西。《资治通鉴》：南朝宋景平元年（423），“魏主又遣万余人从白沙渡河，屯濮阳南”。

③即今湖南沅江市北新湾镇东白沙村。《方舆纪要》卷80沅江县：白沙渡在“县北三十里，道出华容县”。

④在今四川广元市西南下寺镇附近。《清一统志·保宁府一》：白沙渡“即清水江津渡处，两岸有白沙如雪”。唐杜甫《白沙渡》诗云：“畏途随长江，渡口下绝岸。”

白沙渡寨　在今湖南安化县南白沙溪，为宋平梅山蛮后所立五寨之一。

白沙窝　在今安徽阜阳市西北三十里。《宋史·刘锜传》：南宋绍兴中，“金人围顺昌，锜豫于城下设伏，擒千户阿黑等二人，诘之，云：‘韩将军营白沙涡，距城三十里。’锜夜遣千余人击之，连战，杀虏甚众”。

白沙隘　在今浙江永嘉县西白沙村。《方舆纪要》卷94温州府：白沙隘在“府西五十六里白沙山旁。宋置白沙巡司，元因之，后废。道出青田县，此为要隘”。

白沙塘　①即今湖南新宁县东北二十二里白沙镇。清《乾隆内府舆图》：新宁县东北有白沙塘。

②即今广东遂溪县西杨柑镇西北白沙塘。《清一统志·广东统部》：雷州营右营守备驻此。

白沙溪　①金华江支流。在今浙江金华市西。《方舆纪要》卷93汤溪县：白沙溪“源出遂昌县山中，北流经县境，又东北至金华县界，入于南溪”。

②在今湖北宣恩县北。《方舆纪要》卷82施南宣抚司：白沙溪“在司北。又有白石、三花等溪，下注俱入于清水”。

白沙墟　①即今广东台山市西白沙镇。清光绪《广州府志》卷69：新宁县（今台山市）有“白沙墟”。

②即今广东韶关市曲江区西南白沙镇。清同治《韶州府志》卷11曲江县有“白沙墟”。

③即今广西阳朔县西北十里白沙镇。民国《阳朔县志》卷1：“西上区白沙墟，清道光年间立墟。”

④即今广西桂平市西南郁江北岸白沙镇。清光绪《广西舆地全图》桂平县图：西南有白沙墟。

⑤在今广西合浦县东白沙镇。清宣统《广东舆地全图》合浦县图：东有白沙墟。

白沙寨　①在今浙江乐清市东。《方舆纪要》卷94乐清县：白沙寨“在县东五里，有白沙岭，为水陆要害。……明初自玉环山迁天富北监场盐课司于此。嘉靖三十七年‘贼’从此犯县城；三十九年，复从台州境入犯，参将张铁大破之于此”。

②在今广东东莞市西南虎门镇北白沙水围一带。明置白沙巡司于此。

白沙镇　①唐置，属扬子县。即今江苏仪征市。五代唐同光二年（924）杨吴改迎銮镇。

②北宋置，属新化县。即今湖南新化县北八十里白溪镇。

③北宋置，属江津县。即今重庆市江津区西南白沙镇。光绪《江津县志》卷2：白沙镇“距城一百二十里。烟火二千余家，最为繁富。津邑水码头，当以此为第一”。

④北宋置，属清水县。即今甘肃清水县东南三十里白沙乡。

⑤在今河北临漳县西南。《晋书·孙惠传》：“成都王颖荐惠为大将军参军，领奋威将军、白沙督。”即此。

⑥即今江西吉水县北三十里白沙镇。《方舆纪要》卷87吉安府吉水县：白沙镇在“县北三十里。有巡司，元置，今移县西三曲滩上”。

⑦在今江西德兴市东北一百二十里。明、清置巡司于此。其东有白沙关，为浙、赣要冲。

⑧即今福建闽侯县西北白沙镇。当黄石溪水入闽江之口，为通南平孔道。清有驿丞驻此。

⑨即今河南中牟县西二十四里白沙镇。《旧五代史·唐书·庄宗纪》：同光三年（925），“以腊辰狩于白沙”。北宋于此设镇。

⑩在今河南禹州市西北六十里白沙村。清尹耕云《豫军纪略》卷8：咸丰十年（1860）三月，黄得魁追捻军“于禹境之白沙”。1928年曾置民治县于此。

⑪即今湖南宜章县西南三十里梅田镇。明、清置巡司于此。

白沟　①为巨马河一支流。自拒马河分出，历今河北涿州、高碑店等地，复与拒马河合流。即古之督亢沟水。《水经·巨马水注》：督亢沟水“上承涞水于涞谷……其水自泽枝分，东径涿县故城南。……督亢水又南谓之白沟水，南径广阳亭西，而南合枝沟。沟水西受巨马河，东出为枝沟，又东注白沟。白沟又南入于巨马河”。五代后泛指东西流向的巨马河为白沟河。宋、辽以此为界，又称界河。河道自今河北高碑店市东南白沟镇北，东流经霸州市及其以东的信安镇，达今天津市。明永乐末，自白沟镇改道南出与易水合而东注，巨马河故道遂淤。

②又名净净沟水。源自今安徽濉溪县南古睢水，东北流至江苏徐州市铜山区西入古获水。宋时又统称今濉溪县以上睢水为白沟。《宋史·河渠志》：熙宁六年（1073）八月，“都水监言，白沟自濉河至于淮八百里，乞分三年兴修”。

③原为一小水。在今河南浚县西南，东北流至黎山西北，与宿胥故渎合。《水经·淇水注》：汉建安九年（204）“魏武王于水口下大枋木以成堰，遏淇河东入白沟，以通漕运”。此后，上起枋堰，下至今河北威县之古清河，皆被称为白沟。到隋大业年间才为永济渠所代替。故道南段约当今河南浚县西南淇门渡至今河北大名县之间的卫河；北段经今大名县西，北流至今威县东，下接古清河。今堙。

④古济水流经今河南原阳县东南潴为白马渊，渊水东流为白沟，又东经封丘县南、开封市北，下流与古济水合。《魏书·地形志》陈留郡封丘县：“有白沟。”《水经·济水注》视为南济的一部分。唐载初元年（689）引汴水注白沟以通曹、兖赋租，水甚湛洁，称为湛渠。即此。宋、金后堙。

白沟河　古玄水。即今河北卢龙县东北青龙河。为滦河支流。《清一统志·永平府一》：白沟河“源出阳山之阴，绕城东北，西流入青龙河”。

白沟镇　清置，属容城县。即今河北高碑店市东北五十里白沟镇。因白沟河而得名。

白社　①在今河南洛阳市东北。《晋书·董京传》：董京“初与陇西计吏俱至洛阳，被发而行，逍遥吟咏，常宿白社中”。《水经·谷水注》：“阳渠径建春门，水南即马市，北则白社故里。”皆此。

②在今湖北荆门市南。《舆地纪胜》卷78荆门军：白社“去江陵城三十里。唐郑谷尝居白社”。《清一统志·荆门州》：白社“在荆门州南一百二十里。《名胜志》：古隐士之居，以白茅为屋，因名。唐都官郑谷常居于此”。

白层河镇　民国置，即今贵州贞丰县东四十里白层镇。亦名巴淌，系布依语音译，意为江口。以地处那郎河与北盘江汇口，故名。1935年红一方面军由此抢渡北盘江。

白际山　在今安徽休宁县东南，南接浙江淳安县界。宋淳熙《新安志》卷4休宁县《山阜》：白际山“在县南八十五里。高五十二仞，周八里，东连歙县及严州遂安界”。《清一统志·徽州府一》：白际山“在休宁县东南八十五里。脉从婺源五岭来，东连歙县危峰、方吴、查木诸岭界，及浙江严州之遂安、衢州之开化境，盖郡山之纲领也。汊水出焉”。《江南通志》云，山下有元万户吴纳与胡大海战地。

白际岭镇 即今安徽休宁县东南五十里东临溪镇。元置白际岭巡司于此。明初废。

白阿铁路 从吉林白城子（今白城市）至内蒙古阿尔山（今内蒙古阿尔山市）。1937年日伪将洮索线延筑至阿尔山后又延至伊尔施。

白陉 一名孟门。在今河南辉县市西。为太行八陉之第三陉。

白鸡岭 即今广东信宜市东白鸡岭。清光绪《高州府志》卷4：白鸡岭“在县东北一百里。明季有白鸡鸣岭上，故名。山冠张如龙、陈明泮、文思贤、谢上升、刘庚龙等聚瑶党于落龙十里山筑围劫掠，国朝康熙二十二年，陈龙启被害，其子陈经策请平之。今遗址尚存”。

白纳长官司 明永乐四年（1406）置，属贵州宣慰司。治所在今贵州贵阳市东南。清顺治十六年（1659）改属贵阳府。清以后废。

白纳县 元置，属管番民总管。治所在今贵州贵阳市南白纳司西八里。旋改为中嶆百纳长官司。

白纻山 ①在今安徽当涂县东五里。《寰宇记》卷105当涂县：白纻山“本名楚山。桓温领妓游山，奏乐好为《白纻歌》，因改为白纻山”。《方舆纪要》卷27当涂县：“登其上，则群山环列，江湖萦带，称为佳胜。”

②即今湖北鄂州市南五十里白雉山。《隋书·地理志》：武昌县有白纻山。《清一统志·武昌府一》：白雉山“在大冶县北六十里。一名白纻山”。

白环谷 在今陕西陇县西南，白环水所出。《寰宇记》卷32陇州吴山县：“白环谷，《水经注》云：南由县有白环水，源出白环谷。”

白环堡 在今陕西陇县西南。《宋史·宁宗纪》：南宋嘉定十年（1217），“金人攻白环堡，破之”。即此。

白抵城 一名廖城。在今湖南慈利县西北。《舆地纪胜》卷70澧州：白抵城“高千仞，四面绝壁，上广十余里。建炎间土寇廖彦据此为城”。

白坭墟 即今广东广州市花都区西北白坭圩。清康熙《花县志》卷3：墟市有“白坭墟”。

白若岭 在今浙江乐清市东。《清一统志·温州府》：白若岭“在乐清县东。谢灵运渡江而上，从斤竹涧过白若岭，即此”。

白苹（蘋）洲 在今浙江湖州市东南一里许苕溪中。《寰宇记》卷94乌程县：白苹洲，“洲上有鲁公颜真卿芳亭，内有梁太守柳恽诗，云：‘汀洲采白苹，日落江南春。’因以为名”。唐顾况有《白苹洲送客》诗。今已不存。

白苟堆 在今河南正阳县东南。南朝梁置西淮州及淮川郡于此。《北齐书·尧雄传》：“雄曰，白苟堆，梁之北面重镇。”即此。

白茆湖 在今江苏江都市西北邵伯镇西。《清一统志·扬州府一》：白茆湖“东通官河，昔置斗门桥于此。运河水涸，则引湖以济漕”。

白茆新市 即今江苏常熟市东南三十里白茆镇。清光绪《江苏全省舆图》昭文县图：东南有白茆新市。民国《江苏六十一县志》：常熟县东南有“白茆新市”，“白茆新市跨白茆塘，向无村舍，明季始成市，故名曰新”。

白茅山 在今安徽庐江县西北四十里。《新唐书·地理志》：庐江县有白茅山。《清一统志·庐州府一》：白茅山“亦名白茅岭。路达舒城”。

白茅寺 一名梦觉寺。在今河南辉县市西五十里太行山麓。始建于唐。明洪武二十四年（1391）重修后改名白云寺。

白茅堤 元代黄河北岸的险工。在今山东曹县西白茅集一带。据《元史·顺帝纪》载：至正三年（1343）五月，“河决白茅口”。四年（1344）五月，“大霖雨，黄河溢，平地水二丈，决白茅堤、金堤”。至正十一年（1351）贾鲁治河，塞决口，疏导旧河，挽河东南入淮故道，河患稍息。

白茅湾 在今江西九江市东北，东近桑落洲。《资治通鉴》：南朝梁承圣元年（552），“陈霸先帅甲士三万，舟舰二千，自南江出湓口，会（王）僧辩于白茅湾”。即此。

白茅嘴镇 在今安徽无为县东九十里，滨江。明为奥龙巡司驻地。

白杵营 在今贵州龙里县东南。《方舆纪要》卷123龙里卫：白杵营“在卫东南。安邦彦犯会城，其党洪边土司宋万据龙里，官军不能进。别将杨愈懋等与贼战于江门白杵营，死之”。

白板桥 即今江苏南京市西南板桥镇。《资治通鉴》：南朝齐中兴元年（501），萧衍起兵攻建康，命“吕僧珍据白板桥”，即此。

白厓寨 亦作白崖寨。南宋置，属嘉州犍为县。在今四川沐川县东南万寿场。《宋史·杨泰之传》：南宋宁宗时，“白厓砦将王墉引蛮寇利店”。即此。

白虎山 ①亦名白虎矶、白浒山。在今湖北鄂州市西北九十里长江南岸白浒镇村附近。《元史·伯颜传》：南宋末，阳罗堡之战“宋军大溃，数十万众，死伤几尽，夏贵仅以身免，走至白虎山”。

②在今广西扶绥县西北。《方舆纪要》卷110罗阳县“青山”条下：“在县西北者，又有白虎山。”

③亦名白战山、白兽山。在今四川眉山市东北。《寰宇记》卷74通义县：白虎山“在县东北二十四里。其山壁立，西临导江水。《华阳国志》云：秦昭王时，白虎为害，募人杀之，廖仲药、秦精等射中之，山因此为名。下有白虎潭”。

白虎关 在今湖北宜昌市夷陵区东北。《方舆纪要》

卷78 夷陵州“南津关”条下：“白虎关在州东北六十里。”

白虎沟　即今河北隆化县西北八十里白虎沟蒙古族满族乡。《清史稿·地理志》：承德府丰宁县有“白虎沟”镇。

白虎塘　在今江西湖口县东南十里。《方舆纪要》卷85 九江府湖口县：白虎塘“水涨通舟楫，出于彭蠡湖”。

白虎殿　汉长安未央宫殿之一。在今陕西西安市西北。汉成帝死此。《汉书·外戚传》载：“是时楚思王衍，梁王立来朝，明旦当辞去，上宿供张白虎殿。”即此。

白果市　①即今湖南衡山县西北七十四里白果镇。1923 年中共湘区党组织派刘东轩、谢怀德等到白果开展农民运动，成立“岳北农工会”，为湖南最早成立的农会组织。

②即今湖南祁阳县南一百里白果市乡。1929 年阳明县治所设此。

白果坪市　即今湖北鹤峰县东八十四里白果镇。清移山羊隘巡司于此。

白果铺　在今四川会理县北白果湾乡。清嘉庆《四川通志》卷 89 会理州：白果铺“在州北六十里”。

白杲镇　一作白果镇。即今湖北麻城市南三十里白果镇。民国《湖北通志》卷 35 麻城县：白果戍，“《县志》，白杲镇在县南三十里，即古白杲戍。同治五年奉檄建保安堡。……为邑南保障”。

白岸城　唐建，属翼州。在今四川茂县西北回龙乡境。《旧唐书·地理志》：翼州有白岸城。《新唐书·韦皋传》：贞元中，攻吐蕃，“南道元帅论莽热来援，与战，破其军，进攻白岸”。即此。

白岸亭　在今浙江永嘉县西北枘溪西南。《寰宇记》卷 99 温州：“白岸亭在楠溪西南，去州八十七里。因岸沙白为名。谢公（灵运）游之，诗云：‘拂衣遵沙垣，缓步入蓬屋。近涧涓白石，远山映疏木。’”

白岸湖　在今浙江青田县西南。《方舆纪要》卷 94 青田县：白岸湖在“县西南四十里”。

白岩　即今贵州毕节市东北亮岩镇。《明史·贵州土司传》：“赤水有城郭可凭而守，宜结营进逼。四十里为白岩，六十里为层台，又六十里为毕节。”

白岩山　①在今山西昔阳县东南。《方舆纪要》卷 40 乐平县“石梯山”条下：“白岩山在县东南八十里，下有杨赵水，北流合沾水。其麓据马岭隘口，接直隶邢台县界，五代末为河东守险之地。”

②在今山西黎城县东北二十五里。《寰宇记》卷 45 黎城县：“白岩山在县东北七里。俗传岩赤则土离兵起，土人皆恶其变，恒以白粉污之，故目为白岩。”

③在今浙江瑞安市东二里白岩桥。《方舆纪要》卷 94 瑞安县：白岩山在“县治东一里。一名龙山，亦名白鹿岩”。

④在今浙江宁海县东长街镇。《清一统志·台州府一》：白岩山“在宁海县东百里。山左一峰笔立，旁陇围绕如屏”。

⑤在今福建尤溪县东南。《清一统志·延平府》：白岩山“在尤溪县东南一百三十里。峰峦耸秀如画”。

⑥在今河南邓州市西北。《方舆纪要》卷 51 邓州：白岩山，“唐朱朴所云，北有白岩联络者也。其上有香岩寺。自山而西，群山连亘，以达于武关”。

⑦即朱圉山。在今甘肃甘谷县西南。《寰宇记》卷 150 大潭县：“朱圉山在县西，俗名白岩山。”《明史·地理志》伏羌县：“西有朱圉山，俗名白崖山。”

白岩关　明置，属黔江县。在今重庆市黔江区西六十里白石乡。

白岩县　辽置，为岩州治。治所在白岩城（今辽宁灯塔市东南西大窑镇南、太子河北岸官屯附近）。后废。

白岩河　①在今陕西宁强县东北。《清史稿·地理志》宁羌州：“玉带河出西南箭竹岭，径城北，受白岩水，为白岩河，亦北入沔。”

②即今宁夏泾源县南泾河南源白面河。《寰宇记》卷 151 渭州平凉县：“白岩河从华亭县来，经望家山峡口。过州西十里。”

白岩河镇　北宋置，属安化县。在今宁夏泾源县东南。

白岩营　在今贵州紫云苗族布依族自治县东南六十里。清置白岩汛，属归化厅。有守备把总驻防。

白岩塘水寨　在今浙江乐清市东北蒲岐镇东。《方舆纪要》卷 94 乐清县：白岩塘水寨“在县东北蒲岐所，东滨海，为蒲岐之外户。水哨北会台州府之松门、楚门，南会黄华港。嘉靖中为戍守处”。

白岭　又名白草岭。在今青海大通县北。《水经·河水注》：湟水“东南与湛水合，水有二源，西水出白岭下”。

白岭寨　在今福建仙游县西，路通永泰、德化二县。明嘉靖十六年（1537）移小屿巡司于此，改名白岭寨巡司。二十二年（1543）移治县西文殊寨。

白岳（嶽）山　即今安徽休宁县西三十里齐云山。《寰宇记》卷 104 休宁县：白岳山“在县西四十里。山峰独耸，有峻崖小道凭梯而上。其三面并绝壁二百余丈，不通攀援。峰顶阔四十亩，有古阶迹、瓦器、池水、石室，亦尝有道者居之。其东石壁五彩，状若楼台在云中，势欲飞动。又如神仙五六人凭栏观望，久视之乃知非耳”。《元丰九域志》卷 6：休宁县“有白岳山”。为全国道教四大名山之一。有摩崖碑刻数以千计。

白阜　为今蒙古国杭爱山脉西北部的一支。《魏书·蠕蠕传》：延和四年（435），世祖亲征吴提敕连可汗，“车驾出中道。至浚稽山，分中道复为二道，陈留王崇从大泽向涿邪山，车驾从浚稽北向天山。西登白阜，刻石记行，不见蠕蠕而还”。

白径岭 一名石门。为中条山之别岭。在今山西运城市西南解州镇东。《水经·涑水注》：“（盐）泽南面层山，天岩云秀，地谷渊深，左右壁立，间不容轨，谓之石门。路出其中，名之曰径，南通上阳。”《隋书·地理志》：虞乡县有白径山。《元和志》卷12河中府解县：“通路自县东南逾中条山，出白径，趋陕州之道也。山岭参天，左右避立，间不容轨，谓之石门，路出其中，名之白径岭焉。”《资治通鉴》：唐至德二载（757），郭子仪率兵趋河东，安禄山将崔乾祐败走安邑，“自白径岭亡去”。即此。

白舍镇 即今江西南丰县西南白舍镇。《方舆纪要》卷86南丰县“龙池镇”条下：“县西南六十里有白舍镇。接广昌县界。宋置太平巡司于此，明洪武二十九年废镇。”

白金宝遗址 在今黑龙江省肇源县西南。面积约18万平方米。1974年以来经多次发掘，发现有半地穴房址、窖穴、窑址、灰坑等遗迹。出土陶鼎等一批陶器及骨、蚌、石器和仿铜骨器。测定年代为距今3000年。是嫩江平原一处典型的青铜时代遗址。1996年定为全国重点文物保护单位。

白金堤 在今四川夹江县西南青衣江畔。《舆地纪胜》卷146嘉定府：白金堤“在夹江县治西南。延袤数里。亦名向君堤。蒙江啮岸，令向君励意捍之，锸沙泞中得白金一箧，霈然资焉，不他取一镪而堤就”。

白乳泉 古名白龟泉。在今安徽怀远县城南郊。唐贞元年间（785—804），因泉内曾有一只白龟流出，因以得名。北宋元祐七年（1092）苏轼与其子同游，并留有《涂山荆山记所见》诗：“龟泉木杪出，牛乳石池漫。”见此泉白浓似乳，遂改为白乳泉。现已辟为乳泉公园。

白鱼寨 亦作白溢寨。在今湖北五峰土家族自治县西北六十里玉屏山。民国《湖北通志》卷36：白溢寨“本名白鱼寨，谷讹作溢”。

白兔坵集 即今山东淄博市临淄区东北敬仲镇。有齐国大夫高傒墓。明嘉靖《青州府志》卷11：白兔坵集“在（临淄）县北三十里，东北通乐安，盐徒往来由此”。

白兔河 在今安徽桐城市东南。《清一统志·安庆府一》：双河“亦曰孔城河，至县东南三十里曰角潭河，又合白兔河，至县东一百三十里曰长河，又东十里由老洲入江。其白兔河在县东南三十里，源出独山湖，流合双河”。

白兔潭市 即今湖南醴陵市东北四十四里白兔潭镇。清光绪《湖南通志》卷1醴陵县图：县东北有白兔潭。

白狗县 北齐置，为齐兴郡治。治所在白苟堆（今河南正阳县东南）。隋开皇初改为淮川县。

白狗岭 在今四川理县西境邛崃山。唐杜佑《通典》卷176维川郡：“西南到白狗岭六十二里。”《舆地纪胜》卷148威州：白狗岭“与雪山相连”。

白狗栅 在今河南正阳县东南。《新唐书·李愬传》：元和十二年（817），“入白狗、汶港栅”。即此。

白狗峡 一名狗峡。在今湖北秭归县（茅坪镇）西北。《水经·江水注》：江水“径狗峡西，峡崖龛中石隐起有狗形，形状具足，故以狗名峡”。《舆地纪胜》卷74归州：白狗峡“在秭归县东三十里。据《道经》系七十二福地之数。又名鸡笼山”。

白狗堆 即白狗栅。在今河南正阳县东南。

白庙儿山 又称白山。在今河北沽源县南。《方舆纪要》卷18万全都司开平卫：白庙儿山“在卫东北境，边人谓之三间房，又名插汉根儿，乃蓟宣通路，滦河经其北”。

白庙子村 即今山东五莲县西白庙。1947年5月山东革命根据地置五莲县治此。

白庙港 在今广东电白县东。清同治《广东图说》卷56电白县：白庙港“下有暗沙礁石，最为险要。上有炮台”。

白庙滩 即今河北张北县东北四十里白庙滩乡。民国《张北县志》卷3：白庙滩“在县北四十里，于民国二十一年五月建筑土围”。

白於山 在今陕西靖边县南、吴起县东北境。海拔1823米。为延河、洛河、无定河的发源地。《山海经》卷2：“白於之山，上多松柏，下多栎檀，其兽多㸲牛、羬羊，其鸟多鸮。洛水出于其阳，而东流注入渭。”《元和志》卷3庆州洛原县：“洛水，源出白於山，一名女郎山，在县北三十里。”

白河 ①一名白遂河。北运河源流之一，在今北京市东北部。《元一统志》：白河“在（顺）州东二里。古名白遂河。发源自密云界，由本州东南流入通州潞河。水势激冲，沙地疏恶，每岁雨潦暴溢，则泛滥散出，广狭深浅，无有常度”。《方舆纪要》卷11通州：白河，“《志》云，河两岸皆白沙，不生青草，故名”。

②即淯水。源出今河南嵩县西南，在湖北省境与唐河会合后称唐白河，至襄阳市入汉水。《明一统志》卷30南阳府：淯水“在府城东三里。俗名白河，其源自嵩县双鸡岭东南流，经南阳、新野，……与泌水合流，南至襄阳入汉江”。

③在今甘肃酒泉市西南。《明史·地理志》肃州卫：“西南有白水，又西北有黑水，东南有红水，俱流入白水。”清梁份《秦边纪略》卷4：卯来泉水“东北流向肃州，堰坝灌田，而河水差小，及合清水、红水、白水、沙河，从下古城由边东流，谓之讨来河。至岔口、镇夷界，合张掖河水，谓之天仓河，东北流向合黎焉”。

白河口汛 在今湖北竹山县西南柳林乡（道士坪）。

清时郧阳府同知驻此。

白河县 明成化十二年（1476）置，属湖广郧阳府，次年改属兴安州。治所在今陕西白河县西。清初迁治冷水河（今白河县西北冷水镇附近）。康熙二十五年（1686）迁今白河县。乾隆四十七年（1782）属兴安府。民国初属陕西汉中道。1928年直属陕西省。

白河堡 明成化八年（1472）置，在今陕西白河县西。《清一统志·兴安府二》：白河堡“在白河县西。本洵阳县地，在万山中，明成化八年置堡筑城，以白石河为名”。后改置县，因堡为名。

白河街 一名龙王庙。即今河南嵩县南一百一十二里白河乡。清乾隆《嵩县志》卷12《市镇》：白土街“为嵩境西鄙，嵩境重山渐童，惟白河白土街尚饶材木”。

白泺 在今河北沽源县北闪电河西之囫囵诺尔。《金史·地理志》桓州：“有白泺，国言曰勹赤勒。”

白泖浦 又名白茅浦、白茆浦。在今江苏常熟市东。《宋史·河渠志七》：“乾道初，平江守臣沈度、两浙漕臣陈弥作言：‘疏浚昆山、常熟界白茆等十浦，约用三百万余工。其所开港浦，并通彻大海。’”元、明时屡经浚治，清康熙二十年（1681）慕天颜亦浚此浦。

白泥 即今贵州余庆县（白泥镇）。元设白泥等处长官司，明洪武十七年（1384）置白泥长官司。万历二十九年（1601）与余庆长官司合并设置余庆县，治白泥。二十八年征播之役，湖广总兵陈璘军次白泥，杨应龙子朝栋率众二万渡乌江迎战，即此。

白泥水 即今广东广州市花都区西白坭河。东南入流溪河。清宣统《广东舆地全图》花县图：县西有白泥水。

白泥长官司 明洪武十七年（1384）改白泥州置，属播州宣慰司。治所即今贵州余庆县。万历二十九年（1601）废入余庆县。

白泥市 即今广东佛山市三水区南白坭镇。雍正《广东通志》卷18：三水县有白泥墟。清有外委把总驻守。

白泥州 元至正末改白泥等处长官司置，治所即今贵州余庆县。明洪武十七年（1384）改为白泥长官司。

白泥河 在今贵州余庆县东南。《明史·地理志》余庆县：“东南有白泥河，下流合于思南河。”

白泥营 在今广东高要市西北。《方舆纪要》卷101肇庆府高要县：白泥营“在府西百三十里，宏（弘）治六年设”。

白泥等处长官司 元置，属播州安抚司。治所即今贵州余庆县。元至正末改为白泥州。

白泥湖 在今湖南岳阳市东北。《清一统志·岳州府一》：白泥湖“在临湘县（治今陆城镇）南五里。夏秋水泛，上接云溪港，下流入蕈湖”。

白泥塘 即今贵州织金县西南七十八里白泥塘乡。清为平远州（治今织金县）至水城厅古驿道塘铺。产高岭土，俗称白泥，故名。1932年设白泥塘镇。1936年废。

白波谷 在今河南孟州市西南。《后汉书·孝灵帝纪》：中平五年（188）二月，“黄巾余贼郭太等起于西河白波谷，寇太原、河东”。

白波垒 在今山西襄汾县南三十五里永固村。《元和志》卷12太平县称：东汉中和五年（188），黄巾军“于西河白波谷寇太原，于此筑垒”。

白波镇 在今河南孟州市西南。《资治通鉴》：东汉中平五年（188），“黄巾余贼郭大等起于河西白波谷”。胡三省注：“《帝纪》作‘西河’，当从之。又按宋白《续通典》，河南府河清县，今理白波镇。”

白官屯 即今河北唐山市丰润区西三十里白官屯镇。清于此设堡。

白居寺 为藏语音译。汉译为“吉祥轮上乐金刚鲁希巴坛城仪轨大乐香水海寺”。简称“吉祥轮大乐寺”。在今西藏江孜县城北侧。明永乐十六年（1418）由一世班禅克珠杰与施主热丹衮桑帕莫基兴建。原属喇嘛教萨迦派（黄教），后布敦、格鲁（黄教）等派势力先后进入，遂成为各派共存的一座寺院。宣德二年（1427）于寺内建有佛塔一座，藏名贝考曲登，俗称白居塔。塔高十层，塔内保存精美的雕塑和壁画。其风格融合了印度、尼泊尔、克什米尔等外来佛教艺术及内地汉族的一些特点，形成江孜地区独特艺术风格。1996年定为全国重点文物保护单位。

白居易墓 在今河南洛阳市南香山（一名东山）的琵琶峰下。今墓为清康熙四十七年（1708）重修。

白驹山 在今江苏丰县西南二十里。《方舆纪要》卷29徐州丰县：白驹山“地形高阜，相传汉高大会父老于此，歌白驹以留宾，因名”。《清一统志·徐州府一》：白驹山“明成化间，犹高三丈余，嘉靖末，屡经黄水沙壅，其迹渐平”。

白驹场 即今江苏大丰市西南白驹镇。旧属兴化县，产盐。为元末农民起义军领袖张士诚的故里。《明史·河渠志六》：万历二十三年（1595），总河尚书杨一魁言：“黄水倒灌，正以海口为阻。分黄工就，则石础口、廖家港、白驹场海口，金湾、芒稻诸河，急宜开刷。”即此。

白垭堡 明置，在今四川梓潼县东。《方舆纪要》卷68梓潼县：白垭堡“在县东。又东曰图山堡”。

白城 ①在今河北赤城县东北。《方舆纪要》卷18云州堡：白城在“堡东北百里。金世宗雍纳凉之所也，又章宗璟生于此”。

②在今河北清苑县西南二十里白城乡。《续资治通鉴长编》卷54：咸平六年（1003），定州副部署王继忠与契丹战于康村，“旁西山而北，至白城，陷于敌”。即此。

③在今黑龙江省哈尔滨市阿城区南四里。土人谓之败城。为金上京会宁府遗址。今遗址尚存。

④故址在今江苏南京市东。《梁书·武帝纪》："帝起兵向建康，使王茂斜趣白城。"《资治通鉴》：南朝梁太平元年（556），齐兵进及倪塘，"霸先拒嗣徽于白城"。皆此。

⑤一名白公城。即春秋楚白邑。在今河南息县东长陵乡西。《水经·淮水注》："淮水又东径白城南，楚白公胜之邑也。东北去白亭一十里。"

⑥在今云南玉溪市北。《元史·地理志》新兴州普舍县：普具龙、普札龙"二城之西有白城，汉人所筑。二酋屡争其地，莫能定"。

白城山 在今甘肃高台县西南八十里。《清一统志·肃州》：白城山，"石蹬曲折，有林泉之胜"。

白城子 ①在今内蒙古乌审旗南与陕西靖边县北界上之白城子一带。《方舆纪要》卷61榆林镇：白城子"在镇西怀远堡北。旧为寇垒。隆庆中，陕督王崇古自花马池长城关出边，与敌战于此。败之"。

②即今内蒙古多伦县北蔡木山乡白城子。为元代东凉亭遗址。

③即今吉林白城市。清光绪三十年（1904）于此置靖安县。民国徐曦《东三省纪略》卷2："靖安县民国三年一月，因与江西省重复，改名洮安，县治土名白城子，当洮儿河之北。"

白城市 1958年撤销吉林省白城县，改设白城市；白城、洮南二县合并为洮安县。1993年撤销白城地区，白城市升为地级市；原县级白城市改置洮北区。白城市人民政府驻洮北区。

白城镇 隋于契吴城置，在今内蒙古乌审旗北。旋废。

白荆山 在今湖北浠水县西南二十二里。《方舆纪要》卷76蕲水县"板石山"条下："《志》云，县西南二十二里有白荆山，与县南二十里之阇黎山对峙，县境之水多经其下。"

白荆堤 在今湖南岳阳市东南。《方舆纪要》卷77岳州府巴陵县"偃虬堤"条下："又白荆堤，在府东南十里。与滃湖相近。"

白革湖镇 北宋置，属龙游县。即今浙江龙游县东三十里湖镇。

白带山 即今北京市房山区西南石经山。《寰宇记》卷70范阳县："白带山在县西北四十里。"清雍正《畿辅通志》卷17引《隋图经》："智泉寺僧静琬见白带山有石室，遂发心书经十二部，刊石为碑。"即此。

白草军 唐置，在今宁夏海原县（三河镇）北清水河东岸。《元和志》卷3原州萧关县："御史中丞侯全德奏于故白草军城置。"至德后废。

白草坝 即白草寨。在今四川北川羌族自治县西北小坝乡一带。明成化十四年（1478）抚臣张瓒进剿白草坝，即此。

白草沟口 在今河北灵寿县西北。《方舆纪要》卷14灵寿县：白草沟口在"县西北百六十里。北至龙泉关百二十里。正统九年设官兵戍守"。

白草岭 ①在今云南大姚县西北。《清一统志·楚雄府》：白草岭"在大姚县北八十里。岭极高，为诸山之冠"。

②一作白岭。在今青海祁连县东境。《十六国春秋辑补》卷96北凉录：玄始十二年（423），"乞伏炽盘来攻，遂陷白草岭及临松郡"。即此。

白草洼 在今陕西佳县西四十里。《方舆纪要》卷57葭州：白草洼"洼多蓄水，亦曰天池"。

白草原 在今河南襄城县南。《资治通鉴》：唐元和十二年（817），"裴度过襄城南白草原，淮西人以骁骑七百邀之"。

白草砦 北宋初置，属延州延川县。在今陕西清涧县东北一百余里白草寺附近。元废。

白草铺 即今四川平武县东南涪江东岸白草铺。《清一统志·龙安府》：高村河"出高村，经大坝，至白草铺入涪"。嘉庆《四川通志》卷89平武县：白草铺"在县东五十里"。

白草寨 一名白草坝。在今四川北川羌族自治县西北小坝乡一带。《方舆纪要》卷73龙安府平武县：白草寨在"府西南四百里。亦曰白草坝，番寨也。《志》云：白草番东抵石泉县约七十里，西抵南路生番，南抵茂州番，北抵平武界，凡十八寨。部曲素强，恃险阻，往来剽夺为患。成化十四年，抚臣张瓒督兵剿白草坝及西坡、禅宛诸大寨生番，皆顺命，寻复叛。嘉靖十三年，抚臣宋沧遣兵击平坝底、白草等寨，诸蛮献侵地二千余里，未几复叛"。

白荡 又名白家田。在今江苏昆山市南三十六里。《方舆纪要》卷24苏州府长洲县：白荡"西连双洋荡，又西接陈湖，南连朱沙港，汇为巨浸，下流注淀山湖"。

白荡湖 在今安徽枞阳县东北。《方舆纪要》卷26桐城县：源子港，"《志》云：县东百有二十里有破罡、竹子、白荡诸湖。其白荡湖亦曰民池湖。……皆回环相接，达源子港入江"。

白砖砦 北宋置，在今湖南桃源县北一百二十里。《宋史·地理志》常德府："元丰三年，废白砖、黄石二砦。"

白砂 即今福建上杭县东北白砂镇。1931年1月中央革命根据地置杭武县治此。

白面山 ①在今安徽池州市西南六十里。《方舆纪要》卷27贵池县：白面山"在府西南六十里。雪岩拱此，如傅粉然。下有白面渡"。

②在今湖北嘉鱼县南。《宋史·韩世忠传》：刘忠叛，"有众数万，据白面山，营栅相望"。即此。《方舆纪要》卷76嘉鱼县：白面山"在县南十里。山前有白面洲。《邑志》云，旧蒲圻县置于此"。

③在今湖北通城县西南四十五里。《舆地纪胜》卷66鄂州：白面山"在通城西南十五里。山多白石，

故名”。《清一统志·武昌府一》：白面山“山多白石。南唐保大中尝徙县治于山下。宋平江南，复还旧治”。

④一名白虎山。在今广西扶绥县西北。《方舆纪要》卷110罗阳县“青山”条：“《志》云：县西北有白面山，隆庆五年，土酋黄金彪作乱，官兵讨之，彪奔陇闷村白面山箐中。既而食尽，乃就缚处。”

⑤一名挂榜山。在今广西象州县南七里。《舆地纪胜》卷105象州：白面山“顺流取城五里，近南山寺。石壁屹立，横截大江，江水为之折而西去。山多白石，故名”。

白面山寨 在今广西环江毛南族自治县南。《方舆纪要》卷109思恩县：白面山寨“在县治西。《志》云：县治旧在清潭，宣德中徙于白面山寨，天顺中又移今治。寨盖邑民保聚处也，北去清潭不过百武”。

白面村 在今广西平乐县北。《方舆纪要》卷107平乐县：“白面村在府北四十里，接阳朔县界。”

白面峪 在今江西崇义县东北。《方舆纪要》卷88南安府崇义县：白面峪“其北即上犹县金坑寨。正德中，王守仁平横水贼，分道出石人坑、白面峪、金坑是也”。《清一统志·南安府》：白面峪“在崇义县东北四十里”。

白面砦 在广西临桂县西北。《方舆纪要》卷107义宁县：白面砦“在县西，为诸蛮啸聚处”。

白面堡 在今广西荔浦县东。《方舆纪要》卷107荔浦县：“白面堡，在县东。”

白面墟 在今湖南江永县西南十五里。明置巡司于此。

白面寨 ①在今湖南新田县东南二十六里。明置巡司于此。

②亦作站面砦。在今广西恭城瑶族自治县东南。明置土巡司于此。

白鸦谷 在今陕西蓝田县东南二十里。唐杜甫诗：“盘剥白鸦谷口栗”，即此。

白畎 即白犬洋。今福建连江县东南白犬列岛。清光绪《七省沿海要隘全图》作白畎。

白虾浦 在今福建福州市东南。《资治通鉴》：五代汉高祖天福十二年（947），南唐兵围福州，吴越将余安自海道赴救，“至白虾浦，海岸泥淖，须布竹箦乃可行，既登岸，大破南唐兵”。即此。

白峤山 在今浙江宁海县东。《舆地纪胜》卷12：白峤山“在宁海县”。《方舆纪要》卷92宁海县：白峤山“在县东五里。亦曰白桥岭。《志》云：晋置宁海县，初治此”。

白峤驿 元至正二十三年（1363）改迎恩驿置，在今浙江宁海县城东。明万历二十一年（1593）移今县西南桑洲镇。寻复旧。三十九年（1611）废。

白骨甸 在今新疆吉木萨尔、奇台、木垒三县北。元《长春真人西游记》卷上：“公曰：‘前至白骨甸地，皆黑石，约行二百余里达沙陀北边，颇有水草，更涉大沙陀百余里，东西广袤不知其几千里，及回纥城，方得水草。’师曰：‘何谓白骨甸？’公曰：‘古之战场，凡疲兵至此，十无一还，死地也。顷者乃满大势亦败。’”徐松跋：“今自科布多赴新疆驿路，直南抵古城，近古城之鄂伦布拉克台、苏吉台、噶顺台皆沙碛，是即白骨甸也。”

白泉山 在今湖北崇阳县西北。《方舆纪要》卷76崇阳县：白泉山“在县西北二十余里，泉流不竭。宋张诚为令尝凿山引水以灌田，后屡修治，至今为近郭之利”。

白泉军 唐开元五年（717）郭知运置，在今青海乐都县东北。宝应元年（762）陷于吐蕃。

白泉陂 在今湖北崇阳县西北。《清一统志·武昌府二》：白泉陂“宋张诚为县令，偃大木为堰，凿石为渠，引水入圳，灌近郭田。明万历中，易以石”。

白泉河 即今湖北广水市东。《舆地纪胜》卷83随州：白泉河“在应山县东三十里。源出八十母山，悬流而下入涢”。《方舆纪要》卷77应山县：白泉河“自孔山悬流而下，流入于澴水”。

白泉镇 清名安慈镇。即今吉林东辽县。民国熊知白《东北县治纪要》辽宁安西县：“县属抱手堆子距县市二十五里。一名安慈镇。……物产惟大豆最多。”1987年东辽县由辽源市迁于此。

白亭 在今河南息县东长陵乡东北。《水经·淮水注》：“分青陂东渎，东南径白亭西，又南于长陵戍东，东南入于淮。”《史记·伍子胥列传》正义引《括地志》：“白亭在豫州褒信县南四十二里。”

白亭水 亦作白亭海。在今甘肃民勤县东北，与内蒙古阿拉善左旗西北界上。《新五代史·四夷附录三·于阗》：“高居诲《入于阗记》：‘沙岭，党项牙也，其酋曰捻崖天子。渡白亭河至凉州。’”

白亭守捉 唐置，属凉州。在今甘肃民勤县东北梭梭门子一带。《新唐书·地理志四》凉州：“西北五百里有白亭军，本白亭守捉，天宝十四载为军。”

白亭军 唐天宝中置，在今甘肃民勤县东北。《元和志》卷40姑臧县：白亭军“在县北三百里马城河东岸。旧置守捉，天宝十年哥舒翰改置军，因白亭海为名也”。后废。

白亭县 西魏置，属南乡郡。治所在今河南淅川县西南五十二里白亭村。北周废。

白亭城 即今河南扶沟县北四十五里白亭城。《魏书·地形志》扶沟县：“有白亭城。”《寰宇记》卷2扶沟县：“白亭，《陈留风俗传》云：扶沟县有帛乡帛亭。《舆地志》：鄢陵，楚之边邑也。平王封太子建之子胜白公，因居焉。”

白亭海 亦名休屠泽、西海、猪野泽。在今甘肃民勤县东北。《元和志》卷40姑臧县：白亭军“因白亭海为名”。《寰宇记》卷152：“白亭海，白亭水色洁白，因以为名。"《清一统志·凉州府一》："按舆图，今三岔河自镇番东北出边，又三百余里潴为泽，方广数十里，俗名鱼海子，即白亭海，古休屠泽也。"

白亭街 在今河南淅川县西南五十二里丹江西岸。清咸丰《淅川厅志》卷1：白亭街"旧四大镇之一。今有小集"。

白亭镇 北宋置，属邓州淅川县。在今河南淅川县西南五十二里白亭村。

白音太来 即今内蒙古通辽市。本辽源县地，1914年置通辽镇。1918年升为通辽县。1951年设通辽市。"白音太来"或说为蒙古语"巴彦他拉"的转音，意为富饶的甸子。

白音胡硕 即今内蒙古科尔沁右翼中旗白音胡硕镇。清初以来为科尔沁右翼中旗驻地。"白音胡硕"系蒙古语，白音意为"美丽富饶"，胡硕意为"山形似犁铧"。

白彦县 1947年山东革命根据地由费县、邹县、滕县三县析置，治所在白彦（今山东平邑县南白彦镇）。以驻地白彦为名。1949年迁治东山亭村（今滕州市东山亭镇）。1953年撤销。

白彦镇 即今山东平邑县南白彦镇。1940年2月，八路军一一五师六八六团、特务团、苏鲁支队和苏鲁豫支队一大队联合发起白彦战斗，解放了白彦地区。后日伪军又一度将白彦镇占领，通过反复争夺战，终于迫使敌人撤退，给日伪军和反动地主武装以沉重打击，除掉了他们控制的鲁南山区之一个重要据点，为鲁南抗日根据地的巩固和发展创造了有利条件。

白帝山 在今重庆市奉节县东十里长江北岸白帝城。《水经·江水注》："（巴东郡治）白帝山城周回二百八十步，北缘马岭，接赤岬山。其间平处，南北相去八十五丈，东西七十丈。又东傍东瀼溪，即以为隍。西南临大江，阙之眩目，惟马岭小差委迤，犹斩山为路，羊肠数转，然后得上。益州刺史鲍陋镇此，为谯道福所围，城里无泉，乃南开水门，凿石为函，道上施木天公，直下至江中，有似猿臂相牵，引汲然后得水。水门之西，江中有孤石为滟预石。"南宋王应麟《通鉴地理通释》卷11引《元和志》："白帝山即州城所据也，与赤岬山接。初，公孙述殿前井有白龙出，因号白帝城。"

白帝庙 在今重庆市奉节县东十里白帝山（白帝城）。为祭祀公孙述之庙宇。始建年代不详。唐杜甫《上白帝城》诗云："白帝空祠庙，孤云自往来。"据此唐已有祠庙。《方舆胜览》卷57夔州：白帝庙"旧州城内。有三石笋犹存。公孙述据蜀，自称白帝"。《宋史·张廷翰传》：乾德二年（964）伐后蜀，"师次夔州，（刘）廷让顿兵白帝庙西"。即此。今庙为明、清时建，主要建筑有明良殿、武侯祠、观星亭。东西两廊之碑林，以隋"龙山公墓志铭"最为珍贵。

白帝城 东汉初公孙述筑，在今重庆市奉节县东十里白帝山上。《水经·江水注》："公孙述名之为白帝，取其王邑"，故以为名。其后历为州、郡、县治所。北宋时移州、县于今奉节县，城遂废。城居高山，形势险要。三国时蜀汉以为防吴重镇。蜀汉章武二年（222），刘备为吴将陆逊所败，退居此城，后死于城西永安宫。临终前托孤诸葛亮。唐李白有《早发白帝城》、杜甫《白帝城》诗篇。古城城垣遗址尚依稀可见，山顶上有白帝庙。

白帝镇 北宋置，属商水县。在今河南商水县境。

白洑巡院 唐大中十一年（857）置，在今湖北潜江县西北四十里下蚌湖附近。北宋乾德三年（965）改置潜江县。

白洑驿 在今湖北潜江市北。《方舆纪要》卷77潜江县：白洑驿"在县北。明初置驿于此。万历九年革"。

白洑镇 亦作白伏巡。在今湖北潜江市西北。《寰宇记》卷146潜江县："唐大中十一年以人户输纳不便，置征科巡院于白洑。"即此。北宋乾德三年（965）置潜江县于此。

白洋市 即今湖北枝江市西四十六里白洋镇。《清一统志·荆州府二》：白洋市"在宜都县东十里，大江北岸"。

白洋县 1944年10月晋冀鲁豫边区由安新县析置，治所在安州镇（今河北安新县西南安州镇）。以白洋淀为名。1946年2月并入安新县。

白洋坪 即今湖北恩施市东北白杨镇。清同治《施南府志》卷6《村集》："白洋坪，距（恩施）县八十里。"

白洋河 ①在今江苏宿迁市宿城区东南。《清一统志·徐州府一》：白洋河"在宿迁县东南三十五里。自安徽泗州流入，即北潼水之下流也。旧为巨浸，望之如洋，故名"。

②又名义井河。即今山东栖霞、烟台二市境之白洋河。《方舆纪要》卷36栖霞县：白洋河"源出灵山，绕翠屏山而西流，会溪谷诸水，亦北抵福山县（今烟台市西南）入海"。

白洋河镇 又称洋河镇。明置，属桃源县。即今江苏宿迁市宿城区东南洋河镇。因白洋河为名。《明史·地理志》桃源县："东有三义镇巡检司，崇祯末，移于县西之白洋河镇。"清设千总及宿迁县主簿驻此。以产名酒"洋河大曲"著称。2004年由泗阳县划归宿迁市宿城区。

白洋淀 又名西淀。在今河北安新县南。《宋史·河渠志五》："有白洋淀。"《清一统志·保定府二》：白洋淀"在新安县南二十里。周六十余里。南高阳、西安州、东任邱、北新安、东北雄县五州县环之，而新安十数村居其中，古九十九淀之一也。相传明弘治以前，其地可耕而食，中央为牧马场。自正德间杨村河决入，始成泽国，今合相近诸淀之水，总名曰西淀"。

白洋湖 又名白杨湖。在今安徽太和县西南十五里。《清一统志·颍州府一》：白洋湖“有东西二湖，西通柳河”。光绪重修《安徽通志》卷31颍州府：白杨湖“一作白洋。旧为黄河水道淤隔而成”。

白洋镇　即今浙江绍兴县西北五十里白洋村。明设白洋巡司于此。清乾隆时移驻柯桥镇。

白浒山　一名白虎矶、白浒矶。在今湖北鄂州市西北长江南岸。《水经·江水注》：“江水东径白虎矶北。山临侧江渍。”明代山下有白浒镇，置巡司于此。

白浒塘　在今江西湖口县南，西濒鄱阳湖。清设白浒塘汛，有把总驻防。

白宫市　即今广东梅县东白宫镇。清光绪《嘉应州志》卷1：“东路连潮州白鸭臬嶂顶，到白宫市三十里。”

白屋　在今河南辉县市西南。《晋书·宣帝纪》：三国魏景初二年（238），司马懿平公孙渊还，“及次白屋。有诏召帝，三日之间，诏书五至。……乃乘追锋车昼夜兼行，自白屋四百余里，一宿而至”。

白眉寨　在今河北井陉县西南三十五里。《方舆纪要》卷14井陉县：白眉寨“据山为险，形势雄峻，有天桥，樵采者侧足而废”。

白起县　唐武德元年（618）置，属起州。治所在今河北巨鹿县西南。武德四年（621）废。《方舆纪要》卷15巨鹿县：白起城“在县西南。旧传白起攻赵，尝筑城于此”。

白起洞　在今湖北宜昌市北。《舆地纪胜》卷73峡州：白起洞“在夷陵县。世传白起烧夷陵时驻此”。《方舆纪要》卷78夷陵州“明月峡”条下：“《志》云，州北十五里有白起洞，俗传秦白起烧夷陵时驻此。”

白起渠　一名长渠。自今湖北南漳县东引蛮河北源，东至今宜城市南会木里沟入汉江。相传为战国时秦将白起攻楚时所修。《水经·沔水注》：“昔白起攻楚引西山长谷水，即是水也。旧堨去城百许里，水从城西灌城，东入注为渊，今熨斗陂是也。水溃城东北角百姓随水流死于城东者数十万，城东皆臭，因名其陂为臭池。后人因其渠流以结陂田，城西陂谓之新陂，覆地数十顷。西北又为土门陂，从平路渠以北，木兰桥以南，西极土门山，东跨大道，水流周通。其水自新陂东入城，……又东出城东注臭池。臭池溉田，陂水散流，又入朱湖陂，朱湖陂亦下灌诸田，余水又下入木里沟。木里沟是汉南郡太守王宠所凿，故渠引鄢水也，灌田七百顷。白起渠溉三千顷，膏良肥美，更为沃壤也。”《元和志》卷21襄州义清县：长渠“在县东南二十六里，派引蛮水。昔秦使白起攻楚，引西山谷水两道争灌鄢城，一道使沔北入，一道使沔南入，遂拔之”。《清一统志·襄阳府》“长渠”条引《府志》：“宋绍兴三十二年，王澈言襄阳故有二渠，长渠溉田七千顷，木渠溉田三千顷。今废堙请以时修复。”

白盐山　在今重庆市奉节县东十七里长江南岸。《方舆胜览》卷57夔州：白盐山“在城东十七里。崖壁五十余里。其色炳耀，状若白盐”。隔江与赤甲山相对，中夹江为瞿塘峡，为蜀之咽喉。《方舆纪要》卷69奉节县：白盐山“明初伐蜀，汤和分军出赤甲，白盐两山间，遂克夔州”。

白盐井　①在今四川盐源县。清时有把总驻守。1951年盐源县迁治于此。

②在今云南大姚县西北石羊镇。《方舆纪要》卷116姚安军民府：白盐井“有盐课提举司，旁有九井，曰观音、曰旧、曰界、曰中、白灰、曰尾、曰白石谷、曰阿拜、曰小，皆产盐，为公私之利。《滇略》：羝羊石在司西里许，蒙氏时，有羝饫土，驱之不去，掘地得滷泉，因名白羊井，后讹为白盐云。明初上爨自久作乱，官军败之于白盐井，遂进败贼于东山箐”。明置白盐井巡司。

白盐井场　在今四川盐源县。有盐井。民国《宁属调查报告汇编》：“其井一在市南街中，井深四十五尺，井口作长方形。可容四对水桶同时上下，称为班井。一在市东小溪南岸白崖之下，称为白崖井，或名硝水井，井为一大坑，较平地低五丈，可容多人上下挑水。”清设白盐井汛，有把总驻此。1951年盐源县迁治于此。

白盐池　①在今内蒙古鄂托克前旗南北大池。《元和志》卷4：盐州五原县有“盐池四所：一乌池，二白池，三细项池，四瓦窑池。乌、白二池出盐”。唐置白池县，以地近白池而名。《资治通鉴》：北魏登国六年（391），拓跋珪既灭卫辰，“十二月，珪军于盐池”。胡注：“唐盐州、五原县有乌、白等池盐。宋白曰：青、白盐池在盐州北。”

②在今甘肃民勤县境内。《元和志》卷40姑臧县：“武兴盐池、眉黛盐池，并在县界，百姓咸取给焉。”《清一统志·凉州府一》白盐池：“《行都司志》：有新中沙白盐池，在镇番卫东五十里，周二里。又三坝白盐池，在卫东三十里，周三里。鸳鸯白盐池、小白盐池皆在卫西北二百二十里边外。明初曾设鹾司，后因边外商贾不行，故废。”

白盐滩　即今内蒙古鄂托克前旗南北大池。《明史·王越传》：成化九年（1473）九月，鞑靼满都鲁及李罗忽“大举深入，直抵秦州、安定诸州县，越出榆林，逾红儿山、涉白盐滩，两昼夜行八百里”。即此。

白都山　在今江苏南京市西南七十里，西临大江。宋《景定建康志》卷17“白都山”条引《舆地志》云：“昔白仲都尝于此山学道，白日升天，因以为名。”《三国志·吴书·诸葛恪传》：诸葛恪诛后，子竦载其母而走，孙峻遣“刘承追斩竦于白都”。即此。

白都讷城　又作那拉洪、纳尔浑、伯都讷。在今吉林松原市。清康熙三十二年（1693）于驿站南另筑新城，三十三年设伯都讷副都统镇守。嘉庆十五年（1810）设白都讷直隶厅。光绪三十二年

(1906) 升为新城府。1913 年降为新城县，次年改扶余县。1987 年改设扶余市。1992 年改名松原市。

白都讷副都统 清康熙三十一年（1692）置，属宁古塔将军（吉林将军）。治所在白都讷城（今吉林松原市）。辖境相当今吉林松原、榆树二市地。嘉庆十五年（1810）于城又置伯都讷厅。宣统元年（1909）废。

白莆堰 在今江苏如皋市东南五十里白蒲镇附近。《宋史·河渠七》："绍兴初，以金兵蹂践淮南，犹未退师。四年，诏烧毁扬州湾头港口闸、泰州姜堰、通州白莆堰。"

白莲 亦作八哈剌因。即今阿拉伯半岛东部之巴林。南宋赵汝适《诸蕃志》卷上：白莲为大食国之属国。《元史·地理志》：西北地附录译作八哈剌因。

白莲山 在今云南盈江县北。《明一统志》卷 87 干崖宣抚司：白莲山"在司（治今旧城镇）北六十里。中有一峰，林峦耸拔。土官居其麓。下有白莲池"。

白莲马驿 在今福建将乐县西南白莲镇。《方舆纪要》卷 97 将乐县"三华驿"条下："又白莲马驿，在县西南六十里。宋为将安馆，元至治中，改为站。明初改为驿。"

白莲河 即今湖北罗田县南浠水上游。《方舆纪要》卷 76 罗田县：白莲河在"县南五十里。源出英山县，经县境，合蕲水县之兰溪入大江"。

白莲驿 明初置，属将乐县。即今福建将乐县西南白莲。

白莲站 元置，即今福建将乐县西南白莲镇。

白莲潭 应为今北京市北海、什刹海、积水潭等湖泊的前身。《金史·河渠志》载："金都于燕，东去潞水五十里，故为闸以节高良河、白莲潭诸水，以通山东、河北之粟。"

白晋支线 原拟自山西祁县东北白圭，向南筑至晋城，实际修至潞城为止，故亦称白潞支线。长 174.8 公里。为同蒲铁路支线。日伪于 1941 年修筑。1945 年后被拆除。

白桥 在今河北阜城县东码头镇。《资治通鉴》：唐元和十二年（817），"王承宗遣兵二万入东光，断白桥路"。胡三省注："（东光）县西四里有永济渠，渠上有桥，当自县通弓高之路。白桥跨永济渠。"

白桃川 亦名凤凰川。在今四川大英县东北郪口镇境。《旧唐书·地理志》长江县："旧治灵鹫山。上元二年，移治白桃川。"《寰宇记》卷 87 长江县："唐上元元年以旧县不安，移在明月山下凤凰川。"

白蚬江 即古东江。又名白蚬湖。故道自今江苏苏州市吴中区东南三十里古三江口与松江分流，经白蚬湖东南流入海。

白蚬塘 在今广东广州市番禺区（市桥镇）东莲花山水和市南沙湾水一带。清李调元《南越笔记》卷 46："番禺海中有白蚬塘，自狮子塔至西江口，凡二百余里，皆产白蚬。……白蚬多生于雾，每当春暖，白雾涨空，濛濛霏霏之中。土人知为白蚬也，名落蚬天。"

白峰岭 在今浙江东阳市东北。《方舆纪要》卷 93 东阳县"乌竹岭"条下：白峰岭"在县东北七十里。高三百丈，石栈萦纡，东通嵊县，嘉靖三十五年据险立寨，以防倭寇"。

白皋津 在今河南滑县东北古黄河北岸。《资治通鉴》：唐乾元二年（759），史思明分四道进兵汴州，令"史朝义自白皋"济河。即此。

白豹山 在今湖南永兴县西九十里。《方舆纪要》卷 82 永兴县：白豹山"山险峻，高数百丈，周百余里，接衡州府耒阳县界"。

白豹水 在今湖南永兴县西二十里。《舆地纪胜》卷 57 郴州：白豹山"又有白豹水，源出白豹山"。《方舆纪要》卷 82：白豹水"源出白豹山，流合郴水"。

白豹城 北宋元符二年（1099）置，属庆阳府。即今陕西吴起县南白豹镇。《宋史·仁宗纪》：康定元年（1040）九月，"环庆路兵马副都总管任福破白豹城"。

白狼山 一名白鹿山。又称白狼堆。即今辽宁喀喇沁左翼蒙古族自治县南六十里大阳山。蒙古语称布祜图山。《汉书·地理志》 右北平郡白狼县下师古注："有白狼山，故以名县。"《三国志·魏武纪》：东汉建安十二年（207），曹操征乌丸，引军出卢龙塞，"东指柳城，未至二百里，登白狼山"。

白狼水 ①亦作狼水。在今辽宁喀喇沁左翼蒙古族自治县西南，为大凌河上游。《汉书·地理志》 辽西郡临渝："渝水首受白狼，东入塞外。"《水经·大辽水注》："辽水右会白狼水。水出右北平白狼县，东南径广成县，北流，西北屈，径广成县故城南。"

②即今山东潍坊市东白狼河。《水经·巨洋水注》：白狼水"上承营陵县之下流，东北径城东，西入别画湖，亦曰朕怀湖。湖东西二十里，南北三十里，东北入海"。《新唐书·地理志》北海郡北海县："长安中，令窦琰于故营丘城东北穿渠，引白浪水曲折三十里以溉田，号窦公渠。"

白狼县 战国秦置，属右北平郡。治所在今辽宁喀喇沁左翼蒙古族自治县西南黄道营子。出土秦封泥中有"白狼之丞"可证。西汉仍属右北平郡。《汉书·地理志》白狼县下师古注："有白狼山，故以名县。"东汉废。十六国后燕复置，属北平郡。北魏太平真君八年（447）废入广都县。

白狼城 在今辽宁喀喇沁左翼蒙古族自治县西南黄道营子。西汉为白狼县治。《水经·大辽水注》："白狼水北径白狼县故城东。"

白狼堆 ①在今山西应县西北。《水经·㶟水注》：

“灅水又东北径白狼堆南，魏烈祖道武皇帝于是遇白狼之瑞，故斯阜纳称焉。”

②即白狼山。今辽宁喀喇沁左翼蒙古自治县西南六十里大阳山。《三国志·魏书·田畴传》：东汉建安十一年（206），曹操征乌桓，“令（田）畴将其众为乡导，上徐无山，出卢龙，历平冈，登白狼堆，去柳城二百余里，虏乃惊觉。单于身自临阵，太祖与交战，遂大斩获，追奔逐北”。即此。

白海子　①即察罕脑儿。今河北沽源县北囫囵诺尔。金代称白泺，元代称白海、察罕脑儿。金世宗建避暑宫景明宫、元世祖建察罕脑儿行宫（又称白海行宫）于其地。

②蒙古名插汉脑儿，今内蒙古阿巴嘎旗南查干诺尔（又作库尔查干诺尔）。明《蓟镇边防》：“插汉脑儿即白海子，在宣府大青山后，宣边相去尚有六百余里。此处原有长水海子、苦水海子二处，夷人因长水海子四望平沙，遂名插汉脑儿。”

③在今甘肃古浪县东北界，古浪水东北流潴而成。《清一统志·阿拉善厄鲁特》：松陕水“即今古浪河，边外积水处总曰海”。

白涂（塗）河　相当今江苏兴化市东白塘河。《方舆纪要》卷23兴化县“海陵溪”条下：“县东北为白涂河，西接海陵溪，东经平望湖，又东合串场河，亘百二十里。”

白浮　即今北京市昌平区东南白浮村。《元史·文宗纪》：天历元年（1328），“燕铁木儿与上都军大战白浮之野”，败之，即此。

白浮山　亦名龙泉山、北山。在今北京市昌平区东南十里。山上有二龙潭，流经白浮村。元引白浮泉水为通惠河水源。《元史·郭守敬传》：“引北山白浮泉水，西折而南，经瓮山泊，自西水门入城，环流于积水潭，复东折而南，出南水门，合入旧运粮河。”

白浮图城　在今北京市昌平区西八里旧县。《方舆纪要》卷11昌平州：五代唐昌平县“徙于白浮图城”，即此。明景泰初徙昌平县于今治。

白浮堰　在今北京市西北。《方舆纪要》卷11昌平州“白浮山”条：“《志》云，白浮堰在州东南十五里，起白浮村，至府西北三十五里之青龙桥，延袤五十余里。元至元中，郭守敬引白浮山诸水西折而南，经府西三十里之瓮山泊，流入积水潭，以通漕运，因筑此堰，以障双塔、神山、榆河诸水。其后山水决溢不时，岁常修治。”

白涧山　又作白涧岭。在今山西阳城县西北十六里。《资治通鉴》：东晋义熙十二年（416），“丁零翟猛雀驱掠吏民，入白涧山为乱，魏内都大官河内张蒲与冀州刺史长孙道生讨之”。即此。

白涧水　在今河北涞水县西北。为拒马河支流。《水经·巨马水注》：涞水“径楼亭北，左属白涧溪。水有二源，合注一川，川石皓然，望同积雪，故以物色受名。其水又东北流，谓之石槽水，伏流地下，溢则通津委注，谓之白涧口”。

白涧岭　又作白涧山。在今山西阳城县西北十六里。《水经·沁水注》：濩泽水“出濩泽城西白涧岭下”。即此。

白涧镇　即今陕西凤县东北龙口镇。《资治通鉴》：五代周显德二年（955），蜀将李廷珪“遣骑兵出斜谷，屯白涧”，即此。《九域志》卷3：凤州梁泉县有白涧镇。

白浪渡　在今山西平陆县东七十里黄河北岸。明置巡司于此。

白家屯　在今河北景县北。《方舆纪要》卷13景州：白家屯：“（明）天启中，……牛朝利等退保白家屯，掘深壕，伐木为堑，固守以拒官军。”

白家海　一名固尔班托罗泊。在今新疆昌吉市北。为乌鲁木齐河所潴。清宣统《新疆图志》卷71：乌鲁木齐河，“昌吉河自西南来会，合流汇于固尔班托罗之泊。……谚称为白家海子者也。海子东西长，南北狭，周径约四五十里。非大泽，故不著名”。

白家滩镇　金置，属曲周县。在今河北曲周县境内。

白朗宗　原西藏地方政府设，治所在今西藏白朗县罗布穷孜。以两个姓氏为名。传说公元13世纪著名喇嘛译师巴扎·尼玛扎巴和纳朗·多吉敦炯二人曾一起在此念过经，后来取二人姓名首字，合为当地名称。1960年与杜穷、旺丹二宗合并，改设白朗县。今驻地为洛江。

白朗故居　在今河南宝丰县西南二十五里大刘村东北隅。白朗（1873—1914）字明心。1912年组织农民武装在此起义，反对北洋军阀统治。次年4月攻克禹县（今禹州市），提出“打富济贫”口号，进军鄂、豫、皖边境。1914年改称“公民讨贼军”，向南京“反袁大本营”靠拢。因北洋军阀实行“四省围剿”，南进受阻，决定西走陕甘，经鄠县（今户县）、盩厔（今周至），至甘肃，连破岷州（今岷县）、洮州（今临潭）。又取道东下，攻克秦州（今天水），沿渭河回河南。8月，部队分散活动，白朗带百余人回宝丰，在宝丰和临汝交界处的虎狼爬岭被围，突围时中弹身亡，葬大刘村西五里吴庄北山之阴。

白朗塘水　即今广西乐业县西北白朗河。《清史稿·地理志》凌云县：“红水江为县北界……右受白朗塘、罗西塘水。”

白桑　在今四川康定县西新都桥镇北下柏桑。清康熙四十年（1701）置白桑土百户。

白桑关　即今湖北郧县东北白桑关镇。《清一统志·郧阳府》：白桑关“在郧县东北八十里”。

白捺城　在今安徽淮南市东部或长丰县北境。《魏书·杨侃传》：南朝梁豫州刺史裴邃欲攻寿春，诱北魏修此城，“佐僚咸欲以实答之，云无修白捺意。而侃曰：白捺小城，本非形胜。邃好小黠，今集兵遣移，虚构是言，得无有别图也”。

白撣县　亦作白禅县。东魏置，属临涣郡。治所在今安徽濉溪县西南百善集。北齐属谯郡。隋大业初废。

白掸城 即今安徽濉溪县西南百善集。《魏书·地形志》临涣郡白掸县:"治白掸城。"

白埠 即今山东平度市西南二十八里白埠镇。清道光《平度县志》卷9有白埠。

白埠墟 即今江西会昌县南八十五里白埠。清同治《江西全省舆图》卷9:会昌县南有白埠墟。

白基山 在今贵州晴隆县西三十二里。《方舆纪要》卷123安南卫:白基山"巍峨挺秀,旁有削壁"。

白菟楼 即张仪楼。战国秦建,在今四川成都市旧城西南。西晋张载《登成都白菟楼》诗:"重城结曲阿,飞宇起层楼。"南朝梁李膺《益州记》:"成都有百尺楼,后名为白菟楼。"

白梅堡 在今广东云浮市西四十里。《清一统志·罗定州》:白梅堡"周六十八丈。……明万历中平罗旁后置,安插狼兵耕守于此。今废"。

白雪楼 唐建。在今湖北钟祥市市西。《寰宇记》卷144郢州长寿县:"白雪楼基在州子城西。"《舆地纪胜》卷84郢州:白雪楼,"《图经》:子城三面墉基皆天造,正西绝壁下临汉江,白雪楼冠其上。石城之名本此"。

白雀山 在今山西孝义市西。《方舆纪要》卷42孝义县:"白雀山在县西八十里,峰峦高峻。"

白雀园 即今河南光山县东南六十里白雀镇。明嘉靖《光山县志》卷1:白雀园集"每月凡二日会于此"。

白雀店 又称白雀园集。即今河南光山县东南白雀镇。明嘉靖《光山县志》卷1《里店》:白雀店"在县东南七十里"。

白堂山 在今陕西蒲城县东北三十五里。宋敏求《长安志》卷18蒲城县:"白堂山在县东北三十五里,《旧图经》曰:山之前,秦白起立寨之所,因以为名。"

白崖 ①在今陕西勉县西北。《宋书·氐胡传》:南朝宋元嘉十九年(442)三月,"前镇东司马苻达、征西从事中郎任朏等举义,立保宗弟文德为主。拓跋齐闻兵起遁走,达追击斩齐,因据白崖,分平诸戍"。

②在今贵州岑巩县西五里。《方舆纪要》卷122思州府:白崖"高峻难登,中有空洞,下临深潭"。

白崖山 ①古蒲阳山。在今河北顺平县西北四十里。《方舆纪要》卷12完县:白崖山"峰峦秀拔,四面多白石,因名"。

②在今湖北荆门市北。《舆地纪胜》卷78荆门军:白崖山"在城北三十五里紫盖山之首"。

③在今重庆市西北。《舆地纪胜》卷175重庆府:白崖"在府北三十里。有白崖山及白崖市、白崖寺。又有白崖神墓"。嘉庆《四川通志》卷11巴县:白崖山,"《县志》:在县西五十里。高二里,左距圣灯,右带清溪"。

④在今四川安岳县东南。《舆地纪胜》卷158普州:白崖山"在安居县之茗山镇外。嘉定己卯,擒溃卒莫简等于此"。

⑤又名悬崖山、玉屏山。在今四川射洪县西北二十五里。《元和志》卷33射洪县:白崖山"在县南十五里"。《寰宇记》卷82射洪县:"悬岩在县南一十五里。远望悬崖,皎如白雪。旧名崖山,天宝三年敕改为悬岩山。"

白崖驿 唐置,属柘县。在今四川红原县南境。《元和志》卷32柘州柘县:"柏岭在县北八十里。岭北三十里至白崖驿,与吐蕃接界。"

白崖城 ①在今辽宁灯塔市东南西大窑镇南、太子河北岸官屯附近。《旧唐书·高丽传》:唐贞观十九年(645),"师次白崖城……其城因山临水,四面险绝"。

②相传公元3世纪时龙祐那所筑,本名彩云城,后改白崖城。唐南诏扩建,为白崖赕治所。在今云南弥渡县西北二十二里红岩街西。唐樊绰《蛮书》卷5:白崖城"依山为城,高十丈,四面皆引水环流,惟开南北两门。南隅是旧城,周回二里。东北隅新城,大历七年阁罗凤新筑也,周回四里。……城内有阁罗凤所造大厅,修廊曲庑,厅后院橙枳青翠,俯临北墉。旧城内有池方三百余步,池中有楼舍,云贮甲仗。……南诏亲属亦住此城傍"。

白崖洞长官司 元置,属新添葛蛮安抚司。治所在今湖南龙山县东北三十九里石牌洞。明属永顺宣慰司。清废。

白崖砦 北宋置,在今湖南桃源县西北。《宋史·地理志》常德府:"熙宁七年,废桃源、汤口、白崖三砦。"

白崖睑江 即今红河东源。在云南弥渡县西北。《方舆纪要》卷117赵州:白崖睑江"在州东南。《志》云,出白崖西山之毕钵罗窟,流经楚雄府定边县,为礼社江之上源,亦曰白崖川"。

白崖赕 又称勃弄赕。唐南诏中心区十赕之一。治所在白崖城(今云南弥渡县西北二十二里红岩街西)。郭松年《大理行记》:"县西石崖斩绝,其色如雪,故曰白崖。"宋大理属首府大理。元代废。

白崖堡 在今甘肃清水县西。《资治通鉴》:东晋义熙六年(410),夏赫连勃勃"寇陇右,破白崖堡,遂趣清水"。

白崖寨 在今安徽宿松县北五十里趾凤乡白崖山上。海拔476米。是一座防御性的军事古堡寨。始建于元末,明、清屡有修葺。寨墙周长4公里,高3米多,宽约1.5米,全部用大片石顺山势走向或沿山腰砌筑,在东西南北关隘口分别有五座门楼,经尚存东、南及西南门楼。门楼用大条石砌筑,呈半月形桥拱状,高10余米,顶部安有炮口。寨内有九曲居、奎星阁、关帝庙等古建筑。2001年定为全国重点文物保护单位。

白银厂 明万历间即有白银厂之名。以产白银等有色金属而得名。故址即今甘肃白银市。1958 年由皋兰、靖远二县析置白银市，驻郝家川。1963 年撤销。1985 年复设白银市（地级）。

白笴陂　在今安徽池州市西南。唐李白有《游秋浦白笴陂》诗："何处夜行好？月明白笴陂。"

白鸽寨　在今广东湛江市西南太平镇南通明村。《清一统志·雷州府》：白鸽寨"在遂溪县东（西）南一百四十里。明隆庆中置。崇祯五年，海贼刘香寇寨，县城为之戒严。本朝康熙迁界废。八年复，九年筑土城。……设水师守备驻守"。

白彩站　清置，在今吉林双辽市东北卧虎镇之白菜村。为黑龙江至盛京（今辽宁沈阳市）驿站之。清西清《黑龙江外纪》卷 2：由八虎道至盛京道里，"察伦霍多克，三十五里至白彩站"。

白象山　在今安徽东至县北。明嘉靖《池州府志》卷 1：白象山"在县后数十步，为邑治之主。其形肖象。傍有蜕龙洞。深广各数丈许，相传龙蜕于此"。

白象镇　在今湖南江永县西南。《方舆纪要》卷 81 永明县：白象镇"本白象堡。宋开宝三年，潘美伐南汉，自道州而进，次于白象。或作白霞，误也。向置巡司于此，今革"。《清一统志·永州府二》：白象镇"在永明县（今江永县）西南四十里，接广西富川县小水峡界。……《县志》：明洪武中置巡司，嘉靖中裁。今设把总戍守"。

白猎山　亦作北猎山。又名北立山。即今广东开平市西北百立山。《方舆纪要》卷 101 恩平县"天露山"条内："县东北百里有白猎山，险峻，有瑶寨。嘉靖三十一年佥事杜璁破瑶贼于此。猎一作腊。"

白鹿山　①古白狼山。即今辽宁喀喇沁左翼蒙古族自治县南六十里大阳山。《水经·大辽水注》：石城川"北屈径白鹿山西，即白狼山也"。《晋书·慕容熙载记》："其后好游田，熙从之，北登白鹿山，东过青岭，南临沧海，百姓苦之，士卒为豺狼所害及冻死者五千余人矣。"

②在今浙江绍兴市东南。《越绝书·地传》："白鹿山在犬山之南，去县二十九里。"

③在今山东文登市北四十里。《寰宇记》卷 20 文登县：白鹿山"唐神龙三年白鹿复见，刺史毕元恺入贡"。

④在今河南辉县市西五十里。《水经·清水注》：长泉水"源出白鹿山"。《晋书·慕容垂载记》：慕容垂伐翟钊，"钊携妻子率数百骑北趣白鹿山"。《寰宇记》卷 56 卫州共城县：白鹿山"在县西北五十三里。西与太行连接，上有天门谷、百家岩。卢思道《西征记》云：'孤岩秀出，上有石自然为鹿形，远视皎然独立，阙状明净，有类人工。故此山以白鹿为称'"。

⑤在今湖南益阳市南。明《寰宇通志》卷 55 长沙府：白鹿山"在益阳县治西南。其山枕江。下有龙湫。苍崖古木，清绝可爱。唐裴休讲道于此，有白鹿衔花出听，因名"。

⑥在今广东英德市东南。《艺文类聚》卷 6 引王韶之《始兴记》："含洭县白鹿城南，有白鹿冈。晋咸和中，县令张鲂有德惠，白鹿群游冈上，因以为名。"《元和志》谓白鹿山在含洭县东南三十里。《清一统志》引《英德县志》谓在县西六十里。

⑦在今四川彭州市西北六十里白鹿、通济、思文三乡交界处。东晋常璩《华阳国志·蜀志》：周慎王五年（前 316），秦张仪、司马错灭蜀，蜀"相、傅及太子退至逢乡，死于白鹿山"；又《大同志》：西晋时，刘璋曾孙刘敞"隐居白鹿山"。皆此。

白鹿书院　又称白鹿洞。在今江西九江市东南庐山五老峰下山谷中。唐代江州刺史李渤曾隐居读书于此。南唐升元年间（937—942）建"庐山国学"，宋初扩建为"白鹿书院"，与睢阳、石鼓、岳麓书院齐名。后遭兵火。南宋淳熙六年（1179），朱熹为南康军守，重建书院，在此讲学。现存圣殿、御书阁、彝化堂，为清道光年间建。院内有历代碑刻百余方。1988 年定为全国重点文物保护单位。

白鹿场　即今四川彭州市北白鹿镇。清光绪《彭县志》卷 2：白鹿场"旧名河坝场。在西乡梯云里，距县北七十里，西距思文场二十里。乾隆十九年设"。

白鹿汛　清置，属怀远营。在今四川冕宁县南。设把总分防。

白鹿矶　在今湖北鄂州市西北。《舆地纪胜》卷 81 寿昌军：白鹿矶"在武昌县西九十二里。有神人山"。《宋史·理宗纪》：景定元年（1260），"贾似道表言夏贵等战新生洲，进至白鹿矶，皆身自督战有功"。

白鹿县　①北周闵帝元年（557）分蓝田县地于白鹿原上置，属蓝田郡。治所在今陕西蓝田县西十一里。建德二年（573）废。唐武德二年（619）复置，属雍州，移治今蓝田县西南三十二里石门村。次年改名宁民县。

②五代梁开平二年（908）改唐林县置，治所即今山西原平县东南唐林冈。后唐同光初复改唐林县。

白鹿泓　在今山西盂县西。唐张守节《史记正义》："并州盂县西有白鹿泓，源出白鹿山南渚。"《清一统志·平定州》："白鹿泓在盂县西北三十五里，一名白鹿泉。"

白鹿洞　又名鹿洞。在今江西九江市南庐山五老峰下山谷中。《寰宇记》卷 111 江州德化县：白鹿洞"在庐山东南，本李渤书堂，今为学宫"。《舆地纪胜》卷 25 南康军：白鹿洞书堂"唐李渤与兄涉偕隐于此山，尝养一白鹿，因而名之"。南唐升元中于此建学馆，号曰庐山国学。宋初始置书院，后废。明、清皆为书院。

白鹿郡　宋大理改石桑郡置，属威楚府。治所在今云南楚雄市西。元代废。

白鹿盐井　在今重庆市巫溪县北宁厂镇谭家墩西宝

源山下。《舆地纪胜》卷181大宁监：白鹿“故老相传云：宝山咸泉，其地初属袁氏。一日出猎，见白鹿往来于上下，猎者逐之，鹿入洞不复见，因酌泉知味，意白鹿者，山灵发祥以示人也”。《清一统志·夔州府一》：白鹿盐井“在大宁县北宝源山下。相传有袁氏逐白鹿于此，得盐泉，故名”。

白鹿原 亦名霸陵原。在今陕西西安市东灞河与浐河之间，东西宽约十三里，南连秦岭，北达灞、浐交汇处，长四十余里。《续汉书·郡国志》新丰县注引《三秦记》曰：“县西有白鹿原，周平王时白鹿出。”宋程大昌《雍录》卷7：“白鹿原者，南山之麓，霸水行于原上，至于霸陵，皆此原也。地势高于龙首，其顶平直，袤广一百五十里。”

白鹿营 在今江西宁都县南五十里。三国吴于此置阳都县。

白鹿崖 在今河南固始县南。《方舆纪要》卷50固始县“徽山”条下：“又县南有白鹿崖，亦昔时戍守处，故寨存焉。”

白鹿渊 在今山东临邑县东北德平镇东。《水经·河水注》：河水“又东为白鹿渊水，南北三百步，东西千余步，深三丈余，其水冬清而夏浊，渟而不流。若夏水洪泛，水深五丈，方乃通注般渎”。

白鹿湖 在今江苏宿迁市西南。《方舆纪要》卷22宿迁县：白鹿湖“在县西南五十里，由小河入泗”。

白望守捉城 唐置，属维州。在今四川理县东北。后废。

白渠 ①古代关中平原的人工灌溉渠道。《汉书·沟洫志》记载：西汉武帝太始二年（前95），用赵中大夫白公建议，于郑国渠之南开凿，自谷口（今陕西礼泉县东北）分泾水东南流，经高陵、栎阳（今西安市临潼区北），东至下邽（今渭南市北）东南注入渭水。“袤二百里，溉田四千五百余顷，因名曰白渠。”唐时自北而南，分为太白、中白、南白三渠，总称三白渠。宋元以后，渠道渐废。其上游历有修改，如宋凿丰利渠，元凿王御史渠，明凿广惠渠、通济渠，清凿龙洞渠，而下游则仍其旧。清末渠身缺漏，灌田仅二百顷。1926年以后改筑为泾惠渠。

②亦名北渠。在今宁夏中卫市东。《明一统志》卷37宁夏中卫：白渠“在卫城东二十里，溉田九十顷”。《清一统志·宁夏府一》：白渠“旧长四十二里，溉田一百七十顷。今曰北渠，长五十里，溉田一百一十八顷”。

白渠水 ①即今河北南部滏阳河。《汉书·地理志》赵国邯郸县：“堵山，牛首水所出，东入白渠。”《水经·浊漳水注》：“白渠水出魏郡武安县钦口山，东南流径邯郸县南，又东与拘涧水合。”

②在今河北肥乡县西北。《汉书·地理志》武安县：“钦口山，白渠水所出，东至列人入漳。”《方舆纪要》卷15肥乡县：白渠“旧自武安、临漳、成安等县流入境，入于漳河。今堙”。

③即今内蒙古和林格尔县北之宝贝河。《汉书·地理志》定襄郡武进县：“白渠水出塞外，西至沙陵入河。”《水经·河水注》：白渠水“出塞外，西径定襄武进县故城北。……西北径成乐城北……又西南径云中故城南……其水西注沙陵湖”。

白骑坞 在今河南孟州市西北三十五里白墙村。《水经·济水注》：同水“出南原下，东北流径白骑坞南，坞在原上，为二溪之会，北带深隍，三面阻险，惟西版筑而已”。《方舆纪要》卷49济源县：白骑坞，“东汉末贼将张白骑据此筑坞，因名”。

白绵堡 即白锦堡。在今重庆市綦江县南。《宋史·地理志》作白绵堡。锦与绵字相似而误。

白琳铺 即今福建福鼎市南白琳镇。由陆路赴霞浦县必经此。产白琳工夫名茶。清《乾隆内府舆图》：福鼎县南有白琳铺。

白塔 ①即万部华严经塔。在今内蒙古呼和浩特市东四十里白塔村西南、丰州故城西北角。

②又称垂庆寺塔。在今辽宁辽阳市白塔公园内。始建于辽，虽经历代补修，但仍保持初建的风貌。塔为砖筑八角十三层实心密檐式，高71米，逐层内收。塔身八面均有坐佛、胁侍、飞天等砖雕像。各层悬挂风铃、铜镜。塔顶有刹杆、宝珠和相轮。为全国重点文物保护单位。

白塔山 ①即今浙江海盐县东南海中之白塔岛。《方舆纪要》卷91海盐县“秦驻山”条：白塔山“在县东南二十里海中，山有白塔”。故名。昔海舟多泊于此。

②在今福建建阳市西北，跨福建武夷山、邵武、建阳及江西铅山四县市地。《方舆纪要》卷97建宁府建阳县：白塔山在“县西北百三十里。山巅有石，突立如浮图，夜常有光，一名天灯山”。嘉靖《建宁府志》卷3《山川》建阳县：白塔山，“山之巅有石特立，层分黑白如塔状。相传尝夜火明其上，故又名天灯山”。

③即今红塔山。在云南玉溪市东郊。《清一统志·澂江府》：白塔山“在新兴州东二十里。上有塔，元时建”。“二十里”应为“二里”之误。

④在今甘肃兰州市北黄河北岸。《清一统志·兰州府一》“九州台山”条下：“相近有白塔山。”佛宇罗列，自下至上有十殿，而浮图居其顶。

白塔冈 在今广东佛山市三水区西南。《方舆纪要》卷101广州府三水县：白塔冈“在县（今河口镇）东南一里，冈下水中有浮沉石”。

白塔水口 即今辽宁昌图县东北白塔水口村。《清一统志·奉天府一》：昌图厅“东北至白塔水口三十里”。

白塔寺 ①即妙应寺。在今北京市西城区阜成门内大街路北。因寺内有一座元代建筑的大型藏式佛塔，上下遍涂白垩，故名。

②在今甘肃武威市东南四十里白塔村。为元代忽必烈时期藏传佛教萨迦派法王赴凉州会谈西藏统一并达成协议的居所。寺院遗址由寺院、塔院、塔林等建

筑构成。塔院中萨班灵骨塔为主体建筑，始建于元，明、清重修。现存基座为土芯砖表结构，边长26.75米，残高5.1米。白塔寺遗址是藏传佛教的重要寺院，也是元代祖国统一的历史见证。2001年定为全国重点文物保护单位。

白塔村 在今河北博野县东南。1940年4月，驻保定、安国、蠡县、博野等地的日伪军二千余人合击驻博野县白塔村的三十三团。团直及二、三营跳出包围圈，被重重包围的一营奋起抵抗，毙伤敌三百余人。战斗结束后，日伪军杀害群众六百五十二人，烧房六百三十余间，制造了著名的“白塔惨案”。

白塔岭 在今河北秦皇岛市西十里，今名东白塔岭。滨海。旧为驿路所经。清于此设千总驻守。

白塔店 即今河北徐水县北二十里白塔铺。《方舆纪要》卷12安肃县：白塔店，“其地有白浮图，因名”。

白塔河 ①在今江苏江都市东北。《方舆纪要》卷23扬州府：白塔河在“府东北六十里。南通扬子江，北抵运河，其水冬涸春泛，民得灌溉之利。《河漕考》：宣德七年，陈瑄开白塔河，置新闸、潘家庄、大桥、江口四闸，令江南运船从常州西北孟渎河过江，入白塔河。经运盐河，至湾头达漕河，以省瓜洲盘坝之费，人以为便。正统四年，都督武兴议以白塔河泄水，奏闭之，仍从瓜洲过坝，白塔运道遂废”。

②即今江西余江县东北白塔河。《明一统志》卷50饶州府：白塔河“在安仁县。东源发广信龙虎山及抚州金溪县，合流入锦江”。《清一统志·饶州府一》：白塔河“在安仁县东南。有二源，一即建昌之泸溪，北流至贵溪县界，为上清水；一出金溪之云林麓，名青田港水。二水合流入县境，又北至县东南入锦江”。

白塔河镇 即今江苏江都市东白塔河村。清光绪《江苏全省舆图》：江都县东北有白塔河。民国《江都县续志》卷1：白塔河“在县城东北宜陵镇东，运盐河北岸。距城陆路四十五里，水路七十六里”。

白塔洋 今浙江绍兴市南鉴湖的俗称。《明史·地理志》会稽府山阴县：“南有鉴湖，长十四五里，俗曰白塔洋，有若耶溪合焉。”

白塔峪 在今辽宁兴城市西北白塔满族乡境。《方舆纪要》卷37宁远卫：白塔峪在“卫西北三十五里”。

白塔峪堡 明置，属宁远卫。即今辽宁兴城市西北白塔满族乡。《方舆纪要》卷37宁远卫“兴水堡”条下：“白塔峪堡在白塔峪口，其东为陡岭口可按伏。”

白塔站 元置，即今河北徐水县北白塔铺。明废。

白塔营 清置，属大通卫。即今青海大通回族土族自治县西北城关镇。雍正二年（1724）筑城，设都司防守。乾隆九年（1744）移大通卫治此，二十六年（1761）改设大通县。1958年大通县徙治桥头镇。

白塔铺 一作白塔堡。明置，属沈阳中卫。即今辽宁沈阳市南二十里白塔镇。村有白塔，故名。《清太祖实录》：天命六年（1632）三月，明“奉集堡总兵李秉诚、武靖营总兵朱万良、姜弼领骑兵三万来援沈阳，营于白塔铺”。后金兵击败之于此。白塔在日俄战争中被毁。

白塔寨 北宋宣和中置，在今浙江仙居县西白塔镇。南宋嘉定十五年（1222）徙苍岭下，寻废。

白塔镇 北宋置，属来安县。即今安徽来安县东北六十里半塔镇。抗日战争时期为新四军皖东重要根据地之一。1940年丰塔保卫战即发生于此，今建有半塔烈士纪念塔。

白堤（隄） 白沙堤的简称。在今浙江杭州市西湖中。长三里。唐时名白沙堤，宋称断桥堤、孤山路，明代堤上植桃、柳，又称“十锦塘”。宋《淳祐临安志》卷10：断桥堤，“《旧经》不载所从始……盖孤山自唐时旧有堤也”。据考系西湖古为海湾时泥沙沉积所致。俗传为白居易筑，实误。

白堠隘 即今广东大埔县东南百侯。清嘉庆二十四年（1819）移大产巡司于此，改名白堠巡司。

白超坞 即白超垒。在今河南新安县西北十五里。《元和志》卷5新安县：白超故城“一名白超垒，一名白超坞”。

白超垒 又名白超坞、白超城。东汉末，白超筑。在今河南新安县西北十五里。《水经·谷水注》：谷水又径白超垒南，“是垒在缺门东一十五里。垒侧旧有坞，故冶官所在。魏、晋之日，引谷水为水冶，以经国用，遗迹尚存”。《元和志》卷5新安县：白超故城“一名白超垒，一名白超坞。在县西北十五里。汉末黄巾起，白超筑此垒以自固。东魏修筑此城，因名白超城”。

白期河 即今云南蒙自、屏边、河口等市县境之南溪河。《清史稿·地理志》开化府文山县载：“白期河，一名三岔河，自蒙自流入，有那木果河注之，南流入安平界。”又安平厅下载“白期河自文山入，纳古林箐诸水，与红河会，入交趾”。

白落城 即靖平堡。在今陕西靖边县东南青阳岔乡附近。《方舆纪要》卷61：靖平堡“在威武堡西五十四里。旧为白落城。天顺中，守将房能请移于城北砖营化，不果。成化三年，王復俊奏移之，改今名。七年，余子俊以去水太远，复还旧治”。

白棘城 北魏时高昌国地。即今新疆鄯善县。《魏书·高昌传》：高昌王马儒遣长史巩顾礼及其世子马义舒迎北魏将韩安保“至白棘城，去高昌百六十里”。即此。

白雁陂 在今河南尉氏县西南洧川镇西北三里。《水经·渠水注》：白雁陂“在长社县东北。东西七里，南北十里，在林乡之西南”。

白雅孤口 在今甘肃武威市北。《方舆纪要》卷63

凉州卫：白雅孤口“在卫北。正统中，王骥讨叛人，使赵安由凉州逾白雅孤口，北抵赤林、铁门诸关为犄角。盖其地皆近塞外”。

白雅特城 在今广东湛江市南。清光绪二十五年（1899），法国强租广州湾后建，为经营广州湾之首府。是扩大侵略广东西南之据点。1943年为日本占领，1945年收复，属新建之湛江市。

白鹅墟 即今江西会昌县西北九十里白鹅乡。清同治《江西全省舆图》卷9：会昌县西北有白鹅墟。

白鹅潭 即今广东广州市区西南珠江三叉口白鹅潭，为水路交通要道。清屈大均《广东新语》卷4：白鹅潭“珠江上游二里，有白鹅潭。水大而深，每大风雨，有白鹅浮出。故名。相传明黄萧养作乱，船经此潭，白鹅为之先导”。

白腊（臘）桥 在今湖南衡阳市南。《方舆纪要》卷80衡州府衡阳县“分水冈”条下：“又府东有黄巢岭。崇祯十一年，临武、蓝山群贼攻衡阳，自焦源河联舟蔽江，踞黄巢岭，官军击破之。又追败之于白腊桥。……白腊桥在府南三里。”

白普关 在今云南南涧彝族自治县北。《方舆纪要》卷116定边县：白普关“在县北螺盘山上，为控扼之地”。

白道 今内蒙古呼和浩特市西北通武川大道。自古为河套东北地区通往阴山以北的交通要道。北魏末年，破六韩拔陵曾扼守于此，屡破魏军。《水经·河水注》：“芒干水（按：即今大黑河）又西南径白道南谷口，有城在右，萦带长城，背山面泽，谓之白道城。自城北出有高阪，谓之白道岭。”白道城当即今呼和浩特市西北坝口子村古城。

白道口 即今河南滑县东白道口镇。民国《重修滑县志》卷6：“白道口，距城四十五里。”

白道川 指今内蒙古呼和浩特市、土默特左旗等处之土默特平原。《隋书·突厥传》：开皇五年（585），“沙钵略既为达头所困，又东畏契丹，遣使告急，请将部落度漠南，寄居白道川内，有诏许之”。

白道中溪水 即今内蒙古武川县西南、土默特左旗东北之抢盘河。《水经·河水注》：“荒干水又西南径云中城北，白道中溪水注之。水发武川北塞中，其水南流，径武川镇城。”

白道安口 在今河北曲阳县西北。《方舆纪要》卷14曲阳县：白道安口“稍西即狼牙口也，自白道安口而东北，历岳领口、小关城口、夹耳安等口，而接倒马关。又自狼牙口而西，历梧桐树、乱树林、黄草安等口，而接阜平县之落路口”。

白道坂 在今内蒙古和林格尔县东南二铺村一带。《辽史·地理志》：德州“有白道坂”。

白道岭 在今内蒙古呼和浩特市西北。《魏书·太宗纪》：泰常四年（419）冬十月，“西巡，至云中，逾白道，北猎野马于辱孤山”。《水经·河水注》：芒干水“（白道）城北出有高阪，谓之白道岭”。

白道城 在今内蒙古呼和浩特市西北坝口子村古城。《魏书·李崇传》：正光五年（524），沃野镇人破落汗拔陵反叛，所在响应，征北将军、临淮王彧大败于五原，安北将军李叔仁寻败于白道，贼众日盛。……（北讨大都督李崇子神轨）“随崇北讨。崇王五原，崔暹大败于白道之北，贼遂并力攻崇”。

白遂河 即白河。在今北京市东北部。《辽史·地理志》顺州：“有温榆河、白遂河。”

白湖 ①在今安徽庐江县东三十里。《方舆纪要》卷26庐江县“沙湖”条下：“又有白湖，在县东北三十里。《旧志》云：湖周七十余里，跨六乡，与巢湖相连，下流入于大江。”1957年围垦成白湖农场。

②在今福建莆田市东南。《方舆纪要》卷96兴化府莆田县：白湖在“府东南二十里，一名玉湖。海潮自三江口上黄竿，历宁海至此。旧有堤，俗名白水塘，后曰白湖。宋熙宁中，于湖中设浮桥，绍兴间易以石。湖侧有灵惠井，环境斥卤，井独清冽。《海防考》：嘉靖四十五年，倭贼自白湖入犯，过涵头至海口，犯镇东卫”。

白湖镇 亦作白浒镇。在今湖北鄂城市西北九十里白浒镇村。明、清置巡司于此。

白温铁路 即白阿铁路。从吉林白城子（今白城市）至内蒙古科尔沁右翼前旗西北阿尔山温泉。1937年建成。

白渡驿 在今重庆市垫江县东。《方舆纪要》卷69垫江县：白渡驿“在县治东，马驿也。道出广安、达州之界”。

白渡桥镇 北宋置，属历阳县。即今安徽和县南四十里白桥镇。

白渡墟 即今广东梅县东北石窟河东岸白渡镇。清光绪《广东舆地全图》嘉应州图：州东北有白渡墟。

白富岭 在今江西吉水县北。《方舆纪要》卷87吉安府吉水县：白富岭“在县北九十里。有泉自岭出，悬流不竭，旁有巨石，高数十丈”。

白窖岭 在今浙江永康市西北。《方舆纪要》卷93永康县：白窖岭在“县西北三十里。又三十里至茭道口，北至府城五十里，为往来之径道”。

白隔隘 在今福建永春县东北。《方舆纪要》卷99永春县：“白隔隘在县东北三十里，路出仙游。”

白登山 在今山西大同市东北二十里马铺山。《汉书·匈奴传》：西汉高祖七年（前200），“冒顿纵精兵三十余万骑围高帝于白登”。《水经·漯水注》：如浑水又南分为二水，“一水南径白登山西，……今平城东十七里有台，即白登台也。台南对冈阜，即白登山也”。

白登州 唐贞观中以奴赖部置，属云中都督府。为羁縻州。当在今内蒙古乌兰察布市西部。

白登县 金大定七年（1167）改长青县置，属大同府。治所在今山西阳高县东南二十里大白登镇。元世祖至元二年（1265）废，后复置白登县。二十五年（1288）属大同路。明洪武初废。

白登堡　在今山西阳高县东南二十里大白登镇。《清一统志·大同府》：白登堡“在阳高县南三十里。明永乐中筑，周二里有奇，高三丈，濠深一丈五尺。或云即白登故城”。

白堉　在今湖南华容县东南。《梁书·胡僧祐传》：大宝二年（551），侯景围巴陵，湘东王绎遣胡僧祐自江陵帅水师赴援，“至杨浦，（侯）景遣其将任约率锐卒五千，据白堉，遥以待之”。

白蒲堰　在今江苏如皋市东南白蒲。宋时为运河（今通扬运河）上堤堰。南宋绍兴四年（1134），金兵侵淮南，诏毁通州白蒲堰以拒。即此。

白蒲镇　亦作白浦镇。北宋置，属如皋县。即今江苏如皋市东南五十里白蒲镇。明于此置巡司。《方舆纪要》卷23如皋县：白蒲镇，“明嘉靖二十八年，倭寇江北，分数道入犯，抚臣李遂驰至如皋，与贼遇于白蒲”。

白楼　在北魏平城，今山西大同市北。《水经·㶟水注》：如浑水西支流入宫城后，“其水夹御路南流径蓬台西。魏神瑞三年又毁建白楼，楼甚高竦，加观榭于其上，表里饰以石粉，皜曜建素，赭白绮分，故世谓之白楼也。后置大鼓于其上，晨昏伐以千椎，为城里诸门启闭之候，谓之戒晨鼓也”。

白碛　又作白磧。在今湖北房县西北。南宋建炎四年（1130），王彦战败桑仲，追奔至白碛，即此。

白碚镇　在今重庆市区西北，嘉陵江西岸北碚镇。清乾隆《巴县志》卷2：白碚镇“离城一百五十里”，1941年置北碚管理局，1951年为川东行署及北碚市政府驻地。1952年改市为区。

白雾团　亦名白雾隘。在今湖南溆浦县北六十里。宋置驿。元废。《宋史·蛮夷一》：天禧二年（1018），“辰州都巡检使李守元率兵入白雾团”。即此。

白雾洞　在今湖南沅陵县东南五十里。《方舆纪要》卷81沅陵县：白雾洞“崖壁峻险，洞深五里”。

白雾隘　即白雾团。在今湖南溆浦县北六十里。

白跶寨　在今浙江江山市东。《方舆纪要》卷93江山县：白跶寨在“县东八十里”。

白路　在今四川冕宁县南。清康熙四十九年（1710）置白路土百户。

白锦堡　亦作白绵堡。北宋置，属南平军。在今重庆市綦江县南。南宋端平三年（1236）侨置播州于此。《舆地纪胜》卷180南平军：白锦堡“去播州三百里，系纳土官杨光荣子孙承袭守之”。

白雉山　①在今山西平定县东北十五里。《清一统志·平定州》：白雉山“周二十四里，旧有晋王庙。《风土记》：晋主李克用与嗣昭过此获白雉，因名”。

②一名白纻山。在今湖北鄂州市南五十里。《寰宇记》卷112武昌县：白雉山“山高一百二十五丈。其山有芙蓉峰，前有狮子岭，后有金鸡石。南出铜矿，自晋、宋、梁、陈以来，置炉烹炼”。

白漠　在今内蒙古达尔罕茂明安联合旗、四子王旗、察哈尔右翼后旗北部一带。《魏书·太祖纪》：登国五年（390），“冬十月，迁云中，讨高车豆陈部于狼山，破之。……（十二月）帝还次白漠”。《方舆纪要》卷44大同府：石漠“在塞北。自阴山而北皆大漠也。其间有白漠、黑漠及石漠之分。白、黑二漠以色为名”。

白漠港市　即今湖北武汉市黄陂区北沦河西白木港村。《清一统志·汉阳府》：白漠港市“在黄陂县北四十里”。

白溪　①今福建北部交溪上源之一寿泰溪之支流。源出浙江泰顺县西，东南入寿泰溪。《方舆纪要》卷94泰顺县：白溪在“县西四里。出天关山，绕城西而南，经县南十五里文笔峰下，西南流达福建寿宁、宁德县境，入于海”。

②在今湖南新化县北。《清一统志·宝庆府一》：白溪“在新化县北八十里，西流入资”。

③在今湖南保靖县东。《清一统志·永顺府》：白溪“在保靖县东五十里。源出排都当，北流入北河”。

白溪口市　明置，即今浙江武义县东北童庐。《明史·地理志》金华府武义县：“北有白溪口市。”《方舆纪要》卷93武义县：白溪口市“在县北五里永康溪东岸。南行者由此舍舟登陆，北行者由此舍陆而舟之处也”。

白溪市　古名白沙镇。即今湖南新化县北白溪镇。《清一统志·宝庆府二》：白溪市“在新化县北八十里”。

白溪县　唐贞观四年（630）置，属南平州。治所在今重庆市东南。八年（634）属霸州，十三年（639）废。

白溪镇　清置，属古田县。即今福建古田县东杉洋镇东北白溪。

白溢寨　即白鱼寨。在今湖北五峰土家族自治县西北玉屏山上。

白蜡山　即今云南罗平县西南大白腊山。《清一统志·曲靖府》：白蜡山“在罗平州西南十三里，为一州之望。蒙氏封为安边景帝之神，至今祀之”。

白蜡坎铺　在今贵州遵义县西。《清一统志·遵义府》“遵义底塘铺”条下：又有“白蜡坎铺”等，皆戍守处。

白箬铺　亦名柏叶铺。即今湖南望城县西南白箬铺镇。《清一统志·长沙府二》：白箬桥“在善化县西五十里”。

白藁戍　在今湖北麻城市南白果镇。《魏书·任城王澄传》：澄“遣长风戍主奇道显攻萧衍阴山戍，破之。……仍引攻白藁戍，又破之，斩其宁朔将军、关内侯吴道爽”。即此。《资治通鉴》南朝梁天监二年（503）作“白藁戍”。

白旗屯 即今吉林舒兰市西白旗镇。清顺治元年(1644)满族正白旗居此，名大白旗屯。光绪《吉林通志》卷15吉林府《屯镇》：北“一百四十五里大白旗屯街”。

白旗堡 清置，属广宁县。即今辽宁新民市西南红旗乡。《清一统志·锦州府二》：白旗堡“在广宁县东界。本朝康熙二十九年设佐领、骁骑校驻防”。

白旗寨 即今辽宁铁岭县东南白旗寨满族乡。清光绪《奉天全省地舆图说图志》铁岭县图：东南有白旗寨。民国《铁岭县志》卷2：白旗寨在“城东南一百二十里”。

白寨 在今云南屏边苗族自治县东北。滇越铁路经此。

白撒千户所 明洪武二十二年（1389）置，属赤水卫。治所在今四川古蔺县南双沙镇。后废。在白沙场西有明千户所旧城遗址。

白墩子 ①在今甘肃瓜州县西北。《清一统志·安西州》：边墙头墩“八十里至白墩子”。

②即今甘肃景泰县北白墩子。民国间设白墩子产盐局。

白硳山 亦名白碛山。在今湖北房县西北。《方舆纪要》卷79房县：白硳山“在县西北。宋建炎中，王彦败贼桑仲于白硳山。即此”。

白鲤沙 在今广东中山市北鸡鸦水东岸白鲤口。清嘉庆中建炮台于此，设千总驻守。

白鹤山 ①在今浙江临海市东南。《寰宇记》卷98临海县：白鹤山“在县东二十里。上有深湖，中有磐石，前有石鼓，俗传石鼓鸣则兵乱”。

②在今浙江湖州市西北二十六里。《寰宇记》卷94引《吴兴记》云：“昔乌程人姚纱化为白鹤，游于此山，因名。”

③在今福建宁德市西。明嘉靖《福宁州志》卷2山川宁德县：白鹤峰“在一都，县西一里。《旧志》云，始因仙鹤来集得名”。《方舆纪要》卷96福宁州宁德县：白鹤山在“县西一里，俗名西山，秀拔千仞，南连飞鸾诸山，北接莲花诸峰”。

④在今湖南岳阳市东南三里，与巴丘山对峙。《方舆胜览》卷29岳州：白鹤山“在巴陵县。山之南有两池，池潜巨蟒”。

⑤一名白鹤岭。在今湖南祁阳县东北三十里。《方舆纪要》卷81祁阳县：白鹤山，“《旧经》云，山南接九疑，北连衡岳，数峰卓峙，岩壑幽深，郡境名山也”。

⑥在今四川蒲江县北三里。南宋著名学者魏了翁为蒲江县人，自号白鹤山人，有《鹤山先生大全文集》传世。《宋史·魏了翁传》：“筑室白鹤山下。”即此。

⑦亦名鹤山、四明山、群羊山。在今四川邛崃市西。《方舆胜览》卷56邛州：白鹤山“在城西八里，常璩曰：临邛名山曰四明，亦曰群羊，即今白鹤也。汉胡安尝于山中乘白鹤仙去，弟子即其处为白鹤台”。

白鹤汇（匯） 又称白鹤江。在今上海市青浦区北白鹤镇附近。《方舆纪要》卷24松江府华亭县：白鹤汇“昔时自此至蟠龙，皆环回为汇，水行迂滞，则泛溢为灾。宋嘉祐间，开为直江泾，泻积水东注于海。崇宁、宣和中，屡经浚治。今淀湖之水由赵屯浦流入白鹤江，历青浦县、嘉定县境，与青龙江合，至吴淞入海”。

白鹤寺 唐太宗末建。在今四川丹棱县城西。宋重修，苏辙有《白鹤寺记》。明永乐初改名白塔寺。

白鹤江 指今越南西北富寿省从越池流经白鹤之红河。《元史·忙古带传》：至元间，“从诸王阿台征交趾，至白鹤江，与交阯伪昭文王战”。《交趾总志》卷1：“白鹤江在三带州。上有洮江，沱江、宣江三水合流于此，下通泸江。”

白鹤江镇 即今上海市青浦区北二十八里白鹤镇。《方舆纪要》卷24松江府青浦县“黄渡镇”条下：“又白鹤江市，在县北三十二里，北接嘉定县界。”清时有把总驻守。

白鹤观 ①唐弘道元年（683）建，北宋大中祥符中赐名承天白鹤观。在今江西九江市庐山五老峰下。苏辙《白鹤观记》：“庐山峰峦之奇秀，岩穴之怪邃，泉树之茂美，为江南第一。白鹤观总奇秀、怪邃、茂美，复为庐山第一。”

②在今陕西兴平市东汉茂陵。《三辅黄图》卷6：“茂陵园有白鹤观。”

白鹤岭 在今浙江淳安镇（排岭镇）东北七十二里。《方舆纪要》卷90淳安县“双柏岭”条：“白鹤岭在县东北百里。有仙鹤泉。明初胡大海取徽州，元将胡纳退保遂安……战于白鹤岭，纳败死。”即此。

白鹤泉 ①在今湖南长沙市西清风峡上。《清一统志·长沙府一》：白鹤泉“泉出岩石中，仅一勺许，最甘冽，冬夏不竭。尝有白鹤飞止其上，故名”。

②在今广西宾阳县西南。《方舆纪要》卷109宾州：白鹤泉“在州南三十里。源出南山，至城东南，通鹰砦泉，合李依江”。

白鹤峰 ①在今安徽歙县西北，为黄山诸峰之一。唐李白有《送温处士归黄山白鹤峰旧店》诗。

②在今广东惠州市东北五里东江滨。《舆地纪胜》卷99惠州：白鹤峰“在归善县之北，相传称惠阳为鹤岭者以白鹤名峰。皇朝绍兴中，苏轼安置惠州，卜居于此”。又《清一统志·惠州府》：东坡故居“在归善县北白鹤峰。宋苏轼谪惠州时卜居于此。其迁居诗引云：绍圣元年至惠州，寓合江楼，寻迁于嘉祐寺。二年复迁合江楼月余，复归嘉祐寺。时方卜筑白鹤峰上，新居成，庶几少安”。

白鹤站 元置，在今四川邛崃市东。明改为驿。

白鹤梁题刻 在今重庆市涪陵区北长江南岸大江中的天然石梁上。《舆地纪胜》卷147涪州：

白鹤滩“在州之上流妃子园下”。又，石鱼“在涪陵县下江心。有双鱼刻石上，每一鱼三十六鳞，一衔萓草，一衔莲花。有石秤、石斗在旁。三五年或十年方一出，出必丰年。唐大顺元年镌古今诗甚多。刘忠顺有诗，见在石上”。此系天然石梁，自西向东长约1600米，平均宽度约15米。夏秋淹没水中，冬春水涸露出水面。从唐广德二年（764）至清代，诗文题刻一百六十三段，石鱼十四尾。其中有水文价值的一百零八段，用作水文观测标志的石鱼三尾，记录了涪陵地区一千二百年间七十二个年份的历史枯水资料，具有很高的科学价值。黄庭坚、朱昂等三百余人的诗文，颜、柳、苏、黄、赵字体，被誉为“水下碑林”。1988年定为全国重点文物保护单位。

白鹤湖 在今福建漳平市南。《清一统志·龙岩州》：白鹤湖“在漳平南三十里。山巅峻绝，涌泉成湖，瀑布而下，为第二宫、第三宫。一名三溪林”。

白鹤溪 ①一名荆溪。即今江苏丹阳市东南、武进县西南鹤溪河。《寰宇记》卷92常州武进县：白鹤溪“在县西，去州三十里”。《方舆纪要》卷25常州府武进县：白鹤溪在“府西南十里。北通运河，南入滆湖”。又镇江府丹阳县下载：白鹤溪“在县东南五十五里。《志》云：出县南古荆城，贯金坛县北入毗陵境。一名荆溪”。《宋史·河渠七》：南宋淳熙九年（1249），知常州章冲奏：“州之西南曰白鹤溪，自金坛县洮湖而下，今浅狭特七十余里，若用工浚治，则漕渠一带，无干涸之患。”

②即今安徽新安江上源横江之别名。源出黟县，流经休宁，于屯溪与率水合流，是为东港。《方舆纪要》卷28休宁县：白鹤溪在“县西二里，出黟县横江、吉阳之水，东流入县境，亦曰吉阳溪。至县西凤山下，有夹溪水出县西北四十二里石斥山，东南流合焉，曰双溪口。经县南一里，曰夏纹溪。又东经县东二里富郎潭，过古城岩，又东南流三十余里，至屯溪而会于南港”。

白霓桥镇 即今湖北崇阳县东十六里白霓镇。清光绪《湖北全省分图》：崇阳县东有白霓桥镇。

白篠岭 在今江苏南京市浦口区西北。《方舆纪要》卷20江宁府江浦县：白篠岭“在县西北三十里，亦为东西通道”。

白壁关 即今山西孝义县西北二十里白壁关。唐置戍于此。

白壁集 即今河南安阳县东二十六里白壁镇。清嘉庆《安阳县志》东乡图：有“白壁集”。

白壁寨 北宋置，属隰州温泉县。在今山西隰县北。

白檀山 在今北京市密云县南二十里。初，北魏置白檀县，在今河北滦平县东北土城子，县因白檀山而名。东魏元象中寄治幽州北界，即今北京市密云县治。后人附会密云县南一山为白檀山。《明史·地理志》密云县：“南有白檀山。”即此。

白檀县 西汉置，属渔阳郡。治所在今河北滦平县东北小城子。县因白檀山而名。东汉废。《三国志·魏书·武帝纪》：建安十二年（207），“塞外道绝不通，乃堑山堙谷五百余里，经白檀，历平冈，涉鲜卑庭，东指柳城”。即此。北魏复置。东魏元象中，移治今北京市密云县东北。北齐废。

白檀镇 金置，属兴化县。在今河北滦平县东北十五里小城子。泰和三年（1203）改置宜兴县。

白礁 即今福建龙海市东北白礁。明属同安县，万历九年（1581）置白礁巡司于此。明末移至灌口（今厦门市西北灌口镇），废。

白礁慈济宫 俗称“慈济西宫”。在今福建龙海市东北角美镇白礁村。建于南宋绍兴年间，祀民间名医吴本。吴本（979—1036），龙溪（今为龙海）人。著名道士，医术高明，生前有“神医”之称。南宋绍兴二十一年（1151）乡宦颜师鲁奏请立庙，乾道二年（1166）赐额“慈济”。宫三进、双层，依山而建，有前殿、献台、正殿、后殿，雄伟壮观。1996年与青礁慈济宫一起被定为全国重点文物保护单位。

白霜镇 在今山西柳林县东北下白双。《清一统志·汾州府》“吴城镇”条下：白霜镇“在（石）州二十里”。后划归柳林县。

白霞 在今广西钟山县西南四十里白霞村。《宋史·南汉刘氏世家》：北宋开宝三年（970）潘美等率师南征，“八月，师次白霞，钱贺州刺史陈守忠告急于钱”。即此。

白霞砦 在今广西钟山县西南四十里白霞村。明清置巡司于此。

白螺山 在今湖北监利县东南长江北岸。《水经·江水注》：“江水又左径白螺山南。”《方舆纪要》卷78监利县：白螺山在“县东南百四十五里。山皆白土，其形似螺”。

白螺矶 即今湖北监利县东南八十四里白螺镇。明、清置巡司于此。

白螺洲 在今湖北监利县东南一百四十里白螺镇附近长江中。《陈书·华皎传》：光大初，皎以湘州叛降周，“时皎阵于巴州之白螺，列舟舰与王师相持未决”。

白藤江 在今越南海防市北。《新五代史·南汉世家·刘龑》：大有十年（937），“交州牙将皎公羡杀杨廷艺自立，廷艺故将吴权攻交州，公羡来乞师。龑封洪操交王，出兵白藤以攻之。龑以兵驻海门。权已杀公羡，逆战海口……洪操战死”。北宋太平兴国六年（981），元世祖至元二十五年（1288）均曾与安南战于此。《交阯总志》卷1：“白藤江在安和县，上接都哩江，与峡江合流入海。”入海口处曰白藤海口，即今海防市东南潮口。

白藤岭 在今广西藤县西南。《方舆纪要》卷108藤县：白藤岭在“县西南百里。峻拔侵云，路通容县。多产白藤，县以此名”。

白霫部 隋、唐铁勒十五部之一。在今内蒙古东乌珠穆沁旗东北、蒙古国东方省东南。《新唐书·回鹘传》：“白霫居鲜卑故地，直京师东北五千里，与同罗、仆骨接。避薛延陀，保奥支水、冷陉山，南契丹，北乌罗浑，东靺鞨，西拔野古，地圆袤二千里。”唐贞观二十一年（647）于此置寘颜州。

白鹭河 即溮水。今河南潢川县东之白露河。《水经·淮水注》：溮水“俗曰白露水”。

白鹭洲 ①在今江苏南京市西南，与新林浦相对。李白《宿白鹭洲寄杨江宁》诗：“朝别朱雀门，暮栖白鹭洲。”《宋史·曹彬传》：开宝八年（975），“（采石）浮梁成，吴人出兵来御，破之于白鹭洲”。宋《景定建康志》卷19引《丹阳记》曰：“白鹭洲在县西三里，洲在大江中，多聚白鹭，因以名之。”即此。

②在今江西吉安市东赣江中。《舆地纪胜》卷31吉州：白鹭洲“由郡城南来，折而北者赣江也，有洲环于江中曰白鹭，其长数里”。有创建于南宋淳祐元年（1241）的白鹭书院。《清一统志·吉安府一》：白鹭洲“在庐陵县东赣江中。长五六里，白鹭书院在其上”。

③在今贵州思南县东北。明嘉靖《贵州通志》卷16思南府：白鹭洲在“府城东北一里香炉山下。洲兀出中流，鹭鸥翔集，双峰分峙，二水绕旁”。

白鹭洲书院 在今江西吉安市东赣江白鹭洲上。《清一统志·吉安府》：白鹭洲书院“在府城东白鹭洲上。宋淳熙间知吉州江万里尝延欧阳守道以教俊秀，置田租八百石有奇。理宗赐御书匾额。元设山长于此。本朝康熙三十年重建”。

白鹭湖 ①在今湖北仙桃市南。《舆地纪胜》卷76复州：白鹭湖“在玉沙县东十五里”。《方舆纪要》卷77沔阳州：白鹭湖在“州东十五里。其东相接者曰鼍湖”。

②即今湖北潜江市南之白露湖。《清一统志·荆州府一》“红马湖”条下：“近南即白鹭湖，上承长夏港水，东流南曲，襟带民居。唐大历中王栖霞隐此。”

白骥镇 北宋置，属新平县。即今陕西彬县西北四十里北极镇。

白鹳寨 元末建，在今福建永春县西北白鹳山顶。

斥山 在今山东荣成市南。《尔雅·释地》：“东北之美者，有斥山之文皮焉。”《清一统志·登州府》：斥山“取海滨广斥之义”。

斥山集 即今山东荣成市南五十二里斥山镇。因斥山为名。清康熙年间曾为巡司驻地。

斥丘县 ①西汉置，属魏郡。治所在今河北成安县东南三十里。《汉书·地理志》注：师古曰“阚骃云：地多斥卤，故曰斥丘”。北齐废。

②唐天祐二年（905）改成安县置，属相州。治所即今河北成安县。五代唐复名成安县。

斥章县 西汉置，属广平国。治所在今河北曲周县东南。《汉书·地理志》注引应劭曰：“其国斥卤，故曰斥章。”东汉属巨鹿郡。西晋称斥漳县。

斥漳县 西晋改斥章县置，属广平郡。治所在今河北曲周县东南。北魏太平真君三年（442）废入列人县，太和二十年（496）复置，北齐废。

瓜山 在今江西瑞昌市西。清同治《九江府志》卷4瑞昌县：瓜山“在水陆保。山上有周、徐、杨、邓四姓居焉”。

瓜平守捉城 唐置，属维州。在今四川理县东北。后废。

瓜州 ①春秋时为羌氐戎和允姓戎所居之地，在今甘肃敦煌市境。《左传·襄公十四年》：“将执戎子驹支，范宣子亲数诸朝曰：‘来！羌戎氏！昔秦人迫逐乃祖吾离于瓜州。”杜注：“瓜州地在今燉煌。”又《昭公九年》：“允姓之奸居于瓜州。”

②北魏孝昌中置，治所在敦煌县（今敦煌市西）。辖境相当今甘肃酒泉市以西地区。隋大业三年（607）废。唐武德二年（619）复置，五年改为西沙州。

③唐武德五年（622）置，治所在晋昌县（今甘肃瓜州县东南锁阳城）。《元和志》卷40：瓜州“地出美瓜，故取名焉。狐食其瓜，不见首尾”。辖境相当今甘肃安西县一带。西夏末废。

④元世祖至元十四年（1277）置，属沙州路。治所即今瓜州县西南瓜州口。明废。

⑤即今江苏扬州市邗江区南瓜洲镇。唐张祜《题金陵渡》诗：“潮落夜江斜月里，两三星火是瓜州。”

瓜州口驿 即今甘肃瓜州县西南六十里瓜州口。《清一统志·安西州》：安西驿“西南至瓜州口驿六十里”。

瓜州西平监军司 简称西平监军司。西夏置，治所在瓜州城（今甘肃瓜州县东南锁阳城）。元废。

瓜圻 在今湖北鄂州市西南。《方舆胜览》卷28寿昌军：瓜圻“在（武昌）县西南十里。何颖诗序有云：吴王种瓜于此地”。

瓜步 即今江苏扬州市邗江区南瓜洲镇。亦名瓜州。在长江中。《新唐书·五行志三》：开元十二年（724）“润州大风自东北，海涛没瓜步”。《资治通鉴》：唐至德二年（757），李成式、李铣讨永王璘，“铣兵数千，军于扬子，成式使判官裴茂将兵三千，军于瓜步，广张旗帜，列于江津”。

瓜步山 在今江苏南京市六合区东南二十里。《述异记》卷下：“瓜步在吴中，吴人卖瓜于江畔，因以名焉。”南北朝时为军事要地。《宋书·索虏传》：元嘉二十七年（450），北魏大举南侵，“焘至瓜步，坏民屋宇，及伐蒹苇，于滁口造箄筏，声欲渡江。……焘凿瓜步山为盘道，于其顶设毡屋”。《魏书·世祖纪》：太平真君十一年（450），“车驾临江，起行宫于瓜步山”。皆此。

瓜步沙 即今江苏扬州市邗江区南瓜洲镇。亦名瓜洲，旧在长江中。《新唐书·齐澣传》：开元间“迁润州，州北距瓜步沙尾，纡汇六十里，舟多败溺”。

瓜步沙尾 即瓜洲。今江苏扬州市邗江区南瓜洲镇。

瓜步镇 又作瓜埠镇。北宋属扬子县。即今江苏南京市六合区东南瓜埠镇。在瓜步山侧，因名。明、清置巡司于此。

瓜里津 在今河南南阳市北四十里。即淯水（今白河）之津。《续汉书·郡国志》：南阳郡宛县“有瓜里津”。注引《东观书》：“邓奉拒光武瓜里。”《水经·淯水注》：淯水“又西为瓜里津，水上有三梁，谓之瓜里渡”。即此。

瓜别安抚司 清康熙四十九年（1710）置，属会盐营。治所在今四川盐源县东北沃底乡（瓜别）。后废。

瓜泾港 在今江苏吴江市北九里。《方舆纪要》卷24苏州府吴江县：瓜泾港“嘉靖三十二年，倭寇屯石湖，县令杨芷引兵逆战于瓜泾港，颇有斩获。《志》云，瓜泾港分太湖支流，东北出夹浦而会于吴淞江”。

瓜城 又名虢城。即今山西孝义县北虢城。《寰宇记》卷41汾州孝义县：“瓜城在县北十里。此本虢城也。”

瓜衍县 春秋晋置，在今山西孝义市北十里大虢城。《左传》：宣公十五年（前594），晋侯“赏士伯以瓜衍之县”，即此。

瓜洲 在今江苏扬州市邗江区西南瓜洲镇东南。《舆地纪胜》卷37扬州：瓜洲“在江都县南四十里江滨。相传即祖逖击楫之所也。昔为瓜洲村，盖扬子江中之砂碛也。沙渐涨出，其状如瓜，接连扬子渡口，民居其上，唐立为镇”。

瓜洲村 即今陕西西安市长安区南瓜洲村。《清一统志·西安府二》：瓜洲村“相传以为杜牧种瓜之地”。

瓜洲渡 古时长江下游主要津渡之一。在今江苏扬州市邗江区南瓜洲镇。《金史·海陵王纪》：正隆六年（1161）南侵，于采石大败，驻扬州，“会舟师于瓜洲渡，期以明日渡江”。旋被完颜元宜所杀。

瓜洲镇 唐置，在今江苏扬州市邗江区西南瓜洲镇东南。南宋时在此筑城驻兵戍守。清光绪年间坍入江中，后迁镇址于西北四里埠。

瓜埠城 亦作瓜步城。即瓜步镇。今江苏南京市六合区东南瓜埠镇。《方舆纪要》卷20六合县：瓜埠城“在县东二十五里瓜埠山侧。萧齐建元初，自郁州徙齐郡治瓜埠城，盖是时所筑也”。

瓜漏河 在今山东章丘市北。《方舆纪要》卷31章丘县：“瓜漏河在县（章丘县旧治）西南七里。源出西南百里山峪中，东北至明社庄之石崖，泊然而止，土人名其处为渗水湾。夏秋积雨，群峪之水来汇，溢至城南五里，会于淯河。既霁，则枯涸如故，故曰漏河。”

丛 ①在今山东平原县境。汉元朔三年（前126）封济北贞王子刘信于此。元鼎五年（前112）国除。

②即訾娄。春秋邾地，在今山东邹城市西南。《公羊传》作“丛”。

丛山关 在今安徽绩溪县东北。《方舆纪要》卷28绩溪县：丛山关“在县北三十里永安镇，与宁国县接界，有关城”。明末，金声、江天一等率军扼守此关，抗击清军。

丛台（臺） ①在今河北邯郸市内。相传为战国赵武灵王所筑。由数台相连，规模宏大。《汉书·高后纪》：高后元年（前187），“赵王宫丛台灾”。颜师古注：“连聚非一，故名丛台，盖本六国时赵王故台也，在邯郸城中。”《后汉书·马武传》：光武攻邯郸，置酒高会，“独与武登丛台”。《水经·浊漳水注》：牛首水“又东径丛台南，六国时赵王之台也。《郡国志》曰：邯郸有丛台，故刘劭《赵都赋》曰：‘结云阁于南宇，立丛台于少阳者也。’今遗基旧墉尚在”。今邯郸市丛台乃后人复修，风景优美，已拓为“丛台公园”。

②在今河南商水县北二十五里。战国时楚襄王筑。《寰宇记》卷10商水县引郎尉之《陈州旧图》云：“楚工游观弋钓地，或税驾于此。往往有嘉禾丛生，因以为名也。”

丛州 唐贞观三年（629）以党项归附置，为羁縻州，属松州都督府。治所在今四川松潘县境。广德后没入吐蕃。

丛角山 在今山东昌乐县南二十五里。《隋书·地理志》：北海郡营丘县“有丛角山”。《寰宇记》卷18潍州昌乐县：“山有三峰，岌如丛角。”俗名崇山。

丛夏州 唐开元前置羁縻州，属黎州都督府。治所在今四川九龙县东南三垭乡。北宋以后废。

令支 又作离枝、泠支、不令支。春秋、战国时国。在今河北迁安市西。《国语·齐语》：“遂北伐山戎，刜令支，斩孤竹而南归。”后置为令支县。

令支县 战国燕置，属辽西郡。治所在今河北迁安市西。后入秦，仍属辽西郡。北魏太平真君七年（446）废。

令州 唐置，为羁縻州，属黔州都督府。治所在今贵州长顺县西北广顺镇附近。南宋以后废。

令阶县 南齐置，属始兴郡。治所在今广东始兴县西七里。寻改为正阶县。

令狐 ①春秋晋邑。在今山西临猗县西。《左传》：僖公二十四年（前636），晋公子重耳从秦返国，“济河，围令狐，入桑泉，取臼衰”。文公七年（前620），晋人“败秦师于令狐，至于刳首”。均此。

②在今河南杞县西。《方舆纪要》卷47杞县：令狐城“在县西三里。唐至德初，令狐潮筑，以攻张巡。巡以粮运断绝，去守睢阳”。

令居县 西汉武帝时置，属张掖郡。治所在今甘肃永登县城附近。昭帝始元六年（前81）改属金城郡，为护羌校尉治。后迁治今古浪县西。东汉元初二年（115）复迁旧治。西晋废入西都县。十六国前凉复置，属金城郡。建兴四年（316）改属广武郡。北魏废。《水经·河水注》：涧水“出令居县西北塞外，南流径其县故城西”。即此。

令居塞 西汉武帝时筑。在今甘肃永登县城附近。《汉书·西域传》：武帝时“骠骑将军击破匈奴右地，降浑邪、休屠王，遂空其地，始筑令居以西”。《后汉书·西羌传》：“武帝征伐四夷，开地广境，北却匈奴，西逐诸羌，乃渡河、湟，筑令居塞。”即此。

令疵塞 在今河北迁安市西。《吕氏春秋》称为九塞之一。

令鲜水 ①当在今内蒙古鄂托克前旗或陕西定边县一带。《后汉书·段颎传》：建宁元年（168）颎将兵讨羌，“颎急进，与（田）晏等共追之于令鲜水上。颎士卒饥渴，乃勒众推方夺其水，虏复散走。颎遂与相连缀，且斗且引，及于灵武谷”。唐李贤注：“令鲜，水名，在今甘肃张掖县界。一名合黎水，一名羌谷水。”即在今甘肃张掖市境。胡三省注《通鉴》：“余考鲜水既捷，乃追战于灵武谷，此鲜水非甘州之鲜水明矣，当在上郡北地界。”

②在今甘肃张掖市境。《后汉书·段颎传》：建宁元年（168），“（段）颎急进，与（田）晏等共追之于令鲜水上”。唐李贤注：“令鲜，水名，在今甘肃张掖县界。一名合黎水，一名羌谷水也。”

印山 ①在今浙江景宁畲族自治县（鹤溪镇）。《方舆纪要》卷94景宁县：印山“在县治北，本名桂山，有石方正如印，因改今名”。

②在今广西隆安县西。《明一统志》卷85太平府：印山“在都结州治（今都结乡）南。以形似名”。

③在今广西来宾市西南迁江镇西北。《方舆纪要》卷109迁江县：印山“在县西二里。有泉石之胜”。《清一统志·思恩府》：印山“在迁江县西，隔红水江二里。中有八仙洞。山半有遇仙岩，岩内产鸳鸯石。亦曰鸳鸯窝”。

④在今广西扶绥县南。《方舆纪要》卷110新宁州：印山“在州南一里。其上有元天洞，石峰突起，宽敞可容百人”。

⑤即玉印山。在今重庆市忠县东北长江北岸石宝寨处。清道光《忠州直隶州志》卷1：玉印山在“大江之北。一名石宝山。巉石凌空，四遭如削，形如累累之印”。

⑥在今贵州惠水县西南。《方舆纪要》卷121定番州：印山在“（韦番长官司）司西一里”。

印山越国王陵 在今浙江绍兴县西南兰亭镇木栅印山。王陵位于印山之巅，凿岩而成，墓向朝东，是一座由墓道、墓坑组成的平面呈甲字形的竖穴土（岩）坑木椁墓。墓坑为长方形竖穴，坑口长46米，宽14米，深12.4米，四壁陡峭，不设台阶。墓室由加工规整的巨大仿木构筑，呈两面坡状。木椁长34.8米，宽6.7米，分前、中、后三室。每室之间设有门槛、门梁和木制隔墙。椁室内涂漆。木棺置于中室，系一个由巨型圆木制成的独木棺，长6.05米，口宽1.12米。坑底铺木炭，木椁外包一百四十层树皮，树皮外夯木炭，墓坑内填青膏泥。其上覆封土，山脚四周挖掘有防御保护的围沟。此王陵规模宏大，形制独特，葬俗充分显示了越国王陵制度的特点。《越绝书》卷8：“木客大冢者，勾践父允常冢也。”此王陵应即允常冢。这是迄今为止经正式发掘并被确认的第一座越王陵，是越文化考古的重大发现，对推动越文化研究具有重要意义。在印山附近还有几座类似的陵墓，可能和其他越王及王族墓有关。2001年印山越国王陵被定为全国重点文物保护单位。

印心石 在今湖南安化县东资江中。《清一统志·长沙府一》“印文石”条：印心石“两岸岩峙如门，此石四面独方，浮出于石门潭内，俨如一印”。道光十六年（1836），邑人陶澍摹宣宗御书“印心石室”四字于资江南岸之西崖。

印心寨 在今四川宣汉县南三十里东林乡东北。清光绪《东乡县志》卷1：印心寨“在东林场东北，高四五里，周围，右寨东西有二石门，长十余丈。上有古庙一座。嘉庆元年，教‘匪’喻大伦，勾结王三槐盘踞于此，总兵袁某战偶捷。喻大伦熟识山径，潜引王（三槐）、徐添德等夜袭袁营，袁败北战殁”。

印石山 一名印字山。在今四川宣汉县西二十里。《方舆纪要》卷69东乡县：印石山“在县治西。以山形方整而名”。

印庄镇 在今江苏泰兴市南二十里。明洪武初置巡司于此。《明史·李遂传》：嘉靖三十八年（1559），“（刘）景韶亦败（倭）贼印庄，追奔至新河口，焚斩甚众”。清移印庄巡司于泰兴市东三十里童桥镇。

印江县 明弘治七年（1494）改思印江长官司置，属思南府。治所即今贵州印江土家族苗族自治县。民国初属贵州镇远道。1923年直属贵州省。1986年改设印江土家族苗族自治县。清爱必达《黔南识略》卷16：印江县“思邛江在城南，源出府属朗溪司，北流入水德江。后讹邛为印，遂以名县”。按，古僮语“思”意为“溪”，思印江即印江。县以印江为名。

印渚镇 在今浙江桐庐县西北六十二里印渚镇南。《寰宇记》卷93于潜县：印渚山，“传云渚次石文似印，因以为名”。《清一统志·杭州府一》：桐溪“又西南流，复折而东，周旋盘回，是为印渚”。民国时置镇，1969年毁于洪水。

氐父山 又名金鳌岭、浮玉山。在今江苏镇江市西北长江中，清道光时始与南岸连接。《元和志》卷25润州丹徒县：“氐父山，在县西北十里。晋破苻坚，获氐贼，置此山下，因以为名。今土俗亦谓之金山。”唐时以裴头陀于江际获金，始名金山。

氐池县 西汉置，属张掖郡。治所即今甘肃民乐县。北魏废。

氐陌山　在今四川剑阁县西南。《寰宇记》卷84普成县：氐陌山“在县西三十五里。《旧图经》云：晋太康中，关西离乱，武都氐人流离入蜀，耕凿此山，遂成陌，因名”。

氐道　西汉置，属陇西郡。治所在今甘肃礼县西北。《汉书·地理志》陇西郡氐道：颜师古注曰：“氐，夷种名也。氐之所居，故曰氐道。”西晋废。

氐置水　即今甘肃敦煌市和肃北蒙古族自治县境内的党河。《汉书·地理志》龙勒县：“氐置水出南羌中，东北入泽，溉民田。”

乐口　即今河南漯河市。《北齐书·尧雄传》：“元洪威据颍州叛，民赵继宗杀颍川太守邵招，据乐口。”

乐山　①在今河南确山县西北四十四里。《魏书·地形志》：新怀县“有乐山”。《清一统志·汝宁府一》：乐山“在确山县西北四十里。旧曰朗山，隋以此名县。宋时避讳改今名。山麓有李塑营垒遗迹。《府志》：山顶有皓月池，及双龙泉。泉流为马庄河。又东一泉名紫花硐，流为黄酉河，即练水也”。

②即独乐山。在今湖北襄阳市襄城区西。《水经·沔水注》：“沔水又东径乐山北，昔诸葛亮好为《梁甫吟》，每所登游，故俗以乐山为名。”

乐山大佛　亦名凌云大佛。在今四川乐山市东二里凌云山大佛寺左侧石崖山。唐开元元年（713）寺僧海通创建，至贞元十五年（799）剑南节度使韦皋完成。系一尊面对三江的弥勒坐佛，依山凿成。头枕山巅，足踏江流。高70.7米，肩宽24米。造型比例匀称协调，气势雄伟磅礴，仪态庄严慈祥，为世界最大的石刻佛像。旧有楼阁覆盖，曰天宁阁，或称大佛阁、大像阁。《舆地纪胜》卷146嘉定府：大像阁“在凌云寺。唐开元中僧海通于渎江、沬水、濛水三江之合，悍流怒浪之滨，凿山为弥勒大像，逾三百六十尺，建七层阁以覆之，至韦皋时积十九年而工始毕。皋有大像记”。明末阁毁。右侧有“九曲栈道”石阶上下。两侧山岩有历代题刻和摩岩造像。1982年定为全国重点文物保护单位。1996年乐山大佛被联合国教科文组织确定为世界文化与自然遗产。

乐山场　为盐场。在今四川乐山市南二十里牛华镇。产井盐。民国设场知事。

乐山县　①南朝宋置，属乐昌郡。治所在今广东四会市北。隋大业初废。

②隋开皇十八年（598）改乐阳县置，属缘州。治所在今广西横县东北郁江北岸古城。大业初属郁林郡。唐属横州。北宋开宝五年（972）废。

③唐宝应元年（762）改预山县置，为古州治。治所在今广西三江侗族自治县境。后废。

④清雍正十二年（1734）置，为嘉定府治。治所即今四川乐山市。清李元《蜀水经》卷4：乐山县“以县西南至乐山为名”。民国初属四川建昌道。1928年直属四川省。1979年改设乐山市。1985年升为地级市。

乐山镇　在今湖南祁阳县东南八十里，接常宁县界。《宋史·地理志》：“熙宁六年废乐山砦。”即此。《清一统志·永州府二》：乐山镇“今有市”。

乐川　即今广西恭城瑶族自治县北恭城河，为漓江支流。《方舆纪要》卷107恭城县：乐川“在县西。自道州流入境，经县南，入平乐县界。《志》云：县北七十里有平川江，南流合乐川”。

乐川县　北周置，属西疆郡。治所在今甘肃迭部县境。隋属临洮郡。唐废。

乐川郡　西魏置，治所在汾川县（今陕西宜川县东北）。辖境相当今陕西宜川县东北部地。隋初废。

乐门岭隘　在今江西新干县东南。《清一统志·临江府》：乐门岭隘“在新淦县东南四十五里。路通永丰县界”。

乐门镇　即落门镇。今甘肃武山县东三十里洛门镇。清宣统《甘肃新通志》卷6宁远县：南峪水“在县东三十里。一名杨家河。……又北流西河水东来注之。经洛门北入渭水”。

乐乡关　清置，属荆门州。在今湖北钟祥市西北双河镇北乐乡关村。《清一统志·荆门州》：乐乡关“在荆门州北八十里”。

乐乡县　①东晋隆安五年（401）置，为武宁郡治。治所在今湖北钟祥市西北六十六里乐乡关。隋属竟陵郡。唐属襄州。五代周显德二年（955）废。

②北魏置，属高阳郡。治所在今河北清苑县东。北齐废。

③北周天和三年（568）改归乡县置，属秭归郡。治所在今湖北巴东县西北长江北岸旧县坪。隋开皇十八年（598）改为巴东县。

乐乡城　①在今河南邓州市西南三十里。《方舆纪要》卷51邓州“东阳城”条下：“《志》云，州南三十里有乐乡城，本汉之乐城县，属南阳郡。后汉省。”

②在今湖北松滋市东北四十八里涴市镇。《晋书·杜预传》：太康元年（280）伐吴，“遣牙门管定、周旨、伍巢等率奇兵八百，泛舟夜渡，以袭乐乡……吴之男女降者万余口，旨、巢等伏兵乐乡城外”。即此。《水经·江水注》：“江水又径南平郡孱陵县之乐乡城北，吴陆抗所筑。后王浚攻之，获吴水军都督陆景于此渚也。”

乐乡侯国　西汉置，属信都国。治所在今河北深州市东南三十里。高帝封乐毅为侯，宣帝又改封河间献王子佟于此。东汉废。

乐乡铺　即今贵州榕江县东北乐乡。《清一统志·黎平府》“朗洞铺”条下：又有“乐乡铺”等皆戍守处。

乐乡镇　北宋于乐乡县故城置，属长林县。在今湖北钟祥市西北双河镇北乐乡关。

乐井　在今四川乐山市南四十里竹根镇。民国时产盐，亚于黑白井。

乐化县　南朝梁大同五年（539）置，属上隽郡。治所在今湖北通城县东南塘湖镇。隋开皇九年（589）

废。

乐化街 即今江西新建县北四十里乐化镇。古为通衢要地。1949年曾为新建县驻地。

乐从墟 即今广东佛山市顺德区西北乐从镇。清宣统《广东舆地全图》顺德县图：县西北有乐从墟。

乐古关 即栾古关。今辽宁瓦房店市西南岚崮店。《明史·地理志》复州卫："又南有乐古关。"《方舆纪要》、《清一统志》均作栾古关。乐为栾之讹。

乐古县 北宋崇宁四年（1105）置，为格州治。治所在今贵州黎平县南永从乡西。崇宁五年（1106）改为从州治。政和初废为乐古砦。

乐古砦 北宋政和元年（1111）废乐古县置，属平州。在今贵州黎平县南永从乡西。后废。

乐龙汛 在今云南文山县西北七十八里乐龙。清时有外委戍守，彝语"乐"为石，"龙"为城，意即石城。

乐平山 ①在今江西乐平市西南二十里。《寰宇记》卷107引《鄱阳记》云，"其山有石似墨臼"，旧名石墨山。唐天宝六年（747）敕改乐平山。

②在今云南凤庆县西北十五里。《方舆纪要》卷118顺宁府：乐平山"为郡之镇山。山下有塘，周回里许，知府猛寅所凿，以备灌溉"。

乐平长官司 明洪武二十四年（1391）置，属平越卫。治所即今贵州麻江县西乐坪。后改属麻哈州。清以后废。

乐平市 1992年撤销江西省乐平县，设乐平市，市人民政府驻洎阳南路。由景德镇市代管。

乐平县 ①东汉章帝时改清县置乐平侯国，后为乐平县，属东郡。治所在今山东聊城市西南。三国魏改属阳平郡。北齐省。

②东汉建安中置，属乐平郡。治所即今山西昔阳县。北魏太平真君九年（448）废。孝昌二年（526）又改沾县为乐平县，治所在今昔阳县西南。隋属太原郡。唐属太原府，移治今昔阳县。北宋属平定军。金属平定州，兴定四年（1220）升为皋州，元初复为乐平县。清嘉庆元年（1796）废。1912年复置，属山西冀宁道。1914年改为昔阳县。

③南朝宋侨置，属钟离郡。治所在今安徽凤阳县东。齐属济阴郡。北魏属济阳郡。北齐废。

④本平陆县，南朝宋元嘉中移乐平县于此。北齐改乐平县，属任城郡。治所在今山东汶上县西四十里。隋开皇十六年（596）复改平陆县。

⑤北齐改阳平县置，治所即今山东莘县。北周为武阳郡治。隋开皇初郡废。六年（586）复改阳平县。

⑥唐武德四年（621）置，属饶州。治所在今江西乐平市东洺口。《元和志》卷28饶州：乐平县"南临乐安江，北接平林，因曰乐平"。九年（626）废。开元中复置，徙治今乐平市。元元贞元年（1295）升为乐平州。明洪武四年（1371）复降为县，属饶州府。民国初属江西浔阳道。1926年直属江西省。1992年改设乐平市。

乐平郡 ①东汉末分上党郡置，治所在沾县（今山西昔阳县西南）。辖境相当今山西阳泉、平定、昔阳、左权、和顺等市县境。北魏太平真君九年（448）废。孝昌二年（526）复置，治所在乐平县（以沾县改名）。隋开皇三年（583）废。

②唐天宝元年（742）改仪州置，治所在辽山县（今山西左权县）。辖相当今山西和顺、榆社、左权等县地及河北涉县北部地区。乾元元年（758）复为仪州。

乐平营 明置，属崖州。在今海南省乐东黎族自治县西南。《清一统志·琼州府二》"乐安营"条下："本朝拨千总驻乐安营，分防乐平营汛。"

乐平溪 在今贵州麻江县西北。《方舆纪要》卷121麻哈州乐平司：乐平溪在"司治南。下流合于麻哈江。《志》云，司境有紫疆苗，夹溪而居云"。

乐平镇 即今四川平武县。《方舆纪要》卷73龙安府平武县："（元）又徙州治武都镇。明洪武中又徙州治乐平镇。即今治也。"

乐东县 1936年置，属广东省。治所即今海南省乐东黎族自治县。1987年改设乐东黎族自治县。1988年划归海南省。

乐业乡 即今广西乐业县（同乐镇）。旧属凌云县。1935年于此设乐业县。

乐业县 1935年析凌云县北部地区置，属广西省。治所在乐业乡（今广西乐业县）。

乐生镇 清置，属洛川县。在今陕西洛川县东北五十里洛生。

乐仙桥 亦名乐乡镇。即今湖北钟祥市西北双河镇北乐乡关。明置乐仙桥巡司。

乐宁县 南朝梁置，为光州宋安郡治。治所在今河南光山县西南。北齐废。

乐宁镇 在今内蒙古和林格尔县与察哈尔右翼前旗之间。《资治通鉴》：隋开皇十九年（599），"代州总管韩洪等将步骑一万镇恒安，达头骑十万来寇，韩洪军大败，仲卿自乐宁镇邀击，斩首千余级"。

乐民千户所 ①明洪武二十二年（1389）置，属普安卫。治所即今贵州盘县（红果镇）南乐民镇。清废。

②明洪武二十七年（1394）置，属雷州卫。治所在今广东遂溪县西南乐民镇。清顺治中废，拨雷州右营外委驻防。

乐民墟 即今广西浦北县北乐民镇。清同治《广东图说》卷61：合浦县东北有乐民墟。

乐共坝 在今四川兴文县西北共乐镇。《宋史·林广传》：元丰间，讨泸蛮乞弟"师行有二途，从纳溪抵江门近而险，从宁远抵乐共坝远而平"。

乐共城 北宋元丰五年（1082）于乐共坝置，属泸州。治所即今四川兴文县西北共乐镇。《宋史·赵遹传》：政和五年（1115），"乐共城监押潘虎，诱杀罗氏党族首领五十余人，其族蛮愤怒，合（卜）漏等攻乐共城”。即此。后废。嘉庆《泸州志》卷2九姓司：“乐共城在司西北十五里。基址犹存。”

乐西暗沙　在南海中中国的中沙群岛内，位于中沙大环礁浅湖中部。东距屏南暗沙7.3海里，东北距漫步暗沙3.8海里。1947年公布名称为乐西暗沙。

乐成县　①战国秦置，属巨鹿郡。治所在今河北献县东南十六里河城街乡南。出土秦封泥中有“乐成之印”可证。西汉为河间国治。景帝封子德为河间王都此，是为献王。三国魏改为乐城县。

②西汉置，属南阳郡。治所在今河南邓州市西南三十四里高李村。东汉废。

③一作乐城县。东晋宁康二年（374）分永宁县置，属永嘉郡。治所即今浙江乐清市。隋开皇十三年（593）省。唐武德五年（622）复置，属东嘉州。七年（624）又省，载初元年（689）复置，属温州。五代梁开平二年（908）吴越改为乐清县。

④南朝宋置，治所在今山东寿光市东南。北齐废。

乐成国　东汉明帝永平十五年（72）改信都国置，治所在信都县（今河北冀州市）。辖境相当今河北冀州、安平、饶阳、深州、武邑、衡水、枣强、新河、南宫等县市及武强、广宗县一部分地。延光元年（122）改为安平国。

乐至场　在今四川乐至县。盛产盐，为盐场。民国设场知事。

乐至池　亦名天池。在今四川乐至县城区东南隅。《元和志》卷33乐至县：“乐至池在县东二里。”《寰宇记》卷87乐至县：“因乐至池为名。”清道光《乐至县志》卷2：乐至池，“《通志》：即治内池也。……今池计广七亩有奇”。

乐至县　唐武德三年（620）置，属普州。治所即今四川乐至县。《寰宇记》卷87乐至县：“因乐至池为名。”天宝初属安岳郡，乾元初复属普州。南宋宝祐后废。明成化元年（1465）复置，属潼川州。清彭遵泗《蜀碧》卷2：崇祯十七年（1644），张献忠义军攻“陷乐至”。即此。清属潼川府。民国初属四川嘉陵道。1928年直属四川省。

乐光县　唐贞观中置，属芝州。治所在今广西忻城县南隆光村。北宋废。

乐回江　在今贵州石阡县西南。《方舆纪要》卷122石阡府葛彰葛商司：乐回江“在司（治今河坝场）南。其源有三，至方竹箐合为一流，出司东北，又折而西，流注深溪，入乌溪”。

乐会县　唐显庆五年（660）置，属琼州。治所在黎黑村（又称南管村，即今海南省琼海市东北大路镇东福石岭管区泗村）。乾封后废。贞元五年（789）复置，元世祖至元二十四年（1287）迁治调濑村（在今琼海市东北滨海处）。大德六年（1302）始移治今琼海市东南乐城府，属乾宁安抚司。明属琼州府。民国初属广东琼崖道。1920年直属广东省。1959年撤销，与琼东县合并为琼海县。

乐羊城　在今河北定州市西。《水经·滱水注》：“滱水又东径乐羊城北。《史记》称魏文侯使乐羊灭中山，盖其城攻中山所造也，故城得其名。”

乐州　①唐武德四年（621）置，治所平乐县（今广西平乐县西南）。辖境相当今广西平乐县及恭城瑶族自治县地。贞观八年（634）改为昭州。

②北宋宣和元年（1119）改湟州置，治所在邈川城（今青海乐都县南湟水南岸）。辖境相当今青海平安、化隆回族自治县以东，循化撒拉族自治县以北及甘肃永靖县黄河以东地。后属西夏。元废。

乐州城　唐武德四年（621）置，治所在今广西阳朔县南二十里。明曹学佺《广西名胜志》卷1阳朔县：“古乐州城在县南二十里白面村山下，唐武德初置乐州于此，后移于平乐。”

乐兴县　唐贞观十二年（638）置，属古州。治所在今广西三江侗族自治县境。后废。

乐安山　在今四川筠连县南境与云南盐津县接境。《明史·地理志》镇雄府：“北有乐安山，与叙州府界。”

乐安乡　西汉置，属僮县。在今安徽泗县东北。《汉书·匡衡传》：“衡封僮之乐安乡。”即此。

乐安水　即今贵州遵义县（南白镇）东北洛安江。《明一统志》卷72播州宣慰司：乐安水“在宣慰司（今遵义市）东七十里。源出筋竹平里山涧，转流入乌江。舟楫济此无险，得以乐安”。

乐安州　明洪武六年（1373）置，属济南府。治所即今山东惠民县。宣德元年（1426）改武定州。

乐安江　在今江西乐平市南。为鄱江南源。上游称婺江，源出婺源县东北边境芙蓉岭，西流到波阳县和昌江汇合后称鄱江，入鄱阳湖。《寰宇记》卷107乐平县：乐安江“源出县东北扶余岭，合余干水。又有明溪、银溪、石吴溪并流合乐安江”。

乐安汛　即今海南省乐东黎族自治县西南老乐安村。旧属崖州，清置巡司于此。

乐安县　①战国秦置，属临淄郡。治所在今山东博兴县东北。出土秦封泥中有“乐安丞印”可证。西汉元朔五年（前124）封李蔡为乐安侯。后改为县，属千乘郡。东汉属乐安国。西晋废入博昌县。

②东汉灵帝分余汗县置，属豫章郡。治所在今江西德兴县东北新岗山镇银城坂。南朝陈天嘉元年（560）废。南宋绍兴十九年（1149）复置，属抚州。治所在今江西乐安县北古塘，后徙詹墟（今乐安县治）。元属抚州路。明属抚州府。民国初属江西豫章道。1926年直属江西省。

③东晋永和三年（347）分始丰县置，属临海郡。治所在今浙江仙居县西。南朝梁属赤城郡。陈属章安郡。隋开皇九年（589）废。唐武德四年（621）复置，属台州。武德八年（625）又废。高宗上元二年（675）再置，徙治今仙居县。五代唐长兴元年（930）吴越改名永安县。

④南朝宋元嘉二十五年（448）以豫部蛮民置，属弋阳郡。治所在今河南光山县西北仙店。《寰宇记》卷127："以乐安山为名。"大明中，为光城左郡治。南朝梁属北光城郡。北齐属光城郡。隋属弋阳郡。唐属光州。天宝元年（742）改为仙居县。

⑤南齐置，为蔡阳郡治。治所在今湖北枣阳市西。梁废。

⑥南齐置，属南安郡。治所在今四川剑阁县境。后废。

⑦南朝梁侨置，为乐安郡治。治所在今安徽霍山县东。北齐废。

⑧北齐改乐陵县置，属乐安郡。治所在今山东博兴县东南。隋开皇十六年（596）改名博昌县。

⑨唐初置，属郛州。治所在今贵州绥阳县南。贞观五年（631）改属智州。后属牢州。贞观十六年（642）废。

⑩金改千乘县置，属益都府。治所即今山东广饶县。元属益都路。明属青州府。1914年改名广饶县。

乐安邑　在今山东博兴县东北。春秋时著名军事家孙武故里。唐人孙保衡为其从叔父孙起写的《唐故滑州白马县令乐安府君墓志铭》中说："自齐大夫书始受邑于乐安。"此后的唐朝宰相令狐绹在《孙简碑》中，时掌制诰、后为宰相的蒋伸在《孙景商碑》中，孙徽在《孙谠碑》中，孙爽在《孙嗣初碑》中，都说孙书"受封于乐安"。宋代欧阳修写的《新唐书·宰相世系表》孙氏条载：孙武的祖父"书字子占，齐大夫，伐莒有功，景公赐姓孙氏，食采于乐安。生凭，字起宗，齐卿。凭生武，字长卿，以田、鲍四族谋为乱，奔吴，为将军。"《史记·孙子吴起列传》载："孙子武者，齐人也。以兵法见于吴王阖庐。"又说："阖庐知孙子能用兵，卒以为将。西破强楚，入郢，北威齐、晋，显名诸侯，孙子与有力焉。"但是长期以来，对孙武故里乐安邑今地究竟在何处一直存在争议，一种意见以"唐代的乐安郡"来论证乐安在今山东惠民，此说并未受到学术界的重视；再一种意见是以孙武的祖父孙书"食采于乐安"，考定孙武故里在博兴。此说旧时被说成是"汉承秦、秦承先秦"论，但从近年对秦封泥的研究证实，乐安在战国时已设县，这更增加了此地作为孙武故里的可信度；还有一种意见认为，孙武故里在广饶，并指出故址在今县北三十里的花官乡草桥遗址。诚然，广饶与乐安在历史上关系非常密切，不仅《左传·庄公九年》关于"齐师战于干时"和《水经·淄水注》关于时水的记载都与广饶紧紧相连，而且，南朝时长时间为乐安郡治，金、元、明、清以来连续数百年之久为乐安县治，都表明广饶人民对乐安、对孙武有着特殊深厚的感情。但与博兴相比，我们仍相信古乐安邑在博兴，博兴才应当是春秋时期伟大军事家孙武的故里。

乐安国　东汉永元七年（95）改千乘郡置，治所在临济县（今山东高青县高城镇西二里）。辖境相当今山东滨州市及高青、博兴、广饶、桓台、寿光等县地。本初元年（146）改为郡，移治高苑县（今山东邹平县东北苑城镇）。三国魏复改乐安国。南朝宋又改为郡。

乐安驿　在今广东阳江市西乐安村。《方舆纪要》卷101阳春县：乐安驿在"县南九十里，接阳江县界。隆庆五年筑城"。

乐安城　①在今河北乐亭县东北二十里。《十六春秋·后赵录·石虎传》：建武六年（340），石虎将讨慕容皝"具船万艘，自河通海，运谷豆千一百万斛于安乐城，以备征军之调"。

②在今河北昌黎县西南。石赵筑城置镇于此。《水经·濡水注》："濡水又径（海阳县）故城南，分为二水。北水枝出，世谓之小濡水也。东径乐安亭北，东南入海。濡水东南流径乐安亭南，东与新河故渎合。"《资治通鉴》：东晋咸康六年（340），石虎（季龙）合兵五十万，具船万艘，"自河通海，运谷千一百万斛于乐安城"。

③即安乐城。在今新疆吐鲁番市。明陈诚《使西域记》："土鲁番在火州之西。古里即古交河县之乐安城。城方一二里，地平，气候多暖少雨雪，土宜麻麦，有桃、李、枣、杏、葡萄，畜多牛马，城中有房舍，居人信佛法。"

乐安郡　①东汉本初元年（146）改乐安国置，治所在高菀县（今山东邹平县东北苑城）。三国魏改为乐安国，元康中复为郡。南朝宋移治千乘县（今山东广饶县北）。辖境相当今山东广饶、高青、寿光等县市地。隋开皇初废。

②南朝梁侨置，属霍州。治所在乐安县（今安徽霍山县东）。北魏以后废。

乐安营　明万历四十二年（1614）置，属崖州。在今海南省乐东黎族自治县南老乐城村。清置巡司于此。

乐安铺　即今四川三台县西北乐安镇。清嘉庆《四川通志》卷89三台县：乐安铺"在县西三十里"。

乐安镇　①北宋置，属仪陇县。在今四川仪陇县（新政镇）东北四十五里乐安观。

②在今山西代县北。《资治通鉴》：唐大顺元年（890）胡三省注引《考异》："《太祖纪年录》：……李存孝引前锋与赋战于乐安镇，赋军大败，遁走。"

③本清河镇，后改乐安镇。即今山东广饶县治。明置乐安镇巡司。

乐农里　在今云南文山县西北七十八里乐龙。清代为开化府所辖八里之一。彝语"乐"为石，"龙"为城，意即石城。

乐阳江　即洛阳江。今福建泉州市东北洛阳江。

乐阳县　①北魏普泰中置，属上党郡。治所在今山西长子县西二十七里岳阳村。北齐废。

②隋开皇十年（590）改乐阳郡置，属缘州。治所在今广西横县东北郁江北岸古城。十八年（598）

改为乐山县。

③明置，属潼川州。治所在今四川乐至县北四十里。寻废。

乐阳城　即乐羊之讹。在今河北定州市西。《魏书·地形志》：卢奴县有“乐阳城”。

乐阳侯国　西汉地节二年（前68）封赵顷王子说为乐阳缪侯，属常山郡。治所在今河北鹿泉市东北。东汉废。《水经·浊漳水注》：绵蔓水“又东流径乐阳县故城西，……《东观汉记》曰：光武使邓禹发房子兵二千人，以铫期为偏将军，别攻真定、宋子，余贼拔乐阳、稾肥垒者也”。

乐阳郡　南朝梁置，属龙州。治所在今广西横县东北。隋开皇十年（590）改为乐阳县。

乐阳殿　即洛阳殿。在北魏平城西苑内，今山西大同市西北下皇庄一带。《魏书·抱嶷传》载：嶷为泾州刺史，“将至州，高祖饯于西郊乐阳殿，以御白羽扇赐之”。

乐寿县　隋仁寿元年（601）改广城县置，属瀛州。治所在今河北献县西南一里。《寰宇记》卷63深州乐寿县：“取其理城（乐寿亭）为名。”大业初属河间郡，十三年（617）移治今献县。唐属瀛州。元属献州。明洪武初废。

乐寿岩　在今河北献县西南。《方舆纪要》卷13献县“乐成废县”条下载：“今县西南十里曰乐寿岩，……大业十三年窦建德自号长乐王，都乐寿，其所居曰金城宫，亦在乐寿岩西，今湮废。”

乐来县　唐贞观十六年（642）置，属溱州。治所在今重庆市万盛区西南。咸亨元年（670）废入荣懿县。

乐沙县　唐武德四年（621）改文安县置，属南昆州。治所在今广西柳江县东白沙。贞观七年（633）废入马平县。

乐良郡　①北魏改乐浪郡置，属营州。治所在连城（今辽宁义县）。辖境相当今辽宁义县地。后废。

②东魏天平四年（537）置，寄治乐城（今河北满城县西北五里）。北齐废。

乐昌市　1994年撤销广东省乐昌县，改设乐昌市，市人民政府驻乐城镇。由韶关市代管。

乐昌防　北周置，在今山西曲沃县南。

乐昌县　①西汉置，属东郡。治所在今河南南乐县西北。东汉废。

②南朝宋置，为乐昌郡治。治所在今广东四会市北。南齐废。

③隋开皇十八年（598）改梁化县置，属广州。治所在今广东乐昌市西南二里武水西。《寰宇记》卷159乐昌县：“《拾遗志》云：县东有山名昌山，有石平广数十步，上多竹木交荫，每至佳节，为士庶嬉游之所，时呼为乐石。今取山为县名。”大业初属南海郡。唐属韶州。元属韶州路。明初属韶州府，迁今乐昌市。民国初属广东岭南道。1920年直属广东省。1994年改设乐昌市。

④北宋开宝五年（972）改晋兴县置，属邕州。治所在今广西武鸣县南三十里。景祐三年（1036）废入武缘县。

乐昌城　在今安徽太和县东。《史记·吕太后本纪》：高后八年（前180），高后封张敖前姬之子“寿为乐昌侯”。即此。

乐昌郡　南朝宋置，治所在乐昌县（今广东四会市北）。辖境相当今广东四会市地。南齐移治始昌县（今广东四会市北）。隋开皇时废。

乐罗村　即今海南省乐东黎族自治县西南乐罗镇。明置抱岁巡司于此。

乐郊县　辽初改三河县置，为沈州治。治所在今辽宁沈阳市老城区。元废。

乐育甸　即今云南红河县西南乐育乡。清道光元年（1820）后为思陀土司治所。

乐城　在今陕西城固县东八里。秦汉为成固县治。东晋常璩《华阳国志》：“蜀时以沔阳为汉城，城固为乐城。”《三国志·魏书·钟会传》：景元四年（263），“蜀监军王含守乐城，护军蒋斌守汉城，兵各五千。会使护军荀恺、前将军李辅各统万人，恺围汉城，辅围乐城”。

乐城县　①三国蜀汉置，属巴郡。治所在今重庆市江津区西油溪镇，一说在重庆市东北洛碛镇。延熙十七年（254）废入江州县。

②三国魏改乐成县置，为河间郡治。治所在今河北献县东南十六里。西晋为河间国治。北魏太和十一年（487）移治今献县西南一里，仍属河间郡。隋开皇十八年（598）改为广城县。

③三国蜀汉改成固县置，属汉中郡。治所在今陕西城固县东湑水西岸。西晋复名成固县。

④南朝宋置，属晋康郡。治所即今广东德庆县东南八十里悦城镇。隋属信安郡。唐属康州，天宝元年（742）改名悦城县。

⑤唐武德五年（622）分彭泽县置，属浩州。治所在今江西彭泽县南。八年（625）省入彭泽县。《寰宇记》卷111江州彭泽县：废乐城县城“在县南三十九里。县城傍山为之，南北高险，东西平下”。《清一统志·九江府一》：乐城废县“按，《县志》又谓在今（彭泽）县东五十里陶王山北，未知何据”？

⑥即乐成县。治今浙江乐清市。唐杜佑《通典》、《旧唐书·地理志》、《寰宇记》俱作“乐城”。

乐信侯国　西汉神爵三年（前59）封广川缪王子强为侯国，属巨鹿郡。治所在今河北辛集市西南新城镇北。东汉废。

乐钜县　建置不详。治所在今江苏盱眙县东南王店乡古城集。隋开皇初废入顿丘县。

乐亭　在今山东东平县西。《资治通鉴》：唐乾宁三年（896），朱全忠将葛从周击郓帅朱瑄，“战于故乐亭”。即此。

乐亭县（乐 lào）　金大定末置，属滦州。治所即今河北乐亭县。元初曾为潩州治，寻又属滦州。清属永平府。民国初属直隶津海道。1928年直属河北省。

乐洋江 即洛阳江。今福建泉州市东北洛阳江。《新定九域志》卷9：泉州有乐洋江。

乐艳县 唐贞观中置，属芝州。治所在今广西忻城县西北。北宋废。

乐都水 一作洛都水。即今青海东部湟水。《元和志》卷39湟水县：湟水“名湟河。亦谓之乐都水。出青海东北乱山中，东南流至兰州西南入黄河”。

乐都区 2013年撤销青海省海东地区和乐都县，设立地级海东市；以原乐都县改置乐都区。市人民政府驻乐都区。区政府驻碾伯镇古城大街50号。

乐都县 ①东汉改吞列县置，属乐浪郡。治所在今朝鲜平安南道宁远附近。三国魏废。

②唐武则天久视元年（700）析绥山县置，属嘉州。治所在今四川峨眉市东南乐都镇。寻省。

③1928年改碾伯县置，属青海省。治所即今青海乐都县。以古乐都为名。2013年乐都县改设海东市乐都区。

乐都城 一作落都城。即今青海乐都县。十六国后凉吕光置乐都郡，南凉太初三年（399）秃发乌孤自西平迁都于此。《水经·河水注》：“湟水又东，径乐都城南。”

乐都侯国 西汉置，属北海郡。当在今山东东部。东汉省。

乐都郡 亦作洛都郡。十六国后凉吕光置，治所即今青海乐都县。东晋隆安三年（399），南凉秃发乌孤自西平迁都于此。义熙十年（414）西秦乞伏炽磐灭南凉，以谦屯为凉州刺史，镇乐都。北魏废。北周复置，属鄯州。治所在西都县（今乐都县）。辖境相当今青海乐都县及民和回族土族自治县地。隋开皇初又废。

乐桥汤 在今西藏安多县一带。唐时地居青海交通要道。《新唐书·地理志》鄯州西平郡：“（鹘莽峡）百里至野马驿。经吐蕃屯田，又经乐桥汤，四百里至阁川驿。”

乐徐 战国赵邑，在今河北易县西南（据《通鉴》注）。《史记·赵世家》：幽缪王迁五年（前231），“代地大动，自乐徐以西，北至平阴，台屋墙垣大半坏，地坼东西百三十步”，即此。

乐浪古隘口 在今黑龙江省同江市东北额图村。《明太祖实录》卷142：洪武十五年二月壬戌载，“胡里改至乐浪古隘口一百七十里，乐浪古隘口至乞列怜一百九十里”。

乐浪郡（乐 luò） ①西汉元封三年（前108）置，治所在朝鲜县（今朝鲜平壤市大同江南岸土城洞，一说即今平壤市）。辖境相当今朝鲜平安南道，黄海南、北道、江原道和咸镜南道地。西晋建兴元年（313）与朝鲜县同侨治棘城（今辽宁义县西北）。北魏延和元年（432）废。正光末复置，徙治连城（今义县），改名乐良郡。

②东魏天平四年（537）侨置，属南营州。治所在今河北满城县西北五里鱼条山下。北周移治北平故县（今满城县北十里）。北齐废。

乐容州都督府 唐置，为党项羁縻府，属灵州都督府。其地当在今宁夏黄河两岸地。后废。

乐陵县（乐 luò） ①战国秦置，属济北郡。治所在今山东乐陵市东南二十五里花园乡城子后（魏王城）。出土秦封泥中有“乐陵丞印”可证。西汉属平原郡。地节四年（前66）尝封史高为侯邑。东汉建安末为乐陵郡治。三国魏属乐陵国。南朝宋仍为乐陵郡治。北魏永平二年（509）移治今市东北五十里。唐属沧州，贞观元年（627）移治今乐陵市西北三十里旧县镇。北宋熙宁二年（1069）移治咸平镇（今乐陵市西南五十里旧乐陵）。明洪武二年（1369）徙治富平镇（今乐陵市），属武定州。清属武定府。民国初属山东济南道。1925年改属武定道。1928年直属山东省。

②南朝宋侨置，属乐安郡。治所在今山东博兴县东十二里。北齐废。

乐陵郡（乐 luò） 东汉建安中置，治所在乐陵县（今山东乐陵市东南二十五里花园乡城子后）。西晋改乐陵国，移治厌次县（今山东惠民县东）。北魏仍改乐陵郡，还治乐陵。辖境相当今山东滨州、乐陵、阳信、无棣、利津等市县地。隋开皇初废。

乐陵镇 军镇名。北魏延兴二年（472）置，与东荆州同治朗陵（今河南确山县南十八里任店镇）。《魏书·韦珍传》：桓诞降，“以诞为东荆州，令珍为使，与诞招慰蛮左。……以奉使称旨，除左将军、乐陵镇”。太和十年（486）与东荆州同徙治比阳，改称比阳镇。

乐预县 唐贞观十二年（638）置，为古州治。治所在今广西三江侗族自治县境。后废。

乐野王宫 一名乐野宫。故址在今福建邵武市东。《舆地纪胜》卷134邵武军《古迹》：乐野王宫“在邵武县东三十五里，越王游赏之行宫也。今乐城里乐坂之上有古基犹存”。《方舆纪要》卷98邵武府邵武县“樵川驿”条下：“府东三十五里有乐野宫。《建安记》，越王无诸畋猎纵乐处也。”

乐盘山 在今山东章丘市西。《寰宇记》卷19章丘县：“乐盘山在县（章丘县旧治）南二十七里。”

乐盘城 在今山东章丘市西。《寰宇记》卷19章丘县：“乐盘山在县（章丘县旧治）南二十七里。《齐记》云：山有乐盘城，即平陵王与章丘侯饯送处，因名。”

乐盘镇 金置，属延安府。在今陕西延安市西南。即唐敷政郡之洛盘县治。

乐康县 ①即齐康县。南齐置，为齐康郡治。治所在今广东徐闻县南。《南齐书·州郡志》作“乐康县”。

②辽置，为泰州治。治所在今吉林洮南市东北洮儿河北岸城四家子村。金承安三年（1198）改为金安县。

乐望县 西汉置，属北海郡。治所在今山东寿光市东南四十里王望村。地节四年（前66）封胶东戴王子光为乐望侯国于此。东汉省。

乐清市 1993年撤销浙江省乐清县，改设乐清市，市人民政府驻乐成镇。由温州市代管。

乐清县（乐 yuè）　五代梁开平二年（908）吴越改乐成县置，属温州。治所即今浙江乐清市。南宋咸淳元年（1265）属瑞安府。元属温州路。明、清属温州府。民国初属浙江瓯海道。1927年直属浙江省。1993年改设乐清市。

乐涫县　西汉置，属酒泉郡。治所在今甘肃高台县西南骆驼城。《十六国春秋辑补》卷95北凉录：后凉龙飞二年（397），"时从兄（沮渠）男成，闻蒙逊起兵，亦合众数千，还屯乐涫，杀酒泉太守叠滕"。《晋书·吕光载记》："酒泉太守垒澄率将军赵策、赵陵步骑万余，讨男成于乐涫，战败，澄、策死之。"北魏太武帝改为乐涫戍，孝文帝复为乐涫县。隋废为镇。

乐斯暗沙　在南海中中国南沙群岛内，位于永登暗沙南4海里。为隐没水下的一群礁石组成。中国渔民向称红草线排、南奈罗角。1935年公布名称为来苏滩。1947年改名乐斯暗沙。

乐善州　北宋雍熙二年（985）置，为羁縻州，属融州。治所在今广西罗城仫佬族自治县西北四堡村。元废。

乐善砦　北宋崇宁二年（1103）置，属融州。在今广西罗城仫佬族自治县西北四堡村。

乐善堡　明置，在今甘肃永昌县东。《方舆纪要》卷63永昌卫：乐善堡"在卫东"，为官军戍守处。

乐善镇　①即今广西罗城仫佬族自治县西北四堡村。明置巡司于此。

②即今甘肃武山县东洛门镇。清宣统《甘肃新通志》卷3巩昌府宁远县图：东有乐善镇。

乐道园　在今四川仁寿县城东。《舆地纪胜》卷150隆州：乐道园"在州东凤门外。城中游赏惟此独盛。文与可有诗"。为宋丞相何㮚读书处。

乐温山　在今重庆市长寿区西南。《元和志》卷30乐温县："因乐温山为名，在县南三十里。县出荔枝。"《方舆纪要》卷69长寿县：乐温县在"县西南四十八里。山下有乐温滩，大江所经也。地气常温，禾稼早熟，因名。《志》云：此山人多耆耇，亦名长寿山"。

乐温县　唐武德二年（619）析巴县地置，属南潾州。治所在今重庆长寿区东北五十里邻村镇。《元和志》卷30乐温县："因乐温山为名。"九年（626）改属涪州。天宝初属涪陵郡，乾元初复属涪州。元世祖至元二十年（1283）废入涪州。

乐温滩　在今重庆市长寿区南。《明史·地理志》长寿县："南有乐温山，下有乐温滩，大江所经。"

乐游（遊）山　即碣石山。在今河北昌黎县西北十里仙台山娘娘顶。《魏书·高宗纪》：太安四年（458）二月，"丙子，登碣石山，观沧海，大飨群臣于山下，班赏进爵各有差。改碣石山为乐游山，筑坛记行于海滨"。即此。

乐游（遊）苑　①西汉长安苑囿。在今陕西西安市东南铁炉庙村一带。宣帝神爵三年（前59）春建。《三辅黄图》卷4载："乐游苑，在杜陵西北。"

②南朝宋置，在今江苏南京市东北玄武湖侧。《宋书·礼志》："北郊，晋成帝世始立，本在覆舟山南。宋太祖以其地为乐游苑移于山西北。"《陈书·高祖纪》：梁末，"齐军逾钟山，高祖众军分顿乐游苑东及覆舟山北，断其冲要"。

乐游（遊）原　在今陕西西安市大雁塔东北。《汉书·宣帝纪》：神爵三年（前59）春，"起乐游苑"。宋敏求《长安志》卷8：乐游原"居京城之最高，四望宽敞。京城之内，俯视指掌。每正月晦日、三月三日、九月九日，京城士女，咸就此登赏禊祓"。唐李商隐有《乐游原》诗。

乐蒙河　在今云南开远市东。《方舆纪要》卷115阿迷州：乐蒙河"在州东。其上源即泸江也。自建水州流入境，回折而东，入于盘江"。

乐碛镇　即今重庆市渝北区东六十里乐碛镇。清道光《江北厅志》卷2：乐碛镇"去城一百二十里"。李元《蜀水经》卷5："江水又东经乐碛镇。碛深不过丈余，冬水涸时往往胶舟。谚云：深不过巴阳，浅不过乐碛。"

乐新县　南明永历二年（1648）改蒙自县置，治所即今云南蒙自市。清顺治十六年（1659）复名蒙自县。

乐源县　唐贞观十六年（642）置，属珍州。治所在今贵州正安县东北。后废。北宋大观二年（1108）复置，为珍州治。北宋末废。

乐嘉城　在今河南商水县东。《三国志·魏书·邓艾传》：毋丘俭作乱，艾兼道进军，"先趣乐嘉城，作浮桥。司马景王至，遂据之"。《晋书·景帝纪》："帝屯汝阳，遣兖州刺史邓艾督太山诸军进屯乐嘉，示弱以诱之。钦进军攻艾，帝潜军衔枚，径造乐嘉，与钦相遇。"即此。

乐德镇　清置，属荣县。即今四川荣县南三十里乐德镇。

乐毅墓　在今河北邯郸县东南十八里大乐堡村北。乐毅，战国时燕将。中山国灵寿（今河北平山县东北）人。燕昭王时任亚卿。燕昭王二十八年（前284），率军击破齐国，先后攻下七十余城，因功封于昌国（今山东淄博市东南），号昌国君。燕惠王即位，中齐反间计，改用骑劫为将。乐毅因而出奔赵国，被封于观津（今河北武邑县东南），号望诸君。后死在赵国。《元和志》卷15磁州邯郸县："乐毅墓，在县西（应为东）南十八里。"

乐濠汛　在今湖南凤凰县西南三十三里。清严如熤《苗疆险要考》谓乐濠城"峰峦重叠，冲陇盘曲，与全胜营、廖家桥相犄角"。

乐蟠县　隋义宁元年（617）置，属弘化郡。治所即今甘肃合水县（西华池镇）。《元和志》卷3乐蟠县："取乐蟠城为名。"唐属庆州。北宋熙宁四年（1071）废为金柜镇。

尔什克贝勒旗　即绰尔罗斯南右翼首旗。在今青海共和县东北、青海湖东南群科加拉、察汗城、日月山中间地带。

尔州 唐永徽二年（651）置羁縻州，属茂州都督府。治所在今四川汶川县西南邛崃山附近地区。后废。

尔汗山 在今甘肃岷县南。《资治通鉴》：南朝陈至德元年（583），“隋行军总管梁运破吐谷浑于尔汗山”。

尔雅台（臺） ①在今湖北宜昌市。《寰宇记》卷147夷陵县：尔雅台“郭璞注《尔雅》于此台”。

②在今四川乐山市东乌尤山正觉寺（乌尤寺）西。《舆地纪胜》卷146嘉定府：郭璞《移水记》，“记谓世主播迁，戎羯乱华，于是优游笑傲，放意于山水间，仍于嘉州城东百步乌尤山凿书岩，而苏子由诗亦指其注尔雅于此。史谓无入蜀之文。谨按《移水记》有嘉州二字则非璞之手笔，恐后人之附会耳”。后人以为晋郭璞注雅尔处。清乾隆时人陈登元《蜀水考》谓为犍为舍人注《尔雅》处。

尔寒山 当今内蒙古包头市西北、乌拉特前旗东之乌拉山。《魏书·蠕蠕传》：始光二年（425），世祖分五路伐蠕蠕大檀，“宜城王奚斤、将军安原等西道从尔寒山”。

句无（句 gōu） 春秋越地。在今浙江诸暨市南二十四里句乘山。《国语·越语上》：“句践之地，南至句无。”韦昭注：“今诸暨有句无亭是也。”即此。

句卢山（句 gōu） 一名马鞍山。在今江苏东海县南。《寰宇记》卷22海州朐山县：“句卢山一名马鞍山，山在县西南一百二里……形勾曲，状似马鞍。”

句曲山（句 gōu） 即今江苏西南部之茅山。地跨今句容、金坛、溧水、溧阳等县市境。《元和志》卷25润州句容县云：“县有茅山，本名句曲，以山形似‘己’字，故名句曲。”《梁书·陶弘景传》：南齐永明十年（492），陶弘景辞禄，“止于句容之句曲山”。即此。

句阳县（句 gōu） 西汉置，属济阴郡。治所在今山东菏泽市北二十里小留镇。东晋废。

句吴（句 gōu） 即吴国。《史记·吴太伯世家》：“太伯之奔荆蛮，自号句吴。”“句”为吴语发声字。

句町县（句 gōu） 西汉元鼎六年（前111）置，属牂柯郡。治所在今云南广南县南。东晋常璩《华阳国志·南中志》：“句町县，故句町王国名也，其置自濮，王姓毋，汉时受封迄今。”三国蜀建兴三年（225）属兴古郡。南朝梁末废。

句町国（句 gōu） 战国、秦时国名。在今云南省广南县一带。西汉置为县。

句余（馀）山（句 gōu） 在今浙江四明山一带。《山海经·南山经》：“句余之山，无草木，多金玉。”郭璞注：“今在会稽余姚县南、句章县北，故此二县因以为名。”

句注山（句 gōu） 一名西陉山、雁门山。在今山西代县西北二十五里。《吕氏春秋·有始览》：九塞中有“句注”。《元和志》卷14雁门县：“句注山，一名西陉山，在县西北三十里。晋咸宁元年句注碑曰，‘盖北方之险，有卢龙、飞狐，句注为之首，天下之阻，所以分别内外也’。汉高祖欲伐匈奴，不从娄敬之说，械系于广武，遂逾句注，困于平城，谓此地也。”

句绎（句 gōu） 春秋时邾邑。在今山东邹城市东南峄山南。《春秋》：哀公二年（前493），“叔孙州仇、仲孙何忌及邾子盟于句绎”。即此。

句乘山（句 gōu） 在今浙江诸暨市南二十四里。宋《嘉泰会稽志》卷9：句乘山，“《旧经》云：句践所都也”。

句容市 1995年撤销江苏省句容县，改设句容市，市人民政府驻华阳镇。由镇江市代管。

句容县（句 gōu） 西汉置，属丹阳郡。治所即今江苏句容市。《汉书·王子侯表》：武帝元光六年（前129）封长沙定王子党为句容侯。《元和志》卷25润州句容县云：“县有茅山，本名句曲，以山形似‘己’字，故名句曲；有所容，故号句容。”此说显系牵强附会。实则句容乃古吴语地名。隋改属江都郡。唐武德三年（620）为茅州治。七年（624）州废，属蒋州。乾元初属升州。北宋属江宁府，天禧四年（1020）改为常宁县，寻复名句容县。南宋属建康府。元属集庆路。明属应天府。清属江宁府。民国初属江苏金陵道。1927年直属江苏省。1995年改设句容市。

句骊山（句 gōu） 亦名高骊山。在今江苏句容市东北。《隋书·地理志》：延陵县有句骊山。

句骊河（句 gōu） 一名巨流河。即今辽宁之辽河。《清一统志·奉天府一》：辽河“国语曰老哈。即古句骊河也。一作枸柳河。今名巨流河”。

句章 在今浙江余姚市东南五十里城山村。《战国策·楚策》：范环对楚王曰：“且王尝用滑于越而纳句章。”秦置句章县。

句章县 秦置，属会稽郡。治所在今浙江余姚市东南五十里城山村。《后汉书·臧洪传》：“会稽妖贼许昭起兵句章。”李贤注引《十三州志》：“句践之地，南至句无，其后并吴，因大城句，章伯功以示子孙，故曰句章。”东汉为会稽郡东部都尉治。东晋隆安四年（400）迁治今浙江宁波市鄞州区西南四十二里鄞江镇。唐武德四年（621）为鄞州治，八年（625）县废。

句渎 又名谷丘。在今河南虞城县西南谷熟集。《左传》：桓公十二年（前700），“公及宋公盟于句渎之丘”。杜注：“句渎之丘即谷丘也。”

句扁县 即苟扁县。治所在今越南河西省石室县。《晋书·葛洪传》：咸和间葛洪“闻交阯出丹，求为句扁令”。即此。

句践冢 在今浙江绍兴市境。《越绝书》卷8载：“独山大冢者，句践自治以为冢，徙琅邪，冢不成。去县九里。”

句溪　在今安徽宣城市东三里。为水阳江上游。《寰宇记》卷103宣城县：句溪“一名东溪。水源从宁国县东乡溪岭，承天目山脚水源合流，连接至此为句溪，流向北至郡门外过也”。《元丰九域志》卷6：宣城县有句溪。《舆地纪胜》卷19宁国府：句溪“在宣城县东五里。谢元晖有《将之湘中寻句溪》诗。唐人多留咏，李白‘洗心句溪月’，杜牧‘沙暖句溪蒲’之句是也”。

句漏县　即苟扇县。治所在今越南河西省石室县。《宋书·州郡》：交趾太守有“句漏令，汉旧县”。

句窳亭　在今山东肥城市南。《后汉书·章帝纪》李贤注引《东观记》载：元和二年（85），“凤凰见肥城句窳亭槐树上”。《方舆纪要》卷31：“今县南四十里有凤凰山，即其地也。”

句澨　在今湖北丹江口市西北。《左传》：文公十六年（前611），楚伐庸“自庐以往廪同食，次于句澨”。即此。

册井　即今河北沙河市西六十里册井乡。清乾隆《沙河县志》建置志：市集有册井。

册江　今越南北部河北省之求江。《元史·安南传》：世祖至元二十二年（1285），“官军至如月江，（陈）日烜遣怀文侯来战，行至册江，系浮桥渡江”。

册亨　即今贵州册亨县西册阳。清为贞丰县地，有贞丰州同驻此。

册亨县　1913年置，属贵州贵西道。治所即今贵州册亨县西册阳。1923年直属贵州省。1957年迁治者楼镇（今册亨县）。

卯山　在今浙江松阳县西。《清一统志·处州府》：卯山“在松阳县西三十里。泉石颇胜，中有白鹤洞，下临松溪。唐叶法善家于此”。

卯来泉堡　在今甘肃嘉峪关市东南。《清一统志·肃州》：卯来泉堡“在州西南七十里。东南至金佛寺七十里，西北至嘉峪关四十里。城在半山，周一百四十丈，倚山为险。今有把总”。

卯金山　即卯金插汉拖罗海山。又作毛金山。今内蒙古赤峰市西南界之七老图山北段。《清一统志·喀喇沁部》：卯金插汉拖罗海山“在右翼西一百里。山极高大，西白河、獐河俱发源于此”。辽、金、元时称为七金山。

卯峒百户所　明末置，属施州卫。治所在今湖北来凤县西南百福司镇。清雍正十三年（1735）废。

卯峒安抚司　明末置，属施州卫。治所在今湖北来凤县西南七十八里旧司乡。清雍正十三年（1735）废。

卯峒镇　即今湖北来凤县西南八十里百福司镇。明末置百户所。清置巡检司。民国置县佐。

卯照　即今云南泸水县北二十里卯照。清乾隆时设土千总驻守。傈僳语“卯”为地方，“照”为“来照”的缩音，即手心窝。因地似手掌心而得名。

外八庙　在今河北承德市避暑山庄外的东面和北面，是溥仁寺、溥善寺、普乐寺、安远庙、普宁寺、须弥福寿之庙、普陀宗乘之庙和殊像寺等寺庙的总称。溥仁寺、溥善寺是清康熙五十二年（1713）各蒙古王公齐集热河行宫，为庆祝康熙帝六十寿辰而建造的。溥仁寺在武列河之东磬锤峰下，依山傍水，风景秀丽；溥善寺在溥仁寺东北，今已不存。普宁寺在避暑山庄之北，是乾隆二十年（1755）平定厄鲁特蒙古准噶尔部首领噶尔丹的叛乱后，在避暑山庄封赏厄鲁特蒙古四部首领时，决定“依西藏三摩耶庙之式”修建的。主体建筑大乘阁内供一尊高22.23米的千手千眼观音雕像，故又称大佛寺。安远庙在避暑山庄东北，建于乾隆二十九年（1764）。因准噶尔部蒙古的达什达瓦部曾参加平定噶尔丹部少数贵族的叛乱，经清廷允许将该部二千一百三十人迁居热河，遂仿照新疆伊宁固尔扎庙形制营建此庙，以“怀柔远人”。普乐寺俗名园亭子，在避暑山庄东北、安远庙之南，是在安远庙建成两年之后，为布鲁特和哈萨克诸部王公前来热河观瞻而营建的。主体建筑旭光阁，是仿照北京天坛的祈年殿设计的，呈伞形圆顶，因此俗称圆亭子。普陀宗乘之庙在避暑山庄正北，是乾隆三十二年（1767）仿西藏布达拉宫的形制建造的，是外八庙中最大的一座庙宇。普陀宗乘是藏语“布达拉”的汉译，故又有“小布达拉宫”之称。殊像寺在避暑山庄之北，东邻普陀宗乘之庙。建于乾隆三十九年（1774），是仿山西五台山殊像寺建造的。五台为文殊师利道场，寺名殊像寺，传为文殊现身之处。该寺既仿五台殊像寺建造，故仍以殊像为寺名。须弥福寿之庙在普陀宗乘之庙以东，是乾隆四十五年（1780）仿日喀则扎什伦布寺而建。“扎什伦布”意为“福寿吉祥”，“须弥”意为“山”，故从藏语意取名“须弥福寿之庙”。

外三关　明代以今山西境内沿内长城之雁门关、宁武关、偏头关为外三关，以与今河北境内沿内长城之居庸关、倒马关、紫荆关为内三关相对。

外五龙桥　为明故宫皇城内千步廊之上承天门外御河上的一座桥梁。在今江苏南京市瑞金路东口、午朝门南。

外车埕　在今台湾南投县东南车埕村南。台湾铁路集集线终点站在此。

外冈镇　即今上海市嘉定区西外冈镇。因东有黄泥冈、青冈，南有沙冈，镇居三冈西北，故名。《清一统志·太仓州一》：外冈填“在嘉定县西二十里。为水陆要冲”。

外水　即今四川成都市府河及其下游岷江。《晋书·毛璩传》：“初，璩闻（桓）振陷江陵，率众赴难，使（毛）瑾、（毛）瑗顺外江而下。”《宋书·刘钟传》：“随朱龄石伐蜀，为前锋，由外水至于彭模，去成都二百里。”皆此。北周改僰道县为外江县，以此为名。按：四川有内水、外水。内水指今涪江，外水即今岷江，亦曰蜀江。

外长山列岛　指今辽宁南之长山群岛南部诸岛，包括今长海县东南獐子岛及大、小耗子岛、海洋岛等。

因其北有里长山岛，故称外长山岛。民国徐曦《东三省纪略》卷4："外长山列岛，为长子、大小鹤子岛、搭连、多沙五岛之总称。"

外方山 即嵩高山。即今河南登封市西北嵩山。《尚书·禹贡》："熊耳、外方、桐柏至于负尾。"《汉书·地理志》颍川郡密高县："古文以崇高为外方山也。"

外江 指今湖北枝江市南百里洲南之松滋河。《寰宇记》卷146枝江县：百里洲"洲首派别南为外江，北为内江"。东流至今枝江县东南百里洲尾又合为一江。

外江县 北周保定三年（563）改僰道县置，为戎州治。治所在今四川宜宾市东之南广镇。一说在今宜宾县西南安边镇。以外江（今岷江）为名。隋大业三年（607）复改僰道县。

外兴安岭 又名石大兴安岭。即今俄罗斯阿穆尔州北之斯塔诺夫山脉，为勒拿河与黑龙江之间分水岭。清乾隆《钦定盛京通志》卷28：外兴安岭在"（黑龙江）城东二千五百里"。17世纪中叶，沙俄殖民主义者波雅尔科夫、哈巴罗夫先后由雅库茨克南下，经此入侵黑龙江流域。《中俄尼布楚条约》规定："格尔必齐河发源处为石大兴安岭，此岭直达于海，亦为两国之界。"19世纪50年代，沙俄大举入侵，咸丰八年（1858）强迫清政府签订《中俄瑷珲条约》，割占大兴安岭以南、黑龙江以北大片领土。

外岔沟镇 在今吉林集安市西南岔沟河西岸外岔沟村。民国《辑安县志》卷1："外岔沟门在城西一百一十里。前临鸭绿江，交通便利，杂货商三十余户。商业为全境之冠。"

外底堡 ①即今甘肃静宁县。《宋史·地理志三》：德顺军"陇干，元祐八年，以外底堡置"。

②北宋置，即今宁夏隆德县。元祐八年（1093）于此置陇干县。

外河 明、清时指淮安府（治今江苏淮安市楚州区）城北的黄河为外河，与里河（今里运河）相对而言。

外沴荡馆 在今云南姚安县南。《新唐书·地理志》嶲州越嶲郡："（姚州）又南九十里至外沴荡馆。"

外剌王府 元外剌部驻地，属岭北等处行中书省。在今蒙古国西北库苏古尔省察干乌拉东南。从太祖时起，外剌部与皇室世代婚姻，统辖旧部。有古城遗址，城北佛寺中发现宪宗七年（1257）外剌驸马建《释迦院碑记》。

外剌部 又译斡亦剌，蒙古系部族。居地在今蒙古国库苏古尔省色楞格河北至叶尼塞河上源锡什锡德河一带。元太祖时，其部长忽都合归降立功，遂以外剌部众置四个千户，均授与忽都合世袭统辖，并以次女及长子术赤之女下嫁其二子。自此外剌部统治家族遂与皇室世代联姻。

外秦淮河 指今江苏南京市通济门外经中华门、水西门段护城河。自五代杨吴筑金陵府城时，将秦淮河一段圈入城内，并在河水入城口通济门始，另开河道为城河，将淮水（秦淮河）一分为二，秦淮河始有内外之分。至水西门，内、外秦淮河又合而为一。外秦淮河水深河宽，至今仍为南京水运的重要航道。

外海水 在今广东江门市东北。清道光《新会县志》卷2：外海"在县东三十里。其水自北街口来合，诸水东通香山，北通顺德，南通厓门"。

外海墟 即今广东江门市东北外海镇。清道光《新会县志》卷4："墟市"有外海墟。

外黄 又作黄。战国魏邑。即今河南民权县西北三十八里内黄集。《史记·魏世家》："齐宣王用孙子计，救赵击魏。魏遂大兴师，使庞涓将，而令太子申为上将军，过外黄。"即此。《战国策·宋卫策》有《魏太子自将过宋外黄章》。

外黄县 秦置，属砀郡。治所在今河南民权县西北三十八里内黄集。汉属陈留郡，为都尉治。《汉书·地理志》陈留郡外黄县注引张晏曰："魏郡有内黄，故加外。"臣瓒曰："县有黄沟，故氏之也。"西晋属陈留国。北魏废。隋初复置，属曹州，大业初属济阴郡。唐贞观元年（627）废。

外喜马拉雅山 即冈底斯山。在今西藏西南部，隔雅鲁藏布江与喜马拉雅山平行。

外喻部 唐南诏的部名，属永昌节度。在今云南西盟佤族自治县一带。

外渺溪 在今福建宁德市北一百十里。《方舆纪要》卷96宁德县：外渺溪"源出政和县界，自渔沧而下，汇诸溪之水，经县西北之青岩及霍童山下之桃花洲，及县东北十五里之合掌滩，又东至铜镜、金垂，入于海"。

外富津河 即今俄罗斯滨海边疆区东部东南流入日本海之阿瓦库莫夫卡河。清光绪《吉林通志》卷23：外富金河"在瑚叶克河北，出锡霍特山东麓，东入海"。

外蒙古 清代地区名。广义指乌里雅苏台将军统辖地区。当今蒙古高原北部，包括蒙古国、俄罗斯叶尼塞河、鄂毕河上游，哈萨克斯坦斋桑湖地区及新疆维吾尔自治区乌伦古河以北地区。狭义指今蒙古国。鸦片战争以后，沙俄通过不平等条约割占了唐努乌梁海西部地和科布多属境西北部地。民国初，在沙皇俄国支持下，哲布尊丹巴宣布独立，1915年中、俄、蒙缔结《关于外蒙古自治之三国协定》规定，外蒙古承认中国的宗主权，中国、俄国承认外蒙古自治，为中国领土的一部分。1919年外蒙古放弃"自治"。1921年在白俄势力唆使下，再次宣布"独立"。1924年蒙古人民革命军成立人民共和国。1946年国民党政府承认外蒙古独立。辖区仅是今蒙古国。

外跨塘镇 即今江苏苏州市吴中区东跨塘镇。清光绪《江苏全省舆图》元和县记："城东有外跨塘、斜塘等镇。"

处士庄 在今河南孟津县东南。唐温造所居。《新唐书·温大雅传》：子温造“字简舆，姿表瑰杰，性嗜书，然盛气，少所降屈。不喜为吏，隐王屋山，人号其居曰‘处士墅’”。唐白居易诗：“白石清泉抛济口，绿幢红旆照河阳。村人都不知时事，犹自呼为处士庄。”

处州 隋开皇九年（589）置，治所在括苍县（今浙江丽水市东南七里古城村）。辖境当今浙江省天台山—仙都山一线以南的灵江、瓯江、飞云江流域。开皇十二年（592）改名括州。唐大历十四年（779）复为处州，辖境缩小。唐末治丽水县（今丽水市西二里）。元至元十三年（1276）改名处州路。

处州府 明初改安南府置，属浙江行省。治所在丽水县（今浙江丽水市）。辖境当今浙江青田县以西之瓯江流域。洪武九年（1376）属浙江布政使司。清属浙江省。1912年废。

处州路 元世祖至元十三年（1276）改处州置，至元二十一年（1284）属江浙行省。治所在丽水县（今浙江丽水市西二里。至元二十七年徙治今丽水市）。辖境当今浙江青田县以西之瓯江流域。至正十九年（1359）朱元璋改置安南府。

处洞河 在今贵州黄平县西十里。《方舆纪要》卷121兴隆卫：处洞河“源出苗境，东流经处洞，至卫城西，有兴隆大河及兴隆小河流合焉，又东入镇远府之镇阳江”。

冬桃山 在今江西全南县西南，与广东接界。《方舆纪要》卷88赣州府龙南县：冬桃山“在县西南二百里。上多桃树，经冬始熟。下有溪流名桃川。冬桃隘在其上，东通和平，西通始兴，据险当关，可制三面。今有官兵更番戍守”。

冬桃隘 在今江西全南县西南冬桃岭上。《清一统志·赣州府二》：冬桃隘“在龙南县西南一百五十里冬桃岭上。路通连平、翁源、始兴。明万历中置营堡。崇祯初，移下历巡司驻此。本朝顺治初裁”。

鸟飞水 即今重庆市巫山县西之大溪河。《水经·江水注》：“（鸟飞）水出天门郡溇中县界，北流径建平郡沙渠县南，又北流径巫县南，西北历山道三百七十里，注于江，谓之鸟飞口。”《清一统志·夔州府一》云此水为大溪河，发源于奉节县南山谷中，东北流百余里入长江。

鸟飞州都督府 唐龙朔元年（661）置，属安西都护府。治所在摸达城（今阿富汗喀布尔东北瓦罕），后徙治塞迦审城（今阿富汗喀布尔东北喷赤河西岸伊什卡什姆）。8世纪中废。

鸟飞谷 在今吉尔吉斯斯坦南部萨雷塔什。《汉书·西域传》：休循国“王治鸟飞谷”。

鸟吊山 即今云南洱源县西南凤羽山。郭义恭《广志》曰：“有吊鸟山，县西北八十里，在阜山。众鸟千百群共会，鸣呼啁哳，每岁七月、八月晦望至，集六日则止，岁月六至。雉雀来吊特悲。其方人夜然火伺取，无嗉不食者以为义鸟，则不取也。俗言凤凰死于此山，故众鸟来吊。”该山又称凤羽山。《明一统志》卷86大理府：凤羽山“在浪穹县西南三十里。旧名罗浮山。相传蒙氏细奴逻兴时有凤翔于此，故名凤羽。后凤死，每岁冬众鸟哀吊其上，故又名鸟吊。至今土人于鸟来时，举火取之，鸟见火辄赴火自死”。此山又称罗坪山，在凤羽坝子西缘。众鸟聚会的动人奇景至今仍然存在。

鸟屿 在今台湾省澎湖县北白沙岛东。清蒋毓英《台湾府志》卷3：鸟屿，“澎有北鸟屿，有南鸟屿。北鸟屿澎民往之，以时张网捕鱼；南鸟屿则无民居。《广舆》所载必北鸟屿无疑”。高拱乾《台湾府志》卷1：鸟屿“此屿多鸟，因名”。

鸟连山 又名石花山。在今云南镇沅彝族哈尼族拉祜族自治县东北二十里。《方舆纪要》卷116镇沅府：鸟连山“山高林茂，群鸟常集，因名”。

鸟鼠山 一名青雀山。在今甘肃渭源县西南十五里。《尚书·禹贡》：“导渭自鸟鼠同穴。”《尔雅·释鸟》：“鸟鼠同穴，其鸟名鵌，其鼠为鼵”。郭璞注：“鼵如人家鼠而尾短；鵌似鵽而小，黄黑色。穴入地三、四尺，鼠在内，鸟在外。”《汉书·地理志》陇西郡首阳县：“《禹贡》鸟鼠同穴山在西南。”按：《水经·渭水注》渭“鸟鼠山，同穴之枝干也”。分鸟鼠、同穴为二山，有误。

鸟鼠同穴山 即鸟鼠山。在今甘肃渭源县西南十五里。《汉书·地理志》陇西郡首阳县：“《禹贡》鸟鼠同穴山在西南，渭水所出。”

务卜塘 即今贵州织金县西南务卜村。清设务卜汛，有外委驻此。

务川县 隋开皇十九年（599）置，属庸州。治所在今贵州沿河土家族自治县东北。大业初属巴东郡。唐武德四年（621）为务州治，贞观四年（630）改为思州治。天宝初为安夷郡治。乾元元年（758）复为思州治。五代废。北宋政和八年（1118）复置，仍为思州治。移治今贵州务川仡佬族苗族自治县。宣和中废。南宋绍兴二年（1132）复置，仍为思州治。元改为婺川县。明属思南府。1959年复改务川县。1986年改设务川仡佬族苗族自治县。

务弓寨 金置，属秦州。在今甘肃天水市境。

务乡 即蓩乡。在今河南灵宝市北。《清一统志·陕州》“地肺山”条：“务乡在县（灵宝县老城）西南三十里。”

务州 唐武德四年（621）置，治所在务川县（今贵州沿河土家族自治县东北）。辖境相当今贵州务川仡佬族苗族自治县、沿河土家族自治县和思南县北部地。贞观四年（630）改为思州。

务河渡 在今湖北长阳土家族自治县西二里。《方舆纪要》卷78长阳县：务河渡“在县西二里。路通椒山玛瑙长官司诸夷”。

务涂谷 在今新疆吉木萨尔县南泉子镇一带。本西域东师后王国都城。

务隅山 即鲋鰅山。在今河南内黄县南。《山海经·海外北经》："务隅之山，帝颛顼葬其阳，九嫔于阴。"

务德县 南朝陈置，属高凉郡。治所在今广东高州市东北。后改为良德县。

包山 ①一作苞山。又名夫椒山，俗称西山。即今江苏苏州市西南洞庭西山。《文选》卷5左思《吴都赋》："指包山而为期，集洞庭而淹留。"李善注引王逸曰："太湖在秣陵东，湖中有包山，山中有如石室，俗谓洞庭。"晋郭璞《江赋》："爰有苞山洞庭，巴陵地道。"郭璞《山海经》注曰："吴县南太湖中有苞山，山下有洞庭穴道，潜行水底，云无所不通，号为地脉。"《水经·沔水注》："具区方圆五百里，湖有苞山，春秋谓之夫椒山。"《吴地记》："太湖即震泽也。中有包山，去县一百三十里，其山高七十丈，周回四百里。"明王鏊《姑苏志》卷9：包山"以四面水包之，故名"。

②在今甘肃庆城县北。《资治通鉴》：五代周广顺三年（953），"杀牛族反，与野鸡合，败宁州刺史张建武于包山"。

包子寺寨 亦作牟尼包座寺寨。在今四川松潘县西南牟尼乡南包座。清康熙四十二年（1703）置包子寺寨土千户。

包水 亦作泡水、苞水。在今江苏丰县北。《汉书·地理志》山阳郡平东侯国："包水东北至沛入泗。"

包公祠 在今安徽合肥市东南包河公园香花墩。明弘治年间为纪念北宋包拯而建的专祠。《清一统志·庐州府二》"五贤祠"条下："又有包公祠，在府城南门外香花墩，专祠包拯。旧名包公书院。明知府宋鉴建。"

包头市 1933年析包头县置，属绥远省。治所即今内蒙古包头市。1953年撤销包头县，并入包头市。1954年划归内蒙古自治区，改由自治区直辖（地级）。

包头设治局 1923年析萨拉齐县置，属绥远特别区。治所在包头镇（今内蒙古包头市）。1926年改设包头县。

包头县 1926年改包头设治局置，属绥远特别区。治所即今内蒙古包头市。1928年属绥远省。1933年析城区置包头市。1953年撤销，并入包头市。

包头镇 又作泊头、箔头、博托。俗称西包头。即今内蒙古包头市。其名一说来自该处的博托河；一说来自蒙语包克图，意为有鹿之地；一说即汉语"泊头"，即船舶停靠处。清康熙、雍正间，始有内地商人农民来此经商垦辟，建包头村。嘉庆十四年（1809）置巡司，属萨拉齐厅。同治十年（1871）始设包头镇。1923年升为包头设治局。

包场 即今江苏海门市东北六十里包场镇。旧名江场。清光绪末，张謇集资开设大有晋盐业公司，广场上盐坨堆积如山，名盐包场，后简称包场。

包阳宫 汉上林苑中离宫。在今陕西西安市西。《关中记》列为汉上林苑中十二宫之一。《汉书·王莽传》：地皇元年（20），"坏彻城西苑中建章、承光、包阳、大台、储元宫及平乐、当路、阳禄馆，凡十余所，取其材瓦，以起九庙"。

包来 春秋莒邑。在今山东沂源县东南，或以为在莒县西浮来山。《公羊传》：隐公八年（前715），"公及莒人盟于包来"，即此。《春秋》作浮来。

包坐 即今四川若尔盖县东南包座乡。1935年8月底，红军长征至此，与国民党军激战，全歼敌万二千人，史称"包坐战役"。

包河 又名苞河、泡河。浍河支流。源出自今安徽亳州市北，东南流经河南永城县西南，又东南流经安徽涡阳县东北，至濉溪县临涣南入浍河。《水经·淮水注》："涣水又东，苞水注之。水出谯城北白汀陂……苞水东流入涣。"

包信县 北齐置，治所即今安徽临泉县。后废。

包信集 即褒信镇。今河南息县东北七十里包信镇。清尹耕云《豫军纪略》卷3：咸丰五年（1855）五月，"林其贤在包信集"。

包家山 在今浙江杭州市南。宋钱俨《吴越备史》卷1：唐大顺元年（890），钱镠"筑新夹城，环包家山，洎秦皇山而还"。即此。《淳祐临安志》卷8：包家山"在城南近郊坛冷水峪。旧多桃花，为春日游览之胜"。

包港寨 宋置，在今江苏丹阳市东南七十里。明洪武二年（1369）置巡司于此。

包藏先结簇长官司 明洪武十四年（1381）置，属松潘卫。治所在今四川若尔盖东南包座乡。后废。

〔丶〕

主隈水 即今黑龙江省嘉荫县南嘉荫河。源出小兴安岭东，东流入黑龙江。《金史·世纪》：穆宗"令主隈、秃答两水之民阳为阻绝鹰路，复使鳖古德部节度使言于辽，……辽不知其为穆宗谋也，信之"。即此。

主簿山 ①在今安徽歙县北二十里。《新唐书·地理志》：歙县"有主簿山"。《舆地纪胜》卷20徽州：主簿山"即飞布山，在歙县。《新安记》云：昔寇乱，县主簿率百姓保此山获全，因名。唐天宝间改名飞布"。

②在今安徽祁门县西北六十里。《寰宇记》卷104祁门县：主簿山"在县西北。昔有黟县主簿，巡乡到此。爱其幽奇，遂解印隐居其中，终身不返"。

主簿寨堡 在今河南清丰县东南。《方舆纪要》卷16清丰县：主簿寨堡在"县东南三十里。……皆有小城，周一里有奇，可以守御"。

市方寨 亦作市利寨。在今安徽砀山县北三十五里。《方舆纪要》卷29砀山县：市方寨"旧为河滨冲要，县主簿驻于此"。

市丘 战国韩邑，在今河南郑州市西北。

市头墟 在今广东广州市番禺区北市头村。民国《番禺县续志》卷5：墟市有“市头墟”。

市西河 即今浙江平湖市内之平湖塘。《方舆纪要》卷91平湖县：市西河“在县治西。源自府城东之汉塘，东流五十余里经此，又东入于当湖”。

市庄村 即今河北定州市东南邢邑镇东市庄。清道光《定州志》卷7市集：市庄镇在“城南六十里”。

市汊 又名新仪镇。即今江西南昌县（莲塘镇）西南市汊街。南宋范成大《揽辔录》：乾道癸巳(1173)闰正月“九日宿市汊，缘岸居人，烟火相望，有东郊气象”。明设市汊驿及市汊巡司。

市利寨 在今安徽砀山县西北。《清一统志·徐州府二》：市利寨“在砀山县西北三十五里。旧为河滨冲要，有主簿驻此”。

市邱城 即秦步高宫。在今陕西渭南市西南张胡村一带。

市坪村 即今云南易门县南十里南庄。元世祖至元十二年（1275）于此置易门县。《元史·地理志》昆阳州易门县：“在州之西，治市坪村，世为乌蛮所居。”元代后期徙废。

市河 在今浙江奉化市东。《方舆纪要》卷92奉化县：市河在“县东南五里。亦曰新河，又曰新渠，唐陆明允导大溪水由资国堰注市桥河，东折而北出，绕流六十里，至县北三十六里东耆堰，接奉化江，灌田至数十万”。明末清初堙废。

市南村 即今江西新干县城。《寰宇记》卷109新淦县：隋开皇十年（590），“县令李子乐以去州县远，请移市南村置，即今县理”。

市亭山 在今浙江德清县东二十四里。《寰宇记》卷94德清县：市亭山“在县西南二百步。《吴兴记》云：市亭山，王逸少莅郡，欲此立宅，以其面溪背山也”。

市桥 ①在今河北邯郸市内。《清一统志·广平府二》：市桥“在邯郸县西门外。相传战国时赵王建，下有铁牛、铁柱，商旅辏集于上”。

②即今广东广州市番禺区（市桥镇）。清移沙湾巡司驻此。1945年后为番禺县治。

③在今广东东莞市城区内。《清一统志·广州府》：德安桥“在东莞县税课局西，横跨县港。本名通济，后废，元复置改名。民多于桥上为市，号曰市桥”。

④亦名冲星桥。战国时秦建。在今四川成都市西南文庙西街附近。东晋常璩《华阳国志·蜀志》：“（城）西南石牛门曰市桥。”桥在石牛门外郫江上，与笮桥相对。《寰宇记》卷72华阳县引李膺《益州记》云：“汉旧州市在桥南，因以为名。”《后汉书·公孙述传》：建武十二年（36），吴汉率军入蜀，至成都城下，“述乃悉散金帛，募敢死士五千余人，以配延岑于市桥，伪建旗帜，鸣鼓挑战，而潜遣奇兵出吴汉军后，袭击破汉”。即此。

市桥江 即今越南北部北宁省之求江（桥江）。《方舆纪要》卷112安南北江府：市桥江“在府西，东南流入富良江。自广西入安南者，江为必由之道。亦谓之乾满江”。

市湖 在今江西余干县城南。《清一统志·饶州府一》：市湖“在余干县治前，余水入此。《省志》：市湖中有越水，不与众水相混，唐陆羽取以煮茶，谓味似镜湖水”。

市溪 在今湖南辰溪县南二十里。《清一统志·辰州府一》：市溪“汇众水入沅，为县巨溪”。

立山 在今广西梧州市西十五里。《方舆纪要》卷108苍梧县：立山“东临大江，山坂平衍，西极险阨，有径通藤县。山下有三公坡。成化初，督臣韩雍集大僚讲武于此，因名”。

立山场 即今四川仪陇县（新政镇）东立山镇。1933年川陕革命根据地置长胜县治此。

立山县 唐武德五年（622）改隋化县置，为南恭州治。治所在今广西蒙山县东北侧旧县。贞观八年（634）为蒙州治。天宝初为蒙山郡治，乾元初复为蒙州治。北宋熙宁五年（1072）州废，属昭州。元属平乐府。明洪武十八年（1385）废。

立山镇 北宋置，属伏虞县。即今四川仪陇县东立山镇。

立马峰 在今内蒙古苏尼特左旗东南十八里玄石坡。明永乐八年（1410）朱棣北征经此，曾立马于此。金幼孜《北征录》：四月初七日，“午次玄石坡……上登山顶，制铭书岁月纪行，刻于石，命光大书之，并书‘玄石坡立马峰’六大字，刻于石”。

立夫暗沙 即今南海中中国中沙群岛之中北暗沙，位于中沙大环礁北部边缘。西距鲁班暗沙2.7海里，是一东西向长条形暗礁。1947年命名立夫暗沙。1983年改名中北暗沙。

立节县 唐万岁通天二年（697）改义丰县置，属定州。治所即今河北安国市。神龙元年（705）复改义丰县。

立石山 在今陕西南郑县西南。《舆地纪胜》卷183兴元府：立石山“在南郑县西南三十里。东连青锉，西接金华”。

立石关 在今广东电白县东北。《方舆纪要》卷104电白县：立石关“在县西北立石驿西。《志》云：神电卫西有立石驿。万历中，改掘冈驿。有立石巡司，寻革”。

立石站 即今四川泸县东北一百里立石镇。明《泸州志》引南宋《江阳谱》：本州安贤乡中下里第二十都有“立石市”。《明史·猛如虎传》：崇祯十三年(1640)，“张献忠陷泸州，其地三面临江，惟立石站可走”。即此。

立龙河 在今云南禄丰县西，广通镇西一里。《方舆纪要》卷116楚雄府广通县：立龙河“源出马鞍山下，流经城西，又北会于大河。大河在县北三十里，自府境流入，汇县境群流而西北出，流入定远县境入龙川江”。

立发（發）桥 即力乏桥。在今江苏海安县东十里城东镇。

立列只山 在今内蒙古巴林左旗北，疑即今小罕山。《金史·地理志》：临潢府长泰县"有立列只山"。

立沙礁 即今南海中中国南沙群岛之单柱石。1935年公布名称为立沙礁。1947年改名立威岛。

立威岛 即今南海中中国南沙群岛之单柱石。为柏礁南端一海拔约4.6米的礁块。形似柱子，故中国渔民向称单柱。1935年公布名称为立沙礁。1947年改名立威岛。1983年改称单柱石。

立将镇 即今广东新兴县西南天堂镇。明、清置巡司于此。

立煌县 1932年析安徽霍山、六安、霍邱和河南固始、商城等县边境地区置，初属河南省。治所在金家寨（今安徽金寨县南）。1933年改属安徽省。1947年改为金寨县。

立溪锡场 即今广东东源县西北锡场镇。《宋史·地理志》：河源县有立溪锡场。

邙山 即北邙山。又称芒山、郏山、北山。在今河南洛阳市北。《寰宇记》卷3河南府河南县："芒山一作邙山，在县北十里。一名平逢山，亦郏山之别名也。都城所枕。"邙山为崤山余脉，西起三门峡市，东止伊洛河岸，连亘四百余里。西段渑池县北仰韶村，以出土新石器时代文物著名。东段一称北邙山，多古代帝王墓葬。

邙山陵墓群 在今河南省西部洛阳市与孟津县境内邙山上。在东西长50公里、南北宽20公里范围内，有东汉、曹魏、西晋、北魏四朝十多个帝王陵及皇族、大臣的陪葬墓，总数在千座以上。东部曹魏、西晋帝陵依山为体，无封土；西部东汉、北魏陵区现存地面封土尚存三百多座，呈覆斗形或圆锥形，最大者直径在100米以上，高50余米。已发掘的墓葬中，有用大砖黄肠石垒砌而成的大墓，也有规模较小的土洞墓，出土大量墓志，内容涉及当时社会的政治、经济、军事、文化、中外交往、民族关系等，为历史研究提供了珍贵资料。2001年定为全国重点文物保护单位。

玄水 又名元水。即今河北卢龙县东北青龙河。《汉书·地理志》辽西郡肥如县："玄水东入濡水。"《水经·濡水注》：玄水"出肥如县东北玄溪，西南流径其县东，东屈南转，西回径肥如县故城南，俗谓之肥如水。西南流右会卢水。……玄水又西南径孤竹城北，西入濡水"。

玄天洞 在今贵州息烽县东北八里望山山腰。为石灰岩洞穴。分新、老两洞。老洞洞口高18米，宽70米，状如拱形大厅，面积3500余平方米。明崇祯间建庙，供祀玄帝，故名。清代增修玉皇殿、三官殿、下殿等。洞口上刻有"探玄索妙"四字。新洞又名地母洞，在玄天洞左侧，距老洞300多米。宽6米，深26米。洞口地母庙，占地156平方米。1938—1946年，杨虎城将军及夫人谢葆贞、幼子杨拯中被囚于此。

玄元观 在今河南洛阳市北邙山。《旧唐书·哀帝纪》称：太微宫使柳璨奏，"玄元观又在北山，若车驾出城，礼非便稳。今欲只留北邙山上老君庙一所，其玄元观请拆入都城，请清化坊建置太微宫，以备法驾行事"。

玄中寺 又名石壁寺。在今山西交城县西北二十五里石壁山南。北魏延兴二年（472）兴建。当时昙鸾大师住持寺中研究净土宗，名重一时，被誉为"神鸾"，后由弟子道绰继承。唐贞元十二年（796）重修，改名石壁永安寺。日本亲鸾接受昙鸾一脉相传的净土宗教义，建立净土真宗。日本佛教徒视玄中寺为"祖庭"。主要殿堂万佛殿、东西配殿、善法殿在清同治、光绪年间毁于火，千佛阁残存。1955年重建善法殿五间，万佛殿五间，千佛阁三间，东西配殿各五间。雕梁画栋，金碧辉煌。今已成为中日文化交流的枢纽之一。是中国佛教净土宗的根本道场之一。

玄化门 宋代东京城（今河南开封市）北面东来第一门。原名酸枣门，五代梁开平元年（907）改名兴和门，后晋天福三年（938）改为玄化门。《资治通鉴》：五代汉乾祐三年（950），郭威南下，汉军皆逃溃，"帝策马将还宫，至玄化门"，权知开封刘铢从门上射之，汉主西北至赵村，为乱军所杀。

玄氏县 北魏永安中改泫氏县置，为长平郡治。治所即今山西高平市。北齐废。

玄凤观 北魏平城宫楼观。在今山西大同市北。《魏书·太祖纪》载：天兴四年（401）五月，"起紫极殿、玄武楼、凉风观、石池、鹿苑台"。

玄石坡 在今内蒙古锡林郭勒盟苏尼特左旗驻地之东偏南十八里。明永乐八年（1410）朱棣北征过此，名所立处曰立马峰，制铭书岁月纪行，刻于石，并刻"玄石坡立马峰"六大字。

玄贞观 俗称上帝庙。在今辽宁盖州市城内西大街路北。建于明洪武十五年（1382）。大殿前有雍正四年（1726）重修碑记。大殿面阔五间，庑殿式屋顶，梁枋及斗拱上均有彩画，檩下有墨书"大明洪武十五年四月二十九日吉日立，阖郡官庶人等监造"题记。大殿保留元代建筑风格。大殿前方的前殿，结构简洁，有明末建筑风格。1988年定为全国重点文物保护单位。

玄州 ①北周改安州置，治安乐郡（寄治今北京市密云县东北五十里侨置之燕乐县）。后废。

②隋开皇六年（586）置，治所在无终县（今天津市蓟县）。大业初改为渔阳郡。唐武德二年（619）复置，治所在渔阳县（今天津市蓟县）。贞观元年（627）废。

③唐武德二年（619）置，治所在潞县（今北京市通州区东八里古城村）。辖境相当今北京市通州区、河北三河市及天津市蓟县等地。贞观元年（627）废。

④唐贞观二十年（646）以纥主曲据部落置，为羁縻州。初属营州。神龙初属幽州。治所静蕃县侨治范阳之鲁泊村（今河北涿州市境内）。后废。

玄池 又名烘和图池。即今哈萨克斯坦东部之斋桑泊。

玄池州都督府 唐显庆三年（658）以西突厥葛逻禄踏实部置，属北庭都护府。在今哈萨克斯坦东北斋桑泊一带。8世纪前期废。

玄池县 唐龙纪元年（889）置，属宪州。治所在今山西静乐县东南五十八里界口村附近。北宋咸平五年（1002）废。

玄妙观 ①又作元妙观。在今江苏常州市东南四里。《明一统志》卷10常州府：玄妙观“晋建。宋名天庆，元改今名。观壁有画龙，相传仙人李怀仁所画”。

②在今江苏苏州市中心观前街。始建于西晋咸宁二年（276），初名真庆道院。唐开元十六年（728）改名开元宫。北宋大中祥符二年（1009）改名天庆观。南宋初毁于兵燹，绍兴至淳熙年间修复。蒙古至元元年（1264）始名玄妙观。观内最大建筑三清殿为南宋淳熙年间重建，面阔九间，进深六间，为江南最大最古老的木结构古建筑。为全国重点文物保护单位。

③在今广东广州市区西。《清一统志·广州府》：元妙观“在南海县城西隅。宋建。内有众妙堂。苏轼作记”。

玄妙观三清殿 ①在今江苏苏州市中心观前街。为著名的道教宫观。《明一统志》卷8苏州府：玄妙观“在府治东北隅。宋名天庆，元改今额”。相传始建于西晋咸和中，历有兴建。今存三清殿系南宋淳熙六年（1179）建。1982年定为全国重点文物保护单位。

②在今福建莆田市城内。是唐贞观二年（628）创建的玄妙观建筑群中仅存的一殿。北宋大中祥符八年（1015）重修，以后历代屡有修葺。重檐歇山式，原面阔五间，进深四间，后扩为面阔七间，进深六间。当心间及左右两次间，仍保存宋代建筑风格。殿的东厢竖有宋徽宗赵佶瘦金书《神霄玉清万寿宫碑》；宋孝宗赵昚《赐少傅陈俊卿札碑》，并镌赵昚御札和陈俊卿谢恩表文；宋方昭书《兴化军祥应庙记碑》，记载宋代海外贸易史料。此外还有苏东坡、文天祥、文徵明等人题刻。1996年定为全国重点文物保护单位。

玄武山 亦作元武山。又名三隅山、三堆山。在今四川中江县东。《元和志》卷33玄武县：玄武山“在县东二里。山出龙骨”。《寰宇记》卷82玄武县：玄武山，“《九州要记》云：玄武山，一名赤雀山，一名宜君山。山有鹿尾入贡。又《华阳国志》云：玄武山一名三隅，在县东二里。其山六屈三起，山出龙骨”。

玄武门 ①唐长安宫城北面的中门，也是太极宫（即隋大兴宫）北面的正门。建于隋初。故址在今陕西西安市旧城北。唐武德末李世民于此发动“玄武门之变”。

②唐长安大明宫北面的正门。在今陕西西安市城北。贞观八年（634）建宫（初名永安宫，次年改名大明宫）。德宗时建城楼，外设两廊，有禁兵宿卫，称为北衙。唐玄宗李隆基除韦后、代宗李豫除张后，皆在此发难。

③唐长安禁苑西面偏北一门，亦名玄武门。

④在今江苏南京市城东北，面临玄武湖，清宣统元年（1909）建成。本名丰润门，以时任两江总督的张人骏为河北丰润人，故取为名。1931年改名玄武门。

玄武江 亦作元武江。即今四川涪江支流凯江（中江）。《新唐书·文宗纪》：太和五年（831）六月，“玄武江水涨二丈，梓州罗城漂入庐舍”。

玄武池 在今河北临漳县西南邺镇西。《三国志·魏书·武帝纪》：东汉建安十三年（208），“公还邺，作玄武池以肄舟师”。《文选·魏都赋》：“苑以玄武。”李善注：“玄武苑，在邺城西，苑中有鱼梁、钓台、竹园、蒲陶诸果。”

玄武县 隋开皇三年（583）改伍城县置，属益州。治所即今四川中江县。《元和志》卷33玄武县：“因玄武山为名。”大业初属蜀郡。唐属梓州。北宋大中祥符五年（1012）改为中江县。

玄武苑 曹操时筑。在今河北临漳县西南古邺城西。晋左思《魏都赋》曰：“苑以玄武，陪以幽林。缭垣开囿，观宇相临。硕果灌丛，围木竦寻。篁篠怀风，蒲陶结阴。”李贤注：“玄武苑，在邺城西。苑中有鱼梁、钓台、竹园、蒲陶诸果。”

玄武郡 北周改伍城郡置，属新州。治所在伍城县（今四川中江县东南二里）。辖境相当今四川中江县地。隋开皇三年（583）废。

玄武湖 古名桑泊，又名后湖、练湖、北湖、蒋陵湖、秣陵湖、昆明池。在今江苏南京市城东北玄武门外。南朝宋元嘉间始名玄武湖。《寰宇记》卷90升州上元县：玄武湖“周回四十里，东西两派，下入秦淮。春夏深七尺，秋冬四尺，灌田百顷”。并引《舆地志》云：“宋元嘉末，有黑龙见湖内，故改为玄武湖也。”自东晋以来，为练舟师之地。北宋熙宁年间，王安石开十字河，立四斗门以泄湖水，岁久湖湮废为田，惟城北十三里仅存一池。明初复开浚，中有旧洲、新洲、龙引、莲萼等洲，在旧洲（今梁洲）上建黄册库，以贮藏全国户口、田亩赋役总册——黄册。

玄岳（嶽） 即恒山。在今山西浑源县东南七里。《水经·㶟水注》：崞县“南面玄岳，右背崞山”。

玄岳（嶽）门 又称“治世玄岳”牌坊。在湖北丹江口市西南武当山麓。

玄法寺 在隋大兴城安邑坊街之北，今陕西西安市内。宋敏求《长安志》卷8：玄法寺“本隋礼部尚书张颖宅，开皇六年立为寺”。

玄城卫 明永乐十一年（1413）置，属奴儿干都司。治所在今黑龙江省富锦市。后废。

玄钟（鐘）千户所 明洪武二十年（1387）置，属镇海卫。治所即今福建诏安县东南梅岭镇玄钟。清顺治十四年（1657）废。地当东溪入海处，与西岸林洋相对，为诏安门户。

玄洲苑 在今河北临漳县西南古邺城西。《北齐书·魏收传》：河清二年（563），“帝于华林别起玄洲苑，备山水台观之丽”。

玄神楼 在今山西介休市北关顺城街。是三结义庙前的乐楼，因三结义庙旧称玄神庙，故习称玄神楼。明万历年间改建。乐楼平面呈凸字形，突出部分跨大街，楼下能通行车马，极为别致。为我国建筑史上的精品。

玄都观 在唐长安城崇业坊，今陕西西安市。宋敏求《长安志》卷9载：“隋开皇二年，自长安故城徙通道观于此，改名玄都观，东与大兴善寺相比。”是游人观赏桃花的胜地。刘禹锡有《戏赠看花诸君子》诗。

玄真观 又名玄帝庙、上帝庙。明洪武十五年（1382）建，在今辽宁盖州市城内西大街路北。为供奉玄天上帝（即玉皇大帝）宫观。今仅存正殿，塑像早已不存。1988年定为全国重点文物保护单位。

玄冥池 即阔滦海子。今内蒙古呼伦贝尔市东部之呼池湖。明金幼孜《北征录》：永乐八年（1410）六月初二，“午经阔滦海子……上曰：‘此水周围千余里，斡难、胪朐凡七河注其中，故大也。’遂赐名曰玄冥池”。

玄冥河 即蒙古国及俄罗斯境之斡难河。《明太宗实录》：永乐八年（1410）五月，“驻跸五原峰，命都督薛禄祭斡难河山川，赐名玄冥河”。

玄菟州 唐渤海国置，属新城州都督府。治所在玄菟城（今辽宁沈阳市东上柏官屯）。《资治通鉴》：唐贞观十九年（645），“（李）世勣自通定（镇）济辽水，至玄菟”。即此。后废。

玄菟郡 西汉元封三年（前108）置，治所在沃沮县（今朝鲜咸镜南道咸兴）。始元五年（前82）移治高句骊县（今辽宁新宾满族自治县兴京老城附近）。辖境相当今朝鲜狼林山、清川江以西，辽宁宽甸、清原二满族自治县以东，北到吉林浑江市一带。东汉属幽州，安帝时与高句骊县同徙治今辽宁沈阳市东（一说在抚顺市东）。此时辖境仅为浑河上、中游流域。三国、西晋时属平州。十六国时又徙治辽西（今址不详）。北魏延和元年（432）复徙治幽州界。后废。

玄象山 一名倒虎山。或作倒兽山。在今陕西渭南市东南，接蓝田县界。《元和志》卷1渭南县：“倒兽山，一名玄象山。在县东南五十里。王子年隐处也。”

玄扈山 亦作元扈山。在今陕西洛南县西洛水之南，与阳虚山相对。《山海经·中山经》：“自鹿蹄之山至于玄扈之山，凡九山，千六百七十里。”《寰宇记》卷141洛南县：“《黄帝录》云，帝在玄扈山……有凤衔图以至帝前……其文可晓，黄帝再拜受图。”

玄扈水 在今陕西洛南县西。出玄扈山。《山海经·中山经》：“阳虚之山，多金，临于玄扈之水。”《寰宇记》卷141引《河图·玉版》云：“仓颉为帝南巡狩，登阳虚之山，临于玄扈洛汭之水，灵龟负书丹甲青文以授之。”

玄墓山 即邓尉山。在今江苏苏州市吴中区西南光福镇附近。明王鏊《姑苏志》卷8：玄墓山“相传郁泰玄葬此，故名”。

玄阙州 唐贞观二十二年（648）以铁勒骨利干部置，属燕然都护府。在今俄罗斯色楞格河下游以北、贝加尔湖东西地带。龙朔（661—663）中更名余吾州。

玄德县 辽景福元年（1031）置，为庆州治。治所在今内蒙古巴林右旗北境索博日嘎镇白塔子古城。《辽史·地理志》玄德县：“本黑山、黑河之地。景福元年，括落帐人户，从便居之。户六千。”金改为朔平县。

闪电河 ①集镇名。即今河北沽源县东北闪电河乡。清属多伦诺尔厅，于此置汛。

②亦作上都河。即今内蒙古多伦县北闪电河，为滦河上游。“闪电河”乃上都河之讹。

兰干山 当在今蒙古国西南西戈壁省境。《汉书·李广传》附李陵传：天汉二年（前99），贰师将率大军伐匈奴，武帝召陵，陵“愿得自当一队，到兰干山南以分单于兵，毋令专乡贰师军”。

兰干县 战国秦置，属陇西郡。治所在今甘肃通渭县境。出土秦封泥中有“兰干丞印”可证。西汉属天水郡。《后汉书·董卓传》引《献帝传》曰：“（马）腾父平，扶风人。为天水兰干尉，失官遂留陇西，与羌杂居。”即此。西晋废。

兰口 即今广东东源县东北兰口镇。旧属河源县，明、清置巡司于此。

兰山 ①在今山东郯城县西北。清于今临沂市置兰山县以此名。

②在今四川资中县东。《寰宇记》卷76盘石县：兰山“在县东十五里。高三里，上有八面，悬崖壁耸”。《舆地纪胜》卷157资州：兰山，“《图经》：名蓝山，以其色如蓝，故名”。

兰山县 ①唐武德四年（621）置，属沂州。治所在今山东郯城县西北兰山镇。六年（623）省入临沂县。

②清雍正十二年（1734）置，为沂州府治。治所即今山东临沂市。1914年改临沂县。

兰山道 1913年由原兰山道袭置，属甘肃省。治皋兰县（今甘肃兰州市）。辖境约当今甘肃景泰、兰州、皋兰、永靖、积石山、临夏、夏河、碌曲、玛曲以东，靖远、白银、会宁、定西、陇西、漳县、岷县、迭部以西地区。1927年废。

兰门山 ①亦作合黎山、要涂山、羌谷山。即今内蒙古阿拉善右旗西北与甘肃高台县北界合黎山及其支脉。《晋书·沮渠蒙逊载记》：东晋隆安五年（401），北凉沮渠蒙逊欲图段业，与其兄“男成同祭兰门山，密遣司马许咸告业曰：‘男成欲谋叛，许以取假日作逆。若求祭兰门山，臣言验矣。’至期日，果然”。《方舆纪要》卷63甘肃镇：“合黎山在镇西北四十里。……《括地志》：合黎山亦名兰门山。”

②即穷石山。今甘肃之祁连山。《晋书·沮渠蒙逊载记》：北凉沮渠蒙逊永安元年（401），“蒙逊期与男成同祭兰门山”。即此。

兰马台（臺） 在今河北易县东南十五里。《水经·易水注》：故安县有小金台，“台北有兰马台，并悉高数丈，秀峙相对。翼台左右，水流径通，长庑广宇，周旋被浦，栋堵咸沦，柱础尚存，是其基构可得而寻。访诸耆旧，咸言：昭王礼宾，广延方士，至如郭隗、乐毅之徒”。即此。

兰水县 南朝梁置，属南安郡。治所在今福建南靖县东北靖城。隋开皇十二年（592）废入龙溪县。

兰仓江 即今云南西部之澜沧江。汉至南朝称兰仓水。《后汉书·西南夷传》：“始通博南山，度兰仓水，行者苦之。”

兰仓县 北魏太平真君三年（442）置，为汉阳郡治。治所即今甘肃礼县。西魏废帝时改为汉阳县。

兰风山 一名兰芎山。在今浙江上虞市西北二十八里。《水经·浙江水注》：“（上虞）县南有兰风山，山少木多石，驿路带山傍江，路边皆作栏干。山有三岭，枕带长江，苕苕孤危，望之若倾。”

兰石城 在今安徽泾县东南七十里，下临藤溪。《晋书·桓彝传》：苏峻之乱，桓彝进屯泾县，“遣将军俞纵守兰石”，即此。

兰田镇 在今江西南城县东。《清一统志·建昌府》：兰田镇“在南城县东八十里，与新城县接界。宋置税务，元改为驿。明改置巡司。今裁”。

兰仪县 清道光四年（1824）改兰阳县置，属开封府。治所即今河南兰考县。宣统元年（1909）改为兰封县。

兰台（臺） 一名南台。在今湖北省钟祥市市东。《舆地纪胜》卷84郢州：兰台“在州城龙兴寺西北。旧传楚襄王与宋玉游于兰台之上，清风飒然而至，王披襟当之。即其地”。《清一统志·安陆府》认为此台殆属附会。

兰芝谷 在今陕西宜君县西。《方舆纪要》卷57宜君县：兰芝谷“在县西五十里”。

兰芎山 即兰风山。在今浙江上虞市东南六里。《寰宇记》卷96余姚县：“兰芎山，《会稽录》云，昔葛玄隐于兰芎山，后于此仙去。”

兰西县 清光绪三十年十二月（1905.1）置，属吉林省呼兰府。治所在双庙子（今黑龙江省兰西县）民国徐曦《东三省纪略》卷2：“析呼兰河西岸地置”，故名。1914年改属黑龙江省绥兰道，1928年属黑龙江省。1945年划归嫩江省，1949年复属黑龙江省。

兰屿 在今台湾省台东县东南海上。原名红头屿，1947年改称兰屿。因产蝴蝶兰，故名。连横《雅言》：“蝴蝶兰，为台湾珍卉。产恒春山中，寄生古木，不染微尘。叶长而厚，花纯白若蝴蝶，一茎十数蕊。临风摇曳，姿态嫣然，宛如绝代佳人，遗世独立，可远观而不可亵玩者矣。”

兰州 ①隋开皇元年（581）置，治所在子城县（今甘肃兰州市）。辖境约当今甘肃兰州市及临洮县等地。大业初改为金城郡。唐武德二年（619）复名兰州，治五泉县（今兰州市，后改名金城县）。天宝元年（742）改为金城郡，乾元元年（758）复名兰州。辖境仅有今兰州市附近地。广德元年（763）没于吐蕃。北宋元丰四年（1081）收复。崇宁三年（1104）置兰泉县为州治，属巩昌路。明洪武二年（1369）降为兰县。成化十三年（1477）复为兰州，属临洮府，不领县。清康熙五年（1666）为甘肃布政使司治。乾隆三年（1738）移临洮府治此，改为兰州府。

②北宋置，为羁縻州，属宜州。治所在都彝县（今广西东兰县东南大同乡更乐村老圩）。元改为东兰州。

③元世祖至元十二年（1275）置，属丽江路。治所在今云南剑川县西六十四里坡脚。辖境主要在今云南兰坪白族普米族自治县境。《元史·地理志》：“兰州，在兰沧水之东。”明洪武十五年（1382）改属鹤庆府。后属丽江府。清顺治十六年（1659）废。

兰州市 1941年析皋兰县城区置，为甘肃省会，治所即今甘肃兰州市。1949年为甘肃省辖市（地级）。

兰州府 清乾隆三年（1738）改临洮府置，为甘肃省治。治所在皋兰县（今甘肃兰州市）。辖境约当今甘肃兰州市及临洮、靖远、榆中、渭源、临夏等县地。1913年废。

兰州都督府 唐武德八年（625）置，治所在兰州（今甘肃兰州市）。督兰、河、鄯、廓四州，相当今甘肃兰州市及皋兰、永登、临洮等县以西和青海门源回族自治县以南、贵德县以北、湟源县以东地。显庆元年（656）废。

兰州湾子岩画 在今新疆巴里坤哈萨克自治县城西南十二里天山山麓。岩刻分布在沟内山泉后的岩壁上。东西、南北均长约3公里。内容有动物、狩猎、放牧、车辆、驯马、太阳和祭祀等图像。岩画年代估计距今三千年左右。

兰江县 北宋置，属羁縻智州。治所在今广西河池市西南。后废。

兰池 又名兰池陂。在今陕西咸阳市东三十里。《史记·秦始皇本纪》：三十一年（前216），“始皇为微行咸阳，与武士四人俱，夜出逢盗兰池”。《续汉书·郡国志》注引《三秦记》：“始皇引渭水为长池，东西二百里，南北三十里，刻石为鲸鱼二百丈。”

兰池县 西晋置，属西郡。治所在今甘肃山丹县东北。《十六国春秋辑补》卷70前凉录：张寔元年(315)，“兰池长赵奭上言，军士张冰于青涧水中，得一玉玺”。隋省入删丹县。

兰池陂 在今陕西咸阳市东。《元和志》卷1咸阳县：兰池陂“即秦之兰池也。在县东二十五里”。

兰池宫 秦离宫。在今陕西咸阳市东北二十里。《史记·秦始皇本纪》：秦始皇三十一年（前208），“始皇为微行咸阳，与武士四人俱，夜出逢盗兰池”。《汉书·地理志》渭城县注：有“兰池宫”。

兰池都督府 唐神龙三年（707）置，以辖突厥降户六胡县（即原六胡州）。治所在今内蒙古鄂托克前旗东敖勒召其古城。开元九年（721）兰池胡康待宾与诸降户同反，攻陷六胡州，为唐兵擒杀，次年唐平康待宾余众反，迁六州残胡于河南、江淮诸州。二十六年迁返故土，于此改置宥州。

兰那 宋大理置，属景咙。治所在今泰国北部昌盛。元改蒙庆宣慰司。

兰阳县 金析东明县置，属曹州。治所在流渠城(今河南兰考县东南八里)。取其首乡曰兰阳为名。元至正十七年（1357）徙治韩陵（今兰考县东北五里)，属汴梁路。明洪武元年（1368）徙于马邨（即今兰考县)，属开封府。清道光四年（1824）改为兰仪县。

兰阴山 即今浙江兰溪市西兰江西岸横山。《寰宇记》卷97兰溪县：兰阴山“在县西五里。一名横山，临截三江”。今为兰溪风景胜处。

兰坑 在今甘肃和县东。《三国志·魏书·郭淮传》：青龙二年（234)，“诸葛亮出斜谷，并田于兰坑”。

兰坑山 在今广东恩平市东南三十里。《方舆纪要》卷101肇庆府恩平县：兰坑山“岩壑深杳，材木丛生，旧为盗薮”。

兰县 ①南朝宋置，属沈黎郡。治所在今四川越西县北新民镇古城。南齐废。

②明洪武二年（1369）降兰州置，属临洮府。治所即今甘肃兰州市。成化十三年（1477）复升为兰州。

兰秀山 即今浙江岱山县南部秀山岛。本为兰、秀二山。《清一统志·宁波府一》“岱山”条：“相近有兰山、秀山。皆可垦田。”清光绪时二岛筑堤相连，故合称兰秀山。

兰谷关 明置，在今云南禄丰县西三十五里。《方舆纪要》卷114禄丰县：兰谷关“在县西，与楚雄府接界。两山夹水，鸟道羊肠，自县之楚雄者，为必由之路”。

兰沧水 即今云南西部之澜沧江。唐代称兰沧江。唐樊绰《蛮书》卷2：“兰沧江源出吐蕃中大雪山下莎川，东南过聿赍城西，谓之濑水河。又过顺蛮部落，南流过剑川大山之西。兰沧江南流入海。”南诏以为四渎之一。《元混一方舆胜览》：兰沧江“在永昌东。源出西番，广五十步”。元代亦称兰沧水、鹿沧江。

兰坪县 1912年析丽江县地置，后属云南腾越道。治所在今云南兰坪白族普米族自治县南六里白地坪。民国《云南兰坪县治绘图地志说明书》：“因上兰里名曰兰州，东新化里名曰白地坪，此两里为兰坪县之首区，故命名为兰坪。”1929年直属云南省。1938年迁治县西北二十八里喇鸡井，1947年迁回白地坪，1950年复治喇鸡井。1985年迁治江头河（即今兰坪白族普米族自治县治金顶镇)。1987年改设兰坪白族普米族自治县。

兰昌宫 唐置，在今河南宜阳县西。《新唐书·地理志》河南郡福昌县：“西十七里有兰昌宫。”

兰底庄 即今山东平度市南五十里兰底镇。清道光《平度县志》卷9有兰底。

兰封县 清宣统元年（1909）改兰仪县置，属开封府。治所即今河南兰考县。民国初属河南开封道。1927年直属河南省。1954年与考城县合并为兰考县。

兰城 唐钵罗州治所。在今阿富汗喀布尔北巴格兰。《新唐书·地理志》：“钵罗州以兰城置。”

兰城守捉 一名兰城镇。即尼壤城。唐置，属安西都护府。治所在今新疆民丰县北沙碛中。

兰城镇 一名兰城守捉。即尼壤城。唐置，属安西都护府。治所在今新疆民丰县北沙碛中。《新唐书·地理志》：于阗“东六百里有兰城镇”。

兰草渡场 即今四川平昌县西北兰草镇。清道光《巴州志》卷2：兰草渡场在“州南九十里”。

兰峒寨 即今广东怀集县西北蓝钟镇。明置巡司于此。

兰泉 一名五眼龙泉。在今甘肃兰州市南。《元丰九域志》卷3兰州：皋兰堡有“兰泉”。

兰泉县 北宋崇宁三年（1104）置，为兰州治。治所即今甘肃兰州市。金省入兰州。

兰亭 在今浙江绍兴县东南兰亭镇兰渚山下。《水经·浙江水注》：“（西陵湖）湖口有亭，号曰兰亭，亦曰兰上里，太守王羲之、谢安兄弟数往造焉。吴郡太守谢勗封兰亭侯，盖取此亭以为封号也。”《晋书·王羲之传》：东晋永和九年（353）春，“尝与同志宴集于会稽山阴之兰亭”，即此。王羲之有《兰亭集序》，为书法至宝。亭址原在天柱山下镜湖口，后尝迁至湖中天柱山顶，南朝后期迁兰渚，北宋后期始迁现址。今亭系明嘉靖时建、清康熙时重修。

兰津 又称兰仓津、仓津。为古渡口。在今云南永平县与保山市间的澜沧江上。《华阳国志·南中志》：“孝武时，通博南山，度兰仓水、耆溪，……人歌之曰：汉德广，开不宾，渡博南，越兰津，渡兰沧，为作人。”

兰津桥 在今云南景东彝族自治县西南。《方舆纪要》卷116景东府引《滇纪》云："旧在府西南，跨澜沧江上。后汉永平初所建。明朝永乐初修，高广千仞，两岸峭壁林立，飞泉急峡，复磴危峰，森罗上下，熔铁为柱，以铁索系南北为桥，自古称为巨险。"

兰峰宫 唐显庆三年（658）建，在今河南洛宁县西。《新唐书·地理志》河南府永宁县："西三十三里有兰峰宫。"

兰笋山 即今上海市松江区西北二十五里佘山。《清一统志·松江府一》：兰笋山"产笋香如兰，本朝康熙四十九年，圣祖仁皇帝南巡，赐名兰笋"。

兰皋戍 在今甘肃康县东北大南峪乡。《宋书·氐胡传》：元嘉十九年（442），裴方明等伐氐胡杨难当，"方明至兰皋，难当镇北将军苻义德、建节将军苻弘祖万余人，列阵拒战，方明击破之，斩弘祖，杀二千余人，义德遁去"。即此。后改为皋兰镇。

兰家暗沙 即今南海中中国南沙群岛之杨信沙洲。1935年命名兰家暗沙。1947年改名杨信沙洲。

兰陵县 ①战国楚置，治所即今山东苍山县西南四十五里兰陵镇。秦属东海郡，南朝宋省入氶县。北魏复置，属兰陵郡。北齐废。隋开皇十六年（596）复置，属徐州。大业初又废。

②东晋太兴初侨置，为兰陵侨郡治。治所在武进县东城里（今江苏常州市西北孟河镇万绥）。南朝宋为南兰陵郡治。梁改武进县置，治今江苏常州市西北万绥。隋开皇九年（589）并入曲阿县。《方舆纪要》卷25常州府武进县：兰陵城，"《志》云：府城西北六十里为千秋乡之万岁镇。今名阜通镇。有古青城，城南为圆坛，西为方坛，盖萧齐篡位后，以兰陵为其汤沐邑，因置此为郊祀之所。稍西南即兰陵城也"。

③隋大业初改氶县置，属彭城郡。治所在今山东枣庄市东南峄城镇西北一里。唐武德四年（621）复改氶县。别置兰陵县于今苍山县西南四十五里兰陵镇，属鄫州。贞观元年（627）省入氶县。金明昌六年（1195）改氶县复置，属邳州。治所即今山东枣庄市东南旧峄县。兴定中为峄州治。元至元二年（1336）省入峄州。

④1947年革命根据地由山东临沂、峄县及江苏邳县析置（原兰西办事处旧地）。治所在兰陵（今山东苍山县西南兰陵镇）。1949年迁治台儿庄（今山东枣庄市东南台儿庄）。1953年撤销。

⑤2014年由苍山县改名，属山东省临沂市。治所在卞庄镇。

兰陵郡 ①西晋元康元年（291）分东海郡置，属徐州。治所在氶县（今山东枣庄市南峄城镇西北一里）。南朝宋移治昌虑县（今山东滕州市东南六十里）。东魏武定五年（547）复移治兼县。辖境相当今山东枣庄市及滕州市东部、东南部地。隋开皇三年（583）废。

②东晋太兴初侨置，属南徐州。治所在兰陵县（今江苏常州市西北孟河镇万绥）。南朝宋改为南兰陵郡。

③南朝梁天监元年（502）改南东海郡置，治所在京口（今江苏镇江市）。陈武定二年（558）复改兰陵郡为东海郡。

兰陵集 即今山东苍山县西南四十五里兰陵镇。清属兰山县。乾隆六十年（1795）移兰山县丞驻此。

兰麻山 在今广西永福县西南四十里。《寰宇记》卷162理定县：兰麻山"山阔一百里，高二十里"。《方舆纪要》卷107永福县：兰麻山，"魏濬《峤南琐记》云：自理定西行，兰麻诸沙诸岭，险绝刺天，路极逼仄，每遇岭则直上，至绝顶乃下，下抵涧水乃已，渡涧水又复上，如此者三四程，诸岭每遇狭处，谓之隘子"。《清史稿·地理志》 永福县："西南兰麻山，俗呼拦马山。"

兰麻镇 一作兰蛮镇。在今广西永福县西南四十里。明置巡司于此。

兰渚山 在今浙江绍兴县西南二十七里。《舆地纪胜》卷10绍兴府：兰渚山"去山阴二十七里。王右军所谓'此地有崇山峻岭、茂林修竹，是也'"。南宋祥兴元年（1278），会稽唐珏等以石函葬宋六陵骨于此。

兰嵯山 在今河南安阳县西。《后汉书·袁尚传》：建安九年（204），曹操攻邺，袁尚救援，为操所败，"尚还走兰口"。注："相州安阳县界有兰嵯山，与邺相近。盖兰山之口。"

兰登山 在今四川南部县西。《舆地纪胜》卷185阆州：兰登山"在新井县东二十里。汉严君平隐居于此，有君平洞、君平像、崇福观"。《明一统志》卷68保宁府：兰登山"在南部县西八十三里。三面峻绝，俯临西江。汉严君平尝隐此山"。

兰溪 ①一名茹兰溪。在今安徽东至县东南，为尧渡河支流。《元丰九域志》卷6建德县有兰溪。《方舆纪要》卷27建德县"尧城溪"条下："茹兰溪亦在县东南。源出迎春、朝霞二洞间，西流会尧城溪，达东流县，入大江。"

②钱塘江支流。在今浙江兰溪市，北至建德市梅城镇与新安江汇合。《元和志》卷26兰溪县：兰溪"在县南七里。东北流入东阳江"。《方舆经要》卷93兰溪县：兰溪"其源有二：一自衢州府东北流至县，曰衢港；一自（金华）府城西流至县，曰婺港，二水合而汇于兰阴山下……北至严州城东南与徽港合，是为浙江之上源"。

③在今湖北浠水县东。《寰宇记》卷127蕲水县：兰溪水"源出箬竹山，其侧多兰。唐武德初，县指此为名"。《舆地纪胜》卷47蕲州：兰溪"兰溪在州之蕲水县，竹所出之地也"。

兰溪水 即今四川双流县东南之鹿溪河，为岷江支流。《舆地纪胜》卷150隆州：兰溪水"在贵平县北四十里。唐末隐士张鸿所居"。《清一统志·资州》：

兰溪“在仁寿县北。自简州流入，合府河，俗名黄龙溪，即赤水也”。

兰溪市 ①即今湖南益阳市东兰溪镇。《清一统志·长沙府二》“竹头市”条下：“又兰溪市，在（益阳）县南（按，应为东）二十里。”

②1949 年解放后由兰溪县城区析置，治所即今浙江兰溪市。1950 年撤销，并入兰溪县。1985 年复设兰溪市。

兰溪州 元元贞元年（1295）改兰溪县置，属婺州路。治所即今浙江兰溪市。明洪武三年（1370）复改兰溪县。

兰溪县 ①唐武德四年（621）改浠水县置，属蕲州。治所即今湖北浠水县。天宝元年（742）改名蕲水县。

②唐咸亨五年（674）分金华县置，属婺州。治所在今浙江兰溪市。以兰溪为名。元属婺州路，元贞元年（1295）改名兰溪州。明洪武三年（1370）复改兰溪县，属金华府。民国初为浙江金华道治，1917 年后属金华道。1927 年直属浙江省。1985 年改设兰溪市。

兰溪郡 宋大理置，属谋统府。治所即今云南兰坪白族普米族自治县治金顶镇。元世祖至元十二年（1275）改置兰州。

兰溪站 亦作兰站。元置，即今湖北浠水县西南兰溪镇。元《析津志》：天下站名有“兰溪”。《方舆纪要》卷 76 蕲水县：兰溪镇“有兰溪驿”。

兰溪镇 即今湖北浠水县西南兰溪镇。明、清置巡司于此。

兰旗侯国 西汉昭帝始元五年（前 82）以鲁安王子置，属东海郡。治所疑在今山东枣庄市峄城区东南兰城店乡。

半山 又作泮山。在今云南凤庆县东一百二十里。《方舆纪要》卷 118 顺宁府：半山“山陡绝，下即澜沧、黑惠合流之处，号为泮江山，又因江以名也”。

半山寺 又名报宁禅寺。北宋置，故址在今江苏南京市东。《舆地纪胜》卷 17 建康府：半山寺，“半山报宁禅寺，王荆公故宅也。由东门至蒋山此为半道，故以半山为名。元丰七年公病既愈，乃请以宅为寺，因赐额为报宁禅寺”。《方舆纪要》卷 20 江宁县“庄严寺”条下：“半山寺在旧城东七里，东距钟山亦七里，其地名白荡，积水为患。宋元丰中，王安石居此，乃凿渠决水通城河，寻舍宅为寺，赐额曰保宁禅寺。”

半山亭 ①在今河南内乡县西北汤河半山间。宋张舜民建。有洼尊石刻。（金）元好问《半山亭招仲梁饮》：“半山亭前淅江水，只可与君消百忧。”

②在今湖南衡阳市南岳区南岳镇西衡山。自岳庙至祝融峰顶，至此方及一半，故名。清光绪《南岳志》卷 3 载清嘉庆间黄本骥《游岳记》称：由半山亭“上窥峰顶，下瞰岳庙，各十五里，而上十五里尤峻”。

半川府 在今陕西旬邑县北。《方舆纪要》卷 54 三水县：半川府“在县北十五里。唐府兵之一”。

半个（箇）山 又名罗左冲山。在今云南腾冲县南。《方舆纪要》卷 119 南甸宣抚司：半个山“在司北。《志》云：司置于腾越南半个山下，其山巅北恒有霜雪，南则烟瘴如蒸，盖天限华夷也”。《清一统志·腾越直隶厅》：罗左冲山“在厅城南六十里。上有镇夷关。……亦名半个山”。

半个（箇）城 一作半角城。即今宁夏同心县（同心镇）。明嘉靖《宁夏新志》卷 3：灵州守御千户所有半个城。1938 年移豫旺县治此，改名同心县。

半支跋 古港名。即今马来西亚马来半岛之马六甲。唐杜佑《通典》卷 118“多摩长”条讹为羊支跋。《新唐书·南蛮列传下》：“千支在西南海中，本南天竺属国，亦曰半支跋，若唐言五山也。”《岛夷志略》作“无支跋”。

半日村 在今陕西渭南市东南。《寰宇记》卷 29 华州渭南县：“半日村，此村山高蔽亏，阳影常照其一半。”故名。唐郎士元为渭南尉，构半日村别业。钱起有《题郎士元半日吴村别业》，士元又有《酬王季友题半日村别业》诗。

半月山大佛 半月山亦名大佛山。在今四川资阳市南碑记镇。《清一统志·资州》：大佛山“在资阳县南四十里。上有大石佛”。唐贞元九年（793），依山岩凿弥勒大佛坐像（高 31.4 米），又有唐、宋题记石刻。被称为“资阳大佛”。

半月台（臺） 在今山东单县旧城东。《清一统志·曹州府二》称：半月台“唐少府陶沔所筑”。李白《登单父陶少府半月台》诗：“陶公有逸兴，不与常人俱。筑台像半月，迥向高城隅。”

半月暗沙 即今南海中中国南沙群岛的半月礁，位于海口礁西南。环礁不完整，成半月形。礁长 5.5 公里，宽约 2 公里。低潮时露出。东南有一宽敞的礁门。中国渔民向称海公。1935 年公布名称为半月滩。1947 年改为半月暗沙。1983 年改称半月礁。

半月滩 即今南海中中国南沙群岛的半月礁。1935 年命名为半月滩。1947 年改为半月暗沙。

半石山 在今河南偃师市西南。《山海经·中山经·中次七经》：半石之山“来儒之水出于其阳，而西流注于伊水。……合水出于其阴，而北流注于洛”。《水经·洛水注》：“合水南出半石之山。”

半边山镇 亦名中兴场。即今四川中江县南中兴村。民国《中江县志》卷 2：中兴场在“治西南三十里”。

半汤山 在今安徽巢湖市东北十五里，与含山县交界处。《隋书·地理志》：襄安县有半阳（汤）山。《寰宇记》卷 126 巢县：“半汤山，山下有泉，半冷半热以名之。”今建有疗养院。山东南有半汤镇。

半汤镇　即今安徽巢湖市东北半汤镇。清道光《巢县志》卷8：有半汤铺。

半阳湖　一作半汤湖。在今江苏南京市东北。宋《景定建康志》卷18：半阳湖“在城东北四十里，周回十五里，水同一壑而冷热相半”。又引《舆地志》及《南徐州记》云：“江乘县南有半阳泉，半冷半热。热处可烂物，冷处如冰。热处鱼入冷处即死，冷处鱼入热处亦死。民种稻则溉热水，一年再熟。”

半坝岭　在今贵州遵义县西。《明史·李应祥传》：万历二十八年（1600）征播州杨应龙，镇雄兵陇澄“遣部将刘岳、王嘉猷攻拔苦竹关及半坝岭”，即此。

半拉山　即今辽宁黑山县东北七十里半拉山镇。《清史稿·地理志》新民府镇安县：“东北有半拉门市镇。”

半拉山门　即布尔德库苏巴尔罕门。今吉林四平市东南二十五里山门镇。

半坡山　在今陕西府谷县西。《清一统志·榆林府》：半坡山“在府谷县西七十里”。

半坡遗址　在今陕西西安市东郊半坡村北。是黄河流域一个典型的原始社会母系氏族公社村落遗址。距今六千年左右。1953—1957年，经过五次发掘出土房屋遗迹四十五座，圈栏两座，储藏窖穴二百多个，陶窑遗址六座，墓葬二百五十座。出土生产工具和生活用具万件之多。1958年在原遗址上建成半坡博物馆。1961年定为全国重点文物保护单位。

半制（製）城　在今阿富汗喀布尔东北。《新唐书·地理志》：修鲜都督府“檀特州以半制城置”。

半泾　故址在今江苏太仓市东三里。《方舆纪要》卷24太仓州：半泾在“旧横带城东南，入娄江，北通七鸦浦。元至正十四年，方国珍自刘河突犯，至半泾，董博霄与战，败却之。十七年国珍复来侵，士诚将吕珍大破之于半泾。湖水为咽处也，今浅涸渐为平陆”。

半线　即今台湾省彰化县。原称半线社，为高山族聚居地。清高拱乾《台湾府志》卷2有半线庄之名。康熙末已成半线街。雍正元年（1723）于此设彰化县。

半城　即半程汛。今山东临沂市兰山区北半程镇。民国《临沂县志》舆图作“半城”。

半城镇　即今江苏泗洪县东南半城镇。《清一统志·泗州》：半城镇“在州东北一百十里。商贾辐辏，居民稠密，附近河潮。本朝乾隆四十二年，添设州判驻此，巡私缉匪，兼管水利”。

半洲　三国吴黄武年间孙虑筑。故址在今江西九江市西。《三国志·吴书·孙虑传》：孙虑“假节开府，治半州（洲）”。《晋书·庾怿传》：咸康五年（339）庾亮表其弟怿为梁州刺史，镇魏兴。“后以所镇险远，粮运不继，诏怿以将军率所领还屯半洲”。《元和志》卷28江州浔阳县：半洲故城“在县西九十里”。

半屏山　即今浙江洞头县南之半屏。清光绪《浙江沿海图说》温州附近海岛表：“半屏山亦名喜霓头，不知取义，土极厚。民居多在北澳，深藏不露，其与洞头山间为民船最稳锚地。”

半站汛　在今四川德昌县东南乐跃镇北。清嘉庆《四川通志》卷89西昌县：“半站汛铺在县南一百四十里。”

半浣水　指今四川都江堰市西北之白沙河。《水经·江水注》：“又有湔水入焉。水出绵虒道，亦曰绵虒县之玉垒山。吕忱云：一曰半浣水也，下注江。”

半淞园　在今上海市黄浦区南部半淞园路与花园港路一带。清道光初为吴家桃罗，清末沈志贤改建为花园。1919年辟为公园。因东临黄浦江，取杜甫诗“剪取吴淞半江水”之义，取名为半淞园。抗日战争时期为日军所毁。

半隐堂　在今江苏昆山市。宋莫仲宣所筑。又有西园，为其别墅。明嘉靖《昆山县志》卷4：“邑人莫仲宣所居。韩侂胄当国，仲宣闲居十年不出，时论高之。”号为西园居士。

半塔集　在今安徽来安县东北六十里，与江苏省交界处。集旁原有古塔一座，名曰白塔，传为三国吴赤乌元年（238）建。后遭雷击，毁其半，故名半塔。集亦以半塔为名。1940年3月新四军第五支队曾在此击败国民党韩德勤部的进攻，史称“半塔集保卫战”。

半程汛　即今山东临沂市兰山区北四十五里半程镇。清设半程汛，有经制外委驻此。

半道红　在今浙江杭州市北武林门外。南宋为半道红市。吴自牧《梦粱录》卷13“两赤县市镇”条谓北关门（武林门）外有“半道红市”。

半塘水　在今广东台山市南。《方舆纪要》卷101广州府新宁县：半塘水“在县（今台山市）南，源出西北冯村坑，流入海”。

半路竹　即今台湾省高雄市西北路竹区。清康熙间高拱乾《台湾府志》卷2有“半路竹街”。吴新荣主修《台湾县志》说：“本乡昔时因台南桥子头有竹密生，故定名为半路竹。”日本占领期间改为路竹。

半溪　在今福建清流县北。《方舆纪要》卷98清流县：“半溪在县北。源出高地岭，经县东北五里西南流，合于清流（九龙溪）。”

半截山　在今吉林梅河口市山城镇东南二十四里柳河左岸。有金女真摩岩石刻。东侧竖刻女真字约二十三字，汉字“大金太祖大破辽军于节山息马立石”。西侧石刻记述金太祖收国二年（1116）在番安儿必罕设立谋安事，系大定七年（1167）刻。为我国现存女真字碑之一。

半截沟　即今吉林长白朝鲜族自治县西金华乡。产沙金及铁。清张凤台《长白征存录》卷3：“金华镇旧名半截沟，镇为长白府西屏，层峦叠嶂，环绕如围，去年新设市廛，商贾日增。”

半截塔镇 即今河北围场满族蒙古族自治县西五十里半截塔镇。民国熊知白《东北县治纪要》热河省围场县：“县属半截塔，位于伊马都河左岸，距天宝山七十里，至多伦二百三十里。户数一百，人口八百。”

半壁山 ①在今河北隆化县西北一百七里。《清一统志·承德府二》：半壁山“在丰宁县北，石壁陡削，形状堵墙，小滦河流径其下，其北即围场界”。

②在今湖北阳新县东北，与田家镇分据大江南北，为长江中游战守要地。清咸丰三年（1853）九月，太平军占领半壁山。次年十月，为湘军所败，半壁山失守。

半壁山镇 在今河北兴隆县东七十五里，半壁山下。清乾隆初于此设巡司。

半壁店 即今河北南皮县东北店子镇。《方舆纪要》卷13景州东光县：半壁店“在县北。正德中流寇犯境，官军御却之于半壁店，即此”。清同治《畿辅通志》卷50南皮县图：东北有半壁店。

半壁店堡 明嘉靖中修筑，即今河北赤城县北半壁店。

冯 春秋周邑。在今河南荥阳市西。《左传》：定公六年（前504），“周儋翩率王子朝之徒因郑人将以作乱于周，郑于是乎伐冯、滑、胥靡、负黍、狐人、阙外”。

冯水 ①又名缭水、上缭水。即今江西永修县西南潦河。东北流入赣江。《寰宇记》卷106洪州奉新县：冯水“又因迁江东冯氏之族于海昏西里，赐之田曰冯田，冯田水因名之”。《清一统志·南昌府一》：冯水“《县志》，亦名奉新江，在（奉新）县南一百五十步。源出百丈山，流至侧潭，深可载舟。又东流百余里经县南，又东北至新建、安义，与靖安、安义之水合，又至芦潭，入豫章江”。

②又名东河。即今湖南江华瑶族自治县东南冯江。《水经·湘水注》：冯水“出临贺郡冯乘县东北冯冈，其水导源冯溪，西北流。冯水约带众流，浑成一川，谓之北渚”。汉冯乘县以此名。

冯子材旧居建筑群 在今广西钦州市城区北郊六里白水塘村东。与刘永福旧居直线距离1000多米。冯子材（1818—1903），字南干，号萃亭，一作翠亭。广东钦州（今广西钦州市）人。行伍出身。早年曾随张国梁镇压太平军，升至提督。光绪八年（1882）退职。1884年法国侵略军进犯滇桂边境时，以广东高、雷、钦、廉四府团练督办，参加抗战。次年二月，任广西关外军务帮办，在当地人民支持下，在镇南关（今友谊关）、谅山大败法军。后历任广西、贵州提督等职。此旧居原名宫保府，因清廷授予太子少保加封尚书衔而得名。旧居建于清光绪元年（1875），占地面积15.22万平方米。主体建筑面积2020平方米，院落式布局，坐北朝南，共三排九座二十七间，均为抬梁式砖木结构。旧居范围包括三山一水一田，有六角亭、珍赏楼、书房、虎鞭塔、菜园等。冯子材旧居与刘永福旧居均系典型的清代南方府第建筑群，具有简朴典雅的艺术特色。2001年两处建筑群一起被定为全国重点文物保护单位。

冯公岭 即桃支岭。在今浙江缙云县西南。《方舆纪要》卷94缙云县：冯公岭在“县西南三十里。一名木合岭，崎岖盘屈，长五十里。有桃花隘，为绝险处，郡北之锁钥也……《防险说》：冯公岭与青田县之老鼠梯，皆一人守险，万人莫开之处，守冯公岭则寇无从上，守老鼠梯则寇无从下，冯公岭失则处（州）不可固矣”。

冯玉祥墓 在今山东泰安市北泰山西麓。冯玉祥（1882—1948）字焕章，安徽巢县人。出身行伍，治军严明。1931年“九一八”事变后，积极主张抗日，后与中国共产党合作，在张家口组织民众抗日同盟军。抗战胜利后，坚持和平、民主，反对国民党内战、独裁，参与发起组织中国国民党革命委员会，并当选为中央政治委员会主席。1948年由美国回国途中在黑海遇难。1953年10月依照其遗愿迁葬泰山。墓为泰山花岗石砌成，坐东朝西，与冯氏1932—1935年居泰山时所倡建之大众桥相望。墓壁正面镶嵌冯氏铜铸头像，郭沫若题墓碣“冯玉祥先生之墓”七字及冯氏自写诗《我》一首。1988年定为全国重点文物保护单位。

冯市镇 即今陕西乾县北三十五里冯市镇。《清一统志·乾州》：冯市镇“东通醴泉，北通永寿，为商旅走集之所”。

冯池 一名李泽。在今河南荥阳市北。《汉书·地理志》荥阳县：“卞水、冯池皆在西南。”《水经·济水注》：“济水又东南，砾石溪水注之，水出荥阳城西南李泽，泽中有水，即古冯池也。”

冯坡镇 在今山西壶关县南冯波村。《清一统志·潞安府》：冯坡镇“在壶关县南二十八里黄山下”。

冯茂山 又名东山、五祖山。在今湖北黄梅县东北二十五里五祖镇北。《寰宇记》卷127黄梅县：法雨塔“在县东北二十六里冯茂山。第五祖宏忍大师寂灭之所”。明曹学佺《名胜志》：冯茂山“在（黄梅）县东北三十里。五祖弘忍禅师住此。以山为冯茂所施，故名”。

冯店垭镇 即今四川中江县东南冯店镇。民国《中江县志》卷2：冯店场在“治南一百五十里”。

冯官屯 在今山东茌平县东北冯官屯镇。清咸丰五年（1855）正月二十九日，太平军李开芳部自高唐突围，据守冯官屯，清军数次进攻受重创，后因僧格林沁引水灌城，太平军失守。

冯洛州都督府 唐显庆中置，属北庭都护府。治所在今新疆吉木萨尔县与乌鲁木齐市之间。约8世纪前废。

冯洛守捉 在今新疆阜康市东境。《新唐书·地理志》北庭大都护府：“自庭州西延城西六十里有沙钵城守捉，又有冯洛守捉。”

冯原镇　清置，属澄城县。即今陕西澄城县西北五十里冯原镇。

冯乘县　西汉置，属苍梧郡。治所在今湖南江华瑶族自治县西南。以冯水得名。《水经·湘水注》：冯水“出临贺郡冯乘县东北冯冈，其水导源冯溪，西北流，县以讬名焉”。三国吴属临贺郡。南朝宋泰始间属临庆国。南齐复属临贺郡。隋属零陵郡。唐属道州。北宋开宝四年（971）废。

冯唐镇　北宋置，属宛丘县。即今河南淮阳县东南三十六里冯唐乡。

冯㴾池　即白盐池、黑盐池，分别在今宁夏盐池县北和陕西定边县西北。《资治通鉴》：南朝宋永初元年（北魏拓跋嗣泰常五年，420），“魏主如翳犊山，遂至冯㴾池”，即此。

冯家山　在今河北抚宁县东南二十五里。《方舆纪要》卷17抚宁县：冯家山“两峰并峙，结砦其上，极险峻。一名对咀崖”。

冯家村　即今陕西洛川县东北永乡北冯家村。1937年8月在此召开中共中央政治局扩大会议，通过了《关于目前形势与党的任务的决定》和《抗日救国十大纲领》，制定了全面抗日路线，坚持抗日统一战线中的无产阶级领导权，建立敌后抗日根据地。史称“洛川会议”。

冯家洞　即荆山洞。今安徽广德县东北七十里太极洞。《舆地纪胜》卷24广德军：冯家洞“在先春门外七十里，又名荆山洞”。

冯家峪　在今北京市密云县北八十里冯家峪镇。明、清皆设堡于此。《方舆纪要》卷11密云县：“马峪关南有冯家峪堡。”

冯家集　即今山东乳山市东北冯家镇。旧属牟平县。民国时有县佐驻此。

冯翊县（冯 píng）　①南朝宋元嘉六年（429）侨置，寄治襄阳（今湖北襄阳市）。大明八年（464）徙治鄀县（今湖北宜城市东南）。南朝梁移治莲勺县（今湖北钟祥市西北）。西魏改为汉东郡。

②隋大业三年（607）改武乡县置，为冯翊郡治。治所即今陕西大荔县。唐武德元年（618）为同州治。天宝元年（742）为冯翊郡治。乾元元年（758）复为同州治。元初省入同州。

冯翊郡（冯 píng）　①三国魏改左冯翊置，治所在临晋县（今陕西大荔县）。辖境相当今陕西韩城市、洛川县以南，宜君、蒲城二县以东，渭河以北地区。北魏移治高陆县（今陕西高陵县）。辖境缩小。北周废。隋大业三年（607）复置于冯翊县（今大荔县）。唐武德元年（618）改为同州。天宝元年（742）复改冯翊郡，乾元元年（758）又改为同州。

②南朝宋元嘉二年（425）侨置，治所在蓬勺县（今湖北钟祥市西北）。南齐废。

③南朝宋元嘉六年（429）侨置，寄治襄阳（今湖北襄阳市）。大明八年（464）徙治鄀县（今湖北宜城市东南）。南朝梁移治莲勺县（今湖北钟祥市西北）。西魏改为汉东郡。

冯焕阙　在今四川渠县东北土溪乡西北赵家坪（碑亭村）。据《后汉书·冯绲传》载：焕在安帝时为幽州刺史，建光元年（121）被陷下狱，其后事虽辨明，已病死狱中。安帝“赐钱十万，以子为郎中”。西阙及子阙已不存。现仅存东阙。此阙当建于建光元年或后一年，雕刻精致，造型优美。阙身正面铭文为“故尚书侍郎河南京令豫州幽州刺史冯使君神道”。1961年定为全国重点文物保护单位。2001年与沈府君阙合并，统称渠县汉阙。

冯街镇　亦作马街镇。北宋置，属郫县。在今四川郫县北二十里古城镇（马街场），附近有冯城遗址。

冯雷镇　清置，属白水县。即今陕西白水县东十里冯雷镇。

冯嘉施兰　即傍佳施栏。在今菲律宾吕宋岛西部蜂牙丝兰。《明史·外国列传》：“冯嘉施兰，亦东洋中小国。永乐四年八月，其酋嘉马银等来朝，贡方物。”

汁方县（汁 shí）　亦作汁邡、汁防、什方。西汉置，属广汉郡。治所即今四川什邡市。明曹学佺《蜀中广记》卷15：“《土地谱》云：广汉领县十，以应十干，县在酉位，酉十数也。古碑：邡水流为十，故名什邡。”《史记·高祖功臣侯者年表》：高帝六年（前201）封雍齿为汁方侯。东汉改为什邡县。

汁方侯国（汁 shí）　亦称什方侯国。西汉高帝六年（前201）封雍齿置，属广汉郡。治所即今四川什邡市。元鼎五年（前112）国除，改为汁方县。

汀水　又名鄞江。即今福建长汀县东汀江。《方舆纪要》卷98汀州府长汀县：鄞江“亦谓之汀水。《志》云，天下之水皆东，惟丁水独南。南，丁位也，以水合丁为文”。

汀东县　1931年3月中央革命根据地由长汀、宁化两县边境析置，治所在馆前村（今福建长汀县东北馆前镇）。以在长汀县（旧为汀州府治）之东而得名。1934年10月废。

汀西县　1934年5月中央革命根据地由长汀县西部析置，治所在四都（今福建长汀县西南四都乡）。以在长汀县（旧为汀州府治）之西而得名。1934年10月废。

汀州　唐开元二十四年（736）分福州、抚州置。治所在长汀县（今福建长汀县）。《元和志》卷29汀州：“因长汀溪以为名。”辖境相当今福建武夷山脉以东，三明、永安、漳平、龙岩、永定等市县以西地区。天宝元年（742）改为临汀郡，乾元元年（758）复为汀州。大历后辖境东北部缩小。元属福建行省。至元十五年（1278）升为汀州路。

汀州卫　明洪武四年（1371）置，属福建行都司。治所在今福建长汀县治东。洪武二十四年（1391）辖武平守御千户所。成化二年（1466）增设上杭守御千户所。清顺治十八年（1661）废。

汀州市　1931年10月中央革命根据地置，治所在长汀县城（今福建长汀县）。1934年10月废。

汀州府　明洪武元年（1368）改汀州路置，属福建省。治所在长汀县（今福建长汀县）。辖境相当今福建武夷山脉以东，明溪、清流、连城、上杭、永安等县市以西地区。1913年废。

汀州路　元世祖至元十五年（1278）升汀州为路，属福建行省。治所在长汀县（今福建长汀县）。大德三年（1299）罢福建行省后改属江浙行省。辖境相当今福建武夷山脉以东，明溪、清流、连城、上杭、永安等县市以西地区。明洪武元年（1368）改为汀州府。

汀江　一名汀水、大溪、正溪、鄞江。为韩江上游。在今福建省西南部。源出长汀县北武夷山麓，南流经上杭、永定二县，至广东大埔县三河和梅江汇合为韩江。长260公里。《舆地纪胜》卷132汀州《风俗形胜》引《说文》："水际平沙曰汀。"《方舆纪要》卷98汀州府长汀县：鄞江，"《志》云：天下之水皆东，惟丁水独南。南，丁位也，以水合丁为文"。故以为名。

汀连县　1930年10月中央革命根据地由长汀、连城两县合置，治所在涂坊（今福建长汀县南涂坊乡）。以长汀、连城二县各取一字为名。后迁驻赖坊（今长汀县南赖坊）。1931年12月裁撤。

汀泗桥市　即今湖北咸宁市西南二十四里汀泗桥镇。《清一统志·武昌府二》：汀泗桥镇"在蒲圻县东北七十里。接咸宁县界"。1926年北伐军叶挺部大败吴佩孚军于此，史称"汀泗桥战役"。

汀流河镇　即淀流河集。今河北乐亭县西北二十五里汀流河镇。

汀漳道　1914年由西路道改置，属福建省。治龙岩县（今福建龙岩市）。辖境约当今福建宁化、明溪、清流、连城、漳平、华安、长泰、龙海以西地区。1928年废。

汇（匯）口镇　在今湖南安乡县北。《清一统志·澧州二》：汇口镇"在州东五十里，接安乡县界"。为九澧汇入洞庭湖之口，故名。1960年由澧县划归安乡县。

汇（匯）水　即洭水。今广东连州市东南连江。《史记·南越列传》：元鼎五年（前112）秋，"卫尉路博德为伏波将军，出桂阳，下汇水"。《集解》徐广曰："一作'湟'。"《汉书·地理志》桂阳郡桂阳县："汇水南至四会入郁，过郡二，行九百里。"《水经·洭水注》：洭水"出桂阳县西北上驿山卢溪，为卢溪水，东南流径桂阳县故城，谓之洭水"。

汇（匯）水市　即今湖南衡阳县（西渡镇）西南井头镇汇水村。清光绪《湖南通志》卷1衡阳县图：县西南有汇水。

汇（匯）龙镇　即今江苏启东市。1928年于此设启东县。1989年改设启东市。

汇（匯）河　在今山东肥城市西南。经平阴县东南、东平县东至戴村坝，分支西北出为大清河，西北注黄河；正渠西南流合于大汶河。《清史稿·地理志》泰安府东平州："东有汶水自泰安入，右纳汇河"，即指此水。

汇（彙）宗寺　俗称东大仓。在今内蒙古多伦县城北三里。清康熙三十年（1691），宴赉蒙古喀尔喀等部王公于此，从诸部所请，即其地建寺，命百二十旗各一僧居之，赐额曰汇宗，御制碑文记其事。后因建善因寺于其侧，俗呼汇宗为旧庙。1945年汇宗寺主殿被烧毁，现仅存大规模古建筑群遗址及章嘉仓主殿、汇宗寺一二过殿、章嘉仓一二过殿和东西配殿。章嘉仓主殿整体结构保存良好，现存建筑以砖木结构为主，覆以灰色板筒瓦。汇宗寺是康熙帝"多伦诺尔会盟"的产物，对研究清初清政府利用藏传佛教在内蒙古地区的影响处理满蒙关系、巩固边疆，及研究藏传佛教在内蒙古的发生、发展和衰落有重要历史价值。2001年定为全国重点文物保护单位。

汇（匯）溪　在今四川江油市西北。《方舆纪要》卷73江油县：汇溪"在县西十五里。源出县西二十五里之百汇洞，细流十里，合于雍村河"。

汃水　亦名三水河。即今陕西旬邑县东南马栏河、三水河。《清一统志·邠州》：邠水"在三水县南。源出鄜州宜君县竞窝山，西南流径县城南，又西南流四十里入泾水。一名师水。又名三水河。灌溉所资也"。

汉　①秦亡后项羽封刘邦为汉王，都南郑县（今陕西汉中市）。辖有巴、蜀、汉中三郡地，相当今湖北十堰市、房县以西，陕西汉中盆地，四川岷江中、下游以东及长江以北地区。

②今湖北武汉市的简称。

汉儿岭　在今河北迁西县北五十里汉儿庄。《方舆纪要》卷17迁安县"三屯营"条下载："又车前营在县西北百五十里，东北去遵化县界潘家口二十五里，旧名汉儿庄。《郡志》云：辽人以南人为汉儿，置馆于此，设官司之。"汉儿岭当在其附近。

汉儿城　亦作汉城。即今辽宁朝阳县南五十家子古城。《新五代史·晋家人传》：辽天禄元年（947），"（李）太后自驰至霸州，见永康王，求于汉儿城侧赐地种牧以为生"。

汉口市　1926年改夏口县置，属湖北省。治所在今湖北武汉市汉口城区。1927年与武昌市合并，改置武汉特别市。1929年改为汉口特别市。1931年改为汉口市，为湖北省辖市。1932年仍置汉口特别市，为院辖市，直隶行政院。1936年又降为省辖市。1938年10月被日军占领。1945年抗战胜利后为省辖市。1947年又升为院辖市。1949年与武昌市、汉阳县合并为武汉市。

汉口城　一名梁城。南齐中兴元年（501）萧衍筑。在今湖北武汉市汉口城区。《梁书·武帝纪》："高祖筑汉口城以守鲁山。"即此。《方舆纪要》卷76汉阳县：梁城"在府城东北。今大别山横顶城即其旧基"。

汉口镇　一名汉皋。在今湖北武汉市汉口城区。明置巡司于此。为中国四大镇之一。清分置仁义、礼智两巡司。移汉阳府同知驻此。咸丰八年（1858）中英《天津条约》开为商埠。

汉山　在今陕西南郑县南。《舆地纪胜》卷183兴元府：汉山“在南郑县西南二十里。四峰八面，南接巴山，山有池水。昔大旱，居人张士伯祷此山，闻空中语曰：大雨由天，小雨由山。士伯遂送女山中自焚，有顷大雨”。

汉川水　即汉水。今四川汉源县西北之流沙河，为大渡河支流。《元和志》卷32汉源县：“因汉川水为名。”

汉川市　1997年撤销湖北省汉川县，改设汉川市，市人民政府驻西正街。由孝感市代管。

汉川县　北宋太平兴国二年（977）改义川县置，属汉阳军。治所在今湖北汉川市北二十六里刘家隔镇。因避太宗赵光义讳改名。元属汉阳府，世祖至元二十二年（1285）移治今汉川市。民国初属湖北江汉道。1932年直属湖北省。1997年改设汉川市。

汉川郡　隋大业三年（607）改梁州置，治所在南郑县（今陕西汉中市东）。辖境相当今陕西汉中市及南郑、勉县、城固、洋县、佛坪、镇巴等县，四川省南江县地。唐武德元年（618）复名梁州。

汉广郡　①或称德广郡。北魏永安中置，属广州。治所在昆阳县（北齐改为汝坟县，在今河南叶县东北十五里）。隋开皇初废。

②北魏置，属华州。治所在平氏县（今河南桐柏县西北平氏镇）。西魏废帝元年（552）属淮州。三年（554）属纯州。隋开皇初废。

③南齐置，属雍州宁蛮府。北魏属荆州，治所在南棘阳县（今河南新野县东北）。西魏改名黄冈郡。

汉丰（豐）县　东汉建安二十一年（216）刘备置，属固陵郡。治所在今重庆市开县南二里。《寰宇记》卷137开州开江县：蜀先主置汉丰县，“以汉土丰盛为名”。三国蜀汉属巴东郡。西晋废，后复置。北周武帝时改为永宁县。

汉王山　又名连城山。在今陕西汉中市西北。《方舆纪要》卷56褒城县：连城山“相传汉王所凿，亦名汉王山”。

汉王寺　在今河南偃师市西南洛水南。《资治通鉴》：隋大业九年（613），杨玄感引兵向洛阳，遣其弟积善将兵三千自偃师南缘洛水西上，东都遣河南令达奚善意将兵拒积善，“渡洛南，营于汉王寺”，即此。

汉王城　①即今河南西峡县东北汉王城。《寰宇记》卷142内乡县：“汉王城，在县北一百里。城内池有试剑石。”《清一统志·南阳府二》：汉王城“相传汉高祖所筑”。

②在今湖北郧县东北。《清一统志·郧阳府》：汉王城“在郧县东北一百二十里。相传汉光武尝屯于此”。

③在今陕西商南县东三十一里富水镇。《方舆纪要》卷54商南县：汉王城“相传沛公入关时所筑。今为富水堡，有富水巡司。本唐之富水驿也”。

④在今陕西城固县东十里。《方舆纪要》卷56城固县“扁鹊城”条：“《城冢记》：县东十里有汉王城，高十余丈，南北二百步，东西三百步，其东五里有韩信墓。”

⑤在今陕西凤县东北。《方舆纪要》卷56凤县“威武城”条下：“又汉王城，《志》云，在县南四十里，汉高尝屯兵于此，城因以名。”

汉中山王墓　在今河北定州市境内。为两汉时期中山国各代国王及上层贵族墓地。年代大约在汉景帝刘启前元三年（前154）至汉灵帝刘宏光和七年（184）间。墓葬分布遍及河北省定州市全境二十五个乡镇，其中大部分墓葬分布在定州市城区的东部、西部和南部。自1959年以来，先后发掘了中山简王刘焉墓、中山穆王刘畅墓、中山怀王刘修墓、三盘山120—122号墓、陵北137号墓等。汉中山王墓的墓葬规格高，出土文物丰富。刘修墓采用“黄肠题凑”葬制，墓主身穿金镂玉衣，墓中出土了文献价值很高的《论语》简册；刘焉墓发现的一百七十四块带文字的石块，记载了中山国及邻近郡国的许多地名，对研究中山国的历史、地理有重要参考价值。这些文字还为研究汉字由秦篆向汉隶的转变提供了实物资料。刘畅墓出土了银镂玉衣两套及大量精美的金、银、铜、铁、玉石器。定州中山王陵为研究汉代诸侯王墓葬制及中山国的历史文化提供了重要文物资料。2001年定为全国重点文物保护单位。

汉中府　明洪武三年（1370）改兴元府置，治所在南郑县（今陕西汉中市）。辖境相当今陕西秦岭以南地。1913年废。

汉中郡　战国秦惠文王更元十三年（前312）置，治所在南郑县（今陕西汉中市东）。因水为名。辖境相当今陕西秦岭以南，留坝、勉县以东，乾祐河流域及湖北郧县、保康以西，米仓山、大巴山以北地。西汉移治西城县（今陕西安康市西北）。东汉复还旧治。东汉末为张鲁所据，改为汉宁郡。建安二十年（215）复改汉中郡。后辖境缩小，北周时仅辖今陕西汉中、南郑、城固等市县地。隋开皇初废。唐天宝初又改梁州为汉中郡，乾元初复改为梁州。

汉中道　1914年由陕南道改置，属陕西省。治南郑县（今陕西汉中市）。辖境约当今陕西略阳、凤县、太白、佛坪、宁陕、镇安、山阳、商南以南地区。1928年废。

汉水　①即嘉陵江。在今四川东部。《汉书·地理志》广汉郡刚氐道：“涪水出徼外，南至垫江入汉，过郡二，行千六十九里。”东汉许慎《说文解字》：“涪水出广汉刚邑（氐）道徼外，南入汉。”

②亦名汉川水。即今四川汉源县西北之流沙河。《寰宇记》卷77汉源县：汉水“在县西一百二十里。从和姑镇山谷中经界，至通望县入大渡河。不通舟船。每至春冬，有瘴气生，中人为疟疾”。《明史·地

理志》黎州守御千户所："西南有汉水，源出飞越山之仙人洞，亦曰流沙河，下流至试剑山，入大渡河。"

③在今四川乐山市南。《舆地纪胜》卷146嘉定府：汉水"汉成帝时得古磬十六枚于汉水之滨"。嘉庆《四川通志》卷17犍为县：汉水"在县东北一百八十里犍为坝。一名宝磬川。……按《州志》：得磬处即犍为坝，距州十里"。

④即今贵州西部乌江上源三岔河。《汉书·地理志》犍为郡汉阳："山阑谷，汉水所出，东至鳖入延。"《水经·延江水注》："延水又与汉水合，水出犍为汉阳道山阑谷，王莽之新通也。东至鳖邑入延江水也。"《水经注疏》谓"今黔西州之沙河，东流入乌江，当即汉水也"。

⑤一称汉江。长江最大支流。源出今陕西省西南部宁强县北之嶓冢山。亦曰东汉水。初名漾水。《尚书·禹贡》："嶓冢导漾，东流为汉。"即此。又见于《山海经·西山经》："又西三百二十里，曰嶓冢之山，汉水出焉，而东南流注于沔。"东南流经陕西省南部、湖北省西北部和中部，在武汉市入长江，长1532公里。

汉牛山 在今四川小金县西南。《清一统志·懋功屯务厅》：汉牛雪山"在懋功屯务厅西南三百八十里。绵亘二百余里，直达明正土司界内"。

汉牛屯 清乾隆四十一年（1776）置，属懋功厅。在今四川小金县西南汗牛乡。

汉长安城遗址 在今陕西西安市区西北约3公里，为西汉都城遗址。高祖时始建长乐宫、未央宫，惠帝时添建城墙。武帝时兴建桂宫、明光宫、建章宫，增建北宫（北宫为高帝时草创），并修上林苑，开凿昆明池，规模始备。城周六十五里。城墙用黄土夯筑，每面各三座城门，每座城门有三个门道。城内有八条大街，宽45米，互相交叉。西南部未央宫前殿基址高达15米，长乐、未央二宫之间有武库，南郊有辟雍和九庙。1961年汉长安城遗址被定为全国重点文物保护单位。2001年户县与西安市交界处的兆伦铸钱遗址归入汉长安城遗址。

汉书遗址 在今吉林大安市西北月亮泡南岸台地上。面积75万平方米，此外还包括环月亮泡的东山头墓地、月亮泡渔场墓地等几十处同期遗址。汉书遗址发现大量房址、墓葬、灰坑等多种类型的遗存及装饰有篦点几何纹的筒形陶器、彩绘陶壶、红衣陶碗和各类青铜质的刀、扣、环、鹿形牌饰等各种生活用品和生产工具。遗址中出土大量浇铸铜器的石范、陶范。遗址可分为早、晚两期，早期被命名为"汉书一期文化"，时间跨度从西周至战国；晚期称为"汉书二期文化"，时间延续至汉代。汉书遗址是东北地区典型的青铜文化遗存，对揭示该地区西周至汉代的文化面貌及当地少数民族的历史、文化特征具有重要价值。2001年定为全国重点文物保护单位。

汉龙关 在今云南瑞丽市南境外的硔卯。明万历二十二年（1594）云南巡抚陈用宾筑，为腾越八关之一。清季中英勘定滇缅边界时，被划入缅甸。

汉平县 ①东汉中平中分宜春县置，属豫章郡。治所在今江西樟树市西南境吴平、门楼一带。三国吴改为吴平县。

②三国延熙十三年（250）置，属涪陵郡。治所在今重庆市武隆县西北大溪河注入乌江处。一说今武隆县西北白马场或鸭江场。南朝宋废。南齐复置，为涪陵郡治。隋开皇三年（583）移治涪陵镇（今涪陵市），十三年（593）改为涪陵县。

汉东县 ①隋开皇十八年（598）改上蔡县置，属郢州。治所在今湖北钟祥市北。大业初属竟陵郡。唐初废。

②五代梁乾化三年（913）改唐城县置，属随州。治所在今湖北随州市西北唐县镇。后唐同光元年（923）复为唐城县。后晋天福元年（936）复改为汉东县。后汉乾祐元年（948）又为唐城县。

汉东河 在今湖北广水市西。《方舆纪要》卷77应山县：汉东河"在县西四十里"。民国《湖北通志》卷11应山县引《德安府志》：汉东河"会界河、黄沙水为澴水，至蜂子山入涢水"。

汉东郡 ①西魏改冯翊郡置，治所在蓝水县（今湖北钟祥市西北）。隋开皇初废。

②隋大业三年（607）改随州置，治所在随县（今湖北随州市）。唐武德三年（620）复改随州。天宝元年（742）复为汉东郡。乾元元年（758）复改随州。

汉东站 元置，在今重庆市永川区南、长江北岸朱沱镇。明正德《四川志》卷13江津县：汉东水驿"在治西一百八十里"。

汉东镇 北宋于故万寿县置，属江津县。即今重庆市永川区南朱沱镇。

汉宁县 ①东汉永和元年（136）置，属桂阳郡。治所在今湖南资兴市东南旧市。三国吴改为阳安县。

②东汉兴平二年（195）分诸暨县置，属会稽郡。治所在今浙江东阳市东二十七里金家村附近。三国吴更名吴宁县。

汉宁郡 东汉末张鲁改汉中郡置，治所在南郑县（今陕西汉中市东）。建安二十年（215）复名汉中郡。

汉发（髮）县 东汉建安六年（201）刘璋置，属巴东属国。治所在今重庆市彭水苗族土家族自治县东北郁山镇。东晋常璩《华阳国志·巴志》："涪陵谢本白璋，求以丹兴、汉发二县为郡。"三国魏改为汉葭县。

汉台（臺） 在今陕西汉中市城内东南隅。是刘邦受封为汉王时兴建宫廷的基址。台上原遍筑亭阁楼馆，后皆颓圮荒废，仅留清代所建的望江楼，亦破败不堪。中华人民共和国成立后经过修整，恢复了汉台风貌。汉中市博物馆设此。1970年将古褒斜道石门及摩崖石刻石门十三品十七方移置于此。

汉成山 亦作汉城山。在今重庆市云阳县东北。

《舆地纪胜》卷182云安军：汉城山“在县北一十五里。汉扶嘉隐居其上。唐瞿法言、杨云外相继飞升于此”。《方舆纪要》卷69云阳县：汉成山，“《志》以为仙真栖止之宅”。

汉曲县　西魏改武兴县置，为顺政郡治。治所即今陕西略阳县。隋开皇十八年（598）改名顺政县。

汉延渠　即汉渠。相传凿于汉。在今宁夏北部黄河西岸。《元和志》卷4灵武县：汉渠“在县南五十里，从汉渠北流四十余里始为千金大陂，其左右又有胡渠、御史、百家等八渠，溉田五百余顷”。《西夏书事》卷20作“汉源渠”。嘉靖《宁夏新志》卷1：“汉渠自峡口之东凿，引河流绕（宁夏）城东，逶迤而北，余波仍入于河。延袤二百五十里，其支流陡口大小三百六十九处。”今汉延渠改由青铜峡水库河西总干渠分水，全长88.6公里，流溉面积五十万亩。

汉庄城址　在今云南保山市南郊八里处的诸葛营村东侧，为古代蜀－身毒（今印度）道必经之地，是云南现存规模最大、布局工整严谨、保存完好的一座汉代古城址。平面略呈长方形，面积11.6万平方米。城墙用红黏土掺砂石夯筑而成，城墙底宽14.5米，上宽6—9米，残高2—6米不等。城址内外发现大量方格纹、菱形纹砖和朱雀纹、卷云纹瓦当以及板瓦、筒瓦、五铢钱等。城址附近发现古墓葬多处，出土“建武四年”、“延熙十六年七月十日”、“元康四年”的铭文砖，以及书有“长乐寿未央”、“益寿未央”的吉语砖，都是汉晋时期遗物。汉庄古城址是云南最有代表性的一处汉代历史文化遗存，对研究云南地区古代文明状况、边疆少数民族与内地之间的政治、经济、文化联系以及中外交通等均具有重要价值。2001年定为全国重点文物保护单位。

汉州　唐垂拱二年（686）分益州置，治所在雒县（今四川广汉市）。辖境相当今四川广汉、德阳、绵竹、什邡、金堂等市县地。天宝元年（742）改为德阳郡，乾元元年（758）复改为汉州。南宋端平中废。元中统元年（1260）复置，省附郭县雒县入州，属成都路。明玉珍复置雒县，为州治。明洪武四年（1371）又废县入州，属成都府。1913年改置广汉县。

汉兴县　①东汉末置，属会稽南部都尉。治所在今福建浦城县东北后阳。三国吴永安三年（260）改名吴兴县。《三国志·吴书·贺齐传》：东汉建安八年（203），洪明等五人“各率万户，进屯汉兴”，吴将贺齐自建安进讨，破之。即此。

②北魏置，治所在今四川宣汉县东南坝镇。西魏改为西流县。

汉兴郡　或汉安郡改名。据《续汉书·郡国志》刘昭注引《魏略》云：“曹公分关中置汉兴郡，用游楚为太守。”《补三国疆域志》卷上，洪亮吉曰：“汉兴疑即汉安改名。或中平末郡立，旋废，至魏武复分置，又改今名也。”后废。

汉安戍　北周天和二年（567）置，属资中郡。在今四川内江市西二里。寻改为中江县。

汉安县　①东汉置，属犍为郡。治所在今四川内江市西二里。建安十八年（213）属江阳郡。《华阳国志·蜀志》：汉安县“郡东五百里。土地虽迫，山水特美好，宜蚕桑；有盐井，鱼池以百数，家家有焉，一郡丰收”。《晋书·惠帝纪》：永兴二年（305），“李雄遣其将李骧攻汉安”。即此。永嘉后废。

②东晋永和三年（347）置，属东江阳郡。治所在今四川泸州市纳溪区西南二十里黄菓塝一带。隋开皇十八年（598）改为江安县。

③东晋侨置于武阳县，属西江阳郡。治所在今四川彭山县东北。南朝梁废。

④南朝宋侨置，属南宕渠郡。治所在今四川南充市北。南朝梁属宕渠郡。北周以后废。

汉安郡　东汉献帝中平六年（189）置。据《续汉书·郡国志》刘昭注引《献帝起居注》曰：“中平六年，省扶风都尉置汉安郡，镇雍、渝麋、杜阳、陈仓、汧五县。”后或改名汉兴郡。

汉阳　在今福建浦城县北。《史记·东越列传》：西汉元封元年（前110）武帝用兵东越，故“越衍侯吴阳以其邑七百人反，攻越军于汉阳”，即此。

汉阳山　①亦名北山、故垒山。在今四川剑阁县（下寺镇）西南普安镇北。《舆地纪胜》卷186隆庆府：故垒山“在普安县北二十里”。《方舆纪要》卷68剑州：汉阳山在“州北二里。峰峦高耸，州之主山也。亦谓之北山，或谓之故垒山，有姜维拒钟会故垒”。

②在今四川江安县南。《方舆纪要》卷72江安县：汉阳山在“县南四里。孤高突起，为南境之望”。

③在今四川高县东北。《舆地纪胜》卷163叙州：汉阳山，“《叙南续志》：画于庆符县图，其山在庆符之西，长宁军清平砦”。《方舆纪要》卷70庆符县：汉阳山“在县北八十里。相传诸葛武侯南征，驻军此山。或云：故汉阳县盖治此山之侧”。今崖壁上刻“武侯征蛮故道”六字犹存。

汉阳乡　在今陕西勉县东北。《汉书·地理志》：褒中县有汉阳乡。

汉阳戍　在今四川双流县东南籍田镇。《旧唐书·地理志》陵州籍县：“梁席郡，一名汉阳戍。永徽四年，分贵平置。”

汉阳关　即汉阳平关。在今陕西勉县西十里武侯镇。《寰宇记》卷133褒城县：“汉阳关在县西北，即汉时所立，蜀先主时破魏军杀大将夏侯渊于此也。”

汉阳军　五代周显德五年（958）置，治所在汉阳军（今湖北武汉市汉阳城区），北宋熙宁四年（1071）废为县。元祐元年（1086）复置汉阳军。辖境约当今湖北武汉市汉阳区、蔡甸区及汉川市地。元至元十四年（1277）升为汉阳府。

汉阳县 ①西汉置，属犍为郡，为都尉治。治所在今贵州威宁彝族回族苗族自治县东南。东汉属犍为属国。三国蜀汉属朱提郡。南朝梁废。

②南朝宋侨置，属武都郡。治所在今四川绵竹市西北。后废。

③北魏置，为魏明郡治。治所在今陕西汉阴县西南汉阳镇。北周废。

④西魏改兰仓县置，属长道郡。治所即今甘肃礼县。隋废。

⑤隋大业二年（606）改汉津县置，属复州。治所在今湖北武汉市蔡甸区东临嶂山下。《寰宇记》卷131：“以在汉水之南，居嶂山之阳为名。”三年（607）属沔阳郡。唐武德四年（621）徙治凤栖山（今武汉市汉阳区），宝历二年（826）属鄂州。五代周显德五年（958）为汉阳军治。元世祖至元十四年（1277）为汉阳府治。民国初属湖北江汉道。1932年直属湖北省。1949年徙治蔡甸镇（今武汉市蔡甸区）。1992年9月改为武汉市蔡甸区。

汉阳府 元世祖至元十四年（1277）改汉阳军置，属湖广等处行中书省。治所在汉阳县（今湖北武汉市汉阳城区）。辖境约当今湖北武汉市汉阳区、蔡甸区及汉川市地。明洪武九年（1376）降为汉阳州。十三年（1380）复为汉阳府，属湖广布政使司。清康熙三年（1664）属湖北省。辖境扩大，约当今湖北长江以北，武汉市黄陂区以西，孝感、汉川二市以南，仙桃市以东地。1912年废。元至正十六年（1356）红巾军徐寿辉曾迁都于此。

汉阳城 ①隋大业三年（607）筑，在今四川仁寿县东北贵坪东。《舆地纪胜》卷150隆州：“汉阳城在贵平县东二里。周回三百六十步，高二丈。隋大业三年筑，欲移贵平于此。义宁元年废。今为东林寺。”

②在今福建浦城县北。《史记·东越列传》：西汉元封元年（前110），武帝用兵东越，“越衍侯吴阳以其邑七百人反，攻越军于汉阳”，即此。

汉阳郡 ①东汉永平十七年（74）改天水郡置，治所在冀县（今甘肃甘谷县东）。辖境相当今甘肃定西、陇西、礼县以东，静宁、庄浪以西，黄河以南，嶓冢山以北地。三国魏复名天水郡。

②北魏太平真君五年（444）置，属南秦州（西魏改为成州）。治所在兰仓县（西魏改汉阳县，今甘肃礼县）。辖境相当今甘肃礼县地。北周废。

③北魏太平真君七年（446）分天水郡置，属秦州。治所在黄瓜县（今天水市南七十里）。辖境相当今甘肃天水市和武山县之间地区。北周废。

④南朝陈太建五年（573）置，治浐县（今湖北孝感市东）。后废。

⑤隋大业三年（607）置，治所在上禄县（今甘肃礼县西南，西汉水东岸）。辖境相当今甘肃礼县、西和二县地。唐武德初改为成州。

汉阳监 南宋置，为铁钱监。在今湖北武汉市汉阳城区东北龟山下。

汉阳峰 在今江西九江市庐山南。为庐山最高峰。海拔1472米。《清一统志·南康府一》：汉阳峰“在星子县北庐山绝顶。望数百里，极目江汉，故名”。

汉阳堰 唐建。在今四川双流县东南籍田镇东。《新唐书·地理志》籍县：“东五里有汉阳堰，武德初引汉水溉田二百顷，后废。文明元年，令陈充复置，后又废。”

汉阴山 在今湖北武汉市汉阳城区西。《舆地纪胜》卷79汉阳军：汉阴山“在汉阳县西四十五里”。《方舆纪要》卷76汉阳府汉阳县“汉南山”条下：汉阴山“在府西四十五里汉水北。一名马鞍山”。

汉阴厅 清乾隆五十五年（1790）改汉阴县置，属兴安府。治所即今陕西汉阴县。1913年改为汉阴县。

汉阴县 ①北魏置，属汉中郡。治所在今陕西南郑县东北汉江南岸。周隋间废。

②唐至德二年（757）改安康县置，属金州。治所在今陕西石泉县南汉江西南岸石泉咀附近。南宋绍兴二年（1132）迁治新店（今汉阴县）。元废。明初复置，属兴安州。清乾隆五十五年（1790）升为汉阴厅。1913年复改汉阴县，属陕西汉中道。1928年直属陕西省。

汉寿水 即今四川广元市南之南河。《水经·漾水注》：“汉水又径晋寿城西，而南合汉寿水。水源出东山，西径东晋寿故城南，而西南入于汉水。”《注疏》：“会贞按：今曰稻坝河，出广元县东北山。”

汉寿县 ①东汉阳嘉三年（134）改索县置，属武陵郡。治所在今湖南常德市东北四十里崆峨城。三国吴改为吴寿县。西晋复为汉寿县。隋省入武陵县。

②东汉建安二十二年（217）刘备改葭萌县置，属梓潼郡。治所在今四川广元市西南四十五里昭化镇。《三国志·蜀书·后主传》：延熙十四年（251），大将军费祎“复北驻汉寿”。十六年（253）“为魏降人郭循所杀于汉寿”。即此。西晋太康元年（280）改为晋寿县。在昭化镇西有费祎墓。

③1912年改龙阳县置，属湖南湘江道。治所即今湖南汉寿县。1922年直属湖南省。

汉伯渠 即汉渠。在今宁夏北部黄河东岸。《西夏书事》卷20有汉伯渠，疑即汉渠的遗迹。在今宁夏北部黄河东岸。明嘉靖《宁夏新志》卷3灵州守御千户所：汉伯渠“自黄河开闸口，长九十五里。洪武初浚立，灌田七百三十余顷”。清代累次重修。

汉伯渠堡 亦名汉伯堡。明嘉靖六年（1527）置，属灵州守御千户所。在今宁夏吴忠市南马莲渠乡汉伯堡（汉北堡）。清同治年间，为回民义军据点之一。

汉沟 即今天津市西北汉沟。清光绪二十六年（1900）英国西摩率英法等国联军进犯北京，曾在此受到中国军民的痛击。

汉初县 南齐置，属东宕渠郡。治所在今四川南充市南青居镇。梁大同中为新兴郡治。西魏属清居郡。隋属涪陵郡。唐武德初属合州，天宝初属巴川郡，乾元初复属合州。元世祖至元二十年（1283）废入南充县。

汉武台（臺） 即望海台。汉武帝时置，在今河北黄骅市东南。《水经·淇水注》：清河“枝津右出焉，东径汉武帝故台北。《魏土地记》曰：章武县东一百里有武帝台，南北有二台，相去六十里。基高六十丈，俗云汉武帝东巡海上所筑”。又《清一统志·天津府二》“望海台”条引《唐实录》：“贞观十九年帝自高丽班师，次汉武台。”

汉玫县 南齐置，属涪陵郡。治所在今重庆市酉阳土家族苗族自治县东北郁山镇。后废。

汉昌县 ①东汉章帝改苦陉县置，属中山国。治所在今河北定州市东南邢邑。三国魏改为魏昌县。

②东汉永元中置，属巴郡。治所即今四川巴中市。三国蜀汉属巴西郡。南朝宋初废。

③东汉末析罗县东境置，为汉昌郡治。治所在今湖南平江县东南三十里金铺观。三国吴改为吴昌县。

④东晋侨置，属巴西郡。治所在今四川江油市西南青莲镇。南朝梁大同四年（538）移治让水乡（今江油市北大康镇平通河西岸旧县坝）。西魏改为昌隆县。

⑤南朝宋元嘉八年（431）置，属北巴西郡。治所在今四川苍溪县西南东青镇。西魏属盘龙郡。隋开皇初属隆州，四年（584）徙治今苍溪县。十八年（598）改为苍溪县。

汉昌郡 东汉末置，治所在汉昌县（今湖南平江县东南）。三国吴废。

汉明堂 在今山东泰安市东北十五里西城附近。《史记·封禅书》载：“初，天子封泰山，泰山东北趾古时有明堂处，处险不敞。上欲治明堂奉高旁，未晓其制度。济南人公玉带上黄帝时明堂图。……于是上令奉高作明堂汶上，如带图。”《汉书·地理志》泰山郡奉高县：“有明堂，在西南四里，武帝元封二年造。”

汉阜县 唐天祐二年（905）改阜城县置，属冀州。治所在今河北阜城县。五代唐复为阜城县。

汉庙堆 在今陕西南郑县西南。《水经·沔水注》：“汉水又东迳汉庙堆下。昔汉女所游，侧水为钓台，后人立庙于台上。世人覩其颓基崇广，因谓之汉庙堆。传呼乖实，又名之为汉武堆，非也。”

汉沽镇 在今天津市滨海新区北汉沽，位于蓟运河东岸。清属宁河县，有把总驻此。1949年解放后析置汉沽镇（县级）。1954年改设汉沽市。1962年撤销汉沽市，改设汉沽区，划归天津市管辖。2009年并入滨海新区。

汉居延塞防遗址 在今甘肃金塔县北，从双城子起，沿黑河（额济纳河）东岸向北，经大湾城、地湾城、查科尔帖、大方城、小方城、布肯托尼、破城子直到居延海（今苏古诺尔和嘎顺诺尔）。另一走向从布肯托尼向东到博罗松治，长300余公里。烽寨城障排列成一字形。烽燧台墩多数因风沙剥蚀变形。数烽燧间有一城堡，为候和都尉驻地遗址。1973年以来，先后对金关遗址、破城子及第四烽燧遗址进行发掘，获得大量汉简等珍贵文物。1988年居延遗址被定为全国重点文物保护单位。

汉城 在今陕西勉县东。西汉为沔阳县治。东晋常璩《华阳国志》：“蜀时以沔阳为汉城。”《三国志·魏书·钟会传》：景元四年（263），“蜀监军王含守乐城，护军蒋斌守汉城，兵各五千。会使护军荀恺、前将军李辅各统万人，恺围汉城，辅围乐城”。

汉城山 在今浙江奉化市东北。《舆地纪胜》卷11庆元府：汉城山“其山顶平，可容数千人。世传汉王避难之处”。

汉城县 即金堂县。治所在今四川金堂县西。《寰宇记》卷76：金堂县“晋天福初改为汉城县，后复旧”。

汉南山 在今湖北武汉市汉阳城区西二十里汉水南。《舆地纪胜》卷79汉阳军：汉南山“以在汉之南，故曰汉南山”。《方舆纪要》卷76汉阳县：汉南山“有三峰并峙，一名三山”。

汉南县 西魏改华山县置，为宜城郡治。治所即今湖北宜城市。隋属襄阳郡。贞观八年（634）废。

汉南郡 唐至德二年（757）改安康郡置，治所在西城县（今陕西安康市）。辖境相当今陕西石泉县以东、旬阳县以西的汉水流域。乾元元年（758）改为金州。

汉栅山 在今山西阳曲县东北。《方舆纪要》卷40太原府阳曲县：“汉栅山在府东北六十里。相传汉时尝置栅屯兵于此，因名。其北接盂县之鸦鸣谷。”

汉复（復）县 三国蜀汉置，属涪陵郡。治所在今重庆市酉阳土家族苗族自治县西北一百八十里龚滩镇。一说在今贵州务川县东北洪渡。南朝宋元嘉后废。

汉洞院 一名汉洞坑，简称汉洞。在今安徽歙县西南约三十里。《舆地纪胜》卷20徽州：汉洞院“在歙县之仁爱乡。此地初入险狭，其中夷广。山上有昔人屯聚遗迹，坏垣废瓦可数百家。相传黄巢乱时，民保聚于此。其称汉洞者，汉末已尝保聚故也”。

汉济北王墓群 在今山东济南市长清区西南三十里归德镇西南。由双乳山汉墓、福禄山汉墓及东辛汉墓组成。双乳山汉墓位于山顶，依山为陵，凿岩成穴。1号墓坐北朝南，墓室、墓道均设有二层台，外浅内深，外大内小，呈甲字形。墓道总长60米，墓室面积607.5平方米，深22米，出土各类随葬品两千余件。正藏椁内的随葬品主要有铜器、玉器、铁器、漆器、陶器、金饼、钱币、车马器及家畜家禽等；外藏椁内随葬车马四辆，车马饰品共四十余类。2号墓形制结构与1号墓基本一致，规模略小。福禄山汉墓位于双乳山汉墓东北二里处，山顶东西并列两座墓葬，现存封土高约13米，面积1.2万平方米。东辛汉墓位于双乳山汉墓西北二里东辛村，现残存封土呈方形，面积2500平方米。济北王墓群对研究汉代陵寝制度、郡国史具有较高的学术价值。2001年定为全国重点文物保护单位。

汉洋河 一名渔洋关河。即今湖北五峰土家族自治县东部及枝城市西南部渔洋河。《方舆纪要》卷78宜都县“清江”条下：汉洋河“在县西十里。源出蛮界，经长阳县之渔洋关入县境会清江入大江”。县境多山。崎岖难行，唯此河可通小舟。

汉津 在今湖北荆门市东九十里汉水津渡。《三国志·蜀书·先主传》：曹操于当阳之长阪大败刘备，“先主斜趋汉津，适与（关）羽船会，得济沔，遇（刘）表长子江夏太守琦众万余人，与俱到夏口”。

汉津县 隋开皇十七年（597）置，属复州。治所在今湖北武汉市蔡甸区东临嶂山下。大业二年（606）改为汉阳县。

汉津驿 在今湖北仙桃市西南沔城镇东北一里。《方舆纪要》卷77沔阳州：汉津驿在“州城东北一里。驿前有江北渡，东接汉阳，西接潜江、景陵，为一州之津要”。

汉祖渡 一名冶阪城。在今河南孟州市西。为古黄河渡口之一。《水经·河水注》：“《魏土地记》曰：冶坂城旧名汉祖渡，城险固，南临孟津河。”

汉原县 十六国成汉玉衡二年（312）置，为汉原郡治。治所在今四川崇州市西北六十里怀远镇。东晋永和三年（347）改为江原县。

汉原郡 ①十六国成汉玉衡二年（312）置，属益州。治所在汉原县（今四川崇州市西北六十里怀远镇）。辖境相当今四川崇州、新津等市县地。东晋永和三年（347）改为晋原郡。

②亦作汉源郡。十六国李雄置，属益州。治所在今四川汉源县北。东晋永和三年（347）废。

汉哭山 在今青海兴海县境。《旧唐书·侯君集传》：贞观九年（635）讨吐谷浑，李靖“与薛万均、李大亮趣北路，使侯君集、（李）道宗趣南路。历破逻真谷，逾汉哭山，经途二千余里，行空虚之地，盛夏降霜，山多积雪，转战过星宿川”。

汉皋 旧时汉口的别称。

汉皋山 即今湖北襄阳市西万山。东汉张衡《南都赋》曰：“游女弄珠于汉皋之曲。”《水经·沔水注》谓“汉皋，即万山之异名也”。《元和志》卷21襄阳县：万山“一名汉皋山，在县西十一里，与南阳郡邓县分界处。古谚曰：襄阳无西，言其界促近”。

汉盘陀 亦作渴盘陀、诃盘陁、渴槃陁、朅盘陀、羯盘陀、渴饭檀。南北朝时西域国名。国都在今新疆塔什库尔干塔吉克自治县。唐开元中置葱岭守捉于此。

汉渠 一名汉伯渠。在今宁夏北部黄河东岸。相传汉武帝时开凿。清吴广成《西夏书事》作汉伯渠。

汉梁王墓群 在今河南永城市北芒砀山，是汉文帝刘恒之子、景帝刘启之弟梁孝王刘武及其家族的墓。墓群分布在除芒山主峰之外的各个山峰上，共十三座，范围约550万平方米。梁孝王死于景帝中元六年（前144），因山为陵，开凿墓室，并建有地面建筑。墓葬东西轴线长60米，南北轴线宽30米，为多室墓，由墓道、车马室、甬道、主室、祭台、耳室、四廊等组成，面积约600平方米。该墓群中曾出土金镂玉衣、玉璧等珍贵文物。1996年定为全国重点文物保护单位。

汉堤（隄） 在今河南杞县北。《方舆纪要》卷47杞县：汉堤“即汉永平中王景所治者，县有堤河，因此而名”。

汉葭县 三国魏改汉发县置，属涪陵郡。治所在今重庆市彭水苗族土家族自治县东北郁山镇。《三国志·吴书·钟离牧传》：永安六年（263），以牧领武陵太守，“魏遣汉葭县长郭纯试守武陵太守，率涪陵民入蜀迁陵界”。西晋后废。

汉鲁王墓 在今山东曲阜市南九龙山、亭山及邹城市北四基山一带。共葬有汉鲁国十四王的十王。九龙山北距曲阜十五里，共有汉墓八座，均依山开凿，已清理四座。墓门皆向南，东西并列，墓室结构大同小异，有墓道、东西耳室。墓门直通前室，内置模型车，东耳室存谷物，西耳室放肉食。后室为椁室，有壁龛。墓内由前至后有完整的排水系统。四墓共葬车十二辆、马匹十四、车马饰器三百六十八件。汉鲁王墓依山开凿，工程浩大，对汉代王陵制度及山东地区历史、文化的研究有重要意义。2001年定为全国重点文物保护单位。

汉塘 即今浙江嘉兴市至平湖市之嘉兴塘。亦名平湖塘。《新唐书·地理志》苏州海盐县：“西北六十里有汉塘，大和七年开。”

汉献帝墓 又称汉愍帝陵。献帝逊位于曹丕，丕奉献帝为山阳公。后献帝死于封地，葬于禅陵（在今河南修武县北）。因献帝曾都许县，后人又于今河南许昌县东张潘村。建衣冠冢以为纪念。

汉楚王墓群 又称楚王山汉墓群。在今江苏徐州市及铜山区境内。汉高帝六年（前201）刘邦封其同父异母弟刘交于楚国，都彭城（今徐州），死谥元王。汉楚王墓群即是西汉十二代楚王的墓，已发掘或清理的有小龟山、北洞山、东洞山、驮篮山、南洞山和狮子山汉墓等。1982年发掘的小龟山2号墓，凿山而筑，东西长约83米，南北宽33米，共有墓室十二个，各墓室又分前、中、后三室，为仿墓主人生前居室营建。墓主为西汉第六代楚襄王刘注。1995—1996

年发掘的狮子山楚王墓是墓群中最大的一座，面积约850平方米，位于内墓道两侧的三个耳室是迄今发掘的诸汉楚王墓中唯一未被盗扰而保存完好的，出土有一批金银铜铁玉器及一百五方银、铜官印等珍贵文物，据推测该墓墓主可能为第三代楚王刘戊。1984年发掘了该墓三座兵马俑陪葬坑中的两座，并在原址建立了徐州兵马俑博物馆。龟山、狮子山两处楚王墓也分别建立了博物馆。1996年定为全国重点文物保护单位。

汉溱水　又作绳水、渑水。即今山东淄博市北裙带河。《水经·淄水注》：渑水“出营城东，世谓之汉溱水也”。

汉源场　即今四川汉源县（市荣乡）北九襄镇（汉源街）。隋置汉源县于此。后改汉源镇。清有外委千总驻守。

汉源县　①隋仁寿四年（604）升汉源镇置，属雅州。治所在今四川汉源县（市荣乡）北九襄镇。《元和志》卷32汉源县：“因汉川水为名。”大业初属临邛郡。唐武德元年（618）为登州治，九年（626）属雅州，贞观二年（628）属嶲州，永徽三年（652）复属雅州，大足元年（701）为黎州治，神龙三年（707）复属雅州，开元四年（716）又为黎州治，天宝初为洪源郡治，乾元初复为黎州治。贞元中移治今汉源县北清溪乡。明洪武五年（1372）废。1914年改清溪县复置，属四川建昌道。1928年直属四川省。1939年改属西康省，1950年迁治于今九襄镇。1952年又迁治富林镇。1955年仍属四川省。2006年汉源县迁今治市荣乡。

②唐置，属成州。治所在今甘肃西和县西北。宝应元年（762）没入吐蕃。《清一统志·巩昌府二》：汉源废县，“《旧志》：以近西汉水源，故名”。

汉源坡　在今四川剑阁县（下寺镇）西南汉阳镇石洞沟。《宋史·王全斌传》：乾德三年（965），蜀将“（王）昭远闻（史）延德兵趋来苏，至清强，即引兵退，陈于汉源坡”。即此。

汉源驿　即汉源坡。在今四川剑阁县（下寺镇）西南汉阳镇之石洞沟。《资治通鉴》五代唐长兴元年（930）胡注：“李昊《蜀高祖实录》：北军自白卫岭人头山后过，从小剑路至汉源驿出头倒入剑门，打破关砦。”即此。

汉源渠　即汉渠。在今宁夏西北部黄河西岸。《西夏书事》卷20作“汉源渠”。

汉源街　即今四川汉源县北九襄镇。隋、唐为汉源县治。清时有外委、千总驻守。

汉源镇　隋仁寿二年（602）平夷僚置，在今四川汉源县北九襄镇。四年（604）升为汉源县。唐徙汉源县于黎州。遂改为汉源镇。清末改为九襄镇。俗呼为汉源街。

汉愍帝陵　即汉献帝墓。在今河南修武县北。其后又建衣冠冢于今河南许昌县东张潘村。

汉嘉县　①东汉阳嘉二年（133）改青衣县置，为蜀郡蜀国都尉治。治所在今四川芦山县。《水经·青衣水注》：“青衣王子心慕汉制，上求内附，顺帝阳嘉二年改曰汉嘉，嘉得此良臣也。”三国蜀汉为汉嘉郡治。西晋永嘉后废。

②东晋侨置，属晋原郡。治所在今四川崇州市境。一说在今芦山县。南朝属晋康郡。后废。

汉嘉郡　三国蜀汉章武元年（221）改蜀郡属国都尉置，属益州。治所在汉嘉县（今四川芦山县）。辖境相当今四川名山以西，宝兴以南，泸定以东，九龙、汉源以北地区。西晋永嘉以后废。

汉德县　三国蜀汉置，属梓潼郡。治所在今四川剑阁县（下寺镇）西南汉阳镇。《华阳国志·汉中志》：汉德县“有剑阁道三十里，至险。有阁尉，桑下兵民也”。南朝梁废。

汉魏洛阳故城　在今河南洛阳市东三十里，为东汉、魏、西晋、北魏都城遗址。城址东西约2600米，南北约3800米，城墙犹存，最高处可达10米，惟南城墙已被洛河冲毁。三面城墙现有十四个缺口，应为城门所在。城内街道互相交叉，许多宫室建筑遗迹可寻。城南有灵台及太学遗址，曾出土著名的汉魏石经。1961年定为全国重点文物保护单位。1969年又将太学遗址出土的西晋辟雍碑归入本保护单位。

氾　①春秋郑邑。在今河南襄城县南一里。《左传》：僖公二十四年（前636），大叔以狄师伐周，“王出适郑，处于氾”。杜注：“郑南氾也，在襄城县南。”《水经·汝水注》：“汝水又东南径襄城县故城南。……其城南对氾城。”

②春秋郑邑。在今河南中牟县南。《左传》：僖公三十年（前630），晋侯、秦伯围郑，“晋军函陵，秦军氾南”。杜注：“此东氾也。在荥阳中牟县南。”

③春秋郑邑。在今河南荥阳市西。《左传·成公四年》：晋救许伐郑，“取氾、祭”。《史记·晋世家》：景公十三年，“晋伐郑，取氾”。即此。

氾乡　在今山东即墨市东南八里。《汉书·何武传》：何武“封氾乡侯，食邑千户。氾乡在琅邪不其”。清光绪《山东通志》卷37谓汎乡城“今俗曰粥熟城”。

氾水　①古济水分流。源自今山东曹县北，东北流至今山东定陶县北注入古菏泽。《史记·高祖本纪》：五年（前202），高祖“即皇帝位氾水之阳”。即此。今定陶西北有汉高祖坛，高祖即位处。

②或称南氾水。在今河南襄城县北七十里。《清一统志·许州》：氾水“亦名七里河，由北折而南，至城东七里入于汝”。

③即东氾水。在今河南中牟县南。《水经·渠水注》：“渠水右与氾水合，水上承役水于苑陵县，……役水枝津东派为氾水者也。而世俗谓之泥沟水也。”久湮。

④即氾水。源出今河南巩义市东南，北流经荥阳市氾水镇西，北入黄河。《左传·成公四年》：晋军救许伐郑，“取氾、祭”。杜注：“成皋县东有氾水。”

氾水镇 即今江苏宝应县东南三十八里氾水镇。《方舆纪要》卷23宝应县“槐楼镇”条下：“又南十里为瓦店镇，又南十里为氾水镇。”

氾光湖 在今江苏宝应县西南氾光湖一带。明时江淮间湖漕所经。因湖面风浪湍急，于万历十三年（1585）筑堤湖东，蓄水为运道。《明史·河渠志三》：万历十三年（1585），“宝应氾光湖，诸湖中最湍险者也，广二十余里”。《清一统志·扬州府》：氾光湖“在宝应县西南十五里。东西三十里，南北十里。南通津湖，西南连浉火湖。旧时漕运经此。风涛多阻。明万历中，开越河以避其险”。今大部分淤为陆地。

氾洲 亦作汎洲。或作氾洲。又名橘洲。在今湖南汉寿县西北。《水经·沅水注》：“沅水又东历龙阳县之氾洲，洲长二十里。”《三国志·吴书·孙休传》注引《襄阳记》：吴李衡汉末为襄阳太守，“密遣客十人于武陵龙阳氾洲上作宅，种甘橘千株”。吴末，衡甘橘成，岁得绢数千匹，家道殷足。

头巾屿 在今台湾省澎湖县西南，西屿坪之北约四里。清高拱乾《台湾府志》卷1：头巾屿“形如角巾”。

头台站 亦名波尔吉哈台、博尔济哈、博勒集哈。即今黑龙江省肇源县西北头台镇。旧属肇州。《清史稿·地理志》肇州厅：“自茂兴站起，东至波尔吉哈台。”民国汤尔和译《黑龙江》第三章肇州县：“自茂兴站起，有县内头台（博尔布霍台）。”

头关 在今贵州瓮安县东南。《清一统志·平越州》：头关“在瓮安县东南三十里”。

头旱沟镇 又名浮沟，俗称浮口。清置，属天津县。即今天津市北汉沟，接武清县界。清设把总驻守。

头围 即今台湾省宜兰县东北头城镇。清为头围堡，属噶玛兰厅。后属宜兰县，有县丞驻此。1945年设头围乡。1950年改头城镇。

头陀寺 南朝宋建。在今湖北武汉市武昌蛇山上。《舆地纪胜》卷66鄂州：头陀寺“在清远门外，黄鹄山上。宋大明五年建。自南齐王中作寺碑，遂为古今名刹。黄太史诗有：‘头陀全盛时，宫殿梯空级’之句”。

头陀港 在今湖北嘉鱼县东。《方舆纪要》卷76嘉鱼县：头陀港“在县东三十里，与东南诸湖相灌注，亦设河泊所”。

头陂镇 即今江西广昌县西南头陂镇。明正统《建昌府志》卷9广昌县：“头陂墟市在新兴里。”清同治《江西全省舆图》卷3：广昌县西南有头陂汛。

头桥镇 旧名头梁。即今上海市奉贤县东三十六里头桥镇。清光绪《江苏全省舆图》：奉贤县（今奉城镇）东有“头桥”。

头悌山 在今湖南泸溪县（白沙镇）西一百余里。《方舆纪要》卷81卢溪县“连竭提山”条下：“县（旧治在今县西北武溪镇）西百二十里又有头悌山，巉岩耸秀，施溪水经其下。”

头营 即今宁夏固原市西北头营镇。清宣统《固原州志》卷1：北路塘汛有头营。

头痛山 在今新疆塔什库尔干塔吉克自治县西南。为通往罽宾的险要山道。《新唐书·西域传》：喝盘陀“西南即头痛山也”。

头道水 在今四川康定县东六十里，系一小溪水。当泸定桥至打箭炉之中道。《清史稿·唐希顺传》：康熙三十九年（1700），昌则集列为乱，据打箭炉及大渡河西之地，希顺“别遣将自头道水，登山，驰下夹攻”。

头道江 即今吉林通化市。清光绪年间置通化县于此。

头道沟 ①在今吉林长春市北。本一小村落。清光绪三十三年（1907）辟为南满铁路终点之长春驿区域。后成为中东、南满、吉长三铁路之枢纽。

②在今吉林珲春市东北。清光绪《吉林通志》卷23：珲春河“少西沙金沟河、荒沟河、头道沟河自北入”。产煤。

③一名山河镇。即今吉林和龙市东北头道镇。旧属延吉县，有煤矿。清宣统元年（1909）中日间岛协约开为商埠。

宁 ①商、周地名。春秋为晋邑。即今河南获嘉县。《左传》：文公五年（前622），“晋阳处父聘于卫，反过宁”。杜注：“宁，晋邑，汲郡修武县也。”《韩诗外传》卷3：周武王伐纣，“勒兵于宁”，因名修武。战国秦置修武县于此。

②江苏南京市的简称。因隋代以后历为江宁县及江宁郡、江宁府治所，故名。

③旧宁夏省简称。亦今宁夏回族自治区的简称。

宁人县 ①北周置，属博陵郡。治所在今甘肃卓尼县西洮水南岸。隋开皇初并入当夷县。

②隋开皇十八年（598）改安人县置，属藤州。治所在今广西容县东北六十里。大业初属永平郡。唐初属藤州，贞观二十三年（649）改为欣道县。

③即宁仁县。辽置，属胜州。后改属云内州。治所在今内蒙古托克托县境。金废。

宁山 在今山东宁阳县北十八里。《方舆纪要》卷32宁阳县“云山”条下：“县北二十里有伏山，一名佛山。其南有小山，谓之宁山。”

宁山卫 明洪武十一年（1378）置，属河南都司。寻改属后军都督府。治所即今山西晋城市。后废。

宁川 即今河北崇礼县及张家口市境之清水河。《魏书·道武帝纪》：登国二年（387），“帝幸宁川”。《水经·㶟水注》：于延水又东，左与宁川水合。水“出西北，东南径小宁县故城西，东南流注于延水”。

宁川千户所 明洪武二十七年（1394）置，属神电卫。治所在今广东吴川市西南吴阳镇东南。清废。

宁川卫 亦作宁州卫。明置，属四川都司。治所在今四川成都市。《方舆纪要》卷67：宁川卫“府治东四里。洪武十二年建”。后废。

宁川驿　南宋绍兴二十八年（1158）置，属宁德县。在今福建宁德市西。寻废。

宁川堡　①北宋元符三年（1100）置，属乐州。在今甘肃永靖县西北。《宋史·地理志》乐州宁川堡：“元符二年收复，三年赐名，寻弃之。崇宁二年，再收复。”后废。

②北宋置，属府州。在今陕西府谷县地。《宋史·地理志》府州：宁川堡“府州安丰寨外第九砦，元符元年赐名”。

宁乡水　又名清水。即今山西中阳县境之南川河。源于中阳县南，北流入北川河。《元和志》卷14平夷县：“宁乡水在县西南一百五十步。”

宁乡县　①南齐置，属广熙郡。治所在今广东罗定市境。隋废。

②北周置，属离石郡。治所在今山西吕梁市离石区境。隋开皇初属石州，大业初废。

③北宋太平兴国二年（977）析长沙县玉潭镇置，属潭州。治所即今湖南宁乡县。明《寰宇通志》卷55宁乡县：“取其民安宁之义。”元属天临路。明属长沙府。民国初属湖南湘江道。1922年直属湖南省。

④金明昌六年（1195）改平夷县置，属石州。治所即今山西中阳县。明属永宁州。清属汾州府。1914年改为中阳县。

宁乡镇　①北宋置，属平阴县。当在今山东平阴县附近。

②明置，属泰州。在今江苏兴化市南宁乡村。明置巡司于此。

宁丰（豐）城　北宋改丰州置，在今陕西府谷县西北。《宋史·地理志》丰州：“政和五年，赐郡名宁丰。”

宁韦堡　北宋置，属西安州。在今宁夏海原县（三河镇）西北罗川附近。后废。

宁中宗　又作白仓宗。原西藏地方政府设，治所在今西藏当雄县西南宁中乡。“宁中”，藏语意为心脏村。1960年并入当雄县。

宁冈县　1914年以永宁县改名，属江西庐陵道。治所在今江西井冈山市北新城。1926年直属江西省。1933年迁砻市镇（即今龙市镇）。2000年撤销，并入井冈山市。

宁仁县　①唐永淳元年（682）置，属党州。治所在今广西玉林市西北。北宋开宝七年（974）废入南流县。

②亦作宁人县。辽开泰六年（1017）置，属胜州。治所当在今内蒙古托克托县境。后改属云内州。金大定后废为宁仁镇。

宁仁郡　唐天宝元年（742）改党州置，治所在善劳县（今广西兴业县东小平山镇西南党州村）。辖境相当今广西玉林市西北部地。乾元元年（758）复为党州。

宁化千户所　明洪武二年（1369）置，属山西都司。治所在今山西宁武县西南八十五里宁化。清雍正三年（1725）废。

宁化州　金大定二十二年（1182）改宁化军置，治所在宁化县（今山西宁武县西南八十八里宁化）。蒙古太祖十六年（1221）废。

宁化军　北宋太平兴国六年（981）置，治所在宁化县（今山西宁武县西南八十八里宁化）。金大定二十二年（1182）升为宁化州。

宁化县　①南朝宋元嘉十六年（439）置，为海昌郡治。治所在今广东高州市东北。隋开皇十年（590）废。

②隋开皇十八年（598）改安化县置，属顺州。治所在今湖北随州市西北。大业三年（607）废。

③唐天宝元年（742）改黄连县为宁化县，属临汀郡。治所在黄连镇（今福建宁化县东五里）。乾元元年（758）属汀州。五代唐同光元年（923）移竹篠窝，即今治。明嘉靖《汀州府志》卷1：宁化“原有黄连镇，后升为县，仍旧名。后又更名宁化，欲使斯民安于王化，故名”。元属汀州路。明、清属汀州府。1913年属福建西路道。1914年属汀漳道。1928年直属福建省。宋时地产银铁。

④北宋太平兴国四年（979）置，属岚州。治所在今山西宁武县西南八十八里宁化。六年（981）为宁化军治。熙宁三年（1070）废，元祐元年（1086）复置宁化县，崇宁三年（1104）废为镇。金复置宁化县，大定二十二年（1182）为宁化州治。元太祖十六年（1221）废。

⑤1931年11月中央革命根据地置，治所在淮土（今福建宁化县西南淮土乡）。后迁宁化县城。1934年10月废。

宁化镇　①北宋崇宁三年（1104）改宁化县置，属宁化军。即今山西宁武县西南八十八里宁化乡。金复为宁化县。

②北宋置，属清河县。在今河北清河县（葛仙庄）西南。《宋史·河渠志三》：政和七年（1117），臣僚言：“恩州宁化镇大河之侧，地势低下，正当湾流冲激之处。岁久堤岸怯薄，沁水透堤甚多，近镇居民例皆移避。方秋夏之交，时霈然，一失堤防，则不惟东流莫测所向，一隅生灵所系甚大，亦恐妨阻大名、河间诸州往来边路。乞付有司，贴筑固护。”

③金置，属南宫县。即今河北南宫市东南明化镇。

宁风县　唐贞观五年（631）置，为燕州治。治所在今广西藤县西北太平镇。十八年（644）属藤州。北宋开宝三年（970）废。

宁巴郡　南朝梁大同二年（536）置，属万州。治所在石鼓县（今四川宣汉县西南东林乡）。辖境相当今四川宣汉县西南地。西魏改为临清郡。

宁古塔城　清初建，在今黑龙江省海林市西南旧街。清吴桭臣《宁古塔纪略》：“相传昔有兄弟六人，各占一方，满洲称六为宁古，个为塔，其言宁古塔，犹华言六个也。”顺治十年（1653）设宁古塔昂邦章京与副都统于此。康熙元年（1662）改昂邦章京为宁古塔将军。五年迁建新城（今黑龙江省宁安市）。十五年移宁古塔将军驻吉林乌拉（今吉林省吉林市），移副都统驻守。雍正五年（1727）置泰宁县于此。七年废。光绪三十二年（1906）裁副都统，侨置绥芬厅于此。宣统元年（1909）改置宁安府。1913年废府置宁安县。

宁古塔将军 清顺治十年（1653）置宁古塔昂邦章京，康熙元年（1662）改称镇守宁古塔等处将军，简称宁古塔将军。治所在今黑龙江省海林市西南旧街镇。五年移治新城（今黑龙江省宁安市），十五年移治吉林乌拉（今吉林省吉林市）。辖境相当今吉林、黑龙江二省，内蒙古东北呼伦贝尔地区，俄罗斯斯塔诺夫山脉以南，黑龙江以北，乌苏里江以东至日本海及萨哈林岛（库页岛）。乾隆二十二年（1757）改为吉林将军。

宁平县 西汉置，属淮阳国。治所在今河南郸城县东北二十五里宁平城。东汉属陈国。西晋废入苦县。

宁东设治局 1938年置，属四川省。治所在今四川喜德县东南米市镇。次年属西康省。1952年改设喜德县。1955年属四川省。

宁东堡 明嘉靖二十五年（1546）置，属定辽中卫。在今辽宁凤城市东南。《方舆纪要》卷37定辽中卫：宁东堡“在险山堡西南”。

宁北 即今黑龙江牡丹江市。为图宁铁路的终点。

宁北节度 唐南诏前期置，治所在宁北城（今云南洱源县东南二十二里右所镇北，中所稍东）。辖境约当今云南大理白族自治州北部及怒江傈僳族自治州南部。南诏后期改剑川节度。

宁北城 唐南诏置，为宁北节度驻地。在今云南洱源县东南二十二里右所镇北，中所稍东。南诏后期属剑川节度。宋大理废。

宁北赕 宋大理置，属首府大理地区。治所即今云南洱源县。元改浪穹县。

宁头城 即曼头城。在今青海共和县西南。《资治通鉴》：南朝宋元嘉二十二年（445），“魏高凉王那军至宁头城，吐谷浑王慕利延拥其部落西渡流沙”。胡注：“严：宁改曼。宁头城当在白兰东北。”

宁民县 唐武德三年（620）改白鹿县置，属雍州。治所在今陕西蓝田县西南三十二里石门村。贞观元年（627）废。

宁边州 辽置，治所在今内蒙古清水河县西南窑沟乡下城湾古城。金正隆三年（1158）置宁边县为州治。辖境相当今内蒙古清水河县地。元世祖至元二年（1265）废。

宁边军 ①唐天宝十三年（754）置，属廓州。治所在今青海贵德县西黄河北岸。乾元元年（758）陷于吐蕃，废。

②北宋雍熙四年（987）置，治所在博野县（今河北蠡县）。景德元年（1004）改名永定军。

宁边县 金正隆三年（1158）置，为宁边州治。治所在今内蒙古清水河县西南窑沟乡下城湾古城。元世祖至元二年（1265）改属武州，四年废。

宁边城 清乾隆二十七年（1762）筑，在今新疆昌吉市。三十八年（1773）置昌吉县于此。

宁边砦 北宋置，属府州。在今陕西府谷县西。《宋史·地理志》府州：宁边砦“地名端正平，元符二年建筑，赐今名”。元废。

宁台（臺） 在今北京市西。《史记·乐毅列传》：“齐器设于宁台，大吕陈于元英，故鼎反乎𪊲室。”《正义》引《括地志》：“元英、𪊲室二宫皆燕宫，在幽州西四十里宁台之下。”

宁母 春秋时鲁地。一作泥母。故址即今山东鱼台县治（谷亭镇）。《春秋》：僖公七年（前653），“公会齐侯、宋公、陈世子款、郑世子华盟于宁母”，即此。《方舆纪要》卷32谓谷亭镇即“春秋时之宁母亭也”。

宁西军 南宋咸淳二年（1266）改广安军置，治所在渠江县（今四川广安市东北大良村）。辖境相当今四川广安、华蓥、岳池等市县地。元至元十五年（1278）废。

宁西县 1944年改河南县置，属新疆省。治所即今新疆察布查尔锡伯自治县。1954年改为察布查尔锡伯族自治区。1955年改为察布查尔锡伯自治县。

宁西城 北宋崇宁三年（1104）以林金城改名，属西宁州。在今青海西宁市西四十里。后废。

宁夷县 ①西晋置，属九真郡。治所在今越南清化省境。南齐废。

②北魏置，属咸阳郡。治所在今陕西礼泉县东北十里。西魏大统四年（538）为宁夷郡治，恭帝三年（556）改为秦郡治，北周属咸阳郡。隋开皇十八年（598）改名醴泉县。

③隋大业八年（612）置，属明阳郡。治所在今贵州德江县西南。唐属夷州。后废。北宋大观中复置，属承州。宣和三年（1121）废。

宁夷郡 西魏大统四年（538）置，属雍州。治所在宁夷县（今陕西礼泉县东北十里）。辖境相当今陕西礼泉县大部分地。西魏末年改为秦郡。

宁光宫 在今山西大同市城北白马城村、马站村一带。《水经·㶟水注》：如浑水“又径宁光宫东。献文帝之为太上皇也，所居故宫矣”。

宁年站 又作宁尼颜。清康熙二十四年（1685）置，即今黑龙江省富裕县。《清一统志·黑龙江》“布克依站”条下：“齐齐哈尔东北至墨尔根、黑龙江站道：六十里至塔拉尔站，又东北七十五里至宁年站。”1947年富裕县迁治于此。

宁州 ①西晋泰始七年（271）分益州置，治所在滇池县（今云南晋宁县东北三十二里晋城镇）。辖境比今云南省稍大，但不包括滇东北。太康三年（282）废入益州，立南夷校尉以护之。太安二年（303）复置，辖境扩大，包有今云南、贵州二省。南朝宋移治味县（今云南曲靖市西北十四里西山街道驻地三岔）。南齐移治同乐县（今云南陆良县南三里旧城）。西魏改名南宁州。

②十六国前秦置，治所在垫江县（今重庆市合川区）。《晋书·苻坚载记》：孝武帝宁康元年（373），“姚苌为宁州刺史，领西蛮校尉（镇垫江）”。

③东魏兴和中置，寄治汾州介休城（今山西介休市东南）。后废。

④西魏废帝元年（552）置，治所在帖夷郡（在今四川九寨沟县东南，白水江东岸）。后废。

⑤西魏废帝三年（554）改豳州置，治所在定安县（今甘肃宁县）。《元和志》卷3：“以抚宁戎狄为名。”隋时辖境相当今甘肃宁县、正宁及陕西彬县、旬邑、长武、永寿等县地。大业初改为北地郡。唐武德元年（618）复为宁州。天宝元年（742）又改名彭原郡，乾元元年（758）复为宁州。辖境南部缩小，大体上不出今甘肃境。元属巩昌路。明属庆阳府。1913年降为宁县。

⑥唐置，为羁縻州，属芳池州都督府。在今甘肃华池县西北境。后废。

⑦唐渤海国置，为安远府治。治所在今俄罗斯滨海边疆区乌苏里江东岸伊曼附近。辖境约当今俄罗斯境乌苏里江支流伊曼河下游一带。辽废。

⑧辽统和二十九（1011）置，治所在新安县（今辽宁瓦房店市西北永宁镇）。辖境相当今辽宁瓦房店市与盖州市之间滨海地。金废。

⑨辽置，属上京道。治所在今内蒙古扎鲁特旗西北民主村古城。《辽史·地理志》上京道头下军州：宁州“本大贺氏勒得山，横帐管宁王放牧地。在豫州东八十里，西南至上京三百五十里”。金废。

⑩元世祖至元十三年（1276）于浪旷置，属临安路。治所在今云南江川县东南六里旧州。至正年间迁治即今云南华宁县。明、清属临安府。1913年改宁县。

⑪元世祖至元二十三年（1286）置，属龙兴路。治所在今江西武宁县北柘林水库库区。大德八年（1304）徙治分宁县（今江西修水县）。明洪武初改为宁县，弘治十六年（1503）复改宁州，属南昌府。清嘉庆六年（1801）改为义宁州。1912年改为义宁县。1914年改为修水县。

宁州卫 又作宁川卫、安州卫。明洪武十二年（1379）置，属四川都司。治所在今四川成都市。后废。

宁江州 辽清宁中（1055—1064）置，治所在混同县（今吉林松原市扶余县东北石头城子）。辖境约当今吉林松原市北部。金初废。

宁江军 五代方镇。后蜀改镇江军置，治所在夔州（今重庆市奉节县东白帝城）。北宋废。

宁江设治局 1935年改临江设治区置，直属云南省。治所在今云南勐海县北九十六里勐往乡（勐往城子）。王树五《云南省市县名考释》：“‘宁江’一名则取‘临江’二字之谐音而成。”（《地名集刊》1986年第2期）1949年迁治今云南澜沧拉祜族自治县东八十六里糯扎渡镇雅口街。1950年改宁江县。

宁江府 明太祖辛丑年（1361）改安庆路置，治所在怀宁县（今安徽安庆市）。次年改为安庆府。

宁安汛 在今云南临沧市东南百余里宁安村。清时有千总把总驻防。

宁安县 1913年改宁安府置，属吉林省延吉道。治所即今黑龙江省宁安市。1928年直属吉林省。1945年划归松江省。1954年划归黑龙江省。市西南渤海镇为渤海国都上京龙泉府故址。

宁安府 清宣统二年（1910）改绥芬府置，属吉林省。治所在宁古塔城（今黑龙江省宁安市）。辖境相当今黑龙江省宁安、海林、牡丹江市一带。1913年降为宁安县。

宁安营 清雍正八年（1730）置，属泰宁协。治所在灵雀寺（今四川道孚县）。十三年（1735）裁。

宁安砦 北宋崇宁五年（1106）置，属西安州。在今宁夏西吉县西北新营乡北上白城子。元废。

宁安堡 一作绥安堡。明置，属宁夏中卫。即今宁夏中宁县治。1933年于此置中宁县。

宁安新堡 俗称新堡子。明嘉靖九年（1530）筑，属宁夏中卫。即今宁夏中宁县东南新堡镇。

宁讷铁路 从黑龙江宁年（今富裕县）至讷河（今讷河市）。1930年建成宁年至拉哈段。1933年修至讷河。是齐（齐齐哈尔）墨（墨尔根，今嫩江）铁路的一段。

宁阳县 ①东汉改宁阳侯国置，属东平国。治所在今山东宁阳县南十七里古城。西晋废。

②金大定二十九年（1189）改龚县置，属兖州。治所即今山东宁阳县。以在宁山之阳而得名。元世祖至元二年（1265）省入嵫阳县。大德元年（1297）复置。明属兖州府。民国初属山东济宁道。1925年属兖济道。1928年直属山东省。

宁阳侯国 西汉置，属泰山郡。治所在今山东宁阳县南十七里古城。武帝元朔三年（前126）封鲁恭王子恬为宁阳侯，即此。东汉改为宁阳县。

宁阳铁路 即新宁铁路。从广东新宁（今台山市）东南的斗山墟起，北至县北公益埠，折东经新会，至江门北街。

宁远卫 ①明洪武初置道州千户所，寻改为宁远卫。治所即今湖南道县。后废。

②明宣德三年（1428）分广宁前屯、中屯二卫地置，属辽东都司。治所在汤池（今辽宁兴城市）。辖境相当今辽宁兴城、葫芦岛二市地。为明山海关外战略要地。清康熙二年（1663）改置宁远州。

宁远厅 清乾隆十五年（1750）置，属山西朔平府。治所在今内蒙古凉城县西南永兴镇。光绪十年

(1884) 升为直隶厅。1912 年改为宁远县。

宁远中左千户所　明置，属宁远卫。治所即今辽宁葫芦岛市东北塔山乡。《明史·地理志》宁远卫："东有塔山，有中左千户所。辖连山驿至杏山驿。"清初废。

宁远中右千户所　明宣德年间置，属宁远卫。治所在小沙河（今辽宁兴城市西南沙后所镇）。清为沙河所城。

宁远文庙　在今湖南宁远县城关舜陵镇。始建于北宋乾德三年（965），明、清两代多次重修。占地面积 9760 平方米。中轴线上有泮池、棂星门、大成门、大成殿、崇圣祠及东西庑等建筑。大成殿为重檐歇山顶，通高 18 米。该庙以精美的石雕著称，在大成殿前御路上刻五龙浮雕。二十根高约 8 米的龙凤青石柱，集圆雕、高浮雕、透雕、线雕等雕刻艺术于一体，栩栩如生，具有较高的艺术价值。1996 年定为全国重点文物保护单位。

宁远水　俗名大河。在今海南省三亚市西崖城镇南。《舆地纪胜》卷 127 吉阳军：宁远水，"《元和志》云，去废宁远县一里"。

宁远州　①元至治三年（1323）置，直属云南行省。治所在今越南莱州。辖境约当今越南莱州、琼涯、伦州等地。明洪武十五年（1382）属临安府。宣德七年（1432）被安南占。嘉靖十九年（1540）莫登庸又以其中一部分地归还云南，明后期辖境约当今越南莱州省黑河以北部分。

②清康熙二年（1663）改宁远卫置，属奉天府（后改属锦州府）。治所在今辽宁兴城市。辖境相当今辽宁葫芦岛市以西，山海关以东，明水堂、白石咀门以南至海一带。1913 年改为宁远县，次年又更名为兴城县。

宁远安抚司　五代后蜀置，属雅州。治所在今四川道孚县东南协德乡。元改为宣抚司，属吐蕃等处宣慰司。明改置长河西鱼通宁远宣慰司。

宁远军　①唐开元中置，属剑南节度使。治所在今四川盐源县西南。《新唐书·地理志》嶲州："西南有昆明军，其西有宁远军。"

②唐、五代方镇名。唐乾宁四年（897）置宁远军节度，治所在容州（今广西容县）。北宋初废。

宁远县　①隋大业六年（610）置，为临振郡治。治所即今海南省三亚市西北崖城镇。《新唐书·地理志》：宁远县"以宁远水名"。唐武德五年（622）为振州治。天宝元年（742）为延德郡治，乾元元年（758）复为振州治。北宋开宝五年（972）为崖州治。熙宁六年（1073）废。南宋绍兴六年（1136）复置，属琼州。十三年（1143）为吉阳军治。明洪武元年（1368）改为崖州治。正统四年（1439）省入崖州。

②唐贞观三年（629）置，属羁縻丛州。治所在今四川松潘县北境。广德后废。

③唐大历三年（768）置，属羁縻乾州。治所在今四川茂县西。后废。

④北宋乾德三年（965）改延喜县置，属道州。治所即今湖南宁远县。郭子章《郡县释名》湖广卷下：宁远县"取远人绥宁之义也"。元属道州路。明属道州。清属永州府。民国初属湖南衡阳道。1922 年直属湖南省。

⑤北宋崇宁三年（1104）升宁远砦置，属巩州。治所即今甘肃武山县。明郭子章《郡县释名》陕西卷下："县以砦名，宁辑远人之义也。"金仍降为砦。元至元中复为县，属巩昌路。明属巩昌府。1914 年改名武山县。

⑥辽初置，属朔州。治所在今山西五寨县北三十二里大武州村。重熙中废。金复置宁远县，属武州。元至元四年（1267）废。

⑦元初置，属开元路。治所在今吉林汪清县境。《元史·世祖纪》：至元二十七年（1290）二月戊寅，"开元路宁远等县饥民、站户逃徙，发钞二千锭赈之"。即此。后废。

⑧清光绪十四年（1888）置，属伊犁府。治所即今新疆伊宁市。1914 年改为伊宁县。

宁远国　即拔汗那国。在今乌兹别克斯坦费尔干纳盆地。唐天宝三年（744），改拔汗那国号为宁远。都城在西鞬城（今乌兹别克斯坦东部纳林河北岸）。

宁远府　①元世祖至元十三年（1276）置，属朵甘思、哈答、李唐、鱼通等处钱粮总管府。治所在哈答城（今四川道孚县东南协德乡）。后废。

②清雍正六年（1728）改建昌卫置，属四川省。治所在西昌县（今四川西昌市）。辖境相当今四川大渡河以南，金沙江以北，美姑河、金沙江以西，木里河下游以东地区。1913 年废。

宁远河　①即今辽宁兴城市兴城河。《明一统志》卷 25 辽东都司：宁远河"源出宁远卫西北山谷间，南流至城西分为二派，环抱城郭，复合为一，南流入海"。

②即今四川西昌市之西河。《明一统志》卷 73 四川行都司：宁远河"在都司城宁远门外。源自青山麓流出，西南入泸水入金沙江"。清乾隆《西昌县志》：宁远河"治西郭外。源出凉山土番界，绕城西北，资屯田灌溉，东合邛水达安宁河"。

宁远城　①金置，属阿干县。当在今甘肃兰州市附近。

②一名固勒札。清乾隆二十七年（1762）建。为伊犁九城之一。在今新疆伊宁市。城东冈上有乾隆《御制平定准噶尔勒铭伊犁碑》。光绪十四年（1888）置宁远县于此。1914 年改为伊宁县。1952 年置伊宁市于此。

宁远宣抚司　元置，属吐蕃宣慰司。治所在今四川道孚县东南协德乡（街村）。明洪武三十年（1397），与鱼通、长河西合并改置长河西、鱼通、宁远宣慰司。

宁远郡　即临振郡。治所在宁远县（今海南省三亚市西北崖城镇)。《新唐书·地理志》 振州延德郡："本临振郡，又曰宁远郡，天宝元年更名。"

宁远砦 ①北宋咸平六年（1003）置，属府州。在今陕西府谷县西南。

②北宋天禧二年（1018）置，属秦州。即今甘肃武山县治。熙宁五年（1072）改属通远军。崇宁三年（1104）升为县。金仍废为砦，元至元中复置县。

③北宋皇祐三年（1051）改三江砦置，属淯井监。在今四川长宁县南三江口。宣和三年（1121）以砦为堡。四年（1122）复为砦，属长宁军。南宋嘉定四年（1211）属安宁县。元废。

宁远堡 ①明置，属龙门所。在今河北赤城县东南。《方舆纪要》卷18龙门所：宁远堡，"旧为朵颜易马市口，景泰以后，敌骑屡由此入犯。嘉靖二十八年，筑堡于此"。

②在今云南曲靖市南。《明史·何福传》：洪武二十四年（1391），越州酋长阿资叛，何福讨平之，"择地立栅处其众，置宁远堡"。

③一作绥远堡。明置，属永昌卫。在今甘肃金昌市南宁远堡镇。《皇明职方地图》卷中有"宁远守备"。清亦设守备。

宁远镇 唐置，属嘉诚县。在今四川松潘县西北黄胜关。《元和志》卷32嘉诚县："宁远镇在县北一百里。"

宁村千户所 明洪武二十年（1387）置，属盘石卫。在今浙江温州市东南宁城乡驻地宁村所。清初废。

宁村镇 亦作安村镇。在今广东吴川市西南吴阳镇东南。明洪武初置巡司于此。《明史·地理志》 吴川县：宁川所"北有宁村巡检司，治川滘，后迁县西北之地聚村，又迁于芷芎口"。

宁县 ①西汉置，为上谷郡西部都尉治。治所在今河北万全县。三国时废。

②明洪武初降宁州置，属南昌府。治所即今江西修水县。弘治十六年（1503）复升为宁州。

③1913年改宁州置，属云南省。治所即今云南华宁县。因与甘肃宁县重名，1914年改黎县。

④1913年降宁州为县，属甘肃泾原道。治所即今甘肃宁县。1927年直属甘肃省。

宁谷寨 元置，即今贵州安顺市东南三十里宁谷镇。明洪武十九年（1386）置宁谷寨长官司。

宁谷寨长官司 明洪武十九年（1386）置，属安顺州。治所即今贵州安顺市东南三十里宁谷镇。清康熙五十四年（1715）废。

宁条梁镇 即今陕西靖边县西宁条梁镇。清乾隆二十年（1355）于此设巡司驻守。民国时设县佐。

宁羌卫 明洪武三十年（1397）置，治所即今陕西宁强县。成化二十二年（1486）改为宁羌州。

宁羌州 明成化二十二年（1486）改宁羌卫置，属汉中府。治所即今陕西宁强县。1913年改为宁羌县。

宁羌县 1913年改宁羌州置，属陕西汉中道。治所即今陕西宁强县。1928年直属陕西省。1942年改为宁强县。

宁羌砦 在今陕西定边县南。《宋史·地理志》 庆阳府：宁羌砦"地本萌门三岔，元符元年建筑，赐名"。

宁灵厅 清同治十一年（1872）置，属宁夏府。治所在金积堡（今宁夏吴忠市西南金积镇）。1913年改为金积县。

宁武千户所 明弘治十一年（1498）置，属振武卫。治所即今山西宁武县。清雍正三年（1725）改置宁武府。

宁武关 明置，即今山西宁武县。《方舆纪要》卷40崞县：宁武关在"县西北百十里，北接朔州，南通静乐县界，旧为宁文堡，在今关城西一里，景泰元年（1450）创筑今关"。

宁武军 ①唐置，治所在今河北怀来县东南。《资治通鉴》：唐乾符五年（878），李国昌"与李克用合兵陷遮虏军，进击宁武及岢岚军"，即此。

②即今山西宁武县。《方舆纪要》卷44朔州：宁武军"即代州崞县之宁武关也，亦南连静乐县界，有分水岭"。

宁武县 ①明万历十八年（1590）置，为龙安府治。治所即今四川平武县。十九年（1591）改为平武县。

②清雍正三年（1725）置，属宁武府。治所即今山西宁武县。民国初属山西雁门道。1928年直属山西省。

宁武府 清雍正三年（1725）置，治所在宁武县（今山西宁武县）。辖境相当今山西偏关、神池、宁武、五寨等县地。1912年废。

宁拉支线 从黑龙江宁年（今富裕县）向北至拉哈。全长48公里。为齐克铁路支线。1930年修建。是齐（齐齐哈尔）墨（墨尔根，今嫩江）铁路的一段。

宁林铁路 从黑龙江宁北（今牡丹江市）至林口。长110公里。日伪于1934—1936年修筑。今为牡佳铁路的一段。

宁国市 1997年撤销安徽省宁国县，改设宁国市，市人民政府驻西津街道办事处，仍属宣城地区。2000年由宣城市代管。

宁国军 唐、五代方镇名。唐景福元年（892）升宣歙观察使为宁国军节度使，治所在宣州（治今安徽宣城市）。领宣、歙、池三州。天复三年（903）废。五代吴复置。北宋初废。

宁国县 东汉建安十三年（208）孙吴分宛陵南乡置，属丹阳郡。治所在今安徽宁国市南十三里独山。西晋属宣城郡。隋开皇九年（589）废入宣城县。唐武德三年（620）复置，移今治，属宣州。六年（623）省。天宝三年（744）复置，属宣城郡（后改宣州）。南宋乾道二年（1166）属宁国府。元属宁国路。明属宁国府。民国初属安徽芜湖道。1928年直属安徽省。1997 年改设宁国市。

宁国府 唐末大顺初，杨行密据宣州，称宁国军节度使，宁国军号始此。南宋乾道二年（1166），以孝宗潜藩，升宣州为宁国府。治所在宣城县（今安徽宣城市）。辖境相当今安徽宣城、宁国、南陵、泾县、旌德、黄山等市县地。元世祖至元十四年（1277）改为宁国路。明初复为宁国府，直隶南京。清属安徽省。1912 年废。

宁国路 元世祖至元十四年（1277）改宁国府置，属江浙行省。治所在宣城县（今安徽宣城市）。辖境相当今安徽宣州、宁国、芜湖、南陵、泾县、旌德、黄山等市县地。明初复为宁国府。

宁昌县 辽置，为懿州治。治所在今辽宁阜新蒙古族自治县北满汉营子村附近。金废。

宁明州 清雍正十一年（1733）改思明州置，属太平府。治所即今广西宁明县。1912 年改为宁明县。

宁明县 1912 年改宁明州置，属广西镇南道。治所即今广西宁明县。1928 年直属广西省。

宁府寨 北宋置，在今陕西府谷县北。《元丰九域志》卷 4：府谷县有“安丰、宁府、百胜三寨”。

宁单县 南齐置，属高兴郡。治所当在今广东化州、廉江、遂溪等市县境。隋开皇时废。

宁净口 在今河北涞源县东南。《方舆纪要》卷 44 广昌县：宁净口“在县东南三十里。接浮图峪，路通易州五虎岭。《志》云：宁净口与浮图峪口，景泰三年俱筑堡，置戍于此”。

宁河 在今云南洱源县西北五里。《方舆纪要》卷 117 引《云南通志》：“罷谷之水，注于宁河。亦曰明河，又为宁河，下流即葡萄江也。”

宁河区 2015 年撤销宁河县，设立天津市宁河区，区政府驻芦台镇光明路 76 号。

宁河县 ①北宋崇宁四年（1105）升宁河寨置，属河州。治所在香子城（今甘肃和政县）。元属河州路。明洪武初废，五年（1372）复置，十二年（1379）又废。

②清雍正九年（1731）改梁城千户所置，属顺天府。治所在今天津市宁河县北宁河镇。民国初属直隶津海道。1928 年直属河北省。1938 年迁治今芦台镇。1973 年划归天津市。2015 年撤销宁河县，改设宁河区。

宁河站 亦作宁河驿。元世祖至元九年（1272）置，在今甘肃和政县。《元史·地理志》河源附录：“（河）州之东六十里，有宁河驿。驿西南六十里，有山曰杀马关。”

宁河砦 ①在今陕西佳县北六十里。《宋史·地理志》晋宁军：宁河砦“地名窟薛岭，元符二年赐名”。

②即今甘肃和政县治。《方舆纪要》卷 60 河州：宁河城“在州南六十里。吐蕃所置香子城也。宋熙宁六年，王厚攻拔香子城，遂平河州，因置宁河砦。崇宁四年，改置宁河县”。

宁河堡 ①在今陕西佳县北朱家坬乡附近。《宋史·地理志》晋宁军：宁河堡“地名哥崖岭，元符二年同砦赐名”。

②即今甘肃和政县。明于此置和政驿。1929 年又置和政县。

宁波卫 明置，在今浙江宁波市。《方舆纪要》卷 92 宁波府：宁波卫在“府治西，即宋庆元府治故址。洪武初建明州卫，十六年改曰宁波卫”。清后废。

宁波市 1927 年由鄞县城区析置，治所即今浙江宁波市。1931 年撤销，并入鄞县。1949 年解放后由鄞县城区复置宁波市（地级）。

宁波府 明洪武十四年（1381）改明州府置，属浙江行省。治所在鄞县（今浙江宁波市）。辖境相当今浙江宁波、慈溪、奉化、象山等市县及舟山群岛。清道光二十一年（1841）后辖境不含舟山群岛。二十二年（1842）通过中英《南京条约》开为商埠。1912 年废。

宁定州 唐宝应元年（762）置，为党项部落州，属秦州都督府。在今甘肃泾川及陕西陇县一带。唐末废。

宁定县 1919 年析导河县置，属甘肃兰山道。治所在太子寺（今甘肃广河县）。1927 年直属甘肃省。1953 年改为广通回族自治区。1955 年改为广通回族自治县。1956 年改为广通县。1957 年改为广河县。

宁弥城 在今新疆于田县北克里雅河东岸。《新唐书·地理志》引贾耽《四夷路程》：“有宁弥故城，一曰达德力城。一曰汗弥国，曰拘弥城。”

宁陕厅 清嘉庆五年（1800）改五郎厅置，属西安府。治所在今陕西宁陕县北十五里老城。1913 年改为宁陕县。

宁陕县 1913 年改宁陕厅置，属陕西汉中道。治所在今陕西宁陕县北十五里老城。1928 年直属陕西省。1936 年迁治关口，即今宁陕县。

宁陕营 在今陕西宁陕县。《清一统志·西安府三》：宁陕营“在宁陕厅南十五里老关口，嘉庆十九年建城，设参将驻守”。

宁城设治局 1931 年 12 月改大宁设治局置，治所在小城子（今内蒙古宁城县西北小城子镇）。1932 年升为宁城县。

宁城县 1932 年改宁城设治局置，治所在小城子（今内蒙古宁城县西北小城子镇）。1940 年伪满裁撤，并入喀喇沁中旗和喀喇沁右旗。1946 年复置，1948 年与喀喇沁中旗合并，设立喀喇沁中旗宁城县联合政府。1949 年改为宁城县，迁今治天义镇。

宁南县 1930 年改披沙设治局置，属四川省。治所在今四川宁南县（披沙场）。1939 年属西康省。取以在清宁远府之南为名。1955 年改属四川省。

宁省铁路　即江宁铁路。在今江苏南京市内。清光绪三十三年至宣统元年（1907—1909）筑成从下关经鼓楼至万寿宫段，长11.9公里。1928年改称京市铁路。1935年延展至中华门，全长14.4公里。1958年被拆除。

宁保都督府　唐置，为党项羁縻府，属灵州都督府。其地当在今宁夏黄河两岸地。后废。

宁洱县　清雍正十三年（1735）置，为普洱府治。治所即今云南宁洱哈尼族彝族自治县。民国《云南省宁洱县地志资料》："因境内有东、西洱河，故名宁洱，以示区别。称之曰宁，取安定之义。"1913年废府，改为普洱县。1917年复为宁洱县，属云南普洱道。1929年直属云南省。1951年复改普洱县。1985年改设普洱哈尼族彝族自治县。2007年改名宁洱哈尼族彝族自治县。

宁洮砦　北宋元符三年（1100）以瓦吹砦置，属湟州。在今青海民和回族土族自治县南。《宋史·地理志》：宁洮砦"故瓦吹砦，元符二年收复，三年赐名。东至通湟砦四十五里，西至来宾城一十七里"。

宁济桥　在今福建漳平市南。《方舆纪要》卷99宁洋县：宁济桥"在县城（今双洋镇）南。万历五年建，长十八丈，寻圮。九年重建"。

宁洋县　明嘉靖四十五年（1566）由龙岩县东西洋巡司及永安、大田两县部分地置，属漳州府。治所即今福建漳平市西北双洋镇。《清一统志·龙岩州》：东西洋，"今宁洋县治。……以巡司为县治，以东西洋皆安静为名"。清雍正十二年（1734）改隶龙岩直隶州。民国初属福建汀漳道。1928年直属福建省。1951年迁治今福建永安市西南小陶镇。1956年撤销，并入龙岩、漳平、永安三县。

宁津千户所　明成化中置，属成山卫。治所即今山东荣成市东南宁津镇。东、南、北三面皆滨海，地势险隘，为海口重地。后废。

宁津县　金天会六年（1128）置，属景州。治所即今山东宁津县。元初属济南路，至元二年（1336）改属河间路。明属河间府。民国初属直隶津海道。1928年直属河北省。1949年划归山东省。

宁秦　战国秦邑，在今陕西华阴市东北硙峪乡段家城村。《史记·秦本纪》：惠文君六年（前332），"魏纳阴晋，阴晋更名宁秦"，即此。秦置县，西汉改为华阴县。

宁秦县　战国秦置，属内史。治所在今陕西华阴市东北硙峪乡段家城村。西汉高帝八年（前199）改置华阴县。

宁都水　即今江西于都县东北梅江。《明一统志》卷58赣州府：宁都水"源出宁都县，会散水、笢笪、曲阳、黄沙、长乐五水，流经雩都县境入贡水"。《方舆纪要》卷88赣州府雩都县：宁都水在"县北百七十里。自宁都县南流，合群川之水而入于雩水"。

宁都州　元大德元年（1297）升宁都县置，属赣州路。治所即今江西宁都县。明洪武二年（1369）降为宁都县。清乾隆十九年（1754）复升为宁都州，直隶江西省。辖境相当今江西宁都、瑞金、石城等县地。1912年降为宁都县。

宁都县　①西晋太康元年（280）以阳都县改名，属南康郡。治所在今江西宁都县北禾尚坪。隋开皇十八年（598）改为虔化县，属虔州。移治雪坪（即今宁都县）。大业初属南康郡。唐属虔州。南宋绍兴二十三年（1153）复为宁都县，属赣州。元大德元年（1297）升为宁都州。明洪武二年（1369）复为宁都县，属赣州府。清乾隆十九年（1754）升为宁都州，直隶江西省。1912年复为宁都县，属江西赣南道。1926年直属江西省。清时魏禧及兄祥、弟礼皆州人，世称宁都三魏。

②南朝宋置，属晋昌郡。治所在今陕西紫阳县西北松河口。北魏属魏明郡。西魏为宁都郡治。北周废。

宁都郡　西魏大统十四年（548）置，属直州。治所在宁都县（今陕西紫阳县西北松河口）。辖境相当今陕西紫阳县西北部地。隋开皇初废。

宁都起义指挥部旧址　在今江西宁都县城梅江边。原是耶稣堂，1916年建。为二层楼房。1931年12月14日，被蒋介石派往江西"围剿"红军的国民党第二十六路军一万余人，在参谋长赵博生（共产党员）、旅长董振堂等率领下，举行了著名的宁都起义，加入红军，编为中国工农红军第一方面军第五军团。起义是当天晚上在这栋房子的楼上宣布的。次日凌晨，赵博生、董振堂率部向苏区进发。现旧址保存完好，建有宁都起义陈列馆。1988年定为全国重点文物保护单位。

宁聂哩神山　即今俄罗斯哈巴罗夫斯克边疆区西北与阿穆尔州交界处之亚马林山。清乾隆《钦定盛京通志》卷27：宁聂哩神山"国语，宁聂哩，春也。（宁古塔）城北三千七百十八里"。兴衮河支流额密勒河发源于此。

宁晋县　唐天宝元年（742）改廮陶县置，属赵郡。治所即今河北宁晋县。北宋属庆源府，金属沃州。元属赵州。民国初属直隶大名道。1928年直属河北省。

宁晋泊　即胡卢河。又名北泊。在今河北宁晋县东南。地势低洼，旧为漳、滏、滹沱等水所汇。北周浚胡卢河以备契丹骑兵南下，河身加宽，日后渐成湖泊，至明始称宁晋泊。《清一统志·赵州一》：胡卢河，"《旧志》：在县东南二十里，东西径三十里。其上流即漳水与滏水合流，会大小群川注此，而赵州西境及滹沱河以南诸水，亦悉东南流至县境，而汇为大泽，土人称为宁晋泊"。

宁晋渠　在今河北宁晋县西南。《新唐书·地理志》宁晋县："西南有新渠，上元中，令程处默引洨水入城以溉田，经十余里，地用丰润，民食乃甘。"

宁桥　在今越南河内市西河西省章美一带。《明史·安南传》：宣德元年（1426），王通讨交趾黎利，“马瑛败贼清威，至石室与通会，俱至应平宁桥。士卒行泥泞中，遇伏兵，大败”。

宁夏千户所 清康熙六年（1667）改兴武营守御千户所置，治所在今宁夏盐池县西北兴武营。雍正二年（1724）裁。

宁夏卫 明洪武二十六年（1393）改宁夏府置，属陕西都司。治所在今宁夏银川市。清雍正二年（1724）仍改为宁夏府。

宁夏中卫 明永乐元年（1403）置，属陕西都司。治所即今宁夏中卫市。清顺治十五年（1658）并入宁夏右屯卫。

宁夏中屯卫 明洪武初置宁夏中护卫，正德五年（1510）改为中屯卫，属陕西都司。治所在宁夏城内（今宁夏银川市）。清顺治十五年（1658）并入宁夏右屯卫。

宁夏左屯卫 明洪武二十五年（1392）置，属陕西都司。治所在宁夏城内（今宁夏银川市）。清雍正二年（1724）废。

宁夏右屯卫 明洪武二十五年（1392）置，属陕西都司。治所在宁夏城内（今宁夏银川市）。清雍正二年（1724）废。

宁夏后（後）卫 明正德元年（1506）改花马池守御千户所置，属陕西都司。治所即今宁夏盐池县。清康熙三年（1664）废。

宁夏行中书省 元世祖至元二十二年（1285）置，治所在西夏故都中兴府（后改宁夏路，治今宁夏银川市）。辖境相当今甘肃黄河以西，宁夏大部、内蒙古西部及青海、新疆部分地区。寻又于境内甘州分设甘肃等处行中书省。元贞元年（1295）罢宁夏行省，并入甘肃行省。

宁夏县 清雍正二年（1724）改宁夏卫置，与宁朔县同为宁夏府治。治所即今宁夏银川市老城。1913年废府，1914年为甘肃宁夏道治。1928年为宁夏省会。1935年移治谢岗堡（今习岗镇）。1941年改为贺兰县。

宁夏府 明洪武三年（1370）改宁夏路置，属甘肃行省。治所即今宁夏银川市。辖境相当今宁夏西北部黄河沿岸地区。五年废。二十六年（1393）改置宁夏卫。清雍正二年（1724）复改为宁夏府，属甘肃省，并置宁夏、宁朔二县为府治。辖境相当今宁夏回族自治区。1913年废。

宁夏省 1928年置，省会在宁夏县（今宁夏银川市）。辖境相当今宁夏大部（固原市除外）和内蒙古狼山以西地。1954年撤销，以县、市并入甘肃省，蒙旗并入内蒙古。1958年10月25日建立宁夏回族自治区。简称“宁”。

宁夏前卫 明洪武十七年（1384）置，属陕西都司。治所在宁夏城内（今宁夏银川市）。清顺治十五年（1658）并入宁夏左屯卫。

宁夏道 ①明置宁夏河西道副使。清为宁夏道。治所在宁夏府（治今宁夏银川市），辖宁夏一府。1913年因与宁夏县名同，改为朔方道。

②1914年由朔方道改置，属甘肃省。治宁夏县（今宁夏银川市）。辖境约当今宁夏中卫、同心、盐池以北地区。1927年废。

宁夏路 亦作宁夏府路。元世祖至元二十五年（1288）改夏中兴府置，属宁夏行省（后省入甘肃行省）。治所即今宁夏银川市。辖境相当今宁夏西北部黄河沿岸地区。明洪武三年（1370）改为宁夏府。

宁夏镇 明“九边”之一。为军事重镇。治所在今宁夏银川市。镇守地区相当今宁夏北部黄河沿岸一带。后废。

宁郭镇 在今河南武陟县西北三十六里宁郭镇。本宋郭镇，后改宁郭。《明史·地理志》武陟县：“西北有宁郭城，景泰中筑。”清为宁郭镇。

宁部 宋大理置，属秀山郡。在今云南江川县东南六里旧州。辖境包有今云南华宁县。元改宁州。

宁朔卫 清雍正十二年（1734）置，治所在今内蒙古凉城县西南永兴镇。乾隆十五年十二月（1751年1月）改置宁远厅。

宁朔州都督府 唐置，寄治朔方县界。约在今陕西靖边县境。

宁朔县 ①北周置，属化政郡。治所在今陕西靖边县东北。隋属朔方郡。唐武德六年（623）为南原州治，贞观二年（628）省入朔方县。五年（631）复置，长安二年（702）又废。开元四年（716）复置，九年又废，其后再置。西夏废。

②清雍正二年（1724）改宁夏右屯卫置，与宁夏县同为甘肃宁夏府治。治所即今宁夏银川市老城。1913年废府，属朔方道（宁夏道）。1915年迁驻满城（今银川市西新城区）。1928年属宁夏省。1932年迁治王洪堡（今宁夏永宁县南望洪堡）。1941年迁瞿靖堡（今青铜峡市北瞿靖镇）。1942年又迁治小坝（今青铜峡市东北小坝镇）。1960年撤销，并入青铜峡市和永宁县。

宁朔郡 唐天宝元年（742）改宥州置，治所延恩县（今内蒙古鄂托克旗南境）。辖境相当今内蒙古鄂托克旗、鄂托克前旗及乌海市。至德二载（757）改为怀德郡。乾元元年（758）复改为宥州。

宁浦县 西晋太康元年（280）改昌平县置，为宁浦郡治。治所在今广西横县西南七里郁江南岸。南朝宋属宁浦郡。隋开皇间为简州治。大业初属郁林郡。唐为横州治，至德中移治今横县。明洪武初废入横州。

宁浦郡 西晋太康七年（286）改合浦属国都尉置，一说东汉建安二十三年（218）吴分郁林郡置，治所在宁浦县（今广西横县西南七里郁江南岸）。辖境相当今广西横县地。南朝宋移治涧阳县（今横县西南六十里郁江南岸）。齐移治安广县（今横县），后复移治宁浦县。隋开皇九年（589）平陈后废。唐天宝元年（742）改横州置宁浦郡，乾元元年（758）复为横州。

宁海场　即今山东垦利县西宁海乡。产海盐。北宋置宁海镇。清初置宁海场，设盐大使管理。康熙时并入永阜场。

宁海关　在今云南通海县东南。《清一统志·临安府》：宁海关“在通海县东南十里”。

宁海州　金大定二十二年（1182）升宁海军置，属山东东路。治所在牟平县（今山东烟台市东南牟平区）。辖境相当今山东省大姑河以东地区。元初属益都路，世祖至元九年（1272）直属中书省。明洪武初省牟平县入州，属莱州府。九年（1376）属登州府。1913年改宁海县。

宁海军　金天会二年（1124）刘豫置，治所在牟平县（今山东烟台市东南牟平区）。辖境相当今山东省大姑河以东地区。大定二十二年（1182）升为宁海州。

宁海县　①东晋永和三年（347）分鄞县、章安置，属临海郡。治所在今浙江宁海县东十里白峤村。南朝梁属赤城郡，陈属章安郡。隋开皇九年（589）废。唐武德四年（621）复置，属台州，徙治今浙江三门县城海游镇。七年（624）又废。永昌元年（689）再置，仍属台州，迁治今宁海县。元属台州路。明、清属台州府。民国初属浙江会稽道。1927年直属浙江省。

②东晋义熙七年（411）置，属海陵郡。治所在今江苏如皋市西南。唐废。

③唐至德二年（757）改安海县置，属玉山郡。治所在今越南东北部广宁省芒街东南玉山。乾元初属陆州。北宋初废。

④清雍正十二年（1734）置，属奉天府。治所即今辽宁大连市东北金州镇。道光二十三年（1843）改为金州厅。

⑤1913年改宁海州置，属胶东道。治所在今山东烟台市东南牟平区。1914年改名牟平县。

宁海城　即今河北秦皇岛市东北山海关南十里老龙头。明天启二年（1622）设龙武营于此。后亦称南海口关。清初设守备于此，康熙二十三年（1684）改设把总驻守。

宁海郡　南朝梁置，为黄州治。治所在安平县（今广西东兴市东南）。辖境相当今广西防城港市及越南芒街一带。隋开皇九年（589）废。

宁海镇　①唐置，在今浙江海盐县东。元置海沙巡检司于此。明洪武十九年（1386）巡检司移于海盐县东北。

②北宋置，属莆田县。在今福建莆田市东二十余里镇前。

③北宋置，属渤海县。在今山东垦利县西宁海乡。

④在今广东徐闻县东北曲界镇。明、清置巡司于此。

宁家陂　在今江西浮梁县南。《方舆纪要》卷85浮梁县：宁家陂“其水北注于昌江，名小坑港。相传梁末所凿，其旁壤地二千亩有奇。环山背水，道东有豪猪岭。其水北注成港，筑陂分水，西凿岭麓，引为石渠，以资灌溉，所谓宁家陂也。岁久堙塞，民苦浇瘠。正德三年，循故址疏导，始无石田之患”。

宁陵　在今河南宁陵县东南宁王城。战国魏地，信陵君被封于此。《史记·陈涉世家》：秦二世元年（前209），周市至魏，“欲立魏后故宁陵君咎为魏王”，皆此。

宁陵县　①西汉置，属陈留郡。治所在今河南宁陵县东南。东汉属梁国。南朝宋属谯郡。北齐废。隋开皇六年（586）复置，属亳州。大业初属梁郡。唐属宋州。北宋属应天府。金属归德府，大定二十二年（1182）徙治今宁陵县。民国初属河南开封道。1927年直属河南省。

②南朝梁置，属颍川郡。治所在今安徽凤台县西北。东魏武定六年（548）改为肥阳县。

宁戚城　在今山东章丘市东北。《水经·济水注》：杨绪沟“北径宁戚城西，而北流注于济水也”。清光绪《山东通志》卷34：宁戚城“在（章丘）县（按指县旧治绣惠镇）东北二十五里。齐大夫宁戚采邑”。

宁寇军　①唐天宝二年（743）置，属河西节度使。在今甘肃张掖市东北十余里。

②在今内蒙古额济纳旗东南哈拉浩特古城。《元和志》卷40甘州删丹县：宁寇军“在居延水两汉中，天宝二年置”。《新唐书·地理志》甘州删丹县：张掖河“傍河东壖屈曲东北行千里，有宁寇军，故同城守捉也，天宝二年为军”。

宁塔　在今西藏类乌齐县东南宁塔一带。藏语意为向阳坡。为藏北三十九族之一。见清乾隆《西藏志·外番》。

宁越府　元至正十八年（1358）朱元璋改婺州路置，为中书分省治。治所在金华县（今浙江金华市）。辖境相当今浙江省金华江流域及兰溪、浦江诸市县。至正二十年（1360）朱元璋改为金华府。

宁越郡　隋大业三年（607）改钦州置，治所在钦江县（今广西钦州市东北三十里）。辖境相当今广西钦州、防城港二市、灵山县及越南芒街一带。唐武德四年（621）复为钦州。

宁越营　清康熙二十三年（1684）改镇西千户所置，属建昌镇。治所在海棠关（今四川甘洛县西北海棠镇）。初设守备，后改都司驻此。

宁越堡　或作宁远堡。在今云南曲靖市南。《明史·何福传》：洪武二十四年（1391），“讨越州叛蛮阿资，破降之。择地立栅处其众，置宁越堡”。

宁葭　一作蔓葭。战国赵邑。在今河北石家庄市西北。《史记·赵世家》：武灵王二十年（前306），“王略中山地，至宁葭”。即此。

宁番卫　明洪武二十六年（1393）改苏州卫置，属四川行都司。治所在宁番城（今四川冕宁县）。明曹学佺《蜀中广记》卷34宁番卫：“环而居者皆西番种，故曰宁番。”清雍正六年（1728）改为冕宁县。

宁鲁堡 在今山西左云县北三十里宁鲁村。《方舆纪要》卷44大同府：宁鲁堡“嘉靖二十一年筑，万历初增修。周二里有奇。……后设市场于北，亦冲要处也”。

宁湖 又称明河。即今云南洱源县北茈碧湖。《明一统志》卷86大理府：“明河、宁湖，在浪穹县西北五里，周回五十里，水色如镜。”

宁强县 1942年改宁羌县置，属陕西省。治所即今陕西宁强县。

宁蒗 即今云南宁蒗彝族自治县。旧属永胜县，民国时有县佐驻此。

宁蒗设治局 1936年置，以原永宁府的蒗蕖州地合置，各取首字命名，直属云南省。治所即今云南宁蒗彝族自治县。1952年改宁蒗县。1956年改设宁蒗彝族自治县。

宁蜀郡 东晋永和八年（352）以三蜀流民置，属益州。治所在广都县（今四川双流县）。北周废。

宁新中 一作新中。战国赵邑。在今河南安阳市西南。《史记·秦本纪》：昭襄王五十年（前257），王龁从张唐“拔宁新中。宁新中更名安阳”。

宁新县 西晋太康元年（280）改新宁县置，属苍梧郡。治所在今广西苍梧县东南三十八里大坡镇城村。后废而复置。隋开皇初又废。

宁溪 即绥江。今福建建宁县南宁溪。《明史·地理志》邵武府建宁县：“南有绥江，源出金铙山，一名濉江，亦名宁溪，至绥城口，合蓝溪流入泰宁县界”，为泰宁溪。

宁溪千户所 明洪武二十九年（1396）置，属茶陵卫。即今湖南蓝山县西南二十里所城。

宁溪市 即今浙江黄岩市西宁溪镇。明万历《黄岩县志》卷1：宁溪市“在县西六十里”。1931年置宁溪镇。

宁塞军 ①唐开元二十六年（738）置，属陇右节度使。治所在廓州城（今青海化隆回族自治县西南六十里黄河北岸）。天宝初改为宁塞郡。

②唐方镇名。光化元年（898）改保塞军置，治所在延州（今陕西延安市东）。后改名卫国军。

宁塞县 金泰和元年（1201）置，属临潢府。治所在今内蒙古扎鲁特旗西北民主村古城。元废。

宁塞郡 唐天宝元年（742）改廓州置，治所在广威县（今青海化隆回族自治县西南六十里黄河北岸群科镇古城）。辖境相当柜青海尖扎、贵德二县及化隆回族自治县西部地。乾元元年（758）复为廓州。

宁塞营 明置，属榆林卫。即今陕西吴起县东北宁塞城。《方舆纪要》卷61榆林镇引《旧志》曰：“宁塞营，在延安府保安县北百八十里。旧名兀剌城，正统三年，改筑宁塞城，设军备御。”

宁塞砦 亦名临塞砦。北宋置，属廓州。在今青海化隆回族自治县西南。《宋史·地理志》廓州：“东至宁塞砦一十七里。”

宁静山 即今西藏芒康县西之芒康拉，为横断山脉峡谷区主要山脉之一，是金沙江与澜沧江的分水岭。清《西藏图考》卷3：雍正五年（1727）“于巴塘西、察木多之东，勘定疆界，立界碑于南墩之宁静山。山以东属巴塘，山以西属藏地”。

宁静州 唐置，为羁縻州，属芳池州都督府。在今甘肃华池县西北境。后废。

宁静县 1912年置，属四川昌都府，后划归川边特别区。1939年后属西康省。驻江卡（今西藏芒康县西）。后设江卡宗。

宁静镇 唐置，属维州。在今四川理县东北。后废。

宁德市 1988年撤销福建省宁德县，改设宁德市，市人民政府驻蕉城区，仍属宁德地区。1999年撤销宁德地区，改设地级宁德市；原县级宁德市改置蕉城区。

宁德县 五代闽龙启元年（后唐长兴四年，933）升感德场置，属长乐府。治所即今福建宁德市。《福建通纪·地理志》：“取名合宁川、感德二处也。”宋属福州。元改属福宁州。明初属福州府，成化九年（1473）复属福宁州。清雍正十二年（1734）属福宁府。1913年属东路道。1914年属闽海道。1928年直属福建省。1988年改设宁德市。

宁霍铁路 从黑龙江宁年（今富裕县）向北至霍龙门（今嫩江县东北）。1930年建成宁年至拉哈段。1933年修至讷河（今讷河市）。称宁讷铁路。1937年通至墨尔根（今嫩江县）。1939年通至霍龙门。

宁疆堡 在今陕西府谷县境。《宋史·地理志》府州：宁疆堡，“宣和六年，独移庄岭建堡，赐名宁疆”。

穴口镇 北宋置，属长寿县。即今湖北钟祥市南一百三十里旧口镇。

穴山 在今越南北部太原省境。《方舆纪要》卷112安南太原府：穴山“在府西弄石县境。有岩洞，可通行舟。或曰即金溪穴中也”。

穴坊庄 即今山东莱阳市南六十六里穴坊镇。清光绪《山东通志》卷2《舆图志》：莱阳县东南有穴坊庄集。

穴房庄 即今山东莱阳市东南穴坊镇。1945年山东革命根据地置五龙县治此。

穴城戍 应在今河北古北口以北潮河上游一带。《资治通鉴》：南朝梁普通七年（北魏孝昌二年，526），“魏安州石离、穴城、斛盐三戍兵反，应杜洛周”，即此。

它山堰 又称小江湖。在今浙江宁波市鄞州区西南鄞江镇。建于唐太和七年（833），由当时水利家王元玮主持建造。此堰全长134.4米，宽4.8米，高27米，堰坡左右有石级，堰体用巨大条石砌成。这一石坝水利工程的兴建，解决了二十余万亩农田的灌溉、宁波城市居民的生活用水，以及宁波平原因鄞江海水倒灌而造成的洪水泛滥和咸潮浸蚀的灾害。《方舆纪要》卷 92 宁波府鄞县：小江湖“在府西南五十里它山下，即它山堰也。今曰南塘河。会稽、上虞以东，高山深谷，络绎环绕，层次引流，皆汇于此。唐长庆中，舒亶《引水记》云：它山者，四明众山水所萃。一作雨，则涧壑交会为漫流；即岁旱，溪流亦未尝绝也。但岁久水堙，作引水法为之，即可复旧。太和中，王元玮为令，相地势，谓大江夹诸山直上接平水，而溪所从来者高，至它山，始两岐之，水稍散漫。江北惟此山四无附丽，故谓之它。它山麓皆石，趾插江底，可藉为堰。乃治堰跨两山麓，南北阔皆四十二丈，石级三十有六，冶铁灌之，渠与江截为二，堰高而甚中，涝则什七入江，什三入溪；旱则什七入溪，什三入江，邑西七乡之田，俱恃以灌溉”。1988 年定为全国重点文物保护单位。

它乾城　本龟兹国地。东汉永元三年（91）置西域都护于此。在今新疆库车县东牙哈乡塔汗其。《后汉书·西域传》：班超“居龟兹它乾城”。即此。

它漏河　①即今内蒙古科尔沁右翼前旗境之洮儿河。《新唐书·黑水靺鞨传》：粟末部“依粟末水以居，水源于山西，北注它漏河”。

②亦作他漏河。指今黑龙江省西部之嫩江。《新唐书·黑水靺鞨传》：粟末部“依粟末水以居，水源于山西，北注它漏河”。

讨来河　一名洮赉河。即今甘肃西部陶勒河、北大河。《清一统志·肃州》：讨来河“在州南。下游合张掖河，即古呼蚕水也”。

讨虏渠　在今河南漯河市郾城区东。《三国志·魏书·文帝纪》：黄初六年（225）三月，“行幸召陵，通讨虏渠”。即此。

让川州　唐开元后置羁縻州，属雅州都督府。治所在今四川小金县境。北宋属雅州。后废。

让水　①在今四川江油市南。《元和志》卷 33 昌明县：“廉水，经县东北，去县五里。让水，出县北平地。”《南史·胡谐之传》：“（范）柏年本梓潼人。……见宋明帝。帝言次及广州贪泉，因问柏年：‘卿州复有此水不?’答曰：‘梁州唯有文川、武乡、廉泉、让水。’”

②一名逊水。在今陕西南郑县西南。承廉水下流溉田之余，东南流至古廉水城侧。《南史·胡谐之传》：范柏年见宋明帝，“帝言次及广州贪泉，因问柏年：‘卿州复有此水不?’答曰：‘梁州唯有文川、武乡，廉泉、让水。’又问：‘卿宅在何处?’曰：‘臣所居廉、让之间’”。

让水乡　在今四川江油市西北大康镇境。《寰宇记》卷 83 彰明县：“初在清廉乡，大同四年移于让水（乡）。”

让库尔　即今帕米尔高原东北郎库里。清属喀什噶尔。光绪中，为俄国所侵占。宣统《新疆图志》卷 5：光绪十八年（1892），“俄兵筑垒于让库尔”。即此。今属塔吉克斯坦。

训州　唐置，为羁縻州，属黔中都督府。治所在今贵州安龙县南。南宋后废。

议论堡　在今河北任丘市东十五里。清设议论社。

记施国　在今伊朗波斯湾卡伊斯岛。南宋赵汝适《诸蕃志》卷上：“记施国在海屿中，望见大食半日可到。”《元史·地理志·西北地附录》译作怯失。

写干　即今江西余干县。《越绝书·记地传》：“大越故界，浙江至就李，南姑末、写干。”

写口渠　在唐东都城北部，今河南洛阳市旧城中。徐松《唐两京城坊考》载：写口渠“渠自宣仁门南，枝分泄城渠，南流与皇城中渠合，循城南流，至立德坊之西南隅，绕其坊，屈而东流入漕渠之西，有司农官硙”。

写凤州都督府　唐龙朔元年（661）置，属安西都护府。治所在帆延国罗烂城（今阿富汗喀布尔西巴米安）。8 世纪中废。

写谷　亦作雁谷。在今青海湟源县西。《后汉书·邓训传》：章和年间，“训因发湟中秦、胡、羌兵四千人，出塞掩击迷唐于写谷”。李贤注：“《东观记》写作雁。”

礼山　在今湖北广水市东北。《方舆纪要》卷 77 应山县：礼山“在县东八十里。梁礼山县盖置于山下”。

礼山关　在今河南信阳市南，河南、湖北二省交界处。《元和志》卷 27 应山县：礼山关“因古礼山县为名。武德八年县废，即《齐志》所谓武阳关也”。

礼山县　①隋开皇九年（589）改东随县置，属应州。治所在今湖北广水市东北。以礼山为名。大业初属义阳郡。唐初属应州，武德八年（625）废。

②1933 年析孝感、黄安、黄陂三县及河南罗山县地置，属湖北省。治所在毛家集（今湖北大悟县东南新城镇西北）。以境内礼山为名。1937 年移治河背咀（今大悟县东南三十二里新城镇）。1951 年移治二郎店（今大悟县）。1952 年改名大悟县。

礼义山　又作礼仪山。在今四川渠县东北六十里三汇镇西南渠江东岸。南宋宝祐三年（1255），为抗蒙元建城于此。《宋史·地理志》渠州：“宝祐三年，徙治礼义山。”《元史·宪宗纪》：九年（1259），“诸王莫哥都复攻渠州礼义山”。

礼义城　南宋宝祐三年（1255）为抗蒙元建，迁渠州治此。在今四川渠县东北六十里三汇镇渠江东岸洪溪村礼义山。《元史·杨文安传》：中统元年（1260），“攻礼义城，杀伤甚众，夺其粮船，绕出通川”。即此。今古城尚存，有宋《知郡都统使胡公全城却敌之记》碑，阴刻“礼义城图”。

礼义镇　即今山西陵川县西礼义镇。《清一统志·泽州府》“南马镇”条下：礼义镇“在县西四十里。有寨”。

礼丹县　北宋置，属镇宁羁縻州。治所在今广西环江毛南族自治县西。熙宁八年（1075）废。

礼仪山 亦作礼义山。在今四川渠县东北。《方舆纪要》卷68渠县：礼仪山“在县东六十里。上有城址。宋宝祐三年，尝徙渠州治礼仪山，以拒蒙古是也”。

礼乐滩 在南海中中国南沙群岛东北部，位于安塘滩东北。南北长130公里，东西宽约65公里。一般水深18米左右。1935年公布名称为卢滩。1947年改名礼乐滩。

礼乐墟 即今广东江门市新会区东礼乐镇。清光绪《广东舆地全图》：新会县东有“礼乐”。

礼州 元世祖至元十五年（1278）置，属建昌路。治所在今四川西昌市西北六十里礼州镇。辖境相当今四川西昌市北境及冕宁县南境。明洪武十五年（1382）属建昌府。二十七年（1394）废。

礼州中中千户所 明洪武十五年（1382）置，属建昌卫。治所在礼州（今四川西昌市西北六十里礼州镇）。清雍正六年（1728）废。

礼州后（後）千户所 明洪武十五年（1382）置，属建昌卫。治所在礼州（今四川西昌市西北礼州镇）。清雍正六年（1728）废。

礼州所 明洪武十五年（1382）于礼州置，属建昌卫。治所在今四川西昌市西北六十里礼州镇。清雍正六年（1728）废。

礼州镇 清置，属西昌县。即今四川西昌市西北六十里礼州镇。有县丞驻此。民国初改设县佐。

礼县 明成化九年（1473）置，属秦州。治所即今甘肃礼县。明郭子章《郡县释名》陕西卷上：礼县“筑城于（礼店千户）所城西，从礼店之旧也”。清初属巩昌府，雍正七年（1729）还属秦州。民国初属甘肃渭川道。1927年直属甘肃省。

礼社江 ①即今云南南部之红河。元代以来称礼社江。《方舆纪要》卷115临安府：礼社江“在府西。源出大理府赵州之定西岭，流经楚雄府定边县，合阳江之水，为定边河；东南流经镇南州，为马龙河；又南经磴嘉县而入新化州界，谓之摩沙勒江；又历元江府东南，入府西南境；经纳楼茶甸为禄丰江；历亏容甸为亏容江；过蒙自县为梨花江；又东南流入交趾界，合于清水江”。

②即今云南之元江。《明一统志》卷87元江军民府：礼社江“一名元江。源自白厓江，合澜沧江，流绕府城，东南入南安州”。

礼贤庄 即今北京市大兴区（黄村）东南四十二里礼贤镇。相传燕昭王筑黄金台，礼贤下士，四方豪杰慕名而来，礼贤之名即取义于此。清名礼贤庄，为县丞驻所。

礼贤县 南宋咸淳三年（1267）改江山县置，属衢州。治所在今浙江江山市西南三十六里礼贤镇。元世祖至元十三年（1276）复名江山县。

礼贤镇 北宋置，属江山县。即今浙江江山市西南三十六里礼贤镇。南宋咸淳三年（1267）至元世祖至元十三年（1276）为礼贤县治。

礼舍镇 即今江苏无锡市西北礼社。清光绪《江苏全省舆图》无锡县图：西北有礼舍（镇）。

礼店千户所 明洪武四年（1371）改礼店文州军民府置，属岷州卫。治所即今甘肃礼县，十五年（1382）改属秦州卫。成化九年（1473）改置礼县。

礼店文州元帅府 元世祖至元七年（1270）置，属脱思麻路。治所在今甘肃礼县东四十里。明洪武四年（1371）改为礼店千户所。

礼河集 今安徽砀山县东李阁乡。《清一统志·徐州府二》“毛城集”条下：“礼河集在（砀山）县东北二十里。”

礼城 即垂惠聚。在今安徽蒙城县西北二十里。《水经·阴沟水注》：濄水“又东南屈，径郎山南，山东有垂德聚，世谓之礼城”。

礼信水 又名琴川水。在今江西上犹县西北一百五十里。《清一统志·南安府》：礼信水“源出礼信乡石溪，东南至琴江口入益浆水（上犹江）”。

礼部牧厂 清置，属礼部。驻地在查喜尔图插汉池（今内蒙古商都县东南察汗泊一带）。《清一统志·牧厂》：礼部牧厂“在张家口西北二百二十二里查喜尔图插汉池。东西距四十六里，南北距六十五里”清中叶以后渐废。

必力工瓦寺 明代西藏寺名。藏传佛教噶举教派止贡支派的主寺，1179年建。元代曾置迷儿军（即止贡别译）万户府，明代沿元制亦置必力公瓦万户，并于永乐十一年（1413）晋封为必力工瓦阐教王，准世袭。其地在今西藏墨竹工卡县直孔。

必力公瓦 元、明西藏止贡的译称。元代宣政院置乌思藏十三万户，于乌思地区（前藏）六个万户中有迷儿军万户，即必力公瓦万户之别称。明沿元制，洪武十八年（1385）置必力公瓦万户府，秩正四品。其治所在今西藏墨竹工卡县直孔区境。

必出江 在今青海柴达本盆地东北。《方舆纪要》卷64安定卫：必出江“在安定卫东。明永乐二十二年中，使乔来喜使西域，行至必出江，死于贼”。即此。

必兴河 又作毕歆河。在今俄罗斯滨海边疆区乌苏里江支流比金河。《明一统志》卷89女直：必兴河等“凡五十八处，自永乐年间俱来朝贡”。即此。

必赤里 即今青海贵德县。《元史·地理志》河源附录：河水北流“至贵德州，地名必赤里，始有州治官府”。

必里万户府 元置，属吐蕃等处宣慰司。治所在今青海贵德县。后废。

必里卫 明永乐元年（1403）改必里千户所置，属朵甘都司。治所在今青海贵德县。后废。

必里罕城 即班勒纥城。今阿富汗北境巴尔赫。《元史·速不台传》：“壬午，帝征回回国，其主灭里委国而去。……复命（速不台与只别）统兵万人由不罕川必里罕城追之。”

必库勒池　即今哈萨克斯坦江布尔西比利科尔湖。《清一统志·伊犁》：必库勒池“在伊犁西北。东南去阿克库勒池二百里，圆广亦如之。又西行入哈萨克界”。

永山　在今湖南永州市南。《方舆胜览》卷25永州：永山“在零陵县南九十里。州因以名”。

永川县　①南朝宋元嘉十年（433）置，属宋兴郡。治所在今四川成都市北。北周废。

②唐大历十一年（776）置，属昌州。治所即今重庆市永川区。《寰宇记》卷88永川县：“枕侯溪水，山川阔远，因名永川县。”元世祖至元二十年（1283）废入大足县。明洪武六年（1373）复置，属重庆府。民国初属四川川东道。1928年直属四川省，1992年改设永川市。1997年划归重庆市。2006年改设永川区。

永川郡　建置不详。北周属土州，治所在今湖北随州市东北境。隋开皇初废。

永丰（豐）　在今福建南靖县北。明、清置巡司于此。

永丰（豐）山　在今江西广丰县西南。《方舆纪要》卷85广信府永丰县：永丰山，“《志》云，永丰山形如石囷，下瞰溪流。旧传山生石乳，赤则岁旱，白则年丰，因名永丰”。《清一统志·广信府一》：永丰山“在广丰县西南二十五里”。

永丰（豐）乡水　即今江西永丰县东南墈下河。《方舆纪要》卷87吉安府永丰县：永丰乡水“在县南。出兴国县境，北流经县界入于恩江”。

永丰（豐）水　①即今江西永丰县南恩江。《方舆纪要》卷87吉安府永丰县：恩江在“县治南。亦曰永丰水。源出乐安县及宁都、兴国三县界，汇流经此，又西合麻江诸水而入吉水县界，下流入于赣江”。

②在今江西吉水县城南。《方舆纪要》卷87吉安府吉水县：永丰水“在县城南，即恩江下流也。自永丰县流入界，其间有麻江、黄竹渡、摇步、末宁、龙门、永丰乡、白水、阳丰、庐陵峡、乌江诸水，皆会流而入赣江”。

永丰（豐）仓　在今陕西华阴市东北渭河入黄河处。《资治通鉴》：隋大业九年（613），杨玄感围东都，其党李子雄劝玄感“不如直入关中，开永丰仓以振贫乏”。又，义宁元年（617），汾阳薛大鼎说李渊曰：“自龙门直济河，据永丰仓，传檄远近，关中可坐取也。”《元和志》卷2华州华阴县：“永丰仓，在县东北三十五里渭河口，隋置。义宁元年因仓又置监。”

永丰（豐）市　即今湖南双峰县治。旧属湘乡县。明于此置巡司。清有县丞驻此。1915年置永丰镇。1952年始为双峰县驻地。

永丰（豐）州　清雍正五年（1727）析广西泗城府及西隆州地置，属南笼府。治所即今贵州贞丰县。嘉庆二年（1797）改为贞丰州。

永丰（豐）县　①三国吴甘露元年（265）分荔浦县永丰乡置，属始安郡。治所在今广西荔浦县西北五十里花篢镇老县。南朝宋属始建国。齐复属始安郡。隋开皇十年（590）废。唐武德四年（621）复置，属荔州。贞观十二年（638）属昭州，长庆三年（823）改为丰水县。

②北魏太平真君十三年（452）置，为金明郡治。治所在今陕西安塞县西北。北周废。

③隋开皇五年（585）升永丰镇置，属丰州。治所在今内蒙古巴彦淖尔市临河区东北。大业初属五原郡。唐武德六年（623）废，永徽元年（650）复置，仍属丰州。后废。

④唐乾元元年（758）置，属信州。治所即今江西广丰县。《元和志》卷28信州：永丰县“本弋阳县进贤乡永丰里之地，乾元元年置，因里为名”。元和七年（812）省入上饶县。北宋熙宁七年（1074）复置，属信州。元属信州路。明属广信府。清雍正九年（1731）改名广丰县。

⑤北宋至和元年（1054）由吉水县析置，属吉州。治所在报恩镇（今江西永丰县）。元属吉安路。明、清属吉安府。民国初属庐陵道。1927年直属江西省。

永丰（豐）陂　在今安徽南陵县东南六十里。《新唐书·地理志》南陵县：“有永丰陂，在青弋江中，咸通五年置。”《方舆纪要》卷28南陵县：永丰陂“在县东南六十里，引青弋江为陂以溉田。《唐史》，咸通五年修南陵永丰陂。宋亦时屡修筑。绍兴二十三年，诏以永丰圩赐秦桧。乾道初，改赐建康都统司。二年，臣僚言，桧竭江东漕计，修筑圩堤，以故水患及宣、池、太平、建康，乃命废永丰圩”。

永丰（豐）驿　明弘治十七年（1504）置，属会同县。在今海南省琼海市东北塔洋镇。

永丰（豐）郡　北齐置，属北燕州。治所当在今河北涿鹿县附近。隋开皇初废。

永丰（豐）监　北宋置，属池州。在今安徽池州市东北郊。《元丰九域志》卷6池州：永丰监（州东北二里）“至道二年置，铸铜钱”。《续资治通鉴长编》：北宋至道二年（996）十月，“诏以池州新铸钱监为永丰监。先是饶州有永平监，兵匠多而铜锡不给。知州马亮请分其工之半，别置监于池州，诏从之。于是岁增铸钱数十万缗”。一说在梅根监。《方舆纪要》卷27贵池县：“宋至道二年以池州钱监为永丰监。或曰：即故梅根监。”

永丰（豐）集　即今河南项城市南二十三里永丰乡。清宣统《项城县志》卷1：县旧治（老城）北有“永丰集”。

永丰（豐）溪　在今江西广丰县城南。《舆地纪胜》卷21信州：永丰溪“在永丰县。与上饶江合流”。《清一统志·广信府一》：永丰溪“在广丰县城南。一名乾封溪，自福建浦城县之盘亭来，抵双门山，合永平溪，经县东四十五里为杉溪，才通舟楫。又右汭玉涧桥水，并流数里，绕县之南，合西桥水为黄塘港，下洋口滩，直抵上饶境，与玉溪合”。

永丰（豐）墟　即今江西兴国县西南三十里永丰

乡。清同治《江西全省舆图》卷9：兴国县西南有永丰墟。

永丰（豐）镇 ①北周武帝保定元年（561）置，在今内蒙古巴彦淖尔市临河区东北。隋开皇五年（585）升为永丰县。

②北宋置，属泰兴县。即今江苏泰兴市东北四十二里黄桥镇。

③北宋置，属招安县。在今山东沾化县（富国）西永丰镇。

④北宋置，属彭山县。在今四川彭山县南十五里双旋子。

⑤明置，属建德县。即今安徽东至县西南昭潭镇北永丰村。明、清置巡司于此。

⑥即今陕西蒲城县东北五十里永丰镇。清乾隆四年（1739）曾置永丰镇巡司。

永丰（豐）库遗址 在今浙江宁波市区中山西路北侧唐宋子城遗址内。系元代庆元路衙署仓储区遗址。该遗址规模宏大，布局清晰，保存完整，总建筑面积9600平方米，是我国首次发现的古代地方城市大型仓库遗址，是宋元时期考古重大突破。遗址以两处单体建筑基址为核心，并有与之相关的砖砌甬道、庭院、排水沟、水井、河道等众多遗迹，营构模式非常独特。出土的宋元时期江南和中原地区著名窑系的陶瓷产品等各类文物八百余件，充分反映了古代宁波在对外交通贸易中的重要地位，是迄今为止宁波最重要的城市考古发掘。2006年定为全国重点文物保护单位。

永水 在今湖南永州市南九十里。《方舆纪要》卷81永州府零陵县：永水“源出府西南百里之永山，东北流入湘江。州以此名”。

永仁县 1924年改苴却行政区置，属云南腾越道。治所在今四川攀枝花市南仁和街。取境内永定、仁和两大集镇首字命名。1929年直属云南省。1940年后迁治今云南永仁县治永定镇。

永从长官司 明初改福禄永从长官司置，属思州宣慰司。治所即今贵州黎平县南永从乡。后废。永乐元年（1403）复置，属贵州卫。十二年（1414）属黎平府。正统六年（1441）改为永从县。

永从县 明正统七年（1442）置，属黎平府。治所即今贵州黎平县南永从乡。民国初属贵州镇远道。1923年直属贵州省。1941年撤销，并入从江县。

永从溪 在今贵州黎平县南。《方舆纪要》卷121黎平府永从县：“永从溪在县（今永从镇）南三里。源出江头山，东流入湖广通道县界，为多星江。”

永正县 即永贞县。治所在今江苏扬州市邗江区南扬子桥附近。《宋史·地理志》扬子县：“本扬州永正县之白沙镇。”

永世县 ①西晋太康元年（280）改永平县置，属丹阳郡。治所在今江苏溧阳市南十五里古县村。隋大业初属宣城郡。唐初废。《资治通鉴》载：南朝宋泰始初，晋安王子勋举兵寻阳（寻阳郡治在今江西九江市），会稽、义兴、吴郡、吴兴、晋陵诸郡皆应，“东兵已至永世，宫省危惧”，即此。

②隋开皇初改昌松县置，治所在今甘肃武威市东南汉苍松县南。后复改昌松县。

永石郡 十六国后赵置，治所即今山西吕梁市离石区。后燕改置离石护军。

永龙县 1934年10月中央革命根据地由永丰、龙冈两县合并改置，治所在旸霁（今江西宁都县西北旸霁）。以永丰、龙冈二县各取一字为名。同年12月废。

永龙镇 北宋初置，属京山县。即今湖北京山县西南七十四里永隆镇。

永平千户所 明洪武十九年（1386）置，属永昌卫。治所即今云南永平县。清康熙七年（1668）废。

永平卫 明洪武四年（1371）置，属北平都司。治所即今河北卢龙县。清康熙二十七年（1688）废。

永平汛 在今广东惠州市惠阳区（淡水镇）西北永平村。隔水接博罗、东莞界。清有把总驻防。

永平军 ①唐方镇名。（1）大历七年（772）以滑亳节度使为永平军。治所在滑州（今河南滑县东南八里城关镇）。领滑、亳（今安徽亳州市）、陈（今河南淮阳县）三州。十四年（779）徙治汴州（今河南开封市）。兴元元年（784）徙治滑州。贞元元年（785）改为义成军。（2）唐文德元年（888）置，治所在邛州（今四川邛崃市）。辖境相当今四川崇州、新津西南，大渡河中游以东、以北地区。大顺二年（891）废。

②五代方镇名。（1）前蜀置，治所在雅州（今四川雅州市西）。北宋乾德三年（965）废。（2）后梁改祐国军置，治所在大安府（今陕西西安市）。后晋改为晋昌军。

永平村 在今广西浦北县北。明置巡司于此。

永平县 ①三国吴分溧阳县置，属丹阳郡。治所在今江苏溧阳市南十五里古县村。西晋太康元年（280）改为永世县。

②西晋改觻得县置，为张掖郡治。治所在今甘肃张掖市西北四十里。十六国北凉曾建都于此。隋开皇十七年（597）改名酒泉县。

③西魏大统二年（536）置，属义川郡。治所在今陕西宜川县西北。大统三年（537）改为云岩县。

④隋开皇十年（590）改夫宁县置，为藤州治。治所在今广西藤县东北浔江南、北流江东岸。大业初为永平郡治。唐武德四年（621）复为藤州治。贞观初改为镡津县。

⑤唐证圣元年（695）置，属昭州。治所在今广西平乐县东北历塘村。《元和志》卷37昭州永平县：“因乡为名。”北宋开宝五年（972）废入平乐县。

⑥唐渤海国置，属扶余府扶州。治所在今吉林农安县境。辽属龙州、黄龙府。后废。

⑦北宋崇宁二年（1103）改渠阳县置，为靖州治。治所在今湖南靖州苗族侗族自治县渠水东岸。南宋绍兴八年（1138）移今靖州苗族侗族自治县。明洪武九年（1376）废入靖州。

⑧辽以永平寨置，属银州。治所在今辽宁铁岭县东北。金废。

⑨金改北平县置，属中山府。治所即今河北顺平县。贞祐二年（1214）升为完州。元世祖至元二年（1265）降为永平县，寻复为完州。

⑩蒙古宪宗七年（1257）置永平千户，元世祖至元十一年（1274）改县，属永昌府。治所在老街（即今云南永平县）。民国《永平县志书》："以博南县设于明帝永平时，故改今名。"即以东汉年号永平为县名。清乾隆二十四年（1759）迁治今县西山东麓的新城，同治十年（1871）迁治今县南十里曲硐，光绪十八年（1892）迁回老街，1912年复迁曲硐。民国初属云南腾越道。1929年直属云南省。1936年又迁治老街。

永平里　在今云南马关县西六十八里八寨镇。清代以原八寨长官司地置，为开化府所辖八里之一。嘉庆二十五年（1820）改属安平厅。1914年属马关县。

永平府　明洪武四年（1371）改平滦府置，属北平行中书省（后属京师）。治所在卢龙县（今河北卢龙县）。辖境相当今河北省长城以南的陡河以东之地。清属直隶省。1913年废。

永平驿　明置，在今云南永平县东。《方舆纪要》卷118永平县：永平驿"在县治东五里"。

永平城　在今浙江淳安县西北威坪镇附近。北宋宣和二年（1120）置威平巡司。明初改永平巡司。后废。

永平郡　东晋升平五年（361）置，属广州。治所在安沂县（今广西岑溪市西北）。南齐移郡治夫宁县（今广西藤县东北）。梁于郡置石州。隋开皇十年（590）改为藤州。大业三年（607）复为永平郡，治所在永平县（今广西藤县东北）。辖境相当今广西藤县、岑溪、容县、平南等县市及苍梧县西部地。唐武德四年（621）改为藤州。

永平都督府　唐置，为党项羁縻府，属灵州都督府。其地当在今宁夏黄河两岸地。后废。

永平监　唐置，在今江西鄱阳县城东。《元和志》卷28饶州："永平监置在郭下，每岁铸钱七千贯。"《元丰九域志》卷6饶州：永平监在"州东四里"。《方舆纪要》卷85饶州府鄱阳县"棠阴镇"条下：永平监"在府城东，唐所置铸钱处也。宋亦为永平监，元废。今为永平关"。

永平站　元置，即今湖南汨罗市东北大荆。明改置大荆驿。

永平陵　东晋穆帝司马聃陵墓。在今江苏南京市北幕府山南麓。《清一统志·江宁府二》引张敦颐《六朝事迹》：晋穆帝永平陵"在幕府山之阳"。

永平馆　在今北京市城南。《方舆纪要》卷11顺天府：永平馆在"府南十里，一名碣石馆，辽时朝士宴集处"。

永平堡　明置，属石泉县。在今四川北川羌族自治县西北漩坪乡。《方舆纪要》卷73石泉县：永平堡"在县东二十里。《志》云：堡设在山崖，形势陡拔，控制白草诸番隘口。由永平而西三里为奠边关，关南里许为火草坪，坪北十五里为万安堡。万安东二十里为喜定堡，俱属永平偏将戍守"。

永平路　元大德四年（1300）改平滦路置，属中书省。治所在卢龙县（今河北卢龙县）。辖境相当今河北省长城以南的陡河以东地。明洪武初改为平滦府。

永平寨　①北宋置，属延安府延川县。即今陕西延川县西北永坪镇。

②北宋置，属邕州。治所在今越南谅山省南禄平。元以后废。

③即今福建武平县北永平。《方舆纪要》卷98武平县"象洞寨"条下："又永平砦，在县北六十余里，地名帽礤。宋淳祐中置寨。明初改巡司。"

永平镇　①唐改延平军置，即今福建南平市。五代晋开运初闽王延政于此置龙津县。

②即今陕西延川县西北永坪镇。1934年西北革命根据地置赤光县治此。

永北厅　清乾隆三十五年（1770）改永北府置永北直隶厅，属云南省。治所即今云南永胜县。辖境约当今云南永胜、华坪、宁蒗三县地。1913年废为县。

永北县　1913年改永北厅置，后属云南腾越道。治所即今云南永胜县。取元永宁、北胜二土州各一字为名。1929年直属云南省。1934年改永胜县。

永北府　清康熙三十七年（1698）改北胜州置，属云南省。治所即今云南永胜县。民国《云南永北县地志资料全集》："永北，元朝北胜、永宁二土州，……取永宁、北胜各首一字，定名之曰永北。"辖境约当今云南永胜、华坪、宁蒗三县地。乾隆三十五年（1770）改永北厅。

永业县　隋开皇十年（590）改永业郡置，属建州。治所在今广西岑溪市东筋竹镇。后废。开皇十六年（596）复置。大业三年（607）属永熙郡。唐武德五年（622）改为安义县。至德中复为永业县，属义州。北宋初废入岑溪县。

永业郡　南朝陈置，属建州。治所在今广西岑溪市东筋竹镇。辖境相当今广西岑溪县东部地。隋开皇十年（590）改为永业县。

永归县　西魏改白水县置，属普安郡。治所在今四川剑阁县（下寺镇）西南店子乡。隋属普安郡。唐武德初属始州。先天二年（713）属剑州。天宝初属普安郡。乾元初复属剑州。北宋乾德五年（967）废入剑门县。

永乐县　①北魏延昌三年（514）改长乐县置，属晋昌郡。治所在今陕西石泉县南一里。西魏废帝元年

(552）改名石泉县。

②北魏永熙中置，为建安郡。治所不详（当在今山西北部地）。后废。

③北魏正光末置，属乐良郡。治所在今辽宁北票市东南大凌河西岸。后废。

④东魏兴和二年（540）置，属乐良郡。治所在今河北满城县西北五里鱼条山下。北齐属昌黎郡。北周移治北平故县（今满城县北十里）。隋属上谷郡。唐属易州，天宝元年（742）改名满城县。

⑤北周武成二年（560）改河北县置，属河北郡。治所在今山西芮城县西南三十二里永乐镇。保定三年（563）废。唐武德二年（619）复置，属芮州。治所在今芮城县东北，七年（624）移治今芮城县西南永乐镇。贞观八年（634）改属蒲州，北宋熙宁六年（1073）废。

⑥辽置，为锦州治。治所即今辽宁锦州市。元废入州。

⑦1947年晋冀鲁豫边区由永济县析置，属太行区。治所在永乐镇（在今山西芮城县西南三门峡水库区）。1949年裁撤，并入永济县（后又划归芮城县）。

永乐店 即今北京市通州区南五十里永乐店镇。当凉水河滨。清于此设义仓，并设把总驻此。

永乐城 亦名银川城、银川砦。在今陕西米脂县西北马湖峪，为宋与西夏必争之地。《宋史·徐禧传》：元丰五年（1082），“延帅沈括欲尽城横山，瞰平夏，城永乐……遂城永乐，十四日而成”。并移银州治此。旋为西夏所陷。崇宁四年（1105）收复，次年废为银川城。

永乐宫 ①北魏离宫。在平城北苑中，今山西大同市北。《魏书·高祖纪》载：太和元年（477）九月，“起永乐游观殿于北苑，穿神渊池”。后来永乐游观殿围筑墙垣，成为永乐宫，神渊池即永乐宫池。太和十六年（492）孝文帝“移御永乐宫”。

②原在今山西芮城县西永乐镇，通称永乐宫。相传为道教“八仙”之一的吕洞宾故里，唐代建为吕公祠。元世祖中统三年（1262）重建，改号纯阳宫。宫内主体建筑有三清殿、纯阳殿、重阳殿等。各殿精美的元代壁画，为我国绘画史上的杰作。旧址因在三门峡水利工程淹没区内，1959年开始迁于芮城北龙泉村古魏城遗址。1961年定为全国重点文物保护单位。

永乐涧 在今山西芮城县西。《水经·河水注》：“河水又东，永乐涧水注之，水北出于薄山，南流径河北县故城西，……又南入于河。”

永乐渠 在今安徽寿县南。《新唐书·地理志》寿州安丰县：“东北十里有永乐渠，溉高原田。广德二年，宰相元载置，大历十三年废。”

永乐堡 即今山西古县东南永乐乡。《清一统志·平阳府一》“安民堡”条下有“永乐”堡。

永乐群岛 南海中中国西沙群岛西部岛群，属海南省。旧称下八岛或西八岛，由甘泉、珊瑚、金银、伏波、广金、琛航、中建、盘石屿等八个岛屿组成。1935年公布名称为库勒生特列岛。1947年改名永乐群岛，以纪念明朝永乐至宣德年间郑和七下西洋而命名。永乐是明成祖朱棣的年号（1403—1424）。开始时，永乐群岛只包括永乐环礁部分。1987年扩大范围，包括西沙群岛西部的所有岛、礁。

永乐镇 ①北宋废永乐县置，属河东县。在今山西芮城县西南三十二里永乐镇。

②清置，属泾阳县。即今陕西泾阳县东永乐镇。

③即今黑龙江省肇州县西北永乐镇。民国熊知白《东北县治纪要》黑龙江省肇州县：“县属永乐镇，别名三道冈子，距老城基二十五里。”

永宁山 ①原名泰宁山。在今河北易县西五十里。清乾隆元年（1736）因清世宗雍正陵在此，封为永宁山。

②在今浙江台州市黄岩区东。《寰宇记》卷98台州：黄岩县有“永宁山”。《舆地纪胜》卷12台州：永宁山“在黄岩县东五里。《旧志》云：因古县而名”。《方舆纪要》卷92黄岩县：永宁山“石壁峻特，四望皆方。一名方山”。

③在今浙江永嘉县南瓯江北岸。《史记·东越列传》：“都东瓯。”《索隐》：“姚氏云：‘瓯，水名。’《永嘉记》：‘水出永宁山，行三十余里，去郡城五里入江。’”明嘉靖《温州府志》卷2：永宁山“在（温州）城北十里。陶弘景隐此”。

④在今湖南平江县北六十里。《明一统志》卷62岳州府：永宁山“四壁削成，履云梯飞栈，而后可跻其端。沃野可耕，断戈朽镞，时出于土”。

永宁卫 ①明洪武四年（1371）置，属贵州都司。治所在今四川叙永县西城。万历四十年（1612）改属四川都司。清康熙初，属贵州威宁府，二十六年（1687）改为永宁县。

②明洪武十二年（1379）置，属永宁县。治所在今北京市延庆县东四十里永宁镇。清康熙三十二年（1693）并入延庆州。

③明洪武二十年（1387）置，属福建都司。治所在永宁（今福建石狮市东南永宁镇）。辖福全、中左、金门、高浦、崇武五守御千户所。清康熙五年（1666）废。《明通鉴》：嘉靖四十一年（1562）二月，“福建同安倭夜袭破永宁卫城，胁指挥王国瑞、钟埙、千户蔡朝阳降之”。即此。

永宁寺 ①北魏熙平元年（516）灵太后胡氏建，在今河南洛阳市东北汉魏故城内。《洛阳伽蓝记》卷1永宁寺：“中有九层浮图一所，架木为之，举高九十丈。上有金刹，复高十丈；合去地一千尺。去京师百里已遥见之。”永熙三年（534）毁于火。

②明永乐十一年（1413）亦失哈于奴儿干都司建，在今俄罗斯境内黑龙江下游特林地方。宣德七年（1432）重修。寺前立有二石碑，记载奴儿干都司设置经过及亦失哈等屡次宣谕镇抚其地情形。1904年两碑被沙皇俄国拆运至符拉迪沃斯托克（海

参崴）博物馆，后又移至哈巴罗夫斯克（伯力）博物馆。

永宁寺碑　明建，在今俄罗斯哈巴罗夫斯克边疆区黑龙江下游阿姆贡河（恒滚河）口对岸山上。永乐七年（1409）建立奴儿干都司后，内官亦失哈等多次奉命至其地，对当地少数民族进行宣谕抚慰。十一年亦失哈第三次至奴儿干时，在都司城西南建永宁寺。宣德七年（1432）第十次至其地，见寺被毁，次年遂委官重建。两次建寺皆立碑。永乐碑额题《永宁寺记》，碑文首行为“敕修奴儿干永宁寺记”，碑阴刻女真文、蒙古文，碑侧刻汉、女真、蒙、藏四种文字的佛教“六字真言”。宣德碑额题《重建永宁寺记》。两碑记述了建立奴儿都司的经过，亦失哈等屡次宣谕镇抚的情况，汉文详列各级官员监造、撰碑文、泥木石工匠名单。永宁寺虽早已倾圮，两碑屹立黑龙江边几达五百年。沙皇俄国侵占黑龙江以北乌苏里江以东领土后，光绪十一年（1885）曹廷杰奉清政府之命对被占区进行调查时，将碑文拓下公诸于世，引起中外学者的极大关注。1904年沙俄将两碑拆运藏丁符拉迪沃斯托克（海参崴）博物馆，后又移至哈巴罗夫斯克（伯力）博物馆。

永宁关　①宋置，即今陕西延川县东南七十里延水关。《明一统志》卷36延安府：永宁关“在延川县境，路通绥德。宋置，元废”。

②亦名延绥关。北宋置，在今陕西清涧县东七十里。后废。

③金改永宁寨置，属石楼县。在今山西石楼县西六十五里黄河东岸枣庄子村北。

永宁州　①唐南诏置，属建昌府（郡）。治所在今四川西昌市。后废。元世祖至元十七年（1280）复置，属建昌路。《元史·地理志》：“分建昌为二州，在城曰建安，东郭曰永宁。”明洪武十五年（1382）属建昌府。后废。

②元世祖至元十六年（1279）于答蓝置，属丽江路。治所在今云南宁蒗彝族自治县西北永宁乡。洛克《中国西南古纳西王国》：“答蓝，么些这个名字显然是西藏语永宁的模仿，因为藏语喊永宁为答蓝。其意为到涅槃的道路，也就是中国名称永宁（永久的和平）的意思。”永乐四年（1406）升为府。

③元置，属普定路。治所在今贵州关岭布依族苗族自治县西南永宁镇北十里。后废。明洪武十四年（1381）复置，属普定府。嘉靖十一年（1532）徙治关索岭千户所（今关岭布依族苗族自治县）。万历四年（1576）移治安南卫（今晴隆县），属安顺府。天启间移治今关岭布依族苗族自治县西南永宁镇。1913年降为永宁县。

④明隆庆元年（1567）改石州置，属太原府。治所即今山西吕梁市离石区。辖境相当今山西吕梁市离石区及中阳、柳林等县地。万历二十三年（1595）改属汾州府。1912年改为永宁县。

⑤明隆庆五年（1571）升古田县置，属桂林府。治所在今广西永福县西北百寿镇。明郭子章《郡县释名》广西卷：永宁州“永永安宁之义”。辖境相当今广西永福县及临桂县部分地。清代不辖县。1912年改为永宁县。

⑥清光绪三十四年（1908）改叙永直隶厅置，属四川省。治所即今四川叙永县。辖境相当今四川叙永、古蔺二县及兴文县东部地。1913年废，本州改为叙永县。

永宁江　①椒江支流。在今浙江台州市西南。《元丰九域志》卷5：台州黄岩县有“永宁江”。《方舆纪要》卷92黄岩县：永宁江在“县北二十里。有二源：大源出县西南三百余里之尘山，东南流二百十里，至左溪村；小源出黄岩山，东北流，合于大源，皆平浅不通舟。合流三十里，至官岙村，无滩碛，直接永宁江，广逾百步，可通舟。又东流百里，过县北。又三十五里而为临海县海口，入于海”。

②即永嘉江。系今浙江南部之瓯江。《元和志》卷26温州：永嘉江“一名永宁江，在州东三里”。《明史·地理志》温州府永嘉县：永宁江“在城北。一名瓯江。一名永嘉江。自苍括诸溪汇流入府界，又东注于海”。

永宁安抚司　明洪武四年（1371）改永宁宣抚司置，属四川行中书省。治所在今四川叙永县东城。八年（1375）复升为永宁宣抚司。

永宁军　①五代唐长兴三年（932）置，治所在果州（今四川南充市北五里）。北宋乾德初废。

②北宋天圣七年（1029）改永定军置，治所在博野县（今河北蠡县）。宣和七年（1125）废。寻复。金天会七年（1129）升为宁州，天德三年（1151）改为蠡州。

永宁县　①东汉永和三年（138）分章安县置，属会稽郡。治所即今浙江温州市。以山得名。三国吴太平二年（257）属临海郡。东晋太宁元年（323）为永嘉郡治。隋开皇九年（589）改名永嘉县。

②西晋析姑复县置，属云南郡。治所在今云南宁蒗彝族自治县西北一百一十二里永宁。东晋废。

③北魏太和十八年（494）置，属义川郡。治所在今陕西宜川县东南。西魏改名太平县。

④北魏置，属高阳郡。治所在今河北满城县境。北齐迁至原乐乡县治（今清苑县东）。隋废。

⑤北魏改日勒县置，为西郡治。治所在今甘肃永昌县西北定羌庙东十里。西魏改名弱水县。

⑥北齐改东永安县置，属安平郡。治所在今山西沁水县西北二十五里固镇村。隋开皇十八年（598）改为沁水县。

⑦北周武帝时改汉丰县置，属万世郡。治所在今重庆市开县南二里。隋开皇十八年（598）改为盛山县。

⑧隋开皇十年（590）改永宁郡置，属高州。治所在今广东电白县东北。大业二年（606）废入杜原县。

⑨隋义宁二年（618）改熊耳县置，属宜阳郡。治所在永固城（今河南洛宁县）。唐武德三年（620）移治同轨城（今洛宁县东北杨坡东北城头村），属函州。贞观十四年（640）移治莎栅（今洛宁县东北河底乡），属谷州。十七年（643）移治鹿桥（即今洛宁县北旧县）。开元初属河南府。金初寄治于河南府。正隆六年（1161）移治今洛宁县，属嵩州。兴定初改属金昌府。元属河南府路。明属河南府。1914年改为洛宁县。

⑩唐武德四年（621）置，属蕲州。治所在今湖北武穴市北六十二里梅川镇。天宝元年（742）改名广济县。

⑪唐武德五年（622）改永熙县置，属泷州。治所在今广东罗定市西南罗定江东。天宝元年（742）改为建水县。

⑫唐高宗上元二年（675）析临海县置，属台州。治所即今浙江台州市西之黄岩区。武后天授元年（690）改名黄岩县。

⑬唐渤海国置，为龙州治。治所在今黑龙江省宁安市西南渤海镇。辽废。

⑭五代时南汉改丰水县置，属桂州。治所在今广西荔浦县西北五十里。北宋熙宁四年（1071）废。元祐元年（1086）复置，南宋初又废。

⑮北宋崇宁三年（1104）升永宁寨置，属巩州。治所在今甘肃甘谷县西四十里铺附近。金复为永宁砦。

⑯辽置，为弘州治。治所即今河北阳原县。金改名襄阴县。

⑰辽置，为复州治。治所即今辽宁瓦房店市西北复州城镇。金大定七年（1167）改名永康县。

⑱元初升河池县永宁乡置，属南凤州。治所即今甘肃徽县东北永宁镇。世祖至元七年（1270）省入徽州。

⑲元至顺初分永新州置，属吉安路。治所在今江西井冈山市北古城。至正十三年（1353）徙治今宁冈县东北四十里新城。明属吉安府。1914年改名宁冈县。

⑳明永乐十二年（1414）置，属隆庆州（后改名延庆州）。治所在今北京市延庆县东四十里永宁镇。《明一统志》卷5隆庆州：永宁县“取书其宁惟永之义为名”。清顺治十六年（1659）废。

㉑清康熙二十六年（1687）改永宁卫置，属贵州威宁府。治所在今四川叙永县西城。雍正五年（1727）属四川叙永厅。次年（1728）裁厅，地并入永宁县，属叙州府。八年（1730）复置叙永厅。光绪三十三年（1907）移县治古蔺（今四川古蔺县）。三十四年（1908）改为古蔺县。

㉒1912年改永宁州置，属广西桂林道。治所在今广西永福县西北百寿镇。1914年改为古化县。

㉓1912年改永宁州置，属山西冀宁道。治所即今山西吕梁市离石区。1914年改为离石县。

㉔1913年改永宁州置，属贵州贵西道。治所即今贵州关岭布依族苗族自治县。1914年因与河南永宁县重名，改名关岭县。

㉕1938年析宁夏、宁朔二县置，属宁夏省。治所在阳和堡（今宁夏永宁县）。1958年属宁夏回族自治区。

永宁府　明永乐四年（1406）升永宁州置，属云南布政司。治所在今云南宁蒗彝族自治县西北永宁乡。辖境约当今云南宁蒗彝族自治县北部及四川乡城县、稻城县南部地。清康熙三十七年（1698）属永北府，乾隆三十五年（1770）属永北厅。1913年废入永北县。

永宁河　①又名纳江、纳溪水、清水河、定水、水东河、界首河。即今四川叙永县及泸州市纳溪区境之永宁河。《方舆纪要》卷73永宁宣抚司：永宁河“在司城西南，亦曰水东河、亦曰界首河。源出落郎连山涧中，盖司东南蛮境也。有三源北流，经司南合为一。复绕流而东北至江门峡，入泸州纳溪县界，又北入于川江。明洪武二十四年，景川侯曹震开通川、贵河道，谓水之险恶者，莫胜于永宁，其滩一百九十有五处，至险有名者八十二，即此水也”。

②在今甘肃徽县东。《方舆纪要》卷59徽州：永宁水“在州东五十里，南流入嘉陵江”。

③在今甘肃甘谷县西南四十里。《明史·地理志》伏羌县：“西南有永宁河……东北注于渭。”

永宁驿　①明洪武二年（1369）设，在今广西陆川县南。《方舆纪要》卷108陆川县：永宁驿，“《舆程记》：自永宁而东南，由回龙、流埇、麻陂、墟洞、尾流、茶六等河，七十二里达广东石城县之三合驿”。

②明置，在今四川叙永县北。《方舆纪要》卷73永宁宣抚司：永宁驿“在司城北”。

③在今重庆市奉节县西。明正德《夔州府志》卷2：永宁驿“在府城西三里。洪武十一年创，弘治庚申郡守杨公奇重建”。《方舆纪要》卷69夔州府奉节县：永宁驿在“府西三里。水驿也”。

永宁城　①清乾隆三十一年（1766）建，即今新疆乌什县。移喀什噶尔参赞大臣驻此。五十二年（1787）参赞大臣还驻喀什噶尔，仍留办事大臣驻此。光绪八年（1882）于此置乌什厅。1913年改置乌什县。

②即今北京市延庆县东四十里永宁镇。明洪武十二年（1379）置永宁卫。永乐十二年（1414）于卫城置永宁县。清顺治八年（1651）设都司驻守。十六年（1659）并县入卫。康熙三十二年（1693）又并卫入延庆州。雍正十二年（1734）设巡司。

永宁宣抚司　元至正中改永宁路置，属四川行中书省。治所在今四川叙永县西南。明洪武四年（1371）降为永宁安抚司，移治今四川叙永县东城。八年（1375）复升为永宁宣抚司，属四川布政使司。辖境相当今四川叙永、古蔺二县及兴文、纳溪二县部分地。天启三年（1623）平定奢崇明叛乱后废，改设叙永同知。

永宁宫　西晋洛阳宫殿名。在今河南洛阳市东北汉魏故城。《文选·晋纪总论》注引干宝《晋纪》曰：永平元年（291），“诛太傅杨骏，迁太后杨氏于永宁宫”。《元河南志》引《洛阳宫殿簿》曰：永宁宫“有连阁二百八十六”。

永宁郡　①东汉兴平元年（194）刘璋分巴郡置，属益州。治所在江州县（今重庆市江北区嘉陵江北岸）。辖境相当今四川江津以下至忠县长江及支流地区。建安六年（201）改为巴郡。

②南朝宋明帝时改长宁郡置，属荆州。治所在长宁县（今湖北荆门市西北三十里）。《宋书·州郡志》：“长宁郡，宋明帝以名与文帝陵同，改为永宁。”辖境约当今湖北荆门市西北部及南漳县东南部。北周废。

③南朝宋泰始中置，属越州。治所在今广东电白县东北境。南齐辖境相当今广东电白县地。隋开皇十年（590）平陈后改为永宁县。

④南齐隆昌元年（494）置，属宁州。治所在今云南宁蒗彝族自治县西北一百一十二里永宁乡。辖境比今云南宁蒗彝族自治县稍大。南朝梁末废。

⑤南齐改宋宁郡置，属益州。寄治成都（今四川成都市）。北周废。

永宁桥　古名永通桥。在今甘肃临洮县西洮河上。南宋李焘《续资治通鉴长编》：熙宁六年（1073），“熙州洮河浮梁成，赐名永通桥”。《方舆纪要》卷60狄道县：永宁桥，宋名永通“明初更名永宁，有关在焉”。《清一统志·临洮府二》作“永安桥”。

永宁监城　亦作永平监城。明永乐七年（1409）建。即今辽宁瓦房店市西北永宁镇。明《辽东志》卷2：永宁监城在“盖州南一百五十里，隶苑马寺”。

永宁站　①元置，在今广西陆川县南七十里九州江西岸。明置永宁驿。

②元置，在今四川苍溪县北永宁镇。清置永宁铺，为往来冲道。

永宁陵　南朝陈文帝陈蒨陵墓。在今江苏南京市东紫金山东北。《元和志》卷25上元县：文帝蒨永宁陵“在县东北四十里蒋山东北”。

永宁砦　北宋建隆二年（961）置，属秦州（后属通远军）。在今甘肃甘谷县西四十里铺附近。崇宁三年（1104）升为永宁县。金复降为砦，属巩州。元废。

永宁堡　①明置，属义州卫。在今辽宁义县东。《方舆纪要》卷37义州卫：永宁堡“在卫东三十里”。

②明置，在今辽宁昌图县西南。明《全辽志》卷2：开原有永宁堡。民国《奉天通志》卷74昌图县：“茨榆城子为明永宁堡故地。”

③明置，属镇番卫。在今甘肃永昌县东南水源镇（永宁堡）。《方舆纪要》卷63镇番卫“西乐堡”条下：“又永宁堡，亦在卫西南。万历中，设守备驻守于此。”

④明置，属永昌卫。在今甘肃永昌县西北。《方舆纪要》卷63永昌卫“水磨川堡”条下：“又有永宁堡，在卫西北六十里。其相近又有官家堡、卫境口堡，俱官军戍守处。”

永宁堡寨　在今甘肃岷县东六十里。《明一统志》卷37岷州卫“茶埠峪寨”条下：“自是而东又有冷落山、永宁堡、弄松堡三寨。”

永宁道　1914年由下川南道改置，属四川省。治泸县（今四川泸州市）。辖境约当今四川仁寿、井研、沐川、马边、雷波以东（犍为、荣县、威远除外），资阳、资中、内江、隆昌、泸州、泸县、合江以南地区及宁南县地。1928年废。

永宁路　元世祖至元二十五年（1288）改西南番总管府置，属四川行中书省。治所在今四川叙永县西南。辖境相当今四川叙永、古蔺、筠连等县及兴文县部分地。至正中改为永宁宣抚司。

永宁寨　①北宋置，属石楼县。故址在今山西石楼县西六十五里黄河东岸枣庄子村北。金改为永宁关。

②元改水澳寨置，即今福建晋江市东南永宁。明洪武二十年（1387）改置永宁卫。

永宁镇　①北宋熙宁四年（1071）废永宁县置，属荔浦县。在今广西荔浦县西北五十里。

②北宋置，属汝阴县。在今安徽颍上县西北。《资治通鉴》：五代周显德三年（956）春正月，“壬子，帝（指周世宗）至永宁镇”。即此。

③北宋置，属平泉县。在今四川简阳市南六十里永宁乡。

④金置，属河间县。在今河北河间市境。

⑤在今浙江东阳市东北巍山镇茶场。《方舆纪要》卷93东阳县：永宁镇在“县东五十里。本宋之茶场，绍兴十年改为永宁巡司。元及明朝因之。今亦曰茶场市”。

永吉州　清雍正四年（1726）置，属奉天府。治所在吉林城（今吉林省吉林市）。辖境约当今吉林德惠、舒兰二市以南之松花江流域。乾隆十二年（1747）改置吉林厅。

永吉县　1929年改吉林县置，为吉林省治。治所即今吉林省吉林市。1970年移治口前镇（今吉林永吉县）。

永贞县　①五代闽龙启元年（后唐长兴四年，933）升永贞监置，属长乐府。治所在今福建罗源县南。北宋天禧五年（1021）改名永昌县。

②五代南唐改扬子县置，属江都府。治所在今江苏扬州市邗江区南扬子桥附近。北宋太平兴国中复名扬子县。

永贞监　唐咸通二年（861）改罗源场置，属福州。治所即今福建罗源县。五代闽龙启元年（后晋长兴四年，933）升为永贞县。

永年县　隋仁寿元年（601）因避太子杨广讳，改广年县置，属洺州。治所在今河北永年县东南四十五里广府镇。大业初为武安郡治。唐为洺州治。元为广平路治。明为广平府治。民国初属直隶大名道。1928年直属河北省。1958年迁今永年县治临洺关。

永年城　在今河北永年县（临洺关）东南四十五里广府镇。永年城又名广府城，隋唐时初具规模。历代曾有修葺，明嘉靖二十一年（1542）扩建成现存古城规模。城周长4.5公里，城墙壮观，高12米，宽6米。砖瓦结构。永年城历为广平郡、府、路和洺州、曲梁县、永年县治。隋末夏王窦建德曾建都于此。现保存完好。2006年定为全国重点文物保护单位。

永庆司　即今福建闽侯县东南祥谦镇。旧名尚干里，清乾隆十年（1745）置永庆巡司于此。

永庆寺　在今四川资中县城内东北隅重龙山上。《清一统志·资州》：永庆寺“在州城中重龙山上”。民国《资中县续修资州志》卷2：永庆寺“明嘉靖己未建，至清康熙六十年重修，绀殿崇宏，琼楼特出，历阶数百级。山形耸峙，望若云从，洵资中巨观也。内有天池，与河水相为消长。也传水观神僧道场寺”。

永庆陵　辽圣宗陵。在今内蒙古巴林右旗北索博日嘎镇白塔子西北二十余里处。兴宗景福元年（1031）于永庆陵之南置庆州。《辽史·地理志》庆州：“庆云山，本黑岭也。圣宗驻跸，爱羡曰：吾万岁后当葬此。兴宗遵遗命，建永庆陵……在州西二十里。”

永州　①北齐改西楚州置，治楚城（今河南信阳市北五十一里长台关西）。隋开皇九年（589）废。

②隋开皇九年（589）置，治所在零陵县（今湖南永州市）。大业初改零陵郡。唐武德四年（621）复为永州。天宝元年（742）又改零陵郡，乾元元年（758）复为永州。辖境相当今湖南永州、东安、祁阳和广西全州、灌阳等市县地。五代时分置全州。元改永州路。

③唐武德二年（619）置，治所在今陕西甘泉县北。贞观四年（630）徙治洛盘县（今甘泉县西北）。八年（634）废。

④唐武德五年（622）置，治所在军安县（今越南清化省安定东马江南岸）。七年（624）改为都州。

⑤唐置，为羁縻州，属黔州都督府。治所在今广西南丹县西北巴峨。明洪武初废入南丹州。

⑥辽乾亨三年（981）置，属上京道。治所在长宁县（今内蒙古翁牛特旗东境新苏莫苏木巴彦诺尔嘎查古城）。《辽史·地理志》永州：“东潢河，南土河，二水合流故号永州。”辖境相当今内蒙古翁牛特旗东北部、奈曼旗西北部、开鲁县西南部地。金皇统三年（1143）废。

⑦西夏置，在今宁夏银川市南永宁县城附近。元废。

⑧金兴定五年（1221）升永城县置，治所即今河南永城市。元世祖至元二年（1265）复改为永城县。

永州长官司　元置，治所即今广西南丹县西北丹峨。明洪武初废。

永州市　1982年由湖南省零陵县城及附近地区析置永州市。1984年撤销零陵县，将零陵县的大部分地区并入永州市。1995年撤销零陵地区和县级永州市、冷水滩市，设立地级永州市和芝山区和冷水滩区。永州市人民政府驻芝山区。

永州府　明洪武元年（1368）改永州路置，属湖广行省（后为承宣布政使司）。治所在零陵县（今湖南永州市）。辖境相当今湖南祁阳县以南、东安县以东湘水及其支流潇水流域。1913年废。

永州城　在今山东乐陵市西杨盘镇。《方舆纪要》卷13宁津卫“宁津故城”条下：永州城“或云隋末所置”。

永州路　元改永州置，属湖广行省。治所在零陵县（今湖南永州市）。辖境相当今湖南永州、东安、祁阳等市县地。明洪武元年（1368）改为永州府。

永兴宁陵　南朝宋武父孝皇帝陵。在今江苏镇江市丹徒区东南三十五里。《元和志》卷25润州丹徒县：永兴宁陵“在县东南三十五里”。

永兴寺　在今湖北黄冈市南长江滨。北宋王禹偁《黄州齐安永兴禅院记》：“齐安，郡名也。永兴，院额也。盖僧耆故老通而呼之，遂以为常耳。唐时旧州在齐安河上。《院录》云：因刺史杜仆射以白云观建为斯院。……其后随郡迁徙，立院于兹。”

永兴场　①在今福建上杭县东。《方舆纪要》卷98上杭县：“永兴场在县东五十里。”

②即今四川宜宾县东北永兴镇。清光绪《叙州府志》卷8宜宾县：永兴场在“治东北九十里”。

永兴场铺　古名马桑坪，明改名永兴场铺。即今贵州湄潭县东北永兴镇。

永兴军　①五代方镇名。后汉改晋昌军置，治所在京兆府（今陕西西安市）。金废。

②北宋太平兴国二年（977）置，治所在永兴县（今湖北阳新县）。三年（978）改名兴国军。

永兴军路　北宋熙宁五年（1072）分陕西路东部置，治所在京兆府（今陕西西安市）。辖境相当今甘肃环县、庆阳、宁县和陕西长武、武功、户县、镇安、山阳等县市以东，米脂、吴起二县市以南，山西闻喜、河津二县市西南，河南三门峡以西地区。金皇统二年（1142）改为京兆府路。

永兴县　①三国吴太平二年（257）改余暨县置，属会稽郡。治所即今浙江杭州市萧山区。隋开皇九年（589）省。唐仪凤二年（677）复置，属越州。天宝元年（742）因与江夏郡永兴县重名而更名萧山县。

②北魏黄兴初置，属建昌郡。治所即今山东枣庄市西薛城。太和十五年（491）属彭城郡。武定五年（547）改属蕃郡。北齐废。

③南朝宋孝建元年（454）置，属建昌郡。治所在今湖北襄阳市襄城区境。梁废。

④南齐置，属齐昌郡。治所在今湖北黄梅县西北大河镇东一里白花坂。隋开皇初改为新蔡县。

⑤南朝陈置，属郢州。治所在今湖北阳新县东五十里。隋开皇十一年（591）废入富川县。十八年（598）改富川县为永兴县，移治今阳新县。大业初属江夏郡。唐属鄂州。北宋为兴国军治。元为兴国路治。明洪武九年（1376）废入兴国州。

⑥唐光启中置，为新州治。治所即今河北涿鹿县。辽为奉圣州治。金大定元年（1161）改名德兴县。元世祖至元三年（1266）复名永兴县，为奉圣州治，后为保安州治。明洪武初废。

⑦北宋熙宁六年（1073）改高亭县置，属郴州。治所即今湖南永兴县。《方舆纪要》卷82永兴县："宋熙宁中，太宁李士燮以古便县基据郴江上，舟楫往来，贸易相通，可建邑居而设场市，乃更徙治焉，名曰永兴。"元属郴州路。明属郴州。民国初属湖南衡阳道。1922年直属湖南省。

永兴岛　南海中中国西沙群岛中最大的珊瑚岛，属海南省。面积1.85平方公里。西沙群岛、中沙群岛、南沙群岛人民政府驻此。岛上热带树木茂密，故有林岛之称。1935年公布名称为茂林岛。1947年改名永兴岛，为纪念1946年抗日战争胜利后接收该岛的军舰"永兴号"而命名。中国渔民向称猫注、吧注或猫岛。

永兴制置院　北宋开宝七年（974）南唐置，治所在永兴县（今湖北阳新县）。太平兴国二年（977）升为永兴军。

永兴郡　北周武帝改晋昌郡置，属瓜州。治所在会稽县（今甘肃玉门市西北赤金镇稍东）。辖境相当今玉门市地。隋开皇初废。

永兴桥镇　即今江西宜黄县东南五十里永兴桥村。清同治《江西全省舆图》卷2宜黄县东南有永兴桥。

永兴堡　①明弘治中置，属山丹县。在今甘肃山丹县南二十七里。《方舆纪要》卷63山丹卫："永兴堡在卫东南。"

②在今山西偏关县东南三十五里永兴村。《方舆纪要》卷40河曲县：永兴堡"正德十年置，嘉靖四十二年、万历十八年增修，周一里有奇"。

③在今陕西神木县东北六十里店塔镇东永兴。《清一统志·榆林府二》：永兴堡"地名黑城儿，明成化中，巡抚余子俊置。城在山上，周二里有奇，边垣长六十二里。今有守备分防"。

永兴集　①即今江苏阜宁县西南四十五里永兴集。清光绪《阜宁县志》卷2："永兴集、朦胧镇均治西南四十五里。朦胧在射阳湖南岸，昔为巨镇，今废。与永兴集临湖相望。"

②即今安徽颍上县西北五十里新集镇。清光绪《颍上县志》卷2：西北颍阳乡有永兴集。

永兴镇　①北宋置，属永川县。即今重庆市永川区西北九十里永荣镇（永兴场）。

②北宋置，属乐至县。在今四川乐至县南三十里永兴场。

③即今黑龙江省明水县东北永兴镇。旧属拜泉县。民国《黑龙江志稿》卷2：明水县有永兴镇。

④即今湖北京山县东南二十八里永兴镇。清光绪《湖北全省分图》：京山县东南有永兴镇。

永安山　①指今内蒙古巴林左旗北界与西乌珠穆沁旗东汗乌拉苏木东南一带山地。《辽史·圣宗记》：太平三年（1023），"赐缅山名曰永安"。为辽帝避暑之地。宋沈括《熙宁使虏图抄》载：自庆州东北行一百六十余里至新添帐，"帐之东南有土山，庳迤盘折，木植甚茂，所谓永安山也"。

②在今重庆市长寿区东北七十五里。《寰宇记》卷120乐温县：永安故城"以县北永安山为名"。民国《长寿县志》卷1：永安山"双龙场东十五里，治东北七十五里。唐置永安县以山为名。今置寨于上。又名马鞍山"。

永安山卡伦　清光绪三十四年（1908）设，在今内蒙古呼伦贝尔市之额尔古纳市北额尔古纳河南岸永安山村。民国《黑龙江志稿》卷4《地理志·山川》室韦县：永安山在"县北四百六十里，一峰中出，群山环抱，其北为永安喀伦"。

永安千户所　①明洪武二十七年（1394）置，属广东都司。在今广西合浦县东南一百七十里山口镇南永安村。清顺治十年（1653）裁。雍正九年（1731）移县丞驻此。

②明正统十四年（1449）置，属延平卫。治所即今福建永安市。景泰三年（1452）改置永安县。

永安井　在今重庆市奉节县东南。《新唐书·地理志》奉节县："有永安井盐官。"唐李贻孙《夔州都督府记》：白帝城之左五里，得盐井十四。《寰宇记》卷148奉节县："八阵图下东西三里有一碛，东西一百步，南北广四十步。碛上有盐井五口，以木为桶，昔常取盐。"《清一统志·夔州府二》：古盐泉井，"《旧志》：七泉井在府东江心八阵图下，水可煮盐。又有上温井、下温井，在龙脊滩南。《通志》：今县东南三里，江滨沙碛，有井四五口。夏秋水没，春冬始见，井水泛沙而出，味咸，俗呼臭盐井"。

永安长官司　①明弘治九年（1496）置，属庆远府。治所即今广西宜州市东北四十里后甫。后改为永顺副长官司。

②清置，治所在今贵州雷山县东南永乐镇。后废。

永安札萨克旗　即土尔扈特南中旗。旗府驻地在今青海兴海县西南，后迁今青海海晏县西北。

永安市　①即今湖南浏阳市西七十里永安镇。清时梅子园巡司驻此。

②1984年撤销福建省永安县，改设永安市，市人

民政府驻燕江。由三明市代管。

永安寺 ①即今北京市西郊的卧佛寺。建于唐贞观年间，初名兜率寺。元至顺二年（1331）改称昭孝寺，后又改名洪庆寺。明宣德正统间重修，改称寿安禅林。崇祯间改名永安寺。清雍正十二年重修后，改名十方普觉寺。因寺内有卧佛造像，故俗称卧佛寺。

②在今山西浑源县城东北鼓楼北巷。始建于金，后遭火毁，元初重建。明清多次修缮。现存山门、护法天王殿、传教正宗殿及东西垛殿、配殿。传法正宗殿实即大雄宝殿，于元延祐二年（1315）在金代大殿基础上重建，面阔五间，进深六椽，单檐庑殿顶。梁架用材、斗栱制作都仿照金代规范，建筑表现了金代遗韵。殿内四壁绘满壁画，高 3 米，长 56 米，共 169.45 平方米。人物分层布列，色泽基本完好，绘有儒、释、道三教人物八百余，神祇名目四百余款。殿顶上覆黄、绿、蓝三色琉璃瓦，为清乾隆二十六年（1761）补配，琉璃的造型和釉色堪称现存清代琉璃的精品。2001 年定为全国重点文物保护单位。

③在今四川阆中市东南水观镇三村黄泥岗上。始建于唐，后又多有重修。寺坐北朝南，沿中轴线依次由山门、观音殿、大殿及两侧厢房组成。现寺内建筑除大殿为元至顺四年（1333）建造外，其余建筑均为明清时期所建。大殿为木结构抬梁式单檐歇山顶建筑，面濶、进深均为三间。建筑技法极具典型性，为研究四川地区宋、元建筑不可多得的实物资料。2001 年阆中永安寺被定为全国重点文物保护单位。

永安场 ①五代吴乾贞三年（929）改永安镇置，即今湖北咸宁市。南唐保大十二年（954）改置永安县。

②五代南唐改永安镇为永安场，在今福建建宁县西南三里。北宋建隆二年（961）南唐改置建宁县。

③旧名草鞋街。即今四川北川羌族自治县（安昌镇）东北永安镇。清嘉庆《安县志》卷 11：草鞋街"又名永兴（安）场，城北十五里"。旧属安县。2009 年划归北川羌族自治县。

永安戍 在今湖北黄冈市北。《资治通鉴》：唐兴元元年（784），李希烈部将杜少诚南寇蕲、黄，欲断江路，"曹王皋遣蕲州刺史伊慎将兵七千拒之，战于永安戍，大破之"。胡三省注："永安戍在黄州黄冈县界。"

永安庄 ①即今河北正定县北二十里永安镇。清同治《畿辅通志》卷 50 正定县图：北有永安。

②在今贵州遵义县北永安庄。为播州杨氏庄院。《明史·刘綎传》：万历二十八年（1600）征杨应龙，"綎分奇兵为左右路，间道趋关后，而自督大军仰攻，夺其关，追至永安庄，两路军亦会"。即此。

永安关 在今广西灌阳县东北六十五里，与湖南交界处。《清史稿·地理志》：灌阳县东北有永安关。

永安州 明成化十三年（1477）置，属桂林府。治所在今广西蒙山县。明郭子章《郡县释名》广西：永安州"长永安宁之义"。弘治四年（1491）改为长官司，次年复为永安州，属平乐府。清王定安《湘军记》卷 1：咸丰元年（1851）太平军攻占永安，始称太平天国。1912 年改永安县。

永安军 ①五代方镇名。后晋置，治所在府州府谷县（今陕西府谷县）。后汉废。后周复置，北宋崇宁元年（1102）改为靖康军。

②北宋乾德四年（966）改灌州置，属西川路。治所在灌口镇（今四川都江堰市）。辖境相当今四川都江堰市及汶川县南部地。太平兴国三年（978）改为永康军。

永安县 ①东汉顺帝时改彘县置，属河东郡。治所即今山西霍州市。三国魏属平阳郡。北魏太平真君七年（446）废。正始二年（505）复置永安县，移治仇池壁（今山西洪洞县赵城镇东北），后移治今霍州市。建义元年（528）为永安郡治。隋开皇初属晋州，十八年（598）改霍邑县。

②东汉初平四年（193）分乌程、余杭置，属吴郡。治所在今浙江德清县。以县西有永安山而得名。西晋太康元年（280）因与司州平阳郡之永安县重名而改为永康县。

③三国蜀汉章武二年（222）改鱼复县置，为巴东郡治。治所在今重庆市奉节县东十里白帝城。《三国志·蜀书·李严传》：章武三年（223），"先主疾病，严与诸葛亮并受遗诏辅少主；以严为中都护，统内外军事，留镇永安"。即此。西晋复为鱼复县。

④东晋咸康三年（337）侨置，属南河东郡。治所在今湖北公安县西南。南齐属河东郡。隋开皇九年（589）废入公安县。

⑤南朝宋元嘉十年（433）侨置，属宋宁郡。寄治成都（今四川成都市）。南齐属永宁郡。北周废。

⑥北魏太和十七年（493）置，属西河郡。治所在今山西灵石县东。唐属汾州，贞观元年（627）改为孝义县，移治今山西孝义县。

⑦北魏正光末置，属营丘郡。治所在今辽宁凌海市东境。隋开皇初废。

⑧北魏孝昌中置，属西河郡。治所在白坑城（今山西临汾市东北十三里）。隋开皇初改西河县。

⑨北魏建义元年（534）置，为永安郡治。治所在今山西霍州市。隋开皇十八年（598）改为霍邑县。

⑩唐武德二年（619）置，属涪州。治所在今重庆市长寿区东南复元乡永丰场。《寰宇记》卷 120 东温县：永安故城"以县北永安山为名"。开元二十二年（734）省入乐温县。

⑪唐武德四年（621）置，属信州。治所在今安徽阜南县西南，洪河北岸。《方舆纪要》卷 21 颍州"财州城"条下：永安城"其市井犹存，又北三里有县治子城"。六年（623）废。

⑫唐渤海国置，属庆州。治所在今吉林珲春市西北英安镇。辽徙废。

⑬唐垂拱二年（686）改华原县置，属宜州。治所即今陕西泾阳县北云阳镇。神龙二年（706）复名华原县。

⑭五代唐长兴元年（930）吴越改乐安县置，属台州。治所即今浙江仙居县。北宋景德四年（1007）改名仙居县。

⑮五代南唐保大十二年（954）置，属鄂州。治所即今湖北咸宁市。北宋景德四年（1007）改为咸宁县。

⑯五代周显德六年（959）置，为乾宁军治。治所即今河北青县。北宋太平兴国七年（982）改为乾宁县。

⑰北宋景德四年（1007）升永安镇置，属河南府。治所在今河南巩义市西南芝田镇。金贞元元年（1153）改为芝田县。

⑱辽置，为上京道降圣州治。治所在今内蒙古敖汉旗东北五十家子古城。金废。

⑲明景泰三年（1452）置，属延平府。治所在浮流镇（今福建永安市）。明曹学佺《名胜志》："清流赖世隆记云，沙县界于尤溪、将乐、清流三县之间，常多盗贼出没，而浮流实当其冲，屡遭焚掠。正统间，御史张淑因通判倪冕之言奏请分为县，旋寝。末年，邓茂七乱，诸邑多残破。十四年贼平，于是浮流置县之议乃定，遂分沙县及尤溪之地以为疆域，赐名永安。"嘉靖《延平府志》卷1："初因沙、尤叛寇平，析两县地为县，取永久安定之意。"1913年属福建东路道。1914年属建安道。1928年直属福建省。1984年改设永安市。

⑳明隆庆三年（1569）析归善、长乐二县置，属惠州府。治所即今广东紫金县。明郭子章《郡县释名》广东卷："永安者犹长宁之义也。"1914年改名紫金县。

㉑1912年改永安州置，属广西桂林道。治所即今广西蒙山县。1914年改为蒙山县。

永安坡 即皇子陂。在今陕西西安市长安区南。宋敏求《长安志》卷11万年县：永安坡"在县南二十五里。周七里。《十道志》曰：秦葬皇子，起冢陂北原上，因名皇子陂"。

永安驿 ①明置，在今贵州遵义县北。《清一统志·遵义府》：永安驿"在府城北少西六十里，达桐梓县界"。

②即今陕西永寿县西北永平镇。《清一统志·乾州》：永安驿"在永寿县城内。旧为麻亭镇。明初置，西北至邠州新平驿七十里，南至本州威胜驿九十里"。

永安城 ①唐置，属巂州。在今四川越西县南。《新唐书·地理志》：达仕城"西南经菁口百二十里至永安城，城当滇笮要冲"。

②即今北京市昌平区。《方舆纪要》卷11："明景泰初筑永安城，徙长陵、献陵、景陵三卫于城内。三年，（昌平）县亦迁治焉。正德八年改为州治。"即此。

③一名女王城。在今湖北黄冈市北。《寰宇记》卷131黄州黄冈县：永安城"即楚相黄歇所都。隋改黄州为永安郡取此为名"。清光绪《黄州府志》卷3黄冈县：永安故城"在县北十里。即邾县故城。旧以为黄歇所都，非也。黄歇封春申君，初封淮北十二县，后徙封于吴，见《史记》，安得在此？或谓楚王以此封女。今名女王城"。

④在今陕西三原县北五十里，北魏孝昌三年（527）毛洪宾于此立义栅与萧宝寅作战，俗谓之洪宾栅、洪宾堡。永安元年（528）置北雍州治此。永熙元年（532）将州治迁往杏城，于旧城设永安镇。

永安宫 ①东汉雒阳宫殿名。在北宫东北隅，今河南洛阳市东北汉魏故城内。《后汉书·献帝纪》载：中平六年（189），"九月甲戌，即皇帝位，年十九。迁皇太后于永安宫"。注引《洛阳宫殿名》曰："永安宫周回六百九十八丈，故基在洛阳故城中。"又《皇后妃下》曰："董卓又议太后踧迫永安宫，至今忧死，逆妇姑之礼，乃迁于永安宫，因进酖，弑而崩。"

②即唐长安之大明宫。在今陕西西安城北二里龙首原上。唐贞观八年（634）建，次年改名大明宫。

③唐长安二年（702）建，在今陕西铜川市耀州区南五里。

④唐置，在今陕西麟游县西。《新唐书·地理志》麟游县："西三十里有永安宫，贞观八年置。"乾封后废。

⑤在今重庆市奉节县城内奉节师范学校。《寰宇记》卷148奉节县：永安宫"汉末公孙述所筑。蜀先主崩于此城中。故曰永安宫"。《水经·江水注》："江水又东径南乡峡，东径永安宫南。刘备终于此，诸葛亮受孤处也。其间平地二十里许，江山回阔，入峡所无。城周十余里，背山面江，颓墉四毁，荆棘成林，左右民居，多垦其中。"北周天和元年（566）从白帝城移信州于宫南五十步，宣政元年（578）复还治白帝城。南宋陆游《入蜀记》："（夔）州在山麓沙上，所谓鱼腹永安宫也。宫今为州仓，而州治在宫西北，甘夫人墓西南。景德中，转运使丁渭、薛颜所徙，比白帝颇平旷，然失关险。"今有永安宫故址碑二通。

永安郡 ①北魏建义元年（528）置，属晋州。治所在永安县（今山西霍州市）。辖境相当今山西霍州市及洪洞县地。隋开皇三年（583）废。

②北魏永安中改新兴郡置，属肆州。治所在定襄县（今山西定襄县）。辖境相当今山西忻州市及定襄、五台、阳曲、静乐、盂县等县地。北周废。

③北魏置，治所在新城县（今河南光山县西）。北齐改为丰安郡。

④南朝梁置，属湘州。治所在新城县（今湖北

大悟县东南新城镇)。北齐属北江州。隋开皇初废。

⑤南朝梁置,治所在浠水县(即今湖北浠水县)。隋开皇初废。

⑥北周明帝二年(558)置于信州,治所在民复县(今重庆市奉节县东十里白帝城)。辖境相当今重庆市奉节县以东地区。隋开皇三年(583)废。

⑦隋大业三年(607)改黄州置,治所在黄冈县(今湖北武汉市新洲区)。辖境约当今湖北黄冈、麻城二市及新洲、黄陂、红安、大悟等区县地。唐武德初复为黄州。

永安陵 ①在今江苏丹阳市东三十里。为南齐高帝父宣帝陵。《元和志》卷25润州丹阳县:"南齐宣帝永安陵,在县北二十八里。高帝父也,追尊为宣皇帝。"

②北宋宣祖赵弘殷(太祖赵匡胤之父)的陵墓。在今河南巩义市西南西村镇北、常封村西、滹沱村东。

永安营 ①即今甘肃靖远县西北永安堡。《方舆纪要》卷62靖远卫:永安营"在卫北裴家川。……卫境要地,设官军戍守于此"。

②在今青海门源回族自治县西北。《清一统志·西宁府二》:永安营"在大通县西。地名测尔兔。本朝雍正五年筑城,周六百丈,设游击驻守"。

永安砦 北宋置,属丰州。在今陕西府谷县北。

永安堤(隄) ①在今江苏连云港市东南。《新唐书·地理志》朐山县:"东二十里有永安堤,北接山,环城长十里,以捍海潮,开元十四年,刺史杜令昭筑。"

②在今河南孟津县东北。《清一统志·河南府三》:永安堤"唐武德中筑,当河阳、孟津两岸,高五丈,阔如之,延六七十里。元时尝徙县治于石堤上。历代渐损,在南岸者止二三里,在北岸者尽决"。

永安堡 ①明置,属广宁前屯卫。即今辽宁绥中县西南永安堡乡。明《辽东志》卷3:永安堡"堡北瓮圈山可屯兵,堡东背阴障可按伏"。《方舆纪要》卷37广宁前屯卫"铁场堡"条下:"永安堡在卫西北四十五里。"堡东背阳障堡。

②明置,属永昌卫。在今甘肃永昌县东南四十里南坝乡。清梁份《秦边纪略》卷2:永安堡"明制:兵一百二十名,马三十匹。今皆裁焉"。《清一统志·凉州府二》:永安堡"城周三百二十丈,今设把总"。

③即北川营。在今青海大通回族土族自治县东南。《清一统志·西宁府》:北川营"在西宁县北六十里。旧名永安堡"。

永安湖 即今浙江海盐县西南四十五里南北湖。宋《绍定澉水志》卷上:永安湖"在镇西南五里。周围一十二里。元以民田为湖,储水灌溉,均其税于湖侧田,上税虽重,而田少旱。四围皆山,中间小堤,春时游人竞渡行乐,号为小西湖"。

永安溪 灵江上游之名。在今浙江仙居县南。《元和志》卷26台州乐安县:乐安溪"源在县西冯溪山,流经县南,又东入临海县界"。合灵江。

永安殿 北魏平城宫殿。在今山西大同市北。《魏书·世祖纪》载:始光二年(425)三月,"起永安、安乐二殿。……秋九月,永安、安乐二殿成"。永安殿是太武帝拓跋焘、文成帝拓跋濬朝会万国的正殿。

永安墟 ①即今广东肇庆市东北七十里西江北岸永安镇。明万历《广东通志》卷46:高要县有永安墟。

②即今广西合浦县东南一百七十里永安村。西濒海。明于此置永安千户所。清初裁所,置县丞及守备驻防。

永安镇 ①唐大历二年(767)置,即今湖北咸宁市。五代吴乾贞三年(929)改为永安场。

②五代南唐改黄连镇为永安镇,在今福建建宁县西南三里。后改为永安场。

③北宋初置,在今河南巩义市西南芝田镇。以永安陵所在置镇以奉陵寝。景德四年(1007)升为永安县。

④北宋置,属合肥县。即今安徽肥东县北牌坊回族满族乡。

⑤北宋置,属定远县。疑即今安徽定远县西六十里永康镇。

⑥北宋置,属大邑县。在今四川大邑县南。清嘉庆《四川通志》卷30大邑县:永安镇"在县南,即永安铺"。

⑦北宋置,属内江县。在今四川内江市西南。

⑧北宋置,属蓬池县。在今四川仪陇县东。

⑨北宋置,属仁寿县。在今四川仁寿县南十五里。崇宁二年(1103)改为大安镇。

⑩北宋置,属洪雅县。在今四川洪雅县东南三宝镇。南宋又作保安镇。明置保安乡于此。

⑪北宋置,属恭城县。在今广西恭城瑶族自治县北八十里。

⑫金置,属缙山县。即今北京市延庆县东四海镇东南永安堡。

⑬亦作永宁镇。在今广西灵川县东南灵田乡。《清一统志·桂林府一》:永安镇"在灵川县东四都灵村。有土城,乡人筑以御蛮"。

⑭即今山西静乐县东北永安镇村。《清一统志·忻州》:永安镇"在静乐县北四十里。旧名横水岭。有堡"。

⑮即今江苏江都市东北樊川镇西南永安村。《清一统志·通州》:永安镇"在州东。旧有巡司。本朝乾隆三十二年裁"。

永阳山 在今安徽来安县北。唐置永阳县以此山为名。《寰宇记》卷128永阳县:"本汉全椒县地。唐景龙三年析置,取县北永阳山为名。"

永阳县 ①南朝宋置,属随阳郡。治所在今湖北广水市北。南齐属随郡。西魏改为吉阳县。

②南朝梁大同二年（536）置，为应州治。治所即今湖北广水市。隋开皇十八年（598）改为应山县。

③东魏置，属阳安郡。治所在今河南确山县东北。北齐废。

④隋开皇十年（590）置，属易州。治所即今河北涞水县。十八年（598）改名涞水县。

⑤隋改营浦县置，属永州。治所在今湖南道县西四十里营山下。大业初属零陵郡。唐贞观八年（634）省入营道县。天授二年（691）复置，属道州。治所在今湖南江永县西五里白塔山。天宝元年（742）改为永明县。

⑥唐景龙三年（709）置，属滁州。治所在今安徽来安县北瓦岗村。《寰宇记》卷128永阳县："取县北永阳山为名。"五代南唐升元二年（938）改为来安县。

永阳郡　①东汉献帝初平四年（193）由汉阳郡析置，建安十九年（214）废。据《续汉书·郡国志》汉阳郡下刘昭注引《献帝起居注》曰：永阳郡"以乡亭为属县"，可证郡境当在上邽乡亭（今天水市境）一带。

②南朝梁改营阳郡置，治所在营浦县（今湖南道县西北）。隋开皇中废。

③唐天宝元年（742）改滁州置，治所在清流县（今安徽滁州市）。辖境相当今安徽滁州、来安、全椒等市县地。乾元元年（758）复为滁州。

永阳镇　①即今河北涞水县西十七里永阳镇。清同治《畿辅通志》卷54涞水县图：西有西永阳。光绪《涞水县志》卷1：永阳镇"离城二十里"。

②即今江西吉安县西南永阳镇。《清一统志·吉安府二》：永阳镇巡司"在庐陵县西六十里。过洋口，水路通安福。元至正中置井冈巡司。本朝乾隆三十年移驻于此"。

永红县　1934年10月西北革命根据地由栒邑县东部析置，治所在郭村（今陕西旬邑县西郭村）。取"红色政权永固"之义。1937年5月裁撤，并入新正县（革命政权由陕西栒邑及甘肃正宁二县析置之新县）。

永寿县　①三国蜀置，属永昌郡。治所在今云南耿马傣族佤族自治县境。西晋元康末（299）为永昌郡治。南齐属永昌郡。梁末废。

②北周大象元年（579）改广寿县置，属新平郡。治所在今陕西永寿县西北五里永寿村。隋开皇三年（583）省入新平县。唐武德二年（619）复置，属邠州。治所在麻亭（今县西北永平镇）。四年（621）迁义丰堆（今县西北故县村）。贞观二年（628）移治永寿坊。兴元元年（784）又移于顺义店（今永寿县西北五里永寿村）。元属乾州，世祖至元十五年（1278）迁治麻亭（今永平镇）。民国初属陕西关中道。1928年直属陕西省。1930年移治监军镇（今永寿县城）。

永寿原　在今陕西永寿县北永平镇一带。《元和志》卷3永寿县："武德二年分新平县南界，于今理北三十里永寿原西置永寿县，因原而名。"《寰宇记》卷31永寿县："永寿原旧名广寿原，避隋炀帝讳改为永寿原。"

永寿镇　①金置，属永寿县。即今陕西永寿县东北永寿坊。后废。

②即今湖南衡阳市北南岳镇。清于此置巡司。

永县　东汉兴平二年（195）分乌程县置，属吴郡。治所在今浙江长兴县西北。三国吴废。

永利场　在今山东沾化县（富国）西，产海盐。清初设场，置盐大使。康熙十六年（1677）以丰民场并入永利。当在今永丰镇附近。

永利州　唐置，为羁縻州，属安化州都督府。当在今甘肃庆阳市一带。后废。

永利监　北宋咸平四年（1001）置，属太原府。治所在今山西太原市南。金大定中废。

永利镇　①隋置，属蒲台县。即今山东利津县治。金明昌三年（1192）于此置利津县。

②北宋置，属厌次县。在今山东惠民县东四十里桑落墅镇。

永茂陵　南宋宁宗赵扩陵墓。在今浙江绍兴县东三十六里宝山南麓。

永国渠　在今河南邓县北。北宋熙宁五年（1072），张商英言献议者请开穰县永国渠，引湍水灌溉民田。即此。

永固山　在今安徽萧县南四十里。《方舆纪要》卷29萧县：永固山"下有永固镇及永固湖"。

永固县　①十六国前凉置，治所在今甘肃临夏县西南。后废。

②北魏太和中置，属代郡。治所在今山西大同市北红寺堡一带。孝昌中废。

③南朝宋文帝时置，属绥建郡。治所在今广东怀集县西南永固镇。大明元年（457）废。唐初复置，属威州。开元二年（714）废入怀集县。

④金元光二年（1223）升厥堌镇为县，属徐州。治所在今安徽萧县东南三十一里永堌镇。元至元二年（1336）废入萧县。

永固城　即今甘肃民乐县东南永固乡。《清一统志·甘州府》：永固城在"本朝顺治八年筑堡。周四里。设副将镇守"。

永固陵　①北宋徽宗赵佶陵墓，南宋初葬于浙江绍兴县东三十六里宝山南麓。后更名永祐陵。

②在今山西大同市东北镇川堡西寺儿梁山（古称方山）南部，是一处以北魏文成帝文明皇后冯氏的陵墓永固陵为中心的大型陵园遗址。《魏书·文成文明皇后冯氏传》载："太后与高祖游于方山，顾瞻川阜，有终焉之志，因谓群臣曰：'舜葬苍梧，二妃不从。岂必远祔山陵，然后为贵哉！吾百年之后，神其安此。'高祖乃诏有司营建寿陵于方山。"同书《高祖记》载：北魏太和十四年（490），"葬文明太皇太后于永固陵"。遗址面积2万平方公里，包括文明皇后"永固陵"及陵庙"永固堂"、孝文帝虚宫"万年

堂”、陵园门阙基址、“思远浮屠”遗址、灵泉宫池遗址和登山御道等遗迹。永固陵地表有高大的封土，墓室由墓道、前室、过道和主室组成。墓室门框上雕有口衔宝珠的朱雀和手捧花蕾的赤足童子，是北魏石雕中的精品。陵园南侧的台地上有形制规整的“思远浮屠”遗址，中心有方形塔基。永固陵陵园按中轴线规划布局，尤其是陵园与佛寺相结合，在历代帝陵中很有特色。永固陵是目前唯一能够确认的北魏平城时代的皇家陵园遗址，对于研究北魏时期的历史文化具有重要意义。2001年方山永固陵被定为全国重点文物保护单位。

永昌山 在今广西来宾市西南迁江镇北。《舆地纪胜》卷115宾州：永昌岩“在迁江县。崇奉石佛”。《方舆纪要》卷109迁江县：永昌山在“县西（北）七里。石岩阔大”。

永昌卫 ①明洪武三年（1370）改永昌路置，属陕西都司。治所即今甘肃永昌县。二十六年（1393）改属陕西行都司。辖境约当今甘肃金昌市及永昌县地。清雍正二年（1724）改置永昌县。

②又称金齿卫。明洪武十五年（1382）置，属云南都司。治所即今云南保山市。洪武二十三年（1390）升为金齿军民指挥使司。嘉靖元年（1522）废军民司，仍为卫。清康熙二十六年（1687）废。

永昌节度 唐南诏置，治所在永昌城（即今云南保山市）。辖境北部抵缅甸、印度及我国西藏交界处，东抵怒江；南部处澜沧江和怒江之间，南达小黑江。宋大理改永昌府。

永昌关 明置，属会川卫。在今四川会理县西南三十里。《明一统志》卷73四川行都司：永昌关“在会川卫城西三十里”。

永昌州 ①元世祖至元十一年（1274）置，属大理路。治所即今云南保山市。至元十五年（1278）升为府。

②元世祖至元十七年（1280）置，属会川路。治所在今四川会理县西北五里老街乡。明洪武十五年（1382）改为永昌县。二十四年（1391）复改为永昌州。二十七年（1394）废。

永昌县 ①三国吴分泉陵县置，属零陵郡。治所在今湖南祁东县西北七十三里砖塘镇。隋废。

②十六国前秦苻坚建元六年（370）改枋头置，属汲郡。治所在枋头（今河南浚县西南前枋城村）。建元二十年（384）废。

③南朝宋元嘉九年（432）置，属新海郡。治所在今广东江门市新会区境。南齐后废。

④南朝宋孝建二年（455）以侨户置，属蜀郡。治所在今四川成都市境。南齐以后废。

⑤唐垂拱四年（688）析洛阳、河南二县置，属洛州。治所在神都道德坊（今河南洛阳市）。长安二年（702）废。神龙二年（706）改洛阳县复置，为洛州治。治所即今洛阳市。唐隆元年（710）复为洛阳县。

⑥五代梁开平二年（908）改福唐县置，属福州。治所即今福建福清市。后唐同光元年（923）复改名福唐县。

⑦五代晋改行唐县置，属镇州。治所即今河北行唐县。后汉复为行唐县。

⑧北宋开宝四年（971）改唐昌县置，属彭州。治所在今四川郫县西北唐昌镇。崇宁元年（1102）改为崇宁县。

⑨北宋天禧五年（1021）改永贞县置，属福州。治所在今福建罗源县南。乾兴元年（1022）改名罗源县。

⑩辽置，属同州。治所在今辽宁开原市境内。金废。

⑪明洪武十五年（1382）改为永昌州置，属会川府。治所在今四川会理县西北五里老街乡。二十四年（1391）复改为永昌州。

⑫清雍正二年（1724）改永昌卫置，属凉州府。治所在今甘肃永昌县。民国初属甘肃甘凉道。1927年直属甘肃省。1981年由永昌县的金川镇和宁远堡、双湾二公社设立金昌市（地级），由省直辖。

⑬1913年废永昌府，改附郭保山县置，以府名为县名，后属云南腾越道。治所即今云南保山市。因与甘肃永昌县重名，1914年复名保山县。

永昌所 明永乐元年（1403）置永昌千户所，属金齿军民司。治所即今云南保山市。万历十三年（1585）改镇姚守御千户所，移驻老姚关。

永昌府 宋大理置，治所即今云南保山市。辖境约当今云南保山市、永平县以南，孟连傣族拉祜族佤族自治县以北，东抵澜沧江，西抵怒江。元至元十一年（1274）降为永昌州。十五年（1278）复为府，属大理路，为大理金齿等处宣慰司驻地。明洪武十五年（1382）改属云南布政司，二十三年（1390）废。嘉靖元年（1522）复置永昌军民府。明代辖境约当今云南永平、腾冲、施甸、龙陵间，北部包有怒江傈僳族自治州及中甸县。清乾隆三十年（1765）改为永昌府。清代辖境约当今云南腾冲、永平等县以南至耿马、孟定之间的地区。1913年废。

永昌城 ①在今河南洛宁县西。唐杜佑《通典》卷177河南府永宁县：“后周置黄栌、同轨、永昌三城以备齐。”

②又称拓俞城。唐南诏置，为永昌节度驻地。即今云南保山市。宋大理为永昌府治。

永昌亭 故址在今江苏南京市东。《三国志·吴书·孙休传》：孙亮废孙琳，使孙楷、董朝迎休，“武卫将军恩行丞相事，率百僚以乘舆法驾迎于永昌亭，筑宫，以武帐为便殿，设御座”。即此。

永昌郡 ①东汉永平十二年（69）哀牢内属，以其地并析益州郡西部六县合置。治所在巂唐县（今云南云龙县西南七十里漕涧镇）。辖境约当今滇西、滇南的广大地区，西至印缅交界的巴特开山，东南至礼社江与把边江间的哀牢山，南部包有今西双版纳等地。

建初元年（76）后，治所在不韦县（今云南保山市东北二十二里金鸡村）。三国蜀属庲降都督，建兴三年（225）辖境东部不再包有洱海地区。西晋泰始七年（271）属宁州。元康九年（299）迁治永寿县（今云南耿马傣族佤族自治县境）。南齐治所迁永安县（今地不详）。南朝梁末废。

②西魏改南晋郡置，属并州。治所在东关废县（今四川万源县南固军坝）。辖境相当今四川万源县南部地。隋开皇三年（583）废。

③北齐置，属徐州。治所在城武县（今山东成武县东南郜鼎集）。辖今山东成武和江苏丰县地。隋开皇初废。

④北周分建平郡置，属信州。治所在大昌县（今重庆市巫山县西北一百二十里大昌镇）。寻废。

永昌盐井 在今湖北巴东县北八十里。《九域志》卷6巴东县："永昌一盐井。"《清一统志·宜昌府》：盐井，"《县志》：元时尝置盐课司。后废"。

永昌陵 ①北宋太祖赵匡胤的陵墓。在今河南巩义市西南西村镇北、常封村西、滹浣村东。东距永安陵里余。

②亦名叡陵。元末蜀夏明玉珍之陵墓。在今重庆市江北城上横街。《明史·明玉珍传》："葬玉珍于江水之北，号永昌陵。"1982年发掘，出土"大夏太祖钦文昭武皇帝玄宫碑"，记载其生平事迹。

永昌砦 唐乾宁二年（895）昌州守韦君靖建，在今重庆市大足县西北三里北山上。《舆地纪胜》卷161昌州："韦君靖，刺昌（州），筑永昌寨。"《方舆纪要》卷69大足县：永昌砦"静南令胡密作碑以记其事。略云：景福元年，韦公卜筑，当镇之西北，维沿冈建寨，上摩掩霭，下抗平原，矗似长云，峷如断岸，岩巇重叠，磴道崎岖。一夫荷戈，万人失据，峥嵘一十二峰，周回二十八里云"。

永昌堡 明筑，在今浙江温州市东南永中镇新城村。《方舆纪要》卷94温州府：永昌堡在"府东五十里。嘉靖三十七年创筑，以防倭患，并迁中界巡司于此"。此堡南北长757米，东西宽449米，总面积33.98万平方米。设陆门四座，水门四座，敌楼十二座，城堞口九百零五个，外有护城河。堡内古建筑包括：建于明嘉靖二十一年（1542）的王氏祖祠；万历二年（1574）的布政司祠、万历四年（1576）的世大夫祠；嘉靖二十九年（1550）的都堂第；万历二十六年（1598）的状元第；还有王绍志故居及明、清民居三十座。总建筑面积2.33万平方米。墙内外壁用块石叠砌，内填沙石。永昌堡城池坚固，多次抵御倭寇进犯。城堡保存较为完整，富有地方特色，有很高的历史与艺术价值。2001年定为全国重点文物保护单位。

永昌道 清康熙九年（1670）置，属云南省。治所在大理府城（今云南大理市北二十六里大理古城）。领大理、鹤庆、丽江、永北、永昌、顺宁、景东、蒙化、楚雄、姚安10府，辖境约当今云南永仁、大姚、牟定、双柏、景东、临沧、澜沧等县以西地区。雍正八年（1730）改迤西道。

永昌路 元世祖至元十五年（1278）置，属甘肃行省。治所即今甘肃永昌县。辖境约当今甘肃黄河以西、山丹河及山丹县以东地区。明洪武三年（1370）改置永昌卫。

永昌镇 ①北宋置，属定平县。即今甘肃宁县西南三十里太昌乡。金改名大昌镇。

②即今浙江兰溪市西北四十三里永昌镇。《方舆纪要》卷93兰溪县：永昌镇"有三河渡，为金、衢、徽、严四郡之要地。嘉靖间，矿贼窃发，设兵驻防于此"。

永明寺 北魏宣武帝元恪创建，在今河南洛阳市东北汉魏故城西。《洛阳伽蓝记》卷4：永明寺"在大觉寺东。明佛法经像盛于洛阳，异国沙门咸来辐辏，负锡持经，适兹乐土。世宗故立此寺以憩之。房庑连亘一千余间"。

永明县 ①南齐置，属义安郡。治所在今湖北襄阳市襄城区西。后废。

②唐天宝元年（742）改永阳县置，属江华郡。治所在今湖南江永县西五里白塔山。宋本《寰宇记》卷116永明县："因县界永明岭为名。"至德元年（758）属道州。大历四年（769）迁今江永县南。元属道州路，移治今江永县。明属道州。清属永州府。民国初属湖南衡阳道。1922年直属湖南省。1956年改设江永县。

永明岭 即都庞岭。在今湖南与广西交界处。《明史·地理志》永州府永明县："北有永明岭，即都庞岭，五岭之第三岭也。"

永明城 元置，在今俄罗斯滨海边疆区符拉迪沃斯托克（海参崴）。元《析津志》天下站名："开元正东孛迷、樑母、孛吾、阿失吉、舍站、永明城。其东海东南百一十谋丹。"

永和 即今云南沧源佤族自治县南十里永和大寨。旧为永和部落头人驻地。"永和"为佤语永绕的变音，"永"为寨，"绕"为森林，意即森林寨。

永和乡 在今辽宁葫芦岛市西北。《元史·地理志》大宁路："至元五年，并和州入利州为永和乡。"

永和市 即今湖南浏阳市东北六十里永和镇。清光绪《湖南通志》卷29载：浏阳县东有"永和市"。

永和关 ①隋置，在今山西永和县西北四十二里永和关。《元和志》卷12永和县：隋开皇十八年（598）"改临河为永和县，以县西永和关为名也"。

②在今陕西延川县东北四十里。《方舆纪要》卷57延川县：永和关"宋置关于此，路通绥德。前据山险，下临黄河，西戎尝盘踞其间，为戍守要地"。

永和县 ①隋开皇十八年（598）改临河县置，属隰州。治所在今山西永和县西南三十五里。《元和志》卷12永和县："以县西永和关为名。"大业初属龙泉郡。唐属隰州。武德二年（619）移治仙芝谷西（即今永和县），为东和州治。贞观元年（627）改属隰州。民国初属山西河东道。1928年直属山西省。

②辽统和二十二年（1004）置，属榆州。治所在今辽宁省葫芦岛市西北。金废。

③北宋天圣七年（1029）以避真宗山陵名改永定县置，属相州。治所在今河南安阳县东四十里。熙宁七年（1074）废。

永和里 即今福建松溪县东北旧县。清时松溪县丞驻此。

永和砦 北宋置，属通远县。在今甘肃环县东南一百里。元废。

永和隘 在今山西陵川县南五十里夺火乡。明置巡司于此，后废。

永和镇 ①北齐置，故址在今山西永和县西南三十五里。北周宣帝改置临河县。

②北宋熙宁七年（1074）废永和县为镇，属安阳县。即今河南安阳县东四十里永和乡。

③即今江西吉安县东南永和镇。《方舆纪要》卷87吉安府庐陵县：永和镇"在府南十五里，即废东昌县，为商民辐辏处。有上、中、下三市。元置郡税司于此。明初为税课局，正德间革，后仍设税官而无定署"。

④即今广东增城市西南永和镇。清光绪《广州府志》卷69墟市：增城县有"永和墟"。

永阜场 明置永阜盐场，属利津县。在今山东利津县东北五十里。清初设盐大使管理。光绪间为水淹没，改设盐卡，附属于王官场。

永阜陵 南宋孝宗赵昚陵墓。在今浙江绍兴县东三十六里宝山南麓。

永阜镇 金置，属沾化县。在今山东利津县东北五十里。

永河普土司 一作永沙普、雍希叶布。清雍正时置，属西宁办事大臣，为玉树四十族之一。驻牧地在今青海称多县东北查曲流域。后改称永夏。

永定门 北京外城正南门。明嘉靖年间筑。

永定卫 明建文初改大庸卫置，属湖广都司。治所即今湖南张家界市。清雍正十三年（1735）改置永定县。

永定长官司 明弘治五年（1492）置，属庆远府。治所在今广西宜州市西南六十里石别镇三寨。民国时废。

永定区 2014年撤销福建省永定县，设立龙岩市永定区，区政府驻凤城镇九一街西路2号。

永定寺 在今江苏苏州市吴中区西南。《吴地记》："永定寺，梁天监三年苏州刺史吴郡顾彦光舍宅置，陆柬之书额。"

永定关 五代唐置，在今四川剑阁县（下寺镇）西南小剑山下。《资治通鉴》：后唐长兴元年（930），董璋"复于剑门北置永定关，布列烽火"。

永定州 唐永泰元年（765）置，为党项部落州，属秦州都督府。当在今甘肃东部。唐末废。

永定军 北宋景德元年（1004）改宁边军置，治所在博野县（今河北蠡县）。天圣七年（1029）改为永宁军。

永定县 ①北魏永熙中置，为建安郡治。治所不详（当在今山西北部地）。后废。

②唐武德中置，为淳州治。治所在今广西横县西北峦城镇北郁江北岸。北宋开宝五年（972）属横州。熙宁四年（1071）废。元祐三年（1088）复置，寻改为永淳县。

③唐天祐中改尧城县置，属相州。治所在今河南安阳县东四十里。五代梁开平中改为长平县。后唐同光初复为永定县。北宋天圣七年（1029）避真宗山陵名，改为永和县。

④元至正十七年（1357）朱元璋改武进县置，为长春府治。治所即今江苏常州市。至正二十二年（1362）朱元璋复改为武进县。

⑤明成化十四年（1478）置，属汀州府。治所即今福建永定县。明嘉靖《汀州府志》卷1邑名：永定县，"以畴昔草寇时发（按，指农民的反抗斗争绵延不断），冀自今以往永远平定，故以名县"。《方舆纪要》卷98汀州府永定县："本永安县地，僻居万山中，往往恃险乐祸。正统、天顺以来，草寇时发。成化十四年，渠魁钟三啸聚劫掠。事平，抚臣高明奏请立县，治于溪南田心，名曰永定。"城北山冈，为县主山，亦称卧龙冈，因此永定县别名"龙冈"。1913年属福建西路道。1914年属汀漳道。1928年直属福建省。2014年撤销永定县，改设永定区。

⑥清雍正十三年（1735）置，属澧州。治所即今湖南张家界市。1914年改为大庸县。

⑦1929年10月中央革命根据地置，治所在胡雷（今福建永定县东北胡雷镇）。1934年11月废。

永定河 海河水系五大河之一。在今河北省西北部。上游桑干河源出自山西省北部管涔山，东北流至河北怀来县境称永定河，东南流经北京市西部，至天津市入海河。即古㶟水。《清一统志·顺天府二》：永定河"以河流无定，皆由上流淤塞，南趋保定，与诸水会合，势不能容，自致泛溢。康熙三十七年特命抚臣于成龙等疏浚，起良乡之张家庄，至东安之郎城河，重开一道，迁流于东，由固安、永清之北，引流直出柳岔口、三角淀，达于西沽，筑长堤捍之，赐名永定河"。

永定郡 ①东魏武定元年（543）置，属廓州。治所在今山西原平市北。北齐废。

②唐天宝元年（742）改淳州置，治所在永平县（今广西横县西北峦城镇北）。乾元元年（758）复改淳州。

永定桥 在今河南内黄县西南卫河上。《资治通鉴》：唐大顺二年（891），"春，正月，罗弘信军于内黄。丙辰，朱全忠击之，五战皆捷，至永定桥，斩首万余级”。即此。

永定陵　北宋真宗赵恒的陵墓。在今河南巩义市西南芝田镇东南、蔡庄村北岭上。

永定营　①清雍正六年（1728）置，属建昌镇。在今四川宁南县（披沙）。设游击驻防。

②在今贵州铜仁市北。明万历七年（1579）将马公坪营改置，设千户防守。

永定堡　在今陕西彬县北。《方舆纪要》卷54邠州：永定堡，“《志》云：唐太宗讨薛举时筑”。

永建县　南朝宋置，属海昌郡。治所当在今广东高州、信宜二市县境。梁以后废。

永始县　南朝宋置，属晋康郡。治所当在今广东德庆、郁南、罗定等市县境。隋开皇中废。

永绍陵　南宋度宗赵禥陵墓。在今浙江绍兴县东三十六里宝山南麓。

永春州　清雍正十二年（1734）升永春县为直隶州，属福建省。治所在永春县（今福建永春县）。辖境相当今福建永春、德化、大田等县地。1913年废，改本州为永春县。

永春县　五代闽永隆四年（后晋天福七年，942）改桃源县为永春县，属泉州。治所在今福建永春县西南上场。北宋开宝二年（969）移今治。《舆地纪胜》卷130泉州《县沿革》：永春县，“《旧录》云，县境有乐山，山之草木四时不变，故谓之永春”。元属泉州路。明属泉州府。清雍正十二年（1734）升为永春直隶州。1913年复降为县，属福建南路道。1914年属厦门道。1928年直属福建省。宋时置有铁场。

永城市　1996年撤销河南省永城县，改设永城市，市人民政府驻城关镇，仍属商丘地区。1997年由商丘市代管。

永城县　①三国吴太平时分南城县置，属临川郡。治所在今江西黎川县北三里田东湾一带。隋开皇中废。唐武德五年（622）复置，属抚州。七年（624）废入南城县。

②东晋末置，属新宁郡。治所在今广东新兴县或高要市境。南朝宋大明八年（464）废。

③隋大业六年（610）置，属谯郡。治所在今河南永城市东北三里赵庄。唐武德五年（622）移治于马浦城（今永城市），属谯州。贞观十七年（643）属亳州。金兴定五年（1221）升为永州。元世祖至元二年（1265）降为永城县，属归德府。民国初属河南开封道。1927年直属河南省。1996年改设永城市。

永厚陵　北宋英宗赵曙的陵墓。在今河南巩义市南孝义镇和义沟村北。东去永昭陵一里许。

永昭陵　北宋仁宗赵祯的陵墓。在今河南巩义市南孝义镇和义沟村北。

永思陵　南宋高宗陵墓。在今浙江绍兴县东三十六里宝山南麓。

永顺土司　明弘治五年（1492）置，属庆远府。有正副两长官司：正长官司在今广西都安瑶族自治县北板岭乡永顺村；副长官司在今宜州市东北后甫。1928年废。

永顺厅　清雍正四年（1726）置，属辰州府。治所即今湖南永顺县东南老司城。七年（1729）改设永顺县。

永顺长官司　明弘治五年（1492）置，属庆远府。治所在今广西宜州市西龙头乡。清废。

永顺正长官司　明弘治五年（1492）置，属庆远府。治所在今广西都安瑶族自治县北板岭乡永顺村。民国初属广西柳江道。1928年废入宜山县。

永顺场　①唐景福二年（893）改将水场置，属建州。即今福建顺昌县。五代闽龙启元年（后唐长兴四年，933）升县并改名顺昌县。

②即今四川安岳县东二十里永顺镇。清道光《安岳县志》卷7：永顺场“即岳庆桥。在治东二十里”。

永顺州　五代置，治所在今湖南永顺县东南老司城。元至元中改为永顺路。

永顺县　①唐武德四年（621）析新兴县置，属新州。治所在今广东云浮市东南五十里。北宋开宝五年（972）废。

②清雍正七年（1729）改永顺厅置，为永顺府治。治所即今湖南永顺县。民国初属湖南辰沅道。1922年直属湖南省。

永顺府　清雍正七年（1729）置，属湖南省。治所在永顺县（今湖南永顺县）。辖境相当今湖南永顺、龙山、保靖、桑植、古丈等县地。1913年废。

永顺等处安抚司　元至大三年（1310）改永顺路置，属四川行省。治所在今湖南永顺县东南老司城。至正七年（1347）升为宣抚司。

永顺等处宣抚司　元至正七年（1347）升永顺等处安抚司置，属四川行省。治所在今湖南永顺县东南老司城。明洪武六年（1373）改为宣慰司。

永顺等处宣慰司　明洪武六年（1373）改永顺等处宣抚司置，属湖广都司。治所在今湖南永顺县东南老司城。清雍正四年（1726）改设永顺厅。

永顺副长官司　明弘治间以永安长官司改名，属庆远府。治所在今广西宜州市东北后甫。民国初属广西柳江道。1928年废。

永顺路　元世祖至元中改永顺州置，属四川行省。治所在今湖南永顺县东南老司城。至大三年（1310）改为永顺等处安抚司。

永修县　东汉灵帝时置，属豫章郡。治所在今江西永修县西北艾城西南。隋开皇九年（589）省。唐武德五年（622）复置，属南昌州。八年省入建昌县。1914年改建昌县复置，属江西浔阳道。治所在今永修县西北艾城。1926年直属江西省。1949年迁今永修县（涂家埠镇）。

永信城 唐筑，在今陕西陇县西。《新唐书·地理志》陇州汧源县：“贞元十三年筑永信城于平戎川。”

永泉铺 即今湖北南漳县东南十四里涌泉镇。清有外委驻防。

永胜县 1934年改永北县置，直属云南省。治所即今云南永胜县。民国《云南省民政厅〈有关各县更改县名〉案卷》：“县名永北二字，……地方人士每嫌欠雅驯，且至十年以来，匪患频仍，庶政废弛，而犯永远败北之忌。……其‘永胜’乃根据历史上永宁、北胜之意，以‘北胜’二字意义相反，改‘北’为‘胜’，雅驯尤多。”

永饶冶 西晋置，在今河南南阳市南。《晋书·孟观传》：“永饶冶令空桐机斩观首，传于洛阳。”

永洛县 北魏正光末置，属乐良郡。寄治营州东南，即今辽宁义县一带，隋初废。

永济县 ①唐大历七年（772）分临清县置，属贝州。治所在今山东冠县北北馆陶。北宋熙宁五年（1072）并入馆陶县，为永济镇。《元和志》卷16永济县：“大历七年，田承嗣奏于张桥行市置，西并永济渠，故以为名。”

②金大定二十七年（1187）升永济务置，属蓟州。治所即今河北唐山市丰润区。泰和中改为丰闰县。

③清雍正六年（1728）置，为蒲州府治。治所在今山西永济市西南二十四里蒲州镇。民国属山西河东道。1928年直属山西省。1949年迁治赵伊镇（今永济市）。

永济河 在今江苏淮安市楚州区南十里。《明史·地理志》山阳县：“西南有永济河，万历九年开，长六十五里，亦谓之新运河。”《清一统志·淮安府一》：永济河“上自窑湾，下合通济闸，长四十五里。今淤。《河渠考》：万历十年，督漕凌云翼以运船由清江浦出口多艰险，乃自浦西开永济河七十里，起城南窑湾，历龙江闸，至杨家涧，出武家墩，折而东合通济闸出口，更置闸三，以备清江浦之险。未几闭塞”。

永济栅 亦作永清栅。即隋大同城。在今内蒙古乌拉特前旗东北乌梁素海东（唐天德军西南三里）。唐乾元元年（758）镇北都护府曾权居于此。

永济桥 ①隋建，在今河南宜阳县西十七里。《元和志》卷5寿安县：“永济桥，炀帝大业三年置，架洛水。隋乱，毁废。贞观八年修造舟为梁，长四十丈三尺，广二丈六尺。”

②在今河北涿州市北郭外。初名拒马河桥，明万历初建。长三十余丈。清乾隆二十五年（1760）河徙，改旧桥为涵洞十有八，而于旧桥之南，移建九空新桥，仍筑石堤，下为涵洞二十有二，新旧桥长二百余丈，赐名永济桥。

③在今安徽宿州市北二十里古汴水上。《明一统志》卷7凤阳府：永济桥“在宿州北二十五里。旧名符离桥，亦名埇桥”。金以后汴水湮塞，遂废。

④亦名垂虹桥、铁索桥。在今四川平武县北。《方舆纪要》卷73龙安府平武县：永济桥“在府西北二十五里，路接小河所。明洪武中，土官薛文胜以篾缆架桥。永乐初，薛忠义造铁索六条，长十五丈，架板为桥，名曰垂虹，俗名铁索桥”。

永济渠 ①隋大业四年（608）开凿。《隋书·炀帝纪》：“诏发河北诸郡男女百余万开永济渠，引沁水南达于河，北通涿郡（治所在蓟县，今北京城西南）。”长二千余里。故道自今河南武陟县沁水东岸至卫辉市一段用沁水支流，即今孟姜女河；自卫辉市至天津市一段，用清水下接淇水（即白沟）、屯氏河、清河，略同今卫河（自内黄至武城在卫河西，自武城至德州在卫河东）；自天津至涿郡故城一段，用沽水上接桑干水，即今武清以下的白河与武清以上至北京市西南郊的永定河故道。涿郡附近一段不久即堙废。自今天津以南，唐后即专以清、淇二水为源，与沁水隔绝，北宋后通称御河。金、元以来屡经改道，至明称卫河，经流与今相同。

②在今河北霸州市东。《宋史·河渠志五》：“东起乾宁军，西信安军永济渠为一水，西合鹅巢淀、陈人淀、燕丹淀、大光淀、孟宗淀为一水，衡广一百二十里，纵三十里或五十里，其深丈余或六尺。”即此。《方舆纪要》卷11霸州：永济渠“今皆废”。

③在今河北新乐市东北。《方舆纪要》卷14新乐县：“永济渠在县东。《旧志》：唐咸亨中，魏州刺史李灵龟开此以通新市，百姓利之。今涸。”

永济堡 明初置，在今陕西定边县东一百五十里。《方舆纪要》卷61榆林镇：永济堡“在新安边营东四十里。成化中移置迤南上洪寺，属西路参将戍守”。

永祐陵 北宋徽宗陵墓，南宋初葬于今浙江绍兴县东三十六里宝山南麓。本名永固陵，后改永祐。

永泰公主墓 在今陕西乾县西北、乾陵东南五里。永泰公主为唐中宗第六女李仙蕙，下嫁嗣魏王武延基。大足元年（701）因忤张易之，为武后杖杀。时年十七岁。神龙初迁葬乾陵侧。1962年对该墓进行发掘，出土《宫女图》等壁画、石线刻画、陶瓷器以及各种金属随葬品千余件。现乾隆博物馆即建于该墓侧。

永泰市 ①即今江西樟树市西南永泰镇。北宋于此置永泰镇。

②即今江西德兴市西南永太。《明史·地理志》德兴县：“西南有永泰巡检司，废。”

永泰寺 在唐长安城（今陕西西安市）长寿坊南门之东。宋敏求《长安志》卷10：“本梁太尉吴王萧岑宅，隋开皇四年立，帝为沙门昙延主为延兴寺……（唐）神龙中，中宗为永泰公主追福，改为永泰寺。”

永泰寺塔 在今河南登封市西北二十二里永泰寺村。建造于唐代，为单层十三级密檐叠涩式砖塔，平面呈方形，高24米。塔门拱券形，南向。塔身自下而上每层高度均匀递减，塔檐逐渐内收，外轮廓呈抛物线形。塔室内部为空筒状。塔刹由仰莲及相轮组成，已残。塔西南50米处有金大安元年（1209）建造的方形双层砖塔，高3米余，塔刹已毁。塔东北约150米处有明崇祯十一年（1638）建造的砖砌喇嘛塔一座，高约6.18米。永泰寺位于塔的西南方，始建于北魏孝明帝正光二年（512），以后屡有修建。现存多为清代建筑。寺内存有唐天宝十一年（752）“大唐中岳永泰寺碑”一通，天宝九年（750）、天宝十二年（753）石经幢两通，明清碑刻十三通。2001年定为全国重点文物保护单位。

永泰县 ①唐武德四年（621）置，属梓州。治所在今四川盐亭县东六十里永泰乡。《元和志》卷33永泰县：“地号永泰，因以为名。”天宝初属梓潼郡，乾元初复属梓州。北宋熙宁五年（1072）废入盐亭县。十年（1077）置永泰尉司，建中靖国初改为永泰尉司，南宋绍兴初改为永泰县，未几废。三十一年（1161）复置永泰县。元初废。

②唐永泰二年（766）置，属福州。治所即今福建永泰县。《寰宇记》卷100福州永泰县引《图经》：“唐永泰二年置，以年号为县名。”北宋崇宁元年（1102）更名永福县。1914年因与广西永福县重复，仍改名永泰，属福建闽海道。1928年直属福建省。

永泰城堡 明万历三十二年（1604）于旧老虎城置，在今甘肃景泰县西南。设副总兵镇守。清初设游击，后改设千总。

永泰陵 北宋哲宗赵煦的陵墓。在今河南巩义市西南芝田镇西南八陵村。与永裕陵相距里许。

永泰渠 在今湖南常德市北。《新唐书·地理志》武陵县：“北有永泰渠，光宅中，刺史胡处立开，通漕，且为火备。”

永泰尉司 北宋熙宁十年（1077）置，属梓州。治所在今四川盐亭县东六十里永泰乡。建中靖国初改为安泰尉司。

永泰湖 在今江苏泗洪县南洪泽湖范围内。《元和志》卷9泗州徐城县：永泰湖在“县（治今洪泽县西临淮乡）南二里。周回三百六十三里。其中多鱼，尤出朱衣鲋”。《寰宇记》卷16临淮县：“永泰湖在县北五十里。大业三年开通济渠，塞断沥水，自尔成湖，因乡为名。出赤背鲫鱼，时人呼为朱衣鲋。”

永泰镇 ①北宋置，属清江县。即今江西樟树市西南永泰镇。

②北宋熙宁五年（1072）降永泰县置，属盐亭县。在今四川盐亭县东六十里永泰乡。十年（1077）改置永泰尉司。

永都郡 北周改武都郡置，治所在将利县（今甘肃陇南市武都区东南）。隋开皇三年（583）废。

永桥城 即今河南武陟县西南大虹桥乡。《周书·韦孝宽传》：大象二年（580），孝宽“进次怀县永桥城之东南。其城既在要冲，雉堞牢固”。隋为修武县治。

永夏土司 原名雍希叶布。后改称永夏。驻牧地在今青海称多县东北查曲流域。为玉树等二十五族之一。

永唐县 即永康县。在今四川安岳县南七十里。《旧唐书·地理志》普康县：“后周永唐县。隋改为永康，移治伏强城，寻改为隆康。先天元年改为普康。”

永陵 ①在今北京市昌平区北天寿山。明十三陵之一，位于景陵东南三里阳翠岭。为明世宗朱厚熜之陵。顾炎武《昌平山水记》卷上：永陵“在十八道岭，嘉靖十五年改名为阳翠岭，距长陵东南三里”。其规模小于长陵，但结构精巧为十三陵之冠。今存明楼较完整。墙垛、斗拱、飞檐、额枋皆用石砌。

②在今辽宁新宾满族自治县西四十里永陵镇西北启运山南麓，为清帝先世祖陵，关外三陵之一。建于明万历二十六年（1598），初名兴京陵。顺治十六年（1659）改名永陵。为清太祖努尔哈赤的远祖孟特木、曾祖福满、祖父觉昌安、父塔克世的陵寝。整个陵区由前院、方城、宝城三部分组成。四周围以缭墙。陵园内横列清代先祖“肇、兴、景、显”四帝的碑亭。宝城内四墓东西并列。1988年定为全国重点文物保护单位。2004年定为世界文化遗产，列入《世界遗产名录》。

③即五代前蜀主王建墓。在今四川成都市西郊三洞桥附近。《新五代史·前蜀世家·王建》：光天元年（918），“建卒，年七十二。……庙号高祖，陵曰永陵”。

④在今陕西富平县东南二十五里留古镇何家村北。为西魏文帝元宝炬与皇后乙弗氏、郁久闾氏的合葬陵。西魏文帝为孝文帝之孙，封南阳王。西魏大统元年（535）宇文泰杀魏孝武帝，立宝炬为帝，在位十七年。宝炬死后葬永陵。永陵为圆丘形封土，高13米，周长230米，墓顶平坦如殿基状。陵园由原有石人、石兽、石碑等大量石刻，现仅存一只石兽。1996年定为全国重点文物保护单位。

永陵街 简称陵街。即今辽宁新宾满族自治县西永陵镇。清光绪《奉天全省地舆图说图志》兴京图：西有永陵。民国《兴京县志》卷1：“永陵街分东西两堡，袤约五里，居民千余户，大小商铺百余家，为西来之通衢，商业冠于他镇。”

永通河 在今河南开封市西南。《方舆纪要》卷47开封府祥符县：“永通河，在旧府城西南。亦曰永济河。即宋嘉祐中自葛家冈穿河引溢水入惠民等河处也。今亦废。”

永通峡 即大藤峡。在今广西桂平市西北六十里。《明史·地理志》武宣县：“东南有大藤峡，后名永通峡。”

永通盐课司 明置，属嘉州。在今四川井研县西南王村镇。《方舆纪要》卷72犍为县“石马滩镇”条内：“县东北百里有四望溪口巡司。其相近者又有永通盐课司。”清废。

永通桥 ①金明昌年间（1190—1195）建，在今河北赵县西门外清水河上。长32米，宽7.7米。石拱跨度26米。建筑风格和结构形式与赵州桥（大石桥）相似，有小石桥之称。1961年定为全国重点文物保护单位。

②又名八里桥。在今北京市通州区西八里。为通惠河上桥梁。《明一统志》卷1顺天府：永通桥“在通州城西六里。正统十二年建，赐名永通。祭酒李时勉撰碑记”。

永通监 北宋置，属曲江县。为铸钱监。在今广东韶关市西。后升为县级监，属韶州。《舆地纪胜》卷90韶州：永通钱监“在州水西一里。庆历间，叶公清臣、宋公祁经度山泽置监，分遣金工以采之。岁用铜百万斤，可得盛币三百万，三分其一以上供，余復市铜几得二百万。庆历八年九月，三司言：本州天兴场铜大发，岁采二十五万斤，请置监铸钱，诏为永通监”。

永通渠 隋仁寿四年（604）改广通渠为永通渠。又名富民渠。起自今陕西西安市西北，引渭水东绝灞河，略循西汉漕渠故道，经临潼、渭南、华县、华阴四县市之北，东至潼关达黄河。

永绥厅 清雍正九年（1731）置，属辰州府。治所在今湖南花垣县南五十七里吉卫镇。嘉庆元年（1796）升为直隶厅，属湖南省。七年（1802）移治花园堡（今花垣县）。1913年改为永绥县。

永绥县 1913年改永绥厅置，属湖南辰沅道。治所即今湖南花垣县。1953年改名花垣县。

永崇陵 南宋光宗赵惇陵墓。在今浙江绍兴县东三十六里宝山南麓。

永康市 1992年撤销浙江省永康县，改设永康市，市人民政府驻古丽镇。由金华市代管。

永康州 ①明万历二十八年（1600）升永康县置，属太平府。治所在今广西扶绥县北中东镇（旧永康）。1912年改为永康县。

②清宣统二年（1910）改镇康州置，属永昌府。治所即今云南永德县。以所属永昌府的“永”和所处镇康坝子的“康”字组合成州名。1913年改永康县。

永康军 北宋太平兴国三年（978）改永安军置，治所在灌口镇（今四川都江堰市）。辖境相当今四川都江堰市及汶川县南部地。熙宁五年（1072）废为砦，九年（1076）置永康军使，治所在导江县（今四川都江堰市东南二十里导江铺）。元祐元年（1086）复移今都江堰市。元初改为灌州。

永康县 ①三国吴赤乌八年（245）分乌伤县置，属会稽郡。治所即今浙江永康市。宝鼎元年（266）后属东阳郡。南朝陈属金华郡。隋属东阳郡，隋末废。唐武德四年（621）置缙云县，八年（625）复名永康县，属婺州。元属婺州路。明、清属金华府。民国初属浙江金华道。1927年直属浙江省。1992年改设永康市。

②西晋太康元年（280）改永安县置，属吴兴郡。治所在今浙江德清县。东晋永康元年（300）改名武康县。

③南朝梁大同中置，为万荣郡治。治所在今四川达县西北七十五里桥湾乡（桥河湾）。隋开皇三年（583）属巴州，十八年（598）改为永穆县。

④北齐置，属广宁郡。治所在今河南新蔡县东南。隋开皇初改为澺水县。

⑤北周建德四年（575）置，属普慈郡。治所在今四川安岳县南七十里。隋开皇十八年（598）改为隆康县。

⑥五代后蜀广政十六年（953）析青城县置，属蜀州。治所在今四川崇州市西北六十里街子镇。南宋属崇庆府。明废。

⑦北宋置，属邕州左江道。治所在今广西扶绥县北旧县村。元属太平路。明属太平府，万历二十八年（1600）升为永康州，移治今扶绥县北中东镇。1912年改为永康县。1914年改为同正县。

⑧辽置，属建州。治所在今辽宁朝阳县西南。金废。

⑨金大定七年（1167）改永宁县置，为复州治。治所在今辽宁瓦房店市西北复州城镇。元废。

⑩1913年改永康州置，治所即今云南永德县。因与浙江、广西永康县同名，1914年改镇康县。

永康陵 唐高祖李渊祖父李虎之陵墓。在今陕西三原县北四十里。《旧唐书·高祖纪》：“皇祖讳虎，……武德初，追尊景皇帝，庙号太祖，陵曰永康。”

永康堡 又名五百户堡。明置，属宁夏中卫。即今宁夏中卫市东南黄河南岸永康乡。后废。

永康溪 金华江支流。一名南溪。在今浙江永康市南。《元丰九域志》卷5：婺州永康、武义二县俱有“永康溪”。《方舆纪要》卷93武义县：永康溪“自永康县流入，又县本永康地，因名……北入金华县界而为南溪”。

永康镇 ①清置，属榆次县。即今山西晋中市榆次区西南二十五里永康村。

②即今陕西志丹县城。《寰宇记》卷37保安军：“本延州之古栲栳城，唐咸亨中曾驻泊禁军于此，至贞元十四年建为神策军，寻改为永康镇，属延州。扼截蕃贼。至皇朝太平兴国二年升为保安军。”

永清门 即覆盎门。汉长安城南面东头一门。在今陕西西安市西北大白杨、小白杨二村之北。《三辅黄图》卷1：“长安城南出东头第一门曰覆盎门，一号杜门。……王莽更名曰永清门长茂亭。”

永清场 即今四川安岳县东南四十里永清镇。清道光《安岳县志》卷7：永清场“即流湖场，在治东南四十里”。

永清县 ①北周保定二年（562）改大洪县置，属迁州。治所在今湖北保康县西北。隋属房陵郡。唐属房州。北宋开宝中废。

②唐天宝元年（742）改会昌县置，属范阳郡。治所即今河北永清县。辽属析津府。金属大兴府。元属大都路。明属顺天府。民国初属京兆尹。1928年直属河北省。

③五代周显德六年（959）置于益津关，为霸州治。治所即今河北霸州市。北宋景祐二年（1035）废入文安县。

④元世祖至元十六年（1279）改南安县置，属南安路。治所即今江西上犹县。十七年（1280）复名南安县。

永清渠 唐贞元中开，引黄河水溉田。在今内蒙古五原县境。《新唐书·地理志》丰州九原县：“有咸应、永清二渠，贞元中，刺史李景略开，溉田数百顷。”《方舆纪要》卷61榆林镇“咸应渠”条：“贞元中，刺史李景略以丰州地面瘠卤，乃开二渠，溉田数百顷。”

永清堡 亦作永兴堡。明置，属兴武营所。即今宁夏盐池县西北七十四里高沙窝镇东英雄堡。1943年陕甘宁边区军民于此战胜马鸿逵部，遂改为英雄堡。

永清墟 即今广东龙门县西南九十里永汉镇。清移庙子角巡司于此。

永清镇 金置，属颍上县。在今安徽颍上县境。

永淳县 北宋元祐三年（1088）改永定县置，属横州。治所在今广西横县西北峦城镇北郁江东岸。元至正十二年（1352）迁治三洲村（今峦城镇西南十里）。明洪武三十一年（1398）迁今峦城镇（旧永淳县），属南宁府。民国初属广西南宁道。1928年直属广西省。1952年撤销，并入横县。

永隆山 ①在今重庆市巫溪县北大巴山支脉。《清一统志·夔州府一》：永隆山“在大宁县北二百里”。

②在今重庆市南川区西。《元和志》卷30宾化县：“隆化县以县西永隆山为名。”《寰宇记》卷120宾化县：“隆化县以县西二十里永隆山为名。”

永隆太平市 在今湖南祁阳县西北四十六里文明镇北。明置永隆太平市巡司。清改为永隆巡司。

永暑礁 在南海中中国南沙群岛内，位于大现礁西南55海里。东北—西南向，长约26公里。中国渔民向称上戍。1935年公布名称为十字火礁或西北调查礁。1947年改名永暑礁。郑资约《南海诸岛地理志略》载：永暑礁“全部由珊瑚礁构成，有许多干礁块露出水面，而以西南端部露出者最大。海水涌向礁块，虽于微风微浪，亦被击碎成破浪”。

永智县 1945年冀鲁豫边区于抗战胜利后改清河县置，治所在清平（今山东高唐县西南清平镇）。以纪念抗战中牺牲的地委书记肖永智而命名。1949年复名清平县。

永善县 清雍正六年（1728）置，属乌蒙府。治所在米贴（今云南永善县南四十八里米贴）。嘉庆《永善县志略》：米贴土目叛，平定后“清朝遂钦命其名曰永善县”。雍正八年（1730）属昭通府，迁治莲峰（今永善县南九十四里莲峰镇）。民国初属云南滇中道。1916年直属云南省。1951年迁治井田镇（即今永善县）。

永奠堡 明万历六年（1578）置，即今辽宁宽甸满族自治县东南永甸镇。《方舆纪要》卷37辽东都司“长奠堡”条下：“东北五十里为永奠堡。”

永湖墟 即今广东惠州市惠阳区（淡水镇）北永湖镇。清设汛。

永裕陵 北宋神宗赵顼的陵墓。在今河南巩义市西南西南二十六里八陵村东南。

永登县 ①十六国前凉置，属广武郡。治所在今甘肃永登县。北魏废。

②1928年改平番县置，属甘肃省。治所在平番城（今甘肃永登县）。

永登暗沙 在南海中中国南沙群岛内，位于双子群礁东北16海里。中国渔民向称奈罗角、奈罗谷。1935年公布名称为独立登滩。1947年改名永登暗沙（见郑资约《南海诸岛地理志略》）。

永虞县 1947年4月晋冀鲁豫边区由永济、虞乡二县合置，治赵伊镇（今山西永济市）。1949年撤销，复置永济、虞乡二县。

永睦县 北宋咸平二年（999）改永穆县置，属达州。治所在今四川达县西北七十五里桥湾乡。《元史·杨文安传》：世祖至元九年（1272），“遣元帅蔡邦光会蓬州兵，邀宋师于永睦，战胜之”。即此。元世祖至元二十二年（1285）废。

永靖县 1929年析临夏县置，属甘肃省。治所在莲花城（今甘肃临夏县北）。1962年迁驻小川，即今刘家峡镇。

永新水 即今江西吉安县西南禾水。《方舆纪要》卷87吉安府庐陵县：永新水“在府南。源出永新县界，流入境，至韦家渡，安福水自安福县流入焉，即泸水也，又东流四十里至府南十五里大皋渡而入赣江”。

永新州 元元贞元年（1295）升永新县置，属吉安路。治所即今江西永新县。明洪武初仍降为县。

永新江 又名禾水、大溪。即今江西永新县南禾水。《方舆纪要》卷87吉安府永新县：永新江“在县南。源出禾山，亦曰禾江。东流合琴亭、胜业诸水，至县东又会群川，入泰和县界，会牛吼江入赣江”。

永新县 三国吴宝鼎二年（267）置，属安成郡。治所在今江西永新县西北三十五里沙市镇。隋开皇中废入泰和县。唐武德五年（622）复置，属南平州。八年（625）又废。显庆四年（659）复置，属吉州。治所即今永新县。元元贞元年（1295）升为永新州。

明洪武初仍降为县，属吉安府。民国初属江西庐陵道。1926年直属江西省。

永新联席会议旧址 在今江西永新县城禾水边。原为县城商会。是一栋前后两进、中间有天井的二层楼房。楼上有会议室。中共永新县委在此办公，旁边是县赤卫大队部旧址。1928年6月30日，毛泽东在此召开了湘赣边界特委、红四军军委、永新县委联席会议。毛泽东在会上分析了当时形势，反对冒进湘南，继续在湘赣边界各县建立巩固的井冈山革命根据地。1988年定为全国重点文物保护单位。

永慈县 唐贞观元年（627）置，属羁縻西仁州。治所在今四川松潘县西境。八年（634）属奉州。后废。

永福山 在今广西永福县南五里。《寰宇记》卷162永福县："永福山在邑界。"《方舆纪要》卷107永福县：永福山"县因以名"。

永福水 指今广西柳江支流洛清江。《方舆纪要》卷107永福县：永福水"在县西南。《志》云：县西南城下有金山潭……永福水由此分流，曲折群川中，夺流而西南，出入柳州府洛容县境，为雒清江之上源"。

永福寺 ①在今江西鄱阳县东。建于南朝梁天监元年（502）。相传梁鄱阳王萧恢舍宅为寺，取名显明。唐时改名隆兴，宋改永宁，后又改永福。北宋天圣二年（1024）天台山寿昌寺宝伦禅师来寺主持，于寺东建塔，称永福寺塔。

②一名牛头寺、长乐寺。在今四川三台县西门外牛头山下。《舆地纪胜》卷154潼川府：永福寺"在牛头山之中，上属于山之顶。有盗欲取佛额珠者，初见佛首渐高，不可扳援，即祝曰：佛慈悲可以救众生，虽捐身无所爱，况此珠乎？语已，仰视佛若俯首，遂探珠以亡。故号低头佛"。明曹学佺《蜀中名胜记》卷29潼川州："本志云：永福寺，梁武赐名长乐，唐名灵瑞，宋名永福也。"

永福县 ①北魏黄兴初置，属建昌郡。治所在今山东枣庄市境。太和十五年（491）属彭城郡。武定五年（547）改属蕃郡。北齐省。《清一统志·兖州府二》"永兴废县"下载："又有故县城，在（滕）县东南一百二十里茱萸山北，今犹名故县集，疑即故永福也。"

②隋大业初改石梁县置，属江都郡。治所在今安徽天长市西三十里石梁镇。唐初废。

③唐武德四年（621）置，属桂州。治所即今广西永福县。《元和志》卷37永福县："析始安县之永福乡置，因以为名。"南宋属静江府。元属静江路。明属桂林府，隆庆五年（1571）改属永宁州。清复属桂林府。民国初属广西桂林道。1928年直属广西省。

④北宋崇宁元年（1102）改永泰县置，属福州。治所即今福建永泰县。《舆地纪胜》卷128福州《县沿革》永福县引《国朝会要》："崇宁避哲宗陵名，改曰永福。"元属福州路。明、清属福州府。1913年属福建东路道。1914年因与广西永福县同名，复改永泰县。宋时有银场。

永福里镇 清置，属漳平县。即今福建漳平市西南永福镇。

永福省 六朝时宋宫苑名。故址在今江苏南京市鸡鸣寺南，古台城中。《资治通鉴》：南朝梁太清三年（549），"太子迁居永福省"。胡三省注曰："永福省在禁中，自宋以来，太子居之，取其福国于永也。"《梁书·侯景传》：侯景攻陷台城后，"收王侯朝士送永福省"。不久，"景杀萧正德于永福省"。皆此。

永福陵 在今广东江门市新会区南崖山。《清一统志·广州府》：永福陵，"《旧志》：张世杰葬端宗于此"。

永福堡 在今广西永福县西。《方舆纪要》卷107永福县：永福堡"在县西。有城戍守"。

永静汛 在今广西西林县北。《清史稿·地理志》：西隆州西南有永静汛。有把总驻防。

永静军 北宋景德元年（1004）改定远军置，治所在东光县（今河北东光县）。金改为景州。

永嘉江 一名永宁江。即今浙江南部之瓯江。发源于今浙江龙泉市南，东经云和、丽水、青田、永嘉、瓯海、乐清六县市，于温州市东入东海。《元和志》卷26温州：永嘉江"一名永宁江。在州东三里"。《寰宇记》卷99温州永嘉县：永嘉江"一名温江，东自大海，西通处州青田溪"。

永嘉县 ①隋开皇九年（589）改永宁县置，属处州。治所即今浙江温州市。唐高宗上元二年（675）为温州治。南宋咸淳元年（1265）为瑞安府治。元为温州路治。明、清为温州府治。民国初为浙江瓯海道治。1927年直属浙江省。1958年迁治今永嘉县（上塘镇）。

②1949年9月改双溪县置，治枫林镇（今浙江永嘉县东北枫林镇）。1950年6月迁今县南塘头。9月迁温州市九山。1958年8月迁今治上塘镇。

永嘉郡 ①东晋太宁元年（323）分临海郡置，属扬州。治所在永宁县（今浙江温州市）。辖境相当今浙江温州市，永嘉、乐清二县，飞云江流域及其以南地区。南朝宋属东扬州。南齐属扬州。梁、陈复属东扬州。隋开皇九年（589）废。唐天宝元年（742）改温州复置，乾元元年（758）废。

②隋大业三年（607）改括州置，治所在括苍县（今浙江丽水市东南七里古城村）。辖境当今浙江省天台山——仙都山一线以南的灵江、瓯江、飞云江流域。唐初废。

永嘉盐场 北宋置，属永嘉县。在今浙江温州市东南永兴镇。清设盐课司于此。

永嘉堡 在今山西天镇县东北三十八里永嘉堡村。《方舆纪要》卷44："嘉靖三十七年设，万历二年增修，周二里有奇。堡设在边内，与宣镇李信屯相犄角，地广人稀。嘉靖二十八年，寇由此犯。”

永熙县　南齐置，属广熙郡。治所在今广东罗定市西南罗定江之东。隋属永熙郡。唐武德五年（622）改名永宁县。

永熙郡　隋大业初改泷州置，治所在泷水县（今广东罗定市南百里）。辖境相当今广东罗定市及郁南县南部地。唐武德四年（621）复改为泷州。

永熙陵　北宋太宗赵光义的陵墓。在今河南巩义市西南西村镇北、常封村西、滹沱村东。东距永昌陵里余。

永灉河镇　一名永龙镇。即今湖北京山县西南七十四里永灉镇。清光绪《湖北全省分图》：京山县西南有永灉河镇。

永镇关　在今云南云县南五十里。《清一统志·顺宁府》：永镇关“在云州南五十里，为往来各土司路。前有四十八道水，深箐茂林，五六十里皆阴翳泥淖。明于此设关，有堡城门，委员戍守，为边隅重地”。

永镇桥关　明洪武十二年（1379）置，后属叠溪千户所。在今四川茂县北一百七十里太平乡北永镇村。

永镇堡　明置，属叠溪千户所。在今四川茂县西北太平乡北永镇。《方舆纪要》卷73叠溪所“太平堡”条内：“永镇堡在所北四十里。有永镇桥关，其相近者又有白石坎。正统中，番贼来犯，官军拒之于此。”

永德县　金大定七年（1167）以安德县改置，属兴中府。治所在今辽宁朝阳县东南柏山上。元废。

永穆县　隋开皇十八年（598）改永康县置，属巴州。治所在今四川达县西北七十五里桥湾乡。大业三年（607）属清化郡。唐武德二年（619）为万州治。贞观元年（627）废万州，县属通州。北宋属达州，咸平二年（999）改为永睦县。

永穆陵　南宋理宗赵昀陵墓。在今浙江绍兴县东三十六里宝山南麓。

永霸县　辽置，为建州治。治所在今辽宁朝阳县西南黄河滩喀喇城。元废。

〔乛〕

司上汛　即今陕西西乡县南一百里司上乡。《清一统志·汉中府二》：司上汛“两面峻岭，一线中开，设有把总分防”。

司马台长城　在今北京市密云县东北古北口长城东10公里。以司马台水库为中心，向东西延伸，全长5.4公里。共有敌台三十五座，以险峻、敌台城楼形式多样、保存完整而著名。司马台长城修筑年代可分为：单边墙修筑于明成化年间（1465—1487），天梯形边墙修筑于嘉靖二十四年（1545），西七台、东二台和东四台创建于明隆庆四年（1570）和隆庆五年（1571）。其余大部分城墙和敌台修建于明万历年间（1573—1620）。长城－司马台段2001年被定为全国重点文物保护单位。

司马台（臺）寨　在今北京市密云县东北百里。《方舆纪要》卷11密云县：司马台寨“有小城。西去潮河川二十里。其东南为将军台堡。《志》云：司马台北六里曰虎头山。又有扒头崖，在司马台东”。

司马光墓　在今山西夏县西北三十里鸣条冈。司马光（1019—1086），字君实，夏县涑水乡人。世称涑水先生。北宋宝元进士，后任宰相等职。著有《资治通鉴》、《涑水纪闻》等。《清一统志·解州》：司马光墓“在夏县西北三十里鸣条冈。其祖、父十余冢胥存。《旧志》：哲宗篆碑首曰‘忠清粹德’。起楼墓东，命苏轼撰文。绍圣元年，夺官毁楼仆碑。断碑之陷，有杏生于龟趺侧，樛枝蟠绕。金皇统中，夏县令王廷直得旧断石摹勒碑文。元平章察罕家与墓邻，作《老杏图》诗。程巨夫记。明嘉靖初，再修其碑”。

司马迁墓　在今陕西韩城市西南二十里芝川镇南原上。司马迁（约前145—？），字子长，夏阳（今陕西韩城市南）人。西汉史学家、文学家和思想家。元封三年（前108）继父职，任太史令。著作《太史公书》，即《史记》。其墓为衣冠冢。前有清乾隆时陕西巡抚毕沅书“汉太史公墓”碑一块。西晋时在此建有“太史祠”。1982年司马迁墓和祠定为全国重点文物保护单位。

司马村堡　即今山西孝义县东北司马镇。《清一统志·汾州府》“仁智村堡”条下：司马村堡“在县东北十里”。

司马河　在今山东莱芜市西十里。《方舆纪要》卷31莱芜县：司马河“源出县东北二十里大室山，西南流入于汶水”。

司马城　在今山东金乡县南二十里司马镇。《寰宇记》卷14金乡县：“司马城在邑界。《郡国志》云，城内有铁碑云：汉浮阳侯司马耀所封邑。”

司马站　元置，即今山东沂南县东北司马。

司令礁　在南海中中国南沙群岛南部，位于榆亚暗沙东北25海里。为一东西长约15公里的环礁。礁湖水深在5—15米之间，无礁门。中国渔民向称眼镜，因低潮时整个环礁露出，中间有0.6米高的沙洲把礁湖分成东西两半。形似眼镜。1935年和1947年公布名称均为司令礁。

司竹园　在今陕西周至县东十五里司竹乡。《史记·货殖列传》：“渭川千亩竹。”即此。汉时称鄠杜竹林。自汉至唐，均设司管理。宋于此置司竹监。《元和志》卷2盩厔县：“园周回百里，置监丞掌之，以供国用。义宁元年，义师起，高祖第三女平阳公主兴兵于司竹园，号‘娘子军’。”

司竹监　北宋于司竹园置，属凤翔府。在今陕西周至县东十五里司竹乡。元废。

司各庄　即今河北滦南县西南三十里司各庄镇。

清光绪《滦州志》卷8：司家庄在“城南八十里”。

司州 ①三国魏通称司隶校尉部为司州。西晋始正式定名，治所在河南尹（今河南洛阳市东北汉魏故城）。辖境相当今山西永和、汾西等县以南，沁水、阳城等县以西，陕西黄河、华山以东，河南卢氏、栾川、汝阳、新郑等市县以北及河北邢台市、任县、鸡泽、丘县、馆陶以南，河南滑县、濮阳、范县以北地。永嘉末废。十六国后赵石勒复置，石虎改为洛州。东晋永和中复置司州。北魏改为洛州。太和十七年（493）复为司州。东魏天平初改为洛州。西魏改为司州。北齐复为洛州。

②东晋侨置司州于徐县（今江苏泗洪县南）。此后或侨治合肥县（今安徽合肥市），或侨治襄阳县（今湖北襄阳市襄阳）。永和十二年（356）桓温收复河南地，还治洛阳县，后没于前秦。淝水之战后又还治洛阳县，隆安中没于后秦。义熙十二年（416）刘裕北伐，置司州于虎牢（今河南荥阳市西北汜水镇），南朝宋景平元年（423）陷于北魏。

③东晋义熙十二年（416）置，治所在虎牢（今河南荥阳市西北三十六里）。辖境相当今西起河南灵宝市，东至中牟县；北起古黄河，南至卢氏、临汝、新郑等县市及开封市西南地。北魏泰常八年（423）改为豫州。

④十六国汉刘渊置雍州，镇平阳县（今山西临汾市西南），后改为司州；后赵石虎置司州，镇邺县（今河北临漳县西南邺镇）；前秦、后秦置司州，镇长安县（今陕西西安市西北）。

⑤南朝宋元嘉末侨置，治所在悬瓠城（即今河南汝南县）。北魏皇兴中改为豫州。

⑥南朝宋泰始中置，寄治义阳郡平阳县（今河南信阳市）。辖境相当今河南省淮河以南、竹竿河以西，湖北省大洪山以东，溳水以西，应城、黄陂以北地。北魏正始元年（504）改为郢州。

⑦南朝梁天监三年（504）置，治所在南义阳郡（今湖北孝感市北）。《梁书·武帝纪》：天监三年八月，“魏陷司州，诏以南义阳置司州”。即此。七年（508）十月废。寻复置，移治安陆郡（今湖北安陆市）。史称南司州。后废。

⑧北魏天兴中置，治代都平城县（今山西大同市东北），统近畿诸郡。太和中迁都洛阳后，改名恒州。

⑨北魏太和十七年（493）自平城迁都洛阳，改洛州为司州。东魏天平初迁都邺县，复改为洛州。

⑩东魏天平元年（534）自洛阳迁都邺，改相州为司州。北周建德六年（577）灭北齐，复改为相州。

司农县 辽置，属乾州。治所在今辽宁北镇市和义县之间。金废。

司吾山 亦作峒峿山、司镇山。在今江苏新沂市南五十里，为马陵山支脉。《水经·沭水注》：横沟水“水发渎右，东入沭之故渎，又南暨于遏。其水西南流，径司吾山东，又径司吾县故城西”。

司吾县 西汉置，属东海郡。治所在今江苏新沂市南五十里王庄镇峒峿村。东汉改为司吾侯国，属下邳国。三国魏复为司吾县。西晋改属临淮郡，后又改属睢陵郡。南朝宋废。

司吾侯国 东汉改司吾县置，属下邳国。治所在今江苏新沂市南五十里王庄镇峒峿村。三国魏复为司吾县。

司里山 又名棘梁山。在今山东东平县西北六十四里。相传宋代以晁盖为首的农民起义军曾在此营建山寨。山顶有千佛崖镌坐佛像，高12米，两旁各有一僧侍立。崖两侧佛像近五百尊，姿态各异，多为唐宋作品，间有明清雕刻。

司空山 ①在今安徽岳西县西南八十里。传战国时淳于氏，官司空，曾隐居于此。故名司空山。《方舆纪要》卷125太湖县：司空山“高耸云表，上平坦可数亩，谓之司空原”。唐李白曾在此避居达半年之久，有《避地司空原言怀》诗，后人曾在此建太白书堂。《元史·昂吉儿传》：舒民张德兴“袭破兴国德安诸郡，还据司空山”。即此。

②在今湖北南漳县西北。《舆地纪胜》卷82襄阳府：司空山“在南漳县西百余里”。《方舆纪要》卷77南漳县：司空山在“县西北一百三十里。山高峻，西山要地也。……明成化初，贼首刘千斤寇房县，督臣白圭由司空山进讨，平之”。

③在今湖南攸县东四十里。《方舆纪要》卷80攸县：司空山“南接茶陵州云阳山，连山峻拔，左右有三十六峰。旧名麒麟山，亦名温泉山。南齐司空张岊弃官隐此，因名”。

司空山寨 南宋置，在今安徽岳西县西南八十里司空山。《元史·世祖纪》：至元十四年（1277），“昂吉儿、忻都、唐兀带等引兵攻司空山寨，破之，杀张德兴，执其三子以归”。

司隶 即司隶校尉部的简称。

司隶校尉部 ①简称司隶。西汉征和四年（前89）置，掌京畿七郡捕督奸猾，察举百官以下犯法者。无固定治所。辖境相当今陕西秦岭以北，陇县、彬县、黄陵、洛川、宜川以南，山西永和、汾西以南，霍州、沁水、阳城以西和河南安阳、新乡、中牟以西，新郑、汝阳、西峡以北地区。东汉建武十一年（35），降司隶校尉部为十三部之一，成为一级行政区，治所在雒阳县（今河南洛阳市东北）。西晋改为司州。

②前秦置，治所在长安县（今陕西西安市长安区西北十三里）。后秦因之，后废。

司前街 即今江西修水县西六十八里渣津镇东湾里一带。清置巡检于此，后移置渣津镇。

司前溪 在今贵州万山特区南一里。《方舆纪要》卷122铜仁府大万山长官司：司前溪“出大万山，东北流，入于铜仁大江”。

司前墟 即今广东江门市新会区西司前镇。明置牛肚湾巡司于此。

司盐城　即今山西运城市。《史记·秦本纪》：秦昭王十一年（前296），“齐、韩、魏、赵、宋、中山五国共攻秦，至盐氏而还”。《正义》引《括地志》：“盐故城一名司盐城，在蒲州安邑县。”即此。

司盐都尉署　三国吴置，在今江苏常熟市北五十里。《宋书·州郡一》：“南沙令，本吴县司盐都尉署。吴时名沙中。吴平后，立暨阳县割属之。晋成帝咸康七年罢盐署，立以为南沙县。”

司徒岭　在今湖南安化县东南，接宁乡县界。《宋史·蛮夷二·梅山峒蛮》：“于是遂檄谕开梅山，蛮瑶争辟道路，以待得其地。东起宁乡县司徒岭，西抵邵阳白沙砦。”即此。

司徒庙镇　在今江苏扬州市西北十里西湖镇。庙祀北齐扬州人茅智胜等五人，隋炀帝到江都，加封司徒，因名五显司徒庙，简称司徒庙。镇以庙名。

尼山　即尼丘。今山东曲阜市东南尼山。《明一统志》卷23兖州府：尼山“在曲阜县东南五十里，连泗水、邹县界。一名尼丘山。昔叔梁纥与颜氏祷于此山而生孔子。今其麓有宣圣庙”。

尼山孔庙和书院　在今山东曲阜市东南四十余里，尼山东麓。春秋末期思想家、教育家孔子（前551—前479）父母祷于尼山，生孔子。五代后尼山被崇为孔子发祥地，始创尼山孔庙。宋庆历三年（1043）扩建，元至元二年（1336）复置尼山书院。明永乐十五年（1417）重建成现今规模。共有五个院落，有殿庑门坊等六十九间。大门棂星门、二门大成门内为正殿大成殿。后有寝殿。大殿两侧有东、西跨院。侧门外有神祠毓圣侯祠，西边为启圣殿及寝殿，是祀孔子父母处。东侧门外的尼山书院仿北京国子监建造，有正殿三间，东西配房各三间。山下另有神灵洞（石洞），传孔子曾养于此。此外尼山东三里颜母山有颜母井及祠堂遗址。2006年定为全国重点文物保护单位。

尼扎尔　在今西藏类乌齐县驻地热扎卡东尼扎一带。藏语意为闪烁朝圣地、光辉圣地。为藏北三十九族之一。见清乾隆《西藏志·外番》。

尼木宗　在今西藏尼木县西。原西藏地方政府设尼木宗。“尼木”藏语意为麦穗顶端。1960年与孟嘎宗、麻江宗合并设尼木县，驻塔荣。

尼牙木札　在今西藏类乌齐县东北，为藏北三十九族之一。清《西藏图考》卷5：尼牙木查族“百长一员，住牧朱特地方”。朱特今名珠托。

尼牙木错土司　一作年错土司。清雍正时置，属西宁办事大臣。为玉树四十族之一。驻牧地在今青海称多、曲麻莱二县交界处。乾隆《西宁府新志》卷19塞外贡马番族：“住牧蒲肚克地方尼牙木错族，距多洛尼托克七族三百余里。”后改称娘磋。

尼牙拉木宗城　即聂拉木。今西藏聂拉木县。《清一统志·西藏》藏地诸城：尼牙拉木宗城“在日喀则城西南七百八十里”。

尼什哈山　一名龙潭山。在今吉林省吉林市东十二里。《清一统志·吉林一》：尼什哈山“周十里，高三百步。其上有城，周二里。城西一井，木一其中。旁有鲫鱼池三，石砌”。光绪《吉林通志》卷18：尼什哈山“尼什哈者，国语（满语）谓小鱼也。山之东北有河出小鱼，山因以名。四面陡壁，西北有车道，盘旋而上至其颠。杂树交荫，希见阳景。南行百余步，路旁有一池，石砌，相传谓鲫鱼池。北有龙潭，周五十余步，水色深碧，雨不溢，旱不减”。

尼布楚　亦作泥朴处、尼布潮、尼布抽、尼布绰、你不楮。即今俄罗斯赤塔州东涅尔琴斯克。清《平定罗刹方略》卷4：索额图奏言：“尼布楚系我茂明安部游牧之所。”17世纪40年代被沙皇俄国侵占后，建筑城堡，作为东侵雅克萨（今俄罗斯阿尔巴津）、黑龙江，南侵额尔古纳河一带的据点。清康熙二十八年（1689）中俄在此会谈，签订了中俄《尼布楚条约》，划定中俄边界，尼布楚划归沙皇俄国管辖。涅尔琴斯克乃尼布楚之转音，在其后面加俄语字尾。何秋涛《朔方备乘》卷15有《尼布楚城考》。

尼布楚河　又作泥朴处河。即今俄罗斯境石勒喀河支流涅尔查河。河口为尼布楚城。清康熙《平定罗刹方略》卷4：“索额图等奏言：察鄂罗斯所据尼布楚本系我茂明安部游牧之所，雅克萨系我达呼尔总管倍勒儿故墟。原非罗刹所有，亦非两界隙地……。臣以为尼布楚、雅克萨黑龙江上下及通此江之一河一溪皆属我地，不可弃之于鄂罗斯。”康熙二十八年（1689）中俄《尼布楚条约》将尼布楚河流域让与俄国。

尼叶（葉）赫　亦作乜河大屯。即今黑龙江省牡丹江市南兴隆镇。因濒尼叶赫河（也作乜河）得名。清光绪《吉林通志》卷17：“正北迤东，距（宁古塔）城六十里乜河大屯，靖边军营及卡伦驻此。”

尼丘　一名尼山。亦称尼丘山。在今山东曲阜市东南四十四里曲阜、泗水、邹城三市县交界处。《史记·孔子世家》：叔梁纥与颜氏女“祷于尼丘得孔子”。“生而首上圩顶，故因名曰丘云”。

尼尔基　即今内蒙古莫力达瓦达斡尔族自治旗驻地尼尔基镇。1915年于此置布西设治局。1934年日伪改置莫力达瓦旗。“尼尔基”，蒙古语意为“繁荣”。

尼约河　即今内蒙古根河市北激流河。《清一统志·黑龙江》：“金河”条谓“尼约河”等“俱出西北兴安岭，西流入额尔古讷河”。

尼洋河　即今西藏东部尼洋曲。清《乾隆内府典图》作尼洋楚必拉。“尼洋楚”，藏语意为以“娘”氏家族名命名的河。源于工布江达县境西部，于林芝县南注入雅鲁藏布江。

尼勒克设治局　又名巩哈设治局。1938年由伊宁县属巩团斯、哈什河两牧区改置，治所在尼勒克（今新疆尼勒克县）。因喀什河支流尼勒克河而得名。“尼勒克”，蒙古语意为“小孩”。1939 年改设巩哈县。

尼堪河 即今黑龙江省嘉荫县南之乌拉嘎河。民国《黑龙江志稿》卷 4：尼堪河“一作佳里河。《盛京志》作嘉拉，满州语间隔也。即宝兴河。（乌云）县东南百五十里。东北流五十五里，注于黑龙江”。

尼提山口 又作衮拉。在今西藏阿里地区达巴南六十里。藏语意为冬山口。原是在我国达巴守境内的一个山口。1954 年中印协定规定双方商人、香客可以通过此山口互通往来。

尼雅河 在今新疆民丰县境。清宣统《新疆图志》卷 67：尼雅河“二源：一源出侠马山，一源出恰哈提山，合而北流曰乌鲁克沙依河。又北流迳苏拉瓦克西，又北流经英尔瓦提西，又北流经尼雅为尼雅河，东分三渠。又北流有他位竿水自南来注之，又北有萨拉衣水合乙也水、格子布拉可水自东南来注之，又北流经大麻扎，又北流入沙碛”。

尼雅遗址 在今新疆民丰县北二百余里尼雅河下游地区。为汉精绝国故址。南北长约 10 公里，东西宽约 2 公里。无城垣。房舍废墟分布在干涸的尼雅河两岸。以前斯坦因曾多次发掘，中华人民共和国成立后也曾多次调查，并予发掘。出土大量汉文、佉卢文简牍及汉锦、毛织物、汉镜、五铢钱、“司禾府印”、“鄯善郡尉”印范等。1996 年定为全国重点文物保护单位。

尼雅穆尼雅库河 即今吉林安图县西南松花江上源五道白河。清乾隆《钦定盛京通志》卷 27：尼雅穆尼雅库河在“（吉林）城东南一千一百八十里。源出长白山，东北流，复折而西入安巴图拉库河。其上流曰舒敏博勒多”。《清一统志·吉林一》：混同江“又有尼雅穆尼雅库河、赫通额河，皆自山东发源，北流入焉”。

尼满河 即今俄罗斯滨海边疆区乌苏里江支流伊曼河。《清一统志·吉林一》：阿库密河“又北曰尼满河，在（宁古塔）城东一千三百五十里。源出尼满窝集，……西北流入乌苏哩江”。

尼满河口卡伦 亦作呢满河口卡伦。清咸丰九年（1859）置，属三姓副都统。在今黑龙江省虎林市东北虎头镇。光绪《吉林通志》卷 17：“呢满河口卡伦，（富克锦）城东南乌苏里江西岸七百余里，东岸俄罗斯界。”宣统元年（1909）置呢玛厅。

尼满窝集 在今俄罗斯滨海边疆区东北伊曼河上游。《清一统志·吉林一》“阿库密窝集”条下：“尼满窝集，在（宁古塔）城东一千六百里。”伊曼河源于此。

尼满噶珊 ①亦作你满。在今俄罗斯哈巴罗夫斯克边疆区黑龙江口南底米河与梅河口之间。清属宁古塔将军。康熙《皇舆全览图》：黑龙江口南有“你满噶山”。后属三姓副都统。光绪《吉林通志》卷 17：混同江入海处迤南有“尼满”噶珊。咸丰年间通过不平等的中俄《北京条约》被俄割占。

②又作呢玶。在今俄罗斯滨海边疆区乌苏里江右侧伊曼河口北岸。清初属宁古塔将军。康熙《皇舆全览图》：乌苏里江泥满河口有“泥满噶山”。后属三姓副都统。光绪《吉林通志》卷 17：乌苏里江东岸，北至混同江南岸旧设噶珊有“呢嗎”。咸丰年间通过不平等的中俄《北京条约》被俄割占。

尼蟒依山 在今新疆和田县南。《清一统志·和阗》：尼蟒依山“在和阗南。东西有二山，和阗河分出其麓”。

尼谿 春秋时齐地。在今山东境内。《史记·孔子世家》：齐景公“将欲以尼谿田封孔子”。

尼壤城 在今新疆民丰县北沙碛中。唐玄奘《大唐西域记》卷 12：“媲摩川东入沙碛，行二百余里，至尼壤城，周三四里，在大泽中。……唯趣城路，仅得通行，故往来者莫不由此城焉。而瞿萨旦那以为东境之关防也。”

民丰（豐）设治局 1945 年析于阗县置，属新疆省。治所即今新疆民丰县。1947 年改为民丰县。

民丰（豐）县 1947 年改民丰设治局置，属新疆省。治所即今新疆民丰县。

民乐市 在今广东佛山市南海区西南西樵山西北民乐圩。清光绪《广州府志》卷 69 墟市：南海县有“民乐市”。

民乐县 1932 年改东乐县置，属甘肃省。治所在洪水堡（今甘肃民乐县）。

民乐墟 即今广西北流市北二十里民乐镇。清光绪《广西舆地全图》北流图：北有民乐墟。

民主礁 即今南海中中国中沙群岛东部之黄岩岛。为一近三角形暗礁，周长约 46 公里。礁湖内水清绿，边崖陡峭。珊瑚礁狭带上有大石柱立，远处可见。最高者为南岩，海拔 1.8 米。其北又有北岩。黄岩岛实为包括南岩和北岩在内的大环礁。1935 年公布名称为斯卡巴洛礁。1947 年改名民主礁。1983 年改为黄岩岛，而以括注民主礁作为副名。

民权县 1928 年析杞、睢二县置，属河南省。治所在李坝集（今河南民权县西北八里老城）。1948 年徙治田庄（即今民权县治）。

民壮围 即今台湾宜兰县东北壮围乡。清嘉庆初，漳州人吴沙子光裔继父业率众入垦，故有民壮围之名。

民和县 1930 年析乐都县置，属青海省。治所在古鄯堡（今青海民和回族土族自治县南古鄯镇）。1931 年移治今民和回族土族自治县（上川口镇）。1985 年改设民和回族土族自治县。

民治县 1928 年析禹县及登封县地置，属河南省。治所在白沙镇（今河南禹州市西北六十里白沙村）。后废。

民复（復）县 亦作人复县。西魏改鱼复县置，为永安郡治。治所在今重庆市奉节县东十里白帝城。北周天和元年（566）移治今奉节县旧城故永安宫址南，宣政元年（578）还治白帝城。隋为巴东郡治。唐贞观二十三年（649）改为奉节县。

民望县　北魏皇兴三年（469）置，治所在今山西朔州市西南。

民勤县　1928年改镇番县置，属甘肃省。治所即今甘肃民勤县。

弗出站　即佛出浑。在今吉林珲春市。

弗朵秃河卫　又作弗朵河卫。明永乐六年（1408）置，属奴儿干都司。在今俄罗斯哈巴罗夫斯克边疆区黑龙江下游左侧的弗答哈河流域。后废。

弗朵河站　明初改元佛朵火站置，在今俄罗斯哈巴罗夫斯克边疆区黑龙江下游西岸付答哈河口。明《辽东志》卷9：海西东水陆城站有狗站“弗朵河站”。后废。

弗违县　十六国后燕改卢奴县置，治所即今河北定州市。北魏复名卢奴县。

弗利剌河　即今伊拉克之幼发拉底河。《新唐书·地理志》广州通海夷道：罗和异国“又西一日行，至乌剌国，乃大食之弗利剌河，南入于海”。

弗夜　即悉补野的异译。西藏吐蕃王朝建政前的称号。《新唐书·吐蕃传》：松赞干布“亦号弗夜氏”。地在今西藏乃东、穷结等县境。

弗思木卫　明永乐十年（1412）置，属奴儿干都司。治所在今黑龙江省桦川县东北宛里城。后废。

弗思木城古佛陵站　明置，在今黑龙江省桦川县东北宛里城。明《辽东志》卷9：海西东经水陆城站有“弗思木城古佛陵站”。

弗能都鲁兀站　明初置，在今黑龙江省富锦市。明《辽东志》卷9：海西东水陆城站有“弗踢奚城，弗能都鲁兀站”。后废。

弗提卫　明永乐七年（1409）置，属奴儿干都司。治所在今黑龙江省富锦市西古城。后废。

弗踢奚城　又作弗提斤。即明弗提卫治所。在今黑龙江省富锦市西古城。《明太宗实录》卷155：永乐十二年（1414）九月戊子，“上闻弗提斤六城之地肥饶，命指挥塔失往治弗提卫城池。令军民咸居城中，畋猎孳牧从其便”。后废。

邔县　秦置，属南郡。治所在今湖北宜城市北。《元和志》卷21宜城县：“城东临汉江，古谚曰‘邔无东’，言其东逼汉江，其地短促也。”东汉改为邔侯国。三国魏复为邔县，属襄阳郡。南朝梁废。

邔侯国　东汉改邔县置，属南郡。治所在今湖北宜城市北。三国魏复为邔县。

弘化县　①西魏大统十二年（546）改化政郡置，属夏州。治所在岩绿县（今陕西靖边县北白城子）。辖境相当今陕西榆林市和横山县西部、内蒙古乌审旗南部地。隋开皇三年（583）废。

②隋开皇十八年（598）置，为弘州治。治所在今甘肃庆城县北二十里。大业初属弘化郡。唐武德六年（623）移治今庆城县，与合水县同为庆州治。神龙元年（705）改为安化县。

弘化郡　①西魏大统十二年（546）改化政郡置，属夏州。治所在岩绿县（今陕西靖边县北白城子）。辖境相当今陕西榆林市和横山县西部、内蒙古乌审旗南部地。隋开皇三年（583）废。

②隋大业三年（607）改庆州置，治所在合水县（今甘肃庆城县）。辖境相当今甘肃庆阳、环县、合水、华池等市县及陕西志丹县西部。唐武德元年（618）复名庆州。

弘风县　唐贞观二十三年（649）改安民县置，属延州。治所即今陕西延川县东南延水关。神龙元年（705）改名延水县。

弘圣寺塔　又名一塔。在今云南大理市（下关）北二十六里，点苍山龙泉峰东麓，地处大理古城西南郊。为正方形十六层密檐式中空砖石塔，高43.87米。明杨慎游记，考之史传，为隋文帝时建。俗名阿育王塔。《清一统志·大理府》：宏圣寺“在太和县西南十三里苍山七峰之麓。中有一塔最高，名一塔寺。明杨慎游记：考之史传，为隋文帝时建。俗名阿育工塔”。

弘州　①北周建德六年（577）于广川防置，治所在今甘肃碌曲县西南。《隋书·吐谷浑传》：“开皇初，以兵侵弘州。高祖以弘州地旷人梗，因而废之。”

②隋开皇十八年（598）置，治所在弘化县（今甘肃庆城县北二十里）。大业初废。

③辽统和中置，属大同府。治所在永宁县（今河北阳原县）。辖境相当今河北阳原县。明初废。

弘农县　①西汉元鼎三年（前114）置，属内史，四年（前113）为弘农郡治。治所在函谷关（今河南灵宝市北旧灵宝西南）。《寰宇记》卷6：“义取弘大农桑为名。”东汉灵帝改为恒农县，西晋复为弘农县。北魏改为恒农县，为恒农郡治。永熙三年（534）为西恒农郡治。北周复名弘农县，为弘农郡治。隋属陕州，大业二年（606）废。三年（607）复置，移治鸿胪川（即今灵宝市），为弘农郡治。唐为虢州治。北宋建隆元年（960）改为常农县。

②东晋改弘农侨郡为县，属寻阳郡。治所在今江西九江市东。南朝宋元嘉十八年（441）废入松滋县。

弘农宫　隋大业初置，在今河南三门峡市西陕县老城。《隋书·地理志》河南郡陕县：“大业初（陕）州废，置弘农宫。”《隋书·杨玄感传》：“玄感遂释洛阳，西图关中……至弘农宫。”唐改名陕城宫、避暑宫、芳桂宫。弘道元年（683）废。

弘农郡　①西汉元鼎四年（前113）置，治所在弘农县（今河南灵宝市北故函谷关城）。辖境相当今河南黄河以南、宜阳以西的洛、伊、淅川等流域和陕西洛水、社川河上游、丹江流域。东汉以后辖境逐步缩小。灵帝刘宏避讳改为恒农郡。西晋复为弘农郡。十六国前秦徙治陕城（今河南三门峡门市西陕县老城）。北魏拓跋弘天安元年（466）避讳改为恒农郡。永熙三年（534）析置西恒农郡，治所在恒农县（今河南灵宝市北故函谷关城）。北周改西恒农郡为弘农郡。隋初废。大业三年（607）复置，治所在弘农县（今灵宝市）。义宁元年（617）改为凤林郡。唐武德元年（618）改为鼎州，贞观八年（634）废入虢州。天宝元年（742）改虢州为弘农郡。乾元元年（758）复改为虢州。

②东晋成帝时侨置，治所在今江西九江市东。后改为弘农县。

③南朝宋侨置，属雍州。寄治五垄（今湖北襄阳市襄城区境）。西魏废。

④南朝宋明帝末侨置，属雍州，寄治五垄（今河南淅川县东南九十四里厚坡镇）。北魏改恒农郡。

弘农涧 又名门水、鸿胪涧。即今河南灵宝市东宏农涧或涧河。《后汉书·董卓传》：兴平二年（195），张济合李傕等与董承、杨奉“大战于弘农东涧。承、奉军败”。即此。

弘阳镇 又作宏阳镇。唐初置，在今北京市延庆县西南三十里。《资治通鉴》：唐武德六年（623），“高开道所部弘阳、统漠二镇来降”。即此。

弘远县 唐贞观十二年（638）置，属瀼州。治所在今广西宁明县东思州东北。贞元后废。

弘政县 一作宏政县。辽世宗时置，为宜州治。治所在今辽宁义县东北二十五里。金属义州，移治今义县。元废。

弘闻县 辽置，为渌州治。治所即今吉林临江市。后废。

弘济桥 即宏济桥。俗称东桥。在今河北永年县东南城关镇（旧永年）东五里东桥村西。

弘觉寺 在今江苏南京市城南三十里牛首山双峰之间。始建于南朝梁天监二年（503），名佛窟寺。唐初，法融和尚在此谈禅，后创立牛头宗。五代南唐后主改称宏觉寺。

弘理县 辽统和八年（990）置，属川州。治所在今辽宁北票市西北土城子镇。后废。

弘赐堡 明嘉靖十八年（1539）置，即今山西大同市北宏赐堡。《明通鉴》：嘉靖三十年（1551），谙达遣人以马三百余匹求互市，请驻牧弘赐堡，御史李逢时拒之，谙达遂攻堡。即此。

弘道县 唐天宝元年（742）改营道县置，为江华郡治。治所即今湖南道县。乾元元年（758）为道州治。北宋复改营道县。

弘福寺 辽佛寺，即今内蒙古巴林左旗西南五十余里哈布齐尔庙。为皇室主要宗教活动地。《辽史·太宗纪》：天显十年（935）十一月，“幸弘福寺为皇后饭僧，见观音画像，乃大圣皇帝、应天皇后及人皇王所施，顾左右曰：‘昔与父母兄弟聚观于此，岁时未几，今我独来！’悲叹不已。乃自制文题于壁，以极追感之意”。今巴林左旗哈布齐尔庙有辽兴宗重熙十五年（1046）所建陀罗尼经幢，经文末刻“［大辽国上］京弘福寺业上生经沙门德显习进士田渥书”（见鸟居龙藏《上京城以南伊弗山上之辽代佛刹》）。

弘静县 隋开皇十一年（591）升弘静镇置，属灵州。治所在今宁夏永宁县南望洪镇附近。大业初属灵武郡。唐属灵州，神龙元年（705）改为安静县。

弘静镇 即今宁夏永宁县南望洪镇附近。《元和志》卷4灵州保静县：“西南至州六十里。本汉富平县地。后魏立弘静镇，徙关东汉人以充屯田，俗谓之汉城，隋改置弘静县。”

弘德县 隋大业初置，属弘化郡。治所即今甘肃环县西北洪德乡。唐废。

弘德殿 在今北京故宫乾清宫之西。明建，初名肃雍殿，万历十一年（1583）改为弘德殿。清穆宗曾就读于此。

疋末 西藏古地名。即匹播。《张说之文集》载：“拨川王论弓仁者，源出于疋末城，吐蕃赞普之王族也。”地在今西藏琼结县琼结雪。

疋播城 即今西藏琼结县。唐杜佑《通典·边防·吐蕃》：“隋开皇中，其主论赞率弄赞都牂牁西疋播城已五十年矣。”

出山店 ①即今河南西平县西南七十四里出山镇。清尹耕云《豫军纪略》卷12：同治五年（1866）二月，捻军乃奔“舞阳之武功镇、出山店诸处”。

②即今湖北随州市北一百三十八里淮河镇西汪湾附近。明置巡司于此。清乾隆中移巡司于高阳镇。

出山寨 即今河南西平县西南七十四里出山乡。民国初置县佐驻此。

出河店 又作珠赫店。即金肇州治所，在今黑龙江肇源县西茂兴镇南哈什吐古城。《金史·地理志》肇州：“旧出河店也。天会八年以太祖兵胜辽，肇基王绩于此，遂建为州。”《辽史·天祚皇帝纪》：天庆四年（1114），萧嗣先“引军出屯出河店，两军对垒，女直军潜渡混同江，掩击辽军，萧嗣先军溃”即此。

出密 元代西藏地名。《元史·百官志三·宣政院》载乌思藏纳里速古鲁孙等三路宣慰使司都元帅府，其属附见有出密万户。《汉藏史集》（藏文版）载乌思藏十三万户中，出密（曲弥）为藏地区（后藏）六个万户之一，其治所在今日喀则市西南曲美（拉当）。

辽 ①五代梁贞明二年（916）契丹首领耶律阿保机创建，国号契丹，两年后建都皇都（今内蒙古巴林左旗南波罗城）。大同元年（947）改国号为辽，改皇都为上京。公元983年—1066年间复称契丹，后又改称辽国。疆域东至俄罗斯鄂霍次克海、日本海，西迄今哈萨克斯坦斋桑泊，南至天津市海河、河北霸州市、易县和山西雁门关一线，与宋为界，是统治中国北部的一个封建王朝。保大五年（1125）被金所灭。

②辽宁省的简称。

辽上京城遗址 在今内蒙古巴林左旗（林东镇）南波罗城。辽契丹阿保机神册三年（918）建，初名皇都，后改称上京，府名临潢。《辽史·地理志》上京临潢府："城高二丈，不设敌楼，幅员二十七里。……其北谓之皇城，高三丈，有楼橹。……南城谓之汉城，南当横街各有楼对峙，下列井肆。"由汉城、皇城、大内三部分组成，周围约9公里。汉城在南，为汉、渤海、回鹘等族居住区，有官署、寺院、市肆及馆驿等建筑。皇城在北，为契丹族居住区，东、南一带有府第、官署、寺院等建筑。大内在皇城中央，即宫廷所在，原台基突出地表，宫殿建于岗阜之上，四周绕以宫墙。城址曾多次遭洪水侵害，现存皇城南墙及汉城城墙、皇城各门及瓮城遗址。1961年定为全国重点文物保护单位。

辽山　一名龙岗山。即今辽宁清原满族自治县东北三通背岭。《汉书·地理志》玄菟郡高句骊县："辽山，辽水所出，西南至辽队入大辽水。"

辽山县　隋开皇十六年（596）置，属辽州。治所在今山西左权县北。《元和志》卷13仪州辽山县："因县西北辽山为名。"大业初属太原郡。唐武德三年（620）属辽州，移治今左权县。八年（625）为箕州治。先天元年（712）为仪州治。天宝元年（742）为乐平郡治。乾元元年（758）复为仪州治。中和三年（883）仍为辽州治。金天会六年（1128）改为南辽州治，天德三年（1151）复为辽州治。明洪武初省入辽州。

辽太祖陵　为辽太祖耶律阿保机的陵墓。在今内蒙古巴林左旗西南哈达英格乡石房子村西北五里，辽祖州城址西北四里山谷中。耶律阿保机死于天显元年（926）七月，天显二年（927）八月葬此。《辽史·地理志》上京道祖州："太祖陵凿山为殿，曰明殿。殿南岭有膳堂，以备时祭。门曰黑龙。东偏有圣踪殿，立碑述太祖游猎之事。殿东有楼，立碑以记太祖创业之功。"辽亡后，金兵焚毁此陵园，但门址、殿基、石碑等至今仍存。1988年定为全国重点文物保护单位。

辽中县　清光绪三十二年（1906）分新民、辽阳、海城等县地置，属奉天府。治所在阿司牛录镇（今辽宁辽中县）。因处辽河中游，故名。民国初属奉天辽沈道。1929年直属辽宁省。

辽中京遗址　在今内蒙古宁城县西大明镇附近。辽统和二十五年（1007）建，为中京道大定府治，又为辽陪都之一。《辽史·地理志》："皇城中有祖庙，景宗、承天皇后御容殿。城池湫湿，多凿井泄之，人以为便。"宋王曾《上契丹事》曰："城垣卑小，方园才四里许。门但重屋，无筑阇之制。南门曰朱夏，门内通步廊、多坊门。……城内西南隅冈上有寺。"金北京路、元大宁路、明宁王及大宁卫治于此。今城墙残高四米，由内外城及大内三部分组成，南北长3500米，东西宽4200米，周15公里。外城南部为汉族居住区的里坊，存大小二砖塔，大塔高74米；北部有寺庙、驿馆和官署遗址。内城在外城中部偏北，地多空旷。宫城位于内城北部中央，中轴线上和两侧均有宫殿遗址。1961年定为全国重点文物保护单位。

辽水　一名小辽水，即今辽宁境内浑河。《汉书·地理志》高句骊："辽山，辽水所出，西南至辽队入大辽水。"

辽队县　西汉置，属辽东郡。治所在今辽宁海城市西北高坨子附近。东汉初废，建安中公孙度复置，三国魏作辽隧县。西晋废。

辽左　辽东的别称。其地相当今辽河以东地区。或谓今辽宁省一带为辽左。南朝梁徐陵与王僧辩书："起管宁于辽左。"即此。

辽石冈　又名燎石冈、料石冈。在今北京市房山区东。《方舆纪要》卷11良乡县：辽石冈"在县治东三里。《志》云：冈有古城五座，方圆棋布。冈顶有多宝佛塔，隋建。《金志》作料石冈"。

辽东　地区名。泛指今辽宁辽河以东地区。或通称今辽宁省。与辽左同义。

辽东卫　明洪武四年（1371）置，属定辽都司。治所在得利嬴城（今辽宁瓦房店市北得利寺镇）。后徙废。

辽东半岛　在今辽宁省南部，辽河口及鸭绿江口连线以南，伸入渤海、黄海间。民国徐曦《东三省纪略》卷4："辽东半岛与登州半岛相望，扼北洋之门户。"大连市金州区以南部分又称旅大半岛。千山山脉贯穿半岛中，岛上大部为丘陵。海岸线曲折，多岛屿、港湾。有大连、旅顺、营口等良港。

辽东国　西晋改辽东郡置，属平州。治所在襄平县（即今辽宁辽阳市老城）。辖境相当今辽宁太子河以东以南，鸭绿江以西地区。后复为郡。

辽东城　即今辽宁辽阳市老城。《隋书·炀帝纪》：大业八年（612）征高丽，"车驾渡辽，大战于东岸，击贼破之，进围辽东"。《新唐书·太宗纪》：贞观十九年（645）征高丽，五月"丁丑，军于马首山。甲申，克辽东城"。均此。

辽东省　1949年4月置，省会在安东市（今辽宁丹东市）。辖境相当今辽宁东部。1954年撤销，大部分地区划入辽宁省，部分划入吉林省。

辽东郡　①战国燕置，治所在襄平县（今辽宁辽阳市老城）。辖境相当今辽宁大凌河以东、开原市以南，朝鲜清川江下游以北地区。西晋改为辽东国。后复为郡。十六国后燕时地入高句丽。北燕侨治辽东郡于今辽宁西部。北齐废。

②北魏永熙二年（533）置，寄治英雄城（今河北徐水县西遂城）。北齐废。

③隋大业八年（612）置，治所在通定镇（今辽宁新民市东北辽滨塔村）。辖境相当今辽宁新民市及法库县部分地区。唐废。

辽东都司　明洪武八年（1375）改定辽都卫置，治所在定辽中卫（今辽宁辽阳市老城）。《明史·地理志》辽东都指挥使司："东至鸭绿江，西至山海关，南至旅顺海口，北至开原。"辖境相当今辽宁大部和内蒙古及吉林部分地区。明末废。

辽东湾　在今渤海东北部，为渤海三大海湾之一。光绪《大清帝国全图》盛京省南渤海中有辽东湾。西起辽宁省西部六股河口，东到辽东半岛西侧长兴岛。有辽河、大凌河、小凌河等河注入。广义的辽东湾则指今河北省大清河口至辽东半岛南端老铁山角以北之海域。主要港口有营口、葫芦岛。

辽东属国 东汉安帝时分辽东、辽西二郡地置，属幽州。治所在昌黎县（今辽宁义县）。辖境相当今辽宁葫芦岛市以东，辽河下游以西、大凌河中、下游一带。三国魏改为昌黎郡。

辽东路 元世祖至元四年（1267）改开元路置，治所在黄龙府（今吉林农安县）。辖境西起今辽宁开原、吉林四平及松花江流域，北抵俄罗斯哈巴罗夫斯克边疆区东北黑龙江口，南及今朝鲜东北部地区，东至于海。二十三年（1286）复为开元路。

辽东镇 明军镇名。为九边之一。治所在广宁卫（今辽宁北镇市）。隆庆元年（1567）后移治辽阳（今辽宁辽阳市老城）。明末废。

辽北省 1945年9月置，省会在辽源县（今吉林辽源市）。辖四平市、辽源、北丰、西丰、开原、彰武、法库、康平、昌图、梨树、通辽、开通、瞻榆、安广、洮南、突泉、洮安、镇东、长岭十八县及科尔沁右翼前旗、科尔沁右翼中旗、科尔沁右翼后旗、科尔沁左翼前旗、科尔沁左翼中旗、科尔沁左翼后旗六蒙旗。1949年并入辽东、辽西二省。

辽宁省 简称辽。1929年改奉天省置，省会在沈阳（今辽宁沈阳市）。取辽河流域安宁之意。当时之辖境西至山海关长城及柳条边墙与河北、热河接界，西北至科尔沁左翼中旗、科尔沁右翼前旗、科尔沁右翼后旗，与察哈尔、黑龙江接界，北至安图、海龙、怀德，与吉林连界，东至鸭绿江与朝鲜为邻。1945年分置安东省和辽北省，1949年改置辽东、辽西二省，安东省并入辽东省，将辽北省并入辽西、吉林、黑龙江及内蒙古。1954年撤销辽东、辽西二省，复置辽宁省，将原辽东、辽西北部地区划归吉林省。1955年将原属热河省之建昌、凌源、建平、朝阳、北票五县及喀喇沁左旗划入辽宁省，形成今辽宁之范围。

辽西州 辽世宗置，属显州。治所在长庆县（今辽宁义县东南大凌河东王民屯）。辖境相当今辽宁义县东南大凌河下游一带。金废为辽西镇。

辽西县 ①隋大业八年（612）置，为辽西郡治。治所在今辽宁义县东南王民屯。唐武德元年（618）改为燕州治。六年（623）寄治幽州城（今北京市城西南）。开元二十五年（737），移治幽州北桃谷山（今北京市顺义区西北）。天宝元年（742）为归德郡治。乾元元年（758）复为燕州治。建中二年（781）后废。

②1941年8月晋冀鲁豫边区由辽西办事处改置，属太行区。治所在辽县长城村（今山西左权县西北长城村），因地处辽县西部而得名。1945年11月撤销，并入左权县。

辽西省 1949年4月置，省会在锦州市（今辽宁锦州市）。辖境相当今辽宁省西部。1954年撤销，除四平、双辽、梨树等并入吉林省外，其余地区划入辽宁省。

辽西郡 ①战国燕置。秦时治所在阳乐县（今辽宁义县西）。《史记·匈奴列传》："燕亦筑长城，自造阳至襄平，置上谷、渔阳、右北平、辽西、辽东郡以拒胡。"西汉辖境相当今河北迁西县、唐山市以东，辽宁医巫闾山、大凌河下游以西及长城以南地区。三国魏时与阳乐县同移治今河北卢龙县东南。辖境渐缩小。十六国前燕移治令支城（今河北迁安市西南）。后燕又徙治肥如县（今河北卢龙县东北），属平州。北齐废。

②隋大业八年（612）置，治所在辽西县（今辽宁义县东南石佛堡镇南王民屯）。辖境约当今辽宁义县东南至大凌河口之地。后废。

辽西镇 金置，属广宁县。即今辽宁义县东南王民屯。后废。

辽庆陵及庆州城 在今内蒙古巴林右旗北境索博日嘎镇（辽庆州城）北二十里大兴安岭中之王坟沟（庆云山）。山麓有辽圣宗耶律隆绪、兴宗耶律宗真、道宗耶律洪基三帝及其后妃的陵墓。陵南二十里奉陵邑庆州城即今巴林右旗北境白塔子古城。1988年定为全国重点文物保护单位。

辽州 ①隋开皇十六年（596）置，治所在乐平县（今山西昔阳县西南四十余里西寨村附近）。大业初废。唐武德三年（620）复置辽州，六年（623）移治辽山县（今山西左权县）。八年（625）改为箕州。中和三年（883）改仪州复置辽州，辖境相当今山西左权、榆社、和顺等县地。北宋熙宁七年（1074）废。元丰八年（1085）复置辽州。金天会六年（1128）改为南辽州，天德三年（1151）复改辽州。元属晋宁路。明初升为直隶州。1912年改为辽县。

②唐贞观十九年（645）置，治所在辽东城（今辽宁辽阳市老城）。后废。

③辽太祖置，治所在辽滨县（今辽宁新民市东北五十八里辽滨塔村）。辖境相当今辽宁新民市以北至法库市一带。金皇统三年（1143）废。

辽阳山 在山西左权县东南。《寰宇记》卷44辽山县："辽阳山在县东三里，南入潞州黎城县界。"北魏孝昌二年（526）置辽阳县，即以此为名。

辽阳水 一名轑水。即今山西左权县南之清漳西源。《水经·清漳水注》："轑水出轑阳县西北轑山，南流径轑阳县故城西南，东流至粟城，注于清漳也。"《寰宇记》卷44辽山县："辽阳水从平城县西北八赋岭下出，名八赋水，东南流，经古辽阳城南过，谓之辽阳水，又东过，合清漳水，号漳水。"

辽阳白塔 在今辽宁辽阳市区西北白塔公园内。始建于辽，现塔为金代重修，仍保持初建时风格。为八角十三层，实心密檐式砖塔，高达71米。八面均有坐像、胁侍、飞天等雕像。各层均有风铃、铜镜；塔顶有刹杆、宝珠、相轮，为完美壮观的综合性艺术佳品。1988年定为全国重点文物保护单位。

辽阳市 1937年伪满由辽阳县城区析置，属奉天省。治所即今辽宁辽阳市。抗战胜利后仍置辽阳市。1949年属辽东省，由省直辖（地级）。1954年划归辽宁省，仍为省辖市（地级）。

辽阳州 清康熙三年（1664）升辽阳县置，属奉天府。治所在今辽宁辽阳市老城。1914年复降为县。

辽阳县 ①西汉置，属辽东郡。治所在今辽宁辽中县东北茨榆坨镇偏堡子。东汉属玄菟郡。西晋废。

②北魏孝昌二年（526）于故辕阳县置，属乐平郡。治所即今山西左权县。《北齐书·文宣纪》：天保十年（559），“帝如辽阳甘露寺，……禅居深观，唯帝国大政奏闻”。北齐废。

③辽置，为辽阳府治。治所在今辽宁辽阳市老城。金仍将辽阳府治。元为辽阳路治。明初废。清顺治十年（1653）复置，属辽阳府。康熙三年（1664）升为州。1913年又改为县，属奉天辽沈道。1929年属辽宁省。1958年裁入辽阳市。1961年复置，1968年又裁入辽阳市。1980年复置，迁驻首山镇。即今辽阳县。

辽阳府 契丹天显十三年（938）置，治所在辽阳县（今辽宁辽阳市老城）。辖境相当今辽宁辽阳、本溪、鞍山、辽中等市县地。元改为辽阳路。明初废。清顺治十年（1653）复置，十四年（1657）徙治沈阳，改为奉天府。

辽阳等处行中书省 元世祖至元二十四年（1287）置，治所在东京路（后改辽阳路，治今辽宁辽阳市老城）。辖境西至滦河、辽河、嫩江，东至鄂霍茨克海、日本海及库页岛，北迄外兴安岭（今俄罗斯斯塔诺夫山），南达朝鲜东北部地区。明初废。

辽阳路 元世祖至元二十五年（1288）改辽阳府置，属辽阳行省。治所在辽阳县（今辽宁辽阳市老城）。辖境相当今辽宁辽阳市以南及辽东半岛一带。明洪武四年（1371）废。六年（1373）复置，十年（1377）又废。

辽阳壁画墓群 在今辽宁辽阳市西北郊棒台子、三道壕、北园一带。1949年前后曾发现多座墓葬。墓顶有高大的封土，墓室平面呈方形，用石板构筑，左右有耳室和回廊。墓内壁画直接绘在石壁上，内容以表现墓主人经历和生活为主。有东汉至魏晋壁画多座，壁画内容为贵族生活习俗。常见的有出行图、庖厨图、乐舞图及杂技图等，色彩鲜艳。有的画面上有墨书题字。1961年定为全国重点文物保护单位。

辽县 1912年改辽州置，属山西冀宁道。治所即今山西左权县。1930年直属山西省。1942年为纪念抗日战争中牺牲于此的左权将军，改名左权县。

辽沙镇 清置，属侯官县。在今福建福州市西南。旧有把总驻守。

辽沈（瀋）道 1914年由南路道改置，属奉天省。治沈阳县（今辽宁沈阳市）。辖境约当今辽宁彰武、新民、黑山、北镇、义县、葫芦岛、凌海、兴城、绥中等县市以东，西丰、清原、铁岭、沈阳、灯塔、辽阳、鞍山、海城、大石桥、盖州以西（昌图、康平、法库除外），凌海、大洼、营口以北地区及吉林辽源、东丰、东辽等市县地。1928年废。

辽岭 在今浙江淳安县东南。宋《淳熙严州图经》卷3淳安县：县境“东南到寿昌县界七十五里，以辽岭为界”。《方舆纪要》卷90淳安县：辽岭“山高溪迅，悬岩绝壁，无路可通，旧惟水道往来，成化间凿为坦道”。

辽河 古名大辽水，亦名枸柳河，又名巨流河。在今辽宁省西部。《汉书·地理志》 辽东郡望平：“大辽水出塞外，南至安市（今辽宁海城西北）入海。”玄菟郡高句骊：“辽山，辽水所出，西南至辽队入大辽水。”《隋书·炀帝纪》：大业八年（612）征高丽，三月“甲午，临戎于辽水桥。……甲午，车驾渡辽，大战于东岸”。辽河有东西两源：东辽河源出吉林东辽县萨哈岭；西辽河上游，北源西拉木伦河出内蒙古克什克腾旗西南白岔山。南源老哈河出河北平泉县光头山。东南流至辽宁昌图县西北古榆树附近会合后，始称辽河。古今辽河变迁，古代辽河下游自新民以下大致沿今烂蒲河、纳浑河，直趋海城市西境入海，明初以后不断西移，一支南流为外辽河，到三岔河合浑河，太子河称大辽河，经营口市注入渤海；一支南流，称双台子河，在盘山境会饶阳河，由盘山湾入海。1958年于辽中县六间房截断外辽河流路，使浑河、太子河为独立水系，辽河主流循双台子河由盘山湾入海。

辽河大口 即今辽宁辽中县西辽河渡口。《金史·地理志》章义县：“有辽河、东梁河、辽河大口。”即此。

辽河源 即今吉林东辽县东南辽河源镇。民国熊知白《东北县治纪要》辽宁西安县：“县属辽河源，距县市四十五里。一名安福镇。”

辽泽 指今辽宁辽河下游河网低洼地区。《新唐书·太宗纪》：贞观十九年（645），“次辽泽，瘗隋人战亡者”。即此。隋、唐征高丽路皆由此，迄至辽、金亦为往来辽东的必经之路。

辽城州都督府 唐置，属安东都护府。治所在辽东城（今辽宁辽阳市老城）。后废。

辽南京皇城 在今北京市。《辽史·地理志》 南京析津府载：“大内在西南隅。皇城内有景宗、圣宗御容殿二，东曰宣和，南曰大内。……皇城西门曰显西，设而不开；北曰子北。西城巅有凉殿，东北隅有燕角楼。坊市、廨舍、寺观，盖不胜书。”

辽曷水 亦作奄遏下水、昂阿下水。即今内蒙古凉城县东北岱海。南宋史愿《亡辽录》：保大四年（1124），“率诸军乘粘罕之归，出夹山，下渔阳岭，取天德军、东胜、宁远、云内等州，南下武州，遇金人，战于辽曷水，复溃，还奔山金司”。

辽祖州城遗址 在今内蒙古巴林左旗西南石房子村

古城。

辽海 泛指辽河流域以东至海地区。《魏书·库莫奚传》："及开辽海，置戍和龙。"《新唐书·薛仁贵传》：乾封初，进攻扶余城，"扶余既降，它四十城相率送款，威震辽海"。即此。一说《魏书》之辽海，专指辽河上游地区，以有广大沙漠，一望如海，故名。又《明史·地理志》三万卫："北有上河，东北有艾河流合焉，谓之辽海，即辽河上源也。"

辽海卫 明洪武二十三年（1390）置，属辽东都司。治所在牛家庄（今辽宁海城市西北牛庄）。二十六年（1393）移治三万卫城（今辽宁开原市东北老城）。清初废。

辽陵及奉陵邑 包括祖陵及祖州城、庆陵及庆州城。祖陵为太祖耶律阿保机的陵墓，在今内蒙古巴林左旗西南东哈达英格西祖州城西北四里山谷中。陵前有享殿遗址及经幢、石翁仲等遗物。还出土有契丹大字的残碑。陵东南四里处的奉陵邑祖州城分两重，城门建筑基址尚存，西北隅有石屋一座。庆陵在巴林右旗北境索博日嘎苏木（辽庆州城）北二十里大兴安岭山中（辽时名庆云山），包括圣宗耶律隆绪、兴宗耶律宗真、道宗耶律洪基三帝及后妃的陵墓。陵前有享堂、庑殿、羡道等遗迹。该陵被盗，出土石刻契丹小字哀册，墓内壁画内容丰富。奉陵邑庆州城在陵南二十里，为辽代帝王经常游猎之地。城内建筑遗址明显可见，城西北部有辽代砖塔一座。1988年定为全国重点文物保护单位。2001年位于巴林右旗北岗根苏木（乡）床金沟的怀陵及奉陵邑也被定为全国重点文物，归入辽陵及奉陵邑保护单位。

辽源市 1952年西安市改名为辽源市，属辽东省。治所即今吉林省辽源市。1954年辽源市划归吉林省，由吉林省直辖。1958年将辽源市划归四平专区。1983年辽源市升为地级市，改由省直辖；原四平专区的东丰县划归辽源市。同一年内又恢复东辽县（驻辽源市），并设立辽源市龙山区和西安区。

辽源州 清光绪二十八年（1902）置，属昌图府。治所在郑家屯（今吉林双辽市）。1913年改为辽源县。

辽源县 1913年改辽源州置，属奉天省洮昌道。治所即今吉林双辽市。1929年直属辽宁省。1940年伪满改为双辽县。

辽溪 在今浙江淳安县南。《方舆纪要》卷90淳安县：辽溪"在县南六十里芝山下。源出辽岭北，流注于新安江"。1960年后，径入千岛湖。

辽滨县 辽置，为辽州治。治所在今辽宁新民市东北五十八里辽滨塔村。金属沈州。元废。

辽滨塔堡 清置，即今辽宁新民市东北辽滨塔村。《清一统志·奉天府二》：十方寺堡"在承德县（今沈阳市）西北九十里。相近有辽滨塔堡"。民国《奉天通志》卷76：辽河西南经辽滨塔村，"村中有塔，因地而名之曰辽滨塔"。

辽隧县 三国魏改辽队县置，属辽东郡。治所在今辽宁海城市西北高坨镇附近。《三国志·魏书·毌丘俭传》：景初元年（237），"率幽州诸军至襄平，屯辽隧"。即此。

边马集 即今河北魏县东南边马乡。明正德《大名府志》卷1：大名县有边马集。

边水县 南齐侨置，属南汝阴郡。治所在今安徽合肥附近地。后废。

边斗国 古国名。一译班斗。或以为在今印度尼西亚苏门答腊岛西岸之巴鲁斯一带；或在今泰国南部马来半岛东北岸之万伦一带；或在今新加坡，边斗为其东南部的美笃（Bedok）的对音。唐杜佑《通典》卷188有专条记述。

边东道 1913年由康安道改置，属四川省。治巴安县（今四川巴塘县）。辖境约当今四川金沙江以东（石渠、德格、白玉、得荣四县除外），大金川、大渡河以西地区及西藏芒康县南盐井镇地。1914年裁撤。

边北道 清宣统元年（1909）置，属川滇边务大臣。治所在登科府（今四川石渠县南洛须镇，即旧邓柯）。辖境相当今四川甘孜藏族自治州西北地区及西藏昌都地区东部地。1913年改为边西道。

边外 泛指清康熙年间所筑柳条边以东地区，包括今吉林、黑龙江两省及俄罗斯斯塔诺夫山（外兴安岭）以南，黑龙江下游，乌苏里江以东及库页岛。清杨宾《柳边纪略》卷1："东北柳条边内外设将军三：曰盛京将军，曰宁古塔将军，曰爱浑将军（即黑龙江将军）。"边外指宁古塔将军及爱浑将军辖地。

边西道 1913年由边北道改置，属四川省。治昌都县（今西藏昌都县）。辖境约当今西藏巴青、索县、比如、嘉黎、工布江达、林芝、墨脱以东（芒康县南盐井镇除外），四川石渠、德格、白玉、德荣以西（巴塘县除外）地区。1914年裁撤。

边关地道遗址 在今河北永清县境内。为北宋地下战道古遗址。该遗址于20世纪中期被发现。1988年专家勘察判断，它与多用于攻城的其他古地道不同，而是北宋时期防御辽国的地下古战道，属于持久防御工事，与地面长城的战争功能相同，所以有"地下长城"之称。目前已发现的地道遗址横跨雄县、霸州、文安、永清、固安等市县，东西长65公里，南北宽约25公里，面积约1300平方公里，仅永清县境内就有300平方公里。在中国古代军事史上，地道多用于攻城，永清县等地的古战道却是持久防御工事，它的发现填补了中国军事史上的空白，也为古代建筑等多学科研究提供了新的资料。2006年定为全国重点文物保护单位。

边军城 在今安徽怀远县西北八里。《方舆纪要》卷21怀远县：边军城，"《志》云：宋末，江淮安抚使夏贵所筑"。

边坝 亦名班巴、宾巴、冰坝。在今西藏边坝县东南边坝。清乾隆《卫藏通志》卷15："边坝即达隆宗，又名宾巴。""边坝"，藏语意为吉祥、光辉。

边坝宗　原西藏地方政府改达尔宗置，治所即今西藏边坝县东南边坝镇。1960 年与沙丁宗合并，改设边坝县。后迁驻草卡镇。

边孝村　在今河南开封市北十五里。《旧唐书·僖宗纪》：光启三年（887）五月，“郓、兖、汴三镇之师大破蔡贼于边孝村”。即此。

边吴淀　又名边吴泊、边河淀。在今河北安新县西南南、北二边吴村一带。《宋史·河渠志五》：“自边吴淀西望长城口，尚百余里，皆山阜高仰，水不能至，契丹骑驰突，得此路足矣。”北宋明道末，引塘水开方田以防辽，“自边吴淀至泥姑海口，绵亘七州军，屈曲九百里，深不可以舟行，浅不可以徒涉，虽有劲兵，不能度也”。后湮。

边岩关　在今湖南张家界市西。《方舆纪要》卷 77 永定卫“那平关”条下：“《志》云，(大庸）所有那平、边岩下、青鱼滩三关，旧皆为戍守处。”光绪《湖南通志》卷 31 永定县：边严关“在县西三十里。凿石道里许，通西路蛮洞”。

边和县　唐武德五年（622）置，属顺州。治所在今越南清化省清化东南一带。贞观元年（627）废。

边府睑　在今四川德昌县西北。《元史·地理志》隆州：“蒙氏改会川为会同逻，立五睑，本州为边府睑。”

边城县　南朝宋元嘉二十五年（448）置，属弋阳郡。治所在安丰故城（今河南固始县东南）。后为边城郡治。大明八年（464）又属弋阳郡，后复为边城郡治。北魏改为期思县。南朝陈复为边城县。隋开皇初又改为期思县。

边城郡　①北魏侨置，属霍州。治所在今安徽六安市西南。《魏书·地形志》：霍州边城郡治麻步山。《清一统志·六安州》：“《州志》：麻埠镇在州西南九十里，即故麻步山也。”后废。

②南朝宋元嘉二十五年（448）置边城县，寻置郡，属豫州。治所在今河南商城县东。大明八年（464）省为县，后复置郡。北齐废。

③南朝宋元嘉末置，属南豫州。治所在边城县（今河南固始县东南）。大明八年（464）废。后复置。北魏属扬州，改治所边城县为期思县。北齐末废。南朝陈复置。隋开皇初废。

④南朝梁置，属南郢州。治所在茹由县（今河南光山县南六十里）。隋开皇三年（583）废。

边临镇　即今山东陵县北边临镇。北接河北吴桥县境。明、清属德州，有州判驻此。民国置县佐。

边渡口镇　即今河北高阳县东南三十里西演镇边渡口。清同治《畿辅通志》卷 47 高阳县图：东南有西边渡口。

边蓬寨　即今广西钟山县。《明史·地理志》富川县：“西南有钟山县（镇），旧治于此，洪武二十九年十一月移治霭石山下，而置边蓬寨巡检司于旧治。”

边靖楼　在今山西代县城内。又名代州谯楼、鼓楼。始建于明洪武七年（1374），后毁于火，成化十二年（1476）重建，清代多次大修。边靖楼历史上是代州城的制高点，既可登高瞭望敌情，又能击鼓聚将抗敌，是重要的军事建筑。该楼坐北朝南，砖木结构，由高大的台基与楼身组成。台基东西长 43.3 米，南北宽 33.3 米，高 13.3 米，开南北向券洞，东北部设置上楼马道。边靖楼气势宏伟，三层四檐（第三层为重檐），高 26.7 米。每层面阔七间，进深五间，四周回廊。楼身用高达 17 米的通柱，梁架精巧。每层檐下施斗栱，共用七种斗栱，结构做法独特。楼南面挂有“声闻四达”、“威震三关”等三幅巨匾。楼侧有唐代经幢一座，亦是珍贵的历史遗存。2001 年定为全国重点文物保护单位。

边寨镇　在今山西屯留县西。《清一统志·潞安府》“丰仪镇”条下：“又边寨镇，在县西南，路通平阳府岳阳县。”

氶水　一名承治水。即今山东枣庄市南峄城大沙河。《元和志》卷 11 承县：“县西北有承水。”源出山东枣庄市北车梢峪，曰沧浪渊。南流会许池水，东南流入运河。西汉置兼县以此。

氶县　又作承县。战国秦置，属薛郡。治所在今山东枣庄市南峄城镇西北一里。以氶水所经而名。西汉属东海郡。西晋元康元年（291）为兰陵郡治。南朝宋属兰陵郡。东魏武定五年（547）仍为兰陵郡治。隋大业初改兰陵县。唐武德四年（621）复改氶县，属沂州。移治今山东枣庄市南峄城镇。金明昌六年（1195）复改兰陵县。

奶子山　即今吉林蛟河市东奶子山镇。有吉敦铁路蛟奶支线至此。

奴儿干　又作弩儿哥、弩耳干。指今俄罗斯哈巴罗夫斯克边疆区黑龙江口附近一带。《元史·地理志二》：“有俊禽曰海东青，由海外飞来，至奴儿干，土人罗之，以为土贡。”元在特林置东征元帅府。又为流放罪犯之地区。《元典章》卷 67：“中书省议得各处流辽阳行省诸罪犯无分轻重，一概发付奴儿干地面。”明于此置奴儿干都司。

奴儿干卫　明永乐二年（1404）置，后属奴儿干都司。治所在今俄罗斯哈巴罗夫斯克边疆区阿姆贡河汇入黑龙江处对岸特林地方。后废。

奴儿干城　在今俄罗斯哈巴罗夫斯克边疆区黑龙江下游右岸特林地方。明《辽东志》卷 1：开元城东北“曰哈州、曰奴儿干城，皆渤海、辽、金所建”。元于此置东征元帅府，明置奴儿干都司。为元、明两代经营管理黑龙江流域及库页岛的军政重镇。

奴仑（崙）山　在今重庆市潼南县东南。一说即今铜梁县安居镇东波仑山。《旧唐书·地理志》铜梁县：“初治奴仑山南，开元三年，移治于武金坑。”《舆地纪胜》卷 159 合州：奴仑山“在铜梁县北四十里，今县有仑山里”。

奴尔干都司　明永乐七年（1409）改元东征元帅府置，治所在奴儿干城（今俄罗斯哈巴罗夫斯克边疆区阿姆贡河汇入黑龙江处对岸特林地方）。辖境相当今外兴安岭南北、黑龙江、精奇里江（结雅河）、乌苏里江、松花江流域等地及库页岛。正统初撤销。

奴合温站　明置，在今俄罗斯境黑龙江下游哈巴罗夫斯克（伯力）附近。明《辽东志》卷9：海西东水陆城站有狗站"奴合温站"。后废。

奴拉赛铜矿遗址　在今新疆尼勒克县城南六里喀什河南岸。包括圆头山古铜矿遗址和奴拉赛古铜矿开采、冶炼遗址。圆头山铜矿遗址有露天开采矿坑和大型石器，碳十四年代为距今2650±170年，相当于春秋早期。奴拉赛铜矿采矿区已发现十余处竖井洞口，已塌毁，洞口约5米见方，有的竖井深达20米左右，宽约5米。洞口周围和竖井中发现大量矿石和圆形或扁圆形的石锤。冶炼遗址在奴拉赛沟谷内较平坦的地方。奴拉赛矿冶遗址碳十四年代为距今2440年±75年，相当于战国早期。奴拉赛铜矿遗址是新疆地区发现最早的矿冶遗址，从工艺流程、冶炼温度、矿渣和铜坯等几方面看，都已达到较高水平，为研究新疆地区早期冶铜技术的起源和发展提供了重要的实物资料。2001年定为全国重点文物保护单位。

奴迷站　元置，在今黑龙江省讷河市。元《析津志》天下站名："苦怜八十（里）奴迷。"明废。

奴垒必儿忒河　即今俄罗斯哈巴罗夫斯克边疆黑龙江下游西岸之锡米河。清康熙《皇舆全览图》：黑龙江下游左岸有奴垒必儿忒河。齐召南《水道提纲》卷24：黑龙江与敦敦河相会后北流"江又分两派，……共百六十里复合。有奴垒必儿忒河自西南合三水，东北流四百里来注之"。即此。

奴垒必儿忒噶珊　在今俄罗斯哈巴罗夫斯克边疆区黑龙江下游左侧博隆湖口南岸。清初属宁古塔将军。康熙《皇舆全览图》：黑龙江下游西岸有"奴垒必儿忒"。后属三姓副都统。咸丰年间通过不平等的中俄《瑷珲条约》被俄割占。

奴诺城　在今四川越西县北。《方舆纪要》卷74越巂卫军民指挥使司：奴诺城"在卫北十七里。《寰宇记》：诸葛武侯征蛮所筑憩军之所。以奴诺川为名"。

丱兮城　又名千童城。秦置，在今河北盐山县西南千童镇。《方舆纪要》卷13沧州盐山县引《舆地志》："高城东北有丱兮城，秦始皇遣徐福发童男女千人至海求蓬莱，因筑此城，侨居童男女，号曰丱兮。汉因置千童县。"

召（召 shào）　①西周初召公奭采邑。在今陕西岐山县西南。《水经·渭水注》："雍水又东迳召亭南。……亭故召公之采邑也。京相璠曰：亭在周城南五十里。"

②西周初召公奭封国。在今陕西岐山县西南。周武王灭纣，改封召公于北燕。

召化堡　一名杨柳堡。明嘉靖二十四年（1545）置，在今湖北巴东县西南。《清一统志·宜昌府》：召化堡"在巴东县南八十里。一名杨柳堡。以其地名杨柳荒也。深林密菁，当施、建要路。南通石柱、连天二关"。

召石山　在今山东荣成市东北。《寰宇记》卷20文登县："《三齐略记》云：始皇造石桥渡海观日出处。"清光绪《登州府志》谓召石山在成山之东。《山东通志》谓召石山与成山本为一山。

召伯埭（召 shào）　在今江苏江都市西北邵伯镇。《晋书·谢安传》：东晋太元十年（385），"安出镇广陵之步丘，筑垒曰新城以避之。……及至新城，筑埭于城北，后人追思之，名为召伯埭"。

召亭（召 shào）　在今陕西岐山县西南八里刘家塬村。《水经·渭水注》："雍水又东径召亭南。……亭故召公之采邑也。京相璠曰：亭在周城南五十里。"

召陵（召 shào）　春秋楚邑。在今河南漯河市召陵区东召陵镇。《春秋》：僖公四年（前656），"楚屈完来，盟于师，盟于召陵"。《史记·秦本纪》：惠文王更元十四年（前311），"伐楚，取召陵"。即此。

召陵县（召 shào）　西汉置，属汝南郡。治所在今河南漯河市召陵区东召陵镇。西晋改为邵陵县。

召渠　在今河南唐河县西。《汉书·召信臣传》：召信臣为南阳太守，"行视郡中水泉，开通沟渎，起水门提阏凡数十处，以广溉灌，岁岁增加，多至三万顷，民得其利"。《方舆纪要》卷51唐县：召渠"宋嘉祐二年，唐州守赵尚宽修复召信臣故迹，浚渠溉田，为利甚溥。人亦谓之赵渠"。

召募堡（召 zhào）　在今湖南宜章县北。《方舆纪要》卷82宜章县"白沙镇"条下："又县北为召募堡，本宋之永戍寨。明成化八年，设守御千户所，调茶陵卫官兵守御。堡寻废。所移置于县城东。"

厹犹县　战国秦置，属泗水郡。治所在今江苏宿迁市宿豫区东南郑楼镇古城。因厹犹国为名。西汉属临淮郡。东汉省。

台　春秋时鲁地。在今山东费县南。《春秋》：襄公十二年（前561），"莒人伐我东鄙，围台"。杜注："琅邪费县南有台亭。"《续汉书·郡国志》：泰山郡费侯国"有台亭"。

台（臺）　①春秋时齐邑。故址在今山东济南市东北八十里。《晏子春秋》卷6载："公为之封邑，使田无宇致台与无盐。"即此。

②台湾省的简称。

台（臺）儿庄　亦作台庄。即今山东枣庄市东南台儿庄区。清时有兖州参将驻此，以卫漕渠。1938年与日本侵略军激战于此，大获全胜。史称台儿庄大战。

台儿庄大战旧址　在今山东枣庄市东南台儿庄区区政府驻地。1938年3月下旬至4月中旬，中国军队在第五战区司令长官李宗仁将军指挥下，在台儿庄苦战26天，消灭日本侵略军2万余人，取得了台儿庄战役的重大胜利。这是抗战以来正面战场取得的一次重大胜利。当年中国军队固守的清真寺内外壁间，犹存累累弹痕。城北门保存尚完整。1980年后，修复了西南角的一段城墙。前来凭吊当年抗日战场的海峡两岸人士日渐增多。20世纪90年代以后又建台儿庄战役纪念馆，顶层有再现战斗惨烈场面的全景画。还依托台儿庄烈士陵园建有台儿庄战史陈列馆。2006年定为全国重点文物保护单位。

台山　在今浙江武义县西南五十四里。《方舆纪要》卷94宣平县：台山“层峦叠嶂，迥出诸山。前有松溪，后有桃溪，山界于中，二水绕而西下入松阳县境”。

台（臺）山　①在今河北霸州市东三十里。《方舆纪要》卷11霸州：台山“在州东三十里。旧为九河所经，台基有三，如鼎峙”。后因河水所冲，皆成平陆。

②即今福建福鼎市东南台山列岛。《明史·地理志》福宁州：“东南滨海，海中有嵛山、台山。”又见清《海国闻见录》图。

③在今福建闽清县城西南。《方舆纪要》卷96闽清县：台山在“县西南一里。山势平衍，其状如台，县之主山也”。

④在今江西分宜县北。《方舆纪要》卷87袁州府分宜县：台山在“县北二十五里。山顶平夷，广数亩若台”。

⑤一名荆山、亭台山。在今甘肃灵台县北。《魏书·地形志》：鹑觚县有亭台山。《明一统志》卷35平凉府：台山“在灵台县东北一十里。山多奇木异禽，甘泉秀石”。

台山市　1992年撤销广东省台山县，改设台山市，市人民政府驻台城镇。由江门市代管。

台山县　1914年改新宁县置，属广东粤海道。治所即今广东台山市。以县北有三台山而名。1920年直属广东省。1992年改设台山市。

台（臺）山寨　在今湖北红安县北一百里天台山上。《元史·董文炳传》：“己未秋，世祖伐宋，至淮西台山寨，命文炳往取之。”

台（臺）子山　在今江苏盱眙县东一里。《寰宇记》卷16：“按《宋书》云，元嘉二十七年，宋将臧质屯兵盱眙城内以拒魏师，魏引军士造弩台以射城中，因以为名。”

台（臺）子寺　在今甘肃高台县西二十里。相传为十六国西凉李暠所筑台基。后人建寺其上。《清一统志·肃州》引《行都司志》：“明洪武五年冯胜定河西，置高台站，因西有台子寺为名。”

台子高遗址　在今山东茌平县东十里台子高村南。为龙山文化遗址。东西长64米，南北宽56米，高2米，文化层厚6米。1976年和1978年曾经发掘，出土珍贵文物100余件，主要有圆盘足、灰陶罐、石刀、蚌镰等，对研究鲁西北新石器时期文化有一定价值。

台马沟　亦作抬马沟、带马沟。在今黑龙江省穆棱市西南磨马石镇东代马沟村。《清史稿·地理志》穆棱县：东清铁路有台马沟站。

台（臺）乡县　西汉置，属齐郡。治所在今山东寿光市东北。东汉省。

台（臺）中市　清光绪十三年（1887）置台湾县。1920年日本占领期间始置台中市。1945年抗日战争胜利后仍设台中市，属台湾省。治所即今台湾省台中市。

台（臺）中县　清光绪十三年（1887）置台湾县。日本占领期间于1896年设台中县，以位于台湾岛中部而名。此后先后改设台中厅、台中州。1945年改设台中县，属台湾省。治所即今台湾省台中市。1950年迁治丰原镇（在今台中市东北丰原区）。

台（臺）中线　即台湾铁路台中线。从新竹县南竹南沿海岸至彰化附近。长91.4公里。1919年动工修建，1922年建成。

台（臺）东州　清光绪十三年（1887）升卑南厅置，属台湾省。治所即今台湾省台东县。辖境相当今台湾省台东、花莲二县地。二十一年（1895）被日本侵占，改置台东厅。

台（臺）东县　1945年抗日战争胜利后改台东厅置，属台湾省。治所即今台湾省台东县。

台（臺）东线　即台湾铁路台东线。从花莲港（今花莲）至台东。长175.9公里。清宣统二年（1910）动工修建，1947年建成。

台（臺）北市　1945年抗日战争胜利后置，属台湾省。治所即今台北市。

台北县　1942年苏北革命根据地由东台、兴化二县析置，治所在大中集（今江苏大丰市）。1944年并入东台县。1945年底复置，仍驻大中集。1951年改名大丰县。

台（臺）北县　①1895年日本占领后改淡水县为台北县，其后又先后改设台北厅、台北州。1945年抗日战争胜利后复设台北县，属台湾省。治所即今台湾省台北市。1947年迁治板桥镇（即今新北市板桥区）。2010年12月，台北县改为新北市。

②1942年析东台县北部置，治所在大中集（今江苏大丰市）。1951年改名大丰县。

台（臺）北府　清光绪元年（1875）置，治所在淡水县（今台湾省台北市）。辖境相当今台湾省新竹、宜兰以北地区。光绪二十年（1894）为台湾省会。二十一年（1895）被日本占领，府废。

台头村　即今天津市静海县西北二十二里台头镇。清同治《畿辅通志》卷46大城县图：东北有台头。

台头营　亦作抬头营。即今河北抚宁县北三十里台营镇。为出长城口要道。明于此筑城，设副将驻守。清初改设都司，后又改设把总。

台（臺）头堡　在今河北大名县东。《方舆纪要》卷16元城县：“台头堡在府城南。其地有高台，相传魏惠王拜郊台。村因以名。”

台吉营子　即今辽宁北票市东北台吉营乡。产煤。民国《朝阳县志》卷4：台吉营子“在兴隆沟北十里，东南距三义栈二十里”。

台伦　亦作德勒恩、德楞。清置，属三姓副都统。在今俄罗斯哈巴罗夫斯克边疆区黑龙江下游卡尔吉。清萨英额《吉林外纪》8：清规定“齐集以上者，俱赴三姓城交纳贡皮，领取赏物。齐集以下者，俱在三姓城东北三千里德勒恩地方，三姓派员收纳贡皮，颁给赏物”。即此。

台（臺）庄 即今山东枣庄市东南台儿庄区。明万历三十四年（1606）置巡司于此。

台州（台 tāi） ①唐武德五年（622）改海州置，治所在临海县（今浙江临海市）。辖境相当今浙江临海、台州二市及天台、仙居、宁海、象山、三门、温岭六县地。《元和志》卷26台州：“盖因天台山为名。”天宝元年（742）改临海郡，乾元元年（758）复改台州。元世祖至元十四年（1277）改名台州路。

②唐贞观八年（634）改西沧州置，为羁縻州，属松州都督府。治所在今四川若尔盖县西境。后废。

台（臺）州 金贞祐四年（1216）升五台县置，属太原府。治所即今山西五台县。元属冀宁路。明洪武二年（1369）改为五台县。

台州市（台 tāi） 1994年由浙江省台州地区改置，辖椒江、黄岩、路桥三区和玉环、三门、天台、仙居四县，代管临海、温岭二市。市人民政府驻椒江区。

台州所 明置，属奴儿干都司。在今吉林白城市洮北区南洮儿河北岸城四家子村。后废。

台州府 明洪武初改台州路置，属浙江行省。治所在临海县（今浙江临海市）。辖境相当今浙江临海、台州二市及天台、仙居、宁海、三门、温岭五县地。清属浙江省。1912年废。

台州府城墙 在今浙江临海市老城区。是具有军事防御与防洪双重功能的古城墙。始建于南朝。北宋大中祥符间（1008—1016）重筑。后元代统治者下令拆毁各地城墙，台州府城墙以其防御水患的重要功能得以幸免。清康熙五十一年（1712）建瓮城。府城平面呈方形，城墙周长6287米。西、南二面沿江城墙长2370米，现存高度一般为7米，下宽9米，上宽4米。保存有四座城门、瓮城及八座马面。城墙内芯为宋代原构，按城砖规格可明确区分宋代以后的历代加修层面。由于城区地面不断淤积，宋代城墙有2.5米沉于地表以下。东墙1615米于1956年被拆除。北墙长2300米，系20世纪90年代在原墙基上重修。因灵江经城外西、南两面东流入海，而海潮汛位亦达城西6公里。故在城墙修筑中极其注重防洪措施。城门在大木门外侧设有防洪闸槽；城墙马面的迎水面做成圆弧形或斜形，以减少江水冲击力；西南城墙外侧固以捍城，内侧加筑护城，以增强防洪能力。城墙夯土做法亦极为讲究。2001年定为全国重点文物保护单位。

台州站 明置，在今吉林洮南市东北洮儿河北岸城四家子村。一说在今黑龙江泰来县西北塔子城。后废。

台州湾 即今浙江台州市椒江口外之台州湾。因为此地旧为台州府（治今临海市）之出海口，故名。

台州路 元世祖至元十四年（1277）改台州置，至元二十一年（1284）后属江浙行省。治所在临海县（今浙江临海市）。辖境相当今浙江临海、台州二市及天台、仙居、宁海、三门、温岭五县地。明洪武初改台州府。元末方国珍于此起事。

台州群岛 即今浙江台州市椒江口外台州湾东南海中之台州列岛。《清史稿·地理志》台州府太平县：“积谷山东北即台州群岛，其著者上、下大陈山。”

台江县 1941年改台拱县置，属贵州省。治所即今贵州台江县。因设县时将丹江县部分地区并入，故由台拱、丹江二县各取一字为名（1943年又将丹江县并入部分拨出）。

台兴县 五代晋天福七年（942）改唐兴县置，属台州。治所即今浙江天台县。北宋建隆元年（960）改名天台县。

台（臺）安县 1914年析辽中、镇安二县地置，属奉天辽沈道。治所在八角台（今辽宁台安县）。民国《台安县志》卷1：“以八角台、西佛牛录等地合镇安东南之一部置县，即台安也。”取八角台与镇安各一字为名。1929年直属辽宁省。

台（臺）县 西汉以台邑为侯国，属博阳郡。治所在今山东济南市东北历城区。高帝六年（前201）封东郡尉戴野为台侯，即此。后属济南郡。景帝三年（前154）废台国，改为台县。东汉属济南国。西晋废。

台（臺）员 即台湾。指今台湾省台南市西安平区。清徐怀祖《台湾随笔》称：“明季莆田周婴著《远游编》，载《东番记》一篇，称台湾为台员，盖闽音也。”

台谷 春秋晋邑。今地不详。或谓在今山西晋城市西南。《左传》：成公十八年（前573），“晋侯师于台谷以救宋”。

台罕脑儿 又名也儿的石泽。属窝阔台汗国。即今俄罗斯境内斋桑泊。

台（臺）怀镇 清置，属五台县。即今山西五台县东北八十五里台怀镇。清置巡司于此。

台（臺）罕木 亦作台阁牧。即今内蒙古土默特左旗东台阁牧镇。清范昭逵《从西纪略》四：康熙五十八年（1719）七月，“十九日次台罕木，二十日复抵归化城公馆”。

台（臺）直寨 北宋置，属石门县。即今湖南石门县西北一百十里所街乡。明置添平所于此。

台（臺）枣铁路 即枣台铁路。自今山东枣庄市至台儿庄。

台（臺）岭 即大庾岭。在今江西大余县、广东南雄市之间。《续汉书·郡国志》：豫章郡南野县“有台领山”。《史记·秦始皇本纪》《正义》引《舆地志》：“台岭，亦名塞上，今名大庾。”

台岭庙 在今湖北京山县西南五十里。1931年贺龙领导的红三军和襄北特委机关驻此。

台（臺）骀泽 在今山西太原市西南晋源镇南。《左传·昭公元年》：“台骀，汾神也。”《方舆纪要》卷40太原县：台骀泽“在县南十里，即晋泽也。旧为晋水汇流处，蒲鱼所钟”。今泽已湮涸。

台拱厅　清雍正十一年（1733）置，属镇远府。治所即今贵州台江县。1913年改为台拱县。

台拱县　1913年改台拱厅置，属贵州镇远道。治所即今贵州台江县。1923年直属贵州省。1941年改名台江县。

台（臺）城　在今江苏南京市鸡鸣山南，乾河沿北。本三国吴后苑城。东晋成帝时改建，为东晋、南朝台省（中央政府）和宫殿所在地，故名。《梁书·侯景传》：侯景“悉逼百姓及军士家累入台城内”。后梁武帝饿死于此。今习称鸡鸣寺北与明城墙相接一段为台城遗址，乃后人所附会。

台城县　北魏置，为凉州东泾郡治。当在甘肃武威市境。后废。

台（臺）城镇　北宋置，属滏阳县。在今河北磁县北二十里。范成大《揽辔录》：台城镇“故城延袤十数里，城中有灵台坡陀，邯郸人春时倾城出祭赵王歌舞台上。城旁有廉颇蔺相如墓”。

台（臺）赵支线　从山东峄县（今枣庄市南峄城）南台儿庄，向南至赵墩（今江苏邳州市西）。长30.3公里。为陇海路支线枣台线的延长线。1933年动工修建，1935年建成。

台（臺）南市　1920年日本占领期间设台南市，属台南州。1945年抗日战争胜利后仍设台南市，属台湾省。治所即今台南市。

台（臺）南县　1895年日本占领后改安平县为台南县，治所即今台湾省台南市。1901年废县改设台南厅，1920年废厅改设台南州。1945年抗日战争胜利后复改台南县，属台湾省。治所即今台南市东北新营区。2010年12月，撤销台南县，并入台南市。

台（臺）南府　清光绪十三年（1887）改台湾府置，属台湾省。治所在安平县（今台湾省台南市）。辖境相当今台湾省台南、高雄、嘉义等市县和澎湖列岛。光绪二十一年（1895）被日本侵占，府废。

台（臺）阁山　在今福建大田县西南。《清一统志·永春州》：台阁山“在大田县西南三十里。一名南台山。山势高耸，顶平如砥。有石池泉水不涸。山下田数百亩，皆资灌溉”。

台（臺）阁牧　即台罕木。今内蒙古土默特左旗东台阁牧镇。“台阁牧”，蒙古语意为拐湾地。

台（臺）领山　即今广东南雄市与江西大余县间之大庾岭。《续汉书·郡国志》：豫章郡南野县“有台领山”。

台（臺）湖　①在今河南信阳市东。《方舆纪要》卷50信阳州：台湖“在州东三十五里”。

②在今湖北云梦县南。《方舆纪要》卷77云梦县：台湖在“县南六十里。《志》云，水出县东三汊口及后湖，会流至涢口入于汉”。

台（臺）湖山　在今浙江龙泉市南七十里。《明史·地理志》处州府龙泉县：“南有大溪，源出台湖山。”

台（臺）湾　初指今台湾省台南市西安平区一带。或称台员、大员，或称台湾。清俞正燮《癸巳类稿》卷9《台湾府属渡口考》称，明万历年间，官府文告始正式采用台湾之名。郑成功收复台湾后，扩大至包括承天府治所即今台南市一带。清康熙二十三年（1684）改郑氏东宁省为台湾府。更扩大为指今台湾全岛。

台（臺）湾县　①清康熙二十三年（1684）置，为台湾府治。治所即今台湾省台南市。光绪十三年（1887）改名安平县。

②清光绪十三年（1887）置，为台湾府治。治所即今台湾省台中市。二十一年（1895）被日本侵占。1945年抗日战争胜利后设台中市。

台（臺）湾府　①清康熙二十三年（1684）置，属福建省。治所在台湾县（今台湾省台南市）。辖境相当今台湾省。光绪元年（1875）以后缩小。十一年改属台湾省。十三年改名台南府。

②清光绪十三年（1887）置，属台湾省。治所在台湾县（今台湾省台中市）。辖境相当今台湾省苗栗县以南、云林县以北的中部地区。光绪二十一年（1895）被日本侵占，府废。

台（臺）湾城　明末称荷兰殖民者在台湾一鲲身岛上所筑热兰遮城堡为台湾城，1662年郑成功收复台湾，改名王城。故址即今台南市西安平堡。

台（臺）湾省　清光绪十三年（1887）置，治台湾府（今台湾省台中市）。在首府未建成前，先以台北为施政中心。辖境相当今台湾省。光绪二十年（1894）以台北府为台湾省会。二十一年（1895）被日本侵占。1945年抗日战争胜利后收回，复置台湾省。省府在台北市，1957年迁至南投县。

台（臺）湾铁路　①指清朝在台湾修筑的铁路。清光绪十三年（1887）动工修建，十七年（1891）从基隆修至台北，十九年（1893）延至新竹。长107公里。

②台湾岛内铁路的通称。

台（臺）湾铁路纵贯线　又称西干线。从基隆至高雄。全长408.5公里。清光绪三十四年（1908）建成。

台（臺）湾海峡　在台湾与福建二省之间。自东北到西南长约300公里，宽约200公里，最狭处仅130公里。水深大部不足100米，东南部深达200米以下；最大海深度1680米，最浅处仅40米。当东海、南海航运要冲。明代航海家郑和率舰队出使亚非诸国即经由此海峡出海。公元1661年郑成功率兵横渡海峡收复台湾。

台（臺）登县　西汉元鼎六年（前111）置，属越嶲郡。治所在今四川冕宁县南泸沽镇。《晋书·明帝纪》：太宁元年（323），“李雄使其将李骧、任回寇台登，将军司马玖死之”。即此。南齐废。北周武帝时复置，为白沙郡治。隋属越嶲郡。唐武德元年（618）为登州治，贞观二年（628）属嶲州，天宝初属越嶲郡，乾元初复属嶲州。太和六年（832）徙嶲州治于此。咸通十年（869）没入南诏。

台（臺）登谷 即今四川冕宁县南泸沽镇东泸沽峡。《资治通鉴》：唐贞元五年（789）十月，"韦皋遣其将曹有道将兵与东蛮、两林蛮及吐蕃青海、腊城二节度战于嶲州台登谷，大破之，斩首二千级，投崖及溺死者不可胜数，杀其大兵马使乞藏遮遮"。胡三省注："台登，汉县，唐属嶲州。"即此。

台（臺）蓬若洞住溪等处长官司 元置，属思州安抚司。治所即今贵州岑巩县。明洪武六年（1373）改置都坪峨异溪蛮夷长官司。

台（臺）源市 即今湖南衡阳县（西渡镇）北二十一里台源镇。《清一统志·衡州府二》"阴坡市"条下："又台源市，一名紫霞市，在（衡阳）县西五十里。"

台（臺）壁 在今山西黎城县西南。《资治通鉴》：东晋太元十九年（394），后燕慕容垂伐西燕，"西燕主永闻之，严兵分道拒守，聚粮台壁"，垂陈于其南，一战破之。

台藏塔遗址 在今新疆吐鲁番市东南三堡乡，南距高昌故城约三里。为新疆境内现存规模最大的一处唐宋佛塔遗迹。佛塔夯筑而成，基部呈正方形，边长20米，塔身平面也呈正方形，高约20米。佛塔四面有排列整齐的佛龛，龛内有泥塑佛像和壁画。塔体内还凿有一条长方形纵券顶式洞窟及两个耳室。台藏塔基本保存初建时的规模，是研究佛教传入西域过程中建筑艺术风格变化的实物资料，为古代高昌地区具有代表性的建筑遗迹之一。2001年定为全国重点文物保护单位。

加一 在今印度南部土提科林以南的丹勃拉帕尼河口附近。公元13世纪时，为往来波斯湾红海和中国之间船舶停泊之所。《元史·外夷传》：至元十八年（1281），杨庭璧"自泉州入海……（马儿八国）算弹兄弟五人皆聚加一之地，议与俱蓝交兵"。

加尸城 即今辽宁本溪满族自治县西南连山关。《旧唐书·高丽传》：唐贞观十九年（645）征高丽，"我军之渡辽也，莫离支遣加尸城七百人戍盖牟城，李勣尽虏之"。

加牙河 在今贵州龙里县南。《明一统志》卷88龙里卫：加牙河"在平伐长官司治北。源出谷者寨，流入瓮首河"。

加六堂社 又作加禄堂。在今台湾省屏东县南枋山乡西北加绿村。清康熙间高拱乾《台湾府志》卷2：加六堂社"离府治四百二十里"。

加斗山 在今山西广灵县东南西加斗村附近。《方舆纪要》卷44广灵县：加斗山在"县东南十五里。上有圮城，或以为即留老寨也，昔人筑此以避兵，亦名留老疃。洪武中又筑寨于此，周一里有奇，曰加斗寨"。

加斗寨 即今山西广灵县东南加斗乡。《清一统志·大同府》：加斗寨"在广灵县东南十五里。一名留老寨。亦名留老疃。明洪武间筑，周一里有奇，高二丈五尺，濠深二丈"。

加玉宗 一作嘉玉宗。原西藏地方政府置，治所即今西藏隆子县东南加玉乡。"加玉"，藏语意为加巴法王的出生地。1960年并入隆子县。

加平县 唐置，属羁縻连州。治所在今四川筠连县境。后废。

加礼远港 在今台湾省宜兰县南。《清史稿·地理志》台北府："加礼远港"等"并在宜兰县南，俱入于海。"

加礼宛 在今台湾省宜兰县东南。清设加礼宛汛。

加老湾 在今台湾台南市北安定区下洲、港口村一带。明陈第《东番记》："其地起加老湾，历大员。"杜臻《彭湖台湾述略》："新港社西出海口，有目茄洛湾，即陈第所谓加老湾也。"

加级沟 即夹皮沟。今吉林桦甸市东南二百九里夹皮沟镇。

加里那 当在今伊朗波斯湾东北岸布什尔东南的哈里勒角。元汪大渊《岛夷志略》："加里那，国近具山，其地硗确，田瘠谷少。"

加林错 即嘉零湖。今西藏申扎县西北格仁错。

加枕山 在今海南省陵水县西。明弘治十三年（1500），官军平峒黎陈那梓，至加枕山。即此。

加罗希 古地名。在今泰国南部马来半岛东北岸的柴也。为古代横越半岛交通线主要港口之一。见（南宋）赵汝适《诸蕃志》卷上"真腊国"条。清陈伦炯《海国闻见录》译作斜仔。

加迭喀桑 玉树土司之蒙古尔津、永夏、竹节三族的合称。同牧于青海称多县鸦砻江上游咱曲流域。民国周希武《玉树调查记》卷上："蒙古尔津族、永夏族、竹节族，同牧咱（扎）曲河流域，统称加迭喀桑（译言三族人民合驻之意）。又谓之咱（扎）曲喀娃（译言咱曲河地方之人也）。"

加查宗 原西藏地方政府设，治所在今西藏加查县东北。"加查"，藏语意为汉盐。相传文成公主路过此地时，把一块盐放在一个山洞里，从此就从洞里流出了盐水。1960年与拉绥豁合并设加查县。驻仲坝。

加树边噶尔 即结树边卡。今西藏比如县东南白嘎乡。

加将门里国 故地或以为在今印度境内，或以为在今东非莫桑比克的赞比西河口一带。元汪大渊《岛夷志略》："加将门里，去加里二千余里，乔木成林，修竹高节，其地堰潴田肥美，一岁三收谷，通商贩于他国。"

加哩林 即今台湾台南市北佳里区。（明）陈第《东番记》："其地……又有双溪口，加哩林。"即此。

加留吧 即今印度尼西亚首都雅加达。明张燮《东西洋考》卷3"下港"条："加留吧，下港属国也，半日程可到，风土尽相类云。"清谢清高《海录》作噶喇叭。公元16世纪初，其地为淡目国所占，改称雅加达。爪哇语意为"胜利与繁荣"。1621年荷兰殖民者侵入，改称巴达维亚。印度尼西亚独立后，仍名雅加达。

加麻 又作嘉玛。元代西藏地名。《元史·百官志三·宣政院》载：乌思藏纳里速古鲁孙等三路宣慰使司都元帅府，其属附见有加麻万户。《西藏王臣史》（藏文版）载乌思藏十三万户中，加麻为乌思地区（前藏）六个万户之一。其治所在今墨竹工卡县西南甲玛。

加湖 在今湖北武汉市黄陂区东南。《水经·江水注》作“嘉吴”。《梁书·王茂传》：“高祖义师起，……每遣茂为前驱，师次郢城，茂进平加湖，破光子衿、吴子阳等。”

皮山县 清光绪二十九年（1903）改泽普县置，属新疆省莎车府。治所在咽吗（今新疆皮山县）。因汉皮山国为名。民国初属新疆喀什噶尔道。1920年改属和阗道。1930年属和阗行政区。后直属新疆省。

皮山国 一作蒲山国。汉西域三十六国之一，属西域都护府。都城在皮山城（今新疆皮山县东南）。东汉时为于阗国所并。

皮山城 西汉时皮山国都城。在今新疆皮山县东南。《汉书·西域传》：“皮山国，王治皮山城，去长安万五十里。……西北通莎车三百八十里。”

皮山镇 唐置，属安西都护府。在今新疆皮山县东南。

皮水隘 在今湖南城步苗族自治县南。《清一统志·宝庆府》：皮水隘“在城步县南一百二十里”。

皮什南 即今新疆皮山县。《清一统志·叶尔羌》：皮什南“在叶尔羌城东南三百十里。有河出南山下，北流百余里，饶水草，于汉为皮山国地”。

皮什雅 在今新疆和田县南。《清一统志·和阗》：皮什雅“在和阗城西南一百六十里。有城垣，不当孔道。其南即玉陇哈什、哈喇哈什两河发源处”。

皮氏 战国魏邑，在今山西河津市西二里。《史记·秦本纪》：惠文君九年（前329），“渡河，取汾阴、皮氏”。《正义》引《括地志》：“皮氏在绛州龙门县西一里八十步，即古皮氏城也。”后置皮氏县。

皮氏县 战国魏置，后入秦，属河东郡。治所在今山西河津市西。三国魏属平阳郡。北魏太平真君七年（446）改为龙门县。

皮丘坑（坈） 在今山东广饶县东北五十里高家港。《水经·淄水注》：“淄水入马车渎乱流，东北径琅槐故城南，又东北径马井城北，与时渑之水互受通称，故邑流其号，又东北至皮丘坑入于海。”《方舆纪要》卷35乐安县“马车渎”条引《纪略》曰：“马车渎入海处，一名皮丘沱。《旧记》：‘淄渑之水，合于皮丘，’即此。”

皮伦图河 又作弼勒图河。在今俄罗斯萨哈林岛（库页岛）北部。清光绪《吉林通志》卷23库页岛之水：“弼勒图河，出图克苏呼山东麓，合三源，径弼勒图噶珊南，东流入海。”

皮伦图噶珊 亦用披伦兔。在今俄罗斯萨哈林岛（库页岛）北部东海岸皮耳通河口北岸。清初属宁古塔将军。康熙《皇舆全览图》：库页岛北部有“披伦兔噶山”。后属三姓副都统。光绪《吉林通志》卷17：海滨东南库页岛、费雅喀、鄂伦春等部旧设噶珊有“皮伦图”。咸丰年间通过不平等的中俄《北京条约》被俄割占。

皮村隘 在今广东新丰县西北。《方舆纪要》卷103惠州府新丰县：皮村隘“在县西北。又有腊溪等隘，皆接英德县界。旧为盗薮，设兵戍守”。

皮岛 即今朝鲜平安北道铁山西南椵岛。《明史·朝鲜传》：天启元年（1621），“时毛文龙以总兵镇皮岛，招集逃民为兵，而仰给于朝鲜”。

皮牢 战国赵邑。在今山西翼城县东北二十五里牢寨村。《史记·赵世家》：赵成侯十三年（前362），“魏败我浍，取皮牢”。一说在今山西河津市西。《史记·白起列传》：“秦分军为二：王龁攻皮牢，拔之。”《正义》：“故城在绛州龙门县西一里。”

皮林 即今贵州黎平县南皮林。为下皮林。《明史·贵州土司传》：“国佐本洪州司特洞寨苗，颇知书，尝入永从学为生员，素桀黠，皮林诸苗推服之。”“皮林”系侗语音译，意为笔架。

皮宗 古地名。故址或以为在今印度尼西亚苏门答腊岛西面海上，或在今马六甲海峡东部之皮散岛。《汉书·地理志》：“自黄支船行可八月到皮宗，船行可二月到日南象林界云。”

皮城 南北朝时蒲山国（皮山国）都城。在今新疆皮山县东南。《魏书·西域传》：“蒲山国，故皮山国也，居皮城，在于阗南。”

皮家店 在今湖北英山县南四十里。《方舆纪要》卷26英山县：皮家店“旧有巡司。元末废”。

皮被河 今蒙古国东部克鲁伦河上源之一。《辽史·地理志》：皮被河城“皮被河出回纥北，东南经羽厥，入胪朐河，沿河董城北，东流合沱漉河，入于海”。

皮被河城 辽置，为上京道边防城之一。在今蒙古国东温都尔汗西。《辽史·地理志》：皮被河城“地控北边，置兵五百于此防托（戍）”。

尕让（尕 gǎ） 在今青海贵德县东北部拉脊山麓，为尕让乡驻地。名胜古迹有尕让古城、尕让寺等。尕让，系藏语，部落名，为“噶然儿”的谐音。

尕巴松多镇（尕 gǎ） 在今青海同德县北部。1953年同德县迁治于此。尕巴松多，系藏语，意为“尕干曲、尕群曲与巴曲三水汇合处”。2001年设尕巴松多镇。

发（發）干戍 晋置，属琅邪郡。在今山东临沂市。南燕时为幽州治。

发（發）干县 ①西汉置，属东郡。治所在今山东冠县东南。武帝封卫青子登为侯邑。后为县。三国魏属阳平郡。北齐废。

②南朝宋置，属东安郡。治所在今山东沂水县西北二十里古城庄。南齐废。

发（發）鸠山 亦名发苞山、鹿谷山、廉山。在今山西长子县西五十里。《山海经·北次三经》："发鸠之山，其上多柘木，……漳水出焉，东流注于河。"《水经·浊漳水注》："漳水出鹿谷山，与发鸠连麓而在南，《淮南子》谓之发苞山，故异名互见也。"

发（發）库门 清置，为柳条边门之一。即今辽宁法库县（法库镇）。《清一统志·奉天府二》：发库边门"在开原县西北，西至彰武台边门一百二十里"。

发（發）羌 西藏古代族部名。"发"，藏语"蕃"的异译；"羌"，汉代对我国西部少数民族的泛称。东汉和帝永元十三年（101），迷唐羌由青海南迁。《后汉书·西羌传》载："其种落不满千人，远逾赐支河首，依发羌居。"《敦煌吐蕃文书》载：悉补野部落始祖聂墀赞普，为"蕃地区六牦牛部首领"。《新唐书·吐蕃传》载：悉补野部落始祖据发羌地，"蕃、发声近，故其子孙曰吐蕃"。发羌故地在今西藏山南地区雅隆河谷的乃东、琼结等县境内。

发（發）果山 在今云南泸西县城北一里。《方舆纪要》卷115广西府：发果山"在府治北。培塿相接，环于府治"。

发（發）果寨 在今云南蒙自市东南。《方舆纪要》卷115蒙自县：发果寨"在县东南。傍有五山，峻拔险固可恃"。

发（發）实兰峰 在今吉林永吉县西北。《清一统志·吉林一》：发实兰峰"在（吉林）城西北一百十七里，周十里。奇塔穆河发源于此"。光绪《吉林通志》卷10：发实兰峰在"（吉林）城西北一百一十七里。高一百四十步，周十里。奇穆塔河发源于此"。"发实兰"，满语意为"旁岔"。

圣人城 在今河北涞水县西北。《水经·巨马水注》：紫石溪水"又径圣人城东，又东南右会檜车水。水出檜车硎，东南流径圣人城南，南流注紫石水，又南注于涞水"。

圣人涧 即今山西平陆县。1959年平陆县徙治于此。《清一统志·解州》"沙涧"条："又有圣人涧，在县东二十五里。源出东北三十里傅说冢下马跑泉，稍下复有二泉，三派合流绕傅岩南入河，即《水经注》所云东北山溪中小水也。"

圣人道 古道路名。在今陕西志丹县东。《寰宇记》卷37保安军："圣人道在军城东七里，从蕃部末移家族来，经军界一百五里，入敷政县界，即赫连勃勃起自夏台入长安时，平山谷开此道，土人呼为圣人道。"

圣山 ①在今江西信丰县东南。《清一统志·赣州府一》：圣山"在信丰县东南一百里。高插云表"。

②在今广西融安县西。《方舆纪要》卷109融县：圣山"在县北四十里长安镇。高七八里。上有圣祠，因名"。《清一统志·柳州府》：圣山"山势高峻，上有舜祠，故名"。

③在今陕西华县西南。《寰宇记》卷29华州郑县："圣山在县西南，去州二十五里。《旧图经》云，垂拱四年十一月，飞土掩谷，拥水为池，群峰竞起。其月十二日，忽踊四峰，高二百余丈……其山东西五里，南北七里。后立圣山庙。"

圣井 ①在今江苏常熟市北一百九十步，子游故宅中。《寰宇记》卷91苏州常熟县"言偃宅"条引《吴地记》云："宅有井，井边有监洗石，周四尺。"

②在今河南方城县东。《方舆纪要》卷51裕州方城县：圣井"其地四面皆下，井居其中，独高仞余，泉常仰溢云"。

圣井冈 在今河北临城县东北。《方舆纪要》卷14临城县：圣井冈"在县东北三十里。冈上有井，冬夏不竭，故名"。

圣友寺 又名清净寺。北宋大中祥符二年（1009）建，在今福建泉州市涂门街。元至大二年（1309）耶路撒冷人阿哈玛重修。为我国现存最早的古伊斯兰教清真寺之一。1961年定为全国重点文物保护单位。

圣水 ①在今河北灵寿县西北。《方舆纪要》卷14灵寿县：圣水，"《志》云：出县西北二十五里白石村，谓之圣水洼，亦曰圣水峪，上有青风砦"。

②在今四川芦山县东，为芦山河支流。《舆地纪胜》卷174雅州：圣水"在卢山县东十里。连筒引之，行一里许，伏流近二、三里复涌出，分为五，故以圣水名"。

圣水井 在今湖北广水市东北六十里高贵山峡谷中。《清一统志·德安府》"大龟山"条引《舆地纪胜》："上有灵济祠，堂前有圣水井，云有白龙。"

圣水寺 ①即今陕西南郑县东北圣水镇。明嘉靖时建。《清一统志·汉中府》：圣水寺"在南郑县（今汉中市）东南三十里。寺有五色泉。一泉黑色，在佛座下；四泉在泉东西。天旱祷雨辄应"。

②在今四川内江市区西壕子口路东侧。清道光《内江县志要》卷1：圣水寺在"治西十里。宋咸淳时建。明万历间重修。名题咏甚多。兵燹后，康熙间僧可拙增修。殿庑丛林，为中川第一"。寺实始建于唐。今存东、西两寺。寺后山岩有唐、宋以来摩岩造像六十七龛四百五十躯。

圣水河 在今湖北随州市西。《方舆纪要》卷77随州：圣水河"在州西八十三里。……合于涢水"。

圣水泉 在今四川中江县东一里玄武山。明曹学佺《蜀中名胜记》卷30引王勃曰："玄武山有圣泉焉，浸淫历数百千年。乘岩泌涌，接磴分流，下瞰长江。"

圣公山 在今陕西洛川县东七十里。《方舆纪要》卷57洛川县"雄儿山"条下："又东二十里为圣公山，皆昔时据险拒贼处。"

圣母山 在今湖北竹山县西北。《明一统志》卷60郧阳府：圣母山“在竹山县西一百三十里。世传有圣母仙过此，见恶蛇，举而掷之。迄今周回四十里无蛇”。

圣母泉 在今山东龙口市东南。《清一统志·登州府》：圣母泉“在黄县东南三里。《县志》：自石窦涌出，甘洁异常，大旱不减，居民获灌溉之利”。

圣母砦 在今湖北竹山县西北。《方舆纪要》卷79竹山县：圣母砦“在县西百三十里圣母山下，一名取毒砦。俗传有圣母取恶蛇弃之，因名”。

圣因寺 在今浙江杭州市西湖中孤山南麓。《清一统志·杭州府二》：圣因寺“在钱塘县孤山南。即江浙臣民所建圣祖仁皇帝行宫。雍正五年改寺”。寺内文澜阁庋藏《四库全书》一部。

圣朵寨 在今河南镇平县西北五朵山。《金史·武仙传》：天兴元年（1232）十一月，金将黄掴三合降元，与元兵夹击武仙，“败仙于柳河，仙跳走圣朵寨”。即此。

圣安寺 在今北京市西城区南横街西口路北。创建于金章宗天会年间。明正统十一年（1446）重修，改名普济寺。清乾隆四十一年（1776）重修后，复名圣安寺。大殿内供奉明代脱沙三世佛，东、西、北三面墙上有佛教故事题材的壁画，“文化大革命”中均被毁。

圣寿寺 在今山西沁源县西北六十里灵宝山南麓。民国《沁源县志》记载，唐乾符六年（879）懿宗第四子李侃因避黄巢起义到此。景福二年（893）在此建寺，削发为僧，谥封先师菩萨，寺称先师禅院。北宋端拱二年（989）重修，改名圣寿寺。

圣寿寺塔 在今陕西西安市长安区（韦曲镇）南五台圣寿寺内。创建于隋仁寿年间（601—604），为仿木结构砖塔，方形七级楼阁式，底层每边长7.5米，高23米。每层刻斗拱、石柱，层层叠涩出檐，中为拱形塔门。塔顶结构为铁制柏轮负八角形铁刹。寺内原有直径约2米的铁钟一口，上铸隋建寺、塔的记载，1958年被砸毁。2006年定为全国重点文物保护单位。

圣寿宝塔 在今福建长乐市区（吴航镇）塔坪山上。北宋崇宁年间（1102—1106）建寺，政和七年（1117）在寺旁建塔，原名即为圣寿宝塔。明永乐十一年（1413）三宝太监郑和航海驻舟师于长乐，助寺修葺，题额“三峰寺塔”。后寺废塔存。八角七层仿楼阁式塔，高27.4米，石结构。塔身中空，内有石阶可盘旋登塔顶。二至七层各开二门，逐层错位。各有回廊、石栏。大力士塔座，八面环饰狮子、花卉牡丹石刻图案。底层塔壁浮雕文殊、普贤、五十罗汉、十六飞天乐伎及佛教故事。各层塔壁均浮雕莲花坐佛，八棱各刻护法天王及花卉、禽兽，是研究宋代古建筑艺术的珍贵实物。2006年定为全国重点文物保护单位。

圣寿堂 在今河北临漳县西南古邺南城内。《邺中记》载：“圣寿堂在修文、偃武殿后。”《北齐书·祖珽传》：“后主令要中数人扶持出入，直至永巷，出万春门，向万寿堂。每同御榻，论决政事。”

圣果寺 在今浙江杭州市南凤凰山上。宋《淳祐临安志》卷8：凤凰山“山上旧有圣果院，今废”。王安石有《游杭州圣果寺》诗。

圣岭 在今江西永丰县南。《方舆纪要》卷87吉安府永丰县：圣岭在“县南三十里。上有井，深广数丈。前有峰，曰仙人台，土城在焉”。

圣皁山 在今山西定襄县东北二十里。《元和志》卷14定襄县：“圣皁，今名圣人皁，在县东北二十里，石上手足迹犹存。”《方舆纪要》卷40：“其山挺然孤峙，上有温泉，圣皁水出焉。”

圣姆泉 亦作圣姥泉。在今重庆市奉节县东长江瞿唐峡内。南宋陆游《入蜀记》：“发大溪口入瞿唐峡。……遇圣姥泉，盖石上一罅，人大呼于旁，则泉出；屡呼则屡出，可怪也。”《清一统志·夔州府一》：圣姆泉“在奉节县东”。

圣驾墩 在今江西都昌县西。《方舆纪要》卷84南康府都昌县：圣驾墩“在县治西三里。明太祖征陈友谅，驻跸于此，军士筑土为墩，一夕而成，因名”。

圣经山 在今山东文登市西北四十八里，为昆嵛山群峰之一。一石高3米，长4.5米，刻“圣经山”三大字；一石高5米，长15.6米，状如卧碑，形似新月，俗称“月芽石”。随阳面之凹，刻老子《道德经》经文——《道经》和《德经》，全文五千余字，可能是金元时期遗物。2006年圣经山摩崖被定为全国重点文物保护单位。

圣钟（鐘）山 在今四川汉源县北清溪镇东北。《清一统志·雅州府一》“圣钟山”条引《方舆胜览》：“昔有人闻山中有钟声，掘地果得钟。”明曹学佺《蜀中广记》卷35黎州：“《志》云，圣钟山下有古城。昔人于山中闻钟声及五色光，掘之而得巨钟，故曰圣钟山，城即古黎州城也。”

圣钟（鐘）镇 北宋置，属江津县。在今四川江津市西南八十里。

圣泉 ①在今重庆市巫山县东北。《水经·江水注》：“（巫）县之东北三百步有圣泉，谓之孔子泉。其水飞清石穴，洁并高泉，下注溪水。”

②在今贵州贵阳市西八里。《明一统志》卷88贵州宣慰司：圣泉“在宣慰司城（今贵阳市）西北八里。泉穴宽可六尺许，时或涨而不溢，人莫测其故。又号灵泉”。《清一统志·贵阳府》：圣泉“一名百盈泉。一名漏汋泉。自山麓涌出，昼夜百盈百竭，似有槖籥，莫测其端，下流溉田数百亩。明镇远侯顾成甃石为池，上覆以亭，池中立石以验消长”。

圣索菲亚教堂 在今黑龙江哈尔滨市道里透笼街61号。建于1907年，是沙皇俄国东西伯利亚第四步兵师修建的一座木结构的随军教堂。1923年和1932年两次重建。教堂通高36米，主体全部为清水红砖结构。共分四层，楼层之间有楼梯相连。前、后、左、右共计四个出入门。还设有修道院、神学院、印刷厂等。是全国最大的一座东正教堂，是拜占庭建筑风格的典型代表。1996年定为全国重点文物保护单位。

圣积寺 在今四川峨眉山市西南。明胡世安《登峨山道里纪》：兴圣庵“又四里许圣积寺。门对古慈福院，中衢杰然一阁”。民国《峨眉山志》卷4：圣积寺“离峨眉县五里。即古慈福院。正德三年，内江王重修。寺内有铜塔，高二丈许”。

圣容寺塔 在今甘肃永昌县北金川西村西十里御容山上。寺始建于北周保定元年（561）。唐贞观十年（636），高僧玄奘曾到过此寺。1953年寺被拆，仅存塔和石刻等。现存大、小二塔，隔山相望，相距400米。据外观推测为唐代所建。大、小塔均为方形七级密檐砖塔。大塔建于方形台基上，高16.2米，由底层向上逐渐收分。塔壁单层中空，南面辟拱形门，二层以上每层南北辟拱形门，各层塔檐以砖叠涩挑出，塔身轮廓呈曲线。小塔亦建于方形台上，高4.9米，塔壁单层中空，各层塔檐叠涩挑出，塔体收分急峻，第一层南辟券门。圣容寺遗址东北2.5公里处有长80米、高12米的石崖，崖面浮雕喇嘛塔龛五十个，为元代遗存。塔身正中凿小龛，为瘗埋寺僧骨灰之所。2001年圣容寺塔被定为全国重点文物保护单位。

圣堂关 在今浙江平湖市南杨家头附近。《清一统志·嘉兴府一》：圣堂关“在平湖县东南十五里。元时市舶从乍浦海道入者，此为要津”。

圣堂墟 即今广东恩平市东北三十里圣堂镇。明万历《广东通志》卷46：恩平县有圣堂墟。

圣惠镇 明置，属安邑县。在今山西运城市东二十里。洪武四年（1371）置巡司于此。

圣湫山 在今甘肃礼县北。《方舆纪要》卷59秦州礼县：“圣湫山在县北六十里。”

圣鼓山 在今山西沁县东北。《方舆纪要》卷43沁州：“圣鼓山在州东北五里。上有大石，击之声如鼓。一名圣鼓岭，下有水，流入漳河。”

对月峰 在今四川峨眉山市西南峨眉山青莲峰西。清嘉庆《峨眉县志》卷1：对月峰“在县西五十里”。

对节砦 在今河北涞源县北。《方舆纪要》卷44广昌县：对节砦，“与馒尖、窟龙、孟良、栲栳、夹鞍、五寨俱为戍守处”。

对竹堡 即今山西汾西县西北对竹镇。《清一统志·平阳府一》“神符堡”条下：对竹堡“在县北”。

对青山 即今黑龙江省哈尔滨市呼兰区西北对青山镇。《清史稿·地理志》呼兰府：“西南：东清铁路对青山车站，南六十里至哈尔滨。”

对青山站 在今黑龙江省哈尔滨市呼兰区西北对青山镇。《清史稿·地理志》呼兰府：“西南：东清铁路对青山车站，南六十里至哈尔滨。”

对泽 在今山西临猗县南王寮村。《水经·涑水注》：“（猗氏）县南对泽，即猗顿之故居也。”

对峙河汛 即今湖北竹山县东北楼台乡东官坪（对峙河）。民国《湖北通志》卷36竹山县：对峙河“《光绪舆地记》：在县东北八十里。驻外委”。

对黑铁路 亦称滨黑线。从吉林滨江（今黑龙江哈尔滨）西的对青山，经呼兰、绥化、海伦、嫩江，东北至大黑河屯（今黑河市）。日伪时筑成。后拆除黑河至北安段。

弁山 即卞山。在今浙江湖州市西北十八里。《寰宇记》卷94引周处《风土记》云：“卞山当作冠弁之弁。”杨守敬《隋书地理志考证》：“按《宋书》：萧惠明为吴兴太守，郡界有卞山，则作‘卞’由来已久。”

母瓜关 在今云南景东彝族自治县南。《明一统志》卷87景东府：母瓜关“在府南一百里”。

母安桥镇 即今重庆市垫江县东北新民镇东北武安场。清光绪《垫江县志》卷2：母安桥场在“治北三十五里”。

母亨巡司 清置，属镇雄州。即今云南镇雄县东北母享镇。

母鸡山 在今广西灵山县南。《方舆纪要》卷104合浦县：黄稻山“相近有母鸡山。弘治十一年，御史万祥言：廉州山岗贼巢有母鸡山、木头洞二处是也”。

母纳山 即今内蒙古乌拉特前旗东之乌拉山。《明史·鞑靼传》：宣德九年（1434），“阿鲁台复为脱脱不花所袭，妻子死，孳畜略尽，独与其子失捏干等徙居母纳山、察罕脑剌等处”。

母享镇 即今云南镇雄县东北母享镇。民国有县佐驻此。

母响寨 即今云南镇雄县东北母享镇。明嘉靖五年（1526）于此置威信长官司。清置母亨巡司。

母猪峡 在今重庆市城口县西北。清道光《城口厅志》卷4：母猪峡在“厅西三十里。两山相夹，见天一线，近峡两岸相去仅数丈。峡中巨石礌砑，大河水由峡出，声如巨雷，深不可测。厅属大河之不能通舟楫者，为此峡所阻”。

母猪塘 在今贵州遵义县北。《明史·吴广传》：万历间征播州杨氏，“诸将连破数囤，进营母猪塘”，即此。

母章德山 一作母得章山。在今四川武胜县南二十里旧县乡东。《元史·世祖纪》：至元五年（1268），“改母章德山为定远城”。

幼山 在今福建沙县西北。明《寰宇通志》卷49延平府：幼山“在沙县西北百二十里。孤峰峙耸，高三十里，周回二百里，以其幼视群山，故名”。

丝山 在今山东日照市东北。《方舆纪要》卷35日照县：丝山在“县东北二十里。山形陡绝，悬溜侵崖，如丝缕然。丝水源于此”。

丝水 在今山东日照市南。《方舆纪要》卷35日照县：丝水“在县南二十里。一名大儿庄河。源出丝水，流绕孤奎山下，合于寨河”。

丝绸之路 古代中国至亚洲西部、南部及欧、非各地之交通道路。主要运输货物为中国之丝绸，故又名丝路。其主要路线：东端起自今陕西渭水流域，向西通过甘肃河西走廊后，或经今新疆维吾尔自治区塔里木河北面的通道，在疏勒（今喀什市）以西越葱岭，经大宛（今乌兹别克斯坦费尔干纳盆地）和康居南部（今乌兹别克斯坦撒马尔罕附近）西行；或经塔里木河南面，昆仑山北之南道，在莎车（今莎车县）西越葱岭，经大月氏（今阿姆河上中游）西行。以上两条西行的路线汇于木鹿城（今土库曼斯坦马雷），然后向西经和椟城（今伊朗德黑兰东达姆甘附近）、阿蛮（今伊朗哈马丹）、斯宾（今伊拉克巴格达东南）等地抵地中海东岸，转达罗马各地。丝路支线亦取道今新疆天山以北之道路及伊犁河流域西行至中亚。或经中亚转达印度、巴基斯坦。南线由今陕西经四川、云南至缅甸，由水道或陆道至印度、巴基斯坦。亦有海上丝绸之路，由中国南部直接西航，经越南、新加坡、泰国、缅甸、孟加拉国、印度、巴基斯坦、阿拉伯海，至非洲东岸。水、陆丝绸之路在历史上促进了欧、亚、非各国与中国的友好往来和经济文化的交流。

六　画

〔一一〕

耒山　在今湖南汝城县南十里。《汉书·地理志》桂阳郡郴县："耒山，耒水所出。"

耒水　湘江支流。源出今湖南桂东县境，流经汝城、资兴、郴县、永兴、耒阳、衡南等县市，至衡阳市东入湘江。《汉书·地理志》桂阳郡郴县："耒山，耒水所出。"《水经》："耒水出桂阳郴县南山，又北过其县之西，又北过便县之西，又西北过耒阳县之东，又北过酃县东，北入于湘。"

耒阳市　1985年撤销耒阳县，改设耒阳市，市人民政府驻蔡伦路。由湖南省衡阳市代管。

耒阳州　元世祖至元十九年（1282）升耒阳县置，属湖广行省。治所即今湖南耒阳市。明洪武三年（1370）复改耒阳县。

耒阳县　秦置，属长沙郡。治所即今湖南耒阳市。《水经·耒水注》：耒阳县"盖因水以制名"。汉属桂阳郡。南朝梁、陈间徙治鳌山口（今耒阳市东北二十二里大市乡大陂市）。隋改洡阴县。唐武德四年（621）复名耒阳县，属衡州。还治今耒阳市。元世祖至元十九年（1282）升为耒阳州。明洪武三年（1370）复改耒阳县，属衡州府。民国初属湖南衡阳道。1922年直属湖南省。1986年改设耒阳市。

耒阴县　又作洡阴县。隋开皇九年（589）改耒阳县置，属衡山郡。治鳌山口（今耒阳市东北二十二里大陂市）。唐武德四年（621）复名耒阳县。

邦牙等处宣慰司　元后至元四年（1338）置邦牙等处宣慰司都元帅府并总管府，属云南行省。治所在邦牙（今缅甸阿瓦附近）。辖境约当今缅甸德勒至卑谬的伊洛瓦底江沿岸。至正二年（1342）废。

邦水长官司　明洪武十六年（1383）改中都云板水等处长官司置，属都匀安抚司（后改都匀府）。治所在今贵州都匀市西北二十里邦水。清以后废。"邦水"系布依语音译，意为水塘。

邦水河　一名剑河。在今贵州都匀市西。《方舆纪要》卷121都匀府：邦水河"自邦水司流入，南流为都匀河"。

邦勾　在今西藏东南部珞渝地区，墨脱县治西南一百四十二里处，沿雅鲁藏布江右岸。为珞巴语名。原隶属西藏地方政府管辖。1944年被印度政府非法占领。

邦州　唐置羁縻州，属黔州都督府。治所在今贵州都匀市西北。宋以后废。

邦军店　即今天津市蓟县西三十里邦钧镇。宋洪皓《松漠纪闻》："蓟州三十里至邦军店。"即此。清改为邦均店镇。

邦均店镇　清置，属蓟州。即今天津市蓟县西三十里邦钧镇。

邦金川　在今甘肃临洮县南。《方舆纪要》卷60临洮府：邦金川在"府南六十里。西流合于洮河。宋元祐中，种谊等击鬼章，夜济邦金川，至铁城，黎明大破之，即此"。

邦钦　又作邦金。在今西藏南部，门隅地区达旺西北。藏语意为大草坪。邦金地区有六定：郭尔定、萨克定、麦定、伦布定、拉则喀曼定、木曲定（定为门隅地区的一级行政区划）。原隶属于西藏地方政府管辖，1951年被印度政府非法占领。

邦洞铺　即今贵州天柱县北邦洞镇。《清一统志·镇远府》"县前铺"条下：又有"邦洞铺"等，"皆天柱县管理"。"邦洞"系侗语音译，意为稻谷多的地方。

邦泰山　即今云南景东彝族自治县东北大河东岸凤山。《明一统志》卷87景东府：邦泰山"在府治东。高耸延长"。《明史·云南土司传》：景东"府治东有邦泰山，颇险峻，土官陶姓所世居也"。

邦都郎　指今越南东南部顺海省藩朗一带。《明史·占城传》：成化十七年(1481)，"古来遣使朝贡，言……自邦都郎至占腊止五处，臣兄权国未几，遽尔陨殁"。正德五年（1510）给事中李贯言："占城自古来被逐后，窜居赤坎邦都郎。"

邦堆谿　又作仲堆、仲堆谿。原西藏地方政府设，治所即今西藏达孜县东北邦堆乡。1960年并入达孜县。

邦偏山　一作偏邦。在今云南双江拉祜族佤族布朗族傣族自治县南。《方舆纪要》卷118孟缅长官司：邦偏山"在猛猛南。高六十里"。

邢　①一作"耿"。商代国都。《世本》："祖乙迁于耿。"《史记·殷本纪》作"邢"。其地主要有三说：(1) 在今山西河津市东南。《帝王世纪》："殷祖乙徙耿，为河所毁，今河东皮氏耿乡是也。"(2) 在邢丘（今河南温县东平皋）。见王国维《说耿》。(3) 在今河北邢台市。《通典》："邢州今理龙岗县，古祖乙迁于邢，即此地，亦邢国也。"20世纪70年代在今河北石家庄市元氏县南十里发现的西周墓中，出土一组西周青铜器有较长的铭文，臣谏簋内底铭文记载了"戎人大举出于軧，邢侯对戎战"的历史事实，也证实了邢国的初封地正是在今邢台。而作为商早期都城的邢则在今元氏县南古泜水（今槐河）一带的軧国故址。

②西周侯国，姬姓，周公之子封地。在今河北邢台市西南隅。《左传》：庄公三十二年（前661），"狄伐邢"。即此。翌年"齐桓公迁邢于夷仪"。公元前635年为卫所灭。河北石家庄市元氏县南西张村西周墓出土的铜器铭文，也证实了西周初年周公之子邢侯的封地就在今河北邢台。

③西周邑名。在今陕西宝鸡市陈仓区南。据《大克鼎》，周王以此赐善大克。

邢公山 即邢公岘。在今河南嵩县南。唐武德元年（618）李密兵败被杀于此。

邢公岘 一作邢公山。在今河南嵩县南。唐武德元年（618），邢国公李密死于此。故名。《新唐书·李密传》：李密叛唐，据桃林县城，趣南山而东，"熊州副将盛彦师率步骑伏陆浑县南邢公岘之下，密兵度，横出击，斩之"。即此。《资治通鉴》卷186注引《河洛记》作邢公山。《明一统志》卷29河南府与《清一统志·陕州》以为"邢公山，在卢氏县北九十里"。误。

邢丘 春秋晋邑。在今河南温县东二十里平皋村。《左传》：宣公六年（前603），"秋，赤狄伐晋，围怀及邢丘"。战国属韩，置为邢台县。

邢丘县 ①战国韩置，后属魏。治所在今河南温县东二十里平皋村。秦昭襄王四十一年（前266）入于秦，属河内郡。西汉改为平皋县。

②隋开皇十八年（598）改州县置，属怀州。治所即今河南温县东北武德镇。《元和志》卷16："遥取古邢丘为名也。"大业二年（606）改为安昌县。

邢台市 1945年晋察冀边区由邢台县城区析置，治所即今河北邢台市城区。1947年改为邢台镇（县级）。1953年复置邢台市。1983年升为地级市。

邢台（臺）县 北宋宣和二年（1120）改龙冈县置，为信德府治。治所即今河北邢台市。金为邢州治。元为顺德路治。明为顺德府治。民国初属直隶大名道。1928年直属河北省。

邢台（臺）镇（县级） 1947年晋察冀边区改邢台市置，治所即今河北邢台市城区。1953年复置邢台市。

邢州 隋开皇十六年（596）置，治所在龙冈县（北宋末改名邢台县，在今河北邢台市）。《元和志》卷15邢州："以邢国为名。"大业三年（607）改为襄国郡。唐武德元年（618）复为邢州。天宝元年（742）改为巨鹿郡，乾元元年（758）复为邢州。唐辖境相当今河北巨鹿、广宗等县以西，泜河以南，沙河以北地区。北宋宣和元年（1119）升为信德府。金复为邢州。元世祖中统三年（1262）升为顺德府。

邢邑镇 即今河北定州市南邢邑镇。清道光《定州志》卷6乡约："邢邑镇属大场里，在州城南，至州五十里。"

邢国墓地 在今河北邢台市。一在葛庄邢国公家室墓区，一在南小汪遗址内。大型古墓分布在墓地中部，周围分布有车马坑和小型墓葬。葬式多为仰身直肢，亦有侧身屈肢葬。随葬品以陶器为主，由于早年盗扰严重，器物组合不甚清楚，以鬲、簋、罐最为常见。此外发现幸存下来的有铜器、玉器、石器等；铜器有青铜鼎、簋、戈、剑及青铜工具。玉器有戈、圭和玉质的动物模型等。在72号墓中，出土了玉戈、青铜剑等。73号墓中发现幸存在二层台上的青铜鼎、有铭铜簋、铜戈及蚌饰件。为研究西周邢国冶铜、琢玉工艺及相关问题提供了重要资料。10号大墓为土坑竖穴带有斜坡墓道，墓道长47米，墓室长7.8米，宽5.6米，深15米。在墓道与墓室连接处置有一车，出土有车饰件、编钟、铜器、石器以及玉、玛瑙饰件和大量包金铜贝、骨贝、蚌贝等。有学者认为是春秋时的邢侯墓（一说为赵襄子墓）。2006年定为全国重点文物保护单位。

邢洺路 蒙古太宗八年（1236）置，治所在永年县（今河北永年县东南城关镇）。宪宗二年（1252）改为洺磁路。

邢浦 在今浙江绍兴市北。《晋书·谢琰传》：孙恩起义"入余姚，破上虞，进及邢浦，去山阴北三十五里"。即此。

邢家湾 即今河北任县东北三十六里邢家湾镇。清同治《畿辅通志》卷51任县图：东北有邢家湾。

邢望 在今陕西大荔县境。《晋书·姚泓载记》：东晋义熙十二年（416），羌人起兵反后秦，后秦将姚宣"弃李闰，南保邢望"，即此。

邢窑 窑址在今河北内丘。为唐代著名瓷窑之一。窑器胎质细洁，釉色白润。

邢窑遗址 在今河北内丘、临城二县一带。邢窑是唐代名窑之一，以产白瓷著称。因地属邢州而得名。当时制瓷名窑有南越北邢之说。遗址位于太行山东麓，分布在南北长30公里、东西宽10公里范围内，总面积约200万平方米。邢瓷胎质洁白细腻，釉色晶润，器物主要有碗、盘、杯、壶罐等，当时不仅供应国内，还远销日本、中东诸国。2006年定为全国重点文物保护单位。

郏县 战国秦置，属胶东郡。治所在今山东胶州市西南七十里黔陬城。西汉属琅邪郡。东汉废。《水经·胶水注》："胶水北流径西黔陬城东，晏伏所谓高密郡侧有黔陬县。《地理志》曰：胶水出郏县，王莽更之纯德矣。疑即是县，所未详也。"

郈 ①春秋秦邑。在今陕西澄城县南。《左传》：文公四年（前623），“晋侯伐秦，围邧、新城”。

②即阮国。在今甘肃泾川县东南。

郚　春秋时鲁附庸小国。在今山东郯城县东北三十余里。《春秋》：成公六年（前585），“取郚”，即此。《公羊传》：“郚者何？邾娄之邑也。”

邧　即郧。在今湖北安陆市。

式县　西汉置，属泰山郡。当在今山东中部。东汉省。

迁江　在今浙江温岭市东。《方舆纪要》卷92太平县：迁江“在县东。源出王城山之桃溪……东南抵县城，北通黄岩，为舟楫交会之冲，又东至新河所城，乃为迁江，阔二里，东入海”。

刑马山　在今甘肃天水市西九十里。《水经·渭水注》：苗谷水“南出刑马山”，即此。

刑军县　北魏太武帝置，属伍城郡。治所即今山西乡宁县西南五十二里西坡镇附近。太和二十一年（497）改为平昌县。

戎　春秋时夷国。在今山东曹县西北。《春秋》：隐公二年（前721），“公会戎于潜”。《水经·济水注》：“济渎自济阳县故城南，东径戎城北。春秋隐公二年‘公会戎于潜’。杜预曰，陈留济阳县东南有戎城是也。”

戎牙路　古国名。故地在今印度尼西亚爪哇岛东部苏腊巴亚一带。南宋赵汝适《诸蕃志》“苏吉丹”条：“打板国东连大阇婆，号戎牙路，或作重迦卢。”

戎卢　国名。王治卑品城，在今新疆民丰县南吕什塔吾山北麓，尼雅河上游十万铁里木一带。汉初属匈奴。宣帝神爵二年（前60）属西域都护。东汉时为鄯善所并。后复立，三国魏晋属于阗。

戎丘城　在今甘肃天水市西南。《后汉书·隗嚣传》：建武八年（32），“使吴汉与征南大将军岑彭围西城……其大将王捷别在戎丘，登城呼汉军曰：‘为隗王城守者，皆必死无二心！愿诸军亟罢，请自杀以明之。’遂自刎颈死”。

戎宁　亦作宁戎、平戎。在今四川雷波县东北黄琅镇。明成化中置巡司于此。清雍正六年（1728）改置千户所，属雷波卫。乾隆二十六年（1761）改置黄螂巡司。

戎成县　隋开皇十一年（591）改遂城县置，属藤州。治所即今广西苍梧县（龙圩镇）。大业初属永平郡。唐改为戎城县。

戎州　①春秋戎己氏邑。在今河南濮阳市西南。《左传》：哀公十七年（前478），卫庄公尝翦戎州，“戎州人攻之，大子疾、公子青逾从公，戎州人杀之。公入于戎州己氏”。后戎州己氏东迁至今山东曹县东南楚丘集。西汉置己氏县。

②北齐改丰州置，治涅城（今山西武乡县西北四十二里故城镇）。北周废。

③南朝梁大同十年（544）置，治所在僰道县（今四川宜宾市东之南广镇，一说在今宜宾县西南安边镇。北周改僰道县为外江县）。隋大业三年（607）改为犍为郡。唐武德元年（618）改为戎州，移治南溪县（今宜宾市东六十里李庄镇）。贞观四年（630）置都督府，州复移治僰道县。天宝元年（742）改为南溪郡，乾元元年（758）复改为戎州。辖境相当今四川宜宾、南溪、雷波、金阳等市县以南，直至云南东川、宜良、个旧及贵州威信、水城、普安、兴义一带。长庆中移治南溪县。会昌二年（842）复徙治僰道县。次年金沙江大水，移治今宜宾市西北六里旧州坝。北宋政和四年（1114）改为叙州。

④元世祖至元二十二年（1285）改大坝都总管置，属马湖路。治所在今四川兴文县西北兴文镇。辖境相当今四川兴文县地。明洪武四年（1371）降为戎县。

戎州都督府　唐贞观六年（632）置，治所在戎州（今四川宜宾市）。辖境东自贵州普安、兴义，北达四川宜宾、雷波，西至怒江，包有今云南大部。二十三年（649）废，改置郎州都督。永徽三年（652）复置戎州都督。开元年间辖境在云南仅相当今嵩明、宜良、弥勒以东，盘江以北部分。天宝后辖境仅有今四川宜宾、雷波及云南东北边缘。

戎坝　即九龙县。今四川九龙县。民国《九龙县图志》：“九龙县原名戎坝。南距康定三百六十里。向为明正土司管辖之地。旧制：以百户分治：名曰菩萨龙、三岩龙、墨池龙、麦地龙、八义龙、八阿龙、迷窝龙、洪坝龙、湾坝龙。”

戎县　明洪武四年（1371）降戎州置，属叙州府。治所在今四川兴文县西北兴文镇。万历四年（1576）改为兴文县。

戎邑道　西汉置，属天水郡。治所在今甘肃清水县西北。东汉废。

戎城县　唐改戎成县置，属藤州。治所即今广西苍梧县（龙圩镇）。永徽中属梧州。光化四年（901）属桂州。北宋开宝五年（972）废。次年复置，属梧州。熙宁四年（1071）废入苍梧县。

戎城镇　北宋熙宁四年（1071）废戎城县置，属苍梧县。即今广西苍梧县。明为戎墟镇。

戎昭军　唐天祐二年（905）改昭信节度置，治所在均州（今湖北丹江口市西北关门岩东旧均县城）。三年（906）并入忠义军。

戎蛮　即“蛮氏”。在今河南伊川县西南东西蛮子营（今名东、西村）。《左传》：昭公十六年（前526），楚子“使然丹诱戎蛮子嘉杀之”。《汉书·地理志》河南郡新成县：“蛮中，故戎蛮子国。”

戎墟　即今广西苍梧县治（龙圩镇）。古戎城县治此。《清一统志·梧州府》：戎墟镇“即故戎城县治。距县（今梧州市）十五里。宋熙宁四年省入苍梧，即今地。本朝嘉庆十三年移同知驻此”。1952年移苍梧县治此。

戎模土司　清末分玉树土司置，为玉树四土司之一。驻牧地在今青海治多县西境，木鲁乌苏河南。民国周希武《玉树调查记》卷上：“戎模百户，现驻业卡曲入通天河之交，东南距结古五六日程。”

〔一丨〕

圩角港　在今江苏海门市东南圩角港闸。《清一统志·海门厅》：江“在厅境南入海，江面阔百余里。有圩角港，与苏州府昭文县之福山港直对，为赴苏要道”。

圳源峒　在今湖南新宁县西南。瑶人所居。《清一统志·宝庆府二》有“圳源峒”。

圯桥　在今江苏睢宁县西北古邳镇东南隅。即沂水桥。张良遇黄石公于圯上，授以太公兵法，即此。《水经·泗水注》：沂水分流径邳县城东，“屈从县南亦注泗，谓之小沂水。水上有桥，徐泗间以为圯”。

地斤泽　在今内蒙古伊金霍洛旗西南。《宋史·夏国传上》：李继捧以夏州归宋，其族弟继迁“与其党数十人奔入地斤泽，泽距夏州东北三百里”。

地方镇　民国置，即今山东平邑县东南五十四里地方镇。原属费县。清光绪《费县志》：县西北庄上社“地方村，有集”。1938年山东省委机关曾住此。

地平县　唐武德二年（619）改狄平县置，属静州。治所在今四川旺苍县东北普济镇大营坝。《寰宇记》卷140嘉川县：地平县“取天成地平之义”。六年（624）为静州治。贞观十七年（643）属集州。永泰元年（765）改为通平县。

地弗池　今蒙古国西南拜德拉格河注入之本察干湖。《魏书·蠕蠕传》：北魏太平真君十年（449）伐吐贺真，“高凉王那出东道，略阳王羯儿出中道，与诸军期会于地弗池”。

地网　在今甘肃天水市西南。《方舆胜览》卷69天水军：“自金陷陕西天水、长道，并当边面，地势平衍，金骑四布，纵横无碍，步兵不能捍御。隆兴中，四川宣抚吴璘乃创地网，其制于平田间，纵横凿为渠，每渠阔八尺，深丈余，连绵不断，如布网然。明年金犯天水，碍以地网，始不得肆。”

地州　北宋崇宁五年（1106）置，治所在今广西南丹县西南吾隘镇那地村。大观元年（1107）废，后复置。元属庆远南丹安抚司。明洪武元年（1368）改置那地州。

地运寨　在今贵州松桃苗族自治县西南。《方舆纪要》卷122铜仁府平头著可司：地运寨“在司（治今平头乡）东南。苗寨也”。

地坛（壇）　亦名方泽坛、方丘坛。在今北京市东城区安定门外。明嘉靖九年（1530）建。为明、清帝王夏至日祭皇地祇神之地。清《日下旧闻考》卷57引《明典汇》：“方丘者，北郊泽中之丘，丘方而下，以象地也。”1925年辟为京兆公园，1929年改为市民公园，1949年改为地坛公园。2006年定为全国重点文物保护单位。

地坝副长官司　明永乐初置，属酉阳宣抚司。治所在今重庆市秀山土家族苗族自治县西南一百里。清雍正十二年（1734）属黔彭厅。乾隆元年（1736）废。

地豆于　北魏时，散居室韦以西，北界乌洛侯，西以今兴安岭与柔然相接，南邻奚、契丹。相当于今内蒙古东乌珠穆沁旗附近一带。以游牧为生，常向北魏朝贡。后为突厥所并。

地里城　亦作地理城。即今安徽阜南县南三十里地城镇。明正德《颍州志》卷1：地理城“在州南一百一十里汝水阳。相传元至顺壬申，同知归旸请添置县，名颍水。今寺基故城隍庙也。至正辛卯，刘福通作乱，流劫乡村，破烧县治，遂废”。清乾隆《阜阳县志》卷4：地里城“一作地理。南乡一百二十里，近汝河”。

地灵堡　即今湖南会同县西南四十二里地灵乡。《方舆纪要》卷82会同县西南有“地灵堡”。

地青寨　即今贵州黎平县东南中潮镇东地青村。《方舆纪要》卷121黎平府：地青寨在“府南六十里”。

地坪风雨桥　在今贵州黎平县东南一百零四里地坪乡北。俗称花桥。始建于清光绪八年（1882），后多次修缮。桥长57.61米，宽5.2米，横跨于南江河上。因水流平稳，河心仅用青石砌一座高7.1米的石墩，支撑木梁结构的桥身。其下部由两排各为八根粗大的杉木穿榫连成一体，分二层呈天平状向两边悬挑，每层挑出2米。上部两排由每层四根粗长的杉木用榫连成一排，架于墩岸之间，上面架桥廊。桥廊两侧均有高1米的梳齿栏杆。栏杆下面有一层外挑1.4米的大挑檐，既美化桥身又可保护下面的木构件免受雨淋侵蚀。桥上建桥楼三座，一大二小，中楼为五层檐四角攒尖顶，高10.2米，安葫芦宝顶，形似鼓楼。两端桥楼皆为三重檐歇山顶，高5.8米。桥廊内设有长凳，并绘有二十多幅侗族风情画，生动逼真。2001年定为全国重点文物保护单位。

地松河　在今贵州福泉市东北十五里。《方舆纪要》卷121平越府：地松河“其地名松屯，南流入麻哈江”。

地肺山　①即今江苏句容市茅山。《舆地纪胜》卷17建康府《景物上》：地肺《海录碎事》云，金陵者洞庭之膏腴，句曲之地肺。注曰：其地肥良，故曰膏腴。水至即浮，故曰地肺。又《真诰》曰：“句曲、地肺，上良水清。”

②即枯枞山。在今河南灵宝市西南。《隋书·地理志》：弘农郡朱阳县“有肺山”。《寰宇记》卷6虢州朱阳县：“地肺山，山下有神祠，即肺祠也。”

③即商山。在今陕西丹凤县西商镇南一里。晋皇甫谧《高士传》卷中：四皓“秦始皇时见秦政虐……乃共入商雒，隐地肺山，以待天下定”。即此。

④即终南山。今陕西秦岭山脉。《史记·夏

本纪》正义引《括地志》:“终南山,一名地肺山。”

地宝藏山 一名观音山。在今云南永平县东七十里。《清一统志·永昌府》:地宝藏山“相传诸葛武侯南征,至此迷道,遇一老姥呼犬,从绝境中出,始得路,因建庙祀之,俗名叫狗山”。

地保城 在今江苏南京市城东北太平门外的龙脖子。是太平天国时期修筑的保卫天京的重要军事要塞。地保城依山傍水,紧靠城墙,扼守龙脖子隘口,与天保城上下呼应,对阻止清军攻城,保卫首都天京的安全发挥了重要作用。

地神山 在今蒙古国西南杭爱山西。《周书·突厥传》:“于都斤四(西)五百里,有高山迥出,上无草树,谓其为勃登凝黎,夏言地神也。”

地架堡 明置,在今贵州松桃苗族自治县西南。《方舆纪要》卷122铜仁府平头著可司:地架堡在“司(治今平头乡)东北。控御苗夷,最为要地”。

地理城 又名地里城。即今安徽阜南县南三十里地城镇。《方舆纪要》卷21颍州“财州城”条下:“又州南百十里汝水之阳有地理城。《志》云:元至顺中,置颍水县于此。至正间刘福通作乱,县毁。”

地藏寺经幢 在今云南昆明市拓东路古幢公园内。原名地藏寺古幢。据《云南通志》,地藏寺为宋末蜀僧永照云悟建,经幢是大理国中期(相当于宋),段氏臣僚袁豆光所立。幢高6.5米,八角七层。第一层用汉文刻《大理国佛弟子议事布燮袁豆光敬造佛顶尊胜宝幢记》及《佛说般若波罗密多心经》、《大日尊发愿》、《发四宏誓愿》等佛经。第二层刻四天王及梵文《陀罗尼经》。第三层至第七层雕刻菩萨、天王、飞神等三百尊及金翅鸟、殿宇等。幢顶为莲瓣承托的宝珠。造型优美,雕刻精湛,为研究云南少数民族历史文化和雕刻艺术的重要文物。1982年定为全国重点文物保护单位。

场口镇 清置,属富阳县。即今浙江富阳县西南三十一里场口镇。

扞山 在今湖北恩施市东北。《方舆胜览》卷60施州:扞山“去州二十里永宁村,古吴蜀分境之处。阻深据高,便于扞敌。故名”。

扞关 ①一名楚关。在今湖北长阳土家族自治县西七十里巴山村南。《战国策·楚策》:张仪说楚王曰:“秦西有巴蜀,方船积粟,起于汶山,循江而下……不费马汗之劳,不至十日而拒扞关,则从竟陵巴东,尽城守矣。”《史记·楚世家》:“肃王四年,蜀伐楚,取兹方,于是楚为扞关以拒之。”皆即此。《水经·江水注》:“江水自(江)关东径弱关、捍关。捍关,廪君浮夷水所置也。弱关在建平秭归界。昔巴楚数相攻伐,藉险置关,以相防捍。”

②即江关。在今重庆市奉节县东赤甲山。《续汉书·郡国志》:鱼复县有扞关。《后汉书·公孙述传》:“将军任满从阆中下江州,东据扞关。”即此。

③一作挺关。或作遗遗之门。战国赵地,在今陕西榆林市西北。

扜罙国 又作抒弥国、拘弥国、宁弥国。汉西域三十六国之一,属西域都护府。都城在扜弥城(今新疆于田县北克里雅河西岸喀啦墩遗址)。东汉名拘弥国。

扜泥城 在今新疆若羌县东北罗布泊西岸楼兰古城遗址。《汉书·西域传》:鄯善国“本名楼兰,王治扜泥城”。

扜弥国 即扜罙国。汉西域三十六国之一,属西域都护府。都扜弥城(今新疆于田县北达里雅布依乡喀啦墩遗址)。《汉书·西域传》:扜弥国“南与渠勒、东北与龟兹、西北与姑墨接,西通于阗三百九十里”。辖境相当今新疆维吾尔自治区于田县地。

扜零城 西汉小宛国都城,在今新疆且末县西南十二里来利勒克古城。《汉书·西域传》:小宛国“王治扜零城”。

扣河 一作寇河。即今辽宁开原市东北寇河。《清一统志·奉天府一》:大清河“在开原县东三十里。……亦曰扣河,又南流至县东南,小清河自东南来会,合流辽河”。

托丁 藏语汉译称,或作托林,在今西藏札达县。古为羊同国治所。公元7世纪时吐蕃王朝(约629—842)征服羊同,于此设治。10世纪时吐蕃王室后裔在羊同故地建立地方政权三,称阿里三部,其地为古格领主治所。996年古格领主拉喇嘛也失斡在托丁建寺,为藏传佛教后弘期所建最早之寺院。仁钦桑布在此译传新密,并从天竺延请阿底峡来寺传法。1076年(藏历火龙年)古格领主孜德在托丁寺举行“火龙法会”,佛教大昌,史称上路弘传。

托口砦 北宋元丰四年(1081)置,属渠阳县(后改属沅州)。即今湖南洪江市(黔城镇)西南一百零八里托口镇。《方舆纪要》卷81黔阳县:托口寨“当九溪诸蛮之冲……今亦为戍守处”。

托木河城 即托漠河城。在今辽宁抚顺市东。《清太祖实录》作“托木河城”。

托木河寨 即托漠河城。在今辽宁抚顺市东。《筹边硕画》作“托木河寨”。

托什干河 一作托什罕河。即阿克苏河西源。在今新疆阿哈奇、乌什县北,东南流至阿克苏市南名阿克苏河。《清一统志·乌什》:托什干河“在乌什西。源出乌成库什岭,东流四百里许经乌什城北分支流南出为托噶尔玛河,又东会呼木阿里克河南流为阿克苏河”。清徐松《西域水道记》卷2:托什干河,“回语谓兔为托什干,河滨多兔,故名”。

托允多拜 在今新疆乌恰县北托云乡。清宣统《新疆图志》卷4:疏勒府布鲁特冲巴噶什部辖境中有“托允多拜”。

托古萨克 即今新疆疏附县治托库扎克巴镇。清道光《新疆识略》卷2喀什噶尔:托克萨克“城正西三十里”。1955 年疏附县迁治于此。

托布甲宗 又作妥家、妥布吉谿。在今西藏南木林县东南土布加乡。“托布甲”，藏语意为得胜。

托布甲营 清乾隆后置，在今西藏南木林县东南土布加乡。

托布拉克 亦作托扑鲁克。即今新疆英吉沙县东南托普鲁克乡。清道光《新疆识略》卷 3 喀什噶尔：英吉沙尔台“七十里至托布拉克台”。

托尔和札萨克旗 即土尔扈特西旗。旗府驻地在今青海兴海县西那家附近，后迁今青海刚察县北。

托礼岭 在今青海河南蒙古族自治县南。《清一统志·青海厄鲁特》：托礼岭“在洮州卫边外洮河发源处，即西倾山之脊。岭最高大，其上平坦，草木茂盛”。

托（託）台谷水 在今山西天镇县西南。《水经·㶟水注》：托台谷水“上承神泉于苇壁北，东径阳门山南托台谷，谓之托台水，汲引泉溪，浑涛东注，行者间十余渡，东径三会城南，又东径托台亭北，又东北径马头亭北，东北注雁门水”。

托合奈克 在今新疆叶城县南叶尔羌河北岸麻扎。清宣统《新疆图志》卷 9：“黑黑子将杆柴足草缺，五十里至色色可柴……四十里至托和奈克。”

托多克 即今新疆精河县东托托乡。清道光《新疆识略》卷 2 库尔喀喇乌苏：托多克台“西至噶顺腰台七十里”。

托（託）纥臣水 即今内蒙古辽河上游南支流老哈河。《隋书·契丹传》：“部落渐众，遂北徙逐水草，当辽西正北二百里，依托纥臣水而居。”《新唐书·地理志》作吐护真河。

托克三 即托克逊。今新疆托克逊县。清乾隆《西域图志》卷 14：托克三“在布干西南六十里。东距辟展城四百十三里。有城周二里许”。

托（託）克托（託）乃乌兰木伦河 即今长江正源托托河。在青海西南部。《清一统志·西藏》：托克托乃乌兰木伦河“源出硇什达尔山东北三百余里锡津乌兰拖罗海山，东流四百五十余里入木鲁乌苏”。

托克托厅 清乾隆二十五年（1760）置，属山西省。治所在今内蒙古托克托县西。明蒙古族西土默特台吉脱脱在此驻牧建城，故以脱脱为名。1912 年改为托克托县。

托克托县 1912 年改托克托厅置，属山西省。治所在今内蒙古托克托县西。1914 年改属绥远特别区绥远道。1928 年属绥远省。1954 年划属内蒙古自治区。1973 年从城关镇旧城迁至南坪村一带。

托克苏庄 即今新疆新和县。1922 年置县佐于此。1930 年改置托克苏县。1941 年改名新和县。

托克苏县 1930 年置，属新疆阿克苏行政区。治所在托克苏庄（今新疆新和县）。1941 年改为新和县。

托克河 在今俄罗斯阿穆尔州，为结雅河上源之一。清乾隆《钦定盛京通志》卷 28：托克河“蒙古语，托克，定也。（黑龙江）城西北一千六百四十里。源出兴安岭，东南流入精奇哩江”。

托克逊 一作托克三。即今新疆托克逊县。土名九台。据清乾隆《西域同文志》卷 2：“回语：托克三，九十数也。九十户居之，故名。转音为托克逊。”1929 年置设治局。1944 年改为托克逊县。

托克逊设治局 1929 年置，属新疆省。治所在托克逊（今新疆托克逊县）。1944 年改为托克逊县。

托克逊县 1944 年改为托克逊设治局置，属新疆省。治所在托克逊（今新疆托克逊县）。

托吾儿河 即他鲁河。今嫩江支流洮儿河。元代作托吾儿河。

托里中心区（县级） 1949 年由额敏县析置，治托里（今新疆托里县）。1953 年改置托里县。

托里布拉克 即今新疆区托里县。清道光《新疆识略》卷 2 塔尔巴哈台：雅玛图台“至沙喇瑚鲁素台一百二十里。中有托里布拉克腰台”。

托里驿 清置，即今新疆托里县。清宣统《新疆图志》卷 80 塔城厅：托里驿“旧名托罗布拉克”。1949 年于此置托里中心区（县级）。1953 年改为托里县。

托库孜萨来遗址 在今新疆巴楚县东北托库孜萨来村西。遗址包括托库孜萨来古城、托库孜萨来佛寺和图木休克佛寺等。古城倚山而建，分内城、外城、大外城三部分，城墙仅留残垣。内城墙由山腰绕到山头，长 756 米；外城接内城墙续至山巅，长 1008 米；大外城由外城环绕南山根，长 1668 米。山腰和山顶均有土坯砌建的城墙遗迹。还有城门遗迹。曾出土大量汉文、婆罗谜文、回鹘文和阿拉伯文书，还有钱币和丝毛织物等精美文物。遗址年代上限可早至汉代，盛于唐，一度成为喀什地区中心城市，是丝绸之路古道的大站。古城附近是晋唐时期托库孜萨来佛寺和图木休克佛寺遗址，规模宏大，布局完整，发现有唐舍利盒、佛教雕塑和壁画等。托库孜萨来遗址处于汉唐西域的南、北道间，内涵丰富，是这一地区晋唐佛教文化繁荣的证明，也是古丝绸之路上极具历史、考古价值的文化遗址。2001 年定为全国重点文物保护单位。

托林 藏语音译异名。在今西藏扎达县。公元 996 年古格领主拉喇嘛也失斡兴建托林寺，先后延请藏僧仁钦桑布、天竺僧阿底峡来此译经传法，并于 1076 年（藏历火龙年）举行法会，佛教大昌，史称藏传佛教后弘期上路弘传。

托林寺 在今西藏札达县城。“托林”藏语意为“高高飞翔”。11 世纪初叶阿里古格王国僧王意希沃为振兴喇嘛教而建，建筑形式仿吐蕃时代古寺桑耶寺。藏族著名译师仁钦桑布曾长住此寺翻译佛经。11 世纪中叶，著名古印度僧人阿底峡受请进藏传播佛教，也曾住此。是阿里地区最古老的藏传佛教寺院。现存建筑有三座大殿与一座佛塔，残存多幅西藏早期壁画和部分古代文物。该寺对研究古格王国历史、西藏佛教史及西藏古建筑均有重要价值。1996 年定为全国重点文物保护单位。

托定村 在今广西鹿寨县西北。《方舆纪要》卷109洛容县“桥邓隘”条：“托定村在县东北。正德十五年，‘贼’僮覃万贤据古田作乱，掠洛容，据西乡托定、洛斗诸村，江道多梗。久之，患始平。”

托莫公旗 和硕特南右翼后旗的俗称。在今青海海晏县西北。

托索米河 又作多索密河、托索密河。在今俄罗斯哈巴罗夫斯克边疆区黑龙江下游，为格林河的支流。《清一统志·吉林一》“格楞河”条下：“托索密河，在（宁古塔）城东北二千四百九十八里。源出卓哩奇山，东南流入格楞河。”

托钵山 即今内蒙古巴林右旗（大板镇）北套白山。《清一统志·巴林》：巴林“右翼驻托钵山，在古北口东北七百二十里”。张穆《蒙古游牧记》、《清史稿》均作“托盔山”。

托郭栖 一名三堡。在今新疆哈密市西三堡。清乾隆《西域图志》卷9：托郭栖“东距哈密城一百二十里。境有村庄凡五，泉十三处”。

托萝山 在今黑龙江萝北县北。萝北县以此名。民国徐曦《东三省纪略》卷5：光绪三十一年(1905)，“择地于托萝山北（太平沟金厂迤南逼近江岸）建（兴东）道署焉”。民国《黑龙江志稿》卷4：托萝山“在（萝山）县南十里。县以山得名。高二十丈，径百里。自玛哈喇山来，东讫延兴镇”。

托萨尔 一作托索尔。在今吉尔吉斯斯坦伊塞克湖南岸。清乾隆《西域图志》卷13伊犁西路：托萨尔“在图斯库勒南岸，塔玛噶西十五里”。

托盔山 即托钵山。今内蒙古巴林右旗北套白山。《清史稿·地理志》：巴林右旗“扎萨克驻托盔山”。

托逻台（臺） 在今山西宁武县北阳方口镇附近。《宋史·杨业传》：北宋雍熙三年（986），杨业引兵自石峡路趋朔州，嘱潘美与王侁领兵阵于陈家谷口以援，“侁使人登托逻台望之，以为契丹败走，欲争其功，即领兵离谷口”，以致杨业兵败身亡。

托温城满赤奚站 明初改元桃温万户府治置，在今黑龙江省汤原县西南大有屯固木纳古城。明《辽东志》卷9：海西东水陆城站有“托温城满赤奚站”。

托锦乌梁海旗 清康熙间置，属唐努乌梁海。旗府驻地即今俄罗斯克孜尔—奥尔达州贝克穆河东岸托腊贺姆。

托漠河城 又作托木河城、土木河寨、托摩和城。在今辽宁抚顺市东。原属建州女真哲陈部。明万历十四年（1586）为努尔哈赤所并。

托摩和城 即托漠河城。在今辽宁抚顺市东。魏源《圣武记》作“托摩和城”。

托摩河 亦作托马河。即今俄罗斯阿穆尔州结雅河支流托木河。清乾隆《钦定盛京通志》卷28：托摩河“国语，令其栖止也。（黑龙江）城东北三百七十里，源出兴安岭，南流入精奇哩江”。17世纪中叶，沙俄殖民主义者波雅尔科夫入侵至此，俄《历史文献补编》第3卷关于波雅尔科夫文件：“从托马河到达斡尔酋长巴尔达处，一昼夜。”

托霍木图 亦作托和木图。即今新疆精河县西五台。清道光《新疆识略》卷2库尔喀喇乌苏：托霍木图台“西至伊犁所属之瑚图布拉克台一百二十里”。

托穆津河 在今俄罗斯哈巴罗夫斯克边疆东北土迷大河。《清一统志·吉林一》：托穆津河“在宁古塔城东二千八百五十九里。源出毕呼根窝集，东南流入海”。

托馨河 即今内蒙古呼伦贝尔市之扎兰屯市西南与科尔沁右翼前旗界之托欣河。《清一统志·黑龙江》“绰尔河”条：“又托馨河在（齐齐哈尔）城西五百里。东流会绰尔河。”

执失州 唐置，为羁縻州。治所在今陕西省北境。

执笏山 在今贵州惠水县西南三十里。《方舆纪要》卷121定番州：执笏山“在（大龙番长官司）司治南，其相近者曰挂榜山”。

扩端 即斡端。今新疆和田市。《元史·宪宗纪》：宪宗二年（1252），分迁诸王于各所：“蒙歌都及太宗皇后乞里吉忽帖尼于扩端所居地之西。”

扪天岭 在今甘肃永靖县西。《十六国春秋辑补》卷86西秦录：东晋隆安四年（400），“乾归将叛谋泄，利鹿孤遣弟吐雷屯于扪天岭”，即此。

扪磋纳宗 即错拉。今西藏错那县。清乾隆《西域同文志》卷18：“西番（藏）语：扪，旧地名。磋纳，湖边也。于扪地滨湖建城，故名。”

扫兰 在今哈萨克斯坦奇姆肯特西北之萨乌兰。元代为察合台汗国属地。《明史·西域传四》：“奉贡通名天朝者……曰扫兰。”

扫谷水 在今山西太原市西北。《方舆纪要》卷40太原府阳曲县：扫谷水“在府西北三十里，出府西北百二十里之扫谷，南流出天门谷，入于汾水”。

扫邻（隣）城 又称迦坚茶寒殿。蒙古太宗九年(1237）建，即今蒙古国后杭爱省鄂尔浑河上游西侧查干湖西南古城。《元史·太宗纪》：九年春，猎于揭揭察哈之泽。“夏四月，筑扫邻城，作迦坚茶寒殿”。同书《地理志》：太宗九年，“治迦坚茶寒殿，在和林北七十余里”。按“扫邻”（Saghurin），蒙古语意为“座位”，有顿舍之意。扫邻城为元太宗春季行宫，建于揭揭察哈（Gegen Chaghan）湖旁，故名迦坚茶寒殿。

扫林山 在今内蒙古额济纳旗境。《明史·冯胜传》：洪武五年（1372），“至兰州，（傅）友德以骁骑前驱，再败元兵，胜复败之扫林山”。清张穆《蒙古游牧记》卷16额济纳旧土尔扈特部：“又旗境有扫林山。《禹贡锥指》云：明冯胜拔肃州，进至扫林山、亦集乃路，即此。”

扫帚沟　即今安徽枞阳县东长江北岸扫帚村。旧属桐城县。清道光《桐城续修县志》卷1《集场》有扫帚沟。

扬　春秋戎邑。在今河南偃师市西南，伊水东。《左传》：僖公十一年（649）夏，“扬拒、泉、皋、伊、雒之戎同伐京师”。杜注：“扬、拒、泉、皋皆戎邑，及诸杂戎居伊水、雒水之间者。”

扬口垒　在今湖北潜江市西北。即古扬水入汉水之口。《晋书·朱伺传》：王廙将西出，“遣长史刘浚留镇扬口垒”。

扬山　又作阳山。即今俄罗斯哈巴罗夫斯克边疆区之布列亚山，为结雅河与阿姆贡河之分水岭。《清一统志·吉林一》：阳山“在宁古塔城东北二千九百二十二里”。

扬门　春秋宋国都城商丘（今河南商丘市南）东门。《左传》：昭公二十一年（前521），宋元公以华氏之乱欲出奔，厨人濮认为不可，鼓动全军抵抗。“公自扬门见之，下而巡之”，即此。

扬之水　即今安徽新安江支流扬之河（练河）。源出安徽绩溪县北宠丛山，西南流至歙县城西为练江。《寰宇记》卷104歙县：扬之水“北从绩溪县东（应为西）南流六十里，至临溪馆入歙县界，至郡城西与四水合流，东南流入新安江，即今睦州界”。《元丰九域志》卷6：歙县有扬之水。《方舆纪要》卷28绩溪县：扬之水“在县西。源出宠嵸山下，谓之扬溪。西南流十里，经扬溪铺。又南经县治西南之三里桥，又西南流十七里，地名临溪，与徽岭、大鄣诸山水合流，而入歙县界，为新安江之上源”。

扬子江　隋唐以来别称今江苏仪征、扬州市一带长江为扬子江。因扬子津及扬子县而得名。隋柳顾言有《奉和晚日扬子江应教诗》。《寰宇记》卷89润州丹徒县：“金山泽心寺在城东南扬子江。”明清时坊间刊印的路程备览之类的书籍、地图有写作“洋子江”的。近代外国人通称长江为扬子江。

扬子军　南宋建炎元年（1127）升扬子县置，治所即今江苏仪征市。四年（1130）复为扬子县。绍兴十一年（1141）又升为扬子军，十二年（1142）复为扬子县。

扬子县　①唐永淳元年（682）置，属扬州。治所在今江苏扬州市邗江区南扬子桥附近。五代南唐改名永贞县。北宋太平兴国中复名扬子县，大中祥符六年（1013）移治今江苏仪征市，为真州治。南宋建炎元年（1127）升为扬子军，四年（1130）复为扬子县。绍兴十一年（1141）复升为军，十二年（1142）复为扬子县。元世祖至元中为真州路治，二十一年（1284）复为真州治。二十八年（1291）移治新城（今仪征市东北新城镇）。明洪武二年（1369）改名仪真县。

②清宣统元年（1909）改仪征县置，属扬州府。治所即今江苏仪征市。1914年复名仪征县。

扬子津　在今江苏扬州市邗江区南扬子桥附近。古时在长江北岸，由此南渡至京口（今江苏镇江市），为江滨要津。《资治通鉴》：隋开皇十年（590），“（杨）素帅舟师自扬子津入击贼帅朱莫问于京口，破之”。大业七年（611）建临江宫（亦曰扬子宫）于此。唐开元以后为积沙所隔，二十五年（737）齐澣开伊娄运河自此南达瓜洲渡口，遂复为往来要津。

扬子桥　即今江苏扬州市邗江区南扬子桥。《宋史·高宗纪二》：南宋建炎三年（1129）二月，“内侍邝询报金兵至，帝披甲驰幸镇江府。是日，金兵过扬子桥”。

扬子镇　在今江苏扬州市邗江区南扬子桥附近。隋末杜伏威曾置戍守于此，名扬子镇。唐永淳元年（682）置扬子县，因镇为名。五代南唐改名永贞县。地当运河与长江之交，为南北交通要地。唐大历以后，盐铁转运使置巡院于此。

扬中市　1994年撤销江苏省扬中县，改设扬中市，市人民政府驻三茅镇。由镇江市代管。

扬中县　1914年改太平县置，属江苏金陵道。治所即今江苏扬中市。1927年直属江苏省。1994年改设扬中市。

扬水　源出今湖北荆州市荆州区（故江陵县城）北赤湖，东北流会东赤湖、船官湖、女观湖及柞溪水，至今潜江市西北入汉水。《水经·沔水注》：“沔水又东南与扬水合，水上承江陵县赤湖，……扬水又东入华容县有灵溪水，……又东北与柞溪水合，……又北径竟陵县西……扬水又北注于沔。”今湮。

扬古岱山　即今俄罗斯哈巴罗夫斯克边疆区黑龙江下游阿姆贡河南查亚特因山。清乾隆《钦定盛京通志》卷27：扬古岱山在“（宁古塔）城东北三千二百四十八里”。《清一统志·吉林一》“兴衮河”条下：“伊穆河在（宁古塔）城东北三千余里。源出扬古岱山，东北流入兴衮河。”

扬尖市　即今江苏无锡市锡山区东北羊尖。《方舆纪要》卷24常熟县：扬尖市“在县西北四十里。西接无锡，北通江阴界”。

扬同　西藏古地名。即羊同的异名。在今西藏西部及毗邻地区。慧超《往五天竺国传》：“迦叶弥罗国东北，隔山十五日程，即是大勃律国、扬同国、娑播慈国。”

扬州　①古“九州”之一。《尚书·禹贡》：“淮、海惟扬州。”《周礼·职方》：“东南曰扬州。”《尔雅·释地》：“江南曰扬州。”“淮”指淮河，“海”指东海，“江”指长江。

②西汉武帝置，为十三刺史部之一。辖境相当今安徽淮水和江苏长江以南及江西、浙江、福建三省，湖北英山、黄梅、广济，河南固始、商城等县市地。东汉时治所在历阳县（今安徽和县），末年移治寿春县（今安徽寿县）、合肥县（今安徽合肥市西北）。三国魏、吴各置扬州，魏治在寿春，吴治建业（今南

京市）。西晋灭吴后复合，治所在建邺（原建业改名，后又改建康）。其后辖境渐小。隋开皇九年（589）改为蒋州，大业初废。唐武德三年（620）复置，七年（624）又改名蒋州，次年复名扬州。九年（626）移治江都县（今江苏扬州市）。

③十六国前秦置，治所在下邳（今江苏睢宁县西北古邳镇东三里）。后废。

④隋开皇九年（589）改吴州置，治所在江都县（今江苏扬州市）。大业初改为江都郡，天宝元年（742）改为广陵郡，乾元元年（758）复为扬州。五代吴都此，改为江都府。后周显德中复为扬州。元至元十四年（1277）升为扬州路。

扬州卫 明洪武四年（1371）置，直隶南京中军都督府。治所在今江苏扬州市西南。清废。

扬州市 1949年由江都县析置，属苏北行署区。治所即今江苏扬州市。1950年后苏北行署区驻地移此。1952年改属江苏省。1954年改为省辖市（地级）。1958年复改县级市。1983年撤销扬州地区，改设地级扬州市。

扬州府 元至正二十六年（1366）朱元璋改维扬府置，属南京。治所在江都县（今江苏扬州市）。辖境相当今江苏长江以北，宝应以南、仪征以东地。清属江苏省。1912年废。

扬州城遗址 在今江苏扬州市西北蜀岗上。城址分子城和罗城两部分，两城毗连。子城在蜀岗上，亦称牙城，是在汉广陵城址和隋代宫城旧址上重加修筑，为衙署区，是官衙聚集之地。罗城在蜀岗下子城的东南，又称大城，是住宅和商业区。1984年以来多次发掘，明确了子城和罗城的四面城墙、城门及城内道路、建筑遗址等。1996年扬州城遗址定为全国重点文物保护单位。

扬州路 元世祖至元十四年（1277）改扬州置，属淮东道宣慰司。治所在江都县（今江苏扬州市）。辖境相当今江苏长江以北六合、扬州、泰州、海安等县市以南及安徽滁州市和全椒、来安二县地。至正十七年（1357）朱元璋改为淮海府。

扬武谷 又名羊武谷。在今山西原平市西北三十五里。《资治通鉴》：五代唐清泰三年（936），“契丹主将五万骑，号三十万，自扬武谷而南，旌旗不绝五十余里”。

扬武河 在今山西原平市西北。《方舆纪要》卷40崞县：“县南有扬武河，源出县西五十里太子岩，东流入于滹沱。”

扬武峪口堡 一作阳武峪堡。在今山西原平市西北二十五里阳武村。《方舆纪要》卷40崞县：扬武峪口堡“堡西又有扬武上下关”。

扬都 东晋南朝都城建康为扬州治，称为扬都。东晋庾阐著《扬都赋》。《宋书·夷蛮传》西南夷诃罗陁国元嘉七年（430）表文有“大宋扬都圣王”。

扬浦 即当利浦。在今安徽和县东南十二里长江滨。《寰宇记》卷124历阳县：“当利浦在州东十二里。本名扬浦。”

扬梁 又作杨梁。春秋宋地，在今河南商丘市东南三十里。《左传》：襄公十二年（前561），“楚子囊、秦庶长无地伐宋，师于扬梁，以报晋之取郑也”。

扬雄墓 在今四川郫县西二十里友爱镇西北子云村。扬雄（前53—18），字子云，蜀郡成都（今属四川）人。西汉文学家、哲学家、语言学家。《清一统志·成都府》：扬雄墓“在郫县西二十里。有子云亭”。其墓封土高出地面约6米。明代四川按察使郭子章曾于墓地遍植柏树，立碑作记。后因战乱湮没，清代又重现于世。道光元年（1821）郫县知县黄初命人在墓周植柏树。至今古柏成林，并有石栏、石凳、石柱、石碑。墓前里许竹垅间，为子云亭旧址。

扬溪铺 一作杨溪。即今安徽绩溪县北三十里扬溪镇。以扬溪在此注入扬之水为名。有官道通宁国县，明、清两代均置扬溪铺驿站于此，为县北重镇。

圭屿 又名龟屿、鸡屿。即今福建厦门市西鸡屿。《方舆纪要》卷99漳州府海澄县“云盖山”条下：圭屿“在海澄县东海中央，状如龟浮水面，俗呼龟屿。亦曰鸡屿”。《清一统志·漳州府》：圭屿，“天启二年，红夷（荷兰）巨舰由鹭门入迫圭屿，知县刘斯崍又筑铳城数垛，后皆为贼所毁，屿遂荒废”。

圭江 在今广西北流市东南，为绣江（北流江）上游。《清史稿·地理志》北流县：“圭江出县东南。有二源：一石梯水，出大云岭；一双威水，出双威山，至三口铺合流曰圭江，西北流，思贺江自陆川东北流注之。右受蟠蜍河，经治东入容县，曰容江。”

圭峰 ①即龟峰山。在今江西弋阳县南二十里。因主峰状如乌龟，始名龟峰。明清以后因形同圭璧，始易今名。为典型的丹霞地貌。群峰环峙，各具形态，以老人、展旗、马头、望郎、狮子、明星、锦屏等二十六峰及振衣台、无声泉、回声谷、天然三叠、龙船坑、一线天等八大景观为胜。山上古寺还有不少名人题咏。岩壁间有幽深山谷，其中水帘谷（回声谷）内有天然回音壁。为著名旅游疗养胜地。

②即尖山。在今湖南望城县东南。《方舆胜览》卷23潭州：尖山“在长沙西。一名圭峰”。

③在今广东连州市西北十里。《方舆纪要》卷101连州“冠峰”条：圭峰“在州西北十里。众山环绕，惟此峰端立如执圭”。

④在今陕西户县东南草堂寺附近。《清一统志·西安府》：圭峰“其形如圭，下有草堂寺，寺东又有小圭峰。唐高僧宗密葬于此。门人主碑，称圭峰定慧禅师传法碑”。

圭峰山 亦名桂山、玉台山。在今广东江门市新会区北。清康熙《新会县志》卷5：圭峰山，“邑之镇山。一名玉台山。在城北三里。西连绿护，嵯峨插天，南望厓门，汪洋浩淼，为一邑壮观”。

寺门村　即今河北泊头市西三十里寺门村镇。清同治《畿辅通志》卷49交河县图：县西北有寺门村。

寺子岔堡　北宋置，属西安州。在今宁夏西吉县东北白崖乡附近。后废。

寺头镇　①即今江苏无锡市北十里寺头村。因有保宁寺而得名。清光绪《江苏全省舆图》无锡县图：北有寺头镇。

②即寺前镇。今陕西澄城县东南四十里寺前镇。

寺后（後）村　在今山东长岛县的南长山岛上，即今长岛县驻地（乐园村）。因村南曾建有朝海寺而得名。1958年改名乐园。

寺庄集　即今河北威县东北赵村乡东南寺庄。明嘉靖《威县志》卷2：寺庄集“在县东北七十里”。

寺庄镇　即今山西高平市北寺庄镇。《清一统志·泽州府》：寺庄镇“在高平县北二十里……有堡”。

寺沟石窟　即北石窟寺。在今甘肃庆阳市西峰区西南五十里。

寺底镇　金置，属屯留县。在今山西屯留县东北二十里寺底村。

寺巷口　在今江苏姜堰市西南。当盐河西岸，接江都、泰州、泰兴三市界。清光绪《江苏全省舆图》：泰州西南有“寺巷口”。

寺前镇　亦名寺头镇。北宋置，属澄城县。即今陕西澄城县东南四十二里寺前镇。《清一统志·同州府二》引《县志》：“寺头镇在县东南四十里，即寺前镇。明嘉靖二十五年筑城，名曰遵义堡。”

寺洼遗址　在今甘肃临洮县（洮阳镇）南四十里洮河西岸寺洼山。1957年发现此遗址南北长约1500米，东西宽约800米。灰层厚约1米，地面遍布有陶片等遗物。是寺洼文化最早的发现、命名地。此外还有丰富的马家窑文化遗存。出土陶器夹砂粗陶，还有泥质红陶。陶罐居多，陶鼎、鬲较少。其中马鞍形口陶罐是寺洼文化最具代表性器物。石器有两缺口的石刀和有肩的石斧。并发现有商、周时代青铜器。2006年定为全国重点文物保护单位。

寺家庄　即今河北鹿泉市东南三十二里寺家庄镇。明嘉靖《获鹿县志》卷2：寺家庄集“在城南四十里”。

寺堌堆　在今山东济宁市南二十四里唐口镇寺下郝村东。原名香莽堆，后因在堌堆上建寺院，故改今名。堌堆高4米，直径100米，为新石器时代遗址。经发掘其底层均为石匣，中上层每个大石匣又装有若干小石匣。石匣内随葬品有陶罐、陶鬶等。寺院现改为学校，有唐槐、明钟、铜佛及碑碣五十余幢。

寺脚墟　在今广西来宾市东南寺山多。其右为金峰山，泉石颇胜。清光绪《广西舆地全图》来宾县图：东南有寺脚墟。

吉　吉林省的简称。

吉了寨　在今福建莆田市东南。《清一统志·兴化府》：吉了寨“在莆田县东南八十里华胥山下。宋置曰击蓼寨。亦曰极了。以莆田至此而极也。后讹为吉了。前控南日，右引小屿，左带湄洲，迫临大海”。明置巡司，清废。

吉力石　即革儿昔。今印度尼西亚爪哇岛东北岸之锦石。《明史·苏吉丹传》：“苏吉丹，爪哇属国，后讹为思吉港。国在山中，止数聚落。酋居吉力石。”

吉万县　隋开皇三年（583）改安民县置，属绥州。治所在今陕西绥德县东南。大业三年（607）省入上县。

吉山　在今湖北广水市东南。《舆地纪胜》卷83随州：吉山“在应山县东南。有南吉、北吉二山，古吉阳县在山之南”。《方舆纪要》卷77应山县：吉山在“县东南五十里。有南吉、北吉二山，亦名吉阳山”。

吉川州　唐开元十七年（729）置羁縻州，属黎州都督府。治所在今四川马边、峨边或美姑县境。北宋以后废。

吉乡县　五代唐改吉昌县置，为慈州治。治所即今山西吉县。北宋熙宁五年（1072）改属隰州，元祐元年（1086）复为慈州治。金天德三年（1151）为耿州治。明昌元年（1190）改为吉州治。蒙古至元二年（1265）省入吉州。

吉木乃　又作济木乃。在今新疆吉木乃县西北吉木乃。原属布尔津县。1916年设县佐。1930年于此置吉木乃置。

吉木乃县　1930年析布尔津县置，属新疆省。治所在今新疆吉木乃县西北吉木乃。1962年徙治托普铁热克镇（今吉木乃县）。

吉不绒　即金龙宗。治所在今西藏定结县东北。

吉贝屿　在今台湾省澎湖县北白沙岛之北。清蒋毓英《台湾府志》卷3：吉贝屿“澎民常往张网捕鱼”。

吉水　又名甲水、夹河。在今湖北郧西县西之金钱河。《寰宇记》卷141上津县：吉水“在县北七十里。源出石城山西汉水侧石臼中，色白而味甘，每上巳与端午日，远近咸臻，饮之治冷疾”。《明史·地理志》上津县：“又有吉水，西南流入汉，俗谓之夹河。”

吉水州　元元贞元年（1295）升吉水县置，属吉安路。治所即今江西吉水县。明洪武初降为吉水县。

吉水县　南唐保大八年（950）析庐陵县置，属吉州。治所即今江西吉水县。元元贞元年（1295）升为吉水州。明洪武初复为县，属吉安府。民国初属江西庐陵道。1926年直属江西省。

吉水镇　即急水镇。在今安徽望江县南三里吉水。明置急水镇巡司于此。

吉长铁路　从今吉林省吉林市经九台至长春头道沟站（今长春站）。长127公里。清宣统元年

(1909) 动工修建，1912 年建成。今为长图铁路西段。

吉长道 1914 年由西南路道改置，属吉林省。治长春县（今吉林长春市）。辖境约当今吉林舒兰、吉林、永吉、桦甸、靖宇以西，前郭尔罗斯至德惠三台镇段松花江以南，长岭、长春、伊通、盘石以北地区。1929 年废。

吉文水 即今江西吉水县段赣江。《明一统志》卷 56 吉安府：吉文水“在吉水县南。赣江支流与永丰江合，曲折于滩洲间，状若吉字，故滩曰吉阳，县曰吉水。又上有墨潭，以水深黑而名”。《清一统志·吉安府一》“赣江”条下：“《吉水县志》，赣江自府城东北，注县西南十五里之墨潭，为吉文水，与永丰江合。有清湖洲，横亘江中，逶迤缭绕，状若吉字，故名吉水，又曰文江。又东北入峡江县界。按，吉文水，即赣水之异名。”

吉斗山 在今广东雷州市西北。《方舆纪要》卷 104 海康县：吉斗山“在府西北四十里。山尖盘道三十里，形如盘斗，因名”。

吉布库 即今新疆奇台县南吉布库镇。清乾隆《西域图志》卷 9 奇台县：吉布库“在格根西二十里。有吉布库堡，东西有渠发源天山北麓，北流，夹堡之左右，东名永丰沟，西名永泰沟。有屯田”。

吉尔嘎朗 即今内蒙古科尔沁左翼后旗东北吉尔嘎朗镇。清为科尔沁左翼后旗驻地。1954 年科尔沁左翼后旗迁今治甘旗卡镇。

吉兰丹 古国名。故地在今马来西亚马来半岛东北部吉兰丹一带。南宋赵汝适《诸蕃志》“三佛齐”条有吉兰丹，为三佛齐属国。元汪大渊《岛夷志略》有专条记述。《元史·外国列传》作吉兰亦斛。《明史·外国列传》作急兰丹。

吉兰泰盐池 即今内蒙古阿拉善左旗（巴彦浩特镇）北吉兰泰盐池。《清一统志·宁夏府》：盐池“有吉兰泰盐池”。清张穆《蒙古游牧记》卷 11：“定远城北有盐池，所谓吉兰泰池也。”周百余里，盐极丰富，池畔凝盐，自二尺至六尺，远望之白如积雪，易于采取。因其盐质洁白良美，号曰吉盐。盐池之利，归于阿拉善亲王。嘉庆十一年（1806）阿拉善亲王献盐池于朝廷，年赏银八千两作为补偿。次年，置吉兰泰盐池守备一员，驻磴口。十七年（1812），以吉池还阿拉善亲王，罢赏银。

吉宁乡 明于吉宁砦置，属灌阳县。在今广西灌阳县西南八十里。《明史·地理志》灌阳县：“西南有吉宁乡崇顺里巡检司。”

吉宁砦 宋置，属灌阳县。在今广西灌阳县西南八十里。

吉当县 唐贞观五年（631）置，属羁縻懿州。治所在今四川若尔盖县东境。后废。

吉多铺 即今湖南花垣县南五十七里吉卫镇。旧为永绥厅治。光绪《湖南通志》卷 1 永绥厅图：西南有吉多铺。

吉州 ①隋开皇中改庐陵郡置，治所在庐陵县（今江西吉水县北）。大业初复为庐陵郡。唐武德五年（622）改为吉州。永淳元年（682）与县治庐陵县同徙治今江西吉安市。天宝元年（742）改为庐陵郡，乾元元年（758）复为吉州。唐时辖境相当今江西新干、泰和间的赣江流域及安福、永新等县地。元世祖至元十四年（1277）升为吉州路。元贞元年（1295）改名吉安路。五代以来为瓷业中心。宋时在州南永和市烧造的白、黑两种吉州窑，和宋末的碎器窑，均称佳品。

②金明昌元年（1190）改耿州置，治所在吉乡县（今山西吉县）。辖境相当今山西吉县、乡宁等县地。元属晋宁路。明属平阳府。清雍正二年（1724）升为直隶州，乾隆三十七年（1772）复属平阳府。1912 年降为吉县。

吉州山 在今江西永修县东北吴城镇东。《寰宇记》卷 106 洪州南昌县：吉州山“在城西北一百九十里，与松门山相对。其上居民云是秦时移此”。

吉州江 即今贵州从江县、广西三江侗族自治县之溶江，为融江支流。《方舆纪要》卷 109 怀远县：古州江“在县西北。自贵州西山阳洞长官司流入县境，即福禄江也。亦谓之大江。湖广靖州南境之多星江、芙蓉江诸水皆流汇焉。自石门山而南，绕县西入融县境，谓之融江”。

吉州窑遗址 在今江西吉安县东南永和镇西侧。在长 2 公里、宽 1.5 公里范围内，现存古窑址堆积二十四处。吉州窑是南方著名的综合性窑场，创烧于唐代晚期，兴于五代、北宋，鼎盛于南宋，至元末停烧。产青、白、黑绿釉瓷器，多为瓶、壶、罐、碗、盘、炉、灯、盏等生活用品，釉面莹润，造型美观。装饰技法有刻花、划花、印花、剔花、彩绘、剪纸贴花和釉装饰等，尤以剪纸贴花最有特色。装饰题材多为花鸟动物，纹样丰富，具有浓郁的江南生活气息。产品曾远销日本等国。2001 年定为全国重点文物保护单位。

吉州路 元世祖至元十四年（1277）升吉州置，治所在庐陵县（今江西吉安市）。辖境相当今江西吉水、万安间的赣江流域。元贞元年（1295）改名吉安路。

吉安千户所 明初置，在今江西吉安市北。《方舆纪要》卷 87 吉安府：吉安守御千户所“在府治北。洪武二年置”。

吉安市 1949 年 7 月，当地解放后由吉安县城区析置吉安市。1950 年 4 月撤销，并入吉安县。同年 11 月，复置吉安市。2000 年撤销吉安地区和县级吉安市，设立地级吉安市。原县级吉安市改置吉州区。

吉安司 明洪武二年（1369）置吉安巡司，属潮阳县。在泷水都南山下（今广东汕头市潮阳区西）。二十七年（1394）移桂屿都（今潮阳市西北贵屿镇）。清乾隆元年（1736）改置于黄龙都峡山乡（今潮阳市西峡山镇）。

吉安县 ①西魏改吉阳县置，属魏兴郡。治所在今陕西平利县西北九十里老县街东。北周天和四年

(569) 移治今安康市。隋大业初改名金川县。

②隋置，属儋耳郡。治所在今海南省昌江黎族自治县西昌城镇东北。唐初废入昌化县。贞观元年(627) 复置，属儋州。乾元后又废。

③1914 年改庐陵县置，为江西庐陵道治。治所即今江西吉安市。1926 年直属江西省。1949 年析吉安县城区置吉安市。1979 年移今吉安县（敦厚镇）。

吉安府　元至正二十二年（1362）朱元璋以吉安路改置，治所在庐陵县（今江西吉安市）。辖境相当今江西吉水、万安间的赣江流域。1912 年废。

吉安郡　西魏置，属金州。治所在今陕西平利县西北九十里老县街东。领县无考。隋开皇初废。

吉安路　元元贞元年（1295）以吉州路改名，治所在庐陵县（今江西吉安市）。辖境相当今江西吉水、万安间的赣江流域。至正二十二年（1362）朱元璋改为吉安府。

吉安镇　①即今广东汕头市潮阳区西北贵屿镇。《方舆纪要》卷 103 潮阳县：吉安镇“县西北七十里，地名贵屿村，有巡司”。

②今广西环江毛南族自治县东北大安乡。明属思恩县，于此置吉安镇巡司。

吉阳山　①一名三姑山。即今安徽黟县东北三十里三府尖。黟山主峰之一。《方舆纪要》卷 28 黟县：吉阳山“今名三姑山。高三百三十仞，周三十里，有三峰鼎峙。吉阳水出焉”。

②一名吉山。在今湖北广水市东南。《元和志》卷 27 吉阳县：“因县北吉阳山为名。”

吉阳水　亦名白鹤溪。即今安徽黟县东之东亭河。《元丰九域志》卷 6：黟县有吉阳水。宋淳熙《新安志》卷 5 黟县《水源》：吉阳水“出吉阳山。东流至白茆渡入县界，屈曲九十里经黎阳口合南当水，东流三十五里下黄墩村，北流四十五里出歙浦合扬之水，通舟船。溉田四十四顷”。

吉阳关　即今湖北竹山县西北吉阳关。明置巡司于此。

吉阳军　北宋政和七年（1117）改朱崖军置，治所即今海南省三亚市西北崖城镇。南宋绍兴六年(1136) 改为宁远县。绍兴十三年（1143）复置吉阳军。明洪武元年（1368）改名崖州。

吉阳矶　在今安徽东至县西北长江东岸吉阳。《新五代史·吴世家·杨行密传》：唐天复三年（903），田頵以宣州叛，行密召李神福以讨頵，頵遣其将王壇逆之。“行至吉阳矶，頵执神福子承鼎以招之，神福叱左右射之，遂败壇兵于吉阳”。明置吉阳镇，移香口镇巡司于此。

吉阳县　①三国吴分庐陵县置，属庐陵郡。治所在今江西永丰县东南古县镇。以在吉水之阳而名。隋开皇十年（590）废入庐陵县。

②东晋置，为晋昌郡治。治所在今湖北竹溪县西五十里。南朝宋末为新兴郡治。梁废。

③南朝宋改上廉县置，属新兴郡。治所在今陕西平利县西北九十里老县街东。西魏改为吉安县。

④西魏改永阳县置，属安陆郡。治所在今湖北广水市北。隋大业二年（606）废。

⑤西魏改永阳县置，治所在今湖北安陆市东北。隋大业初废。

⑥隋大业二（606）改京池县置，属安州。治所在今湖北安陆市东北吉阳城。《寰宇记》卷 132 孝感县：吉阳县“在吉阳山下，因以为名”。唐属安州。北宋开宝二年（909）废。

⑦唐贞观二年（628）析延德县置，属振州。治所即今海南省三亚市东北藤桥镇。北宋属崖州，熙宁六年（1073）废。南宋绍兴六年（1136）复置，后废。

吉阳街　即今福建建瓯市西北五十里吉阳镇。清置巡司于此。

吉阳溪　即今福建建瓯市西北五十里吉阳河。《方舆纪要》卷 97 建宁府：吉阳溪“源出延平府顺昌县界，流入境。经叶坊驿口入于西溪”。

吉阳镇　①北宋置，属什邡县。在今四川什邡市西鸭子河西岸民主乡金羊村。

②即今安徽东至县西北长江东岸吉阳。明置巡司于此。《明史·地理志》东流县：“有香口镇巡检司，后移于吉阳镇。”

吉如拉康　在今西藏乃东县东北结巴乡。寺庙始建于西藏吐蕃王朝第五代赞普赤德祖丹时期（公元 704—755 年），坐西朝东，占地 982 平方米。分南北两部分。寺院主体在南部，有释迦佛堂、集会堂及转经回廊，沿中轴线对称分布。寺院北部有那姆纳拉康、嘎登曲工拉康。吐蕃早期建那姆纳拉康。11 世纪初建嘎登曲工拉康。16 世纪建造佛堂前的集会堂和两侧的转经廊。上部的僧房及寺院门口的柱廊。吉如拉康这座古老的寺院有很高的历史、文化与艺术价值。2001 年定为全国重点文物保护单位。

吉玛　靖西关驻地。即今西藏亚东县（下司马镇）南切马。藏语意谓砂土。

吉县　1912 年改吉州置，属山西河东道。治所即今山西吉县。1928 年直属山西省。

吉里　亦作吉利。即今河北枣强县东二十二里吉利村。清《畿辅舆地全图》枣强县：东有吉里。

吉里地闷　即今印度尼西亚帝汶岛。地闷，马来语意译为“东”。吉里系由梵语转为马来语 Giri 之对音，意为大山。明费信《星槎胜览》有专条记述。

吉里迷　又作吉烈速、乞烈宾、乞烈迷。在今俄罗斯哈巴罗夫斯克边疆区黑龙江中下游地区。《金史·地理志上》：“金之壤地封疆，东极吉里迷、兀的改诸野人之境。”元置吾者吉烈迷万户府。

吉利门　古岛屿名。①即今印度尼西亚爪哇岛以北爪哇海中之卡里摩爪哇群岛。《元史·外国列传·爪哇》：至元三十年（1293），“大军继进于吉利门”。明张燮《东西洋考》卷 9“西洋针路”作吉里问大山。

②即今新加坡海峡西部之卡里蒙岛。见元汪大渊《岛夷志略》“龙牙门”条。

吉利布拉克 在今青海杂多县西当曲西岸。为清代西藏拉萨至西宁驿站之一。乾隆《卫藏通志》卷4：伊克诺木罕乌巴什“六十里至吉利布拉克”。

吉利吉思 元北境部族，又译乞儿吉思、怯里吉思等。即唐代黠戛斯。居地在今俄罗斯萨彦岭以北叶尼塞河上游流域。蒙元太祖遣术赤率军征服其地，后划为拖雷家族领地。元世祖置益兰州等处五部断事官分治北境，吉利吉思为其辖部之一。《元史·地理志》：吉利吉思“南去大都万有余里。……元朝析其民为九千户。其境长一千四百里，广半之，谦河经其中”。

吉利吉思、撼合纳、谦州、益兰州等处断事官府 简称益兰州等处。元置，属岭北等处行中书省。治所在益兰州（今俄罗斯图瓦共和国克孜尔西南）。辖境相当今俄罗斯叶尼塞河流域，以至于北海。《元史·地理志》：“至元七年，诏遣刘好礼为吉利吉思、撼合纳、谦州、益兰州等处断事官，即以此州（益兰州）修库廪，置传舍，以为治所。先是，数部民俗，皆以杞柳为杯皿，刳木为槽以济水，不解铸作农器。好礼闻诸朝，乃遣工匠，教为陶冶舟楫，土人便之。”后废。

吉利河 在今山东胶南市西南。《清一统志·青州府一》：吉利河“一名纪里河”。有二源：东源出五弩山西南麓，西源出千秋岭，俱南流十余里，合流入海。

吉良镇 唐置，属安西都护府。在今新疆皮山县南克里阳。《新唐书·地理志》引贾耽《四夷路程》：于阗“西三百九十里有吉良镇”。

吉拉林设治局 1917年由呼伦县析置，属黑龙江省。治所在吉拉林（今内蒙古额尔古纳市西北室韦镇）。1920年改为室韦县。

吉林厅 清乾隆十二年（1747）改永吉州置，属宁古塔将军（后改吉林将军）。治所在吉林乌拉（今吉林省吉林市）。辖境约当今吉林舒兰、德惠二市以南松花江流域一带。光绪八年（1882）升为府。

吉林乌拉城 简称吉林，又作船厂。清康熙十二年（1673）筑。即今吉林省吉林市。清萨英额《吉林外纪》卷2：“国语吉林，沿也；乌拉，江也。以军民住居沿江（松花江）之一带。”故名。康熙十五年（1676）移宁古塔将军（后改称吉林将军）驻此。雍正四年（1726）置永吉州于此，乾隆十二年（1747）改吉林厅，光绪八年（1882）升为府。三十三年（1907），裁将军置省，遂为吉林省会。

吉林市 1936年伪满由永吉县析置，治所即今吉林省吉林市。1945年抗战胜利后仍设吉林市。1949年为吉林省辖市（地级），省人民政府驻地。1954年吉林省会迁长春市，吉林市仍为省辖市（地级）。

吉林县 1913年改吉林府置，为吉林省会。治所即今吉林省吉林市。1929年因与省重名，改名永吉县。

吉林府 清光绪八年（1882）升吉林厅置，属吉林将军。治所在吉林乌拉（今吉林省吉林市）。辖今吉林省吉林、长春、四平、白山、永吉、伊通、蛟河、敦化等市县地。后辖境缩小。1913年降为县。

吉林河 即今内蒙古西乌珠穆沁旗西之伊和吉仁郭勒。清齐召南《水道提纲》卷27：吉林河“即鸡林河。源出克西（什）克腾部之撒尔巴山，曰查克马尔河，北流来会南来之碧里克图河。……东南出喀喇苏伯岭之小鸡林河西北流来会，又西北二百里而涸”。

吉林省 清光绪三十三年（1907）改吉林将军置，省会在吉林县（今吉林省吉林市）。辖境相当今黑龙江省松花江以南，吉林省长岭、四平、伊通、靖宇以东，乌苏里江瑚布图河以西，图门江以北地区。1945年析置松江省，并将部分地区划归合江省，辖境缩小。1954年省会由吉林市迁驻长春市。

吉林哈达山 亦名哈达岭、萨哈亮山。满语意为“沿江山峰”。在今吉林中部和辽宁东北部。东北—西南走向。为饮马河、东辽河与辉发河分水岭。民国徐曦《东三省纪略》卷3：“吉林哈达山脉，接于长白山之西南幹，北走松花江与辽河之间为一大分水岭。”

吉林将军 清乾隆二十二年（1757）改宁古塔将军置，治所在吉林城（今吉林省吉林市）。辖境相当今黑龙江省萝北县西南至哈尔滨市以东，吉林松原市南至四平市以东，辽宁西丰、桓仁县以北，鸭绿江、图们江以西以北地区，俄罗斯布列亚山、乌苏里江以东至日本海及萨哈林岛（库页岛）。光绪三十三年（1907）改为吉林省。

吉林副都统 清康熙十年（1671）置，属宁古塔将军（后改吉林将军）。治所在吉林城（今吉林省吉林市）。三十一年裁。雍正三年（1725）复置。辖境相当今吉林松花江中下游及鸭绿江以北，辽宁省西丰、桓仁等县地。宣统元年（1909）裁。

吉林崖 在今辽宁抚顺县东北大伙房水库东南隅铁背山，为铁背山主峰。《明史·神宗纪》：万历四十七年（1619），杨镐以西路大军攻后金，“三月甲申，杜松遇大清兵于吉林崖，战死”。即此。

吉昌县 隋开皇十八年（598）改定阳县置，为汾州治。治所即今山西吉县。大业初为文城郡治。唐武德元年（618）改为汾州，五年（622）为南汾州治。贞观八年（634）为慈州治。五代唐改为吉乡县。

吉昌镇 即今吉林磐石县西北九十里吉昌镇。《吉林乡土记》：“吉昌镇。原为集厂子，由清同治年间开辟。因当时人民杂居，对交易等事，并无正确场所，以每旬之二、五、八日，定该地为集市，以通其有无，故命名为集厂子。民国八年，以集厂子三字不雅，遂改为吉昌镇。”

吉帛村　即今广东揭阳市。南宋绍兴八年（1138）于此置揭阳县。1991年改设揭阳市。

吉庞县　南齐改都庞县置，属九真郡。治所在今越南清化省石城附近。隋废。

吉河　在今陕西安康市西南。《元丰九域志》卷1：西城县有吉水。《清一统志·兴安府一》引《旧州志》：“吉河亦名急河，在州西南十五里。源出平利县界，东北流入汉。”

吉河卫　明永乐四年（1406）置，属奴儿干都司。治所在今吉林东丰县北。后废。

吉南县　唐置，属羁縻归思州。治所在今广西忻城县东南。北宋庆历时废。

吉柏津　亦作桔柏津。在今四川广元市西南昭化镇北白龙江注入嘉陵江处。《资治通鉴》：唐大顺二年（891），王龚出为黔南节度使，“至吉柏津，(杨复恭)令山南西道节度使杨守亮覆诸江中，宗族宾客皆死，以舟败闻”。胡三省注：“利州益昌县有桔柏津，益昌驿有占柏，土人谓之桔柏，因以名津。据杨复恭传，王龚取道兴元至桔柏津。”

吉树边卡　即结树边卡。今西藏比如县东南白嘎。民国《西康西藏详图》作吉树边卡。

吉首市　1953年乾城县迁治所里（吉首镇），改名吉首县。1982年改为吉首市。市人民政府驻团结路。属湘西土家族苗族自治州，为自治州首府。

吉首县　1953年改乾城县置，治今湖南省吉首市所里（今吉首）。1982年撤销，改设吉首市。

吉洞坪　即今湖南花垣县西南二十二里团结镇。清光绪《湖南通志》卷1永绥厅图：西南有吉洞坪。

吉挹城　在今陕西安康市西南九里魏山上。《水经·沔水注》：“汉水又东，右得大势，势阻急溪，故亦曰急势也。依山为城，城周二里，在峻山上，梁州督护吉挹所治，苻坚遣偏军韦钟伐挹，挹固守，二年不能下。无援遂陷。”《寰宇记》卷141金州西城县：吉挹城“晋吉挹为梁州时，为苻坚所攻，遂于县南九里峻山上筑此城，攻围三年，挹坚守不下，是名吉挹城”。

吉烈灭　即吉里迷。分布在今俄罗斯哈巴罗夫斯克边疆区东北黑龙江下游一带。《元史·乃燕传》：“尝言辽东斡拙、吉烈灭二种民数为寇，宜遣近臣谕之。帝方难其人，佥曰：‘惟硕德元勋世胄，可使。’……帝大喜，赐御衣，锡燕以行。硕德至，集诸万户陈兵冲要，诘其渠魁诛之。胁从者皆降。”

吉爱尔札萨克旗　和硕特西右翼中旗的俗称。在今青海格尔木市南。

吉海铁路　从吉林省吉林县（今吉林市）起，经朝阳（今辉南）至海龙（今梅河口市东北海龙镇）。长190公里。1926年动工修建，1928年建成通车。今为长图线的一段。

吉家庄　即今河北蔚县东北六十里吉家庄镇。清乾隆《宣化府志》卷10蔚州：东路有吉家庄。

吉祥山　①在今江西宜丰县北。《方舆纪要》卷84瑞州府新昌县：吉祥山“在县北五十里。一名瑞云山。山高耸，中有聪明泉”。相传唐悟本禅师居此。

②在今湖北大冶市东。《舆地纪胜》卷33兴国军：吉祥山“在大冶县东。《武昌记》云：吴主微时，尝隐于此”。《清一统志·武昌府一》：吉祥山“在大冶县东四十里，相传杨行密微时隐此”。

吉陵县　唐置，属羁縻纡州。治所在今广西忻城县东南。北宋庆历年间废。

吉堆吐蕃墓群　在今西藏洛扎县西吉堆村南侧土坡上。墓群共有墓葬四十八座，以1号大墓为中心，呈放射状分布。墓葬封土为覆斗状，平面则为梯形。封土采用夹石夯筑的方法。在墓群东西两侧，各有一处摩崖石刻和碑文。其石刻内容和碑文一致，记录吐蕃时期一位赞普（君王）和大臣德乌穷之间的誓文。吉堆墓群对于了解吐蕃历史、洛扎地方史和吐蕃丧葬制度具有重要价值。2001年定为全国重点文物保护单位。

吉勒沙　即今吉尔吉斯斯坦奥什东古尔恰。清祁韵士《西陲要略》卷4：“图巴拉克塔木至古勒沙四十里。”

吉隆　一作济隆城。即今西藏吉隆县东南吉隆镇。唐代始有吉隆之名。原西藏地方政府设吉隆宗。“吉隆”，藏语意为舒适村。1960年与宗嘎宗合并设吉隆县，驻宗嘎。

吉答站　又作吉落站。元置，在今黑龙江省齐齐哈尔市，一说在龙江县附近。元《析津志》天下站名：“迪失吉正北一百（里）吉答。”

吉舒铁路　从今吉林省吉林市以东的龙潭山至黑龙江省舒兰市。长77.8公里。是联络吉海与拉滨线的联络线。日伪于1941年建成。1945年被拆除。

吉鲁河　又作吉禄河、急流河。即今俄罗斯阿穆尔州西北，结雅河支流吉柳依河。清乾隆《钦定盛京通志》卷28：吉禄河“国语，吉禄，形象也。（黑龙江）城东北一千六百里”。清屠寄《黑龙江舆图说·黑龙江城》：“吉鲁河，亦呼急流河。上源曰伊留吉尔河，自外兴安岭西北流，……合唐得河折东南流，……注于精奇里江。”

吉敦铁路　自永吉省吉林县（今吉林市）至敦化（今敦化市）。全长210.5公里。1926年动工修建，1928年建成通车。今为长图线的一段。

吉慈尼国　指以今阿富汗喀布尔西南加兹尼为首都之伽色尼朝（962—1186）而言。南宋赵汝适《诸蕃志》卷上：“吉慈尼国，自麻罗拔国约一百二十程可到。”

吉溪　即今福建南平市东南吉溪。《方舆纪要》卷97延平府南平县：吉溪在“府东南四十里。源出建宁府建安县界之蓼溪，南流入境，入剑溪曰吉溪口”。

吉滩卫　又作吉滩河卫。明永乐十四年（1416）

置，属奴儿干都司。治所在今黑龙江省萝北县东集达河流域。后废。

吉蔑 系柬埔寨主体民族 Khmer 名称的音译，今通译为高棉。《旧唐书·南蛮列传》“真腊国”条：“南方人谓真腊国为吉蔑国。”此处乃以族名作为国名。

吉德国 即今马来西亚马来半岛西北部吉打。清谢清高《海录》有专条记述。

吉潭墟 即今江西寻乌县东三十里吉潭镇。清同治《江西全省舆图》卷9：长宁县东有吉潭墟。

考功堰 在今湖南常德市东北。《新唐书·地理志》武陵县：“东北八十九里有考功堰，长庆元年，刺史李翱因故汉樊陂开，溉田千一百顷。”

考阳县 ①北魏孝昌中置，属北梁郡。治所在亳城（今河南民权县东北）。北齐天保七年（556）废。

②北魏置，属沛郡。治所在今山东曹县南二十五里。北齐废。

考郎兀卫 明永乐五年（1407）置，属奴儿干都司。治所在今黑龙江省同江市东北额图古城。后废。

考郎古城 又作考郎兀城。明初建，在今黑龙江省同江市东北额图古城。明《辽东志》卷9：海西东水陆城站有“考郎古城”。

考城 即今安徽凤阳县西南六十六里西泉镇西考城。《方舆纪要》卷21怀远县：考城在“县东南四十五里。本汉陈留郡属县，江左侨置于此。沈约《志》：考城县，属盱眙郡，萧齐因之，后废”。

考城县 ①东汉章帝时改甾县置，属陈留郡。治所在今河南民权县东北。西晋初废，后复置，属济阴郡。东魏徙治今山东曹县西北四十里。北齐废。隋开皇十八年（598）复置，属宋州。复还故治。大业初属梁郡。唐属曹州。五代梁开平元年（907）改为戴邑县。后唐同光二年（924）改为考城县，属汴州。后晋属开封府。金属睢州。明正统二年（1437）徙治今民权县东北四十三里北关镇。清属卫辉府，徙治今兰考县东北堌阳（旧考城）。民国初属河南开封道。1927年直属河南省。1954年与兰封县合并，改为兰考县。

②东晋义熙中侨置，属盱眙郡。治所在今江苏盱眙县南五十里王店乡西南。隋初废入盱眙县。

考亭 在今福建建阳市西南考亭村。相传五代南唐时黄子稜构筑，以望其父（考）墓，因名“望考亭”，简称“考亭”。南宋绍熙中，理学家朱熹晚年居住和讲学于此，建竹林精舍，后更名沧州精舍。宋理宗为了崇祀朱熹，于淳祐四年（1744）赐名考亭书院，此后称其学派为“考亭学派”。

考亭溪 在今福建建阳市西南五十里。《方舆纪要》卷97建阳县：考亭溪“其上源有二：一曰麻沙溪，出县西七十里沙镇；一曰莒口溪，出县西南之苍山，流数里而合，经玉枕峰后，弯环五里。溪中沙汀涌现，如龙舌然，曰龙舌洲，朱子号为沧洲。溪之北有考亭书院，相传唐末侍御黄子稜构亭以望其父墓处，或曰陈逊所建也。本名望考亭，因为考亭里。朱子晚年居此。理宗朝诏立书院，书匾额赐之。溪流经此，渟泫如镜，俗名书院潭。又东南流，会交溪而入于建溪”。

考窠岭 在今福建南平市北。《方舆纪要》卷97南平县：“考窠岭在府北。上有十二峰，平地耸起，高十余丈，中有捷路，直走郡城。旧置砦于此，曰鹅鼻头尖砦，为屯兵侯望处。”

老人岩 在今广西融水苗族自治县西南四里。《舆地纪胜》卷114融州：老人岩“在城西五里。旧传有垂白老人拄杖悠扬其上。洞在山半，高峻不可登。旁有一洞穿出，阔五六丈，深二十丈。郡因其势，增延屋阁，凭栏一视，如在半天。大江横其前，支流绕其下，萦迂清浅，可濯可游”。《方舆纪要》卷109融县“独秀山”条内：老人岩“叠巘隆起，度高千仞。山腰削壁，忽开岩窦，轩豁明爽。山后有石径萦纡其上，俯眺川原，尽在几榻”。今名老人山、寿星岩、老人峰、览胜岩，内存宋、元、明、清石刻，其中以宋郡守李桂高所书“寿”字碑最为著名。

老人泉 又名老翁泉。在今四川眉山市东北二十七里苏坡山。《方舆胜览》卷53眉州有老人泉。北宋著名学者苏洵于此见白发老翁，故名。苏洵死后葬此。苏轼《送贾讷倅眉》诗自注：“先君葬于蟆颐山之东二十余里，地名老翁泉。”旧有祠庙及墓冢，今仅存老翁泉遗迹。

老三界 即今安徽明光市东南六十里三界镇。因原为来安、定远、盱眙三县交界地，故名三界。自津浦铁路在村西南设三界站后称新街，此地改为老三界。1938年嘉山县曾迁治于此。

老大鹏汛 清置，属大鹏营。在今广东深圳市龙岗区大鹏半岛南沙岗。有外委千总驻防。

老万山 即今广东珠海市东南大海中大万山岛。《明史·地理志》：东莞县有老万山。清康熙《新安县志》卷3：老万山“在大奚山西南洋海中。周回过于大奚。林木箐森。昔万贼巢此，故名”。《方舆纪要》卷101新安县“大奚山”条谓大万山“明初有万姓者统其众，今亦呼为老万山。”清雍正时建炮台。

老山 ①亦名姥山。在今安徽繁昌县东北三十里三山镇南。《舆地纪胜》卷18太平州：老山，“《旧经》云：有三峰，一曰老子，二曰方丈，三曰泰望。老子尝游此有石室案几，洞门石上有拄杖迹”。

②在今江西宜春市西南。《明一统志》卷57袁州府：老山“在府城西南六十里。崇高峻拔，山颠飞瀑，下注清沥江，北流入秀江”。

老子山 在今江苏洪泽县西南五十二里，洪泽湖南岸一半岛上。《清一统志·淮安府一》：老子山“在清河县西南一百里，接安徽盱眙县界（今属江苏）。一名老祖山”。

老子山镇 即今江苏洪泽县西南五十二里老子山镇，在洪泽湖南岸一半岛上。《清一统志·淮安府二》：老子山镇“在清河县西南，接安徽泗州及盱眙县界（盱眙今属江苏）”。

老子庙　一名老君庙。在今河南鹿邑县东。《魏书·地形志》：陈留郡谷阳县“有老子庙”。《水经·阴沟水注》：“涡水又北径老子庙东。”《新唐书·地理志》真源县：“有老子祠，天宝二年曰太清宫。”

老子陵　在今陕西周至县东南楼观镇。《水经·渭水注》：就水“出南山就谷，北径大陵西，世谓之老子陵，……就水又北流注于渭”。《方舆纪要》卷53盩厔县：老子陵“在县东三十里。一名石楼山，又名楼观山。旧有尹先生草楼，即关令尹故宅。秦始皇于楼南立老子庙。晋元康中重葺，莳木万株，连亘七里”。

老木园　在今重庆市巫溪县西北。清道光《夔州府志》卷31：嘉庆二年（1797）四月，“大宁奸民陈崇德作乱于老木园”。次年，为将军观成攻破，崇德败死。

老牛坡遗址　在今陕西省西安市灞桥区燎原村北面和西面，地处灞河北岸的二、三级阶地上。总面积约50万平方米。老牛坡商代遗存包括房址、灰坑、墓葬与车马坑、陶窑等，出土各类铜、陶、玉、石、角器，发现一座东西长37.5米、南北宽15米的大型宫殿遗址。遗址中发现青铜冶铸残渣，在长20米、宽2米的炼渣堆积中，出土有陶范、草拌泥墙皮残块等。遗址南侧的墓地除发现车马坑、马坑外，还发现五十多座墓葬，中型墓椁室有边箱，这是已发现的中国最早的墓葬边箱实例。老牛坡遗址是商文化西部的一处重要遗址，面积大、遗存丰富，其中大型建筑基址、青铜冶铸和较高等级墓葬的发现，说明这里是商王朝在渭水流域的一处中心聚落遗址。2001年定为全国重点文物保护单位。

老牛河　即古五渡水。在今河北承德县境内。《清一统志·承德府二》：老牛河“在府东。西南流径四沟、五沟、六沟，至下城板入滦河”。

老牛湾堡　即今山西偏关县西北老牛湾村。《清一统志·宁武府》：老牛湾堡“在偏关县北八十里，北至边墙一里。明崇祯九年筑，周一百二十丈。东接滑石涧，西临黄河，当西北之冲”。

老龙头　在今河北秦皇岛市山海关东南十里，滨渤海，地处冲要。明于此置南海口关，清改为宁海城。

老龙洞　在今湖北宜昌市夷陵区北。《清一统志·宜昌府》：老龙洞“在东湖县北二百里，为东湖、远安、南漳、兴山四县分界之所。中有水流出，为柳树溪之源”。

老龙埠头　又名老隆埠。即今广东龙川县治老隆镇。《方舆纪要》卷103惠州府龙川县：老龙埠头，“其地为水陆舟车之会，闽粤商贾辐辏于此，一邑要区也，万历中建城戍守”。清雍正十一年（1733）于此置老龙巡司。1949年迁龙川县于此。

老龙堤关　在今湖北襄阳市西南。《方舆纪要》卷79襄阳县“柳关”条下：“府西九里为老龙堤关。堤东临汉江，西抵万山，府城东北之扞蔽也。”

老卡　在今云南河口瑶族自治县东北九十六里老卡寨。清末设老卡对汛。

老丘　春秋宋邑。在今河南开封市东北。《左传》：定公十五年（前495），“郑罕达败宋师于老丘”。即此。

老头沟　即今吉林龙井市西北老头沟镇。清光绪《珲春境内村屯里数》：官道口“再北老头沟，至城三百里，至官道口十里”。为延吉赴省会吉林驿道；天图铁路经此。镇北山坡上有侵华日军野蛮屠杀中国矿工的“万人坑”纪念馆。

老司城遗址　在今湖南永顺县东南三十里灵溪河畔，是一处密集的遗址群。重点遗址面积2平方公里，分为衙署区、居住区、墓葬区、宗教祭祀区。历史记载，唐代天授二年（691）置溪州。南宋绍兴五年（1135）永顺第十世土司彭福石建城。清雍正五年（1727）“改土归流”时方废。今古城八街九巷遗址仍在，遗址区尚存祖师殿（始建于后晋，重建于明朝），保存宋代建筑风格。另外，还有土家族土司古墓群，包括土司德政碑、古街道、古城遗址、土司凉洞、土王祠、牌坊等。其他文物和遗迹有摆手堂、地下甬道、铜钟、石马、土司官印、若云书院遗址等。老司城遗址是湘鄂渝黔地区规模最大、保存最为完整的土司城址，其丰富的文化内涵表明遗址是古代土家族地区政治、经济、军事、文化的重要中心，也是西南少数民族地区最具典型的民族古文化遗存，对研究土家族的文化和发展具有重要价值。2001年定为全国重点文物保护单位。

老边屯　即今辽宁沈阳市西北六十里光辉乡。清光绪《奉天全省地舆图说图志》承德县图：西北有老边。

老边站　清置，即今沈阳市西北六十里光辉乡。《清一统志·奉天府二》：第一站“在奉天府城内。又西六十里至老边站，亦名旧边寨”。

老西开　在今天津市和平区西部。泛指南京路与营口道交会口以西一带。1913年曾被法租界强占。1916年此地发生天津人民抗法爱国斗争，称为“老西开事件”。

老达房　即今辽宁辽中县西北老达房乡。清光绪《奉天全省地舆图说图志》新民厅图：南有老达房。民国《辽中县志》卷3：“老达房镇市，距县城西北（为辽河右岸）四十五里。”

老竹岭村　即今安徽歙县东北老竹铺。清乾隆《歙县志》卷1《都鄙》有老竹岭村。

老爷岭　即今吉林蛟河市西之老爷岭，拉发河与虻牛河之分水岭。为张广才岭南支。海拔1285米。清吴大澂《奉使吉林日记》：光绪六年（1880）十一月，“过老爷岭行五十里至拉法站”。

老爷庙　在今新疆巴里坤哈萨克自治县东北。清李德贻《北草地旅行记》：老爷庙，“此为马拉扎萨克辖地，蒙新交界处，距巴里坤四百余里。……按老爷庙系乾隆年间所建，祀关夫子。偶遭回禄，光绪三十三年重建。余经此地，时甫落成。故来往客商驮户至此，无不杀羊设食祀者”。

老庄子 即今河北唐山市丰润区西南三十里老庄子镇。清同治《畿辅通志》卷54丰润县图：南有老庄子镇。

老关口 在今重庆市西，接璧山县界。民国《巴县志》卷1：“西山由南北迤入县境者为老关口，界三县，旧为成渝孔道，重庆第一关。”

老米湾 明置，属辽海卫。即今辽宁开原市西、辽河东岸丈沟子村。民国《奉天通志》卷74开原县：“丈沟子村西，古为商船停泊之所……开原城西老米湾者是也。”

老吴市镇 即吴家市。今江苏常熟市东北七十里吴市镇。清光绪《江苏全省舆图》昭文县图：东北有老吴市。民国《江苏六十一县志》：常熟县东有“老吴市镇”。

老告 即今老挝。《元史·顺帝本纪》：至元四年（1338）八月，“云南老告土官八那遣侄那赛赍象、马来朝，为立老告军民总管府”。

老告总管府 元至元四年（1338）置老告军民总管府，属云南行省。治所在今老挝琅勃拉邦。辖境约当今老挝北部。元末废。

老羌 指沙皇俄国。清康熙初张缙《城外集》：“西北则乌龙江从塞外而南趋，苍莽渊浩，莫知其所自起，乃老羌入犯之冲要也。老羌或名罗车，地近西洋。”

老君山 ①在今河南栾川县东。《明一统志》卷29河南府：老君山“相传老子修道于此，上有丹灶、丹井”。

②在今湖北红安县西北九十里。《方舆纪要》卷76黄安县“五云山”条下：“县北九十里有老君山。嘉靖中，皆为盗贼啸聚处。”

③在今湖北神农架林区西南。《清一统志·宜昌府》：老君山“在兴山县西八十里。高三千丈，周一百里。中产赤蛇，长五寸，群行如索，见人不惊。有羚羊大千余斤，独角挂宿”。

④亦名青孤山。在今四川屏山县（新发乡）西。秀出众山之表，周围百余里。《元史·忽都传》：至元间，“又从都元帅纽璘渡马湖江，破宋叙州兵丁于老君山下”。即此。

⑤在今云南文山县西百里。《清一统志·开化府》引《府志》：“登之萧然象外，辄具出尘之思。”

⑥在今云南丽江市玉龙纳西族自治县西南，接剑川县界。《清一统志·丽江府》引《旧志》：“在府西南二百五十里。一名罗钧山。自番界来，亘四百余里，金沙环其左，澜沧绕其右，世传老君修丹于此。山顶丹灶尚存。又有梓潼遗笔在岩上。”

⑦在今甘肃武山县南。《清一统志·巩昌府一》：老君山“在宁远县（今武山县）南五十步。俗名南山。山脉自岷州迤逦而来，屹然耸峙，为县案山。上有仙人洞”。

老君山硝洞遗址 在今四川江油市东北重华镇藏王寨。老君山区域被视为火药之乡。山峰海拔均超过2000米，已发现十一个古硝洞遗址，是迄今为止全国发现规模最大的古硝洞遗址。该遗址在我国火药发展史上具有重大意义，对研究明清时期的矿冶开采具有极高的价值。2006年定为全国重点文物保护单位。

老君场 即今四川南充市东老君镇。民国《南充县志》卷1：老君场“在县治东四十五里。俗名老君桥，因旧有老君观，前有废桥，故名。顺渠大道，创市于乾隆四十年”。

老君关 ①明置，属建昌卫。在今四川冕宁县南泸沽镇南。《方舆纪要》卷74建昌卫军民指挥使司“泸沽关”条内：“老君关在泸沽关南。有栈道，至险峻。”

②在今贵州遵义县西南乌江镇西北。《方舆纪要》卷70遵义府遵义县：“老君关在府西南。（明）万历中，贵州帅童元振率水西兵讨杨应龙，自乌江进攻，破老君关。应龙揣其必当深入，令部兵诡服水西衣甲混入营中，内外合发，官军大衄。进至乌江，断浮桥，官军溺死无算。关盖在乌江北。”

老君岩 在今福建泉州市北门外清源山右峰南麓，位于羽仙岩罗山、武山之下。宋代罗山下有北斗殿，武山下有真君殿，建筑久圮。现仅存露天的老君石像一尊。坐式，高5.1米，宽7.3米，厚7.2米，由一块天然岩石略施雕琢而成。造像左手依膝，右手凭几，二目平视，神态安祥。是中国最大的老子石雕像，号称“老子天下第一”。老君岩造像于1988年定为全国重点文物保护单位。

老君庙 ①在今甘肃玉门市区南十里。1938年冬，中国第一个石油矿——老君庙油矿正式成立。后小庙圮废，在原址重建大庙，成为玉门油矿的标志。

②即今新疆木垒哈萨克族自治县东北老君庙。清光绪《旧刊新疆舆图·迪化府图》有老君庙。

老君峪 在今陕西洛南县东南一百里。《清一统志·商州》：老君峪“接商州界，路通武关”。

老君营 又名老军驿。在今四川叙永县西北。《明史·朱燮元传》：天启三年（1623），“与（秦）良玉兵会，进攻永宁，击败奢寅于土地坎，追至老军营、凉伞铺，尽焚其营”。即此。

老君犁沟 在今陕西华阴市南华山北峰之北，为华山中一峭壁，壁立千仞，上下如削。清光绪《华岳志》卷1引范守己记称：“峡上五里许有山如砺，中有沟如犁辟然，凿石挽索而上。”

老张家村 在今安徽涡阳县西北十二里张老家乡。清嘉庆十五年（1810）捻军领袖张乐行出生于此。今尚存张乐行故居。

老林头 即今陕西柞水县北营盘镇西。清嘉庆初白莲教徒入陕，恒出没于此。

老松岭 在今黑龙江省宁安市南。民国《宁安县志》卷1：老松岭在“县城正南一百八十里，高十里、五里不等，长数百里，系额穆西老爷岭来脉，山产多枝柴，山顶有关帝庙，建筑宏敞”。

老奇台（臺） 一名旧奇台、平营驿。即今新疆奇台县东南九十里老奇台镇。为旧奇台县治。

老虎口 在今湖南凤凰县东北五十里沱江中。清严如熤《苗疆险要考》谓老虎口“乱岩错立，沱江上下俱可通舟，为此处阻隔”。

老虎山 ①在今云南永胜县南。《清一统志·永北厅》：老虎山“在厅城南一百三十里。山形如虎。《州志》：俗传昔山多怪，诸葛亮南征时，斩其首分而为三，遂绝”。

②在今宁夏石嘴山市东北。《明史·地理志》平虏千户所：“东北有老虎山，滨大河。”《方舆纪要》卷62平罗所：老虎山“在所东北百八十里，黄河岸上。《九边考》：自老虎山而西，为长流水、蒲草泉等险，距中卫境可数百里，皆可收为外险”。

老虎石 在今河北秦皇岛市西南北戴河海滨。民国《北戴河海滨志略》：老虎石“在中海滩路南海内，有巨石突出海面，形如群虎盘踞，故名老虎石……当潮至，周围尽水，与岸隔绝”。

老虎台（臺） 即今辽宁抚顺市东南东洲区西部。民国《东北年鉴》：抚顺煤矿有“千家寨与杨柏堡、老虎台、龙凤坎等处，又筑电气铁路以资联络”。

老虎关 在今贵州镇宁布依族苗族自治县东。《方舆纪要》卷123安庄卫：老虎关“在卫东二十五里”。

老虎顶 亦称老秃顶。即今辽宁桓仁满族自治县西百余里老秃顶子山。1934年杨靖宇在此建立东北抗日联军第一军，为抗日重要根据地之一。

老虎咀子 亦名安吉镇。在今吉林东辽县西北东辽河东岸老虎咀村。清光绪二十八年（1902）原拟于此置西安县未果。

老岸镇 在今河南长垣县东北五十二里。旧属滑县，明、清置巡司于此。

老岭 即小白山。指今黑龙江省东南、吉林省东南之张广才岭。民国徐曦《东三省纪略》卷3：小白山山脉“其脉自英额岭，一支西走为徧牙变哈达岭，折而北趋，重阜修岩，连峰接势，亘三百余里，是为老岭之脉”。

老闸镇 即今江苏太仓市北老闸镇，地跨七浦塘。光绪《江苏全省舆图》太仓州：“老闸镇在城东北四十五里。”明时在此建闸，后又在其东北浮桥建有新闸，此闸即为老闸，镇以闸名。

老河 即今内蒙古赤峰市东老哈河。《方舆纪要》卷18大宁卫：“老河在卫南。《志》云，出会州西北，经兴州南，又经大宁城南里许，复东北流，与黄河（潢水）合。”

老河口 即今湖北老河口市。清属光化县，有巡司及千总驻此。1945年光化县移治于此。1951年改置老河口市。

老河头 即今河北安新县西南三十五里老河头镇。清同治《畿辅通志》卷47安州图：西南有老河头。

老挝宣慰司 明永乐二年（1404）置老挝军民宣慰使司，属云南布政司。治所在今老挝琅勃拉邦。辖境约当今老挝北部。明末废。

老城 即佛阿拉城。在今辽宁新宾满族自治县西南。为后金早期的都城。《清一统志·兴京》：老城“在城南八里，……太祖高皇帝丁亥年筑此城，癸卯年自此迁都兴京”。

老城基 又作老街基。即今黑龙江省肇州县。民国熊知白《东北县治纪要》：“（肇州）县属老城基，距县市六十五里，……原为肇州县治豫定地。”1933年肇州县移治于此。

老鸦口 在今重庆市城口县东北北屏乡。清道光《城口厅志》卷3：老鸦口“在厅北七保，七十里。通陕西兴安府要路”。

老鸦庄 在今河北张家口市南。《方舆纪要》卷18万全都司“龙门关堡”条下：老鸦庄“在司西北四十里。辽、金时顿舍处也。《志》云：元筑。明因旧址增修，为戍守之所”。

老鸦关 ①在今云南禄丰县东四十里。明置巡司于此。清废。

②在今贵州毕节市西三十里。《清一统志·大定府》：老鸦关“道出威宁。有戍兵守御。旧有鸦关巡检司，今裁”。

③在今陕西清涧县东。《清一统志·绥德州》：老鸦关“在清涧县东一百二十里黄河滨，路通山西汾州府石楼县界”。

④在今甘肃临夏县西北麻尼寺沟乡八里寺村附近。《方舆纪要》卷60河州“土门关”条下：“又州西北九十里有老鸦关，二关俱有官军防戍”。

老鸦陂 在今广西陆川县东。明万历《广西通志》卷5陆川县：老鸦陂在“县东三里。溉田九十顷”。

老鸦城驿 明置，即今青海乐都县东老鸦城。《方舆纪要》卷64碾伯所“老鸦城堡”条下：“《里道志》云：西宁东百七十里为老鸦城驿。”清以后废。

老鸦城堡 明初置，属碾伯所。即今青海乐都县东老鸦城。《方舆纪要》卷64碾伯所：老鸦城堡“在所东五十里”。《清一统志·西宁府二》：老鸦堡“城周三百八十步，有把总防守”。

老鸦洲 即今广东潮州市东韩江中上洲、下洲。《清一统志·潮州府》：老鸦洲“在海阳县东韩江中。今名凤凰洲。广一百八十丈有奇，袤六百三十三丈有奇，扼江中流，郡城关键”。

老鸦堤 在今河北青县东南。《方舆纪要》卷13青县：老鸦堤“旧筑堤于此，防卫河泛滥，以形似名”。《资治通鉴》：唐光化三年（900），“刘仁恭将幽州兵五万救沧州，营于乾宁军，葛从周留张存敬、氏叔琮守沧州寨，自将精兵逆战于老鸦堤，大破仁恭，斩首三万级”。即此。

老鸦堡土司 清置，属碾伯县。在今青海乐都县东南湟水北岸老鸦村。《清史稿·地理志》碾伯县：“土司三：九家港、胜番沟，老鸦堡。”后废。

老鸦漩 清康熙四十九年（1710）置，属宁越营。在今四川石棉县（新棉镇）附近。1951年于此置石棉县。

老哈河　即今内蒙古辽河上游南支流老哈河。隋称讬纥臣水，唐称土护真河，五代、辽称土河，明代译名老花母林，清始名老哈河，简称老河。《清一统志·喀喇沁》：老河“在右翼南一百九十里。蒙古名老哈。源出明安山，……流五百里许与潢河合。明米万春《蓟门考》：大宁城北有老花母林，番云即大河也”。

老香山　又名端溪山。即今广东佛山市高明区西南，与高要市及新兴县交界之老香山。《舆地纪胜》卷96肇庆府：老香山“在废平兴县西一里。周回五十里”。《方舆纪要》卷101高明县：老香山在“县（治今明城镇）西北六十里。高七百丈，延袤五十余里。多产香木，瑶人结巢其上。南接新兴县界。《旧志》：一名通利山，以山多嘉木美竹，为民利云”。

老洲头市　即今安徽宿松县南老洲头。清时地属江西湖口县，有千总驻防。

老屋阁及绿绕亭　老屋阁俗称老屋角。在今安徽歙县城西三十八里西溪南村。为吴氏私宅。是明代中期民居的代表作。为五间二进，两层楼阁四合院，砖木结构。大门上有门罩，用水磨砖做成外突线脚，顶覆以瓦檐。院墙上覆蝴蝶瓦，正面为水平形，侧视前后参差。楼层上高下矮，前进楼下明间为门厅，后进楼下明间为客厅。阁内梁架、斗拱装饰雕刻精美。宅内不用天花板，栿栅外露。木作不加髹漆。天井狭长，中有石砌水池。阁后种植竹、桃、枇杷等，景色宜人。绿绕亭始建于明初，景泰七年（1456）重建。亭平面呈正方形，面阔4米，进深4.36米，作悬山式结构，跨街而立，飞檐挠角，雕梁画栋，是少见的明初过街亭。1996年定为全国重点文物保护单位。

老桃　春秋地名。即今山东汶上县东北桃城村。《左传》：隐公十年（前713），“公会齐侯、郑伯于老桃”。《方舆纪要》卷33济宁州“桃乡城”条引刘煦曰：“任城有桃聚，即桃乡也。”

老徐市　一名李墓市。即今江苏常熟市东徐市镇。清光绪《常昭合志稿》卷5：老徐市“吴越将军李开山葬其地，故名李墓。后因徐尚书栻聚族居此，遂称东徐市”。其孙昌祚迁董浜名新徐市后，故址称为老徐市。

老冢（塚）集　一名枣子集。即今河南太康县南三十二里老冢镇。明嘉靖《太康县志》卷1《集店》：“老冢集，南三十里。旧名枣子集。”

老营千户所　明嘉靖十五年（1536）置，治所在今山西偏关县东北六十五里老营镇。后废。

老营场　即今重庆市梁平县西礼让镇。清光绪《梁山县志》卷3：老营场“县西四十五里”。

老营堡　即今山西偏关县东北六十五里老营镇。《方舆纪要》卷40河曲县：老营堡“（明）正统末置，宏治十五年、万历六年增修，周四里有奇”。

老梅树街　即今安徽桐城市南老梅镇。清道光《桐城续修县志》卷首县图：城南有老梅树街。

老渚河　在今陕西南郑县南。《方舆纪要》卷56汉中府南郑县：老渚河“在府城南。源出笼盖山，东北流，注于汉”。

老雅山　在今湖北省南漳县南。《方舆纪要》卷79南漳县：老雅山在“县南五十里。上接文阳洞，下接三泉山。周回四十余里。险峻幽深，人不可近。俗名老鸦山”。《宋元通鉴》：南宋咸淳八年（1272），元翟招讨将军“由老雅山徇荆南”。

老雅湖　在今湖北宜都市东南枝城镇西。《方舆纪要》卷78枝江县：老雅湖在“县西一里。今涸为田”。

老黑山　①在今辽宁桓仁满族自治县东南。清宣统《怀仁县志》卷3：老黑山“在挂牌岭西南，相距二十余里。峰头高入云霄，怪石黑如染墨。林壑之美，以此为最。山间多黑，种蓡尤利。阴晴变态，风景殊佳。山麓即佟佳江”。

②在今黑龙江省牡丹江市南。民国《宁安县志》卷1：老黑山在“城北三十里。高三里，周二十余里，山形平坦，其东北凸出五里许，瑚尔哈河经山前，东流与海兰河会”。

老堡洲　在今广西三江侗族自治县西南融江中。《清一统志·柳州府》“治平州”条：“老堡洲在县（治所在今丹州镇）北八十里。”

老街　即今云南西畴县南四十八里老街。本名牛羊街。清代称为畴阳老街，俗称老街。《乾隆内府舆图》作老街。

老窝土司　即今云南泸水县东南五十二里老窝白族乡。清乾隆时设土千总驻守。该地四面环山，地形如窝，故名。

老窝镇　即今河南漯河市召陵区东北四十六里老窝村。旧属西华县。民国《西华县续志》卷2：“老窝镇，在县城西南六十五里。一名五龙集。清季商务颇盛，与逍遥集并称。”

老塘铺　在今贵州大方县西北。《方舆纪要》卷123附水西宣慰司：“老塘铺在阁鸦驿西十里，水西通乌蒙之道也。”

老鼠关　在今越南北部谅山北。《元史·安南传》：世祖至元二十四年（1287）征安南，“程鹏飞、孛罗合答儿经老鼠、陷沙、茨竹三关，凡十七战，皆捷”。《方舆纪要》卷112安南谅山府：老鼠关“在府北。《南使录》：邱温东南行十数里至陡关，度岭西南行两山间。初所见黄茅修竹，既而深林茂树，水阔不数尺，然周遭百折，或百步涉，或半里一涉，凡六七十处，复度一岭，夹道皆古木苍藤，有巨石挺立，篁竹薄丛，最为扼要，名老鼠关”。

老新口　即今湖北潜江市西南五十二里老新镇。旧属江陵县。清光绪《湖北全省分图》：江陵县东南有老新口。

老溪　亦作阆溪。在今四川阆中市西。南宋李焘《续资治通鉴长编》：北宋淳化五年（994），王继恩率军镇压李顺农民义军，“遣内殿崇班曹习，分兵自葭萌趋老溪，‘贼’万余众依险为寨，习击破之。……

遂克阆州”。《方舆纪要》卷68保宁府阆中县：老溪“在府西，东流合嘉陵江”。

老僧口镇　金置，属历城县。在今山东济南市东北历城区老僧口村。

老鹰关　①明洪武二十三年（1390）建，在今贵州镇远县东北。《方舆纪要》卷122镇远府镇远县：“老鹰关在府东北九十里，与思州府都素司接界。”

②明嘉靖十年（1531）置，属黔江县。在今重庆市黔江区东南七十里。《明史·地理志》黔江县：“东南有老鹰关，与湖广施州界。”清黔彭营设经制外委驻此。

老鹰岩　在今浙江桐庐县西。《方舆纪要》卷90桐庐县：老鹰岩“在县西四十里。岩际有路，沿江险峻”。

老鹰砦山　一名东山。在今重庆市彭水苗族土家族自治县东二里。《方舆纪要》卷69彭水县：老鹰砦山“在县治东。山形若鹰。宋元丰间，屯兵于此”。

老鹰寨　在今重庆市巫溪县西尖山镇东学堂坪北。道光《夔州府志》卷6大宁县：老鹰寨“在县西一百九十五里。其山巉崖峻竦，壁立千仞，多鹰燕之属，因以为名。山腰一径极狭，仅容一人单行，里许石径忽断。昔人于石壁上凿石植木架飞桥五六丈，始达洞门。父老传说：明末时，（张）献忠肆虐，惟避乱于此洞者，保全无害。洞内高丈余，阔二三丈。由洞而进里许，一水横隔，溪流滚滚，莫测其深，亦不知其所出也。嘉庆三四年间，于此设立粮台，乡民之避难者皆聚此以获安焉”。今洞寨尚存。

老鹳河　①亦名老鹳嘴，即芦门河。在今江苏南京市东北。《宋史·韩世忠传》：世忠与兀术“相持黄天荡者四十八日，……兀术穷蹙，……有献谋者曰：‘凿大渠接江口，则在世忠上流。’兀术一夕潜凿渠三十里”。《金史·宗弼传》亦曰：天会八年（1130），宗弼“将至黄天荡，宗弼乃因老鹳河故道开三十里通秦淮，一日一夜而成，宗弼乃得至江宁”。

②在今江苏淮安市淮阴区西。《资治通鉴》：五代周显德五年（958），“上欲引战舰自淮入江，阻北神堰，不得渡；欲凿楚州西北鹳水以通其道，遣使行视，还言地形不便，计功甚多。上自往视之，授以规画，发楚州民夫浚之，旬日而成，用功甚省，巨舰数百艘皆达于江，唐人大惊，以为神”。胡三省注：“今楚州城西老鹳河是也。”

老鹳嘴　在今江苏仪征市东南。《宋史·瀛国公纪》：南宋德祐元年（1275），“大元兵攻真州，知州苗再成、宗子赵孟锦率兵大战于老鹳嘴”。即此。《方舆纪要》卷23谓“或曰，即今（仪真）县东南二十里之老鸦夹”。

巩　周畿内邑。在今河南巩义市西南。《国语·周语》：周景王“田于巩”。《左传》：昭公二十六年（前516），“晋师克巩”。《史记·周本纪》：“乃封其少子于巩，以奉王，号东周惠公。”

巩乃斯县　1945年改新源设治局置，属新疆省。治所即今新疆新源县。1946年改名新源县。

巩义市　1991年撤销河南省巩县，改设巩义市，市人民政府驻孝义镇。由郑州市代管。

巩令城　吐蕃置，在今甘肃临潭县北境。《宋史·王韶传》：熙宁六年（1073），“韶图武胜，使得顺将景思立分兵制敌于南路，自南甲趋巩令城”。即此。

巩宁城　一名满城。清乾隆三十七年（1772）筑，在今新疆乌鲁木齐市西郊。三十八年（1773）为乌鲁木齐都统及迪化直隶州驻地。同治三年（1864）毁于兵燹。

巩华城　明嘉靖十九年（1540）建，在今北京市昌平区东南二十里沙河镇。顾炎武《昌平山水记》卷上：巩华城“南北径二里，东西径二里。门四：南曰拱京，制如午门，北曰展思，东曰镇辽，西曰威漠。行宫在城之中”。

巩州　①唐仪凤二年（677）置，治所在今四川珙县（巡场镇）南罗渡苗族乡（岁星渡场）。辖境相当今四川珙县南部地。先天元年（713）降为羁縻州。天宝元年（742）改为因忠郡，乾元元年（758）复为巩州，属泸州都督府。北宋熙宁后废入长宁军。

②北宋崇宁三年（1104）升通远军置，治所在陇西县（今甘肃陇西县）。辖境相当今甘肃陇西、通渭、漳县、武山、定西等县地。金皇统二年（1142）复置通远军。

巩县　战国时周置，秦昭襄王五十二年（前255）入秦，属三川郡。治所在今河南巩义市西南。《元和志》卷5巩县：“按《尔雅》：‘巩，固也。’四面有山河之固，因以为名。”西汉属河南郡。北魏泰常八年（423）属荥阳郡。东魏天平元年（534）属成皋郡。北齐废。隋开皇十六年（596）复置，属洛州。移治今巩义市东北老城。大业初属河南郡。唐属河南府。金属金昌府。元属河南府路。明属河南府。民国初属河南河洛道。1927年直属河南省。1928年徙治东站镇。1963年徙治孝义镇（今巩义市）。1991年改设巩义市。

巩县石窟　在今河南巩义市东北十六里大力山下，伊洛河北岸约75米长的崖面上。北魏孝明帝熙平二年（517）开凿，历经东西魏、北齐、隋、唐及北宋相继在此凿窟造像。现存五个大窟、三尊摩崖大像、一个佛龛、二百五十五个摩崖造像龛，共七千七百四十三尊佛像，碑刻题记二百余块。除第五窟外，其余四窟均为方形，内有中心方柱，柱四周凿龛造像。第一窟和第四窟门内两侧的“帝后礼佛图”是古代浮雕艺术珍品，分三层，每层由比丘（尼）为前导，后为皇帝（后）、侍从，前呼后拥，反映了皇室的宗教活动。其余三壁雕佛像和经变故事。壁脚雕神王、怪兽和伎乐人。构图简练生动，是国内现存浮雕中较完整的杰作。1982年定为全国重点文物保护单位。

巩昌布政使司　清康熙六年（1667）改陕西右布政

使司置，治所在巩昌府（治今甘肃陇西县）。辖境约当今宁夏及甘肃东南部。七年（1668）改为甘肃布政使司。

巩昌府 金正大中改巩州置，治所在陇西县（今甘肃陇西县）。辖境相当今甘肃陇西、通渭、漳县、武山、定西等县市地。元初改置巩昌路。明洪武三年（1370）复为巩昌府，属陕西布政使司。辖境扩大。清属甘肃省，辖境相当今甘肃临潭、岷县以东，定西、会宁以南，通渭、甘谷以西和宕昌、西和以北地区。1913年废。

巩昌路 元初改巩昌府置，属陕西行省。治所在陇西县（今甘肃陇西县）。辖境相当今甘肃陇西、漳县、通渭、武山，甘谷等县地。明洪武三年（1370）复为巩昌府。

巩哈设治局 即尼勒克设治局。治所在尼勒克（今新疆尼勒克县）。

巩哈县 1939年析伊宁县置，属新疆省。治所即今新疆尼勒克县。1954年改为尼勒克县。

巩哥关 北宋元丰四年（1081）置，属兰州。在今甘肃兰州市东十八里。六年（1083）改名东关堡。

巩笔驿 唐置，在今甘肃张掖市西南。《资治通鉴》：唐开元十五年（727），回纥部人护输袭杀河西节度使王君㚟于此。

巩留县 1932年析伊宁县置，属新疆省。治所即今新疆巩留县。

耳里匽设治局 一名乌列盖。1921年3月由列山道乌希岭以东乌梁海蒙族地析置，治所在乌列盖（今蒙古国吉尔格朗图［科布多］西乌列盖）。水草丰茂，为乌梁蒙古族游牧处。后废。

耳锣山 又作耳罗山。在今云南蒙自市东北三十里。《方舆纪要》卷115蒙自县：耳罗山“每风雨雷电自山峰中起，年必大丰，土人以为验。东有仙人洞，四面石壁悬注，如钟鼓然”。

芋头侗寨古建筑群 在今湖南通道侗族自治县城西南十八里。占地11.6万平方米。以位居形若山芋头的“芋头界”得名。有鼓楼四座、风雨桥三座、门楼一座、古井二口、萨岁坛两个，古驿道1.6公里，侗族吊脚木楼屋七十八幢。建筑多依山而建，造型各异。明洪武间始建寨，嘉靖三年（1508）户增人旺，建筑规模扩大，形成村寨。万历间修筑驿道。清顺治间遭火灾，复建后形成以芋头溪流为轴线向两边分叉布置的七个聚居群。乾隆四十二年（1777）建寨脚桥及龙氏鼓楼、牙上鼓楼。嘉庆五年（1800）建中步花桥、塘坪桥。清道光、光绪间曾对驿道及牙上鼓楼进行维修。村寨建筑因山就势，结构造型具侗族风格，鼓楼、风雨桥、门楼、萨岁坛、芦笙场、侗族楼屋及青石板驿道等，大部保存完好，有很高的历史、人文及艺术价值。2001年定为全国重点文物保护单位。

芋原驿 在今福建福州市西北。《清一统志·福州府一》：芋原驿“在侯官县西北三十里。旧有驿丞。本朝康熙三十八年裁”。

芊口镇 在今湖南华容县南。《梁书·胡僧祐传》：太宝二年（551），僧祐援巴陵，与侯景将任约遇于“南安芊口”，即此。

芊韶 在今江西南昌县南赣江东岸。《陈书·周文育传》：陈永定初，周文育击欧阳頠，“分遣老少乘故船舫，沿流俱下，烧豫章郡所立栅，伪退。……文育由间道兼竹，信宿达芊韶”。即此。

芍陂（芍 què） 又名龙泉陂。在今安徽寿县南。最早见于《汉书·地理志》。《水经·肥水注》：“断神水又东北径神迹亭东，又北谓之豪水，虽广异名，事实一水，又东北径白芍亭东，积而为湖，谓之芍陂。陂周一百二十许里，在寿春县南八十里，言楚相孙叔敖所造。”隋、唐以后，因陂在安丰县境内，又称安丰塘。宋、元以后日渐堙废。今安丰塘即其残留部分。

芍药戍（芍 sháo） 唐永徽中改拌溪戍置，属龙门州（龙州）。在今四川平武县南九十里。后废。

芨芨台驿 清光绪年间改巨沟驿置，在今新疆巴里坤哈萨克自治县西芨芨台子村。清宣统《新疆图志》卷83镇西厅：芨芨台驿“亦称噶顺沟，其地入山多过沟。又名巨沟驿”。

芨芨湖 在今新疆奇台县东北沙漠中。清光绪《重刊旧新疆舆图·迪化府图》有芨芨湖。

芒儿者安抚司 明正统五年（1440）置，属松潘卫。治所在今四川松潘县西上八寨乡北毛儿盖。后废。

芒干水 即今内蒙古呼和浩特市南之大黑河。《水经·河水注》：“芒干水出塞外……西南径白道南谷口，芒干水又西南径云中城北……又西南注沙陵湖。”

芒山 ①在今河南永城市东北，其南八里为砀山。《汉书·高帝纪》：“高祖隐于芒、砀山泽间。”

②即北邙山。在今河南洛阳市北。《晋书·惠帝纪》：太安二年（303），“帝军于芒山”。即此。

芒车关 即昂车关。唐置，在今山西榆社县南四十五里。《资治通鉴》：唐会昌三年（843），“河东节度使刘沔步骑二千守芒车关”。

芒水 即今陕西周至县南之黑水。《水经·渭水注》：“芒水出南山芒谷……北流注于渭也。”

芒布城 在今云南镇雄县西南七里。《方舆纪要》卷73镇雄军民府：芒布城在“府西南七里。《志》云，府旧无城，明洪武中，颍川侯傅友德调指挥郑祥驻兵芒布，因筑土为城。后班师还，城废。今名旧土城”。

芒布部 又作茫布部。宋代的部名，属叙州羁縻。在今云南镇雄县北四十里芒部镇。明《寰宇通志》卷96镇雄府：“古为屈流大雄甸，昔乌蛮之裔阿统与其子茫布徙居此地，其后昌盛，号茫布部。”元置茫部路。

芒市长官司 明正统九年（1444）改芒施府置，属金齿军民指挥使司，后直属云南布政司。治所在今云南芒市。崇祯十三年（1640）升安抚司。

芒市安抚司　明崇祯十三年（1640）升芒市长官司置，属云南布政司。治所在今云南芒市。“茫施”、“芒市”皆同音异写，为德昂族首领的名字，后作部名。清属腾越厅。民国废。

芒县　战国秦置，属砀郡。治所在今河南永城市东北二十六里小城子。出土秦封泥中有“芒丞之印”可证。西汉属沛郡。东汉建武中改为临睢县。

芒谷　亦作黑水峪。在今陕西周至县东南。《水经·渭水注》：芒水“出南山芒谷”。即此。《方舆纪要》卷52盩厔县“五福山”条下：“相传马融曾读书谷中，石室存焉。”

芒竹　即司竹园。在今陕西周至县东南。《汉书·翟方进传》：“霍鸿负倚盩厔芒竹”，即此。

芒砀　芒山、砀山的合称。在今河南永城市东北。《史记·高祖本纪》：高祖“亡匿，隐于芒、砀山泽岩石之间”。

芒城古城址　在今四川都江堰市西南青城山镇。为内外双圈城墙，内外城墙间有壕沟，面积11万平方米。是成都平原著名史前城址之一。

芒施府　明洪武十五年（1382）改茫施路置，属云南布政司。治所即今云南芒市。辖境约当今云南芒市地。正统九年（1444）改为芒市长官司。

芒部府　明洪武十五年（1382）改芒部路置，属云南布政司。治所在芒布城（今云南镇雄县北芒部）。辖境约当今云南镇雄、威信、彝良等县地。十六年（1383）改属四川布政司。十七年（1384）升为军民府。嘉靖五年（1526）改为镇雄军民府。

芒部路　元至元中置，属乌撒乌蒙宣慰司。治所在今云南镇雄县北芒部。辖境约当今云南镇雄、彝良、威信等县地。明洪武十五年（1382）改为芒部府。

芒域　藏语译称异名，又名麻域。今西藏阿里地区西北部及毗邻克什米尔东部拉达克地区。古为羊同国属，公元7世纪前期属吐蕃。10世纪时吐蕃王室后裔于此建立政权，治所在今列城，为阿里三部之一。

芒康宗　即江卡宗。治所即今西藏芒康县。

芒遮板行政区　1915年以芒市、遮放、勐板三土司地置，属云南腾越道。治所在今云南芒市西南七十四里遮放镇。1929年直属云南省。1932年改为潞西设治区。

芒稻河　在今江苏江都市南。《方舆纪要》卷23扬州府：“芒稻河在府东三十里。《志》云，邵伯南五里有金家湾，为南通芒稻之径，泄运堤以西诸湖之水，东南流经湾头，东绝运盐河，而输之芒稻河，由河以泄于江。万历二十三年，淮湖水涨，议者欲自金家湾入芒稻河，引淮水注江。既而河臣杨一魁开金家湾十四里，至芒稻河，复建减水石闸三座，由芒稻河通江一十八里，亦建石闸一座，一时涨水颇藉宣泄之利。”

芝山　①在今江苏溧水县东南七十里。宋《景定建康志》卷17：芝山“上有李子洞、燕洞，相去三百步。昔宣州田頵举兵，邑人携老幼于此避难，可容数千人。李洞有泉沸涌。燕洞有石燕，遇雨则飞，晴则还落为石”。

②在今江西鄱阳县北。《宋史·江万里传》：万里罢相后，“闻襄樊失守，凿池芝山后圃，扁其亭曰‘止水’”。及元兵克饶州，万里赴池死。《明一统志》卷50饶州府：芝山“在府城北四里。初名土素山，唐刺史薛振于山颠得芝草三茎，因改今名”。

③在今福建莆田市东南。《清一统志·兴化府》：芝山“在莆田县东南醴泉里。岩石巑岏，林木蓊郁，为海滨胜处。山巅有万松庵”。

④在今山东招远市南。《清一统志·登州府》：芝山，“《名胜志》：相传汉武帝东游，得芝草于此。东良河水所出”。

芝山州　元置，属庆远南丹州安抚司。治所在今广西凤山县北。后废。

芝山州长官司　元置，治所在今广西东兰县西北。后废。

芝山县　北宋置，属羁縻文州。治所在今广西巴马瑶族自治县西北境。后废。

芝山岩　俗称园山仔。在今台湾省台北市北，士林区东北。因附近多漳州籍移民，故取福建漳州名胜“芝山”为名。山顶有惠济宫，建于清乾隆十七年（1752），为士林古庙之一。

芝山驿　在今江西鄱阳县城西南。《方舆纪要》卷85饶州府鄱阳县：芝山驿“在府城西南。元置。明初因之。相近有鄱阳递运所，后以驿兼领”。《清一统志·饶州府二》：芝山驿“在鄱阳县西南月波门外。元置，曰鄱江驿，又名鄱阳驿，明洪武四年改名芝山驿，今裁”。

芝川镇　即今陕西韩城市南芝川镇。《清一统志·同州府二》：芝川镇“在韩城县南二十里。有城，明嘉靖二十二年筑”。

芝冈岛　即之罘山。在今山东烟台市北。《宋史·高丽传》：淳化四年（993），“遣秘书丞直史馆陈靖、秘书丞刘式为使……靖等自东牟趣八角海口，得思柔所乘海船及高丽水工，即登舟自芝冈岛顺风泛大海”。清光绪《山东通志》卷27谓“芝冈即之罘。芝、之声同相通，冈、罘形近致讹也”。

芝水　即古陶渠水。亦名芝川河。在今陕西韩城市南。《清一统志·同州府一》引《县志》：“芝川河在县南二十里。源出方山，东南流，诸山水自西南来入焉。又东过吕庄，沇水自西北来入焉。又东过芝川镇南司马岭北，合澽水入于河。”

芝田县　金贞元元年（1153）改永安县置，属河南府。治所即今河南巩义市西南芝田镇。元废。

芝田驿　在今浙江青田县南瓯江之滨。《方舆纪要》卷94青田县：芝田驿“在县南一里大溪滨，亦明初置”。清康熙元年（1662）裁。

芝田镇　元废芝田县为镇。即今河南巩义市西南十六里芝田镇。

芝兰庄　在今四川仪陇县东南。《舆地纪胜》

卷188蓬州：芝兰庄“旧有王先生者，年几百岁，孟蜀主召至，欲縻以爵，先生不可，遂告归。诏赐所居田数顷为游息地，号曰芝兰庄，今子孙皆居焉”。

芝州 一作芝忻州。唐贞观中置，治所在忻城县（今广西忻城县）。天宝元年（472）改为忻城郡，乾元元年（758）复为芝州。辖境相当今广西忻城县及都安瑶族自治县东北部地。北宋为羁縻州，属宜州，庆历三年（1043）废。

芝忻州 即芝州。治所在今广西忻城县。《寰宇记》卷168：“芝忻州理忻城县。”

芝城 即今福建建瓯市（芝城镇）。南朝宋元嘉元年（424）徙建安县治于此，至今沿袭不改。城内有芝山，城南又有紫芝山，故以为名。

芝盘镇 在今山东安丘市东南。明初置巡司于此。后废。讹为“淄泮”。

芝麻塘 在今四川叙永县东南。《方舆纪要》卷73永宁宣抚司：芝麻塘“在司东南。天启三年，水西贼安邦彦及永宁逋贼奢崇明窥遵义及永宁，官兵合长纳两路击之，败贼于芝麻塘，贼从青山遁去”。

芝溪岭 在今浙江青田县西六十里。《方舆纪要》卷94青田县“披云山”条：芝溪岭“横亘数十里，下临大溪，俗名老鼠梯。甚险峻。水流为芝溪，入于大溪”。

芑阳 战国楚邑。在今河南南阳市南。《鄂君启节》铭文：自鄂往，“庚義，庚芑阳”，即此。西汉置棘阳县。郭沫若《关于鄂君启节的研究》谓芑阳为芑昜，或即襄阳，在今湖北襄樊市。

芗城山 又作香城山。在今江西吉安县南。《舆地纪胜》卷31吉州：香城山“在城南。耸秀如锋笔然”。《清一统志·吉安府一》：芗城山“在庐陵县南四十里，周围一百里，接永丰吉水界。亦号三县山，中一峰尤奇秀，胡氏世居其下。宋建炎三年，金兵至庐陵，胡铨自芗城团结丁壮，入城固守，既而事定，复还芗城。芗亦作香”。

芗溪 又名贵溪。即今江西贵溪市境之信江。明嘉靖《广信府志》卷2贵溪县：“芗溪，县东南五十步，洲出郁金芗草，故名。其源由玉山之镇头合铅江之分水，过弋阳经县治入安仁之锦溪，汇于彭蠡湖。”

芗溪驿 明初置，在今江西贵溪市东南。《方舆纪要》卷85广信府贵溪县：芗溪驿“在县治东南，治西又有芗溪递运所”。后废。

芗溪墟 即今江西樟树市东南芗溪街。清同治《江西全省舆图》卷6：清江县东北有芗溪墟。

共 ①商代国名。在今甘肃泾川县北五里。《诗经·大雅·皇矣》：“密人不恭，侵阮徂共。”即其国。为周文王所灭。

②西周封国，后为卫邑。在今河南辉县市。《史记·周本纪》：“召公、周公二相行政，号曰共和。”《索隐》引《汲冢纪年》则云：“共伯和干王位。”《正义》引《鲁连子》云：“卫州共城县本周共伯之国也。”《左传》：隐公元年（前722），郑“大叔出奔共”。杜注：“共国，今汲郡共县。”又，闵公二年（前660），狄灭卫，“卫之遗民男女七百有三十人，益之以共、滕之民为五千人。立戴公以庐于曹”。

共山 ①在今河南济源市北十三里。《水经·济水注》：沇水“潜行地下，至共山南复出于东丘”。

②在今河南辉县市北。《水经·清水注》：“共伯既归帝政，逍遥于共山之上。山在国北，所谓共北山也。仙者孙登之所处。”《方舆纪要》卷49辉县：共山“亦谓之九峰山，又谓之共北山。苏门之别阜也”。

共水 又名恭水。即今山西芮城县东北三十里恭水涧。源出甘枣山，南流入黄河。《山海经·中山经》：“甘枣之山，共水出焉，而西流注于河。”

共州 唐武德元年（618）置，治所在共城县（今河南辉县市）。四年（621）废。

共池 春秋虞邑，在今山西平陆县西五十里上洪池、南洪池附近。《左传》：桓公十年（前702），“虞公出奔共池”。即此。

共县 战国秦置，属河内郡。治所即今河南辉县市。三国魏属朝歌郡。西晋属汲郡。东魏天平中属林虑郡。北齐天保七年（556）废。

共和县 1929年析西宁、湟源二县置，属青海省。治所在今青海共和县东南阿乙亥。1943年迁驻恰卜恰（今共和县）。1952年改为共和藏族自治区，1953年复改共和县。

共城 又名龚城。在今北京市密云县东北。《史记·五帝本纪》正义引《括地志》：“故龚城在檀州燕乐县界，故老传说云舜流共工幽州居此城。”《方舆纪要》卷11密云县：共城“一作龚城。《志》云：在今县东北五十里”。

共城县 隋开皇六年（586）置，属怀州。治所即今河南辉县市。大业初属河内郡。唐属卫州。金大定二十九年（1189）改为河平县。

共城故城 在今河南辉县市市区中北部。古城址平面略呈方形，四垣周长约5公里。现断续残存，东墙南、北两端各存200米。北墙东西两端计约800米，西墙北段约200米，南墙东段约300米，残高一般6米，墙基宽40米，顶宽10米左右。夯土筑成。夯层厚约10厘米。夯层中发现有商、周时期细粗绳纹陶片。城内外发现有夯土建筑台基、灰坑、墓葬等遗迹。采集有西周时期陶鬲、豆、盆、罐残片及春秋战国时期筒瓦、板瓦。城外墓葬中出土有铜鼎、豆、盘、觥、匜、鉴及铜车马饰件等文物。据《左传》：隐公元年（前722），郑“大叔出奔共”。杜注：“共国，今汲郡共县。”此地应为西周春秋时共城故址。2006年定为全国重点文物保护单位。

共琦河 即孔雀河上游。在今新疆尉犁县境。清宣统《新疆图志》卷70：“孔雀河其流南入布它海子，又折东南行为共琦河。一名浣溪河。"

亚夫城　在今安徽舒城县东南。《方舆纪要》卷26舒城县"周瑜城"条下："亚夫城在县东南十五里。相传周亚夫尝领兵至此。"

亚父山　在今安徽巢湖市东十里。《隋书·地理志》：庐江郡襄安县有亚父山。《寰宇记》卷126巢县："亚父山在县东十里。汉居巢人范增，楚王立为亚父，死于山傍，故曰亚父山。"

亚父城　即历阳城。今安徽和县。《舆地纪胜》卷48和州：亚父城，"《刘禹锡壁记》云：城坚而高，亚父所营"。《方舆纪要》卷29和州：历阳废县，"《城邑考》：州城一名亚父城，相传范增所筑。汉高令灌婴还定江淮，又筑之，谓之古罗城"。

亚父冢　亦作亚父山。在今江苏徐州市南。《魏书·地形志中》：彭城县有亚父冢。《宋书·张畅传》：元嘉二十七年（450），魏"（拓拔）焘始至（彭城），仍登城南亚父冢，于戏马台立毡屋"。

亚布洛尼　即牙勃罗尼。今黑龙江省尚志市东南亚布力镇。

亚东　今西藏亚东县，为藏印度交通要隘。清光绪十九年（1893）中英《藏印度续约》规定亚东开为商埠。二十年（1894）置亚东关。1960年与帕里宗合并设亚东县。

亚谷城　在今河北雄县东。《史记·惠景间侯者年表》：孝景时"亚谷，以匈奴东胡王降，故燕王卢绾子侯"。即此。

亚沟石刻　在今黑龙江省哈尔滨市阿城区东南亚沟镇东十里石人山峭壁上。系金代女真族石刻图像。现存两幅，左为地位显赫的将领，头戴战盔，身穿圆领紧身短衣，肩有披风，足蹬筒靴，右手握剑，身躯魁梧，两腿一盘一伸；右为贵妇人，戴帽，衣直领左衽，拱手盘膝端坐。是金代早期石刻艺术珍品。1988年定为全国重点文物保护单位。

亚细亚洲　即今亚洲。为地球七大洲之一。《明史·外国传七·意大里亚》："万历时，其国人利玛窦至京师，为《万国全图》，言天下有五大洲。第一曰亚细亚洲，中凡百余国，而中国居其一。"

亚哶哩隔国　古地名。为公元18世纪时对拉丁美洲各国的总称。清谢清高《海录》有专条记述。

亚俱罗　在今伊拉克巴格达南幼发拉底河西岸之库法。大食哈里发欧默尔于公元638年建。曾为大食首都。唐杜环《经行记》："大食一名亚俱罗，其大食王号墓门都。"元代译作"苦法"，见《元史·地理志·西北地附录》。

亚崎　又作哑齐、大亚齐。即今印度尼西亚苏门答腊岛北部亚齐特区一带（一名哥打拉夜）。元汪大渊《岛夷志略》"重迦罗"条译作亚崎。

亚斯立堂　今通称崇文门教堂。在今北京市东城区崇文门内大街以东后沟胡同东侧。始建于清同治七年（1868），1900年毁于大火，光绪二十九年（1903）重建。原是基督教美国卫理公会教堂，以其创始人亚斯命名。八角形顶，分正副二堂。是北京现存较大的基督教堂。

亚港　在今河南潢川县东。《方舆纪要》卷50光州：亚港"在州东二十五里。旧时引潢水及白露河诸川汇流入港，资以灌溉，为利甚溥"。

亚寨堡　明置，在今贵州铜仁市西北六十里。《方舆纪要》卷122铜仁府铜仁县：亚寨堡，"（明）宣德七年，总兵萧绶大征叛苗，于贵州设亚砦等十堡，是也。今为戍守重地"。

亚墨利亚洲　指美洲（南美洲、北美洲）。《明史·外国传七·意大里亚》："万历时，其国人利玛窦至京师，为《万国全图》，言天下有五大洲。……第四曰亚墨利加洲，地更大，以境土相连，分为南、北二洲。"

杇　又作柽。春秋宋地。在今河南淮阳县西南。《公羊传》：僖公元年（前659），"公会齐侯、宋公、郑伯、曹伯、邾娄人于杇"。

朴（樸）子脚　即今台湾嘉义县西朴子镇。清光绪二十一年（1895）日本侵占台湾后，黄茂和领导的抗日义军，曾在此活动。

朴（樸）头镇　金置，属盐山县。即今山东无棣县西北小泊头镇。

朴（樸）树湾镇　即今江苏仪征市东朴席镇。明隆庆《仪真县志》卷3：朴树湾镇"在县东三十里"。

朴（樸）麻龙堡　北宋置，属巩州。当在今甘肃陇西县境。后废。

朴（樸）族　一作朴俗。在今西藏比如县东南普宗。为藏北三十九族之一。清乾隆《西藏志·外番》、《卫藏通志》作三札。

朴（樸）窝山　在今云南昭通市东南三十里。《明一统志》卷72乌蒙军民府：朴窝山"在府东南三十里。夷语以平坦为朴窝，谓此山四望平坦"。

朴（樸）劏县　西汉置，属武威郡。治所在今甘肃古浪县东。《汉书·地理志》注："孟康曰，'音蒲环'。"西晋废。

机（機）山　①即今上海市松江区西北四十里小鸡山。《清一统志·松江府一》引《府志》云：机山"在横云山后，南北相望，以晋陆机得名。下有平原村，亦以机为平原内史也"。

②亦名玲珑岩。在今广东始兴县南。《方舆胜览》卷37南雄州：玲珑岩"在始兴县南。石峰平地拔立。有石室虚旷，葛仙尝炼丹于此"。《方舆纪要》卷102始兴县：机山"在县南十里。一名玲珑岩。平地石峰屹立，有二石室，高大如屋，窍户相通。《志》云：山有下三岩，上三岩，皆绝胜"。

机若　西藏古代族部名。地在今西藏机曲（拉萨河）流域拉萨地区。藏文史籍《敦煌吐蕃文书》载：在机若地区，首领为机的首领，名叫芒波。机若在隋、唐以前为西藏最早的十余小邦之一，后被吐蕃兼并。

枋县 枋或作抜县。西汉置，属平原郡。治所在今山东商河县东北四十里龙桑寺镇。文帝封文悼王子刘辟光为枋侯；武帝时又封城阳顷王子刘让为枋侯。后改为县。东汉省。

权 ①西周国名。在今湖北荆门市东南。《左传》：庄公十八年（前676），"初，楚武王克权，使斗缗尹之，以叛，围而杀之，迁权于那处"。杜注："南郡当阳县东南有权城。"后灭于楚。

②战国燕邑。在今河北正定县北。燕、齐两国曾交战于此。《战国策·燕策一》："权之难，燕再战不胜"，即此。

权水 在今湖北荆门市东南。《水经·沔水注》：权水"出章山，东南流经权城北，权水又东入于沔"。

权县 春秋时楚庄王灭权国置，治所在今湖北荆门市东南。后废。

权店驿 明置，在今山西武乡县西北权店村。

权於摩国 即乌秅国。北魏时西域国。都城在乌秅城（今新疆塔什库尔干塔吉克自治县东南）。《魏书·西域传》：权於摩国"故乌秅国也。其王居乌秅城"。

权城 在今河北正定县北东权城。《元和志》卷17真定县：权城"即古犍乡也，县北二十里。后汉建武元年，贾復破青犊于射犬，追战于真定之犍乡，大破之。即此地也"。

权砦 在今贵州黎平县北。《方舆纪要》卷121黎平府："权砦在（八舟）司南。其前有权砦渡。"

权寨店 即今河南西平县西北权寨镇。民国《西平县志》卷4《市镇》："权寨店，城西北三十五里。"

过 夏、西周方国。在今山东莱州市西北。《左传·襄公四年》：寒浞"处浇于过"。杜注："东莱掖县北有过乡。"《史记·夏本纪》正义引《括地志》："故过乡亭在莱州掖县西北二十里。"

过西集 即今山东莱州市北四十里过西镇。清光绪《山东通志》卷2《舆图志》作郭西集。民国《四续掖县志》卷1作过西村，为过西乡驻地。

过步 即今江西崇义县西北二十里过埠镇。明正德十四年（1519）置巡司于此。

过步滩 在今江西大余县东六里章江中。《方舆纪要》卷88南安府大庾县：章江"经府东六里有过步滩。水势湍急，巨石突起，舟行至此，必首尾牵挽而下，稍一失措，必至沉溺。（明）成化十五年凿平峻阻，公私称便"。《清一统志·南安府》：章江过步滩"舟行至此极险，舟中人必登岸步过，故以名滩"。

过利国 即火寻国。唐西域国名。都城在急多飓遮城（今乌兹别克斯坦阿姆河下游一带）。《新唐书·西域传》：火寻"或曰货利习弥，曰过利，居乌浒水之阳"。

过浴山 在今浙江建德市南。《方舆纪要》卷90寿昌县：过浴山在"县（今寿昌镇）北十八里。下有龙潭"。

过涧 一名梁渠川。即今陕西旬邑县西北梁渠沟。西南流至彬县入泾水。《诗经·大雅·公刘》："夹其皇涧，溯其过涧。"

过埠镇 明代称为过步。即今江西崇义县西北过埠镇。清同治《江西全省舆图》卷8：崇义县"西北路自茶亭圳分路北行十里至南村，又五里至过埠墟"。

过街梁（樑） 亦作锅盖梁。即今四川西昌市西北锅盖梁镇。民国《西昌县志》卷1：锅盖梁在"县西北二十五里。……因通省大道，旅客多于此休息"。又卷9：同治七年（1868），"贵州提督周达武提师二万，先后由越嶲之普雄，西昌之锅盖梁东山进剿"。

亘国 商、周方国。在今山西垣曲县东南。

吏隐山 在今浙江缙云县治（五云镇）。《方舆胜览》卷9处州：吏隐山"在州东北五十里。山南有唐李阳冰为缙云令秩满退居于此为洼樽，瀑布飞泉，洒落三百余尺。上有四井，周回四丈，因名吏隐山。留题篆刻，至今人宝之"。

吏隐亭 ①又称梅仙亭。在今江西南昌市西湖西南。明万历三十五年（1607）为纪念梅福而建。梅福，字子真。西汉时九江寿春（今安徽寿县）人。官至南昌尉。后弃官归寿春。相传曾在梅岭等地隐居。南宋绍兴初封为"吏隐真人"。亭即取名于此。

②在今陕西白水县西。《清一统志·同州府二》：吏隐亭"在白水县城西。唐令白行简建。杜甫诗：有吏隐道性情，兹焉其窟宅"，即此。

再安镇 北宋置，属含山县。在今安徽含山县西北滁河西岸再安村。

协州 隋开皇四年（584）置，治所在东安县（即今云南彝良县）。辖境约当今云南彝良、大关两县地。大业初废入开边县。唐武德元年（618）复置，治所在今贵州威宁彝族回族苗族自治县西北观风海镇。辖境仅当今威宁县地。天宝后废。

协兴场 即今四川广安市北协兴镇。民国《广安县志》：协兴场在"州北二十里夏家坝。北曰旧市，店户约百余。同治于南更立新市，村店八十余。相距数十步，因名协兴"。是邓小平的故乡。

协阳关水 在今河北涿鹿县西南。《水经·㶟水注》：协阳关水"东北流历笄头山，又北径潘县故城，左会潘泉故渎。……关水又东北流，注于㶟水"。

协荣豁 原西藏地方政府设，治所在今西藏曲水县东协荣。"协荣"藏语意为晶石村。1960年并入曲水县。

协营 清乾隆后置，在今西藏谢通门县。

协嘎尔 即协噶尔。今西藏定日县驻地。1971年定日县迁治于此。

协噶尔 一作协嘎尔。又名罗西噶尔城。即今西藏定日县驻地。清松筠《西招纪行诗》注："辛亥年廓尔喀入寇，至协噶尔时，寺僧颇有主宰，协同营官等力战坚守，贼属失利。”1971 年定日县迁治于此。

西　即西犬丘。春秋秦邑。在今甘肃天水市西南九十里。春秋时铜器《秦公簋》铭文：“西一斗七升大半升、盖”；又曰：“西元器一斗七升賸、乩。”郭沫若识此为秦景公时器，“西即西县”。县为战国秦所置。

西二河　即今洱海。在云南大理市东。隋、唐时期对西洱河的异写。《隋书·史万岁传》载，隋开皇十七年（597），史万岁入南中，“渡西二河”，即指此水。南诏《中兴二年画卷》题字亦作“西二河”。

西二盟　清代内蒙古六盟中的西部二盟。即伊克昭盟和乌兰察布盟。

西于县　西汉置，属交趾郡。治所在今越南永福省东英县古螺乡。隋废。

西土　①西周时周人称周故土为西土。《尚书·康诰》：“西土惟时怙冒，闻于上帝，帝休。”

②佛教徒称印度为西土，盖对中国而言，印度居西。

西土默特部　亦称归化城土默特部。明蒙古部落。《清一统志·归化城六厅》：“嘉靖间谙达（旧作俺答）筑城于丰州滩，采木架屋以居，谓之板升（板升汉言屋也）。是为西土默特。”驻地归化城（今内蒙古呼和浩特市旧城）。游牧地相当今内蒙古呼和浩特、包头二市，土默特左、右二旗及和林格尔、托克托、清水河、武川等县地。天聪六年（1632）俺达汗后裔博硕克图汗鄂木布归附后金，崇德元年（1635）编为左、右两都统旗。

西土默特旗　①即土默特右旗。旗府驻地黑城子（今辽宁北票市东北黑城子）。

②即土默特右翼旗。治所在归化城（今内蒙古呼和浩特市）。

西下密城　在今山东潍坊市西二里。隋开皇十六年（596）移下密县于此。以其在故下密县城（今潍坊市）之西，故称西下密。大业初复还旧治，改名北海县。

西大食海　即今地中海。南宋周去非《岭外代答》卷 2：海外诸蕃国“天竺国又其西有海曰东大食海，渡之而西则大食诸国也。大食之地甚广，其国甚多，不可悉载。又其西有海，名西大食海，渡之而西则木兰皮诸国，凡千余”。

西大通堡　明置，即今甘肃永登县西南河桥镇。《皇明职方地图》卷中：“西大通守备，万历年设。”《清一统志·凉州府二》：西大通堡“在平番县西南二百二十里。……城周一里有奇，设县丞分理。又设千总”。

西上阳宫　唐高宗龙朔后置，在今河南洛阳市城西洛水北岸，上阳宫之西。

西小江　即钱清江。在今浙江杭州市萧山区东南、绍兴市西北。《新五代史·吴越世家》：“（顾）全武执（董）昌归杭州，行至西小江”，即此。《资治通鉴》唐咸通元年（860）胡三省注：“西小江出诸暨，至钱清渡而东入于海。”

西口　指今山西境内长城诸口。以别于北口。

西口街　即今陕西镇安县东南西口回族镇。1946 年 8 月当地解放后设镇郧洵行政办事处（县级）治此。

西山　①在今北京市西。为西部诸山总称。系太行山支脉，其中以百花山、翠微山、卢师山、香山、玉泉山、妙锋山、潭柘山等最为著名。赵万里校辑《元一统志》卷 1 载金大定二十六年（1186）李晏所撰碑云：“天都右界，西山苍苍，上干云霄，腾掷而东去，不知其几千里。”《明一统志》卷 1 顺天府：西山“在府西三十里。《旧记》：太行山首始河内，北至幽州，第八陉在燕，强形钜势，争奇拥翠，云从星拱，于皇都之右”。

②在今河北邢台县西北。《资治通鉴》：五代梁乾化元年（911），晋王李存勖自柏乡乘胜攻邢州，“帝遣别将徐仁溥将兵千人，自西山夜入邢州，助王檀城守”。胡三省注：“西山即太行连绵至上党诸山。”《方舆纪要》卷 15 邢台县：封山“亦谓之西山。今自封山以西，绵延数百里，直至太行，皆西山矣”。

③在今河北唐山市。盛产煤。清光绪中始掘，属开州煤矿。1900 年属开滦煤矿。

④即房山。亦名王母山。在今河北平山县西北六十里王母观。《旧五代史·王镕传》：“西山多佛事寺，又有王母观，镕增置馆宇，雕饰土木。”即此。

⑤指太行山。《汉书·沟洫志》：王横曰：“禹之行河水，本随西山下东北去。”

⑥指今山西太原市西蒙山。《资治通鉴》：南朝陈天嘉五年（564），周师及突厥逼晋阳，周人“从西山下，去城二里许”。《方舆纪要》卷 40 太原府太原县：蒙山在“县西北五里。《隋志》：晋阳有蒙山，其山连亘深远，或以为北山，或以为西山”。

⑦一名翠屏山。在今山西朔州市西南。《魏书·刘显传》：东晋太元十二年（387），慕容垂遣兵讨刘显，“显奔马邑西山”。即此。

⑧即首阳山。在今山西永济市西南蒲州镇南。《史记·伯夷列传》：伯夷叔齐“义不食周粟，隐于首阳山，采薇而食之。及饿且死，作歌。其辞曰：登彼西山兮，采其薇矣”。即此。

⑨在今浙江温州市西。《方舆纪要》卷 94 温州府：西山在“府西三里，一名欧浦山。《志》云：山有十二峰，冈峦相属，耸秀奇胜。城西里许曰金丹山，亦有三峰并峙，即西山之东麓也。元末盗起，往往结营寨于西山，以窥府城”。山下系唐宋青瓷窑址所在。

⑩在今浙江龙泉市西。《清一统志·处州府》：真德秀故宅“在龙泉县西七十里。《旧志》：龙泉县西山，宋真德秀生于斯，后徙浦城不忘所自，因号曰西山，族人仍居于此”。

⑪在今浙江江山市城区西隅。《方舆纪要》卷93江山县：西山“在县治西。峰峦秀拔，下有须泉，一名梅花泉”。

⑫在今浙江嘉善县南。《方舆纪要》卷91嘉兴府嘉善县：西山在“县南十二里。即府东之西山也，为接境处”。

⑬在今福建建阳市西。《明一统志》卷76建宁府：西山“在建阳县西崇泰里。宋蔡元定结庐其上，后理宗御书‘西山’二大字表之，石刻尚存”。朱熹有诗。《方舆纪要》卷97建宁府建阳县：西山在“县西北七十里，周围百里，四面壁立，山顶平旷，中有良田数十亩，可耕可桑。其下涧水通舟，逶蛇旁达，顶有石城遗址，盖昔人筑之以避兵者。宋蔡元定读书于此”。

⑭在今江西吉水县西南。《明一统志》卷56吉安府：西山“在吉水县西南八十里。重冈叠巘，若屏障然。其间一峰独尖秀，曰望火楼。下有溪，东流为朗溪”。

⑮又名散原山、南昌山。在今江西新建县西。王勃《滕王阁序》：“滕王高阁临江渚，佩玉鸣鸾罢歌舞。画栋朝飞南浦云，珠帘暮卷西山雨。”《寰宇记》卷106南昌县：“天宝洞在城西八十里，西山最胜处。”《方舆纪要》卷84南昌府：西山“在城西大江之外三十里，一名厌原山，又名南昌山。高二千丈，周三百里，跨南昌、新建、奉新、建昌四县地”。

⑯在今山东武城县治。《方舆纪要》卷34恩县：西山“有岩壑之胜。旧县遗址在焉。或曰即紫微山也。唐天宝初，清河人崔以清妄言，见元元皇帝云。藏符在武城紫微山，即此”。

⑰在今湖北黄梅县西四十里。《方舆纪要》卷76黄梅县：西山“一名双峰。又名破额山。上有香炉峰、慈云塔，俗所称四祖道场也”。

⑱在今湖北荆州市荆州区（故江陵县城）西。《方舆纪要》卷78江陵县“东山”条下：“西山在城西。相连有八十八岭，沮漳之水由此入江。”

⑲亦名樊山、袁山。在今湖北鄂州市西四里。三国魏黄初元年（220）吴王孙权建避暑宫于此。东晋建武元年（317）名僧慧远又建寒溪寺。《舆地纪胜》卷81寿昌军：西山“在武昌西三里。一名樊山。旧名袁山”。宋苏东坡有《武昌西山》诗。光绪《武昌县志》卷1：西山，“今俗以九曲岭以上为西山。以临樊口者为樊山，与赤壁隔江相对”。

⑳在今湖南醴陵市西二里。一名靖兴山。《方舆纪要》卷80醴陵县：“西山在县西五里。相传李靖驻兵于此。石壁遗像犹存。”

㉑在今湖南永州市西。唐柳宗元有《始得西山宴游记》。

㉒一名水头山。在今湖南临武县西二十里。《方舆纪要》卷80临武县“舜峰山”条下：西山“为邑望山，水源多出于此”。

㉓在今广东云浮市西南。《清一统志·罗定州》：西山“在东安县西南，接肇庆府阳春县界。分上下二山，径路崎岖，峒落之民，恒守御于此。内有铜窝、铁顶、十二鸡头诸峰，半山有石泉，热可烹鲜”。

㉔在今广东梅县北。《方舆纪要》卷103程乡县“百花障山”条内：“县西十四里又有西山，峰峦尖耸，百有余丈。山址周回分为八重，县西之胜也。其相接者为李洋山。”

㉕在今广东阳春市西山坪镇。《清一统志·罗定州》：西山巡司“在东安县西南。本朝雍正八年移罗苛巡司驻此，改今名”。

㉖在今广东阳春市西。《清一统志·肇庆府》：西山“在阳春县西。《通志》：县境瑶山，西南有陈村、茶场、云洞、清湖、榕木、黄麖等二十二处，正西有栗子、湖峒、云雾、南埇、坐罗、庞峒等五十八处，西北有黎涝、通根、参峒等五处，共九十四处，统名曰西山。明嘉靖初，西山瑶‘贼’及德庆、新兴‘贼’为乱，侵掠高州几数十年。十二年都御史陶谐讨平之，捣巢一百二十有五，勒石西山”。

㉗一名立鱼峰。即今广西桂林市西三里西山。南宋范成大《桂林虞衡志》：立鱼峰“在西山后。雄伟高峻如植立一鱼。余峰甚多，皆苍石刻削”。《清一统志·桂林府一》：西山在“隐山之西。三峰连属：曰石鱼，曰观音，曰西峰。石鱼一作立鱼，高数十丈，缘磴而上绝顶，群山森然在目”。有唐代摩岩造像。

㉘即思陵山、思灵山。在今广西桂平市西五里。《明一统志》卷85浔州府：思灵山“又名西山。秀峙穹窿，映带府治。上有三清岩”。西山风景区成为旅游胜地。

㉙即今四川都江堰市西南青城山。《晋书·李雄载记》：“雄以西山范长生岩居穴处，求道养志，欲迎立为君而臣之。长生固辞。”后拜范长生为丞相，封为西山侯。

㉚即今重庆市铜梁县南，与大足县分界之巴岳山。清道光《铜梁县志》卷1：西山“在县南八十里，与东山对峙，约隔四十里。物产亦同。春夏之交，采茶者男妇如云，歌声抑扬，两山互应”。民国《铜梁县志》卷2：巴岳山“一名西山。斜亘西南与毓青山对峙”。

㉛在今重庆市万州区西。《舆地纪胜》卷177万州：西山“距州治二里。初泉荒草芜，郡守马元颖、鲁有开、元翰修西山池亭，种莲栽荔枝杂果凡三百本”。《方舆纪要》卷69万县“天城山”条：“又县西三里有西山。上有太白岩，以李白名。岩下有池，为登临之胜。”历为万州八景之一。在今六角亭内有北宋诗人黄庭坚书《西山碑》。

㉜亦名雪山。指今四川理县西南之邛崃山。《资治通鉴》：唐贞元九年（793）“剑南西山”。胡三省注：“西山即雪山。今威州保宁县有雪山，连乳川白狗岭，有九峰，积雪春夏不消。白狗岭

与雪山相连。”《方舆纪要》卷67威州：“雪山在州西南百里。……亦曰西山。杜佑曰：维州西南至白狗岭六十二里。西山八国诸蛮，皆以散居山旁而名。”

㉝即今重庆市垫江县西，与大竹、邻水分界之明月山。清光绪《垫江县志》卷1：西山在“县西十里，连峰叠嶂，由南至北，袤延五百余里，为县治祖龙”。山间有中嘴寨摩岩题刻群。

㉞在今云南弥渡县西北红岩西。《方舆纪要》卷117赵州：西山“在白崖川西。有毕钵罗窟，一名宾波罗窟，岩壑耸拔千余丈，有独木桥十余所，樵子最儇捷者，乃能履之而过，谓之仙桥”。

㉟在今陕西宝鸡市西北。《史记·秦本纪》：秦文公、宁公皆“葬西山”，即此。

㊱在今甘肃武威市西二十里。《清一统志·凉州府一》：西山“峰峦若莲花，峰下石五色成文，如兽形。一名莲花峰”。

西山八大处　在今北京市石景山区北部西山东麓翠微、平坡、卢师山之间。八大处指分布在三山间的八座寺庙，即长安寺、灵光寺、三山庵、大悲寺、龙王堂、香界寺、宝珠洞、证果寺。八大处即此八座寺庙的总称。

西山八国　指住牧于今四川羊拱山、鹧鸪山、邛崃山以西的八个部落。《新唐书·韦皋传》：贞元间，“西山羌女、诃陵、南水、白狗、逋租、弱水、清远、咄霸八国酋长，皆因皋请入朝。……乃诏皋统押近界诸蛮，西山八国、云南安抚司”。

西山大峒　即今广东郁南县南建城镇。明、清为西宁县治。《明史·地理志》西宁县：“万历五年十一月以泷水县西山大峒置。”

西山大洞等处长官司　元置，属思州安抚司。治所在今贵州从江县东南西山镇。后废。

西山万寿宫　即玉隆万寿宫。在今江西新建县西山。

西山支线　自今山西太原市至西山煤矿区白家庄。长19.4公里。为同蒲铁路支线。1934年建成。

西山北镇　即今河北易县西南六十里西山北乡。清同治《畿辅通志》卷54易州图：西南有东西山村。

西山寺　东晋建武元年（317）建。在今湖北鄂州市西四里西山东侧山腰。《名胜志》：“黄鲁直题牓，苏子瞻、张文潜皆有诗。”

西山阳洞长官司　明洪武初置，属思州宣慰司。治所即今贵州从江县东南西山镇。后废。永乐元年（1403）复置，属贵州卫。后属黎平府。清废。

西山村　即今河南洛宁县西南西山底乡。1947年河南革命根据地在此置洛南县。

西山城　①在今广东云浮市西南。清雍正八年（1730）移罗苛巡司于此，改名西山巡司。

②又称西城。唐时于阗国都城。在今新疆和田市西二十里约特干遗址。《新唐书·西域传》于阗：“或曰瞿萨旦那，亦曰涣那、曰屈丹，北狄曰于遁，诸胡曰豁旦。……其居曰西山城。”

西山遗址　在今河南郑州市西山，为新石器时代仰韶文化晚期遗址。发现有距今5000年的古城址。城址平面略呈圆形，直径约200米，城址面积约3.1万平方米。城墙筑造采用版筑法，残高3米。已发现东北和西北角两座城门，以及大批房基、窖穴、墓葬，出土了数千件陶、骨、蚌器及大量兽骨、植物种子等。西山遗址的发现对我国文明起源的研究有重要意义。1996年定为全国重点文物保护单位。

西山墟　在今广西贵港市西南。清光绪《广西舆地全图》贵县图：西南有西山墟。

西川　唐方镇名。至德二载（757）分剑南节度使西部地置剑南西川节度使，简称西川节度使。治所在成都府（治今四川成都市）。辖境屡有变动，长期领有成都府及彭、蜀、汉、眉、嘉、邛、简、资、茂、黎、雅以西诸州，约当今四川成都平原及其以北以西和雅砻江以东地区。广德中曾与东川合为剑南节度使，大历中复分置剑南西川节度使。元和初一度为刘辟所割据。唐末王建即以此为根据地建立五代前蜀。

西川水　即今陕西安塞县西南杏子河。《方舆纪要》卷57安塞县：西川水“在县（今沿河湾镇）东南。自保安县（今志丹县）境流入界，至县东南二十里，会小平川，入肤施县境，合于延水”。

西川县　三国魏置，属安定郡。治所在今陕西旬邑县西北。西晋后废。

西川河　又名博罗充克克河。即今青海湟水西源。《清一统志·西宁府一》：湟水，“《旧志》：西川水源出西塞外，东流由石峡入境，至卫西北，受北川水，又东合南川水而径城北，名西宁河”。

西川道　1914年由川西道改置，属四川省。治成都县（今四川成都市）。辖境约当今四川大金川以东，青川、江油、梓潼、绵阳、德阳、广汉、金堂、简阳以西，金川、小金、都江堰、崇州、新津、双流以北地区。1928年废。

西川路　北宋乾德三年（965）平后蜀并两川置，治所在成都府（今四川成都市）。开宝六年（973）析置峡西路。为至道十五路之一。辖境相当今四川盐亭、大竹、邻水、永川、合江以西，邛崃山、大雪山、大凉山以东和江油、北川以南地区。咸平四年（1001）分置益州路和梓州路。

西川镇海堡　即镇海堡。明置，属西宁卫。在今青海湟中县北湟水南岸镇海村。明《西宁卫志》卷2：西川在卫治西，“四十里有镇海城，万历二十一年拓建，置参将官”。

西门河　①在今湖南绥宁县西南。《方舆纪要》卷82绥宁县：西门河“在县（今寨市镇）西关外。其上源汇诸山溪之水，自西南而东北出，达于会同县之洪江。一名小洪”。

②在今贵州黄平县西北。即㵲阳河上源。《清一统志·镇远府》引《府志》：西门河“流径城南，折而东北，径偏桥诸葛洞会镇阳江，下流入湖南沅州

界，为濉溪之上源”。

西门豹祠　在今河南安阳市北三十二里丰乐村东。东汉时为纪念西门豹而建。《水经·浊漳水注》：“漳水自西门豹祠北，径赵阅马台西。”北宋嘉祐二年(1057)称为西门大夫祠。

西门渠　一名安泽陂。在今河北临漳县西南。《后汉书·孝安帝纪》:元初二年(115)，“修理西门豹所分漳水为支渠，以溉民田”。李贤注：“所凿之渠，在今相州邺县(今临漳县西南邺镇)西也。”《寰宇记》卷55邺县：西门桥，“按《邺城故事》云：西门豹为令，造十二渠决漳水以溉民田，因是户口丰饶。今渠一名安泽陂，齐天保五年仆射魏收为碑存焉”。

西门暗沙　在南海中中国中沙群岛内，位于中沙大环礁西北部边缘。东北与本固暗沙相距1.6海里，西南与华夏暗沙相距5.4海里。1947年公布名称为西门暗沙。

西义州　唐贞观四年(630)置，为羁縻州，属松州都督府。治所在今四川若尔盖县东境。八年(634)改为可州。

西义阳郡　南朝梁置，治所在今湖北随州市随县西北唐县镇。北周改为下溠郡。

西义桥　在今江苏淮安市淮阴区南。《方舆纪要》卷22淮安府：西义桥“在新城西门外，旧名西铁桥，为行旅辏集之所”。

西卫滩　在南海中中国南沙群岛西部，位于万安滩东北。南北长约16海里，东西宽约9海里。水深一般在56—93米之间，西北端最浅处为18.2米。1935年公布名称为比邻康索滩。1947年改名西卫滩。

西子湖　即西湖。在今浙江杭州市西。宋苏轼《饮湖上初晴后雨》:“欲把西湖比西子，淡妆浓抹总相宜。”后遂有“西子湖”之称。

西女国　西藏古代族部名。亦作女国。《北史·女国传》：“女国，在葱岭南。其国世以女为王，姓苏毗，字末羯。……恒将盐向天竺兴贩，其利数倍，亦数与天竺、党项战争。……隋开皇六年遣使朝贡，后遂绝。”西女国为隋、唐以前汉文史籍中对苏毗之旧称。隋唐以前之西女国在藏文史籍中即称苏毗，为西藏最初十余小邦中之强者，世以女性为首领，地在今西藏那曲地区西、北部，后为吐蕃所逼举部北迁至青海省境内。

西女学洞　在今陕西富平县北。唐杜光庭《东西女学洞记》:“长安富平县北定陵后通关乡，入谷二十余里，有二洞，一名东女学，一名西女学。其东女学崖壁悬绝，洞门在崖面，跻攀不及，夜往往闻读书之声；其西女学约山有路，可到洞门，近门一石室，可容一二十人，其洞门时有人秉烛可入，行一二十里，两面有五门，皆各有题记。”

西乡　①即今广东深圳市宝安区西北西乡镇，临西乡河。清康熙《新安县志》卷3:“西乡河在县西十里。发源阳台大髻婆、大小芳诸山……经西乡入后海。”

②即今广西灵山县西一百四十里太平镇。明、清置西乡巡司于此。

西乡县　①西晋太康二年(281)改南乡县置，属汉中郡。治所在今陕西西乡县南十五里。北魏正始间废。隋大业二年(606)复改丰宁县为西乡县，为汉中郡治。治所即今西乡县。唐为洋州治。天宝元年(742)为洋川郡治。后属洋州。元属兴元路。明、清属汉中府。民国初属陕西汉中道。1928年直属陕西省。

②东晋永和八年(352)侨置，属宁蜀郡。治所在今四川双流县境。南齐废。

西乡侯国　西汉置，属涿郡。治所在今北京市房山区西南长沟镇东侧土城。《汉书·王子侯表》：初元五年(前44)，封广阳顷王子容为西乡侯国。东汉废。

西丰(豐)县　①三国蜀改毋棳县置，属兴古郡。治所在今云南华宁县南境。西晋泰始五年(269)复为毋棳县。

②西晋太康初改西平县置，属临川郡。治所在今江西抚州市临川区西南五十里。隋开皇九年(589)并入临汝县。

③清光绪二十八年(1902)析大围场西流水垦地置，属海龙府。治所在淘鹿(今辽宁西丰县)。清《西丰乡土志》:“盛京将军依克唐阿奏请弛禁招垦，本境隶分水岭之西，因称为围场西流水，二十八年秋设县治，名其县曰西丰。”民国初属奉天辽沈道。1929年直属辽宁省。

西天　指西域，包括今中亚及南亚次大陆在内。为古代中国佛教徒西行求法取经经历之处，汉文佛教著作中多称之为“西天”。

西天目山　天目山的西支。在今浙江临安市西北六十二里。主峰仙人顶海拔1507米。《明史·地理志》：天目山“在于潜县境者为西天目”。为避暑胜地。今为国家级自然保护区。

西天寺造像　在今山东淄博市临淄区齐都镇西关村北。西天寺是南北朝时期十六国后赵皇帝石虎所建，初名为兴国寺，后改为广化寺，几经兴废。北魏时期达到鼎盛，寺院南北跨1.5公里，是当时国内寺庙建筑中规模较大、佛像数量较多、香火较盛的一座。明初在广化寺旧址上重新建寺，更名为西天寺。西天寺造像高5.6米，是华东地区现存最大的单体石佛造像，俗称“丈八佛”“无量寿佛”。2006年定为全国重点文物保护单位。

西无棣县　元初分无棣县置，属沧州。治所在今河北盐山县东南旧庆云。后并入乐陵县。寻复置。明永乐初避讳，改名庆云县。

西扎鲁特旗　即内蒙古昭乌达盟扎鲁特右翼旗。

西五台(臺)　即莲峰山。在今甘肃渭源县东南。《清一统志·巩昌府》：马鹿山“一名莲峰山，亦名西五台。怪石林立，草木芬芳，为一方之胜”。

西五铺　即今安徽濉溪县南五铺。旧属宿州，为通河南商丘孔道。清光绪《宿州志》卷3：西五铺集“至城五十里”。

西不羹城　在今河南襄城县东南二十里。《汉书·地理志》颍川郡襄城县：“有西不羹。”《水经·汝水注》：“汝水又东南流，径西不羹城南。……《东观汉记》曰：‘车骑马防以前参药，勤劳省闼，增封侯国襄城羹亭千二百五十户。’即此亭也。”

西太平县　东魏置，为龙门郡治。治所在今山西河津市境。北齐废。

西犬丘　在今甘肃天水市西南九十里。原名犬丘，因其东另有一犬丘，故称西犬丘。《史记·秦本记》：秦庄公伐西戎，破之，周宣王予大骆、犬丘之地，为“西垂大夫”。庄公居其故“西犬丘”。即此。后人遂称西犬丘为西垂。春秋时或称西邑。

西屯镇　亦名西屯堡。即今甘肃灵台县西北三十里西屯乡。《清一统志·泾州二》：西屯镇，“《县志》：唐郭子仪遣将白元光破吐蕃屯兵处，遗址尚存”。

西瓦亭　在今宁夏西吉县东南将台乡。《资治通鉴》：唐贞观二十年（646），太宗“逾陇山，至西瓦亭，观马牧”。《清一统志·平凉府二》：“《旧志》，今隆德县西北四十里有牛营砦，相传牛邯军此，盖西瓦亭也。”

西中县　南齐改西安县置，为兴古郡治。治所在今云南文山县境。南朝梁末废。

西中岛　一作中岛山。在今辽宁瓦房店市西南渤海中。清乾隆《钦定盛京通志》卷25：“中岛山在（复州）城西南一百二十里”。

西内　在今陕西西安市北，唐长安宫城内。本隋唐之正宫，隋称大兴宫，唐称太极宫。高宗移居大明宫后，习称大明宫为东内，太极宫为西内。此后天子虽以居东内为常，遇大典则移居西内。宋敏求《长安志》卷6：“龙朔后，天子常居大明宫，乃谓此宫曰西内，神龙元年又改曰太极宫。”

西冈湖　在今江西分宜县南。《方舆纪要》卷87袁州府分宜县：西冈湖“在县北二里。广六十丈，灌田数百亩”。

西水　即今四川南部县西之西河。《寰宇记》卷86西水县：“西水北自剑州来，东南入晋安县界。”又新政县下载：“西水在县东三十五里，东南流入嘉陵（江）。”

西水关　明初建。在今江苏南京市水西门南侧。为内秦淮河出城口。清道光《上元县志》卷4山川：淮水（秦淮水）有二源，“至方山埭合流，由东水关入城，出西水关，沿石城西北，以达于江”。中华人民共和国成立后被拆除。

西水江　在今广西恭城瑶族自治县西。《明史·地理志》恭城县：“西南有西水江。”《清一统志·平乐府一》：西水江“在恭城县西。源出县西北黄山，南流至平乐界入乐川”。

西水县　北周闵帝元年（557）置，属金迁郡。治所在今四川剑阁县（下寺镇）西南金仙镇。《寰宇记》卷86西水县：“以界内西水为名。”隋开皇初属隆州。大业元年（605）以水害迁彭定故宅（今南部县西北一百四十里西河乡）。三年（607）属巴西郡。唐武德初属隆州，天宝初属阆中郡，乾元初属阆州。元世祖至元二十年（1283）并入南部县。

西水砦　在今河北易县西南八十里狼牙山上，四面险绝，唯一径攀援于上。《明史·恭闵帝纪》：建文三年（1401），“大同守将昭帅兵由紫荆关趋保定，驻易州西水砦”。即此。

西仁州　唐贞观元年（627）置，为羁縻州，属松州都督府。治所在今四川松潘县西境。八年（634）改为奉州。

西什库教堂　在今北京市西城区西四东西什库大街。清光绪十三年（1887）府右街蚕池口天主教堂迁建于此，几经扩建，成为北京最大的天主教堂。相对于宣武门内的教堂，被俗称为北堂。大堂为哥特式建筑，建筑面积2200平方米，堂内有主祭台和配台。1900年义和团曾与法国武官率领的侵略军激战于此。教堂保存完好。2006年定为全国重点文物保护单位。

西公旗　即内蒙古乌拉特前旗。

西仓镇　在今江苏无锡市锡山区东安镇南。清光绪《江苏全省舆图》金匮县图：东南有西仓。民国《江苏六十一县志》：无锡县东有“西仓镇”。

西月岛　在南海中中国南沙群岛内，位于太平岛东北56海里。岛长约700米，面积约0.16平方公里。岛上树木茂盛。周围海域是良好的渔场。中国渔民向称红草峙。1947年公布名称为西月岛。

西月河　即今青海称多县西北之细曲（一说即扎曲，今称多县东雅砻江上源扎曲）。《新唐书·地理志》鄯州鄯城县：“又渡西月河，二百一十里至多弥国西界。”

西乌珠穆沁旗　即乌珠穆沁右翼旗。后金崇德六年（1641）置，驻地在今内蒙古西乌珠穆沁旗北。以游牧地处乌珠穆沁部西部，故名。1956年恢复西乌珠穆沁旗，治王盖庙（1966年改名巴彦乌拉）。

西六宫　在今北京市故宫西侧，包括永寿宫、翊坤宫、储秀宫、太极殿、长春宫、咸福宫。明永乐十八年（1420）建成，清代曾予重修。明朝时为嫔妃居住之所，清朝后妃居此。永寿宫，明初称毓德宫，后改今名。储秀宫，明清两代为后妃居住之所。清时慈禧入宫为兰贵人，在此生同治皇帝，慈禧五十寿辰后在此居住。翊坤宫，清光绪年间慈禧太后住储秀宫时，每逢节日在此接受嫔妃朝拜。太极殿，明初称未央宫，嘉靖改称启祥宫，清改今名。明隆庆皇帝生于此，万历皇帝以此处为寝宫。长春宫，明初称永宁宫，清康熙二十六年（1687）重建，乾隆帝后曾居住于此。咸福宫为皇贵妃居所。

西火镇　清置，属长治县。即今山西长治县东南西火镇。清乾隆二十九年（1764）移县丞驻此。民国设县佐。

西巴尔图卡伦　清道光二十七年（1847）设，在今内蒙古呼伦贝尔市新巴尔虎右旗西北巴小图泉东岸。见民国《黑龙江志稿》卷33《武备志·兵事》。

西邓柯宗　民国时由西藏地方政府占据，治所即今四川石渠县南洛须镇。

西双版纳　在今云南南部。傣语“西双”为自然数十二，“版纳”意即千田，但仅表明多，指宽阔区域，并非整整一千。后用作“采邑”之意，亦即提供贡赋的单位。“西双版纳”即十二版纳。版纳的划分早就出现。但不同时期又有变化。明隆庆六年（1572）划为江内六版纳，江外六版纳，共十二版纳。清乾隆五十年（1785）对十二版纳又略作调整。1953年设西双版纳傣族自治区，辖景洪、勐旺、勐养、勐笼、勐海、勐混、勐阿、勐遮、景墩、勐腊、勐捧、易武等十二个版纳，加上格朗和哈尼族自治区、易武瑶族自治区和布朗山区共十五个区级行政单位。1957年并为景洪、勐海、勐遮、勐腊、易武五个县级版纳。1958年改县。

西正阳镇　又名正阳镇。在今安徽颍上县东南颍河入淮之口。《清一统志·颍州府一》：正阳镇，“《县志》：正阳镇即古颍口，亦谓之西正阳。以寿州亦有正阳镇在东也”。

西古城　①在今安徽凤阳县东北。《方舆纪要》凤阳府凤阳县：“西古城在府治东十八里临淮之西，盖南北相争时军垒也。”

②在今山东淄博市东临淄北八里，即临淄故城。稍东又有东古城。

③在今云南澄江县西四里。《方舆纪要》卷115澂江府河阳县：西古城“在县治西。元时筑，遗址犹存”。

西古城遗址　在今吉林和龙市东北西城镇北古城村。为唐渤海国中京显德府城垣遗址。有内、外城。外城周2700米。内城在外城中央偏北，周长1000米；有宫殿遗址，出土唐渤海国时代文物。

西古复（復）县　南朝宋析姑复县西部置，属云南郡。治所在今云南永胜县西部。南朝梁末废。

西左翼后（後）旗　俗称宗扎萨克旗。即和硕特西左翼后旗。在今青海都兰县西南雄曲卡一带。

西右翼中旗　俗称吉爱尔扎萨克旗。即和硕特西右翼中旗。在今青海格尔木市南什来北一带。

西右翼后（後）旗　俗称巴隆扎萨克旗。即和硕特西右翼后旗。在今青海都兰县西南巴参一带。

西右翼前旗　俗称默勒扎萨克旗。即和硕特西右翼前旗。在今青海祁连县西南。

西石　即今南海中中国南沙群岛之福禄寺礁。1935年公布名称为西石或神女庙石。1947年改名福禄寺礁。

西石山　一名马鞍山。在今海南省海口市琼山区西四十里石山镇。《舆地纪胜》谓之马鞍山。《方舆纪要》卷105琼山县：西石山“山多石，下有洞，容数百人，出泉甚清洌。顶上有井，源与海通。其西南一里有递莲洞，自石门入，径窦委曲，大小凡五洞，甚深邃，容数千人。上有一门，透露天日。旁一洞深黑，可三十许里，曾有人避难于此”。

西石孔州　即西石乳州。在今四川宝兴县境。

西石乳州　唐天宝前置羁縻州，属雅州都督府。治所在今四川宝兴县境。后废。

西石桥　即石桥。在今陕西华县西石堤河上。

西石桥水　在今陕西华县西。《水经·渭水注》：“渭水又东，西石桥水南出马岭山，积石据其东，丽山距其西，源泉上通，悬流数十，与华岳同体，其水北径郑城西，水上有桥，故世以桥名水也，而北流注于渭。阚骃谓之新郑水。”

西布（佈）江屯　亦作西步江。即古斐优城。在今吉林珲春市西南三家子满族乡古城村。清光绪《吉林通志》卷17珲春城：“西南距城二十里西布江屯。俗呼高丽城，吉、朝通商局靖边防军驻此。有图们江官渡口通朝鲜庆源府路。”

西布特哈地方　清光绪三十二年（1906）置西布特哈总管，属黑龙江将军。治所在伊倭齐（今内蒙古莫力达瓦达斡尔族自治旗）。后废。1915年于此置布西设治局。

西龙门郡　唐武德元年（618）改龙门郡置，治所在江油县（今四川平武县东南南坝镇旧州）。辖境相当今四川平武县及青川县、江油市部分地。贞观元年（627）改为龙门州。

西平州　①唐武德四年（621）置，属戎州都督府。治所在附唐县（今贵州兴义市）。贞观八年（634）改为盘州。

②亦作西坪州。唐武德七年（624）置，治所在义清县（今四川广元市东南一百三十里）。辖境相当今四川广元市东南，苍溪县、阆中市东北部地。贞观二年（628）废。

③唐置羁縻州，属安南都护府。治所在今越南谅山省谅山东北。北宋属邕州左江道。元属思明路。明洪武三年（1370）废。永乐二年（1404）复置，属思明府。宣德元年（1426）废。

西平县　①西汉置，属汝南郡。治所在今河南西平县西七十里。《水经·㵐水注》：“其西吕墟即西陵亭也。西陵平夷，故曰西平。”北魏徙今西平县西三十九里师灵镇，属襄城郡。北齐属文城郡。隋属汝南郡，大业末废。唐武德四年（621）复置，属道州。贞观元年（627）废。天授二年（691）复置，属豫州。宝应元年（762）属蔡州。北宋徙治今西平县。元属汝宁府。民国初属河南汝阳道。1927年直属河南省。

②三国吴太平二年（257）分临汝县置，属临川郡。治所在今江西抚州市临川区西南五十里。西晋太康初改为西丰县。

③三国吴析高凉县置，属高兴郡。治所在今广东阳江市西北。南朝宋废。

④西晋末置，治所即今广西西林县东南西平。南朝梁废。

⑤东晋安帝时因秦雍流民置，属怀宁郡。治所在

今四川成都市南。北周废。

⑥北魏置，属南阳郡。治所在今河南南阳市西北。北周废。

⑦南朝梁置，为北江州齐兴郡治。治所在今湖北武汉市黄陂区北。北齐废。

⑧唐武德五年（622）改高凉县置，属高州。治所在今广西阳江市西。贞观二十三年（649）为恩州治。后废入恩平县。

⑨唐贞观七年（633）置，属龚州。治所在今广西平南县西南。贞观十二年（638）省入平南县。

西平林县　南朝宋改平林县置，属随阳郡。治所在今湖北随州市西南古城乡（古城畈）；一说今随州市东北八十八里。南齐复改平林县。

西平昌县　东汉改平昌县置，属平原郡。治所在今山东临邑县北德平镇西南三十里。因北海郡有平昌，故此加西。东晋废。北魏太和二十二年（498）复置，永熙二年（533）徙今临邑县东北平昌故城，复改平昌县。

西平府　北宋咸平五年（1002）西夏李继迁攻陷灵州，改为西平府。治所在今宁夏吴忠市北。六年曾建都于此。明道元年（1032）改置翔庆军。元复为灵州。

西平驿　在今广东阳江市东。《方舆纪要》卷101阳江县：西平驿“在县治东。洪武初置，万历中改曰平豆驿”。

西平城　十六国汉置，在今山西临汾市西北四十里。《资治通鉴》：东晋永嘉六年（312），汉主刘聪以“济南王骥为征西将军，筑西平城以居之”。即此。

西平亭　即今青海西宁市旧城。《水经·河水注》：“湟水又东，牛心川水注之。水出西南远山，东北流径牛心堆东，又北径西平亭西，东北入湟水。湟水又东径西平城北，东城即故亭也。”

西平郡　①东汉建安中分金城郡置，属凉州。治所在西都县（今青海西宁市）。辖境相当今青海湟源、乐都两县间湟水流域。十六国南凉太初元年（396）秃发乌孤建都于此。北魏废。

②西晋永嘉五年（311）置，治所在西平县（今广西西林县东南西平）。南朝梁废。

③隋大业初改鄯州置，治所在湟水县（今青海乐都县）。辖境相当今青海门源、湟源、尖扎以东地。唐武德二年（619）复改鄯州，天宝初改为西平郡，乾元元年（758）又改为鄯州。

西平砦　在今江西泰和县东南。南宋绍兴中置巡司于此。明洪武十五年（1382）裁。

西平寨　在今贵州瓮安县西。《明史·方瑛传》：景泰五年（1454），“四川草塘苗黄龙、韦保作乱，自称平天大公，剽播州西坪、黄滩”，即此。

西东垣县　东晋义熙十二年（416）置，属河南郡。治所约在今河南新安县。北魏泰常八年（423）废。

西北地郡　北魏置，属豳州。治所在彭阳县（今甘肃庆阳市西峰区北彭原乡）。隋开皇初废。

西北旺　在今北京市海淀区东北十六里。初名西百望，因位于百望山之西而名。清初百望山改名望儿山，西百望随之改名西北旺。

西北河　在今湖北咸丰县西。《方舆纪要》卷82大田所：西北河在“所西二十里。有二溪合流，下入山洞中。其上有石如桥，高十余丈，名天生桥”。

西北路招讨司　①辽置，总领漠北阻卜（达旦）诸部。治所在镇州建安军（可敦城），即今蒙古国布尔根省青托罗盖古城。余靖《武溪集》卷17《契丹官仪》：“其西北招讨掌挞笪边事。”史愿《亡辽录》：“沙漠府，控制沙漠之北，置西北路都招讨府。”辖境相当今蒙古国色楞格河流域以西地区。后废。

②金初置，治所在燕子城（后置抚州，今河北张北县）。大定间迁桓州（今内蒙古正蓝旗北四郎城）。后废。

西旧府　在今辽宁彰武县东北后新秋西北。清为内蒙古哲里木盟科尔沁左翼前旗驻地。

西归水　即今湖北省东北部之倒水。《宋书·夷蛮》：西阳有“西归水”。即此。

西且弥国　汉西域国名。属西域都护府。国都在天山东于大谷（今新疆呼图壁县南）。

西由场　即今山东莱州市北五十里西由镇。金置镇，属莱阳县。《清一统志·莱州府二》引元傅梦弼《西由场文庙记》：“莱之北鄙仅五十里曰西由镇，建盐司，司总八场，岁办盐筴凡二万五千计。”清时设盐大使于此。

西由镇　金置，属莱阳县。即今山东莱州市北五十里西由镇。

西冉州　唐贞观六年（632）以徼外敛才羌地置羁縻州，属茂州都督府。治所在今四川黑水、红原县境。九年（635）改为冉州。

西付集　即今河北大名县东南四十里西符集乡。明正德《大名府志》卷1：元城县有西付集。

西白河　即今内蒙古喀喇沁旗东锡伯河。《清一统志·喀喇沁部》：西白河“右翼郡王所驻。源出卯金插汉拖罗海山，东北流入翁牛特右翼界”。

西乐设治局　1943年1月由托索湖、长石头山一带析置，治所在长石头（在今青海玛多县东）。1946年2月裁撤。

西乐城　在今陕西勉县西南。《三国志·蜀书·后主传》：建兴七年（229），“亮徙府营于南山下原上，筑汉、乐二城”。东晋常璩《华阳国志》卷2汉中志城固县：“蜀时以沔阳为汉城，城固为乐城。”《水经·沔水注》：“沔水又东径西乐城北，城在山上，周三十里，甚险固。城侧有谷，谓之容裘谷，道通益州。”《方舆纪要》卷56谓“此即汉城也。对乐城而言，故曰西乐”。

西乐堡　明置，属镇番卫。在今甘肃民勤县西。

《方舆纪要》卷63镇番卫：西乐堡“在卫西”。

西尔根 即今黑龙江省呼玛县北金山乡。旧为呼玛县治。民国徐曦《东三省纪略》2：“县治土名西尔根。”

西尔根特卡伦 清光绪末置，属瑷珲副都统。在今黑龙江省呼玛县南三卡乡红星村。后废。

西市 ①汉长安市场之一。《汉书·惠帝纪》：六年（前189），“起长安西市”。《三辅黄图》、《长安志》均以西市为长安九市之一。《文选·两都赋》李善注引《汉宫阙疏》曰：“长安立九市，其六市在道西，三市在道东。”或说西市是指长安洛城门外杜门大道西侧六市的合称。

②唐长安城（今陕西西安市）两大市场之一。在长安城西部，西接群贤、怀德二坊，东连延寿、光德二坊，北邻醴泉坊，南靠怀远坊。徐松《唐两京城坊考》卷4：西市“南北尽两坊之地，市内有西市局、市署、平准局、衣肆、鞦辔行、秤行……”据《考古》1963年第11期《唐长安城考古纪略》载：“西市平面呈长方形，南北长1031米，东西广927米。市的北、东两面尚有夯筑的围墙基址，墙基宽皆4米许。市内有南北向的和东西向的平行街道各两条，宽皆16米，四街交叉呈‘井’字形。南北向的两街相距309米，东西向二街相距327米。……将整个市界内画成九个长方形，每方的四面都临街。当时的铺店即可设在各方的周围。”

③唐东都三市之一。在唐东都城固本坊，今河南洛阳市隋唐故城西南部。三市中西市存在的时间最短，唐天授三年（692）置，不久即废。武后长安四年（704）复置，玄宗开元十三年（725）又废。

西市新城 在今甘肃榆中县东北十里三角城。宋时西夏置。《宋史·神宗纪》：元丰四年（1081），“熙河经制李宪败夏人于西市新城”。即此。

西市镇 北宋置，属上洛县。在今陕西商洛市西二里。

西兰州 元置，属庆远南丹州安抚司。治所在今广西凤山县境。明洪武初废入东兰州。

西汉水 即今四川嘉陵江。一名漾水。《汉书·地理志》陇西郡西县：“《禹贡》：嶓冢山，西汉所出，南入广汉白水，东南至江州入江，过郡四，行二千七百六十里。”《水经·漾水注》：“今西县嶓冢山，西汉水所导也。”又云：“汉水又南入嘉陵道，而为嘉陵水。”《明史·地理志》阆中县：“南有嘉陵江，即西汉水，自陕西宁羌州流入，至巴县合大江，亦曰阆水，又曰巴水，其下流曰渝水。”

西汉帝陵 在今陕西省西安市和咸阳市。包括西安市灞桥区的汉文帝霸陵和咸阳市黄土塬上的惠帝安陵、景帝阳陵、昭帝平陵、元帝渭陵、成帝延陵、平帝康陵、哀帝义陵共八组帝、后陵园、陵邑及陪葬墓、丛葬坑等。帝、后陵园平面呈方形或近方形，四面有门，门前有阙。霸陵因山为陵，其余帝后陵有高大的覆斗形封土，底部方形或近方形。如阳陵边长418米，周围有墙，宽3.5米，封土底边长170米，高约32米。在陪葬墓和丛葬坑中发掘出土大量珍贵文物，以造型逼真的陶人、动物俑以及精致的生活用具、工具、车马器、武器等为代表。西汉帝陵规模宏大，布局严谨，随葬品丰富，是封建时代墓葬的最高形式，具有重要的历史、文化和科学研究价值。2001年定为全国重点文物保护单位。

西宁卫 明洪武六年（1373）改西宁州置，属陕西行都司。治所即今青海西宁市。辖境相当今青海湟水流域及大通河中下游的一带。清雍正二年（1724）改为西宁府。

西宁水 即今江西宜黄县南黄水。《寰宇记》卷110抚州崇仁县：西宁水“在县西南一百七十里。源出仙盖乡，沿流至县入汝水”。《清一统志·抚州府一》：西宁水“在崇仁县西南。……《县志》，源出华盖山东北趾，沿流而下，至官洲入宝唐水”。

西宁市 1945年于西宁县置，为青海省会。治所即今青海西宁市。1956年升为地级市。

西宁关 一作西平关。明置，属松潘卫。在今四川松潘县南三十里。明曹学佺《蜀中广记》卷31《边防记》：“《四夷考》曰：南路自西宁关起以至平定关，河东大姓属牛毛土官管辖，河西小姓属羊毛土官管辖，即《志》所谓牛脑、羊脑也。”

西宁州 ①北周天和五年（570）改严州置，治所在越巂县（今四川西昌市）。辖境相当今四川西昌市及越西、冕宁、德昌等县地。寻复为严州。隋开皇六年（586）复为西宁州。十八年（598）改为巂州。

②唐武德七年（624）析南宁州置，治所在梁水县（今云南江川县东南旧州）。辖境约当今云南华宁、江川、通海等县及玉溪市地。贞观八年（634）改为黎州。

③北宋崇宁三年（1104）置，治所在青唐城（今青海西宁市）。取西部安宁之义。辖境相当今青海西宁市及大通回族土族自治县、互助土族自治县、湟中县等地。后属西夏。元仍为西宁州，属甘肃行省。明洪武六年（1373）改为西宁卫。

④金贞祐四年（1216）升西宁县置，治所在今甘肃会宁县东三十里张城堡。辖境相当今甘肃会宁、通渭等县部分地。金末降为西宁县。

⑤元初改镇宁州置，属真定路。治所即今河北鹿泉市。辖境相当今河北鹿泉市地。太宗七年（1235）复为获鹿县。

西宁县 ①三国吴太平二年（257）分临汝县置，属临川郡。治所在今江西崇仁县南六十三里。因西宁水得名。西晋末废。南朝梁大同二年（536）复置，属巴山郡。隋开皇九年（589）废入崇仁县。

②东晋成帝时置，属西平郡。治所在今云南富宁县东北。南朝宋后期一度废，南齐复置。南朝梁末废。

③南朝梁、陈时置，属象州。治所在今广西象州县南。隋大业二年（606）废。唐武德四年（621）复置，属象州。贞观十二年（638）废。

④金置，属秦州。治所在今甘肃会宁县东三十里张城堡。贞祐四年（1216）升为西宁州。金末复为县，属会州。元初移会州治此。世祖至元七年（1270）省入会州。今废址犹存。

⑤明万历五年（1577）置，属罗定州。治所在今广东郁南县南建城镇。明郭子章《郡县释名》广东卷：西宁县，“明万历间罗旁平定，以大冈乡地置县，罗旁之西以宁也”。1914年改为郁南县。

⑥清康熙三十二年（1693）置，属宣化府。治所即今河北阳原县（西城镇）。1914年改为阳原县。

⑦清雍正二年（1724）置，为西宁府治。治所即今青海西宁市。设西宁镇总兵驻此。民国初为西宁道治。1928年为青海省会。1944年于此置西宁市。1946年迁治鲁沙尔，改名湟中县。

西宁府 ①元至正二十一年（1361）朱元璋改南康路置，治所在星子县（今江西星子县）。辖境相当今江西星子、永修、都昌等县地。不久又改为南康府。

②清雍正二年（1724）改西宁卫置，属甘肃省。治所在西宁县（今青海西宁市）。辖境相当今青海西宁市及门源、贵德、互助、乐都、民和、化隆、尖扎等县地。1913年废。

西宁河 即湟水。在今青海东部。《明一统志》卷37：西宁河“在西宁卫城北。源出热水山，北流五里经伯颜川，又合那海川，流五百里入黄河”。

西宁堡 ①明置，属广宁卫。即今辽宁盘山县东南西牛堡城子。明《辽东志》卷3：“西宁堡官军四百七员名，堡东布花堡可屯兵，堡西河湾空可按伏。”

②即今四川雷波县东北西宁镇。清嘉庆《马边厅志》：西宁堡“去边城九十里。在屏山乡与黄螂交界，今为汛防，建有场市”。

西宁道 1913年由海东道改置，属甘肃省。治西宁县（今青海西宁市）。辖境约当今青海门源、大通、湟源、贵德、贵南以东，贵南、同仁以北地区。1927年废。

西宁隘 亦名西平隘。在今四川雷波县东北一百里。《清一统志·叙州府二》：西平隘“与马边厅接界，为番民出入之道，有把总驻守”。

西宁镇 亦作西安镇。在今江苏靖江市西，接泰兴市界。《清一统志·常州府二》“新丰镇”条下：“又有西善镇，在（靖江）县西四十五里。旧名镇海市，距通州泰兴新市五里。民居稠密，百货骈集，为邑巨镇。”

西辽国 宋时我国契丹族所建国。又称黑契丹、哈喇契丹、合剌乞答。公元1124年辽宗室耶律大石自立为王，率部西征西域。公元1132年在起儿漫（今乌兹别克斯坦布哈拉东北）称帝，号葛儿罕，汉号天祐皇帝，改元延庆。延庆三年（1133）建都于虎思斡耳朵（今吉尔吉斯斯坦托克马克以东楚河南岸）。疆域包括今新疆维吾尔自治区西至阿姆河广大地区。为中亚大国。公元1211年政权为乃蛮王屈出律夺取。自耶律大石西迁至此，有五帝八十八年。屈出律仍用西辽称号，公元1218年为蒙古成吉思汗所灭。

西辽河 辽河西源。在今内蒙古东部。有二源：北源西拉木伦河出克什克腾旗西南白岔山，南源老哈河出河北省平泉县光头山，两河在开鲁县西南合流后，称为西辽河，东流南折入辽宁昌图县西古榆树附近与东辽河汇合为辽河。光绪《大清帝国全图》盛京省西北有西辽河。《清史稿·地理志》昌图府辽源州：“西辽河即西喇木伦河。”

西辽城 在今江苏淮安市楚州区东二里。《方舆纪要》卷22淮安府“拓塘城”条下：西辽城“相传唐太宗征辽时，征兵屯此，因名”。

西戎 唐代汉文史籍中偶对吐蕃的泛称。《旧唐书·吐蕃传》：“西戎之地，吐蕃是强。”此泛指今西藏及藏族各聚居地区。

西戎州 唐贞观五年（631）以拓拔赤词部落置。初为都督府，后为羁縻州，属安定州都督府。当在今甘肃庆阳市境。后废。

西戎校尉府 北魏时置，在鄯善国扜泥城（今新疆若羌县）。《魏书·西域传·鄯善》：世祖“拜交趾公韩拔为假节、征西将军，领护西戎校尉、鄯善王以镇之，赋役其人，比之郡县”。

西圩 在今安徽望江县北。《方舆纪要》卷26望江县：西圩在“县东北六十里。周三十余里。堤长三千九百七十余丈，高二丈。圩中田三万七千余亩。《志》云：孙吴时屯皖口，得谷数万余，即此圩也”。

西场 在今山西运城市西南。明初将元代在盐池所设地紫泉、会明二场合并，称西场。民国初并入解池场。

西场墟 即今广西合浦县西南八十里西场镇。清雍正《广东通志》卷18：合浦县有西场墟。

西场寨 明崇祯中置，即今广西合浦县西南西场镇。《清一统志·廉州府》：白龙寨“又西为西场寨，接钦州境”。

西场镇 即今江苏海安县东西场镇。旧属如皋县，明、清置巡司于此。

西吉屿 在今台湾省澎湖县东南。清蒋毓英《台湾府志》卷3：西吉屿“横直不上里许”。

西吉州 唐贞观五年（631）置，为羁縻州，属松州都督府。治所在今四川若尔盖县东境。八年（634）改为懿州。

西吉县 1942年析海原、固原、隆德三县置，属甘肃省。治所在穆家营（今宁夏西吉县）。以当地回族中最大教派哲赫忍耶活动中心“西吉滩”为名。1958年改属宁夏回族自治区。

西老府 即今内蒙古赤峰市西南西老镇。清为翁牛特右翼旗驻地。

西巩县 南朝宋置，属高凉郡。治所当在今广东阳春或恩平、阳东等市县境。南齐以后废。

西巩驿 即今甘肃定西市东西巩驿镇。《清一统志·巩昌府二》：西巩驿“在安定县东七十里西巩镇，路通固原，有驿丞，今裁。有西巩递运所”。

西成皋县 东魏天平元年（534）析成皋县置，为北豫州及成皋郡治。治所在今河南荥阳市西北汜水镇西北。北齐废。

西光城 在今河北东光县西三里。《寰宇记》卷68东光县：“西光城，《隋图经集记》曰：后魏孝昌三年，葛荣略其地，对东光筑城以据之，故名。”清光绪《东光县志》卷1：“按，今邑西虽无城形，而地多冈阜，想即当年遗址。”

西曲阳县 东汉改曲阳县置，属九江郡。治所在今安徽淮南市东南。三国魏属淮南郡。东晋废。

西曲城县 北魏皇兴中改曲城县置，属东莱郡。治所在今山东招远市西西曲成。北齐废。

西团 即今江苏大丰市西南西团镇。旧属东台县。清嘉庆《东台县志》卷8：县北“八十里团曰西团（今草堰场商垣移设在此）”。

西团山遗址 在今吉林省吉林市西南船营区欢喜乡吉兴村。1950年发掘后，以西团山遗址为代表的考古学遗存被命名为西团山文化。遗址包括生活居址和墓地，总面积4万余平方米。墓葬为石棺墓，大多为长方形，用板石立砌、块石垒筑，地表不见封堆。墓葬基本为三种，即长方形有副棺石棺墓和无副棺石棺墓及正方形小石棺墓。葬式多仰身直肢，头朝山顶。西团山文化是我国东北地区第一个命名的考古学文化，具有浓郁的地方特点。作为西团山文化最具代表性的墓地之一，在东北地区青铜文化研究中占据重要地位，具有广泛的影响。2001年定为全国重点文物保护单位。

西团镇 即今江苏大丰市西南二十二里西团镇。旧属东台县，1942年划归台北县（后改名大丰县）。

西屿 ①在今湖南长沙市西岳麓书院之右。《清一统志·长沙府一》：西屿“宋张栻、朱子讲学时所名也”。

②即今台湾省澎湖县西渔翁岛。清蒋毓英《台湾府志》卷3：西屿头屿“中有二三居民，此屿即内堑外堑背山，凡船只自内地来者登桅而望，见东南水面上有一黑痕如竹竿，即是此屿，故渡澎舟子皆以西屿头为准”。连横《台湾通史·独立纪》：“澎湖之妈宫、西屿，互相对峙，中隔海程二十里，最为扼要。”

西臼 在今福建霞浦县东南长春镇东大京。明初置巡司于此。洪武二十年（1387）改置大金千户所。

西延 即今广西资源县。元至正中置巡司于此。清雍正八年（1730）移全州州同驻此。1935年于此置资源县。

西延水 一名夫彝水。在今广西资源县境，为资水上源。《清史稿·地理志》全州：“西延水出州西，东北合众小水，入湖南新宁。”

西延城 唐置，在今新疆吉木萨尔县西。《新唐书·地理志》北庭大都护府：“自庭州西延城西六十里有沙钵城守捉。”

西延镇 北宋置，属清湘县。即今广西资源县。元至正中置巡司，寻废。明洪武六年（1373）复置巡司。清雍正八年（1730）移州同驻此。

西华山 ①在今江西石城县西。《方舆纪要》卷88赣州府石城县：西华山在“县西五里。旧名乌石嶂。高千仞，俯视城郭，相接者为五龙岩”。

②在今江西大余县西北。《方舆纪要》卷88南安府大庾县“玉枕山”条：西华山“在府西十里，石壁如削，循磴而上，平衍可田，有瀑布及石洞诸胜”。

③在今云南文山县西南。《清一统志·开化府》：西华山“横列三十六峰，层峦叠翠，连络如屏，与东文山对峙，拱翠郡城”。

西华门 ①今北京市故宫西华门。明、清为紫禁城西门。

②为明南京皇城西门。在今江苏南京市中山东路逸仙桥东南。

西华县 ①西汉置，属汝南郡。治所在今河南西华县南。西晋初废。永康元年（300）复置，属颍川郡。东晋改属陈郡。北齐废。隋大业三年（607）改鸿沟县复置，属淮阳郡。治所即今西华县。唐初废。景云元年（710）改箕城县复置，属陈州。清属陈州府。民国初属河南开封道。1927年直属河南省。

②南朝梁侨置，属北陈郡。治所在今安徽寿县境内。隋开皇初废。

西伊州 唐贞观四年（630）置，治所在伊吾县（今新疆哈密市）。六年（632）改为伊州。

西后（後）旗 俗称柯柯的贝勒旗。即和硕特西后旗。在今青海都兰县西南雄曲卡一带。

西会州 唐武德二年（619）改会宁镇置，治所在会宁县（今甘肃靖远县东北、白银市平川区陡城乡）。辖境相当今甘肃靖远、景泰、会宁及宁夏海原等县地。贞观八年（634）改为粟州。

西合营 亦作西河营，即今河北蔚县东北四十里西合营镇。清乾隆《宣化府志》卷10蔚州：东路有西合营。

西庄 又名始宁园。在今浙江上虞县西南东山下。《宋书·谢灵运传》：始宁“有故宅及墅，遂移籍会稽，修营别业，傍山带江，尽幽居之美”。《名胜志》：“东山之西一里为始宁园，乃谢灵运别墅。一曰西庄。”

西充山 在今四川西充县城内。《旧唐书·地理志》西充县：“有西充山。”《清一统志·顺庆府一》：西充山“在西充县治东。为一邑之胜。《旧志》在城内西北隅”。

西充县　唐武德四年（621）置，属果州。治所即今四川西充县。《舆地纪胜》卷156西充县引《元和志》："取西充山名。"《寰宇记》卷86西充县："取后汉西充县为名。"天宝初属南充郡，乾元初复属果州。南宋宝庆三年（1227）属顺庆府。元属顺庆路。明洪武十年（1377）废入南充县，十三年（1380）复置，属顺庆府。民国初属四川嘉陵道。1928年直属四川省。

西充国县　①西晋置，属巴西郡。治所在今四川阆中市西南天宫乡宝珠村西水滨。南朝宋改为西国县。梁复改为西充国县，为木兰郡治。西魏改为晋城县。

②东晋孝武时侨置，属巴西郡。治所在今四川安县（花荄镇）西南塔水镇。隋开皇三年（583）属潼州。六年（586）改为神泉县。

西关　①故址在今安徽巢湖市东南三十里，无为县东北、接含山县界的七宝山上。三国魏筑，与东关相对峙。《方舆胜览》卷48无为州：七宝山"在巢县。濡须山谓之东关，七宝山谓之西关"。《明史·地理志》无为州巢县："东南有七宝山，与含山县濡须山相对峙，有西关在其上。"《清一统志·庐州府》：七宝山"对峙者曰濡须山，为东关。此山为西关。相距十里。曹魏筑关于此以拒吴"。

②即平靖关。在今河南信阳市西南。因位于义阳三关之西，故名。《魏书·中山王英传》：永平二年（509）进取三关。先出奇兵，"向西关，分其兵势"。即此。

③在今广西玉林市西。《方舆纪要》卷108郁林州：西关在"州西一里"。

西关堡　在今甘肃兰州市七里河区土门墩。《续资治通鉴长编》哲宗元祐二年（1087）："朝请大夫、权陕西转运判官孙路言：'修筑兰州西关堡毕'"，即此。《宋史·地理志》兰州下载：元丰"五年，置西关、胜如、质孤堡"。《元丰九域志》兰州下：西关（堡），州西二十里。

西关渡　在今湖南芷江侗族自治县西南。《方舆纪要》卷81沅州"便溪砦"条下："《志》云，州西南一里有西关渡，明初置关于此。"设西关渡口巡司，后废。

西关寨　在今安徽潜山县西北。地形险要。南宋末刘源聚众在此扎寨抗元达十八年之久。今寨内东石壁上有刘源题刻，记述其率民结寨抗元事迹。《方舆纪要》卷28"野人原寨"条："其新寨五十有八，俱绕潜山之麓。其著者为西关、皖涧诸寨，在潜山前。"

西州　①指今四川盆地。《后汉书·廉范传》："范父遭丧乱，客死于蜀汉，范遂流寓西州。西州平，归乡里。"李贤注：西州"谓巴蜀也"。

②唐贞观十四年（640）灭麴氏高昌置，为安西都护府治。治所在高昌县（今新疆吐鲁番市东四十余里高昌故城）。天宝元年（742）改为交河郡。乾元元年（758）复为西州。宝应元年（762）改高昌县为前庭县，为西州治。辖境相当今新疆吐鲁番市及鄯善县地。贞元七年（791）后属吐蕃。

③汉、晋时泛指凉州为西州，相当今甘肃中部和西北部一带。

④泛指西部之州。《三国志·魏书·郑浑传》裴注引张璠《汉纪》：东汉郑泰称董卓"出自西州"，即是。

西州回鹘　又名和州回鹘或高昌回鹘。9世纪中叶由西迁之回鹘一支所建。都高昌城（今新疆吐鲁番市东四十余里高昌故城）。宋《册府元龟》卷972：周太祖广顺元年（951）2月，"西州回鹘遣都督来朝"。即此。至14世纪20年代后并入察合台汗国。

西州城　东晋元帝时筑。故址在今江苏南京市朝天宫西望仙桥一带。因在台城之西，且为扬州刺史治所，故名。《晋书·谢安传》：东晋太元十年（385），羊昙为谢安所爱重，安薨后，行不由西州路，尝因石头大醉，"不觉至州门。左右白曰：'此西州门。'昙悲感不已……恸哭而去"。《南齐书·陈显达传》：永元元年（499），显达"于西州前与台军战，……显达不能抗，退走至西州后乌榜村"，为台军所杀。

西州都督府　唐贞观十四年（640）平高昌后置西州。显庆三年（658）置西州都督府，治所在高昌城（今新疆吐鲁番市东南高昌废址）。贞元七年（791）后为吐蕃攻占，遂废。

西江　①即今广东惠东县和惠州市惠阳区境之西枝江。《舆地纪胜》卷99惠州：西江"发源于九龙山南，二百里抵郡城会龙江，入番禺"。《方舆纪要》卷103归善县：西江"在府东南。源出九龙山，西流与群川水合，至府城东，受西湖水，乃北折而合于东江"。

②即古郁水。今珠江干流。在今广东西部。上源为南、北盘江，东南流至象州县南纳柳江后称黔江；又东南至桂平纳郁江后称浔江；到梧州纳桂江后始称西江。《元和志》卷34端州端溪县："西江水，经县南，去县五十二步。"《方舆纪要》卷100广东：西江"即广西黔、郁、桂三江之水，自梧州府东流入肇庆府界，历德庆州封川县西，而贺江流入焉。……又东绕府城出东南流，出羚羊峡入广州府顺德县界，亦谓之龙江。又东流至府城西北，会北江之水，又流至府城南而会东江之水，并流入于海"。

③即今广西武鸣县之武鸣河上游。《明史·地理志》武缘县："西有西江，即大榄江也，东南有南流江合焉。"《清一统志·思恩府》："西江在武缘县西门外。源出上林县大明山。一曰剑江。西南流出县北四十里与府江合，又南合南流江。"

④在今广西灵川县北。《方舆纪要》卷107灵川县：西江"在县（故治在今三街镇）西北，即黄柏、六峒、川江三水也。其源俱出全州西延之境，与湖广新宁县接界，绕七都蛮峒而来，六峒居中，横柏、川江在左右，并流而汇灵岩山下，东流合于漓

江”。

⑤在今广西蒙山县西。《方舆纪要》卷107永安州：西江“源出茶山，过大洞东南，会于银江，下流入于漓江”。

西江口 ①即今江苏南京市浦口区南长江西岸西江口。明置巡司于此。

②一名三江口。在今湖南岳阳市西北。《魏书·桓玄传》：“（殷）仲堪遣龙骧将军殷迈、振威将军刘山民等统众七千至西江口。玄闻迈至，复与其党苻永道领帐下击之，迈等败走。”《方舆纪要》卷75湖广·重险：“荆江口在岳州府城西北十五里，《地志》‘巴陵城对三江口’是也。大江自蜀东流入荆州界，出三峡，……通谓之荆江。又东入岳州府界至城陵矶，而洞庭之水会于大江，水势益盛，谓之荆江口，亦谓之西江口，亦谓之三江口。”

西江口汛 即今陕西留坝县东北江口镇。《清一统志·汉中府二》：西江口汛“在留坝厅东北九十里。东达洋县，南接城固，北通岐、郿、宝、凤，设有千总防守”。

西江水 ①在今广西罗城仫佬族自治县西。《方舆纪要》卷109罗城县：西江水“出县西银村，南流入于庆远之龙江”。

②在今甘肃礼县西。《方舆纪要》卷59礼县：西江水“在县西二十里”。

西江州 南朝梁太平二年（557）置，治所在湓口城（今江西九江市）。陈天嘉初并入江州。

西江阳郡 一名江阳郡。东晋侨置于武阳县，属益州。治所在江阳县（今四川彭山县东北）。南朝梁为江州治。北周州郡并废。

西江县 1933年7月江西革命根据地由会昌、雩都、瑞金三县边地析置，治所在西江圩（今江西会昌县北西江镇）。1935年3月废。

西汝阴郡 南朝宋置，属豫州。治所在汝阴县（今安徽阜阳市）。后废。

西汝南郡 南齐置，治所在舞阴县（在今河南泌阳县西北五十八里古城寨）。建武五年（498）废。

西汤池镇 即今安徽舒城县南汤池镇。清光绪《舒城县志》卷7：西汤池镇在“县南六十里”。

西汤镇 北宋置，属铜鞮县。在今山西沁县西北四十里西汤乡。

西兴镇 北宋置，属萧山县。即今浙江杭州市萧山区西北十里西兴镇。

西安千户所 明成化五年（1469）于旧西安州置，属固原卫。治所即今宁夏海原县（三河镇）西北西安镇西西安州。雍正二年（1724）裁。

西安门 又称便门、平门。汉长安城南面西头一门。在今陕西西安市西北马家寨南二里。《三辅黄图》卷1：“长安城南出第三门曰西安门，北对未央宫，一曰便门，即平门也。……王莽更名曰信平门诚正亭。”

西安子 在今北京市房山区西北南窖乡西安村。清同治《畿辅通志》卷46房山县图：县西北有西安子村。

西安平县 西汉置，属辽东郡。治所在今辽宁丹东市东北九连城镇叆河尖古城。十六国后燕末，地入高句丽，后为泊汋城。

西安市 ①1928年分长安县城区及近郊置，属陕西省。治所即今陕西省西安市。1930年撤销。1943年复置，1947年升为院辖市。1949年5月20日解放后，直隶中央。1950年1月为西北行政区驻地。2月陕西人民政府成立，为陕西省会。1954年改为省辖市。

②1948年析西安县城区置，属辽东省。治所即今吉林辽源市。1952年划属辽宁省，改为辽源市。1954年划归吉林省。1983年升为地级市。

西安州 ①北魏置，治所在大兴郡（治今陕西定边县）。西魏废帝三年（554）改名盐州。

②唐武德元年（618）置，治所在安康县（今陕西石泉县南汉江西南岸石泉咀附近）。辖境相当今陕西石泉、紫阳县地。二年（619）改为直州。

③北宋元符二年（1099）以南牟会新城置，治所在今宁夏海原县（三河镇）西北西安镇西西安州。辖境相当今宁夏海原、西吉二县及甘肃会宁县部分地。元废。

西安阳县 西汉置，属五原郡。治所在今内蒙古乌拉特前旗东南公庙沟口汉代城堡。东汉末废。《水经·河水注》：“河水又东径西安阳县故城南，王莽更之曰鄣安矣。河水又东径田辟城南。”

西安县 ①西汉置，属齐郡。治所在今山东桓台县东。元始元年（1）封东平思王孙汉为侯邑。东汉属齐国。《后汉书·耿弇传》载：东汉建武五年（29），“张步都剧，使其弟蓝将精兵二万守西安”。南朝宋属齐郡，移治今临朐县西南十里西安店。北齐废。

②东汉建安中，孙权分海昏县置，三国吴属豫章郡。治所在今江西武宁县西石渡乡西安村。西晋太康元年（280）改名豫宁县。

③西晋置，属九德郡。治所在今越南义安省香山附近。隋开皇十八年（589）改为光安县。

④东晋永和三年（347）后改都唐县置，属兴古郡。治所在今云南文山县境。南齐改西中县。

⑤隋开皇四年（584）置，属协州。治所约在今云南大关县东南十六里双河场。大业初废入开边县。唐武德元年（618）复置，治所在今贵州威宁彝族回族苗族自治县西北迤那镇梨树林。天宝后废。

⑥唐武德五年（622）置，属山州。治所在今越南清化省清化县南境。贞观元年（627）废入建初县。

⑦唐咸通中改信安县置，为衢州治。治所即今浙江衢州市。元为衢州路治。明、清为衢州府治。1912年改名衢县。

⑧清光绪二十八年（1902）置，属海龙府。治所今吉林辽源市。民国初属奉天省辽沈道。1929年直属辽宁省。1945年属辽北省。1947年改名北丰县。1949年复名西安县，属辽东省。1954年属吉

林省。1956年改名东辽县。1969年撤销，并入辽源市。

西安事变旧址　原为张学良公馆。在今陕西省西安市建国路69号（原金家巷17号）。1936年12月12日，国民党东北军和西北军在此发动了震惊中外的“西安事变”，在陕西临潼骊山脚下，实行兵谏，逮捕了蒋介石。12月16日，以周恩来同志为首的中共代表团，到西安调停，促成了西安事变的和平解决。1982年定为全国重点文物保护单位。

西安店　在今山东临朐县西南十里。南朝宋移西安县于此。

西安府　明洪武二年（1369）改奉元路置，治所在长安、咸宁二县（今陕西西安市）。辖境相当今陕西彬县、周至以东，铜川、韩城以南，镇安、山阳、商南以北地。清时缩小，相当今周至、铜川、渭南、宁陕等县市间地。明、清两代为陕西省省会。明末李自成起义军建为西京。1913年废。

西安城隍庙　在今陕西省西安市西大街中段北侧。始建于明洪武二十年（1387）。原址在西安市东城门内九曜街，明宣德八年（1387）迁建今址。庙坐北朝南，南北长380米，建筑面积3011平方米，包括文昌阁、东西廊庑、二道门、乐舞楼、二偏殿、四厢房、二配殿、牌楼、大殿和寝殿等十六栋古建筑，其中大殿和乐舞楼为主体建筑。现存大殿为清雍正元年（1723）移明秦王府砖石木料重建，面澜五间，进深三间，周边环廊，单檐庑殿顶。乐舞楼为清光绪十三年（1887）焚毁，同年重建，三开间，重檐歇山顶，前出抱厦，砖花脊，造型轻盈华丽。西安城隍庙是陕西省境内现存规模最大、等级最高的古建筑群，其大殿是省内现存唯一的庑殿顶建筑，并且完整保留了明代梁架体系和木雕花饰。2001年定为全国重点文物保护单位。

西安钟（鐘）楼、鼓楼　在今陕西省西安市城内。钟楼始建于明洪武十七年（1384），原在西大街迎祥观内，万历十年（1582）迁今西安市中心。钟楼基座高8米，楼高27.4米，平面呈正方形，三层檐歇山顶，为西安古城的标志性建筑。鼓楼在钟楼西约300米，始建于明洪武十三年（1380）。基座高7.7米，楼高25米，面阔37米，进深17米，三层檐歇山顶，是我国现存最大的鼓楼。1996年定为全国重点文物保护单位。

西安郡　十六国后凉置，治所在今甘肃张掖市东南。《晋书·吕光载记》：东晋隆安元年（397）郭黁叛，“西安太守石元良率步骑五千赴难，与（吕）纂共击黁军，破之”。又《沮渠蒙逊载记》：段业神玺二年（398），“业筑西安城，以其将臧莫孩为太守”。北魏废。

西安桥　在今福建长泰县城西。《方舆纪要》卷99长泰县：“西安桥在县城西。万历二年建。长四十余丈。”

西安清真寺　俗名东大寺，又名化觉寺。在今陕西西安市城西北隅化觉巷。创建于唐。历经明、清各代重修。寺内有唐天宝元年（742）创建该寺碑记及明嘉靖五年（1526）重修碑记各一座。寺院分四进院。明建大殿为寺内主体建筑，面阔七间，进深九间，殿内藻井六百余幅，图案花纹各具特色。1988年定为全国重点文物保护单位。

西安堡　在今山西怀仁县东三十里西安堡村。《方舆纪要》卷44怀仁县：西安堡“本名西安镇，接应州界，置驿于此。嘉靖四十年筑堡，万历二年、二十八年增修，周二里有奇。堡地平漫，为四通之道。嘉靖二十三年，寇由宣府膳房堡入犯应州、怀仁，此地被掠最甚，故设堡于此，以备不虞”。

西安碑林　在今陕西西安市三学街。原文庙所在地。北宋元祐二年（1087）为保存唐开成年间镌刻的《十三经》而建，历代都有增添，清初始称“碑林”。现有七个陈列室、六个游廊和一个碑亭，共展出碑石墓志一千多块，荟萃自汉迄清各代名家手笔，是我国一座书法艺术宝库。碑文内容保存了各种史料，如“大秦景教流行中国碑”、“唐不空和尚碑”以及唐中尼合文的陀罗尼经幢，是研究中外关系的重要实物。一百一十四石的“开成石经”是一座大型的石质书库。1961年定为全国重点文物保护单位。

西安寨　南宋绍定五年（1232）置，属建宁县。即今福建建宁县西王泥排。元置西安巡司于此。明洪武三年（1370）迁治里心保。

西安镇　北宋置，属同谷县。在今甘肃成县西。

西阳　在今河南光山县西南二十里。战国时曾国建都于此。

西阳门　北魏洛阳城（今河南洛阳市东北）西面正西一门。《资治通鉴》：东晋咸和三年（328），前赵刘曜围攻洛阳，后赵石勒与之“大战于西阳门”，曜军败被擒。

西阳池　在今河南汝南县城内。宋刘敞《西阳池新舟邀府公游泛》诗云：“池台固旧堂，舟楫为新用。忽疑江湖景，稍信风澜纵。追争凫雁咏，历览众鳖动。”

西阳县　西汉置，属江夏郡。治所在今河南光山县西二十里。三国魏为弋阳郡治。西晋末徙治今湖北黄州市东，为西阳郡治。隋开皇初废。

西阳国　西晋元康初分弋阳郡置，属豫州。治所在西阳县（今河南光山县西南）。永嘉后与县同移治今湖北黄州市东。东晋改为西阳郡。

西阳河　即西洋河。在今河北怀安县北，为洋河支流。

西阳河堡　明正统五年（1440）筑，在今河北怀安县（柴沟堡镇）西四十里西洋河村。《方舆纪要》卷18万全右卫：西阳河堡“堡为宣镇极西，西北与大同平远堡接壤。两面皆边，最称冲要”。

西阳宫　在今江西永丰县南沙溪镇。是北宋文学家欧阳修读书、讲学、祀父的地方。西阳宫原名西阳观，因避其父欧阳观之讳，经请于朝改称宫。

西阳郡　东晋改西阳国置，治所在西阳县（今湖北黄冈市东）。南朝宋辖境相当今湖北黄州、麻城及新洲、浠水等市县地。北齐为巴州治。隋开皇初废。

西阳集　即今安徽涡阳县东南西阳镇。民国《涡阳风土记》卷2：西阳集在“东南四十里。……有范蠡冢，在集西”。

西阳镇　即今陕西三原县东北西阳镇。清乾隆《三原志》卷2：西阳镇“浮阳一乡，居民会集之所。清浊二水道贯城而过，市廛亦胜”。

西阴村遗址　在今山西夏县北二十五里西阴村东北俗称灰土岭的高地上，是以新石器时代庙底沟文化类型为主，兼有半坡上层、西王村三期、庙底沟二期等阶段以及商文化遗存的古文化遗址。面积约30万平方米。1926年秋首次发掘，1994年再次发掘，发现史前文化庙底沟类型遗迹壕沟长近百米，为环绕古村落的防御设施，还有陶窑、灰坑、房址等。出土陶器有彩陶盒、彩陶钵、罐、釜形鼎等，还有石器刀、铲、镞、球、棒、骨器锥、镞等，以及猪、羊、鸡等动物骨骼。1996年定为全国重点文物保护单位。

西防县　西汉置，属山阳郡。治所在今山东成武县东北。东汉省。

西寿保泰监军司　简称西寿监军司，亦名保泰军。西夏初置，治所在定西城（今甘肃定西市南）。大安七年（1081）移治柔狼山（今甘肃靖远县东北狼山）。元废。

西址邑　在今云南弥勒县西南。滇越铁路经此。

西坝场　今四川乐山市南西坝镇。清嘉庆《犍为县志》卷2：西坝场在“县北六十里。通乐山”。光绪元年（1875）石溪炭厂脚力李三打杵，自号平天王，起义于此。

西坝镇　清置，属清江县。在今江苏淮安市淮阴区北，濒临盐河。清雍正间于清口两岸筑东、西二坝，此即西坝所在地，为淮北盐业萃集之所。东海之盐，自盐河入运必于此登陆。其东即为东坝。

西坞市　即今浙江奉化市东北十六里西坞镇。清光绪《奉化县志》卷3《镇市》有西坞市。

西坞寨　在今浙江建德市西南五十六里梅岭。《方舆纪要》卷90寿昌县：西坞寨“在县（今寿昌镇）西南梅岭。路出龙游，旧设上梅巡司于此”。

西坑寨　在今安徽绩溪县北七十里西坑。明于此置巡司。《方舆纪要》卷28绩溪县“濠寨”条下：西坑寨在“县东六十里。元置，又置镇守军营于此，明初改置巡司戍守，正统初废”。

西贡　即今越南南部之胡志明市。《清史稿·越南》：同治元年（1862）“法国拿破仑第三以海军大举伐越南，夺茶麟港，约割下交趾边和、嘉定、定祥三省，开通商三口，赔偿二千万佛郎，许其和。嘉定省即西贡所在也”。

西赤城镇　北宋置，属崇信县。即今甘肃崇信县西南七十里新窑镇南赤城。《清一统志·泾州一》引《平凉府志》：“相传秦始皇田猎至此，筑城驻跸，以土赤故名。”

西把截堡　即今甘肃武威市西七十里西营。《清一统志·凉州府二》：西把截堡“城周一里，其西隘口有三，今设守备”。

西邯水　在今青海化隆回族自治县西。其东为东邯水，俱自北而南，流入黄河。《后汉书·马武传》：“永平初，马武击西羌，追击到东、西邯，大破之。”又《西羌传》载：永元中，“侯霸复上复东、西邯屯田五部”。

西苏尼特旗　简称西苏旗。即内蒙古锡林郭勒盟苏尼特右翼旗。1947年驻温都尔庙（即今内蒙古苏尼特右旗东南朱日和镇）。1958年迁驻赛汉塔拉。

西村　在今广东广州市西北。粤汉铁路经此。

西村市　即今江西宜春市西四十里西村镇。清同治《江西全省舆图》卷5：宜春县西有西村。民国《宜春县志》卷11：西村市“物产繁滋，户口稠密，为西部贸易中心”。

西豆水　在今朝鲜两江道惠山东北，为图们江源之一。民国魏声龢《鸡林旧闻录》：“清光绪十一年我国遂会勘，始得勘明图们江之源：正源红丹水，北源红土山水，南源西豆水（西豆在韩境。其实北源乃石乙水，红土山水又石乙之北源，二水合而东南，汇红丹水，未汇合前统名石乙水）。”

西两河口　亦称两河口。即今安徽六安市西南西河口乡。明万历《六安州志》卷2《集》：小河口在“西南一百八十里”。

西来寺　①在今甘肃张掖市西南。明代始建，清雍正十年（1732）重修。现存观音殿为明代建筑。藏经楼为清代所建。前者为单檐歇山顶，面阔三间12米，进深8.6米，殿内顶部中央有圆形藻井、天花板绘有各种图案。后者系单檐硬山顶，两边加卷棚顶，面阔五间，进深五架梁八架椽。2006年定为全国重点文物保护单位。

②在今青海乐都县城东关。始建于明万历三十四年（1606）。坐北朝南，由山门、过厅、东西两厢和大殿组成。大殿面阔五间，进深三间，单檐歇山顶。周檐斗栱繁缛，昂嘴下突，具有明代建筑的典型风格。内供三世佛，墙面上浮雕山水、人物、建筑等。

西来镇　即今江苏靖江市东北三十六里西来镇。清置巡司于此。

西连岛　古名嘤游山。在今江苏连云港市东北海中。其东有东连岛。清嘉庆《海州直隶州》卷11引《崔志》：西连岛“即鹰游之西岛。民居稠密，渔舟多泊于此”。

西连镇　在今河北景县东北。清末太平军将领林凤祥与清军僧格林沁部激战于此。

西卤池　在今陕西蒲城县西南四十里，今名卤泊滩。《新唐书·地理志》奉先县：“有卤池二。”光绪《蒲城县新志》卷1：西卤池“在县西南四十里，即明斗村之高春渚，池遇旱不涸，乡人取水熬盐，供一方用”。

西吴　旧湖州府的别称。即今浙江湖州市。

西吴寺遗址　在今山东兖州市西北四十八里西吴

寺村东南。为新石器时代人类生活遗址。1957 年发现，1984 年正式发掘。面积约 20 万平方米，以墓葬群为主。出土文物百余件。分三层：上层有大量陶制三足鼎，以及簋、豆、鬲、罐等，还有骨、玉制装饰品和渔、猎、制陶等工具，为商、周时文物；中层有陶尊、舟形盆等，属岳石文化；下层有鼎、鬶、杯、盆等，多灰、黑陶制品，带有绳纹、弦纹、方格纹等纹饰，属龙山文化早期。南部有大片地表隆起，俗呼“凤凰台”，多战国、秦、汉墓葬。

西吴州　唐武德初置，治所在新渝县（今江西新余市西北四十里观巢附近小县村）。七年（624）废。

西县　①战国秦于故西犬丘地置，属陇西郡。治所在今甘肃天水市西南九十里。晋废。《三国志·蜀书·诸葛亮传》：蜀汉建兴六年（228），“亮使马谡督诸军在前，与郃战于街亭。谡违亮节度，举动失宜，大为郃所破。亮拔西县千余家，还于汉中”。《水经·漾水注》：“杨廉川水出西谷众川，泻流合成一川，东南流径西县故城北。”

②南朝宋侨置，属南天水侨郡。治所在今湖北宜城市境。梁废。

③即西平县。在今四川成都市南。《宋书·州郡》怀宁郡：“西平令，《永初郡国》直云西。《何志》故属天水，名西县。”

④隋大业二年（606）改嶓冢县置，属汉川郡。治所在今陕西勉县西四十七里铜钱坝乡。《寰宇记》卷 33 西县：“以县西南有诸葛所立西乐城以名之。”唐武德八年（625）移今勉县西武侯镇，属梁州（后改兴元府）。元至元二十年（1283）废。

西县堡　在今陕西甘泉县西北阎家沟。即唐敷政县故址。

西里木第河　即西林穆丹河。今俄罗斯阿穆尔州北结雅河（精奇里江）支流谢列姆扎河。《清高宗实录》卷 743：乾隆三十年（1765）八月癸亥，黑龙江将军富僧阿等奏：“往探西里木第河源之协领伟保称：自黑龙江省经精奇哩江入西里木第河口，复过英肯河，计水程一千三百五里。自英肯河口行陆路一百八十里至兴堪山……无俄罗斯偷越。”

西里县　南齐置，属义安郡。治所在今湖北襄阳市襄城区西。后废。

西里寨　在今四川金川县东南西里寨。清魏源《圣武记》卷七《乾隆再定金川土司记》：“大军议夺贼上游，而隔于西里之科曲山，乃于九月攻西里，木城石硐中枪炮如万雨雹，我兵步步立栅，以次进逼，掷火弹入木城。”

西园　①在今河北临漳县西。为三国魏武所作。曹植《公宴诗》：“清夜游西园，飞盖相追随。”

②在今江苏苏州市阊门外留园之西，今名西园寺。为戒幢寺与西花园放生池的合称。始建于元至元年间，初名归元寺。明末改名戒幢律寺。为江南名刹之一。园内以泥塑罗汉和放生池中所养大鼋最为著称。

③在今湖北武汉市武昌城区西部。《资治通鉴》：南朝梁大宝元年（550），“王僧辩军至鹦鹉洲，……（邵陵王）纶集其麾下于西园”。胡注：“园在郢城西偏，故曰西园。”

西旸桥镇　在今江苏江阴市东南西旸桥村。清光绪《江苏全省舆图》江阴图：东南有西旸。民国《江苏六十一县志》：江阴县东南有“西旸镇”，“西旸跨西旸河，水陆交通皆极便利”。

西岐州　北魏侨置，治所在今河南南召县东。后废。

西利州　唐武德四年（621）置，治所在深利县（今云南永仁县）。辖境约当今云南永仁县和四川攀枝花市金沙江以南地。贞观十一年（637）改为微州。

西佐支线　即马西支线。由今河北邯郸市南马头至西佐（即峰峰）。

西佐村　即今河北邯郸市西南峰峰矿区。清同治《畿辅通志》卷 51 磁州图：西北有西佐村。京汉铁路有马西支线通此。

西伯勒布拉克卡伦　清雍正五年（1727）设，在今内蒙古额尔右纳市西北额尔古纳河东岸。

西佛牛录　即今辽宁台安县东北西佛镇。民国熊知白《东北县治纪要》辽宁台安县：“西佛牛录距县市东北二十五里。户数二百五十，人口一千五百。”

西余山　在今浙江湖州市东十八里。《寰宇记》卷 94 乌程县：西余山“在乌程县东一十八里。《舆地志》云：汉文帝封东海王摇之子期视为顾余侯，至孙，坐酎金失国，即此地也”。

西谷水　①即今四川青川县南之青川河。《水经·漾水注》：“白水又东南，与西谷水相得。水出西溪，东流径白水城南，东南入白水。”

②即今甘肃礼县东北峁水河。又名杨廉川水。《水经·漾水注》：“杨廉川水出西谷，众川泻流合成一川，东南流径西县故城北。……建武八年……留吴汉、岑彭围隗嚣。岑等壅西谷水。”即此。

西谷寺　即雅尔湖石窟。在今新疆吐鲁番市西雅尔湖故城（交河故城）西。

西岔河　在今陕西旬阳县北。《方舆纪要》卷 56 洵阳县：“西岔河在县西北百五十里。今有西岔河堰，去县百里。”

西库伦　①即今蒙古国首都乌兰巴托市。旧名库伦，市街分为三部分，西部为喇嘛区，俗因称西库伦。

②即今蒙古国西南杭爱省哈尔和林。清代也称额尔德尼招为西库伦。

西怀州　①北周天和六年（571）置，治所在王屋县（今河南济源市西五十八里王屋镇）。建德六年（577）废。

②唐贞观四年（630）置，为羁縻州，属松州都

督府。治所在今四川松潘县西境。八年（634）改为远州。

西羌 古代藏族的族部名。《新唐书·吐蕃传》："吐蕃本西羌属，盖百有五十种，散处河、湟、江、岷间，有发羌、唐牦等，然未始与中国通。"此泛指今西藏及甘、青、川、滇各藏族聚居地区。

西沛郡 南朝梁侨置，属霍州。治所在今安徽霍山县西。北齐废。

西沙 又名顾俊沙。在今上海市崇明县东北。《方舆纪要》卷24太仓州崇明县"崇明旧城"条记："《志》云，唐武德间，吴郡城东三百余里，忽涌二洲，谓之东、西二沙，渐积高广，渔樵者依之，遂成田庐，杨吴因置崇明镇于西沙。"即此。

西沙门镇 在今河南延津县西北沙门村。《清一统志·卫辉府》：西沙门镇"在延津县西二十里。其东十里为东沙门镇。明弘治中，改置香台巡司于此"。

西沙州 唐武德五年（622）改瓜州置，治所在敦煌县（今甘肃敦煌市西）。辖境相当今甘肃酒泉市以西地区。贞观七年（633）改置沙州。

西沙县 元世祖至元十三年（1276）置，属宁州。治所在西沙笼（今云南华宁县北郊下村）。《元史·地理志》："宁部蛮世居之，其裔孙西沙筑城于此，因名西沙笼。"至治二年（1322）废入宁州。

西沙洲 在南海中中国西沙群岛永兴岛西北，位于赵述岛西约3海里。是宣德群岛最西的一个沙洲。东西长800米，宽约400米。面积0.2平方公里。中国渔民向称船暗尾、船晚尾，意即"船暗"（赵述岛）尽头之处。1935年公布名称为西滩。1947年改名西沙洲。

西沙群岛 中国南海诸岛中四大群岛之一，属海南省。在海南岛东南海中。包括宣德群岛和永乐群岛。清陈伦炯《海国闻见录》中即有西沙之名，谓"西沙者，万里长沙分东西"。1843年有图表示。1915年称西沙群岛。以其地理位置在南海诸岛西部而得名。20世纪30年代曾被法国侵占，抗日战争时期又为日本侵占。日本投降后，1946年冬中国派官兵乘军舰接收，重新进行勘测绘图，命名立碑。

西沂水 即沂水。亦即今山东曲阜市南之沂河。《清一统志·兖州府一》：西沂水"源出曲阜县东南尼山之麓，西北流径曲阜县南二里，又西流入滋阳县境，至府城东，合于泗"。元于钦《齐乘》卷2"沂水"条谓"今入泗者西沂耳"。《论语·先进》："浴乎沂。"即此。

西汾州 ①北齐天保三年（552）置，治所在昌化县（今山西吕梁市离石区）。北周建德六年（577）改为石州。

②隋开皇四年（584）置，治所在隰川县（今山西隰县）。次年改为隰州。

西沧州 ①唐贞观六年（632）以处党项置，为羁縻州，属松州都督府。治所在今四川若尔盖县西境。八年（634）改为台州。

②唐置，为羁縻州，属安化州都督府。当在今甘肃庆阳市境。后废。

西沟门 即今内蒙古和林格尔县东北西沟门。民国《绥远通志稿》卷2：和林格尔县第四区有西沟门。

西良湖 即今湖北咸宁、赤壁二市及嘉鱼县间之西凉湖。《清一统志·武昌府一》：西良湖"在蒲圻县东北，分属咸宁县。东接涂水，北会斧头湖"。

西灵山 即今广西灵山县西六峰山。《舆地纪胜》卷119钦州：西灵山"在州（今旧州镇）西北一百余里。唐贞观十年，移灵山县治于此"。《方舆纪要》卷104灵山县：西灵山在"县西一里。一名石六峰山，其峰有六，雄壮奇特，下有三岩：曰龟岩、月岩、前岩。宋陶弼名曰二海岩。弼叙云：治平三年春，移灵山县治于石六峰下是也"。今有明、清摩岩石刻多处。

西张寨 五代时置，属寿阳县。在今山西寿阳县西北。金兴定四年（1220）改置晋州。

西阿巴哈纳尔旗 即内蒙古锡林郭勒盟阿巴哈纳尔右翼旗。清康熙六年（1667）置，驻地在今内蒙古锡林浩特市南贝力克牧场驻地平顶山。1914年划归察哈尔特别区，1928年属察哈尔省。1947年划归内蒙古自治区。1949年并入西部联合旗。

西阿巴嘎旗 即内蒙古锡林郭勒盟阿巴嘎右翼旗。驻地在昌都庙（今内蒙古阿巴嘎旗南查干淖尔镇驻地昌图苏莫）。

西陂天后宫 在今福建永定县东北高陂镇西陂村。祀奉"天后"林默（960—987），故称。明崇祯年间（1628—1644）建，占地5399平方米，中心宫塔，七层高40多米，砖木结构，底层较高，墙厚1.5米，第二、三层周围有1.5米宽的外廊。第四、五层平面由方形转为八角形。第六、七层中间以大圆柱支架成楼阁，葫芦状塔顶。各层间有木梯相通。飞檐画栋，雕刻人物、禽兽。塔周有护塔房舍，前为大雄宝殿，殿前有戏台，为木结构，雕绘精美。后为登云馆，左右为上下酒楼。土地革命战争时期闽西银行设于此。三年游击战争时期张鼎丞、邓子恢曾寓此。2006年定为全国重点文物保护单位。

西陉山 即句注山。在今山西代县西北。《元和志》卷14雁门县：句注山"一名西陉山，在县西北三十里"。

西陉关 唐置，故址在今山西代县西北三十二里雁门关西雁门山上。《新唐书·地理志》代州雁门县："有东陉关、西陉关。"即此。北宋杨业曾率兵由此至雁门北口击契丹。元废。

西武岭 在今安徽黟县西。《清一统志·徽州府一》：西武岭"在黟县西二十里。今称西武关。过岭为祁门县界"。

西武镇 又名古筑。宋置，即今安徽黟县西十里西武村。淳熙《新安志》卷5黟县《镇场》："西武镇在县西二十里。厢口镇在县西北二十里。县今无西武，只有厢口镇在县内。"

西坪场 即今贵州遵义县（南白镇）东西坪镇。清道光《遵义府民》卷6遵义县：西坪场在“城南百里”。

西坪蛮夷长官司　亦作西萍蛮夷长官司。明宣德三年（1428）置，属金峒安抚司。治所在今湖北咸丰县西北活龙坪镇。清雍正十三年（1735）废。

西坪寨　①即今湖北松滋市西南五十二里洈水北岸西斋镇。明置巡司于此。

②在今贵州瓮安县西。《方舆纪要》卷121瓮安县：西坪寨，“（明）景泰五年，苗塘苗‘贼’黄龙、韦保等作乱，攻劫西坪、黄滩等处屯寨营堡”。即此。

西坪镇　即今河南西峡县西北八十二里西坪镇。清咸丰《淅川厅志》：西坪镇，“旧四大镇之一。今有小集”。

西坡江　即今广西三江侗族自治县西南西坡江。《方舆纪要》卷109怀远县：西坡江“在县北四十三里。源出白雉山，入甘边江，会合水江而入大江”。

西坡镇　即今山西乡宁县西南西坡镇。《清一统志·平阳府一》“营里镇”条下：西坡镇“在县西南七十里”。

西顶　碧霞元君庙的俗称。即今北京市海淀区西南蓝靛厂。明万历年间于此建西顶碧霞元君庙。清康熙五十一年（1712）改名广仁宫。清《日下旧闻考》卷99引《圣祖御制重修西顶广仁宫碑》：“京城西直门外有西顶，旧建碧霞元君宫，地近西山之麓，直今西苑之西南，所谓万泉庄者，固郊畿一胜境也。元君初号天妃，宋宣和间始著灵异……下迄元明，代加封号，成弘而后，祠观尤盛。邪郭之间，五顶环列，西顶其一也。”

西拉木伦河　即黄水河。在今内蒙古四子王旗西希拉莫日高勒、塔布河。《清一统志·四子部落》：黄水河“在旗西北五十里。蒙古名西喇木伦。自喀尔喀右翼流入境，东北流出喀伦边”。

西拨子　即今北京市延庆县南二十二里八达岭镇。清乾隆《延庆县志》附县图：盆道城西南有西拨子村。

西苑　①亦称西园、同乐园、琼林苑。为金中都御园。在今北京市广安门外西南青年湖公园一带。《金史·地理志》载：“琼林苑有横翠殿，宁德宫西园有瑶光台，又有琼华岛，又有瑶光台。”

②为明清北京御苑。在今北京市城内故宫以西，包括北海、中海、南海地段。清《日下旧闻考》卷21：“西华门之西，为西苑。榜曰西苑门，入门为太掖池。”初为金之离宫，元为万岁山、太液池，湖东为大内，湖西建隆福宫和兴圣宫。明代因三海位于皇宫之西，故名西苑。永乐十五年（1417）改建皇城，西苑成为皇城的西半部。以后陆续在太液池沿岸修建风景点，又开挖南海，逐渐形成今三海。

③一名禁苑。在今河南洛阳市西。《资治通鉴》：隋大业元年（605）五月，“筑西苑，周二百里，其内为海，周十余里，为蓬莱、方丈、瀛州诸山，高出水百余尺，台观殿阁，罗络山上，向背如神。北有龙鳞渠，萦纡注海内。缘渠作十六院，门皆临渠，每院以四品夫人主之，堂殿楼观，穷极华丽”。《太平御览》卷196引《两京记》曰：“东都苑，隋曰会通苑，又改为芳华。”又曰：“神都苑，周回一百二十六里，东面七十里，南面三十九里，西面五十里，北面二十四里。”

西苞信县　南朝宋侨置，属南豫州新蔡郡。治所在今河南商城县西。南齐复为苞信县。

西直门　北京内城西北门。明、清京师西墙北门。

西林水　即今广东龙门县西铁岗河。《方舆纪要》卷101广州府龙门县：西林水“在县西，一名九淋水，源出县西七十里铁冈大山，流经城西，诸溪涧水皆流合焉。东南流入增城县界，经望云岭下，迤逦二百余里，流合于增江”。

西林寺　在今江西九江市南庐山西北麓东林寺西，与东林寺相对。东晋太元中僧慧永建，隋开皇中修。唐宋尤盛，元时毁。明洪武十四年（1381）复建。现仅存一栋殿宇及寺侧建于唐开元年间的西林塔。

西林守捉　唐置，在今新疆精河县东。《新唐书·地理志》北庭大都护府：“渡黑水，七十里有黑水守捉，又七十里有东林守捉，又七十里有西林守捉。”

西林县　清康熙五年（1666）置，属思恩府。治所在今广西田林县西定安镇（旧西林县）。后移于眥角村（今广西西林县）。雍正十二年（1734）改属西隆州，乾隆七年（1742）又改属泗城府。民国初属广西田南道。1928年直属广西省。

西林呼都克卡伦　清雍正十二年（1734）设，在今内蒙古呼伦贝尔市新巴尔虎左旗东南沙拉尔吉河源之东。见民国《黑龙江志稿》卷33《武备志·兵事》。

西林穆丹河　亦称西里木第河。即今俄罗斯阿穆尔州结雅河支流谢列姆扎河。《清一统志·黑龙江》：西林穆丹河“在黑龙江城东北七百二十里。源出北兴安岭，南流会诸小水转西南，凡千余里，会精奇哩江。其大与精奇哩江等”。17世纪中叶沙俄殖民主义者波雅尔科夫入侵至河口莫尔迪基季奇屯，遭到中国居民的坚决抵抗。

西析阳县　北魏置，为析阳郡治。治所即今河南西峡县。西魏废帝时改为中乡县。

西顷山　又称强台山，西强山。即今青海东部、甘肃西南部西倾山。西北—东南走向。属秦岭西端。为洮河、白龙江分水岭。平均海拔4000米以上。《尚书·禹贡》：“西顷、朱圉、鸟鼠至于太华。”《汉书·地理志》陇西郡临洮县：“《禹贡》西顷山在县西。”《水经·河水注》引《沙州记》曰：“洮水与垫江水俱出强台山。……强台，西倾之异名也。”

西瓯 古百越的一支。秦汉时主要分布在今广西及广东部分地区。《史记·南越列传》：赵佗“以兵威边，财物赂遗闽越、西瓯、骆，役属焉”。《寰宇记》：“永嘉为东瓯，郁林为西瓯。”一说即骆越，梁顾野王《舆地志》：“交趾，周时为骆越，秦时为西瓯。”

西瓯驿 明置，在今广西玉林市。《方舆纪要》卷108郁林州：“西瓯驿在州城南。”

西国县 南朝宋改西充国县置，属北巴西郡。治所在今四川南部县西北。梁改为西充国县。西魏又改为晋城县。

西固土千户 元置，治所即今甘肃舟曲县。《方舆纪要》卷60岷州卫：西固城军民千户所“在卫南四百里。元置汉番军民土千户所，明初改今名”。

西固县 1913年于西固城置，属甘肃渭川道。治所即今甘肃舟曲县。1927年直属甘肃省。1954年迁驻宕昌镇，改名宕昌县（后改设舟曲县）。

西固城千户所 明洪武七年（1374）置，属巩昌府，十五年隶岷州卫。治所即今甘肃舟曲县。清废为西固城。

西固堡 清置，属阶州。即今甘肃舟曲县。《清一统志·阶州二》：西固堡“城周六百丈。设州同都司驻防”。1913年改置西固县。

西固镇 金改西故镇置，属灵璧县。即今安徽固镇县。

西昌山 在今四川安县（花荄镇）北。《寰宇记》卷83西昌县：西昌山“在县北，特起。旧名马鞍，天宝六年敕为西昌山”。《清一统志·绵州》：西昌山“在安县东三十里”。

西昌市 1979年析四川省西昌县城及近郊置西昌市，市人民政府驻西昌。1986年将西昌县并入西昌市。属凉山彝族自治州，为自治州政府驻地。

西昌州 即西州。在今新疆吐鲁番市东四十余里高昌故城。《新唐书·西域传·高昌》：贞观十四年（640）灭高昌国，“赦高昌所部，披其地皆州县之，号西昌州……改西昌州曰西州，更置安西都护府”。

西昌县 ①三国吴分庐陵县置，属庐陵郡。治所在今江西泰和县西三里。隋开皇十一年（591）改为泰和县。

②唐永淳元年（682）改益昌县置，属绵州。治所在今四川安县驻地花荄镇。《元和志》卷33西昌县：“以与利州益昌同名，以其在州西，因改为西昌县。”天宝初属巴西郡，乾元初复属绵州。北宋熙宁五年（1072）废入龙安县。

③清雍正六年（1728）改建昌卫置，为宁远府治。治所即今四川西昌市。因旧名建昌，又地处川西，故名。民国初属四川建昌道。1928年直属四川省。1939年属西康省。1955年属四川省。1979年析县城及近郊置西昌市，1986年省县入市。

西昌镇 北宋熙宁五年（1072）改西昌县为镇，属龙安县。在今四川安县驻地花荄镇。

西明山 在今浙江遂昌县东。《方舆纪要》卷94遂昌县：西明山在“县东十里。巉岩峻绝，下临溪流”。

西明门 魏晋洛阳城（今河南洛阳市东北）西面正西一门。汉称雍门。魏晋改为西明门。《资治通鉴》：西晋永嘉三年（309），汉刘聪攻洛阳，“屯西明门”；五年（311）刘聪攻洛阳，刘曜“自西明门入屯武库”，皆此。

西明河 一名西铭河。在今河南郸城县境。清乾隆二十二年（1757）分明河为东西二铭河。《清一统志·归德府》引《（鹿邑县）新志》：“明河今分为东、西明河。西明河自汲塚集北至傅家集入剌河；东明河自剌河之张胖店入洍河。中径剌河，因分为二。”

西岸 即今广东连州市西北西岸镇。明置巡司于此。

西岩 ①在今福建宁化县东北。《方舆纪要》卷98汀州府长汀县：“西岩在县东北五十里。登石梯而上，石笥屹立如门，中可坐千人，泉石殊胜。有石室数处，皆幽异不一。其傍为东岩，亦有数石室，争奇竞秀。”

②在今四川资中县西，为四岩山之一。《方舆胜览》卷63资州：西岩“在城西六里。山行逾百步，石壁夹道，如城如峡。宋京跋：资中四岩，独西岩幽深，山水富足”。今御河沟石壁山有五代磨岩造像五十余龛。

西岩山 ①在今安徽池州市西南。《方舆纪要》卷27池州府贵池县：西岩山“在府西南百五十里。高万仞，周数十里。其相接者曰鱼载山”。

②在今福建浦城县西。《清一统志·建宁府》：西岩山“在浦城县西德星门外五里。五代时王闽将章仔钧尝屯兵于此”。宋真德秀构西山精舍，为讲学之所。学者称德秀为西山先生。

③在今甘肃定西市西。《方舆纪要》卷59安定县：西岩山“在城西二里，城南一里有南安山”。

西岭 ①在今江西宜丰县东北。《明一统志》卷57瑞州府：西岭“在新昌县东北六十里。望东山兀起蹲伏若拜舞状，又名拜龙山”。

②在今陕西佳县西。《方舆纪要》卷57葭州：西岭“在州西五里葭州河旁。山势逶迤，宋将韩义败夏人于葭芦西岭。即此”。

西岭关 在今山西静乐县东南。《明史·地理志》静乐县：“东南有两岭关，置故镇巡检司于此，后移于稍东顺水村。”

西岭砦 在今广西恭城瑶族自治县西北三十里西岭乡。《明史·地理志》：恭城县有西岭砦土巡司。

西垂 ①古地区名。殷时之西垂泛指陕西关中，周时之西垂是对今甘肃东南部一带的泛称。《史记·秦本纪》称：秦的祖先中潏“在西戎，保西垂”。即此。

②古邑名。即西犬丘（今甘肃天水市西南）。《史记·秦本记》：周宣王命秦庄公“为西垂大夫”。即此。

③又作西陲，泛指我国西部地区。《资治通鉴》：东晋咸康八年（342），王述与余冰书称“若移乐乡，远在西陲”。

西和州 ①唐武德二年（619）置，治所在安民县（今陕西延川县东南）。辖境相当今陕西延川县东南部地。贞观二年（628）废。

②南宋绍兴十二年（1142）改岷州置，治所在今甘肃西和县西南三里。以淮南亦有和州，故加西以别之。辖境相当今甘肃西和、礼县、岷县、宕昌等县地。元属巩昌等处总帅府。明洪武初降为西和县。

西和县 明洪武十年（1377）降西和州置，属巩昌府。治所即今甘肃西和县。民国初属甘肃渭川道。1927年直属甘肃省。

西岳（嶽） 即今陕西华阴市南十里华山。《尚书·舜典》：“西巡狩，至于西岳。”《史记·封禅书》：舜“巡守至西岳。西岳，华山也”。

西岳（嶽）庙 又称华岳庙。在今陕西华阴市东北五里岳镇东端。是历代帝王祭祀西岳华山之处。原庙系汉武帝时所建，称“集灵宫”。《汉书·地理志》华阴县：“太华山在南，有祠。……集灵宫，武帝起。”在华山脚下黄甫峪口。北魏兴光元年（454）迁建于此，改名西岳庙。历代均有修葺。现存为明清建筑，有灏灵殿、金天门、灵星门、午门、灏灵门、五凤楼、万寿阁等。1988年定为全国重点文物保护单位。

西使县 唐贞观四年（630）置，属羁縻位州。治所在今四川若尔盖县西北境。后废。

西使城 北宋置，属兰州。在今甘肃定西市南二十七里。元丰四年（1081）改名定西城。

西舍寨 在今广西武鸣县西北六十里。明置巡司于此。

西金州 唐贞观五年（631）置，属松州都督府。治所在今四川松潘县西境。八年（634）改为岩州。

西受降城 唐三受降城之一。景龙二年（708）朔方大总管张仁愿筑，在今内蒙古乌拉特中旗西南乌加河（古黄河）北岸。一说在杭锦后旗北乌加河北岸、狼山口南。开元初为黄河冲毁，十年（722）总管张说移于旧城东别建新城。乾元后移天德军于此。元和八年（813）城西南隅又为河水冲毁，次年移理天德军城，在今乌拉特前旗东北额尔登布拉格苏木阿拉奔古城。后废。

西肥水 即今西淝河。源自今河南太康县东南之清水河，东南流经鹿邑县西、郸城县东名肥河，又东南流经安徽亳州市南，涡阳、利辛二县之西，至凤台县西南峡山口入淮。《明史·地理志》亳州：“南有西肥水，即夏肥水也。”

西周 国名。战国初，周考王都成周（今洛阳市东北白马寺东），封其弟于河南（今洛阳市西、涧水东）。因在成周之西，故称为西周桓公。后又封桓公曾孙于巩（今河南巩义市西十里康店镇），称东周惠公。此东西二周乃周畿内国，二公皆参与周王朝政。周赧王时，东西二周分治周王畿，赧王徙都西周，依附西周公。《史记·周本纪》：公元前256年秦伐西周，“西周君尽献其邑三十六，口三万。秦受其献，归其君于周”。公元前257年周王赧卒，西周亡。

西周铺 即今浙江象山县西西周镇。清乾隆《象山县志》卷1：西周铺在县西“五十五里”。地处县城之西，周姓居多，故名。

西京 ①东汉迁都洛阳后，称西汉旧都长安为西京，又引申为称东汉为东京，西汉为西京。张衡有《西京赋》。

②隋炀帝建雒阳为东京，因称长安为西京。

③唐显庆二年（657）以洛阳为东都，称长安为西都，亦名西京。天宝元年（742）定称西京，至德二年（757）改称中京。

④唐至德二年（757）收复两京，还都长安。因凤翔曾是肃宗的驻地，改为凤翔府，建号西京。上元元年（760）废京号。

⑤唐渤海国五京之一。在今朝鲜东北鸭绿江南岸惠山。《新唐书·渤海传》：“高丽故地为西京，曰鸭渌府。领神、桓、丰、正四州……鸭渌，朝贡道也。”《辽史·地理志》渌州鸭渌府：“本高丽故国，渤海号西京鸭渌府。城高三丈，广轮二十里。”

⑥唐代，南诏王寻阁勸（808—809）称阳苴咩城（今云南大理市北二十六里大理古城）为西京。世隆改称中都。

⑦五代唐陪都。在今山西太原市西南古城营村。同光元年（923）四月，李存勗即帝位于魏州，以魏州为东京兴唐府，以即位前的晋王旧都太原府为西京。十一月复唐旧制，改西京为北京。

⑧五代晋改洛京为西京，在今河南洛阳市。《旧五代史·晋书·高祖纪》：天福三年（938）十月，“其洛京改为西京”。后汉、后周、北宋皆以此为西京。

⑨辽重熙十三年（1044）升云州为大同府，建号西京。故址即今山西大同市。世祖元至元二十五年（1288）改大同路。

⑩明崇祯十七年（1644），张献忠义军攻占成都（今四川成都市），建大西政权，名成都曰西京。清顺治三年（1646）撤销。

⑪明末李自成破西安，改为长安，号西京。

西京盐司 金大定二十五年（1185）改狗泺六品盐使司置，属西京路。治所在今河北沽源县西南九连城诺尔西岸之九连城乡。后废。

西京道 辽重熙十三年（1044）置，治所在大同府

（治今山西大同市）。辖境约当今河北张家口地区、山西雁门地区和内蒙古乌加河与东胜市以东、多伦县以西等地区。金初改置西京路。

西京路 金改西京道置，治所在大同府（今山西大同市）。辖境相当今山西内长城以北，内蒙古多伦，河北赤城以西，乌加河以东地区。蒙古废。

西夜国 亦名漂沙、子合。汉西域国名。都城在呼犍谷（今新疆叶城县西南）。神爵二年（前60）后属西域都护府。

西府 东晋都建康（今江苏南京市），以历阳郡（治今安徽和县）为西府。《晋书·庾楷传》："出王愉为江州，督豫州四郡，楷上书以江州非险塞之地，而西府北带寇戎，不应使愉分督。"晋咸和四年（329）侨立豫州于历阳，置军府于此，蔚为重镇，以在建康之西，故称西府。

西兖州 ①北魏孝昌三年（527）置，治所在定陶县（今山东定陶县西北四里），后徙治左城（今曹县西北六十里旧曹州城）。辖境相当今山东菏泽市及定陶、东明、曹县等地。北周改为曹州。

②南朝梁大宝元年（550）侯景改秦州置，治所在秦县（今江苏南京市六合区西北）。北齐复为秦州。

西卷（捲）县 西汉置，为日南郡治。治所在今越南广治省广治西北广治河与甘露河合流处。《汉书·地理志》日南郡西捲县："水入海，有竹，可为杖。"三国吴赤乌十一年（248）地入林邑国，名为区粟城。西晋复置，属日南郡。南朝宋为日南郡治。齐以后废。隋大业元年（605）复置，属荡州。三年属比景郡。后废。

西炉 清代称四川打箭炉（今四川康定县）以西至雅砻江、金沙江一带地方。清乾隆《卫藏通志》卷首《圣祖仁皇帝御制泸定桥碑记》云："自明末蜀寇乱，番人窃踞西炉。"即此。

西沽 在今天津市区西北。以在沽水之西，故名。《清一统志·天津府一》：西沽"在天津县北三里，子牙河入北运河处也，其上流为大清河"。

西河 ①指西北地区南北流向的黄河。《尚书·禹贡》："黑水、西河惟雍州。"《史记·吴起列传》：魏"武侯浮西河而下"。指今山西、陕西间南北流向的黄河；因这段黄河在夏、商及山东诸国都城之西，故有此名。《史记·卫将军列传》："度西河，至高阙。"指今宁夏、内蒙古间自南而北一段黄河。

②春秋卫地。《史记·孔子世家》载孔子答卫灵公，谓蒲（今河南长垣县境）"妇人有保西河之志"，指卫国西境黄河沿岸地区，即今河南浚县、滑县及其淦南、淦北一带。

③战国魏地。《史记·仲尼弟子列传》："子夏居西河教授，为魏文侯师。"在今河南安阳市一带，其时黄河经安阳之东、西河意即河西。一说指今山西、陕西间黄河南端以西地，即今陕西大荔、合阳、韩城等市县一带。或说指今黄河以东山西汾阳、孝义、平遥、介休、灵石等市县地。

④古牛首水、拘涧水，又名渚沁水。在今河北邯郸县东。《方舆纪要》卷15邯郸县：西河在"县东二十五里。源出紫山，流入府城西贾葛潭……即《水经注》所云：牛首水自渚山东流分为二水者，合流而为西河"。

⑤在今河北赤城县西。《方舆纪要》卷18赤城堡：西河"在堡西五里，又西十里有温泉流合焉。东流分为二：一从西北入城，一从城南流合于东河"。

⑥在今安徽无为县西南。《清一统志·庐州府一》：西河"在庐江县东南七十里，即沙黄二湖水，自县东南三十里小缺口渡，会白湖入无为州界，由泥汊河口入江"。

⑦在今浙江乐清市西南。《方舆纪要》卷94乐清县：西河"在县治西南，亦曰运河，南至馆头江凡六十里，支流旁达，灌田二十余万亩"。

⑧在今河南汤阴县东三十里羑水南。《寰宇记》卷55安阳县：西河，"按《隋图经》云，卜商、子夏、田子方、段干木所游之地，以魏、赵多儒学，齐鲁及邹皆谓此为西河。非龙门之西河也"。

⑨在今湖北孝感市东。《方舆纪要》卷77孝感县：西河"在县东十里。自县北小河溪一带汇流至此为龙宫潭，下流入于汉水，即澴水支流矣"。

⑩即今湖北应城市西北之大富水。《方舆纪要》卷77应城县：西河"在县西北三十里。一名环河。源亦出大洪山，经京山县流入界，南流经城西，合诸溪水，经县南四十五里为梅家港，又南五里为八埠口，入汉川县界，会于汉水"。

⑪古名兴宁河、右别溪、安昌溪、通海河。即今广东兴宁市西兴宁河。《清一统志·嘉应州》：右别溪"在兴宁县西，……《县志》谓之西河，又名通海河。源出大望山莲湖，西南流至罗冈，与杨梅、官庄、颜纀水合，是谓罗冈水。又南经上下蓝山、潭坑山、合水山，又南环绕城下，是为西河。又东南至水口，合长乐大河"。

⑫又名文井江。在今四川崇州市西，为岷江西支流。源出县西北荀家乡西，东南流经县城，南流入新津县、接纳羊马河后注入岷江。《清一统志·成都府一》：白马江"又东南流九十里入新津县界，与西河合"。

⑬即今陕西洛川县北厢寺河。《方舆纪要》卷57洛川县"仙宫河"条下："西北有厢西河，俱由宜川县界来，注于洛。"

⑭古名帝原水。即今陕西榆林市西榆溪河。清康熙《延绥镇志》卷1："西河在镇城西，即榆溪。源出塞外葫芦海，南流有常县堡所出之獐河西流入焉。又南流径红石峡，入边为西河，……又南至鱼河堡西入无定河。"

⑮即关川河的西源。在今甘肃定西市西。《明史·地理志》安定县："西有西河，东有东河，流合焉。"《方舆纪要》卷59安定县：西河"在县西二十里。县西北六十里有甸子川，西河源于此，流绕城西；又东河出县南四十里麻子川，流达城东。东河味苦，亦曰苦水；西河味甘，亦曰甘水。二水交流，东

西二十里，南北三十里，其间物产繁盛，实为民利。西河上有桥，曰西土桥”。

⑯在今宁夏平罗县东。《清一统志·宁夏府二》：西河“源出县东，北流三百五十余里入黄河，久淤塞。本朝雍正五年重浚，受汉、唐两渠之余水，下流合惠农渠以达于河。沿河建桥十六，以通行旅”。

西河口　在今四川南部县西北西河乡。清雍正七年（1729）置巡司于此。乾隆元年（1736）裁。

西河汛　①即今安徽芜湖县南，青弋江西岸西河镇。旧属宣城县。清嘉庆《宁国府志》卷12：“西河镇距城七十里。”

②即今湖北省丹江口市西南一百二十六里西河乡。清有外委驻防。

西河阳郡　南朝宋初析河阳郡置，属宁州。治所在叶榆县（今云南大理市西北六十里喜洲镇）。辖境约当今云南洱海西北岸直至丽江纳西族自治县一带。曾一度省，南齐复置。梁末废。

西河县　①北魏孝昌中置，属泰宁郡。治所在今山西沁水县西。北齐废。

②隋开皇初改永安县置，属晋州。治所在白坑城（今山西临汾市东北十三里）。大业初废。唐武德元年（618）复置，贞观十七年（643）废。

③唐上元元年（760）改隰城县置，为汾州治。治所即今山西汾阳市。明洪武初省入汾州。

西河邑　夏胤甲所都。《山海经·海外东经》郭濮注引《汲郡竹书》：“胤甲即位，居西河。”或认为即相，也就是今河南安阳市。也有人认为应在今山西西南部，或说在古都安邑附近，即今山西夏县西北禹王城。有的学者认为应即今夏县东北埝掌镇北东下冯遗址。因为近年在这里发现了一处有相当规模的夏文化遗址。

西河国　西晋改西河郡置，治所在离石县（今山西吕梁市离石区）。永兴以后废。

西河店　即今河北深泽县东南西河村。明万历《保定府志》卷2深泽县图：南有西河铺。清同治《畿辅通志》卷55深泽县图：东南有西河村。

西河驿　在今湖北蕲春县西北西河驿乡。《方舆纪要》卷76蕲州：西河驿“在州北六十二里。陆道所经”。

西河南镇　即今河北抚宁县东南三十里洋河西岸西河南乡。清光绪《抚宁县志》卷8：西河南堡“（管）西河南，距城三十里”。

西河郡　①一作河西郡。战国魏置。文侯时吴起曾为西河守。辖境相当今陕西东部黄河西岸地区。魏惠王后元五年（前330）地入秦，郡废。

②西汉元朔四年（前125）置，治所在平定县（今内蒙古伊金霍洛旗东南境）。辖境相当今内蒙古伊克昭盟东部、山西吕梁山、芦芽山以西，石楼以北及陕西宜川以北黄河沿岸地带。东汉永和五年（140）移治离石县（今山西吕梁市离石区）。三国魏黄初二年（221）移治兹氏县（今山西汾阳市）。辖境缩小为今山西吕梁、中阳、石楼、汾阳、介休、灵石等地。后迁治离石县。西晋改为西河国。后废。北魏太和八年（484）复置西河郡，治所在隰城县（今汾阳市）。隋初废，大业初又改介州为西河郡，唐武德初废。天宝、至德间又改汾州为西河郡。金废。

③东晋成帝时析河阳郡西部置，属宁州。治所在比苏县（今云南云龙县境）。辖境约当今云南云龙县澜沧江两岸及其以北的广大地区。南朝梁末废。

④北魏孝昌中侨置，属唐州。治所在永安县（今山西临汾市东北十三里）。建义元年（528）属晋州。隋开皇初废。

西河桥　在今湖北咸宁市西半里。《清一统志·武昌府》：西河桥“当往来孔道，旧设浮桥，明嘉靖中筑石墩，架木为梁。天启中改筑石桥，名永乐镇桥。洞七。本朝雍正五年修”。

西河遗址　在今山东章丘市龙山镇龙山三村西北，东与龙山文化城子崖遗址相距2公里。现存面积40万平方米。以遗址东、西、北三侧被巨野河支流—西河环绕，故名。1991年、1997年、2008年三次发掘近3000平方米。发现房址三十余座，面积多在10—50平方米之间，三座最大者超过60平方米。出土一批农业生产工具、粮食加工工具和生活用具，其中的陶面塑像、陶猪等堪称原始艺术珍品。陶釜、高领蛋形壶、匜形器、杯、管形口壶、矮领双耳罐等等为其最具特征的器形。西河遗址是山东省境内新石器时代中期文化遗址中保存较好、面积较大、内涵丰富的一处典型聚落遗址。2001年定为全国重点文物保护单位。

西河镇　即今山东淄博市淄川区城南三十里西河镇。产煤。民国《续修博山县志》卷2《乡镇》有西河南镇、西河北镇。

西泸县　唐天宝元年（742）改可泉县置，属越嶲郡。治所在今四川西昌市西南佑君镇。后陷于南诏。

西泊　在今黑龙江省齐齐哈尔市旧城西南。清西清《黑龙江外纪》卷1：“齐齐哈尔西门外，潴江涨为池，号西泊，土人便之。将军傅玉虑其或涸，凿渠引江水，为源源而来之势，一时畚锸役，豪族子弟应之，渠成，名官沟。……后将军那启泰以形家之说塞渠，泊虽存，水浅见底。”光绪时复凿通之。

西泠印社　在今浙江杭州市西湖孤山西南侧。总面积约5758平方米。该印社是清光绪三十年（1904）由浙江金石篆刻家叶舟、丁友仁等发起建立，以“保存金石、研究印学”为宗旨。1913年召开成立大会，公推吴昌硕为社长，是我国研究金石篆刻艺术历史最悠久、影响最大的著名学术团体，已发展为一个国际性的研究印学、书画的民间艺术团体。社址依山而建，由上、中、下三部分组成。主要建筑有柏堂、竹阁、印贤亭、还朴精庐等，均挂匾披联。印社建筑多建于晚清及民国时期，虽无传统的纵横格局，但构思布局极为精巧，亭台楼阁皆因山势而参差，依高低而错落，层层叠连，井然有序。三十三处园林建筑星布于孤山西南坡，室外摩崖凿石林立，名人墨迹举目可见。内建中国印学博物馆，收藏历代字画、印章多达六千余件。2001年定为全国重点文物保护单位。

西泠桥 在今浙江杭州市西湖中孤山下。周密《武林旧事》卷5：西陵桥“又名西林桥，又名西泠桥”。

西泺 在今河北沧县北枣林庄。《方舆纪要》卷13兴济县：西泺“在县西南。东西横亘凡十余里，南北二十余里。秋后水涨，一望无际，鱼蒲之利，每钟于此”。民国《青县志》卷1：“西泺即今枣林庄南北一带。”

西泇河 即今江苏邳州市西北西泇河，由山东苍山县入境，与东泇河会为泇河。元于钦《齐乘》卷2：泇水“西泇出峄州东北抱犊山，东南流至三合村，与东泇合”。

西宗州 唐武德四年（621）置，治所在宗居县（今云南祥云县东南三十四里云南驿镇东旧站）。辖境约当今云南祥云县东南部地。贞观十一年（637）改宗州。

西定州 唐武德三年（620）置，治所在定胡县（今山西柳林县西北孟门镇）。辖境相当今山西柳林县地。贞观二年（628）废。

西宕渠郡 南朝齐置，属益州。治所在宕渠县（今四川盐亭县西北）。辖境相当今四川盐亭、射洪二县地。西魏恭帝移于涌泉山，改为涌泉郡。

西弥岛 亦作身弥岛。在今朝鲜平安北道宣川县南海中。《方舆纪要》卷37辽东都司：西弥岛“在司东南海中。天启中，毛文龙言：西弥岛相连有三山，周广二百余里，中云从山前西弥岛，后珍珠岛，与朝鲜国境铁山城相近”。

西经县 北魏永安二年（529）置，属巨鹿郡。治所在今河北广宗县东北二十里。北齐废。

西封州 唐贞观五年（631）开生羌置羁縻州，属茂州都督府。治所在今四川茂县西北或黑水县境。八年（634）改为炎州。

西垣县 北魏永安中侨置，属新安郡。寄治汲郡陈城（今河南卫辉市）。北齐废。

西城 又称西山城。汉唐时于阗国都城。在今新疆和田市西二十里约特干遗址。《汉书·西域传·于阗国》：“于阗国，王治西城……于阗之西，水皆西流，注西海；其东，水东流，注盐泽，河源出焉。多玉石。”

西城山 在今陕西安康市西北五里。《清一统志·兴安府一》：西城山，“《旧州志》：古西城县建在山下”。

西城屯 即今甘肃镇原县东南五十里屯子镇。《资治通鉴》：唐兴元元年（784），李晟复西京，朱泚自泾州北走，“至彭原西城屯，其将梁庭芬射泚坠坑中”。即此。

西城市 在今广东佛山市南海区西西城村，西近三水县界。清光绪《广州府志》卷69墟市：南海县有“西城市”。

西城戍 东晋太元中置，属武阳县。在今四川仁寿县东二里。《旧唐书·地理志》：“晋置西城戍，以为井防。后魏平蜀，改为普宁县。”南朝梁于此置怀仁县。

西城县 ①战国秦置，属汉中郡。治所在今陕西安康市西北四里汉水之北。出土秦封泥中有“西成丞印”可资佐证。东汉为西城郡治。三国魏黄初二年（221）为魏兴郡治。晋属魏兴郡。北魏移治汉水之南，即今安康市。北周天和四年（569）废。隋义宁二年（618）复改金川县为西城县，治所即今安康市。唐为金州治。天宝元年（742）为安康郡治，至德二年（757）为汉阴郡治，乾元元年（758）复为金州治。元废。

②北魏太和中侨置，为东恒农郡治。治所在今河南内乡县西北。西魏改为武关县。

③南齐改哀牢县置，属永昌郡。治所在今云南盈江县境。南朝梁末废。

④隋开皇时置，属端州。治所在今广东阳春市西七十里。大业初废入铜陵县。唐武德五年（622）复置，属春州。后废。

西城郡 东汉建安二十年（215）分汉中郡置，属益州。治所在西城县（今陕西安康市西北）。辖境相当今陕西石泉县至安康市间汉水流域一带。三国魏改名魏兴郡。隋大业初复改金州为西城郡，治所在金川县（今安康市）。唐初又改为金州。

西城镇 即今黑龙江省克山县西北六十五里西城镇。民国《黑龙江志稿》卷2：克山县“第四区辖一镇：西城镇”。

西垫江县 即垫江侨县。治所在今四川双流县境。《宋书·州郡志》宁蜀太守：“《永初郡国》及徐并有西垫江县，今无。”

西荆埠 即今山东平邑县东南西荆埠。1946—1952年置蒙山县治此。

西故镇 北宋置，属蕲县。即今安徽固镇县。金改为西固镇。

西南夷 西汉时，分布于今甘肃南部、四川西部、南部及云南、贵州一带少数民族的总称。主要有夜郎、靡莫、滇、邛都、嶲、昆明、筰都、徙、冉駹、白马等。皆与巴国、蜀国有密切的经济文化的联系。秦始皇统一六国后，经营西南夷，曾建郡县。西汉武帝时，又积极经营西南夷，先后建立越嶲、沈黎、汶山、犍为、牂柯、武都、益州等郡，司马迁《史记·西南夷列传》，记载上述诸民族的历史文化。

西南社礁 即今南海中中国南沙群岛之金吾暗沙。1935年公布名称为西南社礁。1947年改名金吾暗沙。

西南联大旧址 全名为国立西南联合大学旧址。在今云南昆明市老城北门街。

西南番总管府 元初置，治所在今四川叙永县西南。世祖至元二十五年（1288）改为永宁路。

西南路招讨司 辽置，属西京道。治所在丰州（今内蒙古呼和浩特市东白塔村西南古城）。金属西京路。

元废。

西南路道　1912年仍因清制置，治长春县（今吉林长春市）。辖境约当今吉林舒兰、吉林、永吉、桦甸、靖宇以西，前郭尔罗斯至德惠三台镇段松花江以南，长岭、长春、伊通、盘石以北地区。1914年改为吉长道。

西南溪　即今福建顺昌县西之金溪。《方舆纪要》卷97顺昌县：西南溪“在县治西，即将乐县之大溪也。东流至此，又西溪流合焉”。

西南镇　即今广东佛山市三水区驻地西南镇。明置巡司于此。清顺治十四年（1657）裁。嘉庆十七年（1812）移县丞驻此。1945年三水县由河口镇移此。

西南潭　在今广东佛山市三水区。《清一统志·广州府》：西南潭“在三水县（治今河口镇城内村）东十八里。江水所汇也。商船多泊于此。其南有老沙洲，一名动星洲”。

西柏坡　在今河北平山县西太行山东麓滹沱河北岸柏坡岭下。1948年5月—1949年3月为中共中央驻地。毛泽东等在此部署和指挥了辽沈、淮海、天津三大战役。中国共产党七届二中全会在此召开。有中共中央政治局旧址，毛泽东、周恩来、刘少奇、朱德等旧居。1971年因其为岗南水库淹没区，旧址迁至岗南水库北并保存原貌。1982年定为全国重点文物保护单位。

西柳关　宋置，属南浦县。在今重庆市万州区西北。《宋史·理宗纪》：南宋宝祐元年（1253），“元兵渡汉江，屯万州，入西柳关。高达调将士扼河关，上山大战，至鳖坑、石碑港而还”。即此。

西临洺镇　金置，属洺州。即今河北永年县治临洺关。

西郢州　北魏孝明帝时置，治所在比阳县（今河南泌阳县）。西魏废帝三年（554）改为鸿州。

西界沱　在今重庆市石柱土家族自治县北西沱镇。清道光《石砫厅新志》卷1：“自临溪场北出楠木丫（亦大山坪别名）七十余里北抵江岸，忠、万交邻为西界沱，水陆贸易，烟火繁盛，俨然一郡邑也。置塘汛，且设巡检司驻之。”民国设县佐。

西界镇　金置，属阳信县。当在今山东阳信县地。

西峡口镇　即今河南西峡县治。明属内乡县，设西峡口关巡司。民国初有县佐驻此。1948年于此置西峡县。

西峡山　在今贵州镇远县西十里。《清一统志·镇远府》：西峡山“路通偏桥，岩石奇胜”。

西峡江　在今福建长乐市西。《方舆纪要》卷96福州府：西峡江在“府东南六十里。受永福县印溪之水，流经此，接仙崎江。又东流十余里，东峡江亦流合焉。东峡即南台下流也。亦曰峡江，两山夹峙，上合诸水，下通潮汐，阔十余里，其深叵测。中流有石如砥柱，名浮焦石。下有潭，龙潜其中，俗谓之乌龙江。又东十余里即马头江矣”。

西峡县　1948年革命根据地由内乡县析置，治所在西峡口（今河南西峡县）。因县驻地而得名。次年1月改称西峡市（镇级），属内乡县。同年12月复置西峡县。

西缸窑　即今河北唐山市北十五里缸窑。清同治《畿辅通志》卷49滦州图：西南有缸窑镇。

西修武县　东魏置，属汲郡。治所即今河南修武县。寻废。

西保安镇　北宋置，属乐陵县。即今山东宁津县西南二十五里保店镇。

西俄洛　即今四川雅江县西西俄洛乡。清代为川藏往来孔道。清乾隆《卫藏通志》卷4：“西俄洛，有塘铺，土百户供役，给柴草，换乌拉，有汉人客舍。”

西侯度遗址　在今山西芮城县西北隅中条山之阳匼河村。地质年代为更新世早期，距今一百多万年，是目前华北发现最早的一处旧石器文化遗址。1960—1962年发掘，出土的石器有砍砸器、刮削器、三棱大尖状器等，主要是用石片加工的，原料多为石英岩。动物化石有长鼻三趾马、三门马、古板齿犀等二十多种。被火烧过的骨、角、马牙等的发现把人类用火的时间大大提前。1988年定为全国重点文物保护单位。

西泉　在今山西垣曲县东南古城里（旧垣曲）城内。《清一统志·绛州》：西泉“在垣曲县城内西南隅。水甚甘”。

西峡颂磨崖　俗称黄龙碑。在今甘肃成县西二十里鱼窍峡中天井山麓崖壁上。刻于东汉建宁四年（171）。碑高2.2米，宽3.4米，正文阴刻二十行三百八十五字，记载武都太守李翕率众开天井道政绩。左下10米有汉隶摩崖，俗称桃花碑。东二里有耿勋磨崖碑，刻于东汉熹平二年（174），记述汉武都太守耿勋的政绩。2001年定为全国重点文物保护单位。

西亭场　北宋置，为通州八盐场之一。即今江苏南通市通州区（金沙镇）西北西亭镇。清时置盐课大使于此。

西亭驿　唐置，在今浙江绍兴市西。《清一统志·绍兴府一》：蓬莱驿“在山阴县西门外。唐曰西亭，宋曰仁风，明改今名。旧有驿丞，今裁”。

西亭镇　宋为西亭场。即今江苏南通市通州区（金沙镇）西北十四里西亭镇。明置西亭盐场巡司。《方舆纪要》卷23通州“运盐河”条下：“嘉靖三十八年，倭自海门县七星港登岸，流劫西亭、金沙等场。”光绪《江苏全省舆图》通州：“西亭镇在城（今南通市）东北三十里。”

西施山　即土城山。在今浙江绍兴市东五云门外。《清一统志·绍兴府》：土城山“在会稽县东六里。《越绝书》：越王得西施，教习于北坛利邱里土城，三年而献吴。亦名西施山”。

西恒农郡　北魏永熙三年（534）析恒农郡置，治所在恒农县（今河南灵宝市北故函谷关城）。辖境相当今河南灵宝市东部。北周改为弘农郡。

西前旗　俗称青海王旗。即和硕特西前旗。在今青海乌兰县东。后迁德令哈市东。

西洱河 即今洱海。在云南大理市东。唐至清称西洱河，又作西洱海、洱河。《元混一方舆胜览》："西洱河即叶榆水，源出邓川赕北山下，至喜洲界与点苍山合，号龙首；至赵州界与点苍山合，号龙尾。蒙氏于南北筑两关。"

西洪河 即叶河。又名药杀河。即今中亚哈萨克斯坦锡尔河。

西洒 即今云南西畴县治西洒镇。清乾隆时设西洒塘。彝语"西洒"意为水响的地方。1920年为西畴县治。

西济州 唐武德二年（619）置，治所在济源县（今河南济源市）。四年（621）废。

西洋 ①元、明时把中国南海以西，约自东经110°以西之海洋及沿海各地，远至非洲东部，称为西洋。明永乐至宣德时，著名航海家郑和七次（或八次）率领船舰远航南海，西至印度洋各地，通称为下西洋。

②明末清初以后，指大西洋两岸，即欧美各国为西洋。

西洋山 即今福建霞浦县南海中西洋岛。《方舆胜览》卷10福州：西洋"在巨海中，莫知畔岸"。万历《福宁州志》沿海图：州南有西洋山。

西洋江 ①在今广西田林县西南，为右江上源。《清史稿·地理志》泗城府西林县："右江有二源：南源曰西洋江，北源曰清水河。西洋江自云南宝宁流入县南，东北流，与北源会。"

②在今云南广南、富宁两县，流入广西境。《明一统志》卷87广南府：西洋江"在府城南八十里。源出本府板郎山、速部山、木王山，三流相合，东南入于田州府右江"。

西洋村市 即今福建古田县东北西洋。路通屏南县。民国《古田县志》卷6：西洋村市"中有马坂街、后岗街"。

西洋河 即古延乡水。今河北洋河上源之一。《清一统志·宣化府二》：西洋河"在怀安县西北。自山西天镇县平远堡流入，经西阳河堡南五里，又东至柴沟堡西北入东洋河"。

西洋桥市 即今江西湖口县东南西洋桥村。清同治《江西全省舆图》卷13九江府湖口县：东南有西洋桥。

西洋溪 即今广东梅县东之西阳溪。《元和志》卷34程乡县：西阳水"在县南二十三里"。《方舆纪要》卷103程乡县：西洋溪"在县东南四十里九峰山下。源出明山，逆流而西，会于梅溪"。

西洋墟 ①即今福建永安市东南西洋镇。《清一统志·延平府》：西洋墟"在永安县南六十里"。

②即今广东梅县东梅江东岸西阳镇。清光绪《嘉应州志》卷4：西洋堡在"城东三十里。有西洋市、青草铺汛"。

西津口 在今重庆市奉节县西。《宋史·太宗纪二》：淳化五年（994），李顺张余部攻夔州，"峡路都大巡检白继赟，夔州巡检使解守颙大败其众于西津口"。即此。《方舆纪要》卷69夔州府奉节县："西津口在府西，或曰长江渡口也。"清嘉庆《四川通志》卷32奉节县：西津口"在县西。即大江渡口"。

西津关 明置，属夷陵州。在今湖北宜昌市西。《方舆纪要》卷78夷陵州"南津关"条下："西津关在州西大江右。"

西津驿 ①在今广东潮州市西。《元和志》卷34海阳县：西津驿"在县西六里"。

②在今甘肃岷县西。《方舆纪要》卷60岷州卫：西津驿"在卫西四十里"。清移于岷县西南。《清一统志·巩昌府二》：西津驿"在岷州西南九十里"。

西津桥 又名飞骑桥。在今安徽合肥市东北，古逍遥津上。《水经·施水注》："东有逍遥津，水上旧有梁。"《三国志·吴书·孙权传》：建安二十年（215），"权反自陆口，遂征合肥。合肥未下，撤军还。兵皆就路，权与凌统、甘宁等在津北为魏将张辽所袭，统等以死扞权，权乘骏马越津桥得去"。《清一统志·庐州府二》：西津桥"在府城内。一名飞骑桥。亦名逍遥桥。其下为逍遥津"。

西津桥镇 即今江苏苏州市吴中区西十里枫桥村（西津桥）。清光绪《江苏全省舆图》长洲县图：西有西津桥。民国《江苏六十一县志》：吴县西有"西津桥镇"。

西津镇 五代王闽时置，属龙津县。在今福建南平市西，富屯溪、沙溪交会之口。宋属剑浦县。《元丰九域志》卷9南剑州：剑浦县有西津镇。明嘉靖《延平府志》卷4古迹：废四镇，"延平旧有四镇……南平县西四十里，沙县、顺昌二水合流处为西津镇"。

西突厥 北齐天统三年（567）土门可汗弟室点密西征，灭哌哒，败波斯，自立为西面可汗。隋开皇二年（582）突厥分裂为东西突厥。西突厥统辖范围，据《新唐书·突厥传》："始与东突厥分乌孙故地有之，东即突厥，西雷煮海，南疏勒，北瀚海。"尽有今新疆维吾尔自治区和中亚大部分地区。唐显庆四年（659）为唐所灭。唐于其地置府州。

西神山 即今江苏无锡市西郊惠山。《方舆纪要》卷25引《吴地记》云：慧山"古名华山，一名西神山，又名斗龙山"。

西郡 东汉兴平二年（195）析张掖郡置，属凉州。治所在日勒县（今甘肃永昌县西北定羌庙东十里）。西魏废。

西屏山 在今河北鹿泉市西南。《方舆纪要》卷14获鹿县：西屏山在"县西南三十里。高数百仞，峰峦连亘，宛如列屏，为一郡之胜"。

西姚 即今山西运城市南西姚村。旧属安邑县，明置巡司于此。

西垒壁 在今山西高平市北。《史记·白起王翦列传》：秦昭王四十七年（前260），"赵军筑垒壁而守之。秦又攻其垒，取二尉，败其阵，夺西垒壁"。《正义》："赵西垒在泽州高平县北六里是也，即廉颇坚壁以待秦，王龁夺赵西垒壁者。"

西骆峪　在今陕西周至县西南西岭村。清光绪《陕西全省舆地图》盩厔县：南乡有西骆峪。

西秦　东晋十六国之一。东晋太元十年（385），鲜卑族首领乞伏国仁称大单于，建元日建义，筑勇士城（今甘肃榆中县东北）而都之。十三年（388），其弟乾归称河南王，迁都金城（今甘肃兰州市西北西固城）。后又迁都苑川（今甘肃榆中县东北）。又迁于度坚山，义熙三年（407）称为秦王，复都苑川。炽磐迁都枹罕。南朝宋元嘉八年（431）为夏赫连定所灭。

西秦会馆　又称关帝庙。俗名陕西庙。在今四川自贡市内解放路大街。系清代陕西盐商修建的同乡会馆。始建于清乾隆元年（1736），历时十六年建成。建筑宏伟，造型奇特，雕刻精美，设计精巧。把若干不同形制的屋顶组合起来，构成复合的大屋顶。有献技楼、大观楼、福海楼、参天阁、中殿、正殿等。1959年辟为自贡市盐业博物馆。1988年定为全国重点文物保护单位。

西埔　即今福建东山县治西埔镇。清康熙二十七年（1688）建西埔圩。1953年东山县迁治于此。据1981年版《东山县地名录》：原来的西埔就是现在的顶西村，因建村于庙山西面一块荒埔上，取名西埔。

西盐州　唐贞观四年（630）以处降羌置，为羁縻州，属松州都督府。治所在今四川若尔盖县西北境。八年（634）改为位州。

西盐州都督府　唐置，属北庭都护府。在今哈萨克斯坦咸海西。后废。

西盐池驿　一作纳呼。清光绪年间置，在今新疆鄯善县东北西盐池。宣统《新疆图志》卷80鄯善县：西盐池驿"旧名纳呼。旅店一，无居民，无草木，盐池在北山内"。

西都　①周武王都镐（今陕西西安市长安区西北沣河东岸镐京村附近），至成王时，别营王城（今河南洛阳市）为东都，故称镐京为西都。

②新莽始建国四年（12），以洛阳为东都，因称常安（王莽改长安为常安）为西都。

③东汉迁都雒阳城，因称西汉旧都长安为西都。班固有《西都赋》。

④唐显庆二年（657），以洛阳宫（今河南洛阳市）为东都，称长安（今陕西西安市）为西都（或西京）。

⑤唐宝应元年（762）以凤翔府（今陕西凤翔县）为西都，不久罢。

⑥五代梁改唐东都洛阳（今河南洛阳市）为西都。《旧五代史·梁书·太祖纪》：开平元年（907）四月，"升汴州为开封府，建名东都。其东都改为西都"。即此。

⑦五代唐同光元年（923）以京兆府（今陕西西安市）为西京，亦称西都。后晋天福三年（938）罢。

⑧五代吴都江都府（今江苏扬州市），至南唐改都江宁府（今江苏南京市），因称江都府为东都，江宁府为西都。《南唐书·烈祖纪》：升元元年（937），"以建康为西都"。

西都县　①西汉置，属西河郡。治所在今山西孝义市境。东汉废。

②东汉建安中分临羌县置，为西平郡治。治所即今青海西宁市。北魏孝昌二年（526）移于今青海乐都县，为鄯州治。北周为鄯州乐都郡治。隋开皇十八年（598）改名湟水县。

西都喇虎河　即今内蒙古达拉特旗西之西柳沟。《清一统志·鄂尔多斯》：西都喇虎河"在左翼后旗西二十五里。源出吴烈泉，东北流入黄河"。

西恭州　唐贞观七年（633）白苟羌降附置羁縻州，属茂州都督府。治所在今四川红原、马尔康县境。八年（634）改为笮州。

西晋寿郡　①北魏改晋寿郡置，治所在晋寿县（今四川广元市西南昭化镇）。《水经·漾水注》：白水"东南流，注汉水，西晋寿，即蜀王弟葭萌所封，为苴侯邑，故遂名城为葭萌矣。刘备改曰汉寿，太康中又曰晋寿"。后移郡县于今市西北。后废。

②南朝梁改晋寿郡置，属利州。治所在晋寿县（今四川广元市南黄龙乡）。北周废。

西晋皇陵　西晋建都洛阳，历四帝52年，除怀帝（司马炽）、愍帝（司马邺）死于平阳外，武帝（司马炎）、惠帝（司马衷）均崩于洛阳，加上追封的宣帝（司马懿）、景帝（司马师）、文帝（司马昭）共五帝，其陵均应在洛阳一带。但《晋书》仅载陵号，如宣帝葬高原陵，景帝葬峻平陵，文帝葬崇阳陵，武帝葬峻阳陵，惠帝葬太阳陵，陵址多略而不详。近年通过考古发掘，晋武帝峻阳陵和晋文帝崇阳陵的地理位置已基本确定，为进一步勘察西晋宣帝高原陵、景帝峻平陵和惠帝太阳陵奠定了基础。

西夏　①指中国西部地区。《世说新语·文学》："桓玄初并西夏，领荆、江二州、二府、一国。"按荆州治江陵县（今湖北荆州市荆州区故江陵县城），江州治柴桑（今江西九江市西南），二府一国皆治江陵县，均在东晋都城建康（今江苏南京市）之西，故称西夏。南齐时亦称雍州（治襄阳县，今湖北襄阳市）为西夏。《南齐书·王融传》：永明十一年（493），讨雍州刺史王奂。王融上疏云："今议者或以西夏为念。"

②古国名。北宋宝元元年（1038）党项羌族首领李元昊（本姓拓跋，唐赐姓李，世为夏州节度使）创建，国号夏（或曰大夏），都兴庆府（今宁夏银川市）。因地处西北，宋人称为"西夏"。最盛时辖地二十二州，包括今宁夏、甘肃大部、陕西北部、青海东北部以及新疆和内蒙古部分地区，与辽、金先后成为同宋朝鼎峙的政权。共历十主，凡一百九十年。南

宋宝庆三年（1227）为蒙古所灭。

西夏陵　在今宁夏银川市西六十里贺兰山东麓，是西夏历代帝王陵墓。陵区范围南北10公里，东西5公里，帝陵八座，各有陵园。每座陵园都是一个单独的完整建筑群体。陵塔四周有神墙围绕，四角建角楼，陵园内外有门阙、碑亭、献殿、灵台等建筑遗址。地面保存大量建筑材料和西夏文、汉文残碑刻。1988年定为全国重点文物保护单位。

西夏碑　又称重修护国寺感应塔碑。现保存在甘肃武威文庙内。西夏天祐民安五年（1094）立。高2.5米，宽0.9米，厚0.3米。碑首西夏文篆字题额为"敕感应塔之碑文"。正文为西夏文楷书，计二十八行，每行六十五字。内容叙述古代凉州（治今甘肃武威市）护国寺有佛塔，多灵异。西夏天祐民安三年地震，佛塔被震倾斜。有司方欲派人抢修，塔竟自行恢复原状。西夏皇太后、皇帝下诏重修，并立碑记事。背面首刻汉文小篆《凉州重修护国寺感应塔碑铭》。正文为汉文楷书，计二十六行，每行七十字，缘边处字迹漫漶。是我国保存最大最完好的西夏文碑。1961年定为全国重点文物保护单位。

西夏墅镇　即今江苏常州市新北区西北西夏墅镇。清光绪《江苏全省舆图》武进县图：西北有夏墅。民国《江苏六十一县志》：武进县西北有"西夏墅镇"。

西夏避暑宫　在今宁夏银川市西北拜寺口南侧镇木关沟内之皇城台子遗址。嘉靖《宁夏新志》卷2古迹：避暑宫"贺兰山拜寺口南山之巅。伪夏元昊建此避暑，遗址尚存。人于朽木中尝有拾铁丁长一二尺者"。

西原　①在今河南灵宝市西北。《旧唐书·哥舒翰传》：唐至德元年（756），率兵讨安禄山，"六月四日，次于灵宝县之西原。八日，与贼交战，官军南迫险峭，北临黄河"。大败。哥舒翰亦被俘。

②又名雍原、周原。在今陕西武功县西北武功镇西故美阳城旁。《资治通鉴》：唐至德二载（757），"关内节度使王思礼军武功，兵马使郭英乂军东原，王难得军西原"。即此。

③即白石原。在今甘肃灵台县西北梁原乡一带。《资治通鉴》：唐永泰元年（765），"药葛罗帅众追吐蕃，（郭）子仪使白元光帅精骑与之俱；癸酉，战于灵台西原，大破之"。胡注："旧史，破吐蕃处，在灵台县西五十里，地名赤山岭。"

西原州　唐置羁縻州，属安南都护府。治所在罗和县（今广西大新县西北黑水河西岸）。北宋废。

西原堡　北宋元丰三年（1080）置，属河州。在今甘肃临夏县境。金废。

西原隰　即今河北故城县西北十八里新崔庄。清同治《畿辅通志》卷49故城县：西有西原隰。

西套蒙古　清代指包括贺兰山以西、河西走廊以北的阿拉善厄鲁特旗和额济纳土尔扈特旗地区，因在河套之西，故名。又称套西二旗。游牧地当今内蒙古阿拉善盟（额济纳旗、阿拉善左旗、阿拉善右旗）、乌达市及磴口县。

西顾山　在今浙江长兴县西北二十八里。《寰宇记》卷94长兴县："西顾山，一名吴望山……《山墟名》云：西顾山，昔吴王阖庐登姑苏，望五湖，顾见此山，因名之。"

西柴里　故址在今江苏苏州市城内。《资治通鉴》：东晋咸安二年（372）四月，"徙海西公于吴县西柴里，敕吴国内史刁彝防卫，又遣御史顾允监察之"。即此。

西晃山　在今湖南麻阳苗族自治县西南。《元和志》卷30卢阳县：晃山"山出丹砂"。《清一统志·沅州府一》：西晃山"自麓至顶可二十里，中有一涧横断之，亘以石梁，曰仙人桥，长百尺。顶上有洞，曰雷公洞，声殷殷出其间，遇者怖甚。半山有洞三，曰三鬚洞，曰镜钹洞，曰沈家洞。洞水喷出，汇为溪流曰石桥溪"。

西峪寺　即云居寺。在今北京市房山区西南石经山下。旧有东、西两峪寺，东峪寺早毁。清初仅存西峪寺，改名西域寺。抗日战争时期毁于日军炮火。

西峪寨　在今山西沁县西北西峪村。《清一统志·沁州》"段村寨"条下：州西北"六十里有西峪寨"。

西峰山　在今广西灵川县东北三街镇西北二里。《方舆纪要》卷107灵川县：西峰山"在县西北二里。高数百丈。三面峭拔，其中坦夷。上有龙泉，每日三涨三落"。

西峰市　1985年升庆阳县西峰镇置，治今甘肃省庆阳市西峰区。属庆阳地区。2002年撤销庆阳地区，改设地级庆阳市；原县级西峰市改置西峰区。

西峰县　1937年陕甘苏区由甘肃庆阳县析置，治所在西峰镇（今甘肃庆阳市）。1938年撤销，并入庆阳县。1985年于西峰镇置西峰市，为庆阳地区行署驻地。2002年撤销庆阳地区和西峰市，改设地级庆阳市。以原县级西峰市改置西峰区。

西峰驿　明置，属澄迈县。在今海南省澄迈县东北永发镇。

西峰寨　①在今安徽六安市南。《方舆纪要》卷26六安州：西峰寨"在州南七十里……皆南宋时里人保聚处也"。

②即今海南省澄迈县东北永发镇。《方舆纪要》卷105澄迈县："西峰寨在县东。《宋史》：政和间，管帅郭晔乞于澄迈置西峰寨，临高置定南寨，以隘阻黎人，由是道路无梗，即西峰驿也。"

西峰镇　清同治间筑城，即今甘肃庆阳市。光绪《甘肃新通志》卷9：西峰镇"城周三里许，外环市廛，民居稠密，为繁盛首区"。

西倾山　①在今甘肃漳县西北八十里。《方舆纪要》卷59漳县：西倾山"山势绵延，西倾水出焉。或以为《禹贡》之西倾山，非也"。

②又称西强山、嵹台山。亦作罗插普喇山、鲁察布拉山。在今青海东部和甘肃西南部，属秦岭西端。《尚书·禹贡》："西倾、朱圉、鸟鼠至于太华。"西北—东南走向，平均海拔4000米以上。为洮河、白

龙江分水岭。《清一统志·青海厄鲁特》：西倾山“番名罗插普喇山，近黄河自东折西北之东岸，绵亘千余里，凡黄河以南诸山，无大于此者。洮河发源于此”。

西射堂　在今浙江温州市。《寰宇记》卷99温州：西射堂“在州西南二里，今基址不存。灵运《晚出西射堂》诗云：‘步出西掖门，遥望城西岑。连障叠巘崿，青翠杳深沉。’今西山寺是也”。

西徐州　南朝梁大通元年（527）置，治所在涡阳县（今安徽蒙城县）。辖境相当今安徽蒙城县等地。东魏武定六年（548）改为谯州。

西釜山　在今河南济源市西二十里。《方舆纪要》卷49济源县：“《志》云，其山周回高峻，中深洼如釜，因名。”

西高山　在今河北赤城县西南。《方舆纪要》卷18龙门所：西高山在“所西五十里。山高耸，登其巅可以远望”。

西高州　北宋改高州羁縻州置，属辰州。治所在今湖北宣恩县南高罗镇。元改置石溪洞长官司。

西亳　在今河南偃师市西尸乡沟一带。《尚书·序》：“汤始居亳，从先王居。”《史记·殷本纪》正义引《括地志》：“河南偃师为西亳，帝喾及汤所都，盘庚亦徙都之。”20世纪80年代考古发现商代早期都城遗址于此。

西斋市塘　即今湖北松滋市西南五十二里西斋镇。清光绪《湖北全省分图》：松滋县（治所在今老城镇）西南有西斋市塘。

西唐山　又名唐山、青山。在今河南叶县西南六十里澧河畔。《后汉书·高凤传》：高凤“乃教授业于西唐山中”。《隋书·地理志》：方城县“有西唐山”。

西唐州　唐贞观四年（630）置，为羁縻州，属松州都督府。治所在今四川若尔盖县西北境。八年（634）改为盖州。

西唐店　一名西汤店。即今山西沁县西北四十里牛寺乡北西汤村。《旧五代史·晋书·赵德钧传》：五代唐清泰三年（936），赵德钧“自吴儿峪路趋昭义，与延寿会于西唐店”。即此。北宋置西汤镇。

西部都尉　西汉天汉四年（前97）以蜀郡西部置，治所在青衣县（今四川芦山县。一说今名山县北）。辖境相当今四川雅安、芦山、宝兴、天全、荥经、名山等市县地。东汉延光元年（122）改为蜀郡属国。

西部联合旗　1949年由阿巴嘎右翼旗与阿巴哈纳尔右翼旗合并设置，属锡林郭勒盟。驻罕布庙（今内蒙古阿巴嘎旗驻地新浩特镇）。1956年复改阿巴嘎旗。

西益州　北魏正始五年（508）分梁州晋寿郡置，治兴安县（今四川广元市）。梁大同二年（536）改为黎州。西魏复曰西益州，北周又改为利州。隋废。

西益、潼州　南朝梁武陵王萧纪置，治所在巴西、梓潼郡（今四川绵阳市涪江东岸）。辖境相当今四川绵阳、梓潼、安县及德阳、江油部分地。西魏废帝二年（553）改为潼州。

西烟堡　即今山西盂县西北烟镇。《清一统志·平定州》：西烟堡“在盂县西北七十里，路通忻、代二州”。

西递村古建筑群　在今安徽黟县东十五里西递镇。村落面积12.96万平方米，村民以胡氏宗族为纽带，聚族而居。该村始建于宋，盛于明清。现存明代民居二十九幢（含祠堂三幢及走马楼、牌坊）；清代民居九十五幢。建筑物主要为木构砖墙，采用抬梁或穿斗构架，院落平面讲究对称，中间为厅堂，两侧为厢房，入口处有天井。自由组合成二进、三进、四进等多种形式院落。纵向院落之间设有马头封火山墙。建筑装饰以木、石、砖雕为主，色彩以白墙黛瓦为基调。街巷以青石铺地。整体格局及单体建筑均保存完好。西递村古村落布局与环境融为一体，建筑风格统一，组合丰富多变，色彩淡雅，装饰精良，是徽派古民居艺术的典范。2001年定为全国重点文物保护单位。2000年被联合国教科文组织列入世界文化遗产名录。

西递铺　即今安徽黟县东十五里西递镇。始建于宋，为州城西通黟、祁传递信息的驿铺所在。现存古民居建筑群落，体现古徽派建筑特色和艺术水平。

西凉　东晋十六国之一。后凉时，凉州分裂，东晋隆安四年（400），汉族李暠在敦煌（今甘肃敦煌市）建立政权，称凉公。史称西凉。建初元年（405）迁都酒泉（今甘肃酒泉市）。有今甘肃西部。传三主，共二十一年。元熙二年（420）为北凉所灭。

西凉州　①西魏文帝时置，治所在永平县（今甘肃张液市西北）。废帝时改名甘州。

②元世祖至元十五年（1278）改凉州府置，属永昌路。治所即今甘肃武威市。明洪武九年（1376）改为凉州卫。

西凉府　五代及西夏时改凉州置，治所即今甘肃武威市。元世祖至元十五年（1278）降为西凉州。

西浦　在今江苏镇江市西。《寰宇记》卷89丹徒县：西浦，“《南徐州记》云：京口旧名项口。《异苑》云：交州阮郎，晋永和中出都至西浦泊舟”。《宋书·五行志四》：东晋太元十七年（392），“京口西浦，亦涛入杀人”。

西浩齐特旗　即内蒙古锡林郭勒盟浩齐特右翼旗。清顺治十年（1653）置，驻地在今内蒙古锡林浩特市北乌尤特。20世纪40年代移驻阿由勒哈庙（今锡林浩特市西北阿由勒海）。1949年并入西部联合旗。

西海　①在今内蒙古额济纳旗北。为居延海。《魏书·袁翻传》：正光二年（521），蠕蠕国乱，其王阿那瓌、婆罗门相继来降，凉州刺史翻表曰：“乞遣大使往凉州、敦煌及于西海，躬行山谷要害之所，亲阅亭障远近之宜，商量士马，校练粮杖，部分见定，处置得所。入春，西海之间即令播种，至秋，收一年之食，使不复劳转输之功也。且西海北垂，即是大碛，野兽所聚，千百成群，正是蠕蠕射猎之处。”

②即今青海省东部之青海湖。《后汉书·西羌传》：西汉武帝时，“羌乃去湟中，依西海、盐池左右……至王莽辅政，欲耀威德，以怀远为名，乃令译讽旨诸羌，使共献西海之地，初开以为郡，筑五县，边海亭燧相望焉”。

③指今蒙古国科布多东南之哈尔湖—德勒湖。《后汉书·窦宪传》：永元元年（89），大败北匈奴勒石纪功燕然山后，遣军司马吴汜、梁讽使北匈奴，“遂及单于于西海上，宣国威信，致以诏赐，单于稽首拜受”。

④《山海经》所说之西海，其确实海域不详。后世地理知识逐渐增长，称西海之处较多，都指我国西部或以西之湖海。如《史记·大宛列传》：“于寘之西，则水皆西流注西海。”所指当今之咸海或里海。《汉书·西域传》：“条支国临西海。”指今波斯湾、红海、阿拉伯海及印度洋西北部。西汉末指今青海省之青海湖，于此置西海郡。东汉末指今内蒙古居延海，于此置西海郡。《水经·河水注》：“敦薨之水自西海径尉犁国”，指今新疆博斯腾湖。《通典》引杜环《经行记》：拂林国“西枕西海”。指今地中海。

西海千户所 亦作海州中前千户所。明洪武中置，属中军都督府。治所在今江苏连云港市西南海州。清康熙十七年（1678）废。

西海州 南宋景定二年（1261）改海州置，治所在朐山县（今江苏连云港市西南海州区）。辖境相当今江苏连云港市、赣榆、东海、沭阳、涟水等县及以东之地。后复改海州。

西海县 ①东汉改海曲县置，属琅邪国。治所在今山东日照市西十里，西晋废入莒县。

②唐宝应元年（762）置，属庭州。治所在今新疆沙湾县东。后废。

西海郡 ①西汉元始四年（4）置，治所在龙夷城（今青海省海晏县）。辖境相当今青海省青海湖东部和北部地带。新莽末废。西海郡城墙残存最高4米。城内有三处高丘，当为重要建筑遗址所在。出土“长乐未央”瓦当，五铢、货泉钱币，“海西”瓦当和石虎。石虎座前刻“西海郡始建国工河南”。1988年西海郡古城遗址被定为全国重点文物保护单位。

②东汉建安中置，属凉州。治所在居延县（今内蒙古额济纳旗东南黑城东北故城）。辖境相当今内蒙古额济纳旗地。北魏废。

③南朝宋泰始七年（471）置，属青州。治所在郁县（今江苏连云港市东云台山一带）。后废。

④隋大业五年（609）置，治所在吐谷浑故都伏俟城（今青海共和县西北石乃亥镇西北铁卜卡古城）。辖境相当今青海省青海湖以西及柴达木盆地。隋末废。

西流县 西魏改汉兴县置，为马蹬郡治。治所在今四川宣汉县东南坝镇。北周为周安郡治。隋大业初属通川郡。唐武德初属开州，贞观元年（627）废。

西流河镇 即今湖北仙桃市东南五十里西流河镇。民国《湖北通志》卷33《乡镇》：沔阳州（治所在今市西南沔城镇）东乡有“西牛（流）河”。

西涧 ①在今山西长治市西。《资治通鉴》：西晋永嘉三年（309），刘渊遣石勒、刘聪攻壶关，“刘琨遣护军黄肃、韩述救之，聪败述于西涧，勒败肃于封田”。

②一名上马河。在今安徽滁州市西。唐韦应物有诗。《清一统志·滁州》引《州志》：“宋太祖入滁，以兵浮西涧，即此。”

西浚稽山 今蒙古国西南部巴彦洪戈尔省图音河注入鄂罗克湖之西南戈壁阿尔泰山。《汉书·李广传》附李陵传：路博德奏言“臣愿留（李）陵至春，俱将酒泉、张掖骑各五千人并击东西浚稽，可必禽也”。

西陵 ①战国楚邑，在今湖北宜昌市西北。《史记·六国年表》：楚顷襄王二十年（前279），“秦拔隔、西陵”，即此。

②即蒋陵。俗名松陵冈。又名孙陵。在今江苏南京市东，钟山南麓。《晋书·成帝纪》：东晋咸和三年（328），苏峻与卞壶曾“战于西陵”。《方舆纪要》卷20上元县：西陵“吴大帝葬焉，亦曰孙陵”。

③清代皇陵墓群之一。在今河北易县西五十里永宁山下。清乾隆时诏定父子不葬一地之制，自此清皇陵有东、西陵之分。西陵有泰陵（雍正）、昌陵（嘉庆）、慕陵（道光）、崇陵（光绪）四帝陵及后妃、王公、公主陵寝等，陵区四周层峦叠嶂，形势高爽，山水相间，今为京西游览胜地。

④在今浙江杭州市萧山区西北十里西兴镇。《水经·浙江水注》：“浙江又径固陵城北，昔范蠡筑城于浙江之滨，言可以固守，谓之固陵，今之西陵也。”《宋书·竟陵王诞传》：“诞遣参军刘季之与（顾）彬之并势，自顿西陵，以为后继。”即此。唐李绅有《渡西陵十六韵》诗。五代时钱镠改名西兴。

西陵山 在今浙江湖州市北二十一里。《寰宇记》卷94湖州乌程县：“西陵山，《吴兴地记》云：孙皓改葬父和于此山，号曰明陵，即六山之别岭也。”旧志以其山在西，故名。

西陵县 ①战国秦置，属南郡。治所在今湖北武汉市新洲区西二里。西汉为江夏郡治。西晋属弋阳郡。南朝宋属西阳郡。齐为西阳郡治。梁废。

②三国吴黄武元年（222）改夷陵县置，为宜都郡治。治所在今湖北宜昌市东南长江北岸。西晋太康元年（280）复为夷陵县。

③南朝梁置，属武昌郡。治所在黄石山（今湖北黄石市）。隋开皇九年（598）废。

西陵驿 唐置，在今浙江杭州市萧山区西北十里西兴镇。白居易有《答微之泊西陵驿见寄》诗。

西陵峡　①长江三峡之一。在今湖北宜昌市西陵区西。东起宜昌市西北南津关，西至秭归县香溪口。《水经·江水注》："江水又东径西陵峡。《宜都记》曰：自黄牛滩东入西陵界，至峡口一百许里，山水纡曲，而两岸高山重嶂，非日中夜半不见日月。绝壁或千许丈，其石彩色形容，多所像类。林木高茂，略尽冬春，猿鸣至清，山谷传响，泠泠不绝，所谓三峡，此其一也。"《寰宇记》卷147夷陵县：西陵峡"在县西北二十五里。《吴志》云：陆逊破刘玄德还屯夷陵守峡口以备蜀，即此是也"。

②即长江三峡之瞿唐峡。在今重庆市奉节县东十三里。《寰宇记》卷148夔州："瞿塘峡在州东一里，古西陵峡也。连岩千丈，奔流电激，舟人为之恐惧。"

西陵郡　东汉建安十九年（214）孙权置，治所在今湖北蕲水县西南长江岸边。《三国志·吴书·甘宁传》："权嘉宁功，拜西陵太守。"即此。

西陵铁路　又名新易铁路。或称京汉铁路高易支线。由今河北高碑店市至梁各庄止。全长42公里。因梁各庄靠近西陵，故名。清光绪二十八年（1902）11月动工，次年2月竣工。为慈禧太后偕光绪帝至西陵祭祖而建。该路于1937年、1945年被分段拆除。

西陵湖　在今浙江杭州市萧山区西。《水经·渐江水注》："浙江又东径柤塘，谓之柤渎……有西陵湖，亦谓之西城湖。"

西桑　即今福建霞浦县东南西礵岛。明郑和下西洋经此。

西桑村　即今河北武邑县东三十四里西桑村。清同治《畿辅通志》卷54武邑县图：东有西桑村。

西域　西汉以后对玉门关以西地区的总称。始见于《汉书·西域传》。有二义，狭义专指葱岭以东而言；广义则指凡通过狭义西域所能达到的地区，包括今亚洲中西部、印度半岛、欧洲东部及非洲北部等地。西汉宣帝时设西域都护府。唐代在西域设置安西、北庭二都护府。此后各代，中原与狭义西域在政治、经济、文化上有着不可分割的联系。19世纪末建立新疆省后，西域一名渐废弃不用。

西域长史府　东汉延光中置，治所在柳中城（今新疆鄯善县西南鲁克沁）。三国魏移海头城（今新疆若羌县东北罗布泊西北岸楼兰遗址）。十六国末废。

西域都护府　西汉神爵二年（前60）置，治所在乌垒城（今新疆轮台县东野云沟附近）。辖玉门关、阳关以西，天山南北，西包乌孙、大宛、葱岭这一范围内的西域诸国。王莽天凤三年（16）后西域不通，都护府亦废。东汉永平十七年（74）复置，治所移至龟兹它乾城（今新疆新和县西南）。建初元年（76）废。永元三年（91）再置，永初元年（107）又废。此后，前凉张骏和后凉吕光在高昌先后又设立过西域都护府和西域大都护府。

西埠镇　即今安徽和县西北西埠镇。清光绪《直隶和州志》卷4《关津》：西铺在"州西北二十里"。

西聊县　北魏孝昌中分聊城县置，属平原郡。治所在今山东聊城市西北十五里。北齐废。

西勒图站　又作锡尔特台。清雍正十年（1732）置，在今黑龙江省甘南县东南音河西岸。清西清《黑龙江外记》卷2：齐齐哈尔西北至呼伦贝尔驿站有"西勒图"。

西勒喜河　即今黑龙江省富锦市南与宝清县交界处之七星河。清齐召南《水道提纲》卷25：挠力河纳乞勒沁河，"又东北数十里，有西勒喜河，自西南会北来之屋汉术河，东流来会"。

西黄寺　在今北京市朝阳区安定门外黄寺路北。是清顺治九年（1652）为来京朝见的西藏黄教领袖达赖五世所建的住锡之所，故有"达赖庙"之称。中华人民共和国成立初期，西黄寺被拆除，现仅存寺西的班禅六世塔院。

西黄村　即今河北邢台县西北七十里西黄村镇。明于此设巡司。《清一统志·顺德府二》：西黄村巡司"旧曰西黄社。明崇祯六年设巡司于此。本（清）朝因之"。民国时设县佐。

西营镇　即今山西襄垣县北西营镇。《清一统志·潞安府》"下良镇"条下：西营镇"在县北四十五里，与沁州武乡县接界"。

西萨　即今云南宁洱哈尼族彝族自治县北三十二里西萨。清《乾隆内府舆图》：普洱府宁洱县北有西萨。傣语"西萨"意为十三，该村原为普洱第十三个小土司驻地，故名。

西曹　本曹国。都城在瑟底痕城（今乌兹别克斯坦撒马尔罕西北伊什特汉）。唐为西曹。《新唐书·西域传》：西曹"武德中入朝。天宝元年，王哥逻仆罗遣使者献方物。诏封怀德王"。

西硙口　在今山西河津市东北。《清一统志·绛州》；西硙口"在河津县北三十五里，入平阳府乡宁县路。有镇硙堡、永安堡"。

西鄂县　西汉置，属南阳郡。治所在今河南南阳市北石桥镇。《汉书·地理志》南阳郡西鄂县注：应劭曰，"江夏有鄂，故加西云"。西晋属南阳国。南朝宋废。北魏复置，属南阳郡。北周废。东汉科学家张衡为本县人。

西鄂城　在今河南南阳市北石桥镇。汉、晋西鄂县治此。《三国志·魏书·杜袭传》：东汉建安初年，太祖"以为西鄂长"。《水经·淯水注》："淯水又东南径西鄂县故城东。"即此。

西铭　即今山西太原市北郊区西西铭乡。同蒲铁路有支线通此。

西铭支线　自今山西太原市附近西山支线的玉门沟起至西铭煤矿。长3.9公里。为同蒲铁路支线。1936年修筑。

西龛山　在今四川巴中市西之西华山腰。《舆地纪胜》卷187巴州：西龛"在城西二里。盖郡治之主山”。旧有西龛寺，已圮。

西龛摩崖造像 在今四川巴中市城西四里凤谷山。现有造像九十一龛，二千一百二十一躯，分布在西龛寺（佛爷湾）、流杯池、龙日寺三地。始建于北魏永平三年（510）和隋大业五年（609），大部分镌于盛唐。主要有释迦牟尼佛、弥勒佛、阿弥陀佛、七佛、一佛二弟子二菩萨二天王二力士、天龙八部、千佛本生故事、西方净土变等。保存完好。2001 年定为全国重点文物，归入南龛摩崖造像保护单位。

西康州 唐武德元年（618）置，治所在同谷县（今甘肃成县）。贞观元年（627）废。

西康省 简称康。清末拟建西康省。1914 年傅嵩林奏请设西康省云：“边地方古康地，其地在西，拟名西康省。”1926 年设西康屯政使，1929 年改设西康政务委员会，1939 年正式建西康省，省会在康定县（今四川康定县）。西界西藏，北界青海，东界四川，东南界云南，南界缅甸、印度。辖境相当今四川西部雅安地区、凉山彝族自治州、甘孜藏族自治州及西藏昌都地区。1955 年撤销，金沙江以西昌都地区划属西藏自治区，金沙江以东划归四川省。

西章武县 北魏正光年间置，属章武郡。治所在今河北大城县南四十七里。北齐废。

西望山 在今贵州息烽县西十里。《清一统志·贵阳府》：西望山“盘亘百余里，与开州（今开阳县）南望山对峙。山巅有凤凰池，阔可里许。前有三峰，曰翠屏、目游、莫若，皆壁立万仞，苍松虬结；而目游更奇峭，有石笋数株，高插天际”。为苗岭中之秀峰。

西盖马县 西汉置，属玄菟郡。治所在鸭绿江左岸朝鲜楚山附近。因盖马大山得名。东汉安帝时移治今辽宁抚顺市劳动公园内古城。三国魏废。

西清 清代宫内南书房之别称。因位于乾清宫之西而名。清震钧《天咫偶闻》卷1：“南书房则在乾清宫南廊下之西，最为清要之地。”乾、嘉两代，命翰林编录《石渠宝笈》、《天禄琳琅》、《阏殿珠林》、《西清古鉴》等书，皆为南书房翰林官所编。

西渚 ①又名西津渡、京口渡。在今江苏镇江市西北部江边，为南北对渡口。《宋书·刘景素传》：元徽四年（476），刘景素攻京口，“时张保水军泊西渚”。即此。

②亦作西陼、南堂西渚、鹦鹉州西渚。在今湖北武汉市武昌区西。《梁书·武帝纪》：南齐永元末，萧衍攻郢城，“乃命（邓）元起进据南堂西渚”。《资治通鉴》胡注：“南堂在郢城南，西近江渚。”

西淮州 南朝梁置，治所在淮川郡（今河南正阳县东南）。北齐废。

西淮安郡 西魏改西淮郡置，为南襄州治。治所在湖阳县（今河南唐河县南湖阳镇）。废帝三年（554）为湖州治。北周改为升平郡。

西淮郡 北魏置，属南襄州。治所在钟离县（今河南唐河县东南）。西魏改为西淮安郡。

西淀 即白洋淀。在今河北安新县南。《清一统志·保定府二》：白洋淀“自（明）正德间杨村河决入，始成泽国。今合相近诸淀之水，总名西淀”。

西梁山 即梁山。在今安徽和县南长江西岸。《明史·地理志》和州：“梁山在南，与当涂县博望山夹江相对，谓之天门山，亦曰梁山。”

西梁山镇 在今安徽和县南六十里梁山下。清设游击守备驻守。

西梁侯国 西汉置，属信都国。治所在今河北辛集市南三十里大车城。东汉废。《水经·浊漳水注》：衡水“又径西梁县故城东，《地理风俗记》曰，扶柳县（按：在今冀州市西北二十八里扶柳城）西北五十里有西梁城故县也”。

西梁堡 北宋置，属同官县。在今陕西铜川市北。

西梁寨 在今湖南凤凰县西南三十里。严如熤《苗疆险要考》谓西梁“有上、中、下三寨，地险苗众”，清乾隆末苗民吴半生尝凭此起事。

西随水 即今云南金平苗族瑶族傣族自治县北部一段红河。东汉至南朝称西随水。《水经》：叶榆河“入牂柯郡西随县北，为西随水”。

西随县 西汉元鼎六年（前 111）置，属牂柯郡。治所在今云南金平苗族瑶族傣族自治县境。三国蜀建兴三年（225）属兴古郡。西晋永嘉五年（311）属梁水郡。南朝梁末废。

西隃山 即雁门山。在今山西代县西北。《尔雅·释地》：“北陵西隃，雁门是也。”《穆天子传》卷 1：“天子西征，乃绝隃之关隥。”郭璞注：“疑此谓北陵西隃，西隃雁门山也。”《史记·赵世家》作“先俞”。

西隆州 清康熙五年（1666）改安隆长官司置，属思恩府。治所即今广西隆林各族自治县。六年（1667）移治扁牙寨之坝楼山（今隆林县东南扁牙乡），寻迁砦儿山（今田林县西北旧州镇）。雍正十年（1732）升为直隶州。乾隆七年（1742）改为泗城府，移治今隆林各族自治县。1913 年改为西隆县。

西隆县 1913 年改西隆州置，属广西田南道。治所即今广西隆林各族自治县。1928 年直属广西省。1951 年与西林县合并为隆林县，1953 年改为隆林各族自治区，1955 年改为隆林各族自治县。

西博州 唐贞观五年（631）生羌归附置羁縻州，属茂州都督府。治所在今四川黑水、红原县境。八年（634）改为穹州。

西葛镇 在今江苏南京市浦口区西北西葛。《方舆纪要》卷 20 江宁府江浦县“东葛城”条下：“又有西葛城，在县西北四十里。”

西董山 指越南东南岸外的大卡特威克岛。见《元史·史弼传》。

西韩州 唐武德三年（620）置，治所在河西县（今陕西合阳县东南）。八年（625）移治韩城县（今陕西韩城市）。辖境相当今陕西韩城市及合阳县地。

贞观八年（634）废。

西韩河　在今河北正定县西。《方舆纪要》卷14真定府："西韩河在府西二十里。源出大鸣泉，西南流注于滹沱。《志》云：韩信伐赵时经此，因名。"

西朝　东晋、南朝建都建康（今江苏南京市），故又称建都洛阳（今河南洛阳市东北）的西晋为西朝。见《宋书·百官志》。《世说新语·品藻》："王大将军（王敦）在西朝时见周侯（周顗），辄扇障面不得住，后度江左，不能复尔。"

西棘阳县　北魏置，属荆州汉广郡。治所在今河南南阳市南。西魏废。

西雅州　唐贞观五年（631）以处生羌置，为羁縻州，属松州都督府。治所在今四川阿坝县东南境。八年（634）改为雅州。

西喇木伦河　亦作锡喇穆楞、失列门林、舍刺母林。古称饶乐水，又作弱洛水。唐称潢水（黄水）。即今内蒙古西辽河上游西拉木伦河。《清一统志·克什克腾》：潢河"在旗西一百五里。大辽水之西一源也。蒙古名西喇木伦"。

西喇乌素河　今内蒙古土默特左旗东南什拉乌苏河。《清一统志·归化城六厅》：黑河"正西流，至（归化）城南有巴汉土尔根河自北流入，又西有西喇乌素、呼图克图二水，源自杀虎口北，西北流，合于此河"。

西喇布里都池　在今内蒙古鄂托克旗东北。《清一统志·鄂尔多斯》：西喇布里都池"右翼中旗所驻，直陕西、宁夏东北三百五十余里"。

西喇布里都泊　在今蒙古国苏赫巴托省达里甘戛西北。《御制亲征平定朔漠方略》卷22：清康熙三十五年（1696）四月，"癸卯，驾次席喇布里图驻跸"。

西畴　在今四川富顺县西南七里。《舆地纪胜》卷167富顺监：西畴"由城之南绝江而上，西行凡六七里，广六十亩，万松森列，嘉树离立，为李氏田畴。晁公遡记云：有亭、台、斋、馆、泉、石、花、木，盘据一山之上"。

西畴县　1920年改普兰行政区置，属云南蒙自道。治所即今云南西畴县。民国《西畴县地志》："县属全境分西洒、畴阳两区，取每区之首一字，故命名曰西畴县。"1929年直属云南省。

西堡长官司　明洪武十九年（1386）置，属安顺州。治所在今贵州六枝特区北。后属安顺府。清废。

西集　即今北京市通州区东南四十里西集镇。清于此设义仓，为香河县入京要道。

西集厂　即今黑龙江省巴彦县西北西集镇。清光绪《吉林全省地舆图》：黑龙江省巴彦州西北有西集厂。民国《呼兰府志》卷1："西集场，在（巴彦）州西三十五里。北负少陵山，南凭泥玛尔山，中峡而居。又名双山堡。西通呼兰，北达赵胡窝堡，往来冲道也。"

西集州　唐贞观五年（631）置，为羁縻州，属松州都督府。治所在今四川若尔盖县西北境。八年（634）改为直州。

西粤山　又作西奥山。在今云南凤庆县西南二百里。《清一统志·顺宁府》：西粤山"叠壑层峰，石壁峭绝，与缅宁接界。中有洞如城阙，广十余丈，石乳下垂，宛如华盖。内有石鼓、钟磬之属，击之有声，名曰琼英洞"。

西街　在今云南澄江县西北。《方舆纪要》卷115澂江府河阳县"西古城"条下："城西十里别有西街城，居民稠密。正德六年以寇警，守臣唐臣谕众民以其屋地所占及第户之高下分筑为城，周匝三里，为五门，与郡城相犄角。"

西番　即西蕃。《旧唐书·冯定传》："韦休符之使西番也，见其国人写（冯）定《商山记》于屏障。"此指吐蕃。唐、宋、元、明汉文史籍中对吐蕃亦称西番（蕃），指今西藏，有时亦泛指藏族聚居地区。

西番站　元置，在今四川甘洛县西。

西善桥镇　即今江苏南京市江宁区西南西善桥村。清同治《上江两县志》卷5《城厢》：有"西善桥"。民国《江苏六十一县志》：江宁县"西有板桥、西善二镇"。

西道县　①西晋置，属新昌郡。治所在今越南安沛省安沛县附近。南朝梁、陈间废。

②即夷道县。今湖北宜都市。《水经·江水注》：夷道县，"桓温父名彝，改曰西道"。《晋书·桓玄传》："玄以豫章改封息升，桂阳郡公赐兄子濬，降为西道县公。"

西遂宁郡　南朝齐梁间侨置，属益州。治所在今四川广汉市北新华镇（新兴场）。北周废郡改置怀中县。

西港　在今湖南湘阴县西。《方舆纪要》卷80湘阴县：西港"在县西三十里，流达于湘江"。

西港水　在今安徽南陵县西北，为漳河支流。《方舆纪要》卷28南陵县：西港水"源出工山朗陵之南，合诸水北流，经县西，谓之西港，分流自西南水门入城，绕县前过东市为中港，籍山之水合焉。其出西北水门与西港合者，又北为后港，经白水滩，绕县后，而东合于漳淮"。

西湖　①亦名昆明湖。在今北京市西北颐和园内。元称瓮山泊。明称西湖。明蒋一葵《长安客话》卷3："西湖去玉泉山不里许，即玉泉龙泉所潴。盖此地最洼，受诸泉之委，汇为巨浸，土名大泊湖。环湖十余里，荷蒲菱芡，与夫沙禽水鸟，出没隐见于天光云影中，可称绝胜。"清乾隆十五年（1750）重浚此湖，改名昆明湖。

②在今辽宁兴城市西。《方舆纪要》卷37宁远县：西湖"在卫西十五里。有藕芡鱼虾之利"。《清一统志·锦州府一》：西湖"在宁远州西十五里……今湮"。

③在今上海市松江区西南隅。《清一统志·松

江府一》：旧西湖“一名瑁湖，因陆瑁养鱼池，故名”。

④即尚湖。在今江苏常熟市西南四里。《清一统志·苏州府一》：尚湖“又名西湖”。

⑤又名汝阴西湖。在今安徽阜阳市西北二里。《方舆纪要》卷21颍州：西湖在“州西北二里。长十里，广二里，颍河合诸水汇流处也”。北宋皇祐元年（1049），欧阳修由扬州移知颍州，有诗赞曰：“菡萏香清画舸浮，使君不复忆扬州；都将二十四桥月，换得西湖十顷秋。”晏殊、欧阳修、苏轼相继为守，皆常晏赏于此，与杭之西湖并称。后欧阳修终老于此。清嘉庆后，湖面逐渐淤塞。

⑥又名钱塘湖、上湖、西子湖。在今浙江杭州市西。宋《淳祐临安志》卷10：西湖“在郡西”，故名。初为泻湖。自唐至清，多次疏浚。唐长庆二年（822），白居易筑堤捍湖，湖水既可溉田，又引入运河以利漕。北宋元祐五年（1090），苏轼上《乞开西湖状》，谓“杭州之有西湖，如人之有眉目”，遂加疏浚，去葑草，筑长堤，造六桥，禁民侵占，西湖之名始著。南宋定都杭州，不断修浚西湖，“西湖十景”也在此时形成。西湖为杭州风景精粹所在。今为著名风景区。

⑦即今浙江宁波市鄞州区东南东钱湖。《新唐书·地理志》明州鄮县：“东二十五里有西湖，溉田五百顷，天宝二年令陆南金开广之。”

⑧在今浙江建德市东北五十里梅城镇西。宋《淳熙严州图经》卷2建德县：西湖，“唐咸通中，刺史侯温开置……宝华洲在其中”。唐方干有《侯郎中新置西湖》诗。

⑨在今浙江长兴县西南。《旧唐书·于頔传》：“长城方山，其下有水曰西湖，南朝疏凿，溉田三千顷，久堙废；頔命设堤塘以复之，岁获秔稻蒲鱼之利，人赖以济。”《方舆纪要》卷91长兴县：西湖“一名吴城湖。《旧记》：吴王筑城辇土于此，遂成湖”。久已堙废。

⑩在今福建漳州市西。《方舆纪要》卷99漳州府：西湖“在城西。有泉甘美，可辟瘴疠。今堙。一云城东旧有东湖，周千余亩，今亦废”。

⑪在今福建仙游县西。《清一统志·兴化府》：西湖“在仙游县西郭门外。发源大飞山，汇为此湖。宋淳祐间，郡守杨栋修复，烟波浩渺，一邑奇观。又南湖引西湖水，东湖引南湖水，三湖今皆塞”。

⑫在今福建漳浦县城西。《方舆纪要》卷99漳浦县：西湖在“县西门外。宋嘉定八年开，周五百十五丈。后废。万历三年复浚”。

⑬即今福建福州市西北隅的西湖公园。西晋太康三年（282）郡守严嵩倡导开凿，潴西北诸山之水，兴农田灌溉之利。《元和志》卷29福州闽县：西湖“在县西二里”。五代闽时周回十数里，并在湖滨筑室其上，号水晶宫。此后渐成为州人游乐场所。至宋，湖面扩大，风景幽美，陈长卿诗有“凿开百顷碧溶溶，颖上钱塘约略同”句。爱国诗人辛弃疾亦曾将其比作“未嫁西施”。后几经淤塞和疏浚，至清道光八年（1828），林则徐为湖岸砌石，才保有四百多亩的湖区。1914年正式辟为公园。湖中有开化屿（小孤山）、谢坪屿两小岛，以桥堤相连，有开化寺、宛在堂、桂斋（林则徐读书处）、荷亭等胜迹。福建省博物馆设在园内。

⑭在今河南汝南县西南。《清一统志·汝宁府一》：西湖“宋孔武仲隐居于此。有翠光亭、待月台诸胜。今废”。

⑮在今河南睢县北。《清一统志·归德府一》：西湖“在睢州北骆驼冈后，周回十四里”。

⑯在今河南汝州市西八里。《方舆纪要》卷51汝州：西湖“一名龙塘陂。其水四时不竭，溉田甚广”。

⑰在今河南许昌市西。《清一统志·许州一》：西湖“在州城西北七里。今涸。民田其中”。或指旧许昌县城西门外之护城河。城壕深者丈许，阔一二十丈，西门外尤宽深，自北引潩水注之。夏日多种莲芡。西湖莲舫，为县城十景之一。

⑱在今河南濮阳市西南。《方舆纪要》卷16开州：西湖“在州城西南。旧时河流汇入，积而成湖。夏秋时，瀰漫甚广，后渐浅涸，然犹渟流荡漾，周数百亩，今无复旧观也”。

⑲在今湖北天门市西郊。《舆地纪胜》卷76复州：陆子泉“（陆）羽嗜茶，得西湖中井泉以试茶”。《清一统志·安陆府》：西湖“在天门县西门外，广次于东湖。有洲曰覆釜洲，唐陆羽所居，后葬此，即建塔焉。有西塔寺。寺有陆子茶亭”。

⑳在今湖北仙桃市西。《清一统志·汉阳府》：“上西湖，在沔阳州西北七十里。又东二十里为下西湖。两湖相连，北受刭河水，南出月湖口，注漕河。”

㉑在今湖北孝感市内。民国《湖北通志》卷10孝感县：西湖“在县西北五十步。阔数十顷，湖堧有神鼎阁、明月台”。

㉒在今湖北武汉市东西湖区。民国《湖北通志》卷10夏口厅：三沦湖“亦曰西湖，在柏泉之西，即沦水所经，其小湖不下数十，概称为西湖。夏秋水泛，接于江汊”。

㉓在今广东潮州市西。《舆地纪胜》卷100潮州：西湖“萦绕于州之太平桥下，径湖以桥，建亭其中，曰倒景、曰云路、曰立翠、曰东笑”。《方舆纪要》卷103潮州府海阳县：西湖“在府治西湖山之阳，绵亘十余里，今渐湮塞”。

㉔又名丰湖。即今广东惠州市城西之西湖。《清一统志·惠州府》：西湖，“《旧志》，西湖者，丰、鳄二湖之会也，受三大溪之流，北曰横槎，西曰水帘，西北曰新村，曰天螺，合于西新桥，汇而为湖，汪洋千顷。其水东流入城，出东水关入西江”。

㉕在今广西桂林市西。《明一统志》卷83桂林

府：西湖“在府城西三里。环寝隐山六洞，阔七百余亩。胜概甲于一郡，湖久废。宋经略张维筑斗门复旧”。《方舆纪要》卷107临桂县：西湖“今复湮为平畴矣”。

㉖在今四川崇州市城西。南宋范成大《吴船录》：“蜀州郡圃内西湖极广袤，荷花正茂，呼湖船泛之，古木修竹间，景物甚野，为西州胜处。”《方舆胜览》卷52崇庆府：西湖“在郡圃，盖皂江之水皆道城中，环守之居，因潴其余以为湖”。

㉗亦名桂湖。在今四川成都市新都区城西南隅。为明代著名学者杨慎（杨升庵）故居。明天启《成都府志》卷2：桂湖在“新都县学前。广三十亩。李大昕有记。杨太史慎有《桂湖曲》”。今湖滨密布桂树，清道光年间建升庵祠及楼、阁、亭、榭，形成别具一格的园林景观。

㉘在今四川富顺县城西。《舆地纪胜》卷167富顺监：西湖“在监治之西。耆旧相传：有此监即有此湖”。明曹学佺《蜀中名胜记》卷15富顺县引《舆地纪胜》云：“西潮周回三里，有洞窈邃。昔有入洞者，见二女栉发于窦间，遗以石镜，其人致富百倍。”《明一统志》卷69叙州府：西湖“在富顺县治西。方广二顷，水洁鱼美，菱芡蒲荷，充满其中”。

㉙即今云南昆明市西郊草海。《方舆纪要》卷114昆明县：西湖“在府城西。即滇池上游也。亦名积波池。俗曰草海子。又曰青草湖。周五里。蒲藻常青，为游赏之胜”。

㉚在今甘肃临洮县西南二里。《清一统志·兰州府一》：西湖“引洮水注之。每重五日，郡人竞游于此”。

㉛一名莲花池。在今新疆乌苏市西北。清徐松《西域水道记》卷3：莲花池在“（庆绥城）旧城西门外二里许，土阜如甑，周近三里，中有碧池，水深数丈，四时不耗，白蘋蔓生，亭亭池面，塞人谓之野莲，因以名池”。清宣统《新疆图志》卷72：莲花池“在今（库尔喀喇乌苏）厅治西北，土人呼为西湖者也”。

西湖村　在今湖北武汉市黄陂区西。《舆地纪胜》卷77德安府：西湖村“离孝感县九十里。俗传本朝太祖潜龙日，尝因渴索酒，饮村姥家，姥持酒以进，言‘榷禁甚严，此私酿，幸密之’。与金，不受。太祖贵时，宥西湖村酒禁，至今置万户酒”。

西湖南山造像　在今浙江杭州市西湖南山中的玉皇（育王）山慈云岭南坡。这里保存的五代时雕刻的石造像，是杭州最有代表性的摩崖石刻艺术作品之一。2006年定为全国重点文物，归入飞来峰造像保护单位。

西渭桥　西汉建元三年（前138）建，在今陕西咸阳市南渭河上。因与长安城西便门相对，又称便桥。唐时亦名咸阳桥。是汉、唐时期由长安通往西域、巴蜀的交通要道。唐末废。北宋景德二年（1005）重修，后毁。明改为浮桥。

西湾营　在今广东德庆县西十里。《方舆纪要》卷101德庆州：西湾营“近大江。正德五年设”。

西湾塘　即今广西钟山县东南西湾镇。清雍正《广西通志》卷20：富川县南“羊头塘十里至西湾塘与贺县交界”。

西渡滩　在南海中中国西沙群岛永兴岛东，位于东岛东北方约12.5海里。最浅处水深约23米。1935年公布名称为带渡滩。1947年改名西渡滩。

西渡镇　北宋置，属衡阳县。即今湖南衡阳县。1952年衡阳县迁治于此。

西禅寺　在今福建福州市西郊怡山。原为南朝陈炼丹师王霸所居，唐贞元十二年（796）建冲虚观祀之。后废。咸通八年（867）延请大安禅师来此兴建清禅寺，旋改名延寿寺。五代唐长兴四年（933）改名长庆寺。俗称西禅寺。有大小殿四十余座，大部为清光绪年间微妙禅师往海外募金重建。规模雄伟，为清末福州五大禅寺之一。

西强山　又作嵹台山。即今青海东部、甘肃西南之西倾山。《魏书·吐谷浑传》：太和十五年（491），“阿豺兼并羌氐，地方数千里，号为强国。田于西强山，观垫江源”。

西塘　又名西官塘。即今安徽庐江县西北三十五里官塘。《方舆纪要》卷26庐江县：“西塘在县西三十五里，亦曰西官塘，溉田百余顷。”

西塘市　又名西唐墅、西唐市。即今江苏张家港市南西塘市。清光绪《江苏全省舆图》江阴县图：东南有西唐。民国《江苏六十一县志》：常熟县西北有“西塘镇”。

西塘河　在今江苏建湖县东。《清一统志·淮安府一》“东塘河”条下：西塘河“亦出大踪湖，西北流径马长汀入射阳湖”。

西塘镇　即斜塘镇。今浙江嘉善县北西塘镇。《方舆纪要》卷91嘉兴府嘉善县“魏塘镇”条下：“又斜塘镇，在县北二十里。一名西塘。”此镇现为一座保存较完整的典型江南水乡古镇。

西楚　地区名。《史记·货殖列传》以淮北沛、陈、汝南、南郡等地为西楚。约相当今安徽淮河以北、江苏西北部、河南南部和湖北北部地区。秦亡后，项羽自立为西楚霸王，都彭城（今江苏徐州市）。《史记·项羽本纪》集解引孟康曰：“旧名江陵为南楚，吴为东楚，彭城为西楚。”

西楚九郡　公元前206年秦既亡，项羽分天下王诸侯，以梁、楚地九郡自立为西楚霸王。《史记·项羽本纪》、《汉书·项籍传》皆不详九郡之目，自古考史者不一其说，当以姚鼐《项羽王九郡考》之说为是。计梁地两郡：砀郡、东郡；楚地七郡：陈郡、薛郡、泗水郡、东海郡、东阳郡、鄣郡、会稽郡。见《惜抱轩文集》卷2。相当今河南东部、山东西南部、安徽淮北及江南、江苏、上海全部和浙江大部分地区。

西楚州　①东魏武定七年（549）改楚州置，治楚城（今河南信阳市北五十一里长台关西）。北齐改为永州。

②北齐改楚州置，治所在钟离县（今安徽凤阳县东北临淮关东）。隋开皇二年（582）改为濠州（豪州）。

③唐武德四年（621）置，治所在盱眙县（今江苏盱眙县）。八年（625）废。

西楼　唐天祐末契丹耶律阿保机建，在今内蒙古巴林左旗南波罗城（辽上京城遗址）。《旧唐书·契丹传》："得燕人所教，乃为城郭宫室之制于漠北，距幽州三千里，名其邑曰西楼邑，屋门皆东向，如车帐之法。城南别作一城，以实汉人，名曰汉城，城中有佛寺三，僧尼千人。"《新五代史·四夷附录》：阿保机"乃僭称皇帝，自号天皇王。……以其所居为上京，起楼其间，号西楼"。又引胡峤记曰："遂至上京，所谓西楼也。"《辽史·太祖纪》：六年（912），"以兵讨两冶，以所获僧崇文等五十人归西楼，建天雄寺以居之"。即此。据同书《地理志》载：天雄寺在上京皇城内，上京南城称为汉城。知西楼即辽上京皇城（皇都）。

西楼驿　在今湖南靖州苗族侗族自治县南六十里。《方舆纪要》卷82靖州：西楼驿，"宋淳熙三年，中峒贼姚民敖作乱，州兵守州西南之密崖及西楼驿，以断寇路。既而郡守邢迁益兵守西楼，进捣中峒，覆其巢，略大小汶川，还取桃溪堡，瑶僮慑服"。

西零　在今青海西宁市一带。《晋书·吐谷浑传》：吐谷浑死，子孙"据有西零已西甘松之界，极乎白兰数千里"。《宋书·鲜卑吐谷浑传》："（吐谷）浑既上陇，出罕幵、西零。西零，今之西平郡。"

西零丁礁　即今南海中中国南沙群岛之西礁。1935年公布名称为西零丁礁。1947年改名西礁。

西盟　清光绪十八年（1892）置西盟土把总，属镇边直属厅。治所即今云南西盟佤族自治县西北西盟镇。拉祜语"西盟"意即金子。另说"西"取自族名拉祜西，"盟"即歃血盟誓，拉祜、佤、傣、傈僳各族在镇边厅治所之西盟誓，因名西盟。民国时改西盟县佐。1965年置西盟佤族自治县。1995年迁治勐梭乡（今勐梭镇）。

西路扎萨克图汗旗　即蒙古扎萨克图汗部扎萨克图汗旗。旗府驻地在今蒙古国戈壁阿尔泰省东部比格尔附近。

西路中左翼末旗　即蒙古扎萨克图汗部中左翼末旗。旗府驻地即今蒙古国库苏古尔省木伦。

西路中左翼左旗　即蒙古扎萨克图汗部中左翼左旗。旗府驻地在今蒙古国库苏古尔省车车尔勒格。

西路中左翼右旗　即蒙古扎萨克图汗部中左翼右旗。旗府驻地在今蒙古国库苏古尔省新依德尔北。

西路中右翼末次旗　即蒙古扎萨克图汗部中右翼末次旗。旗府驻地在今蒙古国扎布汗省桑特马尔嘎次。

西路中右翼末旗　即蒙古扎萨克图汗部中右翼末旗。旗府驻地在今蒙古国戈壁阿尔泰省风黑尔。

西路中右翼左旗　即蒙古扎萨克图汗部中右翼左旗。旗府驻地在今蒙古国科布多省其其格南。

西路左翼中旗　即蒙古扎萨克图汗部左翼中旗。旗府驻地在今蒙古国戈壁阿尔泰省加尔嘎郎南。

西路左翼左旗　即蒙古扎萨克图汗部左翼左旗。旗府驻地在今蒙古国扎布汗省桑特马尔嘎次。

西路左翼右旗　即蒙古扎萨克图汗部左翼右旗。旗府驻地在今蒙古国科布多省达尔维西南。

西路左翼后（後）末旗　即蒙古扎萨克图汗部左翼后末旗。旗府驻地在今蒙古国乌布苏省温都尔杭盖南。

西路左翼后（後）旗　即蒙古扎萨克图汗部左翼后旗。旗府驻地在今蒙古国巴彦洪古尔省巴彦察干。

西路左翼前旗　即蒙古扎萨克图汗部左翼前旗。旗府驻地在今蒙古国乌布苏省温都尔杭盖南。

西路右翼左旗　即蒙古扎萨克图汗部右翼左旗。旗府驻地在今蒙古国戈壁阿尔泰省东部比格尔附近。

西路右翼右末旗　即蒙古扎萨克图汗部右翼右末旗。旗府驻地在今蒙古国库苏古尔省图木尔布拉格西。

西路右翼右旗　即蒙古扎萨克图汗部右翼右旗。旗府驻地在今蒙古国戈壁阿尔泰省欠德曼。

西路右翼后（後）末旗　即蒙古扎萨克图部右翼后末旗。旗府驻地在今蒙古国戈壁阿尔泰省阿尔泰西南。

西路右翼后（後）旗　即蒙古扎萨克图汗部右翼后旗。旗府驻地在今蒙古国戈壁阿尔泰省加尔嘎郎南。

西路右翼前旗　即蒙古扎萨克图汗部右翼前旗。旗府驻地在今蒙古国戈壁阿尔泰省额尔德讷。

西路旧土尔扈特旗　又称旧土尔扈特西路旗。清乾隆三十六年（1771）渥巴锡率土尔扈特部由伏尔加河流域回到祖国后设置，属乌讷恩素珠克图盟。驻牧地在今新疆精河县西南、尼勒克县西北部。

西路场　在今浙江海宁市（硖石镇）东南四十里黄湾镇。明洪武时设西路盐场署。《清一统志·杭州府二》"许村场"条："西路场在黄湾市，俱有盐课司。"民国时并入黄湾场。

西路辉特旗　即蒙古扎萨克图汗部辉特旗。旗府驻地在今蒙古国戈壁阿尔泰省哈萨格图吉尔戛兰。

西路道　1913年置，属福建省。治龙岩县（今福建龙岩市）。辖境约当今福建宁化、明溪、清流、连城、漳平、华安、长泰、龙海以西地区。1914年改为汀漳道。

西蜀　地区名。指今四川西部地区。《全唐诗》卷317武元衡《奉酬淮南中书相公见寄、并序》："皇帝改元之二年……冬十月，诏授检校吏部尚书兼门下侍郎。彤弓兹矢，出镇西蜀。”又《宋史·程德玄传》：淳化间，“李顺之寇西蜀”。

西徙谷　在今山西介休市东南。《方舆纪要》卷42介休县：西徙谷在“县东南二十里。有西谷水、东谷之水流合焉”。

西靖边县　即新城县。1936年西北革命根据地由原靖边县析置，治所在新城堡（今陕西靖边县西南新城乡）。

西新安县　东魏兴和中侨置，属渑池郡。寄治汲郡陈城（今河南卫辉市）。北齐废。

西新桥　在今广东惠州市城西之西湖上。《舆地纪胜》卷99惠州：西新桥“在郡之西丰湖之上。僧希固造，东坡名之曰西新桥。有诗云：‘探囊赖故侯，宝钱出金闺’。注云：子由之妇史顷入内，得赐黄金钱数十助施”。

西满铁路　从今辽宁锦州市西南女儿河至赵家屯。长38.4公里。为北宁铁路支线。日伪于1942年建成。1945年被拆除。

西滆湖　即今江苏常州市武进区西南、宜兴市西北之滆湖。《方舆纪要》卷25常州府武进县：滆湖在“府西南三十五里。南北百里，东西三十余里。一名西滆”。

西源县　唐武德五年（622）置，属驩州。治所在今越南义安省地。贞观元年（627）属演州，十六年（642）废入咸驩县。

西溪　①当今江苏东台市西南泰东河。《方舆纪要》卷23泰州：西溪“西接运河，东通角斜河。一名晏溪，以宋晏殊尝监西溪盐仓也”。

②一名徽水。即今安徽宁国市西南西津河，为水阳江上源。《方舆纪要》卷28宁国县：西溪在“县西五里。亦曰西津渡。源出笼丛山，北流合诸山溪之水，亦谓之徽水……至五河渡合于东溪，二溪上流皆浅涩，近县境仅容小舫，合流而后，始可以航矣”。

③在今福建长汀县西。《方舆纪要》卷98汀州府长汀县：西溪在“府城西。源出府西北，地名大原，流经杉岭，亦曰南拔溪。宋治平中，筑城堑壕，砌石陂引水入焉。下流分二派，皆入于正溪（汀江）”。

④即今福建厦门市同安区之西溪。《清一统志·泉州府》：西溪“在同安县西门外。源出安溪县西南山中，流入县西北界，汇诸溪水，南抵西安桥为西溪。又绕县南至铜鱼桥，与东溪会，东南流入海”。

⑤即今福建武夷山市西北西溪。《清一统志·建宁府》：西溪“在崇安县（今武夷山市）西北。亦名西北溪。源出分水岭，东南流，合温林、寮竹、观音寨诸水，又至县西北十里，支分为陈湾陂，又东经县城北，与东溪合为大溪”。

⑥在今浙江杭州市西。宋《咸淳临安志》卷36：“西溪在武林山之西。”《方舆纪要》卷90杭州府：西溪“络以小河，又北汇余杭塘，合于运河”。

⑦在今湖南衡山县西。《方舆纪要》卷80衡山县“茶陵江”条下：“又西溪在县西二里，东入湘水。或谓之鳜溪。”

⑧在今广西阳朔县西。《方舆纪要》卷107阳朔县：西溪“源出县西北云源山，曲折流达明珠洞前，入于桂江”。

⑨在今云南泸西县城西。《方舆纪要》卷115广西府：西溪“在城西。《志》云，师宗州诸水多伏流于地，至阿庐山洞始出而为溪，流经府城西，环抱城南，与东溪合，下流入于矣邦池”。

⑩在今陕西华县西南。为渭水南岸支流。《旧唐书·昭宗纪》：光化元年（898），车驾在华州，“帝幸西溪观竞渡”。

西溪二仙庙　即“二仙庙”③。在今山西陵川县西五里岭常村。

西溪水　①亦名流溪、蛮子河。即今四川西充县之西充河，东南流于南充市西南注入嘉陵江。《寰宇记》卷86西充县：西溪水“在县西，源出崇礼市山”。《舆地纪胜》卷156顺庆府：西溪水“在西充县东四十步，又有东溪水”。

②即今四川广安市西北西溪河。《方舆纪要》卷68广安州：西溪水“在州西，一名浓水，水色常浊，故曰浓。发源州北百二十里蓬州之绵坝，分为二流，至橡树坝，二溪相合，又经龙扶速山下龙栖滩，有环水流合焉，至城南五里，东折入渠江，合于洄水。州治故名浓洄镇以此”。

西溪场　即今四川西昌市南西溪乡。民国《西昌县志》卷1：西溪场在“县南五十里”。清为西溪汛，有守备、把总驻防。

西溪汛　清置，即今贵州黔西县西五十里林泉镇西溪村。旧有外委驻守。

西溪河　①即今四川昭觉、金阳、布拖等县境之西溪河。为金沙江支流。常隆庆《雷马峨屏调查记》：西溪河“源出孟获山，流经昭觉城东，向南流汇三湾河之水，由打铁坝入金沙江”。

②在今云南元谋县西。《清一统志·武定州》：西溪河“即楚雄府之龙川江也。一名纪宝溪，自楚雄府定远县，北流入州界，又西北经元谋县西，入金沙江”。

西溪洞　又名西延镇。即今广西资源县。南宋李焘《续资治通鉴长编》：北宋雍熙四年（987），“全之西溪洞粟氏，聚族五百余人，常抄掠民口粮畜。……（柳）开始至，为作衣带巾帽”。即此。

西溪铺　在今贵州黔西县西。《清一统志·大定府》“鸭池河铺”条下：又有“西溪铺”等皆戍守处。

西溪湖　在今浙江上虞市东南。宋《嘉泰会稽志》卷10上虞县：西溪湖“在县（治今丰惠镇）西南三里旧七里湖。《旧经》云：县令戴延兴立，周七里，故以为名。溉田二百顷”。

西溪镇　①北宋置，属海陵县。即今江苏东台市西南西溪村。《宋史·范仲淹传》：天圣中“监泰州西溪盐税”，即此。

②北宋置，属钱塘县。即今浙江杭州市西留下镇。南宋建都临安，拟筑行宫于此，改名留下。

③即今福建古田县西北西溪。宋置巡司于此，明洪武十二年（1379）废。

④北宋置，属新明县。在今四川广安市西五里。

西漷水 即南梁水，亦即今山东滕州市东北之荆河。《水经·泗水注》：“南梁水自枝渠西南径鲁国蕃县故城东，俗以南邻于漷，亦谓之西漷水。”

西滩 即今南海中中国西沙群岛永兴岛西北之西沙洲。1935年命名为西滩。1947年改名西沙洲。

西塞 在今湖北黄石市东南西塞山下。《三国志·吴书·孙策传》裴注引《江表传》：东汉建安四年（199），刘勋“闻（孙）策等已克皖，乃援西塞”，即此。

西塞山 ①在今浙江湖州市西南二十五里。唐张子和《渔父词》：“西塞山前白鹭飞，桃花流水鳜鱼肥。”即此。或说在今湖北黄石市东北。

②在今湖北黄石市东南西塞山区。《水经·江水注》：“（黄石）山连延江侧，东山偏高，谓之西塞。”

西塞山砦 即道士洑。在今湖北黄石市东南西塞山区。《方舆纪要》卷76大冶县：西塞山砦“在西塞山北，即道士洑也”。

西福山 在今浙江舟山市普陀区东北部中街山列岛。《清史稿·地理志》：定海直隶厅有“东、西福山”，即此。

西嘉梁州 唐天宝前置羁縻州，属雅州都督府。治所在今四川小金县境。北宋属雅州。后废。

西蔡阳县 南齐置，属蔡阳郡。治所在今湖北枣阳市西四十六里蔡阳镇。梁时与东蔡阳县合并为蔡阳县。

西蔡镇 即今江苏苏州市西南西洞庭山的西山镇。清光绪《江苏全省舆图》吴县记：“西山有……西蔡、正华、后堡等市。”

西模娘 即今伊朗德黑兰东塞姆南。《元史·地理志·西北地附录》有“西模娘”。

西墅镇 即今浙江临安市城西北隅之西墅街。南宋景定时至明初为临安县治。《明史·地理志》杭州府临安县：“旧治在县西西墅镇。洪武初徙于今所。”

西舞阳县 ①北魏孝昌中，为襄州期城郡治。治所在今河南舞钢市西。东魏改为临舞县。

②北魏天安元年（466）置，属襄城郡。治所在今河南舞阳县西北。正光中废。东魏兴和二年（540）复置，属广州定陵郡。后废。

西旗 即土尔扈特西旗。旗府驻在今青海兴海县西那家附近，后迁今青海刚察县北。

西漈山 在今浙江乐清市城西门村。《方舆纪要》卷94乐清县：西漈山“在县西五里。三面苍岩峭立，环若翠屏，唯东西轩豁如门，大海横其前”。

西漳镇 即今江苏无锡市北十里西漳镇。明弘治《无锡县志》卷2：西北万安乡十都有西张（漳）。清光绪《江苏全省舆图》无锡县图：西北有西漳镇。

西寨 即今甘肃岷县西北五十七里西寨乡。清康熙《岷州志》疆域图：西北有西寨。

西寨遗址 在今河北迁西县东部滦河北岸台地上。是一处集祭祀、居住、制陶、制石、渔猎于一体的大型史前遗址。遗址平面呈椭圆形，面积9.62万平方米，年代距今6000余年，发现有祭祀地、房址、器物堆积群等重要遗迹，出土遗物近五千件。遗址分两期，一期遗存年代稍晚于兴隆洼文化，而与上宅中期早段和新乐下层文化大体相当；二期遗存年代与赵宝沟文化大致相同。西寨遗址反映了滦河中下游新石器时代文化特征及演化序列。祭祀地点和太阳纹刻石的发现，对研究古代宗教、艺术的产生与发展具有重要意义。2001年定为全国重点文物保护单位。

西谯县 南朝陈置，属北谯郡。治所在今安徽全椒县西。北周以后废。

西熊洲 在今广东江门市新会区南。《寰宇记》卷157新会县：“西熊洲、东熊洲俱在县南二十七里海心，有孤山相对耸上。”

西蕃 ①或作西番。即吐蕃别称。最初见于8世纪中叶吐蕃进占青、康地区以后之汉籍私家著述中。《酉阳杂俎续集》载：“（唐）永泰初，丰州烽子暮出，为党项缚入西蕃易马。”在唐、五代、两宋、元、明的汉文史籍中遂每称吐蕃为西蕃，元、明时对西藏僧人多称为“西蕃僧”。此西蕃均指今西藏，有时亦泛指藏族聚居地区。

②宋以后，史籍中泛称甘、青一带各少数民族为西蕃（番）。

西镇山 即吴山。在今陕西陇县西南。《元和志》卷2陇州吴山县：“吴山，在县西南五十里。秦都咸阳，以为西岳，今为国之西镇山。《国语》谓之西吴。”

西镇店 在今安徽砀山县东南。《清一统志·徐州府二》：西镇店“在砀山县东五十里。有公馆”。

西镇淀 在今安徽砀山县东南四十五里。《方舆纪要》卷29砀山县：龙扒沟“明嘉靖三十八年淤，创开一派，由城东南二十五里冲三龙口。又二十里至西镇淀”。

西黎都 在今海南省澄迈县西南。《明史·地理志》琼州府澄迈县：“西面有铜鼓巡检司，治新安都，后迁西黎都，废。”

西德州 唐武德二年（619）置，治所在石楼县（今山西石楼县）。辖境相当今山西石楼县地。贞观元年（627）废。

西虢 西周国名。姬姓。在今陕西宝鸡市陈仓区。《帝王世纪》：“故虢有三焉，周兴封虢仲于西虢，此虢州其地也。”《史记·周本纪》集解引韦昭曰：“文公，虢叔之后，西虢也。”今凤翔县出土西周铜器“城虢仲簋”，即其遗物。春秋时称为小虢。西汉置虢县。

西澳　在今广东广州市城区南部南濠街一带。《方舆纪要》卷101广州府南海县：西澳“在城南，宋景德间，经略使高绅所开。《志》云，城中旧有六渠，回环贯串，皆汇流于西澳，亦谓之南濠，其后屡经修浚。嘉定三年，陈岘复疏凿之，以通舟楫，又于西南雁翅城濠口筑两闸，以防溢涸，后皆因故址疏筑。明初改筑城垣，于东门北城下置小水关，疏城渠之水，复于濠南改甃水闸，广狭仅六尺许，皆用铁石为柱，以间阻内外。盖去海日远，舟楫不通久矣”。

西潼铁路　自今陕西西安市东至潼关。长130公里。1932年动工修建，1934年竣工。今为陇海路的一段。

西额旗　即额尔古纳右翼旗。1934年伪满置，治所在今内蒙古呼伦贝尔市之额尔古纳市东北奇乾乡。1947年并入额尔古纳旗。

西豫州　①南朝梁大通元年（527）改东豫州置，治所在广陵城（今河南息县）。辖境相当今河南息县、淮滨县等地。太清元年（547）改名淮州。

②唐武德七年（624）置，治所在磨豫县（今云南元谋县境）。辖境约当今云南元谋县地。贞观三年（629）改靡州。

西燕　十六国时期鲜卑族慕容氏建立的政权。东晋太元九年（384）慕容泓称济北王，次年慕容冲称帝，一度据有长安（今陕西西安市）。十一年，慕容永迁都长子县（今山西长子县西南），有上党、太原、平阳、河东、乐平、鲜兴、西河、武乡八郡，即今山西中部地区，史称西燕。394年为后燕所灭。

西樵山　在今广东佛山市南海区西南西樵镇附近，最高峰为大科峰，海拔344米。《方舆纪要》卷101广州府南海县：西樵山“高数百仞，势若游龙，盘踞四十余里。峰峦大者七十有二，互相连属，内顾若罗城，其极高峻者曰大科峰。……居人皆以种茶为业。《志》云，西樵山半地平，可为民居，峰峦回合，千态万状，不可殚述”。群峰中有泉十、洞六、谷一、岩九、台十、石八，为粤中名胜。

西衡州　南朝陈改衡州置，治所在含洭县（今广东英德市西北浛洸镇）。隋开皇九年（589）改为洭州。

西濩泽县　北魏孝昌中置，属泰宁郡。治所在今山西阳城县西。北齐废。

西壕砦　北宋端拱元年（988）置，属原州。即今甘肃镇原县北四十里西壕村。金属彭阳县。元废。

西鞬城　唐安西都护府属地。在今乌兹别克斯坦东部纳林河北岸。《新唐书·西域传》：宁远国“居西鞬城，在真珠河之北”。

西藏　在我国西南部。北面与新疆、青海接壤，东面与四川、云南接壤。西面及南面分别与巴基斯坦、印度、尼泊尔、锡金、不丹、缅甸等国家为邻。面积120万平方公里。古为羌、戎地，唐、宋为吐蕃地，元代为宣政院管辖的乌思、藏、纳里速古鲁孙等三路宣慰使司地。明代为乌思藏、朵甘二都指挥使司及阐化、辅教等王地，清代分为卫（前藏）、藏（后藏）、喀木（康）、阿里四部，总称西藏。1965年成立西藏自治区。

西礁　在南海中中国南沙群岛，位于尹庆群礁西部。为一环礁。东北至西南长8公里，宽2.5公里。中国渔民向称大弄鼻，因该环礁形似鼻孔，海南俗语称窿鼻，与弄鼻同音，故名。1935年公布名称为西零丁礁。1947年改名西礁。

西螺社　即今台湾省云林县西北西螺镇。清康熙间蒋毓英《台湾府志》卷1有“西螺社”。乾隆间刘良璧《重修台湾府志》作“西螺街”。1945年设西螺镇。

西螺溪　在今台湾省彰化、云林二县界上。为浊水溪下游干流。清范咸《重修台湾府志》卷1：西螺溪“在（彰化）县治南五十里”。

西魏文帝陵　西魏文帝元宝炬的陵墓。在今陕西富平县东南。宋敏求《长安志》卷19富平县：“西魏文帝陵，在县东南二十五里。”

西濮州　唐武德四年（621）置，治所在濮水县（今云南大姚县西北三十四里新街乡西大古衙）。辖境约当今云南大姚县大部和祥云县东北部地。贞观十一年（637）改髳州。

西濮阳县　东魏天平三年（536）置，属濮阳郡。治所在今河南濮阳县东南。隋开皇初废。

西濠水　源出今安徽凤阳县南利山，西北流经怀远县南涂山，北入淮。《元和志》卷9濠州钟离县：“西濠水出县西南莫耶山，北入淮。”

西疆　即今新疆旧时的别称，指祖国西部疆土。清末钟镛（广生）著《西疆备乘》亦称《新疆志稿》。

西疆山　亦名強台山、西强山、马寒山。即今青海东部、甘肃西南之西倾山。《北史·吐谷浑传》：南朝宋景平中，吐谷浑阿豺“升西强山，观垫江源”。《水经·河水注》：“河水又东，洮水注之。《沙州记》曰：洮水与垫江水俱出強台山。山南即垫江源，山东即洮水源。”

西疆郡　北周置，属叠州。治所在合川县（今甘肃迭部县西北白龙江北岸）。以西疆山为名。隋开皇三年（583）废。

西蠡河　一名浦阳溪。又曰西运河。在今江苏常州市武进区西南。《宋史·河渠志七》：南宋淳熙九年（1182），知常州章冲奏：“其南曰西蠡河，自宜兴太湖而下，止开浚二十余里，若更令深远，则太湖水来，漕渠一百七十余里，可免浚治之扰。”《方舆纪要》卷25常州府武进县：西蠡河“在城南。一名浦阳溪。北枕运河，南接滆湖。相传范蠡所凿。宜兴县有东蠡河，故此曰西也”。

西麟州　①唐武德元年（618）置，治所在麟游县（今陕西麟游县西）。贞观元年（627）废。

②唐贞观五年（631）置，为羁縻州，属松州都

督府。治所在今四川若尔盖县东境。八年（634）改为麟州。

西爨 地区名。依方国瑜《中国西南历史地理考释》，西爨范围约东起今贵州西缘，西至云南牟定县、南华县，北边包括武定、禄劝等县，南边沿红河至屏边、河口等县。从南北朝至唐代爨部有东西爨之分，东西两爨中心地区之位置，为东北与西南，而以东、西称之。《南诏德化碑》及《蛮书》称西爨为东爨，即因爨部在南诏东境，一律称为东爨，但爨地之内居民不尽为爨族，爨部之统治者不尽为爨氏。

〔一丿〕

压云（雲）亭 在今湖北武汉市武昌蛇山上。《舆地纪胜》卷66鄂州：压云亭“在黄鹄山椒，隶统制司”。《元史·世祖纪》：岁己未（1259），“登城东北压云亭”。即此。

压衔洲 在今福建武夷山市东南。《方舆纪要》卷97崇安县：压衔洲“在县治东南。东、西二溪合流经此，岐而为二，至洲尾复合一，绕县治而东去”。

厌气台（臺） 亦曰秦台。在今江苏丰县城内。《寰宇记》卷15徐州丰县：“厌气台在县城中。《汉书》：秦王以东南有天子气，故东游以厌之，因筑此台。”

厌次县 ①秦置，属济北郡。治所在今山东陵县东北神头镇。相传秦始皇东游，厌气于此，故名。汉高帝六年（前201）封功臣爰类为侯邑。不久改富平县，属平原郡。东汉明帝复改厌次县，移治今山东惠民县东桑落墅。西晋属乐陵国，移治马岭城（今山东阳信县东南三十五里）。北魏属乐陵郡。北齐废。

②隋开皇十六年（596）置，属棣州。治所在今山东惠民县东南四十里先棣州。大业初属渤海郡。唐为棣州治。五代梁徙治南旧州城（今惠民县东南五十余里）。北宋大中祥符八年（1015）随州徙八方寺（今山东惠民县）。明洪武元年（1368）省厌次县入州。

在城驿 明置，在今广西来宾市北。万历《广西通志》卷9来宾县：在城驿“在县（治所在今县东南旧来宾）西二里。洪武十八年建”。

有干滩 即今青海河南蒙古族自治县驻地优干宁。清属河南蒙旗区，盛产全国闻名的“河曲马”。

有仍 又称有仍氏。夏代方国。在今山东微山县西北仲浅。《左传·哀公元年》：“昔有过浇杀斟灌以伐斟鄩，灭夏后相，后缗方娠，逃出自窦，归于有仍，生少康焉。为仍牧正，惎浇能戒之。浇使椒求之，逃奔有虞，为之庖正，以除其害。”《竹书纪年》亦载：“少康自有仍奔虞。”据《路史》：“太昊后任国，或曰仍也。”

有苏 商代方国。在今河北沙河市北。《国语·晋语一》：“殷辛伐有苏，有苏氏以妲己女焉。”即此。

有利侯国 西汉置，属东海郡。治所在今山东莒南县西南。后废。《水经·沭水注》：“沭水自阳都县又南，会武阳沟水。水东出仓山，山上有故城，世谓之监官城，非也。即古有利城矣。汉武帝元朔四年，封城阳共王子刘钉为侯国也。其城因山为基，水导山下西北流，谓之武阳沟。又西至即丘县注于沭。”赵永复《水经注通检今释》指出：“武阳沟水，今山东莒南县武阳河。”该水源头处即汉有利侯封地，地望在今莒南县西南部。

有辛 即有莘。在今陕西合阳县东南。

有穷 夏代国名。在今山东平原县西北。《左传》：襄公四年（前569），魏绛曰：“有穷后羿。”《水经·河水注》：大河故渎“西流径平原鬲县故城西，《地理志》曰鬲津也。王莽名之曰河平亭，故有穷后羿国也”。鬲县故城在今山东平原县西北武家庄，有穷应在其附近。

有美堂 在今浙江杭州市吴山上。《清一统志·杭州府二》：有美堂“在府城内吴山最高处。宋嘉祐二年，梅挚出守杭州，仁宗赐诗，有‘地有湖山美’之句，挚因作堂名之。欧阳修为记。蔡襄书”。

有娀 古国名。在今山西永济市蒲州镇一带。《淮南子·墬形训》：“有娀在不周之北。”《史记·殷本纪》：“殷契，母曰简狄，有娀氏之女。”又曰：“桀败于有娀之虚”，即此。

有莘 在今陕西合阳县东南。《大戴礼记·帝系》：“鲧娶于有莘氏之子，谓之女志氏。”《史记·夏本纪》《索引》引《系（世）本》：“鲧取有辛氏女，谓之女志，是生高密。”有莘氏故址主要有三：(1)《史记·周本纪》：“乃求有莘氏美女。”《正义》引《括地志》：“古𡟰国城，在同州河西县南二十里。《世本》云：‘莘国姒姓，夏禹之后’。”唐代河西县故治在今陕西合阳县东南夏阳村。则有莘氏故址在今合阳县东南。(2)《史记·殷本纪》：“为有莘氏媵臣”。《正义》引《括地志》：“古莘国在汴州陈留县东五里故莘城是也。”当在今河南开封市东南。(3)《左传·僖公二十八年》载：城濮之战时，“晋侯登有莘之虚以观师”。《元和志》卷12曹州济阴县：“莘仲故城，在县东南三十里，盖古之莘国也。伊尹耕于莘野。”济阴县故治在今山东曹县西北，有莘故地即在今曹县西北十八里莘仲集。

有鬲 夏有鬲氏。在今山东平原县西北武家庄。《左传·襄公四年》载：后羿为寒浞所杀，其大臣“靡奔有鬲氏”。后“靡自有鬲氏收（斟灌、斟寻）二国之烬，以灭浞而立少康”。即此。春秋时为齐国鬲邑，秦置鬲县。

有庳 古地名。庳一作“鼻”。又名鼻墟、鼻亭。在今湖南道县北。《孟子·万章上》：“象至不仁，封之有庳。”《史记·五帝本纪》：“封弟象为诸侯。"《正义》引《括地志》称："鼻亭神在营道县北六十里。"但《水经·湘水注》载："应水又东南流，径有鼻墟南。王隐曰：应阳县本泉陵之北部，东五里有鼻墟，言象所封也。"应阳县故治在今湖南东安县东北之芦洪市，则有庳应在芦洪市之东。

有扈　又称扈。古国名。在今陕西户县北。《尚书·序》："启与有扈战于甘之野。"后为启所灭。其子孙以国为氏。

有熊　传说为黄帝都城。在今河南新郑市。《史记·五帝本纪》："黄帝者，少典之子。"《集解》：徐广曰，"号有熊"。谯周曰，"有熊国君，少典之子也"。《水经·洧水注》引皇甫谧《帝王世纪》云："或言县故有熊氏之墟，黄帝之所都也。郑氏徙居之，故曰新郑矣。"

百人山　即今湖北武汉市汉南区长江北岸纱帽山。《水经·汉水注》："江水左径百人山南，右径赤壁山北。昔周瑜与黄盖诈魏武大军所起也。"《舆地纪胜》卷79汉阳军：百人山"在汉阳县南七十八里"。

百人矶镇　在今湖北武汉市西南汉南区长江北岸。《明史·地理志》汉阳县："西南有百人矶镇巡检司。"《方舆纪要》卷76汉阳县"新滩镇"条下："《志》云，百人矶镇在府南六十里。今迁置巡检司于东江脑。"

百丈山　①又名百丈岭。在今江西新余市东南七十里，接峡江县界。《寰宇记》卷109袁州新喻县：百丈山"顶阔百丈，因以为名。顶上有葛仙井，井畔有庙"。

②又名大雄山。在今江西奉新县西一百二十里，与修水县接界。《寰宇记》卷106洪州奉新县：大雄山"在县西百四十里。上有吴猛修道处。此山雄杰葱秀，不与群山邻，因以名之。又名百丈山，以水倒出飞泻千尺也。唐宣宗潜游至此赋诗"。《清一统志·南昌府一》：百丈山，"《县志》，百丈山周四十里，与义宁州接界。危峦秀嶂，杰出西北。最高者曰大雄峰，前则平原坦夷，四山环拱，东有迦叶峰，南有灵亭、驻跸峰，北有野狐崖、凤凰埚、笋石，西北有流觞曲水"。

③在今浙江文成县西北。《方舆纪要》卷94泰顺县：百丈山"在县北三十五里。有百丈漈"。1958年建百丈漈水库，瀑布（漈）消失。

④在今浙江庆元县西南，与福建松溪县交界。《方舆纪要》卷94庆元县：百丈山在"县西二十里。悬岩孤峭，下有龙湫"。

⑤一名潜山。在今浙江临安市西龙岗镇。海拔1620米。《水经·浙江水注》：紫溪"水出县西百丈山"。《太平御览》卷46引《吴兴记》曰："尧遭洪水，此山不没，但余百丈，因以名山。"

⑥在今浙江富阳市西南四十八里新登镇南。《方舆纪要》卷90新城县：百丈山"一名卓笔峰，鼍江绕其北"。

⑦又名华盖山。在今福建莆田市西北八十里。《方舆胜览》卷13兴化军：百丈山"在兴化东北。山有六岩"。《方舆纪要》卷96莆田县"夹漈山"条：百丈山"在夹漈之东，山延袤百余里。上有六岩，曰客厅、曰古仙、曰石塔、曰石伞、曰石楼、曰重元，幽奇万状"。

⑧即今福建将乐县北，与邵武市接界的羊角尖。《寰宇记》卷100南剑州将乐县：百丈山"在县北一百八十里。《建安记》云，百丈山乌道昔越王于上设置台榭，与抚州南丰县分界，上有古兰若存"。明《寰宇通志》卷49延平府：百丈山"在将乐县北百八十里。悬崖绝壁，高出群山"，故名。《方舆纪要》卷97延平府将乐县：百丈山"一名羊角晶，又名钩刀山"。

⑨在今湖北襄阳市南襄城区。《舆地纪胜》卷82襄阳府：百丈山"在襄阳县南二十里。传云：有麝香兽栖止久矣。刘表遣人采药遇麝香藏坎，得麝香数斗，如石莲，馨香芳馥，非世所有"。《元史·阿术传》：至元六年（1269）攻襄阳，"（范）文虎复率舟来救，来兴国又以兵百艘侵百丈山"。即此。

⑩在今湖北竹山县西南。《舆地纪胜》卷86房州：百丈山"在竹山县微江对岸"。

⑪亦名北障山。在今广西灵川县东北。《明一统志》卷83桂林府：百丈山"在灵川县北一十三里。又名把仗山。重峦叠嶂，绵亘数里"。

⑫在今四川名山县东北六十里。《旧唐书·地理志》：百丈县有百丈山。《寰宇记》卷77百丈县："《图经》云：有一穴口，方园一百尺，深百丈。即汉王阳为益州刺史，行部至此兴叹，因之弃官。唐武德元年置百丈镇。"

⑬在今贵州铜仁市西一百里。《明一统志》卷88铜仁府：百丈山"峰峦崒嵂，林木丛密"。

百丈龙滩　即今江西龙南县北龙头滩。《清一统志·赣州府一》：龙头滩"在龙南县北三十里。三江水所经，即古百丈龙滩也。滩高水急，乱石离立，且两崖峭壁，中有龙湫，凡舟行至此，必移所载于岸，空舟方济。明万历四年，知县王继孝，凿石开路百余丈，行者便之"。

百丈场　即今四川名山县东北四十里百丈镇。民国《名山县志》卷1："县东百丈场，三面环山，二水绕护。唐、宋俱设县治。逊清分住绿营。咸丰时，滇（指兰大顺、李永和义军）匪入寇。近年则防地互争，靡不堵御于此。战如败北，县皆不守，长驱直入，无险再扼矣。"

百丈戍　即今江西龙南县城。《新唐书·地理志》：虔州"有百丈戍"。《宋史·地理地》赣州：龙南县"取百丈龙滩之南为义"。《清一统志·赣州府二》：百丈戍"今龙南县治"。

百丈关　明置，属广元县。在今四川旺苍县洪江镇西南百丈关。《方舆纪要》卷68广元县：百丈关"在县东一百六十里。关旁有河，深百丈，亦曰百丈关渡。道出巴州。洪武中，与七盘、二郎诸关，皆有兵戍守"。《明史·张献忠传》：崇祯十三年（1640），向川北进军，“北陷剑州，将入汉中。总兵官赵光远、贺人龙守阳平、百丈险。贼不得过，乃复走巴西”。清雍正七年（1729）于此置巡司。民国时设县佐。

百丈县 唐贞观八年（634）升百丈镇置，属雅州。治所即今四川名山县东北四十里百丈镇。《元和志》卷32百丈县：“今按镇城东有百丈穴，故以为名。”北宋熙宁五年（1072）废入名山县，元祐二年（1087）复置。《舆地纪胜》卷147雅州：铁钱监“开元元年始令雅州百丈县置监，铸铁钱，禁铜钱入川”。明洪武二年（1380）废。

百丈沟 一名百步沟。在今江苏溧阳市南三里。宋《景定建康志》卷19：百丈沟，“相传云：此处田多高卬，开沟以灌溉，东流合于白云径，下入太湖”。《方舆纪要》卷20江宁府溧阳县：百丈沟“旧有坝三十四，潴水溉田，岁久淤塞。宏治初，县令杨荣因故址开浚，中存九坝，民赖其利”。

百丈坡 在今陕西勉县东北二十里。《方舆纪要》卷56引《舆程记》：“由凤县南百里桑平铺而入，至此而出，路长二百里，为古陈仓道。汉高祖出故道袭陈仓，盖由此。今荒废。”

百丈岭 ①在今福建建宁县北五十里。《舆地纪胜》卷134邵武军《景物下》：百丈岭“在建宁县，乃闽楚分界。鸟道悬绝，昔无诸越王筑台之所”。明嘉靖《建宁县志》卷1《山川》：“百丈岭，亦名朝天岭。”

②在今江西贵溪市北八十里。《寰宇记》卷107信州贵溪县：百丈岭，“《鄱阳志》云，长沙王吴芮曾屯兵于此”。

③在今江西南丰县东南。《寰宇记》卷110抚州南丰县：百丈岭“在县南八十里。高百丈，与建州将乐县分界”。《清一统志·建昌府一》：百丈岭“亦名百丈隘，即古刊都银场。旁有石牛洞，在（南丰）县东南六十里。山高路险，外固中宽。唐僖宗时，朱从立知刊都镇务，竖旗山上，因名顿旗峰，后遂据石牛洞为乱，寻败死。明时尝设巡司”。

百丈河 即今四川名山县东北百丈水，为临溪河上源。《方舆纪要》卷72名山县：百丈河“在县东北六十里。源出莲花山，径百丈废县东，下流入邛州蒲江县为铁溪河。一名千尺潭，以水源远而深也”。

百丈驿 明置，即今四川名山县东北四十里百丈镇。《方舆纪要》卷72名山县：百丈马驿“在县东北。即故百丈县治”。

百丈峡 亦名百丈岩。在今湖南慈利县西，接张家界市界。《方舆纪要》卷77慈利县“茅花岭”条下：百丈峡“东北至九溪卫七十里。石崖两面对峙，高逾百丈。中有小峡，长三十里，流泉峻急，古木槎牙。峡畔有路通永定卫，最险”。

百丈崖 在今河南卢氏县南。《宋书·柳元景传》：元嘉二十七年（450），“元景以军食不足，难可旷日相持，乃束马悬车，引军上百丈崖，出温谷，以入卢氏”。

百丈堰 唐龙朔中筑，在今四川都江堰市西岷江上，为都江堰组成部分。《新唐书·地理志》导江县：“有侍郎堰，其东百丈堰，引江水以溉彭、益田。”《方舆纪要》卷67灌县：百丈堰“在湔堰之东。亦李冰所造。《志》云：百丈堰灌田数千项，蜀以富饶”。

百丈溪 即今四川名山县东南之名山河。《明史·地理志》雅州：“又有小溪，一名百丈河，至州界，俱合流于青衣江。”

百丈墟 即今广西象州县东百丈乡。清光绪《广西舆地全图》象州县图：东有百丈墟。

百丈漈 在今福建沙县东北。《方舆纪要》卷97延平府沙县：百丈漈在“县东北三十里。悬流百丈，有玉溪水出漈北玉山，下流经此，南入大溪”。

百丈镇 即今四川名山县东北百丈镇。《寰宇记》卷77百丈县：“唐武德元年置百丈镇。贞观八年改镇为县。”

百万城 在今湖北黄梅县东北。《清一统志·黄州府》引《县志》：“相传唐曾元裕驻兵兵之所。一名桐坡砦。下有百万坡，相传亦元裕所凿。”

百万寨 北宋置，属乾宁军。在今天津市西。

百口塘墟 即百叟塘墟。在今广东连平县西南七十里百叟村。明移长吉巡司于此。

百门陂 在今河南辉县市西北五里。《水经·清水注》：百门陂“方五百步，在共县故城西”。《元和志》卷16共城县：百门陂，“百姓引以溉稻田，此米明白香洁，异于他稻，魏、齐以来，常以荐御。陂南通漳水”。

百门泉 即百泉。在今河南辉县市西北七里苏门山。《宋史·河渠志》：“御河源出卫州共城县百门泉。”

百子山 在今安徽怀宁县（高河镇）南。《舆地纪胜》卷46安庆府：百子山“在怀宁县（今潜山县）东八十里。山有寺，聚僧百余人”。

百井 在今山西阳曲县东北十里柏井村。《旧唐书·李自良传》：唐大历十三年（778），鲍防抵御回纥入侵，“促伯瑜等逆战，遇虏于百井，伯瑜等大败而还”。即此。宋于此置百井寨。

百井山 在今湖北远安县西六十里。《寰宇记》卷147远安县：“百井山在县西南四十五里。高三千五百丈，有清泉数十，汲之，可饮。因名百井。”

百井寨 即今山西平定县东北三十里柏井镇。《方舆纪要》卷40乐平县：百井寨“亦谓之东百井镇，以阳曲县有百井也。今设百井马驿于此”。

百牙山 一作白牙山。在今安徽池州市北。《方舆纪要》卷27贵池县：百牙山“在城东北半里。《志》云，府治主山也。东麓曲水旋绕，曰落蓬湾。相传货舟辏泊于此，牙行百人登陇，以平其直，因名。上有浮屠”。

百尺口 又名百尺河。上承今河南鹿邑县之百尺沟，经安徽亳州市东南入涡。《元史·宪宗本纪》：五年（1255）秋九月，“张柔会大帅于符离。以百尺口为宋往来之道”。

百尺口镇　即今河北宁晋县东北六十里纪昌庄乡百尺口。因百尺沟故渎而名。明置百尺口巡司。清乾隆十年（1745）裁。民国时设县佐。

百尺水　自今安徽太和县东南，南流至阜阳县东南入颍。《水经·颍水注》：“颍水东南流，左合上吴、百尺二水。”即此。

百尺沟　①在今河北宁晋县东北。《水经·浊漳水注》：斯洨水“东分为二水，枝津右出焉，东南流谓之百尺沟，又东南径和城北，又东南径贳城西，百尺沟东南散流，径历乡东而南入泜湖，东注衡水也”。《清一统志·赵州一》：百尺沟“在宁晋县东北。……《旧志》：县东北六十里有百尺口村，盖其故渎也”。

②隋仁寿三年（603）修，在今河南济源市东北。《元和志》卷5济源县：百尺沟“在县东北六里。引济水溉灌。仁寿二年置。初分功，人穿十丈，故名百尺沟”。

③在今河南舞阳县北。《水经·汝水注》：“汝水又东南径定陵县故城北，水右则滍水左入焉，左则百尺沟出矣。沟水夹岸层崇，亦谓之为百尺堤也。”

④在今河南淮阳县东。为沙水下游的别称。《水经·渠水注》：“沙水又东而南屈，径陈城东，谓之百尺沟。”

百尺陂　即逢泽。在今河南开封市东南。《水经·渠水注》：“百尺陂即古之逢泽也。徐广《史记音义》曰，‘秦使公子少官率师会诸侯逢泽’。汲郡墓《竹书纪年》作‘秦孝公会诸侯于逢泽’，斯其处也。”

百尺河　即密水。在今山东诸城市东北。《水经·潍水注》：“应劭曰：县有密水，故有高密之名也。然今世所谓百尺水者，盖密水也。”

百尺河镇　即今山东诸城市东北百尺河镇。当百尺河滨。为通高密要道。《清一统志·青州府二》：百尺河桥“在诸城县东北四十里”。

百尺崖后（後）千户所　明成化中置，属威海所。即今山东威海市东南崮山镇北百尺所。

百尺堰　在今河南沈丘县西北。《三国志·魏书·王凌传》：嘉平三年（251），司马宣王将中军乘水道讨凌，“大军掩至百尺逼凌”。即此。《水经·沙水注》：谷水“又东南流注于颍，谓之交口，水次有大堰，即古百尺堰也”。

百尺楼　在汉魏洛阳城（今河南洛阳市东北）西北金墉城的东北角。三国魏文帝时筑。

百尺镇　①唐置，属汝阴县。即今安徽太和县东北四十六里原墙镇。以百尺堰得名。北宋开宝六年（973）于此置万寿县。

②即今河北蠡县东北三十里大百尺镇。明弘治《保定郡志》卷5：“北仓在大百尺社。”嘉靖《蠡县志》卷2市有百尺。

百节峒　在今湖北咸丰县西北。《方舆纪要》卷82唐崖长官司：百节峒在“司南里许”。

百节铺　即今重庆市巴南区南百节镇。《方舆纪要》卷69重庆府巴县“白市铺马驿”条内：“百节马驿在府东南六十里。”

百仞山　在今浙江松阳县西南。《方舆纪要》卷94松阳县：百仞山在“县西南五里。有峰独立，傍无依倚，高二百余丈。旧名独山，唐天宝中改今名”。

百乐墟　即今广西田林县北百乐乡。《清史稿·地理志》：凌云县西北有百乐墟汛。有外委驻防。

百宁县　西魏改南棘阳县置，为黄冈郡治。治所在今河南南阳市南。北周废。

百圣岩　在今浙江桐庐县西北。宋《景定严州续志》卷9分水县：百圣岩“在县（今分水镇）东十五里定安乡，其高为最”。

百曳滩　在今湖南沅陵县东十里沅江中。《方舆纪要》卷81沅陵县“沅江”条下：百曳滩“相传后汉刘尚征蛮至此，江流峻急，以百夫曳之不能进”。

百岁山　亦作白岁山。在今重庆市秀山土家族苗族自治县西南一百二十里。《明一统志》卷73平茶洞长官司：白岁山“在司治西二十里。高耸插天，有积雪浸顶，岁则丰稔，故名”。《明史·地理志》平茶洞长官司：“西有百岁山。”

百合墟　①即今广东开平市西南百合镇。清光绪《广东舆地全图》：开平县南有百合墟。

②即今广西那坡县南百合乡。《清史稿·地理志》归顺州镇边县：“德窝水出县南，东南流，经百合墟。”

③亦作博合墟、白合墟。即今广西横县东百合镇。明嘉靖《南宁府志》卷2：横州有博合墟。清光绪《广西舆地全图》横州图：东有白合墟。

百色市　1983年撤销广西壮族自治区百色县，改设百色市，属百色地区。2002年撤销百色地区和县级百色市，设立地级百色市；原县级百色市改置右江区。

百色厅　清雍正七年（1729）置，属思恩府。治所即今广西百色市。光绪二年（1876）升为直隶厅。辖境相当今广西百色市及田东、田阳等地。1912年改为百色府。

百色县　1913年改百色府置，为广西田南道治。治所即今广西百色市。1929年中国共产党在此领导百色起义。1983年改设百色市。

百色府　1912年改百色直隶厅置，属广西省。治所即今广西百色市。1913年改为百色县。

百寿县　1933年改古化县置，属广西省。治所在今广西永福县西北百寿镇。1952年并入永福县。

百花山　①即百花陀。在今北京市房山区西北与门头沟交界处。《明一统志》卷1顺天府：“百花山在府西二百六十里。上多花卉，因名。绝顶有龙潭。”

②在今河北邢台县西。《明一统志》卷4顺德府：百花山“在府城（按：今邢台市）西南四十二里。甚崇峻，其色青白”。

百花谷　在今河南巩义市东。《资治通鉴》：隋义宁元年（617），裴仁基“闻刘长恭等败，惧不敢进，屯百花谷，固垒自守”，李密使贾务本招降之。

百花陀　亦名百花山。在今北京市房山区西北，与门头沟区交界处。《清一统志·顺天府二》：百花陀“四围皆山，中有平川，约数十亩。产杉漆药草，春夏之交百花烂然，有金章宗石床尚存”。

百花亭　在今湖北荆州市荆州区（故江陵县城）东北。唐李颀《送皇甫曾游襄阳山水兼谒韦太守》诗中有“百花亭漫漫，一柱观苍苍”。明曹学佺《名胜志》：梁家台“在（江陵）县东四十里。梁荆台隐士梁震所居。山上有百花亭”。

百花洲　①在今江西南昌市东湖中。《舆地纪胜》卷26隆兴府：百花洲“在东湖之北”。《明一统志》卷49南昌府：百花洲“在东湖北。宋绍兴间张澄建亭其上，扁曰‘讲武’，以习水军”。

②在今山东济南市大明湖南。《清一统志·济南府一》称：百花洲“方广数十亩。居民庐舍，围旋环绕”。宋曾巩有百花洲诗。

③在今河南邓州市东南隅。《清一统志·南阳府二》：百花洲“宋州守范仲淹营为游咏之所”。

百花障山　在今广东梅州市东。《方舆纪要》卷103程乡县：百花障山在“县东十里。形势起伏，相连如城堞，高十余丈，与百花洲相映，为县东之保障”。

百花潭　在今四川成都市西郊杜甫草堂一带。《寰宇记》卷72华阳县：“杜甫宅在西郭外，地属犀浦县，接浣花溪，地名百花潭。”《方舆胜览》卷51成都府：“浣花溪在城西五里。一名百花潭。按吴中复《冀国夫人任氏碑记》云：夫人微时，以四月十九日，见一僧坠污渠，为濯其衣，百花满潭，因名曰百花潭。”潭旧在南河龙爪堰一带，其北为杜甫草堂。唐杜甫《狂夫》诗云：“万里桥西一草堂，百花潭水即沧浪。”后湮没无闻。清末黄云鹄以今青羊宫正街附近南河为古百花潭，1975年辟为百花潭公园。

百劳墟　亦作伯劳墟。即今广西灵山县西南伯劳镇。明嘉靖《钦州志》卷7灵山县：“伯劳埠在县治西八十里上东乡。”清宣统《广东舆地全图》灵山县图：西南有伯劳墟。

百连山　在今贵州长顺县西南。《方舆纪要》卷121金筑安抚司：百连山在“（麻响长官）司北二里”。

百步山　在今四川芦山县北。《明一统志》卷72雅州：百步山“在芦山县北四十里。路接蛮界，仅百步，险隘难行”。

百步洪　在今江苏徐州市东南二里。《方舆纪要》卷29徐州：百步洪“泗水所经也。水中若有限石，悬流迅急，乱石激涛，凡数里始静，一名徐州洪。或曰，洪有乱石峭立，凡百余步，故曰百步洪。形如川字，中分三道，中曰中洪，西曰外洪，东曰月河，亦曰里洪。俗传唐尉迟敬德经略徐州，凿徐州、吕梁二洪，以通水道。宋元祐中，亦尝修凿，置月河石堤及上、下闸。明永乐中，陈瑄复凿之，亦于洪口置闸。既以运艘损坏，凡再凿之。嘉靖二十年，管河主事陈穆复凿百步洪，遂成安流。旧有闸，今废”。

百里山　即百重山。在今河南南召县东南。《清一统志·南阳府一》：百重山“亦名百里山。山峦重复，几及百里”。

百里城　亦名百城。唐李元谅筑，即今甘肃灵台县西五十里百里乡。《资治通鉴》：唐大历八年（773），吐蕃为患，郭子仪使浑瑊西击，“乃引兵趣秦原，鸣鼓而西，虏闻之，至百城，返”。大历十年（775），“吐蕃寇泾州，泾原节度使马璘破之于百里城”。《旧唐书·吐蕃传》：贞元三年（787）九月，“召唐良臣自潘原戍百里城”。皆即此。

百里洲　即中洲。在今湖北枝江市南部长江与松滋河之间。《水经·江水注》：枝江县“左右有数十洲，槃布江中，其百里洲最为大也。中有桑田甘果，映江依洲”。《资治通鉴》：唐武德四年（621）伐萧铣，铣将文士弘领精兵数万屯清江，李孝恭等击走之，“追奔至百里洲”。即此。《寰宇记》卷146枝江县：百里洲“《荆州图》云，其上宽广，土沃人丰，陂潭所产，足穰俭岁，又特宜五谷，洲首派别南为外江，北为内江”。

百里奚宅　在今河南南阳市西七里麒麟冈。《水经·淯水注》：梅溪水“南径百里奚故宅。奚，宛人也。于秦为贤大夫”。

百里镇　北宋置，属灵台县。即今甘肃灵台县西五十里百里乡。

百足山　在今广东开平市西北。《清一统志·肇庆府》：百足山“在开平县（旧治在今市西北苍城镇）西南三十里。下有二山如龟，西接蚬冈”。

百邑　战国赵邑，在今山西霍州市东南。《史记·赵世家》：赵襄子灭知氏，“遂祠三神于百邑，使原过主霍泰山祠祀”。即此。

百谷坞　即柏谷坞。在今河南偃师市东南四十里。《水经·洛水注》：“洛水又东径百谷坞北。”

百谷和高岭坡遗址　在今广西百色市、田东县。百谷遗址位于广西百色市南那毕街道大和村百谷屯东北，右江的四级阶地上。为旧石器时代遗址。原始地貌保存完好，石制品埋藏丰富。已发现数量较多的石制品和可供年代测定的玻璃陨石标本。遗址表面还发现了更多的大型砾石石器。高岭坡遗址位于广西田东县东林逢镇檀河村坡算屯东南的高岭坡，亦属右江四级阶地，也发现数量较多的石制品和玻璃陨石等。1973年以来，在东起田东，西到百色市，长约100公里、宽约15公里的盆地内，先后发现上百处旧石器地点、数千件打制石器。时代约为更新世的中、晚期。百谷与高岭坡遗址是这些地点中保存最好、工作最多的代表。百色盆地的众多发现是研究中国南方及东南亚地区更新世人类发展史及环境变迁的最丰富的资料。2001 年定为全国重点文物保护单位。

百谷城　在今青海贵南县东北过马营乡境内。唐天宝十三年（754）于此置武宁军。《元和志》卷 39 廓州："武宁军在洪济桥东南八十里百谷城。"

百牢关　①在今重庆市奉节县东。杜甫《夔州歌》中有"白帝高为三峡镇，夔州险过百牢关"句，后人因以为夔州有百牢关。《方舆胜览》卷 57 夔州：百牢关，"辛毗曰：夔州百牢关，兵马不可越"。《方舆纪要》卷 69 夔州府奉节县：百牢关在"府东十里。王氏曰：关盖古名，后人所增置"。

②在今陕西勉县西南。《元和志》卷 22 西县：百牢关"在县西南三十步。隋置白马关，后以黎阳有白马关，改名百牢关。自京师趣剑南，达淮左，皆由此也"。《寰宇记》卷 133 西县："百牢关在县西南。隋开皇中置。以蜀路险，故曰百牢关。一云置在百牢谷。"《舆地纪胜》卷 182：百牢关"在西县（西）三十里"。

百良坊镇　清置，属郃阳县。即今陕西合阳县东北百良镇。

百灵庙　在今内蒙古达尔罕茂明安联合旗驻地百灵庙镇。清康熙四十二年（1703）至四十五年（1706），喀尔喀右翼旗（俗称达尔罕旗）贝勒建，清廷赐名广福寺，俗称贝勒庙。因贝勒庙转音为百灵庙。或以为当地盛产百灵鸟，因名之。寺庙宏伟壮丽，为内蒙古著名大寺庙之一。1913 年北洋政府张绍曾军与外蒙古哲布尊丹巴叛军激战于此，寺庙被焚毁。1924—1927 年重建，规模远不如昔。今庙前有旧建两座覆钵式砖塔，塔后有十小塔。

百灵庙办事处　1949 年置，治百灵庙（今内蒙古达尔罕茂明安联合旗驻地百灵庙镇）。1950 年 11 月撤销。

百灵庙起义旧址　在今内蒙古达尔罕茂明安联合旗驻地百灵庙镇。旧址在艾不盖河之南的女儿山山顶。1936 年 1 月 26 日德穆楚克栋鲁普王爷（简称德王）的蒙政会乌滂守备队官兵，反对德王投靠日本侵略者，在共产党人乌兰夫指导下，由云继先、朱实夫率领，在百灵庙武装暴动，举起蒙古族抗日旗帜。现在山顶建有纪念碑。碑呈方锥状，高 20 米。2006 年定为全国重点文物保护单位。

百际岭　在今浙江开化县北。《方舆纪要》卷 93 开化县：百际岭"在县北五十里。其相接者有风岭，与婺源县接界。明初下徽州，元将李克鲁退屯浙西扎溪源，既而前军至界首百际岭，元兵逆战，大败之"。

百坡州　北宋置羁縻州，属雅州。治所在今四川泸定县境。后废。

百枝池　在今四川资中县北。《新唐书·地理志》盘石县："北七十里有百枝池，周六十里。贞观六年，将军薛万彻决东使流。"《舆地纪胜》卷 157 资州：百枝池，"《旧志》云：在州北七十里，周回六十五里。今废"。

百顷山　亦名仇池山。即今甘肃西和县南之仇池山。《宋书·氐胡传》：东汉末陇右豪族杨腾子杨驹居仇池，"仇池地方百顷，因以百顷为号，四面斗绝，高平地方二十余里，羊肠蟠道，三十六回。山上丰水泉，煮土为盐"。

百顷泽　在今陕西兴平市西二十五里。《元和志》卷 2 兴平县：百顷泽"周回十六里，多蒲鱼之利"。

百顷镇　北宋置，属阴平县。即今四川梓潼县北许州镇。《舆地纪胜》卷 186 隆庆府：百顷坝在"七曲山之上，可以望见地极平衍而膏腴"。

百旺堆镇　北宋置，属历阳县。即今安徽和县西南六十里沈港镇西北螺百村。

百岯山　在今河南偃师市南。《后汉书·孝和帝纪》：永元十六年（104）十一月己丑，"行幸缑氏，登百岯山"。即此。

百岩山　在今河北邢台县西北一百三十里。《寰宇记》卷 59 龙冈县：百岩山，"《洺州记》云：龙冈县（按：今邢台市）西北有百岩山，其山峻极，有百岩为名"。

百宝砦　即今湖北当阳市西北干溪镇北百宝村。《清一统志·荆州》：百宝砦"在当阳县北五十里"。

百官市　即今浙江上虞市（百官镇）。明初置巡司于此。

百官镇　即今浙江上虞市治百官镇。《水经·浙江水注》引《晋太康地记》云："舜避丹朱于此，故以名县。百官从之，故县北有百官桥。"秦至唐长庆二年（822）及 1954 年至 1992 年为上虞县治。

百草沟　又作白草沟。即今吉林汪清县西南百草沟镇。清宣统元年（1909）置汪清县于此。《清史稿·地理三》汪清县："商埠百草沟，宣统元年中日间岛协约开。"民国魏声龢《吉林地志》："汪清县，土名百草沟。"

百南墟　即今广西那坡县南一百二十里百南乡。近越南界。清光绪《广西舆地全图》镇边县图：南有百南墟。

百药（藥）山　一名白若山。在今安徽庐江县西南十里。《方舆纪要》卷 26 庐江县"冶父山"条下："又百药山在县南十里。山产药。《志》云：县之镇山。"

百重山　一作北重山，又名百里山。在今河南南召县东南。唐杜佑《通典·州郡典》向城县："北重山在县北，即是三鸦之第一。"

百叟塘墟　一作百口塘墟。在今广东连平县西南七十里百叟村，南接新丰县。明移长吉巡司于此。

百顺镇　即今广东南雄市西北百顺镇。明洪武十年（1377）置巡司于此。

百泉　①在今北京市昌平区西南四里百泉庄。因多泉而名。《清一统志·顺天府二》：百泉"平地涌出，不可胜数，大者有三：一曰原泉，清深澈底；一曰黄泉，流沙浑漫；一曰响泉，其声似闸。然广宽俱不过丈许”。

②又名百门泉。在今河南辉县市西北七里苏门山。《左传》：定公四年（前506），晋人“又败郑师及范氏之师于百泉”。即此。现百泉是我国北方重要的古典园林之一。分为苏门山、天爷庙、百泉湖、清晖阁和百露园五个不同特色的小园区。主要建筑有：卫源庙，创建于隋，为祭祀卫源之神而建，现存为明初建筑，保留有唐宋柱础遗构；孔庙，位于苏门山腰，建于明代，庙内大成殿为典型无梁殿建筑；龙亭，重檐八角，建于清康熙年间；乾隆行宫，原为五代末太极书院址，明改百泉书院，清乾隆十五年（1750）改作乾隆行宫。另外，还有始建于元、重建于清的重檐楼阁式建筑清晖阁和明代无梁殿建筑群天爷庙等。百泉一带共有历代碑刻三百五十余块，著名的有北魏时的“北魏造像碑”，三国时的“关帝诗竹碑”，唐时的“唐代造像碑”、“百门陂碑”、“灵源亭碑”，宋时的“布袋僧真仪画像碑”、“岳飞四条屏碑”等。2001年定为全国重点文物保护单位。

③亦名百泉沟。在今甘肃泾川县西三十五里。《方舆纪要》卷58泾州：百泉，“泉眼极多，四时不涸，州人引以溉田，其下流入于泾河”。乾隆《泾州志》上卷：“泉清不甘，林木茂密，为泾之一胜。”

百泉轩　在今湖南长沙市西岳麓书院右。《清一统志·长沙府一》：百泉轩“宋朱子及张栻讲学时所建。元吴澄有《重修百泉轩记》”。

百泉县　隋大业初改长城县置，属平凉郡。治所在今甘肃平凉市西北十里。唐武德八年（625）移治今宁夏彭阳县西古城乡附近，属原州。五代时废。

百泉沟　即百泉。在今甘肃泾川县西。《清一统志·泾州一》：百泉“在州西三十五里。泉源溢窦而出者数十，四时不涸，民资灌溉，亦名百泉沟。下流入泾”。

百泉河　一名滍水。又名漓水。即今顺水河。源于今河北邢台市南百泉，东北经南和、任县，注入大陆津。《寰宇记》卷59邢州龙冈县：“百泉河在州东南八里，水自平地而出，其泉无数，故曰百泉。是澧河之上源也。”

百泉溪　在今北京市城西南。《明一统志》卷1顺天府：百泉溪“在府西南一十里丽泽关，平地有泉十余穴，汇而成溪，东南流入柳村河”。

百泉镇　北宋置，属清水县。即今甘肃清水县东北百家站。

百胜军　五代方镇名。吴置，治所在虔州（今江西赣州市）。北宋初废。

百胜寨　北宋置，在今陕西府谷县北。

百脉水　在今山东章丘市治（明水镇），即绣江之源。《水经·济水注》：百脉水“出土鼓县故城西。水源方百步，百泉俱出，故谓之百脉水”。《寰宇记》卷19章丘县：“百脉水在县（指章丘县旧治）北十步，阔三丈。按晏谟《齐记》云：源出亭山县东界，水源方百步，百水之脉俱合流，因以名。西北入县界，屈曲六十里入济。”

百脉湖　在今山东高密市北。古有夷安潭。《清一统志·莱州府一》谓：“百脉湖在县北十里。盖其故渎也。”

百狮坊　一名张家牌坊。在今山东单县城内。清乾隆四十三年（1778）为文林郎张蒲之妻朱氏建。高12米，宽8米，四柱三间，全部石砌。坊座四立柱透雕群狮八组，大狮凶猛峥嵘，小狮环绕戏耍，狮座周围雕有形体不一、形态各异的百狮图。石坊通体结构严谨，气势雄伟，雕刻精巧，玲珑剔透。狮坊西南约百米有百寿坊，因坊上雕刻不同书体的寿字百个而名，为清乾隆十三年（1748）由翰林朱叔琪之妻孔氏所建。

百峰山　即今广东台山市东北峰山，东与江门市新会区接界。《方舆纪要》卷101广州市新宁县：百峰山“在县（今台山市）东五十里。峰峦百计，兽多獐鹿，木多松梧，峦僚之所出没也”。

百益堡　即今陕西洛川县东南百益乡。《清一统志·鄜州》：百益堡“在洛川县东南一百里”。

百涧山　在今山东栖霞市东北七十里。元于钦《齐乘》卷1“艾山”条下称，栖霞县有“百涧”山。《明一统志》卷25登州府：百涧山“在栖霞县东五十里。山多水泉，故名。旧产铁”。

百家山　在今江西德安县西北四十里。《方舆纪要》卷87九江府德安县：百家山“其山纡回旋绕，盘踞数十里。相近有大塘山”。

百家坪　即柏家坪。今湖南宁远县北五十六里柏家坪镇。《清一统志·永州府二》“下灌市”条下作百家坪。

百家岩　即天门山。在今河南修武县西北。《元和志》卷16修武县：“天门山，今谓之百家岩，在县西北三十七里。以岩下可容百家，因名。”

百家堡　在今甘肃环县南。《元和志》卷3庆州马领县：“隋义宁二年于今县治北四十里百家堡置马领县。”《资治通鉴》：唐武德七年（624）六月，庆州都督杨文干反，七月，“杨文干袭陷宁州，驱掠吏民出据百家堡”。即此。

百家畲洞　在今福建龙岩市南。《方舆纪要》卷99漳平县：百家畲洞“在县南五十里，界龙溪、安溪、南靖、龙岩、漳平五县间，县正当其北，为要冲。万山环抱，四面阻塞，洞口陡隘，仅通人行。中宽广容百家，畲田播种，足以自给，四方亡命者逋聚其间，凭村为乱。宣德正统间……官兵剿捕，数载始平”。

百家镇　北宋置，属清水县。即今甘肃清水县东北秦亭镇百家村。

百通坊　在今陕西扶风县西南。南宋李心传《建炎以来系年要录》：绍兴十年（1140），“别遣裨将击凤翔西城外敌寨，萨里干怒，自战于百通坊”。即此。

百眼佐等处长官司　元置，属管番民总管。治所在今贵州紫云苗族布依族自治县东北。后废。

百章郭　在今河南南召县东南。《水经·淯水注》：淯水“东径百章郭北，又东鲁阳关水注之”。

百望山　在今北京市海淀区东北。明蒋一葵《长安客话》卷4：青龙桥“其北斜界百望山，是山丛丛硗碗，背而去者百里犹见其峰，故曰百望”。清初改名望儿山。

百渎　在今江苏宜兴市。市西南为上渎，市东北为下渎。《方舆胜览》卷4常州：百渎“上百渎至宜兴县五十七里，下百渎至宜兴县五十里。荆溪既居下流，受数郡之水，古人以一渎不能当，故于震泽之口疏为百派。又开横塘一道，绵亘数十里，以贯百渎。盖横塘直南北以经之，百渎列东西以纬之。分流以下震泽”。《方舆纪要》卷25常州府宜兴县：百渎“今自县北至县东南，以渎名者凡数十处，皆源流断续。宏治中，尝开浚三十余渎，正德中亦尝开浚，寻复湮塞。说者谓东坝筑而荆溪之流杀，荆溪杀而百渎中绝矣”。

百梁县　南齐置，为百梁郡治。治所在今广西合浦县东北。隋开皇初废。

百梁郡　南朝宋泰始七年（471）置，属越州。治所在今广西合浦县东北。南齐移治百梁县（今广西合浦县东北）。隋开皇初废。

百颇州　北宋置羁縻州，属雅州。治所在今四川泸定县境。后废。

百堠隘　即今广东大埔县东南百侯镇。《清一统志·潮州府》：白堠巡司“在大埔县东南六十里白堠隘。原名大产，明嘉靖中置于县南大产村，后迁黄沙，而司名未改。本朝嘉庆二十四年移此，改今名”。

百雁关　即九里关。在今河南罗山县西南。《元和志》卷27安州应山县：“百雁关，按《图经》云：昔有雁息其上，故以为名。”

百粤　即百越。指今广东、广西。

百善铺　即今安徽濉溪县西南百善镇。北魏时为白挴县治。

百善道驿　又名百善铺。即今安徽濉溪县西南百善镇。《方舆纪要》卷21宿州“第城驿”条下：“又有百善道驿在州西七十里。《寰宇记》云：古有百战道也。”

百堽堰　又曰柏岗埭。在今江苏句容市西南三十五里。《宋书·元凶传》：太初元年（453），“劭遣人焚烧西装及左尚方，决破柏岗、方山埭，以绝东军”。《方舆纪要》卷20江宁府句容县“绛岩湖”条下：“与斗门同置，湖水由此入秦淮。南唐屡经修筑。宋时湖禁尤严。湖心有磐石，旧为湖水疏闭之节。庆历中，叶清臣知建康府，又立石柱，刻水则于其上。”

百楼城　在今河北定兴县西南二十里百楼村。《方舆纪要》卷12定兴县：百楼城，“相传唐太宗征辽还，驻军于此，营城以居军士。今为百楼村”。

百叠岭　在今湖南蓝山县东二十里。《方舆纪要》卷80蓝山县：百叠岭“以山岭稠叠而名”。

百嘉汛　即今江西万安县北百嘉镇。清时设汛。

百僚山　在今广东四会市北。《明一统志》卷81肇庆府：百僚山“在四会县北五十里，山形高耸，旁有崇冈叠巘，四面拱峙若百僚然”。宋李积中诗“前朝千岁岭，后拥百僚山”。

存水　即今云南宣威市东革香河。汉至南朝称存水。《水经》：“存水出犍为鄨县。”

存古阁　在今河南洛阳市东。民国时，藏有古碑八十余种，以魏碑最多，秦汉砖亦有数十万，并有岳武穆行书数方。

存鄨县　三国蜀诸葛亮南征置存鄨戍，后改为县，属建宁郡。治所在今云南宣威市境。南朝梁末废。

存鄢县　即郁鄢县。在今四川宜宾县西北八十六里蕨溪镇北宣化坝。

夸父山　在今河南灵宝市西。《山海经·中山经·中次六经》：“夸父之山，其木多棕柟，多竹箭，其兽多㸲牛、羬牛，其鸟多鷩。其阳多玉，其阴多铁。其北有林焉，名曰桃林。是广员三百里，其中多马。湖水出焉，而北流注于河。”《水经·河水注》：“湖水出桃林塞之夸父山。”

夺火镇　即今山西陵川县南夺火乡。《清一统志·泽州府》“路城镇”条下：“其西有夺火镇。”

灰山　在今辽宁绥中县西北。《方舆纪要》卷37广宁前屯卫：灰山“在卫西北七十五里”。

灰山井镇　即今四川乐山市东南辉山镇。清嘉庆《犍为县志》卷2：灰山井场在“县东北八十里。通乐山”。

灰山堡　清置，属宁远州（光绪末属锦西厅）。在今辽宁葫芦岛市西。《清一统志·锦州府二》“兴水县堡”条下：“灰山堡在（宁远）州东北二十里。”

灰亦儿千户所　又作灰亦儿等处怯怜口千户所。元至治元年（1321）置，属海西辽东哈思罕等处鹰房诸色人匠怯怜口万户府。治所在今黑龙江省克东县东北金城乡古城村。后废。

灰沟营堡　即今山西河曲县。《方舆纪要》卷40河曲县：灰沟营堡“在偏关西六十里。……堡宣德四年置，万历五年修筑，周一里有奇。二十二年革。边口有半角尖、吴峪口等处为最冲。成化十八年抚臣何乔新败敌于灰沟，是也”。

灰岭　在今浙江衢州市衢江区北。《方舆纪要》卷93衢州府西安县：灰岭“在府北九十五里，与严州府遂安县接界”。

灰岭口　在今北京市昌平区北。《元一统志》：“按《大都图册》云，昌平县北二十五里有灰岭口。”

灰河　一名恢河、马邑川。在今山西宁武县南。

《方舆纪要》卷44朔州：灰河在“州南三里。源出宁武军山口，北流至洪崖村，伏流十五六里涌出，经城南至马邑县入桑干河”。

灰泉 在今山西襄汾县西北襄陵镇北。《方舆纪要》卷41襄陵县：灰泉在“县（今襄陵镇）北二里。……引流溉田，下流注于汾河”。

灰堆 即今天津市东南河西区灰堆街道办事处。1949年曾于此设天津县。1952年迁治陈塘庄。

灰埠 ①即今江西高安市西南灰埠镇。清于此设灰埠巡司。

②在今山东平度市西北七十里。明置灰埠驿。清康熙十六年（1677）裁。嘉庆六年（1801）移州同驻此。

灰寨村 即今广东揭西县东北灰寨镇。清光绪《广东舆地全图》：揭阳县西北有灰寨村。

达子城 在今云南石林彝族自治县东。《方舆纪要》卷115路南州：达子城在“州东三十里。夷语为底伯庐。其城起自曲靖，底于广西，绵延三百里，昔蛮酋兄弟筑此分界”。

达马宗 即达尔玛。今西藏措美县西南达玛。

达木 即达木蒙古。今西藏当雄县。清乾隆《西藏志·物产》：“拉萨东北由哈拉乌苏至达木一带，皆蒙古与霍耳人错居，不产五谷，惟藉牛羊。”

达木八旗 即达木蒙古。在今西藏当雄县。清松筠《丁巳秋阅哈·达木观兵》诗注：“达木系草地，所居官兵本青海蒙古，初青海厄鲁特固什汗剿灭藏巴第巴，因留兵二千余住此护卫达赖、班禅。后固什汗曾孙拉藏汗于康熙年间被准噶尔戕害，达木蒙古亦被掳去十分之九。雍正初年青海罗布藏丹津与察罕丹津构衅，该游牧人众有避兵投藏住达木者。自是达木所居新旧蒙古共八百余户，遂为八鄂托克，后置固山达佐领骁骑校各八员，分管所属，因呼为达木八旗。”

达木牛厂宗 即达木蒙古。今西藏当雄县。

达木永隆山 即今西藏东部之怒山。《清一统志·西藏》：达木永隆山“在匝坐里冈城东南六十里”。

达木殊喀巴普山 又作达木楚克喀巴布山。在今西藏阿里境内冈底斯山之东。雅鲁藏布江发源于此。清乾隆《卫藏通志》卷3：“唐古忒（藏）语：达，马也。达木殊，马王也。喀，口也。巴普，盛食糌粑木盒也。山形似马，口有泉流出，故名。”

达木蒙古 即今西藏当雄县。“达木”藏语意为挑选。“蒙古”以17世纪五世达赖时蒙古族和硕特部驻此而得名。清雍正后属驻藏大臣管辖，称达木八旗，亦称达木蒙古。清《西藏图考》卷2：“如由阳巴井东北行三站，可抵达达木蒙古游牧。”

达车溪 在今湖北来凤县西南。《方舆纪要》卷82大旺安抚司：达车溪在“司东一里。其相近者又有芭蕉溪”。

达化县 北周建德五年（576）置，为达化郡治。治所在今青海尖扎县西北康家寨。隋属浇河郡。唐属廓州，上元后陷于西蕃，废。

达化郡 北周建德五年（576）置，属廓州。治所在达化县（今青海尖扎县西北康家寨）。辖境相当今青海尖扎、同仁二县境。隋开皇三年（583）废。

达斗拔谷 即大斗拔谷。在今甘肃民乐县东南扁都口。《新唐书·突厥传》：武德元年（618），西突厥吐乌过拔阙可汗与甘州曹琼联合，“共击李轨，兵不胜，走达斗拔谷，与吐谷浑相辅车”。

达巴库湖 即今黑龙江省密山市东南小兴凯湖。《清一统志·吉林一》：达巴库湖“在宁古塔城东南七百里，兴凯湖之北。周围三十里”。民国徐曦《东三省纪略》卷3：“兴凯湖之北有小湖，一曰达巴达库，亦称小兴凯湖，距大兴凯湖约五里。二湖之间，界以地峡，形如麦陇，松柞芦苇生焉。小兴凯湖东西长六十里，南北宽十九里，窄处仅六里。”

达巴宗 一名达巴喀尔、达噶尔谿。原西藏地方政府设，治所即今西藏阿里地区札达县东南八十里达巴乡。为西南边陲重地。

达巴喀尔宗 即达巴宗。在今西藏阿里地区札达县东南达巴乡。

达末娄 北魏作豆莫娄。在今黑龙江省嫩江中下游至呼兰河流域之松花江平原。《新唐书·东夷传》：达末娄“自言北夫余之裔，高丽灭其国，遣人渡那河，因居之”。即此。

达节守捉城 唐置，属维州。在今四川理县东北。后废。

达布苏泊 亦名盐泺。即今吉林乾安县西南大布苏泡。《清一统志·郭尔罗斯》：“盐泺在前旗东北七十里。蒙古名达布苏台，产盐。”

达布逊牧厂 清置，属上驷院。驻地在今内蒙古商都县东达布逊（盐淖）一带。后废。

达布逊淖尔 ①即今青海乌兰县东南茶卡盐湖。《清史稿·地理志》和硕特部西后旗：“盐池在青海西南，周百余里，产青盐。蒙古名达布逊淖尔。”

②即今青海格尔木市北东达布逊湖。蒙古语意为“盐湖”。《清一统志·青海厄鲁特》：盐池“周一百余里，产青盐。其水自西拉库特儿山之莫和尔河与布拉克地之插汉乌苏河西来汇为此池。……凡青海、蒙古与西宁一郡军民，并各种蕃回所食之盐，皆取给于此”。

达卢古部 又作达鲁虢部、达鲁古部。辽属国。为女直部落。王府在达鲁古城（今吉林松原市东；一说在农安县西北兴隆堡附近）。分布于吉林松花江以南，拉林河以西地区。《辽史·太宗纪》：从太祖“东平渤海，破达卢古部”，即此。

达失干 一名察赤。明西域国名。即今乌兹别克斯坦首都塔什干。《明史·西域传》：达失干“西去撒马儿罕七百余里。城居平原，周二里”。

达仕城 唐置，在今四川越西县东北梅花乡。《新唐书·地理志》 嶲州："自清溪关南经大定城百一十里至达仕城。"

达尔达木图山 在今新疆托里县东。清祁韵士《西陲要略》卷1：塔尔巴哈台"有达尔达木图山，在城东南五百余里"。

达尔达木图卡伦 清乾隆年间置，在今哈萨克斯坦阿拉木图东达尔达姆特。道光《新疆识略》卷11：达尔达木图卡伦，"此小卡伦，在锡伯营所辖沙巴尔托海卡伦西南一百余里"。

达尔玛 一作达马宗。即今西藏措美县西南达玛。藏语意为壮年。清乾隆《卫藏通志》卷12作"达尔玛"。

达尔罕贝勒旗 喀尔喀右翼旗的俗称。旗府驻地在今内蒙古达尔罕茂明安联合旗驻地百灵庙镇北。

达尔罕旗 ①即内蒙古哲里木盟科尔沁左翼中旗。驻地在今内蒙古科尔沁左翼中旗西南花吐古拉镇附近。

②1949年以喀尔喀右翼旗改称，属乌兰察布盟。驻地在吕汗厚（今内蒙古达尔罕茂明安联合旗北乌兰苏木）。1952年与茂明安旗合并为达尔罕茂明安联合旗。

达尔宗城 即边坝宗。清雍正三年（1725）置，治所在今西藏边坝县东南边坝。清《西藏图考》卷5："达尔宗城、索克宗城俱在巴塘城西北一千二百二十里。"

达尔钦图河 清阿勒坦淖尔乌梁海部内河流之一。即今俄罗斯阿尔泰边疆区卡通河上游丘亚河。《清一统志·乌里雅苏台统部》：阿勒坦淖尔乌梁海部"西界由达尔钦图河起，至阿尔占山巴勒塔尔罕山呼巴图噜山止"。

达兰达巴 又作答兰答八思（蒙古语，意为七十岭）。在今蒙古国后杭爱省车车尔勒格南、鄂尔浑河支流吉尔马台河上源，杭爱山北麓。应即吉尔马台河源处的苏巴尔汉海尔罕山。《元史·太宗纪》：太宗六年（1234）五月，"大会诸王百僚于达兰达巴之地，谕条令"。同书《定宗纪》："太宗崩，皇后临朝，会诸王百官于答兰答八思之地，遂议立帝。"

达兰达葩 在今蒙古国西南车车尔勒格东南一带。《元史·太宗纪》：六年（1234）"夏五月，帝在达兰达葩之地，大会诸王百僚"。

达兰岭 在今新疆和静县西北。《清一统志·喀喇沙尔》：达兰岭"在海都河西八十里，哈喇噶阿瑀台西北一百八十里。山脉自汗腾格里山东南行七百余里至此，东与海都山接"。

达多镇 北宋置，属厌次县。在今山东惠民县地。

达州 ①唐永徽二年（651）置羁縻州，属茂州都督府。治所在今四川汶川县西南邛崃山附近地区。北宋属茂州，治所在今茂县境。后废。

②唐渤海置，为怀远府治。治所在今黑龙江省同江市南高力城子废墟附近。辖境约当今黑龙江省同江市一带。辽废。

③北宋乾德三年（965）改通州置，治所在通川县（今四川达州市）。明郭子章《郡县释名》四川卷下：达州"达，通之义一也"。辖境相当今四川达州、宣汉、万源及重庆市城口等市县地。元属夔州路。明洪武九年（1376）降为达县，正德九年（1514）复升为达州，属夔州府。清雍正六年（1728）升为直隶州，属四川省，嘉庆七年（1802）改为绥定府。

达州市 1976年析四川省达县城及近郊置达县市。1993年改名达州市。1997年达县迁驻南外镇。1999年撤销达州地区和县级达川市，设立地级达州市。2013年撤销达县，设立达州市达川区，区政府驻南外镇通达东路288号。

达那仁钦则谿 又作仁钦则、仁侵孜。原西藏地方政府设，治所在今西藏谢通门县东北仁钦则乡。"仁钦则"，藏语意为宝山顶。1960年并入谢通门县。

达坝喀尔 即达巴宗。今西藏阿里地区札达县东南八十里达巴乡。

达坂城 即嘉德城。在今新疆乌鲁木齐县东南达坂城镇。清王定安《湘军记》卷19：光绪三年（1877），清军大败阿古柏军于此，"遂克达坂城"。

达克布冬顺城 又称东顺城。清康熙间置，在今西藏隆子县东北达克布冬顺。《清一统志·西藏》：东顺城"在拉萨东南七百七十里"。

达克匝城 即达马宗。清雍正年间置，在今西藏措美县西南达玛。

达县 ①明洪武九年（1376）改达州置，属夔州府。治所即今四川达州市。正德九年（1514）复升为达州。清嘉庆七年（1802）又降达州为县，为绥定府治。民国初属四川川东道。1928年直属四川省。1997年达县迁驻南外镇。

②1933年10月川陕革命根据地置，治达县城（今四川达州市）。后迁蒲家场（今达州市北蒲家镇）。1934年12月废。

达里冈阿鄂模 即今哈萨克斯坦西南、乌兹别克斯坦西北之咸海。纳林河（锡尔河）、阿母河注于此。《清一统志·霍罕》：那林河"又折东南入于达里冈阿鄂谟。鄂谟广千余里，为西境巨海，无有涯际。凡葱岭以西之水咸归焉"。

达里冈爱牧场 亦作达尔冈厓。在今蒙古国苏赫巴托省西南部，中国内蒙古锡林郭勒盟锡林浩特市（旧阿巴哈纳尔右翼旗）至苏尼特左旗以北地区。《嘉庆会典》卷78：达里冈爱牧场属内务府上驷院，东西宽三百里，南北长四百里。张穆《蒙古游牧记》卷4："此马场在瀚海北，因（达里和冈爱）诸尔得名也。康熙三十六年，谕车棱札布（归附清朝的厄鲁特一支首领）曰：达里·冈爱，为我军牧马地，可携尔属众，赴彼安居，即为督理牧务。雍正九年，大军剿噶尔丹策凌，诏所部选兵驻防于此。马场外又设羊群牧场。"

达里泊 亦称达尔诺尔、达里冈爱诺尔、捕鱼儿海。即今内蒙古克什克腾旗西达里诺尔。清张穆《蒙古游牧记》卷4阿巴哈纳尔部："多伦诺尔同知清查册曰：多伦诺尔正北三百五十余里有池二处，河三道。其最大者名达尔诺尔，周广二百余里。中有岛屿，为水禽聚集之所。东南四十里曰冈噶诺尔，广四五十里，中有细流，与达尔诺尔相通。"

达里带石堡子　在今内蒙古呼伦贝尔市莫力达瓦达斡尔自治县北。《金史·地理志》：边堡"东北自达里带石堡子至鹤五河地分，临潢路自鹤五河堡子至撒里乃，皆取直列置堡戍"。

达围　在今四川小金县东一百里达维乡。《清史稿·查礼传》：乾隆三十八年（1773）木果木之役，"美诺已陷贼，阿桂驰援，以达围重陷，檄礼驻守"。即此。

达利水　即今新疆和田、皮山县境之喀拉喀什河。《魏书·西域传》于阗："城西五十五亦有大水，名达利水，与树枝水会，俱北流。"

达孜宗　又作打则、打者、第巴达克匝、得克达克则宗、打孜宗。明初置，治所即今西藏达孜县东北达孜。1960年与邦堆谿、拉木谿、德庆宗合并设达孜县。"达孜"，藏语意为虎顶、虎峰。

达拉特旗　即内蒙古伊克昭盟鄂尔多斯左翼后旗。清顺治六年（1649）置，驻地在今内蒙古达拉特旗西北大树湾（西城）一带。民国间属绥远省。20世纪40年代迁今达拉特旗驻地树林召镇。1954年划归内蒙古自治区。"达拉特"系蒙古语，其含义主要有两种说法：（1）认为"达拉"意为七十，后加"特"表示复数，"达拉特"意为七十之部，该部很可能是由70个勇士，或者贵族的子孙繁衍而成；（2）认为词根原为"达鲁"，方言呼为"达拉"，即肩胛骨，后加表示复数的"特"，意为（祭）肩胛骨之部，因该部有祭祀胛骨的习俗。据传他们的祖宗是守护窝阔台伊金神灵及肩胛骨的达尔扈特。

达林库儿　即夷播海。又名库克恰腾吉斯、巴勒喀什池。即今哈萨克斯坦境内巴尔喀什湖。

达虎尔部　亦作达呼尔部。明末清初索伦部之一部。由达呼尔族组成。分布于今黑龙江中游及精奇哩江流域。住地包括今俄罗斯阿穆尔州。17世纪中叶，坚决抵抗沙皇俄国入侵者。19世纪50年代后，部分内迁今兴安岭嫩江流域。

达罗克裕木磋　即打鲁克雨木撮池。今西藏仲巴县北之塔若错。清乾隆《西域同文志》卷22载："西番（藏）语：达罗克，黄色马也。滨河山石形色似之，水色碧绿，又如松石也。"

达罗毗荼国　在今印度东南部。唐玄奘《大唐西域记》卷10：达罗毗荼国"周六千余里。国大都城号建志补罗，周三十余里"。玄奘曾至此。

达建寺　在今四川九寨沟县西漳扎镇西达基寺。《清一统志·松潘直隶厅》："潘州营在厅北四百八十余里。即潘州故址。……其南一百八十余里，地名达建寺，距黄胜关一百二十里，为潘州黄胜适中之地，亦设官兵戍守。"

达巷　在今山东兖州市西北二里旧关。《论语·子罕》："达巷党人曰：大哉孔子，博学而无所成名。"达巷党即此。

达南城　即大通城。吐蕃置，在今青海循化撒拉族自治县西黄河南岸。北宋崇宁二年（1103）收复，改名大通城。《宋史·地理志》乐州：大通城"旧名达南城"。

达威县　亦作色威县。在今四川色达县。清宣统三年（1911）拟置，因辛亥革命，未果。

达思蛮长官司　明置，治所在今四川理县西五十里。后废。

达洞滩　在今湖北秭归县西北，近空舲峡。南宋陆游《入蜀记》："过达洞滩，滩恶，与骨肉皆乘轿陆行过滩。滩际多奇石，五色粲然可爱，亦或有文成物象及符书者。"

达活河　即古蓼水。源于今河北邢台市西北达活泉，东入牛尾河，北径任县北入大陆泽。《寰宇记》卷59龙冈县：蓼水"一名达活水，出襄国（按：今邢台市）西石井冈"。《清一统志·顺德府一》：达活河，"《旧志》：源出府（按：顺德府治，今邢台市）西北，南一泉曰紫金，北一泉曰野狐，三水汇流，总名达活，北流经邢台之李道村，东北入任县界，至县东北薄村，又合蔡马、圣水、三河至塔圪台入泽。按，达活泉岁久湮塞，本（清）朝乾隆十二年重浚，泉流四注，灌溉甚薄"。

达浑都督府　唐置，寄治宁朔县界。约在今陕西靖边县境。

达浒市　即踏浒市。今湖南浏阳市东北达浒镇。

达格鲁　在今西藏比如县西北下秋卡区布龙、南牙、措布一带。为藏北三十九族之一。见清乾隆《卫藏通志》卷15《部落》。

达速岭　即今山西神池县南黄华岭。《北齐书·文宣纪》：天保五年（554），"帝（高洋）北巡至达速岭，览山川险要，将起长城"。

达姤部　唐室韦部落。分布在今吉林松原市一带。《新唐书·流鬼传》："达姤，室韦种也。在那河阴，涑（涑之误）末河之东，西接黄头室韦，东北距达末娄云。"

达勒诺尔　即今内蒙古克什克腾旗西达里诺尔。清张穆《蒙古游牧记》卷4阿巴哈纳尔部："太宗崇德二年二月，闻扎萨克图汗谋略我归化城，亲征，过兴安岭，驻营达勒诺尔，已复行猎达勒诺尔西。"即此。

达隆宗　①即边坝。在今西藏边坝县东南边坝。清乾隆《卫藏通志》卷15："边坝即达隆宗。"

②即打隆宗。治所在今西藏浪卡子县东南打隆镇。1960年与岭谿合并，改设打隆县。1964年撤销，并入浪卡子县。

达隆堡　北宋庆历五年（1045）置，属秦州。在今甘肃甘谷县西北境。

达维场　亦作达围。即今四川小金县东一百里达维乡。民国《川西边事辑览》第八编：达维“此地居民约六七十家。场后有喇嘛寺，名乘妙寺，中有喇嘛二百余人”。“达维”，藏语为石碉之意。1935年6月13日中国工农红军红一与红四方面军会师于此。

达喜穆鲁山　在今辽宁西丰县北，为蟾河与叶赫河的分水岭。《清一统志·吉林一》：达喜穆鲁山“在（吉林）城西南五百十里。周四十余里”。光绪《吉林通志》卷18伊通州：达喜穆鲁山“在州境”。达喜穆鲁“（满语）重叠也”。

达喇河　一作答喇河。又名达连河。在今辽宁辽阳县东南。汤河支流。清康熙《辽阳州志》：答喇河在“城东南八十里。源出海城黑山，流马蹄峪西入汤河”。

达堡　或作塔波、塔布。西藏古代族部名。藏文史籍《敦煌吐蕃文书》载：在达地区，首领为达杰卓森。达堡在隋、唐以前为西藏最早的十余小邦之一，其首领与吐蕃王室同源，后被吐蕃兼并。地在今西藏山南东部、林芝地区西部的加查、朗县等县境。

达鲁克池　即打鲁克雨木撮池。今西藏仲巴县北塔若错。

达锡河　在今俄罗斯萨哈林岛（库页岛）北部东海岸。清康熙《皇舆全览图》作“达喜河”。光绪《吉林通志》卷23库页岛之水：“达希河，长百里许，东流入海。其北为萨伊河。”

达溪川　即今甘肃灵台县南达溪河。《方舆纪要》卷58灵台县：达溪川“在县南二里，流达于泾河。《志》云：源出陇州五马山，至邠州梁山下入于泾水”。

达滴岩口　在今河北井陉县西北。《方舆纪要》卷14井陉县：达滴岩口在“县西北九十里。东南至故关六十里。《关隘考》：自达滴岩以下，凡十二口，为故关北路。正统四年，于达滴岩置戍。嘉靖二十四年，又增兵防御”。

达噶尔谿　即达巴宗。今西藏阿里地区札达县东南八十里达巴乡。

达德力城　在今新疆于田县东北。《新唐书·地理志》：“有宁弥故城，一曰达德力城，曰汗弥国，曰拘弥城。”

达摩洞　在今河南登封市西北少室山北麓五乳峰上。清同治《河南通志》卷7：“即达摩面壁九年处。面壁石见存。”

达摩悉铁帝国　即护蜜国。隋、唐西域国名。都城在昏驮多城（今阿富汗喀布尔东北瓦罕）。《新唐书·西域传》：护蜜国“或曰达摩悉铁帝，曰鞺侃，元魏所谓钵和者，亦吐火罗故地”。

达濠山　在今广东汕头市东南濠江区达濠街道。《清一统志·潮州府》：达濠山“在潮阳县东三十五里海中，周数十里，有堡”。清康熙初于此置达濠营，设副将驻守，后改守备驻防。

达濠营　清置，属南澳镇。在今广东汕头市东南濠江区达濠街道，设守备驻防。

戍山　①在今江苏句容市北。宋《景定建康志》卷17：戍山“在句容县北六十里。周回一十一里，高一十五丈，北临大江。俗传沈庆之屯兵于此，因以戍名”。

②在今浙江长兴县西。《方舆纪要》卷91长兴县：戍山在“县西三里，一名夫概山。吴王使夫槩于此筑戍城，故名”。

戍溪山　约在今浙江余姚市西南大隐镇境。《方舆纪要》卷92宁波府慈溪县：戍溪山“在县（今宁波市西北慈城镇）西南三十五里。晋刘牢之讨孙恩，尝戍于此”。

列人　战国赵邑。在今河北肥乡县东北。《水经·浊漳水注》引《竹书纪年》：梁惠成王八年（前362），“惠成王伐邯郸，取列人”。即此。

列人县　西汉置，属广平国。治所在今河北肥乡县东北十五里。东汉属巨鹿郡。《后汉书·光武帝纪》注引《续汉书》：“河水从列人北流，如决河水灌之，皆可令为鱼。”即此。北齐废。

列人堤　在今河北肥乡县东北二十里。《寰宇记》卷58肥乡县：“列人埤或曰列人堤，县居其上，埤即堤类也。后魏孝昌年中，有人于此掘得破船，仍是杉材，尚甚用，莫测其由。盖是漳水久积淤泥，遂成高岸也。”

列口县　一名洌口。西汉置，属乐浪郡。治所在今朝鲜黄海南道殷栗。因处列水（今大同江）入海口而得名。东汉末属带方郡。西晋后废。

列山　即厉山。在今湖北随州市北。《续汉书·郡国志》南阳郡随县注引《帝王世纪》曰：“神农氏起列山，谓列山氏，今随厉乡是也。”

列水　亦作洌水。即今朝鲜大同江。《汉书·地理志》乐浪郡吞列：“分黎山，列水所出，西至黏蝉入海，行八百二十里。”

列玉土司　一作克列玉土司。清雍正时置，属西宁办事大臣。为玉树四十族之一。驻牧地在今青海囊谦县西北境。乾隆《西宁府新志》卷19塞外贡马番族中有“住牧多洛尼托克地方列玉族”。《清史稿·地理志》青海土司：“列玉土司”在布楚河北。清末民初并入安冲土司。

列思麻　明代西藏地名。明置列思麻万户府，其地在今西藏山南地区隆子县境，治所在县东列麦乡。

列浑城　在今甘肃夏河县境。《资治通鉴》：南朝宋永初三年（422），“秦王炽磐以折冲将军乞伏是辰为西胡校尉，筑列浑城于计罗以镇之”。胡三省注：“计罗盖即罗川之地。”

死马涧　一名南涧。在今江苏南京市南，下流合于秦淮河。《资治通鉴》：南朝宋元嘉三十年（453），柳元景讨太子劭，劭兵败，“士卒争赴死马涧，涧为之溢”。

死虎　又名宛唐、宛塘。在今安徽寿县东南。《南齐书·王敬则传》：南朝宋泰始初，“随宁朔将军刘怀珍征寿春，殷琰遣将刘从筑四垒于死虎，怀珍遣敬则以千人绕后”。《资治通鉴》：南朝齐永元二年(500)，豫州刺史萧懿讨裴叔业，“遣裨将胡松、李居士帅众万余屯死虎”。皆此。

死虎亭 在今安徽寿县东南。《水经·肥水注》：“肥水又北，右合阎涧水，……水积为阳湖。阳湖水自塘西北，经死虎亭南，夹横塘西注。”

死虎塘 又名宛塘。亦作死虎。在今安徽寿县东南。《水经·肥水》：“肥水身获丘北迳成德县故城西，又北迳芍陂东，又北迳死虎塘东。”《宋书·黄回传》：“于死虎破杜叔宝军。”即此。

成 ①周畿内国。在今河南洛阳市或宜阳、偃师地。《左传》：成公十三年（前578），“公及诸侯朝王，遂从刘康公、成肃公会晋侯伐秦。成子受脤于社，不敬”。

②西周初封国。或作郕。一作盛。《史记·管蔡世家》：武王“封叔武于成”。本封于畿内，在今陕西岐山县境。东迁后改封于今山东巨野县南昌邑故城。春秋时为鲁邑。《春秋》：桓公六年（前706），“公会纪侯于成”。《穀梁传》作“郕”。

成山 在今山东荣成市东北。《史记·秦始皇本纪》：二十八年（前219），始皇东巡，“乃并勃海以东，过黄、腄，穷成山”。又，三十七年（前210），“自琅邪北至荣成山”。《史记·封禅书》：齐州八神，“七曰日主，祠成山。成山斗入海，最居齐东北隅，以迎日出云”。历史上有不少事件与成山有关。《三国志·魏书·明帝纪》载：太和六年(232)，“殄夷将军田豫帅众讨吴将周贺于成山，杀贺”。又《资治通鉴》：唐显庆五年（660），苏定方讨百济，“引兵自成山济海”。山东尽处曰成山角，一曰成山头，亦曰山东山咀。有灯塔，船舶往来南北，必望之而行。石刻有秦李斯篆书，曰“天尽头”。

成山卫 明洪武三十一年（1398）置，属山东都司。治所在今山东荣成市东北成山卫镇。清雍正十三年（1735）改荣成县。

成山角 在今山东荣成市东北六十八里龙须岛镇东，山东半岛最东端。因成山头伸向黄海的尖角得名。中日甲午战争在此发生，日军进攻威海卫在此登陆。

成山寨 一名刘成山砦。在今湖北咸宁市西五里。《舆地纪胜》卷66鄂州：刘成山寨“在咸宁县西五里。山周十余里，中可容数千人。四壁峭峻惟一径可入，建炎间，乡民聚浪保守，贼不能窥”。

成乡县 西汉置，属高密国。治所在今山东安丘市东北。东汉省。

成乡侯国 西汉置，属北海郡。治所在今山东安丘市东北。东汉省。

成平县 西汉置，属勃海郡。治所在今河北沧县西景城南二十里。东汉属河间国。北魏延昌二年（513）移治今沧县西六十里景城，为章武郡治。隋开皇十八年（598）改名景城县。

成乐县 西汉置，为定襄郡治。治所在今内蒙古和林格尔县西北盛乐镇古城。东汉属云中郡。东汉末废。

成汉 东晋十六国之一。西晋永兴元年（304）賨民李雄据成都（今四川成都市），称成都王。光熙元年（306）称帝，国号大成。东晋咸康四年（338）李寿夺权，改国号为汉，史称成汉。辖境相当今陕西秦岭以南、云南东北角、四川大部分地区。永和三年(347)为东晋所灭。

成讨温卫 明正统八年（1443）析兀者卫置，属奴儿干都司。治所在今黑龙江省汤原县西南大有屯固木纳古城。后废。

成吉思汗 即今内蒙古扎兰屯市南成吉思汗镇。《清史稿·地理志》：布西直隶厅有成吉思汗等车站。

成吉思汗陵 在今内蒙古鄂尔多斯市伊金霍洛旗东南伊金霍洛镇。成吉思汗在位第二十二年（1227），病逝于六盘山南清水县（今甘肃清水县）境，灵柩运回漠北，葬于不儿罕山之起辇谷（约在今蒙古国肯特省西北部臣赫尔河上源），其墓地以马践蹂，使如平地，不起坟冢，插矢以为垣，置逻骑以为卫，阔逾三十里，称为大禁地（Yeke qoruq）。到元世祖时，又采汉制于大都建太庙，分八室。明初，北元当沿用太庙八室之制于漠北。明中叶以后，随着蒙古人入居河套，又迁到套内，立“八白室”(Nayiman Chaghan ger)，置达尔哈特五百户居守，称其地为伊金霍洛（意为“君主的圈子”），当是由“大禁地”一名演变而来。于是出现成吉思汗葬在鄂尔多斯的传说，实际上该处并非成吉思汗墓所在地。明正统间，鄂尔多斯蒙古部进驻河套地区，就供奉着成吉思汗的灵柩，明代称作“八白室”，原安放在今达拉特旗王爱召。清初移置伊金霍洛，世代传为成吉思汗陵。抗日战争时期，灵柩先移甘肃榆中县西南兴隆山，后迁青海湟中县塔尔寺。1954年迁回内蒙古伊金霍洛原址，新建三座相连的蒙古包式穹庐顶建筑，正中的纪念堂为重檐八角殿堂，内有成吉思汗坐像，两厅及长廊内壁上精工彩绘成吉思汗生平事迹壁画，堂后寝宫安置灵柩。每年定期在此举行公祭。1982年定为全国重点文物保护单位。

成吉思汗站 即今内蒙古扎兰屯市南成吉思汗镇。旧属黑龙江省龙江县。清末《黑龙江全界地图》：齐齐哈尔西有成吉斯汗。民国徐曦《东三省纪略》：东清铁路车站“扎兰屯二八·四三（俄里）至成吉斯汗”。

成臼 指成臼水。故道由今湖北京山县西流至钟祥市南旧口入汉水。《左传》：定公五年（前505），楚昭王“奔随也，将涉于成臼，蓝尹亹涉其帑，不与王舟”，即此。

成州 ①南朝梁普通四年（523）析广州置，治所在梁信县（今广东封开县）。隋开皇十年（590）改为封州。

②西魏废帝二年（553）改南秦州置，治所在仇池郡洛谷城（今甘肃西和县西南洛峪镇）。辖境相当

今甘肃西和、礼县、武都、文县、康县等县地。隋大业初废。

③唐武德元年（618）改汉阳郡置，治所在上禄县（今甘肃礼县西南西汉水东岸）。辖境相当今甘肃礼县、西和、成县等地。天宝元年（742）改为同谷郡，乾元元年（758）复为成州。宝应元年（762）没入吐蕃。贞元五年（789）复置，徙治泥公山（今甘肃成县西南）。咸通七年（866）又徙治宝井堡（今成县东）。后徙治同谷县（今成县）。五代梁开平初改为文州。唐同光初复名成州。南宋宝庆三年（1227）以理宗潜邸，升为同庆府。元复名成州，属巩昌路。明洪武十年（1377）降为成县。

④辽置，治所在同昌县（今辽宁阜新蒙古族自治县西北）。辖境约当今辽宁阜新蒙古族自治县细河上游一带。金初隶川州，大定六年（1166）改属懿州，泰和四年（1204）属大定府。元属东宁路。明废。

⑤金贞祐二年（1214）升灵丘县置，后属代州。治所即今山西灵丘县。元复改灵丘县。

成安县　①西汉置，属陈留郡。治所在今河南民权县东北。东汉废。

②北齐置，属清都尹。治所即今河北成安县。北周属魏郡。唐属相州，天祐二年（905）改名斥丘县。五代唐复名成安县。北宋属大名府。金属洺州。蒙古至元二年（1265）废入滏阳县。后复置，属磁州。明属广平府。民国初属直隶大名道。1928年直属河北省。

成安侯国　西汉置，属颍川郡。治所在今河南汝州市东南。东汉建武二年（26）废。

成安郡　北周置，治滏阳县（今河北磁县）。后废。

成阳　即城阳。在今山东菏泽市东北五十二里胡集乡东南一里。

成阳县　①西汉改城阳县为成阳县，属济阴郡。治所在今山东菏泽市东北五十二里胡集乡东南一里。《史记·高祖本纪》：沛公西略地，“乃道砀至成阳”。又《曹相国世家》：曹参“击王离军成阳南”。皆即此。《索隐》：“周武王封弟季载于成，其后代迁于成之阳，故曰成阳。”西晋复改城阳县。

②西汉置，属汝南郡。治所在今河南信阳市东北。东汉废。

成纪县　西汉置，属天水郡。治所在今甘肃静宁县西南治平乡，南河西岸刘河村东南古城。东汉属汉阳郡。晋仍属天水郡。北魏废。北周复置，属略阳郡。隋属天水郡。唐初属秦州，开元二十二年（734）移治敬亲川（今甘肃秦安县西北三十里）。北宋时又移治上邽（今甘肃天水市），为秦州治。明洪武初省入州。

成纪镇　宋大理置，为善巨郡治。在今云南永胜县北四里大树坪。元废。

成县　①东汉置，属济北国。治所在今山东宁阳县东北九十里。西晋废。

②明洪武十年（1377）改成州置，属巩昌府。治所即今甘肃成县。清属阶州。民国初属甘肃渭川道。1927年直属甘肃省。

成武县　秦置，属东郡。治所即今山东成武县。西汉属山阳郡。东汉属济阴郡。南朝宋改为城武县。隋复改成武县，为戴州治。大业初属济阴郡。唐属曹州。五代唐属单州。元属曹州。明复改城武县。1958年复名成武县。

成国渠　古代关中平原的人工灌溉渠道。西汉武帝时开凿，自今陕西眉县东北渭水北岸开口，引渭水东流，经兴平市、咸阳市北，至泾、渭会合处注入渭水。《汉书·沟洫志》：“关中灵轵、成国、沣渠引诸川，……皆穿渠为溉田，各万余顷。”颜师古注引如淳曰：“成国，渠名，在陈仓。”三国魏卫臻征蜀时，又自陈仓（今陕西宝鸡市东）引汧水（今千河）东流，和西汉成国渠相接，总称成国渠。北魏时已湮废。唐贞观后又屡有疏浚，改名升原渠。宋时涸废。

成固县　战国秦置，属汉中郡。治所在今陕西城固县东八里湑水河西岸。三国蜀汉改乐城县。西晋复名成固县。南朝宋改城固县。

成昌聚　在今山东东平县西。《汉书·王莽传》：地皇三年（22），王匡等自无盐进击赤眉别校董宪于梁郡，“合战成昌，兵败，匡走”。《资治通鉴》胡三省注：“当在无盐县界。”

成周　西周初周公平定武庚叛乱后营建。在今河南洛阳市旧城西至王城公园一带。《尚书·洛诰》：周公曰，“我乃卜涧水东、瀍水西，惟洛食。我又卜瀍水东，亦惟洛食”。即此。20世纪60年代陕西宝鸡出土的“何尊”长篇铭文中即说到成王“初䙴宅于成周”。据《水经·谷水注》引《公羊传》何休注：“名为成周者，周道始成，王所都也。”因为王都在此，后来也称王城。其东的洛邑故址，无疑也是成周的一部分，被称为下都。平王东迁洛邑后，王城为国都，为了与王城相区别，东边的下都便渐渐取代了成周之名。《左传》：昭公三十二年（前510），“王使富辛与石张如晋，请城成周”。即此。战国时改名洛阳城。

成周郡　西晋末慕容廆置，在今辽宁西南部一带。《晋书·慕容廆载记》：“豫州人为成周郡”，即此。

成宜县　西汉置，属五原郡。治所在今内蒙古乌拉特前旗东南白彦花镇（哈拉汗补隆）西。东汉末废。《水经·河水注》：“河水又东径田辟城南……河水又东径成宜县故城南。王莽更曰艾虏也。”

成贰壁　在今陕西高陵县境。《资治通鉴》：东晋太元十年（385），慕容冲将高盖引兵攻渭北诸垒，前秦苻宏“与战于成贰壁。大破之”，即此。

成侯国　西汉置，属涿郡。治所在今河北中部或北京市西南部。东汉废。

成都　战国时蜀国都城。在今四川成都市，与广都、新都号为三都。成都之得名，据《太平御览》卷166引《史记》曰："周太王逾梁山之岐山，一年成邑，二年成都，故有成都之名。"另据温少峰《试为"成都"得名进一解》（载《社会科学研究》1981年第1期）称：成都为古蜀语地名，"成都"即"蜀都"，亦即"天都"。它的蜀语含义是"天族"（高原人）人的地区。秦于此置成都县。

成都中卫 明洪武二十九年（1396）置，属四川都司。治所在今四川成都市。《明一统志》卷67成都府：成都中卫"在府治西南七里"。清初废。

成都尹 东汉建武元年（25）公孙述据蜀，改蜀郡置。治所在成都县（在今四川成都市）。十二年（36）复为蜀郡。

成都古蜀船棺合葬墓 在今四川成都市商业街。为东周时多棺合葬的土坑竖穴墓。墓坑长30米、宽21米，面积约600平方米。墓坑内存十四具船棺、独木棺葬具，其中大型墓具四具，长达10米以上，最大的直径1.7米，其余为小型葬具，均为楠木整木凿成，葬具下垫有纵横交错的众多枕木。出土的大件精美漆器为四川战国漆器精品。为研究古蜀国历史、文化及丧葬制度提供了极其重要的实物资料。2001年定为全国重点文物保护单位。

成都左卫 明置，属四川都司。治所在今四川成都市。后废。

成都左护卫 明置，属四川都司。治所在今四川成都市。《方舆纪要》卷67"宁川卫"条下："成都左护卫在府治南六里。洪武中为蜀府建。"后废。

成都右卫 明洪武二十七年（1394）置，属四川都司。治所在今四川成都市。《明一统志》卷67成都府：成都右卫"在府治西三里"。后废。

成都平原史前城址 成都平原史前城址包括宝墩遗址、古城遗址、鱼凫村遗址、芒城遗址、双河遗址及紫竹遗址等，是迄今所知我国西南地区年代最早、规模最大、分布最密集的史前遗址群，年代距今4000—4500年。城址于20年纪60年代、80年代进行考古调查时被发现，有用于防御的高耸城墙、礼仪性大房址、干栏式建筑、木骨或竹骨泥墙房址、长方形竖井土坑墓和种类多样的灰坑，出土了大量磨制精细的石器和装饰精美的陶器。这些古城址的建筑技术相同，文化性质单一，是宝墩文化的中心聚落遗址。宝墩古城位于新津县西北龙马乡，郫县古城位于郫县东北古城乡，鱼凫古城位于成都市温江区北万春镇东北，芒城古城位于都江堰市西南青城乡，双河古城位于崇州市西北上元乡，紫竹古城位于崇州市西南燎原乡。成都平原史前城址是四川考古学上的一次全新的发现和突破，对于建立四川地区新石器时代到青铜器时代的文化发展序列，探讨长江上游地区文明起源等问题具有重要学术价值。2001年定为全国重点文物保护单位。

成都市 1930年划成都、华阳二县城区置，为四川省会。治所即今四川成都市。

成都后（後）卫 明洪武十七年（1384）置，属四川都司。治所在今四川成都市。《明一统志》卷67成都府：成都后卫"在府治东三里"。后废。

成都县 战国秦惠王二十七年（前311）于蜀国都城成都置，为蜀郡治。治所即今四川成都市。东汉时兼为益州治。三国蜀汉建都于此。西晋为蜀郡及益州治。成汉都于此。东晋为蜀郡及益州治。隋开皇初郡废，大业初州废，复为蜀郡治。唐贞观十七年（643）分置蜀县（后改为华阳县），与成都县同为益州治。天宝元年（742）复为蜀郡治。至德二载（757）因玄宗李隆基避"安史之乱"入蜀驻跸于此，建号南京（上元元年罢京号），为成都府治。前蜀、后蜀均建都于此。宋为成都府及成都府路治。元为成都路及四川行中书省治。明为成都府及四川布政使司治。清为四川省会。民国初仍为四川省会及西川道治。1930年析置成都市。1952年撤销成都县，并入成都市及郫县、新繁、温江、新都四县。

成都国 西晋太康十年（289）改蜀郡置，治所在成都县（今四川成都市）。东晋常璩《华阳国志·大同志》："以蜀郡、广汉、犍为、汶山十万户为王国。"后复为蜀郡。

成都府 唐至德二载（757）以蜀郡为玄宗"驻跸"之地升为成都府，建号南京。上元元年（760）撤销京号，为剑南四川节度使治。治成都县、蜀县（后改华阳县，今四川成都市）。宋为成都府路治。蒙古入蜀改为成都路。明复改成都府，为四川省省会。1913年废。

成都府路 北宋嘉祐四年（1059）改益州路置，治所在成都府（今四川成都市）。辖境相当今四川邛崃山以东，大渡河以北，龙门山西南及沱江以西大部，以东一小部分地区。元初废。

成都前卫 明洪武四年（1371）置，属四川都司。治所在今四川成都市东南前卫街。《明一统志》卷67成都府：成都前卫"在府治南六里"。后废。

成都郡 西晋永嘉中置，治所在华容县（今湖北监利县西北）。辖境相当今湖北监利县及仙桃、洪湖二市地。建兴二年（314）废。

成都路 元世祖至元十三年（1276）改成都府置，为四川行中书省治。治所在成都、华阳二县（今四川成都市）。辖境相当今四川北川以南，内江、井研以北，简阳、德阳以西，都江堰市以东地区。明初复改为成都府。

成皋 即春秋郑虎牢邑，后名成皋。战国属韩。在今河南荥阳市西北汜水镇西。《史记·秦本纪》：庄襄王元年（前249），"使蒙骜伐韩，韩献成皋、巩"；《李斯传》：秦惠王用张仪之计，"东据成皋之险"，皆此。西汉置县。

成皋关 在今河南荥阳市西北汜水镇。自古为黄河以南东西交通孔道和战争要塞。《初学记》卷7《关》

引《洛阳记》："汉洛阳四关，东成皋关。"《资治通鉴》：东晋太宁三年（325），前赵王岳"进围石生于金墉，后赵中山公石虎帅步骑四万，入自成皋关，与岳战于岳西"，即此。

成皋县　①西汉置，属河南郡。治所在今河南荥阳市西北汜水镇。东晋义熙末属荥阳郡。隋开皇初属郑州。开皇十八年（598）改为汜水县。1949 年汜水县与广武县合并复置成皋县，1954 年并入荥阳县。

②1948 年河南革命根据地由广武、汜水两县合置，治汜水（今河南荥阳市西北汜水镇）。以地处古成皋之地而得名。1954 年 1 月撤销，并入荥阳县。

成皋郡　东魏天平元年（534）析荥阳郡置，属北豫州。治所在西城皋县（今河南荥阳市西北汜水镇西北）。辖境相当今河南荥阳市西部和巩义市地。北齐移治荥阳县（今荥阳市），辖境略有扩大。隋开皇初废。

成家　东汉建武元年（25）七月，导江卒正公孙述据成都（今四川成都市），号成家，建元龙兴。《后汉书·公孙述传》："北守南郑，将军任满从阆中下江州，东据扞关。于是尽有益州之地。"相当今川、滇、黔三省及陕南一带。十二年（36）为东汉所灭。

成陵　北周文帝宇文泰的陵墓。在今陕西富平县北二十五里。《元和志》卷 1 富平县："后周文帝成陵，在县西北十五里。"

成偈赕　又作成吉赕。唐南诏置，属剑川节度。治所即今云南永胜县。宋大理改善巨郡。

成渝铁路　自今四川成都修至重庆（简称渝）。长 505 公里。1936 年已开工，但因抗战而停顿。中华人民共和国成立后才修通。

成德军　又名恒冀、镇冀。唐方镇名。宝应元年（761）置。为收抚安禄山、史朝义余众而设河北三镇之一。治所在恒州（今河北正定县）。辖境屡有变动，较长期领有恒、冀、深、赵四州，相当今河北沙河、滹沱河下游以南，献县、阜城、景县以西，临城、柏乡、南宫、枣强以北地。长期为李宝臣、王武俊、王庭凑及其子孙所割据。天祐二年（905）改名武顺，公元 922 年为晋所并。五代唐复名成德。北宋太平兴国二年（977）废。

成德县　西汉置，属九江郡。治所在今安徽寿县东南。三国魏属淮南郡。东晋废。

〔一丶〕

夹儿山　在今山东枣庄市北，夹山之旁。《明一统志》卷 23 兖州府：夹儿山"在峄县北七十里。旧有锡场"。

夹山　①在今河北遵化市西南四十里。《明一统志》卷 1 顺天府：夹山"以两山相夹，因名。中有禅刹"。《清一统志·遵化州一》：夹山"高数百仞，山东面悬崖为水门口峡，州境诸水，汇流出此"。

②即今内蒙古土默特左旗东北、武川县西南之大青山。《辽史·天祚皇帝纪》：保大二年（1122），金师将出岭西，遂趋白水泺，"上至女古底仓，闻金兵将近，计不知所出，乘轻骑入夹山"。四年"上遂率清军出夹山，下渔阳岭"。《金史·地理志》云内州柔服县："夹山在城北六十里。"

③亦名夹谷山。在今江苏赣榆县西北班庄镇北夹山西北。《寰宇记》卷 23 海州怀仁县：夹山"在县西二十八里。《左传》谓公会齐侯于夹谷。注云：齐地名"。《元丰九域志》卷 5 海州怀仁县："有夹山。"

④在今安徽和县北五十里。《方舆纪要》卷 29 和州"乌石山"条下："夹山在州北五十里。岩嶂环峙，隐如金城，为一方厄塞，中有夹石关。"

⑤在今山东枣庄市北。《方舆纪要》卷 32 峄县："夹山在县北七十里。或误以为夹谷。"

⑥在今湖南石门县东南。《方舆纪要》卷 77 石门县：夹山在"县东南三十里。周回三十里，高二百余丈。两峰并峙，故名"。相传明末农民起义军领袖李自成兵败后，至夹山出家，自号奉天玉和尚。山上有奉天玉和尚墓。

⑦一作峡山。在今广东广宁县北。《舆地纪胜》卷 98 肇庆府：峡山"群峰列岫，连延环绕，水流其下，多良材美竹"。《方舆纪要》卷 101 肇庆府广宁县：夹山在"县北四十里。两山夹峙，（绥）水从中出，旁山连延，多竹木"。

夹山关　亦名渭野关。在今安徽和县西北。《方舆纪要》卷 29 和州：夹山关，"州北五十里有夹山铺。两山壁立，耸峭夹道。山口崎岖，与滁州接界，为南北咽喉"。

夹门关　亦名夹关。即今四川邛崃市西南六十里夹关镇。《清一统志·邛州》：夹门关"在州西六十里。两山夹岸如门，其西与夷獠接界。《九域志》临邛县有夹门镇即此。明初置巡司。今裁"。

夹门镇　北宋置，属临邛县。在今四川邛崃市西南六十里夹关镇。南宋陆游《老学庵笔记》卷 3："临邛夹门镇山险处，得瓦棺长七尺厚二寸，与今木棺略同，但盖底相反，骨犹不坏，棺外列置瓦器，皆极淳古。时靖康丙午岁，李知几及见之。"

夹马营　在今河南洛阳市东北二十里。《宋史·太祖纪》：宋太祖赵匡胤"后唐天成二年，生于洛阳夹马营"。即此。

夹冈　①在今江苏丹阳市北二十二里。《宋史·河渠志》："镇江府吕城、夹冈，形势高仰，因春夏不雨，官漕艰勤。"《方舆纪要》卷 25 镇江府丹阳县：夹冈"亦曰大夹冈，下临运河，故运河亦曰夹冈河也"。

②在今江苏扬州市东北。《方舆纪要》卷 23 扬州府："夹冈在府东北七里。东接湾头镇淮子河口，与

蜀冈相接。”

夹冈水 一作峡岗水。在今广东新兴县西南。《舆地纪胜》卷97新州：峡岗水“在州西南。源出锦山，流入东口津合卢江水，北流出肇庆府大江”。《清一统志·肇庆府》：峡冈水“在新兴县西。……《县志》：源出锦山大岭脊下，西流至县西南七十四里河头，与天塘水合，折而北流十里；与兰坑水合，又东北五十里至山口，即二十四山路口也，又东北二十里至洞口，与卢溪合。即新江之别源”。

夹仓镇 在今山东日照市南夹仓。明、清设巡司于此。

夹心子 即夹信子镇。今黑龙江省延寿县东北加信镇。

夹石 即北硖山。即今安徽桐城市北六十里，与舒城县接界。《三国志·吴书·陆逊传》：黄武七年(228)，曹休率众入皖，“逊自为中部，令朱桓、全琮为左右翼，三道俱进，果冲休伏兵，因驱走之，追亡逐北，径至夹石，斩获万余”。即此。

夹皮沟 ①即今辽宁宽甸满族自治县东硼海镇。民国《宽甸县志略》图：东有夹皮沟。民国徐曦《东三省纪略》卷10：“宽甸县夹皮沟产金、硫磺”。

②又名加级沟。即今吉林桦甸市东南夹皮沟镇。清同治光绪间，山东人韩显宗召集燕齐流民于此开金矿，形成繁盛一时的集镇。民国魏声龢《吉林地志》：“夹皮沟不及三里，宽不及二十丈。在前清光绪癸巳甲午等岁，沟中盛产金砂，矿厂至四五万人。此一隅中，有戏馆两处，晨夕演艺，民间交易辄以金砂为通货，购一果食动出金钱许，故四方贾贩闻风遥集。出沟迤北又有老营厂沟板庙子岭亦产金。今砂残沟老，盛况已迥不如前。”

③又作呼也可河。在今俄罗斯滨海边疆区东北，东南流入日本海。清齐召南《水道提纲》卷26：“呼也可河，源出大山松林，其隔山北即乌苏里江东源也。此河合四水，南流三百余里，入海。”

夹关 即夹门关。在今四川邛崃市西南六十里夹关镇。《方舆纪要》卷71邛州：夹关“在州西南。两山夹立。耸峙如门。自关以西，则土汉接壤，蛮獠错处也。昔尝置兵于此，为戍守重地”。

夹江千佛岩石窟 即千佛崖。在今四川夹江县西北八里千佛村青衣江畔。

夹江戍 在今四川夹江县西北八里泾口。《旧唐书·地理志》夹江县：“隋分龙游、平羌二县，于泾上置夹江县。今北八十里（十为衍文），有夹江废戍，即泾上地也。旧治泾上，武德元年，移于今治也。”

夹江县 隋开皇十三年（593）置，属嘉州。治所在今四川夹江县西北八里。《寰宇记》卷74夹江县：“置于泾上，临江水，故号夹江。”大业二年(602)属眉州，次年属眉山郡。唐武德元年（618）属嘉州，移治今夹江县。南宋末属嘉定府。元属嘉定府路。《元史·旦只儿传》：世祖至元十一年(1274)，“从攻嘉定，败宋兵于夹江”。即此。明属嘉定州。清属嘉定府。民国初属四川建昌道。1928年直属四川省。县土产画纸，闻名全蜀，称为“夹江纸”。

夹江河 在今安徽无为县东南。《方舆纪要》卷26无为州：夹江河“在州东南六十里。其西接泥汊河，通大江”。

夹阳县 西晋太康元年（280）分龙冈县置，属桂林郡。治所在今广西宜州市一带。南朝宋废。

夹苎干渎 在今江苏宜兴市西北。《方舆纪要》卷25常州府宜兴县：夹苎干渎“在县西北。昔时汇长荡湖之水，东入滆湖，由滆湖入大吴渎、塘口渎、白鱼湾、高梅渎及白鹤溪而北，入常州运河。又由运河分流入一十四渎，注于大江。今名存实湮。宏治中，水利佥事伍性，议开夹苎干通流，以杀荆溪上流诸水，则震泽必无涨溢之患，而三州民田必甚利，议不果行”。

夹谷 ①春秋齐地。在今江苏赣榆县西北。《春秋》：定公十年（前500），“公会齐侯于夹谷”。即此。

②春秋齐地。在今山东莱芜市西南三十里夹谷峪(李条庄南)。《春秋》：定公十年（前500)，“夏，公会齐侯于夹谷”；《左传》：“公会齐侯于祝其，实夹谷。”即此。故址另有二说：旧说在今江苏赣榆县西五十里；一说在今山东淄博市淄川区西南三十里。皆见顾炎武《山东考古录》。

夹谷山 亦名夹山。在今江苏赣榆县西北。《寰宇记》卷22谓《左传》所载“公会齐侯于夹谷”，即此。《清一统志·海州》：夹谷山“在赣榆县西四十里……《旧志》：有数峰环列，当面一峰尤峻，深谷夹其中，委蛇横亘，谷之北，坡级渐上为重台，有孔子庙”。

夹沟驿 明洪武初置，即今安徽宿州市北六十里夹沟镇。《方舆纪要》卷21宿州“第城驿”条下：“州北六十里，又有夹沟驿，则北出徐州之道。”

夹沟镇 即今安徽宿州市北夹沟镇。明嘉靖《宿州志》卷1：州北闵子乡有夹沟集。清光绪《凤阳府志》卷11宿州：夹沟集“有营汛，有驿。州东北六十里”。

夹店 即郏店市。在今上海市青浦区东北十五里郏店。

夹河 ①在今河北武邑县北。《方舆纪要》卷14武邑县“洚水”条下载：“《志》云：县北三十里有夹河，自清漳河分流，入衡水县界，流经县北，又东入滹沱河。明建文二年，燕兵败盛庸于夹河，即此也。盖洚水之别名矣。”

②黄河支派。又名沣河。在今安徽砀山县西南五十里。《方舆纪要》卷29砀山县：“元末刘福通等作乱，自砀山夹河迎韩林儿为帝。”即此。

③又名甲水、吉水。即今湖北郧西县西之金钱河。《明史·地理志》上津县：“又有吉水，西南流入汉，俗谓之夹河。”

④即古甲水。在今陕西山阳县西南。《方舆纪要》

卷54山阳县：甲河在“县南百二十里。以方向而名。俗讹为夹河。下流入于汉水”。

夹河冈　即江南运河镇江至丹阳段的别称。《宋史·河渠志》：“有司以练湖赐茅山道观，缘润州田多高仰，及运渠、夹冈水浅易涸，赖湖以济。”《方舆纪要》卷25镇江府丹徒县：夹冈河“在丹徒南者曰小夹冈河，丹阳北者曰大夹冈河。盖以道出山脊间而名”。

夹信子镇　亦作夹心子。即今黑龙江省延寿县东北九十里加信镇。为通方正、依兰诸县之孔道。《清史稿·地理志》长寿县：蚂蜒河“径城东，又东北径夹信镇，右合东亮珠、大石头、大黄泥河，入方正”。

夹浦　在今江苏吴江市北。西连鲇鱼口水，东接吴淞江。《方舆纪要》卷24苏州府吴江县“鲇鱼口”条下：“其东北出者曰夹浦，在县北二十里，入长洲县界。嘉靖三十二年，倭贼自夹浦转至三里桥，登岸焚掠，进逼县城。复转掠八斥、平望而去。”

夹浦山　在今云南澄江县北。《清一统志·澂江府》：夹浦山“在河阳县北，弥勒石溪及冷塘二水合流其下，故名”。

夹浦镇　清置，属长兴县，即今浙江长兴县北二十四里夹浦镇。同治《长兴县志》卷1：夹浦镇“在县北二十七里，为三十四溇港之一。北接荆溪，南达乌程，自皋塘镇废而贾舶渔艘皆舣于此”。

夹象石　在今云南腾冲县东。《方舆纪要》卷118腾越州：夹象石“在州东龙川江东岸。渡江而西，即高黎共山麓也。正统三年，麓川思任发叛，都督方政及别将高远渡江而南，逼贼于上江。上江，贼重地也。深入力惫，求救于沐晟，晟以少兵往，至夹象石不进。政等渡江，追至空泥，贼伏四起，我师覆焉。七年，王骥等以大军征麓川。八年，自夹象石下江径抵上江贼巢，而大军亦自夹象石下江通高黎共山道至腾冲云”。

夹道双山　在今广西柳州市北。唐柳宗元《柳州山水近治可游者记》：“北有双山，夹道崭然，曰背石山，有支川东流入于浔水。”《方舆纪要》卷109柳州府马平县：夹道双山在“府北十里。东山曰桃行，西山曰鹊儿”。

夹道站　亦作贾道站。元置，即今辽宁昌图县北四合镇古城。

夹滩　在今河南灵宝市东北老城北黄河中。《金史·徒单兀典传》：抹燃速也“以船八十往运潼关、阌乡粮，行及灵宝北河夹滩。义军张信、侯三集壮士三百余，保老幼，立水栅，北将忽鲁罕只乘浅攻之，不能克”。

夹滩镇　①又名夹疃。金置，属交河县。即今河北泊头市西夹疃。

②北宋置，属高唐县。在今山东高唐县东南十五里夹滩。

夹漈山　一名东山。即今福建莆田市北草堂山。1965年版《莆田县志》卷1地理志：“广业、广西两溪合流如漈，故名。”旁有西岩，为南宋史学家郑樵读书处，故世称郑樵为“夹漈先生”。

夹寨城　五代梁开平初筑，在今山西长治市西十里南寨、北寨村。《资治通鉴》：后梁开平元年(907)，李思安“将河北兵西上，至潞州城下，更筑重城，内以防奔突，外以拒援兵，谓之夹寨”。即此。

夹璧龙孔　即今湖北宣恩县。《明史·地理志》施南宣抚司：“东有旧治。后迁夹璧龙孔，即今治也。”

〔一㇆〕

匡　①春秋郑邑。在今河南扶沟县西南。《左传》：文公元年（前626），卫孔达侵郑，“伐绵、訾及匡”。又，定公六年（前504），“公侵郑，取匡”。皆此。

②春秋宋邑。在今河南睢县西南三十里匡城乡。《春秋》：僖公十五年（前645），“公会齐侯、宋公、陈侯、卫侯、郑伯、许男、曹伯盟于牡丘，遂次于匡”。杜注：“匡，卫地，在陈留长垣县西南。”江永《春秋地理考实》：“长垣之匡，去徐甚远。考河南睢州西三十里有匡城其地属宋，次师或当在此。”

③春秋卫邑。在今河南长垣县西南。《论语·子罕》：“子畏于匡。”《续汉书·郡国志》长垣县：“有匡城。”即此。

匡口镇　一作狂口镇。即今河南新安县北五十四里狂口村。《清一统志·河南府二》：匡口镇“在新安县北六十里黄河南岸为津济处。明嘉靖二十二年筑城于此。今废”。

匡山　①即今浙江龙泉市西南与福建浦城县交界处之天山斗。《明史·章溢传》：“退隐匡山”，即此。《方舆纪要》卷94龙泉县：匡山在“县西南百二十里，匡水出焉……宋濂云：其山四旁奋起而中窊下，状如箕筐，因号匡山”。

②又名庐山。在今江西北部，耸立于鄱阳湖、长江之滨。《南史·刘慧斐传》：“慧斐尝还都，途经寻阳，游于匡山，遇处士张孝秀，相得甚欢，遂有终焉之志。”

③在今山东济南市城西北十二里。《魏书·地形志》：历城县有匡山。元于钦《齐乘》卷1：奎山“又北有匡山，世传太白读书于此”。

④亦作康山。有大、小匡（康）山。在今四川江油市北大康镇西北。宋吴曾《能改斋漫录》卷5：“彰明，绵州之属邑，有大、小匡山，（李）白读书于大匡山，有读书堂尚存。”杜甫《不见》诗云：“匡山读书处，头白好归来”。指此。

匡川县　唐武德七年（624）置，属南云州。治所在今云南巍山彝族回族自治县境。贞观三年（629）属匡州。武则天时改置蒙舍州。

匡义军　五代方镇名。后梁改昭义军置，治所在潞州（治今山东长治市）。后唐改安义军。

匡五县　1943年晋冀鲁豫边区以陵县改名，治所即今山东陵县。为纪念牺牲于此的吴匡五县长而命名。1949年复名陵县。

匡州　①唐武德六年（623）于绥福县境侨置，治所约在今陕西吴堡县西。贞观二年（628）省入延福县。《寰宇记》卷38谓匡州置于隋，后废。唐武德六年复置。

②唐贞观三年（629）改南云州置，治所在今云南祥云县（小勃弄）。天宝后废。

③唐长安四年（704）置，治所在今内蒙古鄂托克旗南境。后废而复置。开元二十六年（738）改置宥州。

匡庐　即庐山。在今江西北部，耸立于鄱阳湖、长江之滨。相传殷周时有匡俗兄弟七人结庐于此，故名。

匡庐驿　在今江西星子县城南。《方舆纪要》卷84南康府：匡庐驿“在府治南一里。《志》云，府东一里有锦冈岭，宋置锦江驿于其上，明初改置今驿”。后废。

匡国军　①唐、五代方镇名。唐乾宁二年（895）升同州为匡国军节度，治所在同州（今陕西大荔县）。天祐三年（906）废。五代梁复置，改名忠武军，后唐复名匡国军。北宋初废。

②五代方镇名。后梁改忠武军置，治所在许州（今河南许昌市）。后唐复为忠武军。

匡城县　隋开皇十六年（596）改长垣县置，属滑州。治所在妇姑城（今河南长垣县西南司坡村）。《寰宇记》卷2：“以县南有古匡城为名。”大业初属东郡。唐属滑州。五代梁复改长垣县。

匠门　春秋时吴都东门。即今江苏苏州城之相门。《吴地记》：“匠门又名干将门……阖闾使干将于此铸剑”，故名。后省称将门，音变而为匠门。现已拆除。

夷　①西周诸侯国。妘姓。后入于齐。在今山东即墨市西六十里蓝村镇壮武故城。《左传》：隐公元年（前722），“纪人伐夷”。杜注：“夷国在阳城壮武县。”

②又名夷城父、城父邑。春秋时陈邑，后为楚邑。在今安徽亳州市东南城父镇。《左传》：襄公元年（前572），“晋师自郑以鄫之师侵楚焦、夷及陈”。即此。后为许国都。《左传》：昭公九年（前533）二月，“楚公子弃疾迁许于夷，实城父”。即此。

夷山　在今湖北宜昌市西陵区西。《水经·江水注》：夷陵县故城“应劭曰：‘夷山在西北’。盖因山以名县也”。

夷门　①战国魏都大梁城东门。在今河南开封市城内东北隅。因在夷山之上而得名。《史记·魏公子列传》：魏隐士侯嬴“为大梁夷门监”。太史公曰：“夷门者，城之东门也。”

②开封的别称。因夷门为战国魏大梁城东门而得名。《旧五代史·食货志》：“梁祖之开国也，……以夷门一镇，外严烽候，内辟汙莱，厉以耕桑，薄以租赋，士虽苦战，民则乐输，二纪二间，俄成霸业。”

夷门山　在今河南开封市内东北角。《清一统志·开封府一》：夷门山“一曰夷山。以山势平夷而名。大梁旧有夷门，盖以山名”。

夷门场　即今四川会理县北益门镇。同治《会理州志》卷9：夷门“治北五十里”。清设把总驻防。

夷水　①又名鄢水。即今湖北西北部蛮河。为汉水支流。《水经·沔水注》：“夷水，蛮水也。桓温父名夷，改曰蛮水。夷水导源中庐县界康狼山，山与荆山相邻。其水东南流，历宜城西山，谓之夷溪，又东南径罗川城，故罗国也。又谓之鄢水。……又东注于沔。”

②又名盐水。即今湖北省西南部之清江。为长江支流。《水经·夷水》：“夷水出巴郡鱼复县江，东南过佷山县南。又东过夷道县北，东入于江。”

③即今湖南沅陵县东北之怡溪。《水经·沅水注》：沅水“南出夷山，北流注沅”。

夷水县　唐置，属羁縻述昆州。治所在今广西都安瑶族自治县东北。北宋废。

夷父县　五代梁龙德初改焦夷县置，属亳州。治所在今安徽亳州市东南城父镇。后唐同光初改为城父县。

夷仪　在今山东聊城市西南十二里。春秋时邢国建都于此。《春秋》：僖公元年（前659），“邢迁于夷仪”。即此。《续汉书·郡国志》：东郡聊城“有夷仪鄹”。另一说在今河北邢台县西北。

夷仪山　亦作夷仪岭。在今河北邢台县西北。《元和志》卷15龙冈县：“夷仪岭在县西一百五十七里。”《寰宇记》卷59龙冈县：夷仪岭，“《晋地道记》云：乐平东南有夷仪，道通襄国。夷仪山在城北故塞”。

夷市　在今湖北鄂州市东。《晋书·陶侃传》：侃迁龙骧将军，“又立夷市于郡东，大收其利”。

夷齐庙　又作伯夷庙。在今山西永济市南雷首山。《魏书·世宗（宣武）纪》：正始元年（504），诏立“夷齐庙于首阳山”。《寰宇记》卷46蒲州河东县载：“伯夷叔齐祠在（河东）县北三十五里。”《水经·河水注》：河水“又南涑水注之。水出河北县雷首山，县北与蒲坂分，山有夷齐庙”。

夷州　唐武德四年（621）置，治所在绥阳县（今贵州凤冈县西）。贞观元年（627）废。四年复置，移治都上县（今凤冈县东南）。十一年移治绥阳县（今凤冈县北绥阳镇）。辖境相当今贵州凤冈、绥阳、湄潭等县地。五代后废。宋初为羁縻夷州，后改为承州。

夷安县　西汉置，属高密国。治所即今山东高密市。东汉永平元年（58）封邓禹子珍为侯国，属北海国。西晋属城阳郡，后属高密郡。北齐省。

夷安潭　在今山东高密市北。《水经·胶水注》：

"胶水之左为泽渚，东北百许里谓之夷安潭，潭周四十里，亦潍水枝津之所注也。"《元和志》卷11高密县："夷安泽，在县北二十里，周回四十里，多麋鹿蒲苇。"元于钦《齐乘》卷2"潍水"条载："夷安潭，今名都泺，古奚养泽也。"

夷吾亭 在今山东蒙阴县西北三十里西高都村一带。其地有堂阜。《左传》：庄公九年（前685），齐鲍叔牙受管仲之囚，"及堂阜而税之"。杜注："堂阜，齐地。东莞蒙阴县西北有夷吾亭。"

夷里桥 即笮桥。又名夷星桥。在今四川成都市西南南河上。东晋常璩《华阳国志·蜀志》：益州西南两江有七桥，"西上曰夷里桥，亦曰笮桥"。《寰宇记》卷72益州华阳县："笮桥去州西四里。亦名夷里桥。"

夷邻县 唐置，属羁縻悦州。治所在今四川兴文县境。后废。

夷牢山 在今四川宜宾县西北。《舆地纪胜》卷163叙州：夷牢山"在宣化南山之阳。二苏有《过宜宾见夷牢乱山》诗，即今之宣化界也"。《清一统志·叙州府一》：夷牢山，"《旧志》：夷牢山在宜宾西南（北）一百四十里。夷人常会聚于此。语谓乐为牢也"。

夷牢水 在今贵州遵义市北。《元和志》卷30播州遵义县："夷牢水，经县北一里。"《寰宇记》卷121遵义县："夷牢水西自带水县来，东流经县北一里，又屈曲南流，入废胡刀县界"，注胡江水（即乌江）。

夷亭镇 又名维亭或唯亭。即今江苏苏州市吴中区东三十里唯亭镇。南宋范成大《吴郡志》卷8引《吴地记》："阖闾十年，东夷侵逼吴境，下营于此，因名之。"后转音为唯亭，镇以亭名。

夷洲 即今台湾省本岛。自汉至南朝见有此称。隋时改称流求。《后汉书·东夷传》有夷洲。注引沈莹《临海水土志》曰："夷洲在临海东南，去郡二千里。"《三国志·吴书·吴主（孙权）传》：黄龙二年（230），"遣将军卫温、诸葛直将甲士万人浮海求夷洲……但得夷洲数千人还"。

夷都山 在今四川沐川县南五指山。《方舆纪要》卷73沐川长官司"神木山"条下："治北有夷都山，亦高耸。"《清一统志·叙州府一》：夷都山"在屏山县西北沐川司界。《旧志》：山在司北半里。高耸秀丽，夷人暇日多会于此"。

夷都长官司 元世祖至元十三年（1276）置，属马湖路。治所在今四川屏山县（新发乡）西中都镇。至正六年（1346）废入沐川长官司。

夷都寨 在今四川屏山县（新发乡）西南新市镇。南宋李心传《建炎以来朝野杂记·乙集》卷20："自叙州沿流十里至马湖江口，又西溯七十里至安边寨，又水陆行三百二十里至夷都村。"

夷部溪口 夷部溪入金沙江之口。在今四川屏山县（新发乡）西南新市镇。《元史·地理志》马湖路："宋时蛮主屯湖内。元世祖至元十三年内附后，立总管府，迁于夷部溪口，濒马湖之南岸创府治。"

夷宾州 唐置，为羁縻州，属幽州都督府。治所在来苏县（今北京市房山区东北广阳城村）。《旧唐书·地理志》夷宾州："乾封中于营州界内置，处靺鞨愁思岭部落，隶营州都督。万岁通天二年，迁于徐州。神龙初，还隶幽州都督。"

夷宾县 唐贞观元年（627）改盐泉县置，属秦州。治所在今甘肃甘谷县西二十里。三年（629）废入伏羌县。

夷陵 战国楚邑。在今湖北宜昌市东南长江北岸。《史记·白起列传》：秦昭王时，白起"攻楚，拔郢，烧夷陵，遂东至竟陵"。《正义》："夷陵，今峡州郭下县。"

夷陵千户所 明洪武九年（1376）改峡州卫置，属湖广都司。治所即今湖北宜昌市。后废。

夷陵戍 当作木陵戍。在今河南新县南。《魏书·元澄传》：景明四年（503），"萧衍将张嚣之寇陷夷陵戍，澄遣辅国将军成兴步骑赴讨，大破之，复夷陵戍"。即此。"夷"，《资治通鉴》作"木"。

夷陵州 明洪武九年（1376）改峡州置，属荆州府。治所即今湖北宜昌市。辖境相当今湖北宜昌、枝城、长阳、远安等市县地。清雍正十三年（1735）改为宜昌府。

夷陵县 西汉置，属南郡，为都尉治。治所在今湖北宜昌市东南长江北岸。《汉书·地理志》夷陵县颜师古注："应劭曰，夷山在西北。"故名。东汉建安十四年（209）为宜都郡治。三国吴改为西陵县。西晋太康元年（280）复为夷陵县。南朝宋属宜都郡。南齐移治下牢戍（今宜昌市西陵区西北）。隋大业初为夷陵郡治。唐武德四年（621）为硖州治。贞观九年（635）移治步阐垒（今宜昌市）。南宋建炎中移治石鼻山（今西陵区西北）。绍兴五年（1135）还旧治。端平初徙治长江南岸。元还旧治，为峡州路治。明初为峡州府治，后改为峡州治。洪武九年（1376）废。

夷陵郡 隋大业三年（607）改硖州置，治所在夷陵县（今湖北宜昌市西陵区西北）。辖境相当今湖北宜昌、宜都、远安等市县地。唐初改为硖州。天宝元年（742）复为夷陵郡，治所在夷陵县（今宜昌市）。乾元元年（758）复为硖州。

夷望山 在今湖南桃源县西南一百二十里沅江中水心崖。《水经·沅水注》："沅南县西有夷望山，孤竦中流，浮险四绝。昔有蛮民避寇居之，故谓之夷望也。"

夷望溪 沅江支流。在今湖南桃源县西南。《水经·沅水注》："沅南县西有夷望山，南有夷望溪水，南出重山，远注沅。"俗讹为怡望溪、渔网溪。

夷维 春秋时齐邑。即今山东高密市。《史记·管晏列传》："晏平仲婴者，莱之夷维人也。"西汉于此置夷安县。

夷道县 ①西汉置，属南郡。治所在今湖北宜都市西一里。《水经·江水注》："汉武帝伐西南夷，路由此出，故曰夷道矣。”东汉建安十五年（210）为宜都郡治。南朝梁移于江北（在今宜都市东五十里）。贞观八年（634）废入宜都县。

②南朝梁萧绎置，为宜都郡治。治所在今湖北枝江市西北。隋属夷陵郡。唐贞观八年（634）废。

夷蒙县 唐置，为羁縻述昆州治。治所在今广西宜州市西南龙头乡。北宋废。

夷舆县 战国秦置，属上谷郡。治所在今北京市延庆县东北二十里旧县镇西古城。东汉废。《水经·㶟水注》：谷水与浮图沟水“出夷舆县故城西南”。即此。

夷播海 即今哈萨克斯坦巴尔喀什湖。《新唐书·地理志》：“又西行千里至碎叶城，水皆北流入碛及入夷播海。”

轨州都督府 唐贞观二年（628）以细封步赖部落置，为羁縻府，属松州都督府。治所在今四川阿坝县附近。后地入吐蕃。

邪龙县 西汉元封二年（前109）置，属益州郡。治所在今云南巍山彝族回族自治县北。《巍山县地名志》：彝语“邪”为喜欢，“龙”即龙，意即龙喜欢的地方。东汉永平十二年（69）属永昌郡。三国蜀建兴三年（225）属云南郡。南朝梁末废。

邪头昧县 西汉置，属乐浪郡。治所在今朝鲜江原道通川附近。东汉废。

邪米思干 即寻思干。今乌兹别克斯坦撒马尔罕。元《长春真人西游记》：“过大河至邪米思干大城之北。”即此。

邪阶水 亦作斜阶水。即今广东始兴县南之墨江、清化水。《水经·溱水注》：东江“又西，邪阶水注之。水出县东南邪阶山。水有别源，曰巢头，重岭衿泷，湍奔相属，祖源双注，合为一川……又西北注于东江”。

邪罗斯川 亦作多逻斯川、斜罗斯川。即今新疆北境之额尔齐斯河。《资治通鉴》：唐显庆二年（657），苏定方等讨西突厥阿史那贺鲁，“定方乃命萧嗣业、回纥婆闰将胡兵趋邪罗斯川，追沙钵罗，定方与任雅相将新附之众继之”。

邪施县 唐贞观元年（627）置，属郎州。治所在今贵州遵义市西南。后废。十三年（639）复置，属播州。十四年（640）改名罗为县。

邪姜（薑）山 又名三阳山。即今湖南衡阳、祁东、邵东三县交界处之三面山。《水经·湘水注》：“承水出衡阳重安县西，邵陵县界邪姜山。”《清一统志·宝庆府一》：邪姜山“为南岳七十二峰之一，有石岩可坐数十人，瀑泉从岩隙泻下不绝”。

尧山 ①又名豆山。在今河北唐县东北。《汉书·地理志》唐县：“尧山在南。”张晏曰：“尧山在唐县北望都界。”《水经·滱水注》：“皇甫谧曰：尧山一名豆山，今山于城北如东，崭绝孤峙，虎牙杰立。山南有尧庙，是即尧之所登之山者也。”

②在今河北隆尧县西十五里。《金史·地理志》：唐山县“有尧山”。《方舆纪要》卷15唐山县：尧山在“县西北八里。相传尧始封此，因名”。

③在今山西沁县西三十里。《寰宇记》卷50铜鞮县：铜鞮山“本名尧山，天宝六年敕改为铜鞮山”。《清一统志·沁州》称：“有帝尧庙，今圮，土人叠石为堡，名为尧神寨，此山之所由名也。”

④即雷首山。在今山西永济市西南蒲州镇南。《汉书·地理志》河东郡：蒲反县“有尧山”。《水经·河水注》：“河水南径雷首山西，山临大河，北去蒲坂三十里。《尚书》所谓壶口雷首者也，俗亦谓之尧山。”

⑤在今江西抚州市临川区西北。《明一统志》卷54抚州府：免水山“在府城西北六十里。相传唐尧洪水时人登此山者免害，故名。唐天宝间改名尧山”。

⑥即今山东青州市西北八里尧王山。《水经·淄水注》：“浊水东北流径尧山东。《从征记》曰：广固城北三里有尧山祠。尧因巡狩登此山，后人遂以名山。”

⑦在今河南汝阳县西南。《水经·滍水》：“滍水出南阳鲁阳县西之尧山。”郦注：“尧之末孙刘累以龙食帝孔甲，孔甲又求之，不得，累惧而迁于鲁县，立尧祠于西山，谓之尧山。故张衡《南都赋》曰：‘奉先帝而追孝，立唐祠于尧山’。”又，《汝水注》：汝水“又东届尧山西岭下，水流两分，一水东径尧山南，为滍水也。即经所言‘滍水出尧山’矣”。

⑧又名大柏山、大龙山。在今河南鲁山县西四十里。《水经·滍水》：“滍水出南阳鲁阳县西之尧山。”郦道元注：“尧之末孙刘累以龙食帝孔甲，孔甲又求之不得，累惧而迁于鲁县，立尧祠于西山，谓之尧山。”

⑨在今广东英德市西北。《水经·洭水注》：陶水“东出尧山。山盘纡数百里，有赭岩迭起，冠以青林，与云霞乱采。山上有白石英，山下有平陵，有大堂基，耆旧云，尧行宫所”。

⑩在今广东佛山市三水区西南。《水经·洭水注》：陶水“东出尧山，山盘纡数百里赭嵒迭起，冠以青林，与云霞乱采。山上有白石英，山下有平陵，有大堂基，耆旧云尧行宫所”。《方舆纪要》卷101广州府三水县：尧山，“《郡国志》：山高四千丈，自番禺迄交趾，俱见之。今高约百仞，亦名凌山”。

⑪即今广西桂林市东北十五里尧山。唐莫休符《桂林风土记》：“尧山庙在府之东北隅，与舜祠相望，遂名尧山。山有庙。”《寰宇记》卷162灵川县：“按史传：尧封里不到苍梧，以其西与舜祠相对，邑人慕尧之风，遂名为尧山。”

⑫在今陕西蒲城县北三十里。宋敏求《长安志》卷18蒲城县：“尧山亦名浮山，在县北二十里。《旧图经》曰：昔尧时洪水为灾，诸山尽没，惟此山若

浮，因以为名。”

⑬在今越南清化省西北部。《隋书·地理志》：九真郡九真县有尧山。《寰宇记》卷171爱州军宁县：“尧山，清风静夜，时闻法鼓之声。”

尧山县 唐天宝元年（742）改柏仁县置，属巨鹿郡。治所在今河北隆尧县西南尧城。《资治通鉴》：唐景福元年（892），“王镕、李匡威合兵十余万攻尧山，李克用遣其将李嗣勳击之，大破幽、镇兵，斩获三万”。即此。北宋熙宁六年（1073）废。元祐初复置，属信德府。金改名唐山县。1928年复名尧山县。1947年撤销，并入隆尧县。

尧山驿 唐置，在今陕西蒲城县北。北宋废。

尧山银场 在今广东英德市西北浛光镇东北。《元丰九域志》卷9：英州浛光县有尧山银场。

尧门山 在今陕西三原县西北三十里。《史记·秦本纪》：“与晋战于石门。”《正义》引《括地志》：“尧门山俗名石门，在雍州三原县西北三十三里。上有路，其状若门，故老云尧凿山为门，因名之。武德中于此山南置石门县。”

尧水 ①在今山西长子县西南十三里。《水经·浊漳水注》：“尧水自西山东北流。径尧庙北，又东径长子县故城南，……其水东北流入漳水。”

②即古蕤水，亦即今山东之尧河。《水经·巨洋水注》：尧水“出剧县南角崩山，即故义山也……水即蕤水也”。《清一统志·青州府一》：尧水“即古蕤水也。源出临朐县东北尧山，北流径昌乐县西二十里。又北径寿光县东，又东北流入丹水”。今丹、尧合流后仍称尧河。

尧化门 明代南京外郭城门之一。故址在今江苏南京市东北。今已无门，仅存其名。

尧市山 在今浙江长兴县西北四十里。《舆地纪胜》卷4安吉州引《吴兴统记》云：“尧时洪水，于此山作市。”故名。唐皎然《顾渚行》：“尧市人稀紫笋多。”即此。

尧母陵 在今河北望都县城内。《水经·滱水注》：“《帝王世纪》曰：尧母庆都所居，故县目曰望都。张晏曰：尧山在北，尧母庆都山在南，登尧山见都山，故望都县以为名也。”

尧沟店 一作姚沟镇。即今山东昌乐县西尧沟镇。明嘉靖《昌乐县志》：尧沟店集“在县西二十里”。

尧庙 即尧祠。在今山西临汾市南五里尧庙村。《魏书·高祖纪》：太和十六年（492），“诏祀唐尧于平阳”。《水经·汾水注》：“汾水又南径平阳县故城东……水侧有尧庙，庙前有碑。《魏土地记》曰：平阳城东十里，汾水东原上有小台，台上有尧神屋石碑。”《元史·世祖纪》：中统四年（1263）六月，“建尧庙于平阳，仍赐田十五顷”。

尧河 在今河南沁阳市西北三十里。《方舆纪要》卷49怀庆府河内县：尧河“一名尧池水。……在府城北出太行谷中，资以灌溉，甚为民利，东南流入沁”。

尧城 ①即今河北顺平县西南八里尧城村。《水经·滱水注》：“望都城东有一城名尧姑城。”即此。

②即今安徽东至县。《元和志》卷28至德县：“尧城在县南四里。舜城在城北二十里。旧传两帝南巡至此。”今东至县城称尧渡镇以此。

尧城县 隋开皇十八年（598）改长乐县置，属相州。治所在今河南安阳县东四十里。《寰宇记》卷55：“因尧所居此城为名。”大业初属魏郡。唐属相州，天祐中改为永定县。

尧城溪 尧渡河上游。在今安徽东至县南。《方舆纪要》卷27建德县：尧城溪在“县南三里。县东南诸山谷水汇流为溪，春夏水溢，可通舟楫。西北流，达东流县，入大江。今县西有尧城渡”。

尧城镇 清置，属徐沟县。在今山西清徐县东南三十里孟封镇东北尧城村。《清一统志·太原府一》：尧城镇“在（徐沟）县西南三十里”。

尧祠 在今山西临汾市南五里尧庙村。《资治通鉴》：五代梁开平三年（909），“河东兵寇晋州，抄掠至尧祠而去”。胡三省注：“尧都平阳，有祠在汾城东十里东原上。”即此。

尧都 在今山西临汾市南。《史记·五帝本纪》“帝尧者”下，《正义》引徐广云：“号陶唐”。又引《帝王世纪》云：“尧都平阳，于诗为唐国。”《汉书·地理志》河东郡平阳县下注：“应劭曰：‘尧都也，在平水之阳’。”又《续汉书·郡国志》河东郡平阳：“侯国，有铁，尧都此。”刘昭注：“《晋地道记》曰：‘有尧城’。”《水经·汾水注》：天井水“西迳尧城南，又西流入汾。”王先谦《水经注合校》引董祐诚曰：“《元和郡县志》故唐城在（翼城）县西二十里。尧裔子所封，此尧城当在曲沃县北，盖别一尧城也。”又《水经注疏》卷6：“会贞按：《括地志》，唐城在翼城县西二十里，徐才《宗国都城记》云，帝尧之裔子所封。《元和志》、《寰宇记》并同。其城当在浍水北，此尧城在天井水北，则远在翼城之西北，盖别一城也。”以地望推测，应即今襄汾县（史村）东北之陶寺遗址。

尧峰山 在今江苏苏州市西南。《清一统志·苏州府一》：尧峰山“俗云尧所基，即此。《县志》，横山西南为尧峰，于诸山中最高”。

尧陵 ①在今山东菏泽市东北五十里胡集乡尧王寺。《吕氏春秋·安死》：“尧葬于谷林。”《汉书·地理志》济阴郡成阳：“有尧冢、灵台。”《史记·五帝本纪》集解：“皇甫谧曰‘谷林即城阳’。”《水经·瓠子河注》：“今成阳城西二里有尧陵，陵南一里有尧母庆都陵，于城为西南，称曰灵台。”《史记集解》又引《括地志》云：“尧陵在濮州雷泽县西三里，郭缘生《述征记》云：‘城阳县东有尧冢，亦曰尧陵，有碑’是也。”又曰：“雷泽县本汉城阳县也”。现此地有明嘉靖二十四年“祭文碑”和清光绪二十九年“帝尧陶唐氏墓碑”。

②在今山西临汾市东七十里郭行乡郭里神林。陵

周土崖环峙，陵前筑有祠宇。相传为唐初所建。金泰和二年（1202）碑文载：唐太宗征辽曾驻跸于此，因谒尧陵遂塑己像。元中统年间道人姜善信奉元世祖命修筑尧陵，明成化、嘉靖，清雍正、乾隆年间，都曾重修。祠内有山门、牌坊、厢屋、献殿、垛殿、寝殿、碑亭等建筑。祠内碑谒十余通，记尧王功绩与陵宇沿革。明嘉靖十八年（1539）尧陵碑上刻有尧陵全图，保存完好。2006年定为全国重点文物保护单位。

尧港 一作峣港。在今台湾高雄市西北旧港村。明陈第《东番记》："其地……历大员、尧港。"

迈山 在今海南省澄迈县东北。《寰宇记》卷169澄迈县："以界内迈山为名。"《清一统志·琼州府一》：迈山"按隋名县，以澄江、迈山同在境内故。《九域志》谓之澄迈山者误"。

迈本岭 在今海南省定安县西南十五里。《方舆纪要》卷105定安县：迈本岭"一名丫髻岭。自西南蜿蜒而东北，复峙一小峰，为县之主山"。

迈东镇 北宋置，属峨眉县。在今四川乐山市西南六十里。

迈号铺 即今海南省文昌市南二十里迈号镇。清《乾隆内府舆图》：文昌县南有迈号铺。

迈罕图卡伦 清咸丰七年（1857）设，在今内蒙古额尔古纳市西南根河南岸。见《黑龙江志稿》卷33《武备志·兵事》。

迈陈墟 即今广东徐闻县西迈陈镇。明洪武初置东场巡司于此。

毕 商、西周封国。在今陕西咸阳市西北毕原。《左传》：昭公九年（前533），"王使詹桓伯辞于晋，曰：'我自夏以后稷，魏、骀、芮、岐、毕，吾西土也。'"

毕力术江 即今青海境内通天河。《方舆纪要》卷64罕东卫：毕力术江"在卫西。宣德九年，罕东别部扎儿加邀劫使者，命刘广等讨之。广使指挥祁贤先以百骑往觇敌，行月余，渡毕力术江，扎儿加惧，诣贤自归，诏宥之。《志》云：江与安定、曲先等卫接界，或讹为必出江"。"毕力术"乃藏语音译，意为牦牛河。

毕节卫 明洪武十七年（1384）置，属贵州都司。治所即今贵州毕节市。清康熙二十六年（1687）改为毕节县。

毕节市 1993年由贵州省毕节县改置，属毕节地区。2011年撤销毕节地区和县级毕节市，设立地级毕节市，市人民政府驻新设立的七星关区碧阳大道518号。毕节市设立七星关区，以原县级毕节市的行政区域为七星关区的行政区域。区政府驻市东街道东升路1号。

毕节县 清康熙二十六年（1687）改毕节卫置，属威宁府。治所即今贵州毕节市。雍正七年（1729）改属大定府。民国初属贵州贵西道。1923年直属贵州省。据清爱必达《黔南识略》卷26：毕节县"近城一水俨若濠堑，昔人谓之毕川，邑之得名以此。或云，元初设驿，时逢除夕，故名曰毕节"。此皆附会之辞。"毕节"系彝语比跻音转，乃彝族部族名。1993年改设毕节市。

毕节驿 元置，即今贵州毕节市。

毕生岛 即今南海中中国南沙群岛之毕生礁，在石盘仔南13.5海里。为一长约9公里、宽约2公里的环礁。低潮时出露。中国渔民向称石盘。1935年公布名称为披尔逊岛。1947年改名毕生岛。1983年改为毕生礁。

毕尔罕毕喇站 又作必尔罕站。清置，在今黑龙江省宁安市西南尔站村。《清一统志·吉林二》"额赫茂站"条下："搭拉小站，又东南六十里至毕尔罕毕喇站。"

毕尔罕窝集 在今黑龙江省宁安市西南。《清一统志·吉林一》：毕尔罕窝集"在宁古塔城西北二百二十里，西接塞齐、和伦等窝集"。又"毕尔罕河在宁古塔城西一百四十里。源出毕尔罕窝集，东南流会爱呼河入毕尔腾湖（今镜泊湖）"。

毕尔腾湖 唐作忽汗海。即今黑龙江省宁安市西南镜泊湖。《清一统志·吉林一》：毕尔腾湖"在宁古塔城西南一百里，即瑚尔哈河之上流也。城西南诸水俱汇于此。广五六里，袤七十里许，土人呼名曰毕尔腾。中有三山，名鄂摩和昂阿山、阿克善山、牛录山。阿克善、牛录两山之间有崖曰白岩。湖之西南，瑚尔哈河自湖东流之处，有一崖曰呼克图崖。湖水东注，飞瀑跳空，奔腾雷吼，声闻数十里，土人名曰发库。自此东流绕旧会宁城，历九十余里，经境南而东北流为瑚尔哈河"。

毕列河 亦作毕里河。即今辽宁盖州市东南碧流河。《新唐书·高丽传》：乾封元年（666）征高丽，诏刘仁愿出毕列道。《方舆纪要》卷37盖州卫：毕里河"本作毕列河。……毕列道盖以此水名。俗讹为毕利河"。

毕齐克齐司 即今内蒙古土默特左旗东毕克齐镇。清属归化城厅，乾隆三十年（1765）设巡司于此。

毕里河 亦作毕哩河。即今辽宁辽东半岛之碧流河。《明一统志》卷25辽东都司：毕里河"源出盖州卫东南山谷间，南流经复州卫入海"。

毕利河 亦作毕列河、毕哩河、毕噜河。即今辽宁盖州市东南碧流河。明《辽东志》卷1：毕利河在"（盖州卫）城东南一百八十里"。其源有二：一出布务山；一出猫儿岭。南流经庄河市和瓦房店市之间，至普兰店市东南入海。

毕拉尔屯 即今黑龙江省逊克县西南逊河镇。清光绪三十四年（1908）置，毕拉尔路鄂伦春协领驻此。

毕拉尔河卡伦 清光绪三十四年（1908）设，即今内蒙古额尔古纳市西北额尔古纳河东岸毕拉尔河村。

毕拉音河 即今黑龙江省抚远县东南别拉洪河。清光绪《吉林通志》卷22：乌苏里江"又东北毕拉彦河自西来注之。毕拉彦亦作毕兰英，出自和图喀卡兰山，合两源东注乌苏里江"。

毕国 在今乌兹别克斯坦布哈拉西南。《隋书·西域传》：安国"西百余里有毕国，可千余家。其国无君子，安国统之。大业五年，遣使贡献"。

毕底城　宋至清代均在西藏阿里境。《清一统志·西藏》阿里诸城：毕底城“在喇萨西南三千八百余里”。今名司丕提。清道光二十六年（1846）英国侵占克什米尔，拉达克、毕底随同转入英国势力之下。

毕泓陂　又名毕宏。在今河北赵县东南。《新唐书·地理志》平棘县：“东南二十里有毕泓，皆永徽五年令弓志元开，以畜泄水利。”

毕孟镇　即今河北黄骅市西南三十二里毕孟乡。清置利民盐场于此。

毕郢　即程。在今陕西咸阳市东北。

毕津河　即今俄罗斯哈巴罗夫斯克边疆区黑龙江下游西侧之毕赤河。《清一统志·吉林一》：毕津河“在宁古塔城东北二千六百七里。源出扬古岱山，东南流入混同江”。

毕埒根窝集　在今俄罗斯哈巴罗夫斯克边疆区土姆宁河上游。《清一统志·吉林一》“阿库密窝集”条下：“毕埒根窝集，在（宁古塔）城东二千六百五十九里。”土姆宁河源于此。

毕原　在今陕西咸阳市东北，西安市长安区西北。亦名咸阳原、咸阳北坂、洪渎原。《左传·僖公二十四年》：富辰曰，“毕、原、酆、郇，文之昭也”，指此。周文王、武王、周公皆葬于此。《史记·周本纪》：“九年，武王上祭于毕。”太史公曰：“周公葬于毕，毕在镐东南杜中。”《元和志》卷1咸阳县：毕原“原南北数十里，东西二三百里，无山川陂湖，井深五十丈，亦谓之毕陌。汉氏诸陵并在其上”。

毕钵罗窟山　即今云南弥渡县西北红岩西之西山。《清一统志·大理府》引《明地理考》：“宾川州南毕钵罗窟山，即赵州之白崖西山也。”又引明李元阳《记》曰：“一名宾波罗窟，在白崖川西。山岩壁立，耸拔千余丈，其下林麓蓊郁。”

毕郭庄　即今山东招远市东南毕郭镇。清道光《招远县志》卷3《坊市》：毕郭集“在城东南四十里。南通莱阳，东通栖霞”。

毕家店　一名毕店镇。即今河南唐河县东四十四里毕店镇。清乾隆《唐县志》卷1《集镇》：“毕家店，县东四十里。”尹耕云《豫军纪略》卷1：同治元年（1862）六月，太平军自井楼奔向“毕店”。

毕家桥　即今安徽郎溪县西南毕桥镇，接宣城市宣城区界。清光绪《广德州志》卷11建平县《市镇》：毕桥镇在“县南四十五里”。

毕喇卡伦　清置，属黑龙江副都统。在今俄罗斯阿穆尔州布拉戈维申斯克（海兰泡）以北之斯沃博德内西北。因濒毕喇河（今别拉河）得名。清西清《黑龙江外纪》卷2：黑龙江喀伦有“毕喇拉河卡伦”。清屠寄《黑龙江舆图说·黑龙江城》：“精奇里江又曲曲西南流四十五里，有毕拉河自阿尔喇山东南流六十余里，隐现不常，经毕拉废喀伦东北，又东南分三道来注之。”即此。后废。

毕喇彦山　又作毕朗吉山、毕兰山、毕勒言山。在今黑龙江省富锦市西南。《清一统志·吉林一》：毕朗吉山“在宁古塔城东北九百里，混同江南岸。高五里，周七十里”。

毕鲁　在今西藏比如县比如、怒江乡境。为藏北三十九族之一。见清乾隆《卫藏通志》卷15《部落》。“毕鲁”，藏语意为母牦牛部落。

毕道山　亦作别笃山、别驾山。在今内蒙古额济纳旗北。《明太祖实录》：洪武五年（1372）六月，征西将军冯胜、副将军傅友德进兵至亦集乃路，元守将以城降。师次别笃山口，元岐王朵儿只班遁去，追获其平章长加奴等二十七人及马驼牛羊十余万。清张穆《蒙古游牧记》卷16：“别笃山，今曰毕道山。”

毕歆河　即今俄罗斯滨海边疆区乌苏里江支流比金河。《清一统志·吉林一》“阿库密河”条下：“毕歆河，在（宁古塔）城东一千五百余里。源出毕歆窝集，……西北流入乌苏哩江。”

毕歆窝集　在今俄罗斯滨海边疆区东北比金河上游。《清一统志·吉林一》“阿库密窝集”条下：“毕歆窝集，在（宁古塔）城东北一千七百里。”比金河源于此。

毕歆噶珊　又作毕新。在今俄罗斯滨海边疆区比金河注入乌苏里江口北岸。清属三姓副都统。《乾隆内府舆图》：毕新河注入乌苏里江口有“毕新噶珊”。光绪《吉林通志》卷17：乌苏里江东岸，北至混同江南岸旧设噶珊有“毕新”。清咸丰年间被沙皇俄国割占。

毕镇　即今内蒙古土默特左旗东毕克齐的简称。或作毕七沁。蒙古语意为写字的人或文书。清范昭逵《从西纪略》载：“毕七沁，犹华言能书者。传言，元太后命汉官写经，年久不归，安土于此。今人毕其后。蒙古以物名地，率多类此。”

毕瞻河　即今俄罗斯哈巴罗夫斯克边疆区黑龙江支流比占河。《清一统志·吉林一》：毕瞻河“在宁古塔城东北一千一百四十里。源出穆哩罕山，西南流入黑龙江”。

至川溪　即今四川夹江县西雅川溪。《方舆纪要》卷72夹江县：至川溪“在县西三十五里。源出峨眉山麓，流入县界，合青衣水而注大江”。

至乐山　亦名金灯山。在今四川乐山市西南五里。《舆地纪胜》卷146嘉定府：至乐山“在龙游县东（西）五里。清闲处士王朴居之，山谷有颂”。乐山县以此名。

至那仆（僕）底国　在今印度旁遮普邦费罗兹普尔附近。唐玄奘《大唐西域记》卷4：至那仆底国“周二千余里。……昔迦腻色迦王之御宇也，声振邻国，威被殊俗，河西蕃维，畏威送质。迦腻色迦王既得质子，赏遇隆厚，三时易馆，四兵警卫。此国则质子冬所居也，故曰至那仆底（唐言汉封）。质子所居，因为国号”。“汉封”为迦腻色迦时代汉皇子为质子所封之国。学者认为此为古疏勒国王子。

至如县　唐贞观元年（627）置，属荣州。治所在今四川威远县西北（一说在今威远县东南）。八年（634）废入威远县。

至来县 西汉元封元年（前110）置，属儋耳郡。治所在今海南省昌江黎族自治县西昌城镇东南旧县。始元时废。

至拔州都督府 唐龙朔元年（661）置，属安西都督府。治所在俱蜜国褚瑟城（今塔吉克斯坦苏尔哈布河流域，一说在今达尔瓦兹）。8世纪中废。

至和塘 又名昆山塘。古娄江于8世纪后逐渐湮废。北宋至和二年（1055）重加疏浚，更名至和塘。在今江苏苏州市区和吴中区、昆山市境内之娄江。明王鏊《姑苏志》卷10："至和塘一名昆山塘，成于宋至和间，故名。"

至喜亭 在今湖北宜昌市西。北宋欧阳修《峡州至喜亭记》云："夷陵为州当峡口，江出峡始漫为平流，故舟人至此，必沥酒再拜相贺，以为更生。尚书虞部郎中朱公再治是州之三月，作至喜亭于江津，以为舟者之停留也。且志夫天下之大险，至此而始平夷，以为行人之喜。"

至喜桥 在今四川广安市南五里。《清一统志·顺庆府二》：至喜桥"相传宋欧阳修自吴入蜀，喜险路至此始平，因名"。

至道山 在今浙江金华市东。《方舆纪要》卷93金华府：至道山"在府东南三十五里。一名覆釜山。亦名积道山。连峰拥翠，石磴萦纡，山顶平旷，可列屯营"。

至德县 ①唐至德二年（757）置，属江州。治所在今安徽东至县北梅城镇（秋浦）。《元和志》卷28至德县："因年号为名。"乾元元年（758）改属饶州。永泰二年（766）割属池州。五代杨吴顺义初改为建德县。

②1932年改秋浦县置，属安徽省。治所在今安徽东至县北梅城镇（秋浦）。解放后1949年5月隶皖南行署区。1952年复属安徽省。1956年迁治尧渡镇（今东至县治）。1959年与东流县合并改为东至县。

〔丨一〕

贞女山 在今广东连州市南。《水经·洭水注》："洭水又东南流，峤水注之。水出都峤之溪，溪水下流，历峡南出，是峡谓之贞女峡。峡西岸高岩，名贞女山，山下际有石，如人形，高七尺，状如女子，故名贞女峡。古来相传有数女取螺于此，遇风雨昼晦，忽化为石。"

贞女峡 一名楞伽峡。在今广东连州市东南十五里。《水经·洭水注》："溪水下流，历峡南出，是峡谓之贞女峡。峡西岸高岩，名贞女山。山下际有石，如人形，高七尺，状如女子，故名贞女峡。"《元和志》卷29桂阳县：贞女峡"在县东南一十里"。唐韩愈有《贞女峡》诗。

贞女镇 在今浙江杭州市萧山区西南。《资治通鉴》：唐中和三年（883），"刘汉宏分兵屯黄岭、岩下、贞女三镇。钱镠将八都兵自富春击之，破黄岭，擒岩下镇将史弁、贞女镇将杨元宗"。即此。

贞丰（豐）州 清嘉庆二年（1797）改永丰州置，属兴义府。治所即今贵州贞丰县。1913年改为贞丰县。

贞丰（豐）县 1913年改贞丰州置，属贵州贵西道。治所即今贵州贞丰县。1923年直属贵州省。

贞阳县 南朝宋泰始三年（467）改浈阳县置，属始兴郡。治所在今广东英德市东翁水北。南齐复改浈阳县。隋开皇十年（590）又改为贞阳县，属广州。十六年（596）废入曲江县。唐初复置，移治今英德市。贞观元年（627）又改为浈阳县。

贞观殿 隋唐东都宫殿，在今河南洛阳市隋唐故城内。《元河南志》载：贞观殿"在含元殿北。隋炀帝造"。

贞孝公主墓 唐渤海国第三代文王大钦茂第四女夫妇合葬墓。在今吉林和龙市东北龙水乡龙海村龙头山上。北距中京显德府（今和龙西古城）十二里。该墓出土墓志载：贞孝公主死于文王大兴五十六年（792），终年36岁。于同年"陪葬于染谷之西原"。

贞昌县 即浈昌县。治所即今广东南雄市。《舆地纪胜》卷93南雄州：昌水"贞、昌二水合流，故县曰真昌。后以国讳改曰保昌"。

贞陵 唐宣宗李忱的陵墓，在今陕西泾阳县西北仲山。《新唐书·地理志》云阳县：贞陵"在县西北四十里"。

贞惠公主墓 唐渤海国第三代文王大钦茂次女之墓。在渤海早期都城旧国（今吉林敦化市敖东城）南十里六顶山南麓。公主死于渤海宝历四年（777），三年后葬此。该墓早年被盗掘，后经清理，出土墓志一方，计七百二十五字，详记贞惠公主生平。

〔丨丿〕

师子国 亦名执师子国。即今斯里兰卡。东晋法显《佛国记》："泛海西南行，得冬初信风，昼夜十四日到师子国。彼国人云：相去可七百由延，其国大，在洲上东西五十由延，南北三十由延，左右小洲乃有百数。其间相去或十里二十里或二百里，皆统属大洲。"《梁书·诸夷传》："师子国，天竺旁国也……晋义熙初，始遣献玉像，经十载乃至。"

师井 ①即今云南云龙县北六十里师井。《清一统志·大理府》"诺邓盐井"条下：师井"在（云龙）州西北一百一十里"。

②即今云南云龙县西辈荆。明洪武十六年（1383）置土巡检司于此。

师水 即今河南信阳市西南浉河。《资治通鉴》：南朝宋泰始二年（466），“魏兵至师水”，即此。

师州　唐贞观三年（629）置，为羁縻州。侨治营州（治今辽宁朝阳市）。领契丹、室韦部落，隶营州都督。神龙初改隶幽州都督。治所阳师县寄治于良乡县之故东闾城（今北京市房山区东）。后废。

师来山　一名真武山、仙侣山。在今四川宜宾市西北隅。《舆地纪胜》卷163叙州：书楼山“即师来山也。一名书楼山”。《清一统志·叙州府一》：师来山“在宜宾县西北三里。昔有人浮舟于此，忽见一道人飘然自空而下，止于峰顶，即之不复见。士人呼道士为师，故名。一名书楼山”。

师灵镇　即今河南西平县西三十九里师灵镇。民国《西平县志》卷4《市镇》：“师灵镇，城西四十里。”

师宗州　元世祖至元十二年（1275）置师宗千户，二十七年（1290）改师宗州，属广西路。治所在今云南师宗县东南六里城子山麓。明属广西府，万历二十八年（1600）迁治今师宗县城。清乾隆三十五年（1770）降为县。

师宗县　清乾隆三十五年（1770）降师宗州置，属广西直隶州。治所即今云南师宗县。民国初属云南蒙自道。1929年直属云南省。

师宗部　唐南诏置，属拓东节度。在今云南师宗县东南六里城子山。《元史·地理志》师宗州：“昔爨蛮逐僚、僰等居之，其后师宗据匿弄甸，故名师宗部。”宋大理属石城郡。元改师宗州。

师家山　在今四川松潘县东一百九十里小河乡北。明曹学佺《蜀中广记》卷31《边防记》：“《志》云：（小河）所北二十里师家山。一名文山。宋时师、文二大姓居之。山麓有文山关，又有师家铺，则界于龙州也。”

师家川　即今陕西清涧县北师家川。清光绪《陕西全省舆地图》清涧县：东北乡大村有师家川。

师家沟古建筑群　在今山西汾西县东南僧念镇师家沟村。为一庞大的清代建筑群，俗称“师家大院”，是山西古建筑群精华，有“北观乔家堡，南游师家沟”之说。建筑群依山就势，气势不凡。创建于清乾隆三十四年（1769），历经嘉庆、道光、咸丰、同治四朝七十余年扩建而成。建筑占地4000余平方米，主体建筑由五座二层、三层楼阁四合院组成，连同附属建筑共有三十一座院落。有“三晋第一村”之称。大院1500余米长石路下有排水沟。院内精美的石、木、砖雕随处可见。创建师家大院的师法泽经商有道，鼎盛时钱庄店铺遍布全国，曾是晋南名门望族。2006年定为全国重点文物保护单位。

师家堡　明置，属松潘卫。在今四川松潘县东一百七十七里施家堡乡。

师壁洞安抚司　元世祖至元中改师壁宣慰司置，属四川行省。治所在今湖北来凤县西南。明初废为师壁洞。

师壁洞宣慰司　元世祖至元中改师壁洞置，治所在今湖北来凤县西南。寻改为安抚司。

尘外亭　在今江西赣州市东龚公山顶。《舆地纪胜》卷32赣州：尘外亭“龚公崖顶有尘外亭，在州治东。形势最高绝，下瞰环城如巨囿，凡四境之山川可以枚阅。东坡诗曰，却立浮云端，俯视万井丽”。

尘溪　在今浙江景宁畲族自治县东。《方舆纪要》卷94景宁县：尘溪“在县南五里。出敕木山，岁旱居民多沿溪置堰以溉田，潦则决之流入青田县界”。

尖山　①在今河北迁安市西北五十里。今名尖山寺。《方舆纪要》卷17迁安县：尖山“群峰攒列，顶有石砦，环以二泉。其南有赤岭，有泉出焉，亦曰赤崖泉，即沙河之源也”。

②在今山西右玉县威远堡镇以西。《旧五代史·唐书·庄宗纪》：五代唐同光三年（925）九月，“幸尖山射雁”。《清一统志·朔平府》：尖山“在平鲁县北威远城西四十里”。

③在今山西乡宁县东南。《方舆纪要》卷41乡宁县：尖山“在县东南二十里。以山势耸拔而名”。

④在今湖南慈利县西北。《方舆纪要》卷77九溪卫“天马山”条下：“又有尖山，山峰尖耸，绝顶有泉。”

⑤在今湖南望城县东南。《方舆胜览》卷23潭州：尖山“在长沙西。一名圭峰。谶云：‘尖山青，宰相生’”。明《寰宇通志》卷55：尖山“在长沙县西，距湘江十五里。巍然一峰，秀出天表。又名圭峰”。

⑥在今广东徐闻县北。《方舆纪要》卷104徐闻县：尖山“在县北九十里。尖耸出群山之上”。《清一统志·雷州府》：尖山“一名尖山岭。于群山之中巍然特起，其巅有小泉极清”。

⑦在今广东阳东县东南。《清一统志·肇庆府》：尖山“在阳江县南稍东十五里。峰小而锐，莲塘河流经其下”。

⑧在今甘肃华池县西北。《方舆纪要》卷57环县：尖山“在县东百里。其山高耸，因名”。

⑨古地名。即今加里曼丹岛西面海上之淡美兰群岛。一说指今菲律宾巴拉望岛上的曼塔林加占峰。元汪大渊《岛夷志略》：尖山“自有宇宙，兹山盘据于小东洋，卓然如文笔插霄汉，虽悬隔数百里，望之俨然”。

尖山门　明置，在今辽宁北票市东西尖山沟。明《万历武功录》卷10：“从静堡尖山门，驰古路。”即此。

尖山县　北魏置，属神武郡。治所即今山西神池县。后废。

尖山寨站　元置，在今河北围场满族蒙古族自治县西北。明废。

尖冈墟　即今广东化州市北丽岗镇。明万历《高州府志》卷1：化州有尖岗墟。清光绪《高州府志》卷10化州：尖冈墟在“州北三十里”。

尖石砦　在今甘肃陇南市武都区北。《资治通鉴》：五代唐清泰元年（934），“雄武节度使张延朗将兵围文州，阶州刺史郭知琼拔尖石寨”。即此。

尖岩　在今湖北十堰市南。《方舆纪要》卷79郧县：尖岩“在府南百四十里。悬崖峭削，屹立千尺”。

尖峰山　在今重庆市丰都县东。《方舆纪要》卷69丰都县：尖峰山在“县东五十里。山峰矗起，如卓剑然。亦曰尖峰山”。

尖峰镇　即今江西广昌县东南尖峰乡。清时有外委把总驻防。

尖笔阑山　古岛屿名。即今加里曼丹岛西面海上之淡美兰群岛。清谢清高《海录》卷中：“尖笔阑山，在地盆山东少南，南海中小岛也。周围百里，有土番数百人，亦无来由种类。尖笔阑者，华言九也。山有九峰，故土番呼为尖笔阑。”

尖高山　在今云南腾冲县西北，为中缅界山。《清实录》：宣统三年（1911）四月甲午，外务部奏：“光绪二十年中英滇缅界约第四款载明北纬二十五度三十五分之北一段边界，俟将来查明该处情形稍详，两国再定界线等语。盖滇、缅界线，当时以尖高山为起点，向西南勘定。其尖高山以北一段，尚未勘划。”

尖崖山　在今湖南会同县西十五里。《方舆纪要》卷82会同县：尖崖山“尖峰如削”。《清一统志·靖州》作“尖峰山”。

〔丨丶〕

光口镇　北宋置，属真阳县。在今广东英德市西南连江与北江汇合处之江口咀。

光山　①即弋阳山。在今河南光山县西北。《元和志》卷9光山县：“光山，一名弋山，在县西北八十里。”

②在今云南宁洱哈尼族彝族自治县东五里。山势雄峙，一名锦袍山。向有车里头目居之。

光山县　隋开皇十八年（598）置，为光州治。治所即今河南光山县。大业初为弋阳郡治。唐武德三年（620）为光州治。南宋绍兴二十八年（1158）改为期思县，寻复为光山县。南宋末废。元世祖至元十二年（1272）复置。清属光州直隶州。民国初属河南汝阳道。1927年直属河南省。

光川郡　西魏改建安郡置，治所在京山县（今湖北天门市东北）。北周废。

光门　指汉长安城北面西头的横门。在今陕西西安市西北六村堡街道关庙村与相家巷一带。《三辅黄图》卷1：“长安城北出西头第一门曰横门。《汉书》虒上小女陈持弓走入光门，即此门也。”

光义县　西魏废帝三年（554）改南郑县置，为汉中郡治。治所在今陕西汉中市东。隋开皇三年（583）复名南郑县。

光水　亦作洸水。即湟水、洭水。今广东西北之连江，为北江支流。《元丰九域志》卷9：浛光县有光水。《舆地纪胜》卷95英德府：光水“在浛光县。西通湟水，下流至县前，东南流至光口合真水而南。《后汉（书）地理志》：桂阳郡有洭浦是也。以避庙讳，改为光水”。

光化军　北宋乾德二年（964）置，治所在乾德县（今湖北老河口市西北西集街）。熙宁五年（1072）废。后复置。南宋绍兴二十八年（1158）改为通化军，三十一年（1161）复名光化军。后废。

光化县　①北周改新化县置，属随郡。治所在今湖北随州市东南淅河镇南光化铺。隋属汉东郡。唐属隋州。北宋熙宁元年（1068）废。

②北宋熙宁五年（1072）改乾德县置，属襄州。治所在今湖北老河口市西北西集街。元祐初为光化军治。后废。元世祖至元十四年（1277）复置，属南阳府。十九年（1282）改属襄阳路。明属襄阳府，隆庆末，移治阜城卫（今老河口市东北十里光化乡）。民国初属湖北襄阳道。1932年直属湖北省。1945年移治老河口（今老河口市）。1983年撤销，并入老河口市。

光化郡　北齐置，治所在今河南商城、固始二县境。隋开皇初废入期思县。

光化镇　北宋废光化县置，属随县。在今湖北随州市东南淅河镇南光化铺。

光风园　西晋洛阳园林。在今河南洛阳市东北汉魏故城北。《洛阳伽蓝记》卷5：“中朝中宣武场在大夏门东北，今为光风园，苜蓿生焉。”

光头山　在今重庆市城口县东南。清道光《城口厅志》卷4：光头山“距厅东南二百里。山高数十里，极雄厚，周围老林，山顶平园，无树。嘉庆元年，白莲教首谭大顺聚数千据其上。后为提督柯率兵剿破”。

光汉县　即广汉县。治所在今四川射洪县南六十里柳树镇。《隋书·地理志》新城郡通泉县：开皇初“并光汉县入”通泉。因避隋炀帝广讳改广为光。

光礼门　即安门。汉长安城南面中门。王莽改曰光礼门。

光迁县　北周保定三年（563）改房陵县置，为光迁郡治。治所即今湖北房县。隋为房陵郡治。唐初为迁州治。贞观十年（636）改为房陵县。

光迁国　西魏改岐州置，治所在房陵县（今湖北房县）。《寰宇记》卷143房州：“昔传此地古有三百人于州西南房山中学道得仙，因名其地为广仙，后人语讹为光迁。”北周改为光州。

光迁郡　北周改新城郡置，属迁州。治所在光迁县（今湖北房县）。隋开皇初废。

光迁镇　即今湖北保康县治。旧名潭头坪。1912年后改为光迁镇。1949年改为城关镇。

光华门　即章城门。又称章门。汉长安城西面南头第一门。在今陕西西安市西北雁秋门村东南二里。

《三辅旧事》载："章门亦曰光华门。"

光华溪 在今广东惠来县东。《方舆纪要》卷103惠来县：光华溪"在县东北一里。源出县东四十里释迦岭，西流经虎头山，至县南十五里，合神泉港入海"。

光州 ①北魏皇兴四年（470）分青州置，治所在掖县（今山东莱州市）。《元和志》卷11莱州："取界内光水为名。"辖境相当今山东胶莱河以东地。隋开皇五年（585）改为莱州。

②南朝梁置，治所在光城县（今河南光山县）。隋大业初改弋阳郡。唐武德三年（620）复为光州，治所在光山县（今河南光山县），太极元年（712）移治定城县（今河南潢川县）。辖境相当今河南潢川、光山、新县、固始、商城等县及安徽金寨县西部地。南宋绍兴二十八年（1158）改为蒋州，三十二年（1162）复为光州。元属汝宁府。明洪武初省定城县入光州。清雍正二年（1724）升为光州直隶州。1913年改为潢川县。

光宅寺 ①南朝梁置，故址在今江苏南京市东南。《资治通鉴》：南朝梁天监十七年（518），"上幸光宅寺，有盗伏于骠骑航，待上夜出。上将行，心动，乃于朱雀航过"。胡三省注："帝以三桥旧宅为光宅寺，三桥在秣陵县同夏里。"

②在唐长安城光宅坊横街之北，今陕西西安市内。宋敏求《长安志》卷8载：光宅寺"仪凤二年，望气者言此坊有异气，敕令掘得石函，函内有佛舍利骨万余粒，遂立光宅寺。武太后始置七宝台，因改寺额焉"。段成式《酉阳杂俎·续集》卷6称："宝台甚显，登之，四极眼界。其上层窗下尉迟画，下层窗下吴道玄画，皆非其得意也。"

光安县 隋开皇十八年（598）改西安县置，属骓州。治所在今越南义安省香山附近。大业初属日南郡。后废。唐武德五年（622）复置，为源州治。贞观后废。

光运寺 在今广东韶关市西。隋建。俗称五祖寺，然非湖北黄梅之五祖。宋梁靖有《光运寺重建证其照寂大师塔碑记》。

光孝寺 在今广东广州市区中部光孝路。西汉时为南越王赵佗孙赵建德故宅。三国吴时骑都尉虞翻谪居南海，构宅于此，多植苹婆诃子树，名曰虞苑。东晋隆和中，罽宾国（今克什米尔）高僧昙摩耶舍始创为王园寺。唐改为乾明法性寺。宋初改为乾明禅院，高宗绍兴间改为报恩广孝寺，俗称光孝寺。此寺是中国佛教禅宗六祖慧能出家受戒处。现存大雄宝殿、六祖殿、伽蓝殿、天王殿及睡佛阁、瘗发塔、东西铁塔、法幢等。西铁塔铸于五代南汉大宝六年（963），东铁塔铸于大宝十年（967），是我国现存最古老的铁塔。大雄宝殿建于南宋淳祐年间（1241—1252），是我国南方现在仅存的几处宋代木构建筑之一。1961年定为全国重点文物保护单位。

光里 即广里。在今山东济南市长清区西南广里。《续汉书·郡国志》济北国卢县"有光里"。《水经·济水注》："今防门北有光里，齐人言广音与光同，即《春秋》所谓守之广里者也。"

光武山 又名白水山、狮子山。在今湖北枣阳市南。《新唐书·地理志》：枣阳县"有光武山"。《舆地纪胜》卷88枣阳军：白水山"在枣阳县南四十里。上有光武庙"。

光武台（臺） 在今河南项城县西南。《方舆纪要》卷47项城县：光武台"在县（按指今县南老城）西北二十里。光武幸南顿时所筑"。

光武泉 在今山东枣庄市西。《方舆纪要》卷32峄县：光武泉在"县西北五十里。引流为巨龙河。相传光武征董宪时，曾驻于此。下流合于泇河"。光绪《山东通志》卷30谓"光武驻跸之说殊属附会，光武当为元武。元武为北方宿，故以元武名泉"。

光武帝陵 又称刘秀坟。在今河南孟津县东北铁谢村附近。南依邙山，北濒黄河。为东汉开国皇帝光武帝刘秀陵墓。陵前有清乾隆五十六年（1791）石碑一通，上刻"东汉中兴世祖皇帝之陵"。

光武洞 在今山东滕州市北。《方舆纪要》卷32邹县："光武洞在县南六十里。地名瓦曲村，相传光武曾避兵于此。"

光明山 即今广西桂林市西北郊光明山。《方舆纪要》卷107临桂县"侯山"条：光明山"在城西十里。山势峭拔，有一穴通明。其水潴为于家庄渠，灌田数百顷"。南侧山腰有芦笛崖洞，为著名游览地。

光明岩 在今四川峨眉山市西南峨眉山金顶上。南宋范成大《吴船录》卷上："冒寒登天仙桥，至光明岩，……人云佛现悉以午，今已申后，不若归舍，明日复来，逡巡，忽云出岩下傍谷中，即雷洞山也。云行勃如队仗，既当岩，则少驻，云头现大圆光……"清嘉庆《四川通志》卷17峨眉县：光明岩"在峨眉山顶，铁瓦殿后，天生桥侧。一名睹佛台，又名光相台"。

光岳（嶽）楼 在今山东聊城市旧城中心。明洪武七年（1374）以修城余料建。初名余木楼，后改东昌楼。弘治九年（1496）改名光岳楼。台基为砖石结构，高9米，占地1238平方米。楼为木构建筑，四层五间，高24米，歇山十字脊顶，四面斗拱飞檐，并有回廊相通，表现了宋、元向明、清建筑过渡的风格。楼内有清康熙帝御笔"神光钟瑛"碑、乾隆帝诗刻、历次重修碑记和嵌壁石刻二十余方。1988年定为全国重点文物保护单位。

光泽县 北宋太平兴国六年（981）析邵武县地置，属邵武军。治所即今福建光泽县。《寰宇记》卷101邵武军光泽县："以乡为名。"元属邵武路。明、清属邵武府。1913年属福建北路道。1914年属建安道。1928年直属福建省。

光城左郡 南朝宋大明中分弋阳郡西南境置，治所在光城县（今河南光山县）。大明八年（464）废。

光城县 ①南朝宋元嘉二十五年（448）以豫部蛮

民置，属弋阳郡。治所即今河南光山县。大明中属光城左郡。南朝梁为光州北光城郡治。隋开皇三年（583）废。

②南朝梁置，为南郢州光城郡治。治所在赤石城（今河南潢川县南）。隋开皇初废。

③南朝梁置，为北光城郡治。治所在今河南息县境。北齐废。

④南朝梁置，为北江州光城郡治。治所在今湖北武汉市黄陂区北。北齐废。

光城郡 ①南朝梁置，为南郢州治。治所在光城县（今河南潢川县南）。隋开皇初废。

②南朝梁置，属北江州。治所在光城县（今湖北武汉市黄陂区北）。北齐废。

光相寺 原名普光寺。唐宋时名光相寺。在今四川峨眉山市西南峨眉山金顶上。《方舆纪要》卷52嘉定府：光相寺“自白水至寺，历八十四盘，山径如线，可通登跻，如是者六十里至峰顶，即普贤示现之处。寺屋皆以板为之”。南宋范成大游峨眉山，至极峰顶光相寺。《吴船录》卷上：“光相寺亦板屋数十间，无人居，中间有普贤小殿。”明洪武初重修，以铁为瓦，又有锡瓦殿和铜瓦殿。万历中又建渗金铜殿及藏经阁。清光绪间重修。殿内奉祀普贤。

光泰冈 在今河北隆尧县西南。《方舆纪要》卷15唐山县：光泰冈“在县（按治所在今隆尧县西南尧山乡）西二里。广一里，袤数里。相传光武破李育于此”。

光狼城 在今山西高平市西南二十五里秦城村。《史记·秦本纪》：秦昭襄王二十七年（前280），“白起攻赵，取代光狼城”。即此。

光陵 唐穆宗李恒的陵墓。在今陕西蒲城县北。《新唐书·地理志》奉先县：“光陵在北十五里尧山。”

光塔寺 即怀圣寺。在今广东广州市光塔路。始建于唐。是伊斯兰教传入我国后最早的清真寺之一。

光堡驿 又名苏木哈喇垓、苏木哈喇灰。清光绪年间置，在今新疆哈密市西七十里头堡。宣统《新疆图志》卷80哈密厅：头堡驿，“回语呼其地曰苏木哈喇灰。注：苏木，部落也。其地在前明为哈喇灰人所居也。……堡甚小，居民二十余户”。

光禄岛 亦作广鹿岛。即今辽宁长海县西南广鹿岛。清康熙《皇舆全览图》盛京全图：金州城东大海中有光禄岛。民国徐曦《东三省纪略》卷4：“光禄岛当里长山列岛之西，由东北至西南，长六海里。”

光禄渠 在今宁夏灵武市东。汉光禄勋徐自为所开，故名。《新唐书·李听传》灵州：“有光禄渠，久廞废。听始复屯田以省转饷，即引渠溉塞下田地千顷，后赖其饶。”《方舆纪要》卷62灵州守御千户所：光禄渠“在所东。……《志》云：渠在灵州。本汉时导河溉田处也”。

光禄集 即今河北磁县北十六里光禄镇（西光禄）。清同治《畿辅通志》卷51磁州图：北有大、小光禄集。

光禄塞 亦名光禄城。西汉太初三年（前102）光禄勋徐自为建，因名。在今内蒙古乌拉特前旗东北明安乡小召门梁古城。《汉书·地理志》五原郡稒阳县：“北出石门障，得光禄城。”又《匈奴传》：甘露三年（前51），“（呼韩邪）单于自请留居光禄塞下，有急保汉受降城”。古城遗址尚存。

光照山 在今湖北郧西县西北。《方舆纪要》卷79郧西县：光照山在“县西北六十里。接（陕西）山阳县界”。

光福山 即邓尉山。在今江苏苏州市吴中区西南光福镇附近。明王鏊《姑苏志》卷8：“邓尉山在光福里，俗名光福山。”《资治通鉴》：唐乾宁二年（895），杨行密取苏州，攻嘉兴，“钱镠遣武勇都指使顾全武救嘉兴，破乌墩、光福二寨”。即此。

光福镇 即今江苏苏州市吴中区西光福镇。清设巡司于此。

光霁峪 一名钟城崴子。在今吉林龙井市东开山屯镇光昭村。旧属和龙县，隔图们江与朝鲜对境，为往来孔道，边塞要地。清光绪《吉林通志》卷23：图们江“又东北径光霁峪，马平岭河自西北来入之（光霁峪城西山也，通商分局在焉。河出其北，以径马平岭入江，因以名之。凡行三十里）。又北径小钟城崴，有二水合流自西入焉”。

当山县 唐贞观七年（633）置，属南州。治所在今重庆市綦江县南。次年废入三溪县。

当川县 金升当川堡置，属临洮府。治所即今甘肃康乐县西北流川乡（党川铺）。元废。

当川堡 ①北宋熙宁六年（1073）置，属熙州。即今甘肃康乐县西北流川乡（党川铺）。金升为县。

②北宋置，在今陕西佳县西南乌镇当川寺。《宋史·高永能传》：“元丰初，夏兵二万犯当川堡，永能以千人与相遇，度不能支，依险设疑兵，……敌解去。”即此。

当门山 在今陕西旬阳县东，接白河县界。《舆地纪胜》卷189金州：当门山“在洵阳县东百七十里。有两峰相对，望之如门”。

当马州 唐天宝前置羁縻州，属雅州都督府。治所在今四川泸定县境。北宋属雅州。后废。

当仁州 唐天宝以前置羁縻州，属雅州都督府。治所在今四川康定县境。北宋属雅州。后废。

当为县 唐置，属羁縻连州。治所在今四川筠连县境。后废。

当归山 在今云南施甸县西北。《方舆纪要》卷118施甸长官司：当归山“在司（旧治）西北二十五里，产当归”。

当夷县 北周武成元年（559）置，为洪和郡治。治所在今甘肃临潭县东新城镇。武帝时郡省，以县属同和郡。隋属临洮郡。唐贞观二年（628）移治金通戍（今甘肃岷县西北）。神龙元年（705）并入溢乐县。

当州 ①唐贞观二十一年（647）置，治所在通轨县（今四川黑水县境）。《旧唐书·地理志》当州："以土出当归为名。"仪凤二年（677）移治逢臼桥（今四川黑水县东）。天宝元年（742）改为江源郡。乾元元年（758）复为当州。辖境相当今四川黑水县地。大历五年（770）徙治山险要地，以防备吐蕃。后没入吐蕃。北宋为羁縻州，属茂州。治所在今茂县西北。元废。

②亦作珰州。北宋置羁縻州，属茂州。治所在今四川茂县北境。北宋曾公亮《武经总要前集》卷20：当州"管部落五十户，去（茂）州六十五里"。后废。

当阳市　1988年撤销湖北省当阳县，改设当阳市，市人民政府驻玉阳。1992年由宜昌市代管。

当阳坂　在今湖北当阳市北。《寰宇记》卷146当阳县：当阳坂"即曹操追先主之所"。《方舆纪要》卷77当阳县：当阳坂"在县北六十里。相传曹操追先主于此"。

当阳县　西汉置，属南郡。治所在今湖北荆门市西南。东晋移治今湖北当阳市。隋属南郡。唐属荆州。北宋属荆门军。元属荆门州。明洪武初移治方城（今荆州市西北万城），属荆门府。十年（1377）废。十三年（1380）复置，属荆门州。还治今当阳市。清属荆门直隶州。民国初属湖北襄阳道。1921年属荆宜道。1932年直属湖北省。1988年改设当阳市。

当阳峪窑址　在今河南修武县西北四十四里当阳峪南岭。当阳峪瓷是中国传统优秀古瓷品种之一。釉色晶莹玉润，花纹新颖，装饰工艺分纹胎（搅胎）、白底黑花、刻花、剔花等十多种。多为生活用瓷。当阳峪瓷窑鼎盛于宋熙宁元年至宣和四年（1068—1122），至元代基本失传。窑址占地2668平方米，南部尚存两座残窑，上口直径194厘米，下口直径250厘米，膛高204厘米，有7厘米厚琉璃层，周镶青石保护。窑北有1.77米高"德应侯昌灵翁之庙记"宋碑一通。2006年定为全国重点文物保护单位。

当阳镇　在今重庆市巫山县西北。《方舆纪要》卷69大昌县：当阳镇"在县西四十里。有巡司戍守"。

当利口　在今安徽和县东南。为当利水入江入口。《三国志·吴书·孙策传》：刘繇渡江治曲阿，遣"张英屯当利口，以拒（袁）术"。即此。

当利县　西汉置，属东莱郡。治所在今山东莱州市西南三十六里沙河镇。《史记·武帝纪》："拜（栾）大为五利将军，……又以卫长公主妻之，赍金万斤，更名其邑曰当利。"东汉为侯国，后复为县。北魏改属长广郡。北齐省入掖县。唐武德四年（621）复置，属莱州。六年（623）废。

当利侯国　东汉改当利县置，属东莱郡。治所在今山东莱州市西南三十六里沙河镇。后复改县。

当利浦　亦名扬浦，又名沙口堰。在今安徽和县东南十二里，临长江。《三国志·吴书·孙策传》：刘繇渡江治曲阿，遣"张英屯当利口，以拒（袁）术"。《寰宇记》卷124和州："当利浦在州东十二里。本名扬浦，晋龙骧将军王濬平吴，水军扬帆顺流于此而下，王浑以旗招不住，濬报云：风利不得泊，遂先入石头，后因以当利为名。"《方舆纪要》卷29和州："当利浦，一名沙口堰，亦大江之别浦也。"

当拉岭　即今青海与西藏之间的唐古拉山。清光绪间范寿金《三省入藏程站记》：西宁入藏程站"第四十九站当拉，岭名"。民国周希武《玉树调查记》：昆仑南支"为金沙、澜沧江之分水岭，蒙古名当拉岭，番名朝午拉山"。

当拉裕穆湖　即今西藏尼玛县西南当惹雍错。清末辛亥午版《西藏新志》卷上："当拉裕穆湖，为西藏北部群湖中最大者。在扎什伦布之北，湖水稍带黑色。中央甚狭，两岸相逼为地峡，南北两部扩张，恰如葫芦形。"

当狗城　唐置，属维州。在今四川理县西。《资治通鉴》：唐广德二年（764），"剑南节度使严武破吐蕃七万众，拔当狗城"。胡三省注："当狗城，当白狗羌之路，故以名城。"

当城县　战国秦置，属代郡。治所在今河北蔚县东北。出土秦封泥中有"当城丞印"可证。《史记·高祖本纪》引《括地志》："县当恒都山，故曰当城。"晋废。

当城寨　北宋置，属乾宁军。即今天津市西子牙河东岸当城。

当标城　吐蕃筑，在今青海循化撒拉族自治县东南。北宋崇宁二年（1103）收复，改名安疆砦。

当品州　唐开元后置羁縻州，属雅州都督府。治所在今四川康定县境。北宋属雅州。后废。

当亭县　北魏太平真君八年（447）置，属天水郡。治所在今甘肃甘谷县西南四十里。《水经·渭水注》："藉水东历当亭川，即当亭县治也。"北周改名冀城县。

当原城　即今甘肃泾川县西北党原乡。《魏书·崔延伯传》：北魏永平二年（509），"（万俟）醜奴置营泾州西北七十里当原城"。

当涂（塗）山　即涂山。在今安徽怀远县东南淮河南岸。《后汉书·滕抚传》：建康元年（144），"阴陵人徐凤、马勉复寇郡县，杀略吏人。凤衣绛衣，带黑绶，称无上将军；勉皮冠黄衣，带玉带，称黄帝，筑营于当涂山中"。《水经·淮水注》："《郡国志》曰：平阿县有当涂山，淮出于荆山之左，当涂之右，奔流二山之间而扬涛北注也。"

当涂（塗）市　1949年5月解放后由当涂县城区析置，属皖南行署区。治所即今安徽当涂县。1950年撤销，并入当涂县。

当涂（塗）县　①东汉改当涂侯国置，属九江郡。治所在今安徽怀远县南马城镇。三国魏废。西晋太康元年（280）复置，属淮南郡。东晋废。

②东晋咸和初侨置，属淮南郡。寄治于湖县（在今安徽芜湖市大闸街道西南王旭）。隋开皇九年（589）徙治姑孰城（即今安徽当涂县），属蒋州。大

业初属丹阳郡。唐属宣州。宋为太平州治。元为太平路治。明、清为太平府治。民国初属安徽芜湖道。1928年直属安徽省。

当涂（塗）侯国 西汉置，属九江郡。治所即今安徽怀远县南马城镇。东汉改为当涂县。

当涂（塗）铁矿 亦称太平铁矿。为当涂县铁矿的总称。即今安徽马鞍山矿区。

当博县 唐贞观五年（631）置，后属羁縻穹州。治所在今四川黑水、红原县境。后废。

当雄宗 又作党雄、达木。1913年置，治所即今西藏当雄县（当曲卡）。藏语意为挑选的草滩。1960年与羊八井、宁中等宗合并，改置当雄县。

当道城 在今陕西富平县东北。《水经·沮水注》："沮循郑渠，东径当道城南，城在频阳县故城南。"

当湖 一名鹦鹉湖，亦名东湖。在今浙江平湖市城区东。《续汉书·郡国志》 海盐县刘昭注："案今计偕簿，县之故治，顺帝时陷而为湖，今谓为当湖。大旱湖竭，城郭之处可识。"

当箐赕 宋大理置，属威楚府。治所在今云南景东彝族自治县境。元改开南州。

当噶山 在今四川金川县东南。《清一统志·懋功屯务厅》：当噶山"在绥靖屯东南二百六十里。横亘二十里余里。常有云雾蒙之"。《清史稿·四川土司传》：乾隆三十七年（1772），讨大小金川，"温福由功噶入，阿桂由当噶入"。即此。

〔丨フ〕

早生镇 金置，属苏门县。在今河南淇县西南早生村。

早禾市 即今江西泰和县西北禾市镇。元、明、清置巡司于此。

早社镇 北宋时为枣社镇。即今甘肃宁县西南早胜镇。《清一统志·庆阳府二》：枣社镇"在宁州南三十里。亦名早社。《九域志》：定安县有交城、早社二镇"。

早起城 又称鸡鸣城、食时城。在今山西怀仁县南三十里。《水经·㶟水注》："桑乾水又东左合武州塞水。水出故城东南流，出山径日没城南，盖夕阳西颓，戎车所薄之城故也。东有日中城，城东又有早起城，亦曰食时城，在黄瓜阜北曲中。"《金史·地理志》：怀仁县有日中城、早起城。《清一统志·大同府》"日中城"条引《旧志》："日中城在县西南五十里。又有鸡鸣城，在县南三十里，即故早起城。"

吐儿山 又作兔儿山、犊儿山。在今内蒙古扎鲁特旗西北霍林河（呼林河）源处。《辽史·营卫志》：夏捺钵"无常所，多在吐儿山。……吐儿山在黑山东北三百里，近馒头山"。宋沈括《熙宁使虏图抄》载：自庆州（今巴林右旗北之白塔子古城），东北行一百八十余里，折北，西北行五十余里，至单于庭（指辽夏捺钵），庭所依北山名犊儿山。

吐火罗 公元前130年前后，大月氏征服大夏，以大夏为臣属。后又灭大夏，建贵霜王朝。西方记载称之为吐火罗，中国仍称大月氏。5世纪后其地为哌哒所据。6世纪60年代又为突厥所有，突厥派通设咀度设统治吐火罗故国。唐高宗显庆年间于此置月支都督府。

吐延川 一名哥基川。即今陕西延川县北秀延河。《寰宇记》卷36延川县："吐延水在县北，自绥州绥德县及蕃界来"，流入黄河。

吐那孤川 在今青海乐都县西北。《水经·河水注》：湟水"又东，吐那孤、长门两川，南流入湟水"。清康熙《碾伯所志》：吐那孤川"在所治西，湟水北，南流入湟水"。

吐纥山 在今黑龙江省西北境小兴安岭北端。《北史·室韦传》："南室韦北行十一日至北室韦，分为九部落，绕吐纥山而定居。"即此。

吐护真河 又作讫纥臣水。即今内蒙古辽河上游南支流老哈河。《新唐书·地理志》 檀州燕乐县："又北八百里有吐护真河，奚王衙帐也。"

吐谷浑 亦作吐浑。原为鲜卑的一支，游牧于今辽宁凌海市西北。西晋末（4世纪初），首领吐谷浑率所部西徙至甘肃、青海间。其孙叶延始以吐谷浑为国名。魏、周之际，传至夸吕，自号可汗，都伏俟城（今青海共和县西北，青海湖西岸铁卜卡古城）。辖境东西约三千里，南北千余里，相当今青海和四川西北松潘县地。隋开皇中，其王世伏娶隋光化公主为妻。唐代，王诺曷钵为驸马，封青海王。咸亨三年（672）后率部迁灵州，任安乐州刺史。8世纪中叶，其子孙徙朔方，部落分散，河东称之为退浑。

吐谷浑城 南北朝时吐谷浑建。在今青海都兰县。北魏杨衒之《洛阳伽蓝记》卷5：北魏神龟元年（518），宋云、惠生使西域，"土（吐）谷浑城左右暖于余处"。

吐若奚泉 在今内蒙古固阳县境。《魏书·蠕蠕传》：正光二年（521），阿那瓌、婆罗门相继内附，高阳王雍等奏曰："今臣等参议以为怀朔镇北土名无结山吐若奚泉，敦煌北西海郡即汉晋旧障，二处宽平，原野弥沃。阿那瓌宜置西吐若奚泉，婆罗门宜置西海郡，各令总率部落，收离聚散。"

吐虎鲁克·铁木尔汗麻札 在今新疆霍城县东北。是成吉思汗次子察哈台汗的后裔吐虎鲁克·铁木尔汗的陵墓。吐虎鲁克·铁木尔汗于公元1346年登上汗王宝座，1354年正式信奉伊斯兰教，是新疆境内最早信仰伊斯兰教的蒙古可汗，在位期间致力于推行伊斯兰教。1363年去世。麻札（墓）为阿拉伯建筑形式，平面呈方形，寝殿用砖砌拱顶，殿内无木柱栋梁，面阔10.6米，进深15.8米，高13.35米。正门朝东，呈拱形，门额上用蓝、白釉砖，嵌有古兰经经文，两侧以阿拉伯文书写赞颂可汗和可敦的铭文。麻札正面墙壁上用紫、蓝、白三色二十六种规格釉砖，镶嵌出二十余种几何图案和植物纹样。吐虎鲁克·铁木尔汗麻札是新疆著名伊斯兰教古建筑，历经六百多年，主体仍保存完好，是研究考证元代以后新疆地区宗教变迁、民族关系和建筑艺术的重要遗迹。2001年定为全国重点文物保护单位。

吐京水　亦名土京水、西阳水。在今山西孝义市西南。《清一统志·汾州府》：吐京水“在孝义县西南十五里。源出吐京谷，东流入胜水”。

吐京县　①北魏太和二十一年（497）改岭西县置，为吐京郡治。治所即今山西石楼县。孝昌中陷，寄治西河郡，治所在今孝义市西。隋开皇初属隰州，十八年（598）改为石楼县。

②东魏武定三年（545）置，属武州。治所在雁门川（今山西繁峙县西）。北齐废。

吐京郡　①北魏太平真君九年（448）置，属汾州。治所在岭西县（后改吐京县，今山西石楼县）。辖境相当今山西石楼、交口等县地。孝昌中寄治西河郡，治所当在今山西孝义市西十五里上、下吐京村。隋开皇初废。

②东魏武定八年（550）置，属武州。治所在雁门川（今山西繁峙县西）。北齐废。

吐屈真川　即今青海共和县西北柴集河（沙珠玉河）。一说即今青海乌兰县东南茶卡盐湖东南流出之惠农河。南北朝时，吐谷浑于此置吐屈真川戍。

吐费城　在今四川广元市西南昭化镇北土基坝。《水经·漾水注》：“清水又东南注白水。白水又东南，径吐费城南，即西晋寿之东北也。东南流注汉水。”

吐盐池　在今内蒙古苏尼特右旗东北。《魏书·太祖纪》：天赐三年（406）九月，拓拔珪“壬午至漠中，观天盐池；度漠，北之吐盐池”。

吐番　即吐蕃。《元史·仁宗纪》：至大四年（1311）“吐番寇礼店、文州”，此指今西藏。

吐鲁番厅　清乾隆四十四年（1779）徙辟展厅于此，改名吐鲁番厅，属镇西府。治所即今新疆吐鲁番市。咸丰五年（1855）升为直隶厅，属甘肃省。光绪十年（1884）改属新疆省。1913年改为吐鲁番县。

吐鲁番市　1984年改新疆吐鲁番县为市，市人民政府驻老城区。2015年撤销吐鲁番地区和县级吐鲁番市，设立地级吐鲁番市，市人民政府驻新设立的高昌区绿洲东路495号。吐鲁番市设立高昌区，区政府驻老城路街道老城东路290号。

吐鲁番县　1913年改吐鲁番厅置，属新疆迪化道。治所即今新疆吐鲁番市。1920年改属焉耆道。1930年属迪化行政区。后直属新疆省。1984年改设吐鲁番市。

吐鲁番城　亦作土鲁番城。即今新疆吐鲁番市。清设领队大臣驻守。清王定安《湘军记》卷19：光绪三年（1877）三月，清军讨伐阿古柏，“徐占彪、孙金彪引军至吐鲁番，白彦虎先一日遁城东。……遂克吐鲁番满、汉两城”。十二年（1886）于此设吐鲁番厅。

吐颓山　在今山西朔州市平鲁区西北约九十里。《魏书·蠕蠕传》：北魏太延五年（439），蠕蠕吴提犯塞，“司空长孙道生拒之于吐颓山”。

吐蕃　唐、五代、两宋、元及明初对今西藏地方的汉译称，亦是对当时藏族聚居地区的泛称。藏语称西藏地方为“番”，或说即《后汉书·西羌传》所称之“发”羌故地。《大唐西域记》卷4等唐初史籍译称“吐（土）蕃（番）”，亦作“西蕃（番）”或“蕃（番）”。公元六、七世纪时，悉补野部落（在今山南穷结）崛起，先后兼并西藏诸族、部，约在公元629年定都逻娑（今拉萨），建成王朝自称为“番”，译称吐蕃，极盛时其势力奄有今青、甘、川、滇藏族聚居区及沿喜马拉雅山脉西、南麓诸小邦地区。公元642年吐蕃王朝崩溃灭亡，此后史籍中对青、甘、川藏族地区，以及政权仍沿称吐蕃。入元，在吐蕃故地置乌思（前藏）、藏（后藏）、纳里速（阿里）；明沿元制置乌思、藏、俄力思（阿里）。元、明史籍中对各藏族聚居地区，或对当地藏族及其地方政权仍泛称吐蕃，后渐不用。

吐蕃会盟坛　在今甘肃平凉市西北五里。《寰宇记》卷151渭州平凉县：“会盟坛在县西北五里。唐贞元三年五月，浑瑊与吐蕃会盟处。”

吐蕃等处宣慰司　元世祖至元九年（1272）置，治所在河州路（今甘肃临夏市）。辖境相当青海东部，四川西北部及甘肃洮河以西，礼县，武都、文县一带。明初废。

吐蕃等路宣慰司　元泰定帝二年（1325）置，属宣政院。治所在参卜郎（在今四川理塘县北）。《元史·泰定帝纪》：泰定二年（1325），“（正月）戊申，以乞剌失思八班藏卜为土蕃等路宣慰使都元帅，兼管长河西、奔不儿亦思刚、察沙加儿、朵甘思、朵思麻等管军达鲁花赤，与其属往镇抚参卜郎”。

吐默特右旗　即土默特中旗。治所在北票街（今辽宁北票市）。

吃莫河　在今陕西志丹县西。《寰宇记》卷37保安军：吃莫河“源出蕃部吃莫川，南流至军城四十六里入洛河，不胜船筏”。

吗里城　在今云南昭通市东五里。《清一统志·昭通府》：吗里城“在恩安县东五里。明万历间建。遗址尚存”。

吗呢图噶图勒罕卡伦　即玛呢图干都尔罕卡伦。清乾隆年间置，在今哈萨克斯坦斋桑泊东北额尔齐斯河南岸。清徐松《西域水道记》卷5：额尔齐斯河“径玛呢图噶图勒罕卡伦北。又西北流百三十余里潴为宰桑淖尔”。

吗喇他国　即公元17世纪西瓦杰建立的印度马拉塔国。清谢清高《海录》：“马剌他国，在打拉者西。疆域自东南至西北长数千里。沿海边地分为三国：一小西洋，一孟婆罗，一麻伦氏，为回回种类。”

曳岭 在今浙江丽水市西北与武义县交界处。《方舆纪要》卷94宣平县：曳岭“岭峻险，登陟甚难。上有曳溪洞，相传尝有仙人曳履过岭，因名。为县南守御处”。

曳建城 在今哈萨克斯坦江布尔西北。《资治通鉴》：唐开元二十七年（739），碛西节度使盖嘉运攻突骑施，“分遣疏勒镇守使夫蒙灵詧与拔汗那王阿悉烂达干潜引兵突入怛逻斯城，擒黑姓可汗尔微，遂入曳建城，取交河公主，悉收散发之民数万以与拔汗那王，威震西陲”。

曳咥河 一作多逻斯川或里移德建河。今新疆北部，流入哈萨克斯坦及俄罗斯境之额尔齐斯河。一说指今玛纳斯河。《旧唐书·突厥下·阿史那贺鲁传》：显庆二年（657），讨阿史那贺鲁，“（苏）定方行至曳咥河西，贺鲁率胡禄居阙啜等二万余骑列阵而待。定方率副总管任雅相等与之交战，贼众大败”。即此。

虫 春秋邾邑。在今山东济宁市东。《左传》：昭公十九年（前523），“宋公伐邾，围虫”。同年，邾人、郳人、徐人会宋公，“同盟于虫”，即此。

虫牢 又名桐牢。春秋郑邑。在今河南封丘县北。《春秋》：成公五年（前586）十二月，公会晋侯、齐侯等诸侯“同盟于虫牢”。杜注：“郑地。陈留封丘县北有桐牢。”

曲山关 明置，属安县。在今四川北川羌族自治县（安昌镇）东北曲山镇。《方舆纪要》卷67安县：曲山关在“县北六十里，当平武、石泉及县境三路之要。亦曰曲山寨。成化十四年抚臣张瓒自松潘移师叠溪茂州，以曲山三寨负固不服，击破之，即此”。1952年北川县由治城迁治曲山镇。2009年又迁治安昌镇。

曲子县 1936年4月西北革命根据地由庆阳、环县二县析置，治曲子镇（今甘肃环县东南曲子镇）。1950年5月撤销，并入庆阳、环县二县。

曲子镇 即今甘肃环县东南九十里曲子镇。明永乐初筑曲子城，后设曲子驿。1936年西北革命根据地在此置曲子县。

曲女城 亦作羯若鞠阇、罽饶夷城。在今印度北方邦境内之卡瑙季。唐玄奘《大唐西域记》卷5：“羯若鞠阇国人长寿时，其旧王城号拘苏磨补逻（唐言花宫）。”即曲女城。“时戒日王将还曲女城设法会，……经九十日，至曲女城，在殑伽河西大花林中”。

曲乡侯国 西汉置，属山阳郡。当在今山东西南部。东汉省。

曲木城 即曲沭城。在今江苏新沂市西。《梁书·武帝下》：普通五年（524）十月，裴邃等“攻魏建陵城，破之。辛巳，又破曲木”。

曲木镇 北宋置，属铜山县。在今四川中江县东南冯店镇新仓村。民国《中江县志》卷2：冯店场“西十二里为古曲木镇，今名孙家沟。光绪时，发现淳熙辛丑巴川县令袁倚碑跋，知为宋时古镇”。

曲水 ①一作回水。在今辽宁喀喇沁左翼蒙古族自治县南大凌河两源会合处。《晋书·慕容皝载记》：东晋咸康三年（337），“筑好城于乙连东，使将军兰勃戍之，以逼乙连。又城曲水，以为勃援”。即此。

②在今江苏南京市北。宋《景定建康志》卷19：曲水“晋海西公于钟山立流杯曲水，延百僚”。并引《水经注》曰：“旧乐游苑，宋元嘉十一年以其地为曲水。”

③即今江西高安市南之澧江。《明史·地理志》瑞州府高安县：“又南有曲水，亦东入章江。”

④在今广东从化市东。《方舆纪要》卷101从化县：曲水“在县东。有三源，一出增城县界监瀵山，一出县东六十三里之中心山，一出县东概洞，流五十里至大芒潭，又五十里抵县前，与流溪水合。水甚清浅，不通舟楫”。

⑤即今四川南充市西南曲水河。《明史·地理志》南充县：“西有曲水……注于嘉陵江。”《方舆纪要》卷68顺庆府南充县“流溪水”条内：“曲水在府西四十里。源出府西北琉璃镇，盘回九折，流入嘉陵江。”

曲水池 在今湖北武汉市武昌区东。《寰宇记》卷112鄂州江夏县：曲池水“在县东三里。梁太清四年邵陵王纶为富水郡太守，雅好宾客，乐于诗酒，每慕王右军兰亭流觞曲水之兴，故以效之”。

曲水县 ①西魏置，为阴平郡治。治所在今甘肃文县西北五里。《寰宇记》卷134文州曲水县：“在南北二江之曲，因为名。”隋属武都郡。唐初移文州治此。建中三年（782），以旧城在平地，窄小难守，遂移于故城东四里高原上，即今文县治。南宋末废。

②唐载初二年（690）置，为羁縻顺州治。治所在今贵州习水县西南。后废。

曲水园 在今河南许昌市北。《明一统志》卷26开封府：曲水园“在许州城北。有大竹二十余亩，潩水贯其中，以入西湖，最为佳处。宋文彦博为守时买得之”。

曲水宗 原西藏地方政府置，治所在今西藏曲水县东北曲水镇。藏语意为水沟。清乾隆《西藏志》：自藏由江孜一路至后藏札什隆布路程，“西藏七十里至业党，四十里至降里，五十里至曲水”。1960年与协荣、聂当等谿合并设曲水县，驻雪村。

曲水城 ①在今湖北武汉市武昌区东北部。《资治通鉴》：南朝齐中兴元年（501），萧衍攻张冲于郢州，使“王世兴顿曲水故城”，即此。

②在今云南楚雄市境。唐贞元十年（794），袁滋、刘贞谅出使南诏经此。

曲水亭 在今江苏无锡市西惠山寺前。唐陆羽《游慧山寺记》曰：“寺前有曲水亭，一名憩亭，一名歇马亭，以备士庶投息之所。其水九曲，甃以文石，……寺中有方池，一名千叶莲花池，一名纻塘，一名浣沼。”

曲水桥　在今江西樟树市西北。《方舆纪要》卷87临江府清江县：曲水桥“在府（治今临江镇）北三十里，接高安县界。有曲水公馆。水旧自西北来，折而东北，入于清江。今堙”。

曲水镇　北宋置，属南充县。在今四川南充市南三十里曲水镇。

曲仁里　在今河南鹿邑县一带。春秋时地属楚县。《史记·老子韩非列传》：“老子者，楚苦县厉乡曲仁里人也。”《正义》引《括地志》：“苦县在亳州谷阳县界。有老子宅及庙”。

曲头集　即今江苏睢宁县西北九十里曲头。《明史·河渠志一》：嘉靖三十一年（1552），“总河副都御史曾钧上治河方略，乃浚房村至双沟、曲头，筑徐州高庙至邳州沂河”。

曲台（臺）县　唐武德四年（621）置，属莱州。治所在今山东莱州市东南。六年（623）废。

曲台（臺）宫　秦离宫。在今陕西西安市西北未央区未央宫东。《汉书·邹阳传》载，邹阳奏书谏吴王曰：“臣闻秦倚曲台之宫，悬衡天下，画地而不犯，兵加胡越。”应劭注：“始皇帝所治处也，若汉家未央宫。”《汉书补注》：“王先慎曰：黄图未央东有曲台殿，盖缘秦宫而名。”

曲成县　西汉置，高帝六年（前201）封虫达为曲成侯。孝武封中山靖王子为曲成侯。后为县，属东莱郡。治所在今山东莱州市东北西曲成。东汉改为国，后复为县。西晋改曲城县。

曲回寺石像冢　在今山西灵丘县西南一百五十里曲回寺村东，是一处单纯的石雕文物群。遗址以曲回寺寺院为中心，范围为20余平方公里。始建于唐天宝十年（751），现保存较好的有四十三座。每座石佛冢外形呈土石墓状，占地约20平方米，冢高3—4米。冢穴内石佛像按一至二层封藏，多则五十尊，少则三十尊，石佛像大小不等。佛像用当地的花岗石雕刻而成，保存完好。2001年定为全国重点文物保护单位。

曲先　即苦叉。今新疆库车县。《元史·世祖纪》：至元十九年（1282）十一月，“分元帅綦公直军戍曲先”。即此。元贞元年（1295）置曲先塔林都元帅府于此。后属察合台汗国。

曲先卫　明洪武初置，属西宁卫，为羁縻卫。治所在阿真（今青海茫崖行政委员会驻地花土沟镇东南），后并入安定卫。永乐四年（1406）复置，移治药王滩（今青海茫崖行政委员会东油泉子附近）。正德七年（1512）废。

曲先塔林都元帅府　元元贞元年（1295）置，治所在曲先（今新疆库车县）。《元史·成宗纪》：元贞元年，“立曲先塔林都元帅府，以蚪都察为都元帅，佩虎符”。

曲州　唐武德八年（625）改恭州置，治所在朱提县（今云南昭通市昭阳区太平街道）。辖境约当今云南昭通市和鲁甸县地。天宝后地入南诏，徙置于今四川宜宾县安边西南七十里。唐末废。

曲江　①即今江苏扬州市南的一段长江。西汉枚乘《七发》：“并往观涛乎广陵之曲江”，即此。郦道元注《水经》，误引《七发》之曲江入《渐江水》，其后遂有广陵之曲江即浙江之说。

②即浙江。以江流屈曲而得名。

③唐代通海城路上的要站。在今云南建水县北八十里曲江镇。

④南盘江支流。在云南中部。唐代以来称曲江。《明一统志》卷86临安府：曲江“在府城东北九十里。源自新兴州，由嶍峨县、石屏州会诸水，至河西县而东入于盘江”。

曲江池　亦名曲江。在今陕西西安市长安区东南曲江街道一带。本为天然湖泊，秦时称隑洲，汉武帝进行扩建，以流水曲屈，改名曲江池。周六里余。司马相如《哀二世赋》曰：“临曲江之隑州兮，望南山之参差。”隋初建大兴城，把池包入城内东南角，开黄渠导城东浐水穿城入池，改名芙蓉池。唐代复称曲江池。开元中重加疏凿，池面扩大到七里，是当时长安第一胜景，为皇帝赐宴臣僚和进士登第赐宴之地。天祐以后因黄渠断流，池水枯竭，遂废。

曲江县　①西汉置，属桂阳郡。治所在今广东韶关市东南莲花岭下。《元和志》卷34曲江县：“江流回曲，因以为名。”三国吴为始兴郡治。东晋移治今韶关市南十里武水西岸。隋属南海郡。唐武德初移治韶关市西一里武水西岸，为韶州治。五代南汉时移治今韶关市。元为韶州路治。明为韶州府治。民国初为广东岭南道治。1920年直属广东省。1949年析城区置韶关市。1966年迁今治马坝镇。2002年改为韶关市曲江区。唐开元间丞相张九龄为曲江县人，称为张曲江。

②金大定十三年（1173）改镇东县置，属会宁府。治所在今黑龙江省哈尔滨市阿城区东北蜚克图镇。后废。

曲江镇　①北宋置，属丰城县。即今江西丰城市北曲江镇。

②即今云南建水县北曲江镇。民国有县佐驻此。

曲池　春秋时鲁地。在今山东宁阳县东北。《公羊传》作“殴蛇”，《竹书纪年》作“区蛇”。《春秋》：桓公十二年（前700），“公会杞侯、莒子盟于曲池”。杜注：“曲池，鲁地。鲁国汶阳县北有曲水亭。”

曲池水　一作曲水池。在今湖北省钟祥市东郊。《舆地纪胜》卷84郢州：曲池水，“梁太清四载，邵陵王纶为富水郡太守，雅好宾客，乐于诗酒，每慕王右军兰亭流觞曲水之兴，故效焉”。

曲兴集　即今河南开封县东北四十八里曲兴镇。旧属陈留县。清尹耕云《豫军纪略》卷8：咸丰九年（1859）九月，“贼由曲兴集退窜南路及考城县境”。

曲安县　北魏景明中置，属广平郡。治所在今河北曲周县东北四十里。北齐废。

曲阳 ①战国赵邑。在今河北曲阳县西四里。《史记·赵世家》：武灵王二十一年（前305），攻中山，“合军曲阳”。即此。

②战国魏地，在今河南济源市西。《史记·魏世家》：昭王九年（前287），“秦拔我新垣、曲阳之城”。《正义》引《括地志》：“曲阳故城在怀州济阳县西十里。”

曲阳县 ①战国秦置，属恒山郡。治所在今河北曲阳县西四里。据《湖北云梦睡虎地十一座墓发掘简报》（载《文物》1976年第9期）说，在云梦睡虎地七号墓的椁室门楣上刻有“五十一年曲阳徒邦”字，据考其中的“五十一年”为秦昭襄王五十一年。是至迟在是年秦已置有曲阳县。西汉改置上曲阳县。北齐天保七年（556）复名曲阳县，属中山郡。治所即今河北曲阳县。隋开皇六年（586）改名石邑县，次年又改名恒阳县。唐元和十五年（820）复名曲阳县，属定州。宋属中山府。元属保定路。明属定州。民国初属直隶保定道。1928年直属河北省。

②西汉置，属东海郡。治所在今江苏沭阳县东南。东汉为侯国，属下邳国。西晋废。

③西汉置，属九江郡。治所在今安徽淮南市东。东汉改为西曲阳县。

④东晋侨置，属颍川郡。治所在今安徽巢湖市东南。南齐后废。

⑤北魏改下曲阳县置，为巨鹿郡治。治所在今河北晋州市西五里鼓城村。北齐废入藁城县。

⑥南朝宋侨置，属豫州颍川郡。治所在今河南漯河市郾城区境内。北齐废。

⑦南朝梁侨置，属北沛郡。治所在今安徽霍山县境。后废。

⑧即曲易县。治所在今越南海阳省海阳县附近。《续汉书·郡国志》作“曲阳”。

曲阳侯国 西汉置，属九江郡。治所在今安徽淮南市东南。东汉改为西曲阳县。

曲阳集 即今河北正定县西北二十五里曲阳桥乡。为通灵寿县交通要道。清同治《畿辅通志》卷50正定县图：西北有曲阳集。

曲远河 即今湖北郧县西北曲远河。《清一统志·郧阳府》：曲远河“在郧县西北。南流入汉。其入汉处，谓之曲河口”。

曲村—天马遗址 在今山西曲沃、翼城两县交界处。遗址面积约10平方公里，文化堆积除仰韶文化、龙山文化遗存外，以晋文化遗存为主。1979年起，至80年代，为探索早期晋都晋文化，进行了十二次发掘，发现这里遍布居住遗址，西部发掘了可能是晋国公族墓地和“邦墓”区。1992—1994年又五次发掘了本遗址中部的晋侯墓地，清理了八组十七座大墓，其中四组十座大墓完好无损，出土了大批精美的青铜器、玉器等，许多青铜器的铭文载有晋侯名号。尤其十六件一套的晋侯稣编钟有记录周厉王三十六年（前846）征伐东夷的三百多字铭文，具有重要史料价值。八组晋侯墓葬年代起自西周昭、穆时期，止于两周之交，连续八代，历时二百余年，是我国迄今发现的西周诸侯墓地中最完整的一处。1996年定为全国重点文物保护单位。

曲村镇 清置，属曲沃县。即今山西曲沃县东北二十五里曲村镇。

曲吾 一作曲逆。战国燕邑，后属魏。在今河北顺平县东南子城。《战国策·赵策一》：“今鲁句注禁常山而守，三百里通于燕之唐、曲吾。”即此。

曲里（壥）场 在今山东即墨市。《金史·地理志》：即墨有曲里盐场。

曲里馆 又名曲里铺、屈里铺。在今安徽萧县西北。《方舆纪要》卷29萧县：曲里馆“在旧县西三十五里。……（万历）二十六年，河决山东单县黄堌口，稍复成渠。惟曲里馆至三仙台四十里如故。……至三十四年，大河复经曲里馆而东。今有曲里渡”。古为通往砀山县的孔道。

曲里铺 在今安徽萧县西北。为通砀山县孔道。明于此设曲里公馆。

曲邮亭 在今陕西西安市临潼区东七里。《汉书·张良传》：汉高帝十一年（前196），黥布反，高祖自将而东，“良疾，强起至曲邮”，见高祖。即此。《寰宇记》卷27昭应县：曲邮亭“张良送汉高祖处也”。

曲园 在今江苏苏州市城内马医科巷内。为晚清俞樾故居。其形曲，故曰曲园。俞樾晚年著书于此，自号曲园老人。

曲肘川 今四川苍溪县东一里北门沟。《舆地纪胜》卷185阆州：苍溪县，“《图经》云：隋开皇四年，刺史郑铎以治所狭隘，徙于曲肘川”。明曹学佺《蜀中名胜记》卷24苍溪县：“旧治在曲肘川，去县一里，后周所设也。源出玉女山，东南流入嘉陵江，曲折如肘。”

曲甸湖 在今云南楚雄市东北。《清一统志·楚雄府》：曲甸湖“在楚雄县东北三十里。川原平阔，多水族之利。有南坝，本朝康熙年修筑”。

曲沃 ①西周晋都。在今山西闻喜县东北。晋成侯自鄂迁都于此，至穆侯又迁都于绛。《左传》：隐公五年（前718），“曲沃叛王。秋，王命虢公伐曲沃”。

②战国魏邑。在今河南陕县西南曲沃。《史记·秦本纪》：惠文王十一年（前314），“归魏焦、曲沃”。《正义》引《括地志》云：“曲沃在陕州陕县西南三十二里。因曲沃水为名。”《水经·河水注》：菑水“出常烝之山，西北径曲沃城南，又屈径其城西，西北入河。……余案春秋文公十三年晋侯使詹嘉守桃林之塞，处此以备秦，时以曲沃之官守之，故曲沃之名遂为积古之传矣”。

曲沃县 北魏太和十一年（487）置，属正平郡。治所在今山西曲沃县东南十里。北周移治今曲沃县南三里安吉村。隋开皇十年（590）移治今曲沃县，大业三年（607）属绛郡。唐属绛州。明属平阳府。民国初属山西河东道。1928 年直属山西省。

曲沃镇　即战国魏曲沃邑。在今河南灵宝市东北。

曲沟　即今河北固安县西南二十二里渠沟乡。清同治《畿辅通志》卷 46 固安县图：西南有曲沟。

曲沟集　即今河南安阳县西三十里曲沟镇。清嘉庆《安阳县志》西乡图：有“曲沟村”。

曲沟镇　金置，属符离县。即今安徽宿州市北六十里夹沟镇。

曲牢　在今陕西西安市南。《资治通鉴》：东晋太元十六年（391），苻登攻后秦“京兆太守韦范于段氏堡，不克；进据曲牢”。胡三省注：“曲牢在杜县东北。”

曲良堡　在今河南新密市东四十六里溱水东岸曲梁村。北魏曾置曲梁县于此。

曲尾山　在今重庆市垫江县东南。《清一统志・忠州》：曲尾山“在垫江县东南六十里。冈陇延袤，如兽环尾”。

曲阿县　秦置，属会稽郡。治所即今江苏丹阳市。《元和志》卷 25 润州丹阳县：“秦时望气者云有王气，故凿之以败其势，截其直道，使之阿曲，故曰曲阿。”东汉属吴郡。三国吴嘉禾三年（234）改为云阳县。西晋太康二年（281）复改曲阿县，属毗陵郡。南朝宋属晋陵郡，梁属南兰陵郡，陈属南东海郡。隋属江都郡。唐武德三年（620）为云州治。五年改为简州治。八年州废，属润州。天宝元年（742）改为丹阳县。

曲陀关　在今云南通海县西北与玉溪市交界处。《方舆纪要》卷 115 河西县：曲陀关“在县北三十里。蒙氏所置，亦曰万松营。元至元二十年立元帅府于此，为商旅辐辏之地，明初废于兵燹。旧有曲陀巡司，万历中裁”。按，原误作“曲蛇”，据《清一统志》及今名校改。

曲轭川　在今云南嵩明县南二十六里杨林镇。唐置威州于此。天宝后州废。

曲易县　亦作曲阳县。西汉置，属交趾郡。治所在今越南海阳省海阳附近。《水经・叶榆水注》：“其水又东径曲易县，东流注于浪郁。”

曲罗　在今四川冕宁县西南雅砻江弯曲地区。唐樊绰《云南志》卷 1：“台登城直西有西望川。行一百五十里入曲罗。泸水从北来，至曲罗萦回三曲。每曲中间有麽些部落，以其负阻深险，承上莫能攻讨。泸水从曲罗南经剑山之西，又南至会同川。”

曲岭县　唐贞观四年（630）置，属羁縻盖州。治所在今四川若尔盖县西北境。后废。

曲阜　在今山东曲阜市东北二里古城村。西周至战国为鲁国都城。《史记・鲁周公世家》：“封周公旦于少昊之虚曲阜。”《续汉书・郡国志》注引《帝王世纪》曰：“少昊自穷桑登帝位，穷桑在鲁北，后徙曲阜。”

曲阜市　1986 年撤销山东省曲阜县，改设曲阜市，市人民政府驻曲阜。由济宁市代管。

曲阜县　隋开皇十六年（596）改汶阳县置，属兖州。治所在今山东曲阜市东北二里古城村。《寰宇记》卷 21 曲阜县：“委曲长七八里，故曰曲阜。”大业初属鲁郡。唐贞观元年（627）废。八年（634）复置，属兖州。北宋大中祥符五年（1012）改仙源县，移治今曲阜市东十里旧县。金天会七年（1129）复名曲阜县。明正德七年（1512）徙今治，属兖州府。民国初属山东济宁道。1925 年属兖济道。1928 年直属山东省。1986 年改设曲阜市。

曲阜鲁国故城　在今山东曲阜市区。自西周初年（前 11 世纪），周武王封其弟周公旦于鲁，至鲁顷公四年（前 249）为楚所灭，其间九百余年一直是鲁国都城，是周代各诸侯国中历时最久的都城之一。后西汉刘余受封于鲁，亦居此，直至西汉中期。城周长二十四里，有城门十一座，街道十三条。城中部为春秋至西汉时的宫殿区，殿基尚好。城内北部和西部有冶铜、冶铁、烧陶、制骨作坊遗址十处，城西部有墓地多处，发掘出一批珍贵文物。1961 年定为全国重点文物保护单位。

曲周县　汉高帝六年（前 201）封郦商为曲周侯。武帝建元四年（前 137）置县，属广平国。治所在今河北曲周县东北四十里。东汉属巨鹿郡。西晋后废。隋开皇六年（586）复置，属洺州，大业二年（605）废。唐武德四年（621）复置，仍属洺州。北宋熙宁三年（1070）废入鸡泽县，元祐中复置，并迁治今曲周县。元属广平路。明属广平府。民国初属直隶大名道。1928 年直属河北省。

曲沭戍　在今江苏新沂市西。《水经・沭水注》：“沭水又南径建陵山西。魏正光中，齐王之镇徐州也，立大堨，堨水西流，两渎之会，置城防之，曰曲沭戍。”

曲河　在今河南固始县西十五里。《方舆纪要》卷 50 固始县：曲河“源出商城县之斛山，东北流，经县北，又东入于史河县西。旧有曲河土坝，地名石咀头，天旱则筑以障水，东入串子等堰，灌湖堰十有四，至九里沟，灌湖堰二十有八。余继善曰：西淤于石咀头，而胜湖一带之水源塞；北淤三叉口，而堪河之溥惠、均利二闸塞。邑之水利，十失六七矣”。

曲河店　一名文曲集。即今河南邓州市西北文渠乡。清乾隆《邓州志》卷 5《集镇》：曲河店“即文曲集，在州西北三十里。有集”。

曲河镇　北宋置，属穰县。在今河南新野县境。

曲泗县　1945 年 12 月山东革命根据地由曲阜、泗水二县合置，治曲阜（今山东曲阜市）。因二县首字为名。1946 年春撤销，恢复曲阜、泗水二县。

曲宗　亦名波窝曲宗、曲中宗。原西藏地方政府设，治所在今西藏波密县东。“曲宗”藏语意为法堡。1960 年并入波密县。

曲陌镇　即今河北永年县（临洺关）东北四十四里曲陌乡。《清一统志·广平府二》“大徭镇”条下载：曲陌镇“旧皆有城，今圮”。

曲细县　北周置，属平桑郡。治所在今四川南江县西南长池场。隋开皇末改为长池县。

曲城县　西晋改曲成县置，属东莱国。治所在今山东招远市西西曲成。南朝宋属东莱郡。北魏分东境置东曲城县，因谓此为西曲城县。北齐并废。唐武德四年（621）复置，属莱州。六年（623）废。

曲柳戍　在今甘肃东乡族自治县西北。《十六国春秋辑补》卷71前凉录：东晋永和三年（347），赵将“麻秋又据枹罕，有众十二万，进屯河内，遣王擢略地晋兴、广武，越洪池岭，至于曲柳”。即此。

曲界市　即今广东徐闻县东北曲界镇。清宣统《徐闻县志》卷1：“武安市即曲界市，县东八十里。宁海司驻此。”

曲亭　在今河南修武县北。《后汉书·刘勋传》：“四迁尚书令。延熹中……尚书张敬……并封亭侯。”《清一统志·怀庆府二》：“后汉延熹二年，封尚书令张敬为山阳曲亭侯。”

曲亭山　又名皇甫山。即今安徽滁州市西皇甫山。《隋书·地理志》：江都郡清流县有曲亭山。《方舆纪要》卷29滁州：曲亭山“在州西六十里。俗呼皇甫山。南唐将皇甫晖与周兵战，尝屯此山中”。

曲亭镇　清置，属洪洞县。即今山西洪洞县东南二十二里曲亭镇。

曲逆　一作曲吾。战国燕邑，又曾属魏。在今河北顺平县东南二十里子城村。《水经·滱水注》引《竹书纪年》：“魏殷臣、赵公孙裒伐燕，还，取夏屋，城曲逆。”《战国策·齐一》：“赵可取唐、曲逆”皆此。秦置曲逆县。汉高祖过曲逆封陈平为曲逆侯。

曲逆水　又名濡水。即今河北顺平县南曲逆河。《汉书·地理志》曲逆县注引张晏曰：“濡水于城北曲而西流，故曰曲逆。”《水经·滱水注》：濡水“出蒲阴县西昌安郭南，其水自源东径其县故城南，枉渚回湍，率多曲复，亦谓之曲逆水也，……又东北径乐城南，又东入博水”。《清一统志·保定府二》：方顺河，“《旧志》：源出伊祁山，俗名祁水。曲折东流径县南，又东至满城县境曰方顺河。土人云：本名曲逆河，以其名不美，故改曲为方，改逆为顺”。

曲逆县　秦置，属恒山郡。治所在今河北顺平县东南二十里子城村。汉属中山国。《汉书·地理志》注引张晏曰：“濡水于城北曲而西流，故曰曲逆。”东汉章和二年（88）改名蒲阴县。

曲洧　春秋郑邑。在今河南扶沟县西南二十里汲下村。《左传》：成公十七年（前574），“公会尹武公、单襄公及诸侯伐郑，自戏童至于曲洧”。即此。西汉置新汲县于此。

曲胥县　西晋置，属九德郡。治所在今越南义安省境。南朝宋以后废。

曲峪镇　即今山西临县西南曲峪镇。《清一统志·汾州府》“三交镇”条下：曲峪镇“在县西。有戍”。

曲笑儿泽　即曲薛兀儿泽。在今蒙古国和林格尔东南。

曲部山　在今云南砚山县北维摩彝族乡西。《方舆纪要》卷115维摩州：曲部山“在州治（今维摩）西。中峰高耸，下有泉，流为溪，经州南数里，入于石窦。今山下有曲部驿”。

曲部驿　明洪武十七年（1384）置，属维摩州。在今云南砚山县北维摩彝族乡。

曲海　亦作屈海。即今青海省东部之青海湖。《寰宇记》卷188：乙佛敌“在吐谷浑北。国有屈海，周回千余里”。《方舆纪要》卷64西宁镇：曲海“在卫西北。……或云曲海即西海也”。按：西海即今青海湖。

曲家店　即今辽宁昌图县西北曲家店乡。民国《昌图县志》图：西北有曲家沟。丁文江《中华民国新地图》辽宁省昌图县：西北有曲家店。

曲陵县　西晋太康元年（280）改石阳县置，属江夏郡。治所在今湖北汉川市西北。南朝宋泰始六年（470）废。南齐复置，后又废。

曲陵郡　南朝梁置，治曲陵县（今湖北汉川市西北）。隋开皇初废。

曲硐镇　亦作曲洞。即今云南永平县南十里曲硐村。清同（治）光（绪）间及民国初，永平县曾两度迁治于此。

曲梁　春秋晋邑。在今河北永年县东南四十五里广府镇。《左传》：宣公十五年（前594），“晋荀林父败赤狄于曲梁”。即此。又，《左传》：襄公三年（前570），“晋侯之弟扬干乱行于曲梁”，亦此。西汉改置曲梁侯国。

曲梁县　①西晋改曲梁侯国置，属广平郡。治所在今河北永年县东南四十五里广府镇。北齐天保七年（556）废。

②北魏孝昌中析密县置，属荥阳郡。治所在今河南新密市东四十六里曲梁村。北齐废。《清一统志·开封府一》：曲梁废县，“按今（密）县东北有曲良保，盖故县之地。后人误梁为良耳”。

曲梁侯国　西汉宣帝封平千顷王子敬为曲梁侯国，属广平国。治所在今河北永年县（临洺关）东南广府镇。东汉属魏郡。三国魏为广平郡治。西晋改为曲梁县。

曲梁宫　即黄白城。在今陕西三原县东北十里。《水经·渭水注》：清水“径黄白城西，本曲梁宫也”。《元和志》卷1京兆府三原县：“秦曲梁宫，在县西南十五里黄白城内。”

曲宿尔　即曲水宗。在今西藏曲水县东北曲水。

曲隆宗　曾译穷隆、冲龙。治所即今西藏达孜县西南曲龙。“曲隆”，藏语意为凤凰沟。

曲堤（隄）镇　金置，属济阳县。即今山东济阳县东北三十里曲堤镇。昔名闻韶镇，有闻韶台，相传为孔子在齐闻韶处。

曲惹　在今西藏阿里地区札达县西北二百六十里，如雪藏布（帕里河）北岸。“曲惹”藏语意为山水。原属西藏阿里扎锡岗举巴扎仓管辖。1958年被印度军队侵占。

曲惠　即楚辉。今新疆和硕县东曲惠乡。清《林则徐日记》：道光二十五年（1845）二月初四日至曲惠，“有居民数十家，铺户数家”。

曲棘　春秋宋邑。在今河南民权县西北内黄集。《春秋》：昭公二十五年（前517），“宋公佐卒于曲棘”。杜注：“陈留外黄县城中有曲棘里。”

曲遇　聚名。在今河南中牟县东。《史记·曹相国世家》：“西击秦将杨熊军于曲遇，破之。”《续汉书·郡国志》：河南尹中牟县有曲遇聚。

曲塘镇　即今江苏海安县西南三十里曲塘镇。清属泰州，有把总驻守。

曲靖卫　明洪武二十年（1387）置，属云南都司。治所即今云南曲靖市。清康熙七年（1668）废。

曲靖市　1983年云南省曲靖县与沾益县合并，设立曲靖市。1997年撤销曲靖地区和县级曲靖市，设立地级曲靖市；原县级曲靖市分置麒麟区和沾益县，市人民政府驻麒麟区。

曲靖县　1913年废曲靖府，改附郭南宁县置，以府名为县名。后属云南滇中道。治所即今云南曲靖市。1916年直属云南省。1983年与沾益县合并建曲靖市。1997年撤销曲靖地区和县级曲靖市，设立地级曲靖市。

曲靖府　明洪武十五年（1382）改曲靖路置，属云南布政司。治所在南宁县（即今云南曲靖市）。辖境约当今云南曲靖、宣威二市及富源、罗平、马龙、陆良等县地。1913年废。

曲靖等路宣慰司　元世祖至元二十五年（1288）置曲靖等路宣抚司。二十八年升宣慰司兼管军万户府，属云南行省。于曲靖（即今云南曲靖市）置司。领曲靖、澂江、普安、普定等路及仁德府。辖境约当今云南东部和贵州西部地。明初废。

曲靖路　元世祖至元十三年（1276）改石城郡置，属云南行省。治所在南宁县（今云南曲靖市）。《元史·地理志》曲靖路：“居故曲靖州。”按元代误认为当地为唐代的曲州和靖州，因设曲靖路。辖境约当今云南曲靖、宣威二市及富源、罗平、马龙、陆良等县地。明洪武十五年（1382）改曲靖府。

曲溪　在今江苏盱眙县西南。《资治通鉴》：唐光启三年（887），“曲溪人刘金”归杨行密。胡注：“扬州盱眙县西南十里有曲溪。刘金，曲溪屯将也。”

曲溪县　1922年析建水县置，属云南蒙自道。治所在今云南建水县北八十里曲江镇。民国《曲溪县地志资料细目表》：“曲溪原曰曲江，以江水发源于玉溪，故名。”1929年直属云南省。1958年撤销，并入建水县。

曲溪堰　又名新河堰。在今江苏盱眙县西南十里。《资治通鉴》：五代周显德三年（956），“张永德奏败泗州兵万余人于曲溪堰”。即此。

曲溪墟　即今广东揭东县治曲溪镇。旧属揭阳县，1991年于此置揭东县。

曲漫山　今俄罗斯西伯利亚南部萨彦岭。唐黠戛斯部南界。唐段成式《酉阳杂俎》卷4：“坚昆部落，在曲漫山北。”突厥碑作Kögmän。又称贪漫山。

曲薛兀儿泽　一作曲笑儿泽、古泄兀儿。元汪罕夏季驻地之一。在今蒙古国和林格尔东南。

曲德寺　在今西藏吉隆县城南部。建于公元10世纪。寺平面呈东西向长方形，长60米，宽30米，建筑面积1800平方米。由前庭、门廊、主殿、塔殿及其他附属建筑组成。寺内存有早期壁画等文物。2001年将曲德寺和卓玛拉康及大唐天竺使出铭三组重要历史建筑及文物定为全国重点文物保护单位。

曲雕阿兰　在今蒙古国乌兰巴托东南，克鲁伦河上游。《元史·太宗纪》：太宗元年（1229）“秋八月己未，诸王百官大会于怯绿连河曲雕阿兰之地”。

曲濑镇　即今江西吉安县西曲濑乡。清光绪《庐陵县志》卷3：曲濑市“在县西南二十五里”。

团山　①亦名独山。在今北京市延庆县东北。《方舆纪要》卷17永宁县：团山在“县西北十五里。巍然独立。本名独山，县之主山也”。

②在今河北行唐县北。《方舆纪要》卷14行唐县：团山在“县北五十里。以山形团耸而名”。

③一名平山。在今辽宁凌海市南。明《辽东志》卷1：团山在“（锦州）城东南五十里”。《清一统志·锦州府一》：平山“在锦县（今锦州市）东南五十里，一名团山。上有土城”。《明一统志》以此为木叶山，误。

④在今山东淄博市博山城西南五里。清乾隆《博山县志》卷1称：团山“长屏如屏，顶圆凝重，故名”。

⑤在今湖北襄阳市襄城区西北。《宋史·扈再兴传》：“金人来自团山，势如风雨。再兴同孟宗政、陈祥分三陈，设伏以待。”

⑥在今湖北竹山县西北。《清一统志·郧阳府》：团山“在竹山县西一百里”。

团山子　即今黑龙江省饶河县。清为赫哲人居地。1925年饶河县移治于此。民国《吉林新志》下编：“饶河县，土名团山子。”

团山驿　明洪武初置，在今江西都昌县西南。《方舆纪要》卷84南康府都昌县：团山驿在“县西南一里”。

团山堡　①即今辽宁兴城市西南团山子。《清一统志·锦州府二》“杨安堡”条下：“团山堡在州西三十里，又西十里有仙灵寺堡。”

②在今广西平乐县东十五里。《方舆纪要》卷

107 平乐县：团山堡“其地有团山，因名”。

团风镇　北宋置，属黄冈县。即今湖北黄冈市北团风县。《方舆纪要》卷76黄冈县：团风镇“亦曰团风口。滨江要地也。正德中，刘六等倡乱于阳逻驿及团风镇”。明、清置巡司于此。

团州　唐置羁縻州，属巂州都督府。治所在今四川凉山彝族自治州布拖县南拖觉镇。后废。

团岛　在今山东青岛市西南，其颈与青岛相联属。清道光《胶州志》总图有“团岛”。

团陂镇　即今湖北浠水县北六十里团陂镇。民国设县佐于此。

团林站　即今吉林辉南县东北团林。沈吉铁路在此有支线至杉松岗。

团林铺　即今湖北荆门市南团林铺镇。清嘉庆《荆门直隶州》卷7《集镇》：正南，“团林铺，四十里”。

团林街　即今河北昌黎县东南二十五里团林乡。明弘治《永平府志》卷1里社：昌黎县有团林社。清同治《畿辅通志》卷49昌黎县图：东南有团林街。

团转汛　在今江西鄱阳县西鄱阳湖滨团转。清于此置团转汛。

团旺　即今山东莱阳市西南团旺镇。1949年五龙县由莱阳市南穴房庄迁治于此。

团罗堡　明置，属宣化县。在今广西南宁市邕宁区南团罗。《方舆纪要》卷110南宁府宣化县：团罗堡“在府南九十里……防广东灵山、钦州之寇”。

团河　又名团泊。在今北京市大兴区（黄村）东六里。清乾隆建行宫于此。《日下旧闻考》卷75：“团河之源旧称团泊，在黄村门内六里许，……团泊之流出苑墙为团河，又入凤河，又东南与永定河合。藉以荡涤淤浊，复同由大清河入海。”清高宗《团河行宫》诗曰：“团河本是凤河源，疏浚于旁筑馆轩。”诗内并有小字注称：“南苑水源有二。西北曰一亩泉，会凉水河由马驹桥达张家湾入运河者，北源也；西南曰团河，旧有七十二泉，又东南流，酾为凤河，涤永定河之浊，由大清河入海者，南源也。近岁以水源不畅，命加浚治。凡苑中疏剔新旧水泊二十余处，导北源者九，导南源者十有二。其团河前后新开水泊泉源畅达，清流溶漾，水汇而为湖，土积而为山，利用既宜，登览尤胜，因于其旁构筑行馆以供临憩。”

团宝寺　一作团宝寺场。即今湖北利川市东四十里团堡镇。清光绪《利川县志》卷7《坊市》：“县东四十里曰团宝市。”

团城　①在今北京市故宫西北北海公园南门西侧。初为辽、金御园一部分，时仅琼华岛（今琼岛）前水中一小屿。至元代，岛上建有仪天殿。元陶宗仪《南村辍耕录》卷21“宫阙制度”条载：“仪天殿在池中圆坻上。”明改仪天殿为承光殿，并在岛屿四周用砖砌成圆形城墙，因名团城。清康熙二十九年（1890）重建承光殿。殿内有一玉佛，相传为清末缅甸所赠。

②在今山西汾阳市西南团城村。北魏武定四年（546）置武昌郡治此。《元和志》卷13汾州孝义县：“团城，在县西北十八里。后魏筑以防稽胡。其城纡曲，故名团城。”

③即今山东沂水县城。西汉于此置东莞县。三国魏为东莞郡治。北魏为东徐州治。后又为南青州治。《水经·沂水注》：“沂水又东南径东莞县故城西，与小沂水合。孟康曰：县故郓邑，今郓亭是也。汉武帝元朔二年，封城阳共王子吉为东莞侯。魏文帝黄初中立为东莞郡。《东燕录》谓之团城。刘武帝北伐广固，登之以望五龙。魏南青州治。”《寰宇记》卷23沂水县：“县理城本汉东莞县城也，南燕于此置团城镇，去东安郡三十里。城隍圆，因名团城。隋开皇十六年于此置沂水县。”

④一名新城。在今河南原阳县东南。清乾隆《怀庆府志》卷4阳武县：团城“在县东南二十里。俗呼为新城。即曹操与袁绍相拒处”。

团城镇　北宋置，属巨鹿县。在今河北巨鹿县东北四十五里团城。《清一统志·顺德府二》：团城镇，“《旧志》：民居环绕如团，故名”。

团柏谷　在今山西祁县东二十五里南北团柏村。《资治通鉴》：五代唐清泰三年（936），“以右神武统军康思立为北面行营马军都指挥使，帅扈从骑兵赴团柏谷”。

团柏堡　即今山西汾西县东南团柏乡。《清一统志·平阳府一》“神符堡”条下：团柏堡“在县南”。

团柏镇　金置，属祁县。在今山西祁县东二十五里南团柏、北团柏村。

团亭湖　亦名团湖、独山湖。在今安徽桐城市东南白兔湖、菜子湖一带。《寰宇记》卷125桐城县：“团亭湖与白石湖相连。在县南六十里……湖中出两小山，亭亭峻险，白石皎焉。二水相连，遂为团亭、白石之号。”《清一统志·安庆府一》：独山湖“在县南六十里。水出白兔河，达枞阳，盖即古团亭也”。

团圆山　在今山西石楼县西北。《寰宇记》卷48石楼县：“团圆山在县西北三十里。东西一百八里。其山顶高而团圆。”

团湖山　在今江西万年县西南。《清一统志·饶州府一》：团湖山“在万年县（今青云镇）西南，接余干、安仁二县界。其下有团湖坪，宋末张孝忠与元兵战死于此”。

团湖坪　在今江西万年县西南。《方舆纪要》卷85饶州府安仁县：团湖坪“在县北。宋末张孝忠与蒙古战于此，力竭死之”。

团溪　即今贵州遵义县（南白镇）东南团溪镇。清道光《遵义府志》卷6遵义县：团溪水在“城南八十里”。

因远山　在今云南元江哈尼族彝族傣族自治县西四十里。《明一统志》卷87元江军民府：因远山“下有泉，为仲夷溪，分溉田亩，东流入礼社江”。

因远罗必甸长官司　明洪武十八年（1385）置，属元江府。治所在今云南元江哈尼族彝族傣族自治县西南五十四里因远镇。嘉靖中改奉化州。

因远驿　明置，属元江直隶州。在今云南元江哈尼族彝族傣族自治县西南因远镇。

因远部　宋大理置，属威楚府。在今云南元江哈尼族彝族傣族自治县西南五十四里因远坝子。明《寰宇通志》卷113元江府：因远山“在府城西四十里”。元属元江路。明改因远罗必甸长官司。

因村镇　即今河北元氏县北二十里因村镇。清同治《畿辅通志》卷50元氏县图：北有因村镇。

因沁屯　清置，在今黑龙江省齐齐哈尔市西北音钦屯。清西清《黑龙江外记》卷2：“齐齐哈尔西北四十里，有喀喇屯，……屯稍北即因沁屯，旧时楚勒罕在此。”

因沁插汉池　在今内蒙古科尔沁右翼中旗东南。《清一统志·科尔沁》：合河“蒙古名和尔。……又东经右翼前旗、后旗地，入因沁插汉池”。

因忠郡　唐天宝元年（742）改巩州置，治所在今四川珙县南罗渡苗族乡（罗星渡场）。辖境相当今四川珙县南部地。乾元元年（758）复为巩州。

因城县　北魏置，属上郡。治所在今陕西甘泉县西北阎家沟。隋属延安郡。唐武德二年（619）改名金城县。

因阁县　唐贞元十三年（797）置，属羁縻浪川州。治所在今四川金阳县西南。后废。

回（迴）万山　在今重庆市大足县东三十里。《方舆纪要》卷69大足县：回万山“山势高耸，诸山回顾”。

回山　①在今湖北黄石市东南西塞山区。《舆地纪胜》卷33兴国军：“回山，在大冶东五十里西塞山之右。山有异泉及飞云洞。”《方舆纪要》卷76大冶县：西塞山“山之右又有回山。其西为飞云三洞，称奇胜”。

②亦名回中山、宫山。在今甘肃泾川县西。《元丰九域志》卷3：泾州保定县有回山。

回马谷水　即今山西太谷县东南之乌马河。《清一统志·太原府一》：回马谷水“在太谷县东南二十五里。源出辽州榆社县黄花岭，东经太谷县东南回马谷，因名。一名回马河，又名五马河。经祁县界，至文水县东四十里，入汾”。

回（迴）马岭　古称石关。又名天关。在今山东泰安市泰山腹中。《宋史·礼志七》：“回马岭至天门路峻绝。”清聂钕《泰山道里记》：“自水帘洞坊至回马岭坊，凡七里。过此马不能登矣。”

回（迴）车戍　在今陕西凤县南。《寰宇记》卷134梁泉县：“回车戍，在县南一百六十六里。梁太清五年，西魏遣雍州刺史达奚武为大都督及行台杨宽率众七万，由陈仓路取回车戍，入斜谷关，出白马道，谓此也。”

回车城　在今河北赞皇县南，南、北回车村。《魏书·地形志》赵郡房子县：有“回车城”。《方舆纪要》卷14赞皇县：回车城在“县南十里。……《寰宇记》云，回车城李左车所筑也。亦曰左车城，其旁有韩信将台”。

回车巷　在今河北邯郸市内。清光绪《畿辅通志》卷162：回车巷，“相传蔺相如引车避廉颇于此”。

回车馆　在今江西上饶市。《方舆纪要》卷85广信府上饶县：回车馆“在城西南隅。宋皇祐二年，晋陵张衡为郡守，作驿曰饶阳，宅曰回车，后合为饶阳驿。元至正二十四年徙于县西，改名葛阳驿。明朝洪武十四年迁于今所。《志》云，驿在今府南一里”。

回中　在今甘肃华亭县（东华镇）附近。《史记·秦始皇本纪》：二十七年（前220），“始皇巡陇西、北地，出鸡头山，过回中焉”。《后汉书·来歙传》：建开八年（32），歙与征虏将军祭遵袭略阳，遵道病还，“分遣精兵随歙，合二千余人，伐山开道，从番须、回中，径至略阳，斩嚣守将金梁，因保其城”。

回中山　即回山。在今甘肃泾川县西。《明一统志》卷3平凉府：回中山“在泾州西五里，上有王母宫”。相传周穆王、汉武帝先后游此。山麓有碑，文曰古瑶池降王母处。

回中宫　秦筑。在今甘肃华亭县（东华镇）附近。《史记·匈奴列传》：汉文帝十四年（前166），“匈奴单于十四万骑入朝那萧关，杀北地都尉卬，……遂至彭阳，使奇兵入烧回中宫，候骑至雍、甘泉。”

回中道　即关中平原通往陇东高原的交通要道。南起千河河谷，北出萧关抵清水河谷，途中经古回中宫。《汉书·武帝纪》：元封四年（前107），“行幸雍祠五畤。通回中道，遂北出萧关”。《后汉书·来歙传》：建武八年（32），来歙“伐山开道，从番须、回中径至略阳”，以攻隗嚣。皆此。

回水　即曲水。在今辽宁喀喇沁左翼蒙古族自治县南大凌河两源会合处。《资治通鉴》：东晋咸康二年（336），“（段）辽别遣段兰将步骑数万屯柳城西回水”，即此。

回（迴）水场　亦名回水铺、回龙镇。即今四川中江县东回龙镇。清嘉庆《四川通志》卷89中江县：回水铺“在县东二十里”。

回（迴）风矶　①即今江西九江市东北长江南岸回风矶。《方舆纪要》卷87九江府：回风矶“舟楫至此俱转蓬避风，因名”。

②一名回龙矶。在今湖北浠水县西南五十里长江边。南宋陆游《入蜀记》：“过回风矶，无大山，盖江滨石碛耳。然水急涌，舟过甚艰。”

回（迴）风岭　在今海南省三亚市西北。《明一统志》卷82崖州：回风岭“在崖州（治今崖城镇）东一百二十里。以飓风不过此岭而名”。

回（迴）心石　在今陕西华阴市南华山下。为登山之初步，仰视千仞峭壁，性怯者即此裹足。当道石刻“回心石”三字。清光绪《华岳志》卷1：

回心石“路有斜削绝壁，攀镮自此始，登者畏险辄还，故曰回心，镌有‘英雄进步并当思父母’字”。

回（迴）引站　元驿站。在今内蒙古鄂温克族自治旗西南辉河旁。元《析津志》“天下站名”吉答（今黑龙江省龙江附近）正西第十一站。

回（迴）龙厂　即今云南兰坪白族普米族自治县西北六十四里回龙。清乾隆于此开回龙厂采银。今遗址尚存。

回龙山　①在今四川西充县北。《方舆纪要》卷68西充县：回龙山“在县北三十里。耸翠嵯峨，萦回盘绕”。

②在今重庆市石柱土家族自治县东北三河乡大河村。《清一统志·石砫厅》：“秦良玉墓在厅东十五里回龙山。”明弘治八年（1495）建三教寺（儒佛道），由藏经楼、三清殿、玉皇殿、大佛殿组成，寺外为秦良玉及马氏土司后裔墓。

回（迴）龙山街　即今湖北黄冈市东北四十二里回龙山镇。清光绪《黄冈县志》卷24《兵事》：同治三年（1864）十月，张总愚、赖文光等“复由巴河、回龙山、新洲焚掠北去”。

回（迴）龙寺市　即今湖南新宁县东北八十六里回龙寺镇。清光绪《湖南通志》卷1新宁县图：县东北有新回龙寺。

回（迴）龙场　①即今重庆市梁平县西南回龙镇。清光绪《梁山县志》卷3：回龙场在“县西九十里”。

②即今四川营山县西北回龙镇。清同治《营山县志》卷4：回龙场在“治西三十里。通蓬州徐家场大道，曾设驿站，驰递文报”。

回龙江　①在今广西陆川县北。明万历《广西通志》卷5陆川县：回龙江在“县北十五里。桥林、高岭二水合流，出新仓，通廉州”。

②在今贵州惠水县西南二十里余。《方舆纪要》卷121定番州：回龙江“在（金石番长官）司东南，流入都泥江”。

回龙铺　一作迴龙桥市。即今湖南宁乡县西南回龙铺镇。清嘉庆《宁乡县志》卷3：迴龙桥市“在县西三十里”。

回（迴）龙寨　在今江西兴国县东北方山佛岭。《清一统志·赣州府二》：回龙寨“在兴国县东北方山佛岭。明置巡司，本朝乾隆三十年裁”。

回龙镇　①即今河北魏县东南回隆镇。《清一统志·大名府》：回龙镇“在大名县西南六十里，接内黄县界。相传宋真宗北征时，回銮经此”。

②即今山西交口县东南回龙乡。《清一统志·隰州》“义泉镇”条下：“又有回龙镇，俱有堡。”

③即今广东东源县西新回龙镇，西近龙门县界。清雍正《广东通志》卷18：河源县有回龙镇墟。

回（迴）乐县　北魏置，为灵州普乐郡治。治所在今宁夏吴忠市北。隋为灵武郡治。唐为灵州治。宋入西夏废。

回头岭　①在今湖北崇阳县东。《方舆纪要》卷76崇阳县：回头岭“在县东二十三里，道出通山县”。

②在今广西环江毛南族自治县南。《方舆纪要》卷109思恩县：回头岭“在县南三里。山势回顾县治”。

回团山　在今广西宁明县东南。《方舆纪要》卷111思明府：回团山在“府治（今明江镇）西南十里。以山势盘旋而名”。

回回墓　故址在今甘肃玉门市东。《明史·西域传二》：“出嘉峪关西行二十里曰大草滩，又三十里曰黑山儿，又七十里曰回回墓。”即此。

回（迴）州　唐贞观四年（630）于回乐县境置，治所当在今宁夏吴忠市境。十三年（639）废。

回军岭　在今江西赣县东。《方舆纪要》卷88赣州府赣县：回军岭在“府东四十里。相传黄巢犯境，里人御却之，因名”。

回坑　即回溪阪。在今河南陕县东南雁岭关东南。

回村　在今山东章丘市北绣惠镇北之女郎山北。即汉之阳丘城。

回（迴）岐山　在今广东清远县西南，与三水市接界。《方舆纪要》卷101广州府清远县：回岐山“在县西南八十里。古名观岐，高耸数十仞，逶迤环抱，有回顾县治之状。下有岐水。回岐驿设于此”。

回（迴）岐司　即今广东清新县西南太平镇。明、清于此置回岐巡司。

回（迴）岐驿　明置，属广州府清远县。在今广东清远市西南下回岐。

回（迴）岐寨　即今广东清远市西三十里太平镇。明洪武二年（1369）置迴岐巡司治此。

回驴岭　在今安徽黄山市黄山区太平湖西端南岸。旧属石埭县。明嘉靖《池州府志》卷1：回驴岭“在县西十里。相传罗隐跨驴访杜荀鹤，抵岭相值而返”。

回舍镇　即今河北平山县西东回舍镇。《清一统志·正定府二》：回舍镇“在平山县西二十里，有土城。明嘉靖二年筑，周二里，外有濠”。

回河　在今湖北天门市东北。《方舆纪要》卷77景陵县：回河在“县东北七十五里。自府北池河分流经此，又东南，入于沔水”。

回河镇　①金置，属济阳县。即今山东济阳县西南二十里回河镇。

②金置，属堂邑县。当在今山东聊城市西堂邑镇附近。

回城　在今陕西陇县西北四十里，回中道经北。《续汉书·郡国志》汧县：“有回城，名回中。”

回（迴）城山　在今江西永修县西南。《明一统志》卷52南康府：回城山“在建昌县（治今艾城）西五十里。中有高峰，峨然如城郭”。《清一统志·南康府一》：回城山“在建昌县南四十五里。山势回环，列嶂如抱。上有圣水塘，常盈不竭”。

回星城　在今河北井陉县西南。《魏书·地形志》常山郡井陉县：“有回星城。”《方舆纪要》卷14井陉县：“县西南二十五里有灵真城。《志》云：韩信伐赵时筑。魏收《志》，井陉县有回星城，即此城。《邑志》：县西三里新教场，即古回星城，以在回星河侧而名。恐误。”

回（迴）洛仓　隋大业二年（606）建，在今河南洛阳市隋唐故城北七里。《隋书·李密传》：“仓城周回十里，穿三百窖。”义宁元年（617），李密遣瓦岗军“袭回洛仓，破之”。

回洛城　在今河南孟津县老城东。《北齐书·万俟洛传》：东魏元象元年（538），与西魏战于北邙，东魏兵败，“诸军北渡桥，洛以一军不动，西人畏而去。高祖以雄壮，名其所营地为回洛城”。《资治通鉴》：唐武德三年（620），秦王李世民讨王世充，遣“怀州总管黄君汉自河阴攻回洛城”。即此。

回获（獲）县　西汉置，属北地郡。当在今甘肃庆阳市境。东汉废。

回顾山　在今广西天峨县西南。《方舆纪要》卷111程县：回顾山在“县东五十里”。

回涛堤　在今广西桂林市城区东南。《新唐书·地理志》临桂县：“东南有回涛堤，以捍桂水。”《寰宇记》卷162临桂县：“回涛堤在城东南十五步桂江西岸，水自岭南流桂岭，去州二百余里，水势极高，每年三月至五月大水瀑涨，淹浸城池。唐贞元十四年刺史王拱筑，此堤长五百四十步，以捍水势，居民免垫溺之患。”

回浦县　西汉始元二年（前85）置，属会稽郡。为会稽南部都尉治。治所在今浙江台州市椒江北岸之章安镇。东汉初改名章安县。

回宾亭　在今江苏镇江市东。《梁书·武帝纪》：大同十年（544），帝至京口，“幸回宾亭，宴帝乡故老及所经近县奉迎候者少长数千人”。即此。

回隆镇　即今河北魏县西南回隆镇。旧属内黄县，明于此置回龙庙巡司。《方舆纪要》卷16魏县：回隆镇“在县西南六十里。隆，亦作龙。相传宋真宗北征时，回銮经此，因名”。

回雁峰　在今湖南衡阳市南一里。为衡山七十二峰之首。《方舆胜览》卷23衡州：回雁峰“在衡阳之南。雁至此不过，遇春而回，故名。或曰，峰势如雁之回”。

回跋城　辽建，在今吉林辉南县东北之辉发城镇附近。《辽史·康默记传》：“已下城邑多叛，默记与阿古只平之。既破回跋城，归营太祖陵。”

回谢岭　在今湖南平江县北七十五里。《方舆纪要》卷77平江县：回谢岭“巉岩峻拔，路出巴陵，行者病其险隘。正德中开凿，遂为通道”。

回（迴）廓镇　一名回郭镇。清置，属巩县。即今河南巩义市西南三十一里回郭镇。

回溪（谿）阪　一作回溪。俗名回坑。在今河南陕县东南雁岭关东南。《后汉书·光武纪》：建武三年（27），“邓禹及冯异与赤眉战于回溪，禹、异败绩”。又《冯异传》：“异弃马步走上回谿阪，与麾下数人归营。”李贤注：“回谿，今俗所谓回坑，在今洛州永宁县东北。其谿长四里，阔二丈，深二丈五尺也。”

回鹘衙帐　即唐回鹘可汗宫城，在今蒙古国鄂尔浑河上游西岸哈剌巴尔戛逊。《新唐书·回鹘传》：天宝三年（744），骨咄禄毗伽阙可汗骨力裴罗“南居突厥故地，徙牙乌德鞬山、嗢昆河之间”。裴罗死，子磨延啜立，号葛勒可汗。突厥文磨延啜可汗碑载：“兔年（751），在乌德鞬山，……我让人建造了宫殿。”“我在嗢昆河与Baliqligh河汇合处，在那里我让人建立了汗宫”。

回銮寺　在今山西介休市西南四十里兴地村附近的绵山脚下。原名空王灵溪寺。唐太宗欲登绵山礼佛，至此回銮。后僖宗赐名“回銮寺”。五代时遭兵火，北宋建隆三年（962）重建，敕名兴国寺。金天会至大定年间于故基重建。大殿明间脊檩襻间枋下有“大元国至大元年岁次戊申二十七日壬午丁未时重建”题记，明清均有修葺。寺内现存山门、天王殿、大雄宝殿及东西配殿等。其主体建筑大雄宝殿保存着元代结构手法。

回銮镇　北宋置，属洪雅县。在今四川洪雅县东南四十里。

回踵湖　在今浙江绍兴市东。《宋书·谢灵运传》：“会稽东部有回踵湖，灵运求决以为田”，即此。《清一统志·绍兴府》作“回涌湖”，曰：“在会稽县东四里。相传马臻筑塘以防若耶溪水，溪水暴涌，抵塘而回，故名。”

回蹬山　在今云南禄丰县西。《清一统志·楚雄府》：回蹬山“在广通县（今广通镇）西十五里。相传阁罗凤侵柘东城至此，雷雨天昏，其下劝之回，因名”。

回蹬关　在今云南禄丰县西回蹬山上。《清一统志·楚雄府》：回蹬关巡司“在广通县（今广通镇）西十五里。元末红巾陷中庆，梁王奔威楚，求救于大理，段功率兵攻红巾古田等，追至回蹬关，大破之，即此地”。明、清置巡司于此。

回疆　一称回部。清代对新疆天山南路的通称。因天山南路为维吾尔族所聚，清代称维族为“缠回”，故名。

回霸部　亦作回跋、回怕里、回怕川、晦发川。辽代女真部落之一。分布于今吉林桦甸、辉南等市县境之辉发河流域。《辽史拾遗》卷18引无名氏《北风扬沙录》：“自咸州东北分界八室口至束沫江中间所居之女真，隶契丹咸州兵马司，与其国往来无禁，谓之回霸。合苏款者，熟女真也。回霸者，非熟女真，亦非生女真也。”

同口　即今河北安新县西南同口镇。清同治《畿辅通志》卷47安州图：东南有同口村。

同口站　元置，即今湖北襄阳市襄城区南潼口。元

《析津志》天下站名："襄阳汉江水路：新城、同口。"清名潼口。《清一统志·襄阳府三》：潼口"在襄阳县南五十里。当南北要路"。

同山 一名童山。在今河南浚县西南。《水经·淇水注》："一水径土军东，分为蓼沟，东入白祀陂，又南分，东入同山陂。"《隋书·地理志》：卫县"有同山"。《方舆纪要》卷16浚县："相传武王伐纣，诸侯会同于此，因名。"

同川县 唐武德三年（620）改三泉县置，属庆州。治所即今甘肃庆城县西桐川乡（党崾岘）。《元和志》卷3同川县："因同川城为名。"北宋乾德二年（964）并入安化县。

同戈驿 即同涡驿。在今山西清徐县东三十里同戈站村。《清一统志·太原府》：同戈驿"在徐沟县北关外西隅，即洞涡字之讹也"。

同水 即今江西吉水县西北同江河。《方舆纪要》卷87临江府新喻县：同水在"县西八十里。自分宜县之同村合岭东流入县界，又南流一百八十里入吉安府安福县界，达于泸溪（赣江）"。

同仁县 1929年析循化县置（1931年批准），属青海省。治所在保安城（今青海同仁县北保安镇）。后迁治隆务寺（今同仁县治隆务镇）。"同仁"藏语称"热贡"，意为金色的谷地。

同心山 在今四川富顺县东。《寰宇记》卷88富顺监："同心山在城东五里。"《舆地纪胜》卷167富顺监：同心山，"《图经》：在监东七里。尖峰上有古木一株，迥然众山中。元祐、绍圣间，邦人吕霆、吕造读书其上，俱以文显，因以得名，盖取二人同心之义"。

同心场 即今四川金堂县东南五十里淮口镇西九龙一带。与淮口镇隔江相望。从西魏以来，为县、军、州治地。清嘉庆《金堂县志》卷1："金渊西魏置，金水唐置，怀安宋置，怀州元置，故城在今县治东南八十里同心场。基址、濠堑，犹有存者。"

同心县 1938年改豫旺县置，属宁夏省。治所即今宁夏同心县。以同心城为名。1954年属甘肃省。1958年属宁夏回族自治区。

同心城 俗名半个城、同心堡城。即今宁夏同心县（同心镇）。清王定安《湘军纪》卷18："回酋马光明自固原东北窜同心城，桂锡桢却之。"即此。

同心清真大寺 俗称大寺。在今宁夏同心县城西南隅高地上。明初改元喇嘛教寺庙而成。清乾隆五十六年（1791）和光绪三十三年（1907）两次重建。为宁夏现存规模宏大、历史悠久的伊斯兰教寺院。系阿拉伯建筑与中国古建筑风格融为一体的伊斯兰教寺院。1988年定为全国重点文物保护单位。

同心堡城 即今宁夏同心县。《清一统志·宁夏府二》：同心堡城"在灵州西南二百九十里。城周二里。今设守备驻防"。

同正县 1914年改永康县置，属广西镇南道。治所在今广西扶绥县北中东镇。1928年直属广西省。1951年撤销，并入扶绥县。

同乐县 又作铜乐。西晋太康末年置，属建宁郡。治所在卤昌城（今云南陆良县南三里旧城）。南齐为建宁郡治。隋为南宁州总管府驻地。唐武德元年（618）属南宁州。贞观八年（634）属郎州，开元五年（717）复属南宁州。天宝后废。

同乐园 即西园。为金中都御园。在今北京市广安门外西南青年湖公园一带。《大金国志》载："西至玉华门，曰同乐园。若瑶池、蓬瀛、柳庄、杏村皆在于是。"

同乐铺 亦作铜铄铺。即今重庆市涪陵区西南同乐乡。清同治《重修涪州志》卷1：长滩里有铜铄铺。民国《续修涪州志》作同乐镇。

同轨城 在今河南洛宁县东北杨坡乡城头村。西魏置同轨防于此。《周书·裴宽传》："大统五年，授都督同轨防长史。"隋开皇初熊耳县和唐初永宁县皆曾移治于此。《资治通鉴》：唐宝应元年（762）十月，讨史朝义、仆固怀恩等，"军于同轨"，即此。

同轨郡 北周置，治所在熊耳县（今河南洛宁县东北）。隋开皇三年（583）废。

同师 古地名。在今云南西部澜沧江与怒江之间。《史记·西南夷列传》："自同师以东北至叶榆，名为巂、昆明。"

同光县 隋大业三年（607）改昭越县置，属淮安郡。治所在今河南泌阳县东北。

同庆府 南宋宝庆三年（1227）升成州置，治所在同谷县（今甘肃成县）。辖境相当今甘肃成县地。元复为成州。

同并县 西汉元鼎六年（前111）置，属牂柯郡。治所在今云南弥勒县城附近。三国蜀建兴三年（225）属建宁郡。西晋咸宁五年（279）废。东晋哀帝时复立，仍属建宁郡。南朝梁末废。

同州 ①西魏废帝三年（554）改华州置，治所在武乡县（今陕西大荔县）。隋大业三年（607）废。唐武德元年（618）复置，治所在冯翊县（今陕西大荔县）。辖境相当今陕西大荔、合阳、韩城、澄城、白水等县市地。《元和志》卷2同州："《禹贡》云，'漆、沮既从，澧水攸同'，言二水至此同流入渭，城居其地，故曰同州。"元初省冯翊县入州，属奉元路。清雍正初升为直隶州，十三年（1735）升为同州府。

②辽置，治所在东平县（今辽宁开原市南中固镇）。辖境相当今辽宁开原、铁岭二市部分地区。金废。

同州府 清雍正十三年（1735）升同州置，属陕西省。治所在大荔县（今陕西大荔县）。辖境相当今陕西韩城市以南，白水、蒲城二县以东，华县、华阴市以北地。1913年废。

同州宫 在今陕西大荔县城内。《清一统志·同州府》引《旧志》称："西魏太师宇文泰故居。泰以同州扼关河之险，既专政，犹恒居此。闵帝受魏禅，谓之同州宫。明帝有《幸同州故宫》诗。大象二年，改名天成宫。”

同江口 一作通江口，又名通江子。即今辽宁昌图县西南四十五里通江口乡。《清史稿·地理志》昌图府：“同江口同知，宣统二年改经历。同江口距辽河上游，商船荟萃。”

同江水 在今江西吉水县西北。《方舆纪要》卷87吉安府吉水县“南溪水”条下：同江水“亦在县西北六十里。源出袁州府分宜县，其间有枫子江、柿陂河、胡石水，皆会流入于赣江”。

同江市 1987年撤销黑龙江省同江县，改设同江市，市人民政府驻同江镇。由佳木斯市代管。

同江县 1914年改临江县置，属吉林省依兰道。治所在拉哈苏苏（今黑龙江省同江市）。据《地学杂志》1914年第2期载《拟改各省重复县名呈文并批》称：“松花、黑龙两江，至县拉哈苏苏地方合流，为混同江。”故名。1928年直属吉林省。1945年划归合江省。1949年裁入富锦县。1959年划归抚远县，1966年复置同江县，属黑龙江省。1987年改设同江市。

同江郡 北周改临江郡置，属和州。治所在乌江县（今安徽和县东北乌江镇）。隋开皇初废。

同安县 ①西晋太康三年（282）置，属晋安郡。治所即今福建厦门市同安区。西晋末废。唐贞元十九年（803）析南安县南界置大同场。五代闽永隆元年（后晋天福四年，939）复置同安县，属泉州。元属泉州路。明、清属泉州府。1913年属福建南路道。1914年属厦门道。1928年直属福建省。1996年撤销同安县，改设厦门市同安区。

②隋开皇十八年（598）改枞阳县置，属熙州。治所即今安徽桐城市。大业初属同安郡。唐属舒州，至德二年（757）改为桐城县。

同安郡 隋大业三年（607）改熙州置，治所在怀宁县（今安徽潜山县）。辖境相当今安徽安庆、潜山、岳西、怀宁、宿松、太湖、望江、桐城、枞阳等市县地。唐武德四年（621）改为舒州，天宝元年（742）复为同安郡，至德二年（757）改为盛唐郡。

同安监 北宋熙宁八年（1075）置，铸铜钱。在今安徽怀宁县（高河镇）东南。

同安海口 在今越南东北部广宁省鸿基沿海一带。《安南弃守本末》：永乐五年（1407）于“同安县之同安海口”设巡司。

同安堡 北宋置，属西安州通安砦。在今甘肃会宁县北。

同安墟 即今广西平乐县东南八十里同安镇。清光绪《广西舆地全图》平乐县图：东南有同安墟。

同安寨 北宋置，即今江西黎川县西南五十五里宏村镇。元、明、清置巡司于此。

同孝山 ①即楚王山。在今江苏徐州市铜山区西二十五里楚王山。《水经·获水注》：“获水又东径同孝山北。山阴有楚元王冢，上圆下方，累石为之，高十余丈，广百许步，经十余坟，悉结石也。”今山北坡有楚元王墓。

②在今安徽萧县西北黄口镇南。《水经·获水注》：“萧县南对山，世谓之萧城南山也。戴延之谓之同孝山，云：取汉阳城侯刘德所居里名目山也。”

同劳县 西汉元封二年（前109）置，属益州郡。治所在今云南陆良县西。三国蜀建兴三年（225）属建宁郡。东晋后废。

同里镇 即今江苏吴江市东同里镇。元、明、清置巡司于此。《方舆纪要》卷24苏州府吴江县：同里镇“在县东十五里。唐初名铜里，宋改今名。……《志》云：明初，同里商民辏集，置税务局于此，寻废。今有巡司为县东之藩蔽”。

同谷县 西魏恭帝时改白石县置，为广业郡治。治所即今甘肃成县。隋初属康州，大业初属河池郡。唐初为西康州治。贞观初州废，属成州。宝应初没入吐蕃。咸通十三年（872）复置，为成州治。元至元七年（1270）省入成州。

同谷郡 唐天宝元年（742）改成州置，治所在上禄县（今甘肃礼县西南）。辖境相当今甘肃礼县、成县、西和三县地。乾元元年（758）复改为成州。

同怀铁路 从今山西大同至怀仁县小马营涧煤矿。长30余公里。与京绥铁路（今京包线）相衔接。

同冶集 即今河北鹿泉市东南铜冶镇。明嘉靖《获鹿县志》卷2：同冶集“在城南三十里”。

同昌县 ①北周改平州县置，属遂宁郡。治所即今四川平昌县。隋开皇九年（589）改为归仁县。

②西魏废帝元年（552）置，为封统郡治。治所在今四川九寨沟县南白水江东岸安乐镇。隋属同昌郡。唐武德元年（618）为扶州治。天宝元年（742）为同昌郡治。乾元元年（758）复为扶州治。广德后没入吐蕃。遗址尚存。

③辽置，为成州治。治所在今辽宁阜新蒙古族自治县西北。金隶川州，后属懿州，泰和四年（1204）改属义州。元世祖至元六年（1269）废。

同昌郡 ①北周天和元年（566）讨浑胡置，属覃州。治所在通轨县（今四川黑水县北）。寻改为覃川荣乡二郡。

②隋大业三年（607）改扶州置，治所在尚安县（今四川九寨沟县西北）。辖境相当今四川九寨沟县及松潘县北，若尔盖东，甘肃迭部县南，舟曲县以西地区。唐武德元年（618）复为扶州，移治同昌县（今四川九寨沟县白水江东岸）。天宝元年（742）复改为同昌郡。乾元元年（758）又改为扶州。

同罗水 今蒙古国色楞格省东南哈拉河。《隋书·铁勒传》：独洛河北有同罗部。唐杜佑《通典》卷199：“多览葛，在［薛］延陀东界，居同罗水。”突厥文碑作 Tongra。今哈拉河在土拉河北，其上游名通格勒河，即古同罗水名称的遗留。隋唐时的同罗水应指今哈拉河全流。

同罗关 即铜锣关。在今安徽金寨县西南境。《方舆纪要》卷50商城县："同罗关在县东南百四十里，亦接罗田县界。与罗田险要相同，故名。"

同罗部　隋、唐铁勒十五部之一。在今蒙古国色楞格省东北。《新唐书·回鹘传·同罗》：同罗"在薛延陀北，多览葛之东，距京师七千里而赢"。唐贞观二十一年（647）于此置龟林都督府。天宝末安禄山叛乱，劫同罗兵用之，号"曳落河"。曳落河，犹言健儿。

同和县　北周保定元年（561）置，属同和郡。治所在今甘肃岷县东北梅川镇文斗村。宣政元年（578）改名和政县。

同和郡　西魏改临洮郡置，治所在溢乐县（今甘肃岷县）。隋开皇三年（583）改名岷州。

同波堡　北宋置，属廓州。在今青海化隆回族自治县西黄河北岸。《宋史·地理志》廓州：同波堡"东至廓州巡检界二十里，西至肤公城界一十五里，南至黄河不及里，北至肤公城一十五里"。后废。

同宜耀县　1941年8月革命根据地由同官、宜君、耀县三县析置，治所在陈家楼子（今陕西铜川市耀州区西北柳林镇）。因三县各取首字为名。1943年4月撤销，并入淳耀县。

同官川　即今陕西铜川市漆水河。源于铜川市北柳林沟，南流折西南至耀州区会沮河。《资治通鉴》：东晋太元九年（384），"后秦军中无井，秦人塞安公谷，堰同官水以困之"。《清一统志·西安府一》："按铜官水在西，漆水在东，至县东北合流。《水经注》止有铜官水。《寰宇记》始分著漆水。今则下流通名为漆水矣。"

同官县　北周建德四年（575）改铜官县置，属宜君郡。治所即今陕西铜川市（耀州区）北城关。隋属京兆郡。唐属京兆府。五代梁改属同州。后唐属耀州。明属西安府。民国初属陕西关中道。1928年直属陕西省。1946年改为铜川县。

同官峡　亦作同冠峡。在今广东阳山县南。《舆地纪胜》卷92连州：同冠峡，"韩文次同冠峡诗云：今日是何朝，天晴物色饶，落英千尺堕，游丝百丈飘……注云：公赴阳山时作"。《清一统志·连州》：同官峡，"俗呼为晾纱峡。转一曲，为同官口。口有洞曰玲然洞，洞中有广厦数间。韩愈有《游同官峡》诗"。

同官站　元置，即今湖南望城县西北铜官镇。明废。

同官银场　北宋置，属桂阳县。在今广东连州市南。《清一统志·连州直隶州》：银场"一在州南同官峡"。

同居镇　在今河北黄骅市西北四十六里同居村。清设严镇盐场于此。《清一统志·天津府二》："严镇场，在同居镇，俱属沧州。"

同城守捉城　在今内蒙古额济纳旗（达来呼布镇）东南。《新唐书·地理志》甘州删丹县：张掖河"傍河东壖屈曲东北行千里，有宁寇军、故同城守捉也，天宝二载为军"。

同冠峡　即同官峡。在今广东阳山县南。唐韩愈有《游同冠峡》诗。

同泰寺　南朝梁大通年间建。故址在今江苏南京市内鸡鸣寺及迤西北极阁一带。《梁书·武帝纪》：中大通元年（529），"舆驾幸同泰寺，设四部无遮大会，因舍身"。梁武帝萧衍曾三次舍身同泰寺。

同起县　北周置，属南宁州。治所在今云南嵩明县南二十六里杨林镇。唐贞观八年（634）属郎州，开元五年（717）复属南宁州。后升为威州。

同夏县　南朝梁大同元年（535）升武帝出生地同夏里为县。治所在今江苏南京市东十五里。陈属建兴郡。隋废。

同峺　今广西南丹县西南罗富乡同贡村。清光绪三十年（1904），陆荣廷追破陆三于此。

同笋汛　清置，属广顺州。即今贵州长顺县西十五里筒笋村。旧有把总驻守。

同家堡　北宋置，属德顺军。即今甘肃静宁县西南屯家堡。

同宾县　1914年改长寿县置，属吉林省滨江道。治所即今黑龙江省延寿县。1928年直属吉林省。1929年改名延寿县。

同冢（塚）　在今湖北汉川市西北桐冢镇。《方舆纪要》卷76汉川县：同冢在"县西百四十里。一名疑冢。俗传曹操败于乌林，伪作此冢。正德中，群盗邱仁等哨聚于此"。

同堤县　北魏正始二年（505）后改石城县置，为石城郡治。治所在今河南灵宝市东南七十五里。西魏初复为石城县。

同普　即今西藏江达县西北太昭。清宣统元年（1909）于江达宗设同普委员管辖，属四川省。宣统三年（1911）置同普县。

同普县　清宣统三年（1911）改置，属四川省。治所即今西藏江达县西北太昭。后属西康川边道，改设江达宗。

同湖　在今广东惠州市惠阳区（淡水镇）西北潼湖镇附近。《清一统志·惠州府》：同湖"在归善县西六十里。银瓶、白云诸山之水汇而为湖，北入龙江。春夏之间，弥漫数十里。冬月水落鱼聚，乡人利之"。

同蒲铁路　从今山西大同至永济市蒲州镇。全长约854公里。清宣统元年（1909）动工，先修太原至平遥段，1911年后时断时续。至1936年从太原到风陵渡的同蒲路南段建成；从1935年至1939年太原至大同段也建成通车。1938年原平以北改成经朔县（今朔州市）至平旺。次年将榆次至太谷段拆除，以正太铁路的榆谷支线代替。

同盟山　在今河南获嘉县东北。《元和志》卷16获嘉县：同盟山"在县东北五里。武王伐纣，与诸侯同盟于此山"。

同源墟　即桐源墟。今江西抚州市临川区西北四十里桐源乡。

同德县　1935年析贵德、同仁二县置，属青海省。治所在今青海玛心县东北拉加寺。取同仁、贵德各一字为名。为河南蒙古四旗贸易中心，果洛克番族购粮之孔道，海南番族往来要地。1951年设置同德藏族自治区。1953年复改同德县，移治尕巴松多（今同德县）。

同濑县　东汉改铜濑县置，属益州郡。治所在今云南马龙县境。三国蜀属建宁郡。南朝梁末废。

网头河　又名北商河。在今江苏常州市武进区西青山门外。《方舆纪要》卷25常州府武进县“西蠡河”条下：“又有网头河在城北，延袤六十五里。入无锡、江阴界，其支流俱入于大江。”

网师园　在今江苏苏州市葑门十全街。原为南宋史正志“万卷堂”故址，号“渔隐”，后荒废。清乾隆年间宋宗元重建，借“渔隐”原意，自比渔翁，故称网师园。后瞿宗吉修葺，又名瞿园。光绪时恢复网师园旧名。园林在住宅西侧，南面的小山丛桂轩、蹈和馆、琴室等，为园主宴聚之所；北面的五峰书屋、看松读画轩、殿春簃、集虚阁等，是读书作画之地；中部以水池为中心，配以花木、山石、建筑，形成主要景区。全园占地仅七亩余，布局紧凑，是中型古典园林的代表作。1982年定为全国重点文物保护单位。1997年以苏州古典园林被列入联合国世界文化遗产清单。

网鹿溪渡　在今重庆市云阳县西北养鹿乡。清咸丰《开县志》卷4：网鹿溪渡“在县东六十里”。

网湖　即今湖北阳新县东网湖。《清一统志·武昌府一》：网湖“在兴国州东五十里。《州志》，良荐港北流二十里入门枋湖，又东北流四十里入网湖。南塘湖东流五十里入网湖。网湖汇诸流入长湖”。

吕　①西周国名。亦作有吕或甫。姜姓。在今河南南阳市西三十里。《国语·郑语》：史伯曰，“当成周者，南有荆蛮、申、吕”。宣王时改为甫。春秋时为楚所灭。

②春秋晋大夫吕甥之邑，在今山西霍州市西南。《左传》：僖公二十四年（前636），“吕、郤畏偪，将焚公宫而弑晋侯”。

③春秋宋邑。即今江苏徐州市铜山区东南吕梁集。《左传》：襄公元年（前572），“楚子辛救郑，侵宋吕、留”。西汉置吕县。

吕山　①在今安徽南陵县南。漳淮水发源于此。《明一统志》卷15宁国府：吕山“在南陵县南六十里。有石室，旧传孔子尝游，后人置书堂于此”。

②在今浙江长兴县南吕山乡。《方舆纪要》卷91长兴县：吕山在“县东南二十里。吴将吕蒙、程普讨山贼，屯营于此。亦名程山”。

吕王城　①在今湖北大悟县东六十六里吕王镇。《方舆纪要》卷76黄安县“双城镇”条下：“《志》云，县北五十里有吕王城。其西五里即金局关也。皆县境设险处。”

②在今湖北蕲春县西南蕲州镇东北五里。《方舆纪要》卷76蕲州“浔水城”条下：“《州志》：州东北五里有吕王城，州北十里有吕王山，城以山名也。”

吕不韦墓　在今河南偃师市西首阳镇大冢头村东。据《史记·吕不韦传》载：吕不韦是阳翟（今河南禹州市）大贾，家累千金。庄襄王时，“以吕不韦为丞相，封为文信侯，食河南洛阳十万户”。秦始皇十年（前233），吕不韦被免掉丞相职位，十一年“就国河南”，十二年被迫自杀。大冢头村东南有一大土冢，相传即吕不韦墓。

吕公关　明置，属达州。在今四川达州市东北。明正德《夔州府志》卷2：吕公关“在（达）县东北二里”。《清一统志·绥定府二》：吕公关“在达县东三里”。

吕公渠　在今陕西永寿县西北。《方舆纪要》卷54永寿县：吕公渠“在县（今永平乡）北五里。邑无井泉，难于远汲，宋吕大防为令，行近境，得泉二，欲导之入城，而地势高下有差，乃用考工置水法准之，旬日间疏为渠，至今赖焉”。

吕公堤　北宋宣和时建，在今四川乐山市南，大渡河（青衣江）注入岷江处。为捍江水之堤。《舆地纪胜》卷146嘉定府：吕公堤“自三江门二水之会，连延不断，岸被啮。吕公由诚大筑此堤，府人德之，以字堤云”。

吕公堡　在今河北任丘市东四十里吕公堡镇。清设吕公堡社。

吕公滩　在今安徽歙县东南十二里练江上。《新唐书·地理志》歙县：“东南十二里有吕公滩，本车轮滩，湍悍善覆舟，刺史吕季重以俸募工凿之，遂成安流。”

吕布城　在今江苏徐州市铜山区东南。《方舆纪要》卷29徐州：吕布城“在州东南八十五里。相传布与曹操相拒时筑，城上有战台”。

吕四场　北宋太平兴国间置，即今江苏启东市北吕四镇。《方舆纪要》卷23海门县：吕四场“俗传以吕仙四至此而名”。《嘉靖东南平倭通录》：嘉靖三十四年（1555），倭寇“流劫狼山、利河等镇，吕四、余西等场”。清置巡司于此。

吕丘堡　在今河南濮阳县南，黄河北岸。清属开州，有州判驻此，兼理河工。

吕仙山　在今广西灵川县东北三街镇西四里。明曹学佺《广西名胜记》卷2灵川县：吕仙山“在今治（今三街镇）西南，平阜即灵川旧县也。其地产茶。以唐光化中吕岩游此，因名。宋绍定四年，县令郑延年始迁今所（即三街）”。

吕母固　在今山东日照市南。《汉书·王莽传》：天凤四年（17），琅邪吕母起兵，“初，吕子为县吏，为宰所冤杀，母散家财，以酤酒买兵弩，阴厚贫穷少年，得百余人。遂攻海曲县，杀其宰，以祭子墓”。《元和志》卷11莒县：“今东海县有吕母固，即旧集之所也。”

吕后陵 西汉高祖吕雉皇后的陵墓。在今陕西咸阳市东北四十里。《史记·外戚世家》："高后崩，合葬长陵。"《集解》引《关中记》："高祖陵在西，吕后陵在东。"

吕合镇 即今云南楚雄市西北四十里吕合镇。明置巡司于此。清为吕合驿。

吕州 隋开皇十八年（598）改汾州置，治所在霍邑县（今山西霍州市）。辖境相当今山西霍州市及汾西、洪洞县地。大业初废。唐武德元年（618）复置，贞观十七年（643）废。《元和志》卷12霍邑县："吕坂在县西南十里，有吕乡，晋大夫吕甥之邑也，吕州取名于此。"

吕村集 即今河南安阳县东五十六里吕村镇。清嘉庆《安阳县志》东乡图：有"吕村集"。

吕县 西汉置，属楚国。治所在今江苏徐州市铜山区东南吕梁集。东汉属彭城国。南朝宋属彭城郡。隋废。

吕宋 古国名。即今菲律宾之吕宋岛，主要指马尼拉及其附近一带。《明史·外国列传》有专条记述。自1571年至1898年，其地为西班牙所侵占，故清谢清高《海录》作小吕宋，而以西班牙为大吕宋。

吕府 在今浙江绍兴市越城区新河弄169号。为明代嘉靖三十三年（1554）太子太保兼文渊阁大学士吕本的行府。占地2万平方米。现尚存明代原构建筑6200多平方米。明万历十一年（1583），吕府十三厅建成。建筑分三条纵轴线、五条横轴线布置。中轴线上排列有轿厅（前厅）、正厅（永恩堂）、中厅、后厅、座楼五座；东西纵轴各排列牌楼，前厅、中厅、后厅、座楼四座。当地称"吕府十三厅"。它是江南最大的明代官式做法住宅群。其正厅永恩堂七开间，用七架梁，直梁体系，是江南最大的厅堂。2001年定为全国重点文物保护单位。

吕孟湖 在今山东微山县境。《明会典》卷197载："赤山湖、微山湖、吕孟湖、张庄湖四湖相连，长八十里。"《清一统志·兖州府二》：吕孟湖"其西为赤山湖、微山湖，东为张庄河（湖），又东接峄县之韩庄湖，实一湖也，今通谓之吕孟湖"。今通称微山湖。

吕城 春秋时宋邑。即今江苏徐州市铜山区东南五十里吕梁集。《左传》：襄公元年（前572），"秋，楚子辛救郑，侵宋吕、留"。即此。战国秦置吕县。

吕城堰 北宋置，在今江苏丹阳市东五十里江南运河上。《宋史·河渠志六》："哲宗元祐四年，知润州林希奏复吕城堰，置上下闸，以时启闭。"

吕城镇 北宋置，属丹阳县。即今江苏丹阳市东南五十里吕城镇。《舆地纪胜》卷7镇江府：吕城镇"乃吕蒙所筑"，故名。明置巡司于此。

吕巷镇 旧名璜溪。即今上海市金山区（山阳镇）西北吕巷镇。以元时吕姓居此得名。清时有把总驻守。

吕香县 唐贞观元年（627）改平昌县置，属汾州。治所在今山西乡宁县西南五十二里西坡镇附近。八年（634）属慈州。《元和志》卷12吕香县："因旧吕香镇为名。"五代周显德三年（956）废。

吕亭 即今安徽桐城市北十八里吕亭镇。为南朝置吕亭县、吕亭左县治所。明置吕亭驿。《方舆纪要》卷26桐城县：吕亭"相传吕蒙尝驻师于此"。

吕亭左县 南齐改吕亭县置，属庐江郡。治所在今安徽桐城市东北十八里吕亭镇。后废。

吕亭县 南朝宋元嘉二十五年（448）置，属晋熙郡。治所在今安徽桐城市东北十八里吕亭镇。寻废。泰始二年（466）复置，南齐改为吕亭左县。

吕阁 在今云南楚雄市西北四十里吕合镇。明曹学佺《名胜志》："古阁关滩也。南诏时，吕纯阳来此，因名地为吕阁。"明杨慎诗："云送沙桥雨，风迎吕阁花。"

吕洪山 即吕翁山。在今辽宁锦州市南。《清一统志·锦州府一》：吕翁山"在锦县（今锦州市）南十里，一名吕洪山"。

吕洞山 在今湖南保靖县南，接吉首市界。《清一统志·永顺府》：吕洞山"在保靖县东南百五十里，接乾州厅界"。清严如熤《苗疆险要考》：吕洞山在"（乾州）城西北五十里。绵亘数十里，复山叠嶂，其北麓为保靖之夯沙、夯略各寨，南联永绥之谷坡，东接永顺之青山，南接天门诸山，崮嵂争胜，山阿中生苗寨落甚多。高数千仞。晻暖蓊郁，四时云瑞。每岁旱，土人捕蛇祈祷，风雨立至，苗民称为神山云"。

吕祖堂坛（壇）口遗址 在今天津市红桥区如意庵大街何家胡同18号。原为永丰屯祠堂，建于明宣德八年（1433）。清康熙五十八年（1719）改为吕祖堂，原是供奉吕洞宾塑像的道观。光绪二十六年（1900）五月，义和团乾字团著名首领之一曹福田，由静海来到天津，选定吕祖堂作为基地建立总坛口，并利用这里的场院练团。以后刘呈祥、林黑儿和独流镇"天下第一团"首领张德成，也常在这里聚会。吕祖堂坛口是天津义和团的重要活动遗址。1982年定为全国重点文物保护单位。现为义和团纪念馆。

吕都县 西汉置，属济阴郡。治所即今山东菏泽市西三十里吕陵镇。吕后置吕国，都于此，故名吕都。东汉省。

吕翁山 一名吕洪山。在今辽宁锦州市南。《清一统志·锦州府一》：吕翁山"在锦县（今锦州市）南十里，一名吕洪山。高二里许，周四十七里。山上有洞。本朝崇德六年，大破明兵十三万于此山之下"。

吕家村 在今山东文登市西。1941年山东革命根据地置昆嵛县治此。

吕陵店 即今山东菏泽市西三十里吕陵镇。汉为吕国都城故址。

吕堌村 即今山东单县东南三十六里潘庄。《寰宇记》卷14单县："汉平城在县东四十里。高一丈。《汉书》：吕后单父人也。今平城南六十里有吕固村。"

吕梁山　①在今山西省西部，黄河与汾河间，北接恒山，南至禹门口。《水经·河水注》："河水左合一水，出善无县故城西南八十里，其水西流，历于吕梁之山，而为吕梁洪。其山岩层岫衍，涧曲崖深，巨石崇竦，壁立千仞，河流激荡，涛涌波襄，雷奔电泄，震天动地。昔吕梁未辟，河出孟门之上，盖大禹所辟，以通河也。司马彪曰：吕梁在离石县西。今于县西历山寻河，并无过峘，至是乃为河之巨险，即吕梁矣，在离石北以东可二百有余里也。"

②在今江苏徐州市铜山区东南五十里。《隋书·地理志》：彭城有吕梁山。《方舆纪要》卷29徐州：吕梁山"其下即吕梁洪也"。

吕梁城　在今江苏徐州市铜山区东南吕梁。《元和志》卷9彭城县：吕梁故城"在县东五十七里。春秋时宋之吕邑，至汉以为吕县。城临泗水，高一百四十尺，周回十七里。此城东二里有三城，一在水南，一在水中𣿅上，一在水北，并高齐所筑，立镇以防陈寇"。《陈书·吴明彻传》：太建七年（575），"进攻彭城。军至吕梁，齐遣援兵前后至者数万，明彻又大破之"。

吕梁洪　在今江苏徐州市铜山区东南五十里古泗水（今废黄河）中。《水经·泗水注》："泗水之上有石梁焉，故曰吕梁也。"宋王应麟《通鉴地理通释》卷13："泗水至吕县，积石为梁，故号吕梁。"《方舆纪要》卷29徐州：吕梁洪"有上下二洪，相距凡七里，巨石齿列，波流汹涌。《列子》称孔子观于吕梁，悬水三十仞，流沫四十里"。

吕梁洪镇　北宋置，属彭城县。在今江苏徐州市铜山区东南六十里吕梁。明、清置巡司于此。

吕梁站　元置，即今江苏徐州市铜山区东南吕梁集。

吕梁镇　金改吕梁洪镇置，属彭城县。在今江苏徐州市铜山区东南吕梁。

吕堰　即今湖北襄阳市襄州区北古驿镇。《宋史·孟珙传》："金人犯吕堰，珙……亟命诸军追击吕堰，进逼大河，退逼山险，砦军四合，金人弃辎重走。"明置驿。清置巡司于此。

吕堰驿　即今湖北襄阳市襄州区（驻张湾镇）北古驿镇（吕堰驿）。清尹耕云《豫军纪略》卷11：同治四年（1865）十二月，捻军"至襄阳之邓家湖、吕堰驿"。

吕港　在今浙江海盐县东北。《方舆纪要》卷91海盐县：吕港"嘉靖三十五年，倭贼徐海自吕港新场移屯乍浦城南，官军击灭之"。

吕蒙城　①在今安徽安庆市东。《清一统志·安庆府二》：吕蒙城"在怀宁县（今安庆市）东二十里，临江。相传三国吴吕蒙所筑。今为水次仓址。又《通志》：桐城县东南亦有吕蒙城"。

②在今湖北公安县西北。南宋陆游《入蜀记》：二圣寺后"有废城，髣髴尚存，《图经》谓之吕蒙城"。《舆地纪胜》卷65江陵府：吕蒙城"在公安县北五十步"。

③在今湖北赤壁市西北、嘉鱼县西南的陆溪镇附近。《水经·江水注》："陆水又入蒲圻县北，径吕蒙城西。昔孙权征长沙、零、桂所镇也。"《舆地纪胜》卷66鄂州《古迹》："吕蒙城，在嘉鱼县之石头口。"《寰宇记》卷112鄂州嘉鱼县："吕蒙城，东北沿流去（鄂）州三百九十三里，在蒲圻县西北，即吕蒙所筑，屯兵于此。"又引《江夏记》云：吕蒙城"城中有蒙墓。孙权使陆逊拒刘备于西陵，权屯陆溪口，为众军节度，是此也"。

④在今湖南永州市北二里。《舆地纪胜》卷56永州：吕蒙城"昔吕蒙收潇湘，零陵太守郝普为蜀城守不下，蒙筑城攻之"。即此。

吕潭镇　即今河南扶沟县东北二十四里吕潭镇村。《清一统志·陈州府二》：吕家潭镇"有桥。商旅辐辏"。

吊鸟山　即今云南洱源县西南罗坪山。《续汉书·郡国志》注引《广志》："有吊鸟山，（叶榆）县西北八十里，有阜山，众鸟千百群共会，鸣呼啁哳，每岁七月、八月晦望至，集六日则止，岁凡六至。雉雀来吊，特悲。其方人夜燃火伺取，无嗉不食者以为义鸟，则不取也。俗言凤凰死于此山，故众鸟来吊。"明代称鸟吊山。《徐霞客游记·滇游日记八》："凤羽，一名鸟吊山，每岁九月，鸟千万为群，来集坪间，皆此地所无者。土人举火，鸟辄投之。"

吊黄楼　在今四川宜宾市东北五里。清《古今图书集成》方舆汇编职方典卷605：吊黄楼"因吊山谷而名"。嘉庆《宜宾县志》卷13：吊黄楼在"治北对江。昔人黄庭坚建，后圮。今为东岳庙。土人犹呼旧名"。《清史稿·曾纪凤传》：同治元年（1862），与太平天国石达开战，"又迭败之吊黄楼"。即此。

屿山寨　在今浙江平阳县南鳌江镇屿山村。《方舆纪要》卷94平阳县：屿山寨"在县东北壮士所东南，临海口。贼从此突入，则西犯天仙、南犯双峰诸乡、北犯所城，为备御要地"。

屹嵯山　一作屹槎山。在今山西静乐县东北。《方舆纪要》卷40静乐县：屹嵯山在"县东北六十里，北接刁胡山，西通磨官谷。谷中有磨川水，亦流注汾水"。

帆延国　唐西域国名。都罗烂城（今阿富汗喀布尔市西巴米安）。《新唐书·西域传》："帆延者，或曰望衍，曰梵衍那。居斯卑莫运山之旁，西北与护时健接，东南距罽宾，西南诃达罗支，与吐火罗连境。地寒，人穴处。王治罗烂城，有大城四五。水北流入乌浒河。"

帆游（遊）山　在今浙江瑞安市北与温州市接界处。《方舆纪要》卷94瑞安县：帆游山在"县北四十五里，东接大罗山，与永嘉县分界。为舟楫要冲"。

岁丰（豐）镇　在今安徽和县西。《方舆纪要》卷

29 和州："岁丰镇在州西四十里。"

岜口隘　亦名邑口隘。为明凭祥州三隘之一。在今广西凭祥市西南十里。《方舆纪要》卷111凭祥州"绢关"条引《图经》云："又南有岜口隘。"

刚　战国齐邑。在今山东宁阳县东北三十五里堽城坝。《史记·秦本纪》：秦昭王"三十六年，客卿竈攻齐，取刚、寿"。即此。西汉置刚县。

刚平　战国卫邑，后入赵。在今河南清丰县西南。《战国策·秦策四》："筑刚平，卫无东野，刍牧薪采，莫敢阙东门。"《史记·赵世家》：敬侯四年（前383）曰，"筑刚平以侵卫。五年，齐魏为卫攻赵，取我刚平"，即此。

刚平县　西晋以刚县改名，属东平国。治所在今山东宁阳县东北三十五里堽城坝。南朝宋省。

刚氐县　三国蜀汉改刚氐道置，属阴平郡。治所在今四川平武县东南三十里古城镇。东晋常璩《华阳国志·汉中志》：阴平郡"刚氐县，涪水所出，有金银矿"。西晋废。

刚氐道　亦作刚羝道。西汉置，属广汉郡。治所在今四川平武县东南三十里古城镇。东汉属广汉属国都尉。三国蜀汉改为刚氐县。

刚县　西汉置，属泰山郡。治所在今山东宁阳县东北三十五里堽城坝。东汉改属济北国。西晋改为刚平县。北魏复改刚县。北齐废。

刚噶鲁　在今西藏丁青县境。为藏北三十九族中之二族。分上刚噶鲁族、下刚噶鲁族。清《西藏图考》卷5："上刚噶鲁族百户一员，住牧吉楚地方。下刚噶鲁族百长一员，住牧吉楚地方。"

则天庙　在今山西文水县城北十里南徐村东侧。现存建筑以则天圣母殿为最古。始建于唐，金代重修，板门上部"金皇统五年"刻字尚存，是殿宇建成年代。殿内木制神龛供有帝后装女像，被尊称为"则天圣母"。1996年定为全国重点文物保护单位。

则冈宗　又名则拉宗。即则布拉冈城。治所在今西藏林芝县南嘎玛。

则布龙城　即杂仁宗。在今西藏阿里地区札达县西三十里萨让乡。《清一统志·西藏》阿里诸城："古格札什鲁木布则城在喇萨西南二千四百九十余里，其所属有冲龙、则布龙、楚木尔的三城。"则布龙城即此。

则布拉冈城　一名则拉宗。又作则冈宗。即今西藏林芝县西南嘎玛。《清一统志·西藏》卫地诸城：则布拉冈城"在喇萨东南八百七十里"。

则库城　一作哲古宗。即今西藏措美县东北哲古。《清一统志·西藏》卫地诸城：则库城"在喇萨东南三百四十里"。

则补　在今云南会泽县西北。《清一统志·东川府》：则补巡司"在（会泽）县西北一百里"。

则拉宗　又作则冈宗、工布则冈宗。17世纪中叶，甘丹颇章政权建立后，西藏地方政府设则拉宗，治所在今西藏林芝县南嘎马。清代亦设则拉宗。1960年与足木、德木二宗合并，设林芝县；以则拉宗西南部设米林县。

〔丿一〕

年丰（豐）堡　明置，属广宁左屯卫。在今辽宁凌海市南。《方舆纪要》卷37广宁左屯卫：年丰堡"在卫东四十里"。

年沁塘拉冈里　即今西藏境内念青唐古拉山。清乾隆《西域同文志》卷19："西番（藏）语：年沁，灵应之意。塘，甸也。拉，神也。冈里，雪山也。山间有草，多积雪，而其神又能灵应也。"

年若　西藏古代族部名。地在今西藏年楚河流域白朗等县境。藏文史籍《敦煌吐蕃文书》载：在年若，首领为藏地区的首领，名叫托噶。年若在隋、唐以前为西藏最早的小邦之一，后被吐蕃兼并。

年前唐拉山　即今西藏境内之念青唐古拉山。《清一统志·西藏》："在蓬多城西北一百三十里，近腾噶里池东。山甚高大，积雪四时不消。"

年渚河　即今西藏东部之尼洋曲。《清一统志·西藏》：年渚河"在公布则布拉冈城东。源出城西北沙羽克冈拉山……入雅鲁藏布江"。

年楚河　雅鲁藏布江支流。在今西藏南部。清乾隆《卫藏通志》卷3：年楚河"后藏东北。水源有二：一出珠母拉木山，东北流；一出其东顺拉岭池，汇为一水，又曰章鲁河"。西北流经江孜、白朗等县，到日喀则市东入雅鲁藏布江。

朱口寨　南宋绍兴五年（1135）置，属泰宁县。即今福建泰宁县东北朱口镇。元置有巡司，寻废。清初为朱口墟。

朱山　在今安徽泗县东北四十里。《寰宇记》卷17虹县：朱山"在县东北三十里。《魏地形志》曰：潼县在朱山，即会稽朱买臣之旧里"。

朱山桥镇　即今江西万年县西北珠山乡。清同治《江西全省舆图》卷12：饶州府万年县有珠山桥。

朱门镇　在今江苏南京市江宁区西南朱门镇村。宋《景定建康志》卷16："朱门市在朱门南。"

朱马河　在今河南上蔡县境。《方舆纪要》卷50上蔡县：朱马河，"《志》云，有二：一在县西二十七里；一在县东二十七里，俱东合戚桥河，至新蔡三义河入于汝"。

朱丰（豐）县　南齐置，属合浦郡。治所在今广西合浦县南。南朝梁、陈时废。

朱开沟遗址　在今内蒙古伊金霍洛旗东纳林陶亥镇朱开沟村东北，是新石器时代至商代大遗址。遗址面积2平方公里。文化层厚1.5—3.5米。1977—1984年四次发掘，约4000平方米范围内发现房址八十七座、灰坑二百零七个、墓葬三百二十九座、瓮棺葬十九座。遗址文化分三期。龙山时代晚期房址为圆角方形半地穴式白灰面建筑，墓葬为长方形竖穴土坑单人葬，出土泥质灰陶单双耳罐、豆，夹砂灰陶绳纹高领鬲、三足瓮、甗、单把鬲、盉等；夏代的房址为半地穴式和地面建筑，墓为长方形竖穴土坑墓，单人、双人或多人合葬，流行随葬猪羊下颌骨，遗址中出土有泥质灰陶单双耳罐、高领罐、大口尊、豆，夹砂灰陶绳纹高领鬲、花边鬲、甗、三足瓮、单把鬲、盉，砂质褐陶蛇纹鬲、带纽罐等。商代早期房址多为方形、长方形地面建筑，墓葬为长方形竖穴土坑单人葬，遗址出土有泥质灰陶豆、盆、云雷纹簋，夹砂灰陶花边鬲、三足瓮、甗、砂质褐陶蛇纹鬲、带纽罐及铜戈、短剑、刀、牌饰、臂钏等。该遗址是朱开沟文化命名地。2006年定为全国重点文物保护单位。

朱木拉马山 即珠穆朗玛峰。《清一统志·西藏》：牛藏布河“西南有丁拉庙、测林布山、朱木拉马山”。

朱木宗城 即今西藏林芝县西北足木。《清一统志·西藏》卫藏诸城：朱木宗城“在拉萨东南七百五十里”。“朱木”藏语意为神母。

朱友壎墓 在今四川成都市东二十四里正觉山麓。1979年清理发掘。据墓中出土的圹志记载，蜀僖王朱友壎系明献王朱椿世子朱悦爔的第三子。朱元璋建立明朝后，封第十一子朱椿于蜀，友壎为第三代蜀王。宣德七年（1432）因其兄靖王朱友堉（朱悦爔长子）薨，袭封为蜀王。宣德九年（1434）因患风疾而死，赐谥僖。《清一统志·成都府》“蜀献王墓”条载：“僖王墓在华阳县正觉山。”即此。

朱冈墟 即今广东连州市西北一百里朱冈镇。明、清置巡司于此。

朱凤山 在今四川南充市南。《寰宇记》卷86南充县：朱凤山“在州南十里。高一百七十丈，周回二十里。昔有凤凰集，因置凤山观。今存”。

朱方 ①春秋吴邑。在今江苏镇江市丹徒镇东南。《左传》：襄公二十八年（前545），齐庆封“奔吴，吴句余予之朱方”。即此。后置为朱方县。战国时属楚，更名谷阳。归秦后改置丹徒县。

②南朝时京口或南徐州的别称。因南徐州治京口（今江苏镇江市），而京口春秋时为朱方地，故名。《南齐书·臧荣绪传》：“隐居京口教授。……建元中，（司徒褚渊）启太祖曰：‘荣绪’朱方隐者。”

朱龙河 在今河南南乐县西南四里。《方舆纪要》卷16南乐县：朱龙河“源自开州澶渊陂分流，过清丰县界，入县境。至赵家庄，曲折南回，复入开州界，注黑龙潭。今涸”。

朱由村 即今山东莱州市北二十六里朱由镇。民国《四续掖县志》卷1有朱由村，为朱由乡驻地。

朱仙镇 在今河南开封市西南四十六里。《宋史·岳飞传》：南宋绍兴十年（1140）大败金兵于郾城，又“进军朱仙镇，距汴京四十五里，与兀术对垒而阵”。大破之。邓广铭《岳飞传》考证，谓此役纯属虚构。元代开通贾鲁河后，商业始渐繁盛。明、清时代与汉口、景德、佛山合称四大镇。置巡检司。民国改设县佐。1948年曾为开封县治。

朱市 亦作朱良桥市。即今湖南宁乡县东北朱良桥乡。清同治《宁乡县志》卷6：朱市“在县东北六十里朱良桥”。

朱台（臺）堡 北宋政和三年（1113）于朱灰台筑城，属环州。在今甘肃环县东北。金废。

朱母郎马 即珠穆朗玛峰。1721年版康熙《皇舆全览图》作朱母郎马阿林。

朱曲镇 即朱家曲镇。在今河南尉氏县西南朱曲镇。《清一统志·开封府二》引《旧志》：“洧水于此回曲而东，因名。”

朱各庄 即今河北昌黎县西六十里朱各庄镇。清同治《畿辅通志》卷49昌黎县图：西有朱各庄。

朱刘店 即朱留店。今山东昌乐县东朱刘镇。

朱孙集 一名朱家集。简称朱集。即今河南商丘市市区。清光绪《商丘县志》卷1《市集》：“东北面有朱孙集，离城十五里。”1948年置朱集市。1951年并入商丘市，商丘市由商丘县城关镇迁此。

朱阳山 在今河南卢氏县南。《寰宇记》卷6卢氏县：朱阳山，“牟山逦迤向县西南，经县界入西石门山，去县一百里。出檀木，为弓材”。《金史·地理志》：虢州卢氏县“有朱阳山”。

朱阳关 一名朱阳镇。唐置，即今河南卢氏县东南七十四里老灌河北岸朱阳关镇。《新唐书·地理志》：卢氏县“南有朱阳关”。明设巡司，并有千总驻防。清乾隆五年（1740）移陕州直隶州州判驻此。为赴陕之要冲。

朱阳县 北魏太和十四年（490）置，为朱阳郡治。治所在今河南卢氏县东南朱阳关。孝昌二年（526）废。西魏大统二年（536）复置。北周保定二年（562）属义川郡。大象二年（580）移治郛渠谷（今卢氏县西南）。隋开皇四年（584）移治洛水北（在今卢氏县西），属虢州。大业二年（606）移治芹池川（今灵宝市西南七十里）。大业三年（607）属弘农郡。唐武德元年（618）属虢州。北宋乾德六年（968）废入常农县。太平兴国七年（982）复置。金海陵王时又废。后复置。元世祖至元八年（1271）废。

朱阳郡 北魏太和十四年（490）置，治所在朱阳县（今河南卢氏县东南七十四里朱阳关镇）。孝昌二年（526）废。西魏大统二年（536）复置，属东义州。北周保定二年（562）废。

朱阳镇 ①即今河南灵宝市西南七十里朱阳镇。隋于此置朱阳县。元世祖至元八年（1271）废为镇。

②一名朱阳关。即今河南卢氏县东南七十四里老灌河北岸朱阳关镇。明置巡司于此。

朱坑墟 即今广东清新县西北珠坑镇。清嘉庆二十一年（1816）移滨江巡司于此。

朱吾县 西汉置，属日南郡。治所在今越南广平省美丽附近。南朝地入林邑，废。隋大业元年（605）复置，属荡州。三年（607）属比景郡。后废。

朱吾县浦 即今越南广平省美丽南日丽江。《水经·温水注》："《林邑记》曰：渡比景至朱吾。朱吾县浦，今之封界。"

朱里章　即今伊朗里海东南戈尔甘。《元史·地理志·西北地附录》有"朱里章"。

朱沛县　东魏武定七年（549）置，属高平郡。治所在今江苏泗洪县境。北周并入高平县。《清一统志·泗州》引《县志》：朱沛故城"在故徐城西北六十里。其地有朱沛水，故名"。

朱良店　即今山东青州市北朱良镇。明嘉靖《青州府志》卷11：朱良店在"城北四十里"。

朱良桥市　即朱市。今湖南宁乡县东北朱良桥乡。

朱陈村　①在今江苏丰县境。唐白居易《朱陈村》诗："徐州古丰县，有村曰朱陈，去县百余里，桑麻青氛氲……一村唯两姓，世世为婚姻。"

②即今山东临沂市西南三十五里朱陈。民国《临沂县志》舆图：县西南有朱陈（村）。

朱厓郡　即珠崖郡。治所在瞫都县（今海南省琼山区东南）。

朱鸢江　指今越南红河下游。《元和志》卷38朱鸢县："朱鸢江，北去县一里。后汉马援南征，铸铜船于此，扬排然火，炙船头令赤，以燋涌浪及杀巨鳞横海之类。"

朱鸢县　即朱鳶县。在今越南兴安省快州附近。《晋书·地理志》作"朱鸢"。《大越史记全书》外纪卷4：梁大同十一年（545），陈霸先等讨李贲，"贲率众三万拒之，败之朱鸢，又败于苏历江口"。

朱明门　①十六国后凉都城姑臧城（今甘肃武威市城）城门。《晋书·秃发利鹿孤载记》：建和年间（400—402），秃发傉檀"率骑一万，乘虚袭姑臧。（吕）纂弟纬守南北城以自固。傉檀置酒于朱明门上，鸣钟鼓以飨将士，耀兵于青阳门"。

②又称朱明阁。北魏平城内门阁。在今山西大同市东北。《魏书·高祖纪》载：太和元年（477）七月，"起朱明、思贤门"。

朱明阁　即朱明门。为北魏平城内门阁。在今山西大同市东北。《水经·㶟水注》：白台"西即朱明阁，直侍之官出入所由也"。

朱罗国　亦作车离、珠利耶、注荦。约当今印度泰米尔纳德邦科佛里河与佩内尔河之间的地区。最早见于公元前3世纪孔雀王朝阿育王的碑铭。

朱备店　在今安徽青阳县南二十二里，九华山东麓。为九华山古道东大门，李白、刘禹锡等均曾由此登山。

朱泾　①一作洙泾。在今上海市金山区（山阳镇）西北朱泾镇。自秀州塘分流而东，合于三泖，为吴淞江西出要路，东汇诸水入黄浦江。《清一统志·松江府一》引《三吴水利考》：朱泾"西通三泖，南达嘉兴，为往来冲要"。

②在今江苏太仓市东。《清一统志·太仓州一》：朱泾"在州东。本朝顺治十二年知州白登明因娄江浅塞开浚，自东濠至和塘起，由界泾、石婆港、湖川塘、杨家浜、南漕漕，抵天妃宫，东出娄江口，长六十里"。

朱泾镇　即洙泾镇。在今上海市金山区（山阳镇）西北朱泾镇。

朱官县　即珠官县。治所在今广东徐闻县南。《宋书·州郡志》作"朱官"。

朱居国　即朱居槃。在今新疆叶城县西南棋盘乡。《魏书·西域传》："朱居国在于阗西。其人山居。有麦，多林果。咸事佛。语与于阗相类，役属𠹭哒。"

朱居槃国　亦作朱驹波、悉居半、朱居、朱居波、朱俱槃。在今新疆叶城县西南棋盘乡。《魏书·世祖纪》：景明三年（502），疏勒、朱居槃等"并遣使朝贡"。

朱驹波国　即朱居槃国。在今新疆叶城县西南棋盘乡。北魏杨衒之《洛阳伽蓝记》卷5引宋云《使西域记》："神龟二年七月二十九日入朱驹波国。人民山居，五谷甚丰。"

朱珊泊　在今安徽萧县西十五里。《方舆纪要》卷29萧县：朱珊泊"在县西十里。即朱珊渡也"。

朱砂冲　在今江西井冈山市（茨坪）东南三十里。为井冈山五大哨口之一，是通往遂川县的交通要冲。遂川县反动地方武装曾数次率部侵扰，都被击退。

朱砂坑　在今湖南永州市东八十里。《舆地纪胜》卷56永州：朱砂坑"历代采砂之迹俱存。故《志》云，忽有人掘地得砂一块，大如数石瓮，自是砂遂绝"。

朱峒　即今广西鹿寨县北中渡镇。明天顺中雒容县徙治于此。《明史·地理志》雒容县："万历四年正月迁于灵塘，以朱峒旧治为平乐镇，留兵百名守之。"

朱亭镇　即今湖南株洲县（渌口镇）南六十四里朱亭镇。《清一统志·长沙府二》：朱亭镇"相传朱子访张南轩于此"。原属湘潭县，清雍正六年（1728）移县丞驻此。

朱室坞　在今浙江杭州市萧山区东二十八里洛思峰下。《水经·渐江水注》："（浙）江之西岸有朱室坞。句践百里之封，西至朱室，谓此也。"

朱载堉墓　在今河南沁阳市东北三十二里张坡村东北九峰山前。是明太祖朱元璋九世孙朱载堉（1536—1611）墓地。墓区砌有围墙，南有神道120米长。土冢以石围砌，直径7.6米，高2.5米。冢前有百余名家的碑刻题记。朱载堉首创新法密律（十二平均律），系明代杰出的科学家和音乐艺术家。2001年定为全国重点文物保护单位。

朱桥镇　即今山东莱州市东北七十里朱桥镇。《清一统志·莱州府二》：朱桥镇"旧有递运所，明万历中裁。本朝乾隆五十二年（1787），移县丞驻此"。

朱轼墓　在今江西高安市西村前镇树子坑剑形山。

朱轼（1665—1736），为清代康、雍、乾三朝大臣。其墓朝南，占地2642平方米，墓前有神道碑、帝师元老坊、石像生、望柱等。其中帝师元老坊通高7.2米，宽7米，中檐下坊匾横刻“帝师元老”行书大字。2006年定为全国重点文物保护单位。

朱晏城　在今山东高密市东南三十里。《方舆纪要》卷36高密县“高阳城”条下：朱晏城“相传晏子为齐相时所食邑也。一名晏平仲城”。

朱圄山　即朱圉山。在今甘肃甘谷县西南三十里。《汉书·地理志》冀县：“《禹贡》朱圄山在县南梧中聚。”《续汉书·郡国志》冀县：“有朱圄山。”

朱俱波国　即朱居槃。在今新疆叶城县西南棋盘乡。《新唐书·西域传》：“朱俱波亦名朱俱槃，汉子合国也。并有西夜、蒲犁、依耐、得若四种地，直于阗西千里，葱岭北三百里，西距喝盘陀，北九百里属疏勒，南三千里女国也。”后徙都今叶城县。

朱皋镇　在今河南固始县北五十里淮河南岸朱皋村。元末红巾军刘福通曾据此。《明史·韩林儿传》：元至正十一年（1351），“福通据朱皋”。明置巡司于此。

朱留店　一作朱刘店。即今山东昌乐县东十八里朱刘镇。民国《昌乐县续志》有朱留店。

朱馀　在今浙江海宁市境。《越绝书·外传记地传》：“朱馀者，越盐官也。越人谓盐曰馀。去县三十五里。”

朱高山　在今山东蓬莱市东八十里。元于钦《齐乘》卷1“九目山”条下：“又有朱高、密神、隐丘、历堂等山。”《明史·地理志》蓬莱县：“东有高山巡检司，本置于海中沙门岛，后迁朱高山下。”《方舆纪要》卷36蓬莱县：朱高山“山临海，产滑石”。

朱悦燫墓　在今四川成都市北十一里凤凰山南麓。朱悦燫为朱元璋第十五子蜀献王朱椿长子。生于明洪武二十一年（1388），卒于永乐七年（1409）六月，葬于永乐八年四月，赐谥悼庄。朱悦燫墓是明蜀王陵之一，也是成都明墓中最大的一座。为全国重点文物保护单位。

朱家口集　一名朱口镇。即今河南太康县东朱口镇。明嘉靖《太康县志》卷1《集店》：“朱家口集，东北三十里。”

朱家山　又名长山。在今江西永修县西南境。《宋史·岳飞传》：南宋绍兴元年（1131）张俊请飞同讨李成，“飞夜引兵至朱家山”，即此。

朱家尖山　即今浙江舟山市普陀区东南之朱家尖岛。清许琰《普陀纪胜》：“朱家尖山在南海中，即月岙也。山尖最为耸拔，可以瞭远。明时倭乱，曾据于此。”

朱家曲镇　北宋置，属尉氏县。即今河南尉氏县西南三十四里朱曲镇。

朱家庄　在今天津市宝坻区西。《方舆纪要》卷11宝坻县：朱家庄“在县西十里。又西十里有崔家庄，皆当往来通道”。

朱家坎　即今黑龙江省龙江县。清末《黑龙江全界地图》：齐齐哈尔西有朱家坎。民国《黑龙江志稿》龙江县图：西有朱家坎子。汤尔和译《黑龙江》第19章龙江县作杜尔齐哈（朱家坎子）。1955年龙江县迁治于此。

朱家村　即今安徽歙县南十里朱村。清乾隆《歙县志》卷1《都鄙》有朱家村。

朱家角镇　又名珠街阁、珠溪镇。即今上海市青浦区西南朱家角镇。《方舆纪要》卷24松江府青浦县“沈巷镇”条下：“《志》云，朱家角在县西十里，商旅辐集，称为巨镇。”

朱家店堡　在今山西中阳县北。《清一统志·汾州府》“暖泉堡”条下：朱家店堡“在县北二十里”。

朱家河镇　在今湖北监利县东南四十八里朱河镇。清雍正十年（1732）移瓦子湾巡司于此。乾隆五十六年（1791）裁，改主簿。

朱家城　即今吉林德惠市西南朱城子镇。清光绪《吉林通志》：长春府东北“一百一十里朱家城子镇。分防照磨厅驻此”。《清史稿·地理志》长春府：“朱家城照磨，光绪十六年由农安徙。”

朱家巷镇　即今上海市闵行区东二十里朱行。相传北宋嘉祐年间有朱姓在此经商，后渐成集镇，名朱家巷，后谐音为朱家行。一说明尚书朱恩居此，故名。清光绪《江苏全省舆图》：华亭县东北有“朱家行”。

朱家桥市　又名朱桥。即今上海市嘉定区西北朱家桥镇。清光绪《嘉定县志》卷1：朱家桥市，“咸丰末避难者聚此成市”。

朱家埠　即今湖北钟祥市西北五十里磷矿镇西朱家埠。民国《湖北通志》卷33《乡镇》：“朱家埠，在（钟祥县）城北六十七里。”

朱家铺　即今湖北松滋市北二十六里朱家埠。清光绪《湖北全省分图》：松滋县（治所在今老城镇）东南有朱家铺。

朱家集　即今安徽淮南市谢家集区南朱家集。村南李三孤堆战国楚王墓曾出土大量珍贵文物。

朱陵洞　在今湖南衡山县北。《舆地纪胜》卷55衡州：朱陵洞“庆历中。林概作《迎云阁诗序》曰，此山昔谓之朱陵洞”。《方舆纪要》卷80衡山县“杨山”条下：“又朱陵洞，在县北四十余里。道书以为第三洞天也。有泉悬流，一名水廉洞。”

朱勒都斯河　亦作珠勒都斯河。即裕勒都斯河。今新疆和静县西北之开都河上游。清道光《新疆识略》卷1载：小朱勒都斯河“至哈尔噶图与大朱勒都斯河合，……东为开都河”。

朱梧戍　在今越南广平省美丽附近。本汉朱吾县。后为林邑国所占。《宋书·林邑国传》：元嘉间，交州刺史檀和之讨林邑，“军至朱梧戍”。即此。

朱虚县　西汉置，属琅邪郡。治所在今山东临朐县东南六十里。俗名城头。吕后二年（前 186）封齐悼惠王子刘章为朱虚侯，即此。后改为县。东汉属北海国。西晋属东莞郡。南朝宋属平昌郡，移治今临朐县东。北齐废。《史记·吕太后本纪》《正义》引《括地志》载：《十三州志》云："朱丹游故虚，故云朱虚。"

朱雀大街 唐长安城（今陕西西安市）内作为中轴线的一条南北大街。自皇城朱雀门至郭城明德门的南北大街，即朱雀门街。《旧唐书·地理志》京师："皇城之南大街曰朱雀之街，东五十四坊，万年县领之。街西五十四坊，长安县领之。"

朱雀门 一名大航门。即六朝首都建康城（今江苏南京市）南面城门。在今江苏南京市中华门内，秦淮河边。

朱雀航 古浮桥名。亦作朱雀桁、朱雀桥，又称南桁、南航、大舫。为东晋南朝建康淮水浮桥之一。故址在今江苏南京市区南镇淮桥附近秦淮河上。三国吴称南津桥。东晋咸康二年（336）重建后改名。因在朱雀门下，故名。又因在都城南，称为南航，为淮水二十四航中最大一航，故又称大航，长九十步，广六丈。建康有事，则撤航为备。《梁书·侯景传》：太清三年（549），侯景叛乱，进攻建康，"景至朱雀航，……建康令庾信率兵千余人屯航北，见景至航，命撤航，始除一舶，遂弃军走南塘，游军复闭航渡景"。即此。隋灭陈后废。唐刘禹锡《乌衣巷》诗中的"朱雀桥边野草花"指此。

朱雀阙 东汉雒阳北宫的南门。在今河南洛阳市东北汉魏故城内。《后汉书·灵帝纪》载：中平六年（189），"何进部曲将吴匡与车骑将军何苗战于朱雀阙下，苗败斩之"。即此。据《艺文类聚》卷 62 引《汉官典职》曰："偃师去宫三十五里，望朱雀阙，其上郁朴与天连。"

朱堂店 即猪堂店。今河南罗山县西南朱堂店村。民国《重修信阳县志》卷 18《兵事》：咸丰十一年（1861）七月，太平军"由平靖关入，……折至柳林，又东折杜家畔，至罗山朱堂店"。

朱圉山 一作朱圄山。在今甘肃甘谷县西南三十里。《尚书·禹贡》："西倾、朱圉、鸟鼠至于太华。"《汉书·地理志》天水郡冀县："《禹贡》朱圄山在县南梧中聚。"《水经·渭水注》：朱圉山"在梧中聚，有石鼓，不击自鸣，鸣则兵起"。《寰宇记》卷 150 秦州大潭县："朱圉山，俗名白岩山。"

朱崖军 北宋熙宁六年（1073）改崖州置，治所即今海南省三亚市西北崖城镇。政和七年（1117）改为吉阳军。

朱崖洲 即今海南省海南岛。《太平御览》卷 69 引王隐《晋书》曰："朱崖在大海中。遥望朱崖洲大如菌，举帆一日一夜至洲。周匝二千里，径度七八百里，可十万家。"《水经·温水注》引王氏《交广春秋》曰："清朗无风之日，径望朱崖州如囷廪大。从徐闻对渡，北风举帆，一日一夜而至。"

朱崖郡 ①三国吴赤乌五年（242）置，属交州。治所在徐闻县（今广东徐闻县南）。辖境相当今广东遂溪县、湛江市以南雷州半岛。西晋平吴后废。

②即珠崖郡。治所在瞫都县（今海南省海口市琼山区南）。

朱涯水 即今广西西南部左江支流水口河。《汉书·地理志》临尘县："朱涯水入领方。"《水经·温水注》："（领方）县有朱涯水，出临尘县，东北流，驩水注之……又东北径临尘县。"

朱提山 ①在今四川宜宾县西。《方舆纪要》卷 70 叙州府宜宾县：朱提山在"府西五十里，连绵高耸，上侵云霄。旧尝产银。诸葛武侯所谓汉嘉金、朱提银也"。朱提山本在朱提县西南，应在今云南昭通市境。《清一统志·叙州府一》：朱提山"按山去府太近，当非汉时故山，但取故县为名耳"。

②在今云南鲁甸县西南八十四里龙头山镇。《汉书·地理志》："朱提，山出银。"应劭注："朱提山在西南"。苏林注："朱音铢，提音时。北方人名匕曰匙。"朱提山产银多而美，后世因以"朱提银"为高质银的代称。

朱提江 即今四川宜宾县西南与云南交界之横江河（关河）。唐樊绰《云南志》卷 2：泸水"又东北入戎州界为马湖江，至开边县南与朱提江合流，至戎州南城入外江"。

朱提县 西汉建元六年（前 135）置，属犍为郡。治所在今云南昭通市昭通坝子内。《水经·若水注》："朱提，山名也。应劭曰，在县西南，县以氏焉。"东汉永初元年（107）为犍为属国都尉治。建安十九年（214）为朱提郡治。南齐为南朱提郡治。北周为恭州治。唐武德元年（618）改安上县，七年（624）复故名，八年（625）为曲州治。天宝中移治今四川宜宾县安边镇西南。唐末废。产银。

朱提郡 东汉建安十九年（214），刘备改犍为属国置，属庲降都督。治所在朱提县（今云南昭通市境）。辖境约当今滇东北全部及贵州、四川的小部地。西晋属益州。东晋属宁州。晋以后辖境逐渐缩小。南齐改南朱提郡。

朱植墓 在今湖北荆州市荆州区故江陵县城西二十里八岭山。朱植为明太祖朱元璋的第十五子。洪武十一年（1378）封卫，二十五年改封辽，就藩广宁州。永乐二年（1404）迁荆州府，二十二年卒。洪熙元年（1425）葬此。墓残高 3.5 米。墓室建于地下，为砖石结构，通过 17 米长的砖砌斜坡墓道，即进入分为前、中、后三室的墓室。中室左右有侧室，横竖均成品字形。成为南方罕见的地下宫殿陵墓，且比北京明十三陵之定陵的兴建时间要早 165 年，下葬时间则早 195 年。

朱集市 1948 年 11 月冀鲁豫革命根据地由商丘县朱集镇设置，治朱集镇（今河南商丘市）。1951 年 8

月撤销，并入商丘市。

朱然家族墓地　在今安徽马鞍山市南郊雨山区安民村马沿岗。面积约1万平方米。朱然是三国吴名将，下葬年代为吴赤乌十二年（249）。墓由封土、墓道、墓坑、前后墓室组成，南北长9.1米。前室近方形，穹隆顶，内置祭台和陪葬者朱棺；后室长方形，拱形券顶，内置墓主漆棺。出土遗物一百四十余件，其中漆木器八十余件，漆器上多有精美的彩绘图案，如“宫闱宴乐图”、“季札挂剑图”、“童子对棍图”、“贵族生活图”等，是三国时期美术史实物的重要发现。漆木器中的两件犀皮黄口羽觞工艺精湛，是罕见的文物精品。墓中出土的木刺和谒是迄今所见最早的名片。出土的六千多枚汉代和三国时期的铜钱，品类繁多，为研究汉代和三国时期的币制和社会经济提供了重要实物资料。朱然墓附近还有四座三国六朝时期的墓葬，可能属于朱然家族墓。朱然墓规格较高，时代明确，出土遗物丰富，是三国时期考古的一项重大发现。2001年定为全国重点文物保护单位。

朱湖　在今江苏溧阳市境。晋郭璞《江赋》云：其旁则有“具区、洮、滆，朱、浐、丹、漅”。郦道元《水经注》云：“朱湖在溧阳。”

朱寒店　即今山东昌乐县东南朱汉。明嘉靖《昌乐县志》：朱寒店集在“县东南七十里”。

朱溪　即今曹娥江支流长乐江，在今浙江嵊州市西南。源出浙江东阳市北，东北流至嵊州市南，与澄潭江汇合后称曹娥江。《方舆纪要》卷92绍兴府嵊县：朱溪“在县西六十里。源出东阳县境，经大白山下者曰深溪，旁又有西溪、昆溪，三溪合为朱溪，又东会三溪水引而东，俗谓之南大溪，为南溪之上游”。

朱管陂　一名白马湖。在今河南沁阳县东北。《水经·沁水注》：白马沟水“首受白马湖，湖一名朱管陂，陂上承长明沟，湖水东南流，径金亭西，分为二水，一水东出为蔡沟，一水南注于沁也”。

朱墺街　亦作朱岙市。即今浙江三门县西南二十二里珠岙镇。原属宁海县。清光绪《宁海县志》卷3：朱墺“一、六（日）市，同《旧志》。距城六十三里”。

朱熹墓　在今福建建阳市西北一百零六里黄坑镇后塘村（古称唐石里大林谷）。朱熹（1130—1200）字元晦，一字仲晦，号晦庵，别称紫阳。徽州婺源（今属江西）人。侨寓建阳（今属福建）。南宋哲学家、教育家。庆元六年（1200）三月，病逝于建阳考亭，十一月与夫人刘氏合葬于此。墓碑上刻“宋先贤朱子、夫人刘氏墓”。2006年定为全国重点文物保护单位。

朱蒧县　亦作朱鸢县。西汉置，属交趾郡。治所在今越南兴安省快州附近。《水经·叶榆水注》：“江水对交趾朱蒧县，又东径浦阳北。”即此。唐属交州。唐末废。

朱濞城　在今河南鄢陵县南。据《史记·高祖功臣侯者年表》载：朱濞“以卒从起丰，入汉，以都尉击籍、荼”。初封为鄢陵侯。《方舆纪要》卷47鄢陵县：朱濞城“县南有朱濞城，濞，汉初功臣，封鄢陵侯，因筑此城”。

朱櫟墓　在今河南洛阳市西北、新安县东磁涧乡老井村东北一里邙山之巅。明伊励王朱櫟，洪武二十一年（1388）生，永乐十二年（1414）薨葬魏山。墓冢尚存。此墓解放前被盗，今盗洞犹存。墓道终端横砌石条，过石条为隧道券，再进为前殿（拜殿）、中殿和后殿。中殿左右两侧有两条甬道通向左右配殿，后殿左右和北边各有一很浅的耳室。全墓均用大砖砌成，形制布局与北京明十三陵之定陵地宫类似。墓前左右两边有御制祭文碑二通，一为景泰元年（1450）代宗朱祁钰即位之后，派工科给事中奚伦致祭碑，一为天顺元年（1457）英宗朱祁镇第二次复正大位后，派通政司左参议兼翰林院侍讲刘定之祭文碑。

缶　殷武丁时方国。在今山西永济市西北。《殷契粹编》1175片：“王敦缶于罗。”《殷虚文字》乙编6423片：“缶眔罗受年。”又5393片：“缶不其来见，缶不其来王”，皆此。

先主祠　即今四川成都市南郊昭烈庙（武侯祠）。为祭祀蜀汉先主刘备庙宇。《元和志》卷31成都县：先主庙“在县南二十里”。《寰宇记》卷72华阳县：先主祠“在府南八里，惠陵东七十步。齐高帝梦益州有天子卤簿，诏刺史傅覃修立而卑小。故相国李回在镇，更改，置守陵户，四时祭祀”。后人于先主祠旁建武侯祠。

先市场　亦作先氏场。即今四川合江县西南四十五里赤水河西岸先市镇。《永乐大典》卷2217《泸州志》引南宋《江阳谱》：合江县第三都有先市镇。民国《合江县志》卷1：先市场“在赤水西岸，当由县赴赤水县大道，居民约千家，商业繁盛”。

先农坛（壇）　在今北京市西城区永定门内大街西侧，与天坛隔街相对。是明清帝王祭祀先农神的场所。创建于明嘉靖年间（1522—1566），由内外两重围墙环绕，平面北圆南方近似长方形。坛内建筑可分为三组，即用于祭祀先农和举行藉田典礼的先农坛，包括坛台、神厨神库、神仓、具服殿、观耕台、庆成宫；用于祭祀山川大地自然神的天神地祇坛；用于祭祀太岁的雄伟建筑太岁殿。先农坛建筑大部分为明代建筑，清代只有少量添建和迁移。民国时期外墙被拆毁。在“文化大革命”中，天神地祇坛大部分被毁坏。其余古建筑保存完好。先农坛是明清皇家祭祀建筑的杰出范例，也是我国封建社会典章制度的实物见证。2001年定为全国重点文物保护单位。

先俞　即雁门山。战国赵地，在今山西代县西北。《史记·赵世家》：惠文王十六年（前283），苏厉为齐遗赵王书曰，“反巠分、先俞于赵”。《正义》曰：“俞音戍。郭注云：‘西隃即雁门山也。’按：西、先声相近，盖陉山、西隃二山之地并在代州雁门县，皆赵地也。”

先家城　又名纳仓宗、香沙宗、桑札宗、西泥沙、香沙。即今西藏申扎县。为后藏北部大市。清末辛亥年版《西藏新志》卷上：先家城“铺店鳞次，人烟稠密，乃此路第一市驿，繁盛无有出其右者。本驿自此岐分二支，一通札什伦布，一直走拉萨”。

丢骨寨　明置，在今四川松潘县东南。《方舆纪要》卷73松潘卫：人荒寨“万历六年，兵备使者杨一桂言：松潘诸番最桀骜者，无如丢骨、人荒、没舌三寨，屡为边患，议先剿之。既而三寨蛮谋劫军饷，纠众伏于安化关之凝水沟，突伤官军，别将曹希彬等击却之，复追败之于安贯顶。未几，蛮众复炽，官军御之于安贯顶及董草岭诸处，皆败之，众夜进攻，焚其丢骨、人荒小寨。七年，丢骨寨蛮突犯，裨将李承芳等奋击，群番溃走，官军进击其敛坎，焚河西大小碉房五十余座。追至河东，番皆震慑，呷竹、林洞等四十八寺寨首领，俱率其众降，三寨始戢”。清康熙四十二年（1703）置丢骨寨土千户。

廷陵县　战国秦置，属右北平郡。治所在今河北东北部。出土秦封泥中有“廷陵丞印”可证。西汉仍属右北平郡。东汉废。

廷尉垒　在今江苏南京市西，秦淮河入江口附近。《晋书·安帝纪》：东晋义熙六年（410），卢循败建康，刘裕于“淮口筑柤浦、药园、廷尉三垒以拒之”。即此。

竹口镇　北宋置，属寿张县。在今山东阳谷县南竹口。金大定七年（1167）河决，坏寿张县城，曾徙县治于此。

竹山　①在今安徽广德县南十五里。《舆地纪胜》卷24广德军：竹山院“在广德县，唐兴化中建”。《方舆纪要》卷29广德州：竹山在“州南十五里。叠嶂层峦，回环拱揖，松竹泉石，蔚然巨观”。

②在今湖北赤壁市西二十里。《方舆纪要》卷76蒲圻县：竹山“一名西泉山。产竹。下有洞，泉出其中，幽深莫测”。

③在今陕西渭南市东南四十里。《山海经·西山经》：“竹山，其上多乔木，其阴多铁……竹水出焉。”《水经·渭水注》：“渭水又东与竹水合，水南出竹山。”《水经注疏》谓“俗名大秦岭，亦名箭谷岭”。

④在今四川达州市东南。《方舆胜览》卷59达州：竹山“在通川县东南十余里”。《清一统志·绥定府一》：竹山“在达县东南十余里。《方舆胜览》：元稹有告会竹山神文。《夔州府志》：大竹山在州东十五里。又有小竹山连峙”。

竹山千户所　明成化八年（1472）置，属郧阳卫。治所在今湖北竹山县东。后废。

竹山县　西魏改安城县置，为罗州治。治所即今湖北竹山县。《元和志》卷21竹山县：“因黄竹岭以为名。”隋属房陵郡。唐属房州。南宋末移治今县南。元初还旧治。明洪武十年（1377）废。十三年（1380）复置，属襄阳府。成化十二年（1476）改属郧阳府。民国初属湖北襄阳道。1932年直属湖北省。

竹子山　在今云南宜良县南。《方舆纪要》卷115路南州：竹子山“在州南五十里。山高千仞，周百里。旧为贼巢，明朝宏治中，方伯陈金平之。环向有蜡烛、香炉诸峰”。

竹子岭　在今云南宣威市西北，牛栏江东岸。唐代称竹子岭。唐樊绰《蛮书》卷1：“过鲁望第七程至竹子岭。岭东有暴蛮部落，岭西有卢鹿蛮部落。第六程至生蛮磨弥殿部落。此等部落，皆东爨乌蛮也。”

竹子河　在今山东日照市南。《方舆纪要》卷35日照县：竹子河“在县南五十里。源出县西南五十里之矮岐山，下流亦注于海”。

竹子箐　在今云南砚山县东北弥勒湾附近。《清一统志·广西州》“杨屋寨”条：“自弥勒湾东逾山，有竹子箐。”

竹马府　唐贞观中置，为府兵所居之处。故址在今山西太原市西南晋源镇。《元和志》卷13晋阳县：“竹马府，在（并）州城中。”即此。开元十一年（723）废。

竹王祠　亦名竹三郎庙。在今贵州福泉市东南三十里凤山镇。清陈鼎《黔游记》：“竹王祠在杨老驿，去清平县三十里。三月间香火极盛。相传汉时夜郎女澼于遯水，忽有巨竹三节上流浮下，中有儿啼声，剖得一男，育之。及长有材武，自立为夜郎侯，以竹为姓，能以威德抚诸蛮，诸蛮归之。武帝平西南夷，侯迎降，封夜郎王。后乃杀之，盖猜其欲叛也。群蛮思之不置，请立后，牂牁太守吴君以闻，乃封其三子皆为侯，俱能以德抚众。既卒，群蛮立祠祀之。”

竹木坎　在今四川茂县西北黑虎乡竹木坎村。清顺治九年（1652）置土副巡检司于此。

竹车门　五代吴越国杭州城东门。南宋改候潮门。故址在今浙江杭州市江干区候潮路与候潮路直街相接处附近。

竹屯河　即今江西万年县西南万年河。《清一统志·饶州府一》：竹屯河“在万年县西南。亦名姚源水。自贵溪县流入，径县南，又西流至余干县东三十里古楼埠，会冯田水。在余干者又名古埠水。滩高水浅，少旱则流绝，舟楫难行。《余干县志》：古埠水，一出黄溪鹤岭，一出安仁洪大源，至三公桥合流，至余干之古埠，会冯田水入珠湖”。

竹瓦寺　即竹洼寺。今西藏察隅县北竹瓦根。清末刘赞廷《察隅县志略》：由鸡贡“东北行，七十里至竹瓦寺宿”。即此。

竹瓦店市　即今湖北浠水县西北四十里竹瓦镇。民国《湖北通志》卷73《兵事》：清同治二年（1863）三月，捻军“抵竹瓦店”。

竹水　又名赤水。亦名大赤水。源出陕西渭南市东南箭谷山下，北流注渭。《山海经·西山经》：竹山“竹水出焉，北流注于渭”。《水经·渭水注》：竹水

"南出竹山，北径媚加谷，历广乡原东，俗谓之大赤水，北流注于渭"。《寰宇记》卷29郑县："竹水亦曰大赤水，又名箭谷水。"

竹牛岭　在今甘肃临洮县东。《宋史·王韶传》：熙宁五年（1072），攻蒙罗角、抹耳水巴等族，"（王）韶戒别将由竹牛岭路张军声，而潜师越武胜"。

竹巴笼　即今四川巴塘县西南竹巴龙乡。为金沙江重要津渡。亦为打箭炉（今四川康定县）至西藏南路主要驿站之一。清乾隆《卫藏通志》卷4："牛古有河通舟楫，复沿山行，逶迤五十里渡金沙江，至竹巴笼，有硐房、柴草、塘铺。""竹巴笼"，藏语意为渡口。今川藏公路金沙江大桥建于此。

竹古弄等处长官司　元置，属管番民总管。治所在今贵州长顺县西。后废。

竹节土司　清末分蒙古尔津土司置，为玉树等二十五族之一。驻牧地在今青海称多县东珍秦镇（竹节寺）一带。

竹东　即今台湾新竹县东南竹东镇。台湾铁路新竹线由新竹通此。

竹叶（葉）关　在今湖北竹溪县西北，与陕西镇坪县接界。清同治《郧阳府志》卷1竹溪县：竹叶关在"西南百五十五里"。

竹头市　在今湖南益阳市东南。《资治通鉴》：五代汉乾祐三年（950），楚马希萼争潭州，马希广遣将张晖屯益阳，希萼遣兵攻之，晖"遂自竹头市遁归长沙"。

竹台市　即竹塔市。在今湖南耒阳市东竹市镇。

竹西亭　在今江苏扬州市北。唐杜牧《题禅智寺》诗："谁知竹西路，歌吹是扬州。"后人以此名亭。宋欧阳修、尧梅臣皆有诗。后向子固易名歌吹亭。

竹屿　在今福建霞浦县西南六十里。《清一统志·福宁府》：竹屿"突出海中，形势奇特。潮退，泥潦中有沙径，长一里可行。地无田，民皆业渔。有堡。相近者为孤山，明嘉靖三十五年，倭贼自宁德遁入州界，官军追败之于此"。

竹屿山　即今浙江岱山县岱山岛东之大、小竹屿岛。《清一统志·宁波府一》：竹屿山"在定海县西南海中。两山夹峙，上有丛竹"。

竹行镇　即今江苏南通市通州区（金沙镇）东南四十四里竹行镇。清光绪《江苏全省舆图》通州（今南通市）："竹行镇在城东南三十二里。"

竹庆　即今四川德格县东北竹庆村。民国《德格县图志》乡镇："东北牛厂区竹庆、札科。"村西之竹庆寺，为红教著名寺院。

竹江青镇　即今江西安福县东南竹江乡。清同治《江西全省舆图》卷7：安福县东南有竹江津。

竹芦渡　在今河南荥阳市西北汜水镇东。《方舆纪要》卷47汜水县："建炎二年，岳飞败金人于汜水关，驻兵于此，与敌相持，选精锐三百伏前山下，令缚刍为交炬，爇四端而举之，金人疑援兵至，惊溃。"

竹步国　故地在今非洲索马里之朱巴河口一带。《明史·外国列传七》："行步，亦与木骨都束接壤。永乐中，尝入贡。其地户口不繁，风俗颇淳。郑和至其地。"

竹县　西汉置，属沛郡。治所在今安徽宿州市北二十里老符离集。东汉更为竹邑侯国。

竹里　在今江苏句容市北六十里竹里山间。《资治通鉴》：东晋隆安元年（397），王恭举兵京口，"王国宝惶惧，不知所为，遣数百人戍竹里"，即此。

竹里山　在今江苏句容市北。《元和志》卷25润州句容县："竹里山，在县北六十里。王涂所经，涂甚倾险，行者号为翻车岘。山间有长涧，高下深阻，旧说云似洛阳金谷。宋武帝初起，自京口至江乘，破桓玄将吴甫之于竹里，移檄京师，即此处也。"

竹园村　即今云南弥勒县南六十六里竹园镇。清设巡司于此。民国改置县佐。

竹园铺　即今四川井研县东南四十五里竹园镇。明正德《四川志》卷19犍为县有竹园铺。清属荣县。嘉庆《四川通志》卷89荣县：竹园铺"在县西八十七里"。1951年划归井研县。

竹围　在今台湾省台南市东北玉井区东北约二里。为高山族大武垅社地。1915年噍吧哖事件后，日军诱捕无数爱国志士关押于此。

竹邑戍　北魏改竹邑县置，在今安徽宿州市北二十里符离镇南老符离集。《魏书·灵征志下》："高祖延兴元年十二月，徐州竹邑戍士邢德于彭城南一百二十里，得蓍一株。"即此。

竹邑县　秦置，属泗水郡。治所在今安徽宿州市北二十里老符离集。《汉书·曹参传》：高帝十二年（前195），"与高祖会击黥布军，大破之。南至蕲，还定竹邑、相、萧、留"。即此。

竹邑侯国　东汉改竹县置，属沛国。治所在今安徽宿州市北二十里老符离集。西晋改为竺邑县。

竹岛　在今江苏连云港市东北黄海中。嘉庆《海州直隶州志》卷11引《顾志》：竹岛"去墟沟北山三里许。上多筱竹"。又引《陈志》说："去东海城八十里，高二十五丈，周围一里三十步。"

竹沟镇　即今河南确山县西五十二里竹沟镇。明置竹沟巡司。

竹沟镇关　在今河南确山县西。《方舆纪要》卷50确山县：竹沟镇关在"县西南九十里"。明置巡司于此。

竹陂河　即今湖北钟祥市西北竹陂河。为汉水支流。《方舆纪要》卷77荆门州：蒙、惠二泉"宋知州彭乘引为三沼，合流至竹陂河入汉"。《清一统志·荆门州》：竹陂河"在荆门州东，东流入汉"。

竹青寺　清康熙二十四年（1685）建，即今四川德格县东北九十里竹庆乡更达村竹庆寺。为德格土司五大家庙及康区三大红教寺庙之一。“竹青寺”，藏语意为“大园满寺”。原寺1959年被毁，1984年修复。

竹林寺 ①在今北京市西城区三庙街西。始建于辽清宁八年（1062）。金熙宗时改为驸马宫。明景泰二年（1451）重建，复名竹林寺。

②东晋大兴四年（321）建，即今江苏镇江市南郊磨笄山下鹤林寺。《宋书·戴颙传》：元嘉间，“衡阳王义季镇京口，长史张邵与颙姻通，迎来止黄鹄山。山北有竹林精舍，林涧甚美，颙憩于此涧”。

③在今河南辉县市西南。《清一统志·卫辉府二》：竹林寺“在辉县西南六十里。旧名七贤观，后改尚贤寺，又改今名。即晋七贤所游之地”。按七贤为嵇唐、阮籍、山涛、向秀、刘伶、阮咸、王戎。

竹林关 在今陕西丹凤县南八十里竹林关镇。明成化十三年（1477）置巡司于此。清顺治十五年（1658）裁。《清一统志·商州》：竹林关“临丹水。自此登舟，经淅川、谷城至小江口入汉，为下襄阳水路”。

竹林桥 在今浙江临安市西三里。《清一统志·杭州府二》：竹林桥“在临安县西三里。南北诸山夹峙，有九水合流于此”。

竹林堡 在今广东饶平县东北。《方舆纪要》卷103潮州府饶平县：竹林堡“在黄冈镇东北，福建诏安山贼由此出没。嘉靖十四年置堡于此”。

竹林港 在今湖北石首市西北。《方舆纪要》卷78石首县：竹林港在“县西六十里。地多竹。元大德中，江水决于此。为堤防要口。盖与公安接境处也”。

竹岩山 在今浙江武义县东。《方舆纪要》卷93武义县：竹岩山“在县东十四里。《志》云：县之镇山也”。

竹岩洞 在今四川富顺县东南。清嘉庆《四川通志》卷13：竹岩洞“在（富顺）县东南五十里。有流杯池。宋侍郎郑莹尝居此，著前后竹岩赋”。

竹岭 在今甘肃天水市西百里。《水经·渭水注》：“竹岭水出南山竹岭，二源同泻，东北入藉水。”《资治通鉴》：东晋元兴三年（404），西秦“乞伏乾归与仇池杨盛战于竹岭”。即此。

竹炉山房 在今江苏无锡市西惠山寺。明洪武间湖州竹工为寺僧性海编竹为炉，规制精密，高不盈尺，上圆下方，类道家乾坤壶，王绂为绘图赋诗，时多题咏。《清一统志·常州府二》：竹炉山房“竹炉及诗卷移贮惠山寺弥陀殿，为竹炉山房”。今炉早已无存。

竹城 在今湖南澧县东南一里。《舆地纪胜》卷70澧州：竹城，“建炎、绍兴之扰，州尝寄治于仙明湖之南岸，以竹为城，至今人犹以竹城目之”。或说在今湖南岳阳市东。《方舆纪要》卷77岳州府巴陵县“刘备城”条下：“又有竹城，亦在府东。《志》云，宋建炎、绍兴之扰，州尝寄治仙明洲东岸，以竹为城，至今犹称竹城。”光绪《巴陵县志》卷6：“按，宋南渡初，州尝寄治仙明洲，盖因杨么之乱，湖东皆为‘贼巢’，寄治当在湖西，非府东也。仙明洲今不知其处。”

竹竿河 即古之谷水。在今河南罗山县东，为罗山、光山二县界河。《方舆纪要》卷50罗山县：“竹竿河在县东三十里。源出掘山，北流入淮。”

竹竿铺 即今河南罗山县东南二十四里竹竿镇。清乾隆《罗山县志》卷1《镇店》：“竹竿铺，东三十里。”

竹庭县 1943年改赣榆县置，属山东省。治所在今江苏赣榆县西北十二里赣马镇（城里）。以纪念牺牲于县东境的东进挺进纵队政治部主任、抗日英雄符竹庭。1949年移治青口镇（今赣榆县治）。1950年复改为赣榆县。

竹洼寺 又作竹瓦寺。亦名卓瓦公巴。即今西藏察隅县北竹瓦根。清末刘赞廷《波密日记》：由波罗“七十五里至甲惹同宿，七十里至竹洼寺宿”。即此。“竹洼寺”，藏语意为众生寺。

竹格县 唐武德四年（621）置，属峰州。治所在今越南永福省白鹤县南。贞观元年（627）废入新昌县。

竹格渚航 故址在今江苏南京市南，镇淮桥西。唐许嵩《建康实录》卷6：东晋太宁二年（324），王敦将沈充、钱凤犯建康，“分军从竹格渚济水”，至宣阳门。

竹核坝 即今四川昭觉县东北竹核乡。民国常隆庆《雷马屏峨调查记》：竹核坝“宽约六里，长约十里，皆属稻田，海拔1900米，居民约千家”。“竹核”彝族意为有温泉之地方。在乡东南有竹核温泉。

竹根滩 即今四川乐山市东南四十里竹根镇。清光绪二十年（1894）五月，竹根滩人民“捣毁天主堂”。

竹圃 即东苑，或梁苑。在今河南商丘市东南。《水经·睢水注》：“睢水又东南流历于竹圃。水次绿竹荫渚菁菁实望，世人言梁王竹园。”

竹峪关 即今四川万源市西北百七十里竹峪镇。清嘉庆《四川通志》卷27通江县：竹峪关“在县东北二百八十里。自陕西紫阳县入蜀路”。民国《万源县志》卷2：竹峪关“交通江界，崇山环抱，深涧回盘。下达通巴，上通镇巴，路当冲要。清置汛，设千总一员驻此”。1933年川陕革命根据地在此置万源县。

竹峰铺 亦作竹下铺。即今安徽宁国市西南竹峰街道。明嘉靖《宁国县志》卷2《铺舍》：竹下铺“在县西二十里”。清同治《宁国县志》铺递：西南路“杨维铺十里至竹峰铺”。

竹翁汛　清置，属靖远营。在今四川喜德县东。有外委驻防。

竹唐县　南朝梁置，治所在今江苏高邮市境。隋开皇初废。

竹堑　即今台湾省新竹市。本高山族竹堑社的音译。连横《台湾通史·经营纪》：清康熙五十二年（1713），“北路营参将阮蔡文亲赴竹堑、大肚诸社，抚慰番黎”。雍正九年（1731）淡水厅移治于此。光绪元年（1875）改置新竹县。

竹堑溪　在今台湾省新竹县北。《清一统志·台湾府》：竹堑溪“在彰化县中港溪之北。源出大山中，西流经竹堑社北，又西入海”。

竹砦　在今湖南怀化市西南。北宋置竹砦铺。明置竹砦驿。

竹崎镇　亦作竹岐。即今福建闽侯县西竹岐镇。旧属侯官县，明、清置巡司于此。

竹笮嵊镇　即今江西宁都县南二十里竹笮乡。清道光《宁都直隶州志》卷4：有竹笮嵊墟。

竹塔市　又名竹台市。即今湖南耒阳市东竹市镇。《清一统志·衡州府二》：竹塔市“在耒阳县东二十里”。

竹峪岭　在今浙江松阳县北及武义县西南境。《方舆纪要》卷94松阳县：竹峪岭在“县北十五里，东至宣平县五十里。岭高四十余丈……行旅出其间，路最险仄，为县之要隘”。

竹敦城　在今湖北麻城市西北。《魏书·司马悦传》：萧衍豫州刺史马仙琕等“于三关南六十里因山起城，名为竹敦”。《资治通鉴》：南朝梁天监三年（504），北魏取三关，“上遣马仙琕筑竹敦、麻阳二城于三关南。司马悦遣兵攻竹敦，拔之”，即此。

竹塘县　亦作竹唐县。南朝梁置，属广业郡。治所在今江苏高邮市境。后属神农郡。隋开皇初废。

竹槎岛　即今山东胶南市东北海中之竹岔岛。《清一统志·莱州府一》：竹槎岛“在即墨县东一百里。其相近有巉岛、营岛，俱在县东海中”。

竹楼　在今湖北黄冈市内西北隅。北宋王禹偁（字士元）《黄冈竹楼记》：“子城西北隅，雉堞圮毁，蓁莽荒秽。因作小楼二间，与月波楼通。远吞山光，平挹江濑，幽阒辽敻不可具状。”南宋陆游《入蜀记》：“楼下稍东，即赤壁矶。”

竹篠铺　即今湖北襄阳市襄城区西北三十里竹条镇。清设把总驻防。

竹篠港　在今江苏南京市东北。宋《景定建康志》卷19：竹筱港“西至靖安，东至石步，南连直渎，北临大江，属上元县金陵、长宁两乡，由靖安港口至城二十里，由石步港口至城四十里，在唐世已曰竹筱港”。《资治通鉴》：东晋隆安元年（397），王恭举兵京口，讨王国宝等，“王国宝惶惧，不知所为，遣数百人戍竹里”。胡三省注：“竹里，今建康府竹筱镇是其地，在行宫城东北三十许里。”

竹篠窝　即今福建宁化县治翠江镇。五代唐同光元年（923）宁化县迁治于此。

竹溪　①在今浙江松阳县西南。《方舆纪要》卷94松阳县：竹溪“在县南七里。源出竹峪岭，南流经横山下，又东南注于松溪”。

②在今山东泰安市东南徂徕山下。《清一统志·泰安府一》“徂徕山”条下：“又有竹溪，唐天宝中，孔巢父、李白、韩准、裴政、张叔明、陶沔尝结社于巉石峰，号竹溪六逸。”

竹溪河　为堵河北源。在今湖北竹溪县境。源出竹溪县西北青华山，东南流经竹溪县城南，至潭口会堵河西源汇湾河。《方舆纪要》卷79竹溪县：竹溪河在“县西五里。源发县西北三十里之鸡峰山，流合县治河”。

竹溪河汛　在今湖北竹溪县西北五十里竹溪河南岸。清有外委驻防。

竹滩砦　北宋元祐五年（1090）置，属黔阳县。在今湖南洪江市（黔城镇）西南。《方舆纪要》卷81黔阳县“托口寨”条下：“又竹滩堡，在县（治今黔城镇）南二十里。宋熙宁中，置铺于此。元丰八年罢。元祐五年，复置砦。今仍置堡，恃为控御。”

竹塞坑　在今浙江浦江县南。《方舆纪要》卷93浦江县：竹塞坑“在县南三十里。两山合翠，高入云汉，行者战惧”。

竹箐山　在今四川洪雅县西八十里。《方舆纪要》卷72洪雅县：竹箐山“上多竹，蒙茸茂密。昔人以甃梯磴，盘折而上。宋尝置关于其巅，设巡检司，后废。嘉靖中复设竹箐山巡司”。

竹箐关　宋置，属洪雅县。在今四川洪雅县西六十里竹箐镇西北竹晶关。明设竹箐山巡司于此。清费密《荒书》：顺治十七年（1660），张献忠余部郝承裔“又取洪雅县，退守竹箐关”。即此。

竹塾镇　在今安徽泗县东南。《宋史·韩世忠传》：南宋建炎四年（1130），“挞辣屯泗州，兀术屯竹塾镇”。即此。

竹寨山　在今湖南吉首市西。《方舆纪要》卷81镇溪千户所“崇山”条下：“又竹寨山，亦在所（今吉首市）西。山高多竹，蛮僚尝结二寨于山上。”

竹墩镇　北宋置，属六合县。即今江苏南京市六合区西北竹镇。《宋史·韩世忠传》：南宋建炎四年（1130），金“兀术屯竹墩镇，为世忠所扼”。即此。

竹镇　即今江苏南京市六合区西北竹镇。《方舆纪要》卷20江宁府六合县：竹镇，“《志》云：宋设巡司及税务于此”。原名竹墩镇，以宋庙讳改名。

竹篑桥镇　即今江苏溧阳市西北竹篑镇。清光绪《江苏全省舆图》溧阳县：“竹篑桥镇在城西北四十里。”

竹箭隘　在今福建永定县南。《方舆纪要》卷98永定县：“竹箭隘在县南，路出广东大埔县。”

竹薄沙　在今上海市崇明县东南七十余里。《方舆纪要》卷24太仓州崇明县：竹薄沙“即南沙尽处。外为大洋，内为内海，其西南与松江高家嘴相对，为内海之南门。……《海防考》：竹薄沙为吴淞之屏蔽，外为羊山，为陈钱，皆倭寇所从入。竹薄沙之内，高家嘴之外，沿海而西北者，谓之杨家路。海舶得此，方能转舒，盖县多阴沙暗途，缠绵错杂故也。说者以竹薄沙、高家嘴，为苏、淞四郡之咽喉，海防第一关键”。

竹篙寺镇　即今四川金堂县东南竹篙镇，道通乐至县。清嘉庆《金堂县志》卷2：竹篙寺场“去城（今成都市东北城厢镇）一百五十里”。

竹谿县　明成化十二年（1476）置，属郧阳府。治所即今湖北竹溪县。明曹学佺《名胜志》：“以治所在竹溪之北而名。”民国初属湖北襄阳道。1932年直属湖北省。

迁民县　①辽圣宗时置，属迁州。治所在今河北秦皇岛市东北山海关。金废为镇。

②辽置，属龙州、黄龙府。治所在今吉林农安县境。后废。

迁民镇　金废迁民县置，属海阳县。在今河北秦皇岛东北山海关。《元史·文宗纪》：天历元年（1328），“发中卫兵守迁民镇”。即此。

迁辽县　辽太平十年（1030）置，属上京临潢府。治所在今内蒙古巴林左旗（林东镇）附近。《辽史·地理志》：迁辽县在“京东北”。今上京故城址东北三合堂村，有辽代聚落、古城遗址，当是迁辽县。金废。

迁西县　1947年由迁安县析置，属河北省。治所即今河北迁西县。

迁州　①西魏恭帝三年（556）置，治所在临清郡石鼓县（今四川宣汉县西南东林乡）。辖境相当今四川宣汉县南部地。北周废。

②北周置，治所在光迁县（今湖北房县）。隋大业初改为房州。

③辽圣宗时置，治所在迁民县（今河北秦皇岛市东北山海关）。《辽史·地理志》迁州：“圣宗平大延琳，迁归州民置”，故名。金废。

迁江屯田千户所　明洪武二十五年（1392）置，属广西都司。治所在今广西来宾市西南迁江镇。嘉靖七年（1528）迁治来宾市迁江镇东南。清废。

迁江县　北宋天禧四年（1020）改思刚州置，属宾州。治所在今广西来宾市西南迁江镇北红水河北岸。明洪武二十三年（1390）迁治红水河南岸（今迁江镇）。清雍正十二年（1734）属思恩府。民国初属广西柳江道。1928年直属广西省。1952年撤销，并入来宾县。

迁安市　1996年撤销河北省迁安县，改设迁安市，市人民政府驻迁安镇。由唐山市代管。

迁安县　金大定七年（1167）改安喜县置，属平州。治所即今河北迁安市。元世祖至元二年（1265）废入卢龙县。后复置，属永平路。明属永平府。民国初属直隶津海道。1928年直属河北省。1996年改设迁安市。

迁阳镇　俗名仙阳镇。北宋置，属浦城县。即今福建浦城县北四十里仙阳镇。

迁陵县　战国秦置，属黔中郡。治所在今湖南保靖县东北十里乳香岩。或说在今龙山县西南里耶城址。近年里耶遗址出土秦简证实，迁陵在战国时已为秦县。西汉属武陵郡。南朝齐改名零陵县，迁治今保靖县。梁复名迁陵县。隋废入大乡县。

迁尉垒　东晋义熙六年（410）刘裕筑，在今江苏南京市西秦淮河口。

迁隆州　南宋改迁隆镇置，属邕州。治所在今广西宁明县东那堪乡迁隆村。元属思明路。明洪武初降为迁隆峒。

迁隆峒　明洪武初改迁隆州置，属上思州。治所在今广西宁明县东那堪乡迁隆村。明、清置迁隆峒土巡检司。

迁隆寨　①北宋置，属邕州。治所在今广西宁明县东那堪乡迁隆村。南宋改为迁隆镇。

②即今广西南宁市邕宁区西南苏圩镇。明、清置巡司于此。

迁隆镇　南宋改迁隆寨置，属邕州。治所在今广西宁明县东那堪乡迁隆村。后改为迁隆州。

迁善村　今山东禹城市。唐乾元二年（759）禹城县迁治于此。《寰宇记》卷19齐州禹城县载：“乾元二年逆党史思明侵河南，守将李铣于长清县界边家口决大河，东至县，因而沦溺，今理迁善村。”

阡头山　一作笄头山。即崆峒山。在今宁夏固原市南。《汉书·地理志》安定郡泾阳县：“阡头山在西，《禹贡》泾水所出。”

阡连口关　明置，为长城关口之一。在今北京市怀柔区北二十五里。《方舆纪要》卷11怀柔县：阡连口关“在县北，黄花镇东第十一关口也”。

乔口戍　在今湖南望城县西北三十四里乔江口。《水经·湘水注》：“湘水自高口戍东，又北，右会鼻洲。”杨守敬《水经注疏》疑“高口戍”即“乔口戍”之讹。

乔口河　在今湖南望城县西北。自益阳县界流入，至此入湘江。《水经·湘水注》：“湘水之左岸有高口，水出益阳县，西北径高口戍南，……东北流注湘为陵子口。”杨守敬《水经注疏》疑“高口”即“乔口”之讹。唐杜甫有《入乔口诗》。

乔口镇　旧作桥口镇，属长沙县。即今湖南望城县西北三十四里乔口镇。明、清置巡司于此。

乔山　在今山西曲沃县北五十里，接襄汾县境。《周书·武帝纪》：“齐攻晋州，恐王师卒至，于城南穿堑，自乔山属于汾水。”即此。

乔司镇　即今浙江杭州市余杭区南乔司镇。原名汤村镇。清初迁盐课司于此。镇西北有戊寅公墓，俗名千人坑，为1938年日本侵略军屠杀乔司平民之罪证。

乔在中堂住宅　即“乔家大院”。在今山西祁县东北二十里乔家堡村。

乔庄场　亦作硚庄场。即今四川青川县（乔庄镇）。

清道光《龙安府志》卷2：硚庄场在平武县青川镇“东一百二十里”。1939年改置乔庄镇。1951年青川县由青溪镇迁此。

乔江　①即乔口河。在今湖南望城县西北。《明一统志》卷63长沙府：乔江“在益阳县东八十里。其源资分派流经长沙县乔口，故名”。

②在今湖南益阳市东。《方舆纪要》卷80益阳县：乔江在“县（今益阳市）东八十里。自资江分流，经长沙县乔口镇而入于湘江”。

乔村驿　明置，在今山西高平市西南乔村。《清一统志·泽州府》：乔村驿“在高平县南三十里。旧有驿丞。本朝乾隆七年裁”。

乔村镇　即今河北南宫市东南五十里西乔村。清同治《畿辅通志》卷54南宫县图：东南有乔村镇。

乔利城　即今广西马山县西南三十里乔利乡。《明史·地理志》思恩府：“旧治在府西北。正统七年迁府东北之乔利”，即此。

乔英墟　在今广西凤山县西北、乔音河东岸乔音乡。清光绪《广西舆地全图》东兰州图：西北有乔英墟。

乔英墟水　即今广西凤山县西北乔音河。《清史稿·地理志》东兰土州：“乔英墟水出州西北银腾隘，东南流，入水云洞，至州治北复出，经治西，至坡龙村，伏流数里，又南出，复伏流入百色。”

乔林　即今广东揭阳市西北乔林村。清光绪《广东舆地全图》：揭阳县西北有乔林村。

乔珠县　唐显庆三年（658）置，属柘州。治所在今四川红原县南境。天宝初属蓬山郡。乾元初属柘州。广德后地入吐蕃。

乔家大院　在今山西祁县东北二十里乔家堡村。为乔在中堂住宅。是闻名遐迩的商业资本家乔家第三代乔致庸的堂名，俗称“乔家大院”。清乾隆二十年（1755）建统楼院。同治初年建西北院。同治十年（1871）建东南院、西南院。光绪二十年（1894）将四个大院连成一体，房顶增设通道，增修眺阁、更楼，形式封闭的城堡。清末民初向西扩展，1921年建新院，1929年修建书院。乔家大院现存六个大院，二十个小院，共三百一十三间房屋。建筑保存完好，特别是主体建筑受到很好保护。乔家大院建筑精巧，做工考究，是清代北方民居的典型代表。2001年定为全国重点文物保护单位。

乔家庙　一名乔庙镇。即今河南武陟县东三十六里乔庙乡。清道光《武陟县志》卷8：集镇有乔家庙。

乔家湾镇　即今山西蒲县东乔家湾乡。《清一统志·隰州》“化乐镇”条下：蒲县东“七十里有乔家湾镇”。

乔墅镇　在今江苏江都市北丁伙镇西北乔墅。清光绪《江苏全省舆图》甘泉县：“乔墅镇在城东北五十五里。”

〔丿丨〕

传担山　在今江西泰和县西北。《明一统志》卷56吉安府：传担山“在泰和县西五十里。山极高峻，路甚隘窄，攀援转置而后可过。其西南又有石笋峰，尤峻拔，下有通天圣岩，旱则于此祷雨”。《清一统志·吉安府一》：传担山“在泰和县西北五十里。……西南有石笋峰，尤峭拔，下有九龙潭及玉溪泉，泉凡四十八窍，至岩前复合为一”。

传流店集　即今河南潢川县东南流传店乡。清光绪《光州志》卷1《市集》：“州东南三十五里有传流店集。”

传箓坛（壇）　即今江西贵溪市西南上清镇东端上清宫。为道教创始人张道陵第四代孙张盛，于西晋永嘉年间自汉中移居龙虎山后所建。唐改名真仙馆。宋大中祥符间改上清观。

休　在今山东滕州市西二十五里。《孟子·公孙丑下》：“孟子去齐，居休。”西汉封楚元王子富为休侯，即此。

休门镇　即今河北石家庄市。原属获鹿县，1925年与石家庄镇合并为石门镇。1939年设石门市。

休马　民国间由白力登马族分出，驻牧地咱曲河（今青海称多县东扎曲河）流域。

休心堂　在今湖北崇阳县东。《清一统志·武昌府二》：张咏读书堂“在崇阳县东六十里港陂。扁曰休心。咏尝赋诗自记”。

休平陵　东晋安帝司马德宗陵墓。在今江苏南京市东紫金山西南麓。《元和志》卷25上元县：安帝德宗休平陵“在县东北二十里蒋山西南”。

休宁县　隋开皇十八年（598）改海宁县置，属歙州。治所在南当水口山上（今安徽休宁县西三十里渠口乡）。取旧县名休阳、海宁首尾各一字为名。大业三年（607）为新安郡治。唐武德四年（621）仍属歙州。七年（624）移治万岁山（今休宁县东万安镇）。天宝九年（750）移治松萝山之阳（即今休宁县治）。北宋宣和三年（1121）属徽州。元属徽州路。明属徽州府。民国初属安徽芜湖道。1928年直属安徽省。

休吉县　隋开皇十八年（598）改新丰县置，属循州。治所在今广东新丰县东北长吉屯。大业初省入河源县。

休休亭　在今山西永济市东南四十五里王官峪。《旧唐书·司空图传》：“司空氏祯贻溪之休休亭，本名濯缨亭，为陕军所焚。天复癸亥岁，复葺于壤垣之中，乃更名曰休休。休，休也，美也，既休而具美存焉。”

休阳县　东汉建安十三年（208）孙权置，属新都郡。治所在鹇山（即今安徽休宁县西二里凤凰山）。以地居鹇山之阳为名。吴永安元年（258），改名海阳县。

休纳县　元世祖至元七年（1270）置，后为新兴州治。治所即今云南玉溪市。元至元中废入州。1914年改新兴县复置，属云南滇中道。治所即今云南玉溪市。1914年《地学杂志》第45期载，“查该县县治旧为休纳县城，元初省入州，拟即改休纳县”。1916年改玉溪县。

休纳城　又作休腊、休制。宋大理置，属秀山郡。在今云南通海县西二十二里河西镇。元置河西县。

休屠王城　一作胡城。在今陕西渭南市南十里。宋敏求《长安志》卷17渭南县：“旧说匈奴休屠王部落降汉，筑此城以居，因名胡城。”

休屠县　西汉太初三年（前102）置，属武威郡。治所在今甘肃武威市北六十里四坝镇三岔古城。西晋废。北魏复置，属武兴郡。隋又废。

休屠泽　在今甘肃民勤县东北。《汉书·地理志》武威：“休屠泽在东北，古文以为猪壄泽。”《水经注》卷40：休屠泽“俗谓之为西海，一水又东径百五十里入猪野，世谓之东海，通谓之都野矣”。《清一统志·凉州符一》：“今三岔河自镇番东北出边，又三百余里潴为泽，方广数十里，俗名鱼海子，即白亭海，古休屠泽也。”

休屠城　秦汉之际匈奴占据河西走廊，置休屠王城，为休屠王所都。故址在今甘肃武威市北六十里四坝乡三岔古城。

休崲湖　即岖崲湖。在今浙江上虞市西南。《南史·谢灵运传》：“灵运既不得回踵，又求始宁休崲湖为田。”即此。

休循州都督府　唐显庆三年（658）于拔汗那国置，属安西都护府。治所在渴塞城（今乌兹别克斯坦纳曼干北卡桑赛）。贞元六年（790）后废。

休循国　汉西域国名。都城鸟飞谷（在帕米尔北部，今吉尔吉斯斯坦南部萨雷塔什）。神爵二年（前60）后属西域都护府。

伍牙山　①一名护牙山。在今江苏溧阳市西南六十里，与安徽郎溪县接界。宋《景定建康志》卷17：伍牙山一名护牙山，“俗传伍子胥美齿牙，避楚至此，恐为人所识，以石击毁其牙，山神为震，护之不毁，因名护牙”。

②在今安徽郎溪县东北四十里，东接江苏溧阳市界。《元丰九域志》卷6：建平县“有伍牙山”。《舆地纪胜》卷24广德军：伍牙山“在建平。伍员伐楚还吴经此山，因以为名”。

伍仁桥镇　即今河北安国市南三十里伍仁桥镇。清同治《畿辅通志》卷47祁州图：南有伍仁桥。

伍城县　①南朝宋改五城县置，属广汉郡。治所在今四川中江县东南二里。梁为伍城郡治。北周为玄武郡治。隋开皇三年（583）改为玄武县。

②北齐改五城侨县置，为伍城郡治。治所在今河南卫辉市。隋开皇六年（586）改为汲县。

③即北五城县。在今四川三台县。《隋书·地理志》：郪县“旧曰伍城，西魏改曰昌城”。

④隋开皇中改五城县置，属汾州。治所在今山西吉县东北六十里。大业初属文城郡。唐武德二年（619）改为仵城县。

伍城郡　①即五城郡。一名仵城郡。北魏置，治所在五城县（今山西吉县东北）。隋开皇初废。

②即仵城郡。南朝梁置，属楚州。治所在今河南信阳市北。《隋书·地理志》汝南郡城阳县：“又梁置伍城郡，后齐废。”

③亦作五城郡。南朝梁置，属新州。治所在伍城县（今四川中江县东南二里）。辖境相当今四川中江县地。北周改为玄武郡。

④北齐合并五城、泰宁等七郡置，为义州治。治所在伍城县（今河南卫辉市）。北周废。

伍洲　即五洲。今湖北浠水县西南长江中戴家洲。《方舆纪要》卷76蕲水县：伍洲“在县西四十里大江中。相传伍员适吴时过此，因名”。

伍祐场　在今江苏盐城市盐都区东南串场河东伍祐镇。产海盐。《寰宇记》卷124“盐城监”所管盐场即有“五祐场”之名。清时设盐课大使。民国时设场知事。

伍通隘　在今福建明溪县西。《方舆纪要》卷98归化县：伍通隘在“县西二十五里。路出清流县”。

伍勒部　宋大理置，属石城郡。在今云南宣威市东北部。

伍隍场　即今四川资阳市东南五隍镇。清光绪《资州志》卷3资阳县：万寿场“即五皇场，在县八十里”。民国《资阳县志稿》卷1：伍隍场“以有五隍庙得名。旧名万寿场，亦以万寺庙得名。……明代旧场”。

伎陵城　在今陕西安康市东，汉水南岸。《水经·沔水注》：“汉水又东径木兰寨南，右岸有城，名伎陵城，周回数里，左岸垒石数十行，重垒数十里，中谓是处为木兰寨。云：吴朝遣军救孟达于此。”《清一统志·兴安府二》引《旬阳县志》：“伎陵城在县西五十里。”

伏山　即今山东宁阳县北二十里伏山。《明一统志》卷23兖州府：伏山“上有洞。洞内镌石成佛像，故又名佛山”。

伏义城　即杖义城。在今四川汉源县南。《方舆纪要》卷73黎州守御千户所：伏义城在“所南九十里。唐李德裕筑此，以制大渡、清溪之险”。伏为杖之误。

伏马山　在今湖北武汉市黄陂区北三十里。《方舆纪要》卷76黄陂县“横山”条下：伏马山“高岩崔嵬，石径萦绕，马不能进”。

伏马关　即白马关。在今山西盂县东北。

伏牛山　①在今山西潞城市东南十五里。《魏书·地形志》：刈陵县有伏牛山。唐景云三年（712）黄龙见于此。

②在今山西沁县西三十里。《方舆纪要》卷43“铜鞮山”条下：伏牛山“山有龙泉，漳河源出焉”。《清一统志·沁州》：“昔人见神牛隐此，

故名。”

③即金山。在今江苏镇江市西北七十里。宋《嘉定镇江志》卷6“伏牛山”条引《南徐州记》：“蒜山北江中有伏牛山。”《新唐书·地理志》润州土贡：“伏牛山铜器。”《舆地纪胜》卷7镇江府：伏牛山“即金山。唐亦谓之伏牛山”。

④在今江西南城县西北盱江西岸。《清一统志·建昌府一》：伏牛山“在南城县北四十里。临江，下有市”。

⑤即天息山。在今河南嵩县西南。《元和志》卷6汝州鲁山县：“天息山，一名伏牛山。”《明史·地理志》嵩县：“西南有伏牛山，即天息山也。山有分水岭，汝水出焉。”

⑥在今重庆市彭水苗族土家族自治县东北。《隋书·地理志》彭水县：“有伏牛山，出盐井。”《元和志》卷30彭水县：伏牛山“在县北一百里。左右盐泉，今本道官收其课”。《寰宇记》卷120彭水县：伏牛山“在县东一百里。左右有盐泉。州人现置灶煮以充军用”。明、清时盐井之泉甚盛。

伏牛市　即今江西南城县四十里洑牛。地当伏牛山下。明、清时曾设巡司驻此。

伏氏镇　北宋置，属江津县。在今重庆市江津区西南八十里吴市镇。

伏龙山　①在今浙江慈溪市东南六十余里龙山镇。宋《宝庆四明志》卷18定海县：伏龙山在“县治西北八十里”。《方舆纪要》卷92定海县：伏龙山“首尾跨东、西两海门，状如卧龙。南去龙山所十里，屹临水滚，为舶必由之道，盖龙（山）、观（海）两卫之咽喉也”。

②在今湖北省襄阳市襄城区西南。《舆地纪胜》卷82襄阳府：伏龙山“在襄阳县西南三十里。……曾巩知襄州日，祈雨此山”。

③在今四川大英县（蓬莱镇）北。《舆地纪胜》卷155遂宁府：火井“在长江县客馆镇之北二里伏龙山下”。《方舆纪要》卷71蓬溪县：伏龙山在“县西二百里。其山盘曲，形如伏龙。下有火井。《异物志》：山下地洼若池，以火引之，有声隐隐出地中，少顷炎炽。夏月积雨停水，则焰生水上，水为之沸，而寒如故。冬月水涸，则土上有焰，观者至焚衣裾”。

④在今陕西延安市西北。《寰宇记》卷36延州肤施县：伏龙山“在县西北五里。南北一带，按山形似卧龙，是上郡之名山”。

伏龙冈　在今北京市房山区东。《方舆纪要》卷11良乡县：伏龙冈“在县西十里，以形势蜿蜒而名”。

伏龙观　在今四川都江堰市西离堆公园内。《舆地纪胜》卷151永康军：伏龙观“在离堆上。按李注水记载：蜀守父子擒健龙。囚于离堆之趾，谓之伏龙潭，后立观于其上”。南宋范成大曾游都江堰，在《离堆行》诗序中云：“沿江有两崖中断，相传秦李太守凿此以分江水；又传李锁孽龙于潭中，今有伏龙观在潭上。”今观内大殿为清同治年间建，内陈列1974年在外江出土东汉建宁元年（168）刻李冰石像。

伏龙府　在今陕西澄城县南五十里伏龙里。唐置折冲府于此。

伏龙城　北齐筑，在今山西河津市西南。

伏龙泉　即今吉林农安县西伏龙泉镇。道通长岭县。清光绪《吉林通志》卷16：农安县西“一百一十里伏龙泉屯”。

伏戎县　隋大业五年（609）置，属且末郡。治所在今新疆且末县附近之地。隋末废。

伏州　唐武德三年（620）置，治所在伏羌县（今甘肃甘谷县）。八年（625）废。

伏里其卫　明永乐七年（1409）置，属奴儿干都司。治所在今俄罗斯哈巴罗夫斯克边疆区和罗河入乌苏里江的霍尔附近。后废。

伏羌县　唐武德三年（620）改冀城县置，又于县置伏州，治所即今甘肃甘谷县。明郭子章《郡县释名》陕西卷下：“伏羌县制伏氏羌之义也。”八年（625）州废，县属秦州。至德后没于吐蕃，废。元世祖至元十三年（1276）复置，属巩昌路。明属巩昌府。民国初属甘肃渭川道。1927年直属甘肃省。1928年改名甘谷县。

伏羌城　北宋熙宁三年（1070）置，属秦州。即今甘肃甘谷县。《宋史·宁宗纪》：“嘉定十三年冬十月，程信邀夏人共攻秦州，夏人不从，信遂自伏羌城引军还，诸将皆罢兵。”即此。金属秦安县。元至元十三年（1276）升为伏羌县。

伏羌堡　①明置，属松潘卫。在今四川松潘县东北黄龙乡西福羌。明曹学佺《蜀中广记》卷31《边防记》：“三舍（关）上十里为伏羌堡，上十里为红崖关。”

②明置，属石泉县。在今四川北川羌族自治县西北。《方舆纪要》卷73石泉县“大印堡”条内：“徐塘（堡）北（南）三十里为伏羌堡。”清嘉庆《四川通志》卷28石泉县：伏羌堡“在县北一百里，与白草诸羌为邻，明时以重兵守之”。

③即南川营。在今青海湟中县东北南川河畔。一说在湟中县西南。《清一统志·西宁府二》：南川营“旧名伏羌堡”。

伏羌寨　北宋建隆三年（962）置，属秦州。即今甘肃甘谷县。熙宁三年（1070）升为伏羌城。

伏陆山　在今陕西甘泉县东北。《元和志》卷3甘泉县：“伏陆山在县理东北。有阿伏斤谷，其水出又潜流伏川陆，故号伏陆，天宝元年改为甘川谷。”

伏陆水　即阿伏斤水。在今陕西甘泉县东北三十里。

伏陆县　唐武德元年（618）于伏陆城置，属鄜州。治所即今陕西甘泉县。天宝元年（742）改为甘泉县。

伏虎寺　古名龙神堂。在今四川峨眉山市西南峨眉山，距报国寺二里，为峨眉山著名寺院之一。清嘉庆《四川通志》卷41峨眉县：伏虎寺“在大峨山。寺后鞠家漕，有新开寺。右静室名龙凤庵，一名萝峰庵；左静室名飞龙庵，在玉女峰下。《峨眉山志》：伏虎寺，旧药师殿，乃峰顶楞严阁下院。因虎肆虐，行僧建塔镇之，患遂息，改今名”。寺创建于宋，明末毁于兵。今寺为清顺治九年（1652）建。1949年中华人民共和国成立后先后修建，重塑佛像。清康熙题匾额“离垢园”尚存。

伏虎林 辽四捺钵之一。在今内蒙古巴林右旗西北察罕木伦河源之白塔子西北。为辽帝秋季游猎之所。《辽史·营卫志·秋捺钵》：“尝有虎据林，伤害居民畜牧。景帝领数骑猎焉，虎伏草际，战慄不敢仰视，上舍之，因号伏虎林。”

伏罗川 即慕贺川。在今青海贵南县北木格滩。一说在青海都兰县西南巴隆附近。《魏书·吐谷浑传》：世祖时“慕利延死，树洛干子拾寅立，始邑于伏罗川，其居止出入窃拟王者”。

伏波山 又名岩山、洑波岩。即今广西桂林市城区东北漓江西岸伏波山。唐莫休符《桂林风土记》：夹城“北抵伏波山缘”。南宋范成大《桂林虞衡志》：“伏波岩，在离江之滨，突然而起，且千丈。下有洞，可容二十榻，穿凿通透，户牖旁出，有悬石如柱，去地一线不合，俗名马伏波试剑石。前浸江滨，波浪汹涌，日夜漱啮之。”东麓有还珠洞，洞前石脚插入漓江，为绝胜处。有唐代摩崖造像二百余尊。

伏波村 在今陕西扶风县西。《清一统志·凤翔府二》：伏波村“在扶风县西十里。后汉马援故居”。

伏波岛 即今南海中中国西沙群岛西部之晋卿岛。清宣统元年（1909）李准巡海时以其随行军舰伏波号命名为伏波岛。1935年公布名称为都兰莽岛。1947年改名晋卿岛。

伏波桥 在今广东佛山市顺德区南。《方舆纪要》卷101广州府顺德县：伏波桥在“县南二里。《志》云，桥西南五里有乡名石桶，南越相吕嘉故乡也。嘉闻汉兵分道南下，于其地筑石瓮、金斗二城，及兵败，遂遁于此。伏波将军路博德遣兵穷追，编桥渡兵，桥因以伏波名。石桶即石瓮之讹也”。

伏宝瑟颠城 亦作鹤悉那城。唐西域诃达罗支国都城。在今阿富汗喀布尔南加兹尼。龙朔元年（661）为条支都督府治。

伏城 在今山东阳谷县东北三十里。《元和志》卷10阳谷县：故伏城“盖伏生所居，因名之”。清光绪《山东通志》卷35谓“今为宓城集”。

伏城驿 在今河北正定县北。《清一统志·正定府二》：伏城驿“在正定县北四十里，旧有驿丞，今裁”。

伏荔市 即今广西阳朔县东十五里漓江北岸福利镇。明置巡司于此。清乾隆八年（1743）裁。

伏俟城 在今青海共和县西北石乃亥镇西北铁卜卡古城或天峻县西北的加木格尔滩古城。西魏大统六年（540），吐谷浑夸吕可汗建都于此。《北史·吐谷浑传》：“夸吕立，始自号为可汗，居伏俟城，在青海西十五里，虽有城廓而不居，恒处穹庐，随水草畜牧。”隋大业五年（609）于此置西海郡。

伏狮山 在今福建尤溪县北。明《寰宇通志》卷49延平府：伏狮山“在尤溪县治北。状如伏狮，为县之镇山”。

伏流县 隋开皇初改南陆浑县置，属伊州。治所在伏流城（今河南嵩县东北二十六里陆浑村）。大业初改为陆浑县。

伏流城 在今河南嵩县东北二十六里陆浑村。《周书·韦祐传》：西魏大统初，东洛州刺史韦祐“置栅于伏流”。东魏武定二年（544）筑城，置伊阳郡及南陆浑县于此。后属西魏。北周为和州治。隋开皇初为伏流县治，大业初为陆浑县治。《元和志》卷5陆浑县：伏流城“以城北焦涧水伏流地下，西有伏流坂，因以为名”。

伏答林站 明初改元甫打怜站置，在今俄罗斯哈巴罗夫斯克边疆区黑龙江下游左侧帕达利湖畔帕达勒屯。明《辽东志》卷9：海西东水陆城站有狗站“伏答林站”。后废。

伏答迷城站 明改甫丹迷站置，在今黑龙江省宾县西北乌尔河口西岸古城。明《辽东志》卷9：海西东水陆城站有“伏答迷城站”。

伏道店 即今河南汤阴县东南十六里伏道乡。《方舆纪要》卷49彰德府汤阴县：伏道店“在县东十二里”。

伏强山 亦作木强山。在今四川旺苍县东南木门镇北。《隋书·地理志》清化县：“有伏强山。”《寰宇记》卷139清化县：“木强山在县北一百步。”

伏强县 南朝梁普通六年（525）置，为木门郡治。治所在今四川旺苍县东南木门镇。《寰宇记》卷139清化县：伏强县“因山为名”。隋开皇初属巴州。七年（587）改为清化县。

伏强城 在今四川安岳县南七十里。《旧唐书·地理志》普康县：“后周永唐县，隋改为永康，移治伏强城。”

伏虞山 在今四川仪陇县（新政镇）东北。《舆地纪胜》卷188蓬州：伏虞山，“《元和郡县志》：在伏虞县东南六十五里。甚险，夷僚被征讨，即入此山中也”。隋伏虞县以此名。

伏虞县 隋开皇十八年（598）改宣汉县置，属蓬州。治所在今四川仪陇县（新政镇）东北。《寰宇记》卷139伏虞县：“以界内伏虞山为名。”大业初属清化郡。唐武德初属蓬州。开元末向西南移至消水河侧（在今仪陇县东北）。天宝初属咸安郡，乾元初属蓬州。元至元二十年（1283）废入仪陇县。

伏虞郡 南朝梁大同元年（535）置，治所在宣汉县（在今四川仪陇县新政镇东北大罗池）。辖境相当今四川仪陇县东部、营山县北部地。隋开皇三年（583）废。

伏羲庙　在今甘肃天水市西关伏羲路。俗称人祖庙。南向。占地1.3公顷，建筑面积约1600平方米。创建于元至正七年（1347），明正德十一年（1516）明武宗依奏命立伏羲庙于秦州。嘉靖二年（1523）新建牌坊三间、大门五间、先天殿七间、太极殿五间，形成今日规模。清代多次修缮，沿中轴线自南向北依次为戏楼（与牌坊隔街相对）、牌坊、大门、仪门、先天殿和太极殿，两侧有厢房、碑廊、朝房、钟鼓亭等，格局完整。主体建筑为先天殿，面阔七间，进深五间，重檐歇山顶，顶覆绿琉璃瓦，殿内有伏羲泥塑彩绘像。后为太极殿，面阔五间，进深四间，单檐歇山顶。正面尽间嵌方形木质雕窗，正中圆形透雕云龙，构图匀称饱满，有较高的艺术价值。2001年定为全国重点文物保护单位。

伏羲陵　①又称伏羲庙。在今山东微山县西北两城乡刘庄西。《魏书·地形志》：高平县（今微山县）有伏羲庙。清《济宁州志》亦载，州东南七十里有伏羲庙。自唐、宋至明、清历代皆有重修碑刻。现仅存伏羲殿。殿内现存石碑两幢，一为蒙古中统二年（1261）《重修伏羲圣祖庙碑》，一为明万历四十一年（1613）《重修伏羲庙碑》。《清一统志·济宁州》谓伏羲陵“在鱼台县（旧治）东北七十里凫山南，其前有庙”。即此。

②又称羲皇庙。在今山东邹城市西南五十里凫山之阳。据《齐乘》卷2：凫山“邹县西南五十里。《閟宫》曰：保有凫峄，遂荒徐宅。传曰：凫、峄二山名也。古有伏羲庙”。今庙在邹城市郭里镇王屈村西南。

③即太昊陵。在今河南淮阳县北三里。

④在今甘肃天水市。明李贤撰《明一统志》卷35秦州《陵墓》载：伏羲陵“在秦州北四十里，世传三阳寨娲牛堡有伏羲陵，旧有碑断裂。按《史记》：庖牺氏风姓，母曰华胥，履大人迹于雷泽，而生庖牺氏于成纪”。《清一统志·秦州》祠庙：太昊庙“有二：一在州小西关城内；一在州北三阳川。俱明正德中建”。此二庙之创建均早于明。今天水市西关伏羲路之伏羲庙建于元至正七年（1347）。2001年定为全国重点文物保护单位。

伐木山　在今贵州六枝特区东南。《方舆纪要》卷121安顺府：伐木山在“（西堡长官）司南六十里。山高箐深，多材木”。

伐恶城　在今河南洛阳市南。《北齐书·文宣帝纪》：天保五年（554），“于洛阳西南筑伐恶城、新城、严城、河南城。九月，帝亲自临幸，欲以致周师”。

仲山　一作中山。在今陕西泾阳县西北，跨淳化县界。《汉书·郊祀志》：汾阴得鼎，“迎鼎至甘泉，……至中山”。颜师古注：“中读曰仲，即今云阳之中山也。”《清一统志·西安府一》引《泾阳县志》：“仲山在县西北七十里，山东北接嵯峨西麓，中隔冶谷，西南连九嵕山，泾河径其中。山半有泉曰小狮泉。山麓有坪曰虎坪。”

仲巴洛强谿　又作棒巴、唐巴。清设仲巴洛强谿，治所即今西藏仲巴县西北岗久。藏语意为野牛之地。1960年改设仲巴县。1964年迁治扎东。1986年迁扎吉。

仲村镇　民国置，即今山东平邑县北二十二里仲村镇。原属费县。清光绪《费县志》村社图：县西北有仲村社。

仲虺城　在今山东微山县北欢城镇。《汉书·地理志》鲁国薛县：“夏车正奚仲所国，后迁于邳，汤相仲虺居之。”《水经·泗水注》：“漷水又西径仲虺城北。”又引《晋书地道记》曰：“仲虺城在薛城西三十里。”

仲宣楼　在今湖北当阳市东南麦城。《水经·漳水注》：“漳水又南径当阳县，又南径麦城东。王仲宣登其东南隅，临漳水而赋之。”一说在当阳县城（今当阳市）。《文选》卷20王仲宣《登楼赋》注引盛弘之《荆州记》谓为当阳城楼。

仲宫集　即中公集。又作仲公集。在今山东济南市历城区西南仲宫镇。相传以西汉终军的出生地在此而得名。

仲桥　在今陕西泾阳县西北郑国渠上。《资治通鉴》：东晋咸和四年（329），赵南阳王胤帅众数万自上邽取长安，“军于仲桥”。胡三省注：“郑国渠径仲山，渠上有桥，谓之仲桥，在九嵕山之东。”

仲夏堰　唐大和六年（832）刺史于孝友筑，在今浙江宁波市鄞州区西南四十里。溉田数千顷。后废。

仲堤圈寨　即今山东曹县南三十五里仲堤圈。清光绪《山东通志》卷2《舆图志》：曹县南有冲（仲）堤圈。

仲塘陂　在今广西岑溪市东。《方舆纪要》卷108岑溪县：仲塘陂在“县东二里”。

仵城县　①唐武德二年（619）改伍城县置，属汾州。治所在今山西吉县东北六十里。后属慈州。五代周显德三年（956）废。

②金兴定五年（1221）升隰川县午城镇置，属隰州。治所在今山西隰县南四十五里午城镇。元初废。

仵城郡　一作伍城郡。南朝梁置，属楚州。治所在今河南信阳市北。东魏移治城阳县（今信阳市东北），属西楚州。北齐废。

仵清池　在今河北沧县东南仵龙堂乡。《元和志》卷18沧州清池县：仵清池“在县（今沧县东南旧州镇）东南十五里”。《方舆纪要》卷13沧州“萨摩陂”条载：仵清池“在旧清池县东南十八里。《舆地志》：浮阳县有大连淀。北魏延兴初，淀水溢注，破仵清村，因潴为池。今名大梁五龙堂。其流西逾东光，东至海，《齐乘》以为古之胡苏河也”。

仵落市　一作许落市。在今湖北云梦县北十四里陈里村。《宋史·地理志》德安府云梦县：“绍兴七年移治仵落市。十八年复旧。”

件只镇　即今河北广宗县东北三十二里件只乡。清同治《畿辅通志》卷51广宗县：东北有件只镇。

任　①一作“仍”。相传为太皞之后。风姓之国。在今山东微山县西北仲浅。《左传》：僖公二十一年（前639），“任、宿、须句、颛臾，风姓也”。又昭公四年（前538），“夏桀为仍之会，有缗叛之”。战国时为齐国附庸。西汉置任城县。

②春秋晋邑，在今河北任县东。《左传》：襄公三十年（前543），“羽颉出奔晋，为任大夫”，即此。

任山　在今江苏徐州市铜山区西南三十里。唐有任山馆。自宿州趋徐州，必度睢水，逾任山，为往来通道。《资治通鉴》：唐咸通九年（868），“初，朝廷闻庞勋自任山还趣宿州，遣高品康道伟赍敕书抚慰之。十一月，道伟至彭城，勋出郊迎，自任山至子城三十里，大陈甲兵，号令金鼓响震山谷”。

任山河　即今宁夏彭阳县西四十里任山河村。1949年8月中国人民解放军第六十四军与马鸿逵部第十一军在此激战，拉开了解放宁夏的序幕。1955年在此建任山河烈士陵园。

任公村（邨）　在今安徽歙县北四十里。《寰宇记》卷104歙州歙县：“昉邨在县北四十里。俗说任昉为新安太守，因行春至此，爱其云溪，缘源寻幽，累日不返。百姓因名其溪为昉溪，溪旁邨为昉邨。……大中十年刺史卢潘改曰任公邨、任公溪。”

任公亭　在今湖北黄冈市东南。北宋苏辙《师中菴记》：“师中姓任氏，来齐安，尝游息于定惠院。既去，郡人名其亭曰任公。”

任公堤　在今江苏南通市西。《方舆纪要》卷23通州“范公堤”条下：“任公堤在县西五里。宋开宝中筑，长二十里。”

任田隘　明嘉靖二年（1523）建，在今福建永春县西北岱山下。

任丘市　1986年撤销河北省任丘县，改设任丘市，市人民政府驻任丘。1993年划归沧州市代管。

任丘县　北齐置，属河间郡。治所在今河北任丘市南二十六里。《寰宇记》卷66任丘县：“《三郡记》：汉元始二年，巡检使中郎将任丘筑此城，以防海寇，即以为名。”隋初废。开皇十六年（596）复置，属蒲州，移治今任丘市。大业末废。唐武德五年（622）又置，属瀛州，景云二年（711）改属鄚州。北宋为莫州治。金贞祐二年（1214）废。元初复置。明属河间府。民国初属直隶津海道。1928年直属河北省。1986年改设任丘市。

任市铺　即今四川开江县南任市镇。清同治《新宁县志》卷2：任市铺“治南七十里。为梁山、绥定往来通衢”。

任各庄　即今河北唐山市丰润区南三十里任各庄镇。清光绪《滦州志》图：西南有任各庄。

任庄　在今山西平遥县北。1939—1948年晋冀鲁豫边区置铁北县治此。

任村　即今河南林州市北任村镇。民国《林县志》卷1《乡镇》：“任村，距城五十里。”有“市集”。

任村镇　即今河南林州市北任村镇。1940—1946年为林北县驻地。抗日战争时期八路军总部豫北办事处驻此。

任县　春秋晋置，治所在今河北任县东之东固城。《左传》：襄公三十年（前543），“羽颉出奔晋，为任大夫”。即此。西汉仍为县，属广平国。东汉属巨鹿郡。魏晋属广平郡。北魏属北广平郡。北齐废。隋开皇十六年（596）复置，属邢州，大业初废。唐武德四年（621）复置，属邢州，移治苑乡城（今任县东北），寻移治今任县。北宋熙宁五年（1072）废，元祐元年（1086）复置，属信德府。金属邢州。元世祖至元二年（1265）又废，后复置，属顺德路。明属顺德府。民国初属直隶大名道。1928年直属河北省。

任岭　在今陕西山阳县东南境。《方舆纪要》卷54山阳县：任岭在“县东南百三十里，与湖广上津县（今湖北郧西县境）接壤”。

任河　①又名城口河、大竹河、九江、北江，为汉江支流。在今重庆市城口、四川万源和陕西紫阳等县市境。《清一统志·太平厅》：北江“在厅东北一百里。自篁墩山发源，西北流经城口山大竹渡，转北入陕西紫阳县界为任河，入汉江”。道光《城口厅志》卷4：“城口河一名九江。厅属东北之水，皆归此河，而出自厅东二百四十里望乡坝老鸦铺，交陕西砖镇坪厅界大山之下，老鸦铺七星洞发源，由青龙峡、高观场、修溪坝经厅南，出母猪峡，历冉家坝，西流一百三十里至鸡公滩入太平县东界，经大竹河，又一百里入陕西紫阳县界为任河，汇汉江河及兴安府河直达襄江河。在厅治界内峡窄滩陡，不通舟楫，至大竹河始可行舡。”

②在今陕西紫阳县西南。《方舆纪要》卷56兴安州：任河“在州西。《志》云，旧时有关戍守，曰任河关”。《清一统志·兴安府一》：任河“在紫阳县西南一里。源出四川夔州府大宁县，流经太平厅，又北流至县境入汉。崖路崎岖，通西蜀道，板木结筏，多由此出”。

任春堡　明置，属宁夏卫。即今宁夏永宁县南仁存村。

任城　又名蛮楼寨。在今安徽阜阳市北颍水北岸三里。《寰宇记》卷11颍州汝阴县：“故任城在县北一里。陈将任蛮奴伐齐，于颍水北岸筑城，以围汝阴。”

任城卫　明洪武初设兖州左卫，后改任城卫，属山东都司。治所即今山东兖州市。后废。

任城县　战国秦置，属薛郡。治所在今山东微山县西北仲浅。《史记·万石张叔列传》：“郎中令周文者，名仁。其先故任城人也。”即此。西汉属东平国。东汉为任城国治。西晋属高平郡。南朝宋废。北魏复置，移今济宁市南二里，为任城郡治。北齐为高平郡治。隋属鲁郡。唐属兖州。五代周属济州。金为济州治。元为济宁路治。明洪武初为济宁府治，十八年（1385）改济宁府为州，省任城县入州。

任城国　东汉元和元年（84）分东平国置，封东平王刘苍子尚为任城王。治所在任城县（今山东微山县西北）。辖今山东济宁市附近地。三国魏为任城郡。西晋复为任城国。永嘉后废。

任城郡　①三国魏改任城国置，治所在任城县（今山东济宁市南）。辖境相当今山东济宁市附近地。西晋复为任城国。

②北魏神龟元年（518）分高平郡置，治所在任城县（今山东济宁市南）。辖今山东济宁、嘉祥、巨野等市县地。北齐天保七年（556）改高平郡。

③北齐改鲁郡置，治所在鲁县（今山东曲阜市东北二里古城村）。辖境包括今山东曲阜、邹城、宁阳、汶上等市县地。隋开皇三年（583）废。

任峒　北宋置，属邕州左江道。在今广西靖西县南。元废。

任桥　即今安徽固镇县西北二十六里任桥镇。光绪《大清直省地舆全图》：固镇西北有任桥。

任家铺　即今重庆市忠县西南任家镇。清道光《忠州直隶志》卷2：任家场“距城九十里”。

任弼时故居　在今湖南汨罗市东南弼时镇唐家桥。任弼时（1904—1950）在此度过了童年、少年时代。任弼时1922年入党，曾任湘赣边区省委书记、八路军政治部主任、中共中央书记处书记，1950年病逝。故居为三进三间两偏屋形式，青瓦土砖木结构，共有大小天井九个，房屋三十一间，四周有低矮的围墙，内设陈列室。1988年定为全国重点文物保护单位。

任嚣城　①为秦将任嚣平南越时在“番禺之都”所建的小城。在今广东广州市仓边路及儿童公园一带。《南海百咏·任嚣城》诗序引《番禺杂志》云：“今城东二百步，小城也。始嚣所理，后呼东城，今为盐仓，即旧番禺县也。”

②在今广东乐昌市西南。《水经·溱水注》：“泷水又南出峡，谓之泷口，西岸有任将军城，南海都尉任嚣所筑也。嚣死，尉佗自龙川始居之。东岸有任将军庙。”《元和志》卷34乐昌县：“任嚣故城，在县南五里。秦、楚之际，南海都尉任嚣，因中国方乱，欲据岭南，故筑此城，以图进取。嚣死，此城尉佗因之，遂有南越。”

伦布定　又作龙布定。在今西藏南部，门隅地区达旺西北四十里处。藏语意为龙瓶。原隶属于西藏地方政府管辖，为门隅三十二错、定（错、定是当地的一级行政区划）之一。1951年被印度政府非法占领。

伦朱卜宗　即冷竹宗。治今西藏林周县。清《西藏图考》卷5：伦朱卜宗城“在拉萨东北一百二十里”。

伦州　唐置羁縻州，属邕州都督府。治所在今广西德保县东南。北宋属邕州右江道。元废。

伦江　即今海南省儋州市西北北门江。《寰宇记》卷169义伦县：“因义伦水为县名。”《元丰九域志》卷9：宜伦县有伦江。《方舆纪要》卷105儋州：伦水在“州北一里。源出黎母山，流合群川，绕城北西流十里为大江，至新英浦，与新昌渡水合，会海潮成港，复南经羊浦入海。《志》云，伦水沿流有四名：一曰黎水，以出黎母山也；一曰昌江，以州旧为昌化军也；西近海滨，曰新英浦；流至海口，曰羊浦港”。

伦珠宗　即冷竹宗。又作伦朱卜宗。治今西藏林周县。清《西藏图考》卷1《西招原图》图九作“伦珠宗”。

伦教汛　即今广东佛山市顺德区西北伦教镇。明万历《广东通志》卷16：顺德县有“伦教墟”。

伦掌村　即今河南安阳县西北五十四里伦掌乡。清嘉庆《安阳县志》北乡图：有“伦掌村”。

伦镇　即今山东禹城市西南伦镇。唐初置源阳县于此。

仰山　①西山诸峰之一。在今北京市西。《方舆纪要》卷11顺天府：仰山在“府西七十里，峰峦拱峙，中有平顶如莲花心，旁列五峰。金主璟尝游此”。

②一名莲花山。在今安徽休宁县南七十里。《清一统志·徽州府一》：仰山“在休宁县东南五十七里。穷源邃谷，一径萦纡，陟而复降，其中平衍，众山环映，形如芙蕖，又曰莲花山”。

③在今江西宜春市南。《寰宇记》卷109袁州宜春县：仰山“周回连延一千里，高耸万仞。夏有云气覆其岭上，雨即立降；冬若微阴，即停积雪。峻险不可登陟，但可仰观，以此名焉”。《清一统志·袁州府》：仰山“在宜春县南八十里，周数百里，高耸万仞，府之镇也。其最胜者曰集云峰。山中石径萦回，飞瀑湍驶，纂异人境。山下有唐郑谷读书处。又小仰山，在县南三十里。一名水晶山。晋邓表修炼于此。又名邓表峰”。

仰山水　在今江西宜春市南。《新唐书·地理志》袁州宜春县：“西南十里有李渠，引仰山水入城，刺史李将顺凿。”明《寰宇通志》卷39袁州府：仰山水“在府城南六十里。其源发于三镬潭，北历獭，经过仰山，东至蒲村入秀江”。《方舆纪要》卷87袁州府宜春县：仰山水“源出仰山侧，北流经府东北十五里广顺桥下入于秀江”。

仰山洼　在今湖北广水市北一百二十里。《方舆纪要》卷77应山县“花山”条下：仰山洼“四高中坦，中有平田二百亩”。

仰山排镇　即今江西瑞金市东北十五里仰山排。清同治《江西全省舆图》卷10：瑞金县东北有仰山排。

仰天山　在今山东青州市西南一百里。《方舆纪要》卷35临朐县“大岘山”条下：“县西南七十里又有仰天山。山有黑龙渊及白云、罗汉二洞，极幽胜。”

仰天池　在今江西彭泽县东北。《方舆纪要》卷85九江府彭泽县：仰天池“即大江支流也。有二支，江水涨，一支西流经县北毛葫洲；一支东流合于江。渺茫无际，水落则流注于马当江”。

仰天湖　在今湖南宜章县北十里黄岑山东。《方舆纪要》卷82宜章县：仰天湖“平旷无山阜，涌泉蓄水，周回三十里”。

仰化集　即今江苏宿迁市东南四十四里中运河北岸仰化镇。明万历《宿迁县志》卷2：仰化集“在南仁乡刘老涧，万历五年知县喻文伟建”。

仰文楼　在今福建漳州市中山公园内。原为唐宋以来漳州府衙后楼，清康熙四十九年（1710）知府魏荔彤为纪念朱熹知漳州时的昌盛文风改为仰文楼。1932年4月，毛泽东率领中国工农红军东路军攻克漳州后，曾为闽南工农革命委员会会址。

仰吉八里　西辽、元属地。在今新疆玛纳斯县西，玛纳斯河东岸。《元史·地理志·西北地附录》有“仰吉八里”。

仰忠亭　在今广东新兴县城南。《清一统志·肇庆府》：仰忠亭“在新兴县南百步。宋绍兴中，胡铨谪官新州，寓居于此。淳熙中，州守王撰即其旧址作亭，名曰仰忠”。

仰思多　即今西藏江孜县东南二十里年堆乡。明代于此置仰思多万户府。

仰韶村遗址　在今河南渑池县城北十六里仰韶村南台地上。遗址三面临水，北靠大山，面积30万平方米，文化层堆积厚4米。1921年瑞典人安特生首次发现新石器时代文化遗物。1951年中国科学院考古研究所进行发掘。出土文物有石斧、石铲、石锄、纺轮、骨锥、骨针以及钵、盆、碗、罐等陶器，器表大部分施有彩绘图案。确证了仰韶文化和龙山文化的承袭关系，距今有五六千年的历史。是我国新石器时代重要遗址，定名为“仰韶文化”。1961年定为全国重点文物保护单位。

伪门山　即仙门山。在今四川大竹县东北。《方舆纪要》卷68大竹县：伪门山在“县东百里。一名金盘山。峰峦高耸，岩石奇胜”。

伪满洲国　1931年“九·一八”事变后日本侵占了我国东北。1932年3月，日本帝国主义在长春成立了伪满洲国傀儡政权，扶持清朝末代皇帝溥仪为“执政”，年号“大同”，旋改长春为“新京”，定为“国都”。1934年3月，改为“满洲帝国”，改“执政”为“皇帝”，改年号为“康德”。1945年8月日本无条件投降，伪满洲国随之而被摧毁。

伊儿汗国　蒙古四大汗国之一。为成吉思汗孙旭烈兀的封地。蒙古宪宗三年（1253），蒙哥汗遣旭烈兀率军西征，攻占报达（今伊拉克巴格达）等地后建立，都帖必力思（今伊朗大不里士）。管辖地域以波斯和小亚细亚为中心，东至阿姆河，西至地中海，北至高加索，南达印度洋。14世纪30年代国势衰弱。明洪武二十年（1388）为帖木儿帝国所灭。

伊力嘎　即今黑龙江省抚远县。民国魏声龢《吉林地志》：“绥远县，土名伊力嘎。地当东三省东北之极边。”清宣统元年（1909）置绥远州于此。

伊山　一名桓山。在今湖南衡阳县（西渡镇）东。《清一统志·衡州府一》：伊山“在衡阳县（今衡阳市）北三十里。《括地志》：伊山，晋桓伊读书处”。

伊川　即伊河。伊河河谷平原亦称伊川。在今河南栾川、嵩县、伊川等县境。《左传》：僖公二十二年（前638），“初，平王之东迁也。辛有适伊川，见被发而祭于野者，曰不及百年，此其戎乎？其礼先亡矣。秋，秦、晋迁陆浑之戎于伊川”。宋程颐宅于嵩县西北耙耧山麓。世称伊川先生。

伊川县　1932年以自由、平等二县合并置，属河南省。治所在府店（即今河南伊川县城关镇）。

伊川郡　东魏武定末改伊阳郡置，寄治北荆州城（即新城县，在今河南伊川县西南）。北周移治南陆浑县（今河南嵩县东北陆浑村）。隋开皇初废。

伊屯门　又作伊通边门。清置，为柳条边门之一。故址在今吉林长春市南。《清一统志·吉林二》：伊屯边门“在吉林城西北二百八十里。东距法特哈边门一百七十七里，旧设有官兵驻防”。

伊水　①洛水支流。源出河南栾川县伏牛山北麓，东北流至偃师县南入洛水。《山海经·中山经·中次二经》：“蔓渠之山，其上多金玉，其下多竹箭。伊水出焉，而东流注于洛。”《汉书·地理志》弘农郡卢氏县：“熊耳山在东，伊水出，东北入雒，过郡一，行四百五十里。”

②一名敷溪。在今湖南安化县东。《清一统志·长沙府一》：伊水“源出黄柏界山，东北流会沉香溪，又东至县东南会梅子溪，绕县东会岩溪，又北会仙溪入资”。

伊氏　即伊是。战国赵地，在今山西安泽县南。

伊巴丹站　一作一把旦站。清置，即今吉林伊通满族自治县东北二十五里伊丹镇。《清一统志·吉林二》“尼什哈站”条下：“苏斡延站即双杨站，又西南六十里至伊巴丹站，即驿马站。”

伊卢　在今江苏灌云县东北伊芦乡伊芦山附近。《史记·淮阴侯列传》：“项王亡将钟离眛家在伊卢。”《续汉书·郡国志》东海郡朐县：“有伊卢乡。”

伊卢山　即今江苏灌云县东北伊芦乡伊芦山。《寰宇记》卷22海州朐山县：“伊卢山，一名大伊莱山，在县南七十五里。”

伊尔克斯塘　即今新疆乌恰县西伊尔克什坦，与吉尔吉斯斯坦接界。光绪十年（1884）不平等的《续勘喀什噶尔界约》，将此山口以西之地划归俄国。“自图永（中国名苏约克）山豁往南……至伊尔克什坦自然界止”。

伊尔库鲁噶珊　又作依勒枯鲁。在今俄罗斯哈巴罗夫斯克边疆区黑龙江下游东岸耶拉布加地方。明为亦儿古里卫，清初属宁古塔将军。康熙《皇舆全览图》：黑龙江下游东岸有“衣勒枯鲁噶山”。后属三姓副都统。光绪《吉林通志》卷17：混同江南岸，东至海滨旧设噶珊有“伊尔库鲁”。清咸丰年间被俄割占。

伊尔该图山 即今哈萨克斯坦江布尔东北楚—伊犁山。《清一统志·伊犁》：伊尔该图山“在伊犁西北，阿圭山西北五百五十里。山脉自墨尔根西里山西行，近傍伊犁河西、南二面，连山相次，屈折至此”。

伊尔施 即今内蒙古科尔沁右翼前旗西北伊尔施。为白阿铁路的终点。

伊立克都 即今内蒙古牙克石市东南伊列克得。《清史槁·地理志》：呼伦直隶厅有“伊立克都”车站，为中东铁路车站之一。据《呼伦贝尔志略》：“伊列克得”为蒙古语，意为“狼巢”。

伊宁市 1952年伊宁县析置伊宁市。1953年为新疆省辖市。1955年改为伊犁哈萨克自治州辖市。1975年伊犁地区驻伊宁市，伊犁哈萨克自治州治迁奎屯市。1979年撤销地区，州机关迁回伊宁，伊宁市直属伊犁州。1984年复为伊犁地区辖市。2001年复属伊犁哈萨克自治州。

伊宁县 1914年改宁远县置，为新疆伊犁道治。治所即今新疆伊宁市。取“伊犁安宁”之意。1930年属伊犁行政区，后直属新疆省。1952年析置伊宁市。1957年县徙治吉里圩孜镇（今伊宁市东北）。

伊对噶珊 亦作衣堆。在今俄罗斯萨哈林岛（库页岛）西海岸亚历山大罗夫斯克。清初属宁古塔将军。康熙《皇舆全览图》：库页岛上有“衣堆噶山”。后属三姓副都统。光绪《吉林通志》卷17：海滨东南库页岛、费雅喀、鄂伦春等部旧设噶珊有“伊对”。清咸丰年间被俄割占。

伊西洱库尔淖尔 一作叶什勒池。即今帕米尔高原叶什库里湖。《清一统志·喀什噶尔》：叶什勒池“原名伊西洱库尔淖尔，在布隆池西四十里。水势深广，万山环绕，北通安集延，西限葱岭，南抵拔达克山。乾隆二十四年，副将军富德穷追逆回波罗尼都、霍集占至此。逆回奔拔达克山，富德遣使索俘，二酋旋授首。池上勒高宗纯皇帝圣制纪功碑，昭示万世云”。御碑名《平定回部勒铭伊西洱库尔淖尔碑》。光绪十五年（1889）在湖附近建苏满卡伦。十七年六月沙俄入侵帕米尔后，碑被毁。十二月，海英等奉命至苏满卡，存碑座、断石三块。宣统《新疆图志》卷8：“海英刊石重立于（伊西洱库尔）淖尔西北十里地名苏满。”后被俄国侵占，今属塔吉克斯坦。

伊列 当在今伊犁河一带。《汉书·陈汤传》：匈奴郅支单于如得乌孙、大宛两国，就会“北击伊列，西取安息”，指此。

伊列河 亦作伊丽河、亦列河、依列河、帝帝河。即今新疆西北部及哈萨克斯坦东北注入巴尔喀什湖之伊犁河。《汉书·陈汤传》：建昭三年（前36），汤与甘延寿出西域，也延寿谋曰：匈奴如得乌孙、大宛二国，“北击伊列，西取安息，南排月氏、山离乌弋，数年之间，城郭诸国危矣”。伊列即以伊列水而名。《新唐书·突厥传下》：西部自立欲谷设为乙毗咄陆可汗，而与沙钵罗咥利失可汗交战，“乃因伊列河约诸部：河以西受令于咄陆，其东咥利失主之。自是西突厥又分为二国矣”。

伊州 ①隋开皇初改和州置，治所在伏流城（今河南嵩县东北二十六里陆浑村）。四年（584）移治汝原县（今河南汝州市）。大业二年（606）改为汝州。三年（607）改为襄城郡（治所汝原县亦改为承休县）。唐武德四年（621）又改为伊州，贞观元年（627）治所承休县改为梁县。辖境相当今河南汝州市及汝阳、宝丰、鲁山三县地。八年（634）改为汝州。

②唐初置，治所在马邑县（今云南姚安县东）。后废。

③唐贞观六年（632）改西伊州置，治所在伊吾县（今新疆哈密市）。辖境相当今哈密市境。安史之乱后属吐蕃。大中五年（851）为沙州刺史张义潮收复。北宋时仍称伊州。《宋史·高昌传》：太平兴国六年（981）王延德出使高昌，“次历伊州，州将陈氏，其先自唐开元二年领州，凡数十世，唐时诏敕尚在”。

④唐渤海置，为东平府治。治所在今黑龙江省密山市东南临湖村。辖境约当今黑龙江省密山市东南一带。辽废。

伊江 ①即今新疆北部伊犁河。为伊犁河简称。

②指今新疆伊犁地区。清乾隆间格琫额《伊江汇览》、咸丰间佚名《伊江集载》皆为记述该地区历史地理、政治、经济、文化、民族、风俗等方面的重要文献。

伊祁山 在今河北顺平县西二十里。《魏书·地形志》望都县：有“伊祁山”。《寰宇记》卷62望都县：伊祁山，“尧住此山，后因作姓”。祁水发源于此。

伊阳山 在今河南汝阳县西。南宋李心传《建炎以来系年要录》卷52：南宋绍兴二年（1132），“伪齐刘豫之将移都汴京也，以（翟）兴屯伊阳山寨，惮之。……乃阴遣人啗（杨）伟以厚利，伟遂杀兴”。即此。

伊阳县 ①唐先天元年（712）析陆浑县置，属洛州。治所在今河南嵩县西南四十八里旧县镇。南宋绍兴初为顺州治，金天德三年（1151）移治今嵩县，为嵩州治。元世祖至元三年（1266）废。

②明成化十二年（1476）析汝州、鲁山、嵩县置，属汝州。治所即今河南汝阳县。民国初属河南河洛道。1927年直属河南省。1959年改为汝阳县。

伊阳郡 东魏武定二年（544）置，属北荆州。治所在伏流城（今河南嵩县东北二十六里陆浑村）。武定五年（547）寄治北荆州城（在今伊川县西南）。武定末改为伊川郡。

伊阳渠 在今河南嵩县东十里。《方舆纪要》卷48

嵩县：伊阳渠“分伊水以溉田”。

伊克土尔根河　即今内蒙古呼和浩特市南之大黑河。《清一统志·归化城六厅》：黑河“在归化城南二十里。蒙古名伊克土尔根”。

伊克乌兰和硕河　即今青海刚察县沙柳河。《清史稿·地理志》青海：“伊克乌兰和硕河，源出巴颜山，南流入青海。”

伊克托苏图河　即今内蒙古鄂托克旗西都斯图河。《清一统志·鄂尔多斯》：伊克托苏图河“在右翼中旗西北一百里。源出布海扎喇克之地，西流会黄河”。

伊克华诺辉水　即今新疆昭苏县北之大洪纳海河。为特克斯河支流。清徐松《西域水道记》卷4：“特克斯河又东北二十里伊克华诺辉水入之。巴拜布拉克水东二十里为伊克华诺辉水……南流经铜厂西。”

伊克克穆河　即大克穆河。今俄罗斯叶尼塞河上游（安哥拉河口以南）。有二源，据《乾隆内府舆图》，北源为贝克穆河（今名大叶尼塞河），在萨彦岭南，纳诸水西流折南流，会华克穆河；南源为华克穆河（今名小叶尼塞河），在库苏古尔泊西、唐努山北，纳诸水西流，会贝克穆河，复西流折北流，为伊克克穆河。

伊克苏站　又作意气松、伊奇松站。清置，在今吉林敦化市西北意气松。《清一统志·吉林二》“额赫茂站”条下：“（图依屯站）过此八十里有伊克苏小站。”

伊克库克图山　即今黑龙江省塔河县西南与内蒙古自治区鄂伦春自治旗交界处之伊勒呼里山南端。《清一统志·黑龙江》：伊克库克图山“在墨尔根城西北九百里”。为呼玛尔河与嫩江的分水岭。

伊克阿拉克泊　一名慈母湖、伊克阿拉尔淖尔、阿拉克泊。在清科布多东界。即今蒙古国科布多省哈尔乌苏湖。《嘉庆会典图》卷132科布多图说：“扎布噶河自扎萨克图汗部西北流，东纳空归河，又西北，会奇勒稽思泊、爱拉克泊水，西流，南合都尔根泊、喀喇泊水，经明阿特旗，汇于阿拉克泊。”

伊克招庙　即大昭寺。在今西藏拉萨市中心。清《西藏图考》卷5：“伊克招庙即大招，在喇萨中。相传唐文成公主所建。今唐时佛像犹存。番语谓大为伊克，庙为招，犹华言大庙也。”

伊克明安旗　清置，旗府驻地大泉（今黑龙江富裕县东大泉子）。1947年裁撤，并入富裕县。

伊克岳里泊　在今辽宁彰武县东北后新秋西北。清为内蒙古哲里木盟科尔沁左翼前旗驻地。

伊克昭盟　清内蒙古六盟之一。后金天聪八年（1634）察哈尔林丹汗败死后，其所属鄂尔多斯济农额璘臣与诸台吉归附后金，仍驻牧河套故地。清顺治六年（1649）分编鄂尔多斯部为六旗，乾隆元年（1736）又增置一旗；七旗组成一盟，定会盟地于左翼中旗境内的伊克昭（意为大庙），故名。隶理藩院，并受绥远城将军节制。盟境东、西、北三面临黄河（部分地越过黄河），南以长城与陕西接界，后来长城附近地区被划属相邻的陕西及甘肃（宁夏府）诸县。1914年本盟划属绥远特别行政区，1928年隶绥远省。1950年，盟府由新街镇（今伊金霍洛旗南新街）迁至东胜县城。1954年绥远省撤销，隶内蒙古自治区。

伊克柴达淖尔　即今青海大柴旦镇西伊克柴达木湖。《清史稿·地理志》青海和硕特部北左翼旗：“北至伊克柴达木。”

伊克唐噶里克坡　在今内蒙古科尔沁左翼中旗西南花吐古拉苏木附近。清为科尔沁左翼中旗驻地。

伊吾　即伊吾卢。在今新疆哈密市西北四堡。《后汉书·西域传》：建初二年（77），“复罢屯田伊吾，匈奴因遣兵守伊吾地”。即此。

伊吾卢　简称伊吾。在今新疆哈密市西北四堡。为匈奴呼衍王庭。《后汉书·西域传》：“伊吾地宜五谷、桑麻、蒲萄。其北又有柳中，皆膏腴之地。故汉常与匈奴争车师、伊吾，以制西域。”

伊吾戍　本伊吾城。北魏置戍，在今新疆哈密市西北。《魏书·高宗纪》：太安二年（456），“平西将军、渔阳公尉眷北击伊吾，克其城，大获而还”。又《高祖纪》：太和十二年（488），“蠕蠕伊吾戍主高羔子率众三千以城内附”。

伊吾军　唐景龙四年（710）置，在伊州（今新疆哈密市）。《旧唐书·地理志》：“伊吾军，开元中置，在伊州西北五百里甘露川，管镇兵三千人，马三百匹，在北庭府东南七百里。”

伊吾设治局　1935年析哈密县置，属新疆省。治所在阿都鲁克（今新疆伊吾县）。1944年升为伊吾县。

伊吾县　①西晋置，属晋昌郡。治所在今甘肃瓜州县北。北魏废。

②唐贞观四年（630）置，为西伊州治。治所即今新疆哈密市。六年（632）为伊州治。后废。

③1944年升伊吾设治局置，属新疆省。治所在阿都鲁克（今新疆伊吾县）。以哈密的古名伊吾为名。

伊吾郡　隋大业六年（610）置，治所在新伊吾（今新疆哈密市）。隋末废。唐天宝初改伊州为伊吾郡。乾元元年（758）复为伊州。

伊丽河　即伊列河。今新疆西北部及哈萨克斯坦东北之伊犁河。《新唐书·突厥传下》：显庆初，苏定方等讨阿史那贺鲁，“定方兵纵破其牙，俘数万人，获鼓纛器械，贺鲁跳度伊丽水。（萧）嗣业次千泉，（阿史那）弥射至伊丽，处月、处蜜诸部皆下”。

伊里齐　一作额里齐。即今新疆和田市。清于此置和阗办事大臣。光绪九年（1883）置和阗直隶州。1913年置和阗县。1983年置和田市。

伊拉古尔山　即今黑龙江省塔河县南与内蒙古鄂伦春自治旗交界处之伊勒呼里山。《清一统志·黑龙江》：伊拉古尔山“在墨尔根城东北一千三百十五里。嫩江发源于此”。

伊拉玛博啰山 一作亦耳麻不莫剌山。古名积石山。即今青海东南部之阿尼马卿山。《清一统志·青海厄鲁特》：积石山，“《元史河源附录》：吐蕃朵甘斯东北有大雪山，其山最高，名伊拉玛博啰”。

伊拉里克 在今新疆托克逊县西。清乾隆《西域图志》卷14：伊拉里克“在托克三西四十里，东距辟展城四百五十三里。有城周里许”。

伊拉喀站 亦作依拉哈、伊勒哈。清康熙二十五年（1686）置，在今黑龙江省嫩江县西南伊拉哈镇。《清一统志·黑龙江》“布克依站”条下：“喀穆尼站，又四十二里至伊拉喀站。”

伊岭岩 在今广西武鸣县南，南距南宁市六十余里。为南宁著名游览地。清《广西通志辑要》卷7思恩府缘县载：伊岭山“县南三十里。上有岩极幽邃。宋嘉定间，周师庆结庵修炼，岩中坐化。有古刻诗像铭赞，后人题曰望仙岩”。

伊奇冈子 在今吉林敦化市西。清光绪《吉林通志》卷18：“伊奇（细叶松也）冈子，在（敦化）县西，距吉林城东二百十里。山出伊奇松，故名。坚于他松，其根近水，年久成砮石，所谓肃慎氏之砮也。”

伊和谷 在今新疆吐鲁番市西北、乌鲁木齐县东南。《后汉书·班勇传》：延光三年（124），“勇因发其兵步骑万余人到车师前王庭，击走匈奴伊蠡王于伊和谷，收得前部五千余人，于是前部始复开通，还屯柳中”。

伊春林区 伊春是满语的译音，含义是“衣料毛皮”。清初叫“伊春嘎山”，“嘎山”即屯子。1945年日伪在伊春设街政权。抗日政治胜利后，伊春为汤原县南岔区的一个行政村。1952年设伊春县，由松江省直辖。1954年改由黑龙江省直辖。1957年改设伊春市。1964年改设伊春特区。1967年改为伊春市（地级）。

伊是 战国赵地，在今山西安泽县东南。《战国策·齐策二》：“齐、魏亦佐秦伐邯郸，齐取淄鼠，魏取伊是”，即此。汉置陭氏县。

伊娄河 在今江苏扬州市邗江区南二十里，南通大江，北至杨子桥，接官河，即瓜洲运河。《新唐书·地理志》润州丹徒县：“开元二十六年，刺史齐澣以州北隔江，舟行绕瓜步，回远六十里，多风涛，乃于京口埭下直趋渡江二十里，开伊娄河二十五里，渡扬子，立埭，岁利百亿，舟不漂溺。”《舆地纪胜》卷37扬州：伊娄河“即杨子镇以南至江运河也……自隋以前杨子镇尚临江，炀帝开邗沟至杨子即入江，未有此河也。至唐时，江滨始积沙至二十五里，故穿此河”。

伊娄埭 亦作伊娄堰。在今江苏扬州市邗江区南。《新唐书·齐澣传》：开元间，“迁润州，州北距瓜步沙尾，纡汇六十里，舟多败溺。澣徙漕路由京口埭，治伊娄渠以达扬子，岁无覆舟，减运钱数十万。又立伊娄埭，官征其入”。

伊济密屯 又作西济密。在今俄罗斯滨海边疆区西南波谢特西北。清属宁古塔副都统。清聂士成《东省与韩俄交界道路表》：“蒙古街，又二十里二分五至切落哥司克，即西机密。”咸丰年间被沙皇俄国通过不平等的中俄《北京条约》割占。

伊逊河 即古索头水。又名伊松河、羊肠河。源于今河北围场满族蒙古族自治县北塞罕庙山，南流经隆化、滦平二县入滦河。《清史稿·地理志》承德府丰宁县：“伊逊河自府界入，纳伊玛图河，并入滦平。”即此。

伊都赫 在今黑龙江省饶河县东北乌苏里江西岸。清光绪《吉林通志》卷17：“乌苏里江西岸，北至混同江南岸旧设噶珊：……伊都赫。”即此。

伊莱山 即伊卢山。今江苏灌云县东北伊芦山。《魏书·地形志》安乐县：“有伊莱山神。”

伊倭齐 亦作伊倭奇。即今内蒙古莫力达瓦达斡尔族自治旗。清康熙三十年（1691）于此置布特哈总管衙门。光绪三十二年（1906）改为西布特哈总管衙门。

伊陵 五代唐庄宗陵。原名雍陵。五代晋改名。在今河南新安县北。《旧五代史·晋书·高祖纪》：天福二年（937）春正月，“诏曰：‘唐庄宗陵名与国讳同，宜改为伊陵’”。

伊通州 清光绪八年（1882）升伊通河巡检置，属吉林府。治所即今吉林伊通满族自治县。民国郭熙楞《吉林汇征》：伊通县“地名伊通河，又作伊图河、伊屯河，史名一秃河，皆伊通之转音”。宣统元年（1909）升为直隶州。辖境相当今吉林伊通，四平等市县地。1913年改为伊通县。

伊通县 1913年改伊通州置，属吉林省吉长道。治所即今吉林伊通满族自治县。1929年直属吉林省。1988年改设伊通满族自治县。

伊通河 ①即今吉林伊通满族自治县（伊通镇）。清萨英额《吉林外纪》卷2：“伊通河，以河得名。”清光绪八年（1882）于此置伊通州。

②河名。又作益褪河、一秃河、一统河、伊屯河、伊敦河。为松花江支流。源出吉林伊通满族自治县东南之哈达岭山脉，流经伊通、长春、农安，东北流注入松花江。《清史稿·地理志》伊通州：“东南：大星岭，其东坂石屯，伊通河出西北，径城东，右合伊巴丹河，出边入长春。”

伊勒门站 又作一而门。清置，故址在今吉林永吉县西伊勒们站村。《清一统志·吉林二》“尼什哈站”条下：“蒐登站，又西南七十里至伊勒们站。”

伊勒们河 即移里闵河。今吉林中部松花江支流饮马河。《清一统志·吉林一》：伊勒们河“在（吉林）城西一百四十五里。源出库勒讷窝集。……北流出边，会伊敦河入混同江”。

伊勒都 在今新疆柯坪县东南。《清一统志·叶尔羌》：伊勒都台在“乌图斯克满台东北九十里，又东北九十里至阿克苏属之都齐特台”。

伊曼 亦作亦麻、伊瞒、尼满。满语意为山羊。在乌苏里江东岸伊曼河口南岸。明永乐八年（1410）置亦麻河卫，属奴儿干都司。清为三姓副都统辖地。咸丰十年（1860）沙皇俄国强迫清政府签订不平等的《北京条约》将其割占。1973年苏联改为达利涅列钦斯克。

伊逻卢城 古名延城。唐龟兹国都城。在今新疆库车县东三里皮朗旧城。《新唐书·西域传》：龟兹“姓白氏，居伊逻卢城”。即此。

伊犁 ①指清乾隆二十七年（1762）设总统伊犁等处将军以后至光绪十年（1884）新疆建省以前伊犁将军的辖区。其时将军驻惠远城，统辖天山南北路各驻防城，即当时的新疆全境。

②指清乾隆二十七年（1762）以后伊犁将军和参赞大臣的直辖区，相当今巴尔喀什湖以南的伊犁河流域和拜卡达姆以东的塔拉斯河、吹河、伊塞克湖流域。鸦片战争后至光绪八年（1882）沙皇俄国通过多次出兵占领和强迫清朝政府签订不平等条约，吞并了我国现边界以外的大片土地。

③指清光绪十年（1884）新疆建省后伊犁将军的辖区，相当今伊犁哈萨克自治州的直辖区和塔城地区。

伊犁九城 清乾隆二十六年（1761）至四十五年（1780）间在今新疆伊犁河北、塔勒奇山以南地区所建九城的合称。即惠远城（今霍城县南三十里伊犁河北）、惠宁城（地名巴彦岱，今伊宁市西北巴彦岱镇）、绥定城（地名乌哈尔里克，今霍城县驻地水定镇）、广仁城（地名乌克尔博罗素克，今霍城县北芦草沟镇）、瞻德城（地名察罕乌苏、清水河，今霍城县西北清水河镇）、拱宸城（地名霍尔果斯，今霍城县西北）、熙春城（地名城盘子、哈喇布拉克，今伊宁市北十里）、塔勒奇城（今霍城县西十里塔尔吉）、宁远城（地名固尔札，今伊宁市）。其中惠远城为九城之首，驻伊犁将军、参赞大臣，史称伊犁指此。宁远城为维吾尔商民聚居处，设阿奇木伯克等官员，为九城经济繁盛之区。

伊犁府 清光绪十四年（1888）升伊犁直隶厅置，属新疆省。治所在绥定县（今新疆霍城县）。辖境相当今新疆伊宁、霍城、昭苏、新源、尼勒克等市县地。1913年废。

伊犁河 在今新疆维吾尔自治区西北部及哈萨克斯坦东北部，注入巴尔喀什湖。《清一统志·伊犁》：伊犁河“古曰伊列河，亦曰伊丽河，又曰帝帝河，即今伊犁河也。东源为空格斯河，西南源为特克斯河，东北源为哈什河，合而西流，名伊犁河。源流共长一千四百里。准部巨川也。南北支流不一，北侧固尔扎河、古尔班察罕水、阿里玛图河、策集河，南侧呼那海博拉河、古尔班哈尔奇拉河，左右交注，合而西流，四百余里，折西北流，又四百余里，南会支河，北行二百里，入巴勒喀什池”。历属中国。清代属伊犁将军管辖。同治三年（1864）《中俄勘分西北界约记》将图尔根河注入伊犁河以下河段及巴尔喀什湖划入俄境。而光绪七年（1881）《中俄伊犁条约》更改为以霍尔果斯河注入伊犁河以下河段划入俄境（今属哈萨克斯坦）。

伊犁将军 清乾隆二十七年（1762）置，治所在惠远城（今新疆霍城县南三十里，伊犁河北）。《清一统志·新疆统部》：总统伊犁等处将军“统辖天山南北各新疆地方驻防官兵调遣事务”。辖境相当今巴尔喀什湖以南的伊犁河流域和拜卡达姆以东的塔拉斯河、吹河、伊塞克湖流域。道光二十年（1840）以后至光绪八年（1882），沙俄通过多次出兵占领，并强迫清政府签订不平等的条约，吞并了今边界以外的大片领土。光绪十年（1884）新疆建省后，直辖区相当今特克斯、巩留以北，吉木乃、和布克赛尔、乌苏以西地区。十四年（1888）设伊犁府、塔尔巴哈台厅以来，仅理北疆防务，不理民政。

伊犁将军府 在今新疆伊宁市。清乾隆二十七年（1762）清军平定准噶尔叛军后，为稳定新疆形势，设伊犁将军府管辖整个新疆地区。乾隆二十八年将军府和惠远城建成（在今霍城县南三十里惠远城内）。同治十年（1871）沙俄侵占伊犁，城被毁。光绪八年（1882）清政府收复伊犁，在城北十六里另筑惠远新城，将军府就在新城的钟楼附近。现仅存正厅、东西两厢、金库、衙府等建筑。2006年定为全国重点文物保护单位。

伊犁道 1914年由原伊犁道袭置，属新疆省。治伊宁县（今新疆伊宁市）。辖境约当今新疆伊犁、塔城两地区（乌苏、沙湾、和布克赛尔三县除外）及博尔塔拉蒙古自治州。1916年，塔城、额敏二县划归塔城道。1928年废。

伊斯兰教圣墓 亦称三贤、四贤墓。在今福建泉州市东门外圣墓村灵山。据《闽书》载，唐武德年间（618—626），穆罕默德遣门徒大贤四人来华：一贤传教广州；二贤传教扬州；三贤、四贤传教泉州，卒葬于此。现存两墓并列，上建石亭，墓盖用花岗石雕刻。墓后依山建石回廊，廊内有石碑五方，正中一方为元至治三年（1323）立，刻阿拉伯文，记述三贤、四贤事略。右侧一方为明永乐十五年（1417）郑和下西洋路经泉州，来此墓祭先贤行香所立的汉文石碑。1988年定为全国重点文物保护单位。

伊斯里克 亦作伊斯提克。清光绪十五年（1889）设卡。在帕米尔雅尔特拱别孜北。宣统《新疆图志》卷8引《海英路程记》：“自塔墩巴什至伊斯里克卡二百九十里。”后被俄国侵占。今属塔吉克斯坦。

伊棉河 即今内蒙古鄂温克族自治旗南伊敏河。《清一统志·黑龙江》：济尔玛台河“在呼伦布雨尔东七十余里。源出东南库克齐尔摩多。又相近有伊棉河”。民国《黑龙江志稿》卷4《地理志·山川》呼伦县：依奔河“亦作伊敏，《盛京志》作伊绵，《提纲》作依本，《纪略》作伊密。满洲语依棉，聚集也。县东二十里，《金史》谓之移米河。源出室韦山东北麓……入于海拉尔河”。

伊赏那补罗国　当为真腊的异称。《大唐西域记》卷10“三摩呾吒国”条有伊赏那补罗国。据杜佑《通典》卷188载，真腊国都名伊奢那城，即伊赏那的异译，乃以王名称其都城。

伊循城　汉鄯善国地。在今新疆若羌县东北米兰古城。《汉书·西域传》：元凤年间，鄯善王曰：“国中有伊循城，其地肥美，愿汉遣一将屯田积谷，令臣得依其威重。”

伊鲁山　即今俄罗斯滨海边疆区北之别利措瓦山。清光绪《吉林通志》卷19：伊噜山在“三姓界，距吉林城东北一千六百九十里”。

伊鲁嵩县　1948年河南革命根据地由嵩县、伊阳（今汝阳）、鲁山三县析置，治车村（今河南嵩县南车村）。取三县首字为名。1949年撤销，复归原属各县。

伊敦河　即一秃河。今吉林中部松花江支流伊通河。《清一统志·吉林一》：伊敦河“在（吉林）城西二百九十二里。源出额赫峰，北流出边，东北折会伊勒们河，又东北入混同江”。

伊椿河　又作衣春河。即今黑龙江省伊春市西伊春河。源出小兴安岭。清齐召南《水道提纲》卷25：乌模鲁河“又东南百余里，有衣春河，自西北大山（来会）”。即此。

伊阙　一名龙门。即春秋之阙塞。在今河南洛阳市南二十五里龙门山。《史记·秦本纪》：昭襄王十四年（前293），“左更白起攻韩、魏于伊阙”。《水经·伊水注》：“伊水又北入伊阙，昔大禹疏以通水，两山相对望之如阙，伊水历其间北流，故谓之伊阙矣。”

伊阙口　即伊阙。今河南洛阳市南之龙门。《左传》：昭公二十四年（前518），“王次于滑，晋知跞、赵鞅帅师纳王，使女宽守阙塞”。杜注：“阙塞，洛阳西南伊阙口也。”

伊阙山　一名龙门山、钟山。在今河南洛阳市南二十五里。《魏书·释老志》：景明初，高祖、文昭皇太后营石窟“于洛南伊阙山”。即此。

伊阙关　东汉中平元年（184）置，属八关都尉。故址在今河南洛阳市南二十五里。为洛阳南面门户。以伊阙为名。《后汉书·灵帝纪》注：“八关谓函谷、广城、伊阙……”即此。后废。

伊阙县　隋开皇十八年（598）改新城县置，属伊州。治所在今河南伊川县西南古城村。大业初属河南郡。唐属洛州。北宋熙宁三年（1070）废。

伊穆河　即今俄罗斯哈巴罗夫斯克边疆区黑龙江下游西侧阿姆贡河的支流伊穆河。《清一统志·吉林一》“兴衮河”条下：“伊穆河，在（宁古塔）城东北三千余里，源出扬古岱山。东北流入兴衮河。”

伊穆河卡伦　清光绪十九年（1893）设，在今内蒙古额尔古纳市北额尔古纳河东岸伊木河村。

似龙山　在今广东封开县东北南丰镇东十五里。《方舆纪要》卷101开建县：似龙山“高二十丈，周四十余里，蜿蜒如龙”，因名。

华　①西周封国。在今河南新郑市北四十里华阳砦。《国语·郑语》：史伯对郑桓公曰：“是其子男之国，虢、郐为大。……若克二邑，邬、弊、补、舟、依、𫐄、历、华，君之土也。”《水经·洧水注》：“黄水出太山南黄泉，东南流径华城西。史伯谓郑桓公曰：‘华，君之土也。’韦昭曰：‘华国名矣。”西周末，为郑所灭。

②春秋郑邑，战国属韩。又名华阳。在今河南新郑市北四十里华阳砦。《战国策·魏策三》：“秦魏败于华。”即此。

华大房镇　即今江苏无锡市南华庄镇。清光绪《江苏全省舆图》无锡县图：南有华大房（镇）。

华口　在今福建漳平市东。《清一统志·龙岩州》“三峰隘”条下：“又东有华口、安井、赤坑口等隘，路通龙溪县。”

华山　①在今河北三河市北。《方舆纪要》卷11三河县：华山在“县北三十里。一名兔儿山。即香河县骆驼港之源也。其地又有石城、青梁诸山口”。

②又名花山。在今江苏句容市北。《寰宇记》卷90升州句容县：华山，“《梁书》云：武帝舆驾东行，至此山，因问华山何如蒋山高。薛秦答曰：华山高九里，以与蒋山等，泉水倍多也”。《清一统志·江宁府一》“华山”条引《府志》：“在县北六十里。亦曰花山。”

③即今江苏无锡市西郊惠山。《方舆纪要》卷25引《吴地记》云：慧山“古名华山”。

④一名花山。又名天池山。在今江苏苏州市吴中区西。北宋朱长文《吴郡图经续记》卷中：华山“在群山独秀，望之如屏，长林荒楚，蓊郁幽邃。或登其巅者，见有如莲花状，盖亦以此得名。或曰，晋太康中尝生千叶莲花也”。

⑤亦名东华山。又名小华山。在今江苏丰县东南三十里。《清一统志·徐州府一》：华山“周十余里。有三峰，其巅石皆方平，稍西削壁千仞。又西为华阳洞，深杳莫测。洞西口有石室，可坐数人。中峰突起，有自然石级，可以登蹑，一名岚山。其阳又有洞五，曰会景、虚白、碧寒、太元、太乙，皆极幽胜。后峰亦名堕山”。

⑥在今江西余江县东北。《方舆纪要》卷85饶州府安仁县：华山在“县治（今锦江镇）北七里。山最奇秀，类池州之九华山。《志》云，余干县南七十里有华山，盖境相接也”。

⑦在今江西都昌县东北九十里。《方舆纪要》卷84南康府都昌县：华山“突然峭拔，高压众山，拟于太华”，故名。

⑧在今湖北武汉市新洲区西南长江边。《方舆纪要》卷76黄州府黄冈县：华山在“府西北百二十里。近阳逻镇。俯临江滨”。

⑨在今湖南郴州市北六十里。一名华石山。或讹为话石山。山有孤石耸立。《水经·耒水注》：“耒

水又西径华山之阴，亦曰华石山。孤峰特耸，枕带双流，东则黄溪、耒水之交会也。”

⑩又称太华山。在今陕西华阴市南十里。《周礼·职方氏》豫州：“其山镇曰华山。”《史记·封禅书》：舜“巡守至西岳。西岳，华山也”。《水经·渭水》：“又东过华阴县北。”郦道元注：“县有华山。《山海经》曰：其高五千仞，削成而四方，远而望之。又若华状。西南有小华山也。”

华山县　①南朝宋大明元年（457）侨置，为华山侨郡治。治所即今湖北宜城市。西魏改为汉南县。

②唐上元二年（761）改吴山县置，属陇州。治所即今陕西宝鸡市陈仓区西北县功镇。后复名吴山县。

③1944年晋冀鲁豫革命根据地由丰县、砀山、萧县三县析置，治戴陶楼（今江苏丰县东南宋楼镇东北套楼）。因境内华山而得名。1953年撤销，并入丰县、砀山二县。

华山驿　在今陕西华县北。《方舆纪要》卷54华州：华山驿“在州治北。又西达临潼县境之东阳驿”。

华山郡　①北魏太平真君元年（440）置，治所在郑县（今陕西华县）。孝昌二年（526）为东雍州治。辖境相当今陕西华县、华阴市地。隋开皇三年（583）废。

②南朝宋大明元年（457）置，属雍州。治所在大堤（今湖北宜城市）。西魏改为宜城郡。

华山集　即今江苏丰县东南三十里华山镇。元曾设巡司于此。

华川水　古名温谷水。即今甘肃通渭县牛谷河。源出县西北山，东南流经甘谷县境入渭河。下游亦名散渡河。《明史·地理志》通渭县：“北滨渭，西有华川，东流入焉。”

华川关　在今甘肃通渭县南牛谷河上。《方舆纪要》卷59巩昌府通渭县：华川关“在县南华川水上”。华川水为今牛谷河。

华川县　①唐武德四年（621）分乌伤县置，属绸州。治所在今浙江义乌市西南三十里。七年（624）废。

②唐垂拱二年（686）改华亭县置，属陇州。治所即今甘肃华亭县。神龙元年（705）复改华亭县。

华子冈　在今江西南城县西。南朝宋谢灵运有《入华子冈是麻源第三谷》诗。《文选》注：“谢灵运《山居图》曰，华子岗，麻山第三谷。故老相传，华子期者，禄里弟子，翔集此顶，故华子为称也。”《方舆纪要》卷86建昌府南城县：华子冈“在府西十五里。相传九江人华子期为角里弟子，得仙于此而名”。

华子岭　亦作铧子岭。即今辽宁灯塔市东南铧子镇。清光绪《奉天全省地舆图说图志》辽阳州图：东北有铧子岭。民国徐曦《东三省纪略》卷8：烟台煤矿有华子岭矿区。

华云（雲）山　亦作华银山、华蓥山、西山。古名畾然山。在今四川华蓥市东南。清光绪《岳池县志》卷3：华银山在“治南一百六十里。其地绵亘三百余里，界连重庆府属之巴县、合州、江北，顺庆府之邻水、广安五州县。山高多深，林密箐，路险难上”。主峰登高山海拔1704米。

华不注山　一名金舆山。即今山东济南市东北华山。《春秋》：成公二年（前589），晋、齐战于鞍，“齐师败绩，逐之，三周华不注”。即此。顾炎武《山东考古录》引伏琛《三齐记》说：“‘不’音跗，读如《诗》‘鄂不韡韡’之不，谓花蒂也。言此山孤秀，如花跗之注于水也。”

华中抗日根据地　抗日战争时期中国共产党在华中地区建立的敌后抗日根据地。包括江苏绝大部分，安徽、湖北的大部分，河南、浙江的一部分和湖南的一小部分。1938年春，新四军深入华中敌后，开展游击战争。5月，新四军一部挺进江南敌后，创立以茅山为中心的抗日根据地。1939年新四军一部在八路军和地方武装配合下，开辟了豫皖苏根据地。同年另一部挺进皖东，建立了皖东根据地。1940年新四军一部在八路军配合下，开辟了皖东北根据地和淮海区。整个根据地包括苏北、苏中、苏南、淮北、淮南、浙东、皖中、鄂豫皖等八区，2.5万多平方公里。

华氏城　亦作华子城、巴连弗邑、波吒厘子。在今印度比哈尔邦巴特那附近。为印度摩揭陀国孔雀王朝都城。唐玄奘《大唐西域记》卷8：摩揭陀国“殑伽河南有故城，周七十余里，荒芜虽久，基址尚在。昔者人寿无量岁时，号拘苏摩补罗城（唐言香花宫城），王宫多花，故以名焉。逮乎人寿数千岁，更名波吒厘子城”。

华宁县　1932年改黎县置，直属云南省。治所即今云南华宁县。钱一《华宁县由来》：“它的命名是因县城北面有一华盖山，其次，又因历史上曾取名为宁州，故取华盖山和宁州的一个字来命名为华宁县。”（载《地名集刊》1981年第1期）

华尖子镇　即今辽宁桓仁满族自治县西北铧尖子镇。清宣统《怀仁县志》卷3：花尖子在“城西九十里”。

华光礁　在南海中中国西沙群岛永兴岛西南，位于盘石屿北7海里。是西沙群岛中的大环礁之一。1935年公布名称为觅出礁。1947年改名华光礁。中国渔民因认为是西沙群岛中最大环礁，向称大筐、大塘、大圈。郑资约《南海诸岛地理志略》载：华光礁“礁东西长十六浬，宽五浬，深度平均二寻。礁上有数石，露出海面数呎。礁之南侧有大口，北侧有小口，皆可引入泻湖，海南湖渔船常出入其间”。

华竹部　又作环州、花竹。宋大理置，属威楚府。在今云南武定县西北一百一十二里环州乡。辖境包有今云南元谋县。《元混一方舆胜览》和曲州：“元谋县蛮名华竹，汉语石峡。”元改元谋县。

华州 ①北魏皇兴二年（468）置，治所在定安县（今甘肃宁县）。辖境相当今甘肃宁县地。延兴二年（472）改置三县镇。

②北魏太和十一年（487）置，治所在李润堡（今陕西蒲城县东北）。永平三年（510）移治华阴县（今陕西大荔县）。西魏废帝三年（554）改名同州。

③南朝梁大同元年（535）置，治所在上川郡（今河南桐柏县东固县镇）。西魏废帝元年（552）改为淮州。

④南朝梁置，治所在华阳郡华阳县（今四川广元市北）。辖境相当今四川广元市北境。西魏废。

⑤西魏废帝三年（554）改东雍州置，治所在华山郡原郑县城（今陕西华县西）。隋大业初废。唐武德初复置，治所在郑县（今华县）。垂拱元年（685）改为太州，神龙元年（705）复为华州。天宝元年（742）改为华阴郡，乾元元年（758）复为华州。上元元年（760）又改为太州，宝应元年（762）复为华州。乾宁四年（897）升为德兴府。光化三年（900）复为华州。辖境相当今陕西华县、华阴、潼关三县市及渭南市北部、临潼县东北部一带。元初省郑县入州，属奉元路。明属西安府。清属同州府。1913年改为华县。

⑥唐渤海置，为率宾府治。治所在今俄罗斯滨海边疆区北乌苏里斯克（双城子）。辖境约当今俄罗斯绥芬河下游一带。辽废。

⑦明永乐十二年（1414）属升华府。治所在万安县（今越南广南省三岐县）。辖境相当今越南广南省三岐、旃檀源和右邦源地区。宣德二年（1427）以后入安南。

华州区 2015年撤销陕西省华县，设立渭南市华州区，区政府驻华州街道新华大街1号。

华冲镇 清置，属沭阳县。即今江苏沭阳县东北华冲镇。

华池 在今陕西韩城市南。《水经·河水注》：“陶水又南径高门南……又东南径华池南，池方三百六十步，在夏阳城西北四里许。故司马迁碑文云：高门华池，在兹夏阳。今高门东去华池三里。”

华池水 即今葫芦河。源出今甘肃华池县东北界，东南流径陕西富县，至黄陵县入洛河。《元和志》卷3华池县：“因县西华池水为名。”

华池县 ①西魏置，属蔚州。治所在今甘肃华池县东南华池村。北周废。隋仁寿二年（602）复置，属庆州。移治今华池县东北二里库多汗故城。《元和志》卷3华池县：“因县西华池水为名。”大业元年（605）移治东华池。十三年（617）废。唐武德四年（621）复置，为林州治。贞观元年（627）属庆州。北宋熙宁四年（1071）省为华池镇。

②北周置，属冯翊郡。治所在今陕西三原县东北。后废。

③唐武德六年（623）改池阳县置，属雍州。治所在今陕西三原县北。贞观元年（627）改为三原县。

④1934年析庆阳、环县、合水三县置，属甘肃省。治所在悦乐镇（今甘肃华池县南）。1951年迁今华池县（柔远镇）。

华池泉 在今山西洪洞县东。《方舆纪要》卷41洪洞县：“华池泉在县东十里，……引流溉田，而注于汾。”

华池镇 ①北宋置，属南充县。在今四川南充市西南六十里大通镇北。

②北宋熙宁四年（1071）改华池县置，属合水县。即今甘肃华池县东南东华池村。七年（1074）改为东华池砦。明于此设华池巡司。清裁。

华安县 1928年由龙溪县析置，属福建省。治所在华封（今福建华安县治华封镇）。据1982年版《华安县地名录》：“以龙溪县华封镇建县时，拟将安溪县宗信、龙涓等地并入，故取华封、安溪的首字为县名。”

华阳 ① 一名华。战国韩邑，后属魏。在今河南新郑市北四十里华阳砦。《史记·秦本纪》：昭襄王三十三年（应为三十四年，前274），“客卿胡阳攻魏卷、蔡阳、长社，取之。击芒卯、华阳，破之，斩首十五万。”秦取华阳后，改置华阳县。

②地区名。因在陕西华山之阳得名。相当今陕西秦岭以南及川、滇、黔一带。东晋常璩所著《华阳国志》，就是记载这一地区的历史。

华阳山 ①在今安徽宣城市南，接宁国、泾县界。《方舆纪要》卷28宣城县：华阳山在“府南百里。高数百仞，连跨宣、泾、宁、旌四邑之境。南为密垅岭、盘岭，稍西为金牌岭。二岭之间，仅通一线，为泾、旌间道。郡南一厄塞也”。

②在今安徽旌德县东五里。《方舆纪要》卷28旌德县：华阳山在“县东五里。其西为感化山，今县城东门曰感化，以山名也”。

华阳川 在今河南灵宝市南。唐李虞曾隐居于此。

华阳水 ①在今江西高安市西南。明《寰宇通志》卷36瑞州府：华阳水“在府城西南七十五里。源发新喻县界，入蜀江”。

②在今陕西勉县东北。《方舆纪要》卷56褒城县：华阳水“源出牛头山，南流入沔水。今县西南七十里有铁炉堰（今南郑县西北），引华阳水溉田处也”。

华阳观 在今陕西西安市西北汉长安故城内。唐白居易罢校书郎后，与元稹居此。

华阳县 ①战国秦置，属颍川郡。治所在今河南新郑市北四十里华阳砦。出土秦封泥中有“华阳丞印”可证。汉属河南郡，后废。

②北魏置，为华阳郡治。治所在今陕西勉县东南三十余里。隋开皇三年（583）废。

③南朝宋大明年间置，属南安郡。治所在今四川剑阁县（下寺镇）西南王河镇。西魏改为黄安县。

④南朝宋置，治所在今四川广元市北。西魏废。

⑤南朝宋置，为华阳（侨）郡治。治所在今陕西汉中市。南齐属华阳郡，梁于此置华州，治所在今四川广元市北。西魏废。

⑥南朝宋置，为华阳郡治。治所在今陕西勉县西四十七里铜钱坝。后废。

⑦唐武德五年（622）析高安县地置，属靖州。治所在今江西高安市西。七年（624）先后属米州、筠州。八年（625）废。

⑧唐开元十八年（730）置，属洋州。治所即今陕西洋县北一百四十里华阳镇。天宝三年（744）废。

⑨唐乾元元年（758）改蜀县置，与成都县同为成都府治。治所今四川成都市旧城东偏。《元和志》卷319华阳县："华阳本蜀国之号，因以为名。"元与成都县同为成都路治。明为成都府治。清康熙九年（1670）废，雍正五年（1727）复置。1951年迁治中兴镇（今双流县东南华阳镇）。1965年撤销，并入双流县。

⑩元置，属思明路。治所在今广西扶绥县西南。明初废。

华阳河 在今湖北枣阳市东南。《方舆纪要》卷79枣阳市：华阳河"在县南四十里。源出武王山，西流入白河"。

华阳亭 在今河南新郑市北四十里华阳砦。《晋书·嵇康传》："初，康尝游于洛西，暮宿华阳亭，引琴而弹。夜分，忽有客诣之，称是古人，与康共谈音律，辞致清辩，因索琴弹之，而为'广陵散'，声调绝伦，遂以授康。"

华阳洞 在今江苏句容市东南茅山之大茅峰下。宋《景定建康志》卷17：华阳洞，"《真诰》曰：金陵句容之句曲洞为第八洞天，又曰句曲地肺，土良水清，谓之华阳洞天，可以度世，种民是处，五灾不生"。

华阳郡 ①南朝宋侨置，属梁州。寄治梁州（今陕西汉中市）。梁为华州治，治所在今四川广元市北。西魏废。

②南朝宋于白马城（今陕西勉县西北）侨置，属梁州。入魏以后改为实土，治华阳县（今勉县东南）。辖境相当今陕西勉县、宁强县地。隋开皇三年（583）废。

华阳站 元置，在今江西高安市西南华阳。

华阳馆 在今江苏金坛市北茅山。《清一统志·镇江府二》：华阳馆"在金坛县茅山前，有石桥。华阳馆有二：曰上馆、曰下馆。下馆即今崇禧宫，此其上馆也。其东即陶隐居丹井"。

华阳溪 即今安徽宣城市东南水阳江支流华阳河。《方舆纪要》卷28宁国府宣城县：华阳溪"在府东南七十里，源出华阳山，东流二十里有鲁山，其下为鲁显水，又东北四十余里为鲁溪，又北至下西渡合于句溪"。

华阳墟 即今广东五华县西南华阳镇。清同治《广东图说》卷90：长乐县有华阳墟。

华阳镇 ①明置，属望江县。即今安徽望江县东南十五里华阳镇。清设巡司于此。《方舆纪要》卷26望江县：华阳镇，"《志》云：镇滨江，与宿松界沙湾角、毛湖洲一带，形援相接，向为奸盗渊薮，有官军巡戍"。

②即今陕西洋县北一百四十里华阳镇。唐于此置华阳县。

华阳礁 在南海中中国南沙群岛，位于尹庆群礁的东端。为一新月形礁平台，长达5.5公里。退潮时露出。礁平台北侧有出水1.2—1.5米的礁石。中国渔民向称铜铳仔。1935年公布名称为克德郎礁。1947年改名华阳礁。

华阴山 在今湖南临武县西南三十里。《方舆纪要》卷80临武县"罗城山"条下：华阴山"跨蓝山县界。高秀如华岳，因名"。

华阴市 1990年撤销陕西省华阴县，改设华阴市，市人民政府驻太华路。属渭南地区。1994年属渭南市。

华阴县 ①西汉高帝八年（前199）改宁秦县置，属京兆尹，为京辅都尉治。治所在今陕西华阴市东南五里。《寰宇记》卷29华阴县："以在太华山之阴，故名之。"东汉改属弘农郡。北魏属华山郡，太和十一年（487）移治今大荔县，孝昌二年（526）复还旧治。隋大业五年（609）移治今华阴市，属京兆郡。唐属华州，垂拱元年（685）改仙掌县，神龙元年（705）复名华阴县。上元二年（761）改为太阴县，宝应元年（762）复改华阴县。清属同州府。民国初属陕西关中道。1928年直属陕西省。1990年改设华阴市。

②南朝宋侨置，属南天水侨郡。治所在今湖北宜城市境。梁废。

华阴庙 在今陕西华阴市东五里。即西岳庙。俗称华阴庙。庙内古木千株，碑碣林立。

华阴峒 在今湖南临武县西南三十里。《宋史·蛮夷传一》：北宋庆历三年（1043），桂阳蛮"出桂阳蓝山县华阴峒，害巡检李延祚、潭州都监张克明"；五年（1045），"蛮复入寇，与胡元及右侍禁郭正、赵鼎、殿侍王孝先战于华阴峒隘口"，皆此。

华阴郡 唐天宝元年（742）改华州置，治所在郑县（今陕西华县）。辖境相当今陕西华县、华阴、潼关三县市及渭南市北部地。乾元元年（758）复改华州。

华坊街 即今江西靖安县北华坊。清同治《南昌府志》卷6靖安市镇：华坊街"在县北三十里"。

华严寺 ①在今山西大同市城区西南隅。是辽、金时期我国华严宗重要寺庙之一。《辽史·地理志》：清宁八年（1062）"建华严寺，奉安诸帝石像、铜像"。辽保大二年（1122），寺内部分建筑毁于兵火。金天眷三年（1140）重建。明中叶以后分上、下二寺，各开山门，自成格局。今上、下二寺虽连为一体，仍各以一主殿为中心。上寺以金建大雄宝殿为主，分为两院，有山门、过殿、观音阁、地藏阁及两厢廊庑；下寺以辽建薄伽教藏殿为中心，保存有辽代塑像、石经幢、楼阁式藏经柜及天宫楼阁。1961 年定为全国重点文物保护单位。

②在今四川峨眉山市西南峨眉山雷音寺与纯阳殿之间。《舆地纪胜》卷 146 嘉定府：大峨景“前代于峨眉山，创寺六：一曰光相，二曰华藏，三曰普贤，四曰延福，五曰乾明，六曰华严。光相居山之绝顶，而为游山之底，华严居山之前峰，而为游山者之响导”。清嘉庆《四川通志》卷 41 峨眉县：华严寺“在玉女峰下，一名归云，又名会福寺……《峨眉山志》：华严寺，唐福昌达道禅师道场。宋绍兴三年重修。寺有旋螺殿极奇古。有宋绍兴碑，左刻至县十五里，右刻至山顶七十里”。

③在今陕西西安市长安区东南少陵原半坡，北距西安市约三十里。唐贞元十九年（803）建，为中国佛教华严宗发源地。清乾隆年间，少陵原一部分崩塌，寺内殿宇全毁。现仅有砖塔两座。东塔为华严宗初祖杜顺禅师塔，四面七级。高约 13 米，上层石刻“严主”两字，第三层石刻“无垢净光宝塔”六字。西塔为华严宗四祖清凉国师塔，六面五级，高 7 米，其上石刻“大唐清凉国师妙觉之塔”。两塔下层各有砖砌龛堂，内有石刻影像及像赞，石下半部刻宋伯鲁、宋联奎同书重修记。2006 年定为全国重点文物保护单位。

华严坪 一名古心坪、赤城山。在今四川峨眉山玉女峰左。清嘉庆《四川通志》卷 17 峨眉县：华严坪“在纯阳殿后，有古心和尚开建静室，亦名古心坪。《峨眉山志》：华严坪即赤城隐士旧居。古名赤城山。昔有香烟、罗汉、白云三寺。今废。自祠东北望为宋皇观旧址”。

华严顶 在今四川峨眉山市西南峨眉山腰。清光绪《峨眉山图说》：“上天梯历级而升，进玉皇亭古刹，云深殿宇孤耸，额‘华严顶’。顶从岩隅，泉甘如醴，名九龙井。”古刹为清雍正间扩建。寺旁有九龙泉，岩下有桂花洞。风景奇险，有小金顶之称。

华严洞 在今北京市房山区西南上方山兜率寺南。民国《房山县志》卷 3：“华严师初开山时卓锡于此，中有石台高三尺许，周回可四合抱。台上生成一池，池之轮廓如马齿之环匝，池心生石一拳，形如柿。洞顶生石莲一，巨朵匝小花甚夥，巨莲与石柿上下相准，莲心滴水正落柿上，铿然作瑟声，永久不涸。”

华克穆河 在清唐努乌梁海东境，为伊克克穆河南源。即今俄罗斯图瓦共和国小叶尼塞（胡亚克姆）河。《清一统志·乌里雅苏台统部》：扎萨克图汗乌梁海一佐领“北临贝克穆河，西与南俱临华克穆河”。

华丽县 西汉置，属乐浪郡。治所在今朝鲜咸镜南道永兴附近。东汉废。

华县 ①西汉置，属泰山郡。治所在今山东费县东北六十里。东汉并入费县。西晋复置，属琅邪国。后废。

②1913 年改华州置，属陕西关中道。治所即今陕西华县。1928 年直属陕西省。2015 年撤销华县，改为华州区。

华里 故址在今江苏南京市西南。《三国志·吴书·三嗣主传》：孙皓建衡三年（271），“皓举大众出华里，皓母及妃妾皆行，东观令华覈等固争，乃还”。即此。

华谷 在今山西绛县东南二十里陈村峪附近。《水经·涑水注》：“涑水所出，俗谓之华谷。”《周书·韦孝宽传》：北周建德五年（576），“孝宽为行军总管，围守华谷以应接之”。即此。

华谷水 在今山西运城市南。《方舆纪要》卷 41 安邑县：“华谷水在县西南四十里。自夏县流经县界，又西入蒲州界。或讹为苇谷水。”

华谷城 即今山西稷山县西北二十里化峪镇。《北齐书·斛律光传》：武平元年（570），“其冬，光又率步骑五万于玉壁筑华谷、龙门二城”。即此。

华灵峰 在今湖南衡阳市南二里回雁峰右。《方舆纪要》卷 80 衡阳县“回雁峰”条下：回雁峰“傍有华灵峰，俗传华佗尝隐此”。

华佗墓 在今河南许昌市北二十里苏桥村南。华佗（？—208），东汉末医学家。因不从曹操征召，被杀。墓高 5 米，周围百余尺。墓前有一碑楼，碑上刻“神医华佗之墓”。碑为清乾隆年间立。

华陂镇 即苽陂镇。今河南上蔡县北华陂镇。清康熙《上蔡县志》卷 2《集镇》：华陂镇在“城北四十里”。

华表山 一名横山，又名一担山。在今辽宁辽阳县东。清《满洲源流考》卷 14 引《元一统志》：“华表山，俗呼为横山，因丁令威化鹤得名。”《方舆纪要》卷 37 辽东都司：华表山“在司东六十里”。

华坪县 清光绪三十四年（1908）废华荣庄和旧衙坪两经历署置华坪县，属永北厅。治所在旧衙坪（即今云南华坪县）。民国初属云南腾越道。1929 年直属云南省。1933 年迁治今华坪县东北五十二里华荣庄。1950 年复迁今县治中心镇。

华顶山 在今浙江奉化市西。《方舆纪要》卷 92 奉化县：华顶山“在县西五里。自城以西有数山相接，而华顶为之冠”。

华顶峰 天台山主峰。在今浙江天台县东北二十八里。海拔 1110 米。《方舆纪要》卷 89 浙江总叙：华顶峰“绝顶东望沧海，少晴多晦，夏犹积雪，自下望之若莲花之萼，亭亭独秀，因名”。《徐霞客游记·游天台山日记》：崇祯五年（1632）三月十六日，“五鼓，乘月上华顶，观日出”，即此。

华林山 ①又名浮云山。在今江西高安市西北，接奉新县界。《寰宇记》卷 106 洪州奉新县：华林山“在县西南五十里，昔浮邱公隐居之所。今南峰号为浮邱岭。吴猛于此山立坛，基址临道，其山三峰耸峻，高险危秀，周回百里”。《方舆纪要》卷84南昌府奉新县：华林山“一名浮云山。其南峰又名浮邱巅。山有投龙洞，本浮邱公游息之地，号浮邱石室。又有李八百洞及剑池、丹井诸迹。《志》云，李八百洞在县南三十里，高安郡圃亦有八百洞，与此相通。正德中群贼陈福一等作乱，结寨山中，攻破瑞州，指挥周宪攻贼于仙女寨，拔之。又克鸡公巅，进薄华林，山谷险峻，宪深入败没。南昌守臣李承勋寻击贼，平之”。

②在今山东嘉祥县东南十里。《方舆纪要》卷33嘉祥县“塔山”条下：华林山“山北高岭上有寨基，俗谓之东寨山，亦曰龙华山”。

③在今湖南望城县西南，接宁乡县界。《方舆纪要》卷80善化县“云盖山”条下：华林山“在县南六十里。亦高秀”。《清一统志·长沙府一》：华林山“在善化县西南六十里。下有龙潭。相传善觉禅师证觉处”。

华林水 即今江西奉新县南黄沙港。《方舆纪要》卷84奉新县“龙溪水”条下：华林水“发源华林山，至冯田渡，与龙溪水合，注于冯水”。

华林寺大殿 在今福建福州市北郊屏山南麓。北宋乾德二年（964），吴越国王钱氏尚割据福州，其臣下鲍脩让为郡守，在此建寺。初名越山吉祥禅寺。明正统间改名华林寺。原有殿、法堂、环峰亭、绝学寮等，均废毁，现仅存大雄宝殿，单檐九脊顶，面阔三间，进深四间，虽经明清两代重修，其主要梁架、斗拱（七铺作，双抄，双下昂，重拱偷心造）等还是初建时原物，风格独特，为国内所罕见。1982年定为全国重点文物保护单位。

华林寺塔 在今广东仁化县东北三十里闻韶镇下徐村。建于宋代。为七层六角楼阁式砖塔。原华林寺已毁。

华林园 ①原名芳林园。三国魏正始初改名华林园。在今河南洛阳市东北汉魏洛阳故城内。《三国志·魏书·文帝纪》裴松之注：“芳林园即今华林园，齐王芳即位，改为华林。”同书《三少帝纪》：景元元年（260），“帝临于华林园”。即此。《洛阳伽蓝记》卷1：翟泉“西有华林园”。东魏天平二年（535）毁。

②六朝时宫苑名。三国吴始建，故址在今江苏南京市区鸡鸣山南古台城内。东晋仿洛阳园名，改为华林园。南朝宋元嘉间扩建，增筑景阳山、华光殿、景阳楼、竹林宫诸胜。南朝诸帝常听讼、宴集于此。南朝宋刘义庆《世说新语·言语》：“晋简文帝游华林园，顾谓左右曰：会心处不必在远，翳然林木，便自有濠濮间想。”《宋书·少帝纪》：“时帝于华林园为列肆，亲自酤卖。”南宋时尚存遗迹。

③在今河北临漳县西南邺镇东。十六国后赵石虎所筑。《晋书·石季龙载记》：“季龙于是使尚书张群发近郡男女十六万，车十万乘，运土筑华林苑及长墙于邺北，广长数十里。”《资治通鉴》：南朝梁大同十一年（545），“东魏主宴于华林园”。胡三省注：“邺都效洛阳之制，亦有华林园。”《十六国春秋辑补》卷43《后燕录》：“（慕容）垂行围，因饮于华林园，秦人密出兵掩之，矢之如雨，垂几不得出。冠军隆将骑冲之，垂仅而得免。”即此。

④南汉宫苑。在今广东广州城西关。《舆地纪胜》卷89广州：刘王花坞“乃刘氏华林园，又名西御苑，在郡治西六里，名泮塘，有桃、梅、莲、菱之属”。

华岩 在今湖南道县西十里。《方舆纪要》卷81道州：华岩“有两岩对峙，一明一晦”。

华岳镇 又作岳镇。清置，属华阴县。在今陕西华阴市东五里。镇有西岳庙，俗称华阴庙。

华泽 在今陕西华阴市西。《晋书·苻坚传》：慕容泓起兵屯华阴，苻坚使苻叡击之，“战于华泽，叡败绩，被杀”。即此。《资治通鉴》：东晋太元九年（384），胡三省注：“华泽即华阴之泽也。”

华泾市 旧名乌泥泾镇。即今上海市闵行区东华泾。清光绪《江苏全省舆图》：上海县西南有“华泾”。

华封市 一作华葑。即今福建华安县治华葑镇。清时属龙溪县，有县丞驻此。民国改县佐。1928年于此置华安县。

华封岭 在今福建华安县东南。《明史·地理志》漳州府龙溪县：“北有华封岭，一名龙头岭。”

华封墟 亦作华丰墟。在今广东遂溪县东南。清道光《遂溪通志》卷4：华封墟在“县东二十里”。

华荡 在今江苏常熟市东南。《方舆纪要》卷24苏州府常熟县：华荡在“县南十二里，周三十五里。芦苇丛生，运河经其东，其西播为诸汊港，西南入长洲县界，西北入江阴县界，西入无锡县界，俱为通道”。

华荣庄 在今云南华坪县东北五十二里。原为土官章氏衙署。清光绪十八年（1892）改流，置华荣庄经历署，属永北直隶厅。

华南抗日根据地 抗日战争时期中国共产党在广东地区建立的敌后抗日根据地。包括东江抗日根据地和琼崖抗日根据地。1938年10月，日军侵占广州后，原在东江一带的红军游击队和当地人民组成抗日游击队（后称东江纵队），开展游击战争，建立东江抗日根据地。1939年2月，日军侵入海南岛，原在当地的红军游击队和海南岛人民组成广东琼崖抗日自卫团独立队（后称琼崖纵队），开展游击战争，建立琼崖抗日根据地。两地都成立了抗日民主政权。

华亭 古地名。又名华亭谷。在今上海市松江区西。陆逊、陆抗、陆机故宅在其侧。《三国志·吴书·陆逊传》：陆逊屡建奇功，“拜抚边将军，封华亭侯”。《世说新语·尤悔》：“陆平原河桥败，为卢志所谗，被诛。临刑，叹曰：‘欲闻华亭鹤唳，可复得乎？'"注引《八王故事》："华亭，吴由拳县（今嘉兴县）郊外墅也。有清泉茂林。吴平后，陆机兄弟共游于此十余年。"

华亭县　①隋大业元年（605）置，属陇州。治所即今甘肃华亭县。《元和志》卷2华亭县："以在华亭川口，故名。"大业三年（607）属安定郡。唐属陇州，垂拱二年（686）改名华川县。神龙元年（705）复名华亭县。大历八年（773）于此置义宁军。元和三年（808）省华亭县入汧源。五代周显德六年（958）复置华亭县，为义州治。北宋熙宁五年（1072）属渭州。金属平凉府。民国初属甘肃泾原道。1927年直属甘肃省。

②唐天宝十年（751）割嘉兴、海盐、昆山三县地置，属苏州。治所即今上海市松江区。五代吴越属秀州。元为松江府治。1914年改为松江县。

华亭府　元世祖至元十四年（1277）置，治所在华亭县（今上海市松江区）。辖境相当今上海市吴淞江以南地区。十五年（1278）改为松江府。

华亭城　唐末筑，即今上海市松江区旧城。元至元中毁，至正末张士诚复筑。

华胥　传说中的国名。《列子·黄帝》："（黄帝）昼寝而梦，游于华胥氏之国。华胥氏之国在弇州之西，台州之北，不知斯齐国几千万里。盖非舟车足力之所及，神游而已。"后用为梦境的代称。

华胥山　在今福建莆田市东南。《清一统志·兴化府》：华胥山"在莆田县东南，与湄州屿隔海相望。下有东西两澳，东为南日山水寨，南为吉了巡司。居民蕃盛，商旅辐辏"。

华夏暗沙　在南海中中国中沙群岛内，位于中沙大环礁西部边缘。南距控拜暗沙6.4海里，东北距西门暗沙5.4海里。1947年公布名称为华夏暗沙。

华原山　在今陕西大荔县东朝邑镇附近。《方舆纪要》卷54朝邑县：华原山"在县西门外。《志》云，绕城西而北，以绝于河"。

华原县　隋开皇六年（586）改泥阳县置，为宜州治。治所即今陕西铜川市耀州区。大业初属京兆郡。唐武德初复为宜州治。贞观十七年（643）属雍州，垂拱二年（686）改名永安县。神龙元年（705）复名华原。开元元年（713）属京兆府。天祐三年（906）于县置耀州。元世祖至元元年（1264）省入州。

华峰岭　即华封岭。在今福建华安县东南。《方舆纪要》卷99漳州府：华峰岭在"府北五十里。一名龙头岭。高千余丈，累磴凿石，以梯行人，北溪之流经其下，滩濑粗恶，怪石巉岩，有三碇二花之名，船楫不通，上下皆当逾岭，溪傍有石状如龙头，因名"。

华容县　①西汉置，属南郡。治所在今湖北监利县北周家咀关西三里（一说在今潜江市西南马场湖村）。西晋太康元年（280）废。后复置。北周废。

②隋开皇十八年（598）改南安县置，属岳州。治所在今湖南华容县东二里赵家湖侧。大业初属巴陵郡，十年（614）移今治。唐属岳州，垂拱二年（686）改容城县。神龙元年（705）复名华容县，移治今华容县东南十五里檀子湾。北宋至和元年（1054）还治今华容县。元属岳州路。明、清属岳州府。民国初属湖南湘江道。1922年直属湖南省。

华容河　在今湖南华容县北。《方舆纪要》卷77华容县"澧水"条下："《志》云，县治北有华容河，晋杜预所开，以通零桂之漕，北接大江，南达洞庭。今堙。"

华容镇　即今湖北鄂州市西北华容镇。《方舆纪要》卷76武昌县：华容镇"在县西五十里。旧置镇于此。唐为禅林寺"。

华诺辉　一作和纳海、霍诺海。在今新疆昭苏县东上洪纳海。清徐松《西域水道记》卷4：伊克华诺辉水西南流，"经华诺辉军台西，距特克斯军台一百里"。后移至今昭苏县东郊。

华陵县　西魏置，属监利郡。治所在今湖北荆州市荆州区东。北周改为紫陵县。

华埠镇　即今浙江开化县西南三十里华埠镇。明置巡司于此。

华堂铺　即今湖南郴州市西三十里华堂镇。清光绪《湖南通志》卷1郴州图：州西有华堂铺。

华盖山　①在今浙江温州市东。《元和志》卷26温州：华盖山"在州东一里"。《寰宇记》卷99温州永嘉县：华盖山"周回九里，遥望如华盖。有涌泉，旱则水不减，雨则水不加"。

②即百丈山。在今福建莆田市西北八十里。《方舆纪要》卷96莆田县"夹漈山"条：百丈山"《志》云，百丈山一名华盖峰"。

③又名宝盖山。在今江西崇仁县西南。《寰宇记》卷110抚州崇仁县：宝盖山"在县南一百二十一里。山形如宝盖，一名华盖山。上有浮丘先生坛，王、郭二真人上升之地"。《舆地纪胜》卷29抚州：江南绝顶"华盖山在崇仁县。形如华盖，又号江南绝顶"。《清一统志·抚州府一》：宝盖山"在崇仁县西南。……《县志》，山高二十里，跨崇仁、乐安、宜黄三县境。岩洞殊胜，下有布水谷。元吴澄常隐于此。山麓有黄茅冈，虞集尝置精舍"。

④在今广西平乐县西南十里。明曹学佺《广西名胜志》卷3平乐县："华盖山在城西十里。夕阳返照，有似火焰。"

⑤在今贵州务川仡佬族苗族自治县西十五里。《方舆纪要》卷122思南府务川县：华盖山"峰峦高大，林木深邃，昔人常避兵于此"。

华盖城　亦作华盖营。明万历中筑，在今广西荔浦县东五里。《方舆纪要》卷107荔浦县"镆铘关"条下："又华盖营在县东。控扼山险，为瑶僮出没之所。《经略志》：县南接府，西通修仁，西北连永福之黄磊，北达阳朔之金宝顶，皆称阻隘，而东面尤险，华盖营镇压诸巢，最为重地。"

华清池　在今陕西西安市临潼区东南骊山北麓。初名骊山汤。早在周幽王时即在骊山建造汤池。秦始皇亦于此砌石起宇，汉武帝又加修饰。后为历代帝王巡幸沐浴之所。唐贞观十八年（644）建汤泉宫，咸亨二年（671）改名温泉宫，天宝六载（747）再行扩建，改名华清宫。唐玄宗每年携杨贵妃到此过冬，常在此沐浴。白居易《长恨歌》："春寒赐浴华清池，温泉水滑洗凝脂。"即指此。"安史之乱"时遭破坏。1982年经考古发掘，先后清理出皇家"莲花汤"（御汤）、"海棠汤"（贵妃汤）、"星辰汤"、"太子汤"、"尚食汤"五个石砌浴池及殿堂、回廊、井、上下水道等遗迹。1996年华清池遗址被定为全国重点文物保护单位。

华清县　唐天宝元年（742）改玉山县置，属玉山郡。治所在今广西钦州市东南。乾元初属陆州。北宋废。

华清宫　在今陕西西安市临潼区东南骊山北麓。《元和志》卷1昭应县：华清宫"开元十一年，初置温泉宫，天宝六年，改为华清宫"。宋敏求《长安志》卷15："贞观十八年，诏左屯卫大将军姜行本、将作少匠阎立德营建宫殿，御赐名汤泉宫，太宗因幸制碑。咸亨二年名温泉宫。天宝六载改为华清宫。骊山上下益治汤井为池，台殿环列山谷，明皇岁幸焉。……即于汤所置百司及公卿邸第焉。"唐末圮废。晋天福中改为灵泉观，后成为游览胜地。

华塔寺　即广惠寺。在今河北正定县城内生民街路东。

华萼山　在今四川内江市西二十里。《舆地纪胜》卷157资州：华萼山"距内江县十里。昔唐范崇凯于此读书，后赋华萼楼，因以得名。山及泉俱名花萼。砚池犹存"。明曹学佺《蜀中名胜记》卷8内江县："《志》云：西北十五里有花萼山，有寺临江崖，刊'汇澜有斐'四字，唐范崇凯书。……范崇凯，玄宗时献《花萼楼赋》，为天下第一，乡人荣之，以赋名其山也。其弟元凯，亦能文，时称为梧冈双凤。"

华景山　在今广西桂林市区，与宝积山相连。南宋范成大《桂海虞衡志》："华景洞，高广如十间屋，洞门亦然。"《方舆纪要》卷107临桂县"宝华山"条下："宝积山自南来，交扼其口，前岩东向为宝景山，华景之前，横塘深广，称为佳胜。大抵从北而西，城壁峻峭，皆斩岩为之，虽石头之险，不能过焉。"

华葑镇　一作华封。清置，即今福建华安县治华葑镇。有龙溪县丞驻此。1928年于此设立华安县。

华溪　永康溪支流。在今浙江永康市东北。《方舆纪要》卷93永康县：华溪"出县东北五十里密浦山，西南流至城下……又南会于南溪"。

华墅镇　即今江苏江阴市东南北四十五里华士镇。清光绪《江阴县志》卷2：华墅镇"市北枕砂山，南俯市河，东西相距三里，南北相距二里余。邑中市镇之大者称华墅、青旸，列肆繁盛，百货皆备，濒江各乡贸布者，向以午夜率明灯列市"。

华额尔齐斯河　在今新疆富蕴县东北。为额尔齐斯河上源东支源。清徐松《西域水道记》卷5：额尔齐斯河"一源为华额尔齐斯河。……丹津多尔济传云：雍正九年，准噶尔贼由华额尔齐斯至索勒毕乌拉克沁谋掠喀尔喀，谓此河也"。

华藏寺　①又称华严寺。俗称支提寺。在今福建宁德市北支提山双髻峰下。《清一统志·福宁府》：支提寺"在宁德县北九十里支提山。吴越钱氏建。明永乐间赐藏经，为海内第一禅林"。主要建筑有大雄宝殿、祖师殿、伽蓝祠、鼓楼、斋堂、山门等。寺内有明代千尊铁铸佛像及藏经七千八百四十册。

②在今云南澄江县东阙摩山。《清一统志·澂江府》：华藏寺"创自齐、梁时，林壑幽秀，有翠壁、丹崖、清泉、古树之胜"。

臼口镇　即今湖北钟祥市南六十八里旧口镇。明置驿。《方舆纪要》卷77钟祥县"臼水"条下："臼口驿以臼水而名也。"清为臼口市，设水利同知及千总。民国初设县佐。

臼水　在今湖北钟祥市东南。《左传》：定公五年（前505），吴伐楚，"（楚）王之奔随也，将涉于成臼"。杜注："江夏竟陵县有臼水，出聊屈山，西南入汉。"《水经·沔水注》：臼水"出竟陵县东北聊屈山，一名卢屈山，西流，注于沔"。

臼里　又作九里。在今河南巩义市南。《韩非子·说林上》："魏惠王为臼里之盟，将复立天子。"即此。

臼衰　又名臼城。春秋晋大夫臼季邑。在今山西运城市解州镇西北。《左传》：僖公二十四年（前636），晋公子重耳"济河，围令狐，入桑泉，取臼衰"。

延一井旧址　在今陕西延长县，是我国大陆地区最早的一口采油井。清光绪二十九年（1903）开办延长油矿，光绪三十三年（1907）陕西巡抚曹鸿勋聘请日本技师佐藤弥四郎开凿油井。同年九月三十日出油，日产原油1.5吨。该油井被命名为"延一井"，油井旧址现保存有抽油机等全套设备。1996年定为全国重点文物保护单位。

延川县　隋改文安县置，属延州。治所即今陕西延川县。《元和志》卷3延川县："取吐延川为名。"大业初属延安郡。唐属延州。宋属延安府。元属延安路。明、清属延安府。民国初属陕西延安府。1928年直属陕西省。

延乡　即今河南封丘县。《水经·济水注》："济渎又东径封丘县北，南燕县之延乡也。"《陈留风俗传》曰："高祖与项氏战，危于延乡，有翟母免其难。故以延乡为封丘县，封翟母。"

延乡水　即今河北怀安县北西洋河。源于内蒙古兴和县南，流至河北怀安县东与东洋河合。《水经·㶟水注》：延乡水"东径延陵县故城北，……又东径罗亭，又东径马城南，又东注修水"。即此。

延乡县　西汉置，属千乘郡。治所在今山东桓台县北。永始四年（前17）封李谭为延乡节侯，即此。东汉省。《水经·瓠子河注》：盖野沟水“源导延乡城东北，平地出泉。西北径延乡城北。《地理志》千乘有延乡县，世人谓故城为从城，延、从字相似，读随字改，所未详也”。

延水 ①即今陕西北部秀延河、清涧河。《元和志》卷3延州：“（北魏）宣武帝置东夏州，废帝改为延州，以界内延水为名。”即此。《明一统志》卷36延安府：“延水在府城东门外，源出安塞县西北芦关岭，东南流入肤施县境，又流经延长县入黄河，俗称濯筋水。”

②在今甘肃宁县东北。《水经·泾水注》：“大延、小延水出油水南延溪，西南流径襄乐县南，于延城西二水合流，延水又西注泥水。”

延水关 ①在今陕西延川县东南七十里黄河渡口。古名永宁关。清雍正《陕西通志》卷16引刘谷《碑记》：“延水关者，古渡口也。东则晋之狐谖，西则秦之古临，在昔设关更戍，号称隘口。”

②即今陕西延川县东延水关镇。1934—1937年西北革命根据地置延水县治此。

延水县 ①唐神龙元年（705）改宏风县置，属延州。治所即今陕西延川县东南延水关。北宋熙宁八年（1075）废。

②1934年8月西北革命根据地由延川县东部析置，治延水关（今陕西延川县东延水关镇）。1937年9月撤销，并入延川县。

延长县 唐广德二年（746）改延安县置，属延州。治所即今陕西延长县。宋属延安府。元属延安路。明、清属延安府。民国初属陕西榆林道。1928年直属陕西省。

延化渠 在今内蒙古乌审旗境。《新唐书·地理志》夏州朔方县：“贞元七年开延化渠，引乌水入库狄泽，溉田二百顷。”乌水即今乌审旗南之纳林河。

延平门 唐长安外郭城西面偏南的一门。隋初建。故址在今陕西西安市西郊陈家庄以南。

延平卫 明洪武元年（1367）置，属福建行都司。治所在福建南平市东。辖将乐、永安两守御千户所。清顺治十八年（1661）废。

延平县 西晋太康初改南平县置，属建安郡。治所即今福建南平市。南朝宋泰始四年（468）废。民国《福建通志》卷2《沿革》：“东汉建安元年分侯官北乡置南平县，晋析为延平、宛平，殆取山川衺延，宛转中有平原之意。”

延平府 明洪武元年（1368）改延平路置，属福建省。治所在南平县（今福建南平市）。辖境相当今福建南平市和沙、金两溪中下游及尤溪流域。清辖境南部略有缩小，大田县划出，属永春直隶州。1913年废。

延平路 元大德六年（1302）改南剑路置，属江浙行省福建道宣慰司。治所在南平县（今福建南平市）。辖境相当今福建南平市和沙、金两溪中下游及尤溪流域。明洪武元年（1368）改为延平府。境内负山阻水，形势险要，古有“铜延平”之称。

延令村 即今江苏泰兴市。南宋绍兴十四年（1144）泰兴县徙治于此。

延头戍 在今湖北大悟县东南。《水经·江水注》：“江之左有武口，水上通安陆之延头。”《宋书·谢晦传》：元嘉三年（426），谢晦兵败，自江陵北逃，“至安陆延头，为戍主光顺之所执”。

延宁军 北宋政和六年（1116）改威戎军置，属茂州。治所即今四川汶川县。宣和三年（1121）废为延宁砦。四年（1122）废入汶川县。

延吉支线 从吉林朝阳川（今龙井市西北）至延吉（今延吉市）。长10公里。为天图铁路支线。1924年由中日合建。1933年被拆除，改建。

延吉厅 清光绪二十八年（1902）置，属吉林将军。治所在延吉冈（今吉林延吉市）。厅因延吉冈得名。辖境约当今吉林图门、延吉、龙井、和龙等县市地。宣统元年（1909）升为府。

延吉冈 又作烟冈、局子街、南冈。即今吉林延吉市。清光绪二十八年（1902）置延吉厅于此，宣统元年（1909）升为延吉府，1913年降为延吉县。民国魏声龢《吉林地志》：延吉县“土名延吉冈，又名南冈，即南荒之音转”。

延吉市 1945年8月解放后由延吉县析置，属延吉县。治所即今吉林延吉市。1946—1948年春吉辽省、吉林省政府曾驻此。1953年延吉市升为县级市。

延吉县 1913年改延吉府置，属吉林省延吉道。治所即今吉林延吉市。1929年直属吉林省。1950年移治龙井镇（今吉林龙井市）。1983年更名龙井县。1988年改设龙井市。

延吉府 清宣统元年（1909）改延吉厅置，属吉林省。治所在延吉冈（今吉林延吉市）。辖境约当今吉林延吉、图门、龙井市等地。1913年降为县。

延吉道 1913年由东南路道改置，属吉林省。治延吉县（今吉林延吉市）。辖境约当今吉林张广才岭、松花湖以东，蛟河、敦化、和龙、龙井、图们、珲春以北，黑龙江海林、牡丹江、绥芬河三市以南地区。1929年废。

延众镇 又作延众寨。北宋初置，属大理。在今云南富宁县。后属邕州。元丰七年（1084）改富州。

延庆卫 在今北京市昌平区西北居庸关。《方舆纪要》卷17延庆州：延庆卫在“州东南四十里居庸关口，本名隆庆卫，建文四年燕王置卫于此。隆庆初，改今名。领左、右、中、前、后五千户所”。清乾隆二十六年（1761）废。

延庆区 2015年撤销延庆县，设立北京市延庆区，区政府驻儒林街道湖北西路1号。

延庆左卫 明隆庆初改隆庆左卫置，属万全都司。治所在今北京市延庆县东北永宁。清乾隆二十六年（1761）废。

延庆寺塔 又作松阳延庆寺塔。在今浙江松阳县(西屏镇)西五里。南朝梁普通间(520—527)建延庆寺，北宋太平兴国四年(979)僧人行达应诏至中印度，得大经八部、佛舍利四十九粒回归，于咸平二年(999)在延庆寺建塔以藏舍利。寺已毁。现存塔为砖木结构楼阁式，六角七层，高38米。塔体作空筒形结构，各层隐出倚柱、槏柱及阑额、地栿，塔檐用斗拱承托，二层以上均设平座，每一面均设壶门。塔顶冠以铁刹，塔上还遗留历代游人题记和一些壁画。2006年定为全国重点文物保护单位。

延庆州 明隆庆元年(1567)改隆庆州置，直隶京师。治所即今北京市延庆县。辖境相当今北京市延庆县地。清属宣化府。1913年改为延庆县。

延庆观 在今河南开封城西南隅。北宋宣和元年(1119)为纪念道教的一个支派全真教开山祖重阳真人而建。原名重阳观。金末废毁，元初重建，赐名“大朝元万寿宫”。明洪武六年(1373)改名延庆观。现仅存玉皇阁，亦称通明阁。高15米余，分三层。下层为方形，南面正中辟门，两旁各置一圆形铁窗，窗棂上铸有“嘉靖二十八年九月吉日”等字。中层为八角形，上层为八角亭形。小巧玲珑，异常精美。1996年定为全国重点文物保护单位。

延庆县 ①唐天宝元年(742)改白马县置，属安化郡(后改顺化郡)。治所在今甘肃庆城县东北四十里。乾元初属庆州。五代周显德三年(956)废。

②1913年置，属直隶省口北道。治所即今北京市延庆县。1914年属京兆地方。1928年属察哈尔省。1952年改属河北省。2015年撤销延庆县，改为延庆区。

延庆宫 即常道观。在今四川都江堰市西南青城山。隋时建。

延州 ①西魏废帝三年(554)改东夏州置，治所在偏城郡广武县(今陕西延安市东北甘谷驿镇附近)。辖境相当今陕西延安市、延川县和延长县大部地。隋大业三年(607)改为延安郡。唐武德元年(618)复改为延州，治所在肤施县(今陕西延安市东，延河东岸)。辖境扩大，相当今陕西延安、安塞、延长、延川、志丹等市县地。天宝元年(742)又改为延安郡，乾元元年(758)复为延州。北宋庆历七年(1047)移治今延安市，元祐四年(1089)升为延安府。

②亦作廻州。唐置，为羁縻州，属黔州都督府。治所在今广西南丹县西北巴平、六寨间。北宋废。元复置，属庆远南丹安抚司。明洪武初废。

③金贞祐三年(1215)升延津县置，属咸平府。治所在今辽宁铁岭市。辖境相当今铁岭市一带。元世祖至元九年(1272)复降为延津县。

延江水 即今重庆市和贵州省境之乌江。《水经·江水》：江水“又东至枳县西，延江水从牂柯郡北流西屈注之”。郦道元注：“水乃延江之枝津，分水北注，径涪陵入江，故亦云涪陵水也。其水南导武陵郡，昔司马错泝舟此水，取楚黔中地。”《水经注疏》谓“今水曰乌江，源出威宁州西”。

延兴门 唐长安外郭城东面偏南的一门。隋初建。故址在今陕西西安市南郊铁炉庙村南。

延兴镇 即今黑龙江省萝北县黑龙江岸延兴镇。民国《黑龙江志稿》卷2：萝北县八镇有延兴镇。

延安市 1937年析延安县置，属陕甘宁边区。治所即今陕西延安市。为陕甘宁边区首府驻地。1949年2月撤销，并入延安县。1972年复置延安市。1996年撤销延安地区，改设地级延安市。原县级延安市改为宝塔区。

延安县 ①隋仁寿元年(601)改广安县置，属延州。治所在今陕西延长县东北谭石塬。大业初属延安郡，大业末废。唐武德二年(619)复置，为北连州治。武德五年(622)移治濯筋川西南(即今延长县)。贞观二年(628)属延州。广德二年(764)改名延长县。

②1936年改肤施县置，属陕西省。治所即今陕西延安市。1937年析置延安市。1975年并入延安市。

延安府 北宋元祐四年(1089)升延州置，治所在肤施县(今陕西延安市)。辖境相当今陕西延安、甘泉、延长、延川、安塞等市县地和延河、大理河上游流域。元改为延安路，辖境有所扩大。明复为延安府，属陕西布政使司。清属陕西省。1913年废。宋、金时期为防御西夏入侵的军事重地。明末又为李自成、张献忠等农民大起义军的基地。

延安城 在今山东邹平县西北。《方舆纪要》卷31齐东县“魏王城”条下：“县西二里延安镇有延安城。或曰，南燕时所筑。”

延安革命遗址 在今陕西延安市。延安为我国革命圣地，1937—1947年中共中央所在地。遗址包括延安城西北隅的凤凰山麓、延安城北五里的杨家岭、城西北十五里的枣园(延园)和城西北八里的王家坪等革命旧址。这里有党中央机关旧址，有中央军委和八路军军部旧址，有毛泽东、朱德、周恩来、刘少奇、张闻天、任弼时、彭德怀等人的旧居。1947年党中央撤离延安后，这些地方遭到敌人的严重破坏，有些建筑物被毁。1956年依原貌逐一进行了修复。1961年被定为全国重点文物保护单位。此外，1996年又把延安城南岭山寺塔(宋建，俗称宝塔山)和城东郊桥儿沟的中国共产党六届六中全会旧址归入本保护单位。

延安郡 隋大业三年(607)改延州置，治所在肤施县(今陕西延安市东，延河东岸)。辖境相当今陕西延安、延川、宜川、志丹、子长、安塞等市县地。唐武德元年(618)改为延州，天宝元年(742)又改为延安郡。乾元元年(758)复为延州。

延安路 元改鄜延路置，属陕西行省。治所在肤施县(今陕西延安市)。辖境相当今陕西宜川、黄龙、宜君等县以北及内蒙古鄂尔多斯市境。明改为延安府。

延安镇 金置，属章丘县。在今山东邹平县西北。

延寿寺 在北宋燕山府城内（今北京市城西南隅）。《续资治通鉴》：南宋建炎元年（1127），宋徽宗“次燕山府，馆于延寿寺”。即此。

延寿关 在今河南偃师市南。《资治通鉴》：西晋永宁元年（301）齐王冏讨赵王伦，伦遣孙辅、李严帅兵七千，“自延寿关出”拒之，即此。

延寿县 ①东汉置，属酒泉郡。治所在今甘肃玉门市东南石油沟附近。北魏废。

②1929年改同宾县置，属吉林省。治所即今黑龙江省延寿县。取蚂蜒河与长寿山各一字为名。1945年划归松江省。1954年划归黑龙江省。

延寿陂 即延寿溪。在今福建莆田市北。《新唐书·地理志》莆田县：“北七里有延寿陂，溉田四百余顷，建中年置。”

延寿城 在今河南偃师市东南。《汉书·地理志》河南缑氏县：“有延寿城。”《水经·洛水注》：“休水又径延寿城南。”即此。

延寿郡 西魏置，治所即今陕西渭南市北下吉镇。隋开皇初废。

延寿溪 在今福建莆田市北七里。《方舆纪要》卷96莆田县：延寿溪“其上源曰巨溪，在府西五十里。首受游洋、漈溪、九鲤湖诸水，东会荻芦、渔沧、八濑水，经延寿村，曰延寿溪。一名绶溪，以水绿如绶也。唐神龙间，有吴兴者，谓溪出杜塘，经流入海，不足溉田，即延寿陂。后塍海为田，筑长堤于杜塘，以遏大流，转入沙塘陂，分为沟浍数十处，灌北洋之田，复分二派，导流至砺浦入于海。延寿溉田可万余顷，所堤杜塘田可二千余顷。莆之饶给，以木兰、延寿二陂也”。

延贡砦 唐置，属安仁县。在今四川大邑县东南二十里。《资治通鉴》：唐中和二年（882），高仁厚讨邛州阡能，至双流县西，得降者，悉抚谕书其背为“归顺”字，“至延贡可归”。即此。

延芳淀 在今北京市通州区东南张家湾南、漷县镇西一带。《辽史·地理志》：“辽每季春，弋猎于延芳淀……延芳淀方数百里，春时鹅鹜所聚，夏秋多菱芡。”清光绪《通州志》卷2：延芳淀，“《旧志》云在州南漷县西十里。……近南海子有延芳村，或即此淀”。

延岑城 ①在今湖北丹江口市西北旧均县城北。《旧唐书·地理志》武当县：“县旧治延岑城。显庆四年，移于今所。”《元和志》卷21武当县：“后汉初，延岑起兵于此。后遂空废。宋元嘉末，移县理延岑城。贞观十五年于此置均州。”

②在今湖北谷城县西北。《方舆纪要》卷79谷城县：延岑城“在县西北八里。东汉初南阳人延岑起兵武当，筑城于此”。

延利渠 在今陕西延安市城南。《方舆纪要》卷57延安府肤施县：延利渠“在府城南。旧时灌注城市，复穿城南出，溢为柳湖，入于延水”。

延贤山 即今四川绵阳市南三里塔子山。《方舆胜览》卷54绵州：迎贤山“即郡之南山。岸曲有巨石。初有父老钓于涪水，因名涪翁钓矶。《后汉书》云：郭玉尝传其学，故延贤之名因此得之”。

延昌县 ①唐天宝元年（742）改罢交县置，属延安郡（后改延州）。治所在今陕西安塞县西北。后废。

②五代梁改延唐县置，属道州。治所即今湖南宁远县。后唐同光初复名延唐县。

延河 在今河南新蔡县北。《方舆纪要》卷50新蔡县“澺水”条下：“又县北四十里有延河，亦自汝阳县（今汝南县）境流入界，又东北至项城县，入于颍河。不通舟楫。”

延建省 1933年12月中华共和国（福建人民政府）改闽上省置，省会在南平县（今福建南平市）。辖境相当今福建建宁、将乐、沙县、尤溪、南平、建瓯、政和等县市以北、以西地。1934年1月废。

延城 西汉龟兹国都城。在今新疆库车县东郊皮朗旧城。《汉书·西域传》：龟兹国“王治延城，去长安七千四百八十里”。即此。

延贵镇 即延贡砦。在今四川大邑县东南二十里。《宋史·五行志一》：开宝八年（975），“八月，邛州延贵镇（雷）震死民费贵及其子四人”。

延秋镇 即今河南洛阳市西南三十八里延秋村。清乾隆《洛阳县志》卷2：西南有延秋镇。

延亭 即今福建霞浦县东南百里之延亭。明属福宁州，洪武二十年（1387）置巡司于此，嘉靖中废。

延亭镇 清置，属霞浦县。即今福建霞浦县东南延亭。

延洞砦 亦名西延洞。又名西溪洞。在今广西全州县西。《宋史·柳开传》：北宋雍熙四年（987）“徙全州。全西延洞有粟氏，聚族五百余人，常钞劫民口粮畜，开为作衣带巾帽，选吏勇辩者得三辈，使人谕之……开即赋其居业，作时鉴一篇，刻石戒之。遣其酋长入朝，授本州上佐”。

延洲 在今湖北宜都市西北荆门山东。《隋书·杨素传》：杨素伐陈，陈将吕仲肃军溃于岐亭，“仲肃复据荆门之延洲”。即此。

延津 津渡名。一名灵昌津。宋代以前黄河流经今河南延津县西北至滑县一段为重要渡口，总称延津。《左传》：隐公元年（前722），“大叔又收贰以为己邑，至于廪延”。杜注：“陈留酸枣北有延津。”东汉建安五年（200），袁绍遣颜良攻白马，曹操引兵来救，北渡延津，以分袁绍兵力。据《水经·河水注》载：“河水自武德县东，至酸枣县西，……河水又东北通谓之延津。石勒之袭刘曜，途出于此。”宋以后黄河改道，延津遂湮。

延津关 在今河南新乡县东南。《后汉书·袁绍传》：“绍乃度河，壁延津南。”《寰宇记》卷56新乡县：“延津关，在县东南三十五里。”

延津州 唐置羁縻州，属安东都护府。治所即今辽宁铁岭市。辖境相当今辽宁铁岭市一带。辽降为延津县。

延津县　①北宋政和七年（1117）改酸枣县置，属开封府。治所即今河南延津县。金贞祐三年（1215）升为延州，徙治今原阳县东北延州村。元世祖至元九年（1272）降为延津县，还治今延津县，属南京路。二十五年（1288）属汴梁路。明属开封府。清雍正二年（1724）属卫辉府。民国初属河南河北道。1927年直属河南省。

②辽置，属银州。治所在今辽宁铁岭市。金皇统三年（1143）废。

延津城　即唐延津州城。在今辽宁铁岭市。

延娗伽水　即今蒙古国西北库苏古尔省之库苏古尔湖。《新唐书·地理志下》："回鹘有延娗伽水，一曰延特勒泊，曰延特勒郍海。"

延恩县　唐开元二十六年（738）置，为宥州治。治所在今内蒙古鄂托克旗南境。天宝中徙治经略军（今鄂托克旗东北）。宝应后州、县并废。元和九年（814）复于经略军故城置宥州及延恩县。后废。

延特勒泊　即今蒙古国西北库苏古尔省之库苏古尔湖。《新唐书·地理志下》："回鹘有延娗伽水，一曰延特勒泊，曰延特勒郍海。"

延唐县　唐天宝元年（742）改唐兴县置，属江华郡（后改道州）。治所即今湖南宁远县。五代梁改延昌县，后唐同光初复名延唐县。后晋天福七年（942）改名延喜县。

延海县　南齐置，属齐宁郡。治所当在今广西南宁市邕宁区至横县南境。后废。

延祥湖　在今福建长乐市南。《方舆纪要》卷96福州府长乐县：延祥湖"在县南三里。宋、元时故址，明正统中修浚深广，潮汐往来，可通舟楫"。

延祥寨　南宋绍兴六年（1136）置，属连江县。在福建连江县东南海滨。宋《淳熙三山志》卷18《兵防一》："延祥寨水军，绍兴六年置。"淳祐三年（1243）与荻芦寨合并，置武济水军。

延祥镇　北宋置，属朝邑县。在今陕西大荔县朝邑镇西南二十五里。《清一统志·同州府二》"新市镇"条下："延祥镇在（朝邑）县西南。今名仓头村。"

延陵　①春秋吴邑。在今江苏常州市武进区（湖塘镇）西淹城遗址。《史记·吴太伯世家》："季札封于延陵，故号曰延陵季子。"西汉置毗陵县。

②西汉成帝刘骜的陵墓。在今陕西咸阳市北马家窑附近。《汉书·成帝纪》：绥和二年（前7），"葬延陵"。臣瓒曰："延陵在扶风，去长安六十二里。"

延陵县　①西汉置，属代郡。治所即今山西天镇县北新平堡。东汉废。

②西晋太康二年（281）析曲阿县延陵乡置，属毗陵郡。治所在今江苏丹阳市西南三十五里延陵镇。隋开皇九年（589）移治京口（今江苏镇江市），属江都郡。唐武德三年（620）改为丹徒县，并于今丹阳市西南延陵镇复置延陵县，属润州。北宋熙宁五年（1072）废。

③西魏废帝元年（552）改政和县置，属抚宁郡。治所在今陕西吴堡县西北四十里杨家塬。隋开皇七年（587）改名延福县。

延陵镇　①北宋熙宁五年（1072）废延陵县置，属丹阳县。即今江苏丹阳市西南三十五里延陵镇。

②北宋置，属穰县。在今河南新野县境。

延绥镇　亦名榆林镇。明九边之一。初治绥德州（今陕西绥德县），成化七年（1471）移治榆林卫（今陕西榆林市）。此后通称榆林镇。防地东至黄河，西达定边营（今陕西定边县）。分为东、中、西三路。清雍正二年（1724）废。

延博霍托　又称雅勒博克托、雅尔博克托。清雍正十年（1732）设驿站，即今内蒙古牙克石市东南博克图镇。"博克图"蒙古语意为"有鹿的地方"。

延喜县　五代晋天福七年（942）改延唐县置，属道州。治所即今湖南宁远县。北宋乾德三年（965）改名宁远县。

延溪　在今湖南桃源县东五里。源出高崖山，东南流入沅。宋本《寰宇记》卷118武陵县：延溪，"《武陵记》云，延溪有柘树千余顷，枝条茂畅。昔有乌集其上，枝下垂着地，乌去，枝振杀之，群乌号啸，楚人取其枝为弓，名曰乌号。楚子所造之弓，盖此溪之柘也"。

延滨江　在今广西荔浦县东。《清一统志·平乐府一》：延滨江"在荔浦县东三十五里。源出上洞，流合荔水"。

延滨江镇　在今广西荔浦县东北三十里延宾江岸。《明史·地理志》荔浦县："西北有南原寨巡检司，后迁县东南下峒，又迁县东延滨江。"

延福寺　①在今内蒙古阿拉善左旗驻地巴彦浩特镇内。原为三世佛小庙，清乾隆二十五年（1760）重修，朝廷御赐"延福寺"匾额。道光十三年（1833）又一次扩建。现存主要建筑有山门、东西配殿和大殿，殿内塑像及彩绘画像均保存较好，近年修葺一新。

②在今浙江武义县西南五十八里陶村。五代晋天福二年（937）创建。元延祐四年（1317）重修。明正统间毁于兵，仅存大殿。其余为清代所建。大殿重檐歇山顶，为典型元代木构斗栱建筑。殿内有元泰定元年（1324）刘演书"重修延福院记"、明天顺七年（1463）陶孟端书《延福寺重修记》二碑。1996年定为全国重点文物保护单位。

延福县　隋开皇七年（587）改延陵县置，属绥州。治所在今陕西吴堡县西北四十里杨家塬。宋废。

延嘉镇　金置，属开封县。在今河南开封县东。后废。

延德水　即今海南省乐东黎族自治县西白沙溪。《舆地纪胜》卷127吉阳军：延德水，"《元和志》云，去废延德县一里"。《清一统志·琼州府一》：

延德水“在崖州（治今崖城镇）西……按《旧志》有白沙水，在州西通远巡司之侧。又白沙铺西南有黎白港，盖即延德水也”。

延德军　北宋大观元年（1107）改延德县置，治所在通远县（今海南省乐东黎族自治县西南黄流、白沙间）。政和元年（1111）废。

延德县　隋大业六年（610）置，属临振郡。治所在今海南省乐东黎族自治县西南黄流、白沙间。《新唐书·地理志》：延德县“以延德水名”。唐属振州。五代南汉初废。北宋崇宁五年（1106）复置，属朱崖军。大观元年（1107）改为延德军。

延德郡　唐天宝元年（742）改振州置，治所在宁远县（今海南省三亚市西北崖城镇）。辖境相当今海南省海南岛西南部地。乾元元年（758）复改振州。

延禧镇　北宋景祐四年（1037）改铁门镇置，属新安县。即今河南新安县西二十二里铁门镇。金废。

自久寨　在今云南牟定县东。《方舆纪要》卷116定远县：自久寨“在县东紫甸乡。明朝永乐初，蛮酋自久险犯顺处”。

自由山　在今四川荥经县东二十里。《寰宇记》卷77荥经县：自由山“在县东一十里。高三十里，傍亘黎州，下接严道界，入长墳岭鸡心山，南北相连二百余里”。《方舆纪要》卷72荥经县：自由山，“《志》云：山深远，连亘黎州界，上出群山之表”。

自由县　1927年析登封、洛阳、临汝、伊阳四县地置，属河南省。治所在白沙镇（今河南伊川县东二十二里白沙乡）。1932年废入伊川县。

自乐山　在今云南元江哈尼族彝族傣族自治县东北十里。《明统志》作“目乐山”。《方舆纪要》卷115元江军民府：自乐山“状如中原之崆峒，今名栖霞山。《志》云，山与蒙乐山同脉，故名”。

自在州　明永乐七年（1409）置，属辽东都司。治所初在三万卫城（今辽宁开原市东北老城镇）。永乐后徙治辽阳城内（今辽宁辽阳市老城）。清废。

自延水　在今宁夏海原县（三河镇）北境。《水经·河水注》：高平川水“又北，自延水注之。水西出自延溪，东流历峡，谓之自延口，在（高平）县西北百里，又东北径延城南，东入高平川”。

自贡市　1939年析富顺自流井、荣县贡井置，属四川省。治所在自流井（今四川自贡市）。取自流井、贡井各一字为名。因盛产井盐、天然气，成为川盐主要产区，素有“盐都”之称。1949年为四川省辖市（地级）。1950年划属川南行署区。1952年复属四川省，仍由省直辖。2000年自贡市政府驻地由自流井区解放路迁至大安区丹桂大街。

自来峰　又名北台。在今天津市蓟县西北二十五里盘山。与挂月峰相连。峰顶有黄龙祖师殿。峰下有云罩寺。清道光《蓟州志》卷2：“按拙庵《盘山志》载：峰顶旧有无梁殿，辽建中供黄龙祖师铜象高三尺余。”

自良驿　即今广西容县东北自良镇。《方舆纪要》卷108容县：自良驿“在县东北七十里。路出藤县”。

自良站　元置，即今广西容县东北自良镇。

自良墟　即今广西容县东北自良镇。清置巡司于此。

自忠县　1944年8月鄂豫皖抗日根据地由宜城县改名，属湖北省。治所即今湖北宜城市。为纪念抗日爱国高级将领张自忠而命名。1940年张自忠阻击侵华日军，于县东北新街乡南瓜店壮烈捐躯。1949年2月复名宜城县。

自鸣山　一名神山，亦名鸣山。在今江西贵溪市西五十里。《舆地纪胜》卷21信州：自鸣山，“《旧经》云：上有湖，中有藤围丈余，上干云霄，枝叶四垂。天欲雨则水涌有声，故名自鸣山”。《方舆纪要》卷85广信府贵溪县：自鸣山“邑之镇山也，巍然群峰之上”。

自怡园　又称明珠相国园。在今北京市城西北郊海淀区东北水磨村东南，今清华大学西门以内地段。为清康熙年间武英殿大学士明珠邸园。雍正二年（1724）因追发其子揆叙依附允禩罪籍没。

自流井　在今四川自贡市自流井区。明张瀚《松窗梦语》卷2：“内江、富顺之交，有盐井曰自流新开。”乾隆《富顺县志》卷30：“自流古井，在今富义厂荣溪水滨。相传井水自然流出，非人力錾凿而成”，因以得名。清设县丞驻此。1939年与贡井合并设立自贡市。

乩当川　又名乩当城。在今青海循化撒拉族自治县东北。北宋崇宁三年（1104）改为来宾城。

乩思观堡　在今青海平安县南。《清一统志·西宁府二》：乩思观堡“驻巴燕戎格厅，距西宁府城九十里，有把总防守”。

血木岭　在今江西广昌县南。《明一统志》卷53建昌府：血木岭“在广昌县南一百二十里。盱水所出”。

向　①西周封国。姜姓。在今山东莒南县西北大店镇许家滩井子村。春秋初为莒国所灭。《春秋》：隐公二年（前721），“夏五月，莒人入向”。即此。

②周畿内邑。在今河南济源市西南。《诗经·小雅·十月之交》：“皇父孔圣，作都于向。”《左传》：隐公十一年（前712），周桓王“与郑人苏忿生之田”，有“向”。《水经·济水注》：天浆涧水“出轵南罣、向城北”。又引《竹书纪年》曰：“郑侯使韩辰归晋阳及向。二月，城阳、向。更名阳为河雍，向为高平。”

③春秋吴地，在今安徽怀远县西北。《左传》：襄公十四年（前559），“吴告败于晋，会于向”，即此。

④春秋郑邑。在今河南尉氏县西南五十里。《左传》：襄公十一年（前562），诸侯伐郑“师于向”。

即此。

向王山 在今湖北巴东县西北五十里。《舆地纪胜》卷74归州：向王山“在巴东县北，临大江，山傍有铁枪头长数丈，经数百年不见少损，目曰向王枪”。《方舆纪要》卷78巴东县“明月山”条下：“向王山，山高大，无树木，相传古向王耕此。盖即向宝胜等诸蛮所屯也。与明月山冈麓相接。”

向化镇 ①北宋置，属安德县。在今山东济阳县西北五十里新市城。唐于此置归化县，后废。

②即今上海市崇明县东南六十八里向化镇。旧有盐大使驻此。

向州 唐贞观五年（631）生羌归化置羁縻州，属茂州都督府。治所在今四川茂县西北或黑水、红原县境。北宋移于今茂县境。后废。

向阳山 即今黑龙江省五常市东南拉林河北岸向阳岸。清光绪《吉林通志》卷16五常厅：东南“一百里向阳山屯”。

向阳水 即今山西汾阳市西北之向阳河。源出县西北四十里岭底村附近，东南流入禹门河。《方舆纪要》卷42汾州府：向阳水“一名悬泉水。源出向阳峡，下流合于原公水”。

向阳岭 在今福建清流县东。《方舆纪要》卷98清流县：向阳岭“在县东。一名击阳岭。峻险壁立，直插霄汉。曰击阳，状其高也”。

向阳泡镇 即今吉林榆树市东六十里向阳镇。清光绪《吉林通志》卷16伯都讷厅：东“五十二里向阳泡镇”。（按：伯都讷厅治在今榆树市）

向阳镇 即今吉林柳河县西南百二十里向阳镇。清光绪《奉天全省地舆图说图志》通化县图：西北有向阳镇。

向吴亭 在今江苏镇江市城南。唐陆龟蒙诗“秋来懒上向吴亭”，即此。

向县 西汉置，属沛郡。治所在今安徽怀远县西北。三国魏废。

向君堤 亦名白金堤。在今四川夹江县西南青衣江畔。《舆地纪胜》卷146嘉定府：白金堤“亦名向君堤”。《方舆纪要》卷72夹江县：向君堤“在县西南，延袤数里。《志》云：蒙江啮岸，县令向君捍之，锸沙泞中得白金一篋，资以就堤，亦名白金堤。蒙江即青衣江也”。

向武千户所 明洪武二十八年（1395）改向武州置，属广西都司。治所在今广西天等县西北向都镇东。正统十一年（1446）迁治今贵港市。万历二十三年（1595）又迁贵县西北谢村镇（今来宾市南五山乡）。清废。

向武州 北宋皇祐中置，属邕州横山寨。治所在今广西天等县西北向都镇东。元属田州路，迁治向都镇西北五里，延祐间迁于邑捧村（今向都镇东四十里）。明洪武二十八年（1395）改为向武军民千户所，三十二年（1399）复改为向武州，直隶广西布政司。万历四十五年（1617）迁治今向都镇。清初属思恩府，雍正七年（1729）属镇安府。1917年与都康、上映二土州合并，改设向都县。

向贰县 唐贞观五年（631）置，属羁縻向州。治所在今四川茂县西北或黑水、红原县境。后废。

向城县 西魏置，属雉阳郡。治所在今河南南召县东南六十六里皇路店镇。隋属淯阳郡。唐属邓州。五代周显德三年（956）废。

向城镇 金置，属临沂县。即今山东苍山县西向城。

向南山 即南陵山。在今重庆市巫山县南隔江一里。

向都县 1917年以向都、都康、上映三土州合并设置，属广西田南道。治所在向武（今广西天等县西北向都镇）。1928年直属广西省。1952年并入镇都县（1957年改为天等县）。

向家山水 在今江西永修县西北。《方舆纪要》卷84南康府建昌县：向家山水“在县（治今艾城）北三十里。流经九溪湾”。清光绪《江西通志》卷60南康府：向家山水“出云门山，北入修水”。

向家坝 即今湖北竹溪县东南向家坝镇。清有千总、额外外委驻防。

向警予故居 在今湖南省溆浦县城内。向警予（1895—1928）是中国共产党早期妇女运动领导人之一，土家族，1922年入党，历任中共中央妇女部长，曾领导上海纱厂、丝厂、烟厂女工运动。1928年3月在武汉被捕，5月1日就义。故居是一栋坐北朝南的四合院民居，全木结构。始建于清代早期，占地面积1444平方米，建筑面积为694平方米。中央明间为中堂。中堂东头是向警予二哥的住房，西头次间为茶堂，是生活起居的活动中心。茶堂隔壁有两间卧室：一间是向警予父母的卧室，向警予即诞生在这里；另一间是向警予的卧室。1996年定为全国重点文物保护单位。

〔丿丿〕

后土祠 故址在今山西万荣县西南荣河镇北。《史记·封禅书》：西汉元鼎四年（前113），“天子遂东，始立后土祠汾阴脽丘”。《水经·河水注》载：“（汾阴）城西北隅脽丘，上有后土祠。”即此。明万历以后荣河一带遭河患，祠址多次移建。清康熙元年（1662）汾阴脽上旧迹荡然无存，乃建庙于今万荣县西南庙前村北。同治元年（1862）又决尽圮。九年（1870）重建于村东。俗称后土庙。

后（後）山街 即今福建建阳市西北后山。《清一统志·建宁府》：后山街“在建阳县西二十里。宋大观三年置税务于此。明洪武三年，改为税课局。后裁”。

后（後）冈镇 在今上海市金山区（山阳镇）西北后冈。因南滨后冈塘而得名。清光绪《江苏全省舆图》：华亭县南有“后冈”。

后（後）石坞 在今山东泰安市北泰山之阴。清聂钦《泰山道里记》："俗呼后十五，言南天门至此十五里为奥区云。"此为泰山最胜处。其侧有黄华洞，幽险苍寒，饶有仙意。

后（後）平关　永定三关之一。在今湖南张家界市西南三十四里后坪镇。《明史·地理志》慈利县："西北有龙伏关，东南有后平关、黑崇关，谓之永定三关。"

后（後）田村　即今福建龙岩市南二十二里后田村，属东肖镇。1928年初中共龙岩临时县委设此。3月4日，邓子恢、郭滴人在此发动武装暴动。现有后田暴动陈列馆。

后（後）江　①在今湖南湘阴县西六十里。《方舆纪要》卷80湘阴县：后江"亦湘水支流也。上、下相距六十里，其上为汶，经江口，自县南二十里西流入此，分流下卢林潭，合湘江注于洞庭"。

②古名不曹水、下蒲水。在今四川万源、宣汉县境，为渠江上源支流。《方舆纪要》卷69太平县：后江在"县北二百里。《志》云：源出陕西兴安州万山中，下流汇于万顷池"。源出万源县东北皮窝乡杨家砦，南流经万源市西，至宣汉县汇前江后称州河。

后（後）宅镇　即今江苏无锡市锡山区东南。清光绪《江苏全省舆图》金匮县："后宅镇在城东南四十里。"

后（後）阳山　在今广西陆川县北。明万历《重修广西通志》卷5：后阳山在"县北一里。叠嶂起伏，为县所倚"。

后（後）杨坊前镇　简称坊前镇。即今江苏无锡市锡山区东南坊前镇。清光绪《江苏全省舆图》金匮县记："坊前镇在城东南一十里。"

后（後）李遗址　在今山东淄博市临淄区齐陵镇后李官庄村西北淄河东岸，西北距临淄齐国故城约2.5公里。为新石器时代中偏早期后李文化命名地。遗址长500米，宽400米，总面积约15万平方米。1965年发现，1988—1990年四次发掘，主要为后李文化和商周时期遗存，另有一定数量的汉至金元等时期的历史文化遗存。后李二期文化出土遗物以陶器为主，夹砂红褐陶、泥质红陶居多，器类流行三足器、圆底器，少见平底器，有鼎、钵、小口双耳罐等，另有少量石、骨、角、蚌器。后李一期文化遗迹有房址、陶窑、灰坑、墓葬等。房址面积较大，灶坑周围有条石支撑。墓有土坑竖穴墓、土坑竖穴侧室墓两种。后李遗址的发掘，对研究山东地区新石器时代中期偏早阶段考古学文化开辟了一个新领域。2006年定为全国重点文物保护单位。

后（後）沥水　在今广东肇庆市东北。源于鼎湖山。《方舆纪要》卷101肇庆府高要县：沥湖，"湖水环流经（石室）岩后，束为小渠，谓之后沥水，绕北山石子滩三十里，出灵羊峡入江"。

后（後）垅　即今台湾省苗栗县西北后龙镇。本后垅社（见清乾隆间范咸《台湾府志》卷2）。日本占领期间设后龙庄。1945年抗日战争胜利后设后龙镇。

后（後）垅溪　即今台湾省苗栗县北后龙溪。《清一统志·台湾府》：后垅溪"在彰化县北。发源于猫里山，西流至后垅港入海"。

后（後）坪县　1913年析婺川县置，属贵州镇远道。治所即今贵州沿河土家族自治县西北垢坪乡。1946年废。

后（後）所　在今四川木里藏族自治县西后所乡。清康熙四十九年（1710）置后所土百户。

后（後）周皇陵　五代后周王陵。在今河南新郑市北三十六里郭店村。嵩陵为太祖郭威之墓，在郭店村西南；庆陵为世宗柴荣墓，在郭店村西北二里；懿陵为世宗柴荣皇后符氏墓，在庆陵旁；顺陵为恭帝柴宗训之墓，在庆陵东北半里。

后（後）河　①又名天河。在今江苏南京市六合区南。《方舆纪要》卷20江宁府江浦县：后河在"县西北三十五里。即滁河之下流。自滁州东流，经县北三十里之茅塘桥，接六合县界，东出瓜步入江"。

②即今安徽和县北滁河。为长江支流。《方舆纪要》卷29和州：后河在"州北七十里。出庐州府接境之黄山，经含山县流入境，与滁州分界，至六合县瓜埠口入江。即滁河矣"。

③即今安徽东至县东北黄湓河。《清一统志·池州府一》：后河"在建德县北。源出县东石门岭，亦曰石门溪，亦曰南河，西北流至双河口，与贵池县之西溪水合，绕和山入东流县界，又至贵池县黄湓口入江"。

后（後）河镇　即今河南长葛市西北后河镇。明嘉靖《许州志》卷1《村镇》："后河镇，（长葛）县西四十里。"

后（後）赵　十六国之一。公元319年，羯族石勒称赵王。公元329年灭前赵，第二年称帝，国号赵，史称后赵。都襄国（今河北邢台市）。公元335年，石季龙（石虎）迁都邺（今河北临漳县西南邺镇）。兴盛时有今河北、山西、河南、山东、陕西和江苏、安徽、甘肃、辽宁的一部分。公元351年为冉魏所灭。

后泉山　一名皇后山。在今山西沁县西南四十里。《清一统志·沁州》谓："《水经注》皇后水出此。"

后（後）奕镇　即今河北永清县东南二十五里后奕镇。清乾隆《永清县志》图：东南有后奕。

后（後）庭县　唐宝应元年（762）改金满县置，属庭州。治所在今新疆吉木萨尔县北二十五里破城子。贞元中为吐蕃所据，县废。

后（後）洋　即今福建漳平市北双洋镇西之西洋。《明通鉴》：正统十四年（1449）二月，"林子得、邓永祖等复拥茂七兄子伯孙聚后洋，攻州县"，即此。

后（後）洋山　在今福建安溪县西北。《方舆纪要》卷99安溪县：后洋山"在县西北五十里。最高，下为下畴。一名大洋山"。

后（後）秦　十六国之一。公元384年羌族贵族姚苌称王，两年后称帝于长安（今陕西西安市西北），国号秦，史称后秦。有今陕西、甘肃、宁夏、山西一部分地。417年为东晋刘裕所灭。共历三主，三十四年。

后（後）部　在今安徽太湖县西北。明置巡司于此。《方舆纪要》卷29太湖县“白沙镇”条下：“又县北百二十里有后部巡司。”

后（後）部河　即今安徽岳西县西南店前河。《清一统志·安庆府一》：后部河“在太湖县西北一百二十里，西去司空山三十里。其上流为银河，源出潜山县之天堂山，南流经太湖县西北一百六十里，合羊角山水为后部河。又南至县西北六十里为龙湾河，又东汇为马路河”。

后（後）凉　十六国之一。东晋太元十一年（386），氐族吕光据凉州，称酒泉公（后改为三河王、天王），国号凉，建都姑臧县（今甘肃武威市）。史称后凉。有今甘肃西部和宁夏、青海、新疆一部分地。凡三主十八年，元兴二年（403）为后秦所灭。

后（後）营子　即今内蒙古凉城县东南天成乡南后营。清时设有巡检，后移科布尔。

后（後）渚　故址在今江苏南京市西南，秦淮河上别渚。《梁书·武帝纪》：天监九年（510），“新作缘淮塘，北岸起石头迄东冶，南岸起后渚篱门迄三桥”。又《侯景传》：太清二年（548），侯景作乱，“鄱阳世子嗣、裴之高至后渚”。皆此。

后（後）梁　南北朝时期萧氏在江陵建立的政权。南朝梁承圣三年（554）岳阳王萧詧降于西魏，次年被西魏立为梁帝，都江陵（今湖北荆州市荆州区）。为西魏、北周的附庸。史称后梁，又称北梁。隋开皇七年（587）废。传三世，历三十三年。

后（後）葛　在今福建漳浦县东南。明洪武二十年（1387）置后葛巡司于此。清初废。

后（後）堡　即今江苏苏州市西南西洞庭山后堡。清光绪三十年十二月（1905年1月）设靖湖厅治此。

后（後）港河　在今江西都昌县北六十里。《清一统志·南康府一》：后港河“其水自中堡各山垅，曲折逶迤，流会北庙湖水，至黄沙滩入鄱阳湖。有九十九湾。春夏水涨，广通舟楫”。

后（後）港镇　即今湖北沙洋县西南后港镇。清有外委驻防于此。

后（後）湖　①即玄武湖。在今江苏南京市城东北玄武门外。三国吴谓之后湖。《太平御览》卷66引《丹阳记》曰：“吴孙皓宝鼎元年，丹阳县宣骞之母年八十，浴于后湖。”

②在今湖北省孝感市区内。《方舆纪要》卷77孝感县：后湖“在县西北隅。溉田甚溥”。

③在今湖北武汉市黄陂区西南六十里。《方舆纪要》卷76黄陂县“石盘湖”条下：“又有洋漫湖，其相接者曰后湖，俱在县西南六十里，下流皆达沙口入江。”

后（後）湖庄　在今河北玉田县北。《方舆纪要》卷11玉田县：后湖庄，“《屯政考》：县有清庄坞，导河可由后湖庄，疏河可田，三里屯及大泉、小泉，引泉可田也”。

后（後）湾市　又名芦潭市。即今江西永修县东北芦潭。《方舆纪要》卷84南康府建昌县：芦潭镇“有巡司，明初吴元年建”。

后（後）蜀　①西晋末賨族李氏据蜀，史称后蜀，亦称成汉。建都成都（今四川成都市）。

②五代十国之一。后唐清泰元年（934），蜀王孟知祥称帝于成都（今四川成都市），国号蜀，史称后蜀。辖境相当今四川和陕西南部、甘肃东南部、湖北西南部地。北宋乾德三年（965）为宋所灭。共二主三十三年。

后（後）新秋　即今辽宁彰武县东北后新秋镇。民国属康平县，有县佐驻此。

后（後）溪　在今浙江德清县西。《方舆纪要》卷91武康县：后溪“在县治（今武康镇）东北。自县北三里乌回山下，汇众山之水，东流出新溪，注于前溪”。

后（後）溪关　即今福建柘荣县。《清一统志·福宁府》：后溪关“在霞浦县西北一百二十里柘洋。王闽时立。宋建炎中，贼范汝为自政和来犯，里人王褒拒之于此”。

后（後）溪街　即今浙江衢州市柯城区西南三十四里后溪镇。清嘉庆《西安县志》卷9：城南有后溪街。

后（後）潘村　在今浙江湖州市东五十里。《方舆纪要》卷91湖州府：后潘村“元置巡司于此，后废。明初洪武三年复置后潘巡司，今移于南浔税课局”。

后（後）燕　十六国之一。公元384年由鲜卑族慕容垂建，都中山。在今河北定州市。辖境相当今河北、山东及河南北部、辽宁西部、山西东部地。公元407年为北燕所灭。

后（後）藏　西藏旧分康（喀木）、卫、藏、阿里四部。清雍正年间划康部宁静山以东地归四川省，以西与卫部合并称前藏；藏部称后藏。

行台（臺）关　金置，在今山西垣曲县境。《金史·地理志》：绛州垣曲县有行台关。

行台（臺）村　在今山东鄄城县东北。《资治通鉴》：五代梁贞明四年（918），“贺瓌、谢彦章将梁兵屯濮州北行台村”，即此。

行台（臺）镇　金置，属行唐县。在今河北行唐县西北上方乡北秦家台。

行在所　南宋都城。在今浙江杭州市。绍兴八年（1138）正式定都临安府，称行在所。以示不忘旧都汴梁而以此为行都之意。城区分为宫城和外城两部分。宫城又称皇城、大内，在凤凰山东麓，周围九里，北起今凤山门，西至万松岭，东至侯潮门，南达江干。外城又名罗城，绍兴初年拓展后的城区范围南跨吴山，北至武林门，左临钱塘江，右滨西湖，南北长十四里，东西宽五里，形似腰鼓，故有腰鼓城之称。南宋都城不仅为当时全国的第一大城市，也是十二三世纪世界上著名的城市。《马可波罗行记》称行在城“为世界最富丽名贵之城”。元初废。

行村寨　即今山东海阳市西南行村镇。明于此置巡司，属莱阳县。清属海阳县。1984年设行村镇。

行别营　即今河北河间市东行别营乡。清乾隆《河间县志》卷1：行别营“至城三十里”。

行者坡　本名平靖关。在今河南信阳市南。《舆地纪胜》卷80信阳军：平靖关“今名行者坡，在军南七十五里”。

行郎山　在今贵州独山县西南。明曹学佺《名胜志》：“山麓斗绝，山顶平坦，有蛮民二百余家居之，造梯以登。半崖下流泉涌出，四时不涸。”《清一统志·都匀府》引《独山州志》：“境内仲家苗，依山以居。”

行唐县　①东晋改南行唐县置，北魏属常山郡。治所在今河北行唐县东北三十里故郡村。太和十四年（490）于县置唐郡。熙平中移治犊乾城，即今治。隋属恒山郡。唐属恒州，长寿二年（693）改名章武县，神龙元年（705）复名行唐县。大历三年（768）于县置泜州。五代梁开平二年（908），又改名章武县，后唐同光初复名行唐县。后晋改名永昌县，后汉复名行唐县。北宋属真定府。元初改属保定路。明属真定府。清属正定府。民国初属直隶保定道。1928年直属河北省。

②辽置，属檀州。治所在今北京市密云县东北。《辽史·地理志》：“本定州行唐县。太祖掠定州，破行唐，尽驱其民，北至檀州，择旷土居之，凡置十寨，仍名行唐县。”金废。

行流集　又作兴刘集。即今安徽阜阳市西北行流镇。清乾隆《阜阳县志》卷4：兴刘集在“西北乡三十五里，小黄河西岸”。光绪《大清帝国全图》安徽阜阳县西北有行流（集）。

行廊山　在今安徽宣城市西部，与芜湖县交界处。《舆地纪胜》卷19宁国府：行廊山“在宣城西南五十里。其南面二峰对峙，环抱若行廊然，故名。山有巨人迹、白云池、梁高僧杯渡道场。今为法云院”。《明一统志》卷15宁国府：行廊山“在府城西五十里。南有二峰对峙，环抱若行廊然。上有盘石巨人迹，相传梁杯渡师之遗迹”。

角头　即角里。今江苏苏州市西南西洞庭山角里。南宋范成大《吴郡志》卷8作“角头”。

角里　又作角里、角头。即今江苏苏州市西南西洞庭山角里。《史记·留侯世家》记有角里先生。南宋范成大《吴郡志》卷8：“角头，即汉角里，在洞庭山村，汉角里先生所居。《史记正义》：太湖中洞庭山西南，中号禄里村，即此角里。今有巡检司，号角头巡检，俗或作角字。”

角里堰市　一作六里堰市。即今浙江海盐县西南角里堰。

角直镇　又名甫里镇。即今江苏苏州市吴中区东角直镇。清乾隆二十六年（1761）移元和县丞驻此。

舟人　古国名。故地在今河南新郑市南。《国语·郑语》：“秃姓舟人，则周灭之矣。”韦昭注：“秃姓，彭祖之别。舟人，国名。”

舟口场　即周口场。今四川蓬安县。1953年蓬安县迁此。

舟山　即今浙江舟山市舟山岛。元《大德昌国州志》卷4：“以舟之所聚，故名舟山。”《方舆纪要》卷92宁波府定海县：舟山在“县东北二百里海中。一名观山。在昌国故城南。状如覆舟。嘉靖四十二年降海贼汪直于此”。

舟山中中千户所　明洪武二十年（1387）置，属定海卫。治所即今浙江舟山市定海区城关镇。清废。

舟山中左千户所　明洪武二十年（1387）置，属定海卫。治所即今浙江舟山市定海区城关镇。清废。

舟山市　1987年撤销浙江省舟山地区和定海、普陀二县，合并设立舟山市（地级）。舟山市设定海、普陀二区，市人民政府驻定海区。

舟子洲　故址在今江苏南京市区南。《寰宇记》卷90升州上元县：舟子洲“在县西五里。周回七里。《舆地志》云：梁天监十三年以朱雀门东北淮水纡曲，数有患，又舟行旋冲太庙湾乃直通之，中央为舟子洲，四方诸郡秀才上计所憩止于此”。《方舆纪要》卷20江宁府江宁县“长乐桥”条引《金陵记》云：“（舟子）洲在城南隅，周回七里，当朱雀航、长乐渡之间，今亦湮废。”

舟枕山　在今浙江杭州市余杭区西南余杭镇西北。宋《咸淳临安志》卷24余杭县：舟枕山“在县（今余杭镇）西北二十五里。高一百七十六丈，周回一十里。山顶有石穴。古老云：禹治水维舟之所”。

舟溪江　即今贵州凯里市南鸭塘河。北流入清水江。《方舆纪要》卷121麻哈州平定司：舟溪江在“司东八十里”。

〔丿丶〕

全山　在今安徽池州市西南。《方舆纪要》卷27贵池县：全山在“府西南一百二十里。峰峦周匝，拱抱如环”。

全义山　在今广西兴安县东。《方舆纪要》卷107兴安县“龙蟠山”条下：“《志》云：县东三里有全义山，唐因以名县。”

全义县　唐大历三年（768）改临源县置，属桂州。治所即今广西兴安县。《寰宇记》卷162兴安县：“土将万重光诱临桂等九县构逆，唯临源县独守臣节，改为全义县。”五代晋开运三年（946）改为德昌县。南汉复为全义县。太平兴国二年（977）改为兴安县。

全义岭　即越城岭。为五岭之一。在今广西全州、资源二县间。《资治通鉴》：唐光化三年（900），"静江节度使刘士政闻马殷悉平岭北，大惧，遣副使陈可璠屯全义岭以备之"。即此。

全子湖　即泉子湖。在今湖北钟祥市东。《宋史·瀛国公传》：南宋咸淳十年（1274），元伯颜攻郢州，"郢州副都统赵文义追战全子湖死"。

全节　即泉鸠里。在今河南灵宝市西北鸠水西。晋潘岳《西征赋》："纷吾既迈此全节，又继之以盘桓。"《文选》注："全节，即《汉书》全鸠里，戾太子死处。《图经》：全节，阌乡县东十里鸠涧西。"

全节县　唐贞观十七年改平陵县置，属齐州。治所在今山东章丘市西龙山镇。《元和志》卷10全节县："本是隋末土人李满率乡人据堡，赡以家财，武德二年归国，于堡置谭州及平陵县，以满为谭州总管。贞观元年废谭州，县属齐州。十七年，燕亮构逆，满及男君球固守。贼平县废，有诏重置县，改名全节，以旌其功焉。"元和十年（815）并入历城县。

全节镇　北宋置，属温江县。在今四川成都市温江区西北镇子乡。

全宁卫　明洪武二十二年（1389）于全宁路置，属北平行都司。治所即今内蒙古翁牛特旗。永乐元年（1403）废。

全宁设治局　1931年置，属热河省。治所即今内蒙古翁牛特旗驻地乌丹镇。同年改设全宁县。

全宁县　①元置，为全宁府治。治所即今内蒙古翁牛特旗。大德七年（1303）为全宁路治。明洪武中废。

②1931年改全宁设治局置，属热河省。治所即今内蒙古翁牛特旗驻地乌丹镇。1932年废。

全宁府　元大德元年（1297）升全州置，治所在全宁县（今内蒙古翁牛特旗）。辖境相当今内蒙古西拉木伦河以南、赤峰市以北地。大德七年（1303）升为全宁路。

全宁路　元大德七年（1303）升全宁府置，属中书省。治所在全宁县（今内蒙古翁牛特旗）。辖境相当今内蒙古西拉木伦河以南、赤峰市以北地。明洪武中废。

全州　①五代晋天福四年（939）分永州置，治所在清湘县（今广西全州县西）。明曹学佺《广西名胜志》卷1："全州之名，本于湘山寺僧全真。"后周显德三年（956）移治今全州县。宋辖境相当今广西全州、灌阳二县地。元世祖至元十四年（1277）改为全州路。明洪武元年（1368）改全州府，洪武九年（1376）复降为全州，属湖广永州府。二十七年（1394）改属广西桂林府。1912年改为全县。

②金承安二年（1197）置，属北京路。治所在安丰县（今内蒙古翁牛特旗）。辖境相当今内蒙古翁牛特旗大部分地。元大德元年（1297）升为全宁府。

全州千户所　明洪武元年（1368）置，属广西都司。在今广西全州县。后废。

全州府　明洪武元年（1368）改全州路置，属湖广布政使司。治所在清湘县（今广西全州县）。辖境相当今广西全州、灌阳二县地。九年（1376）降为全州。

全州路　元世祖至元十四年（1277）改全州置，属湖广行省。治所在清湘县（今广西全州县）。辖境相当今广西全州、灌阳二县地。明洪武元年（1368）改为全州府。

全县　1912年改全州置，属广西桂林道。治所即今广西全州县。1928年直属广西省。1959年改为全州县。

全林州　即金林州。在今四川康定县境。"全"为"金"之讹。

全旺　即今浙江衢州市衢江区东南全旺。清设巡司于此。

全忠县　唐圣历二年（699）改容城县置，属易州。治所在今河北容城县北十五里城子村。《寰宇记》卷67容城县："圣历二年契丹入寇，固守得全，因改名曰全忠县。"神龙二年（706）改为遒县。

全茗州　北宋置，属邕州。治所在今广西大新县西北全茗镇。元属太平路。明属太平府。1916年废入龙茗县。

全胜关　在今云南保山市西南。《清一统志·永昌府》：全胜关"在潞江司西，当湾甸、猛波罗两路中。又南有偃草坡。明万历十一年，参将邓子龙败缅军于此，因设关。时缅人崩溃而下，至今草皆下生，不能上指"。

全胜营　在今湖南凤凰县西南三十里。清严如熤《苗疆险要考》谓全胜营"当楚黔要路"。清有千总驻此。

全祖望墓　在今浙江宁波市南郊王家桥。全祖望（1705—1755），字绍衣。学者称谢山先生。浙江鄞县人。清代史学家、文学家。墓园长8米，宽4.8米，石筑。旁有2.95米高的全氏石坊一座。2006年与宁波市白云庄及万斯同墓和余姚市黄宗羲墓一起定为全国重点文物保护单位。

全椒县　西汉置，属九江郡。治所即今安徽全椒县。三国魏废。西晋复置，属淮南郡。东晋废。隋大业初改滁水县复置全椒县，属江都郡。唐属滁州。明洪武初废。十三年（1380）复置，仍属滁州。民国初属安徽淮泗道。1928年直属安徽省。

全椒镇　北宋置，属全椒县。即今安徽全椒县驻地襄河镇。

会（会 kuài）　即郐。一作桧。在今河南新密市东北五十里。或说在新郑附近。《史记·楚世家》："吴回生陆终。陆终生子六人……四曰会人。"《集解》引《世本》："会人者，郑是也。"《毛诗·桧谱》正义："案《世本》：会人即桧之祖也。"

会川千户所（会 huì）　明洪武十五年（1382）改

会川府置，属建昌卫。治所在今四川会理县。二十五年（1392）升为会川卫军民指挥使司。

会川卫（会 huì）　明洪武二十五年（1392）改会川守御千户所府置，属四川都司。治所在今四川会理县。二十七年（1394）属四川行都司。辖境相当今四川会理、会东、米易等县地。清雍正六年（1728）废入会理州。

会川县（会 huì）　①唐上元二年（675）置，属巂州。治所即今四川会理县。《寰宇记》卷80会川县："以僚寇道路川原并会于此，故名县。"天宝末地入南诏。

②金贞元元年（1153）改乾宁县置，为清州治。治所即今河北青县。明洪武初废入清州。

③1944年由临洮、漳县、渭源三县及卓尼设治局析置，治官堡（今甘肃渭源县西会川镇）。以境内大、小南川河交汇于此而得名。1958年撤销，并入渭源县。

会川府（会 huì）　大理时改会川都督府置，治所在今四川会理县。元世祖至元中改为会川路。明洪武十五年（1382）复为会川府，属云南布政司，寻改属四川布政司。二十六年（1393）废，二十七年（1394）复置，辖境相当今四川会理、会东等县地。后又废。

会川驿　明置，在今四川会理县北。《方舆纪要》卷74会川卫军民指挥使司：会川驿"在卫北。又六十里为大龙驿"。

会川城　北宋元符二年（1099）筑，属秦凤路。在今甘肃靖远县西南。金大定二十三年（1183），会州城陷于西夏，侨治于此，名新会州。

会川都督府　又名清宁郡。唐南诏置，治所在今四川会理县。辖境相当今四川会理县东与南至金沙江，西至雅砻江，北抵大渡河。寻改为会同府。北宋大理时改为会川府。

会川路　元世祖至元十四年（1277）改会川府置，属罗罗蒙庆等处宣慰司。治所在武定州（今四川会理县东南十里）。辖境相当今四川会理、会东等县地。明洪武十五年（1382）改为会川府。

会无县　西汉元鼎六年（前111）置，属越巂郡。治所即今四川会理县。西晋为越巂郡治。东晋常璩《华阳国志·蜀志》：会无县"特产好犀牛，东山出青碧"。南朝宋属越巂郡。南齐废。

会水县　西汉置，属酒泉郡。治所在今甘肃金塔县东北双古城遗址。《汉书·地理志》注：师古曰，"阚骃云众水所会，故曰会水"。北魏废。

会丹滩　在今湖北襄阳市东南。《续资治通鉴》：南宋咸淳七年（1271）六月，"范文虎将卫卒及两淮舟师十万，进至鹿门，时汉水溢，阿珠夹汉东西为阵，别令一军趣会丹滩，击其前锋"。即此。

会龙山　在今河南光山县南。《方舆纪要》卷50光山县：会龙山"在县南四十里。二山并峙，如两龙相会"。

会龙场　即今四川三台县西北光辉镇（会龙场）。民国《三台县志》卷1：会龙场"距县七十五里。明洪武时建。原名普乐场，乾隆时改今名。通梓潼小路"。

会龙关　清雍正七年（1729）筑关城，属松潘厅。在今四川九寨沟县南六十里郭元乡之回龙。有官兵戍守。

会仙山　①又名长白山。即今山东邹平县西南会仙山。《明一统志》卷22济南府：长白山"在长山县西南三十里。山跨邹平县西南一十里。又名会仙山。山有峰孤秀盘郁，独压众山"。

②在今广西宜州市北。《明一统志》卷84庆远府：会仙山"在府城北二十里。一名北山。盘屈数里。上有灵草嘉木。中有丹岩、玉井、石枰。昔陆仙翁隐此，尝有紫云，玄鹤乘空而下，如神仙之会，故名"。

会仙石　在今河北承德县西北。宋沈括《熙宁使虏图抄》：打造馆"西南行十余里，至中顿。顿之西南有大山，上有建石，望之如人，曰会仙石。山下大川流水，川间有石屹然对山，乃筑馆其上。傍有茂木，下湍水，对峙大山。大山之西有断崖，上耸数百尺，挺擢如屏，而鸣泉漱其下。使人过此，必置酒其上，遂以为常"。

会仙观　在今山西武乡县城东五十里监漳村西。建于数丈高的石砌地基之上，南向。创建于金正大六年（1229），明正德七年（1512）、嘉靖七年（1528）两次重修。沿中轴线自南向北依次为戏台、关帝庙、玉皇殿和三清殿，状如阶梯。以关帝庙东西挟屋为山门，上设钟鼓楼。玉皇殿东侧有阎王殿，三清殿东西挟屋为祖师殿和奶奶殿。主体建筑三清殿面阔三间，进深六椽，带前廊与东西廊，单檐歇山顶，梁架、斗栱仍为金代原构。玉皇殿面阔三间，仍为元代建筑。其余为清代建筑。观内保存有元、明时期碑刻，也是重要文物。2001年定为全国重点文物保护单位。

会仙岩　①在今福建光泽县北。《清一统志·邵武府》：会仙岩"在光泽县北四十里。高二千余丈。岩口有石穴，中深而方，清泉常满。俗名石斗岩。后洞泉出自穴中，高数丈，名曰水漈"。《方舆纪要》作"令仙岩"，或误。

②在今广西鹿寨县西南雒容镇南。《舆地纪胜》卷112柳州：会仙岩"在洛容县西十里。中可坐数十人。岩下有潭水，中多怪石"。《方舆纪要》卷109洛容县：会仙岩在"县南五里，中有潭，水石清旷"。

会宁关　①唐置，在今甘肃靖远县北双龙乡（永安堡）仁和村的北城滩古城。《元和郡县志》卷4会州会宁县：会宁关"东南去州一百八十里"。

②北宋元符中改通会关置，属会州。在今甘肃榆中县东北。金大定八年（1168）改名会安关。

会宁州　①金初置，治所在会宁县（今黑龙江省哈尔滨市阿城区南白城）。辖境相当今黑龙江省松花江以南以东，牡丹江、老爷岭以西及长白山以北地。太宗时升为会宁府。

②元至正十二年（1352）改会州置，治所即今甘肃会宁县。辖境相当今甘肃会宁县地。明洪武初改为

会宁县。

会宁防　北周保定二年（562）改会州置，在今甘肃白银市东北平川区水泉镇陡城村的陡城。隋开皇元年（581）改为会宁镇。

会宁红军会师旧址　在今甘肃会宁县城内。1936年10月8日晨，中国工农红军第一、二、四方面军三大主力胜利会师于此，举世闻名的中国工农红军二万五千里长征宣告胜利结束。这里原建于明洪武六年（1373）的会宁城西关城门楼被称为会师楼，城门两侧的一段城墙，亦属于纪念地。还有红军联欢会会址，原建筑为文庙大成殿，始建于明弘治十三年（1500）。1986年10月为纪念红军会宁会师50周年还兴建了红军纪念塔。另外，还有红军烈士纪念堂、红军会宁会师革命文物陈列馆等。1996年定为全国重点文物保护单位。

会宁县　①隋大业六年（610）改允吾县置，属武威郡。治所在今甘肃永登县。唐武德三年（620）改为广武县。

②唐武德二年（619）改凉川县置，为会州治。治所即今甘肃白银市东北平川区水泉镇陡城村的陡城。贞观八年（634）为粟州治。同年复为会州治。后废。

③金初置，为会宁府治。治所在今黑龙江省哈尔滨市阿城区南白城。后废。

④明洪武十年（1377）降会宁州置，属巩昌府。治所即今甘肃会宁县。民国初属甘肃兰山道。1927年直属甘肃省。1936年10月，中国工农红军一、二、四方面军会师于此。

会宁府　金太宗升会宁州置，治所在会宁县（今黑龙江省哈尔滨市阿城区南白城）。辖境约当今黑龙江省松花江以南以东，牡丹江、老爷岭以西及长白山以北地。金末废。

会宁府路　金正隆二年（1157）改上京路置，治所在会宁府（今黑龙江哈尔滨市阿城区南白城）。辖境约当今黑龙江中下游，乌苏里江、松花江、嫩江流域和大兴安岭一带。大定十三年（1173）复名上京路。

会宁城　清乾隆三十七年（1772）筑，在今新疆巴里坤哈萨克自治县城东。为巴里坤领队大臣驻地，光绪十四年（1888）废。

会宁郡　隋大业中置，治所在凉川县（今甘肃白银市东北平川区水泉镇陡城村的陡城）。辖境相当今甘肃靖远、会宁、定西等县市地。大业末废。唐天宝初改会州复置，治所在会宁县（今甘肃靖远县东北）。乾元初复名会州。

会宁镇　隋开皇元年（581）改会宁防置，在今甘肃白银市东北平川区水泉镇陡城村的陡城。唐武德二年（619）改置西会州。

会师广场　又称红四军建军广场。在今江西井冈山市西北龙市镇龙江河畔。1928年4月底，朱德、陈毅等率南昌起义保留下来的队伍和湘南农军万余人在龙江河畔与毛泽东率领的工农革命军胜利会师。5月4日在广场中央召开了庆祝两军会师和红四军成立大会，成立了中国工农红军第四军。1977年后在会师桥头建有“井冈山会师纪念碑”。

会同军　唐天宝初于会川县侧置，属嶲州。治所在今四川会理县北。《新唐书·南诏传》：至德元年（756）“南诏取嶲州会同军”。即此。

会同县　①北宋崇宁二年（1103）改三江县置，属靖州。治所即今湖南会同县。元属靖江路。明属靖州。民国初属湖南辰沅道。1922年直属湖南省。

②元世祖至元三十年（1293）置，属乾宁军民安抚司。治所在今海南省琼海市北。皇庆元年（1312）迁治今琼海市东北塔洋镇。明属琼州府。1914年改名琼东县。

会同逻　唐南诏改会川县置，在今四川会理县。《元史·地理志》：“蒙氏改会川为会同逻，立五睑。”

会同馆　在今北京市王府井大街。明永乐初设。《京师坊巷志稿》卷上：“明建十王邸于此，称王府街，井二。兵部所属会同馆在东，掌驿政，明初燕台驿故址。”《清一统志·顺天府三》：会同馆“在大兴东王府街，明永乐六年改顺天府燕台驿为之，今为在京牧养驿马之所，有馆大使”。

会州　①西魏废帝置，治所在会宁县（今甘肃白银市东北平川区水泉镇陡城村的陡城）。北周保定二年（562）改置会宁防。隋开皇元年（581）改置会宁镇。唐武德二年（619）改置西会州，贞观八年（634）改曰粟州，同年又改为会州。辖境约当今甘肃靖远、景泰、会宁及宁夏海原等县地。天宝初改名会宁郡，乾元初复名会州。广德二年（764）陷于吐蕃。废。北宋初复置。天圣后入于西夏，元符二年（1099）复置会州。崇宁三年（1104）置敷川县（今靖远县），为州治。辖境约当今甘肃靖远、定西、会宁等县市地。金大定二十二年（1182）改治所敷川县名保川县。寻又入西夏，侨置会州于会川城（今靖远县西南），改名新会州。元初复名会州，移治西宁县（今甘肃会宁县东），属巩昌路。世祖至元七年（1270）省西宁县入州。辖境约当今会宁县地。至正十二年（1352）改会宁州。

②北周保定二年（562）置，治所在今宁夏中宁县东北鸣沙镇。建德六年（577）废为鸣沙镇。

③隋开皇六年（586）改蜀州置，治所在广阳县（今四川茂县）。《寰宇记》卷78茂州：会州“取西夷交会为名”。辖境相当今四川茂县、汶川、北川、黑水等县地。仁寿元年（601）改广阳县为汶山县。大业三年（607）改为汶山郡。唐武德元年（618）复为会州，四年（621）改为南会州。

会州卫　明洪武二十年（1387）改惠州置，属北平行都司。治所在今河北平泉县西南二十里会州城村。永乐元年（1403）废。

会江驿　在今浙江富阳市东鹳山之东。《方舆纪要》卷90富阳县：“会江驿在观山东。宋初置，嘉定中徙于通济桥，明初洪武三年复移于此。”《清一统志·杭州府二》："以据闽、广、江、浙之会，故名。"

会兴镇 即今河南三门峡市会兴镇。清及民国时，为山西潞盐（晋盐）分销河南各县的运输中枢。

会安关 金大定八年（1168）改会宁关置，属会州保川县。在今甘肃榆中县东北。宣统《甘肃新通志》卷9：会安关"在靖远县西南一百二十里乌兰山上"。

会安堡 明置，属沈阳中卫。即今辽宁抚顺市北会元乡。《方舆纪要》卷37沈阳中卫：会安堡"在抚顺所东十余里"。

会军山 亦作会军堂山。在今四川中江县南。《舆地纪胜》卷154潼川府：会军山，"《寰宇记》：在铜山县东北。《旧经》云：汉昭烈入蜀，遣诸葛亮、张飞略地至此，里人以牛酒犒师，因名"。《方舆纪要》卷71中江县：会军山在"县东南百六十里"。

会军堂山 即会军山。在今四川中江县南。《新唐书·地理志》梓州铜山县："有会军堂山。"《寰宇记》卷82铜山县：会军堂山"高三里。蜀主刘玄德遣孔明、张飞分定州界，略地至此，百姓以牛酒犒师，武侯因会军士于此，后传云会军堂山"。

会农县 ①唐渤海国置，为穆州治。治所在今朝鲜咸镜北道庆源南龙北洞。辽徙治今辽宁岫岩县东南洋河附近。金废。

②辽置，为穆州治。治所在今辽宁岫岩满族自治县东南洋河一带。后废。

会里庄 即今河北乐亭县东北二十里会里。清同治《畿辅通志》卷49昌黎县图：西南有会里庄。

会灵观 在北宋东京城（今河南开封市）南薰门外东北普济水门西北。为当时著名宫观。大中祥符五年（1012）创建。初名五岳观，建成后赐名会灵观。仁宗时重建后改名集禧观。宋末毁于兵火。

会昌州 元大德元年（1297）升会昌县置，属赣州路。治所即今江西会昌县。明洪武二年（1369）复降为县。

会昌江 古称湖汉水。又名贡水、东江。即今江西赣江东源贡水。源出赣、闽边境武夷山脉木马山。西南流至会昌县折向西北流，经于都县西流至赣州市和章水汇合称赣江。《清一统志·赣州府一》：贡水"一名东江，又名会昌江"。

会昌军 南宋绍定四年（1231）升会昌县置，治所即今江西会昌县。咸淳五年（1269）复降为会昌县。

会昌县 ①唐景云元年（710）改武隆县置，属幽州。治所即今河北永清县。天宝元年（742）改名永清县。

②唐天宝三年（744）析新丰、万年二县置，属京兆府。治所即今陕西西安市临潼区。因县境有会昌山得名。七年（748）改名昭应县。

③北宋太平兴国七年（982）分雩都县置，属虔州。治所即今江西会昌县。《舆地纪胜》卷32赣州会昌县："《图经》云，凿井得瓴甋十二，上有篆文为会昌，因以名县。"南宋绍定四年（1231）升为会昌军，咸淳五年（1269）复为会昌县，属赣州。元大德元年（1297）升为会昌州。明洪武二年（1369）复降为会昌县，属赣州府。民国初属江西赣南道。1926年直属江西省。

会昌峡 在今江西会昌县西北。《方舆纪要》卷88赣州府会昌县：会昌峡在"县西北百里。两山夹江，水流成漩，即湘洪水所经也"。

会昌湖 在今浙江温州市城区西南。明嘉靖《温州府志》卷2：会昌湖"在城西南。潴瞿、雄、郭三溪之水"。《方舆纪要》卷94温州府永嘉县：会昌湖"受三溪之水，㳽漫城旁。起于汉、晋间，至唐会昌四年太守韦庸重浚治之，因名"。

会河堡 在今河北怀安县（柴沟堡镇）东。《金史·卫绍王纪》：大安三年（1211），蒙古伐金，"千家奴、故沙败绩于会河堡，居庸关失守"。即此。

会泽县 清雍正五年（1727）置，属东川府。治所在巧家汛（今云南巧家县北二十二里巧家营）。民国《会泽县地志资料》："境内壁谷小江与金沙江会，车洪江与牛栏江会，至与鲁甸分界处牛栏江与金沙江又会。以数水所会定名，故曰会泽。"六年（1728）移县为府附郭（即今云南会泽县）。1913年改东川县，1922年复名会泽县。

会经楼 在今四川阆中市城内。《舆地纪胜》卷185阆州：会经楼"雍子仪元祐中家于将相坊，筑会经楼，经、史、子、集，京本、蜀本、浙本各一本，总三万余卷。苏公轼为题额，范百禄已下皆有诗，蒲宗孟有记"。

会城县 隋开皇十八年（598）改长乐县置，属齐州。治所在今山东高青县东南高城镇。大业三年（607）改高苑县。

会城泊 在今山东桓台县北乌河口，即古之平州。《水经·济水注》："济水又东北迤为渊者谓之平州，漯沃县侧有平安故城，俗谓之会城。"《清一统志·济南府二》：会城泊"在新城县东北三十里乌河口。……《县志》：会城泊，亦名红莲泊"。

会星馆 馆驿名。辽置，在今内蒙古翁牛特旗西北乃林沟。

会亭驿 在今河南夏邑县西南会亭镇。《清一统志·归德府》：会亭驿"在夏邑县南三十五里。旧有驿丞，今裁"。

会亭镇 北宋置，属下邑县。即今河南夏邑县西南三十三里会亭镇。清初设驿，有驿丞，后裁。寻置县丞。为夏邑、永城、商丘三县交通要冲。

会浈水 即今广东仁化县境之锦江。《舆地纪胜》卷90韶州：会贞水"在仁化县南一百步。源出本县仁化乡，南流二百五十里合贞水，水包洁清，味甘美，多白石。旧传饮之令人寿志意精洁"。《方舆纪要》卷102仁化县：会浈水"在县治南。源出廉石山，流经锦石岩，为锦江水，又西南流会于浈水”。

会津镇　金置，属宁津县。在今山东宁津县地。

会宫集　即今安徽枞阳县北会宫乡。旧属桐城县。清道光《桐城续修县志》卷1：会宫集“姚王集罢，贩牲者纷至会宫开集”。

会盐营　清康熙四十九年（1710）置，属建昌道。驻盐源县（今四川盐源县东卫城镇）。有游击驻防。后废。

会通河　①即今山东运河。《元史·河渠志》载：世祖至元二十六年（1289）从寿张县尹韩仲晖言，开河以通运道。南起今山东梁山县安山西南，接济州河引汶水北流，至临清市通御河（今卫河），全长二百五十余里，赐名会通。从此，南来漕舟自济州河北上，经此直达京畿，无须远涉渤海。自泰定后又陆续在北起今临清南至江苏徐州市的运道上兴建水闸，此后遂将这一段运道包括安山以北的会通河，安山、鲁桥间的济州河，鲁桥、徐州间的泗水统称为会通河。但因水源不稳定，故终元一代漕粮北运仍以海运为主。明初会通河已淤断三分之一，永乐九年（1411）工部尚书宋礼用汶上老人白英策，筑东平戴村坝，遏汶水南入汶上南旺湖，分流南北济运；又自汶上袁口开新河于旧河东，北至寿张沙湾接旧河。河成运道畅通，遂罢海运。其后南段常遭黄河决流淤填，隆庆、万历间改开东运河于昭阳湖东，湖西旧道渐废。清代通称今山东卫河、黄河间和今黄河、昭阳湖间的运河及南段新道为山东运河。

②即今四川会东县东大桥河。清李元《蜀水经》卷9：“泸水又北受会通河。会通河有二源：一出水底龙，一出得五，合流而南，经鸾阁山，又南经会理村，又南受芦那水，又南受阿木可租之水，又东南入泸。”《清一统志·宁远府一》：会通河“水可灌溉，中产珠”。

会通苑　即隋东都西苑。在今河南洛阳市西。唐韦述《两京新记》说：“东都苑，隋曰会通苑，又改为芳华、神都苑，周回一百二十六里。”

会理州　①元至元十五年（1278）于昔陀置，属会川路。治所在今四川会东县东铅锌镇。明洪武十五年（1382）改属东川府。二十七年（1394）后废。

②清康熙二十九年（1690）置，属会川卫。治所在今四川会东县东铅锌镇。雍正六年（1728）废会川卫，移治卫城（即今会理县），属宁远府。1913年改为会理县。

会理县　1913年改会理州置，属建昌道。治所即今四川会理县。据《元史·地理志》载：会川路“其地当征蛮之要冲，诸酋听会之所，故名”。会理当以此而名。1928年直属四川省。1939年属西康省。1955年属四川省。

会基山　在今云南牟定县东南。《明一统志》卷86楚雄府：会基山“在定远县南四十里。高可三千仞，连亘数百里，有五十余峰，群山之脉皆起于此。上有会溪关”。

会野州　唐天宝前置羁縻州，属雅州都督府。治所在今四川康定县附近。《寰宇记》卷77雅州：“吐蕃会野首领笼官高万唐等部落，在本部安置。”即此。北宋属雅州。后废。

会善寺　在今河南登封市西北太室山南麓积翠峰下。《清一统志·河南府三》：会善寺“在登封县西北十里。本后魏孝文帝避暑宫，隋开皇中赐名会善寺，有受戒石坛。《通志》：宋王著有记。又有元李溥光所书茶牓刻字。本朝乾隆十五年，高宗纯皇帝銮舆经此，有御制会善寺诗，并御书‘灵鹫贞如’、‘空澄水月’二匾额及对联”。寺院现分东西两院，西院为常住院，以山门、大雄宝殿等建筑构成一南北中轴线，两侧为配房建筑。东院为斋学院。大雄宝殿为元代砖木结构建筑，面阔五间，进深三间，单檐歇山顶，绿琉璃瓦覆顶，为现存元代少有的实物例证之一。寺外有四座清代砖塔，特别是寺东稍偏南500米处的一座琉璃塔和两座楼阁式砖塔是嵩山地区塔类建筑中仅有的建筑类型。此外，寺内外还有东魏、北齐、唐、明、清碑碣石刻三十三品（件）及明代铁钟等重要文物。2001年定为全国重点文物保护单位。2010年以“登封‘天地之中’历史建筑群”的一部分列入联合国《世界遗产名录》。

会湾　今辽东半岛西南海湾，南起大连市老铁山西北角，北至普兰店市西，为辽东半岛西部第一大澳。内有二湾，南曰金州湾，北曰亚当湾（即今普兰店湾），总称会湾。民国徐曦《东三省纪略》卷4：“会湾者，老铁山以北之总称也。”

会盟台（臺）　在今山东阳谷县南。《方舆纪要》卷33谓“即齐桓公会江、黄时所筑。又鲁将曹沫挟匕首劫齐桓公处，亦名阳谷亭”。

会盟亭　在今河南安阳市北。《明一统志》卷28彰德府：会盟亭“在洹水之上。楚项羽与章邯会盟于此。后人置亭以表其处”。

会盟原　在今江苏如皋市东十里。相传吴楚会盟处。明曹学佺《名胜志》：春秋哀公十二年（前483），“公会卫侯、宋皇瑗于郧。注疏：郧，发阳也。在广陵海陵县。如皋县属广陵郡，与海陵县相接，疑即其地”。《清一统志·通州》谓“海陵县东南有发繇口，今有立发口，在县西北三十里，即发繇口也”。

会甀　在今安徽宿州市埇桥区蕲县镇。《史记·高祖本纪》：“十二年十月，高祖已击（黥）布军会甀”。《集解》引徐广曰：“在蕲县西。”又，《吴王濞列传》：“刘仲子沛侯濞年二十，有气力，以骑将从破布军蕲西会甀。”《索隐》：“地名也在蕲县之西。”

会溪城　北宋熙宁五年（1072）改下溪州为会溪城。故址即今湖南古丈县东北会溪坪。

会溪施溶长官司　元改溶州置，属思州安抚司。治所在今湖南永顺县东南王村镇。明洪武二年（1369）改为施溶州。

会稽　即今浙江绍兴市。春秋时为越国都。《史记·夏本纪》：“禹会诸侯江南，计功而崩，国葬焉，命曰会稽。会稽者，会计也。”秦置山阴县。

会稽山　①在今浙江绍兴市南。《周礼·职方氏》：“东南曰扬州，其山镇曰会稽”。《山海经·南山经》：“会稽之山，四方，其上多金玉，其下多砆石。”《史记·夏本纪》：“禹会诸侯江南，计功而崩，因葬焉，命曰会稽。会稽者，会计也。”春秋时越王勾践为吴王夫差所败，退保会稽山。秦始皇三十七年（前210）上会稽，祭大禹，均此。

②在今山东日照市北。《清一统志·沂州府一》：会稽山“在日照县北四十里。《县志》：相传越王尝登此，号小会稽山”。

会稽东部都尉　西汉武帝平东越后置，治所在冶县（今福建福州市）。

会稽县　①西晋元康五年（295）置，属晋昌郡。治所在今甘肃玉门市西北玉门镇附近。北周废。

②北周改玉门县置，为永兴郡治。治所在今甘肃玉门市西北赤金镇稍东。隋开皇十年（590）仍改为玉门县。

③南朝陈分山阴县置，与山阴县同为会稽郡治。治所即今浙江绍兴市。隋开皇九年（589）为吴州治。唐为越州治。南宋为绍兴府治。元为绍兴路治。明、清为绍兴府治。1912年与山阴县合并为绍兴县。

④1949年10月当地解放后由绍兴县析置，治皋埠（今浙江绍兴市东皋埠镇）。1950年6月撤销，并入绍兴县。

会稽国　西晋太康二年（281）封孙秀于会稽（今浙江绍兴市），改会稽郡为国。辖境相当今浙江杭州湾以南，浦阳江、曹娥江、甬江流域。永宁元年（301）国除为郡。东晋咸和二年（327）徙琅琊王昱为会稽王，复为国。南朝宋永初二年（421）复为会稽郡。

会稽南部都尉　东汉永和六年（141）置，治所在东冶县（今福建福州市）。

会稽郡　①秦始皇二十五年（前222）置，治所在吴县（今江苏苏州市）。辖境相当今江苏长江以南，上海市，浙江天台山、大盘山、仙霞岭以北及皖南一角。西汉时南扩至浙江、福建全省。东汉永建四年（129）徙治山阴县（今浙江绍兴市）。其后辖境逐渐缩小。西晋太康初改为会稽国，永宁元年（301）国除为郡。东晋咸和时复为国，南朝宋复为郡。隋开皇九年（589）废。大业三年（607）又改越州为会稽郡，治所在会稽县（今浙江绍兴市）。辖境相当今浙江浦阳江（浦江县除外）、曹娥江及甬江流域。唐武德四年（621）复为越州。天宝元年（742）又为会稽郡，乾元元年（758）复为越州。后习惯上会稽郡仍为越州的别称。

②十六国西凉置，治所在会稽县（今甘肃玉门市西北玉门镇附近）。辖境相当今甘肃玉门市地。北周初改为晋昌郡。

会稽道　1913年依前宁绍台道改置，属浙江省。治鄞县（今浙江宁波市）。辖境约当今浙江杭州市萧山区、诸暨、嵊州市、新昌、天台、仙居、台州、温岭以东，钱塘江、杭州湾以南地区。1927年废。

会潮海口　在今越南中部清化省朱江入海口。《校补安南弃守本末》：明永乐七年（1409）于“古弘县之会潮海口”设巡检司。

合　春秋宋邑。在今山东枣庄市北山亭区城头村。《左传》：襄公十七年（前556），“贼六人以铍杀诸卢门合左师之后”。杜注：“合，向戌邑。”汉置合乡县。

合小坪　在今重庆市江津区南。《方舆纪要》卷69江津县：合小坪“在县南。正德中，‘贼’方四等攻江津，官军击败之，追至此”。

合口市　集镇名。即今湖南澧县西合口。《清一统志·澧州》“津市”条：“合口市，在州西四十里。”

合口镇　在今河北沧县西南。《水经·浊漳水注》：“衡漳又东左会滹沱别河右渎，又北入清河，谓之合口。”《魏书·地形志》浮阳县下亦载：“西接漳水，衡水入焉，今谓之合口。”《资治通鉴》：东晋太元十三年（388），后燕慕容楷等“将兵，会高阳王（慕容）隆于合口，以击张申”。又隆安二年（398），魏拓跋珪得河北，置行台于中山，命拓拔遵“镇渤海之合口”。皆此。

合山　在今山西和顺县东。《方舆纪要》卷43和顺县：合山在“县东四十里，盘踞纡回，上多柏松，下有郎君、娘子二泉”。

合山墟　即今广东阳东县东北那龙河西岸合山镇。清道光《阳江县志》卷1有合山墟。

合川守捉　唐置，属鄯州。在今青海化隆回族自治县东南。《元和志》卷39鄯州：“合川郡守捉，州南一百八十里。贞观中侯君集置。管兵千人。”后地入吐蕃，废。

合川县　①北周武成二年（560）置，为西疆郡治。治所在今甘肃迭部县西北白龙江北岸。《元和志》卷39合川县：“有三谷水，至县东合流，因以为名。”隋开皇三年（583）罢郡，县属叠州。唐武德三年（620）移治交戍城（今迭部县西北二十六里益哇乡卜岗古城），为叠州治。五年陷入吐谷浑。七年讨平吐谷浑，复置合川县，移治今迭部县。唐末废。

②唐武德六年（623）改合水县置，为庆州治。治所即今甘肃庆城县。《元和志》卷3顺化县：合川县“取隋合川镇为名”。贞观元年（627）并入弘化县。

③1913年改合州置，属四川东川道。治所在今重庆市合川区，取嘉陵江、涪江、渠江合流于此为名。1928年直属四川省。1992年改设合川市。1997年划归重庆市。2006年改设合川区。

合川城　亦称合川守捉城。在今青海化隆回族自治县东南。《新唐书·地理志》鄯州：“南百八十里有合川守捉城。”

合川镇　隋开皇三年（583）改周武防置，即今甘肃庆城县。十六年（596）改置庆州。

合乡　又称互乡。在今河南项城市南老城东北一里。《资治通鉴》：唐中和四年（884），“蔡州节度使秦宗权纵兵四出，侵噬邻道；天平节度使朱瑄有众三万，从父茅瑾勇冠军中。宣武节度使朱全忠为宗权所攻，势甚窘，求救于瑄，瑄遣瑾将兵救之，败宗权于合乡”。即此。

合乡侯国　西汉置，属东海郡。治所在今山东枣庄市北山亭区城头村。三国魏改为合城县。西晋复为合乡县。南朝宋及北魏属兰陵郡。北齐废。

合水　①在今四川彭山县东北府河注入岷江处。《晋书·李势载记》：东晋永和三年（347），桓温“次青衣，势大发军距守，又遣李福与昝坚等数千人，从山阳趣合水距温”。即此。

②在今四川乐山市东南大渡河注入岷江处。《水经·江水》：江水“又东南过犍为武阳县，青衣水、沫水从西南来，合而注之”。故名合水。

合水关　即合河关。在今陕西神木县东黄河岸边。《元和志》卷4：麟州“东至岚州界黄河一百二十里，河上有合水关”。即此。

合水县　①隋开皇十六年（596）置，为庆州治。治所即今甘肃庆城县。《元和志》卷3顺化县：合水县“在马领、白马二水口，因以为名”。大业三年（607）为弘化郡治。唐武德元年（618）复为庆州治。六年（623）改名合川县。

②唐天宝元年（742）改蟠交县置，属安化郡。治所即今甘肃合水县东北老城镇（老合水）。明郭子章《郡县释名》陕西卷下：“合水在县南一里。以建水、北川水相合”，因以名县。乾元初属庆州。五代周显德三年（956）并入乐蟠县。北宋熙宁四年（1071）复置，属庆阳府。民国初属甘肃泾原道。1927年直属甘肃省。1952年迁治西华池镇。

合水城　在今四川茂县西北六十六里岷江东岸两河口。唐置合江守捉于此。

合水营　在今海南省三亚市东北。《方舆纪要》卷105崖州：合口营“在州东，与陵水县接界”。

合水墟　即今广东佛山市高明区西南合水镇，西接高要市界。明万历《广东通志》卷46：高明县有合水墟。

合水镇　在今四川蒲江县西。《资治通鉴》：五代梁贞明四年（918），王衍贬太傅张格为茂州刺史，“格寻再贬维州司户，庾凝绩又奏徙格于合水镇”。胡三省注：“《九域志》：邛州蒲江县有合水镇。”

合失合儿　即可失哈里。今新疆喀什市。《元史·世祖纪》：至元十一年（1274），“诏安慰斡端、鸦儿看、合失合儿等城”。

合兰府　元世祖至元三年（1266）置，元属开元路。治所在合罗城（今朝鲜咸镜南道咸兴城南五里古城）。辖境相当今朝鲜咸镜南、北道地区。后废。

合兰河　又作曷懒河、海兰河。即今吉林延吉市南之海兰江。源出长白山东麓，东北流，会布尔哈通河、嘎呀河，注入图门江。明《寰宇通志》卷116：合兰河“流经建州卫东南千里，入于海。元置合兰府于此”。

合兰洲　在今广东深圳市宝安区西北海中。《清一统志·广州府》：龙穴洲“在新安县西北。……又有合兰洲，与龙穴对峙，两洲相比，多生兰草，故名”。

合兰真沙陀　即哈阑真沙陀。在今内蒙古东乌珠穆沁北境。一说在今蒙古国东方省东南境。成吉思汗与汪罕大战于此。《圣武亲征录》作合兰只。《史集》第1卷第2分册第166页作合剌阿勒只惕一额列惕。

合会县　唐武德四年（621）置，属东会州。治所在今山西岚县西北十五里合会村。六年（623）废。

合庆镇　初名薛家码头。即今上海市浦东新区川沙镇东北十里合庆镇。清光绪《江苏全省舆图》：川沙县东北有“合庆”。

合州　①南朝梁普通四年（523）置，治所在今广东雷州市。辖境相当今广东雷州、湛江、遂溪、徐闻等市县地。太清元年（547）改为南合州。隋开皇九年（589）平陈后又改为合州，治所在海康县（今雷州市）。大业初废。

②南朝梁太清元年（547）改南豫州置，治所在汝阴郡汝阴县（今安徽合肥市西北）。北周辖境相当今安徽合肥、肥东、肥西、巢湖、庐江、枞阳等市县地。隋开皇元年（581）改为庐州。

③西魏恭帝三年（556）置，治所在垫江郡石镜县（今重庆市合川区）。《元和志》卷33合州：“以涪江自梓、遂州来，至州南与嘉陵江合流，因名合州。”隋开皇末改为涪州，大业三年（607）改为涪陵郡。唐武德元年（618）复为合州，天宝元年（742）改为巴川郡，乾元元年（758）复为合州。辖境相当今重庆市合川区、铜梁、大足及四川武胜等县地。南宋淳祐三年（1243）徙治钓鱼山城（今合川区东十里钓鱼城）。元世祖至元二十二年（1285）还治今合川区，属重庆路。明属重庆府。清不辖县。1913年降为合川县。

④隋大业初改禄州置，治所在合浦县（今广西浦北县南泉水镇旧州村）。三年（607）改为合浦郡。

合江　在今四川泸州市东，沱江注入长江处。《清一统志·泸州》：大江“三十里至州东北合沱江，名曰合江”。

合江口寨　在今云南开远市东。《方舆纪要》卷115阿迷州：合江口寨“在州东。宋皇祐初，侬智高败遁，谋入大理。狄青遣将杨文广追之，至阿迷州合江口，不及而返，是也。或曰合江口即三江口，盘江与众水合流处”。

合江仓　在今陕西略阳县治东。《宋史·宁宗纪》：南宋开禧三年（1207），“监四川总领所兴州合江仓杨巨源等共诛吴曦”，即此。

合江州　①南宋置羁縻州，属黔州。治所在今贵州三都水族自治县西南。元改为合江州长官司。

②元世祖至元二十八年（1291）改合江县置，属

重庆路。治所在今四川合江县西北大桥镇西。寻改为合江县。

合江州陈蒙烂土长官司　明洪武十六年（1383）置，属都匀卫。治所即今贵州三都水族自治县西南合江镇。弘治七年（1494）属独山州。清改为烂土长官司。

合江守捉城　唐置，属翼州。在今四川茂县西北六十六里岷江东岸两河口。《新唐书·地理志》：翼州有合江守捉城。

合江县　北周保定四年（564）改安乐戍置，属东江阳郡。治所即今四川合江县。《舆地纪胜》卷153泸州引《元和志》："以江在县侧合流为名。"隋开皇初属泸州，大业初属泸川郡。唐属泸州，移治今合江县西北白沙镇。元和十二年（817）复移治今合江县。南宋末曾移治安乐山城。元至元十五年（1278）移治神臂山南长江对岸（今合江县西北大桥镇西长江村）。明洪武初移于今合江县。民国初属四川永宁道。1928年直属四川省。

合江省　1945年9月置，省会在佳木斯市（今黑龙江省佳木斯市）。为东北九省之一。辖境相当今黑龙江省鹤岗、汤原、通河、林口等县市以东地区。1949年撤销，地归松江省。

合江亭　①唐韦皋建于检江（今南河）、郫江二水合流处。在今四川成都市旧城东南大安街之南。宋吕大防《合江亭记》：乾符三年（876），郫江改道"缭出府城之北，然犹合于旧渚。旧渚者，合江故亭。唐人宴饯之地。名士题诗，往往在焉"。五代后渐圮。

②在今湖北宜都市北。《清一统志·荆州府一》：合江亭"在宜都县北，滨江。唐建。后圮。元大德四年重建。明嘉靖中重修"。

③在今湖南衡阳市北。《舆地纪胜》卷55衡州：合江亭"在石鼓山后。唐刺史齐映建"。《明一统志》卷64衡州府：合江亭"在石鼓山烝、湘二水合流处"。

合江站　元置，在今广西南宁市西五十里左、右两江合流处。

合江楼　在今广东惠州市旧城外。《舆地纪胜》卷99惠州：合江楼"在郡之东二十步。东坡尝居焉"。苏东坡有《寓居合江楼》诗云："海山葱昽气佳哉，二江合处朱楼开；蓬莱方丈应不远，肯为苏子浮江来。"

合江镇　①北宋置，属宣化县。在广西南宁市邕宁区西北五十里左右二江合流处。《元丰九域志》卷9邕州：宣化县有合江镇。《宋史·蛮夷传》：皇祐五年（1053），狄青率大军攻侬智高军，"智高复趋邕州，夜焚城遁，由合江口入大理国"。

②北宋置，属峨眉县。在今四川峨眉山市西南高桥镇。

③即合江守捉城。唐置，属翼州。在今四川茂县西北六十六里岷江东岸两河口。《元和志》卷32：真州"在合江镇西一百二十里"。《舆地纪胜》卷149茂州：江源，"唐《通典》载：江发源在当州。故当州号江源郡。至茂州北八十里合江镇"。

合兴镇　在今江苏南通市南。清光绪《通州直隶州志》卷1："南十里曰合兴镇。"

合阳　战国魏邑，后入于秦。在今陕西合阳县东南四十里。《史记·魏世家》：文侯十七年（前430），"西攻秦，至郑而还，筑雒阴、合阳"。即此。秦置合阳县。

合阳县　①战国魏置，后入秦，属内史。治所在今陕西合阳县东南四十里。西汉改为郃阳县。

②北魏建义元年（528）置，属冀氏郡。治所在今山西安泽县南。北齐废。

合阳驿　在今重庆市合川区东。《方舆纪要》卷69合州：合阳驿"在州治东。水驿也。舟楫往来，此为必经之地"。

合阳侯国　西汉置，属平原郡。治所在今山东德州市东。元康四年（前62）封梁喜为合阳侯。东汉省。

合欢山　在今台湾省南投县东北，东邻花莲县。海拔3416米。为大甲溪南源合欢溪与立雾溪上源分水岭。清高拱乾《台湾府志》卷1：合欢山"在南日山西，此山出滩流入淡水港"。

合坝夺杂寨　在今四川若尔盖县境。清雍正元年（1723）置合坝夺杂寨土百户。

合村　即今浙江桐庐县西北合村乡。唐宝应二年（763）置昭德县治此。宋于此置昭德驿。

合里宾忒　金置，属胡里改路。在今俄罗斯哈巴罗夫斯克边疆区黑龙江下游阿纽伊河口附近。《金史·地理上》胡里改路："西至上京六百三十里，北至边界合里宾忒千户一千五百里。"元改置兀者吉烈迷万户府。

合作寨　即今甘肃省合作市。为甘南藏族自治州驻地。清代有合作寨，为乾隆二十七年（1762）"南番甘家二十一寨"之一，属甘肃西宁循化厅管辖。"合作"，藏语意为"吉祥的羚羊地"。1928年夏河县成立后置黑错乡。1949年为夏河县第四区，后改合作乡。1956年甘南藏族自治州驻地由夏河县拉卜楞迁至合作乡，仍属夏河县。1962年改合作镇。1995年与夏河县那吾、佐盖曼玛、佐盖多玛、卡加曼、卡加道、勒秀、加茂贡乡合并设合作市。

合伯　一作合膊。战国属韩，在今河南舞阳县南。产利剑。《战国策·韩策》："韩卒之剑戟，皆出于冥山、棠溪、墨阳、合伯、邓师、宛冯。"

合即渠　在今内蒙古额济纳旗南额济纳河旁。《元史·地理志》亦集乃路："（至元）二十三年，亦集乃总管忽都鲁言：'所部有田可以耕作，乞以新军二百人凿合即渠于亦集乃地，并以傍近民西僧余户助其力。'从之。计屯田九十余顷。"

合林县　1935年4月川陕革命根据地置，治鹤龄寺（今四川剑阁县下寺镇南鹤龄镇）。1935年2月废。

合罗川　在今蒙古国西南部。《资治通鉴》：唐会昌二年（842），黠戛斯击败回鹘，遣将军踏布合祖等至天德军，言“将徙就合罗川，居回鹘故国……”。胡三省注：“回鹘旧居薛延陀北娑陵水上，去长安七千里。开元中破突厥，徙牙乌德鞬山、昆河之间，南距汉高阙塞一千七百里。”

合肥市　1949年2月当地解放后由合肥县城区及郊区析置，为江淮解放区直辖市（地级）。治所即今安徽合肥市。同年4月改属淮北行署区，为行署驻地。1952年复属安徽省，为安徽省政府驻地。

合肥县　西汉置，属九江郡。治所在今安徽合肥市西二里。《水经·施水注》：“盖夏水暴长，施合于肥，故曰合肥。”东汉为合肥侯国。三国魏复为合肥县，移治今合肥市西北。西晋属淮南郡，复还旧治。东晋改名汝阴县。隋开皇初复为合肥县，为庐州治。大业初为庐江郡治。唐移治今合肥市，为庐州治。元为庐州路治。明为庐州府治。民国初属安徽安庆道。1928年直属安徽省。1949年改设合肥市。

合肥侯国　东汉改合肥县置，属九江郡。治所在今安徽合肥市西。三国魏复为合肥县。

合底忻部　金北边部族。即蒙元史料所载合答斤部，是蒙古分部之一。游牧于今内蒙古呼伦贝尔市南部洮儿河源以北兴安岭西侧，辉河、伊敏河流域。《金史·宗浩传》：“合底忻者，与山只昆皆北方别部，恃强中立，无所羁属，往来阻鞢、广吉剌间。……宗浩前军至忒里葛山，遇山只昆所统石鲁、浑滩两部，击走之。……进至呼歇水，敌势大蹙，于是合底忻部长白古带、山只昆部长胡必剌及婆速火所遣和火者皆乞降。”

合河　即今内蒙古科尔沁右翼中旗境之霍林河。《清一统志·科尔沁》：合河“蒙古名和尔。自扎鲁特左翼之北，东流入境，经左翼西北三百三十里，又东经右翼西一里，又东经右翼前旗、后旗地，入因沁插汉池”。

合河口　即今河北平山县西北合河口乡。《清一统志·正定府二》：合河口“在平山县西九十里，西北接陡岭口，西南接十八盘”。

合河关　①在今山西兴县西北裴家川口。《元和志》卷14岚州合河县：合河关“在县北三十五里”。《资治通鉴》：唐开元九年（721），“先是，叛胡潜与党项通谋，攻银城、连谷，据其仓庾，张说将步骑万人出合河关掩击，大破之”。即此。

②又名合水关。在今陕西神木县东黄河岸边。《资治通鉴》：唐开元九年（721），“叛胡潜与党项通谋，攻银城、连谷，据其仓庾，张说将步骑万人出合河关掩击，大破之”。即此。

合河县　唐贞观元年（627）改临津县置，属岚州。治所在今山西兴县西北四十里黑峪口村南。《元和志》卷14合河县：“以城下有蔚汾水西与黄河合，故曰合河。”北宋元丰中移治今兴县，金末升为兴州。

合河店　即今湖北随州市北百五十里合河店。明、清置巡司于此。

合河津镇　金置，属合河县。在今山西兴县西北黄河畔。

合河镇　①金改北宋匼河镇置，属河东县。在今山西芮城县西七十五里匼河村。

②清置，属新乡县。即今河南新乡县西北合河乡。

合波镇　金置，属蒲台县。在今山东滨州市南或博兴县北。

合城县　三国魏改合乡县置。属东海郡。治所在今山东滕州市东二十三里。西晋复为合乡县。

合查山　在今山西兴县东南。《方舆纪要》卷40兴县：合查山在“县东南八十里。峰峦耸异，下有龙池”。

合剌合塔　亦作哈剌阿答、哈剌答山、哈剌塔。在今蒙古国西南扎布汗河流域。元时海都与甘麻剌等大战于此。

合剌和州　即哈喇火州。在今新疆吐鲁番市东四十余里高昌故城。《元史·世祖纪》：至元二十三年（1286），“赐合迷里贫民及合剌和州民牛种，给钞万六千二百锭当其价”。

合剌温山　即哈剌温山。指今大兴安岭。

合思罕关　又作合撒罕关。即化成关。今辽宁大连市甘井子区北南关岭。《金史·温迪罕达传》：“度今之势，可令濮王守纯行省盖州，驻兵合思罕，以系一方之心。”即此。

合钦州　唐开元前置羁縻州，属黎州都督府。治所在今四川冕宁县北拖乌乡。北宋以后废。

合迷里　亦作哈密力、哈梅里。即今新疆哈密市。明永乐四年（1406）置哈密卫于此。

合宫县　唐永昌元年（689）改河南县置，为洛州治。治所在神都毓德坊（今河南洛阳市）。神龙元年（705）复名河南县。二年（706）又改名合宫县。唐隆元年（710）复名河南县。

合峪镇　一名黑峪镇。即今河南栾川县东三十三里合峪镇。旧属嵩县。清乾隆《嵩县志》卷12合峪镇：“多山产，县境木耳，合峪者佳，商贾繁多。”

合浦北部都尉　东汉建安二十二年（217）置，治所在平山县（今广西横县东北平山村）。西晋太康七年（286）改为宁浦郡。

合浦汉墓群　在今广西合浦县境内。合浦县汉属合浦郡地，是汉代的重要政治、经济中心。墓地分布于禁山、康南、平田、杨家山、中站、廉东、涌口、廉北、堂排等村所辖区，集中于南北12.5公里、东西5.5公里的范围内。1983年、1984年勘察编号的汉墓有一千二百五十六座，封土被毁的墓葬估计有五千座以上。墓葬形制有土坑墓、砖石墓。出土铜、铁、金、银、陶、玉及水银、玻璃、玛瑙、琥珀等器物六千余件，其中铜凤灯、铜屋、玻璃杯碟等为罕见的珍品。1996年定为全国重点文物保护单位。

合浦江　即今广西合浦县北之南流江。《旧唐书·地理志》合浦县：“州界有瘴江，名合浦江也。”

《明史·地理志》 合浦："又城北有廉江，亦曰合浦江。自广西容县流入，径州，江口分为五，西南注于海。"

合浦县 西汉元鼎六年（前111）置，为合浦郡治。治所在今广西浦北县南泉水镇旧州村。唐为廉州治。北宋太平兴国八年（983）废入石康县。咸平元年（998）复置，移治今合浦县（廉州镇）。元为廉州路治。明洪武七年（1374）废。十四年（1381）复置，为廉州府治。民国初属广东钦廉道。1928年直属广东省。1950年设北海市（地级），由广东省直辖。1952年划归广西省。1955年又划归广东省。1958年改为县级市。1965年划归广西壮族自治区。1983年北海市复改为地级市。

合浦郡 西汉元鼎六年（前111）置，治所在合浦县（今广西浦北县南泉水镇旧州村）。辖境相当今广东新兴、开平以西南，广西容县、玉林、横县以南地区。三国吴黄武七年（228）改为珠官郡，孙亮时复为合浦郡，辖境缩小。南朝宋属越州，南齐移治徐闻县（今广东徐闻县南），梁复移治合浦县。隋开皇九年（589）平陈后废。大业初改禄州置合浦郡。唐武德五年（622）改为越州。天宝元年（742）改廉州为合浦郡，乾元元年（758）复为廉州。

合流镇 北宋置，属临颍县。在今河南临颍县境。

合涧村 即今河南林州市西南淅河北岸合涧镇。民国《林县志》卷1《乡镇》："合涧村，距城三十里。市集南滨淅水。"

合勒河 又作曷剌河、合勒合河。今内蒙古呼伦贝尔市西南界哈拉哈河。源出兴安岭特尔莫山，西北流入贝尔湖。《金史·夹谷清臣传》：明昌六年（1195）受命北征，行尚书省事于临潢，令移剌敏等分领前队，自选精兵一万为后队；进至合勒河，前队移剌敏等于栲栳泺攻营十四，下之，回迎大军。此次出兵系从临潢北进，合勒河在栲栳泺（今呼伦湖）南，即今哈拉哈河无疑。《元朝秘史》作合勒合河。又，《辽史·圣宗纪》载开泰四年（1015）耶律世良北征乌古、敌烈部，渡曷剌河，亦即此河。

合猫里 即今菲律宾吕宋岛南部之甘马怜。明张燮《东西洋考》卷5谓"猫里务即合猫里国也"。《明史·外国列传》亦沿其说。但猫里务与合猫里并非一地。猫里务即今吕宋岛南之布里亚斯岛。

合渎渠 又名官河、漕河。隋大业元年（605）在邗沟的基础上重加开凿。故道自今江苏扬州市南引江水北过高邮市、宝应县，至淮安市北入淮河。大致循今里下河一线。元、明以来为我国南北大运河的中段。

合隆镇 即今吉林农安县南合隆镇。旧属长春。《吉林乡土志》："大合隆，地据新开、伊通二河之中，昔日修河成功，立此名以镇之。其后有小合隆设立，因此命名为大合隆。"

合骑城 在今河北黄骅市西北。《汉书·景武昭宣元成功臣表》："合骑侯公孙敖"，元朔六年封。《方舆纪要》卷13盐山县：合骑城在"县北七十五里。汉武帝封公孙敖为合骑侯，即此城也。今讹为郛堤城"。

合答城 即匣答城。在今四川道孚县东南协德乡。《元史·世祖纪》：元至元十一年（1274），"移碉门兵戍合答城"，即此。

合道川 即今甘肃环县南合道川。《方舆纪要》卷57庆阳府环县：合道川在"县西八十里，东流注于环河"。

合道城 即今甘肃环县西南七十里合道乡。《资治通鉴》：唐贞元十三年（797），"上以方渠、合道、木波皆吐蕃要路，欲城之。……二月，（杨）朝晟分军为三，各筑一城"。即此。宋置合道镇。

合溪 即今浙江长兴县西北合溪镇。元设税务及巡司于此。

合蔡镇 北宋置，属巨野县。在今山东郓城县西南。《宋史·河渠志四》："五丈河下接济州之合蔡镇，通利梁山泊。"

合厮罕猛安 金置。治所在化成关（今辽宁大连市北南关岭）。《金史·宗室·齐传》："复州合厮罕关地方七百余里，因围猎，禁民樵捕。齐言其地肥衍，令赋民开种则公私有益。上然之，为弛禁，即牧民以居，田收其利，因名其地曰合厮罕猛安。"元改为海西辽东哈思罕万户府。

合膊 即合伯。战国韩地，在今河南舞阳县南。

合寨镇 北宋置，属安丰县。在今安徽长丰县南。

合黎 《尚书·禹贡》："导弱水至于合黎。"对于"合黎"的解释主要有二说：一谓合黎为山名，即今甘肃高台县北之合黎山。郑玄《尚书注》：合黎，山名。《地说》云，合黎山在酒泉会水县东北。《隋书·地理志》：张掖县有合黎山。《元和志》卷40张掖县："合黎山，俗名要涂山，在县西北二百里。"亦作合离山。二谓合黎为水名，即今甘肃西部之黑河（张掖河）。孔传："合黎，水名，在流沙东。"孔颖达《正义》："弱水得入合黎，知合黎是水名。顾氏云，地说书：合黎，山名。但此水出合黎，因山为名。"侯桢《禹贡古今注通释》："羌谷水即张掖河之上流，下流合弱水名合黎。合黎者，梁州经文云：'厥土青黎'。《史记》作骊。黎，黑也。弱水合黑水而行，故曰合黎。"

合德乡 在今浙江永康市东南十八里里溪寨。明置巡司于此。后废。

合德镇 即今江苏射阳县。清名周家墩。1919年为合德盐垦公司驻地，改名合德。1942年置射阳县于此。

合懒府站 又作合剌府站。元置，在今朝鲜咸镜南道咸兴南五里古城。元《析津志》天下站名："洪宽百二十（里）合懒府，高丽后门，其东，海。"

合懒路 一作曷懒路。又称海兰路。金置，治所在今朝鲜咸镜南道咸兴城南五里古城。一说在咸镜北道吉州。辖境相当今长白山以东，吉林图们江流域以南，朝鲜咸镜南道咸兴以北地。元改为合兰府。

企冈营 在今广东广宁县北。《方舆纪要》卷101肇庆府广宁县：企冈营在“县北八十里。相接者曰花山营，俱嘉靖三十九年设，防顾水一带及营后螺壳贼巢，最为险要”。

企石营 即今广东东莞市东企石镇。《清一统志·广州府》：企石营“在东莞县东六十里。明初置”。

众龙驿 在今青海玛多县西南。为唐代鄯城县（今青海西宁市）至吐蕃逻些城（今西藏拉萨市）交通要道之一。《新唐书·地理志》鄯州鄯城：“黄河又四百七十里至众龙驿。”

众兴集 即今江苏泗阳县驻地众兴镇。《清一统志·淮安府二》：众兴集“在桃源县北中河北岸，为水陆必由之道。《河防考》：桃源县北岸主簿、桃源河营守备俱驻扎众兴集”。1941年泗阳县移治于此。

众安城 故址在今黑龙江省黑河市西北霍尔沁村。清乾隆《盛京通志》卷32：众安城在“（黑龙江）城西北二十余里”。后废。

众利城 在今山东诸城市西北。《汉书·景武昭宣元成功臣表》有“众利侯郝贤”。

众春园 在今河北定州市东北。《清一统志·定州》：众春园“宋州守李昭亮建。后韩琦扩其址，岁时与民同乐，故名。琦自为记”。

众埠街 即今江西乐平市东南众埠镇。清同治《江西全省舆图》卷12：乐平县东南有众埠街。

伞山 一名摄山。即今江苏南京市东北栖霞山。《寰宇记》卷90升州上元县“摄山”条引《江乘地记》：“扈村有摄山，形方，四面重岭似伞，故名伞山。”

伞子山 ①亦作伞山。在今四川遂宁市东北。《方舆胜览》卷63遂宁府：伞子山“在小溪县白水镇。唐大历间，有禅师跨一白驴抵此山结茅以居，环山之民，素以植蔗凝霜为业。和尚所骑白驴颇食民蔗，居民苦之，诣和尚请焉。和尚曰：汝知糖之为糖而不知糖之为霜，其利十倍，因示以诀。遂宁糖霜，其色如琥珀，遂为上品”。《方舆纪要》卷71遂宁县“广山”条内：“又伞子山，在县北十五里。山形圆耸如伞，环山之民，以植蔗凝糖为业。”

②亦作伞盖山。在今四川阆中市北。《舆地纪胜》卷185阆州：伞子山“在阆中县北六里。中高而四下，故名”。

伞陂寺集 即今河南潢川县东伞陂镇。清光绪《光州志》卷1《市集》：“州东二十里有伞陂寺集。”

伞（繖）圆山 在今越南北部富寿省境。《寰宇记》卷170峰州嘉宁县有伞圆山。元黎崱《安南志略》卷1：伞圆山“山形如伞”。《方舆纪要》卷112嘉兴州：伞圆山“在州东。高峻雄伟。永乐初，王师克多邦城，贼奔溃，追至伞圆山，遣别将向西都”。

伞盖 即桑盖。今内蒙古托克托县北伞盖村。民国《绥远通志稿》卷2：第二区有伞盖。蒙古名桑给音格尔，意为仓房。

伞盖山 即伞子山。在今四川阆中市北。《方舆胜览》卷67阆州：北岩“在州北五里，有曰伞盖山，乃高僧宣什道场”。《方舆纪要》卷68保宁府阆中县：伞盖山在“府北五里，中高四下，其状如盖。相传为府主山。其相连者曰北岩，又二里曰玉台山”。

杀马关 在今甘肃临夏县西南。《方舆纪要》卷60河州：杀马关“其林麓控扼，足以守御。自此而西，举足浸高。又行一日至岭西，其地益高，盖与西域相出入处。元遣都实访河源，路出于此”。

杀狄林 即杀虎林。在今河北栾城县西北十五里乏马铺。《清一统志·正定府二》谓杀狄林。

杀虎口 在今山西右玉县北六十里。《清一统志·朔平府》：杀虎口“西至边墙三里，北至边墙一里。明嘉靖中筑杀虎堡城，周二里。相近又有杀虎新堡，亦周二里，分边二十里有奇，形势最为扼要”。清雍正七年（1729）置杀虎口巡司。民国时设县佐。

杀虎林 又名杀胡林、杀狄林。在今河北栾城县北十五里乏马铺。《方舆纪要》卷14栾城县：杀虎林，“宋白曰：唐武后时，突厥入河北，官军袭击之，突厥多死于此，因名。后晋末，契丹主耶律德光入汴，既而北还，至临城病作，及栾城病甚，行至此而死，即斯地也”。

杀虎堡 在今山西右玉县西北六十里杀虎口村。《方舆纪要》卷44大同府：杀虎堡“嘉靖二十三年置，万历三年增修，周二里。分边二十里零。堡逼近寇巢。兔毛河直通塞外，川原平衍，便于长驱，往往由此入犯。隆庆五年设市场于此，为往来之孔道”。清雍正七年（1729）置杀虎口巡司。

杀金平 又名杀金岭。在今陕西略阳县西北一百十里。《宋史·吴玠传》：南宋绍兴四年（1134），金人攻仙人关（在今甘肃徽县南虞关西十里），“玠又谓其地去蜀远，命璘弃之，经营仙人关右杀金平”。

杀金岭 即杀金平。在今陕西略阳县西北百二十里。《方舆纪要》卷56略阳县：杀金岭“其旁地曰杀金坪，与凤县仙人关相近”。

杀狐林 即杀虎林。在今河北栾城县西北十五里乏马铺。《续通典》作杀狐林。

杀狐岭 即今福建漳平市西北龙头寨。《方舆纪要》卷99宁洋县：“杀狐岭在县（治所在今双洋镇）西北。鸟道险峻，人迹稀少，尝为寇巢，名龙头寨。嘉靖四十四年，官兵会讨山‘寇’曾东田等于此，数月不克。忽有大狐自岭上坑飞下，官军杀之。三日而‘贼’灭，因以杀狐为名。”

杀胡林 即杀虎林。在今河北栾城县西北十五里乏马铺。《资治通鉴》：五代汉天福十二年（947），契丹主北归，及栾城（今县西）病甚，“至杀胡林而卒”，即此。

杀熊岭　在今山西寿阳县西，接晋中市榆次区界。《金史·太宗纪》：天会四年（1126），“宋种师中以兵出井陉。癸酉，完颜活女败之于杀熊岭，斩师中于阵”。即此。

兆伦铸钱遗址　在今陕西西安市长安区与户县交界处。遗址面积60万平方米以上。遗址南部多瓦砾，其北有坩埚残块、铜渣和灰烬堆积。遗址中北部有很多铸钱残范坑和废弃钱范堆积，其中还出土有坩埚残片、陶拍、定位销、青铜工具等。兆伦遗址是已发现的汉代最大的铸钱遗址。2001年定为全国重点文物保护单位。

兆兴镇　即今黑龙江省萝北县东北肇兴镇。《清史稿·地理志》兴东道：“黑龙江南岸有兆兴镇、裕兴镇，垦务皆盛。”1932—1953年萝北县驻此。

兆征县　1933年8月福建革命根据地由长汀县析置，治所在长汀县（今福建长汀县）。为纪念苏兆征烈士而命名。1934年10月废。

兆哈河　在今内蒙古察哈尔右翼前旗东北、兴和县西北。《清一统志·察哈尔·正黄旗》：兆哈河“在旗东南六十里。源出平地，南流会乌尔古河……西北入怀安县界，为东洋河”。

兆雅镇　即今四川泸县东北兆雅镇。清嘉庆《泸州志》卷2：赵雅镇场在“州东北三十里”。

邠　即“豳”。在今陕西旬邑县东北。

邠宁　唐方镇名。乾元二年（759）置邠宁节度使，治所在邠州（今陕西彬县）。辖境屡有变动，较长期领有邠、宁、庆三州，相当今甘肃东部的环江、马连河流域以东及陕西彬县、永寿、旬邑、长武等县地。大历三年（768）罢，十四年（779）复置。光启元年（885）赐号静难军。其后为王行瑜、李继徽等割据。五代梁乾化四年（914）为梁所并。

邠州　①北魏太和十四年（490）改班州置，治所在定安县（今甘肃宁县）。辖境相当今甘肃宁县地。二十年（496）改名豳州。

②唐永徽二年（651）置羁縻州，属茂州都督府。治所在今四川汶川县西南邛崃山附近地区。后废。

③唐开元十三年（725）改豳州置，治所在新平县（今陕西彬县）。辖境相当今陕西彬县、长武、旬邑、永寿四县地。天宝元年（742）改为新平郡，乾元元年（758）复为邠州，属西安府。清雍正三年（1725）升为直隶州。1913年降为邠县。

邠县　1913年降邠州为县，属陕西关中道。治所即今陕西彬县。1928年直属陕西省。1964年改为彬县。

邠邑县　西晋改栒邑县置，属新平郡。治所在今陕西旬邑县东北二十五里职田镇。东晋废。

〔丿㇇〕

朵　朵·甘的简称。大体上当今青海、甘肃藏族聚居区和西藏北境。

朵儿必河卫　明永乐五年（1407）置，属奴儿干都司。在今俄罗斯黑龙江下游左侧阿姆贡河支流噶勒毕河流域。后废。

朵·甘　藏语音译名。亦作朵·甘思。大体上当今青海、甘肃藏族聚居区和西藏北境及四川、云南藏族聚居区和西藏东境。

朵甘卫都司　明洪武六年（1373）置指挥使司。次年升都指挥使司，属西安行都指挥使司。治所在灵藏（今四川德格县西北俄支）。辖境相当今四川西部、青海南部及西藏昌都地区。后废。

朵甘陇答招讨司　明置，治所在今西藏昌都县东北。后废。

朵·甘思　藏语音译名。即朵·甘。大体上当今青海、甘肃藏族聚居区和西藏北境及四川、云南藏族聚居区和西藏东境。吐蕃王朝（约629—842）占据管辖，两宋时建有唃厮啰等地方政权；元代为宣政院管辖，置吐蕃等处及吐蕃等路宣慰使司都元帅府；明代置朵·甘都指挥使司。清代为驻藏办事大臣、西宁办事大臣、川滇边务大臣分别管辖。

朵里伯真　在今蒙古国西南车车尔勒格东鄂尔浑河上源两河会合处。《元史·明宗纪》：天历二年（1239），帝和世㻋，正月“即位于和宁之北。……五月丁巳朔，次朵里伯真之地。……庚辰，次斡耳罕水（今鄂尔浑河）东”。

朵的河　在今甘肃夏河县西部。《明一统志》卷37洮州卫：朵的河“在卫城西三百里。源出于川撒儿朵的族，南流入洮河”。

朵泥等处长官司　元置，属顺元路安抚司。治所在今贵州黔西县附近。后废。

朵美街　即今云南鹤庆县东南七十里朵美乡（朵美街）。清有外委把总驻防。

朵颜卫　明兀良哈三卫之一。洪武二十二年（1389）置，属大宁都司。朵颜卫又称“五两案”，即蒙古兀良哈部，元时此部一支由漠北徙居朵因温都儿（今洮儿河源索岳尔济山）、捌儿河（今绰尔河）一带，后置朵因温都儿兀良哈千户所领之，其首领为蒙古开国功臣兀良哈部人折里麦后裔，降明后于此置朵颜卫。永乐间改属奴儿干都司。宣德、正统年间南徙至山海关、古北口一线之北（今内蒙古翁牛特旗东南老哈河旁红山镇附近发现有“朵颜卫都指挥使司祖茔碑”）。嘉靖后期，朵颜卫大部隶属俺答弟老把都（巴雅思哈勒）所领哈喇嗔（喀喇沁）部，后遂与哈喇嗔部混合。明末归附后金。

朵甘仓溏招讨司　明洪武七年（1374）置，属朵甘都司。治所在今四川巴塘县境。后废。

朵甘丹招讨司　明洪武七年（1374）置，属朵甘卫都司。治所在朵曲卡（今四川石渠县）。后废。

朵甘思招讨司　明洪武七年（1374）置，属朵甘都司。治所在今四川甘孜县北。后废。

杂瓦台　在今新疆墨玉县西南扎瓦乡。清道光《新疆识略》卷3和阗：杂瓦台“一名哈拉哈什台，一百一十里至披雅尔满台”。

杂仁宗 又作匝布朗宗、泽布隆城、古格札什鲁木布则城。原西藏地方政府置，治今西藏阿里地区札达县西三十里札布让。清乾隆《卫藏通志》作“杂仁”。

杂曲卡 亦名杂渠卡。即今四川石渠县。《清史稿·地理志》登科府石梁县：“即杂渠卡，一名色许。”

杂谷厅 清乾隆十七年（1752）改杂谷安抚司置，治所在今四川理县东北七十里薛城镇。二十五年（1760）升为直隶厅。辖境相当今四川理县、马尔康等县地。嘉庆六年（1801）改为理番厅。

杂谷安抚司 明永乐五年（1407）置，属威州。治所即今四川理县（杂谷脑）。清乾隆十七年（1752）废。

杂谷脑寨 即今四川理县（杂谷脑）。《清一统志·杂谷直隶厅》：杂谷脑五寨“在厅西北。苍旺灭后，既分其地为梭磨、卓克基、松冈三土司。又以其近于杂谷脑者，为杂谷脑、上下孟董、九子、乾堡五寨，各置屯守备千总等官，皆管理番民，归杂谷厅辖。”

杂罗县 唐开元二十四年（736）置，属汀州。治所即今福建龙岩市。天宝元年（742）改名龙岩县。

杂渠卡 即杂曲卡。又名色许。今四川石渠县。《清史稿·四川土司传》：光绪三十四年（1908），赵尔丰率兵平定德格土司之乱，“匪窜杂渠卡”。即此。

杂隅 又作杂瑜。即察隅。今西藏察隅县。清末《西南野人山归流记》所附《程凤翔杂隅详情禀》称：“夫桑昂为东南第一重镇，而杂隅实商务第一关键，沿江六百余里，重关叠险，天堑实多，诚有得之则可以自固，失之则不能自守之势。”

杂道长官司 明洪武六年（1373）置，属天全六番招讨司。治所在今四川泸定县北大渡河东岸岔道。《明史·四川土司传》：正统三年（1438），“岩州长官司让达作乱，侵杂道诸边，杂道长官安白诉于朝。帝命四川三司往谕之，皆归服”。即此。清康熙四十年（1701）废。

杂瑜 清初赏给西藏，宣统三年（1911）收回，设杂瑜委员，属四川省。1912年改置察隅县。

夙沙 即宿沙。《路史·后纪》卷4注引《世本》：夙沙氏煮海为盐，炎帝之诸侯。

危山 ①在今山东章丘市西南圣井镇南。《寰宇记》卷19章丘县：“平陵王墓在县东北二里，高三丈。按《汉书》文帝十六年封齐悼惠王子为齐孝王，景帝三年孝王与吴、楚反，自杀，葬于此。墓在危山之顶。”

②亦曰峗山。在今山东东平县西北。《汉书·宣元六王传》：“哀帝时，无盐危山土自起覆草，如驰道状。”即此。

危须国 汉西域三十六国之一，属西域都护府。都城在今新疆和硕县东乌什塔拉回族乡附近。后并于焉耆。

危峰岭 一名威风岭。在今安徽歙县南，西接休宁县界。《清一统志·徽州府一》：危峰岭“在歙县南九十里，西接休宁白际山。其东为方吴岭，石门之水出焉，岭巅小岭十二。可通浙之遂安，皆厄要处”。

危渡口 即凌消村。在今河北深州市县东北四十里，古滹沱河南岸，今名西凌霄。《后汉书·光武帝纪》：光武为赤眉所迫，南驰“至呼沱河，无船，适遇冰合得过，未毕数车而陷”。李贤注“即光武所渡处，今俗犹谓之危渡口”。

旬水 即今陕西旬阳县西北洵河。《汉书·地理志》汉中郡旬阳：“北山，旬水所出，南入沔。”《水经·沔水注》：旬水“北出旬山，东南流径平阳戍下……又东南径旬阳县南，旬水东南注汉，谓之旬口”。

旬关 在今陕西旬阳县南洵河上。《汉书·郦商传》：商“别将攻旬关，西定汉中”。颜师古注：“汉中旬水上之关也，今在洵阳县。”

旬阳 战国楚地，在今陕西旬阳县北洵河北岸。

旬阳县 西汉置，属汉中郡。治所在今陕西旬阳县北洵河北岸。东汉废。西晋太康四年（283）改置洵阳县。南朝宋复曰旬阳县，属魏兴郡。西魏又改洵阳县。

匈归障 在今内蒙古鄂托克前旗东南。《汉书·地理志》上郡：“匈归都尉治塞外匈归障。”

匈奴 我国古代北方民族。又称“胡”。有学者认为即周代典籍中所见之薰粥、玁狁。战国时期，分布于秦、赵、燕（西部）三国之北，三国皆筑长城以拒之。秦始皇命蒙恬北征匈奴，取“河南”（今内蒙古鄂尔多斯市）地。秦汉之际，匈奴冒顿单于统一各部，建立了横跨大漠南北的匈奴国家。辖地相当今内蒙古、新疆大部、蒙古国、俄罗斯贝加尔湖东西、叶尼塞河、鄂毕河上游地区及哈萨克斯坦斋桑地区。与西汉和亲后，相约以长城为界。其统治中心——单于庭，在今阴山地区。武帝时，多次与匈奴战争，统治中心移入蒙古国，“漠南无王庭”。宣帝时，匈奴内乱，“五单于争立”，呼韩邪单于臣服于汉朝，战胜了对立势力。东汉光武帝时，匈奴分裂为二：南下归附汉朝者称南匈奴，入居汉沿边北地、朔方、五原、西河、云中、定襄、雁门、代诸郡，主要在今内蒙古黄河南北之地，单于庭在美稷县（今内蒙古准格尔旗西北）。留在漠北者称北匈奴，单于庭仍在燕然山（今蒙古国杭爱山）地区。和帝时，窦宪等大举北征，抵燕然山（今杭爱山）、金微山（今阿尔泰山），北匈奴被逼西迁。留在本土之匈奴部落为鲜卑所并。三国以后，南匈奴部分并入鲜卑，大部分逐渐与汉族等融合，不复存在。

匈奴单于庭 ①西汉前期单于庭，在今内蒙古大青山北。《汉书·匈奴传》：“单于庭直代、云中。”同书《武帝纪》：元封元年（前110）武帝巡边，“北历上郡、西河、五原，出长城，登单于台，至朔方，临北河”。单于台即单于庭所在之地。《元和志》卷14云中县：单于台“在云中县西北四十（应为‘百’）余里”。

②西汉后期单于庭，在今蒙古国杭爱山东部之北鄂尔浑河上游地区。元狩四年（前119）汉军北征后，“匈奴远遁，幕南无王庭”。单于庭移至漠北。

匈奴河 又作匈河水。即今蒙古国西南之拜德拉格河。《汉书·匈奴传》：“从票侯赵破奴万余骑出令居数千里，至匈奴河水，皆不见匈奴一人而还。”

匈奴城 在今陕西城固县北。《水经·沔水注》：“壻水南历壻乡溪，出山东南流，径通关势南。山高百余丈，上有匈奴城，方五里，浚堑三重。”

匈奴堡 在今山西临汾市西南七十里。《晋书·姚泓载记》：“并州、定阳、贰城胡数万落叛泓，入于平阳，攻立义姚成都于匈奴堡。”《资治通鉴》东晋义熙十二年（416）胡三省注：“此匈奴种落相率保聚之地，因以为名。”《方舆纪要》卷41平阳府：匈奴堡“在府西南七十里”。

匈河 即匈奴水。今蒙古国西南拜达里格河。《史记·骠骑将军列传》：武帝时，赵破奴“为匈河将军，攻胡至匈河水”。又《匈奴列传》：元鼎六年（前111），“汉又遣故从骠侯赵破奴万余骑出令居数千里，至匈河水而还”。

旭川县 唐贞观元年（627）置，属荣州。治所即今四川荣县。《元和志》卷33旭川县：“因县有盐井号旭井，取以名县。”永徽二年（651）为荣州治。北宋治平四年（1067）改为荣德县。

旭州 ①北周建德六年（574）于河州鸡鸣防置，治所在通义郡金城县（今甘肃碌曲县东）。隋大业初废。

②唐置，为羁縻州，属安化州都督府。当在今甘肃庆阳市境。后废。

旭定都督府 唐置，为党项羁縻府，属灵州都督府。其地当在今宁夏黄河两岸地。后废。

负夏 又称负瑕、瑕丘。在今山东兖州市东北五里。《孟子·离娄下》：“孟子曰，舜生于诸冯，迁于负夏，卒于鸣条，东夷之人也。”《史记·五帝本纪》：舜“就时于负夏”。即此。

负黍 春秋周邑。在今河南登封市西南。《左传》：定公六年（前504），“周儋翩率王子朝之徒因郑人将以作乱于周，郑于是乎伐冯、滑、胥靡、负黍、狐人、阙外”。杜注：“阳城县西南有负黍亭。”后属郑，战国属韩。《史记·郑世家》：繻公十六年（前397），“郑伐韩，败韩兵于负黍”。又，《韩世家》：桓惠王十七年（前256），“秦拔我阳城、负黍”。即此。

负瑕 即负夏。春秋鲁地。在今山东兖州市东北五里。《左传》：哀公七年（前488），季康子伐邾，俘邾子益归鲁，“囚诸负瑕”。杜注：“负瑕，鲁邑。高平南平阳县西北有瑕丘城。”

负瑕泉 在今山东兖州市北六里。《方舆纪要》卷32嵫阳县：负瑕泉“其东有阙里等泉，西有蒋诩诸泉，凡八泉，俱南流，入于泗河”。《清一统志·兖州府一》：负瑕泉“以古负瑕邑得名”。

负蔡 春秋晋地，在今山西万荣县以北、汾河以南地区。《国语·晋语二》：晋公子夷吾谓公子絷曰：“不郑与我矣，哥命之以负蔡之田七十万。”即此。

负戴山 亦名高山。在今四川盐亭县西。《新唐书·地理志》盐亭县：“有负戴山。”《寰宇记》卷82盐亭县：负戴山“在县西一里。高二里。自剑门南来，过剑州入当县。其山龙盘虎踞，起伏四百余里至此却蹲。山有飞龙泉喷下，南流入梓潼江，水色清冷，其味甘美，时以为琼浆水”。

犲山宫 北魏行宫。在今山西右玉县境内。天兴六年（402）建。《魏书·太祖纪》：天赐元年（404），“车驾幸犲山宫”，即此。

犵狫寨 元置，属新添葛蛮安抚司。在今贵州麻江县西北乐坪。明于此设乐平长官司。

犷平县 西汉置，属渔阳郡。治所在今北京市密云县东北石匣一带。《三国志·魏书·武帝纪》：东汉建安十年（205），“三部乌丸攻鲜于辅于犷平。秋八月，公征之，斩犊等，乃渡潞河救犷平，乌丸奔走出塞”。即此。西晋废。

名山 一名蒙山、鸡栋山。在今四川名山县西。《元和志》卷32名山县：名山“在县西北一十里”。县以此名。《寰宇记》卷77名山县：鸡鸣山“在县西南十七里。《地理志》云：蜀有鸡鸣山。俗传云：金鸡鸣而天下太平。则古之名山也”。

名山水 即今四川名山县东南之名山河。为青衣江支流。《元和志》卷32名山县：名山水“在县东二百步，东南入平羌水”。《清史稿·地理志》名山县：“名山水在县东二百步，东南流入雅安，为小溪河。”

名山区 2012年撤销四川省名山县，设立雅安市名山区，区政府驻蒙阳镇茶都大道481号。

名山县 隋开皇十三年（593）改蒙山县置，属邛州。治所即今四川名山县。《元和志》卷32名山县：“因县西北名山为名。”大业初属临邛郡。唐属雅州。明洪武十年（1377）废入雅州，十三年（1380）复置。清属雅州府。《清史稿·文宗纪》：咸丰十年（1860），李永和义军攻“陷名山”。即此。民国初属四川建昌道，1928年直属四川省。

名山室 在今福建永泰县西二十六里高盖山上。唐僖宗文德元年（888）辟建东、西二石室。五代十国后唐天成年间（926—930）赐名高盖名山院，后改今名。闽王祭天封为西岳，道书称第七福地。奇峰环列，石阶陡峭。石室中原有堂宇三座，现存后院，内有神榻、飞仙台，室中有元代佛教故事石刻及佛龛、石柱、香炉、台阶，室前有龟石。2006年定为全国重点文物保护单位。

名配州 唐开元后置羁縻州，属雅州都督府。治所在今四川泸定北岚安乡一带。北宋属雅州。后废。

名第山 一名天城山、天成山。在今福建漳州市南。《舆地纪胜》卷131《景物下》：天城山“一曰名第山，后有周、潘书堂遗基”。明《寰宇通志》卷47漳州府《山川》：名第山“在府城东南十六里。旧名天成山。唐时州人未有业儒者，后周匡物与潘存实读书于此，登元和进士第。漳之登第者，始于匡物，敕封天成山为名第山”。

名源水 在今山西岢岚县北。《方舆纪要》卷40岢岚州：“名源水在州北五十里，亦西南流入于黄河。”

各得尔古 亦作格德尔库。在今内蒙古苏尼特左旗东北。《御制亲征平定朔漠方略》卷22：康熙三十五年（1696）四月，“上驻跸格德尔库”。

多云（雲）山 ①在今湖北武穴市北。《舆地纪胜》卷47蕲州：多云山“在广济县十五里。天欲雨，则山先出云”。《方舆纪要》卷76广济县：多云山“在县（今梅川镇）东十五里。多云水出焉，流入罗田县界”。

②在今湖北罗田县东北。《方舆纪要》卷76罗田县：多云山在“县北百五十里。四时多云，虽晴日丽空，云亦连属不绝，上有含风洞诸胜。东南接江南英山县界”。

多云（雲）县 一作多灵县。唐贞观中置，属芝州。治所在今广西忻城县东北。北宋废。

多云（雲）岭 一名灵山。在今海南省陵水黎族自治县南十里。《方舆纪要》卷105陵水县：多云岭“山峻拔，云常覆其上”。

多云（雲）镇 即今湖北罗田县东北僧塔寺镇。明、清置巡司于此。

多功山 在今四川天全县东。《方舆纪要》卷73天全六番招讨使司：多功山在“司东五十里。昔禹凿此山以通峡水，用功甚多，故名”。

多功河 即今四川天全县南之天全河。《明史·地理志》天全六番招讨司：“南有和水，一名始阳河，亦名多功河，流入雅州青衣江。”

多功城 南宋淳祐中建，在今重庆市渝北区西南翠云街道南翠云寨。清嘉庆《四川通志》卷50江北厅：多功城，“《厅志》：在厅西北。山石巉嵲，因岩为城。左高三丈余，右丈余，周二百余步，东西二门。创造年月无考。惟西门石上书‘端明殿大学士大中大夫四川安抚制置大使朱禩建’”。今古城遗址及石刻尚存。

多功峡 在今四川芦山县西南、天全县东界处。为青衣江切穿多功山而成，长十二里。起于飞仙关之南侧，至荥经河口之南，岩如刀削，壁立千仞，扼东西南北之冲。《明史·地理志》芦山县：“（青衣江）其水经多功峡，下流入平羌江。”

多功镇 唐置，属严道县。在今四川天全县东多功乡。《元和志》卷32严道县：多功镇“在县西三十六里”。

多布库屯 在今内蒙古鄂伦春自治旗东南多布库尔河南古里乡一带。民国《黑龙江省志稿》图有“多尔库协领”驻此，管理鄂伦春人。

多布库河 即今内蒙古鄂伦春自治旗东南多布库尔河，为嫩江支流。民国《黑龙江志稿》卷3：“多布库尔河，《通志》作多博库里，《盛志》作多博和里，蒙古语：多博，隆也；和里，二十数也。《纪略》作多布科尔，《提纲》作博库里。在（嫩江）县北（会口距县百九十里）。源出伊勒呼里山，东南流，左纳小水五，折六百余里入于嫩江。”

多龙堡 明嘉靖中置，属绥宁县。在今湖南绥宁县西南。

多业县 北周建德四年（575）置，为普慈郡治。治所在今四川乐至县东北三十五里龙门场。隋开皇三年（583）属普州。十三年（593）改为普慈县。

多叶县 即多业县。在今四川乐至县东北三十五里龙门场。《舆地纪胜》卷158普州：“后周武帝于郡立普州，又置多叶县于此。隋初郡废，改多叶县为普慈县。”多叶为多业之讹。

多田县 唐武德四年（621）置，属思州。治所在今贵州思南县西北四十五里。贞观八年（634）属费州。《旧唐书·地理志》多田县：“以土地稍平，垦田盈畛，故以多田为名。”北宋废。

多尔吉拔姆宫 即今西藏浪卡子县羊卓雍错西岸桑丁寺。藏语意为金刚母猪。清《西藏图考》卷5：多尔吉拔姆宫“在羊卓白地地中海中，自布达拉西行半月。海中有山，上建寺，极宏丽，乃女呼图克图多尔吉拔姆所居。世传北斗之精化生。昔第巴桑结乱藏时，化猪遁去。藏地呼猪曰拔，故名”。

多尔树 在今西藏类乌齐县北，为藏北三十九族中之二族。清《西藏图考》卷5：上多尔树、下多尔树族“百长一员，住牧年绒地方”。位居类乌齐之北者为上多尔树族，西北者为下多尔树族。

多尔济汛 即今内蒙古土默特左旗西南之多尔计村。《清高宗实录》：乾隆二十九年（1764）四月甲辰，“兵部议准山西巡抚和其衷奏称：归化城至萨拉齐二百四十里，地属紧要，应于适中之多尔济地方设把总一员，请即以善岱营把总兵丁移驻该地”。

多邦城 在今越南河内市西北富寿省兴化。《方舆纪要》卷112安南广威州：多邦城“在州西，交人谓之兴化府”。《明史·张辅传》：永乐四年（1406），“张（辅）军次富良江北，遣骠骑将军朱荣破贼嘉林江，遂与（沐）晟合军进攻多邦城”。又《安南传》：“（沐）晟次洮江北岸，与多邦城对垒。辅遣（陈）旭攻洮江州，造浮桥济师，遂俱抵城下，攻拔之。贼所恃惟此城，既破，胆裂。大军循富良江南下，遂捣东都。”

多吉扎寺 在今西藏贡嘎县雅鲁藏布江北岸。16世纪末叶由喇嘛教宁玛派（红教）僧人扎西道杰建造，为宁玛派在西藏的重要寺院之一。“多吉扎”藏语意为金刚岩。

多刚县　亦作哆罔县。唐置，属晏州。治所在今四川兴文县西。《宋史·蛮夷传四》：大中祥符六年(1013)，“晏州多刚县夷人斗望、行牌率众劫淯井监，杀驻泊借职平言”。即此。

多刚寨　明置，属戎县。在今四川兴文县西。《明史·四川土司传》：成化三年（1467），国子学录黄明善复言：“宋时多刚县蛮为寇，用白艻子弟破之。白艻子者，即今之民壮；多刚县者，即今之都掌多刚寨也。”

多伦尼托克安图土司　即安图土司。清雍正时置，属西宁办事大臣。驻牧地在今青海玉树县西北安冲乡(拉则)。乾隆《西宁府新志》卷19“塞外贡马番族”中，有“住牧楚贡地方多洛尼托克南兔族”。民国周希武《玉树调查记》卷下：“七族（包括多伦尼托克安图、阿萨克、克列玉、克阿永、克叶尔济、克拉尔济、克典巴）今并为安冲一族。安冲即安图也，一作南兔。”

多伦县　1913年改多伦诺尔厅置，县治即今内蒙古多伦县。1914年划归察哈尔特别区兴和道。1928年属察哈尔省。1950年划属内蒙古察哈尔盟。1958年改属锡林郭勒盟。

多伦泊　亦名多伦诺尔、七星潭。在今内蒙古多伦县北上都河西南岸。共有七小湖，蒙古语“七”为“多伦”，“湖”为“诺尔”，故名。清魏源《圣武记》卷3：清康熙三十年（1691）“驾出塞于独石口外多伦泊，受喀尔喀各汗台吉之朝，以其三部为三十七旗，北内札萨克蒙古建汇宗寺以安其剌麻”。即此。

多伦诺尔厅　清雍正十年（1732）析张家口厅北境置，属直隶省。治所在多伦诺尔（今内蒙古多伦县）。“多伦诺尔”意为七湖，因附近有七个小湖，汉名七星潭，故名。1913年改为多伦县。

多州　唐永徽二年（651）置羁縻州，属茂州都督府。治所在今四川汶川县西南邛崃山附近地区。后废。

多江　在今江西万载县北。《方舆纪要》卷87袁州府万载县：多江“在县北七里。龙江、石洞二水相合后，溢流旁出，至此平浅，涸露小洲，三五纵横，支流合派，因名。盖此龙河之别流也”。

多农县　隋大业元年（605）置，属农州。治所在今越南承天省农安附近。三年（607）属海阴郡。后废。

多异岭　在今海南省琼海市东北。《清一统志·琼州府一》：多异岭“在会同县东一十里。数山相连。中多怪石。上有井，祷雨辄应”。

多欢站　亦作拉林多欢站。清置，为吉林将军境内北路驿站之一。即今黑龙江省五常市西北多欢站。光绪《吉林通志》卷57：拉林多欢站“在蒙古喀伦站东八十里，北七十里萨库哩站”。

多利州　唐贞元十二年（796）置，属安南都护府。治所在今越南安沛省镇安附近。后废。

多灵县　即多云县。治所在今广西忻城县东北。《寰宇记》卷168作“多灵县”。

多陈驿　在今海南省万宁市东北。《方舆纪要》卷105万州：多陈驿在“州东五十里。《舆程记》：州城北有万全驿，又东北四十里，为多陈驿。又北四十五里，接会同县界之温泉驿”。

多奉县　亦作都奉县。唐置，属羁縻琳州。治所在今广西宜州市西。北宋废。

多罗山　在今贵州务川仡佬族苗族自治县西四里。《方舆纪要》卷122务川县：多罗山“其相接者有马鞍石岩，又西一里有山羊岩，皆高胜”。

多罗池　即今青海兴海县西南与玛多县交界之苦海。《清一统志·青海厄鲁特》：多罗池“在西海西南三百五十余里。周一百五十余里”。

多罗驿　①明置，属曲靖军民府罗雄州。在今云南富源县西多乐。

②清置，在今新疆洛浦县城东。清宣统《新疆图志》卷84：洛浦，“回语呼为多乐普，谓肩叉骨也。洛浦二字由此得音。旧属于阗县。光绪二十八年置洛浦县”。

多罗满　即哆啰满。今台湾省花莲县。《明史·琉球传》：“其地北自鸡笼，南至浪峤，可一千余里。东自多罗满，西至王城，可九百余里。”

多鱼　春秋宋邑，在今河南虞城县东北。《春秋》：僖公二年（前658），“齐寺人貂始漏师于多鱼”，即此。

多宝塔　①在今重庆市大足县北四里山上。建于唐乾宁年间（894—898），南宋绍兴十八年至二十五年（1148—1155）间重建。因塔中藏一百二十粒“华岩感应舍利”，故称多宝塔。又名白塔、北塔。高33米，为砖石结构密檐楼阁式八角塔。外观十二级，内七级，内有梯可登塔顶。塔内外有石刻佛像四百余尊，并有造像题记七十余则。雕刻精美，堪称宋代佳品。1996年定为全国重点文物，归入北山摩崖造像保护单位。

②在今陕西西安市西二里千福寺内。唐寺僧楚金之舍利塔，天宝间敕建。有颜真卿所书碑文，笔法整齐园健。后人习此者甚多。

多宝湾镇　即今湖北天门市西八十八里多宝镇。旧属京山县，清雍正十二年（1734）移县丞驻此。民国初改设县佐。

多宗　又作突宗、洛扎多瓦宗。元置，治所即今西藏洛扎县。藏语意为南岩。1960年与生格宗、拉康谿合并设洛扎县，驻嘎波。

多弥　羌族的一支。驻牧地在今青海西南部穆鲁乌苏河流域。《新唐书·西域传》：多弥“亦西羌族，役属吐蕃，号难磨。滨犁牛河，土多黄金”。后为吐蕃所灭。

多耐站　亦作多鼐。在今黑龙江省杜尔伯特蒙古族自治县西南巴彦查干乡太和村。清西清《黑龙江外记》卷2：温托欢“七十五里曰多鼐”。

多览葛部 隋、唐铁勒十五部之一。在今蒙古国色楞格省东境。《新唐书·回鹘传·多览葛》：多览葛“亦曰多滥，在薛延陀东，滨同罗水，胜兵万人”。唐贞观二十一年（647）于此置燕然都督府。

多星江 在今湖南通道侗族自治县西。《方舆纪要》卷82通道县：多星江“源亦出贵州界，流合罗蒙河。宋元丰六年，置多星堡，盖置于江滨”。

多星堡 北宋元丰六年（1083）置，属诚州。在今湖南通道侗族自治县西多星江滨。

多科屯 明末清初索伦部城寨，在今俄罗斯阿穆尔州结雅河支流托木河口以南谢米奥杰尔斯克古城址。《清太宗实录》卷51：崇德五年（1640）三月，萨穆什喀等讨博穆博果尔乱，“额驸巴尔达齐于三月十八日来会，云：惟我多科屯人未曾附逆”。即此。崇德八年，沙俄殖民主义者波雅科夫率探险队首次入侵黑龙江，曾路过多科屯。咸丰八年（1858），通过不平等的中俄《瑷珲条约》被俄割占。

多泉子 即今蒙古国东方省南部塔木察格布拉克。《金史·完颜安国传》：承安元年（1196），北征阻韈，“右丞相襄总大军进，安国为两路都统，大捷于多泉子”。即此。

多都摩垓 在今新疆伊吾县东。清乾隆《西域图志》卷9哈密：多都摩垓“在哈密城东二百十里。东西皆有泉，源出天山北麓，夹流过多都摩垓北，合流百余里潴为大泽”。

多悦镇 北宋置，属眉山县。在今四川眉山市西北四十里多悦镇。

多凉亭 即今内蒙古多伦县北白城子。元时地当大都至上都交通要道。

多祥河市 即今湖北天门市东南六十二里多祥镇。清光绪《湖北全省分图》：沔阳州（治所在今仙桃市西南沔城镇）东北有多祥河市。

多勒建国 一作呾剌建国。国都在低宝那城（今阿富汗木尔加布河流域）。唐置昆墟州都督府于此。

多英铺 在今云南开远市南。《方舆纪要》卷115阿迷州：多英铺“在州南。《滇程记》：自教化三部而北，有舍苴河菁口，又北为教化河。外近州界有琐罗城，又北至歪头山，又北次多英铺，乃至州治。渡小盘江至彭堡，接弥勒州界，为北走会城之通道”。

多梅县 唐置，为羁縻琳州治。治所在今广西宜州市西北龙江北岸。北宋废。

多逻斯川 又名曳咥河。即今新疆北部，流入哈萨克斯坦及俄罗斯境之额尔齐斯河。《旧唐书·突厥·阿史那贺鲁传》：“咄陆可汗乃立贺鲁为叶护，……居于多逻斯川。”

多麻巴 在今西藏索县东南加勒乡附近。藏语意石头部落的下方。为藏北三十九族之一。见清乾隆《西藏志·外番》。

多喜山 在今重庆市梁平县西南。《舆地纪胜》卷179梁山军：多喜山“距军西南五十里。山或有丹光夜现，则是境之人必多有喜事，故名。陈希夷常修道于此，石枕存焉。有雌雄二泉，名浴丹井，春夏则左盈右竭，秋冬时右盈左竭”。

多斯罗城 在今新疆北部额尔齐流域。为唐北庭都护府辖地。

多景楼 北宋熙宁间于唐临江亭故址建。在今江苏镇江市北一里北固山上。《寰宇记》卷89润州丹徒县：多景楼“在甘露寺内”。今楼为清康熙时重建。

多智山 即三角山。在今安徽舒城县西南一百二十里，与霍山县、六安市连界。《隋书·地理志》：庐江郡开化县有多智山。《寰宇记》卷126舒城县：三角山“一名多智。其山出水，以润益生人。又饮之聪明博敏，故曰多智”。

多蓬县 唐置，属抚水羁縻州。治所在今广西环江毛南族自治县东北。后废。

多锦城 又作多金。故址在今黑龙江省塔河县西北盘古河东。《清太宗实录》卷51：崇德五年（1640）二月，萨穆什喀等讨伐博穆博果尔叛乱，“有铎陈、阿撒津、雅克萨、多金四木城，拒敌不降，因令右翼梅勒章京率兵来助”。

多溪县 唐置，属羁縻思峨州。治所在今四川珙县西北。后废。

多福寺 在今山西太原市西北四十八里崛嵋山之巅。始建于唐贞元二年（786）。初名崛嵋教寺。五代唐李克用、李存勗父子曾来此焚香，并题名刻石于此。明弘治间改今名。

多褐城 在今新疆库车县东。《新唐书·西域传》：唐贞观二十一年（647），阿史那社尔将兵讨龟兹入焉耆，“社尔次碛石，去王城三百里。先遣伊州刺史韩威以千骑居前，右骁卫将军曹继叔次之，至多褐，与王遇，其将羯猎颠兵五万合战。威伪北，王见威兵少，麾而进，威退与继叔合，还战，大破之，追奔八十里”。

多鼐站 又作多耐。清康熙二十五年（1686）置，在今黑龙江省杜尔伯特蒙古族自治县西南巴彦查干乡太和村。《清一统志·黑龙江》“布克依站”条下：“托温珲站，又七十五里至多鼐站。”

多摩梨帝国 在今印度西孟加拉邦米德纳普尔之塔姆卢克附近。东晋法显《佛国记》：蟾波大国“从此东行近五十由延，到多摩梨帝国，即是海口。其国有二十四僧伽蓝，尽有僧住，佛法亦兴，法显住此二年，写经及画像”。东晋义熙五年（409），法显由此乘商船赴师子国（今斯里兰卡）。唐代译作耽摩栗底或耽摩立底。

多融山 一名晋原山。在今四川崇州市西北。《元和志》卷31晋原县：“多融山在县西南。”

多融县 北周改江原县置，属犍为郡。治所在今四川崇州市西北六十里怀远镇。《方舆纪要》卷67崇庆州：“以县界多融山而名。”寻改为晋原县。

凫口 在今陕西勉县西。《资治通鉴》：五代梁太祖乾化元年（911），“蜀主以昌王宗铧为应援招讨使，定戎团练使王宗播为四招讨马步都指挥使，将兵救安远军，壁于廉、让之间，与唐道袭合击岐兵，大破之于明珠曲。明日又战于皀口，斩其成州刺史李彦琛”。

皀山　在今山东邹城市西南五十二里。《诗经·鲁颂·闷宫》：“保有皀、峄。”皀即皀山。光绪《山东通志》卷24谓应是《魏书·地形志》高平郡高平之承雀山。《元和志》卷10邹县下载：皀山“在县东南三十八里”。而《山东通志》引金田肇《皀山八祖庙碑》云：“邑之西南五十余里有山曰皀，《鲁颂》曰保有皀峄，即此。”《方舆纪要》卷32邹县，皀山“土人呼为八卦山，相传伏羲曾画卦于此”。

皀山县　1946年山东革命根据地由兖济县改名，治大坞村（今山东滕州市西大坞镇）。因皀山为名。1956年撤销，并入滕县、邹县、济宁、微山四县。

皀阳岭　在今安徽旌德县北。《方舆纪要》卷28旌德县：皀阳岭在“县北十里。又县西北有乌岭”。

皀村　在今山东曲阜市南二十二里。为春秋时期亚圣孟子出生地。

郇　①春秋晋邑，在今山西介休市东北。后置为县。《左传·昭公二十八年》：“司马弥牟为郇大夫。”即此。

②春秋郑邑，后为周邑。在今河南偃师市西南。《左传》：隐公十一年（前712），“王取郇、刘、芳、邘之田于郑”。杜注：“缑氏县西南有郇聚。”又，庄公二十年（前674）秋，“王及郑伯入于郇”。即此。

③战国秦邑，在今陕西商洛市东南。《水经·浊漳水注》引《竹书纪年》：“秦封卫鞅于郇，改名曰商。”

郇子口　在今江西余干县西北。南宋乾道中范成大去岭南，途经此。《骖鸾录》：乾道癸巳（1173）“闰（正）月一日，宿郇子口。郇子者，鄱阳湖尾也……（二日）发船郇子，宿范家池”。

郇子寨　在今江西进贤县东北，与余干县瑞洪镇相对。明设郇子巡司及郇子驿，为滨湖要地。清乾隆三十年（1765）巡司移驻梅庄。

郇阳关　即今湖北鹤峰县东北七十里乌阳镇。清设外委及千总驻此。

郇县　春秋晋置，战国时入秦，属太原郡。治所在今山西介休市东北三十里郇城店村。西晋末废。北魏太和十九年（495）复置，北齐又废。

郇国　一作鄢国。西周封国，妘姓。在今河南鄢陵县西北。

郇泽　即郇城泊。在今山西平遥县西南。

郇城泊　即古昭余祁泽。又名郇泽、蒿泽。在今山西平遥县西南，跨介休县界。《元和志》卷13介休县：郇城泊“在县东北二十六里。《周礼》‘并州之薮曰昭余祁’，即郇城泊也”。

郇家地　即今内蒙古五原县西南复兴镇驻地郇家地。清光绪《五原厅志》上卷：西南乡有村名郇家地。

郇家桥镇　即今上海市奉贤区西北十四里郇桥镇。清光绪《奉贤县志》卷1：郇家桥市“傍沙冈，与大浦近”。

郇聚　在今河南偃师市西南。《左传》：庄公二十年（前674），“王及郑伯入于郇”，即此。

色扎宗　1942年原西藏地方政府设色扎宗，治所即今西藏丁青县西北色扎乡。“色扎”，藏语意为黄孩。原为姓氏名。传说凤凰在该地生了一个黄色孩子，故名。1960年并入丁青县。

色仁孜宗　又名色或晒仁则。原西藏地方政府设，治所即今西藏萨迦县东一百八十余里之赛。1960年并入萨迦县。

色尔札　在今西藏丁青县西北色扎一带。为藏北三十九族之一。见清乾隆《西藏志·外番》。

色尔蚌喀喇山　在今内蒙古杭锦旗西北。《清一统志·鄂尔多斯》：色尔蚌喀喇山“在右翼中旗西北二百四十里”。

色尔腾海　即今青海冷湖行政委员会东苏干湖。清康熙年间，额济纳旧土尔扈特部始封于此。《清史稿·地理志》青海：“塞尔腾海在旧沙州卫西南，水出雪山之阴，西北流潴为泽，为青海要地。”

色必塘　一作色必口。即今新疆木垒哈萨克自治县东二百六十里色皮口。清道光《新疆识略》卷2巴里坤：色必塘“东至噶顺塘八十里”。

色达　亦作色塘、色他。即今四川色达县。民国《西康建省记》：清宣统三年（1911），“俄落、色达地广人稀，拟各就适中之处建设县治，一名曰俄落，一名曰色达”。1952年置色达办事处，1955年改为色达县。“色达”，藏语意为“金色的骏马”。

色伦苏山　又作色楞素山。在今俄罗斯哈巴罗夫斯克边疆区黑龙江下游乌德利湖北。清齐召南《水道提纲》卷24：黑龙江“又东有药民河自东南来注之。江心有洲。其西岸即色楞素山麓也”。

色许　即杂渠卡、杂曲卡。今四川石渠县。《清史稿·地理志》登科府石渠县：“德尔格忒土司北区地。即杂渠卡，一名色许。宣统元年改流设县。”

色如错　又作希如错。在今西藏南部，门隅地区达旺南六里处。藏语意为犀牛角。原隶属于西藏地方政府管辖，为门隅三十二错、定（错、定是当地的一级行政区划）之一。1951年后被印度政府非法占领。

色克吉　在今吉林前郭尔罗斯蒙古族自治县西北。清西清《黑龙江外纪》卷2：“由八虎道至盛京道里，自茂兴站起，西六十里至蒙古境内色克吉。”

色拉　又作西山口、西拉山口。在今西藏南部，门隅地区达旺东南五十里处。藏语意为鸡冠山，是达旺通向申隔宗的要冲。

色拉山　在今西藏拉萨市北十里。清乾隆《卫藏通志》卷3："唐古忒（藏）谓金曰色，其山产金，故名。"另一说色拉意为野玫瑰园或冰雹。上有色拉寺。

色拉寺　在今西藏拉萨市北六里色拉乌孜山麓。藏语意为"野玫瑰园"或"冰雹"。明永乐十六年（1418）由喇嘛教格鲁派（黄教）创始人宗喀巴的弟子降央却杰兴建，为前藏三大寺之一。存有金写藏文《大藏经》及旃檀木雕十六尊者像一套。1982年定为全国重点文物保护单位。

色帕尔拜　即今新疆阿合奇县东色帕巴依乡。《清一统志·乌什》：色帕尔拜"在乌什城西南一百四十里。古木克齐克西三十里，西南通喀什噶尔"。

色宗　即色仁孜宗。治今西藏萨迦县东一百八十余里赛乡。

色威县　亦名达威。在今四川色达县。民国《道孚县图志》："色达一名色他，分上中下三色达。……（宣统三年）边务大臣赵尔丰遴员勘查，改为色威县，适逢鼎革，未果。"

色呼库尔　即塞勒库勒。今新疆塔什库尔干塔吉克自治县。《清宣宗实录》：道光八年（1828）九月，"至叶尔羌所属之色呼库勒地方，向设五品阿奇木"。即此。

色勒佛特库站　即塞勒佛特库站。今黑龙江省宾县东北宾安镇。《清史稿·地理志》宾州府："旧设站三：裴克图、苇子沟、色勒佛特库，东入松花（江）北岸之佛斯亨。"

色营　清乾隆年间置，在今西藏曲水县西塞村。乾隆《卫藏通志》卷12作"色"。

色野尔齐河　即今内蒙古东乌珠穆沁旗东境色也勒吉高勒。《清一统志·乌珠穆沁部》：色野尔齐河"在左翼东北七十五里。源出噶老图泊，西南流，入芦水"。

色喀古托寺　在今西藏洛扎县城南50公里处。寺坐西向东，平面呈方形，外有围墙环绕，东西长98米，南北宽48米。主殿大佛殿被称为噶哇久尼，寺中部碉楼九层，高28米，楼顶用金顶，另有僧舍等建筑。公元1080年前后，由西藏著名佛学大师玛尔巴及其弟子米拉日巴创建，初时仅有九层碉楼和噶哇久尼大佛殿。12世纪时曾维修。16世纪佛学大师巴握·祖拉陈哇续建了大经堂、僧舍及围墙，并给碉楼加盖了金顶。寺内保存有藏传佛教噶举派传承事迹、人物壁画及西藏门当画派的早期壁画和吐蕃写经。2001年定为全国重点文物保护单位。

色鲁马庄　即今青海囊谦县驻地。民国许公武《青海志略》第四章："囊谦为二十五族中之最大者，驻于色鲁马庄。辖户二千以上。地当玉树西南，万山耸立，地势极高，水流亦急，因与西康连界，险要甚多。……附近土地肥美，耕牧俱宜，气候和暖，出产甚多。于民国二十二年改设为囊谦县。"

色楞格河　在清外蒙古北部，今同名。源出杭爱山脉北坡，注入俄罗斯贝加尔湖。唐代译名仙娥河、仙萼河，元代译名薛灵哥河、薛凉格河等。《清一统志·喀尔喀》：色楞格河"发源自杭爱山西北山中，共有六。在北者，名哈喇台尔河、布克谁河，皆东南流。在南者，名额得勒河、齐志图河、乌里雅苏台河、阿济拉克河，皆东北流。经三百余里合为一，东流二百余里，哈绥河自西南流入此，又东北流二百里许，额赫河自西北流入此，又东北流四百余里，鄂尔坤河来自西南折向西北流入此，自此东北抵俄罗斯国界，西受哲得河，东受楚库河及其余八小水，正北流千余里，折西北汇于白哈尔海"。

〔丶一〕

庄山　即严道铜山。在今四川荥经县北。《汉书·邓通传》：文帝"赐邓通蜀严道铜山"。《盐铁论》作严山。东汉避讳改庄为严。

庄公台（臺）　在今山东曲阜市东北八里。《左传》：庄公三十二年（前661），"初，公筑台，临党氏"。即此。《方舆纪要》卷32曲阜县：庄公台"《志》云，在县东北八里"。

庄凤场　在今辽宁庄河市境。1924年分庄安盐场增设，设场知事。

庄市镇　清置，属镇海县。即今浙江宁波市东北十六里庄市镇。

庄州　唐贞观四年（630）改南寿州置，属黔州都督府。治所在今贵州贵阳市南青岩镇附近。南宋后废。

庄安场　在今辽宁庄河市南。民国间以庄河与安凤两盐场合并改名庄安场。1924年又改为庄河场。

庄坑　在今江西婺源县南。《方舆纪要》卷28徽州府婺源县：庄坑"在县南六十里。《舆程记》，由乐平而东六十里至毛桥，又三十里至湾头，五十里至庄坑，以达县。皆舟楫通行之道也"。

庄严寺　①东晋永和四年（348）建。故址在今江苏南京市西南。《梁书·侯景传》：太清三年（549），"百济使至，见城邑丘墟，于端门外号泣，行路见者莫不洒泪。景闻之大怒，送小庄严寺禁止，不听出入"。即此。

②俗名木塔寺。在唐长安城永阳坊，今陕西西安市西南木塔寨村。宋敏求《长安志》卷10载：大庄严寺"隋初置，宇文改别馆于此坊。仁寿三年，文帝为献侯立为禅定寺……建木浮图，崇三百三十尺……武德元年改为庄严寺。天下伽蓝之盛莫与之比……大中六年改为圣寿寺"。

③在今甘肃兰州市旧城内。《明一统志》卷36临洮府：庄严寺"在兰县北。元李溥光书匾"。寺中有颜真卿书"敕大庄严禅院"六字、吴道子观音画像及古塑像，故又名三绝寺。观音画像或疑为元人高手所作，已被毁。

庄里镇　清置，即今陕西富平县西北三十里庄里镇。汉王翦曾屯兵于此。

庄岳（嶽） 在今山东淄博市临淄区北古齐城。《左传》：襄公二十八年（前545），陈桓子曰："得庆氏之木百车于庄。"后庆封"反，陈于岳"。杜注谓"庄"为"六轨之道"，又谓"岳"为"里名"。《孟子·滕文公下》："引而置之庄、岳之间。"注："庄、岳，齐街、里名也。"

庄河厅 清光绪三十二年（1906）置，属奉天东边道。治所在大庄河（今辽宁庄河市）。1913年改为庄河县。

庄河市 1992年撤销辽宁省庄河县，改设庄河市，市人民政府驻红岩路。由大连市代管。

庄河场 在今辽宁庄河市南荞麦楞子。清初置盐场，直隶奉天府尹。光绪末于场设局，曰岫岩局，专管盐务。民国又以安凤城并入，改为庄安场，1924年增设庄凤场，以庄安场改名庄河场。

庄河县 1913年改庄河厅置，属奉天东边道。治所即今辽宁庄河市。因大庄河而得名。1929年属辽宁省。1992年改设庄河市。

庄亭驿 唐置，在今浙江杭州市萧山区西北西兴镇。宋改名日边驿。

庄洞墟 在今广东电白县东电城镇东北。明万历《高州府志》卷1：电白县有庄峒圩。清道光《电白县志》卷8：庄洞圩"在县（治今电城镇）东十里"。

庄桥市 即今浙江宁波市北十二里庄桥镇。旧属慈溪县。清雍正《慈溪县志》卷1：庄桥市在"县东南四十里"。

庄晏村 即今河北武安市西南二十二里庄晏村。清乾隆《武安县志》卷3里社：文章里有庄晏。

庄浪千户所 明洪武三十一年（1398）改庄浪卫置，属陕西行都司。治所即今甘肃永登县。永乐元年（1403）复改为庄浪卫。

庄浪卫 明洪武十年（1377）改庄浪县置，治所即今甘肃永登县。十二年（1379）为陕西行都司治所。二十六年（1393）陕西行都司徙治甘州卫，庄浪卫仍属陕西行都司。三十一年（1398）降为庄浪千户所。永乐元年（1403）复升为庄浪卫。清康熙二年（1663）又降为庄浪所。雍正二年（1724）改为平番县。

庄浪厅 清置，属凉州府。治所在今甘肃永登县南。1913年裁入平番县。

庄浪州 元大德八年（1304）降庄浪路为州，属凤翔路。治所即今甘肃庄浪县西北南湖镇。辖境相当今甘肃庄浪县北部地。明洪武三年（1370）属凤翔府，八年（1375）降为庄浪县。

庄浪县 ①元置，属永昌路。治所即今甘肃永登县。明洪武十年（1377）改为庄浪卫。

②明洪武八年（1375）降庄浪州为县，属静宁州。治所即今甘肃庄浪县西北南湖镇。清乾隆四十三年（1778）省入隆德县。民国初复置，属甘肃泾原道。1927年直属甘肃省。1951年迁治水洛城，即今治。

庄浪河 即逆水。在今甘肃中部。《方舆纪要》卷63庄浪卫"大通河"条下："又庄浪河亦在卫南，下流合于大通河。"

庄浪路 元初置，属陕西行省。治所即今甘肃庄浪县西北南湖镇。大德八年（1304）降为庄浪州。

庄家行镇 原名盛家库。即今上海市奉贤区西十二里庄行镇。清光绪《江苏全省舆图》奉贤县："庄家行在城（今奉城镇）西四十五里。"

庄陵 ①即梁简文帝萧纲庄陵。在今江苏丹阳市东三城巷北、唐家村东。《元和志》卷25润州丹阳县："梁简文帝纲庄陵，在县东二十七里。"

②唐敬宗李湛的陵墓。在今陕西三原县东北三十里陵前镇柴家窑村东。宋敏求《长安志》卷20三原县：庄陵"在县西北五里太平乡胡村，封内四十里"。

庄婆堰 在今浙江海宁市（硖石镇）西五十二里。《方舆纪要》卷90海宁县：庄婆堰"接德清县境之水，绕流县境，恒启不闭，甚为民利"。明嘉靖三十五年（1556）倭寇自海盐经庄婆堰趋杭州，即此。

庄墓桥 即今安徽长丰县南庄墓镇。旧属寿州。清光绪《寿州志》卷1：庄墓桥"距城九十里"。

庄蔼窝集 在今俄罗斯哈巴罗夫斯克边疆区黑龙江下游右岸宏格力河上游。《清一统志·吉林一》"喀穆尼窝集"条下："庄蔼窝集，在（宁古塔）城东北二千二百五十九里。"宏格力河发源于此。

庆山 在今陕西西安市临潼区东南三十五里。《新唐书·五行志》："垂拱二年九月己巳，新丰露台乡有山涌出，高二十丈，有池周三百亩，池中有龙凤之形、米麦之异。武后以为休应，名曰庆山。"

庆山县 唐垂拱二年（686）改新丰县置，属雍州。治所即今陕西西安市临潼区东北新丰镇。神龙元年（705）复名新丰县。

庆元县 南宋庆元三年（1197）分龙泉县置，属处州。治所即今浙江庆元县。以年号得名。元属处州路。明洪武三年（1370）省。洪武十三年（1380）复置，属处州府。民国初属浙江瓯海道。1927年直属浙江省。

庆元府 南宋绍熙五年（1194）改明州置，治所在鄞县（今浙江宁波市）。以年号为名。辖境相当今浙江宁波、慈溪、奉化、象山等市县及舟山群岛。元世祖至元十四年（1277）改为庆元路。宋、元时均置市舶司于此，为重要外贸港口。

庆元路 元世祖至元十四年（1277）改庆元府置，二十一年（1284）后属江浙行省。治所在鄞县（今浙江宁波市）。辖境相当今浙江宁波、慈溪、奉化、象山等市县及舟山群岛。至正二十七年（1367）朱元璋改为明州府。

庆云（雲）山 在今内蒙古巴林右旗索博日嘎镇北、与乌珠穆沁旗交界处。《辽史·地理志》庆州："庆云山，本黑岭也。圣宗驻跸，爱羡曰：

‘吾万岁后，当葬此’。兴宗遵遗命，建永庆陵。”在山麓有辽圣宗、兴宗、道宗三帝及后妃陵墓，又称庆陵。

庆云（雲）县　①辽太祖改密云县置，为祺州治。治所在今辽宁康平县东南三十五里小塔子。元废。

②明永乐初改西无棣县置，属沧州。治所在今河北盐山县东南旧庆云。清属天津府。民国初属直隶津海道。1928年直属河北省。1949年划归山东省。1952年划回河北省。1964年迁治解家集。1965年划归山东省。

庆云（雲）堡　明置，属辽海卫。即今辽宁开原市西庆云堡镇。嘉靖三年（1524）由古城堡迁达达马市于此。

庆化寺花塔　在今河北涞水县西北洛平村北五里龙宫山南麓。辽建，为八角形砖塔，高约16米，须弥座式塔基，束腰雕刻壶门、力士、伎乐。塔身四正面砌拱门，四隅面砌直棂盲窗。环绕塔体共有八层一百二十个佛龛，自下而上逐层递减，龛为单层亭形。塔的外观呈弧形，造型华丽，风格独特。2001年定为全国重点文物保护单位。

庆平堡　北宋熙宁五年（1072）置，属熙州。在今甘肃渭源县西北三十里庆坪乡。金改为庆平镇。

庆平镇　金改庆平堡置，属狄道县。即今甘肃渭源县西北三十里庆坪乡。

庆宁营　清乾隆四十五年（1780）置，属四川提督。在今四川金川县北庆宁乡（旧名茹寨）。

庆民县　金天会七年（1129）改孝安县置，属庆州。治所在今内蒙古林西县北四方城。皇统三年（1143）废。

庆成军　北宋大中祥符四年（1011）置，属河中府。治所在荣河县（今山西万荣县西南宝井村）。熙宁元年（1068）废。

庆州　①隋开皇十六年（596）置，治所在合水县（唐改名安化，今甘肃庆城县）。《元和志》卷3庆州：“（隋）割宁州归德县置庆州，立嘉名也。”辖境相当今甘肃庆阳、庆城、环县、合水、华池等市县及陕西志丹县西部。大业三年（607）改为弘化郡。唐武德元年（618）复名庆州。天宝元年（742）改为安化郡。至德元年（756）改顺化郡。乾元元年（758）复为庆州。北宋辖境缩小，相当今庆城、庆阳、合水、华池等县市地。庆历元年（1041）后为环庆路治。宣和七年（1125）改为庆阳府。

②唐渤海国置，为龙原府治。治所在龙原县（今吉林珲春市西南八连城）。大钦茂末年，曾徙王都于此。辖境约当今吉林珲春市一带。辽徙废。

③辽景福元年（1031）置，属上京道。治所在玄德县（今内蒙古巴林右旗北境白塔子古城）。《辽史·地理志》庆州：“圣宗秋畋，爱其（黑河州）奇秀，建号庆州。”又《兴宗纪》：“建庆州于庆陵之南，徙民实之，充奉陵邑。”辖境相当今内蒙古巴林右旗和林西县北部地。金改玄德县为朔平县，元废。古城遗址尚存，据查城垣南北长930米，东西宽1090米，高2.5米。城内西北有辽释迦如来舍利砖塔（高49.48米）。庆州城遗址1988年定为全国重点文物保护单位。

庆州白塔　又名释迦如来舍利塔。辽重熙十八年（1049）四月建，在庆州城内。今内蒙古巴林右旗北索博日嘎镇白塔子古城。位在古庆州内城中西北，为七层空心楼阁式砖塔，高64米，以通体涂白色，故名。内有铭文。1988年定为全国重点文物保护单位。

庆州都督府　唐武德六年（623）于庆州（治今甘肃庆城县）置总管府，七年改为都督府。后屡有置废。开元四年（716）复置，督庆州和党项族侨寄庆州境内的芳池州、安定州、安化州、静边州四羁縻都督府下属四十一州。

庆安会馆　在今浙江宁波市江东北路156号。为甬埠行驶北洋的舶商航工娱乐聚会场所，也是一座祭祀“天后神”的宫殿。建筑面积5020平方米。兴建于道光三十年（1850），咸丰三年（1853）落成。现存宫门、仪门（连戏台）、正殿（连戏台）、后殿、厢房、偏房及董事与管理人员住宅等。正殿采用石雕、砖雕和朱金木雕作为装饰，突出展现了浙东一带雕刻艺术，堪称精品。庆安会馆是宁波古代海上交通贸易史的历史见证，也是妈祖文化的物证。2001年定为全国重点文物保护单位。

庆安县　1944年伪满改庆城县置，属北安省（次年属黑龙江省）。治所即今黑龙江省庆安县。

庆安镇　旧名石阏市。北宋置庆安镇，属常熟县。在今江苏张家港市东庆安村。明在此设黄泗浦巡司，嘉靖年间毁于倭寇。

庆阳县　1914年改安化县置，属甘肃泾原道。治所即今甘肃庆城县。1927年直属甘肃省。

庆阳府　北宋宣和七年（1125）改庆州置，治所在安化县（今甘肃庆城县）。辖境相当今甘肃庆阳、庆阳、合水以北，环县以东，陕西志丹以西，定边以南地区。金为庆原路治。元属巩昌路。明属陕西布政使司。清属甘肃省。明、清两代辖境相当今甘肃庆阳、庆城、宁县、环县、合水、华池、正宁等市县地。1913年废。

庆寿寺　即今陕西彬县西二十里大佛寺。《清一统志·邠州》：庆寿寺“在州西二十里。唐建。有佛像坐石岩下，高十余丈。俗名大佛寺”。今为陕西省最大最完整的石窟寺。

庆寿寺双塔　在今北京市西城区西长安街28号。始建于金章宗初年，定名为大庆寿寺。元朝重建。明正统十三年（1448）重修，改名大兴隆寺，又称慈恩寺。清乾隆二十九年（1764）又予重修。1954年扩建西长安街时拆除。寺西侧有双塔：一为九级，是天光普照佛回圆明海云佑圣国师之塔；一为七级，是佛日圆照大禅师可庵的灵塔。

庆远卫　明洪武二十九年（1396）置，属广西都司。治所在今广西宜州市。后废。

庆远府　南宋咸淳元年（1265）以度宗潜邸升庆远军置，治所在宜山县（今广西宜州市）。辖境相当今广西宜州、忻城、河池、南丹、天峨、凤山、东兰、环江毛南族自治县、巴马瑶族自治县及贵州荔波县地。元世祖至元十六年（1279）改为庆远路。明洪武三年（1370）复为庆远府，属广西布政司。清属广西省。1913年废。

庆远南丹安抚司　元世祖至元十三年（1276）改庆远府置庆远安抚司，十六年改为庆远路，大德元年（1297）改置庆远南丹安抚司，属湖广行省。治宜山县（今广西宜州市）。辖境相当今广西宜州、环江、河池、南丹、天峨、东兰、凤山、巴马、忻城及贵州荔波等市县地。明洪武元年（1368）复改庆远府。

庆远南丹溪洞等处安抚司　元大德元年（1297）改庆远路置，属广西两江道宣慰司。治所在宜山县（今广西宜州市）。辖境相当今广西宜州、忻城、河池、南丹、东兰、天峨、凤山、环江毛南族自治县、巴马瑶族自治县及贵州荔波县地。明洪武三年（1370）改为庆远府。

庆远路　元世祖至元十六年（1279）改庆远府置，属广西两江道宣慰司。治所在宜山县（今广西宜州市）。辖境相当今广西宜州、忻城、河池、南丹、东兰、天峨、凤山、环江毛南族自治县、巴马瑶族自治县及贵州荔波县地。大德元年（1297）改为庆远南丹溪洞等处军民安抚司。

庆甸　宋大理置，属永昌府。即今云南凤庆县。元改庆甸县。

庆甸县　元泰定四年（1327）置，为顺宁府治。治所在今云南凤庆县南八里。明谢肇淛《滇略·版略》顺宁府："地曰庆甸，蒲人世居之。"明洪武十五年（1382）废。

庆忌塔　在今浙江杭州市少年宫附近。明田汝成《西湖游览志》卷8："昭庆寺之北为庆忌塔。"系葬春秋时吴王僚子庆忌处，宋改为丰储仓。

庆林山　在今广东佛山市高明区西明城镇北。《方舆纪要》卷101高明县：庆林山"在治（今明城镇）北一里。一名春富山。上有石岩，多林木"。

庆城县　1914年改余庆县置，属黑龙江省绥兰道。治所在余庆街（今黑龙江省庆安县）。1928年直属黑龙江省。1944年改名庆安县。

庆祚军　北宋政和三年（1113）改赵城县置，治所在今山西洪洞县北二十八里赵城镇。金复改赵城县。

庆都　战国赵邑。在今河北唐县东北十四里高昌镇。《史记·秦始皇本纪》：始皇七年（前240），"将军骜死，以攻龙、孤、庆都，还兵攻汲"。即此。西汉置望都县。

庆都县　金改望都县置，属中山府。治所即今河北望都县。元属保定路。明属保定府。清乾隆十一年（1746）复名望都县。

庆原路　金皇统二年（1142）并宋泾原、环原二路置，治所在庆阳府（今甘肃庆城县）。辖境相当今甘肃环县、镇原、泾川以东，灵台以北和陕西长武、彬县、永寿、旬邑、淳化等县地。元初废。

庆陵　①即唐敬宗李湛墓。在今陕西三原县东北。

②唐懿宗母晁太后的陵墓，在今陕西咸阳市东。宋敏求《长安志》卷11："懿宗母元昭晁太后庆陵在（万年）县东二十五里。"

③五代周世宗柴荣之陵。在今河南新郑市北。《旧五代史·周书·世宗纪》：显德六年（959），世宗柴荣"葬于庆陵"。《寰宇记》卷9郑州管城县："周世宗庆陵，在邑界。"

④北宋三陵之一。宋顺祖赵珽之陵。在今河北保定市东南。

⑤原名永庆陵，后改庆陵。在今内蒙古巴林右旗北境索博日嘎镇（辽庆州城）北二十里大兴安岭中之王坟沟（庆云山）。山麓有辽圣宗耶律隆绪、兴宗耶律宗真、道宗耶律洪基三帝及后妃陵墓。《辽史·兴宗纪》：景福元年（1031）十一月，"葬文武大孝宣皇帝于庆陵"；《道宗纪》：清宁元年（1055）十一月，"葬兴宗皇帝于庆陵"。《天祚皇帝纪》：乾统元年（1101）六月，"葬仁圣大孝文皇帝、宣懿皇后于庆陵"。民国初年被盗。内发现石刻契丹小字哀册，壁画内容极为丰富。1988年定为全国重点文物保护单位。

⑥在今北京市昌平区北天寿山西峰之西。为明十三陵之一，在献陵西北一里。为明光宗朱常洛之陵。

庆绥城　清乾隆二十八年（1763）建，在今新疆乌苏县。光绪十二年（1886）置库尔喀喇乌苏厅于此。

庆符县　北宋政和三年（1113）置，为祥州治。治所即今四川高县西北庆符镇。明郭子章《郡县释名》四川卷下：庆符县"邑南十五里有兴庆山。曰庆符者，以兴庆山名也"。宣和三年（1121）废祥州，县属叙州。元属叙州路。明洪武十年（1377）废入宜宾县，十三年（1380）复置。清仍属叙州府。民国初属四川永宁道。1928年直属四川省。1960年撤销，并入高县。

庆善宫　在今陕西武功县（普集镇）西。《元和志》卷2武功县："皇家旧宅也，南临渭水，武德元年置宫。贞观六年，銮驾亲幸，宴群臣赋诗焉。"宋敏求《长安志》卷14：庆善宫"太宗降诞之所，……武德元年建武功宫，六年改庆善宫，……后废为慈德寺"。

庆湖　即镜湖。在今浙江绍兴市西南四里。

庆源府　北宋崇宁四年（1105）改赵州为庆源节度，宣和元年（1119）改为庆源府。治所在平棘县（今河北赵县）。辖境相当今河北赵县、宁晋、赞皇、高邑、临城、柏乡等县地。金复为赵州。

亦八里城　又名益离城、亦剌八里、亦力把里。西辽属地。在今新疆伊宁市附近。《元史·曷思麦里传》："曷思麦里奏，往者尝招安到士卒留亦八里城。"即此。后属察合台汗国。

亦儿古里卫　明永乐四年（1406）置，属奴儿干都司。治所在今俄罗斯境黑龙江下游哈巴罗夫斯克（伯力）东北耶拉布加地方。后废。

亦力把里　即亦八里城。在今新疆伊宁市附近。《明史·西域传》：别失八里，“（永乐）十六年，贡使速哥言其王为从弟歪思所弑，而自立，徙其部落西去，更国号曰亦力把里”。

亦马忽山卫　明永乐十四年（1416）置，属奴儿干都司。治所在今吉林伊通满族自治县西南小孤山镇一带。后废。

亦马剌山卫　亦作亦马剌卫。明永乐四年（1406）置，属奴儿干都司。在今黑龙江省巴彦县西北西集镇。后废。

亦不剌山　即今内蒙古阿拉善右旗东北雅布赖大山。明张雨《边政考》卷4：“镇番卫（今甘肃民勤），北至亦不剌山二百八十里。”《明宣宗实录》：宣德八年（1433）十二月壬子，“甘肃总兵官刘广奏，遣凉州卫指挥使李荣等追击蒙古至亦不剌山，败之”。即此。

亦文山卫　明永乐五年（1407）置，属奴儿干都司。在今俄罗斯哈巴罗夫斯克边疆区阿姆贡河北九文山一带。后废。

亦东河卫　又作亦屯河、易屯河、一统河卫。明永乐十五年（1417）置，属奴儿干都司。在今吉林伊通河流域。后废。

亦耳麻不莫剌山　亦作伊拉玛博啰山。即今青海东南部阿尼玛卿山。《元史·地理志》河源附录：“朵甘思东北有大雪山，名亦耳麻不莫剌，其山最高，译言腾乞里塔，即昆仑也。”

亦列河　即今新疆西北部及哈萨克斯坦东北部之伊犁河。元耶律楚材《西游录》上：阿里马城“又西有大河曰亦列，河之西有城曰虎司窝鲁朵”。

亦杂石城　清置，在今青海贵德县东北亦扎石村。宣统《甘肃新通志》卷9：亦杂石城“地控诸番，南通贵德。乾隆三年，杨应琚筑城，周一百六十丈，高二丈二尺，基宽一丈八尺，顶宽九尺，南北二门”。

亦佐县　元代于夜苴部置，属罗雄州。治所在今云南富源县东南八十六里亦佐。明永乐初改属曲靖府。《明一统志》卷87曲清府亦佐县：“号夜苴部，后讹为亦佐。”清康熙八年（1669）废入罗平州。

亦苴龙城　元德州治所。在今四川德昌县。《元史·地理志》德州：“在（德昌）路之北。其地今名吾越甸，城曰亦苴龙……元至元十二年立千户，十三年改为德州。”

亦的勒水　亦作阿的勒、也只里河。即今俄罗斯之伏尔加河。《元朝秘史》卷11：“命速别额台勇士征迤北康邻等十一部落，渡亦的勒、扎牙黑二水。”

亦河　即碎叶水。今吉尔吉斯斯坦及哈萨克斯坦境内之楚河。元刘郁《西使记》：契丹故居“有河曰亦，运流汹汹东注”。即此。

亦剌八里　即亦八里城。又作亦力把里、益离城。在今新疆伊宁市附近。元代为察合台汗国属地。

亦思马儿甘　元代西藏地名。《元史·百官志三·宣政院》载：吐蕃等路宣慰使司都元帅府，辖有“亦思马儿甘万户府，达鲁花赤一员，万户二员”。其治所在今西藏昌都地区芒康县境。

亦思弗罕　亦作亦思法杭、伊思把罕。即今伊朗伊思法罕。《明史·西域传》：亦思弗罕“地近俺的干。永乐十四年使俺都淮、撒马儿罕者道经其地，赐其酋文绮诸物”。

亦思法杭　亦作亦思弗罕、伊思把罕。即今伊朗德黑兰南伊斯法罕。《元史·地理志·西北地附录》有“亦思法杭”。

亦思宽　一作亦息渴儿。又名热海。即今吉尔吉斯斯坦东部之伊塞克湖。《元史·耶律希亮传》：希亮“至于亦思宽之地”。即此。

亦保寨　在今云南沧源佤族自治县东。《清一统志·顺宁府》：亦保寨“在孟连司境。明正统六年讨麓川，分军从东路会合木邦诸军，元江府同知杜凯，率车里大侯诸蛮，招降孟连长官司亦保等寨，攻破其乌木弄戛邦等寨，余党诣军门降附”。

亦迷河　今吉林德惠县东、九台市西之饮马河。《明史·冯胜传》：洪武二十年（1387），“纳哈出将士妻子十余万屯松花河，闻纳哈出伤，惊溃。胜遣观童谕之乃降……还至亦迷河，复收其残卒二万余”。

亦迷河卫　明永乐十五年（1417）置，属奴儿干都司。在今吉林伊通河支流饮马河流域。后废。

亦速里河卫　明永乐五年（1407）置，属奴儿干都司。在今乌苏里江流域。后废。

亦息渴儿　即亦思宽。又名热海。今吉尔吉斯斯坦东部之伊塞克湖。《明一统志·亦力把里》：热海“周数百里。夷呼亦息渴儿”。

亦奚不薛宣慰司　元世祖至元二十年（1283）置，属云南行省。治所即今贵州大方县。至元二十九年（1292）属八番顺元等处宣慰司，隶湖广行省。元贞元年（1295）还属云南行省。后废。

亦资孔驿　即今贵州盘县驻地红果镇。地当黔滇孔道。明天启二年（1622），水西安邦彦反，西出侵掠，云南抚臣闵洪学遣兵援黔，收复此驿。民国时置县佐于此。

亦堵　即虎思斡耳朵。西辽都城。在今吉尔吉斯斯坦楚河南岸托克马克东南二十里布拉纳古城遗址。元刘郁《西使记》：“二月二十四日过亦堵，两山间土平民伙，沟洫映带，多故垒坏垣。问之，盖契丹故居也。”

亦麻河卫　明永乐八年（1410）置，属奴儿干都司。在今俄罗斯滨海边疆区乌苏里江支流伊曼河流域。后废。

亦集乃海　亦名居延海。在今内蒙古额济纳旗北嘎顺淖尔和苏泊淖尔一带。《元史·地理志》：“亦集乃路在甘州北一千五百里，城东北有大泽，西北俱接沙碛。”

亦集乃路　元世祖至元二十三年（1286）改西夏黑水镇燕监军司置，属甘肃行省。治所在亦集乃城（今内蒙古额济纳旗东南哈日浩特）。辖境相当今内蒙古额济纳旗。“亦集乃”即西夏语“黑水”之意。元于其地屯田，发新军二百人凿合即渠溉田。《明史·冯胜传》：洪武五年（1372），讨扩廓帖木儿，“至甘肃，元将上都驴迎降。至亦集乃路，守将卜颜帖木儿亦降”。即此。后废。

亦鲁河卫　又作伊鲁河卫。明正统后置，属奴儿干都司。在今俄罗斯滨海边疆区兴凯湖南伊鲁河流域。后废。清光绪《吉林通志》卷12：“伊鲁河卫，正统后置，旧讹亦鲁。”

刘　春秋郑邑，名留。后为周大夫刘子采邑。在今河南偃师市西南。《左传》：隐公十一年（前712），“王取邬、刘、蒍、邘之田于郑”。又，昭公二十三年（前519），“单子、刘子、樊齐以王如刘”。

刘二堡　即今辽宁辽阳县西南六十里刘二堡镇。清光绪《奉天全省地舆图说图志》辽阳州图：西南有刘二堡。

刘三公庄　即今山东日照市北三庄镇。《方舆纪要》卷36日照县“夹仓镇”条下：“《志》云，县西七十里有刘三公庄。萧梁时刘勰所居。旧置巡司于此。”

刘口　即刘家口。又名刘口集。即今河南商丘市东北刘口乡。旧属山东曹县，民国时有县佐驻此。

刘子陂　在今河南封丘县南。《资治通鉴》：五代汉乾祐三年（950），郭威军至封丘，“南、北军遇于刘子陂”。即此。

刘马庄　即今江苏宿迁市西北四十里皂河镇。《清一统志·徐州府二》：刘马庄巡司“在宿迁县西北皂河口。《旧志》，县东北百二十里，又东北去海州百八十里。一名刘家庄。明置巡司。运河主簿及黄河北岸千总俱驻此”。

刘王城　在今江苏淮安市楚州区东南十里。《方舆纪要》卷22淮安府“拓塘城”条下：“又有刘王城，在府东南十里运河西岸。相传吴王濞所筑。”

刘五店　即今福建厦门市同安区南刘五店。与厦门对峙，直达外洋，为海防要地。清乾隆五十四年（1789）置刘五店巡司于此。

刘少奇故居　在今湖南宁乡县东南花明楼镇炭子冲。1898年11月24日，刘少奇诞生于此并在此度过了青少年时代。故居为农村四合院形式，共有房屋二十余间，分别为厅堂、住室、伙房、食堂等。1980年故居按原貌进行了修葺，当年的卧室、书房和1961年召开调研会的横堂屋内陈列了实物、照片资料数百件。1988年定为全国重点文物保护单位。

刘升（昇）店　即今湖北枣阳市东刘升镇。《清一统志·襄阳府三》：刘升店“在枣阳县东四十里”。

刘公岛　在今山东威海市东海中。为威海卫外蔽。周三十里，多林木，有田可耕。《明史·河渠四》：“自海洋所历竹岛、宁津所、靖海卫，东北转成山卫、刘公岛、威海卫，西历宁海卫，皆海面。”光绪《文登县志》卷1：刘公岛，“《元史》作刘家岛，亦作刘岛。旧传为海上刘氏别业。明初魏国公徐辉祖徙岛中居民于近郭，嘉靖间海贼王宪武造房五十三座，据而有之”。

刘公岛甲午战争纪念地　在今山东威海市东刘公岛上。这里原是清朝政府北洋海军提督署所在地。中日甲午战争爆发后，北洋水师官兵在黄海英勇抗击日本海军，“致远舰”舰长邓世昌等官兵壮烈牺牲。日军分海、陆两路围攻威海，水师官兵力战不敌，全军覆没。水师提督丁汝昌等殉国于刘公岛。纪念地除海军提督署外，还包括水师学堂、铁码头、船坞、岛山诸炮台及丁公祠、丁公府等建筑和设施。1988年定为全国重点文物保护单位。

刘公河市　一名刘公河镇。在今湖北蕲春县东北三十三里刘河镇。民国《湖北通志》卷33《乡镇》：“刘公河市，在州（蕲州故治，今蕲州镇）北九十里。”

刘公城　在今湖南沅江市西三里。《明一统志》卷64常德府：刘公城“汉昭烈帝尝徇武陵、长沙、零陵、桂阳四郡，因立城于此”。

刘公洲　在今湖北武汉市汉阳城区南长江中。《舆地纪胜》卷79汉阳军：刘公洲，“元祐八年有沙洲涌出。知军刘谊种荻其上。因号刘公洲。后因李家请佃，改曰李家洲”。《清一统志·汉阳府》引《府志》：“洲旧自三里坡直抵南纪门，荻苇繁茂，冬春水落，贾舟集此，民有贸易之利。明嘉靖以来渐没，而故洲外复淤一洲，下抵朝宗门，环拱郡城。”

刘公桥　在今山东东平县西。《寰宇记》卷13须城县：“刘公桥在县东二十七里。宋武（刘裕）北伐至此造，故号之。”

刘公渠　在今河北盐山县西南。《方舆纪要》卷13沧州盐山县：刘公渠在“县西南五十里。县境旧承无棣沟下流，大小群川悉附以入海。无棣沟既塞，每以淫潦为患。万历四十二年，邑令刘子诚开渠，自燕子口至高家湾四十三里，导入古黄河，直达于海”。清复塞。

刘公堤　亦作刘公堰。又名糜枣堰。即今四川成都市西北郊九里堤。《方舆纪要》卷67成都县“浣花溪”条下：九里堤，“宋乾德中圮，守臣刘熙古修筑，一号刘公堤”。

刘公寨　在今安徽青阳县南。《方舆纪要》卷27青阳县：刘公寨“在县南。宋建炎中，张遇寇境，刘光世因险立寨，御之于此”。

刘氏村　即今河北蠡县东北三十里留史镇。清同治《畿辅通志》卷48蠡县图：东北有刘氏村。

刘氏园陵　五代北汉主刘崇（旻）、刘承钧、刘继恩三世陵园。在北汉都晋阳西南郊（今山西太原市西南天龙山谷）。

刘龙台集　即今辽宁义县西南刘龙台镇。清光绪

《奉天全省地舆图说图志》义州图：西南有刘龙台。民国《义县志》中卷：刘龙台集“在城西北七十里”。

刘龙沟镇　即今辽宁义县西南留龙沟满族乡。民国《义县志》中卷：刘龙沟集“在城西五十里……又名刘聋子沟，住户一百二十三家，商号十七家”。

刘永福旧居建筑群　在今广西钦州市扳桂街10号。刘永福（1837—1917）为清末抗法名将。旧居原名三宣堂，因刘永福援越抗法，曾受越王封为三宣副提督而得名。中法战后，刘永福回国后于清光绪十七年（1891）建。占地面积2.27万平方米，建筑面积5600平方米，砖木结构，院落式布局，共有大小楼房一百一十九间。有门楼、照壁、廊房、谷仓、书房及暗道等建筑，以及戏台、花园、菜园、鱼塘、晒场等设施。刘永福旧居与冯子材旧居均系典型的清代南方府第建筑群，具有简朴典雅的艺术特色。2001年两处建筑群一起被定为全国重点文物保护单位。

刘台庄　即今河北昌黎县南四十里刘台庄镇。清同治《畿辅通志》卷49昌黎县图：南有刘台庄。

刘老庄　在今江苏淮安市淮阴区北。1943年3月，新四军三师七旅十九团四连在反“扫荡”战斗中被日伪军一千余人包围在此，与十几倍于己的敌人浴血奋战，毙敌一百七十余人，全连指战员全部牺牲。朱德在《八路军和新四军的英雄主义》一文中高度评价说：“淮北全连八十二人全部殉国的刘老庄战斗……无一不是我军指战员的英雄主义的最高表现。”现村西有“八十二烈士陵园”。

刘老涧　在今江苏宿迁市东南四十里。《清一统志·淮安府一》：刘老涧“长二十余里，分泄运河异涨之水，下入六塘河。向无子堰，每致漫溢民田。本朝乾隆十一年建筑，二十七年疏浚，并建九孔石闸一座”。

刘过墓　在今江苏昆山市马鞍山东麓。刘过（1154—1206），字改之，号龙洲道人。太和（今江西泰和）人，一说庐陵（今江西吉安）人。南宋诗人、词人。南宋嘉定五年（1212）知县潘友文买山葬此，并立祠于墓东东斋之侧。

刘师岭　在今福建邵武市西南。《方舆纪要》卷98邵武府邵武县：刘师岭在“府南百二十里。路出建昌府。鸟道嵚崎，绵亘六七里，人以为病，戏名愁思。宋上官端义募众甃路，行者便焉”。

刘回（迴）堡　在今陕西兴平市东南。《晋书·赫连勃勃载记》：东晋义熙十四年（417），勃勃以子璝“率骑二万南伐长安，……义真遣龙骧将军沈田子率众逆战，不利而退，屯刘回堡”。即此。

刘仲城　在今陕西合阳县东北。《水经·河水注》：徐水“出西北梁山，东南流径汉武帝登仙宫东，东南流绝强梁原，径刘仲城北，是汉祖兄刘仲之封邑也”。《史记·高祖本纪》：“代王刘仲弃国亡，自归雒阳，废以为合阳侯。”因刘仲筑城于此，故以为名。

刘行镇　即今上海市宝山区西南刘行镇。清光绪《宝山县志》卷1：刘行镇“在县治西南二十四里。《旧志》称刘家行，又名华井里，今更名镇”。

刘各庄　即今河北大城县西南三十六里留各庄镇。清同治《畿辅通志》卷49河间县图：东北有刘各庄。

刘庄　即今江苏大丰市西南刘庄镇。《方舆纪要》卷22淮安府：“刘庄在府东南百五十里。嘉靖三十八年，倭据庙湾，东侵淮安，官兵败之于姚家荡，又败之于刘庄，贼复遁入庙湾，寻败走。官军追至虾子港，贼乘舟开洋遁去。”

刘庄场　北宋置，即今江苏大丰市西南串场河旁之刘庄镇。产盐。旧属兴化县，清时有盐大使驻此。民国间并入草堰场。

刘庄店　即今河南确山县东南四十二里刘庄镇。民国《确山县志》卷1：县东南有刘庄店。

刘庄集　即今河南沈丘县（槐店镇）南五十六里刘庄店镇。明嘉靖《沈丘县志》：“刘庄集，在治（今县东南五十四里老城镇）西南十五里。”

刘庄镇　①金置，属闻喜县。在今山西闻喜县东七十二里刘庄治村。

②一名柳庄镇。在今江苏沭阳县东南。《清一统志·海州》：刘庄镇“在沭阳县东四十里。为往来要路”。

刘村　即今河北宁晋县东四十里小刘村乡。明正德《赵州志》卷3：宁晋县有刘村社。

刘村寨　在今山西阳城县北。清同治《阳城县志》卷4有刘村堡。

刘岗　即今山东曹县西北刘岗。1943—1949年冀鲁豫革命根据地置齐滨县治此。

刘伶台（臺）　在今江苏淮安市楚州区东北七里。为纪念晋代“竹林七贤”刘伶而建。唐许浑《淮阴阻风寄呈楚州韦中丞》诗：“刘伶台下稻花晚，韩信庙前枫叶秋。”即此。《舆地纪胜》卷39楚州：“刘伶台在县北，边淮。”

刘伶醉烧锅遗址　在今河北徐水县城内，刘伶醉酒厂第一工作间厂房内。始建于金元，迄今已有八百多年历史。遗址包括十六个古发酵池、一口水井及部分挖掘出土的酿酒用陶器。是目前已知的我国北方最早的酿酒遗址。被列为中国第一批白酒文化遗产景观。十六个古发酵池一直沿用至今，产酒优质率达90%，远高于普通窖池30%的比率。2006年定为全国重点文物保护单位。

刘沟堡　北宋置，在今甘肃天水市北。《宋书·夏国传》：熙宁二年（1069）三月，“夏人入秦州，陷刘沟堡，杀范愿”。即此。

刘宋镇　又名刘宋屯。即今河北香河县东南三十里刘宋镇。《清一统志·顺天府四》：刘宋屯集“旧有土堡，今圮”。

刘宏镇　金置，属齐河县。在今山东齐河县西南三十里。

刘武七营　在今河南灵宝市西。《方舆纪要》卷48：“刘裕伐姚泓、檀道济、王镇恶，滨河带险，造大小七营，是也。”

刘顶　在今江苏连云港市西南。有刘顶煤矿。1940年建有陇海铁路通此。

刘顶支线　即陇海铁路海刘支线。从江苏海州（今连云港市西南海州区）南至刘顶煤矿。1940年建成。1945年拆除。

刘林台（臺）　俗名皇娘娘台。在今甘肃武威市西北五里金羊乡宋家园村。清乾隆《五凉全志·武威县志》：刘林台“城西北五里。相传窦融筑，旧名窦融台。明洪武初百户刘林战死台下，人重其节，改今名”。

刘虎集　一名留福集。即今河南沈丘县（槐店镇）南七十五里留福镇。明嘉靖《沈丘县志》：“刘虎集，在治（今县东南五十四里老城镇）南十五里。”

刘尚城　在今湖南辰溪县东南五里。《方舆纪要》卷81辰州府沅陵县：刘尚城“相传后汉建武中，尚征武陵蛮时所筑。今城虽废，犹足以控扼诸蛮。《郡志》：今辰溪县东南五里有刘尚城，即此城也”。

刘固　即今河北永年县（临洺关）东北二十六里刘固乡。清同治《畿辅通志》卷51永年县图：西北有刘固。

刘岩　在今浙江武义县西。《方舆纪要》卷93武义县：刘岩“在县西三十五里。一名金公岩，岩石峻拔……正统十四年避处寇于此者以万计，皆得免”。

刘岭　即今陕西商洛市南五十里流岭。《方舆纪要》卷54商州：刘岭“甚危峻，有万木森罗其上。宋高宗割商、秦之半界金人，以刘岭为界。即此”。

刘知远墓　即五代汉高祖睿陵。在今河南禹州市西北六十里柏村西。刘知远（895—948），沙陀部人。后晋时为河东节度使，开运四年（946）契丹灭后晋，他在太原称帝，建都汴（今河南开封），史称后汉。墓冢高10米。冢前有石俑、石兽，大部毁坏。东三十六里处有高后陵，西八里有其子隐帝颍陵。

刘季尖　在今江西广昌县南。《方舆纪要》卷86建昌府广昌县：刘季尖“在县南五里。尖者岭也。相传汉高曾登此，下有汉王岩”。

刘备城　①即今湖北秭归县（茅坪镇）西北归州镇。《水经·江水注》：“（秭归）县城东北，依山即坂，周回二里，高一丈五尺，南临大江。古老相传，谓之刘备城。盖备征吴所筑也。”《舆地纪胜》卷74归州：刘备城“即今州城。昔先主征吴，连营七百里，下至秭归。此盖当时所筑”。

②在今湖南岳阳市北六十里。宋范致明《岳阳风土记》：“刘备既与鲁肃画湘为界，遂筑城乌沙镇对垒，在州北六十里，俗谓之金门刘备城。”

刘备墓　史称惠陵。在今四川成都市南郊武侯祠内之正殿（刘备殿）西侧。《三国志·蜀书·先主传》：章武三年（223）四月，“先主（刘备）殂于永安宫”（在今重庆奉节县城）。五月，“梓宫自永安还成都”。八月，“葬惠陵”。《清一统志·成都府》：昭烈帝惠陵“在华阳县西南八里，旁有庙”。清所建墓碑正中阴刻“汉昭烈皇帝之陵”七大字。

刘店　即今河南确山县东刘店乡。民国《确山县志》卷1：“清顺治三年新编乡”中，“有集曰刘店，在邑东二十五里”。

刘河　亦作浏河。即娄江。在今江苏昆山、太仓市境内。

刘河堡中千户所　明置，治所即今江苏太仓市东北浏河镇。清顺治十五年（1658）并入镇海卫。

刘河镇　即今江苏太仓市东北浏河镇。元名刘家港，为海运漕粮出海口。明于此置巡司，为对外贸易港口。郑和七次下西洋，亦由此出海。嘉靖年间筑城浚濠，万历初改置游击营。清改名刘河镇，设有水师游击，有州同驻此。

刘官屯　即今贵州盘县（红果镇）东北刘官镇。清设驿于此。

刘郎洑　①一名刘郎浦。在今湖北石首市西北长江北岸。《资治通鉴》：五代唐天成三年（928），楚王殷遣袁诠等人“将水军击荆南，高季兴将水军逆战，至刘郎洑”。胡三省注：“江陵府石首县沙步有刘郎浦，蜀先主纳吴女处也。”

②在今湖北鄂州市东。《舆地纪胜》卷81寿昌军：刘郎洑“在武昌东江上。旧名流浪，后讹为刘郎。坡诗：伍州遥望刘郎薮是也”。

刘房子　即今吉林公主岭市东北刘房子镇。清末为大刘房子。后简化为刘房子。民国徐曦《东三省纪略》卷8：南满铁路“刘房子驿距公主岭驿六里六”。

刘彦彰　即今辽宁绥中县北牛彦章。明《辽东志》卷3：新兴营堡“堡西刘彦彰可屯兵”。

刘桥　在今山东鄄城县西南。《资治通鉴》：唐光启三年（887），朱全忠攻濮州，“与兖、郓兵战于刘桥”。胡三省注：“刘桥，在曹州乘氏县东北，濮州范县西南。按《薛史》，战于临濮之刘桥。”

刘桥镇　即今江苏南通市通州区（金沙镇）西北四十四里刘桥镇。清光绪《江苏全省舆图》：通州（今南通市）北有“刘桥”。

刘夏镇　即今上海市青浦区东二十六里刘夏村。近年在村北出土有商代早期印纹陶罐、瓿及东周时代各种纹饰的印纹硬陶片、原始青瓷片等。被定为刘夏文化遗址。

刘家口　一名刘口集。即今河南商丘市东北刘口乡。清徐宗干《斯未信斋文编》卷6《杂录》：《丙辰日记》云，咸丰六年（1856）三月初三日，“移营刘家口，距郡城四十里，江南、山东、河南三省交界”。

刘家口关　明置，属迁安县。在今河北卢龙县北六十里。《方舆纪要》卷17迁安县：刘家口关，“东接卢龙县之桃林口关，凡四口，路出大宁，最为襟要。

明建文初，燕王驻永平，谋并大宁，……引兵自刘家口而北，大宁果下”。即此。

刘家市　即今江西湖口县南流芳乡。《清一统志·九江府二》：刘家市“在湖口县南四十里。商旅居民极为繁盛。都昌、湖口二县俱贸易于此”。

刘家场　①亦称留佳场。即今四川荣县西留佳镇。清道光《荣县志》卷10：刘家场“县西九十里”。

②即今四川青神县南瑞峰镇。清嘉庆《青神县志》卷11：刘家场在“县南二十里”。民国年间改为瑞丰乡，1985年改为瑞峰镇。在附近有唐建砖塔。

刘家庄　①在今江苏沭阳县东南。明置巡司于此。《方舆纪要》卷22宿迁县“峒峿镇”条下：“《志》云，县东北百二十里有刘马庄关。一作刘家庄。有巡司。又东北百八十里而至海州。”

②即今山东即墨市西北刘家庄镇。明代为即墨通莱州府的驿铺之一。

刘家岛　即刘公岛。今山东威海市东海中刘公岛。

刘家沟　即今山东蓬莱市东南三十里刘家沟镇。清道光《蓬莱县志》卷1《市廛》有刘家沟。

刘家庙　即“江岸”。在今湖北汉口东北江岸区。

刘家河口　在今河北滦南县南六十里大庄河。旧为青河入海处。明置刘家口关。清设把总驻守。

刘家河镇　即今辽宁凤城市西北刘家河镇。民国《东北年鉴》南满路线图：沈阳至安东线有刘家河站。

刘家涡寨　北宋置，属文安县。在今河北文安县西北三十里。政和三年（1113）改为安平寨。

刘家营　即今河北卢龙县北五十里刘家营乡。明于此筑城，并设把总戍守。

刘家圈　在今甘肃天水市东北。《宋史·吴璘传》：南宋绍兴十一年（1141），金将“胡盏与习不祝合军五万屯刘家圈”。据险自固。

刘家铺　即今四川三台县西北刘营镇。清嘉庆《四川通志》卷89三台县：刘家铺“在县北六十五里”。

刘家港　①即今江苏太仓市东北浏河镇。为娄江入海处。元时海运漕粮由此出海。延祐元年（1314）昆山州治曾徙于此，至正十七年（1357）复回原址。当时曾号为“六国码头”。明永乐三年（1405）郑和下西洋，亦由此出发。

②在今江苏南通市西南。《方舆纪要》卷23通州：“刘家港在州西南，通大江。明初俞通海由此进逼通州，败张士诚兵。”

刘家渡　即今安徽无为县西南三十五里长江滨之刘渡镇。清乾隆《无为州志》卷4《津梁》：刘家渡“在城南四十里”。

刘家隔　即今湖北汉川市北二十六里刘家隔镇。明、清置巡司于此。《清一统志·汉阳府一》：刘家隔巡司“唐、宋汉川县治也。相传宋知军事刘毅隔岸种获，后人因以名之。其地卑下，每岁春水弥漫，秋冬始涸，平原周广四十里，商贾云集”。

刘基庙及墓　在今浙江文成县西北南田镇。是明代开国元勋刘基的祠堂和墓地。刘基（1311—1375）字伯温，青田南田（今属文成）人。佐朱元璋得天下，明初任御史中丞兼太史令，封诚意伯。卒谥文成。刘基庙位于南田镇新宅村华盖山东南麓，建筑面积3023平方米。庙始建于明英宗天顺二年（1458），天顺五年告成。由头门、仪门、正厅、追远祠、照壁、牌坊、厢房组成回廊式建筑。现存明清碑刻、楹联、匾额等。刘基墓位于南田镇西陵村夏山之麓。占地面积300平方米，建于明洪武八年（1375）元月，系简朴之土茔，砖室封土，由上下坟和墓冢组成。清道光年间加建卵石墓圈，1930年加石墓碑，上书“明开国太师刘文成之墓”。2001年定为全国重点文物保护单位。

刘营集　即今河北永年县（临洺关）东北十八里刘营乡。清同治《畿辅通志》卷51永年县图：西北有刘营。

刘累城　在今河南偃师市南。《史记·夏本纪》：“陶唐既衰，其后有刘累，学扰龙于豢龙氏，以事孔甲。”《正义》引《括地志》：“刘累故城在洛州缑氏县南五十五里，乃刘累之故地也。”

刘铭传旧居　在今安徽肥西县西七十四里大潜山北麓井王店北刘老圩。刘铭传（1836—1896），清末淮军将领，光绪十一年（1885）就任台湾省首任巡抚，积极加强防务，整顿吏治，开发经济，创办新学。光绪十七年（1891）因病离任。现存于其故里的刘铭传旧居占地约7万平方米，四周有两道防御壕沟，沟内的水是大潜山引来的金河水。旧居四周用石头砌成的围墙上建有碉堡五座。原故居内有房屋百余间，建筑兼具南、北方民居的特点，又吸收了西洋建筑的优点。旧居建筑反映了江淮之间独特的圩堡文化，是淮军将领故里圩堡群的突出代表，有很高的历史和文化价值。2006年定为全国重点文物保护单位。

刘堤（隄）圈村　即今河南夏邑县西北四十里刘堤圈村。民国《夏邑县志》卷9《兵事》：咸丰三年（1853）八月，捻军自归德府境入夏邑县，清兵“追至刘堤圈”。

刘斌堡　明置，属永宁县。即今北京市延庆县东北四十八里刘斌堡乡。《方舆纪要》卷17永宁县：刘斌堡“在周四沟堡西，南山灰岭等口之喉吭也。（明）万历三十二年设堡于此，周一里有奇”。

刘普马驿　在今山东禹城市南。《方舆纪要》卷31禹城县：“刘普马驿，旧置于县西十五里。成化十一年，迁于县治南。”

刘解镇　又名流澥。北宋置，属乐寿县。即今河北泊头市西北流澥寺村。金属交河县。后废。

刘聚　即春秋时周之留邑。在今河南偃师市西南。《汉书·地理志》河南郡缑氏县：“刘聚，周大夫刘子邑。”《水经·洛水注》：刘水“出半石东山，西北流径刘聚，三面临涧，在缑氏西南，周畿内刘子国”。

刘源题字石刻　在今安徽潜江县西北、天柱山主景区西关寨口崖壁。刻于南宋末年，刻文共六十七字，记录了南宋末年民族英雄刘源率十万民众扎寨守关，奋力抗元，历时十余年的史实，有较高的史料价值。2001年与“天柱山山谷流泉摩崖石刻”及位于天柱山景区娘娘河东侧的“白云岩石刻”一起，被定为全国重点文物保护单位。

刘繇城　在今江西南昌市北。《豫章记》：“刘繇城在豫章县北四十里。”《寰宇记》卷106洪州南昌县：“刘繇城在县东北三十八里。盖孙策略地于曲阿，扬州刺史刘繇败奔豫章，筑城自保。今人号为刘繇城。”

齐　指今山东泰山以北黄河流域及胶东半岛地区，为战国时齐国地，汉以后仍沿称齐。

齐山　①在今安徽池州市东南郊约三里。《寰宇记》卷105贵池县：齐山“在县东南六里。有齐山祠，复有九顶山洞”。《舆地纪胜》卷22池州：齐山“在贵池县南五里。按王晳《齐山记》，有十余峰其高等，故曰齐山。或云以齐映得名”。唐杜牧有《九日齐山登高》诗。

②即今山东招远市南三十里齐山。《明一统志》卷25登州府：齐山“宋、元时尝置买金场于此”。

齐门　又名望齐门。即今江苏苏州市旧城东北门。《吴越春秋》卷4：阖闾“复谋伐齐，齐子使女为质于吴，吴王因为太子波聘齐女，女少思齐，日夜号泣，因乃为病。阖闾乃起北门，名曰望齐门。令女往游其上”。俗称齐门。

齐子岭　一名秦岭。即今河南济源市西五十里秦岭山。北周、北齐分界处，为双方攻守要地。《周书·杨檦传》：西魏大统十二年（546），“及齐神武围玉壁，别令侯景趣齐子岭”。《周书·武帝纪》：建德五年（576）十月，攻北齐晋州，以“大将军韩明步骑五千守齐子岭”。

齐王府　元置，在今俄罗斯赤塔州东南部额尔古纳河支流乌鲁伦圭河上游北希尔希尔古城。元太祖弟搠只哈撒儿分封于额尔古纳河、根河一带，其后裔于元世祖时封齐王，置王府，遂建宫城。古谢列夫《古蒙古城市》云，今希尔希尔古城北曾发现蒙文石碑，为搠只哈撒儿子移相哥所立。

齐王部　元代诸王封国。元太祖弟搠只哈撒儿子孙世袭，其后王初封淄川王，后封齐王，主其国事。受镇守太祖大斡耳朵的晋王节制。据《史集》（第1卷第2册）载，搠只哈撒儿的封地在蒙古东北部也里古纳河、阔连海子和海剌儿河一带，与斡赤斤封地邻近。辖境跨额尔古纳河，相当今内蒙古呼伦贝尔市西部及俄罗斯赤塔州东南部地。后废。

齐天山　在今湖南麻阳苗族自治县南。与西晃山连麓别峰。《明一统志》卷65辰州府：齐天山“在麻阳县（今锦和镇）东南五十里。峰峦高出云表，天晴则秀色愈盛，故又名霁添山”。宋置齐天铺于山下。

齐云（雲）山　①即白岳山，在今安徽休宁县西三十里。原名齐云岩，为白岳主峰之一。《江南通志·山川五·徽州府》：齐云岩“在白岳西北，路回如线，游者缘梯而上，所经胜处极多，乃至于岩。黟、祁、歙、婺之山，一目可尽也。宋程珌书‘雲岩’，二字刻于石前。一峰特起为香炉峰，又谓之凌虚岩。明嘉靖中，敕改曰齐云山”。

②在今安徽泾县南。《清一统志·宁国府一》：齐云山“在泾县南四十里，与承流并峙，高数十丈。山巅平可数十亩，产茶极佳”。

③即今安徽金寨县东南齐头山。《方舆纪要》卷26六安州“武陟山”条下：“又齐头山在州西南九十里。高千八百丈，层峰叠嶂，顶方四平，有泉出焉。”《清一统志·六安州》：齐云山“亦名齐头山……上有云峰。又有雷公洞。产茶极佳”。

④即清源山。今福建泉州市北郊清源山。《清一统志·泉州府一》：清源山“在府城北五里。郡主山也。旧名泉山。一名北山。又以高顶常云，名齐云山”。

齐云（雲）楼　①故址在今江苏苏州市城内阊桥南。民国《吴县志》卷20引《吴地记》云：“曹恭王所建。白公有诗，改名齐云楼。”宋朱长文《吴郡图经续记》卷上：“齐云楼者，盖今之飞云阁也。”

②在今陕西华县城内。《旧唐书·昭宗纪》：乾宁四年（897），“帝与学士、亲王登齐云楼，西望长安，令乐工唱御制菩萨蛮词”。

齐云（雲）山石刻　在今安徽休宁县西齐云山风景名胜区。齐云山是中国四大道教名山之一（其余为青城山、武当山、龙虎山），古寺观遗存不多，仅存数座岩穴小庙。唐贞元四年（809）创建石门寺起，宋明鼎盛。但山岩峭壁间镌刻有“最高峰”、“廊岩”、“思耻台”等石刻五百多处，其中有明代唐寅撰文石碑。齐云山石刻主要分布地石桥岩，若半月之天桥，镌刻有历代名人及游人摩崖石刻百余处，正中为“亘古奇观”四字。紫霄崖在姑峰、玉屏峰之间，紫红色砂砾岩壁间镌有“紫霄崖”、“东南名岳”、“第一洞天”、“飞雨”、“天下奇观”等石刻，明代唐寅撰文《紫霄岩玄帝碑铭》碑立于崖下，高达7.6米。此外，登封桥、方腊洞等处亦镌刻有“登封”、“方腊寨”等字。2006年定为全国重点文物保护单位。

齐长城　自今山东平阴县境，东循泰山北坡，经莱芜市、沂源县北境，至穆陵关，折而东南，复经莒县北、诸城市南，止于胶南市西南小珠山。据《史记·楚世家》正义引《齐记》云：“齐宣王乘山岭之上，筑长城，东至海，西至济州，千有余里。”但此为后世之增筑，而非创始。早在《羼氏编钟》铭文中，即有“入长城，先会于平阴”一语。学者或以为此器所载当为春秋中叶事，足见齐长城应是建于春秋战国之世。

齐长城遗址　在今山东济南市（长青、历城）、章丘市、肥城市、泰安市（泰山）、莱芜市、淄博市（淄川、博山）、沂源县、临朐县、安丘市、诸城市、沂水县、莒县、五莲县、胶南市、青岛市（黄岛）等地。齐长城是东周时期齐国为防御鲁、晋、楚的入侵，在其南部边境修筑的以城墙为中心，包括关隘、城堡和烽燧等建筑在内的军事防御体系。西起今济南市长清区孝里镇广里村北黄河东岸的岭头，东至青岛市黄岛区辛安办事处的东于家河庄入海，共历十八县（市、区），跨越一千五百余座大小山峦，全长618.9公里。墙体或以土版筑，或以石垒砌，或土石混筑，因地制宜，就地取材，墙体的高矮、宽窄无定数，重要地区还设有重关，筑有重城。2001年长城－齐长城遗址被定为全国重点文物保护单位。

齐化门　元大都城十一门之一。在今北京市东城区朝阳门内大街东朝阳门桥处。《明史·徐达传》：洪武元年（1368）北伐，“进克通州，顺帝帅后妃、太子北去。逾日，达陈兵齐化门，填濠登城”。即此。明正统四年（1439）改为朝阳门。

齐斗楼　在今河北临漳县西南古邺北城上。《水经·浊漳水注》：“北城上有齐斗楼，超出群榭，孤高特立。”

齐右　指齐西部地。《孟子·告子》：“绵驹处于高唐，而齐右善歌。”注：“高唐，齐西邑。绵驹处之，故曰齐右。”

齐右城　在今湖南永顺县东南。《元和志》卷30大乡县：“齐右城，在县（治今永顺县东南志司城）东二百一十二里。秦时武安君所筑。”

齐东县　蒙古宪宗二年（1252）升齐东镇置，属河间路。治所在今山东邹平县西北台子镇。明属济南府。民国初属山东济南道。1928年直属山东省。1958年撤销，并入邹平、博兴二县。

齐东镇　金置，属邹平县。在今山东邹平县西北麻姑堂。元升为齐东县。

齐乐县　北周明帝时改齐乐郡置，属齐通郡。治所在丹棱县东北二十里（今四川眉山市西北）。武帝时改为洪雅县。

齐乐郡　①南齐置，治所在今广东连山壮族瑶族自治县北。隋开皇十年（590）改为熙平县。

②南齐置，属益州。治所在丹棱县东北二十里（今四川眉山市西北）。辖境相当今四川丹棱、洪雅二县及眉山市西部地。北周明帝时改为齐乐县。

齐尔拉　即今新疆策勒县。《清一统志·和阗》：齐尔拉村“旧对音作齐喇，又作策勒，作努喇。在玉陇哈什村东南二百三十里”。

齐宁县　南齐永明元年（483）置，属广陵郡。治所在今江苏江都市东北。中兴元年（501）废。

齐宁郡　南齐建元二年（480）置，属越州。治所在开城县（确址待考，疑在今广西南宁市邕宁区及横县县南境）。后废。

齐吉达城　在今辽宁新宾满族自治县南或桓仁满族自治县西。明属建州女真董鄂部。万历十二年（1584），努尔哈赤攻此城不克，后归附。即此。

齐会　即今河北河间市东北齐会村。1939年4月，八路军第一二〇师在此粉碎日本侵略军的进攻。“齐会战斗”的胜利，增强了冀中抗日根据地军民坚持平原抗日游击战争的信心。

齐庄公墓　在今山东淄博市临淄区东北敬仲镇南泄柳店西。庄公，灵公子，名光。公元前553—前548年在位。以与崔杼妻棠姜私通，为崔杼所杀。《左传》：襄公二十五年（前548），“大史书曰：‘崔杼弑其君。’崔子杀之。其弟嗣书，而死者二人。其弟又书，乃舍之”。“崔氏侧庄公于北郭，葬诸士孙之里”。

齐亦集　即今河南原阳县东齐街乡。明嘉靖《阳武县志》卷1《市集》：“齐亦集，去县四十里。”清尹耕云《豫军纪略》卷2：咸丰十一年（1861）四月，“贼踞阳武之齐亦集”。

齐齐尔里克盟　清外蒙古喀尔喀赛音诺颜部二十四旗，会盟于齐齐尔里克，故名。

齐齐克里克岭　在今新疆阿克陶县西南，塔什库尔干塔吉克自治县西北。《清一统志·喀什噶尔》：齐齐克里克岭“在哈喇山东一百里，当孔道北”。

齐齐罕卡伦　清乾隆年间置，在今哈萨克斯坦塔尔迪库尔干东南图尔根河东岸。清徐松《西域水道记》卷4：图尔根河“源发自都兰哈喇山，东流折而南，达山外，南流二十余里，经齐齐罕卡伦西”。

齐齐罕图卡伦　清置，在今哈萨克斯坦阿拉木图东恰伦河（察林河）上游南岸。清道光《新疆识略》卷4伊犁舆图：察林河上游有齐齐罕图卡伦。徐松《西域水道记》卷4：哈尔奇喇水，“西北流，南汇尼楚衮哈尔奇喇水，折而北流经齐齐罕图小卡伦东（东距格根卡伦六十里）汇于格根河”。

齐齐哈尔市　1936年由龙江县析置，治所即今黑龙江省齐齐哈尔市。1945年为嫩江省会。1949年为黑龙江省会。1954年黑龙江省会迁哈尔滨市，齐齐哈尔市仍属黑龙江省。1960年改为省直辖（地级），后改县级市。1964年齐齐哈尔市复改由省直辖（地级）。

齐齐哈尔城　一名卜魁。又名奇察哈哩。清康熙三十年（1691）筑，即今黑龙江省齐齐哈尔市。《清一统志·黑龙江》：“齐齐哈尔城取嫩江北达呼哩等所居之庄为名。”达斡尔语“齐齐哈尔”意为“边地”。康熙三十七年（1698），墨尔根副都统移驻于此。次年黑龙江将军亦移驻此。光绪三十年（1904）置黑水厅。三十二年（1906）依《北京条约》辟为商埠。三十三年（1907）为黑龙江省治。

齐齐哈尔副都统　清康熙三十七年（1689）置，属黑龙江将军。治所在齐齐哈尔（今黑龙江省齐齐哈尔市）。辖境相当今黑龙江省龙江县以东，五大连池市以南，呼兰、巴彦二县以西地区及内蒙古扎兰屯市、阿荣旗等地。光绪三十三年（1907）裁。

齐州　①即中州。犹言中国。《尔雅·释地》："岠齐州以南。"郭璞注："齐，中也。"

②北魏皇兴三年（469）改冀州置，治所在历城县（今山东济南市）。以地为齐国故地为名。辖境相当今山东济南、淄博、长清、齐河、禹城、临邑、济阳、邹平、章丘、桓台等市县地。隋大业初改齐郡。唐武德元年（618）复改齐州。天宝元年（742）改临淄郡，五年（746）改济南郡。乾元元年（758）复改齐州。北宋政和六年（1116）升为济南府。

③唐武德五年（622）置，治所在洊安县（今广东怀集县西北）。辖境相当今广东怀集县西北部地。贞观元年（627）废。

齐江郡　北齐改江都郡置，属和州。治所在乌江县（今安徽和县东北乌江镇）。南朝陈改为临江郡。

齐兴县　南齐置，属齐兴郡。治所在今湖北郧县境。梁废。

齐兴郡　①南朝梁置，属北江州。治所在西平县（今湖北武汉市黄陂区北）。北齐废。

②南齐永明三年（485）置，属郢州。治所在绥怀县（今湖北黄冈市北）。北周废。

③南齐永明三年（485）置，属北江州。治西平县（在今湖北武汉市黄陂区北）。北周废。

④南齐永明七年（489）置，属梁州。治所在郧乡县（今湖北郧县）。梁属兴州。西魏属丰州。隋开皇初废。

⑤南齐置，属郢州。治所在上蔡县（今湖北钟祥市北）。北周废。

⑥北齐置，治所在白狗县（今河南正阳县东南）。寻废。

齐安戍　北齐置，即今湖北武汉市新洲区。

齐安县　①北魏正始元年（504）置，为齐安郡治。治所在今河南信阳市东。隋开皇初改为钟山县。

②南齐改思平县置，为齐安郡治。治所在今广东恩平市北二十里。隋开皇中属高州，十八年（598）改为海安县。唐武德五年（622）复名齐安县，至德二年（757）改名恩平县。

③南齐置，为齐安郡治。治所在今湖北麻城市西南。隋废。

④南齐置，属上庸郡。治所在今湖北郧县附近地。梁废。

齐安郡　①北魏正始元年（504）置，属郢州。治所在齐安县（今河南信阳市东）。南朝梁大通二年（528）属司州。东魏武定七年（549）属南司州。辖境相当今河南信阳市及罗山县一部分地。北齐属郢州。北周属申州。隋开皇初废。

②南齐置，属衡州。治南安县（在今湖北武汉市新洲区）。隋开皇初废。

③南齐置，属司州。治所在齐安县（今湖北麻城市西南）。隋开皇初废。

④南齐置，治所在齐安县（今广东恩平市北二十里）。隋开皇十年（590）废。

⑤北齐置，治所在今河南潢川县东北。隋开皇初废。

⑥唐天宝元年（742）改黄州置，治所在黄冈县（今湖北武汉市新洲区）。乾元元年（758）复为黄州。

齐安镇　北宋置，属黄冈县。即今湖北武汉市新洲区。

齐克图哈河　又作七可杜哈河、齐克都哈河。即今俄罗斯哈巴罗夫斯克边疆区黑龙江下游支流利木里河。清齐召南《水道提纲》卷24：黑龙江与由倭克特河会流后，"又东北有七可杜哈河自西北来……注之"。光绪《吉林通志》卷22："齐克图哈河亦出自松林中，合两源，东南流二百余里入混同江。"

齐克铁路　自洮昂铁路终点今黑龙江齐齐哈尔市昂昂溪附近的三间房站起，经齐齐哈尔至克山县，全长约205公里。1928年动工兴建，1931年修至龙溪（距克山五十二里），工程停辍。

齐克塔木　一作齐克腾木。即今新疆鄯善县东七克台镇。《清一统志·吐鲁番》：齐克塔木"在纳呼西一百四十里。自纳呼西入谷口，山径崎岖，七十里就平地，又七十里至此，有水草可驻牧。有墩、有城"。

齐克腾木台　一作齐克塔木台。清乾隆年间置，即今新疆鄯善县东七克台镇。清《林则徐日记》：道光二十五年（1845）七月初七日，"至七克腾木军台"。

齐克腾木驿　清光绪年间置，即今新疆鄯善县东七克台镇。宣统《新疆图志》卷80鄯善县：齐克腾木"回语言得泉水也"。

齐村集　即今山东枣庄市西齐村镇。旧属峄县，以富庶称。清光绪《山东通志》卷2《舆图志》：峄县西北有齐村集。

齐武帝萧赜景安陵　在今江苏丹阳市东。萧赜（440—493），字宣远，小名龙儿。齐高帝长子。高帝在位时被立为太子。高帝病死后继位，年号永明。在位十一年。永明十一年（493）病死，终年五十四岁，葬于景安陵。据《元和志》卷25润州丹阳县：南齐"武帝萧赜景安陵，在县东二十二里"。《清一统志·镇江府》引南宋陆游的说法："武帝景安陵，在丹阳县东三十二里"（里距疑有误）。南宋《嘉定镇江志》载："武帝赜景安陵，在县东二十二里。"即今丹阳市东前艾田家村。陵前现存石兽一对，东为天禄，西为麒麟，均为公兽，形象俊逸秀美。1988年丹阳南朝帝王陵墓石刻（包括齐武帝景安陵）被定为全国重点文物保护单位。

齐贤镇　即今浙江绍兴县西北二十里齐贤镇。原名下方桥，1932年改今名。据传东晋王羲之、南宋陆游等均曾在此齐集名贤饮酒赋诗，故名。

齐国　①西周初吕尚封国。初都营丘，即今山东淄博市临淄区北临淄故城。胡公徙都薄姑，即今山东博兴县东北十五里薄姑城。献公又徙临淄，在今山东淄博市北临淄故城。春秋时齐桓公首先称霸。战国时为七雄之一。《战国策·齐策一》载苏秦说齐宣王曰："齐南有泰山，东有琅邪，西有清河，北有渤海，此所谓四塞之国也。齐地方二千里。"公元前221年为秦所灭。

②秦汉之际项羽封置，都临淄（今山东淄博市东北临淄区北）。西汉元封元年（前110）改为郡。东汉复为国，属青州。东晋时改为郡。

齐昌县 ①南齐置，为齐昌郡治。治所在今湖北蕲春县西南。梁初废。

②南齐置，属东官郡。治所在今广东五华县西南。南朝陈废。唐武德五年（622）复置，属循州。贞观元年（627）废入兴宁县。

③南朝梁置，为北江州齐昌郡治。治所在今湖北武汉市黄陂区北。后废。

④北齐改蕲阳县置，为齐昌郡治。治所在今湖北蕲春县西北六里罗州城。隋开皇十八年（598）复改为蕲春县。

⑤五代南汉乾亨初改兴宁县置，属循州。治所在今广东五华县西北华城镇东北。一说今广东兴宁县东北五里洪塘坪（土名枫林塘）。不久改为齐昌府。北宋天禧二年（1018）复为齐昌县。后改名兴宁县。

齐昌府 五代南汉乾亨初升齐昌县置，治所在今广东五华县西北华城镇东北。北宋天禧二年（1018）复为齐昌县。

齐昌郡 ①南齐置，属郢州。治所在齐昌县（今湖北蕲春县西北六里罗州城）。辖境约当今湖北蕲春县蕲水以东及黄梅县地。永明四年（486）改属豫州。梁废。

②南朝梁置，属北江州。治所在齐昌县（今湖北省武汉市黄陂区北）。《梁书·邵陵王纶传》：王僧辩以舟师一万逼纶，纶败，"于是复收散卒，屯于齐昌郡"。即此。北齐废。

③北齐置，为罗州治。治所在齐昌县（今湖北蕲春县西北六里罗州城）。南朝陈为蕲州治。隋开皇初废。

齐昌桥 在今江西抚州市临川区东门外，跨抚河上。始建于南宋乾道元年（1165），是一座石桥。嘉泰中重建。明嘉靖年间再次重建。

齐明县 唐武德二年（619）置，属北连州。治所在今陕西延长县境。贞观二年（628）废入延安县。

齐明帝萧鸾兴安陵 在今江苏丹阳市东。萧鸾（452—498），字景栖，小名玄度。齐高帝次兄萧道生子。在杀死郁林王、海陵王后自立为帝，年号建武。为南齐第五代皇帝。在位五年。建武五年（498）三月病死，葬于兴安陵。《元和志》卷25润州丹阳县：南齐"明帝鸾兴安陵，在县东北二十四里"。《清一统志·镇江府》引南宋陆游的说法亦称："明帝兴安陵，在丹阳县东北二十四里"。陵墓在今丹阳市东荆林三城巷东北。陵前现存石兽一对，北兽仅残存部分前躯；南兽为公麒麟，四足全失。1988年丹阳南朝帝王陵墓石刻（包括齐明帝兴安陵）被定为全国重点文物保护单位。

齐昂铁路 自黑龙江省龙江县（今齐齐哈尔市）至昂昂溪，与中东、洮昂二铁路衔接。长25公里。清光绪三十四年（1908）动工修建，次年建成。今为平齐线的一段。

齐岳（嶽）山 在今广东怀集县西北。《方舆纪要》卷108广西梧州府怀集县：齐岳山在"县西百十里。峭拔出于众山之上。上有龙潭，久旱不涸"。又《清一统志·梧州府》：齐岳山，"山腰有铜钟一，铁钟一，刘宋时所铸。山麓出温泉，冬日可浴"。

齐河县 金大定八年（1168）以耿济镇置，属济南府。治所在今山东齐河县东南城关。元属德州。明属济南府。民国初属山东济南道。1928年直属山东省。1973年迁治晏城。

齐城 ①在今江西南昌市东南。顾野王《舆地志》："齐城在州东陆路二十里。吴大帝太元二年，立孙奋为齐王，都武昌。诸葛恪执政，徙奋居于此。"《水经·赣水注》："（豫章）郡东南二十余里又有一城，号曰齐王城，筑道相通，盖其离宫也。"

②即今山东淄博市东北临淄故城。西周及春秋、战国时齐国均建都于此。《水经·淄水注》："淄水又北径其城东，城临淄水，故曰临淄。……城对天齐渊，故城有齐城之称。"

齐城县 五代晋改高唐县置，治所在今山东高唐县。后汉初复改高唐县。

齐城镇 金置，属高唐县。在今山东高唐县东。

齐禹县 1942年山东革命根据地由齐河、禹城二县析置，治齐河城（今山东齐河县南齐河旧址）。取二县首字为名。1950年5月撤销，并入齐河、禹城二县。

齐洮铁路 齐昂、洮昂二铁路的合称。

齐宣帝萧承之永安陵 在今江苏丹阳市东北，萧道成泰安陵之东。据《元和志》卷25润州丹阳县："南齐宣帝［永］（休）安陵，在县北二十八里。高帝父也，追尊为宣皇帝。"南宋《嘉定镇江志》称："齐宣帝永安陵，在县北二十八里。"《清一统志·镇江府》陵墓：齐永安陵"在丹阳县东北三十里。高帝父，追尊为宣帝"。陵墓在今丹阳市东北埤城镇胡桥北狮子湾。陵前现存石兽一对，东为母天禄，西为麒麟。母天禄昂首挺胸，形象威武；麒麟头已不存，其余部分尚好。1988年丹阳南朝帝王陵墓石刻（包括齐宣帝永安陵）被定为全国重点文物保护单位。

齐神武陵 在今河北临漳县南境。东魏丞相高欢死，追封为齐王，其陵为齐神武陵。《资治通鉴》：南朝梁太清元年（547），"虚葬齐献武王于漳水之西，潜凿成安鼓山石窟佛寺之穴"。即此。

齐郡 ①西汉改临淄郡置（旧说秦即称齐郡），治所在临淄县（今山东淄博市东北临淄北）。辖境相当今山东淄博、青州、临朐、广饶等市县地。旋改为齐国。元封元年（前 110）复为郡。东汉改为国。东晋时又改为郡。北魏时移治益都（今山东青州市）。隋开皇初废。

②南朝宋置，治所在郁洲（今江苏连云港市东云台山一带）。南齐建元初徙治瓜步（今江苏南京市六合区东南）。后废。

③南齐建元初侨置，属青州。治所在临淄县（今江苏南京市六合区东南瓜埠镇）。梁废。

④南朝梁置，治所在今江苏赣榆县南。东魏武定七年（549）改为上鲜县。

⑤东魏武定元年（543）置，属武州。治所在雁门川（今山西繁峙县西）。北齐废。

⑥北周并东、西永宁及真阳三郡置，属土州。治所在左阳县（今湖北随州市东北五十里）。辖境约当今湖北随州市境。隋开皇初废。

⑦隋大业三年（607）改齐州置，治所在历城县（今山东济南市）。辖境相当今山东济南、淄博、禹城、齐河、临邑、章丘、邹平、高青等市县地。唐武德元年（618）复改齐州。

齐眉山 ①一名峨眉山。在今河北易县西南一百里。《明史·恭闵帝纪》：建文三年（1401），“冬十月，真定诸将遣兵援房昭，及燕王战于齐眉山，败绩”。即此。

②在今安徽灵璧县西南三十里。《方舆纪要》卷 21 宿州灵璧县：齐眉山“山开八字如列眉然”。故名。《明史·徐辉祖传》：建文三年（1401）燕王朱棣军南下，“命帅师援山东，败燕兵于齐眉山”。即此。

③在今浙江德清县东北五十里。《方舆纪要》卷 91 德清县：“齐眉山在县北三十里。山高千丈，周四十五里。旧名囚女山。”

齐都伯 在今新疆阿图什市东北。《清一统志·乌什》：齐都伯“在扎木必勒阿斯提西南四十里”。

齐高帝萧道成泰安陵 在今江苏丹阳市东北。萧道成（427—482），字绍伯，小名斗将。南齐开国皇帝。先世居东海兰陵（今山东苍山县西南兰陵镇）。东晋初，高祖萧整过江南下，居晋陵武进县之东城里（今江苏常州市西北新北区万绥镇）。晋于此侨置南兰陵郡兰陵县，故萧道成又称“南兰陵兰陵人”。萧道成于升明三年（亦即建元元年，479）即皇帝位，在位四年。《南齐书·高帝纪》载：建元四年三月壬戌，“上崩于临光殿，年五十六。四月……丙午，窆武进泰安陵”。据《元和志》卷 25 润州丹阳县：南齐“高帝道成泰安陵，在县口三十二里”。《舆地纪胜》卷 7 引《元和志》作“在丹阳县北三十一里”。《清一统志·镇江府》载：齐高帝泰安陵“在丹阳县东北三十一里”。据朱偰《建康兰陵六朝陵墓图考》及近年文物调查资料，齐高帝萧道成的泰安陵应在今江苏丹阳市东北胡桥乡赵家湾。

齐家坪遗址 在今甘肃广河县东五十里西齐家坪，为新石器时代晚期文化遗址，距今已有 4000 年，是齐家文化的命名遗址。1923、1973 年发掘，出土陶器以泥质红陶、夹砂粗陶为主。特大的盘状砍砸器是齐家文化特有的石器，还有磨制石斧、刀、锛、凿、璧、环、琮等。1973 年还出土铜镜一面，是国内迄今发现的时代最早的铜镜。1996 年定为全国重点文物保护单位。

齐家寨 即今陕西眉县西南南齐镇。清《郿县志》卷 4：齐家镇在“县南二十里”。

齐陵 唐明皇子庆王琮的陵墓。在今陕西西安市临潼区东十六里新丰店南道西二里。

齐通左郡 南齐建武三年（496）置，属益州。治所即今四川眉山市东北太和镇。左郡为僚族聚居地，辖境相当今四川眉山、丹棱等县地。梁改为齐通郡。

齐通县 南朝梁普通中置，为齐通郡治。治所在今四川眉山市东北太和镇。太清二年（548）于县又置青州。西魏废帝三年（554）为眉州治。隋开皇三年（583）改为广通县。

齐通郡 南朝梁普通中改齐通左郡置，属益州。治所齐通县（在今四川眉山市东北太和镇）。太清二年（548）属青州。西魏废帝三年（554）属眉州。北周辖境相当今四川眉山市及丹棱县地。隋开皇三年（583）废。

齐难城 在今陕西乾县西北齐南村。《寰宇记》卷 31 乾州永寿县：齐难故城“齐难即姚兴将名也，屯兵筑垒，在今永寿县西，其南、西、北三面，一如南豳之险”。

齐基县 南朝齐永明初置，属汶山郡。治所在今四川都江堰市东南四十五里石羊镇东徐渡场附近杜家墩子。梁为齐基郡治。北周天和四年（569）改为清城县。

齐基郡 南朝梁置，属益州。治所在齐基县（今四川都江堰市东南四十五里石羊镇东徐渡场附近杜家墩子）。辖境相当今四川都江堰市南部地。北周天和四年（569）废。

齐盘 亦作英额齐盘、奇盘。即今新疆叶城县西南棋盘乡。《清一统志·叶尔羌》：英额齐盘“在叶尔羌城西南四百里，塔克布伊西南一百里”。清宣统《新疆图志》卷 4 叶城县：奇盘（庄）在“城西二百十里，领小庄五”。

齐康公城 在今山东烟台市牟平区宁海镇东十五里。《史记·田敬仲完世家》：“太公乃迁康公于海上，食一城，以奉其先祀。”即此。

齐康县 南齐置，为齐康郡治。治所在今广东徐闻县南。隋开皇时改为隋康县。

齐康郡 南齐改徐闻县置，属广州。治所在广东徐闻县南。辖境相当今广东徐闻县地。隋开皇十年（596）平陈后废。

齐景公墓 在今山东淄博市临淄区齐都镇东北河崖头村西。齐景公，名杵臼，系姜齐第二十五代国君。公元前 547—前 490 年在位，是齐国执政最长的一位国君。《论语·季氏篇》记载：“齐景公有马千驷，死之日，民无德而称焉。”《史记·齐太公世家》曰：“齐景公后期，好治公室，聚狗马，奢侈，厚赋重刑。”1964年发现该墓后，至1982年以前曾先后三次进行发掘，因墓早年被盗，随葬品荡然无存。但在大型的殉马坑中，清理出殉马六百匹以上。数量之多，规模之大，前所未见。

齐景帝萧道生修安陵 在今江苏丹阳市东北。据《元和志》卷25润州丹阳县：南齐“景帝道生［修］（永）安陵，在县东北二十六里。明帝父也，追尊为景皇帝”。南宋《嘉定镇江志》亦载：“景帝道生修安陵，在县东北二十六里。陵墓在今丹阳市东北埤城镇胡桥东水晶山南仙塘湾。此墓曾于1965年发掘，墓室全部用模印画砖砌成，为“三顺一丁”砌法。因早年被破坏，清理出土的陶、瓷、石、铁类器物俱残损，较完整的有由模印画砖组合的壁画“羽人戏虎”、“竹林七贤”等五幅，均是不可多得的珍品。墓前有石兽一对，东为母天禄，西为公麒麟，保存尚好。1988年丹阳南朝帝王陵墓石刻（包括齐景帝修安陵）被定为全国重点文物保护单位。

齐鲁 山东省的别称。以其地古时为齐、鲁二国所在地而得名。

齐普河 即今青海玛沁县北之切木曲。《清一统志·青海厄鲁特》：齐普河“在黄河西岸，发源自滂马山。相近诸山所出四水合流，名图声图河，西北流六十余里，有喀尔吉岭及相近诸山，流出七水汇流，名得尔多河，东北行百余里，与图声图河会，北流绕阿木奈玛勒占木逊山东，又合四小水，始名齐普河，西北流七十余里入黄河。此河受十余水，极为深阔”。

齐滨县 1943年冀鲁豫革命根据地由曹县西北部析置，治刘岗（今山东曹县西北韩集镇北刘岗）。为纪念晋冀鲁豫第二十二专员公署专员刘齐滨烈士而命名。1949年11月撤销，并入曹县。

齐熙县 南齐置，为齐熙郡治。治所即今广西融水苗族自治县。隋开皇十八年（598）改为义熙县。

齐熙郡 南齐置，属广州。治所在齐熙县（今广西融水苗族自治县）。辖境相当今广西融水苗族自治县、融安县及罗城仫佬族自治县等地。梁大同中为东宁州治。隋开皇九年（589）平陈后废。

交七浦 在今云南呈贡县东。《方舆纪要》卷114晋宁州归化县：交七浦在“县（治今化城）东北二十里。广二百余亩。《志》云，滇池之下流也”。

交口镇 ①清置，属沁州。在今山西沁县西北二十七里，小漳河上游。

②清置，属临潼县。即今陕西西安市临潼区东北五十里交口镇，当漆沮水会清谷水入渭河之口。

③清置，即今陕西延长县东北交口镇。《清一统志·延安府二》：交口镇“在延长县东北六十里”。

交川县 北周天和中置，属龙涸郡。治所在今四川松潘县东南。《寰宇记》卷81交川县：“以其地通胡越道路，东西相交以名县。”隋属汶山郡。唐武德元年（618）属松州。天宝元年（742）属交川郡。乾元元年（758）复属松州。广德后废。

交川郡 唐天宝元年（742）改松州置，治所在嘉诚县（今四川松潘县）。辖境相当今四川松潘县及黑水县部分地。乾元元年（758）复改为松州。

交门市 汉长安九市之一。《长安志》曰：交门市“在渭桥之北”。

交丫滩 在今湖北宜城市东南。《方舆纪要》卷79宜城县：交丫滩“在县南破河脑，蛮水与汉江二水交流，故名”。

交木县 南朝宋大明元年（457）置，属新野郡。治所在今河南新野县附近。北魏废。

交水 ①在今陕西西安市长安区（韦曲镇）南。《方舆纪要》卷53西安府：交水在“府南三十里。一名福水。上承樊川，西至石碣，遂分为二：一注泮水，一入昆明池”。

②即今云南沾益县驻地西平镇。元至元十三年（1276）置交水县。明永乐初废。明时置税课使于此。《方舆纪要》卷114曲靖府霑益州“交河”条：“又十里为交水坝，其地为下蛮乡，与块步水合。交水税课使置于此。天启三年，官兵讨霑益叛贼，自交水进，为贼所败。”

交水县 元世祖至元十三年（1276）置，属沾益州。治所在易陬龙城（今云南沾益县驻地西平镇）。明永乐初废。

交龙溪 即今重庆市渝北区东北之御临河。《舆地纪胜》卷175重庆府：交龙溪“在（渝）州东北二百八十里，入岷江。溪侧有古木盘屈如交龙，故名”。《明史·地理志》巴县：“东南有丹溪，东北有交龙溪，俱流入大江。”

交东县 1941年晋绥边区由交城县分置交东、交西二县，交东县治南头村（今山西古交市西南南头）。1945年8月二县合并复置交城县。

交让渎 故址在今江苏苏州市城东北隅。南宋范成大《吴郡志》卷18：“交让渎在罗城城之东北隅。”《清一统志·苏州府一》“交让渎”条引《续图经》云：“昔陆慧晓与张融并宅，其间有池，池上有杨柳二株，何点叹曰，此地便是醴泉，此木便是交让，旧传有交让渎，盖因陆张得名也。”

交刚 春秋晋邑。在今山西隰县南。《春秋》：成公十二年（前579），“秋，晋人败狄于交刚”。即此。

交州 ①东汉建安八年（203）改交州刺史部置，治所在广信县（今广西梧州市）。十五年（210）移治番禺县（今广东广州市）。辖境相当今广东、广西的大部，越南承天以北诸省。三国吴黄武五年（226）分为交、广二州，交州治龙编县（今越南河宁省仙游东）。辖境相当今广西钦州地区、广东雷州半岛，越南北部、中部地区。隋废。唐武德五年（622）复置，治所在交趾县（今越南河内市西北）。宝历元年（825）移治宋平县（今河内市）。后废。

②西魏废帝二年（553）改北秦州置，治所在安阳郡安阳县（今甘肃秦安县北安伏乡）。辖境相当今甘肃秦安县北部地。隋开皇十八年（598）改为纪州。

③在今新疆吐鲁番市西二十里亚尔乡（雅尔湖）。《元史·巴而术阿而忒的斤传》："乃迁于交州。交州即火州也。"

交州府　明永乐五年（1407）置，属交趾布政司。治所在东关、慈廉二县（今越南河内市）。辖境相当今越南河内市、河西省及和平省东半部和兴安省部分地。宣德二年（1427）以后地入安南。

交江县　隋大业元年（605）置，属冲州。治所在今越南岘港市境。三年（607）属林邑郡。后废。

交兴县　西晋置，属交趾郡。治所当在今越南河北、谅山、兴海等省境。后废。

交阯　即交趾。初泛指今五岭以南地区，后专指越南中部、北部。《墨子·节用》："古者尧治天下，南抚交阯，北降幽州。"《史记·五帝本纪》：帝颛顼，"北至于幽陵，南至于交趾"。又帝舜"南抚交阯，北发"。《正义》："阯音止，交州也。"

交阯郡　即交趾郡。治所在龙编县（今越南北宁省仙游东）。《晋书·地理志》、《南齐书·州郡志》等书均作"交阯"。

交岗　在今云南开远市南。《方舆纪要》卷115阿迷州：交岗"在州南。其地东西绵亘，与交趾分界。明朝天启二年，水西安邦彦作乱，沾益土酋亦应之，乌撒安効良复叛，引兵入沾益，抵交岗，犯安南长官司。竜古哨土官沙源击走之。竜读陇。《志》云，交岗旧属安南长官司，后为州界，交人亦置戍守于此"。

交谷县　隋置，大业三年（607）属日南郡，治所在今越南河静省河静以南。唐武德初改为文谷县。

交和戍　即今甘肃宕昌县治。《元和志》卷39宕州怀道县："宕昌故城，今为交和戍，在县东五十二里。"北宋熙宁七年（1074）于此置宕昌砦。

交河　①在今云南曲靖市北，为南盘江之上源。《方舆纪要》卷114沾益州：交河在"州南百七十里。《志》云，南盘江与蠵溪之水合流于此，故名。又十里为交水坝，其地为下蛮乡，与块步水合。交水税课使置于此。天启二年，官兵讨沾益叛贼，自交水进，为贼所败"。

②亦名招哈河。在今新疆吐鲁番市西。《汉书·西域传》：交河城"河水分流绕城下，故曰交河"。《元和志》卷40交河县：交河"出县北天山，水分流于城下，因以为名"。《清一统志·吐鲁番》：招哈河"在吐鲁番西十里。亦名交河。源出招哈和屯北金岭中，南流分两支，环城左右而南注，至城南折西南流二十里入于沙碛"。

交河古墓地　在今新疆吐鲁番市西亚尔乡境内。分沟北、沟西、沟南3个墓葬区。沟北区为公元前2世纪前车师人的墓地。沟西与沟南区大多是麴氏高昌至唐代的墓葬。1994年在沟北发掘车师贵族大墓，出土有虎纹金饰牌、鹿首骨雕、五铢钱、木器、陶器等文物。

交河州　在今新疆吐鲁番市西二十里亚尔乡（雅尔湖）。《宋史·高昌传》：雍熙元年（893），王延德使高昌归，叙其行程"师子王邀延德至其北庭，历交河州"。即此。

交河县　①唐贞观十四年（640）改高昌国交河郡置，属西州。治所在交河城（今新疆吐鲁番市西北二十里雅尔湖西）。《元和志》卷40交河县：交河"出县北天山，水分流于城下，因以为名"。贞元中陷入吐番。

②金大定七年（1167）置，属献州。《方舆纪要》卷13交河县："以滹沱、高河二水交流而名。"治所在今河北泊头市西南五十里交河镇。元世祖至元二年（1265）废，旋复置，仍属献州。明洪武七年（1374）属河间府。民国初属直隶津海道。1928年直属河北省。1983年撤销，并入泊头市。

交河故城　亦名崖儿城、雅尔湖故城。在今新疆吐鲁番市西北二十里雅尔湖西。西汉时为车师王前庭治所的所在地。《汉书·西域传》："河水分流绕城下，故号交河。"北魏时高昌国置交河郡于此。唐置交河县。元末城废。现存遗址主要是唐代及其以后的建筑。城依土崖作长方形，南北长1000米，东西最宽处约300米，城中大街为中轴线，西北为寺庙区，东北为居民区，东南为行政区。布局与唐代内地城市大体一致。1961年定为全国重点文物保护单位。

交河故城沟西沟北墓　即雅尔湖古墓群。在今新疆吐鲁番市西二十四里的黄土台地上。

交河郡　北魏时高昌国置，治所在交河城（今新疆吐鲁番市西北二十里雅尔湖西）。唐贞观十四年（640）改为交河县。

交城　唐置交城守捉，属河西节度使。在今甘肃永昌县西。后废。

交城山　在今山西古交市。《资治通鉴》：五代周显德三年（956），"北汉葬神武帝于交城北山"，即此。《方舆纪要》卷40交城县：交城山"《志》云，古交城治此"。

交城守捉　唐置，在今甘肃永昌县西。后废。

交城县　隋开皇十六年（596）置，属并州。治所在今山西古交市。《元和志》卷13交城县："取古交城为名。"唐天授二年（691）移治却波村（今交城县）。开元十一年（723）属太原府。元属冀宁路。明属太原府。民国初属山西冀宁道。1930年直属山西省。

交城镇　北宋置，属定安县。即今甘肃宁县西焦村乡。金属安定县。

交南　即安南。今越南北部地区。《明史·张辅传》：辅"三定交南，威名闻海外"。

交栏山　即勾栏山。今加里曼丹西南之格兰岛。明费信《星槎胜览》：交栏山"自占城灵山起程，顺风十昼夜可至。其山高而丛林藤竹，舵杆桅樯蓬箬，无所不备。胡元之时，命将高兴、史弼领兵万众，驾巨舶征阇婆国，遭风至于交栏山下，其船多损，随登此山，造船百号，复征渚阇婆得胜，擒其酋长而归。至今民居有中国人杂处，盖此时有病卒百余留养不归，遂传育于此”。

交洋 指今中国与越南间之北部湾。南宋周去非《岭外代答》卷3航海外夷：“三佛齐者诸国海道往来之要冲也。三佛齐之来也，正北行舟，历上下竺与交洋，乃至中国之境。”

交津口 在今河北武强县南。《水经·浊漳水注》：漳水“又东径武强县北，又东北径武隧县故城南，白马河注之。水上承滹沱，东径乐乡县北、饶阳县南，又东南径武邑郡北而东入衡水，谓之交津口”。《北史·广阳王深传》：北魏孝昌二年（526），广阳王深“行达交津，隔水而阵”，与葛荣相距于此。

交泰殿 在今北京市故宫乾清宫与坤宁宫之间。明建，嘉靖十四年（1535）定名交泰殿，为皇后居住之地。清顺治十二年（1655）重建。清代册封皇后及皇后诞辰礼均在此举行。

交涧水 在今山西平陆县西南。《水经·河水注》：“交涧水出吴山，东南流入河。”《方舆纪要》卷41平陆县：交涧水“出县西北五里中条山，东西二沟，流与中涧合，俗名三汊涧，流注于河”。

交通厩 为汉马厩。在今陕西咸阳市西北。《汉书·外戚传》：成帝许后“葬延陵交通厩西”。宋敏求《长安志》卷13：“交通厩去长安六十里，近延陵。”

交趾 ①趾一作阯。亦名南交。泛指今五岭以南地区。《韩非子·十过》：昔尧有天下，“其地南至交趾，北至幽都”。

②旧对安南、越南的别称。越南自10世纪30年代独立建国后，北宋称其国为交趾。南宋以后，虽改称为安南和越南，因其国本为古交趾地，故也别称为交趾。

交趾布政司 明永乐初，安南黎季犛篡陈，又杀明大理卿薛嵓。四年（1406），张辅、沐晟等进军其地。次年（1407），设交趾布政司。治所在交州府（今越南河内市）。辖境相当今越南中部以北地区。宣德二年（1427），黎利起事后，地又入安南。

交趾县 隋开皇十年（590）置，属交州。治所在今越南河内市西北。大业初属交趾郡。唐武德四年（621）为慈州治，六年（623）为南慈州治。贞观元年（627）属交州。唐末废。

交趾刺史部 西汉元鼎六年（前111）置，为十三部刺史之一。辖境相当今广东、广西大部及越南中部、北部地区。东汉改为交州。

交趾郡 秦亡后南越赵佗置。西汉武帝元鼎六年（前111）归汉。西汉时治所在羸陵县（今越南河内市西北）。辖境相当今越南北部地区。东汉移治龙编县（今越南北宁省仙游东）。辖境缩小，限于红河三角洲一带。三国吴属交州。隋开皇十年（590）平陈后废。大业初改交州复置交趾郡，移治宋平县（今越南河内市）。唐复为交州。

交脚汛 清乾隆时置，在今四川昭觉县南五里。有把总驻守。咸丰元年（1851）城毁，后移今昭觉县。《清史稿·四川土司传》：宣统元年（1909）征凉山，“官军进驻交脚”。即此。二年（1910）改为昭觉县。

交椅山 在今贵州贵阳市南。《方舆纪要》卷121贵阳府“高连山”条下：“交椅山在府南五里。以形似名。”

交集岛 在今俄罗斯哈巴罗夫斯克边疆区黑龙江入海口北。清康熙《皇舆全览图》：黑龙江口外有“角即哈达”。《乾隆内府舆图》作“交集哈达”。

交道亭市 汉长安九市之一。《类编长安志》卷4载：交道亭市“在便桥东”。当在今陕西西安市西三桥镇一带。

交道镇 ①清置，属澄城县。即今陕西澄城县西南交道镇。

②清置，属鄜州。即今陕西富县东交道镇。

交溪 ①在今浙江临安市西。源出浙、皖边界，至于潜镇南，东入天目溪。《方舆纪要》卷90于潜县：交溪，“浪山、柳溪二水合流于柱石山，因名”。

②在今浙江建德市西南。《方舆纪要》卷90寿昌县：交溪“在县（今寿昌镇）西二十里。源出县西四十里之魏驮山，东流合于寿昌溪”。

③在今福建福清市西。《方舆纪要》卷96福清县：交溪“在县西十里。源出西北六十五里之常思岭，东南流。其别源出县西二十五里之盏窯，东流合焉。经城西，为西溪，南八龙首河。又无患溪，在县西宏路驿前，亦曰大溪。源出石竹山，流合交溪。又卢溪，源出县西北台岭，南流经卢山，因曰卢溪，亦流合交溪。皆为龙首河之上源”。

交漳县 隋开皇十六年（596）置，属辽州。治所在今山西左权县东南五十里上交漳村。大业初废。

交黎县 西汉置，属辽西郡，为东部都尉治。治所即今辽宁义县。东汉改为昌黎县。

衣锦山 在今浙江临安市城南。本名石镜山，唐昭宗时改名衣锦山。《新五代史·吴越世家》：“昭宗诏（钱）镠图形凌烟阁，升衣锦营为衣锦城，石鉴山曰衣锦山。”

衣锦乡 在今江西兴国县东北境。明置巡司于此。清名衣锦寨。

衣锦军 即安国衣锦军。治所在今浙江临安市。《宋史·地理志》杭州临安县：“钱镠奏改衣锦军”，即此。

衣锦泷 在今江西兴国县东北境。《方舆纪要》卷88赣州府兴国县“长信泷”条下：衣锦泷“亦在县东。以乡名衣锦而名。岩石层起，如人跨马。谚云，龙下泷泷，舟楫莫当。盖在龙下川中。相近有狮子滩，以形似名”。

衣锦城 唐天复元年（901）改衣锦营置，即今浙江临安市。五代梁开平二年（908）升为安国衣锦军。

衣锦营 唐光化元年（898）置，在今浙江临安市。《新五代史·吴越世家》：钱镠既贵，“宴故老，山林皆覆以锦”，故名。天复元年（901）改为衣锦城。

衣锦寨　在今江西兴国县东北境。明、清置巡司于此。

郝乡　东汉初改郝县置，在今河南汝州市东。《后汉书·黄琼传》：延熹二年（159），封琼为“郝乡侯”。又《袁绍传》：董卓“授绍勃海太守，封郝乡侯”。

郝县　西汉元始四年（4）改周承休县置，属颍川郡。治所在今河南汝州市东。《说文》：“郝，颍川县。”即此。东汉建武二年（26），复改为周承休县。十三年（37），废为郝乡。

产水　即浐水。今陕西灞河支流浐河。古为关中八川之一。

产溪　在今广东潮安县北。《方舆纪要》卷103潮州府海阳县：产溪“在府北九十里。东南流，会于韩江”。

亥仲　在今贵州水城县西北。清置亥仲汛，有把总驻此。

充山　一作冲山。在今江苏无锡市西南二十五里太湖滨。有巨石突出湖中，名鼋头渚。明洪武《无锡县志》卷2：充山“与独山相对”。

充州　①隋开皇十八年（598）改寿州置，治所在辰溪县（今湖南辰溪县）。大业初废。

②唐武德三年（620）以牂柯蛮别部置，治所在平蛮县（今贵州石阡县西南）。辖境相当今贵州石阡、余庆、施秉、镇远、三穗、岑巩、江口等县地。南宋后废。

③唐大历六年（771）改果州置，治所在南充县（今四川南充市北五里）。辖境相当今四川南充、西充、蓬安、营山、岳池等市县地。十年（775）复为果州。

充县　西汉置，属武陵郡。治所即今湖南桑植县。西晋太康四年（283）改为临澧县。

充国县　西汉置，属巴郡。治所在今四川阆中市西南六十里天宫乡宝珠村西水滨。东汉初废入阆中县。永元二年（90）分阆中县复置。西晋末废。

〔丶丨〕

忙剌站　驿站名。元置，在今内蒙古呼伦贝尔市新巴尔虎左旗北。

忙敛寨　在今贵州从江县西北。《方舆纪要》卷121黎平府曹滴洞长官司：忙敛寨在“司南五里”。

问政山　在今安徽歙县东四里。《方舆胜览》卷16徽州：问政山“在歙县东五里。唐有于方外者，自荆南掌书记弃妻从太白山道士学养气之术。时从弟德晦为歙州刺史，方外来访之，德晦为筑室于此，号问政房。县人聂师道少事外方，后入吴为国师，号问政先生。今有观”。

问津亭　在今山东鱼台县西。《清一统志·济宁州》：问津亭“今名桀溺里，即子路问津处”。

问道宫　在今甘肃平凉市西二十里崆峒山麓，泾水北岸。《方舆纪要》卷58平凉县：崆峒山“下有问道宫，亦以黄帝问道广成子而名，历代皆修葺焉”。

〔丶丿〕

羊二庄　即今河北黄骅市东南羊二庄回族乡。旧属盐山县，民国时设县佐。

羊八井营　清乾隆间置，在今西藏当雄县西南羊八井镇。

羊八井宗　又称羊井、杨八景、阳八井、羊经宗。治所在羊八井（今西藏当雄县西南羊八井镇）。清《西藏图考》卷4：“羊八井，一作阳巴井。”藏语意为宽阔、广严城。1960年并入当雄县。旁有羊八井曲，东南流入拉萨河。

羊口市　1945年革命根据地由寿光县析置，治所即今山东寿光市北羊角沟镇。1950年撤销，并入寿光县。

羊口镇　北宋置，属汉初县。在今四川南充市南羊口。

羊山　①又作洋山。在今上海市金山区东南海中。《方舆纪要》卷24松江府华亭县：羊山“在府境金山卫东海中。山高大，周七八十里。四围环抱，有十八奥，中如大湖，可容数百艘。湖口面北，上有娘娘庙。山有淡泉，海泊往往取汲于此。……《海防考》：自吴淞而出，一潮可至羊山。倭寇来犯，自羊山过淡水门而西，则苏松之患切矣。今南自定海，北自吴淞，皆以羊山为会哨之所，盖道里适均，且御贼于海洋，为得上策也”。

②在今江苏徐州市铜山区东北。清道光《铜山县志》卷2：羊山“寨山南一里”。民国《铜山县志》卷13：龟山“西为羊山。俗名妈妈山，山形似人乳。下有蔺家坝”。

③即今浙江嵊泗县西崎岖列岛中之大、小洋山。明嘉靖《宁波府志》谓洋山在“昌国东北海中”。《方舆纪要》卷91嘉兴府海盐县：羊山“在县东北乍浦所之东。山峙海中，卫所官兵与金山卫官兵并汛守于此。胡宗宪曰：乍浦海滩浅阁，无山奥避风之处，不若海中羊山有奥，可以泊舟”。

④即阳山。在今山东金乡县西北。

⑤在今云南个旧市西。两汉称羊山。《汉书·地理志》贲古县：“西，羊山出银、铅。”

⑥在今陕西旬阳县北五十里。《清一统志·兴安府一》：羊山“终南支阜，连络千里。相传为福地修炼之所，下有谷粟、黑龙、仙花等洞，俱祷雨有应。绝顶有观址，俗云张子房辟谷处”。

羊山卫　明洪武三年（1370）置，属湖广都司。治所即今湖南张家界市。洪武九年（1376）改为大庸卫。

羊山集 即今山东金乡县西北羊山镇。清咸丰十年（1860）捻军大败僧格林沁军于此。

羊山寨 在今山东即墨市东北一百里羊山后。《方舆纪要》卷36即墨县：走马岭寨"在县东北九十里。又东北十里有羊山寨"。

羊山镇 ①即今辽宁朝阳县西南羊山镇。清光绪重订道光《承德府志》卷7朝阳县之南境：羊山在"寡妇营东十五里"。

②一名羊头镇。五代吴置，即今湖北通山县。后周显德六年（959），南唐改置通山县。

羊子山 亦作扬子山。在今湖北房县西北。民国《湖北通志》卷8房县：羊子山"在县西北八十里，山石如羊，故名。一名扬子山，筑水所出"。

羊飞山 在今四川万州区西南。《舆地纪胜》卷177万州：羊飞山"在州西南五十里。《旧经》云：昔有人于此山学道，常养二羊，忽一日诫童子云：'勿放羊'。童子放之，一羊冲天而去。因名"。《方舆纪要》卷69万县：羊飞山，"《蜀鉴》云：三国时有羊渠县，盖置于山下"。

羊马场 亦作洋马场。即今四川崇州市东北二十里羊马镇。清光绪《崇庆州志》卷3：羊马场"滨羊马河南岸，烟火数百家，买卖颇盛"。

羊马河 ①亦作洋马河。在四川崇州市东，为岷江西支流。清李元《蜀水经》卷2：皂江"又东分支为洋马河"。由今都江堰市之中兴场分水，南流至崇州市，于三江镇会合青羊河、黑石河后于新津县注入西河（文井江）。

②在今陕西子长县南。1947年4月，西北野战军在此伏击国民党军，经过6个多小时的战斗，全歼敌军四千七百余人。

羊马城 ①五代唐天成二年（927）后蜀孟知祥于唐成都罗城外建新城（今四川成都市）。五代李昊《创筑羊马城记》载："其城周围凡四十二里，竦（高）一丈七尺，其阔二丈二尺，其上阔一丈七尺。别筑陴四丈，凿濠一重，其深浅阔狭，随其地势。"从此成都城便有宫城、皇城、罗城、羊马城四重城。宋以后废坏。《宋史·雷有终传》：咸平三年（1000），益州王均兵变，有终"八月克城北羊马城，遂设雁翅敌棚，覆洞屋以进，逼罗城"。即此。

②在今宁夏平罗县境。《新唐书·地理志》警州："羊马城幅员十四里，信安王祎所筑。"

羊马湖 即今湖北孝感市孝南区东南杨马湖。《清一统志·汉阳府一》：羊马湖"在孝感县东南二十里。东西二湖，县东北诸山之水皆汇焉"。

羊石城 亦曰阳石城。在今安徽霍邱县东南。《梁书·武帝纪》：天监五年（506），"庐江太守裴邃克羊石城"，即此。

羊石侯国 西汉置，属北海郡。治所当在今山东潍坊市附近及寿光、昌邑、安丘、昌乐一带。东汉省。

羊石隘 在今江西会昌县东南。《清一统志·赣州府》：羊石隘"在会昌县东南七十里。又湖界隘、清溪隘在县南八十里。……皆称险要"。

羊平县 亦作洋平县。西晋太康元年（280）置，属桂林郡。治所当在今广西东北部融江、龙江下游及红水河下游一带。南朝宋改为阳平县。

羊令渠 在今河北衡水市南。《新唐书·地理志》衡水县："南一里有羊令渠，载初中，令羊元珪引漳水北流，贯城注隍。"

羊册镇 一作羊栅镇。即今河南泌阳县西北六十里羊册镇。清尹耕云《豫军纪略》卷4：咸丰十年（1860）五月，"金梁进至泌阳羊册镇"。

羊市 或作阳市。又作洛阳县市。为晋代洛阳市场。在洛阳城（今河南洛阳市东北汉魏故城）南。《太平御览》卷827引陆机《洛阳记》曰："阳市在城南。"

羊头山 ①在今山西长子县东南，接长治、高平市界。《汉书·王莽传》："羊头之厄北当燕赵。"《后汉书·西羌传》：东汉永初五年（111），"复以任尚侍御史，击众羌于上党羊头山"。均此。

②即谒戾山。在今山西沁源东北。《汉书·地理志》上党郡谷远县："羊头山世靡谷，沁水所出。"《元和志》卷13绵上县：羊头山"一名谒戾山，在县东北五十里。沁水所出"。

③在今山西汾阳市西北。《清一统志·汾州府》：羊头山"在汾阳县西北十五里。土山戴石，以形似名"。

羊头山石窟 在今山西高平市城北团池李家庄与长治、长子二县交界处。石窟始凿于北魏太和年间（477—499），北齐至唐屡有建造。石刻造像、龛窟、石塔遍布山坡。可分七区，拥有大型窟龛二十二个，小型佛龛八十余个，千佛碑一通，石塔四座。洞窟平面多呈方形。雕像因年代不同而各呈异彩。石塔均为唐代遗物，平面有方有圆，分别为密檐式与楼阁式。2006年定为全国重点文物保护单位。

羊头峰 在今江西黎川县西南。《方舆纪要》卷86建昌府新城县：羊头峰在"县西南八十里，接建宁县界。相近者曰乌孤峰，尖耸如笔，巍然出于众山之表"。

羊头塘 即今广西钟山县东南羊头镇。清雍正《广西通志》卷20：富川县南"拐子塘三十里至羊头塘"。

羊老坡 亦作杨老坡。即今贵州福泉市东南凤山镇。旧有驿丞及把总驻此。

羊场 ①亦作杨场、杨家场。即今四川邛崃市东羊安镇。清嘉庆《邛州志》卷3邛州：杨家场在"州东六十里"。

②即今贵州开阳县东南四十八里龙岗镇。明天顺间曾为贵州宣慰司同知治所。1914年置龙岗镇。

③明初置羊场长官司。治所即今贵州龙里县东南羊场镇。民国属龙里县，有县佐驻此。

羊场长官司 明初置，属新添卫。治所在今贵州龙里县东南羊场镇。清康熙二十六年（1687）改属贵定县。后废。

羊场关　明置，在今贵州福泉市东南二十里。《明史·地理志》平越府："东南有羊场关。"《清一统志·平越州》：羊场关"以羊场河得名"。

羊场河　在今贵州福泉市东五里。横截驿道。《方舆纪要》卷121平越府"地松河"条下：羊场河"（明）弘治十年，建石梁于其上，曰通济桥，流通马场江，入麻哈江"。

羊场铺　即今贵州盘县东北羊场布依族白族苗族乡。《清一统志·兴义府》"在城铺"条下：又有"羊场铺"等皆戍守处。

羊场塘　即今贵州普定县西马场镇西南绿林村。清乾隆二十年（1755）设巡司于此。

羊场濠　在今内蒙古鄂尔多斯市东胜区附近。清光绪三十三年（1907）置东胜厅于此。1912年改为东胜县，移今治。

羊耳山　①在今重庆市奉节县北。清嘉庆《四川通志》卷14巫山县：羊耳山"在县北废大昌县西南五十里。两峰并起，宛如羊耳"。道光《夔州府志》卷31：嘉庆四年（1799），白莲教黄号首领"王光祖为官兵追走，死夔州之羊耳山"。

②在今贵州清镇市北。《明史·贵州土司传》：天启三年（1623），王三善攻水西，"别将亦破贼于羊耳"，即此。

羊达子堡　在今甘肃高台县西北。清宣统《甘肃新通志》卷3肃州高台县图：西北有羊达子。

羊尖镇　亦作杨尖。即今江苏无锡市锡山区东羊尖镇。清光绪《江苏全省舆图》金匮县："羊尖镇在城东北七十里。"

羊同　西藏古代族部名。亦作扬同。即象雄。分为大羊同、小羊同两部。《唐会要·大羊同国》："大羊同，东接吐蕃，西接小羊同，北直于阗。……至贞观末，为吐蕃所灭。"大羊同在今西藏阿里地区北部及毗邻拉达克地区，小羊同在今西藏阿里南部。

羊屿　即今福建长乐市西北闽江南岸洋屿。旧属闽侯县，向为海防重地。清光绪《新绘七省沿海要隘全图》：长乐县西有羊屿。

羊岚集　即羊栏集。今山东龙口市东北羊岚镇。

羊肠山　①在今山西古交市东南。《元和志》卷13交城县："羊肠山在县东南五十三里，石磴萦委若羊肠，后魏于此玄仓，今岭上有故石墟，俗云太武帝避暑之所。"《方舆纪要》卷40交城县：羊肠山"亦谓之万根谷山"。

②在今江西瑞昌市西北。《明一统志》卷52九江府：羊肠山"在瑞昌县西北三十五里。宋何宋英诗：羊肠有路地多险，马脊无人天一隅"。

③在今湖北宜都市南。《寰宇记》卷147宜都县：羊肠山"在县南七十里。高一千三百丈，其山盘曲如羊肠之状。盛弘之《荆州记》云：'登羊肠，望见南平、沮、漳，自巴陵左右数百里皆见此山'"。

④在今四川黑水县东北。《隋书·地理志》：平康县"有羊肠山"。

羊肠司　即今贵州六枝特区西北岩脚镇西羊场。清属郎岱厅，置羊肠巡司。民国时改置县佐。

羊肠坂　①在今山西晋城市南。《史记·魏世家》："昔者魏伐赵，断羊肠，拔阏与。"《正义》："羊肠坂道在太行山上，南口怀州，北口潞州。"又《范睢蔡泽列传》："决羊肠之险，塞太行之道。"《说苑·贵德》："夏桀之居，左河济，右太华，伊阙在其南，羊肠在其北。"皆指此。

②一名羊肠山。在今山西太原市西、古交市东南。《水经·汾水注》："汉高帝十一年，封靳疆为侯国，后立屯农，积粟在斯，谓之羊肠仓。山有羊肠坂，在晋阳（今太原市西南古城营）西北，石隥萦行，若羊肠焉，故仓坂取名矣。"按《战国策·西周》："韩兼两上党以临赵，即赵羊肠以上危。"高诱注："羊肠，赵险塞名也。山形屈壁，状如羊肠，今在太原晋阳之西北也。"又《淮南子·墬形训》高诱注："《说苑》曰，桀之居，左河泲，右太华，伊阙在其南，羊肠在其北。今太原晋阳西北九十里，通河西上郡，关曰羊肠坂。"

③在今山西壶关县东南。《汉书·地理志》上党郡壶关县："有羊肠版。"《方舆纪要》卷42称："坂长三里，盘曲如羊肠。"曹操《苦寒行》："北上太行山，艰哉何巍巍。羊肠坂诘屈，车轮为之摧。"即此。

羊肠河　即今湖北竹山县西南之官渡河。《清一统志·郧阳府》：羊肠河"在竹山县西南，北流入堵水"。

羊肠河堡　清置，属广宁县。即今辽宁黑山县西南羊肠河村。《清一统志·锦州府二》：中安堡"在广宁县东三十里。又东三里有高丽坂堡。又东十余里有羊肠河堡，皆有城"。

羊肠营　即今云南宣威市东南羊场镇。旧属沾益县，民国时设县佐。

羊角　春秋卫邑。在今山东郓城县西。《左传》：襄公二十六年（前547），"齐人城郏之岁，其夏，齐乌余以廪丘奔晋，袭卫羊角，取之"，即此。

羊角山　①一名龙角山。在今山西浮山县南。《元和志》卷12神山县："羊角山在县东南三十一里。"《寰宇记》卷43神山县："以吉善行于羊角山见神人。"故名。

②在今湖北英山县北二十里。《方舆纪要》卷26英山县"多云山"条内：羊角山"明隆庆三年，有倭寇数十遁至此，官兵讨诛之"。

③即今广东和平县西北羊角嶂。《方舆纪要》卷103惠州府和平县：羊角山"在县北九十里。相传山时有金鼓声，金则兵起，鼓则兵息。正德初征池大鬓，嘉靖初征曾蛇子，屡有验"。

④在今广西灵山县西北。《方舆纪要》卷104灵山县：羊角山"在县西北。成化八年，灵山县羊角山贼，攻劫广西永淳县，即此"。

⑤在今重庆市奉节县东十余里，下临长江。

《明史·明玉珍传》：洪武四年（1371），明升在瞿塘峡口，以铁索断江，“北倚羊角山，南倚南城砦，凿两岩石壁，引铁索为飞桥，用木板置炮以拒敌”。

羊角水 即今江西会昌县南湘水上源。《方舆纪要》卷88赣州府会昌县“湘水”条下：羊角水“在县南百二十里。旧名郎溪，东达武平县，南达程乡县，为县境噤喉。《志》云，羊角水又湘水上源也”。

羊角水堡 明置，属会昌县。在今江西会昌县南羊角城。

羊角水隘 即羊角营。今江西会昌县南羊角城。《方舆纪要》卷88赣州府会昌县：羊角水隘“在县南。《志》云，县东之水自武平来者为湘江，自汀州来者为绵江，合流经县之东北，屈曲萦回，三面阻水，独以一面南扼闽广之冲。羊角水正南距广界联石窟等巢，东面距闽壤，接悬绳等巢，贼欲过江西必从此入。西则掠南赣，北则扰吉安，实为咽喉要地。嘉靖中添设官兵以为防守，与长宁营犄角，足为缓急之备”。

羊角沟镇 即今山东寿光市北一百十里羊角沟镇。旧为海滨荒村。清光绪十八年（1892）小清河通运，遂为巨镇。1945年晋冀鲁豫边区设羊口市，1950年撤销。

羊角城 春秋时卫邑，在今山东郓城县西北。《左传》：襄公二十六年（前547），“齐乌余以廪丘奔晋，袭卫羊角，取之”。杜注：“今廪丘县所治羊角城是。”《晋书·地理志》濮阳国廪丘：“有羊角城。”

羊角洲 一名南渚江。在今湖北枝江市西南杨各州村。《清一统志·荆州府一》：徧州“灞州之东南曰南渚州，去县七十里，一名羊角州”。清设千总驻守。

羊角营 即今江西会昌县南羊角城。《清一统志·赣州府二》：羊角营“在会昌县南一百二十里。即羊角水隘也。南距广东，东距福建，为咽喉要地。明成化十九年，置长沙营羊角水提备所，嘉靖二十一年筑堡，万历四年并长沙营入安远，于此设羊角水堡。本朝设守备把总驻守。康熙十年重筑堡城，雍正十年改守备为都司”。

羊角砦 在今湖北房县西北羊峪口附近。《清一统志·郧阳府》：羊角砦“在房县西北四十里”。民国《湖北通志》卷36房县：羊角砦“顺治五年，抚治赵兆麟奏立镇房营驻劄于此”。

羊角碛 在今重庆市武隆县西北羊角镇。民国《涪陵县续修涪州志》卷2：羊角碛滩在“武隆司北二十里。乾隆五十六年六月初九日山崩成滩，乱石綦布，亘五、六里，江势抱碛转狭处，壅水高数丈，悍湍汹涌，秋涸险绝，半涨亦恶，上下船必出所载，虚舟乃可行”。此为运盐转运站，形成市集，曰羊角碛。民国初设县佐。

羊角墟 即今广东电白县北羊角镇。明万历《高州府志》卷1：电白县有羊角圩。清道光《电白县志》卷8：羊角圩“在县（治今电城镇）西八十里”。

羊状寨 北宋置，属清湘县。在今广西全州县东北。

羊尾山店 即今湖北郧西县西南羊尾镇。《清一统志·郧阳府》：羊尾山店“在郧西县西南一百二十里”。

羊武谷 一名扬武谷、阳武谷。在今山西原平市西北三十五里。《资治通鉴》：唐大历十三年（778），“回纥纵兵大掠。二月，代州都督张光晟击破之于羊武谷”。

羊坪 即今云南永胜县东北十六里羊坪彝族乡（中羊坪）。清康熙二十年（1681）置羊坪土千总。1956年并入宁蒗彝族自治县。1960年划归永胜县。

羊坪铺 即今贵州镇远县东北羊坪镇。《清一统志·思州府》“丙溪铺”条下：又有“羊坪铺”等，“旧皆戍守处”。

羊苴咩城 又作阳苴咩城。简称苴咩城。公元779年南诏异牟寻迁都于此后筑城。即今云南大理市西北旧大理。此后先后为南诏、大理国都。

羊范村 即今河北邢台县西南二十八里羊范镇。清同治《畿辅通志》卷51邢台县图：西南有羊范村。

羊林部 唐南诏置，属拓东节度。在今云南嵩明县南二十六里杨林镇。宋大理属善阐府。蒙古宪宗七年（1257）改羊林千户，元世祖至元十二年（1275）改杨林县。

羊卓 又译雅卓、俺卜罗。即今西藏浪卡子县。元置羊卓万户府，为十三万户府之一。

羊卓云（雲）角 即洋卓雍错。今西藏浪卡子县羊卓雍错。清松筠《西招纪行诗》注：巴则山“岭南有大海子，番名洋卓云角”。

羊昌关 亦作羊肠关。明永乐中置，属平武县。在今四川平武县西北。《方舆纪要》卷73龙安府平武县“胡空关”条内：羊昌关在“府西北十五里。其地有羊昌山，山崖层叠，通铁蛇官道”。

羊岵山 一名阳岵山、睡心山。在今湖北武汉市蔡甸区南。《清一统志·汉阳府》：阳岵山“在汉阳县西南七十里”。

羊牧隆城 北宋天禧元年（1017）筑，在今宁夏西吉县东南将台乡南火家集。《宋史·夏国传》：庆历元年（1041），任福、桑怿等击西夏，“福与怿循好水川西去，未至羊牧隆城五里，与夏军遇……宋师大败”。庆历三年（1043）改为隆德砦。

羊径（逕） 在今广东翁源县西北。《方舆纪要》卷102翁源县：羊径在“县（治今翁城镇）北七十五里。两崖对峙，岑水中流，石径二十余里，险峭曲折，不亚羊肠。《旧志》：岭南每深山穷谷，中通一路，即谓之径。县境万山环合，两壁屹峙，以径名者甚众，羊径其最著者”。

羊径山 ①在今山西武乡县东北，接左权县界。

《方舆纪要》卷43武乡县："羊径山在县东百里，路若羊肠，为入太行之径。"

②在今广东翁源县西北。《清一统志·韶州府》：羊径山"在翁源县（治今翁城镇）西北五十里。两崖对峙，岑水中流，石径二十余里，峻险曲折，不亚羊肠。明宏治间，凿石为坦途，半道有石门扼寨，可以拒守"。

羊河 即今辽宁岫岩满族自治县东南大洋河。《清一统志·奉天府一》"龙头河"条下："又羊河在凤凰城西南界，系杓子河、五重河合流处，流至将军石入海。"

羊官水 即今四川宜宾县西南与云南交界之横江河（关河）。《水经·沫水注》：泸水"自朱提至僰道有水步道，有黑水、羊官水，至险难，三津之阻，行者苦之"。

羊官堡 一作杨官堡。明置，属复州卫。即今辽宁瓦房店市西北羊官堡。明《全辽志》卷2：复州城有"羊官堡"。

羊房堡 ①明成化元年（1465）筑，在今河北宣化县北四十里羊坊堡。《方舆纪要》卷18万全都司：羊房堡"在青边口西南，距边十里，接壤张家口，西为中路尽界，……虽重冈为险，而何家堰镇、镇口诸处皆敌经也"。

②明置，属固原州。在今宁夏海原县北。《方舆纪要》卷58固原州：羊房堡"在州西北百七十里。其地亦名驴母川，官军讨满四时分道处也"。

羊城 ①在今河北沽源县西南。《辽史·太祖纪》：太祖三年（909），"置羊城于炭山之北以通市易"，即此。

②今广东广州市的别称。

③即今贵州长顺县东南三里羊角坣。清有额外外委驻守。

羊城泊 在今山西天镇县北。《金史·太宗诸子传》：金天辅五年（1121），"既会，始定议，杲出青岭，宗翰出瓢岭，期羊城泊会军"。

羊城泺 在今河北沽源县北。《金史·宗翰传》：天辅六年（1122），"杲军出青岭，宗翰军出瓢岭，期于羊城泺会军"。《清一统志·科尔沁》：羊城泺"蒙古名尹兀哈台，在左翼后旗东南一百五十里。源出边内流入境，北流会卓索河"。

羊栏集 又作羊岚集。即今山东龙口市东北四十里羊岚镇。清光绪《山东通志》卷2《舆图志》：黄县北有羊栏集。

羊峒 在今四川九寨沟县西北。《方舆纪要》卷73松潘卫：羊峒"在卫北，接陕西洮州界。《志》云：松潘东通任昌、蜡梅，北接羊峒、洮州，任昌、蜡梅盖番族也"。

羊祜汊 在今湖北宜城市北。《方舆纪要》卷79宜城县：羊祜汊"在县北三十里"。清置镇于此。《清一统志·襄阳府三》：羊祜汊镇"在宜城县北二十五里。相近有毛家埠镇"。

羊峰山 在今湖南永顺县东八十里。《清一统志·永顺府》作"永顺县西"，误。

羊羔屯 即今河北临漳县东十二里西羊羔乡。明正德《临漳县志》卷2："羊羔屯去县东一十里。"

羊浦 又作羊埔。即今海南省儋州市西北干冲镇。清宣统《广东舆地全图》儋州图：西有羊埔市。

羊流店 即今山东新泰市西北六十里羊流镇。为南北孔道。《清一统志·泰安府一》：羊流店"以（晋）羊祜故里为名。后裔犹有存者。俗讹为杨柳店"。

羊流河 亦名杨柳河。在今山东新泰市西北六十里。清光绪《山东通志》卷29：羊流河"源出新甫山，径羊流镇西会苏庄河入小汶"。

羊圈山 亦作羊圈关。在今四川通江县北大巴山下。《明史·地理志》通江县："北有羊圈山巡检司。"清道光《通江县志》卷2：羊圈关"在治西北四百余里巴山中。下有旧巡检司。明嘉靖（世宗）中增置，治巴山下。久裁。……自秦入蜀路也"。

羊圈子 亦称大羊圈子。即今辽宁盘山县西北羊圈子镇。清光绪《奉天全省地舆图说图志》广宁县图：南有羊圈子。旧京奉铁路经此。

羊圈子谷 在今内蒙古呼和浩特市东北。《清一统志·归化城六厅》：羊圈子谷"在绥远城东北六十六里。蒙古名衣马图"。

羊圈湾 在今新疆巴里坤哈萨克自治县西北。清徐松《西域水道记》卷3："（巴尔库勒）淖尔北三百余里曰阿贵图，谚曰羊圈湾。又北六十余里为都兰哈喇山。"

羊圈湾卡伦 清置，在今新疆巴里坤哈萨克自治县西北小哈甫提克山东南。清道光《新疆识略》卷2巴里坤：羊圈湾卡伦"距城五百余里"。清徐松《西域水道记》卷3："（巴尔库勒）淖尔北三百余里曰阿贵图，谚曰羊圈湾。"

羊盘营 在今广东开平市西北。《清一统志·肇庆府》：羊盘营"在开平县（今苍城镇）北四十里，近皂幕山。土贼往来要路，明末置，后废。本朝复设把总防守"。

羊羝砦 北宋置，属泸州。在今四川泸州市纳溪区境。治平四年（1067）废。

羊渠县 东汉建安二十一年（216）置，属固陵郡。治所在今重庆市万州区（苎溪河东岸）。东晋常璩《华阳国志·巴志》："建安二十一年，以朐忍、鱼复、汉丰、羊渠及宜都之巫、北井六县为固陵郡。"三国蜀汉建兴八年（230）改为南浦县。

羊棚镇 金置，属比阳县。即今河南泌阳县西北六十里羊册镇。

羊雅江 即今四川岷江支流大渡河。《宋史·瀛国公纪》：德祐元年（1275），"知叙州李演将兵援嘉定府，遂解归，战羊雅江，兵败被执"。即此。

羊街山 在今云南永平县北四十里。《方舆纪要》卷118永平县：羊街山"山半涌泉，周围五尺，名曰一碗水，行者咸掬饮之，地名碗水哨"。

羊阑城　在今山东惠民县东南。《北史·傅竖眼传》：文成拜傅竖眼父灵越为青州刺史，“镇羊兰城”。宋乃以灵越叔父“乾爱为乐陵太守。乐陵与羊兰隔河相对”。

羊禄坪　即今广东罗定市。元大德八年（1304）泷水县徙治于此。明万历五年（1577）改置罗定州，1912年改为罗定县。1993年改设罗定市。

羊楼峒镇　一名羊楼司。即今湖北赤壁市西南六十里羊楼洞镇，西接湖南临湘市界。明置巡司于此。民国初置县佐。盛产茶。

羊溪　即今重庆市巫山县北之杨溪河。道光《夔州府志》卷6：羊溪“在县东一百一十五里。废大昌县东十里。水通大宁河。成化中，（夔州）通判王征（祯）征石和尚战死于此”。清嘉庆四年（1799），德楞泰擒白莲教卜三聘于此。

羊溪城　唐置，属茂州。在今四川茂县西北。《新唐书·韦皋传》：贞元九年（793），董勔“围维州，搏栖鸡，攻下羊溪等三城”。

羊鼻山　在今云南宜良县东北。《方舆纪要》卷115路南州：羊鼻山“在邑市废县（今北古城镇）东北十五里。以形似名。顶有泉，引以灌溉”。

羊膊山　在今甘肃敦煌市南。《寰宇记》卷152沙州敦煌县：“羊膊山多岩石，少树木，甚似鲁国南邹山。山北三十里，远眺顾瞻百里，但见山岭巉岩，无尺木把草。”《方舆纪要》卷64：“山北存一岩，似羊膊，因名。”

羊膊岭　亦名大分水岭。在今四川松潘县西北二百四十里，为岷山支脉。岷江西支发源于此。《水经·江水注》：“《益州记》曰：大江泉源，即今所闻，始发羊膊岭下，缘崖散漫，小水百数，殆未滥觞矣。东南下百余里至白马岭，而历天彭阙……江水自此以上至微弱，所谓发源滥觞者也。”《寰宇记》卷81松州平康县：“羊膊山。按《江源记》云：平康县羊膊山下有二神湫，乃大江所发之处。自羊膊岭散漫，殆未滥觞，东南百余里至白马岭。”

羊寨乡　即今江苏阜宁县西三十六里羊寨镇。明属山阳县，置巡司于此。清兼置把总驻防。

羊撒关　即今甘肃临潭县东北羊沙乡。《明一统志》卷37洮州卫：羊撒关“在卫城北六十里”。

羊摩江　相当今四川都江堰市南之羊马河。《水经·江水注》：“又穿羊摩江，灌江西。”杨守敬疏：“或以崇庆州东之羊马河当羊摩江。”

羊蹄山　即阳台山。在今湖北汉川市南一里。《周书·裴宽传》：天和三年（568），宽为沔州刺史，“请移城于羊蹄山，权以避水”。即此。《方舆纪要》卷76汉川县：阳台山“俗讹曰羊蹄山”。

羊灌田守捉城　唐置，属彭州。在今四川都江堰市西，一说在今彭州市西北隆丰镇东南二里。《资治通鉴》：唐元和元年（806），高崇文“克成都。刘辟、卢文若帅数十骑西奔吐蕃，崇文使高霞寓等追之，及于羊灌田”。即此。

并州　①古“九州”之一。《周礼·职方》：“正北曰并州，其山镇曰恒山，其泽薮曰昭余祁。”恒山在今河北曲阳县西北，昭余祁在今山西平遥县西南。约当今山西、河北一带。

②西汉武帝置，为“十三刺史部”之一。辖境相当今山西大部及内蒙古、河北的一部。东汉治所在太原郡（今山西太原市西南晋源镇），辖境扩大，包有今陕西北部及河套地区。三国后渐小。唐代辖境相当今山西阳曲以南、文水以北的汾水中游地区。开元十一年（723）改为太原府。北宋太平兴国四年（979）复改并州，移治阳曲县（今太原市）。嘉祐四年（1059）又改为太原府。

③十六国前秦置，治所在蒲阪县（今山西永济市西南蒲州镇）。后移治晋阳（今山西太原市西南晋源镇）。后秦末年废。

④十六国后秦皇初三年（396）置，治所在蒲坂县（今山西永济市西南蒲州镇）。皇初五年（398）废。

⑤十六国南燕置，治阴平（今山东枣庄市旧峄县西南三十里阴平镇）。《晋书·地理志》：南燕慕容德“以并州牧镇阴平”。

⑥西魏置，治所在随郡（今湖北随州市）。废帝三年（554）改为随州。

⑦西魏置，治所在南晋郡（今四川宣汉县东北）。辖境相当今四川宣汉县东北、万源县南部地。隋开皇五年（585）废。

并州都督府　唐武德元年（618）于并州（治今山西太原市西南古城营）置总管府，七年改为大都督府。贞观八年（634）督并、汾、箕（后改仪州）、岚四州。长寿元年（692）改为北都太原府，神龙元年（705）复为大都督府。开元十一年（723）改为北都太原府。

关口　又作阳安关口。即关城。今陕西宁强县西北阳平关。《三国志·蜀书·姜维传》：“钟会攻围汉、乐二城，遣别将进攻关口。”即此。

关口山　在今安徽宁国市东南六十里。《方舆纪要》卷28宁国县：关口山在“县东南六十里。两峰错峙，若门扃然。一名狮象山。其中径隘溪深，崖坪相望，岩洞奇胜，泉壑纵横”。

关口市　即今湖北浠水县东北关口镇。民国《湖北通志》卷33蕲水县：关口市“在县北三十里”。

关口坝　即今陕西宁强县南关口坝。1935年川陕革命根据地置申熙县治此。

关口垭　在今湖北兴山县西。清设把总驻防。

关口镇　本名五郎关。即今陕西宁陕县。1936年宁陕县迁治于此。

关山　①在今湖南长沙县东南。《方舆纪要》卷80善化县：关山“叠峰峭拔，有如城壁，中间道路仅通一车，谓之龙回关”。唐末置龙回关于此。

②在今湖南津市市西侧澧水南岸。《新唐书·地理志》：澧阳县“有关山”。《方舆纪要》卷77澧州：关山“山形盘据十余里，高八十余丈，兰江东

奔，是山崛立水口，如关锁然，故名”。

③一名小陇山。在今陕西陇县西六十里。《方舆纪要》卷55陇州“陇山”条：“小陇山在州西八十里。一名关山。以近陇关而名也。山长八十城，路通临巩，为秦凤要害。”《清一统志·凤翔府一》云：“其山高峻，盘折而登，凡五十里，始至绝顶。”

关山铺　在今黑龙江省牡丹江市西南牡丹江西岸。民国《宁安县志》卷3：“正北三十里至关山小铺。”

关山寨　在今安徽滁州市西北。《方舆纪要》卷29滁州：关山寨“在州西北二十五里。《志》云：州境旧有乡寨七：曰关山、该山、白禅、西城、高山、黄悦、白悦等寨，宋置，寻废”。

关山镇　①北宋置，属东阿县。在今山东东阿县西南关山乡。

②即今陕西西安市东北阎良区关山镇。《清一统志·西安府三》：关山镇“旧名上寨，地界临潼、渭南、蒲城、富平四县之交。明万历初改为镇，筑城，移西安府同知驻此。后裁。本朝设县丞驻此”。民国初置县佐。

关川　即今甘肃定西市和会宁县境之关川河，有东西二源，合流后入祖厉河。《清史稿·地理志》巩昌府安定县：“关川水东源出县南禅牧山麓，一曰东河，西北流；西源出县西南胡麻岭，一曰西河，东北流，径县城北，汇入一川，一曰北河，北入会宁。”

关门山　①在今辽宁岫岩满族自治县东北八十里。《清一统志·奉天府一》：关门山“在岫岩厅东界”。清咸丰《岫岩略》卷4：关门山在“城东北八十里。西山巇辟对峙，东西相向，高数丈，形势雄壮，中夹一溪，为矿硐沟河流之门户”。

②在今湖北省钟祥市西北。《方舆纪要》卷77安陆府钟祥县：关门山在“府西北百里。高耸嶙岩，有石如屏，障塞山口，俨若关门。其上又有石凤洞，列石攒峙如凤昂首，中容数十人”。

关王岭　在今湖北京山县北。《舆地纪胜》卷84郢州：关王岭“在京山县北。上平如掌，有球场及故城垒形”。

关王庙　在今山西阳泉市东北郊二十四里林里村山腰。是关羽故里之外国内最早的关王庙。始建于北宋熙宁五年（1072），宣和四年（1122）重修。明、清曾予补修。现存正殿仍为宋代原构。殿内脊板、六椽栿和四椽栿下，都保留有宋代重修题记。殿内四壁绘有关羽故事壁画，为清代所作。1996年定为全国重点文物保护单位。

关王墓　一名关忠义墓。在今湖北当阳市西。《舆地纪胜》卷78荆门军“显烈庙”条下：“去当阳十五里有关王墓。”《清一统志·荆门州》：关忠义墓“在当阳县西十五里”。

关中　古地区名。所指范围历史上大小不一：(1)秦都咸阳（今陕西咸阳市东北），汉都长安（今陕西西安市西北），因称函谷关以西为关中。《史记·货殖列传》：“故关中之地，于天下三分之一。”（《汉书·地理志》改作：“故秦地天下三分之一。”）是泛指战国末秦之故地，包括秦岭以南的汉中、巴蜀在内。但通常并不包括秦岭以南之地，故项羽、刘邦相约先入关者为关中王，后来项羽封先入关的刘邦于汉中，并诡称：“巴、蜀亦关中地也。”而另将关中之地分封给秦三降将，以拒刘邦。(2)在秦岭以北范围内，时或包括陇西、陕北，如项羽所封秦降将，翟王在陕北，雍王辖有陇西；时或专指今陕西关中盆地，《史记·货殖列传》：“关中自汧雍东至河华。”(3)指众关之中，如潘岳《关中记》：“东自函关，西至陇关”；《三辅旧事》：“西以散关为限，东以函谷为界”；徐广以为“东函谷，南武关，西散关，北萧关”；《资治通鉴》胡三省注：“西有陇关，东有函谷关，南有武关，北有临晋关，西南有散关。”皆为后起之说。

关中道　1914年由陕中道改置，属陕西省。治长安县（今陕西西安市）。辖境约当今陕西陇县、千阳、麟游、长武、彬县、旬邑、铜川、白水、澄城、合阳、韩城以南，宝鸡、眉县、周至、户县、西安、长安、柞水、商州、丹凤以北地区。1928年废。

关内　古代在今陕西建都的王朝，通称函谷关或潼关以西王畿附近为关内，亦称关中。今河北山海关以西地区，四川康定以东地区，甘肃嘉峪关以东地区旧称关内，皆与关外相对而言。

关内外铁路　清光绪二十年（1894）津榆铁路（天津至山海关）通车后，继续展筑，称关内外铁路。二十四年（1898）天津至北京马家堡段完成，二十七年（1901）又展至正阳门（前门）。关外段于光绪三十年（1904）通车到奉天皇姑屯。次年改称京奉铁路。1911年皇姑屯至奉天城（沈阳）站通车。1927年国民党政府定都南京，改北京为北平。1929年又改奉天为辽宁，该路遂改称北（平）（辽）宁路。

关内道　唐贞观元年（627）置。《唐六典》卷3：关内道“东距河，西抵陇坂，南据终南之山，北边沙漠”。相当今陕西秦岭以北，内蒙古阴山以南，宁夏贺兰山、甘肃六盘山以东地区。开元二十一年（733）分置京畿道，与关内道同治长安（今陕西西安市）。乾元元年（758）废。但作为地理区划名称直至五代仍被沿用。

关右　即关西。汉、唐时泛指函谷关或潼关以西地区。三国魏王粲《从军》诗：“相公征关右，赫怒震天威。”

关东　①秦、汉、唐等定都今陕西的王朝，称函谷关或潼关以东地区为关东。《史记·秦始皇本纪》：三十六年（前211）“秋，使者从关东夜过华阴平舒道，有人持璧遮使者曰：‘为吾遗滈池君’”。

②旧指今河北山海关以东之地为关东，与关西

相对而称，故辽宁、吉林、黑龙江三省称为关东三省。

关东厅博物馆旧址　现名旅顺博物馆。在今辽宁大连市旅顺区列宁街。始建于民国六年（1917）。原是日本帝国主义在1905年侵占大连之后，于1916年在沙俄未建成的军官俱乐部基础上改造而成。建筑既有近代欧式风格，又有东方艺术装饰特色。该馆初名关东都督府满蒙物产馆。1918年改称关东都督府博物馆。1919年改称关东厅博物馆。1934年改为旅顺博物馆。1945年10月被苏联红军接管，改名为旅顺东方文化博物馆。1951年2月苏军将博物馆馆舍连同馆藏二万零六百三十七件文物、七千七百册图书移交给中国政府。1952年12月，改称旅顺历史文化博物馆。1954年定名为旅顺博物馆。还管辖旅顺日俄监狱旧址和万忠墓两个展览场地。现馆藏文物三万余件，其中有西周青铜器吕鼎（铸有铭文四十四字），西汉马蹄金、南北朝至唐木乃伊（九具）等珍贵文物。2006年定为全国重点文物保护单位。

关东州　在今辽宁辽东半岛的南端，普兰店市东至皮口镇一线以南地区。清光绪二十四年（1898）被沙俄租占，俄人名曰关东州，设总督驻旅顺。三十一年（1905）日俄战后为日本占领。1945年8月日本投降结束了帝国主义对此地的统治。

关东铁路　即关内外铁路关外段。从今河北山海关至辽宁沈阳。亦称沈山铁路。

关东镇　北宋置，属阌乡县。在今河南灵宝市西北阌乡西。以在潼关之东而名。

关外　①秦、汉、唐等定都今陕西的王朝，称函谷关或潼关以西王畿附近地区为关内；对关内而言，又称关东地区为关外。

②旧称山海关以外的辽宁、吉林、黑龙江三省为关外。

③旧称今四川康定以西地区为关外，因县治打箭炉位于川藏交通要隘而得名。

④旧称嘉峪关以外的甘肃省西部和新疆维吾尔自治区为关外。

关头　即白水关。在今四川青川县东北白水镇北。《三国志·蜀书·法正传》："鱼复与关头，实为益州祸福之门。"指此。又《庞统传》：统曰，"杨怀、高沛，（刘）璋之名将，各仗强兵，据守关头"。

关西　汉、唐时，泛指函谷关或潼关以西的地区。《汉书·萧何传》：王卫尉曰，"关中摇足，则关西非陛下有也"。《后汉书·虞诩传》：谚语"关西出将，关东出相"。

关西驿　唐置，在今陕西华阴市东。《资治通鉴》：唐至德元年（756），哥舒翰败于灵宝，"翰至关西驿，揭榜收散卒，欲复守潼关"。宋置关西镇。

关西新围　在今江西龙南县东南关西镇新围村。是客家人聚族而居的大型土堡。始建于清嘉庆三年（1798），占地2.7万平方米。有建筑二十栋，建筑面积7898平方米。围内有祠堂、厅堂、内花园、戏台、小花洲和梅花书院，总平面呈国字形，四周围屋为三层土木结构，每层七十九间。二层有悬挑外廊，三层为不设挑廊的楼阁。底层外墙为三合土加卵石夯筑，厚90厘米，二层外墙为带内壁柱厚50厘米的筑墙，三层用厚35厘米青砖砌成。各层均布有火炮眼，四角筑有两层歇山顶的炮角楼。围屋东、西设大门，中间套建一幢前后三进、五组并列、十四大天井的单层大宅，为家祠及长辈居住，并配有花园、土屋、边屋等建筑。2001年与同县的燕翼围一起被定为全国重点文物保护单位。

关西镇　北宋置，属华阴县。在今陕西华阴市东。《清一统志·同州府二》：关西镇"以在潼关之西，故名"。

关阳镇　即今山东费县西南八十里关阳司。明、清置巡司于此。

关羽濑　又称关侯滩。在今湖南益阳市东六十余里。《三国志·吴书·甘宁传》："后随鲁肃镇益阳，拒关羽。羽号有三万人，自择选锐士五千人，投县上流十余里浅濑，云欲夜涉渡。肃与诸将议。宁时有三百兵，乃曰：'可复以五百人益吾，吾往对之，保羽闻吾欬唾，不敢涉水，涉水即是吾禽。'肃便选千兵益宁。宁乃夜往。羽闻之，住不渡，而结柴营。今遂名此处为关羽濑。"

关县　西汉置，属常山郡。治所在今河北栾城县北十里铺。《后汉书·张禹传》：建武中，张况"为常山关长。会赤眉攻关城，况战殁"。李贤注："关县，属常山郡，今定州行唐县西北有故关邑城。"东汉废。

关英桥镇　即今安徽绩溪县东北五十里关英桥。旧属宁国县。明嘉靖《宁国县志》卷1：关英桥"在治西一百一十里。洪武中建，岁久倾颓，弘治元年邑人饶佐重建"。

关林　在今河南洛阳市老城南十六里。相传为关羽头颅葬处。《三国志·蜀书·关羽传》：孙权遣将"斩羽及子平于临沮"。注引《吴历》曰："权送羽首于曹公。"曹操特以隆礼葬之。明万历二十四年（1596）始建关林庙于此。时称关王庙。清顺治年间（1644—1661）称关帝陵庙，雍正八年（1730）诏改武庙。陵庙内有古柏八百多株，故称"关林"。乾隆五十六年（1791）扩建成现规模。主建筑有舞楼、大门、仪门、钟鼓楼、拜殿、大殿、寝殿、碑亭、陪殿、长廊等。有石坊四座、石碑七十多通、石狮一百一十多个。大殿内有关羽彩色坐像。庙外有墓冢。庙前舞楼重檐歇山顶，为中国古舞台代表作。1980年在关林设立有洛阳古代艺术馆，陈列古碑志、石刻艺术珍品。2006年定为全国重点文物保护单位。

关岭　在今浙江天台县西北。《方舆纪要》卷92天台县：关岭"在县西北四十里，与新昌县分界"。

关岭山寨　①在今浙江天台县西北境关岭头村。《方舆纪要》卷92天台县：关岭山寨在"县西北关岭上。《旧志》：岭上有石垒寨，唐广德初王师讨贼袁晁，垒石筑寨于此。元末方国珍亦尝据此结寨”。

②在今浙江新昌县东南。《方舆纪要》卷92绍兴府新昌县：关岭山寨“在县东南七十里，又四十里即天台县。明初朱亮祖讨方国珍，至新昌，克其关岭山寨”。即此。

关岭县 1914年改永宁县置，属贵州贵西道。治所即今贵州关岭布依族苗族自治县。因关索岭为名。1916年迁治募役司（今县南花江镇）。1923年直属贵州省。1981年改设关岭布依族苗族自治县。

关岭驿 即今贵州关岭布依族苗族自治县。旧属镇宁州。《清一统志·安顺府》“安庄驿”条下：“又州南旧有关岭驿。明万历中置，本朝雍正六年裁。”

关庙山遗址 在今湖北枝江市东北问安镇关庙山村，处于江汉平原向鄂西山地的过渡地带。遗址面积约3万平方米。发现房址十座，另有瓮棺等遗迹。房址多为长方形或方形地面建筑，内有坡顶、散水、竹骨泥墙、隔墙、联体灶、火塘遗迹等。磨制石器有斧、锛等，做工细致。口径达76厘米的大陶盆、薄胎蛋壳彩陶的出现及内黑外红的烧造工艺表明其制陶工艺的领先地位。遗址内发现有长江中游大溪文化、屈家岭文化、石家河文化三种原始文化的叠压关系，特别是遗址中丰富的大溪文化遗存基本上包括了该文化的各主要阶段，对研究大溪文化的内涵、特征、分期等都有重要意义。2001年定为全国重点文物保护单位。

关河 一名官河。在今山西偏关县中部。《方舆纪要》卷40河曲县：关河“源出朔州界，流经偏头关，西北入黄河”。

关河隘口 即今山西偏关县西北关河口村。清道光《偏关志》卷上：偏关西关河隘口“在关城西二十里。河水西泻，直达黄河。明宣德九年都督李谦筑石桥跨沟，下建三洞，上置重楼。万历二十六年兵宪赵彦复修坚厚，更于口外建望台烽墩，以巩固严关。旧系偏关守备分辖，后属桦林保分辖”。

关隶县 北宋咸平三年（1000）升关隶镇置，属建州。治所即今福建政和县。政和五年（1115）改名政和县。宋时置银场于此。

关隶镇 ①五代王闽置，属建安县。即今福建政和县东南镇前镇。北宋咸平三年（1000）升为关隶县，并移治今政和县。

②北宋置，属宁德县。在今福建宁德市北七十里水漈。

关春岭 在今广东乐昌市西北。《方舆纪要》卷102乳源县：关春岭“在县西二百二十里。路通宜章，即古入京之道”。《清一统志·韶州府》：关春岭“俗名官村岭。东通官埠，北通宜章。左有梅花峒”。

关垭 在今湖北竹溪县西四十里。旧为秦、楚分界处。清嘉庆初曾有总兵驻防。

关城 即阳平关。今陕西宁强县西北阳平关。《三国志·魏书·钟会传》：魏军分道入蜀，“使护军胡烈等行前，攻破关城”，即此。《水经·漾水注》：“汉水又西南径关城北。”《北史·王悦传》：梁将梁深以白马城降，“时梁武陵王萧纪果遣其将任珍奇，欲先据白马，行次关城，闻其已降，乃还”。北宋改称阳平关。

关城川水 即今甘肃武山县东大南河。《水经·渭水注》：“关城川水出南，安城谷水出北，两川参差注渭水。”

关南 ①五代周显德六年（959），从契丹收复瓦桥、益津、淤口三关及其以南瀛、莫二州，北宋时称此三关以南地区为“关南”。约当今河北白洋淀以东的大清河流域以南至河间市一带。景德元年（1004），宋、辽“澶渊之盟”，辽求关南地，为宋使曹利用拒绝。

②即今河北高阳县东旧城。北宋时因地接辽境，为河北地区军事重镇。以在瓦桥、益津、淤口三关之南而得名。《续资治通鉴长编》：太平兴国四年（979）河阳节度使崔彦进、五年沂州刺史毛继美皆屯兵于此，以备辽。七年改为高阳关。

关帝庙 在今河南周口市内。始建于清康熙三十二年（1693），雍正、乾隆、嘉庆年间曾多次重修。主体建筑有大殿、二殿、戏楼、春秋阁等。大殿前乾隆时建的石碑坊，雕刻精致，上有关云长义释曹操、竹林七贤、福禄寿喜、鲤鱼跳龙门、狮子滚绣球、四季花鸟等图案七十余幅，是石刻珍品。门前的铁旗杆通高21.5米，上有双龙盘绕，异常壮观。1996年定为全国重点文物保护单位。

关前隘 在今广西凭祥市西南三十五里卡凤村境内。《清史稿·越南传》：清光绪十一年（1885），法兵入镇南关，冯子材“乃于关内十里关前隘，跨东西两岭间，筑长墙三里余，外掘深堑，为扼守计，自率所部驻之，而令王孝祺勒军屯其后为犄角”。法兵猛攻不克，子材等追击败之，遂克谅山。

关洲 ①在今安徽颍上县西南四十五里淮河中。《水经·淮水注》：“淮中有洲，俗号关洲。”即此。

②在今湖北枝江市东南。《方舆纪要》卷78枝江县“芦洲”条下：“滪洲之下曰关洲，约广三十余里。利种柿，多民居。”

关衬水 又名色河。即今陕西山阳县西马滩河。《水经·沔水注》：关衬水“出上洛阳亭县北青泥西山，南径阳亭聚西，俗谓之平阳水。南合丰乡川水……又南入上津注甲水”。

关索千户所 明洪武二十五年（1392）置，属安庄卫。治所即今贵州关岭布依族苗族自治县。清康熙二十二年（1683）废。

关索岭 ①在今贵州关岭布依族苗族自治县东。势极高峻，周围百余里。为滇黔通道。上有关索庙。据明王士性《黔志》：“关索岭，贵州极高峻之山，上设重关，挂索以引行人，故名关索。”另据《徐霞客游记·黔游日记一》说：“索为关公子，随蜀丞相诸葛南征，开辟蛮道至此。”遂有“关索岭”之名。

②在今云南澄江县西北。《清一统志·澂江府》：关索岭“在河阳县西北十里。山阜高数百丈，险峻难渡，若关隘然，牵绳而过”。

③一名小关索岭。在今云南寻甸县东北。相传三国蜀汉诸葛亮进军南中时曾屯军于此。

关索砦　在今云南永平县东北五里。《方舆纪要》卷118永平县：关索砦“周回二里。俗传蜀汉将关索所筑。寨下有洞，首尾相通，樵牧过之，常闻洞中有戈戟声”。

关索堡　明洪武二十一年（1388）置，即今贵州关岭布依族苗族自治县。二十五年改置关索岭千户所。

关陵　三国蜀将关羽的陵墓。在今湖北当阳市西北六里。《三国志·蜀书·关羽传》：东汉建安二十四年（219），关羽攻曹仁于樊城，“曹公（操）遣徐晃救曹仁，羽不能克，引军退还。（孙）权已据江陵，尽虏羽士众妻子，羽军遂散。权遣将逆击羽，斩羽及子平于临沮”。裴注引《吴历》：“权逆羽首于曹公，以诸侯礼葬其尸骸。”当初此陵仅土冢。南宋淳熙十年（1183）始建祭亭，元世祖至元中增修墓道墓门。明成化三年（1467）创建庙宇。后不断重修、增修，规模宏伟。2006年定为全国重点文物保护单位。

关埠　即今广东汕头市潮阳区西北关埠镇。清同治《广东图说》卷33：潮阳县“门辟司巡检一员驻关埠”。

关硖砦　北宋熙宁六年（1073）置，属邵州（后属武冈军）。即今湖南绥宁县东北二十四里关峡苗族乡。《方舆纪要》卷82绥宁县“东关”条下：“明嘉靖中，增筑黄石、关峡、蓝溪、多龙、江口等五堡，调九溪荆州卫及城步所官兵戍守。”

关辅　即关中与三辅的合称。相当今陕西关中地区。

关章岭　在今江西星子县北。宋孔武仲《关章岭》诗：“庐山北转是关章，岩草纷纷静有香。”

关渡　在今台湾省台北市西北，北投区西面约八里，淡水河出台北盆地口东岸。附近之淡水河宽仅400米，两岸山崖夹峙，故名关渡。在早期文献中亦作干豆、江头、乾窦、甘答等。山麓有清康熙年间所建古庙，初称灵山庙，乾隆五十一年（1786）重建，改名关渡宫。

关渡河铺　在今贵州正安县东南。《清一统志·遵义府》“牛角巷铺”条下：又有“关渡河铺”等，皆戍守处。

关滩站　元置，在今重庆市武隆县西北土坎镇（关滩）。明废。

关箭溪　古名安居水、琼江。即今重庆市铜梁县北之关溅河。《清一统志·重庆府一》：安居溪“在铜梁县西北，旧安居县南城外。一名关箭溪，又名琼江。自遂宁县东流至阳马桥入县界，六十里至县南关，又东北入涪。小舟通至阳马桥”。

米山　①在今山西高平市东。《元和志》卷15高平县：米山“在县东十里。赵将廉颇，积粮此山，因名”。

②在今江西高安市北。《寰宇记》卷106筠州高安县：米山“在县北四十里。山有神灵，能兴云雨，著在祀典，岁时祈祷”。《方舆纪要》卷84瑞州府高安县：米山“在府北二十五里。《豫章记》：此山四面流泉，土地膏沃，生禾香茂，为米精美，唐因以名州”。

③在今山东淄博市西，周村东南四里。《方舆纪要》卷31长山县：“米山在县南三十里。相传齐桓公积土于此，为虚粮以示敌处也。”

米山镇　即今山西高平市东南米山镇。《清一统志·泽州府》：米山镇“在高平县东十里。有堡。当泽、潞之冲，居民稠密，商贾辏集”。

米川州　唐开元前置羁縻州，属黎州都督府。治所在今四川九龙县东湾坝乡。北宋以后废。

米川县　唐贞观五年（631）置，属河州。治所在今青海循化撒拉族自治县东黄河南岸清水乡附近。《寰宇记》卷155廓州米川县：“因米川水为名。”永徽六年（655）移于河北，属廓州。在今青海化隆回族自治县巴燕镇附近。后入吐蕃。

米川城　北宋崇宁三年（1104）于唐米川县故址修筑，属廓州。在今青海化隆回族自治县巴燕镇附近。《宋史·地理志》廓州：米川城“王厚云：米川沿河西至廓州约六十里，过河取正路至结啰城约三程，本城至廓州约三十余里”。

米扎山　又作米占山。即今俄罗斯滨海边疆区东北之克鲁格拉亚索扑卡山。清齐召南《水道提纲》卷25：乌苏里江“经（朱尔根）城西境稍北，有能兔北河自东合三水西北流经城之北境，而西来会。又西北，经西朱尔根城之北，有奴客米河自东南来，会合于米占山之南麓”。即此。

米公祠　在今湖北襄阳市樊城西南隅汉江北岸。为纪念北宋书画家米芾（1051—1107）而建。旧名米家庵，原址为米氏故居。建于明代，后废圮。清康熙三十二年（1693）于此得米氏故里残碑后始建米公祠，现存米公祠、宝晋斋等建筑系同治五年（1866）重建、光绪元年（1875）重修。前为拜殿，后即是宝晋斋。均为青瓦粉墙硬山顶建筑。近年来又新建有宝晋门、墨园觅迹、洁亭、碑廊及东西小园景，占地4.7万平方米。宝晋斋两侧碑廊内壁嵌有自康熙四十九年（1710）至雍正八年（1730）刻成的米芾手书法帖十一卷三十五方，另有宋黄庭坚、蔡襄、元赵孟頫及清康熙帝等著名书法家手迹石刻五卷十方，至为珍贵。2006年定为全国重点文物保护单位。

米仓山　一名仙台山，又名玉女山。在今四川北部与陕西边界上，西接摩天岭，东连大巴山。东西走向，海拔1500—2200米，为汉水与嘉陵江分水岭。南宋李心传《建炎以来系年要录》卷63绍兴三年二月载：“巴之北境即米仓山，下视兴元，出兵之孔道。”《舆地纪胜》卷183兴元府：仙台山，“《晏公类要》：一名玉女山。在南廉水县。道家生经云，此山仙人玉女所居之地，一名米仓山，与大巴山相连，有韩信庙及戴贤岭，云萧何追韩信至此”。《清一统志·汉中府一》：米仓山，“《府志》：米仓山在（南郑）县西南一百四十里”。

米仓关　南宋置，在今陕西南郑县南米仓山上。《元史·李进传》：戊午年（1258）“秋九月，道由陈仓入兴元，度米仓关，其地荒塞不通，进伐木开道七百余里”。

米仓村　在今陕西西安市东北。《旧唐书·李晟传》：兴元元年（784）五月，“晟自东渭桥移军于光泰门外米仓村，以薄京城”。

米仓县　1942年由临河县析置，属绥远省。治所在三道桥（今内蒙古杭锦后旗西三道桥镇）。1953年改为杭锦后旗。

米仓道　古道路名。为汉中入四川的交通路线。因经过米仓山而得名。自今陕西汉中市南行，循汉水支流濂水河谷，翻越米仓山而进入四川，沿嘉陵江支流巴江河，经南江至巴中。《后汉书·张鲁传》：建安二十年（215），汉中张鲁为曹操所破，自南山入巴西（今四川阆中），相传即由此道。南宋开禧二年（1206），吴曦叛，引金兵入凤州，兴元主将程松由此道入阆中。宝祐六年（1258）蒙古军三路入蜀，一路即经此道。

米市　即今四川喜德县东南米市镇。1938年为宁东设治局驻地。“米市”，彝语意为黄色蚂蟥多的地方。

米兰遗址　在今新疆若羌县东北一百四十里米兰镇东十二里。遗址地处古罗布泊之南，为丝路南道咽喉。汉晋时属楼兰—鄯善国地，是当时中央王朝经营西域的重要根据地。唐中期为吐蕃占据，是进出中亚的重要通道。遗址由古城、佛寺、烽燧、灌溉渠道等遗迹组成。米兰古城约70米见方，夯筑城墙，上层局部用土坯垒砌，四角有望楼，墙上有马面。房屋均用土坯砌成。出土遗物主要为吐蕃文木简，内容涉及各个方面。城外有烽燧遗迹。古城可分为两个时期，早期为魏晋时期鄯善国的东故城遗址，晚期为唐代吐蕃占领时期。有两处魏晋时期佛塔寺院遗迹，其壁画、雕塑和建筑都带有浓郁的犍陀罗佛教艺术风格。古城东北方古灌渠呈扇状从南向北展开。整个米兰遗址突出反映了汉唐时期楼兰—鄯善国城堡建筑、佛教文化、军垦屯田等特征，在研究汉唐经营西域史及西域民族文化诸多方面有较高价值。2001年定为全国重点文物保护单位。

米场墟　即今广西陆川县西北米场镇。清光绪《广西舆地全图》陆川县图：北有米场墟。民国《陆川县志》卷5：米场墟“在县北三十里泗里堡五柳甲内。……实县北陆运总汇”。

米州　①唐武德七年（624）以靖州改置，治所在高安县（今江西高安市），旋又改为筠州。八年（625）废。

②唐贞观五年（631）置，治所在米川县（今青海循化撒拉族自治县东黄河南岸清水乡附近）。辖境相当今青海循化撒拉族自治县西部与化隆回族自治县及尖扎县相连地区。十年（636）废。

③唐置，为羁縻州，属安定州都督府。当在今甘肃庆阳市境。后废。

米里迷石罕城　辽建，在今吉林珲春市东北春化镇（西土门子）附近。《金史·世纪》：“石土门军既与漫都诃会，迎击钝恩，大败之，降米里迷石罕城。”即此。

米利城　即宋美利城。在今四川叙永县北。《方舆纪要》卷73永宁宣抚司：米利城在“司北八十里。《志》云：其地有大田，饶米谷，无水旱忧。盖昔时蛮所置城也”。

米辛关堡　即今山西天镇县南米薪关镇。《清一统志·大同府》：米辛关堡“在天镇县南二十里。周三百二十丈，高三丈三尺，濠深二丈”。

米羌州　唐置羁縻州，属巂州都督府。治所当在今四川石棉县西北安顺乡。后废。

米沙子　亦作木少子。即今吉林德惠市西南米沙子镇。旧属长春，在中东铁路南满支线上。民国徐曦《东三省纪略》卷8：东清铁路支线有木沙子站。

米坪长官司　元置，治所在今贵州开阳县东北。后废。

米昔儿　即密昔儿。今埃及。《明史·西域传》：米昔儿“一名密思儿，永乐中遣使朝贡”。

米国　亦名弥末、弥秣贺。古昭武诸国之一。都城在钵息德城（今乌兹别克斯坦撒马尔罕东一百四十里喷赤干古城，一说在米马巴札尔）。《隋书·西域传》：米国“其城主姓昭武，康国王之支庶，字闭拙。都城方二里，胜兵数百人”。唐显庆三年（658）置南谧州于此。

米的克藏布河　一名迷梯克藏布江。即今西藏嘉黎县西南麦地藏布。《清一统志·西藏》“噶尔招木伦江”条载：“米的克藏布河，源出卫之墨鲁公噶城东北二百七十余里米的克池，南流三百二十余里，与达穆河会于蓬多城南，二水合而为一，乃名噶木招木伦江。”

米底克池　又作迷梯克海。在今西藏嘉黎县西南。《清会典图》前藏图说：“米底克河出墨竹噶尔城（今墨竹工卡）东北米底克池。”即此。

米河　又名米沟河。在今山东淄博市北。《资治通鉴》：唐天复三年（903），王师范以平卢之兵、王茂章以淮南之兵合兵击朱友宁，“两镇兵逐北至米河，俘斩万计，魏博之兵殆尽”。即此。清光绪《山东通志》卷28：“米沟河在县（指长山县，即今邹平县东长山镇）南三十五里。自淄川县入县境，北流径凤山东，又北径米山西，又北入陇水。”

米河镇　即今河南巩义市东南米河镇。民国《巩县志》卷3：县东有米河镇。

米城　在今江西上高县西北。《方舆纪要》卷84瑞州府上高县：米城“在县西北十五里顾城山下。或云唐末淮南所置戍守处也”。

米峒 ①在今湖北长阳土家族自治县西南。《续通鉴》：元泰定三年（1326），“米峒蛮田先什用等结十二峒蛮寇长阳县，湖广行省遣九姓长官彭忽都不花招之”，即此。

②即朱峒。今广西鹿寨县北中渡镇。《明史·地理志》洛容县作“朱峒”。《方舆纪要》卷109洛容县作“米峒”。

米贴 即今云南永善县西南四十八里米贴。清雍正六年（1728）于此置永善县。雍正八年（1730）迁治今县南九十四里莲峰。1951年迁治井田镇（即今永善县）。“米贴”系由彝语“咪贴”音译转写。“咪”意为天，“贴”意为南。“咪贴”意为南天。凉山语意为是打仗出名的地方，很有名声。

米洞 亦作容米洞。即容美洞安抚司。在今湖北鹤峰县（容美镇）。《元史·泰定帝纪》：泰定三年（1326），“米洞蛮田先什用等结十二洞蛮寇长阳县，湖广行省遣九姓长官彭忽都不花招之”。

米泉市 1996年撤销米泉县，改设米泉市，属新疆昌吉回族自治州。市人民政府驻古牧地镇。

米泉县 1953年改乾德县置，治今新疆维吾尔自治区米泉市。1996年撤销，改设米泉市。

米脂水 即今陕西米脂县之东沟。《方舆纪要》卷57米脂县“无定河”条下：米脂水“在县治东南。《志》云：地沃宜粟米，汁如脂，因名。西流入无定河”。

米脂县 金正大三年（1226）升米脂寨置，属绥德州。治所即今陕西米脂县。明末，李自成率领的农民军在此起义。后曾改米脂县为天保县。清复为米脂县。民国初属陕西榆林道。1927年直属陕西省。

米脂砦 即今陕西米脂县治。《宋史·地理志》绥德军米脂砦：“本西夏砦。元丰四年收复，为米脂城。后复为砦，隶延州延川县。七年改隶绥德城。元祐四年，给赐夏人。元符元年收复，仍赐旧名。”金正大三年（1226）升为米脂县。

米粮川 即今陕西镇安县东南米粮镇。清魏源《圣武记》卷9：嘉庆三年（1798），“贼（指白莲教徒）溃遁五郎，为乡勇所遏，东趋镇安。德楞泰驰赴米粮川，扼其赴山阳之路”。

米粮关 明置，属大足县。在今重庆市大足县东米粮乡。《方舆纪要》卷69大足县：米粮关在“县东二十五里”。

米粮渡铺 即今贵州正安县南和溪镇南米粮村。《清一统志·遵义府》“牛角巷铺”条下：又有“米粮渡铺”等，皆戍守处。

米粮镇 北宋置，属大足县。在今重庆市大足县东二十五里米粮乡。

米糯汛 又作弥诺、弭诺。即今湖南花垣县西南五十七里民乐镇。清严如熤《苗疆险要考》谓“永绥开厅之始，粮运由此分贮，设有仓厂。后以地僻道迂，改易由高岩、花园两处”。

米囊葛卜国 古国名。一译米南加保王国。故地在今印度尼西亚苏门答腊岛西岸高地。公元1351年前后，末罗游王（今占碑附近）阿迪查哇尔曼迁都至此，建立米囊葛卜国。地有金矿，故其王自称金地王国。为14世纪中叶至16世纪中叶苏门答腊岛之大国。其都城在今巴东东南之百葛鲁永或其附近。《明太宗实录》卷38载，永乐三年（1405）曾遣使至米囊葛卜国建立友好关系。

灯市 在今北京市东城区灯市口大街。明《帝京景物略》卷2：“灯市者：朝逮夕，市；而夕逮朝，灯也。市在东华门东，亘二里。市之日，省直之商旅，夷蛮闽貊之珍异，三代八朝之骨董，五等四民之服用物，皆集。”清朱新、缪荃孙《京师坊巷志稿》卷上引《燕都游览志》：“衢中列市，棋置数行相望，俱高楼，楼设氍毹帘幕，为宴饮地。一楼日赁直有至数百缗者，夜则燃灯于上，望如星衢。……又内市者，东华门内，月三日市，今移灯市张矣，犹称内市也。案：明灯市最繁盛。范景文诗所谓：文贝珊瑚看不尽，东华门外市三条也。今灯市、内市俱废，其地犹存灯市口之名。”

灯明寺村 即今河北东光县东三十八里灯明寺镇。清置经制外委驻此。

灯架山 在今广西崇左市北四里。《方舆纪要》卷110崇善县：灯架山“高耸尖秀，望之巍然”。

州 ①西周封国。姜姓。建都淳于。在今山东安丘市东北三十里黄旗堡镇杞城村。《春秋·桓公五年》：“冬，州公如曹。”《左传》作“淳于公如曹”。杜注：“淳于，州国所都。”春秋初为杞所灭，遂为杞都。

②春秋国名。姬姓。在今湖北洪湖市东北新滩镇附近。《左传》：桓公十一年（前701），“郧人军于蒲骚，将与随、绞、州、蓼伐楚师”。后灭于楚，为楚邑。《史记·楚世家》：“考烈王元年，纳州于秦以平。”

③春秋周邑。即今河南温县东北武德镇。《左传》：隐公十一年（前649），周王“与郑人苏忿生之田”，其中有“州”。后属晋，置县。《左传·昭公三年》：“初，州县，栾豹之邑也。”

州门渡 在今广西田阳县西南，为右江（南盘江）津渡。《明史·地理志》奉议州：“北滨南盘江，有州门渡。”

州门镇 即今湖南资兴市东北六十二里州门司镇。明于此置巡司。

州乡侯国 西汉置，属涿郡。治所在今河北河间市东北四十里。元朔三年（前126）封河间献王子禁为侯国。东汉废。

州曲河 又作舟曲。即今长江南源木鲁乌苏河的藏语名称。在今青海西南部。民国周希武《玉树调查记》：“金沙江上流，蒙古名乌鲁木苏河，番名州曲，普通名通天河。”

州来 春秋国名。即今安徽凤台县。《春秋》：成公七年（前584），“吴入州来”。即此。后吴迁蔡昭侯于此，称为下蔡。

州县 春秋时晋置，治所即今河南温县东北二十六里武德镇。西汉属河内郡。东魏天平初为武德郡治。隋开皇十八年（589）改为邢丘县。

州屈　春秋时楚地。在今安徽凤阳县西。《左传》：昭公二十五年（前517），“楚子使薳射城州屈，复茄人焉”。即此。

州城郡　南朝梁置，治所在今湖北仙桃市境。北周废入建兴县。

州桥　唐建，北宋改名天汉桥。在今河南开封市。南宋范成大《州桥》诗：“州桥南北是天街，父老年年等驾回。”即此。《清一统志·开封府二》：天汉桥“在祥符县东南。唐建州桥，宋改名。其西有金梁桥，皆跨汴水上”。

州案山　在今广东南雄市南。《方舆纪要》卷102南雄府保昌县：州案山在“府南二里。状如马背。一名金马山”。

州陵县　西汉置，属南郡。治所在今湖北洪湖市东北。三国吴废。西晋太康元年（280）复置。南朝宋属巴陵郡。西魏废。

州基山　在今湖北建始县东。《方舆胜览》卷60施州：州基山“在建始县东三十五里。隋建业州于此”。

郏　春秋郑地。当在今河南鲁山县境。《春秋》：襄公七年（前566），“公会晋侯、宋公、陈侯、卫侯、曹伯、莒子、邾子于郏”，即此。《谷梁传》作“隝”。

〔丶丶〕

壮士千户所　明洪武二十年（1387）置，属金乡卫。在今浙江苍南县东南渔寮乡雾城。隆庆初并入蒲门千户所。

壮武县　西汉置，属胶东国。治所在今山东即墨市西六十里。文帝元年（前179）封宋昌为壮武侯。后为县，东汉初省。安帝时复置，属北海国。西晋初属城阳郡，后改属高密郡。南朝宋省。

壮悔堂　原名杂佣堂。在今河南商丘市老城内。为明末才子侯方域幼年读书处。屋为侯氏老宅，两侧原有翡翠楼、香君楼等房舍，现已不存。侯35岁时回顾往事感慨不已，时当壮年，遂改名壮悔堂，并在此著述。清孔尚任所著《桃花扇》中，侯方域与名妓李香君的一段爱情故事著称于世。

冲（衝）口水　亦名涌口水。在今广东陆丰市东。《方舆纪要》卷103海丰县：冲口水“在县东北九十里。源出黄坭坑，东合蛟溪诸水，至南沙渡入于海”。

冲天山　在今四川汉源县东北。《明史·地理志》黎州守御千户所：“东有冲天山。”《方舆纪要》卷73黎州守御千户所：冲天山在“所东八十里。险绝无路，仅通樵采。古碑云：沉黎界上，山林参天，岚雾晦日，谓此山也”。

冲布霍尔罕　在今新疆阿图什市东北。清宣统《新疆图志》卷4：疏勒府布鲁特冲巴噶什辖境中有“冲布霍尔罕”。

冲龙城　又作冲隆城。清康熙间置，在今西藏阿里地区札达县东南二百里曲龙。“冲龙”藏语意为鹏沟。清乾隆《西域同文志》卷18载：“西番（藏）语：冲谓鹏。隆亦岭也。城旁岭像如鹏，故名。”

冲平陵　东晋恭帝司马德文陵墓。在今江苏南京市东紫金山西南麓。《元和志》卷25上元县：恭帝德文冲平陵“在县东北二十里蒋山西南”。

冲州　隋大业元年（605）置，治所在象浦县（今越南广南省维川县南茶轿）。辖境相当今越南广南省地。三年（607）改为林邑郡。

冲沁寨　即今福建莆田市东南冲沁。《清一统志·兴化府》：冲沁寨“在莆田县东四十里。三面阻海，与崎头、三江、澳港相接”。明置巡司于此。清顺治年间裁。

冲河镇　即今黑龙江省五常市东南冲河镇。清光绪《吉林通志》五常厅图：东南有冲河口。

冲相寺　隋建，名药寺。唐改冲相寺。在今四川广安市东北萧溪镇东北十里。明末毁，清康熙重建。寺后有定光岩摩崖造像及唐、宋题记三十多处。

冲虚观　在今广东博罗县西北五十里罗浮山东麓。初称都虚，建于东晋咸和年间，是葛洪所建四庵中的南庵，也是他修道炼丹行医采药之所。东晋义熙初置葛洪祠。唐天宝中扩建为观。北宋元祐二年（1087）哲宗赐“冲虚观”额。1945年春夏间，中共广东省临时省委、中共广东区委、广东抗日游击队东江纵队驻此。

冲蒌墟　即今广东台山市南冲蒌镇。清光绪《广东舆地全图》：新宁县（今台山市）东南有冲蒌墟。

冲霄山　又名火山、火焰山。在今广西梧州市南隔江二里。《方舆纪要》卷108苍梧县：火山“在城南隔江二里。上有光如火，其下水深无际。今亦名冲霄山”。

冲霄崖　在今陕西华阴市南华山南峰仰天池之西南。清光绪《华岳志》卷1：“冲霄崖在仰天池西南，镌有‘冲霄崖’三字。”

冲鹤堡　在今广东佛山市顺德区西南冲鹤村。《方舆纪要》卷101广州府顺德县：冲鹤堡“在县南，明正统十四年，黄萧养据此作乱，官军讨平之”。

冰山　一名冰玉山。在今广西罗城仫佬族自治县西北。《方舆纪要》卷109罗城县：冰山“在县西北四十里。其上高寒，四时常冰”。

冰井台（臺）　在今河北临漳县西南邺镇北。东汉建安十九年（214）曹操筑。为邺都三台之一。《水经·浊漳水注》：金虎台“北曰冰井台，亦高八丈，有屋一百四十五间，上有冰室，室有数井。井深十五丈，藏冰及石墨焉。……又有粟窖及盐窖，以备不虞”。《邺中记》载：“冰井台有冰室三，与凉殿皆以阁道相通。”又说：“石季龙于冰井台藏冰，三伏之月，以冰赐大臣。”北周毁。今已遗迹无存。

冰坝　即边坝。在今西藏边坝县东南。清王世睿

《进藏纪程》作“冰坝”。

冰沟山　在今青海乐都县东。《清一统志·西宁府一》：冰沟山“在碾伯县东，接庄浪界。羊肠七十余里，为郡境咽喉孔道”。

冰沟堡　明成化时置，在今青海乐都县东北。《方舆纪要》卷64碾伯所：“老鸦城堡在所东五十里。又东四十里为冰沟堡。”《清一统志·西宁府二》：冰沟堡“在碾伯县东北九十里，东去庄浪所西大通营四十里。城周一百八十步，有把总防守”。

冰图王旗　即内蒙古科尔沁左翼前旗。治所在今辽宁彰武县东北后新秋西北。1949年并入彰武县。

冰泉　在今广西梧州市东。唐元结《冰泉铭》序云：“苍梧郡城东二三里有泉焉，出在郭中，清而甘寒若冰。在盛夏之候，苍梧之人得救渴。泉与火山相对，故命之曰冰泉。”《寰宇记》卷164戎城县：“冰泉在城内，一郡人民皆饮此水。”

冰琅山　即今碧罗雪山。在云南西北部，澜沧江与怒江之间。《元一统志》丽江路：“西至兰州冰琅山外卢蛮界四百八十里。”

冰趟子　在今黑龙江北安市南与海伦市交界处。1936年12月，东北抗日联军在此伏击日伪军“讨伐”队，共歼灭日伪军三百余人，破坏了日军的“讨伐”计划。

次对山　在今内蒙古鄂温克自治旗南境外兴安岭南段。《新唐书·室韦传》：“每溽夏，西保貣勃、次对二山。山多草木鸟兽，然苦飞蚊，则巢居以避。”

次沟村　在今河北阜平县西北一百二十里。《方舆纪要》卷14阜平县：次沟村“在吴王口外。村南有扒背、银河村、胡家庄、柳树村、天桥儿、莲子岩等处，山中皆产矿砂，流民恒相聚开凿，名曰矿徒。嘉靖二十五年渐啸聚为乱，议者言次沟村南接龙泉，东连倒马，其地险僻，每因银矿致乱，宜设巡司于此，以时稽察”。清初于此设守备。

次室　春秋时鲁邑。在今山东苍山县西南四十五里兰陵镇。《续汉书·郡国志》：东海郡兰陵“有次室亭”。注引《地道记》曰：“故鲁次室邑。”《寰宇记》卷23引《十三州志》云：“兰陵，故鲁之次室邑也。其后楚取之，改为兰陵县。”

次赕　唐南诏置，属拓东节度。治所在今云南禄丰县东南二十九里腰站。元与罗部合设罗次县。

次塘　在今安徽太和县东南。《水经·颍水注》：“细水又东南积而为陂，谓之次塘。”

次睢社　在今山东临沂市东北。《左传》：僖公十九年（前641），“宋公使邾文公用鄫子于次睢之社”。《续汉书·郡国志》：琅邪国临沂“有丛亭”。注引《博物记》曰：“县东界次睢有大丛社，民谓之食人社，即次睢之社。”

决口戍　南朝梁普通七年（526）置，在今安徽霍邱县西北八十里临水镇。大通三年（531）改为临水县。

决水　源出安徽金寨县西南牛山，名牛山河。东北流径河南固始县东南，名史河。又东至安徽霍邱县界入淮。《水经·决水》：“决水出庐江雩娄县南大别山，北过其县东，又北过安丰县东，又北入于淮。”

决里隘　当在今越南北端高平省广渊南。《宋会要辑稿》第197册《蕃夷四》：交趾入侵，“王师以去年（熙宁九年，1076）十二月十一日，举兵出界讨伐。是日，破大（决）里隘，各路贼党望风逃溃，二十一日抵富良江”。南宋李焘《续资治通鉴长编》卷279：北宋熙宁九年（1076）十二月，“郭逵等举兵出界。贼屯决里隘，逵遣张世矩攻之，贼以象拒战……贼溃去，乘胜拔机榔县”。

汗八里　元代蒙古人称大都（今北京市）为汗八里，意即“汗城”。如《马可波罗行纪》所言：“汗八里此言‘君主城’也。”

汗山　又作汗阿林（阿林，满语，意为山）。其山有二：（1）在今蒙古国乌兰巴托南，土拉河南岸。《清一统志·库伦》：汗山“在库伦城南百余里”。为土谢图汗部会盟地。（2）即今俄罗斯阿尔泰边疆区提吉烈次山。清何秋涛《朔方备乘》卷23：汗阿林“在中国科布多西北，乃金山西北大干，随额尔齐斯河东岸以北者也。……汗阿林层峰相接，山脉向西北行，其东麓有亨吉泊”。

汗阿林盟　清代外蒙古土谢图汗部二十旗，会盟于汗阿林，故名。阿林，满语，意为山盟地。即今乌兰巴托南之汗山。

汗特勒克山　在今新疆阿克陶县南。《清一统志·喀什噶尔》：汗特勒克山“在英吉沙尔城四百余里。葱岭东境分支也”。

汗腾格里山　即今新疆温宿、拜城县北之天山。主峰汗腾格里峰，海拔6995米。清乾隆《西域图志》卷21：汗腾格里鄂拉，“特克斯郭勒发源北麓。东北距伊犁一百五十里，南距库车三百里。……山势尊严，群峦环拱，为天山之主峰”。徐松《西域水道记》卷4：“准语谓君为汗，谓天为腾格里。犹言天山也。在纳喇特岭西五百里。山脉来自木素尔岭，山势尊严，群峰环拱，为天山主峰。特克斯河出其北麓。”

汙水（汙 yú）　在今河北临漳县西南。《史记·项羽本纪》：“项羽悉引兵击秦军汙水上，大破之。”《集解》引徐广曰：“在邺西”。《续汉书·郡国志》魏郡邺县：“有汙水。”《水经·浊漳水注》：汙水“出武安山，东南流径汙城北，……东注于漳水”。

汙池　即摩诃池。在今四川成都市人民南路北端展览馆一带。《寰宇记》卷72华阳县：汙池“一名摩诃池。昔萧摩诃所置。在锦城西”。

汙城（汙 yú）　在今河北临漳县西南十五里。《续汉书·郡国志》：邺县“有汙城”。《水经·浊漳水注》：汙水“出武安县山，东南流径汙城北”。即此。城临汙水，故名。

江　西周封国。嬴姓。在今河南正阳县东南。《春秋》：僖公二年（前658），“齐侯、宋公、江人、黄人盟于贯”。公元前623年灭于楚。西汉置安阳县于此。

江口 ①即今福建莆田市东北江口镇。明初移迎仙寨巡司治此。

②即大黄江口。在今广西桂平市东北五十里江口镇。清咸丰元年（1851），洪秀全在金田起义后，东进攻占其地。

江口市 ①即今湖北枝江市东十八里江口镇。清置巡司于此。民国置县佐。

②即今湖北鹤峰县东南九十二里铁炉白族乡西南江口村。清光绪《湖北全省分图》：鹤峰直隶厅东南有江口市。

③即今湖南常宁市北宜水入湘江处之江河乡。《清一统志·衡州府二》“客铺市”条下：“江口市，在县西北二十里。”

④在今湖南溆浦县西五十里溆水入沅水处。明置江口驿。清设塘汛。1949年设江口镇。

⑤即今陕西宁陕县东北江口回族镇。《清史稿·地理志》宁陕厅：“主簿驻江口，嘉庆七年自长安斗门镇移此。”民国时设县佐。

江口司 在今福建福清市南江阴镇。明洪武二十年（1387）移南日巡司于此，改名江口巡司。

江口场 ①亦名顺江场。即今重庆市江津区东北顺江镇。南齐江州县、西魏江阳县治此。以地处綦江入长江口而名。

②在今四川剑阁县（下寺镇）南江口镇。明崇祯十年（1637），李自成义军经此攻剑州。清嘉庆五年（1800），白莲教义军与清军激战于此。

江口关 ①在今浙江平阳县南鳌江镇。《方舆纪要》卷94平阳县：江口关在“县南二十五里。下临横阳江，为往来冲要”。

②在今湖南石门县西。《清一统志·澧州》：江口关“在石门县西二十里三江口”。

江口县 ①1913年改铜仁县置，属贵州镇远道。治所即今贵州江口县。1923年直属贵州省。

②1933年6月川陕革命根据地置，治江口镇（今四川平昌县）。1935年2月废。

江口河 ①一名前河。在今安徽东至县西北东流镇，为尧渡河下游。《方舆纪要》卷27东流县：江口河“亦在县西一里。《志》云：河源有四……引流入县境为江口河，入江”。

②在今安徽颍上县西北。为颍水小支流。《清一统志·颍州府一》：江口河“在颍上县北，即古江陵水也。……《县志》：江口河，源出州界芦畨，南流入颍”。

江口驿 明置，即今安徽颍上县西北江口镇。《方舆纪要》卷21颍上县：江口驿“在县西北五十里。颍河东岸，为水陆要冲”。

江口站 元置，在今四川剑阁县（下寺镇）南江口镇。

江口砦 在今贵州黎平县东南洪州镇北。《方舆纪要》卷121黎平府洪州泊里长官司：“江口砦在司（今洪州镇）北五里。”

江口崖墓 在今四川彭山县东北江口镇北岷江东岸。以梅花村为中心，广布于寨子山、长山埂、高家沟、盐井沟、豆芽房沟、打鱼沟、油房沟等处，面积30.4平方公里。现存崖墓四千五百八十座。其时代上限为西汉晚期，下限不应晚到三国，以东汉时期崖墓最多。墓葬形制有六种，包括船形室墓、竖井横室墓、岩室与砖室结合墓、天井墓和异型墓。墓葬的雕刻画像和出土文物为研究当时的道教、佛教提供了珍贵的实物资料。江口崖墓以其数量多、保存好、时代明确，成为研究汉代社会生活、宗教信仰、建筑艺术不可缺少的重要依据。2001年定为全国重点文物保护单位。

江口堡 ①明嘉靖中置，属绥宁县。即今湖南绥宁县南三十九里黄桑坪苗族乡。

②即今广东始兴县西江口。明隆庆六年（1572）黄塘驿迁此。

江口渡 在今广西罗城仫佬族自治县西南。《方舆纪要》卷109天河县：江口渡“在县南二十里。通道所经”。

江口塘 即今湖南麻阳苗族自治县（高村镇）南四十里江口圩镇。清光绪《湖南通志》卷1麻阳县图：县（旧治在今锦和镇）东南有江口塘。

江口墟 ①即今江西兴国县东北一百十里兴江乡（江口圩）。清同治《江西全省舆图》卷9：兴国县东北有江口墟。

②即今广东封开县治江口镇。当贺江与西江汇合口。清有把总驻防。1958年封川县迁治于此。1961年为封开县治。

③即今广东始兴县西北二十里江口镇。清道光《南雄州志》卷12始兴县：江口市在“县西二十里”。

④即今广西鹿寨县西南江口乡。明、清于此置江口镇巡司。

江口寨 ①即今福建莆田市东北江口镇。北与福清县接界，为官道所经。清《乾隆内府舆图》：莆田县东北有江口寨。

②在今贵州锦屏县南三里。《方舆纪要》卷121黎平府赤溪湳洞司：江口寨在“司（今锦屏县）南三里”。

江口镇 ①北宋置，属静海县。在今江苏南通市东南。

②即今安徽颍上县西北江口镇。《清一统志·颍州府》：江口镇“在颍上县西北四十里沙河南岸，即宋江陂镇也。旧尝置驿于此”。

③即今江西赣县东北江口镇。明嘉靖《赣州府志》卷6：赣县有江口铺。清同治《江西全省舆图》卷9：赣县东北有江口墟。

④即今广西鹿寨县西南江口乡。明、清置巡司于此。

⑤即今四川平昌县。地当通江河入巴河之口，故

名。清乾隆十九年（1754）设江口镇巡司。道光二年（1822）设巴州州判于此。民国改设县佐。1933年设江口县苏维埃政府。1946年设平昌设治局。1948年改平昌县。

⑥即今重庆市云阳县东北团溪河注入汤溪河处之江口镇。明嘉靖《云阳县志》卷上：江口镇在“县西北八十里”。

⑦在今四川高县南四十里。明置巡司于此。

⑧即今重庆市武隆县东南芙蓉江注入乌江处之江口镇。清光绪《彭水县志》卷2：江口镇在“县西北一百二十里，与涪州接壤，设立外委防汛”。

⑨亦名双江镇。即今四川彭山县东北十里江口镇。清彭遵泗《蜀碧》卷3：顺治三年（1646），张献忠“率兵十数万，装金宝数千艘，顺流东下，与（杨）展决战，且欲乘势走楚，变姓名，作巨商也。展闻，逆于彭山之江口，纵火大战，烧沉其舟”。即此。

江山　即江郎山。在今浙江江山市南四十六里。《隋书·地理志》：东阳郡信安县“有江山”，即此。

江山县　五代唐长兴二年（931）吴越改须江县置，属衢州。治所即今浙江江山市。以江郎山得名。南宋咸淳三年（1267）迁治今江山市西南三十六里礼贤镇，改为礼贤县。元世祖至元十三年（1276）徙还旧治，复名江山，属衢州路。明、清属衢州府。民国初浙江属金华道。1927年直属浙江省。1987年撤销，改设江山市。

江川区　2015年撤销云南省江川县，设立玉溪市江川区，区政府驻大街街道宁海路34号。

江川州　元世祖至元十三年（1276）置，属澂江路。治所在今云南江川县东北二十六里龙街。二十年（1283）降为县。

江川县　唐南诏以绛县改名，属拓东节度。治所在今云南江川县东北二十六里龙街。《元混一方舆胜览》：“江川，古江县也。”“江”即“绛”的谐音，江川意即古绛县坝子。宋大理改步雄部。元世祖至元十三年（1276）置江川州，二十年（1283）改江川县，属澂江路。明属澂江府，崇祯七年（1634）迁治江川驿（今江川县东北三十二里江城镇）。民国初属云南滇中道。1916年直属云南省。1950年迁治大街镇（即今江川县）。2015年撤销江川县，改为江川区。

江川驿　明置，即今云南江川县东北江城镇。崇祯七年（1634）江川县迁治于此。1950年县治迁大街（今江川县）。

江门　即今广东江门市。旧属新会县，清设江门汛。乾隆十九年（1754）移县丞驻此。光绪二十八年（1902）始辟为对外通商口岸。1931年新会县移治江门。1949年12月设江门市。

江门市　1925年始置江门市政厅，1927年设江门市。治所即今广东江门市。1930年为省辖市。1931年撤销江门市，复归新会县，为新会县治。1949年12月析置江门市，1950年升为地级市，改由省直辖。1958年后两度改为县级市。1975年复升地级市，由省直辖。

江门驿　明置，在今四川叙永县北永宁河西岸江门镇。《方舆纪要》卷73纳溪县：江门砦“在县西南。宋元丰四年置……今为江门堡，南去永宁一百三十五里，江门水马驿亦置于此”。

江门砦　北宋元丰五年（1082）置，属乐共城。在今四川叙永县北永宁河西岸江门镇。《舆地纪胜》卷153泸州：纳溪水“至江门砦，有横石中流，束水如门，故谓之江门”。《宋史·林广传》：元丰间讨乞弟，“分兵绕帽溪，掩江门后，破其险”。即此。后废。

江门堡　明成化中置，属纳溪县。在今四川叙永县北永宁河西岸江门镇。《明史·龚万禄传》：天启初，奢崇明反，龚万禄“以兵复建武。会官军败于江门，贼四面来攻，万禄力战三日，手刃数十人，与子崇学并死”。附近为江门峡。

江门镇　亦作冈门镇。在今四川合江县西南。清嘉庆《四川通志》卷30合江县：江门镇“在县西南。路通遵义。万历中，杨应龙叛，合江令募兵扼江门以拒之”。即此。

江乡馆　在今四川眉山市东七里蟆颐山上。旧名共饮亭。南宋嘉定间，眉州知州魏了翁扩建，改名江乡馆，有江乡馆记。《宋史·魏了翁传》：“复蟆颐堰，筑江乡馆，利民之事，知无不为。”

江天寺　即今江苏镇江市西北金山上的金山寺。《清一统志·镇江府一》：江天寺“在丹徒县金山。旧名泽仁寺，又名龙游寺，通名金山寺。……康熙二十三年有御制金山寺诗，并御赐金山江天寺碑及江天寺祇树二匾额，因改今名”。

江水　亦称江。即今长江。《诗经·小雅·四月》：“滔滔江汉，南国之纪。”《左传·哀公六年》：“江、汉、睢、漳，楚之望也。”《楚辞·九歌·湘君》：“令沅湘兮无波，使江水兮安流。”皆此。西汉刘安《淮南子·墬形训》：“江水肥仁而宜稻。”

江水祠　西汉置，在今江苏扬州市邗江区县南瓜洲镇。《汉书·地理志》广陵国江都县：“有江水祠。”《续汉书·郡国志》广陵郡江都县：“有江水祠。”

江月亭　在今重庆市奉节县城内。《方舆胜览》卷57夔州：江月亭“在戎铃司。王龟龄诗：长江何处水，明月九州天。月与江无约，相逢是偶然”。明正德《夔州府志》卷7：江月亭“在府治内。王十明有诗”。

江心寺　在今浙江温州市北瓯江中江心屿上。唐咸通年间建。历代多有毁建。今寺系清乾隆五十四年（1789）重建。

江巴林寺　亦名戎空寺。即今西藏昌都县城杂曲与昂曲汇流处之楮惹山上强巴林寺。藏语意为弥勒寺。明正统二年（1437）由喇嘛教格鲁派（黄教）创始人宗喀巴的门徒麦·江林喜绕桑布创建。为帕巴拉呼图克图坐床之所。

江左 一名江东。古人在地理上以东为左，以西为右，故江东又名江左。魏禧《日录杂说》：“江东称江左，江西称江右，盖自江北视之，江东在左，江西在右耳。”其地本指今芜湖市、南京市间长江河段以东地区。因东晋及南朝宋、齐、梁、陈各代均建都建康（今江苏南京市），故时人又称其统治下的全部地区为江左。南朝人则专称东晋为江左。

江右 ①古人在地理上以东为左，以西为右，故江西又名江右。魏禧《日录杂说》云：“江东称江左，江西称江右，盖自江北视之，江东在左，江西在右耳。”其后，江右又为江西省的别称。

②东晋、南朝建都江左之建康（今江苏南京市），故又称建都江右洛阳（今河南洛阳市东北）的西晋为江右。见《宋书·百官志》。

江龙场 即今贵州镇宁布依族苗族自治县东南江龙镇。清爱必达《黔南识略》卷5镇宁州：“东南至普定县江龙场界三十五里。”“江龙”系布依语音译，意为山梁上的寨子。

江东 ①一名江左。本指今芜湖市、南京市间长江河段以东地区。江东之称始于汉初。《史记·项羽本纪》：“籍与江东子弟八千人渡江而西，今无一人还，纵江东父兄怜而王我，我何面目见之?”即指此。三国时孙吴建都建邺（今江苏南京市），故时人又称其统治的全部地区为江东。

②即今福建龙海市西北江东。明正统九年（1444）置柳营江巡司于此，属龙溪县。清乾隆三十一年（1766）改名江东巡司，仍隶龙溪县。《清一统志·漳州府》：江东巡司“在柳营江之东”，故名。1911年建成的漳厦铁路，即从江东起至厦门对岸的嵩屿。

③即今贵州天柱县东北江东乡。明置巡司于此。

江东门 明洪武时所建南京外郭城门之一。故址在今江苏南京市西。地当长江之滨。

江东六十四屯 在今黑龙江省黑河市爱辉镇对岸，俄罗斯阿穆尔州南。北起精奇里江，南抵豁尔莫勒津屯，长约一百八十里；西起黑龙江，东达清光绪十五年（1889）挖掘界濠，宽约八十里，为境内六十四个村屯的总称。原为旧瑷珲的所在地，后瑷珲城移建于黑龙江南（西岸）。此地属瑷珲副都统管辖。清咸丰八年（1858），沙皇俄国通过不平等的《瑷珲条约》割占了我国黑龙江以北、以东大片领土，而江东六十四屯居民，“照常准其各在所住屯中永远居住，仍著满洲（国）大臣官员管理”，属我国所有。光绪二十六年（1900）沙俄军队于此制造了血腥的“江东六十四屯惨案”，强占了这个地方。改名尼古拉耶夫斯克村。

江东巡司 在今江苏南京市西，旧江东门外。《方舆纪要》卷20江宁县“龙江关”条下：新江关“明初置江东巡司”。

江东桥 在今福建漳州市龙文区，横跨九龙江上。南宋绍熙年间（1190—1194）始建浮桥，嘉熙元年（1237）易梁以石，历时三年，建成石桥。元、明、清、民国时期屡修屡毁，1972年重建。古江东桥长300多米，十九孔。孔径大小不一，最大孔径约21米，目前仅存古桥墩五个，上架六道巨型石梁，其中最大的一根长24米，厚2米，宽1.8米，重约200吨。据现代材料力学计算，它在自重作用下已达其抗拉极限的十分之九，说明我国古代建桥者在把握石材的性能方面达到了相当高的水平。2001年定为全国重点文物保护单位。

江东道 ①唐开元时分江南道置江南东道，简称江东道。

②元世祖至元十二年（1275）置江东道宣抚司，十四年（1277）改宣慰司。治建康路（治今江苏南京市）。大德三年（1299）罢。

江东路 北宋天禧时分江南路置江南东路，简称江东路。

江卡 即今西藏芒康县。清初赏给西藏。《西藏图考》卷3：“由南墩西行一百四十里之江卡，为入藏门户。”清宣统间置江卡委员，属四川省。1912年置宁静县，后设江卡宗。1960年与盐井宗合并设宁静县，驻嘎托。1965年改为芒康县。

江卡宗 清初置江卡宗。又称芒康宗。1912年设宁静县。治所即今西藏芒康县（嘎托镇）。1950年原西藏地方政府改置江卡宗，后改芒康宗。江卡或芒康，藏语意为善妙地域。1960年与盐井宗合并，复置宁静县。1965年改名芒康县。

江北 泛指长江以北。古代一般指唐淮南道、宋淮南路地，辖境较广。近代则多专指今江苏长江以北地区。

江北厅 清乾隆十九年（1754）分巴县置，属重庆府。治所在今重庆市江北区旧江北城。因在长江之北而名。1913年改为江北县。

江北县 1913年改江北厅置，属四川东川道。治所在今重庆市江北区旧江北城。1940年迁两路口，40年代末迁大竹林，1950年迁唐家坨，1951年迁水土镇，1965年又迁两路口（今两路镇）。1994年撤销，改为重庆市渝北区。

江北镇 明置，属巴县。在今重庆市江北区江北城。清乾隆十九年（1754）于此置江北厅。

江外 犹言江南。从中原人的角度看来，江南地在长江以外，故称江外。《魏书·董峦传》：峦“虽长自江外，言语风气犹同华夏”。

江头山 在今贵州黎平县南永从镇西。《方舆纪要》卷121黎平府永从县：江头山在“县西五里”。

江头城 在今缅甸之八莫。名见《元史·外国列传》“缅国”条。清王芝《渔瀛胪志》云：“新街即新开营，当槟榔、大金沙二江之冲，故名江头城。”新街即今缅甸八莫。据《新元史·外国列传》缅国条所述，此城同太公城、马来城、安正国城和蒲甘缅王城并称为“缅中五城”。

江头铺 在今广东廉江市北。宋时石城县治此。《清一统志·高州府》“廉江废县”条:“宋(石城)县治,在县北江头铺西,砖石尚存。”故址今为鹤地水库淹没。

江头寨 即今湖南城步苗族自治县西南五十七里南山镇东南江头司村。清乾隆六年(1741)置江头巡司于此。

江汉关大楼 在今湖北武汉市汉口沿江大道与江汉路交汇处。建于1921年,高40米,建筑面积4009平方米。由主楼和钟楼组成,均为四层。大楼正面利用钟楼和二十二级台阶突出中心入口位置,结构严谨,融合了欧洲文艺复兴时期建筑艺术风格的英国特有的钟楼建筑形式。江汉关大楼既是帝国主义侵略中国的历史见证,又是武汉近代建筑一大标志,具有重要的历史价值和建筑艺术价值。2001年定为全国重点文物保护单位。

江汉道 1914年由鄂东道改置,属湖北省。治武昌县(今湖北武汉市武昌区)。辖境约当今湖北随州、安陆、应城、汉川、仙桃、洪湖、蒲圻、崇阳、通城以东地区(英山除外)。1932年废。

江宁布政使司 清制每省设一布政使司,掌管全省财赋和属官。唯江苏省自乾隆二十五年(1760)后分设江宁、江苏二布政使司,江宁布政使司驻江宁府(治今南京市),辖江宁、淮安、扬州、徐州四府及海、通二直隶州。

江宁州 辽清宁中置,治所在混同县(今吉林扶余县驻地三岔河镇东北石头城子)。金废。

江宁县 西晋太康二年(281)改临江县置,属丹阳郡。治所在今江苏南京市江宁区西南江宁镇。《寰宇记》卷90引《舆地志》云:“以江外无事宁静。”故名。隋开皇十年(590)移治冶城(今南京市朝天宫一带)。唐武德三年(620)改名归化县。贞观九年(635)复改白下县为江宁县,属润州。至德二年(757)为江宁郡治。乾元元年(758)为升州治。上元二年(761)改为上元县。五代吴天祐十四年(917)析上元县复置江宁县,与上元县同城而治,为升州治。武义二年(920)为金陵府治。南唐升元元年(937)为江宁府治。南宋为建康府治。元为建康路治,后改为集庆路治。明为应天府治。清复为江宁府治,兼为江苏省治。1912年并上元县入江宁县,为金陵道及江苏省会。1934年移治东山镇(今南京市江宁区)。2000年撤销江宁县,改设南京市江宁区。

江宁府 五代南唐升元元年(937)改金陵府置。建都于此,称为西都。治所在上元、江宁县(今江苏南京市)。北宋开宝八年(975)改为升州,天禧二年(1018)升为江宁府。南宋建炎三年(1129)改为建康府。元为建康路,后改为集庆路。明为应天府。清顺治二年(1645)复改江宁府,为江南省治。后为江苏省治。辖境相当今江苏南京市及江宁、六合、浦口等区,溧水、高淳等县和句容市地。1912年废。

江宁郡 唐至德二年(757)置,治所在上元县(今江苏南京市)。乾元元年(758)改为升州。

江宁铁路 亦称宁省铁路。在今江苏南京市内。清光绪三十三年至宣统元年(1907—1909)筑成从下关经鼓楼至万寿宫段,长11.9公里。1928年改称京市铁路。1935年延展至中华门,全长14.4公里。1958年被拆除。

江宁浦 即今江苏南京市江宁区西南江宁河。宋《景定建康志》卷19:江宁浦“在城南七十五里。源出太平州当涂县界,长三十里,阔七尺,深一丈二尺,溉田一百二十顷”。《梁书·王僧辩传》:敬帝初,“(萧)贞阳济江之日,僧辩拥楫中流,不敢近岸,后乃同会于江宁浦”。即此。

江宁镇 即今江苏南京市江宁区西南江宁镇。隋以前为江宁县治所。明、清置巡司于此。

江边塘 即今云南弥勒县东南九十二里江边乡。清光绪《皇朝中外一统舆图》:弥勒县东南有江边塘。

江西 ①隋唐以前,对长江下游北岸淮水以南地区的惯称;另外,与南京以下的长江南岸地区称为江东相对而言,又可泛称长江以北包括中原地区在内为江西。《史记·项羽本纪》:“江西皆反”即指此。

②唐方镇名。广德二年(764)更洪吉都防御团练观察处置使为江南西道都防御团练观察使,通称江西。咸通六年(865)升为镇南节度使。乾符元年(874)废镇南节度使,复为江南西道观察使。龙纪元年(889)复为镇南节度使。治洪州(治今南昌市)。较长期领有洪、饶、吉、江、袁、信、虔、抚八州,相当今江西省。宋初废。

③巡抚名。明永乐后间设巡抚镇守,成化后定为巡抚,但仍或遣或罢,嘉靖六年(1527)始定设。四十年(1561)加兼理军务。驻南昌府(治今江西南昌市)。辖江西省除南安、赣州二府以外的十一个府,兼制南直隶安庆府,湖广兴国、通城、崇阳、浏阳、咸宁、平江、茶陵等州、县。清初仍辖十一府,康熙三年(1664)兼辖南安、赣州二府,即今江西全省。民国废。

江西布政使司 明洪武九年(1376)置,治所在南昌府(今江西南昌市)。辖境北至今江西九江市,东至今江西玉山县,南至今江西安远县,西至今江西永宁县。其范围约当今江西全省之地。清为江西省。

江西市 即今江西萍乡市东南江西口。《清一统志·袁州府》:江西市“在萍乡县东南七十里,通吉安府安福县界”。

江西坡 即今贵州普安县东三十里江西坡镇。明洪武二十三年(1390)置安南卫,初治此。后移治尾洒堡(今晴隆县)。

江西坡驿 清康熙十年(1671)置,在今贵州普安县东江西坡镇。

江西省 元立江西等处行中书省。明置江西布政使司。清为江西省，治所在南昌府（今江西南昌市）。民国时治所在南昌市，辖境约当今江西全省。

江西等处行中书省 元世祖至元十四年（1277）置，治所在隆兴府（今江西南昌市）。辖境相当今江西、广东二省大部分地区。明洪武二年（1369）以所属广东道宣慰司并入广东等处行中书省。九年（1376）改置江西布政使司。

江西道 唐开元时分江南道置江南西道，简称江西道。

江西湖东道 元世祖至元十四年（1277）置江西湖东道提刑按察司。治隆兴路（治今江西南昌市）。二十八年改为肃政廉访司。至正十八年（1358）侨置于建宁路（治今福建建瓯市）。

江西路 北宋天禧时分江南路置江南西路，简称江西路。

江达 在今西藏江达县东北同普。清乾隆《卫藏通志》卷3《山川》：江达，“《旧志》称工布江达。工布者，东南别一部落也。江达乃正站”。清《西藏图考》卷3：“江达在拉里西南，其三星桥、甲桑桥二水会合之地，乃东西要津。”

江达宗 17世纪中叶，甘丹颇章政权建立后，西藏地方政府设江达宗，治所即今西藏工布江达县西北太昭。“江达”，藏语意为大谷口。清宣统三年（1911）改同普县。1912年改置太昭县。1919年西藏地方政府复设江达宗。1960年与西邓柯宗合并改设江达县，后迁治嘎通。

江华县 唐武德四年（621）置，属营州。治所在今湖南江华瑶族自治县西南。以阳华岩为名。后属道州。文明元年（684）改为云溪县。神龙元年（705）复名江华县，迁治今江华瑶族自治县（沱江镇）东南十里。元属道州路。明属道州，天顺六年（1462）迁黄头冈（今江华瑶族自治县治沱江镇）。清属永州府。民国初属湖南衡阳道。1922年直属湖南省。1955年改设江华瑶族自治县。

江华郡 唐天宝元年（742）改道州置，治所在弘道县（今湖南道县）。乾元元年（758）复为道州。

江会郡 北周天和五年（570）改开江郡置，属开州。治所在新浦县（今重庆市开县西南南门镇西北）。建德五年（576）废。

江刘集 即今安徽颍上县东南三十里新刘集乡。清乾隆《颍上县志》卷2：有江刘集。

江关 一名扞关。战国时巴国置，在今重庆市奉节县东赤甲山。《后汉书·岑彭传》注引《华阳国志》：“巴楚相攻，故置江关。”西汉于此置江关都尉。《后汉书·公孙述传》：东汉建武六年（30），公孙述“遣（田）戎与将军任满出江关”，即此。唐时王建将张武于瞿塘峡口作铁絙，绝江中流，立栅于两端，谓之锁峡。南宋景定五年（1264），守将徐宗武于白帝山下岩穴设拦江铁锁七条，后人呼为铁锁关。

江州 ①春秋战国时巴国都。即今重庆市区。三面环水，颇似江中之洲，故名。《水经·江水注》：“江州县故巴子之都也。《春秋·桓公九年》，巴子使韩服告楚，请与邓好是也。及七国称王，巴亦王焉。”周慎王五年（前316）秦灭巴国后，改置江州县。

②西晋惠帝元康元年（291）置，治所在南昌县（今江西南昌市东）。《元和志》卷28江州：“因江水以为名。”东晋咸康六年（340）徙治寻阳县（今湖北黄梅县西南）。其时辖境相当今江西、福建二省，湖北陆水以东、长江以南及湖南春陵水中上游以东地区，后辖境渐小。南朝宋升明元年（477）徙治柴桑县（今江西九江市西南），梁太平二年（557）徙治南昌县（今南昌市东），陈天嘉初复移治湓口城（今九江市）。隋大业三年（607）改为九江郡。唐武德四年（621）复为江州，天宝元年（742）改为浔阳郡，乾元元年（758）复为江州。唐时辖境相当今江西九江、德安、彭泽、湖口、都昌等市县地。元世祖至元十四年（1277）升为江州路。

③北魏置，治所在今四川巴中市西南恩阳镇。西魏恭帝改为万州。

④西魏置，治所在今四川阆中市东北方山上。恭帝改为方州。

⑤西魏置，治所在今湖北汉川市东南十里。废帝三年（554）改名沔州。

⑥亦名西江州。南朝梁置，治所在江阳郡江阳县（今四川彭山县东北）。《清一统志·眉州》：“江州本置于江阳，故取以为名。”辖境相当今四川彭山、仁寿、双流三县相连地区。北周州郡并废。

⑦北齐天保六年（555）改晋州置，治怀宁县（今安徽潜山县）。南朝陈太建五年（573）复改晋州。

⑧北周置，治所在宜昌县（今湖北宜昌市西陵区西北长江南岸）。隋开皇十八年（596）改为津州。

⑨唐武德二年（619）置，治所在宜都县（今湖北宜都市）。辖境相当今湖北宜都市地。六年（623）改为东松州。

⑩北宋置羁縻州，属邕州左江道。治所在今广西崇左市南二十五里江州镇。元属思明路。明属太平府。民国初属广西镇南道。1918年废。

江州县 ①战国周慎王五年（前316）秦灭巴国后置，为巴郡治。治所在今重庆市区嘉陵江北岸。《后汉书·光武帝纪》：建武十一年（35）伐公孙述，“威虏将军冯骏围田戎于江州”。次年“拔江州，获田戎”。即此。三国蜀汉移治嘉陵江南岸。南齐永明五年（487）改为垫江县。

②南齐永明五年（487）移江州县于僰溪口，属巴郡。治所在今重庆市江津区东北五十里顺江镇。西魏改为江阳县。

江州路 元世祖至元十四年（1277）升江州置，治所在德化县（今江西九江市）。辖境相当今江西九江、瑞昌、彭泽、湖口、德安等市县地。至正二十一年（1361）朱元璋改置九江府。

江安州 南宋景定二年（1261）改泸州置，治所在神臂崖城（今四川合江县西北焦滩乡南老泸）。元世祖至元十二年（1275）复名泸州。

江安县 ①西晋太康元年（280）改公安县置，为南平郡治。治所在今湖北公安县。南齐属南平郡。南朝陈复改公安县。

②隋开皇十八年（598）改汉安县置，属泸州。治所在今四川泸州市纳溪区西二十里新太乡三江村。明曹学佺《蜀中广记》卷52江安县："本江阳地，晋平汉安僚置县于此，曰汉安矣。隋取二义而改今名。"大业三年（607）属泸川郡。唐武德元年（618）复属泸州。北宋迁治今江安县。民国初属四川永宁道。1928年直属四川省。

江安驿 元置水站，明为水驿。在今四川江安县西北长江岸边。《方舆纪要》卷72江安县：江安驿"在县西，水驿也。《舆程记》：自南溪县之龙腾驿东六十里至江安驿，又六十里为董坝驿。自此而东六十里，即纳溪县之纳溪驿"。

江安盐井 在今四川江安县东北六十里井口镇北南井村。唐至民国间，为县井盐产区。唐名可盛盐井。北宋置南井监。《舆地纪胜》卷153泸州："南井监岁计四十一万斤。"成为四川著名井盐产区。此后盐业衰退。明万历中井塞报坍。清康熙五十七年（1718）凿惜古、裕永、庙坎三井，不久，只存庙坎一井。乾隆三十八年（1773）深淘泉旺，增煎盐锅十三口。后井又塞。民国间又凿井煎盐，产量不大。今仅存旧井。

江那里 即今云南砚山县。清代以原维摩地置，为开化府所辖八里之一。壮语"江"为中间，"那"为田，意即田坝中间的地方。后属文山县。1933年置砚山设治局。

江阳县 ①西汉置，属犍为郡。治所即今四川泸州市。以县在大江（长江）之阳，故名。东汉为枝江都尉治。建安十八年（213）为江阳郡治。《三国志·蜀书·赵云传》：建安末，诸葛亮至江州（今重庆市），"分遣云从外水上江阳，与亮会于成都"。即此。东晋安帝时为獠族所据，废。南朝梁大同中复置，为东江阳郡（江阳郡）和泸州治。隋开皇三年（583）废郡，仍为泸州治。大业元年（605）改为泸川县。《水经·江水注》："江阳县枕带双流，据江洛会。"为长江上流，蜀南军政重镇。

②东晋永和中侨置于武阳县，为西江阳郡治。治所在今四川彭山县东北。北周属隆山郡。隋开皇初废入隆山县。

③西魏改江州县置，为七门郡治。治所即今重庆市江津区东顺江镇。隋开皇十八年（598）改为江津县。

④隋大业初改邗江县置，为江都郡治。治所即今江苏扬州市。《寰宇记》卷123广陵县："斯地处江之正北，故曰江阳。"后废。唐贞观十八年（644）析江都县复置，属扬州。五代南唐改名广陵县。

江阳郡 ①东汉建安十八年（213）改枝江都尉置，属益州。治所在江阳县（今四川泸州市）。辖境相当今四川泸州、泸县、合江、隆昌、富顺、内江、纳溪、江安、叙永、古蔺、兴文等市县地。东晋安帝时废。

②亦名西江阳郡。东晋侨置于武阳县，属益州。治所在江阳县（今四川彭山县东北）。南朝宋土断，辖境相当今四川彭山、双流、仁寿三县相连地区。梁为江州治。北周时废。

③北齐置，治所在广陵县（今江苏扬州市西北蜀冈上）。后废。

江阴市 1987年撤销江苏省江阴县，改设江阴市，市人民政府驻澄江镇。由无锡市代管。

江阴场 即今福建福清市南七十里江阴镇。产海盐。清时设盐课大使。民国初年，闽盐设局专买，裁场官，设江阴办事处于江阴管理之。

江阴州 元世祖至元间改江阴路置，治所即今江苏江阴市。至正二十四年（1364）朱元璋改为连洋州，寻复为江阴州。洪武初改州为江阴县。

江阴军 五代南唐升元中置，治所在江阴县（今江苏江阴市）。北宋熙宁四年（1071）军废。南宋建炎四年（1130）复置，绍兴二十七年（1157）废，三十一年（1161）复置。元至元十四年（1277）升为江阴路。

江阴运河 古名五泻水。即今江苏江阴市南锡澄运河。《方舆纪要》卷25江阴县：运河"在城南。北引大江，由黄田港贯城而南，至县南十里，经蔡泾间，亦曰南闸，又曰下闸，……又十里至青旸镇，又南三十五里达五泻河，出高桥合无锡运河"。

江阴县 南朝梁太平三年（558）置，为江阴郡治。治所即今江苏江阴市。隋大业初属毗陵郡。唐属常州。五代南唐升元中为江阴军治。元升为路，后降为州。明洪武初改州为县，属常州府。民国初属江苏苏常道。1927年直属江苏省。1987年改设江阴市。明末著名地理学家徐霞客为江阴人。

江阴城 在今重庆市巫山县西。《清一统志·夔州府二》引《元一统志》："后周天和初置县，建德中废。"正德《夔州府志》卷7：江阴县"在（巫山）县西六十里。后周天和中置，建德中废"。

江阴郡 南朝梁太平三年（558）置，治所在江阴县（今江苏江阴市）。隋开皇九年（589）废。

江阴路 元世祖至元十四年（1277）升江阴军置，治所即今江苏江阴市。后降为江阴州。

江苏布政使司 清制每省设一布政使司，掌管全省财赋和属官。唯江苏省自乾隆二十五年（1760）后分设江宁、江苏二布政使司，江苏布政使司驻苏州府（治今苏州市），辖苏州、松江、常州、镇江四府及太仓直隶州、海门直隶厅。

江苏省 清康熙六年（1667）分江南省置，以两江总督驻所江宁府（今江苏南京市）和巡抚驻所苏州府（今江苏苏州市）二府首字为名。省会在江宁府（今南京市）。辖境相当今江苏省及上海市。1929年省会迁镇江县（今江苏镇江市）。1949年分置苏南、苏北二行署区。1952年复置江苏省，省人民政府驻南京市。

江村　在今广东佛山市顺德区西三十里江村。明置巡司于此。

江村墟　即今广东广州市北江高镇。明于此置慕德里巡司。清为江村圩。1938年被侵华日军所毁，1944年复建，取江村、高塘两圩之首字，改名江高镇。

江谷墟　即今广东四会市北江谷镇。清光绪《广东舆地全图》：广宁县东北有江谷墟。

江甸子　即今吉林通化县西南江甸子镇。清光绪《奉天全省地舆图说图志》通化县图：西南有江甸。

江陂水　即今安徽颍上县西北江口河。《水经·颍水注》："颍水又东南，江陂水注之。水受大漴陂，陂水南流，积为江陂，南径慎县西，侧城南流入颍。"《元丰九域志》卷1：颍上县有江陂塘。

江陂塘　又名江陂。在今安徽颍上县西北三十六里江口镇附近。《水经·颍水注》："（大漴）陂水南流，积为江陂。"即此。北宋于此设江陂镇。

江陂镇　北宋置，属颍上县。即今安徽颍上县西北三十六里江口镇。

江孜　一名季阳则城、佳勒则宗，又作江卡尔孜。即今西藏江孜县。唐末吐蕃王朝灭亡后，其赞普后裔贝澗赞来到江孜宗山上修建王宫居住，被称为"杰卡尔孜"，简称杰孜，后演变为江孜，藏语意为"王宫顶"。元设江孜宗。清光绪三十年（1904）西藏人民在此反击英帝国主义的侵略。光绪三十二年（1906）中英条约签订开为商埠。

江孜宗　元至正十四年（1354）设江孜宗，治所即今西藏江孜县。1960年与宗则谿合并，改设江孜县。

江孜宗山抗英遗址　在今西藏江孜县城宗山上。清光绪三十年（1904）西藏爱国军民为抗击英国侵略军，在半山前崖曾构筑炮台和其他防御设施。围墙以石块筑成，高5—8米，宽4米。当时英军以新式火器向宗山猛烈进攻，西藏军民誓死抵抗，给侵略者以沉重打击。后弹尽援绝，与攻上宗山的英军展开肉搏，跳崖牺牲。炮台和宗山遗址至今尚存。1961年定为全国重点文物保护单位。

江表　指长江以南地。《三国志·吴书·程昱传》："曹公无敌于天下，初举荆州，威震江表"；《吴书·孙权传》："故能自擅江表，成鼎峙之业"；庾信《哀江南赋》："五十年中，江表无事。"

江岸　一名刘家庙。即今湖北武汉市汉口东北江岸区。清末京汉铁路经此，设江岸车站并与水运衔接。遂改名江岸。1922年2月7日京汉铁路大罢工领袖林祥谦壮烈牺牲于此。

江底汛　在今贵州兴义市西南六十里。清有把总驻防。

江油市　1988年撤销四川省江油县，改设江油市，市人民政府驻中坝镇。由绵阳市代管。

江油戍　亦作江由戍、江油关。在今四川平武县东南南坝镇旧州。《三国志·魏书·邓艾传》：景元四年（263）冬，"艾自阴平道行无人之境七百余里，凿山通道，造作桥阁。……先登至江由，蜀守将马邈降"。即此。

江油县　①西魏废帝二年（553）置，为江油郡及龙州治。治所在今四川平武县东南南坝镇北旧州。隋开皇三年（583）为龙州治，大业三年（607）为平武郡治。唐武德元年（618）为龙门郡治，不久改为西龙门郡治，贞观元年（627）为龙门州治，天宝元年（742）为江油郡治，至德二载（757）为应灵郡治，乾元元年（758）为龙州治，北宋政和五年（1115）为政州治，南宋绍兴元年（1131）为龙州治。宝祐六年（1258）移龙州及江油县于雍村（今四川江油市北大康镇平通河西岸旧县坝）。元世祖至元二十二年（1285）废县入龙州。元末明玉珍复置，属龙州。治所在今四川江油市东北四十里武都镇。明洪武十年（1377）废入梓潼县，十三年（1380）复置，属剑州。嘉靖四十五年（1566）属龙安府。清顺治十年（1653）废入平武县，康熙元年（1662）复置。民国初属四川西川道。1928年直属四川省。1951年迁县治于中坝镇（今江油市）。1988年改设江油市。

②1935年4月川陕革命根据地置，治重华堰（今四川江油市东北重华镇）。同年5月废。

江油郡　北魏孝武帝时置，治所在今四川平武县东南涪江西岸南坝镇北旧州。《寰宇记》卷84江油县："取江油水以称邑兼郡"为名。西魏废帝二年（553）于此置龙州及江油县。辖境相当今四川平武县及江油市部分地。隋开皇三年（583）废。唐天宝元年（742）改龙门州为江油郡，至德二载（757）改为应灵郡。

江沱　指今湖北枝江市南之松滋河。旧为长江别支。《汉书·地理志》南郡枝江县："故罗国。江沱出西，东入江。"颜师古注："沱即江别出者也。"

江郎山　简称江山。即今浙江江山市南四十六里江郎山。《寰宇记》卷97江山县：江郎山"山上有五色石，日照炫曜"。《方舆纪要》卷93江山县：江郎山，"《志》云：山高六百寻。一名金纯山，一名须郎山。有三峰，皆耸秀，俗呼江郎三片石"。

江城县　1929年改猛烈行政区置，直属云南省。治所即今云南江城哈尼族彝族自治县。民国《云南行政纪实》："环境皆江，因以名县。"1954年改设江城哈尼族彝族自治县。

江城镇　①即今河北满城县东南江城乡。清同治《畿辅通志》卷47满城县图：东南有江城。

②在今云南江川县东北三十二里。明设江川驿，崇祯七年（1634）江川县迁治于此。1950年县治迁大街，故此称江城。

江南　地区名。泛指长江以南地区。但各时代的含义有所不同：秦、汉以前一般指今湖北长江以南部分和湖南、江西一带；近代专指苏南与浙江地区。

江南东道　唐开元二十一年（733）分江南道置，治所在苏州（今江苏苏州市）。辖境相当今江苏长江以南，浙江、福建二省以及安徽歙县、绩溪、休宁、祁门、黟县与江西婺源、玉山等县地。乾元元年（758）废。

江南东路　北宋天禧二年（1018）分江南路东部置，治所在江宁府（今江苏南京市）。辖境相当今江苏镇江市、大茅山、长荡湖一线以西，长江以南，安徽江南部分，江西信江流域以北和九江市、瑞昌、德安等县一带。元废。

江南市　即今湖南安化县东三十二里资水南岸江南镇。清光绪《湖南通志》卷1安化县图：县（旧治在今县东南梅城镇）西北有江南市。

江南西道　唐开元二十一年（733）分江南道为东、西二道。江南西道辖原江南道中部之地，治所在洪州（今江西南昌市）。管辖宣、饶、抚、虔、洪、吉、袁、郴、鄂、岳、潭、衡、永、道、邵、澧、朗、连等州。辖境约当今江西、湖南（沅陵以南的沅水流域除外），安徽南部及湖北东部的江南地区及广东连县、阳山二县与连南壮族瑶族自治县地。乾元元年（758）废。但作为地理区划直至五代仍被沿用。

江南西道观察使　唐广德二年（764）以洪吉都防御团练观察处置使更名，治所在洪州（今江西南昌市）。长期领有洪、江、信、袁、抚、饶、虔、吉等八州之地，约当今江西全省。龙纪元年（889）升为镇南节度使。

江南西路　北宋天禧二年（1018）分江南路西部置，治所在洪州（南宋升为隆兴府，今江西南昌市）。管辖洪、虔、吉、袁、抚、筠六州及兴国、临江、建昌、南安四军。辖境相当今江西大部和湖北大冶、通山、阳新等县地。元废。

江南行中书省　元至正十六年（1356）朱元璋置，治所在应天府（今江苏南京市）。辖境相当今江苏、安徽二省和上海市以及江西婺源县地。明洪武元年（1368）改置中书省。

江南河　古运河名。又名漕河。本秦代在春秋吴国故渠基础上开凿的人工运河。六朝时为漕河。隋大业六年（610）重浚，定名江南运河。北起京口（今江苏镇江市），东南经丹徒、丹阳、常州、无锡、苏州，绕太湖之东，直达余杭（今浙江杭州市）。全长八百多里，广十余丈。唐以后屡经修治，遂演变成今江南运河。

江南省　清顺治二年（1645）改南直隶置，治所在江宁府（今江苏南京市）。辖境相当今江苏、安徽二省和上海市以及江西婺源县地。康熙六年（1667）分置江苏、安徽二省。此后仍习惯合称这两省为江南省。

江南桥　一名中洲桥。俗名仓前桥。在今福建福州市南。《清一统志·福州府一》：中洲桥“在闽县万寿桥之南。又名江南桥。本朝乾隆十六年，因旧址甃石为梁，长四百四十尺，广三十八尺，邑人何际逑等捐修，巡抚潘思榘为记”。

江南铁路　自今江苏南京经安徽芜湖至宣城（今宣城市）东南之孙家埠，长197公里。1933年动工修筑，次年建成。为了与京沪铁路相连接，1935年又动工修建了从南京中华门至尧化门的联络铁路线。1936年江南铁路修至江西，改名京赣铁路。

江南道　唐贞观元年（627）置，为全国十道之一。因在长江之南，故名。辖境相当今浙江、福建、江西、湖南等省及江苏、安徽长江以南，湖北、四川长江以南一部分和贵州东北部地区。开元二十一年（733）分为江南东道、江南西道和黔中道。

江南路　北宋至道三年（997）置，治所在升州（今江苏南京市）。辖境相当今江西全省，江苏长江以南、镇江市、大茅山、长荡湖一线以西，安徽江南部分及湖北阳新、通山等县地。天禧二年（1018）分为东、西两路。

江南镇　北宋置，属阳安县。在今四川简阳市东三十里江南铺。

江背墟　又名赤墈墟。即今江西兴国县东三十里江背镇。清同治《江西全省舆图》卷9：兴国县东有赤墈汛墟。

江界河　又名犹家坝。即今贵州瓮安县北五十六里江界河村。民国《瓮安县志》卷4《村市》：城北有江界河团。地处瓮安河与乌江汇合处。因两水汇流清浊分明，故名。1935年1月，红一方面军于此突破乌江天险进军遵义。

江峡　即长江三峡。指今重庆市奉节县至湖北宜昌市间之瞿塘峡、巫峡、西陵峡。《周书·陆腾传》：“天和初，信州蛮、蜑据江峡反叛，连结二千余里，自称王侯，杀刺史守令等。”又《蛮传》：“屯据三峡，断遏水路，荆、蜀行人，至有假道者。”

江亭　在今湖北松滋市北三十六里老城镇后。《舆地纪胜》卷64江陵府：江亭“在松滋县治后。杜子美、孟浩然、张天觉皆有诗”。

江浒口　在今江西丰城市西南。《清一统志·南昌府》“大江口巡司”条下：“又旧有江浒口巡司，在县西南早禾洲。明宣德四年置。今裁。”

江浒山镇　在今江西贵溪市南八十余里。《清一统志·广信府二》：江浒山镇“与福建邵武府接界，本朝雍正六年移（贵溪）县丞驻此”。

江津戍　一名奉城。在今湖北荆州市南长江中。《水经·江水注》：“洲上有奉城，故江津长所治，旧主度州郡贡于洛阳，因谓之奉城，亦曰江津戍。戍南对马头岸。”《资治通鉴》：东晋义熙元年（405）一月，“刘毅诸军至马头，桓振夹帝出屯江津”。胡注：“江津戍在江陵，南临江浒。”

江津县　隋开皇十八年（598）改江阳县置，属渝州。治所即今重庆市江津区东顺江镇。《寰宇记》卷

136江津县："以斯地在江之津为名。"大业初属巴郡。唐武德初属渝州，天宝初属南平郡，乾元初属渝州。北宋乾德五年（967）徙治马鬃镇（即今江津市）。崇宁初属恭州，绍熙初属重庆府。元属重庆路。明属重庆府。民国初属四川东川道。1928年直属四川省。陈独秀于1942年病死于此。1992年改设江津市。1997年划归重庆市。2006年改设江津区。

江都市　1994年改江苏省江都县置，市人民政府驻江都镇。由扬州市代管。2011年撤销江都市，改为扬州市江都区，区政府驻仙女镇江淮路388号。

江都县　西汉景帝四年（前153）置，属江都国。治所在今江苏扬州市西南四十六里夹江北小沙洲上（今属丹徒县）。东汉属广陵郡。三国时废。西晋太康六年（285）复置，东晋省入舆县。寻复置。北齐属江阳郡。陈属广陵郡。隋开皇九年（589）移治今扬州市，为扬州治。大业初为江都郡治。唐为扬州治。五代杨吴为江都府治。后周显德中复为扬州治。元为扬州路治。明为扬州府治。民国初属江苏淮扬道。1927年直属江苏省。1949年迁治仙女庙（即今江都市）。1994年改设江都市。

江都国　西汉景帝三年（前154）置，治所在广陵县（今江苏扬州市西北蜀冈上）。元狩二年（前121）改为广陵郡。

江都府　五代吴定都扬州，升为江都府。治所在江都县（今江苏扬州市）。南唐建都江宁府，以此为东都。周显德中复为扬州。

江都宫　隋炀帝建，在今江苏扬州市西北蜀冈上。《隋书·炀帝纪》：大业十二年（616），炀帝"幸江都宫"。又《恭帝纪》：义宁二年（618）二月，"右屯卫将军宇文化及杀太上皇于江都宫"。

江都郡　①南朝梁改临江郡置，属南豫州。治所在乌江县（今安徽和县东北乌江镇）。北齐改为齐江郡。

②隋大业初改扬州置，治所在江阳县（今江苏扬州市）。辖境相当今江苏淮南江北地区及镇江、丹阳、句容，安徽天长、全椒、滁州等县市地。唐武德三年（620）改为南兖州。

江桥　①战国秦建于郫江上。在今四川成都市旧城文庙前街一带。东晋常璩《华阳国志·蜀志》：成都"城南曰江桥，南渡流曰万里桥"。《十六国春秋·蜀录》载：惠帝之世，蜀童谣曰："江桥头，阙下市，成都北门十八子。"盖指李特将起。南朝宋孝武时，以桥对安乐寺，改为安乐桥。

②即今浙江余姚市城南通济桥。《方舆纪要》卷92余姚县：江桥"在城南。长二十四丈。嘉靖三十四年督臣胡宗宪击倭于此"。

江桥镇　①即今黑龙江省泰来县东北江桥镇。民国《东北年鉴》：洮昂铁路有江桥站（即哈拉尔格）。

②即今上海市嘉定区东南江桥镇。清光绪《嘉定县志》卷1：江桥镇在"县治南三十三里十一都，与上海宝山接壤"。

江夏口　即子夏口。在今湖北监利县西。《资治通鉴》：东晋义熙十一年（415），刘裕伐司马休之于江陵，"使其婿振威将军东海徐逵之统参军蒯恩、王允之、沈渊子为前锋，出江夏口"。即此。

江夏山　在今湖北武汉市武昌区东。《寰宇记》卷112江夏县：江夏山"在县东南，有小山迤逦东入武昌界，西去县六十里。其山重叠，本名峡山，天宝六年改为江夏山"。

江夏县　①北魏孝文帝置，为江夏郡治。治所在今河南泌阳县北五十里。隋开皇十八年（598）改为慈丘县。

②隋开皇九年（589）置，为鄂州治。治所在今湖北武汉市武昌城区。大业初为江夏郡治。唐初复为鄂州治。元为武昌路治。明为武昌府治。清为湖北省会。宣统三年（1911）辛亥革命爆发于此。1912年改为武昌县。

江夏城　在今湖北蕲春县境。《寰宇记》卷127蕲州蕲春县：江夏王城"晋江夏王所筑"。

江夏郡　①西汉高帝六年（前201）置，治所在西陵县（今湖北武汉市新洲区西二里）。《汉书·地理志》注："应劭曰：沔水自江别，至南郡华容为夏水，过郡入江故曰江夏。"辖境约当今湖北钟祥市、潜江市、嘉鱼县、赤壁市以东，红安、蕲春、阳新等县以西，崇阳、通山等县以北，安陆市、河南信阳、罗山、光山等县以南地。东汉建安初，刘表江夏太守黄祖徙治夏口城（今武汉市汉口城区）。建安十三年（208）初，孙权破城杀黄祖，掳掠而去。江夏太守刘琦另筑夏口城（今武汉市汉阳城区）。年底，曹操任文骋为江夏太守驻此。赤壁战后，文聘徙治石阳（今武汉市黄陂区西）。三国魏嘉平三年（251）徙治上昶城（今云梦县西南）。西晋徙治安陆县（今安陆市北）。南朝宋孝建元年（454）徙治夏口城（今武汉市武昌城区）。隋开皇九年（589）废。大业三年（607）复置。唐初改为鄂州。天宝元年（742）复置，乾元元年（758）复为鄂州。

②三国魏置，治所在上昶城（今湖北云梦县西南涢水东岸）。辖境相当今湖北安陆、应城、云梦、大悟及河南信阳、罗山等市县地。西晋移治安陆县（今湖北云梦县）。南朝宋废。

③北魏孝文帝置，治所在江夏县（今河南泌阳县北五十里）。隋开皇三年废。

江原县　①西汉置，属蜀郡。治所在今四川崇州市东南三十里江源场东。西晋末废。东晋永和中改汉原县复置，为晋原郡治。治所在今四川崇州市西北六十里怀远镇。北周改为多融县，寻改为晋原县。《华阳国志》作者常璩为江原县人。

②亦作江源县。北宋开宝四年（971）改唐安县置，属蜀州。治所在今四川崇州市东南三十里江源镇。《宋史·太宗纪》：淳化四年（993）十二月，"西川都巡检使张玘与王小波战江原县，死之。小波中流矢死"。即此。元世祖至元二十年（1283）废入崇庆州。元末明玉珍复置，明洪武初废。

江原郡　南朝梁改晋康郡置，属益州。治所在江原县（今四川崇州市西北六十里怀远镇）。北周废。

江峪塘　即今湖北郧县东北一百八十里红峪乡。清有巡司、把总驻此。乾隆三十五年（1770）巡司移驻花龙滩镇。

江乘县　秦置，属鄣郡。治所旧云在江苏句容市北六十里（今南京市栖霞山东南）。《史记·秦始皇本纪》：始皇三十七年（前210）“还过吴，从江乘渡”。即此。西汉属丹阳郡。三国吴省为典农都尉治。西晋太康元年（280）复置，咸康元年（335）改属南琅邪郡。南朝陈属太兴郡。隋废。

江浙行省　江浙等处行中书省的简称。元世祖至元二十一年（1284）改江淮等处行中书省置，治所在杭州路（今浙江杭州市）。辖境相当于今浙江全省、上海市、江西省鄱阳湖以东及江苏、安徽两省长江以南地区。大德三年（1299）后辖境扩及福建全省。至正二十六年（1366）朱元璋改为江浙行省。

江浙等处行中书省　简称江浙行省。元世祖至元二十一年（1284）改江淮等处行中书省置，治所在杭州路（今浙江杭州市）。辖境相当今浙江全省、上海市、江西省鄱阳湖以东及江苏、安徽两省长江以南地区。至元二十三年（1286）罢，三年后复置。大德三年（1299）福建行省并入，辖境遂扩及今福建全省。至正二十六年（1366）朱元璋改为江浙行省。

江浦司　又名鼎安寨。即今广东佛山市顺德区西北龙江镇。明、清置江浦巡司于此。

江浦县　明洪武九年（1376）置，属应天府。治所在浦子口（今江苏南京市西北浦口镇）。二十四年（1391）迁治旷口山之阳（今江苏南京市浦口区）。清属江宁府。民国初属江苏金陵道。1927年直属江苏省。2002年撤销江浦县，并入南京市浦口区。

江海关　即今上海市海关的旧称。

江涨桥镇　北宋置，在今浙江杭州市武林门北。《清一统志·杭州府》：江涨桥镇“在仁和县北九里。有桥跨官河。明洪武中设税课司”。

江家川　在今陕西富县西北。《方舆纪要》卷57鄜州：江家川“在州西百三十里”。

江家屯厅　清光绪三十二年（1906）置，属锦州府。治所即今辽宁葫芦岛市西北钢屯乡。寻改为锦西厅。

江家咀　即今安徽怀宁县（高河镇）西南江镇。光绪《大清直省地舆全图》：安庆府怀宁县（今安庆市）西有江家咀。

江家桥市　即今江西湖口县南二十二里江桥。清同治《江西全省舆图》卷13九江府湖口县：南有江家桥。

江家集　即今河南潢川县东南江家集镇。清光绪《光州志》卷1《市集》：“州东南六十里有江家集。”民国初设县佐驻此。

江家湖　在今江西铅山县东南。《方舆纪要》卷85广信府铅山县：江家湖在“县（治今永平镇）西一里。一名西湖。湖内生茭荷，旁多高柳。沙屿回折，景趣潇洒。今故址仅存”。

江家路镇　即今上海市浦东新区川沙镇东南九里江镇乡。清光绪《南汇县志》卷1：“江家路镇，邑北四十三里。”

江陵县　战国秦置，为南郡治。治所即今湖北荆州市荆州区旧江陵县。里耶遗址出土秦简证实，战国时江陵已为县。明曹学佺《名胜志》：“近地无高山，所有皆陵阜之属，故名江陵。”光绪《荆州府志》卷1：江陵“以地临江，故名”。西晋为荆州治。南朝梁承圣元年（552），萧绎即帝位，建都于此。后梁萧詧亦都此。隋为南郡治。唐为江陵府治。元为中兴路治。明为荆州府治。民国初属湖北荆南道。1921年属荆宜道。1932年直属湖北省。明张居正为江陵人，世称张江陵。

江陵国　东汉章帝建初四年（79）改南郡置，《后汉书·章帝纪》称：“徙巨鹿王恭为江陵王。”治所在江陵县（今湖北荆州市荆州区故江陵县城）。元和二年（85）复改南郡。

江陵府　唐上元元年（761）升荆州置，治所在江陵县（今湖北荆州市荆州区故江陵县城）。辖境约当今湖北枝江市以东、潜江县以西、荆门市以南地区。南宋曾一度改为荆南府。元世祖至元十三年（1276）改为上路总管府，天历二年（1329）改为中兴路。

江陵郡　唐天宝元年（742）改荆州置，治所在江陵县（今湖北荆州市荆州区）。辖境相当今湖北荆门市以南，石首市以北，枝江市以东，潜江市以西地区。乾元元年（758）复为荆州。

江陵路　元大德中改荆南府路为江陵路。治江陵县（今湖北荆州市荆州区故江陵县城）。天历二年（1329）又改名为中兴路。

江猪岭　在今山西长子县南四十里，与高平市接界。《资治通鉴》：五代梁开平元年（907），“夹马指挥使尹皓攻晋江猪岭寨，拔之”。后周显德元年（954），“初，帝与北汉主相拒于高平，命前泽州刺史李彦崇将兵守江猪岭，遏北汉主归路”。均此。

江渎祠　亦名江水祠。秦建，为祭祀江（今长江）神庙宇。在今四川成都市南。《汉书·郊祀志》：秦并天下“江水，祠蜀”。隋开皇三年（583）重建。《元和志》卷31成都县：江渎祠“在县南八里”。《寰宇记》卷72华阳县：江渎祠“在县南上四里。汉《郊祀志》云：秦并天下，立江水祠于蜀。至今岁祀焉”。清康熙六年（1667）又重建，在成都市旧城南门西。后废。《宋史·雷有终传》：咸平三年（1000）讨王均乱，杨怀忠“与贼将鲁麻胡阵于江渎庙前，自晨至晡，战数合，怀忠兵势不敌，退还所部”。即此。

江淮卫　明洪武二十八年（1395）置，属南京。治所在今江苏南京市。《清一统志·江宁府二》：江淮卫“在上元县北门桥”。

江淮关　在今江苏南京市浦口区东南三里。明洪武二十四年（1391）置关及巡司，后裁。

江淮府　明初改镇江路置。治所在丹徒县（今江苏镇江市）。洪武四年（1371）复改为镇江府。

江淮胜概楼　在今江苏扬州市邗江区南瓜洲镇。明正统中周忱建。

江淮等处行中书省　元世祖至元十三年（1276）置，治所在扬州（后改扬州路，治今江苏扬州市）。辖境相当今江苏长江以北地区（邳州、宿迁以西除外）及安徽泗县、五河、滁州、来安、全椒等县市地。十五年（1278）改置淮东道宣慰司。二十三年（1286）复置，二十八年（1291）又改置淮东道宣慰司。

江密蜂镇　即今吉林永吉县东北江密蜂镇。向为孔道，旧吉敦铁路经此。《吉林乡土志》："相传此地曾有江姓养蜂于此，故名。后因年代久远，误将'蜜蜂'二字，书为'密峰'，沿用至今，习而不察，遂失当初命名之真意矣。"

江掌　在今吉林长白朝鲜族自治县北长白山，鸭绿江源此。民国徐曦《东三省纪略》卷3：鸭绿江"发源处曰白山派子（白头山下三十里），双峰矗立，水流其间，土名江掌。韩人谓之张弓棒。水自峰间悬下成瀑布，深二丈许"。

江湘市　在今湖南祁东县附近。旧属祁阳县，明曾于此置巡司。

江湾　即今上海市虹口区北部江湾镇。《宋史·韩世忠传》：南宋建炎四年（1130），"世忠以前军驻青龙镇，中军驻江湾，后军驻海口"。即此。元、明置巡司于此。清设把总驻守。

江湾支线　自上海江湾至三民路。长2.4公里。为沪宁铁路支线。1935年修筑。1944年被拆除。

江湾市　即今浙江义乌市西南十四里江湾乡。《清史稿·地理志》金华府义乌县：东江"径江湾市，会画溪"。即此。

江湾营　在今广东英德市东北。《清一统志·韶州府》"高桥营"条：江湾营"在县北江东岸"。

江湾寨　南宋置，即今上海市北宝山区南江湾镇。元、明时置巡司治此。清设把总驻守。

江蓝厅城　即锦田镇。今湖南江华瑶族自治县东南码市镇。清道光十二年（1832）江蓝理瑶督捕同知驻此。

江楼　①又名望潮楼、望海楼。在今浙江杭州市南凤凰山上。唐白居易《江楼夕望招客》诗："能就江楼销暑否？比居茅舍较清凉。"

②在今四川绵阳市东。《方舆胜览》卷54绵州：江楼"枕城之东隅，上有唐江亭记"。杜甫《送严侍郎到绵州同登杜使君江楼》诗："野兴每难尽，江楼宴赏心。"

江源县　①北周天和间置，属龙涸郡。治所在今四川松潘县南安宏乡。隋属汶山郡。唐废。

②唐贞观元年（627）置，属羁縻岷州。治所在今四川松潘县西北。后废。

③即江原县。治所在今四川崇州市东南三十里江源镇东。《方舆胜览》卷52崇庆府：皂水"自江源县流入天社山下"。《明史·地理志》崇庆州："东南有江源县，明玉珍复置，洪武初省。"

江源郡　唐天宝元年（742）改当州置，治所在通轨县（今四川黑水县东）。辖境相当今四川黑水县地。乾元元年（758）复为当州。

江源银场　北宋置，属归化县。故址即今福建泰宁县北江源。《元丰九域志》卷9邵武军归化县、《宋史·地理志》邵武军泰宁县均有江源银场。

江源镇　唐改江源县置，属交川县。在今四川松潘县南安宏乡。《元和志》卷32松州交川县："江源镇在县西北三十里。"

江镇水　亦名横石水。即今广东翁源县西部之横石水。《清一统志·韶州府》：横石水"在翁源县（治今翁城镇）西三里。源出曲江县界曰油溪，南流经大坪曰渔溪，又南至江镇曰江镇水，又南流至龙口入罗江水"。

江潭　在今安徽休宁县西七十里桐子溪入率水口，古为率水竹筏航运起点。《方舆纪要》卷28休宁县"蓝渡桥"条下："元置江潭务于河村溪口，即今县西七十里之江潭也。明置黄竹岭巡司于此。"

江潭苑　又名王游苑。南朝梁大同九年（543）建，在今江苏南京市西二十里。《梁书·侯景传》：南康嗣王会理等率众三万，至于马卬洲，"侯景虑北军自白下而上，断其江路，请悉勒聚南岸，敕乃遣北军进江潭苑"。即此。

汕头　亦作沙汕头。即今广东汕头市。为广东出海要道。民国初为广东潮循道尹驻此。属海澄县。1921年设汕头市政厅。1930年设汕头市。

汕头市　1930年升汕头为市，属广东省。治所即今广东汕头市。1949年升为地级市，由省直辖。1956年改为县级市。1975年复升为地级市，仍由省直辖。

汕尾港　即今广东汕尾市西汕尾港。清同治《广东图说》卷26海丰县：汕尾港"下有礁石，浮沉出没，最为险要"。

汕尾镇　即今广东汕尾市。《清一统志·惠州府》：汕尾镇"雍正七年设巡检司。寻废。乾隆二十一年设县丞一员驻此"。1988年改设汕尾市（地级），由省直辖。

汐止镇　即今台湾省新北市东北汐止区。旧名水返脚，日本占领期间于1920年改名汐止。1945年抗日战争胜利后设汐止镇。2010年改设汐止区。

汎乡　汉置，属雒县。在今四川德阳市西北孝泉镇。东晋常璩《华阳国志·蜀志》：雒县"汎乡有孝子姜诗田地宅"。

汎水　即今湖北谷城县北北河。源出湖北房县东滴水岩，名八渡河。东北流至石花街，名古羊河。又东至谷城县东北折而南，会南河入汉水。《水经·沔水注》：汎水"东径汎阳县故城南。……又东流注于沔"。

汎水江　在今广西贵港市南三里。《舆地纪胜》卷111贵州：汎水"在县之南"。《方舆纪要》卷108贵县：汎水江“北流入郁。一名度中口”。

汎阳县　西晋太康五年（284）置，属顺阳郡。治所在今湖北谷城县西。南朝宋属扶风侨郡。梁废。

汎河　古名范河。即今辽宁铁岭市南泛河。为辽河支流。明《全辽志》卷1铁岭卫：汎河“城南三十里。源出松山东诸山，西流由城南至黄山塔，北流入辽河”。

汎河千户所　亦名汎河中左千户所。明正统四年(1439)置，属铁岭卫。治所在汎河城（即今辽宁铁岭县西南三十里凡河镇)。后废。

汎洲　即氾洲。在今湖南汉寿县西北。宋本《寰宇记》卷118武陵县汎洲：“《水经注》云，汎洲者，沅水东历龙阳县之汎洲，故有此名。又按《襄阳记》云，李衡字叔平，于武陵龙阳县之汎洲上作宅，种甘橘千株，临终语其子曰：‘洲上有木奴千头，不责衣食，岁绢千匹。’即此洲也。”

汎潭县　北周置，属洮阳郡。治所即今甘肃临潭县。隋开皇十一年（591）改名临潭县。

汋陂　春秋宋地。在今河南宁陵县东南。《左传》：成公十六年（前575），“郑子罕伐宋，宋将钽、乐惧败诸汋陂”。即此。

汋陵　春秋宋邑。在今河南宁陵县南二十四里沟厢集。《左传》：成公十六年（前575），“郑子罕伐宋，宋将钽、乐惧败诸汋陂。退舍于夫渠，不儆。郑人覆之，败诸汋陵，获将钽、乐惧。宋恃胜也”。

汲　战国魏邑。在今河南卫辉市西南二十里汲城村。《史记·秦本纪》：庄襄王三年（前247)，“蒙骜攻魏高都、汲，拔之”。又，《秦始皇本纪》：七年（前240)，“以攻龙、孤、庆都，还兵攻汲”。

汲古阁　在今江苏常熟市。为明末常熟毛晋藏书阁名。晋喜收书，湖州书商云集于门，积至八万四千册，经史子集四部旧籍，无不翻刻，其书遍布天下。子毛綍亦精于校勘。现存有清人郑德懋《汲古阁秘本书目》、《汲古阁校正书目》、《汲古阁书目补遗》、《汲古阁刻板存亡考》等。

汲县　西汉置，属河内郡。治所在今河南卫辉市西南二十里汲城。三国魏属朝歌郡。西晋为汲郡治。西晋末废。北魏太和十二年（488）复置，属汲郡。北齐废。隋开皇六年（586）改伍城县置，属卫州。治所在今河南卫辉市。大业初，属汲郡。唐为卫州治。元为卫辉路治。明为卫辉府治。民国初属河南河北道。1927年直属河南省。1988年改设卫辉市。

汲波塘　在今贵州清镇市西南二十里。《方舆纪要》卷123威清卫“大坝洪”条下：汲波塘“壅溪涧诸流，灌田甚广”。

汲郡　西晋泰始二年（266）置，属司州。治所在汲县（今河南卫辉市西南二十里）。辖境相当今河南新乡、卫辉、辉县、林州、淇县等市县地。西晋末废。北魏太和十二年（488）复置，属相州。治所在枋头（今浚县西南淇门渡)。东魏属司州。北周属相州。隋开皇初废。大业初复置，治所在卫县（今浚县西南卫贤乡)。唐武德元年（618）改为卫州。天宝元年（742）复改为汲郡，治汲县（今卫辉市)。乾元元年（758）又改为卫州。

汲冢　即魏襄王冢。在今河南卫辉市西二十里。《晋书·束皙传》：“初，太康二年，汲郡人不准盗发魏襄王墓。或言安釐王冢，得竹书数十车。”世号汲冢书。《穆天子传》藉此流传下来。《竹书纪年》同时出土，后又散失。据《清一统志·卫辉府》：魏襄王墓“在汲县西二十里”。

汜水　源出今河南巩义市东南，北流经荥阳市汜水镇西，北入黄河。《汉书·高帝纪》：楚大司马咎、长史欣皆“自刭汜水上”。注：“如淳曰：‘汜读如祀。’师古曰：‘此水旧读音凡，今彼乡人呼之音祀。’”《水经·河水注》：“河水又东合汜水。水南出浮戏山……又北径虎牢城东，汜水又北流注于河。”

汜水关　即虎牢关。在今河南荥阳市西北三十六里。南宋建炎二年（1128）岳飞破金兵于此。

汜水县　隋开皇十八年（598）改成皋县置，属郑州。治所在今河南荥阳市西北汜水镇。大业初属荥阳郡。唐初属洛州。垂拱四年（688）改为广武县。神龙初复为汜水县。后属孟州。北宋熙宁五年（1072）废。元丰二年（1079）复置。金属郑州。清属开封府。民国初属河南开封道。1927年直属河南省。1949年并入广武县。

池下镇　即今山西陵川县西北池下村。《清一统志·泽州府》：池下镇“在陵川县西北”。

池口河　即今安徽池州市西秋浦河。以入江口池口通称为全河之名。《方舆纪要》卷27贵池县：池口河在“城西五里。一名杜坞河。《志》云：城西四里有杜坞山，以唐杜牧尝游此而名，河经其下也”。

池口镇　北宋置，属贵池县。在今安徽贵池市西北池口。《清一统志·池州府一》：池口镇“在县西北五里黄龙矶上。金置池口驿于此。旧有巡司。今裁”。

池山　又名天池山。在今陕西石泉县西四十里。《方舆纪要》卷56石泉县：池山“山顶有池，不溢不涸，谓之天池”。

池川县　南朝梁大通六年（532）置，属木门郡。治所在今四川旺苍县东普济镇。隋开皇三年（583）废入伏强县。

池头县　西汉置，属酒泉郡。治所在今甘肃玉门市西北。东汉改为沙头县。

池州　唐武德四年（621）分宣州置，治所在秋浦县（五代杨吴改为贵池县，即今安徽池州市)。《元和志》卷28池州：“取贵池以为州号。”贞观元年(627）废。永泰元年（765）复置，辖境相当今安徽池州、青阳、东至等市县地。北宋时辖境扩大，包括今石台、铜陵等市县地。元世祖至元十四年（1277）改为池州路。

池州府 元至正二十一年（1361）朱元璋改池州路为九华府，寻为池州府。明初直隶南京。治所在贵池县（今安徽池州市）。辖境相当今安徽池州、东至、青阳、石台、铜陵等市县地。清康熙六年（1667）属安徽省。1912年废。

池州路 元世祖至元十四年（1277）改池州置，属江浙行省。治所在贵池县（今安徽池州市）。辖境相当今安徽池州、东至、石台、青阳、铜陵等市县地。明初改为池州府。

池江铺 即今江西人余县东北五十里池江镇。光绪《大清一统舆图》大庾县东北有"池江铺"。

池阳 池州的别名和雅称。唐杜牧《送人》诗："明年未去池阳郡，更乞春时却重来。"《方舆胜览》卷16池州："江右要冲，池阳重镇。"政和中，有范致明编《池阳记》。

池阳县 ①西汉惠帝四年（前191）置，属左冯翊。治所在今陕西泾阳县西北二里，俗名迎冬城。《汉书·地理志》池阳县注引应劭曰："在池水之阳。"因名。汉建池阳宫于此。西晋属扶风国。北魏为咸阳郡治。北周建德中废。

②南朝宋置，属新野郡。治所在今河南新野县附近。

③唐武德四年（621）改三原县置，属京兆府。治所在今陕西三原县西北清水峪南。六年（623）改名华池县。贞观元年（627）复名池阳县，移治今泾阳县北云阳镇。八年（634）废。

④唐贞观元年（627）改云阳县置，属雍州。治所即今陕西泾阳县北云阳镇。八年（634）复为云阳县。

⑤唐贞观三年（629）置，属燕州。治所在今广西藤县西北。七年（633）改为承恩县。

池河 ①在今江苏盱眙县西南。《水经·淮水注》：池水"出东城县东北，流径东城县故城南。池水又东北流历二山间，东北入于淮"。

②在今安徽定远县东。淮河支流。源于安徽定远县西根山，南流折而东北，经明光市北女山湖，东北流入淮。《水经·淮水注》："淮水又东，池水注之。水出东城县，东北流，经东城县故城南，……池水又东北流，历二山间，东北入于淮，谓之池口也。"

③即古直水。亦名迟水。在今陕西石泉县东。源出宁陕县东北，西南流至石泉县东南入汉水。《清一统志·兴安府一》"直水"条引《县志》："池河在县东五十里。源出长安县腰竹岭，南入汉江。世传其水易长难退，故亦名迟河。近河地多良沃，盖即直水，以直、迟声相近而讹也。"

池河山 在今湖北京山县西北。《水经·沔水注》：溾水"出竟陵郡新阳县西南池河山"。《水经注疏》："守敬按，《京山县志》池河山即今之花石岩，在县西北六十里。"

池河关 即直河关。在今湖北钟祥市西北。《清一统志·安陆府》：池河关"在钟祥县西北十五里"。

池河营 即今湖南凤凰县西北六十里得贺。《方舆纪要》卷81麻阳县"鸦剌关"条下："宣德六年，镇筸砦苗叛，总兵萧绶讨之，夺其池河营。"即此。清置游击把总领兵驻防。

池河镇 即今安徽定远县东六十里池河镇。清置池河巡司于此。

池南县 北齐改睢阳县置，属济阴郡。治所在今安徽明光市东北六十里女山湖镇（原名旧县）。陈复名睢陵县。

池神庙 古称卧云冈。在今山西运城市南四里土垣上。《清一统志·解州》：池神庙"在安邑县南十里盐池北卧龙冈。唐大历十二年建。十三年，韩滉奏解州产瑞盐，赐池神号曰灵庆公。宋元时屡加封号。明初正号为盐池之神。万历中合祀东西池神，以条山、风洞二神配享"。

池家岭 在今福建霞浦县西北四十里。《方舆纪要》卷96福宁州：池家岭"中有古洞，深百余仞。又有石门，俗呼仙人洞"。

池野河 即今新疆和静、焉耆、博湖等县境之海都河。顾炎武《天下郡国利病书》卷117《西域土地人物略》："叉力失城南有池野河。"

池蓬砦 北宋嘉祐三年（1058）置，属辰州。即今湖南沅陵县东北一百三十里洞庭溪。明置池蓬巡司。

池溪桥镇 即今江西进贤县东北四十里池溪乡。清同治《江西全省舆图》：进贤县东有池溪。

汝水 ①古称盱水。又名武阳水、建昌江、临川江。即今江西抚州市临川区东之抚河。源出江西广昌县南驿前镇，北流经临川区，到王家洲分为两支：一从南昌入赣江；一自八字脑入鄱阳湖。后抚河堵口，主流改道，经青岚湖入鄱阳湖。《方舆纪要》卷86抚州府临川县：汝水"在府城东。其上源由建昌府北之盱水西北流，曲折二百余里，至府南良安峡流入境为汝水。又北受群川水，历府城东南，自千金陂至郡城东，抱城而北为北津，又绕而西受连樊水，复西北数百里合临水，并流西北出入南昌府界，合豫章水入鄱阳湖"。

②淮水支流。《山海经·海内东经》："汝水出天息山，在梁勉乡西南，入淮极西北。"《汉书·地理志》汝南郡定陵县："高陵山，汝水出，东南至新蔡入淮，过郡四，行千三百四十里。"上游即今河南北汝河；自郾城以下，故道南流至西平县东会沅水（今洪河），又南经上蔡县西至遂平县东会溑水（今沙河）；此下即今南汝河及新蔡以下的洪河。元至正间于郾城堨断南流，上游遂改道东出㶏水（今沙河）入颍河，称北汝，下游改以沅水为源，名南汝。明嘉靖末沅水又改道东出注溵水称为洪河，南汝遂改以溑水为源，如今势。

汝北县 隋仁寿元年（601）改广宁县置，属舒州。

治所即今河南新蔡县。大业初改为新蔡县。

汝北郡 北魏孝昌三年（527）置，治所在阳仁城（今河南汝州市西南）。东魏天平二年（535）废。武定元年（543）复置，治梁雀坞（今汝州市东北）。二年（544）属北荆州，五年（547）移治杨志坞（今伊川县西南伊水南岸）。北齐移治王坞城（今汝州市南）。不久改为汝阴郡。

汝宁千户所 在今河南汝南县城内。明洪武七年（1374）置，属中都留守司。后废。

汝宁府 元世祖至元三十年（1293）升蔡州置，属河南江北等处行中书省。治所在汝阳县（即今河南汝南县）。辖境相当今河南京广铁路沿线以东，西平、项城以南，安徽颍河流域以西地。明代东北部辖境略有缩小。清代东部辖境缩至罗山、新蔡等县地。1913年废。

汝州 ①北周建德六年（577）改南广州置，治所在襄城郡（治今河南襄城县）。隋大业三年（607）废。唐武德元年（618）复置。贞观元年（627）废。

②隋大业二年（606）改伊州置，治所在汝原县（今河南汝州市）。三年（607）改为襄城郡。唐贞观八年（634）改伊州复置，治所在梁县（今汝州市）。辖境相当今河南汝州、平顶山二市及汝阳、郏县、宝丰、襄城、叶县、鲁山等县地。明洪武初省梁县入州，成化十二年（1476）升为汝州直隶州。1913年废，改为临汝县。

汝州市 1988年撤销河南省临汝县，改设汝州市，市人民政府驻汝州镇。由平顶山市代管。

汝阳台（臺） 在今河南汝南县东。《宋书·刘劢传》：泰始四年（468），北魏将阏于拔“于汝阳台东水上结营。（曲）元德单骑直入，斩拔首，因进攻汝阳台”。《方舆纪要》卷50汝阳县：汝阳台“亦名章华台……谓之汝阳台，以别南郡之章华也”。

汝阳县 ①战国韩置。后入秦，属陈郡。治所在今河南商水县西北。西汉属汝南郡。东晋为汝阳郡治。隋大业初废。

②南朝梁置，属财丘、梁兴郡。治所在今安徽临泉县境。北魏以后废。

③隋大业三年（607）改上蔡县置，为汝南郡治。治所即今河南汝南县。唐武德四年（621）为豫州治。宝应元年（762）为蔡州治。元为汝宁府治。1913年改为汝南县。

汝阳郡 ①东晋析汝南郡置，属豫州。治所在汝阳县（今河南商水县西南）。隋开皇初废。

②北魏置，属西楚州。治义阳县（今河南信阳市北）。北齐废。

汝阳道 1914年由豫南道改置，属河南省。治信阳县（今河南信阳市）。辖境约当今河南伏牛山、沙河、洪河、维河以南地区。1927年废。

汝阴县 ①或作女阴县。战国秦置，属陈郡。治所即今安徽阜阳市。出土秦封泥中有“女阴丞印”可证。西汉改为女阴县，属汝南郡。东汉复为汝阴县。三国魏为汝阴郡治。北魏为颍州治。隋大业初为汝阴郡治。唐武德四年（621）为信州治。六年（623）复为颍州治。北宋政和六年（1116）为顺昌府治。元世祖至元二年（1265）废。

②东晋改合肥县置，为南汝阴郡治。治所在今安徽合肥市西。南朝梁为合州治。隋开皇初改为合肥县。

③南朝梁侨置，为汝阴郡治。治所在今安徽寿县境内。隋开皇初废。

汝阴郡 ①三国魏景初二年（238）置，属豫州。治所在汝阴县（今安徽阜阳市）。西晋辖境相当今安徽颍河流域以西、淮河以北和河南新蔡、淮滨等县地。其后渐小。隋开皇初废。大业初复置。唐武德四年（621）改置信州，六年（623）改为颍州。天宝初复为汝阴郡，乾元初改为颍州。

②南朝梁侨置，属扬州。治汝阴县（今安徽寿县境内）。隋开皇初废。

③南朝梁改南汝阴郡置，属豫州。治所在汝阴县（今安徽合肥市西北）。隋开皇初废。

④北齐改汝北郡置，治所在王坞城（今河南汝州市南）。北周大象末废。

汝坟 唐代汝州的别称。即今河南汝州市。孟浩然《行至汝坟寄卢征君》：“行乏憩予驾，依然见汝坟。洛川方罢雪，嵩嶂有残云。”

汝坟县 北齐改昆阳县置，为汉广郡治，治所在今河南叶县东北十五里。北周为德广郡治。隋属颍川郡。唐贞观元年（627）废。

汝罗守捉城 唐置，属营州。治所在汝罗城（今辽宁义县东南石佛堡镇南王民屯）。辽废。

汝罗城 隋置，属辽西县。即今辽宁义县东南石佛堡南王民屯。《新唐书·地理志三》幽州幽都县：“隋于营州之境汝罗故城置辽西郡，以处粟末靺鞨降人。”唐置汝罗守捉于此。

汝河 ①又称南汝河，为洪河支流。在今河南东南部。《水经·汝水》：“汝水出河南梁县勉乡西天息山。”源出泌阳县北，东北流至遂平县折向东南，经汝南等县至新蔡县东南入洪河。

②在今陕西紫阳县东南三十八里。《清一统志·兴安府一》：汝河“发源县南界岭，北流入于汉”。

汝城县 东晋升平二年（358）分晋宁县置，属桂阳郡。治所在今湖南汝城县南十五里城郭村。南朝陈改为卢阳县。唐天宝元年（724）改义昌县，迁今县南五里城头寨。五代唐改郴义县，北宋改桂阳县，治所迁今址。1913年复名汝城县，后属湖南衡阳道。1922年直属湖南省。

汝南县 ①东晋太元年间降汝南侨郡置，属江夏郡。治所在涂口（今湖北武汉市江夏区西南金口镇）。隋开皇初废。

②南朝梁置，属寻阳郡。治所在今江西九江市西。隋平陈并入寻阳县。

③南朝梁置，为定州弋阳郡治。治所在蒙笼城（今湖北麻城市东北）。隋废。

④北魏太和十八年（494）置，属襄城郡。治所在今河南宝丰县北二十里赵官营。永安元年（528）属汝南郡。北齐天保七年（556）废。隋开皇十八年（598）复置，属伊州。大业初属襄城郡。大业末废。

⑤隋开皇初改龙山县置，属广州。治所在今河南郏县东南。十八年（598）改为辅城县。

⑥唐贞元七年（791）置，属蔡州。治所在今河南汝南县西三十里。元和十三年（818）废。

⑦1913 年改汝阳县置，属河南豫南道。治所即今河南汝南县。1914 年属河南汝阳道。1927 年直属河南省。

汝南郡　①西汉高帝四年（前 203）置，治所在上蔡县（今河南上蔡县西南）。辖境相当今河南颍河、淮河之间，京广铁路西侧一线以东，安徽茨河、西淝河以西、淮河以北地区。东汉徙治平舆县（今河南平舆县北）。三国魏徙治新息县（即今河南息县）。东晋移治悬瓠城（即今河南汝南县）。南朝宋泰始中为司州治。北魏皇兴中为豫州治。隋开皇初废。大业三年（607）改蔡州复置。唐武德初改为豫州。天宝元年（742）又改为汝南郡。乾元元年（758）改为豫州。

②东晋咸和中侨置，属郢州。治所在涂口（今湖北武汉市江夏区西南金口镇）。太元时改置汝南县。

③北魏太和十九年（495）置，为东豫州治。治所在南新息县（今河南息县）。隋开皇初废。

④北魏永安元年（528）置，属广州。治所在符垒城（今河南宝丰县西北三十四里大营镇）。北齐天保七年（556）废。

⑤又作南汝南郡。南朝宋侨置，属司州。治所在湖北安陆市东北吉阳城。西魏改为董城郡。

汝南埠　即今河南正阳县东六十九里汝南埠镇。《清史稿·地理志》汝宁府正阳县：“汝南埠，通判驻。”

汝南镇　金置，属宝丰县。在今河南宝丰县西北二十里赵官营。

汝原县　北魏置南汝原县，后改汝原县，属汝阴郡。治所在今河南汝州市。隋开皇四年（584）为伊州治，大业二年（606）为汝州治。三年（607）改为承休县。

汝海　唐代汝州的别称。李白《秋风宿龙门香山寺奉寄王方成十七丈奉国莹上人从弟幼成令问》：“朝发汝海东，暮栖龙门中。”即此。

汝清　春秋楚地，在今安徽阜南县南。《左传》：昭公五年（前 537），“薳射帅繁阳之师先入南怀，楚师从之，及汝清”。即此。

汝窑　窑址在今河南汝州市。为宋代著名瓷窑之一。1985 年在此建有汝瓷博物馆。

汝源县　隋置，属襄城郡。治所在今河南嵩县西南。隋末废。

汝源镇　在今河南嵩县西南。清乾隆《嵩县志》卷12：汝源镇“孙店西二十五里汝水源，故名。向无集，二十三年始设”。

汝遮堡　北宋置，即今甘肃定西市。绍圣三年（1096）改名安西城。

汤卜赤八　元代西藏地名。《元史·百官志三·宣政院》载：乌思藏纳里速古鲁孙等三路宣慰使司都元帅府，其属附见有汤卜赤八千户。藏文史籍《西藏王臣史》载乌思藏十三万户中，汤卜赤八（汤波且）为乌思地区（前藏）六个万户之一。其治所在今琼结县。

汤上村　在今山东即墨市东。1945 年山东革命根据地置即东县治此。

汤口　即汤溪水注入长江之口。在今重庆市云阳县东。《周书·陆腾传》：“天和初，信州蛮、蜑据江峡反叛，连结二千余里，自称王侯，杀刺史守令等。又诏腾率军讨之。腾乃先趣益州，进骁勇之士，兼具楼船，沿外江而下，军至汤口，分道奋击，所向摧破。”

汤口砦　北宋置，在今湖南桃源县北。《宋史·地理志》常德府：“熙宁七年，废桃源、汤口、白崖三砦。”

汤山　①在今北京市昌平区东南小汤山镇。《元一统志》：“在昌平县东南三十五里，地名汤山，其上有寺。”清康熙中于此建行宫，并于泉泮凿石为池，乾隆初扩建为浴池。所出泉水温度高，又含硫质，故名汤泉。今已辟为小汤山疗养院。

②在今河北沙河市西北。《寰宇记》卷 59 沙河县：“汤山在县西北七十一里。《山海经》云：汤山，汤水出焉。此汤愈疾为天下最。又按《隋图经》云：汤后侧岩上有石室一户，无尘秽，俗号曰圣人室。”

③在今山西闻喜县东南。《方舆纪要》卷 41 闻喜县：汤山在“县东南三十里。以上有成汤庙而名。山产铜，唐铸铜冶于此”。

④在今江苏南京市江宁区东北汤山镇。《寰宇记》卷 90 升州上元县：汤山“在县东北八十里，西接云穴山，不甚高，无大林木，有汤出其下，大小凡六处，汤涧绕其东南”。《金陵胜迹志》卷 3：汤山“唐德宗时，韩滉女有恶疾，浴于汤泉，应时而愈。今称南汤山，以别燕京之汤山”。

⑤在今浙江平湖市东南二十六里乍浦镇。《方舆纪要》卷 91 海盐县：汤山“高七十丈，周五里，上有烽堠，与乍浦所相接”。

⑥在今山东临沂市东北六十里。《方舆纪要》卷 33 沂州：汤山“亦曰温泉。山下有汤泉，流为汤河”。

⑦在今河南邓州市西南七十里。《方舆纪要》卷 51 邓州：汤山“山有两峰，东西列峙。东峰上有汤庙”。

汤山城　即今辽宁凤城市东南汤山城镇。乾隆《钦定盛京通志》卷 29：汤山城在“（凤凰）城东五十里”。

汤冈子 即今辽宁鞍山市西南汤岗子镇。旧属海城县。汤冈子山东麓有温泉。清末，南满铁路在此有车站。民国《海城县志》卷1：“温泉水涌于沸。”故名。

汤水 原名荡水。唐改今名。源出今河南鹤壁市东，东流经汤阴县，至内黄县西入卫河。《清一统志·彰德府一》：汤水，“《府志》：唐贞观元年，以水微温，又改名汤”。

汤水镇 即今江苏南京市江宁区东北汤山镇。宋《景定建康志》卷16：汤泉市“在上元县神泉乡汤山延祥院之前，去城六十里”。

汤公山 在今安徽宁国市东南，接浙江临安市界。《清一统志·宁国府一》：汤公山“在宁国县东南一百二十里。一名商山。其右为马蹄岭，路通浙江昌化县。左有铜岭关，路通于潜”。

汤丹厂 在今云南昆明市东川区西北三十二里汤丹镇。明、清时于此设汤丹厂。1954年为东川矿区政府驻地。1958年为东川市人民政府驻地。1959年置汤丹镇，以汤丹矿得名。1960年东川市政府迁驻新村。1998年改设昆明市东川区。

汤头村 即今山东临沂市东北五十二里汤头镇。民国《临沂县志》舆图：县东北有汤头（村）。

汤州 ①唐置，治所在汤泉县（今越南谅山省谅山东南）。辖境相当今越南谅山省及北江省部分地区。天宝元年（742）改为汤泉郡。乾元元年（758）复为汤州。后废。

②唐渤海国置，属中京显德府。治所在灵峰县（今吉林敦化市西北额穆镇）。辖境约当今吉林敦化市北部。辽废。

汤池 ①即今辽宁东港市东北汤池镇。民国《奉天通志》卷81安东县：“挂网河东南流，右岸西（应为东）三里许汤池子村有温泉。”即此。

②在今河南安阳市郊。《资治通鉴》：东晋太元八年（383），前秦苻坚令慕容垂自邺讨丁零翟斌，垂“行至安阳之汤池”。即此。

③即今云南安宁市西北温泉。《方舆纪要》卷114安宁州：汤池在“州北十里。亦名碧玉泉。《滇略》云：滇温泉至多，而州之碧玉泉为冠。四山壁立。中为石坎，飞泉注焉”。

④即今云南宜良县西北汤池镇。明正统中置土巡检司于此。

汤池山 ①在今河北张家口市东南宣化区庞家堡镇。《方舆纪要》卷18万全都司“天德山”条下载：“又有汤池山，在司东六十里，温泉出焉。辽置梨园于山下。”《辽史·圣宗纪三》：统和六年（988），“幸黎园温汤”。即此。

②在今云南曲靖市东南。《方舆纪要》卷114曲靖军民府：汤池山“在府东南。明初洪武十五年，王师南征越州未下，沐英驻兵于此，谕降其众”。

汤池关 在今湖北房县东。《方舆纪要》卷79房县：汤池关在“县东十里。相近有大、小汤池，故名”。

汤池县 辽置，为铁州治。治所在今辽宁大石桥市东南汤池镇。金属盖州。元初废。

汤池沟 在今辽宁岫岩满族自治县西北。清咸丰《岫岩志略》卷4：温泉在“城北二十里，地名汤池沟。相传浴此能除疾”。

汤池驿 明置，属云南府宜良县。在今云南宜良县西北汤池。《方舆纪要》卷114宜良县：汤池驿“在县西北八十里。有汤池水，如百沸汤。汤池巡司亦置于此”。

汤池堡 明置，属盖州卫。即今辽宁大石桥市东南汤池镇。因旧有温泉而得名。明《辽东志》卷1《盖州卫图》：卫东北有汤池。

汤池镇 ①今辽宁大石桥市东南六十里汤池镇。即辽汤池县故治。明置汤池堡于此。

②即今安徽庐江县西北汤池镇。清光绪《庐州府志》卷3庐江县：汤池镇在“县西四十里”。

汤阴县 隋开皇六年（586）析邺县置，属卫州。治所在今河南汤阴县东。大业初属汲郡。大业末废。唐贞观元年（627）改汤源县复置，属相州，移治今河南汤阴县。金属彰德府。元属彰德路。元末废。明洪武元年（1368）复置，属彰德府。民国初属河南河北道。1927年直属河南省。

汤坑市 即今广东丰顺县（汤坑镇）。清乾隆《潮州府志》卷14丰顺县：汤坑市在“县南六十里金鼎寨”。乾隆二十七年（1762）置巡司于此。

汤村镇 简称汤镇。即今浙江杭州市余杭区南十八里乔司镇。宋《乾道临安志》卷2：汤村镇“本仁和镇，端拱元年改，隶仁和县”。明永乐十一年（1413）镇为海潮所陷，后复涨为平陆。宋苏轼开汤村运盐河，即此。

汤沟镇 ①清置，属沭阳县。即今江苏灌南县西北汤沟镇。

②即今安徽无为县东汤沟镇。清光绪《庐州府志》卷3无为州《乡镇图》：东有汤家沟。

汤林铁路 即南伊铁路。从今黑龙江伊春市东南之南岔至伊春。

汤旺河 古名陶温水、托温河、陈河、屯河。在今黑龙江省伊春市东。源出伊春市东北小兴安岭南，西南流经伊春市，东南流于汤原县南注入松花江。《清史稿·地理志》汤原县：“南：汤旺河自兴东入，南流，受如意河、洼丹。苏拉巴尔、小古洞河，皆东南流入松花江。”

汤罗叶遗山 即今西藏德庆县北念青唐古拉山。向来称为“圣山”。唐时为吐蕃赞普祭神处。

汤岭 在今安徽黄山市黄山区南五十里，接歙县界。《方舆纪要》卷28太平县“尚书山”条下：“县西南六十里有汤岭，多悬崖峭壁。”有汤岭关，为入黄山通道之一。

汤周山 在今江西万载县西。《寰宇记》卷109袁州万载县：汤周山“在县西三十里。古老相传晋安帝时汤、周二仙修道之所”。

汤河　①在今河北秦皇岛市西侧。源出抚宁县东北，于秦皇岛市西注入渤海。《清一统志·永平府一》：汤河“源出汤泉寺山，南流经海阳店，又南经秦皇岛入海”。

②即今辽宁辽阳县东之汤河。《清一统志·奉天府一》：汤河“在辽阳州东南五十二里。源出分水岭，北流入太子河。……按《汉志》居就县室伪山，室伪水所出，北流至襄平入梁水。分水岭疑即室伪山，汤河疑即室伪水”。光绪《辽阳乡土志》：“答喇河西北流至汤河，沿东折岸北有温泉，故名汤河。”

汤郎马　即今云南禄劝彝族苗族自治县西北汤郎乡。清康熙间置土巡检司于此。

汤峡河　一名汤洋河。在今湖北保康县西。《方舆纪要》卷79保康县：汤峡河“在县西三十里。水温可疗疾”。

汤泉　①即汤山之温泉。在今北京市昌平区东南三十里。顾炎武《昌平山水记》卷上：“汤山在州东南三十里，有温泉可浴。《水经注》：濛水又东温泉水注之，疑即此也。”

②在今安徽黄山市黄山温泉区。《元和志》卷28太平县：黄山“上有泉水”。《寰宇记》卷104歙县：汤泉“在县北北黟山东峰下香溪中，泉口大于碗，出于石涧，热可焊鸡”。

汤泉山　在今河北抚宁县东北六十里。民国《临渝县志》卷5：汤泉山“在城西北六十里。有泉，冬夏常温，建寺其旁，引泉为二池，浴之愈疾。烟云林壑，境绝幽邃”。

汤泉州　唐置，治所在今云南屏边苗族自治县西部，新现河西侧古道上的跻枝地。辖境约当今云南屏边苗族自治县西南部地。后废。

汤泉县　唐置，为汤州治。治所在今越南谅山省谅山东南。天宝初为汤泉郡治，乾元初复为汤州治。后废。

汤泉宫　即华清宫。唐贞观十八年（644）营建，在今陕西西安市临潼区东南骊山北麓。咸亨二年（671）改名温泉宫。

汤泉郡　唐天宝元年（742）改汤州置，治所在汤泉县（今越南谅山省谅山东南）。辖境相当今越南谅山省及北江省部分地区。乾元元年（758）复为汤州。

汤泉镇　①金置，属牟平县。在今山东烟台市牟平区宁海镇东南四十里龙泉镇。

②又名香泉镇。北宋置，属乌江县。即今江苏南京市浦口区西北三十里汤泉镇。

汤原县　清光绪三十一年（1905）置，属吉林省依兰府。治所即今黑龙江省汤原县。民国徐曦《东三省纪略》卷2：“以汤旺河得名。”三十四年改属黑龙江省绥化府。民国初属黑龙江省绥兰道。1928年直属黑龙江省。1945年划归合江省。1949年划归松江省。1954年划归黑龙江省。

汤站　即今辽宁凤城市东南汤山城镇。《清太祖实录》卷8：后金天命六年（1621）七月，汤山、险山二堡民，追随镇江中军陈良策“叛投明将毛文龙”。即此。

汤站堡　明置，属定辽右卫。即今辽宁凤城市东南汤山城镇。《方舆纪要》卷37辽东都司“宁东堡”条下：“汤站堡在险山堡西，其西南与凤凰城接界。”

汤浦市　即今浙江上虞市西南二十里汤浦镇。旧属绍兴县。清康熙《会稽县志》卷1：汤浦市“在县东南一百一十里”。

汤家沟镇　即今安徽枞阳县东北汤沟镇。旧属桐城县。清道光《桐城续修县志》卷1《乡镇》：东乡有汤家沟。

汤家坪　在今湖南桃源县西北。《清一统志·常德府》：汤家坪“在桃源县西南四十里，相近有项家坪”。

汤家河镇　即今河北乐亭县东南二十五里汤家河镇。清同治《畿辅通志》卷49乐亭县图：南有汤家河镇。

汤陵　①俗称汤王陵。在今山西万荣县西北，传为商汤葬处。《元和志》卷12河中府宝鼎县：殷汤陵“在县北四十三里”。

②又名汤王墓。在今安徽亳州市北门外二里涡河北岸凤头村。传为商成汤衣冠冢。清代书法家梁巘手书碑刻曰“商成汤之墓”。辛亥革命后，辟为汤陵公园。

③商代成汤之陵。在今河南偃师市东。《史记·殷本纪》《正义》引《括地志》：“洛州偃师县东六里有汤冢，近桐宫，盖此是也。”《寰宇记》卷5偃师县：“汤王陵坑在县东北山上八里。”

汤陵县　唐置，属羁縻移州。治所在今四川兴文县境。后废。

汤麻顿　在今云南曲靖市西南。《新唐书·地理志》戎州南溪郡：“又经荆溪谷、澂湈池三百二十里至汤麻顿。又二百五十里至柘东城。”唐贞元十年（794）袁滋、刘贞谅出使南诏经此。

汤望州　唐总章三年（670）置，治所即今贵州纳雍县西北。后废。

汤道河　即今河北宽城满族自治县东八十里汤道河镇。清同治《畿辅通志》卷49迁安县图：东北有汤道河。

汤塘　即今浙江金华市西五十里汤溪镇。《清一统志·金华府一》：“明成化中，知府李嗣以其地阻山带水，犷戾难治，因割金华、兰溪、龙游、遂昌四县之地置县，治汤塘，因以为名。”明成化七年（1471）至1958年，汤溪县治此。

汤源县　一作荡源县。唐武德四年析安阳县置，属卫州。治所在今河南鹤壁市东南六里故县村。六年（623）改属相州。贞观元年（627）改为汤阴县。

汤溪　即今重庆市云阳县东北之汤溪河。《水经·

江水注》：江水“左则汤溪水注之。水源出县北六百余里上庸界，南流历县翼带盐井一百所，巴川资以自给。粒大者，方寸，中央隆起，形如张伞，故因名之曰伞子盐。有不成者，形亦必方，异于常盐矣。王隐《晋书地道记》曰：入汤口四十三里，有石，煮以为盐。石大者如升，小者如拳，煮之，水竭盐成。盖蜀火井之伦，水火相得乃佳矣。汤溪下与檀溪水合，水上承巴渠水，南历檀井溪，谓之檀井水，下入汤水。汤水又南入于江，名曰汤口”。汤溪水发源于巫溪县西部山区，南流入云阳县，经云安镇，于县东注入长江。云安镇一带之汤溪，历为川东著名井盐产区。

汤溪县　明成化七年（1471）析金华、兰溪、龙游、遂昌四县置，属金华府。治所在汤塘（今浙江金华市西五十里汤溪镇）。民国初属浙江金华道。1927年直属浙江省。1958年撤销，并入金华县。

汤镇　即汤村镇。在今浙江杭州市余杭区南十八里乔司镇。《方舆纪要》卷90杭州府：汤镇在“府东北五十里，与海宁县接界”。清于此设巡司、盐场司。

汉口桥　一名会源桥。在今安徽休宁县东南汉口。清康熙《休宁县志》卷2：汉口桥“南三十五里。通遂安”。

汉川县　唐武德四年（621）析汉阳县置，属沔州。治所在今湖北汉川市西南叶集。大中时移治今汉川市西北二十六里刘家隔镇。《元和志》卷27汉川县：“因汉水为名。”宝历二年（826）属鄂州。五代周改属安州。北宋太平兴国二年（977）改为义川县。

汉川郡　西魏改魏安郡置，为沔州治。治所在甑山（今湖北汉川市东南十里）。明曹学佺《名胜志》：汉川郡“以县南一里汉水为名”。隋开皇初废。

汉水　又名汉川、瀵水。即今湖北天门、汉川二市北之天门河。《元和志》卷27汉川县：“汉川水在县南二里，西北自鄂州界流入。”唐置汉川县以此名。

汉江水　在今江西分宜县南。《方舆纪要》卷87袁州府分宜县：汉江水“在县南五十里。其源左出仰岭，右出县南五十里黄真人台，旋绕而南，至泉江山下二水相夹，出安福同桥庐陵板陂，至吉水同江会入大江”。

汉涧河　在今安徽天长市西。《方舆纪要》卷21天长县：汉涧河“在县西四十五里山间，三处于此合流，由县东北入于五湖”。

汉涧镇　即今安徽天长市西汉涧镇。清嘉庆《天长县志》卷2：汉涧镇在“（城）西四十五里”。

兴山市　1946年革命根据地由汤原县兴山镇析置，属合江省。治所即今黑龙江鹤岗市。1949年9月改属松江省。同年11月改名鹤岗市。

兴山县　三国吴永安三年（260）置，属建平郡。治所在高阳城（今湖北兴山县北丰邑坪）。《舆地纪胜》卷74兴山县：“兴山者环邑皆山也，县治兴起于群山之上，故名。”南朝宋废。唐武德三年（620）复置，属归州。贞观十七年（643）移治太清镇（今湖北秭归县驻地茅坪镇）。天授二年（691）移治古夔子城（今秭归县西北归州镇）。北宋开宝元年（968）移治昭君院（今兴山县西南）。端拱二年（989）移治香溪北（即今兴山县南二十四里高阳镇）。熙宁五年（1072）废。元祐五年（1090）复置。明正统九年（1444）废。弘治三年（1490）复置。清属宜昌府。民国初属湖北荆南道。1921年属荆宜道。1932年直属湖北省。1992年12月徙治古夫镇（即今兴山县）。

兴义县　清嘉庆三年（1798）置，属兴义府。治所即今贵州兴义市。民国初属贵州贵西道。1923年直属贵州省。1987年改设兴义市。

兴义府　清嘉庆二年（1797）改南笼府置，属贵州省。治所即今贵州安龙县。据咸丰《兴义府志》卷首载御制《南笼围解志事诗》注：“改南笼为兴义府，以示彰善之风。”辖境相当今贵州南、北盘江之间地。1913年改置南笼县。

兴王府　五代南汉置，并建都于此。治所在番禺县（今广东广州市）。北宋开宝四年（971）改为广州。

兴元府　唐兴元元年（784）改梁州置，治所在南郑县（今陕西汉中市东）。辖境相当今陕西汉中市及南郑、勉县、城固等县地。南宋嘉定二年（1209）随南郑县移治今汉中市。元改兴元路。明洪武三年（1370）复改兴元府。寻改为汉中府。

兴元路　元改兴元府置，属陕西行省。治所在南郑县（今陕西汉中市）。辖境相当今陕西秦岭以南，凤县、留坝、南郑以东，镇巴、岚皋以北，白河、镇坪县以西地。明洪武三年（1370）复改兴元府，寻改汉中府。

兴中门　明为南京城仪凤门。在今江苏南京市城西北，狮子山西侧。1931年改名兴中门。20世纪50年代被拆除。

兴中州　元世祖至元七年（1270）改兴中府置，治所即今辽宁朝阳市。明洪武五年（1372）废。

兴中设治局　1941年由松潘县黄胜关以外地方析置，驻古潘州（今四川若尔盖县东北求吉乡）。1949年撤销，并入松潘县。

兴中县　辽重熙十一年（1042）改霸城县置，为兴中府治。治所即今辽宁朝阳市。蒙古至元二年（1265）废。

兴中府　辽重熙十年（1041）升霸州置，治所在兴中县（今辽宁朝阳市）。辖境相当今辽宁朝阳、北票等市县地。元世祖至元七年（1270）降为兴中州。

兴水县堡　亦作兴水堡。明置，属宁远卫。即今辽宁兴城市西北五十里清水岘。明《辽东志》卷3：兴水县堡“官军一百九十五员名。堡北烟笼山可屯兵，堡东王保儿山可按伏”。

兴仁县 ①辽开泰二年（1013）置，属上京临潢府。治所在今内蒙古巴林左旗南波罗城。县衙在上京南城东门之东南。金废。

②清光绪二十八年（1902）置，属奉天府。治所在今辽宁沈阳市。三十四年（1908）移治抚顺城，改名抚顺县。

③1914年改新城县置，属贵州贵西道。治所即今贵州兴仁县。1923年直属贵州省。据《地学杂志》1914年第7、8期载《拟改各省重复县名呈文并批》："该县虽设治新城，而境界实由普安县划出兴仁等四里而成。"故以兴仁里为名。

兴仁府 北宋崇宁元年（1102）升曹州置，治所在济阴县（今山东曹县西北六十里旧州城）。辖境相当今山东菏泽市、东明县及曹县部分地区。金天会八年（1130）复改曹州。

兴仁镇 ①即今黑龙江省明水县东兴仁镇。旧属拜泉县。民国《黑龙江志稿》卷2：明水县有兴仁镇。

②在今江西于都县东北。《清一统志·赣州府二》：兴仁巡司"在雩都县东北一百里。旧名平头寨，路通闽广，当五洞七径之冲。宋绍兴三年，岳飞平固石洞贼，遂建寨于此。明初置巡司，本朝乾隆四十三年改今名"。

兴化 即今越南北部富寿省之兴化。清末刘永福曾据此。《清史稿·越南》：光绪九年（1883），法侵略军"进攻山西，破之，刘团溃，永福退守兴化城"。

兴化千户所 明洪武中置，属高邮卫。治所在兴化县（今江苏兴化市）。后属扬州卫。清康熙十七年（1678）废。

兴化卫 明洪武元年（1368）置，属福建都司。治所即今福建莆田市。清康熙五年（1666）废。

兴化市 1987年撤销江苏省兴化县，改设兴化市，市人民政府驻昭阳镇。属扬州市。1996年为泰州市代管。

兴化军 北宋太平兴国四年（979）改太平军置，治兴化县（今福建仙游县东北游洋镇古邑）。八年（983）移治莆田县（今莆田市）。辖境相当今福建莆田、仙游等市县地。元世祖至元十四年（1277）升为兴化路。

兴化县 ①五代杨吴武义二年（920）置，属扬州。治所即今江苏兴化市。曹学佺《名胜志》："伪吴武义年中置今县，言将振兴其教化也。"南唐改属泰州。南宋绍兴五年（1135）废入海陵县。十九年（1149）复置，仍属泰州。乾道二年（1166）改属高邮军。元属高邮府。明属扬州府高邮州。清属扬州府。民国初属江苏淮扬道。1927年直属江苏省。1987年改设兴化市。

②北宋太平兴国四年（979）置，为兴化军（后改为太平军）治。治所即今福建仙游县东北游洋镇古邑。八年（983）属兴化军。元属兴化路，皇庆元年（1312）移治今莆田县北新县。明属兴化府，正统十三年（1448）废。

③辽置，为北安州治。治所在今河北承德市西南滦河镇西南。金为兴州治。元世祖至元二年（1265）改为兴安县。

兴化府 明洪武元年（1368）改兴化路置，属福建省。治所在莆田县（今福建莆田市）。辖境相当今福建莆田、仙游等市县地。1913年废。

兴化湾 东海之海湾。在今福建莆田市东。以莆田旧为兴化府治，故名。夹漈山之脉，东南伸出海中为半岛，分海水为二小湾。北为兴化湾，有木兰溪注入。其南曰平海湾。

兴化路 元世祖至元十四年（1277）升兴化军置，属江浙行省福建道宣慰司。治所在莆田县（今福建莆田市）。辖境相当今福建莆田、仙游等市县地。明洪武元年（1368）改为兴化府。

兴化镇 即今黑龙江省青冈县东北兴华镇。民国《黑龙江志稿》青冈县图：东北有兴化镇。

兴凤陇 唐方镇名。上元元年（760）置，治所在凤翔府（今陕西凤翔县）。建中四年（783）建号保义军。

兴文 唐方镇名。天祐三年（906）置，治所在兴州（今陕西略阳县）。后废。

兴文县 明万历四年（1576）改戎县置，属叙州府。治所即今四川兴文县西北兴文镇。明曹学佺《蜀中广记》卷52：兴文县"取偃武修文之意"。清光绪三十三年（1907）移治建武城（今兴文县西南建武乡）。1912年迁回今县西北兴文镇。民国初属四川永宁道。1928年直属四川省。1985年迁今兴文县（中城镇）。

兴文阁 在今四川平武县东。《方舆纪要》卷73龙安府平武县：兴文阁"在府东南二十里海棠铺，山路盘束，下临急湍，置阁其上，以通行旅"。

兴文新城 在今四川兴文县西南九丝城镇。清光绪三十三年（1907）迁兴文县于建武城，世称"兴文新城"。

兴古郡 三国蜀建兴三年（225）析牂柯郡西南部、益州郡南部置，属庲降都督。治所在宛温县（今云南砚山县西北四十六里维摩彝族乡）。辖境约当今云南东南部通海、华宁、弥勒、丘北、罗平等县以南地区，广西西部及贵州兴义市地。西晋属宁州。武帝时治胜休县（今云南江川县北二十六里江城镇龙街），后治律高县（今云南弥勒县南一百里朋普）。东晋复治宛温县，辖境仅当今云南文山壮族苗族自治州大部，罗平县、弥勒县南部及贵州兴义市地。南朝宋治漏卧县（今云南罗平县境），南齐移治西中县（今云南文山县境）。南朝梁末废。

兴龙山 在今四川绵阳市北。民国《绵阳县志》卷1：兴龙山在"治北六十里。旧名龙鼻嘴。山半有石刻'古龙鼻嘴'四大字"。清嘉庆五年(1800)德楞泰镇压白莲教义军，曾驻此，改名兴龙山。

兴龙府 南明永历十年（1656），永历帝朱由榔入昆明，称滇都，置兴龙府。永历十二年（1658）底，永历帝及李定国离昆明西走。清顺治十六年（1659）复名云南府。

兴龙镇　一名兴隆镇。即今河南社旗县南二十四里兴隆镇。旧属唐县。清乾隆《唐县志》卷1《集镇》："兴龙镇，县北六十里。"

兴平　唐方镇名。至德元年（756）置，治所在上洛郡（治今陕西商洛市）。领上洛、安康、武当、房陵四郡。上元二年（761）废。

兴平山　在今广东电白县东电城镇西南。清同治《广东图说》卷56电白县：兴平山"邑治咽喉，最为险要，上有炮台"。

兴平水　亦作熙平水。在今广西阳朔县东北三十里。《舆地纪胜》卷103静江府：兴平水"在阳朔县北六十里。其源出自宝子山，南流者为兴平水，与桂江合"。

兴平市　1993年撤销陕西省兴平县，改设兴平市，市人民政府驻东城。由咸阳市代管。

兴平县　①三国吴分庐陵县置，属庐陵郡。治所在今江西永丰县东北。南朝梁属巴山郡。隋开皇十年（590）废入庐陵县。

②唐武德五年（622）置，属威州。治所在今广东怀集县境。贞观元年（627）废。

③唐至德二载（757）改始平县置，属京兆府。治所即今陕西兴平市。元属兴元路。明属西安府。民国初属陕西关中道。1928年直属陕西省。1993年改设兴平市。

④即兴乐县。治所在今四川旺苍县西南嘉川镇。《南齐书·州郡志》作兴平县。

兴平府　蒙古太祖十年（1215）改平州置，治所在卢龙县（今河北卢龙县）。辖境相当今河北陡河以东、长城以南地区。元世祖中统元年（1260）改为平滦路。

兴平城　北宋元符元年（1089）于灰家嘴筑，属环州。在今甘肃环县西北。金为兴平堡。元废。

兴平陵　东晋成帝司马衍陵墓。在今江苏南京市东北鸡笼山南麓。《元和志》卷25上元县：成帝衍兴平陵"在县北六里鸡笼山"。

兴平墟　亦作兴坪墟。即今广西阳朔县东北五十里兴坪镇。清光绪《广西舆地全图》阳朔县图：东北有兴平墟。

兴东垣东岳庙　在今山西石楼县东北龙交乡兴东垣村。庙朝向东南，东西宽35米，南北长65米。始建年代不详。元至元四年（1338）重修，大殿中檩有"大明崇祯十四年重修"题记。中轴线上建筑依次为照壁、山门、戏台、大殿。大殿两侧各有配殿三间。大殿为东岳庙的主体建筑，为金代遗构，面阔三间，进深六椽，前廊深两椽，占进深的三分之一，形制比较特殊。单檐歇山顶，由黄、绿、蓝三色琉璃覆盖。门窗为明代重修。殿前有月台。殿内东西两壁有清同治五年（1866）所绘壁画。2001年定为全国重点文物保护单位。

兴业县　唐麟德二年（665）置，属郁州。治所即今广西兴业县石南镇。乾封元年（666）属郁林州。北宋开宝五年（972）为郁林州治。后属郁林州，民国初属广西苍梧道。1928年直属广西省。1952年撤销。

兴田驿　本名黄亭镇。即今福建武夷山市南七十里兴田镇。清置兴田驿于此。

兴乐县　①西晋太康元年（280）改白马县置，属汶山郡。治所在今四川松潘县西北。南朝宋废。

②南朝宋武帝置，为宋熙郡治。治所在今四川旺苍县西南嘉川镇。西魏恭帝元年（554）改为嘉川县。

③南朝宋元嘉十二年（435）以侨流置，属南晋寿郡。治所在今四川彭州市西北。南齐废。

④隋开皇十八年（598）改新都县置，属益州。治所在今四川成都市新都区。大业三年（607）省入成都县。

⑤唐武德三年（620）析安邑县置，属虞州。治所在今山西运城市安邑东北。贞观元年（627）废。

兴乐宫　秦筑，在今陕西西安市西北长安故城东南隅。《史记·孝文纪》正义引《三辅旧事》云："秦于渭南有兴乐宫，渭北有咸阳宫。秦昭王欲通二宫之间，造横桥，长三百八十步。"西汉高帝七年（前200）改建为长乐宫。

兴市镇　清置，属蒲城县。即今陕西蒲城县西二十里兴镇。

兴宁市　1994年撤销福建省兴宁县，改设兴宁市，市人民政府驻兴城镇。由梅州市代管。

兴宁江　即今广东兴宁市西兴宁河。为梅江支流。《元和志》卷34兴宁县：兴宁江"南去县一百八十里"。《舆地纪胜》卷91循州：兴宁水"在兴宁县东南三十七里。自本县石马村叠岫流下，丹阳水口合宁昌溪，流入梅潮州"。

兴宁县　①东晋咸和六年（331）置，属东官郡。治所在今广东兴宁市西北龙田镇西三里。一说今五华县西北华城镇雷公墩。以兴宁江为名。隋属龙川郡。唐属循州，移治今兴宁市西北龙田镇。五代南汉乾亨初改为齐昌县。北宋天禧二年（1018）复改为兴宁县，移治今兴宁市。明属惠州府。清雍正十一年（1733）改属嘉应州。民国初属广东潮循道。1920年直属广东省。1994年改设兴宁市。

②唐置，属盐州。治所在今内蒙古鄂托克前旗南白池村古城北大池附近。贞观元年（627）废。次年复置。景龙三年（709）改为白池县。

③南宋绍定初改资兴县置，属郴州。治所在管子壕（今湖南资兴市东兴宁镇）。元属郴州路。明属郴州。1914年改为资兴县。

兴宁驿　在今广东五华县西北华城镇南。《方舆纪要》卷103长乐县：兴宁驿在"县城南一里"。

兴宁郡　东晋成帝时析云南郡置，属宁州。治所在弄栋县（今云南姚安县西北十七里光禄镇南旧城）。辖境约当今云南楚雄彝族自治州西部。南齐治所在青岭县（今云南大姚县）。南朝梁末废。

兴宁铁路 从图佳线上的新兴车站（今吉林汪清县南新兴村）经城子沟（今黑龙江东宁县西南）至东宁。全长 216.1 公里。日伪于 1937—1940 年修筑。1945 年被苏联拆除。

兴宁陵 唐高祖之父李昞的陵墓。在今陕西咸阳市东。《旧唐书·高祖纪》："考讳昞，武德元年，追尊元皇帝，庙号世祖，陵曰兴宁。"宋敏求《长安志》卷 13：兴宁陵"在咸阳县东三十五里云乡，周五里"。

兴辽县 辽改渤海长宁县置，属辽阳府。治所在兴辽城（今辽宁辽阳县西南）。金废。

兴圣县 唐神龙元年（705）改显武县置，属绵州。治所在今四川江油市西南。开元二年（714）废入昌明县，寻复置。二十七年（739）又废。

兴圣教寺塔 即松江方塔。在今上海市松江区东方塔公园内。寺建于五代汉乾祐二年（949）。北宋熙宁至元祐间（1068—1094）建塔，砖木结构，九级方形，高 42.5 米。是江南古塔中保存原有构件较多的一座。后因年久失修，底层围廊全毁，各层腰檐、平座、栏干、楼板均残缺零落。1975—1977 年重修，恢复腰檐、平座、栏干等部分，形体优美，玲珑多姿。

兴西郡 即石山郡。治所在方义县（今四川遂宁市）。唐杜佑《通典》卷 157 遂州："后周置遂州及兴西郡。"

兴成堰 亦名兴城渠。在今陕西西安市西北，引渭水东流至永丰仓（今陕西华阴市东北）合渭入黄河。《新唐书·食货志》："秦汉时，故谓兴成堰，东达永丰仓。太和初，咸阳令韩辽请疏之，自咸阳抵潼关三百里，堰成，罢挽车之牛，以供农耕，关中赖其利。"一说兴成堰，唐天宝初韦坚主持修筑。

兴庄 在今江苏赣榆县东北兴庄。《清一统志·海州》"海"条下载，县东"兴庄"为州境海口之一。

兴庆山 在今四川高县北。《舆地纪胜》卷 163 叙州：兴庆山"在庆符县南十五里"。《方舆纪要》卷 70 庆符县"迎祥山"条下："县南十五里有兴庆山，县因以名。"

兴庆府 北宋明道二年（1033），西夏升兴州置，为国都。治所在今宁夏银川市老城。西夏天庆十二年（1205）改名中兴府。

兴庆宫遗址 在今陕西西安市和平门外兴庆公园。原是唐玄宗在藩时住宅，本名隆庆，开元二年（714）回避玄宗讳，改名兴庆宫。十四年（726），又加以扩建，谓之南内。高大雄伟，气势磅礴。有兴庆殿、大同殿、南薰殿、花萼相辉楼、沉香亭等重要建筑。与大明宫、太极宫有夹墙阁道相通。唐玄宗处理政务和接见外国使者，多在此宫。唐末，遭战乱破坏。1958 年曾进行部分发掘，重修花萼相辉楼、沉香亭，辟为公园。

兴衣乡 在今云南峨山彝族自治县西北大龙潭乡司城。明属嶍峨县，置巡司于此。清废。

兴州 ①南朝梁置，治所在嘉宁县（今越南富寿省白鹤县南风州）。隋开皇十八年（598）改名峰州。

②西魏废帝三年（554）改东益州置，治所在武兴郡武兴县（今陕西略阳县）。辖境相当今陕西略阳县地。隋大业初改为顺政郡。唐武德元年（618）复改兴州，治顺政县（今陕西略阳县）。天宝元年（742）又改顺政郡，乾元元年（758）复为兴州。南宋开禧三年（1207）改名沔州。

③唐渤海国置，属中京显德府。治所在盛吉县（今吉林桦甸市东南白山镇附近；一说在今安图县西南二道镇之报马城）。辖境约当今吉林桦甸市东南、靖宇县东北，抚松县北相连地区。辽废。

④北宋天禧四年（1020），西夏李德明置，定为国都。治所在怀远镇（今宁夏银川市）。辖境相当今宁夏银川市地。《宋史·夏国传》：元昊"仍居兴州，阻河依贺兰山为固"。明道二年（1033）升为兴庆府。

⑤辽置，治所在常安县（即今辽宁铁岭县西南懿路村）。辖境相当今辽宁沈阳市北部及铁岭县南部地。金废。

⑥金承安五年（1200）置，治所在兴化县（今河北承德市西南滦河镇西南）。辖境相当今河北承德市及滦平县地。元属上都路。明洪武中改置为兴州左、右、中、前、后卫。

⑦金末改合河县置，治所即今山西兴县。辖境相当今山西兴县地。明洪武二年（1369）降为兴县。

兴州中屯卫 明洪武中改兴州置，属北平行都司。治所在今河北承德市西南滦河镇西南。永乐元年（1403）迁治良乡县（今北京市房山区良乡镇）。后废。

兴州左屯卫 明洪武中改兴州置，属北平行都司。治所在今河北承德市西南滦河镇西南。永乐元年（1403）迁治玉田县（今河北玉田县）。后废。

兴州右屯卫 ①明洪武中改兴州置，属北平行都司。治所在今河北承德市滦河镇西南。永乐元年（1403）移治迁安县（今河北迁安市）。后废。

②在今河北迁安市城内。《方舆纪要》卷 17 永平府：兴州右屯卫"在迁安县城内。本置于口外大宁境内。永建三年移建于此"。

兴州后（後）屯卫 明洪武中改兴州置，属北平行都司。治所在今河北承德市西南滦河镇西南。永乐元年（1403）移治三河县（今河北三河市）。后废。

兴州前屯卫 明洪武中改兴州置，属北平行都司。治所在今河北承德市西南滦河镇西南。永乐元年（1403）移治丰润县（今河北唐山市丰润区）。后废。

兴安东省 1932 年伪满在西布特哈地区设立兴安东分省，1934 年改为兴安东省。省会在齐齐哈尔城（1936 年改市，即今黑龙江齐齐哈尔市）。1938 年迁扎兰屯（即今内蒙古扎兰屯市）。辖齐齐哈尔、扎兰屯二城及布特哈、阿荣、莫力达瓦、巴彦、喜扎嘎尔等五旗。1941年将喜扎嘎尔旗划属兴安南省。1943年并入兴安总省，改称兴安东地区，成立兴安东地区行署。

兴安北省 1932年伪满置兴安北分省，1934年改为兴安北省。省会在海拉尔（今内蒙古呼伦贝尔市海拉尔区）。辖今呼伦贝尔、满洲里二市及索伦、新巴尔虎左翼、新巴尔虎右翼、陈巴尔虎、额尔克纳左、额尔克纳右等六旗。1943年并入兴安总省。

兴安西省 1933年伪满取消昭乌达盟，在西拉木伦河以北地区成立兴安西分省，1934年改为兴安西省。省会在开鲁县（今内蒙古开鲁县）。辖开鲁、林西二县及扎鲁特右翼、扎鲁特左翼（1935年扎鲁特左翼旗和扎鲁特右翼旗合并为扎鲁特旗）、阿鲁科尔沁、巴林左翼、巴林右翼、克什克腾、奈曼、翁牛特左旗等。1937年将翁牛特左旗划归热河省。1943年并入兴安总省。又将奈曼旗划入，属兴安总省兴安南地区。

兴安州 明万历十一年（1583）改金州置，属陕西布政司。治所在今陕西安康市南。辖境相当今陕西石泉县以东的汉水流域。清顺治四年（1647）移治今安康市，属陕西省。乾隆四十七年（1782）升为兴安府。

兴安江 即今广东五华县西北之五华水。《清一统志·嘉应州》：兴安江“自惠州府龙川县流入长乐县南。又东经兴宁县南，又东经州南曰梅溪，又东入潮州府大埔县界。……《长乐县志》：水自崎峻来，源出丫髻，东流为罗经水，至清溪稍深广，又东至塔冈，又东南为练溪，又东会兴安之水，是为兴安江”。

兴安运河 即灵渠。在今广西兴安县境内。是中国著名的水利工程之一。

兴安村 即今河北藁城市东十二里兴安镇。清同治《畿辅通志》卷50藁城县图：东有兴安村。

兴安县 ①西晋太康元年（280）改建兴县置，属临贺郡。治所在今广西贺州市东北桂岭镇。南朝宋属临庆国。齐复属临贺郡。隋开皇十八年（598）改为桂岭县。

②西晋永嘉七年（313）改晋兴县置，治所在今江西余江县东北锦江镇。后废。

③东晋太元十五年（390）置，属晋寿郡。治所即今四川广元市。南齐为东晋寿郡治，北魏又为西益州治，南朝梁为黎州治。西魏复为西益州治。北周为晋寿郡及利州治。隋开皇十八年（598）改为绵谷县。

④南朝宋元嘉十二年（435）以侨流置，属南晋寿郡。治所在今四川彭州市西北。南齐废。

⑤隋仁寿初置，属桂州。治所在今广西永福县西南四十里。大业初废。唐武德四年（621）复置，至德二年（757）改为理定县。

⑥北宋太平兴国二年（977）以避太宗讳，改全义县置，属桂州。治所即今广西兴安县。南宋属静江府。元属静江路。明属桂林府。民国初属广西桂林道。1928年直属广西省。

⑦元世祖至元二年（1265）改兴化县置，属兴州。治所在今河北承德市西南滦河镇西南。明废。

⑧明嘉靖二十九年（1550）改横峰镇置，属广信府。治所即今江西横峰县。民国初属江西豫章道。1914年改名横峰县。

兴安岭 ①又作兴安。清光绪二十二年（1896）所置中东铁路站名，即今内蒙古牙克石市东南兴安岭村。

②广义的指今大兴安岭（亦名西兴安岭）、小兴安岭（亦名东兴安岭），合称内兴安岭，在今内蒙古东北部、黑龙江省北部；外兴安岭（亦称兴堪山，今斯塔诺夫山），在今俄罗斯境。《清一统志·黑龙江》：兴安岭“在黑龙江城东二千五百里为外兴安岭，又内兴安岭在城西一百五十里”。清西清《黑龙江外纪》卷3：“黑龙江省山为北障，山之大者曰内、外兴安岭。内岭环卫诸城，外岭限制俄罗斯，冈峦起伏，联络群山，诸水多出其下。”而狭义的则指大、小兴安岭。“兴安”系满语，意为“极寒处”。

兴安府 ①元至正十七年（1357）朱元璋改徽州路置，治所在歙县（今安徽歙县）。至正二十七年（1367）朱元璋改为徽州府。

②清乾隆四十七年（1782）升兴安州置，属陕西省。治所在安康县（今陕西安康市）。辖境相当今陕西石泉县以东的汉水流域。1913年废。

兴安城 清光绪八年（1882）置，设总管专管鄂伦春人，属黑龙江将军。在今黑龙江省萝北县北兴东村。二十年（1894）废。

兴安城总管 清光绪八年（1882）置，属黑龙江将军。治所在兴安城（今黑龙江省萝北县北兴东村）。辖今黑龙江省萝北、嘉荫等县地。二十年（1894）裁。

兴安南省 1932年伪满取消哲里木盟，成立兴安南分省。1934年改为兴安南省。省会在达尔罕王府（今内蒙古科尔沁左翼中旗驻地保康镇西南花吐古拉苏木附近）。1935年9月迁王爷庙街（今内蒙古科尔沁右翼前旗驻地乌兰浩特市）。辖通辽县及科尔沁左翼前、科尔沁左翼后、科尔沁左翼中、科尔沁右翼中、科尔沁右翼前、科尔沁右翼后、扎赉特等旗。1943年并入兴安总省。将醴泉县和奈曼旗、喜扎嘎尔旗划入，成立兴安南地区行署。

兴安省 1945年8月抗战胜利后以伪满兴安北省与兴安东省合并设置，省会在海拉尔市（今内蒙古呼伦贝尔市海拉尔区）。辖海拉尔市，呼伦、奇乾、室韦、胪滨、雅鲁、布西、索伦等县及索伦、新巴尔虎左翼、新巴尔虎右翼、陈巴尔虎、额尔克纳左翼、额尔克纳右翼、巴彦、莫力达瓦、布特哈、阿荣、喜扎嘎尔等旗。1947年撤销，并入内蒙古自治区。

兴安总省 1943年由兴安东、西、南、北四省合并设置，驻王爷庙（今内蒙古乌兰浩特市）。1945年8月抗战胜利后废。

兴安陵　在今江苏丹阳市东北二十四里。为南齐明帝陵。《元和志》卷25润州丹阳县：“明帝鸾兴安陵，在县口东北二十四里。”

兴安盟　1946年置，隶东蒙自治政府。盟府驻王爷庙（今内蒙古乌兰浩特市）。辖科尔沁右翼前旗、中旗、后旗，扎赉特旗、喜扎嘎尔旗和王爷庙街。旋废。不久复置，直属兴安省。1947年属内蒙古自治区，王爷庙改称乌兰浩特。1953年撤销兴安盟，1980年复置，盟行政公署驻乌兰浩特市。兴安盟因兴安岭而得名。“兴安”为满语，意为“极寒处”；另据米文平《有关锡伯族源地名探讨》（载《地名学研究》第2集）称：“兴安岭”实为锡伯语，意为“白色的山岭”。

兴安溪　在今云南石林彝族自治县东二里。《清一统志·澂江府》：兴安溪“在路南州东二里。绕州治西南，会于铁赤河。合流会于盘江”。

兴安镇　①即今湖北云梦县东南十八里伍洛镇。明置巡司于此。

②在今广东汕头市东南大村。《方舆纪要》卷103潮州府潮阳县：兴安镇在“县东南三十里，有兵戍守”。

兴农镇　①即新农镇。今天津市东南小站镇。清光绪初，李鸿章命淮军于此屯垦置镇，后为袁世凯陆军营地。

②即今黑龙江绥棱县治。旧属绥化县，民国时有县佐驻此。1941年绥棱县迁治于此。

兴寿村　即今北京市昌平区东三十里兴寿镇。清光绪《昌平州志》卷4：东“兴寿村。《采访册》：距城三十里”。

兴村　又名新村。即今河北河间市西北十五里兴村乡。清于此设经制外委。

兴县　明洪武二年（1369）降兴州置，九年（1376）属岢岚州。治所即今山西兴县。清属太原府。民国初属山西冀宁道。1930年直属山西省。

兴利镇　北宋置，属聊城县。在今山东茌平县西三十里。金改属茌平县，仍为镇。

兴武千户所　亦作兴武营守御千户所。明正德元年（1506）改兴武营置，属陕西都司。治所即今宁夏盐池县西北兴武营。清康熙六年（1667）改为宁夏守御所。

兴武营　明正统九年（1444）置，即今宁夏盐池县西北兴武营。正德元年（1506）改置兴武营守御千户所。清改为宁夏守御所。后废。

兴坪墟　即兴平墟。今广西阳朔县东北五十里兴坪镇。

兴势山　在今陕西洋县东北二十里。亦曰兴势阪。山形如盆，外甚险，中有大谷。《三国志·蜀书·法正传》：东汉建安二十四年（219），“先主自阳平南渡沔水，缘山稍前，于定军兴势作营”。即此。

兴势县　北魏延昌三年（514）置，属晋昌郡。治所在今陕西洋县东北二十里兴势山上，故以为名。隋大业二年（606）移治今洋县，属汉川郡。唐贞观二十三年（649）改为兴道县。

兴国寺　俗称官寺。在今甘肃秦安县城北街。清乾隆《秦州新志》卷3秦安县：兴国寺“在北街。创建于元，最为古刹，殿宇最高大，山门规制亦雄。明万历中，知县赵汴重建。代远复倾，近年邑绅士略葺焉，是名官寺”。寺始建于元至顺年间，明、清两代多次修葺。占地约三亩。现存主要建筑有大门、钟楼、天王殿及般若殿。般若殿虽经修缮，仍保持元代风格，“般若”匾额为明中丞胡缵宗所书，殿内有明末胡多见撰书木刻题记。1996年定为全国重点文物保护单位。

兴国寺塔　在今河北博野县东南程委镇解村小学院内。该塔原为兴国寺内建筑，后寺毁，仅存此塔，为四方形十五层密檐式实心石塔，通高7.51米。塔墓基每边长1.73米，由三层方石组成。塔身第一层由三块整石拼合形成塔室。南面辟券门，门左右各雕持剑守护神，室内正面壁上雕一佛、二弟子及供养人。并刻有唐代“景龙四年”（710）字样。第二至第十五层为密檐式，每层设檐，均为石雕成叠涩式，每层一整块石料，与檐部石料相互叠压。塔刹为一石雕宝珠。是唐代石塔杰作。2006年定为全国重点文物保护单位。

兴国场　在今天津市静海县南高家楼。清乾隆《天津县志》卷9：“兴国场，初在静海咸水沽，今移高家庄。”盛产海盐，清于此设盐使，后并入丰财场。

兴国州　明洪武九年（1376）改兴国府置，属武昌府。治所即今湖北阳新县。辖境约当今湖北黄石、大冶、通山、阳新等市县地。1912年改为兴国县。

兴国江　即今江西兴国县东潋江水。《清一统志·赣州府一》：潋江水“在兴国县东。源出县东北蜈蚣山，西南流，三寮、营前二水，自县东西流入之。过衣锦泷，樟木水自大镬岭西流入之。又径龙下川至县东，与北来之涉水会，名曰平川。又二里，过德星桥，又南，廖屋溪水自县西南东流入之，云溪水自县南西流入之。又南径雩都县西界，合衣锦、固石、鸭公诸水，又南入赣县界，凡二百六十里入贡水。亦名平固江，又名兴国江”。

兴国军　北宋太平兴国三年（978）改永兴军置，治所在永兴县（今湖北阳新县）。辖境约当今湖北黄石、大冶、阳新、通山等市县地。元至元十四年（1277）升为兴国路。

兴国县　①南朝梁置，属信义郡。治所在今江苏常熟市东四十五里支塘镇。隋开皇九年（589）废入常熟县。

②北周为安国郡治，治所在今四川彭州市境。隋开皇初废入九陇县。

③北宋太平兴国七年（982）分赣县置，属虔州。

治所即今江西兴国县。《寰宇记》卷 108 虔州兴国县："以年号为名。"南宋属赣州。元属赣州路。明属赣州府。民国初属江西赣南道。1926 年直属江西省。

④辽兴宗置，属泰州。治所在今黑龙江省泰来县西北塔子城。金废。

⑤1912 年改兴国州置，属湖北省。治所即今湖北阳新县。1914 年改名阳新县。

兴国府 元至正二十四年（1364）朱元璋改兴国路置，属湖广行省。治所在永兴县（今湖北阳新县）。辖境约当今湖北黄石、大冶、阳新、通山等市县地。洪武九年（1376）降为兴国州。

兴国城 ①东汉末略阳氏人筑，在今甘肃秦安县东北。《三国志·魏书·武帝纪》：东汉建安十八年（213），"马超在汉阳，因羌、胡为害，氐王千万叛应超，屯兴国"。即此。

②慕容氏筑，当在今辽宁喀喇沁左翼蒙古族自治县西大凌河西支处。《资治通鉴》：东晋咸康三年（337），段辽"遣其从弟扬威将军屈云将精骑夜袭皝子遵于兴国城，遵击破之"。

兴国路 元世祖至元十四年（1277）改兴国军置，属江西行省。治所在永兴县（今湖北阳新县）。三十年改属湖广行省。辖境约当今湖北黄石、大冶、阳新、通山等市县地。元至正二十四年（1364）朱元璋改为兴国府。

兴固县 南朝宋置，属安固郡。治所在今四川彭州市境。隋开皇初并入九陇县。

兴昌县 南齐置，为定州郡治。治所在今广西玉林市西南。南朝梁废。

兴凯湖 又作新开湖。唐渤海国称湄沱湖，金代称北琴海。在今黑龙江省密山市东南，中俄边境。《清一统志·吉林一》：兴凯湖"在宁古塔城东南七百里。周围数百里。湖之南诸山中流出之们河、苏扎哈河、勒富河、都特赫等河，俱会于此湖。又自湖东北流出为阿察河，东北流注于乌苏哩江"。光绪《吉林通志》卷 22：兴凯湖"周八百里，与洞庭湖埒，而冬夏不涸，尤为可观"。本中国内湖。清咸丰十年（1860）不平等的中俄《北京条约》规定，东自松阿察河源，西至白棱河口为疆界，将兴凯湖的大半划割给俄国。

兴和千户所 明洪武三十年（1397）置，永乐初属后军都督府。治所在今河北张北县。辖今河北张北县地。永乐二十年（1422）移治今河北张家口市东南宣化，属北平行都司。清废。

兴和县 1912 年改兴和厅置，后属察哈尔特别区兴和道。治所即今内蒙古兴和县。1928 年划归绥远省。1954 年划归内蒙古自治区。

兴和直隶厅 清光绪二十二年（1896）以丰镇厅二道河巡司置，属山西省。治所即今内蒙古兴和县。1912 年改兴和县。

兴和府 明洪武三年（1370）改兴和路置，属北平布政司。治所即今河北张北县。四年（1371）废。

兴和道 1914 年由原口北道的张北、沽源、多伦及原归绥道的丰镇、凉城、兴和、陶林合置，属察哈尔特别区域。治张北县（今河北张北县）。辖境约当今内蒙古卓资、凉城以东，多伦、沽源（今属河北）以西，察哈尔右翼中旗、商都、化德、太仆寺旗、多伦以南，山西杀虎口、河北独石口、北京延庆、密云交界处一线外长城以北地区。1928 年废。

兴和路 元皇庆元年（1312）改隆兴路置，属中书省。治所在高原县（今河北张北县）。辖境相当今河北张北、怀安，山西天镇县，内蒙古乌兰察布市集宁区、太仆寺旗之间。明初改为兴和府。

兴京 后金的早期都城。天聪八年（1634）以赫图阿拉为兴京，在今辽宁新宾满族自治县西三十里永陵镇东之老城。清乾隆二十八年（1763）改置兴京厅。

兴京门 亦名旺清门。清柳条边门之一。即今辽宁新宾满族自治县东南旺清门朝鲜族镇。《清一统志·兴京》：兴京边门"在城东南，南至碱厂门一百十里，北至开原县英峨边界一百里"。

兴京厅 清乾隆二十八年（1763）置，属奉天府。治所在赫图阿拉（今辽宁新宾满族自治县西三十里永陵镇东老城）。光绪三年（1877）升为直隶厅，移治新宾堡（今辽宁新宾满族自治县）。辖境相当今辽宁新宾、桓仁二满族自治县，及吉林通化、浑江和集安市一带。宣统元年（1909）升为兴京府。

兴京县 1914 年改兴京府置，属奉天东边道。治所在新宾堡（今辽宁新宾满族自治县）。1929 年改为新宾县。

兴京府 清宣统元年（1909）升兴京厅置，属奉天省。治所在新宾堡（今辽宁新宾满族自治县）。辖境相当今辽宁新宾、桓仁二满族自治县及吉林通化、浑江、集安市等地。1914 年废府改县。

兴京陵 在今辽宁新宾满族自治县西四十里永陵镇西北启运山南麓，为清帝先世祖陵。建于明万历二十六年（1598）。清顺治十六年（1659）改名永陵。

兴定县 南朝宋元嘉九年（432）置，属新会郡。治所当在今广东信宜市地。后属海昌郡。齐废。

兴城 十六国前凉置，在今青海民和回族土族自治县驻地川口镇。《晋书·吕光载记》：东晋太元十年（385），金城太守尉祐在允吾叛，光遣"姜飞又击败祐众。祐奔据兴城，扇动百姓，夷夏多从之"。即此。

兴城市 1986 年撤销辽宁省兴城县，改设兴城市，市人民政府驻兴海路。仍属锦州市。1990 年属锦西市。1994 年属葫芦岛市代管。

兴城关 唐置，在今陕西略阳县南。《元和志》卷 22 兴州顺政县："兴城关，在县南五里。"

兴城县 ①辽置，为严州治。治所在觉华岛（今辽宁兴城市东南菊花岛）上。金属兴中府。元废。

②1914年改宁远县置，属奉天辽沈道。治所即今辽宁兴城市。取辽兴城县为名。1986年改设兴城市。

兴城城墙 在今辽宁兴城市区。创建于明宣德五年（1430），清乾隆四十六年（1781）重修，系明长城九城重镇之一的北镇防御体系的重要卫城宁远卫城。城平面呈正方形，南北长844米，东西宽830米，高8.5米。城墙外皮砌砖，内皮垒石，中心夹夯土。四面设城门，四角设台，南门外筑瓮城。城上建有箭楼，城门右侧设有登城马道。城内十字大街中心建有钟鼓楼一座，十字券洞，构成通道。现城内街道、胡同建制基本保存明清旧貌。1988年定为全国重点文物保护单位。

兴城镇 即今河北迁西县治。清同治《畿辅通志》卷49迁安县图：西北有兴城镇。1949年于此设迁西县。

兴胡泊 即今甘肃敦煌市西北哈拉湖。《沙州都督府图经》：兴胡泊“东西十九里，南北九里，深五尺”。

兴泉省 1933年12月由中华共和国（福建人民政府）改泉海省置，省会在晋江县（今福建泉州市）。辖境相当今福建莆田、仙游、德化、大田、安溪、同安、厦门等县市以南、以东地区。1934年1月废。

兴胜府 元初置，治所在今内蒙古赤峰市东北。后改为高州。

兴洛仓 即洛口仓。在今河南巩义市东北。《隋书·食货志》：炀帝即位后，“新置兴洛及回洛仓”。《隋书·李密传》：“密与让领精兵七千人，以大业十三年春，出阳城，北逾方山，自罗口袭兴洛仓，破之。开仓恣民所取，老弱缀负，道路不绝。”

兴济县 金初升范桥镇置，属沧州。治所在今河北沧县北四十里兴济镇。大定六年（1166）属清州。元世祖至元二年（1265）废入会川县，后复置，仍属清州。明洪武初废。十三年（1380）复置，属河间府。清顺治六年（1649）并入青县。

兴济桥 在今浙江义乌市东东阳江上。《方舆纪要》卷93义乌县：兴济桥在“县东三里，跨东江上。旧有浮梁，宋庆历三年县令薛扬祖更造石桥，号薛公桥。自是以后屡圮屡建，成化十八年重建，改今名”。

兴济镇 清顺治末废兴济县置，属青县。即今河北沧县北四十里兴济镇。后置兴济巡司，有把总驻守。

兴泰县 隋大业初（605）置，属河南郡。治所在今河南宜阳县西南二十二里赵保乡。隋末废。唐长安二年（702）复置，属洛州。神龙元年（705）废入寿安县。

兴泰里 即今福建仙游县东北游洋镇古邑。清雍正十二年（1734）置巡司于此。

兴泰宫 唐置，在今河南宜阳县西南二十二里赵保乡。《新唐书·地理志》河南郡寿安县：“西南四十里万安山有兴泰宫。长安四年置，并析置兴泰县。”

兴都 明嘉靖十八年（1539）于承天府置，治所在钟祥县（今湖北钟祥市）。《明史·地理志》承天府：“嘉靖十年升州为承天府，十八年建兴都留守司于此。”

兴晋县 西晋太康元年（280）改平阳县置，属魏兴郡。治所在今湖北郧西县西北。西魏废。

兴桥栅 在今河南遂平县东南三十里张柴村东。《资治通鉴》：唐元和十二年（817），李祐“守兴桥栅”。即此。

兴原山 在今甘肃定西市东。《方舆纪要》卷59安定县：兴原山“在县东二里”。

兴衮河 又作根古河、亨衮必拉、恒滚河。即今俄罗斯哈巴罗夫斯克边疆区黑龙江下游支流阿姆贡河。《清一统志·吉林一》：兴衮河“在宁古塔城东北二千七百三十四里。源出卓哩奇山，东南流会诸小水，入混同江。当混同江入海之处，此水亦甚大”。

兴唐寺 在今陕西西安市东，唐大宁坊东南隅。宋敏求《长安志》卷8：“神龙元年太平公主为武太后立为罔极寺，穷极华丽，为京都之名寺。开元二十六年改为兴唐寺，明皇御容在焉。”《资治通鉴》：唐大历元年（766），“命宰相鱼朝恩与吐蕃盟于兴唐寺”。

兴唐军 五代梁开平四年（910）置，治所即今山西朔州市东北马邑。唐天成初改置寰州。

兴唐观 在今陕西西安市东唐长乐场西南隅。宋敏求《长安志》卷8：“本司农园地，开元十八年造观。”

兴唐县 ①唐至德二年（757）改安边县置，为兴唐郡治。治所即今河北蔚县。五代梁改名隆化县。后唐复名安边县。后晋改名灵仙县。

②五代唐改元城县置，为兴唐府治。治所在今河北大名县东北大街乡（旧府城）。后晋复名元城县。

兴唐府 五代唐同光元年（923）升魏州置，治兴唐、贵乡二县（在今河北大名县东北大街乡）。后晋天福二年（937）改名广晋府。

兴海设治局 又名大河坝设治局。1939年由共和县析置，驻大河坝（今青海兴海县西南土尕当）。1943年升为兴海县。

兴海县 1943年改大河坝设治局置，属青海省。治所在今青海兴海县西南土尕当。1958年迁治子科滩（今兴海县）。

兴涂（塗）勃 古国名。在今印度半岛西岸之果阿。《宋会要辑稿·蕃夷七》载：宋庆历八年（1048），兴涂勃国遣使来贡。

兴陵 金世宗陵。在今北京市房山区西北大房山支脉云峰山麓。

兴教寺塔 在今陕西西安市长安区东南西韦村。唐高僧玄奘于麟德元年（664）圆寂于玉华宫，先葬长安城浐河东岸白鹿原，总章二年（669）迁葬于少陵原并修建砖塔，次年建寺院。唐肃宗题塔额“兴教”二字，故名。塔为方锥形五层楼阁式仿木构砖塔，通高21米。左右是玄奘两大弟子窥基和园测（新罗人）的墓塔。兴教寺塔1961年定为全国重点文物保护单位。

兴教镇　北宋置，属彰明县。在今四川江油市北四十里武都镇（旧江油县）。《方舆纪要》卷73江油县：“至正中，尝迁县于兴教镇，属广元路，即今治也。”

兴盛旺村　在今内蒙古五原县西南。清光绪三十年（1904）五原厅由大佘太移治于此。后又徙治隆兴长（今五原县）。

兴淮特别区（县级）　1944年日伪置，治下塘集（今安徽长丰县南下塘镇）。1945年8月废。

兴隆土司　明嘉靖七年（1528）置，属思恩府。治所在今广西马山县西南兴隆村。1915年废。

兴隆山　一名争秀山。在今甘肃榆中县西南十里。抗日战争时期元太祖成吉思汗灵柩曾停放于东山娘娘殿。

兴隆卫　明洪武二十二年（1389）置，属贵州都司。治所即今贵州黄平县。《方舆纪要》卷121兴隆卫：龙岩山在“卫城北一里。一名龙洞山。石势崭岩，水色深碧。相传龙居其中，时出云雨。明初卫名兴龙以此”。清康熙二十六年（1687）废。

兴隆办事处（县级）　1938年由兴隆县（南）改置，属冀东道。治东陵（今河北遵化市西马兰峪镇）。1945年废。

兴隆寺　又称南大庙。在今黑龙江宁安市西南渤海镇之西南。旧址为唐渤海国时期寺庙，渤海政权灭亡后，寺毁，但大石佛犹存，故称石佛寺。清康熙初重建，称为兴隆寺。咸丰十一年再次重建。有院落三重，规模宏大宽敞。今存马殿、关帝殿、天王殿、大雄宝殿、三圣殿等五殿。三圣殿和大雄宝殿之间矗立着渤海时期的佛教建筑石灯幢。殿前有重修兴隆寺碑记和渤海时期大型佛教石刻。

兴隆场　①即今四川泸县东北兴隆场。清嘉庆《泸州志》卷2：兴隆场“距州一百里”。产煤。

②即今四川安岳县南六十里兴隆镇。清道光《安岳县志》卷7：兴隆场“在治南六十里”。

③即今四川中江县西南兴隆镇。清光绪《潼川府志》卷4：龚市镇“在县南六十里。乾隆时改名兴隆场”。

④即今四川蓬安县南兴旺镇。清光绪《蓬州志》：兴隆场“在会龙场东南三十里。北至城九十里。场中分水与南充为界”。

⑤即今四川武胜县西南万隆镇。民国《武胜县志》卷1：兴隆场在“县西五十里。……有龙泉寺，疑即汉初之龙泉镇”。

兴隆庄　即今台湾省高雄市北左营区。清康熙间高拱乾《台湾府志》卷2凤山县有“兴隆庄”。康熙二十三年（1684）曾于此置凤山县。

兴隆县　①北宋政和四年（1114）置，为隆州治。治所在今广西东兰县南。宣和三年（1121）废。

②1930年由遵化、密云、蓟县析置，属河北省。治所即今河北兴隆县。1949年划归热河省。1956年属河北省。

③1935年日伪由原兴隆县南部置，治东陵（今河北遵化市西马兰峪镇）。1938年改置兴隆办事处（县级）。

兴隆沟　①在今辽宁北票市西南。民国《朝阳县志》卷4：兴隆沟“在桃花土东北十五里，南距台吉营子十里”。产煤。

②在今黑龙江鸡东县东南。民国徐曦《东三省纪略》卷6：兴隆沟金矿“在密山县西南境蜂蜜山之脉与黄窝集山脉相连之间，有河一道。其上源曰铁锹河，自北而南，绕一大山脉，转而北流曰黄泥河。两河（其实一河）环绕之山脉，即金矿所在地也。厂在山脉东部之山沟中，沟长六十余里，宽或二十余里或十余百、数里不等。其距黄泥河甚近，入厂之路曰黄泥沟西南岔，土人发现金苗后，因名此沟曰兴隆沟”。

③即今黑龙江省呼玛县西兴隆镇。清末在此发现金矿，设库玛尔河金矿总局于此。

兴隆洼遗址　在今内蒙古敖汉旗东宝国吐乡兴隆洼村东南。1982年发现，遗址面积约2万平方米。1984—1993年发掘，发现聚落房址、灰坑等遗迹。房址均为半地穴式，无门道，中心部位有两座约140平方米的大房子。聚落环以宽约2米的壕沟。有的墓葬分布在房址内，出土有中国最早的玉器。该遗址年代距今约7000—8000年，是我国迄今发现的保存最好、时代最早的一处新石器时代聚落遗址。1996年定为全国重点文物保护单位。

兴隆站　即今辽宁新民市东南兴隆店镇。清光绪《奉天全省地舆图说图志》新民厅图：东南有兴隆店。民国《东北年鉴》：北宁铁路线有兴隆店站。

兴隆堡　即今四川泸定县东南兴隆镇。清吴崇光《川藏哲印水陆记异》：“第十四站：住冷碛，行窄路。二十里至兴隆堡，又名龙坝铺，系大市镇。”

兴隆集　①即今山东金乡县南兴隆乡。清同治《金乡县志》卷2：兴隆集在“城南二十五里”。

②即今河南开封县东北十四里兴隆乡。清乾隆《祥符县志》卷6：有兴隆集。

③即今湖北枣阳市东南三十四里兴隆镇。民国《湖北通志》卷73《兵事》：清同治三年（1864）正月，捻军“走枣阳兴隆集”。

兴隆滩　在今重庆市云阳县东长江中。初本无滩。清光绪二十二年（1896），黄官漕山因雨崩裂，土石陨江中，与江中石梁相逼，形成巨滩。舟行其下，往往覆没。后屡经凿治，始稍平易。

兴隆镇　①旧名三里三镇。即今黑龙江省明水县。清宣统三年（1911）改名兴隆镇。民国白眉初《满洲三省地志》卷3:“拜泉县西南八十里三里三镇，又名兴隆镇。”

②清置，属巴彦州。治所即今黑龙江省巴彦县西北兴隆镇。《清史稿·地理志》巴彦州:“西北:兴隆镇州判。”民国设县佐。

③清置，属潜江县。在今湖北天门市西南。《清一统志·安陆府》：兴隆镇“在潜江县北十五里。为水陆要冲”。

兴堪山　即外兴安岭。今俄罗斯阿穆尔州北部之斯塔诺夫山脉。《清高宗实录》卷743：乾隆三十年(1765)八月癸亥，黑龙江将军富僧阿等奏:“三年派副总管、佐领、骁骑校于冰解后，由水路至河源兴堪山巡查一次，回时呈报。其黑龙江官兵，每年巡查格尔毕齐河口照此，三年亦至河源兴堪山巡查一次，年终报部得旨：如所议行。”

兴塔镇　即今上海市金山区西北兴塔镇。清乾隆《金山县志》卷1：兴塔市“旧有兴塔院，故名”。

兴善寺　在今陕西西安市南新风公园内。始建于晋泰始至泰康年间。隋开皇间印度僧人那连提黎耶舍、阇那崛多、达摩笈多先后来长安传授密宗住此。唐时为长安城内佛经三大译场之一。后屡经重修。宋敏求《长安志》卷7:“大兴善寺初曰遵善寺。隋文承周武之后，大崇释氏，以收人望，移都先置此寺，以其本封名焉。”并谓此寺“寺殿崇广，为京城之最”。唐段成式《酉阳杂俎》卷5：靖善坊大兴善寺“寺取大兴城两字、坊名一字为名”。

兴道县　①西晋太康元年(280)改连道县置，属宁浦郡。治所在今广西横县东南百里。南朝梁、陈时废。

②西晋置，属汉中郡。治所在今陕西洋县东。后废。唐贞观二十三年(649)改兴势县复置，属洋州。治所即今洋县。天宝十五年(756)为洋川郡治。乾元元年(758)为洋州治。蒙古至元二年(1265)废。

兴福寺　①又名破山寺。在今江苏常熟市北，虞山东北麓破龙涧。《舆地纪胜》卷5平江府：兴福寺“在常熟之破山。齐郴州刺史倪德光舍宅为寺”。唐常建作《破山寺后禅院》诗，宋米芾手书，清言如泗勒石。称三绝碑。

②在唐长安城修德坊北隅，今陕西西安市内。宋敏求《长安志》卷10：兴福寺“本右领军大将军彭国公王君廓宅。贞观八年，太宗为太穆皇后追福，立为宏福寺。神龙中，改为兴福寺”。《类编长安志》卷5:“太宗时，广召天下名僧居之。沙门玄奘于西域回，居此寺西北禅院翻译。寺内有碑，面文贺兰敏之写《金刚经》，阴文寺僧怀仁集王羲之写太宗《圣教序》及高宗《述圣记》，为时所重。”

兴福镇　即今山东博兴县东南兴福镇。清道光《博兴县志》：东南有兴福镇。

兴德关　明置，属永和县。在今山西永和县西四十里黄河东岸。

兴德县　隋末析石南县置，属郁林郡。治所在今广西玉林市兴业县西南葵阳镇旧县。寻废。唐武德四年(621)复置，属南尹州，后改属郁林州。北宋开宝五年(927)废。

兴德府　唐乾宁四年(897)升华州置，治所在郑县(今陕西华县)。光化元年(898)复为华州。

兴德驿　唐置，在今陕西大荔县南。李商隐有《水部马郎中题兴德驿时昭义已平》诗。

兴德宫　在今陕西大荔县南。《元和志》卷2同州冯翊县：兴德宫“在县南三十二里。义旗将趣京师，军次于忠武园，因置亭子，名兴德宫，属家令寺”。

宇娄县　北魏置，属西边城郡。治所在今河南商城县东北。北齐废。

守口堡　在今山西阳高县西北二十里守口堡村。《方舆纪要》卷44大同府：守口堡“嘉靖二十五年置，隆庆六年增修。周一里有奇，……隆庆初，寇由此入犯”。

守节县　唐武德三年(620)析胙城、酸枣二县置，属黎州。治所在今河南封丘县西北。《寰宇记》卷1封丘县：废守节县“于时东州未平，人思効节，县新创立，故以守节为名”。四年(621)废。

宅阳　在今河南荥阳市东。《史记·魏世家》：惠王五年(前365),“与韩会宅阳”。《正义》引《括地志》:“宅阳故城一名北宅，在郑州荥阳县东南十七里。”

宅垄土司　亦作奢垄。在今四川小金县西四十五里宅垄乡。《清史稿·明亮传》：乾隆三十八年(1773)征金川，“自思纽顺河取得里、得木甲诸寨，袭破宅垄，复取僧格宗，与阿桂会美诺”。即此。四十一年(1776)设宅垄屯守备。

宅垄屯　清乾隆四十一年(1776)置，属懋功厅。在今四川小金县西四十五里宅垄乡。有守备驻守。

宅梧村　即今广东鹤山市西南宅梧镇。清乾隆三年(1738)置双桥巡司于此。

字县　西汉置，属右北平郡。治所在今河北平泉县西北。东汉废。

安七疃镇　金置，属怀仁县。在今山西怀仁县西南三十五里安宿疃村。

安人军　亦作安仁军。唐置，属鄯州。治所在今青海湟源县西北。《元和志》卷39鄯州：安人军在“河源军西一百二十里星宿川。开元七年郭知远置，管兵万人，马三百五十匹”。《资治通鉴》：唐开元二十九年(741)六月，“吐蕃四十万众入寇，至安仁军。浑崖峰骑将臧希液帅众五千击破之”。胡注：“安仁军当作安人军。”宝应元年(762)废。

安人县　①隋开皇十五年(595)置，属藤州。治所在今广西容县东北六十里。十八年(598)改为宁人县。

②隋开皇十八年(598)改临西县置，属交州。

治所在今越南富寿省锦溪附近。大业初属交趾郡。后废。

③唐武德五年（622）置，属驩州。治所在今越南义安省演州西安城。贞观元年（627）为演州治。十六年（642）废。

安儿城 即保塞砦。在今青海互助土族自治县东南。北宋崇宁三年（1104）改为保塞砦。

安儿寨 即今河北曲周县南安寨镇。《方舆纪要》卷15曲周县“香城固堡”条下载：安儿堡“在县南二十五里”。

安干（幹）卡伦 清光绪末置，属瑷珲副都统。在今黑龙江省呼玛县西北黑龙江南岸鸥浦乡正棋村。民国《黑龙江志稿》卷4：“安干山在安干河之东，有安干卡伦，以河为名，居倭西门之南。”

安土瓜尔佳城 一作按兔爪儿简寨。在今辽宁新宾满族自治县西北腰站附近。原属建州女真苏克苏浒河（苏苏河）部，明万历十三年（1585）为努尔哈赤所并。《清史稿·太祖本纪》：乙酉年（明万历十三年，1585）“秋九月，攻安土瓜尔佳城，克之，斩其城主诺一莫浑”。

安上 在今四川屏山县西南。《三国志·蜀书·张嶷传》：“（汉嘉）郡有旧道，经旄牛中至成都，既平且近；自旄牛绝道，已百余年，更由安上，既险且远。”

安上县 ①三国蜀汉置，属越嶲郡。治所即今四川屏山县（新发乡）西南新市镇。西晋废。《三国志·蜀书·张嶷传》：“初，越嶲郡自丞相亮讨高定之后，叟夷数反，杀太守龚禄、焦璜，是后太守不敢之郡，只住安定（安上）县，去郡八百余里，其郡徒有名而已。”东晋常璩《华阳国志·南中志》：“遣越嶲太守巴西龚禄住安上县，遥领郡。”

②唐武德元年（618）置，为恭州治。治所在今云南昭通市境。七年（624）改朱提县。

安上郡 南齐建武三年（496）置，属宁州。治所在今四川屏山县（新发乡）西南新市镇。一说在今屏山县西南锦屏镇。不辖县。辖境相当今四川屏山、雷波等县地。后废。

安上峰 在今湖南衡阳市南岳区衡山岳庙之西。明嘉靖《衡州府志》卷2：安上峰“上有舜庙、舜溪、舜洞。昔舜往九嶷过此休息，因名”。

安口县 北宋崇宁四年（1105）改安口砦置，为允州治。治所在今贵州从江县东北。政和中废。

安口砦 北宋置，在今贵州从江县东北。崇宁四年（1105）于此置安口县及允州。

安口窑镇 即今甘肃华亭县东四十里安口镇。清宣统《甘肃新通志》卷3平凉府华亭县图：东有“红山堡，即安口窑”。

安山 ①在今河北昌黎县西三十里。《方舆纪要》卷17昌黎县：安山，“《志》云：山有避兵堡，饮马河经其下”。即此。

②亦曰安民山。在今山东东平县西南四十四里。《三国志·魏书·荀彧传》：东汉建安六年（201），曹操破袁绍，“就谷东平之安民”，即此。《水经·济水注》：“济水西有安民亭，亭北对安民山，东临济水。”今安山乃安民山的简称。《明史·地理志》东平州：“西南有安山，亦曰安民山。下有积水湖，一名安山湖。”民国《东平县志》卷2：安民山“境故多水患，河、汶、济三水环山流，民藉以安，故名”。

③在今广西武鸣县北境。《方舆纪要》卷111思恩府：安山“在府城北十里。为郡后屏障。土人讹为暗山”。

④在今云南洱源县西。《清一统志·大理府》：安山“形如凤翼。又名凤翼山”。

安山县 西魏改左南乡县置，为秀山郡治。治所在今河南淅川县南。北周属武关郡。隋大业初废。

安山驿 唐置，在今陕西商洛市北五十三里。《方舆纪要》卷54商州：安山驿“其地有安山，山下有紫榆涧，清池水经焉”。

安山堡 明置。在今河北卢龙县北。《方舆纪要》卷17卢龙县：安山堡在“府北三十里。其相近者曰松岩堡”。

安山街 即今河北昌黎县西三十里安山镇。清同治《畿辅通志》卷49昌黎县图：西有安山街。

安山镇 即今山东东平县西南大安山乡。以在安山下，故名。明、清时为安山闸，系运河中枢总汇之地。

安川堡 北宋置，在今甘肃永靖县西南。《宋史·地理志》乐州：“安川堡故膘哥堡，在巴金岭上，元符二年收复，三年赐名，东至湟州界七十里，西至来宾城界四十里，南至安乡关三十里，北至宁川堡四十里。”

安广县 ①西汉置，属郁林郡。治所即今广西横县。南朝宋属宁浦郡。南齐为宁浦郡治。梁、陈时废。

②清光绪三十一年（1905）析科尔沁右翼后旗地置，属洮南府。治所在解家窝堡（今吉林大安市西南新平安镇）。民国徐曦《东三省纪略》卷7：“其地旧为辽之安广军，即名。”1936年迁治今大安市西北安广镇。1954年改属吉林省。1958年撤销，与大赉县合并为大安县。

安门 又称鼎路门。汉长安城南面中门。在今陕西西安市西北西张村。汉惠帝时建。《三辅黄图》卷1：“长安城南出第二门曰安门，亦曰鼎路门，北对武库。王莽更名曰光礼门显阳亭。”

安义军 五代方镇名。后唐以匡义军改名，治所在潞州（今山西长治市）。后晋改名昭义军。

安义县 ①唐武德五年（622）改永业县置，属南义州。治所在今广西岑溪市东筋竹镇。贞观二年（628）属义州。至德中改为永业县。

②北宋熙宁四年（1071）析云安监置，属云安军。治所即今重庆市云阳县东北云安镇。八年（1075）废。

③明正德十三年（1518）分建昌县置，属南康

府。治所即今江西安义县。《清一统志·南康府二》：安义县“因安义乡为名”。民国初属江西浔阳道。1927年直属江西省。

安习州 元置，属庆远南丹安抚司。治所在今广西东兰县西南。明洪武十二年（1379）废。

安乡关 北宋置，属河州。在今甘肃临夏县东北莲花镇原唵哥集，现已没入刘家峡水库中。金为安乡关城。元升为安乡县。

安乡关城 金改安乡关置，属宁州。在今甘肃临夏县东北莲花镇原唵哥集，现已没入刘家峡水库中。元升为安乡县。《方舆纪要》卷60河州：安乡城“在州东北五十里。吐蕃所置城桥关也。宋熙宁中收复，元符二年赐名安乡关。金因之，亦曰安乡关城。元升为安乡县。”

安乡县 ①南朝梁置，为义阳郡治。治所在今湖南安乡县西南。隋大业初属澧阳郡。唐属澧州，贞观元年（627）移治今安乡县。元属澧州路。明属澧州。民国初属湖南武陵道。1916年属湘江道。1922年直属湖南省。

②北周改鱼泉县置，为安乡郡治。治所即今重庆市万州区。后改为万川县。

③一作安昌县。唐贞观十一年（637）置，属河州。治所在今甘肃临夏市西。仪凤元年（676）移于今甘肃临夏县西南大夏河东岸。天宝元年（742）改名凤林县。

④元初升安乡关置，属河州路。治所在今甘肃临夏县东北莲花镇原唵哥集，现已没入刘家峡水库中。元末废。

安乡侯国 西汉置，属巨鹿郡。治所在今河北晋州市东南。东汉废。

安乡郡 ①西魏置，属临州。治所在鱼泉县（今重庆市万州区）。辖境相当今重庆市万州区及梁平等县地。北周改为万川郡。

②唐天宝元年（742）改河州置，治所在枹罕县（今甘肃临夏市）。辖境相当今甘肃临夏、广河、和政等市县及东乡族自治县、积石山保安族东乡族撒拉族自治县地。乾元元年（758）复为河州。

安丰（豐）场 即今江苏东台市东南三十里安丰镇。傍串场河。产海盐。清时设盐课大使。民国初以富安、梁垛二场并入，改为安梁场。

安丰（豐）军 南宋绍兴十二年（1142）置，治所在安丰县（今安徽寿县南安丰铺）。乾道三年（1176）移治寿春县（今寿县）。辖境相当今安徽寿县、霍邱、六安等县市地。元改为安丰路。

安丰（豐）县 ①战国秦置，属九江郡。治所在今河南固始县东南。西汉属六安国。东汉属庐江郡。三国魏属安丰郡。东晋末徙废。

②东晋侨置，属安丰侨郡。治所在今江西九江市东。南朝宋属寻阳郡。南齐废。

③东晋末置，南朝宋为安丰郡治。治所在今安徽霍邱县西南二十里。南朝梁废。

④南朝梁置，为安丰郡治。治所在今安徽寿县南安丰镇。隋属淮南郡。唐属寿州。南宋属安丰军。元属安丰路。明初废。元末韩林儿、刘福通起义军曾在此建都。

⑤隋开皇九年（589）改西昌县置，属吉州。治所在今江西泰和县西。十一年（591）改为泰和县。

⑥唐渤海国置，为丰州治。治所在今朝鲜东北鸭绿江南岸惠山。辽废。

⑦金承安元年（1196）升丰州铺置，属临潢府。治所即今内蒙古翁牛特旗。二年为全州治。后废。

安丰（豐）郡 ①三国魏黄初元年（220）分庐江郡置，属豫州。治所在安风县（今安徽霍邱县西南二十里）。辖境相当今安徽金寨、霍邱二县大部及河南灌河流城。东晋末废。

②南朝宋末复置，治所在安丰县（今霍邱县西南二十里）。辖境相当今安徽霍邱县地。南齐扩大至今安徽金寨、河南商城一带。东魏废。

③南朝梁置，属安丰州。治所在安丰县（今安徽寿县南安丰铺）。辖境相当今安徽寿县南部。隋开皇初废。

安丰塘 即芍陂。在今安徽寿县南六十里。《旧唐书·地理志》寿州安丰县：“县界有芍陂，灌田万顷，号安丰塘。”安丰塘古名芍陂，是全国现存最早的保存较好的古代大型水利工程。芍陂创建于春秋楚庄王时（前613—前591），为楚相孙叔敖所建，距今已有两千五百多年的历史。安丰塘选址科学，工程布局合理，上引龙穴山淠河水，下控1300多平方公里的淠东平原，灌田万顷，自春秋至今一直发挥着巨大效益。1988年定为全国重点文物保护单位。

安丰（豐）路 元世祖至元十四年（1277）改安丰军置，治所在寿春县（今安徽寿县）。辖境相当今安徽凤阳、安远、霍邱、蒙城等县间地。明初改为寿春府。

安丰（豐）寨 北宋置，在今陕西府谷县北。

安丰（豐）镇 亦作北安丰镇。即今江苏兴化市东北六十里安丰镇。明、清置巡司于此。

安王陂 在今江苏徐州市铜山区西南。《水经·获水注》：安陂水“上承安陂余波……水北流注于获”。《宋书·武三王江夏文献王义传》：元嘉二十八年（451），魏军过彭城，“民有告：‘虏驱广陵民万余口，夕应宿安王陂，去城数十里。今追之，可悉得’”。即此。

安车骨部 又作安居骨。靺鞨七部之一。分布在今黑龙江省哈尔滨、五常市境阿什河流域。《隋书·靺鞨传》：“靺鞨在高丽之北，凡有七种：……安车骨部，在伯咄东北。”光绪《吉林通志》卷10：“安车骨，即按出虎也。”唐并入渤海国。

安仁市 即今浙江衢州市衢江区东安仁镇。清设把总驻守。

安仁场 ①五代唐清泰二年（935）改安仁镇置，属衡州。在今湖南安仁县西南。北宋乾德三年（965）

升为安仁县。

②北宋开宝八年（975）置，治所即今江西余江县东北锦江镇。端拱元年（988）升为安仁县。

安仁县 ①南朝陈天嘉中置，属鄱阳郡。治所在今江西余江县（邓埠镇）东北锦江镇。隋开皇九年（589）并入余干县。北宋端拱元年（988）又以安仁场升为安仁县，属饶州。治所仍在今余江县东北锦江镇。元属饶州路。明、清属江西饶州府。1914年因与湖南省安仁县重名，改名余江县。

②唐武德三年（620）置，属邛州。治所即今四川大邑县东南三十里安仁镇。《寰宇记》卷75安仁县："取仁者安仁之意。"贞观十七年（643）废。咸亨元年（670）复置。元初废入大邑县。

③唐武德四年（621）置，属峰州。治所在今越南富寿省白鹤县南。贞观年间废。

④唐永淳元年（682）置，属党州。治所在今广西兴业县东小平山镇西南党州西。次年为平琴州治。至德二载（757）改为容山县。

⑤北宋乾德三年（965）升安仁场置，属衡州。治所在今湖南安仁县西南。咸平五年（1002）移治今安仁县。元属衡州路。明属衡州府。民国初属湖南衡阳道。1922年直属湖南省。

⑥北宋乾德三年（965）置，属潍州。治所在今山东昌乐县西北十里。不久改为昌乐县。

安仁谷 在今甘肃泾川县东南。《方舆纪要》卷58泾州：安仁谷，"《志》云，在州东南四十里。中有长城寨，宋范仲淹尝遣宋良等控守于此"。

安仁驿 明置，在今江西分宜县东南。《方舆纪要》卷87袁州府分宜县：安仁驿"在县治东。以县旧为安仁镇也。嘉靖三十五年移置东门外"。崇祯末裁。

安仁宫 隋开皇十五年（595）置，在今陕西眉县东。《隋书·地理志》：扶风郡郿县有"安仁宫"。

安仁盐场 北宋置，属同安县。在福建厦门市西北。《元丰九域志》卷9及《宋史·地理志》泉州同安县均载有安仁盐场。

安仁银场 北宋属尤溪县，在今福建大田县西南。《元丰九域志》卷9：尤溪县有安仁银场。

安仁集 即今山东曹县东北安仁集。清康熙《曹县志》卷1《集镇》：安仁集在"县东北三十五里"。

安仁镇 ①唐置，属衡州。在今湖南安仁县西南。五代唐清泰二年（935）改为安仁场。

②北宋置，属内江县。在今四川内江市南十里东贤铺。

③元置，属曲周县。在今河北曲周县东北五十里。明改名马罗堡。

④元废安仁县置，属大邑县。即今四川大邑县东南安仁镇。民国时川军将领刘湘、刘文辉为本镇人。镇口有"地主庄园陈列馆"。

⑤即今陕西大荔县东北安仁镇。《清一统志·同州府二》"赵渡镇"条下：朝邑县西有"安仁"镇。

安化下州 北宋大中祥符九年（1016）分安化羁縻州置，属宜州。治所在今广西环江毛南族自治县东北明伦镇附近。后废。

安化上州 北宋大中祥符九年（1016）分安化羁縻州置，属宜州。治所在今广西环江毛南族自治县东北明伦镇附近。元废为安化洞。

安化门 唐长安外郭城南面偏西的一门。隋初建。故址在今陕西西安市南郊北山门口村东约半里处。

安化厅 清光绪三十二年（1906）置，属庆远府。治所在今广西环江毛南族自治县东北明伦镇。1912年改为安化县。

安化中州 北宋大中祥符九年（1016）分安化羁縻州置，属宜州。治所在今广西环江毛南族自治县东北明伦镇。后废。

安化关 明置，属松潘卫。在今四川松潘县南四十五里。《明史·四川土司传》：景泰三年（1452），镇守松潘刑部左侍郎罗绮等奏：雪儿卜寨等"累年纠合于安化关劫掠"。

安化州 北宋大中祥符九年（1016）改抚水羁縻州置，属宜州。治所在归仁县（今广西环江毛南族自治县东北明伦镇）。元废。

安化州都督府 ①唐置，属庆州都督府。寄在庆州界（今甘肃庆城县境）。天宝后废。

②唐置，寄治朔方县界。约在今陕西靖边县境。

安化军 五代方镇名。南唐置，治所在饶州（今江西鄱阳县）。北宋初废。

安化县 ①南齐置，属随郡。治所在今湖北随州市东南淅河镇南光化铺。西魏改为新化县。

②南齐置，属桂林郡。治所当在今广西柳州市附近地。后废。

③西魏置，为淮南郡治。治所在今湖北随州市西北。隋开皇十八年（598）改安化县。

④隋开皇十一年（591）置，属丰州。治所在今内蒙古乌拉特前旗西北。大业初属五原郡。后废。

⑤唐神龙元年（705）改弘化县置，为庆州治。治所即今甘肃庆城县。至德元年（756）改为顺化县。宋乾德二年（964）复名安化县，后为庆阳府治。蒙古至元七年（1270）废。明洪武中复置，仍为庆阳府治。1914年因与湖南、广西、贵州三省安化县重名，改为庆阳县。2002年改名庆城县。

⑥北宋乾德二年（964）置，属仪州。治所在今宁夏泾源县南新民乡附近。熙宁五年（1072）改属渭州。七年移治制胜关（今泾源县西北四里官庄）。金大定七年（1167）改为化平县。

⑦北宋熙宁六年（1073）置，属潭州。治所在今湖南安化县东南一百里洢水东岸启安坪。据《明一统志》卷63安化县："取民安德化之义。"南宋建炎四年（1130）迁洢溪西岸，即今安化县东南梅城

镇。元属天临路。明属长沙府。民国初属湖南湘江道。1922年直属湖南省。1951年迁今安化县（东坪镇）。

⑧明万历三十三年（1605）置，为思南府治。治所即今贵州思南县。清光绪六年（1880）移治大堡（今德江县）。1914年改名德江县。

⑨1912年改安化厅置，属广西柳江道。治所在今广西环江毛南族自治县东北明伦镇。1914年改为宜北县。

安化峡 在今甘肃清水县东陇山中。《资治通鉴》：唐贞元三年（787），“吐蕃大掠汧阳、吴山、华亭，……驱丁壮万余悉送安化峡西”。

安化郡 唐天宝元年（742）改庆州置，治所在安化县（今甘肃庆城县）。辖境相当今甘肃庆阳、庆城、环县、合水、华池等市县及陕西志丹县西部。至德元年（756）改名顺化郡。

安化砦 宋置，在今甘肃环县东七十里。《方舆纪要》卷57环县：安化砦“宋置”。

安化管理局 1934年改连阳化瑶局置，驻连州（今广东连州市）。1939年迁三江镇（今广东连南瑶族自治县）。1942年改置连南县。

安化镇 ①唐广德后置，以防御吐蕃。在今陕西千阳县西北三十五里千河西岸安化。

②北宋置，属福津县。即今甘肃陇南市武都区东北安化镇。

③即今广西环江毛南族自治县东北明伦镇。明属思恩县，于此置安化镇巡司。

④在今宁夏泾源县南。北宋熙宁七年（1074）安化县移治制胜关（今宁夏泾源县西北四里官庄）。因以旧县为镇。

安公谷 在今陕西铜川市北。《资治通鉴》：东晋太元九年（384），苻坚围姚苌于赵氏坞，“后秦军中无井，秦人塞安公谷，堰同官水以困之”。即此。

安风水 即穷水。今安徽霍邱县西南沣河。《水经·淮水注》：穷水“川流泄注于决水之右，北灌安风之左，世谓之安风水，亦曰穷水”。

安风县 西汉置，属六安国。治所在今安徽霍邱县西南二十里。东汉改为安丰侯国。三国魏复为安风县，为安丰郡治。东晋安帝时废。

安风津 在今安徽霍邱县北淮河上。《三国志·魏书·毌丘俭传》：正元二年（255），毌丘俭反，“大将军统中外军讨之，别使诸葛诞督豫州诸军从安风津拟寿春，……俭独与小弟秀及孙重藏水边草中，安风津都尉部民张属就射杀俭”。即此。《水经·淮水注》：“淮水又东为安风津，水南有城，故安风都尉治。”

安正国城 古城名。亦译阿真谷、阿真国或阿占国。故址在今缅甸曼德勒以北伊洛瓦底江畔之辛古。古代从云南经缅甸入海交通线经此。据《新元史·外国列传》“缅国”条载，此城同江头城、太公城、马来城和蒲甘缅王城并称为“缅中五城”。

安丙家族墓地 在今四川华蓥市（双河镇）昭勋村。是南宋四川宣抚使、少师安丙及其家族墓地。规模宏大，占地约6.7万平方米。已发掘五座墓，发现享堂、九层坎、石马坪、昭勋寺等大片附属建筑遗址。墓内发现大量精美的高浮雕石刻及设色壁画，技法精细，线条流畅，形象生动逼真，堪称一绝。石刻内容丰富，涉及人物、动物、植物、建筑、神兽、兵器、乐器等。墓中出土许多文物精品，包括金、银、铜币，金、银、铜、玉、陶等器物及大量三彩俑。安丙墓内还出土一方墓志，铭文长达五千余字，详记安丙生平事迹。墓地地面建筑遗址内保存有柱础、水沟、翁仲、石象、阶梯、雕刻等。安丙家族墓地是迄今为止国内保存最好、规模最大、级别最高、最具艺术价值的一处宋代家族墓地。墓中出土的大量精美石刻和珍贵文物，堪称13世纪文物的精粹，对研究南宋时期的建筑、美术、音乐、历史，认识南宋时期四川地区的政治、经济、文化等都有重要价值。2001年定为全国重点文物保护单位。

安龙县 1931年改南笼县置，属贵州省。治所即今贵州安龙县。

安龙府 本安笼千户所。南明永历帝居此，改为安龙府。治所即今贵州安龙县。清改置安笼所，后又改安笼厅、安笼府，嘉庆二年（1797）改置兴义府。

安龙堡山 在今云南楚雄市东南，云龙镇东南。《清一统志·楚雄府》引《州志》：“山高险，蛮人啸聚之所。明嘉靖中，奚德、奚本倡居于此，知州荀诜讨平之，立哨于此。”

安平 ①本纪国酅邑，春秋时为齐国所并，改名安平。故址在今山东淄博市临淄区东北皇城营村。《史记·田敬仲完世家》：齐平公时，田常“割齐自安平以东至琅邪，自为封邑”。又《田单列传》：“田单走安平，……襄王封田单，号曰安平君。”即此。秦始皇二十六年（前221）改置东安平县。

②战国赵邑，为公子成封地。即今河北安平县。《史记·赵世家》：惠文王四年（前295），“公子成为相，号公平君”。

安平山 在今辽宁辽阳市东南。《明史·地理志》定辽中卫：“又东南有安平山，山有铁场。”《方舆纪要》卷37辽东都司：安平山在“司东北百里。俗名平矿山，一名天成山。上有铁场，置百户所戍守，属沈阳中卫”。

安平乡 在今广西苍梧县西六十里浔江北岸。明、清置巡司于此。

安平国 东汉延光元年（122）改乐成国置，治所在信都县（今河北冀州市）。辖境相当今河北冀州、安平、饶阳、深州、武邑、衡水、枣强、新河、南宫等县市及武强、广宗县的一部分地。三国魏改为安平郡。西晋复为安平国，辖境缩小。太康五年（284）改为长乐国。

安平厅 清嘉庆二十五年（1820）置，属开化府并与开化府同城（即今云南文山县）。光绪二十六年

(1900) 移治马白关（即今云南马关县）。1913 年改为安平县。

安平屯城 明置，属定辽中卫。治所即今辽宁辽阳市东南弓长岭区北安平乡。《清一统志·奉天府二》：安平屯城“在辽阳州东六十里，有屯名安平”。相传为晋时安平县旧址。附近有安平山。明代设铁场百户所于此。

安平州 北宋皇祐元年（1049）改波州置，属邕州左江道。治所在今广西大新县西南安平。元属太平路。明属太平府。民国初属广西镇南道。1928 年撤销，并入雷平县。

安平县 ①战国赵置，治所即今河北安平县。战国钱币中有“安平”地名可证。后入秦，当属巨鹿郡。西汉属涿郡，为都尉治。东汉属安平国。三国魏属博陵郡。西晋为博陵国治。北魏为博陵郡治。隋属博陵郡。唐属深州。元属晋州。清属深州。民国初属直隶保定道。1928 年直属河北省。

②战国齐置，治所在今山东淄博市临淄东北皇城营村。《史记·田敬仲完世家》：齐平公时，田常“割齐自安平以东至琅邪，自为封邑”。又《田单列传》：“襄王封田单，号曰安平君”。即此。秦始皇二十六年（前 221）改东安平县。

③秦置，属九江郡。西汉初元元年（前 48）置为侯国，治所在今江西安福县东南六十里洋口、城田一带。东汉永元八年（96）改名平都县。

④南朝宋侨置，属高阳郡。治所在今山东淄博市东临淄区东北皇城营。北齐废。

⑤南朝宋改东安平县置，属齐郡。治所在今山东淄博市临淄区东北皇城营。北齐废入临淄县。唐武德四年（621）复置，属青州。八年（625）又废。

⑥北魏太和八年（484）置，属北汾州。治所在若多村（今陕西宜川县东二十四里大村）。西魏大统十八年（552）改为汾川县。

⑦北魏置，属临松郡。治所在今甘肃张掖市南。寻省入临松县。

⑧东魏武定元年（543）置，属齐郡。治所在雁门川（今山西繁峙县西）。北齐废。

⑨南朝梁置，属宁海郡。治所在今广西防城港市西南。隋大业初改为海安县。

⑩清康熙二十六年（1687）改平坝卫置，属安顺府。治所即今贵州平坝县。1914 年因与直隶省（今河北省）安平县重名，改为平坝县。

⑪清光绪十三年（1887）改台湾县置，为台南府治。治所即今台湾省台南市。二十一年（1895）被日本侵占后改为台南县，后改设台南市。

⑫1913 年改安平厅置，后属云南蒙自道。治所即今云南马关县。因与直隶、贵州二省安平县重名，1914 年改马关县。

安平矿山 一名天城山。即今辽宁辽阳市东南安平山。明《辽东志》卷 1 辽阳：安平矿山在“城东南一百里。一名天城山。有铁场”。《方舆纪要》卷 37 辽东都司：安平山在“司东北（南）百里。俗名平矿山。一名天成山。上有铁场，置百户所戍守”。

安平驿 在今重庆市奉节县西安平乡。明正德《夔州府志》卷 2：安平驿“在府城西六十里。洪武二十五年建”。《方舆纪要》四川卷 69 奉节县“永宁驿”条下：“又西六十里曰安平水驿……为往来要津。”久裁。

安平侯国 西汉初元元年（前 48）置，属豫章郡。治所在今江西安福县东南。东汉永元八年（96）改为平都县。

安平郡 ①三国魏改安平国置，治所在信都县（今河北冀州市）。西晋复为安平国。

②北魏置，属建州。治所在端氏县（今山西沁水县东北固县）。辖境相当今山西阳城、沁水县地。隋开皇三年（583）废。

安平桥 俗名五里桥。在今福建晋江市西南安海镇，横跨晋江、南安二市交界的海湾上。长 2255 米。南宋绍兴八年（1138）建，历时十四年建成。《方舆胜览》卷 12 泉州《桥梁》：安平桥“在石井镇。绍兴中赵令衿造，其长八百余丈”。赵令衿《石井镇安平桥记》云：“其长八百十有一丈，其广一丈有六尺，疏为水道者三百六十有二，以栏楯为周防，绳直砥平，左右若一，阶然玉路，屹然金堤，雄丽坚密，工侔鬼神。”是我国最大的一座古代梁式石桥，桥亭中有石刻联语云“天下无桥长此桥”。1961 年定为全国重点文物保护单位。

安平陵 东晋哀帝司马丕陵墓。在今江苏南京市东北鸡笼山南麓。《元和志》卷 25 上元县：哀帝丕安平陵“在县北六里鸡笼山南”。

安平集 即故安平城。在今河南柘城县西南三十六里安平镇。《水经·阴沟水注》：“涡水又东径安平县故城北。”即此。

安平寨 北宋政和三年（1113）改刘家涡寨置，属文安县。在今河北文安县西北三十里。金废。

安平镇 ①即今河北香河县西南安平镇。清于此设把总驻防。

②即张秋镇。今山东阳谷县东南张秋镇。《明史·地理志》东平州东阿县：“张秋镇在西南，弘治二年河决于此。七年十二月塞，赐名安平镇。”

③清康熙元年（1662）郑成功改台湾城置，以郑氏故乡泉州安平镇为名。即今台湾省台南市西安平港。咸丰十年（1860）后开为对外通商口岸。

④即今湖南安仁县东南三十八里安平镇。明置巡司于此。

安东卫 ①明永乐七年（1409）置，属辽东都司。治所在今辽宁开原市东北老城镇。后废。

②明弘治三年（1490）置，属山东都司。在今山东日照市西南岚山区安东卫。清乾隆时废，后仍沿用安东卫之名。

安东中屯卫 明洪熙元年（1425）置，属山西行都司。治所在应州城（即今山西应县）。辖左、右、中、前、后五千户所，其中前二所分守浑源州，后所守怀仁县，左右二所俱附卫。

安东市 1937年伪满由安东县析置，属安东省。治所在安东县（今辽宁丹东市）。1949年属辽东省。1954年属辽宁省，由省直辖（地级）。1965年改名丹东市。

安东州 南宋景定元年（1260）升涟水军置，治所在涟水县（今江苏涟水县）。明洪武初改为安东县。

安东县 ①明洪武初改安东州置，属淮安府。治所即今江苏涟水县。1914年为避免与奉天省安东县（今辽宁省丹东市）重名，改名涟水县。

②清光绪二年（1876）析岫岩厅地置，属岫岩厅，后属凤凰厅。治所在沙河镇（即今辽宁丹东市）。1903年中美、中日通商航海条约开为商埠。民国初为奉天东边道治。1929年直属辽宁省。1937年析置安东市，1946年安东县迁治大东沟（今东港市）。1965年改名东沟县。1993年改设东港市。甲午、甲辰两役，日军由此渡江侵入中国。

安东城 在今云南大理市东，凤仪镇东二里。《方舆纪要》卷117赵州：安东城在"州东二里。《滇略》云：蒙氏安东将军李专珠所筑"。

安东省 ①1934年伪满置，省会在安东县（今辽宁丹东市）。辖境相当今辽宁丹东、岫岩、凤城、宽甸、桓仁，吉林通化、集安、白山、临江、抚松、长白等市县地。1949年并入辽东省。

②1945年9月置，省会在通化市（今吉林通化市）。辖通化、安东二市及通化、安东、凤城、宽甸、桓仁、辑安、临江、长白、抚松、濛江、辉南、金川、柳河、海龙、东丰、清原、新宾、孤山十八县。1949年并入辽东省。

安东都护府 唐六大都护府之一。总章元年（668）置，治所在平壤城（今朝鲜平壤市）。《新唐书·地理志》："总章元年，李勣平高丽国，得城百七十六，分其地为都督府九，州四十二，县一百，置安东都护府于平壤城以统之。"辖境西起辽水，东与北皆抵海，包有今乌苏里江以东和黑龙江下游西岸及库页岛直至大海，南至朝鲜大同江地区。其后大同江南岸渐为新罗所据，松花江、乌苏里江以东、鸭绿江上游一带为渤海所有。上元三年（676）移治辽东城（今辽宁辽阳市老城），仪凤二年（677）徙治新城（今辽宁抚顺市北高尔山城）。圣历元年（698）改为都督府，神龙元年（705）复为都护府，以幽州都督兼领都护。开元二年（714）又移治平州（今河北卢龙县），天宝元年（743）又迁辽西故郡城（今辽宁义县东南大凌河东岸）。自开元七年（719）起都护例由平卢节度使兼领，至肃宗上元二年（761）平卢节度使南迁淄青而废。

安北设治局 1933年改大佘太设治局置，属绥远省。治所即今内蒙古乌拉特前旗东北大佘太镇。1942年改设安北县。

安北县 1942年升安北设治局置，属绥远省。治所在大佘太（今内蒙古乌拉特前旗北新安镇）。1954年划归内蒙古自治区。1958年撤销，并入乌拉特前旗。

安北都护府 ①唐会昌五年（845）改单于都护府置，治所在中受降城（今内蒙古包头市西南敖陶窑村古城）。五代地入契丹，废。

②唐总章二年（669）改翰海都护府置，治所在今蒙古国西南鄂尔浑河上游西岸，杭爱山东端。统碛北铁勒诸部府州，辖境相当今蒙古国及俄罗斯西伯利亚南部地区。垂拱二年（686）移治漠南，治所多次迁徙，初在同城（今内蒙古额济纳旗南）、西安城（今甘肃民乐县西北）；后移云中城（今内蒙古和林格尔县西北）、西受降城（今内蒙古乌拉特中旗西南）；开元、天宝时又移中受降城（今内蒙古包头市西南黄河北岸）、横塞军（今内蒙古乌拉特中旗西北阴山北麓）、天安军（后改天德军，今内蒙古乌拉特前旗东北）。至德中改为镇北都护府。建中时废。

安业县 ①唐武德三年（620）析江宁、溧水二县置，属扬州。治所在今江苏南京市南。武德八年（625）并入归化县。

②唐万岁通天元年（696）置，属商州。治所即今陕西柞水县。乾元元年（758）改名乾元县。

安生原 在今山西孝义市南十里。《方舆纪要》卷42引《旧经》称："土地沃饶，有西河之美者，惟安生原耳。"

安丘县 西汉置。高帝八年（前199）封张说为侯国，后为县，属北海郡。治所在今山东安丘市西南十二里。东汉建武五年（29）封张步为侯国，后为县，属北海国。西晋属东莞郡，惠帝时于此置平昌郡。北魏属平昌郡。北齐天保七年（556）省。隋大业二年（606）改牟山县复置，属高密郡。治所在今山东诸城市西北六十里斗鸡台。唐武德六年（623）移治昌安故城（今山东安丘市），属密州。乾元二年（759）改辅唐县。五代梁开平二年（908）复名安丘县。后唐同光初又改辅唐县，后晋天福七年（942）改胶西县。北宋开宝四年（971）复名安丘县，仍属密州。明、清属青州府。民国初属山东胶东道。1925年改属莱胶道。1928年直属山东省。1994年改设安丘市。

安丘城 在今甘肃平凉市东。《晋书·苻登载记》：东晋太元十四年（389），后秦主姚苌与秦主苻登"连战累败，乃遣其中军姚崇袭大界；（苻）登引师要之，大败崇于安丘，俘斩二万五千"。即此。

安丘侯国 西汉置，属琅邪郡。治所在今山东安丘市东南。鸿嘉元年（前20）封高密顷王子尝为安丘侯，即此。东汉废。

安乐山 ①即今浙江杭州市余杭区西南七十六里宝塔山。宋《咸淳临安志》卷24余杭县："安乐山在县东二里。高一百五步，周回五里。耆老云：钱氏之子于此筑庵，养疾而愈，故号安乐。"

②又名合江山、少岷山、笔架山。在今四川合江县西五里。《寰宇记》卷88合江县：安乐山“群峰峭峻，有瀑布千尺飞流。天宝六年敕改为合江山”。《方舆胜览》卷62泸州：安乐山，“《图经》：在合江西五里。三峰俱秀，有溪及延真观，有石柜为仙人藏经之所。岐而左有斕柯迹，后有仙然影，隐隐在石壁中。岐而右历木楠台、仙人屋、十二盘，至剪刀峡，循山有八洞通南岩有石曰许由瓢。又有芙蓉城、滴水崖，白猿洞，此三峰之景也”。南宋嘉熙四年（1240）建城山上。《元史·旦只儿传》：至元间，“宋兵邀漕于安岳山，击走之，遂破其石盘寨。十四年，抵泸州，夺其战舰五艘，还至安乐山”。即此。

③在今陕西宜川县东北。《寰宇记》卷35汾川县：“安乐山在县南十里。古老传云，昔屯兵于此，因名安乐。”

安乐山城 南宋嘉熙四年（1240），为抗蒙元筑，在今四川合江县西五里安乐山上。《元史·旦只儿传》：至元七年（1270），“进至安乐山，复败宋军”。即此。元废。今山城遗址尚存。

安乐川 即今宁夏灵武市南山水河。《元和志》卷4灵州回乐县：安乐川“在灵州南稍东一百八十里”。

安乐乡 在今河南南阳市南。《后汉书·胡广传》：“以定策立桓帝，封育阳安乐乡侯。”《水经·淯水注》：“淯水又径安乐乡北。汉桓帝建和元年封司徒胡广为淯阳县安乐乡侯。今于其国立乐宅戍。”

安乐戍 南朝梁改安乐县置，属江阳郡。治所即今四川合江县。北周保定四年（564）改为合江县。

安乐关 在今江西玉山县东。《清一统志·广信府》：安乐关“在玉山县东四十里。明嘉靖中，因矿徒出没，筑此守御。今仅此遗址”。

安乐州 ①唐咸亨三年（672）置，以处吐谷浑部落，属灵州都督府。治所在今宁夏同心县东北下马关镇北红城水古城。至德后陷于吐蕃。大中三年（849）收复，改置威州。

②明永乐七年（1409）置，属辽东都司。治所在开原城（今辽宁开原市东北老城镇）。后废。

安乐巡司 在今江西萍乡市北上栗镇。《清一统志·袁州府》：安乐巡司“在萍乡县北七十里上栗市。明初置巡司于县北九十里，今移此”。

安乐矶 在今湖北鄂城市东三十里。《三国志·吴书·全综传》注引《江表传》曰：“权使子登出征，已出军，次于安乐。”即此。

安乐县 ①西汉置，属渔阳郡。治所在今北京市顺义区西南。晋属燕国。北魏太平真君七年（446）并入潞县。东魏元象中寄治今密云县东北五十里。后废。

②东晋永和中置（一说南齐置），属东江阳郡。治所即今四川合江县。以安乐水为名。梁改为安乐戍。北周保定四年（564）改置合江县。

③南朝宋置，属乐昌郡。治所在今广东四会市北。隋大业初废。

④东魏武定七年（549）改彭城县置，属东彭城郡。治所当在今江苏灌云县东北。北齐废。

⑤北周明帝二年（558）改通义县置，属齐通郡。治所在今四川眉山市东北二十里太和镇。后复改通义县。

⑥隋开皇时置，属静州。治所在今广西昭平县东北江口村。大业初废。唐武德四年（621）复置，九年（626）又废。

⑦隋开皇中改药山县置，属岳州。治所在今湖南沅江市西南。开皇十三年（593）移治今沅江市。十八年（598）改名沅江县。

⑧隋大业元年（605）置，属农州。治所在今越南承天顺化省安居附近。寻属海阴郡。后废。

⑨隋末萧铣分兴德县置，治所在今广西玉林市西。唐贞观元年（627）废。乾封元年（666）复置，属郁林州。永隆元年（680）为岩州治。天宝元年（742）为常乐郡治。至德二年（757）改为常乐县。

⑩唐武德四年（621）置，属南云州。治所在今湖南攸县南。贞观元年（627）废。

⑪唐武德五年（622）置，属舒州。治所在今安徽潜山县南二十五里故武功城。是年废。

⑫唐天宝初析狄道县置，属狄道郡。治所即今甘肃康乐县。乾元后改名长乐县。

安乐河 即大盈江。在今云南盈江县东。《明一统志》卷87干崖安抚司：安乐河“源出腾冲，经南甸，迤逦至云笼山之麓，亦名云笼河，沿至司治（今旧城镇）北折流而西一百五十里为槟榔江，至比苏蛮界注金沙江，入于缅中”。

安乐城 ①即乐安城。在今河北乐亭县东北二十里。《晋书·石季龙载记上》：季龙将讨慕容皝，合兵五十万，具船万艘，“自河通海，运谷豆千一百万斛于安乐城，以备征军之调”。《资治通鉴》作“乐安城”。胡注以为即《水经·濡水注》之“乐安亭”。

②亦作乐安城、安昌城。即今新疆吐鲁番市。清徐松《西域水道记》卷2：“吐鲁番镇城曰广安，唐之安乐城。”

安乐栅 在今安徽无为县东北。《资治通鉴》：南朝梁太清三年（549），萧范谋攻侯景，进军濡须，“遣世子嗣将千余人守安乐栅”。即此。

安乐宫 在今湖北鄂州市东。三国吴黄武二年（223）建。《舆地纪胜》卷76寿昌军：安乐宫“在武昌吴王城中。黄龙吴徙建业。赤乌十年始移武昌材瓦缮丹阳南宫。旧传宫中古瓦澄泥为之，可以为砚，一瓦值万钱”。

安乐郡 ①北魏太平真君二年（441）置，属安州。治所在安乐县故城（今河北承德县东北老牛河之东）。东魏元象中，寄治今北京市密云县东北五十里。隋开皇初废。

②西魏废帝元年（552）改安乐郡置，治所在玉城县（今河南灵宝市东南六十里）。北周天和元年（566）废。

③隋大业初改檀州置，治燕乐县（今北京市密云县东北）。唐初改名檀州。

④唐天宝元年（742）改棣州置，治所在厌次县（今山东惠民县东南四十里先棣州）。乾元元年（758）复改棣州。

安乐垒　在今河北藁城市西北。《魏书·地形志》九门县："有安乐垒。"《元和志》卷17恒州："后魏道武帝登恒山郡城，北望安乐垒，嘉其美名，遂移郡理之，即今州理是也。"《方舆纪要》卷14正定府藁城县：安乐垒"在县西北……慕容隽攻冉闵时筑垒于此。后燕亦为戍守处"。

安乐砦　北宋置，属黔江县。在今重庆市彭水苗族土家族自治县东北安乐坝。

安乐窝　在今河南洛阳市东南六里洛阳桥南安乐镇。原为五代安审琦故宅。北宋熙宁时邵雍在司马光等人资助下购得，取名安乐窝。邵雍在题为《天津弊居蒙诸公共为成买作诗以谢》的诗中称颂："重谢诸公为买园，买园城里占林泉。七千来步平流水，二十余家争出钱。……洞号长生宜有主，窝名安乐岂无权。"

安乐溪　即今川、黔两省境内之赤水河。东晋常璩《华阳国志·蜀志》：符县"治安乐水会"。《水经·江水注》：符县"治安乐水会，水源南通宁州平夷郡鳖县，北径汉安县界之东，又径符县下，北入江"。

安乐寨　亦作安乐坪。在今重庆市云阳县东北南溪镇盐渠滩北安乐村。周围七十里，形胜险阻。《清史稿·勒保传》：嘉庆三年（1798），"（王）三槐与冷天禄踞云阳安乐坪，进围之。七月，诱三槐降，擒之"。

安乐镇　①北宋置，属历亭县。即今山东武城县东北四十二里四女寺镇。

②北宋置，属阳谷县。即今山东阳谷县东北三十里安乐镇。

安市州　唐置，属安东都护府。治所在安市城（今辽宁海城市东南营城子）。后废。

安市县　①西汉置，属辽东郡。治所在今辽宁海城市东南十五里营城子。西晋属辽东国。后废。

②北魏置，属安乐郡。治所在今河北承德、宽城二县境。东魏元象中寄治于幽州北界，在今北京市密云县东北。北周废入密云县。

安市城　即今辽宁海城市东南十五里营城子。《旧唐书·太宗纪》：贞观十九年（645）征高丽，"六月丙辰，师至安市城"。即此。

安汉县　西汉置，属巴郡。治所在今四川南充市北清泉坝。王莽改为安新县。东汉复为安汉县，初平元年（189）为巴郡治。建安六年（201）改为巴西郡治，寻迁郡治阆中县。南朝宋属北巴西郡，并于此侨置南宕渠郡（亦作宕渠郡）。西魏废帝二年（553）移治石狗坝（今南充市东北搬罾镇）。隋开皇三年（583）废郡，移县治于故安汉城，十八年（598）改为南充县。

安汉湖　在今湖北汉川市东北。《方舆纪要》卷76汉川县：安汉湖在"县东北二十里。一名冈下湖"。

安宁市　1995年撤销云南省安宁县，改设安宁市，市人民政府驻连然镇。由昆明市代管。

安宁州　①元世祖至元三年（1266）置安宁千户，至元十二年（1275）改安宁州，属中庆路。治所即今云南安宁市。明、清属云南府。1913年废州改安宁县。

②元世祖至元十三年（1276）置，属广南西路。治所在今云南富宁县西南。明初废。

安宁县　①三国吴置，属高凉郡。治所在今广东阳江市西。西晋为高凉郡治。南朝宋属高凉郡。南朝梁改为高凉县。

②南朝宋侨置，属建昌郡。治所在今湖北襄阳市襄城区境。梁废。

③南齐改连然县置，属平乐郡。治所即今云南安宁市。隆昌元年（494）改郡。隋、唐复为县，属昆州。南诏置安宁城。

④南朝梁置，属长陵郡。治所在今河南淮滨县西南二十里张庄乡。北齐废。

⑤西魏废帝元年（552）置，为安宁郡治。治所在今陕西绥德县东南五十里。隋大业三年（607）省入上县。

⑥西魏置，属番和郡。治所在今甘肃永昌县境。隋开皇中省入番和县。

⑦唐置，治所在今广西柳江县西南、忻城县东。北宋庆历四年（1044）废。

⑧南宋嘉定四年（1211）置，属长宁军。治所在今四川长宁县东北。元至元二十二年（1285）废。

⑨1913年改安宁州置，属云南滇中道。治所即今云南安宁市。1916年直属云南省。1995年改置安宁市。

安宁所　明洪武二十四年（1391）置安宁守御千户所，属云南都司。治所即今云南安宁市。清康熙七年（1668）废。

安宁河　①即今云南富民县东螳螂川。《方舆纪要》卷114富民县：安宁河"在县西南（按，应为县东）。《志》云，河出安宁州入县界，又经罗次县，为沙摩溪。至禄丰县，为大溪。至易门县，为九渡河，流入元江府界"。

②古名孙水、长江水、长河。即今四川西昌市西南安宁河。为雅砻江北支流。主流源出冕宁县北部，南流经冕宁、西昌、德昌、米易，注入鸦砻江。清嘉庆《四川通志》卷15宁远府西昌县："怀远河下流入安宁河。"

安宁城　①唐南诏置，属拓东节度。即今云南安宁市。宋大理属善阐府。元改安宁州。

②在今云南洱源县北。《方舆纪要》卷117浪穹县：安宁城“在县北。唐天宝八载，嶲州都督何履光以兵定南诏安宁城及五盐井，复立马援铜柱，是也”。

安宁郡 ①南齐隆昌元年（494）析平乐郡安宁县置，属宁州。治所即今云南安宁市。辖境约当今云南安宁市和易门县地。南朝梁末废。

②南朝梁大同中置，属东巴州。治所在今四川南江县北。西魏属集州。隋开皇三年（583）废。

③西魏废帝元年（552）置，为绥州治。治所在安宁县（今陕西绥德县东南五十里）。辖境相当今陕西绥德、清涧、子长、子洲等县地。隋开皇三年（583）废。

安宁陵 梁昭明太子萧统陵墓。在今江苏南京市东北。《元和志》卷25上元县：梁昭明太子安宁陵“在县东北五十四里查硎山”。

安宁铺 即今四川长宁县（旧名安宁镇，今名长宁镇）。清嘉庆《四川通志》卷89长宁县：安宁铺“在县（旧城）东北五十里”。

安宁堡 ①明置，属礼州所。在今四川西昌市西北。《方舆纪要》卷74守御礼州中中千户所：安宁堡在“所南四十里。至建昌卫二十里。旧为戍守处”。

②明弘治十八年（1505）置，即今甘肃兰州市西北安宁堡。《方舆纪要》卷60兰州：安宁堡“在金城关西四十里。又西三十里为沙井峡，北抵庄浪之道也”。

安宁镇 北宋置，属平阴县。即今山东肥城市南二十八里安临站镇。

安永镇 在今广西武宣县北六十里。明置巡司于此。清雍正十二年（1734）裁。

安民县 ①西汉置，属安定郡。治所在今甘肃华亭县驻地东华镇。《汉书·平帝纪》：“罢安定呼池苑，以为安民县，起官寺市里，募徙贫民，县次给食。”《水经·渭水注》：“建武八年（32），中郎将来歙与祭遵所部护军王忠、右辅将军朱宠，将二千人，皆持卤刀斧，自安民县之杨城。……从番须、回中，伐树木，开山道，至略阳。”

②西魏置，属文安郡。治所在今陕西延川县东南。隋开皇初改为吉万县。大业初废入上县。唐武德二年（619）复置安民县，为西和州治。贞观二年（628）属北基州，后属延州。贞观二十三年（649）改为宏风县。

③辽太宗以渤海俘户置，属饶州。治所在今内蒙古林西县南小城子村。金废。

安民城 在今山西襄垣县北十里。《魏书·地形志》：襄垣县有“安民城”。《资治通鉴》：东晋永和十一年（355），“上党人冯鸯逐燕太守段刚，据安民城”。胡三省注：“安民城在襄垣县，盖永嘉中，刘琨遣张倚所筑，以安上党之民，因以为名。”

安民亭 在今山东梁山县东北安民山（小安山）南。《水经·济水注》：“济水西有安民亭，亭北对安民山，东临济水。”东汉建安六年（201），曹操破袁绍，就谷于东平之安民。即此。

安民营 在今江苏如皋市南。《方舆纪要》卷23如皋县：“安民营在县南江中沙洲上。嘉靖中置，为防御之所。”

安民镇 ①金置，属徐州。在今安徽萧县东北境。

②明置，属归善县。即今广东紫金县。隆庆三年（1569）于此置永安县，1914年改名紫金县。

安边千户所 明弘治中置，属陕西都司。治所在今甘肃环县西北一百二十里。清废。

安边场 即今四川宜宾县西南安边镇。清光绪《叙州府志》卷8宜宾县：安边场在“治西九十里”。《清史稿·殷化行传》：康熙二十一年（1681），与吴三桂将胡国柱“迭战安边”。即此。

安边县 唐开元十二年（724）置，属蔚州。治所即今河北蔚县。天宝元年（742）为安边郡治。至德二年（757）改为兴唐县。五代梁改名隆化县，后唐复名安边县。后晋改名灵仙县。

安边府 唐渤海国置，治所在安州（今俄罗斯滨海边疆区东北奥莉加）。辖境约当今俄罗斯滨海边疆区锡霍特山脉南半部以东至海地区。辽废。

安边城 北宋崇宁五年（1106）于徐家台筑城，属环州。在今甘肃环县西北一百二十里。金为安边砦，属通远县。元废。

安边营 即今陕西定边县东安边镇。《清一统志·延安府二》：安边堡“在定边县东一百里，亦名旧安边营。东至柳树涧四十里，北至边界一里，地名深井。明正统二年置，城在平川，周四里余，为极冲要地”。

安边砦 北宋置，属环州。在今甘肃环县西北一百二十里。金属通远县。元废。

安边馆 在今福建厦门市西南海沧镇。《清一统志·漳州府》：安边馆“在海澄县东北二十里海沧澳。明嘉靖九年置，委通判驻守。四十三年，寇吴平巢于此，都督戚继光讨逐之，及县置守而罢。馆毁于贼。崇祯中更筑，名曰观化堂”。

安边铺 即今四川宜宾县西南安边镇。明正德《四川志》卷16宜宾县：“安边铺在治西。”清嘉庆《四川通志》卷89宜宾县：安边铺“在县西七十五里”。

安边堡 ①北宋置，属镇戎军。在今宁夏泾源县北大湾乡武家坪。熙宁四年（1071）废，五年于此置张义堡。

②在今四川高县北。《方舆纪要》卷70高县：安边堡“在县城北。《志》云：其地当兴、珙、筠三县之要道。永乐中置堡于此，以为控御，叙南卫官军戍守”。

③即安边营。今陕西定边县东安边镇。民国时设县佐。

安边镇 在今山西应县东二十里。金元好问诗“三冈四镇护金城”。《清一统志·大同府》称：“旧以赵霸、黄花、护驾为三冈，以安边、大罗、司马、神武为四镇。”

安邦海口 在今越南东北部广宁省鸿基市南下龙湾。《元史·安南传》：元至元二十二年（1285），镇南王征安南，“（陈）日烜至安邦海口，弃其舟楫甲杖，走匿山林”。

安戎关 亦名新关。在今陕西陇县西四十里。《新唐书·地理志》陇州汧源县：“西有安戎关，本大震关。大中六年，防御使薛逵徙筑，更名。”

安戎县 ①北魏于戎邑道故址置，属略阳郡。治所在今甘肃清水县西北。北周废。

②西魏置，属河东郡。治所在今山西芮城县东十里东张村。北周明帝二年（558）改为芮城县。

③北周置，属洮河郡。治所在今青海贵德县境。隋开皇初并入河津县。

安戎城 唐仪凤二年（677）筑，属维州。在今四川理县西地鹧鸪山东侧。一说马尔康县东境。吐蕃陷而据之。《资治通鉴》：唐开元二十六年（738），“剑南节度使王昱筑两城于其侧，顿军蒲婆岭下，运资粮以逼之。吐蕃大发兵救安戎城，昱众大败，死者数千人。昱脱身走，粮仗军资皆弃之”。开元二十八年（740）收复，“更命安戎城曰平戎”。

安吉场 在今四川大竹县东北一百五十里。《清史稿·周达武传》：同治初，追击周绍勇义军“至大竹安吉场”。即此。

安吉州 ①南宋宝庆元年（1225）改湖州置，治所在乌程、归安二县（今浙江湖州市城区）。辖境相当今浙江湖州市及德清、安吉、长兴三县。元至元十三年（1276）改为湖州路。

②明正德元年（1506）改安吉县置，属湖州府。治所在今浙江安吉县北安城镇。辖境相当今安吉县全境。清乾隆三十八年（1773）复改安吉县。

安吉县 东汉中平二年（185）分故鄣县置，属丹阳郡。治所在天目乡（今浙江安吉县西南孝丰镇）。《续汉书·郡国志》刘昭注引《吴兴记》：“光和末，张角乱，此乡守险助国，汉嘉之，故立县。”三国吴宝鼎元年（266）分属吴兴郡。南朝梁属广梁郡。陈属陈留郡。隋开皇九年（589）废。义宁二年（618）沈法兴复置，唐武德四年（621）改属桃州，武德七年（624）又废。麟德元年（664）再置，属湖州。开元二十六年（738）徙治玉磬山东南（今安吉县东北二十五里）。五代梁开平元年（907）再徙治马家渎西（今安吉县北安城镇）。南宋宝庆元年（1225）属安吉州。元属湖州路。明初属湖州府，正德元年（1506）升为安吉州。清乾隆三十八年（1773）复改安吉县。民国初属浙江钱塘道。1927年直属浙江省。1951年迁治今县北梅溪镇。1958年迁今治（递铺镇）。

安吉里克河 在今哈萨克斯坦东部萨瑟科尔湖南。清徐松《西域水道记》卷5：安吉里克河“当博罗塔拉河之北，出安吉里克岭东麓，北流六十余里有胡克多赖山西水，西北流来汇，北入（阿拉克图古勒）淖尔”。

安吉镇 一名老虎咀子。在今吉林东辽县西北东辽河东岸老虎咀村。《清史稿·地理志》西安县：“老虎嘴今名安吉镇，在县西北。”

安西 ①唐方镇名。景云元年（710）以安西都护兼四镇经略大使，开元六年（718）始称四镇节度使。其后以治安西都护府（治今新疆库车），节度使例兼安西都护，故亦称安西或安西四镇，统辖龟兹、于阗、疏勒、焉耆四镇。至德二载（757）改为镇西，大历二年（767）复为安西。贞元六年（790）后，以地入吐蕃，废。

②在今四川重庆市涪陵区西。《宋史·张珏传》：南宋末，元兵攻陷重庆，守将“珏至安西赵老庵，……解弓弦自经厕中”，即此。

安西入西域道 唐时中原地区对西域交通的道路名。附见《新唐书·地理志》，系根据贾耽所记从边州入四夷道路转载。所言入西域道，除在今新疆境内的若干支线外，其主要干线有二：（1）为由焉耆（今新疆焉耆回族自治县西南）至安西（今新疆库车县）及由安西通怛罗斯（今哈萨克斯坦东南部江布尔城南）的交通线，大体和《释迦方志》所记北道的路线相同；（2）为沙州（治所在今甘肃敦煌市西）通于阗（今新疆和田市）的交通线，大体和《元和郡县志》所记南道的路线相同。

安西厅 ①清雍正二年（1724）置，属甘肃省。治所在布隆吉城（今甘肃瓜州县东布隆吉乡），六年徙治渊泉镇（今瓜州县）。辖境相当今甘肃玉门市以西之地。乾隆二十四年（1759）升为安西府。

②清雍正九年（1731）置，属甘肃省。治所在巴尔库勒城（今新疆巴里坤哈萨克自治县）。乾隆三十八年（1773）升为镇西府。

安西水 即今四川绵阳市东之魏城河。《新唐书·地理志》魏城县：洛水堰“贞观六年引安西水入县”。《九域志》卷7魏城县“有安西水”。

安西四镇 即四镇。唐代安西都护府所辖龟兹、于阗、疏勒、碎叶等四个军事重镇。显庆三年（658）、开元七年（719）曾以焉耆代碎叶。

安西州 清乾隆三十九年（1774）降安西府置，属甘肃省。治所即今甘肃瓜州县。辖境相当今甘肃玉门市以西地。1913年改为安西县。

安西县 ①金初升安西城置，初属巩州，贞祐四年（1216）属定西州。治所即今甘肃定西市。元初移定西州治此，省县入州。

②1913年改安西州置，属甘肃安肃道。治所即今甘肃瓜州县。取“安定西边”之意。1927年直属甘肃省。2006年改名瓜州县。

安西府 ①唐贞观十三年（639）置，属洮州。治所在今甘肃卓尼县城附近。后废。《元和志》卷39临潭县：“安西府，在县东四十里。周明帝武成元年，行军总管博陵公贺兰祥讨吐谷浑，筑此城以保据西土，后因置博陵郡。隋又为县，属洮州。贞观十二年省入临潭，十三年于此置安西府。”

②元世祖至元十五年（1278）改京兆府置，治所在咸宁、长安二县（今陕西西安市）。次年改为安西路。

③清乾隆二十四年（1759）升安西厅置，属甘肃省治所在渊泉县（今甘肃瓜州县）。辖境相当今甘肃玉门市以西之地。二十七年（1762）移治敦煌县（今敦煌市）。三十九年（1774）降为安西州。

安西城 ①唐南诏置，属镇西节度。在今缅甸克钦邦孟拱河西岸的孟拱。为从南诏通天竺正西一道的重要城邑。唐樊绰《蛮书》卷6：“从上郎坪北里眉罗苴盐井又至安西城，直北至小婆罗门国。”南诏后期属丽水节度。

②即安西都护府城龟兹城。在今新疆库车县。《新唐书·突厥传》：开元间，车鼻施啜苏禄“阴结吐蕃举兵掠四镇，围安西城”。

③本名汝遮堡，北宋绍圣三年（1096）筑城赐名，属会州。即今甘肃定西市。金初升为安西县。

安西都护府 唐六都护府之一。贞观十四年（640）置，治所在西州（今新疆吐鲁番市东四十余里高昌故城）。二十二年（648）徙治龟兹（今新疆库车县东郊皮朗旧城）。永徽二年（651）还治西州。显庆三年（658）又徙治龟兹。咸亨元年（670）移治碎叶镇（今吉尔吉斯斯坦楚河南岸托克马克西南阿克·贝希姆废墟）。长寿元年（692）还治龟兹。辖境约当今阿尔泰山以西、咸海以东及阿姆河流域、葱岭东西、塔里木盆地大部地区。至德二年（757）更名镇西都护府。后复名安西都护府。贞元六年（790）地入吐番，废。

安西砦 宋置，属涪州。在今重庆市涪陵区西。《宋史·张珏传》：南宋末，元兵攻破重庆，珏顺长江东走涪州，被执。“珏至安西赵老庵，其友谓之曰：‘公尽忠一世，以报所事，今至此，纵得不死，亦何以哉？’珏乃解弓弦自经厕中，从者焚其骨，以瓦缶葬之死所”。

安西路 元世祖至元十五年（1279）改京兆府为安西府，次年又改为路。治所在咸宁、长安县（今陕西西安市）。因元世祖封其子莽噶拉于此为安西王，故名。俗称阿儿垛。辖境相当今陕西中部，西至眉县，东北至韩城，东南抵商县。皇庆元年（1312）改为奉元路。

安达厅 清光绪三十二年（1906）以杜尔伯特旗垦地置，属黑龙江将军（次年改黑龙江省）。治所在今黑龙江省安达市东北任民镇。民国林传甲《黑龙江乡土志》：“安达即谙达，本蒙古官名。”地因官名。1913年降为安达县。

安达市 1960年由安达县及肇州县部分地区析置安达市（地级），治萨尔图（今黑龙江大庆市区）。1965年恢复安达县，治安达镇。1979年安达市改名大庆市。1984年安达县改设安达市。1999年由绥化市代管。

安达县 1913年改安达厅置，属黑龙江省龙江道。治所在今黑龙江省安达市东北任民镇。1928年直属黑龙江省。1937年移治安达镇（即今黑龙江省安达市）。1945年划归嫩江省。1949年划归黑龙江省。1960年改设安达市（地级）。1965年迁治萨尔图。1979年改名大庆市。

安达拉卡伦 清乾隆年间置，在今哈萨克斯坦阿拉木图东北、伊犁河南岸杜邦。清徐松《西域水道记》卷4：伊犁河“自惠远城南，西流九十里，径古尔班托海北，又西七十里，径安达拉卡伦北”。

安达站 即今黑龙江省安达市。《清史稿·地理志》安达直隶厅：官商路“西越东清铁路安达站至杜尔伯特贝子旗”。1937年安达县移治于此。

安达礁 在南海中中国南沙群岛内，位于郑和群礁的东端。中国渔民向称银饼、银锅。1935年公布名称为依鲁德礁。1947年改名安达礁。郑资约《南海诸岛地理志略》载：安达礁“礁东北西南斜列，长4.25浬，宽由200码至1里不等。礁上有数大石常露出，低潮时有更多之小石，亦暴露”。

安成 亦作安城。战国魏邑，在今河南原阳县西南。《史记·魏世家》：安釐王十一年（前266），信陵君无忌谓魏王曰，“通韩上党于共、甯，使道安成，出入赋之”，即此。

安成县 ①西汉置，属长沙国。治所在今江西安福县西严田镇东北竹山下。东汉改为安城县，属庐陵郡。三国吴属安成郡。西晋太康元年（280）改名安复县。隋开皇中改平都县，属吉州。治所即今江西安福县。开皇十八年（598）复改安复县。

②三国魏改安城侯国为安城县，西晋改安成县，属汝南国。治所在今河南汝南县东南七十里北胡。北齐废。

③即安城县。在今广西宾阳县东黎塘镇。《隋书·地理志》作“安成县”。

安成侯国 西汉置，属汝南郡。治所在今河南汝南县东南七十里北胡。东汉改为安城侯国。

安成郡 ①三国吴宝鼎二年（267）置，属扬州。治所在平都县（今江西安福县）。辖境相当今江西新余市以西的袁水流域和泸水、禾水流域。隋开皇九年（589）废。

②南朝梁置，属定州。治所在安成县（今广西宾阳县东黎塘镇）。辖境相当今广西宾阳县、贵港市接界处。隋开皇九年（589）平陈后废。

安夷川 即今青海平安县西南祁家川水（三合沟）。《水经·河水注》：“湟水又东，安夷川水注之。水发远山，西北流，控引众川，北屈，径安夷城西北，东入湟水。”

安夷军 唐贞元七年（791）置，治所在资州（今四川资中市）。后徙内江县北（今内江市西北）。《舆地纪胜》卷157资州：安夷军“韦皋于资州建安夷军，以维制诸蛮。在内江上流二十里太平坝，今名安汉坝”。后废。

安夷县 ①西汉置，属金城郡。治所在今青海平安县西。东汉建初元年（76），护羌校尉居此。晋属西平郡。《晋书·秃发乌孤载记》：十六国南凉太初三年（399），武威王秃发乌孤“署弟利鹿孤为骠骑大将军、西平公，镇安夷”。即此。北魏废。

②北宋政和八年（1118）置，属思州。治所即今贵州镇远县。宣和四年（1122）废为砦。南宋绍兴二年（1132）复置，元废。

安夷郡 ①北魏置，属东秦州。治所在长蛇县（今陕西宝鸡市陈仓区西北香泉河流域）。辖境相当今陕西宝鸡市陈仓区西北部。隋初废。

②唐天宝元年（742）改思州置，治所在务川县（今贵州沿河土家族自治县东北）。辖境相当今贵州沿河土家族自治县、印江土家族苗族自治县、务川仡佬族苗族自治县等地。乾元元年（758）复为思州。

安夷砦 北宋熙宁六年（1073）改婆娑砦置，属江安县。在今四川长宁县（旧安宁镇，今长宁镇）。大观四年（1110）废。政和六年（1116）复置，属长宁军。南宋嘉定四年（1211）改置安宁县。

安贞堡 在今福建永安市东一百里槐南乡洋头村西三里。始建于清光绪十一年（1885），光绪二十四年（1898）竣工。占地1万平方米，建筑面积6000平方米，是清代大型围屋院落城堡式民居。坐西向东。平面前方后圆，堡前有宽敞大坪，堡东西64米，南北57.4米。建筑整体是围廊式土楼与厅堂为中心结合的院落式民居。主体建筑为二层三进的四合院，周边是围廊楼屋，共有房间三百六十八间。布局沿袭了中国传统建筑中轴对称的格局。轴线上有厅堂，两旁是护厝。堡内有厅、堂、卧室、书斋、谷仓、储藏间、地下室、厨房、澡房、水井、厕所等，附属建筑有书房、药房、工房、马房、大坪、半月池等。毛石砌筑的围墙和夯土的围屋高有两层，环绕一周将四合院围起来，起防卫及防寒御风的作用。坡形屋面顶，层层出檐，脊饰角饰精致，显示了地方工匠高超的工艺水平。2001年定为全国重点文物保护单位。

安匠屯 即鞍匠营。今河北滦平县治。清于此置巡司。

安舟冈 在今安徽阜南县东南六十里淮河北岸曹集镇。明正德《颍州志》卷1：安舟冈“往来舟楫，依岗湾泊，故名”。

安舟塘 即今安徽阜南县东南六十里曹集镇。清道光《阜阳县志》卷2：安舟塘“环安舟冈七里。明成化中废，州同知刘节修复”。

安众侯国 西汉元朔四年（前125）置，属南阳郡。治所在今河南邓州市东。西晋废入宛县。

安众港 在今河南邓州市东北赵河畔。《水经·湍水注》：“涅水又东南径安众县，堨而为陂，谓之安众港。魏太祖破张绣于是处。”

安众塞 在今山西朔州市北。《方舆纪要》卷44朔州：安众塞“在州北。唐会昌三年，回鹘乌介可汗犯塞，振武节度使刘沔与天德将石雄出云州，走马邑，抵安众塞，遇敌与战，败之”。

安众镇 北宋置，属南阳县。在今河南南阳市西南三十里。

安各庄 即今河北滦县西北二十里东安庄镇。清光绪《滦州志》卷8：安各庄在“城西北二十里”。

安多罗 即安得悦。在今新疆民丰县东北安迪尔兰干。

安庄卫 明洪武二十三年（1390）置，属贵州都司。治所即今贵州镇宁布依族苗族自治县。清康熙十一年（1672）省入镇宁州。

安庄城 即今贵州镇宁布依族苗族自治县。《方舆纪要》卷123安庄卫：安庄城“今卫治。洪武二十五年筑”。

安庆卫 明洪武初置，属直隶南京。治所在安庆府怀宁县（今安徽安庆市）。清废。

安庆市 1927年由怀宁县析置，治安庆城（今安徽安庆市）。1930年撤销，并入怀宁县。解放后1949年4月复置，同年10月又废。1950年复设安庆市。1951年升为地级市。1952年划属安徽省，仍由省直辖（地级）。

安庆军 南宋绍兴十七年（1147）改舒州置，治所在怀宁县（今安徽省潜山县）。庆元元年（1195）升为安庆府。

安庆坝 亦作安靖坝。即今四川石棉县西北大渡河东岸安靖。清光绪《越嶲厅志》卷2：同治二年（1863），石达开“自冕邑据紫打地，总督骆秉璋遣雅州府蔡步钟、军门唐友耕等分据河北岸安庆坝、洋泗营，无雨骤涨，毙贼无数，石逆就擒，其党尽歼”。

安庆府 南宋庆元元年（1195）升安庆军置，治所在怀宁县（今安徽潜山县）。端平三年（1236）移治罗刹洲（今池州市西六十里）。景定元年（1260）移治宜城（今安庆市）。辖境相当今安徽长江以北，枞阳、桐城、岳西以南地区。元世祖至元十四年（1277）升为安庆路。明洪武初改为宁江府，六年（1373）复为安庆府，直隶南京。清为安徽省治。1913年废。

安庆泽 在今内蒙古乌审旗北。《宋史·夏国传上》：淳化初，李继迁“复与继捧战于安庆泽”，即此。

安庆道 1914年6月由安广滁和道改置，属安徽省。治怀宁县（今安徽安庆市）。辖境约当今安徽长江以西，岳西、舒城、合肥、肥东、肥西、滁州、全椒、来安以东地区。同年10月，今滁州、全椒、来安划归淮泗道，金寨、六安、霍山及湖北英山由淮泗道改隶本道。1928年废。

安庆路 元世祖至元十四年（1277）改安庆府为路，属蕲黄宣慰司。二十三年（1286）属河南江北行省。治所在怀宁县（今安徽安庆市）。辖境相当今安徽长江以北，枞阳、桐城、岳西以南、以西地区。明洪武初为宁江府。

安州　①北魏皇兴二年（468）置，治方城（今河北隆化县伊逊河东岸）。《水经·濡水注》："索头水南流径广阳侨郡西，魏分右北平置，今安州治。"东魏元象中寄治幽州北界，在今北京市密云县东北七十里。北周改名玄州。

②西魏大统十六年（550）改南司州置，治所在安陆郡（今湖北安陆市）。北周大象初改为郧州，寻复为安州。隋大业三年（607）改为安陆郡。唐初又改名安州，天宝初改名安陆郡，乾元初复名安州。辖境相当今湖北安陆、广水、应城、孝感、云梦等市县地。北宋宣和元年（1119）改名德安府。

③西魏侨置，寄治幽州北界（今北京市密云县东北五十里侨置之燕乐县）。北周改玄州。

④南朝梁天监初置，治所在定远郡定远县（今安徽定远县东南）。太清中废。

⑤南朝梁武帝置，治所在宋寿县（今广西钦州市东北三十里久隆镇）。辖境相当今广西钦州、防城港二市、灵山县及越南芒街一带。隋开皇十八年（598）改为钦州。

⑥南朝梁末改南梁州置，治所在南安郡（在今四川剑阁县西南普安镇）。辖地相当今四川剑阁县地。西魏改为始州。

⑦南朝陈太建七年（575）改东楚州置，治所在宿预县（今江苏宿迁市东南郑楼镇古城）。北周大象二年（580）改为泗州。

⑧唐武德三年（620）李子通置，治所即今浙江德清县（武康镇）。寻改武州。

⑨唐武德五年（622）置，治所隆安县（今越南清化省清化县东南）。辖境相当今越南清化省清化县东南一带。贞观元年（627）废。

⑩唐渤海国置，为安边府治。治所在今俄罗斯滨海边疆区东北奥莉加。辽废。

⑪辽置，治所即今辽宁昌图县北四面城镇。辖境相当今辽宁昌图县北部分地区。金皇统三年（1143）废。

⑫金天会七年（1129）升顺安军置，治所在高阳县（今河北高阳县东旧城镇）。辖境相当今河北高阳、安新二县地。大定二十八年（1188）移治葛城县（今安新县西南安州镇），泰和八年（1208）又移治渥城县（今安新县）。元初还治葛城，属保定路。世祖至元二年（1265）废。寻复置。明洪武二年（1369）废葛城县入州，属保定府。1913年改为安新县。1950年迁治新安镇。

⑬元世祖中统五年（1264）改石泉军置，属成都路。治所在今四川安县西北。辖境相当今四川安县、北川羌族自治县地。明洪武初降为安县。

安州砦　在今山东宁津县西北十八里。《方舆纪要》卷13宁津卫：安州砦"有前、后两砦。相传五代初屯兵处"。

安冲土司　清末由多伦尼托克安图，阿萨克、克列玉、克阿永、克叶尔济、克拉尔济、克典巴七族合并设置，驻牧地在安冲庄（今青海玉树县西北安冲乡）。为玉树二十五族之一。民国周希武《玉树调查记》卷上：安冲土司"东北以通天河与固察为界，北与玉树、娘磋连界，西南与扎武属地为界。百长七员，曰安冲、曰阿萨、曰阿永、曰叶吉、曰拉吉、曰列玉、曰典巴"。

安冲庄　即今青海玉树县西北安冲乡。民国周希武《玉树调查记》卷上："安冲驻牧地在通天河西南岸。……百户驻安冲庄。"

安次县　①西汉置，属勃海郡。治所在今河北廊坊市西北古县村。东汉属广阳郡。三国魏属燕国。北魏属燕郡。隋属涿郡。唐属幽州，武德四年（621）移治石梁城（今廊坊市东南），贞观八年（634）又移治常道城（今廊坊市旧州西北常道村），开元二十三年（735）移治今廊坊市西旧州。蒙古中统四年（1263）升为东安州。1914年改东安县复置，属直隶京兆尹。治所在今廊坊市东南光荣村。1928年直属河北省。1948年迁治廊坊。1928年直属河北省。1981年析置廊坊市。1983年撤销，并入廊坊市。

②南朝宋侨置，属清河郡。治所在今山东淄博市淄川区淄川城附近。北齐废。

安江砦　①北宋熙宁六年（1073）以硖州新城置，属沅州。即今湖南洪江市（黔城镇）。明置巡司。1949年黔阳县自黔城镇迁治于此。

②北宋置，属观州。治所在今广西东兰县境。宣和三年（1121）废。

安兴县　南朝梁改新丰县置，属新兴郡。治所在今湖北荆州市荆州区（故江陵县城）东北。隋开皇十一年（591）废。仁寿元年（601）改广牧县复置，属荆州。治所在今荆州市荆州区东三十里。大业初属南郡。唐贞观十七年（643）废。

安兴郡　南齐改宋兴郡置，属益州。治所在南汉县（今四川成都市北三十里）。北周废。

安兴集　明置安兴集巡司，属巨野县。即今山东菏泽市东北安兴镇。

安军州　五代时于阗国置，治所在今新疆于田县东北。《新五代史·四夷附录》于阗："又行二日至安军州，遂至于阗。"《方舆纪要》卷65于阗：扜罙城"《唐史》：扜罙去柳中城四千九百里。后讹为罕弥。五代时于阗尝置州于此。高居诲云：渡陷河，又西至绀州，于阗所置州也。又行二日至安军州，遂至于阗。……所谓安军，即故罕罙城矣"。

安阳　①战国赵邑。在今河北临城县南。《史记·赵世家》：惠文王二十四年（前275），"廉颇将攻魏房子，拔之，因城而还。又攻安阳，取之"。

②战国赵地。在今河北阳原县东南。《史记·赵世家》：惠文王三年（前296），"封长子章为代安阳君"。即此。西汉置东安阳县。

③邑名。本战国魏宁新中，秦改名。在今河南安阳市南。《史记·秦本纪》：昭襄王五十年

（前257），“拔宁新中，宁新中更名安阳”，后改为县。

安阳口店　在今湖北郧县东汉水东岸安阳口。《方舆纪要》卷79郧阳府郧县“马山口堡”条下：“其相近者曰安阳口店。”《清一统志·郧阳府》：安阳口店“在郧县东五十里”。民国《湖北通志》卷36郧县：安阳口“同治元年，粤逆伪扶王由淅川经琵琶滩直逼郡城，官军水师赴援，次安阳口，为贼所遏，守城团勇击败之，舟乃得进”。

安阳山　①又名阳山。即今江苏无锡市西北五十里阳山。《寰宇记》卷92引《风土记》云：“周武王封周章少子斌于无锡县安阳乡。”《方舆纪要》卷25常州府无锡县：安阳山，周斌“卒葬山下，山因以名。峰峦奇峭，顶有龙湫，俗呼西阳山。昔时阳湖在其西麓云。元末，张士诚将莫天祐屯兵于此，以拒塞宜兴东出之道。今有垒营遗址”。

②一名大山。又称西大山。在今安徽霍邱县西，与河南固始县交界处。《寰宇记》卷129霍邱县：“安阳山在县西九十里。西属固始，东属霍邱。汉《地理志》云：安丰西南有大别山，又有阳泉县。今验古迹阳泉县在山西北，安丰县在山东北，各取县之一字为名。”

③在今河南固始县东。《隋书·地理志》：固始县“有安阳山”。《寰宇记》卷127固始县：“安阳山在县东六十里。山顶与霍县分界。”《方舆纪要》卷50固始县：安阳山“一名大山。势甚高耸。有白龙池在其上。《志》云：唐元和中平蔡，尝驻兵于此。又有故元时大山民寨”。

④在今湖南桃源县西。《方舆纪要》卷80桃源县“穿石山”条下：“又安阳山，在县西百二十里。高万丈，云气开合，可占晴雨。”

安阳水　即唐五代时桑干河南支，径今河北固安、永清二县北。《资治通鉴》：五代周显德六年（959），北伐契丹，世宗遣将刘重进据固安，“上自至安阳水，命作桥”，谋取幽州，会有疾而还。

安阳市　1949年由安阳县城区及近郊析置，由平原省直辖（地级）。治所即今河南安阳市。1952年划属河南省，由河南省直辖。1958年后两度改为县级市，1982年复改为地级市。

安阳江　即今浙江瑞安市南之飞云江。源出今浙江景宁畲族自治县南赤木山，东经泰顺、文成二县，于瑞安市东南入海。《方舆纪要》卷94瑞安县：安阳江“在城南。《志》云：其上源有二……合诸山溪之水，流入县境，至陶山南口而合流，又东至县南，水阔百余丈……东接海口，为县境之冲要”。

安阳县　①战国秦置，属河内郡。治所在今河南安阳市西南。西汉废入荡阴县。三国魏复置，属魏郡。东魏天平初废入邺县。隋开皇十年（590）复置，属相州。移治今安阳市。大业初为魏郡治。唐为相州治。金明昌三年（1192）为彰德府治。元为彰德路治，元末废。明洪武元年（1368）复置，为彰德府治。民国初属河南河北道。1927年直属河南省。1949年8月析城区及郊区置安阳市，县徙治水冶（今安阳县西水冶镇）。1954年还治安阳市。

②西汉置，属汉中郡。治所在今陕西洋县北。三国魏移治今陕西石泉县东南。西晋太康元年（280）改名安康县。

③西汉置，属汝南郡。治所在今河南正阳县南。西晋改名南安阳县。南朝宋复名安阳县。东魏属义阳郡。隋废。

④即西安阳县。在今内蒙古乌拉特前旗东南。《后汉书·蔡邕传》：邕流“居五原安阳县”。李贤注：“即西安阳县也，故城在今胜州银城县。”

⑤三国魏置，属魏兴郡。治所在今陕西石泉县东南池河入汉水口之北。西晋太康元年（280）改名安康县。

⑥三国吴宝鼎三年（268）改罗阳县置，属临海郡。治所即今浙江瑞安市。西晋太康元年（280）因与司州魏郡之安阳县重名而改为安固县。

⑦东晋置，属魏郡。治所在今山东邹平县东长山镇南。北魏属东魏郡。北齐废。

⑧南朝宋改南安阳县置，属汝南郡。治所在今河南正阳县西南陡沟镇。北魏为安阳郡治。隋开皇初废入真阳县。唐武德四年（621）复置，属豫州。贞观元年（627）废。

⑨南朝宋侨置，属南汝阴郡。治所在今安徽合肥附近地。南齐因之。后废。

⑩北魏永平元年（508）置，为北谯郡治。治所在今安徽寿县东南。后废。

⑪北魏孝昌二年（526）置，属砀郡。治所在今安徽砀山县东北二十五里麻城。北齐属彭城郡。隋开皇十八年（598）改为砀山县。

⑫北魏置，属高柳郡。治所在今河北阳原县东南。北齐废。

⑬北魏置，为安阳郡治。治所在今甘肃秦安县北安伏乡。隋开皇十八年（598）改名长川县。

安阳河　即洹水。在今河南安阳市北。《资治通鉴》：唐乾元二年（759），“官军步骑六十万陈于安阳河北，思明自将精兵五万敌之”。即此。

安阳城　①在今山东曹县东。《史记·项羽本纪》：宋义救赵，“行至安阳，留四十六日不进”。又，《傅宽传》：傅宽“从攻安阳、杠里”。《正义》谓“今宋州楚丘县西十里安阳故城是也”。

②在今河南陕县东南硖石乡西四十里。《水经·河水注》：安阳溪水“出石崤南，西径安阳城南，汉昭帝封上官桀为侯国。潘岳所谓我徂安阳也”。唐贞观八年（625）曾移崤县治于此。北宋初，城废。

③即今河南焦作市东北二十八里安阳城街道。《魏书·地形志》汲郡北修武县：“有安阳城。”

安阳侯国　西汉置，属汝南郡。治所在今河南正阳县西南陡沟镇。文帝八年（前172），封淮南厉王子勃为安阳侯。即此。西晋太康元年（280）改为南安阳县。

安阳亭　在今河北临漳县西南故邺县附近。《资治通鉴》：东晋永和五年（十六国后赵太宁元年，349），石虎死，“（彭城王）遵至安阳亭，张豺惧而出迎，遵命执之”。即此。

安阳郡　①北魏永安三年（530）置，为郢州治。治所在安阳县（今河南正阳县西南陡沟镇）。辖境相当今河南正阳县地。东魏天平四年（537）废。

②北魏置，属秦州。治所在安阳县（今甘肃秦安县北安伏乡）。辖境相当今甘肃秦安县北部地。隋开皇三年（583）废。

安阳桥　一名鲸背桥。在今河南安阳市北四里安阳河上。《旧五代史·晋书·少帝纪》：开运二年（942），“王师与契丹相拒于相州安阳河上。……是夜，张从恩引军退保黎阳，唯留五百人守安阳河桥”。

安寿县　西魏改梓潼县置，属潼川郡。治所在今四川梓潼县西南三十里石牛镇。隋开皇三年（583）移治今梓潼县，大业三年（607）复改为梓潼县。

安远山　在今四川江安县南四十里。《清一统志·泸州》：安远山，“《旧志》：耸然特出，梵刹数重。相传蜀汉诸葛亮征蛮驻此”。北宋元丰中置安远砦于此。

安远门　即开远门。唐长安外郭城西面偏北的一门。故址在今陕西西安市西郊大土门村。

安远水　又名濂江水、廉水。即今江西安远县北濂江。《方舆纪要》卷88赣州府安远县：安远水“在县治西北。源出县东南二十里乌田尾，流经此亦谓之濂江。会紫岭欣山上廉里仁小华江诸水，西至板石镇始通舟楫，至会昌县界合流入贡”。

安远军　唐末置，治所在今天津市蓟县西北。《资治通鉴》：五代梁乾化三年（913），“晋周德威拔燕安远军，蓟州将成行言等降于晋”。即此。

安远县　①西晋太康六年（285）置，属郁林郡。治所当在今广西柳江及红水河中游一带。南朝宋属桂林郡。南齐以后废。

②南齐建元初分雩都县置，属南康郡。治所在今江西宁都县南。永明八年（490）并入虔州。梁大同十年（544）复置，移治今江西安远县南。隋开皇中废。唐贞元四年（788）复置，属虔州。治所又移今安远县。南宋属赣州。元世祖至元二十四年（1287）废，至大三年（1310）复置，属宁都路。明属赣州府。民国初属江西赣南道。1926年直属江西省。

③隋开皇间置，属驩州。治所在今越南河静省河静东南一带。大业初属日南郡。后废。唐武德五年（622）复置，属南德州。贞观十三年（639）后废。

④唐初置，属唐林州。治所在今越南河静省高尚南。至德二年（757）改为柔远县。

⑤北宋景德二年（1005）改安京县置，属钦州。治所即今广西钦州市。南宋为钦州治。元为钦州路治。明洪武七年（1374）废入钦州。

⑥辽置，属通州。治所在今辽宁开原市东北。金废。

安远庙　俗称伊犁庙。在今河北承德市避暑山庄东北、武列河东山岗上。清乾隆二十九年（1764）建。据乾隆御制《安远庙瞻礼书事有序》碑刻载，在漠北厄鲁特蒙古准噶尔部少数贵族发动武装叛乱时，蒙古各部人民维护祖国统一，反对民族分裂，准噶尔部蒙古的达什达瓦部参加了清朝平叛的军事行动，后朝廷允其所请，将该部二千一百余人迁居热河，并仿照新疆伊犁固尔札庙形制，营建此庙，以“怀柔远人”。1988年定为全国重点文物保护单位。

安远府　唐渤海国置，治所在宁州（今俄罗斯滨海边疆区乌苏里江东岸伊曼附近）。辖境约当今俄罗斯境乌苏里江支流比金河、伊曼河、阿库里河流域。辽废。

安远河　即今海南省三亚市西宁远河。《舆地纪胜》卷127引《元和志》谓之宁远水。《明一统志》谓之大河水。《清一统志·琼州府一》：安远水“在崖州（治今崖城镇）北……《旧志》：大河水在州北三里，流至城北分流，一由城东绕近南门，至州西南十五里保平港入海；一由城北绕至城西三里，曰抱漾水，又西二里至蕃坊港，合流入海”。

安远驿　在今广东清远市。《方舆纪要》卷101广州府清远县：安远驿“在县城西”。

安远郡　①南朝梁天监六年（507）置，属衡州。治所在始兴县（今广东始兴县西北）。隋开皇九年（589）平陈后废。

②东魏武定七年（549）置，治所在巨鹿县（今江苏盱眙县境）。北齐废。

③北周置，属平州。治所在今湖北安远县境。隋开皇九年（589）废。

安远砦　①北宋天禧二年（1018）置，属秦州。即今甘肃甘谷县西北安远镇。熙宁八年（1075）废为镇，后复为砦。《宋史·宁宗纪》：南宋嘉定十三年（1220）九月，“壬子，程信及夏人攻巩州不克，信引兵趋秦州。丙辰，夏人自安远砦退师”。后废。

②北宋元丰三年（1080）置，属泸州。在今四川江安县东南五十里安远场。后废入江安县。

③北宋大观二年（1108）置，属庭州。治所在今广西河池市西北。宣和五年（1123）移砦于平安山。寻废。

④即今福建宁化县北安远乡。《方舆纪要》卷98宁化县：安远砦在“县北百里。北至邵武府建宁县八十里。旧名下土寨，宋庆元中置，元因之，有巡司戍守。明朝洪武初改今名”。

安远堡　①北宋置，属镇戎军熙宁砦。在今宁夏固原市西北。后废。

②亦名打班堡。明置，属古浪所。即今甘肃天祝藏族自治县西北安远镇。清初设守备，后改都司。

安远镇 ①北宋熙宁二年（1069）废安远砦为镇，属秦州。即今甘肃甘谷县西北安远乡。

②在今广东南雄市西北。《元和志》卷34始兴县："安远镇，在县东北一百五十里。"

安劳堡 明置，在今广西柳城县西。《方舆纪要》卷109柳城县：安劳堡"在县西北。成化初置，正德以后为叛瑶所据。万历二年平上油'贼'，复置堡，设兵屯守"。

安村寨 当在今贵州仁怀市境。《明史·吴广传》：万历二十五年（1597）征播之役，"广屯二郎坝，大行招徕。……陶洪、安村、罗村三砦土官各出降，他部来归者数万"。

安吴县 东汉建安初，吴分泾县置，属丹阳郡。治所在今安徽泾县西南黄村镇西安吴村。西晋属宣城郡。隋开皇九年（589）废。唐武德三年（620）复置，属猷州。移治今安徽旌德县北三十五里古城村（俗称沙城）。八年（625）废。

安吴渡 即今安徽泾县西南黄村镇西安吴村。清嘉庆《泾县志》卷2：安吴市"在县西五十里落星潭东安吴渡口，即旧安吴县址"。

安县 ①明洪武七年（1374）改安州置，属保定府。治所在今河北安新县西南安州镇。十三年（1380）复为安州。

②明洪武七年（1374）降安州置，属成都府。治所即今四川北川羌族自治县驻地安昌镇。明郭子章《郡县释名》四川卷上："安县之名起于龙安，或云取安抚西羌之义也。"清雍正五年（1727）属绵州。民国初属四川西川道。1928年直属四川省。2000年迁治花荄镇。

安邑 ①古都邑名。故址在今山西夏县西北禹王城。或说即夏县西北东下冯遗址。相传夏禹建都于此。春秋时属晋。《史记·夏本纪》："禹辞辟舜之子商均于阳城。天下诸侯皆去商均而朝禹。禹于是遂即天子位。"《集解》引皇甫谧曰："都平阳，或在安邑，或在晋阳。"《太平御览》卷163引《帝王世纪》曰："禹自安邑都晋阳，至桀徙都安邑。"

②战国时魏国都城。故址在今山西夏县西北禹王城。《史记·魏世家》：武侯二年（前395），"城安邑"，至惠王九年（前362）迁都大梁。《汉书·地理志》河东郡安邑县下亦载："魏绛自魏徙此，至惠王徙大梁。"

安邑县 ①战国魏置，后入秦，为河东郡治。治所在今山西夏县西北十五里禹王城。出土秦封泥中有"安邑丞印"可证。北魏太和十一年（487）分置南、北安邑县。

②东晋咸康三年（337）侨置，属南河东郡。治所在今湖北公安县境。南朝宋孝建二年（455）废。

③北周改北安邑县置，属安邑郡。治所在今山西夏县西北。后改为安邑县。建德七年（577）移治今山西运城市东北十里安邑街道。隋属河东郡。属河东郡。唐属河中府。北宋属解州。民国初属山西河东道。1915年移治今运城市，1918年复还旧治。1928年直属山西省。1955年又移治今运城市。1958年与解虞县及临猗、永济两县的部分地区合设运城县，1983年改设运城市。境内有盐池，历来为我国著名产盐区。

安邑郡 北周置，属虞州。治所在夏县（今山西夏县）。辖境相当今运城市东部及夏县地。隋开皇初废。义宁元年（617）复置，治所在安邑县（今山西运城市东北安邑）。唐武德元年（618）废。

安利军 北宋天圣元年（1023）改通利军置，治所在黎阳县（今河南浚县东）。明道中复为通利军。

安邱堌堆遗址 在今山东菏泽市东南佃户屯街道曹楼村安邱堌堆。现存堌堆高3米，遗址总面积约5000平方米，发现依次叠压的龙山文化、岳石文化、早商和晚商文化层。其中龙山文化房址密集，是研究龙山文化聚落比较典型的材料，尤其是门道下发现了类似后世的人祭现象，为研究当时的社会面貌提供了重要线索。有关岳石文化的发现，填补了鲁西南岳石文化分布的空白和当地龙山文化与商文化间的缺环。商文化遗址从早商到晚商几乎连续不断，为研究商人在东方的发展提供了依据。2001年定为全国重点文物保护单位。

安谷城 在今土耳其西南部安塔基亚，一说伊拉克幼发拉底河口附近。《三国志》卷30裴注引《魏略·西戎传》："大秦国一号犁靬，在安息、条支西大海之西，从安息界安谷城乘船，直至海西。"

安谷镇 在今陕西铜川市耀州区西北。宋敏求《长安志》卷19："安谷镇，在（华原）县西北八十里。"《清一统志·西安府三》引《耀州志》："照金山西北为七里川，即古安谷镇地。"

安怀县 南朝宋（一说东晋咸和六年）置，属东官郡。治所在今广东惠东县西北梁化镇。南齐改名怀安县。

安羌城 北宋宣和六年（1124）置，在今甘肃康乐县境。《宋史·地理志》熙州：安羌城"宣和六年，赐熙河兰廓路新建溢机堡名为安羌城，不知属何州军，姑附于此"。

安羌堡 北宋置，属原州。当在今甘肃镇原县境。

安沂县 东晋置，为永平郡治。治所在今广西岑溪市西北。南朝梁改为安基县。

安良厅 清宣统三年（1911）置，属康定府。治所在今四川康定县西一百三十里瓦泽乡东北安良坝。民国吕式斌《今县释名》卷6：藏名阿娘坝，"安良即阿娘译音之异"。1913年改安良县。不久废入康定县。

安良汛 在今广西融安县东南板桥乡境。清属永宁州，有把总驻守。

安良坝 亦作阿娘坝。在今四川康定县西一百三十里瓦泽乡东北。清乾隆《卫藏通志》卷4程站：纳瓦"下山南行，十五里至阿娘坝。土产饶多，地方俨有富庶之象”。清季设安良厅于此。

安良县 1913年改安良厅置，治所在今四川康定县西安良。不久废入康定县。

安良店 一名安乐镇。即今河南郏县北安良镇。明正德《汝州志》卷1：郏县有安良店。

安社村 即今陕西淳化县东北上南村东北安社村。西北革命根据地所置淳耀县曾徙治于此。

安陆 本为楚邑。在今湖北安陆市西北五十三里。据秦简《编年记》载：“［昭王］二十九年，攻安陆。［始皇］四年，……喜为安陆御史。……六年四月，［喜］为安陆令史。”可知安陆在秦昭襄王二十九年（前278）已由楚属秦，至迟在秦始皇四年（前243）已改置安陆县。

安陆市 1987年撤销湖北省安陆县，改设安陆市，属孝感地区。1993年撤销孝感地区和县级孝感市，设立地级孝感市，市人民政府驻新大街。安陆市由孝感市代管。

安陆州 明洪武九年（1376）改安陆府置，属湖广布政司。治所在长寿县（今湖北钟祥市）。明嘉靖十年（1531）改为承天府。

安陆县 战国秦置，属南郡。治所在今湖北安陆市西北五十三里。西汉属江夏郡。西晋为江夏郡治。东晋末徙治今湖北安陆市。南朝宋为安陆郡治。西魏为安州治。隋大业初为安陆郡治。唐为安州治。北宋宣和元年（1119）为德安府治。明洪武初废。十三年（1380）复置，为德安府治。民国初属湖北江汉道。1932年直属湖北省。1987年改设安陆市。

安陆府 元世祖至元十五年（1278）改郢州置，属河南行省。治所在长寿县（今湖北钟祥市）。辖境约当今湖北钟祥市及京山县地。明洪武九年（1376）降为安陆州。嘉靖十年（1531）改为承天府（府治长寿县改名钟祥县）。清顺治三年（1646）复为安陆府，属湖北行省。辖境扩大。1912年废。

安陆郡 南朝宋孝建元年（454）析江夏郡置，属郢州。治所在安陆县（今湖北安陆市）。南朝梁为南司州治。西魏大统十六年（550）为安州治。北周大象初为郧州治。寻复为安州治。隋开皇初废。大业三年（607）复置。辖境相当今湖北安陆、孝感、广水、应城、京山、云梦等市县地。唐武德初改名安州。天宝初复名安陆郡。乾元初复名安州。

安陇砦 北宋元符三年（1100）于陇朱黑城置，属湟州。在今青海乐都县东南四十五里。《宋史·地理志》乐州：安陇砦，“故陇朱黑城，元符二年收复，三年赐名。……北至湟州四十五里”。

安奉铁路 从辽宁安东（今丹东市）经本溪至奉天（今沈阳市）苏家屯。长261.1公里。日本于1904—1905年修建。

安武州 唐大足元年（701）改福禄州置，治所在安远县（今越南河静省境）。天宝元年（742）改为福禄郡。

安武县 ①战国秦置，属北地郡。治所在今甘肃镇原县西南平泉镇。西汉属安定郡。东汉废。北魏复置，属西北地郡。隋省。

②西晋置，属武平郡。治所在今越南永福、太原两省境。南齐废。

③西魏析朝那县置，属安武郡。治所在今甘肃灵台县境。隋开皇三年（583）废。

安武郡 西魏置，治朝那县（今甘肃灵台县西北朝那镇）。隋开皇三年（583）废。

安坪镇 在今重庆市奉节县西南六十里长江南岸安坪乡。清光绪《续修奉节县志》卷4：“县南：安平驿距城六十里。”

安枫岭镇 即今安徽枞阳县东北安凤岭。清道光《桐城续修县志》卷1《乡镇》：安枫岭“小镇。距棕阳三十里”。

安贤镇 北宋置，属元城县。在今河北大名县境。

安国 又名布豁、捕喝。古昭武诸国之一。国都阿滥谧城（在今乌兹别克斯坦布哈拉）。《魏书·西域传·康国》有安国。《隋书·西域传》：“王姓昭武氏，与康国王同族，……都在那密水南，城有五重，环以流水。”大业初遣使曾至其国。唐显庆间，置安息州于此。

安国山 一名太庙山。在今浙江临安市城东北。《元丰九域志》卷5：杭州临安县有“安国山”。《清一统志·杭州府一》：安国山“为县治主山，钱镠建城于此”。山南麓有吴越武肃王钱镠墓。

安国寺 ①在今山西吕梁市离石区西二十里乌崖山麓。倚山而建，南向。始建于唐，曾为代宗之女昌化公主迎置佛牙之地。金、元、明屡毁屡建。现存各类建筑二十余座，分主、偏两院。主院上下两层，有铜塔楼、钟鼓楼、大雄宝殿、耳殿、禅房、客厅等。大雄宝殿面阔五间，进深六椽，单檐悬山顶。殿内三尊元代彩塑佛像，高4.8米，虽经明代重妆，但仍保持元代风韵。侧壁有60平方米的清代壁画。殿前有石雕卧狮角石两方，为宋遗物。铜塔楼位于大雄宝殿前方，传为唐时供奉佛牙之地。偏院有内外两院，外院有清端公祠堂、关帝阁；内院有于成龙读书楼、千佛阁、洞宾楼等。清“天下廉吏第一”的于成龙曾在此生活了六年。2001年定为全国重点文物保护单位。

②唐咸通间建。即今河南洛阳市老城西南隅钟楼寺。

③在今湖北黄冈市东南二里。北宋苏轼有《黄州安国寺记》。南宋陆游《入蜀记》：“出城五里至安国寺，亦苏公所尝寓，兵火之余，无复遗迹，惟绕寺茂林啼鸟，似犹有当时气象。”

④在今陕西西安市内。宋敏求《长安志》卷8：大安国寺“睿宗在藩旧宅。景云元年立为寺，以本封安国为名”。《资治通鉴》：唐兴元元年（784），李晟破朱泚，复长安，“以牙前三千人屯安国寺，以镇京城”。

安国寺经幢 在今浙江海宁市西南盐官镇西侧原安

国寺内。三座石经幢分别建于唐会昌二年（842）、四年和咸通六年（865）。占地835平方米，均为八角形幢身，刻有《佛顶尊胜陀罗尼经》及题记，每面正书字九行。其中咸通经幢是我国现存最早的石构仿木式古经幢，八面十九层，幢柱高7米，精雕佛教故事、佛事、龙、走兽、莲苞等。三座经幢浮雕精美，构思巧妙，均有较高艺术价值。2006年定为全国重点文物保护单位。

安国衣锦军 简称衣锦军。五代梁开平二年（908）吴越王钱镠升衣锦城置，治所在今浙江临安市。北宋太平兴国三年（978）吴越纳土归宋，改为顺化军。

安国县 ①西汉置，属中山国。治所在今河北安国市东南六里安国城。晋属博陵国。北魏太平真君七年（446）废。景明二年（501）复置，属博陵郡。北齐废。

②北齐改鄡县置，属巨鹿郡。治所在今河北辛集市北安古城。隋初废。

③五代梁开平二年（908）吴越改临安县置，属杭州。治所在今浙江临安市北十八里高虹镇。北宋太平兴国三年（978）复为临安县。

④1914年改祁县置，属直隶保定道。治所即今河北安国市。1928年直属河北省。

安国城 ①在今河南镇平县东北六里安国城村。相传汉初王陵封安国侯于此邑，故名。

②在今河南孟州市北禹寺村东一里安村。《水经·济水注》：同水“东北流径安国城西，又东北注溴水。溴水东南径安国城东”。

安国药王庙 在今河北安国市南关。北宋建中靖国元年（1101）始建。药王姓邳名彤，信都（今河北冀州）人。是东汉开国功臣，才兼文武，精通医理，遐迩闻名，死后葬于安国南关。建中靖国元年，宋徽宗追封为灵贶侯，并建庙祭祀。清乾隆二十年（1755）重修庙宇，并在西厢塑秦越人、张仲景、张子和、华佗、孙思邈、刘河间、孙林、张介影、徐文伯、皇甫士安等十大名医像陪祀。《清一统志·保定府》称为“邳彤庙”。

安国镇 ①北宋置，属温江县。在今四川成都市温江区东北十五里永宁镇（隆兴场）。南宋李焘《续资治通鉴长编》卷36：淳化五年（994）九月，“遂克蜀州，曹习等又破贼（李顺义军）于安国镇，诛其帅马太保，斩获甚众”。

②北宋置，属龙游县。即今四川乐山市西南二十里安谷镇。

③即唐胡谷堡。北宋属平凉县。在今甘肃平凉市西北三十五里安国乡。清置递运所于此，有外委防守。

安固县 ①西晋太康元年（280）改安阳县置，属临海郡。治所即今浙江瑞安市。《寰宇记》卷99瑞安县：“安固县因界内安固山为名。”东晋太宁元年（323）属永嘉郡。隋开皇十二年（592）省。唐武德五年（622）复置，属东嘉州。后属温州。天复三年（903）改为瑞安县。

②南朝梁大同元年（535）置，属伏虞郡。治所在今四川营山县东北三十三里安固乡群力村。《寰宇记》卷139良山县：安固县“取安静永固为名”。北周为蓬州治。隋大业初属清化郡。唐武德初复为蓬州治。天宝元年（742）改为良山县。

③唐武德三年（620）置，属宛州。治所在今河南南阳市。八年（625）废入南阳县。

安图土司 一作多伦尼托克安图土司。清雍正时置，属西宁办事大臣。为玉树四十族之一。驻牧地在今青海玉树县西北安冲乡（拉则）。清末并入安冲土司。民国周希武《玉树调查记》卷上：“多伦尼托克云者，役属蒙古之名地。七族今并为安冲一族，安冲即安图也，一作南兔。”

安图县 清宣统元年（1909）置，属奉天长白府。治所在娘娘库（今吉林安图县西南松江镇）。民国《安图县志》卷1：“拟在图们江之左岸创设县治，以保国界，故定名安图。”民国初属奉天省东边道。1929年直属辽宁省。1934年属伪满间岛省。1945年属松江省。1949年划归吉林省，移治明月镇（今安图县）。1969年又迁回松江镇。1983年复迁明月镇。

安昌门 十六国前凉都城姑臧城（今甘肃武威市）中的宫殿门。《晋书·张轨传》：张天锡升平二十年（376），“天锡所居安昌门及平章殿无故而崩，旬日而国亡”。

安昌水 又名龙安水。即今四川安县境之安昌河，为涪江支流。《方舆纪要》卷73石泉县：安昌水“在县东南。源出三面山，合诸山溪之水，东流入安县界，又经绵州西而入涪水。亦曰龙安水”。

安昌市 即今浙江绍兴县西北安昌镇。乾隆《绍兴府志》卷7《市》引《万历志》：安昌市“在府城西北三十里”。

安昌县 ①三国魏黄初二年（221）改章陵县置，属南阳郡。治所在今湖北枣阳市南三十里。西晋属义阳郡。西魏属安昌郡。隋废。

②南朝宋初置，为绥城郡治。治所在今河南确山县西。大明间废。北魏延兴二年（472）复置，属初安郡。治所在朗陵故城（今确山县西南三十五里任店）。北齐为初安郡治。隋开皇十八年（598）改为朗山县。

③南齐置，属齐兴郡。治所在今湖北郧县境。梁废。

④南朝梁普通七年（526）置，治所在今湖北阳新县西北。隋开皇九年（589）废。

⑤隋大业二年（606）改邢丘县置，属怀州。治所即今河南温县东北武德镇。《元和志》卷16：“取安昌侯张禹国城为名也。”三年（607）属河内郡。唐武德二年（619）改为武德县。

⑥唐武德五年（622）置，属越州。治所在今广西合浦县北。贞观十二年（638）废入合浦县。

⑦唐贞观二十三年（649）改安基县置，属藤州。

治所在今广西岑溪市西北。至德二载（757）改为义昌县。

⑧五代梁乾化元年（911）王闽改长乐县置，治所即今福建长乐市。后唐同光初复名长乐县。

⑨北宋宣和元年（1119）改龙安县置，属石泉军。治所在今四川安县北。绍兴元年（1131）复名龙安县。

⑩辽置，属锦州。治所在今辽宁葫芦岛市北虹螺岘古城。元废。

安昌城 ①在今河南温县东北。《水经·沁水注》：沙沟水“东南径安昌城西，汉成帝河平四年封丞相张禹为侯国”。

②在今甘肃文县西北。《水经·漾水注》：“（安昌）水源发卫大西溪，东南径邓至安昌郡南，……又东南入白水。”《元和志》卷22：帖夷县“安昌故城在县东北三十二里。后魏废帝遣宁同、宇文昶平阴平、邓至二蕃，立宁州，修筑故城”。

③亦作安乐城。即今新疆吐鲁番市。《新唐书·地理志》西州：“自州西南有南平、安昌两城。”

安昌侯国 西汉河平四年（前25）封张禹置，属汝南郡。治所在今河南确山县西。东汉废。

安昌郡 ①北魏置，属邓州。治所在今甘肃文县西北。后废。

②南朝宋泰始七年（471）置，属越州。治所在今广西合浦县北。南齐治所在武桑县（今合浦县北）。梁、陈时废。

③西魏置，治所在春陵县（今湖北枣阳市南三十里）。隋开皇初废。

④南朝陈置，为司州治。治所在黄城（今湖北武汉市黄陂区东）。隋开皇初废。

安昌殿 北魏平城宫殿。在今山西大同市北。《魏书·高祖纪》载：太和元年（477）春正月，“起太和、安昌二殿”。同年秋七月，“太和、安昌二殿成”。太和十六年（492）“十有一月乙卯，依古六寝，权制三室，以安昌殿为内寝，皇信堂为中寝，四合殿为外寝”。

安昌镇 在今山西长治市北安昌村。《清一统志·潞安府》“神头镇”条下：安昌镇“在（潞城）县西二十里”。

安迪尔古城遗址 在今新疆民丰县东北安迪尔牧场东南五十余里的沙漠腹地。遗址内有夏羊塔克、道孜勒克、阿其克考其克三座古城及周围的佛塔、墓葬、冶炼作坊、窑址等。夏羊塔克古城平面略呈方形，边长100米左右，城墙残高约8米，南侧有城门，城内街道、房屋遗迹保存基本完好，但多被流沙掩埋。城南200米处有一高10多米的佛塔遗迹。道孜勒克古城为一圆形城堡，直径约130米，城墙残高7米。城内分布多处寺院和其他建筑遗迹，并发现有公元719年书写的汉文题记。阿其克考其克古城平面略呈圆形，直径达550米左右，是一处废弃的堡垒式村落。安迪尔古城遗址是丝绸之路南道汉唐时期的重要遗址。2001年定为全国重点文物保护单位。

安罗卡伦 清光绪末置，属瑷珲副都统。在今黑龙江塔河县东北依西肯乡西北绥安站附近。后废。

安和镇 北宋置，属洪雅县。在今四川洪雅县东南。

安岳山 亦名多岳山、岳山。在今四川安岳县南。《元和志》卷33安岳县：安岳山“在县西南一里”。《舆地纪胜》卷158普州：乾艾山，“《九域志》载：郡治安岳山。耆旧相传，以安乐岳山在郡南岳阳坝”。

安岳石窟 在今四川安岳县。安岳县北六十里八庙乡的卧佛院摩崖造像在1988年已定为全国重点文物保护单位。2006年又将定为全国重点文物的玄妙观、千佛寨、圆觉洞、华严洞、毗卢洞、茗山寺、孔雀洞、木门寺等八处与之合并，统称安岳石窟。这些石窟题材多为佛教和道教造像，多是我国石刻艺术成熟和鼎盛时期的作品，具有很高的雕刻艺术价值，造像风格除少数具有淳朴、粗犷的魏晋风骨外，大多是体态丰满、雍容华贵的唐代风格，也有一些精细华美、璎珞盖身的宋代特征。县北八庙乡全长23米的释迦牟尼左侧卧像，是安岳石刻中的精华。卧像神态安详，刀法流畅，刻工精美。安岳县城南云居山的圆觉洞有唐、五代、北宋摩崖龛窟一百零三龛、造像一千九百三十三躯，历代碑记二十五处。山前7米高的“西方三圣”为北宋石刻精品。城西大云山千佛寨有唐宋佛像数以千计，释佛高达6.2米。城东南33公里处塔子山的毗卢洞有五代、北宋造像四百六十五躯，历代碑三十二处，洞左的水月观音是北宋石雕艺术精品。城东南38公里箱盖山的华严洞，华严三圣像中毗卢佛左、右分别为文殊骑青狮、普贤骑白象，高约4米。2006年定为全国重点文物保护单位。

安岳县 北周建德四年（575）置，为普州治。治所在今四川安岳县北铁门山。《寰宇记》卷87安岳县：“本以邑地在山之上，四面险绝，故曰安岳。”隋大业初属资阳郡。唐武德二年（619）复为普州治。北宋开宝四年（971）移治今安岳县。南宋宝祐后州、县俱废。元至正四年（1344）复置，属遂宁州。明洪武四年（1371）复为普州治。九年（1376）属潼州府。清康熙元年（1662）废入遂宁县，十年（1671）地属乐至县。雍正七年（1729）复置，属潼川州，十二年（1734）属潼川府。民国初属四川嘉陵道。1928年直属四川省。境内唐、宋摩崖造像、题记甚多，著名者有卧佛沟大佛、园觉洞、华严洞、毗卢洞、大云山、云龙山等二百多处，十余万尊造像，数十万字佛经，被誉为“石刻之乡”。

安岳郡 唐天宝元年（742）改普州置，治所在安岳县（今四川安岳县北铁门山）。辖境相当今四川安乐、乐至二县及遂宁市、潼南县部分地。乾元元年（758）复改为普州。

安阜城 清乾隆二十三年（1758）筑，在今新疆精河县西二里。四十八年（1783）改建新城，即今精河县。光绪十四年（1888）置精河厅于此。1913年改置精河县。

安金县 南齐置，为封山郡治。治所在今广西灵山县南武利镇安金村。梁改为封山县。

安京山 在今广西钦州市西北。《元丰九域志》卷9：安远县有安京山。《舆地纪胜》卷119钦州：安京山，"《隋志》云：保京县北七十里安京山，似惠州罗浮山"。

安京县 南朝梁置，为安京郡治。治所在今广西钦州市北小董镇西。大业初属宁越郡。唐属钦州。至德二年（757）改为保京县。北宋初复为安京县。景德二年（1005）改为安远县。

安京郡 南朝梁武帝时置，属安州。治所在安京县（在今广西钦州市北小董镇西）。隋开皇九年（589）废。

安育县 西魏改石门县置，为武都郡治。治所在今甘肃陇南市武都区东南。北周改名将利县。

安底场 即今贵州金沙县东北安底镇。清咸丰四年（1854）王三鲊疤在安底率众起事，称"缘人"起义。后幺老王阵亡于此。

安河 ①又名源泉水。为易水支流。源于今河北易县西北白杨岭下，由西转东而南入易水。《清一统志·易州》：安河，"《旧志》：出白杨岭下，由西转东而南入易水。本朝乾隆二十六年，奉旨疏浚……赐名安河"。

②在今江苏泗洪县南。《方舆纪要》卷21泗州："安河在州东北六十里，下流入淮。"

安河卫 明永乐三年（1405）置，属奴儿干都司。治所在今黑龙江省林口县西北五道河子附近。后废。

安河镇 北宋置，属临淮县。在今江苏泗洪县东南安河入洪泽湖之口。

安波沙洲 在南海中中国南沙群岛，位于南威岛东南约65海里。实为一出水不久的小沙洲，长约300米，宽约140米，面积约0.02平方公里。海拔约2米。沙洲形似锅盖，故中国渔民向称锅盖峙。1935年公布名称为安波那暗礁。1947年改名安波沙洲。

安泽县 ①北魏建义元年（528）置，属义宁郡。治所即今山西古县。隋大业二年（606）改为岳阳县。

②1914年改岳阳县置，属山西河东道。治所即今山西古县。1928年直属山西省。1949年移治今山西安泽县。

安定土司 明嘉靖七年（1528）置土巡检司，属思恩军民府。治所在今广西都安瑶族自治县。清属思恩府。1916年与都阳、兴隆土司合并置屏山县。

安定门 即今北京市城安定门。为明清北京城北垣偏东的一门。门外地坛为皇帝每年祭地之处。

安定卫 明洪武八年（1375）置，属西宁卫，为羁縻卫。治所在撒里畏兀（今甘肃阿克塞哈萨克族自治县南）。永乐四年（1406）迁治苦儿丁（今青海茫崖行政委员会花土沟镇东北冷湖镇东北）。《明史·西域二》安定卫："其地本名撒里畏兀儿，广袤千里，东近罕东，北迩沙州，南抵西番。居无城郭，以毡帐为庐舍。产驼马牛羊。"正德间废。

安定关 在今云南景东彝族自治县西北安定乡（鼠街）。《明一统志》卷87景东府：安定关"在府北一百五十里"。

安定州 元至正十二年（1352）改定西州置，属巩昌路。治所即今甘肃定西市。辖境相当今甘肃定西市地。明洪武十年（1377）降为安定县。

安定州都督府 唐置，属庆州都督府。寄在庆州界（今甘肃庆城县境）。后改名宜定州都督府。

安定连礁 在南海中中国中沙群岛内，位于中沙大环礁的南部边缘。东距海鸠暗沙2.4海里。1947年公布名称为安定连礁。

安定县 ①西汉置，属安定郡。治所在今甘肃泾川县北五里水泉寺村。东汉废。东晋复置，为安定郡治。十六国时，先后为雍州及泾州治。唐至德元年（756）改名保定县。

②西汉置，属交趾郡。治所在今越南南定省南定县西北红河南岸。南朝宋改为定安县。

③南朝宋侨置，属武都郡。治所在今四川绵竹市西北。后废。

④北魏置，属城阳郡。治所在今河南泌阳县南。西魏废。

⑤南朝梁置，为黄川郡治。治所在今河南潢川县西南。梁废。

⑥隋开皇三年（583）置，属定州。治所在今河北辛集市东北旧城镇。《元和志》卷17："取汉旧名。"开皇十八年（598）改为鹿城县。

⑦唐武德四年（621）置，属鸢州。治所在今越南兴安省快州一带。贞观元年（627）废入朱鸢县。

⑧辽置，属辽州。治所当在今辽宁新民市附近。金废。

⑨金大定七年（1167）改定安县置，为宁州治。治所即今甘肃宁县。元世祖至元七年（1270）省入州。

⑩蒙古宪宗二年（1252）升安定堡置，属延安路。治所即今陕西子长县西北安定镇。明属延安府。民国初属榆林道。1928年直属陕西省。1942年改名子长县。

⑪元世祖至元十二年（1275）改邛水县置，属镇远府。治所在今贵州三穗县西南。二十年（1283）复改邛水县。

⑫明洪武十年（1377）改安定州置，属巩昌府。治所即今甘肃定西市。1913年改为定西县。

安定侯国 西汉本始元年（前73）封燕剌王子贤为安定侯，属巨鹿郡。治所在今河北辛集市东北旧城镇西七里。东汉废。

安定洞 当在今重庆市秀山土家族苗族自治县境。《方舆纪要》卷69彭水县：安定洞"在县东南，与湖广施州卫界”。

安定郡　①西汉元鼎三年（前114）分北地郡置，治所在高平县（今宁夏固原市）。辖境相当今甘肃景泰、靖远、会宁、平凉、泾川、镇原及宁夏中宁、中卫、同心、固原、彭阳等县市地。东汉属凉州，移治临泾县（今甘肃镇原县东南）。东晋又徙治安定县（今甘肃泾川县北）。隋开皇三年（583）废。大业三年（607）改泾州复置安定郡，唐初复为泾州。天宝元年（742）又改泾州为安定郡，至德元年（756）又改为保定郡。

②南齐置，属宁蛮府。治所在新化县（今湖北南漳县西北）。后废。

安定砦　北宋政和三年（1113）改马村砦置，属任丘县。在今河北任丘市西。金废。

安定堡　①北宋筑，在今陕西府谷县北。南宋李焘《续资治通鉴长编》：仁宗庆历元年（1041），民乏饮水，麟、府将张亢以“（府）州北沙坑有水泉，为筑安定堡，置兵守之”。

②北宋置，即今陕西子长县西北安定镇。元升为安定县。

③明置，属宁夏后卫。即今宁夏盐池县西北安定堡村。清设守备驻防。

安定塘　在今广西扶绥县西左江南岸。明《徐霞客游记·粤西游日记三》：那勒放舟南行，“过安定堡，北山既尽，南山复出”。

安定寨　五代唐置，在今山西灵丘县西。《辽史·耶律斜轸传》：统和四年（986），“斜轸至安定，遇贺令图军，击破之，追至五台，斩首数万级”。即此。

安定镇　金置，属蒲台县。在今山东滨州市南二十六里旧镇。

安宜县　南齐置，属阳平郡。治所在今江苏宝应县西南。以安宜溪为名。梁为阳平郡治。隋属江都郡。唐武德四年（621）为沧州治。七年（624）改属楚州。上元三年（762）改名宝应县。

安宜府　元世祖至元十六年（1279）改宝应军置，属淮安路。治所即今江苏宝应县。二十年（1283）改为宝应县。

安宜溪　在今江苏宝应县西南。《寰宇记》卷124宝应县：“安宜溪在县界。古安宜邑因此溪为名。”《方舆纪要》卷23宝应县：“安宜溪在县西南六十里。东北入洒火湖，西南入高邮界，达于诸湖。”

安肃州　金天德三年（1151）改徐州置，治所在安肃县（今河北徐水县）。元不辖县。明洪武二年（1369）改为安肃县。

安肃军　北宋景德元年（1004）改静戎军置，治所即今河北徐水县。金天会七年（1129）升为徐州。

安肃县　北宋景德元年（1004）改静戎县置，为安肃军治。治所即今河北徐水县。元废入州。明洪武二年（1369）改州为安肃县，属保定府。1914年改为徐水县。

安肃道　1913年由边关道改置，属甘肃省。治酒泉县（今甘肃酒泉市）。辖境约当今甘肃省肃南裕固族自治县中、西部和高台县以西地区。1927年废。

安肃镇　金置，属临邑县。在今山东临邑县地。

安居山　①在今湖北随州市东北。《隋书·地理志》安陆郡应山县：“有安居山。”《舆地纪胜》卷83随州：安居山“在州东北一百十五里”。《清一统志·德安府》安居山“在随州东北一百十五里，接应山县界”。

②在今湖北巴东县西南。《方舆纪要》卷78巴东县：安居山在“县西南五十里。高千仞，广百里。四面悬崖峭壁，上有三路，一平坦，一极斗峻难上。昔人多避兵于此。其上突出一山，名天宝山。有泉”。

安居水　又名大安溪河、琼江。今四川遂宁市南之关溅河，为涪江支流。《元和志》卷33普州普慈县：“安居水在县北一里。”《舆地纪胜》卷158普州：大安溪，“《九域志》谓安居水中多鲤鱼。故老云：孟蜀尝取鱼于此，禁人采捕，当时号曰禁溪”。《清一统志·重庆府一》：安居溪“在铜梁县西北，旧安居县南城外。一名关箭溪，又名琼江。自遂宁县东流至阳马桥入县界，六十里至县南关，又东北入涪。小舟通至阳马桥”。

安居县　①南朝梁置，属南郡。治所在今湖北当阳市东。北周属漳川郡。隋开皇十八年（598）改为昭丘县。

②隋开皇十三年（593）改柔刚县置，属普州。治所在今四川遂宁市西南。《元和志》卷33安居县：“因水为名。”大业初属资阳郡。唐武德初属普州，天授二年（691）移治张栅（今遂宁市西南安居镇）。南宋末废。

③唐置，属保州。治所在今四川理县北境。后废。

④明成化十七年（1481）置，属重庆府。治所即今重庆市铜梁县北七十里安居镇。明郭子章《郡县释名》四川卷上：安居县，“《舆地考》云：县有安居水也，今《邑志》亡安居水，止有安居里，邑建于里中，似以里名矣。邑有七里，曰安居、曰安东、曰安正，总之取安宁攸居之义也”。清康熙元年（1662）废入合州。

安居店镇　即今湖北随州市西三十二里安居镇。清光绪《湖北全省分图》：随州西有安居店镇。

安居郡　北周置，属普州。治所在柔刚县（今四川遂宁市西南六十里安居镇）。辖境相当今四川遂宁市西南部地。隋开皇三年（583）废。

安居镇　①北宋置，属铜梁县。即今重庆市铜梁县北七十里安居镇。明成化十七年（1481）于此置安居县。清康熙元年（1662）废县仍为镇。雍正七年（1729）置巡司。民国初设县佐。

②北宋置，属安居县。在今四川遂宁市西南六十

里安居镇。

③元置，即今山东济宁市西南二十里安居镇。地处运河之滨。民国《济宁县志》卷2：“安居乡在城西偏南，当运河右岸，西跨牛头河上。”交通便利，商业繁盛。

安弥县　东汉改绥弥县置，属酒泉郡。治所在今甘肃酒泉市东南六十里下河清乡。北周废。

安始县　西晋太康元年（280）置，属郁林郡。治所当在今广西桂平、武宣、象州、贵港、来宾等市县境。南朝宋以后废。

安驾庄　即今山东肥城市南四十七里驾庄镇。《清一统志·泰安府》：安驾庄“在泰安县西南九十里。有主簿驻此”。

安城　①战国魏邑。在今河南原阳县西南。《史记·魏世家》：魏无忌谓魏王曰，“通韩上党于共、宁，使道安城，出入赋之”。《正义》引《括地志》云：“故安城在郑州原武县东南二十里。”

②亦作安乡。即今河北无极县东南六里安城。《三国志·魏书·甄后传》：明帝太和元年（227）“以中山魏昌之安城乡户千，追封（甄）逸”。

③在今安徽寿县西南。《梁书·武帝纪》：普通五年（524），“壬戌，裴邃攻寿阳之安城。丙寅，魏马头、安城并来降”。即此。

④即今广西宾阳县东安城。清置巡司于此。

安城县　①西汉置，属汝南郡。治所在今河南汝南县东南。三国魏为豫州治。晋仍属汝南郡。北齐废。

②东汉以安成县改名，属庐陵郡。治所在今江西安福县西严田镇东北竹山下。三国吴属安成郡。西晋太康元年（280）改名安复县。

③北魏改安次县置，属燕郡。治所在今河北廊坊市西北古县村。后复改安次县。

④西魏改涪城县置，为安城郡治。治所在今四川三台县西北花园镇。隋开皇三年（583）废。

⑤南朝梁置，属新兴郡。治所在今安徽寿县西南。《梁书·武帝纪》：普通五年（524），“壬戌，裴邃攻寿阳之安城。丙寅，魏马头、安城并来降”。后废。

⑥南朝梁置，属汝南、太原郡。治所当在今安徽阜南县境。北魏以后废。

⑦南朝梁置，属新城郡。治所即今湖北竹山县。西魏改为竹山县。

⑧亦作安成县。南朝梁改绥宁县置，为安城郡治。治所在今广西宾阳县东黎塘镇。隋属郁林郡。唐属宾州，至德二载（757）改为保成县。

⑨隋开皇初改涪城县置，后属绵州。治所在今四川三台县西北六十里花园镇。隋开皇十六年（596）改为涪城县。

⑩明洪武初置，属开封府。治所在今河南原阳县西南。正统中废。

安城侯国　东汉改安成侯国置，属汝南郡。治所在今河南汝南县东南七十里北胡。三国魏改为安城县。为豫州治。西晋改安成县。

安城郡　①又作安成郡。三国吴宝鼎二年（267）分豫章、庐陵、长沙等郡置，治所在平都县（今江西安福县东南六十里洋口、城田一带，后徙今安福县）。辖境相当今江西新余以西的袁水流域和永新、安福等县地。隋开皇九年（589）废。

②西魏改涪城郡置，属潼州。治所在涪城县（今四川三台县西北花园镇）。辖境相当今四川三台县西北地。隋开皇三年（583）废。

③唐天宝元年（742）改宾州置，治所在领方县（今广西宾阳县东南古城村）。辖境相当今广西宾阳县地。至德二载（757）改为岭方郡。乾元元年（758）复为宾州。

安城镇　在今广西宾阳县东黎塘镇。明设巡司于此。

安政郡　北魏神龟元年（518）置，属绥州。治大斌县（今陕西子洲县西）。隋开皇初废。

安故县　西汉置，属陇西郡。治所在今甘肃临洮县南玉井镇。西晋初废。十六国前凉复置，兼置安故郡。后废。《水经·河水注》：“洮水北径安故县故城西，……《十三州志》曰：县在郡南四十七里。盖延转击狄道安故五溪反羌，大破之，即此也。”

安故郡　十六国前凉置，治所在安故县（今甘肃临洮县南）。后废。

安南　唐调露元年（679）改交州都督府为安南都护府，简称“安南府”或“安南”。“安南”之名始此。五代晋时独立，建国号为大瞿越，后又作大越。北宋开宝三年（970）封其王为安南郡王；八年又封为安南都护、交趾郡王；南宋淳熙元年（1174）改封安南国王，此后遂称其国为安南。明永乐五年（1407）成为明朝一省，于其地置交趾布政司，宣德二年（1427）独立，仍称安南。清嘉庆八年（1803）改国号为越南，但直到中华人民共和国成立前，我国民间仍沿称其地为安南。

安南千户所　明洪武二十三年（1390）置，属普安卫。治所在今贵州普安县西南。清废。

安南卫　明洪武二十三年（1390）置，属贵州都司。治所在江西坡（今贵州普安县东江西坡镇）。二十五年（1392）迁尾洒堡（今晴隆县）。清康熙二十六年（1687）改安南县。

安南长官司　明初改舍资千户所置，属临安府。治所在今云南蒙自市东八十里老寨。《明史·云南土司传》：“元为舍资千户所，以地近交趾，改安南。”正德六年（1511）废入蒙自县。天启二年（1622）复置。明末沙定洲叛乱被平，为王弄山长官司兼领。清康熙四年（1665）废，后属开化府，为安南里。

安南关　在今云南祥云县东南。《清一统志·大理府》：安南关“在云南县东南七十里。为通省大路。旧设巡司。今裁”。

安南县　①一作南安县。西晋太康元年（280）置，属南平郡。治所在今湖南华容县东二里赵家湖侧。隋开皇十八年（598）改为华容县。

②北魏太和十三年（489）置，为郢州治。治所在今河南叶县南。十八年（494）为南中府治。东魏天平初为南安郡治。西魏为定南郡治。北周改为定南县。

③南朝梁、陈时置，属广熙郡。治所在今广东罗定市西南。隋大业初废。唐武德四年（621）复置，属药州。贞观中属泷州。至德二年（757）改为镇南县。

④清康熙二十六年（1687）改安南卫置，属安顺府。治所即今贵州晴隆县。雍正五年（1727）改属南笼府（后改兴义府）。民国初属贵州贵西道。1923年直属贵州省。1941年改为晴隆县。

安南里　在今云南蒙自市东八十里老寨。清代以原安南长官司地置，为开化府所辖八里之一。

安南坡　在今云南祥云县东南三十四里旧站。明置巡司于此。《方舆纪要》卷117云南县：安南坡“下坡地复坦夷，相传古云南郡治此，土人称为小云南，以别于云南治城云”。

安南府　元至正十九年（1359）朱元璋改处州路置，属中书分省。治所在丽水县（今浙江丽水市）。辖境当今浙江青田县以西之瓯江流域。寻改处州府。

安南城　即今贵州晴隆县。《方舆纪要》卷123安南卫：安南城“今卫治。洪武十七年，置尾洒驿。二十年，置尾洒递运所。二十一年，置尾洒站及尾洒堡。二十三年，置卫治江西坡。二十五年，迁治尾洒堡，因筑卫城”。

安南都护府　唐六都护府之一。调露元年（679）改交州都督府置，治所在宋平县（今越南河内市）。由交州刺史充任都护。至德二年（757）改为镇南都护府，大历三年（768）复为安南都护府。辖境相当今云南红河、文山、广南等县以南，南抵越南承天顺化省界，东有广西那坡、靖西、龙州、宁明等县边境。咸通四年（863）移治海门镇（今越南海防省安阳县北，一说今广西合浦县西南）。七年（866）复还旧治。五代南汉后废。

安南通天竺道　唐代中国南方通天竺的道路。附见《新唐书·地理志》，系根据贾耽所记从边州入四夷道转载。起自唐安南都护府城（今越南河内），往西北取红河水路到古涌步（今云南河口瑶族自治县境），这一段经过峰州，又称峰州路。以后从陆，经今云南蒙自、建水到昆明，这一段经过通海城（今云南通海县），又称通海城路。也可以不在古涌步上岸，继续取红河水行，上至步头（今云南建水县南隅），再从陆经建水直北到拓东城（今云南昆明市）。这一段绕道步头，又称步头路。从拓东城往西到阳苴咩城（今云南大理市），再西经永昌城（今云南保山市），至怒江西岸的诸葛亮城分为两路。一路往西南过些乐城（今云南瑞丽市）入骠国境（在今缅甸），西度黑山（今阿拉干山）至迦摩波国（今印度阿萨姆邦西部高哈蒂一带），再西南行以摩揭陀国（今印度巴特拉一带）为终点。另一路往西经腾充城（今云南腾冲县）、丽水城、安西城（皆在今缅甸北部），至奔那伐檀那国（今孟加拉兰格普尔附近），两路会合。

安南道防送军千户　元世祖至元十三年（1276）改舍资千户置，属临安路。治所在今云南蒙自市东八十里老寨。《元史·地理志》：“其地近交趾，遂以舍资为安南道防送军千户。”明洪武十五年（1382）复名舍资千户所，寻改安南长官司。

安砂镇　即今福建永安市西北安砂镇。明、清置巡司于此。

安临站　即今山东肥城市南二十八里安临站镇。金置安宁镇于此。

安贵县　西魏改定阳县置，为欵州治。治所在今湖北随州市西北三十里安居镇。后为溳水郡治。隋大业初属汉东郡。唐武德五年（622）废。

安复（復）县　西晋太康元年（280）以安城县改名，属安成郡。治所在今江西安福县西严田镇东北竹山下。隋开皇中省入安成县，开皇十八年（598）改安成县为安复县，属庐陵郡。治所即今安福县。唐武德五年（622）为颖州治，七年（624）改为安福县。

安顺文庙　在今贵州安顺市城区东北隅黄学坝。始建于明洪武二十七年（1394），明清时期多次复建增修。现存石雕部分为明代建造，木石结构部分大部为清代复建。安顺文庙为坛庙与儒学合一的古建筑群，典制齐备，布局严谨。整个建筑群沿中轴线对称布局，由二十七个单体建筑组成。其中，“道观古今”、“德配天地”、“棂星门”石牌坊，“礼门”、“义路”石木结构垂花门，“宫墙数仞”影壁、“天子台”、“泮池”等建筑组成了一个石雕艺术的殿堂。大成门的一对高浮雕盘龙石柱及大成殿前的一对透雕云龙石柱为雕刻精品。2001年安顺文庙被定为全国重点文物保护单位。

安顺市　1958年5月，以贵州省安顺县的城关镇设立安顺市，属安顺专区；12月撤销安顺县，并入安顺市。1962年撤销安顺市，恢复安顺县。1966年以安顺县的城关镇复设安顺市，属安顺专区。1990年撤销安顺市和安顺县，仍设安顺市，属安顺地区。2000年撤销安顺地区和县级安顺市，设立地级安顺市，市人民政府驻西秀区。原县级安顺市改设西秀区，区政府驻塔山西路。

安顺场　①旧名紫打地。清光绪二十八年（1902）改名安顺场，属越嶲直隶厅。即今四川石棉县西北大渡河西岸安顺彝族乡。光绪《越嶲厅志》卷2：安顺场取“山镇六安、河流顺轨”为名。清同治二年（1863），太平天国石达开率部由冕宁至此，全军覆没。1935年5月中国工农红军长征亦经此，十七勇士强渡大渡河，顺利北上夺取泸定桥。

②即今贵州正安县北三十里安常镇。清嘉庆《正安州志》卷1：州北三十里有“安顺场”。1931年改名巩盘溪。1941年改为安常镇。

安顺州　明洪武十六年（1383）改习安州置，属普定府。治所即今贵州安顺市东旧州镇。成化中移治普定卫城（今贵州安顺市）。万历三十年（1602）升为安顺府。

安顺县　①隋开皇十六年（596）改常乐县置，属爱州。治所在今越南清化省清化东南。大业初属九真郡。唐武德五年（622）为顺州治。贞观元年（627）属爱州。唐末废。

②1913年改安顺府置，属贵州贵西道。治所即今贵州安顺市。1923年直属贵州省。1958年改设安顺市。

安顺府　明万历三十年（1602）升安顺州置，属贵州布政司。治所即今贵州安顺市。清属贵州省。辖境相当今贵州安顺、清镇二市及普定、平坝二县、六枝特区、关岭布依族苗族自治县、镇宁布依族苗族自治县地。1913年改为安顺县。

安修（脩）县　唐武德四年（621）置，属融州。治所在今广西罗城仫佬族自治县西北。贞观十三年（639）废。

安信县　唐天宝元年（742）置，为静戎郡治。治所在今四川理县东北一百四十里桃坪乡古城。一说在今汶川县西北二十里。乾元元年（758）为霸州治。后废。

安侯国　西汉置，属平原郡。文帝四年（前176）封齐悼惠王子志为安都侯。治所在今河北吴桥县（桑园镇）北十五里南运河东岸安陵村。东汉废。

安侯河　今蒙古国鄂尔浑河。《汉书·匈奴传》：征和三年（前90），汉军三路北征，“单于自将精兵，左安侯，度姑且水”。又《后汉书·南匈奴传》：章和二年（88），南单于上言云：“北单于创刈南兵，又畏丁令、鲜卑，遁逃远去，依安侯河西。”皆此。

安泉山　在今四川安岳县南。唐诗人贾岛死葬于此。唐苏绛《贾司仓墓志铭》：“葬于普南安泉山。”《舆地纪胜》卷158普州：贾岛墓“在州南山下”。明曹学佺《蜀中名胜记》卷30安岳县：“贾岛墓在城南三里安泉山，即田家咀也。”今墓存，碑刻“唐普州司户参军贾公浪仙之墓”。

安亭镇　即今上海市嘉定区西南安亭镇。明时设税课局于此。《方舆纪要》卷24苏州府嘉定县：安亭镇“在县西南二十四里，与昆山县接界。以安亭溪而名”。

安养县　西魏置，为河南郡治。治所在今湖北襄阳市樊城北。隋属襄阳郡。唐天宝元年（742）改为临汉县。

安洛县　即安乐县。在今四川眉山市东北二十里太和镇。《旧唐书·地理志》：“后改通义为安洛，又复为通义。”

安济桥　即赵州桥。隋大业中修建，在今河北赵县城南洨河上。

安洲驿　在今浙江仙居县城西隅。宋《嘉定赤城志》卷3仙居县：安洲驿“在县西三百步。旧名括苍驿，绍兴二十六年令梅克明建，后废。嘉泰二年令林岳重建，以近安洲山，更今名”。

安津堤　在今湖南华容县西北三十里。《方舆纪要》卷77华容县：安津堤“内有十台九堰，皆利灌溉。正德中，堤坏，复修筑之。《水利考》：县境陂堰堤塘之属，凡九十有余，而安津尤为低洼，修防最切”。

安祖砦　在今北京市西南。《宋史·宋琪传》：北宋端拱二年（989）将伐辽，宋琪建言：“出安祖砦，则东瞰燕城，裁及一舍，此是周德威收燕之路。”

安险县　西汉置，属中山国。治所在今河北定州市东南三十里。东汉章帝改名安憙县。《水经·滱水注》：“《中山记》曰：县东唐水之曲，山高岸险，故曰安险。”

安泰尉司　北宋建中靖国初改永泰尉司置，属梓州。治所在今四川盐亭县东六十里永泰乡。《舆地纪胜》卷154潼川府：永泰县“建中靖国初以犯哲宗陵名改安泰”。南宋绍兴初改为永泰县。

安泰溪　在今福建建瓯市东百里。《方舆纪要》卷97建宁府：安泰溪“源出古田县……下流入于东溪”。

安都城　在今河北蠡县东北。《汉书·王子侯表第三》：文帝四年（前176），封齐悼王子刘志为“安都侯”。即此。

安都郡　西魏改辅剑郡置，属始州。治所在武连县（在今四川剑阁县下寺镇西南武连镇南五里）。辖境相当今四川剑阁县西南地。隋开皇三年（583）废。

安都陵　西晋时大成皇帝李雄的陵墓。在今四川成都市北。《华阳国志》卷9：咸和九年（334），“夏六月癸亥，雄疾病卒，时年六十一。伪谥曰武帝，庙号太宗。凡自立三十一年。冬十二月丙寅，葬成都，墓号安都陵也”。明正德《四川志》卷12载：“李雄墓在成都县北七里。”

安都寨　在今陕西千阳县南，接近箭括岭。《资治通鉴》：五代汉乾祐元年（948），蜀将安思谦进屯散关，“遣马步使高彦俦、眉州刺史申贵击汉箭筈安都寨，破之”。即此。

安晋城　在今辽宁朝阳市东南。《资治通鉴》：东晋咸和八年（333），慕容皝讨宇文逸豆归于广安，“逸豆归惧而请和，遂筑安晋、榆阴二城而还”。胡注：“安晋城，在威德城东南。”

安桥　在今四川天全县西。《方舆纪要》卷73天全六番招讨使司：安桥“在司西三十五里。以竹索为之，路通番界，亦曰龙安桥”。

安俾县　西汉置，属安定郡。治所在今甘肃平凉市或宁夏南境。东汉废。

安皋镇　即今河南南阳市西北三十六里安皋镇。清光绪《南阳县志》卷3：“自石桥以西曰安皋镇，明知县何腾蛟破贼处。”

安息　音译帕提亚。亚洲西部古国。即今伊朗。原为古波斯帝国的一个省，后隶属于亚历山大帝国及塞琉西王国。公元前249—前247年宣告独立，建立阿萨息斯王朝。都城在番兜（即百牢门，今达姆甘）、后又相继迁至埃克巴坦那、忒息丰（今伊拉克巴格达附近）。领有全部伊朗高原及两河流域，为西亚大国。《史记·大宛传》：安息“其俗土著、耕田、田稻麦、蒲陶酒。城邑如大宛。其属小大数百城，地方数千里，最为大国”。东汉和帝永元九年（97）甘英使大秦，至安息西境海滨受阻。三国魏黄初七年（226）为波斯萨珊王朝所取代。

安息州 唐显庆中以安国置，属安西都护府。治所在阿滥謐城（今乌兹别克斯坦布哈拉）。后废。

安息墟 即今江西信丰县东南安西镇。《清一统志·赣州府二》：安息墟“在信丰县东南六十里，安息水所经”。

安郭亭 在今河北安国市东南。《水经·滱水注》：滱水“又东南径任丘城南，又东南径安郭亭南。汉武帝元朔五年，封中山靖王子刘传富为侯国”。即此。

安浦县 三国吴太平二年（257）分临汝县置，属临川郡。治所在今江西乐安县西南六十里。隋开皇九年（589）废入崇仁县。

安海井 在今广东雷州市南。《清一统志·雷州府》：安海井“在海康县城南。唐上元间浚。又有石神井，在县城西。宋郡守戴之邵品水，以石神为第一，安海次之”。

安海县 唐改海安县置，属陆州。治所在今越南广宁省芒街东南玉山。天宝初属玉山郡，至德二年（757）改为宁海县。

安海城 即今福建晋江市西南安海镇。本名湾海，唐安金藏之后连济徙居于此，因易湾为安。《清一统志·泉州府》：安海城“在晋江县西南六十里。古名湾海。宋初改名安海市。东曰旧市，西曰新市。海舶至州，遣吏榷税于此。曰石井津。建炎四年置石井镇。绍兴二十六年海寇奄至，镇官自镇西偏循东北，筑土城垒石为门备之。后圮。元置石井镇巡司。明洪武二十年，徙司于同安之陈坑镇。仍为商民辏集处。嘉靖三十七年倭乱，甃石拓城，周一千二十七丈，门四，水关大小八，设官军戍守。亦曰安平镇。三十八年、四十三年，倭寇屡来攻，皆不能陷。万历三十四年移府通判驻此。后复旧。本朝雍正七年，以地为滨海扼要，仍移府通判驻焉。今改县丞驻此”。建于南宋绍兴八年（1138）闻名国内的巨大桥梁工程——安平桥，俗名五里桥，即横跨安海与南安水头之间。

安流县 东魏武定七年（549）改都昌县置，为东海郡治。治所在今江苏连云港市东南。北齐废。

安家舍镇 即今江苏常州市新北区西北安家乡。清光绪《江苏全省舆图》武进县图：西北有安家舍。民国《江苏六十一县志》：武进县西北有“安家舍镇”。

安陵 ①战国齐邑，在今山东胶南市东北灵山卫。

②战国楚邑。在今河南漯河市召陵区东南。战国时楚王孽臣坛之封邑。《战国策·楚策一》：“安陵君泣数行而进曰：‘臣入则编席，出则陪乘。大王万岁千秋之后，愿得以身试黄泉，蓐蝼蚁，又何如得此乐而乐之。’王大悦，乃封坛为安陵君。”《续汉书·郡国志》汝南郡召陵县：“有安陵乡。”即此。

③即鄢陵。战国魏邑。在今河南鄢陵县西北十八里古城村。《史记·田敬仲完世家》：齐宣公四十四年（前412），“伐鲁、葛，及安陵”。《正义》引《括地志》：“鄢陵故城在许州鄢陵县西北十五里。李奇云：六国时为安陵也。”魏襄王封其弟为安陵君。

④西汉惠帝刘盈的陵墓。在今陕西咸阳市东北，接高陵、泾阳县二县界。《汉书·惠帝纪》：七年（前188）“秋八月戊寅，帝崩于未央宫。九月辛丑，葬安陵”。

⑤唐昭宗母王太后的陵墓。在今陕西西安市东二十五里。

⑥北宋三陵之一。宋翼祖赵敬之陵。在今河北保定市东南。

安陵县 ①西汉惠帝置，属右扶风。治所在今陕西咸阳市东北穆家村附近。西晋废。

②北魏改东安陵县置，属渤海郡。治所在今河北吴桥县（桑园镇）北十五里南运河东岸安陵镇。北齐天保七年（556）废。隋开皇六年（586）复置，属棣州，大业二年（606）废。唐武德四年（621）复置，属观州。永徽二年（651）移治白社桥，即今景县东十七里南运河西岸安陵镇。北宋景祐二年（1035）废入将陵县。

③唐开元十三年（725）置，属郴州。治所在今湖南永兴县西南五十里高亭乡。天宝元年（742）改为高亭县。

安陵亭 在今河南漯河市召陵区东南。东汉置征羌县于此。《水经·颍水注》：大㶏水东南径召陵县故城南，“又东南径征羌县，故召陵县之安陵乡安陵亭也”。

安陵镇 ①在今河北景县东十七里安陵镇。明置巡司于此。

②即今山东菏泽市西南五十二里大黄集镇东南安陵。《水经·济水注》：“济水又东径秦相魏冉冢南。冉，秦宣太后弟也，代客卿寿烛为相，封于穰，益封于陶，号曰穰侯……卒于陶，而因葬焉，世谓之安平陵。”北宋置安陵镇。明洪武元年（1368）曾移曹州治此，寻置安陵镇巡司。清末改为安陵集。民国间名冉堌村。1948年后复名安陵。

安陶县 亦作定陶县。西汉置，属定襄郡。治所在今内蒙古呼和浩特市东南黄合少镇北二十家子古城（此古城址内曾出土汉“安陶丞印”封泥）。东汉废。

安基县 南朝梁改安沂县置，为建陵郡治。治所在今广西岑溪市西北。隋属永平郡。唐初属藤州，贞观八年（634）为燕州治。十八年（644）复属藤州。二十三年（649）废。

安勒山　一名布射山，又名飞布山。在今安徽歙县北二十里。《三国志·吴志·贺齐传》："歙贼帅金奇屯安勒山。"《元和志》卷28歙县：布射山"一名勒山，在县北二十里。《吴志》：歙贼金奇万户屯于此"。

安菩夫妇墓　在今河南洛阳市南郊二十六里龙山东山北麓。1981年洛阳市文物工作队对该墓进行了清理，出土器物有三彩器，单釉器，陶、瓷器，金、铜、玛瑙器，一枚罗马金币及墓志等。安菩墓志不但提供了墓葬的确切年代（唐中宗神龙三年，即公元709年）和墓主的国属、家世及其身世情况，而且对中西交通史的研究亦有重要参考价值。

安堂村　即今广东中山市西南大涌镇（安堂）。清光绪《广东舆地全图》：香山县西南有安堂。

安银县　唐武德五年（622）置，属源州。治所在今越南义静省香山一带。贞观后废。

安笼千户所　明洪武二十三年（1390）置，属普安卫。治所即今贵州安龙县。清康熙二十五年（1686）改置南笼厅。

安笼铺　明置，属永宁州。即今贵州关岭布依族苗族自治县西南安隆。《清一统志·安顺府》"新铺"条下：又有"安笼铺"，旧皆戍守处。

安笼箐山　在今贵州关岭布依族苗族自治县南。明万历《贵州通志》卷8永宁州：安笼箐山在"（慕役）司北五十里。山峦相接，林木蓊密。周四十里。官道经其中，险阻难行"。

安得月河　即今新疆民丰县东北安迪尔河。清宣统《新疆图志》卷67：安得月"源出南山，多源汇为三源，三源既合，北流为安得月河，又北流伏于沙碛"。

安得悦　一名安多罗。在今新疆民丰县东北安迪尔兰干。清宣统《新疆图志》卷67：安得月河"北流一百四十里至安得悦牧场，又曲折西北一百八十里伏于安得月庄北戈壁"。

安康市　1988年撤销陕西省安康县，改设安康市，属安康地区。2000年撤销安康地区和县级安康市，设立地级安康市；原县级安康市改置汉滨区，市人民政府驻汉滨区。

安康县　①西晋太康元年（280）改安阳县置，属魏兴郡。治所在今陕西石泉县东南池河入汉水口之北。南朝宋为安康郡治。北周移治今石泉县南汉江西南岸石泉咀附近。隋属西城郡。唐至德二年（757）改名汉阴县。

②清乾隆四十七年（1782）置，为兴安府治。治所即今陕西安康市。民国初属陕西汉中道。1930年直属陕西省。1988年改设安康市。

安康郡　①南朝宋置，治所在安康县（今陕西石泉县东南池河入汉水口之北）。辖境相当今陕西石泉、汉阴县地。北周郡县同移治今石泉县东南汉江西南岸石泉咀附近。隋开皇初废。

②唐天宝元年（742）改金州置，治所在西城县（今陕西安康市）。辖境相当今陕西石泉县以东、旬阳县以西的汉水流域。至德二年（757）改为汉南郡。

安清寨　即安静寨。在今四川石棉县西北大渡河东岸。《方舆纪要》卷73黎州守御千户所：安清寨"在所西。相传即诸葛武侯战场也。亦曰安静砦。相传又有白水寨及大小坝等寨，俱宋置"。

安梁场　在今江苏东台市东南安丰镇。产海盐。民国初以富安、梁垛二场并入安丰场，改名安梁场。设场知事。1938年改名安丰镇。

安宿疃镇　清置，属怀仁县。即今山西怀仁县西南安疃村。

安隆长官司　明永乐元年（1403）置，属广西布政使司。治所即今广西隆林各族自治县。清康熙五年（1666）改为西隆州。

安隆州　元致和元年（1328）置，属云南行省。治所即今广西隆林各族自治县。后废为安隆寨。

安隆寨　元置，属泗城州。治所在今广西隆林各族自治县。明永乐元年（1403）置安隆长官司。

安越堡　在今云南曲靖市南。《清一统志·曲靖府》：安越堡"明洪武二十四年，越州酋长阿资再叛，何福讨平之，扼其险要，置安越堡于此。今废"。

安喜县　①三国魏改安憙县置，属冀州。治所在今河北定州市东南三十里。西晋属中山国。北齐移治今定州市，为鲜虞郡治。隋改名鲜虞县。唐武德四年（621）复名安喜县，为定州治。北宋为中山府治。明洪武三年（1370）废入定州。

②辽初置，属平州。治所在今河北迁安市东北二十八里万军。《辽史·地理志》："太祖以定州安喜县俘户置。"因名。金大定七年（1167）改为迁安县。

安期山　在今山东莱芜市南二十里。《元丰九域志》卷1：莱芜县有安期山。《清一统志·泰安府一》：安期山，"《旧志》：相传安期生修炼于此。上有安期真人观，有唐、宋、元三碑"。

安棚　即今河南桐柏县西北六十四里安棚乡。清尹耕云《豫军纪略》卷4：咸丰八年（1860）七月，"窜唐县之安棚、栗园"。

安铺市　即今广东廉江市西南安铺镇。清光绪《高州府》卷10石城县：安铺在"县西南九十里。旧名暗铺"。

安集市　在今湖北英山县北。《方舆纪要》卷26英山县：安集市"在县北四十五里。今为安集市铺"。

安集延　清藩属浩罕之地。即今乌兹别克斯坦费尔干纳盆地安集延。乾隆《西域图志》卷45：安集延"在霍罕东三百八十里。……北滨那林河，南接葱岭。乾隆二十四年奉将军檄，令协擒霍集占，即内附"。光绪二年（1876）被沙俄侵占。

安集海 亦作安济海。即今新疆沙湾县西安集海镇。清道光《新疆识略》卷2乌鲁木齐：安集海台“西至库尔喀喇乌苏所管奎屯台九十里”。清宣统《新疆图志》卷79安集海驿：“安集海乃安济哈雅之音讹。准语，安济，药草名，哈雅，采取也。”

安蛮左郡 南齐置，治所在木兰县（今湖北武汉市黄陂区北）。梁改为梁安郡。

安蛮郡 ①南齐置，属司州。治所在木兰县（今湖北武汉市黄陂区北七十里木兰山附近）。辖境约当今湖北孝感市及黄陂、大悟二县各一部地。后废。

②南朝梁置，为湘州治。治所在新化县（今湖北大悟县东北）。北齐废。

安奠堡 在今辽宁丹东市东北。明天启元年（1621），毛文龙袭安奠，入镇江城。即此。

安遂县 南朝宋文帝时置，属晋康郡。治所在今广东郁南县东南连滩镇。梁为建州治。唐属康州，至德元年（756）改为晋康县。

安港 亦作安巷。在今江苏镇江市丹徒区东。《方舆纪要》卷25镇江府丹徒县：安港在“府东北八十里，通大江。有巡司戍守。《江防考》云：自安港而东北百里，为丹阳之包港，皆防守处也”。

安湘郡 南朝后梁置。治安南县（今湖南华容县东）。后废。

安渡滩 在南海中中国南沙群岛，位于南海礁东南约13海里。为一东北—西南向长浅滩。范围较大，边缘分布着破浪礁、光星仔礁等。1935年公布名称为安达息破礁。1947年改名安渡滩。

安富场 一名烧酒房。即今四川荣昌县西安富镇。清光绪《荣昌县志》卷2：安富场“距城三十五里。至蒋家寺十五里交隆昌界”。

安富县 三国魏置，属锡郡。治所在今湖北郧县东南。景初元年（237）属上庸郡。南齐属齐兴郡。梁为安富郡治。隋属均州，仁寿初改为安福县。

安富郡 南朝梁置，属兴州。治所在安富县（今湖北郧县东南）。西魏属丰州。隋开皇初废。

安富铺 即今四川荣昌县西安富镇。清嘉庆《四川通志》卷89荣昌县：安富铺“在县西三十五里”。

安富镇 即今四川泸州市西南安富镇。镇跨永宁河两岸。旧属纳溪县，河东为旧纳溪县城，河西旧名通裕场，亦名安富街。清嘉庆《纳溪县志》卷1：“通裕场在县小河西，即古纳溪递运所，俗名所街，知县石峰更名安富街，为泸渝上游孔道。”1950年河东为中城镇，河西为安富镇。1964年划归泸州市，统名安富镇，纳溪县治驻河东。

安塘岛 即今南海中中国南沙群岛北部的安塘滩，位于马欢岛东19海里。东北—西南长达56公里。滩内有安塘礁、鲎藤礁和巩珍礁等。1935年公布名称为哑呲笃古拉礁。1947年改名安塘岛。1983年改称安塘滩。

安幕坳 在今陕西西安市临潼区东四十里。宋敏求《长安志》卷15引《两京道里记》曰：“相传汉高祖幸新丰，安营幕于此。”

安蜀城 在今湖北宜昌市西陵区西北西陵峡口南岸。《陈书·章昭达传》：太建二年（570），“周兵又于峡下南岸筑垒，名曰安蜀城。于江上横引大索，编苇为桥，以度军粮。昭达乃命军士为长戟，施于楼船之上，仰割其索，索断粮绝，因纵兵以攻其城，降之”。

安微水 在今贵州凤冈县西南。《寰宇记》卷121绥阳县：“安微水一名孤微水，西自绥养故县来，东流经县南八里，又东入都上县界。”东流入涪江（乌江）。

安靖营 明置，在今广西藤县西。《方舆纪要》卷108藤县：“安靖营在县城西。”

安新县 1913年改新安县置，属直隶保定道。治所在今河北安新县西南安州镇。1928年直属河北省。1949年迁今治新安镇。

安源支线 即萍安支线。自江西萍乡至安源煤矿。

安源路矿工人俱乐部旧址 在今江西萍乡市东南安源镇半边街。1922年3月，在中国共产党领导下，成立了安源路矿工人俱乐部筹备委员会。5月1日，正式成立了安源路矿工人俱乐部。这里最初是湖北同乡会会址，由俱乐部租用。安源路矿工人罢工指挥部就设在这里。9月大罢工后，俱乐部由七百多人迅速发展到一万三千多人。俱乐部第一任主任是李立三，后为刘少奇。罢工胜利后，刘少奇主持会议，决定由工人出钱按莫斯科大剧院的式样兴建俱乐部，于1923年5月1日落成。这里改为夜校第二校教室。现在基本上保持原貌。1982年定为全国重点文物保护单位。

安溪 在今浙江温州市西北。《方舆纪要》卷94永嘉县：安溪“在府西北六十里。上接青田恶溪七十二滩之水，东流经破石山下，亦名张帆溪，又东南注于瓯江。《永嘉记》：安溪之源，与天台诸山相接”。

安溪县 ①北宋大观三年（1109）置，属纯州。治所在今四川合江县西南一百里。宣和三年（1121）降为安溪砦。

②北宋宣和三年（1121）改清溪县为安溪县，属泉州。治所即今福建安溪县。明《八闽通志》卷2《地理·郡名》：安溪县“旧名清溪，以县治前有溪清莹环绕，故名。宋宣和中盗起陆州清溪洞时（按此为封建统治者对方腊领导农民起义军的诬蔑），恶其名，改为安溪”。元属泉州路。明、清属泉州府。1913年属福建南路道。1914年属厦门道。1928年直属福建省。宋时地产铁，置有青阳铁场。

安溪砦 在今四川合江县西南一百里。北宋大观三年（1109）改置安溪县，宣和三年（1121）复改为安溪砦，属合江县。后废。

安溪镇 即今浙江杭州市余杭区西瓶窑镇北安溪村。宋《咸淳临安志》卷36："安溪在钱塘县，去北关五十里。"明万历《钱塘县志·纪胜》："苕溪至此百里，则势缓而渊深，无复崩溃之虑矣。"故名。明洪武中设税课司于此。

安塞军 唐置，在今河北蔚县东。《资治通鉴》：唐乾宁四年（897），河东李克用以刘仁恭叛，将兵攻"至安塞军"。即此。

安塞县 元置，属延安路。治所在今陕西安塞县东南沿河湾镇。明、清属延安府。民国初属陕西榆林道。1928年直属陕西省。1942年迁治真武洞，即今安塞县。

安塞堡 ①北宋置，属绥德军。在今陕西安塞县东南沿河湾镇北碟子沟。

②在今陕西靖边县西南新城乡西四十里。《清一统志·延安府二》：安塞堡"宋栲栳城地。明成化十年，余子俊置。城在山原，周四里余，门四，为极冲中地。今有把总分防"。

安福千户所 明洪武二十三年（1390）置，属九溪卫。治所即今湖南桑植县。后废。

安福州 元元贞元年（1295）升安福县置，属吉安路。治所即今江西安福县。明洪武初仍降为安福县。

安福县 ①隋仁寿初改安富县置，属均州。治所在今湖北郧县东南。大业初属淅阳郡。唐贞观元年（627）废。

②唐武德七年（624）以安复县改名，属吉州。治所即今江西安福县。元升为安福州。明洪武初仍为县，属吉安府。民国初属江西庐陵道。1926年直属江西省。

③清雍正七年（1729）割慈利县九谿卫及澧州地置，属澧州。治所即今湖南临澧县。1914年改为临澧县。

安福砦 北宋置，属澧州慈利县。故址即今湖南桑植县。明于此置安福守御千户所。

安福墟 ①北宋置，属南充县。在今四川南充市西南一百三十里安福镇。

②即今江西宁都县北四十五里安福乡。明嘉靖《赣州府志》卷5：宁都县有安福市。清同治《江西全省舆图》卷10宁都州图：北有安福墟。

③即今湖北枝江市西北三十八里安福寺镇。清属宜都县，设把总驻防。

④在今湖南永兴县西北四十里。明、清置巡司于此。

安福镇 ①即今湖北枝江市西北三十八里安福寺镇。清属宜都县，设把总驻防。

②在今湖南永兴县西北四十里。明、清置巡司于此。

③北宋置，属南充县。在今四川南充市西南一百三十里安福镇。

安静长官司 明嘉靖五年（1526）置，属镇雄军民府。治所在落角寨（今云南威信县北四十里旧城镇）。清初废。

安静县 唐神龙元年（705）改弘静县置，属灵州。治所在今宁夏永宁县南望洪镇附近。至德元年（756）改为保静县。

安静寨 南宋置，属黎州。在今四川石棉县西北。《宋史·蛮夷传》：淳熙二年（1175），吐蕃青羌首领"奴儿结率众二千寇安静砦。（范）成大调风山卒千人赴之，度其三日必遁，戒勿追。已而果然"。

安墟 在今河北廊坊市西。《清一统志·顺天府三》：安墟，"《旧志》：东安县古安墟，黄帝制天下以立万国，始经安墟，合符釜山，即此。《县志》：安墟在常道城"。

安稳驿 明置，属綦江县。在今重庆市綦江县南一百四十里安稳镇。《方舆纪要》卷69綦江县"东溪马驿"条内："又有安稳马驿，旧有砦，亦曰安稳砦。杨应龙作乱，綦江募兵扼安稳以拒之，既而应龙来犯，分兵屯赶水镇、猫儿冈诸隘，县寻为所陷。"

安稳砦 北宋置，属南川县。在今重庆市綦江县南一百四十里安稳镇。明于此置安稳马驿。

安镇 即今江苏无锡市锡山区东安镇。清光绪《江苏全省舆图》金匮县图：东有安镇。

安德州 ①唐贞元十二年（796）置羁縻州，属安南都护府。治所在今广西靖西县西北安德镇。宋庆历四年（1044），广西壮族首领侬智高由傥犹州进据于此，建立"南天国"政权。皇祐四年（1052）侬智高起兵反宋，后被镇压。元时州废。

②辽置，属兴中府。治所在安德县（今辽宁朝阳县东南柏山上）。辖境相当今辽宁朝阳县东南及锦县，锦西市部分地。金废。

安德县 ①西汉置，属平原郡。治所在今山东陵县东南郑家寨乡。北魏太和中为安德郡治。隋开皇九年（589）移今山东陵县，为德州治。明洪武元年（1368）省入州。

②南朝宋侨置，属平原郡。治所在今山东邹平、高青、章丘等县市境。北齐废。

③唐置，属羁縻新安州。治所在今越南广宁省先安一带。后废。

④辽统和八年（990）置，初隶乾州，旋改属霸州，后为安德州治。治所在今辽宁朝阳县东南柏山上。金大定七年（1167）改名永德县。

安德宫 南朝陈宫殿名。故址在今江苏南京市区偏南（六朝都城宣阳门外）。宋《景定建康志》卷21"陈安德宫"条："《宫苑记》：在宣阳门外直西，即都城西南角外，陈宣帝为文皇后所筑，隋平陈移江宁县于此，明年罢之。"

安德郡 北魏太和中置，治所在安德县（今山东陵县东南）。辖境相当今山东德州、陵县、平原等市县地。隋开皇三年（583）废。

安德铺 即今四川郫县西北安德镇。清雍正《四川通志》卷22下郫县："安得铺在县西二十五里。"

安澜门 本江陵城（今湖北荆州市荆州区故江陵县

城）西门龙山门。清乾隆年间改名安澜门。

安澜城　即今河北永清县东南四十八里澜城镇。清乾隆《永清县志》卷1：东南有安澜城。

安澜索桥　又名珠浦桥、绳桥、索桥。在今四川都江堰市西北二里岷江上，为二王庙（崇德庙）通青城山主要索桥。《舆地纪胜》卷151永康军：索桥，“《寰宇记》导江县犍尾堰有索桥、李冰祠。《图经》云：本军江流湍悍，不通船筏。每岁兴工，夏秋绳桥，春冬造浮桥，以通渡往来”。旧桥以竹索，木桩为墩，上铺木板，两旁掖以竹索栏，中铺木板，长120丈，宽1丈。1974年改为钢缆，混凝土桩，自旧桥下移百米。

安澜集　即今安徽五河县西南二十八里安淮村。清末改为安淮集。

安徽会馆　在今北京市西城区南新华街西侧后孙公园胡同南侧。前身是明末清初学者孙承泽别墅。清同治十年（1871）李鸿章兄弟为扩充淮军势力在此建安徽会馆。有左、中、右三路套院，每路五套四合院，附设花园。有文聚堂、思敬堂、藤闲书屋、戏楼、神楼等。戏楼小巧玲珑，三面有楼，围以朱漆栏杆，至今保存完好。2006年定为全国重点文物保护单位。

安憙县　东汉章帝改安险县置，属中山国。治所在今河北定州市东南三十里。《水经·滱水注》：“《中山记》曰：县在唐水之曲，山高岸险，故曰安险。邑丰民安，改曰安憙。”三国魏改为安喜县。

安徽省　清康熙六年（1667）改江南左布政使置，寄治江宁府（治今江苏南京市）。乾隆二十五年（1760）治所迁安庆府（今安徽安庆市）。辖境相当今安徽省及江苏洪泽湖以西、以南地区。1949年分置皖北、皖南两行署区。1952年4月撤销，并为安徽省。治所在今安徽合肥市。

安镬山　亦作安获山。在今越南中北部清化省清化西北。元黎崱《安南志略》卷1：安镬山“出碑砚石。《旧志》载：豫章太守范宁遣使往九真采石磬，为学中用”。《方舆纪要》卷112清化府：安镬山“在府东南东山县。产美石。晋豫章太守范宁尝遣吏于此，采石为磬”。

安疆砦　①本名礓诈砦。北宋元丰五年（1082）改为安疆砦，属庆州。在今甘肃华池县东北。

②北宋崇宁二年（1103）改当标城置，属河州。在今青海循化撒拉族自治县东南。宣和元年（1119）改属乐州。后废。

〔丶フ〕

讲朱城　①北宋筑，属河州。在今甘肃临夏县南。金废。

②西夏置，在今甘肃永登县南庄浪河畔。

讲武台（臺）　①一名讲武堂。在今山西太原市西北。《元和志》卷13晋阳县：“讲武台在县西北十五里。显庆五年置。”

②在今河南开封市西千秋门外之杨村。《方舆纪要》卷47开封府祥符县：讲武台“宋太宗所筑”。

③即尚书台。在今河南临颍县东南四十里。《新唐书·地理志》许州临颍县：“有讲武台，本尚书台，马融讲书之地。显庆二年，高宗大阅于此，更名。”

讲武池　在北宋东京城（今河南开封市）外城南面中门朱明门（又称南薰门）外。《续资治通鉴长编》：乾德元年（963），“募诸军子弟数千人，凿池于朱明门外，引蔡水注之，造楼船百艘”，习战池中。初名教船池，开宝六年（973）改名讲武池。

讲武城　东汉末曹操所筑。一在今河北临漳县西南邺镇北漳水上，另一在磁县南二十里。

讲堂山　在今浙江武义县东。《清一统志·金华府一》：讲堂山“在武义县东二十五里，相传梁刘孝标读书处”。

讷河厅　清宣统二年（1910）改东布特哈置，为直隶厅，属黑龙江省。治所即今黑龙江省讷河市。民国徐曦《东三省纪略》卷2：“以讷默尔河得名。”1913年降为讷河县。

讷河市　1992年撤销黑龙江省讷河县，改设讷河市，市人民政府驻讷河镇。由齐齐哈尔市代管。

讷河县　1913年改讷河厅置，属黑龙江省龙江道。治所即今黑龙江省讷河市。1928年直属黑龙江省。1992年改设讷河市。

讷钦哈达卡伦　清光绪末置，属瑷珲副都统。在今黑龙江省漠河县西北北极乡（漠河）。后废。

讷恰库河　即今新疆哈巴河县西纳切库河。清徐松《西域水道记》卷5：“额尔齐斯河西北流六十里，讷恰库河发源乌尔鲁岭，南流经噶尔札尔巴什卡伦东，凡二百里来汇。”

讷都乌馆　辽置，在今内蒙古敖汉旗东北二十家子附近。

许　一名鄦。西周初封国。姜姓。都城在今河南许昌市东三十六里古城。《春秋》：隐公十一年（前712），“公及齐侯、郑伯入许”。即此。春秋时附于楚，屡迁都。公元前576年迁都叶（今河南叶县西南）。公元前533年迁都夷（今安徽亳州市东南城父镇）。公元前524年迁都白羽（今河南西峡县）。公元前506年又迁都容城（今河南鲁山县东南）。战国初灭于楚（或说灭于魏）。

许三湾城及墓群　在今甘肃高台县西南许三湾村。城址平面为方形，南北长84米，东西宽66米，南面开门，有瓮城。城内有建筑基址。城周围有三处墓群，城南三里处有古墓三千余座，砾石封土或为方形，或为圆形。在城西六里五道梁有墓葬一千余座，在城北三里处有圆形封土墓二百多座。许三湾城及墓群是汉晋十六国时期河西地区重要的历史遗址，对研究当地历史、经济及十六国时期割据政权等具有重要价值。2001年定为全国重点文物保护单位。

许山　在今上海市金山区东南海中，金山之东。《方舆纪要》卷24松江府华亭县：许山“亦在金山卫东，离柘林三十余里。唐顺之云，山去乍浦、金山、吴淞所三处，皆仅隔一湖，亦为会哨之所”。

许水县　唐置，属羁縻归思州。治所在今广西忻城县东南。北宋庆历时废。

许父寨　在今山西河曲县城。《金史·地理志》隩州：兴定四年（1220），“以残破徙治于黄河滩许父寨”。即此。

许由山　在今湖北当阳市东。《方舆纪要》卷77当阳县“方山”条下：“县东十里有许由山。山顶平旷，沮水与玉泉山水会于其前，有泉曰洗耳溪。”

许田　春秋鲁地。在今河南许昌市东北五十一里许田村。《春秋》：桓公元年（前711），“郑伯请以璧假许田”。《公羊传》曰：“许田者何？鲁朝宿之邑也。诸侯时朝乎天子，天子之郊，诸侯皆有朝宿之邑焉。”

许田县　五代唐改许昌县置，属许州。治所在今河南许昌市东北五十一里许田。北宋熙宁四年（1071）废入长社县。

许田镇　北宋置，属长社县。在今河南许昌市东北五十一里许田村。

许市　即浒墅关。即今江苏苏州市西北二十里浒墅关镇。南宋朱长文《吴郡图经续记》卷下：“许市，在郡西二十五里。《图经》云：‘秦皇求吴王剑，白虎蹲于丘上，遂西走二十五里而失，剑不能得，地裂为池，因名其地曰虎疁’。盖此地是也。唐讳琥，钱氏讳谬，故改云许市。”

许州　北周大定元年（581）改郑州置，治所在长社县（今河南许昌市）。隋大业三年（607）改为颍川郡。唐武德四年（621）复为许州。辖境相当今河南许昌、漯河、舞钢、鄢陵、扶沟、临颍、舞阳、郾城、长葛等市县地。北宋元丰三年（1080）升为颍昌府。金改为许州。明省长社县入州。清雍正二年（1724）升为许州直隶州。1913年改为许昌县。

许村场　在今浙江海宁市（硖石镇）西六十四里许村镇。《方舆纪要》卷90海宁县：许村“西南至临平镇二十里。有许村场盐课司”。南宋设许村巡检司寨于此。

许村堡　即今河南濮阳县东北许村。《方舆纪要》卷16清丰县“主簿寨堡”条下：“县西南三十里有许村堡……皆有小城，周一里有奇，可以守御。”

许县　秦置，属颍川郡。治所在今河南许昌市东三十六里古城。东汉建安元年（196），曹操迎献帝由洛阳徙都于此。三国魏黄初二年（221）改为许昌县。

许良镇　在今河南博爱县西十二里许良镇。金天会十四年（1136）《汤王庙碑》作“许良巷”。旧属河内县，1913年属沁阳县，1927年属博爱县。

许旺堡　明置，属宁夏左屯卫。即今宁夏永宁县西北许旺村。

许国石坊　在今安徽歙县城内。建于明万历十二年（1584），是为嘉奖许国的功勋而建造的。许国字维祯，歙县人，嘉靖四十四年进士，历仕嘉靖、隆庆、万历三朝，万历十二年以云南“平夷”有功，晋太子太保、武英殿大学士。故坊上镌有“恩荣”、“先学后臣”、“上台元老”、“大学士”、“少保兼太子太保礼部尚书武英殿大学士许国”字样。石坊四面八柱，呈“口”字形，俗称八脚牌楼。全部采用质地坚硬的青色石料建成，用料宏大厚实。所有柱子、梁枋、斗拱、雀替等构件上均雕有古朴优美的图案，神态逼真，栩栩如生。1988年定为国家重点文物保护单位。

许昌市　1947年革命根据地析许昌县城区置，治所在今河南许昌市。1986年撤销许昌地区，改设地级许昌市。

许昌县　①三国魏黄初二年（221）改许县置，为颍川郡治。治所在今河南许昌市东三十六里古城。为五都之一。东魏天平元年（534）移治今许昌市东北五十一里许田，为许昌郡治。隋属颍川郡。唐属许州。五代唐改为许田县。

②南朝梁侨置，为颍川郡治。治所在今安徽阜阳市东南口孜镇北古城孜。东魏为北陈留、颍川二郡治。隋开皇十八年（598）改为清丘县。

③西魏置，属丹水郡。治所在今河南淅川县西南。北周废。

④1913年改许州直隶州置，属河南豫东道。治所在今河南许昌市。1914年属开封道。1930年直属河南省。1947年析城区置许昌市，县驻许昌市，1961年移治枪杆刘（今许昌市东南六里）。

许昌府　清雍正十二年（1734）升许州直隶州置，属河南省。治所在石梁县（今河南许昌市）。辖境相当今河南许昌、漯河、禹州、临颍、襄城、郾城、长葛、新密、新郑等市县地。乾隆六年（1741）复降为许州直隶州。

许昌宫　故址在今河南许昌市东。《三国志·魏书·文帝纪》：黄初三年（222）正月，“行幸许昌宫”。《元和志》卷8许昌县：“许昌宫，在许昌故城中。”

许昌郡　东魏天平元年（534）改颍川郡置，治所在许昌县（今河南许昌县东北许田）。隋开皇初废。

许河　在今山西高平市南。《方舆纪要》卷43高平县：“许河在县南二十五里。《志》云，源洁泉出县西南三十里之原村。其泉周四丈，深丈五尺，东西分引溉田。西南流十余里合山水，经许庄，名许河，东南流数里入丹河。”

许官店　即今山东平原县西恩城镇。明、清为恩县治。《明史·地理志》高唐州恩县：“今治本许官店，洪武七年七月徙于此。”

许驸马府　在今广东潮州市中山路葡萄巷东府埕。为宋英宗德安公主驸马许钰的府第。始建于北宋治平元年（1064）。明代曾重修。为三进院落四合院式布局。一进与后进均带插山厅、房，合为九间。中厅东西围屋带从厝厅、房及书斋。一进与二进间有通廊。后包建有御书楼。整座建筑结构谨严，装饰古朴。主体建筑为五柱穿斗式梁架结构，建筑型式和装饰仍保存宋代民居特色，上盖部分则具有明代风格，是广东府第式建筑发展演变的重要实物资料。1996年定为全国重点文物保护单位。

许封镇　北宋置，属方城县。在今河南方城县境。

许都　在今河南许昌市东三十六里古城。东汉建安初，曹操迎献帝都此。《后汉书·袁绍传》：“沮授曰：曹操奉迎天子，建宫许都。”

许原　在今陕西大荔县北。《周书·文帝纪》：西魏大统三年（537），齐神武率众十万，自后土渡河，逼华州，“乃涉洛，军于许原西”。即此。

许浦　亦作浒浦。在今江苏常熟市东北七十里。《宋史·河渠志七》：“淳熙元年，诏平江府守臣与许浦驻扎戚世明，同措置开浚许浦港。三旬讫工。”明弘治十二年（1499）复浚，自城东达江口，长七十里有奇，寻废。今已淤塞。

许浦镇　亦作浒浦镇。在今江苏常熟市东北七十里，今属碧溪镇。宋宝祐《重修琴川志》卷1：浒浦镇“在县东七十里，临江。绍兴间于此置镇”。《元史·世祖纪五》：至元十二年（1277）十一月，伯颜分军三路趋临安，“董文炳率舟师循海趋许浦、澉浦。……（十二月）辛丑，董文炳军次许浦，宋都统制祁安以本军降”。《方舆纪要》卷24苏州府常熟县：许浦“旧置水军寨。南渡以后，汛守益重。韩世忠提兵讨苗（傅）、刘（正彦），驻军于此”。

许家庄堡　在今山西大同县东二十七里许堡村。《方舆纪要》卷44大同府：许家庄堡在“府东南九十里。嘉靖三十九年改民堡置戍守，万历三十九年增修。周三里有奇，堡当宣镇两镇之径道，虽近腹里，而地势平旷，嘉靖中尝为寇冲”。

许家池　在今湖北洪湖市东北。《方舆纪要》卷77沔阳州：许家池在“州东南百五十里。……皆江汉支流所汇。联络灌注，以入于白湖，亦皆掌于河泊所”。

许家岭市　即今安徽宿松县东南许岭镇。光绪《大清直省地舆全图》：宿松县东南有许家岭。

许家洞　即今湖南郴州市北许家洞镇。粤汉铁路在此有支线通资兴煤矿。

许家洞支线　自今湖南郴州市北许家洞至资兴煤矿。长48公里。为粤汉铁路支线。1936年建成。

许家窑—侯家窑遗址　在今山西省东北隅阳高县与河北省阳原县接界处，为旧石器时代早期之末至旧石器时代中期的文化遗址。大同之东的阳高县许家窑地下8米深处发现许家窑人额、顶、枕骨化石，3万余件石核、石片等石器及骨器，二十多种脊椎动物化石。附近河北阳原侯家窑遗址出土代表老、中、青年共十四个人的人体顶骨、枕骨、下颌骨化石，属“北京猿人”后裔，出土石器石核、石片、石钻、石球、棒，骨器锥、镞等，以及猪、羊、鸡等动物骨骼。1996年定为全国重点文物保护单位。

许家渡镇　即今江西抚州市临川区西北四十里许家渡。清同治《江西全省舆图》卷2：临川县西北有许家渡。

许湾　即今江西南城县西北许家湾。清顺治二年（1645），清将王体忠围建昌，揭重熙率乡勇来援，战于许湾，即此。

许湾镇　即今江西金溪县西六十里浒湾镇。清乾隆三十二年（1767）移县丞驻此。

许慎墓　在今河南漯河市召陵区东二十五里许庄。许慎（约58—约147）字叔重。汝南召陵（今召陵区）人。东汉经学家、文字学家。清康熙四年（1665）郾城知县温德裕在墓前立“汉孝廉许公之墓”碑。光绪年间再立碑铭，记其事迹。2006年定为全国重点文物保护单位。

讹打刺城　亦名讹答剌城、兀提剌耳、兀答剌儿、兀的剌儿、兀都剌儿。西辽属地。在今哈萨克斯坦南部奇姆肯特西北帖木儿附近。元耶律楚材《西游录》上：“苦盏之西北五百里有讹打剌城，附庸城十数。此城渠酋尝杀大朝使命数人、贾人百数，尽有其财货。西伐之意始由此耳。”

讹迹(跡)邗　察合台汗国属地。在今吉尔吉斯斯坦奥什东北乌兹根。《元史·地理志·西北地附录》有“讹迹邗”。即此。

讹答剌城　即讹打剌城。西辽属地。在今哈萨克斯坦南部奇姆肯特西北帖木儿附近。《元史·太祖纪》：十四年（1219）六月，“西域杀使者，帝率师亲征，取讹答剌城，擒其酋哈只儿只兰秃”。

论山　在今江苏丹阳市东南。元《至顺镇江志》卷7：论山“七十二福地之第三十八也。……神仙所居”。

论川州　唐开元后置羁縻州，属雅州都督府。治所在今四川小金县境。北宋属雅州。后废。

论城　在今河南襄城县东北。《方舆纪要》卷47襄城县：论城“魏武行营也。中有论事台”。

访仙桥镇　即今江苏丹阳市东三十里访仙镇。清光绪《江苏全省舆图》丹阳县：“访仙桥镇在城东三十里。”有巡司。民国《江苏六十一县志》：丹阳县东有“访仙桥镇”，“访仙桥距治三十里，跨包港之曲，旧有巡检驻之”。

军山　①在今江苏南通市南狼山东。《寰宇记》卷130通州静海县：军山“在江海之际”。《清一统志·通州》：军山“在州南狼山东，刀刃山东南。一名象山。有炼丹台、桃花峡、白云洞”。

②一名南山。即今江西南丰县西军峰山。《寰宇记》卷110抚州南丰县：军山“在县西北二十五里。下有神祠，能兴云雨，岁旱祷皆应。地出斑竹”。《清一统志·建昌府一》：军山“在南丰县西。……曾肇军山庙碑，军山，南丰之望也。其高十九里余二百

步，见于百里之外。旧传吴芮攻南越，驻军此山，其将梅铛祭焉，礼成，若有士骑麾甲之状，因号军山”。

③在今江西乐平市东。《方舆纪要》卷107饶州府乐平县：军山“在县东六十里。山势崇高，唐末乡人结军拒寇于此，因名。《志》云，县有鹧鸪山、石潭山及军山，皆黄巢犯境时屯军处”。

④在今湖南汉寿县东南六十里。《方舆纪要》卷80龙阳县：军山“三国吴将潘濬攻武陵都尉樊伷时，屯兵于此，因名”。

⑤在今湖南安仁县北。《清一统志·衡州府一》：军山“在安仁县北十里。峰峦森列，状若军屯”。

军山湖 在今江西进贤县东北四十里。《清一统志·南昌府一》：军山湖“延袤五十余里。《县志》，县境之水，日月、军山二湖为最大，而总入于鄱湖”。

军屯郡 北周建德三年（574）置，为业州治。治所在建始县（今湖北建始县东三十五里州基山下）。隋开皇初废。

军屯堰 明建，在今四川绵竹市北。《清一统志·绵州》：军屯堰“在今绵竹县北三十里。今名官渠堰。其下有硼砂、走水、袭家、唐家、黄土、马坝等堰，皆引绵水溉田”。

军屯镇 北宋置，属新都县。在今四川成都市新都区北二十里军屯镇。

军平县 三国吴置，属交趾郡。治所在今越南广宁省先安县附近。西晋武帝时改为海平县。

军田 即今广东广州市花都区西北狮岭镇军田村。粤汉铁路经此。清宣统《广东舆地全图》花县图：花城西有军田，其北有盘古皇庙。

军宁县 唐至德二年（757）改军安县置，属九真郡。治所在今越南清化省安定东马江南岸。乾元初属爱州。后废。

军安县 西晋置，属九真郡。治所在今越南清化省安定东马江南岸。隋属九真郡。唐武德五年（622）于县置永州，贞观十年（636）属爱州。至德二年（757）改为军宁县。

军阳山 在今江西弋阳县南。《寰宇记》卷107信州弋阳县：军阳山“在县南三十里。昔有将屯兵于山阳，故名。唐贞元中出银、铁”。

军牧村 在今湖南安乡县北七十里。《清一统志·澧州二》：军牧村“平原旷野，富于水草，冈峦横亘，势可屯守。相传汉马援征蛮时驻此”。

军官教育团旧址 在今江西南昌市八一大道376号。原为讲武堂，建于清末。1926年为江西陆军将校讲习所。1927年春朱德在此创办国民革命军第三军军官教育团，由朱德任团长，陈奇涵任教育长。成为南昌革命活动的一个基地和堡垒，在“八一”南昌起义时起了重要作用。1961年定为全国重点文物保护单位。

军城砦 北宋置，属中山府。在今河北唐县西北六十里军城镇。金改置军城镇。

军城镇 金置，属唐县。即今河北唐县西北六十里军城镇。明于此置马驿。

军将山 又名军帐山。即今江苏无锡市西南四十里太湖滨峄嶂山。明洪武《无锡县志》卷2：军将山，“南唐时，尝屯军此山，以御吴越之兵，故以军将名其山”。

军突弄山 古岛屿名。即今越南南部海上之昆仑岛。见《新唐书·地理志》附“广州通海夷道”。为中古时代海舶往来东西洋必经之地。南宋时，吴自牧《梦粱录》卷12始称昆仑。

军都山 又名居庸山。在今北京市昌平区西北。层峦叠嶂，奇险天开。太行第八陉。《后汉书·耿弇传》：光武初，彭宠联匈奴，“胡骑经军都，（耿）舒破其众，斩匈奴两王，宠乃退走。（耿）况复与舒攻宠，取军都”。注：“军都，县，属广阳郡。有军都山，在西北。”《水经·㶟余水注》：㶟余水“历山南，径军都县界，又谓之军都关。《续汉书》曰：尚书卢植隐上谷军都山”。即此。

军都关 即居庸关，在今北京市昌平区西北三十里。《水经·㶟余水注》：㶟余水“历山南，径军都县界，又谓之军都关”。《新唐书·地理志》幽州昌平县：“西北三十五里有纳款关，即居庸故关，亦谓之军都关。”

军都县 西汉置，属上谷郡。治所在今北京市昌平区西北十七里古城（南口之东）。东汉属广阳郡。西晋属燕国。北魏属燕郡。东魏天平中移治今昌平县北。北齐天保中废。

军峰山 即军山。今江西南丰县西军峰山。

军脑儿 ①在今蒙古国乌兰巴托东南，克鲁伦河上游之西。《元史·宪宗纪》：宪宗七年（1257）秋，“驻跸于军脑儿，酾马乳祭天”。明金幼孜《北征录》记载，在撒里怯儿（即元萨里川，今克鲁伦河上游西）之地，有元宫殿及祭坛遗迹。近代学者于其地之北的肯特山上发现有元代祭场及祭器遗存（符拉基米尔佐夫《库伦城及库伦地区和肯特山区民族志及语言学调查》），当即元初祭天处。

②今蒙古国中央省克鲁伦河上游西滚湖。《元史·祭祀志》：“岁甲寅，（宪宗）会诸王于颗颗脑儿之西，丁巳秋，驻跸军脑儿，皆祭天于其地。”《至元辨伪录》作君脑儿。

军祥 春秋楚邑。在今湖北随州市西南。《左传》：定公五年（前505），“吴人获薳射于柏举。其子帅奔徒以从子西，败吴师于军祥”。即此。

军营山 又名蚺城山。在今江西婺源县城内。《方舆纪要》卷28徽州府婺源县：军营山“在县城内西隅。五代时尝屯兵于此。山东麓临西湖，旧为蚺蛇港，又北曰腰滩港，大溪之水汇于此。唐中和中，汪武立营栅于腰滩、蚺蛇二港，据弦高镇，即营此山矣。五代唐同光中，吴将刘津改营新城，因筑南北港口，潴水为西湖，使大溪环城而西南出。宋末犹为近郊之胜。元时渐堙。明初遂为平陆，惟此山犹以军营名”。

军营岭　在今江西广昌县城北。《方舆纪要》卷86建昌府广昌县：军营岭在“县北一里。相传吴芮征南越时，遣将梅铂营其下。前多稻田，左右皆平阜，惟此岭独高”。

军腾县　西晋置，属桂林郡。治所当在今广西东北部融江及红水河下游一带。后废。

军粮城　在今天津市东郊军粮城镇。唐置，专理海运事务。清乾隆《天津县志》卷6：军粮城“周围基址尚存”。中华人民共和国成立后在军粮城镇西一里考古发现一批唐遗址，其中有一土台。据《津门考古》：“高出周围平地数十厘米，略呈方形，边长近一华里。”即为唐军粮城。

军潭隘　在今江西广丰县东南。《清一统志·广信府》：军潭隘“在广丰县东南五十里。南至福建浦城县界塘峰洞十五里，西至封禁山五十里。相近又有港头、石溪、上木、靖安四隘”。

祁口　亦作泝口。在今湖北南漳县东南。是祁水（今安家河）注入夷水（今蛮河）之口。《三国志·魏书·张郃传》：“与司马宣王击孙权别将刘阿等，追至祁口，交战，破之。”

祁口营　又名岐口。即今河北黄骅市东北海滨岐口镇。清道光二十一年（1841）置岐口守备署，并有把总驻守。

祁山　①在今安徽祁门县北，大共水东岸。《寰宇记》卷104祁门县：祁山“在县东北一里。三面石壁，有石室高五丈，阔二十丈，号青萝岩。旁有涌泉，号乳泉，味甘。山西半壁有大石，方圆丈余，坠于溪中，落处有龙骨存焉”。

②在今湖南祁阳县北十五里。《方舆纪要》卷81祁阳县：祁山“山高峻，远望如城壁，县因以名”。

③在今甘肃礼县东四十里祁山乡。三国蜀汉时，诸葛亮伐魏，六出祁山，即此。《三国志·蜀书·诸葛亮传》：建兴六年（228），“亮身率诸军攻祁山”。九年（231），“亮复出祁山，以木牛运，粮尽退军，与魏将张郃交战，射杀郃”。

祁山堡　在今甘肃礼县东四十里。《水经·漾水注》：“汉水北连山秀举，罗峰竞峙，祁山在嶓冢之西七十许里。山上有城，极为严固。昔诸葛亮攻祁山，即斯城也。”《清一统志·秦州》：祁山堡“在礼县东四十里。上有武侯祠”。

祁门县　唐永泰二年（766）改昌门县置，属歙州。治所在今安徽祁门县西石山坞。《元和志》卷28祁门县：“以县东北一里有祁山”，因名。大历五年（770）移治今祁门县。北宋宣和三年（1121）属徽州。元属徽州路。明属徽州府。民国初属安徽芜湖道。1928年直属安徽省。

祁门站　即今安徽含山县东北祁门（祁门站）。旧属和县。《方舆纪要》卷29和州：祁门驿在“州西四十里。《志》云：洪武十五年设祁门马驿于此，弘治五年迁入含山县西门内”。

祁义店　一名祁仪镇。即今河南唐河县南祁仪乡。清乾隆《唐县志》卷1《集镇》：“祁义店，县南四十里。”

祁乡县　即泝乡县。在今湖北南漳县西南。《宋书·州郡志》作祁乡县。

祁乡侯国　西汉改祁县置，属沛郡。治所在今河南夏邑县东北。东汉废。

祁水　①在今河北顺平县南。《明史·地理志》完县：“西有伊祁山，祁水出焉，其下流为方顺河。”

②古名汜水。在今湖南祁阳县北。《清一统志·永州府一》引《府志》：“祁江有二源，一出腾云岭，一出梅塘山下，二水至双江口合流，径祁山下曰祁江，又东过祁山南，至城东入湘。”

祁夷水　即今山西广灵县南之壶流河。《汉书·地理志》代郡平舒县：“祁夷水北至桑干入沽。”

祁州　唐景福二年（893）分定州置，治所在无极县（今河北无极县）。北宋景德元年（1004）移治蒲阴县（今安国市）。辖境相当今河北安国、深泽、晋县等市县地。元以后辖境有变化，清不辖县。1913年改为祁县。

祁阳县　三国吴析泉陵县置，属零陵郡。治所在今湖南祁东县东南二十二里金兰镇。据《舆地纪胜》卷56引《零陵志》云：“县在祁山之南，故曰祁阳。”隋废。唐武德四年（621）复置，属永州。治所在今湖南祁阳县西南十里老山湾。元属永州路。明属永州府，景泰三年（1452）移今祁阳县。民国初属湖南衡阳道。1922年直属湖南省。

祁村　即今河北临城县西北十六里祁村。清同治《畿辅通志》卷55临城县图：西北有祁村。

祁连山　一名雪山。在今甘肃省酒泉市南。广义的祁连山亦指甘肃省西部和青海省东北部边境山地。因在河西走廊南边。亦称南山。《汉书·霍去病传》：元狩二年（前121），“去病至祁连山，捕首虏甚多”。师古注曰：“祁连山即天山也，匈奴呼天为祁连。”

祁连戍　唐置，属甘州福禄县。在今甘肃高台县西南。《新唐书·地理志》福禄县：“东南百二十里有祁连戍。”

祁连池　即天池。在今山西宁武县西南五十里管涔山上。《资治通鉴》：南朝陈永定二年（北齐天保九年，558），“齐主至祁连池”。胡注：“祁连池，即汾阳之天池，北人谓天为祁连。”

祁连设治局　1939年析亹源县置，属青海省。治所在八宝寺（今青海祁连县）。以祁连山而得名。1951年改为祁连区人民行政委员会。1952年设立祁连藏族自治区（县级）。1953年改为祁连县。

祁连城　在今甘肃民乐县南三十里。十六国前凉置祁连郡治此。《资治通鉴》：唐开元十六年（728），“左金吾将军杜宾客破吐蕃于祁连城下”。即此。

祁连郡　十六国前凉置，治所在今甘肃民乐县（红水堡）南三十里。辖境相当今甘肃民乐县和青海祁连县。北魏废。

祁县 ①春秋晋置，战国时入秦，属太原郡。治所在今山西祁县东南七里祁城。北魏太和中移治今祁县。北齐天保七年（556）废。隋开皇十年（590）复置祁县，属并州。大业初属太原郡。唐属太原府。元属冀宁路。明属太原府。民国初属山西冀宁道。1930年直属山西省。

②秦置，属砀郡。治所在今河南夏邑县东北。西汉改为祁乡县。

③1913年改祁州置，属直隶保定道。治所即今河北安国市。1914年改为安国县。

祁沟关 又名岐沟关。在今河北涿州市西南三十里岐沟村。唐末置关。《资治通鉴》：五代梁乾化二年（912），晋王李存勖遣并镇周德威出飞狐，与镇、定兵汇于易水，"三镇兵进攻燕祁沟关，下之"。胡三省注："祁沟关在涿州南，易州拒马河之北。"又《辽史·耶律休哥传》：统和四年（986），"（宋）曹彬、米信出雄、易，取歧沟、涿州，陷固安，置屯"。

祁命寨 即今四川松潘县北水晶乡（祁命）。清康熙四十二年（1703）置祁命寨土千户。

祁命簇长官司 明洪武十四年（1381）置，属松潘卫。治所在今四川松潘县北水晶乡（祁命）。《明史·四川土司传》：正统四年（1439），"松潘指挥赵得奏：祁命族番寇商巴作乱，官军捕擒之"。后废。

祁皇陵 即永固陵。在今山西大同市城北五十里方山上。为北魏文明太后冯氏陵。

祁黎 即郪。春秋郑邑。在今河南荥阳市东厘城。《公羊传》作"祁黎"。

郏垂 春秋周邑。在今河南伊川县西北。《左传》：文公十七年（前610），"秋，周歜败戎于郏垂"。杜注："河南新城县北有垂亭。"《水经·伊水注》："伊水又北会厌涧水，水出西山，东流径郏垂亭南。"

农州 隋大业元年（605）置，治所在新容县（今越南承天省广田县东香山与蒲江合流处）。辖境相当今越南承天省地。三年（607）改为海阴郡。

农安县 清光绪十四年（1888）改农安照磨置，属长春府。治所在龙湾（今吉林农安县）。民国魏声龢《吉林地志》："县治旁古塔，建于辽圣宗时，相称龙安塔，音讹又似农安，遂为县名。"1913年改属吉林省吉长道。1929年直属吉林省。

农安塔 辽圣宗时建，在今吉林农安县城内。《清一统志·郭尔罗斯》：龙安城，"《册说》：城周七里、门四，址尚存。旁有农安塔，亦曰农安。天命九年，科尔沁为察哈尔所侵，我贝勒阿巴泰率师救之，兵至农安塔，察哈尔仓皇夜遁，即此"。今塔为1953年翻修，为八角十三层，高近40米。

农城县 西晋置，属苍梧郡。治所在今广西苍梧县西南。南朝宋废。

农祥设治局 1945年由酉阳、秀山二县析置，驻龙潭镇（今重庆市酉阳土家族苗族自治县东南龙潭镇）。1949年撤销，并入酉阳、秀山二县。

农歌 西藏古地名。《新唐书·地理志》："逻些在东，距农歌二百里。"地在今当雄县羊八井区，唐时吐蕃于此曾置驿站，"唐使至，吐蕃宰相每遣使迎候于此"。此地为吐蕃近畿重镇。

〔フ一〕

聿赍城 南诏属剑川节度使，在今云南德钦县南。《蛮书》卷6：敛寻城"皆施蛮、顺蛮部落今所居之地也。又西北至聿赍城，又西北至弄视川"。宋大理废。

寻口 在今湖北安陆市西南。《三国志·魏书·文聘传》：文聘"与乐进讨关羽于寻口，有功，进讨延寿亭侯，加讨逆将军"。

寻山后（後）千户所 明成化中置，属成山卫。治所即今山东荣成市东寻山镇。

寻邬水 ①一名寻邬堡水。即今江西寻乌县东南寻乌河。《方舆纪要》卷88赣州府长宁县：寻邬堡水在"县东五十里。流入广东龙川县之赤石渡"。《清一统志·赣州府一》：寻邬水"在长宁县东五十里。源出寻邬保西南，流合水源、马踶江、河岭诸水，入广东兴宁县界，为杜田河。亦东江之上源也"。

②即今广东东江上源寻乌河。《明史·地理志》长宁县："又东有寻邬水，流入广东龙川县界。"

寻邬县 1914年改长宁县置，属江西赣南道。治所即今江西寻乌县。以县东有寻邬水，故名。1926年直属江西省。1957年改名寻乌县。

寻阳山 在今福建仙游县东北六十五里。《方舆纪要》卷96仙游县：寻阳山"山自西北来，峙为三峰，中大雪，北仙台，西香炉，极为雄伟。左右环叠，峰岩甚众，并称奇胜"。

寻阳县 西汉置，属庐江郡。治所在今湖北黄梅县西南。三国吴属蕲春郡。晋属庐江郡，永兴初属寻阳郡。咸和中移治今江西九江市西南。义熙八年（412）废入柴桑县。隋开皇九年（589）复置，属江州。治所在湓口城（今九江市）。十八年（598）改名彭蠡县，大业初又改名湓城县。

寻阳驿 在今江西九江市东北。《方舆纪要》卷85九江府：寻阳驿"在府城东北。宋元以来，皆置于府城西，明初因之，万历四十一年改置于此。滨江，以便行旅"。清雍正四年（1726）裁。

寻阳郡 西晋惠帝永兴元年（304）分庐江、武昌二郡置，治所在寻阳县（今湖北黄梅县西南）。辖境相当今江西九江市以西，湖北广济以东的长江两岸地区。其后屡有伸缩。东晋咸和中移治柴桑县（今江西九江市西南二十里）。南朝梁太清中移治柴桑县之湓口城（今九江市）。隋开皇九年

(589) 废。

寻声县　唐贞观二十二年 (648) 置，属牢州。治所在今四川攀枝花市西北。永徽三年 (652) 废入昌明县。

寻甸州　清康熙八年 (1669) 改寻甸府置，属曲靖府。治所即今云南寻甸回族彝族自治县。1913 年废为县。

寻甸县　1913 年改寻甸州置，后属云南滇中道。治所即今云南寻甸回族彝族自治县。1916 年直属云南省。1927 年改置寻甸回族彝族自治县。

寻甸府　明洪武十六年 (1383) 改仁德府置寻甸军民府，属云南布政司。治所在今云南寻甸回族彝族自治县东三里中古城。明景泰《云南图经志书》寻甸军民府："蛮名新丁，又名寻甸部，讹为仁地，又为仁德部。蒙氏因名寻甸，段氏因名仁德。元初立万户，后改为府。"辖境约当今云南寻甸回族彝族自治县地。成化十二年 (1476) 改寻甸府。嘉靖七年 (1528) 迁治今寻甸回族彝族自治县。清康熙八年 (1669) 降为州。

寻陕　亦作寻陿。在今广东清远市东。《史记·南越列传》：元鼎六年 (前 111) 冬，"楼船将军将精卒先陷寻陕，破石门，得越船粟，因推而前"。《索隐》："姚氏云：寻陕在始兴西三百里，近连口也。"《方舆纪要》卷 101 清远县"峡山"条内："观亭山在县东三十五里。一名观峡山。或云即峡山之支麓，或谓之寻峡。姚氏云：汉楼船将军杨仆出寻峡，峡去始兴三百里，近连口，即此峡也。"

寻思干　又作挦思干、撒马耳干、撒马儿罕、邪米思干、薛米思干、薛米思坚、薛迷思加、薛米则干、换思干、换斯干。即今乌兹别克斯坦撒马尔罕。辽保大三年 (1123) 耶律大石大败西域诸国十万大军于此。《辽史·天祚皇帝纪·附耶律大石》：耶律大石称王，率军西进"至寻思干"。即此。耶律大石建立西辽后，置河中府于此。

寻真观　即石鼓书院。在今湖南衡阳市北石鼓山。唐李宽读书其中，刺史吕温访之，有《同恭夏日题寻真观李宽中秀才书院》诗。

寻陿　即寻陕。亦作寻峡。又名观峡山、中宿山、峡山。在今广东清远市东。《汉书·南粤传》：元鼎六年 (前 111) 冬，"楼船将军将精卒先陷寻陿，破石门，因推而前，挫粤锋"。

寻槐堡　明置，在今广西上思县西。

寻源县　唐置，属羁縻筠州。治所在今四川筠连县境。后废。

那九村　一作那久村。即今广西隆安县。《方舆纪要》卷 110 隆安县："本宣化县之那九村，嘉靖七年王守仁守田州，相度地利，奏置今县，属南宁府。"

那大镇　即今海南省儋州市。1958 年儋县迁治于此。1993 年改设儋州市。

那口城　在今湖北荆门市东南。《水经·沔水注》：权水"出章山，东南流经权城北……东南有那口城"。

那川县　唐贞观五年 (631) 置，属羁縻蛾州。治所在今四川阿坝县东南境或红原县南境。后废。

那马土司　明嘉靖七年 (1528) 置，属思恩府。治所在今广西马山县西南周鹿镇。清同治九年 (1870) 改为那马厅。

那马厅　清同治九年 (1870) 改那马土司置，属思恩府。治所在今广西马山县西南周鹿镇。1912 年改为那马县。

那马县　1912 年改那马厅置，属广西南宁道。治所在今广西马山县西南周鹿镇。1928 年直属广西省。1951 年和隆山县合并改置马山县。

那马堡　明置，在今广西上思县东。

那木七图乌兰木伦河　即今长江北源楚玛尔河。在青海治多、曲麻莱二县境。《清一统志·西藏》：那木七图乌兰木伦河"源出锡津乌兰拖罗海山东北三百余里巴颜喀喇得尔奔山，东南流六百余里入木鲁乌苏"。

那木干　清藩属浩罕属城。即今乌兹别克斯坦纳曼干。乾隆《西域图志》卷 45：那木干"在玛尔噶朗城西北八十里，霍罕城东北八十里，南滨那林河"。乾隆二十四年 (1759) 归附于清。光绪二年 (1876) 为沙俄吞并。

那木剌站　明置，在今吉林蛟河市老爷岭。明《辽东志》卷 9："纳丹府东北陆路：那木剌站。"

那历 (歷) 州长官司　元置，属管番民总管。治所在今贵州罗甸县西南。后废。

那比隘　在今广西田林县西南那比乡。《清一统志·泗城府》：那比隘"在西林县南一百六十里"。有兵防汛。

那日图　即今内蒙古正蓝旗北那日图苏木。1949 年为正蓝旗驻地。"那日图"，蒙古语意为"朝阳的灌木林"。

那丹伯台　即今吉林东丰县北一百十里那丹伯镇。清光绪《奉天全省地舆图说图志》海龙厅图：西北有那丹伯台。"那丹伯"，满语意为七个湾子。

那丹府城　一作那丹佛勒城。在今吉林桦甸市西南苏密城。明置驿于此。

那乌山砦　在今广东阳东县东。《方舆纪要》卷 101 阳江县：那乌山砦"在县东那乌山上，瑶寨也"。

那龙城　在今云南安宁市西南二十二里县街镇。元至元十三年 (1276) 于此置三泊县。清康熙八年 (1669) 县废。

那龙墟　①即今广东阳东县东北那龙圩。清时有把总驻防。

②亦作那隆墟。即今广西灵山县西南五十里那隆镇。清雍正《广东通志》卷 18：钦州有那隆墟。宣统《广东舆地全图》灵山县图：西南有那隆墟。

那龙寨　即今广西南宁市西乡塘区西北龙达。明置巡司于此。清雍正七年 (1729) 废。

那平关 即后平关。在今湖南张家界市东南。《方舆纪要》卷77永定卫：那平关“在（大庸）所境。《志》云，所有那平、边岩下、青鱼滩三关，旧皆为戍守处”。

那尔轰山 在今吉林靖宇县北。清光绪《吉林通志》卷18：“那尔轰山，（吉林）城南四百里，高十余丈。”“那尔轰”，满语意为“细”。

那处 亦作那口。春秋时楚地。在今湖北沙洋县西南拾回桥镇。《左传·庄公十八年》：“初，楚武王克权，使斗缗尹之，以叛，围而杀之，迁权于那处。”杜注：“那处，楚地。南郡编县东南有那口城。”

那礼部 唐室韦诸部落之一。在今内蒙古呼伦贝尔市之扎兰屯市南雅鲁河。《新唐书·室韦传》：塞曷支部“益东有和解部、乌罗护部、那礼部”。

那吉屯 即今内蒙古阿荣旗驻地那吉镇。1941年日伪将阿荣旗由红花梁子迁此。“那吉”，鄂温克语意为“鱼窝子”。

那地州 明洪武元年（1368）改地州置，属庆远府。治所在今广西南丹县西南吾隘镇那地村。民国初属广西田南道。1928年直属广西省。1931年废入南丹县。

那曳隘 在今广西龙州县西南那曳村。《清一统志·太平府》“那怀隘”条：那曳隘“逼近越南僻路，有龙凭营官兵及土兵防守”。

那曲 即喀喇乌苏。今西藏北部怒江上游。“那曲”，藏语意为黑河。

那曲卡 一作喀喇乌苏。即今西藏那曲县。

那曲宗 原西藏地方政府设，治所即今西藏那曲县。1960年改设黑河县。1965年改为那曲县。

那多峰 在今云南寻甸回族彝族自治县东北。《清一统志·曲靖府》：那多峰“在寻甸州东北。有大石寨。接东川府界。下有龙泉”。

那色波 一名小史。即今乌兹别克斯坦布哈拉东南卡尔希。唐为安西都护府属地。

那州 ①唐武德七年（624）置，治所在军安县（今越南清化省安定东马江南岸）。贞观元年（627）废。

②唐永徽二年（651）置羁縻州，属茂州都督府。治所在今四川汶川县西南邛崃山附近地区。后废。

③唐置，治所即今广西东兰县东北那州。后废。北宋崇宁五年（1106）复置，大观元年（1107）废，后复置。元属庆远南丹安抚司。明洪武元年（1368）废入地州。

那安江 在今广西灵山县西。《清一统志·廉州府》：那安江“在灵山县西一百里。源出古豆山，南流入钦州，为渔洪江”。

那玛岭 即今哈萨克斯坦斋桑泊东北纳雷姆山。清徐松《西域水道记》卷5：额尔齐斯河“札哈苏淖尔“东北八十里为辉迈拉呼卡伦。卡伦临河西岸。其东岸为那玛岭，岭道崎岖，攀援乃能上”。

那扶营 即今广东台山市西南那扶镇。《清一统志·广州府》：那扶营“为肇庆府恩平县交界地方。本朝康熙元年设都司防守”。

那劳墟 即今广西西林县东那劳乡。清光绪《广西舆地全图》西林县图：西有那劳塘。清边疆大臣岑毓英、岑春煊为本乡人。有宫保府宅第。

那苏隘 即今广西东兴市东北那梭。《清一统志·廉州府》：那苏隘“在钦州西南如昔都。明宣德中，交趾置金勒千户于此”。

那丽墟 即今广西钦州市东南百里那丽镇。清宣统《广东舆地全图》钦州图：东南有那丽墟。

那佐隘 在今广西西林县东南那佐苗族乡。《清一统志·泗城府》：那佐隘“在西林县西南二百二十里，接富州界。高峰夹峙，中有小径，设百总驻防”。

那伽钵置那 即今印度马德拉斯邦东南部之纳加帕蒂南。唐义净《大唐西域求法高僧传》卷下：无行禅师，“羯荼国，至冬末转泊西行，经三十日到那伽钵置那，从此泛海二日到师子洲”。

那良墟 即今广西防城港市西那良镇。清宣统《广东舆地全图》防城县图：西南有那良墟。

那陈 即今广西南宁市邕宁区西南那陈镇。清置巡司于此。

那拖市 在今海南省澄迈县西北。《明史·地理志》琼州府琼山县：“又有那拖巡检司，治那拖市。”

那坡大隘 在今广西那坡县西南，近越南界。《清一统志·镇安府》“平孟隘”条：“打面梁那坡、者赖、者欣三村，在城西南。”光绪《镇安府志》卷9：“那坡村较别隘更为紧要。”

那林河 即今吉尔吉斯斯坦境内之纳林河。《清一统志·霍罕》：那林河“在葱岭西北。经流数千里，霍罕、安集延诸国濒之以居。大小泉流支流不一，并会此河。其发源从东布鲁特境，西行过安集延城之北，又西行过玛尔噶朗城北，又西行过那木干城之南，又西行过霍罕城北。自此又西北行，过赛玛尔堪城之北，又折东南入于达里冈阿鄂模”。

那林隘 在今广西凤山县西南江洲瑶族乡那林村。《清一统志·思恩府》“老村隘”条：“那林隘在州北二百里，路通泗城府，皆属险要，设兵防守。”

那板溪 在今广西上思县西南。《方舆纪要》卷110上思州：那板溪“在州西南。与渌浪、渌郁等溪俱出十万山，汇流于明江”。

那旺国 约当今孟加拉湾东南部之尼科巴群岛。《元史·外夷传》：至元十九年（1282），杨庭壁“四月还至那旺国”。

那罗牟堡 北宋置，属西安州。在今宁夏海原县境。后废。

那金河 即今吉林洮南市西北那金镇。以境内那金河而得名。民国徐曦《东三省纪略》卷10奉天省矿产表：洮南县“那金河，金”。

那河　又作难河。即今黑龙江省之嫩江及嫩江流注之松花江。《旧唐书·室韦传》：望建河“源出突厥东北界俱轮泊，……又东流与那河、忽汗河合……东流注于海”。

那河隘　在今广西宁明县东南峙浪乡那河村。《清一统志·太平府》：那河隘“在思陵土州南三十里，接交阯禄州界”。

那波墟　即今广西田阳县西北二十里那波镇。清光绪《广西舆地全图》奉议州图：西有那坡墟。

那录驿　在今青海兴海县西北。唐时地处入藏交通要道，后属吐蕃。《新唐书·地理志》鄯州鄯城条注：“（赤岭）西吐蕃，有开元中分界碑。自振武经尉迟川、苦拔海、王孝杰米栅，九十里至莫离驿。又经公主佛堂、大非川二百八十里至那录驿，吐浑界也。”

那孤儿　又作花面国。在今印度尼西亚苏门答腊岛北部，与苏木都剌国接界。《明史·外国列传》：“那孤儿，在苏门答剌之西，壤相接。地狭，止千余家。男子皆以墨刺面为花兽之状，故又名花面国。……永乐中，郑和使其国。其酋长常入贡方物。”

那城　即汉朝那。在今宁夏固原市东四十五里古城附近。《资治通鉴》：唐大历六年（771），“吐蕃下青石岭，军于那城”，即此。

那南寨　在今广西南宁市西北六十里。明置巡司于此。清乾隆三十一年（1766）裁。

那哈完的　一作你诃温多城。即今伊朗西部哈马丹西南纳哈万德。《元史·地理志·西北地附录》有“那哈完的”。

那骨堡　在今广东台山市西南。《清一统志·广州府》：那骨堡“在新宁县西南。本朝乾隆二十一年设县丞，三十一年移驻大澳”。

那科土司　清雍正六年（1728）置，属阿都副长官司。治所在今四川布拖县南拉果乡。后废。

那盆山　在今海南省临高县东南三十里。《方舆纪要》卷105临高县：那盆山“脉自五指山北来，至此特起一峰，高耸而圆，若覆盆然”。

那孩川渠　在今青海湟中县东南。《方舆纪要》卷64西宁卫：那孩川渠在“卫南五十里。……《志》云：卫境之渠约二十有余，分流灌田，民资其利”。

那莫田　在今云南普洱市西北。清有把总驻防。

那晓汛　即今广西南宁市邕宁区南南晓镇。清设外委驻防。

那造驿　明置，为右江水驿。在今广西隆安县西北。《方舆纪要》卷110隆安县：那造水驿，“《志》云：旧在府西九十里，后徙于县城西北隅，嘉靖四十五年革”。

那银堡　明置，在今广东台山市西南。《方舆纪要》卷101广州府新宁县：那银堡“在县（今台山市）西南九十里”。

那密水　即今塔吉克斯坦及乌兹别克斯坦境内之泽泽拉夫善河。《新唐书·西域传》：康国“在那密水南”。

那彭墟　即今广西钦州市东九十里那彭镇。清宣统《广东舆地全图》钦州图：东有那彭墟。

那喇特卡伦　一作纳喇特卡伦。清乾隆年间置，即今新疆新源县东那拉提镇。道光《新疆识略》卷11：那喇特卡伦“东北至博尔柯阿满卡伦五十里”。

那黑沙干　即今乌兹别克斯坦布哈拉东南卡尔希。宋、金时地属西辽。

那黑沙不　察合台汗国辖地。在今乌兹别克斯坦东南卡尔希。《元史·地理志·西北地附录》有“那黑沙不”。

那楼营　在今广东廉江县西南青平镇之息安村。《方舆纪要》卷104石城县：那楼营“在县西八十里。旧在县西北，嘉靖中迁于息安驿”。

那楼寨　在今广西隆安县东南二十五里。明置巡司于此。

那零营　在今海南省临高县南。《方舆纪要》卷105临高县：“那零营在县南。又南有屯建营。俱防生熟黎人劫路。”

那雾墟　即今广东化州市北那务镇。清光绪《高州府志》卷10化州：那雾在“州北一百二十五里”。

那蜡隘　在今广西田林县西南那腊村。《清一统志·泗城府》“那比隘”条内：“又那蜡隘，在（西林）县南一百七十里。两山夹径，必由谷口出入，俱有兵防汛。”

那噶尔孜　即浪噶子。今西藏浪卡子县。清松筠《丁巳秋阅吟·朗噶孜》诗注：“朗噶孜本名那噶尔孜。番（藏）语：那，鼻也。噶尔，白也。孜，高也。白山鼻上桑砌营官寨，形似佛头。”

艮山门　南宋临安城的东北门。即今浙江杭州市东北艮山门。宋《咸淳临安志》卷18城郭有“艮山门”。

艮岩　在今湖南宜章县西南二里。南宋宜章令吴镒《蒙艮二岩记》取《易经》“艮”之义，谓“两岩兼重，艮之象也；动静惟时，艮之义也”，因名艮岩。《清一统志·郴州》：艮岩“在宜章县南二里。有水自岩涌出，其深不测，铸大士渡海像于中，为一邑胜境”。

艮岳（嶽）　北宋宣和四年（1122）改万寿山为艮岳，在今河南开封市东北隅。《宋史·地理志》东京：“宣和四年，徽宗自为艮岳记，以为山在国之艮，故名艮岳。蔡絛谓初名凤凰山，后神降，其诗有‘艮岳排空霄，’因改名艮岳。宣和六年，诏以金芝产于艮岳之万寿峰，又改名寿岳。蔡絛谓南山成，又改名寿岳。岳之正门名曰阳华，故亦号阳华宫。自政和迄靖康，积累十余年，四方花竹奇石悉聚于斯。”后废圮。

导江　即今四川中部之岷江。《元和志》卷32彭山县：“大江一名汶江，亦曰导江，在县东七里。”

导江县　唐武德二年（619）改灌宁县置，属益州。治所在今四川都江堰东南二十里导江铺。《元和志》卷31彭州导江县："取《禹贡》岷山导江之义。"垂拱二年（686）属彭州。北宋太平兴国三年（978）属永康军，熙宁五年（1072）复属彭州。元至元十三年（1276）废入灌州。

导河县　1913年改河州置，属甘肃兰山道。治所即今甘肃临夏市。1928年改名临夏县。

异龙湖　在今云南石屏县东南。《明一统志》卷86临安府：异龙湖"在石屏州治东。湖有九曲，周一百五十里。中有三岛，曰孟继龙，曰小末束，曰和龙。其水流为泸江"。《方舆纪要》卷115石屏州：异龙湖"其小岛曰孟继龙，有蛇虫不可居，昔时蛮酋每窜罪人于此。中岛曰小末束，蛮居其上，筑城曰小末束城，今名乞断山。大岛曰和龙，立龙其上，汉名水城。元至顺初，云南诸王秃坚等作乱，攻略郡县，石屏镇将朱宝以和龙岛有垒堑可保，引众据守，贼帅战舰来攻，宝拒却之。三岛四面皆巨浸，东流至府境为泸江"。今两大岛已成陆，仅有马宝龙（即原孟继龙）在水中。

异龙潭　在今云南文山县西。《清一统志·开化府》：异龙潭"府境诸流多汇于此。本朝康熙七年，经历李凤昌引流灌田，民被其利"。

异泉　在今湖北黄石市东南西塞山区回山。《舆地纪胜》卷33兴国军："回山在大冶东五十里西塞山之右，山有异泉及飞云洞。《土俗编》云：唐天宝十三年积雨之后，回山之巅忽有飞泉涌出，垂流四百仞。元结名之曰异泉，因为作《异泉铭》。"

岊山　一作㠊山。在今江苏溧阳市东北。南宋德佑初，蒙古兵陷建康（今南京市），转运判官赵淮起兵溧阳、宜兴间，屯据岊山，阻长荡湖为固。即此。

弛马岭　在今湖南衡山县西北十里。《方舆纪要》卷80衡山县"杨山"条下：弛马岭"道出湘乡。山多苦竹，林深泥泞，马力多弛，故名"。

〔7丨〕

阮　一作邧。商代国名。在今甘肃泾川县东南。《诗经·大雅·皇矣》："密人不恭，敢距大邦，侵阮徂共。"即其国。为周文王所灭。

阮公墩　在今浙江杭州市西湖中。民国《西湖新志》卷1："清阮元抚浙时浚湖所掘之土堆于此，故名。"

阮平县　北宋置，属羁縻兰州。治所在今广西东兰县南六十里。后废。

阮尔庄　在今山东平阴县北。清光绪间义和团首领邢兆陆、邢兆复兄弟率众在此焚毁教堂。

阮里河　即今嫩江支流雅鲁河。明置阮里河卫以此名。

阮里河卫　明永乐六年（1408）置，属奴儿干都司。在今黑龙江省嫩江支流雅鲁河流域。后废。

阮籍台（臺）　在今河南尉氏县城东南。《寰宇记》卷1开封府尉氏县："阮籍台在县东南二十步。籍每邀名贤携酌长啸登此也。"

阳　①周代国名。春秋时灭于齐。故址在今山东沂南县南砖埠镇阳都村。《春秋》：闵公二年（前660），"齐人迁阳"。即此。西汉置阳都县。

②一作唐。春秋燕邑。在今河北顺平县西北。《春秋》：昭公十二年（前530），"齐高偃帅师纳北燕伯于阳"。《战国策·齐策二》："赵可取唐、曲逆"，亦即此。西汉置唐县。

③又名樊、阳樊。春秋周邑，后属晋。在今河南济源市西南。《国语·晋语》："王以阳樊赐晋，阳人不服，文公围之。仓葛曰：阳有夏、商之嗣典，樊仲之官守焉，君而残之，无乃不可乎？"战国属魏，更名河雍。

阳八井　一作羊八景。即今西藏当雄县西南羊八井。清乾隆《卫藏通志》卷4："阳八井分路四十里至峡布。"

阳人　又名阳人聚。战国楚邑。在今河南汝州市西四十里。《战国策·韩策二》："郑强为楚王使于韩，矫以新城、阳人，合世子以与公叔争国。"《史记·秦本纪》：庄襄王元年（前249），"东周君与诸侯谋秦，秦使相国吕不韦诛之，尽入其国。秦不绝其祀，以阳人地赐周君，奉其祭祀"。

阳人聚　即战国阳人邑。在今河南汝州市西四十里。《汉书·地理志》河南郡梁县："阳人聚，秦灭东周，徙其君于此。"

阳三川　在今甘肃庄浪县西。《明一统志》卷35平凉府："阳三川在庄浪县西南七十里。山阳有三川，故名。"

阳万土州　清乾隆九年（1744）析田州土州置，属思恩府。治所在今广西田阳县西北百峰乡。光绪五年（1879）改流设恩阳州。

阳口县　南朝梁置，属巴东郡。治所在今重庆市奉节县西南长江南岸安平乡。《水经·江水注》："江水又东，右合阳元水，水出阳口县西南高阳山东。"西魏废。

阳山　①即首阳山。今河北卢龙县东南二十五里阳山。《明一统志》卷5永平府：阳山"峰峦高耸，下多溪谷。西有李广射虎石"。

②即今内蒙古河套西北狼山。《史记·秦始皇本纪》：始皇三十三年（前214），"使蒙恬渡河，据高阙、阳山"。《水经·河水注》："河水又屈而东流为北河……东径高阙南。……河水自临河县东径阳山南。《汉书注》曰：阳山在河北。指此山也。"

③一名秦余杭山。又名万安山、白礶山。在今江苏苏州市西北三十里。明王鏊《姑苏志》卷8：阳山"以其背阴面阳，故曰阳"。南宋范成大《吴郡志》卷3引胡舜申《吴门忠告》曰："吴城以乾亥山为主，阳山是也。山在城西北，屹然独高，为众

山祖，杰立三十里之外。其余冈阜累累，如群马南驰，皆其支陇。”其地为越王栖禽礼葬吴王夫差之所。

④即安阳山。今江苏无锡市西北五十里阳山。

⑤在今江苏睢宁县西北。《方舆纪要》卷22邳州睢宁县：阳山在“县西北五十里。上有五层石台，亦谓之羊山。万历中，潘季驯于羊山、龟山、土山相接处，创筑横堤数十里，以防大河泛滥，是也”。

⑥即今安徽无为县西羊山。《方舆纪要》卷26无为州：阳山在“州西四十里。相传曹操尝屯兵于山阳”。

⑦在今河南嵩县西南。《山海经·中次二经》：“阳山多石，无草木，阳水出焉，而北流注于伊水。”

⑧又作羊山。在今山东金乡县西北三十里。《方舆纪要》卷32金乡县：阳山“山多美石。葛山在其前，鱼山在其右。位处众山之阳，因名”。

⑨亦作杨山。在今湖南常德市北三十里。《水经·沅水注》：“沅水又东入龙阳县，有澹水，出汉寿县西杨山。”《太平御览》卷913引盛弘之《荆州记》曰：“武陵郡西有阳山。”《文选》王仲宣《赠士孙文始》诗注引《荆州图》曰：“汉寿县城南一百步有澹水，出县西阳山。”

阳山关　秦置，在今广东阳山县东北锣寨岭上。《史记·南越列传》：“佗即移檄告横浦、阳山、湟谿关曰：‘盗兵且至，急绝道聚兵自守！’”《元和志》卷29阳山县：“故关在县西北四十里茂溪口……北当骑田岭路。”

阳山江　即今四川岷江支流大渡河。《新唐书·李德裕传》：“道阳山江而达大度，乃分饷诸戍。”

阳山县　①西汉置，属桂阳郡。治所在今湖南攸县西南六十里。初元元年（前48）封长沙剌王（《汉书·王子侯表》误作“孝王”）子宗为阳山侯，即此。寻改名阴山县。

②西汉置，属桂阳郡。治所在今广东阳山县东青莲镇东南连江之北。东汉并入阴山县。三国吴孙皓复置，改属始兴郡。治所在今阳山县南连江之南。梁属阳山郡。隋属熙平郡。唐属连州，神龙元年（705）移治今阳山县。《舆地纪胜》卷92连州：阳岩山“在阳山县西十二里。《旧经》云，日出光照此山，因名”。县以阳岩山为名。元属桂阳州。明洪武二年（1369）改属韶州府，十四年（1381）改属连州。民国初属广东岭南道。1920年直属广东省。

③唐武德元年（618）升阳山镇置，属登州。治所在今四川汉源县东南大渡河南岸。《寰宇记》卷77通望县：阳山县“因山为名”。九年（626）属雅州，贞观二年（628）属嶲州，大足元年（701）属黎州。天宝元年（742）改为通望县。唐陈子昂《送魏兵曹使嶲州得登字》诗云：“阳山淫雾雨，元子慎攀登。”即此。

阳山郡　①南朝梁天监六年（507）置，属衡州。治所在含洭县（今广东英德市西北浛洸镇）。南朝陈属西衡州。隋开皇九年（589）废。

②南朝梁天监六年（507）置，治所在桂阳县（今广东连州市）。隋开皇九年（589）废。

阳山集　一名羊山集。即今山东金乡县西北阳山镇。清同治《金乡县志略》卷2：阳山集在“城西北二十五里”。因阳山而得名。

阳山寨　在今安徽舒城县西南境。《方舆纪要》卷26舒城县：阳山寨“在县西百二十里阳山上，接霍山县界。……宋设戍守处”。

阳山镇　隋大业二年（603）改大渡戍置，属嶲州。在今四川汉源县东南大渡河南岸。唐武德元年（618）改置阳山县。

阳川县　①西魏置，属丰利郡。治所在今陕西白河县境。北周省入丰利县。

②唐天宝元年（742）改阳建县置，属临江郡。治所在今广西平南县东北四十里安怀镇。乾元初属龚州。北宋开宝五年（974）省入平南县。

阳门县　金贞祐二年（1214）升阳门镇置，属弘州。治所在今河北怀安县（柴沟堡）东北。元废。

阳乡　在今河南沁阳市西南。《晋书·刘聪载记》：东晋大兴初，李矩遣耿稚、张皮袭刘粲，“稚等袭败粲军，粲奔阳乡”。即此。

阳乡县　西汉置，初为侯国，后改为县，属涿郡。治所在今河北涿州市东五十里长安城。东汉废。

阳丰（豐）县　西晋太康元年（280）以阳城县改名，属庐陵郡。治所在今江西永丰县西北六十里。隋开皇中废入庐陵县。

阳元水　在今重庆市奉节县西南安平乡一带。《水经·江水注》：阳元水“出阳口县西南高阳山东，东北流径其县南……又东北流注于江，谓之阳元水口”。《清一统志·夔州府一》：阳元水“在奉节县西……今《舆图》：县西南有五龙、老马二溪，东北入江，疑即是”。

阳云（雲）台（臺）　一名阳台。在今重庆市巫山县西北隅阳台山上。《寰宇记》卷148巫山县：阳云台“高一百二十丈，南枕长江。楚宋玉赋云‘游阳云之台，望高唐之观’，即此也”。南朝梁江淹诗：“相思巫山渚，怅望阳云台。”《方舆胜览》卷57：阳云台“在巫山县西北五十步。……李白诗：我到巫山渚，寻古登阳台”。

阳日湾市　即今湖北神农架林区东二十八里阳日镇。旧属房县。民国《湖北通志》卷34房县：阳日湾市“在县南一百八十里”。

阳水　①指今山东青州市之南阳水、北阳水。《水经·淄水注》：长沙水“出逢山北阜，世谓之阳水也”。又说：“后人堨断令北注浊水，时人通谓浊水为阳水，故有南阳、北阳水之论。”

②亦名建水、建阳水。即今湖北荆门市南之新埠河。《明史·地理志》荆门州：“又有阳水，一名建

水，皆流入焉。”

阳升（昇）江　在今湖南攸县东二十里。《方舆纪要》卷80攸县：阳升江“源出县东百里之大乌山。又银坑水亦出焉，经县东五十里，合于阳升江，流入攸水”。

阳仁城　在今河南汝州市西四十里。《魏书·地形志》汝北郡：“孝昌三年置，治阳仁城。”即此。

阳化场　亦作杨花场。即今四川资阳市东北保和镇。民国《资阳县志稿》卷1：保和场“原名阳化场，距城四十里。创建场临杨花溪上，可通舟楫，至大两河口。民国十六年邑绅呈准立案改今名”。

阳方口堡　在今山西宁武县东北二十五里阳方口镇。《方舆纪要》卷40嶂县“宁武关”条：杨方堡“堡城创筑于嘉靖十八年，万历四年增修，周二里有奇”。

阳石　即荡石。在今四川渠县东北七里八濛山一带。东晋常璩《华阳国志·刘先主志》：建安二十年（215），“（张）郃数犯掠巴界，先主令张飞等进军宕渠之蒙头拒郃，相持五十余日。飞从他道邀郃战于阳石，遂大破郃军，郃失马，缘山独与麾下十余人从间道还南郑”。

阳石县　西汉置，属东莱郡。治所在今山东莱州市南。东汉废。

阳石城　即羊石城。在今安徽霍邱县东南。《资治通鉴》：南朝梁天监二年（503），魏以陈伯之为都督淮南诸军事、平南将军、江州刺史，“屯阳石，俟秋冬大举”。胡三省注：“即羊石城也。在庐江西北，霍邱东南。”

阳石寨　一名杨石店。在今河南郏县西北。南宋李心传《建炎以来系年要录》卷61：南宋绍兴二年（1132）十二月辛亥，“襄阳镇抚使李横败伪齐于杨石店，遂复汝州”。

阳平山　①一名阳城山。在今浙江富阳市南十五里。《寰宇记》卷93富阳县：阳平山，“《地理志》：吴武烈帝孙氏之所居也，其祖种瓜于此，有二仙人示其葬地，即此也”。

②又名金城山。在今四川彭州市西北四十六里。《新唐书·地理志》：九陇县有阳平山。山麓有阳平观（阳平化）。《新五代史·前蜀世家》：乾德七年（925），后主王衍“又幸彭州阳平化”。即此。

阳平关　①在今陕西勉县西十里武侯镇（老城）。《后汉书·刘焉袁术吕布列传》：张鲁“在汉川垂三十年，闻曹操征之，至阳平，欲举汉中降。其弟卫不听，率众数万，拒关固守”。李贤注引《周地图记》曰：“褒谷西北有古阳平关。”即此。南北朝谓之白马戍。

②亦曰阳安关。又称关头。北宋改称阳平关。即今陕西宁强县西北阳平关镇。明置巡司于此。《清一统志·汉中府二》：阳平关“关城东西径二里，南倚鸡公山，北傍嘉陵江……有阳平关营，设参将防守，并设州同驻此”。民国设县佐。

阳平县　①西汉置，属东郡。治所即今山东莘县。东汉为侯国。三国魏属阳平郡。西晋永嘉后废。北魏太和二十一年（497）复置，北齐改为乐平县。隋开皇六年（586）复改阳平县，八年（588）改为清邑县。

②南朝宋置，属鲁郡。治所在今山东微山县西北北羊庄。北齐省。

③南朝宋侨置，属阳平郡。治所在今江苏徐州市铜山区境。北魏属南阳平郡。后废。

④南朝宋改洋平县置，属桂林郡。治所当在今广西东北部融江、龙江下游及红水河下游一带。后废。

⑤北魏置，属江夏郡。治所即今河南泌阳县。隋开皇七年（587）改为饶良县。

⑥1935年2月川陕革命根据地由宁强县析置，治阳平关（今陕西宁强县西北阳平关镇）。同年3月废。

阳平亭　在今河北临漳县西南故邺城东。《资治通鉴》：东汉建安九年（204），袁尚将兵救邺，“尚果循西山来，东至阳平亭，去邺十七里，临滏水为营”。

阳平郡　①三国魏黄初二年（221）分魏郡置，属冀州。治所在馆陶县（今河北馆陶县）。西晋辖境相当今河北馆陶、大名县东部，山东冠县、莘县等地。隋开皇初废。

②亦作平阳郡。北魏置，属睢州。治所在谷阳城（今安徽固镇县）。辖境相当今安徽固镇县地。东魏武定六年（548）改为谷阳郡。

③南朝宋侨置，属徐州。治沛南界（今江苏徐州市铜山区北）。北魏改为南阳平郡。

④南齐置，寄治山阳（今江苏淮安市楚州区）。梁移治安宜县（今江苏宝应县西南）。隋开皇初废。

阳平镇　①金置，属宝鸡县。即今陕西宝鸡县东七十里阳平镇。

②即今四川中江县西北永太镇西阳平。清光绪《潼川府志》卷4：阳平镇“在县西北三十里。蜀汉后皆为重镇。明末毁于兵。宋文同《梓州中江新堤记》：‘西至于罗江，南至于阳平。’指此”。

阳东县　1988年广东省阳江市设阳东区，1991年改设阳东县。2014年撤销阳东县，设立阳江市阳东区，区政府驻东城镇德政路1号。

阳北县　1942年晋冀鲁豫边区由阳城县北部析置，治大宁（今山西阳城县北大宁）。1945年4月撤销，与阳南县合并，复置阳城县。

阳丘山　即今山东招远市东北之罗山（骡山）。《汉书·地理志》东莱郡曲成：“阳丘山，治水所出。”即此。

阳丘县　西汉置，属济南郡。治所在今山东章丘市北绣惠镇北七里之回村。文帝四年（前176）封齐悼惠王子安为阳丘侯，后为县。东汉省。

阳瓜州　唐代在蒙嶲诏地置，治所在今云南巍山彝族回族自治县北十五里古城村蒙舍城故址。辖境约当今云南巍山彝族回族自治县北部及漾濞彝族自治县地。天宝后废。

阳乐县 ①战国燕置，为辽西郡治。治所在今辽宁义县西。燕王喜二十九年（前226）入秦，仍为辽西郡治。西汉属辽西郡。三国魏移治今河北卢龙县东南。北齐废。

②三国吴析建成县地置，属豫章郡。治所在今江西万载县东北四十里罗城乡。西晋太康元年（280）改名康乐县。

③唐武德五年（622）置，属靖州。治所在今江西宜丰县东二十里。八年（625）省入高安县。

阳乐河 又名横水、龙门水。即今河北赤城县南红河。《汉书·地理志》上谷郡且居县："阳乐水出东南，入沽。"《水经·沽水注》：鹊谷水"有二源，南即阳乐水也，出且居县。《地理志》曰，水出县东南，流径大翮山、小翮山北，历女祁县故城南，世谓之横水，又谓之阳田河。……阳乐水又东南傍狼山南，又东南径温泉东，泉在山曲之中。又径赤城西，屈径其城南，东南入赤城河"。

阳乐侯国 西汉置，属东莱郡。治所在今山东莱州市西南杲村。东汉废。

阳市 即羊市。为晋代洛阳市场。在洛阳城（今河南洛阳市东北汉魏故城）南。《太平御览》卷827引陆机《洛阳记》曰："阳市在城南。"

阳市城 在今河南宜阳县西。三国魏洛阳典农治此。《水经·洛水注》：涧水"东南流径宜阳故郡南，旧阳市邑也，故洛阳都典农治此。后改为郡"。

阳宁县 隋开皇十八年（598）改淮阳县置，属象州。治所在今广西象州县西南。大业初废入阳寿县。

阳台（臺）山 ①又名羊蹄山、仙女山。在今湖北汉川市南一里。《隋书·地理志》沔阳郡甑山县：有阳台山。《方舆纪要》卷76汉川县：阳台山在"治南一里，下有阳台渡。……俗讹为羊蹄山"。《清一统志·汉阳府一》："《府志》：阳台山在县南一里。一名仙女山，上有神女祠。"并以为战国楚宋玉《高唐赋》中之阳台，即此。认为阳台山在巫峡中乃误传，"县令裴敬为碑，以正其由"。

②在今重庆市巫山县城内北隅。《明一统志》卷70夔州府：阳台山"在巫山县治北。高百丈，上有云阳台遗址"。道光《夔州府志》卷6：阳台山有二："古阳台在县西里许，最高之处常有云气。城内北隅亦有山名阳台，旧址存焉。"

阳台（臺）宫 在今河南济源市西南九十里天坛山南麓。唐代道人司马承祯修真于此。李白、杜甫皆曾到此游览吟诗。

阳台（臺）湖 在今安徽颍上县北十二里。《方舆纪要》卷21颍州颍上县：阳台湖"有东西二水，异源沙河，合流经阳台下，湖因以名。亦曰东西阳台湖。物产甚多，民获其利。下流通于淮河"。

阳地隘口长官司 明洪武七年（1374）改阳地隘宣慰司置，属龙州。治所在今四川平武县东北隘口藏族乡。清仍置长官司，属龙安府。后废。

阳成县 三国吴置，属九德郡。治所在今越南河静省德寿县西。西晋太康二年（281）改为阳遂县。

阳师县 唐于营州东北置，属师州羁縻州。神龙中寄治于良乡县之故东闾城（今北京市房山区东）。后废。

阳曲县 西汉置，属太原郡。治所在今山西定襄县东南侍阳。东汉末移治今山西太原市北阳曲镇。北魏属永安郡，移治今阳曲镇南。隋开皇六年（586）改阳直县，十六年（596）改为汾阳县。唐武德七年（624）复改为阳曲县，属并州。治所即今阳曲镇。北宋太平兴国七年（982）移治今太原市。1948年移治黄寨（今阳曲县）。

阳曲镇 金置，属阳曲县。即今山西太原市北二十八里阳曲镇。

阳华 即阳纡。《吕氏春秋·有始览》称"秦之阳华"为天下九薮之一。高诱注："阳华在凤翔，或曰在华阴西。"

阳华山 又名华阳山。在今陕西洛南县东北。《山海经·中山经》："阳华之山，其阳多金玉，其阴多青雄黄。"

阳华岩摩崖 在今湖南江华瑶族自治县东南回山下。唐元结作《阳华岩铭并序》，并于永泰二年（766）由江华县令瞿令问以三种字体刻于岩上。其序曰："道州江华县东南六七里有回山，南面峻秀，下有大岩，岩当阳端，故以阳华命之。"铭云："九疑万峰，不如阳华。"自唐以来，游人题咏甚多，摩崖石刻至今完好。2006年定为全国重点文物保护单位。

阳华宫 即艮岳。在今河南开封市内东北隅。《宋史·地理志》东京："（艮）岳之正门名阳华，故亦号阳华宫。"

阳刘镇 即杨刘镇。今山东东阿县东北杨柳镇。

阳关 ①春秋鲁地，后入齐。在今山东泰安市东南约六十里汶水东。《左传》：襄公十七年（前556），齐攻鲁，使"高厚围臧纥于防，（鲁）师自阳关逆臧孙，至于旅松"。又定公七年（前503），"齐人归郓、阳关，阳虎居之以为政"。

②战国时巴国置，为巴国三关之一。在今重庆市东北石洞关。《华阳国志·巴志》："巴、楚数相攻伐，故置扞关、阳关及沔关。"《水经·江水注》："江水东径阳关巴子梁，江之两岸犹有梁处，巴之三关，斯为一也。延熙中，蜀车骑将军邓芝为江州都督治此。"据崔鸿《十六国春秋·蜀录》载：西晋末，李雄曾于阳关置垫江县。一说在今重庆市长寿区东南永丰场。三国蜀汉刘备又置关。《华阳国志·巴志》："延熙中，车骑将军邓艾为都督，治阳关。"

③西汉置，在今甘肃敦煌市西南一百三十里古董滩西。《汉书·地理志》敦煌郡龙勒县："有阳关、

玉门关，皆都尉治。”《元和志》卷40寿昌县：“阳关，在县西六里。以居玉门关之南，故曰阳关。本汉置也，谓之南道，西趣鄯善、莎车。后魏尝于此置阳关县，周废。”唐诗人王维送其好友元二的《渭城曲》：“劝君更进一杯酒，西出阳关无故人。”即指此。

④聚名。在今河南禹州市西北。《后汉书·光武纪》：王莽遣王寻、王邑将兵百万讨更始军，“光武将数千兵，徼之于阳关”。李贤注：“聚名也。在今洛州阳翟县西北。”《水经·颍水注》：“颍水东南流径阳关聚，聚夹水相对，俗谓之东西二土城也。”

阳关县　北魏置，属敦煌郡。治所在今甘肃敦煌市西南古董滩西。北周废。

阳州　①春秋时鲁邑。在今山东东平县西北。《春秋》：昭公二十五年（前517），“公孙于齐，次于阳州”。杜注：“阳州，齐、鲁境上邑。”

②东魏天平初置，治所在宜阳郡（今河南宜阳县西四十八里韩城镇）。辖境相当今河南宜阳、洛宁二县境。北周明帝二年（558）改为熊州。

阳江　①即今广西桂林市西桃花江。《寰宇记》卷162临桂县：“阳江在县南二里。源出灵川县界思慕山下，东流百余里，渐胜舟楫，出郊郭之中，东流合于桂江。”

②即今四川岷江支流大渡河。《舆地纪胜》卷146嘉定府：阳江，“阳江者，蜀南方之水所交会”。《明史·地理志》嘉定州：“又西有阳江，即大渡河，自峨眉流入，经城东乌尤山下，合于大江。”

③即今云南巍山彝族回族自治县西之西河。又称巍山河。为红河西源。《方舆纪要》卷118蒙化府：阳江“在城西，源出甸头山花判涧，南流至甸尾巡司，又东南流九十里，入楚雄府定边县界”。

阳江千户所　明洪武元年（1368）置，属广东都司。治所在阳江县（今广东阳江市内东鼍山上）。清改为阳江镇。

阳江厅　清同治九年（1870）改阳江直隶州置，属广东省。治所即今广东阳江市。辖境相当今广东阳江、阳东、阳西等市县地。光绪三十二年（1906）复升为直隶州。

阳江市　1988年由江门市析置阳江市，由广东省直辖。市人民政府驻江城区东风二路。

阳江州　清同治六年（1867）升阳江县置，属广东省。治所即今广东阳江市。九年（1870）改为直隶厅。光绪三十二年（1906）复升为直隶州。辖境相当今广东阳江、阳春、恩平、阳东、阳西等市县地。1912年废州，于本州改置阳江县。

阳江县　隋末置，属高凉郡。治所即今广东阳江市。《寰宇记》卷158恩州：阳江县“因邑界阳江为名”。唐属恩州，大顺二年（891）为恩州治。北宋庆历八年（1048）为南恩州治。明洪武二年（1369）废恩州，县属肇庆府。清同治间升为阳江厅，光绪三十二年（1906）改为阳江州。1912年改为阳江县，后属广东高雷道。1920年直属广东省。1988年改设地级阳江市。

阳池城　战国魏地。在今河南原阳县西南原武镇。《元和志》卷8引《竹书纪年》：“惠王十五年，遣将龙贾筑阳池以备秦。”隋开皇十六年（596）置原武县于此。

阳兴寨　北宋置，属阳曲县。即今山西阳曲县东北六十里杨兴乡。

阳兴镇　旧为阳兴寨。即今山西阳曲县东北阳兴乡。民国设县佐。

阳安关　①在今河北顺平县西北二十五里。《水经·滱水注》：蒲水“南径阳安亭东，《晋书地道记》曰：蒲阴县有阳安关，盖阳安关都尉治”。

②明置，在今四川简阳市西南。《清一统志·成都府二》：阳安关“在简州西南三里。依山为关”。

③即今陕西宁强县西北阳平关镇。《三国志·蜀书·姜维传》：景耀六年（263），“表遣张翼、廖化督诸军分护阳安关口”，即此。北魏时谓之关城。

阳安县　①战国秦置，属陈郡。治所在今河南确山县东北古城北。西汉属汝南郡。东魏为阳安郡治。北齐废。

②三国吴改汉宁县置，属桂阳郡。治所在今湖南资兴市东南旧市。西晋改为晋宁县。

③西魏恭帝二年（555）改牛鞞县置，为武康郡治。治所在今四川简阳市西北石桥镇。《寰宇记》卷76阳安县：“以界内（阳安）山为名。”北周闵帝元年（557）于此又置资州。隋开皇三年（583）属益州，仁寿三年（603）为简州治。大业三年（607）属蜀郡。唐武德三年（620）复为简州治。元世祖至元二十年（1283）废入简州。

④南朝齐改归安县置，属宋熙郡。治所在今四川旺苍县或广元市境。后废。

阳安郡　①东汉建安三年（198）析汝南郡置，属豫州。治所在朗陵县（今河南确山县西南）。寻废。东魏复置，治所在阳安城（今确山县东北古城北）。北齐废。

②唐天宝元年（742）改简州置，治所在阳安县（今四川简阳市西北绛溪河北岸）。辖境相当今四川简阳市及金堂县部分地。乾元元年（758）复为简州。

阳纡　古泽薮名。又作杨纡、阳盱。旧说在今陕西境，有陇县、凤翔、华阴、泾阳等说法。《穆天子传》卷1：“天子西征，鹜行至于阳纡之山，河伯无夷之所都居。”《淮南子·墬形训》：“秦之阳纡”，皆指此。

阳寿县　①西汉置，属云中郡。治所当在今内蒙古托克托县西南之沙拉胡滩村。东汉末废。隋开皇三年（583）复置，后为云州治。治所在今托克托县北中滩乡哈拉板申村大黑河东岸古城。十八年（598）改为金河县。

②南朝梁置，为韶阳郡治。治所即今广西象州县。隋属始安郡。唐属象州，大历十一年（776）为象州治。元世祖至元十五年（1278）为象州路治，大德后为象州治。明洪武二年（1369）废入象州。

阳远县　即阳遂县。治所在今越南河静省德寿县西。《宋书·州郡志》九德郡浦阳县："晋武帝分阳远立。阳远，吴立曰阳成，太康二年更名。后省。"

阳邑　战国魏邑。在今山西太谷县东北。《水经·洞过水注》引《竹书纪年》：梁惠成王九年（前361），"与邯郸、榆次、阳邑"，即此。汉置阳邑县。

阳邑县　①西汉置，属太原郡。治所在今山西太谷县东北二十里阳邑乡。北魏太平真君九年（448）废，景明二年（501）复置阳邑县。北周建德四年（575）移治白塔村，即今太谷县。隋开皇十八年（598）改为太谷县。

②隋开皇十年（590）置，属洺州。治所在今河北武安市西六十里阳邑镇。大业初废。

③唐天祐二年（905）改告成县置，属河南府。治所在今河南登封市东南告成镇。五代唐改为阳城县。

阳邑镇　即今河北武安市西六十里阳邑镇。隋为阳邑县治。

阳岐山　即今湖北石首市内绣林山。《晋书·刘驎之传》：驎之"居于阳岐，在官道之侧，人物来往，莫不投之"。《水经·江水注》："江水又右径阳岐山北。"《旧唐书·地理志》石首山："显庆元年，移治阳岐山下。"即此。

阳岐市　即今福建福州市西南闽江东岸阳岐。为近代启蒙思想家严复故里。

阳谷（穀）　春秋时齐邑。在今山东东平县西北旧县乡南王古店（已沦入东平湖中）。《春秋》：僖公三年（前657），"齐侯、宋公、江人、黄人会于阳谷"。《国语·齐语》：桓公"大朝诸侯于阳谷"。皆此。

阳谷（穀）县　①东晋宁康初（373）改春谷县置，属宣城郡。治所在今安徽繁昌县西北。寻废。

②隋开皇十六年（596）置，属济州。治所在今山东阳谷县东北三十里，俗呼水没城。《寰宇记》卷13阳谷县："取县界故阳谷亭为名。"大业初属济北郡。唐初属济州，后改属郓州。北宋景德三年（1006）移治孟店，即今治。宣和元年（1119）属东平府。元属东平路。明、清属兖州府。民国初属山东东临道。1925年属东昌道。1928年直属山东省。

阳沔　即今四川梓潼县东北七十里演武乡。一说在县北。《华阳国志·大同志》：太安元年（302），河间王颙遣督护博西征讨李特，"博次梓潼……为特所破于阳沔"。即此。

阳阿县　西汉置，属上党郡。治所在今山西阳城县西北三十五里阳陵村。西晋废。十六国西燕复置，北魏太平真君中废，和平中又置阳阿县，属建兴郡。移治今山西晋城市泽州县北四十里大阳镇。永安中属高都郡。北齐废。

阳陂湖　在今浙江富阳市西北。《新唐书·地理志》杭州富阳县："北十四里有阳陂湖，贞观十二年令郝某开。"明万历《杭州府志》卷23："阳陂湖在临湖村，周围六十里，溉田万余亩。"

阳陂隘　在今江西定南县西南。《方舆纪要》卷88赣州府定南县：阳陂隘"在县（治今老城镇）西高砂保"。

阳武　战国邑名。在今河南原阳县东南。《战国策·秦策三》："赵且与秦伐齐，齐惧，令田章以阳武合于赵"，即此。秦置阳武县。

阳武下峡　在今甘肃靖远县西北。《晋书·吕光载记》：东晋隆安初，吕光伐乞伏乾归，攻金城。乞伏乾归率军救之。"光又遣其将梁恭、金石生以甲卒万余出阳武下峡，与秦州刺史没奕于攻其东。"即此。

阳武口　即今湖南汉寿县东北武口，接南县界。南宋李心传《建炎以来系年要录》卷70：南宋绍兴三年（1133），杨么农民军大破宋水师于阳武口，歼灭宋水师统制崔增、吴全所率官军，大获全胜。

阳武坝　即今云南新平彝族傣族自治县东南扬武镇。民国时有县佐驻此。

阳武县　①秦置，属三川郡。治所在今河南原阳县东南二十八里。西汉属河南郡。西晋属荥阳郡。东魏天平初属广武郡。北齐天保七年（556）移治汴水南一里（今河南中牟县西北）。隋开皇五年（585）还旧治，属郑州。大业初属荥阳郡。唐武德四年（621）属管州，徙治汉原武故城（即今原阳县）。贞观元年（627）属郑州。五代梁属开封府。元属汴梁路。明属开封府。清属怀庆府。民国初属河南河北道。1927年直属河南省。1949年与原武县合并，改为原阳县。

②北魏正光末置，属建德郡。治所在今辽宁喀喇沁左翼蒙古族自治县西南。北齐废。

阳武谷　又作扬武谷、羊武谷。在今山西原平市西北三十五里。《资治通鉴》：五代晋开运三年（946），"九月，契丹三万寇河东；壬辰，刘知远败之于阳武谷"。

阳武桥　在今河南原武县东南。《资治通鉴》：唐光启三年（887），"（朱）全忠以四镇兵攻秦宗权于边孝村，大破之……全忠追之，至阳武桥而还"。

阳武峪堡　即扬武峪口堡。在今山西原平市西北二十五里阳武村。

阳武寨　北宋置，属崞县。在今山西原平市西北三十五里。

阳苴咩城　又作羊苴咩城，简称苴咩城。在今云南大理市北二十六里大理古城一带。唐广德二年（764）

阁罗凤创筑，大历十四年（779）异牟寻迁都于此。后又称西京、中都。五代时，长和、天兴、义宁政权皆建都于此。宋时大理亦都此，又称大理城、紫城、皇都。至蒙古宪宗三年（1253）忽必烈率师平大理，为都历时四百八十九年。《方舆纪要》卷117引《云南纪》："羊苴咩城在点苍山中峰下，即古楪榆城也，蛮语讹为羊苴咩，亦曰阳苴咩城，南去太和城十余里。"《滇海虞衡志》卷7："羊于滇中为盛，故太和古城曰羊苴咩城，苴者幼也，咩者幼羊呼母之声也。"意即羔羊城。《新纂云南通志》卷68白文考："南诏有城曰羊苴芈，意滇在战国时属楚，楚之祖鬻熊为芈姓，故谓之芈熊，名城之意，或以此欤。"向达《蛮书校注》卷5认为：苴咩城者，王城也京城之意也，苴咩前冠以阳或羊字，疑为尊称，阳苴咩城译以汉言，或即神京也。王元辅《"阳苴咩城"小释》认为系南诏时的民族语即古白语，"咩"为太阳，"苴"为俊，意即美丽的太阳城。(《地名集刊》1984年第2期）王叔武《大理行记校注》认为系彝语，苴咩城即王城。该城西倚点苍山，东临洱海，只有南北两道城墙。方围十五里，南北两道城门遥遥相对，中间为通衢大道相连，城内有五华楼，城边有三塔寺。其外又有龙口、龙尾二城，扼苍山、洱海间，形势险固。北城墙在今大理城北面，遗址犹存。

阳直县　隋开皇六年（586）改阳曲县置，属并州。治所在今山西太原市北阳曲镇南四里。十年（590）移治今阳曲县东北故县村，十六年（596）改名汾阳县。大业末复名阳直县，移治木井城（今太原市北阳曲镇）。唐武德七年（624）废。

阳林县　北魏永安中置，属定戎郡。治所在今山西孝义市境。北齐废。

阳旴　古泽薮名。即阳纡。《淮南子·修务训》："禹之为水，以身解于阳旴之河。"

阳明山　①又名春陵山、洛阳山。在今湖南宁远、祁阳、新田、双牌等县间。《清一统志·永州府一》：阳明山"在零陵县（今永州市）东一百里，黄溪之尾。山最高，朝阳始出而山已明，故名。多石少土，山根皆露，其麓险绝，无径可登"。

②在台湾省台北市北三十二里。原名草山。日据时辟为风景区。1950年改名阳明山，以纪念明代著名哲学家王阳明而命名。今为台湾北部旅游胜地，建为阳明山公园。

阳明井　在今四川简阳市北。《华阳国志·蜀志》：牛鞞县"有阳明盐井"。《元和志》卷31阳安县："阳明盐井，在县北十四里。"

阳明县　1928年由零陵、宁远、祁阳、桂阳、新田、常宁6县析置，治石鼓源（在今湖南祁阳县东南石鼓源）。以境内有阳明山而得名。1929年迁白果（今祁阳县南白果市）。1931年改设阳明特区，驻石鼓源。同年废。

阳明洞　①在今浙江绍兴县东南会稽山中。《明史·王守仁传》：守仁"游九华归，筑室阳明洞中"。即此。王守仁因号阳明先生。

②在今广西隆安县西北三十里和济村。《清一统志·南宁府一》：阳明洞在"大江崖上，可容数百人。明王守仁征田州时，尝泊舟题字于此，因名"。今洞壁有"阳明洞天"、王守仁"征田功文"等摩崖石刻。

③在今贵州修文县东北三里龙岗山。明曹学佺《名胜志》：旧名东洞"王守仁辟之，改名阳明洞天"。1945—1949年，国民党曾在龙岗山王文成公祠右厢楼下囚禁张学良将军。中华人民共和国成立后经多次修缮，成为著名的游览地。

阳明堡　即今山西代县西南阳明堡镇。同蒲铁路有原阳支线通此。光绪《大清直省地舆全图》：代州西南有阳明堡。1937年10月，八路军曾夜袭阳明堡日本侵略军飞机场。

阳明滩　在南海中中国南沙群岛内，位于礼乐滩的南缘，西距安塘礁22海里。是一珊瑚礁。1935年公布名称为北拚素崩那礁。1947年改名阳明滩，以纪念明朝理学家王阳明而命名。

阳岩山　亦名丫髻山。在今广东阳山县西。《元丰九域志》卷9：阳山县有阳岩山。《舆地纪胜》卷92连州：阳岩山"在阳山县西十二里。《旧经》云，日出光照此山，因名"。

阳罗堡　即今湖北武汉市新洲区西南阳逻镇。《元史·伯颜传》：至元十一年（1274），伯颜"挥诸将急攻破阳罗堡"。即此。

阳和口　在今山西阳高县西北二十里守口堡村北。《清一统志·大同府》："阳和口在阳高县西北十五里，东西十五步，墙高一丈八尺，亦名前口。"

阳和卫　明洪武二十六年（1393）置，属山西行都司。治所即今山西阳高县。清顺治三年（1646）与高山卫合并，改为阳高卫。

阳周县　①秦置，属上郡。治所在今陕西子长县西北石家湾乡北曹家坬一带。《史记·蒙恬传》："胡亥囚恬于阳周。"即此。东汉废。

②北魏太和十一年（487）置，属赵兴郡。治所在今甘肃正宁县西南罗川（旧正宁）。西魏为显州治。隋开皇十八年（598）改名罗川县。

阳狐　战国魏邑。在今河北大名县东北。《史记·魏世家》：文侯二十四年（前422），"秦伐我，至阳狐"。又，《史记·田敬仲完世家》：齐宣公四十三年（前413），"伐晋，毁黄城，围阳狐"。皆此。据《史记正义》引《括地志》云："阳狐郭，在魏州元城县东北三十二里也。"

阳府山　在今江西景德镇市。《舆地纪胜》卷23饶州：阳府山"冬无积雪，凡物皆早"，故名。

阳河　①又名龙池河、五里河。在今天津市蓟县西。《方舆纪要》卷13蓟州。阳河在"州西五里。亦名五里河，以去城五里而名。源出城西鹅毛台，台亦名纸坊山，下流入于沽水。水性暖，遇寒不冰，故曰阳河"。

②又名洋河、东阳河。即今河北抚宁县西洋河。《明一统志》卷5永平府：阳河“源出口外列坨山，流经县东南入于海”。

③即今河南淇县南斫胫河。《元和志》卷16卫县：“阳河水，出县西北平地，即纣斫朝涉之胫处。”

阳河水 在今山西阳城县东。源出晋城市西北，西南流至阳城县入沁水。《水经·沁水注》：阳阿水“北出阳阿川，南流径建兴郡西，又东南流径午壁亭东，而南入山。其水沿波漱石，漰涧八丈，环涛毂转，西南流入于沁水”。

阳宝山 在今贵州贵定县北十里。《清一统志·贵阳府》：阳宝山“高可百余丈。树木森密，殿阁崔嵬，诸峰环向此山，称黔东之胜。山上产茶，山后为西华山”。

阳宗县 元世祖至元十三年（1276）以原强宗部置，属澂江路。治所在今云南澄江县北三十五里阳宗镇。万历《云南通志》卷2：“强宗讹为阳宗。”明属澂江府。清康熙八年（1669）废入河阳县。

阳宕县 北周置，为宕昌郡治。治所在今甘肃宕昌县东南。隋开皇十八年（598）改名良恭县。

阳建县 唐贞观七年（633）置，属龚州。治所在今广西平南县西北四十里。天宝元年（742）改为阳川县。

阳驿铺 即今河南宁陵县西二十里阳驿乡。清光绪《归德府志》卷首《宁陵县境图》：西有阳驿铺。

阳春千户所 明洪武三十一年（1398）置，属神电卫。在今广东阳春市。后废。

阳春市 1994年撤销广东省阳春县，改设阳春市，市人民政府驻春城镇。由阳江市代管。

阳春县 南朝梁置，为阳春郡治。治所即今广东阳春市。隋属高凉郡。唐武德四年（621）为春州治，天宝初为南陵郡治，乾元初复为春州治。北宋熙宁六年（1073）属南恩州。明洪武元年（1368）属新州，次年属肇庆府。清光绪三十二年（1906）改属阳江州。民国初属广东高雷道。1920年直属广东省。1994年改设阳春市。

阳春郡 南朝梁置，治所在阳春县（今广东阳春市）。辖境相当今广东阳春市地。隋开皇九年（589）平陈后废。

阳城 ①传说为夏都。在今河南登封市东南告城镇附近。《孟子·万章上》：“禹避舜之子于阳城。”《汉书·地理志》颍川郡阳翟县注引《世本》称：“禹都阳城。”《续汉书·郡国志》注引《汲冢书》亦称：“禹都阳城。”《史记·夏本纪》：“禹辞辟舜之子商均于阳城。天下诸侯皆去商均而朝禹。禹于是遂即天子位，南面朝天下，国号曰夏后。”

②即春秋时阳或阳樊。在今河南济源市西南。《水经·济水注》：“溴水又东南径阳城东，与南源合，水出阳城南溪。阳亦樊也。一曰阳樊。”

③战国楚地。在今安徽界首市境。楚悼王时为阳城君封邑。《吕氏春秋·上德》：“墨子钜子孟胜，善荆之阳城君，阳城君令守于国。”秦末农民起义领袖陈涉为阳城人。即此。

④即今河北清苑县西南四十里阳城镇。《续汉书·郡国志》中山国蒲阴县：“有阳城。”《水经·滱水注》：博水“东径阳城县，散为泽渚……世谓之阳城淀也。阳城县故城近在西北，故陂得其名焉。……今城在（蒲阳）县东南三十里”。五代营垒之地。《资治通鉴》：五代晋开运二年（945），“晋军至阳城。庚申，契丹大至，晋军与战，逐北十余里，契丹逾白沟而去”。

阳城山 ①即阳平山。在今浙江富阳市南十五里大源镇西。《清一统志·杭州府一》：阳平山“一名阳城山。后汉孙钟种瓜其上”。

②俗名车岭山。在今河南登封市东北。《左传》：昭公四年（前538），“四岳、三涂、阳城、大室、荆山、中南，九州之险也”。《汉书·地理志》颍川郡阳城县：“阳城山，洧水所出。”《资治通鉴》：晋建武元年（317），刘粲遣刘雅生攻洛阳，赵固“奔阳城山”。即此。

阳城门 战国秦成都少城南门之一，在今四川成都市人民公园（少城公园）一带。西晋左思《蜀都赋》：“结阳城之延阁，飞观榭乎云中。”注：“阳城，蜀门名也。”《寰宇记》卷72华阳县：“阳城门，李膺记：少城有九门，南面三门，最东曰阳城门，次西曰宣明门。”

阳城左县 南朝宋初置，属建宁左郡。治所在今湖北麻城市西。大明八年（464）改属西阳郡。南齐仍属建宁左郡。梁改为阳武县。

阳城县 ①秦置，属颍川郡。治所即今河南登封市东南二十四里告成镇。西晋属河南郡。后废。北魏正光中复置，属河南尹。孝昌二年（526）为阳城郡治。隋属河南郡。唐武德四年（621）为嵩州治。贞观三年（629）改属洛州。万岁登封元年（696）改为告成县。神龙元年（705）复为阳城县，二年（706）又为告成县。天祐初改为阳邑县。五代唐复为阳城县。后周显德中废。

②秦置，属南阳郡。治所在今河南方城县东六里。西汉改为堵阳县。

③西汉置，属汝南郡。治所在今河南商水县西北。宣帝封刘德为阳城侯于此。东汉废入汝阳县。

④三国吴分庐陵县置，属庐陵郡。治所在今江西永丰县西北六十里。西晋太康元年（280）改为阳丰县。

⑤东晋义熙中侨置，属盱眙郡。治所在今江苏盱眙县西南。隋初废。

⑥南朝宋元嘉二十五年（448）置，属西阳郡。治所在今湖北麻城市西南。大明八年（464）废。

⑦北魏永安二年（529）改涅县置，属乡郡。治所在今山西武乡县西北四十二里故城镇。隋开皇十八年（598）改甲水县，移治今武乡县西南五里阳

城村。

⑧唐武德三年（620）置，属亭州。治所在今湖北麻城市西。八年（625）废。

⑨唐天宝元年（742）改濩泽县置，属高平郡。治所即今山西阳城县。乾元元年（758）属泽州。金元光二年（1223）升为勣州。元复置阳城县，属泽州。清雍正六年（1728）属泽州府。民国初属山西冀宁道。1930年直属山西省。

阳城河　又名九龙河。即古博水。源于今河北望都县南，称九龙泉。东流入清苑县南称阳城河，其下游合于清水河。

阳城驿　唐置，即今陕西商南县东南富水镇。白居易《和阳城驿》诗："商州阳城驿，中有叹者谁?"后改名富水驿。

阳城侯国　西汉置，属汝南郡。治所在今河南商水县西。东汉废。

阳城郡　北魏孝昌二年（526）置，属司州。治所在阳城县（今河南登封市东南告成镇）。辖境相当今河南登封县地。东魏天平初属洛州。隋开皇初废。

阳城淀　在今河北望都县东南七里。《水经·滱水注》："博水又东南径谷梁亭南，又东径阳城县，散为泽渚，世谓之为阳城淀也。阳城县故城近在西北，故彼得其名焉。"《元和志》卷18望都县："阳城淀，县东南七里。周回三十余里，莞蒲菱芡，靡所不生。"《宋史·真宗纪二》：景德元年（1004），契丹"攻定州，宋兵拒于唐河，击其游骑。契丹驻阳城淀"。即此。

阳城堡部　宋大理置，属善阐府。在今云南晋宁县东北三十二里晋城镇西北部塘子口。蒙古宪宗七年（1257）改阳城堡万户，元至元十二年（1275）改晋宁州。

阳城湖　即今江苏苏州市吴中区东北二十里阳澄湖。上接吴淞江，东流入昆山市境。明王鏊《姑苏志》卷10：阳澄湖"昆山之水，皆自阳城湖而入"。

阳城寨　清置，属沁源县。在今山西沁源县北五十里东、西阳城村。

阳城镇　清置，属汾阳县。在今山西汾阳市南十里东、西阳城村。

阳胡城　亦名阳壶。即春秋晋瓠丘。在今山西垣曲县东南古城镇南五里东滩村。《魏书·裴庆孙传》：正光末，汾州胡反，庆孙率兵"深入二百余里，至阳胡城。朝廷以此地被山带河，襟要之所，肃宗末，遂立邵郡"。

阳南县　1942年晋冀鲁豫边区由阳城县南部析置，治东观腰（今山西阳城县南）。1945年4月撤销，与阳北县合并，复置阳城县。

阳信县　西汉置，属渤海郡。治所在今山东无棣县北十七里信阳乡。西晋属乐陵国。北魏属乐陵郡。北齐移治马岭城（今山东阳信县东南三十五里）。隋徙治今县南七里西程子坞，为棣州治。大业初为渤海郡治。唐初为棣州治，后属棣州。北宋大中祥符八年（1015）徙治今阳信县。明属武定州。清属武定府。民国初属山东济南道。1925年改属武定道。1928年直属山东省。

阳泉工矿区（县级）　1949年改阳泉市置，治所即今山西阳泉市。1951年改设阳泉市。

阳泉山　在今四川德阳市西北。《宋书·刘道济传》：元嘉间，氐奴、赵广"因诈言司马（指司马飞龙）殿下犹在阳泉山中，若能共建大事，则功名可立"。即此。

阳泉水　①又名芦河。即今山西阳城县北芦苇河。《水经·沁水注》：阳泉水"出鹿台山，山上有水，渊而不流，其水东径阳陵城南……水历嶕峣山东，下与黑岭台合"。

②即今安徽霍邱县西泉河。《水经·決水注》："決水又北，右会阳泉水，水受決水，东北流经阳泉县城东，故阳泉乡也……又西北流，左入決水，谓之阳泉口也。"

阳泉市　1947年晋察冀边区由平定县析置，治所即今山西阳泉市。1949年9月改置阳泉工矿区。1951年复设阳泉市，由省直辖（地级）。后两度改为县级市。1972年复改地级阳泉市。

阳泉县　①西汉置，属六安国。治所在今安徽霍邱县西北八十里临水镇。《寰宇记》卷129寿州霍邱县："古泉水之阳，故名阳泉。"东汉属庐江郡。三国魏移治今霍邱县东北，淠河入淮口附近。南朝宋废。

②三国蜀置，属广汉郡。治所在今四川德阳市西北孝泉镇。西晋废，后复置。北周移晋熙郡治此。隋初郡还治晋熙，此城遂废。《资治通鉴》：南朝宋元嘉九年（432），五城人帛氐奴与赵广起事，"诈言司马殿下犹在阳泉山中"。即此。

阳亭县　北魏太和五年（481）置，为魏兴郡治。治所在今陕西山阳县西北。后改名南阳县。

阳洞砦　在今湖南新宁县西。《方舆纪要》卷81新宁县："阳洞砦在县西。《志》云，武冈有阳洞蛮，与广西全州延洞蛮接，即其地也。"

阳派河　在今云南姚安县西。《方舆纪要》卷116姚安军民府：阳派河"在府西。自金秀山发源东流，汇为阳派河，入西汹溪，而合于青蛉河"。

阳派郡　宋大理置，属弄栋府。治所在今云南姚安县西北，现已成官屯水库。元代废。

阳素县　北魏置，属武始郡。在今甘肃临洮县境，隋开皇初废。

阳都坂　在今陕西洋县东北。《水经·沔水注》：汉水"又南径阳都坂东，坂自上及下，盘折一十九曲，西连寒泉岭"。

阳都县　①战国秦置，属琅邪郡。治所在今山东沂南县南四十里砖埠镇阳都村。古玺中有"易（阳）都邑圣逨盟之玺"，可为当时有阳都县之佐证。西汉属城阳国。东汉属琅邪国。东晋废。

②三国吴宝鼎三年（268）分雩都县置，属庐陵南部都尉。治所在今江西宁都县南五十里白鹿营。西

晋太康元年（280）改为宁都县。

③东晋初侨置，属南琅邪郡。治所在今江苏南京市附近。南朝宋大明五年（461）省入临沂县。

阳都陂 在今河南郸城县东。《水经·沙水注》："沙水又东积而为陂，谓之阳都陂。"

阳壶城 亦名瓠丘、阳狐、阳胡城。在今山西垣曲县东南古城镇南。《水经·河水注》："清水又东南径阳壶城东，即垣县之壶丘亭。"

阳晋 ①战国魏邑，后入秦。在今山西永济市虞乡镇西。《史记·魏世家》：魏襄王十六年（前303），"秦拔我蒲反、阳晋、封陵"。即此。

②战国时卫邑。在今山东菏泽市西北。《战国策·楚一》：张仪说楚王曰，"秦下兵攻卫阳晋，必开扃天下之匈"。即此。

阳晋水 即今甘肃镇原县之洪川河。源出宁夏隆德县界，东南流径县南，至泾川县入泾河。《元和志》卷3百泉县："后魏孝明帝于今县西南阳晋川置黄石县。"

阳真县 隋开皇十年（590）分太原县置，属并州。治所在今山西太原市南。大业初废。

阳桥 在今山东泰安市西北。《左传》：成公二年（前589），"楚侵及阳桥"。杜注："阳桥，鲁地。"

阳夏 战国楚邑，即今河南太康县。秦置阳夏县。

阳夏县 ①战国秦置，属陈郡。治所即今河南太康县。西汉属淮阳国。东汉属陈国。西晋属梁国。北魏太平真君七年（446）废。太和十二年（488）复置，孝昌四年（528）属阳夏郡。北齐为淮阳郡治。隋开皇七年（587）改为太康县。

②南朝宋侨置，属南汝阴郡。治所在今安徽合肥附近地。南齐因之。后废。

阳夏郡 北魏孝昌四年（528）析陈留郡、东郡置，属梁州。治所在雍丘县（今河南杞县）。辖境相当今河南太康、睢县、民权、兰考等县地。隋开皇三年（583）废。

阳原县 ①西汉置，属代郡。治所在今河北阳原县西南桑干河北。东汉废。

②1914年改西宁县置，属直隶口北道。治所即今河北阳原县。1928年属察哈尔省。1952年属河北省。

阳高卫 清初改阳和、高山二卫置，治所即今山西阳高县。雍正三年（1725）改为阳高县。

阳高县 清雍正三年（1725）改阳高卫置，属大同府。治所即今山西阳高县。民国初属山西雁门道。1928年直属山西省。1949年属察哈尔省。1952年复属山西省。

阳唐左县 一名阳唐县。南朝宋大明八年（464）侨置，属南新蔡郡。治所在今湖北黄梅县西。梁废。

阳唐县 即阳唐左县。在今湖北黄梅县西。

阳朔山 ①即海阳山。亦即今广西东北部兴安、灌阳、灵川、恭城县境之海洋山。《续汉书·郡国志》零陵县："阳朔山，湘水出。"《水经·湘水注》：阳海山"即阳朔山也。应劭曰：湘出零山，盖山之殊名也。山在始安县北，县故零陵之南部也。……罗君章《湘中记》曰：湘水之出于阳朔"。

②在今广西阳朔县北。《元丰九域志》卷9：阳朔县"有阳朔山"。《清一统志·桂林府一》：阳朔山"在阳朔县北门外。隋时以此名县。俗呼羊角山"。

阳朔县 隋开皇十年（590）置，属桂州。治所在今广西阳朔县东北二十五里官厅。《元和志》卷37阳朔县："取阳朔山为名。"大业初属始安郡。唐武德初属桂州，元和、宝历间移治今阳朔县。南宋属静江府。元属静江路。明属桂林府。民国初属广西桂林道。1928年直属广西省。

阳凉北关 北宋置，属介休县。在今山西灵石县北二十八里冷泉村附近。

阳凉南关 北宋置，属介休县。在今山西灵石县西南三十五里南关镇。

阳海山 即海阳山。亦即今广西东北部兴安、灌阳、灵川、恭城县境之海洋山。《汉书·地理志上》零陵县："阳海山，湘水所出。"《水经·湘水》："湘水出零陵始要县阳海山。"

阳陵 西汉景帝刘启的陵墓。在今陕西咸阳市东北穆家村北。《汉书·景帝纪》：后元三年（前141），"葬阳陵"。臣瓒曰："阳陵在长安东北四十五里。"

阳陵县 战国秦置，属内史。治所在今陕西咸阳市东北四十一里。因县东有阳陵故名。出土秦封泥中有"阳陵□丞"可证。西汉属左冯翊。三国魏黄初元年（220）废。

阳陵陂 在今湖北襄阳市樊城西北八里。《三国志·魏书·徐晃传》：东汉建安二十四年（219），关羽北攻襄阳，"晃所将多新卒，以羽难与争锋，遂前至阳陵陂屯"。即此。

阳通河 在今河北沧县东南。《新唐书·地理志》沧州清池县："东南十五里有阳通河，皆开元十六年开。南十五里有浮河堤、阳通河堤……亦是年筑。"

阳堌集 即今河南杞县北三十四里阳堌镇。清乾隆《杞县志》卷4：阳堌社（驻地阳堌集）"距城三十五里"。

阳虚山 在今陕西洛南县西。《山海经·中山经》："阳虚之山，多金，临于玄扈之水。"《水经·洛水注》："洛水又东至阳虚山，合玄扈之水……《河图·玉版》曰：仓颉为帝南巡，登阳虚之山。"即此。

阳崎渡 一名郑公渡。在今福建福州市西南阳岐。《清一统志·福州府二》：阳崎渡"在侯官县西南。波流最险。元郑潜造舟济之，有石刻曰郑公渡"。

阳逻镇 北宋置，属黄冈县。即今湖北武汉市新洲区西南六十二里阳逻镇。《方舆纪要》卷76黄冈县：阳逻镇“相传三国时，先主约孙权拒操，旦夕使人于此逻吴兵之至。因名”。明、清置巡司及驿于此。清又增设把总驻防。

阳渠　又名千金渠。原围绕汉魏洛阳城（今河南洛阳市东北白马寺东）四周。传说周公所凿。东汉初王梁、张纯相继自今洛阳市西筑堰穿渠引谷水东流，经汉魏洛阳故城，至今偃师市东南入雒水，以通漕运。《水经·谷水注》：“《洛阳记》曰：千金堰，旧堰谷水，魏时更修此堰。……盖魏明帝修王张故绩也。”北魏后废。隋大业初另修通济渠以代之。

阳渊　一作阳湖。在今安徽长丰县南。《三国志·吴书·孙綝传》：魏甘露二年（257），“魏兖州刺史州泰拒（朱）异于阳渊，异败退，为泰所迫，死伤二千人”。

阳梁聚　即春秋宋杨梁邑。在今河南商丘市东南三十里。《续汉书·郡国志》睢阳县：“有阳梁聚。”

阳羡县　秦置，属会稽郡。治所在今江苏宜兴市南五里荆溪南。汉高帝五年（前202）封功臣灵常为侯邑。东汉属吴郡。三国吴属义兴郡，移治今宜兴市。西晋永兴元年（304）为义兴郡治。隋开皇九年（589）改为义兴县。唐武德七年（624）又析置阳羡县，属南兴州。八年废入义兴县。

阳遂　在今陕西眉县或扶风县境之渭河北岸。《三国志·魏书·郭淮传》：青龙二年（234），诸葛亮由五丈原“盛兵西行，诸将皆谓欲攻西围，淮独以为此见形于西，欲使官兵重应之，必攻阳遂耳。其夜果攻阳遂，有备不得上”。

阳遂县　西晋太康二年（281）改阳成县置，属九德郡。治所在今越南义安省德寿县西。南朝宋大明后废。

阳湖　故址在今江苏常州市武进区东南五十里，与无锡市分界处。《寰宇记》卷92无锡县：阳湖“在晋陵、无锡两县界。在州东六十四里，东南入太湖，二县中分界”。《方舆纪要》卷25常州府武进县：阳湖“以近阳山而名。湖东西八里，南北三十二里，其北通芙饶、临津二湖，共为三湖。刘宋元嘉中修湖堰，得良畴数百顷，今湖亦湮塞”。清雍正二年（1724）分武进县置阳湖县，以此名。

阳湖口集　即今河南鹿邑县西北阳湖口乡。清光绪《鹿邑县志》卷3《市集》：“阳湖口集，去城三十里。”

阳湖县　清雍正二年（1724）析武进县置，为常州府治。治所即今江苏常州市武进区。因县东有阳湖得名。县人多以古文名。世称阳湖派。

阳隔洲市　即今湖南常宁市东南白沙镇北阳加洲。《清一统志·衡州府二》“客铺市”条下：阳隔洲市“在（常宁）县东六十里”。

阳蓬岭　在今四川德昌县东南。《新唐书·地理志》：羌良驿“又经阳蓬岭百余里至俄准添馆。阳蓬岭北嶲州境，其南南诏境”。

阳廉县　北魏置，属汉阳郡。治所在今甘肃天水市西南。《水经·漾水注》：“西汉水又西南合阳廉川水，水出西谷，众川泻流合成一川，东南流径西县故城北。……隗嚣将妻子奔西城从杨广……但广廉字相似，后人因以人名之，故习讹为杨廉也，置杨廉县焉。”北周废。

阳新山　在今江西武宁县北。清同治《南昌府志》卷2武宁县：杨新山“在县北一百里，与湖广兴国州分水界”。

阳新县　①三国吴置，属武昌郡。治所在今湖北阳新县西南六十里。隋开皇九年（598）改为富川县。

②1914年改兴国县置，属湖北江汉道。治所即今湖北阳新县。1932年直属湖北省。

阳源县　隋开皇中析隋兴县置，属卫州。治所在今河南卫辉市北。大业初废。

阳溪　即洭水。今广东北江支流连江。《明史·地理志》阳山县：“南有阳溪，即洭水。”

阳管镇　北宋置，属穰县。即今河南镇平县治。

阳翟　传说夏禹都此。战国为韩邑。在今河南禹州市。韩景侯曾移都于此。《史记·韩世家》：景侯九年（前400），“郑围我阳翟”。

阳翟县　战国韩置，始皇十七年（前230）属秦，为颍川郡治。治所即今河南禹州市。西晋属河南郡。东魏兴和元年（539）为阳翟郡治。隋属襄城郡。唐属许州。北宋属颍昌府。金为钧州治。明初省入钧州。

阳翟郡　东魏兴和元年（539）置，治所在阳翟县（今河南禹州市）。隋开皇初废。

阳樊　一名樊，春秋周邑，后属晋。在今河南济源市西南。《左传》：僖公二十五年（前635），晋文公定王室，“次于阳樊”。四月，晋侯朝王，王“与之阳樊”。即此。《续汉书·郡国志》：河内郡修武县“有阳樊”。注：服虔曰：“樊仲山之所居，故名阳樊。”

阳樊驿　在今河北玉田县西。《方舆纪要》卷11玉田县：阳樊驿“旧在县西二十里。嘉靖二年迁于县之西关”。

阳德县　亦作归德县。唐武德四年（621）置，属柳州。治所在今广西来宾市东南古郎山下。是年改为循德县。

阳谿　在今甘肃渭源县东北。一说在武山县西南。《三国志·蜀书·魏延传》：建兴八年（230），“使延西入羌中，魏后将军费瑶、雍州刺史郭淮与延战于阳谿，延大破淮等”。

阪丽水　在今广西田林县东。《方舆纪要》卷111利州：阪丽水在“州（故治在今利周瑶族乡）北二里。……乱石嵯岈，难通舟楫”。

阪泉　在今河北涿鹿县东南。《史记·五帝本纪》：黄帝“与炎帝战于阪泉之野”。又《水经·㶟水注》：阪泉水“导源县之东泉。《魏土地记》曰：下洛城东南六十里有涿鹿城，城东一里有阪泉，泉上有黄帝祠”。即此。

阪泉山 ①在今北京市延庆县西。《方舆纪要》卷17延庆州：阪泉山“在州西。相传轩辕与炎帝战于阪泉之野，即此山也。亦曰阪山”。

②在今山西阳曲县东北。《方舆纪要》卷40太原府阳曲县：“阪泉山在府东北八十里，相传旧名汉山，晋文公卜伐楚，遇黄帝战于阪泉之兆，因改今名。”

阪高 春秋楚地，在今湖北当阳市东北。《左传》：文公十六年（前611），“楚人谋徙于阪高”。即此。

阶水 亦名邪阶水。即今广东始兴县南清化江、墨江。《元和志》卷34始兴县：“邪阶水，今名阶水，出县东一百三十里。近水有邪阶山。”

阶州 唐景福元年（892）改武州置，治所在皋兰镇（今甘肃康县西）。辖境相当今甘肃陇南市武都区及康县等地。五代唐长兴三年（932）迁治福津县（今陇南市武都区）。元又移治柳树城（今武都区西北七十里角弓乡柳树城）。明洪武四年（1371）复降为县，并移治今武都区。十年（1377）复为州，属巩昌府。清雍正七年（1729）升为直隶州。辖境相当今甘肃陇南市武都区及文县、康县、成县等地。1913年改置武都县。

阶坑 在今安徽歙县东北一百二十里，北接绩溪，东接浙江临安市界。《三国志·吴志·吴主传》：赤乌十三年（250），“废太子和，处故鄣”。《舆地纪胜》卷20徽州：阶坑“在歙县东一百二十里。《方舆志》云：即吴废太子和之地也，阶迹犹存”。

阶陵县 北魏太平真君四年（443）置，属仇池郡。治所在今甘肃礼县西南。北周省入仓泉县。

阴 ①春秋晋邑。在今山西霍州市东南。《左传》：僖公十五年（前645），“晋阴饴甥会秦伯，盟于王城”。杜注：“阴饴甥即吕甥也，食采于阴，故曰阴饴甥。”

②即“平阴”。春秋周地。在今河南孟津县北。《左传》：昭公二十二年（前520），晋籍谈等“帅师军于阴”，即此。

③春秋楚地。在今湖北老河口市西北西集街。《左传》：昭公十九年（前523），“楚上尹赤迁阴于下阴”。即此。秦置阴县。

阴口 春秋郑地，在今河南新郑市西北。《左传》：襄公九年（前564），晋侵郑，“次于阴口而还”。即此。《水经·洧水注》：“洧水又东径阴坂北，水有梁焉，俗谓是济为参辰口。”

阴山 ①即今内蒙古河套西北之阴山山脉。《史记·匈奴列传》：赵武灵王“筑长城，自代并阴山下，至高阙为塞”。《汉书·匈奴传》载侯应言：“臣闻北边塞至辽东，外有阴山，东西千余里，草木茂盛，多禽兽，本冒顿单于依阻其中，治作弓矢，来出为寇，是其苑囿也。至孝武世，出师征伐，斥夺此地，攘之于幕北。……边长老言，匈奴失阴山之后，过之未尝不哭也。”其西段古称阳山、狼山（兰山），东段又称青山（大青山、大斤山）。

②在今福建泰宁县东。《方舆纪要》卷98邵武府泰宁县：阴山在“县东二十里。一名应山，盘礴十余里”。

③在今山东青岛市崂山区东南。《寰宇记》卷20即墨县：阴山“上有石池，深三寸，旱不减，雨不涨，冬夏清澈，曾无滓秽。池东石上有马蹄迹。又有五石人，广数围，高一丈。古老相传云：秦始皇幸琅邪，因至牢盛山望蓬莱，盖立马于此。又遣石人驱牢山不得，遂立于此。石人诸山往往有之”。

④一名殷山畈。在今湖北麻城市东北六十里。《陈书·周炅传》：太建五年（573）定州刺史田龙升叛入于齐，“高景安于水陵、阴山为其声援”。即此。《隋书·地理志》：麻城县有阴山。

⑤在今湖北嘉鱼县东南。《方舆纪要》卷76嘉鱼县：阴山“在县东南二十里，产茶”。

⑥在今湖南攸县境。《清一统志·长沙府二》“阴山故城”条下引《元和志》：阴山县“以县东一百二十里阴山为名”。

⑦今新疆天山之别称。唐岑参《热海行送崔侍御还京》：“侧闻阴山胡儿语，西海热海水如煮”，即指此。元耶律楚材《西游录》：“不剌之南有阴山，东西千里，南北二百里。其山之顶有圆池，周围七八十里许。”元《长春真人西游记》卷上：“八月二十七抵阴山后，回纥郊迎至小城北，酋长设葡萄酒及各果大饼浑葱，裂波斯布人一尺，乃言曰：此阴山，前三百里和州也。”

阴山戍 一作阴山关。在今湖北麻城市东北。《资治通鉴》：南朝梁天监二年（503），“魏扬州刺史任城王澄遣长风城主奇道显入寇，取阴山、白藁二戍”。

阴山关 亦名阴山戍。在今湖北麻城市东北六十里。《魏书·田益宗传》：梁吴子阳寇三关，“益宗遣光城太守梅兴之步骑四千，进至阴山关南八十余里”。即此。《方舆纪要》卷61麻城县“大城关”条下：“阴山关在县东北阴山上，不甚高峻，而横斜盘绕，北望二十里皆见。”

阴山州都督府 唐显庆三年（658）以西突厥葛逻禄谋部落置，属北庭都护府。在今哈萨克斯坦东北萨克斯湖、阿拉湖一带。8世纪前期废。

阴山县 ①西汉置，属桂阳郡。治所在今广东阳山县东。南齐废。

②西汉置，本名阳山县，属桂阳郡。治所在今湖南攸县西南。三国吴属湘东郡。隋省入湘潭县。唐武德四年（621）复置，属南云州。贞观元年（627）废。

③唐天宝元年（742）置，属安北都护府。时安北都护府治中受降城，阴山县疑即置于郭下。在今内蒙古包头市西南敖陶窑村古城。后废。

阴山岩画 在今内蒙古黄河河套以北阴山山区乌拉

特前、中、后旗及磴口县北境内，甚至向东延展至二连浩特以东夏勒口草原，向西至乌海桌子山区。这一带是历史上戎马战场和北方游牧民与中原汉民交往地带，有我国最大的岩画宝库，已发现岩画万幅以上。岩画磨凿时代大都在约5000年前青铜时代，岩画内容基本都表现古代游牧人骑、猎、舞蹈场面和动物、星辰等事物。岩画一般都磨凿在二十多条山沟、平滑坚硬的山崖上。如乌拉特后旗达里盖沟北的布尔根哈达（蒙古语“神山”之意），岩画磨凿在一座拔地而起、状如塔基的小山北坡，怪石嶙峋的悬崖峭壁上。岩画数量多、内容包括穹庐帐篷、日月星辰、各种野兽、骑者、蹄印、手印、车辆、部落、征战、舞蹈场面等。表现了青铜时代以至隋唐时代游牧民族经济生活、思想意识和与自然界相处中的乐观精神，以及不同历史时期牧民的生活场景。岩画简洁、古朴，闪烁出古代草原民族艺术之光。2006年定为全国重点文物保护单位。

阴山港　在今湖南衡东县东境。《方舆纪要》卷80衡山县：“阴山港在县东百里，与攸县接界，其下流入于攸水。”

阴乡县　西汉置，属广阳国。治所在今北京城西南二十五里。东汉废。

阴冈岭镇　即英冈岭镇。今江西高安市西南英冈岭。明置巡司于此。

阴石县　南朝梁普通四年（523）改荡昌县置，为阴石郡治。治所即今广西容县。隋开皇九年（589）平陈后改为奉化县。

阴石郡　南朝梁置，属石州。治所在阴石县（今广西容县）。辖境相当今广西容县地。隋开皇九年（589）平陈后废。

阴平县　①东汉改阴平侯国为县，属东海郡。治所在今山东枣庄市旧峄县西南三十里阴平镇。西晋废。

②三国魏改阴平道置，为阴平郡治，治所在今甘肃文县西北五里。东晋末废。

③三国吴置，属郁林郡。治所在今广西贵港市。西晋太康元年（280）改为郁平县。

④西晋永嘉后流寓置，为南阴平郡治。治所在今四川德阳市西北柏隆镇东北隆兴场。北周改为南阴平县。

⑤东晋侨置，为北阴平郡治。治所在今四川江油市东北小溪坝镇北。西魏废帝二年（553）改为龙安县。北周复为阴平县。隋开皇初属始州，大业初属普安郡。唐武德初属始州，先天二年（713）属剑州。天宝元年（742）属普安郡，乾元元年（758）复属剑州。南宋绍熙元年（1190）属隆庆府。后废。

⑥南朝梁侨置，为阴平侨郡治。治所在今湖北麻城市东北六十三里阴山下。隋开皇初废。

阴平侯国　西汉置，属东海郡。治所在今山东枣庄市峄城西南三十里阴平镇。阳朔二年（前23）封楚孝王子回为侯国。东汉改为阴平县。

阴平郡　①东汉建安末曹操改广汉属国置，蜀汉建兴七年（229）地入蜀汉，治所在阴平县（今甘肃文县西五里）。辖境相当今甘肃陇南市武都区、文县及四川平武等县地。西晋属秦州，永嘉后郡县皆废。西魏复置，属文州。治所在曲水县（今文县西北）。隋开皇三年（583）废。义宁二年（618）复置，移治曲水县（今文县西）。唐武德初改为文州，天宝元年（742）复为阴平郡，乾元元年（758）复改文州。

②南朝梁侨置，属定州。治所在阴平侨县（今湖北麻城市东北六十三里阴山下）。隋开皇初废。

③即龙安郡。在今四川江油市东北小溪坝镇北。《隋书·地理志》阴平县：“宋置北阴平郡，魏置龙州。西魏改郡为阴平，又名县焉。”王仲荦《北周地理志》卷3：“按北阴平郡立于晋世，《隋志》谓宋置北阴平郡者误。西魏改郡曰龙安，当从《寰宇记》。今《隋志》、《舆地广记》云西魏改郡曰阴平者，并误。”

阴平桥　在今甘肃文县南门外白水江上。《三国志·蜀书·姜维传》：景耀六年（263），维表后主，“闻钟会治兵关中，欲规进取，宜并遣张翼、廖化督诸军分护阳安关口、阴平桥头以防未然”。即此。《水经·漾水注》：白水“又东北径桥头，昔姜维之将还蜀也，雍州刺史诸葛绪邀之于此。后期不及，故维得保剑阁而钟会不能入也”。

阴平道　①县名。西汉武帝置，属广汉郡，为北部都尉治。治所在今甘肃省文县西北五里。东汉为广汉属国治。三国魏改为阴平县。

②古道路名。为今甘肃入四川的重要道路。因文县古名阴平，故名。自今甘肃文县东南行，翻越摩天岭，经由平武、江油等县，绕出剑阁之西，直趋成都。《三国志·魏书·邓艾传》：三国魏末伐蜀，“自阴平道行无人之地七百余里，凿山通道，造作桥阁。山高谷深，至为艰险，又粮运将匮，频于危殆。艾以毡自裹，推转而下。将士皆攀木缘崖，鱼贯而进”。即此。明初傅友德亦由此道入蜀，灭蜀夏。今四川青川县西南青溪镇城门上刻“阴平古道”等字。

阴平镇　即今江苏沭阳县西北四十里阴平乡。《寰宇记》卷22谓此为汉、晋阴平县治。

阴戎　①即陆浑戎。在今河南嵩县、栾川、伊川三县境。《左传》：昭公九年（前533），“晋梁丙、张趯率阴戎伐颍”。杜注：“阴戎，陆浑之戎。”《后汉书·西羌传》：“齐桓公征诸侯戍周，后九年，陆浑戎自瓜州迁于伊川，允姓戎迁于渭汭，东及轘辕，在河南山北者号曰阴戎，阴戎之种遂以滋广。”及晋悼公，“陆浑、伊、洛、阴戎事晋，而蛮从楚。后陆浑叛晋，晋令荀吴灭之”。

②初居瓜州，在今豫西、渭南群山中。后迁阴地，在今河南卢氏县境。《后汉书·西羌传》：周贞王八年（前461），“韩、魏复共稍并伊、洛、阴戎，灭之”。

阴地　春秋晋地。西起今陕西商洛市，东至河南嵩县，北起黄河，南至秦岭山脉。今河南卢氏县东北有阴地城。《左传》宣公二年（前607），“晋赵盾救焦，遂自阴地及诸侯之师侵郑”。杜注：“阴地，晋河南山北，自上洛以东至陆浑。”哀公四年（前491），“蛮子赤奔晋阴地”。楚司马“使谓阴地之命大夫士蔑”。《方舆纪要》卷48卢氏县“阴地城”条称：“或曰，晋有阴地之命大夫。命大夫，别县监尹也。城即戍守之所。”

阴地关　即今山西灵石县西南五十里南关。《旧唐书·昭宗纪》：大顺元年（890），“（李）克用遣大将李存信、薛阿檀拒王师于阴地，三战三捷”。

阴江　即今广西武宣县东南三里河，注入黔江处为武宣县故址（今旧县村）。《明史·地理志》武宣县：“旧治阴江。宣德六年三月徙于高立。”《清一统志·浔州府》“新江”条：“又阴江、东乡江，源出东乡，皆南流入潭江。”

阴安县　①西汉置，属魏郡。治所在今河南清丰县西北二十里古城集。西晋属顿丘郡。北齐废。

②南朝宋侨置，属晋熙郡。治所在今安徽枞阳县北。南朝梁属枞阳郡。隋开皇三年（583）废。

阴那山　即今广东梅县东北与大浦县交界处之阴那山。《方舆纪要》卷103程乡县“铜鼓山”条内：铜鼓山“其相近者有阴那山，高百丈，周二百五十里，形如仙掌。下有湖”。《清一统志·嘉应州》：阴那山“在州东南八十里。后有五指峰，接大埔县界。其下有湖”。

阴阳山　①在今海南省琼海市东北。《寰宇记》卷169琼州乐会县有阴阳山。《方舆纪要》卷105乐会县：阴阳山在“县东北一里。山形奇偶相生，因名”。

②在今贵州开阳县东北。《方舆纪要》卷121金筑安抚司：阴阳山在“（乖西长官）司治旁。土人以云气占晴雨，因名”。

阴阪　春秋郑津渡名。即今河南新郑县西北双洎河（古洧水）上津梁。《左传》：襄公九年（前564），晋人以诸侯伐郑，“济于阴坂，次于阴口而还”。杜注：“阴坂，洧津。”

阴县　春秋楚置，战国时入秦，属南郡。治所在今湖北老河口市西北西集街。西汉属南阳郡。三国魏属南乡郡。晋属顺阳郡。南朝宋属广平郡。西魏改阴城县。

阴谷口　在今湖北襄阳市西北汉江畔。《资治通鉴》：唐天祐二年（905），朱全忠攻襄州，“命（杨）师厚作浮桥于阴谷口”。胡注：“按《旧史》，阴谷口在襄州西六十里。”

阴岛　即今山东青岛市西北胶州湾内红岛。清道光《胶州志》总图有“阴岛”。民国《胶澳志》卷2：“阴岛在胶州湾内，岛之东南端距湖岛子约四海里，岛之东北端距女姑口约三海里。北面多盐田，可通陆地，形成半岛。地势平坦，居民十有六村，咸赖鱼盐之利以为生。东南多礁岩，惟阴岛口可泊舟。”1967年改名红岛。

阴沟　为古黄河支津。故道西起今河南原阳县西南，东至开封市境内合古蒗荡渠。《水经·阴沟水注》：“阴沟首受大河于卷县……东南至大梁，合蒗荡渠。”是蒗荡渠分河水的渠道之一，故亦为蒗荡渠的另一名称。《水经·汳水注》：“阴沟即蒗荡渠也。”

阴坡市　在今湖南衡阳县东南。《清一统志·衡州府》：阴坡市“在衡阳县西四十里”。

阴河镇　金置，属长清县。在今山东齐河县西南阴河村。

阴城县　西魏改阴县置，为酇城郡治。治所在今湖北老河口市西北西集街。北周属襄阳郡。唐初属襄州。贞观八年（634）废入谷城县。

阴晋　春秋晋邑，后属魏。在今陕西华阴市东北。《史记·魏世家》：文侯三十六年（前410），“秦侵我阴晋”。秦惠文王六年（前332），魏纳阴晋于秦，改名宁秦。

阴桥墟　即今广西博白县东南英桥镇。清光绪《广西舆地全图》博白县图：东南有阴桥墟。

阴凉山　在今山东莱芜市北三十里。《方舆纪要》卷31：阴凉山“产铜矿”。《清一统志·泰安府一》：阴凉山，“《府志》：旧产铜，名铜冶山”。

阴凉河　即今内蒙古赤峰市西南锡伯河。《辽史·天祚帝纪》：天庆七年（1117），以金人连下东京、春州、泰州，天祚帝“自燕下阴凉河，置怨军八营”，即此。宋沈括《熙宁使虏（契丹）图抄》记：自中京西北行计一百六十余里，“过阴凉河，至松山馆”。《金史·地理志》大定府大定、松山二县皆有阴凉河。《元一统志》：阴凉河“在松州（今赤峰市西南城子乡古城）南四十里”。今锡伯河西公爷府村西北发现元龙泉寺碑，碑文称“上都路松州南阴凉河川狮子崖龙泉寺”。

阴陵山　①在今安徽和县北八十里。《舆地纪胜》卷48和州：阴陵山“在乌江县西北四十里。即项羽迷失道处”。《清一统志·和州》：阴陵山“在州北八十里，接江浦县界。……《州志》：山小多石，上有刺枪坑，阔一丈许。石罅水常清。相传为项羽立枪地”。

②在今安徽灵璧县东。《清一统志·凤阳府一》：阴陵山“在灵璧县东十五里，与泗州接界”。

阴陵县　①秦置，属九江郡。治所在今安徽定远县西北靠山乡古城集。《史记·项羽本纪》：“项王至阴陵，迷失道。”即此。东汉为九江郡治。西晋属淮南郡。东晋废。

②北齐于故阴陵城置，为阴陵郡治。治所在今安徽定远县西北。后废。

阴陵郡　北齐置，属西楚州。治所在阴陵县（今安徽定远县西北）。后废。

阴盘县　①即阴槃县。西汉置，治所在今陕西长武县西北二十五里、陕甘交界处的裴杨铺附近。东汉灵帝末年侨置于新丰县（今陕西西安市临潼区东北十四里)，属京兆郡。北魏太平真君七年（446）省入新丰县。太和九年（485）复置，迁治司马村（今临潼区东三十二里零河畔）。北周省入新丰县。

②东汉改阴槃县置，属安定郡。治所在今陕西长武县西北二十五里。灵帝末移治今西安市临潼区东北阴盘城。西晋属京兆郡。北魏太和九年（485）又移治今临潼区东北零河畔。后废。

阴盘驿　即今陕西西安市临潼区东北阴盘城。《魏书·郦道元传》：北魏孝昌三年（527），“是时雍州刺史萧宝寅反状稍露，(司州牧、汝南王）悦等讽朝廷遣（道元）为关右大使，遂为宝寅所害，死于阴盘驿亭”。

阴馆县　西汉景帝后元三年（前141）置，属雁门郡。治所在今山西朔州市东南五十五里夏关城村。三国魏废。

阴密　战国秦邑，在今甘肃灵台县西五十里百里乡。《史记·秦本纪》：秦昭王五十年（前257），“武安君白起有罪，为士伍，迁阴密”。即此。秦置阴密县。

阴密县　战国秦置，属北地郡。治所在今甘肃灵台县西五十里百里乡。西汉属安定郡。东汉废。三国魏复置，北周废。

阴隆江堡　在今湖南吉首市西南七里。《方舆纪要》卷81镇溪千户所：阴隆江堡“隶辰溪卫，有官兵戍守”。

阴湘城遗址　在今湖北荆州市西北马山镇北八里。文化堆积从大溪文化一直延续到西周时期，以史前文化遗存最为丰富。此城始建于屈家岭文化早期，沿用到石家河文化晚期。城址平面略呈半圆形，东西长约580米，南北残宽约350米，面积约20万平方米。中部一条纵向冲沟将遗址分为东西两部。东、南、西三面城垣保存较好，现存城垣宽度一般为10—25米，城垣外有城壕。已发现房屋基址十三座、陶窑四座、瓮棺八座，还有灰坑及水稻田遗迹。城壕内发现大量动植物遗迹和文化遗物。阴湘城遗址的发掘为研究江汉地区史前时期的文化谱系、文化发展水平和环境状况以及城址的防卫设施的演进、功能、构筑方式等提供了不可多得的实物资料。2001年定为全国重点文物保护单位。

阴槃县　①西汉置，属安定郡。治所在今陕西长武县西北二十五里。东汉改为阴盘县。

②北魏置，为平原郡治。治所在今甘肃平凉市东南四十里泾水北岸庙底下村。隋属安定郡。唐天宝元年（742）改名潘原县。

防　①春秋陈邑。在今河南淮阳县北。《诗经·陈风·防有鹊巢》：“防有鹊巢，邛有旨苕。”传曰：“防，邑也；邛，丘也。”《续汉书·郡国志》：陈国陈县注引《博物记》：“邛地在县北，防亭在焉。”

②春秋时莒邑，后入于鲁。在今山东安丘市西南六十里。《春秋》：昭公五年（前537），“夏，莒牟夷以牟娄及防、兹来奔”。杜注：“城阳平昌县西南有防亭。”

③本宋地，后属鲁。在今山东金乡县西南六十里。《春秋》：隐公十年（前713），“公败宋师于菅。……辛巳，取防”。杜注：“高平昌邑县西有西防城。”为别于臧氏之防，故谓之西防。

④春秋时鲁邑，世为臧氏食邑。在今山东费县东北四十五里。《春秋》：隐公九年（前714），“公会齐侯于防”。又《左传》：襄公二十三年（前550），“臧纥致防而奔齐”。即此。是为东防。

⑤即鲁之防山。在今山东曲阜市东。《春秋》：僖公十四年（前646），“夏六月，季姬及鄫子遇于防”。又，《礼记·檀弓上》：“孔子既得（父母）合葬于防。”皆此。

⑥本宋地，后属鲁。在今山东单县东北。《春秋》：隐公十年（前713）六月壬戌，败宋师，“辛巳，取防”。杜注：“高平昌邑县西南有西防城。”《方舆纪要》卷32谓防城在金乡县西六十里，亦谓之西防。

防山　①即今山东曲阜市东三十里防山。峰如笔状，故又名笔架山。《春秋》：僖公十四年（前646），“季姬及鄫子遇于防”。《史记·孔子世家》：“丘生而叔梁纥死，葬于防山。防山在鲁东。”即此。

②在今湖北郧县境。《隋书·地理志》淅阳郡郧乡县：“有防山。”

防门　在今山东济南市长清区西南。《左传》：襄公十八年（前555），晋侯伐齐，“齐侯御诸平阴，堑防门而守之广里”。杜注：“平阴城在济北卢县东北，其城南有防，防有门，于门外作堑横行，广一里。”《水经·济水注》：“平阴城南有长城，东至海，西至济河，道所由，名防门，去平阴三里，齐侯堑防门即此也。”

防水　又名龙泉河。源于今北京市房山区西北老龙窝，流经大安村过教军场入大石河。《水经·圣水注》：防水“出（良乡）县西北大防山南，而东南流径羊头阜下，俗谓之羊头溪，其水又东南流，至县东入圣水”。

防风山　即今浙江德清县东南封山和嵎山。《寰宇记》卷94武康县：防风山“在县东一十八里，先名封嵎山，唐天宝六年敕改焉”。

防风氏　在今浙江德清县东南防风山。《国语·鲁语下》：“昔禹致群神于会稽之山，防风氏后至，禹杀而戮之。”即此。

防东县　东汉置，属山阳郡。治所在今山东成武县东。西晋废。《清一统志·济宁州》：“按古有西防城，在县西，其南即单县境。本春秋时宋防邑地，后谓之西防城。后汉置防东县。在西防之东，故名。”

防州　辽置，属西北路招讨司。在今蒙古国布尔根省哈达桑古城址。《辽史·地理志》：边防城有“防州，刺史”。又“镇州，建安军，节度。本古可敦城。统和二十二年皇太妃奏置。……渤海、女直、汉人配流之家七百余户，分居镇、防、维三州。东南至上京三千余里”。

防城 即今广西防城港市。清乾隆十二年（1747）移管界巡司于此，属钦州，改为防城巡司。光绪十四年（1888）改为防城县。

防城港市 1993年由广西防城各族自治县和上思县合置防城港市（地级），并设防城、港口二区，市人民政府驻港口区。

防城江 在今广西防城港市西南。《方舆纪要》卷104钦州“钦江”条：“又州东南百余里有防城江。”《清一统志·廉州府》：防城江“在钦州西南一百五十里。源出十万山，南流由渔洲港入海”。

防城县 清光绪十四年（1888）改防城巡司置，属钦州。治所即今广西防城港市防城区。民国初属广东钦廉道。1928年直属广东省。1952年划归广西省。1959年裁入东兴各族自治县。1978年东兴各族自治县移治防城，改名防城各族自治县。1993年改设防城港市（地级）。

防城驿 明置，即今广西防城港市防城区。《方舆纪要》卷104钦州“天涯驿”条：“永乐十四年，张辅奏自天涯驿经猫尾港，至涌沦、佛淘，从万宁县抵交阯，多由水道，陆行止二百九十一里，比邱温故路近七驿，宜设水马驿传，以便往来。从之。乃设防城、佛淘二水驿。”

防城营 明初置，即今广西防城港市防城镇。《方舆纪要》卷104钦州：防城营在“州南二百里”。后废。万历三十四年（1606）复置，为州西门户。

防海大塘 一名钱塘。南朝时海塘名，在今浙江杭州市城区。《水经·渐江水注》引刘道真《钱唐记》：“防海大塘在县东一里许，郡议曹华信家议立此塘以防海水。”

防陵 战国魏邑。在今河南安阳县西南。《史记·廉颇蔺相如列传》：“廉颇攻魏之防陵、安阳，拔之。”《正义》：“城在相州安阳县南二十里，因防水为名。”疑此时赵置防陵县。

防渚 即今湖北房县。《左传》：文公十一年（前616），“春，楚子伐麇，成大心败麇师于防渚”。杜预注：“麇地。”《元和志》卷21房州：“阚骃以为房陵，即春秋时防渚。”

抖湖堤镇 即今湖北公安县治（斗湖堤镇）。以堤为名。《方舆纪要》卷78公安县“大江”条下：“五堤在县治东三里者曰赵公堤，在县治南半里者曰斗湖堤。”1955年公安县徙治于此。

孙大川镇 见《金史·地理志》。为孙奔镇之讹。

孙口 在今河南台前县南二十里孙口乡。1947年6月30日夜，刘伯承司令员、邓小平政委率领中国人民解放军晋冀鲁豫野战军十二万人，以孙口为中心，在长150公里的黄河上，一举突破黄河天险，揭开了中国人民解放军战略进攻的序幕。

孙子岭 在今河北阜平县东南二十里。《方舆纪要》卷14阜平县：孙子岭，“《志》云：县境诸山皆从恒岭分支，此岭仰视大茂，拱列如儿孙，因名。俗讹为孙膑所居也”。

孙王站 元置，在今湖北公安县西南。明改为孙黄驿。

孙夫人城 在今湖北公安县西北。《舆地纪胜》卷65江陵府：孱陵故城又名孙夫人城“《元和郡县志》云，在公安县。相传此乃刘备妻孙夫人所筑。夫人，权之妹，疑备，故别作此城，不与备同住”。《方舆纪要》卷78公安县：孱陵城在“县西二十五里。……亦谓之孙夫人城。《元和志》孙夫人城在孱陵城东五里”。

孙中山大元帅府 在今广东广州市海珠区纺织路东沙街18号。1917年孙中山于此就任中华民国军政府大元帅职。其后因受桂系军阀和政学系的挟制，被迫于1918年5月去职赴沪。1923年3月孙中山在驱逐陈炯明叛军后回到广州，于此重建陆海军大元帅府。1925年1月，孙中山应邀北上讨论国事，由胡汉民代行大元帅职务。同年7月，广州国民政府成立，陆海军大元帅府大本营遂告结束。

孙中山行馆 在今北京市东城区地安门东大街23号。孙中山（1866—1925），名文，号逸仙。一生致力于中国革命，提出“民族、民权、民生”三民主义学说。1911年武昌起义成功后，被选为临时大总统。1912年2月被逼辞职。1921年组建中华民国政府，就任非常大总统，后实行“联俄、联共、扶助农工”三大政策。1924年带病赴北京讨论国事，发出对内召开国民会议，对外废除不平等条约的号召，对帝国主义和北洋军阀展开斗争，临时寓居于此，直至1925年3月12日病逝。此宅为三进院落，四周回廊环绕，花园幽美。花园前正房住处，现悬挂“孙中山先生逝世纪念室”匾。墙上镶汉白玉石，上刻“中华民国十四年三月十二日上午九时二十五分孙中山先生在此寿终”。上悬孙中山遗像。像右方镜框内即是在此写的《总理遗嘱》，左边镜框内为致苏联书。书案上放着《建国方略》、《中山全书》等。2006年定为全国重点文物保护单位。

孙中山故居 ①在今上海市卢湾区香山路7号。是一座二层楼洋房。屋前有花园草坪，楼下是餐室、会客室，楼上是卧室和书房。孙中山于1918年迁入居住，并在此进行了很多重要革命活动。1961年定为全国重点文物保护单位。

②在今广东中山市翠亨村。1866年中国革命的伟大先行者孙中山诞生于此。现存故居兴建于1892年，是一幢中西合璧的两层楼房，由孙中山亲自设计而成。当年孙中山曾在此读书、写作、行医和进行农业生产技术改革，并在此与好友陆皓东商量举行反清武装起义和组织军队事宜。1988年定为全国重点文物保护单位。

孙水 即今四川西昌市西南之安宁河。《汉书·地理志》台登县：“孙水南至会无入若，行七百三十里。”汉武帝时，司马相如定西南夷，桥孙水以通邛笮。《方舆纪要》卷74建昌卫军民指挥使司：孙水

“在司北。一名长河。源出西番界，南流径宁番卫，东流入境，会于泸水”。

孙氏镇　即今河北文安县南二十五里孙氏镇。清同治《畿辅通志》卷46文安县图：南有孙氏镇。

孙生镇　北宋置，属夏津县。即今山东夏津县北三十里新盛店镇。隋开皇末尝置夏津县于此。

孙丘谷　在今甘肃平凉市东南。《晋书·苻丕载纪》：东晋太元十一年（386），“安定北部都尉鲜卑没奕于率鄯善王胡员吒，护羌中郎将梁苟奴等，与（姚）苌左将军姚方成、镇远强京战于孙丘谷，大败之”。即此。

孙吉镇　即今山西临猗县西北孙吉镇。《清一统志·蒲州府》：孙吉镇“在荣河县东南二十里”。

孙权城　在今江西安义县东凤凰山上。《清一统志·南唐府》“孙虑城”条：“又有孙权城，在县东八里凤凰山上。”

孙权墓　又称吴大帝陵。在今江苏南京市钟山之阳梅花山上。《三国志·吴书·吴主传》载：孙权字仲谋，建安五年（200）接掌大权，建立东吴。黄武元年（222）为吴王，太元二年（252）“夏四月，权薨，时年七十一。谥曰大皇帝。秋七月，葬蒋陵”。《元和志》卷25润州上元县：“吴大帝蒋陵，在县北二十二里。”《清一统志·江宁府》“大帝”条引《旧志》：“在（上元）县东北十五里钟山南麓。”

孙夼镇　金置，属福山县。在今山东烟台市福山区西北。明置巡司于此。

孙州　唐武德五年（622）置，治所在南昌县（今江西南昌市西南）。八年（625）废。

孙村　①即今河北香河县治。《辽史·地理志》香河县：“本武清孙村。辽于新仓置榷盐院，居民聚集，因分武清、三河、潞三县户置。”

②在今河南濮阳县东北。北宋时黄河决口处。《宋史·河渠志三》：天圣六年（1028），汴河溢，“勾当汴口王中庸欲增置孙村之石限”。又《宋史·河渠志二》：元祐四年（1089），李伟言：“已开拨北京南沙河直堤第三铺，放水入孙村口故道通行。”

③即今河南清丰县东南十五里孙固。《宋史·河渠志二》：“知澶州王令图建议浚迎阳埽旧河，又于孙村金堤置约，复故道。”即此。

孙吴县　1937年伪满析瑷珲县置，属黑河省。治所在孙吴街（今黑龙江省孙吴县）。以孙、吴二姓居于此得名。1945年划归黑龙江省。

孙武墓　在今江苏苏州市平门外西北。《越绝书》卷2：“巫门外大冢，吴王客齐孙武冢也，去县十里。”《吴地记》载：“平门……亦号巫门，西北二里有吴偏将军孙武坟。”

孙叔敖墓　在今湖北荆州市荆州区故江陵县城内中山公园东北隅。孙叔敖，芀氏。名敖，字孙叔，一字艾猎。春秋时楚国期思（今河南淮滨县东南）人。官令尹。注意兴修水利。楚庄王十七年（前597）辅助庄王指挥楚军，大败晋兵。《续汉书·郡国志》南郡江陵注：“《皇览》曰：孙叔敖冢在城中白土里。”今江陵城东沙市中山公园东北隅有一墓冢，墓前有清乾隆二十二年（1757）荆宜道来鸣谦所题墓碑“楚令尹孙叔敖之墓”，疑为后人附会。

孙受镇　民国置，即今山东莱西市西南二十四里孙受镇。明初孙受建村，故名。

孙河镇　即今北京市东北朝阳区孙河地区。辽初名望京馆。明、清名孙河屯。清《日下旧闻考》卷88：“今其地名孙河屯，或孙侯村之转音也，为古北口孔道。”

孙波　西藏古代族部名。为苏毗的异译称。《新唐书·苏毗传》：“苏毗，本西羌族，为吐蕃所并，号孙波，在诸部最大。东与多弥接，西距鹘莽硖。”在藏文史籍《敦煌吐蕃文书》中，孙波为西藏最早十余小邦中之强者，最初在今西藏那曲地区西、北部，后为吐蕃所逼逐渐北徙，最后举部迁入青海省境内终为吐蕃兼并。

孙官保　在今贵州贵阳市西北。《方舆纪要》卷121贵阳府“洪边堡”条下：“孙官堡在府西北。安邦彦渡江败官兵，烧劫麻姑、孙官堡，抚臣王瑊先遣兵攻府西河沙坝，尽俘其罗鬼，广顺、定番、青岩、白纳一带苗蛮，为之夺气。”

孙姑那　即今泰国南部马来半岛东岸之宋卡。为古代横断半岛路线主要港口之一。见《郑和航海图》。清陈伦炯《海国闻见录》作宋脚。谢清高《海录》始作宋卡。

孙剌　即新拖国。在今印度尼西亚爪哇岛西部。《明史·郑和传》：郑和出使曾经历其地。

孙侯馆　辽置，即今北京市朝阳区望京。为使臣宿息之所。北宋大中祥符元年（1008）路振使辽，经孙侯馆。即此。后改名望京馆。

孙洲　一名王洲。在今浙江富阳市西南四十里富春江中王洲。《寰宇记》卷93富阳县：孙洲，“《吴录》：浙江经县前过，江中有沙涨，吴武烈帝为郡吏赴府，乡人饯之，会于洲上。父老云：‘此沙狭而长，君其为长沙太守乎？’后果如父老之言，因于长沙起兵，为吴始祖，遂名此沙为孙洲”。后孙权成就帝王之业，改为王洲。

孙耿镇　即今山东临邑县治。北宋建隆三年（962）临邑县迁治于此。

孙原　指今四川凉山彝族自治州安宁河谷平原。《汉书·司马相如传》：“镂灵山，梁孙原。”唐颜师古注：“镂谓疏通以开导也。梁，桥也。孙原，孙水之原也。”实指平原，非河之原。

孙虑城　在今江西安义县西。《方舆纪要》卷84安义县：孙虑城“在县南三十里。《吴志》：虑字子智，（孙）权第三子。黄武七年，封建昌侯，筑城于此”。

孙铁铺　即今河南光山县西北孙铁铺镇。明嘉靖《光山县志》卷1《里店》：孙铁铺店“在县西七十里”。清尹耕云《豫军纪略》卷3：咸丰五年（1855）

五月十日，清军“抵孙铁铺”。

孙家台 即今辽宁开原市。清康熙《开原县志》卷上《屯堡》：东南“孙家台，距城十五里”。光绪《奉天全省地舆图说图志》开原县图：南有孙家台。旧为南满铁路车站，商业甚盛。20世纪30年代开原县迁治于此。1988年设开原市。

孙家店 即今河南嵩县南八十四里孙店村。清设通判及嵩营守备于此。

孙家桥塘 即今湖北京山县西北二十二里孙桥镇。清光绪《湖北全省分图》：京山县西北有孙家桥塘。

孙家埠 即今安徽宣城市东南孙埠镇。清嘉庆《宁国府志》卷12宣城县：孙家埠“距城三十里”。江南铁路经此。

孙家铺 在今贵州毕节市东北。清乾隆《毕节县志》卷1：正东有孙家铺。

孙家集 即今山东寿光市西南孙家集镇。1949年山东革命根据地所置益寿县自东水渠迁治于此。

孙家湾 在今湖北省丹江口市西南六里坪东。清光绪四年（1878）置巡司于此。

孙家寨 在今河北武邑县东南二十五里孙寨村。明嘉靖间于此设堡。清名孙庄寨堡。

孙家镇 ①北宋置，属邹平县。即今山东邹平县北四十里孙镇。金称孙家岭镇。

②即今河北景县北三十八里孙镇村。清同治《畿辅通志》卷49景州图：北有孙家镇。

孙黄驿 在今湖北公安县西南。《方舆纪要》卷78公安县：孙黄驿在“县西南六十里。《舆程考》自两京至云、贵，陆路至此而合”。

孙隐山 在今湖南浏阳市东。《清一统志·长沙府一》：孙隐山“在浏阳县东一里。上有洗药泉、炼丹崖。唐孙思邈栖隐之所”。

孙就栅 在今河南浚县西北。《资治通鉴》：东晋太元十年（385），“刘牢之攻燕黎阳太守刘抚于孙就栅”。即此。

孙湾店 即今河南项城市西南五十四里孙店镇。清宣统《项城县志》卷1：县西有孙湾店。

孙溪渚 在今江苏宿迁市东。《南齐书·李安民传》：南齐建元三年（481），魏人围角城，不克而退。“安民率（周）盘龙等趋兵至，合战于孙溪渚战父弯侧，虏军大败，赴清水死不可胜数。”

孙疃集 即今安徽濉溪县南孙町镇。旧属宿州，当浍河南岸，道通蒙城县。清光绪《宿州志》卷3：孙疃集“至城五十里”。

收溪砦 北宋元丰六年（1083）置，属诚州。在今湖南通道侗族自治县西南。明置收溪寨巡司。《方舆纪要》卷82靖州通道县：收溪寨，“《志》云，州至广西融县，古无通途。宋知诚州周仕隆，始遣人由收溪小径趣广西，观山川形势。今自寨而南三十里至佛子坡，即广西界也。向设巡司戍守”。

收溪寨 北宋元丰六年（1083）置，属靖州。在今湖南通道侗族自治县西。

丞化寺 即承化寺。今新疆阿勒泰市。

〔フノ〕

如山 在今湖南岳阳市东北陆城镇东北。《水经·江水注》：“江水自彭城矶东径如山北。”《清一统志·岳阳府》：如山“在临湘县（陆城镇）东北八里”。

如马县 唐置，属武峨州。治所在今越南太原省南部。后废。

如水 又称时水。在今山东淄博市临淄区北。《汉书·地理志》齐郡临淄：“如水西北至梁邹入泲。”《水经·淄水注》：“时水又西北径西安县故城南……又西至石洋堰，分为二水，谓之石洋口，枝津西北至梁邹入济。”此时水即《汉志》如水之上游，亦即今淄博市临淄自南高阳以上之乌河。石洋堰以下，如水经桓台县南至邹平县苑城南西北流，至梁邹县故城东北入济，故道堙废。

如龙桥 在今浙江庆元县东南举水乡月山村南侧，横跨举溪，为明代木栱廊桥。始建年代不详，明天启五年（1625）重修。如龙桥由木栱架和廊屋两部分组成。木栱架为单孔，净跨19.5米，外观呈八字形，内由数十根粗大圆木纵合卯接，形成架设廊屋的栱架平面。其上横铺桥面板，建造桥屋。桥有廊屋九间，全长28.2米，宽5.09米。北端建三重檐歇山顶钟楼，东西辟门，南端设桥亭，三面辟门。其外形与当心间桥廊皆为重檐歇山顶，当心间内设有神龛，上悬“如龙桥”古匾，顶部施藻井。桥身外壁鳞叠铺钉风雨板，在桥廊栏杆处开启几何形小窗。2001年定为全国重点文物保护单位。

如月江 今越南北部北江省之求江。以流经如月村而名。《元史·安南传》：世祖至元二十二年（1285），镇南王征安南，“官军至如月江，（陈）日烜遣怀文侯来战”。《元史·地理志》有如月江路，以江而名。吴士连《大越史记全书》卷3李纪二：英武昭胜元年，宋熙宁九年（1076），郭逵军来，“帝命李常杰领兵逆击，至如月江，大破之”。

如东县 1945年11月苏中革命根据地改如皋县置，治马塘（今江苏如东县西马塘镇）。1949年4月属苏北行署区。1952年11月复属江苏省。

如西县 1940年苏中革命根据地由白蒲、丁堰、柴湾间通扬运河一线以西地区析置，治如皋城（今江苏如皋市）。1945年11月改名如皋县。

如江县 北宋置，属羁縻兰州。治所在今广西东兰县东六十里。后废。

如来山 在今广西鹿寨县西北。《舆地纪胜》卷112柳州：如来山“在洛容县南。《旧经》云：有神女显，故名”。《清一统志·柳州府》：如来山“在雒容县北七十里。高耸峭拔”。

如库部 亦作茹库部。在今四川盐源县西北。《元史·地理志》：金县“所居蛮曰茹库，乃汉越嶲郡北境，与吐蕃接”。《元混一方舆胜览》卷下作如库。元世祖至元十年（1273）内附，十五年（1278）立为金州。

如拉　或作藏如拉。西藏吐蕃王朝（约629—842）古地区名。公元7世纪初吐蕃王朝建立后，将全境划分为乌如、要如、叶如、如拉等四个军政区域，即乌思藏四如。如拉是藏文音译，意为“分支翼（部）”，其区域东至姜尼扎，南至泥婆罗，西至拉金，北至且玛拉，以差都巴那（今西藏拉孜县境）为中心，大致当今雅鲁藏布江中游南面的日喀则地区辖南部各县。吐蕃灭亡后原建制废，如拉与叶如合称藏即后藏。

如昔砦　北宋置，属安远县。在今广西防城港市西南防城区那梭镇。《舆地纪胜》卷119钦州：如昔砦“在州西一百六十里。……据大山之巅，势甚险阻。国朝置管辖如昔等七洞。天禧中，岁调高、容、雷、化、龚、浔、郁、白八州之兵以益之，名曰戍卒”。

如昔镇　亦作如昔砦。北宋置，属安远县。在今广西防城港市西南防城区那梭镇。《宋史·交阯传》：“交州潮阳民卜文勇等杀人并家亡命至如昔镇，镇令黄令德等匿之。”即此。明洪武中于此置巡司。

如和县　唐武德五年（622）分南宾、安京二县地置，属钦州。治所在今广西南宁市邕宁区西南苏圩镇。《元和志》卷38如和县：“因县西南四十里如和山为名。”景云二年（711）属邕州。北宋景祐二年（1035）废。

如侯县　唐武德五年（622）置，属胥州。治所在今越南清化省清化西北。贞观元年（627）废。

如洪江　一作渔洪江。即今广西钦州市西北之茅岭江。《元丰九域志》卷9：钦州安远县有如洪江。《舆地纪胜》卷119钦州：如洪江“在安远县西北，流入海”。《清一统志·廉州府》：如洪江“在钦州西”。

如洪砦　北宋置，属安远县。在今广西钦州市西北茅岭江西岸。《宋史·交阯传》：大中祥符二年（1009），“广南西路言，钦州蛮人劫海口蜑户，如洪砦主李文著以轻兵袭逐，中流矢死”。

如洪镇　亦作如洪砦、渔洪镇。北宋置，属安远县。在今广西钦州市西北茅岭江西岸。《宋史·交阯传》：至道元年（995）春，“广南西路转运使张观，钦州如洪镇兵马监押卫昭美皆上言，有交州战船百余艘寇如洪镇，略居民，劫廪实而去”。

如浑水　桑干河支流。即今山西大同市东北之御河。《水经·㶟水注》：如浑水“出凉城旋鸿县西南五十余里，东流径故城南北……屈径平城县故城南……又东南流注于㶟水”。

如皋市　1991年撤销江苏省如皋县，改设如皋市，市人民政府驻如城镇。由南通市代管。

如皋场　唐大和五年（831）置，属扬州。即今江苏如皋市。五代南唐保大十年（952）升为如皋县。

如皋县　①东晋义熙七年（411）置，属海陵郡。治所即今江苏如皋市。《寰宇记》卷130如皋县：“如皋港在县西一百五十步。港侧有如皋村，县因此以名。”隋开皇初省入宁海县。五代南唐保大十年（952）复置，属泰州。清雍正二年（1724）改属通州。民国初属江苏苏常道。1927年直属江苏省。1991年改设如皋市。

②1940年苏中革命根据地由白蒲、丁堰、柴湾间通扬运河一线以东地区析置，治马塘（今江苏如东县西马塘镇）。1945年11月改名如东县。

③1945年11月苏中革命根据地改如西县置，治如皋城（今江苏如皋市）。1949年4月属苏北行署区。1952年11月复属江苏省。

如赖县　唐开元中置，属田州。治所在今广西田林县西北潞城瑶族乡。后废。

如意观　在今河北临漳县西南古邺北城西北隅金凤台上。《晋书·石季龙载记》曰：石闵“使将军苏亥、周成率甲士三十执（石）遵于如意观”。

妇好墓　商代第二十三位王武丁的配偶“妇好”之墓。在今河南安阳市小屯村西北。1976年由中国社会科学院考古研究所发现。墓圹作长方形竖穴，南北长5.6米，东西宽4米，深8米。墓室上部有一与墓口大小相似的夯土房基，疑为祭祀建筑。墓内有殉葬的人、狗及大量铜器、玉石器、骨器、象牙器、陶器、蚌、贝等随葬品。不少铜器有“妇好”、“司母辛”等铭文。据甲骨卜辞，武丁的三个配偶中，有一个称辛。“母辛”为子辈对其母的称谓，推测妇好即母辛。

妇姑城　在今河南长垣县西南张寨乡司坡村。《寰宇记》卷2：“隋开皇十六年于妇姑城置匡城县。”北宋改置长垣县于此。明初徙废。

妃子园　又名荔枝园。在今重庆市涪陵区西十里。《舆地纪胜》卷174涪州：妃子园“在州之西，去城十五里。荔枝百余株，颗肥肉脆，唐杨妃所喜，‘一骑红尘妃子笑，无人知是荔枝来’谓此。当时以马递驰载，七日七夜至京，人马毙于路者甚众，百姓苦之。蜀中荔枝，泸、叙之品为上，涪州次之，合州又次之。涪州徒以妃子得名，其实不如泸、叙”。

好太王碑　亦名广开土王碑、永乐太王碑。在今吉林集安市东北十里太王陵东南侧。为公元414年高句丽长寿王为纪念永乐太王（高句丽第十九代王）谈德而建。碑文记述其父永乐太王业绩，守墓奴隶摊派情况。为研究古史珍贵资料。民国《辑安县志》卷1：“好太王碑在城东十里。用天然四方形巨石镌斫而成。……共一千七百六十二字。字大三英寸五分，见方，体在楷隶之间，工整淳厚，有古老朴茂气。”1961年定为全国重点文物保护单位。

好水　即好水川。今宁夏隆德县之渝水。《宋史·任福传》：庆历初，福率军与西夏军战于张家堡后，“与（桑）怿合军屯好水川”。《方舆纪要》卷58隆德县：好水在“县东二里。源出固原州界六盘山，西南流，合于庄浪县之苦水"。

好水川　①即今内蒙古扎鲁特旗西白音巨流河。《金史·地理志》临潢府："有天平山、好水川，行宫地也，大定二十五年命名。"

②亦名好水。又名甜水河。即今宁夏隆德县境之渝河。《宋史·西夏国传》：庆历元年（1041），任福与桑怿"循好水川西去，未至羊牧隆城五里，与夏军遇。……宋师大败"。

好水寨　在今宁夏固原市西北杨郎乡西北王浩堡古城。北宋绍圣四年（1097）改名灵平寨。

好石桥　在今山东青州市西南。《元史·顺帝纪》：至正十八年（1358），"不兰奚与毛贵战于好石桥，败绩"。即此。

好阳河　即曹水。在今河南灵宝市东北。《水经·河水注》：曹水"出南山，北径曹阳亭西。陈涉遣周章入秦，少府章邯斩之于此。魏氏以为好阳"。《史记·陈涉世家》索隐引小颜云："魏武帝谓之好阳。"

好城　在今辽宁喀喇沁左翼蒙古族自治县东南。《晋书·慕容皝载记》：咸康三年（337），皝"筑好城于乙连东，使将军兰勃戍之，以逼乙连"。即此。

好畤　战国秦邑。即今陕西乾县东十里好畤村。《史记·吕不韦列传》："发吏攻毐，毐败亡走，追斩之好畤。"即此。后改置好畤县。

好畤县　秦置，属内史。治所在今陕西乾县东十里好畤村。西汉属右扶风。东汉末废。西晋元康中复置，属扶风郡。移治今好畤村东南二里。北魏为扶风郡治。北周建德二年（574）省入漠西县。隋开皇十八年（598）改漠西县为好畤县，属雍州。治所在今乾县西六里漠西乡。大业三年（607）并入上宜县。唐武德二年（619）复置，属雍州。贞观二十一年（647）移于废上宜县（今乾县西北三十五里），后改属乾州。元世祖至元五年（1268）省入乾州。

好景山　①在今福建漳州市东十五里。迂回起伏，凡景奇胜。《元和志》卷29龙溪县："县东十五里至山，险绝无路。"《清一统志》谓即好景山。

②一名石虎山。在今福建漳浦县西北。《方舆纪要》卷99漳州府漳浦县：好景山在"县西北一里，县治枕其麓。一名石虎山，以山巅有石如虎也"。

好溪　一名恶溪，亦名丽水。在今浙江省中南部。为瓯江支流。源出今浙江磐安县南大盘山，西南流经缙云县，在丽水市东南入大溪。《新唐书·地理志》处州丽水县："东十里恶溪，多水怪，宣宗时刺史段成式有善政，水怪潜去，民谓之好溪。"《方舆纪要》卷94丽水县：好溪"源出缙云县之大盆山，西南流至（处州）府东为东渡，又东南达于洞溪，今亦曰东溪"。

妈姑　即今贵州赫章县西南妈姑镇。清爱必达《黔南识略》卷26威宁州载：妈姑有铅厂。以产铅锌矿而闻名。洪宪元年（1916）《最新大中华帝国道县形势全图》：威宁东有妈姑土目。1932年置天元镇。1941年改名铅丰镇。1951年改为妈古镇。1984年复改铅丰镇。

妈宫　即今台湾澎湖岛马公市。明天启二年（1622）荷兰殖民者侵掠沿海，曾筑城于此。连横《台湾通史·独立纪》："澎湖之妈宫、西屿，互相对峙，中隔海程二十里，最为扼要。"

妈祖庙　①在今福建莆田市湄州岛北端祖庙山麓。妈祖庙所祀奉天后即五代十国时期闽都巡检林愿之女林默（960—987），她曾在海上救活其父，寻回兄尸，人称神姑，俗称妈祖。北宋雍熙四年（987）立庙，宣和五年（1123）赐顺济庙额。明永乐年间（1403—1424）多次扩建。1966年被毁，1983年开始重建。占地6万多平方米，建筑面积8440平方米。布局在中轴线上的建筑有山门、香炉台、牌坊、钟鼓楼、正殿、寝殿、朝天阁。周围拥有升天楼、梳妆楼、祐德祠、中军府、龙宫、观音堂、慈祐山庄、番客山庄、思乡亭等。山顶有高14.4米的花岗岩雕妈祖像，形制同台湾云林北港朝天宫中妈祖石像。崖壁有字径3米的"海峡和平女神之岛"石刻。庙前有潮汐冲击海蚀岩凹槽发出音响的"媚屿潮音"奇观。每年三月二十三日妈祖诞辰，港澳台同胞与海外侨胞朝拜者络绎不绝。2006年定为全国重点文物保护单位。

②又名朝天宫。清康熙三十三年（1694）有闽人傅姓自福建迁台，带同湄洲朝天阁的妈祖神像在北港建庙奉祀。乾隆十六年（1751）大修神殿、拜亭、畔室等，其后多次重修。光绪三十一年（1905）地震被毁，1908—1912年重建。此庙在全台三百多所妈祖庙中规模最大。

妈港　澳门的别称。因其地有阿妈神庙，故称阿妈港或妈港。

〔フ丶〕

戏　在今陕西西安市临潼区东北戏水西岸。《国语·鲁语》："幽灭于戏。"苏林曰："戏，周幽王举烽燧，征诸侯以说褒姒处。"《史记·秦始皇本纪》：二世二年（前208）冬，"陈涉遣周章等将西至戏"。魏晋时有戏亭。皆此。

戏马山　在今越南中北部清化省马江左岸永禄县境。《方舆纪要》卷112安南清化府：戏马山"在府东永宁县境。一名游英山。峭然独立，横枕长江"。

戏马台（臺）　①又名阅马台。十六国后赵石虎所筑，在今河北临漳县西。《太平御览》卷300引《邺城故事》：凉马台"一名阅马台，一名戏马台"。

②在今江苏扬州市。清康熙《扬州府志》卷18：戏马台，"陈后山《诗话》，广陵有戏马台，其下路号玉钩斜。《桂苑丛谈》作戏马亭"。

③在今江苏徐州市南。《元和志》卷9徐州彭城县：戏马台“在县东南二里。项羽所造，戏马于此。宋公（刘裕）九月登戏马台，即此”。

戏水　在今陕西西安市临潼区东。源出骊山，北流入渭。古戏亭在其西。《史记·秦二世本纪》：“二年冬，陈涉所遣周章等将西至戏。”即此。

戏阳　春秋卫邑。在今河南内黄县西北。《左传》：昭公九年（前533），“晋荀盈如齐逆女，还。六月，卒于戏阳”。杜注：“魏郡内黄县北有戏阳城。”

戏鱼堂　在今江西新干县城东。《明一统志》卷55临江府：戏鱼堂“在新淦县治东东山寺前。宋刘次庄谪居临江，卜筑东山下，凿池其前，因名堂曰戏鱼，自号戏鱼翁。尝自摹淳化帖十卷，刻石置堂中，时称为戏鱼堂帖”。《清一统志·临江府》：戏鱼堂“在新淦县东二里，东山之下”。

戏亭　亦名幽王城、幽王垒。在今陕西西安市临潼区东北三十里。《水经·渭水注》：戏水“又北径戏亭东。……苏林曰：戏，邑名，在新丰东四十里。孟康曰：乃水名也，今戏亭是也”。《元和志》卷1昭应县：古戏亭“周幽王为犬戎所逐，死于戏，即此也。周章军西至戏，秦将章邯拒破之，亦此地也”。

戏童山　在今河南巩义市东南。《左传》：成公十七年（前574），“公会尹武公、单襄公及诸侯伐郑，自戏童至于曲洧”。即此。

戏楼张村　即今河北巨鹿县东北六十六里楼张镇乡。清光绪《巨鹿县志》卷1：东北台头社有戏楼张庄。

观　①夏代诸侯国。在今河南清丰县东南。《左传·昭公元年》：“夏有观、扈。”西汉置观县于此。《汉书·地理志》观县注引应劭曰：“夏有观、扈。世祖更名卫国，以封周后。”《续汉书·郡国志》：“卫，公国。本观故国，姚姓，光武更名。”

②一作观泽。战国魏邑。在今河南清丰县南或淇县东北。《史记·魏世家》：惠王三年（前367），“齐败我观”，即此。

观上墟　即今江西樟树市东观上镇。清同治《江西全省舆图》卷6：清江县东有观上墟。

观山　①即佛山镇（今黑龙江省嘉荫县东南保兴乡）。民国《黑龙江乡土志》：“现因佛山名同于广东（佛山市），相沿称观山。”

②在今江苏江阴市西南，秦望山北。清光绪《江阴县志》卷3：观山“山顶如屏，东西分峰，谚称观山”。

③在今浙江平湖市东南三十里海滨。《方舆纪要》卷91平湖县“陈山”条：观山“一名官山”。清康熙年间废弛海禁，凡商舶由山之西麓入，易触舟，即于山顶建普照庵，罩杆灯，以照海舶夜行，故又名灯光山。

④又名石头山。即今浙江富阳市东富春江畔之鹳山。《方舆纪要》卷90富阳县：观山“孤峰高耸，横截大江，三国吴建道观于山上，因名”。

观水　①即今山东海阳市昌水河。《汉书·地理志》胶东国观阳县注：“应劭曰：‘在观水之阳。’”《续山东考古录》卷30谓“今所谓昌水，当是古观水”。

②今湘水上流支流灌江，在今广西灌阳、全州两县境内。《水经·湘水注》：湘水“又东北径观阳县，与观水合。水出临贺郡之谢沐县界，西北径观阳县西，县盖即水为名也。又西北流，注于湘川，谓之观口也”。《隋书·地理志》：湘源县有观水。

观化堡　北宋置，属定边军。在今陕西吴起县西北。《宋史·地理志》：观化堡“东至逋祖岭界堠约一十五里，西至鸡觜堡约三十里”。

观风殿　在今河南洛阳市西洛水北岸。为唐洛阳皇城西南禁苑内上阳宫正殿。

观文殿　唐东都宫殿。在今河南洛阳市隋唐故城内。《资治通鉴》隋炀帝十一年（615）载：“初西京嘉则殿有书三十七万卷，帝命秘书监柳顾言等诠次，除其复重猥杂，得正御本三万七千余卷，纳于东都观文殿。”《元河南志》载：观文殿“在武成殿之北”。

观心坡　在今四川峨眉山市西南峨眉山万年寺北。清嘉庆《四川通志》卷17峨眉县：观心坡“即顶心坡，一名点心坡。在万年寺上。《峨眉县志》：顶心坡，一举足膝辄平心”。

观台（臺）镇　北宋置，属滏阳县。即今河北磁县西南观台镇。

观州　①隋开皇九年（589）置，治所在东光县（今河北东光县）。大业初废。

②唐武德元年（618）改九门郡置。治九门县（今河北藁城市西北二十五里九门回族乡）。辖境相当今河北藁城市西北一带。五年（622）废。

③唐武德四年（621）置，治弓高县（今阜城县东北）。辖境相当今河北阜城、景县、吴桥、东光等县地。贞观十七年（643）废。金大安年间曾改景州为观州，以避章庙讳。

④北宋大观元年（1107）改南丹羁縻州置，治所在今广西南丹县东北。四年（1110）移治高峰砦（今南丹县东南新州）。南宋绍兴四年（1134）废为高峰砦。

观州岭　在今广东英德市东北。《舆地纪胜》卷95英德府：观州岭“在州东北五里。盖郡治之来山也。盘礴遒径如蛇，渡水登岭上，可以下观一州，故名”。《方舆纪要》卷102英德县：观州岭在“县东北五里。盘礴蜿蜒，登之可望一境”。

观阳县　①西汉置，属胶东国。治所在今山东海阳市西北发城镇。以在观水之阳为名。或说在今烟台市牟平区西南观水镇后半城村。东汉属北海国。西晋废。北魏兴和中复置，属东牟郡。北周废。隋开皇十六年（596）复置，为牟州治。大业初属东莱郡。唐初属登州。贞观中废。

②秦或西汉初置，属长沙郡或国。治所在今广西灌阳县东灌江东岸。西汉末废。三国吴复置，属零陵郡。《水经·湘水注》：观水“西北径观阳县西，县盖即水为名”。南朝宋属零陵国。齐复属零陵郡。隋开皇九年（589）平陈后废。

观坂 在今四川都江堰市西都江堰。《三国志·蜀书·后主传》：建兴十四年（236），后主至湔县，“登观坂，看汶江之流”。《水经·江水注》：晋“益州刺史皇甫晏至都安，屯观坂，从事何旅曰：今所安营，地名观坂，自上观下，反上之象，其征不祥。不从，果为牙将张弘所杀”。

观县 西汉置，属东郡。治所在今河南清丰县东南。东汉改为卫县。

观兵台（臺） 在今河南孟津县东。《方舆纪要》卷48孟津县：“相传武王观兵于此。一名选将台。”

观鸡水 在今河北唐山市丰润区北。《水经·鲍丘水注》：巨梁水“出土垠县北陈宫山，西南流径观鸡山，谓之观鸡水。……其水又西南流，右合区落水。水出县北山，东南流入巨梁水”。

观国山 在今浙江杭州市余杭区西。《方舆纪要》卷90余杭县：观国山“在县（今余杭镇）西北十五里。相传宋建炎中兀术入寇，乡民相率拒之于此”。

观阜 又名观堆、观塠峰。在今山西霍州市东南三十里霍山上。《水经·汾水注》：“彘水又西流径观阜北，故百邑也。……（赵）襄子拜受三神之命，遂灭智氏，祠三神于百邑，使原过主之，世谓其处为观阜也。”

观鱼台（臺） 一名庄周台。在今安徽凤阳县东二十里。《元和志》卷9钟离县：“庄周台在县南七里。濠水经其前，庄子与惠子观鱼之所，又曰观鱼台。”

观底桥 明万历中建，在今山西临猗县西南三十里涑水河上。《清一统志·蒲州府一》：观底桥“在临晋县（今临晋镇）东南二十里”。

观泽 一作观。战国魏邑。后属赵。在今河南清丰县西南。《史记·赵世家》：赵武灵王九年（前317），“齐败我观泽”。

观城县 隋开皇六年（586）改卫国县置，属魏州。治所在今河南清丰县东南。大业初属武阳郡。唐初属澶州。贞观初废。大历七年（772）复置，北宋皇祐元年（1049）废。四年（1052）复置，徙治今山东莘县西南观城镇，属开德府。金属开州。元属濮州。清改属曹州府。民国初属山东东临道。1928年直属山东省。1953年并入观朝县（后并入莘县）。

观星台（臺） 在今河南登封市东南三十里告成镇。创建于元代初年，是我国现存规模最大的古代天文观测建筑。当时由王恂、郭守敬主持，在全国设立二十七个观测站，此台为观测中心。郭守敬曾在此测过晷景。台为砖石混合结构，平面呈方形，下大上小，高9.46米，连同明代在台顶增建的小室通高12.62米。台北设有两个对称的踏道口，可以登台眺望。台顶北部有瓦房一间，北壁中间砌成一个上下直通的凹形直槽，用以测量日影的“景表”表身。石圭（又叫量天尺）从凹槽下方自南向北由三十六方青石接连而成，长31.196米。其方位与今测子午方向相符。圭面刻有双股水道，水道南端有注水池，北端有泄水池，还刻有尺度，用以测量水准。1961年定为全国重点文物保护单位。2010年以“登封‘天地之中’历史建筑群”的一部分被联合国列入《世界遗产名录》。

观峡 即峡山。在今广东清远市东北三十五里。《水经·溱水注》：“溱水又西南径中宿县会一里水，其处隘，名之为观峡，连山交枕，绝崖壁竦。”

观峡山 亦作观亭山、峡山。在今广东清远市东北。《水经·溱水注》：“溱水又西南径中宿县，会一里水。其处隘，名之为观峡，连山交枕，绝岩壁竦。下有神庙，背阿面流，坛宇虚肃，庙渚攒石，巉岩乱峙中川。”《元和志》卷34清远县：“观亭山一名观峡，一名中宿峡，在县东三十五里。县昔取此峡为名。”《寰宇记》卷157清远县：“观亭山，一名观峡山，一名中宿峡。在县东三十五里。”

观亭山 即峡山。在今广东清远市东北。《元和志》卷34广州清远县：观亭山“一名观峡。一名中宿峡。在县东三十五里。县昔取此峡为名”。《寰宇记》卷157广州清远县：观亭山，“晋中朝时，县人有使至洛者，使讫将还，忽有一人寄其书云，吾家在观亭前，石间悬藤，即其处也”。

观音山 ①亦名佛山。在今黑龙江省嘉荫县东南保兴乡。民国《黑龙江志稿》卷2：佛山县“佛山镇有观音山，故名”。又卷4：观音山在“（乌云）县东南百四十里，位扎伊河北岸。多金矿”。

②一名惠山。在今江苏丹阳市东北。元《至顺镇江志》卷7：观音山“在（丹阳）县东三里漕渠东岸”。

③即支硎山。在今江苏苏州市西。明王鏊《姑苏志》卷8：支硎山“东址有观音寺，故又云观音山”。

④在今江苏南京市北观音门外。《方舆纪要》卷20江宁县：观音山“滨大江，西引幕府诸山，东连临沂、衡阳诸山，形如绣错，皆悬崖峭壁，共捍大江，真天设之险也”。《清一统志·江宁府一》：观音山“有石临瞰江水，形如飞燕，曰燕子矶”。清康熙、乾隆皇帝南巡屡幸此。

⑤在今江西崇义县南。《舆地纪胜》卷36南安军：观音山“在上犹。昔有人登山不能，乃讽观音号，恍惚若有白衣人掖之至山趾”。《方舆纪要》卷88南安府崇义县：观音山“在县南十里。山势峭峻，登者股慄”。

⑥在今台湾省高雄市东北。清康熙间高拱乾《台湾府志》卷1：观音山“在阿猴林之西北、小冈山之东南。其山生成五片，中一座尖秀，形象如佛，故名曰观音山”。

⑦即今广东佛冈县东北苦茶山，接新丰县界。《清一统志·韶州府》：观音山“在英德县东南九十里，接从化县界。高峰卓绝，林木阴翳，中有紫竹，下有龙潭，瀑布飞空，名白水�，盖即洸水所出之茗茶山也”。

⑧即越秀山。在今广东广州市北越秀公园。《清一统志·广州府》：越秀山“明永乐初，指挥使花英于山巅起观音阁，山半建半山亭，俗呼为观音山”。

⑨在今贵州镇远县东十里。《明史·地理志》 镇远县：“东有观音山。”《方舆纪要》卷122镇远县：观音山在“府东十里。岩石错立，俗名观音岩。《志》云，府西十里亦有观音岩，岩高数十丈，屹立江上。下有石洞，可据船而入，称为幽胜”。

⑩又名方丈山。在今云南鹤庆县南百二十里。《方舆纪要》卷117鹤庆军民府：方丈山“巍峨峻拔。山半有洞，曰太极洞。中有池，曰金龙潭，深不可测。一名观音山”。

⑪在今云南宜良县西十里。《清一统志·云南府》：观音山“山顶有泉。今名水井山。其南有岩泉山”。

⑫在今云南鹤庆县西。明洪武中置土巡检司于此。

⑬在今宁夏中卫市北。《方舆纪要》卷62宁夏中卫：观音山“在卫北五十里，山有观音洞”。

观音山驿 明置，属鹤庆军民府。在今云南洱源县东北上站。

观音门 明洪武时所建南京外郭城门之一。故址在今江苏南京市区北。地当直渎水入江之口，为历代屯戍之处。

观音寺 ①在今四川新津县西南永商镇（永兴场、商降场）南九莲村九莲山上。清嘉庆《四川通志》卷38新津县：观音寺“在县东（西?）九莲山。宋建。康熙五年知县常九经重修”。今存毗卢、观音两大殿，为明代建筑。观音殿石刻香炉三座，上刻“大明正德二年造”。明大型壁画有六大幅。2001年定为全国重点文物保护单位。

②即今陕西略阳县东观音寺乡。民国设县佐。

观音场 ①在今四川内江市东五十里顺河镇。清道光《内江县志要》卷1：观音场在“东五十里”。

②在今四川德阳市东北。清同治《续修罗江县志》卷3：观音场在“县（今罗江镇）北二十里”。

③即今四川三台县西之西平镇。民国《三台县志》卷1：观音场“距城八十里。清康熙十年兴场。通中江大路”。

④即今四川井研县东高凤乡。清光绪《井研县志》卷4：观音场在“县东四十里”。

⑤即今四川犍为县东北玉屏乡（观音场）。《清史稿·曾望颜传》：咸丰十年（1860），李永和义军“据观音场，（望颜）师自黄阁寺进攻”。即此。

⑥即今四川彭山县北观音镇。清嘉庆《彭山县志》卷1：观音场在“治北十五里”。

观音关 在今福建武夷山市西北，接江西铅山县界。《清一统志·建宁府》：观音关“在崇安西北七十五里”。

观音囤 在今贵州松桃苗族自治县西南。《方舆纪要》卷122铜仁府乌罗司：“观音囤在司（治今乌罗镇）西南三里。崖壁峭峻，卓然天险。上有天井，可容五百人。”

观音坨山 在今河北井陉县西北。《方舆纪要》卷14井陉县：观音坨山“在县（今城关镇）北四十里。孤峰插天，盘亘千仞，上可容千余人，中有清泉飞瀑，绕流而下”。

观音岩 ①在今湖北京山县东。《方舆纪要》卷77京山县：观音岩“在县东二十里。顶有飞泉瀑布，流分四派，溉田数百顷”。

②又名空灵滩或空灵岸。在今湖南株洲县南八里。清雍正四年（1726）依岩建观音寺，故而得名。

③在今广东英德市东北三十五里。《清一统志·韶州府》：观音岩“石峰壁立，下跨重渊。有小洞，深入数十步，复沿崖而出。有观音石像”。

④在今广西大新县东。《清一统志·太平府》：观音岩“在养利州东四十里。去地十余丈，岩地平阔，可坐百余人”。

⑤在今重庆市巫山县东北。《明史·杨嗣昌传》：崇祯十三年（1640），张献忠义军入蜀，“闻督师西，遂急趋大昌，犯观音岩”。道光《夔州府志》卷12：观音隘“在县东北一百五十里。前明连设十三隘。皆废”。

⑥在今四川峨眉山市峨眉山九岭岗东北。百尺危岩，飞瀑喷泻，如惊涛怒湍，声震山谷。岩上古苔缠挂，垂十余丈，称普贤线。清张邦伸《锦里新编》卷16《峨眉纪游》：有普贤线。

观音岩石窟 在今四川广元市西南盘龙镇东南，嘉陵江东岸峭壁上。摩崖造像以观音为主，故名。又名五佛岩。多为唐天宝十年（751）至太和七年（853）间造，南北长约500米，有龛窟一百三十个，其中一百一十个较完整。南段造像布局整齐，分上、中、下三层，以释迦牟尼像和菩萨、力士等透雕像雕凿最为精美，是唐代中、晚期石刻艺术的珍品。2006年定为全国重点文物，归入广元千佛崖摩崖造像保护单位。

观音驿 在今云南昌宁县东北观音山附近。《方舆纪要》卷118顺宁府：“《志》云，府境旧有顺宁观音、水井、牛街、锡铅、右甸、枯河六驿，皆土驿丞司之。”

观音峡 在今重庆市西北北碚区附近，为嘉陵江三峡之一。清乾隆《巴县志》卷1：观音峡“两崖石壁数仞，左有龙洞，高二丈许，深不可测，曾艤舟洞口。洞中泉水潺潺，不可近。春夏水涨，则洞口淹没，舟不敢行。在悬崖多瀑布，溅玉飞雪，直注江端半壁。蜀汉时凿有匾路，若栈道，水涨峡难行舟，则登岸由匾路出峡。其幽深与温汤峡相似”。

观音阁镇　即今四川射洪县西南三十五里太乙镇。清光绪《射洪县志》卷2：观音阁场在“县（旧治在今金华镇）南七十五里”。1950年改置太乙乡。1984年改为太乙镇。

观音洞　①在今浙江舟山市普陀区普陀山西南部。雍正《浙江通志》卷14引吴莱《甬东山水古迹记》：“自梅岑山东行西折为观音洞，洞瞰海外，巉中裂，大石壁紫黑，旁嶂而两岐，乱石如断圭，积伏蟠结，昼夜作鱼龙啸吼声。”

②在今江西瑞昌市。清同治《九江府志》卷4瑞昌县：观音洞“有二，一在县北十里，一在县南三十里”。

③在今贵州贵阳市。前口近贵阳，后口通都匀。洞深邃。清陈鼎《黔游记》：“初数里甚宏敞，愈入愈窄，止可容一身，若是者十余里，乃后愈窄，侧身以行者三里。三里之外则可驰五马驾高轩矣。中有楼台殿阁、人物花鸟之景，皆碧乳融成者也。至七十里，举炬四照则无涯矣。因循石壁以行，壁之畔有泉一泓，甘香如醴。泉之畔有铜釜一，可容十升。壁上有题句云：隆庆三年钱唐方绍宗于此煮泉。”

观音洞遗址　在今贵州黔西县南四十二里沙井苗族彝族仡佬族乡锦山村。观音洞遗址系1964年开始发掘，是中华人民共和国成立后发现的我国长江以南最大的旧石器时代早期文化遗址。距今约50万—60万年。观音洞中文化层的堆积厚达8米，出土的打制石器总数在七千件以上，其中刮削器占80%，砍砸石器不到6%，只有几件石锥和雕刻器。还出土猩猩上臼齿、东方剑齿象、乳齿象、犀牛等哺乳动物化石二十余种。由于这个遗址丰富的文化内涵和它的鲜明特点，又经比较充分的发掘和研究，已经有人定名为“观音洞文化”。2001年定为全国重点文物保护单位。

观音桥　原名栖贤桥。又名三峡桥。在今江西九江市庐山南麓含鄱口下栖贤谷。建于北宋大中祥符七年（1014）。《舆地纪胜》卷25南康军：三峡桥“在庐山之归宗寺，最为庐山之雄观。苏子由记曰：水行石间，声如雷霆，如千乘车，行者震悼，不能自持，虽三峡之险不过也”。桥单孔石构，由五道并列券拱组成，拱石为带子母榫的花岗岩，上有建桥年代及工匠的题刻多处。两头桥基立于巨石之上，桥身保存完好。1988年定为全国重点文物保护单位。

观音桥河　即县河。今安徽含山县南之得胜河。《方舆纪要》卷29含山县：县河在“县南一里。一名观音桥河。县西北诸山涧之水，会流至城西二里，合清江断涧，其流始大，可以通舟，又东至和州新河口入大江”。

观音桥镇　①即今四川三台县西南观音桥镇。民国《三台县志》卷1：观音桥“距城七十五里。清乾隆时建桥，光绪时兴场。通上省大路”。

②即今四川宜宾县北观音镇。清光绪《叙州府志》卷8宜宾县：观音场在“治北一百六十里”。

③即今四川仁寿县南慈航镇。清光绪《资州直隶州志》卷3仁寿县：观音桥场“在县南九十里”。

④即今重庆市南川区西北大观镇。民国《南川县志》卷2：观音桥场“正西六十里。位龙川河流之左，四围平地，属双音乡。建自明季，清咸、同之际焚于发匪几尽，定再建，铺户一百六十余家”。

观音堂　①明万历十年（1582）建。在今山西长治市西南郊十里梁家庄。坐东向西，主要建筑有天王殿、钟鼓楼、献亭、观音殿和南北配殿等。主殿观音殿内有圆塑、悬塑的儒、释、道教泥塑五百余尊，手法多样，艺术价值极高。2001年定为全国重点文物保护单位。

②清置汛，属定远厅。即今陕西镇巴县东观音镇。

观音堂集　即今河南商丘市西观堂乡。明嘉靖《归德州志》卷1《村镇》：有“观音堂集”。清光绪《商丘县志》卷1《市集》：“西面有观音堂，离城四十里。”

观音堂镇　①又名观型堂。即今上海市青浦区东北二十四里凤溪镇。清光绪《青浦县志》卷2：观音堂镇“昔有杜妪供大士像，香火渐盛，故名”。

②即今河南陕县（驻三门峡市湖滨区）东六十八里观音堂镇。清尹耕云《豫军纪略》卷9：同治元年（1862）八月，捻军“至陕州之观音堂”。

③在今湖北保康县东南。清有把总驻守。民国《湖北通志》卷36保康县：观音堂“《光绪舆地记》：在城东南九十里”。

观音庵镇　即今重庆市奉节县南六十里新民区治所。光绪《续修奉节县志》卷4：观音庵“距城六十里”。

观音铺　①即今河南商城县西四十六里观庙乡。清嘉庆《商城县志》：“相传观音大士现身度人处。后建有寺。旧址尚存。”

②即今四川德昌县东南金沙傈僳族乡（观音堂）。清嘉庆《四川通志》卷89西昌县：观音铺“在县南一百六十里”。

③即今四川彭山县北观音镇。明正德《四川志》卷20彭山县：“观音、永丰、莲池，俱在治北。”清嘉庆《四川通志》卷89彭山县：观音铺“在县北十五里”。

④在今贵州毕节市东北。《清一统志·大方府》“黄花铺”条下：又有“观音铺”等皆戍守处。

观音堡　即今四川雅安市西南四十里观化乡。清允礼《西藏往返日记》：雍正十二年（1734）十二月，“十一日，出（雅州）府南门上坡西南行……竟一日之力，仅行四十五里，泥淖颠蹶，而至观音铺宿焉”。

观音港　即今安徽怀宁县（高河镇）西南观音

铺。《方舆纪要》卷26安庆府怀宁县：观音港“在府西北七十里。旧有巡司，今革”。

观音湖　在今宁夏银川市西北。《方舆纪要》卷62宁夏镇：观音湖“在镇西九十里。贺兰山之水多聚于此”。

观音溪场　即今四川华蓥市南观音溪镇。清光绪《岳池县志》卷3：观音溪场“离城一百十五里”。

观音滩市　即今湖南祁阳县南二十二里观音滩镇。清光绪《湖南通志》卷1祁阳县图：县南有观音滩市。

观前镇　即今安徽池州市东观前镇。清光绪《贵池县志》卷6：观前镇，“《采访册》：在城东三十里”。

观津　战国赵邑。治所在今河北武邑县东二十五里观津村。《史记·魏世家》：襄王二年（前317），“齐败我观津”。又《穰侯列传》：秦昭王三十四年（前273），“取魏之卷、蔡阳、长社、赵氏观津。且与赵观津，益赵以兵，伐齐”。即此。西汉置观津县。

观津县　西汉置，属信都国。治所在今河北武邑县东二十五里观津村。东汉属安平国。北魏改名灌津县。北齐废。隋开皇十六年（596）复置，属冀州。大业初废。唐贞观元年（627）复置，寻废。

观珠塘墟　亦名观珠圩。即今广东电白县东北观珠镇。明万历《高州府志》卷1：电白县有观珠圩。清道光《电白县志》卷8：观珠塘圩“在县（治今电城镇）西北七十里”。

观海卫　明洪武二十年（1387）置，在今浙江慈溪市东三十二里观城镇。嘉靖《观海卫志》卷1：“城成而海水当其前，因名观海卫。”清顺治十七年（1660）废。

观梅轩　在今江苏南京市中山门外梅花山上。为汉奸汪精卫的坟墓。1946年1月国民政府将墓炸平，1947年在原址修方亭一座，取名“观梅轩”。

观猎山　一名官烈山。在今福建永泰县东官烈。《方舆纪要》卷96福州府永福县“高盖山”条下：观猎山“在县东八十里。旧传越王常观猎于此。元末，故总管王翰避地山中，闻元亡自尽，因亦名官烈山”。

观朝县　1953年由观城县与朝城县合并设置，属山东省。治所在朝城镇。1956年并入范县、莘县、寿张三县。

观嘉渚　在今湖南慈利县西三里溇、澧合流处。清初，慈利县曾寄治于此。

观察滩　即今南海中中国西沙群岛之银屿。1935年公布名称为观察滩。1947年改名森屏滩。

欢城镇　金置，属广宁县。在今辽宁北镇市境。

欢庵镇　在今上海市金山区北。昔有欢庵庙，故名。清光绪《江苏全省舆图》：奉贤县西有“欢庵”。

欢喜岭　①在今河北秦皇岛市山海关东六里。《方舆纪要》卷17抚宁县：欢喜岭，“一名凄惶岭。言戍辽者去而悲，还而喜也”。古为关内外驿路必经之地。《明一统志》卷25辽东都司：欢喜岭“在广宁前屯卫西七十五里”。

②即今黑龙江省五常市。民国魏声龢《吉林地志》：“五常县，土名欢喜岭。”清光绪八年（1882）置五常厅于此。

③在今贵州安顺市北二里。《方舆纪要》卷123普定卫：欢喜岭“洪武中，蛮贼攻城，指挥顾成大破之于此。军民皆喜，因名”。

④在今宁夏灵武市东。《方舆纪要》卷62灵州守御千户所：欢喜岭“在所东。成化中，寇入所东永隆墩诸戍，官军追败之于此”。

欢墩埠镇　即今江苏赣榆县西南欢墩镇。清光绪《赣榆县志》卷3：“又西去治七十里欢墩埠镇。”

羽山　①在今江苏东海县西北，与山东临沭县交界处。《尚书·舜典》：“殛鲧于羽山。”《汉书·地理志》东海郡祝其县：“《禹贡》羽山在南，鲧所殛。”《隋书·地理志》：朐山县有羽山。《元和志》卷11海州朐山县：羽山“在县西北一百里。《书》曰‘殛鲧于羽山’，即此也”。

②在今山东郯城县东北七十里。《尚书·禹贡》：“蒙、羽其艺。”羽即指羽山。《左传·昭公七年》：“昔尧殛鲧于羽山。”《山海经·南山经》：“又东三百五十里，曰羽山。”郭璞注：“今东海祝其县西南有羽山，即鲧所殛处。”汉、晋祝其县在今江苏赣榆县西北。《元和志》卷11谓羽山“在（朐山）县西北一百里”，又说“在（临沂）县东南一百一十里”。唐之朐山县在今江苏连云港市西南海州镇，临沂县即今山东临沂市。则羽山在郯城县东北无疑。

③在今山东蓬莱市东南三十里。之罘水所出。《寰宇记》卷20谓即殛鲧处。《清一统志·登州府》：“按，殛鲧于羽山，在东海，今沂州山也。此山偶同名耳。”

羽侯国　西汉置，属平原郡。治所在今山东禹城市西南。《续山东考古录》卷3谓即山东禹城县西南三十里之禹息城，指出：“汉平原郡属惟羽县故城无可考。羽县莽曰羽贞，余谓禹为羽字音讹，息为贞字形讹耳。”东汉省。

羽渊　①在今江苏东海县东北。亦名羽泽。《左传·昭公七年》：子产曰，“昔尧殛鲧于羽山，其神化为黄熊，以入于羽渊”。《寰宇记》卷22引《郡国志》云：“钟离昧城南有羽泉，亦殛鲧之处。其水恒清，牛羊不饮。”

②在今山东郯城县东北羽山前。《左传·昭公七年》：“昔尧殛鲧于羽山，其神化为黄熊，以入于羽渊。”《方舆纪要》卷33郯城县：羽山“前有羽潭，一名羽池”。

牟　春秋时小国。在今山东莱芜市东二十里辛庄镇。《春秋》：桓公十五年（前697），“邾人、牟人、葛人来朝”。杜注：“牟国，今泰山牟县。”

牟力结簇长官司　明洪武十四年（1381）置，属松潘卫。治所在今四川松潘县西南牟尼乡境。《明史·四川土司传》：洪武十八年（1385），“松州羌反，成都卫指挥成信等率兵攻其牟力等寨，破之”。后废。

牟山 ①在今河北徐水县西北五十里。《方舆纪要》卷12安肃县：牟山“土阜无石，一望坦夷，土脉深厚，居人多占为田，谓之牟山村”。

②在今山东安丘市西南十五里。《水经·汶水注》：“（安丘）城对牟山。”《元和志》卷11辅唐县（今安丘市）：牟山“在县西南十三里，牟山县取名于此”。

③亦名东牟山。在今山东烟台市牟平区宁海镇北七里。《隋书·地理志》：牟平县“有牟山”。《方舆纪要》卷36宁海州：牟山“山之阳地势平广，故县有牟平之名”。

④一名石尚山。在今河南鹤壁市西。《水经·荡水注》：“荡水出（荡阴）县西石尚山。”《寰宇记》卷55汤阴县：“荡水出县西牟山，去县三十五里。”

⑤在今河南中牟县北。《方舆纪要》卷47中牟县：牟山在“县北五里”。

牟山县 隋开皇十六年（596）置，属密州。治所在今山东诸城市西北六十里斗鸡台。大业二年（606）改安丘县。

牟山湖 在今浙江余姚市西三十里。宋《嘉泰会稽志》卷10余姚县：牟山湖“在县西北三十五里。周三十里，东北有土门”。

牟子场 即今四川乐山市北牟子镇。民国《乐山县志》卷2：牟子场“创自明时，前清重建。距城北二十里”。

牟乡 在今山东沂南县东南。《春秋》：宣公九年（前600），“秋，取根牟”。杜注：“根牟，东夷国也。今琅邪阳都县东有牟乡。”

牟氏庄园 又称牟二黑子地主庄园。在今山东栖霞市北五里古镇都村东。牟墨林（1787—1868），字松野，绰号牟二黑子。庄园始建于清雍正元年（1723），至1945年始建成今日的规模。有房屋四百八十间，门楼约三十个及其他附属建筑。宅院布局为三组六院形式，每组一至三院不等，每院四至六进相间，均为四合院结构，具有胶东地区民居特色。1949年后庄园被收归国有。1988年定为全国重点文物保护单位。

牟平县 西汉置，属东莱郡。治所在今山东烟台市福山区西北古现镇。《元和志》卷11牟平县：“在牟山之阳，其地夷坦，故曰牟平。”西晋省。后复置。北魏属东牟郡。北齐移今蓬莱县东南五十里马岭山之南。唐贞观元年（627）废。麟德二年（665）复置，属莱州，移治今烟台市东南宁海镇。如意元年（692）为登州治。神龙三年（707）登州移治今蓬莱市，牟平县属登州。金为宁海州治。明洪武初省入宁海州。1913年州废。1914年复名牟平县，属山东胶东道。1925年属莱胶道。1928年直属山东省。1994年撤销牟平县，并入烟台市。

牟托 在今四川茂县西南四十里南新镇牟托村。清顺治九年（1652）置土巡检司于此。

牟州 ①隋开皇十六年（596）置，治所在掖县（今山东莱州市）。大业初废。

②唐武德三年（620）置，治所在中牟县（今河南中牟县东）。四年（621）废。

③唐武德四年（621）置，治所在牟平县（今山东蓬莱市东南）。辖境相当今山东烟台、龙口等市地。贞观元年（627）废。

④唐南诏置，属弄栋节度。治所在今云南牟定县西北十二里吕交城。宋大理属威楚府。蒙古宪宗四年（1254）置牟州千户，元世祖至元十二年（1275）改定远州。

牟池镇 北宋置，属金堂县。在今四川成都市东北。

牟那山 即今内蒙古乌拉特前旗东、包头市西北之乌拉山。《元和志》卷4“天德军”条载李吉甫奏称：天德军旧城“居大同川中，当北戎大路，南接牟那山钳耳咀，山中出好材木，若有营建，不日可成”。《寰宇记》卷39：天德军“南至牟那山钳耳咀三十里，西至黄河五里”。按，唐天德军城即今乌拉特前旗东北额尔登布拉格苏木阿拉奔村西古城，其南即乌拉山西端山口，唐时称钳耳咀。牟那山，元明时译为木纳山。

牟县 西汉置，属泰山郡。治所在今山东莱芜市东二十里。北齐并入博城县。

牟汶 今山东莱芜市南牟汶河。出莱芜市东古牟县南，西流至泰安东入汶。《水经·汶水注》：“汶出牟县故城西南阜下，俗谓之胡卢堆。《淮南子》曰：汶出弗其。高诱曰：山名也。或斯阜矣。俗谓是水为牟汶也。”

牟纳山 即木纳山。今内蒙古乌拉特前旗东、包头市西北之乌拉山。

牟定县 1914年改定远县置，属云南滇中道。治所即今云南牟定县。《定远县改名牟定县之原因》：“云南定远县，在三国时曾号牟州，元初置牟州千户，经部议拟定，改名牟定县。”（1914年5月14日《共和滇报》）1916年直属云南省。

牟郎共城 唐南诏置，属剑川节度。在今云南兰坪白族普米族自治县境。宋大理废。

牟郎城 唐南诏置，属镇西节度。在今缅甸克钦邦密支那以东，伊洛瓦底江东岸的允冒。南诏后期属丽水节度。

牟驼冈 亦作驼牟冈。在今河南开封市西北。北宋设天驷监于此，牧养马匹。《续资治通鉴》：北宋靖康元年（1126）一月，“金宗望军至京城西北，屯牟驼冈”。即此。《清一统志·开封府》：驼牟冈“河决后，久为平陆”。

牟城 在今山东烟台市福山区西北。古为牟子国。《魏书·地形志》：东牟郡牟平县有牟城。《明一统志》卷25登州府：牟城“在福山县西北三十里。世传春秋时牟子所筑”。

牟城县 隋开皇十六年（596）分嬴县置，属兖州。治所在今山东莱芜市东二十里。隋大业初并入嬴县。

牟娄 一作无娄。春秋杞邑。在今山东诸城市西。《春秋》：隐公四年（前719），莒人“取牟娄”；昭公五年（前537），“莒牟夷以牟娄及防、兹来奔”，皆此。

牟首池 即牛首池。在今陕西西安市西北。《汉书·霍光传》：“辇道牟首。”臣瓒注：“牟首，池名，在上林苑中。”

牟珠洞 即凭虚洞。又名母猪洞。在今贵州贵定县西。清李宗昉《黔记》：“牟珠洞在贵定县西十五里大道旁。洞口为石门，上有古松一株。门内有观音莲座，石乳所凝也。其上一圆洞透天光，再入则必携炬火，有石钟、石鼓，亦钟乳垂结，轮囷如象鼻，击之其声类金革也。又有罗汉像在岩下，如僧寺所塑尊者。其他石佛、石鱼，因形似而命名者，不可悉记。”

牟海行政区（县级） 1941年山东革命根据地由牟平、海阳二县析置，治夏村（今山东乳山市）。1942年改置牟海县。

牟海县 1942年改牟海行政区置，治所在夏村（今山东乳山市）。1945年改为乳山县。

牟家坝 即今陕西南郑县东南牟家坝镇。清乾隆《南郑县志》卷3：南乡有牟家坝。光绪《陕西全省舆地图》南郑县：牟家坝“在城南五十里”。

买吾山 在今云南开远市东南。《方舆纪要》卷115阿迷州：买吾山“在州东南。万历初，抚臣邹应龙击逋贼于此，忽震雷杀贼数人，因易名曰雷公山”。

买沟 一作置沟楼。即今朝鲜咸镜北道图们江南岸会宁。《三国志·魏书·毌丘俭传》：“正始中，俭以高句骊数侵叛……六年，复征之，宫遂奔买沟。”即此。

买卖城 ①清雍正五年（1727）中俄《恰克图条约》后，以恰克图旧市街归俄，于其南边界内别建新市街，称买卖城。即今蒙古国色楞格省阿尔丹布拉克。这是当时中俄交往通商要地，库伦办事大臣所属驻扎恰克图司员亦驻此。

②旧库伦（今蒙古国乌兰巴托）市街分三部分，东为商业区，亦称买卖城。

买卖雅尔 在今新疆伊宁县南。清宣统《新疆图志》卷2宁远县：买卖雅尔在“城东四十里”。

买卖街 亦名梨树城。即今吉林梨树市。民国熊知白《东北县治纪要》辽宁梨树县：“光绪四年设奉化县治，号称县市为买卖街，商业颇盛。民国三年改称梨树县。”

买愁村 在今海南省临高县东南那盆岭下。《明一统志》卷82琼州府：买愁村“在临高县南。宋胡铨诗：北往常思闻喜县，南来怕入买愁村。区区万里天涯路，野草荒烟正断魂”。

买赛河 即今重庆市秀山土家族苗族自治县之梅江河。《明史·地理志》平茶洞长官司：“西有百岁山，哨溪出于其东，满溪出于其西，合流入买赛河。”

〔纟〕

纡州 唐置羁縻州，属桂州都督府。治所东区县（今广西忻城县东南、红水河北岸）。北宋庆历三年（1043）废。

纡质县 唐置，属羁縻纡州。治所在今广西忻城县东南。北宋庆历间废。

红 春秋鲁地。在今山东泰安市南大洪沟一带。《春秋》：昭公八年（前534），“秋，蒐于红”。即此。

红二十五军长征出发地 在今河南罗山县西南铁铺乡何家冲。1934年，中共河南省委根据中共中央关于建立新的根据地、组织抗日先遣队的指示精神，决定红二十五军实行战略转移。当年11月16日，红军二千九百余人在何家冲集合出发长征。文物保护单位由三部分组成。一是二十五军军部旧址，设在何家祠堂，现存房屋十余间，具有南方宗祠建筑特点。当年军长吴焕先、程子华、徐海东等人都曾在此居住，并在此召开过多次重要军事会议。二是红军医院旧址，由四所院子组成，现存七十余间。三是大杏树，高二十多米，是当年红二十五军集合出发的地方。1996年定为全国重点文物保护单位。

红卜苴 在今四川盐边县东南红格镇。清康熙四十九年（1710）置红卜苴土百户。

红土山 ①即布库哩山。在今吉林安图县西南长白山东赤峰。清张凤台《长白征存录》卷2：“又正东与长白山相距只六十里者则有红土山。”山西北有布尔湖里池，旁有天女浴池碑。相传此为清朝统治者爱新觉罗氏先世神女浴处。

②在今甘肃礼县东。《方舆纪要》卷59秦州礼县：红土山“在县东三里。……以土石采色而名”。

红土山水 为图们江北源。在今吉林和龙市西南。民国魏声龢《鸡林旧闻录》：“光绪十一年，我国遂会勘，始得勘明图们江之源：正源红丹水，北源红土山水，南源西豆水（西豆在韩境。其实北源乃石乙水，红土山水，又石乙水之北源，二水合而东南，汇红丹水。未汇合前统名石乙水）。”

红土冈 在今河南新乡市北。《方舆纪要》卷49新乡县：红土冈“在县北十里。俗传为纣师倒戈血流之所”。

红土坡 在今北京市延庆县东北。《方舆纪要》卷17永宁县：红土坡“在县东北二十五里”。

红土岩屯 在今俄罗斯境滨海边疆区北兴凯湖西南岸。清属宁古塔副都统。清曹廷杰《西伯利东偏纪要》：“红土岩地方在兴凯湖西沿适中之外，正南循铁线道二百二十九里弱（俄里一百零三里）为双城子。”清咸丰年间被俄割占。

红土桥堡　在今山西阳曲县东北。《清一统志·太原府一》：红土桥堡“在阳曲县（按，治所在今太原市）东北八十里，当盂县、寿阳孔道，其地焦卤，无居民。明崇祯中筑生民堡于此，以备守御”。

红土堡　在今山西右玉县北二十七里红土堡村。《方舆纪要》卷44大同府：红土堡“嘉靖二十七年筑，万历二年增修。周一里有奇。堡西距右卫仅十五里，迤东则黄土、牛心、云阳诸堡也”。

红山　①在今河北赤城县西北。《方舆纪要》卷18马营堡：红山“在堡东南二十里。山高险，石色多赤。下有红泉，东流合大河入龙门峡”。

②在今河北永年县（临洺关）西南，与武安市接界处。《方舆纪要》卷15广平府永年县：红山“踞紫山之北，山形延袤，回峰环涧，互相映带，下有屯曰丰稔屯”。

③在今内蒙古赤峰市区东北隅。1935年在红山后首次发现中国北方新石器时代原始文化遗址。“红山文化”即以此而得名。

④在今河南舞阳县西北。西汉曾置红阳侯国于此。

⑤在今广西南丹县西南。《方舆纪要》卷109那地州：红山“在州东南”。

⑥亦名红石峡或雄石峡。在今陕西榆林市北。《清一统志·榆林府》：红山“在榆林县北十里。环拱若屏，上皆红石，落日返照，霞采烂然。山之两崖为红石峡，榆溪、獐河汇流其中。其上有款贡城、镇北台、易马台，昔李继迁葬其祖彝昌，障水别流，凿石为穴，既葬复引水其上，疑即此峡也。明巡抚郑汝璧改名雄石峡”。

⑦在今新疆乌鲁木齐市红山嘴。清《三州辑略》卷1：红山“在巩宁城东南三里。山高里许，周宽数里，峭壁悬崖，形如蟾蜍昂首，南面陡坡直上山巅，建玉皇庙一座，旁堆鄂博，东南为望祀博克达山之所。……每岁四月十五日，居民商户车马云屯，杂技百工靡不聚集，为塞上一胜会也。南北两路均称乌鲁木齐为红庙子，本此”。

红山市　在今陕西榆林市北十里。《清一统志·榆林府二》：红山市，“明嘉靖中，与套部互市于花马池。隆庆五年吉农乞贡，复请开市，因立市于此”。

红山遗址群　在今内蒙古赤峰市城东北六里红山北麓。为我国北方新石器时代重要遗存，距今约五千年。“红山文化”由此而得名。包括聚落古遗址和古墓葬等。出土新石器和青铜器时代陶器、石器、骨器。以细泥彩陶和石耜最重要，在北方农业发展史的研究中占有重要地位。2006年定为全国重点文物保护单位。

红山堡　明正德十六年（1521）筑，属灵州守御千户所。即今宁夏灵武市东北六十五里横山堡。《清一统志·宁夏府二》：红山堡“在灵州东北六十五里，横城堡东南。城周二里，今设把总”。

红门口堡　在今山西偏关县东北五十二里红门口，为通往内蒙古之要隘。《清一统志·宁武府》：红门口堡“明宣德九年以沟通塞外，建敌台桥洞一座，外设边墙一道，壕堑品窖三层。万历中增左右砖台以备侦望”。

红门山　在今北京市延庆县东南。《方舆纪要》卷17延庆州：红门山在“州东南二十里。山高三里，有大、小红门口，为戍守处”。

红马湖　在今湖北荆州市东。《清一统志·荆州府》：红马湖“在江陵县东一百里。上承三湖，下入白螺。春夏水涨，浩淼无涯”。

红牙山　又名洪牙山、洪崖山。在今广西灵山县东北。《舆地纪胜》卷119钦州：“红牙山在灵山县北二十五里。”

红水　即今甘肃西部洪水坝河。《明史·地理志》肃州卫：“东南有红水，俱流入白水。”《清一统志·肃州》：红水“在州东南三十里。源出南山，北流合白水，至下古城东南入讨来河。水有红色，故名”。

红水县　1913年析皋兰县置，属甘肃兰山道。治所在今甘肃景泰县西寺滩乡宽沟。1927年直属甘肃省。1933年改名景泰县。

红水河　在今广西西北部，为西江上流。《明史·地理志》东兰州：“东南有隘洞江，一名都泥江，又名红水河，又名乌泥江。”为南盘江与北盘江合流后之名称。

红水河堡　明万历二十七年（1599）置，为长城重要关堡之一。即今甘肃景泰县北红水镇。清属皋兰县，设县丞驻此。

红毛番　①明时称荷兰人为红毛番。《明史·外国列传》：“和兰，又名红毛番，地近佛郎机。”

②清时亦称英国人为红毛番。清谢清高《海录》卷下：“英吉利国即红毛番，在佛朗机西南对海。”

红毛港　在今台湾省新竹县西北新丰乡。《清史稿·地理志》台北府：“红毛港”等“并在新竹县西北入于海”。

红心驿　即今安徽凤阳县东南红心镇。《清一统志·凤阳府》：红心驿“在凤阳县。明洪武三年设有驿丞。本朝乾隆二十年裁”。

红心桥　即今安徽凤阳县东南红心镇。《方舆纪要》卷21凤阳县：红心桥“在县南六十里，旁有马驿曰红心驿”。

红心堤　在今天津市宁河县东南。《方舆纪要》卷11宝坻县：红心堤，“《志》云：在县东南二百里，逼近海口。相传秦始皇所筑，潮水虽满而堤不没”。

红心集　即今安徽凤阳县东南红心镇。明设红心驿于此。

红古城堡　明弘治十七年（1504）建，属固原州。在今宁夏海原县（三河镇）北高崖乡红古城。《方舆纪要》卷58固原州：红古城堡“在西安所北百里，今有兵戍守”。清以后废。

红石山 在今河北赤城县西南。《明一统志》卷5万全都司：红石山“在龙门卫城东五里。上产红石，可供玩好”。因名。

红石水 即今河北赤城县南红河上源。《明史·地理志》九门卫：“东有红石山，红石水出焉，下流合于龙门川。”

红石峡 一名雄石峡。即今陕西榆林市北十里红山。抗日战争时期，东北抗日名将马占山题“还我河山”于此。

红石砬子 ①清置，即今辽宁西丰县东南红石砬子。乾隆《钦定盛京通志》卷51：“红石砬子卡路在英峨边门外。”

②清光绪二十六年（1900）建屯。即今吉林桦甸市东红石镇。因江边石砬子呈红色而得名。

红石砬子抗日根据地 在今吉林磐石市西北四十里。1932年春，磐石县北部农民在共产党员李红光领导下，在蛤蟆河成功地举行了大暴动，建立了南满抗日游击队。是年秋，杨靖宇领导抗日斗争，将磐石、海龙等地抗日游击队进行整编，成立了中国工农红军第三十二军南满游击队，并建立了以红石砬子为中心的抗日根据地。至1936年红石砬子第一独立师一团等抗日武装转移。

红石暗沙 在南海中中国南沙群岛东侧，位于莪兰暗沙东南12海里。1935年公布名称为加那的滩。1947年改名红石暗沙。

红龙池 在今天津市蓟县西北二十五里盘山少林寺东石壁，寺有清泉水池。清道光《蓟州志》卷2：少林寺东，“石壁凿红龙腾跃水面，旁镌‘红龙池’三隶字……前有‘大定七年’四字”。

红四方面军总指挥部旧址 在今四川通江县城北隅文庙。通江文庙建于明景泰三年（1452），为四合院型，在川北大巴山腹地是规模较大、保存较好的文庙建筑。1932年底至1935年初，红四方面军在川陕革命根据地期间总指挥部驻此。1988年定为全国重点文物保护单位。

红头屿 即今台湾省台东县东南海上之兰屿。清黄叔璥《台湾使槎录》：“沙马崎头之南行四更至红头屿，皆生番聚处，不入版图。”连横《台湾通史·经营纪》：光绪三年（1877）五月，“恒春知县周有基查勘红头屿，收入版图”。同书《抚垦志》又载：“红头屿在恒春海中……周可六十余里，山高至五六十丈。”据云由于朝日初升，岛上山顶映日为赤色而得名。

红宁沟 即今山东五莲县驻地洪凝镇。明嘉靖《青州府志》卷11：红宁沟“在（日照）县西北一百里，通安丘小径，盗贼出入之处”。

红寺山关 一名红寺山口。在今甘肃山丹县北。《方舆纪要》卷63山丹卫：红寺山口在“卫北二十五里”。光绪《甘肃新通志》卷9：红寺山关“旧曰红寺山口，明嘉靖中新修石关一道，住歇塘哨夜不收”。

红寺堡 明置，属灵州守御千户所。即今宁夏吴忠市红寺堡区。明嘉靖《宁夏新志》卷3：红寺堡“东南至韦州七十里，西南至鸣沙州七十里。弘治十四年，套虏举众寇固原，往返必经之地。十七年，指挥仇钺伏兵破虏于此。正德二年，总制、右都御史杨一清奏委指挥郑廉筑之”。后废。2009年设立吴忠市红寺堡区。

红夷 明时称荷兰人为红夷。明张燮《东西洋考》卷5“美洛居”条：“红夷虽主美洛（今印度尼西亚马鲁古群岛），每一二载大众辄返国，既去复来。吕宋王兵抵境外，值红夷空国言返，斩关以入，遂杀美洛居酋，立所亲信主之。红夷继至，复破吕宋酋，逐之去，更立美洛居酋子为嗣。”

红江县 ①1933年2月川陕革命根据地由通江县西北部和南江县东北部析置，治涪阳坝（今四川通江县西北涪江镇）。后迁治新场坝（今通江县西北新场乡）、平溪坝（今通江县西北平镇）。1935年3月废。

②又名红岩县。1935年4月川陕革命根据地置，治红岩寺（今四川广元市南红岩镇）。同年5月废。

红安县 1931年12月鄂豫皖革命根据地红军解放黄安县城后改名，治所即今湖北红安县。1945年抗战胜利后复名黄安县。1952年复改红安县。

红军东征总指挥部旧址 在今山西交口县城东七十里大麦郊镇。1936年3月，中国工农红军东征总指挥部在东征途中曾驻扎于此，并在此召开会议，部署兑九峪大会战。

红阳侯国 西汉置，属南阳郡。治所在今河南舞阳县西北红山之南。成帝河平元年（前28）封王立为侯国。东汉废。

红花山 在今四川松潘县南十五里。《方舆纪要》卷73松潘卫：红花山在“卫南十五里。有屯田，名红花屯，岷江所经也”。

红花岭 在今福建诏安县西北。清乾隆八年（1743）设诏安营游击守备于此。

红花埠 在今山东郯城县南四十里。清置驿于此。

红花渠 在今宁夏银川市南。《方舆纪要》卷62宁夏镇：红花渠在“镇南五里，分唐来渠水东南，溉田七百余顷。复引入城中，民汲甚便”。

红花梁子 即今内蒙古阿荣旗西红花梁子镇。1934年为阿荣旗驻地。1941年迁驻那吉屯。

红花铺 在今贵州正安县西南。《清一统志·遵义府》“牛角巷铺”条下，又有“红花铺”等，皆戍守处。

红花堡 ①在今广东电白县东红花街。旧属茂名县，明初置平山巡司于此。

②亦名红花屯。明置，属松潘卫。在今四川松潘县南五里。为南路关堡之首。

红杨树镇 即今安徽芜湖县南二十里红杨镇。旧属宣城县。清嘉庆《宁国府志》卷12：红杨树镇“距城五十五里”。

红沙堡 明置，属镇番卫。在今甘肃民勤县东北二十五里。《清一统志·凉州府二》：红沙堡“城周一里有奇，明万历九年因旧开筑”。清初裁。

红孜纳普达坂 一作浑楚鄂帕山口。即今新疆塔什库尔干塔吉克自治县南喀喇昆仑山之红其拉甫达坂。其南为克什米尔。清宣统《新疆图志》卷9：红孜纳普达坂“通坎巨堤”。

红坪县 一作洪平县。1935年1月川陕革命根据地置，治青林乡（今四川广元市东北青林乡）。1935年5月废。

红咀堡 明置，属金州卫。即今辽宁普兰店市东北红水铺。明《全辽志》卷2：红咀堡“原废，嘉靖三十三年新复”。民国《奉天通志》卷83金县：清水河“又东南径红咀城子村西，村为明红咀堡故址”。

红岩山 在今四川乐山市东南十五里岷江东岸。因“山色正赤”，故名。《元史·速哥传》：至元十二年(1275)攻嘉定，“行枢密院副使忽敦等军至，与也速带儿会于红岩”。即此。为往来通道。产盐，清设盐场置关，民国改设盐卡。

红岩子 ①一作横岩子铺。即今湖北建始县东南三十六里红岩寺镇。清同治《建始县志》卷2《场市》：南乡有“红岩子”。

②在今四川万源市东南。民国《万源县志》卷1：红岩子在“东百八十里。又名乌举梁。境内数处同名，此为最著，与宣汉分界，入开县要道。山径险窄异常”。

红岩寺 ①即今陕西柞水县东红岩寺。1935年鄂豫陕革命根据地置五星县治此。

②即今四川广元市南红岩镇。1935年川陕革命根据地在此置红江县。

红岩村 在今重庆市西部沙坪坝区化龙桥红岩村。1939—1946年为中共中央南方局和八路军重庆办事处驻地，周恩来、董必武等在此工作，1945年8月，毛泽东来重庆同国民党谈判住此。1961年定为全国重点文物保护单位。

红岩县 即红江县。1935年川陕革命根据地置，治所即今四川广元市南红岩镇。

红岩砦 即今湖北竹山县西北红岩乡。民国《湖北通志》卷36竹山县：红岩砦“《光绪舆地记》：在城西一百四十里。驻把总”。

红岩滩 在今四川乐山市东南十五里。《元史·石抹按只传》：“（石抹）不老从攻嘉定，以巨舰七十艘载勇士数千人，据其上流，于府江红岩滩，造浮桥以渡。”即此。

红罗山 ①在今内蒙古正蓝旗西南。蒙古语名乌兰哈郎噶山。《方舆纪要》卷18万全都司开平故卫：红罗山“明洪武三年李文忠败元兵于骆驼山，进克红罗山，遂次开平是也”。

②又名红螺山。即今辽宁葫芦岛市西北大虹螺山。《明史·地理志》广卫中屯卫：“西有东、西红螺山。”《方舆纪要》卷37广宁左屯卫：红罗山在“卫西六十里。亦名红螺山。有大、小二山，绵亘东西百余里。今因其势筑长城，为一方之障塞”。

红庙儿 一名红庙子。即新疆乌鲁木齐之俗称。清祁韵士《万里行程记》：迪化州“即乌鲁木奇，俗呼为红庙儿，以僧寺居红山嘴之上，红泥垩壁故也”。又《西域释地》：“红山（乌鲁木奇）城东南三里。山色皆赤，上建玉皇庙，以赤土垩壁，故俗呼乌鲁木齐为红庙子。”

红庙寨 即今河南兰考县东北二十二里红庙镇。旧属考城县。民国《考城县志》卷1《市集》：有“红庙寨”。

红河 ①在今陕西石泉县东北二里。《方舆纪要》卷56石泉县：红河“源出县北二十里之五攒岭，两岸沙石皆红，因名”。

②清代称礼社江蛮耗以下为红河。在今云南南部。《清史稿·地理志》文山县：“西南，红河，即礼社江下流，自蒙自入，左新现河、右龙膊河注之，东南流入安平。”同书安平厅：“红河自文山入，西南至河口汛，与白期水会。白期河自文山入，纳古林箐诸水，与红河会，入交趾。”

③即今越南北部之红河。发源于我国云南省，称为元江。《清史稿·越南》：同治十二年(1873)，“法人逼令越南王公布天主教及红河通航二事，红河即富良江也”。在古籍中，红河及其流经地段，有不同称呼，如：如麋水、西随水、尚龙溪、西道江、富良江、滴定江、泸江、鲁江、归化江、白鹤江、洮江、大黄江、黄江、闷江、胶水江等。

红宜县 1937年2月西北革命根据地由红泉、宜川二县合置，治临镇（今陕西延安市东南临镇）。取二县首字为名。同年12月改置固临县。

红城子 ①在今宁夏灵武市东北。《方舆纪要》卷62灵州守御千户所：红城子“在所东北，黄河东岸。成化九年，套寇犯韦州，制臣王越督军败贼于此。又宏治十三年，总兵朱晖从红城子出兵捣河套”。

②即今宁夏海原县（黑城镇，即三河镇）西南红城子。《清一统志·平凉府二》：红城子“在固原州北七十里。亦谓之黑城子。明成化初，官兵讨满四，屯兵于此”。

红城子堡 明置，即今甘肃永登县东南红城镇。《清一统志·凉州府二》：“在平番县东南七十里。城周三里。本朝初设把总，属固原镇。乾隆四十七年添设守备，改凉州镇庄浪协辖。”

红城驿 清置，即今甘肃永登县东南七十里红城镇。后废。

红城渠 在今甘肃高台县西北。《方舆纪要》卷63高台所：红城渠在“所西北三十五里”。

红草沟 在今河北青龙满族自治县东。《方舆纪要》卷17抚宁县“义院口关”条载：“又北二十八里曰三岔口，又北三十五里曰红草沟。景泰中，朵颜来犯县北之车渠庄，官军击败之于红草沟，是也。”

红柳园驿　清置，即今甘肃瓜州县西北红柳园村。《清史稿·地理志》：安西州有红柳圈（园）驿。

红砂堡　明嘉靖四十年（1561）置，在今湖北巴东县西南。清设把总驻守。

红香炉　即今香港之香港岛。清设红香炉汛，有千总驻防。《筹办夷务始末》（道光朝）卷30，道光二十一年（1841），总督彦伯寿奏折：“香港为商船内驶必由之路，其岛曰红香炉，上有营汛居民，并非偏僻小港可比。”

红香炉汛　清置，属大鹏营。在今香港之香港岛东。有千总驻防。

红泉　在今江西南城县西南。南朝宋谢灵运《入华子冈是麻源第三谷》诗曰：“铜陵映碧涧，石磴泻红泉。”张铣注：红泉“谓自砂中流出，故其色红”。又灵运《山居赋》云：“泛丹砂于红泉。”

红泉县　1935年5月西北革命根据地由甘泉县析置，治临镇（今陕西延安市东南临镇）。取“红色甘泉”之义。1937年2月与宜川县合并，设立红宜县。

红胜县　1933年11月川陕革命根据地置，治罗文镇（今四川万源市西南罗文镇）。1935年2月废。

红亭　在今安徽萧县西。《春秋》：昭公八年（前534），“秋，蒐于红”。杜注：“红，鲁地。沛国萧县西有红亭。”《水经·渠水注》：“今萧县西有鸿沟亭。”即此。

红亭子　即鹦哥嘴地方。在今四川巴塘县东五里。《清史稿·凤全传》：光绪三十一年（1905），巴塘七沟村民“抗阻垦务，枪伤勇丁，焚毁教堂。时所部兵勇仅百余人驰往弹压。三月初一日行至红亭子地方，突中贼伏，搏战良久，卒以匪众勇寡遇害”。

红屏山　在今江西南城县西。《方舆纪要》卷86建昌府南城县：红屏山“在府西五里。又名赭面石。高百仞，如赤城。郡治目为印山”。

红盐池　①即今内蒙古伊金霍洛旗南境之红碱淖。《明史·鞑靼传》：成化九年（1473）秋，“满都鲁等与孛罗忽并寇韦州，王越侦知敌尽行，其老弱巢红盐池，乃与许宁及游击周玉率轻骑昼夜疾驰至，分薄其营，前后夹击，大破之”。

②在今内蒙古阿拉善右旗西北。《方舆纪要》卷63山丹卫：红盐池“在卫北五百里。池产红盐。又居延泽旁亦有池，产白盐，采之不竭”。《清一统志·阿拉善厄鲁特》：红盐池“在旗界。《旧志》：在山丹卫城北三百里。池产红盐。明洪武中，指挥庄德采贡岁办，后以地属境外停罢”。

红桥　①在今北京市昌平区西南北沙河北。《元史·文宗纪》：致和元年（1328），“燕铁木耳与王禅前军战于榆河，败之，追奔红桥北”。顾炎武《昌平山水记》卷上：燕铁木儿击王禅，“追至红桥北，因据红桥，两军阻水而阵。今州西南十二里有红桥，桥亡而名尚存。文宗为燕铁木儿建生祠于桥南，立碑记功者也”。

②一名虹桥。在今江苏扬州市北门外。《扬州画舫录》卷10引吴绮《扬州鼓吹词序》云：红桥“在城西北二里，崇祯间形家设以锁水口者。朱栏数丈，远通两岸，彩虹卧波，丹蛟截水，不足以喻。而荷香柳色，曲槛雕楹，鳞次环绕，绵亘十余里。春夏之交，繁弦急管，金勒画船，掩映出没于其间，诚一郡之丽观也”。

红桥镇　即虹桥镇。今江苏扬州市邗江区东南四十里红桥镇。

红桃岭　在今江西南康市西北、崇义县东南。《方舆纪要》卷88南安府崇义县：红桃岭在“县东南六十里，与南康县接界。旧为险要”。《清一统志·南安府》：红桃岭“在南康县西北八十里，接崇义县界。有水入江”。

红梅司　即洪梅司。今广东南雄市东北梅岭镇。明洪武十六年（1383）置巡司于梅关下，后迁于此。

红梅阁　在今江苏常州市东南四里红梅公园内。始建于北宋大中祥符年间（1008—1016），后遭兵火。元元贞元年（1295）重建，改名飞霞楼。明复称红梅阁。今阁为清建。

红崖大囤　在今四川叙永县东北十里红崖山。《明史·朱燮元传》：天启三年（1623），讨奢崇明之乱，“奢明父子逃入红崖大囤，官军蹙而拔之”。即此。

红崖山　①在今四川叙永县东北。《方舆纪要》卷73永宁宣抚司：红崖山“在司东北十里。山高耸，多赤石，为东面之胜”。

②在今陕西洛南县东南。《宋史·食货志》：庆历间，“始用知商州皮仲容仪，采洛南县红崖山、虢州青水冶青铜，置阜民、朱阳二监铸钱”。《清一统志·商州》：西红崖“在洛南县东南五十里。又东红崖，在县东南九十里。崖石皆赤，旧产铜”。

红崖子山　在今青海互助土族自治县南。《清一统志·西宁府一》：红崖子山“在西宁县东八十里。其上赤，因名。山腰有石洞”。

红崖屯　在今贵州毕节市东北七十里。《明史·贵州土司传》：天启三年（1623），“（王）三善督兵攻大方贼巢，擒土司何中尉等，进营红崖。连破天台、水脚等七囤，夺其天险”。

红崖市　即今云南弥渡县西北二十三里红岩镇。清道光间置汛，有外委驻守。

红崖河　即今陕西凤县（双石铺）东小峪河。《方舆纪要》卷56凤县：红崖河在“县（今凤州镇）西四十五里。出县西北山谷中，历两当县界流入嘉陵江”。

红崖峡　在今云南武定县北。《方舆纪要》卷116

武定军民府：红崖峡在“府东北四十里。东枕溪流，险峻难涉。宏治中，土知府凤英始筑路以便行者”。

红崖砦　在今四川叙永县东北十里红崖山。《明史·四川土司传二》：天启间，讨奢崇明之乱，“进克其（永宁）城，降贼二万。复进拔红崖、天台诸囤寨，降者日至”。

红崖堡　明置，属高台所。即今甘肃高台县西南一百余里新坝乡西红崖子。清设守备。

红崖寨　①在今湖北松滋市南。明置红崖子巡司。

②在今湖北长阳土家族自治县西南。《方舆纪要》卷78长阳县：红崖寨“在捍关南七里”。

红船集　即今山东鄄城县东红船镇。清光绪《山东通志》卷2《舆图志》：濮州（今鄄城县北旧城镇）东南有红船集。

红善泉　在今陕西大荔县西南。《方舆纪要》卷54同州大荔县：红善泉在“州西南四十里……自平地涌出，流入渭河，州人资以灌溉”。

红湾寺　即今甘肃肃南裕固族自治县治。清宣统《甘肃新通志》卷3甘州府抚彝厅图：西南有红湾寺番庄。1954年于此置肃南裕固族自治区。次年改为肃南裕固族自治县。

红楼　①即北京大学红楼。在今北京市东城区沙滩五四大街。原为北京大学第一院宿舍。

②又名明远楼。在今广东广州市东山区文明路广东博物馆院内。始建于明，清代重修。是一座木结构古式楼房。为主考楼。光绪二十八年（1902）废科举改设优级师范学堂。1924年孙中山在此主办广东大学。1926年广东大学改名中山大学后，为学校图书馆阅览室。

红旗岭　在今江西崇仁县东。《方舆纪要》卷54抚州府崇仁县：红旗岭“在县东三十五里。峰上有三叠如旗”。

红旗河　①在今吉林和龙市西南。源出长白山之长山岭、长红岭东麓，东流，折东南流至崇善乡西注入图们江。亦称图们江北源，实为图们江正源。清张凤台《长白征存录》卷2：红旗河“河发源长白山东北之老岭下，流九十余里至三江口与大浪河合。齐召南《水道提纲》：土门色禽自长白山东麓，东南流数百里，北岸受阿几个，土门译音，阿几个大也。似即以红旗河为大土门，与会典不合”。

②即今吉林珲春市之珲春河。《清史稿·地理志》珲春厅：“西北：图们江自汪清、朝鲜缘界，合乾密江，至红旗河口，即珲春河。”

红旗洞　在今湖南溆浦县东二十里。明《寰宇通志》卷57辰州府：红旗洞“五代马希范遣兵收武陵诸蛮至此，见洞中红旗隐隐，遂屯兵于上”。

红旗街　指今吉林珲春市。清吴振臣《宁古塔纪略》：“宁古塔西南地名红旗街，与高丽接壤，颇近海。今亦设官府。此处出海参为第一等。”

红旗镇　在今河北承德县西一百里。《清史稿·地理志》：承德府滦平县有“红旗”镇。俗称乌举梁。

红螺山　又名螺山、螺盘山。在今北京市怀柔区北。《明一统志》卷1顺天府：红螺山“在怀柔县北一（应作二）十里。高二百余仞，下有潭，潭中尝有二螺，色殷红，夕吐光焰，土人异之，因以名山”。今仍名红螺山。

红螺寺　在今北京市怀柔区北十里红螺镇北。建于东晋永和四年（348）。原名大明寺。明正统年间改名护国资福寺。俗称红螺寺。主要建筑为山门、天王殿、大雄宝殿、禅堂以及由东西四座配殿和诵经房组成的中院。历代为佛教圣地。

纥升骨城　高句骊筑，在今辽宁桓仁满族自治县东北十七里五女山山城。是为高句丽建国初都城。《魏书·高句丽传》：“朱蒙遂至普述水，遇见三人，其一人著麻衣，一人著纳衣，一人著水藻衣，与朱蒙至纥升骨城，遂居焉，号曰高句丽，因以为氏焉。”

纥伏干泉　在今内蒙古杭锦旗北。《新唐书·地理志》所载边州入四夷道里中的夏州北道，“又经步拙泉故城，八十八里渡乌那水，经胡洛盐池、纥伏干泉，四十八里度库结沙”。

纥那山　即跋那山。在今内蒙古乌拉特前旗东南。唐杜佑《通典·州郡三》榆林郡：“西北到黄河二十里，去纥那山一百二里。”

纥真山　一名纥干山。在今山西大同市东北，与阳高县接界。《元和志》卷14云中县：“纥真山，在县东三十里。虏语纥真，汉言三十里。其山夏积雪霜。”

约昌城　在今新疆且末县南。北宋时地属于阗国。

级波塘　即汲波塘。在今贵州清镇市西南二十里。明郭子章《黔记》卷8：“（威清卫）城西南二十里有级波塘，塘拥涧泉，日凡三涌则浊，逾时清，溉田甚广。”

纪　周代国名。姜姓。春秋时为齐所灭。故城在今山东寿光市南三十里纪台镇。《左传》：隐公元年（前722），“八月，纪人伐夷”。《续汉书·郡国志》：“剧，有纪亭，古纪国。”

纪山　①即古丹山。在今山东临朐县东三十六里，接临朐县界。

②在今湖北荆州市荆州区（故江陵县城）北。《舆地纪胜》卷64江陵府：纪山“在府北四十里。绵亘自荆门西山而来，盖荆州之主山也。后梁宣、明二帝陵林木郁然”。纪南城以山而名。

纪山楚墓碑　在今湖北荆门市南纪山寺。东南约10公里是楚故郢都纪南城遗址。墓区面积12平方公里，是由尖山墓地、大薛家洼墓地等二十二个古墓地组成的楚国大型墓葬区。古墓分布密集，排列有序，墓葬规格高，现保存封土的墓葬计二百二十七座、其中封土堆高1米以上、直径40米左右的大型墓葬达四十余座。著名的大冢有天子冢（高4米，周长90米）、左家冢（高9.5米，周长165米）、绿冢（高8.5米，周长150米）等。已发掘的有望山墓、藤店墓等。1996年定为全国重点文物保护单位。

纪氏台（臺）　在今河南郏县东北十余里。《水经·汝水注》：蓝水“出阳翟县重岭山，东南流经纪氏城西。有层台，谓之纪氏台”。《续汉书》曰：“世祖车驾西征，盗贼群起，郏令冯鲂为贼延裒所攻力屈，上诣纪氏，群贼自降。即是处，在郏城东北十余里。”

纪氏城　在今河南郏县东北十余里。《水经·汝水注》：蓝水“东南流径纪氏城西有层台，谓之纪氏台。《续汉书》曰：‘世祖车驾西征，盗贼群起，郏令冯鲂为贼延裒所攻，力屈。上诣纪氏，群贼自降。’即是处”。

纪庄子　在今天津市河西区西南部。1900 年八国联军入侵天津，7 月 9 日以杨贵林为首的义和团率三百名团民在此与联军前锋日本军队展开斗争，击毙日军队长。后因武器不敌而失败，一千余团民与百姓惨遭杀害。

纪州　隋开皇十八（589）改交州置，治所在长川县（今甘肃秦安县北安伏乡）。大业三年（607）废。

纪里河　即今山东胶南市西南之吉利河。《方舆纪要》卷 35 作“纪里河”。

纪城　在今山东日照市西南安东卫。《左传》：昭公十九年（前 523），“秋，齐高发帅师伐莒，莒子奔纪鄣”。杜注：“纪鄣，莒邑也。东海赣榆县东北有纪城。”《资治通鉴》：南齐建武二年（495），“青、冀二州刺史王洪范遣军主崔延袭魏纪城，据之”。即此。

纪南城　即春秋战国时楚国郢都。在今湖北荆州市荆州区（故江陵县城）北十里。《续汉书·郡国志》江陵县注引《荆州记》：“县北十余里有纪南城，楚王所都。”《水经·沔水注》：“江陵西北有纪南城，楚文王自丹阳徙此。”《晋书·安帝纪》：东晋义熙元年（405），南阳太守鲁宗之破桓振将温楷“于作溪，进次纪南，为振所败”。即此。城内外有丰富的楚文物。楚纪南城故城于 1961 年定为全国重点文物保护单位。

纪晓岚墓地　在今河北沧县西七十里景城。纪昀（1724—1805），清学者，文学家。字晓岚，一字春帆，晚号石云。直隶献县（今河北献县）人（后纪氏故居所在地景城划属沧县）。乾隆进士，累迁侍读学士。坐事戍乌鲁木齐。寻释还，复授编修。官至礼部尚书、协办大学士。谥文达。曾任四库全书馆总纂官，纂定《四库全书总目提要》，并撰成《四库全书简明目录》一书。有《纪文达公遗集》及《阅微草堂笔记》等。纪晓岚墓在崔尔庄镇南五里北村西南，属纪氏家族墓地。墓地在“文革”中遭严重破坏，现仅存残碑十余块，新出土有纪晓岚本人生前撰文，由刘墉、董浩、翁方纲等著名书法家书写的墓志铭三块。纪晓岚墓地坐西朝东，墓碑下赑屃头东尾西。由于墓前方（东面）几公里外有泗家庄，墓后方（西面）原有硇村，墓冢南侧有成片的荆条林，时称凤凰林。北侧有两个大土堆，形似砚台，故有“头顶泗家脚蹬硇，南面凤林北砚宝”之说。2006 年定为全国重点文物保护单位。

纪家汇（匯）　在今浙江杭州市萧山区南。《方舆纪要》卷 92 绍兴府：纪家汇在“府西南百里。浦阳江自诸暨县合东西诸江，经此为钱清江之上源”。

纪家窝铺　又作纪家窝堡或纪家窝棚。在今吉林农安县西南。《清一统志·吉林二》：长春厅“北至纪家窝铺一百七十二里，与郭尔罗斯扎萨克公接界”。

纪鄣　在今山东日照市西南安东卫。《左传》：昭公十九年（前 523），“齐高发帅师伐莒，莒子奔纪鄣”。杜注：“纪鄣，莒邑也。东海赣榆县东北有纪城。”清光绪《山东通志》卷 36：“安东卫故城，在县（按，指今日照市）南九十里。本春秋莒纪鄣邑，明弘治三年置卫。”

驮甘溪　在今广西隆安县东。《方舆纪要》卷 110 隆安县：驮甘溪“在县东二里。……皆出武缘县界，流入境分引溉田，下流注于大江”。

驮龙溪　在今广西上思县北十五里。《方舆纪要》卷 110 上思州：驮龙溪“源出州北龙岭，南经狮山，绕流而南，合于明江”。

驮卢镇　即今广西崇左市东北驮卢村。北宋置陀陵县于此。元至正间，太平路曾徙治于此。清乾隆四十四年（1779）置巡司驻防。明《徐霞客游记·粤西游日记三》：“西南过驮卢，山开水绕，百家成市，倚江北岸，旧为崇善地，国初迁太平府治于此，旋还丽江。今则迁驮朴驿于此，名曰驮柴。”

驮朴（樸）驿　明置，即今广西崇左市东北驮柏村。明《徐霞客游记·粤西游日记三》：“驮朴去驮卢五十里。自驮卢西至此，皆为左州南境，北去龙州四十里。西仍为崇善地，抵太平亦四十里，水路倍之。”

驮朴（樸）墟　在今广西崇左市东北左江北岸驮柏村。为省南大道所经。明《徐霞客游记·粤西游日记三》：“自驮朴取道至太平西南行一里，有石垣东起江岸，西属于山，是为左州，崇善分界。”

驮命江　即今广西田东县西南，右江支流龙须河。《明史·地理志》镇安府：“南有驮命江，下流合郁江。”《方舆纪要》卷 111 镇安府：驮命江“在府城南。府境之水皆汇流焉，东北历奉议州界，入于大江”。

驮桃溪　在今广西上思县北。《方舆纪要》卷 110 上思州：驮桃溪在“县北二十里。一名驮白溪。源出东香山……下流皆入明江”。

驮娘江　在今广西田林、西林二县境。为右江上源。《方舆纪要》卷 111 上林长官司：驮娘江“在司治西，流入田州界，合于右江”。《清一统志·泗城府》：驮娘江“在西林县东二十里。其上流为同舍河，源出云南广南府马别山，东流经西隆州西南，又东入县界，绕县东南，与渌驮河合流而东，至瓦村隘入土田州界。水色甚清，即右江之上源”。

驮排山　在今广西扶绥县西北。《方舆纪要》卷 110 永康州：驮排山“在州（治今中东镇）西。山溪诸水汇而为江，南至罗阳县境，下流入于丽江”。

驮排江　在今广西扶绥县西北。《明史·地理志》罗阳县：“西有驮排江。源出永康县，下流入于丽江。”

驮鼋溪　在今广西隆安县西北十里。《方舆纪要》卷110隆安县：驮鼋溪“发源都结州，流经县西岜空山，又东合大江”。

驮演寨　在今广西隆安县西北驮仁屯。明置巡司于此。

驯龙场　即今四川安岳县西南驯龙镇。清道光《安岳县志》卷7：驯龙场“即鱼栈滩，在治西七十里。铺户稠密”。

驯州　唐置羁縻州，属戎州都督府。治所在今四川雷波县东。北宋属叙州。后废。

驯象卫　明洪武十九年（1386）于思明凤凰山置，属广西都司。治所在今广西宁明县东。二十年（1387）迁治南宁府（今南宁市），二十二年（1389）又迁治今横县。后废。

驯禄县　唐置，属羁縻驯州。治所在今四川雷波县境。后废。

驯雉里　在今广东紫金县西南七十五里凤凰岗西。明、清置巡司于此。

驰水　即今四川梓潼、盐亭、射洪等县境之潼江、梓江。《汉书·地理志》梓潼县：“五妇山，驰水所出，南入涪，行五百五十里。”《水经·梓潼水注》：五妇山“驰水所出，一曰五妇水，亦曰潼水。其水导源，南径梓潼县，王莽改曰子同矣。自县南径涪城东，又南入于涪水”。

巡司河　在今湖北武汉市武昌城区南。先后受汤孙湖诸湖水，北流至鲇鱼套入长江。此即《水经·江水注》“江水右迤谓之驿渚”者。

巡检司店　一名巡店。即今湖北安陆市南二十四里巡店镇。清光绪《德安府志》卷8《兵事》：同治三年（1864）四月，“会都统舒保帅马兵自隔蒲潭至府巡检司”，遏捻军去路。

七　画

〔一一〕

寿　春秋时齐邑。在今山东东平县西南。《史记·秦本纪》：昭襄王三十六年（前271），“客卿灶攻齐，取刚、寿”。此即寿邑。《水经·汶水注》：“汶水西南流径寿张县故城北，春秋之良县也。县有寿聚。汉曰寿良。”

寿山　①在今吉林伊通满族自治县境。《清一统志·吉林一》：寿山“在（吉林）城西南四百二十里，即查拉芬阿林。本朝康熙二十一年，圣祖仁皇帝祭告山陵，大蒐驻跸于此，值万寿圣节，因赐名寿山”。

②即今福建福州市北寿山。山产美石，可砚可印。《舆地纪胜》卷128福州《景物下》：寿山石“出怀安县稷下里。洁净如玉，但柔而易攻，盖珉，类五花石”。

③在今湖北安陆市西北。《舆地纪胜》卷77德安府：寿山“在安陆县西北六十里，接随州界。《汉东志》云，昔山民有寿百岁者，故名”。

④在今重庆市秀山土家族苗族自治县南一百十里。明曹学佺《蜀中广记》卷38邑梅洞长官司：“《志》云：司西南六里寿山，林木丛茂，屹立层汉，苍烟翠霭，四时不凋。”

⑤在今陕西彬县城南。《方舆纪要》卷54邠州：寿山“四面崒嵂，其顶平旷，有茂林修竹之胜”。

寿山艮岳（嶽）　即艮岳。在今河南开封市东北隅。宋徽宗筑。宋王偁《东都事略》：“政和初作寿山艮岳于禁城之东陬。”《方舆纪要》卷47：“初名凤凰山，后改寿山艮岳。上为华阳宫，峰峦嶂巘，洲渚池沼，皆以人力为之，穷奇极胜。后为金人所毁。仅存土阜而已。”

寿山将军祠　又称寿公祠。在今黑龙江齐齐哈尔市龙沙公园内。1926年为纪念清末著名爱国将领寿山将军建。寿山（1860—1900），袁姓，字眉峰。明末兵部尚书袁崇焕后裔，生于瑷珲。清光绪二十三年（1897）为驻瑷珲镇边军统领。光绪二十五年（1899）升任瑷珲副都统，二十六年署黑龙江将军。同年七月，沙俄以十万大军向我国进攻，寿山将军奋勇抗击，最后以身殉职。现祠堂已整修一新，原“眉峰殉难”碑铭，重新立于祠内。

寿水　洞过水支流。在今山西寿县南。《方舆纪要》卷40寿阳县：寿水“县南二里。有二源并导合流，至县西南十里，合于黑水”。南注洞过水。

寿丘　在今山东曲阜市东北。《史记·五帝本纪》《索隐》：皇甫谧云，“黄帝生于寿丘”。又，《史记·五帝本纪》载：舜“作什器于寿丘”。《正义》：“寿丘在鲁东门之北，今在兖州曲阜县东北六里。”曲阜旧城在今曲阜市东北二里古城村，故寿丘当在今市东北八里。

寿丘里　在今河南洛阳市东北汉魏故城西。《洛阳伽蓝记》卷4：“自延酤以西，张方沟以东，南临洛水，北达芒山，其间东西二里，南北十五里，并名为寿丘里，皇宗所居也。民间号为王子坊。”

寿宁寺　又名霍耳章谷寺。在今四川炉霍城西北。“寿宁寺”，藏语“泽德郎”的音转，意为“祝愿长寿平安”。始建于清顺治七年（1650），为康区黄教十三大寺庙之一。1982年迁建色德龙村山坡上，与旧寺隔鲜水河南北相望。

寿宁军　北宋政和六年（1116）改直州羁縻州置，属茂州。治所在今四川茂县西。《宋史·地理志》茂州：“寿宁砦，本羁縻直州，政和六年建寿宁军，在大皂江外，距茂州五里。”政和八年（1118）改为寿宁砦。宣和三年（1121）废砦为堡，四年（1122）废入汶川县。

寿宁县　明景泰六年（1455）析政和、福安二县部分地置，属建宁府。治所在杨梅村（今福建寿宁县治鳌阳镇）。冯梦龙《寿宁待志》：相传“浙之景宁、泰顺、庆元与闽之福宁（当为寿宁）四县并设于景泰七年，为‘景泰庆寿’四字”。清雍正十二年（1734）改属福宁府。1913年属福建东路道。1914年属闽海道。1928年直属福建省。

寿宁砦　北宋政和八年（1118）改寿宁军置，属茂州。在今四川茂县西。《宋史·地理志》茂州：“寿宁砦本羁縻直州，政和六年建寿宁军，在大皂江外，距茂州五里。八年，废为砦。宣和三年废砦为堡。”次年废。

寿圣寺　①在今山西乡宁县（昌宁镇）东南。创建于北宋皇祐元年（1049），历代屡有修葺，占地1500平方米，朝向南。寺内现存正殿、钟楼。正殿面阔三间，单檐悬山顶，柱头斗拱四铺作单昂，梁架结构古朴，有宋代遗风。钟楼为明代重建，面阔，进深各一间，呈方形，重檐歇山顶，四柱通顶，上施井口枋，一层四周围廊。楼内存金泰和四年（1204）铁钟一口，高2米，内径1.7米。2006年定为全国重点文物保护单位。

②在今山西阳城县西北。清同治《阳城县志》卷4：寿圣寺“在县西北四十里。后唐僧宗慜建。天成二年舍利放光，宋初改为泗州院。毁于真宗时。天禧间僧法澄等重建，治平四年赐额寿圣”。

寿光县 西汉置，属北海郡。治所在今山东寿光市东北二十里，俗称牟城。东汉属乐安国。建武二年（26）封更始子鲤为侯邑。南朝宋废。隋开皇六年（586）复置，属青州。移治今寿光市。大业初属北海郡。唐属青州。金属益都府。元属益都路。明、清属青州府。民国初属山东胶东道。1925年改属淄青道。1928年直属山东省。1993年改设寿光市。

寿州 ①隋开皇初置，治所在辰溪县（今湖南辰溪县）。开皇十八年（598）改为充州。

②隋开皇九年（589）置，治所在寿春县（今安徽寿县）。大业三年（607）改为淮南郡。唐武德三年（620）复为寿州。天宝元年（742）改为寿春郡，乾元元年（758）复为寿州。辖境相当今安徽寿县、六安、霍山、霍丘等市县地。五代周显德三年（956）移州治下蔡县（今安徽凤台县）。北宋神宗时迁回州治。政和六年（1116）升为寿春府。金改为寿州。元世祖至元十四年（1277）废寿州，改为安丰路。至正二十六年（1366）朱元璋改为寿春府，寻复为寿州，后直隶中书省。1912年改为寿县。

③唐武德四年（621）置，治所在寿张县（今山东梁山县西北寿张集乡）。领寿张、寿良二县。辖境相当今山东梁山县及东平县西部地。五年（622）废。

④金天会七年（1129）升乐寿县置，治所在乐寿县（今河北献县）。天德三年（1151）改名献州。

寿州卫 明洪武初置，属直隶。治所在寿州城内（今安徽寿县）。后废。

寿州窑遗址 在今安徽淮南市东北上窑镇。寿州窑是唐代六大青瓷名窑之一。面积约16平方公里。该窑创烧于南朝晚期，兴盛于隋和唐代早中期，停烧于唐末。南朝晚期、隋代烧造青釉瓷器，唐代以烧造黄釉瓷器为主，唐代中晚期兼烧黑釉瓷器。黄釉瓷器是寿州窑最富有特色的产品，种类以壶、罐、碗、盘、杯等日常生活用器为主，釉色有蜡黄、鳝黄、黄绿色等，釉面光莹。唐代中晚期烧造的黑釉瓷器造型秀美，釉质温润如墨玉，也别具特色。寿州窑位于淮河以南，其产品以北方风格为主，兼有南方的特征，是南北方陶瓷文化结合的一个较好的实例。2001年定为全国重点文物保护单位。

寿江水 在今湖南汝城县南。《方舆纪要》卷82桂阳县“淇江”条下：“《志》云，县南十里有寿江水，北流入城，其下流西入耒水。宋时县有延寿银坑，盖以此水名。”

寿安山 又名五华山、聚宝山。在今北京市海淀区西北。为西山北部余脉。《元史·英宗纪》：延祐元年（1320），“建寿安山寺，给钞千万贯”。至治元年（1321），“冶铜五十万斤作寿安山寺佛像”。即此。

寿安寺 在今湖北巴东县。《清一统志·宜昌府》：寿安寺“在巴东县治西。唐贞观间建。宋寇准为令日，尝游其地。题咏甚多。明隆庆间改为学，万历十五年复为寺”。

寿安县 隋仁寿四年（604）改甘棠县置，属谷州。治所即今河南宜阳县。大业初属河南郡。义宁元年（617）移治九曲城（今宜阳县西北八里甘棠寨）。唐贞观七年（633）还治今宜阳县，属洛州。开元元年（713）属河南府。北宋庆历三年（1043）废。四年（1044）复置。金大定时改为宜阳县。

寿安宫 北魏平城宫殿。在今山西大同市北。《魏书·高宗纪》：和平元年（460）“夏四月戊戌，皇太后常氏崩于寿安殿”。即此。

寿安镇 北宋置，属依政县。在今四川蒲江县东北三十里寿安镇。

寿阳山 在今山西寿阳县东北。《资治通鉴》：西晋永嘉六年（312），拓跋猗卢击败刘曜。“猗卢因大猎寿阳山。”胡三省注：“寿阳山，在乐平寿阳县。”

寿阳县 ①西晋置，属乐平郡。治所在今山西寿阳县西南。在寿水之阳，故名。永嘉后废。隋开皇十年（590）复置，属并州。治所即今寿阳县。大业初属太原郡。唐属太原府。金属平定州。元属冀宁路。明属太原府。清雍正二年（1724）改属平定州。民国初属山西冀宁道。1930年直属山西省。

②东晋孝武帝改寿春县置，为淮南郡治。治所即今安徽寿县。南朝宋大明六年（462）复改寿春县。八年（464）又改名睢阳县。

寿阳坪 亦作受阳坪。在今湖北保康县西南一百五十里。《明史·白圭传》：成化初，镇压刘通（千斤）义军，“通奔受阳，谋走陕西”。

寿阳郡 南朝梁大同二年（536）置，属万州。治所在今四川达县或宣汉县境。西魏属通州。隋开皇三年（583）废。

寿县古城墙 在今安徽寿县城关。为国内保存完整的七大古城墙之一。古城略呈方形，棋盘式布局，墙高8.33米，占地365万平方米，周长7417米。寿县古称寿春、寿阳、寿州，历代多为州治所在。现存古城墙重建于北宋熙宁至南宋嘉定年间（1068—1224），为楚都寿春城西北角部分，是宋金时期为防御金兵南下而重筑。宋徽宗政和五年（1116）升寿州为寿春府，续修府城。南宋绍兴四年（1134），宋将张俊等继续筑城。隆兴二年（1164）至嘉定年间，建康都统许俊终完成浩大的寿春城重建工程。此后，明代修城十五次，修西北、东北两涵洞，增建护城岸。清代修城十四次，修筑涵洞月坝和护城石堤。寿县古城墙具有战争史、城市防洪等方面的研究价值，并反映了古代筑城技术的成就。2001 年定为全国重点文物保护单位。

寿良县 西汉置，属东郡。治所在今山东东平县西南。东汉改为寿张县。唐武德四年（621）复置，属寿州。五年（622）省入寿张县。

寿张县 ①东汉改寿良县置，属东平国。治所在今山东东平县西南。南朝宋改寿昌县。北魏复改寿张县，属东平郡。迁治今梁山县西北寿张集乡。隋属济北郡。唐属郓州。金大定七年（1167）迁今河南台前县竹口镇，十九年（1179）复还旧治，属东平府。元属东平路。明属东平州，洪武十四年（1381）徙治王陵店（今阳谷县东南寿张镇）。清属兖州府。民国初属山东东临道。1925 年属东昌道。1928 年直属山东省。1964 年撤销，将金堤以北地区并入阳谷县，金堤以南地区并入范县。

②南朝陈改怀恩县置，为东平郡治。治所在今江苏淮安市淮阴区西南码头镇。隋开皇初改淮阴县。

③北周改淮恩县置，为淮阴郡治。治所在今江苏淮安市淮阴区西南码头镇。隋开皇初改为淮阴县。

寿张集 在今山东梁山县西北十八里。北魏置寿张县、唐初置寿州于此。

寿昌军 南宋嘉定十五年（1222）改武昌军置，治所在武昌县（今湖北鄂州市）。元世祖至元十四年（1277）改为寿昌府。

寿昌县 ①西晋太康元年（280）改新昌县置，属吴郡。治所在今浙江建德市西南五十二里古城山村。南朝梁属新安郡。隋开皇九年（589）省。唐永昌元年（689）复置，属睦州。载初元年（690）又省。神龙元年（705）再置，徙治今浙江建德市西南二十六里寿昌镇，寻迁治白艾里（今建德市西南二十二里桂村），后还治今寿昌镇。北宋宣和三年（1121）属严州。南宋咸淳元年（1265）属建德府。元属建德路。明、清属严州府。民国初属浙江金华道。1927 年直属浙江省。1958 年撤销，并入建德县。

②南朝宋改寿良县置，寄治无盐县（今山东东平县东南）。北魏改为寿张县。

③唐武德二年（619）置，属沙州。治所即今甘肃敦煌市西南破城子。《元和志》卷 40 寿昌县：“因县南寿昌泽为名。”后废。

④1913 年改武昌县置，属湖北鄂东道。治所即今湖北鄂州市。1914 年改名鄂城县。

寿昌府 元世祖至元十四年（1277）升寿昌军置，治所在武昌县（今湖北鄂州市）。后废。

寿昌驿 在今浙江建德市西南二十六里寿昌镇。《方舆纪要》卷 90 寿昌县：寿昌驿“在县（今寿昌镇）南”。

寿昌郡 北魏正光六年（525）置，属瓜州。治所在龙勒县（即今甘肃敦煌市西南一百五里破城子）。辖境相当今甘肃敦煌市西南及阿克塞哈萨克自治县地。北周废。

寿昌海 即渥洼水。在今甘肃敦煌市西南阳关镇。《元和志》卷 40 沙州寿昌县：“武德二年改置寿昌，因县南寿昌泽为名也。”

寿昌溪 新安江支流。在今浙江建德市西南。源出三井尖东北，流至建德市（白沙镇）西入新安江。《元丰九域志》卷 5：睦州寿昌县有“寿昌溪”。《方舆纪要》卷 90 寿昌县：寿昌溪“在县西。源出西南六十里之鹅笼山……流长九十里，出寿昌港口，又东北绕苍山入新安江，县境之水悉汇入焉”。

寿岳（嶽） 即“艮岳”。在今河南开封市内东北隅。《宋史·地理志》东京：“宣和六年，诏以金芝产于艮岳之万寿峰，又改为寿岳。”

寿河 即今江苏淮安市楚州区东南五十里、涧河支流故城河。上接黄浦，下达射阳湖。《资治通鉴》：唐景福元年（892），“时溥遣兵南侵，至楚州，杨行密将张训、李德诚败之于寿河”。即此。

寿泠水 今越南广治省广治县北广治河。《水经·温水注》：寿泠水“出寿泠县界，魏正始九年，林邑进侵，至寿泠县以为疆界”。

寿泠县 三国吴置，属日南郡。治所在今越南广治省广治县北广治河东岸。后废。西晋太康十年（289）复置，南齐以后废。隋大业元年（605）复置，属荡州。大业三年（607）属比景郡。后废。

寿春 战国楚邑。即今安徽寿县。战国末楚考烈王自陈迁都于此。《史记·楚世家》：孝烈王二十二年（前 241），“楚东徙都寿春，命曰郢”。

寿春县 战国后期为楚都。始皇二十三年（前 224）属秦，为九江郡治。治所即今安徽寿县。东晋孝武帝时以避郑太后讳，改为寿阳县。南朝宋又改睢阳县，北魏复名寿春县。秦汉为九江郡、淮南国治所；魏、晋、南北朝为扬州、豫州、南豫州及淮南郡、梁郡治所；隋唐为寿州治所；宋、元为安丰军、安丰路治所。明初废入寿州。

寿春府 北宋政和六年（1116）升寿州置，治所在下蔡县（今安徽凤台县）。辖境相当今安徽凤台、霍邱、寿县等地。金改为寿州。南宋绍兴三十三年（1162），升安丰军为寿春府，治所在安丰县（今安徽寿县西南安丰铺）。乾道三年（1167）移治寿春县（今安徽寿县），改为安丰军。元世祖至元二十八年（1291）升为路，明初复为寿春府，寻又改为寿州。

寿春城遗址 在今安徽寿县城关寿春镇城南九龙村一带。是楚国最后的都城“郢”都所在地。遗址规整，南北长 6.2 公里，东西宽 4.25 公里，其规模仅次于燕下都。该城东、西、北三面临水，西南有小城为犄角，护城河与芍陂古水利工程和淝水相通。呈矩形的城内分成十五个区域，每一区域内系统规划有水道。这种城市布局与同时期列国都城相比可谓别具一格。据《寰宇记》卷129寿州载，“西南小城即楚相春申君黄歇所居”，也当为寿春城的重要组成部分。城内文化堆积丰富。柏家台战国晚期大型宫殿建筑基址面阔53.5米，十一开间，进深42米，总面积达3000多平方米。发掘的重要墓葬有楚幽王墓、蔡侯墓等，历年出土遗物有“鄂君启金节”、楚金币、“越王者旨于赐”青铜剑等，均是研究楚文化重要的考古资料。寿春城遗址是楚国末年的都城，集中体现了楚文化的晚期特征，为研究探讨楚国在淮河流域的发展衰亡提供了重要的考古资料。2001年定为全国重点文物保护单位。

寿春郡 唐天宝元年（742）改寿州置，治所在寿春县（今安徽寿县）。乾元元年（758）复为寿州。

寿南县 1948年山东革命根据地由寿光县南部析置，治屯田（今山东寿光市东南屯田）。1949年徙治寒桥（今寿光市东寒桥镇）。1953年撤销，并入寿光县。

寿星塘山 在今广东中山市南二十里。《方舆纪要》卷101广州府香山县：北台山，“《志》云，相近者有寿星塘山，塘广数亩，在山之北。野史，宋端宗崩于舟中，葬寿星塘。今塘侧有陵迹五处，盖遗臣马南宝所筑疑冢也。其地亦名坟头冈”。

寿保场 即今四川犍为县东北五十五里寿保乡。民国《犍为县志》：卷2：寿保场在“西北五十五里”。

寿皇郡 西魏置，治所在今甘肃敦煌市境。辖境相当今甘肃敦煌市。北周废。

寿峰山 ①在今陕西富县南。《方舆纪要》卷57鄜州：“寿峰山在州南百二十里，南接耀州同官县境。”

②在今陕西淳化县北。《清一统志·邠州》：寿峰山“在淳化县北二里。俗呼为三楞山。或谓即《甘泉赋》所云椽峦也”。

寿峰寺 在今河北唐山市丰润区城南十余里车轴山峰顶。始建于辽重熙元年（1032）。《清一统志·遵化州》：寿峰寺“在丰润县南车轴山。有无量（梁）阁一、塔二，宋崇禧（按，应为辽重熙）间建”。

寿陵 ①战国燕邑。故址不详。《庄子·秋水》：“且子独不闻夫寿陵馀子之学行于邯郸与？未得国能，又失其故行矣。”成玄英《疏》：“寿陵，燕之邑。”

②战国秦地名。故址不详。《史记·秦始皇本纪》：“六年，韩、魏、赵、卫、楚，共击秦，取寿陵。”《正义》：“徐广云：‘在常山。’按：本赵邑也。”

③即南朝齐陈道巨之墓，陈武帝追尊为寿陵。在今浙江长兴县东七里阳乌山。

④唐僖宗母王太后的陵墓。在今陕西西安市东北二十五里。

寿黄支线 自山西寿阳至黄澶口（今黄丹沟）煤矿。长15.8公里。为正太铁路支线。日伪于1941—1942年修筑。

寿康水驿 在今广东德庆县西。《方舆纪要》卷101德庆州：寿康水驿“旧在城西。万历二十八年，改置于城东”。

寿舒 春秋时莒邑。在今山东莒县境。《左传》：襄公二十三年（前550），“齐侯还自晋，不入，遂袭莒，门于且于，伤股而退。明日，将复战，期于寿舒”。杜注：“寿舒，莒地。”

寿溪 在今福建南安市东南。《方舆纪要》卷99南安县：寿溪在“县（旧治在丰州镇）南三十里。有覆鼎山，溪源出焉。萦纡二十余里，溉田三千余亩”。

寿靡 古族名。又作州靡、余靡、寿麻。《吕氏春秋·任数篇》：“西服寿靡。”高诱注：“寿靡，西极之国，靡亦作麻。”《山海经·大荒西经》有“寿麻之国”。战国时期，寿靡约在今云南寻甸回族彝族自治县一带。

玕甸 即元普济州。在今四川米易县西北普威镇。《元史·地理志》：普济州在德昌路西北“夷名玕甸”。

玛卜加喀巴普山 一名玛布置喀巴布冈里。在今西藏阿里地区普兰县境，冈仁波齐峰西南。为阿里之西南界。玛卜加河发源于此。清乾隆《卫藏通志》卷3：“唐古忒（藏）语：玛卜加，孔雀也。山形似孔雀，口有泉流出，故名。”

玛布置喀巴布冈里 即玛卜加喀巴普山。在今西藏阿里地区普兰县境。清乾隆《西域同文志》卷20载：“西番（藏）语：玛卜置谓孔雀。雪山涧水下流，如出孔雀口，故名。”

玛尔古山 在今四川金川县南安宁东乡。《清史稿·四川土司传》：乾隆四十年（1775），定西将军阿桂率大军讨大小金川土司，“十二月，遂据玛尔古山，噶尔崖即在其下。索诺木之母姑姊妹亦降”。

玛尔占鄂勒氏 在今新疆墨玉县东北和田河西岸。《清一统志·和阗》：玛尔占鄂勒氏“在塔喀克北六十五里，和阗城东北四百二十里”。

玛尔堪苏河 即今新疆乌恰县西南之玛尔坎苏河（克孜勒苏河）。清宣统《新疆图志》卷68：玛尔堪苏河“一源尚远于乌兰乌苏、雅璊雅尔，自应列为一源，合之南北二源而得三焉”。

玛尔瑚鲁克山 在今新疆叶城县南。清徐松《西域水道记》卷1：密尔岱山“与玛尔瑚鲁克山峰峦相属，玉色黝而质坚，声清越以长”。

玛尔噶朗 清藩属浩罕属城。即今乌兹别克斯坦东部马尔吉兰。乾隆《西域图志》卷45：玛尔噶朗“在安集延西八十里。北滨那林河。……乾隆二十四年侍卫达克塔纳往抚其城，伊拉斯呼里拜伯克以其属内附”。光绪二年（1876），为沙俄吞并。

玛达呼城 在今黑龙江省青冈县东南芦河镇附近。清西清《黑龙江外记》卷2：“齐齐哈尔东南通肯河上，有玛达呼城。”

玛曲 即黄河上源。“玛曲”，藏语意为孔雀河或黄河。在今青海曲麻莱县东北。源出雅拉达泽山东北麓约古宗列盆地西南缘，东流经马涌滩，注入星宿海。旧图多误以雅砻江上游之咱曲（扎曲）为玛曲。民国汪公亮《西北地理》第4节：“玛曲河，即黄河上游。”

玛延昂阿卡伦 亦作玛延河口卡伦。清置，属三姓副都统。在今黑龙江省方正县北蚂蚁河口东岸。光绪《吉林通志》卷17：玛延河口卡伦在“（三姓）城正西，松花江南岸二百余里”。

玛杂尔山 即今新疆墨玉县北麻扎塔格山。清乾隆《西域图志》卷23：玛杂尔山“为和阗北屏，山不甚高，产火硝，不当孔道”。

玛那山口 又称仲（卓）尼拉。在今西藏阿里地区札达县西南一百二十里，冬春大雪封山，夏秋可通行。1954年中印协定规定双方商人、香客可经由此山口互通往来。玛那山口是札布兰、达巴到印度境内仲尼一带的山口通道。

玛库雅 即玛枯雅尔。在今新疆墨玉县西北。清宣统《新疆图志》卷4和阗县：玛库雅在“城西北九十里”。

玛纳斯 即今新疆玛纳斯县。清乾隆《西域同文志》卷1：玛纳斯，“准语（蒙古语），玛纳，巡逻之谓。地容游牧，巡逻者众，故名”。清乾隆四十四年（1779）于此置绥来县。1953年改名玛纳斯县。

玛纳斯河 一作马纳思河。源出新疆玛纳斯、沙湾、和静三县交界处，北流经玛纳斯西，西北流经沙湾县北、克拉玛依市东，东北流入玛纳斯湖。清徐松《西域水道记》卷3：玛纳斯河，“准语（蒙古语），玛纳，巡逻也。斯，谓其人，滨河有巡逻者也，是以名焉”。

玛呼山 在今俄罗斯哈巴罗夫斯克边疆区黑龙江下游图古尔河东。清乾隆《钦定盛京通志》卷27：玛呼山在“（宁古塔）城东北三千五百六十六里”。

玛呢图干都尔罕卡伦 一作吗呢图噶图勒罕卡伦。清乾隆年间置，在今哈萨克斯坦斋桑泊东北额尔齐斯河南岸。清《塔尔巴哈台事宜》卷3：玛呢图干都尔罕卡伦“在鄂伦布拉克北八十里鄂尔齐斯河岸与科布多交界”。

玛泥兰卡伦 清置，属三姓副都统。在今黑龙江省依兰县东。后废。

玛枯雅尔 亦作玛库雅。在今新疆墨玉县西北。《清一统志·和阗》：玛枯雅尔“在和阗城北。其西为乌哈什”。

玛脑山 在今四川富顺县西北一里半。《舆地纪胜》卷167富顺监：马脑山“在监西，与凌云山相接，西北诸山惟此最高，下即中岩”。清嘉庆《四川通志》卷13：玛脑山“横亘盘礴，半麓为中岩，以北岩居左，澜岩在右，故名。唐时建寺其下。宋淳熙辛未奉旨赐‘中岩’二字题额”。历来名人题刻甚多。

玛旁雍错 又名玛法木错。在今西藏普兰县北七十里。汉译亦作玛拜雍错、马法木错、马品木错、马品木达赖池。又写作阿耨达池。藏语意为“不败碧玉湖”。指11世纪时本教徒与佛教徒在此地区激烈争斗，结果佛教徒取胜，因而得名。是著名的佛教圣地之一。

玛展窝集 亦作密占窝集。在今黑龙江省海林市西南。《清一统志·吉林一》：玛展窝集“在宁古塔城西北一百二十里”。光绪《吉林通志》卷19宁古塔城：玛展窝集“密占河发源于此，密占、玛展声转字通，非两地也”。

玛域 藏语译称异名，又名芒域。今西藏阿里地区西北部及毗邻克什米尔东部拉达克地区。古为羊同国属，公元7世纪前期属吐蕃。10世纪时吐蕃王室后裔于此建立政权，治所在今列城，为阿里三部之一。

玛勒呼哩 亦名玛尔瑚哩。在今黑龙江省宁安市南。清萨英额《吉林外纪》卷3：“宁古塔至珲春无站，亦无旅店，有卡伦六处传递公文。宁古塔西九十里曰玛勒呼哩。”

玛勒呼哩窝集 即今黑龙江省宁安市南与吉林省汪清县交界之老爷岭。《清一统志·吉林一》“佛楞窝集”条下：“玛勒呼哩窝集，在（宁古塔）城南一百五十里。”图们江发源于此。

玛喇巴什厅 清光绪八年（1882）置，属甘肃省。治所在玛喇巴什城（今新疆巴楚县西南阿克萨克马热勒）。光绪十年（1884）属新疆省。二十八年（1902）徙治巴尔楚克城（今巴楚县），改为巴楚州。

玛喇巴什城 清道光十二年（1832）建，在今新疆巴楚县西南阿克萨克马热勒。光绪八年（1882）置玛喇巴什厅于此。

玛瑙山 ①在今四川万源市北七十里，与陕西接界。《明史·左良玉传》：崇祯十三年（1640），“时（张）献忠营太平县大竹河，良玉驻渔溪渡。未几，总督（郑）崇俭引其兵来会。贼移军九滚坪，见玛瑙山峻险，将据之。良玉始抵山下，贼已踞山颠，乘高鼓噪。……鏖战久之，贼大溃，坠崖涧者无算，追奔四十里。良玉兵斩扫地王曹威，白马邓天王等渠魁十六人。献忠妻妾亦被擒，遁入兴山、归州之山中”。

②在今贵州黔西县境。《方舆纪要》卷121贵阳府“南望山”条下：“玛瑙山在府西二百五十里。峰峦逶迤，林木叠翠，水西宣慰安氏宅其山麓。”

③在今云南保山市西。《方舆纪要》卷118保山县：玛瑙山“在城西百里，山产玛瑙石”。《徐霞客游记·滇游日记十一》详记了玛瑙山开采玛瑙的情况。

玛瑙屯 在今贵州遵义县东。《明史·陈璘传》：万历二十八年（1600）征播之役，“‘贼’悉聚青蛇、长坎、玛瑙、保子四囤，地皆绝险，而青蛇尤甚。……青蛇四面陡绝，璘围其三面，购死士从玛瑙后附葛至山背举炮”，即此。

玛瑙河 在今湖北枝江市西。《清一统志·荆州府一》：沧茫溪“在宜都县东北三十里。一名玛瑙溪。……《旧志》：源出宜都东北三十里冈，即东林陂。曲折成溪，下流入大江”。

玛瑙堡 在今湖南资兴市东北八面山上。《方舆纪要》卷82兴宁县：玛瑙堡“隆庆二年平瑶乱，因置堡于此”。

玛察山 在今吉林集安市西北。《清一统志·吉林》：玛察山“在（吉林）城西南界”。又，苇苫河“在（吉林）城西南界。源出玛察山，相近有乌勒间河流合焉。又有玛察河，亦出玛察山，俱北流入佟家江”。

弄岛 即今云南瑞丽市西南四十八里弄岛镇。1932年于此置瑞丽设治局。傣语“弄”为水塘，“岛”为青苔，意即青苔塘。

弄松堡寨 在今甘肃岷县东七十五里。《明一统志》卷37岷州卫“茶埠峪寨”条下：“自是而东又有冷落山、永宁堡、弄松堡三寨。”

弄泥甸 大理普么部城别名。即今云南曲靖市南越州镇。《元混一方舆胜览》越州：“蛮名弄泥甸，又名普么部。”

弄限山 在今广西大新县西南。《方舆纪要》卷110思城州：弄限山“在州（治今思城乡）北。峻险难越”。

弄栋节度 唐南诏后期改云南节度置，治所在弄栋城（今云南姚安县东十里，姚安坝子东缘的缓坡上）。辖境约当今云南楚雄彝族自治州地。宋大理改弄栋府。

弄栋县 又作梇栋县。西汉元封二年（前109）置，属益州郡。治所在今云南姚安县西北十七里光禄镇南旧城。三国蜀建兴三年（225）为云南郡治。西晋属云南郡。东晋成帝时为兴宁郡治。南齐属兴宁郡。梁末废。

弄栋城 唐南诏置，属云南节度。在今云南姚安县东十里，姚安坝子东缘的缓坡上。南诏后期为弄栋节度驻地。宋大理废。

弄掌街 即弄璋街。今云南盈江县西南二十三里弄璋街。

弄溪镇 北宋置，属益阳县。即今湖南桃江县治。清同治《益阳县志》卷2：“两岸市廛夹峙如巷，故曰弄溪。”镇因溪为名。后又名桃江镇。

弄璋街 即今云南盈江县西南二十三里弄璋镇。清光绪《腾越厅志稿》卷4：乾隆四十四年（1779）设弄璋街塘。傣语“弄”为水塘，“璋”为大象，意即象塘。

麦大力庙 即美岱召。今内蒙古土默特右旗东美岱召。清康熙间范昭逵《从西纪略》三：“十六日卯刻起营，已刻至麦大力庙。”

麦山 即紫金山。在今河南孟州市西八里。《新唐书·太宗纪》：贞观十一年（637）十一月，“乙未，猎于济源麦山”。《方舆纪要》卷47孟县：紫金山“地宜麦，亦名麦山”。

麦川堡 北宋置，在今陕西定边县西。《宋史·地理志》庆阳府：麦川堡“本名麦径岭，政和六年赐名”。

麦子山 在今重庆市巫溪县北。《方舆纪要》卷69奉节县：麦子山在“府北二百余里。山延袤四百余里。东抵湖广之房、竹，北接陕西之平利，西南则与奉、云、开、万相连。内有红线岩、筛罗岩等处。原存古寨可容数十万人。上有壤田，可资饷给。正德、嘉靖间，群贼皆啸聚于此。副使张俭曾议设堡编夫，以严把守，寻复废弛”。

麦子原 在今宁夏固原市西北。《金史·完颜璋传》载：大定二年（1162），宋人据原州，“璋使押军猛安石抹许里阿补以兵二千军于城北。习尼列以兵三千军于城西北麦子原，皆据高阜为阵”。其后，“宋之重兵皆在麦子原”，被完颜璋军大败。即此。

麦匝簇长官司 明洪武十四年（1381）置，属松潘卫。治所在今四川黑水县东北卡龙镇北色湾河坝。《明史·四川土司传》：宣德二年（1426），千户钱宏“又领军突入麦匝诸族，逼取牛马，致番人忿怒”。即此。后废。

麦田山 即今甘肃靖远县西北部的哈思山。《水经·河水注》：“河水又东北，迳麦田山西谷，山在安定西北六百四十里。”

麦田城 在今甘肃白银市东北平川区水泉镇黄湾中村。《晋书·乞伏国仁载记》：乞伏傉大寒自苑川“迁于麦田无孤山”。《水经·河水注》：“河水又东北径麦田城西。”即此。

麦田泉水 即今甘肃白银市东北平川区水泉镇境的水泉沙河。《水经·河水注》：“河水又东北，迳麦田城西。又北，与麦田泉水合。水出城西北，西南流注于河。”

麦丘 战国时齐邑，在今山东商河县西北。《史记·赵世家》：惠文王十九年（前280），“赵奢将，攻齐麦丘，取之”。即此。

麦市 即今湖北通城县东南三十四里麦市镇。清光绪《湖北全省分图》：通城县东南有麦市。

麦兰河卫 明永乐四年（1406）置，属奴儿干都司。治所在今黑龙江穆棱市东北穆棱河流域。后废。

麦地龙 在今四川木里藏族自治县北麦地龙乡。清置麦地龙土百户。

麦达 当在今四川西昌市境。《明史·李应祥传》：万历中，讨建昌逆酋安守、五咱之乱，“裨将田中科营麦达，逼安守。会谍者报守谋袭中科，应祥夜饮材官高逢胜三巨觥，令率敢死士三百疾趋七十里，抵麦达而伏。守夜至，遇伏被擒”。

麦杂蛇湾寨 在今四川黑水县东北卡龙镇北色湾。清雍正四年（1726）置麦杂蛇湾寨土千户。

麦冲河 在今贵州都匀市西南。《方舆纪要》卷

121 都匀府平浪司：麦冲河在“司东南十里。岸有古寨。下流入于都匀河。（明）正德三年，都匀、清平间叛苗富架重恶龙作乱，官军讨平之。一由杨安、笞干、麦冲进，一由清平、索驴、撒毛进，即此麦冲河也”。

麦冲铺 明置，即今贵州都匀市南墨冲镇。《清一统志·都匀府》“五家铺”条下：又有“麦冲铺”等，旧皆戍守处。“麦冲”系布依语音译，意为磨石冲子。

麦坪遗址 在今四川汉源县（市荣乡）南大树镇麦坪村。遗址区处于大渡河中游南岸的二、三级阶地上，遗址总面积约 10 万平方米。该遗址于 20 世纪 70 年代末发现，2001 年曾进行试掘。为配合瀑布沟电站的建设，四川省文物考古研究院从 2006 年开始，对该遗址进行了为期五年的八次抢救性考古发掘，发掘面积达 1.1 万多平方米，发现商周墓葬及新石器墓葬一百七十三座，发现房址一百八十二座、灰坑七百二十五个、灰沟五十四条，另有窑、灶、墙等大量遗迹被发现，同时发现有陶、石、铜、玉石器上万件，可以确认为一处大型聚落遗址。出土文物显示，麦坪文化在很多地方不同于三星堆文化，显示出了自己独特的风格。有专家认为，从考古学上来讲，麦坪遗址的意义甚至大于三星堆遗址。初步考古结果显示，麦坪或许是 4500 年前大渡河流域的中心城市。

麦岭 即今广西富川瑶族自治县东北六十里麦岭镇。清设麦岭营于此。《清一统志·平乐府二》：麦岭营“在富川县东北。本朝移同知住此，兼设都司防守”。

麦怯斯城 亦作蔑怯思城、灭怯思。在今俄罗斯高加索山北。《元史·吐吐哈传》：太宗时，钦察国“忽都速蛮之子班都察，举族迎降，从征麦怯斯有功”。

麦学 即今四川德格县东南达马乡。民国《德格县图志》乡镇：县南区有麦学。

麦城 在今湖北当阳市东南四十四里两河镇东北麦城村。相传为楚昭王所建。《三国志·吴书·吴主传》：建安二十四年（219），“关羽还当阳，西保麦城”。《水经·沮水注》：沮水“又南径麦城西，昔关云长诈降处，自此遂叛”。即此。

麦垛山 在今甘肃甘谷县西南二十里。《清一统志·巩昌府一》：麦垛山“与朱圉山相连，形若麦垛，为秦陇通衢，悬崖设栈”。

麦架桥 即今贵州贵阳市西北麦架镇。《方舆纪要》卷 121 贵阳府：麦架桥在“府北三十里，通水西大道”。

麦积山 ①在今山西平顺县东南。《方舆纪要》卷 42 平顺县：麦积山“在县东南百四十里。磊石巑岏，形如麦积”。故名。

②即麦积崖。在今甘肃天水市东南麦积镇境。《方舆胜览》卷 69：麦积山“在天水县东百里。状如麦积，为秦地林泉之冠。上有姚秦所建寺”。

麦积山石窟 又称麦积崖。在今甘肃天水市东南八十里麦积区，是秦岭山脉西端小陇山中的一座孤峰。据《方舆胜览》卷 69 天水军载：麦积山“在天水县东百里。状如麦积。为秦地林泉之冠”。十六国后秦（384—417）时始在此开窟造像，创建佛寺。西魏文帝时，再修崖阁，重兴寺宇，魏文帝皇后乙弗氏薨，凿麦积岩为龛而葬。北周保定、天和年间，秦州大都督李允信为亡父造七佛阁。唐开元二十二年（734）地震，崖面中间塌毁，窟群分成东崖和西崖。现存北魏、西魏、北周、隋、唐、五代、宋、元、明、清各代洞窟一百九十四个，泥塑像、石雕像七十余身，壁画 1300 多平方米。1961 年定为全国重点文物保护单位。

麦积崖 即麦积山。在今甘肃天水市东南八十里麦积镇境，是秦岭山脉西端小陇山中的一座孤峰。从公元四五世纪的十六国后秦起，历代在山中开凿了许多石窟，为我国大型石窟群之一。《魏书·李焕传》：正始三年（506），秦州主簿吕苟儿反，秦州刺史李焕令石长乐“由麦积崖赴援”。又《魏书·李苗传》：正光末陇右叛乱，东侵岍岐，李苗请固守陇东，“别命偏师精兵数千，出麦积崖以袭其后”。皆即此。

麦桑设治局 1941 年由松潘县黄胜关以外地方析置，驻麦桑（中阿坝，今四川阿坝县）。1949 年撤销，并入松潘县。

麦著土村长官司 元置，属思州安抚司。治所在今湖南永顺县东南王村镇西。明改为麦著黄峒长官司。

麦著黄峒长官司 明改麦著土村长官司置，属永顺宣慰司。治所在今湖南永顺县东南王村镇西。清废。

麦斜岩 一名樵谷山。在今福建仙游县东北五十里石所山。《清一统志·兴化府》：石所山“在仙游县东北六十里何岩东，高数千仞，盘踞百余里。……其东有麦斜岩，亦名樵谷山”。1930 年中国工农红军一〇八团驻此。

麦盖提八栅 即今新疆麦盖提县。清宣统《新疆图志》卷 82 巴楚州：“城南……自四台南行三十里渡玉河，一百五十里麦盖提八栅。杨柳夹道，田地膏腴，村舍鳞次栉比。”1928 年置麦盖提县于此。

麦盖提县 1928 年析巴楚县置，属新疆喀什噶尔道。治所麦盖提庄（即今新疆麦盖提县）。1930 年属喀什噶尔行政区，后直属新疆省。

麦傲长官司 元置，治所在今贵州贵阳市西北。

麦穰长官司 元置，治所在今贵州贵阳市东北。

进山县 西晋置，属武平郡。治所在今越南永富、北太两省境。南宋以后废。

进林碶 在今浙江奉化市北。《方舆纪要》卷 92 奉化县：进林碶“在县北二十五里。内河之水由此泄入于大江，上有石桥。《志》云：宁、绍、台、温驿道所经也”。

进贤县 北宋崇宁二年（1103）升进贤镇置，属洪州。治所即今江西进贤县。南宋属隆兴府。元属龙兴路。明属南昌府。民国初属江西豫章道。1927 年直属江西省。

进贤溪 即今浙江淳安县东北东源港。《清一统志·严州府》：进贤溪“在淳安县东北二十五里”。《清史稿·地理志》严州府淳安县：新安江“左得东溪上流进贤溪，汇诸山水注之”。原入新安江，1960年后入千岛湖。

进贤镇 北宋初置，属南昌县。故址即今江西进贤县。崇宁二年（1103）升为进贤县。

进和门 即汉长安城北面东头第一门洛城门。在今陕西西安市西北汉城街道高庙村北。王莽改名进和门。

进乘县 东汉改进桑县置，属牂柯郡。治所在今云南屏边苗族自治县境。三国蜀建兴三年（225）属兴古郡。东晋废。

进流川 即今山西壶关县治。唐贞观十七年（643）壶关县自高望堡（今县西七里）徙治于此。

进桑关 汉置，在今云南河口瑶族自治县西北一百三十六里莲花滩。《水经·叶榆河注》：“进桑县，牂柯之南部都尉治也，水上有关，故曰进桑关也。”

进桑县 西汉元鼎六年（前111）置，属牂柯郡，为南部都尉治。治所在今云南屏边苗族自治县境。水上有进桑关。东汉改名进乘县。

远干州 明洪武十五年（1382）改远干府置，属楚雄府。治所在今云南镇沅彝族哈尼族拉祜族自治县东北五十七里老街。建文四年（1402）改镇沅州。

远干府 元置，属威楚路。治所在今云南镇沅彝族哈尼族拉祜族自治县东北五十七里老街。明洪武十五年（1382）改远干州。

远口堡 明洪武二十三年（1389）建，即今贵州天柱县东南五十里远口镇。清乾隆中置巡司于此。民国设县佐。

远化县 隋大业五年（609）置，属河源郡。治所在曼头城（今青海共和县西南）。唐初废。

远州 ①唐贞观八年（634）改羁縻西怀州置，属松州都督府。治所在今四川松潘县西境。后废。

②亦作达州。北宋置羁縻州，属茂州。治所在今四川茂县境。后废。

远安县 北周武成元年（559）改高安县置，为汶阳郡治。治所在亭子山下（今湖北远安县西北旧县镇）。隋大业初属夷陵郡。唐属硖州。元属硖州路。明属夷陵州，成化四年（1468）移治东庄坪（今远安县）。崇祯末移治鸣凤山（今远安县西南）。清康熙初还治今远安县。乾隆五十六年（1791）属荆门州。民国初属湖北襄阳道。1921年属湖北荆宜道。1932年直属湖北省。

远安郡 南朝后梁置，属平州。治所在今湖北当阳市远安县地。北周以后废。

远南州 唐开元后置羁縻州，属雅州都督府。治所在今四川小金县境。北宋属雅州。后废。

远济堰 亦名通济堰。唐开元二十八年（740）益州采访使章仇兼琼开，在今四川新津县西南宝子山下，引岷江水溉江西农田。《新唐书·地理志》新津县：“西南二里有远济堰，分四筒穿渠，溉眉州通义、彭山之田。”即此。

运山 亦名云山、营山。在今四川蓬安县东南河舒镇北燕山寨。《元史·宪宗纪》：“乙酉，帝次运山。”即此。

运山寨 亦作云山寨、营山寨。在今四川蓬安县东南河舒镇北燕山寨。《元史·李忽兰吉传》：宪宗蒙哥征宋，“招降长宁、清居、大获山、运山、龙州诸寨”。即此。

运江 在今广西象州县东北。源出金秀瑶族自治县大瑶山，西北流入象州县境，于运江镇北注入柳江。《清史稿·地理志》柳州府象州：“北：运江，上承仁义、下里二江，西流注之（柳江）。”

运江墟 即今广西象州县北运江镇。旧属洛容县，明置巡司于此。

运河站 即今江苏邳州市。陇海铁路经此设站。1956年邳县迁治于此，设运河镇。1992年邳县改设邳州市。

运城 清改司盐城置，属安邑县。即今山西运城市。《清一统志·解州》：运城“在安邑县东南。元至正间建。本朝初设盐政及运司以下等官，乾隆五十七年裁。嘉庆十二年移河东道驻此，兼管盐务”。1958年为运城县驻地。1983年改为运城市。

运城市 1947年设立山西省运城市。1949年设运城专区，专署驻运城。1954年与临汾专区合并为晋南专区。1955年运城镇并入安邑县。1958年安邑、解虞、永济、临猗4县并设运城县。1960年和1961年分别析出临猗、永济2县。1967年置运城地区，1983年改设运城市。2000年撤销运城地区，改设地级运城市。原县级运城市改置盐湖区。

运盐河 ①在今江苏南通市西北。《方舆纪要》卷23通州：运盐河“自江都湾头经泰州如皋县流入界，至州东北三十里，接西亭河。有西亭盐场巡司戍守”。

②在今江苏高邮市东北。《方舆纪要》卷23高邮州：运盐河“一名闸河。亦曰东河。东流八十里，抵兴化县河口镇，又东接泰州运河，又东至白驹、刘庄二闸，其西通新开河。宋绍熙五年，淮东提举陈损之言，自高邮、兴化至盐城二百四十里，其堤岸傍开一新河，以通舟船，仍存旧堤，以捍风浪，即此河也”。

运铁河 在今江苏徐州市铜山区东北九十里。《清一统志·徐州府一》：运铁河，“宋置利国监铁冶，凿河以通舟楫，久淤。明嘉靖二十年，因运河涸，复浚，通于新挑沟，又西南合境山沟”。

运渎 在今江苏南京市西北。宋《景定建康志》卷19：运渎“在上元县西北一里半。吴大帝赤乌三年，使左右侍御史郄俭监凿。城西南自秦淮北抵仓城，通运于苑仓。今所凿城在西门近南，其水东行过小新桥，而南经斗门桥，流入秦淮。又东北过西虹桥，循宋行宫城西，迤逦向北，乃其故道。其自闪驾桥经天津桥而东者，合于青溪”。

运渠 在隋唐东都城南部，今河南洛阳市旧城南。徐松《唐两京城坊考》卷5载：“运渠，自都城之东，西北流至外郭之东南隅，屈而北流，经永通、建春门外，又屈而西流入城，经仁风坊南，又西经从善坊南，分为二流，屈曲至临阛坊南而合，至南市北，有福光寺水硙，又北流经延福、富教、询善坊西入雒。”

运塘河 即今浙江平阳县北至瑞安市飞云镇之塘河。《方舆纪要》卷94温州府平阳县：运塘河“在城北。自县北五里鸣山下，北抵瑞安飞云渡，凡三十五里”。

运漕镇 即今安徽含山县西南裕溪河北岸运漕镇。清设巡司于此。《清一统志·和州》：运漕镇巡司“在含山县南八十里。地临大河，上通巢湖，下接大江。民居稠密，商贾辐辏。本朝乾隆三十年裁宁国府照磨，改设巡司于此”。

戒坛（壇）寺 又名戒台寺。在今北京市门头沟区南马鞍山。唐武德五年（622）建，定名慧聚寺。辽代雍熙年间建戒坛。明正统十二年（1448）重修，改名万寿寺。现建筑多为清代所建，主要有天王殿、大雄宝殿、戒殿等。戒台为汉白玉石雕砌筑的方形高台，三层须弥座式，通高3.5米，是明代遗物。寺内多苍松，皆有数百年，体态各异，故戒坛寺以古松著称。1996年定为全国重点文物保护单位。

戒坛（壇）山 即马鞍山。在今北京市门头沟区西南。西山支脉，山麓有戒坛寺，山因寺名。明蒋一葵《长安客话》卷4：马鞍山“山属房山县境，然戒台属宛平，京师人但呼戒坛山”。

戒台（臺）寺 又名戒坛寺。在今北京市门头沟区西南马鞍山麓。建于唐武德五年（622），初名慧聚寺，辽咸雍年间高僧法均在此开坛传戒。明正统间改名万寿寺，僧人如幻律师到此说戒。俗称戒坛寺。清《日下旧闻考》卷105引《燕都游览志》：“殿宇宏丽，阑楯参差。坛在殿中，以白石为之，凡三级，周遭皆列戒神。出坛而南，至波离殿，殿前辽金碑各一，皆波离尊者行实也。有太古洞最胜，列炬而入，百乳千螺俱成佛像。”

戒空寺 即江巴林寺。在今西藏昌都县城杂曲与昂曲汇流处之楮葱山上。清乾隆《卫藏通志》卷6：察木多“有江巴林寺，亦名戒空寺”。

戒珠寺 在今浙江绍兴市东北蕺山。《舆地纪胜》卷10绍兴府：戒珠寺“在府北六里，王羲之故宅也。门外有鹅池、墨池，寺之中为卧佛殿”。

吞列县 西汉置，属乐浪郡。治所在今朝鲜大同江上游平安南道宁远附近。东汉改为乐都县。

吞昂阿河卡伦 亦作吞河卡伦。清置，属三姓副都统。在今黑龙江省汤原县汤旺河入松花江口附近。光绪《吉林通志》卷17：“吞昂阿河卡伦，（三姓）城东北松花江北岸一百余里。”

吞河 即屯河。今黑龙江省伊春市东汤旺河。民国《黑龙江志稿》卷4：“屯河即吞河，又名搏河。今称汤旺河。”

吞霄 即今台湾省苗栗县西南通霄镇。原为吞霄社。清康熙三十八年（1699）土官卓个卓雾亚生起事被擒杀于此。清设吞霄汛，有外委驻守。日本占领期间设吞霄街。1945年抗日战争胜利后设通霄镇。

〔一丨〕

扶山 在今海南省海口市琼山区东南五十里。《隋书·地理志》：武德县有扶山。《方舆纪要》卷105琼山县：扶山“山之东有五岭，一曰从衡，二曰思峒，三曰光螺，四曰居禄，五曰居林，递相拥护，故名扶山。道书以为第二十四福地。昔有陶公者隐此，因亦名陶公山”。

扶化县 唐贞观二年（628）置，属南州。治所在今重庆市綦江县南境。十一年（637）废入南川县。

扶风县 唐贞观八年（634）改沣川县置，属岐州。治所即今陕西扶风县。至德中属凤翔府。金初改名扶兴县，寻复故。元、明、清皆属凤翔府。民国初属陕西关中道。1928年直属陕西省。

扶风郡 ①三国魏改右扶风置，属雍州。治所在槐里县（今陕西兴平市东南十里）。辖境相当今陕西麟游、乾县以西及秦岭以北地区。西晋泰始三年（267）迁治池阳县（今泾阳县西北）。其后辖境屡有增减。北魏初移治好畤县（今乾县东）。永安元年（528）移治文学城（北周改为始平县，在今兴平市东南十五里）。辖境相当今陕西武功、乾县、兴平三县市地。隋开皇三年（583）废。大业三年（607）复置，移治雍县（今凤翔县）。唐武德元年（618）改置岐州，天宝元年（742）复为扶风郡，至德元年（756）改名凤翔郡。

②东晋孝武帝时侨置，寄治襄阳（今湖北襄阳市汉水南襄阳城）。南朝宋治所在筑阳县（今湖北谷城县东北）。梁废。

③南齐改武都郡置，属益州。治所在武江县（今四川剑阁县西南武连镇南五里）。辖境相当今四川剑阁县西南地。梁改为辅剑郡。

扶予山 在今河南泌阳县西北七十里。《水经·沄水》：“沄水出沄阴县西北扶予山。”郦道元注：“《山海经》曰：‘朝歌之山，沄水出焉。东南流注于荥。’经书‘扶予’者，其山之异名乎。”

扶卢山 又名芙芦山。在今广东四会市东。《舆地纪胜》卷96肇庆府：扶卢山“在四会县东四十里。（高）百余丈。上有池，水四时澄澈，花木繁茂。耆老相传：甲戌日即有管弦之音。又云：昔六祖尝隐于此，六祖姓卢，故名。山有六祖庵”。《方舆纪要》卷101肇庆府四会县：扶卢山“高百丈，周四十里。上有池，四时澄澈。其高处谓之龙子岭”。

扶乐县 ①东汉建武十七年（41）置，属淮阳国。治所在今河南太康县西北四十二里扶乐城。章和二年（88）属陈国。西晋废。隋开皇十六年（596）复置，属陈州。大业初属淮阳郡。唐贞观元年

(627) 废。

②西晋置，属九真郡。治所在今越南清化省境。南朝宋废。

扶夷县 南朝陈改扶阳县置，属邵陵郡。治所在今湖南新宁县东二里金城故城。隋省入邵阳县。

扶邪城 在今云南禄丰县东北部。《清一统志·云南府》引《罗次县志》："南诏有扶邪都统。《实录》云，南诏于罗次州，置扶邪县。"

扶州 ①北周天和元年（566）置，治所在嘉诚县（今四川松潘县）。辖境相当今四川松潘县境。隋开皇七年（587）废。

②隋开皇七年（587）改邓州置，治所在尚安县（今四川九寨沟县西北）。《寰宇记》卷134文州：废扶州"义取扶持以立州名"。大业三年（607）改为同昌郡。唐武德元年（618）复为扶州，迁治同昌县（今四川九寨沟县白水江东岸安乐乡）。天宝元年（742）改为同昌郡。乾元元年（758）复为扶州。辖境相当今四川九寨沟县地。广德后没入吐蕃。遗址尚存。

③唐渤海国置，属扶余府。治所在扶余县（今吉林四平市西一面城）。辽太祖改为龙州。

扶安县 西晋置，属武平郡。治所在今越南北太省普安。南齐废。

扶阳山 一名文竹山。在今湖南新宁县东十五里。南朝梁置扶阳县以此名。《明一统志》卷63宝庆府：扶阳山"上有石床，四面绿竹扶疏，常随风委拂"。

扶阳县 ①西汉置，属沛郡。治所在今安徽萧县西南六十五里。本始二年（前72）改为扶阳侯国。东汉复改为扶阳县。寻废。《后汉书·盖延传》：建武二年（26），盖延伐刘永，"拔薛，斩其鲁郡太守，而彭城、扶阳、杼秋、萧皆降"。唐李贤等注："扶阳，县名，属沛郡。"

②东晋太元中侨置，属南谯郡。治所在今安徽无为县北五十里。南齐后废。唐武德三年（620）复置，属巢州。七年（624）废。

③南朝梁改扶县置，属邵陵郡。治所在今湖南新宁县东二里金城故城。陈改扶夷县。

④隋仁寿四年（604）置，属庸州。治所在今贵州思南县西北八十五里。《寰宇记》卷121扶阳县："置于扶水之北，因此为名。"唐属费州。后废。

⑤唐武德五年（622）置，属驩州。治所在今越南义安省北部。贞观元年（627）属演州，十六年（642）废入咸驩县。

扶阳城 在今安徽亳州市东北。《元和志》卷7城父县：扶阳故城"在县东北三十六里。汉韦贤封邑"。《清一统志·颍州府一》：扶阳故城，"按《汉表》，扶阳国在萧县，此城名偶同耳，非故国也"。

扶阳侯国 西汉本始二年（前71）改扶阳县置，属沛郡。治所在今安徽萧县西南六十五里。东汉改为扶阳县。

扶欢山 在今重庆市綦江县东南八十里。《元和志》卷30：扶欢县"以县东扶欢山为名"。《舆地纪胜》卷180南平军：扶欢山"唐以之名县。今谓之寨山"。《清一统志·重庆府一》：扶欢山，"《旧志》：县有砦子山。明万历中，杨应龙破县，留苗兵结砦于此，荡平后改兴文山"。

扶欢县 唐贞观十六年（642）置，属溱州。治所即今重庆市綦江县东南扶欢镇。《元和志》卷30扶欢县："以县东扶欢山为名。"北宋熙宁七年（1074）改为扶欢砦。

扶欢砦 北宋熙宁七年（1074）改扶欢县置，属南川县。在今重庆市綦江县东南扶欢镇。后改为扶欢市。《舆地纪胜》卷180南平军：扶欢市"本唐溱州属县，夷贼王衮据为巢穴。熙宁四年三贼平，置为砦，后移寨官于归正，今止为市"。

扶苏山 在今广西德保县东十五里。《清一统志·镇安府》：扶苏山"相传为天下十大名山之一。其巅可望见日出处"。

扶苏县 隋越王侗皇泰元年（618）置，属淮阳郡。治所在今河南商水县西南三十五里。唐武德五年（622）废。

扶苏城 ①在今河南商水县西南。《寰宇记》卷10商水县：扶苏城"在县西南三十五里。《史记》云：'陈涉起兵，自称公子扶苏，从人望也。'盖涉筑此城"。

②陕西绥德县城的别称。唐韦庄《绥州作》诗有"扶苏城上月如钩"句。

扶苏墓 在今陕西绥德县城内疏属山巅。墓旁有"秦长子扶苏墓"石碑一通。《史记·秦始皇本纪》载：秦始皇焚书坑儒时，长子扶苏曾加劝阻，"始皇怒，使扶苏北监蒙恬于上郡"。秦始皇三十七年（前210）始皇崩，扶苏被赵高、李斯害死。但《寰宇记》卷38绥州废龙泉县载："秦扶苏冢在无定河东，去州八里。"与今认定扶苏墓在绥德县城中的说法不同，可备一说。

扶来县 唐仪凤二年（677）置，属晏州。治所在今四川兴文县西北。后废。

扶县 ①东晋改夫夷县置，属邵陵郡。治所在今湖南邵阳县西。南朝梁改扶阳县。

②唐置，属羁縻为州。治所在今四川珙县南境。后废。

扶岚山 在今广西上林县北五里。《方舆纪要》卷109上林县：扶岚山"八山分矗，若扶摇云山之上。一名八角山"。

扶余（馀）市 2013年改扶余县置，市人民政府驻三岔河镇春华路789号。扶余市由吉林省直辖，松原市代管。

扶余（馀）县 ①唐渤海国置，为扶余府扶州治。治所即今吉林四平市西一面城。辽改为通远县。

②辽世宗时置，为怀州治。治所在今内蒙古巴林右旗东北一百五里岗岗庙村。《辽史·地理志》扶余

县："本龙泉府。太祖迁渤海扶余县降户于此。"故名。金废。

③1914年改新城县置，属吉林滨江道。治所在伯都讷（今吉林松原市）。1929年直属吉林省。1987年改设扶余市。1992年改设地级松原市。原扶余市改为扶余区。1995年城区部分改名宁江区，其余部分恢复扶余县。

扶余（馀）国 即夫余国。西汉时分布于今吉林农安县为中心的松花江中游平原。《史记·货殖列传》：燕"北邻乌桓、夫余，东绾秽貉朝鲜真番之利"。5世纪末，居地为勿吉所占。

扶余（馀）府 唐渤海国置，治所在扶州（今吉林四平市西一面城）。辖境相当今吉林四平、辽源以北伊通河流域及辽宁昌图、西丰等县地。辽太祖时改置扶州。

扶沟县 西汉置，属淮阳国。治所在今河南扶沟县东北四十四里古城村。《水经·沙水注》："有扶亭，又有洧水沟，故县有扶沟之名。"东汉属陈留郡。三国魏属陈留国。西晋初废，后复置。东魏属许昌郡。北齐移治今扶沟县。隋属颍川郡。唐属许州。五代梁属开封府。元属汴梁路。明属开封府。清属陈州府。民国初属河南开封道。1927年直属河南省。

扶其县 一作扶淇县。北魏永安中置，属东武郡。治所在今山东诸城市西北。《水经·潍水注》：扶淇水"出（东武县，今诸城市）西南常山，东北流注潍"。县以扶淇水为名。北齐废。

扶苓县 西晋置，属九德郡。治所在今越南义安省境。南齐后废。

扶城县 东魏武定中侨置，为南广州襄城侨郡治。治所在今河南襄城县境。北周废。

扶城峒 在今湖南城步苗族自治县西南。《清一统志·宝庆府二》：扶城峒"领石羊、浆凹、桃林等九砦"。

扶荔宫 汉武帝元鼎六年（前111）建，在今陕西韩城市西南芝川镇南门外。《三辅黄图》卷3："扶荔宫，在上林苑中。汉武帝元鼎六年，破南越，起扶荔宫以植所得奇草异木。"

扶南 意为"山地之王"。在今柬埔寨。公元1世纪建国。《三国志·吴书·吕岱传》：岱"又遣从事南宣国化，暨徼外扶南、林邑、堂明诸王，各遣使奉贡"。至7世纪中叶，为其属国真腊所并。

扶南水 在今广东佛山市南海区东，东北距广州市十六里。《方舆纪要》卷101广州府南海县：扶南水在"府西南十六里。一名扶溪，民居环错，多菱芡之利"。

扶南县 ①唐贞观十二年（638）置，属笼州。治所在今广西扶绥县境。唐末废。

②1914年改新宁县置，属广西南宁道。治所即今广西扶绥县。1928年直属广西省。1951年和绥渌、同正二县合并为扶绥县。

扶南郡 唐天宝元年（742）改笼州置，治所在武勤县（今广西扶绥县）。辖境相当今广西扶绥县大部及崇左、上思二县市部分地。乾元元年（758）复为笼州。

扶柳 战国赵邑。在今河北冀州市西北扶柳城。《战国策·赵四》："三国攻秦，赵攻中取扶柳。"西汉置扶柳县。

扶柳县 西汉置，属信都国。治所在今河北冀州市西北扶柳城。东汉属安平国。北魏太平真君三年（442）废入堂阳县，景明元年（500）复置，属长乐郡。北齐废。《水经·浊漳水注》："扶柳县故城在信都城西……县有扶泽，泽中多柳，故曰扶柳也。"

扶胥镇 在今广东广州市东南黄埔区庙头村。《元丰九域志》卷9：广州番禺县有扶胥镇。唐韩愈《南海神广利王庙碑》谓"扶胥之口"，即此。

扶莱山 亦作扶来山。在今广西北流市南。《方舆纪要》卷108北流县：扶莱山"在县南百里，陵水出焉"。

扶莱水 即今广东化州市北罗江。《新唐书·地理志》禺州扶莱县："以扶莱水名之。"

扶莱县 唐武德五年（622）置，属窦州。治所在今广西北流市东南。《新唐书·地理志》：扶莱县"以扶莱水名之"。贞观中废。乾封中复置，属禺州。北宋开宝五年（972）废。

扶桑坝 在今重庆市东。《宋史·张珏传》：景炎三年（1278），元兵攻重庆，"珏率兵出薰风门，与大将也速觧儿战扶桑坝，诸将从其后击之，珏兵大溃"。即此。

扶桑县 即扶莱县。在今广西北流市东南。《旧唐书·地理志》禺州："扶桑，武德四年置。"桑为莱之误。

扶淇水 在今山东诸城市西南。《水经·潍水注》：扶淇水"出西南常山，东北流注潍"。河源即常山之雩泉。《清一统志·青州府一》："按扶淇，亦作郏淇。宋苏轼诗：'随师东渡游潍郏。'王十朋注：'潍、郏，密州二水名。'又轼诗有'郚淇自古北流水'之句，郚淇别无依据，当是集本讹郏为郚。"

扶淇县 即扶其县。在今山东诸城市西北。

扶赖营 在今广东封开县东南，西江东岸扶赖村。《清一统志·肇庆府》：扶赖营"在封川县（今封川镇）东二十里江北岸，相近有都乐营。明隆庆五年建"。

扶溪水 ①在今广东广宁县东南十里。《清一统志·肇庆府》：扶溪水"源出清远县罗山冈，西流数十里，受梅峒、蔡峒诸水。又数十里，扶留诸水从县西北来，至县南注之。又数十里，至扶溪巡司入绥江"。

②在今广东仁化县东北扶溪水。《方舆纪要》卷102仁化县：扶溪水"在县东北百里。《志》云：源出南安珠子山，经左泷岭，东南流百八十里合浈水"。

扶溪墟 即今广东仁化县东北扶溪镇。明、清置巡司于此。

扶溪镇　在今广东广宁县南。《方舆纪要》卷101肇庆府广宁县：扶溪镇“有巡司，本属四会县，后改今属。《志》云，司置于太平都东乡水口，后移县南扶洛口，万历十一年改置于官埠”。

扶舆县　北魏太和元年（477）置，属高阳郡。治所在今河北清苑县东北望亭乡御城。北齐废。

扶黎县　亦作扶犁县。即夫黎县。在今辽宁义县东南。《后汉后·鲜卑传》：元初二年（115），鲜卑“夏攻扶黎营，杀长史”。李贤注：“扶黎，县，属辽东属国，故城在今营州东南。”

扶德州　唐置羁縻州，属戎州都督府。治所在今四川珙县（巡场镇）东南洛亥镇（落荄场）。开元十八年（730）改属泸州都督府。北宋属叙州。元废。

扶德县　①唐置，属羁縻扶德州。治所在今四川珙县南。后废。

②唐置，属羁縻定州。治所在今四川高县西南。后废。

抚人戍　唐置，属百丈县。在今四川名山县东北二十里新店镇。《元和志》卷32百丈县：抚人戍“在县西南二十里”。

抚水州　唐置为羁縻州，属黔州都督府。治所在抚水县（今广西环江毛南族自治县东北明伦镇）。北宋大中祥符九年（1016）改为安化州。

抚水县　唐置，为抚水羁縻州治。治所在今广西环江毛南族自治县东北明伦镇。北宋大中祥符九年（1016）改为归仁县。

抚仙湖　又名罗伽湖、青鱼戏月湖。在今云南澄江、江川、华宁三县间。《明一统志》卷86澂江府：抚仙湖“在府治南。周二百余里。一名罗伽湖，一名青鱼戏月湖。渟滀清澈，其中多石，东流入盘江”。《清一统志·澂江府》：抚仙湖“周三百余里，北纳诸溪流，南受星云湖。中多石，玉笋山抚其上，宛如仙人，故名。中产㔶㿝鱼，可以辟瘴毒。尾闾从东入铁池河，南折宁州，北绕宜良，会盘江达于南海”。

抚宁卫　明永乐三年（1405）置，属北平都司。治所在今河北抚宁县北十里。后废。

抚宁区　2015年撤销抚宁县，设立秦皇岛市抚宁区，区政府驻抚宁镇金山大街2号。

抚宁县　①南朝宋置，属苍梧郡。治所当在今广西苍梧、昭平、岑溪等县市境。南齐以后废。

②西魏废帝元年（552）置，为抚宁郡治。治所在今陕西米脂县西。隋开皇三年（583）移治今米脂县西四十里，属绥州。大业初属雕阴郡。唐属银州。北宋废。

③唐武德二年（619）置，属平州。治所即今河北抚宁县。七年（624）废入卢龙县。金大定二十九年（1189）复置。元世祖至元二年（1265）废入昌黎县。三年（1266）复置。四年（1267）又废。七年（1270）复置，属永平路。明洪武十三年（1380）移治今抚宁县西北，属永平府。永乐三年（1405）复还今抚宁县。民国初属直隶津海道。1928年直属河北省。2015年撤销抚宁县，改设抚宁区。

抚宁郡　西魏废帝元年（552）置，属绥州。治所在开疆县（今陕西米脂县西）。辖境相当今陕西米脂县西部和绥德县东南部地。隋开皇三年（583）废。

抚民屯　亦名大肚川。即今吉林辉南县东南抚民镇。清宣统元年（1909）曾于此置珲南直隶厅。

抚民馆　在今福建永定县西南峰市镇南。《清一统志·汀州府》：抚民馆“在上杭县西南一百余里，与广东潮州府大埔县接界。其地险远，向为盗薮。明嘉靖中，立抚民馆于三图之中坪，筑城周一百七十二丈，设捕盗通判驻守。万历四年，又筑公馆城于四图之河头坪，周四百三十七丈。二十七年，撤通判，拨官兵戍守。崇祯初罢戍仍募民兵防守”。

抚边屯　清乾隆四十四年（1779）改底木达屯置，属美诺厅（后改懋功屯务厅）。即今四川小金县北抚边乡。次年，设抚边营守备于此。

抚边营　清乾隆四十五年（1780）置，属四川提督。在懋功厅底木达（今四川小金县北抚边乡）。

抚西城　即抚顺城。在今辽宁抚顺市区北浑河北岸。《清一统志·奉天府二》：抚西城“即抚顺城，在承德县东八十里，与兴京接界。城周三里，门三。明洪武二十一年置千户所于此。本朝康熙二十九年设章京驻防”。光绪三十三年（1907）移兴仁县于此，改为抚顺县。

抚夷县　①西汉置，属安定郡。治所在今甘肃镇原县北。东汉省。北魏复置，属陇东郡。隋废。

②唐贞观八年（634）废石门、盐泉等县置，属戎州。治所在今云南盐津县境。天宝元年（742）废入义宾县。

抚州　①隋开皇九年（589）以临川郡改置，治所在临川县（今江西抚州市临川区西）。大业初改为临川郡。唐武德五年（622）复为抚州，天宝元年（742）又改为临川郡。乾元元年（758）复为抚州。宝应元年（762）与县同移治今临川区。自隋设抚州始，辖境屡有减缩，唐武德七年（624）以后相当今江西抚州市临川区以南抚河流域。五代南唐以后又缩小。宋时仍为抚州，元世祖至元十四年（1277）升为抚州路。

②金明昌四年（1193）置，治所在柔远县（今河北张北县）。辖境相当今河北张北县以西，内蒙古乌兰察布市集宁区以东地区。元世祖中统三年（1262）改为隆兴路。

抚州千户所　明初置，在今江西抚州市临川区城东南。《方舆纪要》卷86抚州府：守御抚州千户所“在府治东南。洪武初置卫，寻改为所”。

抚州府　元至正二十二年（1362）朱元璋改抚州路为临川府，不久又改为抚州府。治所在临川县（今江西抚州市临川区）。明初辖境相当今江西抚州市临川区及东乡、金溪、资溪、崇仁、乐安、宜黄等县地。万历后略有缩小。1912年废。

抚州路 元世祖至元十四年（1277）升抚州置，治所在临川县（今江西抚州市临川区）。辖境相当今江西抚州市临川区及东乡、金溪、资溪、崇仁、乐安、宜黄等县地。至正二十二年（1362）朱元璋改为临川府。不久又改为抚州府。

抚安县 唐永淳元年（682）置，属党州。治所在今广西玉林市西北蒲塘镇。至德二年（757）改为抚康县。

抚安驿 在今陕西甘泉县西北。《方舆纪要》卷57甘泉县：抚安驿，"《通志》云，在县治西北，明初置"。

抚安堡 明置，属铁岭卫。即今辽宁铁岭县东南四十里抚安堡。《清太宗实录》：后金天命三年（1618）五月，努尔哈赤"统兵征明，克抚安堡、花豹冲、三岔儿堡，所克大小堡凡十一"。即此。

抚远县 1929年改绥远县置，属吉林省。治所在伊力嘎（今黑龙江省抚远县）。因与绥远省同名改取"绥抚边境"之意。1945年划归合江省。1949年划归松江省。1954年划归黑龙江省。

抚纳县 南朝宋置，属新宁郡。治所在今广东高要市南。隋大业初废。唐武德初复置，属端州。后废。

抚林县 南齐置，属安昌郡。治所在今广西合浦县北境。梁、陈时废。

抚松县 清宣统元年（1909）置，属长白府。治所在双甸子（今吉林抚松县）。民国《抚松县志》卷1："以地当松花江上游，故设治后定名曰抚松县。"民国初属奉天省东边道。1929年直属辽宁省。1934年属安东省，1949年属辽东省。1954年属吉林省。

抚河 又名盱水、汝水、武阳水、建昌江、临川江。在今江西东部。源出广昌县南驿前镇，北流经抚州市，到王家洲分为两支：一从南昌入赣江，一自八字脑入鄱阳湖。后抚河堵口，主流改道，经青岚湖入鄱阳湖。因水经抚州市，为旧抚州府治，故有抚河之称。

抚顺千户所 明洪武间置，属沈阳中卫。治所在抚顺城（今辽宁抚顺市旧抚顺城）。《明史·地理志》沈阳中卫："东北有抚顺千户所，洪武二十一年置。"清初废。

抚顺支线 又称苏抚支线。从辽宁沈阳南苏家屯至抚顺。长52.9公里。为南满铁路支线。清光绪三十一年（1905）日本人修筑。

抚顺市 1937年伪满由抚顺县析置，属奉天省。治所即今辽宁抚顺市。1945年抗战胜利后属辽宁省。1947年裁入抚顺县。1949年复置市，升为直辖市，由东北行政区领导。1954年降为辽宁省辖市。

抚顺关 明置，属沈阳中卫。治所在今辽宁抚顺市东南二十里关口。《明史·地理志》沈阳中卫："东北有抚顺千户所……所东有抚顺关。"《方舆纪要》卷37沈阳中卫：抚顺关"在抚顺所东二十里。置马市于此"。

抚顺县 清光绪三十三年（1907）改兴仁县置，属奉天府。治所在今辽宁抚顺市浑河北高尔山城。宣统元年（1909）移治千金寨（即今抚顺市区东南）。民国初属奉天东边道。1929年属辽宁省。县境盛产煤炭。

抚顺城 又名抚西城。明洪武间建，为抚顺千户所驻地。在今辽宁抚顺市浑河北岸高尔山前。明《全辽志》卷1：抚顺城在"（沈阳中卫）城东八十里。本古贵德地。洪武十七年创立，周围三里有奇"。《明史·杨镐传》：万历四十六年（1618），"大清兵起，破抚顺，守将王命印死之"。即此。

抚顺战犯管理所旧址 在今辽宁抚顺市新抚区北部永宁街西侧，浑河北岸高尔山下。占地2万平方米，建筑面积6600余平方米。初建于1936年，原是侵华日军为镇压中国的抗日志士和爱国同胞而修建的一所监狱，当时称为"抚顺监狱"。日本战败后，该所被国民党当局作为"辽宁第四监狱"。中华人民共和国成立后，改为战犯管理所。1950—1975年间先后关押、改造侵华日军战犯、末代皇帝溥仪等伪满洲国战犯及国民党战犯等一千多人。后来，所有战犯均分批免予起诉或特赦释放。所内辟有改造末代皇帝陈列室，改造日本战犯陈列室。2006年定为全国重点文物保护单位。

抚顺煤矿 在今辽宁抚顺市。为东北地区最大煤矿。西汉时即已开采。清光绪二十七年（1901）由官僚王承尧等呈准组建华兴利煤矿公司开采。三十一年（1905）日俄战争后，为日本强占。1945年抗日战争胜利后，破坏严重，生产停顿。中华人民共和国成立后恢复生产。有"煤都"之称。大部可露天开采，是全国大型煤炭基地之一。

抚冥镇 北魏北境六镇之一。在今内蒙古四子王旗（乌兰花镇）东南十六里土城子古城。《魏书·高祖纪》：太和十八年（494）八月，"辛酉，幸抚冥镇"。即此。

抚康司 在今广西兴业县东北北寮山麓。清雍正九年（1731）置巡司于此。

抚康县 唐至德二年（757）改抚安县置，属党州。治所在今广西兴业县东北蒲塘镇。北宋开宝七年（974）废入南流县。

抚琴山 在今甘肃正宁县西南罗川（旧正宁）。《方舆纪要》卷57真宁县：抚琴山"在县治南。山畔有洞，风来作声，仿佛若琴韵，因名"。

抚掌泉 在今江苏句容市东南茅山。宋《景定建康志》卷19：抚掌泉"在茅山崇寿观前，虽旱不涸。《旧记》云，在鸿禧院东，闻击掌之声涌出如沸，其味甚佳。冬时常暖，亦呼为冬温泉"。

抚黎县 一作夫犁县。东汉置，属辽东属国。治所在今辽宁朝阳县东南三十里郭家窝堡村。三国魏废。

抚彝厅 清乾隆十八年（1753）置，属甘州府。治所即今甘肃临泽县西北蓼泉镇。1913年改为抚彝县。

抚彝县 1913年改抚彝厅置，属甘肃甘凉道。治所即今甘肃临泽县西北蓼泉镇。1927年直属甘肃省。1928年改名临泽县。

拒 春秋戎邑。在今河南洛阳市南。《左传》：僖公十一年（前649），“扬、拒、泉、皋、伊、雒之戎同伐京师，入王城，焚东门”。杜注：“扬、拒、泉、皋皆戎邑，及诸杂戎居伊水、雒水之间者。”

拒门堡 在今山西大同市西北七十五里拒门口村。《清一统志·朔平府》：拒门堡“在左云县东北，助马路东十余里。明嘉靖二十四年筑，周一里有奇，分边十五里零”。

拒马河 即古涞水、巨马河。明始称拒马河。《明一统志》卷2保定府：拒马河，“晋刘琨守此以拒石勒，故名”。《清一统志·保定府二》：巨马河，“《旧志》：巨马河在定兴县西一里，自涞水县流入，至县南河阳渡，与易水合，自下通名白沟河。以宋、辽分界于此，亦名界河，俗又名曰北河。东南流至白沟店南……旧自白沟店北东流，明永乐末，徙于店南，故道遂淤”。今拒马河源自河北涞源县，东流经易县西北，至涞水县北分二支：一支向东经涿州市会琉璃河，南流经高碑店市为白沟河；另一支南流至定兴县西会易水，为南拒马河，东南流至白沟镇南与白沟河会，东南经雄县入大清河。

拒马堡 在今山西大同市西北约七十里。《方舆纪要》卷44大同府：“拒马堡在助马东十余里，嘉靖二十四年筑，万历初增修，周一里有奇。”

拒艾山 在今山东胶南市西。《水经·胶水注》：拒艾水“出（黔陬）县西南拒艾山”。清光绪《山东通志》卷27谓即铁橛山。一说即艾山。

拒台（臺） 在今河南太康县南。《寰宇记》卷2太康县：“南拒台在县南二十里，北拒台在县北二十里。《汉书》汉王追项羽至阳夏南止军。今此南北二台相去一里，是楚汉相拒之处。”

拒阳县 西晋太和三年（368）置，属上洛郡。治所在今陕西洛南县东南八十里古城镇。北周为拒阳郡治。隋开皇五年（585）改名洛南县。

拒阳郡 北周置，属商州。治所在拒阳县（今陕西洛南县东南）。辖境相当今陕西洛南县地。隋开皇初废。

拒城河镇 民国置，即今山东高密市西南拒城河镇。清光绪《高密县志》卷1：务本乡所领社中，县南“三十五里曰拒城河”。

拒敌堡 明置，在今甘肃张掖市南四十里。《皇明职方地图》中卷甘肃边镇图有拒敌堡。

拒墙堡 在今山西大同市西北六十五里拒墙堡村。《方舆纪要》卷44大同府：拒墙堡“嘉靖二十四年置，万历二年增修，周一里有奇。……嘉靖二十八年寇犯拒墙堡，大同帅周尚文拒却之”。

折不拉 在今西藏南部，门隅地区达旺西五十六里处。藏语意为影子山。是门隅西部通往不丹的交通要道之一。

折不岭营 清乾隆年间置，在今西藏比如县东南白嘎乡。

折多山 在今四川康定县西北八十里。为大雪山系，山峰海拔4962米。因不甚高，为进藏要道。清乾隆《卫藏通志》卷4：“折多过山，山虽长，不甚峻。产大黄，药气薰蒸，过者多喘。秋冬积雪瀰漫。”

折多汛 清置，在今四川康定县西南五十里折多塘。为川藏要道。《清一统志·雅州府一》：折多汛“在打箭炉西南四十五里。其地有热水塘，即温泉也”。

折折运都山 在今蒙古国东南克鲁伦河上流以南。《元史·太祖纪》：岁癸亥年（1203），铁木真弟哈撒儿伪降汪罕，“及至，即以二使为向导，令军士衔枚夜趋折折运都山，出其不意，袭汪罕，败之。尽降克烈部众。汪罕与亦剌合挺身遁去”。

折罗漫山 即今新疆中部之天山。《元和志》卷40伊州伊吾县：天山“一名白山，一名折罗漫山。在州北一百二十里”。

折波岭 在今江西永丰县西南。《方舆纪要》卷87吉安府永丰县：折波岭“在县西南百十五里。二山相连，延袤数十里”。

折泉水 在今山东莒县东北。《汉书·地理志》琅邪郡折泉县：“折泉水北至莫入淮。”《水经·潍水注》作“析泉水”。

折泉侯国 西汉置，属琅邪郡。治所在今山东莒县东北库山乡上下石城村。初元元年（前48）元帝封城阳荒王子根为侯国。东汉省。

折桅子岩 在今重庆市忠县东四十五里，下为长江折尾滩。清陶澍《蜀輶日记》：“折桅子岩脚如败瓮，舟行避之，反漩入不得脱而尾折，岁坏船无数。”道光《忠州直隶州志》卷1：折尾滩“乾隆四十年间，州刺史甘隆滨沉铁无算，以治此滩，滩险稍杀。今滩上有‘对我来’三字，系甘公立”。

折脚堰 在今四川安县南。《新唐书·地理志》：“（神泉）县北二十里有折脚堰，引水溉田，贞观元年开。”

折腰山 一名矿谷。在今山西垣曲县北。《清一统志·绛州》：折腰山“在垣曲县西北七十里。中低而两头皆昂。相传旧有铜矿，凿久脊摧”。《水经·河水注》倚亳川水“出北山矿谷”，即此。

折墌城 一名薛举城。在今甘肃泾川县东北十五里。《元和志》卷3保定县：折墌故城，“西魏泾州刺史乙弗贵所筑，隋末薛举屯据于此城，举死仁杲复窃据，武德元年讨平之”。《方舆纪要》卷58泾州：折墌城“亦曰薛举城。唐初薛举尝据此，因名”。

抓金噶珊 在今俄罗斯哈巴罗夫斯克边疆区乌苏里江东岸契尔卡河口。清属宁古塔将军。康熙《皇舆全览图》：乌苏里江东岸沁河以北有“抓金噶山”。后属三姓副都统。光绪《吉林通志》卷17：乌苏里江东岸，北至混同江南岸旧设噶珊有“抓金”。咸丰年间通过不平等的中俄《北京条约》被俄割占。

投书涧　在今山东泰安市北泰山上。《清一统志·泰安府一》:“《旧志》,胡瑗与孙复、石介讲学泰山,攻苦食淡,终夜不寝。得家书见有平安二字,即投之涧中,不复展读,人名其处为投书涧。涧西建讲学堂。”

投龙潭　在今江苏苏州市西南。《清一统志》:投龙潭“在吴县西南。唐皮日休诗:龟山下最深,恶气何洋溢。涎水暴龙巢,腥风卷蛟室”。

投金濑　在今江苏溧阳市溧水上。《吴越春秋》卷4:子胥伐楚师还,“过溧阳濑水之上,乃长太息曰:‘吾尝饥于此,乞食于一女子,女子饲我,遂投水而亡。’将欲报以百金而不知其家,乃投金水中而去”。后人称之为“投金濑”。

投香浦　即沉香浦。在今广东广州市西北三十里石门。《寰宇记》卷157广州南海县:沉香浦“亦谓之投香浦”。

投桃洲　在今福建福州市东南。明《八闽通志》卷4《地理·山川》:投桃洲“在马头江中,其形如桃,故名。洲上有田几千亩”。

投醪河　在今浙江绍兴市西。《寰宇记》卷96越州会稽县:投醪河“在县西三里。句践投醪之所也。唐太和六年廉使陆重开,今州南门河是也”。《水经·渐江水注》:“《吕氏春秋》曰:越王之栖于会稽也,有酒投江,民饮其流,而战气自倍,所投即浙江也。”《寰宇记》卷96越州会稽县:“投醪河在县西三里。句践投醪之所也。”

抃傍山　在今甘肃卓尼县西。《元和志》卷39临潭县:抃傍山“在县东十一里。抃傍,羌语也,羌语呼石为抃,呼高为傍,因以为名”。

抗日胜利芷江洽降旧址　在今湖南芷江侗族自治县城东七里之七里桥村,芷江机场口的南端。1945年8月15日,日本天皇裕仁宣布无条件投降。21日,国民政府派遣陆军总司令何应钦、总司令部参谋长萧毅肃、副参谋长冷欣等,与日本侵华军司令官冈村宁次之代表副总参谋长今井武夫等在此举行了受降会谈。1946年2月在会谈地修建了“受降纪念坊”。为四柱三拱门楼式砖石建筑,高8.5米,宽10.64米,柱体厚1.16米。中拱门上有横额“受降纪念坊”。坊正面和背面刻有当时军政要员题词。2006年定为全国重点文物保护单位。

护川州　唐开元十七年(729)置羁縻州,属黎州都督府。治所在今四川昭觉县北比尔乡。北宋以后废。

护牙山　一作伍牙山。即今江苏溧阳市西南伍牙山。《元史·阿剌罕传》:至元十二年(1275),阿剌罕攻破银澍东坝(今高淳县东东坝镇),“至护牙山庆丰圩,败宋兵”,即此。

护邛州　唐开元十七年(729)置羁縻州,属黎州都督府。治所在今四川越西县东南依洛地坝乡。北宋以后废。

护龙场　即今四川安岳县东南一百十里护龙镇。清道光《安岳县志》卷7:护龙场“即岳家坝。在治东一百一十里”。附近塔子山毗卢洞,有五代、北宋摩崖造像及历代题刻。

护龙县　又名灵道县。西晋改新道县置,属越嶲郡。治所在今四川甘洛县东北。《水经·沫水注》:“灵道县一名灵关道。……县有铜山。又有利慈渚。晋太始九年,黄龙二见于利慈池,县令董玄之率吏民观之,以白刺史王濬,濬表上之,晋朝改护龙县也。”南朝宋改为新兴县。

护龙河　①北宋汴京外城壕。在今河南开封市。南宋孟元老《东京梦华录》卷1:“东都外城,方圆四十余里。城壕曰护龙河,阔十余丈。濠之内外,皆植杨柳,粉墙朱户,禁人往来。”

②在今江苏南京市东。明南京城子城东侧护城河。《方舆纪要》卷20江宁县:“护龙河在上元县治东北,引而南,合于青溪水。宋凿。《志》云:即故子城三面濠,今堙废逾半矣。”

护甲山　即胡甲山。在今山西武乡县西北。

护甲水　即侯甲水。又名胡甲水。在今山西武乡县西北百里。《元和志》卷15乡县:“护甲水,在县(旧治)西北八十里。”

护当城　即集粮城。在今河南西华县西北护挡坡。《清一统志·陈州府一》:护当城“在西华县西十里。魏邓艾护守营田处”。

护时犍国　唐西域国名。都城在遏蜜城(今阿富汗喀布尔西北席巴尔甘南)。龙朔初置奇沙州都督府于此。

护国山　即三山。在今江苏南京市西南,长江东岸板桥浦西。《清一统志·江宁府一》:三山“大江从西来,势如建瓴,而此山当其冲。一名护国山”。

护国寺　又称西寺。在今北京市西城区护国寺街。始建于元至元朝,初名崇国寺。明宣德四年(1429)改名大隆善寺。成化八年(1472)改称大隆善护国寺。清康熙六十一年(1722)改名护国寺。

护国军　唐五代方镇名。唐光启元年(885)以河中节度使号为护国军,治所在河中府(今山西永济市西南蒲州镇)。辖境相当今山西三川河以南、太岳山及析城山以西地区,河南卢氏、栾川、灵宝等县,陕西大荔、韩城、合阳、白水、澄城等县地。北宋初废。

护国岩　在今四川泸州市纳溪区南花果镇(大洲驿)北永宁河边。1916年云南都督蔡锷率讨袁护国军至大洲驿,讨袁胜利后,蔡锷题“护国岩”于崖壁上,旁有“序”和“跋”,记述讨伐袁世凯事。

护驾水　五代梁龙德三年(923),因唐兵逼境,段凝于滑州酸枣(今河南延津县)决河水东流,经曹、濮等州,至郓州会汶泗,以阻唐兵。如《资治通鉴》后唐同光元年(923)郭崇韬对帝曰:“梁今悉以精兵授段凝,据我南鄙,又决河自固。”胡三省注:“段凝自酸枣决河注郓州以限唐兵,号护驾水。”其后决口日大,屡为曹、濮患。后唐同光二年(924),发汴、滑兵塞决口,不久复坏。

护驾池镇　一作傅家池集。即今河北深州市东南护驾池镇。《清一统志·深州一》：傅家池集“在州东南五十里。旧受滹沱河水，自河北徙，池亦淤塞。今名干河崖。明初置巡司于此，后裁”。

护城堤（隄） 一名三里堤。在今河南开封市。民国《续河南通志》卷7：护城堤“离（开封）府城三里，一名三里堤。西北接金村，绕城围抱，东南直抵苏村。盖前代筑以防水者。或云，因隋堤遗址，后被河水冲圮。明正统间，巡抚于谦因河逼汴城，乃筑东西北三面以御之。铁犀勒铭其背之镇永远。景泰二年，巡抚王暹补筑南面，与东西相接，凡四十余里，号大堤焉”。

护城镇 即今安徽肥东县东北梁园镇北护城村。清置驿于此。

护密国 亦作护蜜国、护蜜多国。又名达摩悉铁帝。隋、唐西域国名。都城在摸达城（今阿富汗喀布尔东北瓦罕）。后徙都塞迦审城（今阿富汗喀布尔东北喷赤河西伊什卡希姆）。《隋书·裴矩传》：南道从鄯善“度葱岭，又经护密”。即此。《新唐书·西域传》：护蜜“横千六百里，纵狭才四五里”。龙朔初置鸟飞州都督府于此。

护密勒城 指护密国都城。在今阿富汗东北喷赤河西岸之伊什卡希姆。《旧唐书·高仙芝传》：天宝六载（747），高仙芝伐小勃律，“至特勒满川，即五识匿国也。仙芝乃分为三军：……仙芝与中使边令诚自护密国入，约七月十三日辰时会于吐蕃连云堡”。《方舆纪要》卷65：护密勒城“在小勃律国都城北五百里。……护密道即是城也”。

护蜜多国 即护密国。唐西域国名。都城在摸达城（今阿富汗喀布尔东北瓦罕）。龙朔初置鸟飞州都督府于此。后徙都塞伽审城（今阿富汗喀布尔东北喷赤河西岸伊什卡希姆）。

把儿海 亦作巴儿海子。即蒲类海。今新疆巴里坤哈萨克自治县西北巴里坤湖。顾炎武《天下郡国利病书》卷117《西域土地人物略》：“剌木城又西有把儿海。”

把力黑城 即今阿富汗北境巴尔赫。《明史·西域传》：坤城“奉贡通名天朝者”有“把力黑”。

把平砦长官司 ①元置，属顺元路安抚司。治所在今贵州贵定县南六十里。后废。

②明洪武十五年（1382）置，属贵州卫。治所在今贵州龙里县东南。寻属龙里卫。二十九年（1396）改属新添卫。清属贵定县。后废。

把边山 在今云南凤庆县南四十三里。《明一统志》卷87顺宁府：把边山“中有把边关”。《清一统志·顺宁府》：把边山“两山对峙，一径中通，扼塞险隘之地”。

把边关 亦称把边寨关。在今云南凤庆县南四十三里。《方舆纪要》卷118顺宁府：把边关“在把边山上，为府之险阨”。

把仰 在今缅甸北部糯千卡河（即小江）南侧。清代属腾越州大塘隘土把总。见硕色《处置秤戛等处分隶奏摺》及光绪《续云南通志稿》卷99土司。

把忽岭 即今黑龙江省宁安市东南老爷岭。《金史·斡赛传》：穆宗讨纳根涅，“斡赛督军而进，至把忽岭西毛密水，及之，大破其众，纳根涅死焉”。

把拶宗城 北宋置，属湟州。在今青海乐都县东南湟水南岸。《宋史·地理志》乐州：“东至把拶宗六十里。”

把拶桥 在今甘肃兰州市西北。唐宝应末为吐蕃所据。《宋史·地理志》兰州：京玉关“元符三年赐名，本名把拶桥”。

把都河关 明代设置，在今陕西吴起县北与定边县交界的长城上。清废。

把都河堡 明置，属榆林卫。即今陕西吴起县北旧城子。《方舆纪要》卷61“永济堡”条下：把都河堡“在永济堡东四十里，亦名毕家梁”。

报马川 ①在今吉林集安市西北七十里报马川村。民国徐曦《东三省纪略》卷10奉天省矿产表：辑安县“报马川，金（矿）”。

②在今黑龙江省双城市西北，隔松花江与肇东市对境。清光绪《吉林通志》卷16双城厅：北“一百一十五里报马川屯”。

报本寺塔 在今陕西武功县西北旧县城西北隅。俗称武功塔。《清一统志·乾州》：报本寺“在武功县（旧治）西北一里。《长安志》：亦为神尧宅。大中二年改为寺”。塔亦为唐宋时建筑。1987年加固塔基时，发现地宫，出土了金棺、银椁、五色舍利子、白瓷细颈净水瓶、铜镜、天然水晶石和北宋铜钱等文物。附近的城隍庙院内还保存有明万历三十五年（1607）《重修武功塔碑记》一块。

报圣寺 在唐长安城兴宁坊，今陕西西安市内。宋敏求《长安志》卷10：报圣寺“宣宗时河湟平，出内藏缗帛建报圣寺于京城，设宪宗圣容于介福殿，又建虔恩殿为更衣之所，帝数临幸焉”。

报达 即八哈塔。今伊拉克首都巴格达。元刘郁《西使记》：丁巳岁（1257），“取报达国，南北二千里。其主曰合里法。其城有东西城，中有大河”。

报国寺 ①在今北京市西城区广安门内大街。辽代创建。明初塌毁，成化二年（1466）重修，改名慈仁寺。清乾隆十九年（1754）重修，改名大报国慈仁寺。现寺内存有明成化二年御制碑和清乾隆二十一年御制重修报国寺诗碑。清代著名学者和思想家顾炎武曾寓居于此。2006年定为全国重点文物保护单位。

②在今四川乐至县东北龙门乡北金龟山麓。清道光《乐至县志》卷9：报国寺“在治东三十五里。古寺毁。今重装饰。……寺建于李唐前，故灵异之迹往往而在。有明代嘉靖时新出孟蜀广政间二碑”。寺始建于隋，清雍正间重修。有五代摩岩造像及广政间碑。

③在今四川峨眉山市西南峨眉山麓，为游山时出入门户。清嘉庆《峨眉县志》卷2：报国寺在“县南十里。旧有庆祝在此”。始建于明万历四十三年（1615），名会宗堂。清康熙时重修，改今名。今庙门“报国寺”为康熙御书。弥勒、大雄、七佛三殿及藏

经楼掩映于苍楠翠柏之间，逐渐升高，宏伟壮观。寺内著名文物是明永乐十三年（1416）景德镇造大型瓷佛（高2.47米）。抗日战争期间，蒋介石躲在峨眉山，即此寺。由此登峨眉山至金顶有二道，右道为一百二十七里，左道为八十八里。

报恩山　即支硎山。在今江苏苏州市西。《吴地记》：支硎山“山上有寺号曰报恩，梁武帝置”。北宋朱长文《吴郡图经续记》卷中：报恩山“昔有报恩寺，故以名”。

报恩寺　①在今江苏苏州市城内北隅。相传三国吴赤乌年间孙权母吴夫人舍宅为寺，名通玄寺。唐开元年间改为开元寺。后毁。五代周显德年间就其遗址建为报恩寺。因位于城北，今又名北寺。寺内有塔，始建于南朝梁时，初为十一层，后毁。南宋绍兴年间重建，为九级八面，被誉为“姑苏诸塔之冠”。2006年定为全国重点文物保护单位。

②在今四川平武县城内。始建于明正统五年（1440）。相传明代龙州宣抚司土官佥事王玺僭越封建等级制度，仿北京故宫修建王府，被朝廷察觉，遂以报恩为名，改府为寺。以大雄宝殿为中心，前有天王殿，后有万佛阁，左有大悲殿，右有华严藏，辅以二幢、二狮、山门、三桥、钟楼、南北碑亭等，构成一座规模宏伟的宫殿建筑群。殿内佛像高大，转轮经藏制作精巧，壁塑、壁画、木雕、石刻精美壮观。

③在今四川眉山市东坡区罗平镇高丰村。始建于唐，元泰定四年（1327）大修。清乾隆二十六年（1761）大修。现仅存大殿。1986年后多次进行抢修性维修。报恩寺是四川省内一座十分典型的元代建筑，而且在许多营造法上都保留了宋代的建筑风格。采用单檐歇山顶抬梁式梁架。明间拦额断面近圆形，普拍仿较薄，大殿明间使用减造柱，前檐下施斗拱九朵，斗拱为二出挑，左右各施六朵，后照壁施斗拱三朵，明间有大叉手减柱。眉山报恩寺是研究四川省内宋元建筑艺术的极其珍贵的实物例证。2006年定为全国重点文物保护单位。

报恩镇　即今江西永丰县。《元丰九域志》卷6吉州：“至和元年以吉水县报恩镇置永丰县。”即此。

拟岘台（臺）　在今江西抚州市临川区东。《清一统志·抚州府》：拟岘台“在临川县东盐步岭。宋嘉祐二年，知抚州裴材建。曾巩有记”。

拟岘亭　在今四川广安市西。《清一统志·顺庆府》：拟岘亭“在广安州西二里。安张商英有诗”。

坛（壇）山　在今河北顺平县西。《清一统志·保定府》：坛山“在完县西二十五里，与马耳山相接。有金龙、桃花二洞，与马耳山洞地穴相通。洞前阔仅丈余，壁立百仞，上透青霄。其石温润如玉，有龙蛇之状。云兴辄雨”。

坛（壇）头山　即今浙江象山县东南之檀头山。《明史·地理志》　宁波府象山县：“南有石坛山，亦曰坛头山。”

坛（壇）道山　即盐道山。在今山西永济市东南。《元和志》卷12虞乡县：“坛道山，一名百梯山，在县西南十二里。山高万仞，跻攀者百梯方可升降。故曰百梯山。”

垪厦　在今安徽休宁县东南五十余里白际岭。明置巡司于此。嘉靖中移驻屯溪。

坝上镇　即涟水坝。在今江苏涟水县城东南。为淮滨要津。明置巡司于此，后废。

坝口　又称吴公坝。即古之白道。今内蒙古呼和浩特市西北坝口子村。为通蒙古要路。

坝水河　在今山东邹平县西北。《方舆纪要》卷31齐东县“大清河”条下：“坝水河在延安镇西二里，亦成化间开浚，以泄归苏镇水潦。南引白云湖，经邹、刘二沟，北注大清河。”

坝头镇　即今广东平远县北坝头镇。清雍正十一年（1733）置巡司于此。

坝州堡　明置，属威州。在今四川理县东北桃坪乡东古城。《方舆纪要》卷67威州：坝州堡在“州西北二十五里。因唐、宋霸州旧名也。今设仓置戍于此。自堡而北有龙溪、卜南、木上诸寨，与北路番族黑苦、三姐相通”。

坝阳汛　清置，属归化厅。即今贵州紫云苗族布依族自治县东北六十里坝羊乡。旧有千总驻防。“坝阳”系布依语音译，意为边上出水的地方。

坝底土司　明置，属石泉县。在今四川北川羌族自治县西北坝底乡。清康熙四十二年（1703）废。

坝底堡　明置，属石泉县。在今四川北川羌族自治县西北坝底乡。《方舆纪要》卷73石泉县：坝底堡在“县（旧治）西北四十里，与茂州接界，成化以后为戍守要地。其地东抵通宁堡，西连白草番，南抵石泉，北通青片，由坝底而南十五里即石板关，东十五里有石泉堡，又东五里为白印堡，俱坝底将领分兵屯戍”。正德中，羌人围攻此堡城。

坝河　亦名永通七坝。是元大都仅次于通惠河的一条重要漕运路线。自大都城内积水潭东流，于光熙门南出城会大都东护城河，又分护城河水东流，至通州西北入温榆河。全长五十里。元代于河上筑深沟坝、王村坝、郑村坝、西阳坝、郭村坝、千斯坝等七处闸坝，以节水漕运，故名。《元史·河渠志》载：大德六年（1302），京畿漕运司言：此河“岁漕米百万，全藉船坝夫力。自冰开发运至河冻时止，计二百四十日，日运粮四千六百余石，所辖船夫一千三百余人，坝夫七百三十，占役俱尽，昼夜不息”。

坝洒　又作八洒。即今云南河口瑶族自治县西北三十二里坝洒农场场部驻地。清乾隆时设坝洒汛。壮语“坝”为口子或河谷，“洒”为簸箕形，意即簸箕形的河谷地带。

坝黄铺　明置，即今贵州铜仁市西坝黄镇。

坝盘铺　明置，属铜仁府。即今贵州江口县东北坝盘土家族侗族乡。清严如熤《苗疆道路考》5铜仁府：铜仁往省溪沿河民路经“坝盘”，旧为戍守处。

坎门 即今浙江玉环县东南坎门镇。清设守备驻守。清光绪《玉环厅志》卷2：坎门街“在钓艚隩，有东西街”。

坎台庙 即今内蒙古鄂尔多斯市东胜区西罕台镇。清同治年间在此修建了一座喇嘛庙，称坎台庙。民国初形成村落。“坎台”，蒙古语意为最高的山丘。

坎台河 即今内蒙古达拉特西罕台川。《清一统志·鄂尔多斯》：坎台河“在左翼后旗（原驻地在今达拉特西北大树湾附近）东十二里。源出布木巴泉，东北流入黄河”。

坎河 在今山东东平县东北。《方舆纪要》卷33东平州：坎河在“州（今州城镇）东北五十里。有坎河泉，南流六里入汶河。《志》云：坎河即汶水，下流泄入盐河处，盐河即济河之别名。自戴村坝筑，而汶水不复由此入济。万历七年，筑滚水石坝于此，以时蓄泄，而汶水无泛溢之患”。

坎城守捉 唐置，属安西都护府。治所在媲摩城（今新疆策勒县北八十二里卡拉沁古城）。《新唐书·地理志》安西大都护府：“于阗东界有兰城、坎城二守捉城。”

坎城镇 即坎城守捉。唐置，属安西都护府。在今新疆策勒县北八十二里卡拉沁古城。《新唐书·地理志》引贾耽《四夷路程》：“于阗东三百里有坎城镇。”

坎素 即今新疆乌恰县西康素镇。清宣统《新疆图志》卷4：疏勒府布鲁特冲巴噶什部辖境中有“坎素”。

坎欿 春秋周邑。在今河南巩义市东。《左传》：僖公二十四年（前636），“王遂出，及坎欿，国人纳之”。《续汉书·郡国志》河南尹巩县：“有坎欿聚。”

坎椽子沟 在今俄罗斯滨海边疆区西南波谢特东北。清属宁古塔副都统。清聂士成《东省与韩俄交界道路表》：“司落于云克即土拉子，又十五里七分五至阿利则那，即坎椽子沟。”咸丰年间被沙皇俄国通过不平等的中俄《北京条约》割占。

坎囊宗 又作喀喇乌苏、那曲。清乾隆十六年（1751）置坎囊宗，治所即今西藏那曲县。后演变意译为黑河宗，又音译为那曲宗。

均口 ①即今福建建宁县南均口镇。清有把总驻此。

②即今湖北丹江口市。《水经·沔水注》：“均水于县入沔，谓之均口也。”

均山 在今福建德化县东北。《方舆纪要》卷99泉州府德化县：均山在“县东北百八十里。山势峭拔，延广数十里”。

均川店 即今湖北随州市西南三十里均川镇。清光绪《湖北全省分图》：随州西南有均川店。

均水 ①在今湖北随州市西。《水经·涢水注》：均水“出大洪山，东北流径土山北，又东北流入于涢水”。

②上源曰淅水，出河南卢氏县，南流经西峡县西，至淅川县南与丹水合流为均水，至湖北丹江口市入汉。《水经·均水注》：“均水发源弘农郡之卢氏县熊耳山。……又东南流径其县（按，指析县）下，南越南乡县，又南流与丹江合。……又南流注于沔水。”《清一统志·南阳府一》：均水“自陕州卢氏县东南，流径内乡西，至西峡口为三渡河，又南流入淅川县为马蹬河，又南流合丹水入湖北均州界。亦曰汤河。俗名五渡河。又名老鹳河”。

均石 在今甘肃张掖市东。《晋书·秃发傉檀载记》：南凉弘昌六年（407），“遂伐沮渠蒙逊，入西陕。蒙逊率众来距，战于均石，为蒙逊所败”。即此。

均州 ①西魏废帝三年（554）改恒州置，治所在今湖北随州市西南均水一带。北周天和二年（567）废。

②隋开皇五年（585）改丰州置，治所在武当县（今湖北丹江口市西北关门岩北）。《寰宇记》卷143均州：“因界内均水为名。”大业初废。唐武德复置，显庆四年（659）移治今丹江口市西北关门岩东旧均县城。天宝初改为武当郡，乾元初复为均州。辖境约当今湖北丹江口、十堰二市和郧县地。元属襄阳路。明属襄阳府。1912年改为均县。

均阳水驿 明置，在今湖北丹江口市西北关门岩南。《方舆纪要》卷79均州：均阳水驿“在州城南”。

均阳县 南朝梁置，属始平郡。治所在今湖北丹江口市北。西魏属武当郡。隋属淅阳郡。唐武德初属均州，八年（625）废。

均村市 即今江西兴国县西均村乡。《清一统志·吉安府二》：均村市“在万安县东南一百三十里，接兴国县界”。

均村圩 即今江西兴国县西均村。1933年中央革命根据地置杨殷县治此。

均村镇 亦作均镇。即今江西兴国县西五十里均村乡。清设均村汛于此。

均县 1912年改均州置，属湖北襄阳道。治所在今湖北丹江口市西北旧均县城。1932年直属湖北省。1958年徙治沙沱营（今丹江口市）。1983年改设丹江口市。

均镇 即均村镇。今江西兴国县西五十里均村乡。

坞乡 又作坞聚。在今河南偃师市南缑氏镇西南。《资治通鉴》：东汉建安元年（196），“韩暹屯闻喜，胡才、杨奉之坞乡”。即此。

坞塔城 辽建，在今吉林珲春市西北密江乡。《金史·太祖纪》：太祖“既破留可，还攻坞塔城，城中人以城降”。即此。

坞墙集 一作乌墙集。即今河南商丘市东南坞墙乡。明嘉靖《归德州志》卷1《村镇》：“乌墙集，州东南六十里。”清光绪《商丘县志》卷1《市集》：“东南面有坞墙集，离城六十里。”

坟山 在今辽宁义县北。《辽史·地理志》宜州：“有坟山，松柏连亘百余里，禁樵采。”

坟台（臺）店 即今河南叶县东南二十八里坟台

镇。为舞阳、叶二县往来要地。《清一统志·南阳府二》“临坟镇”条：“按：今有坟台店，在县东南三十里。”

坑口市 即铿口墟。今湖南茶陵县东南五十四里桃坑乡东江口。

坑田市 即今福建长乐市西南坑田。路通福清县。清光绪《皇朝中外一统舆图》：长乐县西南有坑田。

坑格勒图拉 即铿格尔图喇。今哈萨克斯坦东北境乌斯季卡缅诺戈尔斯克。清椿园《西域闻见录》卷6：乾隆三十六年（1771），土尔扈特首领乌巴锡率众离伏尔加河东归故土，俄将率兵随后追赶，“乌巴锡人众已逾坑格勒图拉而南，已入中国地界，济纳拉喇引兵还”。

坑源隘 在今福建漳平市北。《方舆纪要》卷99宁洋县：坑源隘在“县（治所在今双洋镇）北四十里。又北二十里至延平府永安县之林田隘，林田北出之要会也”。

坑儒谷 在今陕西西安市临潼区西南二十里洪庆村。传说为秦始皇坑儒之处。一说在临潼区东南五里。《寰宇记》卷27雍州昭应县：“坑儒谷在县东南五里。始皇以骊山温处令人冬月种瓜，招天下儒者议之，各说不同，因发机陷之。唐玄宗改为旌儒乡，立旌儒庙，贾至为碑文。”宋敏求《长安志》谓“在县西南五里”。《史记·秦始皇纪》：三十五年（前212），“犯禁者四百六十余人，皆坑之咸阳”。

坊子镇 即今山东潍坊市东南三十里坊子镇。民国《潍县志稿》有坊子镇。

坊头镇 ①一名坊舍镇。清置，属大荔县。在今陕西大荔县西北三十里。《清一统志·同州府二》谓坊头镇“旧有城堡”。

②即今江西玉山县西坊头村。明嘉靖《广信府志》卷3玉山县：“坊头坊在宾贤，去县治北五十里。”

坊州 唐武德二年（619）分鄜州置，治所在中部县（今陕西黄陵县南）。因州界马坊为名。辖境相当今陕西黄陵、宜君二县地。天宝元年（742）改置中部郡，乾元元年（758）复为坊州。蒙古至元六年（1269）废入鄜州。

坊州城 一名榜色城。明建，即今吉林梅河口市西南山城镇。明《辽东志》卷9：开原东陆路至朝鲜后门有坊州城站。清废。

坊珊村 即今河北高邑县东北十五里坊珊乡。明正德《赵州志》卷5高邑县：“（元）李德新墓在县东十里坊珊村。”

坊桥镇 即今江苏无锡市锡山区东南坊桥。清光绪《江苏全省舆图》金匮县：“坊桥镇在城东南六十里。”

坊镇 即今陕西合阳县东南坊镇。清光绪《陕西全省舆地图》郃阳县：坊镇“在县东二十里”。

块泽河 在今云南富源县南。为黄泥河支流。《清一统志·曲靖府》：块泽河“在罗平州东六十里。自旧亦佐县（今富源县东南亦佐）流入，会矣则江、大渡河诸水，入八达河”。彝语“块泽”意为沼泽之地。

找桥 即今江西宜丰县北找桥。1934年2月国民党南京政府为进攻中央革命根据地曾置找桥政治局（县级）。

找桥政治局（县级） 1934年2月国民党南京政府为进攻中央革命根据地由宜丰、奉新、修水、铜鼓等县析置，驻找桥（今江西宜丰县北找桥）。1936年裁。

走马川 应即今新疆玛纳斯河或呼图壁河。唐岑参有《走马川行奉送出师西征》诗。

走马冈 在今浙江桐乡市西。《方舆纪要》卷91崇德县：走马冈，“《志》云：此为吴、越分疆处，下有洗马池”。

走马水 即今陕西省北部无定河支流淮宁河。源出子长县西北高柏山下，东流径子洲县，至绥德县入无定河。《后汉书·段颎传》：建宁元年（168），“夏，颎复追羌出桥门，至走马水上。寻闻虏在奢延泽，乃将轻兵击破之”。

走马台（臺） 在今陕西西安市区西北、汉长安故城中，唐王维《赠远》诗：“走马台边人不见，拂云堆畔战初酣。”

走马场 即今重庆市巴南区西北走马镇。清嘉庆《四川通志》卷89巴县：走马铺“在县西八十七里”。

走马坪寨 即今贵州福泉市南走马坪镇。《清一统志·平越州》：走马坪寨“旧为控扼苗蛮之处”。

走马岭 ①在今山西高平市西北。《方舆纪要》卷43高平县：“走马岭在县西北十里，出铁矿。”

②在今河南确山县南五十里。《方舆纪要》卷50确山县“确山”条下：走马岭“岭上有平冈数里，可以走马”。

③在今广西柳州市西十里。《方舆纪要》卷109马平县：走马岭“在城西。绵亘二十余里。有一峰突起，谓之金山”。

走马岭遗址 在今湖北石首市西南焦山河镇走马岭村附近。城址平面呈不规则的长方形，面积近8万平方米。城垣夯筑，顶宽10—20米，底宽37米，外有环城壕沟。在城内发现有面积达100平方米的大房子，以及面积在30—50平方米的多分间式中型房子、面积在8平方米左右的小房子和排列有序的小祭祀坑。走马岭城址始建时代相当于屈家岭文化早期，使用到屈家岭文化晚期逐渐废弃。走马岭遗址对长江中游地区早期城址和埋葬制度的研究有重要价值。2001年定为全国重点文物保护单位。

走马岭寨 一名走马寨。在今山东即墨市东北。《方舆纪要》卷36即墨县：走马岭寨“在县东北九十里”。《清一统志·莱州府二》：走马寨“旧有城，今废”。

走马塘 在今上海市北部，跨嘉定、宝山、闸北、虹口、杨浦等区。《方舆纪要》卷24苏州府嘉定县：走马塘“在县东南二十里。西通横沥，东南由江湾浦入吴淞江”。

走马塍寨 南宋置，在今江西吉安县东南。《方舆纪要》卷87吉安府庐陵县：走马塍寨“在府南方山之麓。宋隆兴二年，以境内多盗奏置今寨，寻升为巡司，后废”。

走马镇 明置，属蓬溪县。在今四川大英县西北回马镇。《清一统志·潼川府二》：走马镇“在蓬溪县西五十里江西岸。有堡有市，其地多陶，为利甚广”。

贡山设治局 1932年改菖蒲桶行政区置，直属云南省。治所即今云南贡山独龙族怒族自治县。民国《云南行政纪实》：“治所在高黎贡山间，因以命名。”1952年改贡山县傈僳族自治区。1954年改贡山县。1956年改设贡山独龙族怒族自治县。

贡山县 唐贞观元年（627）置，属郎州。治所在今贵州遵义市东南。后废。十三年（639）复置，属播州。十四年（640）改名湖江县。

贡川山 在今福建永安市东北。《方舆纪要》卷97永安县：贡川山“在县东北四十里。上有桃源洞、一线天诸胜。山峡斗绝，仅容趾陟。其巅田庐井井，故有桃源之目。正统间，邓茂七等作乱，败官军于沙县，据贡川为寨守之。茂七败死，其党邓伯孙复啸聚于此。官军自沙县进破其贡川、挂口、陈山诸寨，伯孙被擒，是也”。

贡川市 即今福建永安市东北贡川镇。《清一统志·延平府》：贡川堡“在永安县东北四十里。旧名固发口市，明嘉靖三十六年，广贼犯境，居民筑以备御，广六百三十二丈，高二丈四尺。今有贡川市”。

贡井镇 清置，属荣县。在今四川自贡市西十里贡井。井盐业发达，与自流井齐名。《清史稿·曾望颜传》：咸丰十年（1860）李永和义军“据贡井、天池寺诸地……总兵虎嵩林自程家场进攻贡井”。即此。1939年与自流井合并为自贡市。

贡水 古称湖汉水。又名会昌江、东江。即今江西赣江东源。在江西省东南部。上游绵水源出赣、闽边境武夷山脉木马山。西南流至会昌县折向西北流，经于都县西流至赣州市汇章水合称赣江。《寰宇记》卷108虔州雩都县：贡水“源出汀州新乐山，经县东南四百七十一里北流至县”。又赣县：赣水“贡水首受雩都县之章水，自南康县界二水双流至县合为赣水”。《清一统志·赣州府》：贡水“在赣县东。源出福建汀州界，西流径瑞金、会昌、雩都三县，又西入赣县界，与章水合。一名东江，又名会昌江，江即古湖汉水也”。

贡古鲁克山 在今新疆乌什县北境。清徐松《西域水道记》卷2：乌什西北“毕底尔卡伦北曰海奇山，又东曰色勒克塔什山，又东曰奇什罕布拉克山，又东曰英阿喇特山，又东曰蒙科素山，又东曰科克巴什山，又东曰伊底克山，又东曰臻丹山，又东曰乌尔盖列克山，又东曰木资鲁克山，又东曰乌玉布拉克山，又东曰乌鲁呼雅依拉克山，又东曰哈沙拉伊山，与阿克苏界，统名曰贡古鲁克山。皆喀克善支峰也。贡古鲁克山岚嶂层复，岩岫峻险，山间溪涧纵横，谷中尤隘，凡百余里，劣容单骑”。

贡布拉 山名。在西藏山南地区雅隆河谷，为民间传说中的藏族发源地。《西藏王统记》载，太初有猕猴与女魔交配生六子，于“聚鸟林”中以采集为生，其后种落繁殖，“父猴乃领至贡布拉，播谷种于大地，以谷为食，以树叶为衣，于是毛尾转短，能作言语，遂变成人”。今乃东县泽当镇有猴子洞，传说即“聚鸟林”，镇北之山即贡布拉，山下之田地名“萨热”，即初民播种谷种处。

贡台 即今河北深州市南五十二里前磨头镇东贡家台。清同治《畿辅通志》卷55深州图：南有贡台。

贡阳县 宋时英德府贞阳县之讹。贞阳县治所即今广东英德市。

贡县 1912年置，属四川昌都府。治所在今西藏贡觉县东南。后设贡觉宗。

贡泽县 北魏置，属梁宁郡。治所在今甘肃酒泉市境。西魏废。

贡珍县 唐渤海国置，属渤州。治所在今黑龙江省牡丹江市南。辽以后废。

贡城戍 南朝梁武帝置，在今安徽五河县西五十二里东刘集镇附近。北魏改名虹城。

贡觉 在今西藏贡觉县东南。清初赏给西藏。宣统三年（1911）设贡觉委员，属川滇边务大臣，1912年改置贡县。

贡觉宗 原西藏地方政府设，治所在今西藏贡觉县东南。“贡觉”，藏语意为“贡”活佛在觉地方定居。1960年与三岩宗合并设贡觉县，移驻莫洛。

贡源溪 即今安徽石台县东贡溪河，为秋浦河支流。《方舆纪要》卷27石埭县：“贡源溪在县西。《志》云：溪西流，经上、下二湾，出大河，注于秋浦，入大江。”

贡嘎山 亦称木雅贡嘎。在今四川康定县南，与泸定县交界。南北长约200公里，东西宽约100公里。藏语为“雪白”之意。主峰7556米，为四川省最高峰。《中华民国新地图》：康定县南有贡嘎山。

贡噶尔宗 即贡噶宗。在今西藏贡嘎县西。清乾隆《卫藏通志》卷12作“贡噶尔”。

贡噶县 1913年改贡噶县丞置，属边东道。治所在今四川稻城县南贡岭。后废。

贡噶岭 亦名工噶岭。清于此设贡噶岭土百户，在今四川稻城县南贡岭。《清史稿·四川土司传》：光绪三十一年（1905），赵尔丰讨巴塘，理塘正土司“逃往稻坝贡噶岭，啸聚土人为乱”即此。三十四年（1908）改流，置贡噶岭县丞，属稻成县。

贡噶岭山 即今四川稻城县南贡嘎山。贡噶岭县以此名。民国杨仲华《西康纪要》：“贡噶岭雪山，在贡噶废县南。”

贡噶宗 在今西藏贡嘎县西。原西藏地方政府设贡噶宗。1960年与杰德秀等谿合并设贡噶县，驻热麦。1976年改为贡嘎县。

攻离山　在今河南嵩县西南。涓水源于此。《水经·涓水》："涓水出弘农卢氏县攻离山。"即此。

赤儿山　在今内蒙古武川县西南。《明史·地理志》东胜卫："北有赤儿山。西有黄河。"

赤土　在今湖南临武县东。明置巡司于此。

赤土山　①在今云南腾冲县东三十里。《明一统志》卷87腾冲军民指挥使司：赤土山"在司城东三十里"。

②在今甘肃礼县东二里。《清一统志·秦州一》：赤土山"土色如硃，亦名红土山。山脉自宁远县界迤逦至此，持起一峰，绝顶有坪，可客万马"。

③在今越南北江省西北协和县一带。《方舆纪要》卷112安南北江府：赤土山"在府西善誓县境。万仞插天，亘数百里。《志》云：安南四面皆山，而寄狼、宝台、佛迹、马鞍在境内，皆高峻。其杰出者则赤土山也"。

赤土国　即今马来西亚马来半岛西北部吉打。《隋书·南蛮传》："赤土国，扶南之别种也。在南海中，水行百余日而达其都。土色多赤，因以为号。"

赤土岭　在今山西榆社县东南。《清一统志·辽州》：赤土岭"在榆社县东南四十里。其土独赤，故名"。

赤土港　一名赤口港。在今湖北咸宁市东北。《方舆纪要》卷76咸宁县"梓潭湖"条下：赤土港"在县东北十里。一名株树港。西南流合于官埠港"。

赤万县　北魏太和四年（480）置，属武阶郡。治所在今甘肃陇南市武都区东黄坪乡境。北周废。

赤万郡　北魏太和四年（480）置，属南秦州。治所赤万县（今甘肃陇南市武都区黄坪乡境）。后废。

赤口驿　宋元时置，在今江西都昌县西四十里。明初废。

赤山　①即今内蒙古巴林左旗北，乌力吉木伦河发源之乌兰大坝（意为红山）。《后汉书·乌桓列传》："赤山在辽东西北数千里。"乌桓人死，敛以棺，至葬则取一肥犬，系以采绳，并取死者乘马衣物烧送之，谓付托于犬，"使护死者神灵归赤山"。《辽史·地理志》载：庆州有赤山。《穆宗纪》：应历十二年（962）秋，"如赤山、黑山射鹿"。知赤山应在庆州（今巴林右旗北白塔子古城）附近。《清一统志·巴林》：赤山"在右旗东北二百五里，蒙古名巴颜五蓝哈达"。即此。一说乌桓之赤山即今赤峰市红山（蒙古名乌兰哈达），但与《后汉书》所载方位不合。或是乌桓南迁后，又以今赤峰之红山为其圣山。

②即绛岩山。在今江苏句容市西南三十里。《寰宇记》卷90升州句容县：绛岩山"本名赤山，丹阳之义出于此。天宝初改为绛岩山"。

③即今安徽郎溪县西南七里高岭。《明一统志》卷17广德州：赤山"在建平县西南七里。麓枕木溪"。

④在今浙江台州市（椒江区）西南界牌乡。《隋书·地理志》：永嘉郡临海县"有赤山"，即此。

⑤在今浙江杭州市西南赤山埠。宋《淳祐临安志》卷8：赤山"厥土为埴"，故名。自西湖出江干，往往取道于此。南宋初，金兀术突至赤山，即此。

⑥在今湖北谷城县东南。《方舆纪要》卷79谷城县：赤山"在县东南八十里。丹崖峭壁，临汉江上"。

⑦　名赤山岭。在今湖南沅江市东北五十里洞庭湖边。《清一统志·常德府一》：赤山"绵延数十里。上有范蠡庙，下有金鸡山。唐天宝间改名蠡山"。

⑧在今广东兴宁市南。《方舆纪要》卷103兴宁县：赤山在"县南三里。滨河层峙"。

赤山市　南宋置，在今浙江杭州市西南。

赤山约　在今广东海丰县东郊。1922年9月，彭湃在此组织赤山约农会。农会旧址原是明代灵雨庵，为二进四合院建筑。

赤山岭　在今陕西乾县境。《资治通鉴》：唐永泰元年（765），回纥、吐蕃合围泾阳，郭子仪率精兵"战于灵台西原，大破之"。胡三省注："《旧史》，破吐蕃处，在灵台县西五十里，地名赤山岭。"即此。

赤山湖　又名绛岩湖、赤山塘。在今江苏句容市西南三十里。源出绛岩山，县南境诸山溪之水悉流入焉。下通秦淮。句容、上元二县之田，赖以灌溉。宋《景定建康志》卷18引石迈《古迹编》曰："赤山湖在上元、句容两县之间，溉田二十四埠，南去百步有盘石以为水疏闭之节。"

赤山塘　即赤山湖。在今江苏句容市西南三十里。《梁书·沈瑀传》："（齐）明帝复使沈瑀筑赤山塘。"《方舆纪要》卷20句容县：绛岩湖，"《志》云，吴赤乌中，筑赤山塘，引水为湖，历代皆修筑，后废"。

赤山镇　即今山东荣成市南斥山镇。明置巡司，属文登县。清雍正十二年（1730）移于石岛口（今石岛镇）。

赤门　春秋时吴都（今江苏苏州市）正南门。《吴地记》："（匠）门南三里有葑门、赤门，有赤栏将军坟。在蛇门东，陆无水道，故名赤门。"

赤木儿　在今新疆霍城县西。元刘郁《西使记》：阿里麻里城"又南有赤木儿城，居民多并、汾人"。

赤木口　在今宁夏永宁县西北贺兰山中段三关口。明嘉靖《宁夏新志》卷1：宁夏总镇有赤木口。《清一统志·宁夏府二》：赤木口"在宁朔县西南贺兰山，山径五十余处，而赤木口尤为冲要，可容千马。明嘉靖中，巡抚杨守礼扼险筑关墙守之"。

赤木砦　北宋元祐四年（1089）置，属武冈县。在今湖南新宁县东五十里。《清一统志·宝庆府二》：赤木砦，“《县志》：石千寻壁立江浒，半岩横架一木于左右石孔，长丈许，如屋梁，高不可攀”。

赤车镇　北宋置，属通泉县。在今四川射洪县南瞿河乡金龟寺坝。《元和志》卷33通泉县：“赤车盐井，在县西北十二里。”镇设于赤车盐井，故以为名。

赤中县　1933年2月川陕革命根据地置，治所与巴中市同。其辖境为巴中县城郊。1935年3月废。

赤冈　唐末、五代汴州城北军事要地。在今河南开封市东北二十里。《旧五代史·梁书·张归厘传》：唐光启三年（887）秦宗权围攻汴州，“张晊以数万众屯赤坝”。又《葛从周传》：“至大梁，不解甲，径至板桥击蔡贼，破卢瑭寨，瑭自溺而死，又于赤坝杀蔡军二万余人。”

赤冈山　在今江西丰城市西北二十里。《寰宇记》卷106洪州丰城县：赤冈“接新建县界，濒江壁立，土石皆赤”。清同治《南昌府志》卷4丰城《山川》：赤冈山“在丰城县西二十里。一名黄金城”。

赤冈镇　一作赤江镇。北宋置，属丰城县。在今江西丰城市西赤岗。《清一统志·南昌府二》：赤冈市“在（丰城）县西十五里赤冈山下，即古赤冈镇也”。

赤水　①即今四川双流县东南黄龙溪。《三国志·蜀书·先主传》：建安二十五年（220），太傅许靖等上言，“闻黄龙见武阳赤水，九日乃去”。即此。

②即今重庆市合川区西北盐井溪。为涪水支流。《元和志》卷33赤水县：“因水为名。”

③即今重庆市东南木洞小河。《寰宇记》卷136南平县：赤水“在今县西四里，有赤水流入巴县界，县南复有通夷播州”。

④即今四川沱江东支流濑溪河。《寰宇记》卷88泸州泸川县：“赤水溪从昌元县界流入去合支江。”《舆地纪胜》卷153泸州：赤溪水“从昌州昌元县界流入，至赤水镇合支江”。

⑤即今四川简阳市西之绛溪河。《元和志》卷31平泉县：“赤水经县南七十步。”《舆地纪胜》卷145简州：赤水“在阳安县南四十五步。源出隆州，历平泉”。《方舆纪要》卷67简州：赤水“在州治南。一名绛水，自仁寿县流入界，经故平泉县流至此，又东与雁水合，亦谓之牛鞞水”。

⑥即今四川汶川县西北四十里龙溪沟，为杂谷脑河支流。《舆地纪胜》卷148威州：赤水“在保宁县，合于大江”。《方舆纪要》：赤水“在州西北四十里。《志》云：源出赤水砦。又有桃溪，在州西北三十五里。源出龙溪砦，流合赤水，注于大江”。

⑦在今四川广汉市东南。唐末杜光庭《录异记》卷7：“汉州赤水有涌泉焉，水脉五六，自山下涌出，因成大池，流三二百步，可激碓硙，流为大溪。”《资治通鉴》：五代唐长兴三年（932），“（董）璋兵至汉州，潘仁嗣与战于赤水，大败，为璋所擒”。胡三省注：“赤水在汉州东南。”

⑧即今陕西宜川县北仕望河。《水经·河水注》：“赤水出西北罢谷川东，谓之赤石川，东入于河。”

⑨即竹水。在今陕西华县西三十里。《水经·渭水注》：“渭水又东与竹水合，水南出竹山，北径媚加谷，历广乡原东，俗谓之大赤水，北流注于渭。”《资治通鉴》：南朝梁中大通二年（530），尔朱荣使尔朱天光等讨关中贼万俟丑奴，“时赤水蜀贼断路……（贺拔）岳遂进击蜀于渭北，破之”。

⑩即今甘肃陇西县东渭河支流赤亭水。《资治通鉴》：东晋义熙十一年（十六国西秦永康四年，415），“西秦王（乞伏）炽磐遣襄武侯昙达等将骑一万击南羌弥姐、康薄于赤水，降之”。《晋书·乞伏乾归载记》：乾归“率骑二万讨吐谷浑支统阿若干于赤水，大破降之”，皆此。

⑪今青海共和县恰卜恰河。《资治通鉴》：唐贞观九年（635），李靖等“败吐谷浑于牛心堆，又败诸赤水源”。

赤水山　即今浙江永嘉县西北大箬岩镇。为楠溪江风景名胜区。《方舆纪要》卷94温州府永嘉县“破石山”条：赤水山“在府西北百三十里。时有赤水出岩下，一名石室山，上有石室容千人，道书以为第十二福地，亦曰大若岩”。

赤水卫　明洪武二十一年（1388）置，属四川都司。治所在今四川叙永县东南赤水河北赤水镇。永乐十一年（1413）改属贵州都司。辖境相当今四川叙永、古蔺及贵州毕节部分地。清康熙二十六年（1687）废。

赤水厅　清光绪三十四年（1908）改仁怀厅置，属遵义府。治所即今贵州赤水市。因赤水河为名。1913年改为赤水县。

赤水市　即今福建德化县西北赤水镇。《元丰九域志》卷9：德化县有“赤水一铁场”。《清一统志·永春州》引《旧志》：赤水市“在县西北六十里。地名赤水隔，当大田、尤溪之冲。有上、下二街”。

赤水戍　南北朝时吐谷浑置，在今青海共和县东南曲沟。一说在今青海兴海县东南黄河西岸。《南齐书·河南传》：“大戍有四，一在清水川，一在赤水，一在浇河，一在吐屈真川，皆子弟所治。”

赤水关　明置，属赤水卫。在今四川叙永县东南赤水镇。《明史·地理志》赤水卫：“东有赤水河，有赤水关。”

赤水江　在今云南大理市东南，凤仪镇南四十里。《清一统志·大理府》：赤水江“源出定西岭，东南流入楚雄府旧定边县界，合礼社江”。

赤水汛　在今广东吴川市（梅菉镇）南。清属茂名县，置巡司于此。

赤水军　唐武德二年（619）置，属河西节度。初在凉州西二百里（今甘肃永登县西南）。开元十六年（728）改为大斗军，移赤水军入凉州城内（今甘肃武威市）。《元和志》卷40：赤水军“在凉州城内。

管兵三万三千，马万三千匹。本赤乌镇，有青赤泉，名焉。军之大者，莫如赤水，幅员五千一百八十里，前拒吐蕃，北临突厥者也”。

赤水县 ①东汉马防所筑索西城，北魏于此置赤水县，属临洮郡。治所在今甘肃岷县东北。《水经·河水注》：“洮水又东北流，屈而径索西城西……俗名赤水城，亦曰临洮东城也。”北周废。

②隋开皇八年（588）置，属合州。治所在今重庆市合川区西北一百余里。一说在今铜梁县西北安居河边。《元和志》卷33赤水县：“分石镜县于今县西二里置县，因水为名。”大业初属涪陵郡。唐武德初属合州，并迁治于故县东二里。天宝初属巴川郡，乾元初复属合州。北宋熙宁四年（1071）废，七年（1074）复置，治所在今合川区西北一百三十里赤水乡（万寿场）。元世祖至元二十年（1283）废入石照县。

③隋大业五年（609）置，为河源郡治。治所在赤水城（今青海兴海县东南黄河西岸；一说在今青海共和县治南古树郭城）。隋末废。

④1913年改赤水厅置，属贵州贵西道。治所即今贵州赤水市。1923年直属贵州省。1990年改设赤水市。

⑤1933年8月中央革命根据地由广昌、石城二县析置，驻赤水张家祠（今江西广昌县南赤水镇）。因驻地赤水为名。1934年6月与广昌县合并为广赤县。

⑥1935年10月西北革命根据地由赤淳县西区改置，治马家山（今陕西淳化县西北马家乡）。取“赤化三水”（栒邑县旧名三水县）之意。1937年2月迁赵家庄（今淳化县西北北城堡乡赵家）。后徙马庄桥（今陕西旬邑县南马庄桥）。1941年还治马家山。1949年撤销，并入淳化县。

赤水河 在今贵州西北部。为长江上游支流。源出云南镇雄县东境，东北流经川、黔边境，至贵州习水县西南折而西北流，经赤水县西，东北至四川合江县入长江。明曹学佺《名胜志》说：赤水河“旧名赤虺。唐武后征云南檄文有赤虺河，即此。虺与水声相近耳。源出芒部，经红土川，东流入川江。每雨涨，水色深赤，故名”。1935年红军长征四渡赤水，即此。

赤水河镇 即今四川叙永县东南赤水河北赤水镇。为川黔大道，地方繁要。明于此设赤水卫，清设永宁县丞，民国设县佐。

赤水驿 即今陕西华县西赤水镇。唐为长安与洛阳间陆路交通重要驿站。罗邺有《春夜赤水驿旅怀》诗。

赤水城 ①在今广东电白县东南。旧属茂名县，明置巡司于此。

②即今陕西渭南市东赤水镇。《资治通鉴》：唐天复元年（901），朱全忠欲迁昭宗去东都，“闻车驾西幸，与僚佐议，复引兵还赤水”。

③在今青海共和县东南曲沟，或说在今兴海县东南黄河西岸。《晋书·乞伏乾归载记》：乾归“率骑二万讨吐谷浑支统阿若干于赤水，大破降之”。《水经·河水注》：“洮水又东北流，屈而径索西城西。建初二年，马防、耿恭从五溪祥楹谷出索西与羌战，破之，筑索西城，徙陇西南部都尉居之。俗名赤水城，亦曰临洮东城也。”《隋书·宇文述传》：大业三年（607），述攻吐谷浑，“至曼头城，攻拔之，斩三千余级。乘胜至赤水城，复拔之”。即此。大业五年（609）于此置河源郡和赤水县。

赤水峡 在今广西藤县东六十里。《方舆纪要》卷108藤县：赤水峡“峡南有岩。相传李白曾过此，谓之李白岩。峡与岩相对壁立，一水中流，林木蔚然，岚气朝夕不散。有赤水峡巡司。《志》云：赤水峡中有金环滩”。

赤水前千户所 明洪武二十七年（1394）置，属赤水卫。治所在今贵州毕节市北层台镇。后废。

赤水铁场 北宋属德化县，在今福建德化县西北赤水镇。《元丰九域志》卷9：德化县有赤水铁场。

赤水营 清置，属四川提督。在今四川叙永县东南赤水镇。《清一统志·叙永厅》：赤水营“在永宁县东南。本朝设守备驻防。旧名龙场营。乾隆四十年移驻赤水河，改今名”。

赤水铺 明置，即今四川简阳市西北二十五里赤水村。明诗人杨慎过此，写有《赤水铺》诗。

赤水鹏 在今云南昆明市东郊。明永乐二年（1404）置土巡检司于此。

赤水溪 即今重庆市大足县之濑溪河。《元和志》卷33静南县：“赤水溪，经县南，去县九十步。”《寰宇记》卷88大足县：“在河楼湍，东临赤水。赤水溪，源从普州安岳县界来。”

赤水墟 即今广东开平市西南赤水镇，东近台山市界。清光绪《广东舆地全图》：开平县西南有赤水汛。

赤水镇 ①北宋置，属泸川县。在今四川泸县西北胡市镇。《舆地纪胜》卷153泸州：“赤溪水从昌州昌元县界流入，至赤水镇合支江。”

②清置，属渭南县。即今陕西华县西赤水镇。

③即今广西藤县东六十里赤水镇。明置巡司于此。

赤牛山 在今重庆市梁平县西。《舆地纪胜》卷179梁山军：赤牛山“距军西二十里。山赤而牛形，故名”。附近有一石龛，“琢石为大悲像，四十二手皆有所执”。南宋淳祐二年（1242）于山上建赤牛城（牛头城）。

赤牛城 亦名牛头寨。在今重庆市梁平县西仁贤镇牛头村。南宋淳祐二年（1242），为抗元建城于赤牛山，移梁山军及梁山县于此。

赤化县 1935年4月川陕革命根据地置，治白田坝（今四川广元市西南赤化镇）。同年5月废。

赤斤山 亦名赤金峡。即今甘肃玉门市西北赤金峡。《清一统志·安西州》：赤金山“在玉门县赤金所西三十里。即赤斤蒙古之山硖也，当北来西去之通道，明参将崔麒败贼于此”。

赤斤千户所 一作赤金蒙古千户所。明永乐二年（1404）置，以处鞑靼丞相苦术子塔力尼等来降者。治所即今甘肃玉门市西北赤金镇。八年（1410）升为赤斤蒙古卫。

赤斤卫 亦作赤金蒙古卫。明永乐八年（1410）升赤斤蒙古千户所置，治所即今甘肃玉门市西北赤金镇。后废。清康熙五十七年（1718）复置赤斤卫，雍正四年（1726）裁。

赤乌场 唐置，即今江西瑞昌市。《寰宇记》卷111江州瑞昌县：“本赤乌场地。按，《吴志》，孙权时有赤乌见于此，始有地名。……赤乌之地则浔阳西偏。建中四年以浔阳西偏僻远，因立为场。”五代南唐升元三年（939）升为瑞昌县。

赤乌镇 又名瑞昌镇。即今江西瑞昌市。《方舆纪要》卷85九江府瑞昌县：赤乌镇“后汉建安中，孙权拒曹操于赤壁，使程普屯兵于此，时有赤乌之瑞，因名。唐曰赤乌场，五代南唐改置今县”。

赤石 又名赤石街。即今福建武夷山市南十五里赤石镇。1942年6月17日，上饶集中营新四军战士被解往建阳途中在此暴动。崇阳溪东红岩坡上建有赤石暴动烈士陵园。

赤石山 ①在今河南内乡县西南。《魏书·地形志》：南阳郡新城县“有赤石山”。《水经·淯水注》：朝水“出西北赤石山”。即此。

②在今云南牟定县西三十里。《清一统志·楚雄府》：赤石山“山多赤石。一名赤土山。林木幽邃，延亘二百余里。其东有泉，下流为零川。《图经》：即楚雄之峨禄山也”。

③即今新疆吐鲁番盆地中部之火焰山。《魏书·高昌传》：“国有八城，皆有华人。……北有赤石山。”

赤石矶 在今江苏南京市东南城外。清康熙《江南通志》卷11：赤石矶“在江宁县东南城外，长河东来有采石枕中流，居人竞种石榴花，每盛夏时缘堤岸灿若霞锦，为画舫欢游之所”。

赤石县 西魏置，属淯阳郡。治所在今陕西旬阳县北。北周废入黄土县。

赤石岭 在今江西大余县东北。《清一统志·南安府》：赤石岭巡司“在大庾县东北百余里。明洪武二十二年置。旧治峰山里。弘治元年移小溪城，正德中复移于峰山新城。后又移而南，治峰山里水西村。今因之”。

赤石驿 南宋绍兴中置，属崇安县。即今福建武夷山市南赤石街。1942年6月“皖南事变”时闻名中外的“赤石暴动”即此。

赤石洞 在今江西吉安市西南。《资治通鉴》：五代梁开平四年（910），“吴水军指挥使敖骈围吉州刺史彭玕弟瑊于赤石”。胡三省注：“即吉州之赤石洞，彭氏巢穴也。”《方舆纪要》卷87吉安府庐陵县：赤石洞“在府西南”。

赤石崖 在今云南宾川县东北八十里。明置巡司于此。

赤石镇 即今湖南宜章县东北六十里赤石乡。明、清置巡司于此。

赤龙山 在今重庆市城口县北。清道光《城口厅志》卷4：赤龙山在“厅北一里。为厅城主顶山。《通志》名城口山。山下有诸葛城遗迹。山极雄峻，重叠三层：由山麓上第一层，高五里为城口山，一名鹞子岩。又上五里至中层，名轿顶山，一名轿顶寨。又上三十里至顶为赤龙山，一名池龙山。其来龙绵亘数百里，直连陇首山。山上左有池，阔数丈；右有池较大，水皆澄清，深不可测。绝顶四时有云气，聚则主雨，散则立晴。农人以此占验”。

赤东湖 在今湖北蕲春县西南。《方舆纪要》卷76蕲州：赤东湖在“州北十里。蕲水流注于此。其湖有九十九汊，孔道所经也。中有永安堤。今掌于河泊所”。

赤北县 1933年1月川陕革命根据地由四川通江县的两河口、空山坝和陕西镇巴县的核桃树、简池四地析置，治两河口（今四川通江县北两河口乡）。同年2月迁治泥溪场（今通江县北泥溪乡）。1935年3月废。

赤甲山 亦作赤胛山。又名火焰山。在今重庆市奉节县东长江北岸，相近为白帝山。《水经·江水注》：“江水又东径赤岬城西……南连基白帝，山甚高大，不生树木，其石悉赤。土人云，如人袒胛，故谓之赤岬山。”《元和志》逸文卷1夔州：“赤甲山在城北三里。汉时尝取邑人为赤甲军，盖犀甲之色也。”

赤光县 1934年8月西北革命根据地由延川县西部析置，治永平镇（今陕西延川县西北永坪镇）。1935年1月改名延川县。

赤屿 即今台湾东北大海中之赤尾屿。明陈侃《使琉球录》中“过赤屿”，即此。

赤竹山 在今湖南洪江市（黔城镇）东南。《舆地纪胜》卷71沅州：赤竹山“在江安寨东六十里”。《方舆纪要》卷81黔阳县“金龙山”条下：“赤竹山在县（治今黔城镇）东百四十里。冈陇盘纡，多赤竹。”

赤竹城 在今湖南湘阴县南十七里。《清一统志·长沙府二》：赤竹城，“《府志》：宋绍兴初，知县胡昭建县治于其地，谓之新县。今遗址尚存”。

赤延县 1934年4月西北革命根据地由靖边县析置，治青杨岔（今陕西靖边县东南青阳岔镇）。1935年9月改名靖边县（东靖边）。1937年8月与新城、横山二县合并为靖横县。不久复名靖边县。

赤延镇 清置，属陇州。即今陕西陇县西北火烧寨乡。

赤庄镇 金置，属长清县。在今山东济南市长清区地。

赤江 即今江西修水县西南征村乡。清同治《南昌府志》卷4义宁州：赤江渡“在州（治今修水县）南三十五里。相传许旌阳逐蛟至此，蛟变为瓠，以剑劈之，水皆赤，故名”。

赤江县 1933年2月川陕革命根据地由通江县析置，治毛浴镇（今四川通江县东北毛裕乡）。1935年2月废。

赤江镇 又名赤冈镇。北宋置，属丰城县。在今江西丰城市西赤冈。

赤安县 1934年改保安县置，治所即今陕西志丹县。1936年改名志丹县。

赤阪 在今陕西洋县东二十里龙亭山。《三国志·蜀书·后主传》：建兴八年（230），魏司马懿等欲攻汉中，“丞相（诸葛）亮待之于城固、赤阪”。即此。

赤坂冈 在今湖北荆州市荆州区（故江陵县）西北。《水经·沔水注》：“江陵西北有纪南城，城西南有赤坂冈，冈下有渎水，东北流入城，名曰子胥渎。”

赤坎 即大赤磡。今广东珠海市斗门区西北大赤坎。

赤坎戍 南朝梁天监八年（509）置，在今安徽固镇县东南仁和集。大同二年（536）改置仁州。

赤坎埠 ①一作赤墈。即今广东开平市西南赤坎镇。明、清设松柏巡司于此。

②即今广东湛江市（赤坎区）。清道光《遂溪县志》卷4：赤坎埠在“县东四十里。商旅穰熙，舟车辐辏”。光绪二十五年（1899）法国强租广州湾，租借地之总机关设于此。

赤坑（阬） 当在今内蒙古乌拉特前旗境。《后汉书·张奂传》：延熹初，“迁使匈奴中郎将。时休屠各及朔方、乌桓并同反叛，烧度辽将军门，引屯赤坑，烟火相望”。李贤注：“时度辽将军屯五原。”《方舆纪要》卷61榆林镇：赤坑，“贤曰：时度辽将军盖屯五原，赤坑与五原相近也”。

赤花墟 在今广东佛山市顺德区北赤花村，东临番禺市界。清咸丰《顺德县志》卷5：津渡有“赤花墟”。

赤矶山 亦名赤壁山。在今湖北江夏区西南的赤矶山。《水经·江水注》：“江水左径百人山南，右径赤壁山下，昔周瑜与黄盖诈魏武大军处所也。”

赤坚岭 在今山西岚县西南五十里，与方山县交界处。明置巡司于此。《明史·地理志》 汾州府永宁州：“北有赤坚岭，一名离石山，离石水出焉。”即此。

赤县 即赤县神州的省称。指中国。唐李白《赠宣城赵太守悦》诗：“赤县扬雷声，彊（强）项闻至尊。”

赤县神州 中国之别称。《史记·孟子荀卿列传》：战国齐人邹衍创“大九州”说，“中国名曰赤县神州。赤县神州内自有九州，禹之序九州是也，不得为州数。中国外如赤县神州者九，乃所谓九州也”。

赤里街 秦成都太城之街。相当今四川成都市旧城南大街。《寰宇记》卷72成都县引杨雄《蜀本纪》云：“秦惠王遣张仪、司马错定蜀，因筑成都而县之。成都在赤里街，张若徙置少城内。始造府县寺舍，今与长安同制。”东晋常璩《华阳国志·蜀志》：“成都县本治赤里街，若徙置少城内。”

赤谷 ①在今陕西周至县东南。《水经·渭水注》：漏水“出南山赤谷，东北流径长杨宫东”。宋敏求《长安志》卷18：“赤谷在（盩厔）县东南三十五里。”

②在今甘肃天水市西南。《水经·渭水注》：“藉水又东北，入上邽县。……藉水又东，黄瓜水注之。……黄瓜水又东北，历赤谷，咸归于藉”。杜甫有《赤谷》等诗作。

赤谷口 在今甘肃天水市西南七里。《宋史·宁宗纪》：南宋嘉定十一年（1218）三月，“利州统制王逸等率忠义人复皂郊……忠义人十万余出攻秦州，官军继进，至赤谷口，王逸传（刘）昌祖之命退师，且放散忠义人，军大溃”。即此。

赤谷水 在今陕西眉县东南。《清一统志·凤翔府一》：赤谷水“在郿县东南。《县志》，俗名红河。源出太白山顶太白湫，名太白峡。水自山岩喷飞而下，一名瀑布泉，出谷分三派。……西注渭”。

赤谷县 北魏孝昌中置，属建平郡。治所在今山西孝义市境。北齐废。

赤谷城 汉西域乌孙国都城。在今吉尔吉斯斯坦伊塞克湖东南伊什特克附近。《汉书·西域传》：乌孙国“大昆弥治赤谷城”。

赤龟山 在今云南凤庆县北二百三十五里。《方舆纪要》卷118顺宁府：赤龟山“以形似名。黑惠江如长蛇盘绕其下。山阿有聚落，行旅往来，多宿于此”。

赤狄 春秋时部落名，狄之一种。在今山西潞城市东北一带。《春秋》：宣公三年（前606），“秋，赤狄侵齐”。又，宣公十五年，“六月癸卯，晋师灭赤狄潞氏”。

赤沙 在今湖南保靖县东北。《资治通鉴》：三国魏景元四年（263），“魏遣汉葭县长郭纯试守武陵太守，率涪陵民入迁陵界，屯于赤沙”。即此。

赤沙上寨 在今贵州黎平县南。《方舆纪要》卷121黎平府永从县：赤沙上寨“在县（今永从镇）西。又县南有赤沙中寨，县东有赤沙下寨”。

赤沙山 在今新疆温宿县北。《水经·河水注》：姑墨川水“水导姑墨，西北赤沙山，东南流经姑墨国西”。

赤沙城 在今陕西黄陵县西。《寰宇记》卷35中部县：“赤沙城在县西七十里。古戍城也。”

赤沙亭 亦名赤亭。在今湖南南县城附近赤松亭一带。以近赤沙湖而名。《资治通鉴》：南朝梁大宝二年（551），胡僧佑攻侯景将任约，“潜引兵至赤沙亭”。即此。

赤沙湖 又名蠡湖或赤鼻湖、赤亭湖。在今湖南洞庭湖西，为澧水所汇。东通洞庭。《资治通鉴》：五代汉乾祐二年（949），马希萼自朗州将水军攻其弟希广于潭州，军败，“希萼自赤沙湖乘轻舟遁归”。即此。宋范致明《岳阳风土记》：赤沙湖“夏秋水涨，与洞庭湖通”。又“赤亭湖，本赤湖。梁太清六年湘东王遣胡僧祐、陆法和诛侯景将任约，于此为亭，因名焉”。

赤沙澳 在今广东惠来县东南前詹镇海滨附近。《方舆纪要》卷103惠来县：赤沙澳“在县南四十里。沙隄蔽涛，海艘时集于此，为防御要地”。

赤陇山 亦作赤龙山。在今海南省万宁市东南。《元丰九域志》卷9：万宁县有赤陇山。《明一统志》卷82琼州府：赤陇山“在万州东南三十里。其土赤色。又名赤龙山”。

赤坭墟 即今广东广州市花都区（新华镇）西北赤坭镇。清光绪《广州府志》卷69墟市：花县有“赤坭墟”。

赤松山 ①在今浙江金华市东北。《清一统志·金华府一》：赤松山“在金华县北十五里。有赤松宫，祠黄初平。明太祖初下婺城，驻跸于此”。

②在今湖南张家界市南。《方舆纪要》卷77慈利县“天门山”条下：赤松山“与天门山对峙”。

赤松子山 一名赤亭山。在今浙江富阳市东。宋《咸淳临安志》卷27富阳县：“赤松子山在县东九里。高一百五十丈，周围四十里一百步。赤松子驾鹤时憩此，因得名。”

赤松涧 赤松溪支流。在今浙江金华市东北。《隋书·地理志》：东阳郡金华县“有赤松涧”。《寰宇记》卷97金华县：“赤松子游金华山，以火自烧而化，故山上有赤松之祠，涧自山而出，故曰赤松涧。”唐时婺州贡赤松涧米，即出产于此。

赤松溪 东阳江支流。在今浙江金华市东北。源出大盘山南麓，南入东阳江。清康熙《金华府志》卷3：赤松溪“发源盘泉山顶东玉壶，南流至卧羊山，又有赤松涧至此合，东流十余里，入东港”。

赤岸 ①山名。在今江苏南京市西北长江岸边。《文选》卷34汉枚乘《七发》说广陵潮逆流而上，可以“凌赤岸，篲扶桑”。唐李善注：“赤岸，盖地名也。曹子建《表》曰：南至赤岸。”又引山谦之《南徐州记》曰：潮水“至江乘，北击赤岸，尤更迅猛”。江乘即建康（今南京）的代称。《南齐书》卷1亦载：南朝宋元徽二年（474）五月，江州刺史、桂阳王刘休范反于寻阳（今江西九江），率兵顺流而下，直逼建康。时太祖萧道成被委为使持节、都督征讨诸军、平南将军，立即占据新亭（在今南京市西南油坊桥东），令宁朔将军高道庆、羽林监陈显达、员外郎王敬则浮舸与贼水战，“自新林至赤岸，大破之，烧其船舰，死伤甚众”（唐许嵩撰《建康实录》中亦有大体相同的记载）。新林在今南京市西南西善桥。李东怀《江乘赤岸今何在》一文经过考证，认定赤岸当在新亭之北、卢龙山（今南京市西北狮子山）之南，大江东岸（南岸）的清凉山西鬼脸城一带。

②山名。在今江苏南京市六合区东南瓜埠山东五里。《寰宇记》卷123扬州六合县：赤岸山“《南兖州记》云：瓜步山东五里，江有赤岸，南临江中。罗君章云‘赤岸若朝霞’，即此谓也。涛水自海入江，冲激六七百里，至此岸侧，其势始衰。郭景纯《江赋》云，‘鼓洪涛于赤岸’，即此也”。《舆地纪胜》卷38真州：赤岸“真山岩与江岸数里土色皆赤”。

③在今广东增城市西南。《新唐书·地理志》南海县：“有赤岸、紫石二戍。”《元和志》卷34南海县：赤岸戍“在县东百里”。

④在今甘肃东乡族自治县西北考勒乡的红崖子。《水经·河水注》：“大河又东径赤岸北，即河夹岸也。”

赤岸泽 在今陕西大荔县西南。《周书·宣帝纪》：大象二年（580），“行幸同州……自应天至于赤岸泽”。即此。今湮。

赤岸镇 在今河北曲阳县西北。《资治通鉴》：唐武德六年（623），“高开道掠赤岸镇及灵寿、九门、行唐三县而去”。《元丰九域志》卷2：定州唐县有赤岸镇。

赤岩银场 在今浙江天台县西南水南村附近之银山。宋《嘉定赤城志》卷7天台县：赤岩银场“在县西一十里。元祐四年因矿发而建，今废为铅坑”。今为天台县银铅锌矿。

赤岩镇 即今福建周宁县西北赤岩。明属政和县，洪武二年（1369）置巡司于此。清初废。

赤岬城 亦作赤甲城。在今重庆市奉节县东十里赤岬山。《水经·江水注》：“江水又东径赤岬城西，是公孙述所造。因山据势，周回七里一百四十步，东高二百丈，西北高千丈，南连基白帝山。”相近为白帝城。《旧唐书·地理志》奉节县：“今县北三里赤甲城。”

赤岭 ①在今安徽祁门县西北百里，北通石台孔道。古陵阳南下黟、歙，多取道于此。《舆地纪胜》卷20徽州：赤岭“在祁门北百二十里。《祥符经》云，昔人于岭下溪为梁取鱼，鱼不得下，遂飞越岭，人复于岭上设网。鱼化为石，遇雨则赤，故名”。

②在今福建武夷山市南。《资治通鉴》：五代晋开运二年（945），南唐以何敬洙、祖全恩等“将兵数千会攻建州，自崇安进屯赤岭”，即此。

③即今青海省青海湖东日月山。唐为自陇右入吐蕃必经之地。因土石皆赤，故名。《新唐书·吐蕃传》：开元时，“吐蕃又请交马于赤岭，互市于甘松岭。宰相裴光庭曰：‘甘松中国阻，不如许赤岭。’乃听以赤岭为界，表以大碑，刻约其上”。

赤金山 即今安徽当涂县北十里大金山。《元和志》卷28当涂县：赤金山“出好铜与金类，《淮南子》、《食货志》所谓丹阳铜也”。

赤金峡 在今甘肃玉门市西北赤峡村。清置驿于此。

赤金堡 清康熙五十六年（1717）筑，后设都司驻守。故址即今甘肃玉门市西北赤金镇。

赤金湖 在今甘肃玉门市北赤金镇东南。清置驿于此。《清一统志·安西州》：赤金硖站“其东四十里至赤金湖”。

赤河　①在今山东东平县西北。亦黄河支流。《宋史·河渠一》：“自周显德初，大决东平之杨刘，宰相李谷监治堤，自阳谷抵张秋口以遏之，水患少息。然决河不复故道，离而为赤河。”乾德二年（964），“赤河决东平之竹村，七州之地复罹水灾”。咸平三年（1000），“赤河决，拥济、泗，郓州城中常苦水患”。

②即流经川、黔两省境之赤水河。为长江支流。《明史·陈桓传》：洪武十四年（1381）从征云南，“由永宁趋乌撒，道险隘，自赤河进师，与乌撒诸蛮大战，败走之”。

③即今新疆西南克孜勒苏河、喀什噶尔河，为塔里木河上源之一。《新唐书·地理志》：“又六十里至据史德城，龟兹境也。一曰郁头州，在赤河北岸孤石山。”“汉城亦在滩上。赤河来自疏勒西葛罗岭，至城西分流，合于城东北，入据史德界”。

赤城　①即今河北赤城县。《魏书·道武帝纪》：登国二年（387），“幸赤城”。《水经·沽水注》：“沽水又西南径赤城东，赵建武年，并州刺史王霸为燕所败，退保此城。城在山阜之上，下枕深隍。”即此。

②浙江台州（今临海市）的别称。因境内赤城山而得名。南宋陈耆卿撰《嘉定赤城志》，即以此名台州。

③亦曰峦城。在今陕西华县西。《水经·渭水注》：“渭水又东径峦都城北，故蕃邑，殷契之所居。《世本》曰：契居蕃。阚骃曰：蕃在郑西。然则今峦城是矣，俗名之赤城……苻健入秦，据此城以抗杜洪。”《魏书·地理志》：郑县有“赤城”。

④在今青海湟源县西五里。《水经·河水注》：“湟水又东径赤城北，而东入径戎峡口。”即此。

赤城山　①在今河北赤城县东五里。《方舆纪要》卷18赤城堡：赤城山“山石多赤。《志》云：古赤城在北山，坐据高险，最得形胜，盖即此山矣”。

②在今内蒙古乌拉特中旗东南。《清一统志·乌喇特》：赤城山“在旗（治所在今包头市西哈德门）西北一百里。蒙古名五蓝拜星”。

③在今浙江天台县西北六里。《寰宇记》卷98天台县：赤城山“在县北六里。孔灵符《会稽记》云：赤城山，土色皆赤，状如云霞，悬溜千仞”。唐李白《梦游天姥吟留别》：“天姥连天向天横，势拔五岳掩赤城”，即指此。

④青城山的别名。在今四川都江堰市西南三十里。南宋陆游《将之荣州取道青城》诗云：“倚天山作海涛倾，看遍人间两赤城。”自注：“青城山一名赤城，而天台之赤城乃余旧游。”

⑤一名宝屏山。在今四川蓬溪县东。《舆地纪胜》卷155遂宁府：赤城山“在蓬溪县东二里。国清观居其上”。《方舆纪要》卷71蓬溪县：赤城山“中峰蔚然，左右环拱，上有高台五层，山皆赤土”。

赤城川　即今甘肃黑河上游，在华亭、崇信、灵台三县境。《方舆纪要》卷58崇信县：赤城川“在县西南六十里”。《清一统志·平凉府一》：赤城川水“源出华亭县东南界，东流径泾州崇信县南四十里，为赤城川。又东北流至泾州南三十里，灵台县北四十里，为盘口河，亦名后川河。其水清甘，邑人资之。又东流至陕西邠州长武县入泾”。

赤城县　①清康熙三十二年（1693）改赤城堡置，属宣化府。治所即今河北赤城县。民国初属直隶口北道。1928年属察哈尔省。1952年属河北省。1958年废入龙关县，1960年复名赤城县。

②1929年鄂豫皖革命根据地由商城县改名，治所即今河南商城县。1932年复名商城县。

赤城驿　①宋置，在今浙江天台县。宋《嘉定赤城志》卷3天台县：赤城驿“在县西南二百步”。

②在今浙江临海市城区江下街附近。《方舆纪要》卷92台州府：赤城驿“在府治东南。宋置丹丘驿，明朝改今名”。清康熙三十九年（1700）废。

赤城郡　南朝梁武帝改临海郡置，属东扬州。治所在章安县（今浙江台州市椒江区椒江北岸之章安镇）。辖境当今浙江临海、台州二市及天台、仙居、宁海、三门、温岭五县地。寻复改临海郡。

赤城站　元置，即今河北赤城县。为大都至上都间的重要驿站。

赤城堡　明宣德五年（1430）置，属万全都司。治所即今河北赤城县。清康熙三十二年（1693）改为赤城县。

赤城镇　北宋置，属彭原县。即今甘肃庆城县西南七十里赤城乡。明嘉靖三十年（1551）筑赤城堡。

赤南县　1933年9月川陕革命根据地改镇西县置，治平落坝（今陕西镇巴县南赤南乡）。同年12月改名陕南县。

赤柯泺　当在今内蒙古呼和浩特市境内。《新唐书·回鹘传·薛延陀》：贞观十五年（641），李世勣击薛延陀于漠南，大度设“率众走赤柯，度青山，然道回远，勣选敢死士与突骑径腊河，趣白道”。

赤柱汛　清置，属大鹏营。即今广东香港之香港岛东南赤柱。

赤面国　西藏吐蕃王朝之别称。《释迦牟尼如来像法灭尽之记》载有赤面国，即指吐蕃早期之辖区。《新唐书·吐蕃传》载：“（文成）公主恶国人赭面，弄赞下令国中禁之。”故名。此指今西藏。

赤泉　①在今甘肃张掖市东南。《晋书·秃发傉檀载记》：南凉弘昌四年（405），“伐沮渠蒙逊，次于氐池。蒙逊婴城固字，芟其禾苗，至于赤泉而还”。

②一名赤乌泉。在今甘肃武威市西南。《资治通鉴》：南朝梁承圣二年（西魏废帝二年，553），“吐谷浑可汗夸吕，虽通使于魏而寇抄不息，宇文泰将骑三万逾陇，至姑臧，讨之。夸吕惧，请服；既而复通使于齐。凉州刺史史宁觇知其还，袭之于赤泉，获其仆射乞伏触状”。胡三省注：“《唐志》：凉州姑臧县有赤水军，本赤乌镇，有赤乌泉，因名。”

赤亭 ①在今湖北麻城市西南。《魏书·田益宗传》：景明初，“萧衍建宁太守黄天赐筑城赤亭”。即此。

②一作赤沙亭。在今湖南华容县南。《资治通鉴》：南朝梁大宝二年（551），侯景将任约“至赤亭。六月，甲辰，（胡）僧祐、（陆）法和纵兵击之，约兵大溃，杀溺死者甚众，擒约送江陵”。

③在今甘肃成县西南。《后汉书·虞诩传》：元初二年（115），“羌众万余，攻围赤亭数十日”，太守虞诩击破之。《资治通鉴》：南朝宋元嘉十九年（442），裴方明伐仇池，“杨难当遣建节将军符弘祖守兰皋，使其子抚军大将军和将重兵为后继。方明与弘祖战于浊水，大破之，斩弘祖，和退走，追至赤亭，又破之”。皆此。

④在今甘肃山丹县西北。《资治通鉴》：唐开元八年（720），突厥将暾欲谷破拔悉密于北庭。“暾欲谷引兵还，出赤亭，掠凉州羊马。”

⑤在今甘肃陇西县西三十里。《晋书·姚弋仲载记》：“姚弋仲，南安赤亭羌人也。其先有虞氏之苗裔……虞九世孙迁那率种人内附，汉朝嘉之……处之于南安之赤亭。”即此。

⑥或曰赤亭口，亦名赤亭道口。在今新疆鄯善县东北七克台镇附近。唐置赤亭守捉于此。唐岑参《火山云歌送别》诗云：“火山突兀赤亭口，火山五月火云厚。”即此。

赤亭山 ①即赤松子山。在今浙江富阳市东九里。宋《咸淳临安志》卷27：赤松子山“一曰赤亭山”。汉严子陵钓于赤亭，即此。

②在今甘肃陇西县北。《方舆纪要》卷59陇西县：赤亭山“以近赤亭川而名”。《清一统志·巩昌府一》：赤亭山“在陇西县北二十里，山色正赤，上有堡甚险”。

赤亭水 ①即今湖北东部长江北岸支流举水。《水经·江水注》：“举水又东南历赤亭下，谓之赤亭水。”

②一名赤水。在今甘肃陇西县东北。《水经·渭水注》：“赤亭水出（南安）郡之东山赤谷，西流径城北，南入渭水。”《晋书·乞伏炽磐载记》：东晋义熙十一年（415），西秦王炽磐“遣其将昙达、王松寿等讨南羌弥姐康薄于赤水，降之”。

赤亭守捉 唐置，属伊州。在今新疆鄯善县东北七克台镇。

赤亭县 南朝宋元嘉二十五年（448）置，属西阳郡。治所在今湖北麻城市西南。大明八年（464）废。

赤亭城 在今湖南华容县南五十里。《资治通鉴》：南朝梁大宝二年（551），湘东王绎遣胡僧祐援巴陵，与侯景将任约遇于芊口，僧祐“潜引兵至赤沙亭”。胡注：赤亭城“三面临水，即胡僧祐所据”。唐杜佑《通典·州郡部》巴陵郡：“今郡西华容界有赤亭城是也。城近赤亭湖，因以为名。”

赤洪岭 即离石山。在今山西方山县东北。《魏书·废出三帝纪》：北魏永熙二年（533），“齐献武王自晋阳出讨尔朱兆。丁酉，大破之于赤洪岭”。

赤洋营 在今河北昌黎县东南三十里大蒲河镇南赤洋口乡。《方舆纪要》卷17昌黎县：赤洋营“有小城，海滨防戍处也”。

赤津岭 在今浙江遂昌县北与龙游县接界处。《方舆纪要》卷94遂昌县：赤津岭“在县北六十里。岭高险，下临溪流，为北达龙游之道”。明正统设置赤津岭寨以防守。

赤津岭寨 在今浙江龙游县南与遂昌县接界处。《方舆纪要》卷93龙游县“湖镇市”条：“县东南七十里有赤津岭寨……正统中置，以备矿寇。”

赤祖 在今四川绵竹市东北。《晋书·李流载记》：西晋太安间，益州刺史罗尚杀李特，“流与兄子荡、雄收余众，还赤祖，流保东营，荡、雄保北营”。即此。

赤眉山 在今湖北枣阳市东北。《舆地纪胜》卷88枣阳军：赤眉山“在枣阳县东北八十里。世传赤眉尝军此山下，地名北寨”。

赤眉城 ①即今河南伊川县东北二十八里许营村。《水经·伊水注》：“来儒之水又西南径赤眉城南。”即此。

②即今河南内乡县北赤眉镇。清康熙《内乡县志》卷2《市集》：“赤眉城，北三十里。”

赤桥 在今山东聊城市西北。《晋书·石勒载记》载：晋永嘉中，苟晞等破汲桑、石勒于清渊，桑等将西奔刘渊，“冀州刺史丁绍要之于赤桥，又大败之”。即此。

赤晏庙 在今江苏涟水县西南。《明史·河渠志一》：嘉靖三十一年（1552），总河副都御史曾钧上言：“刘伶台至赤晏庙凡八里，乃黄河下流，淤沙壅塞，疏浚宜先。”

赤峪山 在今甘肃天水市西南十里。《水经·渭水注》：“赤亭水出东山赤谷。”唐杜甫《赤谷诗》：“晨发赤谷亭，艰险方自兹。”即此。

赤峰市 1945年8月革命根据地由赤峰县城区析置，治所即今内蒙古赤峰市。1947年并入赤峰县。1948年复置。1955年划归内蒙古自治区。1969年改属辽宁省。1979年复属内蒙古自治区。1983年撤销昭乌达盟，改设地级赤峰市。

赤峰县 清乾隆四十三年（1778）改乌兰哈达直隶厅置，属承德府。治所即今内蒙古赤峰市。光绪三十四年（1908）升为赤峰直隶州。1913年复改为县。1914年属热河特别区热河道。1928年属热河省。1940年废入翁牛特右旗。1945年复置。1955年划归内蒙古自治区昭乌达盟，为盟治所。1958年析置赤峰市。1983年撤销，并入赤峰市。

赤海 在今青海共和县东南曲沟一带。《资治通鉴》：唐贞观九年（635），“薛万均、薛万彻又败天柱王于赤海”。胡注：“赤海盖即赤水深广处。”

赤涂（塗）城 十六国李特建，在四川成都市区北。明曹学佺《蜀中名胜记》卷1成都府引《成都记》云："府治北三里许，有李特所筑赤涂城。"

赤宾河　指今青海玛多县西北黄河。《元史·地理志》河源附录：河"自西而东，连属吞噬，行一日，迤逦东骛成川，号赤宾河"。

赤朗错　又作次朗错。在今西藏南部，门隅地区达旺西南二十里。藏语意为万条路。原隶属于西藏地方政府管辖，为门隅三十二错、定（错、定是当地的一级行政区划）之一。1951年被印度政府非法占领。

赤堇山　①在今浙江绍兴县东南三十里。《越绝书》卷11："赤堇之山，破而出锡。"

②一名鄞城山。在今浙江奉化市东白杜与鄞县交界处。宋《宝庆四明志》卷14奉化县："《旧志》载赤堇山在鄞县东四十里，云山有草曰赤堇，鄞县以此为名而加邑焉。"

赤鄂衍那　即石汗那。都艳城（今阿富汗东北境斯科扎尔一带；一说即今塔吉克斯坦杜尚别西南迭脑）。唐玄奘《大唐西域记》卷1：赤鄂衍那国"东西四百余里，南北五百余里。国大都城周十余里"。

赤崖　亦曰赤岸。在今陕西留坝县东北。《水经·沔水注》引诸葛亮《与兄瑾书》云："前赵子龙退军，烧坏赤崖以北阁道缘谷一百余里，其阁梁一头入山腹，其一头立柱于水中。今水大而急，不得安柱，此其穷极，不可强也。"又云："顷大水暴出，赤崖以南，桥阁悉坏。时赵子龙与邓伯苗一戍赤崖屯田，一戍赤崖口，但得缘崖与伯苗相闻而已。"即此。

赤崖山　①一名朝阳山。在今四川宜宾市西北。东晋常璩《华阳国志·蜀志》："有故蜀王兵阑，亦有神作大滩江中，其崖崭峻，不可凿，乃积薪烧之，故其处悬崖有赤、白五色。"《明一统志》谓之赤崖山，云"崖岸壁立，瞰大江色若绮霞"。《旧志》亦名朝阳崖，在宜宾县西北二十里。

②在今四川丹棱县北。《方舆纪要》卷71丹棱县：赤崖山在"县北二十里。高耸赤色，如乌府之状，拱翼县治"。明曹学佺《蜀中名胜记》卷12丹棱县：赤崖山"县以此得名也。其下即多棱川"。

赤崖社　即今河北昌黎县东南三十里大蒲河镇南赤洋口。明弘治《永平府志》卷1里社：昌黎县有赤崖社。

赤崖泉　在今山西壶关县东南。《方舆纪要》卷42平顺县："赤崖泉在县东八十里。源出石洞中，洞深里许，洞内产卢甘石，洞口土色赤，泉出其中，因名。"《清一统志·潞安府一》：赤崖"在壶关县东南九十里，一名赤壤山……有石洞深里许，出卢甘石，洞口有泉"。

赤麻径（逕）　在今广东佛山市高明区（高明镇）西南。《方舆纪要》卷101肇庆府高明县：赤麻径"在县（治今明城镇）东南三十里，为新会贼往来门户……设官兵戍守"。

赤烽镇　在今辽宁抚顺市东。《资治通鉴》：唐显庆三年（658）"六月，营州都督兼东夷都护程名振，右领军中郎将薛仁贵将兵攻高丽之赤烽镇，拔之"。即此。

赤淳县　1935年2月西北革命根据地由淳化、栒邑二县析置，治正嘴村（在今陕西淳化县西北十里塬乡境内）。取"赤化淳化"之意。同年10月撤销，改置淳耀、赤水二县。

赤嵌　①台湾土著番社名。指今台湾台南市一带。为山胞西拉雅族赤嵌社的译音。是台湾开发最早的地区。相传明代郑和下西洋，副使曾在此登陆取水。

②城名。明永历七年（1653）荷兰殖民者于今台湾台南市筑普罗文查城，华人称为赤嵌城，亦作红毛城。顺治十八年（1661）郑成功收复台湾，改置承天府。

赤铸山　一作尺铸山。在今安徽芜湖市东郊。《舆地纪胜》卷18太平州：赤铸山"在芜湖县东北八里。《旧经》云，楚干将铸剑之地"。又楚干将墓，"《图经》云，在赤铸山"。

赤湖　①在今福建仙游县南。《方舆纪要》卷98兴化府仙游县：赤湖"在县南四十里，枫亭市之东。昔时周环五里，土色皆赤，下为焦坑，流入枫亭溪"。

②在今江西瑞昌市东北二十五里。《方舆纪要》卷13九江府瑞昌县：赤湖"湖中有石沃山，水沃石润，因名。今有赤湖河泊所"。

③在今湖北荆州市荆州区（故江陵县城）西北。《水经·沔水注》："扬水又东北流，得东赤湖水口，湖周五十里。城下陂池皆来会同。"《方舆纪要》卷78江陵县：赤湖在"府西北十五里。《荆州记》：昭王十年，吴通漳水灌纪南，入赤湖，进灌郢城，遂破楚"。

赤湖县　东魏置，属新昌郡。治所在今安徽滁州市西十里赤湖铺。北齐废。

赤湖城　即今福建漳浦县东四十里赤湖镇。《方舆纪要》卷99漳浦县：赤湖城"元末，李志甫作乱，巨族曾仁礼率众筑城以御之。后圮。正德中，寇乱，居民复修完之，周六里有奇"。

赤湾汛　在今广东深圳市蛇口西赤湾。清于此建左、右炮台，为新安县门户。

赤鼓溪守捉城　唐置，属维州。在今四川理县东北。后废。

赤塘关　唐置，故址在今山西阳曲县北三十里何庄。《新唐书·地理志》：阳曲县"有赤塘关"。金置赤塘关镇。

赤塘关镇　金置，属阳曲县。故址在今山西阳曲县北三十里何庄。

赤鉴（鑑）湖　即今福建宁德市东北西陂塘。《清一统志·福宁府》：赤鉴湖"在宁德县东北二十五里。一名西陂塘。宋元祐四年里人林圭筑堤作堰，垦田七百四十八顷，后沦于海。宣和七年县令储惇叙重修不就，后又潴为湖”。

赤徘水 亦作赤洪水。又名离石水。即今山西方山县和吕梁市离石区境内之北川河。《方舆纪要》卷42永宁州：“赤徘水在州西北方山废县境，即离石水也。源出赤徘岭，东南流合于东川河。”即此。

赤徘岭 即离石山。在今山西方山县东北。《北齐书·斛律金传》：“高祖自出北道，度赤徘岭。”即此。

赤源县 1934年12月西北革命根据地由安定县析置，属陕西省。治龙咀河（今陕西子长县西北李家岔镇龙咀河）。取“红色政权发源地”之意。1936年撤销，并入安定县。

赤溪 ①衢江支流。即今浙江兰溪市西永昌溪。《方舆纪要》卷93兰溪县：赤溪“源出寿昌县东南二十五里之长岭，流入县界，合于衢港”。

②在今湖北宜昌市东南。《资治通鉴》：西晋泰始八年（272），吴步阐降晋，晋遣羊祜率步军出江陵，徐胤率水军击建平以救阐，吴“陆抗敕西陵诸军筑严围，自赤溪至于故市，内以围阐，外以御晋兵”，即此。

③即今四川遂宁市北十五里蓬溪河。《舆地纪胜》卷155遂宁府：赤溪“自蓬溪县利国镇西流入小溪，东合涪江”。《方舆纪要》卷71遂宁县：赤溪在“县北十五里。自蓬溪县流入界，经县治东，流入涪江”。《清一统志·潼川府一》：蓬溪“一名赤溪”。

赤溪五洞桥 在今浙江苍南县南赤溪镇过溪村。五洞桥为石墩型梁式石桥，长25米，宽1.7米，四墩五孔。桥墩用条石、块石垒砌，桥面用三块条石板拼铺，外侧有“宋咸淳三年（1267）丁卯良月重建”楷书题记。该桥保存完整，造型古朴，有确凿的纪年，是研究古桥梁的重要资料。2006年定为全国重点文物保护单位。

赤溪厅 清同治七年（1868）析新宁县置，属广州府。治所即今广东台山市东南赤溪镇。1912年改为赤溪县。

赤溪水 在今安徽祁门县东北。《舆地纪胜》卷20徽州：赤溪水“在祁门县东四十里”。《方舆纪要》卷28祁门县：赤溪水“在县东北。出黟县鱼亭山，西流五十里合大共水”。

赤溪县 1912年改赤溪厅置，后属广东粤海道。治所即今广东台山市东南赤溪镇。1920年直属广东省。1953年撤销，并入台山县。

赤溪湳洞长官司 ①元置，治所在今贵州剑河县（革东镇）东北南明镇。清康熙二十三年（1684）废。

②明洪武五年（1372）改南木洞长官司置，属思州宣慰司。治所即今贵州锦屏县。后属黎平府。清康熙二十三年（1684）废。

赤滩浦 一作赤滩圃。在今湖北襄阳市东南汉江上。《续资治通鉴》：南宋咸淳五年（1269）三月，“京湖都统制张世杰将兵拒蒙古围樊之军，战于赤滩浦，败绩”。即此。

赤滩镇 亦作涩滩。即今安徽泾县东北琴溪入青弋江处赤滩乡。明嘉靖《泾县志》卷1：涩滩在“县东北十五里”。清嘉庆《泾县志》卷2：赤滩镇“在县东十五里”。

赤勘墟 即赤坎埠。今广东开平市西南赤坎镇。清雍正《广东通志》卷18：开平县有赤勘墟。

赤鼻山 一名赤壁山。在今湖北黄冈市西北一里。《水经·江水注》：“江水又左径赤鼻山南，山临侧江川。”《方舆纪要》卷76黄州府黄冈县：赤鼻山“在府城西北汉川门外，屹立江滨，土石皆带赤色，下有赤鼻矶。今亦名赤壁山。苏轼以为周瑜败曹公处，非也”。明置赤壁矶巡司于此。

赤鼻矶 又名赤鼻山、赤壁山、赤壁矶。在今湖北黄冈市西北一里。《明史·地理志》 黄冈县：“南滨大江，西北岸有赤鼻矶，非嘉鱼之赤壁。”

赤鼻逻 在今江苏南京市西南。《资治通鉴》：南朝齐中兴元年（501），萧衍起兵攻建康，“王茂、邓元起、吕增珍进据赤鼻逻”，即此。

赤鼻湖 又作赤沙湖、蠡湖。在今湖南汉寿县东南三十里，接沅江市界。《寰宇记》卷113桥江县：“赤鼻湖半入朗州龙阳县界，湖中有赤鼻山，因以为名。”

赤镇街 即今安徽全椒县西南赤镇村。民国《全椒县志》卷1：赤镇街“距城四十里，湾街长一里，俱市肆。有分运盐局一”。

赤鲤湖 在今江苏泗阳县北七十余里。《元史·褚不华传》：“不华以余兵入淮安，时城之东、西、南三面皆贼，惟北门通沭阳，阻赤鲤湖。”即此。

赤颜山 在今江西瑞昌市西北境。《寰宇记》卷111江州瑞昌县：赤颜山“在县西北一百二十里。旧传赤松子尝游此”。《方舆纪要》卷85九江府瑞昌县：赤颜山“蛇径鸟道，登陟甚艰”。

赤磨岭 在今甘肃文县西南。《寰宇记》卷134：“文州西南至蕃界八十里，以赤磨岭为界。”

赤磨镇 在今四川松潘县东北。《资治通鉴》：唐武德七年（624）七月，“扶州刺史蒋善合击吐谷浑于松州赤磨镇，破之”。即此。

赤濑 即紫溪。今浙江临安市西昌化溪的古称。《水经·浙江水注》：紫溪“中道挟水，有紫色磐石，石长百余丈，望之若朝霞，又名此水为赤濑，盖以倒影在水故也”。

赤壁 ①在今山西河津市北。《魏书·匈奴刘聪传》：东晋大兴元年（318），“靳准之诛粲也，（刘）曜来赴之，次于赤壁”。即此。

②在今山西古县西。《方舆纪要》卷41岳阳县：“赤壁在县西一里。亦曰赤壁城，赤壁水经其下。”

③东汉建安十三年（208）孙权与刘备联军大败曹操之赤壁，历来说法不一，迄无定论。主要有二说：（1）即今湖北武汉市武昌区西赤矶山，与纱帽山隔江相对。南朝宋刘盛之《荆州记》：“蒲圻县（今赤壁市西北）沿江一百里南岸名赤壁，周瑜、黄盖此

乘大舰，上破魏武兵于乌林。乌林，赤壁其东西一百六十里。”《水经·江水注》：“江水左径百人山（今武汉市西南纱帽山）南，右径赤壁山下，昔周瑜与黄盖诈魏武大军处所也。”（2）即今湖北赤壁市西北赤壁镇北赤壁山，北对洪湖市东北乌林矶。唐李泰《括地志》：“鄂州蒲圻县有赤壁山，即曹公败处。”《元和志》卷27蒲圻县：赤壁山“在县西一百二十里，北临大江，其北岸即乌林，与赤壁相对，即周瑜用黄盖策焚曹公舟船，（曹操）败走处”。

④即赤鼻山。亦作赤壁矶。在今湖北黄冈市西北一里。北宋苏轼谪居黄州，作《前赤壁赋》、《后赤壁赋》、《念奴娇·赤壁怀古》，误认为即东汉建安十三年（208）孙权、刘备联军大破曹操于赤壁之处。

赤壁市 1998年撤销湖北省蒲圻市，改设赤壁市，市人民政府驻蒲圻。由咸宁市代管。

赤壁岭 在今云南昌宁县东南。明置巡司于此。

赤谿 在今湖北宜昌市西北。《三国志·吴书·陆抗传》：凤凰元年（272），“西陵督步阐据城以叛，遣使降晋。抗闻之……敕军营更筑严围，自赤谿至故市，内以围阐，外以御寇”。《方舆纪要》卷78夷陵州：赤谿“在州西北五里。即陆抗筑城围步阐处。东合大江。或谓之东坑”。

孝儿场 即今四川珙县西南孝儿镇。清乾隆《珙县志》卷2：“孝儿场巡检司，旧皆有署……今俱已废。”

孝义山 在今浙江龙泉市西南四十里。《新唐书·地理志》处州丽水县：“有铜，出豫章、孝义二山。”

孝义厅 清乾隆四十七年（1782）析咸宁、蓝田、镇安三县地置，属西安府。治所在大山岔（今陕西柞水县北三十里）。嘉庆七年（1802）移治旧县关（今柞水县）。1913年改为孝义县。

孝义市 1992年撤销山西省孝义县，改设孝义市，市人民政府驻城关。属吕梁地区。2003年属吕梁市代管。

孝义村 即今河南巩义市。梁吴均《续齐谐记》：“京兆田真兄弟三人共议分财，生赀皆平均，惟堂前一株紫荆树，共议欲破三片，明日就截之，其树即枯死，状如火然。真往见之，大惊，谓诸弟曰：‘树本同株，闻将分斫，所以颠顇，是人不如木也。’因悲不自胜，不复解树。树应声荣茂，兄弟相感，遂为孝门。”地以此得名。后名孝义镇。1963年巩县人民政府徙驻于此。1991年改设巩义市。

孝义县 ①唐贞观元年（627）改永安县置，属汾州。治所在今山西孝义市东南。《元和志》卷13孝义县：“因县人郭兴有孝义，故以名焉。”北宋太平兴国元年（976）改中阳县，后复为孝义县。熙宁五年（1072）废。元祐元年（1086）复置。明属汾州府。民国初属山西冀宁道。1930年直属山西省。1979年移治新城。1992年改设孝义市。

②1913年改孝义厅置，属陕西省。治所即今陕西柞水县。1914年改名柞水县。

孝义桥 ①在今江西抚州市临川区东北五里。是当地百姓为纪念“卧冰求鲤”的王祥而建。桥下池畔原有“晋王祥卧冰地”石碑一块，今不存。桥西原有孝义寺，内有王祥塑像。今寺已毁，桥仍完好。

②在今河南巩义市西东洛河上。《新唐书·地理志》河南府偃师县：“天宝七载，尹韦济以北坡道迂，自县东山下开新道通孝义桥。”

孝义堡 在今山西文水县南孝义镇。《清一统志·太原府二》：孝义堡“在文水县南十三里。其南二里有孝义墩，接交城县界”。

孝义寨 在今浙江磐安县南十四里翠峰寺。元置孝义巡司于此。明洪武七年（1374）改置镇守百户，后废。

孝义镇 即今陕西渭南市东北四十里孝义镇。清《乾隆内府舆图》：渭南县东北有孝义镇。

孝子峰 在今陕西华阴市南华山落雁峰西北。相传有一孝子因亲病舍身于此。清光绪《华岳志》卷1：孝子峰“在落雁西北，一峰特起，曰孝子峰，上有八卦池”。

孝丰（豐）县 明成化二十三年（1487）分安吉县置，属湖州府。治所在今浙江安吉县西南孝丰镇。以乡名县。正德二年（1507）改属安吉州。清乾隆三十八年（1773）复属湖州府。民国初属浙江钱塘道。1927年直属浙江省。1958年撤销，并入安吉县。

孝水 古名俞随水。又名王祥河。在今河南洛阳市西。《水经·谷水注》：“谷水又东，俞随之水注之。……世谓之孝水也。潘岳《西征赋》曰：‘澡孝水以濯缨，嘉美名之在兹。’”《清一统志·河南府一》：孝水“后周于此筑孝水戍，俗谓之王祥河，盖因近祥墓而名”。

孝水县 隋开皇十八年（598）改晋熙县置，属益州。治所在今四川绵竹市。《元和志》卷31绵竹县：“境有孝子姜诗泉，故取为名。”大业二年（606）改为绵竹县。

孝长支线 又称孝感支线。自湖北孝感至长江埠。长31公里。为平汉铁路（今京汉路）支线。日伪于1942年修筑。1945年被拆除。

孝文山 在今山西方山县东北。《清一统志·太原府一》：孝文山“相传元魏孝文帝尝避暑于此”。

孝东陵 在今河北遵化市马兰峪西清东陵中孝陵东一里。是顺治帝孝惠皇后及诸妃的陵寝。

孝宁县 南朝宋孝建元年（454）改轪县置，属西阳郡。治所在今湖北浠水县西南长江边。北周废。

孝行碑 南宋建。在今浙江新昌县南。《方舆纪要》卷92绍兴府新昌县：孝行碑在“县南一里。宋邑令林安宅所开，自城东虎队岭导流入东洞门，绕南门而西，以达于三溪。碑长十余里，溉田千余顷，附郭居民咸仰给焉”。

孝安县 辽置，属庆州。治所在今内蒙古林西县北四方城。金天会七年（1129）改为庆民县。

孝妇水 古为泷水，又作笼水。源出今山东淄博市博山区西南凤凰山，北流经邹平，至桓台县入小清河。《寰宇记》卷19引《舆地志》说："齐有孝妇颜文姜事姑孝养，远道取水不以寒暑易心，感得灵泉生于室内。文姜尝以缉笼盖之，姑怪其须水即得非意相供，值姜不在，私入姜室，去笼观之，水即喷涌坏其居宅，故俗亦呼为笼水。"

孝里市 汉长安九市之一。《长安志》曰：孝里市"在雍门之东"。此市当在汉长安城西北隅雍门之内。

孝武渡 今山东聊城市。《宋史·地理志》博州："宋淳化三年河决，移治于孝武渡西。"《方舆纪要》卷34聊城县"古聊城"条："旧有土城，宋淳化间筑。洪武五年甃以砖石。"

孝直镇 民国置，即今山东平阴县南孝直镇。清嘉庆《平阴县志》卷3：孝直铺"在城南五十里"。

孝昌县 南朝宋孝武帝分安陆县置，属江夏郡。治所在今湖北孝昌县北。因孝子董黯立名。明帝时为南义阳郡治。西魏为岳州岳山郡治。隋大业初属安陆郡。唐属安州。元和三年（808）废。咸通中复置，五代唐同光二年（924）改名孝感县。1993年复置，移今治花园镇。

孝昌城 在今山东曹县西四十里。北魏侨置沛郡于此。《魏书·地形志》沛郡："兴和二年置，治孝昌城。"

孝城驿 唐置，在今陕西蒲城县东北。北宋废。

孝顺驿 在今浙江金华县东北四十六里孝顺镇。《方舆纪要》卷93金华县：孝顺驿，"元置，为东出义乌之通道。今驿废，亦曰孝顺镇"。

孝顺洼（窪） 在今河北大城县西。《方舆纪要》卷11大城县：孝顺洼"相传唐太宗征辽，万马所饮而成"。

孝顺镇 北宋置，属金华县。即今浙江金华市东北四十六里孝顺镇。

孝泉 又名姜诗泉。在今四川德阳市西北四十里孝泉镇。《元和志》卷31德阳县："姜诗泉在县北三十九里。诗母好江水，一旦泉涌舍侧，味如江水。"北宋治平中改姜诗泉为孝感泉。其泉资以灌溉。今泉旁有姜孝祠。

孝泉镇 一名姜诗镇。北宋置，属绵竹县。即今四川德阳市西北四十里孝泉镇。

孝陵 ①北周武帝宇文邕的陵墓。在今陕西富平县西。唐杜佑《通典·州郡三》：京兆府富平县西有"后周武帝陵"。

②即明太祖朱元璋墓。在今江苏南京市东郊钟山南坡独龙阜玩珠峰下。

③清世祖顺治帝爱新觉罗·福临的陵寝。在今河北遵化市西七十里清东陵昌瑞山主峰南麓。

孝陵卫 明置，治所在今江苏南京市东中山门外紫金山南麓孝陵卫。

孝堂山 即古巫山。在今山东济南市长清区西南五十里孝里铺东。《水经·济水注》："今巫山之上有石室，世谓之孝子堂。"《寰宇记》卷13郓州平阴县："巫山一名孝堂山。《左传》云：齐侯登巫山以望晋师，即此山。山上有石室，俗传云郭巨葬母之所，因名孝堂山。"

孝堂山郭氏墓石祠 在今山东济南市长清区西南五十里孝堂山上。传为汉代孝子郭巨墓祠。据祠内题记和画像风格判断，建筑年代约为公元1世纪，是我国尚存的最早地面房屋建筑。祠用石筑，单檐悬山顶。室内宽3.8米。进深2.08米。屋顶两面坡的石板刻出脊背、瓦垄、勾头、椽头、连檐等形状。祠内石壁和石梁上雕有神话传说、天文星象、历史故事、出行图和战争场面等。祠内最早的游人题记有东汉永建四年（129）和永康元年（167）两则。在石祠山墙外侧刻有北齐陇东王"感孝颂"，在历史和书法艺术上有重大价值。1961年定为全国重点文物保护单位。

孝敬村 在今河北赵县境内。《隋书·李德饶传》：德饶"性至孝，父母寝疾，辄终日不食，十旬不解衣。及丁忧，水浆不入口五日，哀恸呕血数升。及送葬之日，会仲冬积雪，行四十余里，单缞徒跣，号踊几绝。会葬者千余人，莫不为之流涕。后甘露降于庭树，有鸠巢其庐。纳言杨达巡省河北，诣其庐吊慰之，因改所居村名孝敬村，里为和顺里"。

孝敬陵 即恭陵。在今河南偃师市南缑氏镇滹沱村西南景山白云峰之巅。为唐高宗太子李弘的陵墓。

孝感支线 即孝长支线。为平汉铁路（今京汉路）支线。从湖北孝感至长江埠。

孝感市 1983年撤销湖北省孝感县，改设孝感市，市人民政府驻北正街。1993年撤销孝感地区，设立地级孝感市。原县级孝感市南部置孝南区，北部置孝昌县。

孝感县 五代唐同光二年（924）改孝昌县置，属安州。治所即今湖北孝感市。《舆地纪胜》卷77德安府孝感县："《图经》云，因孝子董黯立名。……后唐改孝感，避庙讳也。"北宋属德安府。建炎中移治紫资寨。元至元十六年（1279）复还旧治。明洪武十年（1377）废，十三年（1380）复置。清雍正七年（1729）属汉阳府。民国初属湖北江汉道。1932年直属湖北省。1983年改设孝感市。

孝感泉 ①在今山东济南市城北。《寰宇记》卷19齐州历城县：孝感水"在县北门。按《三齐记》云：其水平地涌出，为小渠，与四望湖合流入州，历诸廨署，西入泺水。《耆老传》云：昔有孝子事母，取水远，感此泉涌出，故名孝水。天宝六年敕改为孝感水"。

②在今山东临沂市北二十五里。元于钦《齐乘》卷5：王祥墓西"戚沟湖孝感泉，剖冰跃鲤之地"。

志丹县 1936年改赤安县置，治所即今陕西志丹县。以纪念刘志丹烈士而命名。

声口溪 即今浙江开化县西南池淮溪。《方舆纪要》卷93开化县：声口溪在"县西二十里。其上流为池淮溪……池淮溪又东为声口溪，复东南流十五里注于金溪"。

声洋水 亦名清阳河。即今山东烟台市西之白洋河。又名内甲河。《汉书·地理志》东莱郡腄县：

"有之罘山祠。居上（止）山，声洋（丹）水所出，东北入海。"

却（郤）月城　①在今安徽和县南西梁山。《清一统志·和州》"遏狐城"条："却月城在州南天门山顶。刘宋时王元谟所筑。"

②亦名夏口城、沔口城。东汉建安中刘表将黄祖筑。在今湖北武汉市汉口城区西南。《水经·江水注》："沔左有却月城，亦曰偃月垒，戴监军筑。……昔魏将黄祖所守。吴遣董袭、凌统攻而擒之。"《寰宇记》卷131汉阳县：却月城"与鲁城相对，以其形似却月"，故名。

却佐溪　在今云南镇雄县西。《明一统志》卷72芒部军民府：却佐溪"在府西一百五十里。下流入白水江"。

却佐寨　即今云南镇雄县西牛场镇。明嘉靖五年（1526）于此置怀德长官司。

却非殿　东汉雒阳城南宫的正殿。在今河南洛阳市东北汉魏故城内。《后汉书·光武纪》载：建武元年（25），"车驾入洛阳，幸南宫却非殿，遂定都焉"。

却金亭　在今广东东莞市区光明路。碑立于明嘉靖二十一年（1542），碑高1.84米，宽1.02米。刻文二十一行，每行五十字，有篆书横额。碑文记载当时东莞地方官员李恺与暹罗（泰国）商人文明交往不受酬金的史实。由赐进士第翰林院编修郑一统篆额，赐进士第文林郎巡按广东监察御史姚宗舜撰文，赐进士第礼部员外郎林应亮书丹。碑保存完好。2006年定为全国重点文物保护单位。

劫布呾那　即东曹国。都城在今塔吉克斯坦杜尚别北乌拉秋别。唐玄奘《大唐西域记》卷1：劫布呾那国"周千四五百里，东西长，南北狭。土宜风俗同飒秣建国"。《新唐书·西域传》：东曹国又名"劫布呾那"。

劫国　汉西域三十六国之一。都城在天山东丹渠谷（今新疆乌鲁木齐市附近）。神爵二年（前60）后属西域都护府。

芙芦山　即扶卢山。在今广东四会市东。《寰宇记》卷157广州四会县：芙芦山"在县东四十里。高千丈，山上有一湖，每至甲戌日，闻丝竹之音"。

芙蓉圩　旧芙蓉湖。在今江苏常州市武进区东、无锡市西北、江阴市南。广袤数十里。明宣德中周忱于湖北筑堤阻止江水流入，四周开渠排水，开辟农田三万七千亩，称为芙蓉圩。

芙蓉　今广东翁源县北坝仔镇东南芙蓉村。清光绪《广东舆地全图》翁源县图，在县东北芙蓉铺。

芙蓉山　①在今浙江乐清市东北四十里芙蓉镇。《隋书·地理志》：永嘉郡永嘉县"有芙蓉山"。《寰宇记》卷99温州乐清县：芙蓉山"西南上三峰有四耸石，并高三四尺，森然如芙蓉，红赤相映，因以为名"。

②在今浙江临海市东。本为海岛，后淤为平陆。《寰宇记》卷98临海县：芙蓉山，"《临海记》云：州东北七十里海中有芙蓉山，智者禅师传云；出海口望芙蓉山，竦若红莲之始开。唐天宝六载改为秀丽山"。

③在今福建福州市北六十里。《方舆纪要》卷96福州府"寿山"条："其并崎者曰芙蓉山，秀丽若芙蓉。别麓有洞，曰灵洞，岩甚深邃，亦曰芙蓉洞。"《清一统志·福州府一》引《福建通志》曰："洞内有五代僧义存所辟开山堂，石床、石鼓、石盆犹存。"

④即今福建霞浦县东南浮膺岛。明郑和下西洋经此。

⑤在今江西万安县西。《方舆纪要》卷87吉安府万安县：芙蓉山在"县西五里，隔江。山形秀丽，超出众山"。

⑥即今江西抚州市临川区最南端芙蓉山。海拔1757米。《寰宇记》卷110临川县：芙蓉山"在县西南八十里，跨乐安境。秀丽如芙蓉。上有葛仙祠"。

⑦在今江西乐安县东北，接崇仁县界。《明一统志》卷54抚州府：芙蓉山"在崇仁县南一百里。秀丽如菡萏出水状。顶有葛仙翁祠，旁有龙潭"。《清一统志·抚州府一》：芙蓉山"在崇仁县西南八十里。山形秀丽，高一千五百丈，周三十里。西去乐安县三十里。有书堂。十二洞水，皆流入宝唐水"。

⑧在今山东苍山县南六里。《清一统志·沂州府一》：芙蓉山"在兰山县南，下有芙蓉湖。东洳水入焉"。元于钦《齐乘》卷2：洳水"东分一支入芙蓉湖，溉田数千顷。湖在沂州东南芙蓉山下，香粳钟亩，古称琅邪之稻，即此"。

⑨旧名青羊山。在今湖南安化县东南部。建有芙蓉林场。明《寰宇通志》卷55长沙府：芙蓉山"与大沩山相接。奇峰叠耸，状若芙蓉"。

⑩在今湖南桂阳县西南二里。《方舆胜览》卷61桂阳军：芙蓉山"下有泉曰蒙泉"。《方舆纪要》卷80桂阳州"石门山"条下："《志》云，州西南有芙蓉山，峰峦奇峭，下有源泉。"

⑪亦名芙蓉冈。在今广东韶关市西五里。《舆地纪胜》卷90韶州：芙蓉山"在州西五里。其山先有芙蓉株，故名。许浑有芙蓉山寺诗"。《方舆纪要》卷102曲江县：芙蓉山"山形簇起，状若芙蓉。山半有石室，顶有玉泉井"。《清一统志·韶州府》引《始兴记》："郡西南有芙蓉冈，高若玉山，邻枕郊郭，可四十余里。"又引《荆州记》："芙蓉冈半有石室伏穴，自西山潜通江东岸。汉末，道士康容得仙于此。"

⑫在今四川营山县东北八里。《方舆纪要》卷68营山县：芙蓉山"峰峦丛秀，若芙蓉"。

⑬在今四川珙县（巡场镇）西南。《方舆纪要》卷70珙县：芙蓉山在"县北三十里。有九十九峰，环错耸秀，状若芙蓉。又南有二峰突起，曰小芙蓉"。

芙蓉江　①在今江西南康市南章水之别称。《方舆纪要》卷88南安府南康县：芙蓉江"在城南，即章水也。自大庾县东北流，至此澄渌泓深。江之南平沙横衍，数里皆民居，绕东山而下，村巷桥梁多以芙蓉为名”。《清一统志·南安府》：章江，“《南康县志》，章江在县南。一名芙蓉江。相传唐时两岸多植芙蓉，故名”。

②一名洋水、盘谷河。即今重庆市武隆县东南芙蓉江，为乌江支流。《明史·地理志》真安州：“南有芙蓉江，自乌江分流，东北入于黔江。”

③在今贵州东北部，为乌江支流。《明一统志》卷72播州宣慰司：芙蓉江“在真州长官司（今道真仡佬族苗族自治县东南旧城镇）南一百里。源出西南夷界，东流连思义寨，北流入黔州界”。《方舆纪要》卷70真安州：芙蓉江在“州南百里。自乌江分流，东经故思义寨，环流出州东北境，又北入彭水县界，注于涪陵江”。

芙蓉汛 在今广西龙胜各族自治县东北芙蓉村。清有千总驻防。

芙蓉县 唐贞观五年（631）置，属邛州。治所在今贵州遵义市东北。《元和志》卷30芙蓉县：“置在芙蓉山上，因为名。”后移于山东三里。后废。

芙蓉园 又称芙蓉苑、南苑。在隋唐长安城东南隅，曲江池之东。即今陕西西安市东南十里曲江池东部。本名曲江园，隋文帝恶其名，以其池中盛植芙蓉，改称芙蓉园。唐时仍为皇家御园，因在都城南部，故亦称南苑。《寰宇记》卷25万年县：“芙蓉园，隋文帝之离宫也，在敦化坊南，周回七十里，即庙院。东坡下中有凉堂，堂东临水亭，即曲江也。”宋程大昌《雍录》卷6：“刘錬小说曰，园本古曲江，文帝恶其名曲，改名芙蓉。”唐时复名曲江。开元二十年（732）自大明宫筑夹城通芙蓉园和曲江。杜甫《乐游园歌》：“青春波浪芙蓉园，白日雷霆夹城仗。”即此。

芙蓉岛 即今山东莱州市西北海中芙蓉岛。元于钦《齐乘》卷1：浮游岛在“莱州北海中。望若浮游然。俗讹曰芙蓉”。

芙蓉国 泛指今湖南湘江流域一带。唐谭用之《秋宿湘江遇雨》诗有“秋风万里芙蓉国，暮雨千家薜荔村”句。

芙蓉岭 在今江西婺源县东。《舆地纪胜》卷20徽州：芙蓉岭“在婺源东七十五里。《高斋诗话》云，婺源五岭高峻，其一曰芙蓉，尤为峻峙。吴黯每行县辄苦之，迫替作诗云，每度芙蓉岭，愁眉惨不开；有命终须过，无灾不再来”。《清一统志·徽州府一》：芙蓉岭“周三十里，一名灵山。山巅为芙蓉峰，与对镜岭、羊斗岭、塔岭及休宁新岭称五岭，为通府险道。宋初驿道，由县东中平寨经大畈，达休宁之黄茅。沿涧曲折，各水暴发，则桥道皆坏，其后里人汪绍开路，从芙蓉、对镜、羊斗、塔岭，直抵黄茅，较旧路近十五里，且无水患。元末汪同复开拓之，遂为通衢”。

芙蓉驿 ①宋置，在今广东英德市南二里。明改置浈阳驿。

②明置，在今广东韶关市东。《清一统志·韶州府》：芙蓉驿“在曲江县南。宋景祐中建浈阳馆，在湘江门外，明洪武中改置芙蓉驿。弘治中，迁于津头庙下。清顺治十二年又迁于此，有驿丞，今裁”。

芙蓉城 ①在今广西龙胜各族自治县东北。清设千总驻防。

②即今四川成都市之别称。北宋张商英《蜀梼杌》载：“五代孟蜀后主时，成都城上遍插木芙蓉，因名芙蓉城。”

芙蓉洲 在今江西星子县西。《方舆纪要》卷84南康府：芙蓉洲“在城西二里，与玉京山相连”。

芙蓉峰 在今湖南衡阳市南岳区西北部，祝融峰东。为衡山七十二峰之一。《水经·湘水注》：衡山“芙蓉峰最为竦杰，自远望之，苍苍隐天”。

芙蓉街 即今浙江乐清市东北四十里芙蓉镇。清光绪《乐清县志》卷1《邑里》：十七都有大芙蓉。明朱谏有《寓芙蓉蔡怀德宅送方秀才还昆阳诗》。

芙蓉湖 ①又名上湖、射贵湖、无锡湖。故址在今江苏常州市东，江阴市南，无锡市西北。相传战国时楚国所凿，周围一万四千顷。《寰宇记》卷92常州无锡县：“上湖一名射贵湖，一名芙蓉湖，一谓无锡湖。在晋陵、江阴、无锡三县界，东去州五十九里，东南流为五泻水。”北宋元祐中筑堤泄水为田，湖流渐塞。明宣德中巡抚周忱征集民工在湖北面筑堤阻止江水流入，四周开渠道排泄湖水，开辟农田三万七千余亩，称为芙蓉圩。

②在今山东临沂市东南。元于钦《齐乘》卷2“沏水”条：“湖在沂州东南芙蓉山下。香粳钟亩，古称琅邪之稻。即此。”

芙蓉楼 ①在今江苏镇江市西北。唐王昌龄有《芙蓉楼送辛渐》诗。

②在今湖南洪江市（黔城镇）沅江南岸。唐诗人王昌龄在丹阳（今江苏镇江）时曾写有《芙蓉楼送辛渐》诗，后迁龙標（治今黔城镇）尉。此地芙蓉楼即后人为纪念王昌龄而建。

芙蓉溪 在今四川青神县南。《方舆胜览》卷53眉县：芙蓉溪“在青神县。岸有芙蓉，因名”。《方舆纪要》卷71青神县：芙蓉溪“在县东南，流入大江。夹江多芙蓉，因名”。

芙蓉墩 又名漏罐口。即今江西彭泽县西南芙蓉镇。清置巡司于此。

芙蓉镇 ①即今江苏兴化市东北海河乡（北芙蓉）。《清一统志·扬州府二》：芙蓉镇“在兴化县北三十五里。元至正十四年筑寨”。

②民国置，即今山东苍山县东南南芙蓉。

芜城 汉广陵城的别称。在今江苏扬州市西北之蜀冈。秦、汉于此置广陵县，汉为广陵国治。晋以后因竟陵王诞之乱，城邑荒芜，故曰芜城。南朝宋鲍照有《芜城赋》，注：“登广陵故城”而作。

芜菁平 即女菁平。在今四川武胜县南二十里旧县。《宋史·张珏传》：珏曰：“芜菁平、母德、彰城，汪帅劲兵所聚也，吾出不意而攻之，马鬃必顾其后，不暇城矣。”

芜蒌县 隋开皇十六年（596）置，属深州。治所在今河北饶阳县东北三十五里。《元和志》卷17：“盖因东北芜蒌亭为名。”大业初废。唐武德四年（621）复置，仍属深州，贞观元年（627）废。

芜蒌亭 在今河北饶阳县东北。《资治通鉴》：刘玄更始二年（24），刘秀率军自蓟（今北京城西南隅）南返，“晨夜南驰，不敢入城邑，舍食道傍。至芜蒌亭，时天寒烈，冯异上豆粥”。即此。

芜湖 在今安徽芜湖县北咸保、张镇诸乡间水阳江两岸。原为一片沼泽地。《寰宇记》卷105芜湖县：“芜湖，长七里，在县界”，并谓县“在芜湖侧。以其地卑畜水泞深而生芜藻，故曰芜湖”。其说显系附会。实则芜亦作无，与于越之于，同为古吴语发音引词，呼成芜湖，为古吴语方言地名。县即以此为名。

芜湖水 水阳江及青弋江下游别名。在今安徽芜湖市、县间。《元和志》卷28当涂县：“芜湖水在县西南八十里。源出丹阳湖，西北流入于大江。汉末湖侧亦尝置芜湖县，吴将陆逊、晋谢尚、王敦皆尝镇此。”

芜湖市 1949年当地解放后由芜湖县城区及近郊析置，由皖南行署区直辖（地级），为皖南行署区驻地。治所即今安徽芜湖市。1952年复属安徽省，仍由安徽省直辖。

芜湖县 西汉初置，属鄣郡，元封二年（前109）属丹阳郡。治所在今安徽芜湖县北咸保圩水阳江畔。三国吴黄武元年（222）移治今芜湖市。隋并入当涂县。五代南唐复置，属升州。宋属太平州。元属太平路。明属太平府。光绪二年（1876），开为通商口岸，为全国四大米市之一。民国初，安徽芜湖道尹驻此。1928年直属安徽省。1949年5月以城区及部分郊区置芜湖市。1971年移治湾沚镇。

芜湖道 1914年6月由徽宁池太广道改置，属安徽省。治芜湖县（今安徽芜湖市）。辖境约当今安徽长江以东地区及江西婺源县地。1928年废。

芜湖镇 唐置，属当涂县。即今安徽芜湖市。《寰宇记》卷105芜湖县：“陈平，县废，地入当涂。其实为江津之要区。自唐武德以来为镇，隶姑孰。”

苇子沟 即今黑龙江省宾县治。民国魏声龢《吉林地志》：“宾县，土名苇子沟。”

苇子沟台（臺） 明置，属广宁前屯卫。即今辽宁绥中县西北苇子沟。明《辽东志》卷3：锦川营堡有苇子沟台。

苇子峪 即今辽宁新宾满族自治县西南苇子峪镇。清光绪《奉天全省地舆图说图志》兴京：“苇子峪在治城西南一百五十里。”民国《兴京县志》卷1：苇子峪镇在“县西南百四十里。街市广约三里，居民百余户，商铺二十有奇。南通本溪碱厂诸城镇，西为交通省垣之冲。清季称繁镇，而今生业尚有可观”。

苇关 在今新疆墨玉县南。《新唐书·地理志》引贾耽《四夷路程》：“于阗西五十里有苇关。”即此。

苇冲寨 在今湖南吉首市西南，乾州西南六十里。山势险峻，径路崎岖，苗民屡凭险为固。清严如熤《苗疆险要考》谓：“乾隆初年，苇冲苗尝出劫高岩河粮船，即此。”

苇谷水 在今陕西富县南。《寰宇记》卷35鄜州三川县：苇谷水，“《水经注》：自苇谷东南流入三川”。《清一统志·鄜州》：苇谷“在州南五里。多葭苇”。

苇甸 即上京临潢府。今内蒙古巴林左旗南波罗城。《辽史·地理志》上京临潢府：“太祖取天梯、蒙国、别鲁等三山之势于苇甸，射金龊箭以识之，谓之龙眉宫。神册三年城之，名曰皇都。天显十三年，更名上京，府曰临潢。”

苇沙河 ①亦作倭沙河、隈沙河。在今黑龙江省尚志市东南，为蚂蜒河上游支流。清光绪《吉林通志》卷22：蚂延河“又西十余里径南阳川南，倭沙河自南来注之。河出宁古塔西北境，入厅东南径大肚川西，西受来自锅盔顶山之小水一，合西流二十余里，折东北五十里许，北入玛延河”。

②即今吉林临江市西南苇沙河镇。隔鸭绿江为朝鲜境，为边防要地。民国徐曦《东三省纪略》卷7：苇沙河在“（临江）县西南六十里”。“苇沙”，满语意为山麻。

苇沙河设治局 1921年析五常县置，属吉林省滨江道。治所即今黑龙江省尚志市东南苇河镇。1927年改为苇河县。

苇沙河镇 即今吉林集安市西北苇沙河村。西北距通化六十里。民国《辑安县乡土志》地图：西北有苇沙河。

苇河县 1927年改苇沙河设治局置，属吉林省滨江道。治所在苇沙河（今黑龙江省尚志市东南苇河镇）。以地滨苇沙河而名。1946年并入尚志县。

苇泽关 即今山西平定县东北娘子关。《魏书·地形志》：乐平郡石艾县有“苇泽关”。唐乾元初于此置承天军。向为山西通往河北的要冲。

苇泽县 隋开皇十六年（596）置，属井州。治所在今山西平定县东北苇泽城。大业初废。义宁初复置，属井陉郡。唐初属井州，贞观元年（627）废。

苇桥 在今新疆焉耆回族自治县西南，或在库尔勒市境。《后汉书·班超传》：永元六年（94），超发龟兹、鄯善等八国兵讨焉耆，兵到尉犁界，“焉耆国有苇桥之险，广乃绝桥，不欲令汉军入国。超更从它道厉度”。清祁韵士《西域释地》以为苇桥在今轮台县境，当误。

苇湖 又称阿雅尔淖尔。即今新疆和布克赛尔蒙古自治县南玛纳斯湖。

苇箔岭口 在今河北元氏县西北黑水河乡旷村西铁里门。《方舆纪要》卷14元氏县：苇箔岭口在“县西八十里，北至故关亦八十里。正统四年设，嘉靖二十年增官兵于此”。民国《元氏县志》：苇箔岭口“在北旷村正西，俗呼铁里门”。

芸乡 即今广东鹤山市西南云乡镇。清光绪《广东舆地全图》：鹤山县南有云乡村墟。

芸溪 松溪支流。在今浙江庆元县西。《方舆纪要》卷94庆元县：芸溪“出县西十二里之董山，南流入闽”。

芚驿 唐置，在今四川会理县北。唐樊绰《云南志》卷1：“从嶲州俄准岭七十里至菁口驿，三十里去芚驿，六十里至会川城。”

芷芎口 在今广东吴川市西南吴阳镇西南鉴江东岸。明万历九年（1581）移宁村巡司于此。《明史·地理志》吴川县：宁川所“又北有宁村巡检司，治川滘，后迁县西北之地聚村，又迁于芷芎口”。

芷芎墟 在今广东吴川市西南吴阳镇南芷芎。明置巡司于此。清光绪《高州府志》卷10吴川县：芷芎墟在“县西南十里”。

芷江 在今湖南汉寿县西北。系沅水别派。南宋绍兴年间，杨么农民军大将夏诚、刘冲分据两岸立寨。宋熊克撰《中兴小纪》卷13：“诚寨南据芷江，东北阻湖，惟西有陆路，又设重城濠，及陷马坑；冲寨北据芷江，东西南皆阻湖。诚、冲每诧曰：‘地险如此，除是飞来。’”《方舆胜览》卷30常德府：芷水“即沅水之别派，其两岸多生杜衡并白芷，仍以杜衡为村名”。

芷江县 清乾隆元年（1736）置，为沅州府治。治所即今湖南芷江侗族自治县。民国初为湖南辰沅道治。1922年直属湖南省。1986年改设芷江侗族自治县。

芷阳 战国秦邑，在今陕西西安市东临潼区西南。《史记·秦本纪》：昭襄王四十年（前267）：“悼太子死，归葬芷阳。”秦始皇于此置芷阳县。

芷阳县 战国秦置，属内史。治所在今陕西西安市东临潼区西南。出土秦封泥中有“茝（芷）阳丞印”可证。西汉文帝九年（前171）改名霸陵县。唐武德二年（619）复置，属雍州。七年（624）废。

芷村街 即今云南蒙自市东南二十八里芷村镇。滇越铁路经此。

芮 西周国名。姬姓。伯爵。在今陕西大荔县东南。《诗经·大雅·緜》：“虞、芮质厥成。”芮，即芮国。《汉书·地理志》左冯翊临晋县本注：“芮乡，故芮国。”

芮水 亦名宜禄川水。即今陕西长武县南黑河。《水经·渭水注》：“汭水东径宜禄县，俗谓之宜禄川水。”《清一统志·邠州》：芮水，“《旧志》：有后川河，在南十里。又南十里有前川河，俱自灵台县流入，二水合而东流，谓之黑水河，经县东四十里停口镇合泾水，即宜禄水也”。

芮州 唐武德二年（619）置，治所在芮城县（今山西芮城县）。辖境相当今山西芮城、平陆二县地。贞观元年（627）废。

芮芮 古族名。即柔然的异译。《宋书》、《南齐书》称柔然为芮芮。主要游牧于今蒙古国鄂尔浑河流域。

芮城县 北周明帝二年（558）改安戎县置，属河北郡。治所在今山西芮城县东十里东张村。天和二年（567）移治今芮城县。唐属陕州。金属解州。民国初属山西河东道。1928年直属山西省。

芮城城隍庙 在今山西芮城县城永乐南街小西巷40号，俗称“南庙”。创建于宋大中祥符年间（1008—1016），明清两代多次修缮。现存主要建筑有享亭、献殿、大殿、寝殿及配房。其中大殿为宋代建筑，享亭为元代建筑，献殿及寝殿为清代所建。庙内有历年收藏的北魏、北周、隋、唐、宋、元至明清的碑刻、造像、墓志铭九十八通，为珍贵史料。2001年定为全国重点文物保护单位。

苌广县 北魏置，为广苌郡治，治所在今四川广元市北广坪河注入嘉陵江处。后废。

苌乡县 北魏改长乡县置，属范阳郡。治所在今河北涿州市东五十里长安城。北齐废。

苌平县 一作长平县。北魏皇兴四年（470）置，属邵上郡。治所在今河南济源市西五十八里王屋镇。太和中属河内郡。孝昌中属邵郡。北周改为王屋县。

苌阳县 东晋安帝时以秦州流民置，属晋熙郡。治所在今四川德阳市西北柏隆镇东北。南阴平郡寄治于此。南齐废。后复置，别置为一城，在南阴平之西。北周废入晋熙县。

苌寿县 南朝宋泰始六年（470）置，为竟陵郡治。治所即今湖北钟祥市。南齐属竟陵郡。梁改名长寿县。

苌和郡 即长利郡之讹。王仲荦《北周地理志》：“《魏书·地形志》：苌和郡，景明元年置。按，苌和当作长利。苌，长之俗体，和、利形近而讹。”

苌举县 北魏置，为槃头郡治。治所在今陕西略阳县西北白水江镇长峰村。北周属落丛郡。隋初改为长举县。

苌道城 即常道城。在今河北廊坊市九州镇旧州西北五里北常道村。《魏书·地形志》安次县：“有苌道城。”

花山 ①在今河北怀安县（柴沟堡镇）西南二十五里。《方舆纪要》卷18怀安卫：花山，“春秋多花，上有池，岁旱不涸”。

②即华山。在今江苏苏州市西。《吴地记》：“花山在吴县西三十里，其山蓊郁幽邃。晋太康二年生千叶石莲花，因名。”

③即华山。在今江苏句容市北。《元史·顺帝纪》：至正七年（1347），“集庆花山劫贼才三十六人，官军万数，不能进讨，反为所败”。即此。

④即今江苏高淳县东南三十里花山。《清一统志·江宁府一》：花山“山最高，上产白牡丹，故名”。

⑤在今安徽全椒县西北。《舆地纪胜》卷42滁

州：花山“在全椒县北二十余里。上有古寺基”。《明一统志》卷18滁州：花山“在全椒县西北二十二里。攒峰叠嶂，如花瓣然”。

⑥在今浙江海宁市（硖石镇）东南三十五里。《清一统志·杭州府一》：花山“坦衍蟠薄，如冈如陀，多松竹”。

⑦在今河南唐河县南六十里。《资治通鉴》：五代晋天福六年（941），山南东道节度使安从进谋反，攻邓州，不能克而退，“至花山，遇张从恩兵，不意其进之速，合战，大败”。即此。《清一统志·南阳府一》：花山“山上有彩石辉映，望之如花。因名花山坡”。

⑧在今湖北广水市北百里。《方舆纪要》卷77应山县：花山“在县北百里，与信阳州接界”。

⑨在今广东广宁县北。《方舆纪要》卷101广宁县：花山在“县西北八十里。昔时瑶‘贼’险巢也。今有兵营”。

⑩在今广东广州市花都区（新华镇）东北。《清一统志·广州府》：花山“在花县（今花山镇）北。重峦叠嶂，亘数百里，东接从化，北通清远。本朝置县，因以为名”。

⑪在今广西宁明县西北五十里明江岸。临江峭壁上有古代壮族人民的岩壁画，在龙州、崇左、扶绥等县明江、左江上亦有，在六十幅以上，统称为花山崖壁画。其中花山崖画中，最大的场面长170米，高44米，为国内少见。

⑫一名锦屏山。在今甘肃崇信县南。《方舆纪要》卷58崇信县：花山“在城南”。《清一统志·泾州一》：锦屏山“在崇信县南。县城据其麓，繁花木，三时绚烂如屏，一名花山”。

花山区　2012年撤销安徽省马鞍山市金家庄区和花山区，设立新的花山区，区政府驻霍里街道秀山大道166号。

花山岩画　在今广西宁明县西北明江岸边的花山峭壁上。清光绪《宁明州志》卷上：花山“距城五十里，峭壁中有生成赤色人形，皆裸体，或大或小，或执干戈，或骑马，未乱之先，色明亮，乱过之后，色稍黯淡。又按沿革一带两岸，石壁如此类者多有”。岩画高40米、宽210米，图像多达一千八百多个，全用赭红色颜料绘成，以人物为主，间有铜鼓、铜钟、刀、剑等器物和马、狗、鸟等动物形象。记录了战国至汉代当地人们举行祭祀活动的情况。为壮族先人文化重要遗迹。1988年定为全国重点文物保护单位。

花山营　在今广东广宁县北赤坑镇花山村。《清一统志·肇庆府》：花山营“在广宁县西北一百二十里。明嘉靖三十九年置，防守顾水一带，营后俱是瑶僮，外接广西怀集县界”。

花山银场　在今河南唐河县南。《元丰九域志》卷1：唐州湖阳县有花山银场。

花马山　在今云南丽江市玉龙纳西族自治县西。《清一统志·丽江府》：花马山“在（丽江）县境旧巨津州（今巨甸镇）东南一百五十里。崖壁上有石，色斑斓类花马，因名。昔磨些诏自名其国为花马，本此”。

花马池　亦名大盐池。在今陕西定边县西北边墙内。以盐易马故名。《明一统志》卷36庆阳府：花马池，“周围四十三里，与马槽、孛罗、滥泥、锅底等池相近”。《清一统志·宁夏府一》：花马池，“《旧志》：其地平衍，无川谷之阻。明中叶，套夷往往由此阑入为边患”。明天顺中于其西筑城，后为花马池守御千户所、宁夏后卫、灵州花马池分州、盐池县治所。

花马池千户所　明成化十五年（1479）于花马池营置，属陕西都司。治所即今宁夏盐池县。正德元年（1506）改为宁夏后卫。

花马池营　明正统八年（1443）置，城初在塞外花马盐池（今宁夏盐池县北）。因其地孤悬寡援，天顺中改筑于今宁夏盐池县。成化十五年（1479）改置花马池守御千户所。

花水河　即今陕西山阳县西南唐家河。《清一统志·商州》“甲水”条下：花水河“在县西南一百里。源出白石崖，东流入合河”。

花石头　亦名花石镇。即今河南禹州市西北四十六里花石乡。清道光《禹州志》卷6：州西集镇有“花石头”。

花石戍　即今湖南株洲县（渌口镇）南五十里王十万乡驻地小花石。《新唐书·地理志》：长沙有花石戍，即此。

花石岩　①在今广西灌阳县北六十里。唐柳宗元尝游此。有诗云：“忆作筹戎事不同，曾闻燕集此岩中。”

②在今陕西佛坪县西北。入洋县要路。清嘉庆七年（1802），杨遇春斩白莲教教首苟文明于此。

花石浪遗址　在今陕西洛南县城郊花石浪山。系两个裂隙型洞穴，相距约30米。1985年发现早期人类牙齿化石。南洞遗存尤为丰富，在20余平方米的洞室内及洞口附近发现多达三万件以上的石制品，有刮削器、尖状器、雕刻器及少量大型砍砸器。还发现灰烬等早期人类生活遗迹。北洞也发现少量石制品及加工石器的遗迹。哺乳动物化石包括大熊猫、犀、貘等二十多个种类。时代为中更新世。在遗址周围30公里范围内还发现七十余处旧石器地点。这些发现集中反映了早期人类在该地区的频繁活动，为研究中国旧石器时代文化发展，特别是南北方的文化交流提供了重要信息。2001年定为全国重点文物保护单位。

花石溪　在今四川武胜县东。《方舆纪要》卷69定远县：花石溪在“县东三十里，下流合于嘉陵江”。《清一统志·重庆府一》：花石溪“在定远县东二里。源出岳池县名岳池水，南流入县界为花石溪，又西南流四十里入嘉陵江”。

花石潭　在今江西泰和县东北四十里。明永乐中置巡司于此。清乾隆十三年（1748）废。

花甲寺　在今安徽萧县东南二十八里。村中有清泉寺。相传元末华云隐居于此，故名华家寺。后讹为华甲寺。此地发现新石器晚期文化遗址。

花田 即素馨斜。又名内人斜。在今广东广州市西南花地。清屈大均《广东新语》卷19：素馨斜“又名曰花田。方信儒诗：千年艳骨掩尘沙，尚有余香入野花；何似原头美人草，风前犹作舞腰斜”。

花丛垭 即今四川巴中市西南花丛镇。清于此置汛，设额外外委驻守。

花鸟灯塔 在今浙江舟山市嵊泗县东北花鸟乡花鸟山西北角山嘴上。占地约2.2万平方米。建于清同治九年（1870），是当时中国海关海务科筹设灯塔计划中首批建造的灯塔之一。灯塔呈圆柱形，通高16.5米，以砖石和铁板筑成。灯塔周围相关建筑布局完整，设施齐全。该灯塔是护卫长江口的三大灯塔之一，处于中国沿海南北航线与长江口交叉之地，是中外船舶进入上海、宁波、舟山等港口的重要门灯，也是上海至日本以及经过太平洋的远洋国际航线不可缺少的标志。该灯塔在中国沿海灯塔中向来以地理位置重要、规模最大、功能最全、设备最先进、历史最悠久而著称，被誉为“远东第一灯塔”。2001年定为全国重点文物保护单位。

花台（臺） 在河北饶阳县西北十三里。《方舆纪要》卷14饶阳县：“县西北十三里有花台，高五丈。相传慕容垂及拓跋珪皆屯营于此。”

花尖山 即今江西湖口县东花尖山。《方舆纪要》卷85九江府湖口县：花尖山在“县东四十里。形如芙蓉”。

花屿 古名高华屿。在今台湾省澎湖县西南。清蒋毓英《台湾府志》卷3：花屿“横直里许”。高拱乾《台湾府志》卷1称：虎井屿转而南，为花屿、草屿，“二屿相连，澎山无草木，二屿颇有，故以花草名”。

花戏楼 原名歌台。在今安徽亳州市城西北隅大关帝庙内，系专供演戏的舞台。始建于清康熙十五年（1676）。戏楼饰以雕刻、彩绘，内容有古代戏文五十七出，彩绘图案一百零六种，有人物、车马、山石、亭榭、楼阁、城池、林木、织锦和各种花卉等。1988年定为全国重点文物保护单位。

花花庙 即今陕西麟游县西北酒房乡北花花庙。清乾隆《重修凤翔府志》卷2：花花镇在“县西北一百四十里”。

花村 在今四川彭州市西北三十二里牛心山下。以盛产牡丹闻名。明曹学佺《蜀中名胜记》卷5彭县：“陆放翁云：‘天彭号小西京，以其俗好植牡丹，有京洛之遗风。’《古今杂记》：‘孟氏以牡丹名苑，于时彭门为辅郡，典州者多其戚里，得之上苑，此彭门花之始也。’天彭亦谓之花州，而牛心山下谓之花村。”

花县 清康熙二十四年（1685）析南海、番禺二县置，属广州府。治所在今广东广州市花都区东北花山镇。以花山为名。民国初属广东粤海道。1920年直属广东省。1938年移治赤坭国泰。1939年迁今花都区西北三华村。1946年迁回花山镇。1950年迁治今花都区东北平山洛场。1955年移治新华镇（今花都区）。1993年改设花都市。2000年改设花都区。

花园 ①即今河北沧州市北十五里西花园。清乾隆《沧州志》疆域图：北有花园。

②在今江西进贤县东。明置巡司于此。清废。

花园口 ①即今辽宁庄河市西南九十里滨海花园。清咸丰《岫岩志略》卷3：花园口“即沙河子城西南二百五十里。设兵戍守”。1894年日军曾在此登陆袭击旅顺口。

②在今河南郑州市北四十二里黄河南岸。为黄河津渡处。1938年6月日寇侵占开封，逼近郑州。国民党军队为了掩护其溃退。在此炸开黄河大堤，河水汹涌泛滥，使豫东、皖北、苏北形成“黄泛区”。1947年4月将决口堵塞，河水复回故道。

花园市 即今湖北孝昌县治（花园镇）。传说明末万姓者于此开辟花园，周环六里为县境名胜。清光绪《孝感县志》卷2：“花园店，在杨家河北三十里。”1993年置孝昌县于此。

花园头关 即今河南西峡县西北花园关。明置花园头巡司。《方舆纪要》卷51淅川县：花园头关“在县西北二百里。本在内乡县西北，成化中改属县界。今有巡司戍守”。

花园庄 在今山东郯城县西三里。《清一统志·沂州府一》：花园庄“今名郯子花园。乾隆二十六年建有行宫。高宗纯皇帝南巡江浙，驻跸于此”。

花园角二号 在今江西南昌市八一公园至军官教育团旧址之间。是“八一”南昌起义时周恩来、朱德的旧居。为砖木结构二层楼房，有前后两进。1927年春，朱德在南昌创办军官教育团，并担任南昌公安局局长。为便于开展革命活动，租下了这座住宅。“四一二”反革命政变后，6月间江西国民党右派以“礼送”共产党人出境为名，迫使朱德离开江西。7月，为准备起义，朱德从武汉返回南昌，仍居住在此。1927年7月下旬，周恩来为领导起义，从武汉秘密来到南昌，首先会见朱德。第一天就住在这幢住宅的厅堂里。旧居的一楼北侧是朱德的卧室，南、北前房及正房是警卫员的住房。二楼北侧是郭沫若的住房，他在此写下《请看今日之蒋介石》。

花园砦 即今湖南花垣县治。清嘉庆七年（1802）移永绥直隶厅治此。1913年改为永绥县治。

花林山 在今湖北竹山县境。《隋书·地理志》：竹山县有花林山。

花林水驿 在今重庆市忠县西南。《方舆纪要》卷69忠州：花林水驿“在州西八十里”。明成化有《重修花林驿记》。清张问陶有《花林驿》诗。

花矸屿 即今台湾岛东北海域之花瓶屿。《海道针经·福州往琉球针》：“梅花开舡，用乙辰七更取圭笼长。用辰巽三更取花矸屿。”清《台湾舆图并说》光绪《全台舆图》：台湾岛东北有花矸屿。

花果园店 在今湖北十堰市西。清属郧县。有外委驻防。

花岳山 在今四川万源市北。《清一统志·太平厅》：花岳山“在厅北十里。《旧志》：世传汉花岳大隐之地，上有烧丹台”。

花怜水　即今广西平南县北大同江（同和江）。《元和志》卷37大同县：“花怜水，在县东北二十步。”源出金秀瑶族自治县东南观音山南麓，东南流至藤县西北入浔江。

花油树堡　一名花油堡。明置，在今湖北大冶市西南。《方舆纪要》卷76大冶县：花油树堡“在县西南六十里猴儿山上，路出江西瑞昌县，为盗贼出没之冲。嘉靖中，立寨守此。隆庆四年复置堡，增设官兵以为防御”。

花官庄　即今山东广饶县北四十里花官乡。民国《续修广饶县志》卷1：花官乡有花官庄。

花姑山　即麻姑山。在今安徽宣城市东三十里。《舆地纪胜》卷19宁国府：麻姑山“在宣城县（东）三十五里。高亵与敬亭山等，麻姑修道于此飙举，有仙坛、丹灶存焉。《九域志》云，亦名花姑山”。

花剌子模国　中亚古国之一。在阿姆河下游一带。都玉龙杰赤（今土库曼斯坦西北库尼亚乌尔根奇）。《元史·地理志·西北地附录》有“花剌子模”。公元1221年为蒙古成吉思汗所灭。

花剌子模海　即今哈萨克斯坦南与乌兹别克斯坦交界处之咸海。《元史·郭宝玉传》作大盐池。

花面国　在今印度尼西亚苏门答腊岛北部，与苏木都剌国接界。为东西方海上交通线上所经。元汪大渊《岛夷志略》：花面“其山逶迤，其地沮洳，田极肥美，足食有余。男女以墨汁刺于其面，故谓之花面，国名因之”。南宋赵汝适《诸蕃志》“三佛齐”条作拔沓。明费信《星槎胜览》作那姑儿。《明史·外国列传》作那孤儿。

花秋坝　即今贵州桐梓县西花秋镇。清道光《遵义府志》卷6桐梓县：花秋坝在“城西八十里”。

花都市　1993年改花县置，治今广东省广州市花都区新华镇。2000年撤销，改设广州市花都区。

花莲县　1945年抗日战争胜利后置，属台湾省。治所即今台湾省花莲县。据民国《花莲县志稿》说：“昔人称今之花莲溪右岸曰洄澜港，简称洄澜，以溪水奔注与海浪冲击作萦回状得名。”谐音称花莲港，简称花莲。县以此得名。

花莲港　旧称崇爻、奇莱。即今台湾省花莲县花莲市。清同治十年（1874）沈葆桢南北路开山奏摺始有花莲港之名。日本占领期间设花莲港街。1945年抗日战争胜利后改为县辖市。

花莲港厅　清光绪十三年（1887）置，属台东州。治所即今台湾花莲县。二十一年（1895）被日本侵占，厅废。

花莲溪　在今台湾省花莲县南。源出中央山脉东坡，东北流先后有马太鞍溪、万里溪、智亚汉溪、木瓜溪汇入，至花莲县南东入太平洋。《清史稿·地理志》台东州：“花莲港二源，并出州西北，合数小水，经太平厂南入于海。”

花桥山　在今云南永平县西南二十五里。《方舆纪要》卷118永平县：花桥山，“《志》云，在县西南二十五里。上有铁矿”。

花桥子镇　即今四川新津县东北花桥镇。清道光《新津县志》卷9：花桥场“旧名绍兴场，县东十五里，省南冲衢”。

花桥市　即今湖南永州市冷水滩区北七十里花桥街镇。清《乾隆内府舆图》永州零陵县北有花桥。光绪《湖南通志》卷1零陵县图作花桥市。

花桥关　即玉龙关。在今云南永平县西南二十五里花桥。

花桥河　在今云南永平县西南三十里。《方舆纪要》卷118永平县：花桥河“源出博南山，下流入于银龙江”。

花桥镇　①清置，属临海县。即今浙江三门县东南四十八里花桥镇。有县丞驻此。

②即今江西星子县西南华林镇。桥跨蓼花池水上。清同治《江西全省舆图》卷14：南康府星子县有花桥。

③在今江西铅山县西南花桥。清同治《江西全省舆图》卷11广信府铅山县：“县西南路由西门出六十里之湖坊，迤南行十五里至黄基林，又五里至花桥。”

花豹冲堡　一作花包冲堡。明置，即今辽宁铁岭县东南花豹冲。后金天命三年（1618），努尔哈赤克花豹冲等堡，即此。

花海子　即阿拉克湖。在今甘肃玉门市东花海镇。为赤金河所汇。

花家寺　在今安徽萧县东南。在此发现龙山文化遗址，称花家寺遗址。

花家桥镇　即今江苏昆山市东南三十里花桥镇。民国《江苏六十一县志》：昆山县东南有“花桥镇”。其西南赵家桥上有1862年刻“太平天国”四字。

花萼相辉楼　唐长安兴庆宫的主要楼阁之一。开元八年（720）建。在兴庆宫西南隅，与西边的勤政务本楼相毗邻。宁王宪、申王扮、岐王范、薛王业府第相望，环于宫侧，唐明皇因题“花萼相辉”之名，取诗人“棠棣”之意。遗址在今陕西西安城北兴庆公园内。

花嵯　在今广西陆川县南七十里良田镇东，西邻温水寨。清设外委戍守。

花街镇　即今四川安县驻地花荄镇。清嘉庆《安县志》卷11：花街镇在“城（旧治安昌镇）东四十里”。唐西昌县设于此。

花道　在今内蒙古宁城县西。《元史·木华黎传》：元太祖时，“进攻北京，金守将银青率众二十万拒花道逆战，败之，斩首八万余级”。即此。

花港　在今浙江杭州市西湖的西南角。明田汝成《西湖游览志》卷4：卢园乃“宋内侍卢允升小墅，景物奇秀，有池文石甃砌，水洌而深，异鱼种集，所谓‘花港观鱼’即此地也”。

花碌山　在今江苏句容市北。《寰宇记》卷 90 升州句容县："花碌山在县北五十里。有古迹取矾坑存。"

花溪　即今四川洪雅县西南之花溪河，为青衣江支流。《舆地纪胜》卷 146 嘉定府：花溪"在洪雅县西南，出芦山郡界。《旧经》云：葛洪尝隐此溪，南有岩洞，即丹灶之所，有仙人像"。《方舆纪要》卷 72 洪雅县：花溪在"县西六十里。其上流为雅州之周公水，流入县界，东北流入青衣水"。

花溪山　在今湖南城步苗族自治县东五十里，接新宁县界。《清一统志·宝庆府一》：花溪山"僚瑶诸峒，环居其下，盆溪界其地。两岸春花簇锦，一溪回绕，因名"。

花溪区　2012 年撤销贵州省贵阳市花溪区、小河区，设立新的贵阳市花溪区，区政府驻贵筑街道明珠大道 192 号。

花溪镇　在今江苏高淳县西北小花村。清光绪《江苏全省舆图》高淳县图：西北有花溪。

花墅湖　在今浙江宁波市西北慈城镇东南。宋《宝庆四明志》卷 16 慈溪县：花墅湖在"县东南一十里，古有小塘渚水。唐贞元十年刺史任侗劝民修筑，灌溉田畴。中有小墅，春花明媚，多于众山，故名"。

花旗营　即今江苏南京市浦口区北花旗营村。民国《江苏六十一县志》江浦县："（浦镇）与东北花旗营同为津浦铁路所经。"

花寨堡　明置，即今甘肃山丹县东南李桥乡东花寨子。《皇明职方地图卷》中甘肃镇边图有花寨。

花靥镇　亦作花黡镇。南宋属寿春县，在今安徽寿县西北二十五里。《方舆纪要》卷 21 寿州："相传以宋武帝女寿阳公主而名。"李心传《建炎以来系年要录》卷 56：南宋绍兴二年（1132）七月，"武义大夫阁门宣赞舍人主管庐寿镇抚司公事王亨进秩一等，以收复安丰寿春县花黡镇故也"。即此。

芹池　在今山西阳城县西北芹池镇。清同治《阳城县志》卷 4：芹池铺在"县西四十里"。

芹县　浙江开化县的别称。因县西南有芹岭，故名。

芹河　在今陕西榆林市西。《清一统志·榆林府一》：芹河"源出边外，有湖随山势曲折，两岸芹藻缤纷，故名。东南流入边，又东南入西河"。

芹城　在今北京市昌平区东。《寰宇记》卷 69 昌平县："《隋图经》云，昌平县有芹城。"《方舆纪要》卷 11 昌平州：芹城"在州东三十里。有桥，桥下即芹城水。今为戍守处"。

芹城水　在今北京市昌平区东北。《水经·濛余水注》：芹城水"出北山，南径芹城，东南流注濛余水"。《方舆纪要》卷 11 昌平州"黄花镇川"条："《志》云，芹城在州东三十里，有桥，桥下即芹城水，今为戍守处。其水西南流至蔺沟入榆河。"

芹泉驿　明洪武二年（1369）置，属寿阳县。在今山西寿阳县东二十里芹泉村。清改属盂县，有巡司驻此。

芹泉镇　即今山西左权县东南芹泉镇。《清一统志·辽州》"长城镇"条下：芹泉镇"在州东"。

芹洲　一名瀛洲。在今福建福州市西南。《方舆纪要》卷 96 福州府"甘蔗洲"条下：芹洲"在府西南泽苗江西岸。湍流迅急，壅而成洲，周回二十余里，居民隐然圜圚，洲多产芹，故名。又名瀛洲，以其四面有水如瀛洲也"。

芹站　在今越南北部北江省谅江县境。《明史·安南传》：永乐四年（1406），广西右副将军黄中等，"护（陈）天平入鸡陵关，将至芹站，（胡）查伏兵邀杀天平，中等败还"。《方舆纪要》卷 112 安南"隘留关"条："芹站山路险骏，林木蒙密，军行不能成列，贼伏发，杀天平及大理卿薛嵓，行人聂聪中等方整军欲战，桥断不得前，乃引还。"

芹菜沟　在今陕西榆林市西。《方舆纪要》卷 61 榆林镇：芹菜沟"在镇西。源自沙漠来，水际常产芹菜，因名。《志》云，卫西境有小芹河墩，隆庆初，寇尝由此入犯"。

芹湖　在今江苏如皋市西。《清一统志·通州》：芹湖"北通溪河，西通泰兴。《旧志》，以芹湖凫雁为如皋胜境，盖湖水明净，葭苇如室，凫雁家焉。乃眺咏最胜处。今悉为平田"。

苍山　①在今福建建阳市西七十里。《清一统志·建宁府》：苍山，"一名苍峰山。亦曰龟岭。根盘绝壁，苍翠摩空，与庵山齐高，产茶绝佳"。

②在今山东苍山县东北二十里。《方舆纪要》卷 33 郯城县：苍山"东望沧海，汪洋无际，因名。宋绍兴中，魏胜复海州，遣将入沂州，降其众。既而金人围海州，沂民壁苍山者数十万。金人围之，久不下，寨首滕淼告急于胜，胜击寇却之，入寨，为金人所围。胜度其必复攻海州，因间出寨趣还，金人果解苍山之围，攻海州，胜复败却之，是也"。

③在今云南南涧彝族自治县北。《方舆纪要》卷 116 定边县：苍山"在县北。《图经》云：青峰山在定边之北者，名曰苍山。盖一山高大，分为五县之镇也。《志》以县治后真武坐台山为镇山云"。

④在今甘肃灵台县南二里。《方舆纪要》卷 58 灵台县：苍山"以林木苍翠而名"。《清一统志·泾州一》：苍山"东有白云洞，丹壑万仞，绵延渐低而西，如龙延颈，谓之龙湾崖"。

苍山县　1947 年析临沂、费县、峄县三县地置，以纪念 1933 年中国共产党领导的"苍山暴动"而命名。1948 年属鲁中南行政区第三专区（台枣专区）。1950 年赵镈县并入，县治移卞庄镇。1953 年兰陵县部分地并入，先后属临沂专区、临沂地区。1994 年属临沂市。2014 年改名兰陵县。

苍龙岭　在今陕西华阴市南华山北峰。其地中突旁削，宽仅二尺余，两旁直立，深不见底。清光绪《华岳志》卷 6 载鄂海《修西岳庙并修山记》："苍龙岭耸立天际，两傍悬崖万丈，无可倚傍，人过此若从鱼背上行，即韩文公痛哭处也。”

苍龙洞 即今安徽绩溪县北三十里藏龙洞。《方舆纪要》卷28绩溪县：苍龙洞在“县北三十里。一名苍龙坞。深邃窈冥，洞口常有云雾。石壁峭立，下临深渊”。

苍头河 在今河北香河县西北。《清一统志·顺天府二》：苍头河“在香河县西北二十里。《旧志》：相传即萧后运粮河，水泛则上通牛栏山水、窝头庄水，下通三路堤口。一由李家圈坑堤口入北吴村，一由明星堂堤口入甘十八堤口，一由东凌庄、尹家河、沙务庄、张家灰店、南吴村、牛家屯入板罾口河。《通志》：今名窝头河。本无源，伏秋水发，众流会于窝头，径香河县百家湾，东与渠水合”。

苍台（臺）镇 即今河南唐河县西南八十四里苍台镇。清属唐县，有县丞驻此。

苍耳河 即今内蒙古翁牛特旗南、赤峰市东北之羊肠子河，为老哈河支流。《辽史·地理志》：上京临潢府有苍耳河。北宋沈括《熙宁使虏图抄》：“又二十里至中顿，顿傍苍耳河，河广三丈，东流。”

苍屹山 在今海南省海口市琼山区南二里。《方舆纪要》卷105琼山县：苍屹山“石峰屹立，水流其下。山后有仙人洞。又有雁塔峰，平冈特立，如卓笔然”。

苍松县 西汉置，属武威郡。治所在今甘肃武威市东南。东汉改为仓松县。

苍岩山 在今河北井陉县南苍岩山镇。《清一统志·正定府一》：苍岩山“在井陉县（按：指城关镇）西南七十里，层峦耸翠，高出云表，中有石泉，虽旱不竭”。

苍岭 在今浙江仙居县西与缙云县交界处。《舆地纪胜》卷12台州：苍岭“在仙居县西北九十里。高五千丈，周回八十里，与缙云界接”。《方舆纪要》卷92仙居县：苍岭“重冈复径，随势高下，行者病其险峭”。

苍岭寨 明嘉靖四十一年（1562）置，属缙云县。在今浙江缙云县东北六十里南田村苍岭上。

苍孤砦 北宋初置，属沧州。在今河北青县东。为沿边戍守之地。政和三年（1113）改为海清砦。

苍荣州 唐开元十七年（729）置羁縻州，属黎州都督府。治所在今四川甘洛县东北阿兹觉乡。北宋以后废。

苍峡 一名岭峡。在今福建南平市东南。《方舆纪要》卷97延平府南平县：苍峡“在府南百二十里。两岸青山回合，建溪经其间，转折而东南出”。

苍峡镇 即今福建南平市东南岭峡。明置巡司于此。

苍亭 一作仓亭。在今河南南乐县西三十五里。《晋书·石季龙载记》：东晋永和六年（350），冉闵与张贺度等“战于苍亭，贺度等大败”。即此。

苍峪山 在今河南卫辉市西北四十里。《水经·清水注》：“仓水出西北方山西仓谷，谷有苍玉珉石，故名焉。”《清一统志·卫辉府一》：苍峪山，“《县志》：一作苍山。中有棋盘山、龙化岩、塔儿冈、白龙潭”。

苍海郡 一作沧海郡。西汉元朔元年（前128）置。治所在今朝鲜江原道境内。元朔三年（前126）废。

苍陵城 在今安徽寿县西南淮河南岸。《陈书·宣帝纪》：南朝陈太建五年（573）十月，“丁未，齐兵万人至颍口，樊毅击走之。辛亥，齐遣兵援苍陵，又破之”。即此。

苍陵堰 在今河南汝南县西南。《方舆纪要》卷50汝阳县“贾侯渠”条下：“又城西南有苍陵堰，唐刺史夏夔堰汝水灌田千顷。今废。”

苍梧 地区名。《史记·五帝本纪》：舜“南巡狩，崩于苍梧之野”。其地当在今湖南九嶷山以南广西贺江、桂江、郁江区域。

苍梧山 ①即郁林山。今江苏连云港市东北云台山。《寰宇记》卷22海州东海县：“苍梧山在县东北二里。古老相传，此山在海中，后飞至此。”

②亦曰九疑山。即今湖南宁远县南九疑山。《史记·五帝本纪》：舜“南巡狩，崩于苍梧之野，葬于江南九疑”。《方舆胜览》卷24道州：九疑山“亦名苍梧山”。

苍梧水 在今广东高要市东。《舆地纪胜》卷96肇庆府：苍梧水“在高要县东南四十里一百步，源出腐柯山，初成瀑布飞流”。《方舆纪要》卷101肇庆府高要县：苍梧水“一名典水，源出烂柯山，初为瀑布，东流屈曲二十里，入大江”。

苍梧县 隋开皇十年（590）改广信县置，属静州。治所在今广西梧州市。大业初属苍梧郡。唐为梧州治。元为梧州路治。明为梧州府治。清光绪二十三年（1897）中英《续议缅甸条约附款》辟为通商口岸。民国初为广西苍梧道治。1927年析城区置梧州市，1932年废。1949年复置梧州市。1952年迁县治龙圩镇，即今苍梧县。

苍梧郡 ①又称长沙郡。战国秦置，治所在临湘县（今湖南长沙市）。辖临湘、罗县、益阳等县地。后称长沙郡。

②西汉元鼎六年（前111）置，治所在广信县（今广西梧州市）。《异物志》：苍梧即刺桐，“岭南多此物，故以名郡”。辖境相当今广西都庞岭、大瑶山以东，广东肇庆、罗定以西，湖南江永、江华以南，广西藤县、广东信宜以北地。南朝时辖境缩小，相当今广西梧州市、苍梧县及蒙江下游地区。隋开皇九年（589）平陈后废。

③隋大业三年（607）改封州置，治所在封川县（今广东封开县东南封川镇）。辖境相当今广东封开、郁南二县及广西梧州市，贺县、苍梧二县大部地。唐武德四年（621）复为封州。

④唐天宝元年（742）改梧州置，治所在苍梧县（今广西梧州市）。辖境相当今广西梧州市、苍梧县地。乾元元年（758）复改梧州。

苍梧道 1914年由郁江道改置，属广西省。治苍梧县（今广西梧州市）。辖境约当今广西武宣、贵港、玉林、博白以东，桂平、平南、藤县、贺县南部（信都）以南地区及广东省怀集县地。1928年废。

苍野聚 在今陕西丹凤县西。《左传》：哀公四年（前491），楚"左师军于菟和，右师军于仓野"。杜注："苍野在上雒县。"

苍望城 唐南诏置，属镇西节度。在今缅甸八莫。南诏后期属丽水节度。

苍溪县 ①西晋置，属巴西郡。治所在今四川苍溪县西南东青镇。南朝宋废。

②隋开皇十八年（598）改汉昌县置，属隆州。治所即今四川苍溪县。《舆地纪胜》卷185引《元和志》：苍溪县"以苍溪谷为名"。大业初属巴西郡。唐武德初属隆州，先天初属阆州，天宝初属阆中郡，乾元初又属阆州。元属保宁府。明洪武十年（1377）废入阆中县，十三年（1380）复置，仍属保宁府。民国初属四川嘉陵道。1928年直属四川省。

③又名文昌县。1933年7月川陕革命根据地置，治文昌宫（今苍溪县东北文昌镇）。1935年4月废。

芳山镇 即今辽宁黑山县西北芳山镇。民国《黑山县志》卷2：芳山镇"在县城西北五十里。原名荒山子，于清宣统元年改今名"。

芳木镇 即房木镇。今辽宁西丰县西南房木镇。洪宪元年（1916）《大中华帝国道县形势全图》：西丰县西南有芳木镇。

芳丛县 唐贞观五年（631）置，属羁縻肆州。治所在今四川若尔盖县西北境。后废。

芳乐苑 故址在今江苏南京市区东北，六朝建康子城北。《南齐书·东昏侯纪》：永元三年（501）夏，"于阅武堂起芳乐苑，山石皆涂以五采，跨池水立紫阁诸楼观，壁上画男女私亵之像。……又于苑中立市，太官每旦进酒肉杂肴，使宫人屠酤，潘氏为市令，帝为市魁，执罚，争者就潘氏决判"。

芳兰镇 清置，属定襄县。在今山西定襄县东北二十六里芳兰村。

芳华县 元世祖至元十三年（1276）置，属陆凉州。治所在今云南陆良县北三十里芳华镇。《元混一方舆胜览》芳华县："四时皆春，故名。"明永乐初废入陆凉州。

芳华苑 即唐东都苑。在今河南洛阳市西。徐松《唐两京城坊考》卷5载：神都苑"唐之东都苑，隋之会通苑也。又曰上林苑，武德初改芳华苑，武后曰神都苑"。

芳州 ①北周建德六年（577）六月，于甘松防置，治所在封德县（今甘肃迭部县东南）。因地多芳草，故名。辖境相当今甘肃迭部县东南部。隋大业二年（606）废。

②唐武德元年（618）置，治所在常芬县（今甘肃迭部县西南）。上元二年（675）陷于西蕃。

芳池州都督府 唐置，属庆州都督府。侨治庆州怀安县（今甘肃华池县西北怀安乡）。后废。

芳池都督府 唐置，为党项羁縻府，属灵州都督府。其地当在今宁夏黄河两岸地。后废。

芳村 在今广东广州市西南花地之东。清宣统《广东舆地全图》番禺县图：府西南有芳村。

芳林园 ①东汉末建。为皇家园林。在今河南洛阳市东北汉魏故城北隅。《三国志·魏书·文帝纪》：黄初四年注引王沈《魏书》："是冬，甘露降芳林园。"又，景初元年注引《魏略》："起土山于芳林园西北陬，使公卿群僚皆负土成山，树松竹杂木善草于其上，捕山禽杂兽置其中。"正始初改为华林园。

②曹操时筑。在今河北临漳县西南古邺城东。后因避齐王曹芳讳，改名华林园。

③故址在今河南开封市区内东北隅。《明一统志》卷26开封府：芳林园"宋太宗在潜邸时，太祖赐此地为园。及即位号曰潜龙，后改曰奉真。又改曰芳林"。

芳林苑 一名桃花苑。在今江苏南京市区东北。《寰宇记》卷90升州上元县：芳林苑"本齐高帝旧宅，在废东府城东边秦淮大路"。《南齐书·武帝纪》：永明五年（487），"车驾幸芳林园禊宴"。《梁书·南平王伟传》："齐世青溪宫改为芳林苑，天监初，赐伟为第。伟又加穿筑，增植嘉树珍果，穷极雕丽。"

芳林渡 在今广西贺州市南贺江南岸。《舆地纪胜》卷123贺州：芳林水"合于贺江。从捷路至富川必渡此水"。北宋初，潘美伐南汉，即由此进攻贺州。

芳林镇 又作芳林渡。在今广西贺州市南贺江南岸。南宋李焘《续资治通鉴长编》卷11：开宝三年（970），潘美征南汉，"王师拔冯乘，前锋至芳林"。即此。

芳城 又名芳亭。在今安徽濉溪县南。《资治通鉴》：唐咸通十年（869）三月，"沙陀以精骑邀之，屠杀殆尽，自柳子至芳城，死者相枕"。胡三省注："芳城，《新书》作芳亭。"

芳桂宫 在今河南渑池县西黄花村。唐仪凤二年（677）置，名紫桂宫。调露二年（680）改名避暑宫，永淳元年（682）改名芳桂宫，弘道元年（683）废。《旧唐书·韦机传》：永淳时，"高宗幸东都，至芳桂宫驿"。

芳桥镇 即今江苏宜兴市东北三十里芳桥镇。清光绪《宜兴荆溪县志》全境图：东北有芳桥。民国《江苏六十一县志》：宜兴县东北有"芳桥镇"。

芳塘河 即今江西宜丰县西长塍港。《清一统志·瑞州府》：芳塘江"在新昌县（故治在今宜丰县西四十里）。源出黄蘖山。又有长神江，在县西七十里，东流合焉。由杨木港口入蜀水"。

芳溪 灵江支流。即今浙江临海市西方溪。《清一统志·台州府一》：芳溪"在临海县西三十里。源出括苍山，土民于下流导为十三圳，溉田甚多"。

芳溪馆　在今四川仪陇县(新政镇）西。《舆地纪胜》卷188蓬州：芳溪馆，“元微之《感梦》诗云：十月初二日，我行蓬州西。三十里有馆，有馆名芳溪”。

芳蔬园　在今河南洛阳市东北汉魏故城西北隅。《拾遗记》卷9：西晋咸宁四年（278)，“立芳蔬园于金墉城东。多种异菜”。

苎萝山　在今浙江诸暨市南二里。为春秋时越国美女西施、郑旦出生地。《吴越春秋》卷5：“越王乃使相者国中，得苎萝山卖薪之女，曰西施、郑旦。”即此。

苎溪　①在今福建厦门市同安区西。《方舆纪要》卷99同安县：苎溪“在县西三十里。出莲花峰，东南流。县南有小同溪，出南安县南界洪岩山流合焉，又南入海”。明正统元年（1436）置巡司于此。

②即今重庆市万州区之苎溪河（朱溪河)。《舆地纪胜》卷177万州：“苎溪在州西二百步。春夏涨潦，则并舟为筏以百丈双拽济人。”以溪旁土地宜种苎，故名。《方舆纪要》卷69万县：苎溪在“县西五里。自梁山县流入界，春夏涨潦，则并舟为筏，济往来者。溪之上流有天生桥，巨石成桥，长与溪等，平阔如履平地，溪流出其下，下流注于大江”。

芦山　①在今安徽绩溪县西北。《方舆纪要》卷28绩溪县“大会山”条下：芦山“在县西北四十里。其麓有脊，连徽山之阴。《志》云，山左有水，北入旌德，下流达大江；山右有水，南入歙县，下流达浙江”。

②亦作卢山。在今四川芦山县西北。《元和志》卷32雅州卢山县“因山为名”。并称：“卢山，在县西北九里。其山西北连延入夷獠界，正北即邛州火井县界。”《清一统志·雅州府》作“芦山”。

芦山县　①明洪武六年（1373）改泸山巡司置，属雅州。治所即今四川芦山县。明郭子章《郡县释名》四川卷下：卢山县“以境内卢山为名也。山在城东，又名卢奴山，以其周匝皆大山，此山在内独小也。字本作卢，后人加草，因山多葭芦也。……一说开明号丛帝，丛帝生卢帝。今雅州芦山县有开明王城，疑即卢帝所居，故曰卢”。清属雅州府。民国初属四川建昌道。1928年直属四川省，1939年改属西康省，1955年复属四川省。

②1927年置，属普洱道。治所在今云南普洱市西南六十二里六顺乡（官房，翠云）民国《普思沿边各区改设县治案卷》：“因该区原有大庐山、小庐山二支为最著，故改名芦山县。”因与四川芦山县重名，1929年改六顺县。

芦门　在今福建霞浦县西北。明正德末设巡司于此。

芦门河　亦名蕃人河、老鹳河。在今江苏南京市东北。宋《景定建康志》卷19“芦门河”条引石迈《古迹编》云：“芦门河在芦门漾之侧，建炎间始开，以通真州，亦名蕃人河，合黄天荡南，王谏议芦场内是其处。按此河以蕃名，而不述其所以名意，汪内翰所谓敌开两河，则此河与新河皆敌所开者，否则无以因以蕃名也。”

芦卫　亦作泸卫。即泸州卫。在今四川兴文县（中城镇)。《明史·樊一蘅传》：清顺治四年（1647)，“侯天锡据永宁，马应试据芦卫”。即此。

芦子关　亦曰芦关。在今陕西志丹县北与靖边县交界处。唐杜甫《塞芦子》诗：“延州秦北户，关防犹可倚。焉得一万人，疾驱塞芦子。”《方舆纪要》卷57引蔡梦弼云：“去延州百八十里有土门山，两崖峙立如门，形若葫芦，故谓之芦子。”

芦子城　在今上海市旧城区西北十里，吴淞江滨。因地处当时吴淞江下游南北往来的重要渡口芦子渡旁，故名。宋以后被附会为沪渎垒。

芦古驿　亦作泸沽驿。元置，在今四川冕宁县南泸沽镇。《元史·文宗纪》：至顺元年（1330)，罗罗斯土官撒加伯叛，“四川军亦败撒加伯于芦古驿”。

芦石山　亦作卢石山。在今江苏灌云县东北。《魏书·地形志中》：琅邪郡海安县有芦石山。

芦北郡　亦作葭芦郡。西魏置，属文州。治所在建昌县（今甘肃文县西南)。隋开皇初废。《元和志》卷22长松县：“芦北故城，在县东五十二里。因葭芦镇为名也。”

芦田市　在今广西临桂县东芦田。明置巡司于此。

芦包口　即今广东佛山市三水区北芦苞镇。清设顺德协右营都司驻防。

芦头隘　在今江西新干县东。《清一统志·临江府》：芦头隘“在新淦县东三十里，为县要阨”。

芦台（臺）场　即今天津市宁河县治。为盐场。《元史·食货二》：至元十九年（1282)，“改立大都、芦台、越支、三叉沽盐使司一。二十五年，复立三汊沽、芦台、越支三盐使司”。清设盐场大使驻此。

芦台（臺）军　五代燕刘守光置，治所即今天津市宁河县（芦台镇)。《资治通鉴》：五代梁乾化三年（913)，“晋周德威拔燕芦台军”。明置芦台巡司于此。

芦台（臺）镇　即今天津市宁河县治。《清一统志·顺天府四》：芦台镇“即芦台军。元至元十九年立芦台盐使司。明亦设芦台场，置巡司。本朝初裁巡司，后复设”。清又于此设总兵驻防。芦台镇为芦盐荟萃之地，商业发达，交通便利，民国初置县佐于此。1950年宁河县迁治于此。

芦地隘　在今福建永春县西北芦地。《方舆纪要》卷99永春县：“芦地隘在县西北五十里新犁山下。亦嘉靖二年建。”

芦关　即芦子关。在今陕西志丹县北与靖边县交界处。唐杜甫《塞芦子》诗：“芦关扼两寇，深意实在此。”

芦关岭　在今陕西志丹县北，接靖边县界。《清一统志·延安府一》：芦关岭“在安塞县西北一百五十里，接靖边县界。延水源出此”。

芦芽山　又名芦芽尖山。在今山西宁武县西南。《清一统志·宁武府》：芦芽山“周百余里，跨神池、五寨、静乐、岢岚诸州县界”。

芦花　即今四川黑水县。芦花为藏语“落夸”的谐音，意为“倾斜”。1935年《川西边事辑览》附图有“芦花”。1952年置芦花行政委员会，1954年为黑水县驻地。

芦沥场　在今浙江平湖市东三十二里新仓镇。《元丰九域志》卷5：海盐县有“芦沥”盐场。《方舆纪要》卷91平湖县：芦沥市，“宋、元时俱置盐场于此。明初吴元年，并盐场于县东南十五里之独山盐场，改置嘉兴盐运分司于此。洪武元年复置芦沥场盐课司”。

芦沥盐场　在今浙江平湖市东海滨。《元丰九域志》卷5：海盐县有芦沥盐场。

芦沥浦　在今浙江平湖市东北三十八里。《方舆纪要》卷91平湖县：芦沥浦“县北境之水，悉汇于此”。

芦沟河　在今江苏盐城市西北六十里。《方舆纪要》卷22盐城县：“《志》云，县西五十里有东塘河，又西曰西塘河，俱自大踪湖分流至此，合为芦沟河。又西北三十里，合于张岐塘，塘袤三十里。又北经县西北百里之侍其汊，而合马鞍湖之水，又西北达于射阳湖。”

芦沟泉　在今山东济宁市东。《方舆纪要》卷33济宁州：芦沟泉“在州东。流入南阳闸。稍西有托基泉，入枣林闸。又有马陵泉，入鲁桥闸东。《泉志》：自滕县、峄县及曲阜县界之蜈蚣泉，共十六泉，散入鲁桥以下漕河，是为鲁桥圈里派。又自嵫阳、宁阳界六十三泉，俱入天井闸，是为天井派。其宁阳龙港沟等四泉，则入分水河。盖沂、洸之流，来自东北，入于天井，以资运道”。

芦苞水　在今广东佛山市三水区西北。《方舆纪要》卷101广州府三水县：芦苞水在“县北四十里。《志》云，县北三十五里有龙坡山，一名花山，又北五里则芦苞水出焉，其水秋冬皆涸，夏始溢，北出一里合于胥江，南出南海县境，至官窑驿，合于大江。胥江亦即北江之异名”。

芦苞墟　又名胥江街。即今广东佛山市三水区北芦苞镇。明洪武初置胥江巡司于此。清设汛，有把总驻防。

芦河　①古为阳泉水。即今山西阳城县北芦苇河。《方舆纪要》卷43沁水县：芦河“在县南。源出鹿台山，流经阳城县东十八里，合于沁水”。

②即今内蒙古东乌珠穆沁旗东乌尔虎河（乌拉根高勒）。《清一统志·乌珠穆沁部》：芦河“在左翼东六十里。蒙古名乌尔虎。源出索岳尔济山，南流入境。西流，北合色野尔齐河，南合音扎哈河、贺尔洪河，入右翼界，至克勒河朔之地涸”。

芦草沟　即广仁城。在今新疆霍城县北。清《林则徐日记》：道光二十二年（1842）十一月初七日，“至大芦草沟，此处有土城曰广仁城”。

芦保镇　清置，属中部县。在今陕西黄陵县西一百七十里。

芦泉　在今山东东平县西北。《明一统志》卷23兖州府：芦泉“在东平州东北三十里。元行省尚书严实尝引水构亭为游观之所”。《清一统志·泰安府一》：芦泉山，“《府志》：相传唐尧陵在山之麓，今改祀濮州。左右峰峦拱峙，如百工竦立。有泉流入沙河”。

芦洪　即今湖南东安县东北六十二里芦洪市镇。《新唐书·地理志》：永州零陵郡有芦洪戍，即此。明、清于此置巡司。

芦洑河　在今湖北潜江市境。《方舆纪要》卷77潜江县“潜水”条下：“县东三十里有芦洑河，即汉水分流处。《志》云，汉水自石城北三十里分流为芦洑河，经县东南，复入于汉，故名潜江。”

芦洲　①在今江苏宝应县东。《方舆纪要》卷23宝应县：芦洲“在县东十三里。东晋初，祖逖军于芦洲，或以为即此处。误也”。

②在今安徽亳州市东涡水北岸。《方舆纪要》卷21亳州：芦洲“其地旧多芦苇，因名”。《清一统志·颍州府一》：“《州志》：晋太兴中，祖逖进军北伐，屯芦洲。即此。”

③即今台湾省新北市北芦洲区。其地原系淡水河中沙洲，芦苇丛生，故名芦洲。又名和尚洲或河上洲。相传因地原属关渡灵山宫和尚所有而名。汉人来此开发始于清雍正十年（1732），现为台北市近郊最大蔬菜产地。2010年改设芦洲区。

④在今湖北枝江市东南。《方舆纪要》卷78枝江县：芦洲“在县东南七十里。其相接者为泎洲”。

⑤一名涉州。在今湖北鄂州市西北二十里。《水经·江水注》：“江水又东径邾县故城南。……城南对芦洲。旧吴时筑客舍于洲上，方便惟所止焉。亦谓之罗洲矣。”《梁书·徐文盛传》：大宝二年（551），“击任约于贝矶，约大败，退保西阳，文盛进据芦洲，又与相持”。

芦眉国　一译眉路骨或眉路骨惇。故地有数说：（1）在今小亚细亚一带；（2）在今土耳其伊斯坦布尔；（3）在今意大利罗马。南宋周去非《岭外代答》卷3大食诸国：“眉路骨惇国，居七重之城，自上古用黑光大石叠就，每城相去千步。有蕃塔三百余，内一塔高八十丈，内有三百六十房。”

芦峰口驿　明洪武十四年（1381）置，属抚宁县。在今河北抚宁县东南。

芦峰山　即今福建建阳市西北七十里云谷山，接武夷山市界，与西山对峙。《清一统志·建宁府》：芦峰山“山高万仞，四围峭削，绝顶平坦。宋乾道中，朱子更名曰云谷，筑草堂读书其下。有记”。

芦埠滩　在今湖南新化县东资水中。《清一统志·宝庆府一》：芦埠滩“石屹中流，波涛汹急。上水以绳牵挽，下水以招竿拨之，旋转石间，其险过于吕梁”。

芦移堡　北宋元丰中置，属延安府。在今陕西子长县北。后废。

芦塘营堡　明万历二十二年（1594）置，即今甘肃景泰县东芦阳镇。设参将驻守。清改设游击。

芦塘砦　五代唐置，属剑门县。为董璋置七砦之一。在今四川剑阁县（下寺镇）西南大剑山顶。《方舆纪要》卷68剑州：芦塘寨“在大剑山顶，险不可登。《志》云：后唐董璋筑寨，扼剑门，此其一也”。

芦衙尖山　即芦芽山。在今山西宁武县西南。《寰宇记》卷50宁化军：芦衙尖山“在军界”。即此。

芦溪山　在今福建平和县西北。《方舆纪要》卷99平和县：芦溪山“在县西北。山势雄壮”。

芦溪站　元置，在今四川南充市北芦溪镇。

芦溪镇　①北宋置，属萍乡县。即今江西萍乡市东芦溪镇。《方舆纪要》卷87萍乡县：卢溪镇“以临卢溪水而名。《志》云，卢溪通舟楫，有小市为县津要”。清时置芦溪市巡司于此。

②在今江苏高淳县西北长乐村。清《江宁布政司属疆域表》高淳县：“长芦镇中古名芦溪。”民国《江苏六十一县志》高淳县：“芦溪镇在西北，濒石臼湖，清同治时更名长乐。”

芦墟　即今广西宾阳县治宾州镇。明万历《宾州志》卷3：芦墟在“城南八里”。1950年宾阳县迁治于此。

芦墟镇　即今江苏吴江市东南四十五里芦墟镇。清置汾湖巡司于此。

芦寨　在今浙江义乌市东北芦柴村。《方舆纪要》卷93义乌县：芦寨“在县东北四十五里。旧为戍守处”。

芦畲镇　即芦畲镇。在今江西宁都县东北。清设芦畲汛。

芦潭镇　即今江西永修县东北芦潭。明初置巡司于此。后废。

劳山　①亦作牢山、崂山。在今山东青岛市崂山区东北，东临大海。《魏书·释老志》：法显“乃于南海师子国，随商人泛舟东下，昼夜昏迷，将二百日。乃至青州长广郡不其劳山”。即此。《元和志》卷11引晏谟《齐记》曰：“太山自言高，不如东海劳。”元于钦《齐乘》卷1：“盖劳山之高以其登陟之难，则名劳。驱之不动，又名牢也。”《清一统志·莱州府一》：劳山，“《诗》：山川悠远，维其劳矣。郑笺云：‘劳劳，广阔。’则此山或取其广阔而名之”。

②在今广东高要市东百里。《舆地纪胜》卷96肇庆府：劳山“在高要县东一百五里。故老相传云：山峡险，采樵者惮劳，俗因名之”。

③在今陕西甘泉县北二十里。《方舆纪要》卷57甘泉县：劳山“有大小二山。相传宋狄青与夏人相拒，士卒疲困，尝憩于此，因名”。1935年9月，国民党军对陕甘宁革命根据地进行第三次“围剿”，中国工农红军在延安、甘泉之间的劳山地区设伏，10月1日一战取得重要胜利。此即著名的“劳山战役”。

劳水　①即涝水。在今山西临汾市北。《山海经·中山经》：“牛首之山……劳水出焉，而西流注于潏水。”

②即今广西那坡县南百合水。《清一统志·镇安府》：末山水“在小镇南三十里。源出末山，南流与劳水合，入越南界”。

③即今李仙江和下游黑水河。在云南南部及越南西北部。汉至南朝称劳水。《汉书·地理志》来唯县：“劳水出徼外，东至麋泠入南海，过郡三，行三千五百六十里。”

劳石县　南齐置，属临漳郡。治所在今广西浦北县附近。梁、陈间废。

劳州　①北魏置，在今河南唐河县东南。《资治通鉴》：南朝梁中大通五年（533），“劳州刺史曹凤、东荆州刺史雷能胜等举城降魏”。胡三省注：“曹凤、雷能胜，皆蛮左也，因其地授以州刺史。”

②唐置羁縻州，属黔州都督府。治所在今贵州荔波县南捞村乡。后废。

劳劳亭　又名临沧观。三国吴置，故址在今江苏南京市西南十五里古新亭南。南朝宋元嘉中改名临沧观。后又改名劳劳亭。为六朝时建康城外送别之所。宋《景定建康志》卷22：“劳劳亭在城南十五里，古送别之所。考证：吴置，亭在劳劳山上，今顾家寨大路东即其所。”又引《舆地志》云：“新亭陇山有望远亭，宋元嘉中改名临沧观，又改名劳劳亭。”李白《劳劳亭》诗：“天下伤心处，劳劳送客亭。”即此。旧说即新亭，误。

劳村江　即今贵州荔波县东之樟江。《清一统志·都匀府》：劳村江“在荔波县东南一百二十里。有三源：一出自县西水岩山；一出自县北烂土司，至县东南合流。一出自县东北黑瑶洞，亦流入焉。又东南径思恩入河池州界，为金城江”。

劳谷　亦作涝谷。在今陕西户县西南，涝水所出。《汉书·郊祀志》：宣帝时，“京师近县鄠，则有劳谷、五床山……玉女祠”。

劳浸　古族名。《史记·西南夷列传》：“滇王者，其众数万人。其旁东北有劳浸、靡莫，皆同姓相扶，未肯听。劳浸、靡莫数犯使者吏卒。元封二年，天子发巴、蜀兵击灭劳浸、靡莫，以兵临滇，滇王始首善，以故弗诛。”秦、汉时期，劳浸约在今云南陆良、宜良等县一带。元封二年（前109）西汉于此置同劳县。

芑州　元初置，属太原路。治所在今山西保德县东北。至元二年（1265）废。

芑州城　在今陕西府谷县北。《方舆纪要》卷57府谷县“宁丰城”条下：芑州城“在县东北九十里。元初置州，属山西太原路。至元初省入保德州”。

芑茅堡　即今贵州松桃苗族自治县东北盘石镇东北芑茅镇村。清严如熤《苗疆险要考》14松桃厅：芑茅坪在“城东五十里。叠嶂复巘，连绵数十里。山根乾圩约宽一二里，地势平夷，当永绥、松桃两厅交界。新筑石堡一座，添兵防守”。

芭蕉关 在今贵州普安县东十里。《方舆纪要》卷121普安州：芭蕉关在“州东八十五里”。清爱必达《黔南识略》卷28普安县：“芭蕉关在城（东）北十里。凿岭为关，奇险厄要，今设塘为入滇旧路。”

芭蕉坝 即今贵州桐梓县东北芭蕉乡。清道光《遵义府志》卷6桐梓县：芭蕉坝在“城东北二百五十里”。

芭蕉铺 即今湖北恩施市南芭蕉镇。清同治《施南府志》卷6《村集》：“芭蕉，距（恩施）县六十里。”

芭蕉溪 在今四川沐川县南。为中都河上源之一。《方舆纪要》卷73沐川长官司：芭蕉溪在“司东四十里。源出隆马山……入于马湖江”。《清一统志·叙州府一》：芭蕉溪“在屏山县西，雷波厅北，沐川司南界。源出隆马山阴，流入夷都溪，至蛮夷司东溪口，入于马湖江”。

苏 ①夏、商时国。在今河北临漳县西南。《国语·郑语》：“己姓昆吾、苏、顾、温、董……则夏灭之矣。”又《晋语一》：“殷辛伐有苏，有苏氏以妲己女焉。”《新唐书·宰相世系表四上》：“苏氏出自己姓。颛顼裔孙吴回为重黎，生陆终。生樊，封于昆吾。昆吾之子封于苏，其地邺西苏城是也。”而《路史·国名纪》以为在武德县（今河南温县东北武德镇）附近。后迁都温（今温县西南），故又名温。

②江苏省的简称。

③江苏省苏州市的简称。

苏小小墓 在今浙江杭州市西湖中孤山西北西泠桥侧。古乐府《钱塘苏小小歌》有“何处结同心，西陵松柏下”句。《乐府广题》曰：“苏小小，钱塘名倡也，盖南齐时人。西陵在钱塘江之西，歌云‘西陵松柏下’是也。”

苏山岛 在今山东荣成市西南黄海中。旧名苏门岛。清光绪《文登县志》卷1：“苏门岛一名苏山岛，在城东南海中，北距铁槎山四十里。”

苏门山 又名百门山。在今河南辉县市西北七里。《晋书·阮籍传》：“籍尝于苏门山遇孙登，与商略终古及栖神导气之术，登皆不应。”

苏门县 金明昌三年（1192）改河平县置，属卫州。治所即今河南辉县市。贞祐三年（1215）为辉州治。蒙古至元三年（1266）废。

苏门岛 即今山东荣成市西南黄海中苏山岛。清光绪《文登县志》卷1谓：“《山海经》：苏门，日月所出，岛名本此。”另一说据《清一统志·登州府》：苏门岛，“《县志》：相传与姑苏遥对，故名”。光绪《山东通志》斥为无稽。

苏门峰 亦作苏门哈达。在今河北康保县北。清为内蒙古察哈尔左翼镶黄旗驻地。

苏门傍 古国名。在今泰国曼谷西北素攀。或以为在今印度尼西亚爪哇岛以东的马都拉岛。元汪大渊《岛夷志略》有专条记述。

苏子河 古为南苏水。在今辽宁新宾满族自治县西。为浑河支流。《清一统志·兴京》：苏子河“在城北半里。源出边外呼伦岭，西流会尼玛兰章京玛嘉哈当阿拉发诸河，绕至启运山之南，西注受哈尔萨理嘉索勒和等河，又北折经黑门穆奇水手堡，又北经界藩西南入浑河”。

苏扎哈河 在今俄罗斯滨海边疆区西北兴凯湖南。《清一统志·吉林一》“勒富河”条下：“西其曰们河，在（宁古塔）城东南五百五里。又西曰苏扎哈河，在城东南五百十里。源俱出苏扎哈窝集，南流入兴凯湖。”

苏扎哈窝集 在今黑龙江省东宁县北与俄罗斯滨海边疆区交界处。为小绥芬河与俄罗斯境莫河分水岭。《清一统志·吉林一》“勒富河”条下：“们河在（宁古塔）城东南五百五里，又西曰苏扎哈河，在城东南五百十五里，源俱出苏扎哈窝集。”

苏木连河 即今青海湟水。《明史·地理志》西宁卫：“又北有湟水，即苏木连河也。”

苏木岭 在今浙江新昌县东北。《方舆纪要》卷92绍兴府新昌县：苏木岭“在县东北九十里。五季时刘万户、董彦光破冯辅卿于此。一名松木岭”。

苏木哈喇垓 亦作苏木哈喇灰。即头堡驿。在今新疆哈密市西头堡。《清一统志·哈密》：苏木哈喇垓“在哈密城西六十里。亦名头堡”。

苏历（歷）江 亦名来苏江。在今越南河内市东北。《资治通鉴》：南朝梁大同十一年（545），交州刺史杨瞟讨李贲，前锋陈霸先败李贲于朱鸢县，“又败于苏历江口，贲奔嘉宁城”。《方舆纪要》卷112安南：来苏江“本名苏历江，相传昔有苏历者开此江，因名”。

苏水 即今河北顺平县西南曲逆河，为清水河南源。《汉书·地理志》曲逆县：“有苏水，亦东入濡。”《水经·滱水注》：苏水“出（曲逆）县西南近山，东北流径尧姑亭南，又东径其县入濡”。又《清一统志·保定府二》“苏水”条引《旧志》：“今有放水河，源出唐县东北马耳山石臼泉，东流入完县界，会五云泉，至县东会为方顺河，疑即古苏水，盖亦方顺河之南源也。”

苏分地面 在今吉林汪清县东绥芬河上游地方。《明孝宗实录》卷197：弘治十六年（1503），“阿速江卫并埔坎、苏分地面野人……俱欲朝贡”。

苏公塔 又称吐鲁番塔、额敏塔。在今新疆吐鲁番市城东南五里。清乾隆四十二年（1777）吐鲁番郡王额敏和卓及其次子苏来曼，为报谢皇恩、天恩而建，故又称额敏塔。高44米，外形呈圆柱形，底部直径10米，全部用黄色砖叠砌成维吾尔传统的各种花纹图案，美观大方，在塔身不同方向和高度建有十四个窗口。塔内有螺旋形台阶七十二层，可达塔顶。是新疆伊斯兰教著名的艺术建筑。1988年定为全国重点文物保护单位。

苏公堤（隄） 在今广东惠州市城西。《舆地纪胜》卷99惠州：苏公堤“在丰湖之左岸。绍圣间，东坡出上所赐金钱筑焉”。

苏巴什 ①即今新疆鄯善县西一百五里苏贝希。清乾隆《西域图志》卷14：苏巴什“地有小堡”。

②即今新疆阿克陶县西南苏巴什。清宣统《新疆图志》卷8引《海英路程记》：“自布伦库尔至塔墩巴什五百八十里。内一百二十里苏巴什。”

③在今新疆托克逊县南。顾炎武《天下郡国利病书》卷117《西域土地人物略》：“俺石城又西五十里为苏巴失。”

苏巴什佛寺 在今新疆库车县城东北四十六里确尔达格山南麓。分东西二寺，分布在铜厂河东西两岸。东寺依山而建，寺垣已毁，外侧尚存78米长的土墙一道。寺内有房舍和塔庙遗迹，全系土垣建造。西寺有土城一区，呈方形，周长318米，亦土坯筑。遗址上有数处高塔。北面有佛洞一排，洞壁上刻有龟兹文字和佛教人物像。曾发现龟兹文、汉文、回鹘文文书、壁画、佛教塑像，汉、南北朝和唐代钱币，波斯萨珊朝库斯老二世银币及绘有乐舞形象的舍利盒等。是龟兹王国著名佛寺。1996年定为全国重点文物保护单位。

苏巴什驿 清光绪年间置，在今新疆托克逊县西南苏巴什。宣统《新疆图志》卷80吐鲁番厅：“自托克逊驿偏南九十里苏巴什驿。”

苏示县 亦作苏祁县。西汉置，属越嶲郡。治所在今四川西昌市西北六十里礼州镇。东晋常璩《华阳国志·蜀志》：“苏示县，汉末夷王及弟隗渠数背叛，以服诸种，张嶷先杀王。”西晋废。《汉书·地理志》颜师古注：“示读祇。”

苏石山 在今广西钟山县西南。《清一统志·平乐府一》：莲花山“在昭平县东二十五里。……相近有苏石山，平原突起，高百丈。旧名梭石山。上有泉曰燕泉。明嘉靖八年瑶乱，乡人避居于此，被围七日，富川知县金杰来援得免，以其垂死得苏，因更今名”。

苏甲 即今云南昭通市西北苏甲乡。清有把总驻此。

苏仙山 即马岭山。在今湖南郴州市东北三里。《水经·耒水注》：“黄溪东有马岭山，高六百余丈，广圆四十许里。汉末，有郡民苏耽，栖游此山。”故有苏仙山之名。

苏仙市 即今河南商城县东四十里苏仙石乡。《方舆纪要》卷50商城县：大苏山在“县东四十里。下有苏仙市”。即此。

苏仙岭 在今湖南汝城县东一里。《清一统志·郴州一》：苏仙岭“以苏耽得名”。

苏尔莽土司 清雍正时置，属西宁办事大臣。为玉树四十族之一。驻牧地在今青海玉树南子曲下游与囊谦县交界处。乾隆《西宁府新志》卷19塞外贡马番族：“住牧苏尔奔地方苏尔莽族，距阿拉克硕族一百余里。”清末、民初为玉树二十五族之一。

苏尼特左翼旗 后金崇德六年（1641）置，属内蒙古锡林郭勒盟。驻地在今内蒙古苏尼特左旗东南境都都音沃博勒卓。1914年划归察哈尔特别区，1928年属察哈尔省。1947年划归内蒙古自治区。1949年驻贝勒庙（1968年改名满都拉图）。

苏尼特右翼旗 后金崇德七年（1642）置，属内蒙古锡林郭勒盟。驻地在今内蒙古苏尼特左旗东南哈布其勒西南。1914年属察哈尔特别区，1928年属察哈尔省。1947年迁驻温都尔庙（今苏尼特右旗东南朱日和镇），划归内蒙古自治区。1958年迁驻赛汉塔拉。

苏尼特部 明、清蒙古部名。为内蒙古锡林郭勒盟五部之一。明中后期属大汗直辖之察哈尔万户，由博迪汗次子库克齐图墨尔根（明译可可出大台吉）统领，号所部曰苏尼特；其孙绰尔衮居西路，塔巴海居东路，因不堪林丹汗压迫，投依漠北喀尔喀部。后金崇德间，绰尔衮子素塞、塔巴海子腾机思先后率部归附，编为二旗。崇德六年（1641）授腾机思为扎萨克多罗郡王，编所部为一旗，即苏尼特左翼旗。旗地在库尔察罕泊（今查干诺尔）西和西北，约当今内蒙古苏尼特左旗。七年（1642），授素塞为扎萨克多罗郡王，编所部为一旗，即苏尼特右翼旗，旗地在左旗之西，锡林郭勒盟最西境，约当今内蒙古苏尼特右旗和二连浩特市。

苏对沙那 即东曹国。都城在今塔吉克斯坦杜尚别北乌拉秋别。《隋书·裴矩传》：中道从高昌“度葱岭，又经钹汗、苏对沙那国”。《新唐书·西域传》：东曹“或曰率都沙那、苏对沙那”。

苏吉丹 古国名。在今印度尼西亚中爪哇锦石一带。南宋赵汝适《诸蕃志》卷上：“苏吉丹即阇婆之支国，西接新拖，东连打板，有山峻极，名保老岸。”明张燮《东西洋考》卷4“思吉港”条：“思吉港者，苏吉丹之讹也，为爪哇属国，其中凡数聚落，而吉力石其主也。”

苏吉卡伦 清置，在今新疆奇台县东北苏吉。清道光《新疆识略》卷2古城：苏吉卡伦“距城三百三十里”。

苏夷县 即苏示县。《旧唐书·地理志》嶲州苏祁：“汉苏夷县，属越嶲郡。后周平南夷，于故城复置。”在今四川西昌市西北六十里礼州镇。

苏州 ①隋开皇九年（589）改吴州置，治所在吴县（今江苏苏州市西南横山东）。以姑苏山得名。大业初复为吴州，寻又改为吴郡。唐武德四年（621）复为苏州，七年（624）徙治今苏州市。辖境相当今江苏苏州、常熟以东，浙江桐乡、海盐东北和上海市大陆部分。开元二十一年（733）后，为江南东道治所。天宝元年（742）复为吴郡。乾元后仍为苏州。五代晋以后辖境缩小为上述江苏部分及上海市嘉定、宝山二区地。北宋政和三年（1113）升为平江府。

②辽兴宗以南苏地置，治所在来苏县（今辽宁大连市东北金州区）。金皇统三年（1143）废。贞祐四

年（1216）复置，后废。

③元末置，属建昌路。治所在今四川冕宁县北四十里苏州坝。一说即今冕宁县。明曹学佺《蜀中广记》卷34宁番卫：苏州“借苏示之义以名之”。明洪武二十一年（1388）改为苏州卫。

苏州卫 明洪武二十一年（1388）改苏州置，属四川都司。治所在今四川冕宁县。二十五年（1392）升为军民指挥使司。次年改为宁番卫。

苏州文庙及石刻 在今江苏苏州市沧浪区人民路45号。北宋景祐二年（1035）创建。现存建筑多为明、清重建，占地约1.78平方米，为原有面积的六分之一。布局仍存东庙西学两轴并列。自南向北，东庙有戟门、大成殿、崇圣祠；西学存泮池、七星池、明伦堂等。文庙内石刻颇多，以《平江图》等四大宋碑为最。其中《平江图》为苏州古城图，刻于南宋绍定二年（1229），刻有平江城墙、河道、官厅、寺观、塔桥、道路及郊区名胜古迹等。其余有《天文图》、《地理图》、《帝王绍运图》，均刻于南宋淳祐七年（1247）。《天文图》上刻有星辰一千四百四十颗，并有文字说明；《地理图》上刻有全国山川及州名、文字说明；《帝王绍运图》记述历代帝王姓名及说明。2001年苏州文庙及石刻被定为全国重点文物保护单位。

苏州古典园林 在今江苏苏州市。苏州自古是著名的园林之城。春秋吴国建有姑苏台。东晋时苏州出现了江南最早的私家园林辟疆园，号称吴中第一，今已遗迹无存。宋代沧浪亭是苏州现存最古老的园林。明、清苏州造园达到全盛期，私家园林遍布古城内外。据记载，当时有园林二百余处，现保存完好的尚有数十处，如拙政园、留园、网师园、环秀山庄、耦园等都被定为全国重点文物保护单位。1997年苏州古典园林中的拙政园、留园、网师园、环秀山庄都被联合国教科文组织世界遗产委员会列入世界文化遗产清单。2000年苏州艺圃、耦园、沧浪亭、狮子林和同里退思园被列入苏州古典园林世界文化遗产的扩充项目。

苏州市 1928年由吴县城区析置，属江苏省。治所即今江苏苏州市。1930年撤销，并入吴县。1949年5月解放后复置苏州市，属苏南行署区。1950年改为地级市。1952年划属江苏省，由省直辖（地级）。1958年改为县级市。1962年仍改由省直辖（地级）。

苏州关 辽置，属苏州。在今辽宁大连市甘井子区北南关岭。金王寂《鸭江行部志》：明昌二年（1191）二月，“丙子，自永康次顺化营，中途望西南两山，巍然浮于海上，访诸野老，云此苏州关也。辽之苏州今改为化成县，关禁设自有辽。以其南来舟楫，非出此途不能登岸”。

苏州府 明初改平江路置，直属南京。治所在吴县、长洲县（今江苏苏州市）。辖境相当今江苏苏州、常熟、昆山、吴江、吴县等市县和上海市西北部地。明宣德后为应天巡抚治所。清为江苏省治。1912年废。

苏州河 即吴淞江的俗称。近代上海辟为商埠后，以吴淞江上通苏州，故称为苏州河。即今江苏南部及上海市西部的吴淞江。为太湖最大支流。至今上海市区外白渡桥入黄浦江。

苏州驿 ①明洪武四年（1371）置，在今广东博罗县东北。清雍正八年（1730）改置苏州巡司。

②明置，属宁番卫。在今四川冕宁县。《方舆纪要》卷74番卫军民指挥使司：苏州驿在“卫治东”。

苏祁县 ①即苏示县。治所在今四川西昌市西北六十里礼州镇。《三国志·蜀书·张嶷传》：后主时为越嶲郡太守，“苏祁邑君冬逢、逢弟隗渠等，已降复反。嶷诛逢”。

②北周天和三年（568）于废苏示（祁）县置，为亮善郡治。治所在今四川西昌市西北六十里礼州镇。《寰宇记》卷80苏祁县：“以苏祁之夷为邑。”隋开皇初改为苏祇县。唐武德时复为苏祁县。后地入南诏。

苏祁驿 即今四川西昌市西北六十里礼州镇。唐樊绰《云南志》卷1：“至台登城平乐驿四十里，至苏祁驿四十里。”

苏农州 唐置，为羁縻州。治所在今陕西省北境。

苏阳堡 即苏洋堡。今福建福安市南苏阳。

苏约克 在今新疆乌恰县西北苏约克河发源处，与吉尔吉斯斯坦接界。清光绪十年（1884）不平等的《续勘喀什噶尔界约》，将此地以西以北之地划归俄国：“所有俄国费尔干省与中国喀什噶尔省中间一带界线，自图永（中国名苏约克）山豁往南……至伊尔克什坦自然界为止。”

苏抚支线 即抚顺支线。自辽宁沈阳南苏家屯至抚顺。

苏坑隘 即今福建永春县西北苏坑镇。《方舆纪要》卷99德化县：“苏坑隘在县东南。”

苏克特伊卡伦 清雍正五年（1727）设，在今俄罗斯境内博尔集亚东南。何秋涛《朔方备乘》卷10《北徼喀伦考》作“苏克特依”。

苏苏国 古地名。故地或以为在今印度尼西亚苏门答腊岛西岸实武牙一带，或以为在实武牙东南沿海之沙沙谷，尚无定论。清谢清高《海录》有专条记述。

苏村 ①即今山西安泽县东南苏村。民国《岳阳县志》卷4：苏村“距城百八十里”。

②即今山东沂南县东北苏村镇。1940—1948年山东革命根据地置沂东县治此。

③在今河南开封市东南十里。《宋史·河渠志三》：元符三年（1100）四月，“河决苏村”。又，《元史·河渠志》延祐七年（1320）六月，“开封县苏村及七里寺复决二处”。即此。

苏村市 即今江西玉山县西苏村。清同治《江西全省舆图》卷11：广信府玉山县有苏村。

苏村站 元置，在今广东博罗县西南东江北岸苏村圩。

苏村寨 在今四川汶川县西南绵虒镇西三里。《方舆纪要》卷67汶川县：苏村寨在“县西北四十里。旧置寒水驿于此，并设寒水巡司世其职，以防河西。正统七年，为草坡蛮所攻。隆庆中，复被残掠，因移塞于河东，亦为寒水驿”。

苏村镇 ①北宋置，属沂水县。即今山东沂南县东北苏村镇。

②即今河北南宫市西苏村镇。明嘉靖《南宫县志》卷1：苏村集在“县西二十里”。清同治《畿辅通志》卷54南宫县图：西有苏村镇。

苏利县 南朝宋置，属越嶲郡。治所在今四川西昌市西北八十里礼州镇。《宋书·州郡四》：“苏利长，汉县曰苏示，□曰苏利。”齐废。

苏武山 在今甘肃民勤县东南三十里。《方舆纪要》卷63镇番卫“来伏山”条内：苏武山“俗传苏武尝牧羝于此，盖传讹也”。

苏武城 在今内蒙古呼和浩特市西北。《明一统志》卷21大同府：苏武城“在府城西北五百余里。苏武使匈奴时居此”。

苏武墓 在今陕西武功县西北武功镇北。宋敏求《长安志》卷4武功县：“汉苏武墓在县（今武功镇）北十里义门乡。案，《郡国志》：苏武冢在好畤县东三十里名守节乡，与此地里相接。”

苏拉瓦克山 在今新疆民丰县南。清宣统《新疆图志》卷62：苏拉瓦克山“或作梭罗瓦克，洪图作索尔戛克，即大金厂，在于阗县境东。译言当风扬沙也。盖以土人挖金，当风扬沙得名”。

苏坡桥 即今四川成都市西十五里苏坡桥街道。清同治《成都县志》卷2：苏坡桥在“县西南十五里。架木为桥。……南岸温江，北界县界有场即名苏坡桥，跨清水河”。

苏茂州 唐置，属安南都护府。治所在今越南广宁省东北河桧一带。后废。

苏松太道 全称为苏松太兵备道。清乾隆六年（1741）改苏松道置，属江苏省。治所在上海县（今上海市南市区旧城内）。辖苏州、松江二府和太仓州地。二十五年（1760）改为松太道。嘉庆十六年（1811）复旧。1912年废。因驻上海县，又通称上海道。

苏码头 即今四川双流县东南正兴镇。清嘉庆《华阳县志》卷6：苏马头场“治东南五十里，交仁寿县界”。民国又名正兴场，与仁寿县共辖，“市街各辖其半”。

苏昌 一名苏城。在今俄罗斯滨海边疆区符拉迪沃斯托克（海参崴）东北。清为宁古塔副都统辖地。咸丰十年（1860）沙皇俄国通过强迫清政府签订不平等的《北京条约》割占该地。1972年苏联政府改为帕尔季占斯克，意为“游击队城”。今径称游击队城。

苏泽堂 在今广东化州市旧城内。清光绪《高州府志》卷12：苏泽堂“在州署内，乾隆十二年建”。化州盛产橘，以“苏泽堂者为最佳，清风楼次之，红树又次之”。

苏孤戍城 在今山西岢岚县东。《清一统志·太原府一》：苏孤戍城“在岢岚州东三十里。相传北齐所筑。其东北隅没于水，仅存三面。今名三角村”。

苏毗 西藏古代族部名，旧称西女国或女国。《隋书·女国传》：“女国，在葱岭之南，其国代以女为王，王姓苏毗，字末羯。”《新唐书·苏毗传》：“苏毗，本西羌族，为吐蕃所并，号孙波，在诸部最大。东与多弥接，西距鹘莽硖。”在藏文史籍《智者喜筵》中，苏毗为西藏最早十余小邦中之强者，世以女性为首领，地在今西藏那曲地区西、北部，后为吐蕃所逼，举部北迁至青海省境内，终为吐蕃兼并。在汉文史籍中，隋、唐以前称其在藏北时为苏伐剌拏瞿呾罗国或西女国、女国，吐蕃兼并后称其在青海省境时为苏毗或孙波。

苏毗如 西藏吐蕃王朝（约629—842）古地区名。吐蕃在全境划分为乌如、要如、叶如、如拉等四个军政区域，即乌思藏四如。但一说于四如之外尚有苏毗如，苏毗亦作孙波，为西藏古代十余小邦中之强者，即西女国，最初游牧于羊同之东，在今阿里东北，后迁至藏北，后为吐蕃所逼逐渐北迁进入青海南部，终为吐蕃征服。藏文史籍《智者喜筵》载：苏毗如东至聂域，南至曲那，西至也谢，北至拿雪，以强甲雪达巴擦（约在今西藏比如县境）为中心，大致当今藏北那曲地区。吐蕃灭亡后原建制废。

苏洛鬲 古国名。在今马来西亚马来半岛西北部旧吉打。为古代东西方海上交通线所经。元汪大渊《岛夷志略》有专条记述。

苏洋堡 即今福建福安市南苏阳。《清一统志·福宁府》：苏洋堡“在福安县东南四十五里。明嘉靖中置盐运分司于此。今有苏洋鹾市”。

苏浑山 在今新疆疏附县西南。清宣统《新疆图志》卷59：苏浑山“其山多铜”。

苏祇县 隋开皇初改苏祁县置，属嶲州。治所在今四川西昌市西北六十里礼州镇。大业初属越嶲郡。《隋书·地理志》苏祇：“旧置亮善郡，开皇初郡废。有孙水。”唐复为苏祁县。

苏秦墓 在今河南洛阳市东北汉魏故城东。苏秦，字季子，战国时洛阳轩里人。纵横家。曾游说六国合纵抗秦，六国拜他为相，迫使秦国十五年不敢东出函谷关。后事败被车裂而死。北魏杨衒之《洛阳伽蓝记》卷2载：“出青阳门外三里御道北，有孝义里。里西北角有苏秦冢。”唐时此墓尚存，贾岛有《经苏秦墓》一诗。墓久已湮没。

苏素海甸 在今黑龙江省尚志市东南马延镇东南苇河、亮河一带。《金史·世纪》：“盃乃诱乌春兵度岭，世祖与遇于苏素海甸。……命肃宗及斜列、辞不失与之战。”

苏都识匿 即东曹国。都城在今塔吉克斯坦杜尚别北乌拉秋别。《新唐书·西域传》：东曹又名“苏都识匿”。

苏桥站 元置，属静江路。在今广西永福县东北苏桥镇。明改为驿。

苏桥集 即今河南许昌县北二十五里苏桥镇。民国《许昌县志》卷1：县北有苏桥集。

苏桥镇 ①即今河北文安县北四十里苏桥镇。清同治《畿辅通志》卷46文安县图：北有苏家桥，驻主簿。

②即今广西永福县东北苏桥镇。清属临桂县，设巡司于此。

苏翁浦 亦称三洲苏圃。在今江西南昌市东湖百花洲上。《宋史·苏云卿传》："苏云卿，广汉人。绍兴间，来豫章东湖，结庐独居……夜织屦"于此。

苏家口 在今北京市怀柔区西南苏峪口。明中叶为防御俺答而于此设防。《方舆纪要》卷11昌平州：苏家口"在州东北八十里。嘉靖中许论言渤海所当山陵之北，其间有苏家口，实为扼塞之处"。

苏家屯 即今辽宁沈阳市南三十余里苏家屯区驻地。民国熊知白《东北县治纪要》辽宁沈阳县："苏家屯距县市五十四里。……为南满铁路之抚顺、安奉两线连结地。"

苏家庄集 即今河北宁晋县东北四十五里苏家庄镇。清同治《畿辅通志》卷55宁晋县图：东北有苏家庄集。

苏家垄遗址 在今湖北京山县东北七十四里，地处京山、随州、安陆三县市交界处。1966年7月发掘，出土鼎、鬲、甗、簋、豆、方壶、盉、盘、车马器等文物。鼎、豆、方壶均有"曾中游父自作器"铭文。经鉴定为西周晚期铜器。

苏家咀 即今江苏淮安市楚州区东北六十三里苏咀镇。《明史·河渠志三》：崇祯二年（1629）"淮安苏家咀、新沟大坝并决，没山、盐、高、泰民田"。即此。

苏家桥 即今河北文安县北四十里苏桥镇。《方舆纪要》卷11文安县：苏家桥在"县东二十里，当往来孔道，靖难初，燕王自固安县渡拒马河驻师苏家桥，即此"。

苏家埠 即今安徽六安市西南苏埠镇。明万历《六安州志》卷2：苏家埠在"西四十里"。

苏家湾 即今四川资中县东沱江东岸苏家湾镇。民国《资中县续修资州志》卷2："苏家乡旧名苏家湾。在县东二十五里。为水程要冲，商船络绎不绝。明有苏家寺。今废。"

苏家镇 在今安徽望江县东北三十里。《清一统志·安庆府二》：香草镇，"《县志》：明初县界河泊所凡四：武昌河泊所在县东北三十里苏家镇……嘉靖三十九年裁"。

苏埠屯 在今山东青州市东北二十五里。村东发现晚商古墓群。其中一号墓殉四十八人，出土铜钺等文物。

苏基镇 即今河北海兴县治。清同治《畿辅通志》卷50盐山县图：东北有苏基镇。1965年于此设海兴县。

苏勒厄图 在今内蒙古阿巴嘎旗西、苏尼特左旗东。康熙《皇舆全览图·热河图》作苏勒厄图呼亲。《御制亲征平定朔漠方略》卷22：康熙三十五年（1696）四月，"戊子，上驻苏勒图"。

苏勒河 即疏勒河。在今甘肃西北部。

苏勒哲谷 亦名水涧沟门。在今内蒙古土默特右旗北二十里。清乾隆十九年（1754）于此设卡伦，为大青山前十一卡伦之一。光绪《归绥识略》："苏勒哲卡伦在城西二百五十里。……苏勒哲即［萨拉齐］厅北之水涧沟门。"

苏曹镇 即今河北邯郸市东北苏曹乡。清光绪《畿辅通志》卷70：苏曹镇"在（邯郸）县东北五里。有桥跨滏水口，为水路停泊之所"。

苏常道 1914年依前苏州、常州两府、通州直隶州辖境置，属江苏省。治吴县（今江苏苏州市）。辖境约当今江苏常州、宜兴以东，常熟、昆山、上海以西长江南岸地区及江北泰兴、靖江、如皋、如东、南通等市县地。1927年废。

苏鄂公爷庙 在今内蒙古科尔沁右翼前旗东北。清为科尔沁右翼后旗驻地。

苏康垒 在今河北馆陶县境。《资治通鉴》：东晋太元十七年（392），平原钊遣其将翟都侵馆陶，"屯苏康垒"。即此。

苏淮特区 苏淮特别区行政公署的简称。1942年1月日伪置，公署驻徐州市（今江苏徐州市）。辖原江苏省徐州市，铜山、东海、砀山、萧县、沛县、邳县、睢宁、宿迁、沭阳、赣榆、丰县、泗阳、淮阴、涟水、灌云等十五县和苏北行营淮安、阜宁二县及原安徽省宿县、灵璧、泗县、亳县等四县。1944年1月改置淮海省。

苏密城 在今吉林桦甸市东八里辉发河南大城子村。清光绪《吉林通志》卷24：苏密城"（吉林）城西南三百余里。周六里，东西二门。内有子城，周四里。址尚存。近城十余里间，四面皆有小古城"。"苏密"为满语莎荻草之意。据传此古城址，为渤海中京显德府治；实际为渤海国长岭府故址。今遗址仍存，有内外城，内城周长1399米，外城周长2590米。2006年定为全国重点文物保护单位。

苏堤（隄） 在今浙江杭州市西湖中。本名苏公堤，宋《淳祐临安志》卷10："元祐中，苏公轼既开湖内，积葑草为堤。"故名。简称苏堤。"苏堤春晓"为西湖十景之一。

苏跋那具怛罗 亦作苏伐剌拏瞿咀罗。即苏毗。地在今西藏西北部。慧超《往五天竺国传》："雪山东有一小国，名苏跋那具怛罗，属吐蕃国所管。"

苏集 即今内蒙古察哈尔右翼前旗西北苏集村。平绥铁路（今京包铁路）经此。

苏鲁马益 古港名。亦译苏儿把牙或斯鲁马益。即今印度尼西亚爪哇岛东北岸之苏腊巴亚（泗水）。为东爪哇重要港口。名见明马欢《瀛涯胜览》"爪哇国"条。

苏鲁克土司 清雍正时置，属西宁办事大臣。为玉树四十族之一。驻牧地在今青海杂多县南苏鲁乡一带。清末为玉树二十五族之一。乾隆《西宁府新志》卷19塞外贡马番族："住牧三木冲地方苏鲁克族，距洞巴族一百余里。"

苏鲁国　又作苏禄国。故地即今菲律宾苏禄群岛。《元史·武宗纪》：至大元年（1308）四月，"遣米楫等使苏鲁国"。

苏温河卫　明永乐四年（1406）置，属奴儿干都司。在今黑龙江省依安县东南双阳河流域。后废。

苏禄　古国名。故地即今菲律宾苏禄群岛。以产珠闻名于世。元汪大渊《岛夷志略》：苏禄"其地以石崎山为保障，山涂田瘠，宜种粟、麦……地产中等降真条、黄蜡、玳瑁、珍珠，较之沙里八丹、第三港等处所产，此苏禄之珠，色青白而圆，其价甚昂。中国人首饰用之，其色不退，号为绝品"。其国三王（东王、西王和峒王）于1417年（明永乐十五年）曾携带眷属到中国访问，建立友好关系。

苏禄王墓　在今山东德州市城区北郊北营村。苏禄国在今菲律宾的苏禄群岛上。明永乐十五年（1417）苏禄国东王巴都噶·巴哈剌与西王、峒王率三百四十余人的大型使团访问中国，在北京受到明朝政府盛情款待。归国途中，东王病逝德州。明成祖为他举行隆重葬礼，赐谥"恭定"，遣官致祭并亲撰碑文，勒石以志。1988年定为全国重点文物保护单位。

苏楚那卡伦　清置，属黑龙江副都统。在今俄罗斯阿穆尔州谢列姆札河与结雅河合流处之北。后废。

苏满卡　清帕米尔八卡之一。光绪十五年（1889）置，在帕米尔西南部雅什库勒北苏满。宣统《新疆图志》卷5："十五年又设苏满一卡于伊西洱库尔淖尔北十里。"后被俄国侵占，今属塔吉克斯坦。

苏溪　①在今湖南桃源县北。《方舆纪要》卷80桃源县：苏溪在"县北百里。南流二十里，谓之善溪。相传以善卷所游而名。流经花岩、白阳、吕真诸港入沅江"。

②在今四川宜宾市西北思坡乡境。《舆地纪胜》卷163叙州：苏溪"自州治溯流十里有前后潭，瀑布自悬崖千尺而下"。清嘉庆《宜宾县志》卷6：苏波溪在"治西北二十里。源出赤崖山，瀑布千尺。其下有潭，祷雨辄应。一名思波溪"。

③在今云南云龙县西北。《方舆纪要》卷117云龙州：苏溪"在州西北，与浪穹县五井盐课司接界，下流入于澜沧江"。

苏溪镇　①在今湖南新化县西北一百里。明、清置巡司于此。

②在今湖南桃源县北八十里。明置巡司于此。后废。

苏滨水　又作恤品水、速平江。即今黑龙江省东宁县绥芬河。源出吉林东北部汪清县东盘岭，北流至黑龙江省东宁县东北，折而东南流经俄罗斯滨海边疆区入日本海。《金史·世纪》："苏滨水民不听命，使斡带等至活罗海川，召诸官僚告谕之。"即此。

苏墟　又名迁龙寨。即今广西南宁市邕宁区西南苏圩镇。明、清设迁隆寨巡司于此。

苏嘉铁路　自今江苏苏州市经吴江至浙江嘉兴市。长74.4公里。为沪杭、京沪（今沪宁）两条铁路的联络线。1935年动工修筑，1936年建成。1944年被日本拆毁。

苏蔺城　一作宿利城。即忒息丰（或译泰西封）。在今伊拉克巴格达附近。为萨珊波斯国都。《隋书·西域传》：波斯国"都达曷水西苏蔺城……都城方十余里"。

苏斡延　又作双阳、双杨、刷烟。即今吉林长春市双阳区（双阳镇）。清宣统二年（1910）置双阳县于此。民国徐曦《东三省纪略》卷2：双阳"县治濒于双阳河，土名苏斡延。满州古地名，满语浊流也"。

苏斡延河　亦作刷烟河、双阳河。即今吉林长春市双阳区之双阳河，为饮马河支流。清光绪《吉林通志》卷22：伊勒们河"又西北径姚家城子东，苏斡延河西来入之"。

苏辣　亦作苏剌陀、苏喇。在今印度西部坎贝湾东岸的苏拉特。清谢清高《海录》："苏辣在孟买北，水路约三日可到。亦英吉利所辖。"

苏寨山　在今河南舞阳县西。《方舆纪要》卷51舞阳县："县西有苏寨山。《邑志》云：滍水源出于此。"

苏噜河　即今俄罗斯哈巴罗夫斯克边疆区西南黑龙江支流萨马拉河。《清一统志·黑龙江》"哈喇河"条下："苏噜河，在（黑龙江）城东南一千五百三十里。俱在黑龙江北，南流入江。又东南二百余里，即黑龙、混同交会处也。"

苏稽戍　唐置，属龙游县。即今四川乐山市西三十里新桥镇（苏稽场）。《元和志》卷31龙游县：苏稽戍"在县西南三十里"。北宋为苏稽镇，清为苏稽场。均以唐人苏稽为名。

苏稽镇　北宋于苏稽戍置，属龙游县。在今四川乐山市西三十里新桥镇（苏稽场）。《舆地纪胜》卷146嘉定府："苏稽一名启，隐于龙游之苏山，山之趾有镇，以其姓氏名山。"镇以此名。

苏潭　又称苏公潭。在今浙江湖州市城南骆驼桥下。唐杜牧诗有"风定苏潭看月生"句。

苏澳　①即今福建平潭县西北苏澳镇。清《乾隆内府舆图》：岛上有苏澳。

②即今台湾省宜兰县东南苏澳镇。清设苏澳汛，有把总驻守。

苏澳门　在今台湾省宜兰县南。《清史稿·地理志》台北府："苏澳门"等"并在宜兰县南，俱入于海"。

苏澳镇　即今台湾省宜兰县东南苏澳镇。清于此设苏澳汛。日本占领期间于1920年设苏澳街。1945年抗日战争胜利后设苏澳镇。

苏穆罗山　即今俄罗斯滨海边疆区乌苏里江中游东岸之苏穆尔斯卡亚山。清《乾隆内府舆图》：乌苏里江东支毕新必拉南有"苏穆罗阿林"。

芳　春秋郑邑。在今河南孟津县东北。《左传》：隐公十一年（前712），“王取邬、刘、芳、邘之田于郑”。

邯山 在今河北邯郸市。《汉书·地理志》注引张晏曰：“邯郸山在东城下。”《水经·浊漳水注》：牛首水“出郸县西堵山……又东历邯郸阜，张晏所谓邯山在东城下者也”。

邯山镇 金置，属邯郸县。在今河北邯郸县境。

邯川水 在今青海化隆回族自治县南，南流入黄河。《后汉书·马武传》：显宗初，西羌寇陇右，命捕虏将军马武击之，“羌乃率众引出塞，武复追击到东、西邯，大破之”。李贤注：“盖以此水分流，谓之东、西邯也。在今廓州化隆县东。”《水经·河水注》：“河水又东径邯川城南，城之左右，历谷有二水，导自北山，南径邯亭注于河。”《清一统志·西宁府一》：“按舆图，今碾伯县东南百里许，有水出雪山南，东南流百余里入黄河，盖即邯川水也。”

邯川城 在今青海化隆回族自治县南黄河北岸甘都镇。十六国南凉秃发傉檀于此置邯川护军。北魏孝昌二年（526）为广威县治。

邯台集 即今河北新乐市东二十五里邯邰镇。清同治《畿辅通志》卷50新乐县图：东南有邯台集。

邯会侯国 西汉元朔二年（前127）封赵敬肃王子刘仁置，属魏郡。治所在伯阳城（今河北肥乡县西南）。东汉废。

邯沟侯国 又名桓公城。西汉置，属魏郡。治所在今河北肥乡县西北十里。东汉废。《水经·浊漳水注》：邯沟“历邯沟故城东，盖因沟以氏县也。《地理风俗记》：即裴城西北二十里有邯沟城，故县也”。

邯郸 春秋卫邑，战国赵都城。在今河北邯郸市。《史记·赵世家》：敬侯元年（前386），“赵始都邯郸”。至幽缪王迁八年（前228），“邯郸为秦所占”。为赵都长达158年。据考古发掘，赵邯郸城由赵王城和大北城组成。赵王城在今邯郸市西南大西屯南侧，平面呈品字形，分为西城、东城、北城。西城近正方形，东西长1354米，南北宽1390米；东城东西宽926米，南北1442米；北城东西宽1410米，南北1520米。赵王城中有大量宫殿建筑遗址。大北城为民居，在今邯郸市区，平面呈不规则的长方形，东西约3200米，南北约4800米，地面有大量的冶炼、烧陶、制骨、石器等作坊遗址。

邯郸市 1946年晋冀鲁豫边区由邯郸县析置邯郸市，1949年降为邯郸镇，1952年复设邯郸市。1954年改为省辖市（地级）。后两度改为县级市。1983年复改地级市。

邯郸县 ①春秋晋置，战国时为赵国都城。秦始皇十九年（前228）属秦，为邯郸郡治。治所在今河北邯郸市。《汉书·地理志》注引张晏曰：“邯郸山在东城下。单，尽也。城郭从邑，故加邑云。”西汉为赵国治。三国魏属广平郡。东魏天平初废入临漳县。隋开皇十六年（598）复置，属磁州，大业初属武安郡。唐属磁州。明属广平府。民国初属直隶大名道。1928年直属河北省。

②隋开皇六年（586）改易阳县置，属洺州。治所即今河北永年县（临洺关）。十年（590）改为临洺县。

邯郸宫 在今河北邯郸市。《后汉书·耿弇传》：光武攻拔邯郸，“时光武居邯郸宫，昼卧温明殿”。唐李贤注：“汉赵王如意之殿也。故基在今洺州邯郸县内。”

邯郸郡 秦始皇十九年（前228）置，治所在邯郸县（今河北邯郸市）。辖境相当今河北泜河以南，滏阳河上游和河南内黄、浚县，山东冠县西部地区。汉高帝四年（前203）改为赵国。景帝时又曾改为邯郸郡。

邯磁支线 自今河北邯郸市至磁山。全长50公里。为平汉铁路（今京汉路）支线。日伪于1943—1944年修筑。

郦 ①春秋郑邑，在今山东费县东约三十七里处。《公羊传》：隐公八年（前715），“公会齐侯于郦”，即此。《春秋》作防。

②春秋鲁邑，在今山东费县东北四十余里。《公羊传》：隐公九年（前714），“公会齐侯于郦”，即此。《春秋》作防。

③即祊。春秋时郑国祀泰山的汤沐邑。在今山东费县东方城镇北。《公羊传·隐公八年》：“郦者何，郑汤沐之邑也。”是郑助天子祭泰山之邑。《春秋》作祊。

郦里洲 又名景里洲、景理洲。在今湖北荆州市荆州区（故江陵县）西南。《水经·江水注》：枚回洲“其下谓之郦里洲”。《寰宇记》卷146江陵县枚回洲引《荆州志》云：“大洲有三……首曰枚回，中名景里，下名燕尾。”

严千户屯站 清置，即今辽宁法库县西南登仕堡子镇东严千户。《清一统志·奉天府二》：“奉天北至蒙古站道，七十里至严千户屯站。”即此。

严子陵钓台（臺） 简称钓台。在今浙江桐庐县西南四十里富春山上。《元和志》卷25桐庐县：严子陵钓台“在县西三十里，浙江北岸也”。系东汉严子陵垂钓处，有东、西二台，西台即南宋谢翱哭文天祥处。

严公台（臺） 在今安徽广德县西。《方舆纪要》卷29广德州：“严公台在州西。唐大顺二年，贼帅孙儒攻杨行密于宣州，屯广德，行密将陶雅破儒前锋，屯严公台，即此。”

严田 在今江西婺源县西北。明置巡司于此。

严仙山 在今湖南攸县北八十里。《明一统志》卷63长沙府：严仙山“一名严仙岭。三峰如螺。刘宋元嘉中，严起兄弟于此修炼。山谷岩空洞，内有丹井”。

严市关 北宋置，在今福建德化县西。

严关 在今广西兴安县西南十七里严关镇。《方舆纪要》卷106严关：“汉归义越侯严出零陵，下漓水，定越建功，故以严为名。或曰：关当隘路而可畏也。”南宋范成大《桂海虞衡志》：“灵川、兴安之间，两山蹲踞，中容一马，谓之严关。朔雪至关辄止。”《元史·阿里海牙传》：至元十三年（1276），阿里海牙率军攻广西，宋经略使马塈守静江，“十一月，前兵至严关，塈守关弗纳，破其兵”。即此。

严州 ①北周天和三年（568）于嶲城置，治所在越嶲县（今四川西昌市）。《寰宇记》卷80嶲州：严州“取其严敬为称”。五年（570）改为西宁州。寻复为严州。隋开皇六年（586）复改为西宁州。

②唐武德四年（621）置，治所在桐庐县（今浙江桐庐县西八里旧县镇）。辖境相当今浙江建德市及桐庐县地。七年（624）废。

③唐乾封二年（667）置，治所在来宾县（今广西来宾市东南城厢）。《元和志》卷37严州：“在严冈之上，因为名。”天宝元年（742）改为循德郡，乾元元年（758）复为严州。辖境相当今广西来宾市东部地。北宋开宝七年（974）废。

④北宋宣和三年（1121）改睦州置，治所在建德县（今浙江建德市东北五十里梅城镇）。郭子章《郡县释名·浙江上》：严州“以严子陵名”。辖境相当今浙江建德、淳安、桐庐等市县地。南宋咸淳元年（1265）改建德府。

⑤亦作岩州。辽置，治所在兴城县（今辽宁兴城市东南菊花岛上）。辖境相当今辽宁兴城市地。金皇统三年（1143）废。

严州府 元至正二十二年（1362）朱元璋改建德府置，属中书分省。治所在建德县（今浙江建德市东北五十里梅城镇）。辖境相当今浙江建德、淳安、桐庐等市县地。二十三年（1363）中书分省移治于此。二十六年（1366）改属浙江行省。1912年废。

严谷山 即今浙江常山县北龙山。《方舆纪要》卷93常山县：严谷山“在县北三十八里。石壁高百余丈，山胁有洞，流泉不竭。下多严姓，因名”。

严岭 在今江西宜春市北。《方舆纪要》卷87袁州府宜春县：严岭在“府北五十里。山势峭拔，自下而上有小径十八折。顶名仰公山，下有小溪，溉田甚广”。

严鱼山街 即今江西鄱阳县东北百二十二里鲇鱼山。清同治《江西全省舆图》卷12：饶州府鄱阳县东北有鲇鱼山汛。

严城 ①北齐天保五年（554）筑，在今河南洛阳市西南。

②在今江西永丰县南。《方舆纪要》卷87吉安府永丰县：严城“相传唐末有严将军者屯兵于此，因名”。《清一统志·吉安府二》：严城“在永丰县南十五里”。

严城州 唐开元后置羁縻州，属雅州都督府。治所在今四川天全县境。北宋属雅州。后废。

严家闸 在今湖北黄梅县南。《方舆纪要》卷85九江府：严家闸“在江北三十里，接黄梅县界。万历间建，为蓄泄之利”。

严家洲 一名中洲。在今湖北武穴市东长江中。《清一统志·黄州府一》：严家洲“一名中洲，接黄梅县之新洲。元末尝徙县治此。《县志》：中洲即新洲内老洲也”。

严家桥镇 ①即今上海市浦东新区西南严桥。清光绪《江苏全省舆图》：上海县东南有“严家桥”。

②即今江苏无锡市锡山区东北严家桥村。清光绪《江苏全省舆图》金匮县：“严家桥镇在城东北五十里。”

严剥寨 在今浙江衢州市柯城区西南一百二十里（今湖南镇水库中）。明置严剥巡司于此。清康熙三十九年（1700）废。

严陵山 即富春山。在今浙江桐庐县西南四十里富春江镇。《寰宇记》卷95桐庐县引《舆地志》云：“桐庐有严陵山，境尤胜丽，夹岸是锦峰绣岭，即子陵所隐之地，因名。”

严陵濑 又名七里濑、七里滩。指今浙江省钱塘江自建德市东乌石滩至桐庐县南泷口的七里泷峡谷，长22公里。《水经·浙江水注》：“自（桐庐）县至于于潜，凡十有六濑，第二是严陵濑，濑带山，山下有一石室，汉光武帝时严子陵之所居也，故山及濑皆即人姓名之。”1968年于泷口筑成富春江水库大坝，昔日急流险滩已成平湖。

严道山 在今四川雅安市南。《寰宇记》卷77严道县：严道山“在县南五里。本名鹿角山。唐天宝六年，敕改为严道山”。

严道县 ①秦置，属蜀郡。治所在今四川荥经县西五里古城坪。《寰宇记》卷77严道县：“秦始皇二十五年灭楚，徙严王之族以实于此地，故曰严道。”《汉书·文帝纪》：六年（前174），“十一月，淮南王长谋反，废迁蜀严道”。即此。十六国成汉后废。

②隋大业三年（607）改蒙山县置，为临邛郡治。治所在今四川雅安市西。唐武德元年（618）为雅州治。天宝初为卢山郡郡治，乾元初复为雅州治。北宋移治今雅安市。明洪武四年（1371）废入雅州。

严道城址 在今四川荥经县西六合乡古城村，荥河南岸台地上，进出大相岭道口。古城为秦汉时严道县治。城呈正方形，占地约17万平方米，西北面有子城，城墙遗迹尚存，墙高约3米，泥土木板夯筑。城东南、西南有面积达24万平方米的春秋至汉代古墓群，1974年以来已发掘约三十座，出土大量文物，以秦汉墓中的漆器最为珍贵，木胎多彩绘，器物上有朱书“王邦”、烙印“成亭”、“番陽馆”字样。青铜器有古印、镜、斧。西汉墓中有吕后时铸造的钱币“八铢半两”。东汉墓出土陶罐、陶瓮、铁刀、铁锄等，均保存完好。2006年定为全国重点文物保护单位。

严道铜山 在今四川荥经县北三十里。《汉书·邓通传》：文帝赐邓通“蜀严道铜山，得自铸钱，邓氏钱布天下”。

严湖 即今福建长乐市东北西湖。《方舆纪要》卷

96 福州府：严湖“在县东北，一名西湖。陈大建初，里人严光舍田凿此。周三千二百八十丈。亦名放生湖。中有小阜，曰蟹山。后渐湮。明朝正统十年，县民刘彦良言，本县严湖周围二十余里，南接稠庵溪，西通倒流溪，旱则引稠庵溪入湖溉田，雨则疏倒流溪以防其涨。近者湖岸坍决，溪流湮塞，不能积水防旱，雨则田或湮没”。

严塘江 在今江西分宜县东南。《方舆纪要》卷87袁州府分宜县：严塘江“在县（旧治）东南三十里。《志》云，发源在檀溪及李家砻，出水口会新喻江”。

严墓镇 即今江苏吴江市南八十里铜罗镇。因汉严忌墓在此而得名。元、明置烂溪巡司于此。传古名铜罗村，1947年改名铜罗镇。

严镇场 清长芦盐运司十大盐场之一。在今河北黄骅市西北同居村。清于此设盐场大使驻守。民国年间废。

克力宾 即今新疆柯坪县。顾炎武《天下郡国利病书》卷117《西域土地人物略》：“阿赤地里城又四百里为克力宾城。南北有二回回墓及黑玉河，北有店石子。”

克山设治局 1915年析讷河县置，属黑龙江省龙江道。治所在二克山（今黑龙江省克东县）。同年八月改为克山县。

克山县 1915年改克山设治局置，属黑龙江省龙江道。治所在二克山（今黑龙江省克东县）。1917年移治三站（今黑龙江省克山县）。1928年直属黑龙江省。

克木克木齐克 亦作柯木柯木查克博木。在今俄罗斯图瓦共和国赫姆奇克河（清名克穆齐克河）注入叶尼塞河（清名华克穆河与贝克穆河合流后之河流）处。清雍正五年（1727）中俄《布连斯奇界约》（《恰克图界约》）划定中俄北部边界，东起额尔古纳河，西止沙毕纳依岭（沙宾达巴哈），中方在此建立界牌。

克什克腾部 一作克西克腾。清内蒙古昭乌达盟八部之一。明后期，达延汗第五子阿赤赖台吉后裔沙喇勒达（自称墨尔根诺颜）始称所部为克什克腾，服属察哈尔汗。天聪八年（1634），林丹汗败亡，沙喇勒达之孙索诺木率部归附后金，顺治九年（1652）编为一旗，授索诺木为札萨克一等台吉。旗地约当今内蒙古克什克腾旗全境及林西县西部一部分。

克东设治局 1929年析克山县东部地置，属黑龙江省。治所在二克山（今黑龙江省克东县）。1933年改为克东县。

克东县 1933年改克东设治局置，属黑龙江省。治所在二克山（今黑龙江省克东县）。以在克山之东，故名。

克叶尔济土司 即叶尔吉土司。清雍正时置，属西宁办事大臣。驻牧地在今青海玉树县西北境。清末并入安冲土司。

克尔素门 亦作赫尔苏门。清置，为柳条边门之一。即今吉林梨树县东东辽河西岸赫尔苏门。《清一统志·吉林二》：克尔素边门“在吉林城西北四百里，东距伊屯边门一百八十四里”。

克尔素河 今吉林公主岭市西、梨树县东之东辽河上游。《清一统志·吉林一》：克尔素河“在（吉林）城西四百余里。源出库勒讷窝集，北流入边，即辽河上源也”。

克尔素站 亦作黑尔素、黑而苏。清置，在今吉林公主岭市南二龙山附近。清杨宾《柳边纪略》卷2：“火烧岭三十里至黑而苏站，三十里至小孤山。”《清一统志·吉林二》“尼什哈站”条内：“大孤山站又西南六十里至克尔素站，又西南八十里至叶赫站。”

克戎砦 北宋置，在今陕西子洲县东北。《宋史·地理志》绥德军：克戎砦“本西人细浮图砦，元丰四年收复，属延州延川县。七年改属绥德城。元祐四年，给赐夏人。绍圣四年收复，赐名”。《清一统志·绥德州》引《绥德州志》：克戎堡“旧为州扼塞要地，明初置巡司，宏治中裁”。

克列玉土司 即列玉土司。清雍正时置，属西宁办事大臣。驻牧地在今青海囊谦县西北境。乾隆《卫藏通志》卷15作“克列玉”。清末民初并入安冲土司。

克夷门 ①在今内蒙古乌海市西南。为西夏右厢朝顺军司驻地。《元史·太祖纪》：四年（1209），攻西夏，“克兀剌海城，俘其太傅西壁氏。进至克夷门，复败夏师，获其将嵬名令公”。

②在今宁夏平罗县西南贺兰山大水沟口。吴广成《西夏书事》卷40载：“克夷为中兴府外卫，两山两峙，中通一径，悬绝不可登。”《元史·太祖纪》载：成吉思汗灭西夏时，曾由兀剌海城（今内蒙古乌拉特中后联合旗西南狼山隘口）“进至克夷门，大败夏师，获其将嵬名令公，薄中兴府”。

克伊勒泊 亦作克勒泊。在今内蒙古太仆寺旗南之哈夏图淖尔和巴彦查干淖尔。乾隆《口北三厅志》卷2：乌可尔河“西北流经察哈尔镶白旗界，会随客河，西流注克勒泊”。

克克伊尔根 即可可以力更。今内蒙古武川县驻地可可以力更镇。

克里阳山 一名居什肯其山。在今新疆皮山县南三百二十里。清宣统《新疆图志》卷62：克里阳山“产白土”。可用以粉墙。

克里阳卡 一作奇灵卡。即今新疆皮山县南克里阳。清宣统《新疆图志》卷9：“由叶城县向东南行一百里至波内庄，即洪图博喇，六十里至克里阳卡。”

克里雅 一名克勒底雅。即今新疆于田县。清宣统《新疆图志》卷4：“洛浦之东三百七十八里为于阗，于阗治克里雅城。”

克里雅山 一名克勒底雅山。在今新疆于田县南。清乾隆《西域同文志》卷3：克勒底雅，“回语，意其来而未定之辞（言人新住此山）。旧对音为克里雅”。

克里雅河　在今新疆于田县境。清宣统《新疆图志》卷67：克里雅河“发源于阗南山伊西里库尔，出源北流……经于阗城东，又北流……没于沙碛”。

克阿永土司　清雍正时置，属西宁办事大臣。为玉树四十族之一。驻牧地在今青海玉树县西北阿永寺。乾隆《西宁府新志》卷19“塞外贡马番族”中，有“住牧多洛尼托克地方阿永族”。清末并入安冲土司。

克孜尔千佛洞　又名赫色尔石窟。在今新疆拜城县东克孜尔镇东南十四里。建于木扎特河谷北岸的悬崖上。“克孜尔”系支流河名，维吾尔语意为红色。现存二百三十六窟，是天山南麓最大的佛教石窟群。最早可能开凿于东汉，盛于南北朝，至唐代吐蕃废弃。石窟分支提窟和毗诃罗窟。窟中塑像已大部被毁，只有八十余窟尚保存部分精美壁画。石窟后壁有不少龟兹文题记，为研究壁画内容和绘制年代提供了主要依据。1961年定为全国重点文物保护单位。

克孜尔尕哈烽燧　在今新疆库车县城西北二十六里，盐水沟河谷东岸的戈壁台地上。烽燧高13.5米，底面呈长方形，东西长约6米，南北宽4.5米。层层夯筑，夯层中夹纵横交叉的枝杈作筋骨，自下而上有收分。顶残，北侧保存附属建筑坍塌后的土包堆积。整体保存基本完整，是研究古代交通、军事、建筑的珍贵实物，是汉代中央政府在西域设置军政系统和丝路繁荣的见证。2001年定为全国重点文物保护单位。

克孜尔尕哈千佛洞　在今新疆库车县城西二十里路旁的山沟内。传古代有国王为避女儿命中注定要被毒蝎蜇死的灾难，在此建高台让其居住，后女儿被国王所送苹果中爬出的毒蝎蜇死，遂称此地为“克孜尔尕哈”，维吾尔语意为“姑娘留在那里”。石窟开凿于唐。共六十一窟，较完整的有三十八窟，其中一半为支提窟，另一半为毗诃罗窟。有壁画的洞窟十一个，其中以第9号和第15号洞窟壁画较好。以佛本生故事和因缘故事为主。此外，第11、30号两窟中所绘武士供养人像，第14号窟所绘八国骑士分舍利图，第21号窟所绘龙舟图亦颇有价值。2001年定为全国重点文物保护单位。

克拉尔济土司　即拉尔吉土司。清雍正时置，属西宁办事大臣。驻牧地在今青海玉树县西南境。清末并入安冲土司。

克明镇　金置，属临泉县。即今山西临县西北克虎寨镇。元废。

克典巴土司　即典巴土司。清雍正时置，属西宁办事大臣。驻牧地在今青海玉树县西境。后并入安冲土司。

克狐寨　即克胡寨。今山西临县西克虎寨镇。《明史·地理志》汾州府临县：“西北有克狐寨巡检司。”即此。

克胡寨　又作克狐寨、克湖寨。北宋置，属临泉县。即今山西临县西克虎寨镇。金升为克胡镇。

克度关　明置，在今贵州平塘县西南克度镇。《方舆纪要》卷121定番州：克度关，“《志》云：在定番州东南百八十里，接广西境，属克度里管辖”。

克度里　在今贵州平塘县西南克度镇。元置雍郎、客都等处长官司。明洪武中废司，分为上、下克度二里。清废。“克度”系布依语音译，意为蜂王坡。

克音湖　即今俄罗斯哈巴罗夫斯克边疆区黑龙江下游博克托尔河入格林河口之沼泽地带。《清一统志·吉林一》：克音湖“在宁古塔城东北二千四百二十八里，周围一百五十三里。即格楞河之所汇也”。

克蚌河　今内蒙古多伦县北黑风河（蛇皮河）。清乾隆《口北三厅志》卷2：克蚌河“在上都牧场东北。亦名克衣绷河。南流入上都河”。

克勒伦河　即今蒙古国东部及我国内蒙古呼伦贝尔市西部之克鲁伦河。《清一统志·黑龙江》“乌尔缴河”条：“又克勒伦河，不知其源，从西车臣汗界墨尔根哈玛尔下口，流二百二十余里，入呼伦池。”

克勒底雅山　一名克里雅山。在今新疆于田县南。清徐松《西域水道记》卷2：克勒底雅城“城据南山曰克勒底雅山。有径通藏地。……克勒底雅山千余里淤沙积雪，烟瘴逼人。冬夏不可行。水发山中，北流经克勒底雅城”。

克勒底雅河　即今新疆于田县境之克里雅河。《清一统志·和阗》：克勒底雅河“在和阗东。源出克勒底雅城东北山中，南流经城东行二百余里，通叶什勒池”。

克勒底雅城　一作克里雅。今新疆于田县。《清一统志·和阗》：克勒底雅城“在齐拉尔村东北一百八十里。所属有峨和尔伊里庄、哈尔鲁克庄，东傍克勒底雅河，为古扜弥国地”。

克勒穆　亦作克勒母噶山或科勒木洪库屯。在今黑龙江省抚远县。清光绪《吉林通志》卷17：“东北松花江即混同江南岸，距（富克锦）城……六百八十里科勒木洪库屯。”

克脱亨站　明初改元忽帖罕站置，在今黑龙江省通河县东大古洞河口大古洞村。明《辽东志》卷9：海西东水陆城站有“克脱亨站”。

克鲁伦　又称巴音土门。即今蒙古国东方省乔巴山。

克湖寨　即克胡寨。今山西临县西克虎寨镇。《方舆纪要》卷42临县：克湖寨在“县西北百二十里黄河东岸，路通陕西葭州。古置浮梁，今以舟济。金大定中筑城屯兵于此，以防夏人。元废。明洪武五年置巡司”。

克楚驿　清康熙时所设归化城西北至喀尔喀境推河驿站之一。在今内蒙古武川县西北境。民国张鼎彝《绥乘》卷7：“汉站由归化城起北七十里至昆都伦站，又西北九十里至乌兰布拉克，又西北九十里至克楚站。”

克默而河卫　又作克默尔（儿）河卫。明永乐六年（1408）置，属奴儿干都司。治所在今俄罗斯哈巴罗夫斯克边疆区黑龙江下游奇集湖东南、斯特里卡湾以南的克默尔河流域。后废。

克穆齐克乌梁海旗 又称奇木奇克或肯木次克乌梁海旗。清康熙间置，属唐努乌梁海部。旗府驻地在今俄罗斯克孜尔—奥尔达州奇克河南岸，克孜耳马惹累克东南。

杠里 一作扛里。在今山东菏泽市东北。《史记·曹相国世家》："击王离军成阳南，复攻之杠里，大破之。"即此。

杜 ①西周国名。祁姓。在今陕西西安市西南杜城。其国君被周宣王所杀。一说即唐杜氏，亦称荡社。春秋初年为秦武公所灭，于其地置杜县。

②春秋战国时秦所置县。治所在今陕西西安市西南杜城。《史记·秦本纪》：秦武公十一年（前688），"初县杜、郑"。即此。

杜山 在今山东淄博市临淄区西。汉刘向《说苑·善说》作社山。《水经·淄水注》："时水又屈而径杜山北，有愚公谷。齐桓公时公隐于谷，邻有认其驹者，公以与之，山即杜山之通阜。"元于钦《齐乘》卷1引《高士传》亦作杜山。

杜门 即覆盎门。汉长安城南面东头一门。在今陕西西安市西北大白杨、小白杨二村之北。《汉书·刘屈氂传》：戾太子军败，"南奔覆盎门，得出"。颜师古注："长安城南出东头第一门曰覆盎城门，一号杜门。"

杜马班 故址在今印度尼西亚东爪哇玛琅北部。13世纪初为新柯沙里国之都城，至13世纪末为满者伯夷国所并。《元史·外国列传·爪哇》："（八节涧）上接杜马班王府，下通莆奔大海，乃爪哇咽喉必争之地。"

杜水 亦名杜阳川。即今陕西渭河支流漆水河。《汉书·地理志》右扶风杜阳县："杜水南入渭。"《水经·渭水注》：横水"出杜阳山，其水南流，谓之杜阳川"。

杜化驿 西魏大统十四年（548）置，即今陕西渭南市西南杜化。《新唐书·路嗣恭传》：恭"转渭南令，主杜化、东阳二驿"，即此。北宋废。

杜文秀帅府 在今云南大理市（下关）北二十六里，大理旧城南门内正街。清咸丰六年（1856）杜文秀起义军攻占古城大理，推举杜文秀为"总统兵马大元帅"，建立大理政权，改原来的大理提督府衙为帅府，在周围新筑土城，称为紫金城。现尚存帅府大门、紫金城部分城墙、帅府内堂大门、白虎堂及两侧厢房等建筑。1988年辟为大理市博物馆。

杜文秀墓 在今云南大理市东北二十里下兑村东侧。杜文秀（1823—1872）字云焕，号百香，云南永昌（治今保山）金鸡村人。回族。清咸丰六年（1856）在蒙化（今巍山）率回民并联合汉、白、彝等族人民起义，建立政权，被推为总统兵马大元帅。同治十一年（1872）清军围大理，12月大理失陷时服毒后在该地遇害，葬此。原墓碑立于1917年。中华人民共和国成立后重立。1984年正式建墓，墓碑上刻"总统兵马大元帅杜文秀墓"。

杜平 战国秦邑。在今陕西澄城县境。《史记·秦本纪》：孝公七年（前355），"与魏惠王会杜平"，即此。

杜田河 亦作渡田河。即今广东兴宁市西北、龙川县东北之寻邬水。《方舆纪要》卷103兴宁县：杜田河"在县北。《志》云：水自安远寻邬保东流百五十余里，复折而西流，名曰赤水渡。又西南流入龙川县界，为河明潭，下流注于东江"。

杜生 即今河北沧县西北杜生镇。1939年晋察冀边区置建国县治此。

杜生铺 即今河北沧县西北五十六里杜生镇。清同治《畿辅通志》卷49献县图：东北有杜生铺。

杜尔伯特中下旗 清乾隆十八年（1753）设，属蒙古科布多。旗府驻地在今蒙古国乌布苏省乌布苏诺尔湖南。

杜尔伯特中上旗 清乾隆十八年（1753）设，属蒙古科布多。旗府驻地在今蒙古国乌布苏省乌布苏诺尔湖南。

杜尔伯特中左旗 清乾隆十八年（1753）设，属蒙古科布多。旗府驻地在今蒙古国乌布苏省乌布苏诺尔湖南。

杜尔伯特中右旗 清乾隆十八年（1753）设，属蒙古科布多。旗府驻地即今蒙古国乌布苏省乌兰固木。

杜尔伯特中后（後）左旗 清乾隆十八年（1753）设，属蒙古科布多。旗府驻地在今蒙古国乌布苏省乌布苏诺尔湖南。

杜尔伯特中后（後）右旗 清乾隆十八年（1753）设，属蒙古科布多。旗府驻地在今蒙古国乌布苏省乌布苏诺尔湖南。

杜尔伯特中后（後）旗 清乾隆十八年（1753）设，属蒙古科布多。旗府驻地在今蒙古国乌布苏省乌布苏诺尔湖南。

杜尔伯特中前左旗 清乾隆十八年（1753）设，属蒙古科布多。旗府驻地在今蒙古国乌布苏省乌布苏诺尔湖南。

杜尔伯特中前右旗 清乾隆十八年（1753）设，属蒙古科布多。旗府驻地在今蒙古国乌布苏省乌布苏诺尔湖南。

杜尔伯特中前旗 清乾隆十八年（1753）设，属蒙古科布多。旗府驻地在今蒙古国乌布苏省乌布苏诺尔湖南。

杜尔伯特中旗 清乾隆十八年（1753）设，属蒙古科布多。旗府驻地在今蒙古国乌布苏省乌布苏诺尔湖南。

杜尔伯特汗旗 即扎萨克特固斯库鲁克达赖汗旗。旗府驻地在今蒙古国乌布苏省乌布苏诺尔湖南。

杜尔伯特前右旗 清乾隆十九年（1754）设，属蒙古科布多。旗府驻地即今蒙古国乌布苏省乌兰固木。

杜尔伯特前旗 清乾隆十八年（1753）设，属蒙古科布多。为右翼盟长。旗府驻地即今蒙古国乌布苏省乌兰固木。

杜尔伯特部　①科尔沁别部。博弟达喇第八子爱纳噶分领之部落，号杜尔伯特。明末，爱纳噶子阿都齐从奥巴归附后金。崇德元年（1636），阿都齐子色稜因功封辅国公；清顺治五年（1648），编所部为一旗，授色稜为扎萨克固山贝子，世袭管领。旗地在嫩江之东，西邻扎赉特旗，南接郭尔罗斯后旗，约当今黑龙江杜尔伯特蒙古族自治县，以及安达县、林甸县一部分。扎萨克驻多克多尔坡（今杜尔伯特自治县西南巴音查干附近）。

②清科布多参赞大臣管部，统于乌里雅苏台定边左副将军。为厄鲁特蒙古四部之一。本隶属准噶尔汗国，游牧于额尔齐斯河。乾隆十八年（1753），其首领车凌等率所部万余人投附清朝，安置于札克拜达里克（今蒙古国巴彦洪戈尔省拜达里克河上游）。次年，诏依内蒙古、喀尔喀例编旗分佐领，设正副盟长，赐名赛因济雅哈图盟。二十二年，定乌兰固木（今蒙古国西北乌布苏省乌兰固木）地为杜尔伯特部游牧。分左、右翼，左翼十一旗，附辉特下前旗；右翼三旗，附辉特下后旗。其境有今蒙古国乌布苏省大部分及巴彦乌列盖省西北小部分地。

杜尔伯特旗　清置，属哲里木盟。治所在今黑龙江省杜尔伯特蒙古旗自治县西南巴彦查干乡。1917年划归黑龙江省。1956年改为杜尔伯特蒙古族自治县，治所即今县治泰康镇。

杜圣堤　在今山东东明县南六十里马头镇，南滨大河。《方舆纪要》卷16东明县：杜圣堤，“《志》云，长堤属县境者三十三里，而长堤为要口。嘉靖十三年，因旧址增筑。有杜圣砦，亦曰杜圣集，置巡司于此”。

杜曲　又名杜固。即今陕西西安市长安区（韦曲镇）东南二十里杜曲镇。《新唐书·杜正伦传》：“诸杜所居，号杜固。世传其地有壮气，故世衣冠。”杜甫《曲江》诗：“自断此生休问天，杜曲幸有桑麻田。”

杜同县　南齐置，为盐田郡治。治所在今广西北海市东南银滩镇。后废。

杜迁镇　北宋置，属宁国县。即今安徽宁国市西北三十里港口镇。《清一统志·宁国府二》：杜迁镇“今有杜迁铺，盖即故镇为名”。

杜并足　古港名。即今印度尼西亚东爪哇北岸之厨闽。古为东西方商贾会集的重要港口。《元史·外国列传·爪哇》：至元三十年（1293），史弼与高兴“进至爪哇之杜并足”。“足”字疑衍。宋赵汝适《诸蕃志》“苏吉丹”条作打板。元汪大渊《岛夷志略》“重迦罗”条作杜瓶。明马欢《瀛涯胜览》和费信《星槎胜览》作杜板。

杜关　即古杜管。在今河南卢氏县北四十二里杜关镇。清光绪《卢氏县志》卷2：杜关在“县北，南北险路。即古杜管”。

杜州　唐置羁縻州，属嶲州都督府。治所在今四川凉山彝族自治州东境雷波县西南雷池乡。后废。

杜阮墟　即今广东江门市西北杜阮镇。明万历《广东通志》卷16：新会县有“杜阮墟”。2002年由新会市划归江门市。

杜阳　战国秦邑，故址在今陕西麟游县西北招贤镇。《史记·甘茂传》苏代谓向寿曰：“今公与楚解口地，封小令尹以杜阳。”即此。西汉改置杜阳县。

杜阳山　在今陕西凤翔县东北二十五里。《水经·渭水注》：“雍水又东南流与横水合，水出杜阳山，其水南流谓之杜阳川。”《资治通鉴》：唐武德四年（621），岐州刺史紫绍“破突厥于杜阳谷”。即此。

杜阳县　①西汉置，属右扶风。治所即今陕西麟游县西北招贤镇。西晋废。

②西魏改汧阴县置，为陇东郡治。治所在今陕西陇县东南十六里。北周明帝二年（558）迁治今陇县城。大象二年（580）复名汧阴县。

杜坞河　一名池口河。即今安徽池州市西秋浦河。《方舆纪要》卷27贵池县：池口河“一名杜坞河。《志》云，城西四里有杜坞山，以唐杜牧尝游此而名，河流经其下也”。

杜村堡　即今山西平遥县西南杜村。《清一统志·汾州府》“郝同堡”条下：杜村堡“在县西南十五里。周四里”。

杜村湖　在今江苏泗阳县东南。《方舆纪要》卷22淮安府桃源县：杜村湖在“县东南三十里。又五里为大庆湖，黄河余流所汇也，水涨则南通淮河”。

杜甫草堂　①亦名浣花草堂。在今四川成都市区西郊浣花溪畔。为唐代大诗人杜甫流寓成都时故居。唐乾元三年（760）诗人在此盖草舍居住，即诗中所云“万里桥西宅，百花潭北庄”。北宋元丰间，在旧址建祠宇，近梵安寺，成为成都著名的游览胜地。南宋陆游《老学庵笔记》卷8：“四月十九日，成都谓之浣花遨头，宴于杜子美草堂沧浪亭。倾城皆出，锦绣夹道，自开岁宴游至是而止，故盛于他时。”明弘治与清嘉庆年间两次修建，形成今日之格局，占地24万平方米，主要建筑有大廨、诗史堂、工部祠等。1961年定为全国重点文物保护单位。

②在今重庆市奉节县东十五里。唐杜甫寓夔州时之故居。即东屯。杜甫有《自瀼西荆扉且居东屯茅屋》等诗。明正德《夔州府志》卷3：杜甫宅“在府东北。即古之东屯，今草堂也。王十朋有诗”。

③又称杜公祠。在今甘肃成县东南八里凤凰山下飞龙峡口右侧。《元一统志》：杜甫宅“在飞龙峡东”。唐乾元二年（759）杜甫自秦州到同谷（今成县），在飞龙峡口“修茅茨容身”。即此。草堂重建于北宋，明万历四十六年（1618）重修。现存为清代建筑。

杜甫故里　在今河南巩义市老城东二里窑湾，背依笔架山。唐朝著名诗人杜甫生于此。

杜甫墓　①在今河南巩义市西北康店镇西邙岭上。

杜甫（712—770），字子美。唐朝著名诗人。其先代由原籍襄阳迁居巩县（今巩义市）。安史之乱前寓居长安（今陕西西安）近十年。后移家成都。晚年携家出蜀，病死湘江途中（一说死于耒阳）。灵柩厝于岳州（今湖南岳阳）。元和八年（813）其孙杜嗣业迁葬于此。墓地东西并排三土冢，西为杜甫墓，向东依次为长子宗文、次子宗武之墓。冢前有石碑两通，前碑题“唐杜少陵先生之墓”，后碑题“杜少陵墓碑”。一说迁葬于河南偃师首阳山下，今偃师市西八里前杜楼北亦有杜甫墓。墓前有清乾隆五十五年（1790）石碑一通，碑正面楷书阴刻“唐工部拾遗少陵杜文贞之墓”。

②在今河南偃师市西八里杜楼村。杜甫（712—770），字子美。生于河南巩县窑湾村。曾任右拾遗、检校工部员外郎，故后人又称他为杜工部。著有《杜工部诗集》16卷。晋代杜预及杜甫的祖父杜审言的坟墓均在今偃师市西杜楼村。杜甫因仰慕杜预，曾在偃师县西首阳山下筑室居住。唐大历五年（770）杜甫病死在潭州向岳州途中的湘江舟船上，时年59岁。他死后，家人无力运灵柩归葬，遂将其厝于岳州。直至43年后，即元和八年（813），其孙杜嗣业从岳州平江起其灵柩归偃师，葬于首阳山下先人杜预墓前、祖父杜审言墓侧。元稹为之作墓铭。

杜步墟 即今广东阳山县南七拱河南岸杜步镇。清宣统《广东舆地全图》阳山县图：县西南有杜步墟。

杜县 ①春秋秦武公十一年（前687）灭杜伯国置，治所即今陕西西安市西南杜城。秦属内史。西汉元康元年（前65）改名杜陵县，移治今长安县东杜陵南五里。三国魏复名杜县，属京兆郡。西晋改名杜城县。北魏神䴥四年（431）复为杜县。北周建德二年（573）省入万年县。

②南朝宋侨置，为京兆郡治。治所在今湖北襄阳市襄城区西。西魏废。

杜邮 战国时秦地，在今陕西咸阳市东北五里。《史记·白起传》：秦昭王五十年（前257），白起“出咸阳西门十里，至杜邮……秦王乃使使者赐之剑，自裁”。即此。唐曾置咸阳县治此。

杜沟 在今河南上蔡县东。《方舆纪要》卷50上蔡县：杜沟“旧有沟凡五，东流入于溵水。后汉初，县令杜诗所浚，因名。蔡地西亢而东卑，五沟浚，民始无泛溢之患，故址犹存”。

杜穷宗 原西藏地方政府设，治所在今西藏白朗县南杜琼乡。1960年并入白朗县。

杜陂 在今陕西西安市长安区东南。原名鲍陂，隋开皇九年（589）改为杜陂。

杜林 亦作徒林、社林。西周邑名，在今陕西麟游县西北。《太平御览》卷890引《竹书纪年》：“夷王猎于杜林，得一犀牛。”

杜林镇 清置，属青县。即今河北沧县西北二十五里杜林回族乡。后设巡司驻此。

杜固 即杜曲。今陕西西安市长安区东南二十里杜曲镇。

杜罗县 南齐置，属永宁郡。治所在今广东电白县境。陈以后废。

杜泽镇 即今浙江衢州市衢江区东北四十里杜泽镇。清于此有汛。

杜郎口 即今山东茌平县东南三十五里杜郎口镇。民国《茌平县志》卷2有杜郎口。

杜城山 在今江苏溧水县东南十二里。宋《景定建康志》卷17：杜城山，“隋大业末，杜伏威尝屯军于此，因号杜城山。旧有庙及战场”。

杜城县 西晋改杜县置，属京兆郡。治所在今陕西西安市长安区东杜陵南五里。北魏神䴥四年（431）复为杜县。

杜树坪站 元置，即今甘肃天水市东社棠镇。《析津志》“天下站名”：“一百上邽，六十杜树坪。”

杜哇山 在今新疆皮山县东南二百余里。清光绪《新疆四道志》卷4喀什噶尔叶城图说：“杜哇山，在城东南五百三十二里。”

杜衍县 西汉高帝七年（前200）置，属南阳郡。治所在今河南南阳市西南二十三里。东汉废入宛县。

杜胜集 亦作杜圣集。明置杜胜集巡司，属东明县。即今山东东明县南六十里马头镇。《清一统志·大名府二》：杜胜集巡司“明弘治六年设通判及主簿驻此，专理河务。本朝（清）初设守备把总。康熙年间增设巡司，后裁。雍正十年，改守备为都司，十一年复设巡司。又增置千总”。民国以后称为马头集。

杜浔镇 即今福建漳浦县南四十里杜浔镇。清有把总驻守。

杜姥宅 在六朝台城南掖门外，故址在今江苏南京市乾河沿南。《晋书·后妃传下》：“孝武帝立，宁康二年，以后母裴氏为广德县君。裴氏名穆，长水校尉绰孙，太傅主簿遐女……初穆渡江，遂享荣庆，立第南掖门外，世所谓杜姥宅云。”《南齐书·高帝纪》：南朝宋元徽二年（474），桂阳王休范反，其将丁文豪直至朱雀航，乘胜渡淮，“贼进至杜姥宅”。即此。

杜班错 又作都班错。在今西藏南部，门隅地区达旺东南一百一十六里处。原隶属于西藏地方政府管辖，为门隅地区三十二错、定（错、定是当地的一级行政区划）之一。1951年被印度政府非法占领。

杜莫墟 在今广西荔浦县南杜莫镇。明为杜莫寨。旧属蒙山县。清光绪《广西舆地全图》永安州图：西北有杜莫墟。

杜莫寨 即今广西荔浦县南杜莫镇。明万历二年（1574）筑城置戍。《明史·地理志六》永安州：“北有群峰寨土巡检司，后迁州西北杜莫寨。”

杜原 在今陕西渭南市北下吉镇西。《清一统志·西安府一》：杜原“自三原县界迤逦至此，后人以宋寇准居此，改曰仕原”。

杜原县　隋开皇十八年（598）改杜陵县置，属高州。治所在今广东阳西县。大业初属高凉郡。唐武德五年（622）复改为杜陵县。

杜家屯　即今辽宁盘山县西北杜家台。《明史·熊廷弼传》：天启间，廷弼上言“抚臣以十一月二日赴镇武，臣即以次日赴杜家屯，比至中途，而军马又遣还矣”。

杜家水口镇　即垛石桥。今山东济阳县西北垛石镇。清乾隆《济阳县志》卷1：杜家水口镇在“治西北三十里”。

杜家行镇　即今上海市闵行区东南二十六里杜行镇。清光绪《南汇县志》卷1：杜家行镇，“明永乐时，杜勉夫之子自然从杜浦迁此，后子姓繁盛，多建第宅廛舍，商贾辐辏，遂成市镇”。

杜家村　①在今湖北鹤峰县东南七十二里。1929年2月，根据中共中央命令，将驻此的工农革命军改编为中国工农红军第四军。

②即今山西静乐县东北杜家村镇。1940年冬在此建立静乐县抗日民主政府。

杜家园　即今江西丰城市东南杜市镇。清同治《南昌府志》卷4丰城市镇：杜家围墟“在县东南五十里”。

杜家桥　即今河北景县西十六里杜桥乡。民国《景县志》卷1：城西南西梧社有杜家桥。

杜家集　即今河南虞城县南五十里杜集镇。旧属商丘县。清光绪《商丘县志》卷1《市集》：“杜家集，距城六十里。”

杜陵　西汉宣帝刘询的陵墓，在今陕西西安市长安区（韦曲镇）东北十五里甘寨村北。《汉书·元帝纪》：“初元元年春正月辛丑，孝宣皇帝葬杜陵。”《三辅黄图》卷6：“宣帝杜陵，在长安城南五十里。帝在民间时，好游鄠、杜间，故葬此。”唐杜甫旧宅在其西，故甫自称“杜陵布衣”。1988年定为全国重点文物保护单位。

杜陵县　①西汉元康元年（前65）改杜县置，属京兆尹。治所在今陕西西安市长安区东杜陵南五里。因在杜县之东，并修有宣帝陵，故名。三国魏改为杜县。

②南朝梁置，为杜陵郡治。治所在今广东阳西县。隋开皇十八年（598）改为杜原县。唐武德五年（622）复为杜陵县，属恩州。北宋开宝六年（973）废入阳江县。

杜陵郡　南朝梁置，属高州。治所在杜陵县（今广东阳西县）。辖境相当今广东阳西县地。隋开皇九年（589）平陈后废。

杜陵原　即鸿固原。又名少陵原。在今陕西西安市长安区东南。因汉宣帝在原上修建杜陵，亦名杜陵原。唐李白《杜陵绝句》：“南登杜陵上，北望五陵间，秋水明若日，流光灭远山。”杜甫家在樊川杜陵原下，自称“杜陵野老”、“杜陵布衣”。

杜预墓　在今河南偃师市西北。《寰宇记》卷5河南府偃师县：杜预墓“在县西北山上二十里”。

杜渎盐场　北宋熙宁五年（1072）置，在今浙江临海市东杜桥镇。《元丰九域志》卷5：台州黄岩县有“杜渎盐场”。元名杜渎监。明初改设盐课司驻此。

杜鹃城　在今四川郫县北隅。古蜀国望帝杜宇都城。传帝殁后魂化为杜鹃鸟，故城称杜鹃城。明曹学佺《蜀中名胜记》卷5郫县：“扬雄《蜀记》云：杜宇一名杜主，代鱼凫王蜀，徙都于郫，即杜鹃城也。后传其位于鳖灵。”宋陈皋记云：杜宇、鳖灵墓，“在郫县南一里，二塚对峙岩丘山，俱隶净林寺二里”。《方舆纪要》卷67郫县：郫城，“《志》云：郫城即古杜鹃城”。古城遗址残存，1980年在遗址南端，发现城址夯筑痕迹，确定为秦以前古城址。

杜湖　在今浙江慈溪市东南鸣鹤镇。宋《宝庆四明志》卷16慈溪县：杜湖“唐刺史任侗复加浚筑，鸣鹤一乡之田仰灌溉，号第二重天”。

杜稜城　在今浙江富阳县西南四十八里新登镇。南朝梁时为新城戍。《方舆纪要》卷90：“唐天顺中，钱镠将杜稜因山筑城，恃为保障，因谓之杜稜城。”

杜管镇　一作社管镇。金置，属卢氏县。在今河南卢氏县北四十二里杜关镇。明置巡检司于此。

村前街　即今江西高安市西北三十里村前乡。清同治《江西全省舆图》卷4：高安县西北有村前墟。

杖义城　亦作仗义、伏义。唐大和六年（832）剑南西川节度使李德裕建，在今四川汉源县南。《新唐书·李德裕传》：太和年间，“筑杖义城，以制大度、清溪关之阻”。

杖引泉　在今北京市房山区西南。《明一统志》卷1顺天府：杖引泉“泉水涌出汇而成溪，流经涿州东南入胡良河”。

杉木江　在今云南镇沅彝族哈尼族拉祜族自治县南。《方舆纪要》卷116镇沅府：杉木江“在府治南。源出者乐甸，流通府境，下流入威远州界，合于谷宝江。江岸多杉木，因名”。

杉木岭　在今贵州石阡县西。《清一统志·石阡府》：杉木岭“在府城西南废葛彰司（治今河坝场）北六十里。岭上多产异杉，因名”。

杉木河　在今贵州施秉县东北。《方舆纪要》卷122镇远府偏桥司：杉木河“在司北。出黄平州湄潭县界，流入境，又东南入镇阳江”。

杉木笼山　又称沙木笼山。在今云南陇川县东北护国乡杉木龙。明置驿于此。清时派兵戍守。

杉木箐山　在今贵州福泉市西北。《方舆纪要》卷121平越府杨义司：杉木箐山在“司西五十里。峰峦高峻，苗倚为险。《滇记》：由杉木箐出水西之卧遮龙场，约五十里。又西有撒以河、乌西桥、六归河。皆水西境内之大道也”。

杉卢县　唐渤海国置，属卢州。治所在今吉林和龙市东北八家子镇北西古城子。辽废。

杉市　在今江西修水县西。《清一统志·南昌府二》：杉市“在义宁州西一百里杉木寨。明洪武八年置巡司，弘治十七年移置州西崇乡，今裁”。

杉关　在今福建光泽县西南，与江西黎川县接界。《清一统志·邵武府》：杉关“在光泽县西北七十里杉岭上，西去江西建昌府一百二十里，为江闽往来之通道。相传唐广明元年置，元至正十九年，陈友谅兵陷杉关，侵福建。二十五年，明太祖攻陈友定，克浦城、松溪，分遣王溥自建昌出杉关”。

杉关站　元置，即今福建光泽县西南杉关。明改为驿。

杉阳　即今云南永平县西南杉阳镇。民国时设县佐。

杉青堰　亦作杉青闸。在今浙江嘉兴市杉青闸路。北宋熙宁元年（1068）建。《宋史·河渠志六》：熙宁元年从两浙提举胡淮之请，筑“杭之长安、秀之杉青、常之望亭三堰”。《宋史·孝宗纪》：南宋建炎元年（1127）十月戊寅，“生帝于秀州杉青闸之官舍”。

杉青堰镇　在今浙江嘉兴市杉青闸路中段。《方舆纪要》卷91嘉兴府：杉青闸镇“在府北杉青堰……明初置”。

杉松冈　即今吉林辉南县东南杉松冈镇。民国熊知白《东北县治纪要》辽宁辉南县：“县属杉松岗，距县市西南三十五里。……本地以产炭著闻。”沈吉铁路有支线经此。

杉松铁路　从沈吉铁路的团林站（今吉林辉南县东北）经辉南至杉松岗。长42公里。日伪于1944年修筑。次年被拆除。

杉岭　在今福建光泽县西，与江西交界。《方舆纪要》卷98光泽县：杉岭在“县西北九十里，为福建、江西交界处。石山雄绝，蹊径仅容单车。置关其上，曰杉关”。

杉树块　在今云南镇雄县西，道通彝良县。清有外委把总驻守。

杉洋镇　即今福建古田县东杉洋镇。《方舆纪要》卷96福州府古田县：杉洋镇在“县东四十里。有巡司，洪武十二年（1379）建。《志》云，杉洋地出银坑，多矿盗，旧设捕盗馆并郡司马分驻于此”。

杉溪　①在今江西广丰县东。源于广丰县东北咸丰山，西南流入永丰溪。《清一统志·广信府一》：永丰溪“合永平溪，经县东四十五里为杉溪，才通舟楫”。

②即今福建松溪县西北杉溪。《清一统志·建宁府》“白石溪”条下：“又杉溪，源出（松溪）县西北庆元里……南流汇松溪。”

③在今福建泰宁县北。《方舆纪要》卷98泰宁县：杉溪在“县北五十里。出茶花岭，经大杉岭下至县治北。又黄溪，在县东南五里，出将乐县界宝台山，西北流，经县东一里，与杉溪合，而汇为河潭，亦名龙潭。潭之下有滩，状如斗角，溪流至此，两山环拱，乃折而西，流三十余里达梅口，会于濉江”。

杉溪寨　即今江西广丰县东南五都镇东北杉溪村。明置巡司于此。

杓子河　即今辽宁岫岩满族自治县哨子河。为大洋河支流。源出海城市东南分水岭，东南会五重河，流入羊河。明《辽东志》卷1：杓子河在“（复州卫）城东北二百五十里”。

杓里（裏）箐　在今贵州黔西县东北。《清一统志·大定府》引《黔西州志》：“路近遵义，中有平川，可容数万人，入路极险。其西有莫陇法地屯，危峰突峙，四面皆绝壁，惟后有间道可登。”

极　周代姬姓国。为鲁附庸。在今山东金乡县南偏东三十五里。《春秋》：隐公二年（前723），鲁国卿“无骇帅师入极”。即此。

极目亭　在今浙江金华市城内。《清一统志·金华府》：极目亭“在府子城上。宋政和中，知州黄特建双溪楼，后废。绍兴中，即其故址改建为亭，陆游有诗”。

极乐寺　在今黑龙江哈尔滨市南岗东大直街5号。1924年由禅宗五家之一的临济宗四十四传弟子建。分主院、东跨院、西跨院三部分。主院有四重大殿，即天王殿、大雄宝殿、三圣殿和藏经楼。天王殿前方左右为钟鼓楼。该寺为黑龙江最大的近代佛教寺院建筑。

极角　在今广东湛江市东南东海岛东部东简镇南极角村。清时设千总驻此。

极高　即今江西黎川县东五十里极高。宋、元、明、清置巡司于此。

极高岭　在今江西黎川县东南。《方舆纪要》卷86建昌府新城县“飞猿岭”条下：极高岭“在县东南三十里。亦峻险，路通邵武县”。旧有巡检驻此。

极嶷山　即葱岭。在今新疆西南部塔什库尔干塔吉克自治县及其以西地区。《新唐书·西域传》喝盘陀国：“葱岭俗号极嶷山，环其国。”

杧洲　即今广东台山市西南海中漭洲岛。清宣统《广东舆地图说》卷1：杧洲“地最险隘，夙为盗薮”。

杞　商、周诸侯国。姒姓。《史记·夏本纪》：“汤封夏之后，至周封于杞也。”《正义》引《括地志》：“汴州雍丘县，古杞国城也。周武王封禹后，号东楼公也。”初在雍丘（今河南杞县）。杞成公迁都缘陵（今山东昌乐县东南七十里）。杞文公又迁淳于（今山东安丘市东北三十余里）。公元前445年为楚所灭。

杞州　①隋开皇十六年（596）置，治所在雍丘县（今河南杞县）。大业初废。唐武德四年（621）复置。辖境相当今河南开封、兰考二县以南，通许县以北，尉氏县以西，睢县以东地。贞观元年（627）废。

②唐武德初置，治所在今山东昌乐县东南废营陵城。《新唐书·地理志》青州北海县下：“唐初，营丘民汲嗣率乡人拒贼，权置杞州，武德二年复为营丘县。”

杞县　五代晋改雍丘县置，属开封府。治所即今河南杞县。后汉复为雍丘县。金正隆后又改为杞县。元初河决，徙治于今县北二里，属汴梁路。明还治今杞县，属开封府。民国初属河南开封道。1927年直属河南省。

杞梁墓　在今山东淄博市临淄区齐都镇东三里。杞梁，名殖，春秋齐庄公时大夫。《左传》：襄公二十三年（前550），齐侯袭莒，"莒子亲鼓之，从而伐之，获杞梁（即杞梁战死）……齐侯归，遇杞梁之妻于郊，使吊之。辞曰：'殖之有罪，何辱君命？若免于罪，犹有先人的敝庐在，下妾不得与郊吊。'齐侯吊诸其室"。《礼记·檀弓下》亦载此事。杞梁墓遗地尚存。

杞麓湖　在今云南通海县东北。元代以来称杞麓湖。清康熙《河西县志》：杞麓山"在治东五里。一名渔山，一名碌溪山。自谭家营而下，碌溪湖在其西，溶湖界其腹南，入杞麓湖中"。当时湖面较宽，湖水环杞麓山（今凤凰山），因以山为名。"杞麓"为蒙古语，意即似湖里长出的石头。《清史稿·地理志》："杞麓湖，一名通海，周百五十里，白马沟、秀山沟、黄龙山诸水皆入焉。与河西湖中分界，与宁州湖边分界。"后来湖面逐渐向坝子东北部退缩，湖水渐浅，河西镇今已不临湖。

杨　一作扬。西周封国。在今山西洪洞县东南十五里范村。周幽王时封周宣王之子尚父为杨侯。一说唐叔虞之后，至晋武公，逊于齐，生伯侨，归周天子，封杨侯。春秋时晋灭之以为羊舌氏之邑。《左传·襄公二十九年》："虞、虢、焦、滑、霍、杨、韩、魏，皆姬姓也。"

杨二庄　又名羊二庄。在今河北黄骅市东南三十里羊二庄回族乡。清于此置巡司、把总驻守。盛产盐，海丰盐场在此。

杨八景　即阳八井。今西藏当雄县西南羊八井。清《西藏图考》卷6：由拉撒（今拉萨）"向北行出杨八景口至新桥，即平川，西通后藏"。

杨八道屯　即今河北景县西南二十四里北屯乡。清同治《畿辅通志》卷49景州图：西南有杨八道屯。

杨万里墓　在今江西吉水县西北黄桥泮塘。杨万里（1127—1206），字廷秀，号诚斋。江西吉水人。南宋诗人。墓碑刻"宋杨万里公墓"。

杨口　即扬口。在今湖北潜江市西北。为古杨水入沔水之口。

杨口堤　在今江苏灌云县西。《方舆纪要》卷22海州："杨口堤在州（今海州镇）南。东自板浦，西抵涟水，为南北要地。万历中，海潮侵漫，行旅艰阻，知州杨凤筑堤十五里，商旅称便。"

杨山　①在今江西湖口县东北。《清一统志·九江府》：杨山"在湖口县北三十里。其连峙者有峡山，俗名望雨山"。

②在今湖南常德市北三十里。《水经·沅水注》："沅水又东入龙阳县，有澹水，出汉寿县西杨山。"

③在今湖南衡山县东南四十里。《方舆纪要》卷80衡山县：杨山"自衡岳分脉，临茶陵江前，有潭极深，水上尝有云气"。

杨广城　在今云南开远市。《方舆纪要》卷115阿迷州：杨广城，"《志》云：州有杨广城凡三所，一在州（今开远市）东南二里通安桥。宋皇祐初，侬智高奔窜，狄青使其将杨文广追之，屯兵于此。一在州之市平铺。一在石头寨"。

杨义长官司　明洪武初置，属平越卫。治所即今贵州福泉市西北二十里杨义司。后属平越府。清以后废。

杨子山　亦作羊子山。在今湖北房县西北。《方舆纪要》卷9房县"白磅山"条下："杨子山在县北百里，亦峻险。"《清一统志·郧阳府》：杨子山"在房县西南（北）一百二十里。筑水所出"。

杨子洲　①在今湖北嘉鱼县西长江边鱼岳山北。《水经·江水注》：江水又东，"迳蒲矶山北……北对蒲圻洲……洲南又有滠口，水出豫章艾县，东入蒲圻县，至沙阳西北鱼岳山入江。山在大江中杨子洲南，孤峙中洲"。

②在今江西南昌市西北章江中。《清一统志·南昌府一》：杨子洲"在（新建）县西北章江中。周二十里，有居民百余家"。

③在今湖南华容县东北三十里。《方舆纪要》卷77华容县：杨子洲"相传荆佽飞刺蛟处"。

杨子湖　在今浙江安吉县北。《方舆纪要》卷91安吉州：杨子湖"在州（治今安城镇）北二十里。诸溪涧之水，汇流而成湖。又东会郎阁水，合于苕溪"。

杨马河场　俗呼养马河。即今四川简阳市北养马镇。民国《简阳县志》卷2：杨马河"一作养马河。采访册按，《乾隆志》作杨马河场"。

杨历（歷）岩　在今广东南雄市西北。《舆地纪胜》卷93南雄州：杨历岩"在州西北隅，距城二十里，山巅方广百余丈，奇峰怪石，环绕前后，飞泉泻空。有龙祠，祈祷辄应"。《方舆纪要》卷102南雄府保昌县：杨历岩在"府西北二十里。……相传汉楼船将军杨仆曾经此，因名"。

杨历（歷）湖　在今湖北浠水县西南。《方舆纪要》卷76蕲水县：杨历湖在"县西南四十里。又有沂湖，在县南七十里。皆掌于河泊所"。

杨水　即阳水。今山东青州市南阳河。《宋书·索虏传》：虏围青州，刺史竺夔"于杨水口两岸设伏"。《水经·淄水注》杨守敬《疏》谓即阳水。

杨升庵祠　在今四川成都市新都区城西南隅桂湖内。杨慎（1488—1559），字用修，号升庵，明代学者、文学家。正德间状元，授翰林修撰。嘉靖时因"大礼议"触怒世宗朱厚熜，廷杖后充军云南永昌卫（今保山县），72岁时老死戍所。杨慎幼年时曾读书于此。沿湖桂树亦为其所植，故名桂湖。清道光十九年（1839）里人于湖中建升庵祠。1996年升庵祠及桂湖被定为全国重点文物保护单位。

杨公坡 在今湖南桑植县西北。《方舆纪要》卷77桑植安抚司“雷打崖”条下：“司（治今美坪峒）南为杨公坡，亦险峻，登陟甚艰。”

杨公堤（隄） 在今浙江杭州市西。明田汝成《西湖游览志》卷2：明正德三年（1508）“知府杨孟瑛既开西湖，遂筑此堤”，故名。故址约当今西山路。

杨公阙（闕） 又称双杨府君阙。在今四川夹江县东南甘江镇双牌村新乐公路西侧。为汉益州太守杨宗和中宫令杨畅的墓阙。两阙东西并列，相距13米。各由十块巨大的红石堆砌，高5米，宽1米多，厚近1米，略呈方形。双阙座基宽大，阙身凿刻平整，阙檐平整，阙盖檩脊分明。阙身有立柱、横坊、半拱、巨梁、力士、龙虎等图案花纹浮雕。1949年后曾有维修并建碑亭保护。2006年定为全国重点文物，归入渠县汉阙保护单位。

杨氏县 ①春秋晋置，秦属河东郡。治所在今山西洪洞县东南十五里范村东古城址。西汉改置杨县。

②西汉置，属巨鹿郡。治所即今河北宁晋县。西晋废。

杨氏壁 在今陕西华阴市东北。《北齐书·薛修义传》：“武帝之入关也，高祖奉迎临潼关，以修义为关右行台，自龙门济河。西魏北华州刺史薛崇礼屯杨氏壁，修义以书招之，崇礼率万余人降。”西魏尝于此置南汾州。

杨古岭 在今广东乐昌市西北。《清一统志·韶州府》：杨古岭“在乐昌县西北八十里。路通宜章，为入粤要路”。

杨平山 在今湖北宣恩县东北。《方舆纪要》卷82东乡五路安抚司：杨平山在“司东二里”。

杨叶（葉）洲 ①在今安徽池州市西北二十里。《寰宇记》卷105贵池县：杨叶洲“在县西北二十里大江中。长五里，阔三里，状如杨叶”。

②在今江西彭泽县东北。唐杜佑《通典》卷182江州彭泽县：有杨叶洲。《寰宇记》卷111江州彭泽县：杨叶洲“洲上多杨柳。又云洲腹稍阔，两头尖，长状如杨叶”。

③一名白田洲。在今湖北鄂州市东长江中。《陈书·世祖纪》：天嘉元年（560）十月，“侯瑱袭破（周将）独孤盛于杨叶洲”。即此。

④在今湖南岳阳市北，三江口北岸。《陈书·世祖纪》：天嘉元年（560），周将独孤盛领水军将趣巴、湘，“侯镇袭破独孤盛于杨叶洲”。即此。

杨田营 即今江西宁都县北禾尚坪。晋为宁都县治。

杨田梗 即今安徽青阳县东南十七里杨田镇。清乾隆《青阳县志》卷1有杨田梗。

杨吉河 在今贵州镇宁布依族苗族自治县西南。《方舆纪要》卷123安庄卫：杨吉河在“卫西南十五里。下流注于白水河”。

杨老坡 即今贵州福泉市东南凤山镇。《清一统志·平越州》：杨老坡驿“在州城东。又有杨老坡站。旧有驿丞。今裁”。

杨场镇 北宋置，属什邡县。即今四川什邡市西北五十里洛水镇。

杨夹沙镇 即杨家会镇。在今安徽繁昌县东北四十里江中沙洲上。《方舆纪要》卷27繁昌县：大江“江面广阔，凡数十里，中有洲，曰杨夹沙镇”。又鹊尾洲“今江中有数洲，其大者为杨夹沙镇，或以为即古之鹊尾云”。

杨师桥镇 亦作杨斯桥。即今上海市浦东新区川沙镇西四十里杨思镇。清同治《上海县志》卷1：杨师桥市在“县东南十四里”。

杨尖镇 即今江苏无锡市锡山区东羊尖镇。明弘治《无锡县志》卷2：“东北：四十八都有羊尖。”清光绪《江苏全省舆图》金匮县记：“杨尖镇在城东北七十里。”

杨行镇 又名杨巷、白沙。即今上海市宝山区西杨行镇。清光绪《宝山县志》卷1：杨行镇“里人杨垕所创，故名”。

杨各庄 即今北京市顺义区东二十里杨镇。清设把总驻此。

杨庄 即今河北永年县（临洺关）东三十六里东杨庄乡。清同治《畿辅通志》卷51永年县图：西北有东杨庄。

杨庄店 即今河南正阳县东北杨庄集。旧属息县。明置巡司于此。

杨庄闸 在今江苏淮安市淮阴区西南杨庄。旧在清河县（今旧县）西三里仲家庄，亦名仲家闸。清康熙时以仲庄口与清口相直，水势冲激，改运口由杨家庄，于仲庄筑拦河大坝，而移闸于此，名杨庄闸。

杨庄镇 一名杨家庄。即今江苏淮安市淮阴区西南杨庄。清康熙四十二年（1703）中运河口移此，遂成为水陆交通重镇。

杨刘城 一作阳刘。即今山东东阿县东北杨柳村。唐、五代时，有城临河津，为黄河下游重镇。今城已堙废不可考。《资治通鉴》：唐元和十三年（818），淄青李师道拒命，诏魏博田弘正与宣武等五节度兵进讨。弘正“将全师自杨刘渡河，距郓州四十里筑垒，贼中大震”；又五代梁贞明三年（917），晋王李存勖“进攻杨刘城，使步兵斩其鹿角，负葭苇塞堑，四面进攻，即日拔之，获其守将安彦之”。

杨江 在今江西分宜县西北。《方舆纪要》卷87袁州府分宜县：杨江在“县西北四十里。东南流，会于秀江”。

杨守敬故居和墓 在今湖北宜都市陆城新街。杨守敬（1839—1915），清末民初金石学、舆地学家，藏书家。1839年5月23日诞生于此。故居建于清康熙年间（1622—1722），砖木结构建筑，占地1600平方米。1987年辟为杨守敬纪念馆，馆藏杨守敬著《历代舆地图》等遗著、墨迹、遗物共二千五百多件。2006年定为全国重点文物保护单位。

杨安堡 在今贵州都匀市东。《明史·贵州土司传》：弘治二年（1489），“苗‘贼’七千人攻围杨安堡，都指挥刘英统兵觇之，为所困。命镇巡官往援，乃得出”。即此。

杨安锡场　北宋属海丰县，在今广东海丰县西南。《元丰九域志》卷9：海丰县有杨安锡场。

杨安镇　即今山东乐陵市南杨安镇。清乾隆《乐陵县志》卷1：杨安镇在“县南二十五里”。

杨买驴城　在今河北迁安市北四十里。《方舆纪要》卷17迁安县：杨买驴城，“《城冢记》云：俱辽圣宗时萧太后所造。杨买驴，辽臣姓名，司营筑之事者”。

杨纡　古泽薮名。又作阳华、阳纡、杨陓。旧说在今陕西境，有在陇县、凤翔、华阴、泾阳等说法。《周礼·职方》冀州：“其泽薮曰杨纡。”《淮南子·坠形训》：“秦之阳纡。”皆指此。

杨坞　在今甘肃武威市西五十余里。《资治通鉴》：东晋太元十一年（386），前凉张大豫攻吕光，进逼姑臧，“有众三万，保据杨坞”。即此。胡注：“杨坞在姑臧城西。”

杨坊寨　南宋绍兴二年（1132）置，属邵武县。在今福建邵武市东北。元有巡司驻此。明洪武十一年（1378）废。

杨花场　即阳花场。今四川资阳市东北四十里保和镇。清光绪《资州志》卷3：资阳县“杨化场在县四十里”。

杨芬港　即今河北霸州市东杨芬港镇，为大清河入三角淀之口。清同治《畿辅通志》卷46霸州图：东有杨芬港。

杨芳林市　即今湖北通山县西南四十里杨芳林镇。清光绪《湖北全省分图》：通山县西南有杨芳林市。

杨村　①在今河南濮阳县西南十五里。《新五代史·王珂传》：梁贞明五年（919），王瓒“自黎阳渡河攻澶州，不克，退屯杨村，扼河上流，与晋人相持经年”。即此。

②即今广西容县东南杨村镇。清光绪《容县志》卷1：杨村墟在“城东南九十五里。属西里”。

杨村河　在今河北蠡县南。又名唐河。《方舆纪要》卷12蠡县：杨村河，“《志》云：滋河、沙河、唐河之水，自祁州合流，经博野县而合为三岔口，入县界为杨村河，引而东，初自县东南流入河间府境，其后自兰家圈口北决，由玉田渚口入高阳县”。

杨村堰　在今四川德阳市东北。《新唐书·地理志》罗江县：“北十四里有杨村堰，引折脚堰水溉田，贞元二十一年，令韦德筑。”

杨村渡　在今安徽和县东南二十五里。《宋史·虞允文传》：南宋绍兴三十一年（1161），败金人于采石矶，知其必至，“部分诸将，分海舟缒上流，别遣兵截杨林口”。即此。

杨村镇　①即今天津市武清区。《明史·恭闵帝纪》：建文三年（1401），“平安败燕将李彬于杨村”。即此。明设巡司、管河通判。清设守备、武清县丞、主簿于此。1950年武清县迁治于此。

②即今河北定兴县东南杨村乡。明万历《保定府志》卷2定兴县图：东南有杨村。

③即今江西铅山县南杨林乡（杨村）。清同治《铅山县志》卷1：“阳村市去县治西南三十里。”

杨县　西汉改杨氏县置，属河东郡。治所在今山西洪洞县东南十五里范村东古城址。三国魏改为杨国，属平阳郡。西晋复为杨县。北齐属永安郡。隋属临汾郡，隋末改为洪洞县。

杨岐山　一作炀岐山。在今江西萍乡市上栗县东南。《寰宇记》卷109袁州萍乡县：炀岐山，“炀帝曾经此山，因此为名。有炀帝坛”。《舆地纪胜》卷28袁州：杨岐山“世传杨朱泣岐之所。有玉女殿，石中出五色气，谓之玉女披衣殿。有石房九所，相映如屏风”。山下有杨岐寺。

杨岐水　即今江西萍乡市南之萍水。《明一统志》卷57袁州府：杨岐水“源发杨岐山，西流过萍乡县前，下入醴陵县境。宋将之奇诗，‘倒流杨岐水’即此”。

杨岐寺　唐建。在今江西萍乡市上栗县东南杨岐山下。北宋时，禅宗高僧方会在此创立杨岐宗，为禅宗下临济宗的一派。

杨免堡　在今山西河曲县南三十三里阳面村。《方舆纪要》卷40河曲县：杨免堡“南去石梯儿十里，堡北十里为得马水营，其西即黄河娘娘滩也”。

杨启县　亦作阳启县。唐武德元年（618）置，属雅州。治所在今四川雅安市西北。六年（623）废入严道县。

杨武长官司　清置，治所在今贵州丹寨县东杨武乡。后废。

杨武坝　在今云南新平彝族傣族自治县东南四十八里扬武镇。清置巡司于此。

杨青驿　明置，属武清县。在今天津市西杨柳青。《方舆纪要》卷11武清县：“杨青驿在县东南一百五十里。旧置驿并递运所于此。嘉靖十九年改置于天津卫，今属河间府静海县。”

杨坡头　即今陕西旬邑县东北杨坡头。1941年陕甘宁边区新正县迁治于此。

杨林口　在今湖北石首市西南。《方舆纪要》卷78石首县：杨林口在“县西南三十里。多杨树。……在江北岸，江水旁泄入潜沔处也。元大德中县境堤岸屡决，开杨林、宋穴、调弦、小岳四穴，以杀水势”。

杨林市　即今湖北松滋市南四十四里杨林市镇。清光绪《湖北全省分图》：松滋县南有杨林市。

杨林戍　在今内蒙古苏尼特左旗西北。明金幼孜《北征录》：永乐八年（1410），朱棣北征，四月“十二日发归化间……行二十余里，地多美石，有如琥珀、玳瑁、玛瑙、碧玉者，其光莹然，同行好事者，下马拾以为玩。午至杨林戍地，亦有美石，但不如前所见者之佳”。《清一统志·苏尼特部》：杨林戍

“在旗西北，为度漠处”。

杨林县　元世祖至元十二年（1275）改羊林千户为杨林县，属嵩明州。治所在杨林城（今云南嵩明县南二十六里杨林镇）。《元史·地理志》：“城东门内有石如羊形，故又作羊。唐有羊林部落，即此地。”《方舆纪要》卷114嵩明州“乌纳山”条下：杨林山“在废县治东。群峰屏列，山麓有石如羊，本名羊林，元至元初改今名”。明成化十七年（1481）废入嵩明州。

杨林所　明洪武二十四年（1391）置杨林守御千户所，属云南都司。治所在今云南嵩明县南二十六里杨林镇。清康熙二十六年（1687）废。

杨林泽　即嘉利泽。在今云南嵩明县东南。《清一统志·云南府》：嘉利泽“即杨林泽也。或谓之杨林海子”。

杨林浦　在今湖南岳阳市北。《资治通鉴》：五代唐天成三年（928），“吴右雄武军使苗璘、静江统军王彦章将水军万人攻楚岳州，至君山，楚王殷遣右丞相许德勋将战舰千艘御之……乃潜军角子湖，使王环夜帅战舰三百屯阳林浦，绝吴归路”。即此。

杨林集　即今湖北汉川市西南四十六里杨林沟镇。清光绪《湖北全省分图》：汉川县西南有杨林集。

杨林湖　即今湖北黄梅县西南杨柳湖。《清一统志·黄州府一》：杨林湖“在黄梅县西南二十五里，西接太白湖。东由濯港径白湖渡入孔垅小江，至清江镇入大江”。

杨林渡　又作杨林口、杨林河口。在今安徽和县东长江边。《续资治通鉴》：南宋绍兴三十一年（1161），“王权自采石夜还建康，既而复如采石。时金主亮率大军临西采石杨林渡已数日”，即此。

杨林塘　又名杨林浦、杨林河。在今江苏太仓市西北二十里。为宋时诸大浦之一。《方舆纪要》卷24太仓州：杨林塘“其上流承七浦塘及巴城湖之流，东经新塘而东，至州东北八十里花浦口入海。延袤几与七鸦浦相埒”。

杨非亭　在今甘肃永登县西。《水经·河水注》：逆水（今庄浪河）“东南流，径街亭城南。又东南，径阳非亭北。又东南径广武城西”。《晋书·苻坚载记》：东晋太元元年（376），苻坚灭前凉之役，苟苌与梁熙等攻陷缠缩城，前凉将军马建惧，“自杨非退还清塞”。

杨国　三国魏改杨县为侯国，属平阳郡。治所在今山西洪洞县东南十五里范村东古城址。西晋复为杨县。

杨忠县　1946年山东革命根据地由惠民、济阳、商河三县析置，治仁风镇（今山东济阳县东北仁风镇）。为纪念抗日战争中牺牲的八路军115师教导旅政治部主任杨忠而命名。1949年改名惠济县。

杨岭　在今浙江临安市西南。《方舆纪要》卷90於潜县：杨岭“在县（今于潜镇）西南二十五里，路通昌化”。

杨和堡　明置，属宁夏卫。即今宁夏永宁县杨和镇。清属宁夏县。1938年置永宁县治此。

杨彼县　又作杨彼县、阳彼县。唐武德四年（621）置，为褒州治。治所在今云南大姚县东南五十四里溪木小村。天宝后废。

杨舍镇　即今江苏张家港市。《方舆纪要》卷25常州府江阴县：杨舍镇在“县东五十五里。旧有杨家港，宋乾道六年，命两浙运副刘敏士等，于杨家港东，开河置牐，通行盐船，仍拨官兵守卫，并不时挑浚。自是商旅聚集，谓之杨舍镇，为沿江冲要。嘉靖中，以倭乱置堡设营，以参将领之，与常熟之福山、通州之狼山，相为应援。江中有褚家沙，北与狼山密迩，亦分兵戍守。自是而东，江流浩瀚，直接大海，捍御为难。西上则至孟河一带，江面颇狭，又多阴沙，大艅难于转舒，故防卫以杨舍为切”。清设水师守备驻此。1962年为沙洲县治。1986年改设张家港市。

杨店　即今湖北孝感市东北四十八里杨店镇。民国《湖北通志》卷74《兵事》：清咸丰四年（1854），“令幕客李玉田为统领，驻杨店”。

杨泗庙　即今陕西镇安县西杨泗乡。清光绪《镇安乡土志》卷下：城西有杨泗庙。

杨官屯　即今山东高唐县东南杨屯乡。《清一统志·东昌府一》：杨官屯桥“在高唐州东二十五里，跨通济河。每夏秋水涨作筏以济”。

杨官堡　即今辽宁瓦房店市西羊官堡。《清一统志·奉天府二》：杨官堡“在复州西南三十里”。

杨孟汛　即今湖南凤凰县西北六十里阳孟。清严如熤《苗疆险要考》谓“由鬼者上天门峰，至此磴道二十余里，山势峻恶，为乾州生苗巢穴。永绥（今花垣县境）红苗出入亦由其间。地当乾、永二厅交界，旧设守备，今撤”。

杨孟村　即今山东潍坊市北孙家杨孟。1945—1953年为潍北县治。

杨陓　古泽薮名。在今陕西境。旧有三说：一云即弦蒲薮。《尔雅·释地》：“秦有杨陓。”注：“今在扶风汧县西。”《疏》谓弦蒲即杨陓。汧县即今陕西陇县。一云即阳纡。《淮南子·墬形训》：“秦之阳纡。”注：“阳纡盖在冯翊池阳，一名具圃。”具圃即具囿。池阳，今陕西泾阳。一云即阳华。《吕氏春秋·有始览》：“秦之阳华。”注：“阳华在凤翔，或曰在华阴西。”按弦蒲与杨陓实为二薮，泾阳并无高原大泽，则杨陓与阳纡、阳华为一泽，当在今陕西华阴境。

杨城　①即今河北晋宁县。《资治通鉴》：东晋隆安元年（397），燕慕容宝“闻魏王珪攻信都，出屯深泽，遣赵王麟攻杨城”。即此。

②在今湖南安乡县南二十五里。《方舆纪要》卷77安乡县“作唐城”条下：杨城，“宋绍兴中，‘贼’杨么所筑也”。

杨巷镇 亦作杨港镇。即今江苏宜兴市西北杨巷镇。清乾隆三十三年（1768）县丞曾移驻于此。

杨柑墟 即今广东遂溪县西之杨柑镇。《清一统志·雷州府》：杨柑墟“在遂溪县西南。本朝嘉庆十五年，设县丞一员驻此”。

杨柏河镇 即今四川通江县西南杨柏乡。清道光《通江县志》卷2：杨柏河“离城六十里。与巴州接界”。

杨柳 在今四川平武县西北土城乡西南杨柳坝。《明通鉴》卷68：万历十三年（1585），“杨柳番出攻普安堡”。即此。

杨柳场 即今四川仁寿县西北杨柳村。清光绪《资州直隶州志》卷3仁寿县：杨柳场“在县北五十里”。

杨柳青 即今天津市西青区杨柳青镇。位于南运河畔，有水运交通之便。《方舆纪要》卷13静海县“小直沽”条载：“《志》云，出县北五十里为杨柳青。”清置杨青巡司、杨青水驿、杨青马驿于此。以年画著名于世。

杨柳河 ①一名沙河。即今辽宁海城市南海城河。《金史·地理志》：析木县“有沙河”。《清一统志·奉天府一》：杨柳河“在海城县南一里。源出南分水岭，西北流入三汊河，俗呼沙河”。

②在今河南信阳市西南。《方舆纪要》卷50信阳州：“杨柳河在州西南四十里。源出应山界，北入浉河。一名杨龙河。”

③古名温江，又名石鱼河。在今四川成都市温江区西。《清一统志·成都府一》：杨柳河“在温江县西南，自县西岷江分流，曰石鱼河。径县城西分为二支：一支南流名杨柳河，流二十里入双流县界，名黄水河；一支径县南而东，径双流县西，下流仍合杨柳河，又南至新津县东入江。按：此即《元和志》之温江也”。

杨柳河关 在今云南蒙自市西南。《方舆纪要》卷115蒙自县：杨柳河关“在县西南，近王弄山长官司。山高箐密，深险可恃。《志》云，自关而南，地名老寨，旁有白木、乐龙、老大等箐及奚乌石洞，皆险僻处也”。

杨柳津 在今江西永修县西北。《舆地纪胜》卷25南康军：杨柳津“在建昌。唐天宝中，县令李守直夹岸栽柳”。清同治《江西全省舆图》卷14南昌府建昌县：“县（治今艾城）东南路出东门五里至杨柳津。”

杨柳桥 在今湖南长沙市西。《资治通鉴》：五代汉乾祐三年（950），马希广遣“步军指挥使韩礼将二千人屯杨柳桥，扼栅路”。即此。

杨柳渠 相当今四川成都市温江区和双流县境之杨柳河。《元史·河渠志三》：马坝渠“乃自其北涯凿二渠，与杨柳渠合，东行数十里，复与马坝渠会，而渠成安流”。

杨柳堡 一名召化堡。在今湖北巴东县西南。《清一统志·宜昌府》：召化堡“在巴东县南八十里。一名杨柳堡。以其地名杨柳荒也。深林密箐，当施建要路，南通石柱、连天二关。明嘉靖二十四年置”。

杨柳集 在今山东汶上县东北。清咸丰十一年（1861）赵浩然领导捻军大败僧格林沁军于此。

杨柳湾 即今湖北英山县东北二十八里杨柳湾镇。清尹耕云《豫军纪略》卷11：同治三年（1864）九月，“陈大喜等窜英山以东芭茅街、杨柳湾诸处”。

杨柳寨 当在今四川平武县西泗耳藏族乡境。《明史·李应祥传》：万历十三年（1585），“夏，杨柳番出攻晋安堡，犯归水崖、石门坎，遂入金瓶堡，杀守将”。

杨柳镇 即湟里镇。今江苏常州市武进区西南七十里湟里镇。

杨树园镇 亦作杨墅园镇。即今江苏无锡市西三十里杨市村。清光绪《无锡金匮县志》卷4：西南有杨树园。民国《江苏六十一县志》：无锡县西有“杨树园镇”。并记：“杨树园距治三十里……商业以杨树园为热闹。”

杨树沟 在今辽宁建昌县东北。清乾隆《钦定热河志》卷54建昌县：杨树沟“在玲珑塔东南三十里”。产煤，已开采。

杨树峰镇 即今湖北仙桃市南四十六里杨林尾镇西北杨树峰村。清光绪《湖北全省分图》：沔阳州（治所在今市西南沔城镇）东南有杨树峰。

杨树浦 在今上海市东部。北起走马塘，南入黄浦江。清同治《上海县志》卷3：“杨树浦通江浦，北流通引翔港，西流通下海浦，会三洪之水，过太平寺，北达虬江。”

杨树港 即今江西瑞昌市西南横港镇南杨树港。清同治《江西全省舆图》卷13：瑞昌县西南有杨树港。

杨显堡 明置，属宁夏右屯卫。即今宁夏永宁县西北杨显堡村。明嘉靖《宁夏新志》卷1：杨显堡“有仓场”。

杨贵妃墓 在今陕西兴平市西马嵬坡。《资治通鉴》：唐天宝十五载（756），安禄山攻占长安，玄宗仓皇西逃，行至马嵬驿，六军愤怒，杀死杨国忠。“上乃命力士引贵妃于佛堂，缢杀之”。至德二年（757）玄宗密令中官将贵妃迁葬于此。僖宗李儇《幸蜀经马嵬诗》：“马嵬杨柳绿依依，又见鸾舆幸蜀归，泉下阿环应有语，这回休更罪杨妃。”

杨保山 在今云南永胜县西南。《方舆纪要》卷117顺州：杨保山“在州（今顺州乡西北州城）东北八里。下有池，中多蒲草，凫鹜之薮也”。

杨信沙洲 在南海中中国南沙群岛内，位于道明群礁东南部边缘。西南距南钥岛7海里。为一直径仅100米的小沙洲。中国海南渔民向称铜锅、铜金。1935年公布名称为兰家暗礁。1947年改名杨信沙洲，为纪念明成祖时被派往三佛齐招抚梁道明的杨信而命名。

杨阁老 在今湖南沅江市西北二十里。明兵部尚书、东阁大学士杨嗣昌葬此，故名。

杨美墟 在广西南宁市西北六十三里左江东岸杨美村，为省西路孔道。明《徐霞客游记·粤西游日记三》："又三里为杨美，亦名大湾，盖江流之曲，南自杨美，北至宋村，为两大转云。"

杨眉寺镇 即今江西崇义县东南杨眉镇。清同治《江西全省舆图》卷8：崇义县东"老鸦山又东行偏南十里至杨眉寺墟，巡司驻此"。

杨珣碑 在今陕西扶风县北法门镇东北石碑村西。唐相杨国忠之父杨珣（667—717）被追赠武部尚书。碑嵌于硬山顶砖碑楼内。青石质，螭首，方座，通高6.67米。其中碑身高3.18米，宽2.19米，厚0.65米。天宝十二年（753）立。圭额篆书"弘农先贤积庆之碑"，由李隆基书丹。碑文隶书二十六行，每行五十七字，记杨珣门阀家世及生平德行。碑阴有北宋绍圣二年（1095）题记。碑旁有清乾隆年间（1736—1795）杨珣墓碑一通，高1.98米。2006年定为全国重点文物保护单位。

杨荷桥 一名杨桥。在今安徽和县北二十里。《三国志·吴书·孙皓传》裴注："干宝《晋纪》曰：吴丞相军师张悌，护军孙震，丹杨太守沈莹帅众三万济江，围城阳都尉张乔于杨荷桥，众才七千，闭栅自守，举白接告降。"《舆地纪胜》卷48和州："杨桥在历阳县北二十里。昔张悌下张乔于杨荷桥，即此地也。"

杨桥水 即今江西分宜县西北杨桥河。《方舆纪要》卷87袁州府分宜县"杨江"条下："县北八十里有杨桥水，南流六十里注于杨江。"

杨桥市 即今江西分宜县西北杨桥镇。清同治《江西全省舆图》卷5：分宜县西北有杨桥。

杨桥集 亦作阳桥集。即今安徽临泉县东南杨桥镇。明正德《颍州志》卷2乡井：杨桥集"在西乡，九十里颍滨"。

杨桥镇 ①在今江苏常州市武进区南杨桥村。清光绪《江苏全省舆图》阳湖县图：南有杨桥。民国《江苏六十一县志》：武进县南有"杨桥镇"。

②在今河南中牟县西北四十一里黄河南岸杨桥村。北有杨桥口，为黄河津渡处。清于此设镇。

杨桃溪 即今四川射洪县东南洋溪河。《元丰九域志》卷7：东关县有杨挑溪。《清一统志·潼川府一》：杨桃溪"在盐亭县东南。……《旧志》：在今县东南五十里。自西充县流入，合盐亭水。按，《舆图》：杨桃溪在蓬溪县西，在县东南五十里许者，乃思溪河入梓潼水，不入盐亭水"。

杨殷县 1933年8月中央革命根据地由兴国、万安二县析置，驻均村圩（今江西兴国县西均村）。为纪念1929年在上海牺牲的中共中央政治局候补常委、中央军事部部长杨殷烈士而命名。1935年4月废。

杨家大城 即今吉林公主岭市西北杨大城子镇。清光绪《奉天全省地舆图说图志》怀德县：杨家大城"在县城（今怀德镇）西北六十里"。

杨家穴 在今湖北黄梅县东南长江边。《方舆纪要》卷76黄梅县：杨家穴"在县东南百二十里，滨大江。亦有河泊所"。

杨家会镇 一名杨夹沙镇。北宋置，属繁昌县。在今安徽繁昌县东北。《清一统志·太平府二》作杨家沙："在繁昌县东北四十里大江中，即青沙洲之东境也。与江北奥龙河巡司相对。明初置河泊所于此，后废。"

杨家庄 即今山东青州市东杨家庄镇。清光绪《益都县图志》卷3：县东有杨家庄。

杨家杖子 即今辽宁葫芦岛市西杨家杖子镇。北宁铁路有支线（锦西铁路）通此。

杨家沟革命旧址 在今陕西米脂县东南四十里杨家沟镇北扶风寨。1947年11月22日，毛泽东、周恩来、任弼时率领中共中央机关和中国人民解放军总部来到杨家沟，1948年3月21日离开杨家沟，东渡黄河前往河北省平山县西柏坡。杨家沟革命旧址包括毛泽东、周恩来、任弼时、张闻天旧居，十二月会议旧址、西北野战军高级干部会议旧址、庆祝宜川战役胜利大会和东渡黄河动员大会旧址，以及中央保卫科、供销科、中央机关战地医院旧址等。毛泽东、周恩来当时住在地主马醒民的私宅"新院"。新院建于1929年，是一处中西结合的建筑，十一孔窑洞飞檐雕梁，暗道取暖，三通纳凉，为陕北窑洞的创新。任弼时、张闻天旧居和十二月会议旧址均为晚清"明五暗四六厢窑倒座平房"窑洞式建筑。高级干部会议旧址原为建于晚清的马式宗祠和讲堂。庆祝宜川战役胜利大会和东渡黄河动员大会旧址的中央立有劳动人民翻身纪念碑。2001年定为全国重点文物保护单位。

杨家岭 在今陕西延安市西北约十二里。1938年11月至1943年初为中共中央所在地，中国共产党第七次代表大会在此召开。

杨家店 ①即今河北迁安市西二十里杨店子镇。民国《迁安县志》卷3市集有"杨家店"。

②即今山东蓬莱市东南六十里杨店。明置巡司于此。

③即今河南息县东北二十四里杨店乡。清尹耕云《豫军纪略》卷4：咸丰十一年（1861）四月，"李瞎子等纷扰杨家店"。

④一名杨店。即今湖北孝感市孝南区东北四十八里杨店镇。《清一统志·汉阳府一》：杨店"在孝感县东五十里，西至黄陂县七十里，当往来孔道，最为繁盛"。

杨家庙集 即今江苏淮安市淮阴区东南杨庙。《清一统志·淮安府二》：杨家庙集"在山阳县西南五里"。

杨家河 在今湖北安陆市东北。清同治六年（1867）东捻军大败淮军于此。

杨家河集 即今湖北孝昌县西南白沙镇东杨家河村。民国《湖北通志》卷73《兵事》：清同治二年（1863）九月，捻军"走孝感，焚杨家河"。

杨家河镇 ①在今上海市崇明县东。《清一统志·太仓州》：杨家河镇"在崇明县东八里"。

②即今甘肃武山县东南七十里杨河乡。杨家溪水（今大南河）经其西。清宣统《甘肃新通志》卷9：宁远县有杨家河镇。

杨家城子 即今山东沂水县东北杨家城子。1940—1953年先后为莒沂边和莒沂县治。

杨家垱桥 即今湖北枣阳市西北四十四里杨垱镇。清同治《枣阳县志》卷17《军务》：咸丰十一年（1861）九月，捻军数万至县境，“守备熊正喜在杨家垱督团堵剿，阵亡”。

杨家巷 即今湖南永州市零陵区东北邮亭圩镇西南杨家巷。清光绪《湖南通志》卷1零陵县图：县东北有杨家巷。

杨家畈村 在今河南新县南三十四里。1930年6月鄂豫皖边区工农民主政府驻此。

杨家洚镇 即今湖北京山县西南七十二里杨洚镇。清光绪《续修京山县志》卷16《变乱》：同治六年（1867）四月，提督鲍超击捻军，“大胜于杨家洚”。

杨家桥 在今江苏吴江市平望镇北。《方舆纪要》卷24吴江县：平望镇，“《志》云，镇北有杨家桥。明初，常遇春败张士诚兵于此。嘉靖三十四年，官兵亦败倭于此”。

杨家埠 即今浙江浦江县东北白马镇塘里村。明置巡司于此。后废。

杨家砦 ①在今贵州锦屏县南新化乡东。《方舆纪要》卷121新化蛮夷长官司：杨家砦在“司东五里。相近有莲花、乌潭、琴图等砦”。

②在今甘肃陇南市武都区北一百里。《方舆纪要》卷59阶州：杨家砦“其地有杨家崖，故仇池杨氏之苗裔保据为砦处也。临控白江，山路仅容一线，最为险厄。宋绍兴间，吴玠兄弟围保蜀口，择地为砦，因筑城守此，以为犄角西入之寇。砦中素有积贮，丰于水泉，寇攻之不能陷。亦名家计砦”。

杨家斜 即今陕西商洛市西杨斜镇。1946年9月当地解放后设商山蓝行政办事处（县级）治此。

杨家堡 在今北京市密云县东北七十四里长城边。清代有千总驻守。

杨家集 ①即今山东郯城县西南四十四里杨集镇。清乾隆《郯城县志》有杨家集。

②即今河南上蔡县东杨集镇。清康熙《上蔡县志》卷2《集镇》：“杨家集，在城东八十里。”

③在今河南虞城县东。清咸丰三年（1853）捻军千余人与清兵激战于此。

杨家街 即今四川简阳市西南杨家街。清嘉庆《四川通志》卷89简州：杨家街铺“在州南四十里”。

杨家港 ①在今上海市崇明县东南。《方舆纪要》卷24太仓州崇明县：杨家港“沙田多高，旧有港，久淤。万历三十八年，县令李官疏浚，民得灌溉之利”。今已淤废。

②即今江苏张家港市（杨舍镇）。《宋史·河渠七》：南宋乾道六年（1170），命两浙副使刘敏士等“杨家港东开河置闸，通行盐船。仍差闸官一人，兵级十五人，以时启闭挑撩”。

杨家湖 ①即古大沼。在今河南尉氏县西南洧川镇西北三里。《清一统志·开封府一》引《县志》：“大沼纵广百余顷，今名为杨家湖。”

②在今河南宝丰县东。《方舆纪要》卷51宝丰县“汝水”条：“县东有湖，阔二十里，即汝水所溢也，名曰杨家湖。《志》云：杨汝士居此，因名。”

③在今湖北应城市北。《方舆纪要》卷77应城县：杨家湖“在县北三十五里。上流自京山县流入境，又东入安陆县境，即漳水上源也”。

杨家湾 即今贵州毕节市西南杨家湾镇。清同治《毕节县志稿》卷2：杨家湾在“城西八十里”。

杨家楼村 即今安徽萧县西北三十五里杨楼镇。清光绪《萧县志》卷5《河渠志》：“杨家楼后土坝一道，长二十五丈。”

杨家楼集 即今河南汝州市西杨楼乡。清道光《直隶汝州志》卷3《市集》：杨家楼集在“城西三十里”。

杨家滩市 即今湖南涟源市东南三十六里杨家滩镇。旧属湘乡县。清光绪《湖南通志》卷1湘乡县图：县西南有杨家滩市。

杨家寨 在今山西河曲县东南十五里杨家寨村。《方舆纪要》卷40河曲县：杨家寨“明初调镇西卫官兵戍守，今革”。

杨埠镇 又名杨埠关、杨埠口镇。即今河南平舆县东二十八里杨埠镇。旧属汝阳县。明置杨埠巡司。清废。民国初设县佐驻此。

杨青墟 亦作洋青墟。即今广东遂溪县西洋青镇。清道光《遂溪县志》卷4：杨青墟在“县西三十里”。

杨梅山 ①在今江西定南县西北。《方舆纪要》卷88赣州府定南县：杨梅山在“县（治今老城镇）北百里，为县境要隘。嘉靖四十五年，贼魁赖清规等为乱；郡守黄纁单骑入下历，招抚之。贼防稍懈，抚臣吴百朋督参将蔡汝兰等进兵，首破杨梅牌，断贼右臂”。即此。

②即今湖南宜章县东北杨梅山镇。粤汉铁路有白杨支线通此。

③在今云南曲靖市东南越州镇东。《方舆纪要》卷114越州卫：杨梅山在“卫（治今越州镇）东十五里。多杨梅树，因名”。

杨梅团 即今福建德化县北杨梅。元置杨梅团巡司于此。明废。

杨梅关 明置，属义宁县。在今广西临桂县西北五通镇东南杨梅村。《清一统志·桂林府一》：杨梅关“在义宁县东十五里，接临桂县界。山势崎岖，中通一路，为义宁县之门户”。

杨梅坜 即今台湾省桃园市西南杨梅区。清设杨梅坜汛，有把总驻守。日本占领期间设杨梅街。1945年抗日战争胜利后设杨梅镇。据郭薰风主修《桃园县志》说：“以附近多杨梅树，中央有一大坜谷，故名。”

杨梅村 即今福建寿宁县治鳌阳镇。明景泰六年(1455)于此置寿宁县，至今仍为县治。

杨梅坪 在今广东连平县西北。《明史·地理志》连平州："西有银梅水，源出杨梅坪，即浈水上源。"

杨梅坦 在今安徽池州市西南九十里。《方舆纪要》卷27池州府贵池县：杨梅坦"在府西九十里石岭镇。其地多杨梅，唐置杨梅馆，宋改曰驿，今废"。

杨梅崃 在今福建永定县南。《方舆纪要》卷98汀州府永定县：杨梅崃在"县南四十余里。高峻磅礴，盘亘数十里。多产杨梅"。

杨梅岭 ①在今浙江龙泉市东北。《方舆纪要》卷94龙泉县：杨梅岭在"县东二十五里。其相近者梧桐口。路出松阳，此为要隘"。

②即今福建霞浦县西杨梅岭。《方舆纪要》卷96福宁州"池家岭"条下："《志》云，州西有杨梅岭，产杨梅。宋开禧中，僧砌岭路，自岭而下，东抵九里亭，西抵十八溪。嘉靖十六年，令杨志用石甃砌，悉平荦角，亦名杨公路。"

杨梅峰 在今湖南安仁县西北十里。《方舆纪要》卷80安仁县：杨梅峰"壁立数仞，绝顶有井。五代时马殷将欧阳颢于此立寨屯兵，以备南汉。宋沈通父子亦保障于此。元末乡人垒石为门，中为屋室，相率保此避寇"。

杨梅堡 即今广东佛山市三水区(西南镇)。《方舆纪要》卷101广州府三水县：西南巡司"在县(今三水市西河口镇)东南十二里。地名杨梅堡，旧有西南寨，洪武三年改置巡司，并置驿于此"。

杨梅滩 在今福建连城县西北。《方舆纪要》卷98连城县："杨梅滩在县西北六十里。其水出长汀县，合虎忙岭诸水，滩流险厄。上多杨梅，因名。下流入于文溪。"

杨梅墟 ①即今福建霞浦县西杨梅岭。《方舆纪要》卷96福宁州"池家岭"条下："《志》云，州西有杨梅岭，产杨梅。宋开禧中，僧砌岭路，自岭而下，东抵九里亭，西抵十八溪。嘉靖十六年，令杨志用石甃砌，悉平荦角，亦名杨公路。"

②即今广西容县东南五十里杨梅镇。清光绪《广西舆地全图》容县图：东南有杨梅墟。

杨梅镇 又名杨梅渡。北宋置，属赣县。在今江西赣州市西。

杨虚侯国 西汉置，属平原郡。治所在今山东茌平县东北。《汉书·王子侯表》有杨虚侯将闾。东汉省。《水经·河水篇》：河水"又东北过杨虚县东，商河出焉"。

杨常州 唐天宝前置羁縻州，属雅州都督府。治所在今四川宝兴或小金县境。后废。

杨盘镇 即今山东乐陵市西三十八里杨盘村。东汉建安年间曾为乐陵县治。

杨梁 又名阳梁。春秋宋邑。在今河南商丘市东南。《左传》：襄公十二年(前561)冬，"楚子囊、秦庶长无地伐宋，师于杨梁"。杜注："梁国睢阳县东有地名杨梁。"《水经·淮水注》：涣水"又东径杨亭北……今睢阳东南三十里有故杨梁城。今曰阳亭也"。

杨绪沟 即今山东章丘市北獭河，为小清河旧渠之上源。《水经·济水注》：杨绪沟水"出逢陵故城西南二十里，西北径土鼓城东，又西北径章丘城东，又北径宁戚城西，而北流注于济水也"。《寰宇记》卷19章丘县："杨绪水，一名獭河。在县东十里，阔一丈。"

杨堡 即今山西洪洞县北杨堡村。《清一统志·霍州》"梗壁堡"条下："杨堡，在(赵城)县南十里。"

杨湘泾镇 即今江苏昆山市东南四十六里淀东镇。清光绪《江苏全省舆图》：昆山县东南有"杨湘泾市"。

杨湾 即今安徽望江县西南杨湾镇。1939年10月，日军一二〇联队在此制造了"杨湾惨案"。首先将这里的几个小村计五十三户团团围住，然后放火烧屋。其中，在三房屋村将三十多人用绳索绑在一起，推进茅草屋放火焚烧；在七房屋村将二十多人关在一间房里放火焚烧。这次暴行使五十二人丧生、三名妇女遭奸污、二百三十九间房屋化为灰烬。

杨湾镇 明置，属望江县。即今安徽望江县西南杨湾镇境南下杨湾。明初设杨湾口巡司。

杨塘安抚司 明永乐四年(1406)置，属金齿军民指挥使司。治所在今云南香格里拉县南小中甸镇。"杨塘"即藏语"洋塘"，意为第二块坝子。嘉靖元年(1522)改属永昌军民府。后废。

杨楼镇 明置，属萧县。即今安徽萧县西北杨楼镇。

杨粲墓 在今贵州遵义市城区东南十五里遵义县东龙坪镇永安乡皇坟咀。原系宋代白锦堡，后为播州杨氏墓地。杨粲墓建于南宋淳祐年间(1241—1252)。1957年清理发掘前已被破坏，出土文物较少。腰坑内获铜鼓两面，铸造精美。墓用白砂岩条石砌筑，分、南北两室，规模宏大。墓内石刻艺术品多而精，为西南地区所罕见。后室有仿木构房屋建筑的壁龛六个，横梁影刻两处，墓壁有墓主人、文官、武士、侍女、进贡人等雕像二十八尊，大量装饰图案以花草动物为题材，刻工精细，线条流畅，有很高的艺术水平和鲜明的时代风格。杨氏自唐末至明万历间世袭统治播州(今遵义一带)，共传29世，724年。杨璨为第13世土司，执掌播州事，有一定政绩。在元程巨夫的《忠烈庙碑》、明宋濂的《杨氏家传》中对此均有记载。1982年定为全国重点文物保护单位。

杨溪 亦名杨桃溪。即今四川盐亭县东南洋溪河。《舆地纪胜》卷154潼川府：杨溪"在永泰县东南。源出果州"。

杨溪公俄等处长官司 元置，属思州安抚司。治所在今贵州镇远县西。明洪武初并入镇远金容金达长官司。

杨溪镇　在今江西全南县东北。清时设巡司于此。

杨滘墟　在今广东佛山市顺德区西杨滘村，西近南海区。清咸丰《顺德县志》卷5：津渡有“杨滘”。

杨滩堡　即今安徽广德县西南杨滩乡。《清一统志·广德州》：陈阳镇“在州西南六十五里杨滩堡。旧有巡司。本朝乾隆三十五年裁”。

杨墅园镇　即杨树园镇。今江苏无锡市西三十里杨市村。

杨磨山　在今云南马龙县西七十五里。《方舆纪要》卷114马龙州：杨磨山“在州西七十五里。一名关索岭，上有夷关”。

杨疃镇　唐置，属蓬莱县。即今山东栖霞市。金天会二年（1124）伪齐刘豫于此置栖霞县。

杏　①春秋齐邑，在今山东东阿县南。《左传》：定公九年（前501），“齐侯致禚、媚、杏于卫”，即此。

②春秋周邑，在今河南禹州市北。《左传》：昭公二十四年（前518），“王子朝之师攻瑕及杏，皆溃”。

杏山　①在今辽宁凌海市西南杏山街道境。《方舆纪要》卷37广宁左屯卫：杏山“在卫西南四十里。今有杏山驿”。

②在今山东宁阳县东北三十里杏山。《明一统志》卷23兖州府：杏山“上多杏木”。

③在今河南光山县西北。《寰宇记》卷127仙居县：“杏山，在县东北，与仙居山隔，各去县七里。上有抱朴子炼丹井灶。仙迹甚多。遍山皆杏树。”

④在今河南禹州市北。《寰宇记》卷7阳翟县：杏山，“《洛阳记》云，仙人刘根隐于此山”。

杏山驿　明置，即今辽宁凌海市西南杏山街道。《明史·地理志》广宁中屯卫中左千户所：“辖杏山驿至小凌河驿。”因杏山而名。

杏山城　一名杏山堡。即今辽宁凌海市西南杏山街道。《清一统志·锦州府一》：杏山“在锦县西南四十里。旧有杏山驿。本朝崇德七年取明杏山城，毁平之”。

杏子河　即古龙尾水。在今陕西靖边县南。《清一统志·延安府一》：杏子河“在靖边县南三十里。源出总管塔，南流径牛头坡，又径杏子城西，入保安县(今志丹县)”。至志丹县南合延水。

杏冈　在今河南淮阳县西北。《元史·顺帝纪》：至元三年（1337），棒胡“破归德府鹿邑，焚陈州，屯营于杏冈”。即此。

杏坛（壇）　①在今山东曲阜市孔庙殿前，即孔子教授堂之遗址。《庄子·渔父》：“孔子游乎缁帷之林，休坐乎杏坛之上。”司马彪注：杏坛，“泽中高处也”。汉明帝幸宅，尝御此，后世因以为殿。宋天圣间，移大殿于后。讲堂旧址不欲拆毁，因甃为坛，环植以杏。金学士党怀英篆“杏坛”二字碑于亭内。

②传说三国吴董奉在杏林修炼成仙，后因谓道士修炼处所为杏坛。唐宋时多指道观。唐白居易《长庆集》卷16《寻王道士药堂因有题赠》诗：“行行觅路缘松峤，步步寻花到杏坛。”

杏坛（壇）墟　即今广东佛山市顺德区西南杏坛镇。民国《顺德县志》卷3《津渡》：“杏坛”有长行渡。

杏花山遗址　在今河南南召县东偏南四十八里杏花山下。1978年9月在此发现一枚古人类牙齿化石（为右下第二前臼齿）和一批古脊椎动物化石。同年10月中国科学院古脊椎动物与古人类研究发掘，又获得一批古脊椎动物化石。经鉴定，距今约五十万年，属北京猿人。杏花山猿人遗址的发现对研究人类起源和中原地区第四纪地质及古生物具有一定价值。

杏花村　①在今吉林长春市西南郊。1934年3月1日晨，溥仪身着乾隆皇帝穿过的龙袍曾在此举行登基伪满皇帝的祭天典礼。

②在今安徽池州市西郊。唐杜牧《清明诗》：“清明时节雨纷纷，路上行人欲断魂。借问酒家何处有，牧童遥指杏花村。”指此。

杏花沟　在今辽宁绥中县西南。《方舆纪要》卷37广宁前屯卫：杏花沟在“卫东北三十五里”。

杏花营　即今河南开封县西三十四里杏花营。《续资治通鉴》：南宋嘉定八年（1215），蒙古兵攻金潼关不克，由间道经汝州袭汴京，“至杏花营”。为金花帽军所败。《元史·察罕帖木儿传》：至正十九年（1359），刘福通据汴，察罕帖木儿遣兵四面围攻，“自将铁骑，屯杏花营”。《明史·河渠志一》：明成化十四年（1478），河决开封，巡抚河南都御史李衍言：“河南累有河患，皆下流壅塞所致。宜疏开封西南新城地，下抵梁家浅旧河口七里壅塞，以泄杏花营上流。”

杏园　在今陕西西安市南曲江池西。宋张礼《游城南记》：“杏园与慈恩寺南相直，唐新进士多游宴于此。……与芙蓉园皆秦宜春下苑之地。”

杏园渡　一名杏园镇。在今河南卫辉市东南。为古黄河津渡处。《旧唐书·李忠臣传》：忠臣拜濮州刺史，“移镇杏园渡”。即此。北宋置镇。

杏园镇　即杏园渡。北宋置镇，属汲县。在今河南卫辉市东南。

杏谷水　即今山西沁水县之杏河。《方舆纪要》卷43沁水县：“杏谷水在县城东，源出县西三十五里陕沟村，流至此，合于梅谷水。梅谷水源出县西北三十五里梅谷村，流至城东，与杏谷水合，流经县东郑庄村，入于沁河。”

杏林堡　明置，属广宁前屯卫。即今辽宁绥中县（绥中镇）。《方舆纪要》卷37广宁前屯卫：杏林堡“在卫东五十里。宣德三年增置中后千户所于此”。

杏林镇　在今陕西扶风县东二十五里杏林镇。《方舆纪要》卷55扶风县：杏林镇“其地多杏，亦曰杏林古驿”。

杏城 在今陕西黄陵县西南十里。东晋时姚苌于此设杏城镇。《晋书·姚苌载记》："魏褐飞自称大将军、冲天王，率氐胡数万人攻安北姚当成于杏城。"即此。《魏书·地形志》：北华州"治杏城"。《元和志》卷3坊州中部县：杏城"相传云汉将韩胡伐杏木为栅，以抗北狄，因以为名"。

杏埚新城 即武安州。在今内蒙古敖汉旗东白塔子。《辽史·地理志》武安州："太祖俘汉民居木叶山下，因建城以迁之，号杏埚新城。"

李 战国赵邑。即今河南温县。《史记·平原君列传》：秦围邯郸，邯郸急，邯郸传舍吏子李同率三千敢死之士击秦军，"李同战死。封其父为李侯"。《正义》："怀州温县本李城也，李同父所封，隋炀帝从故温城移县于此。"

李大钊故居 在今河北乐亭县东南大黑坨村。李大钊是中国最早接受和传播马克思主义的革命家，是中国共产党的创始人之一。故居是李大钊的祖父李如珍于1881年修建的，分前、中、后三个院子。中院有东厢房三间，1889年10月29日，李大钊诞生于此。中院的三间北房是李大钊幼年时读书的地方。1988年定为全国重点文物保护单位。

李山坳 即今江西乐安县西北七十里里山坳。清同治《江西全省舆图》卷2抚州府乐安县：西北有"李山坳汛"。

李千城 在今安徽泗洪县南。《寰宇记》卷16泗州："李千城即后魏戍也，在徐城县西北三十里。后魏熙平元年李千于此城置戍，因名。"

李广墓 在今甘肃天水市南二里南山麓石马坪村。李广（？—前119），陇西成纪（今甘肃秦安）人。善骑射。为西汉名将。在反击匈奴贵族攻掠的战争中，转战朔漠四十余年，历经七十余战，屡建奇功，匈奴人称"飞将军"。元狩四年（前119），随大将军卫青攻匈奴，以失道被责，愤而自杀。墓封土高约2米，周长26米。墓碑刻"汉将军李广之墓"，据传是李广的衣冠冢。

李子关 明置，属永宁卫。在今四川兴文县西南大坝苗族乡东大坝东南，东距叙永县四十里。《明史·程信传》：成化间，征讨戎县山都掌族，"南宁伯毛荣由李子关"。即此。

李子桥镇 即今四川荣县东南李子村。清道光《荣县志》卷10：李子桥场在"县南五十里"。

李天木庄 即今河北沧县东北四十五里李天木回族乡。清乾隆《沧州志》疆域图：东有李天木庄。

李瓦窑镇 即今河北冀州市南之南午村镇东南李瓦窑。民国《冀县志》县图：东南有李瓦窑。

李公堤 在今湖南岳阳市东北。《方舆纪要》卷77岳州府巴陵县"偃虬堤"条下："又李公堤，在府城东北，直接城陵矶，长十五里。旧本湖地，水涨病涉。弘治中，郡守李镜筑堤建桥，人以为便。"

李氏陂 即"仆射陂"。在今河南郑州市东四里。《元和志》卷8郑州市管城县："李氏陂，县东四里。后魏孝文帝以此陂赐仆射李冲，故俗呼为李氏陂。"

李文忠墓 在今江苏南京市太平门外蒋王庙。李文忠（1339—1384），字思本，小字保儿，盱眙（今属江苏）人。明初将领。朱元璋外甥。封曹国公。洪武十七年（1384）病卒，追封岐阳王，谥武靖，赐葬于此。墓冢前有碑，楷书阴刻"明岐阳王神道"六字。

李文镇 北宋置，属安丘县。在今山东诸城市西北里文。近安丘市界。

李石寨 即今辽宁抚顺市西南抚顺区李石朝鲜族镇。民国《东北年鉴》：南满铁路支线有李石寨站。

李业阙 在今四川梓潼县西南四里长卿镇长卿村。《舆地纪胜》卷186隆庆府：李业阙"在梓潼县西五里。《旧经》云：前汉侍御史李业葬此，遭赤眉毁破，二阙临官路，其碑亦汉隶"。李业梓潼县人。《后汉书·独行传》及《华阳国志》均有传记。今存石阙当系东汉建武年间建，残，高2.5米，宽约1米，上刻隶书为明增刻。2006年定为全国重点文物，并入渠县汉阙保护单位。

李白墓 在今安徽当涂县东南二十里青山西麓。李白（701—762）字太白，号青莲居士。祖籍陇西成纪（今甘肃秦安）人。唐代著名诗人。卒于当涂，初葬龙山东麓。唐元和十二年（817），李白好友范伦之子范传正以李白临终志在青山，遂将墓迁此，并亲撰碑文。2006年定为全国重点文物保护单位。

李市坝镇 即今重庆市江津区南李市镇。清光绪《江津县志》卷2：李市场"距城九十里。烟火千余家，陆市此为第一"。

李市镇 即今四川隆昌县东南三十里李市镇。明属泸州，置巡司于此。

李汉坝 在今贵州习水县北。《明史·刘綎传》：万历二十八年（1600）征播州杨氏，"诸将克丁山、铜鼓、严村，遂直捣楠木、山羊、简台三峒。峒绝险……刘綎分兵攻其三面，大战于李汉坝，生擒其魁"。

李台（臺）集 即李家台。今山东阳谷县西南李台镇。

李台（臺）寨 在今河南新乡县东南。《方舆纪要》卷49新乡县：李台寨，"《志》云：元末里民避兵之处，明朝改为李台驿。永乐中废"。

李成梁石坊 又称世爵坊。在今辽宁北镇市内鼓楼前。明万历八年（1580），朝廷为了表彰李成梁的功绩，命辽东巡抚周咏等为之修建。石坊用青色花岗石建造，为四柱三间五楼式。高9米，宽13.1米。额上竖刻"世爵"二字，横刻"天朝诰券"及"镇守辽东总兵官兼太子太保宁远伯李成梁"等文字。

李则镇 北宋置，属渤海县。即今山东滨州市西三十二里里则镇。

李自成墓 在今湖北通山县南九宫山下牛迹岭。李自成（1606—1645），明末农民起义领袖，陕西米脂人。大顺永昌二年（1645）初夏，他由武昌挥师东下南京，因形势逆转，征途受阻，即取道九宫山转战江西，不意在山下李家铺突遭清军袭击，仓促突围，单骑误入葫芦槽，被小源口寨勇头目程仇伯杀害，遂葬于此。中华人民共和国成立后，此墓曾多次维修，并增建了拱桥、层台、花坛、墓碑、陈列馆、休息厅等附属建筑。墓碑上书“李自成之墓”系郭沫若所题。1988年定为全国重点文物保护单位。

李兆麟将军墓 在今黑龙江哈尔滨市道里松花江畔兆麟公园内。李兆麟（1908—1946），原名李超兰，化名张寿篯，奉天辽阳小荣官屯（今属辽宁灯塔）人。1932年加入中国共产党。“九一八”事变后曾任抗日联军第三路军总指挥，中共北满省委主要领导人之一。1945年抗日战争胜利后，任滨江省（后并入黑龙江省）副省长。1946年3月在哈尔滨遭国民党军统特务杀害，安葬于道里公园北侧，并将公园改名为兆麟公园。

李庄水驿 即今四川宜宾市东六十里李庄镇。明正德《四川志》卷16南溪县：李庄水驿“在治西七十里”。

李庄桥镇 即今河南新蔡县西北三十四里李桥回族镇。清乾隆《新蔡县志》卷2《乡镇》：西路有“李庄桥镇”，“通舟楫，颇有商贾”。

李庄镇 即今四川宜宾市东六十里李庄镇。清嘉庆《南溪县志》卷3：李庄镇“在县西南七十里”。民国《南溪县志》卷1：李庄镇“宋以前县治，地滨大江，又当叙南孔道。故商业繁盛，居民千余家，与宜宾交通极便”。抗日战争期间，史语所及同济大学迁此。

李冰祠 即二王庙。在今四川都江堰市西北二里岷江东岸玉垒山麓。《元和志》卷31彭州导江县：李冰祠“在县西三十三里”。杜光庭《录异记》卷4：“蜀朝庚午年夏大雨，岷江泛涨，将坏京江。……及明，大堰移数百丈，堰水入新津江。李冰祠中所立旗帜皆湿。”庚午年即前蜀武成三年（910）。

李阳河 ①在今河北内丘县北。《清一统志·顺德府一》：“李阳河在内丘县北。源出县西之且停山，有二源：一自县之扬武川北岭村而来；一自县之石河西丘而来。合于县城之西，入唐山县（治在今隆尧县尧山乡）西南，亦称马河，下流入大陆泽。”

②在今安徽池州市西。《方舆纪要》卷27池州府贵池县：李阳河在“府西六十里。源引大江，以江流之消涨为盈缩。本名李王河，李、王二姓居其地也。自河口出江，中有石，槎丫横突，为拦江、罗汉二矶，奔流激荡，为运道患。五代晋时，南唐发运使周湛役三十万夫作支流，以避其险，自是往来无覆溺之患，谓之新河。其后，江面日开，矶势颇安，而支流颇侵啮民田。明正德十一年遂塞新河”。

李阳河镇 明置，属贵池县。在今安徽池州市西六十里长江东岸。《明史·地理志》贵池县：有李阳河巡检司。《方舆纪要》卷27贵池县：李阳河，“《志》云，李阳河亦滨江要地也。宋德祐初，元兵犯池州，游骑至李阳河。今李阳驿及巡司，有官兵戍守”。《清一统志·池州府》：李阳河镇巡司“在贵池县西六十里。本朝乾隆八年移驻殷家汇”。

李坛（壇）镇 即今河北大城县南四十里里坦镇。《清一统志·顺天府四》：李坛镇“有堡有集”。

李坝集 即今河南民权县西北八里老城村。旧属睢县。1928年置民权县于此。1948年县徙治田庄（今城关镇）。后俗称老县城，简称老城。

李坑镇 北宋置，属程乡县。在今广东梅县西北梅西镇。

李村 ①在今安徽阜阳市北二十里。《方舆纪要》卷21颍州李村：“宋绍兴十年，金人围顺昌，为刘琦所败，移砦于李村。”即此。

②即今山东青岛市东北李沧区李村镇。清同治《即墨县志》卷2《市廛》有李村。民国间曾设镇。1961—1989年为崂山县驻地。

李村场 即今四川沐川县西北武圣乡（民建乡）。清乾隆《屏山县志》卷1：“县西北三百里有李村场。”产铁，清乾隆间曾设炉开采。

李村河 在今河北泊头市西南。《方舆纪要》卷13交河县“清河”条下载：“李村河亦自县西二十五里，分滹河支流。有西济桥跨其上，流经县东北四十里李村桥，又东合于清河。”

李村集 即今河北鹿泉市北二十四里李村镇。明嘉靖《获鹿县志》卷2：李村集“在城北二十里”。

李村镇 即今河北黄骅市西北李村乡。清设李村巡司。民国初设县佐于此。

李时珍墓 在今湖北蕲春县蕲州镇东门外雨湖之滨。李时珍（1518—1593）字东璧，号濒湖，蕲州（治今湖北蕲春）人。中国伟大的医学家，著有《本草纲目》一书。墓前有李时珍夫妇合葬墓碑，为明万历癸巳年（1593）中秋其子李建元、建中、建方立。中华人民共和国成立后多次修缮，1955年修复了碑坊、纪念塔、六角亭、小型花台、墓墙和药圃。1982年定为全国重点文物保护单位。

李怀集 即今河北广宗县东北二十里李怀乡。清同治《畿辅通志》卷51广宗县图：东北有李怀集。

李纲墓 在今福建闽侯县东南十四里荆溪镇中房村附近湖里村大嘉山南麓。李纲（1083—1140）字伯纪，福建邵武人。著名英雄人物。北宋末为太常少卿，靖康元年（1126）为兵部侍郎，南宋初任宰相。晚年退居福州。绍兴十年（1140）卒，葬于此。墓碑刻“宋丞相李忠定公之墓”。

李青店 即今河南南召县治。清代设巡司于此。民国改设县佐。1947年南召县徙治于此。

李坪驿 明置，在今湖北黄冈市北。《方舆纪要》卷76黄冈县“团风镇”条下：李坪驿“在府北五十里。即藾草坪也”。

李旺堡 亦名李庄堡。明置，属固原州。即今宁夏海原县（三河镇）北李旺镇。《清一统志·平凉府二》：李旺堡“在固原州北一百八十里。本朝置站于此。设千总驻防”。

李典镇 即今江苏扬州市邗江区东南李典镇。民国

《江都县续志》卷1：李典镇“在县城东南中兴洲境沙头镇之东，距城陆路二十八里，水路三十二里”。

李固渡 金代黄河上津渡名。在今河南滑县西南沙店南三里许。《金史·河渠志》：大定八年（1168）六月，“河头李固渡，水溃曹州城，分流于单州之境”。即此。

李固镇 北宋置，属魏县。在今河北魏县西南。《资治通鉴》：唐文德元年（888），魏博乱，东从训保内黄，求救于朱全忠。全忠“自白马济河，下黎阳、临河、李固三镇，进至内黄”。胡三省注：“薛史晋纪：邺西有栅曰李固，清、淇合流在其侧。”即此。

李依江 即今广西宾阳县东南黎塘河。《方舆纪要》卷109宾州：李依江在“州东三十里。源出县北，合诸流入宾水，融县商船道出于此”。

李店 即今湖北广水市东南李店乡。清光绪《湖北全省分图》：应山县南有李店。民国《湖北通志》卷33应山县：李店“在城东南四十里”。

李宗仁故居（包括李宗仁官邸） 在今广西临桂县和桂林市内。李宗仁（1891—1969），广西临桂人。著名爱国人士，曾任前国民政府代总统。故居在临桂县西南两江镇槲头村。有安乐第、将军第、学馆、三进客厅、后院五部分。占地4500余平方米。有厅堂、厢房一百一十三间，为庄园式建筑。安乐第建于清末，其余为20世纪20年代由李宗仁出资兴建，屋宇雄伟，为较典型的民国初年建筑。官邸在桂林市文明路19号。1948年李宗仁任中华民国副总统后由当局所建。占地3000多平方米。砖木结构，中西结合二层楼房两幢，内有客厅、书房、会议室、起居室、卧室、秘书室、警卫室等。楼外有花园，面对杉湖。1948年下半年至1949年10月李在此办公和居住。1996年定为全国重点文物保护单位。

李官屯 即今山东夏津县东北东李官屯镇。民国《夏津县志》卷2：李官屯在“城东北三十里”。

李官坟 即今辽宁盖州市熊岳镇西南三十五里李官村。清乾隆《钦定盛京通志》卷33：“（复州）北三十五里李官坟，北与盖平县头台子铺接界。”

李官桥镇 在今河南淅川县东南丹江水库内。清咸丰《淅川厅志》卷1《集镇》：李官桥“在顺阳保。城东南九十里，旧四大镇之一。今有大集”。

李详砦 北宋置，属信安军。在今河北霸州市东一百十里。

李封村 在今河南焦作市西北十里。旧属沁阳县。《金大定创修泉池记》有“李封村”之名。产煤。民国时李封炭闻名于世。

李城 即今河南温县治。《续汉书·郡国志》平皋县：“有李城。”《晋书·石季龙传》：石遵闻季龙之死，屯于河内。姚仲弋、苻洪等班师而归，“遇遵于李城”。隋移温县治此。

李荡坪 在今湖南江华瑶自治县东南。《清一统志·永州府二》：李荡坪“在江华县东南二百二十五里，接广东连县界。设百总戍守”。

李纲堡 明置，属宁夏前卫。即今宁夏贺兰县北立岗镇。清设把总驻防。民国时，名李哥铺。

李信屯堡 明嘉靖十六年（1537）筑，在今河北怀安县（柴沟堡镇）西南四十里李信屯乡。《方舆纪要》卷18万全都司怀安卫：李信屯堡，“宣府咽喉也，其地两山俱尽，又与大同接境，守此不惟防遏兵冲，亦可潜消意外，因创筑城”。《清一统志·宣化府》：李信屯堡“在怀安县西北三十里。明嘉靖十六年筑堡，周二里有奇。南一门。西北去大同永嘉堡十里”。

李俊堡 ①明置，属固原州。即今宁夏海原县（三河镇）西南李俊乡。《方舆纪要》卷58固原州：李俊堡“在州西北百七十里。其地亦曰李俊沟，亦曰酸枣沟。天顺中，官军讨满四时，分道进兵处也”。

②明置，属宁夏左屯卫。即今宁夏永宁县西南李俊镇。

李亲顾镇村 即今河北定州市东南四十五里李亲顾镇。清道光《定州志》卷7市集：李亲顾镇在“城东南五十里”。

李济深故居 在今广西苍梧县南大坡镇料神村。李济深（1885—1959），中国民主革命家，曾任国民政府中央政治委员会广州分会主席、国民革命军总参谋长等职。中华人民共和国成立后，曾任中央人民政府副主席等职。故居建于1925年，为四合院式三层楼青砖建筑，中西式风格，占地1.35万平方米，有大小厅房五十三间。四角有炮楼，后山有古铁树林。1996年定为全国重点文物保护单位。

李诫墓 在今河南新郑市北龙湖镇东于寨村西梅山村。又称梅山墓葬。冢高2米，周长24米。当地俗称李家坟。传为北宋科学家、《营造法式》作者李诫之墓。2006年定为全国重点文物保护单位。

李勣墓 在今陕西礼泉县东北三十五里烟霞镇西侧。李勣（594—669），本姓徐，名世勣，字懋功，曹州离狐（今山东菏泽市西北李庄集）人。初从翟让起义，参加瓦岗军，因功封东海郡公。瓦岗军失败后降唐，任右武侯大将军，封曹国公。赐姓李，因避太宗讳，单名勣。为唐初大将。贞观三年（629）与李靖出击东突厥，因功封英国公。高宗乾封元年（666）率兵讨伐高丽，获胜凯旋而归。二年薨。陪葬昭陵。碑文为唐高宗撰文并书。

李哥铺 李纲堡的别名。即今宁夏贺兰县北立岗镇。

李晏镇 明置，属景州。在今河北景县东北。《方舆纪要》卷13景州：李晏镇，“《旧志》：在州东北，当胡卢河南岸。此为东李晏口”。

李峪口 即今山西浑源县西南李峪村。《清一统志·大同府》：李峪口“在浑源州西南十五里”。

李唐州 元世祖至元十五年（1278）置，属土蕃等路宣慰司。治所在李唐城（今四川理塘县）。《元史·世祖纪》：至元十五年，“六月乙卯，改西蕃李唐城为李唐州”。明置理塘宣抚司。

李准滩 在南海中中国南沙群岛西部，位于广雅滩南12海里。南北长9.6公里，东西宽3.7公里。水深在10—37米之间，珊瑚滩底清晰可见。1935年公布名称为格梭泽滩。1947年改名李准滩，以纪念清末广东水师提督李准奉命率领水师巡视西沙群岛而命名。

李海务　在今山东聊城市东昌府区东南。清《乾隆内府舆图》：聊城县南有李海务闸。同治七年（1868）张宗禹率领西捻军在此抢渡运河，遭到失败。

李润堡　一作李润镇。在今陕西大荔县西北。十六国后秦时为镇戍。北魏太和十一年（487）置华州治此。

李家山古墓群　在今云南江川县北二十六里龙街镇温泉村李家山，是古代滇国重要的贵族墓地。面积2.5平方公里，古墓葬主要分布在山顶和西坡。1972年以来已发掘八十六座墓葬。墓为竖穴土坑墓，长4—6米的大墓有十四座，出土随葬品三千多件（套），有兵器、乐器、生产工具、生活用具和装饰品。特别是24号墓出土的牛虎铜案，以及51号、68号、69号墓出土的铜编钟、铜扣饰、铜贮贝器和数量相当多的金银器、玉器和珠贝器，皆异常精美。大量的青铜器具有鲜明的地方特色。李家山古墓群为研究古滇国的历史、经济、文化、社会结构及与汉王朝的关系提供了极为重要的资料。2001年定为全国重点文物保护单位。

李家务　在今山东聊城市南十八里。运河所经，元置闸于此。《方舆纪要》卷34聊城县：李家务"元至正六年，盗扼李家务闸河，劫夺商旅。两淮运使宋文瓒言，世祖开会通河千有余里，岁运米至京者五百万石。今骑贼不过四十人，而不能捕，恐运道阻塞，乞急选能臣捕之，不听。今仍为运渠津要"。

李家市城　在今湖北钟祥市西南。《清一统志·安陆府》：李家市城"在钟祥县西南。相传五代时高氏筑"。

李家台（臺）　①即今辽宁开原市东南一百九十里李家台乡。清光绪《奉天全省地舆图说图志》开原县图：东南有李家台。

②亦称李台集。即今山东阳谷县西南李台乡。旧属朝城县。清光绪《山东通志》卷2《舆图志》：朝城县东南有李家台。

李家庄　①在今河北兴隆县西。《方舆纪要》卷11密云县：李家庄"在墙子岭东三十余里。嘉靖二十二年，总兵郤永出塞袭李家庄，李家庄为朵颜别部，善盗边，然不通北敌。自是以后，往往导之入寇为边患。隆庆初，三卫酋董忽力勾土蛮入蓟州寨，总兵李世忠壁李家庄，不敢出，为彼所困，救至乃解"。

②在今河北赤城县东北。明朵颜别部常驻此。《方舆纪要》卷18龙门所：李家庄，"嘉靖二十八年，寇犯滴水崖，大同帅周尚文驰救，遇之于李家庄，败却之"。即此。

③在今河北冀州市西四十里。清为李家庄堡。

④即今河北蠡县东南二十五里李岗村。明嘉靖《蠡县志》有李家庄。

⑤即今河北武邑县南三十四里李家店。明嘉靖《冀州志》武邑县地理图：南有李家庄集。清同治《畿辅通志》卷54武邑县图：南有李家店。

李家庄驿　即今山东郯城县北李庄镇。清属兰山县（今临沂市），康熙十二年（1673）置驿，有驿丞驻此。

李家庄镇　金置，属长清县。在今山东济南市长清区地。

李家村遗址　在今陕西西乡县城西南四里葛石村西。为新石器时代古遗址"老官台文化李家村类型"的命名地。在牧马河南岸阶地上，面积约2.6万平方米，文化层厚1—2米。1961年、1962年、1982年发掘揭露出灰坑、窑穴、房址、陶窑、成人墓葬、瓮棺葬等。出土陶器以泥质内黑外红（橘红）陶、夹砂灰白陶为主，其次为泥质深灰陶、灰陶、红陶及夹砂红陶。纹饰多见线纹、绳纹，还有附加堆纹、剔刺纹，未见彩陶。器形有圈足碗、三足器、平底钵、圜底钵、瓮、凹底罐、小杯等。其陶质松脆，器壁较薄而匀整。石器以磨制为主，打制石器也占一定比例。器形有扁平舌刃铲、锛、斧、凿、石球及有肩锄等。以该遗址为代表的李家村类型与关中地区的老官台文化，从地域分布和文化内涵上均有一定差别。属汉江流域的老官台文化晚期遗存，从而为仰韶文化起源的探究提供了新资料。2006年定为全国重点文物保护单位。

李家沟　在今江苏徐州市铜山区东南。《方舆纪要》卷29徐州："李家沟在州东南三十里。《志》云，州东北二十里有东西沟及溜白等沟，俱泄东北诸山水，经辛贾山，入鹅儿湖，复分流出李家沟，合于大河。"

李家陂　在今广西容县北。《方舆纪要》卷108容县：李家陂在"县北半里。思登江汇流处也。溉田甚广"。

李家桥　即今北京市顺义区南二十里李桥镇。清同治《畿辅通志》卷46顺义县图：南有李家桥。

李家峪堡　又名李家谷关。长城关隘之一。在今河北迁西县西北六十里。明于此设提调。清康熙初设把总，后设外委。

李家埠　即今湖北荆州市荆州区（故江陵县城）西南十四里李埠镇。清设外委驻防。

李家埠堤　在今湖北荆州市荆州区（故江陵县城）西李埠镇一带。《方舆纪要》卷78江陵县"万城堤"条下："李家埠堤在府西三十里。自万城以东为冲决要口。弘治十二年堤决湮溺甚众。自是修筑坚厚。"

李家堡　北宋置，属镇戎军。在今宁夏固原市境。后废。

李家集　①即今湖北武汉市蔡甸区西南玉贤镇。清光绪《湖北全省分图》：汉阳县（今武汉市汉阳区）西南有李家集。

②即今湖北武汉市新洲区西北二十六里李集镇。旧属黄冈县。清光绪《黄冈县志》卷24《兵事》：同治三年（1864）九月，捻军由黄陂"至县属之仓子

埠、李家集、汪家集、新洲等处”。

李家街 即今四川安岳县南李家镇。清道光《安岳县志》卷7：李家街“在治南一百二十里”。

李家湾 在今安徽凤阳县南。《宋史·张俊传》：南宋绍兴六年（1136），刘麟兵十余万犯濠、寿，“俊率大军鼓行而前，至李家湾遇（刘）猊大兵，与战，杀获略尽，降者万余人，猊仅以身免”。即此。

李家渡镇 即今江西进贤县西南李渡镇。清同治《江西全省舆图》卷2：临川县西北有李家渡。

李诺平 即今甘肃榆中县西北定远乡。北宋元祐七年（1092）改筑为定远城。《宋史·种谊传》：谊知兰州，“兰与通远皆绝塞，中间保障不相接，腴田多弃不耕。谊请城李诺平以扼冲要”。即此。金大定二十二年（1182）升为定远县。

李祥堡 明置，属宁夏卫。在今宁夏永宁县东北立强村。清属宁夏县。

李陵山 即今安徽肥西县西之紫蓬山。《方舆纪要》卷26庐州府合肥县：紫蓬山在“府西七十里。一名李陵山，以山上有李陵庙也”。

李陵台（臺）站 元置，为上都南驿路第二站。在今内蒙古正蓝旗南闪电河旁之黑城子。明初为开平卫驿站，名威虏驿。后废。

李梅峰 在今江西余干县南。《方舆纪要》卷85饶州府余干县：李梅峰“在县南八十里。高百丈，周三十余里，南接抚州府东乡县界。初名平原峰，又名贞女峰，五代时有李峻、梅用读书其上，因名”。

李彪淀 在今河北沧县西南。《新唐书·地理志》沧州清池县：“西五十里有李彪淀东堤……（永徽）三年筑。”《方舆纪要》卷13沧州：李彪淀在“州西南十里。旧为钟水处”。

李馆 在今河南民权县东北六十里老李馆村。东、北与山东曹县为邻。为鲁西南抗日根据地之一。李馆地道开挖于抗日战争初期，以李馆村为中心，南过大堤通任庄、李庄、尹庄、前后相府营五个自然村，东南顺大堤达汤水口，北联山东曹县塔湾等十余村，纵横达25公里。现有李馆地道战旧址。

李渠 在今江西宜春市西。《新唐书·地理志》袁州宜春：“西南十里有李渠，引仰山水入城，刺史李将顺凿。”《清一统志·袁州府》：李渠“在府城西。源出官陂口……《府志》，元和四年，李将顺守袁州。时州多火灾，居民负江汲溉甚艰，将顺以州城地高，秀江低城数尺，不可堰使入城，惟南山水可堰，乃凿渠引官陂水溉田二万，又决使入城缭绕闾巷，其深阔可通舟，邦人目曰李渠。宋淳熙四年，州守张杓复导渠千五百余丈。宝庆三年，州守曹叔远重浚，增设减水、接水沟及大小斗门，为法最备。明时屡浚屡淤。本朝康熙八年复加修治”。

李稍港 在今江苏海门市东南。《方舆纪要》卷23海门县：李稍港“旧在县东南。天启四年，知县严尔珪建石闸于港尾，吐纳江海，旱潦有备，并泄上河壅水，人以为便。今沦于海中矣”。

李堡镇 即今江苏海安县东四十四里李堡镇。旧属东台县。清光绪《江苏全省舆图》：东台县东南有“李堡”。

李遂镇 即今北京市顺义区东南二十里潮白河东岸李遂镇。清光绪三十年（1904）白河在此决口南流，夺箭杆河以至宝坻县。1923年在此镇西南开挖一引河，白河归故道。

李湾村 在今河南确山县北三十里。村内有我国著名抗日民族英雄杨靖宇烈士故居。

李渡场 即今四川南充市南嘉陵江西岸李渡镇。《清一统志·顺庆府二》：李渡场“在南充县南六十里。本朝乾隆五十一年置主簿驻此”。民国初改设县佐。

李渡烧酒作坊遗址 在今江西进贤县西南李渡镇。李渡烧酒作坊是经过科学发掘的白酒（俗称烧酒）作坊遗址，也是目前我国发现的时代最早、遗迹最全、遗物最多、延续时间最长且富有鲜明地方特色的古代白酒作坊遗址。李渡烧酒作坊遗址披露的遗迹现象有元、明、清至近代的水井、炉灶、晾堂、酒窖、蒸馏设施、墙基、水沟等。特别是那十八个圆形酒窖，除六个仍在继续使用外，三个为明代，十个为元代，证实了李时珍《本草纲目》“烧酒非古法也，自元始创之”的记载。2006年定为全国重点文物保护单位。

李渡镇 ①在今四川渠县南李渡乡。清同治《渠县志》卷4：李渡场在“县南隔江二十里，为大竹赴省大路”。

②即今重庆市涪陵区西北三十里长江北岸李渡镇。镇以长江津渡为名。清同治《涪州志》卷2：李渡“相传李白曾过此，因名”。

李塬畔 在今宁夏盐池县南一百二十里。1947年陕甘宁边区盐池县人民政府曾迁驻于此。

李错 又作里错、利错。在今西藏南部，门隅地区达旺七十里处。原隶属于西藏地方政府管辖，为门隅地区三十二错、定（错、定是当地的一级行政区划）之一。1951年被印度非法占领。

李靖垭 在今四川开江县西十五里。《清一统志·绥定府二》：李靖垭，“《元统志》：唐武德时，蛮酋冉肇则寇信州，李靖击斩之于此”。

李新店 即今河南确山县南李新店乡。民国《确山县志》卷1：“清顺治三年新编乡”中，“有集曰李存店，铁路呼为李新店，有火车站，在邑正南七十里”。

李源屯集 即今河南卫辉市东二十八里李源屯镇。清乾隆《卫辉府志》卷8：汲县李源屯有集。

李溪寨 在今浙江永康市东南。《清一统志·金华府》“孝义寨”条下：“李溪寨在县东南十八里。宋置温处四州都巡检司，后改置合德乡巡司。”

李澳川 ①即今福建漳浦县治。唐开元四年（716）漳浦县自今云霄县徙治于此。

②即福建漳浦县南之南溪。《方舆纪要》卷99漳浦县：南溪“在县城南，即李澳川也……《志》云，李澳川傍旧有李姓者居此，因名”。

巫 战国楚邑。在今重庆市巫山县。《战国策·楚策四》："庄辛去，之赵，留五月，秦果举鄢、郢、巫、上蔡、陈之地。"

巫山 ①在今江西信丰县西北。《方舆纪要》卷88赣州府信丰县：巫山"在县西北四十里。有�岭，上多怪石，与南康分界处，巫水出其下，流会绵水，入于桃江"。

②又名孝堂山。在今山东济南市长清区西南五十里孝里铺东。《左传》：襄公十八年（前555），"齐侯登巫山以望晋师"。即此。

③在今湖南城步苗族自治县东四十里。《清一统志·宝庆府一》：巫山"上有峰十二，巫水出此"。

④在今重庆市东部，毗邻湖北。旧传山形似巫字因名。或传巫咸死葬于此，名巫咸山，简称巫山。《战国策·楚策四》："北陵乎巫山，饮茹溪之流。"巫山北起大巴山，东北西南走向，绵延于川、鄂边境，长200多公里，宽30—50公里，海拔1000—2000多米，长江穿流其中，形成蔚为壮观的长江三峡，向为川、鄂两省天然孔道。其中以十二峰最为壮丽。历代讴歌巫山及巫山十二峰的诗赋甚多。

巫山十二峰 在今重庆市巫山县东官渡河注入长江处。《方舆胜览》卷57夔州：十二峰"在巫山。曰望霞、翠屏、朝云、松峦、集仙、聚鹤、净坛、上昇、起云、飞凤、望龙、圣泉"。分布于江南北，各有六峰。宋苏辙《巫山赋》："峰连属以十二兮，其九可见而三不知。"南宋陆游《入蜀记》："十二峰者，不可悉见，所见八九峰，惟神女峰最为纤丽奇峭。"

巫山人遗址 在今重庆市巫山县西南庙宇镇东北六里龙骨坡。1985—1988年在此发现古人类化石（门齿和两齿的下颌骨），科学测定为距今201万—204万年。又发现人类祖先近亲，距今248万年十多种巨人化石，以及中国黑熊、剑齿虎等119种古动物化石，旧石器石制品。这是世界人类祖先发祥地之一。有黄万波编撰《巫山猿人遗址》专著。

巫山县 隋开皇三年（583）改巫县置，属信州。治所即今重庆市巫山县。《旧唐书·地理志》巫山县："隋加'山'字，以巫山硖为名。"大业初属巴东郡。唐属夔州。《新五代史·前蜀世家》：永平四年（914），"荆南高季昌侵蜀巫山"。即此。元属夔州路。民国初属四川川东道。1928年直属四川省。今属重庆市。

巫子城 即今重庆市巫山县。《旧唐书·地理志》巫山县："巫县隋加'山'字，以巫山硖为名。旧治巫子城。"

巫水 在今湖南城步苗族自治县东。为沅江支流。《方舆纪要》卷81城步县：巫水"源出巫山，分为二派：东经县东七十五里之威溪，入于资江；西经城南之南江，又西经城西三十里之乌龙江，入靖州会同县之洪江"。

巫州 唐贞观八年（634）置，治所在龙标县（今湖南洪江市黔城镇。一说在今湖南新晃侗族自治县西南凉伞镇）。唐杜佑《通典·州郡十三》：巫州"在巫山之阳"，故名。辖境相当今湖南怀化、洪江二市及会同、芷江侗族自治县、新晃侗族自治县、通道侗族自治县、靖州苗族侗族自治县和贵州省天柱县地。天授二年（691）改为沅州。开元十三年（725）复改为巫州。大历五年（770）改为叙州。

巫坊 即今福建宁化县东北巫坊。1934年中央革命根据地所置彭湃县曾迁治于此。

巫县 战国秦昭襄王三十年（前277）改楚巫郡置，属南郡。治所即今重庆市巫山县。《汉书·地理志》：巫县"有盐官"。三国蜀汉属巴东郡。西晋为建平郡治。隋开皇初改为巫山县。

巫城 即巫县城。在今重庆市巫山县。《水经·江水注》："江水又东径巫县故城南，县故楚之巫郡也。秦省郡，立县以隶南郡。吴孙休分为建平郡，治巫城。"《三国志·蜀书·霍弋传》裴注引《襄阳记》：西晋泰始四年（268），罗宪"袭取吴之巫城"。

巫咸山 亦名瑶台山、覆奥山。在今山西夏县东五里。《汉书·地理志》河东郡安邑县："巫咸山在南。"《水经·涑水注》：盐水"出东南薄山，西北流径巫咸山北"。均此。

巫咸城 在今山西夏县南。《方舆纪要》卷41夏县：巫咸城在"县南五里。相传殷巫咸隐此，亦曰巫咸顶，一名瑶台顶。下有谷，亦曰巫咸谷"。

巫峡 在今重庆市巫山县东，为长江三峡之一。《水经·江水注》："江水又东径巫峡，杜宇所凿以通江水也。江水历峡，东径新崩滩，其间首尾一百六十里，谓之巫峡，盖因山为名也。自三峡七百里中，两岸连山，略无阙处，重岩叠嶂，隐天蔽日，自非停午夜分，不见曦月。至于夏水襄陵，沿泝阻绝，或王命急宣，有时朝发白帝，暮到江陵，其间千二百里，虽乘奔御风，不以疾也。春冬之时，则素湍绿潭，回清倒影，绝巘多生柽柏，悬泉瀑布，飞漱其间，清荣峻茂，良多趣味。每至晴初霜旦，林寒涧肃，常有高猿长啸，属引凄异，空谷传响，哀转久绝。故渔者歌曰：巴东三峡巫峡长，猿鸣三声泪沾裳。"巫峡起于大宁河口，东至湖北巴东县官渡口，全长42公里。西段为金盔银甲峡，东段为铁棺峡。巫山十二峰在峡两岸，极为壮观。

巫峡山 即巫山。在今重庆市巫山县东。《元丰九域志》卷8：巫山县"有巫峡山"。

巫闾守捉城 唐置，属营州。治所在今辽宁北镇市。辽废。

巫郡 战国楚置，治所即今重庆市巫山县。《战国策·楚策》：苏秦说楚威王曰："楚地西有黔中、巫郡。"秦昭襄王三十年（前277），蜀郡守张若伐楚取巫郡，寻改为巫县。

巫溪水 即今重庆市东部之大宁河。《水经·江水注》："江水又东，巫溪水注之。溪水导源梁州晋兴郡之宣汉县东，又南径建平郡泰昌县南，又径北井县西，东转历其县北。水南有盐井。……盐水下通巫溪，溪水是兼盐水之称矣。溪水又南屈径巫县东……

南入于大江。”

巫溪县 1914年改大宁县置，属四川川东道。治所在今重庆市巫溪县。取巫溪水（大宁水）为名。1928年直属四川省。今属重庆市。

求州 唐贞观二十三年（649）置，治所在今云南武定县境。辖境约当今云南武定及禄劝彝族苗族自治县地。南诏属拓东节度。大理属威楚府。元废。

求错 又作曲错、丘错。在今西藏南部，门隅地区达旺东南六十四里处。藏语意为富裕。原隶属于西藏地方政府管辖，为门隅地区三十二错、定（错、定是当地的一级行政区划）之一。1951年被印度非法占领。

孛苦江万户府 元置，属女直水达达路。治所在今黑龙江省富锦市西南古城（一说在今齐齐哈尔市）。后废。

孛罗城 或称不剌、怕剌、普剌。宋、金时为西辽属地。在今新疆博乐市附近。元刘郁《西使记》：“西南行过孛罗城，所种皆麦稻。……城居肆囿间错，土屋窗户皆琉璃。”元属察合台汗国。

孛罗埚 亦名孛罗铺。明置，属盖州卫。即今辽宁大石桥市博洛镇。明《辽东志》卷1《盖州卫图》：卫东北有孛罗埚山墩。

甫 即吕。西周诸侯国。在今河南南阳市西三十里。《诗经·大雅·崧高》：“维岳降神，生甫及申。维申及甫，维周之翰。”即此。《新唐书·宰相世系表》谓“宣王世，改吕为甫。”

甫儿河卫 明永乐八年（1410）置，属奴儿干都司。治所在今黑龙江省林口县西南五林河流域。后废。

甫丹迷站 元置，在今黑龙江省宾县西北乌河口西岸古城。元《经世大典》辽阳等处行中书省女直水达达路所辖：“甫丹迷站，马四十匹，车四十辆。牛四十只。”明改伏答迷城站。

甫丹站 元置，在今黑龙江省宁安市西南镜泊湖畔南湖头古城。元《析津志》天下站名：“唆吉正东微北百二十（里）石迪，正东北五十（里）甫丹。”

甫打怜站 元置，在今俄罗斯哈巴罗夫斯克边疆区黑龙江下游西岸帕达利湖畔。元《经世大典》：辽阳等处行中书省所辖狗站有“甫打怜站”。明改伏答林站。

甫田 即圃田泽。在今河南中牟县西及郑州市东。《水经·渠水注》引《竹书纪年》：“梁惠成王十年，入河水于甫田。”

甫田桥 在今江西武宁县西甫田乡。清同治《南昌府志》卷2：甫田桥“在武宁县西三十里，跨龙须洞水”。

甫里 一名角直。即今江苏苏州市东南角直镇。唐陆龟蒙居此，故龟蒙号甫里先生。龟蒙墓在镇旁。

甫里河卫 明永乐五年（1407）置，属奴儿干都司。在今俄罗斯哈巴罗夫斯克边疆区黑龙江下游奇集湖畔的胡伊里河地区。后废。

甫岚州 唐开元前置羁縻州，属黎州都督府。治所在今四川石棉县东北迎政乡（八牌）。北宋以后废。

甫和州 唐开元后置羁縻州，属雅州都督府。治所在今四川宝兴县境。后废。

甫草泽 即甫田泽。在今河南中牟县西及郑州市东。《诗经·小雅》：“东有甫草。”即此。

甫萼州 唐开元十七年（729）置羁縻州，属黎州都督府。治所在今四川乐山市西南、金口河区南共安乡附近。北宋以后废。

更仁 又作奇林。在今西藏东南部珞渝地区，墨脱县治西南七十四里处，沿雅鲁藏布江右岸，为珞巴语名。原隶属于西藏地方政府管辖，1944年后被印度非法占领。

更生乡 在今湖南永州市零陵区境。《水经·湘水注》：“（泉陵）县有白土乡，《零陵先贤传》曰：郑产字景载，泉陵人也，为白土啬夫。汉末多事，国用不足，产子一岁，辄出口钱，民多不举子。产乃敕民勿得杀子，口钱当自代出。产言其郡县，为表上言，钱得除，更名白土为更生乡也。”

更庆 在今四川德格县。《清史稿·四川土司传》：光绪三十四年（1908），“时德格土司争袭，构乱久，（赵）尔丰奏请往办，经泰凝、道坞、章谷、倬倭、麻书、孔撒、白利、绒坝、擦玉龙、瓘拉、扩洛垛，以至更庆”。即此。宣统元年（1909）于此设德化州。有竹庆寺古迹。

更始水 即今重庆市和贵州省境之乌江。《寰宇记》卷120彭水县：“更始水又名涪陵，今名内江水。《水经注》云：更始水即延江文津也，言水下入涪陵，别名涪陵水。”《舆地纪胜》卷176黔州：涪陵江，“《图经》云：自本州西北，涪陵江亦名更始水，入涪州三百二十里入蜀江”。

束龙峪 在今甘肃秦安县西北。《清一统志·秦州》：束龙峪“在秦安县西北十里。峪中有水，居民引以溉田。其阴有洞产煤，远近取给”。

束色堡 即今云南寻甸回族彝族自治县西北三十六里苏撒坡。清设束色堡汛。“束色堡”彝语意为白彝土司居住的地方。

束州县 西汉置，属勃海郡。治所在今河北河间市东北。东汉属河间国。西晋移治今河间市东。北魏孝昌二年（526）复还汉旧城，属章武郡。北齐天保七年（556）废。

束甸 即今云南嵩明县西南滇源镇（白邑）。《元史·地理志》邵甸县：“治白邑村，无城郭，车蛮、斗蛮旧地，名为束甸。”

束庙堡 即今河北大名县东南六十里束馆镇。《清一统志·大名府二》：束馆镇“其地有束晳庙而名。亦名束庙堡”。

束城县 隋开皇十六年（596）置，属瀛州。治所在今河北河间市东北六十里束城镇。大业初属河间郡。唐属瀛州。北宋熙宁六年（1073）废为镇，元祐元年（1086）复置，属河间府。金废。

束城镇　北宋置，属河间县。即今河北河间市东北六十里束城镇。元置巡检司于此。

束馆镇　又名束庙堡。即今河北大名县东南六十里束馆镇。《方舆纪要》卷16大名府元城县："束馆堡在府（今大街乡）东六十里。以有束晳庙而名。亦曰束馆镇。"

束鹿县　唐至德元年（756）改鹿城县置，属深州。治所在今河北辛集市东北旧城镇。《资治通鉴》：唐至德元年（756）胡三省注："明皇以安禄山反，改常山之鹿泉曰获鹿，饶阳之鹿城曰束鹿，以厌之。"元属祁州。明天启二年（1622）移治今辛集市东南新城镇。清属保定府，民国初属直隶保定道。1928年直属河北省。1949年迁治辛集镇（今辛集市）。1987年改为辛集市。

束鹿岩　在今河北辛集市东北。《方舆纪要》卷12束鹿县：束鹿岩"在县（治今辛集市东南新城镇）北，外隘内广，可容千人。一名三邱古洞。县盖以此岩名"。

束锋州　亦作来锋州、来峰州。唐开元后置羁縻州，属雅州都督府。治所在今四川泸定县北岚安乡境。北宋属雅州。后废。

束署　在今四川甘孜县东南。清雍正七年（1729）置束署土百户。

吾儿峪　即古壶关。今山西黎城县东北二十五里东阳关镇。《资治通鉴》：五代晋天福元年（936），"赵德钧自吾儿峪趋潞州"。《元史·察罕特穆尔传》：至正十八年（1281），"分兵屯上党，塞吾儿峪"。均此。

吾儿峪口　在今山西黎城县东北。为太行山口之军事要塞。《元史·察罕帖木儿传》：至正十八年（1358），"乃分兵屯泽州，塞碗子城；屯上党，塞吾儿谷"。即此。明置吾儿峪口巡司。

吾山　即鱼山。在今山东东阿县西南。《史记·河渠书》载汉武帝《瓠子歌》："瓠子决兮将奈何？皓皓旰旰兮闾殚为河！殚为河兮地不得宁，功已时兮吾山平。吾山平兮巨野溢，鱼沸郁兮柏冬日。"《水经注》谓吾山即鱼山。

吾失温站　元驿站。在今内蒙古呼伦贝尔市乌尔顺河西侧。元《析津志》"天下站名"载吉答（在今黑龙江省龙江县附近）正西第十三站为吾失温站。屠寄《黑龙江舆地图》乌尔顺河西有一古城，当即金代斡鲁速城，元为驿站。

吾名口台（臺）　明置，属广宁前屯卫。即今辽宁绥中县西南吴明口。明《全辽志》卷2前屯卫："障塞，铁场堡吾名口台起，至锦川营小河口台止。"

吾纳苦站　又作吾纳忽站。元置，在今黑龙江省通河县东乌拉浑河东祥顺乡。元《析津志》天下站名："哈散百七十（里）吾纳苦。"明改兀剌忽站。

吾者　又名兀惹、兀的改、斡者。指分布在今黑龙江中下游、乌苏里江以东森林地区以狩猎为主的民族。《元史·顺帝纪》：至正十五年（1355）八月，"立吾者野人乞烈迷等处诸军万户府于哈尔分（又作哈州）之地"，进行管辖。明属奴儿干都司。

吾者野人　亦作兀者、斡者、斡拙。元代时居住于我国东北地区松花江下游及黑龙江中下游一带少数民族的称谓。沿江者以捕鱼为业，山林者以狩猎为生。在哈州（今俄罗斯阿纽依河入黑龙江处）设吾者野人乞烈迷等处诸军万户府。明代范围缩小。

吾峪关　在今山西黎城县东北二十里东阳关。《方舆纪要》卷42黎城县：吾峪关"在吴儿峪口。马氏曰，吾儿峪即故壶口关，盖音讹也。今其地至为要隘，有巡司戍守"。

吾家山　在今江苏苏州市西南，邓尉山支峰。《清一统志·苏州府一》：吾家山"居民以植梅为生，花时一望如雪，香风度十余里。前抚臣宋荦题'香雪海'三字镌于石"。

吾越甸　元德州治所。在今四川德昌县。《元史·地理志》德州："在（德昌）路之北。其地今名吾越甸。"

吾溪　即浯溪。今湖南祁阳县西南之浯溪。唐上元中元结罢道州归，爱其山水，因家焉。亦名漫郎宅。《方舆胜览》卷25引宋陈衍《题浯溪图》云："元氏始命之意，因水以为浯溪，因山以为吾山，作屋以为吾亭。三吾之称，我所自也，制字从水、从山与户，我所命也。"

豆山关　明置，属新宁县。在今四川开江县东六十里豆山上。清同治《新宁县志》卷2：豆山关"山绵亘若长蛇，顶上分界，下即开县地"。

豆子航　古盐泽名。在今山东惠民县北。《资治通鉴》：隋大业七年（611），"平原东有豆子航，负海带河，地形深阻，自高齐以来，群盗多匿其中"。《隋书·王充传》：大业十二年（616），"厌次人格谦为盗数年，兵十余万，在豆子航中。充帅师破斩之"。即此。隋末刘霸道等在此起义。

豆卢军　唐神龙元年（705）置，治所在沙州城（今甘肃敦煌市西）。后废。

豆田　在今河南洛阳市汉魏故城东。《资治通鉴》：西晋太安二年（303）九月，"丁亥，帝幸偃师；辛卯，舍于豆田"。胡三省注："据《晋书·五行志》：洛阳城东有豆田壁。"

豆沙关　在今云南盐津县西南二十六里。清代以来称豆沙关。《清一统志·昭通府》：豆沙关"在大关同知治雄魁城西南一百五十五里，前临大河，为下方咽喉"。按，"西南"应为"东北"。该关以彝族守关将领"豆杓"的名字命名，后讹字作"豆沙"。

豆沙河　在今湖北保康县西北。《清一统志·郧阳府》：豆沙河"在保康县西北十五里。南流入筑水"。明成化初，刘通领导的荆襄流民起义军曾以此为根据地。

豆莫娄国　为夫余后裔。在今黑龙江省嫩江中下游及松花江流域。《魏书·豆莫娄传》："豆莫娄国，在勿吉国北千里……旧北扶余也。在室韦之东，东至海方二千里。……于东夷之域最为平敞。”《新唐书》作达末娄。

豆积山　在今陕西凤县凤州镇北。世传张果隐处。《方舆胜览》卷69：豆积山“冲妙先生之别隐。淳熙中，宪使李大正大书‘遁迹山’三字镌于石山之麓”。《清一统志·汉中府一》引《府志》：“山在凤县（今凤州镇）北一里。一名龙脑山。上有消灾岩，下临嘉陵江，有张果老洞。”

豆满江　即今吉林与朝鲜分界之图们江。民国徐曦《东三省纪略》卷3：图们江“亦曰土门，或称豆满”。

两下岭　在今河北井陉县西。《方舆纪要》卷14井陉县：“两下岭在县（今城关镇）西三十里，山脊隆起，东西陡削如墙壁。”

两山口堡　即今甘肃酒泉市东北二十五里两山口堡子村。《清一统志·肃州》：两山口堡“北临边墙，城周一百四十丈。今有把总”。

两川　唐代东川、西川的合称。《新唐书·方镇表》：至德二载（757），“更剑南节度号西川节度使，兼成都尹，增领果州。以梓、遂、绵、剑、龙、阆、普、陵、泸、荣、资、简十二州隶东川节度”。此两川之名所由起。《旧唐书·严武传》：“上皇诰以剑两川合为一道，拜武成都尹兼御史大夫，充剑南节度使。”此谓并剑南之东西川为一道。

两广　①总督名。明景泰三年（1452）置，成化元年（1465）兼广东、广西巡抚，驻梧州府（治今广西梧州市）。嘉靖四十五年（1566）总督只兼巡广西，驻肇庆府（治今广东肇庆市）。隆庆三年（1569）又置广西巡抚，除兼职。四年，罢广东巡抚，改为提督两广军务兼理粮饷，巡抚广东。万历三年（1575）仍改总督，加带管盐法。清顺治元年（1644）置广东总督，驻广州府（治今广州市），兼辖广西。十二年，徙治梧州府。康熙二年（1663）别置广西总督，总督移驻廉州府（治今广西合浦县）。三年，复合为一，移驻肇庆府。后或分或合，十二年仍为两广总督。民国废。

②地区名。又作二广。即今广东、广西、海南三省区。《宋史·哲宗纪》：元祐七年（1092），“罢二广铸折钱”。《元史·世祖九》：至元十九年（1282），“诏两广、福建五品以下官，从行省就便铨注”。

两门集镇　清置，属开州。即今河南濮阳县西南五十二里两门镇。

两女镇　清置，属朝邑县。即今陕西大荔县东北四十里两宜镇。

两水镇　北宋置，属蓬莱县。即今山东烟台市西南福山区。《清一统志·登州府》：两水镇“盖以清洋、大沽而名也”。金天会二年（1124）于此置福山县。

两龙墟　即今广东广州市花都区东北花山镇。清宣统《广东舆地全图》花县图：花城西南有两龙墟。

两头门市　即今浙江嵊州市西南甘霖镇。清乾隆《绍兴府志》卷7《市》引《嵊县志》：两头门市“在县西南三十里”。

两头塘　即今湖南邵东县驻地两市镇。原属邵阳县。清光绪《邵阳县志》卷3：由麦子坑向东，“十里至两头塘”。1952年置邵东县治此。

两母桥　在今四川南溪县北。清嘉庆《南溪县志》卷2：两母桥“在县北十五里。亦名两木桥。为北达富顺孔道。自昔山径崎岖，每夏涨水，人皆病涉。相传有姑媳皆孀者，捐家资建此桥，因名。后人叠次增修，行人利之”。

两当县　北魏置，为固道郡治。治所在今甘肃两当县东三十五里杨家店。《元和志》卷22：两当县“因县界两当水为名。或云：县西界有两山相当，因取为名”。西魏为两当郡治。隋属河池郡。唐属凤州。北宋至道元年（995）移县治于广乡镇，即今两当县治。元属徽州。明洪武十年（1377）省入徽县。后复置，仍属徽州。清雍正七年（1729）改属秦州。民国初属甘肃渭川道。1927年直属甘肃省。

两当驿　在今甘肃两当县东三十五里。《方舆胜览》卷67凤州：两当驿“两当县东抵京都，西抵益州，皆三十六程，故曰两当”。

两当郡　西魏置，属凤州。治所在两当县（今甘肃两当县东三十五里杨家店）。辖境相当今甘肃凤县、两当二县地。隋开皇初废。

两会溪　在今湖北咸丰县北。《方舆纪要》卷82金峒安抚司：两会溪在“司北五里。即积玉山溪涧所会流也”。

两江　地区名。(1)元、明时广西称左右二江（即郁江、黔江）流域为两江。两江多瑶、僮（壮）族聚落，称两江溪洞。元置两广两江道宣慰司。(2)清初江南、江西二省合称“两江”。康熙后，江南虽已分江苏、安徽二省，但统辖江苏、安徽、江西三省的总督仍称两江总督。

两江口　①指今吉林松花江上游二道江之上下两江口。一在安图县西南，为大沽江注入二道江处，称为上两江口，即今两江镇；一在今吉林靖宇县东北，头道江与二道江合流处，为下两江口，今两江口村。民国《桦甸县志》卷2：“二道江发源长白山。自奉天安图县来，由上两江口入境，西北流合富尔河、古洞河，与安图分界。又西北受五道溜河、石人沟、黄泥河子至下两江口与头道江合，而北注遂为松花江。”

②即今广西临桂县西南两江镇。明置两江口巡司于此。

两江墟　①即今广西临桂县西南两江镇。明设两江口巡司。清改设两江堡，有把总驻防。

②即今广西荔浦县北双江镇。清有把总驻守。

两观　在今山东曲阜市东南。《孔子家语》载孔子诛少正卯于此。

两岔江　在今贵州黄平县西南。《清一统志·镇远府》：两岔江“江有二源，一出上塘，一出大原，流转三坡，合而为一，即麻哈江之上源”。

两岔河　即今陕西镇安县东南两河街。清光绪《陕西全省舆地图》镇安县：两岔河镇“距城东南四十五里”。

两角山　①在今四川南江县西北水洞乡境，与孤云山相近。《舆地纪胜》卷187巴州：两角山“在难江县北九十里。王子韶诗云：孤云两角，去天一握”。《明史·地理志》：南江县“北有两角山”。

②在今陕西南郑县西南。《舆地纪胜》卷183兴元府：两角山“孤连山相连，绝顶高而两峰。古语云，孤云两角，去天一握”。

两间房　即今河北滦平县南四十里两间房乡。清置两间房行宫。

两英墟　又作两鹰墟。即今广东汕头市潮南区西南两英镇。清光绪《潮阳县志》卷4：乌鸦墟在“县西六十里黄陇都，俗称两鹰墟”。

两林部　唐、宋时四川西南部少数民族部落。北宋为黎州属部之一。在今四川甘洛县境。《宋史·蛮夷传四》：“黎州诸蛮凡十二种：曰山后两林蛮，在州南七日程……由黎州南行七日而至其地，又一程至巂州。巂州今废，空城中但有浮图一。”

两岭口镇　即今河北行唐县西北六十八里两岭口。《方舆纪要》卷14行唐县：两岭口镇在“县西北七十里。洪武七年置巡司于此”。

两岭山　在今山西静乐县东南。《清一统志·忻州》：两岭山“在静乐县东七十里，派自管涔山来，西北诸郡并榆林宁夏，取道于此”。

两岭关　明置，在今山西静乐县东南七十里。《方舆纪要》卷40静乐县：两岭关在“县东南六十五里，路出阳曲。明初调太原左卫官军戍守，洪武八年改置故镇巡司，缭以土城，周一里有奇”。

两乳山　在今山西乡宁县西南。《元和志》卷12昌宁县：“两乳山在县西南七十里。山有两岫，望如乳形，因以为名。”《资治通鉴》：五代晋天福元年(936)，唐主遣兵三路，“由晋、绛两乳岭出慈、隰，共救晋安寨”。即此。

两乳谷　即两乳山。在今山西乡宁县西南七十里。《周书·齐炀王宪传》：北齐将斛律光攻占姚襄城，“宪自入两乳谷，袭克齐柏社城，进军姚襄”，即此。

两京　①指东汉首都雒阳（今河南洛阳市东北）和西汉旧都长安（今陕西西安市西北）。

②唐显庆二年（657）以后，称京城长安（今陕西西安市）和东都洛阳（今河南洛阳市）为两京。

③北宋以东京开封府（今河南开封市）和西京河南府（今河南洛阳市）为两京。《宋史·太宗纪》：“减两京诸州系囚。”

④明永乐以后，以京师顺天府与南京应天府为“两京”。

两河　①地区名。(1）战国、秦、汉时，黄河自今河南武陟县以下东北流，经山东西北隅，折北至河北沧县东北入海，略呈南北流向，与上游今晋、陕间的自北向南流的一段东西相对，当时合称“两河”。《尔雅·释地》：“两河间曰冀州。”郭璞注：“自东河至西河。”(2）唐安史之乱后，合称河北、河南两道为“两河”，是当时割据藩镇的集中之地。《旧唐书·张茂昭传》：“自安史之乱，两河藩帅多阻命自固，父死子代。”(3）宋代合称河北、河东地区为“两河”。《宋史·李纲传》：“莫若于河北置招抚司，河东置经制司……宣谕天子恩德所以不忍弃两河于敌国之意。”

②水名。在今陕西商南县南。《方舆纪要》卷54商南县：两河“西入雷家湾，东出金斗沟，斜流百余里。自雷家湾以下名上两河，自徐家店以下名下两河”。

两河口　①即今安徽六安市西南西河口乡。当东淠河与西淠河汇流处，称西两河口。清同治《六安州志》卷5：两河口在“州南八十里”。

②亦称东两河口。即今安徽六安市南东河口镇。明万历《六安州志》卷2《津渡》：两河口在“城南七十里”。

③即今湖北应城市东北二十六里两河口镇。民国《湖北通志》卷73《兵事》：清同治五年（1866）十二月，熊登武击捻军于“两河口，败之”。

④在今湖北竹山县西南四十里。《方舆纪要》卷79竹山县：两河口“在县西南四十里。官渡、柿河二水合流于此”。清有把总驻防。

⑤在今四川古蔺县东。清光绪《续修叙永永宁厅县合志》卷2：两河口“在（古）蔺东一百六十里。现移巡检司驻此”。

⑥即今四川小金县北一百零五里虹桥沟与抚边沟交汇处的两河乡。民国《川西边事辑览》第八编：两河口“居民约百余家，为绥抚及卓松各土之中枢，抚北之巨市也。由芦秆桥至此凡一百四十里，南至抚边九十里，西经德尔扎山至绥靖二百四十里，北越梦笔山至卓克基约一百余里”。以地当虹桥河与抚边河交汇处而名。1935年6月，红一、红四方面军会师懋功（今小金县）后，26日在此关帝庙内召开中共中央政治局会议，通过了《关于一、四方面军会合后战略方针的决定》，否定了张国焘要红军向川康藏少数民族地区退却的错误主张，指出两军会合后的战略方针是：“集中主力向北进攻，在运动战中大量消灭敌人，首先取得甘肃南部，以创造川陕甘苏区根据地”。史称“两河口会议”。

⑦即今四川喜德县东南两河口镇。民国《西昌县志》卷9：《周达武征剿建南夷匪碑记》云：清同治八年（1869）七月，“商请李、丁两军由甘相营取道两河口，九日进军交脚、竹黑”。

⑧即今重庆市黔江区南两河镇。清同治《酉阳直隶州志》卷2：两河口场在“治北一百五十里”。附近有太平洞，可容万人，光绪三十三年（1907）知县刻“奇景天开”四字。

⑨即今四川通江县北两河口乡。1933年1月川陕革命根据地在此置赤北县。

两河口堡 在今四川南江县南下两镇（两河口）。《方舆纪要》卷68南江县“诸葛寨”条下：“两河口堡，在县南百八十里。”

两河口镇 在今四川兴文县西北。《方舆纪要》卷70兴文县：两河口镇“在县东北。有巡司。万历初增置”。清裁。

两河关 在今陕西旬阳县西北一百二十里。《清一统志·兴安府二》：两河关“东接蜀河，西接乾祐河，北通镇安县，明置三岔巡司于此。今裁”。

两埡山 在今四川平武县东北。《方舆纪要》卷73龙安府平武县：两埡山“在府东北七十里。山岭分峙两埡，路通青川、广、昭等处”。

两城山 在今山东微山县西北。《方舆纪要》卷33济宁州：两城山，“《志》云：以山夹如城而名”。

两城集 即今山东日照市东北三十八里两城镇。清《乾隆内府舆图》：日照县东北有两城集。光绪《山东通志》卷2《舆图志》作两城镇。

两城镇遗址 在今山东日照市两城镇西北岭一带。为新石器时代龙山文化遗址。上层有战国时期的文化遗存，占地112万平方米，其西北部有呈方形排列的四个土墩，俗称大古墩、二古墩、黄古墩、炎古墩。1936年、1954年两次发掘，出土文物有石斧、石刀、黑陶杯、刀币、青铜器等。1995年以来的发掘发现了龙山文化时期的三圈大型环壕，其中在中间环壕的内侧发现了龙山文化城垣。遗址还发现玉器坑，出土大量玉器和半成品玉材，玉器制作精良。多次调查和发掘证明，两城镇遗址是龙山文化时期超大规模的中心聚落。2006年定为全国重点文物保护单位。

两都 ①东汉迁都雒阳（今河南洛阳市东北），称为东都；称原西汉旧都长安（今陕西西安市西北）为西都，合称两都。班固有《两都赋》。

②唐都长安（今陕西西安市），自显庆二年（657）建洛阳（今河南洛阳市）为东都，与长安合称两都。

③五代梁以开封府和河南府为东、西两都。

两浙 ①地区名。浙东、浙西的合称。泛指今浙江全省及江苏南部一角。《新五代史·吴越世家》：“钱氏兼有两浙几百年。”即指此。

②路名。宋两浙路的简称。

两浙东路 北宋熙宁七年（1074）分两浙路置，治所在越州（今浙江绍兴市）。辖境相当今浙江省包括开化县在内的衢江、富春江、钱塘江以东地区。寻废。熙宁九年（1076）又置，次年废。南宋初再置，始为定制。元初废。

两浙西南路 北宋太平兴国元年（976）置，治福州（今福建福州市）。辖境相当今福建全省。北宋雍熙二年（985）改福建路。

两浙西路 北宋熙宁七年（1074）分两浙路置，治所在杭州（今浙江杭州市）。辖境相当今浙江省衢江、富春江、钱塘江以西、江苏省茅山、长荡湖一线以东地区及上海市。寻废。熙宁九年（1076）又置，次年废。南宋初再置，始为定制。元初废。

两浙路 北宋至道三年（997）置，为十五路之一。治所在杭州（今浙江杭州市）。辖境相当今浙江省全部、上海市及江苏省茅山、长荡湖一线以东地区。熙宁七年（1074）分为二路，寻合为一。熙宁九年（1076）复分，次年复合。南宋初年始定为两浙东路、两浙西路。

两浦场 原为浦东、横浦两盐场，分设在今上海市金山区东南，金山卫城北三里北仓和今上海市松江区西首仓桥。民国初两场合并为一，名两浦场。

两涧水 即今四川汉源县北西门河，为流沙河支流。《方舆纪要》卷73黎州守御千户所：两涧水“在所西。《志》云：所东西各有涧，至登高山下合为一。汉源之田，仰此以灌溉”。

两淮 ①地区名。宋熙宁后分淮南路为淮南东路和淮南西路，简称淮东、淮西，合称两淮。

②盐政区域名。元初始置两淮盐运司于扬州（今江苏扬州市），产区包括今江苏长江以北淮南、淮北各盐场。明、清时行销地包括今江苏、安徽、江西、湖北、湖南五省大部分和河南省的一部分地区。其盐产量和行销地在全国各盐区中皆居首位。

两淮州 南朝梁置，治白狗堆（今河南正阳县东南）。北齐废。

两歆山 在今山东烟台市牟平区宁海镇西南六十里。《寰宇记》卷20牟平县：两歆山“其山两峰歆侧相背为名”。

两棠 即邲。在今河南荥阳市东北。《吕氏春秋·至忠篇》：“荆兴师，战于两棠，大胜晋。”孙蜀丞《左宦漫录》两棠考：“两棠，即邲地也。”

两程故里 在今河南嵩县东北三十里耙楼山下程村。两程即北宋理学家程颢（1032—1085）、程颐（1033—1107）兄弟两人，同受学于周敦颐，在洛阳讲学十余年，著有《程氏经说》、《明道文集》等。两程故里程村东有石坊一座，上书“圣旨”“二程故里”。村中路北有“二程”祠，建于元代，明代重修，占地4000平方米。祠内三进大院，前进有棂星门、承敬门、春风亭、立雪阁；中进有道学堂大殿，两侧为“和风甘雨”、“烈日秋霜”厢房；后进有启贤堂大殿及讲堂四座。建筑高大、宏伟，祠内碑碣林立，古柏参天。2006年定为全国重点文物保护单位。

两粤 地区名。广东、广西古为百粤地，故称两粤。称广东为粤东，广西为粤西。后专指广东为粤省。

两道岭 在今广西玉林市南。《方舆纪要》卷108郁林州：两道岭“在州南十里。山峰尖丽，博、陆两县于此分道”。

两湖 地区名。宋有荆湖南路、荆湖北路，合称“两湖”，相当于今湖南全境及湖北大部分地区。清代建有湖南、湖北两省，也合称“两湖”。即今湖南、湖北两省地。

两渡镇 清置，属灵石县。即今山西灵石县北十八里两渡镇。

两路口 ①即今湖北武穴市北五十里两路口。清光绪《湖北全省分图》：广济县（治所在今县北梅川镇）南有“两路口”。

②即石陂镇。在今湖南桂阳县南。《方舆纪要》卷82郴州：石陂镇“州西八十里。一名两路口。山径险阻，有巡司戍守，与桂阳州临武县接界。正德十二年，讨‘乌春贼’，副使恽巍等驻兵两路口，为诸军策应，是也”。

③即今重庆市渝北区驻地两路镇。清道光《江北厅志》卷2：两路口“去城四十五里”。1940年至1944年为江北县治所。1965年江北县又迁治此。

两路口汛 即今湖北麻城市东北九十里福田河镇北两路口。清置外委驻此。民国《湖北通志》卷73《兵事》：清同治三年（1864）十一月，张总愚“入麻城，屯两路口”。

两漫天 即大、小漫天岭的合称。在今四川广元市东北。唐代稹诗有“五上两漫天”句。

两髻山 在今山东平度市东北十三里。《方舆纪要》卷36平度州“大泽山”条下：两髻山“山椒并列，如绾双髻。现河出焉”。

酉水 ①沅江支流。在今湖南省西北部及与重庆、湖北交界处。源出湖北宣恩县境，西南流经重庆市西南隅，折而东流至湖南沅陵县入沅江。《汉书·地理志》武陵郡充县：“酉阳山，酉水所出，南至沅陵入沅。”《水经·沅水注》：“酉水又东径沅陵县北……酉水又南注沅水。”

②在今陕西洋县东。《水经·沔水注》：酉水“北出秦岭酉谷……南注汉”。《清一统志·汉中府一》引《县志》：“酉水河在县东七十里。”

酉水河 一名三江河。即今重庆市酉阳土家族苗族自治县东部之酉水，为沅江上源支流。《明史·地理志》酉阳宣慰司：“东南有酉水，流合平茶水，至湖广辰州府合流于江。”

酉平县 南朝宋置，属南海郡。治所在今广东惠州市惠阳区西北。梁陈时废。

酉市镇 北宋置，属伏虞县。在今四川仪陇县（新政镇）东北。

酉阳山 ①即小酉山。在今湖南沅陵县西北二十里。《清一统志·辰州府》：小酉山“在沅陵县西北二十里。一名乌速山。亦名酉阳山”。

②在今重庆市酉阳土家族苗族自治县北。《方舆纪要》卷73酉阳宣抚司：酉阳山在“司西北百八十里，接黔江县界”。酉阳州以此得名。

酉阳水 即小酉溪。在今湖南沅陵县西。《清一统志·辰州府》：酉阳水“在沅陵县西二十里。源出小酉山，东北流入酉水”。

酉阳州 元置，属怀德府。治所即今重庆市酉阳土家族苗族自治县。元末明玉珍改为沿边溪洞军民宣慰司。明洪武五年（1372）复为酉阳州，八年（1375）升为宣抚司，天启初又改为宣慰司。清乾隆元年（1736）升为直隶州。辖境相当今重庆市黔江区及酉阳、秀山、彭水等县地。1913年废。改本州置酉阳县。

酉阳县 ①战国秦置，属洞庭郡。治所在今湖南永顺县东南九十里王村镇。近年里耶遗址出土战国秦简可资佐证。秦属黔中郡。西汉属武陵郡。南朝梁废。

②1913年改酉阳州置，属四川东川道。治所在今重庆市酉阳土家族苗族自治县。1928年直属四川省。1983年改设酉阳土家族苗族自治县。

酉阳宣抚司 明洪武八年（1375）改酉阳州置，属四川都司。治所即今重庆市酉阳土家族苗族自治县。辖境相当今重庆市酉阳、秀山等县地，同年属重庆卫。永乐十六年（1418）改属夔州卫。天启元年（1621）升为宣慰司。

酉阳宣慰司 明天启元年（1621）升为宣慰司，属重庆卫。治所在今重庆市酉阳土家族苗族自治县。辖境相当今重庆市酉阳、秀山二土家族苗族自治县地。清乾隆元年（1736）改为酉阳州。

酉阳营 清置，在酉阳州（今重庆市酉阳土家族苗族自治县）。《清一统志·四川统部》：酉阳营“驻酉阳州，旧为绥宁中营守备，嘉庆二年改专营，设游击”。

酉阳铺 明置，属平越卫。在今贵州福泉市西南鱼酉乡。

酉阳寨 元置，属酉阳州。即今重庆市酉阳土家族苗族自治县。《元史·泰定帝纪》：泰定三年（1326），“绍庆酉阳寨冉世昌及何惹洞蛮为寇”。

酉酬镇 又名酉筹溪口场。即今重庆市酉阳土家族苗族自治县东北酉酬乡。清同治《酉阳直隶州志》卷4：酉筹溪口场在“治东一百五十里”。

酉溪 即今酉水上游。源出今湖北宣恩县东南，西南流经来凤县东、湖南龙山县西、重庆市酉阳土家族自治县东，折而东流，经湖南保靖县，至沅陵县南入沅江。《方舆纪要》卷82忠峒安抚司：酉溪“在司南。《志》云，自容美流入司界，名大水，下流经镇南界，亦名慢水”。

酉溪砦 北宋置，属辰州。在今湖南沅陵县北二十里。熙宁九年（1076）废。元置巡司于此。

丽水 ①战国楚地。即今广西东北部之漓江。《韩非子·内储说上》：“荆南之地，丽水之中生金，人多窃采金。”

②即今浙江丽水市东北及缙云县之好溪。为瓯江支流。《元和志》卷26处州丽水县：“丽水本名恶溪，以其湍流阻险，九十里间五十六濑，名为大恶，隋开皇中改为丽水，皇朝因之，以为县名。”

③即逆水。今甘肃中部庄浪河。《寰宇记》卷152昌松县：“乌逆水一名逆水，今名丽水，源出县南金山。”

④一名禄㫚江。即今缅甸境之伊洛瓦底江。唐樊绰《蛮书》卷2：“丽水一名禄㫚江，源自逻些城三危山下。南流过丽水城西，又南至苍望，又东南过道双王道勿川西，过弥诺道立栅，又西与弥诺江合流，过骠国，南入于海。”《新唐书·南诏传》：“丽水多

金麸。”

丽水节度 唐南诏后期改镇西节度置，治所在丽水城（今缅甸克钦邦伊洛瓦底江东岸的达罗基）。辖境约当今缅甸英多以北地区。宋大理改腾冲府。

丽水市 1986年撤销浙江省丽水县，改设丽水市，属丽水地区。2000年撤销丽水地区和县级丽水市，改设地级丽水市；原县级丽水市改置莲都区，为市人民政府驻地。

丽水江 在今广东信宜市北。《舆地纪胜》卷117高州：丽水江“在信宜县东北八十里。源出白马山，流入宜州界”。《方舆纪要》卷104信宜县：丽水江“在县北八十里。出县北百里白马山下，流入东川”。

丽水县 ①唐武德四年（621）分括苍县置，属括州。治所在今浙江丽水市西南碧湖镇北资福村。武德八年（625）废。

②唐大历十四年（779）改括苍县置，为处州治。治所在今浙江丽水市东南七里古城村。唐末迁治今丽水市西二里小括山上。元为处州路治，世祖至元二十七年（1290）徙治今丽水市。明、清为处州府治。民国初属浙江瓯海道。1927年直属浙江省。1986年改设丽水市。

丽水城 唐南诏置，属镇西节度。在今缅甸克钦邦伊洛瓦底江东岸达罗基。南诏后期为丽水节度驻地。唐樊绰《蛮书》卷2：丽水“南流过丽水城西”。丽水城因丽水得名。

丽正门 南宋临安（今浙江杭州市）皇城南门。绍兴二年（1132）建。初名行宫之门，绍兴十八年（1148）改为丽正门。《梦粱录》卷8《大内》载：“其门有三，皆金钉朱户，画栋雕甍，覆以铜瓦，镌镂龙凤飞骧之状，巍峨壮丽，光耀溢目。左右列阙，待百官侍班阁子。登闻鼓院、检院相对，悉皆红杈子，排列森然，门禁严甚。”

丽甘山 在今四川仁寿县东南。《寰宇记》卷85仁寿县：丽甘山“在县东二十里。按《图经》：昔有十二玉女于此山汲盐泉煎盐，以玉女美丽，其盐味甘为名。今灶迹尚存”。《方舆纪要》卷67仁寿县：丽甘山“在县东南二十里。山下有盐井，产盐甚甘”。

丽州 ①唐武德四年（621）置，治所在缙云县（今浙江永康市北）。辖境相当今浙江永康市全部及武义、缙云二县北部地。八年（625）废。

②唐六胡州之一。调露元年（679）以处突厥民置，治所在今内蒙古鄂托克旗或鄂托克前旗境。神龙三年（709）属兰池都督府，寻改为县。开元十年（722）复置。后废。

丽江 ①元代称滇西北一段金沙江为丽江。《元一统志》丽江路军民宣抚司：金沙江，“古丽水也，今亦名丽江”。按，唐代的丽水指今伊洛瓦底江，元代误认金沙江为“古丽水”，因称金沙江为丽江。

②即今广西南宁市西南左江。《明史·地理志》南宁府宣化县：“城西南有大江，即郁江，一曰夜郎豚水。其上流有二……一为丽江，经府城西南，曰左江。合流处谓之合江镇。”

丽江井 在今云南兰坪白族普米族自治县南。《清一统志·丽江府》：丽江盐井“在丽江县境。有盐课大使驻此”。

丽江市 2000年撤销云南省丽江地区，改设地级丽江市；同时撤销丽江纳西族自治县，分设古城区和玉龙纳西族自治县。丽江市人民政府驻古城区。

丽江县 清乾隆三十五年（1770）置，为丽江府治。治所即今云南丽江市玉龙纳西族自治县。民国初属云南腾越道。1929年直属云南省。1961年改设丽江纳西族自治县。2002年由丽江地区和丽江纳西族自治县改设地级丽江市，驻新设立的古城区福慧路。

丽江府 明洪武十五年（1382）废丽江路为府，三十年（1397）升军民府，属云南布政司。治所在通安州（即今云南丽江市玉龙纳西族自治县）。辖境约当今滇西北丽江、兰坪、福贡各市县以北地区。清代属云南省，辖境还包有今剑川、鹤庆诸县。1913年废。

丽江浦 又名长沙港。即今广东海丰县西南长沙港。《宋史·文天祥传》：元世祖至元十五年（1278）三月，天祥“进屯丽江铺”。《方舆纪要》卷103海丰县：“《图经》：县南百里有丽江，合龙津、蛟溪诸水，东流入海，名丽江浦，即长沙海口矣。”

丽江路宣抚司 又称茶罕章宣抚司或茶罕章宣慰司。元世祖至元八年（1271）置丽江路宣慰司，至元二十二年（1285）改军民宣抚司，属云南行省。治所在罗波半空城（今云南丽江市玉龙纳西族自治县西五十四里石鼓镇）。《元史·地理志》：“路因江为名，谓金沙江出沙金，故云。源出吐蕃界。今丽江即古丽水。”元代误认为金沙江即唐时源出吐蕃以产沙金著称的丽水，因此设为丽江路。领北胜府及通安等7州。辖境约当今云南怒江流域以东，兰坪、丽江、永胜、华坪等县市以北地区。明洪武十五年（1382）改丽江府。

丽江镇 北宋置，属广都县。在今四川双流县西南。

丽阳山 在今浙江丽水市东北丽阳村。《方舆纪要》卷94处州府：丽阳山在“府北七里。山下有溪，丽水之名以此”。

丽阳城 ①亦作泥阳。即今河北藁城市西南丽阳镇。清康熙《藁城县志》图：西南有泥阳村。同治《畿辅通志》卷50藁城县图作泥羊村。

②一名利阳城。即今江西鄱阳县东北丽阳镇。清同治《饶州府志》卷3：丽阳镇“在（鄱阳县）城东北一百四十里。元末于光筑”。

丽阳镇 亦作泥阳。即今河北藁城市西南丽阳镇。清康熙《藁城县志》图：西南有泥阳村。同治《畿辅通志》卷50藁城县图作泥羊村。

丽邑 即骊邑。战国时秦置，属内史。治所在今陕西西安市临潼区东北十四里。出土秦封泥中有“丽邑丞印”亦可证实。《史记·秦始皇本纪》：十六年（前231），“秦置丽邑”。即此。

丽侯国 西汉置，属琅邪郡。治所在今山东诸城市西南三十里。东汉省。

丽皋县 唐贞观十六年（642）置，属珍州。治所在今贵州正安县西北。后废。

丽壁市 在今广西荔浦县西南。《明史·地理志》修仁县：“东北有荔江，有丽壁市土巡检司。”

〔一丿〕

辰山 ①又名神山、细林山、秀林山。在今上海市松江区西十八里。梁简文帝《秀林山铭序》：“神山本名秀林山，或称辰山。”

②在广西桂林市西北十里。《明一统志》卷83桂林府：辰山“山有三岩，下岩曲折而入，石室穹然。中岩乳石多奇怪。上岩有一亭，可眺望”。曹学佺《广西名胜志》卷1临桂县：“《旧志》云：山有三岩，下岩初入昏黑行十余步乃明豁，石室穹然，坐三十余客。岩扉西向，下瞰平野，山川城郭瞭然在目。自扉左登陟磴百余级至中岩。乳石奇怪，可骇可愕。又由阁道至上岩，岩之巅有小亭，放目天际，冥濛杳霭，不可穷极。嘉泰初，士人刘升之始出此岩于荒茀中，游者惊诧，以为桂林诸山之冠。”

③又名神山、白云山。在今湖南安化县西南。《明史·地理志》长沙府安化县：“西北有辰山。”《清一统志·长沙府一》：辰山“在安化县（治今梅城镇）北一百八十里，跨宝庆府新化县界”。

④古名三山谷。即今贵州印江土家族苗族自治县东南，与江口县交界处之梵净山。《元和志》卷30辰州麻阳县：“三山谷，一名辰山，在县西南八百三十五里。”

辰水 ①亦名辰溪。又名锦江。在今湖南辰溪县西南。武陵五溪之一。《汉书·地理志》武陵郡辰阳：“三山谷，辰水所出，南入沅。”《水经·沅水注》：“沅水又东径辰阳县南，东合辰水。水出县三山谷，东南流独母水注之。水源南出龙门山，历独母溪，北入辰水。辰水又径其县北，辰水又右会沅水。”

②在今湖南沅陵县东一里。《清一统志·辰州府一》：辰水“源出三嵧山，南流入沅”。

辰水县 唐置，属充州。治所在今贵州江口县北。后废。

辰龙关 在今湖南沅陵县东北一百十三里。《方舆纪要》卷81辰州府沅陵县：辰龙关“在府境，要地也。吴三桂遣猡猡守之。年余，粮竭遁归。土人云，贼守关时，蔡毓荣知居民久苦贼，导大军从黄竹村入，守关者闻栅后炮起，遂奔散，大兵遂克辰州”。《清一统志·辰州府二》：辰龙关“其高插天，猿鸟莫逾，长里许，其广仅容双马”。

辰州 ①隋开皇九年（589）改武州置，治所在龙檦县（今湖南洪江市黔城镇）。以辰溪为名。后移治沅陵县（今湖南沅陵县）。辖境相当今湖南沅陵县以南沅水流域地。大业初改为沅陵郡，唐武德三年（620）复为辰州。天宝初改为泸溪郡，乾元初复为辰州。元改为辰州路。

②辽置，治所在建安县（今辽宁盖州市）。《辽史·地理志》辰州：“以辰韩得名。”辖境相当今辽宁盖州市地。辽末废。金明昌四年（1193）复置，六年（1195）改为盖州。

辰州卫 明初置，属湖广都司。治所即今湖南沅陵县。《方舆纪要》卷81辰州府：辰州卫“在府治（今沅陵县）东南。明初龙凤十三年建，领千户等所”。

辰州府 元至正二十四年（1364）朱元璋改辰州路置，属湖广行省。治所在沅陵县（今湖南沅陵县）。辖境相当今湖南怀化、吉首、洪江三市及沅陵、泸溪、辰溪、溆浦、麻阳苗族自治县、芷江侗族自治县、新晃侗族自治县等地。清属湖南省，嘉庆后辖境缩小，仅有今沅陵、泸溪、辰溪、溆浦等县地。1913年废。

辰州路 元升辰州置，属湖广行省。治所在沅陵县（今湖南沅陵县）。辖境相当今湖南沅陵、泸溪、辰溪、溆浦等县及吉首市地。元至正二十四年（1364）朱元璋改为辰州府。

辰阳 战国楚邑，在今湖南辰溪县西。《楚辞·九章·涉江》：“朝发汪渚兮，夕宿辰阳。”即此。

辰阳县 ①西汉置，属武陵郡。治所在今湖南辰溪县西十余里。西晋废。《水经·沅水注》：“沅水又东径辰阳县南……旧治在辰水之阳，故即名焉。”南朝宋复置，梁改为建昌县。陈复名辰阳县。隋开皇九年（589）改为辰溪县。五代时楚曾析置辰阳县，旋废。

②北宋大观中改龙阳县置，属鼎州。治所即今湖南汉寿县。南宋绍兴三年（1133）复名龙阳县。

辰阳驿 一在今湖南沅陵县南沅水南，一在辰溪县西南一里。明《寰宇通志》卷57辰州府：辰阳驿“有二：一在府城外江南；一在辰溪县治西”。

辰时村 即今河北深州市东北三十里辰时镇。清同治《畿辅通志》卷55深州图：东北有辰时村。

辰沅道 1914年由辰沅永靖道改置，属湖南省。治凤凰县（今湖南凤凰县）。1916年移治芷江县（今湖南芷江侗族自治县）。辖境约当今湖南桑植、永顺、沅陵、溆浦、洪江、绥宁、通道以西地区。1916年武陵道裁撤，今石门、慈利、张家界、桃源4市县改隶本道。1922年废。

辰陵 春秋陈邑。在今河南西华县西北。《春秋》：宣公十一年（前598），“夏，楚子、陈侯、郑伯盟于辰陵”。杜注：“陈地。”《续汉书·郡国志》：陈国长平县“有辰亭”。

辰溪 即武陵五溪之一。一名辰水。又名麻阳河。源出今贵州江口县西北梵净山，称大江。东流入湖南境，始称辰水。经麻阳、辰溪二县，注入沅水。《汉书·地理志》武陵郡辰阳："三山谷，辰水所出，南入沅。"《水经·沅水注》：辰水"出（辰阳）阳三山谷，东南流，独母水注之。……辰水又右会沅水，名之为辰溪口"。此水径古锦州，故亦谓之锦水。

辰溪县 隋开皇九年（589）改辰阳县置，属辰州。治所即今湖南辰溪县。大业初属沅陵郡。唐属辰州。元属辰州路。明、清属辰州府。民国初属湖南辰沅道。1922年直属湖南省。

励家窝铺 即今辽宁黑山县东北励家镇。京奉铁路经此。《清史稿·地理志》：新民府镇安县有车站四，其中有励家窝铺。

邳 商、周时国。《左传》：定公元年（前509），"薛宰曰：'薛之皇祖奚仲居薛，以为夏车正。奚仲迁于邳。'"故又称下邳。故址在今江苏睢宁县西北古邳镇东三里。《左传·昭公元年》："夏有观、扈，商有姺、邳。"邳即邳国。秦于此置下邳县。

邳乡 在今山东沂水县北沭水北岸。《续汉书·郡国志》：琅邪国东莞"有邳乡"。《水经·沭水注》："沭水出琅邪东莞县西北山……东南流径邳乡南，南去县八十许里，城有三面，而不周于南，俗谓之半城。"《清一统志·沂州府一》：邳乡城"在沂水县北"。

邳州 北周改东徐州置，治所在下邳县（今江苏睢宁县西北古邳镇东）。隋大业初改为下邳郡。唐武德四年（621）复名邳州。贞观元年（627）废。金贞祐三年（1215）又改淮阳军为邳州，治下邳县（今睢宁县西北古邳镇）。辖境相当今江苏邳州、宿迁、睢宁、泗阳及山东枣庄市地。元属归德府，辖境缩小。明洪武初省下邳县入州，后属淮安府。清康熙二十八年（1689）移治今邳州市北艾山南邳城镇，不辖县。雍正三年（1725）升为直隶州，十一年（1733）改属徐州府。1912年废。

邳州卫 明洪武十三年（1380）置，属直隶南京中军都督府。治所在今江苏睢宁县西北古邳镇。清康熙十七年（1678）废。

邳州市 1992年撤销江苏省邳县，改设邳州市，市人民政府驻运河镇。由徐州市代管。

邳县 1912年改邳州置，后属江苏徐海道。治所即今江苏邳州市北邳城镇。1927年直属江苏省。1956年迁治运河镇（今邳州市）。1992年改设邳州市。

邳睢县 1948年析邳县、睢宁二县置，属山东省。治所在土山（今江苏邳州市西南土山镇）。1952年划归江苏省。1953年裁入邳县、睢宁二县。

还乡河 古巨梁水。源出今河北迁西县东南，西南流经唐山市丰润区、玉田县，至天津市宝坻区入蓟运河。《方舆纪要》卷17迁安县：还乡河"在县西北七十里，汇诸山溪之水，流径县西。一云源出黄山，西南流入丰润县界，为便水之上源。成化十七年，议者欲于丰润还乡河通漕永平是也"。

还州 唐置，为羁縻州，属安定州都督府。当在今甘肃庆阳市境。后废。

还安县 北魏永熙中置，属盛乐郡。治所在今内蒙古和林格尔县境。后废。

还驾店 在今山东茌平县北二十三里。《方舆纪要》卷34博平县：还驾店，"《五代史》：后唐明宗屯兵于明灵寨，还驾至此，有行幄，基址存焉"。

还珠亭 在今广西合浦县东。《明一统志》卷82廉州府：还珠亭"在府城东。汉孟尝守合浦，去珠复还，后人慕其廉，建亭以表之"。

还淳县 唐开元二十年（732）改新安县置，属睦州。治所在今浙江淳安县西千岛湖南山岛附近。永贞元年（805）改为清溪县。

矶子驿 宋元时置，在今江西都昌县东二十五里。明初废。

豖韦氏 即韦。在今河南滑县东南。《左传·襄公二十四年》：范宣子曰："在商为豖韦氏。"杜注："豖韦，国名。东郡白马县东南有韦城。"

〔一、〕

来山 一名樊山。即今湖北鄂州市之西山。《三国志·吴书·王蕃传》：甘露二年（266），孙皓斩王蕃。裴注引《江表传》载："（孙）皓用巫史之言，谓建康宫不利，乃西巡武昌，仍有迁都之意，恐群臣不从，乃大请会，赐将吏。皓出登来山，使亲近将掷蕃首，作虎跳狼争咋啮之，头皆碎坏，欲以示威，使众不敢犯也。"

来牛寨 即今贵州三都水族自治县东南都江镇。清雍正八年（1730）于此置都江厅。

来化镇 北宋置，属下邽县。即今陕西渭南市东北六十里来化镇村。《金史·地理志》讹作素化镇。

来凤山 在今云南腾冲县南郊。《明一统志》卷87腾冲军民指挥使司：来凤山"在司城南四里。一名龙凤山，上有神祠"。现建为来凤公园。

来凤县 ①唐武德四年（621）置，属泸州。治所在今四川隆昌县西北双凤镇（双凤驿）。九年（627）废入富世县。

②清雍正十三年（1735）置，属施南府。治所即今湖北来凤县。同治《来凤县志》卷5："翔凤山，县东三里，山形耸拔，如凤舒翼，故名。"县以翔凤山为名。民国初属湖北荆南道。1921年属施鹤道。1932年直属湖北省。

来凤驿 即今重庆市璧山县南来凤镇，为成渝通衢。明正德《四川志》卷13重庆府：来凤马驿"在治西一百五十里"。《清一统志·重庆府二》：来凤马驿"在璧山县东南五十里。去巴县五十里。旧属巴县，明成化后改属永川"。

来同堡 北宋崇宁三年（1104）改甘朴置，属河州。在今甘肃积石山保安族东乡族撒拉族自治县西北。金属积石州。元废。

来廷县　唐天授三年（692）置，属洛州。治神都从善坊（今河南洛阳市）。长安二年（702）废。

来伏山　即今甘肃民勤县西北莱菔山。《方舆纪要》卷63镇番卫：来伏山在“卫西北八十里。其山脊高首俯，如拜伏然，因名”。

来州　①辽圣宗时置，治所在来宾县（今辽宁绥中县西南前卫镇）。辖境相当辽宁绥中县西南一带。金天德三年（1151）改为宗州。

②在今越南西北部老街东南。《方舆纪要》卷112归化府：来州“在水尾县之东南，安南所置州也。嘉靖中，黎宁保据于此”。

来安水　即今安徽来安县东南来安河。《寰宇记》卷128永阳县：“来安水在县东三里。源出马岭山，东流至来安邨为名，入扬州六合县。”《方舆纪要》卷29来安县：来安水“在县东。源出县北九十里之马岭山，东南流。县治东有龙尾河流入焉。又东南入州界，合于清流河”。

来安军　南宋置，属邕州右江道。治所在今广西田阳县。元至元十三年（1276）升为来安路。

来安县　五代南唐升元二年（938）改永阳县置，属滁州。治所在今安徽来安县北瓦岗村。《寰宇记》卷128永阳县：来安水以“来安村为名”，县以来安水为名。南宋绍兴五年（1135）废入清流县，十八年（1148）复置，移治今来安县。乾道九年（1173）废为镇，淳熙二年（1175）复为县。明初废。洪武十三年（1380）复置，仍属滁州。民国初属安徽淮泗道。1928年直属安徽省。

来安府　明洪武二年（1369）改来安路置，属广西行中书省。治所即今广西田阳县。辖境相当今广西田阳、凤山、东兰及巴马瑶族自治县等地。十七年（1384）废入田州。

来安集　即今江苏泗阳县东二十里来安村。《清一统志·淮安府二》“众兴集”条下引《册说》谓“二十里至来安集”。

来安路　元改来安军置，属广西两江道。治所在今广西田阳县。明洪武二年（1369）改为来安府。

来安镇　在今安徽来安县东。《方舆纪要》卷29来安县：来安镇“在县东三十里。旧置镇于此，今废”。

来远州　金大定二十二年（1182）升来远县为军，后改为州。治所在今辽宁丹东市东北九连城镇东鸭绿江中黔定岛上。元废。

来远军　金大定二十二年（1182）升来远县置，治所在今辽宁丹东市东北鸭绿江中黔定岛上。后升为来远州。

来远县　①唐置，属瑞州羁縻州。本在营州界，神龙初寄治良乡县故广阳城（今北京市房山区东北广阳城村）。后废。

②高丽置，为保州治。治所在今朝鲜平安北道义州与新义州之间。《辽史·地理志》保州来远县：“初徙辽西诸县民实之，又徙奚、汉兵七百防戍焉。”金废。

③辽置，属保州。治所在来远城（今辽宁丹东市东北九连城东北鸭绿江中黔定岛上）。金大定二十二（1182）升为军，后改为州。

来远驿　明置，在今贵州都匀市北。《方舆纪要》卷121都匀府：来远驿在“府北一里”。

来远城　辽置，在今辽宁丹东市东北九连城东北鸭绿江中黔定岛上。《辽史·圣宗本纪四》：统和九年（991）二月，“建威寇、振化、来远三城，屯戍卒”。即此。

来远砦　北宋天禧元年（1017）置，属秦州。即今甘肃武山县西南三十里滩歌镇。熙宁五年（1072）改属通远军。七年废为来远镇。《宋史·宁宗纪》：嘉定十三年（1220）九月，四川宣抚司统制质俊等引兵发下城攻金，“克来远镇”。金复置来远砦。

来远镇　①北宋置，属信都县。在今河北冀州市境。

②即今安徽寿县西南六十里正阳镇。《资治通鉴》：五代周显德三年（956），“李谷攻寿州，久不克，唐刘彦贞引兵救之，至来远镇，距寿州二百里，又以战舰数百艘趣正阳，为攻浮梁之势”。胡三省注：“《九域志》：寿州安丰县有来远镇。今按来远镇即东正阳，西至淠河十里。”

来违津　在今内蒙古乌拉特前旗至清水河县之间黄河上。《资治通鉴》：南朝梁中大通六年（534），高欢攻宇文泰，“遣恒州刺史库狄干等将兵四万自来违津渡”。胡三省注：“自恒州渡来违津，其地当在平城之西，河津之要也。自此渡河至夏州。”

来苏江　旧名苏历江。在今越南河内市东北。《方舆纪要》卷112安南：来苏江“在府城东北。自富良江分流，转而西，直抵锐江。……永乐初，黄福为交趾布政司，以江淤重浚，时王师吊伐，因更今名”。

来苏县　①唐置，为夷宾羁縻州治。治所在今北京市房山区东北广阳城村。《旧唐书·地理志》：神龙初，夷宾州“自徐州还寄良乡之古广阳城，为县”。后废。

②辽置，为苏州治。治所在今辽宁大连市东北金州镇。金皇统三年（1143）改为化成县。

来苏砦　在今四川剑阁县（下寺镇）东南。《宋史·王全斌传》：乾德三年（965）伐蜀，“命史延德分兵趋来苏，造浮梁于江上，蜀人见梁成，弃砦而遁”。

来苏滩　即今南海中中国南沙群岛之乐斯暗沙。1935年公布名称为来苏滩。1947年改名乐斯暗沙。

来苏镇　①北宋置，属永川县。即今重庆市永川区西南四十里来苏镇。清光绪《永川县志》卷3：来苏场“旧传东坡尝过宿，由此得名。为渝泸孔道”。

②北宋置，属石照县。在今重庆市合川区东。万历《合州志》卷1：来苏里“在州东一百二十里”。

③北宋置，属荣德县。在今四川荣县南五十里。

④北宋置，属仪陇县。在今四川仪陇县（新政

镇）北来苏场。

来来国 在今印度西部坎贝湾附近地区。《元史·外夷传》：至元二十三年（1286），"海外诸蕃国以杨庭壁奉诏招谕，至者皆来降"。诸国之中有"来来"国。1292年，意大利旅行家马可波罗离中国西行曾至此。

来谷水 今青海乐都县东瞿昙河（岗子沟）。《水经·河水注》：湟水"东流，右合来谷、乞斤二水"。

来羌城 北宋崇宁二年（1103）置，属河州。在今甘肃临夏县东北。金废。

来附县 北宋政和三年（1113）置，属祥州。治所在今四川高县北来复镇。《方舆纪要》卷70庆符县：来附废县在"县西北十五里。……今为来复铺，讹附为复也"。宣和三年（1121）废入庆符县。

来南县 唐贞观四年（630）置，属羁縻琰州。治所即今贵州晴隆县。后废。

来威国 即史国。都城在乞史城（今乌兹别克斯坦撒马尔罕南沙赫里夏勃兹）。《新唐书·西域传》："天宝中，诏改史为来威国。"

来复（復）铺 即今四川高县北来复镇。北宋置来附县于此。明置驿。正德《四川志》卷16：庆符县"来附县故址，在治西北十五里。宋政和置，宣和废。后人讹以附为复。今设来复铺旧址旁"。

来峰州 亦作束锋州。来为束之讹。治所在今四川泸定县北岚安乡一带。

来流水 即涞流河。今黑龙江省与吉林省交界之拉林河。《金史·太祖纪》：攻辽，"诸路兵皆会于来流水，得二千五百人"。又《乌春传》："乌春举兵来战，道斜寸岭，涉活论、来流水。"皆此。

来宾水 又名雷江。在今广西来宾市西北。《元和志》卷37来宾县："在都泥北，来宾水东，故以为名。"

来宾市 2002年撤销广西壮族自治区柳州地区，改设地级来宾市。原来宾县改设兴宾区，市人民政府驻兴宾区。

来宾县 ①唐乾封二年（667）置，为严州治。治所在今广西来宾市东南城厢。《元和志》卷37来宾县："在都泥北，来宾水东，故以为名。"天宝初为循德郡治，乾元初复为严州治。北宋开宝七年（974）属象州。明属柳州府。清雍正三年（1725）属宾州，十二年（1734）属柳州府。民国初属广西柳江道。1928年直属广西省。1952年移治今来宾市（来宾镇）。2002年撤销柳州地区及来宾县，改设地级来宾市。原来宾县改置兴宾区，仍驻来宾镇。

②辽置，为来州治。治所在今辽宁绥中县西南前卫镇。金明昌六年（1195）改为宗安县。

来宾城 北宋崇宁三年（1104）以乩当川置，属乐州。在今青海民和回族土族自治县南。后废。

来唯县 西汉元封二年（前109）置，属益州郡。治所在今越南北部莱州省莱州附近。东汉废。

来锋州 即束锋州。治所在今四川泸定县北岚安乡。

来猿县 唐载初二年（690）置，属羁縻顺州。治所在今贵州习水县境或赤水县境。后废。

来滩镇 北宋置，属石照县。在今重庆市合川区东北渠江西岸涞滩镇。

忒耳迷 亦作迭儿密、迭里迷。察合台汗国辖地。即今乌兹别克斯坦南喷赤河北岸铁尔梅兹。《元史·地理志·西北地附录》有"忒耳迷"。即此。

忒里葛山 今内蒙古呼伦贝尔市南部洮儿河上源北特尔根山。《金史·宗浩传》载，宗浩自泰州（今黑龙江洮南附近）率军北伐广吉剌、合底忻等叛部（其地皆在今呼伦湖、贝尔湖东），"至忒里葛山，遇山只昆所统石鲁、浑滩两部，击走之。……进至呼歇水"。

〔一㇇〕

连口 即涟口（涟水入淮之口）。今江苏涟水县。《魏书·高祖纪上》：太和四年（480），数路军南侵，"将军元泰二将出连口"。

连山 ①在今湖南武冈市南十二里。《方舆纪要》卷81武冈州"宝方山"条下：连山"峰峦连接，其上高平。昔人避兵处"。

②在今广西大新县东北龙门镇北。《方舆纪要》卷110万承州：连山"在州北"。

③在今云南姚安县东南。晋称连山。《续汉书·郡国志》弄栋县注引《地道记》："连山，无血水所出。"

连山厅 清嘉庆二十三年（1818）升连山县置，属广东省。治所在今广东连山壮族瑶族自治县东北太保镇旧城村。1912年复改连山县。

连山场 即今四川广汉市东连山镇。清嘉庆《汉州志》卷9：连山场"至州三十里"。

连山关 明置，属定辽中卫。今辽宁本溪满族自治县西南连山关镇。明《辽东志》卷2：连山关在"（辽阳）城东南一百八十里，朝鲜入贡之道"。《方舆纪要》卷37辽东都司：连山关在"司东南百八十里。地有连山，因名。朝鲜入贡之道也，有官军戍守"。

连山县 隋仁寿元年（601）改广泽县置，属连州。治所在今广东连山壮族瑶族自治县北。《寰宇记》卷117连山县："邑界少有平陆，乃以连山为名。"大业初属熙平郡。唐属连州。南宋绍兴六年（1136）废为镇，十八年（1148）复置，明永乐元年（1403）移治程山下（今县南永丰乡东北司城街）。明天顺六年（1462）移治今县东北太保镇旧城村。清嘉庆二十三年（1818）升为连山直隶厅，1912年复改连山县，后属广东岭南道。1920年直属广东省。1946年迁治永和墟（今县西北永和镇）。1962年改设连山僮族瑶族自治县，1965年改为连山壮族瑶族自治县。1966年迁治吉田镇（今连山壮族瑶族自治县）。

连山驿 明改奉川驿置，故址在今浙江奉化市驻地大桥镇。《方舆纪要》卷92奉化县：连山驿“在县东五里。唐置剡源驿，在大溪东。元改奉川驿。明朝洪武十二年改今名，嘉靖十二年徙县学东”。清康熙三十一年（1692）废。

连山郡 唐天宝元年（742）改连州置，治所在桂阳县（今广东连州市）。辖境相当今广东连州市、阳山县及连山壮族瑶族自治县、连南瑶族自治县地。乾元元年（758）复改连州。

连山站 驿站名。元置，即今辽宁本溪满族自治县西南连山关镇。

连山堡 ①明永乐中置，属会同县。即今湖南会同县南十八里连山乡。

②清置，属锦县。即今辽宁葫芦岛市。清乾隆《钦定盛京通志》卷30：连山堡在“（锦县）城西南八十里”。

连山湾 在今辽宁葫芦岛市东葫芦岛西南。为辽东湾西海岸重要港湾。民国熊知白《东北县治纪要》辽宁锦县：“县属连山湾在北宁路线连山驿北方二里，距锦县西南一百里。户数六百，人口三千余。……谷物移出，由水陆两运，达河北之昌黎、开平、山东之烟台。”

连山镇 ①北宋置，属雒县。即今四川广汉市东三十里连山镇。

②南宋绍兴六年（1136）废连山县置，属连州。在今广东连山壮族瑶族自治县北。十八年（1148）复为连山县。

连天山 又名量天山。在今四川江安县南七十里。《方舆纪要》卷72江安县：连天山“在县南七十里。回旋曲折，高耸连天”。

连天关 明洪武初置，在今湖北巴东县西南，接建始、鹤峰二县界。《明史·地理志》巴东县：“西南有连天关巡检司。”

连天寨 北宋置，属建始县。在今湖北鹤峰县北。《清一统志·宜昌府》：连天砦“在鹤峰州北……《新志》，连天关在美容土司北二十里”。

连云（雲）山 ①一名连云峪。在今辽宁盖州市西北十五里，大青河口外。《明史·地理志》盖州卫：“有连云岛，上有关。”

②在今浙江青田县西北九十里。《方舆纪要》卷94青田县：连云山“有大、小二山，小连云山延袤数十里……迤南为大连云山，亦名石帆山，下临大溪”。

③在今湖南平江县南五十里。《水经注》谓之纯山。宋范致明《岳阳风土记》：“连云在幕阜之南，峭拔万丈，常有云气覆其上。有吴真人炼丹坛，下有石壁，广数丈。昔有田先生隐焉，曰田翁岩。”

④在今云南建水县南二十里。《方舆纪要》卷115临安州建水州：连云山“在府南二十里。山高耸，时有云气旋绕，因名”。

⑤在今青海贵南县东北。《隋书·地理志》：浇河郡达化县“有连云山”。

⑥在今贵州平塘县西南通州镇南。《方舆纪要》卷121定番州：连云山在“（通州）里寨南五里。以高竦连云也”。

连云（雲）市 1935年析灌云县置，属山东省。治所在连云港（今江苏连云港市）。1949年改为新海连市。1952年划归江苏。1961年改为连云港市。1962年改为地级市。

连云（雲）岛 一名连云峪。在今辽宁盖州市西北十五里，大青河口外。《明史·地理志》盖州卫：“有连云岛，上有关。”

连云（雲）岛关 明置，属盖州卫。在今辽宁盖州市西北。《明史·地理志》盖州卫：“有连云岛，上有关。”《方舆纪要》卷37盖州卫：连云岛关在“卫西十五里。置关以控海滨之险”。

连云（雲）栈 又名秦栈。在今陕西汉中市西北。即褒斜栈道。《战国策·秦策三》：“斩范中行之途，栈道千里于蜀汉。”《史记·留侯世家》：“汉王之国，良送至褒中……因说汉王曰：‘王何不烧绝所过栈道。’”皆即此。《清一统志·汉中府二》引《舆程记》：“陕西栈道长四百二十里，自凤县东北草凉驿为入栈道之始，南至褒城之开山驿路始平，为出栈道之始。”又引《县志》：“明洪武五年，因故址增修，约为栈阁二千二百七十五间，统名曰连云栈。”

连云（雲）堡 ①在今甘肃泾川县西。《旧唐书·吐蕃传》：贞元三年（787），“北攻连云堡，又陷。堡之三面峻峭。唯北面连原，以濠为固”。

②在今阿富汗东北部喷赤河南源附近。《新唐书·高仙芝传》：唐天宝六年（747），高仙芝出讨小勃律，“仙芝乃分军为三，使疏勒赵崇玭自北谷道、拨换贾崇瓘自赤佛道、仙芝与监军边令诚自护密俱入，约会连云堡”。即此。

连云（雲）港 在今江苏连云港市区东北部云台山麓，濒临黄海。1933年筑港，以建于东西连岛与云台山之间而得名。1935年置连云市，属山东省。1949年改为新海连市。1952年划归江苏。1961年改名连云港市。

连木沁台 一作连木齐木台。清乾隆年间置，即今新疆鄯善县西连木沁镇。道光《新疆识略》卷3吐鲁番：连木沁台“东至辟展台六十里”。

连中 春秋宋地。在今河南虞城县南。《左传》：哀公二十六年（前469）十月，宋景公“游于空泽，卒于连中”。杜注：“连中，馆名。”

连水 ①亦作鲢水。即今广东南雄市西北之凌江。《水经·溱水注》：“连水出南康县凉热山连溪，山即大庾岭也。……其下船路，名涟溪。涟水南流，注于东溪，谓之涟口。庾仲初谓之大庾峤水也。”

②在今云南姚安县西三十里。《清一统志·楚雄府》：连水“源出镇南州之木盘山，流经府西二十里之连场，亦曰连场河，西转七十里，下流合龙蛟江，入大姚河”。

连平州 明崇祯六年（1633）改连平县置，属惠州府。治所即今广东连平县。辖境相当今广东连平、和平、河源等市县地。1912年复为连平县。

连平县 明崇祯六年（1633）置，属惠州府。治所即今广东连平县。《清一统志·惠州府》"惠化都"条载：明隆庆以后，陈阔口等起义军以九连山为根据地进行长期斗争，后被镇压下去，因置连平县，"以九连克平为名"。同年升为连平州。1912年复降为连平县，后属广东潮循道。1920年直属广东省。

连达沟 在今甘肃榆中县北。《方舆纪要》卷60金县：连达沟"在县北十五里。皆由浩亹以达于河"。《清一统地·兰州府一》：浩亹河"又连达沟在（金）县西北十里，两沟相接，故名。亦入浩亹河"。

连州 ①隋开皇十年（590）置，治所在桂阳县（今广东连州市）。《元和志》卷29：连州"因黄连岭为名"。大业初改为熙平郡，唐武德四年（621）复为连州。天宝元年（742）改为连山郡，乾元元年（758）复为连州。辖境相当今广东连州市、阳山县及连山壮族瑶族自治县、连南瑶族自治县地。元世祖至元十七年（1280）升为连州路，十九年（1282）复改为连州，升桂阳县为桂阳州。明洪武二年（1369）并桂阳州入连州，寻废。十四年（1381）复置，属广州府。治所即今连州市。清雍正五年（1727）升为直隶州，属广东省。1912年改为连县。

②唐置，为羁縻筠州，属戎州都督府。治所在今四川筠连县南。一说在筠连县西南廉溪场。宋属叙州。元时与筠州合并为筠连州。

连州千户所 明洪武二十八年（1395）置，属清远卫。治所在今广东连州市。

连州市 1994年撤销广东省连县，改设连州市，市人民驻连州镇。由清远市代管。

连州路 元世祖至元十七年（1280）升连州置，治所在桂阳县（今广东连州市）。辖境相当今广东连州市、阳山县及连山壮族瑶族自治县、连南瑶族自治县地。十九年（1282）复改连州。

连江 一名鳌江。在今福建连江县南。《元和志》卷29连江县：连江"在县南三百里（步），东流入海"。《清一统志·福州府一》引《府志》："一名鳌江。源出罗源县黄土溪黄柏潭，古田县芝浮溪，侯官旧怀安县桃洲之密溪，三派合流而东，经县南，环抱如带，东下合磁窑峡口入海。亦名岱江，江滨有渔沧潭。"

连江口 即今广东英德市西南连江口镇。滨北江。粤汉铁路经此。

连江县 ①南朝梁置，为连江郡治。治所在今广东电白县东电城镇东。隋开皇九年（589）属高州。大业初属高凉郡。唐武德六年（623）属高州。开元五年（717）改为保安县。

②唐武德六年（623）改温麻县置，属泉州。治所即今福建连江县。明《寰宇通志》卷45福州府：连江"在连江县治南，东流入海。县名连江以此"。五代闽属长乐府。宋属福州。元属福州路。明、清属福州府。1913年属福建东路道。1914年属闽海道。1928年直属福建省。

连江郡 南朝梁置，属高州。治所在连江县（今广东电白县东电城镇东）。隋开皇九年（589）废。

连阳化瑶局 1927年由连县、连山、阳山三县析置，驻连州（今广东连州市）。1934年改置安化管理局。

连巫山 即黄石山。在今湖南石门县西北二百十里。《水经·澧水注》："黄水出零阳县西北连巫山。溪出雄黄，颇有神异。"

连县 1912年改连州置，后属广东岭南道。治所即今广东连州市。1920年直属广东省。1994年改设连州市。

连谷戍 隋炀帝置，在今陕西神木县北七十里黄羊城。大业十三年（617）废。

连谷县 唐贞观八年（634）于废连谷戍城置，属胜州。治所在今陕西神木县北七十里黄羊城。开元十二年（724）改属麟州。北宋政和四年（1114）省入新秦县。

连谷镇 隋文帝时置，在今陕西神木县北七十里黄羊城。炀帝改为连谷戍城。

连枝山 一名磨盘山。在今山西临县东。《清一统志·汾州府》：连枝山"周九十余里，与永宁州接界。枝脉蔓延，连接群山，故名"。

连昌宫 在今河南宜阳县西六十八里上庄附近。唐显庆三年（658）建。《新唐书·地理志》寿安县："西二十九里有连昌宫。"元微之有连昌宫词。

连河 即今福建南安市南莲河。明洪武初置巡司于此。二十年（1387）废。地滨海，产海盐，清置莲河场，设盐课大使。民国初裁场官，归莲河盐釐局管辖。

连城 ①在今广西龙州县南。《清史稿·苏元春传》：光绪年间，从越南"还龙州，其南曰连城，号天险，建行台其上，暇辄取健儿练校之，授以兵法"。

②在今新疆库尔勒市西。《汉书·西域传》：武帝时，桑弘羊奏言："连城而西，以威西国。"《水经·河水注》：敦薨水"又西出沙山铁关谷，又西南流，径连城别注，裂以为田。桑弘羊曰：臣愚以为连城以西，可遣屯田，以威西国，即此处也"。

连城土司 即今甘肃永登县西连城镇。《清史稿·地理志》：平番县有"连城土司"。同书《土司列传六》："鲁氏自泰以上，世袭掌印土司指挥使，驻扎庄浪，分守连城。"

连城山 在今陕西勉县东北。《方舆纪要》卷56褒城县：连城山在"县北六里。山有十二堡相连属，因名。中有池，广二亩。相传汉王所凿，亦名汉王山"。

连城县 ①东魏武定六年（548）置，属谷阳郡。治所在今安徽固镇县东南二十四里连城镇。北周废。

②唐武德五年（622）析泷州正义县置，属南义州。治所在今广西岑溪市南大隆镇。贞观年间属义州。天宝初属连城郡。乾元初复属义州。北宋开宝六年（973）废入岑溪县。

③元至正六年（1346）以莲城县改名，属汀州路。治所即今福建连城县。《方舆纪要》卷98汀州府连城县："以讨平'草贼'罗天麟于此，因改莲为连，取去草之意。"明、清属汀州府。1913年属福建西路道。1914年属汀漳道。1928年直属福建省。

连城河 在今湖北武穴市东。《方舆纪要》卷76广济县：连城河在"县（治今梅川镇）南七十里，地名连城，其东为湖港廖家口，有古沟通黄梅陆路，久堙。正统中复开之，以通两县舟楫"。

连城郡 唐天宝元年（742）改义州置，治所在龙城县（后改岑溪县，在今广西岑溪市东二十里）。辖境相当今广西岑溪市地。乾元元年（758）复为义州。

连南县 1942年改安化管理局置，属广东省。治所在吉田（今广东连山壮族瑶族自治县）。以在连县之南而得名。1940年迁三江镇（今连南瑶族自治县）。1953年改设连南瑶族自治区。1955年改为连南瑶族自治县。

连界场 即今四川威远县西北云连镇。清光绪《威远县志》卷1：连界场"连资州界，离城一百一十里"。

连界墟 即今广东化州市北江湖镇东北连界村。清光绪《高州府志》卷10化州：连界在"州北九十里"。

连洋州 元至正二十四年（1364）朱元璋改江阴州置，治所即今江苏江阴市。寻复为江阴州。

连珠山 ①在今湖北宣恩县境。有二：一在县南。《方舆纪要》卷82忠建宣抚司：连珠山在"司北一里"。一在县东南。同书忠峒安抚司：连珠山在"司南二里。上有砦"。

②在今湖北恩施市东。《方舆胜览》卷60施州：连珠山"在州东二里。五峰相连如贯珠。施之望山也"。

③在今湖南永兴县东五十里。《方舆纪要》卷82永兴县：连珠山"以圆峰层叠而名"。

④在今贵州惠水县南八里。《方舆纪要》卷121定番州：连珠山在"州（治今惠水县）南八里。五山圆秀，连络如珠。其相近者曰笠山，俗名斗篷山"。

连珠滩 在今湖南洪江市（黔城镇）西南沅江中。《清一统志·沅江府一》：连珠滩"洲渚相连，其下即洪江口"。

连珠寨 ①在今安徽寿县北。《宋史·太祖本纪》：五代唐天成四年（929）春，"从征寿春，拔连珠寨，遂下寿州"。

②在今河南确山县西南五十里。《方舆纪要》卷50确山县"鹰窝寨"条下：连珠寨"山岭参错，蜿蜒数十里。诸寨相接，若连珠然"。

连荷山隘 在今湖南城步苗族自治县西北四十里。《方舆纪要》卷81城步县：连荷山隘，"《志》云，县当蛮洞隘口，有苗路四：曰风界，曰塔溪冲口，曰大古山，曰连荷山。又有大小洞苗路三：曰旧宅界溪山，曰斜头山，曰洞头山，俱有兵民戍守"。

连峰山 即莲蓬山。在今河北秦皇岛市北戴河。海拔153米。前滨渤海，北戴河萦其后，为游览胜地。《明一统志》卷5永平府：渝河"南流至连峰山入于海"。旧有联峰海市，为榆关胜景之一。

连营峒 在今广东连山壮族瑶族自治县北。《方舆纪要》卷101连山县：连营峒"在县（治今县东北太保镇旧城村）西"。

连崟镇 即今黑龙江省漠河县东北兴安镇连崟村。民国熊知白《东三省县治经要》黑龙江省漠河县："县属连崟镇，距县市二百八十里。距金山镇七百二十里。后面负山，隔江与俄领黑龙州嘎零得市相对。……近年全恃采金劳动者四千人，得以维持市况。"

连盘寨 亦名连盘港。即今浙江临海市东南连盘乡。明初置巡司于此。

连彭桥 又名新彭桥。在今四川成都市新都区西北清白江上，为新繁通往彭县要道。清嘉庆《四川通志》卷31新繁县：连彭桥，"《县志》，在县北十里清白江渡上流，新、彭往来必径也。前皆船渡，屡经大水，岸崩河阔，水分小支，中间沙州突起，其正河船渡小支接以板，水涨辄不可过。乾隆二十一年，两邑合谋建石桥十二洞，年久旋圮，岸益阔。五十九年……建木桥七十二洞，高一丈，广一丈六尺，长七十丈，上盖以楼，水势始分，自是桥无冲激之患"。

连然县 西汉元封二年（前109）置，属益州郡。治所即今云南安宁市。三国蜀建兴三年（225）属建宁郡。西晋太安二年（303）属益州郡。东晋属晋宁郡。南齐改安宁县。有盐官。

连道县 ①西汉置，属长沙国。治所在今湖南涟源市东。东汉属长沙郡。三国吴属衡阳郡。南朝宋省入湘乡县。

②三国吴置，属宁浦郡。治所在今广西横县东南百里。西晋太康元年（280）改为兴道县。

连渣脑 在今四川美姑县西南美姑河边。清宣统元年（1909），英人布尔克自建昌入凉山"探险"，至此为彝族阿侯苏噶支执而杀之，即所谓"连渣脑事件"。清政府尝派兵征剿。

连窝镇 即今河北东光县西南连镇。《清一统志·河间府》：连窝镇"在吴桥县西北四十里卫河东岸。西南去景州四十里，东北去东光县十八里，为三州县接界处"。

连塘城 在今安徽望江县西北香茗山下。《清一统志·安庆府二》：连塘城"在望江县西北。周二里，门四。旧迹犹存。相传刘裕与卢循战处"。

连滩墟 即今广东郁南县东南连滩镇。南朝梁于此设安遂县，唐改为晋康县。后又名晋康镇。明置晋康巡司驻此。

连竭提山 一名展诰山。在今湖南泸溪县南四十里。《方舆纪要》卷81卢溪县：连竭提山“峰峦秀拔，连接群山”。

连樊水 在今江西抚州市临川区西北。《寰宇记》卷110临川县：连樊溪“甘渚《临川记》云，东兴人家曾以甑渍井中，乃流出连樊溪。甘渚以得之”。《明一统志》卷54抚州府：连樊水“在府城西北五里。源出连樊山，流至郡城西，抱城而北合于汝水”。《方舆纪要》卷86抚州府临川县：连樊水“自连樊山流至吴家渡注汝水凡四十里也”。

连镇 又名连窝镇。即今河北景县东北四十六里连镇乡，为南运河渡口。明于此设连镇驿丞。清又于此设千总。

连鳌山 在今四川眉山市西南九十里。明曹学佺《蜀中名胜记》卷12眉州：“《志》云：连鳌山，在西南九十里。山形如鳌。旁有栖云寺。东坡少时读书寺中，尝于石崖上作‘连鳌山’三字，大如屋宇，雄劲飞动。”今存。

欤城 即今浙江海盐县西十四里于城镇。为春秋时槜李四城之一。《方舆纪要》卷91海盐县：欤城“晋将军袁山松筑此以御孙恩，今为欤城寨”。

轩石支线 自同蒲铁路轩岗站（今山西原平县西北轩岗镇）至石滩煤矿。长2.7公里。日伪于1940年修筑。1946年被拆除。

轩岗站 即今山西原平县西北轩岗镇。同蒲铁路旧有支线由此通石滩煤矿。

轩游（遊）宫 在今河南灵宝市西豫灵。《新唐书·地理志》阌乡县：“有轩游宫，故隋别院宫，咸亨五年更名。”

轩辕丘 在今河南新郑市西北。《史记·五帝本纪》：“黄帝者，少典之子，姓公孙，名曰轩辕。”《索隐》案：“皇甫谧云：‘黄帝生于寿丘，长于姬水，因以为姓。居轩辕之丘，因以为名，又以为号。’”

轩辕台（臺） 在今河北涿鹿县东南。唐李白《北风行》：“燕山雪花大如席，片片吹落轩辕台。”

轩辕谷口 在今甘肃天水市东。《水经·渭水注》：轩辕谷水“出南山轩辕溪，南安姚瞻以为黄帝生于天水，在上邽城东七十里轩辕谷”。《方舆纪要》卷59清水县：轩辕谷口，“《志》云：县境有玉屏山、小陇山、坂坡峡、石牛峡，与轩辕谷为五隘”。

轩辕庙 又作新郑轩辕庙。在今河南新郑市区北关。传为轩辕黄帝故里。据《史记》记载，传说中的中华民族人文始祖黄帝为“少典之子，姓公孙，名曰轩辕”。现存明代重建、清代重修的轩辕庙（祠），庙院向南，前有山门，后有主殿，左右两侧有配殿。主殿中奉黄帝像，壁绘黄帝生平事迹画。左、右殿分别供嫘祖、嫫母像。配殿壁上嵌有清乾隆二十九年（1764）重修轩辕故里碑及捐修碑。每逢农历三月三，朝拜者络绎不绝。附近相关古迹有城西南12公里溱水的天寿宫、少典祠及嫘祖、嫫母祠庙遗址等。另有黄帝口、仙人岛、饮马泉及市西南具茨山黄帝成年时期活动主要地点风后顶的黄帝祠、黄帝避暑宫、御花园、幽胜宫、医圣宫、力牧峰等。2006年定为全国重点文物保护单位。

轩辕陵 在今河南灵宝市西北。《清一统志·陕州二》：轩辕陵“在阌乡县南十里铸鼎原”。

轪县 西汉元封元年（前110）改轪侯国置，属江夏郡。治所在今河南光山县西北。三国魏属弋阳郡。西晋永嘉乱后，侨置于今湖北浠水县西南长江边，属西阳国。东晋属西阳郡。南朝宋孝建元年（454）改为孝宁县。

轪侯国 西汉惠帝二年（前193）置，属江夏郡。治所在今河南光山县西北。元封元年（前110）改为轪县。

匣答路 又作合答城、哈答城。在今四川道孚县东南协德乡。《元史·世祖纪》：世祖至元二年（1265），“城西番匣答路”，即此。属宣政院辖地。辖境相当今四川道孚、雅江、丹巴、康定等县部分地。元至元十三年（1276）改为宁远府。

医无闾山 即医巫闾山。今辽宁北镇市西与义县间之医巫闾山。《明史·地理志》广宁卫：“西有医无闾山。”

医无虑山 即医巫闾山。今辽宁北镇市西与义县间之医巫闾山。《续汉书·郡国志》辽东属国无虑县：“有医无虑山。”

医圣祠 在今河南南阳市东关温凉河畔。为纪念东汉名医张仲景而建。张仲景（150—219）名机。南阳郡涅阳（今邓县穰东）人。医术精湛，著有《伤寒论》和《金匮要略》等。据清代《医圣祠图志》载：祠分正、偏两院。正院有山门、中殿、正殿、两庑。正殿内塑有张仲景坐像及历代名医像；偏院有医圣井、医圣桥、素问亭、内经楼等。大门左侧立有“医圣张仲景故里”碑。大门内10米许为张仲景墓，墓前立“东汉长沙太守医圣张仲景墓”碑。现设有张仲景纪念馆。1988年定为全国重点文物保护单位。

医巫闾山 一作医无虑山，俗呼广宁山。即今辽宁北镇市和义县之间医巫闾山。相传虞舜封十二山之一。《周礼·职方氏》：“东北曰幽州，其山镇曰医无闾。”隋建北镇寺。《隋书·礼仪志二》：开皇十四年（594）闰十月，诏“北镇医无闾山……并就山立祠”，始称北镇。此山东北—西南走向，高十余里，周围二百四十里，主峰望海山。历朝统治者都加以祭祀。唐代封山神为广宁公，明诏定为山神。其山掩抱六重，故又名六山。《辽史·地理志》显州：辽人皇王托云，爱其奇秀，购书万卷，置山之绝顶，筑堂曰望海。山下之北镇庙，为清代建筑物。庙东有仙人岩，上镌仙像。桃花洞有明张学颜刻“补天石”三字，还有翠云屏等名胜。山产美石，俗名“锦州石”。

医巫闾山祠 在今辽宁北镇市西医巫闾山下。《新唐书·地理志》营州柳城县："有东北镇医巫闾山祠。"

〔丨一〕

邶　一作鄁。周武王封纣子武庚于邶，在今河南汤阴县东南三十里邶城村。《史记·周本纪》："封商纣子禄父殷之余民。"注："邶以封纣子武庚。"《诗经·邶鄘卫谱》："自纣城而北谓之邶。"

邶城镇　在今河南汤阴县东南三十里邶城村。西周初所封邶国，都于此。

邶殿　春秋时齐别都。在今山东昌邑市城西北郊。《左传》：襄公二十八年（前545），庆氏败亡，齐侯"与晏子邶殿，其鄙六十，弗受"。即此。

步云（雲）山寺　又称相山寺。明建，在今江西井冈山市茅坪附近。1927年10月，毛泽东率领三湾改编后的部队进驻井冈山，开始一段时间就住在这里。寺内有宿舍、课堂，寺外有练兵场。毛泽东从井冈山返回茅坪不久，就把袁文才的农民自卫军调至步云山进行训练。1928年10月在寺内召开了湘赣边界党的第二次代表大会，毛泽东在会上总结井冈山一年来的斗争经验，批判了右倾悲观论调和"左"倾盲动主义。会议通过了《政治问题和边界党的任务》决议案及土地法，组成第二届特委会。

步日部　宋大理置，属威楚府。即今云南宁洱哈尼族彝族自治县。元改普日思摩甸长官司。

步日赕　又作部日甸。唐南诏置，属银生节度。治所即今云南宁洱哈尼族彝族自治县。宋大理改步日部。

步北泽　在今四川盐源县南。《汉书·地理志》定莋县："出盐。步北泽在南。"

步头　唐代云南南部交通线上的水陆转运码头。在今云南建水县南九十二里，红河北岸的阿土。一说即今云南元江哈尼族彝族傣族自治县。唐樊绰《蛮书》卷6："通海城南十四日程至步头，从步头船行沿江三十五日出南蛮。"岑仲勉《隋唐史》："南方俗语，现在犹呼水陆上下处为水步头或步头。"步头意即码头。此为红河航远的起点，唐代由安南都护府通南诏的门户。

步头路　唐代安南通天竺道的一部分。唐樊绰《蛮书》卷6："通海城南十四日程至步头，从步头船行沿江三十五日出南蛮。"为了充分利用水道，从安南都护府来的船在古涌步不转陆，继续取红河水道到步头（今云南建水县南的阿土）始上岸，再经建水、通海、晋宁到拓东城（今云南昆明市）。一说步头在今云南元江哈尼族彝族傣族自治县，在此上陆，再北抵安宁城（今云南安宁市）。这样虽多十天水程，却减少了山行的劳顿。但这一段滩险水急，航行不易，故仍多取通海城路。

步讫若州　唐羁縻州。以延陀部落置，属达浑都督府。侨治夏州宁朔县（今陕西靖边县东北）界。

步师城　唐西域鞠和衍那国都城（今塔吉克斯坦西南库巴的安）。龙朔元年（661）为王庭州都督府治所。

步寿宫　①秦筑，在今陕西西安市临潼区东北新丰镇附近。《水经·渭水注》：渭水又"历新丰原东而北，径步寿宫西"。

②在今陕西铜川市耀州区东北一里。《汉书·郊祀志》：宣帝神爵二年（前60），"凤凰集祋祤，于所集处得玉宝，起步寿宫，乃下诏赦天下"。

步浑水　在今山西交城县西北。《清一统志·太原府一》：步浑水"源出狐突山南步浑谷，流径县西，又东南入汾"。

步高宫　秦筑，在今陕西渭南市西南张胡村一带。《三辅黄图》卷1："步高宫，在新丰县，亦名市丘城。"《水经·渭水注》："渭水又东，酋水南出倒虎山，西总五水，单流径秦步高宫东，世名市邱城。"《元和志》卷1京兆府渭南县："秦步高宫，在县西南二十里。"

步阐垒　即今湖北宜昌市。《水经·江水注》："江水出峡，东南流，径故城洲。洲附北岸，洲头曰郭洲，长二里，广一里。上有步阐故城，方圆称洲，周回略满。故城洲上，城周一里，吴西陵督步骘所筑也。孙皓凤凰元年，骘息阐复为西陵督，据此城降晋，晋遣太傅羊祜接援，未至为陆抗所陷也。"唐为峡州治。《新唐书·地理志》峡州夷陵郡："贞观九年徙治步阐垒。"即此。

步雄部　宋大理置，属善阐府。在碌云异城（今云南江川县东北二十六里江城镇龙街）。元改江川县。

步腾部　宋大理置，属威楚府。在今云南景洪市北一百二十四里普文。元属元江路。明废。

卤中　在今陕西蒲城县南二十里。《汉书·宣帝纪》：宣帝少时，"常困于莲勺卤中"。注：如淳曰："莲勺县有盐池，纵广十余里，其乡人名为卤中。"

卤池汇（匯）　在今浙江余姚市东。《方舆纪要》卷92余姚县：卤池汇"在县东南八里，即姚江所汇也。江流至此，纡回数曲，每曲约十余里，数曲间陆行不过十余里，而舟行则数十里"。

卤县　西汉置，属安定郡。约在今甘肃东部或宁夏回族自治区南部。东汉废。

卤泊滩　一名东滩。又名明水滩。在今陕西富平县东二十里，接蒲城县界。《清一统志·西安府一》：卤薄滩"冬夏不竭，可以煮盐"。《元和志》卷1京兆府富平县："盐池泽，在县东南二十五里，周回二十里。"即今卤薄滩。

卤城　在今甘肃天水市与礼县之间。《三国志·蜀书·诸葛亮传》：建兴九年（231），"亮复出祁山，以木牛运，粮尽退军，与魏将张郃，射杀张"。即此。

卤城县　西汉置，属代郡。治所在今山西繁峙县东北九十里。东汉建安中废。

卤涧水　在今山西平遥县东南。《方舆纪要》卷42平遥县：卤涧水"出县东南二十里之朱坑，流经县东，分为二十四池，灌溉民田”。

〔丨丨〕

邺 春秋齐邑。在今河北临漳县西南邺镇。《管子·小匡》：“筑五鹿、中牟、邺，盖与社丘以卫诸夏之地。”战国属魏。《史记·魏世家》：文侯二十五年（前421），“任西门豹守邺，而河内称治”。《水经·浊漳水注》：“魏襄王以史起为邺令，又堰漳水以灌邺田，咸成沃壤，百姓歌之。”是魏已置县。

邺山讲堂 在今福建漳州市东南三十二里（龙海市西北江东桥畔邺侯山麓）。《清一统志·漳州府》：邺山讲堂“在龙溪县柳营江。明黄道周讲学于此。四方人士多从之游。中有蓬莱峡、避雨岩诸胜”。

邺北城 在今河北临漳县西南邺镇北。战国魏于此置邺县。东汉末为冀州治。建安十八年（213）曹操为魏王定都于此。十六国后赵、冉魏、前燕均建都于此。《水经·浊漳水注》：“魏武封于邺，为北宫，宫有文昌殿。……其城东西七里，南北五里，饰表以砖，百步一楼。凡诸宫殿门台隅雉，皆加观榭，层甍反宇，飞檐拂云，图云丹青，色以轻素。当其全盛之时，去邺六七十里，远望苕亭，巍若仙居。”

邺县 ①战国魏置，后入秦，属邯郸郡。治所在今河北临漳县西南邺镇。西汉为魏郡治。东汉末相继为冀州、相州治。建安十八年（213）曹操为魏王，定都于此。三国魏都洛阳，邺仍为五都之一。十六国后赵、前燕、北朝东魏、北齐皆定都于此。成为河北地区最繁华的大都市之一。有两城，南北相连，北城为曹魏因旧城增筑。《水经·浊漳水注》：“城之西北有三台（按：即冰井、铜雀、金凤），皆因城为之基，巍然崇举，其高若山……城东西七里，南北五里。”城址在今临漳县西南邺镇、三台村以东一带。南城为东魏初年高欢所筑，城周二十五里，大于北城。城址在今临漳县西南漳河之南河图、倪辛庄以南。北周大象二年（580）城毁，改邺县为灵芝县。隋开皇十年（590）复为邺县。北宋熙宁五年（1072）废入临漳县。

②南朝宋侨置，属高阳郡。治所在今山东淄博市东临淄区地。北齐废。

③1947年晋冀鲁豫革命根据地由临漳县漳河以南及安阳县部分地区析置，治辛店集（今河南安阳县北辛店乡）。1949年改属平原省，徙治崇义村（在今河北临漳县南）。1952年复属河南省，迁治白壁集（今河南安阳县东白壁镇）。1954年撤销，并入安阳县。

邺县典农中郎将 三国魏置，职权似郡太守。治所在邺县（今河北临漳县西南）。魏末晋初改为魏郡。

邺城遗址 在今河北临漳县西南四十里邺镇。为著名古城遗址。分南北两城，北城始建于春秋齐桓公时，战国魏文侯都此。东汉建安九年（204）曹操破袁绍后以此为都城，于其西北隅筑三台，名铜雀、金凤、冰井。城内筑宫殿、衙署、苑囿等。十六国时期后赵、前燕，北朝时东魏、北齐均以邺城为都。南城为东魏高欢所建，北齐时又加扩建，遗址大部分湮埋地下，地面尚存铜雀、金凤两台遗迹。1988年定为全国重点文物保护单位。

邺南城 在今河北临漳县西南古邺城。《魏书·孝静帝纪》载：东魏天平二年（535）八月，“发众七万六千人营新宫”。《邺中记》：“邺中南城东西六里，南北八里六十步。高欢以北城窄隘，故令仆射高隆之更筑此城。”

邺郡 唐天宝元年（742）改相州置，治所在安阳县（今河南安阳市）。辖境相当今河南安阳、鹤壁、汤阴、林州、内黄、河北临漳、成安、磁县等市县地。乾元元年（758）复为相州。

邺都 五代唐同光元年（923）改魏州为兴唐府，建号东京，三年改东京为邺都。治所在今河北大名县东北大街乡（旧府城）。按兴唐府本与两汉、六朝时的邺非一地，但两汉魏郡治邺，曹操称魏王，都邺。长期以来魏与邺已视为同地异名，故此前魏州已称邺，至五代唐直接号兴唐府为邺都。天成四年（929）罢都。后晋天福二年（937）改兴唐府为广晋府，三年复以广晋府为邺都。后汉乾祐元年（948）改为大名府，后周显德元年（954）罢邺都为天雄军。

邺镇 北宋熙宁五年（1072）改邺县为镇，属临漳县。即今河北临漳县西南四十里邺镇。秦以来为邺县治。

坚 即牵。春秋卫邑。在今河南浚县北。《公羊传》作“坚”。

坚州 金贞祐三年（1215）改繁畤县置，属太原府。治所在今山西繁峙县东南三里南关村。元属冀宁路。明洪武二年（1369）改繁峙县。

坚昆 即鬲昆。在今俄罗斯鄂毕河上游与叶尼塞河上游之间。《汉书·匈奴传》：郅支单于“发其兵西破坚昆，北降丁令”。

坚昆都督府 唐贞观二十二年（648）以铁勒结骨（即黠戛斯）部置，隶燕然都督府。故地在今俄罗斯萨彦岭以北叶尼塞河上游一带。后废。

坚固寨 唐置，在今河北沧县东南旧州镇西。《资治通鉴》：唐大和二年（828），“易定节度使柳公济奏：攻李同捷坚固寨，拔之”。胡三省注：“同捷筑寨于沧州西，以抗官军，以坚固为名。”

坚河 即今内蒙古额尔古纳市北之根河。《明史》作坚河，设坚河卫于此。

坚河卫 明永乐三年（1405）置，属奴儿干都司。治所在今内蒙古根河市根河地区。《明太宗实录》：永乐三年十月，“命来朝鞑靼头目苦列为坚河卫指挥同知”。后废。

坚城集 在今安徽砀山县西。《方舆纪要》卷29砀山县：坚城集“在县西大河北岸，西接虞城县界，旧为大河冲要”。

〔丨丶〕

肖（萧）张镇 即今河北枣强县北二十里肖张镇。清于此设肖张堡。

肖（萧）家庄遗址 在今山东青州市东三十四里谭坊镇肖家庄西侧。为新石器时代晚期文化遗址。1965年秋发掘，上面叠压商文化层。出土文物有商陶簋、鬲、骨铲、铜钺，龙山文化觯、鼎、豆、盆、石铲、石斧等完整器物及陶片。

〔丨乛〕

盱水 即盱水。今江西抚州市临川区之抚河及南城县南之盱水。

盱江驿 在今江西南城县东南。《方舆纪要》卷86建昌府南城县：盱江驿"在府城东。宋康定二年于城南作新亭，谓之集宾亭。俗谓之盱江馆。后改为驿，移于城东。一云城东盱水上旧有盱江亭，南唐所置也，驿因以名。又盱江递运所亦在城东，明初置"。《清一统志·建昌府二》：盱江驿"在南城县东南。唐置盱江馆，宋端平元年改为驿。明洪武初，兼置递运所。今皆废"。

盱江亭 在今江西南城县东盱江上。《舆地纪胜》卷35建昌军：盱江亭"在郡城天酒门外盱水之上，南唐韩熙晟记"。《清一统志·建昌府一》：盱江亭"南唐制置使陈晖建，韩熙载撰记"。

盱江馆 唐置，在今江西南城县东南。南宋端平元年（1234）改为驿。

时山 在今福建建阳市东南二十里。《方舆纪要》卷97建阳县：时山"高五百余丈，凡十三折，始造其巅"。

时水 在今山东境。《周礼·职方》幽州："其浸菑、时。"一名耏水，又名如水。上游即今发源于山东淄博市临淄区西南的乌河。自临淄西北以下，古分二支：一支西流经今桓台县境西北入济水，旱时干涸，故又称干（乾）时。《左传》：庄公九年（前685），"师及齐师战于干时"，即此。《水经注》称为时水支津。久湮。一支北流折东略循今小清河合淄水入海，即《水经注》时水干（幹）流。《汉书·地理志》分时、如为二水，时水即《水经注》时水干（幹）流折而东流部分，如水即今乌河上游及《水经注》中时水支津。

时水县 隋开皇十六年（596）置，属青州。治所在今山东淄博市临淄区西北三十里。大业二年（606）废。唐武德四年（621）复置，八年（625）又废。

时礼山 即今广东雷州市东南仕礼岭。《舆地纪胜》卷118雷州：时礼山"在海康县东南八十里。四望之最高者也"。《清一统志·雷州府》：时礼山，"《旧志》谓之时礼岭。周五里。岩穴深邃。上有泉，岁旱祷雨于此"。

时曲 即洄曲。在今河南漯河市沙河与澧河会流处下游一带。《资治通鉴》：唐元和十年（815），"李光颜奏败淮西兵于时曲"。胡三省注："时曲，在陈州殷水县西南。"

时州 唐永徽二年（651）置羁縻州，属茂州都督府。治所在今四川茂县东北境。北宋属茂州。《武经总要前集》卷20：时州"管部落一百户，去（茂）州六十里"。后废。

时村集 在今安徽宿州市东北七十里时村镇。清于此置巡司。

时来 一作郲。春秋郑邑。在今河南郑州市西北。《春秋》：隐公十一年（前712），"公会郑伯于时来"。《左传》作"郲"。杜注："时来。郲也。荥阳县东有厘城。郑地也。"《公羊传》作"祁黎"。

时住山 在今湖南辰溪县东三里。明《寰宇通志》卷57辰州府：时住山"蜀汉诸葛亮行师驻此"。

时罗漫山 即折罗漫山。今新疆境内天山山脉。《隋书·北狄·西突厥传》：大业七年（611），西突厥处罗可汗为射匮可汗所攻，"遁于高昌东，保时罗漫山"。即此。

时和驿渡 在今河南开封市北。《方舆纪要》卷47开封府祥符县：时和驿渡在"府北十里。为防河要地"。

时思寺 在今浙江景宁畲族自治县西南大漈乡西二村南端。为释道合一的祀庙。占地2700平方米，建筑面积1250平方米。元至正十六年（1356）创建，明末清初续建。寺坐西朝东，由山门、钟楼、大殿、三清殿、马仙宫、梅氏宗祠等建筑组成，是一组兼有元、明、清各代特征的古建筑群。大殿面阔三间，进深二间，歇山顶，是元代最初建寺时的建筑。钟楼为三层楼阁式建筑，逐层收进，侧脚明显，四根内柱直贯三层，屋面为歇山顶。四周用缠腰，出檐舒展，具有明代建筑风格。三清殿、马仙宫为清代建筑。2001年定为全国重点文物保护单位。

时思镇 即今江苏太仓市东北时思镇。以时思庵名。清光绪《江苏全省舆图》太仓州："时思镇在城东北五十一里。"

时堰镇 即今江苏东台市西南时堰镇。清光绪《江苏全省舆图》东台县："时堰镇在治西南三十里。"

时堡 在今江苏兴化市西北四十六里周奋乡西北。明洪武初置巡司于此。

时蓬州 唐开元十七年（729）置羁縻州，属黎州都督府。治所在今四川马边彝族自治县城民建镇。北宋以后废。

旸台（臺）山 在今北京市海淀区西北。山麓有大觉寺、秀峰寺，为旸台山之胜。清《日下旧闻考》卷106引辽僧志延《旸台山清水院创造藏经记》："旸台山者，蓟壤之名峰。"即此。

旸霁 即今江西宁都县西北旸霁。1934年中央革命根据地置永龙县治此。

旱山　在今陕西南郑县南。《诗经·大雅·旱麓》："瞻彼旱麓。"毛传："旱，山名。"《汉书·地理志》汉中郡南郑县："旱山，池水所出，东北入海。"《水经·沔水注》："汉水右合池水，水出旱山"，即此。《寰宇记》卷133南郑县：旱山"傍有石牛十二头，一云五头。盖秦惠王所造以给蜀者"。

旱龙潭　在今北京市房山区西南上方山象王峰之南峭壁下。清《日下旧闻考》卷130引阮旻锡《上方山记》："山坞旱龙潭，龙去潭枯，然纤尘不入。"

旱禾市　即今江西泰和县西北禾市镇。明置巡司于此。

旱禾镇　即今江西泰和县西北禾市镇。《方舆纪要》卷87吉安府泰和县：旱禾镇在"县西五十里。亦曰旱禾市。有巡司，元至正中置，明洪武十四年革。十五年复故"。

旱海　在今宁夏灵武市东南境沙漠地区。《宋史·夏国传》：至道二年（996）李继迁寇边，"时朝议或云率轻骑三道捣平夏，或云暑涉旱海，无水泉，粮运艰辛，不如静以待之"。乾隆《宁夏府志》卷3：旱海"在州东南。宋强泊曰：'自威州抵灵州，有旱海七百里。斥卤枯泻，无溪涧川谷。'"

旱停县　西魏置，属长湖郡。治所在今湖北襄阳市襄城区西南。隋大业初废。

旱塘闸　在今广东阳山县西。《方舆纪要》卷101阳山县：旱塘闸"在县西。地名坑塘，路接广西怀集县界（今属广东）。防清油、草塘贼路"。

呈贡区　2011年撤销呈贡县，改设昆明市呈贡区。呈贡区政府驻三台路。

呈贡县　蒙古宪宗六年（1256）置呈贡千户，元世祖至元十二年（1275）改呈贡县。属晋宁州。治所即今云南呈贡县。呈贡系彝语"扯过"的音译，"扯"为稻谷，"过"为海湾，意即盛产稻谷的海湾。清代属云南府。民国初属云南滇中道。1916年直属云南省。2011年撤销呈贡县，改设昆明市呈贡区。

呈贡城　宋大理置，属善阐府。在今云南呈贡县治西部古城。元代置呈贡县。

呈坎村古建筑群　在今安徽黄山市徽州区西北呈坎镇。是一处规模宏大的古建筑群。占地0.7平方公里。村内自唐以来多高官、巨贾和文人，至今保存着完整的明代街道、水系，有五街九十九巷。保存明清古建筑一百四十处，其中二十处（祠堂、社屋、更楼各一处，石桥二处，民居十五处）最具代表性，十八处为明代建筑，两处为清代建筑。民居中有官邸、徽商住宅和普通民宅。这些民居除正房外，有些还有私塾、杂院和花园等。呈坎村选址于"山水环绕，五星朝拱"之地，其规划体现了"枕山、环水、面屏"的风水理念，构成一个完整的与山水相融的人居环境。2001年定为全国重点文物保护单位。

吴　①先秦国名。亦名句吴、攻吴。姬姓。始祖是周太王之子太伯、仲雍。初居江南梅里（今江苏无锡市东南三十里），后迁都吴（今江苏苏州市）。至春秋后期，国力强盛，公元前506年吴王阖闾一度攻破楚国，其子夫差又战胜越国，迫使越王勾践屈服求和；并北上与晋争霸。其时有今江苏、上海市大部和安徽、浙江的一部分。公元前473年为越王勾践所灭。

②五代时十国之一。唐景福元年（892）杨行密为淮南节度使，据扬州（今江苏扬州市）。天复二年（902）被封为吴王，有今江苏、安徽、江西和湖北等省的一部分。公元937年为南唐取代，共历四主，三十六年。

吴儿谷　即吾儿峪。在今山西黎城县东北太行山口。《资治通鉴》：五代晋天福元年（936），赵德钧"乃自吴儿谷趣潞州"。胡三省注："吴儿谷在潞州黎城东北、涉县西南。"

吴儿城　在今陕西绥德县西北。《元和志》卷4绥州龙泉县："吴儿城在县西北四十里。初，赫连勃勃破刘裕子义真于长安，遂虏其人，筑此城以居之，号吴儿城。"

吴儿峪　一名吾儿峪。在今山西黎城县东北太行山口。《方舆纪要》卷42黎城县：吴儿峪在"县东二十八里。又东北接河南涉县。亦曰吾儿峪，太行山口也"。

吴儿堡　在今陕西神木县西南。北宋时麟州曾徙治于此。

吴大岭　在今河南鲁山县西九十里。《清一统志·汝州直隶州》：吴大岭"亦名没大岭，沙河所出，即滍水也"。

吴大澂铜柱　在今吉林珲春市东南二十里板石镇境原天文台旧址。为珲春至岩杵河要道。清光绪十二年（1886），吴大澂与沙皇俄国巴拉诺夫在沙草峰南竖立土字界碑时，在第八记号处立铜柱。柱高12.15尺，宽3.03尺，上刻吴大澂手书篆字共四行五十八字："光绪十二年四月，都察院左副都御史吴大澂，珲春副都统依克唐阿，奉命会勘中俄边界，既竣事，立此铜柱。铭曰：'疆域有志国有维，此柱可立不可移。'"二十六年（1900），沙俄入侵珲春时，将铜柱毁为两段，迁至伯力（哈巴罗夫斯克）博物馆。

吴山　①亦名虞山、吴坂、虞坂、盐坂。中条山支脉。在今山西平陆县东北，跨夏县、平陆界。《续汉书·郡国志》：河东郡大阳县有吴山。

②即首阳山。又名雷首山、历山。在今山西永济市西南蒲州镇南。《史记·五帝本纪》："舜耕历山。"《正义》引《括地志》："蒲州河东县雷首山，一名中条山，亦名历山……亦名吴山。此山西起雷首，东至吴坂，凡十一名，随州县分之。"

③在今江苏苏州市西南。民国《吴县志》卷19："吴山为横山南出之支，在石湖滨。吴越广陵王子奉建吴山院于此，故名。"

④在今江苏赣榆县西北，夹谷山北。《清一统志·海州》：吴山"峰峦独秀，时有云气，左胁壁立千仞"。

⑤在今浙江长兴县南吴山乡东。《清一统志·湖

州府一》：吴山“在长兴县东南四十三里。周二十里。梁吴均卜宅于此，唐吴筠复居之，因名”。

⑥一名胥山。在今浙江杭州市旧城区西南城隍山。相传因山上有伍子胥庙，故名胥山。五代时，山上建城隍庙，故名城隍山。《寰宇记》卷93杭州钱塘县：“吴山泉在吴山北。”宋《淳祐临安志》卷8山川：吴山，“《祥符图经》云：在城中钱塘县旧治南六里”。宋吴自牧《梦粱录》卷11：吴山“又曰胥山”。南宋初，金兀术敛兵于吴山，完颜亮欲立马吴山第一峰，均此。

⑦一名东山。即今福建浦城县东吴山。《寰宇记》卷101建州浦城县：吴山“在县东五里。《记》云，山四面秀异，人居其侧，多吴姓。汉兴有吴氏六千户，列屯大泽，即此之民也”。

⑧即岍山、汧山。亦名岳山、吴岳山。即今陕西宝鸡市西北吴山。《汉书·地理志》：“汧县吴山，古文以为汧山。”《水经·渭水注》：汧水“东会一水，水发南山西侧，俗以此山为吴山，三峰霞举，叠秀云天，崩峦倾返，山顶相捍，望之，恒有落势”。

吴山井　在今浙江杭州市南吴山。《寰宇记》卷93：“吴山泉在吴山北，寒泉迸溢，清而且甘，汲之不竭。”宋吴自牧《梦粱录》卷11：“吴山北大井曰吴山井，此井系吴越王时有韶国师始开，为钱塘第一井。山脉融液，泉源所钟，不杂江潮之水。遇大旱不涸。”

吴山县　隋开皇十八年（598）改长蛇县置，属陇州。治所即今陕西宝鸡市陈仓区西北县功镇。《寰宇记》卷32吴山县：“取县西吴山以称邑。”大业初改属扶风郡，后废。义宁元年（617）复置长蛇县。唐贞观元年（627）复名吴山县，属陇州。上元二年（675）改名华山县，后复旧名。元世祖至元七年（1270）废。

吴山庙　即今安徽长丰县西南吴山镇。清乾隆《寿州志》卷1：吴山庙“离城一百三十里”。

吴山溪　在今福建福州市西南。《方舆纪要》卷96福州府：吴山溪“在府西南三十里。源出永福县之印溪，下流入阳崎江”。

吴川水　指今广东吴川市西之鉴江。《寰宇记》卷167吴川县：“吴川在县西。水中有三川石。”县以此名。《方舆纪要》卷104吴川县：吴川水在“县西一里。鉴江及陵、罗诸水自化州合流，至县北二十里复纳浮山水，流经城西，至县南合渡，分为三川，旋绕数里，复合为一，出限门入于海”。

吴川市　1994年撤销广东省吴川县，改设吴川市，市人民政府驻梅菉。由湛江代管。

吴川县　隋开皇时置，属高州。治所在今广东吴川市西南吴阳镇。《舆地纪胜》卷116引《元和志》云：“以县东吴川水为名。”大业初属高凉郡。唐属罗州。宋属化州。元属化州路。明洪武九年（1376）改属高州府，十四年（1381）属化州。清属高州府。民国初属广东高雷道。1920年直属广东省。1952年和梅茂县合并为吴梅县，移今治梅菉镇。1953年改为吴川县。1994年改设吴川市。

吴川营　清嘉庆十三年（1808）置，属高廉罗镇。治所在吴川县（今广东吴川市西南吴阳镇）。十五年（1810）改隶阳江镇，设都司驻防。

吴门　①古吴县城（今江苏苏州市）的别称。《韩诗外传》：“颜回从孔子登日观，望吴门焉。”唐张继《阊门即事》：“试上吴门晋郡郭，清明几处有新烟。”皆此。

②指今江苏苏州市及其周围常熟、太仓、吴江等市地。北宋郏亶有《吴门水利书》。即指此。

③在今甘肃甘谷县治南五十步。《后汉书·五行志》：“王莽末，天水童谣曰：‘出吴门，望缇群。见一蹇人，言欲上天；令天可上，地上安民！’……吴门，冀郭门名也。缇群，山名也。”冀即冀县。

吴王口　在今河北阜平县西北八十里。《方舆纪要》卷14阜平县：吴王口，“（明）弘治十三年筑城置戍。《关隘考》：自吴王口而下，凡十九口，亦属倒马关南路”。

吴王矶　在今湖北武汉市汉阳城区东北。《舆地纪胜》卷79汉阳军：吴王矶“在大别山侧”。《方舆纪要》卷76汉阳县“凤栖山”条下：“《志》云，郡城东北有吴王矶，一名禹功矶，吴、魏相持时，皆以沔口为重镇。吴守此矶，以为险固。”

吴王城　①在今浙江长兴县南古城。唐杜佑《通典》卷182湖州长城县：“吴王阖闾使弟夫槩居此，筑城狭而长。”隋大业十二年（615）至唐武德七年（624）长城县治此。

②在今浙江绍兴市东。宋《嘉泰会稽志》卷1会稽县：吴王城“在县东一十里。夫差围句践于会稽山，伍员筑此城以屯兵”。

③一名孙权故都城。又名吴大帝城。在今湖北鄂州市东郊。三国魏黄初二年（221）孙权自公安徙都武昌（今鄂州市），此为其所居之宫城。《元和志》卷27武昌县：孙故都城“在县东一里余。本汉将灌婴所筑，晋陶侃、桓温为刺史，并理其地”。

吴王渡　在今山西临猗县西七十里茎河东岸吴王村。明洪武四年（1371）于此置吴王寨巡司。《清一统志·蒲州府一》称：“昔有吴、王二姓居此，故名。”

吴王寨　即今山西临猗县西吴王村。旧属临晋县，明置巡司于此。

吴中　①泛指春秋时吴地。《史记·项羽本纪》：“项梁杀人，与籍避仇于吴中。”

②旧时对吴郡或苏州府的别称。

吴公市　在今江苏太仓市南十五里。《方舆纪要》卷24太仓州：吴公市“在州南十五里。一名小娄塘”。

吴公台（臺）　一名鸡台。又名弩台。在今江苏扬州市西北四里。《寰宇记》卷123扬州江都县：吴公台“在县西北四里。沈庆之攻竟陵王诞所筑弩台也。后陈将吴明彻围北齐东广州刺史敬子猷，增筑之，以射城内，号吴公台”。《隋书·炀帝纪》：义宁二年（618），炀帝被杀后，“右御卫将军陈稜奉梓宫于成象殿，葬吴公台下”。

吴公坝口　古之白道。在今内蒙古呼和浩特市西北坝口子村。光绪《绥远旗志》卷2：“白道岭在城北三十里。俗名吴公坝。”

吴公湖　即吴翁湖。今江苏兴化市北蜈蚣湖。

吴凤庙　在今台湾省嘉义县东中埔乡。吴凤原为一汉人名，任清康熙、乾隆时之通事。相传吴凤为改变当时山胞杀人头祭神的恶习，舍生取义，后人为纪念他，遂在他生前住处附近建庙。

吴双山　在今陕西麟游县东南，南接扶风县界。《方舆纪要》卷55麟游县：吴双山“在县南十里，有四峰双峙，俗呼吴双山”。《清一统志·凤翔府一》：吴双山“又名四峰山，险峻可资守御。明崇祯十二年贼张一明据此，月余始平”。

吴平县　①三国吴改汉平县置，属豫章郡。治所在今江西樟树市西南境吴平、门楼一带。隋开皇十一年（591）废入宜春县。

②隋开皇中改新渝县置，属袁州。治所在今江西新余县南。大业八年（612）复改新喻县，移治今新余县西北。

吴田山　在今福建长泰县东北。《方舆纪要》卷99漳州府长泰县：吴田山在“县东北五十里，山雄峻，少树木，高处有田十余顷，流水成渠，可引以溉田。一名曷山”。

吴头楚尾　一作楚尾吴头。指今江西北部。春秋时为吴、楚二国交接之地，吴在东，楚在西，故云。宋黄庭坚《谒金门》词：“山又水，行尽吴头楚尾。”指此。

吴宁县　①三国吴改汉宁县置，属会稽郡。治所在今浙江东阳市东二十七里金家村附近。宝鼎元年（266）改属东阳郡，南朝陈属金华郡。隋开皇九年（589）废。

②隋开皇九年（589）改长山县置，为婺州治。治所即今浙江金华市。十二年（592）改名东阳县。

吴宁溪水　即东阳江。兰江支流。在今浙江金华市南。《水经·渐江水注》：吴宁溪水“出吴宁县，下径乌伤县入谷”。

吴台庙集　即今河南郸城县北三十里吴台镇。旧属鹿邑县。清光绪《鹿邑县全图》首卷《市集》：“吴台庙集，在城西南五十里。”1952年属郸城县。

吴吕村　即今河北冀州市西南之南午村镇西吴吕村。民国《冀县志》图：西南有吴吕村。

吴竹岭　在今广东仁化县西北。《方舆纪要》卷102仁化县：吴竹岭“在县西北三十里。吴溪水出焉，下流亦入于浈水”。

吴全城　在今台湾省花莲县西南，寿丰乡东北约八里花莲溪西北侧。清道光八年（1828）吴全和吴伯玉募噶玛兰人入垦，因以“吴全”为名。连横《台湾通史·抚垦志》：光绪元年（1875），“乃以宣武左右两军，分成东澳、大南澳……花莲港、吴全城等，以备不虞”。

吴会　①古地区名。指今江浙一带。《后汉书·蔡邕传》：“亡命江海，远迹吴会。”《文选》第29曹丕《杂诗》：“吹我东南行，行行至吴会。”南宋范成大《吴郡志》卷48：“吴本秦会稽郡，后汉分为吴、会稽二郡。后世指两浙之地，通称吴会。”自唐以后，多称平江（今苏州市）为吴会。

②三国及西晋初泛指孙吴所辖地区。《三国志·魏书·陈留王奂纪》：“若六军震曜，南临江汉，吴会之域必扶老携幼以迎王师。”《晋书·马隆传》：泰始中，将兴伐吴之役，下诏曰：“吴会未平，宜得猛士以济武功。”

吴会镇　在今上海市闵行区南约二十四里。原名吴汇，后人取《滕王阁序》中“指吴会于云间”，改为吴会。《清一统志·松江府二》：吴会镇“元置邹城巡司于此，明裁”。

吴州　①南朝梁太清三年（549）改吴郡置，治所在吴县（今江苏苏州市）。大宝元年（550）复为吴郡。陈祯明元年（587）又置吴州。辖境相当今江苏苏州、昆山二市以南，上海市嘉定、奉贤西南，浙江长兴、安吉、桐庐以东，富春江以北地区。隋平陈改名苏州，大业初又改为吴州。大业三年（607）废。

②南朝梁承圣二年（553）置，治鄱阳郡（治今江西鄱阳县）。陈光大元年（567）废。

③北周大象中改东广州置，治所在广陵县（今江苏扬州市西北蜀冈上）。辖境相当今江苏洪泽湖以东，江北淮南地区。隋开皇九年（589）改名扬州。

④隋开皇九年（589）改东扬州置，治所在会稽县（今浙江绍兴市）。辖境相当今浙江浦阳江（浦江县除外）、曹娥江、甬江流域。大业元年（605）改名越州。

⑤唐武德三年（620）置，治所在吴陵县（今江苏泰州市）。辖境相当今江苏泰州、姜堰二市地。七年（624）废。

吴江　即今江苏、上海之吴淞江。《寰宇记》卷91吴江县：吴江“本名松江，又名松陵，又名笠泽。其江出太湖，二源：一江东五十八里入小湖，一江东二百六十里入大海”。《方舆纪要》卷24吴江县：吴江“在县东门外，即长桥下分太湖之流而东出者”。

吴江长桥　又名利往桥、垂虹桥。在今江苏吴江市东吴淞江上。陶宗仪《南村辍耕录》卷26：“吴江长桥七十二洞。”元泰定二年（1325）甃以石。

吴江市　1992年改江苏省吴江县置，属苏州市。2012年撤销吴江市，设立苏州市吴江区，区政府驻滨湖街道人民路1000号。

吴江州　元元贞元年（1295）升吴江县置，属平江府。治所即今江苏吴江市。明洪武二年（1369）复降为吴江县。

吴江县　五代吴越天宝二年（909）置，属苏州。

治所即今江苏吴江市。宋属平江府。元元贞元年（1295）升为州。明洪武二年（1369）复降为县，属苏州府。民国初属江苏苏常道。1927年直属江苏省。1992年改设吴江市。

吴兴市 1949年由吴兴县析置，属浙江省。治所在今浙江湖州市城区。1950年改名湖州市。1962年撤销，并入吴兴县。1979年复置湖州市。1981年撤销吴兴县并入湖州市。1983年湖州市升为地级市。

吴兴县 ①三国吴永安三年（260）改汉兴县置，属建安郡。治所在今福建浦城县东北后阳。隋开皇九年（589）废。

②1912年合乌程、归安二县置，属浙江钱塘道。治所在今浙江湖州市城区。1927年直属浙江省。1949年移治今湖州市东南三十六里南浔区菱湖镇。1954年复治今湖州市城区。1981年撤销。

吴兴郡 三国吴宝鼎元年（266）分吴、丹阳二郡置，属扬州。治所在乌程县（今浙江湖州市南十五里）。辖境相当今浙江北部苕溪流域全境及江苏宜兴市。东晋义熙元年（405）移治今湖州市城区。南朝梁末为震州治。旋罢震州，改属吴州。隋开皇九年（589）废。隋末复置，唐初废。天宝元年（742）尝改湖州为吴兴郡，乾元元年（758）废。

吴兴塘 在今浙江湖州市东二十五里。《元和志》卷25："吴兴塘，太守沈攸之所建，灌田二千余顷。"

吴安县 三国吴末年置，属合浦属国。治所在今广西横县西。南朝梁、陈时废。

吴孙集 即今山东曲阜市北二十六里吴村镇。清乾隆《曲阜县志》卷36："吴孙集，有集。"

吴阳 春秋战国秦邑，在今陕西陇县西南。因在吴山之阳而得名。《史记·封禅书》：秦文公"自未作鄜畤也，而雍旁故有吴阳武畤"。

吴寿县 三国吴改汉寿县置，治所在今湖南常德市东北。西晋复为汉寿县。

吴芮墓 在今江西婺源县西北镇头镇冷水亭村鸡山上。吴芮（？—前202），汉初诸侯王。初为秦番阳（今江西鄱阳县东北）令。秦末率越人起兵，被项羽封为衡山王。汉朝建立，改封长沙王。墓有三座，间距百米。墓前立封门石，围之以青石。墓碑两块，其一刻"延陵郡三十世祖汉长沙王讳芮谥吴文公之墓"，另一刻"汉长沙王吴文王芮墓"。

吴村 ①在今浙江桐庐县西北。《方舆纪要》卷90分水县：吴村在"县（今分水镇）东十里。旧置巡司，今废"。

②原名吴孙集。即今山东曲阜市北二十六里吴村镇。1912年建津浦铁路设吴村车站后改称吴村。

吴村市 即今福建松溪县东北松溪水滨吴村，近浙江庆元县界。清时有县丞驻此。

吴村镇 ①清置，属临汾县。即今山西临汾市北二十五里吴村镇。

②即今河北顺平县东北二十里吴村乡。清同治《畿辅通志》卷47完县图：东北有吴村。

吴县 春秋时吴国都城。战国秦置县，为会稽郡治。治所即今江苏苏州市。东汉为吴郡治。南朝梁太清二年（549）为吴州治。隋开皇九年（589）徙治今苏州西南横山东五里，为苏州治。大业初复为吴州治，不久改为吴郡治。唐武德四年（621）复为苏州治，七年（624）还治今苏州市。天宝元年（742）复改吴郡，乾元元年（758）仍为苏州。宋为平江府治。元为平江路治。明为苏州府治。民国初为江苏苏常道治。1927年直属江苏省。1995年由苏州市区迁治长桥镇，改设吴县市。2000年撤销吴县市，改设吴中、相城2区。

吴县市 1995年改吴县置，治今江苏省苏州市吴中区长桥镇。2000年撤销，改设苏州市吴中、相城二区。

吴陈河集 即今河南新县西北三十六里吴陈河镇。旧属光山县。民国《光山县志约稿》卷1《市集志》：吴陈河集"在城西南第六区旧通稽保，南与经扶（今新县）接界"。

吴昌县 ①三国吴改汉昌县置，属长沙郡。治所在今湖南平江县东南三十里金铺观。南朝梁属岳阳郡。隋开皇九年（589）省入罗县。

②五代晋天福七年（942）吴越改横山县置，属杭州。治所在今浙江临安市西九十八里昌化镇。北宋太平兴国四年（979）改为昌化县。

吴忠堡 明嘉靖六年（1527）置，属灵州守御千户所。即今宁夏吴忠市。1929年改为吴忠镇，属灵武县。1950年2月升为吴忠市。1963年改吴忠县。1983年复设吴忠市。1998年撤销银南地区和县级吴忠市，设立地级吴忠市和利通区。

吴岭 ①即今福建莆田市西北古岭。《明一统志》卷77兴化府：吴岭"在府城西北七里，松岭之左"。

②在今江西余江县西南。《明一统志》卷50饶州府：吴岭"在安仁县西南六十里。相传汉吴芮与车王尝战于此。其颠有洗马池，石上有巨人迹"。

吴岳（嶽）山 即岍山。在今陕西陇县西南。《续汉书·郡国志》汧县："有吴岳山，本名汧，汧水出。"

吴店镇 北宋置，属中江县。在今四川中江县南七十里双龙镇西北。

吴泽陂 即大陆泽。在今河南获嘉县、辉县市、修武县交接处。《水经·清水注》引《魏土地记》曰："修武城西北二十里有吴泽陂，南北二十许里，东西三十里。"

吴定县 西晋置，属新昌郡。治所在今越南宣光省宣光南。南齐后废。

吴房县 ①西汉置，属汝南郡。治所即今河南遂平县。南朝宋废。隋大业三年（607）改遂宁县复置，属汝南郡。唐武德四年（621）属豫州，贞观元年（627）废。八年（634）复置。宝应元年（762）属蔡州。元和十二年（817）改为遂平县。

②隋开皇十八年（598）改武阳县置，属豫州。治所在今河南西平县西南。大业三年（607）废入西平县。

吴城 ①即虞城。在今山西平陆县北。周初封虞国于此，春秋时为晋所灭。《汉书·地理志》河东郡大阳县注："吴山在西，上有吴城，周武王封太伯后于此，是为虞公。为晋所灭。"战国属魏。《史记·秦本纪》：昭襄王五十三年（前254），"秦使摎伐魏，取吴城"，即此。

②在今山西吕梁市离石区东南六十里吴城镇。《方舆纪要》卷42孝义县：吴城"战国时，魏吴起为西河守，筑此城以拒秦，因名。近时贼据吴城，从向阳峡窥汾州，即其处也"。

③即春秋吴国都城。在今江苏苏州市。《吴越春秋·阖闾内传》：阖闾使子胥"相土尝水，象天法地，造筑大城，周回四十七里。陆门八以象天八风，水门八以法地八聪"。指此。

④在今江苏宜兴市西南。《资治通鉴》：南朝宋泰始二年（466），吴喜"自国山进屯吴城"。胡三省注曰："吴城当在义兴西南，《九域志》所谓泰伯城是也。"

⑤在今江苏淮安市淮阴区西南废黄河南岸。宋南渡后，曾置县于此。《宋会要辑稿·方域六》：绍兴三年（1133）吴城县废为镇，"淮南东路安抚提刑司言，楚州吴城县所管止有八十八户，乞依旧为镇，隶淮阴县"。

⑥即今江苏泗洪县东南城头乡。《寰宇记》卷16临淮县："吴城亦名高平郡，在旧徐城北三十里，东临废通济渠。《旧经》云，太建六年陈将吴明彻于此置高平郡。隋开皇四年废。"

⑦相传五代时吴国筑，为屯戍处。故址有二，均在今江西樟树市西南。《舆地纪胜》卷34临江军：废吴城，一"在清江县（治今临江镇）西三十里建安乡"，一"在清江县（治今临江镇）西南三十五里思贤乡"。

⑧一名吴亭。在今河南获嘉县西。《魏书·地形志》南修武县："有吴城。"

⑨三国吴置，在今湖北秭归县（茅坪镇）东北茅坪镇。《舆地纪胜》卷74归州：太清镇"《元和郡县志》云，在秭归县东七里。相传云，此城居三峡要冲，塞山蛮之路，孙权于此置城以备蜀，号曰吴城"。

吴城山 在今湖北赤壁市南三十里。《方舆纪要》卷76蒲圻县"竹山"条下："又西十五里有吴城山，相传孙吴时尝筑城山下，故址尚存。"

吴城驿 明置，在今江西永修县东北吴城镇。《方舆纪要》卷84南昌府：吴城驿"在府北百二十里临江。有吴城巡司。即伍文定破宸濠处。《志》云：吴城山在府东百八十里临大江，驿盖以山名"。

吴城站 元置，在今江西永修县东北吴城镇。地当赣江入鄱阳湖之口。

吴城遗址 在今江西樟树市西南五十八里山前乡吴城。占地约4平方公里。1973年发现，1975年以来多次发掘。清理出一批房基，有回廊式建筑迹象。出土青铜器、石范、陶范、石玉器、陶器、原始瓷器等数千件，其中刻划在陶瓷器和石范上的文字符号一百四十多个。距今3000—3300年左右。吴城文化堆积分三期：第一期相当于郑州二里岗上层文化，即商代中期；第二期相当于安阳殷墟文化的早期和中期；第三期相当于殷墟文化的晚期到西周初期。是中国长江以南首次发现的商代中晚期都邑遗址。1996年定为全国重点文物保护单位。

吴城镇 ①清置，属永宁州。即今山西吕梁市离石区东南六十里吴城镇。

②金置，属临淮县。在今江苏泗洪县东南城头乡。

③即今江西永修县东北吴城镇，地当赣江入鄱阳湖之口。《清一统志·南昌府二》：吴城镇"本朝雍正七年移南康府同知驻此。乾隆三十年改属南昌府，兼移昌邑巡司驻此。四十四年裁巡司，置主簿仍驻此"。

④清置，属桐柏县。即今河南桐柏县东北二十二里吴城镇。

⑤即今河南舞阳县东三十二里吴城镇。唐元和中吴元济筑城以拒官军，平定元济后，元和十三年（818）移舞阳县治此。金泰和八年（1208）舞阳县徙今治。此地为吴城镇。

吴亭 即吴城。在今河南获嘉县西。《水经·清水注》：蔡沟"东会长明沟水，又东径修武县之吴亭北，东入吴陂"。

吴差山 即今浙江德清县老县城东南乾元山。《南齐书·沈骥士传》：骥士"隐居余不吴差山"。即此。

吴洛八桥镇 亦作吴老八桥。在今黑龙江省巴彦县西北。民国《呼兰府志》卷1：巴彦州北"吴老八桥屯……距（州）一百三十里"。

吴郡 ①西汉初以会稽郡治所在吴县，故亦称吴郡。《汉书·高帝纪》：六年（前201），"以故东阳郡、鄣郡、吴都五十三县立刘贾为荆州王"。一说楚汉之际分会稽郡置，汉武帝后废。《汉书·灌婴传》："度江，破吴郡长吴下，得吴守，遂定吴、豫章、会稽郡。"

②东汉永建四年（129）分会稽郡置，治所在吴县（今江苏苏州市）。辖境相当今江苏省、上海市长江以南，大茅山以东，浙江长兴、吴兴、天目山以东，与建德市以下的钱塘江两岸。三国吴以后逐渐缩小。南朝梁太清三年（549）改为吴州。大宝元年（550）复为吴郡。陈祯明元年（587）改置吴州，隋开皇九年（589）移治今苏州市西南横山东五里，改为苏州。大业初复为吴州，寻复为吴郡。唐武德四年（621）改为苏州，七年（624）还治今苏州市。唐天宝元年（742）又改为吴郡。乾元元年（758）复改苏州。

吴起县　1943年陕甘宁边区改吴旗县为吴起县，治所即今陕西吴起县。1949年撤销，改为吴起镇。1950年复设吴旗县。2005年改为吴起县。

吴起城　①在今河南杞县东北。《方舆纪要》卷47杞县：吴起城，"《志》云：在县东北十里。相传吴起屯兵处"。

②即今陕西吴起县城。1942年于此置吴旗县。2005年改为吴起县。

吴起镇　即今陕西吴起县城。1942年于此置吴旗县。2005年改为吴起县。

吴都　①指春秋时吴国后期都城，在今江苏苏州市。《文选》卷5左思《吴都赋》刘渊林注曰："吴都者，苏州是也。"

②指三国吴都建业，在今江苏南京市。晋左思有《吴都赋》。

吴桥县　金改吴桥镇置，属景州。治所在今河北吴桥县（桑园镇）东吴桥镇。清属河间府。民国初属直隶津海道，1928年直属河北省。1958年移治桑园镇。

吴造岘　在今湖北鄂州市西。《寰宇记》卷112武昌县：吴造岘，"《舆地志》云，孙权于樊口被风破船，凿樊岭而归，因以为名"。

吴皋县　唐天祐中改丰城县置，属洪州。治所即今江西丰城市。五代南唐复名丰城县。

吴航　即今福建长乐市驻地吴航镇。唐上元元年（760）长乐县迁治于此。

吴翁湖　一作吴公湖。即今江苏兴化市北蜈蚣湖。《舆地纪胜》卷43高邮军：吴公湖"在兴化县。《旧经》云，昔有吴尚隐居湖侧"。《清一统志·扬州府一》：吴翁湖"在兴化县北二十三里。西接海陵溪，东流为海沟河，至白驹场入运盐河。相传以吴尚隐此而名"。

吴家山　在今浙江舟山市定海区城关镇东北。《方舆纪要》卷92宁波府定海县"柯梅岭"条："邵岙在（舟山）所东北，其相近者曰吴家山，亦皆倭贼据守处也。"

吴家场　①在今四川成都市温江区西北寿安乡。民国《温江县志》卷1：吴家场"在治西三十五里吴集乡。场东南二里有鱼凫王墓"。

②即今四川荣昌县西北一百二十里吴家镇。清光绪《荣昌县志》卷2：吴家场"出场东至九板桥交大足界，西至三县寺交安岳界，北至连山坡交内江界"。

③又名有庆场。即今四川渠县西南有庆镇。清同治《渠县志》卷4：有庆场在"县南四十里，为渠、竹赴顺庆大路。此场向名吴市"。

吴家坟　在今辽宁盘山县东南。明《万历武功录》卷12《花大列传》：花大等"犯三岔河，西沙岭迤南吴家坟"。即此。

吴家店　①在今山东菏泽市西北。清同治四年（1865）四月，僧格林沁率随从冲出高楼寨捻军包围圈，至吴家店时，为捻军砍死。

②即今湖北枣阳市南三十二里吴店镇。清有主簿驻此。

吴家窑　即今河北井陉县东南二十四里吴家窑乡。清同治《畿辅通志》卷50井陉县图：东南有吴家窑。

吴家集　即今江苏沭阳县东北吴集乡。《清史稿·地理志》海州沭阳县："吴家集有汛。"

吴家渡　在今江西抚州市临川区北。《清一统志·抚州府一》：吴家渡"在临川县北二里，盱水所经。临川县界官渡凡七：曰瑶湖，曰黄塘，曰云山，曰梅洲，曰永丰，曰辜家。而吴渡尤为要津"。

吴家镇　又称老吴市。即今江苏常熟市东北七十里吴市镇。为明宣德时左都御史吴讷故里。吴姓世居于此，故名。

吴家镇寨　一名吴家店。即今河南信阳市平桥区西北七十五里吴家店镇。民国《重修信阳县志》卷6《塞堡》：吴家镇寨"即保定寨。同治五年……创修"。

吴陵　即高陵。在今江苏丹阳市西。三国吴孙坚葬此。《方舆纪要》卷25镇江府丹阳县：吴陵"在县西十五里。《志》云：孙坚葬此，亦曰高陵"。

吴陵县　唐武德三年（620）改海陵县置，为吴州治。治所即今江苏泰州市。七年（624）复名海陵县。

吴砦山　在甘肃天水市东三岔乡西。《方舆纪要》卷59秦州：吴砦山"在县东八十五里。相传绍兴末，吴璘复秦陇，尝置砦于此，山因以名"。

吴康镇　在今江苏丰县南。《资治通鉴》：唐文德元年（888），"时溥自将步骑七万屯吴康镇，朱珍与战，大破之"。胡三省注引薛居正《五代史》："朱珍攻丰，下之。时溥以全师会战丰南吴康里。"

吴章岭　在今江西星子县北四十五里。宋孔武仲《吴章岭》诗："庐山北转是吴章，岩草纷纷静有香。"

吴望山　在今湖南江华瑶族自治县南五十里。《舆地纪胜》卷58引《湘中记》曰："山本名秦山，其水鸣咽如秦川陇水。孙权未建号初，山忽声如雷，因开洞穴，石有文彩，孙权以为瑞。天宝六年敕改为吴望山。山下有岩，名秦岩，长二百九十一丈。从岩口入，用火而行，至一处如毬场平正，穴有透明。"《方舆纪要》卷81江华县：吴望山"或曰秦人尝于此避乱，旧名秦山"。

吴闸城　在今江西德兴市南。《方舆纪要》卷85德兴县"银城废县"条：吴闸城"在县南七里。世传吴芮常驰马于此"。

吴淞口　即今上海市黄浦江入长江之口。原系旧吴淞江入江口，故名吴淞口。明永乐初黄浦江改道，与吴淞江合流后仍由此入江，旧名未改。为上海市对外水运门户。

吴淞江　即松江。古称笠泽。亦名南江。又名松陵江、吴江。明、清时专称吴淞江。鸦片战争后，上海开为通商港埠，称上海境内的吴淞江为苏州河。据宋朱长文《吴郡图经续记》卷中载：北宋元丰以前，“松江正流下吴江县，过甫里（今苏州市东南角直镇），径华亭县（今上海市松江区）入青龙镇（今旧青浦）……江流自（太）湖入海，凡二百六十里”。是苏州地区重要航道。其中下游故道即今虬江道。北宋庆历间建吴江县石桥，以为运河牵路，遂使江流受阻，下泄不畅，加以中游江道委曲多弯，水流迂滞，常易漫溢成灾。嘉祐间对江鹤江至盘龙汇一段截弯取直。崇宁中，复加浚治，中游遂改由今道。元至元间，下游因受潮沙淤积，江面迅速束狭。到明初，下游淤塞严重，水患加剧。明永乐元年（1403），户部尚书夏原吉开凿黄浦江后，太湖、淀泖之水遂由黄浦入海。天顺二年（1458）开凿吴淞口下游自新泾至庄家泾一段新道。嘉靖元年（1522）、隆庆三年（1569），相继开导吴淞江入黄浦的新道，于是下游全部改徙今吴淞江，成为黄浦江的一条支流。

吴淞江千户所　明洪武十九年（1386）置，属太仓卫。治所在今上海市宝山区旧城东北一里。《方舆纪要》卷24苏州府嘉定县：吴淞江守御千户所，“翁大立曰：吴淞所为水陆要冲，苏松喉吭，北可以扼长江之险，南可以援金山之急。故汛守特重”。嘉靖初因海潮侵蚀，东北隅渐倾圮，乃于旧城西南一里筑土城，十九年（1540）移治土城，三十一年甃以砖，称为新城，即原宝山县城。清顺治初改为吴淞营。雍正三年（1725）置宝山县于此。

吴淞铁路　清光绪元年（1875）由英商“吴淞铁路公司”擅筑，次年通车。从上海苏州河北岸经江湾至吴淞口。计15公里。光绪三年（1877）由清政府出资赎回拆除。

吴塔　即今江苏常熟市西南吴塔镇。明、清时置巡司于此。

吴越国　五代十国之一，系钱镠建立的地方政权。唐昭宗景福二年（893），钱镠为镇海军节度使、浙西观察使、润州刺史，乾宁三年（896）兼镇东军节度使，据有两浙。五代梁开平元年（907）太祖封钱镠为吴越王，遂立吴越国，定都杭州（今浙江杭州市）。辖境相当今浙江全省、江苏南部及福建北部。前后共历三世、传五主、七十二年。北宋太平兴国三年（978）纳土归宋。

吴堡县　金正大三年（1226）升吴堡砦置，属葭州。治所即今陕西吴堡县东北吴堡城。清乾隆元年（1736）改属绥德州。1914年属陕西榆林道。1928年直属陕西省。1936年迁治宋家川（今吴堡县）。

吴堡砦　北宋置，属石州定胡县。即今陕西吴堡县东北四里吴堡城。《宋史·夏国传》：开宝九年（976），李克睿“率兵破北汉吴堡砦”。即此。金正大三年（1226）升为吴堡县。

吴集市　即今湖南衡东县东南三里吴集镇。旧属衡山县。清《乾隆内府舆图》：衡山县东南有吴集市。

吴御（禦）城　即今浙江海盐县治。《旧唐书·地理志》苏州海盐县：“开元五年复置，治吴御城。”唐以来皆为县治。

吴塘　①在今江苏太仓市西三里。《方舆纪要》卷24太仓州：吴塘“南贯娄江，径吉泾入嘉定界，又南会于顾浦，其北径湖川塘，达七鸦浦”。

②在今江苏丹阳市东。《方舆纪要》卷25镇江府丹阳县：吴塘在“县东七十里，周四十里。半入金坛县界。《志》云：梁吴游所造”。

吴塘陂　又名吴陂堰。在今安徽潜山县西二十里。为三国魏刘馥所开。《三国志·魏书·刘馥传》：东汉末，“兴治芍陂及茄陂、七门、吴塘诸堨以溉稻田”。《方舆纪要》卷26潜山县：吴塘陂在“县西二十里，潜水所注也”。

吴溪水　即今广东仁化县和韶关市曲江区境之锦江。《明史·地理志》仁化县：“西北有吴竹岭，吴溪水出焉，下流为潼溪，入浈。”

吴滩场　即今重庆市江津区西南吴滩镇。清光绪《江津县志》卷2：吴滩场“距城七十里”。

吴旗县　1942年陕甘宁边区由靖边、定边、志丹三县及甘肃庆阳县析置，属陕西省。治吴起镇（今陕西吴起县）。1943年曾改名吴起县，后以习惯仍称吴旗县。1949年9月撤销。1950年复置吴旗县。2005年改为吴起县。

吴旗革命旧址　在今陕西吴起县驻地吴旗镇。1935年10月19日，中共中央和中央红军到此与陕北红军胜利会师，结束了举世闻名的二万五千里长征。1959年为纪念长征修建有革命烈士纪念塔。现存有毛泽东、周恩来旧居和中央红军政治部旧址。2006年定为全国重点文物保护单位。

吴寨　即今山东临清市西南五十二里英烈屯。1944年日军侵入吴寨，与抗日部队发生激战，为纪念死难烈士，于当年改名英烈屯。

吴镇墓　在今浙江嘉善县城魏塘镇。《清一统志·嘉兴府一》：吴镇墓“在嘉善县治东梅花庵”。吴镇系元代著名画家。

吴潭镇　即今安徽青阳县东北木镇。清乾隆《青阳县志》卷1：吴潭镇“在县东北二十五里。俗呼木竹潭”。

吴憾山　在今浙江德清县东二十四里。《方舆纪要》卷91德清县“奉国城”条：“县治西南一里吴憾山，亦曰城山。《城冢记》：昔吴王夫差憾越王伤其父，进军伐之，筑垒于此。”故名。

助马堡　在今山西大同市西北八十里助马村。《方舆纪要》卷44大同府：助马堡在“府西北百里。嘉靖二十四年筑，万历初增修，周二里有奇”。清雍正七年（1729）置助马路巡司于此。

县门驿　明置，属感恩县。在今海南省东方市南感城镇。

县市镇　即今安徽繁昌县西北长江边之新港镇。《方舆纪要》卷27繁昌县：县市镇“在县西四十里，稍北即旧县治也。《志》云：旧县治后山绝顶，上有缥缈台，下临大江，与濡须津相对。宋熙宁中易名曰表里江上台”。

县头镇 清置，属陇州。即今陕西宝鸡市陈仓区西北县功镇。

县西堡 在今四川筠连县西。《方舆纪要》卷70筠连县：县西堡在“县西二十五里。明初置。亦叙南卫官军戍守”。

县后（後）沙 在今上海市崇明县东北。《方舆纪要》卷24太仓州崇明县：县后沙“亦在旧县东。嘉靖四十四年，倭寇据县后沙，总兵郭成击擒之。《海防考》：三爿之北，匾担沙为重；三爿之南，县后沙为重”。

县坝场 即今重庆市黔江区东北县坝场。清光绪《黔江县志》卷2：县坝场在“县东三十里，通咸丰道”。古石城县治此，古城遗址尚存。

县坑港 在今湖北赤壁市西北。《方舆纪要》卷76蒲圻县：县坑港“在县西北八十里。县境之水，多由此通大江”。

县底墟 即今广西容县东北三十里县底镇。清光绪《广西舆地全图》容县图：东北有县抵（底）墟。

县河 ①即今安徽含山县南得胜河。源出含山县西北丘陵地带，东流经和县金河口入长江。《方舆纪要》卷29含山县：县河在“县南一里。一名观音河。县西北诸山涧之水，会流至城西二里，合清江断涧，其流始大，可以通舟。又东至和州新河口入大江”。

②即今湖北京山县南涢水。《方舆纪要》卷77京山县：县河“在县治南。县境西北诸水皆汇于此，下流至景陵县蒿台湖入汉江”。

③在今湖南华容县南。《方舆纪要》卷77华容县：“县河在县城南。《志》云，县东北一里曰北河，县东南一里曰南河，流经县南三十里，曰县港口。又东为紫港，流经青草湖，委曲百折，达于洞庭湖。俗亦谓之华容湖。”

县河镇 在今湖北竹溪县东六十里。明成化年间曾置巡司于此。清有把总驻防。

县度山 亦作悬度山。指今克什米尔北部之兴都库什山或喀喇昆仑山及帕米尔南部山地。《汉书·西域传》：乌秅国“其西则县度……县度者石山也，溪谷不通，以绳索相引而度”。《魏书·西域传》：阿钩羌国“国西有县度山，其间四百里中，往往有栈道，下临不测之渊。人行以绳索相持而度，因以名之”。《新唐书·西域传》：喝盘陀“直朱俱波西，南距县度”。自汉以来，为我国西域重要山道所经。

县前水 即今江西上犹县南上犹江。《明一统志》卷58南安府：县前水“在上犹县治南。源发自县西，会北胜水、横水、礼信水、料水、稍水，流经县前下入南野水”。《方舆纪要》卷88南安府上犹县：县前水“在县城南。源出桂阳县益浆镇，‘浆’亦作‘将’。流经县西四十里曰米洲水，有斗水亦自益将分流至此，合为一川，经县城南而为县前水。合群川东南下，入南康县界之南野水，合章水”。

县前江 ①即今江西分宜县南袁河。《方舆纪要》卷87袁州府分宜县：县前江“在县城南，即秀江也。自宜春县流入界，经昌山峡而东，澄澈环抱，出钟山峡，入新喻县界”。

②即今海南省临高县东文澜河。明正德《琼台志》卷5：县前江“在（临高县）城南。源自背腰岭，流绕县前入海”。

县前河 ①即今湖北麻城市南之举水。《方舆纪要》卷76麻城县：县前河“在县治南。源出河南光山县境之黄土关，至县东南下流入黄冈县之长河，出团风口入江”。

②在今湖北黄梅县南。《方舆纪要》卷76黄梅县：县前河“其源有三：一出龙坪山，一出县北三十里之小溪山，一出县东北五十里之鼓角山，合流至县前，由小池口入江”。

③即今湖北兴山、秭归县境之香溪河。《明史·地理志》兴山县：“南有香溪，亦曰县前河，南流入江。”

④即今湖北武汉市黄陂区南滠河下游。《方舆纪要》卷76黄陂县“滠河”条下：“县前河在县治南一里。上接滠河。春夏水涨，武湖、石子湖之水泛溢入焉，往往为害，下流亦通沙河口入江。”

⑤在今湖北省大冶市南。《方舆纪要》卷76大冶县：县前河“在县南。西境诸水皆汇流于此，潴为金湖，又县东六十里入兴国州界，注于沣源湖”。

县前溪 ①在今福建大田县南。《方舆纪要》卷97大田县：县前溪“在县治南。源出德化县界，环绕北出，县境诸溪涧水悉流入焉，东北入尤溪县境。亦谓之大溪，即尤溪之上源也”。

②即今广东平远县北之仁居河。《方舆纪要》卷103平远县：县前溪“在县治（今仁居镇）南。源出项山，东流入镇平县，达大埔县之三河”。

县桥市 亦作院桥市。即今浙江黄岩市南院桥镇。明万历《黄岩县志》卷1：县桥市“在县南三十里”。

县郭镇 亦作县廓镇。在今广西武宣县西南六十里通挽镇。明、清置巡司于此。

县街 即今云南安宁市西南二十二里县街镇。元、明时为三泊县治。

县廓镇 在今广西武宣县西南六十里通挽镇。明置县郭镇巡司。清作县廓镇巡司。

里（裏）大洞 在今江西萍乡市南三十里。《方舆纪要》卷87萍乡县：里大洞“山圆如覆钟。有两洞相接：上洞口在山趾，石田广袤；下洞口出山腹，巨石如屏。中有小溪。宋建炎初，避乱者多归焉。巨寇张成攻围数日，洞中人仰射，贼有死者，乃却。两洞广可容千人”。

里（裏）水墟 又名桃子堡。即今广东佛山市南海区北里水镇。明置金利巡司于此。康熙《南海县志》卷2:“里水墟在半冈堡。”清光绪《广东舆地全图》:南海县西北有里水墟。

里(裏)长山列岛 指今辽宁南部长山群岛北部诸岛。包括长海县大小长山岛、广鹿岛等。以与外长山列岛相对，故名里长山岛。民国徐曦《东三省纪略》卷4:“里长山列岛，为三大岛与数小岛之总称。”

里仁汛 在今广西隆林各族自治县东南。《清史稿·地理志》西隆州:“州城有里仁汛。”有外委驻守。

里仁集 即今江苏泗阳县东北五十里里仁乡。清乾隆《淮安府志》卷5:桃源县有里仁集。

里(裏)化厅 清光绪三十四年(1908)改顺化县置，属康定府。治所即今四川理塘县。1913年改为理化县。

里(裏)化县 即顺化县。今四川理塘县。《清史稿·地理志》康定府里化县:“光绪三十二年设里化县，三十四年升厅。”同书《四川土司传》:光绪三十二年(1906)“改里塘为顺化县”。

里乌宗 又作哩乌、列乌、柳吾、柳宗、乃乌宗。治所即今西藏堆龙德庆县东柳梧。“里乌”，藏语意为山岩角、小山咀。

里方 在今越南莱州省西北部。清代为临安府纳楼土司辖地。《滇南界务陈牍·普界陈牍·涠江东岸边界图册》:“黑玉顶山，夷曰旧米拉山，为元江属六能与临安属里方交界地。”

里心保 即今福建建宁县西里心镇。明洪武三年(1370)西安巡司迁此。正德十五年(1520)移邱坊隘。

里(裏)田驿 在今江西萍乡市西。南宋范成大《骖鸾录》:乾道九年(1173)闰正月二十九日，“发萍乡，宿里田驿”。即此。

里田堡 即今湖南宜章县东北八十里里田乡。《方舆纪要》卷82宜章县“白沙镇”条下:“又有里田堡，正德中置。”

里乐长官司 明置，治所在今贵州麻江县西谷硐镇。后废。

里庄 即今四川冕宁县西南雅砻江东岸里庄乡。藏语名“木里庄”，意即地势高，风景美之地。1952年设金矿县于此。

里州 元世祖至元二十六年(1289)置，属建昌路。治所在今四川布拖县(特木里)。明洪武十五年(1382)属建昌府。后废。

里(裏)护塘 在今上海市东部海滨。北起长江口南岸，南至杭州湾。始筑于北宋，南宋乾道八年(1172)重修，从而使塘内大片农田免遭潮水浸害。

里(裏)岛 又作俚岛。即今山东荣成市东北俚岛。清《乾隆内府舆图》作里岛。

里社堤(隄) 在今湖北潜江市南。《方舆纪要》卷77潜江县:里社堤“在县南。有里社穴，西南通江陵之漕河。宋乾道七年湖北漕臣李焘修潜江里社堤，是也”。

里耶塘 即今湖南龙山县南一百五十二里之里耶镇。清光绪《湖南通志》卷1龙山县图:县南有里耶塘。“里耶”系土家语，意为“拖土”。相传古代以人力拖犁耕地，故名。

里松乡 即今广西贺州市东北里松镇。清置巡司于此。

里松峒 即今广西贺州市北里松镇。《方舆纪要》卷107贺县:里松峒“在县东北。其地有锡矿七处。万历初，以税使开采，聚徒基祸，寻复封闭。附峒豪强私擅其利，时有攘夺之衅。今置里松土巡司”。

里(裏)河 即今江苏里运河。《明史·河渠志·运河上》:“明初运粮，自瓜、仪至淮安谓之里河。自五坝转黄河，谓之外河，不相通。”

里亭县 即默亭县。治所在今宁夏泾源县北大湾乡瓦亭村。《魏书·地理志》作里亭县。王仲荦《北周地理志》指出“里”为“默”之残字。

里(裏)洞 即今广东新兴县南里洞镇。清光绪《广东舆地全图》:新兴县南有里洞。

里(裏)洞营 即今广东新兴县东南里洞镇。《方舆纪要》卷101肇庆府新兴县“张公脑营”条:里洞营“在县南四十里。嘉靖二十七年置”。

里移得建河 即今新疆呼图壁县之呼图壁河。《新唐书·地理志》北庭大都护府:“张堡城守捉又渡里移得建河。”即此。

里麻土司 明永乐六年(1408)置里麻长官司，直属云南都司。在今缅甸北部迈立开江与恩梅开江间的江心坡。明末废。清称其地为江心坡。

里麻长官司 明永乐六年(1408)析孟养地置，直属云南都司。在今缅甸北部迈立开江与恩梅开江间的江心坡。明末废。

里(裏)塘土司 清康熙五十七年(1718)置里塘宣抚司，治今四川理塘县。光绪三十二年(1906)设流官，置里化县。三十四年升为里化厅。1913年改为理化县。

里(裏)塘宣抚司 即理塘宣抚司。治所即今四川理塘县。清乾隆《卫藏通志》卷4:里塘“层峦叠障，道路纡回，为西藏要地。有正副土司二员”。

里(裏)楚河 亦作里楮河。即今四川理塘、木里县境之里塘河(木里河)，为雅砻江支流。清乾隆《卫藏通志》卷3:里楮河“在里塘门首。河源出瓦述长垣蒙了沙，向东南流，至眉目喇卡哈雅入内地”。

园头村 在今广东潮安县南。明洪武四年(1371)移枫洋巡司治此。嘉靖末废。

园池 在今吉林安图县西南长白山之白头山东侧赤峰附近。《长白山设治兼勘分奉吉界线书》:“池深而圆，形如荷盖，因名园池。”《清史稿·地理志》安图县:“西二百里布尔瑚里有天女浴池碑，土人呼园池。”今园池面积约四公顷。

园池县　北魏置，为梁宁郡治。治所在今甘肃酒泉市境。西魏废。

园林堡　宋置，在今陕西志丹县东四十里。元废。

园疃镇　即今安徽肥东县西北八十里元疃镇。《九域志》卷5：慎县有"袁团"镇，即此。

围头　即今福建晋江市南围头。其地三面临海，一面依陆。南宋赵汝适《诸蕃志》卷上：毗舍耶国"宋淳熙间国之酋豪带率数百辈猝至泉之水澳、围头等村，恣行凶暴，戕人无数"，即此。南宋嘉定时，以海寇冲突，围头守臣真德秀移宝林寨兵戍之，立寨曰宝盖，元寨废。明初又置围头巡司。清有把总驻此。

围头屯　在今湖北襄阳市樊城北。《三国志·魏书·徐晃传》：刘备军"围头有屯，又别屯四冢。晃扬声当攻围头屯，而密攻四冢"。

围头镇　即今福建晋江市南围头。《清一统志·泉州府》：围头镇"在晋江县南一百里。宋置宝盖寨。《旧志》：宋淳熙十三年，于泉州城南十里置宝林寨，城东十五里置法石寨。嘉定十一年，以海寇冲突围头，守臣真德秀移宝林兵戍围头，立寨曰宝盖，即此"。

围场厅　清光绪二年（1876）改木兰围场置，属直隶承德府。治所在今河北围场满族蒙古自治县东南二道沟。光绪六年（1880）迁治县东克勒沟。1913年改为围场县。

围场县　1913年改围场厅置，后属直隶热河道。治所在今河北围场满族蒙古自治县东克勒沟。1928年属热河省。1931年移治锥子山，即今治。1956年属河北省。1989年改设围场满族蒙古族自治县。

围坊遗址　在今天津市蓟县东六里。其地发现新石器时代遗址。出土铜器、石器、骨器、陶器等近百件；有铜刀、铜耳环、石簇、穿孔石斧等。经鉴定，约有四千余年历史。

围底墟　即今广东罗定市东南三十里围底镇。明万历《广东通志》卷62：罗定州有围底墟。

围炉山　在今湖北大冶市东。《明史·地理志》大冶县："又东有围炉山，出铁。"

围洲　即今广西北海市南大海中围洲岛。《寰宇记》卷169引《交州记》云："合浦十八里有围洲，周围一百里。其地产珠。"《明一统志》卷82廉州府：围洲"在珠母海中。周围一百里。昔有野马渡此，又名马渡"。《清一统志·廉州府》：围洲"明万历六年移雷州民耕住其地。十八年设游击镇之。二十八年移于永安所"。

围津　即白马津。一名垝津。在今河南滑县东北古黄河东岸。《史记·曹相国世家》：曹参"至河内，下修武，渡围津"。《水经·河水注》："白马有韦乡、韦城。故津亦有韦津之称。"

围脑山　在今广东从化市西十三里。《方舆纪要》卷101从化县：围脑山，"其上有仰天湖，又西为三将军山"。

围道山　在今河北徐水县西北四十五里。《方舆纪要》卷12安肃县：围道山"四面高爽，中央为大谷，豁然平旷，道路围绕其内，故名"。

围趣栅　在今陕西眉县东南。南北朝时置栅于此。《资治通鉴》：南朝梁中大通二年（530），北魏万俟丑奴围岐州，遣尉迟菩萨"自武功南渡渭，攻围趣栅"。即此。

困山　一名坤山。即今山东东平县西北五十八里东平湖西岸昆山。《清一统志·泰安府一》"金山"条："其南为坤山，亦曰困山。上有马跑泉，东有蟾蜍峡、莲花沿，南有玉灵崖、石室洞，下有饮马泉。"

呀色里敏山　在今新疆拜城县北一百二十里。清宣统《新疆图志》卷60：呀色里敏山"产铁。铁厂水出焉，南流入木札拉提河"。

呀峻山　在今云南安宁市西北五里。《方舆纪要》卷114安宁州：呀峻山"在州西北五里。州之主山也。山有煎盐水"。

呕夷川　一作沤夷川。即滱水西源，今山西浑源县东南之唐河。《周礼·职方》："正北曰并州……其川虖池、呕夷。"一说指祁夷水，即今山西广灵和河北蔚县境内桑干河支流壶流河。

呕夷泽　一名沤洟泽。在今山西平遥县西南与介休县交界处。《水经·汾水注》："汾水于（大陵）县左迤为邬泽，《广雅》曰，水自汾出为汾陂。其陂东西四里，南北十余里，陂南接邬。……《吕氏春秋》谓之大陆。又名之曰沤洟之泽，俗谓之邬城泊。"《清一统志·汾洲府》称即为古昭馀祁，又名蒿泽。

呕罕河卫　明永乐六年（1408）置，属奴儿干都司。在今黑龙江省桦南县南倭肯河流域。后废。

吽吽坝　亦作牛牛坝。即今四川美姑县西南牛牛坝乡。《清史稿·四川土司传》：宣统元年（1909），马边厅阿侯苏噶支杀英传教士于连渣脑，清兵征剿，"两军于十月二十五日贯通凉山夷巢，会于吽吽坝"。即此。

听（聽）山　在今陕西汉中市西北。《水经·沔水注》：埍水"北发听山，山下有穴水"。《舆地纪胜》卷183兴元府：听山"在南郑县西北二十八里。西抵埍水小溪。《图经》云：仙人唐公房尽室飞升，其埍归，惟闻空中歌乐之声"。

听（聽）水　在今山东济南市东北二十里。《水经·济水注》："巨合水又北，听水注之。水上承泺水，东流北屈又东北注于巨合水。"元于钦《齐乘》卷2"泺水"条谓"听水即今之响河"。

听（聽）水亭　在今河南许昌市市区西西湖上。《清一统志·许州二》：听水亭，"宋苏轼尝卜宅其南。辙有诗"。

听（聽）杂阿布河　旧为叶尔羌河上源之一。即今新疆叶城县西南提孜那甫河。清乾隆《西域图志》卷28：听杂阿布鄂斯腾"在叶尔羌城东南五十里。源出库克雅尔塔克，北流出山，经沙图……会哈喇乌苏，入叶尔羌谔斯腾"。宣统《新疆图志》卷69：叶尔羌河"一源出英艾达坂，为听杂布河。西北流折而东北流，过叶城县入莎车府境，又东南流入巴楚州境为资拉甫河，左与泽普勒善河会”。自清末起不入叶尔羌河。“听杂阿布”，意为河流平缓。

听（聽）讼观 三国魏洛阳楼观。在今河南洛阳市东北汉魏故城中。《三国志·魏书·明帝纪》：太和三年（229），“改平望观曰听讼观。帝常言‘狱者，天下之性命也’，每断大狱，常幸观临听之”。

听（聽）松石 在今江苏无锡市西惠山寺金莲池上。横卧寺内，石长六尺，上镌唐李冰阳篆文“听松”二字。皮日休《惠山听松庵》诗：“松子声声打石床”，即此。

听（聽）松庵 在今江苏无锡市西惠山寺桃花坞下。《清一统志·常州府二》：听松庵，“明洪武中，僧普真即绣岭亭故址为庵。植松其中，因以为名。秋涛轩内有王绂画及竹茶炉故迹”。

听（聽）政殿 在曹魏邺北城北部宫殿官署区东部，今河北临漳县西南邺镇北。晋左思《魏都赋》曰：“左则中朝有赩，听政作寝。”李善注：“中朝，内朝也。……文昌殿东有听政殿，内朝所在地。”

吟山 在今江西宁都县北。《寰宇记》卷108虔州虔化县：“虔化水，源出吟山。”《清一统志·宁都州》：吟山“在州北一百二十里”。

吹 在今哈萨克斯坦楚河沿岸地区。《清一统志·伊犁》：吹“在伊犁西北。自图斯池西北二百里至萨勒齐图，又西北行五百余里，统名曰吹。其地水草丰饶宜游牧。其东北为伊尔该图鄂拉，又北逾山，接左哈萨克界”。清朝巡边必至于此。

吹台（臺） 在今河南开封市东南。上有禹庙，俗称禹王台。传为先秦时建筑。西汉梁王增筑。后毁于兵燹。《水经·渠水注》：渠水“更南流，径梁王吹台东。《陈留风俗传》曰，（浚仪）县有仓颉、师旷城，上有列仙之吹台”。西晋末，乞活居之，称乞活台。今名繁台。

吹角坝 在今重庆市綦江县南石壕镇吹角乡。《舆地纪胜》卷180南平军：吹角坝“去军四十里。有古摩岩”。

吹冷多拉土司 清雍正时置，属西宁办事大臣。为玉树四十族之一。驻牧地在今青海囊谦县东境。清末民初为吹灵多多寺，附属拉休土司。

吹没辇 即碎叶水，亦名吹河。今吉尔吉斯斯坦及哈萨克斯坦境内之楚河。元《长春真人西游记》：“宣差阿狗追饯师于吹没辇之南岸。”

吹佳勒坡巴朗宗 即垂佳普郎城。在今西藏琼结县。清乾隆《西域同文志》卷18：“西番（藏）语：吹佳勒，谓法王；坡巴朗，禅院也。城有诸们汗迈阿克楚木院宇，故名。”

吹河 即碎叶水，亦作吹没辇。即今吉尔吉斯斯坦及哈萨克斯坦境内之楚河。《清一统志·伊犁》：吹河“在伊犁西北。源出图斯池西北山，流经浑都赖山，又西北分支东行，为诸浑池，又西北经流千里。伊犁西北境之巨川也”。清代巡边必至于此。

呜咽泉 在今陕西绥德县东五里。《清一统志·绥德州》：“《名山记》，相传秦扶苏赐死处。”唐胡曾《杀子谷》诗：“至今谷口声呜咽，犹似秦人恨李斯。”

吼西关 在今四川叙永县西南。《清一统志·叙永厅》：吼西关“在厅南一百二十里，与镇雄州接壤”。

町店 即今山西阳城县北町店镇。1938年6月，八路军第115师曾在此袭击日本侵略军，称为“町店战斗”。

足木宗 即觉木宗。治所在今西藏林芝县西北足木。

足滩堡 在今广西昭平县西北桂江东岸续滩。《方舆纪要》卷107平乐县“广运堡”条下：“足滩堡在府江东岸，距府城九十里。正德二年置城于此。有门三，寻圮。万历三十年复修筑。”

虬山 在今湖北鄂州市西南一百五十里。《舆地纪胜》卷81寿昌军：虬塘“在武昌县南百五十里。有虬山，山之阴有龙穴。《搜神记》云：居民见神虬飞翔，祷雨即应”。

虬江 曾名旧江。在今上海市中部，为吴淞江下游故道。《方舆纪要》卷24苏州府嘉定县“蟠龙江”条下：“虬江南接中槎、下槎二浦，县境东南诸浦港多汇于此，南入吴淞江。”

虬津市 即今江西永修县西北虬津镇。清同治《江西全省舆图》卷14：建昌县西北有虬津。

邮亭铺 即今重庆市大足县东南邮亭镇。清嘉庆《四川通志》卷89大足县：邮亭铺“在县东八十里”。

邮亭墟 一名小东陆市。即今湖南永州市东北二十里邮亭圩镇。清光绪《湖南通志》卷1零陵县图：县东北有邮亭墟。

邮棠 春秋时齐地。在今山东平度市东南。《左传》：襄公十八年（前555），晋、宋、鲁、卫联军大败齐师，“齐侯驾将走邮棠”，即此。

串场河 在今江苏长江以北境。南段在启东、海门、南通、如东、如皋等县市境，入运盐河。《清一统志·通州》载：串场河“在州东北。串吕四、余东、余中、余西及金沙、西亭、石港诸场，出丁堰闸，会于运盐河。一从立发河进口，串丰利、掘港、马塘三场，亦出丁堰闸，会于运盐河。宋咸淳五年，李庭芝为两淮制置使，凿河四十里通运盐河，即此”。北段南承运盐河，北流至东台市东南，经富安场，沿范公堤，西北流，经东台市西，入兴化市东境，北流贯盐城市境，至阜宁县南入射阳河。《方舆纪要》卷23兴化县“海沟河”条下引《泰州志》：“串场河自州东之西溪，引流而东北，经东台场，又北至河垛场，又北至丁溪、草堰二场，西去兴化县百十里，又北至白驹场，西南去县西二十里，又北至刘庄场，又北至盐城县之伍佑、新兴二场，又北过天妃、石砨、庙湾等口而入海。经流于中十场之间，故谓之串场河。”

员山 又作圆山。在今福建漳州市西南十里。《方舆纪要》卷99漳州府“名第山”条下：“又城西南十里有员山，前后望之，分十二面，因名。山有琵琶坂，上为石池。”

员乡　即郧乡。今湖北郧县。《三国志·蜀书·刘封传》：东汉建安年间，刘备“加（申）耽征北将军，领上庸太守员乡侯如故”。

员冈市　在今广东广州市番禺区北员冈村。清同治《番禺县志》卷18：墟市有“员冈市”。

员水　①即今广东潮州市韩江。《水经·泿水注》：员水“东历揭阳县，而注于海”。

②即斤南水。今广西西南部之左江。《汉书·地理志》临尘：“又有斤员水；”领方：“斤员水入郁。”标点本均改作“斤南水”。东汉时又称南水。

员州　唐置羁縻州，属邕州都督府。治所在今广西崇左、大新、天等附近之地。北宋属邕州左江道。后废。

员鱼溪　在今江西定南县北。《方舆纪要》卷88赣州府定南县：员鱼溪“在县（治今老城镇）东北百里。源出南康垇之分水会龙头岭下，诸水流入信丰县界，经龙洲及内江渡，会大河。大河即桃江矣”。

员背屿　即今台湾省澎湖县东北员贝屿，在白沙岛东约四里。西南隅有员贝村。清蒋毓英《台湾府志》卷3载：员背屿，郑氏时“居民甚众，今止零落一二家”。

员渠城　汉魏西域焉耆国都城。即今新疆焉耆回族自治县。《魏书·西域传》：世祖诏万度归讨焉耆国，“击其边守左回、尉犁二城拔之，进军向员渠。……进屠其城”。即此。

员僚寨　在今江西樟树市西南。《方舆纪要》卷87临江府清江县：员僚寨在“府（治今临江镇）西南六十里，接新喻、高安两县界。寨盖唐曹王皋所立，同员僚守之，因名”。

邑川县　隋开皇末改邑阳县置，属虢州。治所在今陕西洛南县东北。大业初并入朱阳县。

邑川城　一名窦门城。在今河南灵宝市东北。《水经·河水注》：烛水“又东北径邑川城南。即汉封窦门之故邑，川受其名，亦曰窦门城，在函谷关南七里”。

邑卢没国　古国名。故地或以为在今缅甸勃固附近。为古代从中国南部至印度半岛的海上交通线所经。《汉书·地理志》：“自日南障塞、徐闻、合浦船行可五月，有都元国；又船行可四月，有邑卢没国。”

邑市县　元世祖至元十三年（1276）置，属路南州。治所在邑市城（今云南宜良县东北十二里北古城镇）。明弘治三年（1490）废入路南州。

邑次县　隋开皇初改广武县置，属凉州。治所在今甘肃永登县。寻复为广武县。开皇中复名邑次县。大业二年（606）改名允吾县。

邑阳县　西魏置，属上洛郡。治所在今陕西洛南县东北。后为邑阳郡治。隋开皇末改为邑川县。

邑阳郡　西魏置，治所在邑阳县（今陕西洛南县东北）。辖境相当今陕西洛南县东北部地。隋初废。

邑城　在今湖北襄阳市西南。《水经·沔水注》：“沔水又东南径邑城北，习郁襄阳侯之封邑也，故曰邑城矣。”

邑城镇　即今河北武安市北邑城镇。清乾隆《武安县志》卷3集镇：邑城在“县北四十里”。

邑梅场　即今重庆市秀山土家族苗族自治县南梅江乡。明置邑梅洞长官司于此。清光绪《秀山县志》卷1：邑梅场在“县南六十里”。

邑梅河　即今重庆市秀山土家族苗族自治县西南梅江河。清光绪《秀山县志》卷1：太阳山在“县西一百三十里。邑梅水出焉，东南流五十里屈废邑梅司北”。《清史稿·地理志》秀山县：“邑梅河在东南，有红河溪会嘉塘河东北流注之，又与北河合。”

邑梅沿边溪洞军民府　元末明玉珍改佛乡洞长官司置，属沿边溪洞军民宣慰司。治所在今重庆市秀山土家族苗族自治县南一百里梅江镇（邑梅场）。明洪武八年（1375）改为邑梅洞长官司。

邑梅洞长官司　明洪武八年（1375）改邑梅沿边溪洞军民府置，属酉阳宣慰司。治所在今重庆市秀山土家族苗族自治县南一百里梅江镇（邑梅场）。永乐初改属重庆卫。清顺治初复属酉阳宣慰司。雍正十二年（1734）改隶黔彭厅。乾隆元年（1736）废。

邑梅营　清嘉庆二年（1797）置，设守备驻防，属重庆镇。在今重庆市秀山土家族苗族自治县南一百里梅江镇（邑梅场）。

别十八里　即别失八里。在今新疆吉木萨尔县北破城子。《元史·世祖纪》：至元二十三年（1286），“遣侍卫新附兵千人屯田别十八里，置元帅府即其地总之”。即此。

别儿真站　明初改元卑里真站置，在今俄罗斯哈巴罗夫斯克边疆区黑龙江下游付答河口以下。明《辽东志》卷9：海西东水陆城站有狗站“别儿真站”。后废。

别山店镇　清置，属蓟州。即今天津市蓟县东南三十里别山镇。因别山而名。为蓟县通河北玉田县要道。

别古庄　即今河北永清县东三十里别古庄镇。清乾隆《永清县志》图：东有别古庄。

别石八里　即别失八里。在今新疆吉木萨尔县北破城子。《元史·宪宗纪》：二年（1252），“分迁诸王于各所：合丹于别石八里地”。

别石把　即别失八里。西辽属地。在今新疆吉木萨尔县北二十五里破城子。元耶律楚材《西游录》上：“金山之南隅有回鹘城，名曰别石把。”即此。

别失八里　又作别十八里、别石八里、别失拔里、别失八剌哈思、别石把、鳖思马。即今新疆吉木萨尔县北破城子。《元史·地理志·西北地附录》：元世祖至元二十年（1283）置别失八里、和州等处宣慰司。二十三年（1286）置别失八里元帅府。后属察合台汗国。汗国分裂后，其后裔黑的儿火者汗徙都于此，统辖汗国东部地。史称别失八里国。突厥语，别失为五，八里为城。“别失八里”意即五城。

别失八里、和州等处宣慰司 元世祖至元二十年（1283）置，治所在别十八里（今新疆吉木萨尔县北二十五里破城子）。后废。

别失八里等处行尚书省 蒙古宪宗元年（1251）置，治所在别失八里（今新疆吉木萨尔县北二十五里破城子）。后废。

别失八剌哈思 即别失八里。在今新疆吉木萨尔县北破城子。《元史·明安传》：世祖至元二十三年（1286），明安“至别失八剌哈思之地，与海都军战有功”。即此。

别失拔里 即别失八里。在今新疆吉木萨尔县北破城子。《元史·脱烈海牙传》：脱烈海牙“世居别失拔里之地”。即此。

别故河 在今河北滦县西。《方舆纪要》卷17滦州“横河”条下：“又有别故河，在州西北二里。发源州西北庙儿山，东南流，过岩山下……下流俱注于滦河。”

别思满 在今四川小金县北。《清史稿·海兰察传》：乾隆三十八年（1773）征金川，“海兰察皆领队常青等将八千人自达木巴宗北山取道分三路进，夺别斯满大小十余寨”。即此。四十一年（1776）于此设别思满屯守备。

别思寨长官司 明宣德十年（1435）置，属松潘卫。在今四川松潘县北水晶乡南黑斯寨。后废。

别笃山 即毕道山。在今内蒙古额济纳旗北。《明史·冯胜传》：洪武五年（1372）命胜为定西将军讨扩廓帖木儿，“至亦集乃路，守将卜颜帖木儿亦降。次别笃山，岐王朵儿只班遁去，追获其平章长加奴等二十七人及马驼牛羊十余万”。即此。

别烈可站 元置，在今俄罗斯哈巴罗夫斯克边疆区黑龙江下游库穆苏之下别勒尔屯。元《经世大典》：辽阳等处行中书省所辖狗站有“别烈可站”。明改卜勒克站。

别蚌寺 即布雷峰寺。在今西藏拉萨市西北。清乾隆《卫藏通志》卷6：“布赖蚌寺俗名别蚌寺。”

别叠里达坂 亦作别牒里。在今新疆乌什县西北别迭里河源附近与吉尔吉斯斯坦分界处。清光绪十年（1884）不平等的《续勘喀什噶尔界约》规定：“自别牒里山豁起，往南顺天山岭，至图永苏约克山豁为止。”

岍山 一作汧山。又名岳山、吴岳山、吴山。即今陕西宝鸡市陈仓区西北吴山。《尚书·禹贡》：“导岍及岐。”即此。

岐 在今陕西岐山县东北。《诗经·大雅·绵》：周先祖“古公亶父，来朝走马，率西水浒，至于岐下”。即此。

岐山 ①在今山西孝义市西。《尚书·禹贡》：“治梁及岐。”《方舆纪要》卷42以为即孝义县境内之狐岐山。一说在今陕西岐山县。

②一名石桥岩。在今安徽休宁县西，西接黟县界。齐云山主要山峰之一。《方舆胜览》卷16徽州：岐山“在休宁县西六十里，有石室、石桥，垂瀑百仞。乾元中，有道士龚栖霞隐此”。

③在今福建龙海市西北。宋郭功父有《岐山仙亭岩十咏》。《清一统志·漳州府》引《府志》：岐山“由文山逾溪以北，曰鹤鸣山，亦名石壁山，其下为云洞。又北而岐者为岐山，二峰连峙，延袤十里许，秀耸龙江之上，岩壑奇胜。又有千人洞，洞口狭而暗，中甚宽朗，容千人。唐黄巢之乱，民多避难于此”。

④在今浙江宁波市鄞州区西。《方舆纪要》卷92宁波府鄞县：岐山“在府西三十里，亦曰旗山。宋建炎中，金人犯境，张俊尝屯兵于此”。

⑤在今新疆巴楚县东。《新唐书·地理志》引贾耽《四夷路程》：“渡赤河，经岐山。”

⑥亦名天柱山。俗称箭括岭。在今陕西岐山县东北七十里，山有两岐，故名。《尚书·禹贡》：“导岍及岐。”《诗经·大雅·皇矣》：“古公亶父，来朝走马，率西水浒，至于岐下。”即此。

岐山县 隋开皇十六年（596）改三龙县置，属岐州。治所在今陕西岐山县东北五十里岐山南。《寰宇记》卷30岐山县：“在岐山之阳，因山为名。”大业初属扶风郡。九年（613）移治今岐山县东北八里。唐初属岐州。武德元年（618）移治张堡垒（今岐山县东北岐阳村附近）。七年移治龙尾驿城（今岐山县东南二十里故郡乡）。贞观八年（634）移今岐山县。至德元年（756）后属凤翔府。民国初属陕西关中道。1928年直属陕西省。

岐山郡 西魏改平秦郡置，属岐州。治所在雍县（今陕西凤翔县东南）。辖境相当今陕西凤翔及麟游县西部，岐山、扶风二县北部地。隋开皇三年（583）废。

岐平镇 北宋改岐平县置，属奉国县。即今四川苍溪县东北一百里岐坪镇。

岐头寨 在今浙江乐清市南三十里黄华镇岐头村。《方舆纪要》卷94乐清县：岐头寨“在县西南……海舟经此，必舣舟而后行，谓之转岐”。

岐州 ①北魏太和十一年（487）置，治所在雍城镇（今陕西凤翔县东五里）。辖境相当今陕西周至、麟游、陇县、宝鸡、太白等市县地。隋开皇元年（581）移治雍县（今凤翔县）。大业三年（607）改为扶风郡。唐武德元年（618）复为岐州，天宝元年（742）又改为扶风郡。

②南朝梁天监末置，治所在房陵县（今湖北房县）。西魏改为光迁国。

岐阳县 唐贞观七年（633）置，属岐州。治所即今陕西岐山县东北五十里岐阳村。《元和志》卷2：“以在岐山之南，因名。”二十一年（647）废。永徽五年（654）复置，至德后属凤翔府，元和三年

(808) 废。

岐阳宫　在今陕西凤翔县东五里。《元和志》卷2凤翔府（岐州）：“后魏太武帝于今州理东五里筑雍城镇，文帝改镇为岐州。隋开皇元年，于州城内置岐阳宫，岐州移于今理。”

岐阳镇　北宋置，属扶风县。即今陕西岐山县东北岐阳村。

岐来山　即今台湾省花莲县西北，与南投县交界处之萕莱主山。《清史稿·地理志》台东州：“北：岐来山。”

岐沟　一作奇沟、祁沟。在今河北涿州市西南三十里。唐末设岐沟关于此。

岐沟关　亦作祁沟关。在今河北涿州市西南三十里岐沟村。《宋史·曹彬传》：雍熙三年（986）四月，“又与米信破契丹于新城，斩首二百级。五月，战于岐沟关，诸军败绩”。即此。

岐坪县　亦作岐平县。西魏废帝三年（554）改宋安县置，属宋熙郡。治所在今四川苍溪县东北一百里岐坪镇。隋属义城郡。唐武德七年（624）属西平州。贞观二年（628）属利州，开元二十三年（735）属阆州。天宝初属阆中郡，乾元初属阆州。宝历元年（825）废，天复中复置。北宋熙宁三年（1070）废入奉国县。

岐岭　在今湖北罗田县东北。《方舆纪要》卷76罗田县：岐岭在“县东百三十里。《志》云，岐岭连接多云，实为天险，其上有四关。北越光、汝，南出蕲、黄，东走淮西，此为径道”。

岐岭关　明置，在今湖北罗田县东北一百八十里。《方舆纪要》卷76罗田县：岐岭关“在岐岭上，有中岐岭、下岐岭二关”。

岐岭墟　即今广东五华县西北岐岭镇。清同治《广东图说》卷90：长乐县有岐岭墟汛。

岐周　即西周。周族古公亶父因受戎狄威逼，自豳（今陕西彬县）迁居岐山下周原（今陕西岐山县东北）。故称岐周。

岐峒　在今海南省万宁市西北。《方舆纪要》卷105万州：岐峒“在州西北。岐人所居。岐人又在生黎之外，亦有生、熟二种，居五指山中，历代不宾。黎人惧之。《隋志》所谓㐌也。永乐三年，尝设土官统之，寻革。宏治中，始为‘寇’。正德七年，官军讨之，不克。嘉靖以来，常为寇暴。黄佐曰：黎外有岐，黎所惧者岐也。生岐疆界，由琼抵崖，不过三百余里。自儋达万，不过二日余程。候彼三八月饥荒，分兵四面，开示信义，彼必听从。乘此开路，可立衙门，岐既从而黎伏矣”。

岐亭　在今湖北宜昌市西陵区西北西陵峡口。《隋书·杨素传》：大举伐陈，“陈南康内史吕仲肃屯岐亭，正据江峡”。《方舆纪要》卷78夷陵州：岐亭“在西陵峡口”。

岐亭河　即今湖北东北举水。《寰宇记》卷131黄州麻城县：岐亭河“在县西北八十里。唐武德三年于县置亭州，取此为名”。

岐亭桥　在今湖北麻城市西南七十里岐亭镇。《清一统志·黄州府二》：岐亭桥“相传苏轼与陈慥曾游此。相近有苏步桥，亦为苏、陈游处”。

岐亭镇　北宋置，属麻城县。即今湖北麻城市西南岐亭镇。

岐愜县　西晋置，属巴西郡。治所在今四川苍溪县东北一百里岐坪镇。南朝宋废。

岐棘山　又名骑立山、五朵山。即今河南镇平县西北九十里五垛山。《水经·湍水注》：涅水“出涅阳县西北岐棘山”。

岠嵎山　在今山东栖霞市东二十里。岠嵎水出此。《宋史·仁宗本纪》：庆历六年（1046）三月，“庚寅，登州地震，岠嵎山摧”。《金史·仆散安贞传》载：益都杨安儿起义，据登州，金将仆散安贞败之。其后，“杨安儿与汲政等乘舟入海，欲走岠嵎山，舟人曲成等击之，坠水死”。即此。山产金，亦名金山，即黄银坑。

岘山　①即今江苏镇江市西南大小岘山。《宋书·符瑞志》：“宋武帝永初元年九月庚辰，甘霖降丹徒岘山。”元《至顺镇江志》卷7：岘山“在（丹徒）县西南五里”。

②在今浙江湖州市南五里。《寰宇记》卷94：岘山“本名显山，晋太守殷康于山下起显亭。以唐庙讳改之”。

③一名三丘山。即今浙江东阳市南双岘峰。《元丰九域志》卷5：婺州东阳县“有岘山”。《方舆纪要》卷93东阳县：三丘山在“县南八里……晋义熙间，殷仲堪为守，尝登此，郡人比之羊叔子，因名岘山”。

④在今山东烟台市牟平区宁海镇东北二十里。《寰宇记》卷20牟平县：岘山“与卢山相连，上有东牟侯祠。按：晏谟《齐记》云：卢山东北有东牟大岘山”。

⑤一作凿砚。在今河南信阳市南。《明史·地理志》：信阳州“有岘山”。

⑥又作岘头山。在今河南灵宝市东北。《新唐书·地理志》陕县：“有岘山。”《方舆纪要》卷48灵宝县：岘山“在县东三十五里，山连陕州界。曹阳水出焉。形似襄阳岘山，因名”。

⑦一名岘首山。在今湖北襄阳市南。《三国志·吴书·孙破虏讨逆传》：坚讨荆州，击破刘表将黄祖，“追渡汉水，遂围襄阳，单马行岘山，为祖军士所射杀”。《晋书·羊祜传》：“祜乐山水，每风景，必造岘山，置酒言咏，终日不倦。”及祜卒，“襄阳百姓于岘山祜平生游憩之所建碑立庙，岁时飨祭焉”。

岘冈水　即今广东江门市新会区西南之潭江。《明史·地理志》新会县：“西南有恩平江，一名岘冈水。”

岘头山　即岘山。在今河南灵宝市东北。《史记·陈涉世家》索隐引小颜（师古）云：曹水“出陕县西南岘头山，北流入河”。

岘关 即黄岘关的简称。在今河南罗山县西南。《梁书·武帝纪》：普通五年（524），“攻岘关”，即此。

岘江 亦名双溪水。在今江西分宜县南。《方舆纪要》卷87袁州府分宜县：岘江“在县（旧治）南五十里。自南境之双源、里源发源，会于雷同岭下，入章溪，至石磊下为岘江。筑陂溉田数千亩”。下流入袁江。

岘首山 即今湖北襄阳市南之岘山。唐韩愈《送李尚书逊赴襄阳八韵得长字》诗：“风流岘首客”，指此。《宋史·孟宗政传》：南宋嘉定十年（1217），金人犯襄阳，“宗政午发岘首，迟明抵枣阳，驰突如神。金人大骇，宵遁”。

罗（罗，同蜀 shǔ） 一作罟。殷武丁时方国。周为荀国。在今山西临猗县西南。《殷墟书契前编》8·3·8片：“至罗，我又事”；《殷虚文字乙编》1811片：“至罗，亡祸”，即此。

岗上村 即今河北藁城市西二十五里岗上镇。清康熙《藁城县志》卷1：西有岗上村。

岗山 在今山东邹城市北五里。《方舆纪要》卷32邹县“距越山”条下：“又有岗山，《志》云：山分南北两冈，并高耸。”山北麓有著名的岗山摩崖石刻。

岗巴宗 原西藏地方政府设，治所即今西藏岗巴县岗巴学。藏语意为近旁、雪山附近。1960年撤销，并入定结县。1962年析置岗巴县。1964年又撤销。1965年再次从定结县划出，复设岗巴县。

岗洼村 即今北京市丰台区西南二十里王佐镇东南南岗洼。为南北交通要道。清同治《畿辅通志》卷46房山县图：县东北冈窪村。民国《房山县志》图作王岗洼。

岑山 ①在今浙江龙游县西南。《新唐书·地理志》：衢州龙丘县“有岑山”。《方舆纪要》卷93龙游县：岑山“在县南十五里。自金华望之，正当其面，因名婺女照台山，俗呼笔架山”。

②一名潭溪山。在今山东淄博市博山区东八十里。汉刘向《列仙传》下“鹿皮公”称：“岑山上有神泉，人不能至也。”即指此山。

岑冈 在今广东和平县北。《方舆纪要》卷88赣州府定南县：岑冈在“县（治今老城镇）西二十五里，与龙南及广东和平县接境”。《清一统志·赣州府一》：岑冈“在定南厅西南，隔溪二十里，与广东和平县接界。旧为贼大薮，明嘉靖三十年，和平民李鉴作乱，据岑冈为巢，官军进讨，逾年始降。万历十四年，和平盗李珍等，复据岑冈作乱，以上陵为巢，官军讨平之，因设岑冈营”。

岑冈营 在今广东和平县北上陵镇西北岑江圩。《方舆纪要》卷103和平县：岑冈营“在县东北三十里（按，据《清一统志》，当在县东北六十里），北通江西定南县下历保及安远县黄乡保诸处，旧屡为贼巢。万历十四年设岑冈营，拨兵戍守”。清顺治十三年（1656）设守备驻防。

岑水 在今广东翁源县西北。《方舆纪要》卷102翁源县：岑水“在县（治今翁城镇）北。源出羊径。一名铜水。可浸铁为铜，水极腥恶。两旁石色皆赤，不生鱼鳖禾稼之属，与曲江县胆攀水同源而异流，入英德县界，会于清溪水”。

岑水场 在今广东翁源县西北。《舆地纪胜》卷90韶州：岑水场“出产银铜。庆历七年置。……《舆地广记》云：崇宁元年升涔水场为建福县。今无此县”。

岑公岩 一名岑公洞。在今重庆市万州区南隔江一里。《舆地纪胜》卷177万州：岑公岩“在大江之南。广六十余丈，深四十余丈。一石岩溜，盘结状若华盖，左为方池，有泉涌出岩詹，遇盛夏注水如帘松篁藤萝，蓊郁葱翠，真神仙窟。唐刺史马冉云：南溪有仙洞，咫尺非人间”。隋末岑公道愿避乱隐岩下，故名。

岑头坡 一名琴图。在今湖南吉首市西南。清严如熤《苗疆险要考》：岑头坡在“城西南五十里，坡高十余里。磴路层累，下临幽涧，其险与天门山相埒。生苗凭以为固。路通南鸦保寨，西南与平隆各险寨径路相通”。清乾隆征苗时设台站于此。

岑头洲 即百里洲。在今湖北枝江市南部长江南岸。《舆地纪胜》卷64引《元和志》云：“洲长百里，其西首曰岑头，昔岑彭讨公孙述，曾经憩于此，因名曰岑头洲。”

岑巩县 1930年改思县置，属贵州省。治所即今贵州岑巩县。据《清一统志·思州府》：岑巩山“在府城西二十里。峰峦层叠，连亘百里”。县因岑巩山为名。按：岑巩，侗语意为大山。

岑仰山 在今重庆市秀山土家族苗族自治县西南一百二十里。《明一统志》卷33平茶洞长官司：岑仰山“在司治西。巍然拔秀，仰望可爱”。

岑江 在今广西玉林市西北。《清一统志·郁林州》：岑江“在兴业县南八里。源出葵山之东南，流经县城东，名通济江，汇慕思江。水绕县东南，分二流：一经县城南曰通津江；一西南流，经县南八里，曰岑江。皆西流入龙穿江”。

岑阳山 在今福建武夷山市东北。《方舆纪要》卷97崇安县：岑阳山“在县东北八十里。有岑阳关，接江西上饶县界”。

岑阳关 ①在今福建武夷山市东北。《清一统志·建宁府》：岑阳关“在崇安县东北一百二十里，陡入江西永丰县界，东达浦城之二渡关，北出江西上饶县界。广谷深林，常为盗薮”。

②在今江西上饶县东南一百二十里。《方舆纪要》卷85广信府上饶县：岑阳关“山溪丛杂，径路崎岖。又东至浦城县之二渡关三十里，为江闽之间道”。

岑阳岭 在今江西上饶县南。《清一统志·广信府一》：岑阳岭“在上饶县南百里。岭势峥嵘，上侵云表，江闽自此分界”。岭有岑阳关。

岑陂 在今福建武夷山市东南。《方舆纪要》卷97崇阳县：岑陂“在县东南三十里。有四源：一曰籍溪，出县东黎岭；一曰潭溪，出县东六十余里之拱辰山；一曰瞿溪，出县东北之梅岭；一曰黄石溪，出县东南柳源村，会于岑陂，至黄亭（今兴田镇）而注于大溪”。

岑河口市 即今湖北荆州市东南（沙市区东南）岑河镇。清光绪《湖北全省分图》：江陵县东南有岑河口市。

岑药（藥）洞 在今贵州三穗县西八里。《方舆纪要》卷122镇远府邛水十五洞长官司：岑药洞“崆峒深邃，莫测其际”。

岑原丘 即崟原丘。在今河南巩义市北。《方舆纪要》卷48作“岑原丘”。

岑峰山 在今山西静乐县城东。《清一统志·忻州》：岑峰山“在静乐县治东五十步，冈峦延亘，城之东北隅跨其上”。

岑彭城 在今湖北枣阳市东北三十里。《舆地纪胜》卷88枣阳军：岑彭马城“在县东北。水中有石羊虎存焉”。《清一统志·襄阳府》：岑彭城“《元统志》：岑彭城在枣阳县东北三十里。相传彭征秦丰时，筑城牧马于此”。

岑港 在今浙江舟山市舟山岛西海岸之岑港镇。元《大德昌国州志》卷4：岑江港“去州西北三十里，旧谓之六国港口。南北舟舶辐辏于此，亦海州之一镇也”。《方舆纪要》卷92宁波府定海县：岑港“在舟山所西北，有巡司戍守，海口冲要处也。嘉靖中屡为倭贼所登劫，后遂倚险列栅，据守其地”。

岑嶅山 在今贵州施秉县东南。《方舆纪要》卷122镇远府施秉县：岑嶅山“元末有陈元帅者屯兵于此，营垒尚存”。

岑溪市 1995年撤销广西壮族自治区岑溪县，改设岑溪市，市人民政府驻岑城镇。属梧州地区。1997年由梧州市代管。

岑溪县 唐至德二年（757）改龙城县置，为连城郡治。治所在今广西岑溪市东二十里。《元一统志》：岑溪“在岑溪县界。县因此溪而取名”。乾元初为义州治。北宋初迁于今岑溪市，为南义州治。太平兴国初为南仪州治。熙宁四年（1071）属藤州。明洪武十年（1377）属梧州府。民国初属广西苍梧道。1928年直属广西省。1995年改设岑溪市。

岑麓山 在今贵州施秉县东南。明曹学佺《名胜志》：“四面陡立，冈陇重复。初县治在从化镇，正统十四年苗叛县毁。景泰间招抚复业，依此以居。”

岚下街 即今福建顺昌县东北岚下乡。清时瓯宁县丞驻此。

岚山头 即今山东日照市西南岚山区驻地岚山头街道。岚山头，又名岚山头口，明洪武年间建村。《清一统志·沂州府》载：鳌头山“在日照县安东废卫东南三里。又岚头山，在卫东南七里，诸山皆与卫城联络相映”。又，《清史稿·地理志》山东沂州府日照县西南沿海有“涛雒口、涨雒口、岚头山口”。历史上的岚山头村及今之岚山头街道当以岚头山或岚头山口而得名。

岚山县 唐贞观七年（633）置，属南州。治所在今重庆市綦江县南。次年废入三溪县。

岚山集 即今江苏睢宁县西北岚山镇。《清一统志·徐州府二》“莹桂集”条下：岚山集“在县西四十里”。

岚州 ①唐武德六年（623）改东会州置，治所在宜芳县（今山西岚县北二十五里岚城镇）。《元和志》卷14岚州：“因州西岢岚山为名。”辖境相当今山西岢岚、兴县、岚县、静乐等县地。天宝元年（742）改为楼烦郡，乾元元年（758）复为岚州。蒙古至元二年（1265）废。五年（1268）复置，属冀宁路。明洪武初降为岚县。

②即岩州。在今四川泸定县北岚安乡。《清史稿·唐希顺传》：康熙三十九年（1700），昌则集列为乱，“侵据河东乌泥、苦泥、岚州、善庆、擦道诸处，戕明正长河西土司蛇蜡喳吧”。

岚县 明洪武初降岚州置，属岢岚州。治所在今山西岚县北二十五里岚城镇。清属太原府。民国初属山西冀宁道。1930年直属山西省。1950年移治东村（即今岚县）。

岚谷县 唐长安三年（703）置，属岚州。治所即今山西岢岚县。《元和志》卷14岚谷县：“因岚谷为名。”神龙二年（706）废，开元十二年（724）复置岚谷县。北宋太平兴国五年（980）为岢岚军治。熙宁三年（1070）废，元丰六年（1083）复置岚谷县。金大定二十二年（1182）为岢岚州治。元初废。

岚河 ①在今山西静乐县西南。《清一统志·忻州》：岚河“源出太原府岚县，即渌水，大贤二河下流，径古石门入县界，合龙泉水，又十五里过进牛村东北入汾”。

②在今陕西安康市西南。《水经·沔水注》：“汉水又东径岚谷北口，嶂远溪深，涧峡险邃，气萧萧以瑟瑟，风飕飕而緌緌，故川谷擅其目矣。”疑即此。《清一统志·兴安府一》：岚河“在安康县西南七十里。源出四川太平厅，北流经平利县西南界，经化龙山，又北至安康县西入汉。以两岸山多岚气，故名”。

岚城县 隋大业八年（612）置，属楼烦郡。治所在今山西岚县北二十五里岚城镇。唐武德四年（621）改为宜芳县。

岚皋县 1917年改砖坪县置，属汉中道。治所即今陕西岚皋县。1928年直属陕西省。

岚漪河 又名岢岚河。为黄河支流。在今山西岢岚县南。《方舆纪要》卷40岢岚州：岚漪河“在州城西南。源出州东五十里黄道川北之分水岭，经乏马岭西，与舟道沟水合流，又西南合巨麓岭水，西流经兴县界入大河”。

岜马甲 即今广西巴马瑶族自治县。《明史·地理志》田州：“北有岜马甲巡检司。”清改为岜马镇。

岜马镇 即今广西巴马瑶族自治县。《清一统志·思恩府》：岜马镇“在土田州北岜马山下。明嘉靖七年王守仁抚定田州土目卢苏等，因分州地置十八巡司，以卢苏为岜马甲司”。

岜仆（僕）山 在今广西隆安县西南四十里。《方舆纪要》卷110隆安县：岜仆山“有岩可容数百人。旧为夷贼渊薮，设县以来，稍稍敛迹”。《清一统志·南宁府一》：岜仆山，“《郡志》作岜幞山。上一石突出，似幞头，故名”。

岜团桥 在今广西三江侗族自治县西北独峒乡岜团村边孟江河上。为清代侗族风雨桥。始建于清光绪二十二年（1898），宣统二年（1910）建成。桥呈东西向，长50米，宽4.5米。桥基由两侧的石台与中央的石墩组成，墩台上架圆木梁，间隔横木，层层挑出，形成叠梁式桥身。桥体分两层，人畜分道而行。人行道在上，高2.4米，宽3.1米；畜行道在下，高1.9米，宽1.4米，这在当时属于比较先进、合理的设计。桥上亭廊具有侗族传统建筑风格，梁架为杉木制作的穿斗式构架。此桥集桥、亭、廊为一体，造型独特，选址得当，在设计与建造上具有一定的科学价值。2001年定为全国重点文物保护单位。

岜皂山 在今广西大化瑶族自治县西北都阳镇北。《清一统志·思恩府》：岜皂山“在都阳土司北三里，为司治后屏”。

岜炉江 在今广西天等县西北。《明史·地理志》都康州：“西有岜炉江，下流合于通利江。”

岜空山 在今广西隆安县西三十里。《方舆纪要》卷110隆安县：岜空山“高出众山，山顶有岩，流泉下注大江”。

岜笔山 在今广西德保县北。《明一统志》卷85镇安府：岜笔山“在府城北。上有数峰相连”。

岜崙村 即今广西河池市西北岜仑村。清光绪《东华录》：光绪三十一年（1905）二月，农民义军“窜河池属之六甲岜崙，陆荣廷率军渡江截剿”。即此。

岜等墟 在今广西马山县西岜等村。《清一统志·思恩府》：岜等墟“在旧城土司东北五十里红水江南，与兴隆土司接界”。

财丘县 南朝梁置，属财丘、梁兴郡。治所在今安徽临泉县境。北周废。

财丘郡 南朝梁置，治所在财丘县（今安徽临泉县南）。辖境相当今安徽临泉县地。北齐废。

财州 东魏改财丘郡置，治所在财州城（今安徽临泉县境）。《方舆纪要》卷21颍州：财州城在“州西南百十里。……今有二土城，相去二、三里，土人呼曰东才城、西才城”。北齐废。

财演镇 五代南唐保大间（后周广顺初）改洋宁镇置，属邵武县。即今福建光泽县治。北宋太平兴国六年（981）置光泽县。

杳磊驿 在今广东徐闻县东南海安镇。《方舆纪要》卷104徐闻县：杳磊驿“在海安所城中。其南有杳磊浦”。

杳磊站 元置，在今广东徐闻县东南二十里海安镇。

杳磊浦 在今广东徐闻县东南海安镇南。《方舆纪要》卷101徐闻县：杳磊驿“南有杳磊浦”。

〔丿一〕

针路国 故地或以为在今缅甸南部之丹老附近，或以为今印度洋中之马尔代夫。元汪大渊《岛夷志略》：针路“自马军山水路，由麻来坟至此地”。

钊田墟 即今江西上高县西南四十二里钊田街。清同治《江西全省舆图》卷6：瑞州府上高县西南有钊田。

牡丹山 在今陕西延安市南。《方舆纪要》卷57延安府：牡丹山“在府城南四十里。多产牡丹，名曰花原头”。

牡丹江 古名忽汗河、活罗海川、胡里改江、忽儿海河、瑚尔哈尔。即今黑龙江省东南部松花江支流牡丹江。光绪《吉林通志》卷22：混同江“又东径妙噶珊站南，牡丹江自南来注之。牡丹江自其发源之处言之也，到宁古塔以下曰瑚尔哈，亦曰虎尔哈，即唐之忽汗，金之呼里改路，元之忽尔哈路。《明一统志》所谓胡里改江”。

牡丹江市 1937年伪满置，为牡丹江省公署驻地。治所即今黑龙江省牡丹江市。1943年10月后为东满总省公署所在地。1945年划归松江省，为松江省会。1954年划归黑龙江省，仍由省直辖（地级）。

牡丹江省 1937年伪满置，省会在牡丹江市（今黑龙江省牡丹江市）。辖境相当今黑龙江省牡丹江、宁安、东宁、穆棱等市县地。1945年日军投降后废。

牡丹江站 在今黑龙江省牡丹江市。《清史稿·地理志》宁安府：东清铁路有“牡丹江站”。

牡丹社 在今台湾省屏东县东南牡丹乡（石门村）东北十六里牡丹村。原为高山族排湾人村社。清同治十三年（1874）牡丹社人民在此英勇抵抗日本侵略军。

牡丹坪 在今四川都江堰市西南八十里长平山。《方舆胜览》卷55永康军：牡丹平，“自青城之长平山，扪萝而上，由鸟道三十里许，有平阜数十亩，高树蔽天，春深先花后叶，状如芙蕖，香类牡丹”。

牡丹岭 在今吉林敦化市南、安图县西，为长白山支脉。是牡丹江与松花江上游之分水岭。《清史稿·地理志》敦化县：“西南牡丹岭，牡丹江出东北。”

牡丘 春秋齐地。在今山东茌平县东十里。《春秋》：僖公十五年（前645），“公会齐侯、宋公、陈侯、卫侯、郑伯、许男、曹伯，盟于牡丘”。即此。

牡蛎口 在今山东利津县东北一百二十里，大清河入海之口。清咸丰五年（1855）大清河为黄河所夺，则黄河由此入海。

牡猪砦 在今四川兴文县西南。《明史·刘显传》：

万历六年（1573），镇压戎县都掌蛮，攻九丝城，“阿二、方三走保牡猪寨。……诸军攻牡猪，擒方三”。即此。

牤牛河 古为候水。即今内蒙古奈曼旗东南、辽宁北票市东部之牤牛河。为大凌河支流。民国《朝阳县志》卷14：“牤牛河为古力古畜大庙河下流，一名土力根河，又名土木伦河，距县一百六十里。”

告 即郜。西周封国，姬姓。在今山东成武县东南。春秋时为宋所灭，后又属鲁。

告平城 一曰高平城。在今陕西华阴市西三十里敷水之西。《水经·渭水注》：敷水“北径告平城东。耆旧所传，言武王伐纣，告太平于此，故城得厥名”。俗讹为窦建德城。

告成县 唐万岁登封元年（696）改阳城县置，属洛州。治所在今河南登封市东南告成镇。神龙元年（705）复为阳城县，二年（706）又改为告成县。开元初，属河南府。天祐二年（905）改为阳邑县。

告成镇 即今河南登封市东南二十四里告成镇。唐曾置告成县于此。

告河 即今河北行唐县西之郜河。《方舆纪要》卷14行唐县：告河“源出杨川岭，流经县治南，又东入新乐县之沙河”。《清一统志·正定府》作郜河。

我罗城 在今甘肃平凉市北。《晋书·赫连勃勃载记》：东晋义熙五年（409），“勃勃又攻（姚）兴将金洛生于黄石固，弥姐豪地于我罗城，皆拔之”。即此。《清一统志·平凉府二》：“黄石即百泉废县，我罗城在黄石东。”

我撒剌 在今新疆乌恰县西北。顾炎武《天下郡国利病书》卷117《西域土地人物略》：“又西为尚力，又西二百里为我撒剌（其西南为计敌巴什，西北为赛兰）。”

乱山 在今甘肃榆中县东北八十里。《方舆纪要》卷60金县：乱山，“其山绵延数百里，稠叠数百峰，参差远近，乱如列戟，黄河经其中，亦郡境之襟要”。

乱石山 在今广东广州市东北。《舆地纪胜》卷89广州：乱石山“在蒲涧后，（唐）杜审言诗曰：乍将云鸟极，还与星河次；上耸忽如飞，下临如欲坠”。即此。《方舆纪要》卷101广州府南海县“白云山”条：“乱石山在府东北二十里。山高险，与白云山相连。一名白云后洞，亦曰紫云洞。”

乱石站 元置，在今江西万载县西南。明废。

乱岭口关 一名乱岭关。明置，在今山西浑源县东北乱岭关村。《清一统志·大同府》：乱岭口关“在浑源州东四十里恒山左胁，路通广灵县。明洪武七年设巡司，后裁”。

乱岭关水 在今山西浑源县东北。《清一统志·大同府》：乱岭关水“在浑源州东四十里。西流入浑河”。

乱柳 在今山西沁县南十里段柳村。《资治通鉴》：五代梁开平二年（908），“周德威等退屯乱柳”。《宋史·地理志》威胜军：“太平兴国三年于潞州铜鞮县乱柳石围中建为军。”

乱礁洋 即今浙江象山县东北、舟山市普陀区南东磨盘洋。《方舆纪要》卷92宁波府定海县“海”条：“由东而南接象山县界，《志》云：……乱礁等洋抵象山县之钱仓所而止，皆嘉靖中控御倭夷处。”

利人市 又名西市。隋大兴城（今陕西西安市）两大市场之一。在大兴城西部，西接群贤、怀德二坊，东连延寿、光德二坊，北邻醴泉坊，南靠怀远坊。徐松《唐两京城坊考》卷4载：醴泉坊“次南西市。隋曰利人市”。《太平御览》卷191载：“西市在醴泉坊（南）。隋曰利人市，因有西市署。”

利人县 北周改狄道县置，属中部郡。治所在今陕西黄陵县西北四十里。隋废入三川县。

利人渠 ①在今河南三门峡市。有南、北两渠：北渠隋筑，引橐水（今三门峡市青龙涧河）西北入陕城（今三门峡市西）。《元和志》卷6陕州陕县：“北利人渠，隋开皇六年，文帝遣邳国公苏威引橐水西北入城，百姓赖其利，故以为名。”南渠唐筑，自硖石（今陕县东南）界引水入陕城。《新唐书·地理志二》陕州：“有南、北利人渠。南渠，贞观十一年太宗东幸，使武侯将军丘行恭开。”

②在今河南沁阳市东。《方舆纪要》卷49怀庆府河内县：利人渠“在府城东。隋开皇中，卢贲为怀州刺史，决沁水东注，名之曰利人渠”。

③在今四川江油市东北。《新唐书·地理志》阴平县：“西北二里有利人渠，引马阁水入县溉田。龙朔三年，令刘凤仪开，宝应中废。后复开，景福二年又废。”

利山 在今广东新兴县北、高要市西南。《元和志》卷34广州新会县：“利山在县南一百七十里。上多沉香木。”《寰宇记》卷163新州新兴县：利山“在新会县东（按：当西之误）一百七里。《南越志》云，此山多沉香木”。《清一统志·肇庆府》：利山“在新兴县北五十里。高二百余仞，周七十余里。崚嶒多草木，与高要、高明接界”。

利川市 1986年撤销湖北省利川县，改设利川市，市人民政府驻都亭解放路。属鄂西土家族苗族自治州。1993年属恩施土家族苗族自治州。

利川县 清雍正十三年（1735）置，属施南府。治所即今湖北利川市。光绪《利川县志》卷12：“利川，后周置盐水县。而县西南革井溪，旧亦有盐水。举利川者辄曰革井。”县以革井溪为名。民国初属湖北荆南道。1921年属施鹤道。1932年直属湖北省。1986年改设利川市。

利马窦和外国传教士墓地 在今北京市西城区车公庄大街南面。利马窦（1552—1610），是明代意大利来华的天主教著名传教士，曾致力于中西文化交流，传授自然科学知识。万历年病逝在北京，葬于此。传教士南怀仁、汤若望墓分别居利马窦墓左、右侧。利马窦墓东侧还立有明、清外来传教士墓碑五十九通。

2006年定为全国重点文物保护单位。

利乡侯国　西汉元朔四年（前125）封城阳共王子婴为侯国，属东海郡。治所在今江苏赣榆县西四十里古城村。元狩三年（前120）改为利成县。

利丰（豐）县　唐开元十年（722）置，属莫州。治所在今河北任丘市东五十里长丰镇。同年改为长丰县。

利丰（豐）监　北宋初置盐监，属通州。在今江苏南通市南三里。《寰宇记》卷130利丰监："管八场：西亭、利丰、永兴、丰利、石港、利和、金沙、余庆。"《宋史·食货志四》："通州利丰监（岁鬻盐）四十八万九千余石。"

利丰（豐）堤　在今山东广饶县城北。《方舆纪要》卷35乐安县"巨洋水"条下："又有利丰堤在县城北。成化十七年，知县沈清筑。"

利丰（豐）镇　金置，属盐山县。在今河北黄骅市境。

利水　①即今广东仁化县和韶关市曲江区境之锦江。《水经·溱水注》："东江又西，与利水合。出（曲江）县之韶石北山……南注东江。"

②即通利江。今广西大新县西南之桃城江。《清一统志·太平府》：通利江，"《旧志》：一名大利江，亦曰利水。自龙英笔架山发源，东南流经全茗土州西，又东南径茗盈土州㞦湾界，又南径养利州西北、思城废州东，又东南径太平土州东，又南入左江"。

③即今云南江川县东北星云湖。唐代称利水。《新唐书·地理志》：从曲江"又经通海镇百六十里，渡海河、利水至绛县"。

利仁州　明永乐五年（1407）属交州府。治所在清廉县（今越南北部南河省之清廉）。辖境相当今越南南河省部分地。宣德二年（1427）后入安南。

利仁镇　在今山东东平县西南旧县乡南大吉城。北宋太平兴国二年（977）徙东阿县治此。金为利仁镇。

利未亚州　亦作亚非利加州。即今非洲。为地球七大洲之一。《明史·外国传七·意大里亚》："万历时，其国人利玛窦至京师，为《万国全图》，言天下有五大州。……第三曰利未亚州，亦百余国。"

利民场　清天津府盐场之一。在今河北黄骅市西南三十二里北毕孟村。雍正年间废。

利民县　金承安五年（1200）改利民寨置，属兴州。治所在今河北隆化县北。泰和四年（1204）废。

利民堡　在今山西朔州市西五十五里利民镇。《方舆纪要》卷40崞县：利民堡，"（明）弘治二年筑，嘉靖二十七年、万历四年增修，周三里有奇。东去朔州六十里，北至老营堡九十里，备兵使者驻焉"。

利民寨　金置，在今河北隆化县北。《金史·地理志》兴州：承安五年（1200），"改利民寨为利民县"。即此。

利成县　①西汉元狩三年（前120）改利乡侯国置，属东海郡。治所在今江苏赣榆县西四十里古城村。东汉改为利城县。西晋复改利成县。南朝宋废。唐武德四年（621）复置，属海州。八年（625）省入怀仁县。

②即利城县。治所在今江苏江阴市西五十里利港镇。《南齐书·州郡志》作"利成"。

利州　①南朝梁置，治所在今越南义安省河静西南。隋开皇十八年（598）改为智州。

②西魏废帝三年（554）改西益州置，治所在兴安县（隋改绵谷县，即今四川广元市）。隋大业三年（607）改为义城郡。唐武德元年（618）复为利州，天宝元年（742）改为益昌郡，乾元元年（758）又改为利州。辖境相当今四川广元、旺苍、青川及陕西宁强等市县部分地。乾宁四年（897）于此置昭武军节度。五代唐平前蜀后曾改益川郡。北宋咸平四年（1001）为利州路治。辖境略缩小。元至元十四年（1277）改为广元路。唐初，武士彟为利州都督，其女武则天出生于此。

③辽统和二十六年（1008）置，属大定府。治所在阜俗县（今辽宁喀喇沁左翼蒙古族自治县）。辖境相当今辽宁喀喇沁左翼蒙古族自治县及凌源、建平等县市部分地区。元属大宁路。明初废。

④南宋置羁縻州，属邕州横山寨。治所在今广西田林县东利周瑶族乡。元属田州路。明洪武七年（1374）属广西布政司，嘉靖初废。

利州卫　明洪武三十一年（1398）建，属四川都司。治所在今四川广元市。清废。

利州东路　南宋绍兴十四年（1144）分利州路置，治所在兴元府（今陕西汉中市）。辖境相当今四川梓潼、南部、营山、平昌以北，陕西秦岭以南，宁强、勉县以东的汉中盆地一带。此后屡有分合。蒙古中统元年（1260）废。

利州西路　南宋绍兴十四年（1144）分利州路置，治所在兴州（今陕西略阳县）。辖境相当今甘肃嶓冢山和陕西秦岭以南，陕西留坝、略阳和四川青川以西，甘肃岷县、文县和四川平武以东地区。后与东路又合为一，后又分为二。元世祖中统元年（1260）废。

利州路　北宋咸平四年（1001）分西川路置，治所在利州（今四川广元市）。皇祐三年（1051）移治兴元府（今陕西汉中市）辖境相当今四川营山、南部以北，通江、平昌以西，平武、梓潼以东地区和陕西秦岭以南，子午河、星子山以西及甘肃文县一带。南宋绍兴十四年（1144）分为利州东路和利州西路。乾道四年（1168）合为一路。淳熙二年（1175）复分，次年又合，五年（1178）复分。绍熙五年（1194）再合。庆元二年（1196）又分，嘉定三年（1210）复合，十一年（1218）又分。元初废。

利阳亭　在今陕西白水县东北。《续汉书·郡国志》左冯翊衙县，刘昭注引《皇览》曰："有苍颉冢，在利阳亭南，坟高六丈。"

利阳镇　又作丽阳镇。元属鄱阳县。即今江西景德市西南丽阳镇。

利县 西汉置，属齐郡。治所在今山东博兴县东四十里利城。东汉属乐安国。西晋改利益侯国。

利辛集 即今安徽利辛县治。清乾隆《颍州府志》卷2作利现铺。光绪《大清帝国全图》作利见。1964年于此设利辛县。

利苗县 西汉置，属东郡。治所在今山东西部。东汉省。

利松嘛巴 在今西藏类乌齐县东北，为藏北三十九族之一。清《西藏图考》卷5：利松嘛巴族、勒达克族、多嘛巴族"均百长一员，住牧朱特地方"。朱特今名珠托。

利国山 即铜官山。今安徽铜陵市南铜官山矿区。《新唐书·地理志》 南陵县："利国山有铜、有铁。"《元和志》卷28南陵县：利国山"在县西一百一十里，出铜，供梅根监"。

利国场 ①在今河北黄骅市。清为长芦盐运司十大盐场之一。雍正年间废。

②元设利国盐场。在今山东沾化县（富国）东利国乡。清初设盐大使管理，康熙十六年（1677）并入富国场。

利国驿 在今江苏徐州市铜山区东北利国镇。宋设利国监于此。明设驿站，称利国驿。产优质铁、铜等矿。还有煤、石灰石等。

利国监 北宋太平兴国四年（979）置，属徐州。主铁冶。在今江苏徐州市铜山区东北利国镇。境内盘马山产铁。《寰宇记》卷15徐州：利国监"本徐州之狄丘冶务烹铁之所"。神宗时有三十六冶。冶工达三四千人（苏轼《东坡奏议》卷2《元丰元年上皇帝书》）。金置镇。

利国镇 ①北宋置，属蓬溪县。在今四川蓬溪县西南三十里吉祥镇。《舆地纪胜》卷155遂宁府："赤溪自蓬溪县利国镇西流入小溪，东合涪江。"明于此置石峰堡。

②金置，属彭城县。在今江苏徐州市铜山区东北利国镇。

利物渠 唐咸亨四年（673）开。在今河北临漳县西、成安县西南。《新唐书·地理志》 临漳县："又北三十里有利物渠，自滏阳下入成安，并取天平渠水以溉田。"

利和县 又作和利县。唐显庆二年（657）析通轨县置，属当州。治所在今四川黑水县东北三十里。天宝初属江源郡，乾元初复属当州。广德后地入吐蕃而废。

利往桥 即长桥。在今江苏吴江市东。南宋范成大《吴郡志》卷19：利往桥"即吴江长桥也。庆历八年县尉王廷坚所建"。

利径（逕）营 在今广东江门市新会区西北。《方舆纪要》卷101广州府新会县：利径营"在县西北，近昆仑、曹幕二山，通高明、新兴，山岭险阻多贼。相近又有汾水江营"。

利店场 在今四川沐川县西利店镇。清乾隆《屏山县志》卷1：利店乡在"县西北三百三十里。有利店、大谷二场"。为沐川西部水陆交通要冲，宋于此置利店砦。产铁，清乾隆间曾设炉开采。

利店砦 北宋置，属嘉定府。即今四川沐川县西利店镇。《宋史·宁宗纪》：南宋嘉定四年（1211）正月，"叙州蛮攻嘉定府利店砦，陷之"。即此。

利河口 即今湖北钟祥市西北利河入汉江处。民国《湖北通志》卷33《乡镇》："利河口，在（钟祥县）城北四十七里。"

利泽场 即今重庆市合川区西北利泽镇。清光绪《合州志》卷4：利泽场"距城四十里"。

利城 ①在今山东博兴县东四十里。汉置利县于此。

②唐南诏置，属永昌节度。在今云南梁河县西十四里勐宋。

③在今河南林州市东北二十五里。《方舆纪要》卷49林县"辅岩城"条下：利城，"唐置铁冶处。宋至和中废"。

利城县 ①东汉改利成县置，属东海郡。治所在今江苏赣榆县西四十里古城村。建安三年（198）为利城郡治。西晋复改利成县。

②亦作利成县。东晋元帝初侨置，治所在今江苏常熟市北境。永和中寄治京口（今江苏镇江市）。南朝宋元嘉八年（431）改为实土，属南东海郡。移治今江苏江阴市西五十里利港镇。隋开皇九年（589）废。唐武德三年（620）复置，九年（626）又废。

利城郡 东汉建安三年（198）曹操分东海郡置，治所在利城县（今江苏赣榆县西古城村）。三国魏废。

利城镇 ①又作利港镇。北宋置，属江阴县。即今江苏江阴市西五十里利港镇。明初置利港巡司。

②金置，属临沂县。在今山东临沭县东北。

利俗渠 在今陕西华县西南二十三里。《新唐书·地理志》郑县："西南二十三里有利俗渠，引乔谷水……支分溉田，皆开元四年诏陕州刺史姜师度疏故渠，又立堤以捍水害。"

利亭镇 北宋置，在今甘肃陇南市武都区东南立亭村。《元丰九域志》卷3阶州福津县有"利亭"镇。

利济山 在今四川屏山县境。《明史·李应祥传》：万历中，讨邛部腻乃，周于德追白禄兵至马蝗山，"乘势攻木瓜夷，射杀白禄。追至利济山，雪深数尺。于德先登，复大败贼，毁其巢"。

利济池 在今四川富顺县。《新定九域志》卷7："支江利济池，传云：用此水淋灰，则盐干白而咸。"

利济站 亦作利济驿、利济店。在今四川越西县东北保安藏族乡境。明曹学佺《蜀中广记》卷34越嶲卫：梅子堡"二十里为利济驿，十五里为青冈关"。《明史·四川土司传》：万历中，邛部长官司"土目阿堆等拥沙氏，焚利济站庐舍，拥兵临城"。即此。清置利济汛，设把总分防。

利津县 金明昌三年（1192）升永利镇置，属滨州。治所即今山东利津县。咸丰《武定府志》卷2："本隋永利镇地，又邑有东津，合以名县。"元属济南路。明属济南府滨州。清属武定府。民国初属山东济南道。1925年改属武定道。1928年直属山东省。

利恭县 唐贞观五年（631）置，属羁縻麟州。治所在今四川若尔盖县东境。后废。

利益侯国 西晋改利县置，属乐安国。治所在今山东博兴县东四十里利城。南朝宋废。

利涉县 金改黄龙县置，为隆州治。治所即今吉林农安县。元废。

利涉桥 在今福建泰宁县南。《方舆纪要》卷98泰宁县："利涉桥在县治南，跨大溪上。石址木梁，酾水为五道。宋元以来，历代修建。"

利润城 唐南诏置，属开南节度。在今云南江城哈尼族彝族自治县西南七十六里整董镇。南诏后期属银生节度。宋大理废。

利浪驿 明置，属武定军民府和曲州。在今云南富民县北境。

利港 在今江苏江阴市西。东北入长江。《舆地纪胜》卷9江阴军：利港"在县西五十里。《四番志》云：本名渔浦，因鱼得利，因名"。南宋李焘《续资治通鉴长编》卷99：北宋乾兴元年（1022），"江阴军属县有利港，久废。知军崔立教民浚治，既成，溉田数十顷（《舆地纪胜》作数千顷）"。

利港镇 即利城镇。今江苏江阴市西五十里利港镇。明初置巡司于此。

利锚司滩 即今南海中中国中沙群岛之济猛暗沙。1935年公布名称为利锚司滩。1947年改名济猛暗沙。

利慈池 在今四川甘洛县东北。《续汉书·郡国志》越嶲郡灵关道注引《华阳国志》曰："有铜山，又有利慈。"《水经·沫水注》：灵道县，"县有铜山，又有利慈渚。晋泰始九年，黄龙二见于利慈池，县令董玄之率吏民观之，以白刺史王濬。濬表上之，晋朝改护龙县也"。

利窦揭勒 即金县。在今四川盐源县西北。《元史·地理志》金县："县在府北，夷名利窦揭勒。所居蛮因茹库，乃汉越嶲郡北境，与土蕃接。"

利漕渠 运河名。东汉末由曹操所筑。《三国志·魏书·武帝纪》：东汉建安十八年（213），建邺都（今河北临漳县西南邺镇东），为魏公，"凿渠引漳水入白沟以通河"。此渠自今河北曲周县南，东南至大名县西北、馆陶县西南注入白沟，以沟通邺都和四方漕运，故名。此后邺都可由运河直通河北平原北端，此水北魏《水经注》时尚存。其后水道变迁，详情不明。

秃儿古阇 即今新疆伊吾县（图古里克）。《元史·明安传》：世祖至元二十九年（1292），"别失八剌哈孙盗起，诏以兵讨之，战于别失八里、秃儿古阇有功"。

秃马温山 在今伊朗德黑兰东北达马万德山。《元史·曷思麦里传》："追袭扎剌丁等于阿剌黑城，战于秃马温山，又败之。"

秃伯歹 元代西域人对吐蕃西北部藏族聚居地区的译称。约在今西藏阿里地区西北部及毗邻克什米尔东部拉达克地区。元代以其地藏族为色目三十一种之一。见陶宗仪《南村辍耕录》卷1"氏族"。

秃尾河 在今陕西省北部。今仍名秃尾河。源出神木县西北公泊海子，东南流径佳县北入黄河。《清一统志·榆林府一》：圁水，"《通志》：有秃尾河，自安定堡北塞外流入，又东南径高家堡西，合永利河、蒺藜川，又东南合开光川，又东南入河，盖即圁水也"。

秃纳河 即今欧洲之多瑙河。《元史·速不台传》：太宗时，随拔都攻马札儿部主怯怜，"速不台曰：王欲归自归，我不至秃纳河马茶城不还也"。

秃河 即今内蒙古西乌珠穆沁旗东巴拉嘎尔高勒。《清一统志·乌珠穆沁部》：秃河"在右翼东南四十一里。蒙古名葫芦古尔。源出克什克腾东北三百十里，名阿尔达图河，西北流，入右翼境，为葫芦古尔河，又北流，入阿达可池"。

秃都河卫 明永乐六年（1408）置，属奴儿干都司。治所在今吉林蛟河市东北推屯站古城。后废。

秃鲁站 即元秃鲁兀、端州站。在今朝鲜咸镜南道端川西十三里旧城。明《辽东志》卷9：开原东陆路至朝鲜后门有"秃鲁"站。后废。

秀才铺 即今江西丰城市东南秀市镇。清同治《南昌府志》卷4丰城市镇：秀才埠墟"在县东南六十里"。

秀山 ①在今江苏高淳县东南。《方舆纪要》卷20江宁府高淳县：秀山"在县东南三十里。山多松柏"。

②在今安徽池州市西南八十里殷汇镇南灌口。《寰宇记》卷105贵池县：贵池"其水源出秀山"。《舆地纪胜》卷22池州：秀山"在贵池县西十里"。下有苍埠潭，行旅往来，济渡于此。有梁昭明太子衣冠墓。宋陆游《入蜀记》："秀山梁昭明墓，拱木森然。"

③在今河南确山县西北十里。《方舆纪要》卷50确山县"乐山"条下：秀山"浮烟积翠，视诸山特秀"。

④又名虎头山。即今广东东莞市东南海中之大虎山岛。《宋史·瀛国公纪》：元至元十四年（1277），"元帅刘深以舟师攻昰于浅湾，昰走秀山"。即此。

⑤又名青山、螺峰。在今云南通海县城南隅秀山公园内。宋代以来称秀山。《方舆纪要》卷115通海县：秀山"在县南六十里，又名青山。列翠如屏，下瞰长河即海子也。旧有启祥宫，大理段智祥时所建。山半又有判府泉，亦因爨判而名。王奎云：逾滇以南，深渊绝壑，通海为最胜；环通海数十里，峻壑遥峰，秀山为最胜；秀山之奇曰浮屠者三，

涌金为胜云”。秀山即因“秀甲南滇”而得名。“六十里”之说系抄自《寰宇通志》和《明一统志》，有误。

秀山县　清雍正十三年（1735）置，属黔彭厅。治所即今重庆市秀山土家族苗族自治县西十五里三合场。《清一统志·酉阳直隶州》：高秀山“在县西南……县以此名”。乾隆元年（1736）属酉阳直隶州，次年移治今秀山县。民国初属四川东川道。1928年直属四川省。1983年改设秀山土家族苗族自治县。1997年划归重庆市。

秀山郡　①西魏改左乡郡置，属淅州。治所在安山县（今河南淅川县南）。北周废。

②宋大理置，治所即今云南通海县。辖境约当今云南通海县以南，红河哈尼族彝族自治州大部及越南部分地区。元改临安路。

秀山镇　北宋置，属贵池县。在今安徽池州市西南八十里。以近秀山而名。

秀水　①又作绣水。在今浙江嘉兴市北。宋张尧同《嘉禾百咏·秀水》：“好景明于画，长浮五色波。”《清一统志·嘉兴府》：秀水“即南湖之下流，北入运河。相传水浮五色，见者获庆。亦称绣水，邑名因此”。

②在今湖南慈利县西北。《方舆纪要》卷77九溪卫：“秀水在卫西南。源出麻山，绕流至小渚，合于溇水。”

③即臭水。今四川安县（花荄镇）西之秀水河。

秀水场　一名安兴场。即今四川安县（花荄镇）西秀水镇。旧名臭水场，其名不雅，同治间改为秀水场。

秀水县　明宣德五年（1430）分嘉兴县置，与嘉兴县并为嘉兴府治。治所即今浙江嘉兴市。因秀水为名。1912年与嘉兴县合并为嘉禾县。

秀水甸子　即今吉林榆树市西南秀水镇。《清史稿·地理志》榆树直隶厅：“登伊勒哲库即秀水甸子。”

秀水河　在今辽宁法库县西。为辽河支流。《清史稿·地理志》法库直隶厅：“又西秀水河，南入新民。”秀水河在新民东入辽河。

秀水河镇　即今辽宁法库县西南秀水河子镇。《清史稿·地理志》法库直隶厅：“又西秀水河，南入新民。有秀水河市镇。”

秀延水　即古辱水。亦名吐延水、清间水。源出今陕西子长县西北，东流径清涧县，至延川县入黄河。《水经·河水注》：“《山海经》曰，辱水出鸟山……东流注入河，俗谓之秀延水。”

秀延县　1935年2月西北革命根据地由安定县析置，治柳树沟村（今陕西子长县北王家湾镇柳树沟村）。以境内秀延水为名。1937年9月撤销。

秀州　五代晋天福三年（938）吴越国置，治所在嘉兴县（今浙江嘉兴市）。辖境相当今浙江省的杭州湾以北（不含海宁市）、桐乡市以东地区及上海市所属吴淞江以南地区。北宋属两浙路。南宋属两浙西路。庆元元年（1195）因孝宗诞生之地升为嘉兴府。宋曾置市舶司于此。

秀州巡司　在今江西遂川县北。《方舆纪要》卷87龙泉县：秀州巡司“在县东北三十三都，地名金田。《志》云，旧置于秀州，亦洪武初徙置于此，而名仍旧”。清乾隆二十四年（1759）巡司又移驻今遂川县北衙前乡。后废。

秀州塘　俗称官塘。在今上海市金山区西北。自枫泾镇东流至今金山县（朱泾镇）折向北流，今下游已为大、小泖港，然后流入黄浦江。《方舆纪要》卷24松江府华亭县：秀州塘“自浙江嘉善县而东，经府西南六十里之风泾镇，又东十里过白牛塘，绝长泖而北流，又东合黄桥门及斜塘以东诸水，至沈泾塘入西水门，贯城而东，出与命塘诸水合，其下流皆入于黄浦府境”。

秀江　即袁江。在今江西宜春市北。《明一统志》卷39袁州府：秀江“在府城北门外。其源发萍乡县罗霄山，东流至此，澄湛深碧，至宜春县夹洲成滩，出分宜县钟山峡下，至新喻县，过临江而合赣江”。

秀江驿　在今江西宜春市北。《方舆纪要》卷87袁州府宜春县：秀江驿“在府城北。旧为秀川公馆，洪武初改置驿”。清时裁。

秀邸园　即择胜园。南宋临安（今浙江杭州）私家园林之一。在钱塘门外后九曲墙下。

秀林山　①即细林山。今上海市松江区西北辰山。梁简文帝《秀林山铭序》：“神山本名秀林山，或称辰山。在华亭西北二十余里，列九峰第四。僻在一方，虽非巨丽，未经标品，而自古神仙，往往托迹，实震旦之灵阜也。”

②又名盛山。在今广西横县西南十里。《舆地纪胜》卷113横州：秀林山“山林秀郁”，因名。

秀林城　在今河北井陉县城关镇东南南、北秀林村。《方舆纪要》卷14井陉县：秀林城“在县（今城关镇）东南十五里。《城邑考》：后魏贼杜洛周、葛荣遣其党王秀林筑此城，因名”。

秀岩　在今湖南临武县南十五里。《明一统志》卷64衡州府：秀岩“东北有穴通明，石乳结聚。下有两穴，水出其左为大溪，流二百余步，复入右穴”。《清一统志·桂阳州》：秀岩“岩石天成，门奥俱备。中平旷，可坐数百人。四壁璀璨如五彩，壁上镌米芾书‘秀岩’二字”。

秀岩山　在今云南施甸县东北。《方舆纪要》卷118施甸长官司：秀岩山在“司（旧治）东南二里。岩下出泉，注于小罗窑河，北流经峡口洞而入澜沧江”。

秀岩县　金明昌四年（1193）置，属盖州。治所在大宁镇（今辽宁岫岩满族自治县城北之古城）。泰和四年（1204）废。贞祐四年（1216）复置。元废。

秀岭　①即修岭。在今江西广昌县西南。《清一统志·建昌府》：修岭“在广昌县西南六十里，接宁都州界，俗呼为秀岭”。

②在今广西龙州县西二十里。《明一统志》卷85龙州：秀岭“在州城西二十里。其山高耸，为龙州诸山之冠”。

秀岭镇 在今江西广昌县西南。《清一统志·建昌府二》：秀岭镇“在广昌县西南修岭下。旧名修岭镇。明设巡司。本朝乾隆三十年裁”。

秀姑峦山 在今台湾省南投县东南，与花莲县交界处。中央山脉最高峰，海拔3805米。布农语原称此山为马博拉斯，意即“白发”，喻冬季山顶多积雪。后以神话传说，少女秀姑入山取宝冻死山中，故名。

秀姑峦溪 在今台湾省花莲县南。南源出台东县北大坡山，西源出秀姑峦山东坡（乐乐溪），在富里镇南汇合北流，至花莲县南大港口入太平洋。连横《台湾通史·疆域志》：台东州“又有秀姑峦之溪，可资灌溉。溪水入海之处曰大港，舟大易行”。

秀洞铺 即今贵州锦屏县东南秀洞铺。《清一统志·黎平府》：秀洞铺“在锦屏县境”。

秀屏山 在今四川广安市西二里。《舆地纪胜》卷165广安军：秀屏山“即军治所倚，峭壁森耸，草木丛茂，宛若屏障，故名”。

秀峰山 ①在今江西新干县南。《舆地纪胜》卷34临江军：秀峰“在新淦县南二十里。有铺”。《清一统志·临江府》：秀峰山“俗名南雷山。相连有双峰、席帽等峰。盘踞甚广，峰岩洞壑不可悉数”。

②在今江西黎川县西南。《方舆纪要》卷86建昌府新城县：秀峰山“在县西南七十里。层峦叠壁，高插霄汉，为西南之望。其相近者有大鸡、小鸡二峰，地名西城。两峰并立，尖芒攒矗，如鸡冠然，与南丰县分界”。

秀峰寺 ①在今北京市海淀区西北旸台山麓，为明太监高让与僧智深所建。

②五代南唐建，在今江西星子县西十五里庐山南麓。旧名开先寺。本南唐李中主书堂，后为寺。宋太平兴国二年（977）赐名开先华藏。明天顺初复旧名。清康熙四十六年（1707）赐御书“秀峰寺”匾额。为庐山五大丛林之一。

秀峰摩崖 在今江西九江市庐山南麓星子县西。秀峰是庐山名胜区组成部分。以山水秀丽，石刻遍布著称。南唐李璟筑读书台于此，即帝位后建开先寺。清康熙帝南巡赐名秀峰寺，为庐山五大禅林之冠。附近有石刻一百余方。山门旁有观音大士画像碑。寺后古读书台上有宋书法家米芾手书碑刻，苍劲有力。读书台下左侧有唐书法家颜真卿《大唐中兴颂》碑。石壁上有宋书法家黄庭坚“七佛偈”、明代教育家王守仁“纪功碑”等手书碑刻。寺西有清康熙帝书“秀峰寺”和雍正帝书“洒雪松”二碑。月门前漱玉亭有宋文学家苏轼题咏。亭下龙潭，马尾瀑经青玉峡泻入潭中，两崖石壁、水潭四周和溪石上有历代名人书刻七十余处。其中，以龙潭石壁上书法家米芾书“青玉峡”、“第一山”最为珍贵。2006年定为全国重点文物保护单位。

秀容山 在今山西榆社县东南。《清一统志·辽州》：秀容山“在榆社县东南三里，县之镇山，山势逶迤而西，峰峦秀丽，故名”。

秀容川 地区名。当指今山西北部的滹沱河、牧马河以西至黄河，包括桑干河、汾河上游一带。分为南、北两部分：北魏尔朱氏世为北秀容酋长，所居梁郡城在今山西朔州市北，周围三百里皆为其封地。《魏书·尔朱荣传》：“尔朱荣，字天宝，北秀容人也……高祖羽键，登国初为领民酋长……以居秀容川，诏割方三百里封之，长为世业。”南秀容有城，在今山西岚县南，相传为刘渊生地。《魏书·尔朱荣传》：“南秀容牧子万子乞真反叛……荣并前后讨平之。”一说尔朱氏所居秀容川在今山西忻州市。

秀容县 北魏永兴二年（410）置，属秀容郡。治所在今山西忻州原平市西南楼板寨乡。北周属雁门郡。隋开皇十八年（598）移治今忻州市，为忻州治。大业初属楼烦郡。唐武德元年（618）复为忻州治。蒙古至元二年（1265）废。四年（1267）复置，仍为忻州治。明洪武初省入忻州。

秀容城 ①在今山西忻州原平市西南楼板寨乡。北魏秀容郡、县均治此。《魏书·太祖纪》：北魏登国八年（393），“元虔等因屯秀容，慕容垂遂围长子”。

②一名秀容都。在今山西岚县南。《水经·汾水注》引《魏土地记》：“秀容，胡人徙居之，立秀容护军治。”《元和志》卷14宜芳县：“秀容故城，在县南三十里。刘元海感神而生，姿容秀美，因以为名也。”

秀容郡 北魏永兴二年（410）置，治所在秀容县（今山西忻州原平市西南楼板寨乡）。辖境相当今山西忻州、原平两市地。太平真君七年（446）属肆州。北齐废。

秀嵩山 又作秀高山。在今云南嵩明县东三十里。《方舆纪要》卷114嵩明州：秀高山“耸出霄汉，环州众山，皆出其下。俗呼摇铃山。相传蜀汉时孟获立寨于此”。

秀溪 ①在今江西泰和县城西。《方舆纪要》卷87吉安府泰安县：秀溪“在县城西。又西里许曰文溪，相对者曰武溪，下流俱注于赣江”。

②在今广西富川瑶族自治县西北。北流至湖南江永县入龙虎河，西入广西恭城县为恭城河，注入漓江。《方舆纪要》卷107富川县：秀溪“在县西八十里。一名秀峰涧，以出秀峰山也。……入于漓水”。

私诃条国 故地当在今斯里兰卡。《水经·河水注》：“竺芝《扶南记》曰：安息国去私诃条国二万里。”

私渠比鞮海 亦名私渠海。即今蒙古国西南拜德拉格河注入之本察干湖。《后汉书·和帝纪》：永元元年（89），车骑将军窦宪等击北匈奴，“与北匈奴战于稽落山，大破之，追至私渠比鞮海”。

私港　在今江苏张家港市西北泗港镇。北通长江。《宋史·河渠志七》：南宋淳熙九年（1182），知常州章冲奏："江阴之东曰赵港、白沙港、石头港、陈港、蔡港、私港、令节港，皆古人开导以为溉田，无穷之利也。"后湮。

私镕山　在今四川中江县南。《寰宇记》卷82铜山县：私镕山"在县西二十四里。高一里。出铜。昔时任百姓采铸，俗呼私镕山"。

〔丿丨〕

兵书峡　在今湖北秭归县西北归州镇东二十里。明曹学佺《名胜志》："峡为诸葛武侯藏兵书于此，至今望之，常若书卷然。又名铁棺峡。"

兵墟镇　清置，属新阳县。即今江苏昆山市东十八里兵希镇。1964年改称兵希。

邱州　唐贞观二十三年（649）置，治所在今云南南华县西北三十里沙桥镇。辖境约当今云南南华县地。天宝后废。

邱店寨　在今福建德化县西北。《清一统志·永春州》：邱店寨"在德化县。《旧志》，在县西北四十里尤岭下。宋大中祥符间，以其地当德化、安溪、永春三县之交，置三县巡司，以土军守之。今废"。

邱南县　1943年山东革命根据地由安邱县西南部析置，治雹泉（今山东安丘市西南雹泉镇）。1953年撤销，并入安丘县。

邱家店　即今山东泰安市东南二十余里邱家店镇。清同治《泰山县志》卷4：东乡有邱家店桥。

邱雄山　俗称龙海山。在今云南陆良县东三十里。《方舆纪要》卷114陆凉州：邱雄山"在州（旧州）东七里。上有方池，水无盈缩。分酾山椒，凡十八道，谓之十八泉"。

邱温城　在今越南北部谅山北。《元史·安南传》：至元二十二年（1285）征安南，"至禄州，复闻（陈）日烜调兵拒守丘温，丘急岭隘路，行省遂分军两道以进"。《方舆纪要》卷112安南谅山府：邱温城在"府北二百里，即今县。旧属广西思明府。洪武二十九年，思明府奏：安南夺邱温、如嶅、庆远，渊脱等县，诏以其地归迎思明，不奉命。自是没于蛮。永乐初，遣征安将军黄中等送陈天平归国，至邱温为黎贼所给"。

邱隘市　即今浙江宁波市鄞州区东邱隘镇。清光绪《鄞县志》卷2《市镇》：邱隘"距城二十里"。

邱皤山　在今越南东北部谅山省禄平县一带。《方舆纪要》卷112安南谅山府：邱皤山"在府东南丹巴县境。上有石门，广三丈。相传马援所凿"。

邱濬墓　在今海南省海口市西南二十里水头村。《清一统志·琼州府》：邱濬墓"在琼山县（今琼山市）西五龙池"。邱濬（1421—1495），字仲深，号琼山。广东琼山（今属海南）人。明代名臣，官至礼部尚书、武英殿大学士。墓地建于明弘治八年（1495）。墓前立牌坊，上书"理学名臣"四大字。墓碑刻"皇明敕葬光禄大夫柱国少保兼太子少保礼部尚书武英殿大学士赠特进左柱国太傅谥文庄邱公妣诰封正一品夫人吴氏之墓"。"文化大革命"中墓被毁，仅存棺木。1979年后重修。

佉龙驿　在今云南祥云县东南。唐贞元中祠部郎中袁滋与内给事刘贞谅出使南诏经此。《新唐书·地理志》戎州开边县："石鼓二百二十里渡石门至佉龙驿，又六十里至云南城。"

佉沙州　唐显庆中置，属安西都护府。治所在史国乞史城（今乌兹别克斯坦撒马尔罕南沙赫里夏勃兹）。后废。

佉沙国　①即疏勒国。在今新疆喀什市。《新唐书·西域传》："疏勒，一曰佉沙……居迦师城。"

②即史国。都城在乞史城（今乌兹别克斯坦撒马尔罕南沙赫里夏勃兹）。《新唐书·西域传》："史，或曰佉沙，曰羯霜那，居独莫水南康居小王苏薤城故地。"

何山　即今浙江湖州市南十四里金盖山。《寰宇记》卷94乌程县：何口山"昔曰何山，亦曰金盖山，晋何楷居之修儒业，楷后为吴兴太守，改金盖为何山"。《方舆纪要》卷91乌程县"毗山"条：何山"近郭诸山，何山最为高峻，亦曰何由岭，即张士信屯兵处"。山南有下菰城遗址。

何田寨　南宋置。即今福建长汀县东南河田镇。《清一统志·汀州府》：何田市"在长汀县南四十五里，为商旅凑集处。宋嘉定间置寨，明初设税课司于此。后裁"。

何买砦　①在今贵州安顺市北。《方舆纪要》卷123普定卫：何买砦"在卫北。洪武十年，安陆侯吴复遣将杨文击普定贼，破何买等砦，是也"。

②在今贵州盘县（红果镇）东或东南。《方舆纪要》卷121普安州"芭蕉关"条下：何买砦，"在州（旧治今县东北城关镇）南。洪武二十四年，傅友得等克普安，别将杨文拔何买砦"。

何克忒里山　又作赫克特里山。在今俄罗斯哈巴罗夫斯克边疆区乌苏里江下游东岸。清《乾隆内府舆图》：乌苏里江下流东岸有"何克忒里阿林"。齐召南《水道提纲》卷25：乌苏里江北流，"与黑龙江会。其东岸，即赫克特里山也"。

何园　又名寄啸山庄。在今江苏扬州市城东南角。原系清乾隆时双槐园旧址，光绪年间为官僚何芷舫所得，并加以扩建，故名何园。园分东西两部分，有游廊相连接。东部建有花厅、船厅、六角小亭、湖石假山，西部水池居中，水池周围构成了一组环绕山与廊楼的通道，高低曲折，可登临鸟瞰园景。何园是扬州古园林中较完整的一座。1988年定为全国重点文物保护单位。

何尾堰　在今云南保山市南。《方舆纪要》卷118保山县：何尾堰"在城南二十里。周广二里"。

何国　亦名屈霜你迦国、贵霜匿国。古昭武诸国之一。都城在今乌兹别克斯坦撒马尔罕西北。《隋书·西域传》：何国“都那密水南数里。……王姓昭武，亦康国王之族类，字敦，都城方二里，胜兵千人”。《新唐书·西域传》：何国“即康居小王附墨城故地。城左有重楼，北绘中华古帝，东突厥、婆罗门，西波斯、拂菻等诸王，其君旦诣拜则退”。永徽中置贵霜州。

何岩水 在今福建仙游县东北何岩下。《方舆纪要》卷96仙游县：何岩水“源有三，皆出山谷中。其下流一出濑溪下木兰陂，一出鲤湖下莒溪，一出龙津下延寿溪，并注于海”。

何岭 即今福建仙游县东北何岭（岭下）。延袤数十里，上为何岩，有古何城。岭南即九鲤湖。《舆地纪胜》卷135兴化军《景物上》：何岭“在仙游县东北三十五里，以何氏九仙名”。

何店镇 北宋置，属盐亭县。在今四川盐亭县东二十里黄甸镇南山村。

何城 在今浙江桐乡市西南四十二里何城庙村。《方舆纪要》卷91崇德县：何城（与晏、萱、管等城）“相传皆春秋时吴所筑以御越者”。

何度县 唐置，属羁縻浪川州。治所在今四川金阳县西南。后废。

何家市 即今江苏常熟市东何市镇。清光绪《常昭合志稿》卷5：何家市“跨横沥塘，距城四十五里”。

何家场 ①即今湖北仙桃市东南四十八里何场镇。清光绪《湖北全省分图》：沔阳州（治今沔城镇）东有何家场。

②即今四川仁寿县东南禾加镇。清光绪《资州直隶州志》卷3仁寿县：何家场“在县东一百里”。

何家岩 ①即今山东平度市南二十里何家店乡。民国《平度县续志》有何家店。

②在今陕西略阳县东六十里。《清一统志·汉中府二》：何家岩汛“设有把总分防”。

何家港桥 在今江苏仪征市东南三十里。《清一统志·扬州府二》：何家港桥“北通双榆官道，达于县南，为瓜洲、京口通衢”。

佐邱山 在今云南武定县西北。《方舆纪要》卷116武定军民府：佐邱山在“府西北二十五里。中平坦，有泽广五亩，水泉无盈涸，名洗马池，分流东注，一为勒溪洟，一为东波洟”。

佐隍山 在今广东新兴县西七里。《方舆纪要》卷101肇庆府新兴县：佐隍山“高三百余仞，周三十余里。环绕县右，其并峙者曰宝盖山”。

伾 又作坯。西周地名。因大伾山而名。在今河南荥阳市汜水镇西北。《競卣》铭云：“正月辛丑既生霸，在坯”（《殷周金文集成》5425）。

佑宁寺 明万历三十二年（1604）建，在今青海互助土族自治县。

佑民寺 即清之佑清寺。今江西南昌市八一公园北门对面佑民寺。1929年改佑清寺为佑民寺。

佑圣教寺 在今北京市通州区旧城内西北隅。创建于北周。寺内有十三层燃灯佛舍利宝塔，系清代重修。塔基座作莲花台仍保留辽代建筑风格。

佑国军 唐方镇名。文德元年（888）置，治所在河南府（今河南洛阳市）。天祐元年（904）徙治京兆府（今陕西西安市）。五代梁改名永平军。

佑顺寺 在今辽宁朝阳市南塔街。清康熙间建。清《塔子沟纪略》卷7载：“喇嘛绰尔济向在京师白塔住持，其来三座塔建寺也，因患目疾，奏请塞外静养，先于土默特东乌里雅苏台哈知根台吉营子居住帐房，四五载后至京告于八赖喇嘛，奏闻圣主，意欲口外建置庙宇，圣祖仁皇帝命其勘地以闻。维时绰尔济即于哈拉河屯勒苏台等处相度地台，俱不当意。有旦八僧思拉气云，三座塔颇佳，因即勘定。于康熙三十七年八月圣祖仁皇帝行围木兰时，绰尔济指地奏请，奉旨允其请焉。……于康熙三十八年兴工，至四十六年告竣。寺成之后，圣祖仁皇帝赐名佑顺。”乾隆四十八年（1783），清高宗出古北口由热河至盛京（今沈阳）谒陵时，途中曾驻跸于此。现朝阳博物馆设在庙内。

佑清寺 即今江西南昌市八一公园北门对面佑民寺。南朝梁天监年间建。《清一统志·南昌府》：佑清寺“在新建县治东。旧为上蓝禅院。唐马祖道一以梁葛鱏宅建。宋改能仁寺。明为永安寺。本朝顺治五年重建，改今名”。

攸水 又名攸溪、伯水。为洣水支流。源出今江西莲花县西北，西南流至湖南攸县境入洣水。《水经·洣水》：洣水“又西北过攸县南”。郦道元注：“攸水出东南安成郡安复县封侯山，西北流径其县北，县北带攸溪，盖即溪以名县也。”

攸水县 南朝梁、陈间改攸县置，属湘东郡。治所在今湖南攸县东北。隋废。

攸乐 即今云南景洪市东基诺洛克。清雍正十年（1732）于此置攸乐土目。

攸州 元元贞元年（1295）升攸县置，属天临路。治所即今湖南攸县。明洪武二年（1369）改为攸县。

攸县 西汉置，属长沙国。治所在今湖南攸县东攸水南。以北有攸溪为名。东汉属长沙郡。南朝齐属湘东郡。梁、陈间改为攸水县。唐武德四年（621）复置，为南云州治。贞观元年（627）州废，县属衡州。五代梁时迁今攸县治，改属潭州。元元贞元年（1295）升为攸州，明洪武二年（1369）复降为县，属长沙府。民国初属湖南湘江道。1922年直属湖南省。

攸镇驿 即今江西赣县西北攸镇圩。《方舆纪要》卷87赣州府赣县“水西驿”条下：攸镇驿“在府北百二十里。元曰攸镇站，明初改为驿”。清废。

攸镇站 元置，即今江西赣县西北攸镇圩。

但欢镇 北宋置，属平阴县。即今山东东阿县东北旦镇街。

但店镇 即今湖北黄冈市东北九十七里但店镇。清置巡司于此。

佃湖镇　即今江苏涟水县东北七十二里甸湖镇。清置巡司于此。

作坊镇　即今福建福清市东北二十里作坊。清《乾隆内府舆图》：福清东北有作坊。

作岗宗　即左贡宗。在今西藏左贡县西北。

作重州　唐开元后置羁縻州，属雅州都督府。治所在今四川康定县境。北宋属雅州。后废。

作唐县　东汉析孱陵县置，属武陵郡。治所在今湖南安乡县北。三国吴为南郡治。西晋为南平郡治。东晋属义阳郡。隋改孱陵县。

作烛州　即木烛州。治所在今四川康定县境。

作登墟　即今广西田东县南作登瑶族乡。清光绪《广西舆地全图》奉议州图：东南有作登墟巡司。

作疃池　在今山西广灵县西作疃村西南。《方舆纪要》卷44广灵县："作疃池在县西十三里，东注于壶流川。今涸。"

伯力　亦称博力，又作希禅屯。为唐勃利州和黑水都督治所。明为喜申卫治。清属吉林三姓副都统辖境。即今俄罗斯哈巴罗夫斯克。清曹廷杰《西伯利东偏纪要》："伯力地方在三姓东北千六百余里，乌苏里江入松花江处东岸。"清咸丰年间被沙皇俄国占领后，改称为哈巴罗夫斯克。以17世纪中叶侵略黑龙江流域的头目哈巴罗夫为名。咸丰十年（1860），沙皇俄国强迫清政府订立不平等的《北京条约》，遂被沙俄割占。

伯士镇　即今陕西大荔县东南伯士乡。《清一统志·同州府二》"赵渡镇"条：朝邑县西有"伯士"镇。

伯木古鲁　元代西藏地名。《元史·百官志三·宣政院》载：乌思藏纳里速古鲁孙等三路宣慰使司都元帅府，其属附见有伯木古鲁万户。《汉藏史集》（藏文版）载乌思藏十三万户中，乌思地区（前藏）有伯木古鲁（帕竹）万户，其治所在今乃东县北泽当。

伯牙台（臺）　①在今浙江海盐县城。《清一统志·嘉兴府一》：伯牙台"在海盐县东门外二十步，台侧有闻琴村、闻琴桥。相传伯牙鼓琴于此。台址犹存"。

②在今湖北武汉市汉阳城区北。清汪中《伯牙台铭》序："自汉阳北出二里有丘焉，其广十亩，东对大别，左界汉水，石隄亘其前，月隄周其外。方志以为伯牙鼓琴，钟期听之，盖在此云。居人筑馆其上，名之曰琴台。"为著名游览区。

伯什阿喇勒　在今新疆阿瓦提县东南，和田河西。《清一统志·和阗》：伯什阿喇勒"在伯德里克鄂托克北九十里，和阗城东北七百六十里"。

伯公坳　在今福建永定县西南。《方舆纪要》卷98永定县："伯公坳在县西南。径路窄狭，道出潮州。"

伯节站　元置，在今重庆市巴南区南百节镇。

伯夷叔齐墓　在今河南偃师市首阳山火车站东北。相传这里是商末、周初伯夷、叔齐隐居之地。在今郭坟村南大路旁保存一通高1.70米、宽0.65米的石碑，中间刻"古贤人伯夷叔齐墓道"九字，右边刻"正北至首阳山墓冢二千八百八十八步"十六字，左边刻"乾隆十五年五月下浣立"十字，碑阴刻《夷齐隐首阳山辨》一篇，长约四百余言。山上有两个小荒丘，相传即伯夷叔齐墓。

伯夷庙　即夷齐庙。在今山西永济市南雷首山。祀周伯夷、叔齐。唐岑参《送薛弁归河东》："应过伯夷庙，为上关城楼。"即此。

伯阳　战国魏邑。在今河南安阳县西北。《史记·赵世家》：惠文王十七年（前282），"乐毅将赵师攻魏伯阳"。西汉置邯会县。

伯阳县　北魏置，属清水郡。治所即今甘肃天水市东伯阳镇。《水经·渭水注》：苗谷水"南出刑马山……东径伯阳城南，谓之伯阳川。盖李耳西入，往径所由，故山原畎谷，往往播其名焉"。隋开皇中改为秦岭县。

伯阳堡　又作伯阳谷。即今甘肃天水市东伯阳乡。《晋书·乞伏乾归载记》：东晋义熙七年（411），"又攻克（姚）兴别将姚龙于伯阳堡"。即此。《水经·渭水注》："（伯阳谷）水出刑马之山伯阳谷。"北魏置伯阳县。

伯顷站　元置，在今四川梓潼县西北。明废。

伯咄部　又作汨咄。隋靺鞨七部之一。分布在今吉林松花江下游地区。《新唐书·北狄传》："粟末部……依粟末水以居，水源于山西，北注它漏河；稍东北曰汨咄部。"唐并入渤海国。

伯刻山　在今云南马龙县南六十里。《明一统志》卷87曲靖军民府：伯刻山"在马龙州南六十里。其东北有多罗山，皆峰峦峻峭，怪石巉岩"。

伯莒　又作柏举。春秋楚邑。在今湖北麻城市东北。《公羊传》：定公四年（前506）十一月，"蔡侯以吴子及楚人战于伯莒，楚师败绩"。即此。

伯都讷厅　亦作白都讷厅。清嘉庆十五年（1810）置，属吉林将军。治所在伯都讷城（今吉林松原市）。光绪八年（1882）移治孤榆树屯（今吉林榆树市）。辖境约当今吉林松原、榆树二市地。三十二年（1906）升为新城府。1913年废。

伯都讷站　亦作白都讷站。清初置，在今吉林松原市（旧扶余县）北。为吉林（今吉林省吉林市）通往黑龙江（今黑龙江省齐齐哈尔市）、黑龙江至北京交通重要驿站。康熙三十二年（1693）另筑砖城于站南，设付都统驻防，即今松原市。《清一统志·吉林二》："金州鄂佛罗站"条下：舍哩站"又西北八十里至白都讷站"。清西清《黑龙江外纪》卷2："由大站至京道里，自茂兴站起，南八十里至吉林省伯都讷站。"后废。

伯勒齐尔堡　清雍正十二年（1734）置，在今甘肃瓜州县西一百三十里。《清一统志·安西州》：伯勒齐尔堡"城周一里五分"。

伯禽井　在今山东曲阜市东北三里周公庙东南。

《清一统志·兖州府二》：伯禽井“水清冽而甘，亦名甘井”。

伯禽城　在今河南中牟县西。《水经·渠水注》：“其水东北流为白沟，又东北迳伯禽城北，盖伯禽之鲁，往迳所由也。”《水经注疏》杨守敬按：“城当在今中牟县西。”

伯蒙山　在今云南曲靖市东。《方舆纪要》卷114沾益州：伯蒙山“在州东南二百里。高出诸山之上”。

伯德里克鄂托克　在今新疆墨玉县东北。《清一统志·和阗》：伯德里克鄂托克“在爱雅克布克色木北八十里，和阗城东北六百七十里”。

伯颜迷站　明初改元不牙迷站置，在今黑龙江省木兰县。明《辽东志》卷9：海西东水陆城站有“伯颜迷站”。

伶俐江　在今广西南宁市邕宁区东北。明《徐霞客游记·粤西游日记二》：“又十五里伶俐水，有埠在江北岸，舟人泊而市薪。”《方舆纪要》卷110南宁府宣化县：伶俐水在“府东八十里。源出昆仑山，流经永淳、横州界，合于郁江”。

低当低界等处长官司　元置，属湖广行省管番民总管。治所在今贵州惠水县南。后废。

低坂　即今浙江开化县北底本村。明置低坂巡司于此。后废。

低宝那城　在今阿富汗喀布尔西北木尔加布河上游以北。唐置昆墟州督府于此。

低粟州　唐羁縻州。以延陀部落置，属达浑都督府。侨治夏州宁朔县（今陕西靖边县东北）界。

你甸　即今云南祥云县东北米甸镇。明洪武十七年（1384）置土巡检司于此。

你诃温多城　一作那哈完的。即今伊朗西部哈马丹西南纳哈万德。《新唐书·西域传·大食》：岐兰“居你诃温多城”。

佟二堡　即今辽宁灯塔市西佟二堡镇。清光绪《奉天全省地舆图说图志》辽阳州图：东北有佟二堡。

佟家江　又名同嘉江、佟佳江。亦名通吉雅吉江。即今辽宁东部、吉林南部浑江。为鸭绿江支流。乾隆《钦定盛京通志》卷27：佟家江“源出长白山南分水岭，岭有三泉，自谷中出，会为一，西南流受合勒们等诸河、鸭绿江自东来会，南入于海”。《清一统志·吉林一》：佟家江“在（吉林）城南八百二里，亦名通吉雅江，南流会鸭绿江，即古盐难水也”。

住头回甸　元沙麻部、中州、中县治。在今四川雷波县西南雷池乡（瓦岗）。《元史·地理志》中县：“县治在住头回甸，盖越嶲之东境也。所居乌蛮自别为沙麻部，以酋长所立处为中州。至元十年内附。十四年仍为中州。二十二年降为县，隶建昌路。”

住岐镇　即今江西吉水县东北住岐村。清同治《吉水县志》卷4：住岐市“在县北七十里”。

住牧依戎地方夥尔　又称夥尔益玛。在今西藏巴青县附近益塔，为藏北三十九族之一。见清乾隆《卫藏通志》卷15《部落》。

位丰（豐）县　唐贞观四年（630）置，属羁縻位州。在今甘肃华池县西北境。后废。

位州　①唐贞观四年（630）置，为羁縻州，属芳池州都督府。在今甘肃华池县西北境。后废。

②唐贞观八年（634）改西盐州置，为羁縻州，属松州都督府。治所在今四川若尔盖县西北境。后废。

位伯镇　即今河北辛集市北二十八里位伯镇。明万历《保定府志》卷2束鹿县图：西有位伯集。清同治《畿辅通志》卷47束鹿县图：西北有位伯镇。

位城县　唐渤海国置，为铁州治。治所在今吉林敦化市西南江源镇南马号道班。《新唐书·渤海传》：“俗所贵者……位城之铁。”辽废。

伴溪部　又称伴溪落恐部。宋大理置，属秀山郡。在今云南红河县西南二十六里朝阳。元属和泥路。明改落恐甸长官司。

伴壁店堡　亦作半壁店。明置，属开平卫。在今河北赤城县北七十里半壁店村。《方舆纪要》卷18万全都司开平卫：伴壁店堡，“堡在平川，其东西两面皆山，壁立道旁，因名。……虽在边内，而当南北往来之冲，实独石噤喉处也”。

佛儿峪山　在今河北迁安市西南十七里。《方舆纪要》卷17迁安县：佛儿峪山，“其西曰栖峰，北曰芝麻岭”。

佛山市　1925年设市政筹备处，直属于省。1937年复为南海县治。1949年当地解放后由南海县城区析置佛山市，治所即今广东佛山市。1950年升为地级市，改由省直辖。1958年后两度改为县级市。1975年复升为地级市，改由省直辖。

佛山设治局　1927年析萝北县置，属黑龙江省。治所在今黑龙江省嘉荫县东南保兴乡（观音山）。1929年改为佛山县。

佛山县　1929年改佛山设治局置，属黑龙江省。治所在佛山镇（今黑龙江省嘉荫县东南保兴乡）。民国《黑龙江志稿》卷2佛山县：“佛山镇有观音山，故名。”次年，移治朝阳镇（今嘉荫县）。1955年，因与广东佛山市重名，改名嘉荫县。

佛山寨　①在今江苏徐州市西南云龙山。《资治通鉴》：唐景福二年（893），朱全忠围徐州，“庞师古攻佛山寨，拔之”。胡三省注：“佛山寨，即石佛山寨。”

②在今浙江龙泉市东南得道仙尖。《方舆纪要》卷94龙泉县：佛山寨在“县南十里佛山上。元末邑人胡深筑内、外二寨于此，以保乡邑处也”。

佛山镇　①北宋置，属南海县。即今广东佛山市。明嘉靖时移五斗口巡司治此，清已为全国四大镇之一。1912年移南海县治此。1949年改为佛山市。向为交通孔道，商业繁盛，旧为我国四大镇之一。

②即今黑龙江省嘉荫县东南保兴乡。民国《黑龙江志稿》卷2：佛山县“佛山镇有观音山，故名”。

佛子山 即今山西陵川县东太行第一峰。《清一统志·泽州府》：佛子山“在陵川县东北四十里。太行绝顶。淅水出焉。上有灵云寺”。

佛子庄 在今北京市房山区西北。清光绪《顺天府志》卷29房山县：西北“六十里佛子庄”。

佛子岩 在今湖南醴陵市东。《方舆纪要》卷80醴陵县“建安山”条下：“《志》云，县东五里有佛子岩。上有石洞，泉流不竭。可以溉田。”

佛子岭 在今广东德庆县北三十里。《方舆纪要》卷101德庆州：佛子岭，“岭势嵯峨，路通封川县”。

佛子高 在今广东梅县东北桃尧镇东桃源村。清光绪《广东舆地全图》嘉应州图：州东北有桃源堡、佛子高。

佛乡洞长官司 元置，治所在今重庆市秀山土家族苗族自治县南一百里梅江镇（邑梅场）。明玉珍改为邑梅沿边溪洞军民府。

佛日山 在今浙江杭州市余杭区西南十里星桥镇佛日坞。宋《淳祐临安志》卷9：佛日山“在母山之东北，高六十余丈，中有古刹名佛慧，东坡、少游、杨杰、司马才仲、范石湖皆有留题”。

佛冈厅 清嘉庆十六年（1811）置，属广东省。治所即今广东佛冈县。道光《佛冈厅志》卷1载：观音山之左股，石室宽敞，正壁刻“永佛寺”三字，室之西畔又有石人像三，俨然拱立。一名佛寺冈，冈顶有村佛冈围。厅因以为名。1914年改设佛冈县。

佛冈县 1914年改佛冈厅置，属广东粤海道。治所即今广东佛冈县。1920年直属广东省。

佛手崖 一名仙人洞。在今江西庐山牯岭西北。清宣统补刊《庐山志》：庐山“升仙台东北数百武为佛手崖”，并引桑乔《庐山疏》：“崖石参差如人手，故名佛手。高深可三数丈。苍崖翠壁，巉嶂数十百寻，下临无地，一径萦纡，广不盈咫。”

佛仔格 在今福建安溪县北二十六里佛仔格村。1932年11月在此成立中共安溪中心县委，驻佛仔格村内中新厝。

佛尔寺 在今河南新县西南二十八里陈店乡西南。1930年鄂豫皖军委兵工厂设此。

佛头滩 亦名大佛滩。在今四川乐山市东乐山大佛前岷江中。南宋范成大《范石湖集》卷18《凌云九顶》诗序云：“初登山时，岩壁上悉瘢为小佛，不知其数。山前佛头滩受雅江之冲，最为艰险。”

佛宁门 明洪武时所建南京外郭城门之一。故址在今江苏南京市北。地当长江之滨。

佛出浑 又作夫愁、弗出站。明置，在今吉林珲春市。为开原东至朝鲜后门驿站之一。《明太祖实录》卷142：“辽阳至佛出浑之地三千里，自佛出浑至斡朵怜一千里。”

佛圣涡砦 北宋置，属信安军。在今河北霸州市东一百里。

佛耳山 即今福建安溪县西北佛耳山。《方舆纪要》卷99安溪县“翠屏山”条下：“《志》云，县西北八十里有佛耳山。其山峭绝而高大，可耕可庐。一名佛天山。”

佛光山 ①在今河南确山县东南五十里。《清一统志·汝南府一》：佛光山“势极高峻。《府志》：春时天气晴霁，常现圆光，初如明镜，渐如车轮”。

②在今云南洱源县东北。《方舆纪要》卷117浪穹县：佛光山在“县东北二十五里，山盘亘回远，接邓川、鹤庆之界，佛光砦以此名。其南崭然险绝，山半有洞，可容万人。山后尤为崄巇，仄径仅容一人，名曰一女关。山下又有九石窍，泉出其中，名曰九龙泉，流入宁河”。

佛光寺 在今山西五台县东北五十五里佛光山腰。始建于北魏孝文帝时，唐大中十一年（857）重建。寺依山筑，山因寺名。隋、唐时颇为兴盛。原有一座七间三层的弥勒阁，宽七间，有三层。高约32米，是五台山著名佛寺，唐会昌五年（845）武宗禁佛时被毁。现存的大佛殿是唐大中十一年（857）重建寺庙时所建。六角形的祖师塔，则是北魏遗物。前院文殊殿为金代建筑。其余山门（即天王殿）、伽蓝殿、万善堂、香风花雨楼等，皆明、清时重修。1961年定为全国重点文物保护单位。

佛光砦 在今云南洱源县东南。《方舆纪要》卷117邓川州：佛光岩“在州（今邓川镇）北三十里。与浪穹县佛光山相接。《滇志》：初，孟获自豪猪洞被擒，丞相亮复纵之，获走佛光砦，据险坚守，汉兵不得进，乃由漾濞江而北出砦后，遂破之。明初，傅友德等既平大理余孽，普颜笃复叛据佛光砦，先不华据邓川，友德自七里关回军大理，平邓川，破佛光砦，遂过金沙江，下北胜、丽江巨津之境，是也”。

佛爷庙 在今陕西周至县西南老县城村。清道光五年（1824）于此置佛坪厅，1913年改为佛坪县。1925年迁治袁家庄（今佛坪县）。

佛朵火站 元置，在今俄罗斯哈巴罗夫斯克边疆区黑龙江下游西岸付达哈河口。元《经世大典》：辽阳等处行中书省所辖狗站有“佛朵火站”。明改弗朵河站。

佛论岭 在今安徽绩溪县西北，东南接徽岭。宋淳熙《新安志》卷5绩溪县：佛论岭“在西北四十里。高四百五十仞，周四十里。《祥符经》云，昔尝有高僧讲论于此，故名”。

佛阿拉城 一作佛阿喇城，又称费阿拉。即老城。努尔哈赤于明万历十五年（1587）建。在今辽宁新宾满族自治县西三十里老城南八里。《清一统志·兴京》：老城“在城南八里。周一十里六十步，门四。城内西有小城，周二里一百二十步，门二。城外有郭，自城北至城西南共九里有奇，亦有四门。我太祖高皇帝丁亥年筑此城。癸卯年自此迁都兴京”。

佛陀加雅 旧译佛陀伽耶，一称菩提道场。在今印度比哈尔邦加雅城南。相传为佛祖释迦牟尼坐菩提下成道之处。我国著名高僧法显、玄奘均曾至此。玄奘《大唐西域记》卷8，对菩提树、金刚座作了极其详尽的描述。今为印度佛教四大圣地之一。

佛坪厅 清道光五年（1825）置，属汉中府。治所在今陕西周至县西南县城村（佛爷坪）。1913年改佛坪县。

佛坪县 1913年改佛坪厅置，属陕西汉中道。治所在今陕西周至县西南县城村（佛爷坪）。1925年迁治袁家庄（今佛坪县）。1928年直属陕西省。

佛顶山 又名白华顶。即今浙江舟山市普陀区东北普陀山之主峰。海拔291米。清许琰《普陀纪胜》："白华顶一名菩萨顶，居四山之中，为众峰之杰，高五里余。巅圆而平，约广二十余亩。东望之肃然严整，南望稍敧侧焉。地迥多风，杳无林木，上有石亭，供石佛其中。"

佛林河 又作法林河。即今俄罗斯滨海边疆区东北入日本海之苏昌河。清齐召南《水道提纲》卷26："法林河，三源俱出松林。其北大山即勒富忒勒库山，为新开湖上源也。此水南流，又合西一水，共三百里许入海。"

佛昙市 旧名佛潭桥堡。即今福建漳浦县东北佛昙镇。清时有县丞驻此。

佛岩山 亦名佛龛山。在今四川仁寿县东。《舆地纪胜》卷150隆州：佛岩山"在仁寿县东二十五里。其岩有石佛像。绍兴中，尝见毫光圆相"。《清一统志·资州》：佛岩山"在仁寿县东二十五里。一名佛龛山。有唐欧阳询书摩岩碑。山有三石像，背虚面岩，俗呼倒坐寺"。

佛罗安国 故地或以为在今马来西亚马来半岛西岸。地当东西方水陆交通要冲。南宋周去非《岭外代答》卷2"三佛齐国"条："其属有佛罗安国，国主自三佛齐选差，地亦产香，气味腥烈，较之下岸诸国，此为差胜。有圣佛，三佛齐国王再岁一往烧香。"元汪大渊《岛夷志略》"丹马令"条作佛来安。

佛罗玛噶珊 亦名福禄马。在今俄罗斯哈巴罗夫斯克边疆区黑龙江下游塔姆博夫斯科耶附近。清初属宁古塔将军。康熙《皇舆全览图》：黑龙江下游格林河口以东有"福禄马噶山"。后属三姓副都统。咸丰年间通过不平等的中俄《瑷珲条约》被沙皇俄国割占。

佛图寺塔 又名蛇骨塔。在今云南大理市（下关）北六里，点苍山斜阳峰东麓阳平村旁。唐代南诏时建。传说"段赤城灭蛇治水"，为纪念其为民除害，故建此塔葬尸骨。2006年定为全国重点文物保护单位。

佛图关 又作浮图关、浮屠关。即今重庆市西佛图关。《清一统志·重庆府二》：佛图关"在巴县西七里，即李严欲凿通汶、涪二江处，为重庆要津。上有石佛像，故名"。古为兵家必争之地。《明史·张献忠传》：崇祯十七年（1644），"进陷佛图关，破重庆"。即此。

佛郎机 ①明称葡萄牙人为佛郎机。明张燮《东西洋考》"麻六甲"条："后佛郎机破满剌加，入据其国，而故王之社遂墟。"《明史·外国列传》有专条记述。

②明亦称西班牙人为佛郎机。明张燮《东西洋考》卷5"吕宋"条："有佛郎机者，自称干系蜡国，从大西来，亦与吕宋互市。酋私相语曰：'彼可取而代也'。因上黄金为吕宋王寿，乞地如牛皮大，盖屋。王信而许之。佛郎机乃取牛皮剪而相续之，以为四围，乞地称是。王难之，然重失信远夷，竟予地。月征税如所部法。佛郎机既得地，筑城营室，列铳置刀盾甚具。久之，围吕宋，杀其王，逐其民入山，而吕宋遂为佛郎机有矣。"亦见于《明史·外国列传》中"吕宋"条。

③清亦有以佛郎机称法兰西者，见清谢清高《海录》卷下和《清史稿·邦交志》中"法兰西"条。

佛思木 在今黑龙江省桦川县东北万里和通。《明太宗实录》卷142：洪武十五年二月载，"托温至佛思木隘口一百八十里，佛思木至胡里改一百九十里"。即此。

佛思亨山 在今黑龙江省萝北县南。民国《黑龙江志稿》卷4：佛思亨山，"《提纲》作佛思痕，《缪图》作佛思宽，《省图》作烟筒山。在（绥滨）县西南。其南为宝宝山，即《金史》思温山，自喀木尼岭来土冈也，蜿蜒于都鲁河左岸，山北有辽五国部阿里米旧城"。

佛思亨站 一作白杨木站。清乾隆二十七年（1762）置，属三姓副都统。在今黑龙江省木兰县东五站。后废。

佛迹（跡）山 在今越南河西省石室县。《寰宇记》卷170交州：龙编县有"佛迹山"。《明一统志》卷90安南：佛迹山"在交州府石室县。上有巨人迹，下有池，景物清丽，为一方胜概"。

佛宫寺释迦塔 在今山西应县城内。寺初名宝宫寺，五代晋天福间建。辽清宁二年（1056）重建。元延祐二年（1315）改名佛宫寺。寺有木塔，建于辽清宁二年，称为佛宫寺释迦塔，俗称应县木塔。平面为八角形，五层六檐（各层间又夹设暗层，实为九层），高67.13米。是我国现存最高最大的木塔。1961年定为全国重点文物保护单位。

佛逝国 室利佛逝国的省称。名见《旧唐书·玄宗纪下》及《新唐书·地理志》附"广州通海夷道"。

佛峪口 在今北京市延庆县西张家营镇西。《方舆纪要》卷17延庆州"东螺山"条下："又佛峪山在州西北三十里。下有温泉。"

佛海县 1927年置，属云南普洱道。治所即今云南勐海县。民国《云南省民政厅〈有关各县更改县名及设治局土名译音〉案卷》："其县治驻地原名勐海，因勐海之西旧有佛山，故去其土名勐字，而更以佛字，名佛海。似已脱去土名译音，且上下始蒙。"

民国《云南省民政厅思普沿边各区改设县治专卷》：“以苏佛山之佛，人名岩海之海命名。”1929 年直属云南省。1953 年撤销，并入西双版纳傣族自治州。

佛堂山　在今斯里兰卡南端之栋德拉角。《明史·外国传七》：锡兰山国“鹦哥咀山又二三日抵佛堂山，即入锡兰国境”。

佛堂门汛　清置，属大鹏营。在今香港东佛堂洲。有把总驻防。

佛堂门海　在今香港东佛堂洲附近海面。《方舆纪要》卷 101 广州府新安县：佛堂门海，“《志》云：牂牁水经官富山西南入海，分为二门，佛堂门海在其左，急水门海在其右。凡潮自东南大洋西流，经官富山而入急水门，番舶至此，无漂泊之恐，故曰佛堂”。

佛堂镇　清置，属义乌县。即今浙江义乌市西南二十八里佛堂镇。

佛龛岩　在今四川筠连县东南。清同治《高县志》卷 6：佛龛岩“壁立千寻，四面峻峭，叛逆何金龙党羽吴山亡、何乏祥等率贼盘踞其中，势猖獗；其对面四方峒亦陡绝高悬，逆党花脸章队长等率党百余伏居，不时出没，掳掠居民，彼此互相援应。同治二年冬，四川提督胡中和统各部将进剿，遂合绅团用火攻，先破四方峒，次下佛龛岩”。

佛巢堡　明置，在今广西蒙山县东。《方舆纪要》卷 107 永安州：佛巢堡“在州东。又东南六十里至昭平县”。

佛斯亨山　在今吉林靖宇县西北。《清一统志·吉林一》：佛斯亨山“在（吉林）城南四百里。高十里。周五十里”。光绪《吉林通志》卷 22：那尔珲河“源出佛思亨山，东北流百余里来入松花江。……尼石哈河亦出佛思亨山，合两源东北流数十里入于松花江”。“佛斯亨”，满语意为“甑”。

佛潭桥堡　即今福建漳浦县东北佛昙镇。《方舆纪要》卷 99 漳浦县“埔尾堡”条：“县东五十余里有佛潭桥堡，砌石为之，雉堞雄壮。后渐废。”

伽师县　清光绪二十八年（1902）置，属新疆疏勒府。治所在牌素巴特回庄（今新疆伽师县）。民国初属新疆喀什噶尔道。1930 年直属新疆省。

伽师城　在今新疆伽师县东南黑太沁尔古城。唐时疏勒国曾迁都于此。

伽色尼国　亦译作鹤悉那、吉兹尼、哥疾宁。即今阿富汗喀布尔西南加兹尼。《北史·西域传》：伽色尼国“都伽色尼城，在悉万斤南。……土出赤盐，多五果”。

伽罗关　在今云南峨山彝族自治县西南。明洪武间置土巡检司于此。

伽宗城　在今云南呈贡县西隅。《方舆纪要》卷 114 呈贡县：伽宗城“在县治西。大理段氏时，上官伽宗所筑，因名”。

伽宗部　宋大理国置，属善阐府。驻地即今云南呈贡县。元世祖至元十三年（1276）改置呈贡县。

伽溪　在今浙江临安市西。为昌化溪支流。《方舆纪要》卷 90 昌化县：伽溪“在县（今昌化镇）南二十里”。《清一统志·杭州府一》：伽溪“源出县西南峡川，东流入柳溪”。

皂口江　又名皂口溪水。即今江西万安县南社坪河。《方舆纪要》卷 87 吉安府万安县：皂口江在“县南六十里”。《清一统志·吉安府一》：皂口溪水“源出赣县界三龙山，北流经县西南六十里之上下造，有泉流合焉，又经社坪，出皂口，入赣江”。

皂口站　又作造口站。元置，在今江西万安县东南赣江西岸皂口村。明置巡司于此。

皂口镇　又名造口。即今江西万安县东南六十里皂口。《方舆纪要》卷 87 吉安府万安县“皂口江”条下：“宋建炎初，隆祐太后避兵南指章赣，金人蹑其后，追至造口，不及而还。造口即皂口也。”明洪武三年（1370）置巡司于此。

皂山　在今江西万载县北。《方舆纪要》卷 87 袁州府万载县：皂山“在县北六十里。屹然突立，山色似皂，与瑞州府新昌县接界。一名连香岭”。

皂水　即今南广水。从今云南威信县境往北流入四川。《寰宇记》卷 79 戎州：“黑水，从胡监生僚界出东海，流入蜀江，唐天宝六年改为皂水。”

皂（阜）江　①即郫水。指今四川都江堰市至彭山县一段之岷江。《元和志》卷 31 唐兴县：“郫江一名皂江，经县东二里，出麸金。”

②亦称大皂江。指今四川都江堰市至新津间之岷江。《明史·地理志》温江县：“西南有皂江，亦曰内江。”《方舆纪要》卷 67 温江县：皂江水在“县治西南。自灌县流入境，即郫江上源也。亦谓之大灶（皂）江”。

皂（阜）军山　一名皂均山。在今陕西西乡县南十五里。《方舆纪要》卷 56 西乡县：皂军山“相传张飞曾屯军于此”。而《清一统志·汉中府一》谓皂军山“上有擂鼓台。相传宋吴玠驻兵处”。

皂角市　又作皂角镇。即今湖北天门市东北皂市镇。《方舆纪要》卷 77 景陵县：皂角市“在县东北七十里。有皂角渡。地据高阜，当三府四县之交。居民错杂，商贾辐聚，防御最切”。

皂角林　在今江苏扬州市邗江区南三十里。《宋史·高宗纪》：南宋绍兴三十一年（1161），“金人趋瓜州，刘锜遣统领员琦拒之于皂角林，大败之，斩其统军高景山”。

皂角垭　即今四川南部县西北皂角镇。1933 年川陕革命根据地在此置德丰县。

皂林　即今浙江桐乡市西北六里皂林村。南宋属崇德县。明置巡司于此。明初常遇春破张士诚兵于皂林，即此。

皂岭关　明置，在今贵州印江土家族苗族自治县东。《方舆纪要》卷 122 思南府朗溪司：皂岭关在“司（今朗溪镇）东五十里”。

皂郊堡　南宋置，有皂郊搏马务。即今甘肃天水市南三十里皂郊镇。《宋史·宁宗纪四》：南宋嘉定十一年（1218）正月，“金人围皂郊堡”，二月，“金人破皂郊，死者五万人”。即此。

皂河 ①即高梁河。在今北京市西北。金称皂河。《方舆纪要》卷11顺天府：高梁河“上有高梁桥，蒙古兵入居庸至皂河欲度高梁桥，为金将胡沙虎所败”。

②在今江苏宿迁市西北四十里。《清一统志·徐州府一》：皂河“源出港头社，南流入河。以土色黑，故名。本朝康熙十九年骆马湖淤，尝开此以通漕”。

皂河口 即今江苏宿迁市西北四十里皂河镇。明置巡司于此。清时有刘马庄巡司、运河主簿及黄河北岸千总驻此。

皂河站 元置，在今江苏宿迁市西北皂河镇。

皂荚戍 在今山西永济市西。《周书·文帝纪》：西魏大统八年（542）十月，宇文泰出军蒲坂击高欢，“军至皂荚，齐神武退”。《方舆纪要》卷41临晋县：皂荚戍“在县南”。

皂荚桥 在今江苏南京市西南。《资治通鉴》：南朝宋元徽二年（474），桂阳王休范反，攻建康，其将“丁文豪破台军于皂荚桥，直至朱雀桁南”。

皂洼勒 即今新疆墨玉县西南扎瓦乡。《清一统志·和阗》：皂洼勒台“又名哈喇哈什台，和阗底台西七十里”。

皂（阜）涧水 ①在今河南新安县东。《水经·谷水注》：“谷水又东径函谷关南，东北流，皂涧水注之。水出新安县东南，流径毋邱兴墓东，又南径函谷关西。皂涧水又东流入于谷。”

②一名黑涧水。在今河南宜阳县西南。《水经·洛水注》：“洛水又东，黑涧水南出陆浑西山，历于黑涧西北入洛。”《隋书·食货志》：“又于皂涧营显仁宫。”

皂湖 即今江西湖口县南皂湖。《方舆纪要》卷85九江府湖口县：皂湖“聚群川之水入彭蠡湖。旁有巨石，色黑如铁，因名。支流为土目湖，接都昌县界，商贾舟楫，道皆出此”。

皂幕山 在今广东佛山市高明区西南，与鹤山市交界。《方舆纪要》肇庆府高明县：皂幕山在“县（治今明城镇）南四十里。即曹幕山也，连新会县界，与药径山相接，高千余丈，延袤二百余里”。

身毒国（身 juān） 古印度。《史记·大宛列传》：汉武帝时，张骞在大夏，“大夏国人曰：吾贾人往市之身毒。身毒在大夏东南可数千里。其俗土著，大与大夏同，而卑湿暑热云。其人民乘象以战，其国临大水焉”。骞遣副使使身毒。

〔丿丿〕

近园 在今江苏常州市长春巷常州宾馆内。清康熙间建。杨兆鲁《遂初堂文集》称：“自抱疴归来，于注经堂后买废地六七亩，经营相度，历五年于兹，近似乎园，故题曰近园。”其后数易主人。经恽氏修葺后，改名静园，亦名恽家花园。园内布局清幽明净，有西野草堂、见一亭、天香阁、得月轩、三梧亭、欲语阁、鉴湖一曲等景。为研究明清古典园林的重要实例。

徂当县 唐贞观五年（631）置，后属羁縻穹州。治所在今四川黑水、红原县境。后废。

徂州 唐贞观六年（632）以西羌董洞贵部落置羁縻州，属茂州都督府。治所在今四川茂县西北或黑水县地。后废。

徂里路 又作车里路。元元贞二年（1296）置徂里路军民总管府，属云南行省。治所在今云南景洪市东南郊曼景兰。辖境约当今云南西双版纳傣族自治州。明洪武十五年（1382）改车里军民府。

徂底关 明洪武十二年（1379）置，后属叠溪千户所。在今四川茂县西北九十里。《明一统志》卷73叠溪所：徂底关“在所城南三十里”。后迁今汶川县南八十里，北距桃关十里。嘉庆《汶川县志》卷2：徂底关在“治（今绵虒镇）南四十里。峭壁千寻，飞涛百丈，为松茂第一要隘。今设之以盘诘汉羌番民之出入者”。

徂崇山 在今云南新平彝族傣族自治县西北。《方舆纪要》卷115新化州：“徂崇山在州治（今县西北新化）北五十里。林木蓊郁，岩石峻险，延长一百五十里。路险人迹罕至。下有温泉。”

徂赫特城 在今俄罗斯阿穆尔州黑龙江北岸波亚尔科夫西。清初属黑龙江副都统。康熙《皇舆全览图》：黑龙江北岸有“车赫得城”。乾隆《盛京、吉林、黑龙江等处标注战迹舆图》：黑龙江北岸有“徂赫特城”。

役水 在今河南新郑市、中牟县境。《山海经·中山经》：役山“役水出焉，北注于河”。《水经·渠水注》：役水“出苑陵县西隟侯亭东……世名之堽泉也。即古役水矣”。《清一统志·开封府一》：古役水“在新郑县北，流经中牟县南。今湮”。

〔丿丶〕

佘山 ①在今上海市松江区西北二十五里。《方舆纪要》卷24松江府华亭县：佘山“相传有佘姓者隐此，故名。山高秀，与干山相埒，有东、西二峰，连亘数里，泉石颇胜”。产笋香如兰。清康熙四十九年（1710）南巡，赐名兰笋山。山顶有天文台，山麓为佘山镇。

②旧名蛇山。又名茶山、长山。在今上海市崇明县东南长江口外。

佘田桥铺 即今湖南邵东县东南四十八里佘田桥镇。旧属邵阳县。1952年划归邵东县。清光绪二十八年（1902）八月，贺金声联络哥老会在此组织起义，称“大汉灭洋”。

佘湖山 在今湖南邵阳县东南。《清一统志·宝庆府一》：佘湖山“在邵阳县（今邵阳市）东南一百二十里。山势飞舞，其形若凤，顶有雷祖岩，履之空洞有声。上又有一台，台侧有石如悬几，祷雨，视石上滴水以为雨候”。唐时祀申泰芝于此。以去县远，改祀于今邵阳市东三里之小佘湖山。

余（馀）干山 ①一名冠山。又名羊角山。在今江西余干县城东门外。《寰宇记》卷107饶州余干县：余干山，"《旧经》：其山曲转相向，状如羊角，旧名羊角山，天宝六年敕改为余干山"。《明一统志》卷50饶州府：羊角山"唐改名余干山，又名冠山。山多奇树怪石，山下旧有亭，相传陆羽尝煮茶于此"。

②在今浙江长兴县西南六里。《寰宇记》卷94长兴县"余罂溪"条引《梁陈故事》云："梁武时有童谣云：'天子之居在三余。'武帝于余干、余杭、余姚三处为禳压之法；其时长兴有余干山、余罂水、余鱼里，盖陈高祖吴兴三余人也。"

余（馀）干州 元元贞元年（1295）升余干县置，属饶州路。治所即今江西余干县。辖境相当今江西余干县地。明洪武初复降为余干县。

余（馀）干县 南朝宋改余汗县置，属鄱阳郡。治所即今江西余干县。隋开皇间属饶州，大业初属鄱阳郡。唐属饶州。元元贞元年（1295）升为余干州。明洪武初复为县，属饶州府。民国初属江西浔阳道。1926年直属江西省。

余无戎 即徐吾氏。在今山西屯留县西北三十里。《后汉书·西羌传》注引《竹书纪年》："太丁四年，周人伐余无之戎，克之。"

余（馀）不溪 指今浙江省北部东苕溪自德清县至湖州市的一段河道。《元和志》卷25作余不溪水。《寰宇记》卷94乌程县：霅溪"自天目山曰余不溪"。《方舆纪要》卷89浙江总序"苕溪"条：东苕溪"东北入湖州府德清县境，经县城东南，谓之余不溪"。

余（馀）中场 在今江苏海门市东北。《方舆纪要》卷23海门县"余东场"条下："余西场在州东五十里，又东二十里为余中场。"后并入余西场。民国初复以余东场并入，改余西为余中，即今江苏通州市东南余西乡。

余（馀）水 ①在今江西余干县南。为安仁江（今信江）支流。《汉书·地理志》豫章郡余汗县："余水在北，至鄡阳入湖汉。"《明一统志》卷50饶州府：余水"在余干县治前，会县之东南诸溪余水，故名。以其三道而入，又名三余。或曰吴、楚、越之余水也，故名三余"。

②又作良余水。在今陕西华阴市西。《山海经·中山经》：良余之山"余水出于其阴，而北流注于河"。《水经·渭水注》：余水"南出良余山之阴，北流入于渭，俗谓之宣水也"。

余（馀）甘渡 即今四川泸州市东北小市渡，为沱江津渡。以旧时有余甘树，故名。《舆地纪胜》卷153泸州：余甘渡，"余甘碧实圆脆，峰门渡口倚岸成林。鲁国先生题泸川县楼，所谓余甘渡头客艇是也"。

余（馀）东场 即今江苏海门市东北四十六里余东镇。产海盐。清时设盐课大使于此。民国时以余东、余西两场并为余中场。

余（馀）发（發）县 西汉置，属九真郡。治所在今越南清化省峨山县附近。东汉废。

余（馀）西场 北宋名余庆场，为通州八盐场之一。产海盐。即今江苏南通市通州区（金沙镇）东南二十里余西村。清设盐课大使于此。民国初以余东场并入，改名余中场。

余行镇 在今江苏邳州市北。《方舆纪要》卷22邳州："余行镇在州（治今邳城镇）北七十里。《志》云，其地有余行省城。元末，沂州将王信所筑。"

余（馀）庆长官司 明洪武十七年（1384）改余庆州置，属播州宣慰司。治所即今贵州余庆县西北余庆司（敖溪镇）。万历二十九年（1601）改为余庆县。

余（馀）庆场 北宋置，为通州八盐场之一。即今江苏南通市通州区（金沙镇）东南二十里余西乡。

余（馀）庆州 元末置，属播州安抚司。治所即今贵州余庆县西北余庆司（敖溪镇）。明洪武十七年（1384）改为余庆长官司。

余（馀）庆县 ①明万历二十九年（1601）改余庆长官司置，属黄平州。治所即今贵州余庆县。清属平越州。民国初属贵州黔中道。1920年直属贵州省。

②清光绪三十年十二月（1905年1月）置，属绥化府。治所在余庆街（今黑龙江省庆安县）。1914年改名庆城县。

余（馀）庆沟 在今黑龙江省呼玛县西，一说加格达奇区东那都里河注入嫩江处附近。旧属呼玛县。产金矿。为黑龙江省产金最丰之区。民国《黑龙江志稿》卷23：余庆沟金矿，"矿区属呼玛县。清宣统三年始由官商合办开采，系用土法，矿质金砂，矿局设在余庆沟附近。属于此局之矿区曰余庆本沟，余庆上沟，古龙干河正、支两沟，计四区，面积三十四万四千六百二十亩"。

余（馀）庆街 即今黑龙江省庆安县。清光绪十一年（1885）于此设分防经历。光绪三十年十二月（1905年1月）改置余庆县，1914年改名庆城县。民国林传甲《黑龙江乡土志》："庆城县，在绥化县东，呼兰河南，旧名余庆街。"

余（馀）汗县 又作余干县。秦置，属九江郡。治所在今江西余干县东北。汉属豫章郡，徙治今余干县。《汉书·地理志》豫章郡余汗注："应劭曰，汗音干。"三国吴改属鄱阳郡。南朝宋改为余干。《元和志》卷28饶州：余干县"汉余汗县，淮南王云，田于余汗是也。县因余汉水为名。隋开皇九年去水存干，名曰余干"。《清一统志·饶州府二》及杨守敬《隋书地理志考证》指出："宋、齐志已均作余干"，认为"隋开皇九年去水存干名曰余干"之说当是后人追改。

余（馀）江县 1914年以安仁县改名，属江西豫章道。治所即今江西余江县东北锦江镇。1927年直属江西省。1961年迁驻邓埠镇，即今治。

余吾　即徐吾氏。在今山西屯留县西北三十里。徐文靖《管城硕记》卷11：“按《水经注》……《上党记》：纯留县有余吾城，在县西北三十里，即徐吾也。”

余吾水　即今蒙古国鄂尔浑河支流土拉河。《史记·匈奴列传》：西汉征和四年（前89）贰师将军李广利等数路大军击匈奴，“匈奴闻，悉远其累重于余吾水北，而单于以十万骑待水南，与贰师将军接战”。

余吾州　唐龙朔中改玄阙州置，属瀚海都护府。治所在今俄罗斯贝加尔湖一带。后废。

余吾县　西汉置，属上党郡。治所即今山西屯留县西北余吾镇。东汉建武七年（31）徙封栎阳侯景丹子尚为余吾侯于此。后废。

余（馀）英溪　东苕溪支流。一名前溪。在今浙江德清县西。《寰宇记》卷94武康县：余英溪“在县（治今武康镇）西十二里。《山墟名》曰：每春夹岸花开，通夏不歇”。故名。《方舆纪要》卷91武康县：余英溪“源出铜官山，东南流，合于前溪。《邑志》：前溪即余英溪，盖异源而同流也”。

余（馀）杭山　约在今江苏南部太湖附近。《越绝书》卷2：“秦余杭山者，越王栖吴夫差山也，去县五十里，山有湖水，近太湖。”《吴越春秋》卷5：“越王乃葬吴王以礼，于秦余杭山卑犹。”或说在今浙江德清县西武康附近。

余（馀）杭门　南宋临安城北门。吴越国称北关门，俗称百官门。故址在今浙江杭州市武林路与环城北路相交处。民国初拆除。

余杭市　1994年改余杭县置，治今浙江省余杭区临平镇。2001年撤销，改设杭州市余杭区。

余（馀）杭县　秦始皇三十七年（前210）置，属会稽郡。治所在今浙江杭州市余杭区西南七十六里余杭镇。东汉改属吴郡。三国吴宝鼎元年（266）属吴兴郡。隋开皇九年（589）为杭州治，次年徙州治钱塘县。大业初属余杭郡。唐属杭州。南宋属临安府。元属杭州路。明、清属杭州府。民国初属浙江钱塘道。1927年直属浙江省。1958年撤销，1961年复置，迁治临平镇。1994年改设余杭市。

余（馀）杭郡　隋大业三年（607）改杭州置，治所在钱唐县（今浙江杭州市）。唐武德初改为杭州。天宝元年（742）复为余杭郡。辖境相当今浙江杭州、海宁、富阳、临安四市地。乾元元年（758）复称杭州。

余（馀）杭塘河　在今浙江杭州市西北、杭州市余杭区西南。宋《淳祐临安志》卷10：余杭塘河“在北关门外，江涨桥投西四十五里，至余杭县，曰余杭塘河”。

余（馀）贤埭镇　1934年置，属嘉兴县。即今浙江嘉兴市东南二十四里余新镇。

余城　南朝梁筑。故址在今江西奉新县西。《寰宇记》卷106洪州奉新县：余城“在县西一十五里。《梁书》云，于庆入洪州，进攻新吴县，余孝顷起兵拒之，因筑此城。周回三里一百五十步”。

余（馀）荫山房　又名余荫园。在今广东广州市番禺区（市桥镇）东北十八里南村镇。建于清同治六年（1867），由举人邬燕天为纪念其祖先余荫而建。布局奇巧。与顺德市的清晖园、东莞市的可园、佛山市的十二石斋，同被誉为广东四大名园。余荫山房坐北朝南，以廊桥为界，将园林分为东、西两部分。建有深柳堂、榄核厅、临池别馆、玲珑水榭、来薰亭、孔雀亭和廊桥等。在咫尺山林间，浓缩了园林主要景致和设施。后余荫山房园主邬彬第四代孙在余荫山房的东侧建愉园，占地面积415平方米，布局更加巧妙，建筑更加紧凑。在愉园中可将余荫山房景色尽收眼底。2001年定为全国重点文物保护单位。

余姚市　1985年撤销浙江省余姚县，改设余姚市，市人民政府驻余姚镇。由宁波市代管。

余（馀）姚州　元元贞元年（1295）改余姚县置，属绍兴路。治所即今浙江余姚市。明洪武二年（1369）复改余姚县。

余（馀）姚县　秦置，属会稽郡。治所即今浙江余姚市姚江北岸。据《越绝书》卷8载：“越人谓盐曰余。”余姚乃古越语地名。《史记·五帝本纪》正义：“顾野王云，舜后支庶所封之地。舜，姚姓，故云余姚。”显系出于附会。《水经·沔水注》：“因句余山以名县。”亦不确。隋开皇九年（589）省。唐武德四年（621）复置，为姚州治，七年（624）后属越州。南宋初属绍兴府。元属绍兴路，元贞元年（1295）改为余姚州。明洪武二年（1369）复为余姚县，属绍兴府。嘉靖三十六年（1557）因倭患，在姚江南岸建新城，以通济桥相连，县治遂扩展至姚江南、北两岸。民国初属浙江会稽道。1927年直属浙江省。1985年改设余姚市。

余（馀）姚郡　唐天宝元年（742）改明州置，治所在鄮县（今浙江宁波市鄞州区西南四十二里鄞江镇）。辖境相当今浙江宁波、慈溪、奉化等市和舟山群岛。乾元元年（758）复改明州。

余家堰　五代南唐筑，在今江苏高淳县东南。《方舆纪要》卷20江宁府高淳县：余家堰“在县东南四十里。《旧志》亦以为五堰之一”。

余家潭　在今湖北松滋市东北。《方舆纪要》卷78松滋县：余家潭在“县东二十里，堤防要口也”。

余（馀）溪　一名清江水。即今湖南祁东县南归阳河。《水经·湘水注》：余溪水“出西北邵陵郡邵陵县，东南流注于湘”。

余（馀）暨县　西汉置，属会稽郡。治所即今浙江杭州市萧山区。三国吴太平二年（257）改为永兴县。

佥岭　在今福建邵武市东四十里。《方舆纪要》卷98邵武府邵武县：“佥岭在府东四十里。旧时夹道多松，亦名千松岭。”

希马拉耶山　即喜马拉雅山。在中国西藏自治区和巴基斯坦、印度、尼泊尔、锡金、不丹等国家境内。

希瓦克　即今乌兹别克斯坦阿姆河下游西岸之希瓦。元代为察合台汗国属地。

希水　即今湖北浠水县东南之浠水。《水经·江水注》：希水“出灊县霍山西麓。……西南流分为二水，枝津出焉。希水又南，积而为湖，谓之希湖。湖水又南流，径轪县东，而南流注于江”。

希水左县　南朝宋置，属西阳郡。治所即今湖北浠水县。梁改名浠水县。

希巴尔台河　即今内蒙古商都县东南、兴和县北之五台河。《清一统志·牧厂》：希巴尔台河“在（正黄等四旗）牧厂西七里。源出诺诺浑博罗山西平地，北流入查喜尔图插汉池”。

希平县　①南朝宋末置，属九德郡。治所在今越南义安省境。南齐废。

②南齐置，属齐乐郡。治所在今广东连山壮族瑶族自治县东北。隋开皇十年（590）改名熙平县。

希田站　又作希贤。元置，在今黑龙江省东宁县西南。元《析津志》天下站名：“东洋州百二十（里）土罗火，百三十（里）希田。”

希玄寺　北魏熙平二年（517）建，即今河南巩义市东北十六里大力山下巩县石窟寺。东西魏、北齐、隋、唐及北宋，相继在此凿窟造像。宋代名十方净土寺。清改名巩县石窟寺。

希夷峡　在今陕西华阴市南华山莲花峰下。陈抟脱骨处。宋太宗赐抟号希夷先生，峡因以名。

希里沟　即今青海乌兰县驻地。1936 年都兰县曾迁治于此。1959 年于此置乌兰县。“希里沟”，蒙古语意为“大草甸子”。民国汪公亮《西北地理》：都兰县垦区有希里沟。

希拉卓噶珊　又作西而木噶山。在今俄罗斯哈巴罗夫斯克边疆区黑龙江下游东岸索菲斯克东北。清初属宁古塔将军。康熙《皇舆全览图》：黑龙江下游乞儿必西附近有“西而木噶山”。后属三姓副都统。《乾隆内府舆图》黑龙江下游有“希拉卓噶珊”。光绪《吉林通志》卷 17：混同江南岸，东至海滨旧设噶珊有“希拉卓”。咸丰年间通过不平等的中俄《北京条约》被俄割占。

谷（穀）　①又名小谷。春秋时齐邑。在今山东平阴县西南东阿镇。《春秋》：庄公七年（前 687），“冬，夫人姜氏会齐侯于谷”。即此。

②亦作谷伯国。西周国名。在今湖北谷城县西北十里。《春秋》：桓公七年（前 705），“夏，谷伯绥来朝”。杜注：“谷国在南乡筑阳县北。”后为楚所灭。

谷口　①即今福建古田县西南谷口村。元设谷口巡司于此。明正统间废。

②在今河南浚县西南淇门渡西。《资治通鉴》：东晋太元十年（385），前秦苻丕帅众三万自枋头将归邺城，与檀玄“战于谷口，玄兵败”。即此。

③亦名瓠口。战国秦邑。在今陕西礼泉县东北五十里。《元和志》卷 1 醴泉县：“本汉谷口县地……当泾水出山之处，故谓之谷口。”《战国策·秦策三》：秦国“北有甘泉、谷口”。《史记·河渠书》：韩“使水工郑国间说秦，令凿泾水自中山西邸瓠口为渠，并北山东注洛”。《索隐》：“瓠口即谷口，乃《郊祀志》所谓‘寒门谷口’是也。”《汉书·沟洫志》：“太始二年，赵中大夫白公复奏穿渠。引洛水，首起谷口，尾入栎阳，注渭中，袤二百里，溉田四千五百余顷，因名曰白渠。”皆此。

谷口山　即庬山。在今河南洛阳市西南。《清一统志·河南府一》：谷口山“在洛阳县西南三十里，孝水出焉”。

谷口县　秦置，属内史。治所在今陕西礼泉县东北五十里烟霞镇东北屯附近。西汉属左冯翊。东汉废。《元和志》卷 1 醴泉县：“本汉谷口县地……当泾水出山之处，故谓之谷口。”

谷口河　即今山西代县东南峪口河。源出五台山，北流入滹沱河。《方舆纪要》卷 40 代州：谷口河“在州东南五十里。自五台县杨林岭发源，流经谷口村，故名。民多引流灌溉”。

谷口泉　在今山西永济市南二十里中条山北麓。《方舆纪要》卷 41 蒲州：谷口泉在“州东南十五里。即中条山之水谷口，有泉出焉。傍又有苍龙谷泉，俱流入大河”。

谷口湖　在今湖北咸宁市西北。《清一统志·武昌府一》：谷口湖“在咸宁县西北。中有洲渚，凫雁聚焉。其东为关阳湖，与紫潭湖相接”。

谷口镇　即今福建古田县西南谷口。元置巡司于此，明正统间废。

谷山　在今湖南望城县东南。《方舆纪要》卷 80 善化县：尖山“又西四十里曰谷山。灵谷深邃，上有梓木洞，下有龙潭”。《清一统志·长沙府一》：谷山“产青纹花石，可为砚”。

谷（穀）山　①在今江西信丰县西。《寰宇记》卷 108 虔州信丰县：谷山“在县西二十里。《舆地志》云，其山下有石如人形，有池水生鱼鳖，山临谷水，因以为名。高一千五百丈，不通人行”。

②在今山东阳谷县东北。《方舆纪要》卷 33 阳谷县：谷山“在县治东北。小阜也。县以此名”。

③即谷城山。在今湖北谷城县西北。《方舆纪要》卷 79 谷城县：谷山在“县西北十里。上有古城，《志》以为即春秋时谷伯绥国都”。

谷山守捉城　唐置，属维州。在今四川理县东北。后废。

谷水　①古松江之别称。即今江苏南部及上海西部的苏州河。《水经·沔水注》引《吴记》：“一江东南行七十里，入小湖，为次溪，自湖东南出，谓之谷水。”《吴地记》：华亭县“地名云间，水名谷水”。云间、谷水皆松江地区之别名。

②又名砀水。在今江苏徐州市南。《方舆纪要》卷 29 徐州：“谷水亦在州南。《图经》：睢水自谷熟而支分，其东出者曰谷水，又东北合于泗水，故有谷泗之称。”

③即今安徽淮水支流谷河。自今河南新蔡县流入

安徽临泉县南境，经阜南县南，至颍上县西之南照镇入淮。《水经·淮水注》："（谷）水上承富水，东南流，世谓之谷水。"

④即今河南罗山县东之竹竿河。《水经·淮水注》："谷水南出鲜金山，北流，瑟水注之。……谷水东北入于淮。"

⑤即今甘肃武威市西北之石羊河。源出天祝藏族自治县西北，东北流经武威市，又东北经民勤县南入白亭海。《汉书·地理志》姑臧："南山，谷水所出，北至武威入海，行七百九十里。"

谷（穀）水 ①一作縠水。即今浙江钱塘江及其上游兰江、信安江和江山港。

②即今浙江钱塘江支流衢江，秦汉称谷水。《汉书·地理志》会稽郡大末县："谷水东北至钱唐入江。"

③古获水下游经今安徽砀山县北，有谷水上承砀陂东北流来会，自此以下通称谷水，东至今江苏徐州市入泗水。《史记·项羽本纪》："东至彭城，日中，大破汉军。汉军皆走，相随入谷、泗水。"即此。

④即今河南渑池县南渑水及其下游涧水。东流至洛阳市西注入洛河。《山海经·中山经·中次六经》：傅山"其西有林焉，名曰墦冢，谷水出焉，而东流注于洛"。《汉书·地理志》弘农郡黾池县："谷水出谷阳谷，东北至谷城入雒。"《水经·谷水注》："今谷水出千崤东马头山谷阳谷，东北流历黾池川……又东北径函谷关城东。……又东涧水注之。……自下通谓之涧水，为谷水之兼称。"东周王城于谷、洛二水合流处东北岸。《国语·周语》载，周灵王时，"谷、洛斗，毁王宫"，即此。东汉、三国魏、西晋、北魏都洛阳，曾导谷水，使东出王城北，合缠水东注为阳渠，经洛阳城（今洛阳市东北汉魏故城），东至偃师市东南入洛。隋复故道。近世改称上源为渑水，自渑池县东合涧水以下称涧河。

⑤即今湖北谷城县段之汉江。《方舆纪要》卷79谷城县：汉江"或曰汉水在县境内亦曰谷水"。

谷（穀）水市 即今湖南湘乡市西棋梓镇西北谷水村。《清一统志·长沙府二》"铜钱湾市"条下：谷水市"在（湘乡）县北（按：应为西）八十里"。

谷（穀）旦县 唐武德三年（620）置，属怀州。治所在今河南孟州市北十七里谷旦镇。四年（621）废。

谷（穀）旦镇 俗讹作郭旦。在今河南孟州市北十五里谷旦镇。唐曾置谷旦县于此。

谷（穀）丘 春秋宋邑。在今山东菏泽市北二十里小留镇。《春秋》：桓公十二年（前700）七月，"公会宋公、燕人盟于谷丘"。

谷（穀）丘县 西汉置，属涿郡。治所在今河北安平县西南南王庄镇（角丘）。东汉废。

谷发（發）亭屯 亦作吉法坛、古发廷、古发谭，在今俄罗斯哈巴罗夫斯克（伯力）东北黑龙江岸。《清代中俄关系档案史料选编》：顺治十年（1653）三月，镇守盛京地方昂邦章京叶克枢来文称："使狗地方谷发亭姓大妈哈三十八家……遂来进贡（貂皮）。"

谷（穀）成县 西汉置，属河南郡。治所在今河南洛阳市西北。《水经·谷水注》："城西临谷水，故县取名焉。"东汉改为谷城县。

谷则斡儿朵 即虎思斡耳朵。西辽国都。在今吉尔吉斯斯坦楚河南岸托克马克东南二十里的布拉纳遗址。《元史·曷思麦里传》：曷思麦里"西域谷则斡儿朵人"。即此。

谷米乡 即今四川雷波县东北谷米乡。产铅。清嘉庆间曾开采。以煎炼无成而中止。

谷州 ①唐武德三年（620）置，治所在宋安县（今河南光山县西南）。贞观元年（627）废。

②亦作古州。辽置，治所在今黑龙江省牡丹江市南郊海浪河注入牡丹江处古城。元于此设古州千户所。

谷（穀）州 ①隋开皇十六年（596）置，治所在新安县（今河南义马市石河村北）。仁寿四年（604）废。唐武德元年（618）改新安郡复置，治通洛城（即今河南新安县）。辖境相当今新安、渑池二县及孟津县一部分。贞观元年（627）移治渑池县（今渑池县北十五里）。六年（632）移治福昌县（今宜阳县韩城镇西福昌）。显庆二年（657）废。

②一作縠州。唐武德四年（621）置，治所在太末县（今浙江龙游县）。辖境相当今浙江龙游县。武德八年（625）废。

③金元光二年（1223）升沁源县置，治所即今山西沁源县。元初复改沁源县。

谷忙关 明洪武二十三年（1390）置，在今贵州贵定县东。《明一统志》卷88新添卫：谷忙关"在卫城（今贵定县）东一十五里"。

谷（穀）阳戍 即今安徽固镇县。《水经·淮水注》："涣水又东径谷阳戍南。"《魏书·薛野賭传》：熙平二年（517），薛昙尚"除徐州谷阳戍主"。即此。

谷阳县 东晋咸康三年（337）改苦县置，属陈郡。治所即今河南鹿邑县。北魏属陈留郡。北齐废。隋开皇六年（586）复置，属亳州。大业初属谯郡。唐属亳州，乾封元年（666）改为真源县。

谷（穀）阳县 西汉置，属沛郡。治所即今安徽固镇县。《汉书·地理志》沛郡谷阳县注："应劭曰：在谷水之阳。"故名。东汉属沛国。西晋废。

谷（穀）阳郡 东魏武定六年（548）改阳平郡置，属睢州。治所在谷阳城（今安徽固镇县）。辖境相当今安徽固镇县地。隋开皇初废。

谷阳镇 ①北宋置，属商水县。在今河南商水县南。《清一统志·陈州府》：谷阳镇"在商水县南，以在谷之阳为名"。

②北宋置，属卫真县。在今河南鹿邑县东。

谷（穀）阳镇 北魏太和中于谷阳城置，即今安徽固镇县。寻置阳平郡。

谷（穀）远县　西汉置，属上党郡。治所即今山西沁源县。西晋废。

谷劳砦　在今贵州独山县南上司镇西南。《方舆纪要》卷121独山州丰宁长官司：谷劳砦“在司西南。洪武二十六年，顾成讨丰宁叛苗，藩台、谷劳、摇安诸砦皆近司境”。

谷里　在今山东新泰市西五十里。《方舆纪要》卷31新泰县“上四庄”条下：“县西五十里有谷里，相传古齐、鲁会盟处。”

谷里驿　明置，即今贵州黔西县东南谷里镇。《清一统志·大定府》“奢香驿”条：“又东五十里为水西驿，又东五十里为谷里驿。”“谷里”系彝语音译，意为供粮的地方。

谷利县　即谷和县。治所在今四川黑水县西南。《旧唐书·地理志》、《寰宇记》卷81作“谷利县”。

谷陇河　在今贵州六枝特区北。《清一统志·安顺府》：谷陇河“在府城西北西堡司治前。西北流五十里，下流合于乌江”。

谷阳山　在今贵州贵定县西南。《清一统志·贵阳府》：谷阳山“在贵定县西南小平伐司东五里”。

谷（穀）林　亦作谷陵。在今山东菏泽市东北五十里尧王寺。《吕氏春秋·安死》：“尧葬于谷林。”即此。

谷（穀）昌县　西汉元封二年（前109）置，属益州郡。治所在今云南昆明市东十余里。《华阳国志·南中志》：“汉武帝将军郭昌讨夷，平之，因名郭昌以威夷，孝章（原文误，应为宣）时改为谷昌也。”刘琳《华阳国志校注》：“谷昌当为故滇国所属部落名称的译音，《蛮书》所谓谷昌王即谷昌部落之酋长也。”三国蜀建兴三年（225）属建宁郡。西晋太安二年（303）属益州郡。东晋属晋宁郡。南朝梁末废。1946年改昆明县复置，直属云南省。治所在今云南昆明市南二十里官渡镇。1950年改昆明县。

谷（穀）罗县　西汉置，属西河郡。治所在今内蒙古准格尔旗西南。东汉废。

谷（穀）罗镇　金置，属河阳县。即今河南孟州市北二十里罗状村。

谷和县　亦作谷利县。唐文明元年（684）开生羌置，属当州。治所在今四川黑水县西南。天宝元年（742）属江源郡。乾元元年（758）复属当州。广德后废。

谷周驿镇　北宋置，属邵阳县。即今湖南邵阳县东北四十八里谷洲镇。

谷宝江　即今云南景谷傣族彝族自治县东威远江。《方舆纪要》卷119威远州：谷宝江“在州境。自遮遇甸流至州，下流合澜沧江，亦谓之威远江。正统五年（1440）麓川叛酋思任发自镇沅之者章硬寨败遁，威远州知州刁盖扼之于威远江，败之。即此”。

谷定山　在今贵州贵定县东北十里。《清一统志·贵阳府》：谷定山“亦谓之蔡苗山。《游名山记》：上有泉，悬崖飞下宛如玉虹，名曰飞泉”。

谷帘（簾）泉　在今江西星子县西三十五里庐山康王谷中。陆游《入蜀记》卷4：谷帘水“甘腴清冷，具备众美……非惠山所及”。《明一统志》卷52南康府：谷帘泉“其水如帘，布岩而下者三十余派。唐陆羽《茶经》品其水为天下第一”。

谷（穀）城　①春秋周邑。在今河南洛阳市西北。以临谷水，故名。《左传》：定公八年（前502）二月，“单子伐谷城”。即此。

②在今山西隰县东四十五里。《新定九域志》卷4隰州：谷城，“神农尝五谷于此”。

谷（穀）城山　①一名黄山。在今山东平阴县西南东阿镇东北五里。《山海经·中山经》：“缟羝山之首曰平逢之山，南望伊洛，东望谷城之山。”《史记·留侯世家》：黄石公与张子房相期，“十三年孺子见我济北，谷城山下黄石即我矣”。《水经·济水注》：“《魏土地记》曰：县有谷城山，山出文石，阳谷之地，《春秋》齐侯、宋公会于阳谷者也。县有黄山台，黄石公与张子房期处也。”

②亦名谷神山、谷山。在今湖北谷城县西北十里。《水经·沔水注》：沔水东径谷城南，“城在谷城山上。春秋谷伯绥之邑也”。《隋书·地理志》襄阳郡谷城县：“有谷城山。”

谷（穀）城县　①战国时周置。秦昭襄王五十二年（前255）入秦，属三川郡。治所在今河南洛阳市东北。西汉属河南郡，作谷成县。

②秦置，属济北郡。治所在今山东平阴县西南东阿镇。《史记·项羽本纪》：刘邦“以鲁公礼葬项王谷城”。《正义》引《述征记》：项羽墓在谷城西北三里半许，毁坏，有碣石“项王之墓”。西汉废。东汉复置，属东郡。西晋属济北郡。北魏属东济北郡。北齐废。

③东汉改谷成县置，属河南尹。治所在今河南洛阳市西北。西晋废。

④隋开皇十八年（598）改义成县置，属襄州。治所即今湖北谷城县。大业初属襄阳郡。唐属襄州。宋属襄阳府。元属襄阳路。明属襄阳府。民国初属湖北襄阳道。1932年直属湖北省。

谷峡山　在今贵州龙里县东北。《明一统志》卷88龙里卫：谷峡山“在大平伐长官司治东北。连峰峭壁，中一径可通，为两司界限”。

谷（穀）泉县　北魏置，属南秦州汉阳郡。治所在今甘肃礼县境。北周省入汉阳县。

谷（穀）饶墟　旧作赤寮墟。即今广东汕头市潮阳区西北谷饶镇。清光绪《潮阳县志》卷4：赤寮墟在“县西六十里贵山都”。

谷（穀）亭镇　亦曰谷亭。即今山东鱼台县治。《水经·泗水注》：菏水“东与泗水合于湖陵县西六十里谷庭城下”，即此。后讹为谷亭。《清一统志·济宁州》：谷亭镇“旧置谷亭闸及河桥水驿、谷亭递运所。北至济宁、南至沛县俱九十里，为漕运往来要地。明隆庆中，运河东徙，省递运所及闸，而移驿于南阳镇，遂废”。1964年鱼台县迁治于此。

谷（穀）神山 即谷城山。在今湖北谷城县西北。《寰宇记》卷145谷城县：谷神山“在县西十里。上有石城，号曰谷神山”。

谷（穀）积山 ①在今北京市房山区西北。《明一统志》卷1顺天府：谷积山“峰峦突起，如谷堆积然。下有三石洞，总名三学，中可容数十人”。

②在今河南宝丰县西。《清一统志·汝州》：谷积山“在鲁山县西北九十里。养、澈二水出焉。或谓即将姑山”。

谷（穀）停站 元置，即今山东鱼台县城谷亭镇。明废。

谷鹿洲 又名蓼洲、鸲鹋洲。在今江西南昌市东湖百花洲西南南塘湾外。《水经·赣水注》：“赣水又径谷鹿洲，即蓼子洲也。旧作大艑处。”

谷（穀）渠 在唐东都城西南，今河南洛阳市旧城西南。徐松《唐两京城坊考》卷5载：谷渠“渠在雒水之北，自苑内分谷水东流，至城之西南隅入雒水”。

谷埴守捉城 唐置，属翼州。在今四川茂县西北。

谷（穀）塘原 在今河南邓州市东南。《魏书·高祖纪》：太和二十三年（499）三月，“帝疾甚，车驾北次谷塘原”。四月，“帝崩于谷塘原之行宫”。

谷源镇 明初置，属建昌县。在今江西永修县西北。《方舆纪要》卷85建昌县“芦潭镇”条：“县西七十里，旧有谷源巡司。”

谷墟水 即今广东封开县东南谷圩河。《方舆纪要》卷101封川县：谷墟水“在县（今封川镇）东十三里。源出麒麟山，流入西江”。

谷（穀）熟县 ①东汉建武二年（26）置侯国，寻改为县，属梁国。治所在今河南虞城县西南三十二里谷熟镇。北魏废。隋开皇十六年（596）复置，属宋州，大业初属梁郡。唐属宋州。北宋开宝五年（972）徙治今谷熟镇南，寻还治谷熟镇，属应天府。金属归德府。元世祖至元二年（1265）废。1952年析商丘县复置，治谷熟镇。1953年徙驻马牧集（今虞城县）。1954年撤销。

②东晋侨置，属新昌郡。治所在今安徽和县西北。南朝梁废。

谷（穀）熟集 即今河南虞城县西南三十二里谷熟镇。东汉曾为谷熟县治。

谷（穀）藏堡 北宋熙宁七年（1074）置，属岷州。在今甘肃岷县西四十里。

谷霞寨长官司 元置，属新添葛蛮安抚司。治所在今贵州贵定县西南。后废。

孚川州 唐置羁縻州，属嶲州都督府。治所在今四川凉山彝族自治州东境昭觉县城新城镇。后废。

孚王府 在今北京市朝阳区朝阳门大街北侧，是清代亲王府。为雍正时第二代怡亲王的府第。咸丰末，因第六代怡亲王载垣参与宫廷政变被夺爵处死，此府由朝廷收回。同治年间（1862—1874）分配给道光帝第九子孚郡王奕譓居住，故称“九爷府”。王府平面呈长方形，建筑规整，布局为中、东、西三路，中轴线上主要建筑有大门、正门、银安殿、中殿与后殿，尽端是后照楼。孚王府是研究清代王府建筑制度的典型实物。2001年定为全国重点文物保护单位。

孚州 北宋大观元年（1107）置，治所在归仁县（今广西南丹县西南）。四年（1110）废州、县为靖南砦。政和七年（1117）复置，宣和三年（1121）又废为靖南砦。

孚远县 清光绪二十八年（1902）置，属迪化府。治所即今新疆吉木萨尔县。民国初属新疆迪化道。1930年属迪化行政区。后直属新疆省。1953年改名吉木萨尔县。

孚远城 亦名古城。清乾隆四十年（1775）筑，在今新疆奇台县西南五里许。同治间毁于兵，改建于今奇台县治。光绪十五年（1889）徙奇台县于此。

妥甸街 即今云南双柏县治。清有千总驻防。1962年双柏县迁治于此。

豸岭冈 在今广东四会市西北十里。《方舆纪要》卷101肇庆府四会县：豸岭冈，“嘉靖中，乡人立寨其上”。

豸塘岭 在今广西玉林市北。《方舆纪要》卷108郁林州：豸塘岭在“州北一里。山形如豸，为州后镇”。

含口 又作啥口、崟口。即含山之口。在今山西闻喜县东南。自古有道由今闻喜县东经垣曲县王屋山渡河可达河南，称作啥口道或含山路。《水经·涑水注》：洮水源东出清野山，“其水东径大岭下，西流出谓之啥口”。又《资治通鉴》：唐大顺元年（890），宰相张濬、镇国节度使韩建领禁军及宣武军万人拒守晋州。李存孝克绛州，攻晋州遇天子禁兵，退五十里而军，“濬、建自含口遁去。存孝取晋、绛二州”。又《宋史·司马池传》：议者以官运盐道远，议“开啥口道，自闻喜逾山而抵垣曲，咸以为便”。

含山 ①又作崟山、啥山。在今山西闻喜县东南。其山口称崟口或啥口。自古有道由今闻喜东经垣曲县越王屋山渡河可达河南，称作含山路或啥口道。《旧唐书·张濬传》：大顺元年（890），张濬出兵讨太原，为李存孝所败，濬“狼狈由含山逾王屋，出河清，拆屋木缚筏济河”。

②又名横山。在今安徽含山县西。《方舆纪要》卷29含山县：含山在“县西二十里。山势雄拔，众山列峙，势若吞含，唐因以名县”。

含山县 唐武德六年（623）置，属和州。治所即今安徽含山县。《寰宇记》卷124含山县：“以县境众山所含，故名。”八年（625）省。长安四年（704）复置，更名武寿县。神龙元年（705）复名含山县。民国初属安徽安庆道。1928年直属安徽省。

含元殿　①唐龙朔二年（662）建，为长安城外大明宫正殿。在今陕西西安市解放门外含元村附近。唐李华《含元殿赋》："左翔鸾而右栖凤，翘两阙而为翼，环阿阁以周墀，象龙行之曲直。"唐末毁。1959年作考古发掘，殿东西广十一间，进深四间，每间广5米。东侧有翔鸾阁，西侧有林凤阁，南有通往平地的龙尾道。

②本唐东都乾元殿。在今河南洛阳市中州路与定鼎路相交处的东北角。玄宗开元二十八年（740）改为含元殿。

含光殿　在今河北临漳县西南古邺南城宫内。《邺中记》载："昭阳殿中有长廊，通东阁，阁内有含光殿。"

含州　唐武德元年（618）置，治所在南由县（今陕西宝鸡市陈仓区西北县功镇东南十里）。四年（621）废。

含谷镇　北宋置，属璧山县。即今重庆市巴南区西北含谷镇。

含香市　原名白水村，宋改今名。即今浙江金华市金东区东含香村。清光绪《金华县志》卷3《乡里表·附市镇》：含香市在"县东三十里"。相传宋张辅归田于此，寻被上召，因患口疮，含鸡舌香入对。上嘉其贤，赐所居之地曰含香。

含洭县　西汉置，属桂阳郡。治所在今广东英德市西北浛洸镇。《元和志》卷34浛洭县："因县界洭水为名。"三国吴改属始兴郡。南朝梁天监六年（507）为衡州治。南朝陈为西衡州治。隋开皇九年（589）为洭州治。后属广州。大业初属南海郡。唐改为浛洭县。

含洸镇　即今广东英德市西北浛洸镇。明正德九年（1514）置巡司于此。

含晖岩　又名金华洞、白石岩。在今湖南道县东南四里，上关乡潇水东侧。唐刘禹锡作《含辉洞述》称："河东薛景晦为道州刺史，以书来夸曰'吾得异境于近郊……有石穹然如夏屋'，因名其地曰含辉洞"，盖取诗"山水含清辉"之意。

含资县　西汉置，属乐浪郡。治所在今朝鲜黄海北道瑞兴郡。东汉末属带方郡。西晋后废。或说在今朝鲜忠清北道忠州，误。

含凉殿　唐长安大明宫寝殿之一。故址在今陕西西安城北龙首原上。据《大典阁本图》在太液池北岸。《长安志》云"含凉殿在太液池南"恐误。

含嘉仓　唐东都洛阳的粮仓。在今河南洛阳市隋唐故城内皇城外的东北方。初为隋含嘉城，唐初改置为含嘉仓。面积约45万平方米。仓窖约四百多个。大者可储粮一万四千多石，小者亦可储六千多石。唐杜佑《通典·食货》卷12：天宝八年（748）含嘉仓储粮总数为"五百八十三万三千四百石"。占全国粮储总数的一半。安史之乱后渐趋衰落。

含嘉城　隋大业中筑。在今河南洛阳市老城西北。《隋书·王世充传》：唐武德元年（618），王世充与李密战，大败，世充"收合亡散，复得万余人，屯于含嘉城中"。即此。唐初置为东都洛阳城粮仓含嘉仓。

含鄱岭　在今江西星子县北。《清一统志·南康府一》：含鄱岭"在星子县北庐山之半。面鄱湖，若有吞吸之状，故名。岭之南，中豁为含鄱口"。

邻山　亦作潾山。在今四川邻水县东南。《舆地纪胜》卷162渠州：邻山，"《元和郡县志》：在邻山县西四十里。此山重叠，邻比相次，迤逦南尽县界。此山出铁"。《寰宇记》卷138邻山县：邻山"在县西四十里。此山重叠邻比相次为名。南尽县界，东入邻水县界，北入达州三冈县界。此山出铁"。《方舆纪要》卷68邻水县：邻山在"县东四十里。《志》云：此山出铁，邻次相比，故名"。

邻山县　一作潾山县。南朝梁大同三年（537）置，为邻州治。治所在今四川大竹县东南。《寰宇记》卷138渠州：邻山县"以山名之"。隋开皇初废。唐武德元年（618）复置，为邻州治。八年（625）属渠州。天宝初属邻山郡，乾元初复属渠州。北宋乾德三后（965）移治故邻州城。元世祖至元二十年（1283）废入大竹县。

邻（潾）山县　治所在今四川大竹县东南。《宋史·地理志》作"潾山县"。

邻山郡　①一作潾山郡。西魏废帝改邻州置。治所在邻山县（今四川大竹县东南）。辖境相当今四川大竹、邻水等县地。隋开皇三年（583）废。

②唐天宝初改渠州置，治所在流江县（今四川渠县）。辖境相当今四川渠县、大竹、邻水、广安等地。乾元初复为渠州。

邻山镇　北宋置，属邻山县。在今四川邻水县东北兴仁镇。

邻水　即今四川邻水县东御临河。《舆地纪胜》卷162渠州：邻水，"《元和郡县志》：在邻水县。其源出县东邻山县二十六里，中有大碛，悬流十丈，奔急若惊湍电泻"。《方舆纪要》卷68邻水县：邻水"在县治东。自大竹县境流入界，中有大石碛，缘流十余丈，下流合大洪溪，经丰都县境入于岷江。或曰：邻水源出邻山也"。

邻水县　亦作潾水县。南朝梁大同三年（537）置，寄治邻州城（在今四川大竹县东南）。《寰宇记》卷138渠州邻水县："因彼州（邻）水以名之。"隋开皇元年（581），"自州城移于岳池溪"（今四川邻水县北二十九里）。大业初属宕渠郡。唐武德元年（618）属邻州。二年（619）南移治于今邻水县北二十里。一说在今龙安场。八年（625）属梁州。宝历元年（825）废。大中初复置。北宋乾德四年（967）移治昆楼镇（即今邻水县）。元世祖至元二十年（1283）废。明成化元年（1465）复置，属广安州。清属顺庆府。民国初属四川嘉陵道。1928年直属四川省。

邻（潾）水县　治所即今四川邻水县。《宋史·地理志》作"潾水县"。

邻水镇　北宋置，属邻水县。在今四川邻水县北二十里。

邻州 亦作潾州。南朝梁大同三年（537）置。治所在邻山县（今四川大竹县东南）。辖境相当今四川大竹、邻水等县地。西魏废帝时改为邻山郡。隋开皇三年（583）废。唐武德元年（618）复置，八年（625）废。

邻（隣）州 治所在邻山县（今四川大竹县东南）。《宋史·地理志》作“隣州”。

邻封场 即今重庆市长寿区东北邻封镇。清光绪《长寿县志》卷1：邻封场在“治东六十里”。

坌处汛 清置，即今贵州天柱县东南三十六里坌处镇。1932年置保安镇，1940年废。1984年复设坌处镇。

岔口村 在今山西古交市西南五十里。《清一统志·太原府一》称：“明天启间曾建营房于孔河都、岔口诸村。”

岔口堡 明置，属庄浪卫。即今甘肃天祝藏族自治县西北岔口驿。清初设守备，后改设都司。

岔口镇 即今山西永和县东北岔口村。《清一统志·隰州》“桑壁镇”条下：“又县北四十里有岔口镇。”

岔山县 唐置，属山州。治所在今越南义安省北部。后废。

岔沟门 亦作西岔沟门。即今吉林集安市西南四十里外岔沟。在鸭绿江北岸。人烟辐辏。清设西岔沟门巡司于此。民国设县佐。

岔林河 在今黑龙江省通河县北。《清史稿·地理志》大通县：“西：岔林……南入松花江。”

岔林河屯 即黑龙江省通河县西北岔林村。民国《黑龙江志稿》通河县图：县西北有岔林街屯。

岔河集 即今河北霸州市西十五里岔河集乡。明嘉靖《霸州志·舆地志》市廛有“汊河”。清同治《畿辅通志》卷46霸州图：西有汊河集镇。

岔河镇 ①即今江苏洪泽县东三十六里岔河镇。清光绪《江苏全省舆图》：山阳县西南有“岔河”。1941—1949年苏北革命根据地置淮宝县治此。

②旧属如皋县，即今江苏如东县西五十二里岔河镇。清光绪《江苏全省舆图》：如皋县东有“岔河”。

岔道 即今北京市延庆县南二十里八达岭镇东北岔道。《方舆纪要》卷17延庆州：岔道口，“《志》云，自八达岭而北地稍平，五里至岔道。有二路：一自怀来卫保安州历榆河、土木、鸡鸣三驿至宣府为西路；一至延庆州永宁卫、四海冶为北路。八达岭为居庸之噤吭，岔道又八达之藩篱也。宣德五年巡边驻跸岔道，明日猎于岔道。……嘉靖三十年筑城于此。周二里有奇，与南山联为一边，其地逼临山险，与居庸之外卫”。

岔路口镇 清置，属德惠县。即今吉林德惠市东北岔路口镇。《清史稿·地理志》德惠县官商路：“东：岔路口达榆树。”

岔路河 在今吉林永吉县西南。为饮马河上源。《清史稿·地理志》吉林府：“西南驿马河，即伊勒们，自磐石缘界合岔路河。”

岔溪 即今重庆市城口县西北沿河乡（岔溪河场）。《明史·张令传》：崇祯十三年（1640）二月，“大败（张献忠义军）玛瑙山，走岔溪，千江河，令复与副将方国安大破之”。即此。

〔丿㇇〕

胣胶州 即胣肢州。治所在今四川峨山彝族自治县城沙坪镇。

邸水 即今广东韶关市曲江区东北之黄坑河。《水经·溱水注》：“江水又径始兴县南，又西入曲江县，邸水注之。水出浮岳山，山蹑一处，则百余步动，若在水也，因名浮岳山。南流注于东江。”

邸阁 在今河南通许县南二十里。为通扶沟县孔道。清乾隆《通许县旧志》卷1：邸道“古代似为贮粮之所”。

邸阁山 在今浙江安吉县东北。《寰宇记》卷94安吉县：邸阁山“在县（治今安城镇）东北二十五里。《吴志》云：吴帝遣从弟孙庆修故鄣邸阁粮谷”。即此。

邸阁池 在今浙江安吉县东北邸阁山下。《新唐书·地理志》湖州安吉县：“北三十里有邸阁池，北十七里有石鼓堰，引天目山水溉田百顷，皆圣历初令钳耳知命置。”

邹 一作驺。周代封国。本邾国，亦称邾娄国，曹姓。东汉许慎《说文》：“古邾娄国，帝颛顼之后所封。”建都于邾（今山东曲阜市东南南陬村）。《左传》：文公十三年（前614），“邾文公卜迁绎”。邾文公所迁之绎，在今山东邹城市东南纪王城。战国时为楚所灭。

邹口 又名邹家口。在今山东东平县西北黄河渡口。《旧五代史·梁书·末帝纪下》：龙德三年（923），“王彦章弃邹口复至杨刘”。

邹山 即邹峄山。亦作驺山、邾峄山。在今山东邹城市东南二十里。《水经·泗水注》：“漷水又径鲁国邹山东南，而西南流。《春秋·左传》所谓峄山也。邾文公之所迁，今城（按指邹县旧治）在邹山之阳。……山东西二十里，高秀独出，积石相临，殆无土壤，石间多孔穴，洞达相通，往往有如数间屋处，其俗谓之峄孔，遭乱辄将家入峄，外寇虽众，无所施害。”《魏书·世祖纪下》载：太平真君十一年（450），拓跋焘“至于邹山”。即此。

邹公溪 在今江西余干县西。南宋乾道中范成大去岭南经此。范成大《揽辔录》：癸巳岁（1173）正月“二十八日至余干县……二十九日宿邹公溪”。即此。

邹平县 西汉置，属济南郡。治所在今山东邹平县北孙镇。西晋永嘉后省。隋开皇十八年（598）复置，属齐州。大业初属齐郡。唐属淄州。北宋景德元年

（1004）移治济阳废县（今邹平县东北旧口），金移治今邹平县。元属济南路。明属济南府。民国初属山东济南道。1928年直属山东省。

邹卢县 西汉置，属胶东国。治所在今山东莱西市东北二十里龙水街道东南古城里。东汉废。

邹关 在今山东邹平县西北十三里。《方舆纪要》卷31邹平县：邹关“昔常置关于此，今废”。

邹州 唐武德元年（618）置，治所在临济县（今山东章丘市西北临济村）。辖境相当今山东邹平、高青等县地。八年（625）废。

邹坞镇 即今山东枣庄市西薛城区东邹坞镇。明初设巡司于此。

邹村镇 在今河北饶阳县西南二十三里邹村。清于此设堡。

邹县 ①战国秦置（秦封泥中有“驺丞文印”证实“驺县”或“邹县”应置于战国秦），属薛郡。治所在今山东邹城市东南二十六里峄山之阳。因山为名。汉又改邹为驺，属鲁国。三国魏复为邹县。北齐徙治今邹城市。唐属兖州。北宋熙宁五年（1072）省为镇，入仙源县。元丰七年（1084）复置，仍属兖州。金属滕州。明属兖州府。民国初属山东济宁道。1925年属兖济道。1928年直属山东省。1992年改设邹城市。

②西晋置，属乐安国。治所在今山东高青县西南花沟镇。南朝宋废。

邹峄山 又名峄山或邹山。在今山东邹城市东南二十里。《史记·秦始皇本纪》：“二十八年，始皇东行郡县，上邹峄山。立石，与鲁诸儒生议，刻石颂秦德。”

邹城市 1992年撤销山东省邹县，改设邹城市，市人民政府驻邹城。由济宁市代管。

邹家口 即邹口。在今山东东平县西北黄河渡口。《资治通鉴》：五代唐同光元年（923），王彦章攻马家口城，帝自杨刘引军赴救，“彦章解围，退保邹家口。……七月，丁未，帝引兵循河而南，彦章等弃邹家口，复趋杨刘”。戊午，“王彦章等闻帝引兵已至邹家口，己未，解杨刘围，走保杨村，唐兵追击之”。

邹容墓 在今上海市徐汇区华泾镇西。邹容（1885—1905），原名绍陶，字蔚丹，四川巴县（今重庆市巴南区）人。近代民主革命烈士。1902年留学日本，回国后来上海，著述《革命军》一书，号召推翻清王朝，建立共和国。1903年“苏报案”发生，被租界巡捕房拘捕，后死于狱中，年仅二十一岁。当时有义士刘三收其遗骸，葬于华泾镇刘宅旁的空地上。1924年章太炎举行公祭，修墓立碑。

邹鲁 泛指今山东曲阜、邹城二市一带。西周时地属邹、鲁二国。唐高适诗有“周旋必邹鲁”句。

邹溪 在今湖南桃源县东。《方舆纪要》卷80桃源县：“邹溪在县东四十里。源出县东北水田村，流入沅江，商贾辐辏处也。”

邹墟堡 即今广西宾阳县东北邹圩镇。清于此设兵防守。

龟（龜） 疑在今河南睢县境内。《春秋》：桓公十二年（前700），“冬十有一月，公会宋公于龟”。杜注：“龟，宋地。”

龟山（龟 guī） ①在今江苏盱眙县东北三十里。《舆地纪胜》卷44盱眙军：龟山“在盱眙县北二十里。其西南上有绝壁，下有重渊。《广记》：龟山，禹治水以铁锁锁淮涡水神无支奇于龟山之足。唐永泰中，李汤以牛五十引锁出之，锁末有一青猿，高五丈许，复拽牛没水”。《方舆纪要》卷21盱眙县：龟山，“《志》云，山有二：上龟山在县治西南，下龟山在此。……宋嘉定十二年，山东贼时青来附，处之龟山”。即此。

②在今江苏徐州市鼓楼区。《魏书·地形志》：彭城有龟山。《清一统志·徐州府一》引《旧志》：龟山“在州东北三十余里。有石洞深晦莫测，俗称仙人洞”。

③亦名怪山。即今浙江绍兴市西南塔山。《越绝书》卷8：“龟山者，句践起怪游台也。东南司马门，因以炤龟。又仰望天气，观天怪也……一曰怪山。怪山者，往古一夜自来，民怪之，故谓怪山。”《水经·渐江水注》：怪山“远望此山其形似龟，故亦有龟山之称”。

④即龟头山。在今安徽巢湖市西北十五里。《隋书·地理志》：庐江郡襄安县有龟山。

⑤一名龟洋山。在今福建莆田市西二十里。《新定九域志》卷9兴化军：龟山，“《院图经》云，僧无了尝隐于此，遇一神龟，蹑四小龟而行，无了异之，遂居其地为院”。产茶为县之最。

⑥在今江西安福县西。《舆地纪胜》卷31吉州：龟山“在安福县西。有石屹然，望之如伏龟。龙泉县亦有龟峰”。《清一统志·吉安府一》：龟山“多奇石，其下一山，状如斧劈，两岸垂下如帷幄，惟亭午见日。一名九日岩，一名壁峡。后有洞，虚旷可容数十人”。

⑦在今山东新泰市西南四十里。《诗经·鲁颂·閟宫》：“奄有龟蒙。”《春秋》：定公十年（前500），“齐人来归郓、灌、龟阴田”。杜注：“泰山博县北有龟山。”《水经·汶水注》：“龟山在博县北十五里，昔夫子伤政道之陵迟，望山而怀操，故瑟操有龟山操焉。”

⑧一名武当山。在今湖北襄阳市西南。《名胜志》：龟山“上有礤礤石，襄人以三月三日来游，卧擦其上，谓可免灾。山麓有刘先主亭”。

⑨古名大别山、鲁山、翼际山。在今湖北武汉市汉阳城区东北。隔江与今武昌城区蛇山相望。毛泽东《菩萨蛮·黄鹤楼》诗：“烟雨莽苍苍，龟蛇锁大江。”指此。

⑩在今湖南辰溪县西南一里沅江南岸丹山。《方舆纪要》卷81辰溪县：龟山“在县西隔江。山盘礴高耸，下钟鼓洞，深里许”。

⑪在今广东乐昌市南。《清一统志·韶州府》：

龟山“在乐昌县南半里。环抱县治，横截武水，为一邑关键”。

⑫在今重庆市合川区东嘉陵江南岸。明万历《合州志》卷1：龟山“在州治东过江十里，与钓鱼山相对，如龟形，故因名。元宪宗攻合州，驻跸于此”。

⑬一名三台山。即今重庆市涪陵区东北雨台山。《舆地纪胜》卷174涪州：龟山“本涪州东岸之山，今州治一小山，其形如龟。龟陵之称，得非取此”。南宋咸淳二年（1266）移涪州治此。

⑭即今云南石林彝族自治县东南圭山。《方舆纪要》卷115师宗州“思容山”条下：“州西南七十里有龟山，极高峻，去（广西）府城亦七十里，为夷㑩之薮。万历四十八年筑土城于此，周一里有奇，谓之督捕城，府通判驻守其地。”

⑮在今云南师宗县西。《清一统志·广西州》：龟山“在师宗县西七十里。山极高大，为苗㑩之薮。明万历四十八年，筑督捕城，通判驻扎于此。今废”。

⑯在今陕西富县西。《方舆纪要》卷57鄜州：龟山“在州城西”。

⑰在今甘肃天水市东四十里。《清一统志·秦州一》：龟山“周五里，中间突起如龟背，南临渭水，右滨清水。其麓为社树坪。有阜自山南循藉水而西，止于州东十里，谓之沙陇”。

龟山寺 在今江苏扬州市。《宋史·高宗纪九》：南宋绍兴三十一年（1161）十月，“金人弑其主亮于扬州龟山寺”。

龟山运河 北宋在淮河南岸开凿的人工运河。起自盱眙县洪泽镇（今江苏盱眙县东北，已沦入洪泽湖中）新河，西至龟山（今盱眙县东北）入淮。《宋史·河渠志六》：元丰六年（1083）开龟山运河，“初发运使许元自淮阴开新河，属之洪泽，避长淮之险，凡四十九里……至是发运使罗拯复欲自洪泽而上，凿龟山里河而达于河”。发运使蒋之奇建言：“自龟山蛇浦下属洪泽，凿左肋为复河，取淮为源”，亘五十七里。此后淮南漕运北至淮阴县（今江苏淮安市淮阴区西南、淮河南岸），由龟山运河、新河出淮，避开淮河百里风涛之险，人以为便。南宋乾道五年（1169）楼钥北行使金亦由此河。元后废。

龟山镇 北宋置，属盱眙县。在今江苏盱眙县东北三十里龟山下。

龟化城 又名龟城。即今四川成都市。东晋干宝《搜神记》：“秦惠王二十七年，使张仪筑成都城，屡颓。忽有大龟浮于江，至东子城东南隅而毙。仪以问巫。巫曰：依龟筑之。便就。故名龟化城。”

龟龙山 即龙鼍山。在今广东恩平市西南二十里。《寰宇记》卷158恩州阳江县：龟龙山“在恩平县西南。高三百余丈，周回一百五十里。山形似龙，下有龙穴，往往兴雨云是龟洲”。

龟头山 ①又名龟山。一名小陇山。在今安徽巢湖市西北十五里，巢湖北岸。《方舆纪要》卷26巢县“高林山”条下：“《志》云：县西北十五里有龟头山，山形如龟，俯瞰湖滨。《城冢记》：山一名小陇山。昔尝置黄沙城于此，为戍守处。亦谓之龟头城。”

②又名龟峰山。在今湖北麻城市东六十里。《水经·江水注》：“举水出龟头山。”《元和志》卷27麻城县：龟头山“在县东南八十里。举水之所出也。《春秋》：吴、楚战于柏举，即此地也”。

龟台（臺）山 在今湖南益阳市东南二里。《明一统志》卷63长沙府：龟台山“山形似龟。相传吴鲁肃驻兵于此”。

龟屿 即今台湾省宜兰县东龟山岛。清道光《噶玛兰厅志》卷1：“龟山一名龟屿，在厅治东六十里海中，以形得名。”

龟角尾汛 清置，在今江西赣州市城北，当章、贡二水合成赣江之口。

龟岛 即鼍矶岛。今山东长岛县北砣矶岛。《新唐书·地理志》：“登州东北海行，过大谢岛、龟、歆岛、末岛、乌湖岛三百里。”龟岛即今砣矶岛。

龟林都督府 唐贞观二十一年（647）以铁勒同罗部置，属燕然都护府。在今蒙古国色楞格省东境。公元8世纪后废。

龟咀墟 在今广东从化市西南。清光绪《广州府志》卷69：从化县有“龟咀墟”。

龟城 今四川成都市的别称。《太平御览》卷192《成都记》：秦张仪筑成都城，“屡皆倾倒，忽有大龟周行，随其所蹑而筑之，功果就焉，故亦号为龟城”。

龟胜山 一名万胜堆。在今四川德阳市北二十里。明曹学佺《蜀中名胜记》卷9德阳县：“（鹿头山下）有龟胜山道场，乃高崇文破刘辟处。初，辟据鹿头关，高与之对垒屯营，有神龟由壁门来，蹲于牙旗之下，公命投之远涧。翌日复至。议者以龟介虫之长，介胄斯服，蜀有龟城，其城是师，果为受降之兆，乃以龟胜名山，立道场焉。掌书记郑宗经大唐乙酉明年六月记。”

龟兹川（龟 qiū） 亦名西川、白马河。即今新疆拜城、新和、库车、沙雅等县境之渭干河。《水经·河水注》：北河“又东径龟兹国南，又东，左合龟兹川”。

龟兹县（龟 qiū） 西汉置，为上郡属国都尉治。治所在今陕西榆林市北。《水经·河水注》：“县因处龟兹降胡著称。”《后汉书·张奂传》：永寿元年（155），安定属国都尉“据龟兹，使南匈奴不得交通东羌”。东汉末废。

龟兹国（龟 qiū） 又作丘兹、鸠兹、屈支、归兹等。汉西域三十六国之一，属西域都护府。都城在延城（今新疆库车县东郊皮朗旧城）。东汉延光二年（123）属西域长史。魏晋时迁都于今沙雅县北六十里羊达克沁废城。唐还旧址，改名伊罗卢城，为龟兹都督府治。后徙安西都护府治此。

龟兹城（龟 qiū） 即龟兹国都城。在今新疆库车县城东郊皮朗旧城。《晋书·吕光载记》：前秦苻坚命吕光讨西城，“又进攻龟兹城，夜梦金象飞越城外……光入其城，大飨将士，赋诗言志”。著名天竺籍高僧鸠摩罗什出生于此。

龟兹都督府（龟 qiū） 唐贞观二十二年（648）置，属安西都护府。治所在伊逻卢城（今新疆库车县城东郊皮朗旧城）。贞元中废。

龟兹镇（龟 qiū） 唐安西四镇之一。贞观二十二年（648）置，在今新疆库车县。《旧唐书·西戎传·龟兹国》：“太宗既破龟兹，移置安西都护府于其国城，以郭孝恪为都护，兼统于阗、疏勒、碎叶，谓之四镇。高宗嗣位，不欲广地劳人，复命有司弃龟兹等四镇。”长寿元年（692）复置。

龟峰山 ①在今浙江衢州市。《方舆纪要》卷93西安县“峥嵘山”条：“其东南相连者曰龟峰山，府治枕其麓。”今与峥嵘山统称府山。

②在今江西弋阳县南二十里。《方舆纪要》卷85广信府弋阳县：龟峰山“弋阳江经其下。山连峰接岫，参差错落，其得名者三十有二峰，皆笋植笏立，峭不可攀。中一峰形如龟。又有蜃楼，能吐纳云气，以验晴雨”。

③即“龟头山”。在今湖北麻城市东六十里。《明一统志》卷61黄州府：龟峰山“在麻城县东六十里。山势嵯峨，上有崖刻唐人诗”。

龟祥山 在今云南姚安县西。《方舆纪要》卷116姚安军民府：龟祥山在“府治西。一名赤石山，以山石皆赤也。山顶有泉，亦曰龟祥泉。旁有万花谷”。

龟停山 在今重庆市巴南区西南白沙沱镇东长江中小岛（小南海）。东晋常璩《华阳国志·巴志》：巴国“又立市于龟亭北岸，今新市里是也”。《舆地纪胜》卷175重庆府：龟停山“在江津县西一里岷江中。若龟形。有古精舍。李膺《益州记》云：此山自益州至此，是为龟停”。

龟湖 在今江西南城县东。《明一统志》卷53建昌府：龟湖“在府城东五里。又名蛴湖。地钤云，龟湖冲破状元生。宋时水决龟湖，张渊微擢状元”。

龟塘 又名奎塘、圭塘。在今河南长沙市东南。《宋史·食货志上》载：“初，五代马氏于潭州东二十里，因诸山之泉，筑堤潴水，号曰龟塘，灌田万顷。其后堤坏，岁旱，民皆阻饥。（绍兴）七年，守臣吕颐浩始募民修复，以广耕稼。”清末渐淤废。

龟蒙 龟、蒙二山的合称。在今山东新泰市南和蒙阴县西南一带。自西北而东南，长约八十余里。其西北一段名龟山，东南名蒙山。《诗经·鲁颂·閟宫》：“奄有龟、蒙。”即此。《论语·季氏》：“昔者先王以为东蒙主”，《尚书·禹贡》：“蒙，羽其艺”，皆指蒙山。后人以龟山当蒙山，蒙山为东蒙，龟山之名遂湮。主峰龟蒙顶在今山东蒙阴县西南。

龟蒙顶 在今山东蒙阴县西南。为蒙山主峰。《诗经·鲁颂·閟宫》有“奄有龟蒙”句。蒙即指蒙山。《方舆纪要》卷33沂州费县：蒙山“其山西峰类龟，俗谓之龟蒙顶”。

龟歆岛 即今山东长岛县北渤海湾中庙岛群岛之砣矶岛、大钦岛。历来是山东至辽东的海上重要通道。《新唐书·地理志》：“登州东北海行，过大谢岛（今长岛）、龟歆岛、末岛、乌湖岛（今隍城岛）三百里。”

龟鹤池 在今湖北省钟祥市西郊。《寰宇记》卷144长寿县：龟鹤池“在县西十步。乃南昌尉梅福未登仙时，养龟鹤池”。

龟壁山 古名鼋鼍屿。即今台湾澎湖岛东北奎壁山。清高拱乾《台湾府志》卷1：龟壁山，“龟壁，海物名。山下最多，山因以为名”。

免渡河 即今内蒙古牙克石市东南免渡河镇。《清史稿·地理志》：呼伦直隶厅有“免渡河”车站，为中东铁路车站之一。

角山 ①在今河北秦皇岛市山海关北十里。《方舆纪要》卷17抚宁县：角山“在临榆县北六里。有前后二山，相去二十里。其脉自居庸、古北、喜峰诸山而东，延亘千里，至此耸峙如角，长城枕其上，为蓟、辽二镇边界。山口有角山关，筑城置戍处也”。

②又名阁山。在今江西鄱阳县南。山北麓旧有角山镇（今角山前）。清同治《饶州府志》卷首鄱阳县图说：“县东南出东门过河五里至阁山，一名角山。”

③在今陕西商南县东北四十里。《清一统志·商州》引《县志》：“汉角里先生隐处，双峰峻耸如笋。”

角山镇 清置，属鄱阳县。即今江西鄱阳县南角山北麓角山前。

角弓镇 北宋置，属福津县。即今甘肃陇南市武都区西北角弓镇。

角子湖 又名翁湖。即今湖南岳阳市南滃湖。《方舆纪要》卷77岳州府巴陵县：滃湖“亦曰角子湖，以在洞庭之角也”。《资治通鉴》：五代唐天成三年（928），吴将苗璘将水军攻楚岳州，至君山，楚将许德勋“潜军角子湖”，使别将绝吴归路，遂擒璘。

角飞城 即漂榆津。在今天津市东。《水经·淇水注》：“清河又东径漂榆邑故城南，俗谓之角飞城。《赵纪》云，石勒使王述煮盐于角飞，即城异名矣。”

角木宗 又作觉木宗、足木宗、朱木宗。治所即今西藏林芝县西北足木。清乾隆《卫藏通志》卷12作“角木宗”。

角场 今广东徐闻县西南角尾镇。《舆地纪胜》卷118雷州徐闻县：“徐闻县仍将隶角场作县治。本县于乾道七年复置。”

角尖山 在今湖南洞口县西北。《方舆纪要》卷81武冈州“风门山”条下：“《志》云，州北百八十里有角尖山。山有二，曰大角尖、小角尖，其状如角，周围森耸，路通沅江。”

角里 即角里。今江苏苏州市吴中区西南西洞庭山角里。

角杯村 即今山西临猗县西角杯乡。清雍正九年(1731)移吴王寨巡司于此。后废。

角昂札萨克旗 即土尔扈特南后旗。旗府驻地在今青海兴海县西北清沟河源一带，后迁今青海海晏县西北、祁连县东南。

角弩谷 ①在今陕西略阳县东北。《南齐书·魏虏传》："伪安南将军、梁州刺史魏郡王元英十万余人通斜谷，寇南郑。梁州刺史萧懿遣军主姜山安、赵超宗等数军万余人，分据角弩、白马、沮水拒战，大败。"

②在今甘肃陇南市武都区西北角弓镇。《寰宇记》卷154阶州将利县："沮水，按《郡国志》云，武都沮水之西有角弩谷，即蜀将姜维剿五部氐羌之所。"

角城 在今江苏淮安市淮阴区西南古淮水与泗水交会处。《水经·淮水注》："淮、泗之会，即角城也。"东晋义熙中于此置角城县。南北朝时置戍，为战时必争之地。《魏书·世宗纪》：正始元年(504)七月，"萧衍角城戍主柴庆宗以城来降"。皆此。

角城县 东晋义熙中置，为淮阳郡治。治所在今江苏淮安市淮阴区西南古淮水与泗水交会处。《魏书·高闾传》：高祖时，闾上表云："欲修渠通漕，路必由于泗口；泝淮而上，须经角城。淮阴大镇，舟船素畜……角城蕞尔，处在淮北，去淮阳十八里，五固之役，攻围历时，卒不能克。"北齐改名文成县。

角陵山 在今湖北天门市东北。《隋书·地理志》京山县："有角陵山、京山。"南齐置角陵县以此名。

角陵县 ①西魏改新阳县置，为梁宁郡治。治所即今湖北京山县。《方舆纪要》卷77京山县："《寰宇记》：地多丘陵及皂角树，西魏因以角陵名县。"隋大业初改为京山县。

②南齐置，属南新阳左郡。治所在今湖北天门市东北五十八里皂市镇。梁废。

角崩山 即今山东青州市西北之尧王山。《水经·巨洋水注》：尧水"出剧县南角崩山，即故义山也。俗人以其山角若崩，因名为角崩山，亦名为角林山，皆世俗音讹也"。

角斜场 明置，属海陵监。在今江苏海安县东六十八里旧场乡。清雍正年间，因海潮泛滥，盐场迁今角斜镇。有盐大使驻此。

角硬山 在今广西宁明县东南思陵村南。《明一统志》卷85思陵州：角硬山"州治（今思陵村）南二十里"。

角硬水 即今广西宁明县东南思陵河。《明一统志》卷85思陵州：角硬水"在州治（今思陵村）南。源出角硬山，北流二十里，至此与淰削水合"。

角溪洞 在今贵州大方县东。《方舆纪要》卷123附水西宣慰司：角溪洞"在大方东。最深险。中又有洞，为水所限"。

甸氐道 西汉置，属广汉郡。治所在四川九寨沟县境。东汉属广汉属国都尉。三国蜀废。

甸头 在今云南巍山彝族回族自治县西北七十里。明蒙化府于此置甸头巡司。清废。

甸头山 在今云南永胜县北三十五里。《方舆纪要》卷117北胜州：甸头山"群峰耸列，林木森蔚。土人于此牧羊，又名牧羊坪"。

甸头关 在今云南保山市北十里。明置土巡司于此。

甸沙关 一名河沙关。明置，属会川卫。在今四川会理县北一百六十里云甸乡北。《明史·地理志》会川卫："北有甸沙关，接建昌卫界。"

甸尾山 在今云南巍山彝族回族自治县南。《方舆纪要》卷118蒙化府：甸尾山"在州南十里。下有温泉。旧有甸尾巡司戍守"。

甸苴关 在今云南华宁县西北四十里。明洪武二十四年(1391)置巡司于此。清废。

犹山 即今江西信丰县西油山。《明一统志》卷58赣州府：犹山"在信丰县西一百二十里。山分九十九面，多产异药"。

犹水 在今江西上犹县东。《舆地广记》卷25南安军：上犹县"有犹水"。《方舆纪要》卷88南安府上犹县：犹水在"县东半里。源出大犹山。一云犹水上源。此湖广桂阳县孤山水流入境，经大犹山，因名。东南流，经南康县界入于章江。县别名犹川以此"。

犹豫堆 亦作犹与堆。即滟滪堆。在今重庆市奉节县东白帝山下瞿塘峡口。明曹学佺《蜀中名胜记》卷21引李膺《益州记》："滟滪堆，夏水涨，没数十丈，其状如马，舟人不敢进。故曰滟滪，又曰滛豫，言舟子取途不决水脉，故犹豫也。"1958年炸毁。

狄 战国齐地。在今山东高青县东南高城镇西北二里。《战国策·齐策》："田单遂攻狄，三月而不克也。"即此。秦置县。

狄水 ①在今河南封丘县东。《水经·河水注》引《琴操》以为孔子临狄水而歌矣曰："狄水衍兮风扬波，船楫颠倒更相加。余按：临济，故狄也。是济所迳，得其通称也。"

②即长星沟。相当今河北曲阳县东孟良河。《方舆纪要》卷4曲阳县"恒水"条下载："狄水在县东三里，亦发源恒山北谷，南流至定州，入滱水。相传宋将狄青曾治漕于此，因名。今塞。"

狄仁杰祠 又称狄公祠。在今河北大名县东五里孔庄北。《元和志》卷16贵乡县："狄仁杰祠在县东南四里。为魏州刺史，百姓为立生祠。"《明一统志》卷4大名府：狄梁公祠"在府城南门外。唐梁公狄仁杰尝为魏州刺史，有异政，民为立生祠。旧有双碑，一李邕文、张处继书，开元中立；一冯朝（宿）文、胡证书，元和中立"。今所存者正是唐元和七年(812)魏博节度使田弘正重立之祠及碑。碑通高4.46米，碑文楷书，二十七行，行六十字，冯宿撰文、胡证书丹，记述狄仁杰一生事迹。可证为大名县东之狄公祠。

狄仁杰墓 在今河南洛阳市老城东二十四里白马寺东南。狄仁杰（607—700），字怀英，并州太原（今山西太原）人。曾任洛州司马、豫州刺史、魏州刺史。武则天即位后，任地官侍郎同凤阁鸾台平章事，是唐代一位著名的宰相。卒后谥号“文惠”，唐中宗李显追封他为“司空”，睿宗李旦又追封他为“梁国公”。墓前东西并排有石碑两通：东侧一碑上刻“有唐忠臣狄梁公墓”八个大字，系明万历二十一年（1593）所立；西侧一碑较小，上下隔为三栏，第一栏内刻元代安抚使完颜纲“七绝”一首，明代金养晦“和诗”一首，明代虞廷玺“和诗”一首；第二栏内为明代周鼎为以上四首诗所作序文；第三栏内为虞廷玺所作序文。此碑为明代河南知府虞廷玺于天顺三年（1459）立。

狄平县 唐武德元年（618）置，属静州。治所在今四川旺苍县东北普济镇大营坝。次年改为地平县。

狄丘冶 即秋丘冶。在今江苏徐州市铜山区东北利国镇。《寰宇记》卷15徐州：利国监“本徐州之狄邱冶务烹铁之所。至皇朝升为利国监以董其事”。

狄台 在今甘肃武威市东。《清一统志·凉州府》：狄台“在武威县东五里。相传宋狄青所筑”。

狄村集 即今河北巨鹿县东南十八里堤村乡。清同治《畿辅通志》卷51巨鹿县图：东南有狄村集。

狄县 战国秦置，属临淄郡。治所在今山东高青县东南高城镇西北二里。出土秦封泥中有“狄城之印”可证。《史记·陈涉世家》：“周市北徇地至狄。狄人田儋杀狄令，自立为齐王。”即此。西汉属千乘郡。东汉永初二年（108）改为临济县。

狄沟 即白沟。在今河南封丘县南。《左传·文公十一年》：“初，宋武公之世，鄋瞒伐宋。司徒皇父帅师御之。耏班御皇父充石，公子谷甥为右，司寇牛父驷乘，以败狄于长丘。”《续汉书·郡国志》陈留郡封丘注：“《博物记》有狄沟，即‘败狄于长丘’是也。”

狄城 亦名荻丘、狄丘、荻城。在今安徽寿县东南八十里小甸镇南筑城铺。《水经·肥水注》：“肥水自荻丘，北径成德县故城西。”《梁书·裴邃传》：南朝梁普通五年（524），率军北伐，“先攻狄丘、甓城、黎浆等城，皆拔之”。

狄泉 一作翟泉。在今河南洛阳市东北汉魏故城内北隅。《左传》：定公元年（前509）正月，“晋魏舒合诸侯之大夫于狄泉，将以城成周”。杜预注：“狄泉，今洛阳城内大仓西南池水也。时在城外。”

狄道 战国秦邑。即今甘肃临洮县。因在狄人所居地置，因名。后置为狄道县。

狄道州 清乾隆三年（1738）升狄道县置，属兰州府。治所即今甘肃临洮县。不辖县。1913年复降为狄道县。

狄道县 ①战国秦置，为陇西郡治。治所即今甘肃临洮县。《汉书·地理志》狄道县注：师古曰，“其地有狄种，故云狄道”。西晋为狄道郡治。东晋建元元年（343），张骏于此置武始郡。隋属金城郡。唐初属兰州，乾元初为临州治。宝应初废。北宋熙宁五年（1072）复置狄道县，为熙州治。金为临洮府治。清乾隆三年（1738）移府治兰州，升狄道县为狄道州，属兰州府。1913年复降为狄道县，属甘肃兰山道。1928年改名临洮县。当陇西襟要，三国蜀汉末姜维数次出此攻魏。

②北魏置，属中部郡。治所在今陕西黄陵县西北四十里。北周改为利人县。

狄道郡 西晋惠帝置，属秦州。治所在狄道县（今甘肃临洮县）。辖境相当今甘肃临夏回族自治州及临潭、临洮、岷县和青海贵德、尖扎、循化等县地。十六国前凉张骏改为武始郡。唐天宝三年（744）复置狄道郡，治所仍在狄道县。乾元元年（758）改名临州。

狄貆戎 即翟貆之戎。在今甘肃陇西县东南四十二里。《后汉书·西羌传·羌无弋爰剑传》：“至爰剑曾孙忍时，秦献公初立，欲复穆公之迹，兵临渭首，灭狄貆戎。”

删丹县 西汉置，属张掖郡。治所即今甘肃山丹县。《元和志》卷40删丹县：“按焉支山，一名删丹山，故以名县。”东汉兴平二年（195）改属西郡。北魏改为山丹县。隋大业初复改为删丹县，属张掖郡。唐属甘州，后陷于吐蕃。唐末为张义潮所取。后又为回鹘所据。北宋天圣六年（1028）地入西夏。元置山丹州。

鸠兹 一名勾兹、皋夷。春秋吴邑。在今安徽芜湖县北四十里六郎镇（保丰）西北水阳江畔。《左传》：襄公三年（前570），“楚子重伐吴，为简之师，克鸠兹，至于衡山”。杜注：“鸠兹，吴邑，在丹阳无湖县东，今皋夷也。”

鸠兹国 即龟兹国。汉西域三十六国之一。属西域都护府。国都在延城（今新疆库车县东郊皮朗旧城）。东汉属西域长史。魏晋迁都于今沙雅县北六十里羊达克沁废城。唐还旧城，改名伊罗卢城，龟兹都督府、龟兹镇及安西都护府治于此。

鸠湾 在今辽宁大连市旅顺口区西，系船舶避风处。清光绪《大清帝国全图》盛京省图：旅顺城西有鸠湾。

鸠摩罗什舍利塔 在今陕西户县东南草堂镇的草堂寺内。俗称“八宝玉石塔”。塔为仿木构石雕。呈八角亭阁式，高2.5米，选玉白、砖青、墨黑、乳黄等八色大理石及玉石分段拼雕而成。底座方形，边长1.7米，周围刻有十六组浅浮雕图案，上托八角塔身。塔顶为四角攒尖式，塔刹由须弥座、受花、仰覆莲及扁圆宝珠构成。鸠摩罗什为公元4—5世纪西域佛教译经法师之一，精通小乘佛教。十六国时期后秦弘始三年（401）由龟兹迁居长安草堂寺，弘始十五年（413）病逝，葬于此。该塔造型精美，为唐代佛教艺术珍品。2001年定为全国重点文物保护单位。

条 春秋晋邑。在今山西夏县西北。《史记·晋世家》：穆侯七年（前816），“伐条，生太子仇”。

条山 ①在今河北沧州市北三里。《清一统志·天津府二》：条山“在沧州城北三里。按《旧志》，谓唐阳城所隐，今考城所居中条山在蒲州。此中山在青县，条山在沧州，二山牵合并称，与彼无涉”。

②即今山西省西南部的中条山。唐韩愈《条山苍》诗题下有注：“中条山在黄河之西。”诗中有“条山苍，黄水黄”句亦指此。

条支 西亚古国名。亦称塞琉西王国（或译作塞琉古王国）。公元前312年，塞琉古一世建，都城在安条克（今土耳其南部安塔基亚）。领土西起小亚细亚、叙利亚，东至伊朗高原东部。公元3世纪中叶，大夏、安息相继独立，领土日减。《史记·大宛列传》：条支“临西海……人众甚多，往往有小君长，而安息役属之”。西汉宣帝元康二年（前64）为罗马所灭。

条支都督府 唐龙朔元年（661）置，属安西都护府。治所在诃达罗支国伏宝瑟颠城（亦作鹤悉那城，今阿富汗喀布尔南加兹尼）。8世纪中废。

条支海 当今哈萨克斯坦境之巴尔喀什湖（或吉尔吉斯斯坦之伊塞克湖）。唐李白《战城南》诗云：“洗马条支海上波，放马天山雪中草。”李阳冰《草堂集序》：“中叶非罪，谪居条支。”

彤 西周封国。姒姓。在今陕西华县西南。《尚书·顾命》：乃同召“彤伯”。战国时为秦邑。《史记·魏世家》：惠王二十一年（前349），“与秦会彤”。《六国年表》：秦孝公二十四年（338），“孝公薨。商君反，死彤地”。皆此。

彤撒城 北宋置，属河州。当在今甘肃临夏县境。

卵洲 在今广东雷州市西南海中。《舆地纪胜》卷118雷州：卵洲“在海康县西南海中。《旧经》云：群鸟伏卵于上，或有船过采其卵，有鸟千万飞随十里”。

岛夷 ①《尚书·禹贡》扬州：“岛夷卉服，厥篚织贝。”其说有三：（1）胡渭认为是指台湾土著先民，即东鳀人。（2）清末民国初杨守敬谓指琉球、吕宋岛诸地。（3）清光绪《定海厅志》以为是指东南沿海越族，今舟山群岛一带。

②泛指今东海、南海及南海附近的居民及国家。见元汪大渊《岛夷志略》。

岛尾 即今福建龙海市东南海滨岛美。旧属海澄县，明置巡司于此。

迎仙溪 在今福建莆田市东北四十里。《清一统志·兴化府》：迎仙溪“源出北荻芦溪，东合蒜溪诸水，至江口入海”。

迎仙寨 在今福建莆田市东北四十里江口鼓楼山。明置巡司于此。

迎冬驿 唐置，在今陕西泾阳县东。北宋废。

迎阳埽 在今河南浚县东北迎阳铺。《宋史·河渠志二》：元祐元年（1086），张问言：“臣至滑州决口相视，迎阳埽至大、小吴，水势低下，旧河淤仰，故道难复”，即此。

迎担湖 一作领担湖，又作额担湖。在今江苏南京市西清凉山后。《六朝事迹编类》卷上引《南徐州记》云：“费县西北八里有迎担湖。昔晋元嘉中，元帝南迁，衣冠席卷过江，客主相迎湖侧，遂以此为名。在府西北五里石城后，其湖溉田三十里。”宋代堙为田。

迎河 卫河支流。在今河北南皮县北。《方舆纪要》卷13南皮县：迎河，“旧有迎河渎，自县境东流，入清池县界，合于浮水。今湮”。

迎河集 即今安徽寿县西南迎河集。清乾隆《寿州志》卷1西南乡《市集》：迎河集“离城一百里”。

迎春门 五代晋天福三年（938）改东京城东墙北门建阳门为迎春门，在今河南开封市。《资治通鉴》：后汉乾祐三年（950），郭威自邺都南下，帝遇弑，郭威“自迎春门入归私第”。即此。

迎春桥 在今四川双流县东。清嘉庆《四川通志》卷31双流县：迎春桥，“《县志》：在县东二里。省南冲衢。北源新开河，南合杨柳河。乾隆七年重修”。

迎秋台（臺） 故址在今河南开封市西。《清一统志·开封府二》：讲武台，“后唐庄宗时筑，宋时都人九日于此登高”。

迎恩寺 俗名东大寺。创建于明天启四年（1624）。在今河南洛阳市老城东关大街东北角（洛阳市第一高中所在地）。该寺是福王朱常洵为其生母郑贵妃建的。取名“迎恩”，是福王借庇于佛，称其母“心之善可因也；心可因，故恩可迎也”。到清朝，迎恩寺成为“当今皇帝万岁万万岁”的龙牌置放处。所以文武大臣、地方官吏，凡经洛阳的，均到迎恩寺拜谒龙牌。清末，迎恩寺严重失修，逐渐倾圮。民国时在日军侵华时被炸毁。

迎恩驿 宋置，在今浙江宁海县城东。元至正二十三年（1363）改名白峤驿。

迎恩桥 宋大观初建，在今湖北武汉市汉阳。

迎恩站 元置，在今广西来宾市东北。

迎恩堡 在今山西朔州市平鲁区西北六十里迎恩堡村。《方舆纪要》卷44大同府：迎恩堡，“嘉靖二十三年筑，万历初增修，周一里有奇。……嘉靖中，石州之衄，此为难治。款塞后，设小市场于此”。

迎祥山 在今四川高县东北。《舆地纪胜》卷163叙州：迎祥山“在庆符县东二十里”。《方舆纪要》卷70庆符县：迎祥山在“县东二十里。宋置祥州以此（名）”。

迎祥街 即今四川隆昌县西北迎祥镇。清咸丰《隆昌县志》卷10：迎祥街在“县北三十里，上达省垣”。

迎瑞站 元置，在今湖南岳阳市南。《析津志》“天下站名”：“岳州陆路，洞庭东岸正南迎瑞。”明废。

迎銮镇 五代唐同光二年（924）杨吴改白沙镇置，属扬子县。即今江苏仪征市。北宋乾德二年（964）升为建安军。

迎薰亭 宋建，在今陕西延安市南。《清一统志·延安府》：迎薰亭“在肤施县（今延安市）南柳湖，其旁有禊台、翠漪亭，皆宋韩琦建，司马光俱有诗”。

饭仙山口 在今山西五台县东北一百二十里。明置饭仙山巡司，后废。

饭陇铺 明置，即今贵州平坝县西南二十六里天龙镇。《清一统志·安顺府》“界首铺”条下：又有“饭陇铺，旧皆戍守处”。1927年改名天龙。

饭罗冈 在今广东惠东县东南。明洪武元年(1368)归善县于此置内外管理巡检司。

饭颗山 又作饭甑山。在今湖南慈利县西。唐李白诗：“饭颗山头逢杜甫，头戴笠子日卓午。借问别来太瘦生，总为从前作诗苦。”

饮马池 在今山西和顺县西北五十三里饮马池村。《方舆纪要》卷43和顺县：饮马池“在县境西山之阴，水甚清澈，相传石勒饮马处”。

饮马村 即今山东昌邑市南饮马镇。1945—1956年为昌南县治。

饮马沟 在今河南巩义市东。《方舆纪要》卷48巩县：“俗传吕布军虎牢，饮马于此。”

饮马河 ①又名蒲河。在今河北昌黎县南。《清一统志·永平府一》：饮马河“在昌黎县南五里。源出卢龙县界溪谷中，东流径县西安山下，又东与深江河合流为沙河，下流合潮河入海”。

②在今河北枣强县东南。《方舆纪要》卷14枣强县：饮马河在“县东南三十里。索卢水绕流于此。或以为大河故渎也。宋元祐初，河自南宫县决入县界，合索卢河。金天会中复溢入，为城邑患。大河南徙，此遂为索卢之支流”。

③即胪朐河。今蒙古国东部之克鲁伦河，东流注入我国内蒙古呼伦湖。《明史·成祖纪》：永乐八年(1410)亲征漠北本雅失里等，“五月丁卯，更名胪朐河曰饮马。甲戌，闻本雅失里西奔，遂渡饮马河追之。己卯，及于斡难河，大败之，本雅失里以七骑遁。丙戌，还次饮马河”。

饮马河站 即今吉林九台市西南饮马河镇。《清史稿·地理志》：吉长铁路“站四：饮马河、卡伦、长春、头道沟”。

饮马集 即今山东昌邑市南五十里饮马镇。清乾隆《昌邑县志》卷2有饮马集。

饮冰室 梁启超书斋名。在今天津市河北区南部民族路中段西侧。1915年戊戌变法倡导人、近代学术思想家梁启超定居天津，在寓所旁建此书斋，取《庄子》“朝受命，夕饮冰”句而命名。为意式庭院。楼下有连三券式拱门和石柱，门顶有平台。院内有花坛、喷泉。占地1.7亩，建筑面积950平方米。一楼正厅为大理石地面，饰有五彩玻璃藻井，环厅为书房五间；二楼有客厅、卧室、资料室等。2006年定为全国重点文物保护单位。

饮汗城 十六国夏赫连勃勃建，在今宁夏银川市。《元和志》卷4灵州怀远县：“在州东北隔河一百二十里。本名饮汗城，赫连勃勃以此为丽子园。后魏给百姓，立为怀远县。”

饮军池 在今广西宜州市南。《舆地纪胜》卷122宜州：饮军池“本州《图经》云：景德四年，曹利用平贼，饮军于此”。

饮虹桥 在今江苏南京市西南秦淮河上。三国吴时名新桥，唐时谓之万岁桥。宋《景定建康志》卷16：“饮虹桥一名新桥，在凤台坊。……乾道五年史公正志重建，上为大屋数十楹，极其壮丽，与镇淮桥并列。”

系（繫）马口塘 即今湖北汉川市南二十里马口镇。清光绪《湖北全省分图》：汉川县南有系马口塘。

系（繫）马山 在今山东烟台市南东四十里。《寰宇记》卷20牟平县：系马山“古老相传始皇游此山揽草系马，至今山中草春生并皆垂屈，若人系结之状。俗云系马础”。

系（繫）马台（臺） 在今湖北石首市南。《方舆纪要》卷78石首县：系马台“在县南八十里。相传岳武穆征杨么时系马于此”。

系（繫）马坪 在今重庆市城口县西。清道光《城口厅志》卷4：系马坪“距厅七十里。坪在山上，极宽敞，四面皆悬岩。嘉庆元年，白莲教倡乱，领首冯啟贵、孙老五等乌合数千人居其上”。

系水 在今山东淄博市临淄西。《水经·淄水注》：系水“出齐城西南，世谓之寒泉也。……西北流注于时”。

系（繫）龙洲 在今广西梧州市东七里西江中。《舆地记胜》卷108梧州：系龙洲“距州七里。亦名七里洲。林木深秀，鸥鹭翔集，秋潦至浵漫际山，而洲不没，亦名浮洲”。

系（繫）舟山 在今山西阳曲县东北。为滹沱河、汾河分水岭。《寰宇记》卷42忻州秀容县：“系舟山，尧遭洪水系舟于此，在县南四十里。”即此。

〔丶一〕

言 春秋卫邑。在今河南清丰县北。《诗经·邶风·泉水》：“出宿于干，饮饯于言。”朱右曾《诗地理征》以为今清丰县北十里有聂城。即其地。

言岭关 在今广东丰顺县西北建桥镇西。清设言岭关汛。

亨州 北宋政和四年(1114)改羁縻霸州置，治所在嘉会县（今四川汶川县西北二十里）。辖境相当今四川理县东北与汶川县西北邻近地。宣和三年(1121)废。

亨通山子 又名横头山。即今吉林柳河县东北四十五里亨通镇。清光绪《奉天全省地舆图说图志》通化县图：西北有横头山。

库山 又名嶂山。在今青海天峻县南库库诺尔岭（青海南山）。《资治通鉴》：唐贞观九年(635)，“任城王道宗败吐谷浑于库山，吐谷浑可汗伏允悉烧野草，轻兵走入碛”。

库也干泊 在今内蒙古鄂托克旗东北。《新唐书·地理志》所载边州入四夷道里中的夏州北道，“又经库也干泊、弥鹅泊、榆禄浑泊，百余里至地颓泽”。

库木什阿克玛山 古名银山碛。在今新疆托克逊县西南库米什镇一带。清乾隆《西域图志》卷23：库木什阿克玛塔克“在苏巴什塔克北谷口西南一百四十里。……按回语，库木什，银也；阿克玛，积而不散之谓。库木什阿克玛塔克，即《唐书》所谓银山碛也。郭孝恪进讨焉耆，兵出银山道，亦即此地”。

库木什阿哈玛驿 清光绪年间置。在今新疆托克逊县西南库米什镇。宣统《新疆图志》卷80吐鲁番厅：库木什阿哈玛驿，“驿以山名。回语库木什，银也。阿哈玛，积而不散之谓，即《唐书》所谓银山碛也”。

库木吐喇千佛洞 在今新疆库车县城西南五十里库木吐喇村北、渭干河出山口处的东岸。维吾尔语意为“沙漠中的烽火台”。或以附近有一烽火台遗址，故名。为古龟兹国及高昌回鹘王国时期的重要佛教遗迹。最早的洞窟可能开凿于东汉。现存一百一十二窟，其中保存有壁画和古龟兹文字刻壁者约四十余窟。窟内塑像全毁，只有三十一窟的壁画保存较完整，主要是盛唐时代的作品，壁画内容以经变故事为主。有的壁画间有汉文和回鹘文榜题，属晚唐艺术。1961年定为全国重点文物保护单位。

库车厅 清光绪八年（1882）置，属甘肃布政司。治所即今新疆库车县。十年（1884）属新疆省。二十八年（1902）改为库车州。

库车州 清光绪二十八年（1902）改库车厅置，属新疆省。治所即今新疆库车县。辖境相当今新疆库车、沙雅、托克苏、新和等县地。1913年改为库车县。

库车县 1913年改库车州置，属新疆阿克苏道。治所即今新疆库车县。库车乃龟兹之异译。1930年属阿克苏行政区，后直属新疆省。

库车河 即密尔特彦河。在今新疆库车县境。清宣统《新疆图志》卷70：“《新会典图》：密尔特彦河即库车河。”

库车城 即今新疆库车县。清魏源《圣武记》卷4：乾隆二十三年（1758）五月，雅尔哈善等“由吐鲁番进攻库车……八月，守城回目阿布都复突围夜遁，余众开门降”。次年设办事大臣于此。光绪八年（1882）置库车厅。

库尔泰山 在今新疆和硕县东。清宣统《新疆图志》卷60：库尔泰山，“《勘矿公牍》：此山在焉耆府城东三百五十里”。

库尔勒 亦作库陇勒。即今新疆库尔勒市。清道光《新疆识略》卷3库车：库尔勒台“六十里至哈尔阿满台”。乾隆《西域同文志》卷2：库陇勒，“回语，观望也。地形轩敞。可供眺览，故名。旧对音为库尔勒”。

库尔勒市 1979年由库尔勒县析置库尔勒市，市人民政府驻人民东路。1983年撤销库尔勒县，并入库尔勒市。属新疆巴音郭楞蒙古自治州，为自治州人民政府驻地。

库尔勒设治局 1930年置，属新疆省。治所即今新疆库尔勒市。1944年升为库尔勒县。

库尔勒县 1944年改库尔勒设治局置，属新疆省。治所即今新疆库尔勒市。1979年析置库尔勒市。1983年撤销库尔勒县，并入库尔勒市。

库尔喀喇乌苏厅 清光绪十二年（1886）置，属新疆省。治所即今新疆乌苏市。1913年改为乌苏县。

库尔喀喇乌苏河 又名库尔郭勒、黑水。即今新疆乌苏市及精河县境奎屯河。清宣统《新疆图志》卷72：库尔喀喇乌苏河“有三源：一为奎屯河，一为济尔噶朗河，一为固尔图河。奎屯河源出额林哈毕尔噶山，北流径库尔喀喇乌苏城东，又北为库尔喀喇乌苏河，折西北流，济尔噶朗河自南来会。……库尔喀喇乌苏河既会济尔噶朗河、固尔固河，合以西流，汇于喀喇塔拉额西柯淖会（今艾比湖）”。

库尔楚 一作车尔楚。在今新疆库尔勒市西库尔楚村。清道光《新疆识略》卷3库车：车尔楚台“一百里至喀喇布拉克台”。

库尔墨图 在今吉尔吉斯斯坦伊塞克湖东北岸。清乾隆《西域图志》卷13伊犁西路：库尔墨图“在沙图西三十里”。

库尔瀚江 即瑚尔哈河。今黑龙江省松花江支流牡丹江。1658年沙俄殖民者斯捷潘诺夫流窜至江口，宁古塔昂邦章京沙尔虎达率师讨伐，击毙匪首斯捷潘诺夫。清康熙《平定罗刹方略》卷1：“（顺治）十五年，复败之松花、库尔瀚两江之间。”《清世祖实录》：顺治十五年（1658）七月庚戌，“镇守宁古塔昂邦章京沙尔虎达等疏报：击败罗刹兵，获其人口甲杖等物”，指此。

库页岛 又作库叶、库野。今俄罗斯黑龙江口外萨哈林岛。唐称窟说，属黑水都督府。元称骨嵬，属水达达路。明作苦兀，属奴儿干都司。永乐时在西北部设囊哈尔卫，正统后在中部设波罗河卫。清称库页岛，属吉林三姓副都统辖地。18世纪中叶后，俄日相继侵入，俄占北部，称为萨哈林岛。日占南部，称桦太岛。然岛上土著居民依旧向清地方政府交纳贡物，至1860年沙俄强迫清廷订立不平等的《北京条约》，割占乌苏里江以东地区之后始绝。俄日屡次争议划定岛上境界，延至1875年始议定俄以千岛十八岛交换日占南部，库页岛全部归俄。1905年日俄战争后，俄又以北纬50°以南予日，1945年第二次世界大战后归苏联。

库伦 亦作库抡、苦另。西人译为乌不戛。即今蒙古国首都乌兰巴托。库伦，蒙古语意为城圈，其地有喇嘛木栅如城，故名。为外蒙古最高活佛哲布尊丹巴呼图克图驻地。清康熙五十九年（1720）以为与俄互市之地，理藩院派司员会同土谢图汗共同管理。乾隆二十七年（1762）于此设办事大臣，主管与俄罗斯通商事务，兼理土谢图汗部、车臣汗部蒙古事务，受定边左副将军节制。后办事大臣权力扩大，库伦逐渐成为外蒙古政治、经济和宗教中心。民国初，在沙皇俄国的策划下，哲布尊丹巴活佛宣布独立，于此组织政府。1921年成立蒙古人民共和国，以此为首都。1924年改名乌兰巴托。

库伦旗　清初设锡埒图库伦旗，俗称小库伦旗。光绪三十四年（1908）设绥东县，日伪时改为库伦旗，治所即今内蒙古库伦旗驻地库伦镇。1947年划归内蒙古。

库多汗城　在今甘肃华池县东南东华池东北二里。隋仁寿二年（602）于此故城置华池县。

库色木苏克河　即今新疆精河县西南库松木切克河，为博尔塔拉河支流。《清一统志·伊犁》：博罗塔拉河“在伊犁东北。……东流四十里南会库尔喀喇乌苏之库色木苏克河，入于布勒哈齐池（艾比湖）”。

库玛尔屯　在今黑龙江省呼玛县东南呼玛河口。清末有协领驻此，管理鄂伦春人。库玛尔即呼玛的音变。

库玛尔河金矿　在今黑龙江省呼玛县西一百里。清光绪末开采，设总局于今兴隆乡境。为著名的金矿产区。民国《黑龙江志稿》卷23：库玛尔河金矿“矿区属呼玛县。清光绪三十四年由官开采，系用土法，矿质砂金，该矿局设在库玛尔河附近。矿区有兴隆沟、德胜沟、北西力、瓦刃力、西乌拉、万兴沟、博西里、金龙沟、吉龙沟、枝沟、高升沟、都渥喜、倭克达喜、宜纳奥得益兴江沟、全胜沟等处，计面积三十五万五千一百五十八亩，各厂工人五千二百五十人，年产金四十五万二千九百八十三早尼克”。

库克乌苏水　即今新疆特克斯县东南科克苏河，为特克斯河支流。清徐松《西域水道记》卷4：“特克斯河又东北径特里莫图岭南，又东北流，库克乌苏入之。”

库克乌苏河　即今哈萨克斯坦巴尔喀什湖南之卡拉塔尔河。《清一统志·伊犁》：库克乌苏河“在伊犁西北。源出库陇奎山北麓，北流三百余里，入于巴勒喀什池”。

库克申仓山　在今新疆和布克赛尔蒙古自治县东南。清宣统《新疆图志》卷64：库克申仓山“其上产煤质软而无烟，宜烘炉”。

库克多博卡伦　亦作库克多图。清雍正五年（1727）设，在今内蒙古额尔古纳市西南四卡屯。

库克恰腾吉斯　又名夷播海、达林库儿、巴勒喀什池。元属察合台汗国。即今哈萨克斯坦巴尔喀什湖。

库苏古尔乌梁海旗　清康熙间置，属唐努乌梁海部。旗府驻地在今蒙古国库苏古尔省欠德曼温都尔。

库苏古尔泊　一作呼孙古儿泊。在清唐努乌梁海东境。即今蒙古国库苏古勒省库苏泊。《清一统志·喀尔喀》：库苏古尔泊“在色楞格河西北六百里许，周围百余里，中有山，名魁博尔多克。其水东南流，为额赫河”。

库利山　在今陕西宜川县西北。《金史·地理志》：宜川县有库利山。

库利川　在今陕西甘泉县东北。《方舆纪要》卷57甘泉县：库利川“川侧土田沃衍，五谷丰饶。羌人称贮旧谷为库利，因以名川”。

库库河（和）屯　即今内蒙古首府呼和浩特市。《清一统志·归化城六厅》：归化城“在杀虎口边城外二百里。蒙古名库库河屯”。

库库诺尔　即今青海东部之青海湖。民国许公武《青海志略》第三章：青海湖，“蒙（古）语曰库库诺尔，库库即青，诺尔即海之意”。

库陇奎山　一作库陇癸山。在今哈萨克斯坦东南部库加雷东南。乾隆《西域图志》卷22：库陇奎鄂拉“旧音库陇癸。在察罕布古图鄂拉西南一百里，伊犁郭勒北，哈讨北境。库克乌苏郭勒发源北麓”。清徐松《西域水道记》卷4：库陇奎山，“准语（蒙古语），库陇奎，寒也。山径多寒，故名”。

库陇勒　即库尔勒。今新疆库尔勒市。清乾隆《西域图志》卷15：库陇勒“东北距哈喇沙尔城一百八十里。山势险峻，古焉耆以西诸国关隘也。山南海都郭勒绕而西流，山麓濒河处，右山左河，径极险窄。河南岸为库陇勒城”。

库拉古噶珊　亦名科儿古。在今俄罗斯哈巴罗夫斯克边疆区黑龙江下游西岸哈耳宾卡河口。清初属宁古塔将军。康熙《皇舆全览图》：黑龙江下游西岸有“科儿古噶山”。后属三姓副都统。光绪《吉林通志》卷17：混同江北岸，东至海滨旧噶珊有“库拉古”。咸丰年间通过不平等的中俄《瑷珲条约》被俄割占。

库结沙　即今内蒙古杭锦旗西北库布齐沙漠。《新唐书·地理志》所载边州入四夷道里中的夏州北道，“又经步拙泉故城，八十八里渡乌那水，经胡洛盐池、纥伏干泉，四十八里度库结沙，一曰普纳沙”。

库勒纳窝集　在今吉林南部辉发河北，属吉林哈达山脉。《清一统志·吉林一》：库勒纳窝集“在（吉林）城西南一百四十里，其南即长岭子。城西诸河多发源于此”。

库碢川　在今陕西宜川县西北。《寰宇记》卷35宜川县：“库碢川在县西北二十里。从云岩县界入，合丹阳川。按《图经》云，川南是汉，川北是胡，胡汉之人于川内共结香火，故唤香火为库碢，因此为名。又名小库碢川。”

库鲁图水　即今哈萨克斯坦阿拉木图西北库尔图河。清徐松《西域水道记》卷4：“库鲁图水发源，东流七十余里有奎屯水由西南来汇之，又东流二十里有察拉尔罕水由西南来汇之，库鲁图水折而东北流五十余里，又北流一百二十里入伊犁河。”

库楞湖　即今内蒙古呼伦贝尔市之呼伦湖。《清一统志·黑龙江》：库楞湖“在呼伦布雨尔西北界。

古名俱轮泊，明时为阔滦海子。自西北境外垦特山南发源，东流为胪朐河，今曰克鲁伦河，流经千余里至此，及西界布雨尔湖流出之乌尔缴河，二水交会汇为一大河，周围数百里。又从湖东北流出为额尔古讷河，会黑龙江”。民国《黑龙江志稿》卷4《地理志·山川》胪滨县：呼伦湖“旧说为湖之北端开一口，湖水溢出，东北流为额尔古讷河，注入黑龙江。据近今调查，该湖系容受湖，非交与湖。其由东北注入者曰达兰鄂罗木，乃海拉尔之分支，非海拉尔之正流，系入湖潴蓄之水，非由湖吐出之水，其以额尔古讷河为源，出呼伦湖者非是”。

库噜河 即今俄罗斯哈巴罗夫斯克边疆区黑龙江下游西岸支流库鲁河。清光绪《吉林通志》卷22：库鲁河“出库噜窝集，合两源受北来一水，东南流七百余里，径万达山西麓，东南入混同江”。

库噜窝集 在今俄罗斯哈巴罗夫斯克边疆区黑龙江下游左岸库鲁河上游。《清一统志·吉林一》“喀穆尼窝集”条下：“库噜窝集，在（宁古塔）城东北一千八百里。”库鲁河发源于此。

库穆塔格 即白龙堆。在今新疆罗布泊以东至甘肃敦煌间。

库穆楞站 亦作库穆。清康熙二十五年（1686）置，在今黑龙江省黑河市西南三站。《清一统志·黑龙江》“布克依站”条下：喀尔喀图站“又八十五里至库穆楞站”。

庇 商都。当在今山东郓城县北。《太平御览》卷83引《竹书纪年》：“祖乙滕即位，是为中宗，居庇。”“南庚更自庇迁于奄。”皆此。近人丁山谓即《史记·殷本纪》中的邢，《书序》作耿。耿当《书》中大坰，在今山东定陶县。陈梦家《殷虚卜辞综述》认为庇即春秋鲁之费邑，在今山东费县西南七十里。春秋时为鲁邑。《春秋》：哀公五年（前490），“春，城毗”。《公羊传》“毗”作“庇”。

应 西周武王子封国，姬姓。在今河南平顶山市西，薛庄乡原滍阳街。《左传·僖公二十四年》：“邘、晋、应、韩，武之穆也。”杜注：“应国，在襄阳城父县西。”战国为韩邑，后属秦，秦昭王四十一年（前266）为范雎封邑。《史记·范雎蔡泽列传》：“秦封范雎以应，号为应侯。”即此。

应山 ①在今河南平顶山市西。《水经·滍水注》：“桥水出鲁阳县北恃山，东南径应山北。”《魏书·地形志》鲁阳郡山北县：“有应山。”

②一名应台山。在今湖北广水市东南三里。《旧唐书·地理志》：“隋改应山县，以县北山为名。”《方舆纪要》卷77应山县：应台山“在县治东南，亦曰应山，县因以名。其形方平，一名印台”。今辟为应山公园。

应山县 隋开皇十八年（598）改永阳县置，为应州治。治所即今湖北广水市。《寰宇记》卷132应山县：“北近应山以为名。”大业初属安陆郡。唐属安州。宋属德安府，嘉定中改属随州。明洪武九年（1376）省入随县。十三年（1380）复置，属德安府。民国初属湖北江汉道。1932年直属湖北省。1988年改广水市。

应天山 在今四川双流县南八里，南接宜城山。《方舆纪要》卷67双流县：应天山“唐僖宗幸蜀时赐名”。

应天卫 明置，属南京。治所在今江苏南京市北浦口镇。《方舆纪要》卷20江浦县：浦口子城“在县东三十里。明洪武四年立应天卫，命指挥丁德筑城于此，周十四里有奇”。后迁北京。

应天巡抚 明宣德五年（1430）置，驻苏州府（治所在今江苏苏州市）。万历中移驻句容（今句容市），后复还苏州府。辖南直隶江南诸府及江北安庆一府，相当今江苏的江南、安徽的长江流域地区。清废。

应天府 ①北宋景德三年（1006）改宋州置，治所在宋城县（今河南商丘市南），为京东路治。辖境相当今河南商丘市及宁陵、柘城、虞城、夏邑、山东曹县等地。大中祥符七年（1014）建为南京。熙宁七年（1074）为京东西路治。金天会八年（1130）改为归德府。

②元至正十六年（1356）朱元璋改集庆路置，属江南行中书省。治所在上元、江宁县（今江苏南京市）。辖境相当今江苏江南大茅山、溧阳以西，和江北的南京市浦口、六合区地。明初定都于此，正统六年（1441）定为南京。清顺治二年（1645）改为江宁府。

应元溪 在今云南元谋县南。《清一统志·武定州》：应元溪“在元谋县南。源出本州虚仁驿，流经马头山入县，县中田亩皆资其灌溉，下流合于西溪河”。

应水 ①一名桥水。在今河南宝丰县南及平顶山市西。《水经·滍水注》：“滍水又左合桥水，水出鲁阳县北恃山，东南径应山北，又南径应城西……谓之应水，又东南流注于滍。”

②即今湖南东安县东北芦洪江。《水经·湘水注》：应水“出邵陵县历山……东南流径应阳县南。应水又东南流径有鼻墟南，应水又东南流，而注于湘水”。

应龙城 在今青海省青海湖中海心山上。《资治通鉴》：唐天宝七载（748），哥舒翰“筑城于青海中龙驹岛，谓之应龙城，吐蕃屏迹不敢近青海”。至德初陷于吐蕃。

应平县 明置，属交州府威蛮州。治所在今越南北部和平省应和、彰美一带。《明史·安南传》：宣德元年（1426），王通讨黎利，“马瑛败贼清威，至石室与通会，俱至应平宁桥”。

应仙山 在今福建尤溪县东北三十里。明嘉靖《延平府志》卷2《山川》尤溪县：应仙山“在十都。旧名鸡心山，山之半有亭曰应仙，因改今名”。

应州 ①南朝梁大同二年（536）以随州北界应浓山戍置，治所在永阳县（今湖北广水市）。北周辖境相当今湖北广水、随州等市地。隋大业初废。唐武德四年（621）复置，治应山县（今广水市）。八年（625）又废。

②唐贞观三年（629）以东谢首领谢元深地置，属黔州都督府。治所在都尚县（今贵州三都水族自治县东南都江镇）。后废。

③唐末置，治所在金城县（今山西应县东八里）。乾符间移治今应县。金辖境相当今山西应县、山阴、浑源等县地。元属大同路。明属大同府。1912 年改应县。

应江县 ①唐贞观三年（629）置，属羁縻应州。治所在今贵州榕江县西北平江乡附近。后废。

②唐贞观四年（630）置，属羁縻琰州。治所在今贵州平坝县南。旋废。

应阳县 ①西晋惠帝置，属零陵郡。治所即今湖南东安县东北八十里芦洪市镇。《水经·湘水注》：应阳县“盖即应水为名也”。隋废入零陵县。

②隋大业二年（606）改应城县置，属安州。治所即今湖北应城市。次年属安陆郡。唐武德四年（621）改名应城县。天祐二年（905）复名应阳县。五代唐同光元年（923）改名应城县。

应坝站 元置，为水站。在今重庆市江津区西南白沙镇北。明废。

应县 1912 年改应州置，属山西雁门道。治所即今山西应县。1928 年直属山西省。1949 年属察哈尔省，1952 年复属山西。

应县木塔 即佛宫寺释迦塔。在今山西应县城内。

应灵水 即今四川井研县、乐山市境之茫溪河，为岷江支流。《元丰九域志》卷 7：应灵县“有应灵水”。《舆地纪胜》卷 160 荣州：应灵水“在（应灵）县北三里。其源出隆州，入嘉州四路江口合蜀江”。

应灵县 唐天宝元年（742）改大牢县置，属和义郡。治所在今四川荣县西。乾元元年（758）属荣州。后徙治今乐山市东南金山镇。元废。

应灵郡 唐至德二载（757）改江油郡置，治所在江油县（今四川平武县东南南坝镇旧州）。辖境相当今四川平武县及江油市、青川县部分地。乾元元年（758）改为龙州。

应国墓地 在今河南平顶山市西薛庄镇北滍村。面积约 25 万平方米。墓地高出附近地表约 5 米。1979 年以后多次出土青铜器，发现古墓二十余座，均为土坑竖穴墓。出土文物有青铜鼎、鬲、簋、爵、卣、兵器、车马器、乐器、玉项饰等。部分青铜礼器上铸有铭文。据文献记载及出土青铜器铭文印证，此为西周时期应国墓地。2006 年定为全国重点文物保护单位。

应昌县 元置，为应昌府治。治所在今内蒙古克什克腾旗西达里诺尔湖西南四里。后为应昌路治。《元史·顺帝纪》：元末，“帝驻于应昌府。又一年，四月丙戌，帝因痢疾殂于应昌”。明初废。

应昌府 元世祖至元七年（1270）置，属中书省。治所在应昌县（今内蒙古克什克腾旗西达里诺尔湖西南四里）。《元史·特薛禅传》：“至至元七年，斡罗陈万户及其妃囊加真公主请于朝曰：‘本藩所受农土，在上都东北三百里答儿海子，实本藩驻夏之地，可建城邑以居。’帝从之。遂名其城为应昌府。”至元二十二年（1285）升为应昌路。

应昌路 元世祖至元二十二年（1285）升应昌府置，属中书省。治所在应昌县（今内蒙古克什克腾旗西达里诺尔湖西南四里，俗名鲁王城）。辖境相当今内蒙古克什克腾旗、阿巴哈纳尔旗、巴林左旗、翁牛特旗等地。明洪武二年（1369），元顺帝由上都迁此，次年死，太子爱猷识礼达腊继位。同年，明军攻陷应昌，路废。

应昌路故城遗址 在今内蒙古克什克腾旗西达日罕乌拉苏木达里诺尔湖畔。应昌路故城是元代弘吉剌部所建城池，元顺帝所建北元也曾定都于此。城址平面呈长方形，南北长 800 米，东西宽 650 米，有东、西、南三门，均设方形瓮城，无马面建筑。城内中部偏北有宫殿基址，汉白玉石柱础保存完好。殿南北长 240 米，东西宽 220 米，四面各有一门楼建筑。南部分布井字形街道，为市肆区。城内还有祭祀坛、儒学、孔庙、报恩寺等遗址。以应昌路城址为中心，城外西面为白塔寺遗址，东北为占地 6 平方公里的元代墓葬群。城外东面还有城隍庙和十三敖包遗址，南侧 500 米处有关郊遗址，东南六十里曼陀山下发现龙兴寺遗址和应昌县遗址等，形成总面积达 20 平方公里的遗址群，保存良好。2001 年定为全国重点文物保护单位。

应城 ①在今山西长子县东南二十七里应城村。《魏书·地形志》：上党郡长子县有应城。

②又名滍阳城。在今河南平顶山市西，白龟山水库内。《水经·滍水注》：“滍水东径应城南，故应乡也。”

应城市 1987 年撤销湖北省应城县，改设应城市，市人民政府驻解放街。属孝感地区。1993 年由孝感市代管。

应城县 ①南朝宋置，属安陆郡。治所即今湖北应城市。清雍正《应城县志》卷 1：“县名应城，或云当时以为此地应作城，故名。或云冈阜周环，隐隐如城，故名。”西魏为城阳郡治。隋开皇初属安州。大业二年（606）改名应阳县，属安陆郡。唐武德四年（621）复名应城县，属安州。元和三年（808）废。太和二年（828）复置，天祐二年（905）改名应阳县。五代唐同光元年（923）复名应城县。宋属德安府。民国初属湖北江汉道。1932 年直属湖北省。1987 年改设应城市。

②隋末置，唐初属霍州。治所在今安徽六安市西南。贞观元年（627）废。

应亭 战国秦地。在今陕西大荔县境。《史记·秦本纪》：昭襄王五年（前 302），“魏王来朝应亭，复与魏蒲阪”。《集解》：徐广曰，“《魏世家》云会临晋”。

应娑 在今新疆库车县北。《隋书·北狄传》：西突厥“处罗可汗居无恒处，然多在乌孙故地。复立二小可汗，分统所部。一在石国北，以制诸胡国。一居龟兹北，其地名应娑”。

应家口市 即今江西上饶县南应家乡。清同治《广信府志》卷1上饶县乡都：应家口“产煤。店铺百余家，居民颇杂”。

应理州 元初升应理县置，属宁夏路。治所即今宁夏中卫市。明洪武三年（1370）废。

应理县 西夏置，治所即今宁夏中卫市。元初升为应理州。

应梦山 即今浙江奉化市西北四十里雪窦山。《方舆纪要》卷92宁波府奉化县：雪窦山“亦四明之别阜，名胜错列，宋理宗梦游此，赐名应梦山”。

应德镇 明置，属罗源县。在今福建罗源县西南应德。《方舆纪要》卷96罗源县：应德镇在“县南二十五里，与连江县接界。为往来通道。应德铺设于此”。

应潮井 在今江苏南京市东紫金山南麓定林寺前。宋《景定建康志》卷19：“应潮井在蒋山头陁山顶第一峰佛殿后。《蒋山塔记》云：‘梁大同元年后阁舍人石兴造山顶第一峰佛殿，殿后有一井，其泉与江潮盈缩增减相应。’《酉阳杂俎》云：‘蒋山有应潮井，在半山之间，俗传云与江潮相应。’”

庐 又作纑、卢。随周武王伐纣的八国之一。在今湖北襄阳市襄城区西南。《国语·周语中》：“卢由荆妫。”韦昭注：“卢，妫姓之国。”春秋为卢戎国，后灭于楚为邑。《左传》：文公十四年（前613），“二子以楚子出，将如商密。庐戢梨及叔麇诱之，遂杀斗克及公子燮”。杜注：“戢梨，庐大夫。”又文公十六年（前611），楚伐庸，“自庐以往，振廪同食”。

庐山 ①亦名东庐山。即今江苏溧水县东二十里东芦山。《隋书·地理志》：溧水县有庐山。《宋史·河渠志七》：南宋乾道年间，建康守臣张孝祥言：“秦淮水三源，一自华山由句容，一自庐山由溧水，一自溧水由赤山湖，至府城东南，合而为一。”

②古称南障山。又名匡山、匡庐。即今江西九江市南庐山。耸立于鄱阳湖、长江之滨。东北—西南走向，长约25公里，宽约10公里。最高峰汉阳峰，海拔1474米，其次为香炉、五老、天上等峰。《史记·河渠书》太史公曰：“余南登庐山，观禹疏九江。”《水经·庐江水注》：“《豫章旧志》曰，庐俗字君孝，本姓匡，父东野王，共鄱阳令吴芮，佐汉定天下而亡，汉封俗于鄡阳，曰越庐君，俗兄弟七人皆好道术，遂寓精于宫庭之山，故世谓之庐山。汉武帝南巡，睹山以为神灵，封俗大明公。远法师《庐山记》曰，殷周之际，匡俗先生受道仙人共游此山，时人谓其所止为神仙之庐，因以名山矣。”主峰汉阳峰海拔1474米。山多巉岩、峭壁、清泉、飞瀑之胜，林木葱茏，气候宜人。唐白居易《庐山草堂记》誉称“匡庐奇秀甲天下”。著名胜迹有白鹿洞、仙人洞、三叠泉、含鄱口等。为我国著名的游览胜地。区内有第四纪冰川地质遗迹。生物资源丰富，建有以引种驯化为中心的庐山植物园。这里富人文景观，有始建于东晋的佛教净土宗发源地东林寺，有宋代“天下四大书院”之一的白鹿洞书院等。历史上的著名文人陶渊明、谢灵运、李白、杜甫、白居易、苏轼、陆游、范仲淹、岳飞、文天祥、李时珍、徐霞客等，他们都给庐山留下了丰富的文化遗产，庐山历代名家的诗人题刻有很高的艺术价值。山顶牯岭镇一带多名人别墅，建筑风格各异，如今也成为一笔可贵的遗产。1996年庐山作为“国家公园”被联合国教科文组织确认为世界文化遗产。

庐山会议旧址 在今江西九江市南庐山东谷，牯岭镇西南三里。原为庐山传习学舍的会议礼堂，又称庐山大礼堂。1935年动工修建，1937年竣工。是蒋介石在庐山训练军政骨干的主要活动场所。中华人民共和国成立后改名庐山人民剧院，为剧团演出、放映电影和召开群众大会的地方。1959年7月2日至8月1日的中央政治局扩大会议和8月2日至16日的中共八届八中全会在此召开。此后1961年8月23日至9月16日的中央工作会议和1970年8月23日至9月6日的中共九届二中全会均在此举行。现辟为革命纪念地，1985年正式对外开放。1996年与庐山别墅一起被定为全国重点文物保护单位。

庐山别墅建筑群 在今江西九江市南庐山牯岭一带。清光绪二十一年（1895）英国牧师李德立租借牯岭长冲东谷辟为避暑胜地，为期九十九年，成立牯岭开发公司，大兴土木，兴建别墅。尔后英、美、俄、德、挪威等国陆续建造别墅。时过十一年之后，法国、爱尔兰、奥地利、意大利、加拿大、瑞士、日本、葡萄牙、澳大利亚、捷克、瑞典、丹麦、荷兰相继建造别墅。至民国时期，庐山共有中西风格各异的别墅六百余幢，总面积达9.1万余平方米。建筑别致，环境优美。1996年与庐山会议旧址一起，定为全国重点文物保护单位。列入全国重点文物保护单位名单的还有传习学舍（今庐山大厦）、庐山美庐别墅、359号别墅、124号别墅、176号别墅、442号别墅、175号别墅。

庐山河 在今江西德安县东北。《方舆纪要》卷87九江府德安县：庐山河“在德安县东北二十里。或曰即谷帘水之下流”。《清一统志·九江府一》：庐山河“亦名东河。《县志》，河自庐山乌发潭发源，西南流至乌石门，与西、北二河合，名三港口，曲折流经城北，会箬山河水，又南流入博阳川”。

庐水 泸江古名。即今江西吉安市南之泸水。《汉书·地理志》长沙国安成县：“庐水东至庐陵入湖汉。”《水经·赣水注》：庐水“西出长沙安复县……东至庐陵，入湖汉水也”。《清一统志·吉安府一》：泸江“在庐陵县南。即古庐水。……《旧志》：泸江源出安福、萍乡二县界之泸潇山，东流一百八十里，经安福县北，又东折而南八十里，与永新县南之永新江会，入庐陵县界，又四十余里，至城南十五里大皋渡，入赣江”。

庐州 隋开皇元年（581）改合州置，治所在合肥县（今安徽合肥市）。辖境相当今安徽合肥、巢湖、庐江、无为、舒城、六安、霍山、金寨等市县地。大业初改为庐江郡。唐复为庐州。后辖境略缩小。五代时先后属吴、南唐。北宋属淮南西路，为安抚使驻所。南宋绍兴初寄治巢县（今巢湖市）。元世祖至元十四年（1277）升为庐州路。

庐州府 元至正二十四年（1364）朱元璋改庐州路置，为江淮行中书省治。明洪武后直属南京。治所在合肥县（今安徽合肥市）。辖境相当今安徽合肥、六安、庐江、无为、巢湖及湖北英山等市县间地。清属安徽省。1912年废。

庐州路 元世祖至元十四年（1277）升庐州置，属河南行省。治所在合肥县（今安徽合肥市）。辖境相当今安徽合肥、六安、霍山、庐江、无为、和县及湖北英山等市县间地。至正二十四年（1364）朱元璋改为庐州府。

庐江 古水道名。《山海经·海内东经》："庐江出三天子都，入江。"《汉书·地理志》 庐江郡："庐江出陵阳东南，北入江。"《水经》："庐江水出三天子都，北过彭泽县，西北入于江。"此水出于三天子都北麓，流经陵阳县（今安徽石台县东北），北至彭泽县（今属江西）境入江。当以青弋江上游清溪等水为源头，混同发源于今石台县南境，北出贵池市，在贵池口入江的秋浦河。西汉文帝封刘长次子刘赐为庐江王，即以此为名。

庐江王国 西汉文帝十六年（前164）分淮南王国置，都舒县（今安徽庐江县西南）。景帝四年（前153）徙庐江王为衡山王。武帝元狩初，衡山国除，以旧名改衡山王国为庐江郡。

庐江县 南朝梁天监末置，属庐江郡。治所在今安徽庐江县西。隋属庐江郡。唐属庐州，景龙二年（708年）治所迁今庐江县。宋属无为军。元属无为州。明属庐州府。民国初属安徽安庆道。1928年直属安徽省。

庐江河 即今浙江宁波市东芦江。源自瑞岩山，北流经紫石乡、柴桥镇、穿山村入海。《方舆纪要》卷92定海县：庐江河"在县东南七十里。源出瑞岩山，亦曰瑞岩溪，东北流二十里至穿山所之穿山碶，入于海，亦曰芦花港。嘉靖三十二年倭犯定海，守将刘恩至败之于芦花港是也"。

庐江郡 ①楚汉之际分秦九江郡置，辖境相当今安徽长江以南，泾县、宣城以西和江西信江流域及其以北地区。汉武帝后治舒县（今安徽庐江县西南三十里城池乡）。辖境相当今安徽巢湖市、舒城、霍山县以南，长江以北，湖北英山、广济、黄梅和河南商城等县地。东汉末废。

②三国魏置，属扬州。治所在六安县（今安徽六安市北十里城北乡）。辖境相当今安徽六安、舒城、霍山、庐江等市县及寿县部分地。吴所置庐江郡治所在皖县（今潜山县）。辖境相当今安徽西南部。西晋时将吴置庐江郡并入，辖境扩大至长江北岸。移治舒县（今舒城县）。南朝宋属南豫州，移治灊县（今霍山县东北）。南齐建元二年（480）移治舒县。梁移治庐江县（今庐江县），属湘州。隋开皇初废。

③西晋置，属扬州。治所在阳泉县（今安徽霍邱县西北八十里临水镇）。后废。

④隋大业初改庐州置，治所在合肥县（今安徽合肥市西，唐移治今合肥市）。唐武德三年（620）改为庐州，天宝元年（742年）复为庐江郡。乾元元年（758年）改为庐州。

庐城 一名卢城。在今山西吕梁市离石区东。《元和志》卷14离石县："庐城在县东二十里，晋并州刺史刘琨所筑，以攻刘曜。"

庐柳 春秋晋邑。在今山西临猗县西北。《左传》：僖公二十四年（前636），"二月甲午，晋师军于庐柳"。即此。

庐朐河行宫 在今蒙古国东部克鲁伦河边。《元史·太祖纪》：十一年（1216），"丙子春，还庐朐河行宫"。

庐陵王城 在今湖北房县城南。《方舆纪要》卷79房县"永清城"条下："《志》云，县南城外有庐陵王城。唐中宗废为庐陵王，迁房州时居此，因名。"

庐陵县 秦置，属九江郡。治所在今江西泰和县西南六里白口城址。《元和志》卷28：庐陵县"因庐水为名"。西汉属豫章郡。东汉兴平元年（194）改名高昌县。南朝梁废入石阳县。隋开皇十年（590）复改石阳县为庐陵县，为吉州治。治所在今江西吉水县北。大业初为庐陵郡治。唐武德五年（622）复为吉州治。永淳初，移治今吉安市。天宝元年（742）为庐陵郡治，乾元元年（758）复为吉州治。元为吉州路治。明、清为吉安府治。1914年改名吉安县。1949年改为吉安市。境内多佳山水。宋欧阳修、文天祥均生长于此。

庐陵郡 东汉兴平二年（195）孙策分豫章郡置，属扬州。治所在石阳县（今江西吉水县东北）。三国吴移治高昌县（今江西泰和县西北三里）。辖境相当今江西永新、峡江、乐安、石城以南地区。西晋太康中复徙治石阳县。辖境大大缩小，今江西万安、广昌以南割属南康郡。隋开皇中改置吉州，并改州治石阳县为庐陵县（今吉水县东北）。大业三年（607）复为庐陵郡。唐武德五年（622）改为吉州，永淳元年（682）与州治庐陵县同徙至今吉安市。天宝元年（742）复为庐陵郡，乾元元年（758）改为吉州。

庐陵道 1914年由原赣西道置，属江西省。治宜春县（今江西宜春市）。1916年移治吉安县（今江西吉安市）。辖境约当今江西樟树、新干、永丰、吉水、吉安、泰和以西，万载、宜丰、高安以南，井冈山、遂川、万安以北地区。1928年废。

庐镇关 在今安徽舒城县南七十五里庐镇。《方舆纪要》卷26合肥县：庐镇关在"府西二百里，地入舒城县境，置巡司戍守，仍辖于合肥”。

序水 又作序溪、溆水。即今湖南沅水支流溆水。源出今湖南溆浦县南，北流至县南折西入沅江。《汉书·地理志》武陵郡义陵县：“鄜梁山，序水所出，西入沅。”

序州 唐贞观十年（636）以处党项置，为羁縻州，属松州都督府。治所在今四川若尔盖县西境。后废。

序溪 即序水。又作溆水。今湖南沅水支流溆水。《水经·沅水注》：沅水“西北流径义陵县（今湖南溆浦县南），所治序溪最为沃壤。良田数百顷，特宜稻，修作无废”。

这齐林噶珊 亦作这乞林。在今俄罗斯哈巴罗夫斯克边疆区黑龙江下游西侧库鲁河口南岸。清属宁古塔将军。康熙《皇舆全览图》：枯鲁河注入黑龙江处有“这乞林噶山”。后属三姓副都统。光绪《吉林通志》卷17：混同江北岸，东至海滨旧噶珊有“这齐林”。咸丰年间通过不平等的中俄《瑷珲条约》被俄割占。

辛 即莘。又作姺或侁。在今山东曹县北十八里莘冢集。《史记·夏本纪》《索隐》引《系本》：“鲧取有辛氏女。”

辛女岩 在今湖南泸溪县西三十里。《方舆纪要》卷81卢溪县：辛女岩在“大江（武水）之左，奇峰绝壁，高峻插天。有石屹立如人，俗传高辛氏女化石于此”。

辛丰（豐）镇 即新丰镇。今江苏镇江市丹徒区东南四十五里辛丰镇。

辛王庄站 元置，即今山东郯城县西北新汪。明废。

辛市镇 即新市镇。今陕西渭南市北辛市镇。

辛立庄 即今河北高碑店市东南四十里辛立庄镇。清《畿辅舆地全图》新城县：新立集在县东。同治《畿辅通志》卷47新城县图：东北有辛立庄。

辛头河 亦作新头河。又名信度河、申河。即今巴基斯坦境内之印度河。梁慧皎《高僧传》卷3：释智猛至波伦国，“与余四人共度雪山，度辛头河至罽宾国”。唐《释迦方志》卷上：“南有金象口，出信度河，即古辛头河也，右绕池匝流入西南海。”

辛夷坞 在今陕西蓝田县东南辋川乡。唐王维有《辛夷坞》诗。

辛庄 ①即今河北故城县东北三十四里辛店乡（西辛庄）。清光绪《故城县志》卷4：新北下乡东辛庄、西辛庄“距城十五里”。

②在今山东滕州市东南。1944—1950年先后为双山、麓水县治。

辛庄子 即今河北宣化县东南顾家营镇南辛庄子。清乾隆《宣化府志》卷10宣化县：东路有新庄子。同治《畿辅通志》卷52宣化县图：东南有辛庄子。

辛庄堡 即今河北永年县（临洺关）东五十四里辛庄堡乡。清同治《畿辅通志》卷51永年县图：东北有辛庄堡。

辛亥秋保路死事纪念碑 在今四川成都市祠堂街人民公园内（旧称少城公园）。1911年夏，川、鄂等省人民反对清政府将川汉、粤汉铁路由民办筑路权出卖给美、英、法、德四国银行团抵押借款，组织了保路同志会进行斗争。9月，成都请愿群众遭到川督赵尔丰的残酷镇压，激起全川人民的大起义，导致湖北武昌起义成功，推翻了清王朝，建立了民国。为了纪念为保路而牺牲的烈士，1913年建碑，高31.86米，为方形砖石结构。碑座为机车、铁轨等浮雕，碑身书写“辛亥秋保路死事纪念碑”。阴刻碑文，为书法家赵熙、颜楷、吴之英、张学潮四人所书。1988年定为全国重点文物保护单位。

辛兴镇 即今河北蠡县东北二十里辛兴镇。清同治《畿辅通志》卷47蠡县图：东北有辛兴村。

辛弃疾墓 在今江西铅山县东南陈家寨西南鼓楼门（又名虎头门）阳源山颜家垄。辛弃疾（1140—1207），字幼安，号稼轩，历城（今山东济南）人。南宋词人。早年曾参加抗金义军，后归南宋，历任湖北、湖南、江西等地安抚使。力主抗金，遭奸佞排斥，愤而归隐，卜居江西上饶带湖与铅山瓢泉。晚年曾知绍兴府兼浙东安抚使，终不得志，赍志而殁。于绍定年间葬此。原碑已毁，清乾隆四十八年（1783）辛弃疾后裔另立新碑，今亦字迹模糊。1971年和1981年又曾先后两次维修。墓前有郭沫若题写的对联：“铁板铜琶继东坡高唱大江东去，美芹悲黍冀南宋莫随鸿雁南飞。”

辛汪寨 在今山东文登市北七十里。明置巡司于此。

辛张村 即今河北霸州市东南六十六里辛章村。清同治《畿辅通志》卷46霸州图：东南有辛张。

辛店 ①即今山东蓬莱市东南四十六里大辛店镇。清道光《蓬莱县志》卷1《市廛》有辛店。

②即今甘肃临洮县西北辛店镇。中国西北地区青铜时代文化“辛店文化”于1924年首次在此发现。

辛店铺 即今山东淄博市东临淄区辛店。清光绪《山东通志》卷2《舆图志》：临淄西南有辛店铺。

辛店集 即新店镇。今山东东营市西辛店镇。

辛寨 即今山东临朐县东南三十里辛寨镇。清光绪《山东通志》卷2《临朐县图》：东南有辛砦。

辛店镇 ①即今河北霸州市东北十四里辛店，道通永清县。明嘉靖《霸州志·舆地志》：市廛有“辛店”。清同治《畿辅通志》卷46霸州图：东北有辛店镇。

②即今河北孟村回族自治县东北辛店镇。清同治《畿辅通志》卷50盐山县图：西北有辛店镇。

③即新店镇。今河北任县东三十七里辛店。

辛峰 在今江苏常熟市西北虞山。有辛峰亭，峰之麓有子游墓，峰之东有虞仲墓，峰之西为乾元宫，宫西有昭明读书台，相传为梁昭明太子读书处。

辛家冲（衝）市 即今湖北武汉市新洲区南辛冲镇。民国《湖北通志》卷33黄冈县：辛家冲市“在县北百里”。

辛家寨　即今山东章丘市北五十四里辛寨乡。清光绪《章丘县乡土志》有辛家寨镇。

辛砦　即今山东临朐县东南三十里辛寨镇。清光绪《山东通志》卷2《舆图志》：临朐县东南有辛砦。

辛章堡　即今河北新河县东南西流乡辛章村。明嘉靖《冀州志》新河县地理图：东有辛章堡。

辛集　亦作新集。即今河北昌黎县西南四十里新集镇。清同治《畿辅通志》卷49昌黎县图：西南有辛集。

辛集市　1987年撤销河北省束鹿县，改设辛集市，属石家庄地区。市人民政府驻辛集镇。1993年由石家庄市代管。

辛集镇　①即今河北青县西南新兴镇（辛集）。清同治《畿辅通志》卷50青县图：西南有辛集镇。

②即今河北辛集市。清同治《畿辅通志》卷47束鹿县图：西北有辛集镇。

③即今山东冠县东北辛集乡。清道光《冠县志》卷2《市廛》：辛集“在县东北五十里”。

④即今山东临清市东新集。近夏津、高唐二县境。民国《清平县志》有辛集镇。

辛置镇　清置，属霍州。即今山西霍州市南十五里辛置镇。

辛寨　即今山东禹城市西南辛寨镇。清嘉庆《禹城县志》卷2《街市》：城西南六十里有辛寨。

忘归台（臺）　在今浙江缙云县东。《清一统志·处州府》：忘归台“在缙云县东吏隐山，唐令李阳冰公暇游憩之所。有阳冰篆书《忘归台铭》”。

忘忧馆　在今河南商丘市城内。《明一统志》卷27归德府：忘忧馆“在府城。梁孝王游于忘忧之馆，集诸游士，各使为赋”。

〔丶丨〕

怀　春秋郑邑，后属晋。在今河南武陟县西土城村附近。《左传》：隐公十一年（前712），周王“与郑人苏忿生之田”，其中有“怀”。宣公六年（前603），“赤狄伐晋，围怀”。战国属魏。《史记·秦本纪》：昭襄王四十一年（前266），“攻魏，取邢丘、怀”。

怀口镇　即今四川金堂县东南五十二里淮口镇。明置巡司于此。

怀山　即今云南澄江县北梁王山。《汉书·地理志》俞元县：“怀山出铜。”《续汉书·郡国志》作装山。

怀义县　①即来宾县。在今广西来宾市东北城厢。《元和志》卷37严州：来宾县“本乐沙县也，乾封二年为怀义县，天宝二年改曰来宾”。据《新唐书·地理志》：来宾县置于乾封二年（667），怀义当为来宾别名。

②唐永淳元年（682）置，属党州。治所在今广西玉林市西北。次年属平琴州。建中二年（781）复属党州。北宋开宝七年（974）废入南流县。

怀乡　即今广东信宜市东北怀乡镇。明属西宁县，置巡司于此。

怀乡镇　即今广东信宜市东北怀乡镇。旧属西宁县，清雍正十一年（1733）置巡司于此，乾隆二十年（1755）改属信宜县。

怀中县　北周置，属广汉郡。治所在今四川广汉市北十六里新华镇（新兴场）。隋废入雒县。

怀水　即今河南沁阳市北丹河。《新唐书·地理志》河内县：“有丹水，开元十一年更名怀水。”

怀仁山　在今江苏赣榆县西北。东魏置怀仁县以此名。《寰宇记》卷22海州怀仁县：“怀仁山在县北四十里。其山无草木生。”

怀仁关　在今江西乐安县东北。《清一统志·抚州府》：怀仁关“在乐安县东北六十里，接崇仁县界，有关亭。今为铺”。

怀仁县　①南朝梁普通中置，为怀仁郡治。治所在今四川仁寿县东二里。西魏废帝二年（552）改为普宁县。

②东魏武定七年（549）置，属义塘郡。治所在今江苏赣榆县西北三十六里城头镇。隋开皇三年（583）移治今赣榆县西北十二里城里（旧赣榆），属海州。大业初属东海郡。唐属海州。金大定七年（1167）改名赣榆县。

③辽置，属大同府。治所即今山西怀仁县。金贞祐二年（1214）升为云州。元复为怀仁县，属大同路。明属大同府。民国初属山西雁门道。1928年直属山西省。1949年属察哈尔省。1952年复属山西省。

④清光绪三年（1877）析岫岩州东部地置，属兴京厅。治所在六道河（即今辽宁桓仁满族自治县）。宣统元年（1909）属兴京府。1914年因与山西怀仁县重名，改为桓仁县。

怀仁郡　南朝梁普通中置，属江州。治所在怀仁县（今四川仁寿县东二里）。辖境相当今四川仁寿、井研二县地。隋开皇三年（583）废。

怀仁堡　明永乐九年（1411）筑。在今山西大同市西南。《清一统志·大同府》：怀仁堡“在大同县西南八十里，周三百五十五丈八尺，濠深一丈七尺”。

怀仁镇　北宋置，属安德县。即今山东商河县西北怀仁镇。

怀化市　1979年由湖南省怀化县城析置怀化市，市人民政府驻鹤城区。属黔阳地区。1981年改为怀化地区。1982年怀化县并入怀化市。1997年撤销怀化地区和县级怀化市，设立地级怀化市；原县级怀化市改置鹤城区。

怀化州　北宋元祐三年（1088）改怀化洞置，属邕州。治所在今广西天等县西南龙茗镇西南。元改为上怀恩州。

怀化军　①北宋乾德三年（965）升南州置，属渝州。治所在南川县（今重庆市綦江县北綦江北岸）。《舆地纪胜》卷180南平军："本朝平蜀，而南州即先归化。"故名。熙宁七年（1074）废。

②辽开泰三年（1014）置，属保州。治所在今朝鲜平安北道义州一带。金废。

怀化县　①东晋义熙年间置，属南海郡。治所在今广东广州市东南。南朝梁废。

②东晋元熙中置，属新会郡。治所在今广东怀集县东二十里。南朝宋元嘉中改为怀集县。

③唐贞观五年（631）置，属顺州。治所在今山西忻州市北。十二年（638）改属代州。后废。

④辽置，属苏州。治所在今辽宁大连市金州区境。金废。

⑤1942年置，属湖南省。治所即今湖南怀化市东北泸阳镇。1949年迁治榆树湾。1979年析置怀化市。1982年撤销怀化县，并入怀化市。1997年撤销怀化地区，改设地级怀化市。

怀化驿　即今湖南怀化市东北泸阳镇。宋置怀化铺，属卢阳县。明置怀化驿。清改置巡司。

怀化洞　北宋改安平州置，属邕州右江道。治所在今广西大新县西南。元祐三年（1088）又改为安平州。

怀化郡　西魏置，属遂州。治所在长江县（今四川大英县东北鄞口镇长江坝）。北周辖境相当今四川蓬溪、重庆市潼南等县地。隋开皇三年（583）废。

怀化铺　北宋置，在今湖南怀化市东北泸阳镇。《元丰九域志》卷6沅州卢阳县有"怀化"铺。

怀化镇　北宋置，属蓬溪县。在今四川蓬溪县西北三十里槐花乡。《清一统志·潼川府二》"利国镇"条下："怀化镇在（蓬溪）县西北二十五里。有堡。"

怀文县　东魏武定七年（549）置，属沭阳郡。治所即今江苏沭阳县。南朝陈太建五年（573）为沭阳郡治。北周建德七年（578）改为沭阳县。

怀玉山　又名玉山、辉山、玉斗山。在今江西玉山县西北。主峰海拔1817米。系信江源地，鄱阳湖水系和钱塘江水系分水岭。《寰宇记》卷107信州玉山县：怀玉山"在县东北三十里。玉山溪流发源于此"。《方舆纪要》卷83江西名山：怀玉山"在广信府玉山县北百四十里。高四百余丈。盘亘饶、信、衢郡，当吴、楚、闽、越之交，为东南望镇。一名辉山，相传山有异光夜烛也。唐贾耽《华夷图》，怀玉山上与云际，势连北斗，又名玉斗山"。

怀玉驿　在今江西玉山县城西。《清一统志·广信府二》：怀玉驿"在玉山县治西。宋置，明为水马驿，今裁"。

怀归县　南朝宋元嘉九年（432）置，属新城郡。治所在今四川中江县西北二十里。南朝梁属伍城郡。北周明帝时废入伍城县。

怀宁县　①东晋义熙中置，为晋熙郡治。治所即今安徽潜山县。隋为同安郡治。唐为舒州治。南宋嘉定十年（1217）迁治皖口（今安庆市西北山口乡），端平三年（1236）迁治罗刹洲（今贵池市西六十里），后又迁治宜城（今安庆市），为安庆府治。元为安庆路治。明为安庆府治。清时兼为安徽省治。民国初安庆道亦驻此。1951年迁今县西南石牌镇。1998年迁治高河镇。

②北魏置，属平齐郡。治所在今山西朔州市东南。后废。

③西魏废帝二年（553）置，为怀昌郡治。治所在今陕西西乡县西。北周天和五年（570）改为怀昌县。

④金正大三年（1226）升怀宁寨置，属绥德州。治所在今陕西子洲县南淮宁湾乡附近。元世祖至元四年（1267）省入清涧县。

怀宁郡　东晋安帝时因秦雍流民置，属南秦州。寄治成都（今四川成都市南）。南朝宋改属益州。北周废。

怀宁寨　北宋置，属延川县。在今陕西子洲县南淮宁湾乡附近。金正大三年（1226）升为怀宁县。

怀圣寺光塔　在今广东广州市光塔路。寺始建于唐贞观元年（627），为伊斯兰教传入我国后最早建立的清真寺之一。寺内主要建筑有看月楼、礼拜殿及光塔。光塔初名怀圣塔，亦建于唐。高35.46米。塔身呈圆筒形，用砖砌筑，内有暗梯，可供上下。怀圣塔原本是伊斯兰教的邦克塔，至迟至明清时又称光塔。对我国海外交通史及古代伊斯兰教建筑艺术研究有重要价值。1996年定为全国重点文物保护单位。

怀戎县　北齐天保六年（555）改潘县置，为北燕州长宁郡治。治所在今河北涿鹿县西南桑干河南岸。北周属燕州。隋属涿郡。唐属妫州，长安二年（702）移治今怀来县（沙城）东南旧怀来城（已没入官厅水库）。辽属可汗州，改名怀来县。

怀戎堡　北宋崇宁二年（1103）置，属会州。在今甘肃白银市平川区东南共和镇（打拉池）。明初置千户所于此。成化十年（1474）改名打剌赤堡。古城堡遗址尚存。

怀庆府　明洪武元年（1368）改怀庆路置，治所在河内县（今河南沁阳市）。辖境相当今河南修武、武陟二县以西，黄河以北地。清又增领今原阳县地。1913年废。

怀庆路　元延祐六年（1319）改仁宗潜邸怀孟路置，治所在河内县（今河南沁阳市）。辖境相当今河南修武、武陟二县以西，黄河以北地。明洪武元年（1368）改为怀庆府。

怀州　①北魏天安二年（467）置，治所在野王县（今河南沁阳市）。太和十八年（494）废。东魏天平初复置。隋开皇十六年（596）治所野王县改名河内县。大业初改怀州为河内郡。唐武德二年（619）复为怀州，治柏崖城（今河南济源市西南）。四年（621）还治河内县。天宝元年（742）改为河内郡。乾元元年（758）复为怀州。辖境相当今河南焦作、沁阳、武陟、获嘉、修武、博爱等市县地。金天会六年（1128）改为南怀州，天德三年（1151）复为怀州。蒙古宪宗七年（1257）改为怀孟路。

②北齐置，治所在今河南济源市西五十八里王屋镇。北周废。

③辽世宗时置，治所在扶余县（今内蒙古巴林右旗东北一百五里岗岗庙村）。取太宗耶律德光怀陵为名。辖境相当今内蒙古巴林右旗境。金皇统三年（1143）废。怀州遗址尚存。

④西夏置，治所在今宁夏银川市东南黄河西。元废。

⑤元世祖至元十三年（1276）改怀安军置，属成都路。治所在今四川金堂县东南同兴场。一说在淮口镇。辖境相当今四川金堂县及成都市东境。二十年（1283）并入金堂县。

怀安山　在今广东惠东县西北梁化镇一带。一说在今惠东县东南平海镇一带。《隋书·地理志》：归善县有怀安山。《方舆纪要》卷103惠州府归善县“归化山”条内：“《志》云，府南北三十里有怀安山。峰峦列峙，环抱郡城。一名鼓角山。”

怀安卫　明洪武二十六年（1393）置，属山西行都司。治所在今河北怀安县东南怀安镇。宣德后属万全都司。清康熙三十二年（1693）改为怀安县。

怀安戍　在今广东惠东县西北。《方舆纪要》卷103惠州府归善县：怀安戍“在府南怀安山下，唐置戍于此，开元十四年贬刘宗器为循州安怀戍主，即此”。

怀安军　①即怀远军。北宋置，治所在怀远县（今广西三江侗族自治县西南七十里老堡乡）。《方舆纪要》卷109怀远县：怀远旧城“景德四年，宜州澄海军校陈进作乱，据宜州，陷柳州，官军退保象州，贼攻怀安军，知军任吉等击走之。即此”。按：《续资治通鉴》卷66、《宋史·地理志》均作怀远军。安为远之误。

②北宋乾德五年（967）置，治所在金水县（今四川金堂县东南同兴场，一说在今淮口镇）。辖境相当今四川金堂县及成都市东境。元至元十三年（1276）升为怀州。

怀安县　①三国吴置，属郁林郡。治所在今广西贵港市南一百里思怀。后废。东晋末复置。南朝梁改为怀泽县。

②三国吴分宛陵县置，属丹阳郡。治所在今安徽宁国市东南四十里，一说在市东南百里。西晋属宣城郡。隋开皇九年（589）废入宣城县。

③南齐改安怀县置，为东官郡治。治所在今广东惠东县西北梁化镇。隋开皇时废。

④唐开元十年（722）置，属庆州。治所即今甘肃华池县西北怀安乡。《元和志》卷3怀安县：“古居近党项蕃落，开元十年，检逃户初置，故以‘怀安’为名。”五代时废。

⑤唐末置，属新州。治所在今河北怀安县东南四十里怀安城镇。辽属大同府。元属兴和路。明洪武初废，二十六年（1393）改置怀安卫。清康熙三十二年（1693）复改为怀安县，属宣化府。民国初属直隶口北道。1928年属察哈尔省。1951年迁治柴沟堡（即今怀安县）。1952年直属河北省。

⑥北宋太平兴国七年（982）析闽县敦业等九乡置，属福州。治所在今福建福州市西北。咸平二年（999）移治淮安（今福建福州市西淮安）。明洪武十二年（1379）又移治今福州市。万历八年（1580）废，并入侯官县。

怀安堡　即今甘肃武威市西北怀安乡。明于此置驿。《方舆纪要》卷63凉州卫：怀安堡“在卫西五十里，有怀安驿”。

怀安镇　金改淮安镇置，属合水县。即今甘肃华池县西北怀安乡。

怀远卫　明置，属中都留守司。治所在今安徽怀远县。后废。

怀远军　①唐天宝二年（743）置，属安东都督府。治所在今辽宁辽中县境，辽河西岸。辽废。

②北宋崇宁四年（1105）于王口砦置，治所在怀远县（今广西三江侗族自治县西南七十里老堡乡）。《宋史·地理志》平州怀远军：“以怀远为名。”辖境相当今广西三江侗族自治县地。寻改为平州。

③北宋置，为羁縻军，属宜州。治所在今广西宜州市西北怀远镇。《舆地纪胜》卷122宜州：怀远军，“《长编》云：先是建琳州为怀远军，以溪洞诸州隶焉。至淳化元年始复旧制，夷人便之”。熙宁八年（1075）废入龙水县。

④南宋宝祐五年（1257）置，属淮南西路。治所在荆山县（今安徽怀远县北三里）。据曹学佺《名胜志》：取宋理宗赵昀“荆山为城，义在怀远”之语为名。元世祖至元二十八年（1291）改为怀远县，移今怀远县。

怀远县　①西魏置，属武康郡。治所在今四川简阳市东南二十五里新市镇东怀远村。北周以后废。

②北周建德三年（574）置，为怀远郡治。治所在今宁夏银川市东黄河西岸。隋属灵武郡。唐属灵州，仪凤三年（678）移治今银川市。宋废为镇。

③隋置，属辽西郡。治所在怀远镇（今辽宁辽中县）。是通往辽东的军事、交通重镇。后废。

④北宋崇宁四年（1105）置，为怀远军治。治所在今广西三江侗族自治县西南七十里老堡乡。寻改为平州治。政和元年（1111）废。南宋绍兴十四年（1144）复置，属融州。明洪武十年（1377）废。十四年（1381）复置，属柳州府。万历十九年（1591）移治丹阳镇（今县西南丹洲镇）。1914年改为三江县。

⑤元世祖至元二十八年（1291）改怀远军置，属濠州。治所即今安徽怀远县。明属凤阳府。民国初属安徽淮泗道。1928年直属安徽省。

⑥清雍正九年（1731）升怀远堡置，属榆林府。治所即今陕西横山县。1914年改名横山县。

怀远所　清雍正十二年（1734）置，属宁朔卫。治所在今内蒙古凉城县西南永兴镇。乾隆十五年十二月

(1751年1月) 改置宁远厅。

怀远府　唐渤海置，治所在达州（今黑龙江省同江市南高力城子废墟附近）。辖境相当今黑龙江省桦川县以下松花江、挠力河流域及俄罗斯比金一带。辽废。

怀远河　即今四川西昌市之东河。《明一统志》卷73四川行都司：怀远河“在都司城大通门外。源出东北山麓，经城南合泸水，入金沙江”。清乾隆《西昌县志》：怀远河“在东郭外。源出木托山土番，绕城东南，资屯田灌溉，西合邛水达安宁河”。

怀远驿　五代周显德五年（958）置，属开封府。在今河南开封市东南隅。北宋景德三年（1006）改置于古汴河北。后废。

怀远城　北宋明道三年（1034）置，属德顺军。在今宁夏西吉县东偏城附近。《宋史·夏国传》：庆历元年（1041）二月，“攻渭州，逼怀远城”。即此。后改为怀远砦。

怀远郡　北周建德三年（574）置，属灵州。治所在怀远县（今宁夏银川市东黄河西岸）。隋开皇三年（583）废。

怀远营　清置，属建昌镇。在沙坝（今四川冕宁县南沙坝镇）。设都司、千总驻防。

怀远砦　①北宋庆历三年（1043）改怀远城置，属德顺军。在今宁夏西吉县东偏城附近。《宋史·地理志》德顺军：怀远砦“东至镇戎砦六十里，西至得胜寨三十里，南至张义堡四十里，北至镇羌砦二十七里”。金以后废。

②北宋熙宁八年（1075）废怀远军古阳县置，属龙水县。治所在今广西宜州市西北怀远镇。后废。

③北宋置，属庆符县。在今四川高县北。明正德《四川志》卷16：“高县高州故址，在县南。至元知县张景良以州治杂夷，徙怀远砦。洪武知县王旭徙今治所。”

怀远堡　①明天顺中置，属榆林卫。即今陕西横山县。清雍正九年（1731）改置怀远县。《明史·李自成传》：“李自成，米脂人，世居怀远堡李继迁寨。”即此。

②在今山西清徐县东南。《清一统志·太原府》：怀远堡“在徐沟县西南”。

怀远镇　①隋置，为怀远县治。治所即今辽宁辽中县（辽中镇）。《隋书·高丽传》：大业十年（614）炀帝征高丽，“至辽水，高丽亦困弊，遣使乞降。……帝许之，顿于怀远镇，受其降款”。唐于此设怀远守捉。

②北宋改怀远县为镇，即今宁夏银川市老城。为河外五镇（城）之一。天禧四年（1020），党项族首领李德明于此置兴州，建为国都。

③即今广西宜州市西北怀远镇。明置巡司于此。

④即今四川崇州市西北六十里怀远镇。《清一统志·成都府二》：怀远镇“在崇庆州西。昔为土番出没之地。本朝乾隆五十五年设州同驻此”。民国初改置县佐。

怀来千户所　明洪武三十年（1397）置，治所在今河北怀来县（沙城镇）东南。永乐十五年（1417）改为怀来左卫。

怀来卫　明永乐十六年（1418）改怀来左卫置，直隶后军都督府。治所在今河北怀来县（沙城镇）东南旧怀来城（今已没入官厅水库）。宣德五年（1430）属万全都司。清康熙三十二年（1693）改为怀来县。

怀来左卫　明永乐十五年（1417）改怀来千户所置，直隶后军都督府。治所在今河北怀来县（沙城镇）东南。次年改为怀来卫。

怀来县　辽太祖时改怀戎县置，为可汗州治。治所在今河北怀来县（沙城）东南旧怀来城（已没入官厅水库）。金明昌六年（1195）改名妫川县，属德兴府。元复名怀来县，属龙庆州。明洪武三年（1370）废。清康熙三十二年（1693）复置，属宣化府。民国初属直隶口北道。1928年属察哈尔省。1951年移治今怀来县（沙城）。1952年属河北省。

怀来峒隘　在今湖北宣恩县西。《方舆纪要》卷82施南宣抚司：怀来峒隘“在司西。明初兰玉引兵至此受夷款。因名”。

怀县　战国魏置，后属秦，为河内郡治。治所在今河南武陟县西土城村附近。出土秦封泥中有“怀令之印”可证。东魏属武德郡。隋大业初废。唐武德二年（619）复置，属怀州。贞观元年（627）废入武陟县。

怀里火秃河　在今青海达日县西。《元史·地理志》河源附录：“思本曰：自浑水东北流二百余里，与怀里火秃河合。怀里火秃河源自南山，水正北偏西流八百余里，与黄河合，又东北流一百余里，过郎麻哈地。”

怀羌县　金升怀羌城置，属积石州。治所在今甘肃临夏县西南。元废。

怀羌城　北宋崇宁二年（1103）置，属河州。在今甘肃临夏县西南。金升为县。

怀坡阁　在今湖北阳新县东。《舆地纪胜》卷33兴国军：怀坡阁“在永兴，李仲览之居。仲览登进士第后，瞰湖筑室号怀坡阁”。《清一统志·武昌府二》：怀坡阁，“宋元丰间，苏东坡自黄来访李仲览，留其家。久之，仲览登第后，瞰湖筑室，号怀坡阁，画东坡像于其上”。

怀昌州　西魏废帝二年（553）置，治所在怀宁县（今陕西西乡县西）。北周天和五年（570）废。

怀昌县　北周天和五年（570）改怀宁县置，属丰宁郡。治所在今陕西西乡县西。隋大业初废。

怀昌郡　西魏废帝二年（553）置，属洋州。治所在怀宁县（今陕西西乡县西）。北周天和五年(570) 废。

怀和砦　北宋崇宁三年（1104）以丁令谷置，属积石军。在今青海贵德县北。后废。

怀泽场镇　北宋废怀泽县置，属郁林县。即今广西贵港市西南一百里思怀村。

怀泽县 南朝梁改怀安县置，属郁林郡。治所在今广西贵港市西南一百里思怀。隋大业初废。唐武德四年（621）复置，属南尹州。贞观八年（634）属贵州。北宋开宝五年（972）废。

怀泽郡 唐天宝元年（742）改贵州置，治所郁平县（今广西贵港市）。辖境相当今广西贵港市地。乾元元年（758）复改为贵州。

怀孟路 蒙古宪宗七年（1257）改怀、孟二州置，属中书省。治所在河内县（今河南沁阳市）。辖境相当今河南黄河以北，修武、武陟两县以西地区。元延祐六年（1319）改为怀庆路。

怀城 在今甘肃张掖市境。《资治通鉴》：南朝宋永初元年（420），西凉李歆欲袭张掖，北凉蒙逊引兵击之，“战于怀城，歆大败”。

怀政郡 北齐置，属西汾州。治所在昌化县（今山西吕梁市离石区）。辖境相当今山西吕梁市离石区地。北周建德六年（577）改离石郡。

怀荒镇 北魏六镇之一。即今河北张北县。《资治通鉴》：南朝梁普通四年（北魏正光四年，523），“魏元孚持白虎幡劳阿那环于柔玄、怀荒二镇之间”。“及柔然入寇，镇民请粮，（武卫将军于）景不肯给，镇民不胜忿，遂反，执景，杀之。未几，沃野镇民……杀镇将”，开启六镇起义之先。孝昌四年（528）改镇为州。

怀威堡 北宋置，属庆阳府。在今陕西吴起县西北。后废。

怀宫 在今河南泌阳县城。《后汉书·光武帝纪》：建武元年（25）八月，“癸丑，祠高祖、太宗、世宗于怀宫”。即此。

怀柔县 ①唐置，为羁縻归顺州治。治所即今北京市顺义区。天宝初为归化郡治，乾元初复为归化州治。辽为顺州治。金明昌六年（1195）改名温阳县。

②元置，属檀州。治所即今北京市怀柔区。明洪武元年（1368）十一月并入檀州。十二月分密云、昌平二县地复置，属北平府（后改顺天府）。正德元年（1506）改属昌平州。清仍属顺天府。1914年属京兆地方。1928年直属河北省。1958年划入北京市。2001年改设怀柔区。

③1912年改瞻对委员置，属康安道。治所即今四川新龙县。次年属边东道。1914年属川边特别区。1916年改为瞻化县。

怀素堂 在今湖南永州市东五里。《方舆胜览》卷25永州：怀素堂“相传唐僧怀素尝于此草书，有墨池、笔冢在其侧”。

怀恩县 ①一作淮恩县。东魏改淮阴县置，治所在今江苏淮安市淮阴区西南码头镇。北周改为寿张县。

②唐垂拱二年（686）置，属漳州。治所在今福建诏安县城内。开元二十九年（741）废。

怀朔镇 北魏六镇之一。在今内蒙古固阳县东北白灵淖南圐圙古城。延和二年（433）置镇。孝昌元年（525），被破六汗拔陵起义军攻破，镇废；镇民高欢等走投柔玄镇，从杜洛周起义。《水经·河水注》：“芒干水（即今大黑河）又西南，径云中城北，白道中溪水注之。……芒干水又西，塞水出怀朔镇东北芒中，南流径广德殿西山下……其水历谷南出山，西南入芒干水。”

怀陵 ①东汉冲帝刘炳陵。在今河南洛阳市东北汉魏故城西北三十里铺一带。《后汉书·质帝纪》：永熹元年（145）一月，“己未，葬孝冲皇帝于怀陵”。李贤注引伏侯《古今注》曰：“高四丈六尺，周百八十三步”。同书《礼仪志》注引《帝王世纪》曰：“在雒阳（今洛阳市东北汉魏故城）西北，去雒阳十五里。”

②辽太宗耶律德光陵。在今内蒙古巴林右旗北岗岗庙村西北床金庙。《辽史·地理志》怀州：“太宗崩，葬西山，曰怀陵。……穆宗被害，葬怀陵侧，建凤凰殿以奉焉。有清凉殿，为行幸避暑之所，皆在州西二十里。”怀陵是辽代早期皇陵，三面环山，陵门向西，山脊上用自然石块垒筑围墙，沟口设陵园门。陵区平面呈长方形，面积约25.5平方公里。陵园中部筑一石墙，将陵园划分为内、外两区。内陵区葬辽太宗耶律德光及其后妃、辽穆宗耶律璟及其后妃、重臣陪葬墓及祭祀建筑等。外陵区有两处大型建筑台基址，其间门道宽9米。怀陵奉陵邑怀州城址在陵区西南六里，平面近正方形，夯土城墙边长约500米，残高1.5米。城有南北两门，四角建有角楼。城内西部有大型宫殿基址两处、陶窑址一处，城北墙外有大片辽代居住址夯土台基，城北二里后山半山腰有一处辽代大型寺庙遗址。怀陵及其奉陵邑的建筑规模和格局反映了辽代早期皇家陵园和城市建筑的整体布局特点，对于研究辽代陵寝制度、早期城址布局以及政治文化等具有重要价值。2001年定为全国重点文物，归入辽陵及奉陵邑保护单位。

怀集县 ①南朝宋元嘉十三年（436）改怀化县置，属绥建郡。治所即今广东怀集县。据明郭子章《郡县释名》广西卷：“《天文志》云，怀集以水名怀溪也。”隋属南海郡。唐武德五年（622）为威州治，贞观初属南绥州，十三年（639）改属广州。元世祖至元十五年（1278）属贺州。明、清属梧州府。民国初属广西苍梧道。1920年直属广西省。1952年划属广东省。

②南朝梁、陈间改招集县置，属新会郡。治所在今广东江门市新会区境。隋开皇十年（590）废入新会县。

怀道县 ①南齐置，属怀宁郡。治所在今四川成都市南。北周废。

②北周天和元年（566）置，为甘松郡治。治所在今甘肃宕昌县西南。隋属宕昌郡。唐初属宕州，贞观元年（627）移治今舟曲县西北白龙江北岸，为宕州治。广德后废。

怀道郡 唐天宝元年（742）改宕州置，治所在怀道县（今甘肃舟曲县西北）。辖境相当今甘肃宕昌、舟曲等地。乾元元年（758）复改名宕州。

怀溪水 即今广东怀集县西之绥江。《方舆纪要》卷108梧州府怀集县：怀溪水“在城西南。亦名南溪水。源出齐岳山，南流而东，折合桃花水，经广东四会县界，下流入海”。

怀群墟 即今广西罗城仫佬族自治县西怀群镇。清光绪《广西舆地全图》天河县图：西北有怀群墟。

怀熙县 南朝宋文帝时置，属苍梧郡。治所当在今广西苍梧县、广东封开县境。齐以后废。

怀德长官司 明嘉靖五年（1526）置，属镇雄军民府。治所在却佐寨（今云南镇雄县西六十二里牛场镇）。清初废。

怀德军 北宋大观二年（1108）于平夏城置，治所在今宁夏固原市西北。辖境相当今宁夏同心、海原及固原等县市部分地。靖康元年（1126）陷于西夏。后废。

怀德县 ①战国秦置，属内史。治所在今陕西大荔县东南。出土秦封泥中有“褱德丞印”可证。西汉属左冯翊。东汉废。《汉书·地理志》左冯翊作繬德县。

②东晋初侨置，属丹阳郡。治所在今江苏南京市鼓楼一带。《晋书·元帝纪》：太兴三年（320）诏曰，“琅邪国人在此者近有千户，今立为怀德县，统丹阳郡”。后改为费县。南朝宋元嘉十五年（438）废。为东晋最早之侨县。

③南朝宋初置，属初安郡。治所在今河南确山县西北。大明间废。北魏延兴二年（472）复置，隋开皇初废。

④南朝宋大明五年（461）置，属临江郡，后属秦郡。治所在今江苏南京市浦口区西。南齐复属临江郡，东魏属临滁郡。后废。

⑤隋开皇十八年（598）改梁德县置，属泷州。治所在今广东信宜市东北。大业初属永熙郡。唐武德四年（621）为南扶州治，贞观元年（627）属泷州，八年（634）属窦州。天宝初属怀德郡，乾元初属窦州。北宋开宝五年（972）废。

⑥唐武德三年（620）置，属桃州。治所在今安徽广德、郎溪二县境。七年（624）废入绥安县。

⑦唐开元二十六年（738）置，属宥州。治所在今内蒙古鄂托克前旗境。宝应后省。

⑧北宋大观元年（1107）改河池县置，为庭州治。治所在今广西河池市西河池镇北。四年（1110）州废，复为河池县。

⑨辽置，为祥州治。治所在今吉林农安县东北万金塔乡东北苏家店。后废。

⑩清光绪三年（1877）置，属昌图府。治所在八家镇（今吉林公主岭市北怀德镇）。民国初属奉天省洮昌道。1929年直属辽宁省。1931年迁公主岭镇（今公主岭市）。1945年属吉林省。1985年改设公主岭市。

怀德陂 在今广西河池市西河池镇西。《清一统志·庆远府》：怀德陂“在河池州西二里。水自西来，环绕陂下”。

怀德府 元至大二年（1309）置，为羁縻府，属四川南道宣慰司。治所在今湖北宣恩县东南。至顺二年（1331）改为宣抚司。

怀德故城 在今陕西富平县西北。《寰宇记》卷31耀州富平县：“怀德故城在今县西南十一里，非汉怀德县也。盖后汉末及三国时因汉旧县名于此立县为名。今有废城存。”《清一统志·西安府二》“怀德故城”条引《县志》称：“俗名怀阳城，在县西北十里许。”

怀德宣抚司 元至顺二年（1331）改怀德府置，属四川南道宣慰司。治所在今湖北宣恩县东南。至正中升为军民宣慰司。明初改为军民宣抚司。后废。

怀德郡 ①北周建德四年（575）改南都郡置，属南州。治所在武宁县（今重庆市万州区西南武陵镇）。辖境相当今重庆市万州区西南、忠县东北一带。隋开皇初废。

②唐天宝元年（742）改窦州置，治所在信义县（今广东信宜市西南镇隆镇）。辖境相当今广东信宜市地。乾元元年（758）复为窦州。

③唐至德二载（757）改宁朔郡置，治所在延恩县（在今内蒙古鄂托克旗东北）。乾元元年（758）改为宥州。

怀德锡场 北宋置，属信宜县。在今广东信宜市东北怀乡镇。

怀德镇 北宋末改落来镇置，属江阳县。即今四川富顺县东南一百里怀德镇。明《泸州志》引《江阳谱》：“怀德镇旧名落来镇。宣和三年安抚司状奏：据落来市乡老称：落来镇，初因夷人落来归明于本镇住，遂呼镇市为落来，乞改换。得旨：落来镇改为怀德镇。”

怀驩县 唐天宝二年（743）改咸驩县置，属日南郡。治所在今越南义安省演州西。乾元初属驩州。广德间属演州。后废。

忻口 在今山西忻州市北四十五里忻口村，两山相夹，滹沱河流经其间。《资治通鉴》：隋大业十一年（615），突厥围雁门后，“东都及诸郡援兵亦至忻口”，围遂解。《方舆纪要》卷40忻州引《土地记》：“汉高出平城之围，还师至此，六军忻然，因名。”

忻口寨 北宋置，属秀容县。在今山西忻州市北四十五里忻口村。

忻州 隋开皇十八年（598）置，治所在秀容县（今山西忻州市忻府区）。《元和志》卷14：“因州界忻川口为名。”大业二年（606）废。唐武德元年（618）复置忻州，辖境相当今山西忻州市及定襄县地。天宝元年（742）改为定襄郡，乾元元年（758）复改忻州。清雍正二年（1724）升为直隶州，辖境包括今忻州市及定襄、静乐二县地。1912年降为忻县。

忻州市 1983年撤销山西省忻县，改设忻州市，属忻州地区。2000年撤销忻州地区，设立地级忻州市，原县级忻州市改设忻府区。市人民政府驻忻府区。

忻县　1912年改忻州置，属山西雁门道。治所即今山西忻州市。1928年直属山西省。1983年改设忻州市。2000年撤销忻州地区及县级忻州市，设立地级忻州市。原县级忻州市改置忻府区。

忻城土县　明弘治间降忻城县置，属庆远府。治所即今广西忻城县。1928年升为忻城县。

忻城县　唐贞观中置，为芝州治。治所在今广西忻城县。天宝初为忻城郡治，乾元初复为芝州治。北宋属宜州。南宋属庆远府。元属庆远路。明弘治间降为忻城土县，属庆远府。1928年复改忻城县，属广西省。

忻城郡　唐天宝元年（742）改芝州置，治所在忻城县（今广西忻城县）。辖境相当今广西忻城县大部及都安瑶族自治县东北部地。乾元元年（758）复为芝州。

忻窑支线　从山西忻县（今忻州市）经河边村（今定襄县东北河边镇）至甲子湾，再至窑头煤矿。全长61公里。为同蒲铁路支线。1934年动工修筑，次年建成。今称忻河线。

快当别　在今俄罗斯滨海边疆区兴凯湖西北岸土里罗格。清属宁古塔副都统。民国魏声龢《鸡林旧闻录》卷1："从前（中俄）界线在（白绫）河南五十里，当兴凯湖之正中，而南北分划。湖西有勿赛气河卡伦为识。及后卡伦废失……乃立喀字界碑于快当别地方，缩进五十里而为今界。"即此。

快当帽子　即今吉林通化县（快大茂镇）。《清史稿·地理志》：通化县旧设马拨，"又由快当帽子西南行，曰高丽墓、头道沟等达怀仁"。"快当帽子"（快大茂），满语意为"常青的树林"。

快州　明永乐五年（1407）属建昌府。治所在仙吕县（今越南北部兴安省之仙侣县）。辖境相当今越南兴安省西南部快州、兴安县一带。宣德二年（1427）以后入安南。

快哉亭　①在今江苏徐州市东南。俗称拐角楼。为唐薛能之阳春亭故址。宋李邦直改筑。后人于亭东筑薛堂，风景颇胜。

②在今湖北黄冈市南郊。北宋苏辙《黄州快哉亭记》："清河张君梦得谪居齐安，即其庐之西南为亭，以览观江山之胜，而予兄子瞻名之曰'快哉'。"

快阁　在今江西泰和县城东。《明一统志》卷56吉安府：快阁"在泰和县治东澄江之上。以江山广远，景物清华，故名。宋黄庭坚诗：痴儿了却公家事，快阁东西倚晚晴；落木千章天远大，澄江一道月分明"。

快活林　故址在今河南开封市郊区。宋时都人游集之所。正月十六日灯会后，游人尤盛。南宋孟元老《东京梦华录》卷6："收灯毕，都人争先出城探春……州东宋门外，快活林。"

忸密国　北魏西域国名。国都在忸密城（今乌兹别克斯坦布哈拉一带）。《魏书·西域传》：忸密国"都忸密城，在悉万斤西"。唐为安国。

闰州　蒙古太祖十五年（1220）改丰闰县置，属燕京路。治所在今河北唐山市丰润区。辖境相当今河北唐山市丰润区地。元世祖至元二年（1265）废。

闰安镇　北宋置，属南昌县。在今江西进贤县东北。南宋时改名润陂镇。

闰国镇　北宋置，属小溪县。在今四川遂宁市北四十里。

闰泉县　即渊泉县。在今甘肃瓜州县东三道沟附近。《隋书·地理志》敦煌郡常乐县："后魏置常乐郡。后周并凉兴、大至、冥安、闰泉，合为凉兴县。开皇初郡废，改县为常乐。"钱大昕《廿二史考异》曰："闰泉即渊泉，史家避唐讳改。"

闰盐州　元世祖至元十七年（1280）改盐井管民千户置，属德平路。治所即今四川盐源县。二十七年（1290）改置闰盐县。

闰盐县　元世祖至元二十七年（1290）并普乐、闰盐二州置，为柏兴府治。治所即今四川盐源县。明洪武二十四年（1391）废入柏兴州。

闲（閒）田　一名闲原。在今山西平陆县西。《诗经·大雅·緜》"虞芮质厥成"，《毛传》："虞芮之君相与争田，久而不平，乃相谓曰，'西伯，仁人也，盍往质焉'。乃相与朝周。入其境，则耕者让畔，行者让路。入其邑，男女异路，斑白不提挈。入其朝，士让为大夫，大夫让为卿。二国之君感而相谓曰，'我等小人，不可以履君子之庭'，乃相让，以其所争田为闲田而退。"

闲林寨　在今浙江杭州市余杭区西南九十一里闲林镇。《明史·邓愈传》：愈攻元兵杨完者部，"略临安，李伯升来援，败之闲林寨"，即此。

闲林镇　清置，属余杭县。即今浙江杭州市余杭区西南九十一里闲林镇。

闲（閒）原　即闲田。在今山西平陆县西。唐杜佑《通典·州郡七》陕州平陆县："有闲原，即虞芮之人让畔处。"

间岛　又称江通滩。在今吉林龙井市东开山屯镇北船口村附近图们江岸。对江为朝鲜境。民国魏声龢《鸡林旧闻录》："图们江自茂山以下，江滩延亘，以光霁峪前一片之滩地略大，华人名为假江，亦曰江通，横里许，纵约数里。本连接左岸我界。光绪七年，韩人往垦，乃私掘一沟，此滩遂宛在江中，仍岁纳租银于我垦局。二十九年，韩官李范允行文，妄指假江为间岛，混称韩领，垦局拒斥，旋由延吉厅署与订契约云：古间岛即光霁峪假江地，向准钟城韩民租种，今仍允如旧。"日俄战后，日本指光霁峪以东为东间岛，和龙峪一带为西间岛，谓为中韩未定之界，蓄意侵占海兰江以东，制造所谓"间岛争议"事件。宣统元年（1909）中日协定中韩界务条约七条第一条载："中日两国声明，以图们江为中韩两国国界，其江源地方自定界碑起，至石乙水为界。"正式否定日本制造的"间岛问题"。

间岛省　1934年伪满置，省会在延吉县（今吉林延吉市)。辖境相当今吉林延吉、龙井、和龙、安图、图们、珲春、汪清等市县地。1945年日军投降后废。

闵 即缗。今山东金乡县。《春秋》:僖公二十三年(前637),“齐侯伐宋围缗”。《穀梁传》作闵。

闵山 在今安徽潜山县西。《方舆纪要》卷26潜山:闵山“在县西八十里。有果老岭。产茶甚佳,山最深处曰蟠山,以蟠曲名”。

闵公山 在今山东沂水县西北八十里。《清一统志·沂州府一》:闵公山,“《县志》:峰峦孤秀,涧壑回合,环山皆松石。相传闵子曾避地其中,故名。又有子路依栖岩,芙蓉泉出此”。

闵行镇 又作闵巷、敏航。清置,属上海县。即今上海市闵行区东南闵行镇。《清一统志·松江府二》:闵行镇“在上海县西南。明洪武六年置黄浦巡司于此”。

闵忠寺 一作悯忠寺。即今北京市西城区南法源寺后街之法源寺。《辽史·地理志》:宋王曾上契丹事曰:幽州“有闵忠寺,本唐太宗为征辽阵亡将士所造”。

闵河 ①五代时对隋、唐蔡河的别称。《资治通鉴》:后周显德四年(957)二月,伐南唐,“命右骁卫大将军王环将水军数千自闵河沿颍入淮”。胡三省注:“丁度曰:闵河,本曰琵琶沟,今名蔡河。”

②即惠民河。北宋建隆元年(960)筑,起自今河南新郑市,导洧、溱诸水经尉氏县西,东北入京城(今开封市)。本名闵河。开宝六年(973)改名惠民河。

闵巷 即闵行镇。今上海闵行区东南闵行镇。明洪武六年(1373)于此置黄浦巡司。

闵家桥镇 即今江苏金湖县东南闵桥镇。旧属高邮县。清嘉庆《高邮州志》卷1有闵家桥义渡。

闵家集 即今湖北孝感市东南四十八里闵集乡。清光绪《湖北全省分图》:孝感县东南有闵家集。

闵家镇 本名闵家场。民国间置镇,即今贵州江口县西南闵孝镇。

闷江 亦作胶水江。今越南北部南定省红河下游入海一段。《交趾总志》卷1:闷江“在胶水县,上接大黄江,下通海”。闷江入海处曰闷海口。《明史·张辅传》:永乐五年(1407),张辅军追黎季犛于“胶水县闷海口”。

闷那克尼儿山 即今西藏阿里地区普兰县东北之纳木那尼峰。《清一统志·西藏》:闷那克尼儿山“在达克喇城东北二百五十里。与狼千喀巴布山相连。山亦高大,临马品木达喇池西岸”。

闷怛卢川 一作闷惧卢川。西藏古地名。约在今贡噶县昌果区。《新唐书·吐蕃传》:“曰闷怛卢川,直逻娑川之南百里,臧河之所流也。”

闷海口 亦作天长海口、胶海口。在今越南北部南定省交水县附近,为红河入海之口。《明史·张辅传》:永乐五年(1407),张辅等“击破(黎)季犛舟师于木丸江。……追至胶水县闷海口”。

闷惧卢川 西藏古地名。别作闷怛卢川。约在今贡噶县昌果区。《旧唐书·吐蕃传》:“(刘)元鼎初见赞普于闷惧卢川,盖赞普夏衙之所,其川在逻娑川南百里,臧河之所流也。”

闷璋 亦称遮闷璋。在今云南盈江县南十三里。明弘治元年(1488)至清顺治十七年(1660)为干崖宣抚司驻地。傣语“遮”为城,“闷”为万,“璋”为象,意即万象城。传说明代干崖宣抚司曾在此养象万只,故名。

闷摩黎山 又称紫山。即今青海中部偏南之巴颜喀拉山。《新唐书·吐蕃传》:“河之上流,由洪济梁西南行二千里,水益狭,春可涉,秋夏乃胜舟。其南三百里三山,中高而四下,曰紫山……虏曰闷摩黎山,东距长安五千里,河源其间。”

〔丶丿〕

羌口镇 清置,属安乡县。在今湖南安乡县西二十二里羌口。

羌水 ①又名强川。即发源于今甘肃岷县东南之岷江。因在羌族地区而得名。屈曲东南至今舟曲县东与古桓水(今白龙江)合,又东南至今四川广元市西南注入西汉水(今嘉陵江)。故今白龙江、白水江与岷江合流的一段,古时皆有羌水之名。《汉书·地理志》羌道县(在今甘肃舟曲县西北):“羌水出塞外,南至阴平(在今文县西)入白水。”《水经·漾水注》:“白水又与羌水合,自下羌水又得其通称。”

②即今青海湟源县南之药水河。《水经·河水注》:湟水“东入经戎峡口,右合羌水。水出西南山下,径护羌城东”。

羌白镇 即今陕西大荔县西南二十里羌白镇。清乾隆四年(1739)设县丞驻此。民国时设县佐。

羌谷水 ①即汉呼蚕水。今甘肃西部陶勒河、北大河。《寰宇记》卷152酒泉县:“呼蚕水,一名潜水,亦名羌谷水,俗又谓福禄河,西南自吐谷浑界流入。”

②即今甘肃省黑河及其上源甘州河。《汉书·地理志》张掖郡觻得县:“羌谷水出羌中,东北至居延入海。”《史记·夏本纪》《正义》引《括地志》曰:羌谷水“一名鲜水,一名覆表水。今名副投河。亦名张掖河。南自吐谷浑界流入甘州张掖县”。

羌城 在今山西汾阳市东南三十五里大羌村。《方舆纪要》卷42平遥县:羌城“汉建安中筑此以居羌人”。

羌桥 在今陕西西安市西北。《资治通鉴》:南朝陈太建四年(572)十一月,“周主行如羌桥”。胡三省注:“羌桥在长安城东,以苻、姚诸羌而得名。”

羌浪驿 亦作俭浪驿。唐剑南至南诏清溪道主要驿站之一。在今四川德昌县北、安宁河东岸。唐樊绰《云南志》卷1：沙野城“至俭浪驿八十里”。《新唐书·地理志》嶲州：“又经沙野二百六十里至羌浪泽。”贞元十四年（798）内侍刘希昂出使南诏经此。

羌道县 西汉置，属陇西郡。治所在今甘肃舟曲县西北。东汉属武都郡。西晋废。

羌塘 一称章塘。藏北高原的藏语称谓。

兑山 ①又名九龙山。在今陕西洛南县东南三十里。《清一统志·商州》引《雒南县志》：“当故县之西，故名。”

②《尚书·尧典》：“分命和仲，宅西，曰昧谷。”郑玄注：“西者，陇西之西，今人谓之兑山。”《方舆胜览》卷69谓即嶓冢山。《清一统志·阶州二》称，兑山在甘肃成县东。

兑州 北宋政和四年（1114）置，治所在万松县（今广西东兰县东南）。宣和三年（1121）废为靖远砦。

弟兄山 ①在今辽宁岫岩满族自治县北。《清一统志·奉天府一》：弟兄山“在岫岩厅西北九十里，南接青山口”。

②在今辽宁凤城市北弟兄山镇附近。清咸丰《岫岩志略》卷4：弟兄山在“城北一百四十里”。民国徐曦《东三省纪略》卷10奉天省矿产表：凤城县弟兄山产金。

判文山 即今云南建水县南焕文山。宋大理至明称判文山。《明一统志》卷86临安府：判文山“在府城南二十里。高千余仞，中有三峰削出如笔架。昔大理段思平外舅爨判居其上，因名，有祠在焉”。《方舆纪要》卷114临安府：判文山，“嘉靖中又易为焕文山”。《清一统志·临安府》：焕文山“北拱学宫，三峰秀拔，其影倒入泮池，本名泮文，后易今名”。

判汗 又作沛汗、怖汗、钹汗、拔汗那、破洛那。汉大宛国。都城在渴塞城（今乌兹别克斯坦塔什干东南卡散赛）。唐时设休循州于此。

灶儿坡 在今河北沧县东北。明建文二年（1400）燕王攻沧州自此入。《方舆纪要》卷13沧州：灶儿坡在“县东北百里。居民于此煮盐为业，因名”。

灶子港 即今江苏常州市北之澡港河。《宋史·河渠七》：南宋淳熙九年（1182），知常州章冲奏：“其西曰灶子港、孟渎、泰伯渎、烈塘……皆古人开导以为溉田，无穷之利也。”

灶头市 在今湖南耒阳市南。《清一统志·衡州府二》“竹塔市”条下：“又灶头市，在（耒阳）县南八里。地产煤炭，当往来通衢，多商贾贸易。”

灶河寨 在今山东莱州市北五十里。明置灶河寨备御百户所于此。

灶突山 在今辽宁盖州市东南。《方舆纪要》卷37盖州卫：灶突山“在卫东南十五里。群山环绕，中有孤峰特起，若灶突然”。

〔丶丶〕

冻州 北宋置羁縻州，属邕州左江道。治所在今广西龙州县西北下冻镇。元分为上、下冻二州，后又合为上下冻州。

冻江 即冻州。在今广西龙州县西北下冻镇。《方舆纪要》卷110上下冻州：“本西原农洞地，旧名冻江，宋置冻州。”

冻青站 元置，在今湖南永州市东北。《析津志》“天下站名”有“冻青”。

冻城 唐安西都护府属城。在今吉尔吉斯斯坦伊塞克湖南岸。《新唐书·地理志》引贾耽《四夷路程》：“热海又四十里至冻城。”

冻噶尔宗 又作洞呷、洞嘎。治所即今西藏日喀则市北东嘎。“冻噶尔”，藏语意为白山梁。

冻噶尔营 清乾隆后置，在今西藏日喀则市北。

况场 即今四川泸州市西南况场镇。清嘉庆《泸州志》卷2：况家场“距州三十里”。场口有1918年朱德《除暴安良功德碑》，又有朱德旧居陈列馆。

况村 在今广西宁明县东。《明史·广西土司传》：弘治十年（1497），“况村贼黄绍侵占思明、上石、下石三州，复谋杀知府黄道父子”。

况其县 西汉置，属东海郡。治所在今江苏赣榆县西南。南朝宋废。此县旧误作“祝其县”，据1998年在连云港市连云区东连岛发现苏马湾界域刻石，石刻云：“东海郡朐与琅邪郡柜为界，因诸山以南属朐，水以北属柜。西直况其，朐与柜分高柜为界，东各承无极。始建国四年四月朔乙卯，以使者徐州牧治所书造。”说明王莽始建国四年（12）立此碑时，朐县辖域及于今东连岛，东连岛以北属琅邪郡；况其县东今东连岛以西，即今赣榆县西南。证之以《伊湾汉简》，“祝其”亦作“况其”。

冷口关 明置，属迁安县。为长城关口之一。在今河北迁安市东北冷口。地处燕山山脉青龙河支流冷口沙河谷道，为控御要隘。《方舆纪要》卷17迁安县：冷口关在“县北七十里。明初，三卫贡道由冷口入。有关城……《志》云：东方多事，冷口常为出入之冲，备御最切”。清设防守尉及把总驻守。

冷山 即今黑龙江五常市东南百余里冲河镇附近一些终年积雪不化的大山。南宋建炎三年（1129）洪皓使金，被金人流放冷山。《宋史·洪皓传》：“云中至冷山行六十日，距金主所都仅百里，地苦寒，四月草生，八月已雪，穴居百家，陈王悟室聚落也。”清杨宾《柳边纪略》：冷山“宋洪忠宣公皓所居也。余于必儿汉必拉北望，相去约数十里，见其积素凝寒，高出众山之上，土人呼为白山，以其无冬夏皆雪也”。

冷子堡 即今辽宁辽中县北冷子堡镇。民国熊知白《东北县治纪要》辽宁辽中县：“冷子堡在县治之北四十里。户数二百，人口一千五百。有公安分局。”

冷水关 ①在今安徽庐江县西北三十里。《方舆纪要》卷26庐江县：冷水关在“县西三十里。两山夹道如门。相传三国时曹魏设隘于此。今有巡司戍守”。

②明置，属南川县。即今重庆市南川区北一百里冷水关乡。

冷水坑 即今江西贵溪市南冷水镇。清同治《江西全省舆图》卷11：贵溪县南有冷水坑。1933年中央革命根据地置贵南县治此。

冷水岭 在今江西上饶县南。《清一统志·广信府一》：冷水岭“在上饶县南三十里。崖石突起，下瞰溪流，丁溪水南流至是触石汇为潭，极清冽。路通福建崇安县之高洲岑阳关”。

冷水河 ①在今陕西白河县西南一百六十里。《清一统志·兴安府一》：冷水河“源出五条岭，北流去县六十里入汉。亦曰大冷水。又小冷水河，在县西九十里。源出长冈岭，西流入冷水河”。

②在今贵州黄平县西北。《方舆纪要》卷121黄平州：“冷水河在城东，水白而寒，三伏亦不可涉，下流亦入两岔江。”

冷水垭镇 在今重庆市西南，长江北岸。清乾隆《巴县志》卷2：冷水垭“离城四十里”。

冷水涧 在今安徽和县西北鸡心山下。北宋贺铸尝经此，有《渡冷水涧投宿万岁岭》诗。

冷水堡 在今广西环江毛南族自治县东南。《清一统志·庆远府》：冷水堡“在思恩县东南四十里。大路为入县要冲，山径错杂。本朝康熙二年，拨兵防守”。

冷水塘 在今云南寻甸回族彝族自治县东五里。《清一统志·曲请府》：冷水塘“在寻甸州东五里。俗名矣部乌泉，发源七里桥，分二派入车翁江”。

冷水滩 即今湖南永州市冷水滩区。旧属零陵县。清《乾隆府厅州县志》卷33永州府零陵县：“县丞驻冷水滩。”1961年析置冷水滩市。1962年撤销。1984复设冷水滩市。1995年改设永州市冷水滩区。

冷水镇 即今河南栾川县西北四十五里冷水镇。清尹耕云《豫军纪略》卷10：同治三年（1864）二月，“葛承霖驻冷水镇，顾北路”。

冷丘县 西晋置，属建宁郡。治所在今云南富源县南。南朝宋废。

冷边长官司 明永乐八年（1410）置，属天全六番招讨司。治所在今四川泸定县南冷碛镇。清属雅州府。宣统三年（1911）改流，废。

冷地峪寨 在今甘肃岷县西五十五里冷地口。《明一统志》卷37岷州卫“曹家寨”条下：“自是而西又有中寨、野狐桥、冷地峪三寨。”

冷竹关 清置，在今四川泸定县北四十里。《清史稿·唐希顺传》：康熙三十九年（1700），营官喋巴昌则集列为乱，“复攻围烹坝、冷竹关”。

冷竹宗 亦作冷珠宗、伦朱卜宗。清乾隆间置，治所即今西藏林周县。后改林周宗。乾隆《卫藏通志》卷12作“冷珠宗”。

冷坑墟 即今广东怀集县西北冷坑镇。清乾隆《梧州府志》卷2墟市：怀集县有冷坑墟。

冷陉山 在今内蒙古巴林右旗西北冷坝。一说即今扎鲁特旗南之奎屯山。唐时为契丹、奚、霫三部族的界山。《新唐书·北狄传·奚》：延和元年（712），“以左羽林卫大将军幽州都督孙佺，左骁卫将军李揩洛、左威卫将军周以悌帅兵十二万，为三军，袭击其部；次冷陉，前军揩洛与奚酋李大酺战不利”。即此。又《契丹传》：至“元魏时自号曰契丹……西奚，南营州，北靺鞨、室韦，阻冷陉山以自固”。

冷泉 ①在今山西闻喜县东。《方舆纪要》卷41闻喜县：冷泉“在县东四十里。又有温泉，一出县东南胡村，一出官庄村，俱引渠灌田，流入涑水”。

②在今浙江杭州市西灵隐寺前、飞来峰下。唐白居易《冷泉亭记》：“夏之夜，吾爱其泉渟渟，风泠泠，可以蠲烦析醒，起人心情。”北宋政和时，僧慧云增广水池；南宋绍兴中曾建石闸，蓄水排洪。“冷泉放闸”为灵隐一大奇观。

③在今湖北黄梅县东。《舆地纪胜》卷47蕲州：冷泉“在黄梅县东二十五里冷水涧”。

冷泉关 又名古川口、灵石口。在今山西灵石县北三十里雀鼠谷北口。关外迤北皆平原旷野，入关则左山右河，中道一轨，为南北咽喉。《明史·聂豹传》：明嘉靖间，“豹令富民出钱，罪疑者赎，得万余金，修郭家沟、冷泉、灵石诸关隘”。即此。

冷泉亭 ①在今浙江杭州市西灵隐寺前、飞来峰下。唐元和末杭州刺史元芎建，初在泉池中央。白居易《冷泉亭记》：“亭在山下，水中央，寺西南隅。高不倍寻，广不累丈，而撮奇得要，地搜胜概，物无遁形。”后为山洪冲毁，明万历中于岸上重建。

②在今四川什邡市西十里。唐李白有《冷泉亭》诗。

冷度山 在今安徽宁国市东南。《方舆纪要》卷28宁国县“关口山”条下：冷度山“在县东南九十里。有五峰，森耸相接者曰盘山，其东与千秋岭相望”。

冷洋山 在今福建上杭县东北。《方舆纪要》卷98汀州府上杭县：冷洋山在“县东十五里。高出诸山，俯见县治。下有水迸石而出，暑月尤冷”，故名。

冷盘垭 在今湖北神农架林区东南。旧属房县。民国《湖北通志》卷36房县：冷盘垭“《县志》：在南乡之东，距城二百一十里，东界保康，南界兴山，设千总”。

冷落山 在今甘肃岷县东五十里。《方舆纪要》卷60岷州卫：冷落山，“盛夏阴晦即雨雪，因名。今有冷落山寨，为官军戍守处”。

冷道县 西汉置，属零陵郡。治所在今湖南宁远县东。隋废。

冷碛砦　明置，属天全六番招讨司。在今四川泸定县南冷碛镇。明曹学佺《蜀中广记》卷35边防记：“《志》云，冷碛十八砦，为三十六种番夷出入之路。”

冷溪　①在今四川峨边彝族自治县西南大堡镇南。《方舆纪要》卷72峨眉县“土地关”条下：“由栖鸡五里至冷溪。”清设冷溪（碛）汛。《清一统志·四川统部》：峨边营经制外委一员驻“冷碛”。民国《峨边县志》卷2：冷碛关在“治（今大堡镇）南五里。筑垣驻兵设官，以御僚”。

②在今贵州福泉市西南四十五里。《方舆纪要》卷121平越府：冷溪“流入清水江”。

冷蔡支线　从湖南冷水滩（今永州市冷水滩区）至蔡家埠（今蔡市乡）。长13.1公里。为湘桂铁路支线。1943年建成。1946年被拆除。

冶山　①在今北京市密云县东北八里。《方舆纪要》卷11密云县：冶山“上有塔。石洞深邃，水四时不竭。东有王府洞。昔人淘金址尚存”。民国《密云县志》卷1：冶山“上有砖塔，辽建普济寺，废碑今尚存。……产铁甚佳，上多磁石”。

②在今江苏南京市六合区东北五十里。《舆地纪胜》卷38真州：冶山“在六合县”。《清一统志·江宁府一》：冶山“产铜、铁及磁石。相传吴王濞铸钱于此，坑冶之迹尚存”。

③在今福建福州市旧城内东北隅。山西北有欧冶池，相传为春秋时欧冶子铸剑之地。

④在今山东章丘市西南。《方舆纪要》卷31章丘县：“冶山在县（指章丘县旧治绣惠镇）西南六十里。唐时冶铁于此，因名。”

冶父　在今湖北荆州市荆州区（故江陵县城）东北。《左传》：桓公十三年（前699）“莫敖缢于荒谷，群帅囚于冶父，以听刑”。《续汉书·郡国志》江陵县津乡刘昭注引《荆州记》曰：“县东三里余有三湖，湖东有水名茛（按，应为‘荒’）谷，又西北有小城名曰冶父。”

冶父山　亦作野父山、野甫山。在今安徽庐江县东北二十里。《方舆纪要》卷26庐江县：冶父山在“县东北二十里。相传欧冶子铸剑处。山比众山独尊，故曰父。峰岩峻峭，林峦森密，盘亘凡数十里。自麓至巅，几五里余。前有龙湫，水尝不竭”。山东嵎有冶父寺（实际寺），“冶父晴岚”为庐江八景之一。

冶户川　即今陕西韩城市北凿开河。《清一统志·同州府一》：冶户川“在韩城县北八十里。川口产铁，旧置冶户，故名”。宋包拯有《请罢同州韩城冶户疏》。

冶戌镇　一作野戌镇。在今河南孟州市西南三十五里。汉、晋河阳县治此。

冶坂城　即冶坂津。一作野坂。在今河南孟州市西南三十五里。《魏书·于栗磾传》：“太宗南幸盟津，谓栗磾曰：‘河可桥乎?’栗磾曰：‘杜预造桥，余事可想。’乃编次大船，构桥于冶坂。”《水经·河水注》：“《魏土地记》曰：冶坂城旧名汉祖渡，城险固，南临孟津河。”

冶坂津　旧名汉祖渡。又名冶坂城。在今河南孟州市西南三十五里。《魏书·太宗纪》：泰常八年（423），“造浮桥于冶坂津”。《水经·河水注》引《魏土地记》：“冶坂城旧名汉祖渡，城险固，南临孟津。”

冶坊县　金升冶坊堡置，属秦州。治所在今甘肃清水县东北四十里黄门乡。贞祐四年（1216）属西宁州。元世祖至元七年（1270）并入清水县。

冶坊堡　北宋熙宁五年（1072）改冶坊寨置，属秦州。在今甘肃清水县东北四十里黄门乡。金升为冶坊县。

冶坊寨　北宋太平兴国四年（979）置，属秦州。在今甘肃清水县东北四十里黄门乡。熙宁五年（1072）改为冶坊堡。

冶甫山　即冶父山。在今安徽庐江县东北二十里。《隋书·地理志》：庐江郡庐江县“有冶甫山”。

冶县　汉武帝平闽越后改东冶置，为会稽东部都尉治。治所在福建福州市旧冶山之麓。西汉时今福建全省仅有此县，其辖境实际所及约当今福州市一带。东汉初改名东冶县。《舆地纪胜》卷128福州《景物上》：东冶，“《晏公类要》云，汉武帝时闽越反，灭之。后立为冶县，以越王冶铸为名”。

冶谷　在今陕西泾阳县西北口镇一带。《汉书·郊祀志上》：“所谓寒门者，谷口也。”颜师古注：“谷口，仲山之谷口也。汉时为县，今呼之为冶谷是也。以仲山之北寒凉，故谓此谷为寒门也。”《方舆纪要》卷53引《云阳宫记》：“冶谷去云阳八十里，山出铁，有冶铸之利，因名。”

冶谷水　即今陕西淳化县东冶峪河。《水经·渭水注》：“郑渠又东径捨车宫，南绝冶谷水。”《清一统志·邠州》引《淳化县志》：“冶谷水在县东门外，即县河，一名淳化河。源出蝎子掌山，径县东合甘泉水、马跑泉，又东南流径县南，合葫芦河，流径泾阳县，至三原与清谷水合流，入冶谷水。”

冶岭山　即今山东青州市西四十里九回山。《水经·淄水注》：浊水“出广县为山，世谓之冶岭山”。

冶炉城　即今河南西平县西南酒店冶铁炉遗址。《资治通鉴》：唐元和十二年（817），李愬讨淮西吴元济，“山河十将妫雅、田智荣下冶炉城”。胡三省注：“《九域志》曰：蔡州冶炉城，韩国铸剑之地，时当在古平界。按《新书》冶炉城在嵖岈山东。”

冶河　即古绵蔓水。源出山西寿阳，东径平定县、河北井陉县，北入滹沱河。《清一统志·正定府一》：冶河“源出山西平定州，东流为绵蔓水，入府境径井陉县南，又东与甘沟河会，径井陉县东之东冶村，又北入平山县西之西冶村，遂称冶河，北流至合河口村入滹沱”。

冶河镇　即今河北栾城县西北二十里冶河镇。旧名城上堡，清名冶河堡。为栾城县北通石家庄的交通要道。

冶官县 又作治官县。东晋义熙十年（414）置，属犍为郡。治所在今四川威远县西北。《清一统志·嘉定府二》：资官废县"按：县自晋置，名曰冶官。盖以县有铁山，出铁置冶而名也。隋讹冶为咨，咨、冶字尚相类"。南齐后废。

冶城 ①又称冶亭。故址在今江苏南京市朝天宫一带。相传为春秋时吴王夫差（一说三国吴）冶铸之处，故名。《晋书·谢安传》：谢安"尝与王羲之登冶城"。隋开皇中，移江宁县治此。唐李白《登金陵冶城西北谢安墩》诗："冶城访古迹，犹有谢安墩。"即此。

②在今河南孟州市西北二十六里冶墙村。《水经·济水注》：天浆溪"东北径一故城，俗谓之冶城"。《清一统志·怀庆府二》：冶城，"《县志》：冶城俗呼为冶墙，今县西北路有冶墙村"。

③在今湖北武汉市黄陂区东南。《舆地纪胜》卷49黄州：冶城"在黄陂东南十五里。梁武为刺史，冶战守之具，今火迹犹存"。《清一统志·汉阳府》：冶城"在黄陂县东南二十五里。……《府志》：今名东城子"。

④又作治城。在今甘肃临夏县东北莲花镇原唵哥集，现已没入刘家峡水库中。《水经·河水注》载："河水又东得野亭南，又东北流历研川，谓之研川水，又东北注于河，谓之野亭口"。熊会贞按："治乃冶之误。冶、野音同，冶城即野城。亦即野亭也，在今河州西北。"《资治通鉴》：南朝宋元嘉六年（429），"南安太守翟承伯等据罕幵谷以应河西，暮末击破之，进至治城"。治亦冶之误，冶城即野城。

冶城峡口 在今甘肃临夏县东北莲花镇原唵哥集之北、银川河入河口的寺沟峡下峡口，现已没入刘家峡水库中。《宋书·氐胡传》：元嘉八年（431）五月，赫连定"率部曲至治城峡口渡河"。《水经·河水注》熊会贞按："治亦野之误，即野城口也。"冶城峡口是炳灵寺东最早的渡口之一，而且一直是河湟间的重要渡口。北魏时在此设凤林县，隋唐时称凤林津，在此设凤林关，唐代还在河上建了凤林桥，足见此渡口之重要。

冶亭 即冶城。故址在今江苏南京市朝天宫一带。《宋书·刘钟传》：刘钟"领石头戍事……冶亭群盗数百夜袭钟垒，距击破之"。即此。

冶浦河 即今江苏南京市六合区东八百河。《方舆纪要》卷20江宁府六合县：冶浦河"在县东二里。源出牛头山，北通天长，南入滁河"。

冶陶镇 即今河北武安市西冶陶镇。清乾隆《武安县志》卷3集镇：冶陶在"县西六十里"。

冶塘山 在今湖北武汉市武昌城区东南。《寰宇记》卷112江夏县：冶唐山"在县东南二十六里。《旧记》云，先是晋、宋之时，依山置冶，故以为名"。

冶塘湖 即今安徽怀宁县（高河镇）东南七里湖、八里湖。《方舆纪要》卷26安庆府怀宁县：冶塘湖"在府西三十里。湖口有石库渡，下流达皖口入江"。

冶源集 即今山东临朐县南冶源镇。明嘉靖《临朐县志》：冶源集"在县南二十五里"。因地处冶水（今老龙湾）之源，故名。

沣（澧）水 ①即今河北隆尧县东之北澧河。《方舆纪要》卷14隆平县：沣水在"县东十里。自顺德府任县流经县界，又东北与沙河合，注于胡卢河。嘉靖十六年，以故流壅塞，更加疏浚，谓之新沣河……《志》云：县城下有沣水渠，唐仪凤中，邑令李元开以灌田通漕，今涸"。今澧河当沣河之讹。

②一作丰水。即今陕西沣河。源出秦岭丰峪，北流经西安市长安区西，至咸阳市东南入渭。下游历代略有变迁。《尚书·禹贡》："漆沮既从，沣水攸同。"即此。

汪 春秋秦地。在今陕西白水县境。《左传》：文公二年（前625），晋等伐秦，"取汪及彭衙而还"。即此。

汪氏家族墓地 在今甘肃漳县城南五里徐家坪。面积约3万平方米。是元代陇右汪世显及其后裔的墓地。墓葬为带竖井墓道的砖构单室墓。墓室平面呈方形或长方形，八面攒尖式或圆形穹隆形顶，墓壁嵌模人物、花卉、鸟兽纹砖，随葬品丰富，以哥窑烧制的青花大碗、玻璃莲花托盏、雕漆供桌、御赐金牌、"至元四年"铜镜、彩绘侍俑等最为珍贵。汪世显，《元史》有传。据出土墓志、《汪氏族谱》和其他有关记载，从南宋淳祐三年（1243）至明万历四十四年（1616），有汪世显及其后裔十四代二百余人葬于此地。这是甘肃省保存完整、延续时间最长的一处元明时期家族墓地。墓葬及出土随葬品为研究元明时期丧葬制度及其演变提供了完整资料，出土墓志可补正史之不足，是研究当时政治、军事、社会习俗的重要文字资料。2001年定为全国重点文物保护单位。

汪吉昔博赤城 元代建，在今蒙古国前杭爱省翁金河上游。《元史·明安传》："明安将兵追击（布四麻等）于汪吉昔博赤之城。"即《经世大典·仓库官》所载和林宣慰司管内之昔宝赤八剌哈孙。

汪吉地 又作汪吉河。在今蒙古国后杭爱省翁金河沿岸。元太宗置冬季行宫于此。《元史·宪宗纪》：宪宗三年（1253）冬十二月，"帝驻跸汪吉地"。《史集》（汉译本第2卷）载忽必烈合罕亲征阿里不哥，取哈剌和林后回师，于汪吉河（Onqimüren）驻冬，即此。明罗洪先《广舆图》标汪吉河于和林之南。

汪吉宿灭秃里 在今蒙古国西南鄂尔浑河上游哈尔和林一带。《元史·定宗纪》：元年（1246）正月，"张柔入觐于和林。秋七月，（贵由）即皇帝位于汪吉宿灭秃里之地"。

汪甸墟 即今广西百色市西北汪甸瑶族乡。清属凌云县，有外委戍守。

汪垫营 清乾隆间置，在今西藏白朗县南汪丹乡。

汪洋店 即今湖北大悟县东十八里汪洋店。旧属孝感县。清光绪《湖北全省分图》：孝感县东北有汪洋店。

汪家口 黄河冲击决口。在今安徽砀山县西南。《方舆纪要》卷29砀山县：陈霜口河“南流十里，至汪家口，大河尝冲决于此”。

汪家店 在今湖北随州市西北。《方舆纪要》卷77随州：汪家店“在州西北栲栳山下”。

汪家埠 即今江西余干县西南江埠乡。清同治《余干县志》卷3有汪家埠市。

汪家营场 即今湖北利川市西四十六里汪营镇。清光绪中，施南府同知移驻于此。

汪家堡 在今贵州毕节市北。《清一统志·大定府》：汪家堡“在毕节县北十二里”。

汪家集 即今湖北武汉市新洲区西南二十二里汪集镇。旧属黄冈县。清光绪《湖北全省分图》：黄冈县西北有汪家集。

汪家墩市 在今江西都昌县北二十里汪墩乡。清同治《江西全省舆图》卷14：都昌县北有汪家墩。

汪陶县 即涯陶县。西汉置，属雁门郡。治所在今山西应县西。《续汉书·郡国志》作“汪陶”。

汪清县 清宣统元年（1909）析珲春、延吉地置，属延吉府。治所在哈顺站（今吉林汪清县西北四里），旋移治百草沟（今吉林汪清县西南百草沟镇）。魏声龢民国《吉林地志》：“县治东有大小旺清河”，故名。民国初属吉林省延吉道。1929年直属吉林省。1938年移治大肚川（今汪清县）。

汪清河 亦作旺清河、大汪清河。在今吉林汪清县东。清光绪《吉林通志》卷23：十三道噶雅河“又东南径东崴子，大小旺清河合诸水自东来入之。大旺清河出珲春东北山，西流一百五十余里，小旺清河自东北来，凡行百余里合尖山水入焉，折西北流受长岭子河，东受夹皮沟河，又西北，东受大柳树河、小柳树河，合入噶雅河”。

汪疃集 即今山东文登市西北汪疃镇。清光绪《文登县志》卷3《坊市》：城北三十里曰汪疃集。1949—1952年为昆嵛县治。

汪霭河 亦作汪艾河。即今俄罗斯萨哈林岛（库页岛）西岸之洪玛克塔河。清康熙《皇舆全览图》：库页岛西海岸有“汪艾河”。齐召南《水道提纲》卷24：大长岛（今库页岛）“西流入海者有八”，白恬必河口之南为“汪艾河口”。

汧 战国秦都城。在今陕西陇县东南三里。《史记·秦本纪》《正义》引《帝王世纪》云：“秦襄公二年徙都汧。”至文公四年（前762）乃卜居“汧、渭之会”。

汧山 即岍山。亦名岳山、吴岳山、岳山。即今陕西宝鸡市西北吴山。《汉书·地理志》右扶风汧县：“吴山在西，古文以为汧山。”《续汉书·郡国志》汧县：“有吴岳山，本名汧，汧水出。”

汧水 一作汧川。即今陕西西部渭河支流千河。《汉书·地理志》右扶风汧县：“汧水出汧县之蒲谷乡弦中谷，决为弦蒲薮。”《尔雅·释水》：“水决之泽为汧。汧之为名，实兼斯义。”《水经·渭水注》：汧水“有二源：一水出县西山，世谓之小陇山……汧水又东会一水，水发南山西侧，俗以此山为吴山……径隃麋县故城南，汧水东南历慈山东南径郁夷县平阳故城南，汧水又东流注于渭”。

汧阳县 北周天和五年（570）置，为汧阳郡治。治所在马牢故城（今陕西千阳县西北四十里）。《寰宇记》卷32汧阳县：“以在汧水之阳为名。”寻废郡，县属陇州。建德四年（575）移治今千阳县西北五里。隋属扶风郡。唐属陇州。金为陇州治。明嘉靖二十七年（1548）移治今千阳县，改属凤翔府。民国初属陕西关中道。1928年直属陕西省。1964年改名千阳县。

汧阳郡 ①北周天和五年（570）置，属陇州。治所在汧阳县（今陕西千阳县西北四十里）。辖境相当今陕西千阳县地。寻废。

②唐天宝元年（742）改陇州置，治所在汧源县（今陕西陇县）。辖境相当今陕西千水流域及甘肃华亭县地。乾元元年（758）复为陇州。

汧阴县 北魏永熙元年（532）置，为东秦州、陇东郡治。治所在今陕西陇县东南十六里。西魏改名杜阳县。北周明帝二年（558）迁治今陇县城。大象二年（580）复名汧阴县，仍为陇东郡治。隋开皇五年（585）改为汧源县。

汧县 周时为秦汧邑，襄公二年（前776）建都于此。春秋时秦宁公二年（前714）徙都平阳后置为县，治所在今陕西陇县东南三里。秦属内史。汉属右扶风。西晋属扶风郡。北魏改名汧阴县。

汧源县 隋开皇五年（585）改汧阴县置，为陇州治。治所即今陕西陇县。大业初改属扶风郡。唐为陇州治。金属陇州。元初仍为陇州治，延祐四年（1317）省入州。

汫洲屿 即今广东饶平县西南汫洲镇。清设把总驻防。

沅水 即今湖南西北境沅江。《水经·沅水》：“沅水出牂柯且兰县，又东北过临沅县南，又东至长沙下隽县西北入于江。”郦注：“沅水下注洞庭湖方会于江。”东汉建武二十三年（47），南郡蛮反，遣武威将军刘尚发兵万人溯沅水入武谿击之，即此。

沅水驿 在今湖南芷江侗族自治县城南。《方舆纪要》卷81沅州：沅水驿在“州城南二里”。

沅州 ①南朝陈置，治武陵郡（今湖南沅陵县南）。寻废。

②唐天授二年（691）改巫州置，治所在龙标县（今湖南洪江市黔城镇。一说在今湖南新晃侗族自治县西南凉伞镇）。辖境相当今湖南怀化、洪江二市及会同、芷江侗族自治县、新晃侗族自治县、通道侗族自治县、靖州苗族侗族自治县和贵州省天柱县地。此后略有缩小。开元十三年（725）改为巫州，大历五年（770）改为叙州。五代时废。北宋熙宁七年（1074）复置沅州，移治卢阳县（今湖南芷江侗族自治县）。元世祖至元十四年（1277）改为沅州路。明

洪武九年（1376）复改沅州府为州，清乾隆元年（1736）又升为府。

沅州府 元至正二十四年（1364）朱元璋改沅州路置，属湖广行省。治所在卢阳县（今湖南芷江侗族自治县）。明洪武九年（1376）改为沅州。清乾隆元年（1736）复升沅州府。1913年废。

沅州路 元世祖至元十四年（1277）改沅州置，属湖广行省。治所在卢阳县（今湖南芷江侗族自治县）。辖境相当今湖南怀化、洪江二市及芷江侗族自治县、麻阳苗族自治县等地。至正二十四年（1364）朱元璋改为沅州府。

沅江市 1988年撤销湖南省沅江县，改设沅江市，市人民政府驻琼湖路。属益阳地区。1994年由益阳市代管。

沅江县 隋开皇十八年（598）改安乐县置，属岳州。治所即今湖南沅江市。大业初属巴陵郡。唐初仍属岳州。乾元中改名桥江县。北宋乾德元年（963）复为沅江县，后属常德府。元属常德路。明洪武十年（1377）省入龙阳县，十三年（1380）复置，属常德府。民国初属湖南湘江道，1922年直属湖南省。1988年撤销，改设沅江市。

沅南县 东汉建武二十六年（50）置，属武陵郡。治所在今湖南常德市西南。延平元年（106）移治今湖南桃源县东。《水经·沅水注》："县在沅水之阴，因以沅南为名。"隋并入武陵县。

沅陵县 汉高帝五年（前202）置，属武陵郡。治所在今湖南沅陵县南沅水南岸。东汉移治今沅陵县西南。《水经·沅水注》：沅陵县"因冈傍阿，势尽川陆，临沅对酉，二川之交会也"。县以此名。南朝陈为沅陵郡治。隋移治今沅陵县。唐为辰州治。元为辰州路治。明为辰州府治。民国初属湖南辰沅道。1922年直属湖南省。

沅陵郡 南朝陈太建七年（575）置，治所在沅陵县（今湖南沅陵县西南）。隋废。大业初改辰州复置，治所在沅陵县（今沅陵县）。唐武德三年（620）废。

沅湘 三湘之一。湘江与沅江合流后称沅湘。约当今湖南省西北部一带。唐李白有《春滞沅湘有怀山中》诗。

沅潭 在今湖南临湘市北。《清一统志·岳州府一》：沅潭"青山、铁炉、聂家市诸水会此，出黄盖湖"。其西有源潭镇。

沅潭市 即今湖南临湘市北三十六里源潭镇。《清一统志·岳州府二》"聂家市"条下："又沅潭市，在县（治今岳阳市东北陆城镇）东五十里。"

沅（潕）水 一名舞水。古汝水支流。故道在今河南舞钢市和西平县境。《水经·沅水》："沅水出沅阴县西北扶予山，东过其县南，又东过西平县北，又东过郾县南，又东过定颍县北，东入于汝。"约当今洪河上游。元末，堰断汝水，汝水上游东流入颍水。沅水遂为汝水即南汝河之上源，改称洪河。明嘉靖九年（1530）复塞，改道东入上蔡县境与溵水通流。

沣川县 一作围川县。唐武德三年（620）置，属岐州。治所在今陕西扶风县西十五里沣川村。《元和志》卷2扶风县："分岐山县置围川县……取今县南沣川水为名。"贞观八年（634）改名扶风县。

沣川驿 明洪武二年（1369）置，在今陕西扶风县东。十四年（1381）改名凤泉驿。

沣水 一作沣川水。即今陕西岐山县东沣河上游。源出岐山县东北沣谷，东南流至扶风县西入雍水。《汉书·沟洫志》："关中灵轵、成国、沣渠引诸川。"今上游已湮。《清一统志·凤翔府一》："按沣水在岐山县东、扶风县西，今已淤塞。"入雍后，雍水亦兼称沣水。

沣渠 西汉武帝时凿。在今陕西周至县西。另说在今陕西岐山县东、扶风县西。《汉书·沟洫志》师古引如淳曰："沣音韦，水出韦谷"，因名。同书《沟洫志》："关中灵轵、成国、沣渠引诸川……皆穿渠为溉田，各万余顷。"注：如淳曰，"沣音韦，水出韦谷"。

沣源口 即今湖北阳新县东北沣源口镇。《清一统志·武昌府一》：沣源口"在大冶县东南"。

沣源湖 即今湖北阳新县北与大冶市交界处之大冶湖。《方舆纪要》卷76兴国州"海口湖"条下："沣源湖在州西北七十里，武昌、大冶二县山谿之水汇流于此，入大江。"

沐川 亦名沐源川、沐溪。即今四川沐川、犍为县境之沐川河，为岷江支流。《方舆纪要》卷73沐川长官司：沐川在"司北百里。源出夷都山，曲折流至嘉定州犍为县界，入于蜀江，即沐源川矣。……《志》云：川旁有峰崖竦立，如人新沐，故曰沐川"。

沐川长官司 元世祖至元十二年（1275）置，属马湖路。治所即今四川沐川县。明洪武四年（1371）改为沐川州，不久复为沐川长官司，属马湖府。万历十七年（1589）属屏山县。清雍正五年（1727）属叙州府。后废，改为沐川场。

沐川场 即今四川沐川县。清乾隆《屏山县志》卷1：沐川乡在"县西北二百六十里。有沐川场"。

沐川州 明洪武四年（1371）改沐川长官司置，属马湖府。治所即今四川沐川县。寻废，复置沐川长官司。

沐川设治局 1940年析屏山县沐川场置，属四川省。治所即今四川沐川县。1942年升为沐川县。

沐川县 1942年改沐川设治局置，属四川省。治所即今四川沐川县。以沐川河为名。

沐川砦 宋置，属嘉定府。治所即今四川沐川县。《宋史·黄畴若传》：南宋开禧元年（1205），董蛮部入寇犍为利店，"畴若亟移书两军，俾速还师守险为后图，西师遂退守沐川"。即此。元改置沐川镇。

沐川镇 元置，属犍为县。即今四川沐川县。明于此置沐川州。

沐马川 即牧马川。今四川双流县东南之府河。

《寰宇记》卷85陵州籍县："沐马川在州北一百二十五里。蜀先主于此置籍田，牧马于此江中，俗因名沐马川。"

沐石河　亦作木石河。即今吉林九台市东北沐石河镇。清光绪《吉林通志》卷15吉林府：正北"一百三十里木石河街"。"沐石"，满语意为鹌鹑。

沐州　唐麟德二年（665）置，治所在罗目县（今四川峨边彝族自治县西南大堡镇）。辖境相当今四川峨边彝族自治县及乐山市金河口区地。上元三年（676）废。

沐英墓　在今江苏南京市江宁区西南殷巷乡将军山（旧名观音山）南麓。沐英（1345—1392），字文英，定远（今属安徽）人。明初将领。朱元璋义子。因征服西南地区有功，封西平侯，镇守云南。洪武二十五年（1392）病卒，追封黔宁王，谥昭靖，赐葬于此。

沐官岛　即今山东胶南市南信阳场东南里许海中沐官岛。《方舆纪要》卷35诸城县："信阳场东南一里海中有沐官岛，多石不可耕。"《清一统志·青州府一》："相传秦时从官斋沐于此，故名。广半里余，袤一里，沮洳难行，且多石，硗确不可耕。"

沐爱设治局　1944年升沐爱镇置，属四川省。治所即今四川筠连县东南沐爱镇。"沐爱"为彝语姓氏"木乃"译音转写。1950年改为沐爱县。1951年撤销并入高县。1954年划归筠连县。

沐浴店　即今山东莱阳市东北二十里沐浴店镇。清光绪《山东通志》卷2《舆图志》：莱阳县东北有沐浴镇。

沐楼山　亦作三木楼山。在今蒙古国西南部。袁宏《后汉纪·明帝纪》：永平十六年（73），耿秉出张掖居延塞击句林王，至沐楼山。《后汉书·窦固传》作三木楼山。

沐源川　一作沐川源。即今四川沐川、犍为二县西之岷江支流沐川河。《资治通鉴》：唐咸通十年（869），南诏酋龙入寇，定边都头安再荣屯于大渡河北，蛮"逾雪坡，奄至沐源川"，即此。

沐源川城　唐乾符二年（875）建，即今四川沐川县。《新唐书·南诏传》：高骈"筑戎州马湖、沐源川、大度河三城，列屯拒险，料壮卒为平夷军"。

沐源镇　唐置，为军事要地，属嘉州。即今四川沐川县。《新唐书·南诏传》：咸通七年（866），南诏兵"出沐源，窥嘉州，破属蛮，遂次沐源"。即此。宋改为沐川砦。

沐溪口　在今浙江景宁畲族自治县南。《方舆纪要》卷94景宁县：沐溪口"在县南五十里。有巡司戍守。《志》云：司旧置于今县治北，景泰三年移于今所"。

沐鹤溪　即小溪。在今浙江景宁畲族自治县、青田县境。《方舆纪要》卷94青田县"小溪"条："县西南二十里有鹤口岭，高逾众山，沐鹤溪之水出焉，即小溪也，下流合于清溪。"

沛　春秋宋邑，战国入楚。即今江苏沛县。《庄子·天运》："孔子行年五十有一而不闻道，乃南至沛，见老聃。"又《战国策·魏策一》：张仪谓魏王曰，"楚破南阳九夷，内沛、许、鄢陵危"。皆此。

沛公垒　在今河南汝州市东北。《方舆纪要》卷51汝州：沛公垒"在州东北大刘山南。汉高入关时驻此。世祖西征，亦尝驻焉。故山有大刘、小刘之称"。

沛丘　即贝丘。在今山东博兴县南。《史记·齐太公世家》："襄公游姑棼，遂猎沛丘。"《正义》："《左传》云'齐襄公田于贝丘，坠车伤足'，即此也。"

沛汗　西域国名。一作破洛那、拔汗那。又作钹汗、判汗、怖捍、宁远。唐代都于渴塞城（今乌兹别克斯坦塔什干东南之卡散赛）。《新唐书·西域传下》：显庆三年（658），"以渴塞城为休循州都督，授阿了参刺史，自是岁朝贡。玄宗开元二十七年，王阿悉烂达干助军吐火仙册封奉化王。天宝三年，改其国号宁远"。

沛县　①战国秦置，属泗水郡。治所即今江苏沛县。西汉属沛郡。东汉属沛国。南朝宋属沛郡。北齐废。隋开皇十六年（596）复置，属徐州。大业初属彭城郡。唐属徐州。金属滕州。蒙古太宗七年（1235）为滕州治，宪宗二年（1252）属滕州。至元二年（1265）省入丰县。三年（1266）复置，属济州。明初改属徐州。清属徐州府，乾隆四十六年（1781）河决城陷，移治今县西南栖山圩。咸丰元年（1851）河决，城复没，又迁治夏镇（今山东微山县）。十一年（1861）还治今沛县。民国初属江苏徐海道。1927年直属江苏省。

②南朝宋侨置，为南沛郡治。治所在今安徽天长市西三十里石梁镇。北周改为石梁县。

③南朝梁侨置，属北沛郡。治所在今安徽霍山县东。后废。

沛国　东汉建武二十年（44）改沛郡置，治所在相县（今安徽淮北市西北相山区）。辖境相当今安徽萧县、亳州、固镇、五河、灵璧、淮北、濉溪、宿州、宿县及江苏沛县、丰县、河南永城等县市地。三国魏移治沛县（今江苏沛县）。西晋还旧治，后复为郡。

沛宫　在今江苏沛县东南。《汉书·高祖纪》：高祖破黥布，"还过沛，留。置酒沛宫，悉召故人父老子弟佐酒"，自歌"大风歌"。即此。《元和志》卷9徐州沛县："故沛宫，在县东南一里。"

沛郡　①西汉高帝以泗水郡南部置，治所在相县（今安徽淮北市西北相山区）。辖境相当今安徽淮河以北，西肥河以东，五河、泗县以西，河南夏邑、永城及江苏沛、丰等县地。东汉改为沛国。三国魏移治沛县（今江苏沛县）。西晋还旧治，后复为郡，又移治沛县。南朝宋移治萧县（今安徽萧县西北）。北齐废。

②南朝宋置，治所在沛县（今安徽天长市西三十

里石梁镇)。梁改为泾城、东阳二郡,陈复为沛郡。北周改称石梁郡。隋废。

③北魏侨置,属楚州。治所在今安徽怀远县境。后废。

④北魏延昌中侨置,治所在黄杨城(今河南虞城县北二十九里利民镇)。北齐废。

⑤南朝梁侨置,属潼州。治所在淮阳县(今安徽宿州市东北八十二里解集)。辖境相当今安徽宿州市地。东魏武定六年(548)改为睢南郡。

⑥东魏兴和二年(540)侨置,属西兖州。治所在孝昌城(今山东曹县西四十里)。辖境相当今山东曹县附近地。北齐省。

沛源 即今江西丰城市南小柿源。明置巡司于此。

沛溪场 北宋置,属融州。在今广西融水苗族自治县西北。《寰宇记》卷166融州:沛溪场在融水县"西北一百八十里。本融水县沛溪洞,以其偏远,输赋甚艰,故置场以便于民"。

沔口 又作夏口。即今湖北武汉市汉口,为汉江入长江之口。《水经·沔水》:沔水"又南至江夏沙羡县北,南入于江。郦注:庾仲雍曰,'夏口亦曰沔口矣'"。杨守敬《水经注疏》:"自孙权置夏口督屯江南,今鄂州也(今武汉市武昌)。……于是相承以鄂州为夏口,而江北之夏口晦矣。"《方舆纪要》卷76汉阳县"大别山"条引《志》云:"吴魏相持时,皆以沔口为重镇。"

沔中 泛指今湖北襄阳市为中心的沔水(汉水)中游一带。《资治通鉴》:东晋永昌元年(322),王敦以"周抚督沔北诸军事,代(甘)卓沔中"。胡三省注:"自南郑至襄阳,沔水所由也,故谓之沔中。"

沔水 即今汉水。《尚书·禹贡》梁州:"浮于潜,逾于沔。"据《水经注》:北源出自今陕西留坝县西,一名沮水者为沔水;西源出自今宁强县北者为汉水。两水合流后通称沔水或汉水。《汉书·地理志》武都郡武都县:"东汉水受氐道水,一名沔。"即以西源为正源。《说文》:"沔水出武都沮县东狼谷",则以北源为正源。《水经》与《说文》同。又沔水入江后,今湖北武汉市以下的长江,古代亦通称沔水,以至《水经》叙沔水下游直至入海。

沔北县 1943年3月日伪由沔阳县荆河以北地析置,治所在仙桃镇(今湖北仙桃市)。1945年8月废。

沔州 ①西魏废帝三年(554)改江州置,治所在汉川郡(今湖北汉川市东南十里)。南朝陈末废。

②隋大业初改复州置,治所在沔阳县(今湖北仙桃市西南沔城回族镇)。寻改为沔阳郡。

③唐武德四年(621)置,治所在汉阳县(今湖北武汉市汉阳城区)。天宝初改为汉阳郡。乾元初复为沔州。辖境约当今湖北武汉市汉阳区、蔡甸区以及汉川市地。宝应二年(763)以安州孝昌县(今孝感)来属,辖境扩大。建中二年(781)废。四年复置。宝历二年(826)废。

④南宋开禧三年(1207)改兴州置,治所在顺政县(今陕西略阳县)。为利州西路治。辖境相当今陕西略阳县一带。元属广元路,世祖至元二十年(1283)移治铎水县(今陕西勉县东旧州铺)。辖境扩大至今勉县、宁强等县地。明洪武三年(1370)改属汉中府,省铎水县入州。四年移治今勉县西老城(武侯镇)。洪武七年(1374)改为沔县。

沔阳卫 明洪武六年(1373)置,属湖广都司。治所在今湖北仙桃市西南。嘉靖十八年(1539)改属兴都留守司。后废。

沔阳州 明洪武九年(1376)改沔阳府置,治所在今湖北仙桃市西南沔城回族镇。辖境相当今湖北仙桃、洪湖、天门三市。嘉靖十年(1531)属承天府。清属汉阳府。1912年改为沔阳县。

沔阳县 ①西汉置,属汉中郡。治所在今陕西勉县东旧州铺。北魏属华阳郡。隋开皇三年(583)废。

②南朝梁天监二年(503)置,属竟陵郡。治所在今湖北仙桃市南。《元和志》卷21复州沔阳县:"本汉云杜县地,梁天监二年分置沔阳县,即今县东三十里沔阳故城是也。"西魏末废。

③隋大业初改建兴县置,为沔阳郡治。治所在今湖北仙桃市西南沔城回族镇。唐为复州治,后属复州。北宋宝元二年(1039)废。1912年改沔阳州复置,属湖北江汉道。1932年直属湖北省。1952年徙治仙桃镇(今仙桃市)。1986年改设仙桃市。

沔阳府 元世祖至元十五年(1278)改复州路置,治所在玉沙县(今湖北仙桃市西南沔城回族镇)。辖境约当今湖北仙桃、天门、洪湖三市。明洪武九年(1376)降为沔阳州。

沔阳郡 南朝梁置,治所在今湖北仙桃市西南沔城回族镇。西魏置建兴县,为郡治。隋开皇初郡废。大业初改沔州复置,治所在沔阳县(今仙桃市西南沔城回族镇)。辖境约当今湖北仙桃、洪湖、天门、监利等市县及武汉市蔡甸区。唐武德初改为复州。

沔阴戍 在今湖北随州市西南百里。晋置戍于此。《晋书·石季龙载记》:"以夔安为征讨大都督,统五将步骑七万寇荆扬北鄙。石闵败王师于沔阴,将军蔡怀死之。"

沔县 明洪武七年(1374)改沔州置,属汉中府。治所即今陕西勉县西老城(武侯镇)。民国初属陕西汉中道。1928年直属陕西省。1935年迁今勉县治。1964年改为勉县。

沔南县 1943年3月日伪由沔阳县荆河以南地析置,治所在新堤镇(今湖北洪湖市)。1945年8月废。

沔渡水 即今湖南炎陵县东之沔水。《方舆纪要》卷80酃县"云秋水"条下:"又沔渡江,在县西南(按,应为县东)。源出万阳山,流入茶陵州境,谓之洮江。亦合洣水。"

沔渡墟 即今湖南炎陵县东北二十八里沔水北岸沔渡镇。清光绪《大清一统舆图》作沔渡塘。

汰金洲 在今江西乐平市西。《寰宇记》卷107乐平县：汰金洲“在县西十五里，平沙临水。先有麸金，开元后废。又有五星水口亦出麸金”。《方舆纪要》卷85乐平县：汰金洲，“《郡国志》：鄱阳之土出金，披沙淘之，粒大者如豆，小者如麸。山中亦出银苗云”。

沥桥城　在今江苏泗洪县南。南朝梁天监二年（503）筑。《寰宇记》卷16临淮县：沥桥城，“梁戍城。在徐城县西南二十五里……南临沥水桥，因以为名”。

沥海千户所　在今浙江上虞市西北三十二里沥海镇。《方舆纪要》卷92绍兴府：沥海守御千户所在“府东北七十里。洪武二十年建，属临山卫。城周一里，近海岸有施湖隘、四汇隘，为戍守要地”。清顺治十七年（1660）废。

沥港　即今浙江舟山市定海区西北金塘岛沥港镇。清设把总驻守，属定海镇统辖。

沥湖　①即麻湖。在今安徽和县西三十里。《方舆纪要》卷29和州：麻湖在“州西三十里。周围七十里。旧称巨浸。一作溓湖，又作沥湖”。

②在今安徽东至县北。《方舆纪要》卷27建德县：沥湖“在县治南（按，应为北）。溪涧诸水，多会于此。俗名仙人湖”。《清一统志·池州府一》：仙人湖“在建德县北四十里，俗讹为鲜鱼湖”。

③在今广东肇庆市北。《方舆纪要》卷101肇庆府高要县：沥湖在“府北五里。北山诸涧水，汇为黄塘、上揽塘，又石室诸岩之水皆流合焉。春夏潦涨，极目浩淼，多蒲鱼菱芡之利”。

沌口　即今湖北武汉市蔡甸区东南沌口镇。《水经·江水注》：沌水“径沌阳县南，注于江，谓之沌口。有沌阳都尉治。晋永嘉六年王敦以陶侃为荆州，镇此”。《陈书·侯安都传》：陈初，侯安都、周文育西讨王琳，王琳兵至弇口（今湖北武汉市江夏区西金口镇），安都“悉众往沌口以御之，遇风不得进”，即此。明置巡司于此。

沌水　自今湖北武汉市蔡甸区西，分汉水，西南流入太白湖，又自湖东南流，至今沌口镇入长江。《水经·沔水注》：“沔水又东南径沌水口，水南通沌阳县之太白湖，湖水东南通江，又谓之沌口。”今堙。

沌阳县　西晋末置，为江夏郡治。治所在今湖北武汉市蔡甸区东临嶂山下。《水经·沔水注》：“沔水又东径沌阳县北，处沌水之阳也。”后属江夏郡。南朝陈废。

沤夷川　一作呕夷川。其说不一：《周礼·职方》并州：“其川虖沱、呕夷”。郑玄注谓即祁夷水，当今山西广灵、河北蔚县等县境的桑干河支流壶流河。《汉书·地理志》、《水经注》则以为是滱水，即今河北中部大清河支流唐河。

沤江　①在今湖南茶陵县东南。《方舆纪要》卷80茶陵州“颜江”条下：“又沤江出百丈山，西流四十里，亦达洣。”

②又名澄江、淇江。亦名泸渡江。即今湖南资兴市东南沤江。《清一统志·郴州一》：沤江“源出桂东县界，西南流入桂阳县（今汝城县）界，又西北至兴宁县（今资兴市）界，入耒水”。

沤麻冈　在今河南长垣县西北。《金史·哀宗纪》：天兴二年（1233）一月，金哀宗自汴京北奔，蒙古兵追击于黄河南，哀宗渡黄河，北“次沤麻冈”。即此。

沤麻池　在今山西榆社县北。《晋书·石勒载记下》：“初，勒与李阳邻居，岁常争麻池。”《元和志》卷13榆社县：“石勒沤麻池，在县北三十里。即勒微时与李阳所争处，今枯涸才有处所。”

沘山　即今安徽霍山县南霍山。《汉书·地理志》灊县：“沘山，沘水所出，北至寿春入芍陂。”《水经·沘水注》：“《地理志》曰：沘水出沘山，不言霍山。沘字或作淠。”

沘水　①又名比水、泌水。即今河南西南部泌阳河及其下游唐河。源出今河南泌阳县东北，西南流经县南，又西南流经唐河县北，汇北来之赵河名曰唐河。又西南流经新野县东，至湖北襄阳市东北入白河。《吕氏春秋·似顺论·分职》：齐令章子与韩魏攻荆，荆使唐蔑将兵应之，章子“与荆人夹沘水而军”。《后汉书·光武纪》：更始元年（23），“汉军复与甄阜、梁丘赐战于沘水西，大破之”。

②即淠水。今安徽中部之淠河。发源于安徽霍山县，北流经霍邱入淮河。《水经·沘水》：“沘水出庐江灊县西南、霍山东北。”郦道元注：“《地理志》曰，沘水出沘山，不言霍山。沘字或作淠。”此后遂通称淠水。

沘阳县　即比阳县。西汉置，属南阳郡。治所即今河南泌阳县。

沘源县　1914年改唐县置，属河南汝阳道。治所即今河南唐河县。1923年改为唐河县。

洰掖戍　在今山东青州市东北弥水上。《方舆纪要》卷35益都县：“《后魏书》：太和十六年，青州洰掖戍获白雉一头，时以为瑞云。”

沙　亦名琐。春秋卫邑。在今河北大名县东南。《春秋》：定公七年（前503），“齐侯、卫侯盟于沙”。杜注：“阳平元城县东南有沙亭。”即此。

沙丁宗　又作沙顶、吉屯、结登、结顿宗。原西藏地方政府改结登宗置，治所即今西藏边坝县西北沙丁乡。“沙丁”，藏语意为土顶、高地、土岗。1960年与边坝宗合并，改置边坝县。

沙工拉山　即今西藏边坝县南夏贡拉。清乾隆《卫藏通志》卷3：沙工拉山“一名丹达山。过丹达塘十五里，上山颇侧难行，俯临雪窖，西望峭壁摩空，中一小沟，蜿蜒而上，凛冽冰城，刺肌夺目，少有微风，断不可过。有丹达神庙”。

沙土汛　清置，属黔西县。即今贵州金沙县东沙土镇。

沙土和驿　明置，属永昌军民府。在今云南永平县西南杉阳镇。

沙土集 即今山东菏泽市牡丹区东沙土镇。清置沙土集巡司。光绪二十五年（1899）韩姑娘率大刀会进攻该地。民国有县佐驻此。

沙口汛 在今广东佛山市南海区西南西江北岸沙口村。清光绪《广东舆地全图》南海图表：沙口汛有把总驻防。

沙口堡 即今河北魏县东南二十里沙口集乡。《清一统志·大名府二》：沙口堡“当元城、大名之冲，为要隘处。明嘉靖中建”。

沙口墟 即今广东英德市北沙口镇。粤汉铁路经此。清光绪《广东舆地全图》：英德县北有沙口墟汛。

沙口镇 清置，属黄陂县。即今湖北武汉市黄陂区东南沙口村。《清一统志·汉阳府》：沙口镇“在黄陂县东南五十里”。

沙山 ①亦作砂山。在今江苏张家港市西北。《资治通鉴》：五代梁贞明五年（919），“吴人败吴越兵于沙山”。即此。

②在今宁夏中卫市西五十里。《元史·地理志》应理州：“东阻大河，西据沙山。”《明一统志》卷39宁夏中卫：沙山“在卫城西五十里。因沙所积，故名”。

③在今新疆尉犁县东。《清一统志·喀喇沙尔》：沙山“在喀喇沙尔南，博斯腾淖尔南一百二十里。山脉自额格尔齐山逾沙碛至此，冈峦亘互，盘绕不绝，为喀喇沙尔南屏，与库陇勒诸山连接”。

沙川 在今甘肃舟曲县西。《方舆纪要》卷60西固城军民千户所：沙川“在所西十里。有桥跨其上。……北入于白水江”。

沙门子 即今新疆沙湾县东北玛纳斯河东沙门子村。清光绪《旧刊新疆舆图》绥来县图：西北有沙门子。

沙门岛 在今山东长岛县西北大黑山岛。《宋史·太祖本纪》：建隆三年（962），“索内外军不律者配沙门岛”。《寰宇记》卷20蓬莱县：“沙门岛在县北海中五十里。”据元于钦《齐乘》卷1说：“海艘南来，转帆入渤海者，皆望此岛以为表志。”元置巡检司于此。

沙门河 即今河北沙河市南沙河。《资治通鉴》：唐光化三年（900）八月，“李嗣昭又败汴军于沙门河，进攻洺州”。胡三省注：“沙门河疑当作沙河，即邢州沙河县也。”

沙门浦 故址在今江苏南京市西南，查浦之西。《晋书·温峤传》：东晋咸和三年（328），苏峻叛乱，陶侃、温峤入援，“侃屯查浦，峤屯沙门浦”。即此。

沙门寨 五代置，属蓬莱县。在今山东长岛县北庙岛上。

沙门镇 在今河南延津县西北三十六里沙门村。《明史·地理志》延津县：“西北有沙门镇，弘治十一年移项城县西之香台巡检司于此。”

沙子地场 即今湖北恩施市东沙地镇。清同治《施南府志》卷6《村集》：“沙子地，距（恩施）县九十里。”

沙子关 即今重庆市石柱土家族自治县东沙子镇。《方舆纪要》卷69丰都县：沙子关在“县南二百里。有巡司戍守。嘉靖二十七年，添土副巡司”。清裁巡司。

沙子坝 即今甘肃酒泉市西南沙子坝村。《方舆纪要》卷63肃州卫：土儿坝“又西为沙子坝。正德中，土鲁番入寇，官军败绩于此”。

沙子岭 明置，即今贵州晴隆县西南沙子镇。

沙子堡 又名都蚤堡。即今广西融安县东南沙子乡。《清一统志·柳州府》：沙子堡“在融县东南一百里”。为要隘。

沙子街 在今广西平乐县东北四十里沙子镇。清设县丞驻此。清王闿运《湘军志》卷11：咸丰七年（1857），“平乐寇用战艇依水通粮，筑屯平乐北二塘墟、沙子街，阻险自固”。

沙马寺 元建，在今四川白玉县东南沙马乡。

沙马矶头 即今台湾省本岛南端之鹅銮鼻。清康熙间蒋毓英《台湾府志》卷2：沙马矶头山“在凤山治西南，离府治五百三十余里。其山西尽大海，高峻之极。山顶常戴云雾，俗传此山有仙人衣红衣黑降游于上。今有生成石磴、石棋盘在……凡吕宋往来洋船，皆以此山为指南。西南之山至此极焉”。

沙井儿驿 在今甘肃永登县南。《方舆纪要》卷63庄浪卫：沙井儿驿“在卫南百九十里。《志》云：卫境诸堡多置馆驿于此。以地当往来冲要”。

沙井县 元置，为沙井总管府治。治所在今内蒙古四子王旗北红格尔苏木（希拉莫仁庙）西南古城。明初废。

沙井总管府 元置，属中书省河东山西道宣慰司。治所在沙井县（今内蒙古四子王旗西北红格尔苏木西南古城）。明初废。

沙井堡 ①即今甘肃张掖市西北沙井镇。《清一统志·甘州府》：沙井堡“在张掖县西北五十里。东至甘泉驿五十里，西至沙河堡二十里。兼置驿于此”。

②即今甘肃兰州市西北沙井驿。《清一统志·凉州府二》：沙井堡“在平番县（今永登县）东南一百九十里。接兰州府皋兰县界，北至苦水湾七十里，南至黄河一里。……城周二百八十丈”。

沙井墟 即今广东深圳市宝安区西北沙井镇。清嘉庆《新安县志》上卷：墟市有沙井墟。

沙木什 在今吉尔吉斯斯坦托克马克南。清乾隆《西域图志》卷13伊犁西路：沙木什“在吹郭勒南岸，萨勒奇图西二十里”。

沙木河 在今云南保山市东北百十里。《方舆纪要》卷118保山县：沙木河“自顺宁府流入，合铅山涧水，汇流三十里入澜沧江”。

沙木笼山 又作杉木笼。在今云南陇川县（章凤镇）东北杉木笼。地势险要，为兵家必争之地。《明一统志》卷87南甸宣抚司：沙木笼山“在司南一百里，上有关，立木为栅，周围一里”。《明史·麓川土司传》：正统七年（1442），王骥征麓川，“由南甸至罗卜思庄，前军抵杉木笼，怀任思发鏖战，遂克之”。

沙屯铺　在今北京市昌平区南十二里西沙屯。为南北往来交通要道。清同治《畿辅通志》卷46昌平州图：南有沙屯铺。

沙比礁　即今南海中中国南沙群岛之渚碧礁。1935年公布名称为沙比礁。1947年改名渚碧礁。

沙中　在今江苏常熟市北五十里。《宋书·州郡志》晋陵郡：“南沙令，本吴县司盐都尉署。吴时名沙中。吴平后，立暨阳县割属之。晋成帝咸康七年，罢盐署，立以为南沙县。”

沙冈　在今江苏盐城市西北。《方舆纪要》卷22盐城县：沙冈“南抵县西十八里之冈门镇，东北距海，延袤五六十里”。

沙冈村　在今广东开平市西南沙冈村。明置巡司于此。

沙冈塘　在今上海市青浦区东。《方舆纪要》卷24松江府青浦县：沙冈塘“南绝黄浦，至捍海塘，涨入淞江，西达盘龙汇”。

沙冈镇　即今上海市松江区东北沙冈。《方舆纪要》卷24松江府华亭县：沙冈“与竹冈、紫冈为三冈之一，相去四五里。自府至上海必由之道也”。

沙水　①一名大溪、太史溪、沙源水。即今福建闽江上源沙溪。《寰宇记》卷100南剑州沙县：“沙源经县南二百步，其水原出汀州宁化县黄土岭至虔化县界号曰沙源水，水势悬峻声殷如雷，崄巇如龙门。过县东一百二十里合邵武将乐溪水，至建潭合建溪，南下福州。其水滩碛甚多。”《清一统志·延平府》：沙溪“在沙县南，旧名大溪……亦曰太史溪”。

②据《水经·渠水注》记载，故道自今河南淮阳境内分古狼汤渠东出，又东至鹿邑南，又东略循今安徽茨河，经涡阳、蒙城县西，至怀远县南入淮水。《左传》：昭公二十七年（前515），“楚令尹子常以舟师及沙汭而还”，杜预注：“沙，水名。”《说文》：“楚东有沙水。”沙汭即指此水入淮处。

③即今河南舞阳县北之沙河。《方舆纪要》卷51舞阳县：沙水“源出汝州鲁山县之吴大岭，东流经叶县界，与滍水会，又东入县境。又东至许州襄城县界，入于汝水”。

④在今河南尉氏县东五十里。《方舆纪要》卷47尉氏县：沙水“自祥符县流入，即宋之惠民河”。

⑤在今广东南雄市东北。清光绪《广东舆地全图》南雄州图：浈水“屈西北经白石坑，沙水自东北来注之”。

⑥在今陕西勉县东北。《方舆纪要》卷56褒城县：沙水“源出县西北七十里之云雾山（在今勉县北），东北流，入于褒水”。

沙水驿　南宋嘉定中置，在今广东南雄市东北三十里。后又置沙角巡司于此。

沙水镇　在今广东南雄市东北。《清一统志·南雄州》：沙水镇“在州东北三十里。宋嘉定中尝置沙水驿，后又置沙角巡司于此”。

沙札卧城　大理置，即今云南嵩明县。《元史·地理志》嵩明州：“治沙札卧城，乌蛮车氏所筑，白蛮名为嵩明。”

沙巴尔台　即今内蒙古巴林右旗北五十里沙巴尔台村。清乾隆十九年（1754）巴林右旗自大板镇迁治于此。“沙巴尔台”，蒙古语意为有淤泥。1912年巴林右旗复迁回大板镇。

沙石墟　即今江西赣州市南沙石镇。明嘉靖《赣州府志》卷6：赣县有沙石铺。清同治《江西全省舆图》卷9：赣县南有沙石墟。

沙布都尔　即今新疆伽师县西南夏普吐勒乡。《清史稿·长龄传》：道光七年（1827）讨张格尔之叛，“张格尔拒战于沙布都尔，多树苇，决水成沮洳，贼数万临渠横列。乃令步卒越渠鏖斗，骑兵绕左右横截于阵，贼溃，追逾浑水河，擒贼万计”。

沙平寨　亦作沙坪寨。即今四川峨边彝族自治县（沙坪镇）。《宋史·孝宗纪二》：南宋乾道六年（1170），“雅州沙平蛮寇边，焚碉门砦。四川制置使晁公武调兵讨之，失利”。《方舆纪要》73黎州守御千户所：砂坪砦“在所东南、接峨眉、犍为之界”。

沙平镇　即今四川峨边彝族自治县。唐置陁和镇。宋置中镇砦。明置中镇巡检司，后移于今峨眉山市南之大为镇。清设经历。民国初设县佐。1950年迁峨边县于此。

沙卡　俗称沙卡司。在今四川道孚县东南色卡乡西北。清康熙四十年（1701）置沙卡土百户。

沙北县　1948年河南革命根据地由舞阳县析置，治河北街（今河南舞阳县东北侯集乡）。以在沙河之北而得名。同年年底撤销，并入舞阳县。

沙田江　在今广西玉林市西南七十里。《方舆纪要》卷108郁林州“桥丽江”条下：沙田江“源出州东南六岑山，俱流汇于南流江”。

沙田埠　即今江西宜春市西南沙田。明嘉靖《袁州府志》卷2宜春县：“沙田（市），县西蔫外。”清同治《江西全省舆图》卷5：宜春县西南有沙田铺。

沙田铺　即今湖南桂东县西南八十里沙田镇。清光绪《湖南通志》卷1桂东县图：县西南有沙田铺塘。

沙田墟　①即今广东高州市西沙田镇。清光绪《茂名县志》卷2：“西之下四十里沙田墟。”

②即今广西贺州市西南沙田镇。明置沙田寨巡司。

③即今广西玉林市南八十里沙田镇。清光绪《广西舆地全图》郁林州图：南有沙田墟。

沙田寨　即今广西贺州市西南沙田镇。《明史·地理志》贺县：“北有沙田寨巡检司，后迁县西点灯寨，寻废。”

沙丘 在今河北广宗县西北八里大平台。相传为商纣王于此筑苑台。《史记·殷本纪》：纣“益广沙丘苑台，多取野兽蜚鸟置其中”。又《秦始皇本纪》：始皇三十七年（前210），“始皇崩于沙丘平台”。《正义》引《括地志》：“沙丘台在邢州平乡县东北二十里。又云平乡县东北四十里。”即此。

沙丘县 隋开皇十六年（596）析临清县置，属贝州。治所在今临清市西。大业初废。唐武德五年（622）复置，属毛州。贞观元年（627）废。

沙丘（邱）堰 在今河北大名县东二十五里石家寨。《水经·河水注》载：“故渎又东北迳平邑郭西。……又东北迳元城县故城西北而至沙丘堰。《史记》曰：魏武侯公子元食邑于此，故县氏焉。郭东有五鹿墟，墟之左右多陷城。”即此。

沙丘城 在今山东莱州市东北二十里。《方舆纪要》卷36掖县：“相传商纣所筑。”

沙丘宫 即沙丘台。在今河北广宗县西北八里大平台。为殷纣所筑。赵迁都邯郸后扩建为行宫。《史记·赵世家》载：惠文王四年（前295），“主父（武灵王）及王游沙丘，异宫，公子章即以其徒与田不礼作乱，诈以主父令召王。……（公子）成、（李）兑因围主父宫……三月余而饿死沙丘宫”。

沙尔池 当在今青海天峻县境。《清史稿·地理志》青海和硕特部北右末旗：“牧地在布喀河源沙尔诺尔之西。”民国许公武《青海志略》：“沙尔池在和硕特北左翼旗东境，当拜王都岭之东麓，周六十余里，东流汇于布喀河。一名善池。”

沙尔沁村 ①亦作萨尔沁、沙儿沁。在今内蒙古土默特左旗东南沙尔沁乡。清置驿站于此，为杀虎口至绥远城要道之一。

②即今内蒙古包头市东沙尔沁（海岱）乡。清光绪《土默特旗志》卷5萨拉齐厅有萨尔沁村。

沙包子 即今辽宁普兰店市北沙包镇。旧属复县，民国时有县佐驻此。

沙市 ①一名沙头市。即今湖北荆州市沙市区。南宋陆游《入蜀记》：“过白湖，渺然无津。抛江，至井子铺……日入，泊沙市。”即此。范成大《吴船录》卷下：“至荆南之沙头，宿沙头。一名沙市。”《宋史·河渠志》：“沙市，地本沙渚，每蜀江涨溢，辄至摧圮。熙宁中，郑獬作守，始筑长堤捍御，后复圮。庆元三年复议修筑。”明、清置巡司于此。光绪二十一年（1895）不平等的中日《马关条约》开为通商港。商业繁盛，号小汉口。1949年设沙市市。1994年改设荆沙市沙市区。1996年改为荆州市沙市区。

②在今重庆合川区东十里钓鱼山附近。《元史·赵匣剌传》：至元六年（1270），“行院遣匣剌攻钓鱼山之沙市，焚其敌楼”。即此。

沙市市 1949年7月由江陵县沙市镇置，治沙市（今湖北荆州市驻地沙市）。1979年升为地级市。1994年撤销沙市市，改设荆沙市和沙市区。1996年荆沙市改名荆州市。

沙市站 元置为水站。即今湖北荆州市沙市区。《析津志》“天下站名”有“沙市”。

沙市镇 北宋置，属永新县。即今江西永新县西北三十五里沙市镇。

沙兰秃站 元驿站。在今蒙古国南中戈壁省乌兰托沙兰加太。《经世大典·站赤》：“和林之南沙兰秃等六处马站，连年经值风雪，刍草不生。”为丰州（今呼和浩特东）通往和林的重要驿站。

沙兰站 清置，即今黑龙江省宁安市西南沙兰镇。《清一统志·吉林二》“额赫茂站”条下：“毕尔罕毕喇站，又东南六十里至沙兰站。”

沙头 即今湖北荆州市沙市区。《资治通鉴》：五代梁开平二年（908），楚王殷遣将许德勋领水军击荆南高季昌，“至沙头，季昌惧而请和”。即此。

沙头市 ①一名沙市。即今湖北荆州市沙市区。唐代为江陵府重要市集。杜甫《送王十六判官》诗云：“买薪犹白帝，鸣橹已沙头。”元稹《泛江玩月十二韵》诗：“阛阓沙头市。玲珑竹岸窗。”《舆地纪胜》卷64江陵府：沙头市“去城十五里。四方之商贾辐凑，舟车骈集，谓之沙头市”。

②即今湖南益阳市东北沙头镇。清同治《益阳县志》卷3市镇：沙头市在“治东三十里。有汛”。

沙头县 东汉改池头县置，属酒泉郡。治所在今甘肃玉门市西北。《三国志·魏书·张恭传》：黄初元年（220），“河右扰乱，隔绝不通……恭即遣从弟华攻酒泉沙头、乾齐二县”。西晋元康五年（295）分属晋昌郡。北魏废。

沙头角 即今广东深圳市东沙头角镇。清光绪《广东舆地全图》：新安县东有沙头角。

沙头津 古代从湔堰（今都江堰县）至犍为（今彭山）间岷江上五津之一。在今四川彭山县北二十里。《晋书·李势载记》：东晋永和三年（347），桓温伐蜀，“温从山阳出江南，昝坚到犍为，方知与温异道，乃回从沙头津北渡”。即此。

沙头墟 即今广西苍梧县东北沙头镇。清设三番汛于此，置外委驻防。

沙头镇 ①又名沙溪镇。即今江苏太仓市西北沙溪镇。《清一统志·太仓州一》：沙头镇“在镇洋县东（西）北三十六里。明时为州第一都会”。清名沙溪镇。

②即今江苏扬州市邗江区东南沙头镇。民国《江都县续志》卷1：沙头镇“在县城东南，当沙河出江之口，其南即大夹江，东接再兴洲。距城陆路三十里，水路三十五里”。

沙过甸 亦作沙涡甸。大理国巴翠部。在今四川德昌县西南大山乡。《元混一方舆胜览》卷下：威龙山“蛮名沙涡甸”。

沙尖子 即今辽宁桓仁满族自治县东南七十里沙尖子镇。西隔浑江与宽甸满族自治县分界。民国《奉天通志》卷80桓仁县：大雅河“东南径沙尖子村西，村为县治南境江沿集镇”。

沙华公国 古国名。故地或以为在今加里曼丹岛东北的塞布库岛。一说以为在今菲律宾棉兰老岛的三宝颜。南宋周去非《岭外代答》卷3“东南海上诸杂国”条：“东南海上有沙华公国，其人多出大海劫夺，得人，缚而卖之阇婆。”又见于赵汝适《诸蕃志》卷上“海上杂国”条。

沙州　①十六国前凉张骏十二年（335）置，治所在敦煌县（今甘肃敦煌市西）。《元和志》卷40：沙州“盖因鸣沙山为名”。辖境相当今甘肃瓜州县以西，新疆吐鲁番以东地。不久废。

②十六国西秦置，治所在乐都县（今青海乐都县）；一说在西平县（今青海西宁市）。不久废。

③十六国北凉置，治所在酒泉县（今甘肃酒泉市）。不久废。

④南朝宋、齐授吐谷浑主为沙州刺史。在今青海贵南县北穆格滩。《魏书·吐谷浑传》：“阿豺立，自号骠骑将军、沙州刺史。部内有黄沙，周回数百里，不生草木，因号沙州。”

⑤南齐授阴平（今甘肃文县西）一带氐帅杨氏为沙州刺史，此后梁、西魏、北周时仍有此号，后废。

⑥南朝梁改北益州置，治所在平兴郡（治今四川青川县东北沙州镇）。北周辖境相当今四川青川县及广元市西北地。隋大业二年（606）废。唐武德四年（621）复置，治所在景谷县（今四川青川县东北沙州镇）。贞观元年（627）废。

⑦南朝梁置，治所在沙阳县（今湖北嘉鱼县东北）。陈废。

⑧南朝梁置，治所在白沙关城（今河南新县西南）。北齐废。

⑨唐贞观七年（633）改西沙州置，治所在敦煌县（今甘肃敦煌市西）。天宝元年（742）改为敦煌郡，乾元元年（758）复为沙州。辖境相当今甘肃敦煌市以西至新疆罗布泊、且末县一带。大历十一年（776）陷于吐蕃。大中五年（851）收复，后又废。元世祖至元十四年（1277）复置，十七年（1280）升为沙州路。

沙州卫　明永乐三年（1405）置，属陕西行都司。治所在今甘肃敦煌市西。宣德十年（1435）移治苦峪（今甘肃瓜州县东南），正统十一年（1446）废。

沙州路　元世祖至元十七年（1280）改沙州置，属甘肃行省。治所在今甘肃敦煌市西。辖境相当今甘肃瓜州县以西和青海柴达木盆地大部。明洪武初废。

沙江　①在今湖南茶陵县东南，沤江之北。《方舆纪要》卷80茶陵州“颜江”条下：“又有沙江，出县南三蛟泉，西流三十里达洣。”

②在今广西平乐县东南。《方舆纪要》卷107平乐县：“沙江在府东。源出四十里山，西流入鲁溪江，至榕津与诞山江合流，而入乐川水。”

沙汕头　亦作汕头。即今广东汕头市。《清一统志·广东统部》：澄海协设千总驻防于此。

沙阳县　西晋太康元年（280）置，属武昌郡。治所在今湖北嘉鱼县东北。《水经·江水注》：“江中有沙阳洲，沙阳县治也。”南朝宋属江夏郡。南齐为江夏郡治。梁为沙州治。隋开皇间废。

沙坝　在今云南陇川县境。《方舆纪要》卷119陇川宣抚司：沙坝“在司境。亦设险处。正统八年，王骥再征麓川，使郭登守沙坝”。

沙坝安抚司　明置，属茂州。治所在今四川茂县西北。《清一统志·茂州直隶厅》：沙坝安抚司“在州北三十里。……其先于明时，世袭安抚司。本朝顺治九年归附，颁给印信，所辖番民三百二十四户。土司苏氏世袭”。

沙坑砦　在今江西峡江县西南巴邱镇东北。《方舆纪要》卷87临江府峡江县：沙坑砦“在县治（治今巴邱镇）东北。明初，常遇春讨熊天瑞于赣江，至临江，平沙坑、麻岭、牛皮诸山砦是也”。

沙却　即今云南省南华县。《元史·地理志》镇南州：“又于沙却置俗富郡，沙却即今州治。”

沙芜口　古名武口。又名沙武口。在今湖北武汉市黄陂区东南五十里长江北岸沙口村。《元史·伯颜传》：“先遣万户阿剌罕以兵拒沙芜口，逼近武矶，巡视阳罗城堡，径趋沙芜，遂入大江。”

沙克河　在今西藏聂荣县境，为怒江上源喀喇乌苏河的支流。《清一统志·西藏》：布克沙克河“源出喇萨北七百余里喀尔占古察岭，南流三百余里，西合都回山之水，名沙克河。又东南流二百四十余里，西受枯蓝河，北受布克河，又东南流百余里，入喀喇乌苏”。

沙村　即今江西泰和县东南沙村镇。清同治《江西全省舆图》卷7：泰和县东南有沙村。1931—1934年中央革命根据地置万太县治此。

沙村县　南朝宋元嘉中置，属建安郡。治所即今福建沙县东古县。隋开皇初改名沙县。

沙村镇　在今广东江门市新会区东南古井镇北长沙村。《方舆纪要》卷101广州府新会县：沙村镇“在县南长沙村，有沙村巡司。《志》云，旧置司于长珠大神冈，洪武三年改置于此”。

沙县　①隋开皇初改沙村县置，属建州。治所即今福建沙县东古县。《元和志》卷29汀州沙县：“因沙丘以为名。”一说因县境沙溪而得名。明《寰宇通志》卷49延平府《建置沿革》：沙县“以县有沙源也”。并云，沙源“在沙县南，源出汀州宁化县，水险巇如龙门，过县东至剑潭，合建溪下福州”。开皇十六年（596）废。唐武德四年（621）复置，属建州。后并入建安县。永徽六年（655）分建安县复置。大历十二年（777）改属汀州。中和四年（884）迁凤林冈，即今治。五代南唐保大六年（948）仍属剑州。宋属南剑州。元属延平路。明、清属延平府。1913年属福建北路道。1914年属建安道。1928年直属福建省。明正统十三年（1448）邓茂七起义于此。

②1913年置，属甘肃省。治所在今甘肃临洮县北

九十里太石铺镇。因与福建沙县重名，次年改为洮沙县。

沙里八丹 故址或以为在今印度南部纳加帕蒂南；或以为在今印度东部马苏利帕特南。元汪大渊《岛夷志略》："沙里八丹国，居古里佛山之后，其地沃衍，田少俗美，气候微暖。"明《郑和航海图》有沙里八丹。

沙里湾泥国 在今也门北部沿海之沙尔伟恩角一带。《明史·外国传七》："沙里湾泥，永乐十四年遣使来献方物，命郑和赍币帛还赐之。"

沙园千户所 明洪武二十年（1387）置，属金乡卫。在今浙江瑞安市东南二十里沙园村。清顺治中废。

沙岗 亦作沙冈。即今辽宁盖州市西南沙岗镇。清光绪《奉天全省地舆图说图志》盖平县图：西南有沙岗台。清末，南满铁路经此。

沙岗村 即今广东中山市东南沙岗。清光绪《广州府志》卷69：香山县"墟市"有沙岗墟。

沙体 亦名沙底、萨底。在今西藏察隅县西南下察隅地区。为僜语地名。现仍被印度非法占领。

沙谷津 北宋咸平四年（1001）置，属保德军。在今山西保德县北。为黄河津渡。

沙角山 ①在今广东东莞市南新湾镇南。近洋面，形势陡峭，为船舶必经之地。清宣统《东莞县志》卷5山川："自凤凰山至沙角山诸山，皆有炮台。"

②即今甘肃敦煌市南鸣沙山。《寰宇记》卷153燉煌县："辛氏《三秦记》云：'河西有沙角山，峰崿危峻，逾于石山，其沙粗丽色黄，有如乾糒。"《旧唐书·地理志》燉煌县："鸣沙山一名沙角山，又名神沙山，取州名焉，在县南七里。"

沙角炮（礮）台 在今广东东莞市南虎门海口东侧沙角山，与大角炮台东西斜峙形成虎门海防第一重门户。据光绪《广州府志》卷64：沙角山炮台为清嘉庆五年（1800）总督吉庆奏准建立。现存道光十五年（1835）佛山铸造的大炮一尊。

沙角寨 ①即今浙江乐清市东南沙角村。《方舆纪要》卷94乐清县：沙角寨"在县西二十五里沙角山下，滨大海，界于黄华、章奥间"。

②在今浙江温岭市东南沙角村。明置巡司于此。《明史·地理志》台州府太平县："南有沙角巡检司，本治岐头山下，后迁今治。"

沙岛 即今南海中中国南沙群岛之敦谦沙洲。1935年命名沙岛。1947年改名敦谦沙洲。

沙汭 古沙水入淮水处，在今安徽怀远县东。《左传》：昭公二十七年（前515），"令尹子常以舟师及沙汭而还"。

沙沟 即今宁夏西吉县东北沙沟乡。沙沟拱北始建于清光绪年间，丛葬数千家。1920年海原大地震时，哲赫忍耶门宦第七代教主马元璋罹难，初葬于此。

沙沟水 又名中川水。在今山东济南市长清区南。《水经·济水注》载："（中川）水东南出山茌县之分水岭，溪一源两分，泉流半解，亦谓之分流交。半水南出太山入汶；半水出山茌县西北流，径东太原郡南，郡治山茌，西北与宾溪水合。……北流入济，俗谓之为沙沟水。"《宋书·颜师伯传》：南朝宋大明二年（458），魏兵攻清口，师伯遣苟师达与孟虬合力，"行达沙沟"，即此。

沙沟营 即今山东枣庄市薛城区南沙沟镇。《清一统志·兖州府二》：沙沟营"在滕县南九十里。明弘治二年，设递运所。嘉靖间，设巡检司。万历三年，设沙沟营。本朝雍正九年，设都司驻此"。

沙沟寨 在今山西忻州市西北七十里。明洪武中置巡司于此。清裁。

沙沟镇 ①清置，属盐城县。即今江苏兴化市西北沙沟镇。清有巡司驻此。

②即今山东枣庄市薛城区南沙沟镇。明弘治二年（1489）设递运所。嘉靖间设巡检司。万历三年（1575）设沙沟营。清雍正九年（1731）设都司驻此。

沙陀 在今新疆巴里坤、木垒、奇台三县北部。《新唐书·沙陀传》："有大碛，名沙陀，故号沙陀突厥云。"即此。唐先天初徙于北庭（今吉木萨尔县北）。贞元中徙于甘州（今甘肃张掖市）。宪宗元和三年（808）首领朱邪执宜率部投唐，被安置于盐州（今陕西定边县）境。后徙神武川黄花堆（今山西山阴县东北）。其子朱邪赤心先后任朔州刺史、蔚州刺史。咸通中为大同军节度使，赐姓李，名国昌。后徙振武军节度使（今内蒙古托克托县）。赤心子李克用起兵云中守捉（今内蒙古土默特右旗），转战晋北各州。中和时，收复长安有功，被授河东节度使（今山西太原市南），后又封晋王。五代时，克用子存勖灭后梁，改称后唐。后晋、北汉亦出此族。

沙陀州都督府 唐永徽四年（653）于处月部置，属北庭都护府。在今新疆木垒哈萨克自治县北部。8世纪后期废。

沙陂峪 在今河北遵化市北。《明一统志》卷1顺天府：马兰峪关"在遵化县北，自是而东凡三十一关口，至大喜峰口，其间差大者曰沙陂峪口"。

沙矣 在今云南禄丰县西北。《清一统志·楚雄府》：沙矣巡司"在广通县（今广通镇）东北五十里。明洪武二十八年建。本朝因之，土官苏氏世袭"。

沙武口 古名武口。又名沙芜口。在今湖北武汉市黄陂区东南五十里长江北岸沙口村。《方舆纪要》卷76黄陂县：沙武口在"县东南五十里。上连武湖，下通大江。亦曰沙口，亦曰沙洑口，又曰武口。张舜民曰：武口在阳逻洑西北十余里"。

沙坪场 即今四川峨边彝族自治县。明曹学佺《蜀中广记》卷35峨眉县：嘉靖末"腻乃虐栢等叛，出凉山，会同西河匪瓜白禄出沙坪"。民国《峨边县志》卷2：沙坪场"原名双凤场。在县东北七十里。

即唐罗目县治地。前清时经历治。民国二年改经历为知事，仍驻该场”。因地濒大渡河，为水陆交通要冲。1950年峨边县由大堡镇迁驻于此。

沙坪关　即今重庆市垫江县东北沙坪镇。清光绪《垫江县志》卷2：沙坪关在“治北五十里”。

沙坪墟　即今广东鹤山市驻地沙坪镇。清道光《鹤山县志》卷1：“市集”有沙坪墟。1949年鹤山县由鹤城镇移治于此。

沙坡头　在今宁夏中卫市西四十里黄河北岸。古名沙陀。元代称沙山。清乾隆间改名沙坡头。为腾格里沙漠在西北风作用下形成的连绵不断的移动沙山。现为自治区沙坡头风景名胜区。1956年以来中国科学院兰州沙漠研究所沙坡头科学研究站采用草方格沙障和种树种草等措施固沙，治理面积达38平方公里，治沙成就闻名世界。

沙拉和洛苏　在今新疆托里县北老风口。《清一统志·塔尔巴哈台》：沙拉和洛苏台“在色特尔谟多台东南一百二十里”。

沙苑　在今陕西大荔县东南四十余里。今名马坊头。《元和志》卷2冯翊县：“沙苑，一名沙阜，在县南十二里。东西八十里，南北三十里。后魏文帝大统三年，周太祖为相国，与高欢战于沙苑，大破之。”《清一统志·同州府二》引《旧州志》：“沙苑在州南洛渭之间，亦名沙海，亦名沙溪，其中坌起者曰沙阜，东跨朝邑，西至渭南，南连华州，其沙随风流徙，不可耕植。唐置沙苑监。宋初置牧龙坊，寻复改沙苑监。明初为郭驸马草地，今为马坊里。居民茇牧其中，多树果蓏，佳于他产。”唐杜甫有《沙苑行》诗云：“君不见左辅白沙如白水，缭以周墙百余里。”

沙苑监　唐置，在今陕西大荔县东南四十余里马坊头村。《元和志》卷2同州冯翊县：沙苑，“今以其处宜六畜，置沙苑监”。唐末废。宋乾德三年（965）复置。金废。

沙枣城　在今甘肃敦煌市西南沙枣园村。《清一统志·安西州》“巴颜布喇”条下：沙枣城“在（敦煌）县西南三十里，通锡尔哈勒津当城之要路”。

沙岭　又名沙岭子。即今河北宣化县西北二十六里沙岭子镇。《辽史·道宗纪四》：大安六年（1090），“猎沙岭”。即此。

沙岭驿　明置，属海州卫。即今辽宁盘山县东南沙岭镇。明《辽东志》卷2：沙岭驿“在（海州）卫西八十九里”。《明史·王化贞传》：天启间，化贞“遇大清兵平阳桥。锋始交，（孙）得功及参将鲍承先等先奔，镇武、闾阳兵遂大溃，（刘）渠、（祁）秉忠战没沙岭”。即此。

沙岭堡　①即今辽宁沈阳市西四十里沙岭镇。清乾隆《钦定盛京通志》卷29承德县：沙岭堡在“城西四十里。……即明之沙岭墩”。

②清置，属广宁县。即今辽宁盘山县东南沙岭镇。《清一统志·锦州府二》：沙岭堡“在（广宁）县东南一百五十里”。

沙岭墩　明置，即今辽宁沈阳市西四十里沙岭镇。乾隆《钦定盛京通志》卷29承德县：沙岭堡在“城西四十里……即明之沙岭墩”。

沙岭镇　一名大沙岭。即今辽宁辽阳县西北沙岭镇。民国《辽阳县志》卷4：大沙岭“距城二十五里”。第九区区公所驻此。

沙峁镇　即今陕西神木县东南沙峁镇。1939年西北革命根据地神府县迁治于此。

沙图　在今哈萨克斯坦阿拉木图东萨特。清乾隆《西域图志》卷13伊犁西路：沙图“在塔拉锡克南六十里，逾河至其地”。

沙图阿满　即今新疆昭苏县西南夏特柯尔克孜族乡。清道光《新疆识略》卷4：沙图阿满台“距特克斯台八十里。自特克斯河岸西南行皆平川，七十里入山，山口内里许即沙图阿满台”。

沙阜　①即沙苑。在今陕西大荔县东南四十余里马坊头。《元和志》卷2冯翊县：“沙苑，一名沙阜。在县南十二里。东西八里，南北三十里。”

②在今甘肃临夏市东。《晋书·石季龙载记下》：东晋永和三年（347），后赵将石宁、麻秋等据大夏，略前凉河南地，“（张）重华将杨康等与宁战于沙阜，宁败绩，乃引还金城”。

沙金沟　①在今辽宁辽阳县东南。民国《奉天通志》卷116：沙金沟在辽阳县“东南一百四十里”。产金。

②在今吉林珲春市东北三十里。清光绪《吉林通志》卷21：珲春河支流有沙金沟河。民国熊知白《东北县治纪要》吉林珲春县：“砂金沟、柳树河、瓦刚寨、北岔沟等处，均产沙金。”

沙金城　在今青海门源回族自治县西北。《清一统志·西宁府二》“永安营”条内：“西北有沙金城，亦设官兵防汛。”

沙店　在今河南滑县西南。《宋史·高宗纪二》：南宋建炎二年（1127）五月，宗泽守东京，“河北制置使王彦部兵渡河，屯滑州之沙店”。即此。

沙净口　在今山西朔州市北。明置巡司于此。

沙河　①又名灅余河、温余河、榆河。即今北京市东北温榆河。有南、北两水。北水称北沙河，源自居庸关，南流经昌平县南。南水名南沙河，源自海淀区西北龙泉寺，汇西山诸泉东流，于沙河镇东南窦各庄与北沙河相汇，东南至通县入白河。《明史·地理志》昌平州：温河“下流为沙河，入于白河”。

②一作五里河。即今河北遵化市潆河支流沙河。《方舆纪要》卷11蓟州遵化县：五里河“或谓之沙河。建文初大宁帅刘贞引兵至沙河攻燕遵化。永乐二年，成祖北征三卫还，驻跸沙河”。即此。

③又名泒水。即今河北潴龙河支流大沙河。其下游古今略有变迁。《资治通鉴》：唐至德元年（756），郭子仪行至行唐，史思明收散众，乃退，“子仪乘之，又败之于沙河”。胡三省注：“沙河在新乐、行唐二县之间。”

④即滹沱河。当地人称滹沱河为沙河。

⑤在今河北临城县东北五里。《方舆纪要》卷14临城县：沙河“自赞皇县流经县境，合于泜水。又东北入高邑县界，谓之泲水。或以为即彭水”。

⑥即小沮水。今河北迁安市东北冷口沙河。《清一统志·永平府一》：沙河“在迁安县东三十五里。即古小沮水也”。并引《卢龙县志》：“沮水源出境外都山东南，龙王庙豹崖之三岔。又二十里合寺儿崖之温泉，又十里入冷口关，冬暖夏凉，谓之冷池，又南会暖河及白洋河，至峰山入青龙河。”

⑦在今河北迁安市西。《方舆纪要》卷17迁安县：沙河在“县西北四十里。源出尖山南，流合于石河，又南汇山溪诸水，经沙河驿入滦州界”。此水由滦县入丰南市注入渤海。

⑧故黄河支流。在今河北大名县东。《宋史·河渠志》：元祐四年（1089）李伟言：“已开拔北京（按：今大名县东北）南沙河直堤第三铺，放水入孙村口故道通行。”即此。今湮。

⑨又名遒阑河。在今河北涞水县西，为北易水支流。《辽史·邪律体哥传》：统和四年（986），宋曹彬等败于岐沟，夜渡拒马河，南趣易州。休哥“追至易州东，闻宋师尚有数万，濒沙河而爨，促兵往击之。宋师望鹿奔窜，坠岸相柔死者过半，沙河为之不流”。

⑩即今内蒙古巴林右旗南西拉木伦河。《辽史·地理志》：上京道有沙河。《新五代史·四夷附录·契丹》：“（萧）翰与兀欲相及，遂及述律战于沙河。述律兵败而北。”即此。

⑪即今辽宁瓦房店西北之复州河。《明史·地理志》复州卫：“又南有沙河，合麻河，西注于海。”

⑫即今辽宁海城市南之海城河。《金史·地理志》：析木县“有沙河”。

⑬在今辽宁沈阳市南。浑河支流。明《辽东志》卷1沈阳中卫：沙河“源出城东南，入浑河”。《清一统志·奉天府一》：沙河“在承德县南四十里，源出王千户岭，至杨家湾合十里河入浑河”。

⑭古长芦河。在今江苏南京市东北。《清一统志·江宁府一》：沙河“江水支流也。在江浦县东三十里。东流经六合县长芦镇（今属南京市）。一曰西河，亦曰长芦江，流至瓜步口复入江”。

⑮运河名。北宋乔维岳所凿，自楚州（治今江苏淮安市楚州区）北末口至淮阴县（今淮阴区西南）。《宋史·乔维岳传》：“淮河西流三十里曰山阳湾，水势湍悍，运舟多惧复溺，维岳规度开故沙河，自末口至淮阴磨盘口，凡四十里。”此后漕舟便之。宋以后废。

⑯亦名大沙河。在今江苏赣榆县南四十余里。《清一统志·海州》：大沙河“旧名庙湾子河。源自山东郯城县东流经大沙河镇东入海”。

⑰亦名小沙河。在今江苏赣榆县南。《清一统志·海州》：小沙河“源出山东莒州下流，由青口镇入海。亦名青口河”。

⑱即今安徽潜山县东北大沙河。《方舆纪要》卷26潜山县：沙河在“县东六十里。出昆仑山，南流合府北黄马河诸水，汇于练湖。元至正十九年明师破伪汉兵于青山，进向潜山，伪汉将郭泰引兵涉沙河逆战，明师破斩之，进克潜山，是也”。

⑲一名大沙河。即今安徽滁州市北沙河。《方舆纪要》卷29滁州：沙河“在州北四里。一名江沙涧。出来安县界，州西北诸山溪之水多流合焉，俗名大沙河，至州城东合于清流河”。

⑳一名小沙河。在今安徽滁州市西。《舆地纪胜》卷42滁州：“蒋山在清流县南一里关城内，沙河北。”《方舆纪要》卷29滁州：沙河“又有小沙河，源出州西南三十五里侧菱山，溢为小涧，经州西十里注于石濑。……又东为西涧，俗亦名乌上河，其下流为小沙河，穿城而东出，亦合于清流河”。

㉑在今山东邹城市东。《方舆纪要》卷32邹县：沙河，“《志》云：大沙河出城东山谷间，有兰沟水流合焉。小沙河出冈山下，一名因利沟，经城东，与大沙河合。西南流三十里，注于陂泽，其下流汇于滕县之昭阳湖”。

㉒在今山东东平县北。《方舆纪要》卷33东平州“汶水”条下：“又有沙河在城北。有大堤环之，方三十里。其源为南沙河，亦即汶水故道。明朝永乐中，宋礼言：东平东境有沙河一道，本汶河支流，至十里口，通马常泊，比年流沙淤塞河口，请及时开浚。从之。今复淤。”

㉓即古滍水。为南汝河上游。

㉔今沙河自河南鲁山县西伏牛山区石人山发源，东流至舞阳县章化乡汇北汝河，至周口市入颍河。自章化乡至郾城西一段为古汝水及古溵水。

㉕在今河南上蔡县西南三十里。《方舆纪要》卷50上蔡县：沙河“出遂平县嵖岈山，流入县境，至县西南十二里蔡家埠口，又东北至姚家湾入汝。元至正十二年，也先帖木儿讨刘福通，复上蔡，驻兵沙河，军中夜惊，遂北奔汴梁朱仙镇”。

㉖在今湖北武汉市新洲区东，为举水支流。《方舆纪要》卷76麻城县：沙河“在县西百十里。源出光山县界，流入黄冈县之紫潭”。

㉗在今广东阳西县西。《方舆纪要》卷101阳江县：沙河在“县西北六十里。源出乌石山，居民资以灌溉”。

㉘在今云南保山市南七里。《方舆纪要》卷118保山县：沙河“源出九隆山，南流入于峡口洞，有众安桥跨其上”。

㉙在今甘肃酒泉市东。《方舆纪要》卷63肃州卫：沙河“在卫东四十里。源亦出雪山……下流俱会于讨来河”。

㉚指今甘肃武威、民勤等市县境之洪水河，注入石羊河。《清一统志·凉州府》“长泉水”条：“《旧志》，今有沙河，在凉州卫东北三十里。源出塞外红泉，西流入边，折而北流入三岔河。”

㉛在今新疆吐鲁番市东。清宣统《新疆图志》卷71：沙河“即葡萄沟水。《图志》作土尔番郭勒。源发厅城东北达斯达尔山，南流为沙河子，折西南流至城南之牙尔巴什庄，伏于沙”。

沙河口　在今辽宁大连市沙河口区西南黄海滨。口外有三小岛，名黑石礁，为天然海水浴场。清光绪《奉天全省地舆图说图志》金州厅图：南有沙河(村)，其北海中有礁石岛。

沙河子站　亦作二道卡伦。清光绪七年（1881）置，在今黑龙江省海林市东北牡丹江东岸江东屯村。光绪《吉林通志》卷17：“正北迤东距（宁古塔）城……二百二十里二道卡伦，即沙河子站。”

沙河市　①即今江西九江县（沙河街镇）东南沙河乡。清同治《江西全省舆图》卷13：德化县西南有沙河。

②1987年撤销河北省沙河县，改设沙河市，市人民政府驻褡裢。属邢台地区。1993年由邢台市代管。

沙河县　隋开皇十六年（596）置，属邢州。治所在今河北沙河市北二十里沙河城镇东一里。大业初属襄国郡。《元和志》卷15沙河县：“以沙河在县南五里，因以为名。”唐属邢州，五代晋开运元年（944）移治今沙河市北沙河城镇。北宋属信德府。金属邢州。元属顺德路。明属顺德府，弘治四年（1491）移治西山小屯（今沙河市西新城镇）。十八年复还旧治。民国初属直隶大名道。1928年直属河北省。1969年移今治褡裢镇。1987年改设沙河市。

沙河所城　①一作沙后所。即今辽宁兴城市西南沙后所镇。《清一统志·锦州府二》：沙河所城“在宁远州西南一百里”。

②亦名沙河驿。明置，属广宁前屯卫。治所即今辽宁绥中县西南沙河镇。明《辽东志》卷2：沙河所城“周围三里零一百八十四步，高二丈五尺，城门二座，城楼二座。宣德五年指挥张敬建”。

沙河店　①即今北京市昌平区东南二十里沙河镇。明、清京北重要通道。明初北征与谒陵皆驻于此，永乐年间于此筑行宫，后为水所毁。嘉靖中筑城，亦名巩华城。清顺天府北路捕盗同知驻此。

②即今河北赵县西南沙河店镇。明正德《赵州志》卷1：沙河铺“在州南二十里”。清同治《畿辅通志》卷55赵州图：西南有沙河店。

③在今山东莱州市南三十里。《方舆纪要》卷36莱州府掖县“海仓口镇”条下：“又沙河店，在府南三十里。旧置城南、沙河店、朱桥店三递运所。万历中……俱革。”

④即今河南泌阳县东北九十八里沙河店镇。清尹耕云《豫军纪略》卷3：咸丰七年（1857）五月，泌阳知县邓某“驻沙河店”。民国初有县佐驻此。

沙河驿　①即今四川高县东北沙河镇。《清一统志·叙州府二》：沙河驿“在庆符县东七十里。由叙入永，通滇黔大道”。

②明置，在今河北迁安市西南四十里。《方舆纪要》卷17迁安县：沙河驿“有民堡……有公馆，为往来孔道”。

③又名铁冈驿。明洪武三年（1370）置，属广州府东莞县。在今广东东莞市东北铁岗村。

④明置，属广宁中后千户所。即今辽宁绥中县西南沙河镇。明《辽东志》卷2：前屯卫沙河驿在“前屯卫东北四十五里”。

沙河桥镇　即今河北河间市东四十四里沙河桥镇。《清史稿·地理志》河间府：河间县有沙河桥镇。

沙河站　即今山东东平市西南沙河站镇。清光绪《山东通志》卷1《舆图志》：东平州（今州城镇）东南有沙河站。

沙河营　即今辽宁葫芦岛市西北沙河营乡。清乾隆《钦定盛京通志》卷30锦县：沙河堡在“城西南八十里”。

沙河砦　即今广西博白县西南七十里沙河镇。明置巡司于此，清为沙河寨巡司。

沙河铺　①即今重庆市梁平县西仁贤镇。《清一统志·忠州》：沙河铺“在梁山县西三十里。县丞驻此”。民国改设县佐。

②即今辽宁北镇市东北沙河子。清乾隆《钦定盛京通志》卷33：广宁县东北“三十里沙河铺”。

沙河堡　①明置，属甘州左卫。即今甘肃临泽县治。《清一统志·甘州府》：沙河堡，“明置驿丞，隶中卫。本朝初因之。乾隆十八年裁驿丞，仍置驿，归抚彝厅管。五十二年设外委驻防”。1952年临泽县迁治于此。

②清置，即今辽宁鞍山市东北沙河镇。《清一统志·奉天府二》“八里庄堡”条下：沙河堡“在（辽阳）州西南三十里，周一里余”。

沙河集　①即今安徽滁州市西北二十里沙河镇。清光绪《滁州志》卷1之3：沙河集“距城二十里”。

②一名新集。即今陕西南郑县西新集镇。清乾隆《南郑县志》卷3：西乡有沙河集。

沙河墟　①即今广东广州市东北沙河镇。清同治年间有沙河埔之称。

②即今广东清新县西北沙河镇。清光绪《广东舆地全图》：清远县西北有沙河墟。

沙河寨　在今广西博白县西南七十里沙河镇。明、清置沙河寨巡司。

沙河寨堡　明置，属宁远卫。即今辽宁葫芦岛市西北沙河营乡。《方舆纪要》卷37宁远卫“松山寺堡”条下：“沙河寨堡在卫东北四十余里，又东北即长岭山堡。”

沙河镇　①即今辽宁丹东市。清光绪二年（1876）于此置安东县。民国《安东县志》卷1：“旧名沙河子，以有大、小沙河二水，又名沙河镇。”1946年改设安东市。1965年改名丹东市。

②即今吉林东丰县东北沙河镇。民国熊知白《东北县治纪要》辽宁东丰县：“县属大沙河，距县市六十里。”民国《东北年鉴》：沈吉铁路有沙河站。

③即今吉林敦化市东北沙河镇村。清光绪《吉林通志》敦化县图：东北有沙河镇。

④在今江苏丰县北。《方舆纪要》卷29徐州沛县：沙河镇在“县西北六十里。亦曰沙河店。旧有沙河驿及递运所。明建文三年，燕兵南下，驻沙河驿，攻沛县下之，即此。嘉靖四十五年，移驿及递运所于鱼台之谷亭镇”。

沙沱寺　即今重庆市云阳县东北沙市镇。民国《云阳县志》卷1：沙沱乡有沙沱寺场。

沙沱关　明置，属宁番卫。在今四川喜德县西北冕山镇北。《明一统志》卷73四川行都司：沙沱关“在宁番卫城东一百七十里”。

沙泥驿　明洪武十三年（1380）置，在今甘肃临洮县北太石铺镇。清裁。民国初于此置沙县（后改为洮沙县）。

沙城　①在今河北张北县西北十里。明金幼孜《北征录》：永乐八年（1410），朱棣北征，三月“初七日早发兴和，行数里，过封王陀，今名凤凰山。山西南有故城，名沙城，西北有海子”。

②在今河南沁阳市东北。《资治通鉴》：东晋太元八年（383），“慕容垂济河焚桥，有众三万，留辽东鲜卑可足浑谭集兵于河内之沙城”。即此。

③一名养阴里。在今河南宝丰县西北。《水经·汝水注》：养水“又东径沙川，世谓之纱水，历山符垒北，又东经沙亭南，故养阴里也。……俗以是水为沙水，故亦名之为沙城”。

④在今陕西蒲城县东洛河侧。《方舆纪要》卷54引《英雄记》：“曹操与马超隔水而阵，渡渭，辄为超骑所冲突。娄子伯谓操，以今时天寒，可起沙为城，以水灌城，一夕而成。”即此处。

沙城睑　唐南诏置，属会川都督府。治所在今四川西昌市西南。《元史·地理志》泸州：“在路西，昔名沙城睑，即诸葛武侯禽孟获之地。”

沙城赕　宋大理国置，属建昌府。在今四川西昌市西南佑君镇（西河）。

沙城堡　又作砂城。即今河北怀来县治。隋开皇三年（583），突厥寇幽州，总管李崇率步骑三千拒之，士卒多死，遂保砂城，突厥围之，败没，即此。明景泰二年（1451）设沙城堡。清称沙城，属怀来县。1951年怀来县迁治于此。

沙南县　西汉置，属云中郡。治所在今内蒙古准格尔旗东北黄河西岸。东汉末废。《水经·河水》：河水“又东，过云中桢陵县南，又东过沙南县北，从县东屈南，过沙陵县西”。郦道元注：“河水南入桢陵县西北，缘胡山、历沙南县东北两山二县之间而出。”

沙栏墟　即今广东台山市西南海宴东镇。清光绪《广州府志》卷69：新宁县（今台山市）有“沙栏墟”。

沙要盐场　北宋置，在今浙江海盐县东北海沙场。《元丰九域志》卷5秀州海盐县有“沙要”盐场。

沙要堡　即今山西灵石县西南沙腰村。《清一统志·平阳府一》“神符堡”条下：“沙要堡，在（汾西）县东北。”

沙面　一称沙基。在今广东广州市区西南。自清道光二十二年（1842）开埠以来，英、法始经营此岛。租界的五分之四归英，五分之一归法。外国商铺及英、法、德、美、西、葡、日等国领事署，皆在于此。

沙骂宣抚司　亦作沙麻、沙马。彝名沙马兹莫。清康熙四十九年（1710）置，属西昌县中营。治所在今四川美姑县南美姑河北柳洪乡（沙马马陀）。后迁至拉木阿觉乡。清末迁至金阳县一带。

沙哈里克湖　在今新疆库车县东南。清道光《新疆识略》卷1：“密尔特彦河经城西，东南流百八十余里入沙哈里克湖。”

沙泉驿　①在今宁夏同心县西北清水河东。《清一统志·宁夏府二》：沙泉驿“在灵州西南沙井堡，北去绥安驿七十里”。

②清光绪年间置，在今新疆哈密市东南沙泉子。清宣统《新疆图志》卷80哈密厅：沙泉驿，“回语呼库木纳克。注：言有沙有水也”。

沙亭　①在今河北涉县东南。《方舆纪要》卷49涉县：沙亭“因故沙国为名”。《资治通鉴》：东晋太元十八年（393），慕容垂遣征东将军平规“攻镇东将军段平于沙亭”。即此。胡三省注：“沙亭在邺西南。”误。

②在今河北大名县东南。《资治通鉴》：东晋太和五年（370），前秦王坚帅精兵十万攻邺，前燕慕容桓“帅众万余屯沙亭”。胡三省注：“杜预曰：阳平元城县有沙亭。”

沙亭县　唐武德四年（621）置，属乐州。治所在今广西平乐县西三十五里。贞观七年（633）废入平乐县。

沙洋镇　一名新城镇。即今湖北沙洋县治沙洋镇。西魏置绿麻县于此。《元史·伯颜传》：至元十一年（1274）大举伐宋，“甲子，次沙洋”。即此。明设巡司于此。清废。民国初设县佐。1959年于此设沙洋市，后并入荆门市。1985年设沙洋区，1998年改设沙洋县。

沙洲坝　在今江西瑞金市西北。1933年4月至1934年7月中华苏维埃政府从叶坪迁此办公。1934年1月21日至2月1日在此召开了中华苏维埃第二次全国工农兵代表大会，并选举毛泽东、周恩来、刘少奇、朱德等二百十一人组成新的中华苏维埃共和国中央执行委员会，毛泽东为主席。现有中华苏维埃政府总办公厅及毛泽东、张闻天、谢觉哉旧居和红井、中华苏维埃政府大礼堂、列宁小学等旧址。1961年定为全国重点文物保护单位。

沙浒屯　即萨尔浒。在今辽宁抚顺市东三十余里大伙房水库东南隅萨尔浒山上。清乾隆《盛京吉林黑龙江标注战迹图》：“萨尔浒城，太祖高皇帝癸未年攻取苏克素护河部之萨尔浒城。”光绪《奉天全省地舆图说图志》兴京厅图：西北有沙尔浒。

沙埕堡　一作沙城堡。即今福建福鼎市东南沙埕镇。三面俱海，为征榷要冲，商民辐辏。《明通鉴》附编：清顺治六年（1649）春正月，“（明）鲁王次福宁之沙埕”，即此。

沙壶州　唐开元初在蒙舍诏地置，治所在今云南巍山彝族回族自治县西北三十四里岷屽城遗址。辖境约当今云南巍山彝族回族自治县大部地。天宝后废。

沙桥　①在今湖北荆州市荆州区（故江陵县）东草寺镇。《晋书·桓振传》：义熙初，“建威将军刘怀肃率宁朔将军索邈与振战于沙桥”。

②即今云南南华县西北沙桥镇。原属镇南县，民国时有县佐驻此。

沙桥驿　①即今云南南华县西三十里沙桥镇。明属镇南州，置沙桥巡司。

②明洪武中置，在今云南南华县西北沙桥镇。清废。

沙格　即今福建惠安县东北沙格。明初置沙格巡司于此。洪武二十年（1387）移治峰尾，废。

沙砾镇　在今江西玉山县东。《方舆纪要》卷85广信府玉山县：沙砾镇在“县东二里。《志》云，即县治也。未立县时，号沙砾镇。唐天宝十四年，草寇窃发，里有徐叔伦者倡众保障于此。证圣中始置为县，因山为名。峰岭合沓，溪谷相互，虽步通三衢而水绝于越”。

沙钵城守捉　唐置，属北庭大都护府。治所在今新疆吉木萨尔县西上双河街。《新唐书·地理志》　北庭大都护府：“自庭州西延城西六十里有沙钵城守捉。”

沙钵镇　唐置，属庭州。在今新疆阜康市东。《元和志》卷40庭州：沙钵镇“在府西五十里。当碎叶路”。

沙浦寨　在今江苏阜宁县东南。《元史·董搏霄传》：至正十六年（1356），“剿平北沙、庙湾、沙浦等寨”。

沙涡寨　北宋置，属乾宁军。在今天津市西南南运河入子牙河处附近之大沙窝。

沙涡镇　金置，属交河县。在今河北阜城县东。

沙海　①即少海。战国魏地。在今河南开封市西北。《寰宇记》卷1开封县：“沙海在县西北十二里。《战国策》曰：齐欲发卒取周九鼎，颜率说曰，‘夫梁之君臣欲得九鼎，谋于沙海之上，为日久矣’，即谓此也。至隋文疏凿旧迹，引汴水注之，习舟师以伐陈。陈平之后，立碑其侧，以纪功焉。今无水。”

②即沙苑。在今陕西大荔县东南四十余里马坊头。《清一统志·同州府二》　引《旧州志》：“沙苑在州南洛渭之间，亦名沙海。”

沙流河　在今河北唐山市丰润区西北。源于党峪山，南流折西南，汇入还乡河。《元史·燕铁木儿传》：致和元年（1328），“辽东平秃满迭儿以兵犯迁民镇，斩关以入，遣撒敦往拒，至蓟州东沙流河，累战败之”。

沙流河镇　即今河北唐山市丰润区西北四十里沙流河镇。为通玉田县孔道。清于此设堡。

沙涧水　一名沙涧。即今山西平陆县城东圣人涧。《水经·河水注》：沙涧水“北出虞山，东南径傅岩，历傅说隐室前，俗名之为圣人窟。……乱流径大阳城东……沙涧水南流注于河”。

沙涧渡　在今山西平陆县东南十里黄河北岸。《清一统志·解州》：沙涧渡“唐时造浮桥于此，西南去河南陕州十五里”。即此。

沙浣墟　亦作沙院圩。即今广东电白县西南沙浣镇。明万历《高州府志》卷1：电白县有沙院圩。清道光《电白县志》卷8：沙浣圩“在县（今电城镇）南八十里”。

沙家店　即今陕西米脂县北沙家店镇。1947年8月18日，西北野战军在此对国民党军发起攻击，激战至20日，全歼敌六千余人。“沙家店战役”的胜利，标志着西北野战军反攻的开始和国民党军对陕甘宁解放区“重点进攻”的彻底破产。

沙家集　即今江苏睢宁县东沙集镇。《清一统志·徐州府二》：沙家集“在睢宁县东三十里。旧有行署，今废”。

沙宾达巴哈　亦作沙毕纳依岭、沙必乃达巴汉。在今俄罗斯克拉斯诺亚尔斯克边疆区南西萨彦岭西脉与图瓦共和国西北境界山。清雍正五年（1727）中俄《布连斯奇界约》，划定中俄北部边界线：“由沙毕纳依岭起至额尔古纳河为止，其间在迤北一带者，归俄国；在迤南一带者，归中国。”沙毕纳依岭为北部边界西头终点，立有界牌。咸丰十年（1860）中俄《北京条约》第二条规定，划定中俄西部边界原则：“一千七百二十八年（即雍正六年）所立沙宾达巴哈之界牌末处起，往西直至斋桑淖尔湖，自此往西南，顺天山之特穆尔图淖尔，南至浩罕边界为界。”

沙冢镇　北宋置，属聊城县。即今山东聊城市西南沙镇。

沙陵县　西汉置，属云中郡。治所在今内蒙古托克托县北五申镇哈拉板申村古城。东汉末废。《水经·河水注》：白渠水“西南径云中故城南……又西北径沙陵县故城南”。沙陵湖在今大黑河入黄河处之北，沙陵县在湖之东。《清一统志·归化城六厅》：沙陵故城“在托克托县城北”。

沙陵湖　在今内蒙古托克托县西北哈拉板申村之西，为大黑河下游之湖泊。《汉书·地理志》　定襄郡武皋县：“荒干水出塞外，西至沙陵入河。”《水经·河水注》：“芒干水又西南注沙陵湖，湖水西南入于河。”唐时称金河泊，清称山黛湖。

沙堆市　即今湖北通城县东北二十二里沙滩镇。清光绪《湖北全省分图》：通城县东北有沙堆市。

沙堆村　即今广东江门市新会区东南沙滩镇。清同治《广东图说》卷8：新会县东南有沙堆村。

沙堆墟 即今江西乐安县西北沙堆街。清同治《江西全省舆图》抚州府乐安县：西北有“沙堆墟”。

沙基 即沙面。在今广东广州市区西南。

沙基惨案纪念碑 在今广东广州市六二三路沙面东桥侧。1925年6月23日，为声援上海“五卅运动”，省港罢工工人和广东各界人民举行十万人集会和示威游行。当游行队伍途经沙基时，突遭盘踞对岸沙面租界的英、法军队开枪屠杀，此即“沙基惨案”。为纪念这一反帝事件，1926年1月广州市政府将沙基改筑成马路，定名为“六二三”路，并在沙面东桥头树立“毋忘此日”石碑，后称为沙基惨案纪念碑。

沙勒国 即疏勒国。今新疆喀什市。北魏杨衒之《洛阳伽蓝记》卷5引《宋云行纪》：汉盘陀“城东有孟津河，东北流向沙勒”。

沙营长官司 明洪武中置，治所在今贵州关岭布依族苗族自治县西北沙营乡。清废。

沙砦 在今福建建阳市西。《方舆纪要》卷97建阳县：沙砦“在县西五十里。《志》云，宋时以县西北唐石上、中、下三里地远民悍，置砦于木坪里以控制之。宣和初，迁于此。元废”。

沙野城 亦作沙也城。唐置军城，属嶲州。在今四川西昌市西南佑君镇（河西）。《新唐书·地理志》嶲州：“又经沙野二百六十里至羌浪驿。”唐樊绰《云南志》卷1：“至嶲州三阜城四十里，至沙野城八十里。”

沙崖海口 在今河北乐亭县东三十五里北沙崖。清时设把总驻守。

沙偏岭 即今吉林珲春市东北盘岭。《金史·太祖纪》：“太祖……既度盆搦岭，不见敌，已而闻敌乃守沙偏岭以拒我。及至撒改军，夜急攻之，迟明破其众。”即此。

沙麻部 唐、宋乌蛮部落之一。居处中州（今四川雷波县西南雷池乡）。元世祖至元十年（1273）内附，十四年（1277）置中州。

沙鹿 春秋晋地。在今河北大名县东。《春秋》：僖公十四年（前646），“沙鹿崩”。《穀梁传》：“林属于山为鹿。沙，山名也。”

沙鹿海牙 在今乌兹别克斯坦塔什干西南锡尔河东岸。《明史·西域传》：沙鹿海牙“西去撒马儿罕五百余里。城居小冈上，西北临河。……永乐间，李达、陈诚使其地，其酋即遣使奉贡”。

沙渠 在今山西闻喜县东南。《新唐书·地理志》绛州闻喜县：“东南三十五里有沙渠，仪凤二年诏引中条山水于南坡下，西流经十六里，溉涑阴田。”

沙渠县 三国吴置，属建平郡。治所即今湖北恩施市。北周为施州及清江郡治。隋开皇五年（585）改为清江县。

沙渠镇 北宋置，属安仁县。即今四川大邑县东南沙渠镇。

沙随 春秋宋邑。在今河南宁陵县西北。《春秋》：成公十六年（前575），“秋，会晋侯、齐侯、卫侯、宋华元、邾人于沙随”。即此。《水经·汳水注》：“汳水又东径宁陵县之沙随亭北。”

沙琊墟 亦作沙朗圩。即今广东电白县东北沙琅镇。明万历《高州府志》卷1：电白县有沙朗圩。清雍正元年（1723）置巡司于此。

沙堰 一作砂堰。在今江苏连云港市附近。《方舆纪要》卷22海州：“沙堰在州城东北。宋绍兴三十一年，金人围海州，魏胜拒之于北关，金人从间道渡河趋关后，胜领兵入城，金人欲越沙堰，圜城为营，胜据堰拒之，金人败退。”

沙堰寨 即今河南新野县东北二十六里沙堰镇。清尹耕云《豫军纪略》卷12：同治四年（1865）十二月，捻军“围新野属之沙堰寨”。

沙堨 在今河南南阳市西南白河附近。《南齐书·魏虏传》：建武元年（494），北魏拓跋宏遣荆州刺史薛真度等“出南阳，向沙堨，筑垒开沟，为南阳太守房伯玉、新野太守刘思忌所破”。即此。

沙雅尔 即今新疆沙雅县。清乾隆《西域图志》卷15库车：沙雅尔“城周二里许，高一丈四尺，南北二门”。清光绪二十八年（1902）置沙雅县于此。

沙雅县 清光绪二十八年（1902）于沙雅尔置，属库车州。治所即今新疆沙雅县。乾隆《西域同文志》卷2：沙雅尔，“回语，沙，部长之谓；雅尔，轸邺之词。旧有伯克轸邺部人于此，故名”。民国初属新疆阿克苏道。1930年属阿克苏行政区。后直属新疆省。

沙喇乌苏驿 清光绪年间置，在今新疆乌苏市北奎屯河北岸。清宣统《新疆图志》卷80库尔喀喇乌苏厅：沙喇乌苏驿“俗名二台。又曰车牌子。民居三四，距车牌子庄数里”。

沙喇布拉克卡伦 一作沙拉布拉克塔布图。清乾隆五十八年（1793）置，在今新疆裕民县西北。

沙喇我国 即今马来西亚马来半岛西岸之雪兰莪。清谢清高《海录》有专条记述。

沙喇雅斯卡伦 清乾隆年间置，在今哈萨克斯坦阿拉木图东萨雷贾兹。清徐松《西域水道记》卷4：沙喇雅斯水“北流，经沙喇雅斯卡伦东（卡伦东南至特克斯塞沁卡伦七十里）”。

沙锅屯 即今辽宁葫芦岛市北沙锅屯乡。清光绪《奉天全省地舆图说图志》锦县图：西北有沙锅屯。产煤。清末开采。

沙鲁 元代西藏地名。《元史·百官志三·宣政院》载：乌思藏纳里速古鲁孙等三路宣慰使司都元帅府，其属附见有沙鲁万户。《汉藏史集》（藏文版）载乌思藏十三万户中，沙鲁（夏鲁）为藏地区（后藏）六个万户之一，其治所在今日喀则市东南四十里夏鲁。

沙鲁里山 在今四川甘孜藏族自治州雅砻江与金沙江之间，民国梅心如《西康》：沙鲁里山脉“自巴颜喀喇山分出，东南入西康境，为金沙江与雅砻江之分水岭，经巴安、理化两县境，再南为纳拉岭，尽为长江之曲”。

沙羡　战国楚邑。在今湖北武汉市江夏区西金口镇。《荀子·强国篇》：“今秦南乃有沙羡与俱，是乃江南也。”西汉置沙羡县。

沙羡县　西汉置，属江夏郡。治所在今湖北武汉市江夏区西金口镇。三国吴赤乌二年（239）移治夏口城（今武汉市武昌城区）。太平元年（256）废。西晋太康元年（280）复置，属武昌郡。东晋太元三年（378）废。

沙湖　①在今江苏溧水县南。《方舆纪要》卷20江宁府溧水县：沙湖“在县南六十里。周五十余亩，为堰以资灌溉”。

②在今江苏盱眙县北。《方舆纪要》卷21泗州：“沙湖在州北五里。当祖陵之东南。”

③在今安徽庐江县东南。《方舆纪要》卷26庐江县：沙湖“在县东南十里。源亦出冶父山，注于黄陂湖”。《清一统志·庐州府一》：沙湖“径七里，与黄陂湖相连”。现已淤没。

④在今湖北仙桃市东南。《方舆纪要》卷77沔阳州：沙湖在“州东百二十里，与太白湖相连。今有沙湖驿”。

⑤在今湖北黄冈市东南。北宋苏轼曾游于此，作《定风波》词。

沙湖村墟　即今广东恩平市东北沙湖镇。清道光《恩平县志》卷4：“墟市”有沙湖墟。

沙湖镇　①北宋置，属黄冈县。在今湖北黄冈市东南。《舆地纪胜》卷49黄州：沙湖，“东坡云，黄州东南三十里为沙湖”。后废。

②即三湖镇。今江西新干县北赣江西岸三湖镇。

沙湃口　在今宁夏盐池县西北。《方舆纪要》卷62宁夏后卫：沙湃口“在卫西北。万历中，哱拜作乱，结套寇为应援，遂入沙湃口，旋败去”。

沙湾　①在今山东阳谷县东。《方舆纪要》卷33寿张县：沙湾在“县东北三十里，北去安平镇（今张秋镇）十二里。《志》云：国家疏凿会通河，一循元人故道。惟于开河闸至沙湾北，故河道北徙，几二十余里。又引黄河支流自河南封丘县荆隆口，东至于沙湾，以达临清之卫河。弘治中，河决于此。自是筑塞黄陵冈，而沙湾之流渐涸矣”。

②又名白沙堡。即今广东广州市番禺区（市桥镇）西南沙湾镇。明洪武三年（1370）置沙湾巡司于此，清移驻今市桥镇。

③即今新疆沙湾县东北老沙湾镇。初设县拟治此，县因以名。

沙湾市　即今湖南洪江市（黔城镇）西南三十二里沙湾乡。清光绪《湖南通志》卷1黔阳县图：县（旧治在今黔城镇）东有沙湾市。

沙湾县　1915年析绥来县置，属新疆迪化道。治所在今新疆克拉玛依市东南小拐乡附近。1916年改属塔城道。1930年属迪化行政区，后直属新疆省。1957年移治三道河子（今沙湾县）。

沙湾店　在今安徽潜山县东北。《方舆纪要》卷26潜山县：沙湾店在“县东十里，道出桐城”。

沙湾塘　在今四川雷波县西南安寨坪。产铝。清道光中曾开采。后废。同治十二年（1873）复采，无成而止。

沙湾镇　即今四川乐山市西南七十里沙湾镇。民国《乐山县志》卷2：沙湾场“唐时名南林镇，清道光时以水灾迁今地，位铜河西岸二峨、三峨两山之麓，距城七十里”。著名史学家、诗人郭沫若出生于此。

沙富　即今广东江门市新会区南双水镇东南沙富村。清道光《新会县志》卷4“墟市”有沙富墟。

沙窝　①即今山东惠民县西南大沙窝。1940年2月，八路军在此以数百人的兵力，突破了日伪军三千多人的合围，而且消灭了三百多敌人，创造了传奇式的平原突围战的奇迹。

②在今河南淅川县南老城东。《宋史·孟珙传》：南宋绍定六年（1233），孟珙败金武仙于马蹬，珙问金降将刘仪有关武仙虚实，答，“仙所据九砦，其大砦石穴山，以马蹬、沙窝、岵山三砦蔽其前；三砦不破，石穴未易图也”。丙辰，“师还，至沙窝西，与金人遇，大捷”。即此。

沙窝集　在今河南杞县西南沙沃乡。清乾隆《杞县志》卷4：沙窝社（驻地沙窝集）“距城三十里”。

沙窝寨　即今贵州黔西县西南二十四里金碧镇。《清一统志·大定府·关隘》“果勇底砦”条下：“其东十余里为沙窝等寨，皆险奥可凭，为西北境要害处。”民国初置金沙镇，后与白碧乡合并，改名金碧。

沙窝镇　即今河南新县东北五十二里沙窝镇。旧属光山县。明置巡司于此。

沙塘陂　在今安徽宿松县城外。唐李白《赠闾丘处士》诗：“贤人有素业，乃在沙塘陂。”即指此。

沙塘铺　即今宁夏隆德县西南沙塘镇。《清一统志·平凉府二》“隆城驿”条下：“西十里铺沙塘铺、乱柴铺，俱设墩台。”

沙塘镇　明置，属福清县。即今福建福清市南沙塘。《方舆纪要》卷96福州府福清县“化南镇”条下：沙塘镇“在县南六十里，有民城，隆庆间筑”。

沙碛茅土　即双流镇。今吉林洮南市。清光绪三十年（1904）置洮南府于此。1913年改为洮南县治。民国徐曦《东三省纪略》卷2：洮南县治“土名双流镇（原名沙碛茅土），当洮儿河南岸”。即此。

沙溪　①在今河北故城县北。《方舆纪要》卷13故城县：沙溪“一名南河。自（山东）武城县界流入，汇于县西之龙潭，又东北至（景）州境，注于千顷洼。春至则涸”。

②闽江南源。在今福建省中部。上游九龙溪出武夷山，东流至永安折向东北，经三明市西、沙县东，至沙溪口汇富屯溪，至南平市和建溪汇合为闽江。长344公里。一名太史溪，又名燕溪。《方舆胜览》卷12南剑州《山川》：太史溪“在沙县七峰之下，丞相

李伯纪，初以太史谪官于此”，故名。

③在今江西玉山县西。《舆地纪胜》卷21信州：沙溪“在玉山县西三十里。有沙溪市”。《方舆纪要》卷85广信府玉山县：沙溪，“《志》云：县北五十里有沙溪岭，与玉山相连，产石可以为砚。水流下二十里谓之沙溪，又南入于上饶江”。

沙溪市 即今安徽庐江县南沙溪乡。《清一统志·庐州府二》：沙溪市“在庐江县南十五里”。

沙溪村 即今广东中山市西沙溪镇。北距象角汛五里。清光绪《广州府志》卷69：香山县“墟市”有沙溪墟。

沙溪囤 在今贵州遵义县南。《方舆纪要》卷70遵义府遵义县：沙溪囤在府南九十里，“杨应龙叛，遣其子朝栋守沙溪，缉麻山，防永宁贵州之师。既而安疆臣由西路入拔沙溪囤”。

沙溪庙镇 即今重庆市合川区东南沙溪。清光绪《合州志》卷4：沙溪庙“距城三十里”。

沙溪宣抚司 明末置，属施州卫。治所在今湖北利川市西南沙溪镇西石龙堡。清雍正十三年(1735)废。

沙溪铺 即今福建仙游县东南沙溪。清乾隆《仙游县志》卷10驿铺：“沙溪铺在县南四十里。明洪武四年建。”

沙溪堡 在今江西南康市北。《清一统志·南安府》“西下堡”条下：南康县境有“沙溪”等堡，“俱元、明时乡民所置”。

沙溪寨 即今江西上饶县东北沙溪镇。《清一统志·广信府二》：沙溪砦“在上饶县东五十里，路通闽浙。旧有巡司，明洪武中革，今有兵戍守”。

沙溪镇 ①北宋置，属汉初县。在今四川武胜县西北金光乡（沙溪场）。

②北宋置，属渠江县。在今四川广安市北一百二十里花桥镇。

③北宋置，属永丰县。即今江西永丰县东南沙溪镇。明、清置巡司于此。

④即今江西上饶县东北沙溪镇。明嘉靖《广信府志》卷3上饶县：“沙溪坊在太平乡，去县治东五十里。”清同治《广信府志》卷1上饶县：“沙溪镇县东五十里，通玉山大路，客商往来，农民市场聚集之所。”

⑤即沙头镇。今江苏太仓市西北沙溪镇。清光绪《江苏全省舆图》太仓州：“沙溪镇在城东（西）北三十六里。”

沙滩 即今南海中中国南沙群岛之神仙暗沙。1935年命名为沙滩。1947年改名神仙暗沙。

沙滩场 即今贵州仁怀市西北沙滩乡。民国《续遵义府志》卷2仁怀县：沙滩场在“城北九十里”。

沙滩砦 北宋置，属福津县。即今甘肃舟曲县南沙滩村。

沙瑶 在今菲律宾棉兰老岛的达比丹以南。一说为宿务的Sayao。明张燮《东西洋考》卷5：“沙瑶、呐哔啴，其地相连，呐哔啴在海畔，沙瑶稍纡入山隈。”

沙辘 即今台湾省台中市西北沙鹿区。原为高山族平埔人沙辘区。连横《台湾通史·建国纪》：南明永历二十四年（清康熙九年，1670）十月，“沙辘番乱，平之”。日本侵占后，初设沙辘区，1920年后改设沙鹿街。1945年抗日战争胜利后设沙鹿镇。“沙辘”，意为“风沙大”。

沙镇 ①北魏太和十二年（488）置，治所在蒲子城（今山西隰县）。辖境相当今山西汾阳、孝义、灵石、蒲县、乡宁、岚县、五寨等市县以西地。孝昌时移治西河县（今山西汾阳县）。北齐改南朔州。唐武德三年（620）又以浩州改名置汾州，治所在隰城县（今汾阳县）。明万历二十三年（1595）升为汾州府。

②北周置，治所在蒲子城（今山西隰县）。辖境相当今山西隰县、蒲县、大宁、石楼、永和等县地。隋开皇四年（584）废。

③即今山东聊城市西南沙镇。1947—1949年晋冀鲁豫革命根据地置聊阳县治此。

④即今湖北仙桃市东南六十二里沙湖镇。明、清置巡司于此。

沙镇溪 在今湖北秭归县西北归州镇西十里长江南岸。嘉靖《归州志》卷1：沙镇溪镇在“州西十里”。《清一统志·宜昌府》：沙镇溪“在归州西十里。溪中有石长十余丈，横截江心。明嘉靖间新滩暴涨，一夕忽不见。至今称利涉焉”。

沙镇溪市 即今湖北秭归县（茅坪镇）西北沙镇溪镇。明嘉靖《归州志》卷1：“沙镇溪镇，州西十里。”

沙篓街 即今浙江三门县东北十里沙柳镇。原属宁海县。清光绪《宁海县志》卷3：沙篓“四、九（日）市，同《旧志》。距城三十三里”。

沙摩溪 在今云南禄丰县东。《方舆纪要》卷114罗次县：沙摩溪“在县（今碧城镇）西。自富民县流入境，即安宁河也。流入禄丰县界，谓之大溪”。

汨罗江 即今湖南汨罗市境之汨罗江。《水经·湘水注》：“湘水又北，汨水注之。水东出豫章艾县桓山，西南径吴昌县北……又西径罗县北……水亦谓之罗水。……汨水又西径汨罗戍南，西流注于湘。”《史记集解》引应劭曰：“汨水在罗，故曰汨罗也。”《史记·屈原贾生列传》说，屈原“怀石遂自沉汨罗以死”。即此。

汨罗村 旧为粤汉铁路所经站名，即今湖南汨罗市。1966年于此置汨罗县。1987年改设汨罗市。

汭口镇 北宋置，属铅山县。在今江西铅山县西南汭口。《清一统志·广信府二》：汭口镇“在铅山县（治今永平镇）西北三十里。宋淳熙中设驻泊巡司，明洪武十三年裁。今有汭口仓”。

汭水 ①在今山西蒲县南。《尚书·尧典》：“釐降二女于妫汭。”《水经·河水注》：“郡南有历山，谓之历观，舜所耕处也。有舜井，妫、汭二水出焉，南曰妫水，北曰汭水，西径历山下。……汭似非水名，而今见有二水异源同归，浑流西注入于河。”

②在今江西铅山县西南。《清一统志·广信府一》：汭水“在铅山县西三十里石城、层冰二洞间，有二小溪合流五里与桐木水会，入上饶江。故入江处谓之汭口”。旁有汭口镇。

③为泾水支流。源出今甘肃华亭县西南陇山，东流经崇信县北，至泾川县入泾水。《周礼·职方》雍州：“其川泾、汭。”《汉书·地理志》右扶风汧县：“汭水出西北，东入泾。”《清一统志·平凉府一》：汭水，“按自汉以来，皆言汭水出汧县。《隋志》、《元和志》皆云汭水自华亭流泾良原，至宜禄入泾，即今之盘口河。自明宏治中，王凝始以阁川水为汭水，诸志皆从之，与古说异”。

浿水　一作浿江，又名王城江。所指因时而异：两汉为朝鲜清川江。《史记·朝鲜列传》：汉兴，“复修辽东故塞，至浿水为界”。《汉书·地理志》乐浪郡浿水县：“（浿）水西至增地入海。”即此。朝鲜金富轼《三国史记》：高丽王谈德（392—413），“阵于浿水之上”。此水在古百济国北部，或谓即今朝鲜的礼成江，一说为临津江。《隋书·高丽传》：高丽“都于平壤城，亦曰长安城，东西六里，随山屈曲，南临浿水”。此浿水，即今朝鲜之大同江。

浿水县　西汉置，属乐浪郡。治所在今朝鲜清川江上游慈江道熙川以东院站一带，因浿水而得名。东汉末废。

浿丘　又作贝丘、沛丘。春秋、战国属齐。在今山东博兴县南五里。《左传》：庄公八年（前686），“齐侯游于姑棼，遂田于贝丘”。《史记·楚世家》：顷襄王十八年（前281），楚人有好以弱弓微缴加归雁之上者，对顷襄王曰，“夕发浿丘，夜加即墨”。皆此。《正义》引《括地志》：“浿丘，丘名也，在青州临淄县西北二十五里也。”《史记·齐太公世家》作“沛丘”。

汑水　即今湖南祁阳县之祁水。《水经·湘水注》：汑水“出永昌县北罗山……又东南径永昌县南，又东流注于湘水”。

沃　曲沃的省称。在今山西闻喜县东北。《诗经·唐风·扬之水》：“素衣朱襮，从子于沃。”即此。

沃干坂　一名沃干岭。在今甘肃兰州市南五十里。《三国志·魏书·陈泰传》：正元二年（255），姜维围王经于狄道，陈泰率军救之。“凉州军从金城南至沃干坂。泰与经共密期，当共向其还路，维等闻之，遂遁。城中将士得出。”

沃干岭　即沃干坂。在今甘肃兰州市南五十里。《晋书·张骏传》：东晋咸和初，张骏遣韩璞、辛岩等攻秦州诸郡，前赵刘曜遣其将刘胤来拒，屯于狄道城。“韩璞进度沃干岭……于是率骑三千，袭岩于沃干岭，败之。璞军遂溃”。即此。

沃日土司　清顺治十五年（1658）置，即今四川小金县东沃日河南岸沃日乡（官寨）。喇嘛巴碧太归附时，颁给沃日贯顶净慈妙智国师印信，故称沃日土司。《清史稿·土司传》：乾隆十四年（1749）讨金川，傅恒奏“马良柱转战直前，逾沃日，收小金川，直抵丹噶”。即此。十五年（1750）改为鄂克什安抚司。

沃水　即今内蒙古凉城县南弓坝河。《水经·河水注》：“中陵水又北分为二水，一水东北流谓之沃水……沃水又东北流注盐池。”

沃卡宗　元至正十二年（1352）置，治所即今西藏桑日县东北沃卡。清乾隆《卫藏通志》卷15《部落》中有沃卡。1960年并入桑日县。“沃卡”，藏语意为“沃德贡杰”神喜欢之地。

沃州　①唐渤海国置，为南海府治。治所在沃沮县（今朝鲜咸兴市。一说在咸镜北道镜城或咸镜南道北青）。辖境相当今朝鲜咸镜南道成川江及南大川流域。辽废。

②唐羁縻州，载初中置于营州，以处契丹松漠部落。后迁幽州，属幽州都督府。治所在滨海县（今北京市大兴县东南三十余里大回城）。《旧唐书·地理志》：“沃州本寄治营州城内，州陷契丹，乃迁于蓟县东南回城，为治所。”清《京城古迹考》：“回城在大兴县东南。”

③金天德三年（1151）改赵州置，治所在赵县（今河北赵县）。《金史·地理志》：“盖取水沃火之义。”辖境相当今河北赵县、宁晋、柏乡、高邑、赞皇、临城等县地。元改为赵州。

沃阳县　①西汉置，属雁门郡，为西部都尉治。治所在今内蒙古凉城县西南双古城。东汉废。北魏复置，属善无郡。北齐又废。

②东魏天平二年（535）置，属善无郡。治所在今山西应县西南。北齐废。

沃间宗　原西藏地方政府设，治所即今西藏谢通门县东南吾间。“沃间”，藏语意为莲花生大师。1960年并入谢通门县。

沃沙城　一作镬沙城。在今塔吉克斯坦库尔干秋别北。唐为高附都督府治。

沃沮县　①即夫租县。在今朝鲜咸镜南道咸兴。《三国志·魏书·东沃沮传》：西汉武帝灭卫氏朝鲜，“分其地为四郡，以沃沮城为玄菟郡。后为夷貊所侵，徙郡句丽西北，今所谓玄菟故府是也。沃沮还属乐浪。汉以土地广远，在单单大领之东，分置东部都尉，治不耐城，别主领东七县，时沃沮亦皆为县”。

②唐渤海国置，属沃州。治所即今朝鲜咸兴市。一说即今朝鲜咸镜北道镜城或咸镜南道北青。辽废。

沃沮国　两汉时代东沃沮（南沃沮）与北沃沮之合称。南沃沮在今朝鲜咸镜道；北沃沮在今吉林东南部珲春市一带。《后汉书·东夷传》：“东沃沮在高句骊盖马大山之东，东滨大海，北与挹娄、夫余，南与涉貊接。……武帝灭朝鲜，以沃沮地为玄菟郡。后为夷貊所侵，徙郡于高句骊西北，更以沃沮为县，属乐浪东部都尉。至武帝罢都尉官，后皆以封其渠帅，为沃沮侯。……又有北沃沮，一名置沟娄，去南沃沮八百余里。其俗皆与南同。”清曹廷杰《东三省舆地图说》谓：“两汉沃沮有南北之分，当以长白山为限，在山南者为南沃沮，在山北者为北沃沮，谓尽在高丽者非也。”

沃沮城　即今朝鲜咸镜南道咸兴。西汉为沃沮县治。《三国志·魏书·东沃沮传》：汉武帝元封二年（前109）灭卫氏朝鲜，“分其地为四郡，以沃沮城为玄菟郡”。

沃洲山　在今浙江新昌县东南。《清一统志·绍兴府》：沃洲山“在新昌县东二十五里。高百余丈，周十里，北通四明山，下统大溪，与天姥山对峙。道书以为第十二福地。有放鹤峰、养马坡，相传支遁放鹤、养马处”。

沃洲寨　在今浙江新昌县东南三十余里沃洲山麓寨岭村。《资治通鉴》：唐咸通元年（860），“南路军拔贼（裘甫）沃洲寨”。即此。

沃宫　在今河南商丘市南。《左传》：哀公二十六年（前469），“大尹兴空泽之士千甲，奉公自空桐入如沃宫”。杜注：“宋都内宫名。”

沃野设治局　1930年改陶乐设治局置，属绥远省。治陶乐湖滩（今宁夏平罗县东南高仁镇）。1937年复名陶乐设治局。

沃野县　①西汉元狩三年（前120）置，属朔方郡。治所在今内蒙古磴口县东北补隆淖东北阿拉亥。东汉末废。后赵复置，仍属朔方郡。北魏初于此置沃野镇。《水经·河水注》：“河水又北，有枝渠东出，谓之铜口。东径沃野县故城南。”

②北魏置，属徧城郡。治所在今陕西延安市东。隋开皇十八年（598）废。

③东魏武定元年（543）置，属徧城郡。寄治昌城县（今北京市昌平区西）。北齐废。

④辽置，为武安州治。治所在今内蒙古敖汉旗东白塔子。金皇统三年（1143）废。

沃野泊　当在今内蒙古乌审旗西北。《新唐书·地理志》所载边州入四夷道里中的夏州北道，“夏州北渡乌水，经贺麟泽、拔利干泽……沃野泊、长泽、白城，百二十里至可朱浑水源”。

沃野镇　北魏北境六镇之一。治所初在汉沃野县故城（今内蒙古磴口县东北补隆淖东北阿拉亥）。太和十年（486）迁治汉朔方县故城（今内蒙古杭锦旗北黄河南什拉召附近）。正始后又迁黄河北，今内蒙古乌拉特前旗北苏独仑（西沙梁）之北根子场古城。正光五年（524），沃野镇人破六韩拔陵聚众反，各镇响应，首倡六镇大起义。《魏书·蠕蠕传》：孝昌元年（525），诏蠕蠕王（柔然王）阿那瓌率众十万讨之，“从武川镇西向沃野，频战克捷”。自此以后，六镇相率内徙，废。

沃隆营　又作绒豁。清乾隆间置沃隆营，在今西藏米林县西南卧龙镇。“沃隆”，藏语意为下面的深谷。

沂　春秋楚邑。在今湖北鄂州市东。《左传》：宣公十一年（前598），“（楚）令尹苏艾猎城沂”。又定公五年（505），楚“大败夫概王于沂”。皆此。《春秋地名考略》谓在今河南正阳县南，故江国地。

沂山　亦曰东泰山。在今山东临朐县南九十里，与沂水县接界。《周礼·职方》：“正东曰青州，其山镇曰沂山。”《清一统志·青州府一》：“按郑康成《周礼注》：沂山为沂水所出。今沂水实出沂水县雕崖山，其流北去此山尚五十余里。”

沂水　①今山东南部沂河。《尚书·禹贡》：“淮沂其乂。”沂即指沂水。《周礼·职方》：“其镇曰沂山。”郑玄注：“沂山，沂水所出也。”贾公彦疏：“沂水出沂山，水乃取名于此。”《水经·沂水》：“沂水出泰山盖县（今山东沂源县境）艾山。”郦道元注谓“水有二源，南源所导，世谓之柞泉，北水所发，俗谓之鱼穷泉，俱东南流，合成一川”，南流经东莞县故城（今沂水县）西，又经临沂（今费县东）、开阳（今临沂市北）二县东，又南过郯县（今郯城县）西，至今江苏睢宁县北注入泗水（今废黄河）。

②亦名西沂水。即今山东曲阜市南之沂河。《论语·先进》：“浴乎沂。”《左传》：昭公二十五年（前517），季平子请“待于沂上”。杜注：“鲁城南自有沂水。”《水经·泗水注》：“沂水出鲁城东南尼丘山西北，平地发泉，流径鲁县故城南。沂水北对稷门。沂水又西径圜丘北……沂水又西右注泗水也。”

沂水县　隋开皇十六年（596）改东安县置，属莒州。治所即今山东沂水县。大业初属琅邪郡。唐属沂州。金改属莒州。明隶青州府。清雍正十二年（1734）改属沂州府。民国初属山东济宁道。1925年属琅玡道。1928年直属山东省。

沂东县　1940年山东革命根据地由沂水、莒县二县析置，治苏村（今山东沂南县东北苏村镇）。1948年撤销，并入沂水县。

沂北县　1940年山东革命根据地由沂水、莒县二县析置，治张家山宋（今山东沂水县东北杨庄镇西南张家楼子）。1948年撤销，并入莒沂县。

沂州　北周宣政元年（578）改北徐州置，治所在即丘县（今山东临沂市西二十里）。辖境相当今山东新泰、临沂、费县、平邑等市县地。隋初移治临沂县（今临沂市），大业初改琅邪郡。唐武德四年（621）复改沂州，天宝元年（742）改琅邪郡，乾元元年（758）复为沂州。辖境包括今山东临沂、枣庄、新泰、苍山、费县、平邑、蒙阴、沂水、沂源、沂南等市县地。清雍正十二年（1734）升为沂州府。

沂州府　清雍正十二年（1734）升沂州置，属山东省。治所在兰山县（今山东临沂市）。辖境相当今山东临沂、日照、莒县、郯城、费县、沂水、蒙阴等市县地。1913年废。北宋庆历三年（1043）王伦起义于此。金末又为刘二祖领导的红袄军根据地。

沂河　在今河北滦县西。《明一统志》卷5永平府：沂河“在滦州西二十里，南流入海”。《方舆纪要》卷17滦州：沂河，“《志》云：大沂河源出卢龙县界马家庄，西南流径州西北二十二里之佛住山，又南合于小沂河。小沂河出州西北二十三里之烽火山，东南流经双山下，又南六里合大沂河，至州西南三十里合董家湾，东南流经州西南十二里之芹菜山，又南合莲台港，下流入于清河”。

沂南县　1940年3月由沂水、临沂、莒县三县析置，治界湖镇（今山东沂南县）。1941年12月撤销。1942年7月复置，仍驻界湖镇。

沂海　唐方镇名。元和十四年（819）置沂海观察使，治沂州（今山东临沂市），领沂、海、兖、密四州。长庆元年（821）升为节度使，移治兖州（今山东兖州市）。辖境相当今山东泰安、莱芜、沂源、安丘、高密以南，北至邹城、枣庄、苍山、江苏沭阳；西自山东汶上、济宁、金乡以东直至海。太和八年（834）改为观察使，大中五年（851）复为节度使。咸通三年（862）曾领有徐州。乾宁四年（897）改泰宁军节度使。五代周广顺二年（952）废。

沂源县　1944年5月由沂水、蒙阴二县析置，治南麻（今山东沂源县）。据《山东省行政区划资料汇集》：“因系沂水之发源地，故名沂源。”

沂源猿人化石遗址　在今山东沂源县北土门镇芝芳村西北三里骑子鞍山东南麓。总面积约200平方米。1981年和1982年两次正式发掘。堆积面积厚约3—5米，人类和哺乳动物化石出自红褐色粉砂质黏土和棕色黏土中，主要有一件猿人头盖骨残片、7枚牙齿化石和十几种哺乳动物化石。经鉴定为40万—50万年前和北京猿人相近的沂源猿人化石。属旧石器时代早期。2006年定为全国重点文物保护单位。

汳水　故道自今河南开封市东北分狼汤渠水东流，至今商丘市北，下接获水。《水经·汳水》：“汳水出阴沟于浚仪县北，又东至梁郡蒙县，为获水。”自晋以后被认为是汴河的下流。“汳”名遂废弃不用，通称汴河或汴渠。

汾　一名汾陉、汾丘。春秋战国楚邑。在今河南襄城县东北三十里颍水南岸汾陈乡。《左传》：襄公十八年（前555），“子庚帅师治兵于汾”。杜注：“襄城县东北有汾丘城。”

汾川县　西魏大统十八年（552）改安平县置，为乐川郡治。治所在若多村（今陕西宜川县东二十四里大村）。北周保定二年（562）迁治库利川北甚寒原。在今陕西宜川县东北。隋属延安郡。唐属丹州，开元二十二年（734）移治甘泉坊（今宜川县东北七十余里汾川村）。北宋熙宁三年（1070）并入宜川县。

汾门　又名梁门。战国赵地。在今河北徐水县西易水之北。《史记·赵世家》：孝成王十九年（247），“以龙兑、汾门、临乐与燕”。又《水经·易水注》：易水“南径武遂县南，新城县北，俗又谓是水为武隧津。津北对长城门，谓之汾门，亦曰汾水门，又谓之梁门”。

汾水　①黄河支流。在今山西省中部。源出宁武县管涔山，经太原市南流到新绛县折向西，在河津市西入黄河。《山海经·北次二经》：“管涔之山，其上无木而多草，其下多玉，汾水出焉而西流注于河。”《汉书·地理志》太原郡汾阳县：“北山，汾水所出，西南至汾阴入河。”

②在今江西武宁县东北。《方舆纪要》卷84南昌府武宁县：汾水“源出县东北七十里之梅崖，亦曰分水泉，西流入兴国州界，下流会于长河。《志》云，分水泉西入兴国州界杨新河，下流灌田千余亩”。

汾水关　在今山西灵石县西南。《周书·武帝纪》：北周建德五年（576），“柱国宇文盛步骑一万守汾水关”。

汾水岭关　在今江西横峰县东北。《清一统志·广信府》：汾水岭关“在兴安县东北九十里。北走安徽婺源之间道。今为汛守处”。

汾东县　隋开皇十八年（598）改小乡县置，属绛州，治所在今山西曲沃县境（一说在今山西翼城县西），大业初废。

汾丘城　即汾。在今河南襄城县东北三十里颍水南岸汾陈乡。《水经·颍水注》：“颍水又东南径柏祠曲东，历罡丘城南，故汾丘城也。”《续汉书·郡国志》：颍川郡襄城县“有汾丘”。

汾西县　隋开皇十八年（598）改临汾县置，属吕州。治所即今山西汾西县。大业初属临汾郡。唐武德初属吕州，治所在今汾西县南四十里申村。后属晋州。开元中移治今汾西县东南四十二里后义村。北宋太平兴国七年（982）还治今汾西县。政和间改属平阳府。金贞祐三年（1215）改属霍州。明属平阳府。民国初属山西河东道。1928年直属山西省。

汾西郡　东魏置，属晋州。治所在临汾县（今山西汾西县）。辖境相当今山西汾西县地。隋开皇初废。

汾关山　在今云南威信县东，南广河源。《汉书·地理志》南广县：“汾关山，符黑水所出，北至僰道入江。”

汾州　①北魏太和十二年（488）置，治所在蒲子城（今山西隰县）。辖境相当今山西汾阳、孝义、灵石、蒲县、乡宁、岚县、五寨等市县以西地。孝昌时移治西河县（今山西汾阳县）。北齐改南朔州。唐武德三年（620）又改浩州为汾州，治所在隰城县（今汾阳县）。天宝元年（742）改为西河郡。乾元元年（758）复为汾州。北宋属河东路，金属河东北路。元属冀宁路。明属山西省，万历二十三年（1595）升为汾州府。

②西魏大统三年（537）置，治所在义川郡义川县（今陕西宜川县东北郭下村）。辖境相当今陕西宜川县地。废帝三年（554）改为丹州。

③北周改南汾州置，治所在定阳县（今山西吉县）。隋开皇十六年（596）改为耿州，十八年（598）复改汾州，并改定阳县为吉昌县。辖境相当今山西吉县、乡宁等县地。大业初改为文城郡。唐武德元年（618）复置汾州，五年（622）改为南汾州。

④北周置，治所在蒲子城（今山西隰县）。辖境相当今山西隰县、蒲县、大宁、石楼、永和等县地。隋开皇四年（584）废。

⑤隋开皇十六年（596）置，治所在永安县（今山西霍州市）。辖境相当今山西霍州市及洪洞、汾西、灵石等县地。十八年（598）改为吕州。

汾州府 明万历二十三年（1595）升汾州置，属山西省。治所在汾阳县（今山西汾阳市）。辖境相当今山西汾阳、孝义、平遥、介休、石楼、临县、宁乡、离石等市县地。1912年废。

汾阳 春秋晋邑。在今山西静乐县西。《国语·晋语二》：晋惠公未立时，谓公子絷曰："中大夫里克与我矣，吾命之以汾阳之田百万。"西汉初为汾阳国。

汾阳山 在今山西襄汾县西南四十里。《方舆纪要》卷41太平县：汾阳山"以汾水经其南而名"。

汾阳市 1996年撤销山西省汾阳县，改设汾阳市，市人民政府驻城关。属吕梁地区。2003年由吕梁市代管。

汾阳县 ①西汉置，属太原郡。治所在今山西静乐县西。东汉废。

②东魏置，属龙门郡。治所在今山西河津市境。北齐废。

③隋开皇十六年（596）改阳直县置，属并州。治所在今山西阳曲县东北故县。大业初废。

④唐武德三年（620）置，属并州。治所即今山西太原市北阳曲镇。七年（624）改为阳曲县。

⑤明万历二十三年（1595）置，为汾州府治。治所即今山西汾阳市。民国初属山西冀宁道。1930年直属山西省。1996年改设汾阳市

汾阳侯国 西汉初置，属太原郡。在今山西静乐县西。后改为县。

汾阳宫 隋炀帝时建，在今山西宁武县西南五十里管涔山上。《隋书·炀帝纪》：大业四年（608）四月，"起汾阳宫"。《资治通鉴》：隋义宁元年（617），"（刘）武周袭破楼烦郡，进取汾阳宫"。《元和志》卷14岚州静乐县："隋汾阳故宫，在县北一百五十里。"

汾阳监 唐置，故址在今山西新绛县北。《旧唐书·食货志》：唐大历四年（769），"关内道铸钱等使、户部侍郎第五琦上言，请于绛州汾阳、铜原两监，增置五炉铸钱"。即此。

汾阴 战国魏邑，在今山西万荣县西南庙前村北古城。《史记·秦本纪》：惠文君九年（前329），"渡河，取汾阴"，即此。西汉置汾阴县。

汾阴县 战国秦置，属河东郡。治所在今山西万荣县西南庙前村北古城。出土秦封泥中有"汾阳丞印"可证。十六国前赵废。北魏太和十一年（487）复置汾阴县，属北乡郡。治所移至今荣河镇北。北周改属汾阴郡，移治今万荣县西南宝井村。隋开皇初属泰州，大业初属河东郡。唐属蒲州。开元十一年（723）改为宝鼎县。

汾阴郡 北周置，属蒲州。治所在汾阴县（今山西万荣县西南宝井村）。辖境相当今山西万荣、临猗县地。隋开皇初废。

汾阴脽 又作魏脽。为汾水之南一土阜，在今山西万荣县西南宝井镇庙前村北。《史记·封禅书》作"汾阴脽丘"。《汉书·武帝纪》：元鼎四年（前113），"立后土祠于汾阴脽上"。颜师古注引如淳曰："脽者，河之东岸特堆掘，长四五里，广二里余，高十余丈。汾阴县治脽之上，后土祠在县西，汾在脽之北，西流与河合。"又《水经·河水注》："河水东际汾阴脽。"《汾水注》："汾水南有长阜，背汾带河，谓之汾阴脽。"皆此。明、清时期荣河附近黄河多次东西摆动，脽遂崩圮入河。

汾河 源出今河南商水县西，东南流经项城县南，至沈丘县南入涡河（今泉河）。《清史稿·地理志》陈州府淮宁县："汾河自商水流入县西南，又东入项城。"汾河为今泉河上源之一。

汾泾 ①即汾。在今河南襄城县东北三十里颍水南岸汾陈乡。《战国策·楚策一》：苏秦说楚威王曰，"楚地……北有汾泾之塞"。

②即汾水旁的陉城。在今山西曲沃县东北。《史记·范雎蔡泽列传》：秦昭王四十三年（前264），"秦攻韩汾陉，拔之"，即此。

汾城 战国魏邑，在今山西襄汾县西南五十里晋城村。《史记·秦本纪》：昭襄王五十年（前257），"益发卒军汾城旁"，即此。西汉置临汾县。

汾城县 1914年改太平县置，属山西河东道。治所即今山西襄汾县西南三十二里汾城镇。以汾水为名。1928年直属山西省。1954年与襄陵县合并为襄汾县。

汾桥 故址在今山西太原市。《水经·汾水注》："《魏土地记》曰，（晋阳）城东有汾水南流……水上旧有梁，青荓殒于梁下，豫让死于津侧，亦襄子解衣之所在也。"清代已圮。

汾旁 即汾隰。在今山西襄汾、曲沃二县汾水流域。《史记·晋世家》：哀侯八年（前710），陉廷与曲沃武谋，九年，"伐晋于汾旁"。

汾常茶焙 北宋置，属剑浦县。在今福建南平市东北。《元丰九域志》卷9南剑州：剑浦县有汾常茶焙。

汾湖 ①在今江苏吴江市东南。《方舆纪要》卷24苏州府吴江县：汾湖在"县东南六十里，与浙江嘉善县分界。亦曰分湖。东合诸湖荡，又东通三泖，入华亭界。其北连诸湖港，入莺脰湖。嘉靖中，倭贼往往出没于此"。

②即今江苏吴江市东南四十五里芦墟镇。明置巡司于此。

汾源县　隋开皇十八年（598）改岢岚县置，属岚州。治所即今山西静乐县。大业四年（608）改为静乐县。

汾隰　又作汾旁。在今山西襄汾、曲沃二县汾水流域。《左传》：桓公三年（前709），曲沃武公伐翼，“逐翼侯于汾隰”。又《后汉书·西羌传》：周宣王三十八年（前790），“晋人败北戎于汾隰”。

泛舟禅师塔　在今山西运城市西北十里大渠街道寺北曲村，唐代报国寺遗址北侧。泛舟系唐高宗李治后裔，在报国寺为僧，卒于唐贞元九年（793），同年建塔。塔为砖塔，单层，圆形平面，南向。直径5.1米，总高10米。北面镶嵌唐长庆二年（822）塔铭。立塔至今已一千二百余年，保存基本完好。此塔造型壮美，比例协调，雕作精雅。据塔铭记载，很可能是一座真身墓塔。2001年定为全国重点文物保护单位。

沧山　在今湖南常德市南。《清一统志·常德府一》：沧山“在武陵县南一百二十里。与霞山相对。沧水所出”。

沧水　源出今湖南常德市南沧山，东北流至汉寿县西与浪山水合，称为沧浪水。《清一统志·常德府一》“沧浪水”条引《府志》：“沧、浪二水合流出沧港入江。”

沧水郡　北魏初改渤海郡置，治所在南皮县（今河北南皮县东北）。太和二十一年（497）复改渤海郡。

沧石铁路　自河北石家庄至沧县（今沧州）。清末以来几经动议修筑此路，但屡议屡辍，一直未能动工。1920年华北大旱，北洋政府以工代赈，募灾民修筑此路，路基已修成，但因无钱购买轨料，路基无法铺轨，改为汽车路。

沧白堂　1934年建，在今重庆市中区东北部。以民主革命著名人士杨沧白（巴县人）而命名。1946年1月，国民党政府在全国人民要求和平民主的压力下，被迫召开了有共产党和其他民主党派参加的政治协商会议。开会期间，重庆各界人士为促使会议成功，组成政治协商会议各界促进会，每晚在沧白堂集会，邀请政协代表报告会议进展情况，同国民党政府破坏政治协商会议的阴谋进行斗争。国民党不断派遣特务捣乱沧白堂会场，谩骂殴打会场主持人和到会群众，造成著名的“沧白堂事件”。

沧州　①北魏熙平二年（517）置，治所在饶安县（今河北盐山县西南千童镇）。《元和志》卷18沧州：“以沧海为名。”隋大业初废。唐武德元年（618）复置，治所在清池县（今沧县东南四十里旧州镇）。辖境相当今天津市海河以南，静海县及河北青县、泊头市以东，东光及山东宁津、乐陵、无棣以北地区。天宝元年（742）改为景城郡，乾元元年（758）复名沧州。元属河间路，延祐初徙治长芦镇（今沧州市）。不久，还治清池县（今沧县东南四十里旧州镇）。明洪武元年（1368）省清池县入州。二年（1369）复迁治长芦镇（今沧州市），属河间府。清属天津府。1913年改为沧县。地处海滨，自古盛产盐，著名的长芦盐即产于此。

②一作仓州。唐武德四年（621）置，治所在安宜县（今江苏宝应县西南）。七年（624）废。

沧州市　1958年由河北省沧县沧镇析置沧州市，旋废。1961年复设沧州市。1983年升为地级市。

沧州铁狮子　在今河北沧县东南旧州城内，西北距沧州市四十里。铁狮子通高5.78米，是我国古代最大的铸铁件，由数百块30—50厘米见方的铁块分节浇铸而成，重约40吨。狮子仰首怒目，背负仰莲圆盆。狮子头顶及项下各有“狮子王”三字，项右有“大周广顺三年（953）铸”，左肋有“山东李云造”，腹腔内有金刚经文，隶书体。1961年定为全国重点文物保护单位。

沧池　一作仓池。在今陕西西安市西北，汉长安城中。《三辅黄图》卷4引《旧图》曰：“未央宫有沧池，言池水苍色，故曰沧池。”《水经·渭水注》：“池中有渐台，汉兵起，王莽死于此台。”

沧县　1913年改沧州置，属直隶津海道。治所即今河北沧州市。1928年直属河北省。1958年由沧县沧镇析置沧州市，旋废。1961年复设沧州市。1983年升为地级市。

沧茫溪　即今湖北枝江市西玛瑙河。《舆地纪胜》卷73峡州：沧茫溪“在宜都县。溪生五色石，细纹，红如玛瑙，青如玻璃，夏雨过，异采捷出，人竞掇拾”。

沧洲　在今福建建阳市西南。《方舆纪要》卷97建阳县“考亭溪”条：“溪中沙汀涌现，如龙舌然，曰龙舌洲，朱子号为沧洲。”

沧海城　即唐沧州城（在今河北沧州市东南旧州镇）的别称。权龙褒《初到沧州呈州官》诗：“遥看沧海城，杨柳郁青青。”

沧海郡　亦作苍海郡。西汉元朔元年（前128）置，治所在今朝鲜江原道境内。元朔三年（前126）废。

沧浪水　①《尚书·禹贡》：“嶓冢导漾，东流为汉；又东为沧浪之水。”《孟子·离娄上》：“有孺子歌曰：沧浪之水清兮，可以濯我缨；沧浪之水浊兮，可以濯我足。”其说有二：（1）即汉水。张衡《南都赋》：“流沧浪而为隍，廓方城而为墉。”《水经·沔水注》：“盖汉沔水自下有沧浪通称耳。”《方舆纪要》卷79均州“汉江”条下：“《志》云，汉水在州境，亦名沧浪水。”（2）指汉水别流夏水。《尚书》孔传：“别流在荆州。”郑玄注：“沧浪之水，今谓之夏水。即汉之别流。”

②在今湖南汉寿县西二十里。《舆地纪胜》卷68常德府：沧浪水，“浪水与沧水合，故号沧浪水”。

沧浪亭　①在今江苏苏州市城南三元坊附近。为江南现存历史最久的古园林之一。五代时为吴越广陵王钱元璙的花园。北宋庆历间，诗人苏舜钦（子美）得之，傍水建亭，借用《渔父》“沧浪之水”，取名沧浪亭，并作《沧浪亭记》。南宋初，为抗金名将韩世忠宅第，称韩园。元代废园，改为佛寺。明复建沧浪亭，并由归有光作记。2000年以苏州古典园林被联合国列入世界文化遗产的补充项目。2006年定为全国重点文物保护单位。

②在今湖北阳新县。《舆地纪胜》卷33兴国军：沧浪亭“在军治放生池上。池荷弥望，绕堤皆杨柳，群山环列如屏障然，隔池景物尤胜。临水有十咏堂。浮屠突兀在云烟紫翠间，实一郡之奇观”。

沧浪洲 在今湖北丹江口市西北。《水经·沔水注》：“（武当）县西北四十里，汉水中有洲，名沧浪洲。庾仲雍《汉水记》谓之千龄洲。”

沧景 即横海军。唐、五代方镇之一。唐贞元中置。治所在沧州（今河北沧县东南旧州镇）。辖境屡有变动。初领沧、景二州。元和中包有德、棣州。相当于今天津市马厂减河以南，运河以东，山东津浦铁路以东，黄河以北及博兴县北部。先后为程怀直、程怀信、程执恭、李全略等长期割据。太和五年（831）改号义昌军。唐末为幽州镇所并。五代复置，北宋废。

沧港市 即今湖南汉寿县西沧港镇。《清一统志·常德府二》：沧港市“在龙阳县西十五里”。

沧源设治局 1937年置，直属云南省。治所在今云南沧源佤族自治县东七十三里岩帅镇。《沧源佤族自治县地名志》：“取其来源于澜沧之意，故名沧源。”1938年迁今沧源佤族自治县治勐董镇。1945年又迁治今沧源佤族自治县东北五十六里勐省镇。1950年迁回岩帅。1951年改沧源县。1952年迁今县治勐董镇。1964年改设沧源佤族自治县。

沧源崖画 在今云南沧源佤族自治县东北勐省镇、勐来乡、糯良乡长25公里、宽15公里的区域内，地处小黑江及其支流的峡谷地区，共有十五个地点。崖画内容主要是祭祀、狩猎、舞蹈、战争、采集、建筑等，图形作剪影式，表现方法以单线为主，并辅以平涂法表现大块的形体，绘画颜料为铁矿粉。崖画绘制于距今三千多年前，相当于云南地区的新石器时代。2001年定为全国重点文物保护单位。

沧溪 在今江西玉山县南。《方舆纪要》卷85广信府玉山县：沧溪在“县南三十里。源出浙江江山县境，委蛇至县之惠安乡，下流二里许，与渎口合为玉溪之别源。中有石陂潴水，呼为石仓，人多渔钓于其处”。

沧溪县 即今四川苍溪县。《元史·世祖纪》：至元十二年（1275），“西川沧溪知县赵龙遣间使入宋，敕流远方，籍其家”。

沧溪镇 ①即今辽宁北镇市南沟帮子镇。清光绪《奉天全省地舆图说图志》广宁县图：南有沟帮子。民国《北镇县志》：沟帮镇在“城南五十里。周围二里左右，为京奉、营榆两铁路之总汇。……为本境第一巨镇”。

②即今江苏高淳县西沧溪镇。清光绪《江苏全省舆图》高淳县图：西北有仓溪。民国《江苏六十一县志》：高淳县西有“沧溪镇”。

泲水 ①一名济水。又名白沟水、沙水。源于今河北赞皇县西南大石门，东北流经县南折向东南，流入高邑县。《诗经·邶·泉水》：“出宿于泲。”即此。其下流屡有迁徙。汉时径廮陶县（今宁晋县西南）入泜水。《汉书·地理志》常山郡房子县：“赞皇山，济水所出，东至廮陶入泜。”唐时流径今柏乡县北，东流入洨水。清时流经今高邑、柏乡县北入宁晋泊。

②古济水。《周礼·职方》、《汉书·地理志》、《说文》作“泲”。《汉志》注引师古曰：“泲本济水之字，水㢈声。”

沟于家 在今山东文登市天福山镇北三里。1932年中共地下党组织已在此活动，俗有“小苏区”之称。后为中共胶东特委驻地。

沟口 即今内蒙古自治区牙克石市东南博克图镇东南沟口村。为中东铁路博林支线的起点站。

沟沟崖 又名沟崖。在今北京市昌平区西北十八里。德胜口村居沟口，是进入沟沟崖必经之地。有上崖、中崖、下崖之分。明、清时建有瑞峰庵、斗姥宫、娘娘庙、玉虚观等大小庙宇七十二座，今多已不存。相传这里原有飞瀑垂帘、寒泉漾玉、危峰夏雪、古洞春风、南川午月、磴道穿云、松桥隐雾、西寺子钟等八景，其中西寺、松桥等建筑物早已不存。

沟帮子 即今辽宁北镇市南沟帮子镇。清光绪《奉天全省地舆图说图志》广宁县图：南有沟帮子。民国《北镇县志》：沟帮镇在“城南五十里。周围二里左右，为京奉、营榆两铁路之总汇。……为本境第一巨镇”。

沟墩镇 即钩湾镇。今江苏阜宁县东南三十里沟墩镇。为通盐城孔道。

没 春秋吴邑。在今江苏苏州市吴中区南。《国语·吴语》：“越之左军、右军乃遂涉而从之，又大败之于没，又郊败之，三战三北，乃至于吴。”

没舌寨 在今四川松潘县东南。《明史·李应祥传》：万历间，“丢骨、人荒、没舌三砦最强，（周）于德皆攻克，复连破卜洞王诸砦”。

没阳县 《水经·沔水注》：“夷水又东南流与零水合，零水即沶水也。上通梁州没阳县之默城山，司马懿出沮之所由。”《水经注疏》卷28：熊会贞按：“考《宋志》汶阳太守，先属梁州，宋初有汶阳县，后省。是宋初梁州有汶阳县，或旧籍言零水通梁州汶阳县之默城山，而郦氏本以为说。汶、没形近致讹耳。”

没来国 故地在今印度南部马拉巴尔海岸之奎隆。《新唐书·地理志》：广州通海夷道“师子国，其北海岸距南天竺大岸百里，又西四日行，经没来国，南天竺之最南境”。

没沙子 即今吉林德惠市西南米沙子镇。清光绪《吉林全省地舆图》：长宁县西南有没沙子。东清铁路经此。

没沟营 即今辽宁营口市。因游牧民张幕而居，名为窝棚，窝棚相连，如同军营，因名营子。民国徐曦《东三省纪略》卷4：“此地有一潮水沟，潮落则涸，满则沟地全没于水，然潮之涨落，无损于土人之居处。故又以没沟营称之。”

汴 河南开封市的简称。开封城临汴水，隋唐于此置汴州。五代梁、晋、汉、周及北宋均称汴京。元灭金后称汴梁，故简称汴。

汴口 即汴渠通黄河之口，在今河南荥阳市东北。《资治通鉴》：五代周显德五年（958），“浚汴口，导河流达于淮，于是江、淮舟楫始通”。

汴山 即大弁山。即今山东沂水县西北五十里卞山。《隋书·地理志》：北海郡临朐县有“汴山”，即此。

汴水 ①又名汴河、汴渠。《汉书·地理志》作卞水，指今河南荥阳市西南索河。《后汉书》始作汴渠，移指荥阳一带从黄河分出的狼汤渠（即古鸿沟）。《后汉书·明帝纪》：永平十二年（69），“遣将作谒者王吴修汴渠”。注：“汴渠即莨菪渠也。”即自今河南荥阳市北引黄河水，东经开封，南经通许至淮阳县东南入颍水，南流入淮水。魏晋之际，自荥阳汴渠东循狼汤渠至今开封市，又自开封东循汳水、获水至今江苏徐州市转入泗水一道，逐渐代替了古代自狼汤渠南下颍水、涡水一道，成为当时从中原通向东南的水运干道；自晋以后，遂将这一运道统称汴水。隋开通济渠后，开封以东一段汴水渐渐为运道所经；唐、宋人称通济渠为汴河，故有时改称这一段汴水为古汴河。金、元后全流皆为黄河所夺，汴水一名即废弃不用。

②隋开通济渠，因自荥阳至开封一段即原来的汴水，故唐、宋人遂将出自河至入淮之通济渠东段全流统称为汴水或汴渠。北宋亡后，南宋与金以淮河为界，此渠不再为运道所经，逐渐湮废。今江苏泗洪县境，尚残存一段，俗称老汴河，上承睢水，东南流注入洪泽湖。

汴州 ①南朝梁置，治汴城（即下蔡县，在今安徽凤台县）。辖境相当今安徽凤台县地。北魏后废。

②北周建德五年（576）改梁州置，治所在浚仪县（今河南开封市）。以城临汴水故名。隋大业三年（607）废。义宁元年（617）复置。唐辖境相当今河南开封市与开封、封丘、兰考、杞县、通许、尉氏等县地。天宝初改为陈留郡。乾元初复为汴州。五代梁开平元年（907）升为开封府。后唐复为汴州，后晋复升为开封府。

汴宋 唐方镇名。天宝十四年（755）初置称河南，广德后又称汴宋，大历后专称汴宋。治所在汴州（今河南开封市）。建中二年（781）号宣武军。

汴京 ①五代（梁、晋、汉、周）及北宋建都东京（今河南开封市），以东京有汴河，俗称汴都或汴京。

②金初始正式改东京为汴京。即今河南开封市。贞元初，又改汴京为南京。

汴京路 金初置，治所在开封府（今河南开封市）。辖境相当今河南省黄河及原阳、延津、封丘等县以南，淮河以北，河南阌底镇及崤山、熊耳山以东，山东曹县、成武、鱼台、安徽砀山县及西淝河以西地区。贞元元年（1153）改为南京路。

汴河 即汴水、汴渠。

汴城 南朝梁置，即今安徽凤台县。《魏书·地形志》：“汴州，萧衍置，魏因之。治汴城。”

汴故宫 在今河南开封市。《方舆纪要》卷47开封府祥符县：汴故宫“在府城内正北。朱梁始都此，曰建昌宫。石晋改为大宁宫。周显德中，尝修治之。宋营缮益广，谓之大内。正殿曰大庆，其别殿以数十计。又有苑内诸殿，绵延相属。金人南徙，复修而广之。今为周王府第。又寿圣宫，在大内之东，宋为母后所居”。

汴洛铁路 从今河南开封市至洛阳。全长约184公里。因开封古称汴京，故名汴洛。清光绪三十一年（1905）动工修建，宣统元年（1909）建成。后为陇海铁路的一段。

汴郡 南朝梁置，属汴州。治所在汴城（即下蔡县，在今安徽凤台县）。辖境相当今安徽凤台县。北魏属谯州。北齐废。

汴桥 在今安徽宿州市南。《宋史·陈希亮传》：“州跨汴为桥，水与桥争，尝坏舟，希亮始作飞桥，无柱，以便往来。”

汴渠 即汴水。

汴梁 今河南开封市的旧称。开封在战国时为魏都大梁，后世相沿称梁。隋、唐于此置汴州，简称汴。金、元后合称汴梁。元置汴梁路治此。

汴梁路 元世祖至元二十五年（1288）改南京路置，治所在祥符、开封二县（今河南开封市）。辖境相当今河南原阳、延津以南，郾城、项城以北。民权、沈丘以西，禹州、荥阳二市及襄城县以东地。明洪武元年（1368）改为开封府。

汴滑 唐方镇之一。乾元二年（759）置，治所在滑州（今河南滑县东旧滑县）。领有汴、滑两州。辖境相当今河南滑县、延津、长垣、封丘、开封、兰考、尉氏、通许、杞县等地。上元二年（761）废。

汶上县 金泰和八年（1208）改汶阳县置，属东平府。治所即今山东汶上县。元属东平路。明属兖州府东平州。清属兖州府。民国初属山东济宁道。1925年属兖济道。1928年直属山东省。

汶山 即今四川西北部之岷山。《山海经·海内东经》：“大江出汶山。”《史记·封禅书》：“渎山，蜀之汶山。”《元和志》卷32茂州：汶山县之“汶山即岷山也”。

汶山长官司 明洪武七年（1374）置，后属茂州。治所在今四川茂县。后废。

汶山县 ①西晋改绵虒道置，为汶山郡治。治所在今四川茂县北。东晋后废。

②北周天和三年（568）置，属蜀郡。治所在灌口镇（今四川都江堰市）。隋仁寿初废。

③隋仁寿元年（601）改广阳县置，为会州治。治所即今四川茂县。大业三年（607）为汶山郡治。唐武德元年（618）为会州治。贞观八年（634）为

茂州治。天宝元年（742）为通化郡治，乾元元年（758）复为茂州治。明洪武初省入茂州。十六年（1383）复置，次年又省入州。

汶山郡 ①西汉元鼎六年（前111）置，治所在汶江县（今四川茂县北）。辖境相当今四川黑水县，邛崃山以东，岷山以南，北川、都江堰市以西地区。地节三年（前67）并入蜀郡。东汉建安末刘备复置，治所在绵虒县（今四川汶川县西南绵虒镇）。西晋移治汶山县（今茂县北）。东晋时废。北周保定四年（564）复置，属汶州。治所在汶川县（今四川汶川县）。隋开皇三年（583）废。大业三年（607）改会州复置，治所在汶山县（今茂县）。唐武德元年（618）又改为会州。

②南朝宋置，属益州。治所在都安县（今四川都江堰市东）。辖境相当今四川都江堰市及汶川县南部地。北周天和三年（568）废入郫县。

汶川长官司 明洪武七年（1374）置，属汶川县。治所在今四川汶川县境。后废。

汶川县 北周保定四年（564）置，为汶山郡治。治所即今四川汶川县。《元和志》卷32汶川县："县西汶水，因以为名。"隋属汶山郡。唐武德八年（625）属茂州，天宝元年（742）属通化郡，乾元元年（758）复属茂州。元世祖至元十九年（1282）废，后复置。《元史·武宗纪》：至大二年（1309），"诏改松潘、叠、宕、威、茂州安抚司为宣抚司，迁治茂州汶川县"。即此。明宣德七年（1432）移治寒水驿（今汶川县西南绵虒镇）。民国初属四川西川道。1928年直属四川省。1952年移今汶川县（威州镇）。

汶川驿 在今四川宜宾市东北岷江注入金沙江处。《方舆纪要》卷70宜宾县：汶川驿"在府治东北，水驿也"。

汶水 ①即今大汶河。《尚书·禹贡》青州："浮于汶，达于河。"即此。源出山东莱芜市北，西南流经古嬴县南，古称嬴汶，又西南汇牟汶、北汶、石汶、柴汶，至今山东东平县戴村坝。自此以下，古汶水西流经东平县南，至梁山东南入济水；明初筑戴村坝，遏汶水南出南旺湖济运，西流故道遂微；清末罢漕运，主流又西注东平湖，北入黄河。

②指今山东中部入潍之汶。《汉书·地理志》琅邪郡朱虚："东泰山，汶水所出，东至安丘入维。"今名东汶河。源出山东临朐县南，东北流至安丘县东北入潍河。

③晋郭缘生《述征记》："泰山郡水皆名曰汶。"《水经注》述牟汶、北汶时或简称汶。

④《水经·沂水注》称，桑泉水上源之一叟崮水，俗谓之汶水。宋元以来，遂通称桑泉水全流为汶水。今名东汶河。源出山东蒙阴县西，东南流经县南，至沂南县南入沂河。

⑤即今湖北广水市东之应山河。《方舆纪要》卷77应山县"白泉河"条下："汶水在县城西北，源出高贵山，南流经此，又绕城南而东。县东三里又有东河，一名方家河，流合焉，又东南合于白泉河。"

⑥一作汶江，"汶"读与"岷"同，即今四川中部之岷江。《战国策·燕策二》："蜀地之甲，轻舟浮于汶，乘夏水而下江，五日而至郢。"《三国志·蜀书·后主传》：蜀汉建兴十四年（236），"后主至湔，登观阪，看汶水之流"。

⑦指今四川成都市南之南河（锦江）。《元和志》卷31成都："大江一名汶江，一名流江，经县南七里。"

汶东州 唐天宝前置羁縻州，属雅州都督府。治所在今四川宝兴县境。后废。

汶州 北周保定四年（564）改梁绳州置，治所在广阳县（今四川茂县西北）。《寰宇记》卷78茂州：汶州"取汶水为名"。辖境相当今四川茂县、北川、汶川诸县。隋开皇五年（585）改为蜀州。

汶江 ①一作汶水。即今岷江。《战国策·燕策二》："蜀地之甲，轻舟浮于汶，乘夏水而下江。"《三国志·蜀书·后主传》：建兴十四年（236），"后主至湔，登观阪，看汶水之流"。又《水经·江水注》："江水又径汶江道，汶出徼外峿山西玉轮坂下而南行。"皆此。

②指今四川岷江上源黑水河。《水经·江水注》："江水又径汶江道，汶出徼外岷山西，玉轮坂下而南行，又东径其县而东注于大江。"杨守敬疏："其所指之水，当即今出松潘厅西边外，东南入江之黑水河。"

汶江县 西汉元鼎六年（前111）置，为汶山郡治。治所在今四川茂县北三里。地节三年（前67）属蜀郡，为北部都尉治。东汉改为汶江道。

汶江道 东汉改汶江县置，属蜀郡。治所在今四川茂县北三里。建安中刘备定蜀，于此置汶山郡。《水经·江水注》："江水又径汶江道。"即此。西晋改为广阳县。

汶阳 春秋鲁地。在今山东泰安市西南一带。因在汶水之北，故名。《左传》：僖公元年（前659），"公赐季友汶阳之田"。杜注："汶阳田，汶水北地。"一说在今山东宁阳县东北，西汉置汶阳县。

汶阳县 ①西汉置，属鲁国。治所在今山东宁阳县东北五十四里。西晋属鲁郡。东魏移治今山东泗水县北四里故县。北齐废。

②南朝宋初置，属梁州。治所在今湖北保康县南、沮水上游的马良坪、歇马河一带。《水经·沔水注》误作"没阳县"。

③隋开皇四年（584）改鲁县置，属兖州。治所即今山东曲阜市东北二里古城村。开皇十六年（596）改名曲阜县。

④隋开皇十六年（596）改博平县置，属兖州。治所在今山东泰安市东南三十里旧县。十七年（597）改博城县。

⑤金贞元元年（1153）改中都县置，属东平府。治所即今山东汶上县。泰和八年（1208）改为汶

上县。

汶阳里　在今河南洛阳市东北古洛阳城中。《资治通鉴》：西晋永宁元年（301），“黄门将（赵王）伦自华林东门出，及太子荂皆还汶阳里第，遣甲士数千迎帝于金墉城”。胡三省注：“洛阳城是有汶阳里，伦私第在焉。”

汶阳城　北周建，在今湖北远安县西北。《周书·李贤传》：荆州群蛮反，“令贤与贺若敦率骑士七千，别道邀截，击蛮帅文子荣，大破之。遂于平州北筑汶阳城以镇之”。

汶阳郡　东晋义熙初析新城郡置，治所在高安县（北周改远安县，今湖北远安县西北旧县镇）。《南齐书·州郡志》：“桓温平蜀，治江陵。以临沮西界，水陆纡险，行径裁通，南通巴、巫，东南出州治，道带蛮蜑，田土肥美，立为汶阳郡，以处流民。”隋废。

汶县　东汉改文县置，属辽东郡。治所即今辽宁大石桥市东南汤池镇附近英守沟古城。西晋属辽东国。十六国前燕废。

汶阜山　即今四川岷山。《三国志·蜀书·秦宓传》：“蜀有汶阜之山，江出其腹。”又《水经·江水注》：岷山“又谓之汶阜山，出徼外，江水所导也”。

汶焦山　即今四川岷山。《寰宇记》卷78茂州汶山县岷山引《华阳国志》：“岷山一曰汶焦山。”

汶港栅　在今河南正阳县东北文殊河畔。《新唐书·李愬传》：元和十二年（817），“入白狗、汶港栅”。即此。

汶溪千户所　明洪武二十三年（1390）置，属湖广都司。治所在今贵州天柱县东北五十里。清顺治十八年（1661）废。

汶溪县　唐贞观七年（633）置，属南州。治所在今重庆市綦江县南。次年废入三溪县。

汶溪砦　在今贵州天柱县东北五十里。明洪武二十三年（1390）置汶溪后千户所于此。清顺治十八年（1661）裁。

沆海山　即杭海岭。今蒙古国西南杭爱山。《元史·太祖纪》：“（乃蛮）太阳罕至自按台，营于沆海山。”

沩口戍　在今湖南望城县北靖港镇。《水经·湘水注》：“沩水又东入临湘县，历沩口戍，东南注湘水。”

沩山　①又名大沩山。即今江西铜鼓县西大伪山。《清一统志·南昌府一》：大沩山“在义宁州西南二百五十里，周四十里。西通湖南浏阳，东通新昌，南通萍乡。林木茂盛。昔为盗薮，明万历中设铜鼓石营守备于此”。

②即小沩山。在今湖南醴陵市东北三十里。清光绪三十二年（1906）哥老会在此起义。

③在今湖南宁乡县西一百五十里。《清一统志·长沙府一》引《寰宇记》谓大沩山，“沩水出焉”。又引《名胜志》谓“四方皆水，故曰大沩”。唐裴休葬此。

沩水　①湘江支流。在今湖南望城县北。《水经·湘水注》：“沩水出益阳县马头山，东径新阳县南，晋太康元年改曰新康矣。沩水又东入临湘县，历沩口戍，东南注湘水。”《清一统志·长沙府一》引《寰宇记》称，沩水出大沩山。

②即今广西东北部漓江上源支流大溶江。《水经·漓水注》：沩水“出西北邵陵县界，而东南流至零陵县西，南径越城西。建安十六年，交州刺史赖恭，自广信合兵小零陵越城迎步骘，即是地也。沩水又东南流，注于漓水”。

沪　今上海市的简称。相传境内吴淞江为古代沪渎而得名。

沪尾　一作淡水。即今台湾省新北市北淡水区。《东西洋考》：明崇祯二年（1692），西班牙殖民者入侵筑城塞，名圣多明各（San Domingo）。当地人称“红毛城”、“沪尾城”。清咸丰十年（1860）开放为对外通商口岸。《清史稿·孙开华传》：光绪十年（1884），法人犯台，孙开华与刘铭传主军事，“檄守沪尾”，与法军激战，“斩馘二千余级，法人遁走。……同时守沪尾者，朱焕明为最著”。

沪杭甬铁路　由上海市经浙江杭州至宁波。全长约370公里。清光绪三十二年（1906）开始动工，宣统元年（1909）通至杭州闸口。1914年萧山至宁波通车。1937年建成钱塘江大桥。因宁波简称甬，故称沪杭甬铁路。

沪杭铁路　自今上海市至浙江杭州。长200公里。为沪杭甬铁路北段。清光绪三十二年（1906）动工修建，宣统元年（1909）通至杭州闸口。

沪海道　1914年以前上海道置，属江苏省。治上海县（今上海市）。辖境约当今上海市及其所属各县和江苏太仓、海门、启东三市地。1927年废。

沪涧　亦作扈涧。在今河南郏县西四十里。《资治通鉴》：唐建中四年（783）九月，“神策将刘德信、宣武将唐汉臣与淮宁将李克诚战，败于沪涧”。

沪渎　古称吴淞江下游近海处一段为沪渎。所指约当今上海市西旧青浦镇附近的古吴淞江。南朝梁简文帝《吴郡石像碑》：“松江之下，号曰沪渎。”《寰宇记》卷91引《吴郡记》云：“松江东泻海曰沪海，亦谓之沪渎。”后世江身由于长江三角洲的扩张而逐渐东展下移，沪渎一名遂移指今上海市区的吴淞江。

沪渎垒　又名沪渎城、袁山松城。东晋时的海防要垒。故址在今上海市青浦区东北旧青浦西。《晋书·虞潭传》：东晋咸和中，“修沪渎垒，以防海沙”。又《孙恩传》：隆安四年（400），“吴国内史袁山松筑扈渎垒，缘海备恩”。次年（401）孙恩率军从海上来，“转寇扈渎，害袁山松，仍浮海向京口”。此城于宋代已沦入江中，宋以后以上海旧城区西北十里吴淞江滨的旧芦子城为沪渎垒，出于附会。

沈　①又作聃或冉。西周初封国。姬姓。在今安徽临泉县。春秋时为蔡国所灭。《春秋》：文公三年（前624），“伐沈，沈溃”。《左传》：定公四年（前506）“夏，蔡灭沈”。

②古国名。在今山西汾水流域。《左传·昭公元年》：“沈、姒、蓐、黄实守其祀。”杜注：“四国，台骀之后。”灭于晋。

沈儿峪 在今甘肃定西市东南六十余里宁远镇道口河（道口沟），为定西通往兰州必经之道。《明史·扩廓帖木尔传》：洪武三年（1370），“太祖命大将军徐达总大兵出西安，捣定西。扩廓方围兰州，趋赴之。战于沈儿峪，大败，尽亡其众，独与妻子数人北走”。即此。

沈山 即今浙江省海宁市（硖石镇）东山。《方舆纪要》卷91海宁县：“以刘宋沈景葬此而名。”

沈乡 在今四川德阳市西北孝感镇。《水经·江水注》：“益州旧以蜀郡、广汉、犍为为三蜀。土地沃美，人士隽乂，一州称望。（洛）县有沈乡，去江七里，姜士游（诗）之所居。”即此。

沈水 ①即今四川射洪县东南洋溪河。《续汉书·郡国志》：广汉县有“沈水”。《后汉书·光武纪》：建武十一年（35），岑彭伐公孙述，“辅威将军臧宫与公孙述将延岑战于沈水，大破之”。

②即潏水。今陕西泬水。

沈（瀋）水 在今辽宁沈阳市南四里。古名小沈水。源出沈阳城东关观音阁涌泉，东南流入浑河。《清一统志·奉天府一》：沈水“在承德县南四里。俗名五里河。自东关观音阁东泉眼发源，流入浑河。旧名小沈河。辽、金沈州，元沈阳路，明沈阳中卫并以此水为名”。

沈公堤（隄） 北宋筑。在今江苏启东、海门、通州市境内。东起启东市西北吕四港镇，西至通州市东的余西乡。《清一统志·通州》：沈公隄“在州东，海门废县东北。宋至和中县令沈起以海涨病民，筑隄七十里，西接范公隄，以障卤潮”。

沈旦堡 即今辽宁灯塔市西北沈旦堡。民国《辽阳县志》卷3：沈旦堡“距城六十里”。

沈丘县 ①唐神龙二年（706）置，属颍州。治所即今安徽临泉县。北宋政和四年（1114）属顺昌府。金仍属颍州。元至元二年（1265）废。寻复置。明洪武初废。

②明弘治十年（1497）以乳香台巡检司置，属陈州。治所在今河南沈丘县东南五十四里老城镇。清属陈州府。民国初属河南开封道。1927年直属河南省。1950年徙治今沈丘县（槐店）。

沈丘镇 明洪武初改沈丘县置，属颍州。即今安徽临泉县。明置巡司于此。

沈边长官司 清康熙五十一年（1712）改沈边土千户置，属雅州府。治所在今四川泸定县南兴隆镇西之沈村。光绪二十九年（1903）属打箭炉直隶厅。宣统三年（1911）改流，1914年后改为沈村。

沈师桥市 即今浙江慈溪市东三十四里师桥镇。清雍正《慈溪县志》卷1：沈师桥在“县（旧治慈城镇）西北五十里”。

沈庄塘 在今上海市闵行区东南，黄浦江东。塘北有下沙镇。《方舆纪要》卷24松江府上海县：沈庄塘“在下沙浦北。嘉靖三十三年官军败倭贼于此”。

沈庄镇 即今上海市浦东新区南汇西北三十八里沈庄。清光绪《南汇县志》卷1：沈庄镇“相传为元末富人沈万三田庄”，故名。

沈州 隋开皇十六年（596）改陈州置，治所在项城县（今河南沈丘县）。辖境相当今河南周口、项城、沈丘、郸城、太康、西华、淮阳等县市地。大业初废。唐武德四年（621）复置，仍治项城县。贞观元年（627）废。

沈（瀋）州 渤海国置，后废。辽复置，治所在乐郊县（今辽宁沈阳市老城区）。以沈水而得名。辖境相当今辽宁沈阳市。元元贞二年（1296）改为沈阳路。

沈（瀋）州站 亦名本州站。元置，即今辽宁沈阳市老城。

沈（瀋）阳千户所 元世祖至元元年（1264）置，属沈州。治所在今辽宁沈阳市老城。明废。

沈（瀋）阳天主教堂 在今辽宁沈阳市小南街。清光绪四年（1878）建。光绪二十六年（1900）在义和团运动中被烧毁。现存教堂系1912年重建。为两座尖塔哥特式建筑。分东西两个院落，教堂位于东院，主教府位于西院。1892年满洲教区主教府设于此。为东北地区天主教活动的中心。

沈（瀋）阳中卫 ①明洪武二十年（1387）置，属辽东都司。治所在今辽宁沈阳市老城。辖境相当今辽宁沈阳、抚顺等市地。天启元年（1621）地入后金废。

②明永乐七年（1409）置，寄治在长治县（今山西长治市）。后废。

沈（瀋）阳中屯卫 明永乐初建，寄治在今河北河间市东南。

沈（瀋）阳中护卫 明永乐七年（1409）置，寄治在长治县（今山西长治市）。后废。

沈（瀋）阳市 1929年置，为辽宁省会。治所即今辽宁沈阳市。民国《奉天通志》卷5：“因城在沈水（即浑河）之北，故称沈阳。”伪满洲国改为奉天市，1945年复为沈阳市。1947年直隶行政院。1949年为中央直辖市，属东北行政区。1954年降为辽宁省辖市。名胜古迹有清故宫，福陵（东陵）、昭陵（北陵）和实胜寺（黄寺）等。2015年沈阳市人民政府驻地由沈阳市沈河区市府大路260号迁至沈阳市浑南区沈中大街206－3号市规划大厦3号楼。

沈阳县 西汉置，属左冯翊。治所在今陕西华县东北。东汉废。

沈那遗址 在今青海西宁市城北区小桥西北沈那台地上。占地约1.2万平方米。遗址地面散布有古陶片、石器和灰烬。断崖处暴露墓葬和居住遗址。1991—1992年对部分遗址进行试掘，发现齐家文化房屋遗迹、墓葬和文物。属新石器时代马家窑文化半山类型、马厂类型，齐家文化和青铜时代卡约文化遗存。距今约4000—3000年。遗址保存完整。2006年定为全国重点文物保护单位。

沈（瀋）阳县 1914年改承德县置，为奉天辽沈道治。治所即今辽宁沈阳市。1929年改为沈阳市。

沈（瀋）阳故宫 清入关前皇宫，在今辽宁沈阳市内。建于后金天命十年（1625），至崇德元年（1636）基本建成。清乾隆、嘉庆朝又有增建。为清初皇宫。顺治元年（1644）清世祖顺治帝在此即位，入关后称奉天行宫。分三部分：东路大政殿，左右列十署（俗称十王亭），为太宗听政与诸王议政之所；中路为大内宫阙，有崇政殿、凤凰楼、清宁宫等；西路为文溯阁等。是我国现存的仅次于北京故宫之帝王宫殿建筑。中华人民共和国成立后辟为沈阳故宫博物馆。1961年定为全国重点文物保护单位。2004年清初沈阳故宫作为扩展项目入选联合国《世界遗产名录》。

沈（瀋）阳路 元元贞二年（1296）改沈州置，属辽阳行省。治所即今辽宁沈阳市老城。辖境相当今辽宁沈阳市，西至新民市附近，南至辽阳市附近，北至开原市附近地区。明洪武初废。

沈村店 即今安徽宣城市东北沈村镇。清嘉庆《宁国府志》卷12宣城县：沈村埠“距城四十里”。

沈园 在今浙江绍兴市南街洋河弄，为南宋越中著名园林。以南宋诗人陆游曾游此园并有《钗头凤》词和《沈园》诗而负盛名。历史事实是这样的，陆游初娶唐琬，伉俪甚得，但不悦于陆母，被迫离异，改适赵士程，游亦另娶。绍兴二十一年（1151），陆游偶游此园，与赵士程及唐琬相邂逅。赵、唐在园中以酒肴款待陆游，游感慨万端，在壁上题《钗头凤》一阕：“红酥手，黄藤酒，满城春色宫墙柳。东风恶，欢情薄，一怀愁绪，几年离索，错，错，错。春如归，人空瘦，泪痕红浥鲛绡透。桃花落，闲池阁，山盟虽在，锦书难托，莫，莫，莫。”庆元二年（1196），陆游已六十八岁，重游沈园，又作一绝：“梦断香消四十年，沈园柳老不飞绵，此身行作稽山土，犹吊遗踪一泫然。”今存为沈园一角，有小池形如葫芦，上有石板小桥，以及池畔假山、水井，均当年遗物。

沈岭 亦名姜维岭。在今陕西周至县南五十里。《三国志·蜀书·姜维传》：延熙二十年（257），姜维欲向秦川，“复率数万人出骆谷，径至沈岭”。即此。

沈周墓 在今江苏苏州市吴中区东北湘城镇牒字圩。沈周（1427—1509）字启南，号石田。晚号白石翁。长洲（今江苏吴县）相城人。明代画家。吴门画派创始人。殁后葬此。

沈府君阙 在今四川渠县北四十八里岩峰镇南汉亭村。《舆地纪胜》卷162渠州：双石阙“在大竹县北一里。其一镌云‘汉谒者北屯司马左都侯沈府君’。其一镌云：‘汉新丰令交趾都尉府君’。其阙上各镌出屋宇禽兽飞走之像。又有单石阙二，相去双石阙一里。其中镌雕物像，与此同”。沈府君阙建于东汉延光年间（122—125），东西两阙相距21.62米，均高4.84米。东阙书“汉谒者北屯司马左都侯沈府君神道”；西阙书“汉新丰令交趾都尉沈府君神道”。两阙浮雕内容丰富。1961年定为全国重点文物保护单位。2001年与冯焕阙合并，统称渠县汉阙。

沈泾塘 在今上海市松江区西北。《方舆纪要》卷24松江府华亭县：沈泾塘“南接秀州塘，北合诸泾港之水，北流为神山塘，经佘山西，又分流，会诸泾港之水，西北入大盈浦，东入顾会浦”。

沈巷镇 即今上海市青浦区西南沈巷镇。《方舆纪要》卷24松江府青浦县：沈港镇“在县西南二十里，南通长泖，北通朱家角”。清光绪《青浦县志》卷2：沈巷镇“三国时沈友居此，故名”。

沈荡镇 即今浙江海盐县西北二十六里沈荡镇。明天启《海盐县图经》卷1：“沈荡为大镇，去县二十六里，水四通，列廛五、六百家，五谷、丝布、竹木、油坊、质店大贾往往而有。”

沈家山 又作沈家岙、沈家门山。即今浙江舟山市普陀区沈家门镇。明嘉靖《定海县志》卷5：沈家山在“县南三十里”。

沈家门 即今浙江舟山市普陀区沈家门镇。宋徐兢《宣和奉使高丽图经》：宋宣和四年（1122），徐兢随路允迪、傅墨卿出使高丽，自明州港（今宁波市）出发，经由大浃口（今甬江口）出海，经大榭山、小榭山，“而后至沈家门抛泊”，即此。1932年置沈家门镇。

沈家门山 即沈家山。在今浙江舟山市普陀区沈家门镇。《清一统志·宁波府一》：沈家门山“在定海县东九十里，外通莲花洋，最为要地”。

沈家门寨 在今浙江舟山市普陀区沈家门镇。《方舆纪要》卷92宁波府定海县：沈家门寨“在舟山所东八十里。原系水操之地，番船去来皆泊于此”。

沈家台 即今辽宁凌海市西北沈家台镇。清光绪《奉天全省地舆图说图志》义州图：“西南有沈家台。”

沈家行市 即今上海市杨浦区东北部沈行。清光绪《江苏全省舆图》：上海县东北有“沈行”。

沈家庄 在今浙江平湖市东南二十里林埭镇清溪桥附近。《方舆纪要》卷91平湖县：沈家庄“在县东十里，亦曰沈塘，与乍浦相近”。明嘉靖三十五年（1556），歼倭寇首领徐海于此。

沈家灶 即今江苏大丰市南沈家灶镇。旧属东台县。清嘉庆《东台县志》卷8：县北“六十八里灶曰沈家灶（今丁溪场署商垣移设在此）”。

沈家灶镇 即今江苏大丰市南四十二里沈灶镇。产盐。旧属东台县，1942年划归台北县（后改名大丰县）。

沈家营 在今湖北竹山县西北。民国《湖北通志》

卷36竹山乡：沈家营“《光绪舆地记》：在城西二百六十里。驻把总”。

沈家集 即今湖北沙洋县西北沈集镇。清嘉庆《荆门直隶州》卷7《集镇》：东南，“沈家集，六十里”。

沈家窝堡 即今黑龙江省哈尔滨市呼兰区东北沈家镇。民国《呼兰县志》卷1：沈家窝集“（距府）六十里”。1928年建成之呼海铁路经此。

沈犁郡 即沈黎郡。治所在筰都县（今四川汉源县东北九襄镇）。《史记·西南夷列传》：元鼎六年（前111）南越破，杀筰侯，以“筰都为沈犁郡”。

沈鹿 春秋楚邑。在今湖北钟祥市东。《左传》：桓公八年（前704），“楚子合诸侯于沈鹿”。即此。

沈塘墟 即今广东雷州市东北沈塘镇。明万历《雷州府志》卷4海康县：沈塘墟在“县北二十里”。后属遂溪县。1956年划归海康县（今雷州市）。

沈黎县 北周天和三年（568）置，为黎州及沈黎郡治。治所在今四川汉源县东北九襄镇。不久州郡县并废。隋开皇中复置，属雅州。大业初属临邛郡。大业后废。

沈黎郡 亦作沈犁郡。西汉元鼎六年（前111）置，治所在筰都县（今四川汉源县东北九襄镇）。《汉书·武帝纪》注：“臣瓒曰：《茂陵书》沈黎郡治筰都，去长安三千三百三十五里，领县二十一。”辖境相当今四川汉源、石棉、荥经、泸定等县地。天汉四年（前97）废。十六国成汉复置，属益州。东晋永和三年（347）废。南朝宋复置，治所在城阳县（今四川汉源县东北）。齐改为沈黎僚郡。后废。北周复置，治所在沈黎县。后又废。

沈黎僚郡 南齐改沈黎郡置，属益州。治所在今四川汉源县东北。后废。

沈黎镇 在今四川汉源县东北。《元和志》卷32黎州：“周天和三年开越巂，于此置黎州。隋废州，置沈黎镇。”

沈壁山 在今浙江德清县东北。《方舆纪要》卷91武康县：沈壁山“在县（治今武康镇）东北十五里。山有九峰，迤丽相接，昔有沈氏壁于此，因名”。

沈疃集 一作陈疃。即今山东日照市西北五十里陈疃镇（原东陈疃）。明嘉靖《青州府志》卷11：沈疃集“在（日照）县正西七十里”。

沉香亭 唐长安兴庆宫内的亭阁。在兴庆池东北，今陕西西安兴庆公园内。徐松《唐两京城坊考》卷1载：“开元中，禁中初种木芍药，得四本，上因移于兴庆池东沉香殿前。”沉香亭遂以芍药闻名。李白《清平调》曰：“名花倾国两相欢，长得君王带笑看。解释春风无限恨，沈香亭北倚阑干。”

沉香阁 又名慈云禅院。在今上海市南市区沉香阁路。始建于明万历二十八年（1600），明末阁毁。清嘉庆六年（1810）重建。“文化大革命”期间，寺院遭到破坏。1989年开始修复，重现了明清时期的旧貌，主要建筑有天王殿、大雄宝殿、观音楼、牌楼等，其中牌楼保存了原有的石柱和部分构件。1996年定为全国重点文物保护单位。

沉（沈）香浦 又名投香浦。在今广东广州市西北三十里石门。《寰宇记》卷157广州南海县：沉香浦“在今县西北二十里石门之内。昔吴隐之清俭，罢郡，见妻箧中有沉香一斤，遂投于此水，后人谓之沉香浦，亦谓之投香浦”。

沉香溪 即今江西樟树市东南阁水。《方舆纪要》卷87临江府清江县：沉香溪“在府（治今临江镇）东五十里，即阁山水也。其左界水流会淦水，右界水流经清江镇南八九里，折而东，纡回入丰城县界，至小江口入（赣）江”。

沉（沈）犀山 ①即沉犀郡城。在今四川犍为县东南十八里。《寰宇记》卷74犍为县：“后周保定三年于沉犀山下置沉犀州。《益州地理志》云：昔有犀牛渡江到此山而沉，故以为名。至隋开皇三年废沉犀州于大鹿山下置犍为县。”

②在今四川犍为县东南。《寰宇记》卷74犍为县：沉犀山“在县（旧治）南五里。昔有犀牛渡到此沉水。一名沉犀滩”。嘉庆《犍为县志》卷2：沉犀山在“县西南二十里。赤壁峭临江岸，延长十余里，其下为龙泉三湾，所谓上有赤壁数丈，下有元水千尺。昔有犀牛渡江到此山而沉，故名。或谓李冰沉犀以压水怪处。山有沉犀洞，宋隐士王叔伦居此”。

沉（沈）犀河 在今四川什邡市、广汉县境。《清一统志·成都府一》：沈犀河“在什邡县西发源，曰平桥河，东南流四十五里径县城北，又十里入汉州界为沈犀河，又东南四十里至州城东北合雁江，又二十五里入石亭江”。

沉（沈）犀驿 在今四川犍为县。《方舆纪要》卷72犍为县：沉犀驿“在县城南，水驿也”。

沉（沈）犀城 在今四川犍为县东南十八里。《元和志》卷31犍为县：沉犀故城“在县东南三里”。《方舆纪要》卷72犍为县：沉犀城，“《志》云：后周保定初置沉犀郡治此，隋开皇初废。或曰即故犍为县故治”。

沉（沈）犀郡 北周保定三年（563）置，属戎州。治所在武阳县（今四川犍为县东南十八里岷江东岸）。《寰宇记》卷74犍为县：以沉犀山为名。“《益州地理志》云：昔有犀牛渡江到此山而沉，故以为名”。辖境相当今四川犍为、沐川等县地。隋开皇三年（583）废。

沉溪 在今湖南桃源县西南。《方舆纪要》卷80桃源县“邹溪”条下：“又沉溪在县西南五十里。源出安化县境，北流入沅江。”

沉黎驿 在今四川汉源县北清溪镇北。《方舆纪要》卷73黎州守御千户所：沉黎驿在“所治北二里。明初置”。

沁水 一名少水，即今山西东南部之沁河。源出沁源县北绵山二郎神沟，南流经安泽、沁水、阳城诸县，入河南济源市境，东流至武陟县南入黄河。《山海经·北山经》："谒戾之山，其上多松柏，有金玉。沁水出焉，南流注于河。"即此水。《汉书·地理志》上党郡谷远县："羊头山世靡谷，沁水所出，东南至荥阳入河。"颜师古注："今沁水至怀州武陟县界入河。此云至荥阳，疑传写错误。"

沁水县　①西汉置，属河内郡。治所在今河南济源市东北王寨。《水经·沁水注》："沁水又径沁水县故城北，盖藉水以名县矣。"北齐废。

②隋开皇十八年（598）改永宁县置，属泽州。治所即今山西沁水县。大业初属长平郡。唐属泽州。清雍正六年（1728）属泽州府。民国初属山西冀宁道。1930年直属山西省。

沁达兰卡伦　一作阿鲁沁达兰卡伦。清乾隆年间置，在今哈萨克斯坦塔尔迪库尔干东，阿拉套山北麓。清《塔尔巴哈台事宜》卷3：沁达兰卡伦"在莫多巴尔鲁克西南六十里"。

沁州　①隋开皇十六年（596）置，治所在沁源县（今山西沁源县）。《元和志》卷13："因州东沁水为名。"大业二年（606）废。唐武德元年（618）复置沁州，天宝元年（742）改为阳城郡，乾元元年（758）复为沁州。辖境相当今山西沁源县及安泽县北部地区。北宋太平兴国六年（981）废。

②金天会六年（1128）改威胜军置，治所在铜鞮县（今山西沁县）。辖境相当今山西沁源、沁县、武乡等县地。元属晋宁路。明、清以州直隶山西。1912年改为沁县。

沁阳市　1989年撤销河南省沁阳县，改设沁阳市，市人民政府驻怀府路。由焦作市代管。

沁阳县　1913年改河内县置，属河南豫北道。治所即今河南沁阳市。1914年属河北道。1927年直属河南省。1989年改设沁阳市。

沁阳驿　明置，在今山西沁源县。《清一统志·沁州》：沁阳驿"在州北郭外。今裁"。

沁阳城　在今河南武陟县西。《魏书·地形志》：汲郡山阳县"有沁阳城"。《水经·沁水注》："（怀）县北有沁阳城，沁水径其南而东注也。"

沁县　1912年改沁州置，属山西冀宁道。治所即今山西沁县。1930年直属山西省。

沁园　在今河南沁阳市东北沁水北岸。《清一统志·怀庆府二》：沁园"金时官僚宴会之所，有石图本。今废"。

沁河　在今河北邯郸市北。《清一统志·广平府一》"渚、沁二河"条："沁河在（邯郸）县北，其源亦有二：一在县西二十里曰岩嵛河；一在县西北二十里曰牛照河。二河皆出紫山，合流径县西北一里，又东绕县北入滏阳河。"

沁城　即今新疆哈密市东二百里沁城乡。清宣统《新疆图志》卷80哈密厅：沁城，"蒙语呼塔勒纳沁，言旷野有鸦，或云果子沟也。回语呼塔什伯拉克。塔什，石也，伯拉克，庙也。雍正初大将军岳钟琪始议屯垦于此。今驻守备，耕民百四十余户"。

沁南县　1941年10月晋冀鲁豫边区由沁水县析置，属太岳区。治南阳村（今山西沁水县西南南阳村）。1947年撤销，与士敏县合并，复置沁水县。

沁源县　北魏建义元年（528）置，为义宁郡治。治所即今山西沁源县。《元和志》卷13："因沁水为名。"隋开皇十六年（596）为沁州治，大业初属上党郡。唐复为沁州治。北宋属威胜军。金初属沁州，元光二年（1223）升为谷州。元复为沁源县，仍属沁州。民国初属山西冀宁道。1930年直属山西省。

決水　即今史河。为淮河支流。源出安徽金寨县西南牛山，名牛山河，北流经梅山镇，入河南固始县境，名史河，北流至县东北界入淮河。《汉书·地理志》庐江郡雩娄县："決水北至蓼入淮。"《水经·決水》："決水出庐江雩娄县南大别山，北过其县东，又北过安丰县东，又北入于淮。"

汜滻通　在今黑龙江省依兰县北三十里松花江中沙洲。民国徐曦《东三省纪略》卷3：松花江"距依兰三十里，江中有著名之沙洲，曰汜滻通。光绪十三年，前边防大臣吴大澂曾于其上建筑炮台五座。今圮废久矣"。

泐溪岩　在今广东乐昌市西北。《方舆纪要》卷102乐昌县：泐溪岩在"县西北三里。岩有石室，深三丈，广五丈余。《道书》以为七十二福地之一。其北五里，泐溪出焉，南流入武水"。

沇水　①在今山西垣曲县东。源出山西绛县东南历山，南流至垣曲县古城镇南，与亳清河汇流后入黄河。《方舆纪要》卷41垣曲县：王屋山"在县（按：治今县东南六十里古城镇）东北百里……沇水出焉"。即此。

②又作兖水，即济水。《尚书·禹贡》："导沇水，东流为济。"伪《孔传》："泉源为沇，流为济。"又《水经》："济水出河东垣县东王屋山，为沇水。又东至温县西北为济水。"皆以黄河以北济水之源为沇水。但《禹贡》、《史记·夏本纪》中兖州作沇州，沇州得名于沇水。《汉书·地理志》沇水自发源至入海，皆未提沇水改称济水之说，则沇水古义实指济水全流。近世黄河以北之济水仍通称沇河。

沇河镇　金置，属河阳县。在今河南孟州市东二十四里沇河村南。

完工　即今内蒙古陈巴尔虎西南呼和诺尔镇驻地完工。《清史稿·地理志》：呼伦直隶厅有"完工"车站，为中东铁路车站之一。"完工"，蒙古语意为"墓地"。因附近有坟墓群，故名。

完水　又名望建河。即今内蒙古呼伦贝尔市之额尔古纳河及黑龙江，为中俄界河。《魏书·乌洛侯传》：乌洛侯国"西北有完水，东北流合于难水，其地小水皆注于难，东入于海"。

完达山　①在今黑龙江东部，属长白山脉。清光绪《吉林通志》卷19："完达山，与万达同。梯子也。"民国徐曦《东三省纪略》卷3：完达山，"此山脉接长白山正脉，绵亘于吉省之东北部，其方向自西南而东北，走瑚尔哈河与兴凯湖之间，达于混同，乌苏两江之会口。其脉暗接于黑龙江省境内之东兴安岭山脉”。

②又作万达山。即今俄罗斯哈巴罗夫斯克边疆区黑龙江下游伯力西北之完达山。清光绪《吉林通志》卷19：完达山位“三姓界，距吉林城东北二千三百五十里”。

完州 金贞祐二年（1214）改永平县置，治所即今河北顺平县。元属保定路，世祖至元二年（1265）复为永平县，寻升为完州。明洪武二年（1369）改为完县。

完县 明洪武二年（1369）改完州置，属保定府。治所即今河北顺平县。民国初属直隶保定道。1928年直属河北省。1993年改名顺平县。

完都鲁山 即今俄罗斯哈巴罗夫斯克（伯力）北之万丹山。《金史·地理上》上京路：“其山有长白、青岭、马纪岭、完都鲁。”

完颜希尹家族墓地 在今吉林舒兰市东南五十里小城镇东村。是金代开国元勋、尚书左丞相兼侍中完颜希尹及其家族的墓地。墓地范围长十里、宽三里，分五个墓区。完颜希尹墓在第二墓区。完颜希尹是金初著名政治家、女真文字的创造者。后因统治者内部斗争，于熙宗天眷三年（1140）被赐死。三年后平反昭雪，先后追封为豫王、金源郡王，谥贞宪，改葬于此。在死后三十余年之后，大定十七年（1177）在墓旁敕建完颜希尹神道碑，龙首龟趺，正背两面均有汉字，计二千八百余言，是研究金史的重要资料。2001年定为全国重点文物保护单位。

宋 ①西周封国。子姓。始封之君为商纣王之庶兄微子启，都商丘（今河南商丘市南）。春秋时宋、楚争霸，泓之战，宋襄公为楚成王所败，国势大减。战国时君偃自立为王，迁都彭城（今江苏徐州市）。东败齐，南败楚，西败魏，国势甚张。公元前286年灭于齐。

②春秋时宋子国，在今河北赵县东北二十五里宋城村。《路史·国名纪》：宋“春秋有宋子，乃小国。今赵之平棘有宋子故城，汉之宋子县，非微子国封”。

宋广县 南朝宋置，属合浦郡。治所在今广西灵山县西南陆屋镇。梁为宋广郡治。隋开皇十七年（597）改为新化县。

宋广郡 南朝梁置，属安州。治所在宋广县（今广西灵山县西南陆屋镇）。隋开皇九年（589）平陈后废。

宋门镇 即今河北景县西北三十里温城乡北宋门村。明置巡司于此。

宋子 战国赵邑。在今河北赵县东北二十五里宋城村。《史记·燕召公世家》：燕王喜四年（前251），栗腹伐赵，“至宋子”。同书《刺客列传》：秦灭燕，“高渐离变名姓为人庸保，匿作于宋子”。《正义》：“宋子故城在赵州平棘县北三十里。”即此。秦置县。

宋子县 秦置，属巨鹿郡。治所在今河北赵县东北二十五里宋城村。东汉废。北魏永安二年（529）复置。北齐废。隋开皇初复置，属栾州。大业初废。

宋丰（豐）县 南齐置，属合浦郡。治所在今广西合浦县境。后废。

宋元县 ①南朝宋置，属乐昌郡。治所在今广东四会市北。隋大业初废。

②南朝宋元嘉二十七年（450）改宋安县置，为新会郡治。治所在今广东江门市新会区境。南齐后废。

宋瓦江 ①即今松花江上、中游，在吉林及黑龙江省西南部。源出长白山，东北流汇黑龙江。《金史·地理志上》上京路：“水有按出虎水、混同江、来流河、宋瓦江、鸭子河。”

②即今松花江及黑龙江下游。《元一统志辑本》卷2：混同江“俗呼宋瓦江。源出长白，北流经旧建州西五十里，会诸水东北流，经故上京，下达五国头城北，又东北注于海”。

宋中 河南商丘附近地区的别称。唐高适《宋中十首》诗有曰：“梁王昔全盛，宾客复多才。悠悠一千年，陈迹唯高台。”

宋水县 ①唐置，属羁縻宋州。治所在今四川兴文县东境。后废。

②唐置，属羁縻扶德州。治所在今四川珙县南。后废。

宋公国 又名宋国。东汉建初四年（79）改新郪县置，属汝南郡。治所在今安徽太和县北六十里倪丘镇附近。三国魏改为宋县。

宋玉井 又名楚贤井。在今湖北钟祥市区内兰台东侧。传系楚大夫宋玉故宅遗井。唐代淤废，诗人杜牧曾作《废井文》。《舆地纪胜》卷84郢州：宋玉井“在旧州学前犓木山之后”。又载：楚贤井“在城东。旧传即宋玉宅。俗名琉璃。亦名宋玉井”。《明一统志》卷66安陆州：楚贤井“在璊木山下。楚宋玉凿。亦名宋玉井。宋郡守张孝曾建亭，名曰楚贤”。明初重修，清顺治间两次修葺。1983年整修，1984年重建久圮的井亭。

宋玉城 ①北魏置，在今安徽太和县北七十里。《方舆纪要》卷21颍州太和县：宋玉城，“玉，后魏将也。齐建元初，魏遣宋玉、刘旭攻寿阳，筑城于此以屯兵，因名”。

②在今湖南临澧县东二十里。《舆地纪胜》卷70澧州：宋玉城“在澧阳县南六十里长乐乡。有宋玉庙，有铜昏堰，皆以铜冶为之。今亩收三十钟”。

宋平县 ①南朝宋孝武帝时置，属九德郡。治所在今越南河内市。后改为宋平郡。

②隋开皇九年（589）改宋平郡置，属交州。治所在今越南河内市。大业初为交趾郡治。唐为交州、安南都护府治。唐末废。

宋平郡 南朝宋置，属交州。治所在今越南河内市。南齐治所在昌国县（今河内市）。辖境相当今越南河内市一带。隋开皇九年（589）平陈后废。

宋卡 旧作孙姑那。即今泰国南部马来半岛东岸之宋卡。清谢清高《海录》："宋卡国在暹罗南少东，由暹罗陆路十七八日，水路东南行顺风五六日可到。疆域数百里。陈伦炯《海国闻见录》作宋脚，缘闽语谓脚为卡，故讹。"

宋丘县　南齐置，属南汝阴郡。治所在今安徽合肥市附近地。后废。

宋宁郡　南朝宋元嘉十年（433）免吴营侨置，属益州。寄治成都（今四川成都市）。齐改为永宁郡。

宋西县　南齐置，属百梁郡。治所在今广西合浦县东北境。隋开皇初废。

宋师岭　在今广东海丰县东。《方舆纪要》卷103海丰县：宋师岭"在县东二十里"。

宋庄驿　明置，在今甘肃合水县东。《方舆纪要》卷57合水县：宋庄驿"在县东六十里"。清废。

宋州　①隋开皇十六年（596）置，治所在睢阳县（后改宋城县，在今河南商丘市南）。大业三年（607）改为梁郡。唐武德四年（621）复为宋州。天宝元年（742）改为睢阳郡，乾元元年（758）复为宋州。辖境相当今河南柘城、夏邑以北，睢县以东，山东曹县、单县以南，安徽砀山县以西地。北宋景德三年（1006）改为应天府。

②唐置羁縻州，属泸州都督府。治所在今四川兴文县（中城镇）东南。北宋以后废。

③唐武德四年（621）置，治所在宋平县（今越南河内市）。辖境相当今越南河内市及其附近地区。六年（623）改为南宋州。贞观元年（627）废。

宋江　①即今四川兴文县东境之古宋河。《方舆纪要》卷72泸州卫：宋江"在卫治东。《志》云：源出大坝儿北洞，即今叙州府兴文县界也……北流径江门驿，至纳溪而注于大江"。光绪《泸州志》卷2：宋江，"《唐志》云：泸州督羁縻宋州，水盖以州得名也。康熙四十年，长官司任嗣业捐俸疏凿，可通盐艖"。

②即今四川苍溪县东之东河。《明史·地理志》苍溪县："大获山在东，宋江环其下。"《方舆纪要》卷68苍溪县：宋江"在县东。源出陕西汉中府南废廉水县界，流至此，下流入嘉陵江"。

宋兴郡　南朝宋元嘉十年（433）改建平营置，属益州。治所在南汉县（今四川成都市北三十里）。《宋书·刘道济传》：赵广等起义，"道济惶惧，乃免吴兵三十六营为平民，分立宋兴、宋宁二郡"。齐改为安兴郡。

宋安县　①南朝宋置，属宋熙郡。治所在今四川苍溪县东北一百里岐坪镇。西魏废帝三年（554）改为岐坪县。

②南朝宋元嘉九年（432）置，属新会郡。治所在今广东江门市新会区境。元嘉二十七年（450）改名宋元县。

③南朝宋大明八年（464）置，属义阳郡。治所在今湖北广水市东北。明帝时改置宋安郡。

④南朝梁置，属光州宋安郡。治所在今河南光山县西南。北齐为宋安郡治。隋开皇三年（583）废。唐武德三年（620）复置，为谷州治。贞观元年（627）废。

⑤东魏兴和中置，为广陵郡治。治所在今河南息县。北周废。

宋安郡　①南朝宋泰始六年（470）置，属湘州。治所在今广东连州市西北。泰豫元年（472）废。

②南朝宋置，属荆州。治所在乐宁县（今湖北广水市东北）。大明八年（464）改置宋安县。明帝泰始初升为宋安郡。后废。南齐复置，北魏属南司州。隋开皇初废。

③南朝梁置，属光州。治所在乐宁县（今河南光山县西南）。北齐移治宋安县（今光山县西南）。隋开皇三年（583）废。

④东魏置，属南司州。治所在东宁县（今湖北英山县东北）。辖境相当今湖北英山县地。北齐属郢州。北周属申州。隋开皇初废。

宋农洞　明置，属酉阳宣慰司。治所在今重庆市秀山土家族苗族自治县东北七十五里宋农乡（宋农场）。《明史·四川土司传》：弘治十二年（1499），"邑梅副长官杨胜刚父子谋据酉阳，结俊倍洞长杨广震等，号召宋农、后溪诸蛮，聚兵杀掠"。

宋寿县　隋开皇九年（589）改宋寿郡置，为安州治。治所在今广西钦州市东北三十里久隆镇。十八年（598）改为钦江县。

宋寿郡　南朝宋置，属交州。治所在今广西钦州市东北三十里久隆镇。南朝梁武帝于郡置安州。隋开皇九年（589）平陈后废。

宋村集　即今山东文登市南宋村镇。清光绪《文登县志》卷3《坊市》："西南三十里曰宋村集。"

宋村镇　一作宋邨。在今河南宝丰县东南三十五里。《方舆纪要》卷51："宋建炎四年，牛皋邀败金人于宋村。"即此。

宋县　①三国魏改宋公国置，属谯郡。治所在今安徽太和县北六十里倪丘镇附近。西晋后废。北魏太和元年（477）复置。北齐废。

②南朝宋侨置，属南新蔡侨郡。治所在今湖北黄梅县西。梁废。

③南朝宋侨置，属南汝阴郡。治所在今安徽合肥附近地。南齐因之。后废。

④南朝梁置，属汝阴、弋阳二郡。治所在今安徽颍上县西南南照集北。北齐废。

宋国故城　在今河南商丘市睢阳区旧商丘县城南。又称睢阳旧址。因在古睢水北岸，故称睢阳城。周武王灭殷商之后封殷纣王庶兄微子启于宋，建此宋都城。宋国曾是春秋五霸之一。宋城的内城设六门。宋被齐灭后，宋城一度衰落，至汉文帝前元十二年（前168）封少子刘武为梁孝王，又在宋城建都筑梁苑。城周长达70华里。西汉以后梁国被废，睢阳城由都城降为郡治，因是江淮黄河咽喉之地，唐时仍很繁华。后曾为北宋之南京城。此城周十五里有余。明弘治十五年（1502）古城被黄河水所淹，于是睢阳城北墙被改成明归德府城之南墙；到清代时，宋元睢阳城旧址乃清晰可辨。2006年定为全国重点文物保护单位。

宋昌县 ①南朝宋末置，属九德郡。治所在今越南义安省境。南齐废。

②唐武德五年（622）置，属齐州。治所在今广东怀集县西北。贞观元年（627）废。

宋和县 南齐置，属高兴郡。治所无考，当在今广东化州、廉江、遂溪等市县境。隋开皇时废。

宋河镇 即今湖北京山县东北五十里宋河镇。清置巡司于此。

宋建郡 南朝宋元嘉中置，治所在开建县（今广东封开县南丰东）。大明元年（457）废。

宋城县 ①南朝宋置，属汝阴郡。治所当在今安徽阜阳市境。后废。

②隋开皇十八年（598）改睢阳县置，为宋州治。治所在今河南商丘市南一里。大业三年（607）为梁郡治。唐武德四年（621）为宋州治。北宋景德三年（1006）为应天府治。大中祥符七年（1014）定为南京。金为归德府治，承安五年（1200）改为睢阳县。南宋绍定元年（1228）复为宋城县，仍为归德府治。元改为睢阳县。

宋城镇 在今北京市顺义区东北。《方舆纪要》卷11顺义县：“宋城镇在县东北二十里，唐所置戍守处。”

宋泰县 南朝宋末置，属九德郡。治所在今越南义安省境。南齐废。

宋都思 元代西藏地名。在今西藏日喀则市境。《汉藏史集》（藏文版）载：元朝设宣政院，在藏（即后藏）置驿站四个，宋都思为藏四大驿站之一。

宋桂墟 又作宁坡堡。即今广东郁南县东南宋桂镇。宋桂水由此入南江。清同治《广东图说》卷81东安县：“宁坡堡，城西北七十里。内有小树四：曰宋桂……”

宋郭镇 金置，属武陟县。即今河南武陟县西北宁郭镇。《清一统志·怀庆府二》：安郭驿“旧名宋村。本隋祭酒宋通居第，后为宋郭镇”。

宋站 即今黑龙江省肇东市西北宋站镇。民国《黑龙江志稿》肇东县图：县北有宋站。

宋家村堡 即今河北邢台县西北八十五里宋家庄乡。《清一统志·顺德府二》：宋家村堡“在（邢台）县西北百余里。俱明时大名兵备道防秋处”。

宋家泊堡 明置，属汎河千户所。即今辽宁铁岭县西南四十五里宋家泡。《方舆纪要》卷37铁岭卫：宋家泊堡“在汎河所西十里”。

宋家营 即今河北唐山市丰南区东南二十里宋家营。清光绪《丰润县志》卷9：宋家营“相传唐太宗征辽，建营于此，于南设煅炉，制造兵甲，皆送于此收贮，故名送甲营。今名宋家营”。

宋陵 在今河南巩义市西南坞罗河两侧的黄土丘陵上。北宋九个皇帝除徽、钦二帝被金所虏囚死漠北外均葬此。乾德元年（963）太祖赵匡胤之父赵弘殷的陵墓由汴京迁此，共为七帝八陵，统称北宋八陵或巩县八陵，即宣祖赵弘殷永安陵、太祖赵匡胤永昌陵、太宗赵光义永熙陵、真宗赵恒永定陵、仁宗赵祯永昭陵、英宗赵曙永厚陵、神宗赵顼永裕陵、哲宗赵煦永泰陵。皇陵除附葬二十余位皇后外，还有三百多座宗室及王公大臣的陪葬墓，形成庞大的陵墓群。北宋灭亡后，巩县诸陵均遭金人发掘，墓内宝物多被洗劫一空，但仍不失为研究宋代社会及文化艺术的珍品。1982年定为全国重点文物保护单位。

宋埠 即今湖北麻城市西南五十二里宋埠镇。民国《湖北通志》卷73《兵事》：清同治二年（1863）四月，“舒保马队抵宋埠”。民国时有县佐驻此。

宋埠市 即今湖北麻城市西南宋埠镇。《清一统志·黄州府二》：宋埠市“在麻城县西南六十里，滨河，为水陆要冲”。民国置县佐于此。

宋教仁墓 在今上海市闸北区共和新路闸北公园内。宋教仁（1882—1913）字遯初，号渔父，湖南桃源人。近代民主革命家。1905年加入同盟会，1911年初在上海主持《民立报》。辛亥革命后，任法制院总裁、农林总长、国民党代理理事长等职。因主张成立责任内阁以制约袁世凯，1913年3月被袁派人刺杀于上海。1914年建墓。1924年6月拓地百余亩建陵园，称宋公园。墓前石碑镌刻“宋教仁先生之墓”，墓园正中立宋教仁石像。

宋曹邨 即今河北元氏县东南宋曹镇。《清一统志·正定府二》：宋曹村集“在元氏县东南二十里，其西有堡，周一里许，明成化中堡”。

宋崇水 即今广东高要市东宋隆河。《方舆纪要》卷101肇庆府高要县：宋崇水在“府东南九十里。西北流，至府南（东）二十五里宋崇渡口入大江。有鸬鹚峡水注焉，本名宋隆，以故郡为名。唐讳隆曰崇。《志》云：鸬鹚峡水源出高明县老香山，经府东金鸡营，亦名金鸡水，其下流分二派，一合宋崇水，一合都含水，入大江”。

宋脚 即宋卡。今泰国南部马来半岛东岸之宋卡。清陈伦炯《海国闻见录·南洋记》作宋脚。

宋康县 ①南朝宋侨置，属南宕渠郡。治所在今四川南充市北。梁废。

②隋开皇十年（590）改广化县置，属高州。治所在今广东阳西县东北。十八年（598）改为义康县。

宋康郡 南朝宋元嘉九年（432）以高凉郡西部置，属广州。治所在广化县（今广东阳西县东北）。南齐辖境相当于今广东阳西县及电白县部分地。隋开皇九年（589）平陈后废。

宋隆郡 南朝宋元嘉二十七年（450）改宋熙郡置，属广州。治所在平兴县（今广东佛山市高明区西南更楼镇西北古城）。孝建中又改为宋熙郡。南齐建元三年（481）复名宋隆郡。隋开皇时废。

宋楼镇 北宋置，属尉氏县。在今河南长葛市东北十里铺。金兴定二年（1218）升为洧川县。

宋溪　在今江西横峰县南。《方舆纪要》卷85广信府兴安县：宋溪"在县南。源出灵山，西流入上饶江。《旧志》：溪东去府城八十里"。

宋熙水　亦名东游水。即今四川苍溪县东北之东河。《寰宇记》卷86苍溪县：东水"一名宋熙水。西北自利州界来，南流经县东四十里，又东流入阆中县界"。以水经宋熙郡而名。

宋熙郡　①南朝宋武帝置，属梁州。治所在兴乐县（今四川旺苍县西南嘉川镇）。辖境相当今四川旺苍县及苍溪县东北、广元市东南部地。南朝梁属黎州。西魏属利州，改县为嘉川。隋开皇三年（583）废。

②南朝宋元嘉十八年（441）置，属广州。治所在平兴县（今广东佛山市高明区西南更楼镇西北古城）。元嘉二十七年（450）改名宋隆郡，孝建中复名宋熙郡。南齐建元三年（431）复为宋隆郡。

宋澄堡　明置，属宁夏前卫。即今宁夏永宁县西南宋澄堡。

宋璟墓　在今河北沙河市北洛阳乡驻地东户村。宋璟（663—737），邢州南和人，唐政治家。曾任尚书、右丞相，封广平郡公，谥文贞。开元二十五年（737）卒于洛阳，次年归葬沙河祖茔。唐大历五年（770）颜真卿据吏部员外郎卢僎行状撰写碑文，于大历七年刻成，立于宋璟墓地。《清一统志·顺德府》：宋璟墓"在沙河县（城关）西北八里"。2006年宋璟碑被定为全国重点文物保护单位。

宏仁桥　一作弘仁桥。在今北京市通州区西南四十四里，跨凉水河上。《清一统志·顺天府四》：宏仁桥"旧名马驹桥。明天顺七年改建，赐名。长二十五丈，为洞九，以酾水"。明于此置巡司。

宏化县　即弘化县。治所在今甘肃庆城县北。《方舆纪要》卷57作宏化县。

宏化郡　即弘化郡。治所在岩绿县（今陕西靖边县北红墩界镇白城子，即统万城）。《寰宇记》卷37夏州："（魏）孝文太和十一年改置夏州。西魏置宏化郡。至隋开皇初复为夏州。"

宏风县　即弘风县。治所即今陕西延川县东南延水关镇。《方舆纪要》卷57肤施县：延水城"（唐贞观）二十三年改安人县为宏风县。神龙元年改为延水县"。

宏圣寺　在今云南大理市西北。《清一统志·大理府》：宏圣寺"在太和县（今大理古城）西南十三里苍山七峰之麓。中有一塔最高，名一塔寺。明杨慎《游记》：考之史传，为隋文帝时建。俗名阿育王塔"。

宏阳镇　①亦作弘阳镇。在今北京市延庆县西南三十里。《资治通鉴》：唐武德六年（623），"高开道所部弘阳、统漠二镇来降"。

②在今河北保定市西北。《方舆纪要》卷12保定府清苑县：宏阳镇"在府西北。《志》云：唐初高开道复以蔚州叛，数侵易、定，尝置镇于此"。

宏村　在今安徽黟县东北二十五里宏村镇，北通太平等地，始建于南宋绍熙初（1190）。现存独具特色的古村落布局较为完整，古民居建筑也较多。

宏村古建筑群　在今安徽黟县城东北二十里。为明、清、民国时期徽州民居建筑群。南宋绍兴元年（1131）始立村。古村落沿曲折小溪两岸和月沼、南湖分布，形似横卧水牛。现有明清建筑一百零三幢，民国时期建筑三十四幢。民居建筑均八字形照壁，砖雕门罩，木雕门扇，天花有彩绘，精雕细刻，异常华丽。尤以清代盐商营建的承志堂、敬修堂最为典型。2001年定为全国重点文物保护单位。2000年被联合国教科文组织列入世界文化遗产名录。

宏村市　即同安镇。今江西黎川县西南宏村镇。

宏济桥　亦作弘济桥。俗称东桥。在今河北永年县东南城关镇（旧永年）东五里。东西横跨在滏阳河上。为单孔圆弧敞肩石拱桥。《清一统志·广平府》：宏济桥"在永年县（旧城）东五里。亦名马头桥"。

宏赐堡　一名弘赐堡。在今山西大同市北四十五里宏赐堡村。《方舆纪要》卷44大同府：宏赐堡"在得胜堡东二十里。嘉靖十八年置，万历二年增修。周四里有奇，分边十九里零"。

宏道镇　即今山西定襄县北宏道镇。民国时有县佐驻此。

宏路驿　元至元间置，属福清县。即今福建福清市西宏路镇。明、清亦置巡司于此。

宏路站　元置，在今福建福清市西宏路镇。

宏静县　即弘静县。在今宁夏永宁县南望洪镇附近。王仲荦《北周地理志》卷1："按《隋图经》云，宏静县本汉城，居河外三里，乃旧薄骨律仓城也。后魏立宏静镇，徙关东汉人以充屯田，隋立为县。"

宏静镇　即弘静镇。在今宁夏永宁县南望洪附近。王仲荦《北周地理志》卷1："廻乐县有宏静镇。……按《隋图经》云，宏静县本汉城……后魏立宏静镇，徙关东汉人以充屯田，隋立为县"。

宏潭镇　即今安徽黟县西北宏潭乡。旧属太平县，明置巡司于此。

宏徽殿　唐东都宫殿。在今河南洛阳市隋唐故城内。《元河南志》载：宏徽殿"在流杯殿之北"。

牢山　①即劳山，或作崂山。在今山东青岛市崂山区东北。《魏书·地形志》：不其县有"牢山"。《新唐书·姜抚传》："抚内惭悸，请求药牢山，遂逃去。"即此。

②当在今新疆吉木萨尔县北，一说在今托克逊县西北。《新唐书·突厥传下》："处月朱邪孤注者，引兵附贼，据牢山，（梁）建方等攻之，众溃，追行五百余里。"

牢水　又名新江。即今广东新兴县北新兴江，为西江支流。《汉书·地理志》合浦郡临允县："牢水北入高要（今肇庆市）入郁（今西江），过郡三，行五百三十里。"王先谦《汉书补注》："上'入'当为'至'，'郡三'当作'郡二'；合浦，苍梧。"

又云："疑志文五百三十里，'五'字有误。"《清一统志·肇庆府》：新江"俗谓之牢水。自新兴县东北流入高要县，南入西江。……《新兴县志》：县南泸溪诸水，流经县城东，又北流合锦山水，谓之新江。又北五十里至东安县腰古驿，又北九十里出高要县界入西江，曰新江口。按新江出新兴，为古临允县地，其入江处又适在高要，故说者以为即古牢水"。

牢石坡 亦名信石山。在今广西玉林市东南二里。《旧唐书·地理志》南流县：牢州"以牢石为名。牢石高四十丈，周二十里，在州界也"。

牢兰海 即盐泽。今新疆罗布泊。《水经·河水注二》：南河"其水东注泽，泽在楼兰国北扜泥城，故彼俗谓是泽为牢兰海"。《山海经》作泑泽。《史记·大宛传》作盐泽。《汉书·西域传》、《新唐书·地理志》作蒲昌海。

牢州 ①唐武德中置，治所在义泉县（今贵州湄潭县）。贞观十六年（642）废。

②唐贞观十一年（637）改智州置，治所在南流县（今广西玉林市)。《旧唐书·地理志》：牢州"以牢石为名"。后废。乾封三年（668）复置，天宝元年（742）改为定川郡，乾元元年（758）复为牢州。辖境相当今广西玉林市大部分地区。北宋开宝七年（974）废。

③唐贞观二十二年（648）置，治所在松外县(在今四川盐边县西北渔门镇)。辖境相当今四川盐边县及攀枝花市北部地。永徽三年（652）废。

牢固关 在今陕西宁强县西南。《清一统志·汉中府二》"铁锁关"条下："又牢固关，在州南四十里。"

牢城关 南宋置，在今福建尤溪县北。《方舆纪要》卷97延平府尤溪县"高才坂镇"条："《志》云，县后崇岭上有牢城关。宋建炎三年，范汝为率其党入寇，邑人以此岭接高源岭南抵小村岭，沿山一带易为寇径，因设关置寨以守之。既而贼党自沙县来犯，果欲从此突入，为土兵所败。"

穷 又作穷谷。春秋楚地。在今安徽霍邱县南沣河侧。《左传》：昭公二十七年（前515），楚左司马沈尹戌率师"与吴师遇于穷"。宋元人注：穷水（今南沣河）出安丰县穷谷，即楚与吴师遇处。

穷水 亦称安风水、丰水。即今安徽霍邱县西南都沣河。《左传》：昭公二十七年（前515），楚救潜，左司马沈尹戌"与吴师遇于穷"。杜注："穷，《水经注》：穷水出安丰县穷谷。"《水经·淮水注》："淮水又东北，穷水入焉。水出六安国安风县穷谷。……川流泄注于洪水之右，北灌安风之左，世谓之安风水，亦曰穷水。"

穷石 传说夏代有穷后羿所迁。《左传·襄公四年》：魏绛对曰："后羿自鉏迁于穷石。"其地说法各异：(1) 即穷谷，在今河南洛阳市南五十里。《史记·夏本纪》正义引《括地志》："河南有穷谷，盖本有穷氏所迁也。"(2) 在今安徽寿县西南。《路史·国名纪》："今寿之安丰有穷谷、穷水。即穷石。"(3) 在今山东平原县西北。《水经·河水注》：大河故渎"西流径平原鬲县故城西……故有穷后羿国也"。

穷石山 一名兰门山。即今甘肃祁连山。《楚辞·离骚》："夕归次于穷石。"《淮南子·墬形训》："弱水出穷石。"

穷来埲 在今贵州荔波县东。《清一统志·都匀府》"蒙石埲"条下："又穷来埲，在县东。旧皆置土巡检。"

穷谷 即穷石。在今河南洛阳市南五十里。

穷陂 即今安徽霍邱县西南城西湖的前身。《水经·淮水注》：穷水"流结为陂，谓之穷陂"。会贞按："今霍邱县西南有洪塘湖，县西有西湖，尤大，皆丰河水所汇，盖穷陂之变名也。"

穷鱼丘 在今河北涞水县西。《水经·巨马河注》引《竹书纪年》曰："荀瑶伐中山，取穷鱼之丘。"《水经注》曰："涞水又东北径西射鱼城东南，而东北流，又径东射鱼城南，又屈径其城东。"认为"穷、射字相类，疑即此城"。

穷独山 又名马头山。在今河北易县北二十里马头。《水经·易水注》：濡水"出故安县西北穷独山南谷"。即此。

穷桑 在今山东曲阜市北。《左传·昭公二十九年》：少皞氏"世不失职，遂济穷桑"。杜注："地在鲁北。"《史记·周本纪》《正义》引《帝王世纪》："少昊邑于穷桑以登帝位，都曲阜。"

〔丶フ〕

良 春秋吴邑。在今江苏新沂市西南沂水东。《左传》：昭公十三年（前529)，"晋侯会吴子于良，水道不可，吴子辞，乃还"。西汉于此置良成侯国。

良口墟 即今广东从化市（街口镇）东北良口镇。清设流溪巡司于此。

良口镇 即今江西万安县东南五星河入赣江之口良口。清同治《江西全省舆图》卷7万安县："《府志》载：水路上一百二十七里至良口市，赣州府赣县交界。"

良山 ①亦名狼山。在今河北怀安县（柴沟堡镇）南。《方舆纪要》卷18怀安卫："良山在卫西十五里。旧名狼山。《志》云：魏主珪天赐二年如狼山，至于延水。《志》以为即此狼山也。"明永乐中，车驾驻此，因改今名。

②即今山东梁山县南梁山。《史记·梁孝王世家》：梁孝王"北猎良山"。《正义》引《括地志》云："梁山在寿张县南三十五里，即猎处也。"《方舆纪要》卷33东平州：梁山"本名良山，汉梁孝王常游猎于此，因改为梁山"。

③在今湖南汉寿县西南。《明一统志》卷64常德

府：良山“在龙阳县西南七十里。良水出焉”。

良山县 唐天宝元年（742）改安固县置，属咸安郡。治所在今四川营山县东北三十三里安固乡群力村。乾元初属蓬州。贞元元年（785）移治营山歇马馆，宝历元年（825）废入蓬池县，大中中复置。北宋熙宁五年（1072）废入伏虞县，南宋建炎二年（1128）复置。元世祖至元二十年（1283）省入营山县。

良山镇 北宋置，属伏虞县。在今四川营山县北。明曹学佺《蜀中广记》卷54营山县：“《志》云，三十里有良山镇。县址为兴福寺。”

良马寨 在今山西安泽县东北四十里良马村。《资治通鉴》：唐会昌四年（844），“石雄拔良马等三寨一堡”。即此。

良乡县 ①西汉置，属涿郡。治所在今北京市房山区西南窦店西古城。民国《良乡县志》卷1：“以其人物俱良名。”北齐天保七年（556）省入蓟县。武平六年（575）复置，属涿郡。唐圣历元年（698）改名固节，神龙元年（705）复名良乡县。五代唐长兴三年（932）移治今房山区良乡镇，属幽州。辽属析津府。金属大兴府。元属大都路。明、清属顺天府。1914年属京兆地方。1928年直属河北省。1958年划归北京市，不久废为镇。

②北周分安宁县东部置，属绥州安宁郡。治所在今陕西绥德县东。隋大业三年（607）省入上县。

良丰（豐）墟 在今广西桂林市南四十五里良丰村。清嘉庆《临桂县志》卷11：良丰墟“离城四十五里。有高桥仙迹”。

良王庄 即今天津市静海县东北二十四里良王庄乡。清于此设把总驻守。同治《静海县志》寅集：“良王庄把总汛分管卫河，东岸自天津县胡羊庄起，南至田家堤止，计长四十里。西岸北自埝坨咀起南至乔家堤止，计长四十九里。”旧为津浦铁路良陈支线的起点站。

良天坡 即梁田坡。在今陕西华县西南。《资治通鉴》：唐中和三年（883），黄巢将“尚让等将十五万众屯于梁田坡”。胡三省注：“《旧书》作良天坡。”

良冈山 即今福建长泰县西北良冈山。其脊大石层列，高危险峻，亘十余里，为县之主山。明《寰宇通志》卷47漳州府：良冈山“在长泰县北石铭里。山有泉，遇旱祷雨即应。山麓有良冈寺”。

良化县 唐武德四年（621）置，属番州。治所在今广东韶关市曲江区西南。寻属东衡州。贞观八年（634）废入曲江县。

良文港 即文良港。又名龙门港。即今台湾澎湖县澎湖岛东龙门村。清设文良港汛。光绪二十一年（1895）二月二十七日，日舰先佯攻妈祖宫炮台，实从良文港登岸，清兵大败，即此。

良田屯堡 明洪武二十五年（1392）置，属保安州。在今河北怀来县（沙城）西北良田屯村。

良田市 即今湖南郴州市南六十里良田镇。清置巡司于此。

良禾岭 在今安徽东至县东南境，接祁门县界。明嘉靖《池州府志》卷1：良禾岭“在（建德）县东四十五里。径入祁门。下五里有龙池洞，高敞如室。前有三石，池水注悬崖，如瀑布然”。

良禾岭巡司 明置。在今安徽祁门县西九十里良和。《明史·地理志》祁门县：“西南有良禾岭巡检司，后移于苦竹港。”

良民甸子 即今吉林集安市东北良茂。民国《辑安县志》卷2：“良民甸子在城东北一百里。”旧址在鸭绿江边，1962年被云峰水库淹没后迁今址。

良成县 东汉改良成侯国置，属下邳国。治所在今江苏新沂市西南沂水东。西晋改为良城县。

良成侯国 西汉置，属东海郡。始元五年（前82）封鲁安王子文德为良成侯。治所在今江苏新沂市西南沂水东。东汉改为良成县。

良光墟 即今广东化州市西南良光镇。清光绪《高州府志》卷10化州：良光在“州南四十里”。

良各庄 即今河北易县西北梁各庄镇。《清一统志·易州》：良各庄“在州城西十五里。为展谒泰陵往来孔道，建有行宫”。

良庆墟 在今广西南宁市邕宁区西良庆镇。民国《邕宁县志》卷2：良庆墟“滨河转运便利，颇盛”。

良安县 即梁安县。南朝梁置，治所在今安徽绩溪县城东后外村。

良村 即今广东江门市新会区东北荷塘镇（良村市）。清光绪《广州府志》卷69：新会县“墟市”有良村市。

良余（餘）山 ①即今安徽肥西县西之紫蓬山。《水经·肥水注》：“肥水出良余山，俗谓之连枷山。”

②在今陕西华阴市西南。《水经·渭水注》：余水“南出良余山之阴，北流入于渭”。《寰宇记》作“粮余山”。

良沟泉 在今陕西武功县西北武功镇北。《方舆纪要》卷54武功县：良沟泉“在县（今武功镇）北十五里。永乐初，泉涌于此，引以溉田，大为民利”。

良陈支线 又称陈唐庄支线。从天津市静海县东北良王庄向东至天津市东南唐庄。长25.5公里。为津浦铁路支线。清光绪三十四年（1908）动工修筑，宣统二年（1910）建成。1958年被拆除。

良非川 今青海共和县之恰卜恰河。《新唐书·吐蕃传》：调露元年（679），“赞婆、素和贵率兵三万攻河源，屯良非川。（李）敬玄与战湟川，败绩”。

良国县 南齐置，为隆川郡治。治所在今广西北流市东南六靖镇。南朝梁改为陆川县。

良周遗址 在今陕西澄城县北刘家洼乡良周村北，为秦汉大型宫殿遗址。中心区为一壕沟环绕成长方形，此范围内遗迹密集，出土文物较多。其东部偏北有一座建筑基址，平面呈长方形，面积较大，发现多处柱础石，另见有云纹瓦当、砖。筒瓦、板瓦上有“犬亭”、“大匠”等陶文戳记。在壁纹空心砖、滴水砖、铺地砖上有“貌宫”、“宫”、“与天无级”等字。良周遗址内涵丰富、保存较好，对研究秦汉时期关中地区行宫布局、建筑结构及其用途有较高的历史价值。2001年定为全国重点文物保护单位。

良城县　①西晋改良成县置，属下邳国。治所在今江苏新沂市西南沂水东。北齐天保七年（556）废。

②隋开皇十一年（591）改武原县置，属邳州。治所在今江苏邳州市西北郁山头南泇口。大业初属下邳郡。唐初属邳州，贞观元年（627）废。

良峒营　即今广东新兴县西北良洞径林场。《方舆纪要》卷101肇庆府新兴县：良峒营，“《旧志》云：在县西北三十里，嘉靖三十七年设”。

良峒墟　即今广东廉江市东南良峒镇。清光绪《高州府志》卷10石城县：良峒墟在“县东南五十里”。

良泉县　北齐置，属离石郡。治所在今山西方山县南峪口镇南村。隋大业三年（607）改名方山县。

良珠山　在今四川青川县东境。《隋书·地理志》：景谷县：“有木马山、良珠山。”

良都镇　即今河北井陉县东南十二里南良都乡。清同治《畿辅通志》卷50井陉县图：东南有良都村。

良恭山　在今甘肃宕昌县西。《隋书·地理志》：和戎县有良恭山。《元和志》卷39宕州怀道县：良恭山“在县北四十里。出雄黄”。

良恭县　隋开皇十八年（598）改阳宕县置，为宕州治。治所在今甘肃宕昌县东南。大业初为宕昌郡治。唐属宕州。北宋初废为镇。

良原军　五代晋改良原县置，治所即今甘肃灵台县西北梁原乡。后周复为良原县。

良原县　隋大业初置，属安定郡。治所即今甘肃灵台县西北梁原乡。唐属泾州，兴元二年（785）入吐蕃。贞元四年（788）复置。《新唐书·李元谅传》：元谅“节度陇右，治良原。……开美田数十里”。五代晋改置良原军，后周废军复为县。元世祖至元十一年（1274）并入灵台县。

良峰山　在今福建诏安县西。《方舆纪要》卷99漳州府诏安县：良峰山在“县西一里，耸拔奇秀，县之主山也”。

良辅镇　北宋置，属澄城县。在今陕西澄城县北五十里良辅河。《清一统志·同州府二》：良辅镇“旧有唐魏郑公庄，故名”。

良常山　旧名北垂山。在今江苏句容市东南茅山。《寰宇记》卷90升州句容县：“良常山在小茅峰之北垂，始皇登此叹曰：巡守之乐，莫过于山海；自今以往，良为常也。因名。”

良渚遗址　在今浙江杭州市北、余杭区西四十八里良渚镇一带。良渚遗址是以“良渚文化”命名的遗址。发现于1936年。面积约34平方公里。已发现遗址五十余处。其中心莫角山遗址，为一处长670米，宽450米的南北向长方形的礼制性人工台基。其规模之大、规格之高、营造之考究，为新石器时代遗址中所罕见。反山、瑶山两墓地出土的玉器达两千余件（套）。该遗址起讫年代距今5000—4500年左右，对中华文明起源等课题的研究有重要意义。1996年定为全国重点文物保护单位。

良富镇　即今江西万安县东南良富，接赣县界。清置东塘水汛，有把总驻防。

良塘十三村　在今广东恩平市西北七十里。《方舆纪要》卷101恩平县“鼓角楼山”条：嘉靖三十五年（1556）瑶民起事，督臣谈恺率军讨伐，“官军扳崖而上，克塘茶，进拔良塘十三村”。即此。

良德县　南朝陈末改务德县置，治所在今广东高州市东北。隋属永熙郡。唐初属高州，贞观二十三年（649）为高州治。天宝初为高凉郡治。乾元初复为高州治。大历十一年（776）属高州。北宋开宝五年（972）废入电白县。

良德墟　在今广东高州市东北。南朝陈为务德县治。隋、唐为良德县治。今为高州水库淹没。

证果寺　在今北京市西山支脉卢师山上。是八大处中第八处。创建于隋代。初名尸陀林，唐天宝年间改名感应寺。明景泰年间改名镇海寺。天顺元年（1457）改名证果寺。明蒋一葵《长安客话》卷3：证果寺“前临青龙潭，后有秘魔岩，中空如室，石如偃芝，于此山岩洞中最胜”。寺西北隅有岩洞，名卢师洞，洞上有自山巅横伸出的天然巨石，称秘魔岩。1900年八国联军入侵时被毁。

诃达罗支　即漕矩吒。唐西域国名。都城在鹤悉那城（今阿富汗喀布尔南加兹尼）。《新唐书·西域传》：谢飓“本曰漕矩吒，或曰漕矩。显庆时谓诃达罗支，武后改今号”。龙朔元年（661）置条支都督府于此。

诃利鸡罗国　故地有数说：（1）在今印度东部奥里萨邦沿岸；（2）在今孟加拉国沿海之巴卡尔甘杰和诺阿卡利地区，或在今梅格纳河西岸，或在今吉大港附近。唐义净《大唐西域求法高僧传》卷下：昙光禅师“南游溟渤，望礼西天，承已至诃利鸡罗国，在东天（竺）之东”。

诃罗旦　即呵罗单国。今印度尼西亚苏门答腊岛。《隋书·赤土传》：赤土国“南诃罗旦国”。

诃罗单　即呵罗单国。今印度尼西亚苏门答腊岛。《宋书·文帝纪》载：元嘉七年至二十九年（430—452）诃罗单国曾四次遣使献方物。

诃陵　即阇婆国。在今印度尼西亚爪哇岛或苏门答腊岛。《新唐书·南蛮传下》：“诃陵，亦曰社婆，曰阇婆，在南海中。”

诃盘陁　即渴槃陁。在今新疆塔什库尔干塔吉克自治县城东北石头城遗址。《魏书·世宗纪》：景明三年（502），诃盘陁等国“并遣使朝贡”。

识臼县　唐显庆元年（656）置，属悉州。治所在今四川茂县西北。《元和志》卷32悉州识臼县：“地名识臼，因之为名。”天宝元年（742）改为昭德县。

识匿国　亦作尸弃尼国。唐西域国名。在帕米尔西部喷赤河东岸舒格南（今属塔吉克斯坦）。《新唐书·西域传》：识匿“或曰尸弃尼，曰瑟匿。……开元十二年，授王布遮波资金吾卫大将军。天宝六载，王跌失伽延从讨勃律战死，擢其子都督、左武卫将军，给禄居藩”。

诏安县　明嘉靖九年（1530）分漳浦县二、三、四、五都置，属漳州府。治所即今福建诏安县。《清一统志·漳州府》：南诏场“今诏安县治。……嘉靖九年始分漳浦县二、三、四、五都置县，取南诏靖安之义”。1913年属福建西路道。1914年属汀漳道。1928年直属福建省。

诏安湾　南海之海湾。在今福建诏安县东。湾之东曰铜山岛，即今福建东山县；湾之西南为南澳岛，即今广东南澳县。

诏息湖　一名御息湖。在今浙江杭州市东北。《水经·浙江水注》：“浙江北合诏息湖。湖本名阼湖，因秦始皇帝巡狩所憩，故有诏息之名也。”

诏虞水　一作春河。即今河南潢川县东春河。《水经·淮水注》：诏虞水“出南山，东北流，径诏虞亭东，而北入淠水（今白露河）”。

诒安堡　即今福建漳浦县东北湖西畲族乡，距赵家堡二里。其先祖为赵家先祖侍臣。清康熙二十六年（1687）太常寺卿黄性震始建。平面为锁形，建筑面积1.8万平方米。该堡是集防御、祭祀、就读、起居于一体的官宅府第。堡内九十五座建筑布局严谨，中轴线主建筑群庄严气派，东西两侧建筑群体疏离相间，周以1200米土石墙围护，设城门四座、角楼两座及三百六十五个三合土夯筑的垛口和二十四道登城石阶。由于受家族严规的制约，保存甚好，是闽南清代城堡式聚落的范例。2001年与赵家堡一起被定为全国重点文物保护单位。

启东市　1989年撤销江苏省启东县，改设启东市，市人民政府驻汇龙镇。由南通市代管。

启东县　1928年由崇明县析置，属江苏省。治所在汇龙镇（今江苏启东市）。以滨江滨海，取“启我东疆”之意。1989年改设启东市。

启宁县　北魏置，属金明郡。治所在今陕西安塞县西北。北周废。

启母阙　在今河南登封市东北嵩山南麓的万岁峰下启母庙前。东汉延光二年（123）建。是汉代启母庙前的神道阙，与太室阙、少室阙并称“中岳汉三阙”。阙上有小篆铭文，下半部尚完好，铭文记述夏禹及其父鲧治水，禹三过家门而不入的事迹。下部还有东汉熹平四年（175）中郎将堂溪典的“清雨铭”，隶书，惜已大部剥落。阙身雕刻的画像现存有六十余幅，主要有宴饮、驯象、斗鸡、猎兔、虎逐鹿、马、骆驼、幻术、骑马出行、太阳神、月宫、大禹化熊、郭巨埋儿等。附近有巨石名为启母石。1961年定为全国重点文物保护单位。2010年又作为“登封‘天地之中’历史建筑群”的一部分被联合国列入《世界遗产名录》。

启安坪　在今湖南安化县东南一百里洢水东岸。初名洢东。北宋熙宁六年（1073）于此置安化县，建启宁寺，村因寺名，称为启宁坪。清道光时寺改名启安寺，村遂改称启安坪。

启阳　本春秋郰国，后入鲁为启阳邑。在今山东临沂市北十五里兰山区郰古城。《春秋》：哀公三年（前492），“季孙斯、叔孙州仇帅师城启阳”。杜注：“今琅邪开阳县。”战国属楚。《荀子》：“楚有启阳。”西汉置县。

启阳县　西汉置，属东海郡。治所在今山东临沂市北十五里。后避景帝刘启名讳，改为开阳县。按文献记载景帝以前亦作开阳者，乃为后世追改。

启运山　在今辽宁新宾满族自治县西四十里永陵镇西北。《清一统志·兴京》：启运山“在城西北十里，即永陵所在”。

启封　战国魏邑。在今河南开封县西南。云梦秦简《大事记》：秦昭王三十二年（前275），“攻启封”，即此。《史记·韩世家》“启封”作“开封”，乃避汉景帝刘启讳追改。1974年辽宁新金县北元台镇发现一战国魏铜戈，系启封所造（《考古》1980年第5期报道）。

启封县　秦改启封邑置，治所在今河南开封县西南。西汉属河南郡。宋王复斋《钟鼎款识》有“汉启封镫”。《史记·高祖功臣侯年表》有开封闵侯陶舍。开封即启封，乃避汉景帝刘启名讳追改。景帝时改名开封县。

启夏门　唐长安外郭城南面偏东的一门。隋初建。故址在今陕西西安市南郊陕西师大东侧。

补仁　即今西藏阿里地区普兰县。清乾隆《卫藏通志》卷12作“补仁”。

补仁宗　又名布拉木达克喇。治所即今西藏普兰县。1960年于此设普兰县。清乾隆《卫藏通志》作“补仁”。藏语意为“独毛”，以当地地形得名。

补州　唐永徽二年（651）置羁縻州，属茂州都督府。治所在今四川汶川县西南邛崃山附近地区。后废。

补陀罗寺　即今云南昆明市圆通寺。唐南诏时建。李源道《创修圆通寺记》：“往昔蒙氏窃有此土……即岩而寺，曰补陀罗。”

补陀落迦山　即今浙江舟山市普陀区东北莲花洋中之普陀山。《方舆纪要》卷92宁波府定海县：补陀落迦山“为海岸孤绝处，梵名补陀落迦，华言小白花也。一名梅岑山，相传以梅福名。往时日本、高丽、新罗诸国皆由此取道，以候风信。嘉靖中倭寇据此，官军击破之”。

补隆淖　即今内蒙古磴口县东北补隆淖乡。蒙古语意为湖湾。汉为临戎县治。

初汉州　唐置羁縻州，属嶲州都督府。治所在今四川凉山彝族自治州东境喜德县南莫红镇。后废。

初宁县　南朝宋元嘉中置，属宋熙郡。治所在今广东佛山市高明区东南境。隋平陈，废入平兴县。

初宁陵 南朝宋武帝刘裕陵墓。在今江苏南京市紫金山东南麓。《元和志》卷25上元县：宋武帝刘裕初宁陵“在县东北二十二里蒋山东南”。

初兴县 南朝宋置，属新宁郡。当在今广东新兴县或高要市境。南朝梁以后废。

初安郡 南朝宋初置，属豫州。治所在新怀县（在今河南确山县西北）。大明间废。北魏延兴二年（472）复置。辖境相当今河南确山县西部及泌阳县东部。北齐徙治安昌县（今确山县西南三十五里）。隋开皇初废。

初祖庵 在今河南登封市西北二十二里少室山阴五乳峰下，少林寺之北。为纪念初祖达摩而建。达摩是释迦牟尼第28传弟子，印度婆罗门禅宗师。泛海至此，传授禅宗，被推为始祖。现存殿房十余间，大殿建于北宋宣和七年（1125），深广各三间，绿琉璃瓦剪边单檐歇山顶，木质结构，是我国现存较早的木构建筑。庵内保存有六祖慧能植柏，达摩造像碑、黄庭坚书“祖源谛本”碑、蔡汴书“达摩面壁之庵”刻石。1996年初祖庵及少林寺塔林被定为全国重点文物保护单位。2010年又以“登封‘天地之中’历史建筑群”的一部分列入联合国《世界遗产名录》。

初宾县 南朝元嘉中置，属新会郡。治所在今广东开平市西北。隋开皇十年（590）废。

初殿 亦名簇店。即今四川峨眉山市西南峨眉山之初殿。南宋范成大《吴船录》卷上：登点心山“过茅亭觜、石子雷、大小深坑、骆驼岭、簇店。凡言店者，当道板屋一间，将有登山客，则寺僧先遣人煮汤于店，以俟蒸炊”。清嘉庆《四川通志》卷17引《峨眉山志》：“坡上有鸶店山，形如鸶鸶得名。一名初殿。”

社 又作杜。春秋周地。在今河南巩义市东北。《左传》：昭公二十二年（前520），“前城人败陆浑于社”。即此。

社干戍 又作社平戍。在今山西五寨县北。《北齐书·文宣帝纪》：天保三年（552），“冬十月乙未，至黄栌岭，仍起长城，北至社干戍四百余里，立三十六戍”。《资治通鉴》作社平戍。

社口市 即今福建福安市西北社口镇。清光绪《福安县志》卷3街市：社口市在“邑北三十五里”。

社山 即杜山。在今山东淄博市临淄区西。汉刘向《说苑·善说》：“齐宣王出猎于社山，社山父老十三人相与劳王。”《水经·淄水注》作杜山。《元和志》卷10青州临淄县：“社山在县西北二十五里。”清光绪《山东通志》卷26谓社山乃杜山之讹。

社子 在今台湾省台北市士林区西北。原为高山族平埔人麻少翁社地，后简称社子。据传清雍正三年（1725）起即有粤、闽移民来此拓垦。

社木寨 即今湖南常德市东南三十里社木铺。宋熊克撰《中兴小纪》卷16：南宋绍兴四年（1134），杨么农民军“乘大水攻鼎州社木寨，破之，官军使死者不知其数”。

社水 在今广西资源县西南。旧属兴安县，清置巡司于此。《清一统志·桂林府一》：社水巡司“在兴安县西北一百里。向驻六峒，本朝乾隆六年移驻社水”。

社平 即今江西万安县西南沙坪镇。清同治《江西全省舆图》卷7：万安县西南有沙坪。

社平戍 在今山西五寨县北。《资治通鉴》：南朝梁承圣元年（552），“齐主自晋阳如离石，自黄栌岭起长城，北至社平戍，四百余里，置三十六戍”。《北齐书·文宣帝纪》作“社干”。

社头镇 即今江苏金坛市西南五十里社头镇。清光绪《江苏全省舆图》金坛县记：“社头镇在城西南五十里。”

社林 亦作杜林、桂林、徒林。西周地，在今陕西麟游县西北漆水河发源处。《太平御览》卷890引《竹书纪年》：“夷王猎于杜林，得一犀牛。”雷学淇《考订竹书纪年》卷4：“杜林，近本俱讹作社林。”《国语·晋语》作徒林。

社树坪站 元置，即今甘肃天水市东社棠镇。明废。

社首山 在今山东泰安市西南二里。《史记·封禅书》：“周成王封泰山，禅社首。”《集解》：“应劭曰：山名。在博县。”山上有社首坛。唐高宗、玄宗，宋真宗皆禅于此。唐李白有《大猎赋》：“登封于泰山，篆德于社首。”

社渚镇 北宋置，属溧阳县。即今江苏溧阳市西南社渚镇。

社港市 即今湖南浏阳市北七十六里社港镇。清光绪《湖南通志》卷29载：浏阳县北有“社港市”。

社管镇 一作杜管镇。金置，属卢氏县。即今河南卢氏县北四十二里杜关镇。明置巡司于此。

社稷坛（壇） 明永乐十八年（1420）建，在今北京市中山公园内，为明、清帝王祭祀社（土地神）稷（五谷之神）祈祷丰年的场所。该坛用汉白玉砌成方形三层台，坛上铺五色土（中黄、东青、南红、西白、北黑），象征金、木、水、火、土。坛四周围墙。按方向复用四色琉璃瓦建造。坛北有拜殿（今中山堂）和戟门各五间，是明代早期的建筑。坛中央有一方形石柱，名社主石，也名江山石，象征江山永固。社稷坛于1914年辟为中央公园，1928年改称中山公园。1988年定为全国重点文物保护单位。

社寮岛 即今台湾基隆市基隆港入口东之和平岛。昔为高山族凯达格兰人聚居地，闽南方言称其屋为“社寮”，故以名岛。连横《台湾通史·疆域志》：基隆厅“当明之季，荷兰既据台南，而西班牙亦入鸡笼，筑垒驻兵，以相角逐，则今之社寮岛也”。1945年抗日战争胜利后改名和平岛。

祀惟州 唐龙朔元年（661）置，属月氏都督府。治所在昏磨城（今阿富汗北部胡尔姆）。8世纪中废。

罕山 ①亦名黑山、韩家山。今北京市石景山区八宝山。明《帝京景物略》卷6：“出阜成门三十六里者，罕山，《志》称韩家山，汉循吏韩延寿家焉。罕，韩音讹也。俗呼黑山汇，黑，罕又讹也。”

②亦名看山。在今山西寿县西七十里，与太原市交界处。《方舆纪要》卷40阳曲县：罕山“层峦起伏，异于他山，因名”。

③在今山西太原市东。《方舆纪要》卷40太原府阳曲县：罕山在“府东五十里。其山层峦起伏，异于他山，因名。山南接榆次县界”。

罕布庙　或作汉布庙、汗布庙。即今内蒙古阿巴嘎旗驻地新浩特镇。1949年为西部联合旗驻地。1956年为阿巴嘎旗驻地。1966年改名新浩特（新城）。

罕东卫　明洪武三十年（1397）置，属西宁卫。为羁縻卫。治所在今青海西宁市西北百余里。洪熙中部人奄章率部分部众北迁至沙州境，宣德七年（1432）封奄章子班麻思结为罕东卫指挥使，遂分为青海、沙州南北两支。正德中，蒙古部落入居青海，南支部众散亡；北支于成化十五年（1479）改置为罕东左卫。

罕东左卫　明成化十五年（1479）于沙州故城置，属西卫宁，为羁縻卫。治所在今甘肃敦煌市西。正德十一年（1516）土鲁番以兵胁归附，遂徙肃州塞内。后废。

罕达海图河　即今新疆富蕴、福海二县间之喀拉额尔齐斯河。清徐松《西域水道记》卷5：“罕达海图河源处为库鲁图河，西南流百里为罕达海图河，又西南入额尔齐斯河。”

罕幵　罕、幵初为两支羌族部落，同居于湟中及鲜水（今青海青海湖）一带。其地有罕幵谷、罕幵南溪水（今甘肃临夏市西南）。后遂为地区名。《宋书·吐谷浑传》：“浑既上陇，出罕幵、西零。……罕幵，今枹罕县。”

罕幵县　西汉置，属天水郡。治所在今甘肃天水市南。《汉书·地理志》注：“应劭曰：‘音羌肩反。’师古曰：‘本破罕幵之羌处其人于此，因以名云。’”东汉废。

罕幵谷　在今甘肃临夏市西。《资治通鉴》：南朝宋元嘉六年（429），河西王蒙逊伐西秦，西秦“南安太守翟承伯等据罕幵谷以应河西”。

罕诺依古城　又名康奥依。在今新疆喀什市东北六十里伯什克然木乡罕诺依村附近。英人斯坦因和我国的黄文弼均曾到此考察。黄氏曾在城内采集到喀拉汗王朝钱币。二人均认为此城当系喀拉汗王朝都城。但也有人认为此城当早于喀拉汗王朝时期。

罕答河卫　又作哈剳河卫。明永乐四年（1406）置，属奴儿干都司。在今俄罗斯哈巴罗夫斯克边疆区黑龙江下游北岸奥列利湖以东看丹河流域。后废。

郯　春秋郑地。在今河南荥阳市东北。《春秋》：宣公十二年（前597），“夏六月乙卯，晋荀林父帅师及楚子战于郯，晋师败绩”。

〔フ一〕

君山　①旧名荆南山。又名南山、南岳。俗名铜官山。即今江苏宜兴市西南二十里铜官山。岩洞绝胜，上有龙池，为古阳羡产茶处。《寰宇记》卷92宜兴县：君山“在县南二十里。旧名荆南山，在荆溪之南。《风土记》：汉时县令袁玘常言，死当为神。……无病而卒，风雨失其柩，夜闻荆山有数千人啖声，人往视之，棺已成冢，因改为君山”。

②一名瞰江山。在今江苏江阴市北原澄江门外。《舆地纪胜》卷9江阴军：君山“在军治之北澄江门外，盖其镇山也。其岭有亭，旧名松风。山下有寺”。南宋曾设营寨于山麓，为战守要地。

③亦名军山。在今江苏盱眙县东北六里。《宋书·臧质传》：元嘉二十八年（451），魏主攻盱眙，“于君山作浮桥，以绝淮道，城内乘艦逆战，大破之。明旦，贼更方舫为桁，桁上各严兵自卫。城内更击不能禁，遂于君山立桁，水陆路并断”。

④在今江西龙南县南。《方舆纪要》卷88赣州府龙南县：君山在“县南七十里。下有古城濠堑，巨石峭壁，疑昔人拒寇处”。

⑤即军山。今江西南丰县西军峰山。

⑥即抱犊山。在今山东枣庄市东北境。《寰宇记》卷23承县：“君山一名抱犊山，在县北六十里。《述征记》云：承县君山有抱犊固，壁立千仞，顶宽而有水。”《明史·地理志》峄县：“又北有君山，一名抱犊山，西泇水所出。”

⑦又名湘山、洞庭山。在今湖南岳阳市西南洞庭湖中。《山海经·中山经》：“洞庭之山……帝之二女居之。”《水经·湘水注》：洞庭湖中有君山，“君山有石穴，潜通吴之包山，郭景纯所谓巴陵地道者也。是山湘君之所游处，故曰君山矣”。湘君，即尧之二女，舜之二妃。据《史记·秦始皇本纪》：始皇二十八年（前219），“浮江，至湘山祠。逢大风，几不得渡。上问博士曰：‘湘君何神?’博士对曰：‘闻之，尧女，舜之妻，而葬此。’”南宋绍兴五年（1135），岳飞镇压杨么起义军，伐君山木为巨筏，塞洞庭诸港。君山原在洞庭湖中，现已与陆地相连。

君子山　①在今浙江遂昌县城西隅。《方舆纪要》卷94遂昌县：君子山在“县南十五里。有二山相望，秀丽可挹，称为大小君子山”。

②在今广东恩平市西北。《清一统志·肇庆府》：君子山“在恩平县西北一百里，接新兴县界。左有仙塘，下有仙池，古木交翠，石涧奇绝，一仙岛也，良瑶居之。南为上水竹峒，恩平江别源出此”。

③亦作君子峰。在今广东新丰县北一里。《方舆纪要》卷103惠州府长宁县：君子山“冈峦耸列，形势端正，因名”。

君子村　在今河南卫辉市北三十里。《清一统志·卫辉府二》：蘧伯玉墓“在汲县西北三十里君子村”。春秋卫蘧伯玉居此。故名。

君子城　在今北京市西西山。《寰宇记》卷69幽州：“石勒每破一州，必简别衣冠，号君子城。洎平幽州，擢荀绰、裴宪等还襄国经此，俗讹为箕子城。”

清《日下旧闻考》卷106引《渌水亭杂识》："西山有君子口，疑即寰宇记所云君子城，讹为箕子城者也。"

君子泉 在今湖北黄冈市北。《明一统志》卷61黄州府：君子泉"宋通判孟震亨有贤德，时称孟君子。庭中有泉，苏轼因以名之"。

君子津 在今内蒙古准格尔旗东北黄河上。自汉以来为黄河重要渡口。《水经·河水注》："河水于（桢陵、桐过）二县之间，济有君子之名。皇魏桓帝十一年，西幸榆中，东行代地。洛阳大贾赍金货随帝后行，夜迷失道，往投津长，曰子封，送之渡河。贾人卒死，津长埋之。其子寻求父丧，发冢举尸，资囊一无所损。其子悉以金与之，津长不受。事闻于帝，帝曰：君子也。即名其津为君子津。"《元和志》卷4胜州河滨县："黄河在县东一十五步……渡河处名君子津。"

君子馆 即今河北河间市北三十里君子馆。《宋史·刘廷让传》：雍熙三年（986），"徙瀛州兵马都部署。是冬，契丹数万骑来侵，廷让与战君子馆"。即此。

君子堡 明宣德初置，属马营堡。在今河北赤城县西北八十五里。《方舆纪要》卷18马营堡：君子堡"山坡漫衍，北距大边、镇远、镇门、盘道等口不过二十里，而得胜墩最为冲。又距二边西栅口不过五里，宽敞易于突犯，敌若从此逼马营，堡其首冲也"。

君阳山 又作军阳山。在今江西弋阳县南。《清一统志·广信府一》：军阳山"在弋阳县南三十里。《县志》：唐贞元中产银铁，乾符后不复产。亦名君阳，唐李翔有《信州君阳山》诗"。

君峒 在今广西南丹县南。《方舆纪要》卷109南丹州：君峒，"《舆程记》：在州南六十里"。

君堂村墟 即今广东恩平市东北君堂镇。清道光《恩平县志》卷4："墟市"有志君堂墟。

灵口 又名零口。即今陕西西安市临潼区东北零口村。《资治通鉴》：五代唐清泰元年（934），"（潞王）至灵口，前军执（王）思同以至"，为杨思权所杀。《元丰九域志》卷3京兆府临潼县有"零口一镇"。

灵山 ①在今河北三河市北。《方舆纪要》卷11三河县：灵山"在县北十五里。三面出泉。《名胜记》所谓北倚灵山者也"。

②在今河北曲阳县北四十里。为恒山余脉，与恒山并列于县北，山下有灵山镇。

③在今河北元氏县西北三十里。《方舆纪要》卷14元氏县："县西三十里曰灵山，与无极山并峙。"隋置灵山县于山下。

④在今浙江龙游县南溪口镇北灵山村。《方舆纪要》卷93龙游县：灵山在"县南四十里。其下有灵溪，有灵山市，路通遂昌"。

⑤即战鸟山。今安徽繁昌县西北三十五里长江中板子矶。唐顾况《题灵山寺》诗，题下注"战鸟"。诗云："觉地本随身，灵山重结因。如何战鸟佛，不化捕鱼人。"《资治通鉴》南朝梁承圣元年（552）胡三省注："战鸟盖战鸟矶，后为灵山寺。"

⑥即今安徽歙县西北三十里灵金山。《寰宇记》卷104歙县：灵山，"《新安记》云：灵邨有山，生香草也，名曰灵香。又有黄精木。上有灵坛道士，祈请不烧香自然芬馥。邨人射猎，经践此土犯山神，终无所获。或失火烧冈，其人必有疾病，故曰灵山。又《舆地志》云，灵山高峻，有圆石高数丈，上有石盖也"。《元丰九域志》卷6：歙县有灵山。

⑦在今安徽广德县南七十里。有奇岩异石，苍松翠竹，飞瀑珠帘，为县境名山之一。《方舆胜览》卷18广德军：灵山"在军南七十里，泉石甲于一郡"。

⑧在今江西兴国县东。《方舆纪要》卷88赣州府兴国县：灵山在"县东十五里。有五峰连络，曰狮、象、香炉、钵盂、锡杖。下有玉珠泉"。

⑨又名灵鹫山。在今江西上饶县西北。《寰宇记》卷107信州上饶县：灵山"在县西北九十里，山有七十二峰，亦曰灵鹫山。盘亘十余里。绝顶有葛仙坛、丹灶、石臼、石砚、石几在焉。道书第三十三福地。天宝中敕投龙于此溪中"。《方舆纪要》卷85广信府上饶县：灵山"实郡之镇山也。有七十二峰，高七千余丈，绵亘百余里。上有龙池，中产异木、奇草及水晶等珍。其东北峰挺立孤石，高百余丈。西峰绝顶有葛仙坛遗址。溪分五派，西流入上饶江。《志》云，宋时有水晶场，设灵山之白云尖下，岁贡水晶器凡十事。元初停采。明朝天顺中遣内宫采进，多不堪，乃复罢之"。

⑩在今山东临朐县东北二十里。《晏子春秋·内篇谏上》：齐大旱，景公欲"祠灵山"，晏子止之。即此。

⑪在今山东胶南市东北海中。明万历《莱州府志》卷2：灵山"在胶州南百二十里大海之洋。先日而曙，先雨而云，若有灵焉，故名"。

⑫即今山东宁阳县东北九十里灵山。《方舆纪要》卷32宁阳县：灵山"树木葱郁，四时苍翠"。

⑬亦名灵峰山。在今山东栖霞市东七里。《清一统志·登州府》：灵山，"《县志》：土人立庙其上，祈雨辄应，故名"。白洋河发源于此。

⑭道家以蓬莱山为灵山。晋左思《吴都赋》："巨鳌赑屃，首冠灵山。"吕向注："灵山，海中蓬莱山。"

⑮在今河南罗山县西南。《方舆纪要》卷50罗山县：灵山在"县西南百二十里。山视众山独高，旧名霸山。下有白马洞，小黄河出焉"。

⑯在今河南淇县西北三十里。《清一统志·卫辉府一》引刘之推《九州要记》："灵山，有黑龙潭，其北有四井，上有千佛洞。隋开皇中荥阳郑元伯斫石造佛万四千躯。"

⑰又名凤凰山。在今河南宜阳县西。《清一统

志·开封府》：灵山“在宜阳县西十五里。俗名凤凰山。中有灵泉，亦曰灵池”。金大定三年（1163）建灵山寺于此。

⑱在今广东汕头市潮阳区西北五十里。《方舆纪要》卷103潮州府潮阳县：灵山“山高耸，下有卓锡泉。唐元和中，僧大巅居此”。

⑲在今广东东源县东北。《方舆纪要》卷103惠州府河源县：灵山“在县东北百二十里。高百余丈，上有龙湫，亦曰龙山”。

⑳在今广西岑溪市北。《方舆纪要》卷108藤县：灵山在“县东南百余里。岩口险巇，路径悬绝，林木荫翳，瑶蛮巢穴”。

㉑即今四川甘洛、越西二县以西之小相岭山。《汉书·司马相如传》：武帝时，出使西南夷，“乃关沫、若，徼牂牁、镂灵山、梁孙原，创道德之涂”。在山之东麓开辟灵山道。

㉒亦名灵关山、车灵山、章卢山。在今四川宝兴县南灵关镇境。《方舆纪要》卷72芦山县：灵山在“县西北五十里。峰峦竦峻，林木深阻，为蜀西之襟要”。

㉓在今四川阆中市东北。《隋书·地理志》阆内县：“有灵山。”《寰宇记》卷86阆中县：仙穴山“在县东北十里。《周地图》云：灵山峰多杂树。昔蜀王鳖灵帝登此，因名灵山。山东南隅有五女捣练石，山顶有池，常清。有洞穴悬绝，微有一小径，通名灵山。天宝六年敕改为仙穴山”。

㉔在今新疆阜康市东南之天山博格达峰。明陈诚《西域番国志》：土尔番城“西北百余里有灵山。相传为十万罗汉佛涅槃之处”。

㉕在今越南中部最东端之华列拉岬。元汪大渊《岛夷志略》：灵山“岭峻而方，石泉下咽，民居星散，以结网为活”。

灵山千户所 明正统六年（1441）置，属廉州卫。即今广西灵山县。

灵山卫 明洪武二十一年（1388）置，属山东都司。治所即今山东胶南市东北灵山卫镇。清雍正十二年（1734）裁。卫南三十里海中有灵山岛，与灵山卫遥遥相对。《方舆纪要》卷36胶州：“灵山在城东南百二十里海中。《志》云：在灵山卫南三十里。其山先日而曙，先雨而云，故谓之灵。”卫以灵山得名。

灵山市 即今浙江龙游县南溪口镇北灵山村。明弘治《衢州府志》卷5龙游县：灵山市“在县南四十里”。

灵山寺 ①在今安徽繁昌县西北长江南岸灵山墩上。《舆地纪胜》卷18太平州：灵山寺“张芸叟《南征录》：灵山在繁昌县东（西之误）二十里。寺踞山顶，殿阁重复。土俗云灵山寺。杜牧之有《题灵山寺行坚师院》诗。”《清一统志·太平府二》：灵山寺“在繁昌县西北四十里灵山墩”。

②在今河南洛阳市西南八十里、宜阳县城西十里灵山腰。传说周灵王陵墓在此，故名灵山。又名凤凰山。山上有刹原名报中寺，后因山易名灵山寺。该寺创建于金大定三年，即南宋隆兴二年（1164），创始僧人为憨体老祖。寺大门前有一迎壁，上书“灵山寺”三字。寺内主体建筑有山门、前殿、毗卢殿、大雄殿、藏经后楼以及左右配殿六座。寺东围墙外有泉池，名凤凰泉。泉东南有塔十五座，排成有序的塔林，与少林寺塔林、风穴寺塔林等被列入全国现存八大塔林之一。

灵山观 在今重庆市潼南县西光辉镇境。北宋著名学者陈抟故宅。《舆地纪胜》卷158普州：希夷故宅“在安居县崇龛镇二里。国初即其宅为灵山观。宣和间赐额‘钦真’”。

灵山县 ①隋开皇十六年（596）置，属赵州。治所在今河北元氏县西北三十里灵山下。大业初省入元氏县。

②唐天宝元年（742）改南宾县置，属钦州。治所在今广西灵山县西八十里旧州镇。明郭子章《郡县释名》广东卷：灵山县，“灵山在县西一里，又名石六峰……雄壮奇特，以内一峰曰龟峰，龟灵物也，故曰灵山。因以名县”。北宋为钦州治，治平三年（1066）移治石六寨（今广西灵山县）。元属钦州路。明属钦州。清属廉州府。民国初属广东钦廉道。1928年直属广东省。1952年划归广西省。

③辽置，属乾州。治所在今辽宁法库县西北。金属懿州。元世祖至元六年（1269）废。

④金置，属懿州。疑在今辽宁阜新蒙古族自治县北境。后废。

⑤1926年改邛水县置，属贵州省。治所即今贵州三穗县。1928年改名三穗县。

灵山驿 在今广东汕头市潮阳区城南。《清一统志·潮州府》：灵山驿“在潮阳县南门外。明初置，嘉靖四年移于北郭，后又移此。今裁”。

灵山街 即今山东即墨市北三十五里灵山镇。清同治《即墨县志》卷2《市廛》有灵山。

灵山道 即灵关道。西汉武帝时开。自今四川汉源县大渡河南，沿小相岭东麓，至孙水河，西转入安宁河，南行至西昌市。《资治通鉴》：西汉元光五年（前130），“通零关道，桥孙水，以通邛都”。胡三省注“《班志》：零关属越嶲郡。张揖曰：凿灵山为道”。

灵山港 即灵溪。在今浙江龙游县东南。《方舆纪要》卷93龙游县：灵溪“自遂昌县北流经县南灵山下，曰灵山港”。

灵山墟 即今广西容县南灵山镇。清光绪《广西舆地全图》容县图：南有灵山墟。

灵山镇 ①今河北曲阳县北灵山镇。清道光《定州志》卷7曲阳县市集：灵山镇在“城北四十里”。

②即今浙江龙游县南三十六里溪口镇北灵山村。明置巡司于此。后废。

灵川县 ①唐龙朔二年（662）置，属桂州。治所在今广西灵川县东北。以灵渠水为名。北宋属静江府，绍定四年（1231）移治今县东北三街镇。元属静江路。明属桂林府。民国初属广西桂林道。1928年直属广西省。1954年撤销。1962年复置，1965年迁今灵川县。

②唐先天元年（712）析交城县置，属并州。治所在今山西古交市西北二十里炉峪口。开元二年（714）废。

灵门县 西汉置，属琅邪郡。治所即今山东安丘市西南石埠子镇。东汉废。

灵乡铁矿 在今湖北大冶市西南灵乡镇。清末及民国属大冶萍公司及湖北官矿局所有。矿区包括鸡子山、大包山、小包山、刘岱山、广山、后吴山、神山、玉屏山等处。为湖北省大型采矿地之一。

灵水县 唐武德二年（619）置，属南州。治所在今重庆市綦江县南。贞观十一年（637）废入南川县。

灵长海口 亦作灵场海口。在今越南中部清化省东北勒场附近。《明史·安南传》：永乐八年（1410），“（沐）晟追（陈）季扩至虞江，贼弃栅道。追至古灵县及会潮、灵长海口，斩首三千余级，获伪将军黎弄”。明设灵长海口巡司于此。

灵凤台（臺） 又称灵台。后赵时建。在今河北临漳县西南古邺北城北部九华宫内。《十六国春秋·后赵录》：“起灵凤台九殿于显阳，后选召百官州郡民女以充之。后庭服绮縠玩珍奇者万余人，内置女官十八等，教宫人星占及马步射。置女太史于灵台，仰观灾祥以考外太史之虚实。”

灵石山 在今福建福清市西南灵石。《寰宇记》卷45福州府：灵石山“在福清县西南二十五里，上有灵石，声闻必雨，雨久，闻则开霁”。

灵石县 隋开皇十年（590）置，属介州。治所即今山西灵石县。《元和志》卷13灵石县：“因巡幸开道得瑞石，遂于谷口置县，因名灵石。”大业初属西河郡。唐属汾州。元属霍州。明属平阳府。清属霍州。民国初属山西河东道。1928年直属山西省。

灵石郡 西魏置，属江州。治所在灵石县（今四川彭山县东北）。辖境相当今四川彭山县部分地。北周废。

灵平埽 在今河南滑县东北曹村。原名曹村埽，宋元丰元年（1078）改名灵平埽。

灵平砦 旧名好水砦。北宋绍圣四年（1097）赐名，属镇戎军。在今宁夏固原市西北杨郎乡西北王浩堡古城。大观二年（1108）属怀德军，金属镇戎州。元废。

灵丘 ①战国赵邑，在今山西灵丘县东十里固城村。《史记·赵世家》：孝成王七年（前259），“赵以灵丘封楚相春申君”。即此。西汉置灵丘县。

②战国齐邑。在今山东高唐县南三十里南镇。《孟子·公孙丑下》：“孟子谓蚳鼃曰，子之辞灵丘而请士师。”《史记·田敬仲完世家》：齐威王元年（前356），“三晋因齐丧，来伐我灵丘”。即此。

灵丘（邱）县 西汉置，属代郡。治所在今山西灵丘县东十里固城村。东汉初废，末年复置。三国魏属中山国。西晋废。北魏复置灵丘县，为灵丘郡治。治所即今灵丘县。北周为蔚州治。隋大业初属雁门郡，隋末废。唐武德六年（623）复置，属蔚州，寄治阳曲县（今山西太原市东北十五里阳曲镇），七年（624）寄治繁畤县（今繁峙县西），八年（625）寄治秀容县北恒州城（今忻州市西北）。贞观五年（631）还治今灵丘县。金贞祐二年（1214）升为成州。元复为灵丘县，属蔚州。清属大同府。民国初属山西雁门道。1928年直属山西省。1949年属察哈尔省。1952年复属山西省。

灵丘（邱）郡 北魏置，属恒州。治所在灵丘县（今山西灵丘县）。辖境相当今山西灵丘、浑源县地。孝昌中废。北齐复置灵丘郡，属北蔚州。北周为蔚州治。隋开皇初废。

灵丘道 古道路名。北魏筑，以道出灵丘县，故名。北起今山西大同市，南越恒山，灵丘县以下沿唐河谷道出太行山，南抵河北定州市，为当时山西高原北部通向华北平原的交通要道。《魏书·太祖纪》：天兴元年（398），“发卒万人治直道，自望都铁关凿恒岭至代（指平城，今山西大同市东北）五百余里”。太和六年（482），又“发州郡五万人治灵丘道”。即此。唐称为飞狐道。

灵仙山 在今河北蔚县西南二十五里。《方舆纪要》卷44蔚州“倒剌山”条下：“又有三奇石，俨如三仙，因名灵仙山，五代唐（按，应为晋）以此名县。”

灵仙县 五代晋改兴唐县置，为蔚州治。治所即今河北蔚县。明洪武四年（1371）废。

灵仙洞 在今江西分宜县北。《明一统志》卷57袁州府：灵仙洞“在分宜县（旧治）北三十里。洞中有丹炉，又有一石如磨，或以为炉之盖云”。《方舆纪要》卷87分宜县：灵仙洞“峻险崎岖，仰视石屋，如云霞往来之状”。

灵乌山 一名鸺山。又名凤凰山。简称凤山。在今安徽休宁县西二里。《寰宇记》卷104休宁县：“本吴孙权之所置也。按《吴图》云，吴割歙县西川分置休阳县，在此县之西二里杨村东三里灵乌山上。”《舆地纪胜》卷20徽州：灵乌山“在休宁县西二里。尝有凤出于此”。《方舆纪要》卷28休宁县“万安山”条下：凤山“高三十仞。一名灵乌山。址方顶平，下临孔道，相传为旧县治”。

灵台（臺） ①西周文王修筑，在今陕西西安市长安区西南，接户县界。《诗经·大雅·灵台》：“经始灵台，经之营之。庶民攻之，不日成之。”《左传·僖公十五年》：秦获晋侯以归，“乃舍诸灵台”。即此。《三辅黄图》卷5：“周灵台，高二丈，周回百二十步。”

②西汉太初四年（前101）筑，在今陕西西安市西北阿房宫南。《三辅黄图》卷5：“汉灵台，在长安西北八里。汉始曰清台，本为侯者观阴阳天文之变，

更名曰灵台。郭延生《述征记》曰：‘长安宫南有灵台，高十五仞，上有浑仪，张衡所制。’”

③在今山东菏泽市东北故雷泽县西南四里。《汉书·地理志》济阴郡成阳：“有尧冢、灵台。”《水经·瓠子河注》：“今成阳城西二里有尧陵，陵南一里有尧母庆都陵，于城为西南，称曰灵台。”《水经注疏》：“守敬按：据后汉《尧母碑》文云，尧母庆都，感赤龙而生尧，遂以侯伯，恢践帝宫。庆都仙殁，盖葬于兹，欲人莫知，名曰灵台。则灵台，尧母冢也。”

④在今河南洛阳市东北汉魏故城南。《后汉书·光武帝纪》：中元元年（56），“是岁，初起明堂、灵台、辟雍，及北郊兆域”。李贤注引《汉宫阁疏》：“灵台高三丈，十二门。天子曰灵台，诸侯曰观台。”

灵台（臺）山 ①在今四川江油市西。《寰宇记》卷83绵州彰明县：灵台山“在县北。一名天柱山。高四百丈。即汉张道陵升仙之所”。《方舆纪要》卷67彰明县“大华山”条内：“县北二十里有灵台山。山高秀。亦名天柱山。”

②亦名云台山、天柱山。在今四川苍溪县东南。东晋常璩《华阳国志·巴志》：阆中县“名山灵台”。《太平御览》卷44引《十道记》：“灵台山在县北。一名天柱山。高四百丈，即张道陵昇真之所。”

③一名印台山。在今四川三台县南。《方舆纪要》卷71潼川州：灵台山“在州南百里。山形如台，高耸云溪”。上有南宋绍熙间建云台观（又名佐圣寺）。今寺为明、清重建。

④在今陕西安塞县东南。《方舆纪要》卷57安塞县：灵台山“在县（今沿河湾镇）北五里。巨石高险，旧建云台观于其上”。

⑤在今陕西渭南市东南。其西二里有曹谷。宋敏求《长安志》卷17渭南县：“灵台山在县东南三十五里。”明曹学佺《名胜志》：“山顶方平，故以台名。”

灵台（臺）军 唐末李茂贞置，治所在灵台县（今甘肃灵台县）。五代周废。

灵台（臺）县 ①隋大业初分鹑觚县置，属安定郡。治所在今甘肃灵台县东南五十里。明郭子章《郡县释名》陕西卷下：“取文王伐密作灵台之义。今县有灵台。”二年（606）废。义宁二年（618）复置。唐初属泾州，贞观元年（627）省入麟游县。

②唐天宝元年（742）改鹑觚县置，属泾州。治所即今甘肃灵台县。唐末李茂贞于此置灵台军，五代周废军，县属泾州。元世祖至元七年（1270）并入泾川县。十一年（1274）复置，仍属泾州。民国初属甘肃泾原道。1927年直属甘肃省。

灵芝山 在今云南富民县西南。《方舆纪要》卷114富民县：灵芝山在“县西南二里。旧名赤升化山，元延祐中改今名”。《清一统志·云南府》谓“旧名赤城化山，常产灵芝”。

灵芝池 ①三国魏曹丕时凿。在今河北临漳县西南古邺城西灵芝园中。《三国志·魏书·文帝纪》：黄初三年（222），“是岁，穿灵芝池”。四年“夏五月，有鹈鹕鸟集灵芝池”。《邺中记》云：“灵芝池在城西三里。”后堙废。

②三国魏黄初三年（222）建。在今河南洛阳市东北魏晋洛阳故城内。《三国志·魏书·文帝纪》：黄初四年（223）五月，“有鹈鹕鸟集灵芝池”。《太平御览》卷67引《晋宫阙名》：“灵芝池广长百五十步，深二丈，上有连楼飞观，四出阁道钓台，中有鸣鹤舟、指南舟。”

灵芝县 北周大象二年（580）改邺县置，属相州。治所在今河北临漳县西南邺镇。隋开皇十年（590）复为邺县。

灵芝园 ①东汉末曹操所筑。在今河北临漳县西南故邺城西北。《清一统志·彰德府二》：灵芝园“魏武受封于邺，东置芳林园，西置灵芝园。黄初二年，甘露降于园中”。

②西晋筑。在今河南洛阳市东北魏晋洛阳故城内。《艺文类聚》卷65“园”引《晋宫阙名》：“洛阳宫有琼圃园、灵芝园、石祠园。”

灵芝镇 北宋置，属贵池县。在今安徽池州市东南三十五里灵芝村。北连梅根，东通青阳。

灵西街 即今江西横峰县东北灵西。清同治《江西全省舆图》卷11广信府兴安县：“县东北路出东门十里至黄藤桥，分路东北行十里至灵西。”

灵光寺 在今北京市西山支脉翠微山东麓。是八大处中第二处。创建于唐大历年间。初名龙泉寺。辽咸雍七年（1071）增建招仙塔。金大定二年（1162）重修，改名觉山寺。明成化十四年（1478）再修，改名灵光寺。1900年八国联军入侵时被毁。在清理瓦砾过程中，从塔基处发现一石函，函内有一沉香木匣，匣内有“佛牙”一颗，匣上记有“释迦佛灵牙舍利”和“天会七年四月二十三日”字样。1958年中国佛教协会为长期安放这件佛教遗物，在灵光寺北院内新建了一座八角十三层檐的佛牙舍利塔。

灵光塔 在今吉林长白朝鲜族自治县北六里塔山南坡。为唐渤海国时代遗物。原是七层楼阁式青砖空心方塔，高约20米。1932年遭雷击，顶部二层震塌。1932年和1984年两次整修。今塔高五层13米。塔身方形。塔围30米。层层叠涩出檐，自下而上，逐层收分。塔顶装有铁制塔刹，形似葫芦。1988年定为全国重点文物保护单位。

灵光殿 在汉鲁城内，今山东曲阜市孔府附近。为汉景帝子鲁恭王所造。王延寿《鲁灵光殿赋序》：“初恭王始都下国，好治宫室，遂因鲁僖基兆而营焉。遭汉中微，自西京未央建章之殿，皆见隳坏，而灵光岿然独存。”《水经·泗水注》：“孔庙东南五百步有双石阙，即灵光之南阙。北百余步即灵光殿基，东西二十四丈，南北十二丈，高丈余，东西廊庑别舍，中间方七百余步。阙之东北有浴池，方四十许步，池中有钓台，方十步，台之基岸悉石也。遗基尚整，故王延寿赋曰，周行数里，仰不见日者也。”

灵竹县 亦作罗竹县。唐武德四年（621）置，属淳州。治所即今广西横县西北灵竹圩。永贞元年（805）属峦州。北宋开宝五年（972）废。

灵关 亦名零关、临关、重关。在今四川宝兴县南灵关镇。《新唐书·地理志》卢山县：“有灵关。”《新唐书·韦皋传》：贞元中，韦皋数路出兵攻吐蕃，“路惟明自灵关，夏阳攻逋租、偏松城”。北宋于此置灵关砦。

灵关山 在今四川宝兴县南灵关镇附近。晋左思《蜀都赋》：“廓灵关以为门。”刘逵注：“灵关、山名。在成都西南汉寿界。”《宋书·符瑞志中》：西晋咸宁二年（276），“二龙见于汉嘉灵关”。《寰宇记》卷77卢山县：灵关山“在县北三十里。峰岭嵯峨，山耸十里，旁夹大路，下有山峡，口阔三丈，长二百步，俗呼为重关，通蛮貊之乡，入白狼夷之界”。

灵关百户所 明置，属天全六番招讨司。在今四川宝兴县南灵关镇。

灵关县 唐武德元年（618）置，属雅州。治所在今四川宝兴县南灵关镇。六年（623）废。

灵关河 即今四川宝兴县南之宝兴河。清嘉庆《四川通志》卷16天全州：灵关河“在州西北。自董卜界发源，流经灵关，合多功河入雅州”。

灵关砦 北宋于灵关镇置，属卢山县。在今四川宝兴县南灵关镇。北宋曾公亮《武经总要前集》卷20：“灵关镇砦在卢山县界，至县八十里。四面险峻，控带蕃界，今有土兵镇守。”

灵关道 ①古道路名。亦作零关道、灵山道。西汉武帝时开。自今四川汉源县大渡河南岸，沿小相岭山脉东麓南行，经孙水河西转入安宁河，南至西昌市。《史记·司马相如列传》：“通零关道，桥孙水，以通邛都。”即此。

②亦作零关道、灵道县、零道县、灵关县。西汉置，属越嶲郡。治所在今云南峨边彝族自治县南大凉山北麓。县以灵关为名。三国蜀汉改为新道县。

灵关路 即夏阳路。以灵关（今宝兴县南灵关镇）为名。从四川雅安市西北行逆宝兴河而上，经芦山县、宝兴县，一取今东河越邛崃山至今理县，一取今西河上越夹金山至今小金县。《寰宇记》卷77雅州卢山县：“灵关路在县界，去蕃界八日程，从界去吐蕃野城三日程。其险也，以绳为桥。其外不知里数。”

灵关镇 唐武德六年（623）于废灵关县置，属卢山县。在今四川宝兴县南灵关镇。《元和志》卷32卢山县：灵关镇“在县西北六十里，车灵山在下。山有峡口似门，阔三丈，长二百步。关外即夷僚界”。《寰宇记》卷77卢山县：灵关镇“四面险峻，控带蕃蛮，一夫守之，可以御百。《蜀都赋》云：廓灵关而为门。注云：关为西南汉嘉郡界也”。

灵州 ①北魏孝昌中置，治所在旧薄骨律镇（今宁夏吴忠市北）。北周置回乐县，为州治。《元和志》卷4灵州：“以州在河渚之中，随水上下，未尝陷没，故号‘灵州’。”隋大业三年（607）改置灵武郡。唐武德元年（618）又改为灵州。辖境相当今宁夏中卫、中宁二市县以北地区。开元后，尝为朔方节度使理所。天宝元年（742）复为灵武郡，乾元元年（758）又改为灵州。公元11世纪地属西夏，更名西平府。元仍为灵州，属宁夏府路。明洪武初废。十六年（1383）于今灵武市西南五里另置灵州千户所，宣德三年（1428）移治今灵武市。弘治十三年（1500）升为灵州，十七年（1504）复为灵州守御千户所。清雍正三年（1725）又改置灵州，属宁夏府。1913年降为灵武县。

②东魏天平中置，寄治汾州隰城县（今山西汾阳市西七十里）。北齐废。

灵州千户所 明洪武十六年（1383）置，属宁夏卫。治所在今宁夏吴忠市北。宣德三年（1428）移治今灵武市。弘治十三年（1500）改为灵州。十七年（1504）复为灵州守御千户所，属陕西都司。清雍正三年（1725）又改置灵州。

灵州县 西汉惠帝四年（前191）置，属北地郡。治所在今宁夏吴忠市北。《汉书·地理志》颜师古注：“水中可居者曰州。此地在河之州，随水高下，未尝沦没，故号灵州。”《后汉书·西羌传》：元初三年(116)，“度辽将军邓遵率南单于及左鹿蠡王须沈万骑，击零昌于灵州”。即此。后废。

灵州都督府 唐都督府之一。武德元年（618）于灵州（治今宁夏灵武市西南）置总管府，七年（624）改为都督府。贞观后督灵、盐（治今陕西定边县）两州。永泰元年（765）升盐州为都督府，仅督灵州。贞观二十年（646）至永徽元年（650）曾管辖置于州界的铁勒皋兰、高丽、祁连三羁縻州。开元时期统辖州界侨置的铁勒、回纥诸部的燕然、鸡鹿、鸡田、东皋兰、燕山、烛龙等六羁縻州及党项部的兰池、芳池、相兴、永平、旭定、清宁、忠顺、宁保、静塞、万吉、乐容州等羁縻府和朝、吴、浮、归等羁縻州。

灵江 一名澄江。在今浙江临海市南。上游永安溪，源出仙居、缙云二县界上天堂尖，东贯仙居县全境，至临海市西北三江村接纳始丰溪后始称灵江，下游至台州市三江口接纳永宁江后又称椒江。《元和志》卷26台州临海县：临海江“有二水合成一水，一自始丰溪，一自乐安溪，至州城西北一十三里合”。《清一统志·台州府一》“灵江”条引《府志》：“仙居、永安二溪，至县西合流，名曰三江，潮至此而止，故其流中分，溪清而江浊，环郡城之西南，而东流为双江口，至亭山会永安江，出海门，又名椒江，入海。”

灵池山 ①亦名灵泉山。在今四川成都市东南，为龙泉山支脉。《宋史·田敏传》：咸平三年（1000），“王均乱西川，从招安使雷有终败贼于灵池山”。即此。

②在今广东翁源县东北。《寰宇记》卷159翁源县：灵池山，“池中有石人，或藏或见，须眉皓白，

自号老翁。人居此源，皆享寿考，因名翁水，故曰翁源”。《方舆纪要》卷102翁源县：灵池山在“县东百二十里，亦曰翁山。壁立千仞，巅有石池。池中有泉八：曰涌泉、温泉、香泉、甘泉、震泉、龙泉、乳泉、玉泉，乃翁溪之源。所云八泉汇而为池者也。相传有老人隐此，故山溪俱以翁名”。

灵池县　唐天宝元年（742）改东阳县置，属蜀郡。治所即今四川成都市东南龙泉镇。《元和志》卷31灵池县：“因县南灵池为名。”至德二年（757）属成都府。北宋天圣四年（1026）改为灵泉县。

灵寿　战国时为中山国都。在今河北灵寿县西北十里故城村。《史记·赵世家》索隐引《世本》：“中山武公居顾，桓公徙灵寿。”魏灭中山，为乐羊封邑。乐羊死葬于灵寿。中山复国后，又为赵武灵王所灭，为赵邑。西汉置县。

灵寿山　在今湖南郴州市西南三十里。本名万岁山。《舆地纪胜》卷57郴州：万岁山“在郴县。《郡国志》云，万岁山有灵寿杖。汉平帝赐孔光灵寿杖出于此山。天宝六年改为灵寿山”。

灵寿县　西汉置，属常山郡。治所在今河北灵寿县西北十里故城村。晋移治今灵寿县。隋属恒山郡，唐属恒州。北宋熙宁六年（1073）省入行唐县。八年（1075）复置，属真定府。元属真定路。明属真定府。清属正定府。民国初属直隶保定道。1928年直属河北省。

灵寿溪　在今广西融水苗族自治县南五里。《舆地纪胜》卷114融州：灵寿溪，“《图经》云：老君以丹投水中，使饮此水者咸得延寿。溪流数里，入一洞落名灵寿，民皆高年，有见三甲子者”。《方舆纪要》卷109融县：灵寿溪“出县西南之六村，东流入真仙岩。县东七里有深潭，其深叵测，流合灵寿溪，下流俱注于融江”。

灵均台（臺）　即雷台。在今甘肃武威市北门外二里雷台湖。《清一统志·凉州府》：灵均台“在府城内。晋大兴中张骏筑。周轮八十余堵，基高九仞”。

灵县　西汉置，属清河郡。治所在今山东高唐县南三十里南镇。东汉属清河国。三国魏复属清河郡。北魏改为零县。隋开皇六年（586）复置灵县，属贝州。大业初省入博平县。唐武德四年（621）复置，五年（622）并入博平县。

灵谷山　在今江西抚州市临川区东南。《寰宇记》卷110抚州临川县：灵谷山“在县东四十三里。山中有石头像，因以为名。按，荀伯子《临川记》云，悬岩半岫，有瀑飞流，分于木末，映日望之如掣练”。《方舆纪要》卷86抚州府临川县：灵谷山“诸峰环抱如障。其阳属金溪，其阴属临川。山多林壑，百物所钟”。

灵谷寺　又称大灵谷寺。在今江苏南京市中山门外中山陵东。《方舆纪要》卷20江宁县：灵谷寺“在外城内，钟山之阳。《金陵记》：蒋山寺旧在山南，本名道林寺，梁曰开善寺，宋曰太平兴国寺，后为蒋山寺。明因孝陵奠焉，乃移于东麓，赐名灵谷寺”。清咸丰间遭兵火，仅存砖石结构无梁殿。同治间重建。现辟为灵谷寺公园。

灵甸镇　亦作林甸。即今江苏海门市东南四十九里临江镇。清光绪《海门厅图志》卷9有灵甸镇。

灵应山　①在今河北唐山市丰润区西北四十里。《明一统志》卷1顺天府：灵应山“其山悬崖壁立，岩畔有泉，溃流而下。上有二石穴，一名攻书室，一名灵应洞”。

②在今江西龙南县北。《方舆纪要》卷88赣州府龙南县：灵应山在“县北二十五里”。《清一统志·赣州府一》：灵应山“一名青龙髻。曹学佺《名胜志》，冈峦重复，吞吐烟云，望之如画屏。昔尝建寺，艰于水，有禅师飞锡东行，泉即涌出，改名灵应”。

灵君山　即泠君山。在今广东乐昌市东北。《舆地纪胜》卷90韶州：灵君山“在乐昌县东北四十五里。山下有灵君之神，因名。《旧经》云：山顶有池，周围四十步，深五尺，内有银名九牛根，与半夏同”。《清一统志·韶州府》：泠君山“在（乐昌）县东北三十里。下有汤泉”。

灵灵山　在今河北遵化市南六十里。《明一统志》卷1顺天府：灵灵山“高九百余仞，上有灵灵寺，因名”。丘壑盘郁，岩洞出胜，为县境群山之冠。

灵陂　①在今广西桂林市东北。《新唐书·王晙传》：景龙末，桂州都督王晙“埭江，开屯田数千顷，以息转漕，百姓赖之”。《方舆纪要》卷107桂林府临桂县：灵陂在“府东北二十里。……晙堰水溉田处也”。后废。

②在今广西阳朔县西北七十里。《方舆纪要》卷107阳朔县：灵陂“雷雨所成，涌水成江，潴以溉田”。

灵武市　1996年撤销宁夏回族自治区灵武县，改设灵武市，市人民政府驻城镇。属银南地区。1998年由银川市代管。

灵武台（臺）　在今甘肃环县东北。《方舆纪要》卷57环县：灵武台“在县东北三里”。

灵武县　①西汉置，属北地郡。治所在今宁夏青铜峡市西北邵岗堡西北。东汉省。《后汉书·段颎传》：建宁元年（168），段颎与田晏追羌于令鲜水上，“颎遂与相连缀，且斗且引，及于灵武谷”。唐李贤注：“灵武县名，有谷。”

②十六国前秦苻坚置，属咸阳郡。治所在今陕西咸阳市东。西魏省入石安县。

③隋仁寿元年（601）因避太子杨广讳改广润县置，属灵州。治所在汉浑怀障（今宁夏平罗县西南）。大业初属灵武郡。唐武德五年（622）移治胡地城（今宁夏永宁县南，黄河西岸）。北宋初地入西夏，废。

④1913年改灵州置，属甘肃宁夏道。治所即今宁夏灵武市。以灵武郡为名。1928年属宁夏省。1996年撤销灵武县，改设灵武市。

灵武郡　①北周明帝二年（558）置，治灵武县

（在今陕西咸阳市东）。后废。

②隋大业三年（607）改灵州置，治所在回乐县（今宁夏吴忠市北）。辖境相当今宁夏中卫、同心县及其以北地区。唐武德元年（618）仍改为灵州。开元九年（721）于此置朔方节度使。天宝元年（742）复为灵武郡。十五年（756）安禄山攻破潼关，玄宗逃奔蜀中，太子亨于此郡城南楼即位，是为肃宗。乾元元年（758）又改为灵州。

灵武营 在今宁夏平罗县南。《方舆纪要》卷62宁夏镇：灵武营“在镇北百里。正统十一年建营于此，为北面之蔽”。

灵武窑址 又作西夏瓷窑遗址。在今宁夏灵武市东六十里宁东镇南。遗址面积32万平方米，遗址内遍布西夏（1038—1227）和明清时期瓷片，并有窑址遗迹。文化层厚2—4米。1984—1986年发掘瓷窑四座，作坊七处，出土大量西夏瓷器。有棕、白、青釉剔刻花的瓶、杯、壶、碗和人、骆驼、马及棋子、牛头埙等瓷器，为研究我国西夏瓷器烧制工艺提供了珍贵的实物资料。2006年定为全国重点文物保护单位。

灵昆（崑）山 一名温州岛。即今浙江温州市东瓯江口外之灵昆岛。《方舆纪要》卷94温州府永嘉县“中界山”条：“灵昆山与中界山并峙海中，旧为樵采之地，今垦田数千亩。”

灵昆苑 东汉雒阳苑囿。在今河南洛阳市东北汉魏故城附近。《后汉书·灵帝纪》载：光和三年（180），“是岁作罼圭、灵昆苑”。

灵昌县 隋开皇十六年（596）置，属滑州。治所在今河南滑县西南。《元和志》卷8：“取灵昌津以为名。”大业初属东郡。唐属滑州。五代唐同光元年（923）以避讳改为灵河县。

灵昌津 一名延津。在今河南卫辉市东古黄河畔。《水经·河水注》：“河水又东北，通谓之延津。石勒之袭刘曜，途出于此。以河冰泮为神灵之助，号是处为灵昌津。”

灵岩 ①在今山西大同市西三十二里云冈镇。北魏建石窟寺于此。《水经·㶟水注》：武州川水“又东转径灵岩南，凿石开山，因岩结构，真容巨壮，世法所希，山堂水殿，烟寺相望，林渊锦镜，缀目新眺”。

②在今江西婺源县西北。《舆地纪胜》卷20徽州：灵岩“在婺源西北百二十里。中有洞灵观。观之东北曰庆云洞，岩窦皆五色，两崖瀑流之上有真人鸾鹤云霞之象，芝田灵草罗列左右。西曰莲花洞，入百步有大石室，广十丈，有像高丈八尺，旁有羽盖幡幢。南曰含虚洞，有二重，外狭而内平，有积雪台及沉香岑”。《方舆纪要》卷28徽州府婺源县：灵岩三洞“皆襟带浙岭，联络率山。《山海经》所谓三天子都，或以为即此岩也。又有洞曰灵磨、集仙、鱼龙、张公、垂钟、会仙，合为九洞。幽胜叠出，不可名状”。

③亦名灵岩山。在今广西灵川县西北。《舆地纪胜》卷103静江府：灵岩山“在灵川县西北三十里。山下有岩，南北相通，若堂殿，水灌其中，其色如兰，山谷百源辐辏，其下舟楫往来，绝无滞碍”。《清一统志·桂林府一》：灵岩，“《旧志》亦名龙岩。唐龙朔初，山忽晦暝，六七日大雷雨，龙升而霁，山腹遂空，高三十丈，下临深渊。水从西江来者汇焉”。

灵岩三洞 在今江西婺源县西北古坦乡通元观村。《清一统志·徽州府》：灵岩三洞“在婺源县西北一百二十里，大鄣山之西。其东北曰庆云洞，西曰莲花洞，南曰含虚洞。又北曰琼芝洞，朱子题名在焉。洞口险仄，人迹罕至”。

灵岩山 ①又名研石山、砚石山、石鼓山。在今江苏苏州市吴中区西南三十里。相传春秋时吴王夫差曾在此山广筑宫室。南宋范成大《吴郡志》卷15：灵岩山“上有吴馆娃宫、琴台、响屧廊。山上有西施洞、砚池、玩月池”。山西南麓有南宋抗金名将韩世忠墓。

②在今江苏南京市六合区东南十五里。《舆地纪胜》卷38真州：灵岩山“有法义院，在扬子县西七十里。唐僧神建道场，其山岭高峻，南北为偃月，岩前有凤凰台，左有鹿跑泉”。其马瑙涧出石卵，石有五彩花纹，谓之灵岩石。

③即今浙江淳安县（排岭镇）西南十二里千岛湖龙山岛。南宋《淳熙严州图经》卷3淳安县：灵岩山，“旧经载《地理志》云：吴永安五年黄龙见于此，因名龙山。唐元和元年（806）观察使牒改今名”。

④又名方山。在今山东济南市长清区东南九十里。元于钦《齐乘》卷5“灵岩寺”条谓“疑即《水经》之玉符山也”。有崇善寺。苻秦时竺僧朗降锡说法，有猛兽归伏、乱石点头、白鹤翔舞之异，故名灵岩。北魏时梵僧法空禅师始建道场，称为中土四绝之一。

⑤在今湖南桃源县北七十里。明《寰宇通志》卷57常德府：灵岩山“五洞相通”。

⑥一名老君洞、真仙岩。在今广西融水苗族自治县东南五里。《舆地纪胜》卷114融州：真仙岩“本名灵岩山，又名老君洞，咸平中敕改为真仙岩”。《方舆纪要》卷109融县：灵岩山，“仰视高远，青白错杂，灵寿溪贯串山中。岩中有白石巍然。亦名老君洞。宋咸平中改为真仙岩，颁太宗御书百二十轴藏于岩内”。明末徐霞客游此，誉为天下第一。今洞中宋刻甚多，其中尤以《元祐党籍碑》、司马光《风火家人卦》、张孝祥《天下第一真仙之岩》、《太宗御书碑》、《劝农碑》为最著名。

灵岩寺 ①原在山西大同云冈，后仿造于河南洛阳市南龙门石窟。《魏书·释老志》载：“景明初，世宗诏大长秋卿白整准代京灵岩寺石窟，于洛阳伊阙山为高祖文昭皇太后营石窟二所。”《洛阳伽蓝记》卷5载：“京南关口有石窟寺、灵岩寺。”《魏书·出帝纪》亦载：永熙二年（533）正月，“己亥，车驾幸嵩高石窟灵岩寺”。疑即龙门石窟中的宾阳洞。

②一名秀峰寺。故址在今江苏苏州市吴中区西南灵岩山上。《吴地记》："晋太尉陆玩舍宅置寺。"南宋范成大《吴郡志》卷32："显亲崇报禅院在灵岩山顶，旧名秀峰寺，吴馆娃宫也。梁天监中始置寺……今为韩蕲王功德寺，寺改今名。"

③在今山东济南市长清区东南万德镇龙岩峪。始建于前秦苻坚永兴年间（357—358），北魏正光年间（520—525）重建。《方舆纪要》卷31引唐李吉甫《十道图》，以此寺与南京栖霞寺、天台国清寺、江陵玉泉寺为"四绝"。寺内有唐李邕撰书《灵岩寺颂碑》。元于钦《齐乘》卷5谓"寺乃佛图澄卓锡之地，有立鹤泉、佛日岩、辟支塔。自山麓至寺门十余里，古松参天，亦谓之十里松，历代碑志具存"。清聂钦《泰山道里记》引元八达氏题识曰："岩前松桧时时绿。东晋京兆竺僧朗事佛图澄，硕学渊通，初止于琨瑞山降锡焉，尝往来于此说法，猛兽归伏，乱石点头，灵岩所由名也。"1982年定为全国重点文物保护单位。

④在今四川都江堰市北灵岩山顶。始建于隋，名光化寺。唐初高僧道因住持于此。开元年间，印度高僧阿世多尊者重建，并建千佛塔。明清间多次大修。清同治年间在寺后发现两个藏经洞，藏有唐代石刻《大般若经》、《佛说灌顶经》、《波罗密多心经》等二十余种，经版近千块。现存罗汉殿、天王殿、接引殿等均系清代建筑。

⑤在今陕西略阳县南七里嘉陵江畔。《清一统志·汉中府》：灵岩寺"在略阳县南七里。唐建"。

灵岩寺摩崖 在今陕西略阳县南七里嘉陵江畔。灵岩寺又名灵岩院、白鹿洞。唐开元年间（713—741）建。分前、后两洞，由奈何桥连接。现存石碑、摩崖题刻约一百二十方，有小碑林之称。以东汉建宁五年（172）刻"郙阁颂"，唐开成二年（837）刻"开成题记"，唐权德舆撰"何某德教碑"，北宋哲宗御书"忠精粹德之碑"及南宋淳熙八年（1181）刻"仪制令"碑，绍定三年（1230）重刻"郙阁颂"，嘉定十一年（1218）刻"灵崖叙别记"等碑刻闻名。2006年定为全国重点文物保护单位。

灵岩县 亦作灵岸县。唐载初二年（690）置，属羁縻顺州。治所在今贵州习水县西南。一说今赤水县境。后废。

灵河 ①在今河北曲阳县西。《方舆纪要》卷14曲阳县"沙河"条下载："县西四里有灵河。《志》云：发源县西白土坝，东流至三角潭与曲逆溪合，下流入于沙河。"

②亦作凌河，又名渝水。即今辽宁西部之大凌河。《辽史·地理志》建州："州在灵河之南，屡遭水害，圣宗迁于河北唐崇州故城。"

灵河县 五代唐同光元年（923）改灵昌县置，属滑州。治所在今河南滑县西南。北宋治平三年（1066）废入白马县。

灵河镇 在今河南滑县东南。《元丰九域志》卷1：滑州白马县有"灵河一镇"。《资治通鉴》：五代周显德元年（954），"河决灵河"等八口。

灵宝市 1993年撤销河南省灵宝县，改设灵宝市，市人民政府驻虢略镇。由三门峡市领导。

灵宝西原 在今河南灵宝市西北。《资治通鉴》：唐至德元年（756），哥舒翰出潼关，遇安禄山将"崔乾祐之军于灵宝西原，乾祐据险以待之，南薄山，北阻河，隘道七十里"。

灵宝县 唐天宝元年（742）改桃林县置，为弘农郡治。治所在今河南灵宝市东北三十八里老城。《元和志》卷6灵宝县："于县南古函谷关尹真人宅，掘得天宝灵符，遂改县为灵宝。"乾元元年（758）属陕州。元世祖至元三年（1266）废。至元八年（1271）复置。清属陕州直隶州。民国初属河南河洛道。1927年直属河南省。1959年移治虢略镇（即今灵宝市）。1993年改设灵宝市。

灵宝塔 又名凌云塔。在今四川乐山市东六里岷江东岸，灵宝峰顶。形制似西安小雁塔，方形十三层密檐砖塔，高约38米，中空，内有旋梯直达顶室。下层特高，以上层层收缩。内为五层，有通光小孔，每层设佛室，有石刻佛像。曾在塔内发现有晚唐人在塔壁上的墨笔题记。2006年定为全国重点文物，归入乐山大佛保护单位。

灵空山 又名九顶山。在今山西沁源县西北。清康熙《沁州志》卷1：灵空山"在（沁源）县西北六十里。其势峭削，四围石壁如屏，西与霍太山相连。岩洞幽深，林木葱郁，上下径路陡峻，石磴盘折，俗呼为十八盘。半空有仙、峦二桥，跨涧而过，先师菩萨寺在焉。远近僧俗时常醮会，四方来游者络绎不绝，邑之名胜地也"。

灵居山 亦名云居山。在今四川安岳县南。《寰宇记》卷87安岳县：灵居山"在县南七里"。《舆地纪胜》卷158普州：灵居山，"《图经》云：与静居山对峙。其上为真相寺，有千佛龛、葛仙洞。草木润秀，向背皆苍岩，为近城游览佳处。每岁郡太守讲人日故事于此"。

灵城 在今江苏泗阳县西北。《清一统志·淮安府二》：灵城"在桃源县西北十五里。俗传楚灵王所筑"。

灵城镇 金置，属南唐县。即今山东高唐县南三十里南镇。

灵轵渠 西汉武帝时于上林苑中凿，在今陕西周至县东灵轵原下。《汉书·沟洫志》："关中灵轵、成国、沣渠引诸川……皆穿渠为溉田，各万余顷。"

灵星坞 一名延寿城。在今河南偃师市东南。《水经·洛水注》：休水又"东届灵星坞"。《寰宇记》卷5缑氏县："灵星坞，一名延寿城。卢氏《嵩山记》云：'此坞有道士浮邱公接太子晋登仙之所也。'"

灵钧台（臺） 东晋时张茂筑。为前凉都城姑臧（今甘肃武威市）城内的台。《十六国春秋辑补》卷

68 前凉录：张茂永元三年（322），“茂复大城姑臧，修灵钧台”。《晋书·张茂传》载：“茂筑灵钧台，周轮八十余堵，基高九仞。”故址在今武威市西北五里海藏寺内。

灵泉　在今云南马龙县西南三里。《方舆纪要》卷114马龙州：灵泉“水色清碧，引流灌溉，居民赖之”。

灵泉山　①在今河南襄城县西南五里。《清一统志·许州》：灵泉山“又名龟山。有二井，冬夏不竭”。

②即今湖北武汉市江夏区城东六十里龙泉山。《明一统志》卷59武昌府：灵泉山“在府城东六十里。山有泉，旱祷有应。因名”。又通山县西南三十里亦有灵泉山。

③在今四川遂宁市东。《舆地纪胜》卷155遂宁府：灵泉山“在小溪县东十里。山顶有泉”。《方舆纪要》卷71遂宁县：灵泉山在“县东十里。数峰壁立，有泉自岩滴下，流注不竭”。《元史·纽璘传》：丁巳岁（1257），“蒲择之命杨大渊等守剑阁及灵泉山，自将四川兵取成都。……纽璘率诸将大破宋军于灵泉山，乘胜追擒韩勇，斩之，蒲择之兵溃”。即此。

灵泉寺　①在今湖北秭归县西北归州镇南十里。《舆地纪胜》卷74归州：灵泉寺“在州西三里。面西临水，状如瀑布。张无尽于院著《华严合论》”。《清一统志·宜昌府》：灵泉寺“《州志》，寺前一井，深丈余，居山腰，其井水消长与江同候，人呼之曰灵泉”。

②在今四川遂宁市东十五里仁里镇灵家山麓。始建于隋，名圣佛寺。北宋改为资圣院（寺）。明又改灵泉寺。《舆地纪胜》卷155遂宁府：资圣院“在小溪县灵泉山。隋开皇中，因大雾晦冥，三日而解，忽有释迦石像立其所，遂建寺号圣佛寺，祥符赐今名”。今存大佛殿为明建，殿内侧有壁画八幅。

灵泉寺石窟　在今河南安阳县城西南五十里宝山。灵泉寺始建于东魏，初名宝山寺。隋文帝赐名为灵泉寺。石窟规模不大，共有两个洞窟和二百零九个摩崖小龛，分布于东面岚峰山和西面宝山一带。大留圣窟位于岚峰山西坡，俗称道凭石堂，始凿于东魏武定四年（546），是道凭禅修之所。现存造像为北齐雕造后移入窟内的。大住圣窟位于宝山南坡，隋开皇九年（589）灵裕所开凿。窟内造像为卢舍那、阿弥陀、弥勒佛三身像，窟门外两侧分别刻迦毗罗神王和那罗延神王及石刻佛经《大集经·月藏分》、《摩诃摩耶经》、《法华经》等。另外还有很多别具特色的摩崖小龛，其中浮雕塔龛一百五十三个，从隋开皇年间一直延续到唐天宝年间，成为国内罕见的浮雕塔林。1996年定为全国重点文物保护单位。

灵泉池　在今甘肃武威市。《水经注》卷40：武始泽“径姑臧县故城西，东北流，水侧有灵渊池”。即此。

灵泉县　①亦作零泉县。北周置，属林虑郡。治所在今河南安阳县西南。隋属魏郡。唐武德四年（621）废。

②北宋天圣四年（1026）改灵池县置，属成都府。治所即今四川成都市东南龙泉镇。元至元二十二年（1285）废入简州。

灵泉岭　在今广东兴宁市东南。《舆地纪胜》卷91循州：灵泉岭“在兴宁县东南四十里”。

灵泉宫　北魏离宫。在今山西大同市城北五十里方山脚下。《魏书·高祖纪》载：太和三年（479）六月，“起文石室、灵泉殿于方山”。灵泉殿旁依灵泉池，后筑墙垣，成为灵泉宫。

灵洞　在今重庆市开县东北温泉镇西五里。《新唐书·地理志》万岁县：“东南五里有灵洞。贞元九年雷雨震开。”《方舆胜览》卷59开州：灵洞“在州（县）南五里温井后”。今名仙女洞，为溶洞，分内外：外洞大厅面积200平方米；内洞有数十个。为县著名避暑游览胜地。

灵洞山　在今福建武平县西十里。《元丰九域志》卷9：汀州武平县有灵洞山。《舆地纪胜》卷132汀州《景物下》：灵洞山“在武平县。下有灵石、汤泉。大洞三十六，小洞二十八”。

灵洲山　在今广东佛山市南海区北。《新唐书·地理志》广州南海县：“有灵洲山，在郁水中。”《寰宇记》卷157广州南海县：灵洲山，“《南越志》：肃连山西十二里有灵洲焉，其山平原弥望，层野极目”。《清一统志·广州府》：灵洲山，“《通志》：在（南海）县西北六十五里，一名灵峰山，俗名小金山，上有妙高台，郁水经其下”。

灵觉寺　明建。即今内蒙古土默特右旗东美岱召。

灵峰　①在今安徽宁国市东北二十五里，北接宣城市界。《方舆纪要》卷28宁国县“旗鼓山”条下：通灵峰“南去县二十五里。上有鸡冠石，绝顶宽平，泉出龙湫，下为溪流环绕，与旗鼓诸山，并为县北屏障”。

②在今浙江杭州市西。宋苏轼《题灵峰寺壁》诗，有“灵峰山上宝陀寺”句。

③一名白云岩。在今福建武夷山市西南九曲溪北。《清一统志·建宁府》“天柱峰”条下：灵峰“一名白云崖，在武夷九曲尽处。其右为毛竹洞。唐李商隐诗‘武夷洞里生毛竹’谓此”。

灵峰山　即灵山。在今山东栖霞市东七里。元于钦《齐乘》卷1“艾山”条下：栖霞县有“灵峰”山。《方舆纪要》卷26栖霞县“翠屏山”条下载：“灵山在县东五里。峰峦峻拔。亦曰灵峰山。白洋河出其下。”

灵峰寺　①在今浙江杭州市西灵峰山下。明田汝成《西湖游览志》卷9：灵峰寺“故名鹫峰禅院，晋开运间吴越王建。宋治平间改赐今额”。

②今湖北黄梅县东北乌牙山。明曹学佺《名胜志》：“乌牙山上有灵峰院唐白居易所撰碑。”

灵峰县　唐渤海国置，为汤州治。治所在今吉林敦化市西北额穆镇。辽废。

灵涧桥 在今湖北黄梅县西四祖寺岩泉溪上。《清一统志·黄州府二》：灵涧桥"在黄梅县西三十里四祖寺前，上镌碧玉流三字，唐柳公权书"。为元至正十年（1350）建，为石砌单孔桥。崖壁有元、明、清诗文题刻。

灵陵水 又名程溪水。即今广东德庆县东悦城河。《元和志》卷34康州：悦城县有"程溪水"。《旧唐书·地理志》康州都城县："有程溪，亦名零溪，温妪养龙之溪也。"《方舆纪要》卷101德庆州：灵陵水"在州东九十里。自广宁县界流入境，凡百余里，南入江，可通舟楫。《州志》云：灵陵水一名程溪浦，出州东七十里龙岩，下有龙毋温媪墓，亦曰温水，亦曰灵溪"。

灵雀寺 在今四川道孚县城西北尼措山脚。乾隆《雅州府志》："噶达西北一百七十里地名灵雀寺，乃西藏往来之大道。"为康区黄教十三寺之一。清于此设宁安营。"灵雀"，藏语意为"向阳海"，因寺前有大湖泊，名尼（鱼）措（海）贡巴（寺）。灵雀为"尼措"的音变。寺始建于康熙初，1982年修葺，主体建筑为一座三层的大雄宝殿，宏伟壮丽，寺院及僧房为高墙环绕，宛如一座城镇。

灵龛镇 亦作林坎镇。北宋置，属德阳县。在今四川德阳市北二十里黄许镇。

灵渠 亦作澪渠、零渠。又名秦凿渠。或作湘桂运河、兴安运河。秦始皇时由史禄主持开凿，在今广西兴安县西，东接湘江，西接漓江，为沟通长江水系与珠江水系的人工运河，全长六十八里。工程主要分南北渠、斗门、堰坝等。南渠占总水量十分之三，而注于漓江；北渠占总水量十分之七，而汇于湘江，有"三分漓水七分湘"之说。斗门（或作陡门）历代屡有改建。唐有十八座，宋增至三十六座，清则有三十二座。斗门为今船闸的先导，是世界上最早的通航设施。堰坝已与今结构相似。是秦汉以来，中原地区通往岭南地区主要交通路线之一。1988年定为全国重点文物保护单位。

灵隐山 即武林山。亦名仙居山。在今浙江杭州市西。《水经·渐江水注》："浙江又东径灵隐山，山在四山之中，有高崖洞穴，左右有石室三所，又有孤石壁立，大三十围，其上开散，状似莲花。"《寰宇记》卷93钱塘县：灵隐山"许由、葛洪皆隐此"。当为杭州西群山的总称。或说指今杭州灵隐寺附近诸山。

灵隐寺 在今浙江杭州市西湖西灵隐山麓。东晋咸和元年（326）天竺僧慧理建。宋《淳祐临安志》卷8："佛在世日，多为仙灵所隐"，故名。北宋景德四年（1007）改名景德灵隐禅寺。清康熙南巡时赐名"云林禅寺"，迭经兴衰，毁建多次。现存寺院系宣统二年（1910）重建。苏轼有《和李杞留题灵隐寺方丈》诗。

灵博山 在今贵州黔西县境。《清一统志·大定府》：灵博山"在黔西州水西苗地。上有象祠，明王守仁作记"。

灵惠岩 在今福建大田县东北一百余里。《方舆胜览》卷12南剑州：灵惠岩"在尤溪西百四十里。中有岩窦可入，若厅事者二所，可环坐千人"。《清一统志·永春州》引《旧志》："旧名佛窟岩，又名师姑岩，岩壁峭拔，去地千尺，有泉出石罅间，随饮者多寡为盈缩，号曰圣泉。"

灵道 即灵关道。在今四川甘洛县东北。一说在今峨边彝族自治县南大凉山北麓。

灵道县 ①即灵关道。治所在今四川甘洛县东北。《水经·沫水》："东南过旄牛县北，又东至越嶲灵道县。"郦注："灵道县一名灵关道，汉制夷狄曰道。县有铜山，又有利慈渚。"

②西魏改仇池县置，属顺政郡。治所在今陕西略阳县西北。隋大业初省入顺政县。

灵湖 在今浙江兰溪市东。《方舆纪要》卷93兰溪县：灵湖在"县东十九里。长二里，广五十丈，中有泉穴三十六"。

灵塘 即今广西鹿寨县西南雒容镇。《明史·地理志》雒容县："万历四年正月迁于灵塘。"即此。1951年改为雒容镇。

灵感寺 在今陕西富平县西。《资治通鉴》：唐中和二年（882），"王铎将两川、兴元之军屯灵感寺"，以讨黄巢。即此。

灵源山 ①在今河北唐县东北十五里。《方舆纪要》卷12唐县：灵源山"山溪环错"。上有灵源寺。

②即今福建晋江市西南灵源山。《方舆纪要》卷99泉州府晋江县"紫帽山"条下：灵源山"上有灵泉，大旱不竭。一名太平山，以山顶平正也。亦名吴山，《志》云，山西北麓有吴明宫，亦曰吴明山。昔有吴氏隐此，后人为宫以祀之"。

灵源县 ①西魏置，属渭南郡。治所在今陕西渭南市南二十八里阳郭镇西北高家村。北周废。

②辽改渔阳县置，属沈州。治所在今辽宁沈阳市境。金废。

灵源银场 北宋置，属曲江县。在今广东韶关市曲江区境。

灵溪 ①始丰溪支流。在今浙江天台县西北。《寰宇记》卷98天台县：灵溪"在县西北三十里。孙公绰赋云：'过灵溪而一濯'是也"。《清一统志·台州府一》"铜溪"条下：灵溪"在（天台）县西北十五里。源出百丈岩，东流至凤凰山侧入始丰溪"。

②一名灵山港。在今浙江龙游县东南。源出遂昌县和尚岭，北流至龙游县北入衢江。《明史·地理志》衢州府龙游县："南有灵溪，自遂昌县流经县南灵山下，又东北入（衢江）焉。"

③在今江西星子县西三十里。《方舆纪要》卷84南康府：灵溪"源出庐山诸峰，下流皆入于彭蠡湖"。光绪《江西通志》卷60南康府：灵溪在"祥符观后。相传秦末有武士三人学道隐此，一夕雷雨奄至，所居左右忽成二溪，磐石上有玉简天篆曰，'神化灵溪，金简标题，真人受旨，玉洞潜栖'十六字"。

灵溪山 在今湖北大冶市西南。《方舆纪要》卷78

武昌县：灵溪山在“县南百二十里。周五十里。中有寺观，皆以灵溪而名”。

灵溪水 ①一名零水。在今湖北荆州市荆州区（故江陵县城）西。《水经·江水注》：“江水又东径燕尾洲北，合灵溪水，水无泉源，上承散水，合成大溪，南流注江。”《晋书·刘毅传》：桓玄死后，“桓振、桓谦复聚众距毅于灵溪”。即此。

②在今湖北公安县南。《隋书·地理志》公安县：“有灵溪水。”

③即今广西钟山县西思勤江。《水经·漓水》：“漓水又南，左合灵溪水口，水出临贺富川县北符灵冈，南流径其县东，又南注于漓水。”

④即今四川岳池县西小溪。《明一统志》卷68顺庆府：灵溪水“在岳池县西。水中有石若灵龟状”。《方舆纪要》卷68岳池县：灵溪水“在县西南。流入定远县境，注于嘉陵江”。

灵溪市 即今浙江苍南县治灵溪镇。清乾隆《平阳县志》卷1：县西南三十五都有灵溪。1981年于此置苍南县。

灵溪戍 在今湖北荆州市荆州区（故江陵县城）西南。《水经·江水注》：“江水又东径燕尾洲北，合灵溪水，水无泉源，上承散水，合成大溪，南流注江。江、溪之会有灵溪戍，背阿面江，西带灵溪，故戍得其名矣。”

灵溪县 南齐置，属始兴郡。治所在今广东韶关市曲江区境。后废。

灵溪郡 唐天宝元年（742）改溪州置，治所在大乡县（今湖南永顺县东南老司城）。乾元元年（758）复改溪州。

灵溪镇 北宋置，属岳池县。在今四川广安市东北。《舆地纪胜》卷165广安军：冢宰山“在岳池县东六十里灵溪镇侧”。

灵墟山 在今安徽当涂县东北。《舆地纪胜》卷18太平州：灵墟山“在当涂县东北三十五里。世传丁令威得道飞升之所。山椒有坛址犹存”。唐李白有《灵墟山》诗。

灵壁 在今安徽濉溪县西北濉河西岸。《史记·项羽本纪》：大破汉军于彭城，“汉卒皆南走山，楚又追击至灵壁东睢水上”。《正义》：“《括地志》云：灵壁故城在徐州符离县西北九十里。”

灵藏 在今四川德格县西北俄支。《明史·西域传》：“赞善王者，灵藏僧也。”

灵鹫山 ①一名鹫峰山。在今福建福清市北。明王应山《闽都记》卷27福清县：鹫峰山“在县北隅，县治主山也。五代汉乾祐三年，有异禽来集，五色炳焕，或以为灵鹫也，故名”。

②在今江西广丰县东。《舆地纪胜》卷21信州：灵鹫山“在永丰县东三十五里。有光相洞，其深不可穷。有宝积院，张忠文公叔夜、嵇仲之墓在焉。寺之前有庙，以祀张公，赐额为旌忠”。《清一统志·广信府一》：灵鹫山“岩石秀润，树木环密。山下有洞曰光相。两崖崭然。其相望者曰古城山，一名将军山。山石峻嶒如雉堞”。

③在今湖北荆门市东北三十里。《舆地纪胜》卷78荆门军：灵鹫山“旧有灵鹫寺。有穴曰龙洞，深五里，石台甚高，二三月间有声如钟鼓杂奏，笙簧间作，听者忘倦”。《方舆纪要》卷77荆门州“荆门山”条下：灵鹫山“在州北三十里，有龙洞，深五里。泉石甚胜”。

④在今广东韶关市北。《水经·溱水注》：“泷水又南历灵鹫山，山本名虎群山，亦曰虎市山，以虎多暴故也。晋义熙中，沙门释僧律，葺宇岩阿，猛虎远迹，盖律仁威所致，因改曰灵鹫山。”《元和志》卷34曲江县：灵鹫山“在县北六里”。《舆地纪胜》卷90韶州：灵鹫山，“山似天竺灵鹫山，因名”。

⑤在今广西临桂县西北。《方舆纪要》卷107义宁县：灵鹫山“峭拔高峻，瀑布悬流”。

⑥在今四川大英县东北郪口镇长江坝。《旧唐书·地理志》遂州长江县：“旧治灵鹫山。上元二年，移治白桃川。”

⑦在今云南保山市西北八里。《清一统志·永昌府》引《府志》：“高如宝盖，延袤七里余。山间产茶，香逾诸品。”

灵鹫峰 ①在今浙江舟山市普陀区普陀山普济寺北。清许琰《普陀纪胜》：“灵鹫峰在普济寺后，正南寺之主山，三石嵯峨并立，东峰倍高，约二丈，昂头尖喙，宛似定鸟，故以灵鹫名焉。”

②即飞来峰。在今浙江杭州市西灵隐寺前。《方舆纪要》卷90杭州府：飞来峰“亦名灵鹫峰”。

灵鹫隘 在今江西广丰县东南。《方舆纪要》卷85广信府永丰县：灵鹫隘“在县东南灵鹫山下。东通江山县之青湖镇，北达玉山县”。

灵璧县 北宋政和七年（1117）改零璧县置，属宿州。治所即今安徽灵璧县。据明曹学佺《名胜志》载：“以县产磬石，珍之如璧，故名。”元世祖至元四年（1267）属泗州，至元十七年（1280）复属宿州。清属凤阳府。民国初属安徽淮泗道。1928年直属安徽省。

即水 即今绿汁江。在云南楚雄彝族自治州东部。汉至南朝称即水。《汉书·地理志》秦臧县：“牛兰山，即水所出，南至双柏入仆，行五百里。”

即东县 1945年8月山东革命根据地由即墨县东部析置，治汤上村（在今山东即墨市东）。1949年迁治店集（今即墨市东北店集镇）。1956年撤销，并入即墨、海阳二县。

即丘县 ①西汉置，属东海郡。治所在今山东临沂市河东区东南禹王城。东汉改为侯国，后复为县，属琅邪国。南朝宋为琅邪郡治。北魏时移治今临沂市西二十里古城。

②东晋初侨置，属南琅邪郡。治所在今江苏南京市附近。南朝宋元嘉八年（431）省入阳都县。

③南齐置，属东莞琅邪二郡。治所在今江苏连云港市南。后废。《魏书·地形志中》：龙沮县有即丘

城。《南齐书·张冲传》：建武二年（495），“冲又遣军主杜僧护攻拔虏虎坑、冯村、即丘三城”。

即丘侯国　东汉改即丘县置，属琅玡国。治所在今山东临沂市河东区东南禹王城。后复为县。

即来侯国　西汉置，属琅邪郡。当在今山东东南部。东汉省。

即肚国　故址或以为在今印度卡提阿瓦半岛南端之第乌。清谢清高《海录》：“即肚国，在淡项北。疆域稍大。由淡项水路顺风约二日可到。风俗民情与盎几里诸国略同。”

即裴侯国　西汉征和元年（前92），武帝封赵敬肃王子刘道置，属魏郡。治所在今河北肥乡县西。东汉废。《水经·浊漳水注》：“漳水又东，右径斥丘县北，即裴县故城南。王莽更名之曰即是也。《地理风俗记》曰：列人县西南六十里有即裴城，故县也。”

即墨市　1989年撤销山东省即墨县，改设即墨市，市人民政府驻通济街道办事处。由青岛市代管。

即墨县　①战国齐置，治所在今山东平度市东南六十里康王城（又名大朱毛）。《元和志》卷11：“城临墨水，故曰即墨。”《史记·乐毅列传》：燕将乐毅“下齐七十余城，皆为郡县以属燕，唯独莒、即墨未服”。后入秦，为琅邪郡治。出土秦封泥中有“即墨丞印”，亦可为佐证。汉高帝元年（前206），项羽徙齐王田市为胶东王，都即墨。汉文帝十六年（前164）封悼惠王子白石侯熊渠为胶东王，景帝四年（前153）封子彻为胶东王，中元二年（前148）封子寄为胶东王，皆都于此。东汉改为侯国，属北海国，后复为县。北魏属长广郡。北齐废。

②隋开皇十六年（596）置，属莱州。治所即今山东即墨市。《元和志》卷11即墨县：“城临墨水，故曰即墨。”大业初属东莱郡。唐属莱州。元改属胶州。明初属青州府，洪武二年（1369）改属胶州。清属莱州府。民国初属山东胶东道。1925年改属莱胶道。1928年直属山东省。1989年改设即墨市。

即墨故城遗址　在今山东平度市东南六十里古岗镇大朱毛村。分内外二城，外城南北长5公里，东西宽2.5公里，仅存北城墙和东城墙，夯土板筑，十分坚固。内城位于外城东南部，发现有建筑群、东西仓、储货湾等遗迹。城中常有兵器、砖、货币、钱范等出土。故城西北3.5公里的六曲山上有古墓三百六十余座，西汉康王刘寄等六代胶东王均葬于此。即墨故城始建于东周，战国时为齐之名城。自秦始，历经两汉、魏、晋、北魏，直至北齐天保七年（556），一直是即墨县治所在地。自东周至西汉约五百余年间，即墨故城一直是胶东半岛地区政治、经济、文化中心。2001年定为全国重点文物保护单位。

即墨侯国　东汉改即墨县置，属北海国。治所在今山东平度市东南六十里康王城（又名大朱毛）。后复为县。

即墨营　即今山东即墨市北营上镇。《方舆纪要》卷36即墨县：“《志》云，旧置营于县南七十里金家岭寨。宣德八年移置于此。营城周四里，为登莱三营之一。”

层山　在今山东苍山县东南四十里。《清一统志·沂州府一》：层山“有数山相联络，即古缯山”。

层山市　即藤田镇。今江西永丰县东南藤田镇。《清一统志·吉安府二》：层山市巡司“在永丰县东南一百二十里。元至正中置，今因之”。同治《江西全省舆图》卷7吉安府永丰县：“藤田即层山司。”

层台（臺）山　在今贵州毕节市东北层台镇。《方舆纪要》卷123赤水卫：层台山在“卫西南百里。山高箐密，烟雾晦冥，接毕节卫界，层台驿置于此”。

层台（臺）卫　明洪武二十一年（1388）置，属贵州都司。治所即今贵州毕节市东北层台镇。二十七年（1394）废。

层台（臺）驿　明置，即今贵州毕节市东北六十里层台镇。明洪武二十一年（1388）尝于此置层台卫。

层步山　在今湖南石门县东北三里。《水经·澧水注》：“澧水又东历层步山，高秀特出。山下有峭涧，泉流所发，南流注于澧水。”《舆地纪胜》卷70澧州：层步山，“盛宏之《荆州记》云，此山外望只如一山，入里乃有二重，因号层山也。又《郡国志》云，层步山侧有石亭立三尺，如人形，号曰层山神”。

层拔国　故地在今非洲东部索马里以南一带。南宋赵汝适《诸蕃志》卷上：“层拔国在胡茶辣国南海岛中。西接大山。其人民皆大食种落，遵大食教度……每岁胡茶辣国及大食边海等处发船贩易，以白布、瓷器、赤铜，红吉贝为货。”近时在此曾发现我国宋代铜钱等物。

层峰驿　唐置，在今陕西商南县西皂角铺。明成化十三年（1477）曾于此置商南县。

层摇罗国　即层拔国之异译。摇为拔之误。故地在今非洲东部索马里以南一带。元汪大渊《岛夷志略》：层摇罗“国居大食之西南，崖无林，地多淳”。

层檀国　一般指在黑衣大食境内由塞尔拉族建立的政权而言。公元11世纪向外扩张领土。《宋史·外国传六》：“层檀国在南海旁，城距海二十里。熙宁四年始入贡。”

尾尖寨　在今河南安阳市东北。《方舆纪要》卷49安阳县：尾尖寨“地当冲要，径路险隘，昔因置寨于此，以扼相、魏之郊。明朝建文三年燕兵占大名，南军据尾尖寨，梗燕饷道。燕遣兵从间道击破之”。

尾明山　在今辽宁灯塔市东。民国《奉天通志》卷75辽阳县：尾明山在“城东北六十里”。产煤。清光绪间开采，属烟台煤矿。

尾灑山　在今贵州晴隆县西北，与普安县接界。明曹学佺《名胜志》:“安南卫(今晴隆县)在其阳,迥出众山。”《清一统志·兴义府》引《旧志》:“山势高耸,其巅常有云雾,土人因名尾灑,犹华言水下也。”

尾灑卫 明洪武十五年(1382)置,属贵州都司。治所即今贵州晴隆县。寻废。

尾灑堡 即今贵州晴隆县。明洪武十五年(1382)尝置尾灑卫于此。寻废。二十年(1387)于此筑尾灑堡。洪武二十五年(1392)移安南卫治此。清康熙二十六年(1687)改安南县。1941年改晴隆县。

迟河 古名直河。即今陕西石泉县东池河。

迟散州 唐龙朔元年(661)置,属月支都督府。治所在悉蜜言城(今阿富汗喀布尔北巴格兰西萨曼甘附近)。8世纪中期废。

迟墟 又作焦墟。在今江苏邳州市东南。《宋书·沈攸之传》:攸之奉诏攻彭城,“行至迟城,上悔,追军令反”。即此。

局子街 即今吉林延吉市。为延吉之土名。清宣统元年(1909),中日间岛协约开为商埠。

改子 在今新疆阿克陶县西南。清宣统《新疆图志》卷4蒲犁:改子(庄)在“城北五百里”。

改则 即今西藏改则县。原为改则部落。1960年置改则县。

改金口 即今黑龙江省同江市东北街津口赫哲族乡。清光绪《吉林全省地舆图》:临江州东北有改金集噶珊。民国熊知白《东北县治纪要》吉林同江县:“县属改金口,距县市九十里。位于黑龙江右岸之支流改金河口。”

改金噶珊 亦作街基、街津屯。即今黑龙江省同江市东北街津口赫哲族乡。清光绪《吉林通志》卷17:混同江南岸旧设噶珊有“改金”。即此。为赫哲人居住地。

改窑汛 即今贵州长顺县东北改尧镇。旧属定番县(今惠水县),有把总驻守。

张八岭集 即今安徽明光市东南张八岭镇。旧属滁县。清康熙《滁州市》卷4:张八岭集“在州北四十里”。

张八桥 即今河南宝丰县西十八里张八桥镇。清尹耕云《豫军纪略》卷11:同治三年(1864)十一月,捻军分踞“宝丰之张八桥”。

张九龄墓地 在今广东韶关市西北二十里墩子头村。张九龄(670—740),韶州曲江县人。唐开元丞相。死后葬此。墓旁还有其妻卢氏、弟九皋和九章等人的墓冢。

张三城守捉 唐置,在今新疆和硕县东乌什塔拉回族乡附近。《新唐书·地理志》西州交河郡:“吕光馆又经盘石百里,有张三城守捉。”即此。

张三营 即今河北隆化县北六十里张三营镇。清乾隆七年(1742)于此设巡司。

张三营子 即今河北隆化县北六十里张三营镇。《清史稿·地理志》:承德府隆化县有“张三营子”。

张大洼 在今河北泊头市西。《方舆纪要》卷13交河县:张大洼在“县(按,今泊头市西南交河镇)东三十里。为钟水之处。万历中,开沟五道以通滏河,洼旁之田始无水潦之患”。

张广才岭 又作天门岭、嵩岭、长岭。在今黑龙江省东南部,延伸至吉林省东北部。清萨英额《吉林外纪》卷2:“昔有民人张广财在此开设旅店,行者遂以名岭。”

张义堡 ①北宋熙宁五年(1072)置,属镇戎军。即今宁夏固原市西南五十里张易镇。金改为张义寨。

②即今甘肃武威市南一百二十里张义镇。西汉曾置张掖县于此。《清一统志·凉州府二》:张义堡“城周一里有奇,南临黄羊川,境外隘口有四。本朝初设守备,雍正二年改设都司”。

张义寨 金改张义堡置,属镇戎州。即今宁夏固原市西南五十里张易镇。元废。

张弓集 即今河南宁陵县西南三十里张弓镇。清光绪《归德府志》卷首《宁陵县境图》:西南有张弓集。

张飞庙 即张桓侯祠。在今四川阆中市西街。

张飞城 在今湖北谷城县西南。《方舆纪要》卷79谷城县“延岑城”条下:“张飞城在县西南五里,有故城址,相传飞所筑。”

张丰(豐)街 即章凤街。今云南陇川县治章凤镇。

张王坝 即今贵州遵义县东南团溪镇东南张王坝。《方舆纪要》卷70遵义府遵义县:“张王坝在府东南百里,黔帅李应祥败杨应龙之兵,屯张王坝。”即此。

张公山 ①在今江苏宜兴市南三十五里。《新唐书·地理志》:义兴县“有张公山”。《寰宇记》卷92宜兴县:张公山“在县南三十五里。山巅空穴到底,郭璞注云:阳羡有张公山,洞中南北二堂。故老传云:张道陵居此求仙,因有张公之名,四面水入圻溪”。山麓有张公洞。

②即率山。在今江西婺源县西北。《方舆纪要》卷28徽州府休宁县:率山“今曰张公山。……相传昔有张公者隐此,因名”。

张公凸渡 故址在今江苏南京市东北。宋《景定建康志》卷16:张公凸渡“在上元县金陵乡长庆村之西,正临大江,与真州六合县梅家步相对,自张公凸渡至南岸夏四十里,冬五十里。石迈《古迹编》云:隋文平陈,宇文述以行军总管自六合济,即此也”。《续资治通鉴长编》卷234:北宋熙宁五年(1072),赐江南东路转运副使韩铎等银绢,“以提举开江宁府张公凸上栾家矶、马鞍山河道故也”。

张公城 ①在今江苏仪征市东北。《舆地纪胜》卷37扬州:张公城,“《寰宇记》云,在州西四十里。汉末张婴所筑,后因号张公城”。

②在今山东平原县南。《史记·秦始皇本纪》:秦始皇自海上还,“至平原津而病”。《正义》:“今德

州平原县南六十里有张公故城，城东有水津焉，后名张公渡。”《水经·河水注》：“大河又北径张公城，临侧河湄，卫青州刺史张治此，故世谓之张公城。水有津焉，名之曰张公渡。”

张公故关 在今山东平原县南。《元和志》卷17长河县有“张公故关”。《方舆纪要》卷31平原县：张公故关“即县之张公渡”。

张公洞 在今江苏宜兴市南三十五里张公山麓，为石灰岩溶洞。《寰宇记》卷92宜兴县：张公山“山巅空穴到底，郭璞注云：阳羡有张公山，洞中南北二堂。故老传云：张道陵居此求仙，因有张公之名，四面水入圻溪”。《舆地纪胜》卷6常州：张公洞“其门三面，皆飞崖峭壁，非足力所能到。惟北户可入，嵌空邃深，石乳融结，石上有唐人留题”。

张公洲 ①故址在今江苏南京市西南。《寰宇记》卷90江宁县：张公洲“在县南四里，周回三里”。《梁书·武帝纪》：太清二年（548），侯景攻陷东府城，“安北将军鄱阳王范遣世子嗣、雄信将军裴之高等帅众入援，次于张公洲”。同书《侯景传》：承圣初，王僧辩讨景，“进军攻张公洲”。皆此。

②在今湖北武汉市武昌区南。晋隐士张公灌园处。唐李白《赠张公洲革处士》：“时登张公洲，入兽不乱群”，即此。

张公桥 ①在今河北邢台县西北。《资治通鉴》：五代梁乾化四年（914），晋王会兵于赵州，南寇邢州。“杨师厚引兵救邢州，军于漳水之东。晋军至张公桥，裨将曹进金来奔。晋军退，诸镇兵皆引归”。胡三省注：“晋军出青山口至张公桥，在邢州龙冈县界。”唐末李克用争河，每出青山口，必经张公桥，然后至邢、洺诸州。

②即今安徽含山县东南张公村。清乾隆《含山县志》卷2：张公桥在“县东十五里。旧系陈均保渡。明万历四十七年，州人张大业截河为桥”。

张公脑营 在今广东新兴县西南。《方舆纪要》卷101肇庆府新兴县：张公脑营在“县西南五十里。嘉靖三十年置”。

张仓镇 金置，属高密县。在今山东胶南市西北。

张氏帅府 通称大帅府。在今辽宁沈阳市沈阳路二段文兴里。为奉系军阀张作霖和爱国将领张学良父子的官邸。帅府分东、西两院：东院建于1914年，初为三进四合套院，为青砖瓦房。1925年在院东北端增建一栋三层罗马式青砖楼房，俗称大青楼。这里曾是东北政治活动的中心，“东北易帜”等重大历史事件发生于此。西院始建于1924年，为新式楼房，是张氏父子的寓所。现为全国重点文物保护单位。

张氏园亭 北宋建，在今安徽灵璧县灵城镇西凤凰山下，汴堤北岸。苏轼有《张氏园亭记》。

张六堡 在今河北衡水市西二十里小辛集村。《清一统志·冀州》：张六堡“周二里。明嘉靖中筑”。

张方垒 西晋张方筑。在今河南洛阳市汉魏故城西七里。《晋书·刘聪传》：“留辎重于张方故垒，遂寇洛阳。”即此。

张北县 1913年于兴和城置，属直隶兴和道。治所即今河北张北县。1928年属察哈尔省。1952年属河北省。

张甲河 古河名。在今河北清河县西。《汉书·地理志》清河郡信成县：“张甲河首受屯氏别河，东北至蓨入漳水。”今湮。

张仪城 即今四川阆中市。战国秦惠文王灭巴国后，张仪重建。《新定九域志》卷8阆州：“阆中古城，本张仪城也。”《舆地纪胜》卷185阆州：张仪城，“《图经》云：秦司马错执巴王以归，阆中遂筑此城。今仪庙存焉，谓之张仪城”。唐贞观时移阆中县于今市东二十里白沙坝，故又以此为张仪城。

张仪楼 又名百尺楼、宣明楼、白菟楼。战国秦建，为成都城少城西门楼。在今四川成都市旧城西南。《元和志》卷31成都县：“州城，秦惠王二十七年张仪所筑。……城西南楼百有余尺，名张仪楼，临山瞰江，蜀中近望之佳处也。”《寰宇记》卷72华阳县：“阳城门，李膺记：少城有九门，南面三门，最东曰阳城门，次西曰宣明门，蜀时张仪楼即宣明门楼也。重阁复道，跨阳城门，故左思赋云：结阳城之延阁，飞观榭乎云中。”《南史·始兴简王鉴传》：齐武帝时为益州刺史，“与记室参军蔡仲熊登张仪楼，商略先言往行及蜀土人物”。即此。

张白坞 在今河南宜阳县西北。东汉末，张白骑据此。《周书·权景宣传》：西魏大统四年（538），宇文泰自洛阳还，“留景宣守张白坞”。即此。

张乐行故居 在今安徽涡阳县西北十二里张老家村。张乐行（1810—1863），又名张洛行、张志乐。捻军起义总首领。现存前堂屋五间、西厢房三间。清咸丰五年（1855）捻军“雉河集会盟”前，此为各路捻军旗主聚会议事地。

张兰镇 清置，属介休县。即今山西介休市东北三十五里张兰镇。

张记场古城 在今宁夏盐池县西北三十里张记场村西。为西汉眴衍县城遗址。

张台（臺）子 即今辽宁灯塔市西南张台子镇。民国《辽阳县志》卷2：“张台子（站）……始于清光绪二十四年创修。”

张母桥市 即今安徽舒城县西张母桥镇。清光绪《舒城县志》卷7：张母桥镇在“县西北五十里”。

张老埠集 一名张老人埠。即今河南固始县东南三十五里张老埠乡。明嘉靖《固始县志》卷3《集市》：“东有张老埠集。”

张芝山镇 即今江苏南通市通州区（金沙镇）西南三十八里张芝山镇。清光绪《通州直隶州志》卷1：东南“三十五里曰张芝山镇”。

张仲景墓及祠 在今河南省南阳市城东温凉河畔。张仲景，名机，河南南阳人，是我国伟大的医学家。医术精湛，其著作经后人收集整理的《伤寒论》、《金匮要略》尤为著名。墓原为砖石结构，上建墓亭。经多次修葺，墓旁立有东晋咸和五年（330）“汉长沙太守医圣张仲景墓”碑一通。后人为纪念他而建“医圣祠”，有过殿，正殿、东西偏殿、内经楼、灵枢阁、素问馆、医圣井、梅花轩、荷花池、医林会馆等。1988年定为全国重点文物保护单位。

张各庄镇 ①即今北京市顺义区东五十六里张镇。清同治《畿辅通志》卷46三河县图：西北有张各庄镇。

②即今河北唐山市丰润区西南七十里小张各庄镇。清同治《畿辅通志》卷54丰润县图：西南有张各庄镇。

张庄 即今山东禹城市西北二十六里张庄镇。清光绪《禹城县乡土志》：由县治出西门西北行，官道上有张庄。

张庄镇 即今上海市松江区西南十五里张庄。清光绪《江苏全省舆图》：娄县西南有“张庄”。

张关山 在今重庆市渝北区东张关镇境。清嘉庆《四川通志》卷11江北厅：张关山“在厅东北一百八十里。高五里，岭长十里。上有天池、岩峰二洞，高深莫测。元末，土寇张坤氏盘踞其中，故名”。明初立新兴铺。清乾隆二十一年（1756）改为复兴铺。

张关店 即今湖北兴山县东北榛子乡。清光绪《兴山县志》卷2：“张关店，一百一十五里。为右司外委、把总协防东路处，设有塘兵。”

张江栅镇 又名古桐里。即今上海市浦东新区川沙镇西十七里张江镇。清光绪《南汇县志》卷1：张江栅镇，“相传明隆庆时有张姓名江者创建市舍，故名”。

张池口 即今湖北汉川市西南回龙镇南池口村。清光绪《湖北全省分图》：汉川县西南有张池口。

张安抚寨 在今安徽岳西县西南八十里司空山上。《方舆纪要》卷26太湖县：张安抚寨“在司空山上。宋亡，有安抚张德兴者，立寨于此，以图恢复，与元人相持十余年，为元将昂吉儿所袭，兵败死之。寨有五门：曰太平、曰欢喜、曰朱砂、曰前部、曰后部。今故址犹存”。

张坊镇 即今北京市房山区西南张坊镇。清光绪《顺天府志》卷29房山县：“（西）七十里张坊镇，管村十五。”1946—1948年房山县曾迁治于此。

张村 在今安徽祁门县西十里。《方舆纪要》卷28祁门县“五岭关”条下：“《志》云，今县西十里有张村，以唐张志和隐此而名。”

张村镇 ①北宋置，属穰县。即今河南邓州市西北二十八里张村镇。

②清置，属鄜州。即今陕西富县西南张村驿镇。

张孝祥墓 在今江苏南京市浦口区西北十里黄悦岭东南麓。张孝祥（1132—1169），字安国，号于湖居士。乌江（今安徽和县乌江镇）人。南宋词人。绍兴进士。曾任建康留守。其词风格豪迈。《清一统志·江宁府》：张孝祥墓“在江浦县北十里七乳山”。1971年南京市博物馆在江浦县黄悦岭发掘了张孝祥之子张同之夫妇墓，墓志记载张同之“葬祖域之旁，黄叶（悦）岭之阴”。1982年在黄悦岭下竹林中发现半截墓碑，上有“张公孝祥之墓”字样。

张把 即张杷寨。在今四川三台县南。《资治通鉴》：唐中和四年（884），高仁厚讨东川帅杨师立，别将“杨茂言走至张把，乃追及之”，为仁厚所斩。

张县 西汉初置侯国，后改县。属广平国。治所在今河北任县西南二十七里。《汉书·高惠高后文功臣表》：汉高帝封毛释之为“张节侯”。东汉废。

张园 在今天津市和平区鞍山道与山西路交会口东侧。原为张姓私人花园，建于1916年。主建筑为砖木结构罗马式二层楼房。1924年11月，孙中山应冯玉祥之邀，绕道日本经天津去北京讨论国事，12月抵津后下榻张园。同年，清逊帝溥仪被冯玉祥逐出紫禁城，在张园继续过关门小朝廷生活。1929年春移居静园。1935年后拆除重建。现为天津日报社。

张秀屯 即今河北枣强县西南二十四里张秀屯乡。清同治《畿辅通志》卷54枣强县图：西南有张秀屯。

张谷英村古建筑群 在今湖南岳阳县东南张谷英镇张谷英村。环山建村，长约1公里，呈半月形布局，由当大门、王家段、上新屋三组建筑群组成，有建于明、清两代的古屋一千七百三十二间，占地5.1万平方米，建筑面积3.59万平方米。明洪武年间，张谷英由江西迁至此，后以其名为村落名。明嘉靖四十一年（1561）张思南首建当大门、西头岸大屋。明末清初，张拱凡等续建东头岸、铺门口、石大门大屋。清雍正间上新屋又有续建。当大门建筑群，进入二大门为五井五进；王家段建筑群三井四进，左右两条巷口，呈十字格局；上新屋建筑群为七井四进，天井左右对称，厅堂宽敞，巷道勾连。建筑中木石雕刻，线条简练，图案多样。村内保存的明初至清中叶民居建筑群，有很高的历史、人文及艺术价值。2001年定为全国重点文物保护单位。

张应集 即今山东胶州市西南张应镇。民国《增修胶志》卷7《古迹》：张应院报恩寺“在邑西南七十里，古之大刹也……寺中有古碑卧地，因地邻张应，故名张应院。寺为元至正元年建”。

张良山 在今湖北京山县北。《寰宇记》卷144京山县：张良山“在县北十里。山有张良走马路。至今不生草木”。《方舆纪要》卷77京山县：张良山在“县北八里。峰峦高峻，草木秀美。峭壁间有一横径，多马迹，俗传子房曾息兵于此”。

张良店 一作留侯镇。即今河南鲁山县东南张良镇。明正统《汝州志》卷1：鲁山县有“张良店”。嘉靖《鲁山县志》卷1：留侯镇“在县东南三十里。

俗传昔张良为汉领兵于此，故店以张良名。知县姚卿以直斥先贤名，改为留侯镇”。

张良庙 在今陕西留坝县西北留侯镇茶店子村柴关岭南紫柏山上。汉高祖刘邦开国功臣张良（？—前186）汉朝建立后被封为留侯。相传紫柏山是其“辟谷”处，后人为纪念他，在此建庙，称张良庙。又称留侯庙。由六大院组成。门楣上砖刻“汉张留侯祠”。大门内有进履桥。二门保安观内有钟鼓楼及灵官殿、三清殿等建筑。大殿内供张良塑像。右为方丈院、南花园、五云楼、辟谷亭；左为北花园、拜石亭、回云亭。授书楼最高，距平地100米。庙内保存有许多明清以来名人题刻。2006年定为全国重点文物保护单位。

张纲镇 即今江苏江都市东南张纲镇。东汉时广陵太守张纲于此开张纲沟，镇因沟为名。

张青口 在今河北雄县东张青口村。《清一统志·顺天府四》：张青口“在保定县（治所在今文安县西北新镇）。凸峙众流之中，舟舶往来所必经，商贾凑集，最为繁荣”。《日下旧闻考》卷121：张青口“为保定、正定、河间三府行盐要地”。

张茅镇 即今河南陕县东三十四里张茅乡。清设递运所于此。

张杷寨 又作张把。唐建，在今四川三台县南。《资治通鉴》：唐乾宁四年（897），“宣谕使李询至梓州，己巳，见（王）建于张杷砦”。即此。《元丰九域志》：郪县有张把镇。

张画山 在今山东招远市北十五里。《明一统志》卷25登州府：张画山“山高林茂，如张画然”。

张岳镇 在今山西运城市西北张岳村。《清一统志·蒲州府》：张岳镇“在猗氏县东二十里”。

张舍村 即今山东平度市西北张舍镇。1940年山东革命根据地在此置平西县。

张舍镇 在今江苏无锡市西南二十七里。明洪武《无锡县志》：“西：富安乡十七都有张舍。”民国《江苏六十一县志》：无锡县西有“张舍镇。”

张店 ①即今山西平陆县北张店镇。《资治通鉴》：唐乾宁四年（897），“河东将李嗣昭败陕兵于猗氏，又败之于张店，遂解河中之围”。即此。金于此置镇。

②亦名张家店。即今湖北武汉市新洲区西北张店镇。《清一统志·黄州府》：张家店“在黄冈县北一百二十里”。

③在今安徽安庆市北。《方舆纪要》卷26安庆府怀宁县：张店在“府北二十里。桐城、潜山分界处也，为北山之孔道”。

张店市 1947年3月山东革命根据地由桓台县析置，治张店（今山东淄博市张店区）。1950年5月撤销，并入桓台县。同年11月与周村市合并，改置张周市。

张店镇 ①金置，属平陆县。在今山西平陆县北张店镇。

②金置，属淄川县。今为山东淄博市驻地。

张炉集 即今山东聊城市西南四十里张炉集镇。旧属堂邑县。清光绪《山东通志》卷2《舆图志》：堂邑县东南有张炉集。

张学良旧居 又称张大帅府。在今辽宁沈阳市沈河区沈阳路二段文兴里。为奉系军阀张作霖和爱国将领张学良父子两代官邸与私宅。分东、西两院，东院是帅府早期建筑，包括四合院、小青楼、大青楼、关帝庙及东墙外的赵四小姐楼。这里曾是东北地区政治活动中心，“东北易帜”等历史事件发生于此。西院是后期建筑。1996年定为全国重点文物保护单位。

张泗冲镇 在今江苏泗阳县东。《清一统志·淮安府二》：张泗冲镇“在桃源县东十里”。

张泽镇 即今上海市松江区东南张泽镇。清时有把总驻守。光绪《江苏全省舆图》华亭县：“张泽镇在城东南一十八里。”

张泾 即今上海市金山区西北张堰镇。《清一统志·松江府一》：张泾“在娄县南。通捍海塘，经张堰镇西，西接新运盐河，北行至张泾桥，与城河合，长六十三里”。

张泾桥镇 即今江苏无锡市锡山区东北张泾镇。为明东林党人顾宪成、顾允成兄弟故里。

张官屯 在今山东茌平县东南。清光绪间，朱红灯领导的义和团进驻于此。

张官营 即今河南鲁山县东南五十四里张官营镇。民国初设县佐驻此。

张祉山 在今江西金溪县东北。《方舆纪要》卷86抚州府金溪县：张祉山“在县东北六十里，接安仁县界”。

张居正墓 在今湖北荆州市荆州区故江陵县城东三里草市南侧。张居正（1525—1582），字叔大，号太岳，湖北江陵（今湖北荆沙市荆州区）人。明代政治家。万历初为内阁首辅，推行一系列改革措施，清丈土地，改良税制，整饬边防，使明代政治经济状况一度有所好转。万历十年（1582）病卒，终年57岁。归葬江陵，谥文忠。墓前现存明万历四十一年（1613）所立石碑，上刻“明相太师太傅张文忠公之墓”。

张城 ①春秋晋邑。在今山西临猗县西南。《水经·涑水注》引《竹书纪年》：“齐师逐郑太子齿奔张城、南郑。”即此。

②在今山东梁山县北。《史记·绛侯周勃世家》：周勃“袭取临济，攻张”。《方舆纪要》卷33谓张城在寿张县南，并称“后汉因改寿良为寿张也”。

③又名渚阳城。在今河北邢台市东。汉为张县旧治。《晋书·石勒载记上》：“遣石季龙盟就六眷于渚阳。”即此。《元和志》卷15任县：张城“一名渚阳城，在县西南二十七里。汉张县也”。

张政堡 明置，属宁夏左屯卫。即今宁夏银川市东南掌政镇。

张赵泊 在今山西平遥县北。《方舆纪要》卷42平遥县：“张赵泊在县西北三十里，一名壤公泊。”

张栅 即今四川遂宁市西南安居镇。《旧唐书·

地理志》安居县："旧治柔刚山，天授二年移治张栅。"

张秋县　1940年10月晋冀鲁豫革命根据地由阳谷、寿张、东阿三县析置，治张秋（今山东阳谷县东南张秋镇）。1947年撤销，并入阳谷、寿张、东阿等县。

张秋镇　即今山东阳谷县东南张秋镇。《方舆纪要》卷33东阿县"安平镇"条载："五代周显德初，河决杨刘，遣宰相李谷治堤，自杨刘抵张秋口，即此。"北宋置景德镇。元世祖至元二十七年（1290）置都水分监治此。俗仍谓之张秋镇。明弘治七年（1494）河决，命刘大夏治之，塞决口九十余丈，筑滚水石坝，功成，赐名安平镇，置北河都水分司治此。清亦名张秋镇，为阳谷县重要集镇。

张侯城　即霍阳聚。在今河南汝州市西南，汝水南岸。《后汉书·祭遵传》：祭遵"遂攻得霍阳聚"。李贤注："有霍阳山，故名焉。俗谓之张侯城。"《方舆纪要》卷51汝州：霍山，"或曰，东汉初，蛮中山贼张满屯于此，故有是名"。

张侯祠　即张桓侯祠。俗名张飞庙。在今四川阆中市城内西街。《方舆胜览》卷67阆州：张侯祠"在州治东。盖张飞为巴西太守"。三国蜀将张飞死葬于此，后人建祠祭祀之。祠始建于唐。今祠为明、清建筑。后殿有张桓侯神道碑，后为张飞墓。

张侯桥　在今江苏南京市西部秦淮河北岸。《资治通鉴》：东晋义熙六年（410），"卢循焚查浦，进至张侯桥"。又南朝梁太清二年（548），侯景逼建康，萧正德"帅众于张侯桥迎景"。皆此。

张亮堡　明置，属宁夏前卫。即今宁夏贺兰县北十四里张亮堡。

张洪镇　清置，属三水县。即今陕西旬邑县西南张洪镇。

张柔城　在今河南杞县北七里。《方舆纪要》卷47杞县："县北七里有张柔城。元张柔镇雍丘，城被水所圮，乃于城外筑新城，创置廨宇。"即此。

张桓侯庙　俗称张飞庙。在今重庆市云阳县东云阳镇城外长江南岸飞凤山麓。祀三国蜀汉名将张飞。飞死后谥桓侯，故名。明嘉靖《云阳县志》卷上：张桓侯庙"在治江南飞凤山隅。汉末建。元顺帝敕修。国朝重修，嘉靖十八年知县杨鸾、主簿张一鹏重修，邑人秦觉记"。今庙为清同治九年（1870）大水后重修，依山临江，飞阁崇楼，巍峨壮观。面积1400多平方米，庙内碑刻甚多，有"张祠金石，甲于蜀东"之称。2001年定为全国重点文物保护单位。

张桓侯祠　俗称张飞庙。在今重庆市阆中市西街。刘备定益州后，派张飞驻守于此。蜀汉章武元年（221）因关羽死，刘备伐吴，令张飞率师东征，临发，被部将所杀，追谥桓侯。葬于阆中，在墓前建阙立庙。《寰宇记》卷86阆州："张飞冢在刺史大厅东二十步，高一丈九尺。"北宋曾巩曾写有《桓侯庙记》。现存一组四合院建筑，为明清时建。由大门、敌万楼、左右牌坊、大殿、后殿、东西厢房、桓侯墓等组成。后殿有"汉张桓侯神道碑"和张飞塑像。1996年定为全国重点文物保护单位。

张桥驿　即今安徽定远县南四十四里张桥镇。清《乾隆内府舆图》：定远县南有张桥驿。

张夏镇　即今山东济南市长清区东南三十里张夏镇。汉为茌县驻地。三国魏至北齐为山茌县驻地。清时有县丞驻此。

张柴村　在今河南遂平县东南。《资治通鉴》：唐元和十二年（817），李祐"率士卒刈麦于张柴村"。

张恩堡　明置，属宁夏西路广武营。即今宁夏中宁县东北彰恩堡。

张铁集　即今河北大名县东三十六里张铁集乡。清同治《畿辅通志》卷52元城县图：东有张铁集。

张皋儿　即今内蒙古兴和县西南张皋镇。清属丰镇厅，乾隆四十年（1775）移高庙子村巡检驻此。

张浦镇　即今江苏昆山市南二十里张浦镇。清光绪《江苏全省舆图》：昆山县南有"张浦镇"。

张家口　亦名张家口下堡。即今河北张家口市。明宣德四年（1429）置堡。为长城重要关口之一。《方舆纪要》卷18万全右卫：张家口堡"其附近台等处为最冲，口外有狮子屯一带属部驻牧处也。堡为互市之所，关防最密"。清雍正十年（1732），中俄订恰克图通商条约，此为商路要道。咸丰十年（1860）中俄新约辟之为商埠。

张家口厅　清雍正二年（1724）置，属宣化府。治所即今河北张家口市。光绪七年（1881）移治今张北县。1913年改为张北县。

张家口市　1939年日伪置张家口特别市，属伪蒙疆自治政府。治所即今河北张家口市。后废。1945年8月当地解放后复设张家口市。1952年由察哈尔省划归河北省，为河北省辖市（地级）。其后两度改为县级市。1983年复升为地级市。

张家山　①在今湖南吉首市东南。《方舆纪要》卷81镇溪千户所："张家山在所（今吉首市）东南三十里。……山皆高峻，有蛮砦。"

②在今湖北红安县东北，接麻城市界。《清一统志·黄州府》：张家山"尝产金。明万历二十六年开采，民皆奔窜，寻罢"。

③在今陕西米脂县东。《清一统志·绥德州》：张家山"在米脂县东五里"。

张家山宋　即今山东沂水县东北杨庄镇西南张家楼子。1940—1948年山东革命根据地置沂北县治此。

张家川镇　①在今山西交口县东南。《清一统志·隰州》"义泉镇"条下："州东九十里有张家川镇。"

②即今甘肃张家川回族自治县治所。清乾隆《直隶秦州新志》卷3清水县："北八十里有张家川城，不详所始。"

张家边村　即今广东中山市东北二十四里张家边村。清宣统《广东舆地全图》香山县图：县东北有张家边。

张家场　即今四川仁寿县东南彰加镇。清光绪

《资州直隶州志》卷3仁寿县：张家场“在县南八十里”。

张家庄 即今河北饶阳县北大官亭乡东张岗村。清乾隆《饶阳县志》卷上乡村：北“二十五里曰东、西张家庄”。

张家坝 在今湖南保靖县西南百里。清置巡司于此。

张家坎 即今四川眉山市南十六里张坎镇。民国《眉山县志》卷2：金花乡有张家坎场。

张家园 在今天津市蓟县西北许家台乡境。1965年天津市文化局在此发现商周文化遗址，有两处，总面积300多平方米。1986年5月发掘，出土铜簋、铜鼎、金耳环、石器、骨器等文物一百多件。

张家沟 在今江苏高邮市北三十五里张家沟村。明置巡司于此。

张家陂镇 在今湖南蓝山县西二十里。明置巡司于此。后废。

张家坪 在今湖北咸丰县西南六十五里，接四川黔江县界。清置巡司于此。

张家林 即今山东章丘市西北大张家林村。洪宪元年(1916)《最新大中华帝国道县形势全图》：章丘县西有张家林。

张家岭 在今江西都昌县东北一百二十里蔡岭镇(张岭街)。《清史稿·地理志》南康府都昌县：“县丞驻张家岭。”

张家店镇 即今江苏灌南县西北张店镇。明置惠泽巡司于此。

张家泊 即大陆泽。在今河北任县、巨鹿、隆尧三县间。《清一统志·顺德府一》：大陆泽，“《旧志》：大陆泽在今任县东北十里许。周数十里。诸河之水，皆汇于此。一名小东湖，又名张家泊”。

张家泽 在今河北大名县东。《方舆纪要》卷16大名县：张家泽在“县东二里。鱼藻繁衍，冬夏不涸。《志》云：昔有县令张珩者，结庐读书泽上，因名”。

张家桥镇 ①即今江苏泰兴市东南张桥镇。清光绪《泰兴县志》卷5：县南“十二里张家桥”。

②即今重庆市合川区西南张桥镇。清光绪《合州志》卷4：张家桥“距城三十里”。

张家集 ①即今河北临漳县南二十五里张村集乡。明正德《临漳县志》卷2有张村集。

②即今河南潢川县东南张集乡。清光绪《光州志》卷1《市集》：“州东南五十二里有张集。”

③在今湖北老河口市东四十四里张集乡。清属谷城县，设巡司于此。后移巡司驻太平店。

④即今湖北襄阳市襄州区东北张家集镇。民国《湖北通志》卷34襄阳县：张家集“在城东北六十里”。

张家港 亦名漳葭港。在今安徽安庆市西。《方舆纪要》卷26安庆府怀宁县：张家港“在府西北五里，其上流曰积石河”。《清一统志·安庆府一》：漳葭港“在府城西门外。土名老河。东西迤逦六十余丈，上通潜山、太湖、望江三县，下达大江，为粮艘商舶避风之所，历年久远，渐成平陆”。

张家湾 ①即今北京市通州区南十五里张家湾镇。《明一统志》卷1顺天府：张家湾“在通州城南，即白河下流。相传元时有万户张姓者居此，因名”。为南北水陆交会之地。明于此设巡司。清置漕运通判，并有都司驻防。1949年曾为通县治所。

②亦名窑门。即今吉林德惠市。清光绪《吉林全省地舆图》：长宁县西南有窑门。民国熊知白《东北县治纪要》吉林德惠县：“县属窑门，一名张家湾。为东部铁路南部一驿站，距长春北一百五十里，哈尔滨之南三百余里。……有通贯东西之大街及南北街数条，人家稠密，商铺骈列。……为重要谷类集散地。”1936年德惠县由大房身镇移此。1994年改设德惠市。

张家渡 即今浙江临海市西永安溪南张家渡镇。清康熙《临海县志》卷2：张家渡“在县西三十里”。

张家渡水 在今江西吉水县东南。《方舆纪要》卷87吉安府吉水县：张家渡水“在县东南。其水西北流，有庐江、河口、分陂、幽溪、皂江、义昌、王江、明德、萧泷诸水，皆分流交会而入赣江”。

张家楼 在今山东茌平县西南二十里张家楼村。1945年1月，日伪军三千余人进犯该村，三次进攻均被我群众用土枪、土炮打退，歼敌二百五十余人。同年3月，日伪军再次来犯，全体群众、民兵与敌激战两昼夜，村寨被炮火攻破，巷战一天，为掩护妇孺老弱突围，有三百三十三人壮烈牺牲。1971年建有革命烈士纪念馆和人民英雄纪念碑。

张家楼镇 又名永宁桥市。即今上海市浦东新区川沙镇西张家楼。清同治《上海县志》卷1《镇市》：“永宁桥市，俗呼南张家楼。近年始成市。”

张家滩 即今陕西延长县东南张家滩镇。清光绪《陕西全省舆地图》延长县图：城东南有张家滩。

张家滩镇 即今安徽东至县北张溪镇。旧属东流县。明嘉靖《池州府志》卷1：东流县“张家滩镇在县东”。清道光《安徽通志》卷27东流县：张家滩镇在“县东三十五里。旧置河泊所。今裁”。

张家墟 即今广西平乐县东南张家镇。清光绪《广西舆地全图》平乐县图：东南有张家墟。

张家榜镇 即今湖北蕲春县东北八十里张榜镇。民国《湖北通志》卷33《乡镇》：“张家榜镇，在州(蕲州故治，今蕲州镇)东北百六十里。”

张家寨 ①北宋置，属归信县。在今河北雄县东南。金废。

②在今江西南昌市西赣江东岸。南宋范成大《揽辔录》：乾道癸巳(1173)闰正月七日发南浦，“八日泝清江宿张家寨。九日宿市汊”。

张陶集 即今河南息县东北四十里张陶乡。清郑元善《宦豫纪事》：“《擒徐升记》云：廖公率博参将、陈经历等会同刺史于张陶。”

张翀摩崖 又称石壁墨刻。在今贵州都匀市东北角红叶山左之石壁上。《清一统志·都匀府》：石壁墨刻“在府城北。明张翀题镌曰：‘仁智之情，动静之理，栖此盘谷，饮此泉水’”。张翀，广西柳州人，嘉靖三十二年（1553）进士，授刑部主事。以上疏抨击严嵩专权，谪戍都匀。

张难堡 即今山西介休市东北四十里张兰镇。《资治通鉴》：唐武德三年（620），李世民败宋金刚，“金刚轻骑走，世民追之数十里，至张难堡”。

张绥铁路 即京绥铁路张家口（今河北张家口市）至归绥（今内蒙古呼和浩特市）段。1921年建成。

张骏墓 十六国前凉王张骏的陵墓。在前凉首都姑臧（今甘肃武威市）域内。《晋书·吕纂载记》：“即序胡安据盗发张骏墓，见骏貌如生，得真珠簏、琉璃榼、白玉樽、赤玉箫、紫玉笛、珊瑚鞭、玛瑙钟，水陆奇不可胜纪。纂诛安据党五十余家，遣使吊祭骏，并缮修其墓。”

张排寨 在今湖南吉首市东南。清严如熤《苗疆城堡考》：“张排寨石堡，（乾州）城东二十里，当河溪要道。”

张掖大佛寺 在今甘肃张掖市区西南大佛寺巷。清乾隆《甘州府志》卷5：“宏仁寺，城西南隅。俗名大佛寺。一名睡佛寺。西夏永安元年建。明永乐九年修，敕赐寺额曰‘宝觉寺’。有金字藏经、宣德御制碑铭。万历二十二年都督张臣修，通政使穆来辅碑记。我朝康熙十七年赐今名。雍正十二年重修。”今存大佛殿、藏经殿、金刚宝塔三处。大佛殿内卧佛，身长34.5米，肩宽7.5米，脚长4米。壁画530多平方米。内藏明英宗佛藏一部三千五百八十四卷、正统混金书六百卷。1966年在卧佛内发现石碑、铜佛、佛经、铜镜及西夏永安元年（1075）创卧佛铅碑。1970年在金塔殿基下发现舍利石函、珠宝、货币。1996年定为全国重点文物保护单位。

张掖市 1985年撤销甘肃省张掖县，改设张掖市，市人民政府驻甘州区。2002年撤销张掖地区和县级张掖市，改设地级张掖市；原县级张掖市改置甘州区。

张掖县 ①西汉置，属武威郡。治所即今甘肃武威市南张义镇。西晋废。

②隋大业二年（606）改酒泉县置，为甘州（后改张掖郡）治。治所即今甘肃张掖市。唐为甘州治。后陷于吐蕃，废。清雍正二年（1724）复置，为甘州府治。民国初属甘肃甘凉道。1927年直属甘肃省。1985年改设张掖市。

张掖河 即今甘肃黑河及其上游甘州河。《史记·夏本纪·正义》引《括地志》曰：“合黎水一名羌谷水，一名鲜水，一名覆表水，今名副投河，亦名张掖河，南自吐谷浑界流入甘州张掖县。”张守节《史记正义》：“今按，合黎水出临松县临松山东，而北流历张掖故城下，又北流至县北二十三里合弱水，又西径合黎山折而北流，经流沙碛之西入居延海。”《清一统志·甘州府》：弱水“自与张掖河合，其下通名为张掖河，今俗谓之黑河”。

张掖郡 西汉元鼎六年（前111）分武威郡置，治所在觻得县（西晋改名永平县，今甘肃张掖市西北四十里）。《汉书·地理志》注：“应劭曰，‘张国臂掖，故曰张掖’。”辖境相当今甘肃永昌县以西，高台县以东地区。北魏太武帝平凉，改置张掖军，太和十一年（487）复改军为郡，属凉州。隋开皇三年（583）废，大业三年（607）复置，治张掖县（今张掖市）。唐初改为甘州，天宝元年（742），又改为张掖郡，乾元元年（758）复为甘州。

张黄港 即今江苏如皋市西南张黄港，出港口即为大江。清光绪《江苏全省舆图》：如皋县西南有“张黄港”。

张黄墟 即今广西浦北县西南张黄镇。清同治《广东图说》卷61：合浦县东北有张黄墟汛。

张康镇 北宋置，属安岳县。在今四川安岳县东八十里。

张渚镇 北宋置，属宜兴县。即今江苏宜兴市西南六十里张渚镇。《方舆纪要》卷25常州府宜兴县：张渚镇“元设茶园提领所二处，以掌茶税。明初改设批验茶引所于此。寻废”。明置张渚巡司。

张堰镇 本名张泾堰。俗称张堰。又名赤松里、留溪、张溪。即今上海市金山区（山阳镇）西北张堰镇。宋在此置堰，以捍柘湖入海之水。元设浦东场。明初置金山巡司及税课局于此。清设把总驻守。

张超谷 在今陕西华阴市南华山毛女峰之东北。东汉张楷居此。楷字公超，故名。又名雾谷，亦名雾市谷。以公超能为五里雾而得名。《宋史·隐逸上·陈抟传》：“端拱初，忽谓弟子贾德昇曰：汝可于张超谷凿石为室，吾将憩焉。”即此。

张博铁路 为胶济铁路支线。自山东张店（今淄博市）至博山。长39公里。清光绪二十九年（1903）动工修建，次年建成。今称博山线。

张帽山 在今广西忻城县东北。《方舆纪要》卷109忻城县：张帽山“在县东北。山高耸，与叠石山相映带”。

张堡城守捉 唐置，在今新疆昌吉市境。《新唐书·地理志》：北庭大都护府“有张堡城守捉”。

张鲁城 即关城。在今陕西宁强县西北一百里阳平关镇。《水经·沔水注》：浕水“北发武都氐中，南径张鲁城东”。《元和志》卷22兴元府金牛县：“故关城，俗名张鲁城，在县西三十八里。”

张道岩 在今广西玉林市东。《方舆纪要》卷108郁林州：张道岩在“州东二十五里。有石门，通人行”。

张湖坂 即今福建南平市东南樟湖镇。清时延平城守协千总驻此。

张湾寨 即今福建宁德市东北漳湾。清有千总驻此。

张禄口 又名赵皮寨。在今河南兰考县北。《清一统志·开封府》：赵皮寨“在兰阳县（今兰考县）北十六里。一名张禄口，明嘉靖中河尝决于此”。

张登店 即今河北清苑县南二十五里张登镇。《方舆纪要》卷12清苑县：张登店在“县（今保定市）

南六十余里，道出庆都县，为往来津要，有巡司戍守。《志》云：司旧置于满城县方顺桥，嘉靖十三年始移于此”。

张鼓峰 在今吉林珲春市东南敬信镇防川村附近。1938年抗日战争期间，日伪与苏联在此发生武装冲突，称为张鼓峰事件。

张溥宅第 在今江苏太仓市城厢西门街。张溥（1602—1641），字天如，太仓（今属江苏）人。明末文学家。该宅第原为张溥伯父之宅第。张溥幼年、少年时期在此生活，后为张溥别业，终其一生。现存房屋三进。第一进是大厅。五梁带前轩，并有前后廊。大厅左右各有一间六架梁侧楼。大厅梁柱粗大，斗拱齐全，工艺精良，装饰古朴。第二进为五架梁带前后廊的住宅楼房，分五间，中设客堂，结构简朴，斗拱轴柱形制各异，饰纹精巧，繁而不乱。第三进为七架梁带后廊的高楼，天井两侧各有小楼，走廊相通，楼后有天井式小苑，两侧各设精巧方圈门，苑内有金桂、海棠古树，别有情趣。2006年定为全国重点文物保护单位。

张溪镇 即今安徽东至县北张溪镇。清《乾隆内府舆图》：建德县北有张溪镇。

张骞墓 在今陕西城固县西北八里黎何村西。张骞（？—前114），汉中成固（今陕西城固）人。汉武帝时封为博望侯。建元二年（前139）奉命出使大月氏，相约共同夹攻匈奴。亲历大宛、康居和大月氏、大夏等地。元朔三年（前126）方归汉，在外共十三年。途中曾被匈奴扣留，前后达十一年。元狩四年（前119）又奉命出使乌孙，并派副使出使大宛、康居、大夏、安息等地。他两次出使，加强了中原和西域少数民族的联系，进一步发展了汉朝和中亚各国人民的友好关系。墓地有清乾隆、光绪年间所立墓碑数通。1990年在此建张骞纪念馆。2006年定为全国重点文物保护单位。

张潘镇 即今河南许昌县东张潘镇。民国《许昌县志》卷1《图考》：“张潘保，位于许城东部，距城三十里。……张潘镇为本保集市。……商业繁盛，故列许四镇之一。”

张衡墓 在今河南省南阳市北石桥镇西。张衡（78—139）字平子，南阳西鄂（今南阳市石桥镇）人，东汉科学家、文学家。精通天文历算，总结前人成就，创制测定天体位置的“浑天仪”和测定地震的“地动仪”。公元139年卒，葬西鄂。《水经·淯水注》：洱水“又径西鄂县南，水北有张平子墓。墓之东，侧坟有《平子碑》，文字悉是古文篆额，是崔瑗之辞”。今墓前有“汉征尚书张公平子墓”碑。1988年定为全国重点文物保护单位。

张巃港镇 即今湖北天门市西南五十六里张港镇。旧属潜江县，清设外委驻防。

张謇墓 原名啬公墓。在今江苏南通市南十六里南郊公园内。张謇（1853—1926）字季直，号啬庵。江苏南通人。光绪状元。近代立宪派，实业家。墓茔坐北朝南，为方形陵台式。墓椁在陵台中央。墓椁后置方座形碑，高3米，正面刻“南通张謇先生墓”。2001年定为全国重点文物，归入南通博物苑保护单位。

忌置山 在今湖北监利县东南，长江北岸白螺镇一带。《水经·江水注》：江水“又东径忌置山南，山东即隐口浦矣”。

忌置洲 在今湖北监利县东南，长江北岸。相近有忌置山。《宋书·谢晦传》：元嘉三年（426），晦率军东下，檀道济率军西讨，“道济既至，与（到）彦之军合，牵舰缘岸……合军至忌置洲尾，列舰过江，晦大军一时溃败”。

〔ㄌㄨ〕

陆口 又作蒲圻口、蒲矶口、陆溪口。即今湖北嘉鱼县西南四十八里陆溪镇。东汉末及三国时为军事要地。《三国志·吴书·吴主传》：东汉建安十九年（214），孙权与刘备争荆州，“权住陆口，为诸军节度”。即此。清末移石头口镇巡司于此。

陆川县 南朝梁、陈间置，属合浦郡。治所在今广西北流市东南六靖镇。以陆水为名。隋大业初废。唐武德四年（621）复置，属辩州，寻属禺州。贞元中改名罗辩县。后复名陆川县，唐末改属容州。北宋淳化五年（994）迁治今陆川县。明洪武四年（1371）改属郁林州。民国初属广西苍梧道。1928年属广西省。

陆川郡 即隆川郡。治所在良国县（今广西北流市东南六靖镇）。南朝梁、陈间废。

陆广河 即贵州乌江上游鸭池河流经修文、息烽两县境内的一段。《方舆纪要》卷123附水西宣慰司：陆广河“在水西南境。《志》云，水西之河，最大者曰陆广，其上流曰鸭池，下流东注，曰黄沙渡，会于清水江，又东会于涪江，鸭池或曰即鸭池河。涪江即乌江别名也”。《明史·王三善传》：天启二年（1622），安邦彦反，围贵阳，三善率兵至，安兵“走渡陆广河”；明年三善将刘超“渡陆广”，为安兵所败，皆即此。

陆广河砦 即今贵州修文县西北六广镇。《方舆纪要》卷121贵阳府“新添关”条下：“陆广河砦，在府西北百二十里。有陆广河巡司，陆广驿亦置于此。”

陆广驿 明置，即今贵州修文县西北六广镇。明曹学佺《名胜志》：“陆广驿在陆广河侧，通水西之要路。”

陆子泉 又称陆子井或陆羽井。在今湖北天门市北门外。《舆地纪胜》卷76复州景陵县：陆子泉“在西塔广教院。旧号文学井，谓唐陆羽也。羽嗜茶，得西湖中井泉以试茶。后于广州赋诗云：千羡万羡西江水，曾向竟陵城下来。王禹偁诗云：甃石封口百尺深，试茶尝味少知音。惟余夜半泉中月，留得先生一片心”。《清一统志·安陆府》：陆子泉

"在天门县城西北隅。一名陆羽茶泉。一名文学泉。又名陆文学井。唐陆羽得此泉以试茶，故名"。

陆丰市　1995年撤销广东省陆丰县，改设陆丰市，市人民政府驻东海镇。由汕尾市代管。

陆丰（豐）县　清雍正九年（1731）置，属惠州府。治所即今广东陆丰市。乾隆《陆丰县志》卷12：陆丰县"去古陆安故壤三十里，去海丰县七十里，乃撮举陆丰以名之，谓不忘其旧也"。即取"陆安"、"海丰"各一字为名。民国初属广东潮循道。1920年直属广东省。1995年改设陆丰市。

陆区桥镇　又名六墟桥镇。即今江苏无锡市西阳山镇。明弘治《无锡县志》卷1："陆墟市在县西四十七里富安乡。"民国《江苏六十一县志》：无锡县西有"六区桥镇"。

陆水　即今湖北东部隽水、陆水，为长江支流。源于通城县南幕阜山，北流经崇阳、赤壁至陆溪口西入长江。《水经·江水注》：陆水"出下隽县西三山溪，其水东径陆城北，又东径下隽县南……陆水又入蒲圻县北，径吕蒙城西。陆水又径蒲矶山北，北入大江，谓之刀环口"。

陆公泉　在今江西瑞金市西南。《舆地纪胜》卷32赣州：陆公泉"在瑞金县西。因陆藻得名。政和中，藻被召去，题诗泉上曰，轩前山色依然绿，轩下泉声漱玉寒"。《清一统志·宁都州》：陆公泉"在瑞金县西南东明观前"。

陆成县　西汉置，属中山国。治所在今河北蠡县南十五里。东汉废入蠡吾县。

陆州　唐上元二年（675）改玉山州置，治所在乌雷县（今广西钦州市东南乌雷村）。《元和志》卷38陆州："以在海南，有陆路通海北，因以为名。"天宝元年（742）改为玉山郡，乾元元年（758）复为陆州。辖境相当今广西钦州市东南部、合浦县、防城港市及越南芒街地。大历三年（768）移治宁海县（今越南芒街东南玉山）。北宋开宝中废。

陆安县　南齐置，属东官郡。治所在今广东陆丰市北大安镇。南朝梁、陈间废。唐武德五年（622）复置，属循州。贞观元年（627）废入海丰县。

陆阳湖　即今江苏高邮市南渌洋湖。《水经·淮水注》："中渎水自广陵北出武广湖东，陆阳湖西，二湖东西相直五里。"

陆羽泉　俗名观音泉。在今江苏苏州市西北虎丘山塘。张又新品为吴中水品第三。南宋范成大《吴郡志》卷29：石井"今剑池傍经藏之后有大石井，面阔丈余，嵌岩自然。上有石辘轳……绍兴三年，主僧如璧，始淘古石井，去淤泥五丈许。四傍皆石壁，鳞皴天成，下连石底，渐窄。泉出石脉中"。今为苏州名胜之一。

陆抗城　在今湖北宜都市西。《水经·江水注》："江水又东径故城北，所谓陆抗城也。城即山为墉，四面天险。"《方舆纪要》卷78宜都县：陆抗城"在县西三里。亦谓之大城"。

陆龟蒙墓　在今江苏苏州市吴中区东角直镇保圣院西院。陆龟蒙（？—881）字鲁望。长洲（今江苏吴县）人。唐文学家。曾任苏、湖二郡从事，后隐居甫里（即今角直），自号江湖散人、甫里先生，又号天随子。死于唐广明二年（881）。墓前碑石刻"唐甫里先生墓"。

陆良县　1913年改陆凉州置，后属云南滇中道。治所即今云南陆良县。民国《云南省陆良县地志资料》："民国肇兴，邑人刘星辉以'凉'之义近薄文，嫌不训，倡首呈请改'凉'为'良'，嗣经政府批准，爰有今名。"1916年直属云南省。

陆局河　即今蒙古国东部之克鲁伦河。《长春真人西游记》卷上："西北流入陆局河。"王国维注："《辽史》作胪朐河，《金史》作龙驹河或作龙居河，《元史》作胸朐河或怯绿连河，《湛然居士集》作闾居河。"

陆岸县　即今越南北部北江省之陆岸县。《清史稿·越南》：光绪十年（1884）八月，"提督苏元春与法军战于陆岸县，败之"。

陆河镇　又作六河、鹿河。即今江苏太仓市北七十里鹿河镇。清宣统《太仓州志》卷4：陆河镇"内有陆家河，故名"。

陆泽县　唐先天二年（713）置，为深州治。治所在今河北深州市西旧州村。北宋雍熙四年（987）废。

陆宝山　本名陆家山。在今上海市松江区北二十里。《舆地纪胜》卷3嘉兴府：陆宝山"相传有金柱，或云金钟，常有光见。本陆氏山，故名陆宝"。山多土少石，后以取土，遂夷为平地。

陆房　在今山东肥城市西南东陆房。1939年5月10日，八路军第115师师部与津浦支队和地方党政机关共约三千余人被日伪军包围在陆房地区，连续打退敌人的多次进攻。11日夜被围部队分路实施突围。于次日拂晓，顺利突破了日伪军包围圈，并迅速转移。此次突围作战，毙伤日伪军一千三百余人。

陆陌镇　清置，属乾州。即今陕西乾县东北上陆陌。

陆城　即今湖南岳阳市东北陆城镇。《清一统志·岳州府二》：陆城"在临湘县（今陆城镇）东南三十里。吴陆逊屯兵下隽，建昌侯虑筑土城以居之，故名。今板桥里土城，是其遗址"。

陆浑山　即方山。在今河南嵩县东北。《元和志》卷5伊阙县："陆浑山，俗名方山，在县西五十五里。"《清一统志·河南府一》"方山"条引《县志》称："陆浑山有二，俱在嵩县东北。一距县四十里，在伊水之西，春秋时陆浑戎居焉，秦因其地置陆浑县；一距县二十五里，晋、魏、隋、唐所置陆浑县地也，今尚呼为陆浑岭。"

陆浑戎　一名阴戎。春秋允氏戎别部。在今河南栾川、嵩县、伊川三县境。后为晋国所灭。《左传》：僖公二十二年（前638）秋，"秦、晋迁陆浑之戎于伊川"。杜注："允氏之戎居陆浑，在秦、晋西北，二国诱而徙之伊川，遂从戎号，至今为陆浑县也。”又，昭公十七年（前525），晋师“遂灭陆浑”。西汉于其故地置陆浑县。《汉书·地理志》弘农郡陆浑县：“春秋迁陆浑戎于此。”

陆浑关 在今河南嵩县东北。《汉书·地理志》弘农郡陆浑县：“春秋迁陆浑戎于此。有关。”《后汉书·刘玄刘盆子列传》：更始二年（24），赤眉军西攻长安，“（樊）崇、（逄）安自武关，（徐）宣等从陆浑关，两道俱入”。《方舆纪要》卷48谓关在嵩县北七十里。

陆浑县 ①西汉置，属弘农郡。治所在今河南嵩县东北陆浑北二十余里。西晋改属河南郡。南朝宋后废。

②隋大业初改伏流县置，属河南郡。治所在今河南嵩县东北二十六里陆浑村。唐属洛州。五代时废。

陆屋墟 即今广西灵山县西南陆屋镇。明置林墟巡司于此。

陆盐池 在今新疆哈密市西南。《新唐书·地理志》伊州纳职县：“南六十里有陆盐池。”《元和志》卷40纳职县：陆盐池“在州南六十里。周回十余里，无鱼。水自生如海盐，月满则盐多而甘，月亏则盐少而苦”。

陆真腊（臘） 古国名。亦称文单国。在今柬埔寨、老挝之地。《旧唐书·南蛮列传》：“自神龙以后，真腊分为二：半以南近海多陂泽处，谓之水真腊；半以北多山阜，谓之陆真腊，亦谓之文单国。”其都城所在，或以为在今老挝中部之他曲。

陆贾城 在今广东广州市西。《元和志》卷34南海县：陆贾故城“在县西十四里。贾之来也，佗不即前，贾故为城以待之”。《方舆纪要》卷101广州府南海县：陆贾城，“《志》云：贾使南越时筑。一云赵佗馆贾于此”。

陆凉卫 又作六凉卫。明洪武二十三年（1390）置，属云南都司。治所在今云南陆良县南三里旧城。因水患，永乐六年（1408）迁治今陆良县城。清康熙七年（1668）废。

陆凉州 元世祖至元十三年（1276）改落温千户置，属曲靖路。治所在今云南陆良县东北二十四里旧州。光绪《续云南通志》陆凉州：“风气和平，无严寒酷暑，四时花开不断。”明、清属曲靖府。清康熙八年（1669）迁治于卫城（今陆良县）。1913年废为陆良县。

陆家行市 ①又名陆巷。即今上海市嘉定区南陆家巷。清光绪《嘉定县志》卷1：陆家行在“县治西南十八里”。

②亦称高家行镇。即今上海市浦东新区川沙镇西北十八里陆行。清同治《上海县志》卷1：陆家行市在“县东二十四里”。

陆家庄 在今河北深州市西南。《方舆纪要》卷14深州：陆家庄“金末为戍守处。河间公移刺众家奴所分地”。

陆家汛 亦作陆家阪市。即今安徽肥东县南湖滨乡。清光绪《续修庐州府志》卷3：陆家汛“（距城）七十里”。

陆家阪市 即陆家汛。今安徽肥东县南长临河镇湖滨村。

陆家桥镇 即今江苏昆山市东南陆家镇。清时为陆家桥市。城北二十里亦有陆家桥镇，即今昆山市北陆杨镇。

陆家浜镇 即菉葭浜镇。今江苏昆山市东南二十四里陆家镇。

陆家埠市 一作六埠镇。即今浙江余姚市东南三十二里陆埠镇。旧属慈溪县。清雍正《慈溪县志》卷1：陆家埠市在“县（旧治慈城镇）西六十里”。

陆家集 即六家集。今河南范县东三十八里陆集乡。明嘉靖《濮州志》卷1：范县有“陆家集”。

陆眼营 明置，在今广西南宁市邕宁区西南。《方舆纪要》卷104钦州：陆眼营“在州西北二百五十里。防广西界那农等山贼”。

陆梁 又作陆量。秦汉称五岭之南地区为陆梁。《史记·秦始皇本纪》：“三十三年，发诸尝逋亡人、赘婿、贾人略取陆梁地，为桂林、象郡、南海，以适遣戍。”《正义》：“岭南之人多处山陆，其性强梁，故曰陆梁。”

陆续分州 即今福建闽侯县东南南屿镇东六十份洲。清雍正十二年（1734）移五县寨巡司治此。

陆量地 即陆梁地。秦汉时五岭以南称陆梁。《汉书·高惠高后文功臣表》：高帝时有“陆量侯须无”。

陆渡桥市 即今上海市嘉定区北陆渡桥。清光绪《嘉定县志》卷1：陆渡桥市在“县治北十八里”。

陆墓山 在今江苏苏州市吴中区西南横山之东南。《吴地记》：横山有“晋门下侍郎陆云坟”，因名。清光绪《吴县志》卷40：陆墓山“在横山东南张家桥，俗称陆墓山。《卢志》、《旧经》误为陆士龙坟，今相传为陆机墓，皆非是也”。

陆墓镇 即今江苏苏州市吴中区北八里陆墓镇。清《乾隆内府舆图》：吴县北有陆墓镇。因有唐宰相陆贽墓，故名。

陆靖墟 即今广西北流市南六靖镇。清光绪《广西舆地全图》北流县图：南有陆靖墟。

陆溪 即今广东德庆县西绿水河。《方舆纪要》卷101德庆州：陆溪在“州西五十里。源出佛子岭，东流三十里入江。水口旧有陆贾庙，因名”。

陆溪口 即陆口镇。今湖北嘉鱼县西南四十八里陆溪镇。《清一统志·武昌府二》：陆口镇“在嘉鱼县西南。今名陆溪口。三国吴以此为控制要地”。

陆赫岭 在今云南澄江县东北。《清一统志·澂江府》：陆赫岭“在河阳县东北。山脉自罗藏山奔驰延亘，至此突起，高秀巇峃，望之赫然。宜良路南道经其下”。

阿 ①又作葛。战国燕邑。即今河北安新县西南安州镇。《史记·赵世家》：成侯十九年（前356），“与燕会阿”。即此。

②即柯。春秋时齐邑，战国时置为县。在今山东阳谷县东北阿城镇西北。《史记·司马穰苴传》：“齐景公时，晋伐阿、甄。”即此。

阿卜山 即赛罕山。在今内蒙古苏尼特左旗东南。明永乐八年（1410）朱棣北征经此。金幼孜《北征录》：四月初七，“发玉雪冈。行十余里，过一大坡陀，甚平旷。远见一山甚长，一峰独高，秀拔如拱揖。上指示曰：‘此赛罕山，华言好山也’；又曰阿卜者，华言高山也”。

阿力麻里 即阿里马城。在今新疆霍城县西北克干山南麓。元初为窝阔台汗海都行营。元置行中书省于此。《元史·地理志》：“至元五年，海都叛，举兵南来，世祖逆败之于北庭，又追至阿力麻里，则又远遁二千余里。上令勿追，以皇子北平王统诸军于阿力麻里以镇之，命丞相安童往辅之。”大德十年（1306）为察合台汗国都城。相传在16世纪初期被毁。

阿干水 即今甘肃兰州市西雷坛河。《元丰九域志》卷3兰州：阿干堡“有阿干水”。《方舆纪要》卷60兰州：阿干河在“州西三里。源出马寒山，至分水岭分为二，南流入金县，为阁门河，北流入兰州阿干谷，为阿干河。自峡奔流至州城，灌溉之利甚溥”。

阿干县 金大定二十二年（1182）升阿干堡置，属兰州。治所即今甘肃兰州市南阿干镇。元世祖至元七年（1270）废为镇。

阿干堡 北宋元丰六年（1083）置，属兰州。在今甘肃兰州市南阿干镇。金大定二十二年（1182）升为阿干县。

阿干镇 元初废阿干县为镇，属兰州。即今甘肃兰州市南阿干镇。明初又置关。《明史·地理志》 兰州：“南有阿干镇关。”即此。

阿土 在今云南建水县南，红河北岸。清代为建水州辖十五勐之一，设掌寨。

阿土寨 在今云南建水县南回新境。明置阿土寨土寨长。

阿山道 1919年由阿尔泰区域改置，属新疆省。治承化寺（今新疆阿勒泰市）。辖境约当今新疆阿勒泰地区。1928年废。

阿也苦河 又作爱也窟河。即今吉林东南中朝界河图们江上源。明《寰宇通志》卷116：阿也苦河“源出长白山，东流入海”。

阿也忽站 又作阿忽。元置，故址在今吉林蛟河市西北老爷岭。元《析津志》天下站名：“散迭正东一百（里），阿忽（站）。”

阿井 在古东阿县城（今山东阳谷县东北阿城镇）。井水清洌甘美，用以煮胶，称为“阿胶”。《水经·河水注》：“大城北门内西侧皋上有大井，其巨若轮，深六七丈，岁尝煮胶以贡天府，本草所谓阿胶也，故世俗有阿井之名。”《唐国史补》卷下：“齐人以阿井煎胶，其井比旁井重数倍。”宋沈括《梦溪笔谈》卷3：“东阿亦济水所经，取井水取胶，谓之‘阿胶’。”

阿扎克 在今西藏聂荣县东北白雄和彭尼一带。分上阿扎克族和下阿扎克族。为藏北三十九族之二。见清乾隆《西藏志·外番》。

阿木尼厄枯山 或作阿母尼额枯山。在今青海天峻县西北，布哈河发源于此。《清史稿·地理志》：青海“西北二百余里，有阿木尼厄枯山，东北近甘、凉二州之边。……番语称祖为‘阿木尼’”。

阿木奈玛勒占木逊山 即今青海东南部的阿尼马卿山。《清一统志·青海厄鲁特》：积石山“即今大雪山。番名阿木奈玛勒占木逊山”。

阿木河 亦作暗木河、阿梅河。即今中亚阿姆河。

阿木河站 明初改元斡木火站置，在今黑龙江省双城市东南双城子古城。明《辽东志》卷9：海西东水陆城站有“阿木河站”。

阿不旦 在今新疆若羌县东北。清宣统《新疆图志》卷3：婼羌县有“阿不旦（庄）”。

阿不多阑干 在今新疆和田县南喀拉喀什河北岸大红柳滩附近。清宣统《新疆图志》卷9：阿不多阑干“干柴草更蕃茂，地多碱”。

阿不罕山 今蒙古国西部科布多省东南之宗海尔汗山。元长春真人自中亚东归经此。《长春真人西游记》卷下：“复经金山南，东北傍山行……山行三日至阿不罕山。”

阿瓦巴特 即今新疆疏附县东北阿瓦提乡。《清史稿·长龄传》：道光七年（1827）讨张格尔之乱，大战于沙布都尔，“又越二日，进剿阿瓦巴特，分三路掩来，俘斩二万有奇”。

阿瓦河 即今缅甸北境南渡河，下游注入伊洛瓦底江。

阿瓦城 即今缅甸曼德勒西南阿瓦。为明缅甸军民宣慰司治。《方舆纪要》卷119缅甸军民宣慰使司：阿瓦城“旁有阿瓦河，因名。……（万历）十一年，王师讨叛缅，别将刘綎出陇川、孟密直抵阿瓦，阿瓦酋莽灼与猛密、蛮莫诸酋，俱请降”。

阿瓦提庄 即今新疆阿瓦提县。清宣统《新疆图志》卷3阿克苏：阿瓦提（庄）在“城南一百六十里”。1922年置县佐于此。1930年改为阿瓦提县。

阿瓦提县 1930年置，属新疆阿克苏行政区。治所在阿瓦提庄（今新疆阿瓦提县）。后直属新疆省。

阿什布鲁尔河 在今哈萨克斯坦江布尔东。《清一统志·伊犁》：阿什布鲁尔河“在伊犁西北，哈纳图河西二十五里。北流七十里入墨尔根河”。

阿什河 ①即今黑龙江省哈尔滨市阿城区。民国魏声龢《吉林地志》：“阿城县，土名阿什河。”

②古名按出虎水、阿触胡河、阿术火河、阿勒楚喀河。在今黑龙江省哈尔滨、五常等市境。源出尚志市西南，西北流，在哈尔滨市东北注入松花江。《清

史稿·地理志》 双城府："东：阿什河自宾州缘界，合混元河，径小青顶子，合大红黄泥河，屈北缘阿城界入之。"

阿什哈达摩岩刻石　在今吉林省吉林市东南阿什哈达屯松花江北岸山崖上。系明代遗迹。有两处，均记辽东都指挥使刘清于永乐、洪熙、宣德年间在此造船及建龙王庙事。《明宣宗实录》卷90：宣德七年（1432）五月"比遣中官亦失哈等往奴儿干等处，令都指挥刘清领军松花江造船运粮"。指此。

阿什哈达摩崖碑　在今吉林省吉林市东南三十里阿什哈达屯松花江北岸的断崖绝壁上。为明代两摩崖刻石。第一碑刻于绝壁中部，坐北朝南，高出水面10米。此碑通高135厘米、宽70厘米，刻字三行。第二碑在第一处西侧40米处的山脚斜坡上，坐东向西，摩崖文字周围有一上圆下方的阴文刻线，中高122厘米，两侧高108厘米，上宽61厘米，下宽62厘米，正书竖刻文字七行。碑文记述了明辽东都指挥使刘清于永乐十八年（1420）、洪熙元年（1425）、宣德七年（1432）三次率军至此。第一次时修建龙王庙，第三次兼任造船总兵官又重修龙王庙。摩崖碑文证明吉林市是明朝造船运粮基地，对经营黑龙江流域和开发东北起了重要作用。2006年定为全国重点文物保护单位。

阿什根山　在今青海省东境。《清一统志·青海厄鲁特》：阿什根山"在西宁边外西南一百十里，山不甚高，当东西往来孔道"。

阿公店　即今台湾省高雄市北冈山区。清设阿公店汛。日本占领期间于1920年设冈山街。1945年抗日战争胜利后改设冈山镇。

阿月部　又作牙部、阿雅部。宋大理置，为教合三部之一，属最宁府。在今云南马关县西六十八里八寨镇。元代属临安等处宣慰司。明代置八寨长官司，后为教化三部长官司副长官驻地。清代废为永平里，属开化府。

阿丹国　在今也门亚丁湾西北岸一带。《明史·外国传七》：阿丹"在古里之西，顺风二十二昼夜可至。永乐十四年遣使奉表贡方物。辞还，命郑和赍敕及彩币偕往赐之……其王甚尊中国，闻和船至，躬率部领来迎，入国宣诏讫，遍谕其下，尽出珍宝互易"。

阿巴汉喀喇山　在今内蒙古凉城县西北白银厂汗村附近。清为内蒙古察哈尔右翼镶蓝旗驻地。

阿巴和加麻札［墓］　俗称和卓坟。在今新疆喀什市东北十里。始建于清康熙三十三年（1694），是新疆伊斯兰教白山派和卓阿巴和加的陵墓。后迭经改建、扩建，规模宏大。祠内埋葬着阿巴和加一家五代共七十二人，坟墓层叠环列。墓祠全部用绿色琉璃砖砌成，门上绘有美丽的图案，两边墙壁上装着米黄色的石膏花饰，雕刻精细。中华人民共和国成立前，墓祠遭严重破坏，祠的金顶（重50两）和乾隆钦赐的匾额均被窃去，墓祠已残破不堪。1956年人民政府拨出巨款对墓祠进行了整修。1988年定为全国重点文物保护单位。

阿巴该图卡伦　又作阿巴噶图。清雍正五年（1727）设，在今俄罗斯境博尔集亚东南。民国《黑龙江志稿》卷4《地理志·山川》胪滨县：阿巴该图山"蒙古语阿巴该，命妇也；图，有也。当为蒙妇受诰命者所居"。

阿巴哈纳尔左翼旗　清康熙四年（1665）置，属内蒙古锡林郭勒盟。驻地在今内蒙古锡林浩特市北乌力吉德力格尔附近。后迁贝子庙（今锡林浩特市）。1914年属察哈尔特别区，1928年属察哈尔省。1947年划归内蒙古自治区。1949年与阿巴嘎左翼旗、浩济特右翼旗合并为中部联合旗。1952年撤销中部联合旗，并入西部联合旗。1963年复设阿巴哈纳尔旗，驻锡林浩特（即贝子庙，1953年改名锡林浩特）。1983年改设锡林浩特市。

阿巴哈纳尔右翼旗　清康熙六年（1667）置，属内蒙古锡林郭勒盟。驻地在今内蒙古锡林浩特市南贝力克牧场驻地平顶山。1914年划归察哈尔特别区，1928年属察哈尔省。1947年划归内蒙古自治区。1949年并入西部联合旗。

阿巴哈纳尔部　亦作阿坝哈纳尔。明、清蒙古部名。成吉思汗弟布格博勒格图（别里古台）后裔所统部落。明后期，其首领诺密特默克图号所部曰阿巴哈纳尔，属漠北喀尔喀，驻牧于克鲁伦河（今蒙古国克鲁伦河）。清康熙初徙牧漠南，归附清朝。康熙四年（1665），诺密特默克图曾孙栋伊思喇布所部编为一旗，即阿巴哈纳尔左翼旗，旗地相当今内蒙古锡林浩特市东部和西乌珠穆沁旗西部部分地。五年（1666），栋伊思喇布之兄色稜墨尔根亦率部徙牧阿巴噶右旗地，请求内附，次年编为一旗，即阿巴哈纳尔右翼旗，旗地相当今内蒙古阿巴嘎旗东部地。

阿巴特　一作阿尔巴特。即今新疆库车县东二八台村。清乾隆《西域图志》卷31库车：阿巴特台"自托和鼐台东至此一百四十里"。

阿巴嘎左翼旗　清顺治八年（1651）置，属内蒙古锡林郭勒盟。驻地在今内蒙古阿巴嘎旗东南洪格尔高勒镇北哈日阿图。1914年属察哈尔特别区，1928年属察哈尔省。1947年划归内蒙古自治区。1949年与阿巴哈纳尔左翼旗合并为西部联合旗，驻罕布庙（今阿巴嘎旗驻地新浩特镇）。1956年复改阿巴嘎旗，仍驻罕布庙（1966年改名新浩特）。

阿巴嘎右翼旗　后金崇德四年（1639）置，属内蒙古锡林郭勒盟。驻昌都庙（今内蒙古阿巴嘎旗南查干淖尔镇）。1914年划归察哈尔特别区，1928年属察哈尔省。1947年划归内蒙古自治区。1949年并入西部联合旗。

阿巴噶部　亦作阿坝垓。明、清蒙古部名。内蒙古锡林郭勒盟五部之一。为成吉思汗弟布格博勒格图（别里古台）后裔塔尔尼库同所领部落。明中叶以来，服属察哈尔。其曾孙多尔济不堪林丹汗苛虐，率部投依喀尔喀，游牧于漠北克鲁伦河（今蒙古国克鲁伦河）。崇德四年（1639）归附后金，六年编为一旗，即阿巴噶右翼旗，旗地在库尔察罕泊（今库勒查干诺尔），辖区相当今内蒙古阿巴嘎旗西部。清顺治八年（1651），多尔济从孙都思噶尔南归，编为一旗，即阿巴噶左翼旗，旗地在锡林河，相当今内蒙古锡林浩特市西部和阿巴嘎旗东北部地。

阿以伯站 元置，在今四川若尔盖县西南唐克乡。《元史·地理志》："思本曰：自哈剌河与黄河合，正北流二百余里，过阿以伯站，折而西北流，经昆仑之北二百余里，与乞里马出河合。"

阿玉岭 在今四川松潘县北，为岷山山岭之一。《明史·李祯传》：万历中，四川被寇，祯言："……守阿玉岭，则不能越哑际而窥堡。"

阿古河卫 明永乐五年（1407）置，属奴儿干都司。在今俄罗斯哈巴罗夫斯克边疆区乌苏里江支流阿古河流域。后废。

阿术河 即今乌兹别克斯坦境之阿母河。《明史·西域传》：迭里迷"在撒马儿罕西南……城在阿术河东，多鱼。河东地隶撒马儿罕"。

阿术浒 即按出虎河。今黑龙江省哈尔滨市境之阿什河，为松花江支流。《金史·地理志》 会宁县："在按出虎河，又书作阿术浒。"

阿札垩 在今贵州水城县南。清置阿札垩汛，有把总驻此。

阿布达尔莫多卡伦 清乾隆年间置，在今哈萨克斯坦东北境。清《塔尔巴哈台事宜》卷3：阿布达尔莫多卡伦"在博尔锡正北八十里"。

阿布达里岗 在今辽宁桓仁县西北、新宾县西南。《明史·刘綎传》：万历四十七年（1619），四路发兵击努尔哈赤，东南路总兵刘綎率军四万，"綎引军登阿布达里冈，将布阵，大清兵亦登冈，出其上，而别以一军趋綎西。冈上军自高驰下，奋击綎军，綎殊死战……大溃，綎战死"。

阿布沁河 在今黑龙江省虎林市东北，为乌苏哩江支流。《清史稿·地理志》 虎林厅：乌苏里江"又北纳七虎林河，合阿布沁、小大木克、独木、外七里星河，入饶河"。

阿布喇勒山 又作独山、阿布兰山。即今新疆尼勒克县南阿布热勒山。清徐松《西域水道记》卷4：哈什河"又西经阿布喇勒山北。阿布喇勒者在惠宁城正东，自城闉东眺，孤嶂高耸，众峰皆断。故谚曰独山焉"。

阿由勒哈庙 即今内蒙古锡林浩特市西北阿优勒海。20世纪40年代始为浩齐特右翼旗驻地。"阿由勒哈"，蒙古语意为沟道口。

阿史不来城 唐安西都护府属城。在今吉尔吉斯斯坦首都比什凯克西。《新唐书·地理志》引贾耽《四夷路程》："顿建城，又五十里至阿史不来城。"

阿史那州 唐羁縻州，以突厥阿史德部置，属云中都督府。后侨治夏州朔方县（今陕西靖边县北白城子）界。

阿只儿哈温都 今内蒙古克什克腾旗西北博罗阿吉尔罕山。《元史·特薛禅传》：太祖谕按陈弟册曰："阿剌忽马乞迤东，蒜吉纳秃山、木儿速拓、哈海斡连直至阿只儿哈温都、哈老哥鲁等地，汝则居之。"

阿禾江 即今云南腾冲、梁河、盈江县境之大盈江。元代称阿禾江。《元书·寰宇志》："镇西路，蛮曰干额，有阿昔江，自腾冲来，下流合阿禾江，南至缅入海。"

阿用簇长官司 亦作阿思簇长官司。明宣德十年（1435）置，属松潘卫。治所在今四川松潘县东北大寨乡。《明史·四川土司传》："四川巡按等奏：松潘卫所辖阿用等寨蛮寇，拥众万余，伤败官军，请讨之。"即此。后废。

阿尔山 即今内蒙古自治区阿尔山市。清雍正间阿尔山地区为新巴尔虎左翼辖地。光绪间属呼伦贝尔副都统管辖。1917年属索伦山设治局。1937年伪满洲国在阿尔山设营林署。1949年由科尔沁右翼前旗析置阿尔山林矿局。1956年改设阿尔山镇。1996年改设阿尔山市。"阿尔山"，蒙古语意为神水、圣水。

阿尔巴特驿 清光绪年间置，在今新疆温宿县东北盐山口。宣统《新疆图志》卷81温宿县：阿尔巴特驿"即盐山口"。

阿尔古厅 亦作阿尔古州。治所即今四川金川县。

阿尔古屯 清乾隆四十一年（1776）置，属阿尔古厅。治所即今四川金川县。四十四年（1779）改为绥靖屯。

阿尔古州 亦作阿尔古厅。清乾隆四十一年（1776）改大金川安抚司置，属四川省。治所即今四川金川县。辖境相当今四川金川县地。四十四年（1779）废入美诺厅。

阿尔布斯山 亦作阿罗布斯山。又名省嵬山。即今内蒙古鄂托克旗西北之桌子山。《清一统志·鄂尔多斯》：省嵬山"在右翼中旗西北二百二十里。今名阿罗布斯山"。

阿尔达尔河 即今内蒙古科尔沁右翼前旗西北归流河支流阿力得尔河。《清一统志·科尔沁》：贵勒尔河"在右翼前旗北八十里。……东南流会阿尔达尔河，入洮儿河"。

阿尔坦山 在今青海大通回族土族自治县西北北川河发源处。《清一统志·青海厄鲁特》：阿尔坦山"在西宁边外东北九十里。山脉东趋北川，抵浩亹水。俗云此山出金，昔有番人于此山开取，故名"。

阿尔坦河 ①亦作阿勒坦河。即今黄河上源约古宗列曲，在今青海曲麻莱东北。源出约古宗列盆地，东流会扎日卡曲、卡日曲入扎陵湖。清齐召南《水道提纲》卷5："黄河源出星宿海西巴颜喀喇山之东麓，二泉流数里，合而东南，名阿尔坦河。……又东流数十里，折东北流百里至鄂敦他拉，即古星宿海。"清康熙时，实测定为黄河正源。

②即今青海西宁市和大通回族土族自治县境北川河。《清一统志·青海厄鲁特》：北川河"番名阿尔坦河"。

阿尔奇河　即今俄罗斯阿穆尔州结雅河上游支流阿尔吉河。清乾隆《钦定盛京通志》卷28：阿尔奇河"国语，阿尔奇，烧酒也。（黑龙江）城北一千四百七十里。源出北兴安岭，南流入精奇哩江"。

阿尔泰　清光绪三十年（1904）设阿尔泰办事大臣，驻承化寺（今新疆阿勒泰市）。辖阿尔泰乌梁海七旗、新土尔扈特二旗、新和硕特旗。1914年改办事长官，直隶中央。

阿尔泰山　一作阿勒坦山。又名金山。在我国新疆北部与蒙古国之间。清宣统《新疆图志》卷64：阿尔台山"周数百里。东望喀尔喀，西望准噶尔部，南望乌鲁木齐。阵峰沓嶂，盛夏积雪不消。其树多松、桧，其药多野参，兽多貂狐、猞猁、獐鹿之属。其阴多银铅，多黄金。阿尔台之水出焉"。

阿尔泰区域　1914年改阿尔泰办事大臣辖地置，治所在承化寺（今新疆阿勒泰市）。辖境相当今新疆阿勒泰、吉木乃、青河、富蕴、布尔津、福海、哈巴河等市县地及蒙古共和国科布多河上源、布尔干河上源地区。1919年改为阿山道，属新疆省。

阿尔泰乌梁海七旗　清乾隆十九年（1754）设，分左、右二翼。左翼旗四、右翼旗三。属科布多。驻牧地在今新疆阿勒泰市西北库木至蒙古国巴彦乌列盖省查干果勒以东地区。

阿尔泰乌梁海部　又称阿勒坦乌梁海。清代乌梁海三部之一。属科布多参赞大臣。游牧地相当今新疆乌伦古河与额尔齐斯河（今乌伦古湖以西）以北地区和哈萨克斯坦东北部一隅及内蒙古西部一隅地。雍正三年（1725）设副都统及左右翼散秩大臣。光绪末设阿尔泰办事大臣，属新疆省。游牧地缩小。民国初改为阿尔泰区域。后改设阿山道。

阿尔泰军台　清代从张家口至科布多的驿路总名。始创于康熙北征噶尔丹时，乾隆平定准噶尔后趋于完备，其后略有变动，至嘉庆时定型。据《嘉庆会典事例》卷531《置驿》、卷560《驿程》，阿尔泰军台分为四个区段。第一段从头台察汉陀罗海（张家口北长城外）至第二十三台图古里克（今蒙古国东戈壁省哈通布拉克东北土古里格呼都克），由张家口管站司员管理；第二段从第二十四台穆呼尔嘎顺（今蒙古国东戈壁省阿伊耳巴扬苏木东南木胡尔加顺呼都克）至第四十四台哈达图（今蒙古国前杭爱省翁金河西），由赛尔乌苏管站司员管理。这两段皆统辖于察哈尔都统。其西接乌里雅苏台南路第二十台哈剌尼敦，由此至乌里雅苏台东南的头台华硕噜图，达于乌里雅苏台城站，为第三段；第四段乌里雅苏台西路（也称科布多东路）从城西南的头台阿勒达尔至第十四台哈剌乌苏（今蒙古国科布多省哈尔乌苏湖西南岸），达于科布多城站。这两段统辖于乌里雅苏台定边左副将军。全线共设七十八台，连同乌里雅苏台、科布多二城站，共八十台，全程长五千八百五十里，为阿尔泰军台主干线。此外，外蒙古境内的四条支线——由赛尔乌苏到库伦和由库伦到恰克图的库伦南北路、由乌里雅苏台到近吉果克的乌里雅苏台北路、由科布多到索果克的科布多北路，由科布多到古城的科布多南路，有时也被统称为阿尔泰军台。

阿尔泰面　即阿拉坦额莫勒。今内蒙古新巴尔虎右旗驻地阿拉坦额莫勒镇。

阿尔泰诺尔乌梁海　即阿勒坦淖尔乌梁海。在今俄罗斯阿尔泰边疆区戈尔塔—阿尔泰自治州一带。

阿尔萨尼河　在今俄罗斯哈巴罗夫斯克边疆区东北，为图古尔河的支流。《清一统志·吉林一》：图呼勒河"东南流，会钮斡哩、阿尔萨尼等河，折东北入于海"。

阿尔瑚　一作阿尔湖。即今新疆阿图什市北阿湖乡。清道光《新疆识略》卷3喀什噶尔：阿尔瑚在"城东北八十里"。

阿尔楚尔　亦作阿勒楚尔、阿喇楚勒。在帕米尔高原南部。《清史稿·瑚尔起传》：乾隆二十四年（1759），"师自喀喇乌苏逐捕霍集占，至阿尔楚尔。贼设伏两山间，我军张两翼击之，贼败三十里，负山而屯"。今属塔吉克斯坦。

阿兰聊国　即奄蔡国。东汉时西域国名。在康居西北，即今咸海、里海北部草原。《后汉书·西域传》：奄蔡国"改名阿兰聊国，居地城，属康居。土气温和，多桢松、白草。民俗衣服与康居同"。

阿兰塞　金边墙。在今内蒙古东乌珠穆沁旗东北乌拉根河之北。元《圣武亲征录》载克烈汪可汗起兵来攻，铁木真"止军于阿兰塞，移辎重于失连真河上"。失连真河即今乌拉根河支流舍野日机河，"塞"在河之北，今图标为"成吉思汗长城"。

阿头山　在今湖北襄阳市西。《续汉书·郡国志》南郡襄阳县："有阿头山。"《后汉书·岑彭传》：建武二年（27）讨秦丰，"彭乃潜兵渡沔水，击其将张杨于阿头山，大破之"。

阿宁部　宋大理置，属善阐府。即今云南安宁市。明景泰《云南图经志书》卷1："蛮云阿宁部。初，东川罗罗阿宁者牵牛过此，牛舐地不去，取土得咸鹾，后掘地为盐池，因以阿宁名郡，元改为安宁州。"

阿记得市　即今云南广南县西珠琳镇。清代设汛。1930年改今名。

阿永土司　在今青海玉树县西北。清为玉树等四十族之一。

阿司牛录镇　清置，属辽阳县。即今辽宁辽中县治（辽中镇）。清光绪三十二年（1906）于此设辽中县。

阿对泉　在今河南灵宝市西北。《明一统志》卷29河南府：阿对井"在阌乡县西南。阿对乃汉杨震家僮，尝引泉灌疏，因名。唐吴融《阿对泉》：'五陵年少如相问，阿对泉头一布衣'"。即此。

阿母山　在今云南砚山县东北阿猛镇。《方舆纪要》卷115维摩州：阿母山"在州（今县西北维摩）东南九十里。高千余仞。下有阿母驿"。

阿母没辇　又名阿梅河、阿母河。即今乌兹别克斯坦境内之阿姆河，注入咸海。元《长春真人西游记》卷上：铁门“五日至小河，亦船渡。两岸林木茂盛。七日舟济大河。即阿母没辇也”。

阿母河 又作暗木河、阿木河、阿梅河。即今中亚阿姆河。元属察合台汗国。

阿母驿 明置，属广西府维摩州。在今云南砚山县东北阿猛镇。

阿邦乡 在今云南建水县东南。明初置阿邦乡土守备。

阿圭雅斯水 为特克斯河支流。即今新疆昭苏县东南之阿克牙孜河。清徐松《西域水道记》卷4：“特克斯河又东北流阿圭雅斯水入之。阿圭雅斯水发自阿圭雅斯山。”

阿吉堡子 一名阿吉牛录堡子。即今辽宁铁岭县西南阿吉镇。民国《铁岭县志》卷2：阿吉牛录堡子在“城西五十五里”。

阿吉阑干 在今新疆和田县南阿合阑干。清宣统《新疆图志》卷9：阿吉阑干“柴草无多，有三大石，倚石砌有围墙数个”。

阿西打纳 亦作阿思打纳。在今新疆哈密市西。顾炎武《天下郡国利病书》卷117《西域土地人物略》：“哈密西十里为阿西打纳城。”

阿达可池 亦作阿达克池。在今内蒙古西乌珠穆沁旗北巴彦胡舒苏木（罕贝庙）境。清齐召南《水道提纲》卷27：“秃河土名葫芦古尔河。有二源……俱西北流而合，又西北二百里经乌朱穆秦右翼境，北流潴为阿达可池。”

阿至店 在今云南洱源县东南。《方舆纪要》卷117邓川州：阿至店在“州（今邓川镇）东八十里，接北胜、宾川州界”。

阿当吉山 即今俄罗斯萨哈林岛（库页岛）东海岸南部之东萨哈林山。清光绪《吉林通志》卷19：阿当吉山“在库页岛，距吉林城东北四千四百五十里”。阿当吉河发源于此。

阿当吉河 亦作阿当衣河。即今俄罗斯萨哈林岛（库页岛）南部东流入海之夏拉希附近之河。清康熙《皇舆全览图》：库页岛东海岸有“阿当衣河”。光绪《吉林通志》卷23库页岛之水：“阿当吉河，出阿当吉山东麓，两源合东流入海。”

阿伏斤水 在今陕西甘泉县东北三十里。西流入洛河。《寰宇记》卷36甘泉县：“阿伏斤水川在县南二十九里。源出大盘山东南姚崄谷，流入洛水。阿伏斤者，夷虏名也。”

阿伦卫 明永乐七年（1409）置，属奴儿干都司。治所不详。在今内蒙古阿荣旗阿伦河流域。后废。

阿合奇设治局 1940年析乌什县置，属新疆省。治所即今新疆阿合奇县。1944年改阿合奇县。

阿合奇县 1944年改阿合奇设治局置，属新疆省。治所即今新疆阿合奇县。

阿杂 即阿咱。今西藏嘉黎县驻地阿扎镇。清《西藏图考》卷3：阿咱“一作阿杂”。

阿交合溪 在今云南寻甸回族彝族自治县东十五里。《方舆纪要》卷114寻甸府：阿交合溪在“府东十五里。旧名些邱溢派江，其源有二：一自嵩盟州，一自马龙州流至此，又合流过沾益州界。或曰即交河上源也”。

阿州 唐贞观八年（634）改源州置，治所在光安县（今越南义安省东香山附近）。辖境相当今越南义安省东部一带）。十三年（639）废。

阿那山 在今云南丽江市玉龙纳西族自治县东北，宝山城西南。《明一统志》卷87丽江军民府：阿那山“在宝山州（今宝山城）西南一十五里。上有阿那和寨”。

阿阳县 ①西汉置，属天水郡。治所在今甘肃静宁县西南城川乡咀头村。《汉书·高后纪》：高后六年（前182），“匈奴寇狄道，攻阿阳”。即此。东汉属汉阳郡。西晋废。北魏复置，属略阳郡。隋废。

②西汉置，属平原郡。治所在今山东禹城市西南。东汉省。

阿阴县 唐置，属羁縻扶德州。治所在今四川珙县南。后废。

阿坝 明、清松潘县黄胜关外上中下三阿坝部落合称。在今四川阿坝县境。阿坝，藏语意为“阿里人居住的地方”。清嘉庆《四川通志》卷90雍正元年（1723）四川提督岳钟琪等“由黄胜关出口剿抚十二部落，招安阿坝、郎（隋）、毛革、麦杂等处番目弯布桑顿独赖林柯等纳土归诚”。清置上、中、下阿坝土千户于此。

阿坑关 在今贵州独山县北。《方舆纪要》卷121独山州：阿坑关在“州北三十里”。

阿劳江 在今越南河内市东南兴安省绵江一带。当今太平江或其支流。《旧唐书·地理志》安南都督府：“东至朱鸢县界小黄江口水路五百里，北至朱鸢州阿劳江口水路五百四十九里。”

阿克打木河 即今长江南源木鲁乌苏河支流当曲河。在今青海西南部。《清一统志·西藏》：阿克打木河“源出伊克诺莫浑乌巴什岭北忒门他拉二池，东北流百余里，有二水，一自东来，名伊克阿克打木；一自西来，名巴汉阿克打木。合为一水，西北流三百余里入木鲁乌苏”。

阿克托八栅 即今新疆阿克陶县。《清史稿·地理志》英吉沙尔直隶厅：英乙泉水“一径阿克托八栅，为别什干渠，东北至疏勒入沙碛”。1954年于此置阿克陶县。

阿克寿 即今新疆皮山县南阿克肖。清宣统《新疆图志》卷9：“由克里阳卡向南行九十里至阿克寿，草盛薪缺，有放罕种民数户居此，尚有七十余户于各山沟牧放。”

阿克苏 即今新疆阿克苏市。清乾隆《西域图志》卷16：阿克苏“垣墉陡峻，北踞崇冈，四城连峙，每城周里许，皆南向，外以一大城垣环之。所踞高厓二十余丈，三城皆小而固，洵形胜地也。城内偏东界以长河，源发北崖，南流出于城外，中西两崖之间，有河二道，南流，人资其利”。清祁韵士《西域释地》：阿克苏，“阿克谓白，苏即水也。水色白，故名”。清乾隆四十四年（1779）移乌什领队大臣驻此。嘉庆二年（1797）改设办事大臣。清光绪八年（1882）置温宿州，二十八年（1902）升为温宿府。1913年置阿克苏县，属阿克苏道。1983年改为阿克苏市。

阿克苏市　1983年撤销阿克苏县，改设阿克苏市，市人民政府驻东西大街。属新疆维吾尔自治区阿克苏地区，为行政公署驻地。

阿克苏县　1913年改温宿府置，属新疆阿克苏道。治所即今新疆阿克苏市。因阿克苏河得名。1930年属阿克苏行政区，后直属新疆省。1983年改为阿克苏市。

阿克苏河　在今新疆西南部阿克苏市西。为塔里木河上游水量最大的源流。清乾隆《西域图志》卷27：阿克苏郭勒“在阿克苏南四十里。自北山之呼木阿里克郭勒，托木干达里雅东南，过阿克苏西孔道百余里，合流为阿克苏郭勒。至哈尔噶额密什南折而东，为塔里木郭勒”。“阿克苏”系维吾尔语，意为“白水”。

阿克苏城　即今新疆阿克苏市。清祁韵士《西域释地》：阿克苏，“阿克谓白，苏即水也。水色白，故名”。乾隆四十四年（1779）置领队大臣，后改办事大臣。光绪八年（1882）裁大臣改置温宿州。1913年改置阿克苏县。

阿克苏道　1914年由原阿克苏道袭置，属新疆省。治阿克苏县（今新疆阿克苏市）。辖境约当今新疆阿克苏地区及巴音郭楞蒙古自治州。1915年，且末县由喀什噶尔道改隶本道。1920年，焉耆、轮台、尉犁、若羌、且末划归焉耆道。1928年废。

阿克奇河　又作阿里齐河。在今俄罗斯哈巴罗夫斯克边疆区东北黑龙江下游支流。清光绪《吉林通志》卷22：阿里齐河“源出自海岸大山，西北流二百里许，径穆和勒噶珊北，西入混同江”。

阿克素睦尔瓦　亦作阿黑素睦尔瓦、阿克苏睦尔瓦。清帕米尔八卡之一。光绪五年（1897）后置，在今克孜勒拉巴特。宣统《新疆图志》卷8：光绪十七年（1891），“俄夺占帕密尔，修筑堡垒于黑孜吉牙克、阿克素睦尔瓦、苏满三处”。今属塔吉克斯坦。

阿克萨克玛喇尔　又名五台、仓台。在今新疆巴楚县西南阿克萨克马热勒乡。《清一统志·叶尔羌》：阿克萨克玛拉尔台在“阿朗格尔台东北八十里”。

阿克塔什　清光绪十七年（1891）设卡。在帕米尔阿克苏河东岸新迭。宣统《新疆图志》卷5：“查阿克塔什亦在帕境，系十七年新设卡伦，为色勒库尔屏蔽。”光绪十八年（1892）六月初一日，“俄兵一百数十名抵阿克塔什，初二日拆毁卡房，拘留马勇”。今属塔吉克斯坦。

阿克塔齐钦山　即今青海曲麻莱县北雅合拉达合泽山。《清一统志·青海厄鲁特》：阿克塔齐钦山“在黄河源布呼吉鲁肯山之东。上有两峰，形如马耳，故名”。

阿克塔斯　一作阿克他什。又名三个泉。即今新疆木垒哈萨克自治县东三个泉子。清乾隆《西域图志》卷9镇西府奇台县：阿克塔斯在“天山北麓，泉源迭发，凡三道，相距各十余里”。清《林则徐日记》：“三个泉，回语谓之阿克他什。此处旅店四家，复有行馆。”

阿克敦城　又作敖东城。即今吉林敦化市。民国魏声龢《吉林地志》：“敦化县，土名敖东城，又名阿克敦城。”

阿克赛　在今吉尔吉斯斯坦伊塞克湖南岸卡吉赛。清乾隆《西域图志》卷13伊犁西路：阿克赛“在图斯库勒南岸，通西三十里”。

阿来岭　在今蒙古国西部巴彦乌列盖省西，为阿尔泰山支阜。《元朝秘史》卷9：“自去追袭脱黑脱阿，到金山住过冬。明年春逾阿来岭去。”

阿忒八失　察合台汗国属地。在今吉尔吉斯斯坦纳伦西南。《元史·地理志·西北地附录》有“阿忒八失”。即此。

阿里　今西藏西部。北界新疆，东界后藏，东南邻尼泊尔，西南邻印度。宋代称为纳里，元代称纳里速古鲁孙。藏语意为阿里三部。旧指古格（在今阿里西南部）、布浪（在今阿里东南部普兰一带）、芒城（在今拉达克地区），这是由吐蕃王室后裔统治的三个小王国。“阿里”藏语意为属下。

阿里山　在今台湾省嘉义县东北。主峰大塔山海拔2663米。清高拱乾《台湾府志》卷1“诸罗诸山”中有“阿里山”。今嘉义县东北有阿里山风景区，为闻名中外的观光胜地。阿里山区是台湾著名的天然森林区，古木参天。阿里山风景以大塔山断崖、塔山云海和祝山观日出等最为有名。阿里山铁路全长72公里，由海拔30米上升到2450米，是世界三大登山铁路之一。

阿里门河　即黑龙江省东南中俄界河乌苏里江。源出锡霍特山，东北流入黑龙江。《金史·婆卢火传》：“直撷里部人尝寇耶懒路，穆宗遣婆卢火讨之，至阿里门河，辞勒罕伪降，遂略马畜三百而去。”即此。

阿里马城　亦作阿里麻里、阿力麻里。西辽属地。在今新疆霍城县西北克干山南麓。元耶律楚材《西游录》：“既出阴山，有阿里马城。西人目林擒曰阿里马，附郭皆林擒园囿，由此名焉。”即此。后为察合台汗国都城。相传在16世纪初期被毁。古城遗址尚存，周约25公里。

阿里吉河　在今乌克兰东南部。《元史·速不台传》：太祖癸未岁（1223），攻钦察，“又至阿里吉河，与斡罗思大小密赤思老遇，一战降之，略阿速部而还”。

阿里玛河　即今黑龙江省齐齐哈尔市北阿伦

河。《清一统志·黑龙江》：阿里玛河"在齐齐哈尔城北五十里。源出西北兴安岭，东南流入嫩江"。

阿里克土司 清雍正时置，属西宁办事大臣。为玉树四十族之一。驻牧地在今青海玛心县东境。乾隆《西宁府新志》卷19塞外贡马番族："住牧东提地方阿里克族，郡城南七百余里。"清道光后移驻大通河北，由西宁直接管理。道光初，一部移治今大通河北祁连县境。后废。

阿里宗城 即噶大克。今西藏阿里地区噶尔县东南噶尔雅沙。清《西藏图考》卷2："阿里宗城一名堆噶尔，今为边商总汇之区。"

阿里麻里 即阿里马城。在今新疆霍城县西北克干山南麓。元刘郁《西使记》：宪宗九年（1259），"出（铁木儿忏察）关，至阿里麻里城，市井皆流水交贯，有诸果，唯瓜、葡萄、石榴最佳。回纥与汉民杂交，其俗渐染，颇似中国"。

阿里雅拉克山 在今新疆且末县东南。清宣统《新疆图志》卷67：卡墙河有三源，"一源出阿里雅拉克"。

阿里港 即今台湾省屏东县北里港乡驻地。清时商贸繁盛，凤山县丞曾驻此。

阿帕克和卓麻札［墓］ 即阿巴和加麻札。俗称和卓坟。在今新疆喀什市东北十里。为伊斯兰教白山派首领阿帕克和卓及其家族的墓地。始建于清康熙三十三年（1694），后迭经改建、扩建，规模宏大。整个墓地由陵墓、礼拜殿、讲经堂和门楼组成，陵墓为主体，其四角各有一圆形立柱半嵌在墙内，墓顶呈穹窿形。陵墓高约26米，全部用绿色玻璃砖贴面，表现了维吾尔族传统建筑的特色。

阿体八升山 在今吉尔吉斯斯坦纳伦河上游纳伦以南。《元史·耶律希亮传》："时希亮母从后避暑于阿体八升山。"即此。

阿作洞 一名阿足洞。俗名阿脚洞。在今贵州大方县西七十里。《清一统志·大定府》引《贵州通志》："石径纡回，奇险难入，洞口一潭，颇深广。以筏度入，数十里中，可藏万人。"

阿余（馀）站 元置，在今黑龙江省黑河市西南厄育勒驿。元《析津志》天下站名："海里、捏来一百（里）阿余站。"明废。

阿角寨安抚司 明正统五年（1440）置，属松潘卫。治所在今四川松潘县境。后废。

阿库密河 即今俄罗斯哈巴罗夫斯克边疆区乌苏里江支流阿库密河。《清一统志·吉林一》：阿库密河"在宁古塔城东一千三百八十里。源出阿库密窝集……西北流入乌苏哩江"。

阿库密窝集 在今俄罗斯滨海边疆区阿库里河上游。《清一统志·吉林一》：阿库密窝集"在宁古塔城东一千四百二十里"。阿库里河源于此。

阿庐山 在今云南泸西县城西二里。《清一统志·广西州》：阿庐山"在州城西二里。延亘四十余里，南连弥勒，北跨师宗。旧有阿庐部"。

阿庐洞 即今阿庐古洞。在云南泸西县西北六里。《清一统志·广西州》：阿庐洞"在州城西五里。宏敞幽邃，中有雕栏、宝塔、彩云、玉柱、钟鼓、伞盖、瑶床、佛龛之异"。现为著名风景名胜区。

阿没 又作阿昧、阿模里。即今伊朗北部里海滨阿莫勒。《新唐书·西域传·大食》："岐兰之东南二十日行得阿没，或曰阿昧。"

阿纳雄山 在今云南禄丰县西北。《方舆纪要》卷116广通县：阿纳雄山在"县（治今广通镇）东北十五里。高逾千仞。有泉出山西，为罗申河；出山南，为阿陋河"。

阿驴寨 在今贵州六枝特区附近。《方舆纪要》卷121安顺府：阿驴寨"在（西堡长官）司境。蛮砦也。洪武十五年，吴复击破西堡贼，拔阿驴等寨"。即此。

阿武侯国 西汉武帝元朔三年（前126）封河间献王子刘豫置，初属广阳郡，后属涿郡。治所在今河北献县西北三十九里。东汉废。

阿者卫 又作阿资河卫。明永乐五年（1407）置，属奴儿干都司。在今俄罗斯哈巴罗夫斯克边疆区黑龙江下游右岸马奇托瓦亚河口以北之地。后废。

阿者迷河 即今黑龙江省铁力市北依吉密河。《明太祖实录》卷239：洪武二十八年（1395）六月，"刘真、宋诚、朱胜军由中道忽剌温江东北出铜佛寨、（阿）者迷河、黑松林等处"。即此。明置阿者迷河卫于此。

阿者迷河卫 明永乐六年（1408）置，属奴儿干都司。治所在今黑龙江省铁力市北依吉密河流域。后废。

阿坡寨 在今云南保山市西南。《方舆纪要》卷118潞西安抚司：阿坡寨"在司南。隆庆六年，金腾兵备许高征蒲蛮阿坡寨，擒其将蒋裕，于是桑科等二十八寨皆畏服"。

阿昔江 即今云南腾冲、盈江县境之槟榔江。元代称阿昔江。《元书·寰宇志》："镇西路，蛮曰干额，有阿昔江自腾冲来，下流合阿禾江，南至缅入海。"

阿昔洞簇长官司 明洪武十四年（1381）置，属松潘卫。治所在今四川若尔盖县东北阿西茸乡。《明史·四川土司传》：洪武二十一年（1388），"朵贡生番则路、南向等引草地生番千余人寇潘州阿昔洞长官司，杀伤人口"。即此。后废。

阿拉尔查渡 在今青海东南境黄河上。《清一统志·青海厄鲁特》：阿拉尔查渡"在黄河西流折西北之处。……用牛革裹木为船，以二马牵之而渡。《元史》云，纠木干象舟，傅毛革以济，仅容两人是也"。

阿拉克池 即今青海都兰县西南阿拉克湖。《清史稿·地理志》青海和硕特部西右翼中旗："柴达木河出河源北托逊淖尔，西流至西拉珠尔格塔拉，阿拉克淖尔水东来入之。"

阿拉克湖 一名花海子。在今甘肃玉门市东花海镇。为赤金河所汇。《清史稿·地理志》玉门县："阿拉克湖即延兴海。"

阿拉坦额莫勒 通称阿尔泰面。即今内蒙古新巴尔虎旗驻地阿拉坦额莫勒镇。据《清一统志·黑龙江》附《缮译语解》：额默勒"蒙古语，马鞍也"。"阿拉坦额莫勒"，蒙古语意为"金鞍"。

阿拉河 即今俄罗斯哈巴罗夫斯克边疆区东北，乌第湾之阿拉河。清《乾隆内府舆图》作"阿拉必拉"。光绪《吉林通志》卷23：阿拉河"在玛呢噶河西，北入海"。

阿拉竿驿 清光绪二十九年（1903）置，在今新疆若羌县北阿尔干。清宣统《新疆图志》卷81婼羌县：阿拉竿驿，"阿拉竿，回语水有汉也"。

阿拉班 一作阿尔班。在今吉尔吉斯斯坦奥什西南阿拉万。清祁韵士《西陲要略》卷4："鄂什至阿拉班五十里。"

阿拉博斯 在今新疆伊宁县东南。清宣统《新疆图志》卷2宁远县：阿拉博斯在"城东八十里"。

阿拉善山 即贺兰山。在今宁夏银川市西北与内蒙古阿拉善左旗东南。《清一统志·阿拉善厄鲁特》：贺兰山"在旗东，与宁夏边接界。土人名阿拉善山"。魏源《圣武记》卷3："贺兰山厄鲁特者，俗所谓阿拉山蒙古也。阿拉山即贺兰山，亦讹阿拉善，皆语音之转。"

阿拉善旗 1949年改阿拉善额鲁特旗置，属宁夏省。治所在定远营（今内蒙古阿拉善左旗驻地巴彦浩特镇）。1952年改为阿拉善旗自治区。1954年划归甘肃省。1955年改为阿拉善旗自治县，1956年划归内蒙古自治区，改为阿拉善旗。1961年分为阿拉善左旗（驻巴彦浩特镇）和阿拉善右旗（驻雅布赖镇，1964年迁西南之上井子，今额肯呼都格镇）。

阿拉善额鲁特部 清西套蒙古二部之一。成吉思汗弟哈撒儿后裔额鲁特和硕特首领顾实汗于明末率部移居青海。清初，其子巴延阿布该阿玉什之子和罗理等居西套。康熙十六年（1677）噶尔丹袭击西套，和罗理率部避地近边。二十五年（1686）上书求牧地，诏居宁夏甘州边外贺兰山（阿拉善山）一带，遂称为阿拉善额鲁特部（又称阿拉善和硕特）。三十六年（1697）编为一旗，扎萨克驻定远营（今内蒙古阿拉善左旗驻地巴彦浩特镇），游牧地相当今内蒙古阿拉善左旗、右旗及磴口、乌达部分地。

阿拉善额鲁特旗 清康熙三十六年（1697）设阿拉善额鲁特旗，直隶理藩院。札萨克驻定远营（今内蒙古阿拉善左旗驻地巴彦浩特镇）。1914年划归甘肃省，属宁夏护军使。1928年属宁夏省。1949年改为阿拉善旗。1952年改设阿拉善旗自治区。1954年划归甘肃省，1955年改设阿拉善旗自治县。1956年划归内蒙古自治区，改为阿拉善旗。1961年分设左、右二旗，阿拉善左旗驻巴彦浩特；阿拉善右旗驻雅布赖镇，1964年迁今治额肯呼都格镇。据清魏源《圣武记》卷3载："贺兰山厄鲁特者，俗所谓阿拉山蒙古也。阿拉山即贺兰山，亦为阿拉善，皆语音之转。"

阿拉腾打不苏 在今内蒙古锡林郭勒盟正镶白旗西北乌兰察布苏木东南阿拉坦嘎达苏。民国间为察哈尔左翼镶白旗驻地。

阿拨把丹国 故地或以为今印度西部坎贝湾以北之迈达巴德，或以为今印度西南沿海之坎纳诺尔附近。《明史·郑和传》："和经事三朝，先后七奉使，所历……阿拨把丹。"

阿林县 西汉置，属郁林郡。治所在今广西桂平市东南油麻镇。唐属绣州。北宋开宝五年（972）废。

阿轮山 在今云南云县南境。《方舆纪要》卷118云州：阿轮山"在州西南三百里。连峰叠巘，四时苍翠"。

阿图什市 1986年撤销阿图什县，改设阿图什市，市人民政府驻帕米尔路。属新疆克孜勒苏柯尔克孜自治州，为自治州人民政府驻地。

阿图什设治局 1938年析疏附县置，属新疆省。治所即今新疆阿图什市。1943年改为阿图什县。

阿图什县 1943年改阿图什设治局置，属新疆省。治所即今新疆阿图什市。1986年改设阿图什市。

阿所拉场 在今四川盐边县西北健康镇。清属盐源县，嘉庆二十二年（1817）置巡司于此。宣统元年（1909）改置盐边厅。

阿育王塔 在今山西代县城内东北隅、代县政府院内。隋仁寿元年（601）始建。唐会昌年间灭佛，塔毁；大中元年（847）复佛时重建，改名圆果寺。后屡建屡毁，元至元十二年（1275）改建为砖塔。清康熙三十三年（1694）地震后补修，增饰金铎和七层金顶宝珠。塔下有地宫，储存有佛像、佛经、佛舍利等物。地宫上建台基，平面为长方形，南北长50米，东西宽20米，高1.5米。塔建在台基中央，为砖砌圆形单层喇嘛塔，周长60米，高40米，由塔座、塔身、塔刹构成。塔座高大，为须弥座形式，两层束腰作五层覆仰莲瓣，周围刻有花饰、荷瓣及陀罗尼经，是其他喇嘛塔中少见的雕造方式。覆钵较小，刹座为曲尺形须弥座，刹身为十一层相轮，刹顶为宝盖，中连金顶宝珠。2001年定为全国重点文物保护单位。

阿育王山 在今浙江宁波市鄞州区东五乡镇东阿育王寺村。《舆地纪胜》卷11庆元府：阿育王山"在鄞县东三十里。有广利院"。

阿育王寺 在今浙江宁波市鄞州区东五乡镇东阿育王寺村。相传西晋太康二年（281）僧人慧达首建舍利塔藏释迦牟尼遗骨。东晋义熙元年（405）建寺。《舆地纪胜》卷11庆元府：释迦如来真身舍利塔，"按寺碑云：东晋义熙初，以塔之出现，肇创兹寺。至梁武帝赐名阿育王（寺）"。北宋大中祥符元年（1008）改名广利禅寺。明洪武十五年（1382）复名阿育王寺。《清一统志·宁波府二》：阿育王寺"在鄞县东阿育王山中。……有阿育王所造真身舍利塔。又有宸奎阁，藏宋仁宗御书。苏轼撰碑记"。今寺为清以后陆续重建，有天王殿、大雄宝殿、舍利殿等。舍利殿中有石舍利塔，殿后壁嵌唐石雕护法神，殿前月台两侧有历代碑刻。为我国著名佛教禅宗寺院。唐代高僧鉴真东渡日本前曾居此寺。2006年定为全国重点文物保护单位。

阿泽 又作河泽、柯泽。在今山东阳谷县东北。《左传》：襄公十四年（前559），卫献公出奔齐，孙林父追之，“败公徒于河泽”。或作“阿泽”。《水经·河水注》：“河水右历柯泽，《春秋·左传》襄公十四年，卫孙文子败公徒于阿泽者也。”

阿房宫遗址 阿房宫亦名阿城。秦代建筑，在今陕西西安市西三十里阿房村一带。《史记·秦始皇本纪》：“前殿阿房，东西五百步，南北五十丈，上可以坐万人，下可以建五丈旗。周驰为阁道，自殿下直抵南山。表南山之巅以为阙。为复道，自阿房渡渭，属之咸阳。”秦始皇死后，秦二世继续修建，至秦亡时犹未完成。《文选·西京赋》云“乃构阿房”。李善注引《三辅故事》：“在山之阿，故曰阿房也。”楚项羽入关后，将宫殿焚毁。今阿房村南有一大土台基，周长310米，高约10余米，全用夯土筑起，当地称为始皇上天台，村西南有一长方形台地，面积约26万平方米，俗称郿坞岭。皆为阿房宫最显著的建筑遗址。1961年定为全国重点文物保护单位。

阿孟州长官司 元置，属管番民总管。治所在今贵州罗甸县东北。后废。

阿陋井 在今云南禄丰县西舍资镇北。《方舆纪要》卷116广通县：阿陋井“在捨资村中。又有猴井，俱产盐，置盐课大使，属黑盐井提举司。《志》云，县产盐之井凡四十七区，俱环盐课司四旁，或以人名，或以地名，今名湮没，总以奇兴大井为名”。

阿弩越城 在今巴基斯坦控制区克什米尔北部之古皮斯。《旧唐书·高仙芝传》：天宝年间，高仙芝等破吐蕃军于连云堡，“三日至坦驹岭，直下峭峻四十余里。仙芝料之曰：‘阿弩越胡若速来迎，即是好心。’……越胡果来迎。明日，至阿弩越城”。

阿姆河等处行尚书省 蒙古宪宗元年（1251）置，治所在撒麻耳干（今乌兹别克斯坦撒马尔罕）。《元史·宪宗纪》：“以阿儿浑充阿姆河等处行尚书省事，法合鲁丁、匿只马丁佐之。”

阿姆镇 即今浙江余姚市东南四十四里河姆渡镇。原属慈溪县，1954年改属余姚县。1973年于此发现了新石器时代早期的河姆渡遗址，证明远古时代我们的祖先不仅在黄河流域、同时也在长江流域创造了灿烂的原始文化。

阿细拓弄寨 在今四川若尔盖县北阿西乡。清雍正元年（1723）置阿细拓弄寨土百户。

阿珀达里噶珊 又作阿玛达里、阿布打里。在今俄罗斯哈巴罗夫斯克边疆区乌苏里江东岸比腊河口北岸。清初属宁古塔将军。康熙《皇舆全览图》：沁河注入乌苏里江口北岸有“阿布打里噶山”。后属三姓副都统。光绪《吉林通志》卷17：乌苏里江东岸，北至混同江南岸旧设噶珊有“阿玛达里”。咸丰年间通过不平等的中俄《北京条约》被俄割占。

阿城 即秦阿房宫。在今陕西西安市西南阿房村。《三辅黄图》卷1：“阿房宫，亦曰阿城。”

阿城市 1987年撤销黑龙江省阿城县，改设阿城市，市人民政府驻阿城。由哈尔滨市代管。

阿城县 清宣统元年（1909）改阿勒楚喀副都统置，属吉林省。治所即今黑龙江省哈尔滨市阿城区。民国初属吉林省滨江道。1928年直属吉林省。1954年划归黑龙江省。城南白城有金故都上京及会宁府遗址。1987年改设阿城市。2006年撤销阿城市，改设哈尔滨市阿城区。

阿城镇 即今山东阳谷县东北五十里阿城镇。春秋时为齐柯邑，后为阿邑。秦于此置东阿县。今为阿城镇，仍以古阿邑为名。

阿革寨 在今四川红原县东北。清雍正元年（1723）置阿革寨土百户。

阿荣旗 1934年日伪置，属黑龙江省。驻地在红花梁子（今内蒙古阿荣旗西红花梁子镇）。1941年迁驻那吉屯（今阿荣旗驻地那吉镇）。1945年划归兴安省。1947年划归内蒙古自治区，属呼伦贝尔盟。1969年划归黑龙江省，1979年划回内蒙古自治区。“阿荣”系蒙古语“阿伦”的谐音，以阿伦河为名，蒙古语意为“干净”。

阿剌山 在今云南华坪县北。通四川盐源县。清有守备把总驻防。

阿剌山卫 明永乐五年（1407）置，属奴儿干都司。在今俄罗斯阿穆尔州黑龙江中游右岸阿剌尔山地区。后废。

阿剌古山 在今青海乐都县东北。《清一统志·西宁府一》：阿剌古山“在碾伯县东北六十里，与冰沟山相连。山顶宽平可耕，中有鲁班峡”。

阿剌忽马乞 在今内蒙古西乌珠穆沁旗西部。《元史·特薛禅传》：太祖谕按陈弟册曰：“阿剌忽马乞迤东，蒜吉纳秃山、木儿速拓、哈海斡连直至阿只儿哈温都、哈老哥鲁等地，汝则居之。”

阿剌脑儿 一作阿剌诺尔。元时对今青海玛多县西扎陵湖和鄂陵湖的统称。《元史·地理志·河源附录》：河源火敦脑儿“群流奔辏，近五七里，汇二巨泽，名阿剌脑儿”。

阿剌站 元置，故址在今吉林敦化市北。元《析津志》天下站名：“阿母一百二十（里）阿剌（站）。”明称阿速那合站。

阿点婆翅罗国 唐西域国名。都城在朅𩓊湿伐罗（今巴基斯坦卡拉奇）。唐玄奘《大唐西域记》卷11：阿点婆翅罗国“周五千余里”。

阿思 即阿速。在今高加索以北，顿河下游一带。《元史·地理志·西北地附录》：“岁丁巳，出师南征，以驸马剌真之子乞歹为达鲁花赤，镇守斡罗思、阿思。”即此。

阿思里 故址或以为在今印度半岛西部沙漠地区。元汪大渊《岛夷志略》：“阿思里，极西南达国里之地，无山林之限，风起则飞沙扑面，人不敢行，居人编竹以蔽之。”

阿思峒寨　在今四川松潘县东北大寨乡。清顺治十五年（1658）置阿思峒寨土千户。

阿思簇长官司　明置，属松潘卫。治所在今四川松潘县东北。后废。

阿咱　即今西藏嘉黎县西阿扎镇。清王世睿《进藏纪程》：拉里“六十里至阿咱”。即此。

阿咱寨　在今贵州镇宁布依族苗族自治县南。《清一统志·安顺府》：阿咱砦“在镇宁州南。明洪武十五年，吴复等攻关索岭，别将顾成克阿咱等山寨”。

阿哈塔克山　一名阿格山。在今新疆且末县西南。清宣统《新疆图志》卷62：阿格山“阿格塔克水出焉。……在于阗县境东南。缠回谓后为阿格，谓山为塔克，犹华言后山也。其地产金。积雪不消，瘴疠尤甚，采金者惟夏月可入”。

阿竿路部　唐南诏置，属拓东节度。在今云南鲁甸县境。

阿顺果勒河　即乌尔缴河。今内蒙古新巴尔虎右旗东、新巴尔虎左旗西之乌尔逊河。

阿须乡　清属林葱土司，民国属德格县，即今四川德格县东北阿须乡。为藏族著名英雄格萨尔王之故乡。清乾隆年间，林葱土司建格萨尔王庙。流传于今的《格萨尔》英雄史诗有二千多万行，一亿多字，为世界最长的史诗。

阿养城　在今内蒙古凉城县西南。《水经·河水注》：参合县“西去沃阳县故城二十里，县北十里有都尉城。《地理志》曰：沃阳县，西部都尉治者也，北俗谓之阿养城”。

阿迷　亦作阿速。即今新疆阿克苏市。顾炎武《天下郡国利病书》卷117《西域土地人物略》：“土力苦扯（城）西北百里为阿迷城，三城相连，周环山水。”

阿迷州　元代置，属临安路。治所即今云南开远市。《方舆纪要》卷115阿迷州：“《志》云：阿宁，古蛮名，今讹为阿迷。”明属临安府。南明改名开远州。清初复名阿迷州。1913年改为阿迷县。

阿迷江卫　明永乐四年（1406）置，属奴儿干都司。治所不详。在今黑龙江省牡丹江中游宁安县一带。后废。

阿迷县　1913年改阿迷州置，后属云南蒙自道。治所即今云南开远市。1929年直属云南省。1932年改开远县。

阿济山　在今内蒙古额济纳旗西北至新疆伊吾、巴里坤哈萨克自治县东北，与蒙古国戈壁阿尔泰省至南戈壁省西部南界上。清张穆《蒙古游牧记》卷16：额济纳旧土尔扈特部“北至阿济山，原注：逾大戈壁接扎萨克图汗部界。补注：秋涛按，阿济山在戈壁中，又谓之北套”。

阿济密　在今俄罗斯滨海边疆区西南波谢特西北。清属宁古塔副都统。清曹廷杰《西伯利东偏纪要》：阿济密“东北距蒙古街俄镇二百余里，西南距彦楚河俄镇称是”。咸丰年间被沙皇俄国通过不平等的中俄《北京条约》割占。

阿都正长官司　清雍正六年（1728）置，属建昌中营。治所在今四川布拖县（特木里）。

阿都宣抚司　清康熙四十九年（1710）置，属建昌卫。治所在今四川布拖县。雍正六年（1728）改为阿都正长官司。

阿都部　唐南诏置，属会川都督府。治所在今四川布拖县（特木里）。一说在今美姑县。《元史·地理志》里州：“蒙诏时落兰部小酋阿都之裔居此，因名阿都部。”北宋属建昌府。元改置里州。

阿都副长官司　清雍正六年（1728）置，属建昌中营。治所在今四川普格县东北西罗。后废。

阿耆尼国　即焉耆国。其国都在今新疆焉耆回族自治县西南四十里城子旧城。唐玄奘《大唐西域记》卷1：阿耆尼国“东西六百余里，南北四百余里。国大都城周六七里，四面据山，道险易守。泉流交带，引水为田”。

阿真川　在今青海海西蒙古族藏族自治州茫崖行政委员会境。《方舆纪要》卷64罕东卫：阿真川“在卫西南。明初，蓝玉讨叛部哈昝等，深入至阿真川是也”。

阿速　①即阿迷。元属察哈汗国。即今新疆阿克苏市。

②又名奄蔡、阿思。在今高加索以北，顿河下游一带。《元史·定宗纪》：“又从诸王拔都西征，次阿速境。”即此。

阿速古儿千户所　元置，属水达达路。治所在今黑龙江支流乌苏里江附近。辖境相当今乌苏里江流域。明废。

阿速江　即今黑龙江省东南、中俄界河乌苏里江。明《辽东志》卷1：阿速江在“（开原）城东北二千六百里。源出古州百山，北流入松花江（黑龙江）”。

阿速江卫　明永乐四年（1406）置，属奴儿干都司。治所在今黑龙江省宁安市西南。后废。

阿速那合站　明改阿剌站置，在今吉林敦化市北。明《辽东志》卷9：纳丹府东北陆路有“阿速纳合”站。清改额穆和索站。

阿原堡　北宋政和三年（1113）置，属环州。在今甘肃环县东北一百里。金废。

阿翁噶珊　又作厄公。在今俄罗斯哈巴罗夫斯克边疆区乌苏里江东岸维亚泽姆斯基西南。清初属宁古塔将军。康熙《皇舆全览图》：乌苏里江厄公河口有“厄公噶山”。后属三姓副都统。《乾隆内府舆图》：乌苏里江阿翁必拉口北有“阿翁噶珊”。咸丰年间通过不平等的中俄《北京条约》被俄割占。

阿旁部　唐南诏置，属拓东节度。在今云南大关县南部。

阿娑你城　亦作鹤萨罗城。唐西域谢飓国别都。在今阿富汗喀布尔南部赫尔曼德河流域。《新唐书·西域传下》：谢飓“其王居鹤悉那城。……亦治阿娑你城”。

阿朗格尔 又名四台。在今新疆巴楚县西南色力布亚镇附近。清道光《新疆识略》卷3叶尔羌：阿朗格尔台“八十里至阿克萨克玛喇尔台”。

阿陵县 西汉置，属涿郡。治所在今河北任丘市东北二十里陵城村。东汉废。

阿陵站 明置，在今黑龙江省佳木斯市西敖其镇附近。明《辽东志》卷9：海西东水陆城站有“阿陵站”。

阿娘坝 亦作安良坝。在今四川康定县西一百三十里瓦泽乡东北安良坝。清道光徐瀛《西征日记》：“发阿娘坝，行五十里至东俄洛。”

阿难渠 又名衡漳故渎。在今河北曲周县东南。《元和志》卷15洺水县：衡漳故渎“俗名阿难渠……盖魏将李阿难所导，故名”。

阿埧堡 在今甘肃景泰县西北。清设游击驻守。

阿勒巴昔哈河 即今黑龙江省漠河县东北之额木尔河。民国《黑龙江志稿》卷4：“额穆尔河，一作厄牧勒，《清统志》作勒木里，《提纲》作厄母里，旧档作阿木尔，《中外舆图》作阿勒巴昔哈河。县（今漠河乡）南八十里。……又东北流十里，右挟一小水，注于黑龙江。江之北岸即旧雅克萨城。自源至入江五百一十余里。”

阿勒坦山 又名金山。即我国新疆北部与蒙古国间之阿尔泰山脉。清乾隆《西域图志》卷22：阿勒坦鄂拉“旧音阿尔泰，为古金山。在库尔图达巴西北三百里。哈柳图郭勒发源西南麓。山脉自库尔图达巴屈折至此，其迤东境，峰峦层沓，亘数百里，为北路名山之冠”。

阿勒坦托辉泊 即今内蒙古达尔罕茂明安联合旗东北、四子王旗西北之腾格日淖日。清张穆《蒙古游牧记》卷5：喀尔喀右翼部“牧地有爱布哈河，塔尔浑河，合流猪为阿勒坦托辉诺尔”。

阿勒坦河 ①亦作阿尔泰河。即今俄罗斯阿尔泰边疆区之比亚河。清何秋涛《朔方备乘》卷26：哈屯河“又北流入唐努乌梁海界阿尔泰河，亦自科布多西北流来会”。秋涛云：“阿尔泰河源出阿尔泰泊，泊在阿尔泰诺尔乌梁海旗东北。……又西北入唐努乌梁海界会哈屯河。”

②即阿尔坦河。今黄河上源之一。在今青海曲麻莱县东北。《清一统志·青海厄鲁特》：黄河“源出青海之极西境，自西域回部罗布淖尔伏流重发，名阿尔坦河，流入鄂敦他腊”。

阿勒坦淖尔 即今俄罗斯阿尔泰共和国鄂毕河上源比亚河上之捷列茨科耶湖。《清一统志·科布多》：阿勒坦淖尔“在科布多城北，阿尔坦淖尔乌梁海旗东北。绰尔齐河、沙克尔河、巴什库斯河、阿斯巴图河，俱出阿勒坦淖尔乌梁海旗，合北流潴焉。东纳格结河，西纳巴哈齐里河、伊克齐里河、郭尔达河”。乾隆二十五年（1760）起，派官兵定期巡查哈屯河、阿勒坦淖尔等处。

阿勒坦淖尔乌梁海二旗 清乾隆二十三年（1758）设，在今俄罗斯共和国戈尔诺—阿尔泰斯克一带。同治三年（1864）沙俄强迫清政府签订《中俄勘分西北界约记》划入俄国版图。

阿勒坦淖尔乌梁海部 一作阿尔泰诺尔乌梁海部，又作阿勒坦淖尔乌梁海二旗。在今俄罗斯阿尔泰共和国戈尔塔—阿尔泰斯克一带。《清一统志·乌里雅苏台统部》：阿勒坦淖尔乌梁海部“二旗，在索果克卡伦外。东界由哈勒巴哈雅山起，至布古素山博罗布尔噶苏河止，南界由博罗布尔噶苏起，至托甲图山刁伯图山达尔钦图河止，西界由达尔钦图河起，至阿尔占山巴勒塔尔罕山呼巴图噜山止，北界由呼巴图噜山起，至阿勒坦淖尔伯勒山楚勒坤淖尔哈勒巴哈雅山止”。同治三年（1864）沙皇俄国通过中俄《勘分西北界约记》等不平等条约将阿勒坦淖尔乌梁海二旗地划归俄国。

阿勒坦额墨尔山 一作阿勒坦额墨勒都图山。在今哈萨克斯坦东南部塔尔迪库尔干西南。清乾隆《西域图志》卷22：阿勒坦额墨尔鄂拉“南与莎达巴接，萨玛勒郭勒、策集郭勒、奎屯郭勒左右环带”。

阿勒坦额默勒山 在今吉林公主岭市东北。清乾隆《钦定盛京通志》卷27：阿勒坦额默勒山，“蒙古语，阿勒坦，金也。额墨勒，鞍也。（吉林）城西三百四十余里”。

阿勒哈窝集 在今黑龙江省双鸭山市南、桦南县东，属完达山脉。《清一统志·吉林一》：阿勒哈窝集“在宁古塔城东北六百三十里”。

阿勒泰市 1984年撤销阿勒泰县，改设阿勒泰市，市人民政府驻金山路。属新疆阿勒泰地区，为行政公署驻地。

阿勒塔齐河 即乌鲁木齐河。在今新疆乌鲁木齐市境。清乾隆《西域图志》卷25：阿勒塔齐郭勒“源出迪化州城西南乌可克达巴北麓，东北流，至迪化州城南分二支，夹城各北流一百里入于地”。

阿勒楚喀河 金称按出虎水、阿触胡水、阿术火水。即今黑龙江省哈尔滨市阿城区东阿什河。《清一统志·吉林一》：阿勒楚喀河“在（吉林）城东北九百里。源出扎松阿山，西北流经阿勒楚喀城东二里，至城西北七十里，入混同江”。民国魏声龢《吉林地志》：“满语阿勒楚喀，耳也。谓河流弯环，形似人耳也。”

阿勒楚喀城 即今黑龙江省哈尔滨市阿城区。因东濒阿勒楚喀河（即今阿什河）得名。有新、旧两城。旧城在今阿城市南之白城，即金上京会宁府故址。《清一统志·吉林二》：阿勒楚喀城“旧城周二里。……雍正三年，设协领、佐领、防御官兵驻此。七年，改建新城，周三里。乾隆二十一年，增设副都统镇守”。宣统元年（1909）改置阿城县。

阿勒楚喀副都统 清乾隆二十一年（1756）置，属吉林将军。治所在阿勒楚喀城（今黑龙江省哈尔滨市阿城区）。辖境相当今黑龙江省拉林河以东、蚂蚁河以西、松花江中游以南地区。宣统元年（1909）改置阿城县。

阿萨克土司 清雍正时置，属西宁办事大臣。为玉树四十族之一。驻牧地在今青海治多县东境。乾隆《西宁府新志》卷19“塞外贡马番族”中，有“住牧多洛尼托克地方阿萨克族”。清末民初并入安冲土司。

阿萨津城 明末清初索伦部城寨，在今俄罗斯阿穆尔州库兹涅佐沃稍北托罗伊。《清太宗实录》卷51：崇德五年（1640）三月，萨穆什喀等平博穆博果尔叛，“有铎陈、阿撒津、雅克萨、多金四木城人拒敌不降”。即此。咸丰八年（1858）通过不平等的中俄《瑷珲条约》被俄割占。

阿梅河 即阿母河。今中亚阿姆河。《元朝秘史》卷11“太祖自回回地而归，命拙赤等领右手军，过阿梅河”。

阿奢理贰伽蓝 即今新疆库车县西六十里库木吐拉石窟寺。为龟兹国著名佛寺。原系国王为纪念其德行坚贞的胞弟而建造。最早洞窟开于北魏，至唐极盛。《大唐西域记》卷1载：“会场西北，渡河至阿奢理贰伽蓝，庭宇显敞，佛像工饰。僧徒肃穆，精勤匪怠，并是耆艾宿德，硕学高才，远方俊彦，慕义至止。国王、大臣、士庶、豪右四事供养，久而弥敬。”

阿辅水 一作阿浦水。今俄罗斯叶尼塞河上游西支流阿巴根河。《北史·突厥传》：“突厥之先出于索国，在匈奴之北。其部落大人兄弟七十人，其一国于阿辅水、剑水之间，号为契骨。”契骨即《新唐书》黠戛斯，剑水即剑河，今叶尼塞河上游。《元史·地理志》：“吉里吉斯者……谦河流经其中，西北流，又西南有水曰阿浦，东北有水曰玉须，会于谦而注于昂可剌河。”

阿得桥 在今四川冕宁县东南铁厂乡北。清康熙四十九年（1710）置阿得桥土百户。

阿得寨 在今贵州六盘水市六枝特区北。《方舆纪要》卷121安顺军民府西堡长官司“阿驴寨”条：“（洪武）二十六年，顾成平西堡贼，拔阿得等（寨）。”即此。

阿悉言城 唐安西都护府地。在今新疆温宿县东（一说即今拜城县）。《新唐书·地理志》引贾耽《四夷路程》：“俱毗罗城又六十里至阿悉言城。”

阿欲部山 在今云南弥勒县西。《清一统志·广西州》：阿欲部山“在弥勒县西十里。盘亘七十余里。东接北倾山。旧阿欲千户所置于此”。

阿猛镇 1944年置，属砚山县。即今云南砚山县东北阿猛镇。元代维摩州治此。

阿喜汛 在今云南丽江市玉龙纳西族自治县西北。清设阿喜汛。

阿斯塔那古墓群 在今新疆吐鲁番市东南八十里阿斯塔那村北哈拉和卓村东。为晋、唐高昌王国和唐西州居民的墓地。“阿斯塔那”哈萨克语意为“首府”。19世纪末至20世纪初，俄、英、德、日等国的“探险者”曾在此进行盗掘，窃去我国大量珍贵文物。1959年进行发掘，共发掘古墓四百余座，出土文物数以万计，其中有绢本的伏羲女娲图、舞乐图、围棋仕女图、牧马图、禽兽纹锦、对鸟对羊树纹锦等较著名。特别是出土大量的吐鲁番文书，最早者为西晋泰始九年（273），最晚者为唐大历十三年（778）。对研究古代高昌国的历史、经济及与内地的关系等有重要价值。1988年定为全国重点文物保护单位。

阿斯塔纳 即今新疆哈密市西二堡镇。清乾隆《西域图志》卷9：阿斯塔纳“亦名二堡。……东距哈密城八十里。境有村庄凡三，泉二十三处”。

阿斯温山 即今黑龙江省萝北县北克里维哈山。《金史·太祖纪》：太祖“与乌古伦部兵沿土温水过末鄰乡，追及跋忒于阿斯温山、北泺之间，杀之”。

阿落密千户所 明洪武二十七年（1394）置，属赤水卫。治所在今贵州毕节市东北六十八里燕子口镇东北。后废。

阿雄关 在今云南南华县东南。明洪武中置土巡检司于此。

阿雅尔淖尔 又名额彬格逊淖尔。亦名苇湖。即今新疆和布克赛尔蒙古自治县南玛纳斯湖。清道光《新疆识略》卷1：阿雅尔淖尔“有二源：东源为洛克伦河、呼图壁河所汇；西源为玛纳斯河、乌兰乌苏河所汇。……淖尔在安集海正北”。

阿喇楚勒 即阿尔楚尔。在帕米尔高原南部。《清一统志·喀什噶尔》：阿喇楚勒“在和什库珠克岭西三百里，喀什噶尔西境外八百里。逆回西窜至此，副将军富德追及之，剿四千余众，擒斩伯克数十人”。

阿喀公旗 和硕特南左翼后旗的俗称。在今青海共和县及青海湖西南岸石乃亥一带。

阿跌部 隋、唐铁勒十五部之一。在今蒙古国色楞格省哈拉河与鄂尔浑河下游一带。《新唐书·回鹘传·阿跌》：“阿跌，亦曰诃咥，或为跌跌。”唐贞观二十一年（647）于此置鸡田州。所部贵族李光进、李光颜皆以战功至大官。

阿集噶珊 亦作阿即、阿济。在今俄罗斯哈巴罗夫斯克边疆区黑龙江下游右岸马奇托瓦亚河口。清属宁古塔将军，后属三姓副都统。康熙《皇舆全览图》黑龙江下游南岸有“阿即噶山”。光绪《吉林通志》卷17：混同江南岸，东至海滨旧设噶珊有“阿集”。咸丰年间被沙皇俄国通过不平等的中俄《北京条约》割占。

阿鲁 即哑鲁。在今印度尼西亚苏门答腊岛东岸巴鲁蒙河口。《明史·外国列传》：“阿鲁，一名哑鲁，近满剌加。顺风三日夜可达。风俗、气候大类苏门答剌。”

阿鲁兀纳么连 又译额而古涅、也儿古纳。今内蒙古呼伦贝尔市额尔古纳河。《明实录》：永乐五年（1407），“阿鲁兀纳么连鞑靼头目脱完石花等来朝”。阿鲁兀纳即额尔古纳，“么连”意为河。

阿鲁布拉克卡伦 清雍正十二年（1734）设，在今内蒙古呼伦贝尔市新巴尔虎右旗西南阿鲁布拉克泉。何秋涛《朔方备乘》卷10《北徼喀伦考》作“阿鲁布拉克”；西清《黑龙江外纪》卷2作“阿鲁布扎克”。

阿鲁司 即今云南凤庆县东北百七十里鲁史镇。清置阿鲁巡司，故名。彝语“阿鲁”意为小城镇。后简称鲁司。转音为鲁史。

阿鲁沁达兰卡伦 即沁达兰卡伦。清乾隆年间置，在今哈萨克斯坦塔尔迪库尔干东，阿拉套山北麓。

阿鲁使泥山 在今云南凤庆县北百八十里。《方舆纪要》卷118顺宁府：阿鲁使泥山“中有洞，深十余步，上积华盖，层层如楼阁，常有白气出入其中，名曰霞洞。两山迥绝，中为磴路，可百余步，平直如砥。径之旁皆细草蒙茸，俗呼观音接路”。

阿鲁科尔沁部 清内蒙古昭乌达盟八部之一，首领为元太祖弟哈撒儿后裔。哈撒儿十五世孙昆都伦岱青号所部为阿鲁科尔沁。天聪四年（1630），其子达赉率部归附后金；八年，编为二旗，划定牧地。崇德元年（1636），合并为阿鲁科尔沁一旗。其地在西拉木伦河北，今内蒙古阿鲁科尔沁旗及开鲁县西南部。

阿鲁科尔沁旗 后金天聪八年（1634）以阿鲁科尔沁部置左、右翼二旗，崇德元年（1636）合并为阿鲁科尔沁旗，属内蒙古昭乌达盟。札萨克驻今内蒙古阿鲁科尔沁旗西北坤都镇西翁根毛都。伪满时移治坤都镇。1946年迁今治天山镇。1949年划归内蒙古自治区。1969年划归辽宁省。1979年划回内蒙古自治区。

阿鲁音钗达木湖 在今内蒙古苏尼特右旗东北呼吉日音淖尔一带。清康熙《皇舆全览图·热河图》作阿鲁垒差达母鄂模。

阿鲁浑河 亦作斡儿寒河。即今蒙古国之鄂尔浑河。《明史·李文忠传》：洪武五年（1372），率军由东道北征，经胪朐河，“疾驰土剌河。元太师蛮子哈剌章悉众渡河，列骑以待。文忠引军薄之，敌稍却。至阿鲁浑河，敌来益众。……遂破敌，虏获万计”。

阿鲁勒图卡伦 清雍正十二年（1734）设，在今内蒙古呼伦贝尔市新巴尔虎右旗西扎拉山。何秋涛《朔方备乘》卷10《北徼卡伦考》作“阿拉勒图”；西清《黑龙江外纪》卷2作“阿喇尔图”。

阿猴社 即今台湾省屏东县。清康熙间蒋毓英《台湾府志》卷2：阿猴社“离府治二百七十里”。连横《雅言》：“‘阿猴’固番语，犹言‘大竹’。”

阿猴林 即今台湾省屏东县。连横《台湾通史·疆域志》凤山县：“渡（下淡水）溪至阿猴林，素为奸宄出没之处，故设下淡水县丞以驻之。”

阿蛮国 即今伊朗哈马丹。《后汉书·西域传》：“自安息西行三千四百里至阿蛮国。”

阿善磴口 又作定口。即今内蒙古阿拉善左旗东北巴彦木仁苏木。《清仁宗实录》：嘉庆十二年（1807）五月丙申，定吉兰泰盐池地界，守备一员驻磴口。

阿普里克 在今新疆阿克陶县东南。清宣统《新疆图志》卷4藩犁：阿普克里在“城东五百里”。

阿疎城 辽建，在今吉林延吉市附近。《金史·世纪》：“阿疎初闻来伐，乃自诉于辽。遂留劾者守阿疎城，穆宗乃远。”

阿缓城 一名遏换城、阿换城。唐月支都督府治所。在今阿富汗喀布尔北昆都士。《新唐书·西域传·吐火罗传》：“显庆中，以其阿缓城为月氏都督府。”

阿蓬水 又名施州江、唐崖河、唐昌河。即今重庆市黔江区南之阿蓬江，为乌江支流。《寰宇记》卷120黔江县：“阿蓬水一名太平水。东北自施州清江县界来，西南流经县北一里，又南入洪杜县界。”此水源出湖北利川县南，西南流经咸丰，四川黔江，在酉阳县西龚滩镇注入乌江。

阿赖岭 亦作阿赖山。即今吉尔吉斯斯坦南部阿赖山脉。《清史稿·杨芳传》：道光七年（1827）平张格尔之乱，进占喀什噶尔，“张格尔已遁，命杨遇春偕芳出卡掩捕，芳军阿赖，檄诸夷部缚献”。

阿雷河 今俄罗斯境鄂毕河上游支流。《元史·土土哈传》：牀兀儿“大德元年，袭父职，领征北诸军帅师逾金山，攻八邻之地。八邻之南有答鲁忽河，其将帖良台阻水而军……（牀兀儿）追奔五十里，尽得其人马庐帐。还次阿雷河，与海都所遣援八邻之将孛伯军遇”。

阿罩雾 即今台湾省台中市东南雾峰区。原为高山族阿罩雾社。日本占领初期设雾峰区，1920年改设雾峰庄。1945年抗日战争胜利后设雾峰乡。

阿腾席连 即今内蒙古伊金霍洛旗驻地阿腾席连镇。清以来为鄂尔多斯左翼中旗（郡王旗）驻地。“阿腾席连”，蒙古语意为“金桌子”。

阿滥谧城 隋、唐安国都城。在今乌兹别克斯坦布哈拉市。唐显庆中置安息州于此。

阿赫关 在今云南镇雄县南二十五里。《方舆纪要》卷73镇雄军民府：阿赫关“乃芒部乌撒地界，洪武二十一年建，有官军戍守”。

阿模里 又作阿没、阿昧。即今伊朗北部里海滨阿莫勒。《元史·地理志·西北地附录》有“阿模里”。

阿僰部 又称阿伯国。宋大理置，属秀山郡。即今云南建水县。蒙古宪宗六年（1256）改阿僰万户，后改临安路。

阿撒忽秃岭 今蒙古国西南巴彦洪戈尔省北部，杭爱山支脉。《元史·伯颜传》：至元二十九年（1292）秋，“宗王明理铁木儿挟海都以叛，诏伯颜讨之，相值于阿撒忽秃岭”。

阿墩子 又作阿得酋。即今云南德钦县。清代丽江府设有阿墩子弹压委员，见夏瑚《怒俅边隘详情》。

阿墩子行政区 1913年析维西县置，后属云南腾越道。治所即今云南德钦县。1929 年直属云南省。1932 年改设阿墩子设治局。

阿墩子设治局 即德钦设治局。1932 年改阿墩子行政区置，直属云南省。治所即今云南德钦县。1951 年改设德钦县藏族自治区。1956 年改德钦县。

阿幢桥 在今云南曲靖市东北。《方舆纪要》卷 114 沾益州：阿幢桥“在州南百八十里，跨交水上。有巡司”。

阿德州 唐羁縻州，以突厥阿史德部置，属定襄都督府。后侨治宁朔（今陕西靖边县东北）界。

阿端 即斡端。今新疆和田市。《明史·西域传》阿端卫：“其时西域地亦有名阿端者，贡道从哈密人，与此为两地云。”

阿端卫 明洪武八年（1375）置，属西宁卫，为羁縻卫。治所在帖儿谷（今青海茫崖行政委员会驻地花土沟镇西南朵斯村一带）。旋废。永乐四年（1406）复置，嘉靖初废。

阿羯田山 即白山。在今新疆库车县北。《新唐书·西域传》：“龟兹一曰丘兹，一曰屈兹……姓白氏，居伊逻卢城，北倚阿羯田山，亦曰白山，常有火。”

阿耨达大水 即今新疆东南车尔臣河。《水经·河水注》：“南河又东径且末国北，又东，右会阿耨达大水。释氏《西域记》曰：阿耨达山西北有大水，北流注牢兰海者也。”

阿耨达山 即今西藏西南部冈底斯山。清乾隆《卫藏通志》卷 3：冈底斯山“即大雪山地，阿哩地方之东北，周一百四十余里，峰峦陡绝，积雪如悬崖，山顶百泉聚流，至麓即伏，实诸山之祖脉，梵书所谓阿耨达山也”。阿耨达为清凉无热恼之义。

阿耨达池 一名马品木达赖池。即今西藏普兰县北之玛旁雍错。见佛经。《大唐西域记》作阿那婆答多池。谓在香山之南，大雪山之北，为殑伽、信度、傅刍、徒多四河所自出。

阿穆古朗 即今内蒙古新巴尔虎左旗驻地阿木古郎镇。清以来为新巴尔虎左旗驻地。“阿穆古朗”，蒙古语意为“平安”。

阿穆兰河 即今黑龙江省海林市北三道河子，为牡丹江支流。《清一统志·吉林一》“富达密河”条下：“阿穆兰河，在（宁古塔）城北三百里。源出阿穆兰窝集……东流入瑚尔哈河。”

阿穆哈河 即今俄罗斯克拉斯诺亚尔斯克边疆区南部叶尼塞河支流阿巴坎河。《清一统志·乌里雅苏台统部》唐努乌梁海部：定边左副将军辖乌梁海十佐领“在西北，跨阿勒坦河、阿穆哈河，亦与俄罗斯为界”。

阿露山 亦名大雪山。在今四川越西县西。《方舆纪要》卷 74 越嶲卫军民指挥使司：阿露山“在卫西五十里，即大雪山，东南与小相公岭相接”。

阿夔部 唐南诏置，属拓东节度。在今云南昭通市北部。

陇 甘肃省的简称。因古为陇西郡地而得名。

陇干县 北宋元祐八年（1093）置，为德顺军治。治所即今宁夏隆德县。金为德顺州治。元废。

陇干城 一作笼竿城。在今宁夏隆德县。《宋史·任福传》：北宋庆历元年（1041），任福等御赵元昊于好水川，“追奔至笼竿城北，遇夏军败死”。即此。《宋史·地理志》德顺军：“庆历三年即渭州陇干城建为军。”

陇山 ①在今河南信阳市东北。《金史·宣宗纪》：兴定元年（1217）四月，元帅完颜赛不“败宋军于陇山等处”。即此。

②即陇坻。在今陕西陇县、宝鸡市与甘肃清水县、张家川回族自治县之间。《战国策》：范雎曰：“秦右陇蜀。”《汉书·武帝纪》：元鼎五年（前 112）冬十月，“行幸雍，祠五畤。遂逾陇，登空同”。《元和志》卷 2 汧源县：陇山“在县西六十二里”。

③在今越南北部太原省武崖县西南。《方舆纪要》卷 112 安南太原府：陇山“在府西北洞喜县境。四面峭壁，中有村墟”。

陇川行政区 1917 年以陇川宣抚司地置，属云南腾越道。治所在今云南陇川县东北杉木龙。1929 年直属云南省。1932 年改陇川设治局。

陇川设治区 1935 年改陇川行政区置，直属云南省。治所夏秋在今云南陇川县东北杉木龙，冬春驻今陇川县治章凤街。1949 年迁今陇川县东北城子镇。1952 年改陇川县。

陇川宣抚司 明正统十一年（1446）置，属云南布政司。治所在陇把（今云南陇川县北陇把镇）。辖境约当今云南陇川县，瑞丽市、畹町市及缅甸部分地区。清代属腾越厅，迁治今陇川县东北城子镇。1917 年改设陇川行政区。

陇川堡 在今陕西旬邑县北十五里。《清一统志·邠州》：陇川堡“四面壁立，溪涧环流。隋大业时，三水县尝治此”。

陇木头长官司 亦作陇木长官司。明洪武七年（1374）置，属茂州。治所在今四川茂县东北四十里。《明史·四川土司传》：“陇木长官司，其长官即陇木里人也。……所属玉亭、神溪十二寨。”清以后废。

陇水 ①即今山东淄博市境之孝妇河。《水经·济水注》：“陇水南出长城中，北流至般阳县故城西南，与般水会。”

②在今广西大新县西南。《明史·地理志》安平州：“南有陇水，下流合于逻水。”《方舆纪要》卷 110 安平州：陇水“在州（治今安平）东北。又有大水、小水并流而南合于陇水，入太平州界合于逻水”。

③即今甘肃临洮县东峪沟。源出渭源县西南乌鼠山，西北流至临洮县城北入洮河。《水经·河水注》：陇水“即《山海经》所谓滥水也。……昔马援为陇西太守六年，为狄道开渠引水种粳稻，而郡中乐业，即此水也”。

④即今宁夏隆德县境之渝河。为葫芦河支流。《水经·渭水注》："渭水又东与新阳崖水合，即陇水也，东北出陇山。其水西流右径瓦亭南……谓之瓦亭川。"《清一统志·平凉府一》：陇水"源出隆德县东，西南流至静宁州西南，与州西之瓦亭水合"。

陇右 ①古地区名。泛指陇山以西地区。古代以西为右，故名。相当今甘肃陇山、六盘山以西，黄河以东一带。《后汉书·西羌传》：延熹二年（159），以段颎为校尉，"时烧当八种寇陇右，颎击大破之"。唐陇右范围扩大，兼指河西、安西、北庭广大地区，相当今新疆东部。《资治通鉴》：唐天宝十二年（753），"自安远门西尽唐境万二千里，闾阎相望，桑麻翳野，天下称富庶者无如陇右"。

②唐方镇名。开元元年（713）置，治所在鄯州（今青海乐都县）。《旧唐书·地理志》："陇右节度使，以备羌戎，统临洮、河源、白水、安人、振威、威戎、莫门、宁塞、积石、镇西十一军，绥和、合川、平夷三守捉。"辖境相当今甘肃东南部和青海省青海湖以东地区。安史乱后地入吐蕃后废。

陇右道 唐贞观元年（627）置。为十道之一。因在陇山之右（西），故名。据《唐六典》卷3：辖境"东接秦州，西逾流沙，南连蜀及吐蕃，北界朔漠"。相当今甘肃陇山六盘山以西，青海省青海湖以东及新疆东部地。开元二十一年（733）置陇右道采访使，治所在鄯州（今青海乐都县）。乾元元年（758）废。但作为地理区划名称，直至五代时仍被沿用。

陇东山 ①在今四川茂县东北。《舆地纪胜》卷149茂州：陇东山"在汶山县东北十八里"。北宋陇东路，以山为名。

②在今甘肃陇南市武都区东。《元和志》卷39福津县："陇东山在县北四十五里。"

陇东郡 ①北魏置，属泾州。治所在泾阳县（今甘肃平凉市西北四十里）。辖境相当今甘肃平凉、镇原二市县地。北周废。

②北魏正光三年（522）置，治所在汧城（今陕西陇县东南镇郑家沟）。辖境相当今陕西陇县、千阳、宝鸡等县市地。永熙元年（532）移治汧阴县（今陇县东南十六里杜阳镇堡子身），为东秦州治所。北周明帝二年（558）与汧阴县同移治今陇县。隋开皇三年（583）废。义宁二年（618）复置。唐初废。

陇东路 宋代自今四川绵阳市经北川、安县而至茂县的道路。以茂县东的陇东山为名。《宋史·宦者传二·王中正传》：神宗时，"吐蕃围茂州，诏率陕西兵援之，围解。自石泉至茂州，谓之陇东路，土田肥美，西羌据有之，中正不能讨。乃因吐蕃入寇，言'其路经静州等族，榛僻不通，迩年商旅稍往来，故外蕃因以乘间。县至绵与茂，道里均，而龙安有都巡检，缓急可倚仗。请割石泉隶绵，而窒其故道'。从之，陇东遂不可得"。

陇冬水 即今广西崇左市东南罗白河。《明一统志》卷85江州：陇冬水"在罗白县前，流入左江"。

陇邦隘 即今广西靖西县西南龙邦镇。《清史稿·地理志》归顺州："南：陇邦、壬庄、频峒各隘有汛。"

陇西 即陇右。指甘肃陇山以西之地。故甘肃亦称陇西。

陇西县 ①隋开皇十年（590）改武阳县置，属陇西郡。治所在今甘肃陇西县东南文峰镇东三台村。唐末没于吐蕃。

②北宋元祐五年（1090）升古渭砦置，为巩州治。治所即今甘肃陇西县。明郭子章《郡县释名》陕西卷下：陇西县"县在陇山之西，故云陇西"。元为巩昌路治。明为巩昌府治。民国初属甘肃兰山道。1927年直属甘肃省。

陇西郡 战国秦昭襄王二十八年（前279）置，治所在狄道县（今甘肃临洮县南）。以在陇山之西而得名。辖境相当今甘肃陇山以西、黄河以东、西汉水和白龙江上游以北、祖厉河和六盘山以南之地。东汉以后逐渐缩小。三国魏移治襄武县（今甘肃陇西县东南）。北魏末为渭州治。辖境仅有今甘肃陇西县附近地。隋开皇初废。大业三年（607）改为陇西郡。唐初复改为渭州，天宝元年（742）改为陇西郡，乾元元年（758）复改为渭州。

陇西院 在今四川江油市西南十五里清莲镇东里许天宝山腰。为唐诗人李白的故居。宋吴曾《能改斋漫录》卷5："范传正李白新墓碑云：'白本宗室子，厥先避仇，客居蜀之彰明，太白生焉'。彰明，绵州之属邑，有大小康山，白读书于大康山，有读书堂尚存。其宅在清廉乡。后废为僧房，号陇西院，盖以太白得名。院有太白像。"今存建筑为清乾隆、光绪间建。又有太白祠、太白衣冠墓、粉竹楼、洗墨池等遗迹。

陇西镇 金置，属汧源县。在今陕西陇县境。

陇朱黑城 在今青海乐都县东南四十五里。《宋史·地理志》乐州：安陇砦，"故陇朱黑城，元符二年收复，三年赐名"。

陇关 即大震关。在今陕西陇县西北陇山东坡。汉于此置关。《后汉书·顺帝纪》：永和五年（140），"且冻羌寇武都，烧陇关"。李贤注："陇山之关也，今名大震关。"

陇州 西魏废帝三年（554）改东秦州置，以陇山得名。治所在陇东郡杜阳县（今陕西陇县东南十六里）。北周天和四年（569）废。大象二年（580）复置，治所在汧阴县（今陇县）。隋大业三年（607）废。唐武德元年（618）改陇东郡复置，辖境相当今陕西千水流域及甘肃华亭县地。其后逐渐缩小。天宝元年（742）改名汧阳郡，乾元元年（758）复为陇州。金移治汧阳县（今陕西千阳县西北）。元初复还汧源县。明、清不领县。1913年降为陇县。

陇安县 北宋开宝三年（970）置，属陇州。治所在今陕西宝鸡市陈仓区西北一百二十里香泉镇。金初废为陇安寨。泰和八年（1208）复置。元至元七年（1270）并入汧源县。

陇坂　即陇坻。今陕西、甘肃两省间之陇山。东汉张衡《四愁》诗："我所思兮在汉阳，欲往从之陇坂长。"

陇把　即今云南陇川县（章凤镇）北陇把镇。《徐霞客游记·滇游日记九》："东四关属陇把守备。"明于陇把设陇把守备，驻兵总领铁壁、虎踞、天马、汉龙四关。

陇苏郡　亦作恾苏郡。南朝宋泰始中置，治所在龙苏县（今广西浦北县北苏村附近）。南齐改名龙苏郡。

陇县　①西汉置，属天水郡。治所在今甘肃张家川回族自治县境。东汉改属汉阳郡。西晋废。

②1913年降陇州置，属陕西关中道。治所即今陕西陇县。1928年直属陕西省。

陇坻　又名陇坂、陇山、陇首。即六盘山南段的别称。在今陕西陇县、宝鸡市与甘肃清水县、张家川回族自治县之间。张衡《西京赋》："右有陇坻之隘，隔阂华戎。"《后汉书·隗嚣传》：建武八年（32），"来歙从山道袭得略阳城。嚣出不意，惧更有大兵，乃使王元拒陇坻"。《方舆纪要》卷52：陇坻"山高而长，北连沙漠，南带汧、渭，关中四塞，此为西面之险"。

陇城　①即垂陇。在今河南荥阳市东北。《春秋》：文公二年（前625），"公孙敖会宋公、陈侯、郑伯、晋士縠盟于垂陇"。杜注："垂陇，郑地。荥阳县东有陇城。"《水经·济水注》："有垂陇城，济渎出其北……京相璠曰，垂陇，郑地。今荥阳东二十里有故陇城。"

②即汉陇县故城，今甘肃张家川回族自治县。《晋书·刘曜载记》："曜亲征陈安，围安于陇城"，即此。

陇城关　即故陇城县。在今甘肃秦安县东北九十里陇城镇。明成化十年（1474）于此置巡司。清乾隆四十二年（1777）裁。

陇城县　①北魏置，属略阳郡。治所在今甘肃秦安县东北九十里陇城镇。西魏改名略阳县。隋开皇二年（582）又改为河阳县，属秦州。六年（586）复为陇城县。唐末废。

②五代唐长兴三年（932）置，属秦州。治所在今甘肃天水市东三十五里。元至元七年（1270）废。

陇城砦　北宋庆历四年（1044）于陇城县故址筑，属秦州。即今甘肃秦安县东北九十里陇城镇。金以后废。

陇南市　2003年撤销甘肃省陇南地区和武都县，改设地级陇南市；原武都县改置武都区。

陇竿城　又作陇干城、笼干城。北宋筑，即今宁夏隆德县。《元丰九域志》卷3顺德军："庆历三年，以渭州陇竿城置军。"

陇泉县　建置无考。北周属九陇郡。治所在今四川彭州市西北。隋开皇初废，入九陇县。

陇首　即陇坻。在今陕西陇县、宝鸡与甘肃清水县、张家川回族自治县之间。为关中平原西部屏障。

陇海铁路　计划西通陕甘，东接海口，横贯苏、豫、陕、甘四省。清光绪三十年（1904）开始，陆续分段修筑，至1928年完成东自海州的大浦（今江苏连云港市东北大浦镇），西至河南的灵宝，长约819公里。1930—1931年完成灵宝至潼关段，长72公里。1931—1934年完成今陕西潼关至西安段，长132公里。同时还完成了从连云港新浦至老窑一段铁路长约28公里。1935—1937年修通西安至宝鸡段，长173公里。1939—1945年又修通宝鸡至今甘肃天水段（俗称天宝段），长154公里。

陇桑隘　即今广西德保县东北隆桑镇。《清一统志·镇安府》：陇桑隘"在府（故治在今德保县）东四十里崇山下，接奉议州界"。

陇黄山　在今贵州罗甸县东北。《方舆纪要》卷123新添卫：陇黄山"在（丹平长官）司治南"。

陇堤（隄）县　唐武德元年（618）置，属南宁州。治所在今云南师宗县境。贞观八年（634）属郎州，开元五年（717）复属南宁州。天宝后废。

陇跨箐　在今贵州大方县东北，与黔西县接界。《清一统志·大定府》：陇跨箐"又东有木泥箐，皆深阻盘回，苗人恃为窟穴"。

陈　西周封国。妫姓。都宛丘（今河南淮阳县）。《左传·昭公十七年》："陈，大皞之虚也。"《史记·陈杞世家》："周武王克殷纣，乃复求舜后，得妫满，封之于陈。"公元前478年灭于楚。

陈二庄镇　即今河北深州东南三十八里陈二庄。清同治《畿辅通志》卷55深州图：东南有陈二庄。

陈山　①在今浙江平湖市东南三十里。《方舆纪要》卷91平湖县：陈山"高八十余丈，周十五里。山有龙湫，一名龙湫山。旧置烽堠于山上"。

②即今福建沙县西南陈山。《方舆纪要》卷97沙县：陈山在"县西南二十里。山本尖耸。正统中，'草寇'邓茂七等啸聚于此，屡犯建宁、延平，官军进击之，分兵伏后坪、后洋及沙湾之南，'贼'来战，败死。其党复推邓伯孙聚后洋，官军进讨，平之。《志》云，邓茂七砦于此，名陈山营。'贼'平，官兵夷平山"。

③在今福建永泰县南十里。《方舆纪要》卷96永福县：陈山在"县南十里。中有石龙山，山如龙形。循山之脊为路，俗呼登石龙。通福清，则溪为十八湾；通兴化，则山为十八摺"。

④在今浙江象山县北。明置巡司于此。寻迁于县东南。

陈山遗址　在今安徽宣城市东南向阳镇陈山附近。1987年发现。遗址文化层剖面厚达11米，上下十一层，各层均有石制品发现。已发现的石制品有四百多件，还有更多的人工搬运到此的砾石和石块。石制品主要是石英砂岩与石英岩砾石等原料加工的砍砸器、尖状器、刮削器与石球等大型工具及石核、石片等。时代约为距今80万年至10万多年。陈山遗址居水阳江中游十余处同类旧石器地点的中心，遗址面积大，延续时间长。石制品从选料、加工及石器组合都有鲜明特色。该遗址充分反映了该地区及中国南方早更新世末至晚更新世初旧石器文化发展的特点。2001年定为全国重点文物保护单位。

陈山寨 在今福建沙县西南。《明通鉴》：正统十三年（1448），“（邓）茂七据此，自称铲平王，设官厅，攻陷县”。

陈子昂读书台（臺） 在今四川射洪县北金华镇金华山上。陈子昂（659—700），字伯玉，梓州射洪人。故宅在今射洪县西北武东场沙嘴村张家湾。因曾任右拾遗，后世称为陈拾遗。《清一统志·潼川府》：陈子昂故宅“在射洪县东武东山下。又读书台，在县北金华山巅”。读书台原名读书堂，是初唐诗人陈子昂青年时代读书的地方。其旧址在金华山古观之后，今祖师殿一带。唐大历六年（771），东川节度使鲜于淑明曾为陈子昂立旌德碑于读书堂前。北宋嘉祐八年（1063），邑令庞子明在其遗址建拾遗亭。明正统二年（1437）又于读书台侧修明远亭。成化时，又立感遇亭。至清初，上述建筑全坍坏。康熙五十一年（1712），知县唐麟翔捐资重修读书台。道光十年（1830），府尹汪雯南移读书台于岭后梧岗峰。光绪六年（1880），知县等人于亭前新建拜厅三间，翼以回廊曲槛，外置甬道门栏。亭右立精舍三间，亭后增修大厅三间，最后砌台，竖荷叶亭一大间，额拟“涵波临江”，使读书台初具规模。此后基本保持原状，略有增修。读书台内匾联甚多，多数为古今名家手迹。木刻《感遇三十八首》及《陈伯玉先生别传》等重要文物。读书台内陈列陈子昂有关文献资料亦不可多得。2006年定为全国重点文物保护单位。

陈元光墓 在今福建漳州市北三十二里石鼓山。陈元光（657—711）字延钜，号龙湖，河南光州固始人。少通经史，娴韬略。唐总章二年（669）元光随父领兵入闽；父卒，代领其众，累立战功，授鹰扬将军。垂拱二年（686）奏请置漳州，任刺史。景云二年（711）死于征战中，就地安葬于今云霄境内大峙原。贞元二年（786）迁葬今址。墓碑刻“唐开漳陈将军墓”。附近大石上镌刻有清康熙五十七年（1718）漳浦蔡世远侍郎撰写的修墓记。

陈太尉宫 在今福建罗源县西北三十四里中房镇乾溪村。五代梁开平三年（909）罗源陈氏始祖陈苏建，为陈氏宗祠。南宋嘉定二年（1209）扩建。嘉熙三年（1239）建宫殿于祠前，后称陈太尉宫。现存南宋时正殿和明清时配殿、清代戏台等。建筑面积1155平方米。正殿面阔三间，进深五间，木构架中存有早期构件，原进深八椽，南宋时改为十椽，清时又于殿前加建轩廊一间，对殿身构架带有一些宋代闽地木构建筑特征。戏台与门楼连为一体，建于清咸丰年间（1851—1861），结构灵活，屋顶前高后低，翼角上扬。院内两侧为楼廊，门外两侧设八字墙，体现出民间祠庙的典型风格。2001年定为全国重点文物保护单位。

陈友谅口 在今北京市昌平区西北。《清一统志·顺天府四》：陈友谅口“在昌平州西北四十里锥石口南。其西亦接居庸关，其东为雁门口，又东为石城谷水口。有堡，为州境第三道边城”。

陈友谅墓 在今湖北武汉市蛇山南麓。陈友谅（1320—1363），湖北沔阳（今仙桃市）人。元末农民起义军领袖。至正二十年（1360）在江州（今江西九江市）称帝，国号汉。次年迁都武昌。至正二十三年（1363）与朱元璋战于鄱阳湖，中流矢而死，归葬于此。1913年重修。1981年重建。墓碑上刻“汉王陈友谅墓”。

陈化成墓 在今福建厦门市东北郊金榜山北麓。陈化成（1776—1842）字业章，号莲峰，福建同安人。清代爱国将领。行伍出身，历任参将、总兵、福建水师提督。道光二十年（1840）调任江南提督，镇守上海吴淞。道光二十二年五月（1842年6月）英舰进犯吴淞口，陈化成率军浴血奋战，壮烈殉国。灵柩运厦门安葬于此。墓碑题“皇清诰授振威将军赐谥忠愍陈公、诰封一品夫人德配曾氏茔”。墓前建立陈化成铜像。

陈公套 在今湖北武汉市武昌城区西南五里。《清一统志·武昌府》：陈公套“在江夏县西南五里。旧名管官套。明弘治十四年知府陈晦以小舟数百载铁器沉于此，并渡急棹，犯其高处，沙随水去，于是水绕城南，商旅得避风涛之险，遂名陈公套”。

陈公堤 ①在今河南滑县东南城关镇。《方舆纪要》卷16滑县“金堤”条下：陈公堤“在县南门外，宋滑州守陈尧佐所筑”。

②在今山东德州市东南五里。《方舆纪要》卷31德州：陈公堤，“宋陈尧佐守滑时，筑此堤以障黄河水患，因名”。

陈公塘 在今江苏仪征市东北三十里。《舆地纪胜》卷37扬州：陈公塘，“《广陵志》云：魏广陵太守陈登所浚也。《寰宇记》亦号爱敬。初开此陂，百姓爱而敬之，因以为名。《皇朝郡县志》：凡向来平原广野战地沙场，今皆决水注之，乃知州以水为险”。《方舆纪要》卷23仪真县：陈公塘“其塘西北依山，东南面水，有斗门石础，历代引以济运。今为军民所占佃”。

陈仓 春秋秦邑，在今陕西宝鸡市东二十里渭水北岸。《史记·封禅书》：“文公获若石云，于陈仓北阪城祠之。”后于此置陈仓县。

陈仓山 亦名宝鸡山、鸡峰山。即今陕西宝鸡市东南四十里鸡峰山。《史记·封禅书》：秦文公十九年（前747），“文公获若石云，于陈仓北阪城祠之。其神……若雄鸡，其声殷云，野鸡夜雊。以一牢祠，命曰陈宝”。《水经·渭水注》：“（陈仓）县有陈仓山，山上有陈宝鸡鸣祠。”

陈仓县 秦置，属内史。治所在今陕西宝鸡市东二十里渭水北岸。汉属右扶风。三国魏属扶风郡。西晋后废。西魏大统中复改苑川县为陈仓县，属武都郡。治所仍旧。北周天和三年（568）为显州治，建德三年（574）废。隋开皇十八年（598）复置陈仓县，属岐州。大业初属扶风郡，十年（614）移治今宝鸡市。唐属凤翔府，至德二年（757）改名凤翔县，寻又改为宝鸡县。

陈仓道 即故道。自陈仓（今陕西宝鸡市东），西南行出散关，沿故道水（今嘉陵江上游）谷道至今凤县，折东南入褒谷，至汉中。长约五百多里。《史记·高祖本纪》：汉王元年（前206），“汉王用韩信之计，从故道还，袭雍王章邯。邯迎击汉陈仓……汉王遂定雍地”。即此。

陈巴尔虎旗 清康熙时建旗，属黑龙江将军。本在黑龙江之木兰围场一带游牧，雍正十年（1732）由布特哈迁至呼伦贝尔海拉尔河游牧。其后驻地在巴彦库仁。据方式济《龙沙纪略》说：“巴尔虎者，喀尔喀中之一部也。”在“巴尔虎”中，又以编入八旗的先后，有新、陈巴尔虎之分。1945年划归兴安省。1947年划归内蒙古自治区。1969年划归黑龙江省，1979年划回内蒙古自治区。

陈仪 春秋邢国都城。在今山东聊城市西南。《春秋·公羊传》：僖公元年（前659），“六月，邢迁于陈仪”。《左传》作夷仪。

陈白沙祠 在今广东江门市南郊白沙村。陈献章（1428—1500）字公甫，新会（今属广东）白沙里人。世称白沙先生。明学者。祠在其故居碧玉楼基础上扩建。始建于明万历十二年（1584），后经重修。祠内正中为陈白沙塑像，旁有用白沙手迹刻的匾联和碑刻。门前木石结构牌楼，立面三间，四柱三楼，雕饰精巧。祠内有春阳堂、贞节堂、崇正堂、碧玉楼等，均为“三间两廊”式建筑。

陈令塘 在今江西都昌县南。《新唐书·地理志》江州浔阳郡都昌：“南一里有陈令塘。咸通元年令陈可大筑，以阻潦水。”

陈汉山 在今安徽宿松县西北。《方舆纪要》卷26宿松县：陈汉山“在县西北八十里。相传昔有陈汉者结砦于此。其地险固，豪民往往据为屯聚之所”。1958年建钓鱼台水库，山浸水库中。

陈行镇 即今上海市闵行区东二十四里陈行镇。清光绪《江苏全省舆图》上海县：“陈行镇在城东南二十四里。”

陈庄 即今河北灵寿县西北陈庄镇。1939年9月，八路军在此粉碎日本侵略军的进攻。

陈州 ①南朝梁侨置，治所在许昌县（今安徽阜阳市东南口孜镇北）。东魏武定七年（549）改为北陈留颍川郡。

②北周改信州置，治所在项县（隋开皇初改宛丘县，即今河南淮阳县）。隋大业初改为淮阳郡。唐武德元年（618）改为陈州，天宝元年（742）改淮阳郡，乾元元年（758）复改陈州。辖境相当今河南淮阳、商水、太康、西华、沈丘等县及周口、项城二市地。北宋宣和初升为淮宁府。金复为陈州。元属汴梁路。明属开封府。清雍正二年（1724）为陈州直隶州。十二年（1734）升为陈州府。

陈州卫 明洪武初置，在今河南淮阳县。辖左、右、中、前、后五千户所。后废。

陈州府 清雍正十二年（1734）改陈州直隶州置，属河南省。治所在淮宁县（今河南淮阳县）。辖境相当今河南项城市及淮阳、扶沟、太康、西华、沈丘、商水等县地。1913年废。

陈许 唐方镇名。贞元三年（787）置，治所在许州（今河南许昌市）。辖许、陈（今河南淮阳县）二州。约当今河南长葛、太康以南，舞阳、沈丘以北，襄城以东，淮阳以西地。十年（794）改为忠武军。

陈阳县 北魏置，为荆州襄城郡治。治所即今河南唐河县南湖阳镇。孝昌中为南襄州襄城郡治。

陈阳原 在今陕西彬县西南。《元和志》卷3新平县：“北魏于今县西南十里陈阳原上置白土县。”

陈阳镇 即今安徽广德县西南六十五里杨滩乡。明置陈阳巡司。清乾隆三十五年（1770）裁。

陈坑 即今福建金门岛东陈坑。旧属同安县，明洪武二十年（1387）置陈坑巡司于此。清初废。

陈坊市 ①即今江西宜黄县西陈坊。清同治《江西全省舆图》卷2抚州府宜黄县：西有“陈坊桥”。

②即今江西铅山县西南陈坊乡。清同治《江西全省舆图》卷11：铅山县西南有陈坊。

陈坊桥镇 即今上海市松江区西北佘山镇。清光绪《青浦县志》卷2《市镇》：陈坊桥镇在“县治南十八里，南接辰山，东连佘山”。1981年改为佘山镇。

陈村 一名都占堡，又名都宁。即今广东佛山市顺德区北陈村镇。明洪武三年（1370）置都宁巡司于此。

陈村峪 即今山西绛县东南陈村镇。《清一统志·绛州》：陈村峪“在绛县东南十五里。带溪水出此。稍西有紫家峪”。

陈村塘 即今广西蒙山县东南陈塘镇。清光绪《广西舆地全图》永安州图：东南有陈村塘。

陈村镇 ①明初置，属建平县。即今安徽郎溪县南四十里十字镇。明置巡司于此。

②金置，属高密县。即今山东胶州市东北大店。清称陈村店。

③清置，属凤翔县。即今陕西凤翔县西陈村镇。

陈县 春秋楚灭陈国置。秦为陈郡治。治所即今河南淮阳县。秦末陈涉称王都此。西汉为淮阳国治。东汉为陈国治。西晋属梁国。北魏省入项县。

陈里港 故址在今江苏南京市六合区南二十五里。《方舆纪要》卷20江宁府六合县：陈里港“南接瓜步，西入扬子江。元设巡司于此”。

陈佗沟 在今河南淮阳县北十里。《寰宇记》卷10宛丘县：陈佗沟“在县北一十里。上从安仁沟出，入县郭。古老传云：陈公子佗开，所以灌溉也”。

陈余（餘）垒 在今河北鹿泉市东北。《水经·浊漳水注》：鹿泉水“东北流，屈径陈余垒西，俗谓之故壁城。昔在楚汉，韩信东入，余拒之于此，不纳左车之计，悉西战。韩信遣奇兵自间道出，立帜于其垒，师奔失据，遂死泜上”。即此。

陈怀支线 从河南沁阳（旧怀庆府）东北至陈庄。长5公里。为道清铁路支线。日伪于1941—1942年修筑。1945年被拆除。

陈宋口 在今河北邢台市西北一百二十里黄峪岭北。《资治通鉴》：五代梁贞明元年（915），“周德威闻（刘）鄩西上，自幽州引千骑救晋阳，至土门，鄩已整众下山，自邢州陈宋口逾漳水而东，屯于宗城”。《方舆纪要》卷15顺德府邢台县“黄榆岭”条下载：“岭北有陈宋口……岭下多陈、宋二姓所居，因以为山口之名。”

陈垆（罏）镇 即今陕西铜川市印台区东南陈炉镇。《清一统志·西安府三》：陈垆镇“土人陶瓦器为业，故名”。

陈国 东汉章和二年（88）改淮阳国置，治所在陈县（今河南淮阳县）。辖境相当今河南周口市及淮阳、商水、西华、太康、柘城、鹿邑等县。献帝建安初国除为陈郡。三国魏黄初六年（225）封曹植于此，复为陈国。次年（226）又改陈郡。

陈固镇 即今河南封丘县西北陈固乡。民国《封丘县续志》卷2《乡镇》：“陈固镇，在县西北三十里。”

陈岩 即今福建莆田市西北九华山。《方舆胜览》卷13兴化军：陈岩“在城北十里。古有陈姓者隐此山。上有石洞，广可数丈。旁有巨人迹、石茶灶、石棋枰”。

陈岩山 在今福建永春县西。《方舆纪要》卷99永春县：陈岩山“在县西二十六里。中峰尖耸，东西二峰屹立，谓之二台。有瀑布泉，飞落数百丈。昔有萧姓者开路于山左，通龙岩、尤溪二县。凭虚架石，下瞷深涧，过者股慄”。

陈岩寨 宋置，在今福建永春县西。《清一统志·永春州》：陈岩寨“在州西二十余里岩口村。宋置寨，元置陈岩隘巡司，明洪武二十年移司于晋江围头村，后复置寨”。

陈阜镇 又名善因镇。即今江苏靖江市东北斜桥镇。《清一统志·常州府二》：陈阜镇“在靖江县东三十里。旧名斜桥。商民辏集，分兵防守”。

陈官屯 ①即今天津市静海县南二十五里陈官屯镇。在南运河东岸，为水陆交通要冲。清设陈官屯汛。

②即今河北卢龙县东北三十里陈官屯乡。清同治《畿辅通志》卷49卢龙县图：东北有陈官屯集。

陈城 即今河南淮阳县。《史记·周本纪》载：周武王克商，封“帝舜之后于陈”，即此。又《楚世家》载，周赧王二十七年（前278），秦拔楚都郢，楚顷襄王“东北保于陈城”，至楚考烈王时又徙都寿春。《陈涉世家》载：秦二世元年（前209），陈胜、吴广起义，攻下陈城后，遂以此为都，称张楚王，历时半年。汉高祖十一年（前196），封子刘友为淮南王，都陈城。《水经·沙水注》载：“（沙水）又东南迳陈城北。故陈国也。”

陈相屯 即今辽宁沈阳市南陈相屯镇。民国徐曦《东三省纪略》卷8南满铁路各线车站道里表：安奉线“陈相屯驿距抚安驿十一里四”。

陈峒山 在今广东龙门县西六十里。《方舆纪要》卷101广州府增城县：陈峒山“脉自庾岭而来，势如卓旗。山侧有小阜突出，增江源于此”。

陈俊堡 明置，属宁夏左屯卫。即今宁夏青铜峡市西南陈俊村。

陈胜墓 在今安徽砀山县东南安山。《史记·陈涉世家》：“陈胜葬砀，谥曰隐王。”唐张守节《正义》：“今宋州砀山县是。”《水经·获水注》：谷水“东径安山北，即砀北山也。山有陈胜墓”。

陈独秀墓 在今安徽安庆市北门外大龙山麓。陈独秀（1879—1942）字仲甫，号实庵。安徽怀宁人。早年留学日本。1916年任北京大学教授。1920年发起组织上海共产主义小组，1921年在中共一大会议上当选为中央总书记。第一次国内革命战争后期犯有严重的右倾机会主义错误，1927年在党的“八七”会议上被撤销总书记职务。1929年被开除出党。1942年5月在四川江津病故，1947年由其子迁葬于此。

陈音山 在今浙江绍兴市西南。《越绝书》卷8：“射卒陈音死，葬民西，故曰陈音山。”

陈洞墟 即今广东高州市南陈峒。清光绪《茂名县志》卷2：“南之东三十里陈洞墟。”

陈宫山 即今河北遵化市东南四十五里华山。海拔457米。《水经·鲍丘水注》：巨粱水“出土垠县北陈宫山”。《明一统志》卷1顺天府：陈宫山“萦回数十里，东临还乡河，西按黄土岭。山南有峰，其色苍翠。一名华山”。

陈郡 秦置，治所在陈县（今河南淮阳县）。西汉改为淮阳国。东汉章和二年（88）改为陈国。建安初又改为陈郡。三国魏黄初六年（225）改为陈国，七年（226）又改为陈郡。西晋咸宁中并入梁国。永康二年（301）复置。辖境相当今河南淮阳、沈丘、鹿邑等县及西华县一部分地。南朝宋移治项县（今沈丘县槐店回族镇）。北魏移治废陈县（今淮阳县），属豫州。东魏属北扬州。北齐为信州治。北周为陈州治。隋开皇初废。

陈莲县 南齐置，属高兴郡。治所当在今广东化州、廉江、遂溪等市县境。隋开皇时废。

陈桥驿 一名陈桥镇。在今河南封丘县东南二十六里陈桥镇。《旧五代史·周书·恭帝纪》：显德七年（960）正月，赵匡胤率兵北征，“发京师，是夕宿于陈桥驿。未曙，军变”，被拥立为帝，是为宋太祖。史称“陈桥兵变”。

陈桥镇 ①北宋置，属原武县。在今河南原阳县西南。

②即陈桥驿。北宋置，属祥符县。在今河南封丘县东南二十六里陈桥镇。五代周末，大将赵匡胤于陈桥驿被军士拥立为帝。

陈钱山 在今浙江嵊泗县东部嵊山岛上。《明史·兵志三》："万历中，许孚远抚闽……且言浙东沿海陈钱、金塘、玉环、南麂诸山俱宜经理。"清康熙《定海县志·环海图记》："陈钱者，即中国诸山尽处，俗呼为尽山。"

陈留县 ①秦置，属砀郡。治所在今河南开封县东南二十六里陈留镇。《汉书·地理志》注引臣瓒曰："宋亦有留，彭城留是也。留属陈，故称陈留。"西汉为陈留郡治。西晋废。隋开皇六年（586）复置，属汴州。大业初属梁州。唐属汴州。北宋属开封府。金以此为汴京，贞元初改为南京。元属汴梁路。明、清属开封府。民国初属河南开封道。1927年直属河南省。1957年并入开封县。

②南朝梁置，属汝阴、弋阳二郡。治所在今安徽临泉县东南五十里高塘乡附近。《魏书·地形志》：颍州汝阴、弋阳二郡陈留县"有高塘陂、蟹谷陂"。北魏以后废。

③南朝梁侨置，为陈留郡治。治所在今安徽太和县东北三里。隋开皇十八年（598）改为颍阳县。

陈留国 三国魏黄初三年（222）改陈留郡置，治陈留县（今河南开封县东南陈留镇）。五年（224）复为郡。太和六年（232）又为国。西晋移治小黄县（今河南开封县东北）。辖境相当今河南开封市及尉氏县以东，民权、睢县以西，扶沟县以北，延津、长垣二县以南地。西晋末，复为陈留郡。

陈留郡 ①西汉元狩元年（前122）置，治所在陈留县（今河南开封县东南陈留镇）。辖境相当今河南开封市及尉氏县以东，宁陵县以西，延津、长垣县以南，杞县、睢县以北地。西晋改为陈留国，移治小黄县（今河南开封县东北）。西晋末复为郡，移治仓垣城（今河南开封市西北）。北魏太和十八年（494）废。孝昌中复置，移治浚仪县（今河南开封市）。隋开皇初废。唐天宝初改汴州复置，乾元初复为汴州。

②东晋咸康四年（338）侨置，治所在小黄县（今安徽亳州市）。隋开皇初废。

③东晋义熙末侨置，属南兖州。治所在浚仪县（今安徽寿县西南）。南朝宋属南豫州。南齐属豫州。隋开皇初废。

④南朝宋置，为南兖州治。治小黄县（今安徽亳州市）。隋开皇初废。

⑤南朝梁侨置，为陈州治。治所在陈留县（今安徽太和县东北三里）。辖境相当今安徽太和等县地。隋开皇初废。

⑥南朝陈永定二年（558）改广梁郡置，属南豫州。治所在石封县（今安徽广德县）。辖境相当今安徽广德、郎溪二县及浙江安吉等县地。隋开皇九年（589）废。

陈唐庄 即今天津市东南陈塘庄。旧有津浦铁路良陈支线通此。

陈唐庄支线 即良陈支线。从天津市静海县东北良王庄向东至天津市东南陈唐庄。

陈涛斜 亦名陈陶斜、咸阳斜。在今陕西咸阳市东。《资治通鉴》：唐至德元载（756），房琯将兵复西京，至便桥，"遇贼将安守忠于咸阳之陈涛斜"。胡三省注曰："其路斜出，故曰陈涛斜。"

陈酒店 一作酒店镇。即今江苏南通市通州区（金沙镇）西北二十八里四安镇。清光绪《江苏全省舆图》：通州（今南通市）东北有"陈酒店"。

陈海 即今云南永胜县西南程海镇。明、清称陈海。明《寰宇通志》卷113北胜州：陈海"在州南四十里，周回八十里。土人传云，昔本陆地，有姓陈者居此，一夕沉为海，因名"。《清一统志·永北直隶厅》引《通志》："一作程海，下流入金沙江。"今水位下降，已与金沙江悬隔。

陈家小店 在今江苏射阳县南。1941年苏北革命根据地置盐东县治此。

陈家冈 在今湖北宜昌市夷陵区东南。清设把总、外委驻守。

陈家场 ①即今四川资中县南陈家镇。清光绪《资州志》卷3：陈家场"在州南七十里"。

②即今重庆市开县西南长沙镇北陈家场。清咸丰《开县志》卷3：陈家场"距城八十里"。

③即今重庆市南川区西南南平镇。民国《南川县志》卷2：陈家场"正南路四十里。本名陈巴场。相传旧为陈、巴二姓萃处，巴姓以赋役繁重，一夜举族逃去；陈姓追之不及，更名陈家场。……清宣统二年，立为南坪镇。铺户三百余家，邑场称首"。

陈家村 亦作陈家市。即今海南省文昌市东南清澜镇。《明史·地理志》琼州府文昌县：清澜千户所"万历九年迁县东南南砫都陈家村"，即此。

陈家谷口 在今山西宁武县北阳方镇附近。《宋史·潘美传》：北宋雍熙三年（986），潘美等北伐，"会辽兵奄至，战于陈家谷口"。又《续资治通鉴长编》云：杨业引兵自石峡路趋朔州，嘱潘美等陈兵于陈家谷口以援，潘却走，杨业无援与契丹力战于此被擒，拒食而死。

陈家岛 在今山东青岛市西南薛家岛镇附近。《宋史·高宗纪》：南宋绍兴三十一年（1161），"李宝遇金舟师于胶西县陈家岛，大败之，斩完颜郑家奴等五人"。即此。

陈家沟镇 即今湖北安陆市南二十二里陈家沟。清光绪《德安府志》卷8《兵事》：同治三年（1864）四月，"总兵杨长龄扎郡陈家沟"。

陈家店 即今湖北安陆市东二十八里陈店乡。旧属孝感县。清光绪《湖北全省分图》：孝感县西北有陈家店。

陈家浅街 即今安徽全椒县东南陈浅乡。民国《全椒县志》卷1："距城三十里有陈家浅街，长约百余步，直街俱市肆。"

陈家河 旧地名。在今陕西铜川市东北。产煤。民国时已开采，面积二十余亩。

陈家巷市 即今湖北广水市西南三十四里陈巷镇。清光绪《湖北全省分图》：应山县西南有陈家巷市。

陈家洞石窟 在今甘肃庄浪县（水洛镇）东北五十里六盘山东麓陈家堡村。石窟开凿在距地表2—4米高的石崖上。有大小石洞三层，各有两洞，中层保存较好，洞内有明、清、民国时期石碑四通。洞外石崖上有北魏浮雕造像三尊，高均为5米，平顶髻、垂耳，足踩莲花。洞前另有高7.5米的唐代砖塔。2006年与云崖寺石窟一起被定为全国重点文物保护单位。

陈家祠 又名陈氏书院。在今广东广州市中山七路。建于清光绪十六年（1890），为广东七十二县陈姓合族祠及书院。祠占地1.32万平方米。主体建筑为三进院落式布局，东西阔80米，南北深80米，有九厅六院。庭院布局严谨，建筑物上装饰广东石湾陶塑、瓦脊、泥塑、砖雕、石雕、木雕、铁铸等工艺，以规模宏大，富丽堂皇，集岭南民间建筑装饰工艺大成而闻名于中外。1988年定为全国重点文物保护单位。

陈家桥镇 ①即今上海市浦东新区川沙镇西二十八里陈桥。清光绪《南汇县志》卷1：陈家桥镇“因桥成镇，故以桥名”。

②即今江苏南京市六合区西北二十五里程桥镇。明嘉靖《六合县志》卷1：“程家桥在县西二十五里。”清光绪《江苏全省舆图》六合县：“陈家桥镇在城西北二十五里，一作程驾桥。”

陈家峪 在今北京市密云县东北。《方舆纪要》卷11密云县：白马关“其东有陈家峪堡，亦曰陈家峪关”。

陈家集 ①即今江苏淮安市淮阴区西南五十里南陈集镇。民国殷惟龢《江苏六十一县志》：淮阴县“西南有陈家集、老子山三镇”。

②即今河南永城市东北二十四里陈集乡。清尹耕云《豫军纪略》卷8：咸丰九年（1859）一月，“捻首赵浩然掠永城陈家集”。

陈家塘 亦作秦家塘。即今重庆市渝北区北华蓥山镇北华秦村。清道光《江北厅志》卷2：秦家场“去城二百一十里。大庵汛移此”。

陈家楼 在今湖北老河口市东北五十里。民国《湖北通志》卷36光化县：陈家楼卡，“《县志》：在城北四十里。北界河南邓州老君庙。《光绪舆地记》云：有把总驻防”。

陈家楼子 即今陕西铜川市耀州区西北柳林镇。1941—1943年陕甘宁边区置同宜耀县治此。

陈陶斜 即陈涛斜。在今陕西咸阳市东。杜甫《悲陈陶》诗：“孟冬十郡良家子，血作陈陶泽中水。”

陈营市 即今江西万年县驻地陈营镇。清同治《江西全省舆图》卷12：万年县东有陈营村。1960年万年县治由青云镇迁此。

陈婆渡市 即今浙江宁波市鄞州区南陈婆渡乡。清光绪《鄞县志》卷2《市镇》：陈婆渡“距城二十五里”。

陈湖 一作沈湖。即今江苏苏州市吴中区东南三十五里澄湖。《宋史·河渠志七》：秀州西北有“陈湖，自大姚港、朱里浦入于吴淞江”。《方舆纪要》卷24苏州府长洲县：陈湖，“嘉靖三十二年，倭寇自昆山逸入境，将趋吴江，官兵败之于此”。

陈墓 即今江苏昆山市西南陈墓镇。原名锦溪镇。南宋孝宗的陈妃爱此水乡，殁后，宁宗嘉泰时选镇南五保湖（今名陈墓荡）为陈妃水冢，因改镇名为陈墓。旧属长洲县，明初置巡司于此。

陈蒙州 南宋置羁縻州，属黔州。治所在今贵州三都水族自治县西南合江镇（烂土）。元改为陈蒙长官司。明初废。

陈蒙蛮夷长官司 元改陈蒙州置，属管番民总管。治所在今贵州三都水族自治县西南合江镇（烂土）。明初废。

陈嘉庚墓 在今福建厦门市集美镇鳌园内。是著名华侨领袖、爱国实业家陈嘉庚的墓地。1961年陈嘉庚病逝于北京，同年归葬于此。墓形为龟寿形，由十三块水磨青石镶成。墓碑为白色水磨花岗石。碑文为隶书贴金。墓圹形似马蹄，周边砌有青石，浮雕陈嘉庚前半生重要经历。墓前有长方形拜亭，后有一照壁石屏。1988年为全国重点文物保护单位。

陈墅河 在今江苏常州市武进区东。《方舆纪要》卷25常州府武进县：陈墅河在“府东二十五里。南枕运河，北接三山港”。

陈墅镇 即今江苏无锡市锡山区东北陈墅。清光绪《江苏全省舆图》金匮县图：东北有陈墅。

陈寨镇 北宋置，属汝阳县。在今河南汝南县境。

陈霜口河 在今安徽砀山县西。《方舆纪要》卷29砀山县“夹河”条：“又陈霜口河在县西。源自虞城县史家、皮家二口，分为两河，由镇里堌二十里至县境，西南合流入陈霜口河。”

陈疃 即沈疃集。今山东日照市西北五十里陈疃镇。

阻卜扎剌部 辽北境部族，属西北路招讨司。即蒙古诸部中之札剌亦儿部。据《史集·部族志》记载，游牧于斡难河（今蒙古国鄂嫩河）、怯鲁连河（今克鲁伦河）地区。《史集·成吉思汗纪》：扎剌亦儿部在怯鲁连河，契丹发兵讨之，破其大部，余众逃入蒙古部（今斡难河上游）地。后为蒙古所吞并。

阻卜部 在今蒙古国西南鄂尔浑河上源一带。《辽史·太祖纪》：天赞三年（924）亲征阻卜部等，九月次古回鹘城，“庚子，拜日于蹛林。丙午，遣骑攻阻卜”。

阻虎堡 在今山西朔州市平鲁区西北六十三里阻虎村。《方舆纪要》卷44大同府：“阻虎堡在平南西北六十里。嘉靖二十三年筑，隆庆六年增修，周一里有奇。……嘉靖十九年寇由此入犯古州一带，三十二年，由此犯岢岚一带，所当力为防御。”

陁和镇 唐置，属嘉州。在今四川峨边彝族自治县。北宋废。

陏盘地国 当在今埃及塞得港西达米埃塔附近。南宋周去非《岭外代答》卷3：木兰皮国“盖自大食之陏盘地国发舟正西，涉海一百日而至之，一舟容数千人，舟中有酒食肆机杼之属，言舟之大者莫木兰若也”。

陏隆县 唐置，属应州。治所即今贵州台江县。后废。

附马寨营 在今河北抚宁县北。《方舆纪要》卷17抚宁县：“附马寨营，在县北五十里，亦有小城戍守。”

附木州 即附树州。治所在今四川甘洛或石棉、汉源县境。

附化郡 北魏末置，属朔州。领有广牧县（在今内蒙古鄂尔多斯市杭锦旗西北境）。后废。

附国 古代部落名，为西羌一支。分布于今四川西部和西藏昌都地区。《隋书·西域传》：“附国者，蜀郡西北二千余里，即汉之西南夷也。……其国南北八百里，东南（西）千五百里。”隋大业四年（609）遣使朝贡。《新唐书·附国传》：“成都西北二千余里有附国，盖汉西南夷地。其东部有嘉良夷……嘉良夷有水广三十步，附国水广五十步，皆南流，以韦为舡。附国南有薄缘夷，西接女国。”汉文史籍中称隋炀帝时曾入贡，后失载。当为唐初吐蕃王朝所兼并。

附城镇 即今山西陵川县西南附城镇。《清一统志·泽州府》“路城镇”条下：“又附城镇，在县南四十里。”

附树州 亦作附木州。唐开元前置羁縻州，属黎州都督府。治所在今四川九龙县南烟袋乡附近。后废。

附唐县 唐武德四年（621）置，为西平州治。治所即今贵州兴义市。贞观八年（634）改为盘州治。后废。

陀历（歷）道 古代中国对古印度的交通道路。唐道宣《释伽方志》卷下：“后燕建兴末，沙门昙猛者从大秦路入达王舍城，及返之日，从陀历道而还东夏。”陀历国（故地在今巴基斯坦印度河上游达迪斯坦附近），为南北交通重要山道所经，道以国名。我国去印度求法高僧多经由此道。

陀拔斯单 一作陀拔斯。都城在娑里城（今伊朗北部里海滨萨里）。《新唐书·西域传·波斯》：“又有陀拔斯单者，或曰陀拔萨惮。其国三面阻山，北濒小海。居婆（应为“娑”）里城，世为波斯东大将。波斯灭，不肯臣大食。”天宝五年（746），其王忽鲁汗遣使入朝，封为归信王。后为黑衣大食所灭。

陀陵县 北宋置，属邕州左江道。治所在今广西崇左市东北驮卢镇。元属太平路。元末太平路曾治于此。明属太平府。清康熙三十八年（1699）并入永康州。

陀喇河 ①即它漏河。今内蒙古和吉林境内之洮儿河。清张穆《蒙古游牧记》卷1：陀喇河“旧作陀罗，亦曰洮儿河。《辽史》上京有他鲁河。《金史》长春县有挞鲁古河。圣宗四年改挞鲁河为长春河，即此陀喇河也”。

②亦作拖罗河。即今内蒙古东北、吉林西北之洮儿河，为嫩江支流。清齐召南《水道提纲》卷25：嫩江“东有洮儿河，亦曰拖罗河，自西合诸山水，东南流折而东北汇为拖拉浑池来会，科尔沁部之巨川也”。清曹廷杰《东三省舆地图说》：“陀喇河，旧作陀罗河，亦曰洮儿河。有二源：北源即陀喇河，古名崛越河，发源乌珠穆沁右翼旗东北之索岳尔济山，东南流数百里，会归喇里河入嫩江。”

陂下村 即今江西吉安市东南陂下村。1931年中央革命根据地所置公略县后曾迁治于此。

陂山 即坡山。在今广东广州市西南隅。《清一统志·广州府》：陂山“在南海县城内西南隅。高三四丈，其阳有穗石洞。相传五羊仙人持谷穗至此化为石，因名”。

陂头墟 ①即今江西吉安市青原区东南文陂乡（陂头）。清光绪《庐陵县志》卷3：陂头市“在县南四十里”。

②即今广东连平县西北陂头镇。清雍正《广东通志》卷18：连平州有陂头墟。清有千总驻防。

陂西镇 即今陕西三原县东南四十里陂西乡。清乾隆《三原县志》卷2：陂西镇“雁坡一乡，居民会集之所，市廛稠密，基址广袤，为邑首镇”。

陂阳县 西晋太康五年（284）以揭阳县改名，属南康郡。治所在今江西石城县西。《寰宇记》卷108虔州虔化县：废陂阳县“以陂阳水为名”。隋开皇十三年（593）废入宁都县。

陂里勒克 在今新疆塔什库尔干塔吉克自治县东南叶尔羌河北岸伊力克一带。清宣统《新疆图志》卷9：“（八札塔拉）九十里至苏合外提与星峡阿格嘴会。九十里至陂里勒克一带，草盛薪足。”

陉 ①战国韩地。在今山西曲沃县西北。《史记·韩世家》：赵桓惠王九年（前264），“秦拔我陉，城汾旁”。

②春秋吴邑。在今浙江嘉兴市南。《左传》：定公十四年（前496），“吴伐越，越子勾践御之，陈于槜李……灵姑浮以戈击阖庐，阖庐伤将指，取其一屦。还，卒于陉，去槜李七里”。

③春秋东周地。在今河南沁阳市西北。《左传》：隐公十一年（前712），周桓王与郑人苏忿生之十二邑有“陉”。

④一作陉山。春秋楚地。其地说法不一。《春秋》：僖公四年（前656），公会齐侯等伐楚，“次于陉”。杜预注以为在召陵县南，即今河南漯河市召陵区东。《史记·魏世家》：襄王六年（前313），“魏伐楚，败之陉山”。《正义》引《括地志》云：在今河南新郑市西南。或以为应在今湖北、河南交界处。

陉山 ①即井陉山。在今河北井陉县北。《穆天子传》卷4：“至于钘山之队”（《史记索隐》引作“陉山之隧”）。《方舆纪要》卷14井陉县：陉山在“县（今城关镇）东北五十里。井陉之险，为河北、河东之关要。今县境诸山错列，大约与陉山相连接，俱太行之支陇也"。

②一作陉。在今河南漯河市召陵区东。《战国策·韩策一》：苏秦说韩王曰，"韩北有巩、洛、成皋之固……南有陉山"。《史记·魏世家》：襄王六年(前313)，"魏伐楚，败之陉山"。《正义》引《括地志》谓："陉山在郑州新郑县西南三十里。"或以为应在今湖北、河南交界处。

陉北 指今山西代县西北雁门关所在陉岭以北地区。《资治通鉴》：东晋咸和二年（327），"后赵中山公虎击代王纥那，战于句注陉北"。

陉阳堡 亦名陉阳店堡。明嘉靖二十五年（1546）筑。在今河北满城县南三十五里陉阳驿。

陉邑县 唐天宝元年（742）改唐昌县置，属博陵郡。治所在今河北定州市东南邢邑镇。北宋初省入无极县。

陉岭 即句注山。一名西陉山，又称雁门山。在今山西代县西北。历代为北方重要屏障。在雁门关以南地称陉南，以北地称陉北。《资治通鉴》：西晋永嘉四年（310），代公鲜卑拓拔猗卢向刘琨"求陉北之地。……（琨）乃徙楼烦、马邑、阴馆、繁畤、崞五县民于陉南"。胡三省注："陉，谓陉岭。"

陉城 又称陉庭、汾陉。在今山西曲沃县东北。《史记·白起列传》：秦昭王四十三年（前264），"白起攻韩陉城，拔五城，斩首五万"。即此。又《韩世家》作"秦拔我陉城汾旁"，《范雎列传》作"秦攻韩汾陉，拔之"。盖陉城在汾水之旁，故云。

陉城县 即陆成县。治所在今河北蠡县南十五里。《史记·田叔列传》："田叔者，赵陉城人"，"陉城今在中山国"。皆此。

陉南 指今山西代县西北雁门关以南的陉岭地区。《资治通鉴》：西晋永嘉四年（310），刘琨"乃徙楼烦、马邑、阴馆、繁畤、崞五县民于陉南"。胡三省注："陉，谓陉岭。"

陉庭 春秋晋邑，在今山西曲沃县东北。《左传》：桓公二年（前710），"（翼）哀侯侵陉庭之田，陉庭南鄙启曲沃伐翼"。即此。

邑山 即瘗山。在今江苏溧阳市东北二十五里。

邑兔砦 在今广西凤山县东。《清一统志·庆远府》：邑兔砦"在东兰州西一百四十里"。

邑峨寨 在今广西南丹县西北月里镇巴峨村。《清一统志·庆远府》：邑峨砦"在南丹土州北一百二十里，与泗城府接界，为州要隘"。

〔フノ〕

妙乐寺塔 在今河南武陟县西南十五里古怀城遗址上。该塔原名真身舍利塔，始建于唐，五代后周显德二年（954）重修。为十三级密檐叠涩式方形砖塔，通高34.19米。内部中空，拱券形塔门，南向。塔身自下而上每层高度均匀递减，塔檐逐渐内收，外轮廓呈抛物线形。塔体四面有佛龛供佛像。铜制鎏金塔刹，高6.74米，由须弥座、七级相轮、宝华盖、水烟、仰月、三重宝珠、刹尖组成。塔刹所有构件均为一次浇铸成形，没有焊口和铆钉，为全国罕见。塔周围有后周、宋、明、清碑刻二十余通。塔东北20米处有北宋太平兴国六年（981）立巨型经幢，由十三节组成，高约7米，幢体八面阴刻行书"武陟县祉邑降魔大隋求经幢"。2001年定为全国重点文物保护单位。

妙庄岩路 在今浙江舟山市普陀区普陀山南部，由普济寺直达海滨。清许琰《普陀纪胜》："妙庄严路自南道头至山门五六里，皆琢石甃成，孔道随形高下，相势宛委。道旁多撑云古木，交景垂荫，翠峰环映，怒浪鸣空。"

妙应寺白塔 俗称白塔寺。在今北京市西城区阜成门内大街路北。始建于元至元八年（1271），名大圣寿万安寺。明天顺元年（1457）重修，改名妙应寺。妙应寺白塔是我国现存元代喇嘛塔中最大的一座。1961年定为全国重点文物保护单位。

妙真寨 在今山东章丘市西龙山镇。清光绪《山东通志》卷22："宋末李全据济南，其妻杨妙真所居，故名。"

妙哩士国 今非洲毛里求斯之旧译。清谢清高《海录》："妙里士，西南海中岛屿也。周围数百里，为佛郎机所管辖。凡大西洋各国船回祖国必南行经葛剌八至地问，然后转西稍北行约一月可到此。"

妙峰山 在今北京市门头沟区东北，与昌平县交界处。海拔1291米。西山主峰之一。景色秀丽，花木繁茂，山上多古庙，其中以碧霞元君庙最为著名。清富察敦崇《燕京岁时记》："妙峰山碧霞元君庙在京城西北八十余里。……每届四月，自初一开庙半月，香火极盛。"又："庙在万山中，孤峰矗立，盘旋而上，势如绕螺……庙无碑碣，其原无可考，然自雍乾以来即有之。"

妙峰寺 在今福建安溪县北。《清一统志·泉州府》：妙峰寺"在安溪县北翠屏山麓。明里人李先春建。本朝（清）大学士李光地读书于此"。

妙高山 ①在今云南曲靖市西。《方舆纪要》卷114曲靖军民府南宁县：胜峰山"旧名妙高山，明初颍川侯、西平侯与元羊章达里麻战，胜之，改今名"。

②即须弥山（见佛经）。今中国西藏自治区和巴基斯坦、印度、尼泊尔、不丹等国境内之喜马拉雅山。杂宝合成故曰妙，高出诸山故曰高。

妙高岭 在今江西赣县北。《方舆纪要》卷88赣州府赣县：妙高岭"在府北八十里。旧名矶岭，高出群山"。

妙高峰 ①今江苏镇江市西北金山上，为金山最高处。东望焦山，西瞰金陵，南俯京口，北对瓜洲，为江南一形胜。山顶有妙高台。宋《嘉定镇江志》卷6：妙高山"妙高台，元祐初，主僧了元所立"。

②在今福建建阳市东十里东山。宋黄干建龟峰精舍于此，为讲道之所。后更名环峰书院。

③在今湖南长沙市南。《方舆纪要》卷80长沙、善化县“岳麓山”条下：“《志》云，县南一里又有妙高峰，最高耸。”《清一统志·长沙府一》：妙高峰“在善化县南三里。江流环带，诸山屏列”。为宋张栻城南书院旧址。

妙高镇 即今浙江遂昌县治。本太末县地，三国吴赤乌二年（239）于此置平昌县，西晋太康元年（280）改名遂昌县，向为县治所在地。1934年置妙高镇。以镇西北妙高山而得名。

妙湛寺金刚塔 俗称穿心塔。在今云南昆明市东郊二十余里官渡区官渡街上。建于明天顺二年（1458）。全塔系砂石砌筑。塔基台为方形，高4.8米，边长10.4米。基台上建五座佛塔，属于金刚宝座式塔。基台中部为主塔，通高16.05米。立于基台四角的四座小塔形式相同，通高均为8.84米。整座石塔造型优美，主塔与四小塔布局协调，在我国喇嘛塔中独具一格。1996年定为全国重点文物保护单位。

妢胡 西周、春秋时西戎国名。《周礼·冬官·考工记》：“郑之刀，宋之斤，鲁之削，吴、粤之剑，迁乎其地而弗能为良，地气然也。燕之角，荆之干，妢胡之笴，吴、粤之金锡，此材之美者也。”据《说文》当为西极之国。

姊妹山 在今云南腾冲县北境。为中缅界山。清光绪《大清直省地舆全图》：腾越厅北有姊妹山。因有大小两个山峰，俗称为姊妹，故名。

妫川 又名清水河。本古清夷水。在今北京市延庆县境。《史记·五帝本纪》：“妫州有妫水，源出城中。”《明史·地理志》延庆州：“东北有妫川，俗名清水河，下流注于桑干河。”

妫川县 ①唐天宝中置，属妫州。治所即今北京市延庆县。后废。

②金明昌六年（1195）改怀来县置，属德兴府。治所在今河北怀来县（沙城）东南旧怀来（已没入官厅水库）。元复名怀来县。

妫川郡 唐天宝元年（742）改妫州置，治所在今河北怀来县东南旧怀来（已没入官厅水库）。辖境相当今河北张家口市及怀来、赤城、崇礼、张北、怀安、涿鹿等县地。乾元元年（758）复为妫州。

妫水 ①在今山西永济市蒲州镇南。源出历山，西流入黄河。《水经·河水注》：“历观，舜所耕处也，有舜井，妫、汭二水出焉。南曰妫水，北曰汭水，西径历山下。”

②即今中亚阿姆河。隋称乌浒水，唐称缚刍河，宋称纪浑河，元称阿母河，明称阿木河。

妫州 唐贞观八年（634）改北燕州置，治所在怀戎县（今河北涿鹿县西南石灰窑）。长安初移治今怀来县东南旧怀来。辖境相当今河北张家口市及怀来、赤城、崇礼、张北、怀安、涿鹿等县地。天宝元年（742）改为妫川郡，乾元元年（758）复为妫州。五代晋入契丹，改为可汗州。

妫汭 古地名。在今山西永济市西南。《尚书·尧典》：“釐降二女于妫汭。”孔安国传：“居妫水之汭……汭，音如锐反，水之内也。”或以为系妫水与汭水的合称。

妫塞国 在今中亚阿姆河流域。《后汉书·西域传》：永平三年（60），“妫塞王自以国远，遂杀（莎车王）贤使者，贤击灭之，立其国贵人驷鞬为妫塞王”。《方舆纪要》卷65：妫塞国“在吐火罗南塞，西戎别种也。临伪水而居，因名”。

妫墟 ①在今陕西安康市西北。《汉书·地理志》汉中郡西城县注：应劭曰，“《世本》：妫墟在西北，舜之居”。《清一统志·兴安府二》引《旧州志》谓妫墟“在州北一里汉江北岸”。

②在今陕西城固县西北。《续汉书·郡国志》成固县：“妫墟在西北。”《清一统志·汉中府二》引《县志》：妫墟“在县西北二十里。其地有二井，一苦一甘，名曰双井，相传为舜所居”。

邵 即召。西周初召公奭封国，在今陕西岐山县西南。后迁今河南偃师市。《战国策·楚策》：“太公望封于齐，邵公奭封于燕。”周室东迁后，改封于今河南济源市西邵原。

邵上郡 北魏皇兴四年（470）置，属东雍州。治所在白水县（今山西垣曲县东南古城镇）。辖境相当今山西垣曲县及河南济源市西部等地。太和中废。

邵子祠 在今河南洛阳市定鼎路洛河桥南的安乐窝村。曾为宋代著名理学家邵雍的居住地。邵雍（1011—1077），字尧夫，谥号康节。原籍河北范阳，幼随父迁居河南辉县百泉。后居洛阳。邵雍将其居室题名为“安乐窝”，自号“安乐居士”。到元代将其故居改为“九真观”。今存的邵雍祠堂位于村内洛龙公路东侧，坐北朝南，原建筑仅存有清代硬山式“皇极书阁”三间及其他建筑四间，另有明清碑石等。

邵马营 亦作沙马营。在今内蒙古额济纳旗西南额济纳郭勒东岸。清齐召南《水道提纲》卷5：山丹水“又东北至毛母西，折东北流经双城西，又东北流经平所驿、沙马营”。

邵水 在今湖南邵阳市东。《元和志》卷29邵阳县：“在邵水之阳。”《方舆纪要》卷81宝庆府邵阳县：“邵水在府东。源出龙山，流经城北，合于资水。《志》云，昔时邵水自东而南，城居其北，故曰邵阳。唐时始移治水南。”

邵父堤（隄） 唐李复筑，在今江西鄱阳县东。《新唐书·地理志》饶州鄱阳县：“县东有邵父堤，东北三里有李公堤，建中元年刺史李复筑，以捍江水。”《方舆纪要》卷85饶州府鄱阳县：邵父堤在“府东北三里。唐建中初，刺史李复筑以捍番江。百姓思其德如召父，因名”。

邵刚堡 亦作邵钢堡。明置，属宁夏左屯卫。即今宁夏青铜峡市北三十二里邵刚镇。正德五年（1510）设守备于此。

邵州 ①北周置，治所在亳城县（今山西垣曲县东南五十七里古城镇）。辖境相当今山西垣曲县及河南济源市等地。隋大业初废。唐武德元年（618）复置，九年（626）又废。

②唐贞观十年（636）改南梁州置，治所在邵阳县（今湖南邵阳市）。辖境相当今湖南冷水江市以南资水流域。天宝初改为邵阳郡。乾元初复为邵州。五代晋天福中楚改为敏州。后汉时复为邵州。南宋宝庆元年（1225）升为宝庆府。

邵阳北塔 在今湖南邵阳市西北塔区江北乡北塔村。始建于明万历元年（1573），万历十年（1582）竣工。北塔为楼阁式砖塔，塔基以青石构筑，平面呈方形，高1.92米。塔身八角，外观七层，通高37米。塔底层南面开半圆形券顶门，每层均有塔檐，一至三层塔檐饰砖雕如意斗拱，塔檐脊上均饰有狮象走兽。塔心室四层，塔底与塔外高差2.6米。上塔甬道宽约1米，沿逆时针方向旋转而上。塔由下层向上收分明显。塔顶为八角攒尖顶，铁制葫芦形塔刹。2001年定为全国重点文物保护单位。

邵阳市 1950年由邵阳县析置邵阳市，属邵阳专区。1968年属邵阳地区。1977年邵阳市升为地级市，改由湖南省直辖。

邵阳县 ①西晋改昭阳县置，属邵陵郡。治所在今湖南邵东县东。南朝梁省入邵陵县。

②东晋太宁元年（323）改邵武县置，属建安郡。治所即今福建邵武市。明嘉靖《邵武府志》卷2：“郡有樵岚山，樵水出焉。治在其阳，故曰邵阳。又曰樵川，又曰樵阳也。”故邵武别名樵川。南朝宋永初元年（420）复为邵武县。

③隋平陈后改邵陵县置，属潭州。治所即今湖南邵阳市。《元和志》卷29邵阳县：“在邵水之阳，故名。”大业初属长沙郡。唐为邵州治。五代晋天福中楚马希范改为敏政县。后汉复为邵阳县。南宋为宝庆府治。元为宝庆路治。明为宝庆府治。1913年改为宝庆县。1926年复改邵阳县。1950年析置邵阳市。1952年邵阳县迁治塘渡口镇。

邵阳洲 在今安徽凤阳县东北三十八里淮河中。《南齐书·魏虏传》：建武二年（495），魏主宏攻钟离不拔，“乃分军据邵阳州，栅断水路，夹筑二城。右卫将军萧坦之遣军主裴叔业攻二城，拔之”。《梁书·武帝纪》：天监六年（507），“曹景宗、韦叡等破魏军于邵阳洲，斩获万计”。

邵阳郡 唐天宝初改邵州置，治所在邵阳县（今湖南邵阳市）。辖境相当今湖南冷水江以南资水流域。乾元初复改邵州。

邵欢县 ①亦作昭欢县。东晋置，属晋寿郡。治所在今四川广元市境。南齐以后废。

②南朝宋元嘉十二年（435）以侨流置，属南晋寿郡。治所在今四川彭州市西北。南齐废。

邵岙 在今浙江舟山市定海区城关镇东北。《方舆纪要》卷92宁波府定海县“柯梅岭”条：邵岙“在（舟山）所东北。其相近者曰吴家山，亦皆倭贼据守处也。嘉靖三十五年官军击平之”。

邵伯站 元置，即今江苏江都市西北邵伯镇。

邵伯埭 东晋谢安筑，在今江苏江都市西北邵伯镇附近。《晋书·谢安传》：“安出镇广陵之步丘，筑垒曰新城以避之……及至新城，筑埭于城北，后人追思之，名为召伯埭。”召伯埭即邵伯埭。

邵伯湖 在今江苏江都市西北运河之西。东接艾陵湖，西接白茆湖，南通新城湖，旁有邵伯埭。《舆地纪胜》卷37扬州引《元和志》云：邵伯埭“在江都县东北四十里。晋谢安镇广陵，于城东二十里筑垒，名曰新城。城北二十里有埭，盖安所筑，后人思安比于召伯，因以立名”。

邵伯镇 即今江苏江都市西北邵伯镇。为水陆孔道。《晋书·谢安传》：“安出镇广陵之步丘，筑垒曰新城以避之……及至新城，筑埭于城北，后人追思之，名为召伯埭。”召伯，一作邵伯。镇以埭名。明、清置巡司于此。

邵甸县 蒙古宪宗七年（1257）置邵甸千户，元至元十二年（1275）改邵甸县，后属嵩明州。治所在白邑村（今云南嵩明县西三十三里滇源镇）。《元史·地理志》：“名为束甸，以束为邵。”明洪武十五年（1382）后废入嵩明州。

邵甸河 在今云南嵩明县西六十里。《方舆纪要》卷114嵩明州：邵甸河，“杨慎云，河有泉源二，皆发寻甸府梁王山西北，一自牧羊村历核桃村，至高仓入河；一自崛泽屯入河。二水交流，至回犁湾松花坝，甃石遏流，入于盘龙江，带滇池汇昆池。漉流浸腴田殆万余顷”。

邵武卫 明洪武元年（1368）改元邵汀万户府置，属福建行都司。治所在今福建邵武市西南。清顺治十八年（1661）废。

邵武军 北宋太平兴国五年（980）以建州邵武县“户口繁会，路当要冲”（《寰宇记》卷101，邵武军）升为邵武军，治所在邵武县（今福建邵武市）。辖境相当今福建邵武、光泽、泰宁、建宁等市县地。元至元十三年（1276）升为邵武路。

邵武县 西晋太康三年（282）改昭武县置，属建安郡。治所即今福建邵武市。《舆地纪胜》卷134邵武军《军沿革》：象之按“晋改昭武曰邵武，避司马昭讳也”。东晋太宁元年（323）改名邵阳县。南朝宋永初元年（420）复为邵武县。隋开皇九年（589）废。十二年（592）复置，属抚州。大业三年（607）属临川郡。唐属建州。五代闽通文初（后晋开运初）又改名昭武县。南唐保大六年（948）复为邵武县。宋为邵武军治。元为邵武路治。明、清为邵武府治。1913年属福建北路道。1914年属建安道。1928年直属福建省。1983年改设邵武市。宋置有银场三，铁场二，铜场一。境内地势险要，古有“铁邵武”之称。

邵武府 元至正二十七年（1367）朱元璋改邵武路置，属福建省。治所在邵武县（今福建邵武市）。辖境相当今福建邵武、光泽、泰宁、建宁等市县地。1913年废。

邵武路 元世祖至元十三年（1276）升邵武军置，属江浙行省福建道宣慰司。治所在邵武县（今福建邵武市)。辖境相当今福建邵武、光泽、泰宁、建宁等市县地。至正二十七年(1367)朱元璋改为邵武府。元至元十六年(1281)高日升起义于此。

邵武溪　即今福建邵武市东富屯溪。《元和志》卷29建州邵武县:"邵武溪水,源出飞猿岭,东南流经县西。"《清一统志·邵武府》:邵武溪"源出光泽县,东南流经邵武县城北,会诸溪水,其流益大,俗名大溪。溪上多苍崖紫石,望之如紫云,亦名紫云溪。以受樵岚水,又名樵溪。又东南流一百二十里,至顺昌县之富屯,中有滩五百余"。

邵固堡　即今河北威县东五十里邵固村。北宋崇宁中曾移宗城县治此。《清一统志·广平府二》:广宗故城,"宋政和间,秦坦《宗城新修庙学记略》:宗城旧治雉州避河之冲,崇宁四年,始迁邵固……元初省"。

邵店镇　①北宋置,属上蔡县。即今河南上蔡县南二十二里邵店乡。

②清置,属宿迁县。即今江苏新沂市东南邵店镇。

邵亭　即春秋郫邵邑。在今河南济源市西八十九里邵原镇。《续汉书·郡国志》:河东郡垣县"有邵亭"。

邵郡　北魏孝昌间置,属东雍州。治所在白水县(今山西垣曲县东南五十七里古城镇),辖境相当今山西垣曲县及河南济源市西部等地。北周属邵州。隋开皇初废。

邵原县　唐武德二年(619)析济源县置,属西济州。治所即今河南济源市西八十九里邵原镇。四年(621)废入济源县。

邵原郡　隋义宁元年(617)置,治所在垣县(今山西垣曲县东南五十七里古城镇)。辖境相当今山西垣曲县及河南济源市等地。唐武德元年(618)废。

邵原镇　一作邵源镇。即今河南济源市西八十九里邵原镇。唐初置邵原县。寻废。明、清置巡司于此。

邵陵县　①西晋武帝避其父司马昭名讳,改昭陵县置,为邵陵郡治。治所即今湖南邵阳市。隋改为邵阳县。

②西晋改召陵县置,属颍川郡。治所在今河南漯河市召陵区东三十里召陵寨。南朝宋为颍川郡治。北魏太和六年(482)移治奇额城(今召陵区东南)。北齐天保七年(556)还治今召陵区东,属临颍郡。隋大业初废。唐武德四年(621)复置,属道州。贞观元年(627)废。

③东晋侨置,属颍川郡。治所在今安徽巢湖市东南。南齐后废。

④东魏置,属丹杨郡。治所在今河南沈丘县境。北齐废。

邵陵郡　西晋太康中避司马昭之名讳,改昭陵郡置,属荆州。治所在邵陵县(今湖南邵阳市)。辖境相当今湖南冷水江市以南资水流域。隋开皇九年(589)废。

邵雍墓　在今河南伊川县西南十二里紫荆山南麓。邵雍(1011—1077)字尧夫,谥号康节。祖籍范阳(今河北涿州)。北宋哲学家。墓冢封土为丘,坐北向南。墓碑上书"宋先儒康节邵夫子墓"。墓南有享堂三间,内外有明代以后重修碑记三通。山门外有清乾隆七年(1742)建牌坊。

邵源镇　一作邵原镇。即今河南济源市西八十九里邵原镇。《清史稿·地理志》作"邵源镇",置巡司于此。

邵寨镇　金置,属泾州。即今甘肃灵台县东南五十里邵寨镇。

邵镇　即今河南上蔡县南二十二里邵店乡。清尹耕云《豫军纪略》卷12:同治五年五月二十八日,"追及于邵镇,张总愚突引大股回扑"。

〔ㄱ丶〕

甬　浙江省宁波市的简称。因境内有甬江而名。

甬东　即甬句东。春秋越地。今浙江东部舟山岛。《左传》:哀公二十二年(前473),"越灭吴,请使吴王居甬东"。杜预注:"甬东,越地,会稽句章县东海中洲也。"又相传有葛仙翁隐此,故又名翁山、翁洲。

甬句东　简称甬东。春秋越地。即今浙江东部舟山岛。《国语·越语上》:"句践曰:吾请达王甬句东。"韦昭注:"甬,甬江;句,句章。"《国语·吴语》韦昭注:"甬句东,今句章东海口外洲也。"

甬江　在今浙江东部。上源奉化江和姚江,流至今浙江宁波市城区汇合后始称甬江,东北流经宁波市鄞州区、镇海区、北仑区而注入东海。《史记·吴太伯世家》:吴王夫差二十三年(前473),"越王勾践欲迁吴王夫差于甬东"。《集解》:"贾逵曰:'甬东,越东鄙,甬江东也。'"《清史稿·地理志》宁波府鄞县:"奉化江南自其县入,鄞江出四明山,合而北流为甬江。"

甬城县　即角城县。东晋义熙中置,在今江苏淮安市淮阴区西南古淮水与泗水交汇处。旧本《宋书》、《南齐书》作甬城,而《水经注》、《魏书》、《资治通鉴》均作角城。

甬桥　又作埇桥。在今安徽宿州市南汴河上。唐时控扼汴运,为运道之咽喉。《资治通鉴》:唐建中二年(781),淄青节度使"李正己遣兵扼宿州甬桥、涡口……江淮进奉船千余艘,泊涡口不敢进"。元和四年(809),于桥北置宿州。唐末汴河淤塞,桥东南悉为污泽。金以后汴河湮废,此桥亦废。

甬溪洞　在今浙江宁海县西南百余里与天台县交界处。《资治通鉴》:唐咸通元年(860)五月,南路军大破裘甫起义军"于海游镇,'贼'入甬溪洞"。即此。

郚　①一作邰、骀。殷周时后稷所封,在今陕西武功县西南永安村。《诗经·大雅·生民》："即有邰家室。"《史记·周本纪》：周后稷"其母有邰氏女，曰姜原……封弃于邰，号曰后稷"。

②春秋鲁地。在今山东费县东南。《春秋·穀梁传》：襄公十二年（前561），"莒人伐我东鄙，围邰。……季孙宿帅师救邰，遂入郓"。《春秋》作台。

矣马洞驿 又名矣马驿。明置，属阿迷州。在今云南开远市东北逸马邑。

矣邦池 又称龙甸海、干海。在今云南泸西县境。《明一统志》卷87广西府：矣邦池"在府治南。周三十余里，半跨弥勒州界。水源有二，一出阿卢山麓窍，一出弥勒州吉双乡，南流入盘江。中有小山，建广福寺"。《清一统志·广西州》：矣邦池"在州城东南五十三里。一名龙甸海，亦谓之干海。周三十余里。水原有二：一出泸源洞，一出江头村龙潭，或云出弥勒县吉双乡者误。南流入盘江。中有小山。明李韶言府南有干海，后有平壤，可开屯田，即此"。《清史稿·地理志》广西直隶州：矣邦池"一名龙甸海，中有岛，周三十余里，又东南汇为支醂，又南，伏流入盘江"。近代已垦为农田。

矣层山 在今云南罗平县东北。《清一统志·曲靖府》：矣层山"在罗平州东北。有清泉。蛮语水曰矣，因名"。

矣和波山 在今云南建水县东南。《清一统志·临安府》：矣和波山"在建水县东南沙寨村。林壑之美，宛如画图"。

矣波海 即今云南蒙自市与个旧市间之大屯海。《方舆纪要》卷115蒙自县：矣波海"中多鱼虾海菜"。

矣保山 在今云南姚安县北十五里。《方舆纪要》卷116姚安军民府：矣保山"在府北十五里"。

矣堵寨 在今云南凤庆县西南。《方舆纪要》卷118顺宁府：矣堵寨"在府西南。万历二十八年，矣堵十三寨莽亢等复叛，官军讨平之，顺宁云州复"。

矣落河 即今云南石屏县西河底河。《清一统志·临安府》：矣落河"在石屏州西八十里。自元江州流入境，又东入亏容甸司界。即元江下流也。一作落矣江"。

鸡山 ①一名凤山。在今安徽宁国市南。《明一统志》卷15宁国府：鸡山"在宁国县南五里。峰峦秀拔，县治之镇山也"。

②在今山东章丘市西南。《寰宇记》卷19章丘县："晏谟《齐记》云：卫国县南有鸡山，人云：昔有神鸡晨鸣于此。有人候之，获一石洁白如玉，因以为名。"

鸡川 在今河南洛阳市东洛水与伊水合流处。唐陈子昂《晦日宴高氏林亭》诗序："发挥形胜，出凤台而啸侣；幽赞芳辰，指鸡川而留晏。"

鸡川县 ①唐先天元年（712）析翼水县地置，属悉州。治所在今四川茂县西北。一说在今黑水县东。天宝元年（742）属临翼郡。五年（742）改属昭德郡。乾元元年（758）属真州。后废。

②金升鸡川砦置，属西宁州。治所在今甘肃通渭县东南鸡川镇北，后属秦州。元世祖至元七年（1270）废。

鸡川砦 北宋治平四年（1067）置，属秦州。在今甘肃通渭县东南鸡川镇北。金升为鸡川县。遗址尚存。

鸡子山 ①在今湖北宜昌市夷陵区东，接当阳市界。清设把总驻守。

②在今陕西洋县南五里。《明一统志》卷34汉中府：鸡子山"下瞰汉江。以形似名"。

鸡子堆 在今陕西乾县东北。《资治通鉴》：唐建中四年（783），朱泚围德宗于奉天（今陕西乾县），关播、浑瑊"营于城东北鸡子堆，与城中犄角相应"。即此。

鸡止崖 在今四川荥经县西南。《明一统志》卷72雅州：鸡止崖"在荣经县西二十五里。本名栖止，其岩临大关山之险，至此路方平坦，肩担背负者皆栖止于此，故名。《寰宇记》又名鸡心山，盖传写之讹"。

鸡水 在今安徽凤台县西北，东南流经县西北入西肥河。《水经·淮水注》："夏肥水东流，左合鸡水，水出鸡陂。"

鸡爪泉 在今河北定兴县西。《清一统志·保定府二》：鸡爪泉"即鸡距泉。状如鸡距，故名。在定兴县西界。东支发源于陈村，至中支汇流，长五里许。中支发源于李家庄三岔口，长十里许；南支发源于马家庄，至三岔口汇流，长六里许。诸泉皆会安肃界，南归瀑河"。

鸡爪滩 又名金照滩、丈八滩。在今重庆市合川区东北渠江中。《元史·宪宗纪》：九年（1259），"二月丙子，帝悉率诸兵渡鸡爪滩，至石子山"，围攻钓鱼山城。

鸡父 春秋楚邑。在今河南固始县东南。《春秋》：昭公二十三年（前519），"吴败顿、胡、沈、蔡、陈、许之师于鸡父"。杜注："鸡父，楚地。安丰县南有鸡备亭。"

鸡公 亦名鸡贡。即今西藏察隅县驻地吉公。清末刘赞廷《波密日记》：由竹洼寺"七十里至鸡公宿"。即此。"吉公"，藏语意为快乐岗。

鸡公山 古名鸡翅山。又称鸡头山。在今河南信阳市南，豫、鄂两省交界处。清乾隆《信阳州志》卷1《山川》：鸡翅山在"南七十里。上有怪石，名鸡公石。一名鸡头山"。民国《重修信阳县志》卷3："鸡公山在县南七十里，南新店东十四里，县与湖北应山自顶分界，怪石特起，峭拔凌云，状类鸡公。"

鸡公山遗址 在今湖北荆州市荆州区。是我国在平原地区首次发现旧石器时代人类活动遗址。遗址面积1000平方米。1992年发掘400多平方米。在旧石器时代中、晚期距今约四五万年的层位内发现五处古人类居住面、一处石器打制场以及数以万计的砍砸器、刮削器、石锤等文化遗物。1996年定为全国重点文物保护单位。

鸡公背山　在今贵州关岭布依族苗族自治县西。《清一统志·安顺府》：鸡公背山“在永宁州（治今永宁镇）东，与关索岭对峙。《（贵州）通志》：亦名鸡公背坡。形如鸡背，下临溪涧，山路艰险，往来者视为畏途”。

鸡公嶕山　在今重庆市丰都县东北。《方舆纪要》卷69酆都县：鸡公嶕山“在县东北三十里”。

鸡公嶂　在今广东紫金县东北。《清一统志·惠州府》：鸡公嶂“在永安县东北五十里。高四百余丈，周四十里，为县主山”。

鸡公寨　在今四川茂县西北。《方舆纪要》卷73茂州“长宁堡”条内：“《边略》：嘉靖十四年，抚臣宋沧克平茂州鸡公寨。十五年长宁等处深浅诸蛮声言复仇，备兵使者朱统督官兵剿平之。”即此。

鸡心岭　在今重庆市巫溪县北鱼鳞乡北大巴山，西与陕西镇坪县，东与湖北竹溪县交界，为大巴山主要通道之一。清光绪《大宁县志》卷1：鸡心岭“在县东北二百四十里。山路崎岖，人烟稀少，万峰攒聚，三省咽喉。土人云：陕西界多树木，湖北界产茅竹，四川界尽生茅草，亦天然鸿沟也”。清设外委、把总驻守。

鸡田州　唐贞观二十一年（647）以铁勒阿跌部置，属燕然都护府。其地在今蒙古国色楞格省哈拉河与鄂尔浑河下游一带。总章二年（669）属安北都护府。开元元年（713）改隶灵州都督府。侨治回乐县（在今宁夏吴忠市北）。后废。

鸡丘　即鸡泽。在今河北永年县东南。《国语·晋语七》：悼公四年（前569），“会诸侯于鸡丘”。

鸡头山　①即鸡公山。在今河南信阳市南。《魏书·地形志》：宋安郡乐宁县“有鸡头山”。

②在今湖北广水市东北。《魏书·地形志》：宋安郡乐宁县有鸡头山。《寰宇记》卷132应山县：鸡头山“在县东北九十里。有二山远相向，如鸡头欲斗之状”。

③一名偏角山。在今湖北荆门市北。《方舆纪要》卷77荆门州“内方山”条下：“鸡头山在州北六十里。最高。谚云：鸡头、马仰，去天一丈。鸡头相接者曰大明山，皆有泉石之胜。或以鸡头山为即《括地志》所云之章山也。”

④俗名小武当山。在今陕西户县东南三十一里。《清一统志·西安府一》引《十六国春秋》：“秦苻生欲西上陇山，士卒散尽，遂入鸡头山。”即此。

⑤在今甘肃西和县西北，接礼县界。《后汉书·隗嚣传》：建武八年（32）春，“来歙从山道袭得略阳城。嚣出不意，惧更有大兵，乃使王元拒陇坻，行巡守番须口，王孟塞鸡头道”。即此。

⑥在今甘肃成县西南十五里。《元和志》卷22上禄县：鸡头山“在县东北二十里。后汉将来歙从山道袭得略阳，隗嚣出其不意，使将王孟将兵塞鸡头道，即此也”。清光绪《甘肃新通志》卷7：鸡头山“状如鸡头，中有龙洞”。

⑦即崆峒山。今宁夏南部、甘肃东南之六盘山。《史记·秦始皇本纪》：“二十七年，始皇巡陇西、北地，出鸡头山，过回中。”即此。

鸡头关　即今陕西汉中市西北鸡头关。《方舆纪要》卷56褒城县：鸡头关“关口有大石，状如鸡头。自此入连云栈，最为险峻”。明置巡司于此。

鸡宁车站　即今黑龙江鸡西市。虎林铁路在此有支线通恒山煤矿。

鸡宁县　1941年9月伪满由密山县析置，属东安省。治鸡宁街（今黑龙江鸡西市）。1947年属牡丹江省。1948年属合江省。1949年8月改名鸡西县。

鸡场关　明洪武二十五年（1392）建，在今贵州凯里市西北炉山镇南十里。《明史·地理志》清平县：“南有鸡场关。”

鸡场营　明置，属普安州。即今贵州盘县北鸡场坪彝族乡。明万历《贵州通志》卷9普安州：弘治五年（1496），“鸡场营长纠党谋杀土官土舍，隆池地方骚动。院道檄知州赖万璵计擒枭示”。

鸡西市　1956年由鸡西县设地级鸡西市，市人民政府驻鸡冠区。由黑龙江省直辖。

鸡西县　1949年8月改鸡宁县置，属松江省。治所即今黑龙江鸡西市。1954年划归黑龙江省。1956年改设鸡西市（地级），由省直辖。

鸡讲司　在今贵州雷山县东北二十八里营上。清雍正九年（1731）置鸡讲长官司，乾隆二年（1737）设鸡讲汛。

鸡贡　即鸡公。今西藏察隅县驻地吉公。清末刘赞廷《察隅县志略》：“北路：出治北行……九十里至乐都宿，有人烟房屋，建行台一处。八十里至鸡贡宿。”即此。

鸡苏　在今天津市蓟县西。《旧五代史·刘守光传》：唐天祐四年（907），刘守文讨其弟守光，“守光逆战于鸡苏，为守文所败”。即此。

鸡足山　①在今河南三门峡市西陕县老城西南二里。《明一统志》卷29河南府：鸡足山“上有虎岩洞，临河，宛如鸡足”。故名。

②亦名鸡山。在今四川开江县东北。《方舆纪要》卷69新宁县：鸡足山在“县东二十里。逶迤绵亘，麓分五支，如鸡距然，亦曰鸡山”。

③又称鸡山。在今云南宾川县西北部。自明代后期通称鸡足山。《方舆纪要》卷117大理府：鸡足山在“府东北百里，与宾、邓二州接界。前有三距，后起一支，形若鸡足，因名。《志》云：山峰攒簇如莲华然，盘折九曲，松杉郁葱，其崖、壑、台、洞、泉、涧之属以数百计。上有石门，号华首门，俨如城阙，人莫能通。佛寺环列，金碧辉映，绝顶五更见日出之光，游人经旬乃尽其胜”。为著名佛教名山。主峰天柱峰（金顶）海拔3248米。峰顶有十三

层、高42米的方形空心砖塔楞严塔。金顶寺是全山最著名的佛寺，寺内有西藏送来的铜佛，还有钨铜合金铸成的2米多高的大香炉等宗教文物。寺下石门对面有铜铸太子阁，略小于金顶寺。祝圣寺为清代朝廷敕建，香火繁盛，寺内有鸡足山历史图书文物及形态各异的五百罗汉。山上还有睡佛寺，是西藏喇嘛朝山必到的寺院。

鸡陂 在今安徽凤台县西北。《水经·淮水注》：大漴陂"水出分为二流，南为肥水，北为鸡陂。夏肥水东流，左合鸡水，水出鸡陂"。《新唐书·地理志》下蔡县："西北百二十里有大崇陂，八十里有鸡陂，六十里有黄陂，东北八十里有湄陂，皆隋末废。唐复之，溉田数百顷。"

鸡林国 即新罗。在今朝鲜境。东汉时，新罗之始林有鸡怪，更名鸡林，因以鸡林为国号。《旧唐书·新罗国传》：龙朔三年（663），"诏以其国为鸡林州都督府，授法敏为鸡林州都督"。

鸡鸣山 ①即今河北张家口市东南鸡鸣山。《金史·地理志》：德兴府德兴县"有鸡鸣山"。《明史·地理志》保安州："西北有磨笄山亦曰鸡鸣山。"《方舆纪要》卷17保安府：磨笄山"亦名鸡鸣山。……正统十四年，瓦剌也先犯大同，奄王振主亲征，驾次鸡鸣山，敌渐退"。

②一名鸡鸣岭。在今山西长治县东南。《魏书·地形志》：上党郡壶关县有鸡鸣岭。《元和志》卷15潞州上党县："鸡鸣山，一曰火山，在县（今长治市）东南七十六里。"

③即鸡笼山。今江苏南京市解放门内鸡鸣山。因山东麓建有鸡鸣寺，故名。

④在今浙江义乌市东。《方舆纪要》卷93义乌县：鸡鸣山在"县东五里。前瞰县郭，傍临大溪"。

⑤一名鸡鸣冈。在今安徽合肥市西四十里。唐杜佑议凿鸡鸣冈以通南北漕运。即此。《方舆胜览》卷48庐州：鸡鸣山"在合肥县西北四十里"。《方舆纪要》卷26：合肥县"鸡鸣山在府西四十里。肥水出于此，上有龙井"。

⑥在今福建邵武市东。《舆地纪胜》卷134邵武军《景物下》：鸡鸣山"在邵武县东二十五里。（五代）卢绛叛兵入闽，居民未知避贼，夜有鸡鸣山顶，人皆起，而贼适至，一方免扰攘之苦，故以名之"。

⑦在今山东济南市长清区东南八十里。《方舆纪要》卷31长清县："鸡鸣山在县东八十里。《志》云：灵岩寺西山口也。"

⑧在今湖北英山县北五里。《清一统志·六安州》：鸡鸣山"为县镇山。宋淳祐中，制置使吴渊立寨"。

⑨在今湖北汉川市西。《方舆纪要》卷76汉川县：鸡鸣山"在县西百二十里。元末徐寿辉作乱，宽彻普化镇武昌，遣其子引舟师攻之，至鸡鸣汊，水浅舟滞，寿辉将倪文俊以火筏尽焚其舟。即此"。

⑩一名鸡栋山。在今四川名山县西南与雅安市交界处。《寰宇记》卷77名山县：鸡鸣山"在县西南十七里。《地理志》云：蜀有鸡鸣山，俗传云：金鸡鸣而天下太平。则古之名山也"。

鸡鸣冈 又作鸡鸣山。在今安徽合肥市西北。《新唐书·食货志三》：建中时，"李纳、田悦兵守涡口，梁崇义搤襄、邓，南北漕引皆绝，京师大恐。江淮水陆转运使杜佑（议）……疏鸡鸣冈首尾，可以通舟，陆行才四十里，则江、湖、黔中、岭南、蜀、汉之粟可方舟而下"。即此。

鸡鸣台（臺） ①在今河北定州市东南三十里。《方舆纪要》卷14定州：鸡鸣台，"《图经》：光武自蓟而南，舍宿于此。鸡鸣驰去，因名"。

②在今江苏沛县北。《方舆纪要》卷29徐州沛县：鸡鸣台"在县东北五十五里沙河北岸。明正统中，置闸于此。为运河所经。嘉靖中废。《志》云，鸡鸣台东有小河，出滕县之三里桥及七里沟泉，西南流百余里，至台东入漕河"。

③在今河南灵宝市东北老城南十里。《清一统志·陕州一》：鸡鸣台"与望气台对峙，相传即齐田文客为鸡鸣脱关处"。

鸡鸣寺 ①在今江苏南京市鸡鸣山东麓。是南京著名古寺之一。南朝梁于此建同泰寺，后毁于兵火。五代吴建台城千佛院，南唐为净居寺，宋为法宝寺。明洪武二十年（1387）重建，改名鸡鸣寺。后屡遭破坏，今寺为清同治年间重修。

②即今重庆市城口县南鸡鸣乡。清道光《城口厅志》卷3：鸡鸣寺场在"厅南一百八十里"。

鸡鸣关 在今贵州镇远县东北清溪镇东。《清一统志·思州府》：鸡鸣关"在青溪县东十五里，观音崖西。上倚悬崖，下临潴水，路仅一线，为天设之险"。

鸡鸣岛 在今山东荣成市北渤海中。《寰宇记》卷20文登县："鸡鸣岛在县东北一百三十里。晏谟《齐记》云，不夜城北有鸡鸣岛。"

鸡鸣河市 即今湖北英山县西南鸡鸣河村。旧属蕲水县。清光绪《蕲水县志》卷末《兵事》：咸丰十一年（1861）二月，太平军陈玉成"由鸡鸣河出蔡家河、竹瓦店，陷黄州"。

鸡鸣驿城 在今河北怀来县西北鸡鸣驿乡鸡鸣驿村。是一处建于明代的驿站遗址。始建于明永乐十八年（1420），明清均有续修。现墙体及城内外古建筑保存基本完好。驿站所处的驿路先秦时为"上谷干道"，历代均为要道。明代驿城为宣府镇长城的重要驿站。驿城平面近方形，城墙周长1891.8米。城墙内为夯土，外皮砖砌。墙体高11米，城墙四周均匀分布有四个角台、二十六个马面。东西各开一城门，建有城楼。城墙顶部外侧密布雉堞，间距3.5米，垛墙上有瞭望孔、射孔和排水孔道，城外有烟墩。城垣内侧建有环城道，城内纵横道路五条，将城分为大小不等的十二个区域。城内建筑分布有序，驿署区在城中心，西北有马号，东北有驿仓。城内原有十几座庙宇，现仅存七座，分别为龙神庙、财神庙、泰山行宫、城隍庙、普渡寺、永宁寺、白衣观音殿。还有古民居、商肆。城南傍城有驿道东西向通过。鸡鸣驿是我国邮传、军驿的宝贵遗存。2001年定为全国重点文物保护单位。

鸡鸣驿堡 明永乐十七年（1419）筑，属宣府左卫。在今河北怀来县（沙城）西北鸡鸣驿乡。《方舆纪要》卷18万全都司：鸡鸣驿堡“为镇城入京要路，正北达龙门堡，西北达赵川堡，实当两路之冲……嘉靖四十二年北部由此突犯，为戍守重地”。

鸡鸣城 ①一名鸡子城。故址在今福建仙游县东北。《舆地纪胜》卷135兴化军《古迹》：鸡子城“在莆田县（按，当为仙游县）东北十里。《旧经》云，未详其义”。《明一统志》卷77兴化府《古迹》：鸡子城“在仙游县东咸平里鸡子城山上，其城旧传越王所筑，遗址犹存”。

②在今河南禹州市东北。《魏书·地形志》颍川郡长社县：“有鸡鸣城。”《水经·渠水注》：皇陂“北对鸡鸣城，即长社县之浊城也”。

③在今河南尉氏县西南三十里。《水经·渠水注》：“皇陂即古长社县之浊泽也……其陂北对鸡鸣城，即长社县之浊城也。”

④在今湖北汉川市西南。《方舆纪要》卷76汉川县“和公城”条下：“《志》云，鸡鸣城在县西百里。相传曹操败乌林时筑此城以驻兵，闻外军将至，伪作鸡鸣而遁，俗名张家城。”

鸡鸣峡 在今重庆市涪陵区西龟龙关。《水经·江水注》：江水“东至黎乡，历鸡鸣峡”。《元和志》卷30涪州：“鸡鸣硖山在县西十五里。先主时，涪陵人反，蜀将邓芝讨焉，至鸡鸣硖。”

鸡鸣原 在今四川双流县东南华阳镇一带。《宋史·雷有终传》：咸平三年（1000），知蜀州杨怀忠攻王均，“乘胜逐贼至益州南十五里，砦于鸡鸣原，以候王师”。即此。

鸡鸣埭 在今江苏南京市北玄武湖畔。《南史·后妃传》：齐武帝“车驾数幸琅邪城，宫人常从，早发，至湖北埭，鸡始鸣，故呼为鸡鸣埭”。晚唐李商隐《南朝诗》：“玄武湖中玉漏催，鸡鸣埭口绣襦回。”

鸡岭关 在今湖北郧西县西。《方舆纪要》卷79郧西县：鸡岭关在“县西五十里”。因山以名。

鸡和城 唐置，在今云南楚雄市西北四十里吕合镇。《元史·地理志》：“蒙氏并六诏，征东蛮，取和子、鸡和二城，置石鼓县。”

鸡备亭 在今河南固始县东南。《春秋》昭公二十三年（前519），吴败诸侯之师于“鸡父”。杜注：“安丰县南有鸡备亭。”《水经·决水注》：“决水自雩娄县北，径鸡备亭。”即此。

鸡泽 又名鸡丘。治所在今河北永年县（临洺关）东南。《左传》：襄公三年（前570），“同盟于鸡泽”。即此。

鸡泽县 隋开皇十六年（596）改广平县置，属洺州。治所在今河北鸡泽县东南二十里吴官营乡旧城营。大业初废。唐武德四年（621）复置，治冯郑堡（今鸡泽县西南十里风正）。五代晋移治旧城营东二十里。金天会中寄治北台头（今鸡泽县东南）。大定初移治今鸡泽县。元初废入永年县，后复置，属广平路。明属广平府。民国初属直隶大名道。1928年直属河北省。

鸡宗山 在今四川茂县西南四十里。《舆地纪胜》卷149茂州“铁豹岭”条下：“《皇朝郡县志》云：熙宁九年，因茂州筑城，静州将杨文绪导蕃董阿丹作乱，茂州南有鸡宗关，路通永康，北有陇东路通绵州，皆为蛮据，声援俱绝。至书木牌投于江水以告急。朝廷遣内侍王中正将陕西兵千人救之。中正既至，乘诸羌约和不戒，旁出鸡宗山击夺其险。又由间道渡索桥，历流沙飞石之危，会于鸡宗，去茂四十里，杨文绪等伏诛。”即此。

鸡宗关 北宋熙宁九年（1076）置，属茂州。在今四川茂县西南四十二里南新镇鸡宗山上。南宋李焘《续资治通鉴长编》卷274：熙宁九年（1076），静州将杨文绪结连蕃部攻茂州，“茂州南有鸡宗关，路通永康军”。《宋史·王光祖传》：“吐蕃围茂州，光祖领兵三千，会王中正破鸡宗关。”皆即此。明置巡司于此。

鸡项关 在今青海循化撒拉族自治县西四十七里查汗都斯乡古什群村。《资治通鉴》：唐大中四年（850），“吐蕃论恐热遣僧莽罗蔺真将兵于鸡项关南造桥，以击尚婢婢于白土岭”。即此。

鸡栋山 一名鸡鸣山、金鸡山。在今四川名山县西南与雅安市交界处。《舆地纪胜》卷147雅州：鸡栋山“即古之名山也。因为名山戍，唐垂拱中以戍为县”。《方舆纪要》卷72名山县，鸡栋山“在县西南十七里。一名鸡鸣山”。唐置鸡栋关于此。

鸡栋关 唐置，属名山县。在今四川雅安市东北金鸡山金鸡村。《新唐书·地理志》：名山县有鸡栋关。《方舆纪要》卷72名山县：鸡栋关在“县西南鸡栋山上，即金鸡关也”。

鸡骨岭 在今广东郁南县东南。《方舆纪要》卷101罗定州西宁县：鸡骨岭，“《旧志》云：在大力士东十五里。东北去德庆州十里，高二百余丈，产鸡骨香”。

鸡冠山 ①在今辽宁凤城市西北。民国《奉天通志》卷82凤城县：鸡冠山在“城西三十里”。

②在今黑龙江省鸡东县西。鸡东县以此为名。民国《东北年鉴》密山煤矿：“鸡冠山、黄泥河等处，东西长约一百里，南北宽约五十里，所有哈达河、城子河、向阳山，细七河、石头河等处，均划入界址之内。”

③即今浙江浦江县东北四十里鸡冠岩。《方舆纪要》卷93浦江县：鸡冠山“势极高峻，可俯瞰二百里外。其相连者有三十六冈，重峦复嶂，前后相属”。

④在今广西桂平市南。《方舆纪要》卷108桂平

县：鸡冠山“在府南八十里。峰峦昂耸”。

⑤在今贵州都匀市西南平浪镇东。《方舆纪要》卷121都匀府平浪司：鸡冠山“在司东。以形似名”。

⑥在今甘肃徽县西五十里。《方舆纪要》卷59徽州：“山势高耸，为州境之险。”《清一统志·秦州一》：鸡冠山“绵亘而北，与清水县之小陇山相连，土宜陶冶，居民所资”。

鸡冠岭砦　在今四川兴文县南鸡冠岭上。《明史·刘显传》：万历元年（1573），都掌族“阿大自守鸡冠。显令人诱以官，而分五哨昼壁九丝城下。……郭成破鸡冠，获阿大”。即此。《方舆纪要》卷70兴文县：鸡冠岭砦“在县南。亦都掌蛮依阻处也”。后改为金鸡砦。

鸡冠砬子　在今吉林长白朝鲜族自治县十四道沟镇境。民国徐曦《东三省纪略》卷7：“十四道沟金矿在长白（县）十四道沟之鸡冠砬子，沙金线金均旺。”

鸡冠峰　在今吉林磐石、东丰县西。《清一统志·吉林一》：吉林峰“在（吉林）城西南四百余里，高一里，周二十余里。又名鸡冠山。上有五泉，北流分为五道，合为依巴丹河，汇为雅吉善河”。

鸡冠寨　①在今河南林州市西北四十里。《方舆纪要》卷49林县：鸡冠寨“元至正中避兵处”。

②在今广东韶关市北。《方舆纪要》卷102韶州府曲江县：鸡冠寨在“府北十里”。

③在今四川兴文县南。明都掌蛮依阻之地。《方舆纪要》卷70兴文县“鸡冠岭砦”条下：“万历中官军克九丝城，拔其旁砦十三，又克其鸡冠砦。”即此。

鸡栖城　即栖鸡城。在今四川茂县西北。北宋曾公亮《武经总要前集》卷20：茂州“西北陆行至吐蕃栖鸡城”。

鸡栖原　在今山西霍州市东北三十里霍山上。《资治通鉴》：南朝陈太建八年（576），北周伐齐，“使永昌公椿屯鸡栖原”。又齐主“分军出汾水关，自帅大军上鸡栖原”。皆此。

鸡翅山　即今河南信阳市南鸡公山。《方舆纪要》卷50信阳州：九度河“在州南六十里。源出鸡翅山”。

鸡秩山　在今蒙古国西南。《汉书·匈奴传》：本始二年（前72），数路伐匈奴，“御史大夫田广明为祁连将军，四万余骑，出西河……祁连将军出塞千六百里，至鸡秩山，斩首捕虏十九级，获牛马羊百余”。

鸡翁山　①在今陕西汉中市西北。《方舆纪要》卷56褒城县：鸡翁山，“《志》云：山有石峰临黑龙江，突起如鸡冠状”。

②在今贵州凤冈县东南三十里。《清一统志·石阡府》：鸡翁山“唐鸡翁县在其山下”。

鸡翁县　唐武德四年（621）置，属夷州。治所在今贵州凤冈县东南鸡翁山下。六年（623）废。贞观六年（632）复置，永徽后废。

鸡陵关　在今越南北部谅山省谅山县北。《方舆纪要》卷112安南谅山府“隘留关”条：“又南为鸡陵关。”《明史·张辅传》：永乐四年（1406），张辅伐安南季犛，自凭祥进军，“破隘留、鸡陵二关”。

鸡雀湖　在今江苏姜堰市西北。《舆地纪胜》卷40泰州：鸡雀湖“在海陵县东”。《方舆纪要》卷23泰州：“鸡雀湖在州东北四十里。周三十里。旧多鸡雀飞集，因名。”

鸡距泉　在今河北保定市西北。《明一统志》卷2保定府：鸡距泉“在府城西三十里。泉水喷流，状如鸡距，与一亩泉合流，由城外濠出为减水口。元张柔又作新渠，凿西城以入水，水循市东行转北，别为东流，垂及东城，又折而西，双流交贯，由北水门而出”。

鸡笼　台湾省基隆市的旧称。以港外有小岛形似鸡笼而得名。清咸丰十年（1860）开放为对外通商口岸。光绪元年（1875）置鸡笼厅，后改为基隆。

鸡笼山　①又名龙山、钦天山。俗称北极阁。即今江苏南京市解放门内鸡鸣山。《寰宇记》卷90升州上元县“鸡笼山”条引《舆地志》云：“其山状如鸡笼，以此为名。晋元帝等五陵并在山之阳。”《宋书·雷次宗传》：元嘉十五年（438），“次宗至京师，开馆于鸡笼山，聚徒教授，置生百余人”。即此。

②在今安徽和县西北三十五里，近含山县界。《寰宇记》卷124历阳县：鸡笼山“在县西北三十五里。《淮南子》云：麻湖初陷之时，有一老母提鸡笼以登此山，乃化为石，今山有石状如鸡笼，因名之”。《宋史·李显宗传》：南宋绍兴三十一年（1161），金主亮大举南侵，“亲统细军驻和之鸡笼山，将济采石”。即此。

③在今福建福州市西南，高盖山之西。一名斗门山。西为凤冈。《清一统志·福州府一》引《旧志》曰：“冈滨建江，首起城南三十里，尾尽城西二十里。江水环绕，为村阜三十六，居人遍植荔枝，多至数百万株。”又引《福建通志》曰：“三十六宅，宋刘彝诸贤所居，曰刘宅。”

④在今福建长汀县北。明嘉靖《汀州府志》卷2《山川》长汀县：鸡笼山“在县北成上里，去县五十里，以形似名”。

⑤在今江西南昌市西北。《明一统志》卷49南昌府：鸡笼山“在府城西一十里。其山盘旋耸秀，状若鸡笼。下枕大江为一方游览之地”。

⑥在今湖北阳新县东五十里。《舆地纪胜》卷33兴国军：鸡笼山“在永兴县东南八十里，湖山之巅有金鸡隐伏，遇夜阴晦，其光往来出没于湖山之间”。《清一统志·武昌府一》：鸡笼山“相传伍子胥曾驻兵于此。今遗址尚存”。

⑦在今湖北省钟祥市东北。《清一统志·安陆府》：鸡笼山“在钟祥县东北一百里，接京山县界。其南有白水岩，北有阳明洞。中有石屏、石笋”。

⑧在今广东封开县西南。《方舆纪要》卷101封

川县：鸡笼山在“县（今封川镇）西三十里。其脉广远，左接广西界，右襟西宁县”。

⑨在今广东翁源县西北。《清一统志·韶州府》：鸡笼山“在翁源县（治今翁城镇）西北六十余里，接连狗耳岭，为入郡孔道。山石对峙，如笋插入，万树盘岚，一崖坦润”。明置鸡笼铺于此。

⑩即今台湾省基隆市港口外的基隆屿，因岛形如鸡笼浮水而得名。清乾隆间范咸《台湾府志》卷1：鸡笼山“是台之东北隅有小山，圆锐，去水面十里，孤悬海中。以鸡笼名者，肖其形也”。或说为闽南方言，转译自高山族凯达格兰人语。明人曾以此指今台湾岛北部地区；亦泛指全岛。《明史·鸡笼传》：“鸡笼山在彭湖屿东北，故名北港，又名东番。”

鸡笼山帝陵　又称西陵。在今江苏南京市古鸡笼山之阳。据唐许嵩《建康实录》记载：东晋元帝建平陵、明帝武平陵、成帝兴平陵、哀帝安平陵均在鸡笼山之阳。鸡笼山（今南京市北极阁）位于东晋南朝建康城西。

鸡笼厅　清光绪元年（1875）置，属台北府。治所即今台湾基隆市。九年（1883）改名基隆厅。

鸡笼屿　①一名鸡笼头山。即今台湾基隆港口外基隆屿。清康熙间蒋毓英《台湾府志》卷2：鸡笼屿“在海洋中，与鸡笼鼻头山相对，而在其西”。

②在今台湾省澎湖县西南，风柜尾西。清高拱乾《台湾府志》卷1：鸡笼屿“其形上狭下广，如土人盛鸡之器”。

鸡笼关　在今广东连州市西三十七里。《清一统志·连州》：鸡笼关“在州西石泉铺西七里。路通连山厅”。

鸡笼安抚司　清康熙元年（1662）郑成功置。即今台湾省基隆市。《清一统志·台湾府》：废鸡笼安抚司，“康熙元年，郑成功置安抚司。二十二年废。今置兵戍守”。

鸡笼岛　在今马来西亚马来半岛东北部吉兰丹一带。《隋书·赤土国》：大业三年（607），常骏等“南达鸡笼岛，至于赤土之界”。

鸡脚寨　在今江西定南县东南。《方舆纪要》卷88赣州府定南县：鸡脚寨“在县（治今老城镇）东五十里。以形似名。四围峻绝，止一径可上。相近为白云寨”。

鸡鹿州　唐贞观二十一年（647）以铁勒奚结部置，属燕然都护府。在今俄罗斯赤塔西南赤塔河上游一带。总章二年（669）属安北都护府。开元元年（713）改隶灵州都督府。侨治回乐县（今宁夏吴忠市北）。后废。

鸡鹿塞　西汉朔方郡边塞。在今内蒙古磴口县西北沙金套海苏木哈日嘎那阿木村北古城（今哈隆格乃山口）。《汉书·地理志》朔方郡窳浑县：“有道西北出鸡鹿塞，屠申泽在东。”《后汉书·窦宪传》：永元元年（89）数路伐北匈奴，“宪与（耿）秉各将四千骑及南匈奴左谷蠡王师子万骑出朔方鸡鹿塞”。即此。

鸡黍城　即今山东金乡县西南三十五里鸡黍镇。《清一统志·济宁州》：鸡黍城，“《县志》：汉功曹范式故宅也，基址尚存。式与汝南张劭有鸡黍之约，故名”。

鸡街　①即今云南个旧市东北鸡街镇。个碧铁路经此。

②在今云南武定县南七十里，接富民县界。清有把总驻防。

鸡街寨　即今云南个旧市东北三十六里鸡街镇。《方舆纪要》卷115蒙自县：鸡街寨“在县西北。道出府城，此为要口”。

鸡背堡　北宋置，属定边军。在今陕西吴起县西北。金废。

鸡踪桥　在今四川成都市东北青白江区弥牟镇北。《资治通鉴》：五代唐长兴三年（932），董璋克汉州，孟知祥将兵赴援，“至弥牟镇，赵廷隐陈于镇北，甲申迟明，廷隐陈于鸡踪桥”。即此。《方舆纪要》卷67新都县：鸡踪桥“在县北三十五里。《旧志》云：弥牟镇北有鸡踪桥。……今湮”。

鸡额山　一名鸡岩山。在今云南大理市北，大理古城东北七十里。《清一统志·大理府》引明杨慎《游滇记》：“崖出水面，石磴盘旋，可三百武，削壁卷阿，正向点苍，十九溪峰，尽在几席。”

鸡膳屿　又名鸡心屿。在今台湾省澎湖县东北，西南距北寮半岛奎壁山约六里。清蒋毓英《台湾府志》卷3：鸡膳屿，“屿形如鸡膳子，故名”。

〔乛乛〕

纯义县　①隋开皇十八年（598）改义兴县置，属纯州。治所在今河南信阳市东北。大业初废入城阳县。

②唐武德五年（622）置，属南恭州。治所在今广西蒙山县西北二十二里新圩镇荷村。后属蒙州。永贞元年（805）改为正义县。

纯水　在今湖南平江县东南。《水经·湘水注》：汨水“径吴昌县北，与纯水合。水源出其县东南纯山，西北流，又东径其县南，又北径其县故城下，纯水又右会汨水”。

纯化县　隋开皇十八年（598）改梁化县置，属桂州。治所在今广西鹿寨县北中渡镇北长安村。大业二年（606）废。唐武德四年（621）复置，永贞元年（805）改为慕化县。

纯州　①西魏废帝三年（554）改淮州置，治所在上川郡（今河南桐柏县东固县镇）。寻废。唐武德初复置，治所在桐柏县（今桐柏县东固县镇）。贞观元年（627）废。

②北宋大观三年（1109）置，治所九支县（今四川泸州市纳溪区东南打古镇东北古纯村，一说在今合江县西南）。辖境相当今四川泸州市纳溪区东南、合

江县西南及贵州赤水县部分地。宣和三年（1121）废。古城遗址清晰可辨。

③南宋绍兴二十五年（1155）改岳州置，治所在巴陵县（今湖南岳阳市）。辖境相当今湖南岳阳、华容、临湘、平江等市县地。三十一年（1161）复改为岳州。

纯阳观 在今广东广州市海珠区五凤村东漱珠岗上，为广州著名道观。建于清道光四年（1824），开山祖师李明彻，字飞云，号青来，广东番禺人，精通测量、西洋绘画及天文气象。寺观规模宏大，但历经沧桑，今仅存山门、灵官殿、拜亭、大殿、朝斗台。朝斗台为李明彻晚年观察星象、研究天文之地。

纯阳宫 又称吕祖庙。在今山西太原市五一广场西北隅。建于明万历间，清乾隆间增筑巍阁三层。宫有四座院落，门前有四柱三楼木牌坊，主要建筑为吕祖殿、方形单间回廊亭及巍阁。四围建配房和砖券窑洞。

纯阳殿 在今四川峨眉山市西南峨眉山雷音寺与神水阁之间。明曹学佺《蜀中名胜记》卷31峨眉县：纯阳殿"殿前俯溪，有石如船，水出灌堰，石上'龙门'二字，苏子瞻书"。系明建，以吕洞宾（纯阳）为名。此为峨眉山仅存的一处道教宫观。

纯恩城 金置，属上京路。在今吉林延吉市西南。

纯留 亦称屯留。本为赤狄留吁国，晋景公七年（前593）灭之，更名纯留。在今山西屯留县南十二里古城村。《左传·襄公十八年》：晋人"执孙蒯于纯留"。即此。

纯德山 在今湖北省钟祥市东北十里。《方舆纪要》卷77钟祥县：纯德山在"城东北十里。旧名松林山，兴献陵寝在焉，嘉靖十年诏改今名"。

纱笼山 在今福建邵武市东。《方舆纪要》卷98邵武府邵武县："纱笼山在城东数里。群峰攒抱，中一峰独高而直。"

纲 又作刚。战国齐地，在今山东宁阳县东北三十五里堽城镇。《史记·秦本纪》：昭襄王三十六年（前271）"客卿竈攻齐，取刚、寿，予穰侯"。

纲成 即冈成。在今山东莘县西。《史记·范雎蔡泽列传》："蔡泽相秦数月，人或恶之，惧诛，乃谢病归相印，号为纲成君。"《续汉书·郡国志》东郡阳平侯国有冈成亭。

纳木河 即今新疆额敏、和布克赛尔、克拉玛依等市县境之白杨河。《清一统志·塔尔巴哈台》：纳木河"在塔尔巴哈台东南，东距色伯苏台山一百十里。源出北山下，南流五十里。又一源西南来，会而东南行，又四十里入于沙碛。西距额彬格逊池百里"。

纳木河卫 明永乐五年（1407）置，属奴儿干都司。在今黑龙江省讷河市东讷谟尔河流域。后废。

纳仓宗 即先家城。治今西藏申扎县。

纳仓营 清乾隆年间置，在今西藏申扎县。

纳丹府城 在今吉林磐石县东南黑石镇境那丹佛勒古城。明于此置驿站。明《辽东志》卷9：开原东陆路至朝鲜后门有"纳丹府城"。清作那丹佛勒城。

纳文慕仁盟 原称西布特哈地区，即清末所设西路布特哈总管衙门所辖区域。1932年伪满洲国在此设兴安东分省。1945年解放，1946年3月，在扎兰屯成立纳文慕仁省政府，同年6月改称纳文慕仁盟，属兴安省。"纳文慕仁"，蒙古语意即"嫩江"。1947年划归内蒙古自治区。1949年与呼伦贝尔盟合并为呼伦贝尔纳文慕仁盟（简称呼纳盟）。

纳书克贡巴 在今西藏比如县西北下秋卡、果曲一带。为藏北三十九族之一。世称藏北民户为纳书克等三十九族（《卫藏通志》卷15载三十九族之名）。

纳布营 清乾隆年间置，在今西藏南木林县东拉布普乡。

纳甲城 宋置，属秦州。即今甘肃秦安县。金正隆中升为秦安县。

纳吉堡 又作纳吉铺。明洪武十四年（1381）置，即今贵州镇宁布依族苗族自治县。二十三年（1390）改为安庄卫。

纳夷江 即今四川西部之雅砻江。《方舆纪要》卷74四川行都司打冲河中前千户所：打冲河"在司治西，蛮名黑惠江，又名纳夷江"。

纳齐希站 又作二站或甘井子。清雍正十年（1732）置，即今黑龙江省甘南县。清西清《黑龙江外记》卷2："齐齐哈尔西北至呼伦贝尔，雍正十年设十台：曰西勒图，曰纳齐希……"1933年于此置甘南县。

纳米镇 金置，属兰州阿干县。在今甘肃兰州市东。

纳州 唐仪凤二年（677）置，治所在今四川叙永县西南。辖境相当今四川叙永县西南境地。先天二年（713）改为羁縻州，属泸州都督府。天宝元年（742）改为都宁郡。乾元元年（758）复为纳州。北宋后废。

纳冲河 在今云南镇雄县东南。《明一统志》卷72芒部军民府：纳冲河"在府东一十里，源出乌通山麓，过府治东南，流入苴斗河"。

纳江 即今四川南部永宁河。《宋史·神宗纪》：元丰三年（1080），"林广破乞弟于纳江"。即此。

纳远川 即伊克托苏图河。今内蒙古鄂托克旗西都斯图河。为黄河支流。

纳坝紫江等处长官司 元置，属顺元路安抚司。治所在今贵州修文县东北。后废。

纳坝镇 北宋置，属射洪县。在今四川射洪县北十里。《元史·杨文安传》：元世祖至元元年（1264），"宋兵攻潼川，行省命文安赴援，败宋师于射洪之纳坝，斩获甚众"。

纳更山 在今云南建水县东南。明置土巡检司于此。

纳更山寨　在今云南元阳县东南五十三里上新城。《方舆纪要》卷115临安州建水州：纳更山寨“在府东南百里。有土巡司。嘉靖十二年，议讨安南。安南酋莫登庸闻之，遣人行觇，至纳更山，为土舍所擒，是也”。清时有土巡检驻此。

纳里浑庄　金置，在今吉林舒兰市东南溪浪河东岸小城镇。《金史·章宗纪二》：明昌五年（1194）春正月“乙亥，以叶鲁、谷神始制女直字，诏加封赠，依仓颉立庙盩厔例，祠于上京纳里浑庄”。即此。

纳里哥　又作亦里干、纳里干。元代东北民族，分布在今俄罗斯哈巴罗夫斯克边疆区黑龙江下游特林至江口南北一带。《元史·世祖纪二》：至元元年（1264），“征骨嵬。先是吉里迷内附，言其国东有骨嵬、亦里干两部，岁来侵疆，故往征之”。

纳里速古儿孙　元代对今西藏阿里三部译名。辖境相当今西藏阿里地区及克什米尔东部地区。《元史·世祖纪十四》：世祖至元二十九年（1292）九月，“从宣政院言，置乌思藏纳里速古儿孙等三路宣慰使司都元帅”。

纳里速古鲁孙　元代对今西藏阿里地区的译称。又作纳里速古儿孙。《元史·百官志三》载：元宣政院依西藏地理建制，分为乌思、藏、纳里速古鲁孙三路，纳里速即阿里，古鲁孙意为三部。今阿里及克什米尔东部当时为三位领主所辖，即磨榆（今拉达克地区）、古格（今扎达地区）、布禳（今普兰地区），故名。

纳邻河卫　明永乐四年（1406）置，属奴儿干都司。在今黑龙江省五常市西北拉林镇一带。后废。

纳邻哈喇　即今四川红原县境之白河，在若尔盖西南注入黄河。《元史·地理志》河源附录：河水“行五六日，有水西南来，名纳邻哈喇，译言细黄河也。思本曰：哈剌河自白狗岭之北，水西北流五百余里，与黄河合”。

纳林冲长官司　清雍正六年（1728）置，属雅州府。治所在今四川甘孜县西北仁果乡。一说县西北来马乡。宣统三年（1911）改流。

纳林昆都伦河　即今内蒙古宁城县西坤都伦河，为老哈河支流。《清一统志·喀喇沁》：纳林昆都伦河“源出右翼南九十里。东北流会数小水，绕旧大宁之北入老河”。

纳林河　①即今内蒙古乌兰察布市集宁区北之霸王河。《清一统志·察哈尔·正黄旗》：纳林河“在旗西北六十里。源出正红旗察哈尔界内，南流入希尔池”。

②即今吉尔吉斯斯坦境之纳伦河。清《阿文成公年谱》卷1：乾隆二十五年（1760），侍卫铁柱告称：“八月二十七日，由巴勒浑岭行八百里至纳林河，河两岸俱有布鲁特等游牧耕种。”

③在今哈萨克斯坦东南部塔尔迪库尔干南。清徐松《西域水道记》卷4：“纳林河西北流八十里，有噶克察摩多水自北来入之。……流径喀喇塔拉山口之南是为库克乌苏河。”

纳剌山　亦作纳拉岭。今四川甘孜藏族自治州沙鲁里山脉南支。民国梅心如《西康》：沙鲁里山脉“为金沙江与雅砻江之分水岭，经巴安、理化两县境，再南为纳拉岭”。

纳剌吉河卫　又作纳尔吉卫。明永乐五年（1407）置，属奴儿干都司。在今黑龙江省呼兰河支流纳尔吉河流域。后废。

纳呼　在今新疆鄯善县东北西盐池。清乾隆《西域图志》卷14辟展：纳呼“四围皆山，滨湖之地司驻牧。其西谷口狭而深，为辟展东境关隘”。清光绪年间置西盐池驿于此。

纳怜站　在今甘肃临潭县境。《方舆纪要》卷60洮州卫：纳怜站“在卫西。洪武十二年，洮州十八族番酋三副使汪舒朵儿、瘿嗉子、阿卜商等叛，据纳怜七站，命沐英讨擒之。即此”。

纳降城　唐置，在今北京市西南。《新唐书·地理志》幽州：“城内有经略军，又有纳降军，本纳降守捉城，故丁零川也。”

纳孟寺　亦名郎木寺、纳摩寺。在今甘肃碌曲县东南郎木寺镇。民国谢培筠《川西藏事辑览》第四编：热当坝西四十里有“纳摩寺”。

纳垢部　又作纳苟部。宋大理置，属石城郡。即今云南马龙县。《元史·地理志》马龙州：“昔僰、刺居之，盘瓠裔纳垢逐旧蛮而有其地。”元改马龙州。

纳剌秃失图　辽金北境边堡。在今蒙古国东方省乌尔札河上游。《圣武亲征录》：“塔塔儿部长蔑里真笑里徒背金主约，金主遣丞相完颜襄帅兵逐塔塔儿北走。上闻之，遂起兵自斡难河迎讨之……与战纳剌秃失图、忽剌秃失图之野。”

纳秦窝集　在今吉林抚松县西南，为长白山一支。《清一统志·吉林一》：纳秦窝集“在（吉林）城南七百三十里、长白山之北。崇冈叠嶂，茂树深林百余里。城南诸河多发源于此”。

纳浯江　即今黑龙江省西部之嫩江。《元朝秘史·征伐金国》：成吉思汗“命合撒儿领右手军，沿海自大宁经过女真，若便归附，即缘彼中边郡，经浯剌、纳浯二江，泝讨浯儿河回营”。

纳职县　唐贞观四年（630）置，属伊州。治所在今新疆哈密市西三堡。《元和志》卷40纳职县：“其城鄯善人所立，胡谓鄯善为纳职，因名县焉。”开元六年（718）废。十五年（727）复置。后废。

纳雪　即比如宗。今西藏比如县。“纳雪”藏语意为那曲河下游。

纳雪比如　即比如宗。今西藏比如县。

纳敏河　即今黑龙江省绥化市北努敏河。源出小兴安岭，西南流入呼兰河。《清一统志·黑龙江》“呼伦河”条下：通肯河“又东有纳敏河、额叶赫河、呼拉库河，南入呼伦河”。

纳商城　即乃沙不耳。今伊朗东北部内沙布尔。元刘郁《西使记》："又过纳商城。草皆苜蓿，藩篱以柏。"

纳款关 即居庸关。在今北京市昌平区西北三十里。唐杜佑《通典》卷178幽州昌平县："古居庸关在县西北，齐改为纳款关。"《新唐书·地理志》昌平县："西北三十五里有纳款关，即居庸故关。"

纳喇河 又作那拉河。即今俄罗斯阿穆尔州东北、谢列姆扎河支流诺腊河。《清一统志·黑龙江》"英克河"条下：纳喇河"在（黑龙江）城东北一千二百里，俱出东北兴安岭，南流入西林穆丹河"。

纳喇特卡伦 一作那喇特卡伦。清乾隆年间置，即今新疆新源县东那拉提镇。清徐松《西域水道记》卷4：空格斯河"又西北流五十里径纳喇特卡伦北"。

纳喇特岭 亦名那喇特山。在今新疆和静县西北与巩留、新源二县交界处。清乾隆《西域图志》卷21：纳喇特达巴"在乌得音郭勒达巴南六十里。空格斯南"。

纳楼千户所 元置，属阿宁万户，后属和泥路。治所在今云南建水县西南五十四里官厅镇。明洪武十五年（1382）属和泥府。十七年（1384）改纳楼茶甸长官司。

纳楼长官司署 在今云南建水县南八十里坡头乡回新村。明清有纳楼茶甸长官司。清光绪九年（1883）因内部争议分为四土舍，民国初改为土知州。此为纳楼茶甸长官司副长官普氏衙署之一。始建于清光绪三十三年（1907），占地面积2.8万平方米。主要建筑有照壁、大门、正厅（大堂）、前院、后院等。大堂面阔三间，单檐硬山顶，是土司审理事务、举行重大典礼的场所。衙署四周建两道墙垣，四角建碉堡样角楼护卫，是保存完整的纳楼。1996年定为全国重点文物保护单位。

纳楼茶甸长官司 明洪武十七年（1384）改纳楼千户所置，属临安府。治所在今云南建水县西南五十四里官厅镇。李呈祥《临安府属沿边各土司沿革史》纳楼茶甸长官司："其南六十里曰纳楼山，每岁端午，到白羊以祈岁，岁乃稔。"纳楼系因山得名。清乾隆三十五年（1770）属建水县。道光七年（1827）析为太和、永乐二司。光绪九年（1883）又析为四土舍，长舍驻吉祥寨（今元阳县西北马街），二舍驻西底寨（今建水县南坡头），三舍驻官厅街，四舍驻牛角寨（今元阳县西南牛角寨），但对外仍总称纳楼茶甸副长官司，直到1949年。

纳楼部 宋大理置，属秀山郡。在今云南建水县西南五十四里官厅。元改为纳楼千户。

纳雍县 1932年由大定县析置，属贵州省。治所在大兔场（今贵州纳雍县）。以境内纳雍河而得名。"纳雍"系彝语音译，为古彝族家支名。

纳溪口 纳溪水（今永宁河）入长江之口。在今四川泸州市西南安富镇（永宁河东岸）。《宋史·地理志》纳溪县："皇祐三年，纳溪口置砦。绍定五年升为县。"明置纳溪口巡司于此。

纳溪水 即今四川南部永宁河。《寰宇记》卷88泸州江安县："纳溪水源从牂柯生僚界流来，入汶江。"《舆地纪胜》卷153泸州：纳溪水"源出阿永蕃部至江门砦……东入纳溪砦，以合于大江"。《方舆纪要》卷72纳溪县：纳溪在"县治西。县境大川也。永宁宣抚及泸州卫以北之水，汇流经江门峡口大洲，而北至县西门入于大江，亦谓之纳江"。

纳溪县 亦作纳谿县。南宋绍定五年（1232）改纳溪砦置，属泸州。治所在今四川泸州市西南三十里纳溪区驻地安富镇（永宁河东岸，旧纳溪县城）。元大德中因遭大水害迁于今县北十里旧县坝。至大初迁回故址。民国初属四川永宁道，1928年直属四川省。1964年划城区及安富街给泸州市，改名安富镇。县治驻安富镇（永宁河西岸）。1995年撤销纳溪县，改设泸州市纳溪区。

纳溪砦 北宋皇祐三年（1051）置，属江安县。在今四川泸州市西南纳溪区驻地安富镇（永宁河东，旧纳溪县城）。《宋史·蛮夷传》：熙宁十年（1077），"罗苟夷犯纳溪砦。初，砦民与罗苟夷竞鱼笱，误殴杀之，吏为按验。夷已忿，谓'汉杀吾人，官不偿我骨价，反暴露之'。遂叛。提点刑狱穆珦言'纳溪去泸一舍'，罗苟去纳溪数里……"即此。南宋绍定五年（1232）改置纳溪县。

纳噶尔宗 即浪卡子宗。今西藏浪卡子县。清乾隆《西域同文志》卷18："西番（藏）语：纳，鼻也。城形如之，土色白，故名。"

纳噶拉则城 又作拉噶孜、浪噶子。清康熙间置，即今西藏浪卡子县。《清一统志·西藏》卫地诸城：纳噶拉则城"在日喀则城东二百五十里"。后称浪卡子宗。

纳噜窝集 即今吉林柳河县西南、通化县西北、辉发河上源南之龙岗山脉。《清一统志·吉林一》：纳噜窝集"在（吉林）城西南五百四十九里，长岭子之南。即分水岭林木丛密处，周围数十里。城西南及兴京界内诸河多发源于此"。

纳穆尔河 又作纳默尔河。即今黑龙江省讷河市南讷谟尔河。《清一统志·黑龙江》：纳穆尔河"在墨尔根城南一百六十里。源出东南兴安岭。西流入嫩江"。

纳穆窝集 即今吉林省吉林市东部老爷岭，属长白山脉。《清一统志·吉林一》：纳穆窝集"在吉林城东八十里，高三里余，城东南诸河多发源于此"。

纳穆德克特河 又作纳母登忒河。即今俄罗斯哈巴罗夫斯克边疆区黑龙江下游流入奇集湖之穆特河。清齐召南《水道提纲》卷24：克儿必儿忒池（奇集湖）上源，"一曰纳母登忒河，自东南合二源，西北流三百里，与南源会。南源曰喜儿巴喜河，自南山北流，合东一水西北流三百余里会为池"。

纳谿 即纳溪。今四川南部永宁河。《清史稿·地理志》纳溪县："纳谿，俗名清水河，即永宁河下流，源出阿永番部，东流入大江。”

纶 在今河南虞城县东北。《左传·哀公元年》：伍员曰，少康逃奔有虞，“虞思于是妻之以二姚，而邑诸纶”。杜注：“纶，虞邑。”《元和志》卷7宋州虞城县：“故纶城，县东南三十五里。”当在今虞城县利民镇东南三十五里。

纶氏 战国韩邑。在今河南登封市西颍阳镇。后改置县。《水经·伊水注》：“狂水又西，径纶氏县故城南。《竹书纪年》曰‘楚吾得帅师及秦伐郑，围纶氏’者也。”

纶氏县 战国韩置。秦昭襄王四十六年（前261）入秦，属颍川郡。治所在今河南登封市西五十四里颍阳镇。东汉建初四年（79）改为轮氏县。

纸坊市 即今湖北武汉市江夏区驻地纸坊镇。清光绪《湖北全省分图》：江夏县（今武汉市武昌区）南有纸坊市。

纸坊镇 即今河南汝州市东南纸坊乡。清道光《直隶汝州志》卷3《市集》：“纸坊镇，属长阜里，城东二十五里。”

纸店镇 即今河南沈丘县东南四十里纸店镇。明设巡司于此。

纸房堡 明置，属建昌卫。在今四川西昌市西南四十里。《方舆纪要》卷74建昌卫军民指挥使司：纸房堡在“司西四十里。《舆程记》：盐井卫之沙平驿在泸河西，东十五里为纸房堡，又东十里为泸州堡”。

纸桥 在今越南河内市西。《清史稿·越南》：光绪九年（1883），“刘永福与法人战于河内之纸桥，大破法军，陈斩法将李成利，越王封永福一等男”。

纸糊套 在今河北赞皇县西南王家坪村附近。清光绪《畿辅通志》卷68《关隘》：王家坪营“在（赞皇）县西南六十里，营西南有山隘曰纸糊套，幽深险阻，明末为萑苻盗薮”。

纽垤川 即今内蒙古达尔罕茂明安联合旗北之艾不盖河。《魏书·太祖纪》：登国六年（391），“秋七月壬申，讲武于牛川，行还纽垤川。……九月，帝袭五原，屠之。收其积谷，还纽垤川。于棝杨塞北，树碑记功”。

纽勒们河 又作牛满河。即今俄罗斯阿穆尔州黑龙江支流布列亚河。清乾隆《钦定盛京通志》卷28：纽勒们河“国语，纽勒们，青苔也。（黑龙江）城东南三百六十里。源出东北兴安岭，南流入黑龙江”。

纽曼河 即牛满河。今俄罗斯阿穆尔州黑龙江支流布列亚河。《清高宗实录》卷743：乾隆三十年（1765）八月癸亥，黑龙江将军富僧阿等奏：“往探纽曼河源之协领阿迪木保称：自黑龙江入纽曼河，复经西里木第河，入乌默勒河口，计水程一千六百十五里。自河口行陆路四百五十六里至兴堪山，各处俱无俄罗斯偷越。”

驳（駮）马部 在今俄罗斯安加拉河下游及叶尼塞河中下游一带。《新唐书·回鹘传·駮马》：“駮马者，或曰弊剌，曰遏罗支，直突厥之北，距京师万四千里。……北极于海，虽畜马而不乘，资湩酪以食。好与结骨战，人貌多似结骨，而语不相通。……当贞观逮永徽，奉貂马入朝，或一再至。”

驳（駮）鹿山 又名驳乐山、福禄山、阳龙山。在今广西桂林市东。《元和志》卷37临桂县：驳鹿山“一名福禄山，在县东北十五里”。《舆地纪胜》卷103静江府：驳鹿山，“按《旧经》云：初元康师居此，唐玄宗赐白鹿，常出入骑之，因号驳鹿山”。

驳（駮）髯水 当今内蒙古察哈尔右翼后旗境内一水。《魏书·太祖纪》：天兴二年（399），命诸将分三道大袭高车，“车驾亲勒六军从中道自駮髯水西北”。即此。

驴川县 即闾川县。在今陕西旬阳县西南三十里吕河镇。《旧唐书·地理志》作“驴川县”。

驴夷县 北魏太和十年（486）置，属新兴郡。治所即今山西五台县。永安中改属永安郡。北齐属雁门郡。隋大业二年（606）改为五台县。

驴迟洞长官司 元置，属思州安抚司。治所在今湖南永顺县东南上榔保。明属永顺宣慰司。清废。

驴城 在今湖北当阳市东南。《水经·沮水注》：“沮水又东南径驴城西、磨城东。又南径麦城西。……传云：子胥造驴、磨二城以攻麦邑。即谚云‘东驴、西磨，麦城自破’者矣。”《清一统志·荆门州》：驴城“在当阳县东南四十余里”。

驴泉山 在今湖北随州市北。《寰宇记》卷144随县：驴泉山“在县北九十里。上有池，旱不涸。昔出神驴，故以为名。《荆州记》云，驴泉山石卤润，牛马经过，贪其甘，不能去。土人云，牛马解逸，即此山寻之”。

国家“十二五”规划重点出版项目

2013-2025年国家辞书编纂出版规划项目

中国社会科学院创新工程学术出版资助项目

中国社会科学院创新工程学术出版资助项目

中国历史地名大辞典

增订本

下

史为乐　主编

邓自欣　朱玲玲　副主编

中国社会科学出版社

目　录

八　画

〔丿一〕

九 画

〔一一〕

〔一丨〕

〔一丿〕

〔一丶〕

〔一フ〕

〔丨一〕

〔丿一〕

〔丿丿〕

〔丶フ〕

〔乛一〕

〔乛丨〕

十　画

〔丶𠃌〕

〔乛一〕

〔乛丨〕

十 一 画

〔一一〕

〔丿一〕

〔、丨〕

〔、丿〕

〔、、〕

十　二　画

〔一丿〕

〔丿一〕

〔丶フ〕

十 三 画

〔一丿〕

〔丶𠃍〕

十　四　画

〔丶丶〕

十 五 画

十 六 画

十 七 画

十　八　画

十 九 画

二 十 画

二十一画

二十二画

二十三画

二十四画

二十五画以上

八　画

〔一一〕

奉上州 又作秦上州。唐开元以前置羁縻州，属黎州都督府。治所在今四川乐山市西南、金口河北永胜乡。北宋属黎州。后废。

奉义军 唐方镇名。贞元十五年（799）置安黄节度使。十九年（803）赐名奉义军。治所在安州（今湖北安陆市）。辖境相当今湖北黄冈、麻城二市以西，广水、应城二市以东，长江和孝感市以北地。元和元年（806）废。

奉义县 辽置，属大同府。治所在今山西大同市东北十里。金降为奉义镇。

奉义镇 金降辽奉义县置，属大同县。在今山西大同市东北。

奉天门 明南京奉天殿门。位于午门内，为奉天殿宫院的南门。在今江苏南京市中山门内明故宫遗址。

奉天市 1936年伪满改沈阳县置，为奉天省会。治所即今辽宁沈阳市。1945年8月废。

奉天县 ①唐文明元年（684）分醴泉、始平、好畤、武功、永寿五县地置，属雍州。治所即今陕西乾县。《元和志》卷1奉天县："梁山，高宗天皇大帝乾陵所在，因名曰奉天。"《新唐书·德宗纪》：建中时，避泾原节度使姚令言反，"如奉天，朱泚反"。即此。乾宁元年（894）为乾州治。宋为醴州治。金复为乾州治。元世祖至元元年（1264）废。

②1913年改奉天府置，为奉天辽沈道治。治所即今辽宁沈阳市。寻改为承德县。后因与直隶承德县同名，1914年改为沈阳县。

奉天府 ①清顺治四年（1647），刘承胤劫明桂王由广西全州入武冈（今湖南武冈市），改武冈为奉天府。清统一后复置武冈州。

②清顺治十四年（1657）改辽阳府置，属盛京将军。治所在盛京（康熙时治承德县，今辽宁沈阳市）。清初辖境相当今辽宁辽河以东，鸭绿江、图们江以西地区。其后辖境屡变。1913年废。

奉天省 清康熙四年（1665）改镇守辽东等处将军为镇守奉天等处将军。光绪三十三年（1907）改设奉天省，治所在奉天府（今辽宁沈阳市）。辖境相当今辽宁省（旧柳边西北地除外）和内蒙古哲里木盟部分及吉林西北、东南部分地。1929年改为辽宁省。1932年伪满洲国复设奉天省，驻沈阳县（后改奉天市）。1945年8月废。

奉天宫 在今河南登封市北，嵩山南。《新唐书·地理志》河南府登封县："永淳元年营奉天宫。"《清一统志·河南府》：奉天宫"在登封县北嵩山南逍遥谷之右"。

奉天殿 明南京宫城主殿。俗称金銮殿。为皇帝登基和举行大典的场所。在今江苏南京市中山门内明故宫遗址。殿毁于太平天国战争，现仅存地下石柱础。

奉元路 元皇庆元年（1312）改安西路置，为陕西行省治。治所在咸宁、长安二县（今陕西西安市）。辖境相当今陕西永寿、周至以东，铜川、韩城以南，镇安、山阳以北地。明洪武二年（1369）改为西安府。

奉化山 即今浙江奉化市南奉化山。《元史·五行志》：至元六年（1340）"五月甲子，庆元奉化州山崩"，即此。《方舆纪要》卷92奉化县：奉化山在"县东南五里。周三十里，有数山相联络"。

奉化州 ①元元贞元年（1295）改奉化县置，属庆元路。治所即今浙江奉化市。明洪武二年（1369）复为奉化县。

②明嘉靖中改因远罗必甸长官司置，属元江府。治所在今云南元江哈尼族彝族傣族自治县西南五十四里因远镇。清顺治十八年（1661）废入元江府。

奉化江 甬江上源之一。在今浙江奉化市、宁波市鄞州区境内。源出今浙江奉化、余姚、嵊州市交界处，东北斜贯奉化、宁波市鄞州区，至宁波市与姚江汇合后为甬江。《明史·地理志》宁波府奉化县："北有奉化江，亦曰北渡江，又谓之剡溪。"

奉化军 五代方镇。杨吴置，治所在江州（今江西九江市）。后属南唐。北宋废。

奉化县 ①隋开皇九年（589）平陈后改阴石县置，属藤州。治所即今广西容县。十九年（599）改为普宁县。

②唐开元二十六年（738）析鄮县置，属明州。治所即今浙江奉化市。《名胜志》：奉化县"以其民淳，易于遵奉王化，故名"。南宋属庆元府。元属

庆元路，元贞元年（1295）改为奉化州。明洪武二十年（1387）复为奉化县，属宁波府。民国初属浙江会稽道。1927 年直属浙江省。1988 年改设奉化市。

③清光绪四年（1878）置，属昌图府。治所在梨树城（今吉林梨树县）。1914 年改为梨树县。

奉化府　明永乐五年（1407）改天长府置，属交趾布政司。治所在美禄县（今越南北部河南省美禄）。辖境相当今越南河南省部分地。宣德二年（1427）以后地入安南。

奉公埭　在今浙江杭州市萧山区西。《资治通鉴》：隋开皇九年（589），右卫大将军武川宇文述攻陈吴州刺史萧瓛，“进至奉公埭”。即此。

奉节县　唐贞观二十三年（649）改民复县置，为夔州治。治所在今重庆市奉节县东白帝城。明郭子章《郡县释名》四川卷下：奉节县“以其奉山南东道总管节制”而名。北宋景德三年（1006）徙治今奉节县。南宋淳祐二年（1242）移州、县于白帝城。元至元十二年（1275）还治今奉节县。明洪武九年（1376）废入夔州。十三年（1380）复置，为夔州府治。民国初属四川东川道。1928 年直属四川省。今属重庆市。地当川、鄂交通要冲，扼长江三峡之西口，为全蜀东部第一门户。

奉仙观　在今河南济源市区荆梁北街，蟒河左岸。《清一统志·怀庆府》：奉仙观“在济源县西北。唐垂拱元年建。元至元中修，宋贺兰栖真居此”。现存金、明、清各代建筑十座三十间。分前后两进院落，中轴线上有山门、东西配殿、玉皇阁、东西厢房、三清大殿。主体建筑三清大殿重建于金大定二十四年（1184），面阔五间，进深三间，单檐悬山顶。观内还存有唐“太上老君石像”碑、北宋“章圣皇帝御制诗碑记”碑等二十余件文物。2001 年定为全国重点文物保护单位。

奉议卫　明洪武二十八年（1395）改奉议州置，属广西都司。治所在奉议州（今广西田阳县西南右江南岸奉议旧城）。正统十一年（1446）徙治贵县（今广西贵港市）。清废。

奉议州　北宋置，属广西经略安抚司。治所在今广西田阳县东南十五里。辖境相当今广西田阳县地。元属广西两江道宣慰司。明洪武五年（1372）废入来安府。七年（1374）复置，治所在砦林村（今田阳县西南右江南岸旧城村）。二十八年（1395）废为卫，寻复置，属广西布政使司。嘉靖六年（1527）属思恩府。清雍正七年（1729）改属镇安府。1912 年改为奉议县。

奉议县　1912 年改奉议州置，属广西田南道。治所在今广西田阳县西南右江南岸旧城。1936 年改为田阳县。

奉圣寺　在今山西太原市西南晋祠南侧。当唐北都晋阳西南郊。原为唐鄂国公尉迟敬德别墅。武德五年（622）敬德捐别墅建寺，寺成时唐高祖李渊赐额“十方奉圣禅寺”，习称“奉圣寺”。

奉圣州　辽太宗天显十一年（936）改威塞军置，治所在永兴县（今河北涿鹿县）。辖境相当今河北张家口市及涿鹿、怀来、宣化、崇礼、张北、沽源、康保、兴和诸县，北京市延庆县，内蒙古商都县、化德县、太仆寺旗、正蓝旗、多伦县。金大安元年（1209）改为德兴府，辖境缩小。元世祖至元三年（1266）复为奉圣州，属宣德府（后改顺宁府）。元顺帝至元三年（1337）改为保安州。

奉先寺　在今河南洛阳市西南三十里龙门山南端。唐高宗初年开凿，至上元二年（675）完工，为龙门石窟规模最大而雄伟的石窟群像。卢舍那佛高 17.14 米。是唐代雕像艺术珍品。

奉先县　①唐开元四年（716）改蒲城县置，属京兆府。治所即今陕西蒲城县。以奉祀睿宗陵墓，故名。天祐三年（906）改属同州。五代唐还属雍州。后周属京兆府。北宋初属同州，开宝四年（971）复名蒲城县。

②辽置，为显州治。治所在今辽宁北镇市西五里北镇庙。《辽史·地理志》显州奉先县：“即医巫闾，幽州镇山。世宗析辽东长乐县民以为陵户，隶长宁宫。”金天会八年（1130）改为钟秀县。

③金明昌二年（1191）改万宁县置，属涿州。治所即今北京市房山区西南城关镇。元世祖至元二十七年（1290）改名房山县。

奉州　①北周保定四年（564）置，治所在今重庆市彭水苗族土家族自治县东北郁山镇。一说今彭水苗族土家族自治县。不辖郡县，辖境相当今重庆市彭水苗族土家族自治县地。建德三年（574）改为黔州。

②唐贞观八年（634）改羁縻西仁州置，属松州都督府。治所在今四川松潘县西境。后废。

③唐仪凤二年（677）置羁縻州，属泸州都督府。治所在今四川珙县西南。北宋曾公亮《武经总要》卷20：奉州“在泸州西南七百里，北淯井监。唐仪凤中置，管山后夷人丁口三千”。北宋以后废。

④唐开元二十八年（740）置，治所在定廉县（今四川理县北一百一十里上孟乡）。天宝元年（742）改为云山郡。

⑤金天会八年（1130）改祖州置，属临潢府。治所在今内蒙古巴林左旗西南东哈达英格西石房子村。皇统三年（1143）废。

奉灵园　北宋东京（今河南开封市）著名园林之一。在南薰门外东北普济水门西北会灵观南。《国朝会要》载：“大中祥符八年八月，诏会灵观池以凝祥为名，园以奉灵为名。”

奉贤县　清雍正二年（1724）析华亭县置，属松江府。治所即今上海市奉贤区东奉城镇。因县东南有奉贤泾而得名。1913 年移治南桥镇。民国初属江苏沪海道。1927 年直属江苏省。1958 年划归上海市。2001 年改设上海市奉贤区。

奉明县　西汉元康元年（前 65）置，属京兆尹。治所在今陕西西安市北郊张家堡。东汉废。

奉国寺 初名咸熙寺。又名大佛寺、七佛寺。辽开泰九年（1020）建，在今辽宁义县城内东大街路北。明《辽东志》卷1义州：奉国寺“在钟楼东。一名七佛寺。佛宇高七丈，中有佛像七尊，高与殿称，中建石碑”。清康熙《广宁县志》卷2：奉国寺在“义州城内。殿高七丈，佛像七，高如之。一名七佛寺。辽开泰中建。元普颜可里美思公主施元宝千锭增修。明弘治中相继重修”。今寺除七佛殿（大雄殿）及七尊大佛为辽建外，六角钟亭、四角碑亭、中轴线上的无量殿、牌坊、山门以及西院两栋禅堂均为清代建筑。大雄殿内东西两侧立有金、元、明、清各代重修碑记十一通，是了解奉国寺历史的重要资料。1961年定为全国重点文物保护单位。

奉国军 唐方镇名。中和二年（882）升蔡州防御使置，治所在蔡州（今河南汝南县）。乾宁四年（897）增领申、和二州。后废。

奉国县 西魏恭帝二年（555）改义阳郡置，为白马郡治。治所在今四川阆中市东北九十四里二龙镇。《寰宇记》卷86奉国县：“因此地附于魏，故以奉国为名。”隋属巴西郡。唐武德初属隆州，七年（624）属西平州。贞观元年（627）属隆州，先天元年（712）属阆州，天宝初属阆中郡，乾元初属阆州。元至元二十年（1283）废入苍溪县。

奉国城 在今浙江德清县西南一里吴憾山上。《方舆纪要》卷91德清县：“唐李光弼将辛孜于此筑城，击平朱覃、姚廷诸贼，名将军城。吴越复筑此城屯戍，名曰奉国城。”

奉诚军 唐方镇名。兴元元年（784）置，治所在同州（今陕西大荔县），由同州刺史领之。乾宁二年（895）改为匡国军。

奉诚园 唐都长安私家园林之一。在长安城东市南安邑坊（今陕西西安市）。本为司徒兼侍中马燧宅园，贞元末，其子畅献第为奉诚园。

奉城 即江津戍。在今湖北荆州市（沙市）南长江中。《寰宇记》卷146江陵县：“故奉城在燕尾洲上。郭仲产《荆州记》云：江津长车之领百家主渡江南渚州贡奉，谓之奉城。”《水经·江水注》：“洲上有奉城，故江津长所治。旧主度州郡贡于洛阳，因谓之奉城。亦曰江津戍。”

奉城镇 即今上海市奉贤区东奉城镇。宋为青村盐场。明洪武二十年（1387）置青村守御千户所，清雍正二年（1724）于此置奉贤县。1912年县治迁南桥镇，故以此为奉城镇。

奉政原 在今陕西高陵县南十里。宋敏求《长安志》卷17：奉政原“东西长三十里，南北阔三里”。光绪《高陵县志》卷1：奉政原“自泾阳来，过县达临潼，延及百里，高者四五丈，泾、渭之不得北徙者，此也”。

奉济驿 唐置，在今四川绵阳市东。杜甫有《奉济驿重送严公四韵》诗。郭知达注：“驿在绵州东三十里。”

奉济镇 北宋置，属巴西县。在今四川绵阳市东北四十里沉抗镇（沉香铺）。

奉泰乡河 在今湖北罗田县东南。《方舆纪要》卷76罗田县：罗田旧城，“《志》云：县西（东之误）四十里有奉泰乡河。源出旧县朦胧山，东流为义水，梁因置义城郡，其水合兰溪入大江”。

奉高县 西汉置，为泰山郡治。治所在今山东泰安市东三十八里故县村。《水经·汶水注》：“汉武帝元封元年立，以奉泰山之祀”，故名。《后汉书·章帝纪》：元和二年（85）二月，幸泰山，“进幸奉高”。即此。北魏属泰山郡。北齐废入岱山县。隋开皇三年（583）改岱山县为奉高县，治所在今泰安市东南七十里，开皇六年（586）复改名岱山县。

奉海铁路 自奉天城（今辽宁沈阳市）至海龙（今吉林梅河口市东北海龙镇），全长236.2公里。1925年动工修筑，1927年建成。1928年延筑至朝阳镇（今辉南县）。后改为沈海铁路。今为沈吉线的一段。

奉陵县 辽置，为乾州治。治所在今辽宁北镇市城西南十二里观音洞附近。《金史·地理志》广宁府闾阳：“辽乾州广德军，以奉乾陵故名奉陵县。”金天会八年（1130）改名闾阳县。

奉捷县 西汉置，属天水郡。治所在今甘肃清水县境。东汉废。

奉符县 北宋大中祥符元年（1008）改乾封县置，属袭庆府。治所即今山东泰安市。金为泰安州治。明洪武初省入泰安州。

奉逸城 唐南诏置，属开南节度。在今云南宁洱哈尼族彝族自治县东北三十二里磨黑镇。南诏后期属银生节度。宋大理废。

奉集县 唐渤海国置，为集州治。治所在今辽宁沈阳市东南奉集堡。金属贵德州。元废。明洪武初复置，寻废。

奉新县 ①三国吴孙权置，属武昌郡。治所在今湖北阳新县西北。隋开皇九年（589）废。

②五代南唐升元元年（937）改新吴县置，治所即今江西奉新县。《郡县释名》江西卷上：“南唐改奉新县。李昪以国号唐，讳杨吴所称，更新吴为奉新也。”宋属隆兴府。元属龙兴路。明、清属南昌府。民国初属江西浔阳道。1926年直属江西省。

奉新驿 在今天津市静海县南。《清一统志·天津府二》：奉新水驿“在静海县南城外，明永乐十三年（1415）置”。

奉德县 ①唐贞观元年（627）置，属羁縻西仁州。治所在今四川松潘县西境。八年（634）属奉州。后废。

②辽置，属贵德州。治所在今辽宁抚顺市东。金废。

玤 春秋虢邑。在今河南渑池县西南三十里。《左传》：庄公二十一年（前673），“王巡虢守，虢公为王宫于玤”。杜注：“玤，虢地。”

玩易窝　在今贵州修文县北阳明洞。《清一统志·贵阳府》：玩易窝“明王守仁穴山麓为之，读《易》于此”。

环山　①在今安徽桐城市境。《清一统志·安庆府》：环山“有二：西环山桐城县西十里。一名官庄山。东环山在县东三十里。一名鲁硔山”。

②在今湖北广水市东北。《清一统志·德安府》：环山“在应山县东北一百里。相近有跳石山”。

环王国　即占婆国。在今越南中南部。约公元758年至9世纪后期亦称环王。《新唐书·南蛮传下》：“环王，本林邑也，一曰占不劳，亦曰占婆。直交州南，海行三千里。地东西三百里而赢，南北千里。”

环水　今山东泰安市东梳洗河。《水经·汶水注》：环水“出泰山南溪，南流历中、下两庙间。其水又屈而东流，又东南径明堂下，世谓此水为石汶”。

环水县　南朝宋置，属义阳郡。治所在湖北广水市东。南齐属北义阳郡。梁废。

环庆路　北宋康定二年（1041）分陕西路置环庆路经略安抚使，治所在庆州（后升庆阳府，今甘肃庆城县）。辖境相当今陕西长武、武功、旬邑、礼泉等县间地和甘肃环江、马莲河流域以东地区。元丰中及宣和后均曾置转运使。金皇统二年（1142）改为庆原路。

环州　①隋开皇十九年（599）置，治所在鸣沙县（今宁夏中宁县东北鸣沙镇）。《元和志》卷4灵州鸣沙县：环州“以大河环曲为名”。大业三年（607）废。唐贞观六年（632）复置，九年又废。

②唐武德四年（621）置，治所在东海县（今江苏连云港市东南南城镇）。《寰宇记》卷22海州东海县：唐置环州，“以水环绕为郡名”。八年（625）废。

③唐贞观十二年（638）置，治所在正平县（今广西环江毛南族自治县西北大环江西岸）。《寰宇记》卷168环州：“环落洞是诸洞要冲，故以环名州。”天宝元年（742）改为正平郡，乾元元年（758）复为环州。辖境相当今广西河池市及环江毛南族自治县南部。后移治思恩县（今环江毛南族自治县东）。北宋为羁縻州，属宜州。熙宁八年（1075）废。

④五代周广顺二年（952）改威州置，治所在通远县（今甘肃环县）。《舆地广记》卷14环州：“以大河环曲为名。”辖境相当今甘肃环县及庆城县西北部。显德四年（957）降为通远军。北宋淳化五年（994）复升为环州。元属巩昌路。明洪武初降为环县。

⑤即桓州。今内蒙古正蓝旗北四郎城。明杨荣《北征记》：永乐二十二年（1424），朱棣北征，五月“次威虏镇，丁丑，发威虏镇，次环州”。

环州甸　即今云南武定县西北环州乡。明嘉靖四十四年（1565）置环州甸土舍。

环州驿　即今云南武定县西北一百十二里环州乡。清《乾隆内府舆图》：武定府西北有环州驿。

环江　即今广西环江毛南族自治县之大环江，为龙江支流。《明史·地理志》思恩县：“南有环江，北有带溪，皆合流于龙江。”《方舆纪要》卷109思恩县：环江在“县南六里。源出县西北蛮洞中，绕流经此，东北流，合于龙塘。环州以此名，《志》云：县西有环江渡，即江流所经”。

环县　明洪武初降环州置，属庆阳府。治所即今甘肃环县。民国初属甘肃泾原道。1927年直属甘肃省。

环秀山庄　在今江苏省苏州市景德路。原为五代吴越金谷园故址。明为宰相申时行宅。清为汪氏“耕荫义庄”的一部分，更名环秀山庄。乾隆年间叠山名家戈裕良在园内堆砌的假山，保存完好，为苏州湖石假山中之冠。今园内尚留有补秋山房、半潭秋水等亭阁建筑。1988年定为全国重点文物保护单位。1997年以苏州古典园林之名被列入世界文化遗产清单。

环河　即今甘肃东部之环江。源出环县西北青冈峡，东南流至庆城县西与东河会，其下流称马莲河，南注于泾水。《明一统志》卷36庆阳府：环江“源出环县北七十里，亦名环河。流经县城西，委曲环抱，石桥交跨，小巷分流，南入安化县界”。

环带江　在今贵州惠水县西南三十里。《方舆纪要》卷121定番州：环带江“在（罗番长官司）司治南。又司治北有罗番河，流合环带江。又有小水河，在司东五里，亦流合而入都泥江”。

环珠驿　亦作还珠驿。在今广西合浦县东。《方舆纪要》卷104合浦县：环珠驿，“《舆程记》：自驿东北九十里，为废石康县之白石驿，又东九十里为化州石城县之息安驿。自环珠驿而西七十里为乌家驿，又西七十里至钦州太平驿，入交阯之道”。

环湖　在今四川眉山市城西环湖巷。《明一统志》卷71眉州：环湖“旧有沼，州人为矼梁塞之。宋魏了翁为守，特疏凿之……名之曰环湖。了翁为记”。

环溪　在今河南洛阳市旧城南。为北宋王拱辰的宅园。该园南北均有大池，左右环以溪水，周围如环，故名环溪。“宏大壮丽，洛中无逾者”。

环碧园　南宋临安（今浙江杭州市）御园。据《淳祐临安志》卷6《园馆》：环碧园“在丰豫门外，慈明皇太后宅园，直柳洲寺之侧，面西湖，于是为中，尽得南北西山之胜。园中堂匾，皆宁宗皇帝御书”。

环翠山　在今贵州镇宁布依族苗族自治县北。《明一统志》卷88安庄卫：环翠山“在卫治北。林木四时苍翠”。

环潭镇　即今湖北随州市西六十二里环潭镇。清置巡司于此。

武　北宋时对西藏前藏地区的汉译称。吐蕃王朝（约629—842）沿臧河（今雅鲁藏布江）南北两岸置乌如（中央翼）、要如（左翼）、叶如（右翼）、如拉

（分支翼）等军政区域。吐蕃王朝灭亡后，原建置废，民间以乌如、要如故地合称为武。宋张方平《乐全集》卷22："秦州奏唃厮啰事"，称唃厮啰为"西域武三咩人"。元、明时译称乌思（斯），入清后译称卫，即西藏东部地区。俗称前藏。

武刀寨 明崇祯中置，在今广西合浦县南海滨。《清一统志·廉州府》：白龙寨"又西有白沙寨、武刀寨，皆南至杨梅池十余里"。

武三咩 北宋时对西藏中部地区的汉译称。宋张方平《乐全集》卷22："秦州奏唃厮啰事"，称唃厮啰为"武三咩"人，武：今西藏前藏地区；三咩：今扎囊县桑伊区。

武口 又名沙芜口、沙武口。在今湖北武汉市黄陂区东南五十里长江北岸沙口村。《水经·江水注》："江之左有武口。"《资治通鉴》：南齐中兴元年（501），"吴子阳等进军武口"。胡三省注："武口，武湖水出江之口。……张舜民曰：武口在阳罗洑西北十余里，距汴京才十八驿，二广、湖、湘皆由此而济。"

武口城 亦名武城。在今湖北武汉市黄陂区东南长江北岸沙口村。《梁书·武帝纪》：南齐中兴元年（501），"吴子阳等进军武口，高祖乃命军主梁天惠据渔湖城，唐修期、刘道曼屯白阳垒，夹两岸而待之"。

武口寨 北宋大中祥符三年（1010）置，属慈利县。即今湖南张家界市西南二十六里大溶溪镇。明洪武三十一年（1398）改置大庸所。

武山 ①在今安徽全椒县东北。《舆地纪胜》卷42滁州：武山"在全椒县。上有梁王城"。《方舆纪要》卷29全椒县：武山"在县东北十里。上有梁王城。《志》云：以梁武得名"。

②在今江西泰和县西。《舆地纪胜》卷31吉州：武山"在太和县西三十里。尝有武婆炼丹于此，又有陶、皮二仙石室"。《明一统志》卷56吉安府：武山"一名新山。傍出一山，最高大，名武婆冈。又有陶皮石室、步虚坛、礼斗石、珍珠泉、虎鼻峰、石鼓、丹井古迹。本朝刘崧诗：武山千尺石为城，缥渺西来紫翠横"。

③在今江西湖口县东南五十里，与彭泽县接界。《清一统志·九江府一》：武山"与庐山夹鄱湖而峙，根盘四十里，接彭泽县界。绝顶有武山塘，广亩许，其水莹澈，四时不涸。其南麓双峰如剑，一名剑山"。

④在今江西万年县南。《方舆纪要》卷85饶州府万年县：武山"在县东南，接贵溪县界，盘礴数里。即吴廷举分守武山，断贼归路处"。《清一统志·饶州府一》：武山"在万年县东四十里，接贵溪县界。怪石巉岩瞰江浒。有仙人岩、龙穴诸胜。山顶有石池，四时泉流不竭"。

⑤在今山东平度市西十八里。与文山相近。《方舆纪要》卷36平度州"三固山"条下：文、武山"两山对峙。世传秦始皇东巡，集文武于此，因名"。

⑥一名午山。在今湖北武穴市北。《清一统志·黄州府一》：午山"在广济县南三十里。一名武山。《县志》，在午山湖中，三面皆峭壁，惟南一径可登。春夏湖水弥漫，山形如鲤浮水上"。

⑦即武陵山。在今湖南省西部。《后汉书·南蛮西南夷列传》："昔高辛氏有犬戎之寇，帝患其侵暴，而征伐不克。乃访募天下，有能得犬戎之将吴将军头者，购黄金千镒，邑万家，又妻以少女。时帝有畜狗，其毛五采，名曰槃瓠。下令之后，槃瓠遂衔人头造阙下，群臣怪而诊之，乃吴将军首也。……帝不得已，乃以女配槃瓠。槃瓠得女，负而走入南山，止石室中。所处险绝，人迹不至。……经三年，生子一十二人，六男六女。槃瓠死后，因自相夫妻……其后滋蔓，号曰蛮夷。……今长沙武陵蛮也。"注："今辰州卢溪县西有武山。"并引黄闵《武陵记》曰："山高可万仞。山半有槃瓠石室，可容数万人。中有石床，槃瓠行迹。"

⑧一名河洑山。又名太和山。在今湖南常德市西三十里。《方舆胜览》卷30常德府：武山"山半有盘瓠石，水出谓之武陵溪"。

⑨在今广东东莞市西南虎门镇西珠江口威远岛。《舆地纪胜》卷89广州：武山"在东莞县海南栅之南，余靖尝候潮于此"。《方舆纪要》卷101广州府东莞县：武山"在县南五十余里大海中，山势突起，有武勇状，每潮汐消长，高低可辨"。《清一统志·广州府二》"虎门寨"条："武山寨在县南武山，与虎门相应援。"

⑩在今甘肃静宁县南七十里。《清一统志·平凉府一》：武山"多产奇花野草，春夏之交，灿烂夺目"。

武山县 ①西魏改惠怀县置，属武宁郡。治所在今湖北荆门市北。隋大业初废入乐乡县。

②1914年改宁远县置，属甘肃渭川道。治所即今甘肃武山县。因县西南有武城山，为三国魏将邓艾拒蜀将姜维处。故名。1927年直属甘肃省。

武山郡 北周置，属广州。治所在犨阳县（今河南平顶山市西北）。辖境相当今河南平顶山市西部、鲁山县东部、宝丰县南部地。隋开皇初废。

武山砦 在今广东东莞市西南虎门镇西威远岛上。《方舆纪要》卷101东莞县：武山砦"在县南"。《清一统志·广州府二》"虎门寨"条："武山寨在县南武山，与虎门相应援。"

武山湖 一作午山湖。在今湖北武穴市北。《方舆纪要》卷76广济县：武山湖，"湖滨有武山，又有樊哙城"。

武川县 ①北魏置，为北淯郡治。治所在今河南南召县东南。西魏为蒙州治。隋仁寿中为淯州治。大业初为淯阳郡治。隋末废。

②1912年改清武川厅置，寄治归化城（今内蒙古呼和浩特市）。沿袭古武川镇之名。1914年属绥远特别区绥远道。1915年移驻可可以力更镇（今

武川县）。1928 年属绥远省。1954 年划属内蒙古自治区。

武川直隶厅　清光绪二十九年（1903）析归化城厅北境置，属山西省。寄治归化城（今内蒙古呼和浩特市）。1912 年改武川县。

武川镇　北魏北境六镇之一。在今内蒙古武川县西南乌兰不浪土城梁古城。《魏书·高祖纪》：太和十八年（494），八月“己未，幸武川镇”。《水经·河水注》：“荒干水又西南，经云中城北，白道中溪水注之。水发源武川北塞中，其水南流，经武川镇城，城以景明中筑，以御北狄矣。”正光五年（524），被破落（六）汗拔陵起义军攻破后废。

武广湖　即今江苏高邮市西南武安湖。《水经·淮水注》：“中渎水自广陵北出武广湖东，陆阳湖西，二湖东西相直五里。”

武义县　①唐置，属武峨州。治所在今越南北部太原省南部。后废。

②唐武后天授二年（691）分永康县置，属婺州。治所即今浙江武义县（壶山镇）。寻改名武成县，天祐中复名武义县。元属婺州路。明、清属金华府。民国初浙江属金华道。1927 年直属浙江省。

武乡　即今陕西汉中市东北武乡镇。《三国书·蜀书·诸葛亮传》：建兴元年（223），“封亮武乡侯”。即此。北魏延昌初置武乡县。

武乡水　即今山西东南部之浊漳河，为漳河上源之一。源出山西和顺县西八赋岭，南流经榆社县西，又南入武乡县。《水经·浊漳水注》：武乡水“源出武山西南，径武乡县故城西，……又东南注于涅水”。

武乡县　①西晋置，属上党郡。治所在今山西榆社县北三十里社城镇。《晋书·石勒载记》：“石勒字世龙……上党武乡羯人也。”北魏延和二年（433）改为乡县。唐武则天时改乡县复置武乡县，属潞州。治所在今山西武乡县东十里故县乡。神龙元年（705）复为乡县，后又改为武乡县。《资治通鉴》：唐会昌三年（843）刘稹叛，其党“康良佺守武乡”。北宋太平兴国三年（978）属威胜军。金天会六年（1128）属沁州。元世祖至元三年（1266）废，后复置武乡县，仍属沁州。民国初属山西冀宁道。1930 年直属山西省。1947 年移治段村（今武乡县）。

②北魏延昌元年（512）置，属褒中郡。治所在今陕西汉中市东北武乡镇。北周天和元年（566）改名白云县。

③北魏孝昌二年（526）改华阴县置，为华州治。治所即今陕西大荔县。西魏为同州、武乡郡治。隋大业三年（607）改为冯翊县。

武乡侯国　西汉置，属琅邪郡。当在今山东东部。东汉省。

武乡郡　①十六国后赵置，治所在武乡县（今山西榆社县北三十里社城镇）。辖境相当今山西榆社、武乡、沁县、襄垣、左权等县地。北魏延和二年（433）改为乡郡。

②北魏孝昌二年（526，一说西魏）置，属华州。治所武乡县（今陕西大荔县）。辖境相当今陕西大荔县地。西魏属同州。隋开皇三年（583）废。

武乡镇　金置，属观城县。在今山东莘县西南观城镇附近。

武丰（豐）县　①西晋置，属桂林郡。治所当在今广西东北部融江及红水河下游一带。南朝宋废。齐复置。后废。

②唐长寿二年（693）改唐兴县置，属遂州。治所在今四川蓬溪县南。神龙元年（705）复改为唐兴县。

武王山　在今湖北枣阳市东南。《方舆纪要》卷 79 枣阳县：武王山“在县东五十里。世传楚武王尝猎此。一名霸山”。

武王坞　在今山西潞城市西北。《元和志》卷 15 潞城县：“武王坞在县西北四十里，坞东有后魏天柱大将军尔朱荣碑。”《方舆纪要》卷 42：“相传武王伐纣时经此，因名。”

武车县　西汉置，属西河郡。方位缺考，当在今陕西或山西省黄河沿岸。东汉废。

武冈山　亦名同保山。在今湖南武冈市北五里。《水经·资水注》：“（武冈）县左右二冈对峙，重阻齐秀，间可二里，旧传后汉伐五溪蛮，蛮保此冈，故曰武冈。”《方舆纪要》卷 81 武冈州：武冈山“一云东汉伐五溪蛮时，与民同保此山，故亦名同保山。唐元和中，黔巫蛮僚寇乱武冈，潭帅柳公绰招降之，勒铭于冈上。《志》云，山有同保岩，容数千人，昔时避兵处”。

武冈市　1994 年撤销湖南省武冈县，改设武冈市，市人民政府驻城关。由邵阳市代管。

武冈州　明洪武九年（1376）改武冈府置，属宝庆府。治所即今湖南武冈市。辖境相当今湖南武冈、新宁、绥宁、洞口等市县及城步苗族自治县地。1913 年改为武冈县。

武冈军　北宋崇宁五年（1106）置，治所在武冈县（今湖南武冈市）。辖境相当今湖南武冈、新宁、绥宁、洞口诸市县及城步苗族自治县、通道侗族自治县地。元世祖至元十四年（1277）升为武冈路。

武冈县　三国吴宝鼎元年（266）改都梁县置，属昭陵郡。治所在今湖南武冈市西南一里。《水经·资水注》：“县左右二冈对峙，重阻齐秀，间可二里，旧传后汉伐五溪蛮，蛮保此冈，故曰武冈，县即其称焉。”西晋属邵陵郡。东晋改名武刚县。南朝梁天监元年（502）改为武强县。唐武德四年（621）改武攸县复置，属邵州。治所即今湖南城步苗族自治县。北宋崇宁五年（1106）为武冈军治，移今武冈市。元为武冈路治。明洪武元年（1368）为武冈府治，九年（1376）降为武冈州治，寻废县入州。清属宝庆府。1912 年改州为武冈县，属湘江道。1922 年直属湖南省。1994 年改设武冈市。

武冈府　明洪武元年（1368）改武冈路置，属湖广行省。治所在武冈县（今湖南武冈市）。辖境相当今湖南武冈、新宁、绥宁、洞口等县及城步苗族自治县地。九年（1376）降为武冈州。

武冈路 元世祖至元十四年（1277）升武冈军置，属湖南道宣慰司。治所在武冈县（今湖南武冈市）。辖境相当今湖南武冈、新宁、绥宁、洞口诸市县及城步苗族自治县、通道侗族自治县地。明洪武元年（1368）改为武冈府。

武水 ①即今山东苍山县东南武河。《汉书·地理志》泰山郡南武阳："冠石山，治水所出，南至下邳入泗。"注："应劭曰：'武水所出，南入泗。'"

②在今湖南衡阳县（西渡镇）西南。《水经·湘水注》：武水"出钟武县西南表山，东流至钟武县故城南，而东北流至重安县注于承水"。

③亦作武溪水，即今湖南临武及广东乐昌、韶关等市县境之武江，为北江支流。《水经·溱水》："武溪水出临武县西北桐柏山，东南流右合溱水，乱流东南径临武县西，谓之武溪。"《舆地纪胜》卷90韶州：武水"在曲江县城西二十步。源出桂阳监平阳县界临武冈，流出郴州宜章县下，南流入乐昌县界。古名虎溪，唐改名为武溪。湍泷危峻，南流一百二十里入本县界，合浈水"。

④又名武亭水、杜水。即今陕西永寿县西武申河。《水经·渭水注》作大横水。源出永寿县西北黑山，南流经乾县西，至武功县入渭。

武水县 隋开皇十六年（596）置，属莘州。治所在今山东聊城市西南五十里沙镇。大业初属武阳郡。唐属博州。《元和志》卷16武水县："在武水沟之南，因名之。"五代周显德二年（955）废。

武化县 ①南朝宋置，属苍梧郡。治所当在今广西苍梧县境。南齐废。

②南朝梁置，治所在今广东连山壮族瑶族自治县境。南齐属齐乐郡。隋属连州。大业末废。

③唐武德四年（621）置，属晏州。治所在今广西象州县东北六十五里。贞观十二年（638）属象州，十三年（639）为象州治。大历十一年（776）徙州治阳寿县（今象州县）。北宋熙宁四年（1071）废。元祐元年（1086）复置，南宋时废。

武父 春秋时郑地。在今山东东明县西南。《春秋》：桓公十二年（前700），"公会郑伯，盟于武父"。即此。

武丹山 亦作武担山、武当山。在今四川成都市旧城北北较场内。明张瀚《松窗梦语》卷2西游记："藩司在城西北，即昭烈建都旧址。所谓武丹山，今在司中。"

武功山 ①在今江西安福县西北。《寰宇记》卷109吉州安福县：武功山"在县西。根盘八百余里，高三十余里。中夜登岭可望日出。上有葛仙坛，瓦皆用铁。旁有石塔，时见火焰，若金灯。相传昔有武氏夫妇远来修炼，夫止卢萧，妇止西昌，遂以武公名山。后陈武帝时，山神助师平侯景之乱，更名武功"。《清一统志·吉安府一》：武功山"在安县西北一百里，与袁州府萍乡接界。连接泸潇，包蓄九龙，根盘八百余里。峰峦峻拔，最高处曰白鹤峰、曰雷岭，高逾三十里。夜半登顶，可观日出。其旁瀑布，悬流甚长。晋葛铉、葛洪，先后修炼山中。又名葛仙峰"。

②在今陕西武功县南。《元和志》卷2京兆府武功县："旧县境有武功山，斜谷水亦曰武功水。故诸葛亮表示'遣孟琰据武功水'。又杜彦远云'太白山南连武功山'。是则县本以山水立名也。"

武功水 即斜水。在今陕西眉县西。发源于衙岭山北麓，流出斜谷，北经五丈原，注入渭水。《水经·渭水注》："斜水出（武功）县西南衙岭山，北历斜谷，径五丈原东。水出武功县，故亦谓之武功水。"

武功县 ①战国秦孝公置，治所在今陕西眉县东四十里渭水南岸。秦属内史。西汉属右扶风。东汉永平八年（65）移治故斄城（今陕西咸阳市西南杨陵区永安村）。晋属始平郡。北魏太平真君七年（446）废。北周建德三年（574）于中亭川复置，属扶风郡。治所在今武功县西北武功镇。唐武德三年（620）为稷州治。贞观元年（627）改属雍州，开元元年（713）属京兆府。北宋政和八年（1118）改属醴州。金天德三年（1151）属乾州，大定二十九年（1189）改名武亭县。元复曰武功县。明属西安府。清改属乾州。民国初属陕西关中道。1928年直属陕西省。1961年移治普集镇（即今武功县）。

②南朝宋大明二年（458）改下辩县置，为武都郡治。治所在今四川剑阁县西南武连镇南五里。梁改为辅剑郡治。西魏改为武连县。

武功城 在今陕西咸阳市西南杨陵区永安村。《元和志》卷2武功县："故斄城，一名武功城，在县西南二十二里，古邰国也。"

武功宫 唐武德元年（618）修建，在今陕西武功县（普集镇）西南渭河北岸。六年（623）改名庆善宫。

武功郡 北魏太和十一年（487）置，属岐州。治所在美阳县（今陕西咸阳市西南杨陵区永安村）。辖境相当今陕西武功县及扶风县南部、乾县西北部地。北周建德三年（574）废。

武功镇 即今河南舞钢市东北十四里武功乡。民国《西平县志》卷14：同治五年（1866）正月，捻军大败于县南古蔡寨，"西窜出山店及舞阳武功二镇"。

武世县 北魏置，属槃头郡。治所在今陕西略阳县西北。西魏、北周间废。

武节水 在今广西来宾市西南。《方舆纪要》卷109迁江县：武节水"在县（治所在今迁江镇）西十里，流汇于都泥江"。

武石县 唐贞观十二年（638）置，属环州。治所在今广西环江毛南族自治县西北仪凤附近。后废。

武龙山 亦名龙桥山。在今重庆市武隆县西北。《寰宇记》卷120武龙县："以邑界武龙山为名。"《清一统志·重庆府一》：武龙山“在涪州东南。……《明统志》：龙桥山在武龙县东五十里。逶迤如龙，下有空洞，即五龙山也”。

武龙州　元改武笼羁縻州置，属来安路。治所在今广西百色市东。明废为武隆土巡司。

武龙县　①唐武德元年（618）置，属涪州。治所在今重庆市武隆县西北土坎镇（旧武隆司）西五龙村。《寰宇记》卷120武龙县：“以邑界武龙山为名。”北宋宣和元年（1119）改为枳县。南宋绍兴元年（1131）复为武龙县。明洪武十年（1377）废入彭水县，十三年（1380）复置，改为武隆县。五龙村有古城遗址。

②唐贞观元年（627）置，属晏州。治所在今广西荔浦县西。贞观十二年（638）废。

③唐开元中置，属田州。治所在今广西百色市东。北宋改为武笼羁縻州。

武平千户所　明洪武二十四年（1391）置，属福建行都司。治所在今福建武平县西南武平。清顺治十二年（1656）废。

武平卫　明洪武二十二年（1389）改熊韬卫置，属河南都司。治所即今安徽亳州市。清废。

武平场　五代王闽改武平镇为武平场，属长汀县。即今福建武平县。北宋淳化五年（994）升为武平县。

武平关　北齐置，故址在今山西新绛县西二十五里武平村。《元和志》卷12正平县：武平故关“在县西三十里，高齐时置，周平齐，废”。

武平军　五代方镇。楚置。治所在朗州（今湖南常德市）。北宋初废。

武平县　①东汉置，属陈国。治所在今河南鹿邑县西北四十里庙王庄。《三国志·魏书·武帝纪》：建安元年（196），封曹操为武平侯于此。西晋属梁国。东晋废。北魏正始中复置，属陈留郡。隋开皇十八年（598）改为鹿邑县。

②南齐置，属南襄郡。治所在今湖北南漳县境。西魏废。

③唐武德四年（621）改崇平县置，属道州，次年属交州。治所在今越南永福省永福东南平州。天宝初属交趾郡，至德二年（757）属镇南都护府，大历三年（768）属安南都护府。后废。

④北宋淳化五年（994）升武平场置，属汀州。治所即今福建武平县。因武平场而得名。元属汀州路。明、清属汀州府。1913年属福建西路道。1914年属汀漳道。1928年直属福建省。

⑤金大定七年（1167）改武安县置，属大定府。治所在今内蒙古敖汉旗东南、辽宁北票市北塔子乡（白塔子）。承安三年（1198）改属高州。泰和四年（1204）复属大定府。元属武平路（后改大宁路）。明初废。

武平城　即汉武城县故城。在今陕西华县东北十七里。《水经·渭水注》：东石桥水“南出马岭山，北流径武平城东。按《地理志》：左冯翊有武城县，王莽之桓城也”。

武平亭　在今河北霸州市境。《史记·赵世家》：惠文王二十一年（前278），“赵徙漳水武平西”。二十七年（前272），“徙漳水武平南”。正义引《括地志》：“武平亭今名渭城，在瀛州文安县北七十二里。”

武平郡　三国吴建衡三年（271）置，治所在武定县（今越南永福省永福县东南平州）。西晋辖境相当今越南永福省东部和太原省东部地。隋开皇十年（590）废。

武平陵　东晋明帝司马绍陵墓。在今江苏南京市东北鸡笼山南麓。《元和志》卷25上元县：明帝绍武平陵“在县北六里鸡笼山”。

武平路　元世祖至元二十五年（1288）改大宁路置，属辽阳行中书省。治所在大定县（今内蒙古宁城县西大明镇）。辖境相当今河北滦河以东及长城以北，内蒙古老哈河、奈曼旗以南，辽宁医巫闾山、大凌河以西地区。后复为大宁路。

武平镇　唐开元二十四年（736）置武平镇，属长汀县。即今福建武平县。五代王闽改置武平场。明嘉靖《汀州志府》卷1邑名：武平县“以其地坦夷，而人上武，故以名县（镇）”。

武东山　亦作东武山。在今四川射洪县西北武东场。《方舆纪要》卷71射洪县“金华山”条下：“县东七里有武东山，亦高秀，以武水经其西而名。”唐陈子昂世居于此。

武东县　①1940年晋冀鲁豫边区由武乡县东部析置，属太行区。治东村（在今山西武乡县东）。1945年9月撤销，与武西县合并复置武乡县。

②1948年绥蒙政府由武川县东部析置，治旗下营（今内蒙古卓资县西北旗下营镇）。1949年迁大滩（今内蒙古察哈尔右翼中旗西大滩乡）。1954年改属内蒙古自治区，迁回旗下营。1958年撤销，并入四子王旗、察哈尔右翼中旗、卓资县和武川县。

武丘　即丘头。在今河南沈丘县东南四十里颍水北岸。《晋书·海西公纪》：桓温帅师伐前燕，太和五年（370）四月，“桓温部将竺瑶破（袁）瑾于武丘”。即此。

武丘镇　北宋置，属韦城县。即今河南长垣县东北四十六里武丘乡。

武仙县　唐武德四年（621）置，属象州。治所在今广西武宣县东南二十里旧县村。明宣德六年（1431）移治今武宣县，改为武宣县。

武仙银场　北宋置，在今福建建阳市西北。《元丰九域志》卷9：建阳县有“黄柏洋、武仙、大同山、瞿岭四银场”。

武头山　在今江西宁都县东。《舆地纪胜》卷32赣州：虎头山“在宁都县。初名虎头，后避唐讳，改为武头山”。《方舆纪要》卷88赣州府宁都县：武头山在“县东四十里。发脉闽中，盘据数十里”。

武汉大学早期建筑 在今湖北武汉市东湖之滨珞珈山、狮子山等山丘间。1930年开始兴建，1936年竣工。占地面积200多万平方米，建筑面积7万多平方米。有图书馆、理学院、工学院为主体的三大建筑群，分布在南北三条轴线、东西两条轴线交汇的网络上，形成变化有序的整体美，遵循了"轴线对称、主从有序、中央殿堂、四隅崇楼"的中国传统原则，又引进西方罗马式、拜占庭式建筑式样。建筑单体造型形式多样，还注重建筑与环境协调，相得益彰，堪称我国近代大学校园建筑的典范。2001年定为全国重点文物保护单位。

武汉市 1927年并武昌、汉口二市置武汉特别市，属武汉国民政府。治所在汉口。1929年撤销。1949年复置武汉市，为中央直辖市。1950年属中南军政委员会，1952年属中南行政委员会。1954年为湖北省辖市，省人民政府驻地。

武汉农民运动讲习所旧址 在今湖北武汉市武昌区红巷13号，是第一次国共合作时期毛泽东倡议创办并主持的一所培养全国农民运动干部的学校所在地。这里是1904年张之洞创办的北路小学堂，1927年改为中央农民运动讲习所。占地1.2万平方米，建筑面积5110平方米，由四栋砖木结构房屋组成。第三栋为二层，其余为一层。二、三栋之间有大操场，是武汉市唯一保存完好的晚清学宫式建筑。距农讲所200米远的都府堤41号毛泽东旧居，原为普通民房，建筑面积2050平方米，1927年以农讲所名义租用，是毛泽东、杨开慧一家最后团聚的地方。2001年定为全国重点文物保护单位。

武汉国民政府旧址 在今湖北武汉市汉口中山大道南侧。原系华侨简氏兄弟于1921年兴建的南洋兄弟烟草公司的办公大楼，俗称南洋大楼。1921年建成主体五层，外形具欧式建筑风貌。1926年12月至1927年3月，武汉国民政府在此办公。1996年定为全国重点文物保护单位。

武宁乡水 在今江西修水县西南。《清一统志·南昌府一》：武宁乡水"在义宁州西南二百四十里。源出大沩山，东流合东乡水至龙嘴崖入修水"。

武宁州 明永乐五年（1407）属北江府。治所在仙游县（今越南北部北江省墩河北之仙游）。辖境相当今越南北江省部分地。宣德二年（1427）以后入安南。

武宁军 ①唐天宝十三年（754）置，属廓州。驻地在百谷城（今青海贵南县东北过马营乡境内）。《新唐书·地理志》廓州：金天军"其东南八十里百谷城有武宁军"。乾元元年（758）陷于吐蕃，废。

②唐、五代方镇名。唐元和二年（807）置，治所在徐州（今江苏徐州市）。领徐、泗、濠三州，辖境相当今江苏长江北灌南、涟水、泗阳以东，安徽定远、明光、蚌埠以北，怀远、濉溪、萧县以东，兼有山东郯城、微山、滕州地。咸通三年（862）废。五代梁复置。后废。

武宁县 ①三国吴置，属交趾郡。治所在今越南北宁省北宁县。《水经·叶榆水注》："南越王知不可战，却军住武宁县。按《晋太康记》县属交趾。"南齐以后废。唐武德四年（621）复置，属龙州。贞观六年（632）废。

②西晋末慕容廆置，为营丘郡治。治所在今辽宁凌海市东大凌河东岸。后废。《资治通鉴》：东晋咸康四年（338），石虎攻前燕，"营丘内史鲜于屈亦遣使降赵，武宁令广平孙兴晓谕吏民共收屈，数其罪而杀之，闭城自守"。即此。

③北周建德四年（575）改源阳县置，为怀德郡治。治所在今重庆市万州区西南武陵镇。《寰宇记》卷149万州武宁县："取威武以宁斯地为名。"隋属巴东郡。唐属万州。明洪武四年（1371）省入万县。

④唐武德四年（621）置，属龙州。治所在今越南北宁省仙游一带。贞观元年（627）废入龙编县。

⑤唐天授二年（691）改唐兴县置，属建州。治所在今福建浦城县东北后阳。神龙元年（705）复名唐兴县。

⑥唐长安四年（704）分建昌县置，属洪州。治所在甘罗（今江西武宁县西二十里石渡乡新华村）。景云元年（710）改为豫宁县，后徙治今武宁县北柘林水库库区。宝应元年（762）避代宗讳，复名武宁县。宋属隆兴府。元至元二十三年（1286）为宁州治，大德八年（1304）还属龙兴路。明、清属南昌府。民国初属江西浔阳道。1926年直属江西省。1970年因建柘林水库县治被淹迁今址（新宁镇）。

⑦北宋政和四年（1114）升武宁砦置，为长宁军治。治所在今四川长宁县南双河镇。宣和三年（1121）废。

武宁城 明改内官砦为武宁砦。在今四川兴文县西南九丝城镇西南建武。《明史·地理志》兴文县："西有武宁城，万历二年二月筑，置建武守御千户所于此。"

武宁郡 东晋隆安五年（401）置，属荆州。治所在乐乡县（今湖北钟祥市西北六十六里乐乡关）。隋开皇七年（587）废。

武宁站 元置，在今广东惠来县东五十里武宁村。明改为驿。

武宁砦 ①北宋置，属江安县。在今四川江安县。《宋史·蛮夷传四》：熙宁七年（1074），镇压"淯水夷"后，提点刑狱范百禄作文"立石于武宁砦"。即此。明曹学佺《蜀中名胜记》卷16江安县："《志》云：北城街有渡泸碑亭，宋时范百禄立，自载其平夷事迹。今碑止存额'熙宁甲寅平夷之记'八字。"熙宁十年（1077）废。

②北宋熙宁十年（1077）改小溪砦置，属淯井监。在今四川长宁县南龙头镇江河村。元丰四年（1081）废，次年复置。政和四年（1114）升为武宁

县，为长宁军治。宣和三年（1121）废县为堡，四年（1122）复为砦，属长宁军。元废。

武宁溪 即今四川长宁县东之长宁河。《明史·地理志》长宁县："治东西有二溪，并冷水溪，三溪合流入大江，曰三江口。又东出虞公峡曰淯溪，亦曰武宁溪，其下流入于大江。"

武穴镇 亦名武家穴镇。即今湖北武穴市。明置巡司。清设武黄同知驻此。民国设县佐。1953年广济县徙治于此。1987年改为武穴市。

武礼县 唐贞观十二年（638）置，属笼州。治所在今广西扶绥县西南。唐末废。

武圣县 唐永昌元年（689）置，属魏州。治所在今山东莘县西南朝城镇。开元七年（719）改朝城县。

武圣宫 在今重庆市渝中区民权路建设公寓内。为重庆著名古道观。今已不存。

武台（臺）村 亦作五台集。即今山东平邑县东北三十四里武台镇。原属费县。清光绪《费县志》：县西北武沟社"武台村，有集"。

武西县 ①1940年晋冀鲁豫边区由武乡县西部析置，属太行区。治段村（今山西武乡县）。1945年9月撤销，与武东县合并复置武乡县。

②1948年绥蒙政府由武川县西部析置，治公滚城（今内蒙古武川县）。1949年改名武川县。

武列水 又名热河。即今河北承德市北武烈河。有三源：一出于围场满族自治县东南鹦鹉河；一出隆化县东北七老图山茅沟河；一出承德县北玉带河。三支流于承德县西北汇合南流，经承德市南入滦河。《水经·濡水注》：武列水"其水三川派合，西源右为溪水，亦曰西藏水。东南流出溪，……东藏水注之。水出东溪，一曰东藏水，西南流出谷，与中藏水合。水导中溪，南流出谷，南注东藏水。故目其川曰三藏川水，曰三藏水。东藏水又南，右入西藏水，乱流右会龙泉水，……又东南流径武列溪，谓之武列水，东南历石挺下，其水东合流入濡"。

武成王庙 在北宋东京城（今河南开封市）雷家桥西南。祀太公姜尚。《资治通鉴》：唐开元十九年（731），"初令两京诸州各置太公庙，以张良配享"。肃宗上元元年（760），"追谥太公望为武成王，选历代名将为亚圣、十哲"。金末展城，庙遂毁废。

武成县 ①东汉以武城县改名，属定襄郡。治所在今内蒙古清水河县北。一说即今和林格尔县东南新店子古城。后废。

②唐天授二年（691）改武义县置，属婺州。治所即今浙江武义县（壶山镇）。天祐中复名武义县。

③1912年改三岩设治局置，属四川省。治所在今西藏贡觉县东南。1917年改三岩宗。

武夷山 广义的武夷山在今江西、福建两省边境。东北—西南走向。北接仙霞岭，南连九连山，为赣江、闽江分水岭。主峰黄岗山，在今福建武夷山市西北，海拔2158米，为本省最高峰。狭义的武夷山在今福建武夷山市西南二十里，红色沙岩构成的低山，为福建省第一名山。有九曲溪、桃源洞、一线天、武夷宫、武夷精舍、架壑船棺诸胜迹。向有"武夷山水天下奇"的佳誉。《史记·封禅书》：汉武帝祠"武夷君，用乾鱼"。《索隐》引《地理志》："建安有武夷山，溪有仙人葬处，即《汉书》所谓武夷君。"《寰宇记》卷101建州建阳县引萧子开《建安记》云，"昔有神人武夷君居此，故得名"。武夷山分布着世界同纬度带现存最完整、最典型、面积最大的中亚热带原生性森林生态系统，又是全球生物多样化保护的关键地区，是尚存的珍稀、濒危物种的栖息地，是珍稀野生动物的基因库。武夷山的文化遗产也很丰富，这里的"架壑船棺"和汉代闽越王城遗址都是古闽越文化的遗存，是已消失的古代文明的历史见证。"架壑船棺"是中国迄今发现的年代最久远的悬棺。还有宋代思想家朱熹从事学术活动的书院遗址"武夷精舍"更是有着深远的影响。武夷山风光秀丽，是山与水的完美结合，又是人文景观与自然景观的有机融合。1999年联合国教科文组织世界遗产委员会确认武夷山为世界文化与自然遗产。

武夷山崖墓群 在今福建武夷山市西南二十里。武夷山崖墓分布于风景名胜区的大王峰、幔亭峰、玉女峰、小藏峰、大藏峰、鼓子峰、观音岩等处悬崖峭壁之上。距附近平地几十米、数百米不等。该墓群为古代闽越族墓葬遗存，棺群的出现始于夏末，历商、周。1973年、1978年分别从观音岩、白岩各取下一具船棺，棺体为整楠木刳成，分底、盖，上下套合，形状如舟。全长4.89米。棺内尸骨尚存，随葬品有龟形木盘、竹席及已炭化的丝棉苎麻等织品碎片。悬棺附属物虹桥板为楠木板，用以支撑洞内船棺头部。2006年定为全国重点文物保护单位。

武夷山市 1989年撤销福建省崇安县，改设武夷山市。1994年武夷山市改由省直辖，由南平市代管。

武夷县 唐置，属武峨州。治所在今越南太原省南部。后废。

武夷堂 在今江西黎川县南福山。《清一统志·建昌府一》：武夷堂"在新城县福山。宋庆元二年，朱子避韩侂胄，游江右，与门人讲学于此，以崇安故居曰武夷精舍，因以名堂。韩元吉有记"。

武贞军 唐方镇名。光化元年（898）置，治所在澧州（今湖南澧县东南）。领澧、朗、溆三州。辖境相当今湖南澧水、沅水中下游流域。后废。

武当山 ①即今湖北丹江口市西南武当山。为道教名山圣地。《水经·沔水注》："武当山一曰太和山，亦曰嵾和山，山形特秀，异于众岳，峰首状博山香炉，亭亭远出，药食延年者萃焉。晋咸和中，历阳谢允舍罗邑宰，隐遁斯山，故亦曰谢罗山焉。"《寰宇记》卷143引郭仲产《南雍州记》云："学道者常百数，相继不绝。"《明一统志》卷60襄阳府：大岳太和山"在均州南一百二十里。山有二十七峰、三十六岩、二十四涧、五台、五井、三泉、三潭。初名仙室山，又名大岳山。真武奉元君之言游览至此，改名太和。其中一峰最高者旧为天柱峰，亦曰紫霄峰，岩曰紫霄岩，因栖止修炼。后人谓非玄武不足以当之，又更名武当山”。主要景点有玄岳门、玉虚宫遗址、复真观、紫霄宫、南宫岩、金殿等。为著名的风景名胜区。

②在今甘肃永昌县北五里。清宣统《甘肃新通志》卷7：“神祠自麓至顶层叠而见。以顶有真武庙而名。”

武当山古建筑群 武当山，又称太和山。在今湖北丹江口市西南。主峰天柱峰海拔1612米。武当山为道教名山。汉代阴长生、唐代吕纯阳、明代张三丰等都曾在此修炼。唐贞观年间即在灵应峰创建五龙祠。宋元以来历代都进行增修、扩建。元末大部毁于兵火。明永乐十年（1412），成祖工部侍郎郭琎、隆平侯张信、驸马都尉沐昕等督军夫三十余万人在此大兴土木，建成了拥有九宫九观、三十六庵堂、七十二岩庙的道教建筑群。嘉靖三十一年（1552），又对武当山加以维修扩建。古建筑群现存金殿与太和、南岩、紫霄、遇真、玉虚、五龙等六宫，复真、元和、太上、八仙、琼台等五观以及大量庵堂、神祠、岩庙等，共有古建筑二百余栋。为全国重点风景名胜区。2006年定为全国重点文物保护单位。1994年被联合国教科文组织世界遗产委员会确定为世界文化遗产。

武当山金顶 又作金殿。在今湖北丹江口市西南武当山天柱峰顶端。

武当县 西汉置，属南阳郡。治所在今湖北丹江口市西北关门岩北。三国魏属南乡郡。晋属顺阳郡。南朝宋为始平侨郡治。梁又为兴州治。西魏为武当郡，丰州治。隋属淅阳郡。唐为均州治。显庆四年（659）徙治今丹江口市西北关门岩东旧均县城。明洪武二年（1369）废入均州。

武当庙 在今宁夏平罗县西北四十八里贺兰山东麓。原名福寿寺。又称北寺。据《武当庙配殿落成碑记》载：“邑有武当者，连亘贺兰山，因祀元武之像而名之也。”始建年代不详。现存清嘉庆十四年（1809）《武当山建立狮子碑记》称：武当庙“乃山林名刹，西夏名蓝”。是银川以北著名佛教寺院之一。由山门、钟鼓楼、无量殿、多宝塔、大佛殿等组成。大佛殿为主体建筑，宏伟壮观。多宝塔居寺中心，为五层楼阁式方形砖塔，高约25米。

武当郡 西魏改始平郡置，属丰州。治所在武当县（今湖北丹江口市西北关门岩北）。辖境相当今湖北丹江口市地。隋开皇初废。义宁二年（618）复置。唐武德初改为均州。天宝元年（742）改为武当郡。乾元元年（758）复改均州。

武当等处长官司 元置，属顺元路安抚司。治所即今贵州贵阳市东北乌当区。后废。

武曲郡 唐天宝元年（742）改武安州置，治所在武安县（今越南海防市海防西北）。辖境相当今越南海防、鸿基一带。乾元元年（758）复为武安州。

武刚县 东晋改武冈县置，属邵陵郡。治所在今湖南武冈市西南一里。南朝梁天监元年（502）改为武强县。

武休关 在今陕西留坝县东南武关驿。旁扼褒斜道，为陕蜀交通咽喉。《方舆胜览》卷69凤州：武休、饶风关，“（褒斜谷）旁连武休关，又极东为饶风关”。《宋史·吴玠传》：南宋绍兴三年（1133），金将撒离喝入兴元，由斜谷北去，“玠急遣兵邀于武休关”。即此。

武延川 即宁夏西吉县南之葫芦河。《宋史·曹玮传》：真宗时，“与秦翰破章埋族于武延川，分兵灭拨臧于平凉，于是陇山诸族皆来献地”。即此。《明一统志》卷35平凉府：武延川“昔有武延者居此川之旁，因名”。

武延县 唐证圣元年（695）置，属代州。治所在今山西原平市南十四里唐林岗村。唐隆元年（710）改为唐林县。

武延城 即武城。春秋申国地。在今河南南阳市北。

武关 战国秦置，在今陕西商南县西南丹江上。即秦之南关。《战国策·楚策一》：苏秦说楚威王曰：秦“一军出武关，一军下黔中，若此，则鄢郢动矣”。汉高祖即由武关入秦，子婴降，秦亡。唐移今陕西丹凤县东南武关街。唐末黄巢率农民起义军自长安撤退，经此转战河南。

武关县 西魏置，为武关郡治。治所在今河南西峡县东南。隋开皇初废。

武关河 ①一名石沟河。在今陕西留坝县南。《清一统志·汉中府一》：武关河“源出厅西南一百里莱子岭，合褒城五十三坝水注之，至武关驿南，合于褒水”。

②源出今陕西丹凤县北，东南流至商南县西入丹水。《清史稿·地理志》商州商南县：“丹水至州入，西南受银花河，为两河，又东纳武关河、清油河，径城南，合县河、湘河，东入河南淅川。”

武关驿 即今陕西留坝县东南武关驿。《清一统志·汉中府二》：武关驿“在留坝厅南四十里武休关。本朝乾隆三十八年设驿丞”。

武关郡 西魏废帝改东弘农郡置，属荆州。治所在武关县（在今河南西峡县东南）。《元和志》卷21：“因武陶戍置郡。”故名。隋开皇三年（583）废。

武州 ①南朝梁中大通五年（533）改东徐州置，治所在下邳县（今江苏睢宁县西北古邳镇东三里）。东魏武定八年（550）复名东徐州。

②南朝梁太清四年（550）分荆州置，治所武陵郡武陵县（今湖南常德市）。辖境相当今湖南沅江流域。后废。陈天嘉元年（560）复置。隋开皇九年（589）改为朗州。

③西魏废帝置，治所在安育县（北周改名将利

县，今甘肃陇南市武都区东南旧城山）。辖境相当今甘肃陇南市武都区一带地。隋大业三年（607）废。唐武德元年（618）复置。天宝初改为武都郡，乾元初复曰武州。大中五年（851）移治覆津县（今陇南市武都区东南）。景福元年（892）改为阶州。

④东魏武定元年（543）置，治所在雁门川（今山西繁峙县西）。北齐改北灵州。

⑤唐初李子通改安州置，治所武康县（今浙江德清县西武康镇）。武德七年（624）废。

⑥唐大中五年（851）置，治所在萧关县（今宁夏海原县北李旺堡北）。中和四年（884）侨治潘原县（今甘肃平凉市东南）。五代周显德五年（958）废。

⑦唐光启中置，治所在文德县（今河北宣化县）。辖境相当今河北张家口市及宣化、万全县地。后改名毅州，五代唐复名武州。后晋割与契丹，改名归化州。

⑧辽重熙九年（1040）置，属朔州。治所在神武县（今山西神池县）。辖境相当今山西神池、五寨、宁武、偏关等县地。金移治宁远县（今五寨县北三十二里人武州）。明洪武九年（1376）废。

武州山　即武周山。在今山西大同市西云冈石窟所在地。《魏书·高祖纪》：太和四年（480），八月“戊申，幸武州山石窟寺”。《方舆纪要》卷44大同府：武州山在“府西二十里”。

武州川水　又作武周川水。即今山西左云县北之十里河，东流至大同市南入御河。《水经·㶟水注》：武州川水“又东南流，水侧有石祇恒舍并诸窟室。……径平城县南，东流注如浑水”。

武州县　西汉置，属雁门郡。治所在今山西左云县东北五里古城村北。东汉移治今山西偏关县东北八十四里贾堡村。东汉末废。

武州塞　又作武周塞。在今山西左云至大同市以西一带。秦筑以备匈奴。以在武州（今左云县）置障塞，故名。《汉书·匈奴传》：元光二年（前133），“（单于）贪马邑财物，乃以十万骑入武州塞”。北魏开凿的云冈石窟在武州塞东端。

武次县　西汉置，属辽东郡。为东部都尉治。治所在今辽宁凤城市东北三十五里大堡蒙古族镇古城。东汉废。

武江县　①唐贞观十二年（638）置，属笼州。治所在今广西扶绥县境。唐末废。

②即武功县。治所在今四川剑阁县西南武连镇南五里。《南齐书·州郡志》作“武江”县。

武兴　①在今辽宁大凌河上游建昌、凌原一带。《晋书·慕容皝载记》：咸康二年（336），“段辽遣其将李詠夜袭武兴，遇雨，引还，都尉张萌追击，擒詠”。胡三省注：“武兴城在令支。”

②即今陕西略阳县。《三国志·蜀书·姜维传》裴注引《蜀记》曰：“蒋舒为武兴督，在事无称。蜀命人代之，因留舒助汉中守。”南北朝时为氐王杨文弘之都。《宋书·氐胡传》载：顺帝升明元年（477），“以文弘督北秦州诸军，平羌校尉，北秦州刺史，袭封武都王，将军如故。退治武兴”。《梁书·武兴国传》载：“文度弟文洪，为白水太守，屯武兴，宋世以为武兴王。武兴之国自此始矣。”文洪当为文弘。

武兴山　①在今陕西略阳县北。《寰宇记》卷135兴州顺政县：武兴山“在县北一百里。其山峻峭，峰峦秀出，竹柏参差，特为蔚茂。出黄蘗及漆”。

②在今陕西勉县东北十五里。《方舆纪要》卷56沔县：武兴山“蜀汉置武兴督，盖以山名”。

武兴县　①西晋置，属武平郡。治所在今越南永福、太原等省境。南齐后废。

②北魏置，为武兴郡治。治所即今陕西略阳县。西魏改名汉曲县。

③唐天授元年（690）改文水县置，属并州。治所即今山西文水县东十里旧城庄。因为是武则天之乡里，与太原、晋阳并为京县。神龙元年（705）复为文水县。

④唐武则天证圣元年（695）析郏城、鲁山二县置，属汝州。治所即今河南宝丰县。神龙元年（705）改为中兴县，同年又改为龙兴县。

⑤唐置，为羁縻谅州治。治所在今越南谅山省谅山。后废。

⑥即武昌县。唐如意元年（692）置，属瀛州。治所在今河北安新县南。《新唐书·地理志》作“武兴县”。

武兴郡　①十六国前凉置，治所在晏然县（今甘肃武威市西北七十里）。北周废。

②北魏置，为东益州治。治所在武兴县（今陕西略阳县）。辖境相当今陕西略阳县地。西魏改为顺政郡。

③北魏置。治所在今甘肃武威市西北。西魏废。

武兴镇　①北魏正始三年（506）置，在今陕西略阳县。后为东益州、武兴郡、武兴县治于此。

②土名多耐站。在今黑龙江省杜尔伯特蒙古族自治县西南巴彦查干乡太和村。旧属泰来县，清季拟设武兴厅于此。民国有佐治局。

武宅山　一名武翟山。又名紫云山。在今山东嘉祥县东南二十八里。山下有武氏墓，前有石室，四壁有举世闻名的武梁祠画像。

武氏墓群石刻　在今山东嘉祥县东南二十八里武宅山村北。墓为汉从事武梁、吴郡丞武君、敦煌长史武斑、执金吾丞武荣之葬所。武氏祠建于东汉末年。宋代文学家欧阳修、金石家赵明诚等均有著录。后散落殆尽。清乾隆五十一年（1786）金石家黄易亲赴嘉祥，详加查勘并发掘、搜集，次年金石家翁方纲特为建屋保存。现尚存石阙、石狮各一对，石碑二块，画像石四十三块，隶书题记约一千零六十九字，不仅是一组精美的古代石刻艺术品，也是研究东汉时期政治、经济、文化的重要实物资料。1961年定为全国重点文物保护单位。

武安 战国赵邑。在今河北武安市西南。《史记·廉颇蔺相如列传》：赵奢救阏舆，"秦军军武安西，秦军鼓噪勒兵，武安屋瓦尽振"。又《赵世家》：赵王迁三年（前233），"封（李）牧为武安君"。即此。秦置武安县。

武安山 ①在今江西武宁县东南二十五里。清同治《南昌府志》卷2武宁县：武安山"元邑人胡绍远屯兵保障处，砦城遗迹犹存"。

②在今浙江龙游县南。《寰宇记》卷97衢州龙游县："有武安山。"唐武安县即以此得名。

武安市 1988年撤销河北省武安县，改设武安市，市人民政府驻武安镇。由邯郸市代管。

武安戍 唐置，属凉州姑臧县。在今甘肃民勤县西。《新唐书·地理志》凉州姑臧县："西北百六十里有武安戍。"

武安州 ①唐圣历二年（699）置，治所在思勤县（今广西昭平县东北思勤江西岸走马乡陶唐村）。开元二年（714）废。

②唐置，治所在武安县（今越南海防市海防西北）。辖境相当今越南海防、鸿基一带。天宝元年（742）改为武曲郡。乾元元年（758）复为武安州。后废。

③辽统和八年（990）改新州置，属中京大定府。治所在沃野县（今内蒙古敖汉旗东白塔子）。辖境相当今内蒙古敖汉旗东部地。金皇统三年（1143）降为武安县。

④元至元十七年（1280）改龙泥城千户置，为会川路治。治所在今四川会理县南十里。明洪武十五年（1382）改为武定县。二十四年（1391）复改为武安州。后废。

⑤元至正十二年（1352）改徐州路置，属归德府。治所在今江苏徐州市东南二里武安城。辖境相当今江苏徐州市、铜山区及安徽萧县地。明洪武初复改徐州。还治今徐州市。

武安军 唐、五代方镇名。本湖南观察使，中和三年（883）升为钦化军。光启元年（885）改武安军，治所在潭州（今湖南长沙市）。领潭、衡、郴、连、道、永、邵等州。辖境相当今湖南大部、广东北部、广西东北部分地。北宋初废。

武安县 ①秦置，属邯郸郡。治所在今河北武安市西南五里店子古城。张守节《史记正义》："言能抚养军士战必克，得百姓安集，故号武安。"汉属魏郡。魏晋属广平郡。东魏天平初仍属魏郡。隋属武安郡，移治今武安市。唐属磁州。元世祖至元二年（1265）废入邯郸县。后复置，仍属磁州。清属河南彰德府。民国初属河南河北道。1928年直属河南省，1949年划归河北省。1988年改设武安市。

②三国吴置，属郁林郡。治所在今广西柳江县东南。西晋太康元年（280）改为武熙县。

③三国吴置，属交趾郡。治所在今越南南定省南定县东南。西晋武帝时改为南定县。

④北魏置，属武兴郡。治所在今陕西略阳县境。西魏、北周间废。

⑤唐证圣二年（696）分龙丘县置，属衢州。治所在今浙江龙游县南。《寰宇记》卷97："以地有武安山，因以为名。"后废。

⑥唐圣历元年（698）改石泉县置，属金州。治所即今陕西石泉县。神龙元年（705）复改石泉县。

⑦唐置，为武安州治。治所在今越南海防市海防西北。天宝初为武曲郡治。后废。

⑧金皇统三年（1143）降武安州置，属大定府。治所在今内蒙古敖汉旗东南、辽宁北票市北塔子乡白塔子。大定七年（1167）改名武平县。

武安城 元置，在今江西武宁县东南十五里武安山上。《清一统志·南昌府二》"武安城"条下：武安山"四面如壁，其上平坦。元末邑人胡绍远兄弟保障乡民，于此立寨，亦名武安寨"。

武安郡 ①北魏置，属凉州。治所在宜盛县（今甘肃民勤县西南）。辖境相当今甘肃民勤县地。西魏废。

②隋大业三年（607）改洺州置，治所在永年县（今河北永年县东南城关镇）。辖境相当今河北永年、曲周、武安、邯郸、丘县、肥乡、鸡泽等市县地。唐武德元年（618）改为洺州。

武安湖 在今江苏高邮市西南。《方舆纪要》卷23高邮州：武安湖在"州西南三十里。与新开河相接"。

武安墟 即今广东徐闻县东北八十里曲界镇。明置宁海巡司于此。清宣统《徐闻县志》卷1："武安市即曲界市。县东八十里。宁海司驻此。"

武安镇 ①在今山西阳城县东北。《清一统志·泽州府》：武安镇"在沁水县东一百三十五里"。

②即今湖北南漳县东南三十八里武安镇。清有把总驻守。

武阳 ①战国燕昭王时建，为燕下都，后属赵。在今河北易县东南武阳台村。《史记·赵世家》：孝成王十九年（前247），"赵与燕易土……燕以葛、武阳、平舒与赵"。《水经·易水注》："易水又东径武阳城南，盖易自宽中历武夫东出，是兼武水之称，故燕之下都，擅武阳之名。"西汉置故安县。

②战国时蜀邑。在今四川彭山县东北十五里江口镇平获村与五一村交界处。东晋常璩《华阳国志·蜀志》：周慎王五年（前316），秦张仪、司马错伐蜀，"蜀王自于葭萌拒之，败绩，王遁走，至武阳，为秦军所害"。即此。秦置武阳县。

武阳水 ①又名汝水。古名盱江。即今江西东部抚河。源出广昌县南驿前镇，北流经抚州市临川区到王家洲分为两支：主流在余干县康山附近入鄱阳湖，另一支到南昌市入赣江。《清一统志·南昌府一》：武阳水"在南昌县东。自抚州府临川县流入，又北径新建县界入东鄱湖。亦名抚河，即古盱水也。……《县志》，水在县东三十五里，源出盱江，自临川北流径此，号武阳渡，一名辟邪渡，又北入宫亭湖”。

②在今广西大新县南。《方舆纪要》卷110养利州：武阳水“在州南。源出武安洞。洞中水滴成溪，亦曰洞溪。西南流，至州南，有瀑布泉流合焉，下流亦汇于通利江，溉田甚广”。

武阳台（臺）　又称金台。在今河北易县东南燕下都城址东部、今武阳台村西北角。为战国时燕下都武阳城址内宫殿台基。

武阳关　义阳三关之一。又名东关、武胜关。即今河南信阳市南，河南、湖北二省交界处之武胜关。《魏书·中山王英传》：永平二年（509），将取三关，“英至长薄，马广夜遁入武阳”。即此。

武阳江　即今四川中部之岷江。《明史·地理志》彭山县：“东北滨大江，内江自双流县流入焉，即牧马川也，合流而南，亦曰武阳江。”

武阳县　①战国末秦置，属蜀郡。治所在今四川彭山县东北十五里江口镇平获村与五一村交界处。西汉太初四年（前101）为犍为郡治。《后汉书·岑彭传》：建武十一年（35），岑彭破公孙述将侯丹于黄石，“因晨夜倍道兼行二千余里，径拔武阳”。即此。南朝梁改为犍为县。

②南朝宋改南武阳县置，属泰山郡。治所即今山东平邑县。北魏属东泰山郡。隋开皇十六年（596）改颛臾县。

③北魏置，为襄城郡治。治所在今河南西平县西南。北齐为文城郡治。隋开皇十八年（598）改为吴房县。

④北魏改东武阳县置，属阳平郡。治所在今山东莘县西南朝城镇。北齐废。北周复置。唐贞观十七年（643）废。天祐三年（906）改朝城县复置，属魏州。五代唐仍改朝城县。

⑤北周保定三年（563）置，为沉犀郡治。治所在今四川犍为县东南十八里岷江东岸。隋开皇三年（583）改为犍为县。

⑥隋开皇初改内陶县置，属陇西郡。治所在今甘肃陇西县东南文峰镇东三台村。十年（590）改名陇西县。

⑦唐龙朔二年（662）于废临牂县置，属融州。治所在今广西罗城仫佬族自治县北六十里黄金镇武阳附近。北宋熙宁七年（1074）废。

⑧唐天授二年（691）改鄣县置，属渭州。治所在今甘肃漳县西南五里。神龙初复名鄣县。

武阳驿　在今四川彭山县东北江口镇。《方舆纪要》卷71彭山县：武阳驿“在县治东。水驿也。隆庆二年自眉州改今属，或曰驿旧置于龙爪滩旁，亦名龙爪驿”。

武阳侯国　西汉置，属东海郡。当在今山东东南部或江苏北部。东汉省。

武阳亭　在今江西鄱阳县东。《汉书·地理志》豫章郡鄱阳县：“武阳乡右十余里有黄金采。”《史记·东越列传》《索隐》：“（白沙）东南八十里有武阳亭。”《清一统志·饶州府二》：古武阳亭“在鄱阳县境。……《县志》，在县东五十里”。

武阳郡　①西魏置，属武州。治所在葭芦县（今甘肃陇南市武都区东南七十里白龙江东岸）。北周郡县并废。

②北周建德七年（578）置，治所在乐平县（今山东莘县）。在武水之阳，因以为名。辖境相当今山东莘县一带地。隋开皇初郡废。

③隋大业三年（607）改魏州置，治所在贵乡县（今河北大名县东北大街乡）。辖境相当今河北大名、魏县、馆陶，河南南乐、清丰、范县，山东冠县、莘县、聊城等县市地。唐武德中复名魏州。

武阳桥　在今江西瑞金市西南武阳镇。为横跨绵江的一座木桥。1934年10月红军北上抗日时，武阳人民特地搭起此桥，让红军迅速渡河，并在桥头与红军挥泪告别。故称此桥为“长征第一桥”。

武阳砦　①北宋熙宁六年（1073）置，属邵州（后属武冈军）。即今湖南绥宁县东北五十里苏洲村。南宋绍兴十一年（1141）曾为绥宁县治。

②北宋崇宁元年（1102）置，属融州。在今广西罗城仫佬族自治县北六十里黄金镇武阳附近。后废。

武阳堰　在今湖北郧县西。《方舆纪要》卷79郧阳府郧县：武阳堰在“府西五十五里有武阳洞，悬崖深邃，水出其中，堰以溉田，为利甚博”。

武阳渡　①又名辟邪渡。即今江西南昌县（莲塘镇）东南武阳镇。《明史·太祖本纪》：元至正二十三年（1363），“太祖自将救洪都。癸未，次湖口，先伏兵泾江口及南湖嘴，遏友谅归路，檄信州兵守武阳渡”。即此。

②在今广东乳源瑶族自治县西北武阳司。明嘉靖八年（1529）置巡司于此。《清一统志·韶州府》：武阳巡司“在乳源县西北一百六十里武阳渡”。

武阳溪水　即今广西罗城仫佬族自治县东北牛鼻河（武阳江）。《元和志》卷37融州武阳县：“武阳溪水，在县东一十里。”《明史·地理志》柳州府罗城县：“北有武阳江，下流合于融江。”《方舆纪要》卷109罗城县：武阳江在“县北百里。有二源：一出县东北之高悬里，一出县北之平西里，皆流至武阳砦合为一。……下流入于融江”。

武阳墟　即今江西瑞金市西南三十里武阳乡。明嘉靖《赣州府志》卷5：瑞金县有武阳围桥、武阳渡等。清同治《江西全省舆图》卷10瑞金县图：西南有武阳围。

武阳镇　①北宋熙宁七年（1074）省武阳县为镇，属融水县。在今广西罗城仫佬族自治县北六十里黄金镇武阳附近。明、清时置巡司于此。

②在今广东乐昌市西北武阳司村。明嘉靖八年（1529）置巡司于此。

武阶郡　北魏置，属南秦州。治所在翫当县（今甘肃陇南市武都区东南福津沟）。隋开皇三年（583）废。

武观县　唐贞观十二年（638）置，属笼州。治所在今广西扶绥县境。唐末废。

武寿县 唐长安四年（704）置，属和州。治所即今安徽含山县。神龙元年（705）改为含山县。

武进区 2002年撤销江苏省武进市，改设常州市武进区。区政府驻湖塘镇。2015年撤销常州市武进区和戚墅堰区，设立新的武进区，区政府驻湖塘镇延政中大道28号。

武进县 ①西汉置，属定襄郡，为西部都尉治。治所在今内蒙古和林格尔县东北。东汉属云中郡。东汉末废。

②三国吴嘉禾三年（234）改丹徒县置，属毗陵典农校尉。治所在今江苏镇江市东南十八里丹徒镇。西晋太康二年（281）复名丹徒县。

③西晋太康二年（281）分丹徒、曲阿二县地置，属毗陵郡。治所在今江苏丹阳市东五十里（今常州市西北孟河镇万绥）。南朝宋大明末改属南东海郡。梁天监元年（502）改置兰陵县。唐武德三年（620）复置，属常州。治所在今江苏常州市。八年（625）省入晋陵县。垂拱二年（686）复置，与晋陵县同为常州治。元为常州路治。明为常州府治。民国初属江苏苏常道。1927年直属江苏省。1995年由常州市区迁治湖塘镇，改设武进市。2002年改设常州市武进区。

④唐万岁通天二年（697）改帖夷县置，属扶州。治所在今四川九寨沟县东南一百里白水江东岸。神龙元年（705）复改为帖夷县。

武进郡 西魏恭帝二年（555）改邓宁郡置，属邓州。治所在尚安县（今四川九寨沟县西北）。后改为尚安郡。

武劳县 唐置，属武峨州。治所在今越南太原省南部。后废。

武村堡 在今山西太谷县东北。《清一统志·太原府一》：武村堡"在太谷县东北，临象谷水，三面石崖，势极险阻，唐武德初筑，为戍守处"。

武矶山 在今湖北武汉市新洲区西南长江边。《方舆纪要》卷76黄州府黄冈县"华山"条下："其东有武矶山亦临江。相传黄祖屯兵阳逻，蒐武其上。"《元史·伯颜传》：南宋末，伯颜"遣万户阿剌罕以兵拒沙芜口，逼近武矶，巡视阳罗城堡……伯颜登武矶山"。

武连县 西魏废帝二年（553）改武功县置，属安都郡。治所在今四川剑阁县西南武连镇南五里。隋属普安郡。大业九年（613）移治今武连镇。唐武德初属始州。先天二年（713）属剑州。天宝初属普安郡。乾元初属剑州。元省。

武连驿 清乾隆二十七年（1762）于旧武连县置，属剑州。在今四川剑阁县西南武连镇。自神宣驿至此，皆栈道所经。民国设县佐。

武步站 元置，在今福建南平市东南一百里武步村。明改为武步铺。

武步铺 即今福建南平市东南武步村。《方舆纪要》卷97延平府南平县："清风铺在府东南九十里，又十里为武步铺。正统末，官军追败邓茂七余党于武步及清风铺，复截其舟二百于水口驿，通福州道是也。"

武县 即西汉之骆县。在今内蒙古清水河县西南窑沟乡下城湾古城。《水经·河水注》："河水又南，太罗河注之。水源上承树颓河，南流西转，径武县故城南。《十三州志》曰，武县在善无县西南百五十里，北俗谓之太罗城。"

武里山 即今陕西洛南县南五十里中干山。《水经·洛水注》：武里水"南出武里山"。即此。

武里水 即今陕西洛南县南县河。源出洛南县西南，东北流注于洛河。《水经·洛水注》："洛水又东历清池山，东合武里水，水南出武里山，东北流注于洛。"

武邑县 西汉置，属信都国。治所即今河北武邑县。东汉属安平国。西晋太康十年（289）为武邑郡治。北齐天保七年（556）废。隋开皇六年（586）复置，属冀州。大业三年（607）属信都郡。唐属冀州，天宝初属信都郡，乾元初复属冀州。清初属正定府，雍正二年（1724）还属冀州。民国初属直隶大名道。1928年直属河北省。

武邑郡 西晋太康十年（289）置，属冀州。治所在武邑县（今河北武邑县）。北魏皇始三年（398）移治武强县（今河北武强县西南旧城），仍属冀州。辖境相当今河北武邑、武强、阜城等县地。北齐废。

武帐冈 即宣武城。故址在今江苏南京市西北幕府山侧。《宋书·范晔传》：元嘉二十二年（445），衡阳王义季为南兖州刺史，"上于武帐冈祖道"。即此。宋《景定建康志》卷17"武帐冈"条引《宫苑记》："古宣武城，其地本宋文帝阅武帐，今谓之武帐冈。"

武利水 在今广西合浦县北。南流江支流。《方舆纪要》卷104廉州府合浦县：武利水在"府北六十里。其源一出府北小双山；一出灵山县界张蒙山；一出府东北谢成岭。汇于武利埠，南流合新村江入海"。

武利墟 即今广西灵山县南九十里武利镇。明嘉靖《钦州志》卷7灵山县："武利墟在治南八十里上安业乡。"清设把总驻守。

武攸县 隋末置，治所即今湖南城步苗族自治县。唐初属南梁州。武德四年（621）改名武冈县。

武灶（竈）渡 在今广西梧州市西南浔江上。《方舆纪要》卷108苍梧县：武灶渡"在武西递运所前桂江之侧"。

武牢山 在今广西三江侗族自治县西南。《明一统志》卷83柳州府：武牢山"在怀远县（治所在今老堡乡）南一十五里。高拔险峻"。

武担山 亦名武都山。在今四川成都市旧城西北隅北较场。为蜀国开明朝蜀王妃之墓。《三国志·蜀书·先主传》：东汉建安二十六年（221），刘备"即皇帝位于成都武担之南"。裴松之注："《蜀本纪》曰：'武都有丈夫化为女子，颜色美好，盖山精也。蜀王娶以为妻，不习水土，疾病欲归国，蜀王留之，无几物故。蜀王发卒之武都担土，于成都郭中葬，盖地数亩，高十丈，号曰武担也。'臣松之案：'武担，山名，在成都西北，盖以乾位在西北，故就之以即阼'。"

武招县 唐置，属根州羁縻州。治所在今广西环江毛南族自治县境。后废。

武英殿 在今北京市故宫西华门内。《日下旧闻考》卷13：武英殿“前后二重皆贮书籍。凡钦定命刊诸书俱于殿左右直房校刻装潢”。清乾隆年间校刻《十三经》、《二十二史》、《四库全书》等皆藏于此。

武林 ①在今江西余干县东北三十里武陵山。《史记·东越列传》：西汉元鼎六年（前111），东越王余善发兵拒汉道，“入白沙、武林、梅岭……（汉）楼船将军杨仆出武林”。即此。

②今浙江杭州市的别称。初为山、水名。《汉书·地理志》会稽郡钱唐县：“武林山，武林水所出。”后为杭州别称。宋吴自牧《梦粱录》卷7：“杭城号武林。”周密《武林旧事》即专记南宋都城杭州史迹。

③又名虎林城。三国吴筑，在今安徽池州市西北长江南岸。《三国志·吴书·孙休传》：“太元二年正月，封琅邪王，居虎林。”《寰宇记》卷105贵池县：“武林城在县东北二十五里。按《舆地志》吴大帝所筑。《三国志》：孙权封子休为琅邪王镇武林城，诸葛恪执政不欲诸王在于江滨兵马之地，徙于丹阳。其后陆允、孙休、何邈并为武林城都督，即此地。”

④在今广西平南县东南武林镇。明置巡司于此。

武林山 ①一名灵隐山。即今浙江杭州市西灵隐、天竺诸山。《汉书·地理志》会稽郡钱唐县：“武林山，武林水所出。”周密《武林旧事》卷5：武林山“又名灵隐山，又曰灵苑山，又曰仙居山，有五峰”。当为杭州西群山的总称。或谓本是虎林，因避唐太祖李虎讳而改武林，误。

②在今江西余干县东北。《史记·东越列传》：西汉元鼎六年（前111），东越王余善发兵拒汉，“入白沙、武林、梅岭，杀汉三校尉”。汉武帝使“楼船将军杨仆出武林”。《史记索隐》：“今豫章北二百里，接鄱阳界，地名白沙……东南八十里有武阳亭，亭东南三十里地名武林。”《清一统志·饶州府一》：武陵山“在余干县东北三十里，临大湖，即古之武林”。

武林水 在今浙江杭州市。《汉书·地理志》会稽郡钱唐县：“武林山，武林水所出，东入海，行八百三十里。”杨守敬《汉书地理志补校》云：“武林水即钱塘江。”吴卓信《汉书地理志补注》，钱坫、徐松《新斠注地理志集释》则云：“武林水即今杭州西湖。”

武林县 ①南朝宋元嘉二年（425）改武城县置，属永平郡。治所在今广西平南县东南武林镇。梁武帝大同年间交州刺史谘曾被封为武林侯。隋属永平郡。唐属龚州。北宋开宝五年（972）废入平南县。

②隋开皇六年（586）改堙阳县置，属洛州。治所在今河南登封市西五十四里颍阳镇。开皇十八年（598）改为轮氏县，大业初徙废。唐载初元年（689）析河南、伊阙、嵩阳三县地复置，属洛州。开元初属河南府，十五年（727）改为颍阳县。

③元置，属向武州。治所在今广西天等县西北向都镇东十里。明永乐初废入富劳县。

武昌 ①在今湖北鄂州市。三国时为吴国都。《三国志·吴书·吴主传》：魏黄初二年（221），“（孙）权自公安都鄂，改名武昌”。吴黄龙元年（229）夏，“南郊即皇帝位”。同年秋九月，“权迁都建业（今南京市）”。又《吴书·孙皓传》：甘露元年（265）又“徙都武昌”，次年复归建业。

②即今湖北武汉市。元末汉帝陈友谅建都于此。

武昌山 在今湖北鄂州市南。《舆地纪胜》卷81寿昌军：武昌山“在本（武昌）县南百九十里。高百丈，周八十里。旧云，孙权都鄂，易名武昌，取以武而昌，故因名山。《土俗编》以为今县名疑因山以得之”。

武昌市 1926年12月析武昌县城区置，属湖北省。治所在今湖北省武汉市武昌城区。1927年废。1937年复置。1949年废入武汉市。

武昌军 ①唐、五代方镇名。唐元和元年（806）升鄂岳观察使置，治所在鄂州（今湖北武汉市武昌城区）。辖境较长期领有鄂、岳、蕲、黄、安、申、光等州，约当今湖北广水、应城、汉川以东，河南淮河以南，固始、商城及湖北英山、黄梅以西，湖南洞庭湖和汨罗江以北地。五年（810）废。宝应、太和、大中时均曾复置，皆不久废。文德初又置，天祐二年（905）并入淮南。五代吴复置，北宋初废。

②南宋嘉定十四年（1221）置，治所在武昌县（今湖北鄂州市）。十五年（1222）改名寿昌军。

武昌县 ①三国魏黄初二年（221）吴孙权改鄂县置，为武昌郡治。治所即今湖北鄂州市。从公安迁都于此。《三国志·吴书·吴主传》：黄龙元年（229）夏，孙权在“南郊即皇帝位”。九月迁都建康，“征上大将军陆逊辅太子登，掌武昌留事”。孙皓时又尝都此。隋属江夏郡。唐属鄂州。南宋嘉定五年（1212）为武昌军治，十五年（1222）改为寿昌军治。元属武昌路。明属武昌府。1913年改名寿昌县。1914年改为鄂城县。

②南齐置，属南襄郡。治所在今湖北南漳县境。西魏废。

③唐如意元年（692）析河间县置，属瀛州。治所在今河北安新县南。神龙元年（705）改名唐兴县。

④唐神功元年（697）改霍丘县置，属寿州。治所即今安徽霍丘县。景云元年（710）复为霍丘县。

⑤辽置，为信州治。治所在今吉林公主岭市西北秦家屯镇东新集城。元废。

⑥1913年改江夏县置，为湖北省省会。治所在今湖北武汉市武昌城区。民国初为湖北江汉道治。1932年直属湖北省。1949年与汉口、汉阳合并设武汉市。1960年徙县治于纸坊镇。1995年撤销武昌县，改设武汉市江夏区。

武昌府 元至正二十四年（1364）朱元璋改武昌路置，为湖广行省省会。治所在江夏县（今湖北武汉市武昌城区）。辖境约当今湖北赤壁市、通城县以东，长江以南，阳新县以西地区。洪武九年（1376）为湖广布政使司治。清康熙三年（1664）为湖北省省会。

1911年辛亥革命爆发于此。1912年废。

武昌郡　①三国魏黄初二年（221）孙权置，属荆州。治所在武昌县（今湖北鄂州市）。不久改为江夏郡。西晋太康初又改为武昌郡。辖境相当今湖北东部长江以南，嘉鱼、通山等县以东和江西九江、瑞昌等市县地。东晋属江州。南朝宋属郢州。隋开皇九年（589）废。

②东魏武定四年（546）置，属显州。治所在团城（今山西汾阳市南十六里团城村）。后废。

武昌起义军政府旧址　又名红楼。在今湖北武汉市武昌区阅马场北端。原为清湖北省咨议局大楼，1911年辛亥革命成功后在此建革命政府，建立中华民国。1961年定为全国重点文物保护单位。

武昌湖　①在今安徽望江县东北。《方舆纪要》卷26望江县：漳湖“其上流为武昌湖，在县东北三十里。受茗山、凤溪诸溪涧及县北群川之水，汇而为湖，广十里，袤三十里”。

②在今河南罗山县西。《方舆纪要》卷50罗山县：武昌湖在“县西五十里。蓄水灌田，凡三百余顷”。

武昌路　元大德五年（1301）改鄂州路置，为湖广等处行中书省省会。治所在江夏县（今湖北武汉市武昌城区）。辖境约当今湖北赤壁市以东，汉川县及长江以南，鄂州、咸宁二市以西，通城县以北地。至正二十一年（1361）陈友谅建汉国都此。二十四年（1364）朱元璋改为武昌府。

武昌镇　在今湖北鄂州市东南。清康熙《武昌县志》卷2：武昌镇“县东南六里。古昌乐院旧址。今废”。

武鸣区　2015年撤销广西武鸣县，设立南宁市武鸣区，区政府驻城厢镇兴武大道245号。

武鸣县　1913年改武鸣府置，属广西南宁道。治所即今广西武鸣县。1928年直属广西省。

武鸣府　1912年改思恩府置，治所在武鸣县（今广西武鸣县）。辖境相当今广西武鸣、马山、都安瑶族自治县及平果县东北部地。1913年废。

武罗乡　在今广西宾阳县南。旧属永淳县。明置巡司于此。

武罗县　唐武德四年（621）置，属淳州。治所在今广西横县西北峦城镇北。永贞元年（805）属峦州。北宋开宝五年（972）废。

武金坑　在今重庆市合川区西北太和镇涪江西岸富金坝。《旧唐书·地理志》铜梁县：“开元三年移治武金坑。”《舆地纪胜》卷159合州：武金坑，“《图经》：铜梁县治武金坑，又谓之武金坝。五代王建将张武父墓在焉”。

武金县　唐置，属演州。治所在今越南义安省北部。后废。

武周山　一名武州山。在今山西大同市西。《隋书·地理志》：马邑郡云内县有武周山。《寰宇记》卷51鄯阳县引《冀州图经》：“武周山在郡西北，东西数百里，南北五十里，山之南面千仞壁立。”著名的云冈石窟即在此。

武周县　北魏置，属代郡。治所即今山西左云县。孝昌中废。

武周城　即今山西左云县。《资治通鉴》：唐武德七年（624），“突厥寇代州之武周城，州兵击破之”。

武周塞　即武州塞。在今山西左云县至大同市以西一带。

武庙闸　在今江苏南京市鸡鸣寺东、南京市政府大院东北隅、城墙南。明初筑城时，为将玄武湖水引入城内，与珍珠河相连，故建此闸以为节制。闸以此地有供奉关羽的武庙而命名。

武庙集　即今河南固始县南六十九里武庙集乡。旧属商城县。清尹耕云《豫军纪略》卷3：咸丰七年（1857）十二月，捻军自六安“径赴商城之开顺街、武庙集”。

武河　在今江苏邳州市北。《方舆纪要》卷22邳州：武河“源自山东峄县马旺山许家泉，流经州（治今睢宁县西北古邳镇）西北二十五里，汇为蛤河。州西北二十里又有蝘湖，亦武水所注也。引流五十里，由乾沟口注于泗河”。

武泽　即虎泽。在今内蒙古达拉特旗东南。《汉书·地理志》西河郡谷罗县：“武泽在西北。”唐讳虎，故谓之武泽。

武学城　在今陕西兴平市东。宋敏求《长安志》卷14兴平县：“武学城在县东十里，崇二丈五尺，与文学城相接，二城并秦章邯筑。”

武定屯　在今广东恩平市东南六十里。《方舆纪要》卷101肇庆府恩平县：武定屯“本新宁县界苔村贼巢，隆庆五年立屯，万历二年建城”。

武定关　在今青海平安县西小峡口，湟水南岸。清同治二年（1863），回族首领马桂源等据险反，官军数日始克。

武定州　①唐置羁縻州，属安南都护府。治所在今越南宣光省宣光南。后废。

②明宣德元年（1426）改乐安州置，属济南府。治所即今山东惠民县。辖境相当今山东阳信、无棣、乐陵、商河等县市地。清雍正二年（1724）升为直隶州，属山东省。十二年（1734）升为府。

③清乾隆三十五年（1770）改武定府置武定直隶州，属云南省。治所即今云南武定县。辖境相当今云南武定、元谋、禄劝等县地。1913年废为县。

武定江　即今越南北部之带河。《旧唐书·地理志》安南都督府：“北至朱鸢州阿劳江口水陆五百四十九里，北至武平县界武定江二百五十二里。”

武定军　①唐、五代方镇名。唐光启元年（885）置，治洋州（今陕西西乡县）。北宋初废。

②唐方镇名。天祐二年（905）改戎昭军置，治所在均州（今湖北丹江口市西北）。次年废。

武定县　①三国吴建衡三年（271）置，为武平郡治。治所在今越南永福省永福县东南平州。隋开皇十年（590）改为崇平县。

②南朝宋置，属晋康郡。治所当在今广东德庆、郁南、罗定等市县境。隋开皇中废。

③西魏置，治所在今甘肃礼县境。北周废。

④1913年废武定直隶州改置，后属云南滇中道。治所即今云南武定县。1916年直属云南省。

武定所 明隆庆三年（1569）置武定守御千户所，属云南都司。治所即今云南武定县。清康熙七年（1668）废。

武定府 ①明洪武十五年（1382）改武定路置，寻升军民府，万历中罢称军民，属云南布政司。治所在南甸县（今云南武定县东七里旧城）。隆庆四年（1570）徙治和曲州（今武定县）。清属云南省，乾隆三十五年（1770）降为州。

②清雍正十二年（1734）升武定州置，属山东省。治所在惠民县（今山东惠民县）。辖境包括今山东无棣、乐陵、商河、滨州、利津等市县地，东北至海。1913年废。

武定桥 亦曰上浮桥。在今江苏南京市南镇淮桥东北，秦淮河上。《方舆纪要》卷20江宁府江宁县：武定桥“宋淳熙中建，名曰嘉瑞浮桥。景定二年更名，亦曰上浮桥，时以长乐桥为下浮桥也”。

武定道 1925年由济南道分置，属山东省。治所在惠民县（今山东惠民市）。辖境相当今山东惠民、阳信、无棣、乐陵、利津、沾化、滨州、商河、垦利、东营等市县地。1928年废。

武定路 元世祖至元十一年（1274）置武定路军民府，属云南行省。后置南甸县（今云南武定县东七里旧城）为路治。武定系婺甸的转音，彝语“婺”即罗婺部，“甸”为坝子，意即罗婺部居住的坝子。明郭子章《郡县释名》云南卷下：“元以武功定西南也。”雅化后赋予了新义。辖境约当今云南武定、元谋、禄劝等县地。明洪武十五年（1382）改为府。

武官村 在今河南安阳市西北武官村，为殷墟组成部分。在其处发现商代后期大型奴隶主贵族墓葬。

武郎县 ①唐永隆二年（680）置，为思唐州治。治所在今广西平南县北一百四十里马练瑶族乡。后又为武郎郡治。北宋开宝四年（971）为思明州治。五年（972）州废，属浔州。嘉祐二年（1057）省入平南县。

②唐置，属演州。治所在今越南义安省北部。后废。

武郎郡 唐开宝元年（742）改思唐州置，治所在武郎县（今广西平南县北马练瑶族乡）。辖境相当今广西平南县西北及相邻的金秀瑶族自治县部分地。乾元元年（758）复为思唐州。

武郎盐场 在今广东雷州市西。《清一统志·雷州府》：武郎盐场“在海康县西。自廉州府合浦石康海至此泊舟，北通遂溪乐民所。明初置盐课司，崇祯三年裁。今有武郎埠”。

武建郡 南朝梁置，属雍州。治所在今湖北宜城市北。北周废入汉南县。

武始 战国韩邑，后入秦。在今河北武安市南。《史记·秦本纪》：昭襄王十三年（前294），“向寿伐韩，取武始”。即此。西汉置武始县。

武始县 西汉置，属魏郡。治所在今河北武安市南。汉武帝封赵敬肃王子刘昌于此。东汉废。

武始泽 古名谷水。即今甘肃武威市西北之石羊河。《水经注》卷40：都野泽“上承姑臧武始泽，泽水二源，东北流为一水”。亦名武始大泽。《十六国春秋辑补》卷72前凉录：东晋永和十一年（355），“宋混次于武始大泽，为灵曜发哀”。即此。

武始郡 十六国前凉张骏改狄道郡置，治所在狄道县（今甘肃临洮县）。辖境相当今甘肃临夏回族自治州和岷县、临洮、临潭等县地。北魏移治勇田县（今临洮县北七十里）。西魏还治狄道县。隋开皇三年（583）废。

武垣 战国燕邑，在今河北肃宁县东南。《史记·赵世家》：孝成王七年（前259），“武垣令傅豹、王容、苏射率燕众反燕地”。秦置武垣县。

武垣县 ①战国秦置，属巨鹿郡。治所在今河北肃宁县东南十六里垣城南村。西汉属涿郡。东汉属河间国。三国魏移治东垣城（今河间市南二十五里）。北魏为河间郡治。隋开皇三年（583）移治瀛州城（今河间市），属瀛州。十六年（596）还治东武垣城（今河间市南二十五里）。大业二年（606）废。唐武德五年（622）复置，仍属瀛州。贞观元年（627）又废。

②南朝宋侨置，属河间郡。治所在今山东寿光市东北境。北齐废。

武城 ①战国赵地，在今河北磁县西南。《史记·赵世家》：幽缪王迁二年（前234），“秦攻武城，扈辄率师救之，军败，死焉”。

②在今山西介休市东。《清一统志·汾州府一》：武城“在介休县东四十五里。秦遣武安君白起伐赵经此，故名”。

③相传为吴王阖闾所筑，又称南武城。在今江苏昆山市西北武城村。《汉书·地理志》会稽郡娄县：“有南武城，阖闾所起以候越。”《越绝书》卷2：“娄北武城，阖庐所以候外越也，去县三十里，今为乡也。”

④春秋时鲁邑，后亦名南武城。在今山东平邑县南魏庄乡南武城村。《左传》：襄公十九年（前554），鲁“城武城”。即此。战国齐置南武城县。西汉改南成县。

⑤一作东武城。春秋赵邑，在今山东武城县西北。《战国策·赵策一》：“赵王封孟尝君以武城。”即此。西汉置东武城县。

⑥一名武延城。在今河南南阳市北。原为申国地，春秋时属楚。《左传》：僖公六年（前654），“冬，蔡穆侯将许僖公以见楚子于武城”。襄公九年（前564），“楚子师于武城，以为秦援”。即此。

⑦一名武口城。在今湖北武汉市黄陂区东南长江北岸沙口村。《水经·江水注》：“江之左有武口，水上通安陆之延头，……南至武城，俱入大江。”《资治通鉴》：南朝梁太清三年（549），湘东王绎声讨侯景，“军于郢州之武城”。胡注：“盖今之沙武口，即

其地。”

⑧春秋晋邑。在今陕西华县东北十七里。《左传》：文公八年（前619），“秦人伐晋，取武城”。即此。战国属魏，亦称武下。秦置武城县。

武城山 ①在今广西天等县西北。《清一统志·镇安府》：武城山“在向武土州（治今向都镇）东四十五里。尖峰峭石，下有小岩”。

②在今甘肃武山县西南。《三国志·魏书·邓艾传》：甘露元年（256），姜维伐魏向祁山，“闻艾已有备，乃回从董亭趣南安，艾据武城山以相持”。即此。

武城川 即今甘肃武山县西山丹河。《水经·渭水注》：武城川水“津源所导，出鹿部西山，两源合注，东北流径鹿部南，亦谓之鹿部水。……东北注渭水”。

武城乡 在今广东怀集县西北武城。明、清置巡司于此。

武城县 ①战国秦置，属内史。治所在今陕西华县东北十七里。西汉属左冯翊。东汉废。《方舆纪要》卷54华州：武城“或谓之武平城，亦谓之光武城。相传光武征隗嚣曾驻于此”。

②西汉置，属定襄郡。治所在今内蒙古清水河县北。一说即今和林格尔县东南新店子镇古城。东汉改为武成县。

③西晋太康中改东武城县置，属清河国。治所在今山东武城县西北。北齐天保七年（556）移故信成县（今清河县城关乡西北十二里）。隋开皇六年（586）改清河县，并于武城县旧治复置武城县，属贝州。大业初属清河郡。唐调露元年（679）又移治永济渠北义王桥西二里（今山东武城县西南）。宋属恩州，大观中徙东流村（今武城县西南老城镇）。元属高唐州。清属临清州。民国初属山东东临道。1925年属德临道。1928年直属山东省。1973年迁治旧城（今武城镇）。

④西晋置，属郁林郡。治所在今广西平南县东南武林镇。后废。南朝宋元嘉二年（425）复置，改为武林县。

⑤东晋置，属东清河郡。治所在今山东淄博市西南淄川区东北。北齐废。《续山东考古录》卷2淄川县：“《魏志》：武城有昌国城，县治当在东北。”

⑥北魏置，寻废。故治在今甘肃武山县西南武城山下。《水经·渭水注》：“渭水又东径武城县西，武城川水入焉。”

⑦唐长寿元年（692）置，属陈州。治所即今河南西华县。神龙元年（705）改为箕城县。

武城郡 ①南朝陈置，属静州。治所在豪静县（今广西昭平县南百余里古袍村）。辖境相当今广西昭平县南境。隋开皇时废。

②隋开皇元年（581）改定阳郡置，属南汾州。治所在定阳县（今山西吉县）。辖境相当今山西吉县地。三年（583）废。

武城镇 金置，属白马县。在今河南滑县西南。

武荣州 唐圣历二年（699）置，治所在南安县（今福建南安市东丰州镇）。辖境相当今福建晋江和木兰溪两流域及漳州、厦门、同安、金门等市县地。三年（700）废。久视元年（700）复置，移治今泉州市。景云二年（711）改名泉州。

武要北原 在今内蒙古卓资县北。《魏书·太祖纪》：天赐三年（406）七月，“西登武要北原，观九十九泉”。

武要县 西汉置，属定襄郡，为东部都尉治。治所在今内蒙古卓资县西北三道营乡东南土城村古城。东汉废。

武威文庙 在今甘肃武威市城东南隅。据庙内《凉州卫儒学记》碑记载，始建于明正统二年（1437），后经重修扩建。由东西两组建筑构成。西以大成殿为中心，前有泮池，后有尊经阁。东以文昌祠为中心，前有山门，后有崇圣祠。主体建筑大成殿，面宽、进深均为三间。殿内桁下墨书“大明正统”、“三年肇建”，脊桁下墨书“大清顺治重修”。尊经阁上下两层，均面宽三间，进深两间。清康熙《重修文庙碑记》有重修尊经阁高基瓴脊的记载。庙内碑石林立，其中西夏碑尤为著名。1996年定为全国重点文物保护单位。

武威市 1985年撤销甘肃省武威县，改设武威市，市人民政府驻原县城内。2001年武威地区和县级武威市撤销，改设地级武威市；原县级武威市改置凉州区，为市人民政府驻地。

武威县 ①西汉元狩二年（前121）置，属武威郡。治所在今甘肃民勤县东北泉山镇东南连城遗址。西晋省入姑臧县。北周复置，隋废。

②唐总章元年（668）改神乌县置，与姑臧县同为凉州治。治所即今甘肃武威市。神龙元年（705）复为神乌县，后废。清雍正二年（1724）复置，为凉州府治。民国初为甘肃甘凉道治。1927年直属甘肃省。1985年改设武威市。2001年撤销武威地区和县级武威市，设立地级武威市。原县级武威市改置凉州区。

武威驿 明置。在今甘肃武威市。《清一统志·凉州府二》：武威驿“在武威县治东隅。明置，初名凉州驿，后改名”。

武威郡 西汉元狩二年（前121）置，治所在姑臧县（今甘肃武威市）。元鼎后辖境相当今甘肃黄河以西，武威以东及大东河、大西河流域地区。十六国时，前凉、后凉、南凉、北凉曾建都于此。北魏属凉州，治所在林中县。西魏复为姑臧县。隋开皇三年（583）废。大业初，复改凉州为武威郡。唐武德初复为凉州，天宝初复改武威郡，乾元初仍改凉州。广德时陷于吐蕃。

武临县 即武林县。治所在今河南登封市西五十四里颍阳镇。《旧唐书·地理志》作“武临县”。

武思江 在今广西贵港市西南。《方舆纪要》卷108贵县“泛水江”条下：“又有武思江在县西六十里。自郁林州博白县流入界，俱注入郁江。”

武思营　明置，属驯象卫。在今广西横县东六十里百合镇北江口村。《方舆纪要》卷110横州：武思营“在州东，近贵县武思江口，驯象卫拨兵戍守”。

武峒　一名武笼峒。在今广西百色市东。《方舆纪要》卷111田州：武峒，“万历二十一年，州目黄关作乱，掩州之武峒，大掠而去，即此。一名武笼峒”。

武顺军　唐天祐二年（905）改成德军置，治所在恒州（今河北正定县）。五代唐复名成德军。

武修亭　在今河南原阳县西南。《水经·济水注》：“北济也。自荥泽东径荥阳卷县之武修亭南。《春秋左传》：成公十年，郑子然盟于修泽者也。郑地矣。杜预曰：卷东有武修亭。”

武信军　唐乾宁四年（897）置于遂州（今四川遂宁市）。《新唐书·方镇表五》：“武信军节度使领遂、合、昌、渝、泸五州。”相当今四川遂宁、江安以东，武胜县和重庆市渝北区以西地区。北宋初废。

武侯山　在今四川简阳市西北。《元和志》卷31灵池县：武侯山“在县东南十五里”。《元丰九域志》卷7：灵泉县“有武侯山”。

武侯县　唐贞观四年（630）置，属羁縻琰州。治所在今贵州关岭布依族苗族自治县南。后废。

武侯岭　即今四川荥经县西南、汉源县北之大相岭。《资治通鉴》：五代梁乾化四年（914），南诏寇黎州，前蜀将王宗范等击之，“破其武侯岭十三寨”。即此。

武侯庙　①亦称武侯祠或昭烈庙。在今四川成都市区南武侯祠大街北侧。为祭祀诸葛亮的庙宇。

②在今重庆市奉节县东。亦为祭祀诸葛亮之庙宇。唐杜甫《武侯庙》诗：“遗庙丹青落，空山草木长。”清钱谦益笺注：“武侯庙，《方舆胜览》在夔州城中八阵台下。”宋知州张震《祠堂记》：“唐夔州治白帝，侯庙在西郊。”

③亦称武侯祠。在今陕西勉县南定军山下。有诸葛武侯墓园。

武侯城　①在今四川汉源县北清溪镇北。《元和志》卷32黎州：贞元二年（786），韦皋“又于州北故武侯城逦迤置堡三所，为州城之援”。明曹学佺《蜀中广记》卷35黎州：“《志》云：州北三里有武侯城。侯筑，故垒濠堑犹存。”

②在今四川西昌市南。《方舆纪要》卷74建昌卫军民指挥使司：武侯城“在司南三十里泸水东。相传诸葛武侯所筑”。

③在今云南华宁县东三里。《方舆纪要》卷115宁州：武侯城“在州东三里。相传武侯南征时筑。今谓之宁州古城”。

④在今云南大姚县西北。《清一统志·楚雄府》：武侯土城“在大姚县马鞍山麓，为汉诸葛亮南征屯驻之所，有铁桩尚存。《通志》：苴泡江石壁上，有人马战斗之形，俗谓武侯阵图。又州境有孔明遗垒二处，一在州东十五里，一在州北十二里”。

武侯祠　①在今河南南阳市西郊卧龙岗。魏晋时始建祠于此。宋、元遭兵燹。今祠为明正统以后重建。主要建筑有山门、大殿等。后有草庐、小虹桥、梁父岩、抱膝石、躬耕亭、古柏亭、三顾堂、野云庵。中华人民共和国成立后已将西院辟为博物馆，并新建了汉画像馆和汉碑亭。

②亦名昭烈庙。在今四川成都市区南武侯祠大街北侧。西晋末年十六国成（汉）李雄为祭祀三国蜀丞相诸葛亮而建。《方舆胜览》卷51成都府：武侯庙，“孔明初亡，百姓遇节朔，各私祭于道上。李雄称王，始为庙于少城内。桓温平蜀，夷少城，独存孔明庙。后封武兴王庙。至今祠祀不绝”。原在旧城内，后建于旧城南郊，与先主庙毗邻。明初，形成君臣合庙的格局，明末毁于兵燹。今庙为清康熙十一年（1672）重建，占地四万平方米，有刘备殿、诸葛殿五重，大门额书“汉昭烈庙”。内有唐元和四年（809）裴度撰、柳公绰书、鲁建刻石的《蜀丞相诸葛武侯祠堂碑》，后人称为《三绝碑》。西南为《汉昭烈皇帝之陵》。唐诗人杜甫《蜀相》诗：“丞相祠堂何处寻，锦官城外柏森森。”指此。据同治《成都县志》卷2载：有三处武侯祠，除上与昭烈合祭祠外，城北簸箕街有丞相祠，城西北九里堤有诸葛庙，均早已不存。1961年定为全国重点文物保护单位。

③在今陕西勉县南定军山下。三国时蜀丞相诸葛亮葬定军山，因山为坟。墓园古木荫翳清幽，并有正殿、庑房等古建筑，悬挂匾额、对联，衬以林立的碑石，更显得庄严肃穆。

④ 在今陕西勉县新城西六里。祠蜀汉诸葛亮。《三国志·诸葛亮传》：“景耀六年春，诏为亮立庙于沔阳。”裴注引《襄阳记》曰：“亮初亡，所在各求为立庙，朝议以礼秩不听，百姓遂因时节私祭之于道陌上。言事者或以为可听立庙于成都者，后主不从。步兵校尉习隆、中书郎向充等上表曰：‘……臣愚以为宜应近其墓，立之于沔阳，使所亲属以时赐祭，凡其臣故吏欲奉祠者，皆限至庙。断其私祀，以崇正礼。’于是始从之。”祠内古木参天，建有殿庑、游廊、房舍七大院五十六间。历代名人如李白、苏轼、王安石、陆游、顾炎武等，都曾在此留有墨迹刻石。现有汉、晋、唐、宋、元、明等时期碑刻四十余通。附近还有武侯读书台、莲花池、卧龙岗、走马岭、马超墓、万寿塔等游览胜地。

武侯垒　又称武侯镇。即今陕西勉县西十里武侯镇。《水经·沔水注》：“沔水又东径武侯垒南，诸葛武侯所居也，南枕沔水。水南有亮垒，背山向水，中有小城，回隔难解。”唐、宋为西县治。明、清为沔县治。

武侯墓　在今陕西勉县南二里定军山下。为三国时蜀丞相诸葛亮墓。《三国志·蜀书·诸葛亮传》：“亮遗命葬汉中定军山，因山为坟，冢足容棺，敛以时服，不须器物。”墓园古木荫翳清幽，并有正殿、庑房等古建筑，悬挂匾额、对联，衬以林立的碑石，更显得庄严肃穆。祠始建于蜀汉景耀六年（263），现存建筑为明清时所建。主体建筑为大殿，面阔16.9米，进深12.4米。祠内存有唐“蜀汉丞相诸葛亮武侯新庙碑铭并序”碑等历代碑刻六十一通。1996年定为全国重点文物保护单位。

武泉水 即今内蒙古呼和浩特市南小黑河。《水经·河水注》：武泉水“东出武泉县之故城西南，水南流又西屈径北舆县故城南，其水又西南入芒干水”。

武泉县 ①西汉置，属云中郡。治所当即今内蒙古呼和浩特市东北塔布陀罗亥古城。汉初周勃击韩王信于代，前至武泉，破匈奴于其北。东汉末废。《水经·河水注》：“其［武泉］水（按：即今小黑河）东出武泉县之故城西南，县即王莽之所谓顺泉者也。水南流又西屈径北舆县故城南，……又西南入芒干水。”

②南朝梁置，属秦南郡。治所在今湖北宜城市北。北周为武泉郡治。后废。

武泉郡 北周置，治武泉县（今湖北宜城市北）。隋开皇初废。

武胜山 旧名母章德山。在今四川武胜县南二十里旧县乡东。《方舆纪要》卷69定远县：武胜山在“县治东一里。旧名飞龙峰。蒙古主蒙哥攻钓鱼城，屯兵于此，因改今名”。

武胜场 唐文德元年（888）改武德场为武胜场。治所即今福建长泰县。五代南唐保大十三年（955）升为长泰县。

武胜关 ①即武阳关。在今河南信阳市南，当河南、湖北两省交界处。为大别山隘口之一。《方舆纪要》卷50信阳州“黄土关”条下：“又州南有武胜关，亦险塞处云。”京广铁路经此。

②明置，在今贵州福泉市南二里。《明一统志》卷88平越卫：武胜关“左右崖削，一水中贯，实当诸路之冲”。

③明置，属思南府安化县。在今贵州思南县西南一里。《清一统志·思南府》：武胜关“即小崖门”。

④在今湖南沅陵县南。《清一统志·辰州府二》：武胜关“在沅陵县南六十里”。

武胜军 ①五代方镇名。后周改威胜军置，治所在邓州（今河南邓州市）。北宋初废。

②五代吴越置，治所在婺州（今浙江金华市）。北宋废。

③元世祖至元四年（1267）于女菁平置，治所在今四川武胜县南二十里旧县乡。《元史·赵匣剌传》：元至元九年（1272），“击败宋将张钰军于武胜军”。即此。后改为定远州。

武胜县 1914年改定远县置，属四川嘉陵道。治所在今四川武胜县西南三十里中心镇。《地学杂志》1914年第7、8号载《拟改各省重复县名呈文并批》称：“该县于元至元间复置武胜军，县东又有武胜山。”故名武胜县。1928年直属四川省。1953年县治由中心镇迁驻沿口镇，即今治。

武胜堡 即今甘肃永登县西北武胜驿镇。《方舆纪要》卷63庄浪卫：武胜堡在“卫西北三十里”。《清一统志·凉州府二》：武胜堡“在平番县西北三十里。城周二里五十步。今设把总，堡西诸隘口，路通海夷，皆为冲要”。

武亭山 在今安徽黟县西南，西接祁门县界。宋淳熙《新安志》卷5黟县《山阜》：武亭山“在西南十八里，接祁门界。高二百仞。周五十里。有水东流入县界”。《方舆纪要》卷28黟县：武亭山“横江水出其南。危岭削壁，行者趑趄。宋绍兴中，邑人黄元晖始甃路，以便往来，今为通道”。

武亭川 一名杜水。即今陕西武功县西南漆水河。《新唐书·浑瑊传》：兴元元年（784），“贼（朱泚将）韩旻拒武功，瑊率吐蕃论莽罗兵破之武亭川”。即此。

武亭县 金大定二十九年（1189）改武功县置，属乾州。治所即今陕西武功县西北四十里武功镇。元复名武功县。

武帝山 在今陕西澄城县东北七十里。《方舆纪要》卷54澄城县“壶梯山”条下：武帝山“相传汉武幸梁山时经此”。

武将山 亦名五将山、冯山。在今陕西礼泉县北三十里。宋敏求《长安志》卷16醴泉县：“武将山在县西北五十里。”唐宝应元年（762）肃宗葬于此，名建陵。

武洛社 即大泽矶社。今台湾省高雄市东北，旗山区西南约六里武鹿。清乾隆间范咸《重修台湾府志》卷2：武洛社“一名大泽机”。

武济 即孟津。在今河南孟州市西南、孟津县东北。《尚书·禹贡》孔颖达疏引杜预云：“武王渡之，近世以来呼为武济。”

武津关 在今河南虞城县西南。《方舆纪要》卷50商丘县：武津关“在府东南三十五里。路通徐、亳。有巡司”。

武津县 西晋泰始四年（268）置，属汝南郡。治所在今河南上蔡县东北四十二里朱里镇。南朝宋属汝阳郡。北齐废。隋开皇十二年（592）复置，属溱州。治所即今上蔡县。大业三年（607）改名上蔡县。

武宣县 明宣德六年（1431）改武仙县置，属象州。治所即今广西武宣县。清属浔州府。民国初属广西苍梧道，1928年直属广西省。太平天国西王萧朝贵为本县人。

武陟山 即古盛唐山。在今安徽六安市西。《方舆纪要》卷26六安州：武陟山在“州西三十里。汉武帝南巡，尝登陟于此，因名。《汉纪》：南巡狩至于盛唐。宋白曰：盛唐县西十五里有盛唐山，当即此山矣”。

武陟县 隋开皇十六年（596）析修武县置，属怀州。治所在武德故城（今河南武陟县东南）。大业初废。唐武德四年（621）复置，属殷州。治所在今武陟县西南二里。贞观元年（627）属怀州。元属怀庆路。明属怀庆府。民国初属河南河北道。1927年直属河南省。1939年徙治木栾店（今武陟县治木城镇）。

武盈洞　北宋置，属邕州左江道。在今广西龙州县境。后废。

武勇暗沙　在南海中中国中沙群岛内，位于中沙大环礁东部边缘。北距石塘连礁6海里，西南距济猛暗沙10.5海里。1947年公布名称为武勇暗沙。

武泰军　唐、五代方镇名。唐大顺元年（890）改黔州节度使置，治所在黔州（今重庆市彭水苗族土家族自治县）。天复三年（903）徙治涪州（今重庆市涪陵区）。五代前蜀复治黔州。北宋废。

武都　战国蜀地，在今甘肃西和县南。唐《北堂书钞》卷106引《蜀王本纪》云："武都有人，将其妻子女适蜀"。秦置武都县。

武都山　①即武担山。在今四川成都市旧城西北隅北较场。《寰宇记》卷72华阳县："武担山在府西北一百二十步。一名武都山。"

②即古紫岩山。在今四川绵竹市西北。《方舆胜览》卷54汉州：武都山"在绵竹县。即蜀王妃所生之地"。明曹学佺《蜀中名胜记》卷9绵竹县引《高僧传》："县北三十里紫岩山，极高大，亦谓之绵竹山，亦谓之武都山。"后人以为即《华阳国志·蜀志》所载蜀王妃所生之武都山。实因南朝宋置武都侨郡于此而得名。

③在今陕西凤县东南。《方舆纪要》卷56凤县：武都山"在县（今凤州镇）南六十里。山有谷，产雄黄"。

④在今甘肃陇南市武都区西。《方舆纪要》卷59阶州：武都山在"州西七十里。州西面之大山也"。

⑤在今甘肃舟曲县西十里。《清一统志·阶州一》：武都山，"山甚高大，为一方巨瞻"。

武都关　在今甘肃舟曲县西二十里。清宣统《甘肃新通志》卷9阶州西固城：武都关"在城西二十里"。

武都县　①战国秦置，属陇西郡。治所在今甘肃西和县南仇池山东麓。西汉为武都郡治。东汉改为武都道。东汉末氐族杨驹徙居于此。三国时复为武都县。西晋后废。

②西汉置，属五原郡。治所在今内蒙古准格尔旗西北境。东汉废。

③南朝宋侨置，为武都郡治。治所在今四川绵竹市西北遵道镇。南齐改为南武都县。

④1913年改阶州置，属甘肃渭川道。治所即今甘肃陇南市武都区。清乾隆《甘肃通志》卷6：县以武都山而得名。1927年直属甘肃省。2003年撤销陇南地区和武都县，改设地级陇南市，原武都县改置武都区。

武都城　当在今甘肃镇原县境。《晋书·苻登载记》：东晋太元十三年（388），"登率众下陇入朝那，姚苌据武都相持，累战互有胜负"。《资治通鉴》卷107胡三省注："此武都亦当在安定界。《五代志》：朝那县，西魏置安武郡。安武，汉旧县名；武都之名当是因安武而名。"

武都郡　①西汉元鼎六年（前111）以白马氐地置，治所在武都县（今甘肃西和县南仇池山东麓）。辖境相当今甘肃陇南、成县、徽县、西和、两当、康县及陕西凤县、略阳等市县地。东汉移治下辨县（今成县西三十里）。三国魏黄初中改置武都西部都尉，后入蜀。西晋复置武都郡，愍帝末没入杨氏。

②北魏太延二年（436）置，属岐州。治所在虢县（西魏改洛邑，即今陕西宝鸡市陈仓区驻地虢镇）。辖境相当今陕西宝鸡市一带。隋开皇初废。

③北魏太平真君九年（448）置，属南秦州。治所在石门县（今甘肃陇南市武都区西北四十里石门乡，一说在今武都区东南）。西魏为武州治。北周改为永都郡。隋大业初改武州复置武都郡，治所在将利县（今陇南市武都区）。辖境相当今甘肃陇南市、文县、康县等地。武德初复为武州。天宝初改为武都郡，乾元初复为武州。地处嘉陵江上游，山川险要，是陇右通往巴、蜀的交通要冲。十六国时，氐族杨氏曾据此建国。

④亦名南武都郡。南朝宋以秦州流民置，属益州。治所武都县（今四川绵竹市西北遵道镇）。齐废。

⑤南朝宋元嘉中侨置，属益州。治所在下辩县（在今四川剑阁县西南武连镇南五里）。齐改为扶风郡。

武都道　东汉改武都县置，属武都郡。治所在今甘肃西和县南仇池山东麓。三国时复为武都县。

武都镇　北魏置，属梁州。在今甘肃陇南市武都区东南白龙江北岸。《清一统志·阶州》：武都故城"在成县西……杨难当为宋所灭，其地遂废。后魏徙置镇于仙陵山东"。太平真君九年（448）改为石门县。

武索镇　即今江西万安县东南武术乡。清置巡司于此。

武原　①一名平原。春秋越地。在今浙江平湖市东。东汉袁康《越绝书》卷8："覲乡北有武原。武原今海盐。"秦置武原乡，西汉置海盐县。

②今浙江海盐县之别称。其县为秦之武原乡。《汉书·地理志》会稽郡海盐："故武原乡。"宋李养撰有《武原志》。

武原乡　在今浙江平湖市东。《汉书·地理志》："海盐，故武原乡。"西汉末海盐县治沦于柘湖，徙治于此。东汉永建二年（127）又陷为当湖。

武原县　西汉置，属楚国。治所在今江苏邳州市西北郁山头南泇口。东汉属彭城国。南朝宋初废。北魏复置，属下邳郡。《资治通鉴》：南朝宋泰始二年（466），北魏将尉元"又破（宋将）王穆之于武原"。东魏武定八年（550）为武原郡治。隋开皇十一年（591）改名良城县。

武原郡　①南朝梁太清三年（549）分吴郡置，属吴州。治所在海盐县（今浙江海盐县城东南隅）。辖境相当今浙江海盐县和海宁市地。陈废。

②东魏武定八年（550）分下邳郡置，属东徐州。治所在武原县（今江苏邳州市西北郁山头南泇口）。辖境相当今江苏邳州市地。北周属邳州。隋开皇初废。

武峨州　唐置，治所在武峨县（今越南北部太原省太原东北武崖）。天宝元年（742）改为武峨郡。乾元元年（758）复为武峨州。辖境相当今越南太原省南部地。后废。

武峨县　唐置，为武峨州治。治所即今越南北部太原省太原东北武崖。天宝元年（742）为武峨郡治，乾元元年（758）复为武峨州治。后废。

武峨郡　唐天宝元年（742）改武峨州置，治所在武峨县（今越南北部太原省太原东北武崖）。辖境相当今越南北部太原省地。乾元元年（758）复为武峨州。

武峪山　在今山西定襄县东南。《清一统志·忻州》：武峪山“在定襄县东南十五里。上有藏孤台，俗传程婴藏孤于此”。按，据明《寰宇通志》载，程婴、公孙杵臼藏赵孤处，当在今山西盂县北三十五里藏山，《清一统志·平定州》“藏山”条下指出：“忻州有程侯山，定襄县有武峪山，并传藏赵氏孤儿遗迹，大抵皆后人附会，不足为据。”

武皋县　西汉置，属定襄郡。为中部都尉治。治所在今内蒙古卓资县西北旗下营镇南斗金山村遗址。东汉废。《水经·河水注》：“荒干水出塞外，……其水西南径武皋县。”

武唐亭　即唐。又作棠。春秋鲁地。在今山东鱼台县西北。《春秋》：隐公二年（前721），“公及戎盟于唐”。杜注：“鲁地。高平方与县北有武唐亭。”

武涝泊　在今山西文水县南十五里南、北武涝村。《方舆纪要》卷40文水县：“武涝泊在县南二十里。唐天授二年赐名朱雀泊。”明末已涸。

武流江　即今广西横县东南武流江。《明史·地理志》横州：“南有郁江，又东南有武流江，源自广东灵山县，流入境合焉。”

武家穴站　亦名武穴站。元置，即今湖北武穴市。明置武家穴镇巡司。清名武穴镇，置武黄同知于此。1953年广济县迁此，1987年改设武穴市。

武家岗　即今安徽全椒县南武岗镇。清康熙《全椒县志》卷3：武家岗在“南十五里”。

武家岩　在今四川武胜县北三十里。清嘉庆五年（1800），白莲教义军战杀李继昌于此。

武家站　亦名武家穴站。元置，在今湖北武穴市。元《析津志》：天下站名有“武家”。

武家墩　即今江苏淮安市淮阴区西南武墩乡。《明史·河渠志二》：万历六年（1578），潘季驯言：“虑淮水涨溢，则筑高家堰堤以捍之，起武家墩，经大、小涧至阜宁湖，而淮不东侵。”

武容县　唐置，属演州。治所在今越南义安省北部。后废。

武陵山　①即古之武林。在今江西余干县东北。《寰宇记》卷107饶州余干县：武陵山“在县东北三十里，临大湖。《汉书》作武林”。

②即梢木山。在今湖北钟祥市东一里。《寰宇记》卷144长寿县：武陵山，“《郡国志》云：《左传》谓楚武王卒于木之下，即此山也。地又名武陵”。

③在今湖北荆门市西北四十里。《隋书·地理志》竟陵郡乐乡县：“有武陵山。”《舆地纪胜》卷78荆门军：武陵山“在长林县利阳西三十里。今曰武陵大谷”。

④在今湖南省西北部和贵州省东北部。湖南省西北部汉晋以来为著名的武陵郡五溪蛮地。武陵源在今张家界市和桑植、慈利二县境，为著名的风景名胜区。贵州省东北部的梵净山等地为全国重点自然保护区。

⑤在今重庆市黔江区西。《舆地纪胜》卷176黔州：武陵山“在黔江县西九十里，天宝中赐名”。《清一统志·酉阳州》武陵山引《元统志》：“山周四百三十五里。高一百十五里。本名髑髅山。唐天宝元年改名，有可通水出此。”

⑥在今陕西永寿县（监军镇）西北。《清一统志·乾州》：武陵山“在永寿县治（今永平镇）西南。山形如屏，亦名翠屏山”。

武陵场　亦作武宁场。即今重庆市万州区西南长江西岸之武陵镇。同治《万县志》卷8：武陵场“（距县）九十里”。古为武宁县治所。明于此设武宁巡司。

武陵县　①西汉置，属汉中郡。治所在今湖北竹山县西北。东汉废。三国魏复置，属上庸郡。南朝梁废。唐武德元年（618）复置，属房州。贞观十年（636）废。

②隋开皇九年（589）平陈后改临沅县置，为朗州治。治所即今湖南常德市。大业初为武陵郡治。唐仍为朗州治。宋为鼎州治，后为常德府治。南宋建炎四年（1130）县人钟相起义于此。元为常德路治。明为常德府治。1913年改名常德县。

武陵岭　在今安徽祁门县西四十里。《新唐书·地理志》祁门县：“西四十里有武陵岭，元和中，令路旻凿石为盘道。”宋淳熙《新安志》卷4祁门《山阜》：武陵岭“在县西四十里。高三十五仞。周二十八里。始时道险狭扪萝葛乃得上，唐元和中凿为盘道，至今利之”。

武陵城　在今江苏赣榆县南。《魏书·地形志中》：武陵郡洛要县“有武陵城”。《方舆纪要》卷22赣榆县：武陵城在“县南五十九里。萧梁时，侨置齐郡于此。……魏收《志》：梁置高密县，魏改曰洛要，其地有武陵城，因改置武陵郡是也”。

武陵郡　①汉高帝改黔中郡置，治所在义陵县（今湖南溆浦县南）。辖境相当今湖南沅江流域以西，贵州东部及广西龙胜各族自治县，重庆市秀山土家族苗族自治县，湖北鹤峰、来凤、长阳土家族自治县、五峰土家族自治县等地。东汉移治临沅县（今湖南常德市西）。隋开皇九年（589）改为朗州，大业初复为武陵郡。治所在武陵县（今常德市）。唐武德四年（621）改为朗州，天宝初复为武陵郡，乾元初又改为朗州。后废。境内有盘瓠种落之后裔，称为武陵蛮。

②东魏武定七年（549）置，治所在上鲜县（今江苏赣榆县南）。隋初废。

武陵道　1914年依前岳常澧道改置，属湖南省。治常德县（今湖南常德市）。辖境约当今湖南洞庭湖流域及平江、石门、慈利、张家界、桃源5市县。1916年裁撤。

武陵源　在今湖南省西北部张家界市和桑植、慈利二县交界处，南距张家界市区30余公里。该地包括张家界国家森林公园、天子山自然保护区、索溪峪、杨家界共四个景区。总面积397平方公里。这里属武陵山脉，也是历史上著名的武陵蛮的聚居地。景区最低海拔269米，最高处1264米，以其独特的石英砂岩峰林地貌享誉国内外。这里的奇峰、幽谷、秀水、深林、溶洞有武陵源"五绝"之誉。境内有完整的生态系统和众多的野生珍贵动植物物种资源，有"自然博物馆"和"天然植物园"之称。1992年武陵源被联合国教科文组织世界遗产委员会列入世界自然遗产名录。

武陵溪　一名德圣泉。在今湖南常德市西三十里。《方舆纪要》卷80武陵县"枉水"条下：武陵溪"源出武山，流入沅水"。

武陶戍　在今河南西峡县东南。《元和志》卷21菊潭县："本汉郦县武陶戍之地。后魏废帝因武陶戍置郡。隋开皇三年罢郡，以为菊潭县。"

武陶侯国　西汉置，属巨鹿郡。治所在今河北中部。东汉废。

武桑县　南齐置，为安昌郡治。治所在今广西合浦县北。梁、陈时废。

武勒县　即武勤县。治所即今广西扶绥县。《旧唐书·地理志》作武勒县。

武盛县　①唐如意元年（692）于旧分水县地置，属睦州。治所在今浙江桐庐县西北五十四里分水镇。《寰宇记》卷95分水县："武盛县因界内武盛山以为名。"神龙元年（705）复名分水县。

②唐长寿二年（693）改唐兴县置，属道州。治所即今湖南宁远县。神龙元年（705）复名唐兴县。

武崇县　唐圣历元年（698）改武隆县置，属杭州。治所在今浙江临安市西九十八里昌化镇。三年（700）省入紫溪县。长安四年（704）复置，神龙元年（705）改为唐山县。

武笼州　北宋置羁縻州，属邕州。治所在今广西百色市东。元改为武龙州。

武馆城　即武灌城。在今山西晋中市榆次区西南二十里陈侃村。

武康山　即铜官山。在今浙江德清县西北莫干山南。《寰宇记》卷94武康县：武康山"在县（治今武康镇）西十五里。名铜官山，唐天宝六年敕改"。旧武康县以此山名。

武康王庙　在今甘肃崇信县锦屏镇。《清一统志·泾州直隶州》：武康王庙"在崇信县治西。祀唐李元谅"。始建于唐贞元十三年（797）以前，为奉祀唐代武康郡王、陇右节度使李元谅而建。原址在县城东郊，明洪武三年（1370）迁建于此。清初进行过大修，并增建拜殿。现存寝殿和拜殿，是甘肃省现存年代较早的木构建筑之一，对研究祠庙演变有一定价值。2001年定为全国重点文物保护单位。

武康县　西晋太康元年（280）改永安县置，属吴兴郡。治所在今浙江德清县西。以县有武康山而得名。隋开皇九年（589）废，仁寿二年（602）复置，属湖州。徙治今德清县（武康镇）。大业三年（607）改属余杭郡。唐初李子通于此置安州，寻改武州，武德七年（624）复属湖州。五代梁开平元年（907）吴越改属杭州，北宋太平兴国三年（978）还属湖州，南宋宝庆元年（1225）属安吉州。元属湖州路。明、清属湖州府。民国初属浙江钱塘道。1927年直属浙江省。1958年撤销，并入德清县。1993年德清县迁治武康镇。

武康郡　①西魏恭帝二年（555）置，属益州。治所在阳安县（今四川简阳市西北绛溪河北岸）。辖境相当今四川简阳市及金堂县部分地。隋开皇三年（583）废。

②东魏兴和中置，属汾州。治所在东多城（今山西孝义市北）。北齐废。

武清县　唐天宝元年（742）改雍奴县置，属幽州。治所在今天津市武清区（杨村）西北旧县村。辽属析津府，金属大兴府。元属漷州。明初因水患移治今武清县西北城关镇，属通州。清属顺天府。民国初属京兆尹。1928年直属河北省。1950年移治杨村镇，即今治。1973年划归天津市。2002年改设武清区。

武婆城　在今广东兴宁市西。《舆地纪胜》卷91循州：武婆城"在兴宁西二里。可容千人。当五代扰攘，寇盗猖獗，而武婆者乃能纠合村落之众屯保自卫，故基犹存。妇人女子能为烈丈夫事，闾巷传流数百载，名不泯没"。《方舆纪要》卷103兴宁县：武婆故城"在县西。《志》云：县西五里有梅山，后为竹山，亦名天烛山，武婆城在其下。五代之季，四方云扰，峒贼乘机劫掠。有五寡妇者，富而才，纠合村落，筑城自卫，因名"。

武婆寨　即今福建上杭县东南安乡。《清一统志·汀州府二》：武婆寨"在上杭县东南安乡石山。一名白水寨"。

武梁祠　即武氏墓群石刻。又称嘉祥武氏墓群石刻。在今山东嘉祥县东南二十八里武宅山村北。

武隆　在今广西百色市东。明设武隆土巡司于此。

武隆山　在今浙江临安市西。宋《咸淳临安志》卷27昌化县："武隆山在县（今昌化镇）西北一里。高五十丈，周回二十里。有葛洪炼丹井。唐天后以山名应图谶，分紫溪县别置武隆县。”

武隆设治局 1941年置，属四川省。治所在巷口镇（今重庆市武隆县）。1944年改为武隆县。

武隆县 ①唐如意元年（692）置，属幽州。治所即今河北永清县。景云元年（710）改名会昌县。

②唐长寿二年（693）改唐隆县置，属益州。治所在今四川崇州市东南三十里江源镇。神龙元年（705）复改为唐隆县。

③唐万岁通天元年（696）析紫溪县置，属杭州。治所在今浙江临安市西九十八里昌化镇。以武隆山为名。圣历三年（700）省入紫溪县，长安四年（704）复置，神龙元年（705）改为唐山县。

④明洪武十三年（1380）改武龙县置，属涪州。治所在今重庆市武隆县西北土坎镇（旧武隆司）。清康熙七年（1668）省入涪州。1941年设武隆设治局，移治今武隆县（巷口镇）。1944年改为武隆县。今属重庆市。

武隆镇 在今重庆市武隆县西北土坎镇（旧武隆司）。清康熙初置巡司于此。1912年设涪陵分县。

武斯浑河 又作阿思罕河。即今黑龙江省林口县西北乌思浑河。《清一统志·吉林一》“呼锡哈哩河”条下：武斯浑河“在（宁古塔）城东北四百八十里。源出城东北无名山，俱西北流入瑚尔哈河”。

武斯浑站 一作乌思浑，又称二站。清光绪七年（1881）置，在今黑龙江省林口县西北武斯浑河入牡丹江河口之东岗子村。因水得名。光绪《吉林通志》卷17：“正南距（三姓）城一百二十里二站，即武斯浑站。”

武落钟（锺）离山 一名难留城山。在今湖北长阳土家族自治县西北七十八里。《后汉书·南蛮传》：“巴郡南郡蛮，本有五姓：巴氏、樊氏、瞫氏、相氏、郑氏。皆出于武落钟离山。”即此。

武街 即汉下辨县。在今甘肃成县西北三十里。东晋常璩《华阳国志》卷2：“下辨县，（武都）郡治。一曰武街。”《水经·漾水注》：“浊水又东径武街城南，故下辨县治也。”《三国志·魏书·钟会传》：景元四年（263）伐蜀，“（诸葛）绪趋武街、桥头绝（姜）维归路”。

武街县 亦作武阶。西晋惠帝置，属狄道郡。治所在今甘肃临洮县东。北魏废。十六国前凉张骏于此置武街屯护军。《水经·河水注》：“滥水又西北径武街城南。”《新唐书·玄宗纪》：开元二年（714），“薛讷及吐蕃战于武阶，败之”。即此。

武街城 在今甘肃临洮县东。《资治通鉴》：唐开元二年（714）十月，“薛讷与吐蕃战于武街，大破之”。胡三省注：“《水经注》：武街城在汉狄道县东白石山西北。唐为武街驿，与大来谷皆属临洮渭源县界。刘昫曰：武街驿在渭州西界。”

武遂 ①战国燕邑，后为赵地。在今河北徐水县西遂城镇。《史记·赵世家》：悼襄王二年（前243），“李牧将攻燕，拔武遂、方城”。即此。

②战国韩邑，后入秦。在今山西临汾市西南（一说在今山西垣曲县东南）。《史记·秦本纪》：武王四年（前307），“城武遂”。

③战国赵邑，在今河北武强县西北田沙洼。《史记·廉颇蔺相如列传》：赵悼襄王时，“秦破杀赵将扈辄于武遂，斩首十万”。西汉置武隧县。

武遂县 ①战国时本韩武遂邑，在今山西临汾市西南（一说在今山西垣曲县东南）。《史记·秦本纪》：武王四年（前307），“城武遂”。其后置为县。

②东汉改武隧县置，属安平国。治所在今河北武强县（小范）西北田沙洼。三国魏废。西晋复置，太康后属武邑郡。北齐废。

武遂津 西晋、北魏时期易水（今河北徐水县西北之瀑河）流径武遂一段之俗称。《资治通鉴》：东晋咸康六年（340），前燕慕容皝率军袭击后赵石虎，“燕兵进破武遂津，入高阳，所至焚掠积聚，略三万余家而去”。

武湖 一名黄汉湖。在今湖北武汉市黄陂区东南。《水经·江水注》称为武口水。《元和志》卷27黄陂县：武湖“在县南四十九里。黄祖阅武习战之所”。《元史·世祖纪》：岁己未（1259），南伐，“登香炉山，俯瞰大江，江北曰武湖”。

武强山 在今浙江淳安县（排岭镇）西南一百十里余家乡大坞村。宋《景定严州续志》卷8遂安县：“县有溪，曰武强，以山得名。”《方舆纪要》卷90遂安县：武强山“与歙之白漈诸岭相错，峰峦险阻。唐末乡兵保聚于此，拒破黄巢”。

武强县 ①西晋置，属武邑郡。治所在今河北武强县（小范）西南旧城村。北魏神䴥中废，太和十八年（494）复置。北齐移治今武强县西南街关镇（旧武强镇）。隋属信都郡。唐属冀州。五代周属深州。元属晋州。清属深州。民国初属直隶保定道。1928年直属河北省。1951年迁治小范镇。

②南朝宋侨置，为广川郡治。治所在今山东邹平县东长山镇。北齐为东平原郡治。隋开皇十八年（598）改为长山县。

③南朝梁天监元年（502）改武刚县置，属邵陵郡。治所在今湖南武冈市西南一里。陈省入都梁县。

④北齐改经县置，属广宗郡。治所在今河北威县北五十里经镇。隋开皇六年（586）改置经城县。

武强（疆）城 在今河南郑州市东北。《史记·曹相国世家》：曹参“击羽婴于昆阳，追至叶。还攻武强”。即此。瓒曰：“武强城在阳武。”《括地志》：“武强故城在郑州管城县东北三十一里。”

武强侯国 西汉初置，属巨鹿郡。故址在今河北武强县西南旧城村。《汉书·高惠高后文功臣表》：高帝六年（前201）严不识以击黥布功，封“武强侯”。后废。西晋于此复置武强县，仍以武强故城为名。

武强湖　在今河北武邑县北。《水经·浊漳水注》："衡漳又东北，右会张平口故沟，上承武强渊，渊之西南侧水有武强故治，故渊得其名焉。"

武强溪　在今浙江淳安县西南。《元丰九域志》卷5：睦州遂安县有"武强溪"。宋《景定严州续志》卷8遂安县："县有溪，曰武强，以山得名。"源出浙、皖边界白际山，旧经遂安老城东北入新安江，1960年后入新安江水库（千岛湖）。

武缘千户所　明洪武二十四年（1391）置，属南宁卫。治所即今广西武鸣县。万历九年（1581）改属思恩府。后废。

武缘县　①隋开皇十一年（591）置，属缘州。治所在今广西南宁市邕宁区东郁江北岸伶俐镇。大业三年（607）废。唐武德五年（622）复置，属南晋州。贞观八年（634）属邕州。北宋天圣五年（1027）移治今武鸣县。元属南宁路。明改属思恩府。1912年1月并入思恩府，改为武鸣府。1913年废府改为武鸣县。

②唐置，属武峨州。治所在今越南太原省南部。后废。

武勤县　唐贞观十二年（638）治，为笼州治。治所即今广西扶绥县。天宝初为扶南郡治，乾元初复为笼州治。后废。

武靖州　明成化三年（1467）置，属浔州府。治所在今广西桂平市东北三十里武靖村。万历末废。

武靖营堡　明置，即今辽宁沈阳市西南大武镇营村。明《辽东志》卷3：长勇堡"堡东地势平漫，临境武靖营可按伏"。《方舆纪要》卷37沈阳中卫：武靖堡在"卫西南七十里"。

武源县　唐天授二年（691）分武康县置，属湖州。治所在今浙江德清县老县城北五里。景云二年（711）改名临溪县。

武溪　一名武水。又名泸溪。沅江支流。在今湖南省西部。源出花垣县境，东南流经吉首市、泸溪县，在武溪镇入沅江。一说即东汉魏晋南北朝武陵五溪之一。两岸悉盘瓠种落武溪蛮所居。《后汉书·南蛮西南夷列传》："建武二十三年，精夫相单程等据其险隘，大寇郡县。遣武威将军刘尚发南郡、长沙、武陵兵万余人，乘船泝沅水入武溪击之。"《水经·沅水注》：沅水"又径沅陵县西。有武溪源出武山，与酉阳分山。武水南流注于沅"。

武溪水　①即今江西婺源县东北段萃水。《方舆纪要》卷28徽州府婺源县"婺水"条：武溪水"亦出浙源山，东南流经龙尾山，溉田十三顷有奇，下流俱入于绣水"。

②即今武水。出今湖南临武县西北，东流入溱水。《水经·溱水注》："武溪水出临武县西北桐柏山，乱流东南径临武县西，谓之武溪。"

武溪市　即今江西南昌县（莲塘镇）东北武溪街。清同治《南昌府志》卷6：武溪市"距（南昌）城四十里"。

武群山　即武胜山。在今四川武胜县南二十里旧县乡东。《元史·世祖纪》：至元五年（1268），"改武群山为武胜山"。

武障市　在今湖南双峰县西南。明置巡司于此。清废。

武熙县　西晋太康元年（280）改武安县置，属郁林郡。治所在今广西柳江县东南。南朝宋属桂林郡。南齐为桂林郡治。隋开皇九年（589）平陈后废。

武隧县　西汉置，属河间国。治所在今河北武强县（小范）西北田沙洼。东汉改名武遂县。

武隧津　西晋、北魏时期易水（今河北徐水县西北之瀑河）流径武遂之俗称。《水经·易水注》：易水"又东流，南径武遂县南、新城县北……俗又谓是水为武隧津，津北对长城门，谓之汾门"。

武黎县　北宋景祐二年（1035）置，属邕州左江道。治所在今广西崇左市东北。元废。

武篆山　即五篆山。在今广西东兰县西南八十里。《清一统志·庆远府》：武篆山"一名五篆山。耸秀青葱，上多大猿奇鸟"。

武德场　唐乾符间（874—879）置，治所即今福建长泰县。明嘉靖《长泰县志》县沿革："本南安县武德乡崇教里，唐乾符间邑长张思进置场一所，以便输纳，因乡为名曰武德场。"文德元年（888）改名武胜场。

武德军　五代方镇名。前蜀置，治所在梓州（今四川三台县）。北宋初废。

武德县　①秦置，属河内郡。治所在今河南武陟县东南十四里大城村。《汉书·地理志》注引孟康曰："始皇东巡置，自以武德定天下。"故名。《三国志·魏书·文帝纪》：延康元年（220），"封王子叡为武德侯"。即此。西晋废。

②隋初置，属崖州。治所在今海南省文昌市西北。大业初属珠崖郡。唐初废。

③唐武德二年（619）改安昌县置，为北义州治。治所即今河南温县东北武德镇。四年（621）属怀州。北宋熙宁六年（1073）废。

④唐武德四年（621）置，为象州治。治所在今广西象州县西北三十里。天宝元年（742）废。

武德洞　北宋置，属邕州左江道。在今广西龙州县西北武德乡。元废。

武德郡　东魏天平元年（534）析河内郡置，治所在州县（今河南温县东北武德镇）。辖境相当今河南温县、武陟二县地。东魏、北齐、北周属怀州。隋开皇初废。

武德殿　隋初建，为唐长安城（今陕西西安市）太极宫宫殿之一。其地位仅次于三大殿。《旧唐书·太宗纪下》：贞观五年（631）九月，"赐群官大射于武德殿"，即此。

武德镇　北宋置，属河内县。即今河南温县东北武德镇。

武穆屯　在今湖南湘阴县北七十里。《清一统志·

长沙府二》：武穆屯“宋高时，杨么据洞庭，岳飞讨之，屯兵于此，因名”。

武壁寨　元置，故址在今山西万荣县西南宝井村西黄河岸。《清一统志·蒲州府一》：武壁寨“旧名薛壁。……俱元至正末筑”。

武灌城　一名武馆城。在今山西晋中市榆次区西南二十里陈侃村。《水经·洞过水注》：洞过水“又西南流，径武灌城西北。卢谌《征艰赋》曰：径武馆之故郛，问厥涂之远近”。即此。

青　青海省的简称。因境内青海湖而得名。

青弋　即今安徽南陵县东弋江镇。《晋书·钟雅传》：元帝时，任宣城内史，“钱凤作逆，加广武将军，率众屯青弋”。

青弋江　今安徽长江南岸最大支流。源出今黟县黟山北麓，合黄山与九华山间诸山溪水，东北至宣州市西与南陵县分界，称青弋江。《汉书·地理志》称清水，《说文》称泠水。《晋书·钟雅传》：东晋初，钟雅为从事中郎，补宣城内史，“钱凤作逆，加广武将军，率众屯青弋。时广德县人周玘为凤起兵攻雅，雅退据泾县，收合士庶，讨玘，斩之”。青弋之名，首见于此。《元和志》卷28宣城县：青弋水在“州西九十九里”（《舆地纪胜》引作“五十里”）。《元丰九域志》卷6：宣城县有青弋水。

青弋江镇　即今安徽南陵县东青弋江西岸弋江镇。清光绪《南陵小志》卷1：青弋江镇在“县东三十里。东达郡治”。

青口河　即小沙河。在今江苏赣榆县南。《清一统志·海州》：小沙河“源出山东莒州下流，由青口镇入海。一名青口河”。

青口驿　在今安徽潜山县东北。《清一统志·安庆府二》：青口驿“在潜山县东北五里”。

青口镇　即今江苏赣榆县治。清置巡司于此。为水陆冲要。1949年赣榆县迁治于此。

青山　①又名黑山。在今河北内丘县西南二十五里。《寰宇记》卷59内丘县：“黑山一名青山。在旧县西二十里。《列仙传》云：犊子邺人，常在黑山，曾牵一黄犊来过邺城酤酒，阳都女见悦之，遂留相奉，乃随犊子去，俱入山焉。都女生而连眉，即《魏都赋》云：犊妃连眉者也。《土地十三志》云：黑山之险为逋逃幽薮。隋《区宇图志》云：避周太祖讳，因改黑山为青山。”隋置青山县以此名。《资治通鉴》：唐光化元年（898），“李克用遣其将李嗣昭、周德威将步骑二万出青山，将复山东三州，壬寅进攻邢州；葛从周出战大破之，嗣昭等引兵退入青山”。即此。

②在今河北邢台县西北八十里。《资治通鉴》：唐光化元年（898）十月，“李克用遣其将李嗣昭、周德威将步骑二万出青山，将复山东三州。壬寅，进攻邢州，葛从周出战，大破之。嗣昭等引兵退入青山”。

③在今山西汾西县西六十里。《寰宇记》卷43汾西县：“青山在县西六十里，南入赵城，西北至温泉，总一百六十里。旧名青山，天宝六年改为汾西山，亦姑射山之连延也。”

④今内蒙古大青山。《旧唐书·李勣传》：贞观十五年（641），勣“率轻骑三千追及延陀于青山，击大破之”。《新唐书·回鹘传下》：薛延陀遣大度设南绝漠，壁白道川，击突厥可汗李思摩，次长城，适李勣兵至，大度设“遂率众走赤柯，度青山”。

⑤又作青山岭、青峦岭，即今辽宁朝阳市西北大青山。辽《韩愈墓志铭》（墓在今朝阳西二十里）：“葬于霸州之西，青山之阳。”《武经总要·北蕃地里》：中京“东至营州界青山岭一百七十里”。清乾隆《热河志》卷62引《元一统志》：兴中州“西至金源县界青山岭八十里”。霸州、营州即辽、金兴中府，元改兴中州（今朝阳市）。今朝阳西北大青山口岭上，尚存元元统年间兴中州达鲁花赤平治青峦岭道途碑。

⑥在今辽宁义县东。《资治通鉴》：西晋太康十年（289），鲜卑慕容廆“徙居徒河之青山”。《北齐书·文宣帝纪》：天保四年（553），契丹犯塞，“诏司徒潘相乐率精骑五千自东道趣青山……乐又于青山大破契丹别部”。《方舆纪要》卷37义州卫：青山在“卫东三十里。上有塔”。

⑦又名青龙山。在今江苏南京市东南麒麟门外。《清一统志·江宁府一》“青龙山”条引《（江南）通志》：“山趾石坚而色青，……青龙亦名青山。”

⑧在今江苏无锡市西南三十五里。《方舆纪要》卷25常州府无锡县：青山“一名章山。面太湖，亦曰青山湾。元置华藏巡司于此”。

⑨即清平山。在今江苏盱眙县西南八十五里。《方舆纪要》卷21盱眙县：青山“宋绍兴间，刘泽保聚于此，金人不敢近，其城垒故址犹存”。

⑩在今安徽青阳县北五里。《元和志》卷28青阳县：以“在青山之阳为名”。

⑪亦名青林山。即今安徽当涂县东南三十里青山。《晋书·袁宏传》：累迁大司马桓温府记室，温“惮宏一时文宗，不欲令人显问。后游青山饮归，命宏同载，众为之惧”。南齐宣城太守谢朓尝筑室于山南，唐天宝十二年（753）改名谢公山。唐李白慕名此山，营室居住，有“宅近青山同谢朓，门垂碧柳是陶潜”诗句。李白卒后，原葬龙山南麓。元和末，宣歙观察使范传正得知李白临终时意在青山，遂迁葬于此山西北麓。山势绵亘，周八十里，宋郭祥正《怀青山草堂》诗，有“重关复岭控官道，北望金陵真国门”之句。

⑫一名鳌山。在今福建漳浦县东南六鳌。明初山腰居民鳞次相叠，洪武二十年（1387）置青山巡司于此。旋废。后改建六鳌守御千户所。

⑬又名吴山、胥山。在今浙江杭州市城区南。唐徐凝《杭州涛头》诗：“寄言飞白雪，休去打青山。”李郢有《钱塘青山题李隐居西斋》诗。

⑭在今浙江临安市东二十里青山镇。《资治通鉴》：唐天复元年（901），李神福“使行营都尉吕师造伏兵青山下……生擒（顾）全武”。即此。

⑮在今浙江长兴县南。《寰宇记》卷94长兴县：青山“在县南六十里。高三百丈。《山墟名》云：青山有石窦，通洞庭，冬夏常暖，山如黛色”。

⑯即今江西九江市庐山镇东北青山。《方舆纪要》卷85九江府湖口县：青山“在县西南。《舆程记》，县南六十里鄱阳湖中有青山。又六十里即南康武城。由湖口出南昌，为往来必经之道。一云青山之北与大孤山相连”。

⑰在今山东昌邑市东南二十余里。《方舆纪要》卷36昌邑县“东山”条载：“又县东南二十五里有青石埠。长数里，亦名青山。”

⑱在今山东嘉祥县境。《方舆纪要》卷33嘉祥县：“青山有二：一曰大青山，在县西南十五里。迤南相接者，曰焦氏山、挟山，峰岩泉石，纡回秀润；其小青山在县西八里，皆在运河西岸，亦谓之嘉祥山。大抵皆金乡山之支阜也。”今县西南十五里有青山寺，又名焦王祠，为北宋宣和年间建。

⑲在今山东平度市东北六十里。上有瀑布泉。《清一统志·莱州府一》：青山，“《州志》：其阳为汉胶东王太子读书处，半岩有残碑”。

⑳在今河南商城县东北七十里。《方舆纪要》卷50商城县：青山“一名峡口。有泉涌出，流为寨河”。

㉑在今湖北大冶市西。《清一统志·武昌府》：青山“在大冶县西十里。旧设青山场，以此名”。

㉒在今湖北枣阳市西南。《方舆纪要》卷79枣阳县“武王山”条下：“《志》云，县西南六十里有青山。有矿，产银。其相近者为平顶山、黄土堰，亦产银。”

㉓一名清溪山。在今湖北远安县西南。《水经·沮水注》：“沮水南径临沮县西，青溪水注之。水出县西青山。”《寰宇记》卷147远安县：“清溪在县南六十五里，源出清溪山下。”《方舆纪要》卷78远安县“凤鸣山”条下：“县西南六十里又有清溪山，极高秀。一名云梦山。”

㉔即青林山。在今湖北随州市东南七十里。《明史·明玉珍传》：“徐寿辉起，玉珍与里中父老团结千余人，屯青山。”即此。

㉕在今湖南江永县西六十里。《方舆纪要》卷81永明县：青山“其最高者曰天门，竹木蓊郁，四时长青”。

㉖在今广西扶绥县北。《方舆纪要》卷110罗阳县：青山“在县治东”。

㉗又名青山崖。在今四川叙永县西南六十里。高矗云霄，上宽二十余里。《元史·文宗纪》：至顺元年（1330），云南诸王秃坚等乱，四川军征讨，“左丞孛罗引兵由青山、茫部并进”。《明史·四川土司传》：天启间，讨奢崇明之乱，“川师败之于芝麻塘，贼遁入青山”。即此。

㉘在今四川西昌市北三十里。《明一统志》卷73四川行都司：青山“上有松林，四时青翠，因名”。

㉙在今贵州石阡县北七十里。《方舆纪要》卷122石阡府：青山“山高耸，多林木”。

㉚在今甘肃环县西。《后汉书·冯异传》：建武六年（30），“青山胡率万余人降异”。又《光武帝纪》：建武二十一年（45），“安定属国胡叛，屯聚青山，遣将兵长史陈䜣讨平之”。

㉛在今俄罗斯叶尼塞河上源阿巴钦河以西。《新唐书·回鹘传·黠戛斯》：“其君曰‘阿热’，遂姓阿热氏……阿热驻牙青山、周栅代垣，联毡为帐，号‘密的支’。”

青山口　①在今河北抚宁县北五十里。《方舆纪要》卷17卢龙县：青山口“桃林口东第四关口也”。为戍守要地。《明史·戚继光传》：隆庆初，“寇入青山口，拒却之”。

②在今河北内丘县西南二十五里。《资治通鉴》：唐光化元年（898），朱全忠会魏博兵击李克用，“全忠至巨鹿城下，败河东兵万余人，逐北至青山口”。

③在今河北迁西县东北青山口村。《方舆纪要》卷17迁安县：青山口关“县西北九十里，此县境之青山口也……（明）嘉靖二十一年三卫部长导北部入犯青山口”。即此。

青山口关　明置，属迁安县。长城关口之一。在今河北迁西县东北七十里青山口。《方舆纪要》卷17迁安县：青山口关在“县西北九十里。北县境之青山口也。西接遵化县境之大喜峰口，凡七关口，相距六十里。嘉靖二十一年，三卫部长导北部入犯青山口。又万历初，朵颜长昂犯喜峰口，戚继光勒兵去青山败却之”。崇祯十一年（1638）后金多尔衮率左翼军从关西毁边墙而入。皆即此。

青山口集　即今湖北孝昌县东青山口。民国《湖北通志》卷73《兵事》：清同治二年（1863）九月，捻军“走青山口，焚广水驿”。

青山长官司　明洪武五年（1372）改青山远地等处长官司置，属贵州宣慰司。治所在今贵州息烽县西九庄镇。崇祯三年（1630）改置于襄千户所。

青山寺　又名焦王祠。在今山东嘉祥县西南十五里青山西麓。今青山东麓犹存焦城故址。东汉灵帝建宁间封焦王为青山君，并立有焦王祠碑。北宋宣和三年（1121）加封焦王为惠济公，焦王祠始有惠济公庙之称。后经明清两代重建扩建，习称青山寺。寺坐东面西，庙宇顺山势递升，设计巧妙。第一层院为惠济公殿，再上有惠济公寝殿、泰山行宫及顶殿。寺内外多苍松翠柏，修竹红枫，清幽绝俗。

青山场院　唐天祐二年（905）吴杨行密置，即今湖北大冶市。《寰宇记》卷113大冶县：“大冶青山场院，主盐铁。”北宋乾德五年（967）南唐升为大冶县。

青山关 即青山口关。在今河北迁西县东北七十里青山口。

青山州 唐景云元年（710）置，为羁縻州，属幽州都督府。治所青山县，寄治在范阳县水门村，当在今河北涿州市境。后废。

青山汛 ①清置，属兴仁县。即今贵州普安县南青山镇。有把总驻防。

②即今江苏仪征市西青山镇。南濒大江，西连六合县。清时有守备驻此。

青山远地等处长官司 元置，属顺元路军民安抚司。治所在今贵州息烽县西九庄镇。明洪武五年（1372）改置青山长官司。

青山矶 在今湖北武汉市武昌区东北二十五里大江滨。《宋史·地理志》黄陂县："端平三年，寓治青山矶。"《元史·世祖纪》：至元十一年（1274）十二月，"阿术率万户晏彻儿等四翼军对青山矶泊"。即此。明、清置巡司于此。

青山县 ①北魏置，治所在今河南泌阳县东北。隋开皇初废。

②隋开皇十六年（596）置，属邢州。治所在今河北邢台县西北青山村。《元和志》卷15青山县："县界有青山，因名。"大业二年（606）废。唐武德元年（618）复置，开成五年（840）废。

③唐武德四年（621）置，属环州。治所在今江苏赣榆县东北。八年（625）废。

④唐景云元年（710）置，属青山羁縻州，寄治在范阳县水门村，当在今河北涿州市境。后废。

青山岩 在今广西崇左市北十里青连山。《方舆纪要》卷110崇善县：青连山"其阳有青山岩，高阔深邃，奇胜不一。岩中之土，可以煎硝，郡人取之"。

青山岭 在今北京市门头沟西。《明一统志》卷1顺天府：青山岭"在府西一百五十里，山四面高耸，中坦平，多产杉漆诸药"。

青山岭口 在今天津市蓟县东北三十八里长城边。清于此设兵驻守。

青山店 即今河南罗山县西南青山镇。清乾隆《罗山县志》卷1《镇店》："青山店，西南六十里。"

青山峡 即今宁夏青铜峡市南青铜峡。《水经·河水注》：河水东北流，"河侧有两山相对，水出其间，即上河峡也。世谓之为青山峡"。

青山埠 即今江西萍乡市西四十里青山镇。明嘉靖《袁州府志》卷2：萍乡县有青山铺。

青山隘 在今湖南临澧县西北坪山村。《清一统志·澧州》：山羊隘"在安福县西北麻寮所北。《九溪卫志》：所境有山羊、九女、樱桃、梅梓、栏刀、黄山、青山、靖安、守所等十隘"。

青山墓群 在今湖北枝江市东北问安镇。古墓群区面积15万平方米，近邻季家湖楚城。分布有二十四处大型墓冢和密集的楚墓群。据文献记载及考古资料考证，青山墓群为东周时期楚国贵族陵园。历年出土文物有青铜器、兵器、车马器及丝绸等珍贵文物。2006年定为全国重点文物保护单位。

青山寨 ①即今福建莆田市东南八十里后亭。东、西、南三面皆阻海，南日岛对峙其南，形势险要，昔番舶多由此出入。明洪武二十年（1387）置巡司于此。清初废。

②即今福建惠安县东南青山。明嘉靖《惠安县志》卷2：青山"在县南，伪闽时将军张栶尝立寨于此，以御海寇。既没，乡人庙而祠之，至今废"。

青山镇 ①唐置，属苍溪县。在今四川苍溪县西三十里。为西路要冲，唐贞观中最盛。

②即今安徽六安市西南青山乡。明万历《六安州志》卷2《集》：青山湾在"南五十里"。

③即今安徽当涂县东南青山街。《清一统志·太平府二》：青山镇"在当涂县东南三十里青山南，路滨西湖。宋旧镇也"。

④即今江西九江市东南青山。旧属星子县，明置巡司于此。

青川千户所 明洪武四年（1371）以旧清川县置，属四川都司。治所在今四川青川县西南青溪镇。嘉靖四十五年（1566）属龙安府。清顺治十六年（1659）废入平武县。

青川县 ①即清川县。治所在今四川青川县西南青溪镇。《明史·地理志》平武县："又东有青川守御千户所，洪武四年十月以旧青川县置，属四川都司。"以青川溪而得名。《明史·李自成传》：崇祯十年（1367），李自成义军入川，攻占广元后"遂连陷昭化、剑州、梓潼、江油、黎雅、青川等州县"。

②1941年置，属四川省。治所在今四川青川县西南青溪镇。1951年迁今治乔庄镇。

青川驿 在今山东宁阳县北三十里堽城坝。《清一统志·兖州府二》：青川驿"旧在县西八里青川村，明成化二年移置于此。有驿丞，今裁"。

青川溪 即今四川青川县西南白龙江支流下寺河、黄沙河。《明史·地理志》平武县："有青川溪，下流合白水，入嘉陵江。"《清一统志·龙安府》：青川溪，"《旧志》：源出清潭（塘）岭，合白雄关山溪，下流二十里至青川城东转南，又一百里至昭化县界入白水"。

青川镇 即今四川青川县西南清溪镇。明置青川守御千户所于此。清设平武县丞。民国改设县佐。1941年于此设青川县。1951年青川县迁今治乔庄镇。

青门 ①一作青城门、霸城门。即西汉长安城东南门。在今陕西西安市西北二十里。因景帝元年（前156）有青雀群集门上，又称青雀门。又因门上有绮丽的木刻装饰，亦称青绮门。《汉书·王莽传》：天凤三年（16）七月，"霸城门灾，民间所谓青门也"。

②唐诗人借用西汉旧称，以长安东面之通化门、春明门、延兴门为青门。在今陕西西安市。许景先《折柳篇》："春色东来渡渭桥，青门垂柳千百条"，

此青门指通化门，门近东渭桥。李洞《送人归觐河中》诗："青门冢前别"，此青门指春明门，门外有汉萧望之墓。李商隐《乐游原》："春梦乱不记，春原登已重；青门弄烟柳，紫阁舞云松。"此青门指延兴门，春原指门内乐游原。

③指宣平门。汉长安城（今陕西西安市西北汉长安城遗址）东出北头第一门。王仲殊《汉长安城考古工作收获续记》认为，后秦时的青门应是经过两次重修，在十六国时仍作为一个完整城门存在的宣平门。

④指汉长安城宣平门外的东都门。在今陕西西安市西北。十六国北朝时改东都门为青门。《后汉书·逢萌传》载："时王莽杀其子宇，萌谓友人曰，三纲绝矣，不去祸将及人，即解冠挂东都城门。"唐李贤注："东都门，今名青门也。"

青门港 在今浙江象山县东。《方舆纪要》卷92象山县：青门港"在县西（应系'东'之误）爵溪所东南。有山回抱，可以避风"。

青云（雲）驿 唐置，属商州。在今陕西丹凤县东南。唐元稹有《青云驿》、杜牧有《题青云驿》诗。北宋设青云镇。《清一统志·商州》"商洛镇"条："《旧志》有废青云馆在州南一百五十里，即青云镇也。"

青云（雲）峰 在今广东仁化县北。《方舆纪要》卷102仁化县：青云峰在"县北五十里。高耸凌云，一水萦回，四山环拱"。

青云（雲）寨 在今福建沙县西。《明通鉴》：洪武元年（1368）六月，"（陈）友定故将金子隆、冯谷保等复率众寇延平，（延平卫部将蔡玉）击败之，追至沙县青云寨，子隆负险拒守"，即此。

青云（雲）谱 在今江西南昌市南郊定山桥附近。东晋大兴四年（321）建。为许逊之"净明真境"。唐改名天宁观。清顺治十八年（1661）著名画家朱耷（号八大山人）偕其弟朱秋月隐居于此。后人改建为"青云圃"。康熙年间改为"青云谱"。谱内陈列有玉皇、福主（许真君许逊）、吕祖、关帝、斗母等龛圣像。现辟为八大山人纪念馆。2006年定为全国重点文物保护单位。

青云（雲）镇 即今北京市大兴区（黄村）东南三十二里青云店镇。清同治《畿辅通志》卷46大兴县图：南有青云镇。1949—1954年为大兴县治。

青木关 在今重庆市沙坪坝区西北青木关镇。清同治《璧山县志》卷5：青木关"在县东北三十里。《府志》云：宝峰山口也，上接缙云，直接嘉陵，下连虎峰，至于岷江，横亘二百余里。驿路达铜梁、合州，此其要隘也"。民国《巴县志》："青木关，人家百余，县与璧山分治焉，成渝马路经途也。"抗战时期，该关成为通川北、成都等方向公路的交通要冲。

青瓦达孜宫 为吐蕃旧都雍布拉康宫殿名。在今西藏琼结县。《西藏古代文书选集》载："聂尺赞普及人间之君主，卒于绛妥神山。自其逝后至止贡赞普出世之前七代王统间，一直住于青瓦达孜宫。"

青冈 ①在今安徽寿县西北。《寰宇记》卷129寿州寿春县："青冈高一百步，在县西一十三里。"《晋书·苻坚载记》：东晋太元八年（383），谢玄败苻坚于肥水，"乘胜追击，至于青冈，死者相枕。坚为流矢所中，单骑遁还于淮北"。即此。

②在今河南长垣县西。《清一统志·大名府一》：青冈"在长垣县西二十里。平地突起，土皆青色，故名。冈顶有寺，下有白莲池"。

青冈关 明置，属越巂卫。在今四川越西县北四十里。明曹学佺《蜀中广记》卷34《边防记》越巂卫："利济驿十五里为青冈关。关北通獐儿姑青冈，南通广洪鱼洞诸寨，越巂之门户。"清置青冈关汛，设外委驻守。

青冈县 清光绪三十年十二月（1905年1月）置，属海伦厅。治所在柞树冈（今黑龙江省青冈县）。民国林传甲《黑龙江乡土志》：青冈县"旧名柞树冈，柞号青冈柳，因以得名"。1912年改隶黑龙江省龙江道。1928年直属黑龙江省。1945年划归嫩江省，1949年复属黑龙江省。

青冈坪 ①亦作青冈关。在今四川叙永县西北三十里。《明史·朱燮元传》：天启三年（1623），讨奢崇明乱，"复追败之横山，入青冈坪，抵城下，拔之，擒叛将周邦太，降贼二万"。即此。

②在今陕西华县西南七十五里秦岭之南。《清一统志·同州府二》：青冈坪，"《州志》，青冈坪括地千亩，为州之要隘。其西南百里可达峣关，东南可通武关。本朝顺治十二年筑城，有把总分防"。

青冈岭 一名青冈峡。在今甘肃环县西北。《资治通鉴》：唐开元四年（716），突厥降户叛，"张知运不设备，与之战于青冈岭，为虏所擒"。即此。

青冈峡 亦作青冈岭。在今甘肃环县西北。《资治通鉴》：五代唐同光四年（926），朔方节度使康福"至青冈峡，遇吐蕃野利、大虫二族数千帐……大破之，杀获殆尽"。

青冈堡 明置，属石泉县。在今四川北川羌族自治县西北青树。

青水寨 在今广东云安县西南高村镇一带。《明史·陈璘传》：副总兵署东安参将"（陈）璘会他将朱文达攻破石牛、青水诸巢，斩捕三百六十余人"。

青水江 即今云南昆明市西郊龙潭街子。明永乐二年（1404）置土巡检司于此。

青水洋 指今我国黄海中部一带海域。《元史·食货志一》：至元二十九年（1292）开海运新道，"自刘家港开洋……又过万里长滩，放大洋至青水洋，又经黑水洋至成山，过刘岛，至芝罘、沙门二岛，放莱州大洋，抵界河口"。

青牛山 ①在今内蒙古兴和县西北。《魏书·太祖纪》：天赐三年（406），"八月甲辰，行幸犲山宫，遂至青牛山。丙辰，西登武要北原"。

②在今重庆市丰都县东长江北岸。明曹学佺《蜀

中名胜记》卷19："《道经》云：老子骑青牛，度函谷，将息驾于平都。"今县东二里有青牛山，在平都之左。民国《丰都县志》称："峰峦环绕，状似蹲牛。"故名。

青牛谷 在今江西九江市南庐山五老峰下。《舆地纪胜》卷25南康军：青牛谷，"《浔阳记》云，青牛谷在五老峰下，相传云老君阳见之所。唐杨衡诗云，随云步入青牛谷，青牛道士留我宿"。

青牛岭 在今浙江富阳市西北。宋《咸淳临安志》卷28新城县：青牛岭"在县西七十里南新乡，旧名宝福山"。《方舆纪要》卷90新城县：青牛山"山分三支，逶迤而东，有青牛岭，通于潜大路"。

青牛渊 即今河北蔚县东北五十里莲花池。《水经·㶟水注》："祁夷水东北径青牛渊，水自渊东注之。耆彦云：有潜龙出于兹浦，形类青牛焉，故渊潭受名矣。潭深不测，而水周多莲藕生焉。"即此。

青化砭 即今陕西延安市东北青化砭镇。1947年3月，西北野战军在此伏击国民党军，经过一个多小时的战斗，全歼敌军近三千人。

青化镇 北宋改青化堡置，属肤施县。即今陕西延安市东北青化砭镇。

青乌镇 北宋置，属三泉县。在今陕西宁强县西北四十里。

青凤山 又名穿山。在今广西柳城县南。《清一统志·柳州府》：青凤山"在柳城县（今凤山镇）西二里。高百余丈，为县案山。上有一窍通明。一名穿山"。

青玉峡 在今江西星子县西北庐山南麓秀峰寺后。宣统补刊《庐山志》引桑乔《庐山疏》："大龙潭绕出双剑之东，下注大壑，悬挂数十百丈，曰瀑布水。水循壑东北逝，与马尾水合流出两山山峡中，下注石潭。石碧而削，水练而飞，潭绀而渊，为开先佳境。后因名其峡曰青玉峡，潭曰龙池。"峡之斜坡，镌古今名人题字无数，其中以宋书法家米芾所书"青玉峡"、"第一山"最为珍贵。

青石山 ①在今重庆市潼南县东北。《元和志》卷33青石县：青石山"在县东南，水路五十九里。旧巴、蜀分界，累年未分，一朝密雾，石为之裂破，从上至下，直若引绳，因此定遂、合二州之界"。《寰宇记》卷87青石县：青石山"有祠甚严"。《九州要记》：此山天下青石无佳于此，可为钟磬。《郡国志》：昔巴、蜀争界，历岁不决。汉高帝八年，一朝密雾，山为之自裂，从上至下开数尺，若一绳以分之，于是始判。其山高九丈，遂为二州之界，巴、蜀之民惧天责罚，乃息所争，因共立祠。民将采石，必先祀之"。

②在今山东枣庄市东南。《方舆纪要》卷32峄县：青石山在"县东七里。顶有石穴，深数丈，西崖瀑布自削壁而下，达于涧底。中有仙洞。或谓之石城山。晋咸和中，彭城内史刘续据兰陵石城，后赵将石瞻攻拔之"。即此。

青石冈 即青石关。在今山东淄博市博山城南二十里。《方舆纪要》卷35青州府：青石冈"在颜神镇西南。两山壁立，连亘数里，南走淮徐之道也"。

青石关 ①宋置，在今陕西南郑县南。明、清置巡司于此。民国设县佐。

②又作青石冈。在今山东淄博市博山城南二十里。由长峪道迤丽而来，接莱芜市界。《清一统志·青州府二》载：青石关"两山壁立，连亘数里，山巅隘处，高及三丈。行旅悚慄。俗名杨家关"。

青石县 隋开皇十八年（598）改始兴县置，属遂州。治所在今重庆市潼南县西北玉溪镇西青石坝。《旧唐书·地理志》青石县："以县界有青石祠为名。"《寰宇记》卷87青石县："以界内有青石山为名。"大业初属遂宁郡。唐武德初属遂州。天宝初属遂宁郡，乾元初属遂州。北宋熙宁六年（1073）废入遂宁县，次年复置，后属遂宁府。元至元十九年（1282）废入小溪县。

青石岸 即青石岭。在今甘肃泾川县西北。《后汉书·西羌传》：元初四年（117），"冬，任尚将诸郡兵与马贤并进北地击狼莫，贤先至安定青石岸，狼莫逆击败之"。即此。

青石岭 ①亦名青石岸、青石原。在今甘肃泾川县西北。《晋书·赫连勃勃载记》：东晋义熙三年（407），"勃勃与姚兴将张佛生战于青石原，又败之"。《资治通鉴》：唐大历六年（771）九月，"吐蕃下青石岭，军于那城；郭子仪使人谕之，明日引退"。即此。

②在今宁夏固原市南青石咀。南宋李焘《续资治通鉴长编》：北宋咸宁四年（1001）十二月，"自青石岭东南去，则由小卢、大卢、潘谷入潘原县。若至潘原，西则入渭州，东则入泾州；若自青石岭东公主泉南去，则由东山寨故彭阳城西，并入原州"。

青石岭关 即今辽宁盖州市东北青石岭。《清一统志·奉天府二》：青石岭关"在盖平县北十二里。凿山通路，形胜险隘，县出入必由，关上有'万历'年号"。

青石河 在今安徽六安市西南，为淠河支流。《方舆纪要》卷26六安州：青石河"在州西南七十里……皆流入淠水，以达于淮"。

青石津 在今甘肃兰州市西固区西北新城镇青石村北黄河边。《晋书·苻坚载记》：坚遣梁熙等伐张天锡，"梁熙、王统等自清石津攻其将梁粲于河会城，陷之"。《资治通鉴》：晋孝武帝太元元年（376），"八月，梁熙、王统、李辩济自清石津，攻凉骁烈将军梁济于河会城，降之"。胡注："《五代志》允吾县有青岩山。《水经注》湟河至允吾，与大河会。意者清石津在青岩山之下，河会城在二河之会欤？"

青石祠 在今重庆市潼南县西北。《旧唐书·地理志》遂州青石县："隋改始兴县为青石，以县界有青石祠也。"

青石原 亦作青石岭。在今甘肃泾川县西北。《晋书·赫连勃勃载记》：东晋义熙三年（407），“勃勃与姚兴将张佛生战于青石原，又败之”。

青石崖堡　北宋置，属延安府。即今陕西安塞县北青石崖村。

青石梁　在今河北滦平县西南，为出古北口第一大岭。《清一统志·承德府二》：青石梁“与黄土梁形势相连，自两间房至常山峪，群峰绵亘，青石梁最峭拔，高出诸山之上”。

青龙厂　即今云南元江哈尼族彝族傣族自治县北五十里青龙厂镇。清代曾在此办厂开采青铜。

青龙山　①一名青山。在今江苏南京市东南麒麟门外。宋《景定建康志》卷17：青龙山，“南唐后主尝校猎于此”。《清一统志·江宁府一》“青龙山”条引《（江南）通志》：“山趾石坚而色青，……青龙亦名青山。”同治《上元江宁两县志》卷3：青龙山“山产石材，质甚良，郡人竞采为碑础，或煅以取灰”。唐李白《送殷淑》诗云：“青龙山后日，早出海云来。”即此。

②又名洞山。在今江苏溧阳市北八十里。《舆地纪胜》卷17建康府：青龙山“洞口伛偻可入，其中平广不可测。洞口石上有仙人迹”。

③在今河南巩义市南。《方舆纪要》卷48巩县：青龙山在“宋太祖永昌陵东。其尾接洛河者，曰龙尾山”。

④在今贵州镇宁布依族苗族自治县南。《方舆纪要》卷123安庄卫：青龙山“在卫城南。连峰叠巘，逶迤如龙。下有嘉乐池”。

青龙冈　在今江西大余县东北青龙镇。《寰宇记》卷108虔州大庾县：青龙冈“有陈蕃子孙墓。在县东四十里。《南康记》云，汉太傅陈蕃为宦竖所害，徙家于日南，又追之于此诛灭，遂葬之。尝有发冢者乃见大蛇缠墓，即便见雨晦冥，其冢免开。其冈顶有青龙见，因号青龙冈”。《清一统志·南安府》：青龙冈“在大庾县东北。……《县志》，在县东北三十里。平地突起，回环高耸”。

青龙寺　①在今山西稷山县城西八里马村西侧。始建于唐龙朔二年（662），翌年改今名。寺内现存古建筑自南而北依次为山门、十王殿、腰殿及垛殿（祖师殿、无名殿）、北殿及垛殿（伽蓝殿、护法殿）、东西厢房。建筑保持元代风格，壁画尚存185.13平方米。腰殿、北殿均为三开间，单檐悬山顶。腰殿内壁画是寺内壁画的精华，为僧徒普度幽冥作水陆道场，宣扬六道轮回、因果报应、祈求冥福等。正壁中央绘三佛并坐，两旁菩萨夹侍。下为六星君，四壁画佛教、道教及各色人等共五百人物形象，千姿百态。1922年壁画被窃，后被追回补上。2001年定为全国重点文物保护单位。

②在今陕西西安市东南郊铁炉庙村之北。原名灵感寺，建于隋开皇二年（582）。唐初废。龙朔二年（662）为观音寺，景云二年（711）改名青龙寺，会昌五年（845）易名护国寺。是当时最著名的寺院之一，也是日本佛教密宗的祖庭。北宋元祐元年（1086）毁。1973—1980进行了发掘，已发现两座并列的院落，揭露出木塔、寺殿、回廊、北门及陶窑等遗址。1996年作为隋大兴、唐长安城遗址的一部分被定为全国重点文物保护单位。

青龙场　即今四川彭山县北青龙镇。清嘉庆《彭山县志》卷1：青龙场在“治北三十里。……上通省会，下达嘉、眉，一冲道也。昔有青龙于此，后人因以名场。货贿山积，居民交易之所”。

青龙江　在今上海市青浦区东北旧青浦附近。北宋朱长文《吴郡图经续记》卷下：青龙江“青龙者，乃战舰之名。或云青龙舟，孙权所造也。盖昔时尝置船于此地，因是名之耳”。《方舆纪要》卷24松江府华亭县“白鹤汇”条下记青龙江：“其上流西接大盈，东接顾会，北流曰浦家江，又西北曰赵浦，达青浦、嘉定县界，合白鹤汇而入吴淞江。”两宋时为吴淞江入海河道，曾多次疏浚，明清时日渐浅狭，早已堙塞成陆。

青龙观镇　即今四川简阳市东北青龙镇。民国《简阳县志》卷2：青龙观“（距城）四十里。（创建）清光绪十五年”。

青龙县　1933年改都山设治局置，属热河省。治所在大障子（今河北青龙满族自治县）。县以青龙河得名。1956年属河北省。1986年改设青龙满族自治县。

青龙岩　在今江西寻乌县南。《方舆纪要》卷88赣州府长宁县：青龙岩“在县南三十里。大小十余穴，清流萦抱，必由栈道以陟降”。

青龙河　①在今河北东北部，为滦河支流。源出辽宁凌源市西南，西南流入河北宽城、青龙二满族自治县，经卢龙县、迁安市南入滦河。《明一统志》卷5永平府：青龙河“在迁安县北七十里，其源自口外来，经桃林口入漆河”。南合滦河。《清一统志·永平府一》：青龙河“此水源出桃林口北二百五十里，蒙古哈拉沁界，山曰成格勒岱，水曰顾沁，即青龙上流也。府境入滦之水，惟此颇大”。

②在今山西沁源县东。《方舆纪要》卷43沁源县“沁河”条下：“青龙河在县东二十五里，亦曰青龙沟，西南流入沁河。”

③在今山西夏县西北。源于山西闻喜县唐王山西麓，西南流，至夏县禹王村附近称姚暹渠。《方舆纪要》卷41夏县：“青龙河在县北三十里。《志》云，以河流屈曲如盘龙而名，下流合于涑水。”

④在今上海市崇明县东。《方舆纪要》卷24太仓州崇明县：青龙河“在今县东。亦曰青龙港。近县港口约十余处，贼舟皆可入。而青龙港直通县城，尤为切要”。

青龙泉　在今山西柳林县东二里青龙村。《方舆纪要》卷42永宁州：青龙泉“平地涌出，西流入黄河”。

青龙洞　①即归云洞。在今甘肃平凉市西崆峒山中。《明一统志》卷35平凉府：青龙洞“在翠屏山上，雨晴云辄归洞中，一名归云洞”。

②在今贵州镇远县城东中和山。始建于明嘉靖年间。现存建筑为清代所建，由青龙洞、中元洞、紫阳洞、万寿宫、祝圣桥、香炉岩等组成。依山而建，贴壁凌空而立，为贵州省一组最大的建筑群。山南的青龙洞是闻名遐迩的“黔东第一洞天”。1988年定为全国重点文物保护单位。

青龙桥　①在今北京市西北颐和园北侧。明蒋一葵《长安客话》卷4：“瓮山以北五里为青龙桥，元时白浮堰之上游也。其西通金山。其北斜界百望山。”

②在今北京市延庆县东南三十余里。桥跨涧水，四壁悬崖，下临深涧，为居庸路重要隘口之一。桥东有堡，为明永乐年间所筑。其西北三里为八达岭，有居庸北口之称，元于此屯军。

③在今湖南邵阳市东门外。《方舆纪要》卷81邵阳县“资水”条下：“今城东邵水上有青龙桥，称雄胜。”《清一统志·宝庆府二》：青龙桥“跨邵水百丈，民居夹涧，肩摩踵接，邵邑要津也。唐乾宁五年建。宋重修，铸铁柱铁犀，后没于水。明重建。本（清）朝顺治、康熙间屡修”。

青龙海　即青海子。今云南祥云县东南青海湖。《清一统志·大理府》：青龙海子“在云南县东南十里。其地有金龙山，水出其下，一名青海子”。

青龙铺　即今江西大余县东北三十里青龙镇。明嘉靖《南安府志》卷18：大庾县有青龙铺。

青龙堡　在今山西吉县东南。《元史·木华黎传》：元兵“拔晋阳义和寨，进克三清岩，入霍邑山堡……薄青龙堡”，即此。

青龙渡　在今山西柳林县东青龙村。旧属永宁州，明置巡司于此。

青龙寨　在今河北临城县西北。《清一统志·赵州》：天台寨“在临城县西北，……其西又有青龙寨”。

青龙镇　①在今山西柳林县东青龙村。《清一统志·汾州府》：青龙渡“在永宁州西一百二十里青龙镇。旧设巡司。本朝乾隆三十三年，移驻柳林镇”。

②又名龙江镇、通惠镇。北宋淳化二年（991）置，属华亭县。在今上海市青浦区东北旧青浦。北宋朱长文《吴郡图经续记》卷下：“青龙者，乃战舰之名。”孙权造青龙战舰于此，故名。大观中尝改名通惠镇，不久复名青龙镇。其地下瞰吴淞江，据沪渎之口，宋时坊市繁盛，海舶辏集，俗号小杭州，为对外贸易重要港口，曾置市舶司于此。南宋后渐衰落。《宋史·韩世忠传》：南宋建炎四年（1130），“世忠以前军驻青龙镇”，即此。元分置青龙、新泾二巡司。明嘉靖中于此置青浦县，寻复为镇。

青龙潭市　即今湖北安陆市西北二十六里青龙镇。清光绪《德安府志》卷8《兵事》：同治三年（1864）四月，张总愚“扰及郡西三里店、白兆山、青龙潭等处”。

青平县　1949年4月析平泉、青龙二县地置，属热河省。治所在今河北青龙满族自治县境。八月裁。

青卢县　唐置，属羁縻长宁州。治所在今四川长宁县境。后废。

青田山　在今浙江青田县西北。《方舆纪要》卷94青田县：青田山在“县治西北一里。有泉石之胜，县以此名”。

青田县　唐景云二年（711）分括苍县置，属括州。治所即今浙江青田县。《太平御览》卷171引《永嘉记》：“青田县有草叶似竹，可染碧，名曰竹青，此处所丰，故曰青田。”《名胜志》称：“治青田山下，因以为名。”大历十四年（779）属处州。元属处州路。明、清属处州府。民国初属浙江瓯海道。1927年直属浙江省。

青田溪　即今浙江省南部小溪。为瓯江最大支流。源出浙江庆元县东北大毛峰，东北流经景宁畲族自治县，于青田县西湖边乡与大溪汇合后始称瓯江。《元和志》卷26处州青田县：“青田溪，在县西南十八里。”

青丘　在今山东广饶县北。《方舆纪要》卷35乐安县：青丘“相传齐景公尝畋于此。司马相如《子虚赋》‘秋田乎青丘’是也”。《清一统志·青州府二》：清水泊“亦即古之青丘，一名青丘泺”。

青白口　即今北京市门头沟西北雁翅镇西清白口。位于清水河入永定河汇口处。清有巡司驻此。

青印溪　在今福建尤溪县西北。《方舆纪要》卷97尤溪县：青印溪“在县城南。溪中有青石如印，因名。源出县西九十里沙县接界之杉岭，迤逦而东，有山坑、王卫等凡十有一溪，次第流合焉，经县前入湖头溪（尤溪）”。

青兰　即今河北景县西南三十八里青兰乡。清同治《畿辅通志》卷49景州图：南有青兰。

青边口堡　明宣德中置，在今河北宣化县北五十里青边口村。《方舆纪要》卷18万全都司：青边口堡，“《边防考》：本堡沿边山形中断，故曰青边口。临口依平地为墙，以北则山岩沟壑，崎岖相错，其长亦以部落拒守，盖中路最冲之地也。嘉靖中失守，俺答再犯宣府，青边口首被其患”。

青台山　又名笔架峰。在今湖南炎陵县北十里。《明一统志》卷64衡州府：青台山“形如笔架，为一邑壮观”。

青台（臺）城　即今河南社旗县南二十六里青台镇。《资治通鉴》：唐元和十二年（817）讨吴元济，“李愬遣方城镇遏使李荣宗击淮西青台城。拔之”。即此。

青台（臺）遗址　在今河南荥阳市北二十二里青台村东土岗上。面积近10万平方米。文化堆积层厚约3.5米，是仰韶文化中、晚期村落遗址。1922年前后瑞典人T.J.阿尔纳在此采集到一批彩陶片。1951年中国科学院考古研究所曾予发掘，1982年郑州市博物馆再次发掘。在2700平方米范围内发现房基三十余座，陶窑七座，灰坑二百余座，墓葬一百三十余座，瓮棺葬近五百座。文化层可分三期：一期陶器多为红色和灰色，彩陶数量少；二期灰陶和彩陶增多；三期灰陶比例明显增多。同时在墓葬中还发现了仰韶期少见的男女合葬墓及钙化纺织物和粟。

青台(臺)镇 北宋置，属方城县。即今河南社旗县南二十六里青台镇。

青丝井营 在今湖南江华瑶族自治县西南涛墟之西。《清一统志·永州府二》：青丝井营“在江华县南，接富川县龙窝村界。设把总戍守”。

青芝山 在今福建连江县南十二里。主峰莲花峰海拔321米。著名景点有蝙蝠、悬石、九曲、天门等洞和蛤蟆上山、独鲤朝阳等景点，统称一百零八景。明工部右侍郎董应举开辟，经历代修建，现有青芝寺、梅花楼、半山亭、林森藏骨塔等。青芝寺始建于明万历年间，1932年重建。

青尖山 在今浙江仙居县北。《方舆纪要》卷92仙居县：青尖山“在县北十里。万山四合，一峰卓立，亦曰圭峰”。

青刚峡 即青冈岭。在今甘肃环县西北。《资治通鉴》：五代唐天成四年(929)，“康福行至方渠，羌胡出兵邀福，福击走之；至青刚峡，遇吐蕃野利、大虫二族数千帐，皆不觉唐兵至，福遣卫审峹掩击，大破之”。即此。

青竹径(逕)隘 在今广东饶平县北。《方舆纪要》卷103潮州府饶平县：青竹径隘“在县(今三饶镇)东南接福建漳浦县界”。

青竹崖 在今贵州凤冈县东北。《方舆纪要》卷122龙泉县：“青竹崖在县治东北。一名深箐。”

青竹堰 在今四川什邡市境。《方舆纪要》卷67什邡县：青竹堰“在县境。《志》云：县有上下雒口、跑马、杨村等堰凡二十处，皆引雒水以溉田”。

青华山 在今云南祥云县南八里。《方舆纪要》卷117云南县：青华山在“县南八里。下有洞，阔十丈，山仅培塿，洞中甚深，邃不可穷。旁有石窍漏光，若天窗然。《滇纪》：自洱海卫城西行通蒙化，岐左有青华洞，中极宽衍，是也”。

青华洞 即今云南祥云县南八里青华洞。在青华山下。见《方舆纪要》卷117云南县。

青华海 在今云南保山市东五里。《清一统志·永昌府》：青华海“汇诸流为池，广十余里”。

青华镇 即今河南南阳市西南四十六里青华镇。清光绪《南阳县志》卷3：县南有青华镇。

青伊湖 在今江苏沭阳县东北五十四里。《清史稿·地理志》：海州西南有青伊湖。今已干涸。1948年建青伊湖农场。

青衣 指今四川乐山市。《晋书·李势载记》：东晋永和三年(347)，“大司马桓温率水军伐势。温次青衣，势大发军距守”。宋郭允蹈《蜀鉴》：“青衣，今嘉州。”

青衣山 即乌尤山。在今四川乐山市东南五里。《寰宇记》卷74平羌县：青衣山“在县南四十里。导江、沫水、平羌水、岷江水会于山下”。《清一统志·嘉定府》：乌尤山，“《旧志》：乌尤即青衣山，距州五里，关锁水口，令折而东去”。

青衣水 在今四川南溪县南。《寰宇记》卷79南溪县：青衣水“在县南一里四步。从僰道城东流，至县界多稜口，至泸州绵水县。地名龙腾”。《舆地纪胜》卷163叙州：青衣江“在南溪县南十五里。《旧经》云：古有青衣国与叙相邻。其人因贾至蜀，见汉衣冠，遂求内属，江因名焉”。《方舆纪要》卷70南溪县：青衣江在“县南十五里。……又北入于大江，亦谓之龙腾溪”。

青衣江 ①古名大渡水、沫水、平羌江、平乡江、雅河。在今四川西部，为大渡河最大支流。《水经·青衣水》：“青衣水出青衣县西蒙山，东与沫水合也，至犍为南安县入于江。”源出四川宝兴县北夹金山南麓，曰宝兴河，西南流切灵鹫山，形成灵关峡，南流纳芦山河，至飞仙关西侧纳荥经河(天全河)后始称青衣江。东南流经雅安、洪雅、夹江、于乐山市西水口镇草鞋渡注入大渡河。再东流注入岷江，全长281公里。

②指今四川青神县境内一段岷江。《旧唐书·地理志》青神县：“临青衣江，西魏置青衣县。本治思蒙水口，武德八年移于今治。”

青衣县 ①西汉高帝六年(前201)置，属蜀郡。治所在今四川名山县北。以青衣羌国为名。天汉四年(前97)为西部都尉治。《史记·彭越列传》：高帝十年(前197)，越被人告谋反，“上赦以为庶人，传处蜀青衣”。《集解》：“文颖曰：青衣，县名，在蜀。”即此。东汉阳嘉二年(133)改为汉嘉县。

②西魏恭帝时置，为青城郡治。治所在今四川青神县南二十里瑞峰镇(刘家场)。《方舆纪要》卷71青神县：“盖取蚕丛氏青衣以劝农桑为名。”北周改为青神县。

③隋开皇九年(589)改峨眉县置，为嘉州治。治所即今四川乐山市。《元和志》卷31龙游县：青衣县“取青衣水为名”。十年(590)改为龙游县。

青衣羌国 战国秦时小国。都于青衣(今四川芦山县。一说在名山县北)。以青衣水为名。《水经·江水注》：“(青衣)县，故青衣羌国也。《竹书纪年》：梁惠成王十年，瑕阳人自秦道岷山，青衣水来归。”西汉高帝六年(前201)于此置青衣县。

青衣铺 即今四川绵阳市北青义镇。清嘉庆《四川通志》卷89绵州：青衣铺“在州西僻路十里”。

青羊山 ①在今河北赤城县东南。清光绪《畿辅通志》卷65：青羊山“千峰攒立，险峻异常”。

②在今山西平顺县东北。《清一统志·潞安府》：青羊山“在潞城县东北六十里。多柏。下有七子洞”。

青羊观 一名青羊肆。即今四川成都市西南通惠门外青羊宫。《寰宇记》卷72华阳县：青羊肆，“《蜀本记》云：老子为关令尹喜著《道德经》，临别曰：子行道千日后于成都郡青羊肆寻吾。今为青羊观也”。明初重建，为成都著名道教宫观。《明史·张献忠传》："诡开科取士，集于青羊宫。"即此。清康熙七年（1668）又重建。今主要建筑有三清殿、八卦亭、灵祖楼、斗姥殿等。

青羊驿 即今陕西勉县西南青羊驿镇。清乾隆三十八年（1773）移设县丞，嘉庆十三年（1808）裁。

青羊宫 即青羊观。今四川成都市西南青羊宫。今建筑为清康熙年间重建，是成都著名的游览胜地。

青羊塞山 在今河北赤城县西南十五里。《方舆纪要》卷18赤城堡：青羊塞山"在堡西南十五里"。

青州 ①古"九州"之一。《尚书·禹贡》："海、岱惟青州。"《周礼·职方》："正东曰青州。"海指渤海，岱即今山东泰山。古青州即今渤海至泰山之间的山东省北部地区。

②西汉武帝置，为"十三刺史部"之一。辖境相当今山东德州市、齐河县以东，马颊河以南，济南、临朐、安丘、高密、莱阳、栖霞、乳山等市县以北、以东和河北吴桥县地。东汉治所在临菑县（今山东淄博市临淄北）。十六国时，刘聪部将曹嶷为青州刺史，乃移治广固城（今山东青州市西北）。后为后赵、前燕、前秦所有。南燕慕容德都个固城，置青州于东莱掖城（今山东莱州市）。东晋移治东阳城（北齐置益都县，今青州市）。隋大业三年（607）改为北海郡。唐复为青州。天宝初改为北海郡，乾元初复为青州。辖境相当今山东潍坊、青州、临朐、广饶、博兴、寿光、昌乐、潍县、昌邑等市县地。金改为益都府。

③东晋咸和中侨置青州于广陵县（今江苏扬州市西北蜀冈上）。南朝宋初并入南兖州。

④南朝宋泰始中与冀州合侨置于郁洲（今江苏连云港市东云台山一带）。梁侯景乱后地入东魏，改置海州。

⑤南朝梁太清二年（548）置，治所在齐通郡齐通县（今四川眉山市东北太和镇）。《元和志》卷32眉州："青州，取汉青衣县为名也。"另一说《寰宇记》卷74眉州："青州，义取青城山为称。"辖境相当今四川眉山、丹棱、青神等县地。西魏废帝三年（554）改为眉州。

⑥北周置，治平羌郡平羌县（今四川乐山市东北四十里）。隋开皇三年（583）废。

⑦后燕置，治所在历城县（今山东济南市）。后侨治新城（今辽宁凌源市境）。《十六国疆域志》卷12："《后燕录》：太元十二年，垂建兴二年，燕人进军历城，青、兖、徐州郡县壁垒多降。垂以慕容绍为青州刺史，镇历城。"

⑧唐置羁縻州，属邕州都督府。治所当在今广西西南部左江流域。后废。

青州市 1986年山东省益都县改为青州市，市人民政府驻青州城。由潍坊市代管。

青州府 明洪武初改益都路置，属山东等处行中书省（后改山东布政使司）。治所在益都县（今山东青州市）。辖境相当今山东博兴、沂源、蒙阴以东，昌乐、安丘、诸城以西，南、北滨海之地。清属山东省，辖境缩小。1913年废。

青州站 元置，在今朝鲜咸镜南道北青。元《析津志》天下站名："端州百二十（里）青州。"明改散三站。

青州涧 在今江苏淮安市淮阴区西南。《宋史·河渠志六》：熙宁九年（1076）刘瑾言，"淮阴县青州涧……可兴置，欲令逐路转运司选官覆按。从之"。《清一统志·淮安府》：青州涧"在山阳县西南六十里。……本朝乾隆八年疏浚"。

青江潭 在今湖南溆浦县西。《方舆纪要》卷81溆浦县："青江潭在县西五十里。相近又有卢深潭，溉田甚溥。"

青阳 ①战国楚邑。在今湖南长沙市。《史记·秦始皇本纪》：二十六年（前221）令曰："荆王献青阳以西"；《汉书·邹阳传》："越水长沙，还舟青阳。"秦于此置临湘县。

②即今福建晋江市驻地青阳镇。以在青梅山之阳，故名。1951年晋江县由泉州迁治于此。

青阳门 十六国后凉都城姑臧城的城门，在今甘肃武威市。《晋书·秃发利鹿孤载记》：建和年间，秃发傉檀袭姑臧，"耀兵于青阳门"，即此。

青阳县 ①建置无考。北周属九陇郡。治所在今四川彭州市北境。隋开皇初废入九陇县。

②唐天宝元年（742）分南陵及秋浦、泾县置，属宣城郡（后改宣州）。治所即今安徽青阳县。《元和志》卷28青阳县：以"在青山之阳为名"。永泰元年（765）改属池州。五代南唐改属升州。北宋开宝八年（975）复属池州。元属池州路。明属池州府。民国初属安徽芜湖道。1928年直属安徽省。

青阳店 在今山东邹平县西青阳镇。《方舆纪要》卷31邹平县："青阳店在县西三十里。有青阳店马驿，兼置递运所于此。今递运所革。"

青阳城 即今安徽南陵县治。《旧唐书·地理志》南陵县："旧治赭圻城，长安四年移理青阳城。"即此。

青阳峡 ①在今陕西陇县西北四十里。唐杜甫《青阳峡》诗云："塞外苦厌山，南行道弥恶。……昨忆逾陇坂，高秋视吴越。"

②在今甘肃西和县南十里乡东南。《方舆纪要》卷59巩昌府西和县"栢关寨"条下："又县有青阳峡、木桥阨，皆为设险处。"今作青羊峡。乾隆《西和县志》卷1载：青羊峡在"县南五十里，山上有石穴。远望其形如羊"。民国《甘肃通志稿》亦作"青羊峡"。

青阳铁场 北宋置，属清溪县。在今福建安溪县西北。清废。《元丰九域志》卷9泉州清溪县和《宋史·地理志》泉州安溪县均载有青阳铁场。

青阳港 即新洋江。在今江苏昆山市东南六里。南承吴淞江，北通娄江。

青阳镇 ①北宋置，属合肥县。在今安徽肥东县南四十五里青阳山附近。清设巡司于此。

②北宋置，属临淮县。即今江苏泗洪县。元置青阳站。1949年置泗洪县于此。

青观山 在今四川营山县北。清同治《营山县志》卷4：青观山在“治北五十里。前过仪邑，后接高山观，下鹅项颈，脉来罗砌垭”。白莲教义军据此抗清。魏源《圣武记》卷9：嘉庆三年（1798），“罗其清遁走青观山”，即此。

青坛山 又作青澶山。即黎山或黎阳山。在今河南浚县东南二里。《史记·夏本纪》注引《括地志》云：“大邳山，今名黎阳东山，又曰青坛山。”《明史·地理志》浚县：“东有大伾山，一名黎阳山，一名青澶山。”

青花镇 ①清置，属郿县。即今陕西眉县东南青化乡。

②即今陕西周至县西青化乡。明崇祯七年（1634）十月，高迎祥率农民起义军活动于此。

青村中前千户所 明洪武二十年（1387）置，隶金山卫。治所即今上海市奉贤区东奉城镇。清雍正二年（1724）于此置奉贤县。

青村场 南宋改青墩场为青村场。即今上海市奉贤区东奉城镇。明洪武二十年（1387）置青村守御千户所。清雍正二年（1724）于此置奉贤县。清时设盐课大使，后设场知事。

青村港镇 即今上海市奉贤区东二十六里青村镇。清时有把总驻守。

青杨岔 即今陕西靖边县东南青阳岔镇。1934—1935年西北革命根据地置赤延县治此。

青杨巷 在今湖北荆州市沙市区。《北史·何妥传》：南朝梁末，“时兰陵萧眘，亦有俊才，住青杨巷，妥住白杨头。时人为之语曰：‘世有两俊，白杨何妥，青杨萧眘’。其见美如此”。

青连山 在今广西崇左市北十里。《方舆纪要》卷110崇善县：青连山“山势绵亘三百余里，峰峦纷列，青翠相连。其阳有青山岩，高阔深邃，奇胜不一。岩中之土，可以煎硝，郡人取之”。

青县 明洪武八年（1375）改清州置，属河间府。治所即今河北青县。清属天津府。民国初属直隶津海道。1928年直属河北省。

青旸镇 即今江苏江阴市南青阳镇。《方舆纪要》卷25常州府江阴县：青旸镇在“县南四十里。运河所经。……《旧志》：县滨江为险，而青旸实腹里之冲要”。

青岐镇 即今广东江门市三水区西青岐镇。《元和志》卷34端州高要县：青岐镇“在县东八十五里”。

青岘岭 在今浙江长兴县西六十里，接安徽广德县界。《寰宇记》卷94长兴县“金沙泉”条：“按茶产于邑界……生凤亭山伏翼阁，飞云、曲水二寺，青岘、啄木二岭者，与寿州同。”

青岗坪 即今陕西蓝田县东青坪。1946年7月当地解放后先后设蓝雒办事处、蓝雒县治此。

青岚山 在今甘肃定西市东。峰峦陡峻，纡回难上。驿道经其上，曲折上下约四五十里。其顶名清凉山。《方舆纪要》卷59巩昌府安定县：青岚峪“在县东三十里。山多岚气”。

青岚湖 在今江西进贤县西北。《清一统志·南昌府一》：青岚湖“一曰清南湖，以清溪、南阳二水皆出于此也。又曰洞阳湖，中有闪山”。

青谷 亦称清水谷。在今陕西洋县东北。《资治通鉴》：东晋宁康元年（373），秦苻坚遣将王统进兵汉中，“梁州刺史杨亮帅巴僚万余拒之，战于青谷”。即此。

青条岭 在今河南宝丰县东。《方舆纪要》卷51宝丰县：青条岭“四面分水，其东南曰净肠河，流合滍水。又北为马渡河，又西为绵封河，东北为达老河，俱流合于沙河”。

青角门 十六国前凉都城姑臧城（今甘肃武威市）禁城东门，可直通城内主要宫殿谦光殿。《晋书·吕纂载记》：“纂自青角门，升于谦光殿。”

青岛 即今山东青岛市南青岛湾中之小青岛。清道光《胶州志》总图有“青岛”。民国《胶澳志》卷2：“青岛在青岛湾内，距岸不足一海里，旧隶即墨。德占胶澳后，遂著名于世。日人改名加藤岛。我国接收仍名青岛。山岩耸秀，林木蓊蒨，德建灯塔于其巅。每于夕阳斜照，时与四围之水光山色映射于暮霭苍茫中，诚为天然画图。”1929年青岛设市后，此岛乃更名小青岛。

青岛八大关近代建筑 在今山东青岛市南区南部，分布于纵横八条以古代关隘命名的马路旁，因此得名。八大关建筑最早于20世纪初由德国建筑师设计建造，以后美、俄、日等国建筑师及中国建筑师陆续设计建造，至20世纪40年代基本完成。形成了三百余栋集二十多个国家不同建筑风格的别墅建筑群。总建筑面积14.5万平方米。建筑风格兼有西方古典主义与浪漫主义风格，有平面对称、轴线突出的德式，尖塔坡顶的哥特式，装饰粗放的西班牙式等。建筑群依山傍海，与周围环境融为一体。青岛八大关近代建筑有“世界建筑博览会”之誉，具有较高的历史、艺术和科学价值。2001年定为全国重点文物保护单位。

青岛市 本山东胶州湾口外之半岛。清光绪二十三年（1897）德国侵占胶州湾，次年又强迫清政府签订《胶澳租借条约》，强行租占，辟为军港和商港。1914年第一次世界大战爆发后，又被日本帝国主义侵占。1922年我国收回。1929年设青岛特别市，即今山东青岛市。1930年改设青岛市，直隶行政院。1949年6月解放后，降为山东省辖市（地级）。

青岛市市北区 2012年撤销山东省青岛市市北区、四方区，设立新的青岛市市北区，区政府驻敦化路街道延吉路80号。

青岛啤酒厂早期建筑 在今山东青岛市台东区登州路。清光绪二十九年（1903）英、德商人合资开办“英德啤酒酿酒股份有限公司”，1916年转卖给“日本麦酒株式会社”经营，1945年我国收复。厂址早期建筑尚大部保存，具有西式建筑风格，为近现代有代表性的建筑。2006年定为全国重点文物保护单位。

青岛德国建筑 在今山东青岛市市南区。清光绪二十三年（1897）德国殖民者侵占胶州湾，次年强行租占青岛，辟为军港和商港。后被日本侵占，1922 年我国收回。至今遗存德国建筑多在今青岛市南区八大关一带。主要有市南区的德国胶澳总督府和总督楼旧址。总督府位于观海山南坡，沂水路 11 号。1903—1906 年建。为古典主义建筑形式，四层，砖石混合结构。建筑面积 7500 平方米。总督楼又称石头楼，位于信号山南麓龙山路 26 号。1905—1908 年建，建筑面积 4083 平方米。这是一座典型的德国古堡式建筑，花岗岩砌筑，四层大型花园式住宅，气势轩昂，陈设富丽。1996 年定为全国重点文物保护单位。

青沙泊　在今山东博兴县南，与小清河相接。《清一统志·青州府一》：青沙泊"为高苑（今高青）、新城（今桓台）二县蓄水之地，庄民俱傍泊以居"。

青沟　在今天津市蓟县西北二十五里盘山东路。又名上甘涧，为东、西甘涧之上源。青沟前有盘谷寺，旧名青沟禅院。清《日下旧闻考》卷 116 引《四正山居志》："青沟居盘山之中，群峰围绕，水汇于一，逆流而西，自天成寺水口出山。"青沟有石舫、清凉石、文殊洞、云笺石、漱玉泉、秩秩泉等胜景。

青沟梁　在今辽宁朝阳县西北。民国《朝阳县志》卷 5：青沟梁"在县北八十里，大青山之支麓也"。清设千总驻守。

青沟镇　旧作清沟镇。即今江苏阜宁县西南青沟镇村。明置清沟巡司于此。

青罕　即今河北故城县东北十五里青罕镇。清光绪《故城县志》卷 4：青罕"距城十八里"。

青陂塘　在今安徽郎溪县东。《舆地纪胜》卷 24 广德军：青陂塘"在建平县"。《方舆纪要》卷 29 建平县："青陂塘在县东。周三十里。"

青坡道　在今山西省北部。北起山西阳高县西北边墙，西南经大同县西部至怀仁县东北。《新唐书·地理志》云州云中县："有阴山道、青坡道，皆出兵路。"

青坡寨　在今湖南绥宁县东北。明置青坡巡司，后移武阳。

青苗陂　在今重庆市奉节县东北白帝镇。《方舆胜览》卷 57 夔州：杜少陵故宅"东屯有青苗陂"。《方舆纪要》卷 69 夔州府奉节县：青苗陂"在瞿唐东。蓄水溉田，民赖其利"。唐杜甫《夔州歌十绝句》诗云："东屯稻畦一百顷，北有涧水通青苗。"

青苔峪堡　明置，即今辽宁凤城市西北青城子镇。明《辽东志》卷 3：青苔峪堡"嘉靖丁酉岁指挥刘绅、武举李师皋建筑"。《方舆纪要》卷 37 辽东都司"甜水堡"条下：青苔峪堡"在司南百五十里，以当青苔峪而名"。

青苔镇　即今湖北随县北青苔村。清光绪《湖北全省分图》：随州西北有青苔镇。

青林山　①即青山。在今安徽当涂县东南三十里。《新唐书·辅公祏传》：武德七年（624），李孝恭等来攻，"公祏复遣将冯惠亮、陈当世屯博望山，陈正通、徐绍宗屯青州（林）山以拒战，孝恭率诸将破之"。即此。

②在今湖北武穴市东。《水经·江水注》：青林水"西南流，水积为湖，湖西有青林山"。

③一名青山。在今湖北随州市东南。《方舆纪要》卷 77 随州：青林山在"州东南七十里。茂林远望，蔚然而青，亦名青山。元末……随州人明玉珍集乡兵屯于青山"。即此。

青林乡　即今四川广元市朝天区东北青林乡。1935 年川陕革命根据地在此置红坪县。

青林垭　在今湖北兴山县东北。《清史稿·地理志》兴山县："有关口垭、青林垭、猫儿关诸隘。"民国《湖北通志》卷 36 兴山县：青林垭，"《县志》：在城东六十里。有右司把总驻防。康熙十二年，吴三桂伪将王凤岐窃据县境五六载，十八年参军某游击于腾云败之于此。凤岐死，余党奔蜀中"。

青林城　在今湖北仙桃市西南。《舆地纪胜》卷 76 复州：青林城"在玉沙县东北十里"。

青松堡　在今甘肃民勤县西南三十里。明天顺三年（1459）建，设官兵戍守。

青枫岭　在今安徽太湖县北境。《方舆纪要》卷 26 太湖县"隘口岭"条下："又县北六十里有青枫岭，接潜山县界。"

青肯泡　在今黑龙江省安达市东，为咸湖。《清史稿·地理志》安达直隶厅："南：青肯泊，泊形如环，中有滩地，半隶肇州。"

青岩山　①在今河南淇县西南三十里。《旧唐书·甄济传》：甄济"天宝中隐居卫州青岩山"，安禄山辟之不就。

②在今甘肃兰州市西北黄河滨。《隋书·地理志》：武威郡允吾县有"青岩山"。

青岩关　在今贵州务川仡佬族苗族自治县西北。《清一统志·思南府》：青岩关"在务川县西北四十里，接正安州界。路通南川"。

青岩堡　即今贵州贵阳市南四十里青岩镇。《方舆纪要》卷 121 贵阳府：青岩堡在"府南青岩下。天启初，安邦彦复攻贵阳，使其党李阿二督四十八庄兵围青岩，断贵阳粮道。抚臣王三善使别将王建中救青岩，焚贼寨四十八庄，定番路始通，是也"。

青岩镇　即今贵州贵阳市南五十里青岩镇。清有把总驻守。

青岭　①即今吉林永吉县南哈达岭山脉。《金史·地理志上》上京会宁府："其山有长白、青岭、马纪岭。"同书《欢都传》："昭祖耀武于青岭、白山，入于苏滨、耶懒之地，贤石鲁佐之也。"

②又称青山、广昌岭、五回山。在今河北易县西南。《资治通鉴》：东晋太元二十一年（369）三月，后燕慕容垂留范阳王德守中山，"引兵密发，逾青岭，经天门，凿山通道，出魏不意，直指云中"。即此。

③ 又称青陉。在今河北迁安市北。《资治通鉴》：

东晋元兴三年（404），后燕慕容熙“与苻后游畋，北登白鹿山，东逾青岭，南临沧海而还”。

青金山　在今江西广丰县西北。《方舆纪要》卷85广信府永丰县：青金山在“县西北二十里，接上饶县界。山下地名洋口，永丰溪汇诸山谷之水流经山下，长瀑大溪汹涌弥望，适远近者皆从此发棹，盖会要之地也。山纡徐昂伏，趋洋口水门，则三峰鼎立”。

青鱼滩关　在今湖南张家界市西北。《方舆纪要》卷77永定卫“那平关”条下：“《志》云，（大庸）所有那平、边岩下、青鱼滩三关，旧皆为戍守处。”清光绪《湖南通志》卷31永定县：“青鱼潭关在县西北，通永顺、保靖。”

青河县　1944年改青格里河设治局置，属新疆省。治所在青格里河（今新疆青河县）。以青格里河为名。

青泥　在今湖北钟祥市东。《三国志·蜀书·先主传》：建安十七年（212），“乐进在青泥与关羽相拒”。即此。《寰宇记》卷144长寿县：青泥池“即三国时乐进与关公相拒之所。亦曰横木山，在县东一里”。

青泥西山　即今陕西商洛市西南五十里武安山。《水经·沔水注》：关衻水“出上洛阳亭县北青泥西山”。即此。

青泥关　北周武城元年（559）改峣关置，属蓝田县。在今陕西蓝田县城侧。建德二年（573）改为蓝田关。

青泥岭　又名泥功山。在今甘肃徽县南。为陇入蜀要道。《元和志》卷22长举县：“青泥岭在县西北五十三里接溪山东，即今通路也。悬崖万仞，山多云雨，行者屡逢泥淖，故号青泥岭。”杜甫《泥功山》诗：“朝行青泥上，暮在青泥中，泥泞非一时，版筑劳人功。”《新五代史·王建传》：武成三年（910）岐王李茂贞侵蜀，蜀将王宗侃等与之“战于青泥，宗侃败绩”。北宋乾德二年（964）灭后蜀，取青泥关路。皆此。

青泥河　一作清泥河。即今湖北襄阳市襄城区西北之清河，东流入汉水。《三国志·蜀书·先主传》：东汉建安十七年（212），曹操征孙权，先主遣使告刘璋曰：“乐进在青泥与关羽相距。”即此。

青泥驿　在今陕西略阳县西北一百五十里青泥岭上。《旧唐书·文宗纪》：大和九年（835），“令内养齐抱真将杖于青泥驿，决杀前襄州监军陈弘志，以有弑逆之罪也”。

青泥城　在今陕西蓝田县南七里。《晋书·桓温传》：东晋永和十年（354），前秦苻健“进击青泥，破之”。

青泥洼　即今辽宁大连市区。《郑开阳杂著》卷9《海道附图》：“青泥洼西有松树岛，北有孤山。”又刘爽《海疆详志》：“狭义之大连港部则专指大连区中之港部（原名青泥洼）而言。”

青泥浦　即今辽宁大连市西南小平岛。《新唐书·地理志》：登州东北海行，“北渡乌湖海，至马石山东之都里镇二百里。东傍海壖，过青泥浦”。吴承志《贾耽记边州入四夷道里考实》谓：“小滨岛至三山岛海底俱污泥及硬泥，浅处泥滩，青泥浦由之而名。今小滨岛市埠尚沿俗名为青泥洼。”小滨岛，今名小平岛，即唐之青泥浦。

青泥渡　即今江西抚州市临川区东南青泥镇。明弘治《抚州府志》卷6临川县：“青泥渡东岸有义渡庵。”清同治《江西全省舆图》卷2：临川县东南青泥渡汛。

青波　一作青陂。在今河南新蔡县西南。《史记·陈涉世家》：秦二世二年（前208），吕将军与黥布“复击秦左右校，破之青波”。《方舆纪要》卷50新蔡县：青陂“在县西南……亦曰青龙陂，或曰即古青波也”。

青祈渰　在今江苏无锡市西南二十里。《方舆纪要》卷25常州府无锡县：青祈渰，“《志》云，梁溪迤逦而南，至城西南二里孤渎口，分二派：西为大渲，东为小渲，中为平壤，又南二十里至青祈渰合流，昔时渰广二十里，袤十八里，与五里湖相通，出浦岭、独山门入太湖”。

青居山　亦作清居山，又名黛玉山。在今四川南充市南四十里青居镇西。《舆地纪胜》卷156顺庆府：清居山“在南充县。内有四水亭、白云亭、光相亭、吸江阁、五友亭”。山势高耸，其上宽平。南宋淳祐中在山上筑城，凭高据险，形胜甲于一郡，徙府治于此，为抗元重要战略要地。《元史·赵阿哥潘传》：“宋制置使刘雄飞进攻青居山。”即此。今故城遗迹尚存，并有唐、宋、明摩岩造像及石刻。

青居城　南宋淳祐九年（1249）建，在今四川南充市南青居镇西青居山。徙顺庆府治于此。古城遗址尚存。

青居站　元置，在今四川南充市南三十五里青居镇。

青居街　又称青居场。即今四川南充市南青居镇。民国《南充县志》卷1：青居场“在治南三十里青居山下，前后津之间。建市于乾隆三十八年，扼南道水陆之冲”。

青孤山　一名寡孤山。在今四川沐川县东。《方舆纪要》卷73沐川长官司：青孤山在“司东十里。山多林木，望之郁然，突出群山之上”。《清一统志·叙州府一》：青孤山“在屏山县西北沐川长官司东三里。其山孤立秀出众山之表，望之郁然。一名寡孤山”。

青驼寺镇　清置青驼寺巡司，属兰山县。即今山东沂南县西南四十五里青驼镇。

青城　在今江苏常州市西北。《资治通鉴》：唐昭宗大顺元年（890），杨行密遣其将马敬言将兵五千，乘虚袭据润州（今江苏镇江市），“李友将兵二万屯青城，将攻常州”，即此。

青城山　亦名赤城山。在今四川都江堰市西南三十里。东晋常璩《华阳国志·蜀志》：江原县“有青城山”。唐代为剑南道四大名山之一。《元和志》卷31青城县：青城山“在县西北三十二里。《仙经》云：此是第五洞天，上有流泉悬澍，一日三时洒落，谓之潮泉”。杜光庭《青城山记》：“岷山连峰接岫，千里不绝，青城乃其第一山峰耳。高三千六百丈，周帀百五十里。”《寰宇记》卷73青城县引《玉匮经》曰：“此第五大洞宝仙九室之天，黄帝所奉拜为五岳丈人，黄帝刻石拜谒篆书犹存。”为我国著名道教圣地。道教创始人张道陵在此结茅传道。晋代范长生、隋代赵昱、唐代杜光庭等皆曾隐居于此。今存庙观十余处为清建。2000年青城山被联合国教科文组织确定为世界文化与自然遗产。

青城门 即霸城门。汉长安城（今陕西西安市西北汉长安城遗址）东面南头一门。《三辅黄图》卷1载：霸城门“民见门色青，故名青城门，或曰青门”。

青城村 即今山西翼城县东北青城村。1941年7月晋冀鲁豫边区曾在此置青城县。

青城县 ①唐武德四年（621）析太湖县置，属舒州。治所在今安徽太湖县东上格城。七年（624）废入荆阳县。

②唐开元十八年（730）改清城县置，属蜀州。治所在今四川都江堰市东南石羊镇东徐渡场附近杜家墩子。以青城山为名。天宝初属唐安郡，乾元初复属蜀州。北宋属永安军（后改永康军）。《宋史·樊知古传》：淳化四年（993），“青城县民王小波聚众为乱，谓其众曰：‘吾疾贫富不均，今为汝辈均之。’附者益众。遂攻陷青城县”。即此。元世祖至元十三年（1276）废入灌州。

③即青神县。今四川青神县。《宋史·杨栋传》：“杨栋字元极，眉州青城人。”

④蒙古太宗七年（1235）置，属济南路。治所即今山东高青县西青城镇。世祖中统中改属陵州，至元二年（1265）属河间路。明洪武二年（1369）废，十三年（1380）复置，属济南府。清雍正十二年（1734）改属武定府。民国初属山东济南道。1928年直属山东省。1948年并入高青县。

⑤1941年7月晋冀鲁豫边区由翼城、浮山、沁水三县析置，属太岳区。治青城村（今山西翼城县东北青城村）。1945年12月撤销，并入翼城县。

青城宫 隋建，为东都洛阳禁苑诸宫之一。在今河南洛阳市西北。《资治通鉴》：唐武德三年（620）八月，“（王）世充阵于青城宫，秦王（李）世民亦置阵当之”。胡三省注：“青城宫在禁苑中，谷、洛二水会于禁苑中。”又“青城宫在洛城西北。按《六典》，洛城西禁苑，北拒邙山，西至孝水，南带洛水，支渠谷、洛二水会于其间，中有合璧、翠微、宿羽、青城等十一宫”。

青城郡 西魏恭帝时置，属眉州。治所在青衣县（今四川青神县南二十里瑞峰镇）。辖境相当今四川青神县地。北周改为青神郡。

青城镇 在今江苏常州市武进区西北六十里。《资治通鉴》：唐大顺元年（890），孙儒遣其党据常州，杨行密遣李友“将兵二万屯青城，将攻常州”。即此。

青草湖 ①在今安徽望江县东北四十里，为武昌湖东半部。《方舆纪要》卷26望江县“漳湖”条下：武昌湖“又东十里为青草湖，相接者曰白上湖，会上流诸水，其涨弥天，又东北汇于漳湖，导流为埭沟河，达府西皖口入江”。

②亦名巴丘湖。在今湖南洞庭湖东南部。《水经·湘水注》：“湘水自汨罗口，西北径磊石山西，而北对青草湖，亦或谓之为青草山也。”《初学记》卷7引盛弘之《荆州记》：“巴陵南有青草湖，周回数百里，日月出没其中。湖南有青草山，因以为名。”《方舆胜览》卷29岳州：青草湖“一名巴丘湖。北洞庭，南潇湘，纳汨罗之水，自昔与洞庭并称”。

青草隘 在今浙江景宁畲族自治县南雁溪乡南西垟附近渔漈村。《方舆纪要》卷94景宁县：青草隘在“县南百十里。接福建寿宁县界”。

青草塥 即今安徽桐城市西南青草镇。清道光《桐城续修县志》卷1《乡镇》：青草塥“距练潭五十里，桐城、怀宁、潜山三县交界之处。有监生严慕林、肖钟灵呈请禁止宰杀耕牛碑”。

青树坪 即清水坪。今湖南双峰县西南三十八里青树坪镇。

青要山 在今河南新安县西北七十里。《山海经·中山经·中次三经》：“青要之山，实惟帝之密都。……畛水出焉，而北流注于河。”《水经·河水注》：“青要山，今谓之疆山。”

青要墟 一作青腰。即今湖南资兴市东北六十六里青腰镇。清光绪《湖南通志》卷1兴宁县（今资兴市）图：县东有青要墟。

青峒 在今广东英德市东北青塘镇。《清一统志·广东统部》：南韶连镇设守备一员驻青峒。

青泉山 在今辽宁盖州市南。《方舆纪要》卷37盖州卫：青泉山在“卫南九十里，或曰泉山也。……或云：今复州卫城南四十里有龙泉山，即故泉山”。

青狮场 即今四川西充县西北青狮镇。清光绪《西充县志》卷2：青狮场在“治北四十里”。

青阁 在今甘肃陇南市武都区东南。《方舆胜览》卷70阶州：青阁“在福津县。又有牛圈阁及赤阁、鹅鼻阁”。《方舆纪要》卷59谓青阁“旧为往来险道”。

青神县 北周改青衣县置，为青神郡治。治所在今四川青神县南二十里瑞峰镇（刘家场）。明曹学佺《蜀中广记》卷52青神县：“蚕丛衣青而教蚕事，蜀人神之，故曰青神。”隋属眉山郡。唐武德二年（619）属眉州，八年（625）移治今青神县。明洪武九年（1376）废入眉县，十三年（1380）复置，仍属眉州。清康熙六年（1667）并入眉州，雍正六年（1728）复置。民国初属四川建昌道。1928年直属四川省。

青神郡 北周置，属眉州。治所在青神县（今四川青神县南二十里瑞峰镇）。辖境相当今四川青神县地。隋开皇三年（583）废。

青神渠 在今四川青神县北。《新唐书·地理志》青神县："太和中，荣夷人张武等百余家请田于青神，凿山酾渠，溉田二百余顷。"《清一统志·眉州》：鸿化堰"在青神县北十五里。即唐张武等所开"。

青眉山 在今陕西延川县西北六十里。《寰宇记》卷36延川县：青眉山，"耆老云，后魏有吐蕃青眉家族居此"。

青盐泽 在今内蒙古杭锦旗西北哈日芒乃淖尔。《汉书·地理志》朔方郡朔方县："金连盐泽、青盐泽皆在南。"

青莲 即今广东阳山县东南青莲镇。《清一统志·连州》：淇潭堡巡司"明洪武二年置西岸巡司，在州西北。正统四年移驻阳山县青莲水口，仍旧名。本朝雍正十年改名青莲。乾隆二十八年复移驻此（淇潭堡），改今名"。

青莲乡 亦作清廉乡。唐属绵州昌明县。在今四川江油市西南青莲镇。唐诗人李白幼时随父自碎叶（今哈萨克斯坦托克马克）迁居于此，自号青莲居士。人称李青莲或青莲学士。

青莲水 即今广东阳山县东岭背河，南流至青莲镇注入连江。《清一统志·连州》：洭水"一名阳溪。……至县治，绕城南而东，合通儒、青莲二水，穿三峡而东……"。

青莲寺 在今山西晋城市泽州县东南寺南庄北侧硖石山中。包括青莲寺和古青莲寺两座，相距约一里。两寺原为一寺，在宋代时分开。青莲寺北山岩上刻有东魏武定元年（543）题记。寺内有宋代建筑释迦殿，其他建筑如天王殿、藏经楼、罗汉楼、地藏楼及经堂等，为明清时期建筑。古青莲寺内有南殿、正殿两座，都是后世重修过的，但殿内塑像和碑刻仍是唐宋原物。《清一统志·泽州府》：青莲寺"在凤台县（今晋城市）东南三十五里硖石山。北齐时建。寺有掷笔台、慧远塔。隋长敔译经法僧慧远居此，注《涅槃经》，注成，掷笔台上，曰：若疏义契理，笔当驻空。既掷，果悬空不堕，时人因以名台。开皇时远卒长安，其弟子迎其遗骸归，塔于此"。1988年定为全国重点文物保护单位。

青莲岗文化遗址 在今江苏淮安市楚州区东北五十里宋集乡东侧青莲岗。1951年发现，1958年发掘，为距今六千年左右的新石器时代遗址。出土文物有扁平长方弧刃穿孔石斧、长方形石锛、方柱形或偏平形石凿、陶纺轮、陶网坠等生产工具。陶器大多是夹砂红陶和泥质红陶，灰陶和黑陶较少。陶器多手制，磨光，以三足器和圈足器最多。陶器纹饰有刻纹、划纹、压纹等。在有些遗址中还发现少量彩绘陶。彩绘花纹较简单，有宽带纹、弧线纹和波浪纹等，与中原仰韶文化的彩绘有显著不同。并有稻粒、猪、羊、鹿等骨。处于由母系氏族向父系氏族社会过渡阶段，命名为"青莲岗文化"，反映了较发达的定居农业生活。

青莲祠 又名太白楼、谪仙楼、李白祠、太白祠。在今安徽马鞍山市西南采石镇采石矶。《清一统志·太平府》：李白祠"在当涂县东南青山麓"。《续文献通考》：万历初，"御史蔡梦说建李白祠于太平府之采石山"。今太白楼建于清光绪年间，现有李白纪念馆设此。

青桐关 在今湖北郧县西北七十里。明置巡司于此。

青桐墟 即今广西横县北青桐圩。清光绪《广西舆地全图》横州图：北有青桐墟。

青桥驿 即今陕西留坝县南青桥驿乡。《方舆纪要》卷56褒城县：青桥驿"在县北五十里。又北四十里为马道驿"。

青格里河 亦作青吉斯河。即乌伦古河西源。在今新疆青河县境。源出县北阿尔泰山西南麓，南流经县城西，又南流先后与察罕河、布尔根河会合，又南流折西北流，名乌伦古河。

青格里河设治局 1937年析布伦托海县置，属新疆省。治所在青格里河（今新疆青河县）。1944年改为青河县。

青索鼻 即今云南邓川县。明永乐八年（1410）置土巡检司于此。

青原山 即今江西吉安市东南青原山。《舆地纪胜》卷31吉州：青原山"在庐陵县"。《明一统志》卷56吉安府：青原山"在府城东南一十五里。中有骆驼峰、鹧鸪岭，势甚乔耸。宋王廷珪诗：异时黄鲁直，尝赋青原诗；至今青原山，名与北斗垂"。《方舆纪要》卷87吉安府庐陵县：青原山"山势根盘，外望蔽亏，旁有一径萦涧而入，中有骆驼峰、鹧鸪岭"。山上有净居寺，唐高僧行思居此。

青峰山 ①在今江西景德镇市东北。《清一统志·饶州府》：青峰山"在浮梁县东一里。旧名凤冈山。宋程瑀读书其上"。

②在今陕西宝鸡市陈仓区东南界上。《方舆纪要》卷55宝鸡县：青峰山"峰峦苍翠，因名"。

青峰岭 在今河南固始县南。《方舆纪要》卷50固始县：青峰岭在"县南百里。有泉出焉，流为梅仙河，东北入于淮。《志》云：岭跨商、固二邑之境"。

青峰镇 即今湖北房县东四十四里青峰镇。清有把总驻防。

青积务 在今山东宁津县东北四十里。《方舆纪要》卷13宁津县：青积务"宋（元）置，金废"。

青唐河 即今青海湟中县东之南川河。李远《青唐录》："（青唐）城之西有青唐水注宗河。"

青唐城 唐上元中，吐蕃陷鄯州鄯城县，号为青唐城。故址在今青海西宁市。公元11世纪30年代至90

年代，吐蕃首领唃厮啰、董毡、阿里骨、瞎征等曾都于此。

青浦县　明嘉靖二十一年（1542）析上海县新江、北亭、海隅三乡及华亭县修竹、华亭二乡地置，属松江府。治所在青龙镇（今上海市青浦区东北旧青浦）。清光绪《青浦县志》序："孙权造青龙战舰于此，故名。"三十二年（1553）废。万历元年（1573）复置，移治唐行镇（今青浦区）。民国初属江苏沪海道。1927年直属江苏省。1958年划归上海市。1999年改设上海市青浦区。

青海　即今青海东北部之青海湖。古称西海、鲜水海、仙海。北魏始名青海。又谓之卑禾羌海、屈海。蒙古语曰库库诺尔，意为"青色的湖"。今面积4427平方公里，湖面海拔3197米，最深达38米。为我国最大的咸水湖。青海省以此为名。

青海子　即今云南祥云县东南二十里青海湖。《方舆纪要》卷117云南县：青海子"其地有金龙山，水出其下，一名青龙海子"。

青海王旗　和硕特西前旗的俗称。在今青海乌兰县东。后迁德令哈市东。

青海省　清雍正间于原属甘肃省的西宁府（今西宁市）设西宁办事大臣，管辖今青海省北部的青海厄鲁特和今青海南部的玉树四十九族土司地。1912年改设青海办事长官。1915年改置甘边宁海镇守使，管辖全部青海地区。1928年又划出甘肃省西宁等七县，设青海省，以境内青海湖得名。省会驻西宁县（今西宁市）。管辖全部青海省。简称青。

青海额鲁特　亦作厄鲁特。指额鲁特蒙古和硕特部移居青海者。《清一统志·青海厄鲁特》："国初有厄鲁特顾实汗者，自西北侵有其地，遣使修贡。顺治十年诏封遵文行义敏慧顾实汗，后自分其地为左、右二境。部落散处其间，谓之西海诸台吉，为四厄鲁特之一。"

青家关　在今甘肃会宁县东九十里太平店镇东南青江驿。明置青家巡司戍守，并置递运所及青家驿于此。

青家驿　明置，即今甘肃会宁县东九十里太平店镇东南青江驿。

青宾县　唐置，属羁縻悦州。治所在今四川兴文县境。后废。

青冢　即王昭君墓。又名明妃墓。在今内蒙古呼和浩特市南十八里大黑河南岸。唐杜佑《通典》金河县有王昭君墓。《辽史·地理志》丰州："青冢即王昭君墓。"《方舆纪要》卷44大同府：青冢"在府西北塞外，相传王昭君冢也。地多白草，此冢独青，因名"。王昭君（亦名王嫱），为西汉元帝后宫人，竟宁元年（前33），赐给匈奴呼韩邪单于为阏氏（王后），死后葬于此。今墓高33米，有级可登。《辽史·天祚皇帝纪》：保大三年（1123）四月，"金兵围辎重于青冢，硬寨太保特母哥窃梁王雅里以遁。秦王、许王诸妃、公主、从臣皆陷没"。即此。

青陵　在今河南漯河市源汇区西南五十里。《资治通鉴》：唐元和十二年（817），李光颜讨淮西吴元济，渡溵水"会官军围青陵，绝郾城归路"。

青陵台（臺）　在今河南封丘县东北。唐李商隐《青陵台》诗："青陵台畔日光斜，万古贞魂倚暮霞。"

青陵桥　在今河北河间市。《方舆纪要》卷13河间府河间县：青陵桥"在府东门外。滹沱、滱水诸川，交流并注于城东，此桥为之锁钥。其后桥坏，夏秋水发，辄有涨溢之患。嘉靖间于县南开苏家、徐家二口，分杀水势，而行旅往来病于艰阻。万历十八年复修此桥，连亘凡六里"。

青堌集　即今山东曹县东南青固集镇。清康熙《曹县志》卷1《集镇》：青堌集在"县东南五十里"。1945年晋冀鲁豫革命根据地置复程县治此。

青堆子　①即今辽宁庄河市东北青堆子镇。《清史稿·地理志》庄河直隶厅："西花园口，东青堆子，皆临海小商港。"

②即今辽宁北镇市东南青堆子镇。民国《北镇县志》：青堆子在"城东三十五里，为京奉铁路车站之一。……昔者仅一小村，今则成为巨镇矣"。

青堆沙　即青墩。在今安徽当涂县西南二十里江岸河滩地。《舆地纪胜》卷18太平府：青堆沙"在当涂县南二十里，周文育克徐嗣徽于此"。

青萝山　①在今浙江浦江县东二十四里。康熙《金华府志》卷4："元至正三年，宋濂筑青萝山房，自金华徙家于此，所著有《青萝山杂言》。"即此。

②一名大青山。在今湖南靖州苗族侗族自治县南二十里。《舆地纪胜》卷72靖州：青萝山"烟萝苍翠，故名"。

青萝斋　在今河南济源市西王屋山下。即唐岑参别业。岑参《南池夜宿思王屋青萝旧斋》诗："早年家王屋，五别青萝春。"

青雀山　即鸟鼠山。在今甘肃渭源县西南十五里。《元和志》卷39渭州渭源县："鸟鼠山，今名青雀山，在县（旧治）西七十六里。渭水所出，凡有三源并下。其同穴鸟如家雀，色小青；其鼠如家鼠，色小黄。"

青野原　在今陕西略阳县北一百四十里。《宋史·宁宗纪》：南宋开禧二年（1206），金人破成州，"吴曦焚河池县，退屯青野原"。《曹友闻传》：端平二年（1235），蒙古兵入沔阳，"制置使（赵彦呐）进屯青野原，被围，友闻曰：'青野为蜀咽喉，不可缓'。遣（曹）万……夜衔枚由间道直趋青野原"，遂解围。

青蛉水　青又作蜻。即今青蛉河。在云南大姚县。《汉书·地理志》青蛉县注："应劭曰：青岭水出西，东入江也。"《水经·若水注》："水出青蛉县西，东径其县下，县以氏焉。"《隋书·史万岁传》：开皇间，南宁夷爨翫叛，万岁率军击之，"入自蜻蛉川，经弄冻，次小勃弄、大勃弄，至于南中"。源出姚安县西，北流入大姚县、永仁县，于元谋县北入龙川河注金沙江。

青蛉县 西汉元鼎六年（前111）置，属越巂郡。治所在今云南大姚县。《水经·若水注》：青蛉水“出青蛉县西，东径其县下，县以氐焉”。三国蜀建兴三年（225）属云南郡。东晋成帝时属兴宁郡。南齐为兴宁郡治。隋废。唐武德四年（621）复置，属西濮州，贞观十一年（637）属髳州。天宝后属南诏。有盐官。

青蛇囤 在今贵州遵义市东。《方舆纪要》卷70遵义府遵义县：“青蛇囤在府东。（明）万历中，湖广帅陈璘自湄潭进攻播州，破青蛇囤，即此。”

青崖山 在今山东济南市长清区南四十里。《金史·宣宗纪》：兴定四年（1220），“八月戊午朔，严实、成江、王赟据济南，山东招抚高居实遣人招严实于青崖砦，获其款以闻”。《方舆纪要》卷31长清县：青崖山“冈峦绵邈，崖谷长青。有南沙河水与七仙泉、白石泉诸水合流其下”。

青崖关 在今重庆市巫溪县北。《明史·地理志》大宁县：“北有青崖关。”

青铜山 在今湖北巴东县北。《舆地纪胜》卷74归州：青铜山“在巴东县。《旧经》云，山出铜矿”。《方舆纪要》卷78巴东县“巴山”条下：“县北二十里有青铜山，尝产青铜。今绝。”

青铜峡 即硖口山。黄河上游峡谷之一。在今宁夏青铜峡市南。明嘉靖《宁夏新志》卷1：峡口山在“城（宁夏镇）西南一百四十里。两山相夹，黄河经其间，古名青铜峡，有古塔一百八。宋张舜民诗：青铜峡里韦州路，十去从军九不回。白骨似沙沙似雪，凭君莫向望乡台”。

青鸾溪 在今贵州思南县西五十里。《方舆纪要》卷122思南府：青鸾溪“下流入乌江。俗名黑鹅溪”。

青窑镇 在今福建闽清县东。元置巡司于此，明初废。

青密 唐方镇名。至德元年（756）置，治所在北海郡（后改为青州，今山东青州市）。上元二年（761）改为淄青平卢节度使。

青绮门 即霸城门。汉长安城（今陕西西安市西北汉长安城遗址）东面南头一门。《三辅黄图》卷1引《庙记》曰：“霸城门，亦曰青绮门。”又引《述异记》：“景帝元年有青雀群飞于霸城门，乃改为青雀门；更修饰刻木为绮寮，雀去，因名青绮门。”

青堤（隄）渡 亦名清平渡、绮川渡。即今四川射洪县东南四十里青堤乡。清费密《荒书》：清顺治二年（1645），“（何）继成渡河之兵屯射洪之古井边，十月与‘贼’（张献忠义军）战青堤渡”。即此。乾隆元年（1736）置青堤渡盐课司。

青湖 在今浙江台州市黄岩区西。《方舆纪要》卷92黄岩县：青湖在“县西三十里。相传湖底有窍，深不可测”。

青游镇 北宋置，属当涂县。在今安徽当涂县东南三十里石桥镇青山街。一名青山镇，以在青山南麓得名。南宋称青山市。《舆地纪胜》卷18太平州：青山市“在当涂县东南三十里。齐谢元晖尝居此山，故一名谢市”。

青强（彊）岭 亦名清强店。在今四川剑阁县（下寺镇）南剑门关镇之青树子。《宋史·王继恩传》：淳化五年（994），镇压李顺义军，继恩攻占研石砦，“逐北过青强岭，平剑州”。

青强店 即青强岭。在今四川剑阁县（下寺镇）南。

青塘芦包 在今广东佛山市三水区北芦苞镇。南宋杨万里《明发青塘芦包》诗：“青塘无店也无人，只有青蛙紫蚓声。”

青塘岭 ①即今四川青川县西北与甘肃文县分界之摩天岭。《清一统志·龙安府》：清川故城“北通青塘岭达阶、文，秦蜀襟要也”。历为甘入蜀要道之一。三国魏邓艾灭蜀大军经此。《宋史·高定子传》：元兵下兴元，小校张钺溃入文州杀守臣，“定子乃部分诸军扼青塘岭，钺就擒”。即此。

②在今甘肃文县东南二百八十里。《资治通鉴》三国魏景元四年（263）胡三省注：“自文州青塘岭至龙州百五十里，自北而南者，右肩不得易所负，谓之左担路，亦（邓）艾伐蜀路也。”

青塘寨 即今江西宁都县西南青塘镇。《方舆纪要》卷88雩都县：青塘寨“在县北百八十里。宋绍兴中，岳飞平收峒功成，以其地界三邑之冲，置寨于此。明朝亦设巡司”。万历十三年（1585）废。

青蓝头 在今海南省文昌市东北七十里。明洪武中置巡司于此。

青溪 ①亦作清溪。在今江苏南京市东。即三国吴赤乌四年（241）在建业城东南所凿之东渠。发源于今南京市钟山西南，北通玄武湖，以泄湖水，屈曲穿过今南京市区，南入秦淮河，长十余里，为六朝京都漕运要道。因逶迤九曲，后世又称九曲青溪。《晋书·卞壶传》：东晋咸和元年（326），卞壶等与苏峻战于西陵，为峻所破；后苏峻“进攻青溪”，因风纵火，卞壶战死于此。五代吴以后逐渐湮废，今仅存入秦淮河的一段。

②北宋时圣公方腊之都。在今浙江淳安县西千岛湖南山岛附近。《宋史·徽宗纪》载：宣和二年（1120），方腊在青溪县以诛朱勔为名，聚众揭竿起义，自称“圣公”，建元永乐，定都青溪。三年四月，兵败被俘。不久在京师被杀。

③一名清溪。在今湖北远安县西南。《水经·沮水注》：“沮水南径临沮县西，青溪水注之。水出县西青山，山之东有滥泉，即青溪之源也。……其水导源东流，以源出青山，故以清溪为名。……青溪又东流入于沮水。”《方舆纪要》卷78远安县：清溪“在县西南六十里，流径县南，东合沮水”。

青溪山 在今湖北南漳县南六十里。《清一统志·襄阳府》“青溪山”条引《荆州记》：“临沮县有青溪山。晋郭璞为临沮长，尝游于此，赋游仙诗。”

青溪关 亦作清溪关。在今四川汉源县西南、甘洛县西北交界处桦槁林山一带。《新唐书·李德裕传》：太和间，“筑杖义城，以制大度，青溪关之阻”。

青溪县 一作清溪县。唐永贞元年（805）以李纯讳改还淳县置，属睦州。治所在今浙江淳安县西千岛湖南山岛附近。北宋宣和二年（1120）方腊起义于此。次年改为淳化县。

青溪岭 在今甘肃泾川县西南十五里。《宋史·曲端传》：南宋建炎二年（1128），“金游骑入境，端遣副将吴玠据青溪岭，与战大破之”。即此。

青溪镇 一作清溪镇。北宋置，属贵池县。即今安徽池州市南里山街道西南清溪湾。《清一统志·池州府二》：上清溪镇“在贵池县南十里。又下清溪镇，在府东北五里，旧设河泊所，明嘉靖中裁”。

青塞特启勒图盟 清乾隆三十六年（1771）置，属科布多参赞大臣。在今新疆青河县青格里河右岸。该盟游牧地在今青河、富蕴二县境内布尔根河、乌伦古河流域。清祁韵士《皇朝藩部要略》卷14：“青色特启勒图新土尔扈特部，以舍楞领之。”光绪三十一年（1905）属阿尔泰办事大臣。

青塞特奇勒图盟 又称青色哲勒图盟。清代蒙古诸盟之一。卫拉特蒙古土尔扈特部首领舍棱因清军平定准噶尔，逃至伏尔加河投土尔扈特部渥巴锡。乾隆三十六年（1771）返回伊犁内附，安置在科布多，编为左右两旗，附新和硕特一旗，为一盟，归科布多参赞大臣管辖。

青嶂山 在今广东南雄市东南。《舆地纪胜》卷93南雄州：青嶂山“在城东南五十里。翠阜屹立、松桧阴翳，有神仙隐几，一锅似玉磨琢，瀑布潺湲。耆旧传有石锅，龙王居此。迄今岁旱，祈祷有应”。《方舆纪要》卷102南雄府保昌县：青嶂山“在府东南四十里。……称为奇胜”。

青旗山 又名搴旗山。在今湖南长沙市南十里。《明一统志》卷63长沙府：青旗山“山形高耸如旗”。

青漪江 即今四川平武县东南之平通河，为涪江支流。《方舆纪要》卷73龙安府平武县：青漪江，“《志》云：源出落丛山下，流至绵州彰明县合于涪江”。

青墩 一名青堆沙。在今安徽当涂县西南二十里江岸河滩地。《陈书·周文育传》：“徐嗣徽引齐寇渡江据芜湖，诏征文育还京，嗣徽等列舰于青墩，至于七矶，以断文育归路。及夕，文育鼓噪而发，嗣徽等不能制。”一说在芜湖县南鲁明江口有青墩河，亦曰青墩沙。

青墩场 北宋盐场。在今上海市奉贤区东三十四里奉城镇。《元丰九域志》卷5：华亭县有“浦东、袁部、青墩三盐场”。南宋时改为青村场。

青墩遗址 在今江苏淮安市楚州区西北四十四里、沙岗镇东南四里。遗址面积约2万平方米。1976—1979年进行过三次发掘，发掘面积490平方米。文化堆积层厚3—4米。可分三期：早期接近南京北阴阳营文化，该层有木结构建筑遗迹；中层与崧泽文化大致相同；上层具有良渚文化特征。年代距今约四千至六千年。这是江淮之间新石器文化的重要遗址。遗址濒临黄海，下层文化高程在零米左右，为研究古海岸线变化提供了重要依据。

青墩镇 ①北宋置，属崇德县。即今浙江桐乡市西北二十六里乌镇。《方舆纪要》卷91桐乡县：青墩镇，“古有青墩，唐置镇遏使于此，与湖州之乌镇止隔一水”。1949年后与乌镇合并，定名乌镇。

②即今上海市浦东新区川沙镇东北八里青墩。民国《川沙县志》卷2《市镇》中有“青墩镇”。

青镇 在今浙江桐乡市西北二十六里乌镇。为避南宋光宗赵惇讳，青墩镇省称青镇。

青澳 即今浙江温州市洞头县北大门岛。《资治通鉴》：五代梁开平元年（907），“卢佶闻钱传璙等将至，将水军拒之于青澳”。《方舆纪要》卷94温州府：青澳山在“府东二百里海中，两山对峙如门，亦名青澳门”。

青鹤观 即今陕西镇巴县南青鹤观。1933年12月川陕革命根据地置陕南县治此。

青、冀二州 南朝宋泰始六年（470）侨置，治所在郁州（今江苏连云港市东南云台山一带）。东魏武定七年（549）改为海州。

青檀山 ①在今安徽无为县北五十里。产青檀，故名。亦作檀山。《宋书·鲁爽传》：北魏豫州刺史跋仆兰“设伏檀山”，即此。《清一统志·庐州府》作“青檀山”。

②在今山东枣庄市西南。《方舆纪要》卷32峄县：“青檀山在县西十里。山多青檀树，有流泉注氶水。俗名龙凤山。”

青礁慈济宫 俗称“慈济东宫”。在今福建厦门市西北海沧镇北青礁村。南宋绍兴年间颜师鲁始建，祀北宋著名民间医生吴本即吴真人，俗称大道公或保生大帝。南宋乾道间，丞相梁克家奏请赐名慈济庙，旋改慈济宫。又名青礁慈济宫。清初迁界时圮废，康熙中重建。光绪二十二年（1896）华侨资助重修。现存三殿，前、中、后殿依次递升。宏伟壮观。保存大量石刻楹联、龙柱、木雕、彩绘等艺术珍品及清代历朝重修碑刻。在台湾同胞和东南亚各国华侨中享有盛誉。现已成为台胞和侨胞瞻仰的圣迹。1996年与白礁慈流畅宫一起定为全国重点文物保护单位。

青谿县 清雍正五年（1727）改清浪卫置，属思州府。治所即今贵州镇远县东北清溪镇。民国初属贵州镇远道。1923年直属贵州省。1941年撤销，并入岑巩县。

青藤书屋 原名榴花书屋。在今浙江绍兴市前观巷大乘弄内。是明代文学家、书画家徐渭的故居。徐渭（1521—1593），字文长，号青藤道士、天池山人。明末画家陈洪绶也曾寄居于此。庭中有徐渭手植青藤一株，故名。院内有石砌天池，中有方石柱，上刻徐渭手书“砥柱中流”四字。室中悬徐渭画像和他手书“一尘不到”，陈洪绶题“青藤书屋”匾两方。东壁嵌有“天池山人自题像赞”刻石。2006年青藤书屋及徐渭墓被定为全国重点文物保护单位。

青疆店　又作清强店。在今四川剑阁县（下寺镇）南。《续资治通鉴长编》：北宋乾德三年（965）王全斌伐蜀，自利州趋剑门，侍卫军头向韬曰：“出剑门南二十里，至青疆店与官道合，若大军行此路，则剑门之险，不足恃也。”全斌即命史延德分兵趋来苏狭径，“遂至青疆”。即此。

表氏县　东汉改表是县置，属酒泉郡。治所在今甘肃高台县西骆驼城。《后汉书·五行志》：光和三年（180），“自秋至明年春，酒泉表氏地八十余动，涌水出，城中官寺民舍皆倾，县易处，更筑城郭”。北周属建康郡。隋废。

表忠观　在今浙江杭州市南龙山。《清一统志·杭州府二》：“宋熙宁中赵抃建，祀吴越钱氏诸王。”元废，明嘉靖中改建钱王祠。

表罗山　在今云南楚雄市南。《方舆纪要》卷116南安州：表罗山在“州（治今云龙镇）西南四十里。中产银矿，俗名老场。滇中银场以此为最”。

表是县　西汉置，属酒泉郡。治所在今甘肃高台县西骆驼城。东汉改为表氏县。《后汉书·灵帝纪》：光和三年（180）“秋，表是地震涌水出”。

表恩山　在今江西鄱阳县西南。《清一统志·饶州府》：表恩山“在鄱阳县西南四十里。滨鄱阳湖。每春水涨，则山在湖中”。

表湖镇　即今江西永丰县南孤江水南岸表湖。《清一统志·吉安府二》：表湖市巡司“在永丰县南二百余里。明置巡司，今因之”。

盂　①即邘。西周封国。在今河南沁阳市西北邘邰村。春秋为周邑。《左传》：定公八年（前502）二月，“刘氏伐盂，以定王室”。

②一作唐盂。春秋宋地。在今河南睢县西北。《春秋》：僖公二十一年（前639）秋，“宋公、楚子、陈侯、蔡侯、郑伯、许男、曹伯会于盂”。杜注：“宋地。”《公羊传》作霍，《穀梁传》作雩或为宇。

③春秋晋地，故址在今山西阳曲县东北二十五里大盂镇。《左传·昭公二十八年》：“盂丙为盂大夫。”即此。

④春秋卫邑。在今河南濮阳县东南。《左传》：定公十四年（前496），“太子蒯聩献盂于齐”。杜注：“盂，邑名。”

盂州　金兴定中升盂县置，属太原府。治所即今山西盂县。辖境相当今山西盂县地。明洪武二年（1369）改盂县。

盂县　①春秋晋置，治所在今山西阳曲县东北二十五里大盂镇。《左传》：昭公二十八年（前514），“魏献子为政，分祁氏之田以为七县，……盂丙为盂大夫。”即此。秦属太原郡。西晋属太原国。北魏废。隋开皇十六年（596）分汾阳县复置，属并州。大业初又废。

②隋大业二年（606）改原仇县置，属并州。治所即今山西盂县。次年改属太原郡。唐属太原府。金兴定中升为盂州。明洪武二年（1369）复降为盂县，属太原府。清属平定州。民国初属山西冀宁道。1930年直属山西省。

盂城　今江苏高邮市别名。《舆地纪胜》卷43高邮州：盂城，“《高邮志》谓地形四隅皆低，城基特高，状如覆盂”，故名。

盂城驿　在今江苏高邮市南门大街馆驿巷内。始建于明洪武八年（1375），历经战火破坏。现仅存皂厅、敞厅、后厅、秦邮公馆门楼、驿丞宅及监房等。东南有驿马饮水塘遗址。盂城驿绝大部分遗存建筑为清代所建。现已辟建古盂城驿史料陈列，是我国目前惟一保存较为完整的古驿站遗存。1996年定为全国重点文物保护单位。

〔一丨〕

卦山　在今山西交城县西北五里。《清一统志·太原府》：卦山“在交城县西北五里。六峰特立，如卦。其西为锦屏山，绿崖红树，灿若锦屏”。

卦山天宁寺　在今山西交城县西北五里卦山。创建于唐贞观六年（632），后经历代扩建与重修。现存建筑多为明清遗构。山门内两廊有古唐碑、明铁碑、历代重修碑，书法功力颇深。千佛阁内有元代铸造三尊，高6米，每尊旁胁侍铁铸弟子六尊，庄重清逸。千佛阁内四壁置两层木阁，每阁有坐佛一尊，惜已毁坏。千佛阁后的虚堂，斗拱支檐、飞翼起翘，五脊六兽，雄伟壮观。堂右有明铁钟。大佛殿居寺院中部，殿内佛台上供释迦牟尼像。殿后登一百九十八级石阶，可达毗卢阁，在此俯视远眺，地藏殿、藏经楼、卦山书院、朱公祠、奶奶庙等殿阁错落有致。再上为石佛堂，建造精巧，别具匠心。2006年定为全国重点文物保护单位。

抹必力赤巴山　即今青海西南之巴颜喀喇山。明宗泐《望河源》诗序：“河源出自抹必力赤巴山，番人呼黄河为抹处，犁牛河为必力处；赤巴者，分界也。其山西南所出之水则流入犁牛河，东北之水是为河源。”

抹邦山　在今甘肃临洮县东南三十里。《宋史·王韶传》：熙宁五年（1072），王韶“引兵城渭源堡……径趣抹邦山”。即此。

抹邦河　一名南川河。即今甘肃渭源县西漫坝河。源出露骨山，西北流至临洮县入洮河。《明一统志》卷36临洮府：抹邦河“在府城南三十里。源出南川西流，与府北打壁河俱入洮河”。《清一统志·兰州府一》“南川水”条引《旧县志》：“源出莲花山，流经抹邦山，因名抹邦河。”

拓东节度 唐南诏置，治所在拓东城（今云南昆明市）。辖境约当今云南东部、东北部及贵州西部地。《资治通鉴》唐大中十二年（858），胡三省注：“南诏于东境置拓东节度，言将开拓东境也。”治所后改名善阐城。宋大理废。

拓东城 唐广德二年（764）南诏置，为南诏别都、东京、拓东节度驻地。在今云南昆明市。南诏后期称善阐城。

拓州 西魏改宜州置，治所在夷陵县（今湖北宜昌市西北）。《寰宇记》卷147峡州：“后魏改宜州为拓州，盖取开拓之义。”辖境相当今湖北宜昌、枝城、远安等市县地。北周改为峡州。

拓南城 唐南诏置，属永昌节度。在今云南永德县东北永康坝。

拓塘城 在今江苏淮安市楚州区西南四十里。《方舆纪要》卷22淮安府：拓塘城“有三城，约围一里许，水经其西。相传炀帝幸江都聚粮处也”。

拔 又称郏。春秋鲁邑，在今山东兖州市西。《春秋》：定公三年（前507），“冬，仲孙何忌及邾子盟于拔”。

拔口银务 北宋置，属长汀县。在今福建长汀县西南八十里。《元丰九域志》卷9及《宋史·地理志》汀州长汀县皆载有拔口银务。

拔山寺 在今重庆市忠县西一百二十里拔山镇。明曹学佺《蜀中名胜记》卷19忠州：“有拔山寺，与龙兴寺俱汉永平间建。”寺以拔山为名。清设巡司于此。民国改设县佐。寺久废。

拔布海 西藏贡嘎县西南羊卓雍湖的古称。《新唐书·地理志》：“百八十里至勃令驿鸿胪馆，至赞普牙帐。其西南拔布海。”

拔达克山 亦作巴达克山。在今阿富汗东北境。《清一统志·拔达克山》：“乾隆二十四年，逆回波罗泥都、霍集占自叶什勒库勒败后，奔拔达克山，副将军富德率兵追之，遣使往谕素尔坦沙，……杀二酋，以波罗泥都尸身被盗，专函霍集占首以献，因率其部落十万户与其邻博洛尔部三万户俱内附。二十五年遣使入觐。”

拔达岭 一名凌山。又作勃达岭、凌岭、绫岭。即今新疆乌什县西北别迭里山口。为唐时通往西域的重要山隘。《新唐书·地理志》温肃州：“又西北三十里至粟楼烽。又四十里度拔达岭。”玄奘赴天竺经此。

拔曳固 即拔野古。隋、唐时为勅勒（铁勒）十五部之一。分布于今蒙古国东南乔巴山一带。唐于此建幽陵都督府。

拔延山 即今青海化隆回族自治县西北与平安县交界之青沙山。《隋书·炀帝纪》：大业五年（609），“五月乙亥，上大猎于拔延山，长围周亘二千（百）里”。《元和志》卷39廓州化城县下：“拔延山，在县东北七十里”。

拔汗那 一名怖捍。唐西域国名。在今乌兹别克斯坦费尔干纳盆地。国都渴塞城（今乌兹别克斯坦纳曼干北卡桑赛）。唐显庆三年（658）置休循州都督府。开元二十七年（739），其王助平吐火仙，封奉化王。天宝三年（744）改其国号为宁远。

拔里迈泺 即今黑龙江省宾县东北宾安镇东北灰铁山一带的沼泽地，一说在今黑龙江省木兰县西松花江北。《金史·世纪》：辽咸雍八年（1072），“五国没撚部谢野勃堇畔辽，鹰路不通。景祖伐之，谢野来御。……谢野兵败，走拔里迈泺”。即此。

拔谷 在今甘肃环县南。《资治通鉴》：唐大历十二年（777）九月，“吐蕃八万众军于原州北长泽监，己巳，破方渠，入拔谷”。即此。

拔邻山 在今内蒙古鄂尔多斯市东胜区西南。一说在今准格尔旗境。《魏书·世祖纪》：始光四年（427）五月，“西讨赫连昌。辛巳，济君子津。……帝次拔邻山，筑城，舍辎重，以轻骑三万先行”。《方舆纪要》卷61榆林镇：拔邻山“在废夏州东北。……李延寿曰：山去君子津三百余里”。

拔飐国 在今印度纳巴达河口之布罗奇。《新唐书·地理志》广州通海夷道：“婆罗门西境，又西北二日行至拔飐国。”或以为即《大唐西域记》之跋禄羯呫婆国。

拔底延城 一名王舍城。南北朝时期西域吠哒国都城，在今阿富汗北部伐济腊巴德。《魏书·西域传》：吠哒国“其王都拔底延城，盖王舍城也。其城方十里余，多寺塔，皆饰以金”。

拔铁山 在今江西永新县西南、井冈山市、泰和县接界。《方舆纪要》卷87吉安府永新县：拔铁山在“县西南百余里，周回百余里，接泰和县界，牛吼江出焉”。

拔特山城 唐苑汤州治所。在今阿富汗东北部法扎巴德东北巴达克山中。

拔野古 亦作拔曳固。隋、唐铁勒（勅勒）十五部之一。分布于今蒙古国东南乔巴山一带。《新唐书·回鹘传一》：隋大业间“韦纥乃并仆骨、同罗、拔野古叛去，自为俟斤，称回纥。……（唐贞观间）乃以回纥部为瀚海，多览葛部为燕然，仆骨部为金微，拔野古部为幽陵，同罗部为龟林，思结部为卢山，皆号都督府”。

拔野古部 隋、唐铁勒十五部之一。在今蒙古国东部东方省一带。《新唐书·回鹘传·拔野古》：拔野古“一曰拔野固，或为拔曳固，漫散碛北，地千里，直仆骨东，邻于靺鞨”。唐贞观三年（629）入朝，二十一年（647）内属置幽陵都督府。

拈佐阿革寨 亦作班佑阿革寨。在今四川松潘县西南燕云乡南俄盖村。清康熙四十二年（1703）置拈佐阿革寨土百户。

担山 在今山东安丘市东北。清光绪《山东通志》卷26：担山“平冈双峙，如人卸担然。或曰丹山，以山下出铅，故名”。

担杆山 即今广东珠海市东南海中担杆岛。明《粤大记》卷32广东沿海图作担竿洲。清同治《广东图说》卷13：担竿山在“（新安）城东南二百五十里大海中，形似故名”。

押儿牵 又作鸦儿看、牙儿干。即今新疆莎车县。《元史·曷思麦里传》：曷思麦里从哲伯攻克乃蛮，“若可失哈儿、押儿牵、斡端诸城，皆望风降附”。

押西城 唐南诏置，属永昌节度。在今云南盈江县东三十里旧城镇。宋大理属腾冲府。元代改镇西路。

押赤城 又作鸭赤城、鸭池城。即今云南昆明市。《元史·兀良合台传》：“遂进至乌蛮所都之押赤城。城际滇池，三面皆水。”《马可波罗行纪》：“行五日毕，抵一主城，是为国都，名称押赤。城大而名贵，工商甚众。”《元混一方舆胜览》：“拓东城，白人言益城，汉讹为鸭池。”

押宝砦 又作鸭堡寨。即今湖南凤凰县西北五十八里禾库乡。清设守备把总领兵分防。

押懒路 即耶懒路。治所在今俄罗斯滨海边疆区东北塔乌黑龙流域。《金史·地理志》 恤品路：“耶懒又书作押懒。”

拐儿镇 即今左权县东拐儿镇。《清一统志·辽州》“长城镇”条下：拐儿镇“在州东北”。

拐河镇 即今河南方城县北四十四里拐河镇。清尹耕云《豫军纪略》卷3咸丰七年（1857）十一月“初，南窜之匪由南召拐河图窜角子山”。

拐湖山 在今江西井冈山市龙市镇东。《明一统志》卷56吉安府：拐湖山“在永宁县（治今新城镇）东南六十里。上有泉自山腰涌出，直泻山麓荡为深湖”。

拐磨子 即今辽宁桓仁满族自治县北七十五里拐磨子镇。为通通化县孔道。清光绪《奉天全省地舆图说图志》怀仁县图：北有拐磨子。

拖坝 即今四川甘孜县东南拖坝乡。“拖坝”，藏语意为南方。1936年中国工农红军长征时，红四、六两方面军会师于此。

拖诺山 亦作拖纳阿林。在今蒙古国东南温都尔汗西南克鲁伦河上游。《清一统志·喀尔喀》：拖诺山“在克鲁伦河北岸。本朝康熙三十五年五月丁卯驾亲征噶尔丹，驻跸是山。御笔勒铭”。

拖船埠 在今湖北潜江市东南四十里拖船铺。《方舆纪要》卷77潜江县“白洑驿”条下：“其拖船埠近沔阳州界，哨守犹易。”民国属沔阳县。

拖船铺 即今江西丰城市西南拖船镇。明万历《南昌府志》卷5丰城县“拖船铺去县三十里”。清同治《江西全省舆图》卷1：丰城县西有拖船埠。

拥思茫水 ①亦作拥思水。即今四川荣县、宜宾二县境之越溪河。上游名涌斯茫水。《寰宇记》卷85资官县：“拥思茫水在县西二十里。从陵州始建县界，南流，至县西又南入戎州宜宾县界。”

②即今四川井研县、乐山市境之茫溪河，为岷江支流。《寰宇记》卷85陵州井研县：拥思茫水“在州南一百五十里。从县南界濑下六池东流，即名拥思茫水，湍流迅急，不通舟船，西南入平羌县界”。《清一统志·资州》：拥思茫水“在井研县南。……《旧志》即嘉定州泥溪之上流也”。按，泥溪即茫溪河。

拘利 即九稚。又作九离。即今马来西亚马来半岛东岸之朱盖。《梁书·诸夷·中天竺国》：“从扶南发投拘利口，循海大湾中正西北入历湾边数国，可一年余到天竺江口，逆水行七千里乃至焉。”宋郑樵《通志》卷198“边斗”条：拘利“一云九雉”。

拘夷国 一作龟兹国、丘兹国、归兹国、屈支国、屈茨国、屈兹国、鸠兹国、俱友囊国。本西域城国，西汉属西域都护，都在延城（今新疆库车县东郊皮朗旧城）。魏晋时迁今沙雅县北羊达克沁废城，仍称延城。唐迁于旧城，改名伊罗户城，为龟兹都护府治所。冯承钧《西域释地》：龟兹，《出三藏记集》卷11作拘夷。

拘弥国 即扜冞国。国都在宁弥城（今新疆于田县北克里雅河东岸）。《后汉书·西域传》：灵帝熹平四年（175），“于窴王安国攻拘弥，大破之，杀其王，死者甚众，戊己校尉、西域长史各发兵辅立拘弥侍子定兴为王”。

抱子山 在今广西灌阳县北。《方舆纪要》卷107灌阳县：抱子山“在县北五十里。山势重叠，如襁抱然。其相接者曰七星山”。

抱由营 即今海南省乐东黎族自治县（抱由镇）。1936年于此置乐东县。

抱母井 在今云南景谷傣族彝族自治县东北六十里。《清一统志·普洱府》：抱母盐井“本朝雍正三年，设盐大使驻此。嘉庆八年，移驻于香盐井，以抱母井归威远司知兼管”。

抱成县 隋开皇十八年（598）改抱县置，属合州。治所无考，当在今广东雷州市境。大业初属合浦郡。唐初废。

抱岁 在今海南省乐东黎族自治县西南乐罗镇。旧属崖州，明置巡司于此。

抱并郡 南朝梁、陈时置，属合州。治所在抱县（今广东雷州市境）。隋开皇九年（589）平陈后废。

抱冰堂 在今湖北武汉市武昌蛇山首义公园内。清光绪三十四年（1908）建。为张之洞由湖广总督调任清军机大臣时，鄂军捐建之生祠。张之洞号抱冰。因以为名。

抱阳山 在今河北满城县西南十里。《金史·地理志》：清苑县“有抱阳山”。《清一统志·保定府二》引《旧志》：“两峰环抱南向，中谷温和，隆冬冰雪不积，故曰抱阳。又以花木蓊翳，亦曰花阳。有石洞数十处。又有龙潭，水常不竭。”

抱县 南朝梁、陈时置，为抱并郡治。治所无考，当在今广东雷州市境。隋开皇十八年（598）改为抱成县。

抱虎岭 在今海南文昌市东北。《舆地纪胜》卷124琼州：抱虎岭“在文昌县”。明正德《琼台志》卷5：抱虎山“山石状如虎，左山回抱于右，故名”。

抱罗市 即今海南文昌市北抱罗镇。清宣统《广东舆地全图》文昌县图：北有抱罗市。

抱透岩 在今海南东方市东南。《方舆纪要》卷105感恩县：“抱透岩在县东北五十里。岩在山巅，口仅二尺许，内阔如巨室，黎人常藏谷帛于此。”

抱陵港 即今海南文昌市东北宝陵港。《明史·地理志》琼州府文昌县：“东北有青蓝头巡检司，后迁县东抱凌港。”

抱黄洞 在今湖南长沙市西岳麓山。《明一统志》卷63长沙府：抱黄洞“在岳麓山万寿宫后。俗传洞有蟒患，晋陶侃射死之。后有道家者流修炼居此，因名抱黄”。清光绪《湖南通志》卷13引《南岳总胜集》称：“宋祥符中，秀水黎白于此遇道士张抱黄，传内八卦系辞，修之成道。”

抱犊山 ①亦名萆山。在今河北鹿泉市西八里。海拔575米。《元和志》卷17获鹿县：萆山“今名抱犊山，韩信伐赵，使轻骑二千人，人持一赤帜，从间道萆山而望，后遂改为萆山。后魏葛荣之乱，百姓因山抱犊而死，故以为名”。《隋书·李子雄传》：仁寿末，汉王琼举兵并州，遣其将刘建攻井陉，李子雄发幽州兵击之，“相遇于抱犊山下，力战，破之”。即此。

②在今山西壶关县东南。《隋书·地理志》上党郡上党县：有抱犊山。《寰宇记》卷45潞州壶关县：抱犊山“道书福地记：抱犊山在上党东南。高七十丈。有石城，高十丈，方一里。南角有草，名玉枝，冬生花，高五六尺。味颇甘，取其叶末服之，二三日不饥。《玉匮》云，抱犊山东北去恒山之南数百里，南有穴，行三百里，出美阳县西七十里石洞口”。《清一统志·潞安府》：抱犊山“在壶关县东南。……《县志》：在县东南一百十里。四围陡绝，山顶有二泉”。

③又名君山。在今山东枣庄市东北境。《魏书·地形志》兰陵郡承县：“有抱犊山。”《元和志》卷11承县：抱犊山“壁立千仞，顶宽而有水。此山去海三百余里，天气澄明，宛然在目，昔有遁隐者抱一犊于其上垦种，故以为名”。元于钦《齐乘》卷1：君山“一名抱犊山”。高732米。山顶甚平坦，广数亩，有池蓄水，可资耕种。

④在今河南栾川县西北。《明一统志》卷29河南府：抱犊山“一名抱犊寨，山极高峻，昔人多避兵于此”。

抱犊固 又作抱犊崮。即今山东枣庄市东北境之抱犊山。《南齐书·崔祖思传》：建元三年（481），“淮北义民桓磊磈于抱犊固与虏战，大破之”。

抱犊寨 在今河北鹿泉市西八里抱犊山。《金史·武仙传》：金末“封恒山公，以中山、真定府、沃、冀、威、镇宁、平定州、抱犊寨、栾城、南宫县隶焉”。《元史·史天泽传》：“（武）仙从数骑，走保西山抱犊寨……急攻下之，仙乃遁去。”即此。

抱旗山 在今广东佛山市南海区东南。东北距广州市四十里。《方舆纪要》卷101广州府南海县：抱旗山在“府（今广州市）西南四十里。以形似名，为郡之前案，江水环达，上有古烽堠，其南为南山峡，屹立江滨”。

抱麟溪 在今安徽旌德县西。《清一统志·宁国府一》：抱麟溪“在旌德县西。源出黄华岭，东流与陶环溪、丰溪合，是为三溪；又至石壁西入于徽山”。

拉卜楞寺 又名扎西奇寺。在今甘肃甘南藏族自治州夏河县城西二里处，是我国喇嘛教格鲁派六大宗主寺之一。创建于清康熙四十八年（1709），“拉卜楞”是藏语“拉章”的转音。“拉章”意为佛宫所在的地方。寺院占地一千二百三十四亩，可容喇嘛三千多人。建筑高大雄伟，华丽夺目，寺内珍藏文物数万件，藏文经典、书籍六万余册，在全国喇嘛寺中名列前茅。1982年定为全国重点文物保护单位。

拉卜楞设治局 1926年由甘肃临夏、临潭及青海循化析置，属甘肃兰山道。治所即今甘肃夏河县（拉卜楞镇）。1928年改为夏河县。

拉卜楞镇 即今甘肃夏河县治。因拉卜楞寺而得名。1926年于此设拉卜楞设治局。1928年改置夏河县。

拉子 即拉孜。今西藏拉孜县东北拉孜。《清高宗实录》卷1333载，乾隆五十四年（1789）六月辛巳，“军机大臣等议覆四川成都将军鄂辉等条奏收复巴勒布（今尼泊尔）侵占藏地，设站定界事宜”中称：“拉子地方，设添设唐古忒番兵二百名，并添第巴二名，按年一次更换。”

拉木卒西木卒池 即今西藏吉隆县东南之佩枯错。《清一统志·西藏》载：拉木卒西木卒池“在阿里宗城东北一百二十里。池广二百二十里，其形南北长。南受四水，北受一水”。

拉木豁 原西藏地方政府设，治所即今西藏达孜县东北拉木。藏语意为快速、有山。1960年并入达孜县。

拉乌错 又作劳乌错。在今西藏南部，门隅地区达旺东十里处。藏语意为小神。原隶属于西藏地方政府管辖，为门隅三十二错、定（错、定是当地的一级行政区划）之一。1951年被印度政府非法占领。

拉巴随城 清雍正年间置，在今西藏加查县西南拉绥乡。《清一统志·西藏》卫地诸城：拉巴随城“在喇萨东南四百四十里”。

拉布 在今四川理塘县南拉波乡。清雍正年间置拉布土百户。

拉布土司 旧作拉布库克住牧喇嘛或喇嘛拉布库克。清雍正时置，属西宁办事大臣。为玉树四十族之一。驻牧地在拉布寺（今青海称多县南拉布乡）。

拉布寺 在今青海称多县南拉布乡。民国周希武

《玉树调查记》卷下："拉布寺在通天河东，拉布曲水之滨，西负绝巘，东带小溪，南北长里许，东西一二百步。"为玉树地区最大的喇嘛教寺院。

拉布库克住牧喇嘛　即拉布土司。驻牧地在今青海称多县南拉布乡。

拉布宗　又名哈补宗、拉普谿。原西藏地方政府设，治所在今西藏南木林县东五十余里拉布。"拉布"，藏语意为天神之子。1960年并入南木林县。

拉布楚喀　一名五堡。即今新疆哈密市西五堡乡。清乾隆《西域图志》卷9：拉布楚喀"亦名五堡。……东距哈密城一百四十里。境有村庄凡十三，泉九处，小河一道"。

拉们河　即今辽宁辽阳县东南兰河。太子河支流。清乾隆《钦定盛京通志》卷25：拉们河在"（凤凰）城西北一百八十里。源出境内大黑山"，北流入太子河。

拉尔吉土司　一作克拉尔济土司。清雍正时置，属西宁办事大臣。为玉树四十族之一。驻牧地在今青海玉树县西南境。乾隆《西宁府新志》卷19"塞外贡马番族"中，有"住牧多洛尼托克地方拉尔吉族"。清末并入安冲土司。

拉加寺　即今青海玛沁县东北拉加镇。"拉加"系藏语意为"四不象"（麋鹿）。1935年置同德县于此。民国许公武《青海志略》第七章："拉加寺在贵德县之西南，为河南蒙古四旗贸易之中心，地当果洛克等五族运粮之孔道，形势扼要……二十四年改为同德县治。"

拉加里王宫遗址　在今西藏曲松县城南侧。公元13世纪，吐蕃王朝后裔在今曲松县一带建立地方割据政权，始建拉加里王宫。现存建筑分早、中、晚三期。早期建筑藏语称"扎西群宗"，始建于13世纪，现存南、北大门和最高为12米的宫墙残段；中期建筑藏语称"甘丹拉孜"，建于15世纪，是拉加里王宫遗址现存的主体建筑，由王宫、仓库、拉康（宫殿）、广场、马厩等组成，原为五层，现存三层，尚残存部分壁画；晚期建筑称"夏宫"，建于18世纪，现存部分为一座基本完整的院式宫殿。拉加里王宫遗址基本保存了原建筑结构、布局，融合了汉族的建筑风格，这在西藏王宫建筑中极为珍贵，也是研究西藏地方历史、建筑史的重要实物资料。2001年定为全国重点文物保护单位。

拉加里宗　一作甲日宗。原西藏地方政府设拉加里宗。治所即今西藏曲松县。1960年改设拉加里县。1965年改名曲松县。

拉发（發）站　又作额音楚站。清置，在今吉林蛟河市拉法镇。《清一统志·吉林二》：额赫茂站，"又东南八十里至拉发站"。

拉耳塘宗　又作拉耳塘、拿塘、拉当。治所即今西藏日喀则市西南那当。乾隆《卫藏通志》卷4："扎什伦布转西至拉尔塘。"

拉达土司　即下扎武土司。为清末玉树二十五族之一。驻牧地在今青海玉树县南境。周希武《玉树调查记》卷上：拉达在通天河南，"拉达百户，驻班庆寺附近"。

拉达克　在今克什米尔地区。以境内有拉达克山、拉达克河而得名。藏语称其地为麻域、芒域，古为羊同国属，公元7世纪前期为吐蕃王朝（约629—842）征服；10世纪时吐蕃王室后裔于此建立政权，治所在今列城，为西藏阿里三部之一。元代为乌思、藏、纳里速古鲁孙等三路宣慰使司都元帅府所辖，设元帅二员管理。明代于其地置俄力思军民元帅府管理。清代其领主向西藏地方政府定期纳贡，19世纪30年代英国东印度公司唆使查模土王占有其地，并曾一度入侵阿里古格地区，被藏军击退，而拉达克嗣后则为英印政府统治。

拉达克城　元、明、清时期均在西藏阿里境内。《清一统志·西藏》阿里诸城：拉达克城"在喇萨西南三千七百五十余里。其所属有札石刚、丁木刚、喀式三城"。在克什米尔，今名列城。清道光二十六年（1846）英国侵占克什米尔，拉达克随同转入英国势力控制之下。

拉岁宗　即拉绥宗或拉绥谿。治所在今西藏加查县西南拉绥。"拉岁"，藏语意为敬神。

拉则喀曼定　又作拉则卡门定。在今西藏南部，门隅地区达旺西北三十四里处。藏语意为山顶房屋。原隶属于西藏地方政府管辖，为门隅三十二错、定（错、定是当地的一级行政区划）之一。1951年被印度政府非法占领。

拉休土司　又称拉秀土司。清末合上下阿拉克硕二土司置，为玉树二十五族之一。驻陇喜寺（今青海玉树县西南下拉秀乡）。民国周希武《玉树调查记》卷上："拉休族驻牧地横跨子曲河南北。东与扎武、苏尔莽为界，南与囊谦以夏拉山为界，西与格吉麦马族为界，北与迭达、玉树为界。"

拉多宗　又作拉妥、拉托克、纳夺。原西藏地方政府设，治所即今西藏昌都县东北拉多乡。"拉多"，藏语意为神雷。1960年并入昌都县。

拉克　又作拉克什族或热喜族。在今西藏比如县西热西区的解放（金珠）、胜塘、达塘一带。为藏北三十九族之一。清乾隆《西藏志·外番》、《卫藏通志》作三札。

拉里　一作拉哩、喇里。在今西藏嘉黎县东北嘉黎镇。清乾隆《西域同文志》卷18：拉里，"西番（藏）语，神山也。地有大山，故名"。康熙末设台站。宣统二年（1910）改置嘉黎县。1989年迁治斯尔定汴。

拉里宗　亦作嘉黎宗。1912年置，治所在今西藏嘉黎县东北嘉黎镇。1959年改设嘉黎县。

拉里营　清乾隆间置，在今西藏嘉黎县东北嘉黎镇。

拉里黑村　即今云南弥勒县西南盘江东岸拉里黑村。滇越铁路经此。

拉孜　即今西藏拉孜县东北拉孜镇。清松筠《西招纪行诗》注："拉孜地名，在彭错岭、甲错山中间。”

拉孜宗 又作章拉则、拉则宗、纳孜、拉孜。原西藏地方政府设，治所即今西藏拉孜县东北拉孜镇。“拉孜”，藏语意为神山顶。1960年与彭错林宗合并设拉孜县。1965年迁驻曲下。

拉林山 即今黑龙江省五常市东南、吉林敦化市北之张广才岭。《清一统志·吉林》：拉林山“在城东北二百四十五里。周二十里。拉林河发源于此”。

拉林县 1946年当地解放后由五常县析置，属松江省。治拉林镇（今黑龙江五常市西北拉林镇）。1954年划归黑龙江省。1956年撤销，并入五常县。

拉林河 辽、金作涞流河或来流水。在黑龙江省与吉林省交界处。《清一统志·吉林一》：拉林河“在（吉林）城东北二百二十五里。源出拉林山，西北流会和伦、摩琳、喀萨哩三水，经阿拉楚喀城西一百二十里，至城西北二百五十里，入混同江”。

拉林城 清初建，即今黑龙江省五常市西北拉林镇。雍正三年（1725）设协领镇守。乾隆九年（1744）改设副都统于此。光绪《吉林通志》卷12：拉林城“以河名，即金史之涞流也”。

拉侧渡 在今西藏拉孜县西北查邬竹卡。藏语“查邬”意为刺树沟，“竹卡”意为渡口。《清一统志·西藏》称：“拉侧渡，在章拉侧城西南。”是拉孜至昂仁、阿里过雅鲁藏布江的渡口。

拉法河 在今吉林蛟河市北，为蛟河支流。源出市西北之老爷岭，西南流会蛟河，注入松花江。民国徐曦《东三省纪略》卷3：松花江“东北流经大小半拉窝集，拉发河挟众水自右岸来注之”。

拉哈 即今黑龙江讷河市西南拉哈镇。宁讷铁路经此。熊知白《东北县志纪要》：讷河县，“县属拉哈站，距县市七十五里”。

拉哈苏苏 即今黑龙江省同江市。民国魏声龢《吉林地志》：“拉哈苏苏，黑斤（即赫哲）语，老屋之谓。”

拉哈站 清康熙二十四年（1685）置，即今黑龙江省讷河市西南拉哈镇。《清一统志·黑龙江》“布克依站”条下：“安年站又八十五里至拉哈站。”

拉哈噶珊 又作拉喀。在今俄罗斯萨哈林岛（库页岛）西海岸拉哈河口南岸。清初属宁古塔将军。康熙《皇舆全览图》：库页岛西海岸有“拉喀噶山”。后属三姓副都统。光绪《吉林通志》卷17：海滨东南库页岛、费雅喀、鄂伦春等部旧设噶珊有“拉喀”。咸丰年间通过不平等的中俄《北京条约》被俄割占。

拉脊山 在今青海贵德县东北，近西宁市界。近东西走向。平均海拔3500米。为黄河干流与其支流湟水的分水岭。《清史稿·地理志》西宁府西宁县：西南有拉脊山。

拉绥豁 原西藏地方政府设，治所即今西藏加查县西南拉绥。藏语意为敬神。1960年与加查宗合并，改设加查县。

拉堆绛 在今西藏昂仁县西北拉堆。元置拉堆绛万户府，为十三万户府之一。

拉堆洛 在今西藏定日县驻地协嘎尔。元置拉堆洛万户府，为十三万户府之一。

拉梢寺石窟 在今甘肃陇西县东南境，与水帘洞石窟隔山相望。创建于北周，现存窟龛二十五个。第一龛有高42米的浮雕泥塑大佛像，两侧胁侍菩萨和泥塑十佛立像。拉梢寺石窟属水帘洞石窟群，2001年与大像山石窟一起，定为全国重点文物保护单位。

拉萨 即今西藏拉萨市，西藏首府。吐蕃时名热萨，意为山羊背土。即以山羊背土建大昭寺之典故而命名。曾译为逻些或逻娑，后演变为拉萨或喇萨，藏语意为圣地。自吐蕃松赞干布迁都于此，向为西藏政治、经济、文化中心。1960年设拉萨市。

拉康宗 又作拉岗、哈冈宗。原西藏地方政府设，治所即今西藏洛扎县东南拉康。“拉康”，藏语意为佛堂。

拉康营 清乾隆间置，在今西藏洛扎县东南拉康。

拉楚河 在今西藏西部，即印度河的上源狮泉河。清《西藏图考》卷5：“拉楚河源出冈底斯之北百余里僧格喀巴布山，山高大形如狮子，南麓有池汇诸泉水。”即指狮泉河源。

拉错土司 一作那错、纳错。清末分格吉得玛族置。驻牧地在今青海杂多县西北扎曲北岸。

拉滨铁路 从今吉林蛟河市北拉法，经舒兰、黑龙江五常至哈尔滨的滨江站。长271.7公里。日伪于1932—1934年修筑。1935年又展筑至哈尔滨，与中东铁路接轨。

拉噶孜 即浪噶子。今西藏浪卡子县。清乾隆《卫藏通志》作“拉噶孜”。

拦车镇 清置，属凤台县。在今山西晋城市泽州县南三十余里栏车村。乾隆二十二年（1757），移东治镇巡司于此，寻裁。

拦头山 在今江苏赣榆县东北、山东日照市西南。《方舆纪要》卷22赣榆县：拦头山在“县东北七十里。有石栏际海，可遮洪涛，因名。其并峙者曰阿夜山，山临海，雾气尝昏如夜，因名。亦接日照县界”。

拦江镇 即今四川遂宁市西南拦江镇。光绪《遂宁县志》卷1：拦江河在“县西一百五十里”。清乾隆二年（1737）于此设盐课使署。

拂云（雲）祠 即拂云堆神祠。在今内蒙古包头市西南敖陶窑子古城。《元和志》卷4：“先是（唐）朔方军北与突厥以河为界，河北岸有拂云堆神祠，突厥将入寇，必先诣祠祭酹求福，因牧马料兵而后渡河。”景云二年（711），张仁愿奏请于河北建三受降城，以拂云祠为中受降城。

拂水岩 在今江苏常熟市西北虞山之南岭上。《清一统志·苏州府一》：拂水岩“下临壑谷，水泉下注如练，风拂掠之，则水倒飞，喷溅如雨”。

拂涅部　隋靺鞨七部之一。在今黑龙江省宁安市以北一带。《新唐书·黑水靺鞨传》：黑水靺鞨“又有拂涅、虞娄、越喜、铁利等部。……拂涅，亦称大拂涅，开元、天宝间八来，献鲸睛、貂皮、白兔皮”。唐末并入渤海。

拂菻　亦作拂林。隋、唐时对东罗马（拜占庭）帝国的称呼。都城在君士坦丁堡（今土耳其伊斯坦布尔）。《隋书·裴矩传》：“北道从伊吾……至拂菻国，达于西海。”《新唐书·西域传》：拂菻“古大秦也。……贞观十七年，王波多力遣使献赤玻璃、绿金精，下诏答赉。大食稍强，遣大将军摩拽伐之，拂菻约和，遂臣属”。

拂梯泉　即鹧鸪泉。在今内蒙古乌拉特后旗西北。《资治通鉴》：唐元和四年（809），“振武奏吐蕃五万余骑至拂梯泉”。

拙政园　在今江苏苏州市娄门内。初为唐代诗人陆龟蒙的住宅。元为大宏寺。明嘉靖初御史王献臣失意归乡，在此建园。借用晋代潘岳《闲居赋》中“灌园鬻蔬，以供朝夕之膳，……此亦拙者之为政也”的语意，取名拙政园。清代历为官府所有，太平天国时为忠王府范围。今园面积六十多亩。以水为主，占五分之三，分中、东、西三部分，建筑群体多临水，其中以远香堂、见山楼、鸳鸯厅著名。是典型江南规模宏大的园林。1961年定为全国重点文物保护单位。1997年以苏州古典园林被列入世界文化遗产清单。

招义山　在今广东廉江市西北。《寰宇记》卷167吴川县：招义山“在废（幹水）县西北二里。《图经》云：昔有潭氏招义于此山聚会以讨僭耳，因此为名”。《方舆纪要》卷104石城县：招义山，“《志》云：在废招义县西北二里。昔卢循作乱，有谭氏招义于此，以保乡里。唐因以为名”。

招义县　①东魏武定七年（549）置，属淮阳郡。治所在今江苏泗洪县境。后废。

②北周改睢陵县置，为济阴郡治。治所在今安徽明光市东北六十里女山湖镇（原名旧县）。隋大业初改为化明县。唐武德七年（624）复名招义县，属濠州。北宋太平兴国元年（976）改为招信县。

③唐武德五年（622）置，属罗州。治所在今广东廉江市西北七十里。以招义山为名。天宝元年（742）改为幹水县。

招义郡　唐天宝元年（742）改罗州置，治所在廉江县（今广东廉江市东北三十里）。辖境相当今广东廉江市及化州、吴川二市部分地。乾元元年（758）复为罗州。

招北县　1941年1月山东革命根据地由招远县北部析置，治杜家村（今山东招远市西北杜家）。1950年1月撤销，并入招远县。

招宁司　在今广东汕头市南濠江区西。旧属潮阳县，明置巡司于此。清康熙五十七年（1718）移置达濠城中（今达濠镇）。

招州　辽开泰三年（1014）以女直户置，属西北路招讨司。治所在今蒙古国后杭爱省鄂尔浑河上游东古城。元张德辉《纪行》载和林城之北、吾误竭脑儿西有一辽代小故城，应即招州。

招兴县　南朝宋元嘉中置，属宋熙郡。治所在今广东高要市东南境。齐属宋隆郡。隋平陈，废入平兴县。

招农县　东魏武定七年（549）置，属晋宁郡。治所在今江苏宿迁市东南。北齐废。

招安县　北宋庆历二年（1042）升招安镇置，属滨州。治所在今山东沾化县西古城镇。熙宁六年（1073）省入渤海县。元丰二年（1079）复置。金明昌六年（1195）改为沾化县。

招安寨　北宋置，属敷政县。即今陕西安塞县西南招安镇。《宋史·地理志》敷政县：“有招安、万安二砦，元符二年，废招安砦为驿。”

招安镇　唐置，属渤海县。即今山东沾化县西古城镇。北宋庆历二年（1042）升为招安县。

招收场　元置，属潮阳县。为盐场。在今广东汕头市东南达濠区内。元《大德南海志》卷6：“隆井、招收、小江三场隶潮州路。”

招收都　在今广东汕头市东南濠江区达濠街道。明洪武二十八年（1395），移海口巡司于此，称招宁巡司。清康熙五十七年（1718）移置达濠城。《清一统志·潮州府》：招宁巡司“在潮阳县东三十里招收都”。

招远山　在今广西防城港市西。《方舆纪要》卷104钦州“横山”条内：招远山“本名滩凌山。山高耸。正统五年，御史朱鉴陟此山，招叛民黄金广，建旗于上，因改今名”。

招远市　1991年撤销山东省招远县，改设招远市，市人民政府驻招城。由烟台市代管。

招远县　①南朝宋置，属豫州绥城郡。治所在今河南确山县西南。后废。

②南朝梁置，属琅琊郡。治所即今江苏连云港市西南海州区。东魏武定七年（549）改为朐县。

③南朝梁置，属临沭郡。治所在今江苏新沂市境。北齐废。

④北齐置，为朔州及广安郡治。治所即今山西朔州市。隋开皇初为朔州治。大业元年（605）改为善阳县。

⑤唐武德二年（619）由沁源析置，属沁州。治所在今山西沁源县西。武德三年废。

⑥金天会二年（1124）刘豫置，属莱州。治所即今山东招远市。据郭子章《郡县释名》山东卷下：取“招徕远人”之义。明、清属登州府。民国初属山东胶东道。1925年改属东海道。1928年直属山东省。1991年改设招远市。

招抚冈　在今河南方城县东北十八里。《方舆纪要》卷51裕州“七峰山”条下：“《志》云，州东北二十里有招抚冈，相传光武曾驻此，招抚降众。”

招怀县 南朝宋元嘉年间置，属海昌郡。治所当今广东高州、信宜二市县境。梁以后废。

招武县 唐大历三年（768）置，为乾州治。治所在今四川茂县西。后废。

招拉笔洞山 在今西藏拉萨市内布达拉宫西南。山势陡峻，平地拔起，海拔3725米。上修碉堡、寺庙。喇嘛之业医者多居此，故称药王山。藏语称加波日，意为铁山。山下有一甘泉，原为达赖喇嘛专用。

招贤市 集镇名。即今浙江常山县东四十里招贤镇。唐为常山镇，咸亨五年（674）置常山县。《清一统志·衢州府》：常山故城"《旧志》：故县治在常山北麓。又曰有信安故县，在县东四十里常山乡，地名招贤，盖即常山之讹也"。

招贤集 即今山东莒县东北三十五里招贤镇。清嘉庆《莒州志》卷3有招贤集。

招贤渡 在今浙江常山县东三十二里招贤镇。《方舆纪要》卷93衢州府西安县：招贤渡"在府西南三十里，信安溪渡口也，路达常山"。

招贤溪 在今浙江常山县东。《方舆纪要》卷93常山县：招贤溪"在县东三十里，东流三十里入金川，与西安县境相接"。

招帖寨 在今北京市延庆县北。《方舆纪要》卷17延庆州"蟒山寨"条下："又有招帖砦，在州北二十里将军山上，皆昔人据险避兵处。《志》云，州有屯粮堡二，一在城西半里，一在城东二十里，皆元时馈饷储粮之所。"

招宝山 在今浙江宁波市镇海区东北甬江入海口西岸。《明史·地理志》定海县："东有候涛山，一名招宝山，上有威远城，山麓有靖海城，俱嘉靖三十九年置。东、北皆滨海。"《方舆纪要》卷92宁波府定海县：招宝山"在县城东北。本名候潮山，以诸番入贡，停舶于此，因改今名。南临港口，屹然耸峙，极为要害"。《清史稿·兵志九》：光绪十一年（1885），"中法之役，法舰曾至宁波洋面，招宝山炮台却之"。法水师提督孤拔炮伤毙命。

招哈和屯 在今新疆吐鲁番市西亚尔乡（雅尔湖）。《清一统志·吐鲁番》：招哈和屯"在吐鲁番城西二十里。汉交河城也。回语讹交河为招哈，北倚金岭，峰峦层叠，经城西迤而南，形势佳胜"。

招信军 南宋绍定四年（1231）改盱眙军置，治所即今江苏盱眙县。元世祖至元十四年（1277）改为招信路。

招信县 北宋太平兴国元年（976）改招义县置，属泗州。治所在今安徽明光市东北六十里女山湖镇（原名旧县）。元世祖至元二十年（1283）废。

招信路 元世祖至元十四年（1277）改招信军置，治所在盱眙县（今江苏盱眙县）。辖境相当今江苏盱眙及安徽天长、五河、明光等县市地。十五年（1278）改为临淮府。

招谕县 唐垂拱三年（687）置，属锦州。治所即今湖南麻阳苗族自治县东北招谕。北宋熙宁八年（1075）废。

招隐山 一名兽窟山。在今江苏镇江市南七里。《元和志》卷25润州丹徒县："兽窟山，一名招隐山。在县西南九里。即隐士戴颙之所居也。"《寰宇记》卷89润州丹徒县：招隐山"梁昭明太子曾游此山读书，因名招隐山"。今山上有招隐寺、虎跑泉、昭明太子读书台等名胜。

招隐寺 在今江苏镇江市南郊招隐山东麓。东晋末隐士戴颙居于此。颙死后为寺，寺以山名。今寺为清同治、光绪间重建。附近有昭明太子读书台、增华阁。

招集县 南朝宋元嘉九年（432）置，属新会郡。治所在今广东江门市新会区境。南朝梁、陈间改为怀集县。

招携砦 即今江西乐安县南招携镇。《清一统志·抚州府一》：招携砦"在乐安县南。宋绍兴二年，郡守黄炳置以御寇，兼置巡司。明崇祯初，亦置招携砦于水东洲上"。

招福寺 在唐长安城（今陕西西安市）内崇义坊。本隋正觉寺，唐初被毁。睿宗在藩时居此。乾封二年（667）移长宁公主佛堂于此，名招福寺。景云二年（711）中宗诏令寺中别建圣容院，描绘睿宗为太子时的真容。玄宗先天二年（713）重修该寺。

披云（雲）山 在今浙江青田县南瓯江对岸。《方舆纪要》卷94青田县：披云山"在县南三里。大溪经其北，县之水口山也"。

披云（雲）峰 在今安徽歙县城南练江南岸。《舆地纪胜》卷20徽州：披云峰"在歙县西南二百步，山势峭拔，苏德祥为亭于峰顶，名披云亭"。

披云（雲）楼 石虎时建，在后赵邺北城北部宫殿区内逍遥楼北。故址在今河北临漳县西南邺镇。《邺中记》载："逍遥楼北有披云楼，南连宫阙，北瞩城池，绣栏凌云，彤梁接雾，故云披云。"

披仙亭 在今江西高安市旧城内。《明一统志·瑞州府》：披仙亭"在府治。宋苏辙有诗"。

披衣山 一名云山。在今四川蓬安县东南河舒镇北燕山寨。《寰宇记》卷139朗池县：披衣山"在县西南六十里。天将雨，山上云雾驰曳如披衣焉，上有云山寺"。

披沙设治局 1929年置，属四川省。治所即今四川宁南县。1930年改为宁南县。

披砂 在今四川宁南县。清康熙四十九年（1710）置披砂土千户。后于此置披沙汛。民国设县佐，1929年设披砂设治局。1930年改设宁南县。

披锦亭 北宋建，在今陕西洋县城西北隅。祝穆《方舆胜览》卷68洋州：披锦亭"苏子瞻诗：烟红露绿晓风香，燕舞莺啼春日长。……"《舆地纪胜》卷109洋州：《郡圃三十咏》有披锦亭。

拨儿宾站 元置，在今俄罗斯哈巴罗夫斯克边疆区黑龙江下游西岸奇集湖与沙文斯克之间。元《经世大典》：辽阳等处行中书省所辖狗站有“拨儿滨站”。明改播儿宾站。

拨拔力国　故地一般以为在今非洲索马里北部亚丁湾南岸之柏培拉附近。为古代东西方交通线上之重要港口。《新唐书·西域传》：大食“海中有拨拔力种，无所附属。……数为大食所破略”。

拨换河　即今新疆温宿县西北之库玛拉河，为阿克苏河上源之一。《新唐书·地理志》：拨换城“乃西北渡拨换河、中河，距思浑河百二十里，至小石城”。

拨换城　又称大拨换城或威戎城。即今新疆温宿县东扎木台乡喀什艾日克村古城。汉为姑墨国，唐初属龟兹国。贞观二十二年（684），阿史那杜尔率大军攻龟兹，擒其王诃黎布失毕于此，后于此置姑墨州。《新唐书·地理志》：“阿悉言城又六十里至拨换城，一曰威戎城，曰姑墨州，南临思浑河。”《资治通鉴》：唐咸亨元年（670），吐蕃“又与于阗袭龟兹拨换城，陷之”。

拨浪工　在今四川雅江县西北。为川藏驿路要站。清有外委驻守。

拨逻勿逻布逻城　唐个失蜜国都城。在今克什米尔斯利那加。《新唐书·西域传》：个失蜜国“王治拨逻勿逻布逻城，西濒弥那悉多大河”。唐玄奘《大唐西域记》卷3：迦湿弥罗国“国大都城西临大河，南北十二三里，东西四五里”。

拨蒿坂　在今安徽潜山县西。《方舆纪要》卷26潜山县：拨蒿坂“在县西二十里”。

择胜园　又名秀邸园。南宋临安（今浙江杭州）私家园林之一。据《淳祐临安志》卷6《园馆》载：择胜园“在钱塘门外。元（原）有刘家小园，并观音庵，在后九曲墙下。绍定三年，嗣秀王创造，今上皇帝御书择胜、爱闲二匾”。

邽　春秋时戎邑。在今甘肃天水市。《史记·秦本纪》：武公十年（688）“伐邽、冀戎，初县之”。《集解》：“即邽戎邑也。”后置上邽县。

邽山　在今甘肃天水市西北。《水经·渭水注》：“渭水东历上邽县（今天水市）北，邽山之阴。”

邽县　春秋秦武公十年（前688）灭邽戎置，战国属陇西郡。治所即今甘肃天水市。战国秦改名上邽县。

郪　①一作诗。周代国名。妊姓。春秋时为鲁所灭。在今山东微山县西北。《春秋》：襄公十三年（前560），鲁“取郪”。即此。现传有《郪伯鼎》、《郪遣㲃》等为郪国彝器。西汉称诗亭。

②春秋时齐邑，在今山东平阴县西南三十里。《左传》：襄公十八年（前555），晋侯伐齐，齐侯御诸平阴，“魏绛、栾盈以下军克郪”。即此。

郪山　在今山东平阴县西南。《左传》：襄公十八年（前555），晋宋等国攻齐，晋将“魏绛、栾盈以下军克郪”。注“郪，平阴西有郪山”。《清一统志·泰安府》：郪山“在平阴县西十二里”。

郪城　在今山东济阳县西二十里。《方舆纪要》卷31济阳县“新市城”条下：“又县西二十五里有郪城，《志》以为春秋时郪国也。”

耶勒城守捉　唐置，在今新疆托克逊县西北白杨河附近。《新唐书·地理志》北庭大都护府：“冯洛守捉又八十里有耶勒城守捉。”

耶婆提国　即古之叶调国。在今印度尼西亚爪哇、苏门答腊二岛。是古代中西海上交通线上的要地。晋义熙七年（411），我国僧人法显从师子国（今斯里兰卡）东归时，曾经过此地。见《佛国记》。

耶懒　金大定十一年（1171）于耶懒路故址置耶懒猛安，属恤品路。在今俄罗斯滨海边疆区东北塔乌黑河流域。承安三年（1198）设节度使。《金史·地理志》恤品路：“耶懒又书作押懒。”

耶懒水　即今俄罗斯滨海边疆区东北塔乌黑河。源出锡霍特山东，南流入日本海。《金史·习室传》：“世宗时，近臣奏请改苏滨为耶懒节度使，不忘旧功。上曰：苏滨、耶懒二水相距千里，节度使治苏滨不改。”即此。

耶懒路　又作押懒路。金初置，治所在今俄罗斯滨海边疆区东北塔乌黑河流域。因境内有耶懒河（即今塔乌黑河）得名。天会二年（1124）移治今俄罗斯乌苏里斯克城（双城子）南，改名恤品路。

坯一克　在今新疆塔什库尔干塔吉克自治县南塔什库尔干河上源喀拉其库尔河北岸柏依克。宣统《新疆图志》卷5引《海英路程记》：“自塔墩巴什……六十里坯一克。”

垅越镇　在今四川雅安市西。《元和志》卷32严道县：垅越镇“在县西三十六里”。

坪上集　一作平上集。即今山东莒南县东坪上镇。民国《重修莒志》卷41《民社志·氏族下》：十区坪上陈氏“始祖某于明洪武年间，由淮东庙湾庄迁莒坪上”。

坪石街　亦作平石。即今广东乐昌市西北一百六十里老坪石镇。清有千总驻防。

坪市河　在今云南施甸县西。《明史·地理志》施甸长官司：“西有坪市河，下流入于怒江。”

垆（罏）峰山　一作炉峰山。在今福建泰宁县西北。《元丰九域志》卷9邵武军归化县有铲山。明《寰宇通志》卷47邵武府：炉峰山“在泰宁县治西。圆峙如香炉，为一邑胜概”。

坦山　在今山东汶上县东北二十里。《清一统志·兖州府一》：坦山“山形平坦，故名。土人呼为坛山，以旧有祷雨坛也”。

坦石桥镇　又名坦直桥镇。即今上海市浦东新区南汇西北二十四里坦直镇。清光绪《南汇县志》卷1：坦石桥镇“相传陆氏世居此，曾建大石桥，环而高，后圮，乃平之，遂呼为坦石桥”。

坦直桥镇　又名坦石桥镇。即今上海市浦东新区南汇西北二十四里坦直镇。清光绪《南汇县志》卷1：坦石桥镇“又称坦直桥，邑西北二十四里”。

坦驹岭　在今巴基斯坦属克什米尔巴勒提特之

北。《旧唐书·高仙芝传》：天宝六年（747），高仙芝伐小勃律，“至坦驹岭，直下峭峻四十余里”。即此。

坦埠　①即今安徽东至县北张溪镇东北坦埠。1912年《安徽省全图》：东流县东北有坦埠。

②即今山东蒙阴县东北七十里坦埠镇。清宣统《蒙阴县志》卷1有坦埠。

坤山　即今山东东平县西北五十八里东平湖西岸昆山。《清一统志·泰安府一》“金山”条：“其南为坤山，亦曰困山。上有马跑泉，东有蟾蜍峡、莲花沿，南有玉灵崖、石室洞，下有饮马泉。”

坤长山　一名旗山。在今江西宜春市西南。明《寰宇通志》卷39袁州府：坤长山“在府城西。山自坤方来，连亘甚远，因名”。《清一统志·袁州府》：坤长山“在宜春县西南七里”。

坤宁殿　①北宋东京（今河南开封市）宫殿名。此殿在福宁宫后，为皇后居所。

②在今北京市故宫“内廷”最后。明永乐十八年（1420）建，嘉靖十四年（1535）命名。包括东、西暖阁，为皇后寝宫。崇祯十七年（1644）李自成率农民起义军攻占北京，崇祯皇帝逃至煤山自缢，皇后吊死于此。清顺治十二年（1655）重建，改为祭神场所。东暖阁为皇帝大婚之洞房，康熙、同治、光绪三帝，皆于此举行婚礼。

坤河　又作昆河。即今黑龙江省黑河市南公别拉河。《清一统志·黑龙江》：昆河“在黑龙江城南二十二里。源出西北兴安岭，东南流入黑龙江”。

坤都　即昆都。今内蒙古阿鲁科尔沁旗北坤都镇。伪满时为阿鲁科尔沁旗驻地。

坤都伦河　即今内蒙古额济纳旗之纳林河。清张穆《蒙古游牧记》卷16额济纳旧土尔扈特部：“牧地跨昆都伦河。”补注：“《会典图说》：额济纳旧土尔扈特旗在居延海，无巨川，惟坤都伦河自甘肃肃州北流，经额济纳旗，分二道，汇为泽，俱曰居延海。”

坤德六合殿　北魏平城宫殿。在今山西大同市北。《魏书·高祖纪》：太和三年（479）“春正月癸丑，坤德六合殿成”。

垌泽　在今山东曲阜市东九里。《方舆纪要》卷32曲阜县：垌泽“即鲁僖公牧马处。俗名连泉泽”。

坵坪司　在今广东新丰县西南沙田镇。《清一统志·惠州府》：坵坪巡司“在长宁县西九曲岭上。明置”。

坵塘关　一作泥塘关。明置，在今云南丽江市玉龙纳西族自治县南。

坻箕山　即踟蹰山。在今安徽含山县南东关附近，北临濡须港。《左传》：昭公五年（前537），“楚子遂观兵于坻箕之山”。《元丰九域志》卷5：巢县“有坻箕山”。

坨里　即今北京市房山区西北坨里镇。清光绪《顺天府志》卷29房山县：“北三十二里它里村。”民国《房山县志》卷2作坨里。有坨里煤矿支线通此。

坨里煤矿支线　自今北京市房山区良乡至坨里石子山。长16.3公里。清光绪二十九年（1903）动工修筑，次年建成。

坭陂墟　即今广东兴宁市东南二十里兴宁江右岸泥陂镇。清光绪《广东舆地全图》兴宁县图：县东南有坭陂墟。

坡干（幹）山　在今广西凭祥市北。《方舆纪要》卷111凭祥州：坡干山“在州治北。有六尖峰”。

坡山　亦作陂山。又作破山。在今广东广州市西南隅。《方舆纪要》卷101广州府“番山”条：“《志》云，南海县治西南一里有破山，在阛阓中。高仅三四丈，其阳有穗石洞，旧传即五羊啣穗处。”

坡头镇　即今河南济源市南四十里坡头镇。其下有渚，即古马渚。清乾隆《济源县志》卷2：“马渚，在坡头。”

坡州山　在今广西田东县东南。《明一统志》卷85向武州：坡州山“在富劳县北三里。山形如虎，又名虎山”。

坡贡驿　即今贵州关岭布依族苗族自治县西北坡贡镇。《清一统志·安顺府》：坡贡驿“在永宁州北四十里。上通郎岱厅，下达安庄。州北旧有查城驿，雍正六年裁，改置于此”。

坡里　在今山东阳谷县东北定水镇北坡里村。清光绪年间，义和团聚众围攻这里的天主教堂。

坡垒关　在今越南谅山省同登县。《钦定越史通鉴纲目》卷12：“城垒关在谅山省文渊县同登社。今之南关是也。”《明史·张辅传》：永乐四年（1406）张辅率军讨安南季犛，“自凭祥进师，度坡垒关，望祭安南境内山川，檄季犛二十罪”。

坡脚镇　本名坡脚塘。1942年设镇，即今贵州安龙县南九十里坡脚乡。

坡斯坎　亦作波斯坎、坡斯坎木、坡斯恰木。即今新疆泽普县。1921年置泽普县于此。《清一统志·叶尔羌》：坡斯恰木“在叶尔羌城东南七十里”。

坶邑　一作牧邑、姆野。在今河南淇县西南、卫辉市（旧汲县）东北。

坶野　即牧野。在今河南淇县西南、卫辉市（旧汲县）东北。《水经·清水注》：仓水“俗谓之雹水，东南历坶野。自朝歌以南，南暨清水，土地平衍，据皋跨泽，悉姆野矣”。又引《竹书纪年》曰：“周武王率西夷诸侯伐殷，败之于姆野。”

者卜河　在今贵州盘县东南。《明一统志》卷88普安州：者卜河“源出杨那山，下流为磨溪，下流入盘江。其地四时常暖，土人冬月迁居其旁”。

者马河　在今贵州关岭布依族苗族自治县西北。《清一统志·安顺府》：者马河“在永宁州（今永宁镇）西北六十里。即者卜河之讹也。自安南县（今晴隆县）流入境，下流注于盘江”。

者牙寨 即者亚寨。在今贵州麻江县东南宣威镇。万历《贵州通志》卷20载巡抚舒应龙《剿平者牙叛苗疏》。

者功关 即今云南富民县西北二十六里者北。明为者功关，见《徐霞客游记·滇游日记四》。

者乐甸长官司 明永乐元年（1403）置，直属云南都司，后改属云南布政司。治所在者岛（今云南镇沅彝族哈尼族拉祜族自治县东北五十四里恩乐镇）。清雍正五年（1727）改恩乐县。

者扛汛 在今广西南丹县西北者麻村，接贵州省荔波县界。清设经制外委驻防。

者亚寨 又作者牙寨。即今贵州麻江县东南宣威镇。《明史·贵州土司传》："又有黑苗曰夭漂者，在湖、贵、川、广界，与者亚鼎足居。万历六年，夭漂请内附，都御史遣指挥郭怀恩及长官金篆往问状，而阻于者亚，乃远从丹彰间道通夭漂。会苗坪、党银等亦以格于者亚不得通，都御史王缉遣使责者亚部长阿斗。……七年，者亚阿斗以反诛。"万历《贵州通志》卷20载巡抚舒应龙《剿平者牙叛苗疏》称："恶苗阿韶、乐三等住者牙大寨为巢穴，借瓮城等寨为爪牙，不纳粮差，抗拒本管，专事寇盗。""者亚"为苗语"整雅"的音译，意为梨树或梨。

者达堡 北宋置，属巩州。在今甘肃通渭县西南。后废。

者达寨 在今云南镇沅彝族哈尼族拉祜族自治县境。《方舆纪要》卷116镇沅府引《滇纪》："永乐初，攻石崖、者达寨，外夷整线来降。"

者多簇长官司 明洪武十四年（1381）置，属松潘卫。治所在今四川黑水县境。后废。

者米 在今云南金平苗族瑶族傣族自治县西一百八里。清代为建水州辖十五勐之一，康熙二十一年（1682）设掌寨。

者岛山 在今云南镇沅彝族哈尼族拉祜族自治县东北恩乐镇北。《清一统志·镇沅州》引《云南通志》："者乐甸司治在其上。峰峦耸秀，为司治后山。"

者帖列山卫 明永乐六年（1408）置，属奴儿干都司。在今俄罗斯哈巴罗夫斯克边疆区黑龙江下游支流阿纽依河以北地区。后废。

者线蒙庆甸军民府 元至顺二年（1331）降蒙庆宣慰司置，属云南行省。治所在今泰国北部昌盛。至正二年（1342）废。明洪武十五年（1382）复置蒙庆府，后废。

者洪汛 在今云南广南县北，接广西界。清有外委把总驻防。

者海 即今云南会泽县东北者海镇。清属会泽县，置巡司于此。

者章硬寨 在今云南镇沅彝族哈尼族拉祜族自治县西南。《方舆纪要》卷116镇沅府：者章硬寨"在府西南。正统五年，麓川败酋思任发屯孟罗大掠，据者章硬寨，木昂督兵进克之，贼宵遁威远州"。

者蓝 在瑞丽江南岸、今缅甸境内。明初曾为麓川平缅宣慰司治。傣语"者蓝"意为"百万之城"。

者鹞山 在今云南富宁县东南九十里。《明一统志》卷87广南府：者鹞山"在富州东南九十里。高可二百仞，怪石槎枒"。

顶山 ①在今山西榆社县西北。《方舆纪要》卷43榆社县："顶山在县西北八十里，峰峦特起，冠于群山。"

②在今江西寻乌县东南。《方舆纪要》卷88赣州府长宁县：顶山在"县东南五十里，接闽广之交。双峰耸翠，飞瀑中悬"。

③在今广东平远县北。《方舆纪要》卷103平远县"五子石山"条内："县北五十里有顶山，亦高胜。产葛，土人采以为布。"

④在今广西宾阳县东北。《舆地纪胜》卷115宾州：顶山"在州南五里。《旧经》云：相传陆贾曾过此山"。《方舆纪要》卷109宾州：顶山"在州（治今新宾镇）南五里"。

顶心坡 亦名点心山、观音坡。在今四川峨眉山市西南峨眉山万年寺北。南宋范成大《吴船录》卷上："同行则用山中梯轿，出白水寺侧门，便登点心山。言峻甚，足膝点于心胸。"清嘉庆《四川通志》卷17峨眉县：观心坡"即顶心坡。一名点心坡，在万年寺上"。

顶真 在今云南勐海县西南。清设土便委。

顶效汛 即今贵州兴义市东北六十里顶效镇。清有把总驻防。

顶营长官司 明洪武十九年（1386）置，属永宁州。治所在今贵州关岭布依族苗族自治县西十二顶营司。清以后废。

顶营寨 元置，在今贵州关岭布依族苗族自治县西十二里顶营司。明洪武十九年（1386）改置顶营长官司。

顶蛳山遗址 在今广西南宁市邕宁区（蒲庙镇）新新村九碗坡地。遗址面积5000平方米，是广西境内保存面积最大、出土遗物遗迹最丰富、最有代表性的新石器时代的贝丘遗址之一。遗址分居住区和墓葬区。在墓葬区清理墓葬三百二十一座，出土人骨骸四百多具，葬式有仰身、侧身、俯身屈肢葬及屈肢蹲葬等多体形式的屈肢葬，还存在肢解葬，出土的细小石器及数量较多的陶器均为广西同类贝丘遗址中首次发现。此外，还发现成排、有规律的柱洞，表明其为长方形干栏式建筑，在广西史前考古中首次得以确定，对探讨广西史前人类的居住形式及干栏建筑的起源与发展具有重要价值。文化遗存可分为四期，其中第二、三期被学术界命名为"顶蛳山文化"，年代距今8000—7000年左右，为遗址的主要堆积。第一期新石器时代早期遗存。第四期已进入新石器时代晚期，年代距今6000—5000年。顶蛳山遗址清楚的地层关系，揭示了邕江流域贝丘遗址早、中、晚期文化的内涵和发展演进历程，对认识广西及南方地区史前贝丘遗址文化的特征和内涵，构建这一地区史前文化的基本框架和序列，揭示不同于黄河、长江流域的自然环境中人类如何生存发展的模式，探讨史前华南与东南亚地区的文化交流和人与自然的互动关系等，均具有重要意义。2001年定为全国重点文物保护单位。

顶湖山　即今广东肇庆市东北四十里鼎湖山。《明一统志》卷81肇庆府：顶湖山“山势雄峻，为一方之镇山。顶有湖”。《清一统志·肇庆府》：顶湖山“道书以为第十七福地，东北有飞泉洞，瀑布飞流如万斛珠。上有方石，下有鹰打潭”。

势江　在今广西恭城瑶族自治县东南。《明史·地理志》恭城县：“又东有势江。”《清一统志·平乐府一》：势江“在恭城县东四十里。源出仲家瑶洞中，流合乐川”。

势江源　在今广西恭城瑶族自治县东南势江村。明置巡司于此。

幸丘山　在今云南禄劝彝族苗族自治县北。《方舆纪要》卷116禄劝州：幸丘山“在故易笼县（今云龙镇）东北。四面陡绝，顶有三峰，可容数万家。昔为罗婺寨。有天生城，牢不可破”。

其　又作曩。商至春秋时诸侯国。治所在今山东莒县北。

其山　在今山东费县东南五十里。东泇水发源于此。清光绪《山东通志》卷25作“旗山”。

其河　在今河南确山县东南三十五里。《方舆纪要》卷50确山县：其河“源出横山，东流入真阳县（今正阳县）境，合塘下沟河而入于汝”。

其宗　即今云南维西傈僳族自治县东北境其宗。明、清为其宗土千总王氏驻地。清设其宗汛。纳西语“其宗”意为江河汇流处。

其宗喇普　即今云南维西傈僳族自治县东北其宗。清雍正七年（1729）置其宗喇普土把总。

其常县　唐置，属长州。治所在今越南河南省或太平省境。后废。

其章县　亦作奇章县。南朝梁普通六年（525）置，为哀戎郡治。治所在今四川巴中市东北三十里奇章村。《寰宇记》卷139其章县：“以县东八里其章山为名。”隋属清化郡。唐武德初属巴州。宝历元年（825）省，大中元年（847）复置。北宋熙宁五年（1072）废入曾口县。有古城遗址。

其章郡　①北魏景明中置，属巴州。治所在今四川南江县北。西魏废。

②北魏正始中置，寄治梁州（今陕西汉中市）。北周天和五年（570）治所在符阳县（今四川通江县西北涪阳镇）。辖境相当今四川通江县西北地。隋开皇三年（583）废。

其章镇　亦作奇章镇。北宋于废其章县置，属曾口县。在今四川巴中市东北奇章乡。

其塔木　亦作奇塔穆木街、旗塔木。即今吉林九台市东北其塔木镇。清光绪《吉林通志》卷15吉林府：正北“一百五十五里奇塔穆木街，街西有大桥通伯都讷厅及长春府等大路”。民国熊知白《东北县治纪要》吉林永吉县：“县属旗塔木，在县市西北一百四十里。”“其塔木”，满语意为光杆树。

取虑县　战国秦置，属泗水郡。在今安徽灵璧县东北七十四里高楼镇潼郡村。西汉属临淮郡。东汉属下邳国。三国魏属下邳郡。西晋属下邳国。北魏属临潼郡。北齐并入睢陵县。

苦兀　又作苦夷。即元骨嵬。分布在今俄罗斯萨哈林岛（库页岛）上的民族。明《寰宇通志》卷116：“苦兀在奴尔干海东，……其邻有吉里迷。”明于岛上设囊哈儿、兀烈河、波罗河等卫，归属于奴儿干都司。清代称库野或库叶，并为同音异译。

苦叉　一作曲先、苦先。即今新疆库车县。《元史·地理志·西北地附录》有苦叉。

苦水　即今宁夏南部清水河。《水经·河水注》：高平川“即苦水也，水出高平川大陇山苦水谷。建武八年世祖征隗嚣，吴汉从高平第一城苦水谷入，即是谷也”。

苦水村　在今河北深泽县东南，南接束鹿县界。《方舆纪要》卷12深泽县：苦水村在“县东南十五里。相传光武尝经此，饮水而苦，因名”。

苦水河　①亦名葫芦河、高平川。即今宁夏固原市、同心县境清水河。《水经·河水注》：高平川水“即苦水也。水出高平大陇山苦水谷，东北流径高平县故城东，……又北出秦长城，又西北流径东西二土楼故城门北……又北径廉城东……又北入于河”。《清一统志·平凉府一》：高平水“在固原州东。源出州西南，北流入宁夏府中卫县界，亦名蔚茹水，又曰葫芦河，即今清水河也”。

②即今甘肃东部、宁夏南部之葫芦河。《清一统志·平凉府》“陇水”条：“苦水河，源出固原州西大六盘山，南流入静宁州界，经州西三里，又南流十里，与甜水河会，即瓦亭水也，亦名武延川。”

苦水驿　清光绪年间置，在今新疆哈密市东南苦水。清宣统《新疆图志》卷80哈密厅：苦水驿，“回语呼阿及他苏”。

苦水墩　在今甘肃武威市西。《方舆纪要》卷63凉州卫“扒里砦”条内：苦水墩“在卫西。嘉靖初，官军大破西海寇于此”。

苦成　春秋晋邑，在今山西运城市东北。《左传》：成公十四年（前577），“卫侯飨苦成叔。宁惠子相。苦成叔傲。宁子曰：苦成家其亡乎……”。《国语·鲁语一》：“苦成叔家欲任两国而无大德，其不存也，亡无时矣。”

苦夷　亦作苦兀。即库页岛。今俄罗斯萨哈林岛。明永乐《永宁寺记》：亦失哈等“自海西抵奴儿干及海外苦夷诸民，赐男妇以衣服器用，给以谷米，宴以酒馔，皆踊跃欢忻，无一人梗化不率者”。宣德《重修永宁寺记》：奴儿干“有女直或野人、吉列迷、苦夷”。

苦先城　即苦叉。今新疆库车县。《元史·耶律希亮传》：中统年间，耶律希亮“由苦先城至哈喇火州”。

苦竹口隘　在今浙江青田县西北八十里古竹村。《方舆纪要》卷94处州府丽水县：苦竹口隘“在府南二十里，路出青田水口。《闻见录》：由苦竹口至青田水道一百二十里”。

苦竹山　在今浙江平湖市东南。《明一统志》卷39嘉兴府：苦竹山“在平湖县东南二十九里。上有天妃宫”。

苦竹市　①明置，即今浙江武义县南二十里古竹村。《明史·地理志》金华府武义县：“西有苦竹市。”《方舆纪要》卷93武义县：苦竹市“路出宣平、丽水，此其驻顿处”。

②在今江西乐安县西北。《方舆纪要》卷86抚州府乐安县：苦竹市“或云在县西北。有苦竹水经此，西入新淦县界”。

苦竹关　在今贵州遵义县南。《明史·李应祥传》：万历二十八年（1600），讨杨应龙乱，镇雄土官陇澄“遣部将刘岳、王嘉猷攻拔苦竹关及半坝岭”。

苦竹坝　在今四川会东县城附近一带。清雍正七年（1729）置巡司于此。

苦竹岭　①在今福建仙游县西北苦竹。明属永春县。《方舆纪要》卷99泉州府永春县：苦竹岭“在县东，接仙游县界。嘉靖四十一年，倭自仙游来犯，义兵拒却之于此”。

②在今福建宁化县北。《方舆纪要》卷98汀州府宁化县：苦竹岭在“县北九十里。岭甚高，多产苦竹”，故名。

苦竹城　在今浙江绍兴市西南。《越绝书》卷8：“苦竹城者，句践伐吴还，封范蠡子也。”唐李峤有《早发苦竹馆》诗。

苦竹派　又名古竹。即今广东紫金县西南古竹镇。西隔东江与博罗县为界。明于此置宽仁里巡检司，后迁至桃子园。清为汛，有外委把总驻防。

苦竹派站　元置，在今广东紫金县西南古竹镇。明改为驿。

苦竹堡　明置，在今广西藤县西南。《方舆纪要》卷108藤县：苦竹堡“在县南三十里”。

苦竹港　在今江西浮梁县北。《方舆纪要》卷85浮梁县：苦竹港“源出县北百二十里之苦竹岭，东南流，合北港水，至县北入昌江”。

苦竹隘　亦作苦竹寨。南宋置，在今四川剑阁县（下寺镇）南剑门关西第二道关隘上。《元史·宪宗纪》：八年（1258）十月，“帝驻跸剑门。戊子，攻苦竹隘”，即此。《方舆纪要》卷68剑州：苦竹隘，“《志》云：在小剑山顶，四际断崖，前临巨壑，孤门控据，一夫可守。宋置戍于此”。

苦竹滩　亦名苦竹洲。在今江西丰城市西南十里赣江东岸富竹洲。《陈书·周文育传》：永定初，广州刺史萧勃举兵逾岭，“又遣其别将欧阳頠顿军苦竹滩”，即此。《寰宇记》卷106洪州丰城县：苦竹洲“在上游十里许，洲多竹”。

苦竹寨　宋置，属政和县。即今福建政和县西北苦竹林。元废。

苦汗城　唐西域尸弃尼国（识匿国）都城。在帕米尔西部喷赤河东岸舒格南（今属塔吉克斯坦）。《新唐书·西域传》：识匿“初治苦汗城，后散居山谷。有大谷五，酋长自为治，谓之五识匿”。

苦池　一名苦池滩。即今山西运城市东北二十五里苦池水库。《寰宇记》卷46安邑县：“苦池在县东北一十八里，其水咸苦，牛羊不食，因以名之。亦名红花池。”《方舆纪要》卷41安邑县：苦池“姚暹渠自夏县合众渠之水，汇流于此，亦名苦池滩。又西入解州境”。

苦县（苦 hù）　春秋楚置，治所即今河南鹿邑县。《史记·老子韩非列传》：“老子苦县厉乡曲仁里人。”秦属陈郡。西汉属淮阳国。东汉属陈国。东晋咸康三年（337）改为谷阳县。

苦岘山　在今浙江安吉县（递铺镇）西南境。《方舆纪要》卷91孝丰县：苦岘山“一名苦山，以登陟峻阻也，与江南广德州接境”。

苦陉　战国中山邑，后属赵。在今河北定州市东南邢邑镇。《史记·张耳陈馀列传》：陈馀“数游赵苦陉”，即此。赵置苦陉县。

苦陉县　战国赵置，秦属恒山郡。治所在今河北定州市东南邢邑镇。西汉属中山国。《后汉书·杜茂传》：建武二年（26），杜茂“更封苦陉侯”。即此。东汉章帝改名汉昌县。

苦岭关　在今安徽广德县南七十里，接浙江安吉县界。《宋史·岳飞传》：南宋建炎四年（1130），“诏讨戚方，飞以三千人营于苦岭。方遁，俄益兵来，飞自领兵千人，战数十合，皆捷”。《明史·地理志》广德州：“又东南有苦岭关，路通浙江安吉州。”

苦怜站　元置，在今黑龙江省讷河市西南拉哈镇。元《析津志》天下站名：“撚站百二十（里）苦怜。”明废。

苦法　即今伊拉克巴格达南纳杰夫。《元史·地理志·西北地附录》有“苦法”。

苦练坪　在今贵州湄潭、瓮安二县境。《明史·陈璘传》：万历二十八年（1600），由偏桥进军，“诸军为浮桥渡（乌）江，知贼将张佑、谢朝俸、石胜奉等营七牌野猪山，璘即夜发抵苦练坪。前锋与战，后军至，夹击之”。

苦草镇　即今福建龙岩市。《清一统志·龙岩州》“龙岩故城”条称：“县治旧名苦草镇。”

苦泉　在今陕西大荔县北。《元和志》卷2同州朝邑县：苦泉“在县西北三十里许原下，其水咸苦，羊饮之，肥而美。今于泉侧置羊牧，故谚云‘苦泉羊，洛水浆’”。《新唐书·高宗纪》：永徽二年（651），“以同州苦泉牧地赐贫民”。

苦盏城　即忽毡城。西辽属地。今塔吉克斯坦北部苦盏。元耶律楚材《西游录》：塔剌思城“又西南四百余里有苦盏城”。

苦烈儿温都儿斤 即今内蒙古额尔古纳市西黑山头。《元史·特薛禅传》：“初，弘吉剌氏族居于苦烈儿温都儿斤、迭烈木儿、也里古纳之地。岁甲戌（成吉思汗九年，1214），太祖在迭蔑可儿时，有旨分赐按陈及其火忽、册第农土，农土犹言经界也。若曰‘是苦烈儿温都儿斤，以与按陈及哈撒儿为农土’。”

苦峪城 又名锁阳城。即今甘肃瓜州县东南锁阳城镇。为汉、晋冥安县故址。明宣德十年（1435）移沙州卫部众于苦峪，正统六年（1441）建城，未几部众入居塞内甘州。天顺后城为哈密卫部众所居。《明史·西域传》：成化十年（1474），“土鲁番久据哈密，朝命边臣筑苦峪城，移哈密卫于其地”。清代因昌马河上源支流改道，城遂废弃。今遗址尚存。

苦酒城 在今江苏苏州市吴中区西南二十里。南宋范成大《吴郡志》卷8：苦酒城“在鱼城之西南，有故城。长老云：筑以酿酒，今俗人呼为苦酒城”。

苦菜山 一名黄城山。在今河南叶县西南。《水经·氵无水注》：“叶县有方城。郭仲产曰：苦菜、于东之间有小城，名方城，东临溪水。寻此城致号之由，当因山以表名也。苦城即黄城也。”《方舆纪要》卷51叶县：“黄城山在县北十里。一名苦菜山。一名长城山，或以为即方城山。”

苦菜关 当在今贵州湄潭、瓮安、余庆三县境。《明史·陈璘传》：万历二十八年（1600）讨杨应龙乱，率大军由偏桥、龙泉坪司进兵，渡乌江入苦练坪，与据守七牌野猪山之敌激战，“贼败逃深箐，官军遂入苦菜关……进营楠木桥，次湄潭”。

苦溪 指今安徽歙县东南新安江。因有滩三百六十，至为艰阻，号称苦溪。《寰宇记》卷104歙县：苦溪“在县东南。从扬之水东南下抵深渡，名曰八十里苦。其中乱石硪硪，洪港斗折，淙流腾激，其急如箭。虽三峡恶溪，不方其险也，故名苦溪”。

苛村隘 在今广西龙州县西北科甲村。《清一统志·太平府》作“奇村隘”。龙平营有苛村汛，设经制外委驻守。

苛蓝山 亦作可蓝山，都卢山。在今甘肃平凉市西南。《资治通鉴》：南朝宋元嘉六年（429），夏赫连定“败于阴槃，登苛蓝山，望统万城泣曰：先帝若以朕承大业者，岂有今日之事乎！”

若水 ①即今雅砻江及与雅砻江合流后至云南巧家县的一段金沙江。为蜀地至云南西部必经之地。《史记·司马相如列传》：相如略定西夷，“除边关，关益斥。西至沫、若水”，即此。

②在今湖南会同县东。《方舆纪要》卷82会同县“洪江”条下：“又若水，在县东八十里。《志》云，水有两源，一出州北贯保寨旁楠木山下，一出绥宁县界，会为若水，入于洪江。”

若水砦 北宋崇宁二年（1103）置，属靖州。即今湖南会同县东北五十七里若水镇。明置若水巡司，属会同县。

若水镇 即今湖南会同县东北若水镇。《清一统志·靖州》：若水镇“在会同县东八十里。宋置寨，明置巡司。本朝康熙二十六年移驻洪江”。

若邪山 一作若耶山。即今浙江绍兴县东南四十四里化山。越王勾践曾移葬其先君夫镡冢于此。西汉元鼎六年（前111）分道击东越，一军出若邪。《三国志·吴书·刘繇传》裴注：“山阴县民去治数十里有若邪中在山谷间。”《梁书·何胤传》：建武初“胤以会稽山多灵异，往游焉，居若邪山云门寺”。《资治通鉴》：南朝梁大宝元年（550），张彪起兵若邪山讨侯景。均此。

若邪溪 ①即今浙江绍兴县东南之平水江。源出若邪山，北流至绍兴市东入浙东运河。《水经·渐江水注》：“东带若邪溪，《吴越春秋》所谓欧冶涸而出铜，以成五剑。溪水上承嶕岘麻溪，……下注大湖。”

②亦作如邪溪、若耶溪。即今江西宜丰县之耶溪河，南流入锦江。《舆地纪胜》卷27瑞州：若邪溪“在新昌县。一名盐溪。自分宁县界发源，出零江，入上高，东流入蜀江”。此即《史记·东越列传》西汉元鼎六年（前111）分数道伐东越，一支“越侯为戈船、下濑将军，出若邪、白沙”之若邪。《汉书·西南夷·两粤·朝鲜传》作如邪。旧说即浙江绍兴市东南之若邪溪，当误。

若冰泉 在今江苏无锡市西惠山二泉之上。《清一统志·常州府一》：若冰洞“唐僧若冰劚岩得之，故洞及泉并以若冰名”。泉旁有若冰洞。

若县 亦作鄀县。战国秦置，属南郡。治所在今湖北宜城市东南。东汉改为鄀侯国。

若耶大冢 为越王句践祖父夫镡（或作夫谭）的陵墓。在今浙江绍兴市东南。《越绝书》卷8载：越王“夫镡子允常，允常子句践”。又说：“若耶大冢者，句践所徙葬先君夫镡冢也，去县二十五里。”

若耶溪 即今浙江绍兴县东南平水江。源出今浙江绍兴县南龙头岗，北至绍兴市汇入浙东运河。《越绝书》卷11：“赤堇之山，破而出锡；若耶之溪，涸而出铜。”唐李白《采莲曲》：“若耶溪旁采莲女，笑隔荷花共人语。”即此。《寰宇记》卷96越州会稽县：若耶溪“在县东南二十八里……唐吏部侍郎徐浩游之云：‘曾子不居胜母之里，吾岂游若耶之溪。’遂改为五云溪”。溪旁旧有浣纱石古迹，相传西施浣纱于此，故又名浣纱溪。

若厚坞 当在今青海西宁市北。一说在今甘肃武威市南。《晋书·沮渠蒙逊载记》：东晋义熙九年（413），南凉王秃发傉檀来伐，“蒙逊败之于若厚坞”。即此。

若凉城 当在今青海门源回族自治县境。《资治通鉴》：东晋义熙九年（413），“南凉王傉檀伐河西王蒙逊，蒙逊败之于若厚坞，又败之于若凉；因进围乐都”。

若溪水 即箬溪。在今浙江长兴县东。《元和志》卷25长城县：“若溪水，酿酒甚浓，俗称‘若下酒’。”

若溪砦 北宋崇宁三年（1104）置，属沅州。在今湖南芷江侗族自治县西。《方舆纪要》卷81沅州“便溪砦”条下：“又若溪砦，在州西二十里。宋至和中，溪州蛮彭士义作乱，寇辰州界，据守若溪地。既而其兄师晏攻杀之，归若溪地，并以皮白洞来献，洞盖在若溪西也。”

茂山 在今广东江门市新会区西南。《隋书·地理志》：义宁县“有茂山”。《方舆纪要》卷101广州府新会县：茂山在“县西南三十里。一名天台山”。

茂山卫 在今河北易县南。明景泰元年（1450）由保定府（今保定市）移于此。

茂乡镇城 在今河北滦县西七里。《新唐书·地理志》平州马城县：“东有茂乡镇城”，即此。

茂名水 即今广东高州、化州二市境之鉴江。《舆地纪胜》卷116化州：茂名水，“《元和郡县志》云：在石龙县北二十步”。《明史·地理志》化州：“又有陵水、罗水，俱自广西北流县流入，与茂名水合，至吴川县为吴川水，南入海。”

茂名市 1959年以广东省茂名县南部析置茂名市，属湛江专区。1975年升为地级市。2001年设立茂港区。2014年撤销茂名市茂港区和电白县，设立茂名市电白区，区政府驻水东镇海滨大道1号。

茂名县 隋置，属高凉郡。治所即今广东高州市。《寰宇记》卷161茂名县：“以道士潘茂姓名为县名。”另据《新唐书·地理志》茂名县：“以茂名水为名。”唐武德初属高州，贞观元年（627）改属南宕州，八年（634）属潘州。后为潘州治，州废后属高州。永徽元年（650）为潘州治。五代梁开平元年（907）改为越裳县。南汉乾亨七年（923）复为茂名县。北宋开宝五年（972）属高州，景德元年（1004）属窦州，三年（1006）复属高州。元世祖至元初属高州路，大德八年（1304）为高州路治。明洪武七年（1374）废。十四年（1381）复置，为高州府治。民国初为广东高雷道治。1920年直属广东省。1959年撤销茂名县，南部区域改设茂名市，其余乡镇改为高州县。1975年茂名市升为地级市。1993年高州县改设高州市。高州市由茂名市领导。

茂州 唐贞观八年（634）改南会州置，治所在汶山县（今四川茂县）。《元和志》卷32茂州：“以茂滋山为名。”按《旧唐书·地理志》、《舆地纪胜》、《方舆胜览》均作茂湿山。郭子章《郡县释名》四川卷上：茂州“唐名州。北有茂湿山。《方舆胜览》云：山多木，甚茂密，岚气蓊郁，因名茂湿。州之得名以此”。天宝元年（742）改为通化郡，乾元元年（758）复为茂州。辖境相当今四川茂县、汶川、北川等县地。元属吐蕃宣慰司。明属成都府，废汶山县入本州。清雍正六年（1728）升为直隶州，属四川省。1913年降为茂县。

茂州卫 明洪武十一年（1378）置，属四川都司。治所在茂州（今四川茂县）。后废。

茂兴站 清置，在今黑龙江省肇源县西茂兴镇。清西清《黑龙江外纪》卷2：“乌兰诺尔四十五里曰茂兴。”

茂县 1913年改茂州置，属四川西川道。治所即今四川茂县。以茂州为名。1928年直属四川省。1958年改置茂汶羌族自治县，治威州镇（今汶川县）。1963年迁驻凤仪镇（今茂县）。1987年复改茂县。

茂苑 旧长洲县（今江苏苏州市）之别称。西晋左思《吴都赋》：“佩长洲之茂苑。”故长洲有茂苑之称。唐万岁通天元年（696）分吴县置长洲县，取长洲茂苑为名。白居易《长洲曲》诗有“茂苑绮罗佳丽地”句。

茂林 即今安徽泾县西南茂林镇。清嘉庆《泾县志》卷2：冠盖乡辖四都有茂林都。民国升为县属镇。1941年初，国民党军在此伏击北上抗日的新四军，制造震惊中外的“皖南事变”。

茂林岛 即今南海中中国西沙群岛之永兴岛。1935年命名为茂林岛。1947年改名永兴岛。

茂林镇 即今吉林双辽市西北茂林镇。民国《东北年鉴》：四洮铁路谈家堡站下一站为茂林站。

茂明安部 一作毛明安。清内蒙古乌兰察布盟四部之一。成吉思汗弟哈撒儿十六世孙车根始号所部曰茂明安，原居呼伦贝尔，天聪七年（1633）率部归附后金；子僧格，清康熙三年（1664）授札萨克，建一旗。初附牧扎鲁特右翼，二十九年（1690）调防归化城，后遂徙阴山北，定牧爱布哈河（今艾不盖河）源及其以北地区，东西一百里，南北一百九十里。相当今内蒙古达尔罕茂明安联合旗西部地。

茂明安旗 清康熙三年（1664）置，属乌兰察布盟。驻地在今内蒙古固阳县东北怀朔镇西白灵淖。20世纪40年代迁驻喜拉鹙鹉（在今内蒙古达尔罕茂明安联合旗西北）。1952年并入达尔罕旗。

茂都淀 在今山东汶上县西南南旺湖一带。《水经·汶水注》：“汶水自桃乡四分，当其派别之处，谓之四汶口。其左二水双流，西南至无盐县之郈乡城南……又西南径东平陆县故城北……又西径危山南……又西合为一水，西南入茂都淀。”

茂晖场 在今广东湛江市东南乾塘镇。《清一统志·高州府》：茂晖盐场“在吴川县西南四十里。明洪武四年置。本朝康熙六年裁。今复”。设盐课大使于此。

茂峰 又作茂哈达。在今俄罗斯哈巴罗夫斯克边疆区与滨海边疆区东黑龙江北岸，阿穆尔泽特西北。《清一统志·黑龙江》：茂峰“在黑龙江城东南九百里”。

茂陵 ①西汉武帝刘彻的陵墓，在今陕西兴平市东北三十里南位镇茂林村。始建于建元二年（前139）。《汉书·武帝纪》：“后元二年，葬茂陵。”《三辅黄图》："本槐里县之茂乡，故曰茂陵。"并迁守陵户于此置茂陵县。后元二年（前87）武帝死后葬此。为西汉最大的陵墓。西晋潘岳《关中记》云："茂陵高十四丈，方四十步。"今测陵高46.5米，顶部东西长39.5米，南北长35.5米，底部东西长231米，南北长234米。附近有李夫人、卫青、霍去病、霍光等陪葬墓，霍去病墓之大型圆雕石刻最著名。1961年定为全国重点文物保护单位。

②明宪宗朱见深的陵墓。在今北京市昌平区北聚宝山下。明十三陵之一，在裕陵西一里。

茂陵县 ①西汉宣帝时改茂陵邑置，属右扶风。治所在今陕西兴平市东北三十里南位镇茂林村。西晋省入始平县。

②南朝宋大明间置，属扶风郡。治所在今四川剑阁县（下寺镇）西南、普安镇西南三十里。西魏属黄原郡。隋开皇三年（583）废。

茂隆厂 在今云南沧源佤族自治县西北七十二里老厂。清乾隆间吴尚贤曾在此设厂，开采银矿。

茂湿山 亦名湿山。在今四川茂县北。《旧唐书·地理志》："茂州以郡界茂湿山为名。"《方舆纪要》卷67茂州：茂湿山在"州北十二里。林木茂密，常有岚气。《益州记》：江至湿坂而稍大，即此也。唐贞观中，因山以名州。……今山北三里有相公岭，亦曰茂湿岭"。

茂溪 即今福建沙县东北之茂溪及县之东溪。《方舆纪要》卷97沙县：茂溪"在县城东。出将乐县界，绕北乡寨，亦谓之北乡溪。又南流至此，入于太史溪。一名半溪。一名东溪。水盛时，可行小舟"。

龙城 亦作龙城。在今内蒙古乌兰察布市东境。《史记·匈奴列传》：汉元光五年（前130），车骑将军卫青击匈奴，"出谷，至龙城"。即此。

苫山 在今山东东阿县西南。清光绪《山东通志》卷23：苫山"在县（按指东阿县旧治，今平阴县西南东阿镇）西二十里。平地一丘，状如旋螺。旁为雨山，又西为关山"。山下有苫山村。

苫国 今叙利亚之大马士革。唐杜环《经行记》：苫国"在大食西界，周回数千里"。《新唐书·西域传》："大食之西有苫者，亦自国。"

苜蓿冲 一名木星冲。在今湖南凤凰县西四十里。清严如熤《苗疆险要考》谓苜蓿冲"山势耸拔，径路崎岖，西北通生苗寨落"。清有千总驻此。

苴却行政区 1913年析大姚县置苴却行政委员，民国初属云南腾越道。治所在今四川攀枝花市南仁和区仁和镇。1929年改为永仁县。

苴国 春秋战国时国。今四川广元市西南。《史记·张仪列传》：秦惠王时，"苴蜀相攻击，各来告急于秦"。

苴咩赕 又称阳赕。唐南诏中心区十赕之一。为南诏都城阳苴咩城所在地（今云南大理市北二十六里大理古城）。《元混一方舆胜览》："赕，汉语府也。"宋大理废。

苴蚪河 又作苴斗河。在今云南镇雄县南。《明一统志》卷72芒部军民府：苴斗河"在府南二十四里。源出六丈山箐，经阿赫关，合纳冲河，入七星关河"。

苴镇 即今江苏如东县北二十二里苴镇。民国《如皋县志》卷1：苴镇在"县东一百五十里"。

苗 春秋周邑，后为晋邑。在今河南济源市西南。《左传》：襄公二十六年（前547），声子曰："若敖之乱，伯贲之子贲皇奔晋，晋人与之苗。"即此。

苗力 即今云南永胜县东南仁和镇。1913年改为仁里，设县佐于此。1988年改为仁和镇。

苗子塔什 在今帕米尔高原穆尔加布西南。清宣统《新疆图志》卷8引《海英路程记》："波孜纳一百九十里苗子塔什。"即此。后被俄国侵占，今属塔吉克斯坦。

苗帅园 在今河南洛阳市旧城南。为北宋节度使苗授的宅园。《洛阳名园记》称："节度使苗侯既贵，欲极天下佳处，卜居得河南；河南园宅又号最佳处，得开宝宰相王溥园，遂构之。"王溥曾任五代周世宗时宰相，可知此园已有较长的历史。苗帅园因以"景物皆苍老"见胜。

苗民长官司 明洪武十年（1377）置，属思州宣慰司。治所在今贵州思南县南三十八里塘头镇北尧民村。永乐十二年（1414）改属石阡府。清康熙二十三年（1684）废。

苗里水 在今贵州黄平县西南。《方舆纪要》卷121黄平州："苗里水在废重安司西南。出苗里寨，下流入镇阳江。"

苗沙山 在今贵州榕江县西。《方舆纪要》卷121黎平府曹滴洞长官司：苗沙山"在司治西。容江之水出焉。亦曰苗沙洞"。

苗岭 在今贵州省南部。为乌江与西江水系分水岭。山深箐密，其中故为苗族所居，因名。

苗岳镇 在今山西屯留县西。《清一统志·潞安府》"丰仪镇"条下："其北为苗岳镇。"

苗亭 即春秋时苗邑。在今河南济源市西。《水经·河水注》：湨水"历轵关南，径苗亭西，亭故周之苗邑也"。

苗栗县 清光绪十三年（1887）置，属台湾省。治所即今台湾苗栗县。二十一年（1895）被日本侵占，县废。1950年复设苗栗县。据新编《苗栗县志》说：苗栗原为平浦番头加斯族巴丽社的所在地，旧称猫里，为番社巴丽的译转音。巴丽意为平原。

苗家坪 即今陕西子洲县东南苗家坪镇。清光绪《绥德州志》卷2：苗家坪"在城西五十里"。

英 一作英氏。夏代封国。偃姓。在今安徽金寨县东南。《史记·夏本纪》：禹"封皋陶之后于英、六"。《左传》：僖公十六年（前644），"齐人为徐伐英氏"。春秋时为楚所灭。

英山 ①在今湖北英山县东。《明一统志》卷14庐州府：英山“在英山县东五十里。其山峰峦峭拔秀丽，上有井，井上常有云气，望之罕见，见之其年必丰”。县以此山名。

②即浈石山。在今广东英德市东三十里。《方舆纪要》卷102英德县：英山“在县东二十五里。州以此名”。《清一统志·韶州府》：浈石山，“《县志》：有英山在县东三十里。产奇石，盖即古浈石山也”。

③亦名龙洞山。在今重庆市永川区西北二十里。《元和志》卷33永川县：“南面接延陵英山。”《舆地纪胜》卷161昌州：英山洞“在永川县西，去县三十里。山间有石，洞穴深远，延袤数里。穷绝处有一潭，莫测涯涘，高明空阔，各有登陟如楼阁状，行数百步，有龙潭湍激，漂出败蓬破板，疑与江河相接，沟湫竟从后洞出”。《方舆纪要》卷69永川县：龙洞山“一名英山”。今有英山林场。

④在今陕西华县西南三十里。《山海经·西山经》：石脆山“西七十里曰英山”。

英山县 南宋咸淳初置，属六安军。治所即今湖北英山县。明曹学佺《名胜志》：“宋淳祐中始立鹰山寨，咸淳初改名英山。……仍寨名。”清光绪《安徽通志》卷33：英山在“英山县东五十里。山高峰秀，为群山冠，县以此名”。寻废。德祐二年（1276）复置。元属六安州。明崇祯十二年（1639）移治章山（今英山县西北），十六年（1643）移治添楼乡（今英山县北），清顺治初还旧治。民国初属安徽安庆道。1928年直属安徽省。1932年改属湖北省。

英山河 在今湖北英山县西。《明史·地理志》英山县：“西有英山河，湖广浠水之上源也”。《清一统志·六安州》：英山河“源有二，东曰东冚，西曰西冚，皆南流至县西南二里合为一。其并流者有添楼河，俱北出分水岭，西南流入湖北罗田县界，为浠水上源。”

英巨山 在今江西抚州市临川区东。《清一统志·抚州府一》：英巨山“在临川县东三十五里。荀伯子《临川记》：岩内有石人，坐盘石上，体尘秽则兴风，润则致雨，晴则遍体鲜洁，如玉莹净”。

英冈岭镇 亦作阴冈岭镇。即今江西高安市西南英冈岭。《清一统志·瑞州府》：阴冈岭镇“在高安县南六十里。明初置巡司，本朝十二年裁”。

英氏 即英。在今安徽金寨县东南。

英布城 又名兹乡。在今江西鄱阳县西北。《寰宇记》卷107饶州鄱阳县：英布城“汉初筑，以居布”。《方舆纪要》卷85饶州府鄱阳县“武阳城”条：英布城“在府西北百五十里。汉初吴芮筑，以居布。布，芮婿也。汉高十一年，布败于淮南走渡江，为长沙哀王所诱，至番阳，番阳人杀之于兹乡。盖即此地”。

英头山 在今湖南常宁市南十里。《方舆纪要》卷80常宁县：英头山“山峰尖锐，因名”。

英吉沙尔 即今新疆英吉沙县。《清一统志·喀什噶尔》：英吉沙尔“在喀什噶尔城南二百里，提斯衮南一百四十里，逾雅璊雅尔河、库森河至其地。所属地曰赛喇克，又东北境曰察木伦，西北境曰沙玛拉，西境曰特斯比，西南境曰额克资雅尔，地皆要隘”。清祁韵士《西域释地》：英吉沙尔“本名英阿杂尔，又名噶萨尔，后定今名。英吉谓新，沙尔城也。以新立此城名之”。清置领队大臣。

英吉沙尔厅 清光绪八年（1882）置，属甘肃省。治所即今新疆英吉沙县。十年（1884）改属新疆省。1913年改为英吉沙县。

英吉沙县 1913年改英吉沙尔厅置，属新疆喀什噶尔道。治所即今新疆英吉沙县。清祁韵士《西域释地》：“英吉谓新，沙尔城也。以新立此城名之。”1930年属喀什噶尔行政区。后直属新疆省。

英茇山 在今福建南安市西。《方舆纪要》卷99泉州府南安县：英茇山“在县西五十里。山势盘踞数十里，中峰尖而势差伏，旁二峰两翼簸张，如鹰振翼，一名鹰山。下有英洋溪，俗名英溪”。

英机黎国 或译作暎咭利。即今英国。名见清陈伦炯《海国闻见录》。清谢清高《海录》：“英吉利国即红毛番，在佛郎机西南对海。”

英州 五代南汉乾和五年（947）置，治所在浈阳县（今广东英德市）。《方舆纪要》卷102英德县：“英山在县东二十五里，州以此名。”辖境相当今广东英德市地。北宋宣和二年（1120）赐名真阳郡。南宋庆元元年（1195）升为英德府。

英州泊 在今安徽萧县西北五十里。《方舆纪要》卷29萧县：英州泊，“《志》云：其地有城址，中多水，相传昔置州于此。又西北五里为黑沙废县，即故英州附郭县也。元末，其地为水所圮，遂成平陆。今俗呼为雁门泊”。

英安县 1933年12月川陕革命根据地置，治鹰嘴岩（今四川旺苍县东北英萃镇）。1935年4月废。

英克河 即今俄罗斯阿穆尔州东北谢列姆扎河上源谢里特堪河。清乾隆《钦定盛京通志》卷28：英克河在“（黑龙江）城北一千五百里。源出兴安岭，南流入西林穆丹河”。黑龙江将军每三年巡查外兴安岭边界，一路经此。《清高宗实录》卷743：乾隆三十年（1765）八月癸亥，黑龙江将军富僧阿等奏：“往探西里木第河源之协领伟保称：自黑龙江经精奇哩江入西里木第河口，复过英肯河，计水程一千三百五里。自英肯河口行陆路一百八十里至兴堪山。”《清一统志·黑龙江》：英克河“在黑龙江城东北一千五百里。……出东北兴安岭，南流入西林穆丹河”。

英利站 元置，在今广东雷州市南英利镇。明改为英利驿。

英利镇 即今广东雷州市南英利镇。明万历《雷州府志》卷4徐闻县：“英利墟在英利驿城。”清设英利汛，有把总防守。

英邱都 在今海南省临高县西南二十里。北宋时曾为临高县治。《舆地纪胜》卷124琼州：临高县“初治英邱，绍兴初迁于莫村”。

英武山 在今云南师宗县东南南岩。《方舆纪要》卷115师宗州：英武山在“州东八十里。峰峦峭拔，高可千仞。洪武初，设英武驿于其下。山饶盗贼及虎，行人稀阔，驿遂废”。

英武卫 明洪武十一年（1378）置，属中都留守司。治所在今安徽定远县东北四十五里。后废。

英武关 在今云南南华县西。《方舆纪要》卷116镇南州：英武关在“州西七十里。有巡司戍守，亦曰鹦鹉关。《志》云，英武关蹑山脊，越峻阪，箐莽阴翳，行者寒心，为郡境之险”。

英武驿 明洪武初置，属广南府。在今云南师宗县东南南岩。

英果寨 北宋元丰三年（1080）置，设巡司。在今福建尤溪县西。元世祖至元二十一年（1284）自尤溪县徙置于今德化县西北汤头乡。明洪武四年（1371）复还旧址。

英罗县 北宋置，为羁縻智州治。治所在今广西河池市西南。元废。

英罗港 即今广东廉江市西南车板镇西，与广西合浦县交界之英罗港。《清史稿·地理志》石城县：“洗米河，出广西博白，迤南流为英罗港，入海。”

英金河 又作英河、英格河。即今内蒙古赤峰市北英金河及其上游阴河。《清一统志·翁牛特》：英金河“在右翼西北一百五十里。亦曰颖河。源出虾蟆岭，东南流会獐河（今西路嘎河），又东入老河（今老哈河）”。

英格可力驿 清光绪二十五年（1899）置，在今新疆尉犁县东南。宣统《新疆图志》卷81新平县：英格可力驿“有庄。光绪中叶设抚辑招徕局于此”。

英烈屯 原名吴寨。即今山东临清市西南五十里英烈屯。1944年日军侵入吴寨，与抗日部队发生激战，为纪念死难烈士，于当年改名英烈屯。

英烈楼 在今河南安阳县西北五十二里英烈村（原名万感村）。

英峨口城 清建，在今辽宁清原满族自治县东北英额门镇。《清一统志·奉天府二》：英峨边门“在开原县东南，有英峨口城”。

英峨奇盘山 即英额齐盘山。在今新疆莎车、叶城二县西南。《清史稿·兆惠传》：乾隆二十三年（1758）讨大小和卓木之乱，“兆惠念兵寡而（叶尔羌）城大，不任攻，谍言贼牧群在城南英峨奇盘山，乃帅轻骑蹦其牧地，县致贼为野战”。

英家镇 亦作秧家镇。在今广西钟山县西南英家镇。清光绪《广西舆地全图》路平县图：东北有秧家汛。民国《昭平县志》卷1：“英家街在西乡江西岸，离城七十里。”

英雄城 即今河北徐水县西遂城。北魏为南营州及昌黎郡治。《魏书·地形志》南营州：“孝昌中营州陷，永熙二年置。寄治英雄城。”即此。《元和志》卷18遂城县：“后魏孝武帝永熙二年，以韩瓒为营州刺史，行达此城，值卢曹构逆，就置南营州，以瓒为刺史。所部三千余人，并雄武冠时，因号英雄城。”

英温河卫 明永乐六年（1408）置，属奴儿干都司。治所在今俄罗斯滨海边疆区兴凯湖西南扪河流域。后废。

英豪 即今河南渑池县西英豪镇。该站有陇海铁路支线通矿区。

英豪煤矿支线 从河南渑池县西英豪站至矿区。长45.1公里。为陇海铁路支线。1937年建成。

英豪镇 即土壕铺。今河南渑池县西二十四里英豪镇。民国《渑池县志》卷1：西区有“英豪镇”。原名土豪。清康熙四十二年（1703）巡抚徐改英豪。

英德市 1994年撤销广东省英德县，改设英德市，市人民政府驻英城镇。由清远市代管。

英德州 元世祖至元二十三年（1286）降英德路置，属江西行省。治所在真阳县（今广东英德市）。辖境相当今广东英德市及翁源县地。大德四年（1300）复改英德路。至大初又降为英德州。明洪武二年（1369）改为英德县。

英德县 明洪武二年（1369）改英德州置，属韶州府。治所即今广东英德市。民国初属广东岭南道。1920年直属广东省。1994年改设英德市。

英德府 南宋庆元元年（1195）升英州置，治所在真阳县（今广东英德市）。辖境相当今广东英德市地。元世祖至元十五年（1278）改为英德路。

英德路 元世祖至元十五年（1278）改英德府置，属江西行省。治所在真阳县（今广东英德市）。辖境相当今广东英德市及翁源县地。至元二十三年（1286）降为英德州。大德四年（1300）复升为路。至大元年（1308）又降为英德州。

英潮港 在今海南省东方市北昌化江口。旧属昌化县。明正德《琼台志》卷6：昌化县有“英潮港”。港口海船可以寄碇，港外四更湾、马头湾下有暗沙，最号险阻。

英额门 一作英峨门。清柳条边门之一。即今辽宁清原满族自治县东北英额门镇。《清一统志·奉天府二》：英峨边门“在开原县东南，有英峨口城，南至兴京边界十五里。又南至兴京边门二百十里”。

英额齐盘山 亦作英峨奇盘山。在今新疆叶城县西南与莎车县交界地带。《清一统志·叶尔羌》：英额齐盘山“在叶尔羌西南英额齐盘西十里，与裕勒阿里克山东西相望，俱在叶尔羌河西境，南为裕勒阿里克山”。

英额池 一作殷格池。即今青海天峻县西北与德令哈市交界处之哈拉湖。蒙古语意为“黑海子”。《清史稿·地理志》：青海和硕特北右末旗有英额池，“池周一百五十余里，其水东南流，会于喀喇锡纳河”。

英额岭　在今吉林龙井市西北、和龙县北界上，为长白山脉东支。清光绪《吉林通志》卷19：“英莪，（满语）野葡萄也。与英额同。”

英额埠镇　即今吉林通化县西北英额布镇。《清史稿·地理志》：通化县旧设马拨“西哈马河、快当帽子、英额布、欢喜岭、半截拉子，入兴京”。

苲领山　在今广东英德市西北。《续汉书·郡国志》浈阳县：“有苲领山。”

茌山　在今山东茌平县东北。《清一统志·东昌府一》：茌山“土脉赤坟，横亘五百余步。《府志》：相传金、元时取土筑城，其山遂平”。

茌山驿　在今山东茌平县东。《方舆纪要》卷34仕平县：“茌平驿在县东。县当往来之冲，因置马驿于此。”

茌平县　东汉改茬平县置，属济北国。治所在今山东茌平县西南。三国魏属平原国。《水经·河水注》：“应劭曰：茌，山名也。县在山之平地，故曰茌平也。”北魏徙治鼓城（在今齐河县西南）。北齐废。隋开皇初复置，属贝州。大业初属清河郡。唐初属博州，贞观八年（634）省入聊城县。金天会中复置，属博州。治所即今茌平县。元属东昌路。明、清属东昌府。民国初属山东东临道。1925年属东昌道。1928年直属山东省。

茌县　东汉改茬县置，属泰山郡。治所在今山东济南市长清区东南三十里张夏镇。三国魏改置山茌县。

茌眉戍　北魏置，在今安徽怀远县西北。《南齐书·崔祖思传》：南齐建元二年（480），“虏（指魏人）攻钟离，崔文仲击破之。又遣军主崔孝伯等过淮攻拔虏茌眉戍”。即此。

茌港市　即今江西南昌县（莲塘镇）东南茌港街。清同治《南昌府志》卷6：茌港市“距（南昌）城六十里。地临大河，上通抚、建，下达省会，地密人稠”。清末于此置水陆汛。

苻关　亦名笮关。即今四川合江县。《汉书·西南夷两粤朝鲜传》：武帝建元六年（前135），“拜（唐）蒙以郎中将，将千人，食重万余人，从巴苻关入，遂见夜郎侯多同”。即此。

苻坚城　唐置，属维州。在今四川理县东北境。《新唐书·地理志》：维州“有苻坚城”。《寰宇记》卷80霸州：“大聋山、小聋山，在州西北一十里，号苻坚城。”

苻坚墓　在今陕西彬县西南二十里水国镇西。为十六国时期前秦国王苻坚的陵墓。墓碑上书“前秦国王苻坚之墓”，为清乾隆年间陕西巡抚毕沅立。

苻离县　即符离县。治所在今安徽宿州市北二十八里老符离集。《资治通鉴》：唐咸通十年（869），康承训讨庞勋，张玄稔“直趋苻离”。即此。

苻融垒　在今河北阜城县东北。《元和志》卷17阜城县：“苻融垒在县东北二十四里。”《方舆纪要》卷13阜城县：苻融垒，“《志》云：苻坚灭燕，遣融引军东略，尝屯于此，因名”。

苽陂镇　一作瓜波。北宋置，属上蔡县。即今河南上蔡县北四十二里华陂镇。

荀中县　西汉元封元年（前110）置，属珠崖郡。治所在今海南省澄迈县东北美亭工作站东北隅。初元三年（前46）废。

荀公谷　或作荀公谷，一名荀公涧。在今河南洛宁县西南。《宋书·柳元景传》：庞季明“还卢氏，据险自固。顷之，招卢氏少年进入宜阳荀公谷”。

荀头原　在今甘肃平凉市东。《晋书·苻登载记》：东晋太元十四年（389），苻登攻姚苌将吴忠等于平凉，克之，“进据荀头原，以逼安定”。即此。

荀径（逕）山　在今广东云浮市东北。《方舆纪要》卷101东安县：荀径山“在县东北。山高广，大湾水出焉”。

荀堂集　即今河南新密市东南三十八里荀堂镇。清尹耕云《豫军纪略》卷3：咸丰七年（1857）十一月，“马队追贼至密县之荀堂集”。

荀屚县　亦作荀漏县、句漏县、句屚县。西汉置，属交趾郡。治所在今越南河西省石室县。隋废。

荀漏县　即荀屚县。治所在今越南河西省石室县。《续汉书·郡国志》作“荀漏县”。

茆山河　在今浙江杭州市城区。宋《淳祐临安志》卷10：“东自保安水门，向西过榷货务桥，转北过茆山井蒲桥，至梅家桥曰茆山河。”苏轼《请开河奏状》谓“南抵龙山浙江闸口、北出天宗门”之茆山河，即此。南宋时南半段已堙塞，民国时全堙。

茆头镇　北宋置，属富顺监。即今四川自贡市南永安镇（毛头铺）。《元丰九域志》卷7富顺监：茆头在“监西九十里”。

茆城　在今安徽舒城县东南二十里。《方舆纪要》卷26舒城县“周瑜城”条下：“又东南二十里曰茆城。相传曹操尝屯兵于其地，因筑此城。”

茆薙团　元置，属庆远南丹安抚司。治所在今广西环江毛南族自治县西北茅滩。明废。

苑川水　即今甘肃榆中县境、黄河支流苑川河。《水经·河水注》：“苑川水出勇士县之子城南山，东北流历此成川，世谓之子城川。又北径牧师苑，故汉牧苑之地也。”即此。

苑川西城　一名勇士城。十六国西秦之都城。在今甘肃榆中县东北夏官营镇上堡子村西，苑川河西岸的台地上。《水经·河水注》：“苑川水出勇士县之子城南山，东北流历此成川，世谓之子城川，……有东西二苑城，相去七里，西城即乞佛所都也。”

苑川县　十六国前秦甘露元年（359）置，治所在今陕西宝鸡市东十五里。西魏大统十六年（550）移治汉陈仓故城（今宝鸡市东二十里渭水北岸），改名陈仓县。

苑川城　①在今陕西宝鸡市东。《晋书·乞伏国仁载记》：晋咸和初，鲜卑族乞伏述延“讨鲜卑莫侯于苑川，大破之，降其众二万余落，因居苑川”。《方舆纪要》卷55凤翔府宝鸡县载：苑川城“其城本在今靖远卫界……后魏移置于陈仓故城。正光末，萧宝寅击秦州贼莫折天生，破苑川，即故陈仓城也”。

②即苑川西城。十六国西秦之都城。

苑川郡 十六国西秦乞伏国仁置，治所在苑川城（今甘肃榆中县东北）。夏赫连定废。

苑乡县 十六国后赵置，属广平郡。治所在今河北任县东北十八里。北魏废。《方舆纪要》卷15任县：苑乡城“本汉南䜌县地，后为闲厩之所，谓之苑乡”。

苑乡城 ①在今河北任县东北十八里。《晋书·石勒载记上》：永嘉六年（312），“广平游纶、张豺拥众数万，受王浚假署，保据苑乡。勒使夔安、支雄等七将攻之，破其外垒”。又《石勒载记下》：太兴年间，“勒如苑乡，……召记室参军徐光，光醉不至。……勒自苑乡如邺”。即此。后赵石氏于此置苑乡县。

② 在今河南沁阳市北。《水经·沁水注》：“丹水又西迳苑乡城北，南屈东转迳其城南，东南流注于沁，谓之丹口。”

苑仓 又名太仓。故址在今江苏南京市内古苑城中。唐许嵩《建康实录》卷2：三国吴赤乌三年（240），“使左台侍御史郗俭监凿城西南自秦淮北抵仓城，名运渎”。其下注曰：“建康宫城即吴苑城，城内有仓，名曰苑仓，故开此渎通转运于仓所，时人亦呼为仓城。晋咸和中，修苑城为宫，惟仓不毁，故名太仓。在西华门内道北。”

苑汤州 唐龙朔元年（661）置，属月支都督府，治所在拔特山城（今阿富汗东北部法扎巴德东北巴达克山中）。8世纪中废。

苑城 ①又名台城。三国吴筑。在今江苏南京市鸡鸣山南，乾河沿北。为东吴的皇家花园。《晋书·成帝纪》：东晋咸和五年（330），“作新宫，始缮苑城”。同书《苏峻传》：咸和三年（328）苏峻作乱，“使怀德令匡术守苑城，……匡术举苑城降”。即此。

②即今山东邹平县东北苑城镇。《方舆纪要》卷31长山县：“苑城在县（今长山镇）北二十里。相传齐桓公筑苑于此。旧有苑城店。”

苑桥 在今江苏苏州市干将路东端，跨平江河。《吴地记》曰：“夏驾湖，寿梦盛夏乘驾纳凉之处，凿湖为池，置苑为囿，故今有苑桥之名。”宋范成大《吴郡志》亦载：“苑桥，在报恩光孝寺之西，故传有阖闾苑囿在其旁。”

苑陵县 ①秦置，属颍川郡。治所在今河南新郑市东北三十里。西汉属河南郡。西晋属荥阳郡。后废。东晋义熙末复置。北魏泰常八年（423）徙治于今新郑市东北三十五里，仍属荥阳郡。东魏天平初属广武郡。隋开皇初属郑州。大业初废入新郑县。

②唐武德四年（621）置，属洧州。治所在山氏城（今河南尉氏县西南）。贞观元年（627）废。

苞山 即包山。今江苏苏州市西南太湖中洞庭西山。西晋左思《吴都赋》：“指苞山而为期，集洞庭而淹流。”刘逵注：“班固曰：洞庭，泽名。王逸曰：太湖在秣陵东，湖中有苞山，山中有如石室，俗谓洞庭。”《水经·沔水注》：“具区方圆五百里，湖有苞山。”即此。

苞中县 东晋义熙中改褒中县置，属汉中郡。治所在今陕西汉中市西北打钟寺。南朝宋废。

苞水 ①即泡河。在今江苏丰县北。《水经·泗水注》：“（泡）水上旧有梁，谓之泡桥。”《宋书·索虏传》：元嘉中，魏将步尼公屯留城，与宋将稽元敬遇，引兵“趋苞桥。至，欲渡清西，沛县民烧苞桥，夜于林中击鼓。虏谓官军大至，争渡苞水，水深，溺死殆半”。

②即今安徽西北部浍水支流包河。《水经·淮水注》：苞水“出谯城北自汀陂，陂水东流径酂县南，又东径郸县故城南，又东径嵇山北，苞水东流入涣”。《清一统志·颍州府》：苞水“在亳州东北五十里。源出州北舒安湖，东流入河南归德府永城县界”。东南入浍水。

苞孚县 唐天祐中改褒信县置，属蔡州。治所即今河南息县东北七十里包信镇。北宋复为褒信县。

苞茅山 在今湖南麻阳苗族自治县东南茅坪村。《元和志》卷30麻阳县：“苞茅山，产茅，有刺而三脊。”《方舆纪要》卷81麻阳县“龙门山”条下：“又苞茅山，在县东九十里。产茅三脊，可以缩酒。相传楚贡苞茅，盖出于此。”

苞信县 ①又作褒信。东晋侨置，属新蔡侨郡。治所在今江西九江市境内。南朝宋属南新蔡郡。南齐后废。

②南齐改西苞信县置，属北新蔡郡。治所在今河南商城县西。梁为义州义城郡治。隋开皇初改为殷城县。

③亦作包信县。南朝宋改褒信县置，属豫州新蔡郡。治所在今河南息县东北包信镇。隋大业初复名褒信县。

④南朝宋侨置，为南新蔡侨郡治。治所在今湖北黄梅县西南。梁废。

⑤南朝梁置，属长陵郡。治所在今河南息县东北包信镇。北齐废。

苞桥 亦作泡桥。在今江苏沛县西跨泡水（今丰水）上。《资治通鉴》：南朝宋元嘉二十七年（450），魏将“步尼公遇（嵇）玄敬，引兵趋苞桥，欲渡清西，沛县民烧苞桥，夜于林中击鼓，魏以为宋兵大至，争渡苞水，溺死者殆半”。

范 ①春秋时晋士会邑，以邑为姓，称范氏。当在今山西屯留县地。《左传》：宣公十六年（前593），“晋士会帅师灭赤狄甲氏及留吁、铎辰”。按留吁、铎辰等在今山西屯留县附近。据赏战功之例，赐士会食邑范，应在此年，范也疑在此县附近。

②在今河南范县东南张庄乡旧城村。鲁哀公时，晋范氏奔齐，居此。《孟子·尽心上》：“孟子自范之齐。”即此。西汉置范县。

范夫人城 在今蒙古国南戈壁省古尔班赛汗山西部哈尔戛音达坂北。《汉书·匈奴传》：征和三年（前90）贰师将军李广利击匈奴，与匈奴战于夫羊句山峡，“汉军乘胜追北，至范夫人城”。应劭注谓“本汉将筑此城，将亡，其妻率众完保之，因以为名”。

范水寨 亦作氾水寨。即今江苏宝应县东南范水镇。《元史·石普传》：至正末，张士诚义军据高邮，石普率官军进击，“普行次范水寨，日未夕，普令军中具食，夜漏三刻，下令衔枚趋宝应”。

范公泉 ①即醴泉。在今山东邹平县西南二十二里。《清一统志·济南府一》：醴泉“又曰范公泉。盖宋范仲淹读书处也”。

②即珍珠泉。在今山东淄博市博山城东。《清一统志·青州府一》：珍珠泉“亦名范公泉，以宋范仲淹读书其侧也”。

范公亭 在今山东青州市西门外阳河畔。北宋庆历间范仲淹知青州时，阳河边出醴泉，遂建亭泉上，后人遂名之曰范公亭。亭后有明建三贤祠，祀宋代青州三任知府范仲淹、欧阳修、富弼。祠后建亭，名后乐亭。亭北范公台上，民国时建澄清轩。院内有历代名人碑刻和唐楸宋槐。

范公堤 即捍海堰。北宋天圣间范仲淹监西溪盐仓场时筑，在今江苏省中部，大致北起大丰市西串场河，经东台市南至南通市通州区（金沙镇）东南余西乡。后人称为“范公堤”。后世屡圮屡筑，并续有增展，北起今江苏阜宁县，南抵今启东市之吕四，长五百八十二里。《舆地纪胜》卷41引《五朝言行录》：“通、泰、海州皆滨海，旧日潮水皆至城下，土田斥卤，不可稼穑。范文正公监西溪仓，建白于朝，请筑捍海堤于三州之境，长数百里，以卫民田。朝廷从之。以文正为兴化令专掌役事，发通、泰、楚、海四州民夫治之。既成，民至今飨其利。兴化之民往往以范为姓。”《方舆纪要》卷23通州：范公堤，“《志》云，堤起自海门吕四场，迄于盐城之徐渎，绕三十盐场之西，去海远者百里，近者数十里。堤之外俱灶户煎盐之地，淡水出则盐课消，故堤以护之。堤以内俱系民户耕种之田，潮水入则田租损，故堤以防之。中间有泄水入海之路，白驹闸口及牛湾河、瓦龙冈，是也”。堤堰以东早已成为农田，阜宁至于东台一段已成为公路。

范仲淹墓 在今河南伊川县东北三十四里彭婆镇许营村北万安山南侧。范仲淹（989—1052），字希文，苏州吴县（今属苏州）人。宋代政治家、文学家。大中祥符进士，先后任西溪盐官、陕西经略副使等职。庆历三年（1043）任参知政事，罢政后任陕西四路宣抚使，后在赴颍州（今安徽阜阳市）途中病死，葬于此。墓前立有“宋参知政事范文正公墓”碑。墓侧有欧阳修亲自撰文的“范文正公神道碑”，其额“褒贤之碑”四字为宋仁宗赵祯所书。墓区建有祠，创于宋，明清重修。现存门楼、祠堂、石坊等。出土有“范文正公墓志铭”为富弼撰文，记述了范仲淹终生的业绩。2006年定为全国重点文物保护单位。

范州水 在今广东佛山市高明区（高明镇）西北。《方舆纪要》卷101肇庆府高明县：范州水在“县（治今明城镇）东三十里。源出灵云山，接府东南百十里之北港水，汇牛围水入仓步水。元至正初，北港水自罗郁港引大江入境，乡民病潦，因塞之。万历九年，滛潦为患，乃复疏浚，谓之腾蛟港”。

范阳县 ①秦置，属广阳郡。治所在今河北定兴县西南四十里固城镇。《汉书·地理志》：“应劭曰：在范水之阳。”故名。《史记·张耳陈余传》：武信君“因使蒯通赐范阳令侯印”。即此。西汉属涿郡。更始三年（25），刘秀为尤来、大枪、五幡所败，归保于此。三国魏属范阳郡。北齐武平七年（576）移治伏图城，在今固城镇北十七里。隋开皇元年（581）改名遒县，更置范阳县于今涞水县，六年改为固安县。

②唐武德七年（624）改涿县置，属幽州。治所即今河北涿州市。大历中为涿州治。明洪武初废入涿州。

范阳陂 在今河北定兴县西南。《水经·易水注》：范阳陂“在范阳城西十里，方十五里，俗亦谓之为盐台陂。陂水南通梁门淀，方三里，淀水东南流出长城注易，谓之范水”。

范阳国 西晋改范阳郡置，属幽州。治所在涿县（今河北涿州市）。辖境相当今河北内长城以东、永清以西、容城以北和北京市房山区以南地区。北魏复改为范阳郡。

范阳郡 ①三国魏黄初七年（226）改涿郡置，属幽州。治所在涿县（今河北涿州市）。《寰宇记》卷70涿州：范阳郡“取汉涿县在范水之阳以为名”。辖境相当今河北内长城以东，永清以西，霸州、保定、紫荆关以北和北京市房山以南地区。西晋改为范阳国，十六国后赵复改为范阳郡。辖境缩小。隋开皇初废。

②唐天宝元年（742）改幽州置，治所在蓟县（今北京城西南隅）。辖境相当今北京市大部、天津市海河以北和河北霸州、雄县部分地。乾元元年（758）复为幽州。

范阳镇 唐方镇名。天宝元年（742）改幽州节度使置，为玄宗时边防十节度之一。治所在幽州（今北京城西南隅）。辖境屡有变动，较长期领有幽、蓟、平、檀、妫、燕等州，约当今河北怀来、永清、北京市房山区以东和长城以南地区。安禄山即以范阳等三镇节度使起兵反唐。宝应元年（762）复名幽州节度使。

范村 ①在今河北涿州市西南。《宋史·徽宗纪四》：宣和四年（1122）童贯伐辽至雄州，令都统制种师道等分道进兵，“丁亥，辛兴宗败于范村”。

②即今浙江杭州市西南梵村。《清一统志·杭州府二》：范村“南濒浙江，为富阳及严、衢通道”。

范村寨 即今山西绛县东北范村。《清一统志·绛州》：范村寨“在绛县东十五里。今筑为堡”。

范村镇 清置，属太谷县。即今山西太谷县东北四十三里范村镇。乾隆四十三年（1778）设主簿驻此。民国时设县佐。

范县 ①西汉置，属东郡。治所在今河南范县东南张庄乡旧城村。东汉末属东平国。北魏属兖州东平郡。北齐废。

②北魏置，为济州东平郡治。治所在秦城（今河南范县东南四十里张庄乡旧城村）。以春秋晋范武子姓氏为名。北齐废。隋开皇十六年（596）复置，属济州。大业初属济北郡。唐武德二年（619）为范州治，五年州废，县属济州。贞观八年（634）改属濮州。天宝初属濮阳郡，乾元初属濮州。北宋仍属濮州。元初属东平府路，至元二年（1265）复属濮州。明洪武三年（1370）废。寻复置，属东昌府濮州。二十五年（1392）圮于河，迁今山东莘县南古城村。清属曹州府。民国初属山东东临道。1925年改属曹濮道。1928年直属山东省。1958年迁治今河南范县（樱桃园村北）。1964年划归河南省。

范里镇 即今河南卢氏县东南范里镇。清光绪《卢氏县志》卷2《驿铺》：东南路，“范里镇铺，三十里”。

范店 即今河南新县南十四里泗店乡驻地范店。清尹耕云《豫军纪略》卷11：同治三年（1864）八月，捻军“由新店、长潭、虎湾，……分踞东南之范店”。

范河 即泛河。在今辽宁铁岭市南三十里。《辽史·地理志》东京辽阳府：“北至挹娄县范河二百七十里。……辽河出东北山口为范河。”《金史·地理志》：垻楼县有范河。

范河城 亦作汎河城。明正统间建，为汎河千户所治。即今辽宁铁岭县西南三十里凡河镇。《明史·地理志》铁岭卫：“范河城在卫南，亦曰汎河城，正统四年置汎河千户所于此。”

范信县 南齐改羸泠县置，为新昌郡治。治所在今越南永福省安朗县西夏雷村。后废。

范亭集 即今河南项城市西南三十二里范集乡。清宣统《项城县志》卷1：县西有范亭集。

范桥镇 北宋置，属乾宁军。在今河北沧县北四十里兴济镇。金初于此置兴济县。清顺治末改为兴济镇。

范铎峰 在今湖南湘乡市东南十五里。《方舆纪要》卷80湘乡县“望岳峰”条下：范铎峰“三峰耸秀，众山环列。相传五代时范铎隐此，因名”。

范浦 在今浙江杭州市城区艮山门外。宋《乾道临安志》卷2：“范浦镇，端拱元年置，隶仁和县。”《资治通鉴》：唐景福二年（893），钱镠新筑罗城“自钱唐湖、霍山、范浦，凡七十里”。即此。

范家 即今江苏赣榆县南范口。《清一统志·海州》“海”条下载，县东南“范家”为州境海口之一。

范家屯 即今吉林公主岭市东北范家屯镇。清光绪《吉林通志》卷15伊通州：西北“七十五里范家屯”。民国熊知白《东北县治纪要》辽宁怀德县：“县属范家屯距公主岭五十八里，为南满线一驿站。”

范家庄 ①即今河北辛集市东北十八里范家庄。清同治《畿辅通志》卷47束鹿县图：北有范家庄。

②即今河北赵县东三十六里范庄镇。清同治《畿辅通志》卷55赵州图：东有范家庄。

③即今山东泰安市东汶水滨范镇。清同治《泰安县志》卷2《里社》：“范家庄距城五十五里。”

范家池 在今江西南昌市东。南宋范成大《骖鸾录》：乾道癸巳（1173），由龙王庙“发船郛子，宿范家池。湖中称某家池者，取鱼处也，随一家占为名”。

范家河 在今江苏淮安市楚州区东。《方舆纪要》卷22淮安府：范家河“在府城东。万历十四年，河决范家口。今有石堤防卫”。

范家浜 约当今上海市区黄浦江自外白渡桥至复兴岛北一段。《明史·河渠志六》：夏原吉言“松江大黄浦乃通吴淞要道，今下流遏塞难浚。旁有范家浜，至南仓浦口，径达海。宜浚深阔，上接大黄浦，达泖湖之水”。遂于今外白渡桥附近浚范家浜接黄浦。从此黄浦江与吴淞江在今外白渡桥下汇合，经旧范家浜至南跄浦口入海。

范溉市 宋置，属玉沙县。在今湖北仙桃市西南五十八里范溉关。《舆地纪胜》卷76复州：范溉市“在玉沙县西四十里，濒汉江”。

范溉关 明置，在今湖北仙桃市西南五十八里。《方舆纪要》卷77沔阳州：范溉关在“州（今沔城镇）西北四十里”。

范蔡港 在今江苏泰兴市东南江中。《方舆纪要》卷23泰兴县：“范蔡港在县东南江中。明初攻泰州，张士诚遣兵赴援，舟师出大江，次范蔡港，别以小舟于江中孤山往来出没。太祖曰：士诚欲分我兵势耳，我乘其怠，急攻泰州，州破，江北瓦解矣。今旧港已堙。”

范蠡城 又名斗城。故址在今江苏无锡市西十里。《方舆纪要》卷25无锡县“阖闾城”条引《舆地志》：“历山西北有范蠡城，蠡伐吴时筑。”

苾里海水 即今辽宁盖州市东南碧流河。《金史·合住传》：“合住，曷速馆苾里海水人也……子余里也与胡十门同时归朝……授苾里海水世袭猛安。”

苕水 即苕溪。在今浙江省北部。《山海经·南山经》："浮玉之山……苕水出于其阴，北流注于具区。"

苕溪　①一名苕水。即今浙江省北部注入太湖之苕溪。为本省七大水系之一。《元和志》卷25湖州乌程县："霅溪水一名大溪水，一名苕溪水，西南自长城、安吉两县东北流，至州南与余不溪水、苧溪水合，又流入太湖，在州北三十五里。"《寰宇记》卷94："以其两岸多生芦苇，故名苕溪。"《方舆纪要》卷89浙江总序："苕溪有二源，一出天目山之阳，经杭州府临安县西，绕县南而东入余杭县界，又东流经余杭县治南，又东流二十七里入钱塘县界。自源徂流，凡百八十里，始通舟楫，又东北入湖州府德清县境，经县城东南，又北经府城南，合诸溪之水，汇为城濠，此苕溪之东派也。其一源出天目山之阴，经孝丰县东南，又北流经安吉州西，折而东经长兴县南境，至府城西，亦谓之苕溪，此苕溪之支派也。两溪汇流，由小梅、大钱二湖口入于太湖。"自唐以来，为浙江北部重要漕运河道。

②今浙江湖州市（旧名吴兴县）之别称。以境内有苕溪而名。南宋胡子寓居于此，自号苕溪渔隐，著有《苕溪渔隐丛话》。

苕溪驿　在今浙江湖州市城区。《方舆纪要》卷91湖州府：苕溪驿"在府城南。明初置，嘉靖三十一年迁于城内"。清康熙十八年（1679）裁撤。

苕藋　在今甘肃张掖市东。一说在今永昌县西。《晋书·秃发傉檀载记》：南凉嘉平四年（411），伐北凉，"五道俱进，至番禾苕藋，掠五千余户"。即此。

茄　春秋楚邑。在今安徽淮南市西北淮河北。《左传》：昭公二十五年（前517），"楚子使远射城州屈，复茄人焉"。

茄子洲　亦作加子洲。又名茄子浦。在今江苏南京市西南长江中。《寰宇记》卷90江宁县：加子洲"在县西十三里。周回十二里。……夏月堪泊船，冬月浅涸。永昌之初，其洲忽一日崩陷数里，其形曲折凡作九湾。行者所依"。《晋书·郗鉴传》：东晋咸和三年（328），鉴"率众渡江，与（陶）侃会于茄子浦"。即此。

茄子浦　即茄子洲。在今江苏南京市西南长江中。

茄芝莱社　亦作顶加芝莱社。即今台湾屏东县东南牡丹乡东北顶加芝来社村。《清史稿·邦交志六》：同治十三年（1874）三月，日兵船入侵台湾，"牡丹、高士佛、加芝来、竹仔各社咸被焚。……是月，日本攻生番纲索、加芝来等社，移兵胁龟仔角社，社番誓不降"。

茄芦城　一作葭芦城。在今甘肃陇南市武都区东南。三国时，魏将邓艾与蜀将姜维相持于此，建城设戍。东晋南北朝时，仇池氐族杨氏以此为戍守重地。《宋书·氐胡传》：元嘉间，"（杨）文德既受朝命，进戍茄芦城"。泰始间，"（杨）文和从弟僧嗣，复自立，还戍茄芦，以为宁朔将军，仇池太守"。升明元年（477）"虏（指北魏）破茄芦，（杨）文度见杀"。

茄陂　在今河南固始县东南。《三国志·魏书·刘馥传》：东汉建安中任扬州刺史，"兴治芍陂及茄陂、七门、吴塘诸堨以溉稻田，官民有畜"。

茄湖　即加湖。在今湖北武汉市黄陂区西南。《梁书·武帝纪上》：南朝齐中兴元年（501），"（吴）子阳又进据加湖，去郢三十里，傍山带水，筑垒栅以自固。……高祖命王茂帅军主曹景宗、康绚、武会超等潜师袭加湖，将逼子阳"。《方舆纪要》卷76黄陂县："加湖一作茄湖。在县西南。……今湮。"

茄藤社　即今台湾省屏东县南佳冬乡。原为高山族平埔人茄藤社。清康熙间高拱乾《台湾府志》卷2：茄藤社"离府治二百七十里"。

茅　①西周封国。姬姓。在今山东金乡县西北。《左传》：僖公二十四年（前636），富辰曰："凡、蒋、邢、茅、胙、祭，周公之胤也。"杜注："高平昌邑县西有茅乡。"后属邾。《左传》：哀公七年（前488），公伐邾，"成子以茅叛，师遂入邾"。即此。

②即春秋时欑茅邑。战国时为魏邑。在今河南修武县西北。《史记·魏世家》：信陵君曰："秦固有怀、茅……。"《集解》：徐广曰"在修武轵县，有茅亭"。

茅山　①古名句曲山，又名三茅山。即今江苏西南部，地跨今句容、金坛、溧水、溧阳等县市境之大茅山。南北走向，高峰有丫髻山、方山等。宋《景定建康志》卷17引《真诰》曰："汉宣帝时有三茅君得道，掌此山，故谓之茅山。"又称之为三茅山。为道教名山之一，号称第八洞天。南朝齐梁人陶弘景隐居于此。

②在今湖北蕲春县西南。《方舆纪要》卷76蕲州：马下山"其相近者又有茅山，临大江，下有石矶十三处。古云，九里十三矶。今有茅山镇巡司戍守"。

茅山河　南宋临安城（今浙江杭州市）内四河之一。《淳祐临安志》卷10载："茅山河，东自保安水门，向西过榷货务桥，转北过茅山井、蒲桥，至梅家桥。"苏轼任杭州太守时，曾组织厢军大浚茅山河，使公私舟楫航运称便。南宋后大部被填塞。吴自牧《梦粱录》卷12《城内外河》中称"故道今废之久矣"。

茅山镇　即今湖北蕲春县西四十里茅山镇。明、清置巡司于此。

茅冈长官司　明正统中置，属永定卫。治所在今湖南张家界市西北茅岗村。清雍正七年（1729）改属安福县，十三年（1735）改属永定县。

茅冈县　东魏武定六年（548）置，属南谯郡。治所在今安徽蒙城县境。后废。

茅冈寨　亦名茅冈隘。在今湖南张家界市西北茅冈。《方舆纪要》卷77永定卫：茅冈寨"明初伐蜀，周德兴引兵道此，克其隘”。

茅氏 春秋卫地，在今河南濮阳市华龙区东北。《左传》：襄公二十六年（前547），“晋戍茅氏，殖绰伐茅氏，杀晋戍三百人。孙蒯追之，弗敢击”。

茅田司 在今广东增城市西北六十里福和镇。明洪武四年（1371）置巡司于此。

茅台村 即今贵州仁怀市西北茅台镇。清道光《遵义府志》卷6仁怀县：茅台村在“城北三十里”。爱必达《黔南识略》卷31仁怀县：“茅台村地滨河，善酿酒，土人名其酒为‘茅台春’。”茅台酒久负盛名，今为我国白酒第一名酒。

茅戎 在今山西平陆县西南。《春秋》：成公元年（前590），“秋，王师败绩于茅戎”。即此。或说在今河南济源市西。

茅州 唐武德三年（620）置，治所在句容市（今江苏句容市）。辖境相当今江苏句容市、金坛县部分地。七年（624）废。

茅坝 唐置，在今重庆市江津区东。《资治通鉴》：唐乾宁三年（896），荆南将许存“弃城走，其众稍稍归之，屯于茅坝”。胡注：“宋白曰：渝州江津县有茅坝驿。”《方舆纪要》卷69江津县：茅坝驿“在县东。《唐志》：江津县有茅坝驿，蜀人谓平川为坝”。

茅花岭 又名茅花界。在今湖南桑植县东北。《方舆纪要》卷77慈利县：茅花岭“高峻为群峰之冠”。

茅芦山 一作茅麓山。在今湖北兴山县西北。《清一统志·宜昌府一》：茅芦山“在兴山县西北七十里。岩壁陡峻，山势最险”。民国《湖北通志》卷9引雍正《湖广通志》：茅芦山“周百里，高三十里。逆寇李来亨踞此凡十一年，康熙三年平之”。

茅村 在今江苏徐州市铜山区东北。1952年在凤凰山东麓发掘出汉画像石墓。墓用条石砌成，墓门朝东，分前、中、后三室。前、中两室石壁刻有二十一幅画像，内容有车马出行、珍禽异兽、歌舞杂技、宾主宴饮等。前室北壁有铭刻“熹平四年四月十三日乙酉”十一字，表明此墓建于公元175年，即东汉明帝时。

茅村镇 即今江苏徐州市铜山区东北茅村镇。民国《铜山县志》附图：县东北有茅村镇。

茅沟寨 一作毛狗寨。即今湖南保靖县西南五十八里毛沟镇。洪宪元年（1916）《最新大中华帝国道县形势全图》：保靖县西南有茅沟寨。

茅陂 在今安徽凤台县西北八十里，跨湿泥河两岸。《水经·淮水注》：鸡水“又东南流，积为茅陂”。

茅坪 ①在今湖北房县西南，西接竹山县界。清有外委驻防。

②在今湖北十堰市北。清属郧县。嘉庆四年（1799），白莲教起义军曾与清军在此激战。清魏源《圣武记》卷9：“时朱射斗斩包正洪于茅坪。”即此。

③即今陕西洋县东北九十里茅坪镇。《清一统志·汉中府二》：茅坪“重峦叠嶂，径路崎岖，设有把总分防”。

茅坪砦 即今贵州锦屏县东北茅坪镇。《方舆纪要》卷122镇远府镇远县：“茅坪砦在府南，苗砦也。成化二年，茅坪诸处苗作乱，官军讨平之。”

茅坪铺 即今湖南城步苗族自治县东北三十六里茅坪镇。明于此置巡司。

茅坪镇 原名茅草坪。简称茅坪。即今贵州锦屏县东北茅坪镇。1932年置镇，后废。1984年复设茅坪镇。

茅坡场 即今贵州遵义县（南白镇）东北茅坡镇。清道光《遵义府志》卷6遵义县：茅坡场在“城东百三十里”。

茅坡关 在今重庆市开县西。《方舆纪要》卷69开县：茅坡关“在县西九十里。……为戍守处”。

茅店镇 即今江西赣县东北茅店乡。清同治《江西全省舆图》卷9：赣县东北有茅店墟。

茅城县 西魏置，属丹水郡。治所在今河南淅川县西南。北周废。

茅城驿 在今河南商丘市南。唐长庆四年（824）白居易从杭州赴洛阳途中经此，写《茅城驿》诗云：“汴河无景思，秋日又凄凄。……最是萧条处，茅城驿向西。”

茅茨畈 即今湖北随州市西南洪山镇。1949年置洪山县治此。

茅峒 在今广东高州市东南。《方舆纪要》卷104高州府茂名县“东门营”条内：“又有茅峒，在府东南十里。四山环合，中有隙地，可以藏兵，当山缺处，一径迤逦，通神电以西诸路。成化二年，‘贼’邓公长据此，知府孔镛招降之。”

茅盾故居 在今浙江桐乡市西北乌镇。1896年7月，茅盾诞生于此。茅盾（1896—1981），原名沈德鸿，字雁冰，是中国现代著名作家、社会活动家。故居分为前后两埭，总面积为542平方米。前埭为坐北朝南四开间旧式楼房，是茅盾的曾祖父在汉口经商时分两次买下的。后埭为三间平房，20世纪30年代初，茅盾曾出资亲自设计翻造。1988年定为全国重点文物保护单位。

茅亭 在今河南获嘉县东北二十五里。《左传》：隐公十一年（前712），王“与郑人苏忿生之田”有“欑茅”。杜注：“在修武县北。”《史记·魏世家》：“秦固有怀、茅。”《集解》：“徐广曰：在修武轵县，有茅亭。”《正义》引《括地志》：“在怀州获嘉县东北二十五里。”

茅津 亦名陕津、大阳津。在今山西平陆县西南二十里黄河北岸太阳渡村附近。春秋时，在茅戎境内，故名。《左传》：文公三年（前624），“秦伯伐晋，济河焚舟，取王官及郊，晋人不出，遂自茅津济，封殽尸而还”。

茅津渡 在今山西平陆县南八里茅津村南，黄河北岸。《明史·地理志》解州平陆县："有沙涧茅津渡巡检司。"即此。

茅津渡支线　从今山西运城市至茅津渡（今平陆县南）。为同蒲铁路支线。抗日战争前建成。

茅浦　在今江苏镇江市东。《隋书·刘元进传》：隋大业中，刘元进举兵反，帝令将军吐万绪等率兵讨之，"元进西屯茅浦，以抗官军，频战互有胜负"。即此。

茅家岭　在今江西上饶市西南十里。为上饶集中营旧址之一。国民党反动派在这里杀害了许多抗日战士和爱国志士，英雄的鲜血洒遍茅家岭。中华人民共和国成立后在这里建有纪念碑和陈列馆。

茅家镇　即今江苏海门市。清乾隆三十三年（1768）于此置海门厅。1912年改为海门县。1994年改设海门市。

茅焦台（臺）　在今山东滨州市滨城区北滨北街道。因战国时齐人茅焦而命名。元于钦《齐乘》卷5：真祐庙在"滨州城内，祀齐客茅焦兄弟。宋大观三年赐额真祐庙，政和六年兄封允济侯，弟强济侯。金末祠废。土人呼为茅神台"。

茅港　亦作魍港。在今台湾省台南市北茅港村。乾隆余文仪《台湾府志》台湾县图有茅港。

茅滘埠　在今广东广州市西南。《方舆纪要》卷101广州府南海县：茅滘埠"在南海县西南"。

茅镇　在今湖北洪湖市北。《明史·地理志》沔阳州：西南有茅镇巡司。

茅麓山寨　在今湖北兴山县西北七十里。民国《湖北通志》卷36兴山县：茅麓山寨"《县志》，康熙三年，李来亨拥众茅麓山，列寨拒守，最为险峻。大军合围，协领莽依图、统领赉塔冒矢石，毁其寨，来亨举家自焚，余众皆降。……案：来亨据兴山十余年，实以此为巢穴，余如鲍家山、簸箕山、许家山、白旗山、金紫山皆其党分屯之处"。

昔木土脑儿　当在今内蒙古锡林郭勒盟境。一说在蒙古国东南苏赫巴托省南部。《元史·世祖纪》：中统二年（1262），"十一月壬戌，大兵与阿里不哥遇于昔木土脑儿之地，诸王合丹等斩其将合丹大儿赤及其兵三千人，塔察儿与合必赤等复分兵奋击，大破之，追北五十余里。帝亲率诸军以蹑其后，其部将阿脱等降，阿里不哥北遁"。

昔不梁骆杯密约等处长官司　元置，属新添葛蛮安抚司。治所在今贵州贵定县西北。后废。

昔阳　春秋鼓国都。在今河北晋州市西。《左传》：昭公十二年（前530），"晋荀吴伪会师者，假道于鲜虞，遂入昔阳"。孔疏引刘炫说："肥、鼓并在巨鹿昔阳，即是鼓都，在鲜虞之东南。"

昔阳江　即今云南广南、富宁两县之西洋江，流入广西境。元代称昔阳江，见《招捕总录》。

昔阳县　①隋开皇六年（586）置，属栾州。治所即今河北晋州市。十八年（598）改名鼓城县。

②1914年改乐平县置，属山西冀宁道。治所即今山西昔阳县。1928年直属山西省。

昔阳亭　在今河北晋州市西。《汉书·地理志》下曲阳：应劭曰，"晋荀吴灭鼓，今鼓聚昔阳亭是也"。

昔孜宗　又作昔卡桑珠则。即日喀则。今西藏日喀则市。

昔陀　唐南诏会川都督府辖地。在今四川会东县东铅锌镇。一说会东县。宋为大理绛部地。元为会理州治。《元史·地理志》会理州："在会川府东南。唐时南诏属会川节度，地名昔陀。有蛮名阿坛绛，亦仲由蒙之遗种。其裔罗于则，得昔陀地居之。"

昔岭　在今四川小金县西北。《清一统志·懋功屯务厅》：昔岭"在绥靖屯东一百九十里"。《清史稿·四川土司传》：乾隆三十八年（1773）征大小金川，定边将军温福由功噶进兵，"以贼扼险不得进，别取道攻昔岭，驻营木果木"。即此。

昔乖寨　在今四川兴文县西。《方舆纪要》卷70兴文县：昔乖寨"在县东，蛮寨也。……宣德二年，招抚昔乖等寨叛蛮。景泰初复叛，官军进讨，破其箐前昔乖等寨。成化三年大征，官军分五路同时俱进，焚破诸蛮寨，又进破大穴塘及昔乖、昧漏、天井洞诸寨，蛮贼以次就平"。

昔郎甸　大理国阿都部。在今四川布拖县（特里木）。一说在今美姑县。《元混一方舆胜览》卷下：里州"蛮名昔郎甸"。

昔弥山　亦作习弥山。在今云南云县东六十里。《明一统志》卷87大侯州：昔弥山"在州东六十里"。

昔剌兀鲁朵　蒙元前期合罕夏季行宫，地名月儿灭怯土。在今蒙古国哈尔和林西百余里。《元史·宪宗纪》：六年（1256）"夏四月，驻跸塔密儿。五月，幸昔剌兀鲁朵"。《史集》：窝阔台合罕夏季驻月儿灭怯土，于此建一大帐，可容千人，永不拆除，名为昔剌兀鲁朵。

昔剌思　一作撒剌哈夕。即今伊朗东北境萨腊赫斯。《元史·太祖纪》：十六年（1221）十月，"皇子拖雷克马鲁察叶可、马鲁、昔剌思等城"。即此。

昔剌寨　在今云南永德县东南。《方舆纪要》卷119镇康御夷州：昔剌寨"在州南境。正统六年，大军讨麓川，至金齿，镇康酋闷孟乞降，王骥命别将冉保分兵据其城，因其兵破昔剌寨，移攻孟琏，是也"。

昔格纳黑城　在今哈萨克斯坦南部奇伊利东南，为花剌子模属地。元太祖十四年（1219），术赤率军攻占此地。

昔董　即今缅甸密支那以东之昔董。清代属腾越州止那隘抚夷。光绪《续云南通志稿》卷99土司：止那隘抚夷"北至昔董喇拿一百里野夷界"。

直门　即直城门。汉长安城（今陕西西安市西北）西面的中门。《三辅黄图》卷1："长安城西出第二门曰直城门。《汉宫殿疏》曰：西出南头第二门也，亦曰故龙楼门。门上有铜龙。本名直门。王莽更曰直道门端路亭。”

直市　①汉长安九市之一。在今陕西西安市西北。《三辅黄图》卷2载：“直市在富平津西南二十五里，即秦文公造，物无二价，故以直市为名。”《长安志》曰：“直市在渭桥北。”

②在今陕西富平县西南。《寰宇记》卷31耀州富平县：直市，“按《三秦记》云，直市在富平西南一十五里，即秦文公所创物无二价，故以直市为名”。

直州　①南朝萧詧改东梁州置，治所在安康县（今陕西石泉县东南池河入汉水口之北）。辖境相当今陕西石泉、紫阳、汉阴、西城等县地。北周与安康县同移治今石泉县南汉江西南岸石泉咀附近。隋大业初废。唐武德二年（619）复改西安州为直州，仍治安康县，贞观元年（627）废。

②唐贞观八年（634）改西集州置，为羁縻州，属松州都督府。治所在今四川若尔盖县西北境。北宋徙于茂州（在今四川茂县境）。后废。

③北宋置羁縻州，属茂州。治所在今四川茂县西南五里。政和六年（1116）改建寿宁军。

直步湖　在今湖北洪湖市北。《方舆纪要》卷77沔阳州：直步湖“在州东南四十里。其湖受柳口、大马河及螺子滨、渣泽、李二湖等水入阳明湖”。

直皂（阜）河　在今安徽无为县东南。《方舆纪要》卷26无为州：直皂河“在州东南二十里”。

直谷关　即直峪口。在今山西广灵县南。《新唐书·地理志》蔚州灵丘县：“有直谷关。”《寰宇记》卷51蔚州灵丘县：“直谷关在县北七十里。”

直谷宗　即哲古宗。治今西藏措美县东北哲古镇。清乾隆《卫藏通志》卷12作“直谷”。

直罗川　在今陕西富县西南。《元和志》卷3鄜州直罗县：“罗川水，在县（今直罗镇）南二里。”《清一统志·鄜州》：直罗川，“《州志》：直罗川自直罗城南注华池水”。

直罗关　唐置，在今陕西富县直罗镇西。《方舆纪要》卷57鄜州“直罗城”条下：“又有直罗关，路通环庆，唐太宗征突厥所开也。”明置巡司于此。

直罗县　唐武德三年（620）置，属鄜州。治所在今陕西富县西南直罗镇。《新唐书·地理志》谓直罗县“因古直罗城置，罗水过城下，地平直，故名”。元世祖至元四年（1267）废。

直沽　即今天津之海河。金、元时称潞（今北运河）、卫（今南运河）二河交汇处为直沽，在今天津市狮子林桥西端旧三汊口一带。元延祐三年（1316）置海津镇，明永乐二年（1404）筑天津城，为南北漕运及海运的咽喉。元时随直沽聚落发展，专称三汊口一带为小直沽，而称其东南海口附近一带（今天津市东南海河北岸）为大直沽。

直河　①在今江苏盱眙县北郭内。《新唐书·地理志》盱眙县：“太极元年，敕使魏景清引淮水至黄土冈，以通扬州。”

②即古沭河。在今江苏邳州市境。《方舆纪要》卷22邳州：直河，“《志》云，蒙沂诸山之水，汇为沭缨湖，又分派而南，至州（治今睢宁县西北古邳镇）东南六十里，为直河口，入于泗河。万历十五年，浊流倒灌，河口遂塞，诸山水俱由落马湖经董家、陈家二沟出大河……二十九年，分黄开泇之议定，运艘皆由直河而达于泇河矣”。

③指今湖北钟祥市北长寿河，注入敖水，故敖水亦有直河之称。《方舆纪要》卷77安陆府钟祥县：直河“在府北十五里。其水直入汉江，故名。俗讹为池水”。

④相当今湖北荆门市东南双沙运河。《方舆纪要》卷77荆门州：直河在“州东南百二十里。又东南三十里有平塘湖河流合焉，又南流入于三湖，东合沔，一名直渠，溉田百顷，长而且直，因名”。

⑤即今陕西石泉县东池河。为汉江支流。《水经·沔水注》：直水“北出子午谷岩岭下……又东南历直谷，径直城西，而南流注汉”。

直河乡　即今湖北英山县。《明史·地理志》六安州英山县：“县治本直河乡。崇祯十二年徙于西北之章山，十六年又迁于此境之添楼乡。”清顺治初还旧治。

直河关　在今湖北钟祥市西北直河村。《方舆纪要》卷77钟祥县“塘港关”条下：“府西北十五里有直河关。今亦名池河关。……有官兵戍守。”

直河镇　在今江苏睢宁县东北。西北去古邳镇六十里。明初置直河驿。嘉靖四十五年（1566）改置巡司。

直波碉楼　在今四川马尔康县西松岗乡直波村。有南北两座碉楼，相距50米，依山就势，建于清代中叶。碉楼平面外为八角，内为圆形，向上收分，用石砌筑。南碉内径8米，高七层29米。门洞朝东，四层东墙中部、五层南墙各开一小门，每层东、南及东南各设一至两个30×10厘米的瞭望孔。北碉内径8.5米，内有六层，通高24.7米。第二至第四层设门，在东、西、南及东北、西北墙一、二层及北墙一、四层，各设一个瞭望孔。直波碉楼具有很高的历史、民族学及建筑技术与科学价值。2001年定为全国重点文物保护单位。2006年将四川阿坝藏族羌族自治州理县、茂县、汶川县境内的阿坝羌族碉群定为全国重点文物，归入直波碉楼保护单位。

直隶　明称京师所辖地区为直隶。永乐中建都顺天府（今北京市）后，称北京所辖地区为直隶或北直隶，简称北直。辖境相当今北京、天津二市、河北省大部和河南、山东的小部地区。称南京所辖地区为南直隶，简称南直。辖境相当今江苏、安徽二省。清初改南直隶为江南省，北直隶为直隶省。

直隶省　清置。顺治初建都顺天府（今北京市）为京师，以京师所辖府、州为直隶省。辖境相当今北京、天津二市，河北省大部和河南、山东的小部分地区。雍正、乾隆以后辖境扩大，包括今北京、天津二市，河北全境，内蒙古西拉木伦河以南，辽宁大凌河上中游及山东、河南部分地。治所在保定府（今河北保定市）。1914年移治天津（今天津市），割长城以北改属热河、察哈尔二特别区域。1928年改名河北省。

直隶总督署　在今河北保定市南市区裕华路北侧。原为宣化堂，为元代顺天路总管府驻地。明洪武初为保定府衙署。永乐元年（1403）大宁都司从蓟镇迁此。清康熙八年（1669）撤销大宁都司，原大宁都司署改为参将署，直隶巡抚自正定移此。雍正年间，直隶巡抚升为总督，改建参将署为直隶总督署。辛亥革命后，先后为直隶督军、直鲁豫巡阅使、河北省政府等衙署。1948年后曾为冀中行政公署、河北省人民政府驻地。现辟为直隶总督署博物院。1988年定为全国重点文物保护单位。

直隶海峡　在今辽东半岛老铁山角和山东半岛蓬莱角之间，南北相距一百八十里。庙岛群岛横贯其间，为渤海门户，以外为黄海。1929年改为渤海海峡。

直隶湾　在渤海西部。北起今河北乐亭县大清河口，南至山东黄河口。1929年改名渤海湾。

直城门　汉长安城（今陕西西安市西北）西面的中门。《三辅黄图》卷1：“长安城西出第二门曰直城门。《汉宫殿疏》曰：‘西出南头第二门也。’亦曰故龙楼门，门上有铜龙。本名直门，王莽更曰直道门端路亭。”《汉书·成帝纪》曰：“西至直城门。”即此。

直城县　北魏置，为金城郡治。治所在今陕西石泉县东北池河东岸。后废。

直峪口　在今山西广灵县南直峪村南。《清一统志·大同府》：直峪口“在广灵县南十五里直峪山下。两岸壁立，一径幽杳，路达灵邱县。旧有兵戍守”。

直渎　①在今江苏南京市东北。源出方山，北入长江。宋《景定建康志》卷19：直渎“去城三十五里。阔五丈，深二丈。西至霸埂东北，接竹筱港流入大江。旁有直渎山、直渎洞，吴后主所开，渎道直，故名曰直渎”。《晋书·成帝纪》：东晋咸和三年（328），温峤讨苏峻，遣王衍期、邓岳等“次直渎”。即此。早已堙废。

②又名鸣凤河。在今江苏常州市武进区西。《方舆纪要》卷25常州府武进县：直渎“亦在奔牛镇东，北枕运河，南通白鹤溪。一名鸣凤河”。

直渎山　在今江苏南京市北，观音门外。宋《景定建康志》卷17：直渎山“在城北三十五里，傍有直渎洞，东西有水流入大江”。一说即观音山。嘉庆《新修江宁府志》卷6：“直渎山即观音门山，直渎即观音门水也。观音之名始见于明。《南畿》、《应天》两志不应有。大山滨江，险峻如此，而前世皆不言，故知直渎者古名，而观音者明世俗称耳。”

直渎县　东晋义熙中析盱眙县置，属盱眙郡。治所在今江苏盱眙县南。隋初废入盱眙县。

直渠　西汉大河（黄河）所经之处，在今河北清河县西。《汉书·沟洫志》：宣帝地节中，“光禄大夫郭昌使行河，北曲三所水流之势皆邪直贝丘县。恐水盛，堤防不能禁，乃各更穿渠，直东，经东郡界中，不令北曲。渠通利，百姓安之”。又，成帝初，清河都尉冯逡奏言：“地节时郭昌穿直渠，后三岁，河水更从故第二曲间北可六里，复南合。今其曲势复邪直贝丘，百姓寒心，宜复穿渠东行。”

直道　秦始皇三十五年（前212）由大将蒙恬主持修建，为关中平原通往河套地区的交通道路。《史记·秦始皇本纪》：“三十五年，除道，道九原抵云阳，堑山堙谷，直通之。”南起云阳县（今陕西淳化县西北），北至九原县（今内蒙古乌拉特前旗东南三顶帐房村古城）。长一千八百里。今鄂尔多斯市东胜区西南漫赖乡二顷半村南之直道遗迹，路基残宽约22米，为红沙岩土所筑，断面高1—1.5米。由此往北昭君坟一线遗迹长约200里，发现秦汉四座古城遗址及陶片、瓦等物。

直道门　即汉长安城（今陕西西安市西北）西面中门直城门。王莽时因门正当东西驰道通过，故改门曰直道门。

直塘镇　即今江苏太仓市西北直塘镇。清宣统《太仓州志》卷4：直塘镇“水无迤逦曲折，故名”。

直路县　西汉置，属北地郡。治所在今陕西富县西南直罗镇。东汉废。

直溪桥镇　亦作直里桥镇。即今江苏金坛市西北直溪镇。清光绪《江苏全省舆图》金坛县图：“西北有直里桥镇。”

直辕　春秋时要塞。即今河南信阳市南武胜关。《左传》：定公四年（前506），吴伐楚，楚司马戌建议“还塞大隧、直辕、冥厄”。

枉人山　①一名善化山。在今河南浚县西北二十五里。《水经·淇水注》：“淇水东北径枉人山东。”庾信《哀江南赋》：“终则山称枉人。”《元和志》卷16黎阳县：枉人山“或言纣杀比干于此”。

②一作枉山。在今湖南常德市东南十五里。《水经·沅水注》：“沅水又东历小湾，谓之枉渚。渚东里许，便得枉人山。”《太平御览》卷65引《湘州记》曰：“枉山在郡东十七里，有枉水出焉。”《舆地纪胜》卷68引《元和志》：枉山“一名善德山。在武陵县东九里。此山本名枉山，开皇中刺史樊子盖以善卷尝居此山，名善德山”。

枉山　即枉人山，又名善德山。在今湖南常德市东南。《新唐书·地理志》：朗州武陵县有“枉山”。

枉水　一名苍溪。源出今湖南常德市南八十里金霞山，东北流径善德山入沅。《太平御览》卷65引《湘州记》曰：“枉山在郡东十七里，有枉水出焉。”

枉渚　①枉指枉水。即今湖南常德市南枉水。《楚辞·九章·涉江》："朝发枉渚兮，夕宿辰阳。"《水经·沅水注》："沅水又东历小湾，谓之枉渚。渚东里许，便得枉人山。"《太平御览》卷65引《湘州记》曰："枉山在郡东十七里，有枉水出焉。山西有溪，溪口有小湾，谓之枉渚。"《清一统志·常德府一》：枉水"在武陵县南。一名苍溪。源出金霞山，东北流径善德山入沅"。

②一名琵琶洲。在今甘肃两当县南三十里，水入嘉陵江。《清一统志·秦州一》：琵琶州"其地州渚迂回，人迹罕到，谓之枉渚"。杜甫《两当县吴十侍御江上宅》诗："鹍鸡号枉渚。"即此。

林　即春秋时棐林。战国魏邑。在今河南新郑市东二十五里。《战国策·魏策三》："从林军以至于今，秦十攻魏，五入国中。"

林口县　1939年置，属吉林省。治所即今黑龙江省林口县。1945年划归合江省。1949年划归松江省。1954年划归黑龙江省。

林口隘　即今福建长泰县北林口。《方舆纪要》卷99长泰县：林口隘在"县北五十里。又县西北有鸬鹚、下翁等隘；县东北有上宁、磨铊、白桐等隘；县东南为朝天岭隘，俱有民兵戍守"。

林山寨　在今河南郑州市中原路中段南侧林山寨村。1956年在此发现新石器时代文化遗址，出土房基、陶窑、陶器。陶器为彩陶。石铲长50厘米，精制锐利。为仰韶文化重要遗址之一。

林子口　又作临资口或临泚口。即今湖南湘阴县西二十九里湘江西岸之临资镇。《清史稿·地理志》长沙府湘阴县："县丞驻林子口。"即此。

林子营　即今广东平远县北仁居镇。《方舆纪要》卷103平远县："本程乡等县豪居堡林子营。嘉靖三十八年，以险僻多盗，设通判驻守。"嘉靖四十一年(1562)于此置平远县。

林乡　即春秋时棐林。在今河南新郑市东二十五里。《史记·魏世家》："从林乡军以至于今，秦七攻魏，五入囿中。"集解："徐广曰：'林乡在宛县。'"

林开县　唐贞观二十二年(648)置，属牢州。治所在今云南华坪县南荣将镇。永徽三年(652)废入昌明县。

林历（歷）山　在今安徽黟县西南十里，东厄黟县盆地南口，地势险要。《三国志·吴书·贺齐传》：建安十三年(208)，贺齐"迁威武中郎将，讨丹阳黟、歙。黟帅陈仆、祖山等二万户屯林历山"。即此。《方舆纪要》卷28黟县：林历山"高三百仞。周三十里。四面壁立，径路危狭。……今山上寨基墙壁尚存，东有石洞，西有千丈岩，瀑布自崖而下。稍西曰顶游峰，亦曰丁峰，亦曰南山，孤峰削立"。

林中　即林。战国魏邑。在今河南新郑市东二十五里。《史记·苏秦列传》：苏代曰，"兵困于林中"。《集解》：徐广曰，"河南苑陵有林乡"。

林中县　北魏改姑臧县置，属武威郡。治所即今甘肃武威市。西魏复名姑臧县。

林水驿　即今河南南阳市南六十里。《方舆纪要》卷51南阳府南阳县：林水驿"在府南六十里。南出襄阳，此为通道"。

林长河　在今湖北监利县东北。《方舆纪要》卷78监利县：林长河在"县东北三十里。周回县治三百余里。大江支流也"。

林东设治局　1925年析巴林左、右旗置，属热河特别区。治所即今内蒙古巴林左旗驻地林东镇。在巴林之东，故名林东。1928年属热河省。1932年改设林东县。

林东县　1932年改林东设治局置，属热河省。治所即今内蒙古巴林左旗驻地林东镇。伪满时属兴安西省。1934年改为巴林左旗。

林东塔　在今内蒙古巴林左旗驻地林东镇。有南北二塔：南塔位于镇南，为八角七檐空心砖塔；北塔位于镇内，为五檐六角密檐式砖塔，俱为辽代建筑。

林北县　1940年晋冀鲁豫革命根据地由原林县分置，治任村镇（今河南林州市北任村镇）。1946年与林南县合并，复置林县，县治任村镇。

林田山砦　在今广东高要市西。《方舆纪要》卷101肇庆府高要县：林田山砦"在府西。瑶寨也"。

林田堡　在今福建龙岩市南七十里。明万历中建公馆于此，崇祯八年(1635)改为堡。

林头墟　①在今广东佛山市顺德区北林头村。清咸丰《顺德县志》卷5：津渡有"林头"。

②亦作槛头墟。即今广东电白县北林头镇。清道光《电白县志》卷8：槛头墟"在县（治今电城镇）西七十里"。

林头镇　又作淋头集。即今安徽含山县西南林头镇。清乾隆《含山县志》山川全图：西南有林头。

林寺山　即今山东海阳市北林寺山。元于钦《齐乘》卷1"火山"条下载："又有仓山、林寺、福阜三山。林寺、福阜，淘金之地。"《方舆纪要》卷36莱阳县：林寺山"元亦置金场于此"。

林圮埔　即今台湾省南投县南竹山镇。为郑成功部将林圮埔所辟，故名。清光绪十三年(1887)于此置云林县。十九年云林县移治斗六（今云林县治）。日本占领期间于1920年改名竹山。1950年设竹山镇。

林西庄　在今河北唐山市东北四十里古治区林西。盛产煤。清光绪十五年(1889)始开采，为开平煤矿较早开掘煤坑之一。

林西州　唐置羁縻州，属安南都护府。治所在林西县（今越南老街省老街东南）。后废。

林西县　①唐置，为羁縻林西州治。治所在今越南老街省老街东南。后废。

②清光绪三十四年(1908)以巴林右翼旗地置，

属直隶赤峰州。治所即今内蒙古林西县。因在巴林西部，故名。1914年划归热河特别区热河道。1928年属热河省。日伪时属兴安西省。1946年属昭乌达盟。1949年由热河省划归内蒙古自治区。

林西原　在今越南北部永福省境及河内市地。《新唐书·南蛮传》："安南桃林人者，居林西原，七绾洞首领李由独主之，岁岁戍边。"即此。《方舆纪要》卷112安南太原府：林西原"在峰州西"。

林尘墟　即今广东化州市西北林尘镇。清光绪《高州府志》卷10化州：林尘在"州北六十里"。

林尖山　在今河北顺平县北二十里。《方舆纪要》卷12完县：林尖山"峰巅高耸，远望皆见"。

林光宫　秦二世胡亥建，在今陕西淳化县西北甘泉山上。《三辅黄图》卷2：甘泉宫，"《关辅记》曰：林光宫，一曰甘泉宫，秦所造，在今池阳县西故甘泉山，宫以山为名。宫周匝十余里。汉武帝建元中增广之，周十九里"。

林则徐墓　在今福建福州市北郊马鞍村的金狮山麓。林则徐（1785—1850）字少穆，侯官（今福州市）人。我国清代民族英雄。力主禁烟，道光十九年（1839）任钦差大臣，赴广东查禁鸦片，严令英美烟贩缴出鸦片237万斤，在虎门当众销毁。英国发动侵略战争，他团结军民击退英军进攻。由于清廷妥协求和，被革职充军新疆。后起用任云贵总督。1849年因病辞职回籍，次年又奉命赴粤，病死潮州，归葬于此。墓为三合土结构，宽13.2米，深24.6米，为四层台。道光六年（1826）林则徐为其父母所营建，计六圹，他自己夫妇及弟夫妇均附葬。墓前有石狮一对，御赐碑文和祭文青石碑两座。1988年定为全国重点文物保护单位。

林关口　在今山西广灵县西南上林关村。《方舆纪要》卷44广灵县：林关口"在县西南四十里林管山下，路通灵丘县。景泰初，徙平岭关巡司于此"。

林关驿　北宋属盩厔县，在今陕西周至县西南。宋敏求《长安志》卷18盩厔县：三交驿"至林关驿四十五里。林关驿至洋州真符县大望驿七十里"。

林芝市　2015年撤销西藏自治区林芝地区和林芝县，设立地级林芝市，市人民政府驻新设立的巴宜区广福大道18号。林芝市设立巴宜区，区政府驻双拥路街道尼池路4号。

林芝县　1960年将西藏自治区德木、觉木、则拉岗、东久4宗合并，设立林芝县（驻普拉），属林芝专区。1964年撤销林芝专区，将林芝县划归拉萨市。1983年复设林芝地区，地区行署驻林芝县八一镇，将林芝县（驻普拉，后改林芝镇）划归林芝地区。

林州　①唐武德四年（621）置，治所常林县（今广西桂平市西南下湾镇）。六年（623）改为绣州。

②唐武德四年（621）置，治所在华池县（今甘肃华池县东南华池）。贞观元年（627）废。

③唐贞观九年（635）置，治所在林邑县。寄治驩州之南境（今越南义安省境）。后废。

④唐置，为羁縻州，属芳池州都督府。在今甘肃华池县西北境。后废。

⑤金贞祐三年（1215）升林虑县置，属彰德府。治所即今河南林州市。蒙古太宗七年（1235）改为林县，宪宗二年（1252）改为林州，世祖至元二年（1265）复为林县，未几复为林州，属彰德路。元末废。明洪武元年（1368）复置，属彰德府。二年（1369）改为林县。

林江口　在今吉林集安市西南鸭绿江北岸，北距榆树林街二十五里。民国《辑安县志》卷1："林江口在城西八十里。店铺二十余户。商业较外岔沟门为逊。"

林阳国　故地或以为在今泰国西部以至缅甸与马来半岛北部一带。或以为在今缅甸中部。《太平御览》卷787引康泰《扶南土俗》曰："扶南之西南有林阳国，去扶南七千里。"亦作林杨国。

林坝场　即今四川渠县东北临巴镇。清同治《渠县志》卷4：林坝场在"县东三十里"。

林村　即今浙江宁波市鄞州区西横街镇之林村。《方舆纪要》卷92宁波府鄞县：林村"在府西南十五里。嘉靖中，倭自稠岭突犯林村，即此"。

林杨国　即林阳国。《水经·河水注》引竺枝《扶南记》曰："林杨国去金陈国步道二千里。"

林县　蒙古太宗七年（1235）改林州置，属彰德路。治所即今河南林州市。宪宗二年（1252）复为林州。世祖至元二年（1265）复改林县，未几复为林州。明洪武二年（1369）改为林县，属彰德府。民国初属河南河北道。1927年直属河南省。1994年改为林州市。

林邑　即占城。在今越南中部一带。《三国志·吴书·吕岱传》：岱"又遣从事南宣国化，暨徼外扶南、林邑、堂明诸王，各遣使奉贡"。

林邑县　唐贞观九年（635）置，为林州治。寄治驩州之南境（今越南义安省境）。后废。

林邑郡　隋大业三年（607）改冲州置，治所在象浦县（今越南广南省维川县南茶轿）。辖境相当今越南广南省地。后废。

林甸设治局　1914年析安达县置，属黑龙江省龙江道。治所即今黑龙江省林甸县。1917年改为林甸县。

林甸县　1917年改林甸设治局置，属黑龙江省龙江道。治所在大林家甸（今黑龙江省林甸县）。民国《黑龙江志稿》卷2：林甸县"旧名林家甸"，故名。1928年直属黑龙江省。1945年划归嫩江省。1949年复属黑龙江省。

林甸镇　即今黑龙江省林甸县。清末《黑龙江全界地图》：齐齐哈尔东南有林甸。1914年设林甸设治局于此，1917年改为林甸县。民国熊知白《东北县治纪要》黑龙江省林甸县："县市旧名大林家甸，市街周围宽五里。"

林冶山　在今广西灵山县西南五十里。《舆地纪胜》卷119钦州：林冶山“在州东北八十里。古金坑之所。前辈诗云：天涯亭下有龙窟，林冶山头出碎金”。《清一统志·廉州府》：林冶山“在灵山县西南五十里。脉自城隍岭来，极高峻”。

林武马站堡　明置，属宁夏左屯卫。即今宁夏青铜峡市北马站村。

林奔城　即今西藏仁布县西北仁布乡。《清一统志·西藏》藏地诸城：林奔城“在日喀则城东一百九十一里”。《清会典图》前藏图注：雅鲁藏布河“又经林奔城北，龙泉河二水合西北流注之”。

林金城　即宁西城。在今青海西宁市西四十里。北宋崇宁三年（1104）改名宁西城。

林周宗　即冷竹宗。治所在今西藏林周县。藏语意为任运、自然完成。1960年与旁多宗等合并，改设林周县。

林波州　唐天宝前置羁縻州，属雅州都督府。治所在今四川泸定县境。北宋属雅州。后废。

林城桥市　即今浙江长兴县西南林城镇。清同治《长兴县志》卷2引《旧志》：“林城桥在县西南四十里。”

林南仓镇　即今河北玉田县西南二十五里林南仓镇。清同治《畿辅通志》卷54玉田县图：西南有林南仓镇。民国时期，与鸦红桥、窝洛沽为县中三大镇。

林南县　1940年晋冀鲁豫革命根据地由原林县分置，治所即今河南林州市。1946年与林北县合并，复置林县。

林种拱邦长官司　元置，属八番顺元宣慰司。治所在今贵州罗甸县东。后废。

林泉寺　①在今辽宁朝阳县东南。《清一统志·承德府》：林泉禅寺“在朝阳县东南月华山。有元大德九年碑。本朝雍正十一年重修”。

②旧名土圣寺。宋建。在今山西原平市西南三十里水油沟村北。寺前有古塔，形制奇特。

林亭口镇　即今天津市宝坻区东南四十五里林亭口镇。清乾隆《宝坻县志》卷6：“最著为林亭口，盖巨镇也。”

林屋洞　俗呼龙洞。在今江苏苏州市西南太湖中洞庭西山东部林屋山下。系石灰岩质的天然溶洞。又称林屋洞天。相传大禹治水时曾驻此。唐代洞旁建神景宫，宋改名灵佑观，为道教第九洞天。《吴地记》：“今湖中包山有石穴，其深莫知其极，即十大洞天之第九林屋洞天也。《洞庭山记》曰：洞庭有二穴，东南入洞，幽邃莫测。昔阖闾使灵威丈人寻洞，秉烛昼夜而行，继七十日，不穷而返。……内有石床枕砚。石几上有素书三卷，持回上于阖闾，不识，乃请孔子辨之。孔子曰：此夏禹之书，并神仙之事，言大道也。”洞口面对太湖，洞内低于太湖湖底。洞口摩崖有俞樾篆书：“灵威丈人得大禹素书处。”

林逋墓　在今浙江杭州市西湖孤山北麓放鹤亭南。林逋（967—1028），字君复，谥和靖先生。北宋隐士。居西湖孤山，植梅养鹤，有“梅妻鹤子”之称。

林虑山　原名隆虑山。东汉时避殇帝刘隆讳而改名。在今河南林州市西北二十里。《后汉书·夏馥传》：夏馥被诬陷，“乃自翦须变形，入林虑山中”。《隋书·炀帝纪》：大业十年（614），“王德仁拥众数万，保林虑山为盗”。即此。《元和志》卷16相州林虑县：“林虑山，在县西二十里。山多铁，县有铁官。南接太行，北连恒岳。”

林虑县　东汉延平元年（106）改隆虑县置，属河内郡。治所即今河南林州市。建安十七年（212）改属魏郡。三国魏属朝歌郡。西晋属汲郡。北魏太平真君六年（445）废入邺县。太和二十一年（497）复置，后为林虑郡治。隋属魏郡。唐属相州。金贞祐三年（1215）升为林州。

林虑郡　北魏永安元年（528）置，属相州。治所在林虑县（今河南林州市）。东魏天平元年（534）属司州。辖境相当今河南林州、辉县二市及淇县地。北齐废。北周复置，属相州。隋开皇三年（583）废。

林皋堡　明置，属宁夏左屯卫。即今宁夏青铜峡市北林皋村。

林烧州　唐天宝前置羁縻州，属雅州都督府。治所在今四川泸定县境。北宋属雅州。后废。

林家扒　即林家店。一名林扒镇。即今河南邓州市西南四十二里林扒镇。清尹耕云《豫军纪略》卷3：咸丰六年（1856）十一月，清军“搜捕余党，焚林家扒贼穴”。

林家台（臺）　即今辽宁凤城市西北林家台站。光绪《奉天全省地舆图说图志》凤凰厅图：西北有林家台。光绪二十年（1894）中日甲午战争，清军在此抗击日军。

林家甸　又作林家店。即今黑龙江省林甸县。民国《黑龙江志稿》卷2：林甸县“距省治东南一百五十里，旧名林家甸”。

林家店　①即林家甸。今黑龙江省林甸县。

②亦名林扒镇。即今河南邓州市西南林扒镇。清乾隆《邓州志》卷5《集镇》：林家店“在州西南五十里。有集”。

林梓镇　即今江苏如皋市东南林梓镇。清《乾隆内府舆图》：如皋县东南有林梓镇。

林康岛　即今南海中中国西沙群岛东部之东岛。1935年命名为林康岛。1947年改名和五岛。1983年又改名东岛。

林绷宗　即林奔城。在今西藏仁布县西北仁布乡。清乾隆《西域同文志》卷18：“西番（藏）语：林，宝也；绷，积累之谓，犹云多宝城也。”

林葱安抚司　清雍正六年（1728）置，属雅州府。治所在今四川德格县西北俄支乡。宣统元年（1909）改流，地属登科府。

林森县　1944年改闽侯县置，以已故“国民政府”主席林森为名，属福建省。治所即今福建福州市。

1946年1月移治今福州市西郊西洄（抗日战争期间先后暂住小箬、甘蔗、洪塘）。1949年9月徙治今福州市南郊义序。1950年4月复名闽侯县，县治迁往尚干（今福建闽侯县东南尚干镇）。1946年1月前为福建省省会。

林渚　在今河南新郑市东北。《晋书·桓温传》：东晋太和四年（369），温率师北伐，慕容暐“将慕容垂、傅末波等率众八万距温，战于林渚。温击破之，遂至枋头”。

林榆山　即临渝山。在今河北抚宁县东三十里。《魏书·地形志》：阳东县有“林榆山”。

林源山　即临沅山。在今广东韶关市曲江区北。《清一统志·韶州府》：林源山“在曲江县北。名临沅山。亦名洹山。……《旧志》：在县北七十里”。

林溪塘　即今广西三江侗族自治县北林溪乡。清乾隆《柳州府志》卷5怀远县：“北城阳塘二十五里至林溪塘。”

林障城　在今湖北武汉市汉阳区东北汉江南岸。《资治通鉴》：西晋建兴三年（315），“杜弢将王真袭陶侃于林障，侃奔滠中”。

林墟　在今广西灵山县西南一百四十里钦江北岸。明洪武四年（1371）置巡司。《方舆纪要》卷104灵山县“西乡镇”条：“永乐七年，海贼阮瑶等寇劫钦州长墩巡司及林墟巡司，官兵追败之。”

林管山　在今山西广灵县西南。《方舆纪要》卷44广灵县：林管山在“县西南四十里。下有泉，名百家泉，流入壶流河。上有勒汉寨”。

林寨墟　亦名林镇墟。即今广东和平县东南七十里林寨镇。清雍正《广东通志》卷18：和平县有林镇墟。

林墩　在今福建莆田市东南。《方舆纪要》卷96莆田县：林墩“嘉靖中，戚继光大破倭贼于此。《海防考》：平海卫墩台有小澳、石狮、蛎前、新浦、三江、埕口、崎头、澄港、湖边、石城、蔡山、石井等十二座”。

林墩马驿　宋置，即今福建邵武市东下沙镇。清废。

枝水　即今湖北钟祥市北长寿河。《水经·沔水注》：枝水“出大洪山而西南流，径襄阳都县界西南，径湫城东南，左注敖水”。

枝江千户所　明洪武三年（1370）置，属湖广都司。在今湖北宜都市东南枝城镇。后废。

枝江市　1996年撤销湖北省枝江县，改设枝江市，市人民政府驻马家店镇。由宜昌市代管。

枝江县　①西汉置，属南郡。治所在今湖北枝江市上百里洲上。《水经·江水注》：“其地夷敞，北拒大江，江沱枝分，东入大江，县治洲上，故以枝江为称。”东汉移治县东境的沮漳河边（今当阳市东南埠草湖镇西南楚城），改为枝江侯国，三国魏复为枝江县。东晋时复迁至百里洲首，即百里洲故城。唐初属荆州，上元元年（674）属江陵府。二年（675）废。大历六年（771）复置。北宋熙宁六年（1073）废。元祐元年（1086）又置。南宋嘉熙元年（1237）移治澌湟洲（今松滋市东北老城镇）。咸淳六年（1270）移治下沱市（今湖北宜都市东南枝城镇）。元属中兴路。明洪武十年（1377）废。十三年（1380）复置，属荆州府。民国初属湖北荆南道。1921年属荆宜道。1932年直属湖北省。1955年撤销。1962年复置，移治马家店（今枝江市驻地马家店街道）。1996年改置枝江市。

②唐仪凤二年（677）置，属萨州。治所在今四川珙县西南。天宝元年（742）属黄池郡，乾元元年（758）属羁縻萨州。后废。

枝江侯国　东汉改枝江县置，属南郡。治所在今湖北枝江市东北。三国魏复为枝江县。

枝江都尉　东汉置，属犍为郡。治所在江阳县（今四川泸州市）。建安十八年（213）改置江阳郡。

枝江镇　北宋熙宁六年（1073）废枝江县置，属松滋县。在今湖北枝江市南百里洲上。元祐元年（1086）复为县。

枝阳县　西汉置，属金城郡。治所在今甘肃永登县南苦水镇庄浪河东岸。西晋初废。十六国前凉复置，属广武郡。北魏废。《水经·河水注》：“逆水又东径枝阳县故城南，东南入湟水。”逆水即今庄浪河。

枝阳郡　十六国前秦置，属凉州。治所在枝阳县（今甘肃永登县东南庄浪河东岸）。北魏废。

枝城市　1987年改宜都县置，治今湖北省宜都市陆城镇。1998年改名宜都市。

枝扈黎大江　即今印度之恒河。《水经·河水注》：“康泰《扶南传》曰：恒水之源，乃极西北，出昆仑山中，有五大源，诸水分流，皆由此五大源，枝扈黎大江出山，西北流，东南注大海。枝扈黎即恒水也。”《史记·大宛列传》正义引《括地志》作拔扈利水。

杯山　在今江西乐安县西北。《寰宇记》卷110抚州崇仁县：杯山“在县西南一百四十五里，以山顶如杯为名”。《清一统志·抚州府一》：杯山“在乐安县西北八十里。……龙义水出此。山北为界岭，接丰城县界”。又《南昌府一》：杯山“在丰城县南一百五十里。周百里。形如覆杯，丰水所出”。

杯山巡司　南宋绍兴中置，在今江西新干县东南城上乡。寻废。明、清复置巡司于此。

杯山镇　在今江西新干县东南六十里城山乡。南宋绍兴中置巡司于此，属新淦县。寻废。明洪武初复置，设巡司，万历中移建县东之蓝桥。崇祯中复还旧所。《明史·地理志》作杯山。《方舆纪要》卷87作杯山。

杯湖　在今湖北鄂州市西。唐元结有《杯湖铭》。《舆地纪胜》卷81寿昌军：杯湖“在樊山、郎亭间，方一二里。孟仕源居退谷杯樽之下，命曰杯湖”。

杯渡山　又名屯门山。即今广东深圳市西南头镇。一说即今香港新界屯门青山。据《舆地纪胜》卷89

广州："世传云，杯渡禅师渡海来居杯渡山"，因名。《方舆纪要》卷101广州府新安县"梧桐山"条下：杯渡山"在县东南百二十里。下滨海，旧名屯门山，上有滴水岩及虎跑井。《纪事》云，东莞南头城，古之屯门镇，乃中路也。一云南头城东南海路二百里至屯门山，唐置屯门镇兵，以防海寇，天宝二载，海贼吴令光作乱，南海郡守刘巨麟以屯门镇兵讨平之，宋亦置营垒于此"。

枇杷山 在今重庆市旧城内。海拔345米。民国时，四川军阀王陵基建私宅于此。1949年以后辟为公园，为观赏重庆山城夜景最佳处。

枇杷千户所 亦作琵琶所。在今湖南江永县东南四十里枇杷所。明洪武二十九年（1396）置，属宁远卫。清初改设巡司，乾隆二十九年（1764）移于东安县东南石期市。

柜（櫃）门关 元围襄樊时置，在今湖北襄阳市襄州区东南东津镇。《元史·阿术传》：世祖至元九年（1272），"阿术追战至柜门关，擒（张）贵"。即此。明称东津渡关。

柜艾水 今山东胶州市南泽河。《汉书·地理志》琅邪郡柜县："柜艾水东入海。"《水经·胶水注》：柜艾水"出柜县西南柜艾山，即《齐记》所谓黔艾山也。东北流径柜县故城西，王莽之祓同也，世谓之王城。又谓是水为洋水矣"。

柜州 唐置羁縻州，属嶲州都督府。治所在今四川凉山彝族自治州境。后废。

柜县 西汉置，属琅邪郡。治所在今山东胶南市北境王台镇。东汉属北海国，后废。《水经·胶水注》：柜艾水"出柜县西南柜艾山……东北流径柜县故城西，王莽之祓同也。世谓之王城"。

柜（櫃）崖 ①在今重庆市綦江县东南。《舆地纪胜》卷180南平军：柜崖"在军（治铜佛坝，在今赶水镇西）东南百里。峭崖壁立，崖有洞，不可攀援。洞门有一柜，往岁时有烟雾蒙茸，有斧斤声，有飞屑随水下，疑洞中有神物也"。

②在今贵州桐梓县东北一百里。《明一统志》卷72播州宣慰司：柜岩"在宣慰司（今遵义市）北三百里。高百丈，广半之，中有一石穴，穴前一柜，往来者悉见之"。

枧头洲 旧作现头洲。即今湖南醴陵市东渌水南岸枧头洲乡。清同治《醴陵县志》卷1：现头洲在"治东三十里"。

枧坝场 即今贵州绥阳县西北枧坝镇。清道光《遵义府志》卷6绥阳县：枧坝场在"城西北六十里"。

枚回（迴）山 在今山西灵丘县西。《元和志》卷14灵丘县："兹水出县西枚回山。"

枚回（迴）洲 亦作枚回洲。在今湖北荆州市荆州区故江陵县城西长江中。《水经·江水注》：江陵"县江有洲，号曰枚回洲，江水自此两分而为南、北江也"。《晋书·桓玄传》：东晋元兴三年（404）桓玄兵败，自江陵乘舟，"达枚回洲，（费）恬与祐之迎击玄，矢下如雨"。遂为益州督护冯迁所杀。

枚洄镇 在今安徽泾县境。《资治通鉴》：唐武德七年（624）二月，"辅公祏遣兵围猷州，刺史左难当婴城自守。安抚使李大亮引兵击公祏，破之。壬子，行军副总管权文诞破辅公祏之党于猷州，拔其枚洄等四镇"。

析 又名白羽。即今河南西峡县治。《左传》：僖公二十五年（前635），"秦、晋伐鄀……秦人过析隈"。即此。后为楚邑。《左传》：昭公十八年（前524），"冬，楚子使王子胜迁许于析，实白羽"。秦置析县。

析木县 辽置，属辽阳府。后为铜州治。治所即今辽宁海城市东南四十里析木镇。金皇统三年（1143）改属澄州。元废。

析木城 即今辽宁海城市东南析木镇。《方舆纪要》卷37海州卫：析木城在"卫东南四十里"。

析木城石棚 在今辽宁海城市东南四十里析木镇前姑嫂石村。是集祭祀、埋葬于一体的古墓葬。石棚呈长方形，是由六块花岗岩石板组成，其中四块大石板为支架，一块为石盖，一块铺地。整体高2.8米，盖石南北长6米，东西宽5.1米。南壁支石上端有人工加工的两排小圆窝。石板下出土有夹砂红褐绳纹陶片和灰陶片、细泥红陶片及石器。析木城石棚是辽宁迄今发现的石棚中规模较大、建筑技术较高、保存较完好的石棚之一。作为巨石文化的一种，它和朝鲜半岛、日本列岛的支石墓有密切的关系，对研究东北地区乃至东北亚地区早期文化提供了重要实物资料。2001年定为全国重点文物保护单位。

析支 一作赐支。古西戎国名。在今青海海南藏族自治州和果洛藏族自治州的黄河流域。《尚书·禹贡》雍州："织皮，昆仑、析支、渠搜，西戎即叙。"《水经·河水注》："司马彪曰，西羌者，自析支以西，滨于河首左右居也。河水屈而东北流径析支之地，是为河曲矣。应劭曰，《禹贡》析支属雍州，在河关之西，东去河关千余里，羌人所居，谓之河曲羌也。"《后汉书·西羌传》：羌地"滨于赐支，至乎河首，绵地千里。赐支者，《禹贡》所谓析支者也"。

析支河 即赐支河。指今青海东部黄河湾曲处。

析水 即淅水。今河南卢氏、西峡、淅川县境之老灌河。《水经·丹水注》："析水出析县西北宏农卢氏县大蒿山，南流径修阳县故城北，……南流入丹水县，注于丹水，故丹水会均，有析口之称。"《元和志》卷21邓州内乡县："析水，北自卢氏县界流入，与丹水合，古今谓之析口。"

析州 即淅州。唐武德二年（619）置，治所在内乡县（今河南西峡县）。贞观八年（634）废。

析阳郡 一名淅阳郡。南齐置，属雍州宁蛮府。北魏太和中属析州，治所在西析阳县（今河南西峡县）。隋开皇初废。

析县 战国楚置，治所即今河南西峡县。《史记·

楚世家》：顷襄王元年（前298），秦“取析十五城而去”。秦仍以为县，西汉属弘农郡。东汉属南阳郡。三国魏属南乡郡。西晋属顺阳郡。南朝宋废。

析里　在今陕西略阳县西二十里嘉陵江边。《清一统志·汉中府二》：郙阁“在略阳县西。汉太守李翕建，有铭曰：惟斯析里，处汉之右……”。

析城山　即今山西阳城县西南析城山。最高峰海拔1951米。《尚书·禹贡》：“底柱、析城，至于王屋。”《汉书·地理志》河东郡濩泽县：“《禹贡》析城山在西南。”《水经·沁水注》：上涧水“南历析城山北，山在濩泽南……山甚高峻，上平坦。下有二泉，东浊西清，左右不生草木，数十步外多细竹”。《清一统志·泽州府》引《山西通志》谓析城山“山峰四面如城，高大而峻，迥出诸山，幅圆四十里”。

析泉水　即折泉水。在今山东五莲县西。《水经·潍水注》：析泉水“出析泉县北松山，东南流径析泉县东，又东南径仲固山，东北流入于潍”。

析津县　辽开泰元年（1012）改蓟北县置。与宛平县同为燕京析津府治（在今北京城西南隅）。《辽史·地理志》：“以燕分野旅寅为析木之津，故名。”金贞元二年（1154）改名大兴县。

析津府　辽开泰元年（1012）改幽都府置，建号燕京。治所在析津、宛平二县（今北京城西南隅）。辖境相当今河北南拒马河、大清河、海河以北，遵化、丰南、宁河以西，紫荆关以东，内长城以南地区，包括北京市辖区。北宋宣和四年（1122）改为燕山府。金天会三年（1125）复名析津府，海陵王贞元元年（1153）迁都于此，建号中都，改名永安府，次年改名大兴府。

析隈山　在今河南邓州市南七十里。《左传》：僖公二十五年（前635），“秦人过析隈”。杜注：“析为楚邑……隈其隐蔽处也。”《方舆纪要》卷5邓州：“今州有析隈山，俗讹为厮隈山。”

析墌城　在今甘肃泾川县东北。《新唐书·薛举传》：武德元年（618），“丰州总管张长逊击（宗）罗睺，举悉兵援之，屯析墌，以游军掠岐、豳”。又秦王李世民攻薛仁杲，“夜半至析墌，迟明，围合。仁杲率伪官属降”。

板厂山　在今陕西紫阳县东南七十里洞河内。《清一统志·兴安府一》：板厂山“本朝顺治六年，巨寇孙守金结砦于此，十年剿平之”。

板山坪　即今河南南召县西南三十八里板山坪镇。清尹耕云《豫军纪略》卷10：同治二年（1863）十二月，“张曜营板山坪，在李青店西南”。

板门山　在今湖南怀化市南。《舆地纪胜》卷71沅州：板门山“对峙如门”。《方舆纪要》卷81沅州“明山”条下：板门山“宋时为向蛮据守处”。

板仓河　在今湖北保康县南。《清一统志·郧阳府》：板仓河“在保康县南五十里，北流为洞庭河，绕县西而东，北流入筑水。亦名县河”。

板石山　在今湖北浠水县北。《舆地纪胜》卷47蕲州：巴河“源出板石山”。《方舆纪要》卷76蕲水县：板石山“在县北，巴水出于此”。

板石屯　即今吉林伊通满族自治县东南河源镇。《清史稿·地理志》伊通州：“东南：大星岭，其东板石屯，伊通河出西北。”

板石湖　在今湖南长沙市西。《方舆纪要》卷80长沙府：板石湖在“府西三十里。又西五里有石珠湖，又五里有月池湖。府西北鹅羊山下有鹅羊湖。《志》云：府境诸湖以数十计，其下流皆通于湘江”。

板石镇　即今江西安远县西北七十里板石镇。明、清置巡司于此。

板场铺　明置，即今贵州务川仡佬族苗族自治县东北板场。

板达营　即今山东庆云县东十二里板营。《方舆纪要》卷13：板达营，“（明）宣宗征高煦时，驻跸于此”。《清一统志·天津府三》：“相传以板榌为营，故名。”

板江　在今广西三江侗族自治县西南。《方舆纪要》卷109怀远县：板江在“县北十五里。源出北境之扶劳山，经牛头、上瓮、边田诸村，南入大江”。

板江大洲　在今广西三江侗族自治县西南融江中。《明史·李锡传》：万历元年（1573），镇压怀远县瑶民起义，“锡自统水师，次罗江，独当其冲。时贼屯板江大洲，累石树栅，潜以舟来袭”。即此。

板江村　在今广西融水苗族自治县西。《方舆纪要》卷109融县：板江村“在县西。成化中，怀远贼侵融县板江村据之，即此”。

板江峒　在今广西三江侗族自治县西南老堡乡西南。《明史·广西土司传》：隆庆间，召诸瑶筑怀远城，“许犒不与，诸瑶遂合绳坡头，板江诸峒杀官吏反”。

板江堡　在今广西三江侗族自治县西南丹洲镇西南。《方舆纪要》卷109怀远县：板江堡“在县西南。万历二年设兵戍守。又议迁县治于此。四年堡为瑶‘贼’所陷”。

板步镇　北宋置，属真阳县。在今广东英德市东北桥头镇板铺村。

板角关　在今贵州遵义县东北。《明史·陈璘传》：万历二十八年（1600），讨杨应龙叛乱，“命璘为湖广总兵官。……乃先攻三囤，次及青蛇。（陈）良玭师亦来会。令伏囤后，别以一军守板角关，防贼逸”。《清一统志·遵义府》：“板角关在绥阳县东南六十里，接湄潭县界。”

板固　亦作柏固。在今浙江衢州市衢江区东南四十五里。明置巡司于此。

板闸谷　在今陕西凤县凤州镇北一百里。《方舆纪要》卷56凤县：板闸谷，“宋开禧二年，金人窥大散关，由板闸谷绕出关后，是也”。

板闸镇　在今江苏淮安市楚州区西北十一里板闸

镇。明永乐十四年（1416）平江伯陈瑄建木闸于此。次年乃甃以石。乡人至今呼为板桥。清于此置板闸镇。有巡司驻守。

板城县　唐开元二十四年（736）置，属易州。治所在今河北涞水县北板城。天宝后废。

板城渚口　即板渚。在今河南荥阳市北牛口峪附近。《水经·河水注》："河水又东径板城北，有津，谓之板城渚口。"

板栈山　在今广西大新县西南雷平镇南。《方舆纪要》卷110太平州：板栈山"在州（治今雷平镇）南里许。州北又有岩傍山。《志》云：州治以四山环绕，称为形胜"。

板泉堐　即今山东莒南县西南三十里板泉镇。旧属兰山县。清光绪《山东通志》卷2《舆图志》：兰山县（今临沂市）东北有板泉堐。

板桥　①即今北京市门头沟区西北板桥村。平绥铁路（今京包路）有大台支线通此。

②亦作版桥。唐末汴州城西军事要地。在今河南开封市西。《旧唐书·马燧传》：大历十一年（776），马燧平定汴州，让功于李忠臣，"乃引军退舍于板桥"。《旧五代史·梁书·太祖纪》：光启三年（887）秦宗权围汴州，派张晊屯赤冈，"秦贤屯于版桥"。即此。

③在今河南正阳县南商山道中。唐温庭筠《商山早行》诗："鸡声茅店月，人迹板桥霜。"即此。

④在今四川三台县东南。《资治通鉴》：五代唐长兴三年（932），"李仁罕自遂州来，赵廷隐迎于板桥"。胡三省注："板桥在梓州东南。"

⑤元为站，属昆明县。即今云南昆明市东四十里大板桥镇。《方舆纪要》卷114昆明县：板桥驿，"明初沐英等征云南，师至板桥。"即此。清有县丞驻此。

⑥即今云南罗平县东北板桥镇。清有经制外委驻此。

板桥山　在今甘肃礼县南九十里。明置巡司于此。

板桥山镇　即今湖北房县西北板桥乡。《方舆纪要》卷79房县：板桥山镇"在县西北百五十里。有巡司戍守"。

板桥场　①即今重庆市永川区北板桥镇。清道光《铜梁县志》卷2：板桥场"在县南一百二十里"。

②即今四川蓬溪县西北板桥子乡。清道光《蓬溪县志》卷2：板桥场在"县北二十里……通省城大道"。

板桥店　即今湖北宜城市东五十里板桥店镇。清设外委驻防。

板桥河　即今辽宁北镇市东南杜家台河。《方舆纪要》卷37广宁卫：板桥河"出医巫闾山，同源异流，一经卫城北，一经卫城南，具至城东南合芦沟及双峰河入海。今城西南有板桥驿，以此名"。

板桥驿　①明置，属景东府。在今云南景东彝族自治县西北文龙。

②明置，属昆明县。在今云南昆明市东大板桥镇。《方舆纪要》卷114云南府昆明县：板桥驿在"府东三十里。又东达杨林废县六十里。明初沐英等征云南，师至板桥"。即此。《清一统志·云南府》：板桥驿"康熙二十四年设驿丞，乾隆二十一年裁，移县丞分驻于此"。

板桥城　在今山西介休市西北。《寰宇记》卷41引《郡国志》云："刘渊击刘琨于此。"《方舆纪要》卷42介休县："板桥城在县西北十八里。……其城阻水，以板桥为渡，因名。"

板桥哨　明置，属普安州。在今贵州普安县西。

板桥浦　又作版桥浦。在今江苏南京市西南板桥镇附近。南朝齐谢朓有《之宣城郡出新林浦向板桥》诗。《寰宇记》卷90江宁县："板桥浦在县南五十里，周回四十里，源出观山，三十七里注大江。"

板桥埠　即今广东吴川市西板桥镇。清光绪《高州府志》卷10：板埠在"县西北四十里。又名板桥"。

板桥铺　①在今四川夹江县东北二十里复兴村南，道通青神县。明正德《四川志》卷19：夹江县北有板桥铺。

②即今贵州遵义市北板桥镇。清道光《遵义府志》卷6遵义县：板桥场在"城北七十五里"。

③即今贵州思南县南板桥苗族土家族乡。旧属石阡府，明置巡司于此。

板桥堡　①北宋政和六年（1116）置，属泸州。在今四川江安县南一百里板桥场。

②明置，属甘州后卫。即今甘肃临泽县东北板桥镇。《方舆纪要》卷63甘肃镇：板桥堡"在镇西北二百里。向属甘州后卫官兵戍守。嘉靖末，寇常犯此，督臣王崇古等议移兵于高台，所以便声援是也"。

板桥集　①即今安徽寿县西南板桥镇。明嘉靖《寿州志》卷3：板桥"南五十里，王莹建"。清光绪《凤阳府志》寿州：板桥集在"州西南七十里"。

②即今安徽蒙城县东北桥集镇。明嘉靖《寿州志》卷1蒙城县有板桥集。清咸丰九年（1859）著名捻军首领陆连科殉难于此。

③即今安徽凤阳县东三十余里板桥镇。清光绪《凤阳县志》卷3：板桥"在临淮东乡十里。旧以木渡。明嘉靖三十年……创造石桥，阅三岁而成，凡五孔十八弓，仍名板桥，以昭公德。旧无居人。兵燹后，归民萃聚，遂成市焉"。

板桥溪镇　在今四川乐山市北四十里关庙乡之板桥街。民国《乐山县志》卷2：板桥溪"前清时建，距城北四十里。……商业油、酒、桐炭、柴薪等物，通行省垣大道"。

板桥镇　①即今江苏南京市西南三十里板桥镇。南宋《景定建康志》卷16：板桥市在城西南三十里。清《江宁府七县地形考略》中《江宁县境界址考》："大胜关、板桥……诸镇，俱接近江边。江船至此均可收泊。”

②唐置，属高密县。即今山东胶州市。北宋元祐三年（1088）置胶西县及市舶司于此。为对外贸易重要港口。

③即今台湾省新北市驻地板桥区。清属淡水县，闽南音作枋桥。日本占领期间于1920年设板桥街。1945年抗日战争胜利后设板桥镇。1947年台北县迁治于此。2010年改设板桥区。

④北宋置，属内乡县。在今河南淅川县南。

⑤即今湖北恩施市西北板桥镇。清同治《恩施县志》卷2《村集》：“板桥，距县一百六十里。”

⑥即今四川江安县南一百里板桥场。明置巡司于此。

⑦即今贵州思南县南板桥苗族土家族乡。旧属石阡府，明置巡司于此。后改属思南府。

板蚌　即今云南广南县东南九十里板蚌乡。清有经制外委驻此。壮语“板”为村寨，“蚌”为低凹，“板蚌”意即低凹的村寨。

板浦场　即今江苏连云港市海州区板浦镇。明万历《淮安府志》卷3海州：板浦场盐课司“去治东南门丨里”。

板浦镇　即今江苏连云港市海州区板浦镇。《清一统志·海州》：板浦镇“有盐场。为商贾辐辏之所”。1913年于此置灌云县。1948年灌云县徙治大伊镇。2009年由灌云县划归连云港市海州区。

板勒纥城　即班勒纥城。今阿富汗北境巴尔赫。《元史·察罕传》：“察罕，西域板勒纥城人也。”

板罾口河　在今河北香河县西。《明史·地理志》香河县：“西有板罾口河，源出通州东之孤山，经县界，入于白河。”

板渚　黄河津渡名。在今河南荥阳市北北邙西牛口峪附近。《水经·河水注》：“河水又东径板城北，有津谓之板城渚口。”《隋书·炀帝纪》：大业元年（605）开通济渠，“自板渚引河通于淮”。《元和志》卷5汜水县：“窦建德众数十万，自于板渚结阵，南属鹊山，以临汜水。太宗帅轻骑击之”，窦军大溃。建德逃至牛口渚，被擒。

板寨铺　即今湖南醴陵市西北二十里板杉乡。清《乾隆内府舆图》：醴陵县西北有板寨铺。

枞阳下镇（枞 zōng）　明置，属桐城县。即今安徽枞阳县东下枞阳。明于此设马踏石巡司。

枞阳上镇　即今安徽枞阳县。《清一统志·安庆府二》：枞阳上镇“在桐城县东南一百二十里。《县志》：旧县置河泊所凡六，长河河泊所在枞阳上镇”。

枞阳县　①西汉置，属庐江郡。治所在今安徽枞阳县。一说在县东下枞阳。《汉书·武帝纪》：元封五年（前106）南巡，“自寻阳浮江，亲射蛟江中，获之。舳舻千里，薄枞阳而出，作盛唐枞阳之歌”。东汉省。西晋曾复置。《晋书·陶侃传》：庐江太守张夔“召（侃）为督邮，领枞阳令”。后废。南朝梁复置，为枞阳郡治。陈属熙州。隋开皇十八年（598）改为同安县。故县为枞阳镇。1954年湖东县迁此，次年改为枞阳县。

②南齐改徙阳侨县置，属晋原郡。治所在今四川崇庆县境。一说今天全县东南始阳镇。后废。

枞阳河　又称枞阳浦。即今安徽枞阳县长河。清名练潭河。《舆地纪胜》卷46安庆府：枞阳水，“《元和郡县志》云：出桐城县东南硖石山，东南入于江”。

枞阳郡　南朝梁置，属晋州。治所在枞阳县（今安徽枞阳县）。辖境相当于今安徽枞阳县地。隋开皇初废。

枞阳浦　今安徽枞阳县东下枞阳一带。《资治通鉴》：南朝梁大宝二年（551），“豫州刺史荀朗自巢湖出濡须邀（侯）景，破其后军。景奔归，船前后相失。太子船入枞阳浦”。即此。

枞阳镇　即今安徽枞阳县治。《方舆纪要》卷26桐城县：枞阳城，“《城邑考》：宋末桐城县移治枞阳镇，后又徙池之李阳河。元始还旧治。今仍为枞阳镇。明初置税课局于此”。清末太平天国将领李秀成、陈玉成曾在此举行军事会议，遗址尚存。

枌榆社　①在今江苏丰县东北五里史套楼村。《史记·封禅书》：“高祖初起，祷丰枌榆社。”《集解》引张晏曰：“枌，白榆也。社在丰东北十五里（疑“十”字衍）。或曰枌榆，乡名，高祖里社也。”

②在今陕西西安市临潼区东北新丰镇东北十五里。《西京杂记》卷2：“高祖少时，常祭枌榆之社。及移新丰，亦还立焉。”

松下江　又名松林江。在今福建长乐市东南。《方舆纪要》卷96福州府：松下江“在县东南三十里。东通大海，西通福清县。亦曰松下澳。相近者曰大祉、小祉、垅下等澳”。

松下镇　明置，属长乐县。即今福建长乐市东南松下。为长乐之咽喉，福清之门户。洪武二十年（1387）移海口镇巡司于此。《方舆纪要》卷96：嘉靖二十七年（1548），“倭寇自松下突入海口澳登陆，攻福清之镇东卫，官军力战，乃遁去”。即此。

松口市　即今广东梅县东北松口镇。《明史·地理志》程乡县：“东南有丰顺巡检司，本在县西北平远县界，后迁松口市。”

松口盐务　北宋置，属海阳县。在今广东梅县东北松口镇。明置驿于此。

松口堡　即今广东梅县东北松口镇。明置丰顺巡司于此。清设州同。光绪《嘉应州志》卷1：松口堡“距城一百里。有州同、巡检驻扎衙署。有松口墟市”。

松山　①即今河北易县西南七十里松山。《方舆纪要》卷12清苑县：松山，“其山多松”。因名。

②又作大松山。在今河北赤城县西南。以山上有古松盘曲，故名。北宋天禧四年（1020），契丹主隆绪如鸳鸯泺，遂猎于松山。又明代永乐中北征，亦尝

驻跸于此。

③在今内蒙古喀喇沁旗西界、河北围场县东界。《辽史·地理志》：中京大定府有松山。同书《游幸表》：开泰九年（1020）八月，"猎于辽河之源"；九月，"猎于松山"。清乾隆《热河志》卷66：纳喇苏台山"汉名松山，在平泉州属喀喇沁右翼旗西八十里"，即辽中京大定府松山。今围场县东境有大松树沟村，松山应在其近处。

④在今辽宁凌海市西南松山镇境。明《辽东志》卷1：松山在"（锦州）城南二十五里"。明宣德三年（1428）置中左千户所于此。《清一统志·锦州府一》：松山"在锦县（今锦州市）南十八里。山之西即旧松山所城"。明末，此为重要战场。崇祯年间，总督洪承畴守松山，为后金兵围攻，城破投降。

⑤在今福建霞浦县东十里。《方舆纪要》卷96霞浦县：松山"下有松山港。昔时风涛险恶，岁患溺舟，后流沙渐合，有径可行。正统九年，徙置烽火寨于山下。其对峙者曰后崎山。山全体皆石，巨细磊砢，争奇竞秀"。

⑥即今台湾省台北市东松山区。原为高山族凯达格兰平埔人猫里锡口社，清嘉庆二十年（1815）改为锡口。日本占领期间于1920年改名松山。

⑦即今山东五莲县东分岭山。《水经·潍水注》：析泉水"出析泉县北松山"。元于钦《齐乘》卷4称："松山今曰分流山，在马耳山西。"

⑧在今甘肃永登县东北，接天祝藏族自治县界。《清一统志·兰州府一》：松山"在皋兰县北二百余里，接凉州府平番县界。有大、小二山。一名密哈山。番人谓肉密哈，言此山多禽兽可资肉食也。明永乐中，驱番部于河外，松山为内地。成化初，博啰入据河套，松山遂为所有。万历初，克酬卓哩克图等盘据松山，兰境每被荼毒。庄、凉遂成一线。后兵备张栋等分路堵剿，再大破之。自是遁迹沙漠，松山复为内地"。明、清于此置松山堡。

松山寺堡 明置，属宁远卫。在今辽宁葫芦岛市西北。《方舆纪要》卷37宁远卫：松山寺堡"在卫东北四十里。堡东有庙儿山，可屯兵"。

松山州 ①辽置，为头下州，属上京道。治所在今内蒙古巴林右旗东境。《辽史·地理志》松山州："有松山。北至上京一百七十里。"金废。

②辽开泰中置，治所在松山县（今内蒙古赤峰市西南）。金皇统三年（1143）废。

松山县 辽开泰二年（1013）置，为松山州治。治所在今内蒙古赤峰市西南。金属大定府。元世祖中统三年（1262）为松州治。至元二年（1265）废。

松山战役旧址 在今云南龙陵县东四十四里。松山峰顶高出怒江江面950米，战役旧址南至鹰蹲山，北至黄土坡，地形险要，扼滇缅公路咽喉。1942年5月日本侵略军占龙陵后，驻重兵据守。1944年6—9月，我抗日军民浴血奋战，全歼日军三千余人。遗址内地堡、坑道、战壕密布，现已开辟供人们参观，成为爱国主义教育场所。2006年定为全国重点文物保护单位。

松山馆 馆驿名。辽置，在今内蒙古赤峰市西北。《辽史·地理志》上京道引宋薛映记曰："上京者，中京正北八十里至松山馆。"（按，此里距有误，据宋富弼《行程录》：由中京至临都馆、官窑馆，再至松山馆，为一百九十里）。

松山堡 ①明置，即今辽宁开原市东南五十里松山堡镇。《方舆纪要》卷37三万卫"威远堡"条下："又松山堡在靖安堡西南，与中固城、柴河堡接境。"

②明置，为广宁中左千户所治所。即今辽宁凌海市西南松山镇。《方舆纪要》卷37广宁左屯卫：松山堡在"卫南二十里，以地有松山而名。宣德三年置中左千户所于此，属中屯卫"。《明史·庄烈帝纪》：崇祯十五年（1642）二月戊午，"大清兵克松山，洪承畴降"。即此。

③明置，属庄浪卫。即今甘肃天祝藏族自治县东松山乡。清设守备。

松山港 在今福建霞浦县东南。《方舆纪要》卷96福宁州：松山港在"州东南松山下。上接诸溪涧之水，至松山前，与海潮汇。前有沙洲，后有沙径，海船多泊于此"。

松山墟 即今广西容县西北松山乡。清光绪《广西舆地全图》容县图：西北有松山墟。

松门山 ①在今浙江温岭市东。本为海岛，后因泥沙淤积始与陆连。《舆地纪胜》卷12台州：松门山"在黄岩县东南一百二十里。按：王羲之《游西郡记》云：永宁县界海中有松门岛屿皆生松，故曰松门"。《方舆纪要》卷92太平县：松门山"在县东南五十里海中，亦曰松门岛，松门卫以此名"。

②俗名崑峣山。在今江西永修县东北，修水入鄱阳湖口南岸。《太平御览》卷48引《豫章图经》："松门山者，以其山多松，遂以为名。北临大江及彭蠡湖。山上有石镜，光明照人。谢灵运《入彭蠡湖口》诗云：'攀崖照石镜，牵叶入松门'是也。"

③在今江西都昌县南。《方舆纪要》卷84都昌县：松门山在"县南二十里。俗呼岩峣山，明初陈友谅围南昌，太祖帅舟师赴救，自松门入鄱阳湖，战于康郎山是也"。

松门卫 明洪武十九年（1386）置松门千户所，次年升为松门卫。在今浙江温岭市东松门镇。清顺治十七年（1660）废，设守备驻守。

松门岭 在今山西襄垣县北，接武乡县界。《寰宇记》卷45襄垣县引《冀州图》："松门岭在襄垣北一百三十里，道通太原驿路。"即此。

松门垭 在今贵州遵义县北凉风垭。《明史·刘綎传》：万历二十八年（1600）讨杨应龙之乱，都指挥王芬"连胜有轻敌心，独营松门垭之冲，距大营数里。……贼乃袭杀芬，守备陈大刚、天全招讨杨愈亦死，失亡士卒二千人"。

松门寨　南宋置，属黄岩县。在今浙江温岭市东南五十里松门镇。《方舆纪要》卷92太平县：松门卫“本宋黄岩之松门寨，去县百二十里”。明洪武时置卫于此。

松子关　①古名松滋关。在今安徽金寨县西南境，与湖北罗田县接界。《方舆纪要》卷50商城县“长岭关”条下：“又松子关在县东南百二十里，接湖广罗田县界。”

②明置，在今湖北罗田县北一百八十里。《方舆纪要》卷76罗田县“峻岭关”条下：“又有松子关，以松子山而名。”

松子岭　①在今山西朔州市东。《资治通鉴》：唐武德六年（623），突厥颉利可汗攻马邑，高满政出兵御之，“上命行军总管刘世让救之，至松子岭，不敢进，还保崞城”。

②在今山西和顺县东北。《清一统志·辽州》：松子岭“在和顺县东北四十里，与平定州乐平乡接界，延亘三十里。岭路崎岖，最为险峻。有关在其上，下有松子水出焉”。

③在今山西岢岚县西南五十里。《宋史纪事本末》：靖康元年（1126），金宗翰（粘没喝）久攻太原，都统制折可求率军救援，取道松子岭，为宗翰军所败。《方舆纪要》卷40岢岚州：巨麓岭“州西南五十里。西南至兴县六十里接境处也。山多松，一名万松山，或谓之松子岭”。

松子溉　在今重庆市永川区南。《方舆纪要》卷69永川县：松子溉“在县南百里。源出龙洞山，别流东注，下入大江”。《清一统志·重庆府一》“侯溪”条：松子溉“此水上流曰车对河，下流曰洙溶溪，自县东南流入江”。

松冈长官司　即从噶克长官司。治所在今四川马尔康县西松冈乡。《清史稿·四川土司传》松冈长官司：“康熙二十二年颁给安抚司印信号纸，乾隆十七年土司苍旺不法伏诛。”

松冈墟　即今广东佛山市南海区西北松岗镇。清同治《广东图说》卷1南海县：山南堡有“松冈墟”。

松风亭　在今广东惠州市东。《舆地纪胜》卷99惠州，松风亭“在弥陁寺后山之巅，始名峻峰、植松二十余株，清风徐来，因谓松风亭”。苏东坡有《游松风记》。

松风阁　在今湖北鄂州市西樊山。《舆地纪胜》卷81寿昌军：松风阁“在西山寺。旧有松林甚茂，黄庭坚自黄州游西山爱之，因名”。

松石坪　在今重庆市永川区西南四十里来苏镇附近。《舆地纪胜》卷161昌州：松石“永川来苏镇相近有松花石，石质而松理，横松树间。或二三尺许，大可合抱，然不过相望数山有之，俗名为雷烧松。或云：杜诗所谓万年松化石者，即此类，亦异产也”。

松平寨　亦作松坪寨。在今四川汉源县东南皇木镇。《方舆纪要》卷73黎州守御千户所：松平寨在“司东南百八十里。安抚土舍马氏所居也。《九州志》：黎州石楼之地，多长松，不生杂木，即松坪寨矣。自炒米城抵松平寨，连接峨眉县，凡三百六十里，皆高山峻坂，密树深箐，熟彝下七枝，名曰落凶、曰吽哄、曰沙直、曰俺立、曰母姑、曰阿辉、曰他他，皆隶松坪马氏”。

松外县　唐贞观二十二年（648）置，为牢州治。治所在今四川盐边县西北。永徽三年（652）废入昌明县。

松外城　南诏置，属剑川节度使。在今四川盐边县西北。唐樊绰《云南志》卷6：“昆明城在东泸之西，……正南至松外城。”唐置松外县。

松汀山　在今河北迁安市西南二十五里。《方舆纪要》卷17迁安县：松汀山“高六十余丈。巉岩壁立，峙沙河中。山腰有山洞，每洞可容二百人。土人结筏，缚梯而上，以避兵”。

松州　①隋开皇九年（589）置，治所宜昌县（今湖北宜昌市西陵区西北长江南岸）。辖境相当今湖北宜昌市西陵区部分地。十一年（591）废。

②隋开皇九年（589）置，治所在澧阳县（今湖南澧县东南）。寻改为澧州。

③唐武德元年（618）置，治所在嘉诚县（今四川松潘县）。《旧唐书·地理志》松州：“取州界甘松岭为名。”《新唐书·地理志》松州：“以地产甘松名。”天宝元年（742）改为交川郡，乾元元年（758）复为松州。盛时辖境相当今四川阿坝藏族自治州大部分地区及青海久治、玛曲一带。广德元年（763）以地属吐蕃。

④唐武德四年（621）置，治所在松阳县（今浙江松阳县西北二十四里古市镇）。辖境相当今浙江松阳县。武德八年（625）废。

⑤元世祖中统三年（1262）置，属上都路。治所在松山县（今内蒙古赤峰市西南）。明初废。

⑥元于故松州置，属松潘宕叠威茂州安抚司。治所在今四川松潘县。明洪武十二年（1379）兼置松州卫。二十年（1387）废。

松州卫　明洪武十二年（1379）于松州置，治所即今四川松潘县。寻与潘州卫合并为松潘卫。

松江　①古称笠泽。又名松陵江。即今江苏太湖尾闾吴淞江。晋顾夷《吴地记》、庾阐《扬都赋注》与唐张守节《史记正义》等，皆以此为《尚书·禹贡》三江之一。《后汉书·左慈传》：曹操曰：“今日高会，珍羞略备，所少吴松江鲈鱼耳。”李贤注：“松江在苏州东南，首受太湖。”《通典》、《元和志》吴县下皆有松江。北宋郏亶、单锷等水利书中“松江”、“吴淞江”已并称，“吴淞江”或作“吴松江”。元、明以后习称吴淞江，松江之名遂废。

②在今四川眉山市东南二十里。《方舆纪要》卷71眉州：松江“在州城东南。自蜀江分派，西南流绕州城，与醴泉江合，复入蜀江。江中有哭王滩。孟泉降宋入朝，国人哭送之于此，因名”。

松江中千户所　明洪武二年（1369）置，属金山卫。治所即今上海市松江区。清康熙十七年

(1678)省。

松江县 1914年改华亭县置，属江苏沪海道。治所即今上海市松江区。取吴松江为名。1927年直属江苏省。1958年划归上海市。1998年改设松江区。

松江府 元世祖至元十五年（1278）改华亭府置，属嘉兴路。治所在华亭县（今上海市松江区）。《名胜志》：松江府“取吴松江而名”。辖境相当今上海市吴淞江以南地区。至元二十九年（1292）属江浙行省，泰定三年（1326）废。天历元年（1328）复置。明属南京。清属江苏省。1912年废。明清为全国纺织业中心，有“衣被天下”之誉。

松江省 1945年9月置，省会在牡丹江市（今黑龙江省牡丹江市）。为东北九省之一。辖境相当今黑龙江省阿城、宾县、方正以东以南，穆陵、东宁以西地及吉林长白山以东延边地区。1949年4月移省会于哈尔滨市。1954年撤销，地归黑龙江省。

松江唐经幢 在今上海市松江区中山小学内。建于唐大中十三年（859）。幢高9.30米。现存二十一级，各级均有雕刻，内容为莲瓣、狮首、蹲狮、力士、海浪、郡主礼佛图，幢身刻陀罗尼经，并有题记、捐建人姓名及建幢年代。1988年定为全国重点文物保护单位。

松阳 战国楚地。在今安徽枞阳县。《鄂君启节》铭文：自鄂往，“逾江，庚彭蠡，庚松昜”。松昜，即松阳。西汉置枞阳县。

松阳关 在今河南洛宁县西南七十一里崇阳村。《新唐书·地理志》：河南府长水县西有“松阳故关”。即此。后讹为崇阳关。

松阳县 东汉建安四年（199）分章安县置，属会稽郡。治所在今浙江松阳县西北二十四里古市镇。《元和志》卷26：松阳县“有大松树，大十八围，因取为名”。三国吴太平二年（257）改属临海郡。东晋太宁元年（323）属永嘉郡。隋开皇九年（589）废。开皇十二年（592）复置，属括州。大业初属永嘉郡。唐武德四年（621）为松州治，八年（625）属括州，大历十四年（779）属处州，贞元年间迁治今松阳县。五代梁开平四年（910）吴越改长松县。后晋天福四年（939）又改为白龙县。北宋咸平二年（999）复为松阳县。元属处州路。明、清属处州府。民国初属浙江瓯海道。1927年直属浙江省。

松阳河 在今河北灵寿县西南。《方舆纪要》卷14灵寿县：松阳河“在县治南，源发楸山，东南流入于滹沱”。

松阳湖 在今湖南岳阳市东北。《清一统志·岳州府一》：松阳湖“在临湘县（治今陆城镇）南二十五里。上通云溪，下连象骨港”。

松坎 即今贵州桐梓县北松坎镇。《明史·刘綎传》：万历二十八年（1600），平播州杨应龙乱，应龙“由松坎、鱼渡、罗古池三道并进。綎伏万人罗古，待松坎贼；以万人伏营外，待鱼渡贼；而别一军策应”，贼大败。

松坎关 在今贵州石阡县南。《清一统志·石阡府》：松坎关“在府城南”。

松坎河 即今重庆市綦江县南綦江上游松坎河。以流经贵州桐梓县松坎得名。《清一统志·重庆府一》：南江“在綦江县东，自贵州遵义府桐梓县流入。……《府志》：綦江有三源……一自桐梓县松坎，流五十里；又自仁怀县李汉坝，流六十里，亦皆至捍水镇，三派合流名三岔河”。

松坎驿 即今贵州桐梓县北松坎镇。《明史·四川土司传》：万历间，杨应龙反，总督邢玠檄应龙安稳听勘，“应龙缚渠魁，待罪松坎……于松坎设同知治焉”。即此。

松坑口 在今浙江安吉县西南。《方舆纪要》卷91孝丰县：松坑口在“县（治今孝丰镇）西五十里。山溪错杂处也，有巡司戍守”。清废。

松花江 唐称涑沫江或粟末水，辽、金时称宋瓦江、混同江，明始称松花江。即今吉林、黑龙江两省之松花江。源出吉林省东南中朝边境白头山天池，西北流至松原市汇合嫩江后折向东流，经黑龙江省南部至同江市注入黑龙江。《明一统志》卷25辽东都司：松花江“源出长白山湖中，北流经南京城合灰扒江，至海西合混同江东流入海”。清杨宾《柳边纪略》谓松花江满语名“松阿里乌喇”，“松阿里者汉言天，乌喇者汉言河，言其大若天河也”。

松花坝 在今云南昆明市东北。《方舆纪要》卷114云南府昆明县：松花坝“在府城东北，为滇池上游。元赛赤瞻典思丁增修二堰，灌田万顷”。

松园屯山 在今贵州岑巩县北。《方舆纪要》卷122思州府：松园屯山在“府城北。高大磅礴，为郡之镇”。

松岐山 在今贵州平塘县西南克度镇南。《方舆纪要》卷121定番州：松岐山“在（克度）里寨南二里”。

松岘 关隘名。在今河南罗山县西南九里关北。《资治通鉴》：南朝梁天监七年（508），魏义阳三关戍主侯登以城降梁。次年，魏中山王英来攻义阳，欲夺三关，梁司州刺史“马仙琕使云骑将军马广屯长薄，军主胡文超屯松岘”。

松岛 在今河南洛阳市旧城附近。原为五代时梁朱温的外甥袁象先的旧园，宋时归丞相李迪所有，后又归吴氏。园中有松、柏、枞、杉、桧、栝皆美木，“洛阳独爱栝而敬松”，松岛有数百年之松，故以松名。园中还筑有亭榭池沼。自东大渠引水注入园中，随处都有清泉流水。

松阿里乌喇 即今吉林、黑龙江两省境之松花江。清光绪《吉林通志》卷22：“高宗纯皇帝御制诗注曰：松花江本以松阿哩乌拉得名，松阿，国语谓天河也。”

松阿察河 亦作松阿产河。在今黑龙江省东界，虎林、密山二县市东境。《清一统志·吉林一》：松阿察河“在宁古塔城东九百里，即兴凯湖东北流出之水也，又东北汇于乌苏哩江”。清咸丰十年（1860）不平等的中俄《北京条约》始定为中俄界河，河东之地为俄割占。立亦字碑于龙王庙。

松陉岭 亦作松岍岭。在今辽宁建平县北、内蒙古老哈河东，沿河南北走向山脉。隋、唐时为奚族与契丹族游牧分界线。《新唐书·地理志》："营州西北百里曰松陉岭，其西奚，其东契丹。"

松坪 在今四川汉源县东南皇木镇。《明史·四川土司传一》：万历十九年（1591），黎州安抚马祥无后，祥"娅土舍居松坪者，遂兴兵攻城，夺印，番众乘机剽掠"。清康熙四十三年（1704）置松坪土千户。《清一统志·雅州府二》：松坪土千户"在清溪县东南。其地东至杮杆凹，南至大渡河，西至水尾河，北至秧柴坪"。

松坪关 一作松平关。明置，属会川卫。在今四川会理县西南一百八十里。《明史·地理志》 会川卫："南有松坪关。"明曹学佺《蜀中广记》卷34《边防记》会川卫："关近滇境，上金沙江，去松坪关可三十里。"

松坪寨 在今四川茂县西北松坪沟乡。明、清置松坪寨土百户。

松坡 在今云南瑞丽市东北城关镇。《明史·云南土司三》："万历初，（芒市）长官放福与陇川岳凤联姻，导缅寇松坡营。"

松林 在今四川冕宁县南漫水湾镇（松林）。清康熙四十九年（1710）置松林土千户。

松林口 在今四川小金县东日隆镇东南。《清一统志·懋功屯务厅》：松林口"在懋功屯务厅东一百八十里。地接大邑坪，为美诺咽喉。现设塘汛"。清《金川纪略》：乾隆间，"大小金川围攻沃日土司，时（马良柱）以威茂副将率兵千余往援，于巴纳山松林口遇贼力战，败之"。即此。

松林山 ①又名纯德山。在今湖北钟祥市东北十里。《明史·地理志》 钟祥县："北有松林山，兴献王陵寝在焉。嘉靖十年赐名纯德山。"

②即《隋志》之藤山。在今海南儋州市西北中和镇（旧儋州城）北。明正德《琼台志》卷6：松林岭"一名儋耳山。在州北二十里零春都。顶圆，下垂八足，形如鲋鱼，土石五色，多松，为州治主山"。

松林书院 在今山东青州市益都镇驼山路南段。宋名矮松园。明设书院。前院有门厅、过厅、东西厢房，后院有大厅、东西厢房，均为清代重建。左有名宦祠，祀宋青州知州范仲淹、欧阳修、富弼等十三人；右有宋宰相王曾读书台遗址。清光绪二十九年（1903）改建为青州府中学堂。民国时改名山东省立第十中学。1924年中共一大代表王尽美、邓恩铭到校建立社会主义青年团青州特别支部。1925年又建立中共青州支部。1948年中共中央华东局驻青州时设青州中学。现为山东省青州第一中学校园组成部分。

松林地 在今四川石棉县西北先锋藏族乡境。清置松林地土千户。《清史稿·骆秉璋传》：同治二年（1863），太平天国翼王石达开率部至紫打地（安顺场），"退扑松林小河，又为土司王应元所扼"。

松林庄古猿化石遗址 在今江苏泗洪县西南六十二里天岗湖乡松林庄。我国东部地区首次在此发现古猿化石遗址。根据化石特征和地理位置，考古工作者命名为"宽齿江淮猿"，生活时代距今1200万年，可与非洲肯尼亚、乌干达发现的"原康修尔"古猿化石相比。这一发现对研究人和猿的起源以及古地理演变具有重要意义。

松林关 即黑松林关。在今四川松潘县东北五十七里。《方舆纪要》卷73松潘卫：黑松林关"地产黑松，因名"。

松林江 在今福建福清市东。《方舆纪要》卷96福清县：松林江"在县东。去海口镇五里，东流入海"。

松林汛 清置，属怀远营。在今四川冕宁县南漫水湾镇（松林）。设把总分防。

松林坪 在今四川宁南县西北松新镇。民国《宁南县概况资料辑要》：1930年设宁南县，"划西昌之大小松林坪等地并入之"。为西昌至宁南交通必经之地。

松林店 即今河北涿州市西南松林店镇。清同治《涿州志》卷2集市：城西有松林店。

松林河 即今四川石棉县西北松林河。清光绪《越巂厅志》卷6：太平天国翼王石达开率部往紫打地（安顺场），"土千户王应元率土兵团练，暗将松林河桥拆毁，令乡村各寨坚壁清野"，致使石达开全军覆没。

松林驿 ①明置，属沾益州。在今云南沾益县东北松林。

②明置，即今陕西凤县东南松林驿。清废。

松林堡 即黑松林关、松林关。在今四川松潘县东北五十七里。《明史·郭成传》："四川巡抚李尚思以地近松潘，檄成军松林，游击万鳌军漳腊。"即此。

松林镇 即今山东临清市东北三十五里松林镇。为往来孔道。民国《清平县志》有松林镇。

松果山 在今陕西华阴市东南二十七里。《山海经·西山经》："华山之首曰钱来之山，西四十五里曰松果之山。"

松明关 明置，在今贵州石阡县东。《方舆纪要》卷122石阡府：松明关"在府治东"。

松岩 在今浙江台州市黄岩区西。《方舆纪要》卷92黄岩县：松岩在"县西十五里。沿岩而上，凡七里始登石梯，梯数百级，俗名古仙百步街。上平广，有古松、碧潭之胜"。

松岭子门 清柳条边门之一。在今辽宁朝阳县东南松门岭乡。乾隆《钦定盛京通志》卷26：松岭在"（锦县）城西北九十里。在松岭门东"。《清一统志·锦州府二》：松岭子边门"在锦县西北九十里，东北至义州九官台边门一百十里，西南至宁远州新台边门一百二十里”。

松岭关 唐置，属龙安县。在今四川北川羌族自治县西北。唐杜佑《通典》卷176龙安县：松岭关“在县西北百七十里”。开元十八年（730）废。明代亦为戍守要地。《方舆纪要》卷73石泉县：松岭关在“县西北七十里。……今仍为守御处”。

松岭驿 唐置，在今陕西太白县东北。

松陕水 即今甘肃古浪县之古浪河。源出天祝藏族自治县东南乌鞘岭，东北流径古浪县东，又东北潴为泽。《汉书·地理志》苍松县：“南山，松陕水所出，北至揟次入海。”

松城 ①唐吐蕃军镇城。在今四川康定县西北。《寰宇记》卷77雅州严道县：“和川路在县界，西去吐蕃大渡河五日程，西郭至吐蕃松城四日程。”

②即今福建霞浦县驻地松城镇。唐长安二年（702）始于此为长溪县治，历为福宁州、福宁府、霞浦县治，沿袭至今不改。民国《霞浦县志》卷4：龙首山，“正德初知州刘象令民种松万株以荫其上，名曰松城”。

松柏市 即今湖南常宁市东北松柏镇。明置巡司于此。

松柏司 即今广东开平市西赤坎镇。明、清置松柏巡司于此。

松柏滩 在今四川青神县南二十里岷江中。《明史·地理志》青神县：“又东有大江，东南有松柏滩。”《方舆纪要》卷71青神县：大江“县东南旧有松柏滩，昔多覆舟之患。相传宋天禧中，县令张逸为文祷江神，不越月而滩徙五里”。

松柏嶂 在今福建永定县南三十里。《方舆纪要》卷98永定县：“松柏嶂在县南。《志》云，与广东饶平县接界。叠巘巍峨，林山蓊蔚。昔人多避寇于此。”

松树台 即今河北平泉县东南三十五里松树台满族乡。清同治《畿辅通志》卷48平泉州图：东南有松树台。

松树咀子 ①即今辽宁西丰县西七十里松树村。清光绪《奉天全省地舆图说图志》海龙厅图：西有松树咀。

②即今辽宁瓦房店市东北松树镇。清光绪《奉天全省地舆图说图志》复州图：东北有松树咀。清末南满铁路经此。

松树堡 明嘉靖二十五年（1546）置，属马营堡。在今河北赤城县西北七十里。《方舆纪要》卷18马营堡：松树堡“在马营之西，……堡一望平川，无险可倚。距二边营盘道、梁栅口不过十里。近堡有孤山、双沟、磨天岭等处，俱兵冲也”。

松树塘 一名招摩多。即今新疆巴里坤哈萨克自治县东南松树塘。清乾隆《西域图志》卷9：松树塘“蒙古语名招摩多，在奎苏东南九十里”。

松树嘴 即今吉林白山市东北松树镇。旧属抚松县，北距抚松县与南距临江县均一百五里。民国《抚松县志》卷1：松树镇“原名松树嘴，四面依山傍水，在县城西南公安二区管境，为赴临江之通衢，距城九十里。……推为邑中巨镇”。

松香坪 古名狮象坪。即今湖北神农架林区驻地松柏镇。旧属房县。1970年划归神农架林区。1972年名松柏镇，神农架林区迁治于此。

松亭关 辽置，在今河北宽城满族自治县西南孟子岭乡上石梯子村。一说在今迁西县北喜峰口。《辽史·地理志》：泽州“有松亭关”。为燕京（今北京）至中京（今辽宁宁城县西南）必经之道。又《宋史·刘敞传》：敞“奉使契丹，素习知山川道径，契丹导之行，自古北口至柳河，回屈殆千里，欲夸示险远。敞质译人曰：‘自松亭趋柳河，甚径且易，不数日可抵中京，何为故道此？’译相顾骇愧”。《明史·冯胜传》：冯胜率兵北征纳哈出部，“出松亭关”。

松兹县 即松滋县。西晋置，治所在今安徽霍邱县东十五里。《清一统志·颍州府》：“松兹故城在霍邱县东十五里。”

松兹侯国 西汉始元五年（前82）置，属庐江郡。治所在今安徽宿松县东北凉亭河（古名仙田铺）。东汉废。

松洋山 在今福建惠安县东南。《方舆纪要》卷99惠安县：松洋山“在县东南三十余里。高大甲于县境诸山，为一方巨镇。山北有洞，亦曰松洋洞，洞口仅容一人，中宽广容二三百人。宋元之季，民常避难于此”。

松桂台（臺） 在今云南鹤庆县南五十里松桂镇。《方舆纪要》卷117鹤庆军民府：松桂台“明初傅友德征佛光砦，常屯兵于此”。

松桂街 即今云南鹤庆县南五十里松桂镇。《清一统志·丽江府》：松桂营“在鹤庆州南六十里。明傅友德征佛光寨，驻兵于此”。

松桧峰 在今陕西华阴市南华山落雁峰东。金天宫在此。清光绪《华岳志》卷1：松桧峰“松桧为南峰。上尽青松桧柏，常有异云覆之。按，南峰以落雁著，而实惟松桧至高，位乎正中，故王山史以为南峰之主”。

松桃山 在今贵州松桃苗族自治县北十里。清雍正间尝置松桃厅于山下。

松桃厅 清雍正八年（1730）置，属铜仁府。治所在今贵州松桃苗族自治县北十里长冲。以在松桃山下，故名。后移蓼皋山下，即今松桃苗族自治县。嘉庆二年（1797）升为直隶厅，属贵州省。1913年改为松桃县。

松桃县 1913年改松桃厅置，属贵州镇远道。治所即今松桃苗族自治县。1923年直属贵州省。1956年改设松桃苗族自治县。

松桃河 在今贵州松桃苗族自治县东北。《清一统志·松桃厅》：松桃河“在厅东北二里。发源龙顶山，经城西流，又东北汇于湖南辰州府境，入大江”。

松格嘛呢石经城和巴格嘛呢石经墙　在今四川甘孜藏族自治州石渠县东阿日扎乡境内。松格嘛呢石经城是一座四方形的石头城，城高约10米，四边长百米见方，正面有一道城门可以进出，里面是一圈圈的嘛呢墙，中间有狭窄的通道。由于石头垒得太久、太高，地面已不堪重负而下沉，石上刻有梵文（古印度文）文字。这座石头城没有任何框架支撑，更没有使用粘合剂，完全是一块块石块堆砌而成，是历经数百年保存下来的一个奇观。巴格嘛呢石经墙有三百多年的历史，像草原上筑起的长堤，又似一座绵延起伏的石墙。墙身最高3米左右，宽2—3米，长1.6公里，是世界上最长的嘛呢石经墙。墙体全部用嘛呢石片垒砌而成。每隔一段距离就有几座佛塔相连，墙的两边还有许多大大小小的“窗口”，“窗口”里摆放着一个或几个石刻佛像，有的石像还施加彩绘。2006年定为全国重点文物保护单位。

松原县　西晋置，属九真郡。治所在今越南清化省清化县西南。《水经·温水注》：“《晋书地道记》曰：九真郡有松原县。《林邑记》曰：松原以西，鸟兽驯良，不知畏弓。寡妇孤居散发至老。”南朝梁、陈间废。

松峰山　在今江西广丰县东南。《清一统志·广信府一》：松峰山“在广丰县东南七十里。高二百丈，周围百余里，跨浙之江山、福之浦城等县界”。

松峰场　即今四川仁寿县东南松峰乡。清光绪《资州直隶州志》卷3仁寿县：松峰场“在县南一百二十里”。

松烟镇　清置，属和顺县。即今山西和顺县东南三十八里松烟镇。《清一统志·辽州》：松烟镇“在和顺县东四十里”。民国时有县佐驻此。1939—1945年晋冀鲁豫革命根据地置和东县治此。

松浦　即今黑龙江哈尔滨市北松浦镇。呼海铁路以此为起点。

松浦镇　①亦作松北镇。即今黑龙江省哈尔滨市北松花江北岸松浦镇。民国《东北年鉴》：呼海铁路（松浦至海伦）以此为起点。

②在今浙江慈溪市东南四十四里。明、清置巡司于此。《方舆纪要》卷92慈溪县：松浦镇“在县西北五十里。有巡司，洪武初置于松浦东，二十六年汤和移于浦西。嘉靖三十四年倭贼由此登犯，为戍守要地”。

松陵　江苏吴江市的别称。因五代吴越建县前，为吴县松陵镇地，故名。宋姜夔《过垂虹》诗：“曲终过尽松陵路。”即此。

松陵江　即古之松江。今江苏南部及上海市西部的吴淞江。为太湖最大支流。《吴地记》：“松江，一名松陵，又名笠泽。”

松陵镇　唐置，属吴县。即今江苏吴江市。五代吴越天宝二年（909）于此置吴江县，故至今仍以松陵为吴江的别称。

松萝山　在今安徽休宁县北十三里，接黄山市徽州区界。宋淳熙《新安志》卷4休宁县：松萝山“在县东北十三里。高百十六仞，周十五里。山半石壁百仞，松萝交映”。《明史·地理志》休宁县：“东北有松萝山。”

松梁山　又作嵩梁山。即石门山。在今湖南张家界市南三十里。《初学记》卷8引《吴录》曰：“松梁山，山石间开处，容数十丈。其高，以弩射之，不及其上。”

松隐镇　旧名郭汇。又名松溪。即今上海市金山区西北松隐镇。元至元间建松隐寺，镇以寺名。

松塔什　即今新疆阿合奇县西苏木塔什乡。《清一统志·乌什》：松塔什山“在乌什西南，额尔齐斯哈喇山西南四十里，北当孔道。因山名地，亦称松塔什”。

松棚营　又名松棚岭。明置，在今河北遵化市东北洪山口乡。《方舆纪要》卷11遵化县：洪山口关“县北三十里有城。其内为松棚营”。明设都司，清改设千总驻守。

松湖　在今湖南湘潭市东北。《方舆纪要》卷80湘潭县：“松湖在县东二十里。环绕数里，湖旁苍松郁然。西流合于湘水。”

松湖镇　北宋置，属新建县。在今江西新建县西南松湖镇。

松滋市　1995年撤销湖北省松滋县，改设松滋市，市人民政府驻新江口镇。1996年由荆州市代管。

松滋县　①西晋置，属安丰郡。治所在今安徽霍邱县东十五里。隋开皇初废。唐武德四年（621）复置，属蓼州，七年（624）废。

②东晋侨置，属寻阳郡。治所在今江西九江市东。《宋书·州郡志》松滋县：“江左流民寓寻阳，侨立安丰、松滋二郡，遥隶扬州，安帝省为松滋县。”南朝齐废。

③东晋咸康三年（337）侨置，属河东郡。治所在今湖北松滋市西北。明郭子章《郡县释名》湖广卷上：松滋县“秦名县为松滋，以兹方产赡松也”。可知以产赡松得名。《寰宇记》卷146荆州松滋县称：“《晋太康地志》：咸康三年以松滋流户在荆土者松滋县。”南朝宋属南河东郡。南齐属河东郡。隋属南郡。唐属江陵府。南宋绍兴间徙治瀼口（今松滋市北三十六里老城镇）。元属中兴路。明属荆州府。民国初属湖北荆东道。1932年直属湖北省。1947年徙治新江口镇。1995年改设松滋市。

松滋郡　东晋成帝时侨置，属扬州。治所在今江西九江市东。安帝时废为松滋县。

松溉镇　即今重庆市永川区南松溉镇。清光绪《永川县志》卷3：松溉镇在“县南九十里。水陆通衢，历朝旧镇。街市断续至两路口十里，贸民数百家。商贾骈集，百货皆备”。

松筠庵　在今北京市西城区宣武门南达智桥胡同。明杨继盛故宅，西为谏草堂。清乾隆年间由胡季堂会诸友酬金立祠绘像。咸丰中僧心泉居松筠庵，善鉴别书画，死后何子贞为之书墓志，与杨继盛亲书“谏草”皆嵌庵壁。

松漠　即千里松林。亦曰平地松林。在今内蒙古赤峰市西北部与河北围场满族蒙古族自治县境之大兴安岭南段地区。唐于今内蒙古林西县南百二十里置松漠都督府。南宋初洪皓以建炎三年（1129）使金被留，绍兴十二年（1142）始归，写下了《松漠纪闻》，记述这广大地区各民族状况。

松漠都督府　唐贞观二十二年（648）以契丹部落置，属营州都督府。治所在今内蒙古林西县南一百二十里黄土坑古城。统辖契丹“潢水之南，黄龙之北”地。相当今辽河上游，西拉木伦河（即潢水）、老哈河一带。上元后废。

松源乡　即今浙江庆元县治松源镇。《宋史·地理志》处州庆元县：“庆元三年，分龙泉松源乡置县。”

松源水　即今浙江庆元县西部之松源溪。《方舆纪要》卷94庆元县：松源水“在县西南。南流入闽，为松溪之上源”。

松源县　五代南唐保大九年（951）升松源镇置，属建州。治所即今福建松溪县东北旧县。北宋开宝八年（975）改名松溪县，并移今治。

松源堡　即今广东梅县东北松源镇。清光绪《嘉应州志》卷4：松源堡在“城东北一百七十里。重峦叠嶂，最为险要”。

松源隘　即今广东梅县东北松源镇。《方舆纪要》卷103程乡县“太平镇”条内：“东北二百里有松源隘，亦通上杭，山径崎岖，松源水所经也。”

松源镇　①五代王闽置，故址即今福建松溪县东北旧县。南唐保大九年（951）升为松源县。

②北宋置，属程乡县。在今广东梅县东北松源镇。

松溪　①即今浙江松阳县南松阴溪。《方舆纪要》卷94松阳县：松溪“在县西南二十里。源出遂昌县东南，流入境，经县西三十里卯山下……又东南至丽水县，入大溪”。公元1358年明胡大海攻婺州，元将石抹宜孙率车师由松溪来援。即此。

②在今浙江富阳市西。宋《咸淳临安志》卷36新城县：松溪“在县（治今新登镇）北五里东乡，至行者桥与葛溪合流入江”。

③亦曰松源溪。又名大溪。即今福建松溪县南松溪。《方舆纪要》卷97松溪县：松溪“源出浙江处州府龙泉县，经松溪县东北，西南流绕城东南，又西南流经政和县西，又西流经建安县东，曰东溪。经府城而西，与南浦溪合”。

④在今贵州镇远县西南三里。《清一统志·镇远府》：松溪“多美田”。

松溪县　北宋开宝八年（975）改松源县置，属建州。治所即今福建松溪县。以松溪为名。元属建宁路。明、清属建宁府。民国初属建安道。1928年直属福建省。1960年与政和县合并，改名松政县。1962年复置。1970年又合并为松政县。1974年再设松溪县。

松溪堡　明置，属茂州。在今四川茂县西北五十里飞虹乡（松溪堡）。明曹学佺《蜀中广记》卷32引《边防记》：“松溪堡附近黑苦七族番众二千有奇。嘉靖间攻围堡城，绝我饷道，要我重赂乃解。”

松韶关　①在今云南沾益县北松韶。《清一统志·曲靖府》：松韶关“在沾益州南一百里。旧有土巡检司李姓。今裁，改置关”。

②明宣德九年（1434）置，在今云南沾益县北松韶关。后废。

松寥山　①一名海门山。在今江苏镇江市东北长江中，西近焦山，系焦山东支。唐李白有《焦山望松寥山》诗。宋蔡肇《立春日焦山留客》诗中云：“云生江海交流处，人在松寥最上层。”

②在今安徽旌德县南，与璧山相对。唐李白《石璧山》诗：“石璧望松寥，宛然在碧霄。”

松潘卫　明洪武十二年（1379）置松州、潘州二卫，寻并为松潘卫，属四川都司。治所在今四川松潘县。二十年（1387）改为松潘等处军民指挥使司。嘉靖四十二年（1563）复改为松潘卫。辖千户所一、长官司十六、安抚司五。辖境相当今四川松潘、九寨沟、若尔盖、红原、马尔康、黑水等县及甘肃迭部县东南一带。清雍正九年（1731）改为松潘厅。

松潘厅　清雍正九年（1731）改松潘卫置，属龙安府。治所在今四川松潘县。乾隆二十五年（1760）升为直隶厅，属四川省。辖境相当今四川阿坝藏族自治州的若尔盖、南坪、松潘、红原、阿坝、壤塘等县及青海久治、达日、班玛等县地。1914年改为松潘县。

松潘县　1914年改松潘厅置，属四川西川道。治所即今四川松潘县。1928年直属四川省。

松潘宣抚司　即松潘叠宕威茂州宣抚司的简称。元置，属吐蕃等处宣慰司。治所在松州（今四川松潘县）。后移治茂州汶川县（今四川汶川县）。辖境相当今四川岷江上游地区。后废。

松潘等处安抚司　明洪武十四年（1381）改龙州置，属四川布政使司。治所在青川所（今四川青川县西南青溪镇）。二十年（1387）改为龙州。

松潘等处军民指挥使司　明洪武二十年（1387）改松潘卫置，属四川都司。治所在今四川松潘县。辖境相当今四川松潘、九寨沟、若尔盖、红原、马尔康、黑水等县及甘肃迭部县东南一带。嘉靖四十二年（1563）复改为松潘卫。

松赞干布墓　在今西藏琼结县城对面的木惹山上。为藏王墓之一。《西藏王统记》载：“王薨于盆域萨毛岗，乃于亚隆穹保，建造三陵，一切建筑无与匹者。”

枫门山　又名风门山、枫门岭、风阳山。在今湖南城步苗族自治县西北一百十里，与绥宁、武冈交界。《明一统志》卷63宝庆府：枫门山“在武冈州城西四十里。势极高峻”。

枫木山　在今广西三江侗族自治县西南。明《万历武功录·广西·怀远诸瑶僮列传》：万历初，镇压怀远县僮瑶义军，“连拔丹阳、蕉花、中团、田寨、古立、洛果、火烧、合水诸巢。……余党数千人皆奔入丹竹、枫木间，据层峦，阻绝涧，以为险”。

枫木岭　在今湖南绥宁县东北。《清一统志·靖州》：枫木岭“最高险，为群蛮出入之所”。

枫木岭关　在今湖南东安县西北。《方舆纪要》卷81新宁县：枫木岭关在“县东百二十里。旧为戍守处”。

枫田市　即今江西安福县东十五里枫田镇。清同治《江西全省舆图》卷7：安福县东有枫田市。

枫边墟　即今江西兴国县东北九十里枫边乡。清时置汛。

枫坑　在今浙江义乌市南。《方舆纪要》卷93义乌县：枫坑“在县南七十里。坑深二十里，入永康县界”。

枫坑营　在今广东清远市西南。《方舆纪要》卷101广州府清远县：枫坑营“在县西南，接三水县界，西防四会之瑶。其相近有塘角、蚊虫石、大庙峡、黄流寨、石角、河村等营”。

枫岗寨　唐置，属吉州新淦县。在今江西新干县南五里。

枫林镇　即今浙江永嘉县东北四十里枫林镇。清光绪《永嘉县志》附图：城东北四十七都有枫林。1935年置枫林镇。

枫岭　①在今浙江江山市西南廿八都镇。《方舆纪要》卷89浙江总序：枫岭“北为浙、闽分疆之处，相距不过数武，而物候荣落顿觉不同；沿岭而趋，长松曲涧夹道相属，其险窄处伐木为阑，以便行者，盖亦要隘之地矣”。

②在今福建浦城县北九十里。《方舆纪要》卷97浦城县：枫岭“高险。林木青葱，蹊径逼仄，为浙闽分界处。岭旁地高敞宽平，可为屯营，有戍兵驻守。岭之北麓，俗谓之大竿岭”。

枫岭寨　在今浙江江山市西南（枫岭关处）二十八都镇。为浙、闽交通要道。边境险塞。《清一统志·浙江统部》：浙闽枫岭营游击“驻江山县廿八都，兼辖福建浙江两省交界地方，左右二哨，右哨专防福建地界”。直隶于衢州镇。

枫岭镇　即今江西上饶县东南枫岭。清同治《江西全省舆图》卷11：上饶县东南有枫岭塘汛。

枫泾镇　①又名清风泾。即今上海市金山区西北枫泾镇。《方舆纪要》卷91嘉兴府嘉善县：枫泾镇“旧名白牛村市。元改为镇，置巡司，并设白牛务。洪武初，罢巡司，改务为税课局”。清时有主簿驻此。

②元置，即今浙江嘉善县东北枫泾镇。设巡司于此。明洪武初改为税课局。

枫树岭　在今安徽宁国市西南六十里。《清一统志·宁国府一》“麈岭”条下：“又北二十里为枫树岭，与独蛇、伏岭、分水、丛山四关，皆茂密险隘之地。明嘉靖中建哨台于其上。”

枫香坪堡　亦作香坪堡。北宋置，属莳竹县。在今湖南绥宁县西南寨市镇西北。清又名枫香堡。

枫香驿　又名枫香店。明置，即今安徽宿松县东北凉亭镇东北枫香驿。《方舆纪要》卷26宿松县：枫香店“在县北四十里。亦曰枫香坂，向有枫香驿。明崇祯十年，流寇犯境，官军御贼于此，败绩”。

枫香堡　在今贵州锦屏县东南。《方舆纪要》卷121黎平府铜鼓卫：枫香堡在“卫东二十里。（明）成化中，水冲苗夷为患，因设堡筑城，拨卫军戍守”。

枫香溪　在今贵州德江县东五十六里枫香溪镇。1934年6月，贺龙、关向应等率中国工农红军第三军（二军团）到达枫香溪，中共湘鄂西分局在此召开会议，决定建立黔东特区，恢复红三军各级党组织及其政治机构。黔东特区的建立，为红二、六军团胜利会师，创立湘鄂川黔革命根据地，配合中央红军长征创造了有利条件。

枫亭市　即今福建仙游县东南枫亭镇。明置巡司于此。

枫亭驿　元至正七年（1347）改太平驿置，属仙游县。即今福建仙游县东南枫亭镇。

枫亭馆　唐置，属仙游县。在今福建仙游县东南五十里枫亭镇。宋改为太平驿，元改为枫亭站。

枫亭溪　在今福建仙游县东南四十五里。《清一统志·兴化府》：枫亭溪“其源有二：一出皁洋，合吴坑水而下为焦溪；一出新岭，东流为沙溪。合流南出枫亭市曰双溪口，又东北为太平港，由莆田县界入海”。

枫亭镇　即今福建仙游县东南五十里枫亭镇。《清一统志·兴化府》：枫亭镇“唐为枫亭馆，宋改太平驿，元曰枫亭驿，明置巡司，本朝康熙元年筑堡”。

枫洋　在今广东潮安县西北古巷镇南枫洋村。旧属海阳县，明洪武初置巡司于此。四年（1371）移治今潮州市南园头村。嘉靖末废。

枫桥　旧名封桥。在今江苏苏州市阊门西枫桥镇东。因唐张继《枫桥夜泊》诗而改名枫桥。南宋范成大《吴郡志》卷17：“枫桥在阊门外九里道傍，自古有名，南北客经由未有不憩此桥而题咏者。”《方舆纪要》卷24吴县“枫桥”引《吴地记》：“吴门三百九十桥，枫桥其最著者。……嘉靖三十四年，倭贼自浒墅犯枫桥。”

枫桥镇　即今浙江诸暨市东北四十里枫桥镇。《方舆纪要》卷92绍兴府诸暨县：枫桥镇“在县东北，即故义安县也。宋为枫桥驿，明初置巡司，寻废。今为枫桥铺，有枫桥公馆”。南宋乾道八年（1172）至淳熙元年（1174）义安县治此。

枫朗墟　即今广东大埔县东南枫朗镇。清乾隆《潮州府志》卷14大埔县：枫朗墟在“县东南八十里沙片里，小河水次通饶平、平和诸路”。

枫港　在今台湾省屏东县东南，恒春半岛西部。《清史稿·地理志》台南府：“枫港”等“并在恒春县北，西流入于海”。

枫港市　即今江西余干县西南枫港乡。清同治《江西全省舆图》卷12饶州府余干县：“西路自出南门三十五里之枫港。”

枫槎岭　在今浙江宁海县南。《方舆纪要》卷92宁海县：枫槎岭“在县南二十里，亦曰枫岭。嘉靖中，倭寇入犯，官军御之于此”。

枫溪　即今广东揭东县东枫江。《方舆纪要》卷103潮州府揭阳县：枫溪“在县东北四十里大脊岭下。源出海阳县，即三利水派流也。东南流，二百里为枫溪口，亦曰枫口径，汇诸溪水注于海”。

枫溪墟　即今广东潮安县西北枫溪镇。清光绪《潮州府志》卷14：海阳县“墟市”有枫溪墟。

构（構）坪关　在今陕西岚皋县西南。《清一统志·兴安府》“毛坝关”条下：“又有构坪、寺溪二关，在府西南四百里。皆在紫阳县（今属岚皋），与四川接界。”

构（構）林关　即今河南邓州市南四十里构林镇。清尹耕云《豫军纪略》卷3：咸丰六年（1856）十月，捻军入邓州境之“构林关”。

构（構）栏山　即勾栏山。今加里曼丹西南之格兰岛。《元史·爪哇传》：元世祖至元三十年（1293）正月，“至构栏山议方略”。

杭　浙江省杭州市的简称。

杭口街　即今江西修水县西、修水北岸杭口镇。清同治《江西全省舆图》卷1：义宁州西有杭口。

杭川　即今福建光泽县北之西溪。《方舆纪要》卷98光泽县：杭川“在县北。俗名大溪。源出县西七十里极高岭，东流合杉关、止马诸水，曰西溪。经雷公滩，以水石相激，滩声若雷也。又经县西八里之搪石滩，怪石攒矗，飞流迅激，每遇水涸，则舟不能进。至县西北，杭溪、徐源诸水流合焉，曰杭川。经城西北一里之黄龙滩，东流南折，有晏公滩。至县东二里，北溪水流汇焉，是为交溪……又东南流，逾龙孔滩，复南流三十里，入邵武县界，为紫云溪之上游”。

杭川驿　即今福建光泽县治杭川镇。《方舆纪要》卷98光泽县：杭川驿“县治西。宋置。熙宁中，迁县治南。明朝洪武六年迁今所”。

杭州　隋开皇九年（589）置，治所在余杭县（今浙江杭州市余杭区西余杭镇）。次年移治钱唐县（今浙江杭州市）。开皇十一年（591）又移治柳浦（今浙江杭州市南凤凰山麓、钱塘江滨）西。《寰宇记》卷93：“（州）在余杭县，盖因其县以立名。”隋大业及唐天宝、至德间尝改余杭郡。隋建江南运河以此为终点。五代时吴越国建都于此，亦称西府或西都。北宋仍为杭州，为两浙路治所，并置市舶司于此。唐、宋时辖境相当今浙江杭州、海宁、富阳、临安等地。南宋建炎三年（1129）升为临安府。绍兴八年（1138）定都于此。元改为杭州路。

杭州市　1927年析杭县城区置，为浙江省会。治所即今浙江杭州市。1949年后仍为省辖市（地级）和省会。

杭州府　元至正二十六年（1366）朱元璋改杭州路置，治所在钱塘、仁和二县（今浙江杭州市）。明初为浙江行省治，洪武九年（1376）为浙江承宣布政使司治。清为浙江省治。辖境相当今浙江杭州、海宁、富阳、临安等地。光绪二十一年（1895）据《马关条约》为日本开为商埠。1912年废。

杭州堡　明置，属盐井卫。在今四川盐源县东北平川镇西南。《方舆纪要》卷74盐井卫：双桥关在“卫东八十里，亦曰双桥堡。又东十里为杭州堡，又五里为平川驿”。清会盐营设把总驻防于此。

杭州湾　亦名钱塘港。在今浙江省东北、钱塘江入海处。清光绪《浙江沿海图说》：王盘洋“西图则以水道可通杭州，也名杭州湾”。历来为海防要地，明嘉靖间倭寇数度窦入湾内，骚扰沿湾地区；清道光二十二年（1842），英军舰队在湾内攻陷乍浦；1937年11月，日军由湾内北岸登陆，攻略上海等地。

杭州路　元世祖至元十五年（1278）改临安府置，二十一年（1284）为江浙行省治所。治所在钱塘、仁和二县（今浙江杭州市）。辖境相当今浙江杭州、海宁、富阳、临安等地。至正二十六年（1366）朱元璋改置杭州府。

杭坞　即今浙江杭州市萧山区东三十二里航坞山。《越绝书》卷8：“杭坞者，句践杭也，二百石长、买卒七士人，度之会夷，去县四十里。”元、明以前，浙江走南大门，此山濒江南岸，历为兵家要地。

杭村　即今安徽广德县东北七十里新杭镇，东北接江苏、浙江二省界。明置杭村巡司。

杭县　1912年合钱塘、仁和二县置，后为浙江钱塘道治、浙江省会。治所即今浙江杭州市。1927年划城区置杭州市，直属浙江省。1949年徙治今杭州市北拱宸桥，1953年又迁治今浙江杭州市余杭区临平镇。1958年撤销，并入杭州市。1961年又划出，后并入余杭县。

杭武县　1931年1月中央革命根据地由上杭、武平二县合置，治白砂（今福建上杭县东北白砂镇）。取二县首字为名。1932年1月裁撤，复置上杭、武平二县。

杭屋莫　亦作旁卧、平库。在今黑龙江省富裕县盘古河注入黑龙江处。清雍正《钦定八旗通志初集》卷153《郎谈传》：康熙二十四年（1685）进攻罗刹盘据之雅克萨城，“五月二十日兵至杭爱莫，先遣费咬多里等三人往雅克萨城，遵旨谕其酋长厄里克什”。

杭爱山　古燕然山。即今蒙古国西南之杭爱山。

《元秘史》作康孩。《元史》作杭海、沆海。蒙古语意为橐驼。为色楞格河、鄂尔浑河发源地。

杭海岭 亦作沆海山。即今蒙古国西南杭爱山。《元史·土土哈传》:"从皇孙晋王征海都，抵杭海岭。"《元朝秘史》卷8:"塔阳(即太阳罕)正在康孩地面的合池儿水边。"康孩即杭海的异译。

杭家集 即今江苏扬州市邗江区东南杭集镇。民国《江都县续志》卷1:杭家集"在县城直东十里甸之东南，廖家沟与石洋沟合流之东岸，距城陆路二十里，水路三十五里"。

杭锦旗 即内蒙古伊克昭盟鄂尔多斯右翼后旗。清顺治六年(1649)置，原驻地在今内蒙古杭锦旗北境沙日召苏木。民国间属绥远省，1939年迁今治锡尼镇。1954年划归内蒙古自治区。

枋口水 在今河南济源市东北五龙口镇附近。亦名枋口堰水。《方舆纪要》卷49济源县:枋口水"沁水渠也。在县东北三十里。两山之间，沁水经焉。旧以枋口为门故名枋口。……《胜览》云:枋口水，隋卢贲、唐温造俱于此开渠灌口亦名广济渠"。

枋口堰 在今河南济源市东北三十里五龙口镇附近。秦时以枋木为门，以备蓄泄，故名枋口。三国魏典农中郎将司马孚重修，垒石结以为门，溉田甚众。《新唐书·地理志》孟州济源县:"有枋口堰，大和五年，节度使温造浚古渠，溉济源、河内、温、武陟田五千顷。"

枋山 即今台湾省屏东县东南枋山乡。据钟桂兰等纂《屏东县志》说:"枋山二字土音即枋山，传系古代枋山村附近崩山次头山突告崩裂，因而得名。以崩山字义不雅，改称枋山。"日本占领期间设枋山庄。1945年抗日战争胜利后改设枋山乡。

枋头 又名枋堰。在今河南浚县西南五十六里前枋城村。《水经·淇水注》:"淇水又南，历枋堰。旧淇水东南流，径黎阳县界入河。……汉建安九年，魏武王于水口，下大坊木以成堰，遏淇水东入白沟，以通漕运。故时人号其处为枋头。"十六国后赵时，氐人苻氏自关中徙此，以卫邺都。《晋书·苻洪载记》:石季龙"以洪为龙骧将军、流人都督，处于枋头"。又《苻坚载记》:苻坚灭前燕后，"坚自邺如枋头，宴诸父老，改枋头为永昌县"。北魏曾为汲郡治。

枋桥 即今台湾新北市驻地板桥区。清光绪《台湾地舆总图》淡水县图:台北府淡水县东有枋桥街。

枋堰 一名枋头。东汉建安九年(204)曹操修筑，在今河南浚县西南五十六里新镇西前枋城村。《水经·淇水注》:"淇水又南，历枋堰。……魏武王于水口，下大坊木以成堰，遏淇水东入白沟，以通漕运。故时人号其处为枋头。是以卢谌《征艰赋》曰:'后背洪枋巨堰、深渠高堤'者也。自后遂废，魏熙平中复通之。故渠历枋城北，东出，今渎破故堨，其堰悉铁柱，木石参用。"

枋寮 即今台湾省屏东县南枋寮乡。连横《台湾通史·独立纪》:"恒春县辖自大港口至凤山枋蓊，百有余里。"清凤山县设巡司于此。日本占领期间设枋寮庄。1945年改设枋寮乡。台湾铁路屏东线通此。

枕头 即镇头集。今河北石家庄市西南十里振头乡。

杍山 即今浙江湖州市西南三十里宝积山。《寰宇记》卷94引《山墟名》云:"昔夏后杍巡狩之所。"故名。唐颜真卿修《韵海镜源》于此，并撰《杍山妙喜寺碑铭》。

杍秋县 ①西汉置，属梁国。治所在今安徽砀山县东南六十里。东汉属沛国。《后汉书·盖延列传》:建武二年(26)，盖延伐刘永，"永弃军走谯，延进攻，拔薛，斩其鲁郡太守，而彭城、扶阳、杍秋、萧皆降"。南朝宋废。

②南朝宋侨置，属南彭城郡。治所在今江苏无锡市境内。南齐建武四年(497)省。

杳岭 在今浙江义乌市南。《方舆纪要》卷93义乌县:杳岭在"县南九十里……一名丰岭，石路崎岖，此为径道"。

杰坝墟 即今江西崇义县西北杰坝乡。清同治《江西全省舆图》卷8:崇义县西北有杰坝墟。

杰顿豁 即沙丁宗。治所在今西藏边坝县西北沙丁镇。

杰德秀豁 原西藏地方政府设，治所即今西藏贡嘎县东杰德秀镇。"杰德秀"，藏语意为口齿流利地下方。1960年并入贡嘎县。

述圣纪碑 在今陕西乾县北，唐乾陵正南御道西侧。通高6.91米。连同顶盖及底座，合为七节，所以又称七节碑。碑文为武则天撰，唐中宗李显书，约八千字。文字已浸蚀风化。

述陂城 唐武德五年(622)建，在今江西抚州市临川区西十五里。《清一统志·抚州府》:述陂城"《府志》:唐武德五年刺史周法猛筑述陂，置陂上山田百余亩，为永久修陂之费，今为小港、华家、徐陂相连，并列为五陂"。因陂建城。《方舆纪要》卷86临川县"西丰城"条内:"《志》云:府西四十五里有述陂城。今为耕种场，未详所始。"

述昆州 亦作迷昆州。唐置，为羁縻州，属桂林都督府。治所在夷蒙县(今广西宜州市西南龙头乡)。北宋属宜州，熙宁八年(1075)改置述昆县。

述昆县 北宋于述昆州置，属宜州。治所在今广西宜州市西南龙头乡。熙宁八年(1075)废为镇。

述昆镇 北宋熙宁八年(1075)废述昆县置，属龙水县。在今广西宜州市西南。

画山 ①在今安徽凤阳县西南五十里。《明一统志》卷7凤阳府:画山"山有木，枝如杨柳，可用为画，故名"。

②在今广西阳朔县东北五十里。《舆地纪胜》卷103静江府：画山“在阳朔县北。苍壁丹岩，望之若屏然”。《方舆纪要》卷107阳朔县：画山“九峰屹立，丹岩苍壁，望之如绘”。

③在今广西浦北县境。《舆地纪胜》卷120廉州：画山“在古县北五十七里。其山百卉明艳，四时新鲜，其状如画”。《明一统志》卷82廉州府：画山“在府城东一百五十里。峰峦秀丽如画”。

画中 即画邑。在今山东淄博市临淄西北。《后汉书·耿弇列传》：“弇进军画中，居二城之间。”李贤注：“画中，邑名也。……故城在今西安城东南。有澅水，因名焉。”

画石山 即省嵬山。在今宁夏石嘴山市惠农区东南省嵬村附近。《水经·河水注》：“河水又东北历石崖山西，去北地五百里。山石之上，自然有文，尽若虎马之状，粲然成著，类似图焉，故亦谓之画石山也。”《清一统志·宁夏府一》：省嵬山，“画石山盖即省嵬山也”。西夏于山下筑省嵬城，为防御要地。

画邑 亦名画中。在今山东淄博市临淄西北。因澅水为名。《史记·田单列传》赞曰：“燕之初入齐，闻画邑人王蠋贤，令军中曰：‘环画邑三十里无入。’”即此。《索隐》引刘熙云，画为“齐西南近邑”。《正义》引《括地志》谓“戟里城在临淄西北三十里，春秋时棘邑，又云澅邑”。

画卦台（臺） ①在今云南大理市北，大理古城西。《清一统志·大理府》：画卦台“在太和县（今大理古城）西龙泉峰下。《旧志》，诸葛亮屯军之地，世传亮于草莱中，得石刻伏羲象，因画八卦作台祀之。今俗名祭天台”。

②在今甘肃天水市西北三十里三阳川。清乾隆《甘肃通志》卷7：邽山“今谓之卦山，在（秦）州西北三十里，即伏羲画卦处，今名画卦台。山中断，忽突出小山，上有羲皇庙”。

画重州 唐开元后置羁縻州，属雅州都督府。治所在今四川泸定县境。北宋属雅州。后废。

画眉关 在今陕西留坝县南十里。《清一统志·汉中府二》：画眉关“石磴盘折，为栈道要路”。

画锦山 又名大乘山。在今江西南康市北。《舆地纪胜》卷36南安军：画锦山“在大庾。半山有寺曰画锦，故名”。《方舆纪要》卷88南安府南康县：画锦山“在县北百里。高百余丈，周亘三十里”。

画溪 东阳江支流。即今浙江东阳、义乌二市南之南江。《方舆纪要》卷93东阳县：画溪“出大、小盆山，环绕县南境，合诸溪水而西北出，群山萦回，草木如画，因名”。同卷义乌县：画溪“自东阳县西流至此，为洋滩渡，又西合东江”。

刺马儿刚等处招讨司 元置，属吐蕃等处宣慰司。治所在今四川新龙县境。后废。

刺利村 在今四川九寨沟县西北境黑水河东岸。《旧唐书·地理志》扶州万全县：“隋废（上安）郡为尚安县。旧治刺利村，长安二年移治黑水堡。至德二年八月，改为万全也。”

刺河 即今安徽西北部颍水支流茨河。《方舆纪要》卷21颍州：刺河“自唐邑东至州北，入颍河”。

刺客寨长官司 元置。在今贵州平塘县西北。后废。

刺桐 一作桐城。福建泉州市的别称。五代闽留从效重筑泉州城墙时，于城周环植刺桐，城因此得名。宋、元时回教旅行家东来，常以刺桐一名写入其旅行记载。《马可·波罗行纪》亦以刺桐城称泉州。北宋仁宗天圣时，诗人吕造《咏刺桐》诗有“闽海云霞绕刺桐，往年城郭为谁封”句。

刺桐关 在今云南玉溪市北四十二里。《清一统志·澂江府》：刺桐关“在新兴州北四十二里。依山带河，两崖高耸，北扼铁炉关，为全州咽喉”。

刺桐港 即今台湾省屏东县南枋山溪。《清史稿·地理志》台南府：“刺桐港”等“并在恒春县北，西流入于海”。

刺榆山 在今辽宁瓦房店西北。《清一统志·奉天府》：刺榆山“在复州（治今复州城镇）东一百三十里”。

刺榆店 即今山东济南市长清区驻地。《宋史·地理志》济南府长清县：“至道二年徙城于刺榆”，即此。

枣山 在今河北冀州市西南五十里。《方舆纪要》卷14冀州：枣山“山多枣，因名”。

枣户城 在今山西代县东北三十五里枣林镇。《寰宇记》卷49雁门县：枣户城“《隋图经》云，初筑此城以地多枣树为名。土人云，此枣多输北京”。

枣台铁路 亦称峄县铁路。从山东枣庄经峄城至台儿庄。全长45公里。清光绪三十四年（1908）动工兴建，1911年建成。为中兴煤矿公司所筑之轻便铁路。

枣庄 即今山东枣庄市。原属峄县。附近多煤矿。1946年设枣庄市。1948年将陶庄矿区并入，改设枣庄办事处。1950年撤销枣庄办事处，并入峄县。

枣庄办事处（县级） 1948年由枣庄市及陶庄矿区合置，治枣庄镇（今山东枣庄市）。1950年撤销，并入峄县。

枣庄市 1946年由枣庄矿区行政办事处改置，治枣庄（今山东枣庄市）。因以为名。1948年将陶庄矿区并入，改设枣庄办事处。1950年撤销，并入峄县。1960年复设枣庄市。1961年升为地级市，改由省直辖。

枣阳市 1988年撤销湖北省枣阳县，改设枣阳市，市人民政府驻枣阳。由襄樊市代管（2010年改襄樊市为襄阳市）。

枣阳军 南宋绍兴十二年（1142）升枣阳县置，治所即今湖北枣阳市。元降为枣阳县。

枣阳县 隋仁寿元年（601）改广昌县置，为昌州治。治所即今湖北枣阳市。《元和志》卷21枣阳县：

"因枣阳村为名。"大业初为春陵郡治。唐属随州。南宋绍兴十二年（1142）升为枣阳军。元降为县，属襄阳路。明属襄阳府。民国初属湖北襄阳道。1932年直属湖北省。1988年改设枣阳市。

枣园　①即今河北临西县东北四十五里东枣园乡。民国《临清县志》卷1：第五区有枣园。

②在今山东无棣县西北。《方舆纪要》卷31海丰县：枣园在"县西北十里。大河东决，尝涨溢于此。成化二十年，伐木为桥，以便行旅。凡三座，延袤一里余，谓之枣园桥"。

③亦名延园。在今陕西延安市西北二十里。1944年10月至1947年3月为中共中央书记处所在地。有毛泽东、周恩来、刘少奇、朱德、任弼时旧居及中央小礼堂等。

枣园渠　在今宁夏中宁县东北枣园堡附近。清改为顺水渠。《清一统志·宁夏府二》：顺水渠"旧曰枣园渠，袤三十五里，溉田九十五顷，今改名，长七十里，溉田三十七顷"。

枣园堡　明正统四年（1439）筑，属宁夏中卫。即今宁夏中宁县东北枣园堡。嘉靖十八年（1539）改属西路广武营。清乾隆三年（1738）城圮，八年复建，设把总。

枣社镇　亦名早社镇。北宋置，属定安县。即今甘肃宁县东南三十里早胜镇。金属定平县。

枣林　在今北京市通州区东南张家湾南枣林庄。《元史·文宗纪》：致和元年（1328），上都兵也先帖木儿军破通州，燕铁木儿与"战于檀子山之枣林"；又《顺帝纪八》：至正十八年（1358），毛贵攻漷州，"至枣林，枢密副使达国珍战死，遂略柳林"。皆此。

枣林冈　在今河南固始县北。《方舆纪要》卷50固始县：枣林冈"上有古城。近时贼自霍丘抵县东之高塘，犯县北古城是也"。

枣林沟　又名枣林则沟。在今陕西清涧县北。1947年3月，为了粉碎国民党蒋介石对陕甘宁边区发动的重点进攻，中共中央主动撤离延安。3月26日，毛泽东在此召开中央政治局会议，决定中共中央和人民解放军总部仍留在陕北。为了工作便利，会议决定由毛泽东、周恩来、任弼时、彭德怀、陆定一等组成前敌委员会，仍继续留在陕北，代表中央指挥全国和西北战场的人民解放战争；由刘少奇、朱德、董必武等组成中央工作委员会，刘少奇任书记，前往华北进行中央委托的工作。枣林沟会议上所做的决定，极大地鼓舞了陕甘宁边区以及全国解放区军民的战斗意志和胜利信心，对粉碎国民党反动派的进攻，起了巨大的作用。

枣林铺　即今四川巴中市北枣林镇。清道光《保宁府志》卷31：枣林铺"在（巴）州北六十里"。

枣祇河　颍河支流。在今河南临颍县北二十里。《方舆纪要》卷47临颍县："曹魏初，枣祇募民屯田许下，引流以灌，得谷数百万斛。后人世以名河，或谓之枣村河。"

枣强县　西汉置，属清河郡。治所在今河北枣强县东南东故县村。《元和志》卷17枣强县："其地枣木强盛，故曰枣强。"东汉废。三国魏复置，属安平郡。西晋属安平国。北魏神瑞二年（415）废入广川县，太和二十二年（498）复置，属长乐郡。北齐天保七年（556）移治今景县西南广川镇。隋开皇二年（582）又移治今枣强县东前旧县村，属冀州。大业初属信都郡。唐属冀州。北宋熙宁元年（1068）废入信都县，十年复置，仍属冀州。金天会十年（1132）移治今枣强县。清初属正定府，雍正二年（1724）仍属冀州。民国初属直隶大名道。1928年直属河北省。

雨山　在今湖北崇阳县东南。《方舆纪要》卷76崇阳县：雨山"在县东四十里。山最高，跨通山县界。有五峰笋立。一名乳山"。

雨布村　在今云南寻甸回族彝族自治县东北五里。原名溢浦适侣赕甸，简称矣卜。彝语"矣"为水，"卜"为旁边，意即水边的村子。后写作雨布。历史上曾是仁地部、仁德府及为美县治。

雨花台（臺）　又称石子岗、玛瑙岗、聚宝山。在今江苏南京市城南中华门外。宋《景定建康志》卷22：雨花台"在城南三里，据冈阜最高处，俯瞰城闉。考证：旧传梁武帝时有云光法师讲经于此，感天雨赐花，故名"。所产五色石子，因艳丽奇特，故称雨花石。为高约100米，长约3000多米的山岗。1927年蒋介石发动"四一二"政变后，许多共产党员、革命志士被杀害于此。1950年兴建革命烈士陵园，有奠基碑、纪念碑、牌坊、群雕、纪念馆等建筑。1988年定为全国重点文物保护单位。

雨林洞　在今福建沙县西南。《方舆纪要》卷97沙县："雨林洞在县西南三十里。一名金盒洞，深广容千人。"

雨金堡　北宋置，属富平县。即今陕西西安市临潼区北雨金镇。《寰宇记》卷31耀州富平县：金雨堡"在县东南三十里。有一泊，每有天雨，水流入似金色，俗呼为雨金堡"。

雨施陂　在今河南光山县西南。《新唐书·地理志》光州光山县："西南八里有雨施陂。永徽四年，刺史裴大觉积水以溉田百余顷。"

雨濑滩　在今湖南耒阳市西南耒水中。《舆地纪胜》卷55衡州"雨濑滩"条引盛宏之《荆州记》云："岁旱百姓壅塞之则雨。若一乡独壅，雨亦偏应。"

卖花桥镇　在今上海市松江区北卖花桥。民国《江苏六十一县志》：松江县东北有"卖花桥镇"。

〔一丿〕

厓山　一作崖山。一名厓门山。在今广东江门市新会区南端，与汤瓶咀对峙如门。《寰宇记》卷157新会县："厓山在县南八十里，临大海。出龙眼子、木威、橄榄之树。"《宋史·瀛国公传》：祥兴初，六月“己未，昺徙居厓山”。次年，“张弘范兵至厓山”。宋军溃，陆秀夫负帝沉海。即此。《方舆纪要》卷101新会县：厓山“县南百里大海中，延袤八十余里，高四十二丈，与奇石山相对立如两扉，潮夕所出也。亦曰厓门山”。

厓门山 即厓山。在今广东江门市新会区南。元陈桱《通鉴续编》卷24：祥兴二年（1279）春正月，“帝在厓山，大元兵张弘范袭厓山，张世杰力战御之”。《方舆纪要》卷101新会县：厓山在“县南百里大海中。亦曰厓门山，故有镇戍”。

厓飞山 一名雁飞山。在今重庆市开县东北。《方舆纪要》卷69开县：厓飞山，“《志》云：在县东北百四十里。岩势高悬，如飞鸟然”。

郁山镇 古玉山镇。即今重庆市彭水苗族土家族自治县东北郁山镇。历为产盐区。清初置盐课司，乾隆十二年（1747）改置巡司。民国改设县佐。

郁木山 在今江西峡江县西南。《方舆纪要》卷87临江府峡江县“玉笥山”条下：郁木山，“《志》云，在县（治今巴邱镇）东南二十里。有郁木洞，即道书第八福地，盖玉笥之支山也”。《云笈七签》：“郁木洞在玉笥山南，是萧子云隐处。阴雨犹闻丝竹之音，樵人往往遇之。”

郁（鬱）水 汉、魏、南北朝时期之郁水，指今广西之右江、郁江、浔江及广东之西江。《汉书·地理志》广郁县：“郁水首受夜郎、豚水，东至四会入海，过郡四，行四千三十里。”镡封县：“温水东至广郁入郁，过郡二，行五百六十里。”豚水即今西江西源之北盘江，温水即今西江东源之南盘江。二江与右江不相连，古人不明而误。南朝以后，郁水下游兼称西江。唐宋以后，郁水多以左江为上源，明清时则左、右两江为上源，合流后始称郁江。

郁（鬱）平县 西晋太康元年（280）改阴平县置，属郁林郡。治所即今广西贵港市。唐为贵州治。北宋开宝四年（971）改为郁林县。

郁立师国 汉西域国名，属西域都护府。都城在内咄谷（今新疆吉木萨尔县南）。

郁（鬱）头州 一作蔚头州。在今新疆巴楚县东北。《新唐书·地理志》引贾耽《四夷路程》：据史德城“一曰郁头州，在赤河北岸孤石山”。

郁（鬱）对原 当在今蒙古国西南。《资治通鉴》：南朝梁普通四年（523），柔然阿那瓌叛魏，李崇元纂帅兵十万击之。“纂使铠曹参军于谨帅骑两千追柔然，至郁对原，前后十七战，屡破之”。

郁成国 在今吉尔吉斯斯坦奥什东北。《史记·大宛列传》：太初元年（前104），李广利伐大宛，“比至郁成，士至者不过数千，皆饥罢。攻郁成，郁成大破之，所杀伤甚众”。

郁夷县 西汉置，属右扶风。治所在今陕西宝鸡市陈仓区（虢镇）西千河入渭处。东汉废。

郁（鬱）州 ①隋大业二年（606）改尹州置，治所在郁林县（今广西贵港市东南郁江南岸）。三年（607）改为郁林郡。

②唐麟德二年（665）置，治所在石南县（在今广西兴业县治石南镇东北）。明郭子章《郡县释名》广西卷：郁州以郁水名。辖境相当今广西玉林市西北、贵港市东南地区。乾封元年（666）改为郁林州。

郁江 即今重庆市彭水苗族土家族自治县东北之郁江，为乌江支流。清陈登元《蜀水考》卷4：“西小溪一名郁小（江）。源从黔江县金鸡箐山，流二十里入彭水县界，经亭子关，又五十里至郁山镇。又一源从湖广唐岩司来。二源汇于郁山镇伏牛山，下流五里又合湖北利川水，入新开河峡，过鹿溪，历麻油滩，至彭水县城西入涪陵江。”

郁（鬱）阳县 南朝宋置，属晋兴郡。治所当在今广西西南部左江中下游、邕江以北。南齐以后废。

郁（鬱）县 南朝宋泰始七年（471）置，为西海郡治。治所在今江苏连云港市东南南城镇。南齐改为都昌县。

郁（鬱）即长官司 明永乐四年（1406）置，属叠溪千户所。治所在今四川茂县西北叠溪镇团结村。《方舆纪要》卷73叠溪所：郁即长官司在“所西十五里。……领松坪等五砦”。清初废。

郁（鬱）林山 即今江苏连云港市东北云台山。《隋书·地理志》：东海县有郁林山。《寰宇记》谓之苍梧山。《清一统志·海州》：郁林山，“按云台即古郁林”。

郁（鬱）林州 唐乾封元年（666）改郁州置，治所在石南县（今广西兴业县治石南镇东北）。天宝元年（742）改为郁林郡，乾元元年（758）复改为郁林州。辖境相当今广西玉林市西北、贵港市东南地。五代南汉时移州治郁林县（今贵港市东南郁江南岸）。北宋开宝五年（972）又移治兴业县（今兴业县治石南镇）。至道二年（996）移州治南流县（今玉林市）。元属湖广行省。明洪武五年（1372）省南流县入州，属梧州府。清雍正三年（1725）升为直隶州，属广西省。辖境相当今广西玉林市及北流、博白、陆川等县地。1912年升为郁林府。

郁（鬱）林州千户所 明洪武十九年（1386）置，属广西都司。治所在今广西玉林市。后废。

郁（鬱）林县 ①隋开皇十年（590）置，为尹州治。治所在今广西贵港市东南郁江南岸。大业初为郁林郡治，唐属郁林州。五代南汉时为郁林州治。北宋开宝四年（971）废。

②北宋开宝四年（971）改郁平县置，为贵州治。治所即今广西贵港市。元大德九年（1305）废入贵州。

③1913年改郁林府置，属广西苍梧道。治所在今广西玉林市。1928年直属广西省。1956年改为玉林县。1983年改设玉林市。1997年撤销玉林地区和县级玉林市，改设地级玉林市。

郁（鬱）林府 1912年改郁林州置，属广西省。

治所在今广西玉林市。1913年改为郁林县。

郁（鬱）林郡　①西汉元鼎六年（前111）置，治所布山县（今广西桂平市西南古城）。辖境相当今广西三江、鹿寨、桂平以西，邕宁、上思、宁明以北、贵州榕江及越南高平一带。三国吴永安六年（263）属广州。辖境逐渐缩小，南朝陈约有以今桂平市为中心，六万大山和大瑶山之间的郁江流域。隋开皇九年（589）废。

②隋大业初改郁州置，治所郁林县（今广西贵港市东南郁江南岸）。辖境相当今广西贵港、上思、横县、桂平等市县以北，百色、巴马、河池等市县间之左右江、红水河流域及越南高平。唐武德初废。

③唐天宝元年（742）改郁林州置，治所在石南县（今广西兴业县治石南镇东北）。辖境相当今广西玉林市西北、贵港市东南地。乾元元年（758）复为郁林州。

郁林镇　在今江西大余县西。《明史·地理志》大余县："西有郁林镇巡检司，治晶都村，后迁浮江隘，又迁黄泥港"。

郁（鬱）林镇　在今江西崇义县西南聂都乡。本属大庾县，明洪武初置巡司于此。

郁郅　战国秦邑，即今甘肃庆城县。《汉书·西羌传》：秦惠王时，"伐义渠，取郁郅"。即此。西汉置为郁郅县。

郁郅县　本春秋义渠戎地，西汉于此置郁郅县，属北地郡。治所即今甘肃庆城县。东汉废。

郁（鬱）孤台（臺）　在今江西赣州市西北隅田螺岭。建于唐广德至大历年间（763—779）。台高14.1米，面积275平方米。《寰宇记》卷108虔州赣县：贺兰山"在州西北隅。本名文壁山，即郁孤台是也"。《舆地纪胜》卷32赣州：郁孤台"在郡治。隆阜郁然，孤起平地数丈，冠冕一郡之形胜，而襟带千里之山川。登其上者若跨鳌背而升方壶。唐李勉为虔州刺史，登临北望，慨然曰，余虽不及子牟，心在魏阙也，改郁孤为望阙"。《清一统志·赣州府二》：郁孤台"隆阜郁然孤起，故名。唐郡守李勉，登临北望，改名望阙。宋郡守曾慥，增筑二台，南为郁孤，北为望阙。赵抃、苏轼皆有诗"。南宋著名词人辛弃疾《菩萨蛮》词中有"郁孤台下清江水，中间多少行人泪"。今台为1959年重建，保持原貌。

郁（鬱）姑台　在今四川宜宾市北真武山。《明一统志》卷67叙州府：郁姑台"在府治北。宋杨仙遇仙人郁姑于此台，故名"。

郁（鬱）南县　1914年改西宁县置，属广东粤海道。治所在今广东郁南县东南建城镇。以在西江（郁水）之南为名。1920年直属广东省。1950年移治都城镇（今郁南县）。

郁（鬱）洲　又名田横岛。在今江苏连云港市东云台山一带。《晋书·孙恩传》：东晋隆安五年（401），恩欲向建康，受阻，"乃浮海而北。刘裕与刘敬宣并军蹑之于郁洲，累战，恩复大败"。《南齐书·州郡志》称："郁州在海中，周回数百里，岛出白鹿土，有田畴鱼盐之利。"南朝宋泰始中，于此侨置青、冀二州。隋至宋于此置东海县。唐曾置环州。清时因海岸扩张，始与大陆相连。

郁（鬱）洲山　即今江苏连云港市东云台山。《三国志·魏书·邴原传》：东汉末，"黄巾起，原将家属入海，住郁洲山中"。即此。

郁秩县　西汉置，属胶东国。治所即今山东平度市。《汉书·地理志》：郁秩县"有铁官"。东汉改为胶东侯国。

郁射州　唐贞观二十三年（649）以郁射施部置，初隶定襄都督府，后属桑乾都督府。为羁縻州。后侨治夏州朔方县（今陕西靖边县北白城子）界。

郁（鬱）督军山　又作於都斤山、乌德鞬山。即今蒙古国杭爱山。名见《周书》、《隋书》、《唐书》之《突厥传》及其他文献，为突厥、薛延陀、回纥可汗相继建牙之地。突厥文碑作Ütükän（Ötükän）。《新唐书·突厥传上》：高宗时，以突厥车鼻"拜左武卫将军，购居第，处其众郁督军山，诏建建山都督府统之"。同书《薛延陀传》：贞观三年（629），夷男为真珠毗可汗，"乃树牙郁督军山，直京师西北六千里"。《资治通鉴》：唐贞观二十年（646），讨薛延陀，"李世勣至郁督军山，其酋长梯真达官帅众来降"。皆此。

郁墅　在今江苏苏州市西北。《资治通鉴》：上元元年（760），"李藏用与（刘）展将张景超、孙待封战于郁墅，兵败，奔杭州"。

郁邬县　①西汉建元六年（前135）置，属犍为郡。治所在今云南宣威市东北。东汉废。三国蜀诸葛亮南征置存邬戍，后复为县，属建宁郡。南朝梁大宝后废。

②隋末置，属犍为郡。治所在今四川宜宾县西北蕨溪镇北宣化坝。明曹学佺《蜀中广记》卷58："郁邬，以山名。"唐武德二年（619）废，三年（620）复置，属戎州。天宝元年（742）改为义宾县。

郕　又作成。西周封国。姬姓。在今山东巨野县南昌邑故城。《春秋》：隐公五年（前718），"秋，卫师入郕"。即此。

矾（礬）山　①在今河北涿鹿县东南六十里。《辽史·地理志》矾山县："有矾山。"

②一名昆山。在今安徽庐江县东南四十里。《方舆纪要》卷26庐江县"梅山"条下："又有矾山，在县南四十里，产矾。"

③在今河南南召县东南。《方舆纪要》卷151南召县：矾山在"县南十五里。山产矾石"。

矾（礬）山务　北宋庆历元年（1041）置，属晋州。在今山西临汾市西北五十里。金废。

矾（礬）山县　唐末置，属新州。治所在今河北涿鹿县东南六十里矾山镇。《辽史·地理志五》矾山县："山出白矾，故名。"辽属奉圣州。金属德兴府。元至元二年（1265）废。

矾（礬）山堡 在今河北涿鹿县东南六十里矾山镇。辽、金为矾山县。明初于此筑堡。民国时有县佐驻此。

矾（礬）山寨 即今河北涿鹿县东南矾山镇。《金史·靖安民传》：兴定四年（1220），为防蒙古南略，封安民为易水公，管辖涿、易、安肃、保州及矾山寨等，"十月，安民出兵至矾山，复取檜车寨"。

矾（礬）山镇 北宋置，属庐江县。即今安徽庐江县东南约五十里矾山镇。境内有矾山古矿。

矾（礬）石山 在今湖北竹山县北。《舆地纪胜》卷86房州：矾石山"在竹山县北。旧云山有矾石，其白如雪"。《方舆纪要》卷79竹山县"上庸山"条下："其在县北十里者曰矾石山，旧产矾。"

矿山 在今山东莱芜市西北五里。《方舆纪要》卷31莱芜县："矿山在县西北五里。尝出铁矿。"

矿坑阜 在今山东莱芜市西北五里。《寰宇记》卷21莱芜监："矿坑阜在监北五里。"即此。

矿岭关 在今江西玉山县西北。《方舆纪要》卷85广信府玉山县：矿岭关"在县西北。又县北有广平、鸦山二隘，路通徽、饶。《南行记》，玉山县北有矿岭、柴门、蜈蚣三关。矿岭道出上饶柴门，蜈蚣道出饶州府德兴县"。

砀 战国宋邑，后属楚。在今河南永城市东北六十里芒山镇。《战国策·秦策四》：楚人黄歇说秦昭王曰，"秦、楚之构而不离，魏氏将出兵而攻留、方与、铚、胡陵、砀、萧、相，故宋必尽"。秦置砀县及砀郡。

砀山 即今河南永城市北六十里芒砀山。《史记·高祖本纪》：秦始皇东游，"高祖即自疑，亡匿，隐于芒、砀山泽岩石之间"。《清一统志·归德府》：砀山"在永城县北八十里。与江南砀山县接界。亦曰宕山"。今芒砀山主峰海拔156.8米，纵长20余里，横阔十多里。西南麓有陈胜墓、西汉梁孝王、僖王等墓。

砀山县 隋开皇十八年（598）改安阳县置，属宋州。治所在今安徽砀山县东里许旧城基。大业初属梁郡。唐属宋州。光化间曾为辉州治。五代唐属单州。金移治保安镇（今河南永城市东北）。元属济宁路，至元中复还旧治。明属徐州，嘉靖四十一年（1562）移治小神集（今安徽砀山县东南）。四十四年（1565）又还旧治，万历二十六年（1598）移治今砀山县。清属徐州府。民国初属江苏徐海道。1928年直属江苏省。1955年划归安徽省。

砀县 战国秦置，属砀郡。治所在今河南永城市东北六十里芒山镇。以山名。出土秦封泥中有"砀丞之印"可证。《汉书·地理志》注："应劭曰：砀山在东。师古曰：砀，文石也，其山出焉，故以名县。"西汉属梁国。西晋废。南朝宋复置，属梁郡。北魏属砀郡，治鲁城（在今安徽砀山县境）。后废。

砀陂 又名砀水。在今安徽砀山县南。《水经·获水注》："（砀）陂中有香城，城在四水之中，承诸陂散流，为零水、瀤水、清水也，积而成潭，谓之砀水。"《清一统志·徐州府一》：砀水"在砀山县南。亦名谷水"。久堙。

砀郡 ①秦始皇二十二年（前225）置，治所在睢阳县（今河南商丘市南一里）。《汉书·地理志》注：师古曰："以有砀山，故名砀郡。"辖境相当今河南开封、通许二县以东，永城市以北，山东曹县、嘉祥二县以南和安徽亳州市、砀山县地。汉改为梁国。

②北魏孝昌二年（526）置，属徐州。治所在下邑城（今安徽砀山县）。辖境相当今安徽砀山县地。北齐废。

码头镇 即今江苏淮安市淮阴区西南码头镇。旧作马头镇，明置巡司于此。

奈王井 在今陕西靖边县西。《宋史·西夏传》：元丰四年（1081），分道伐西夏，内侍王中正"至宥州奈王井，粮尽，士卒死亡者已二万，乃引军还"。

奈布东 即乃东宗。今西藏乃东县。《清一统志·西藏》卫地诸城：奈布东城"在喇萨东南二百二十里"。后称乃东宗。

奈州 唐永徽二年（651）置羁縻州，属茂州都督府。治所在今四川汶川县西南邛崃山附近地区。后废。

奈何桥 一作渿河桥。在今山东泰安市西一里渿河上。顾炎武《山东考古录》"辨渿河"条："岳之西南，有水出谷中，为西溪。自大峪口至州城之西，而南流入于泮，曰渿河。其水在高里山之左，有桥跨之曰渿河桥。世传人死魂不得过，而曰奈何。"

奈勒穆图 即今内蒙古额尔古纳市西北三河镇。1934年伪满设额尔古纳左翼旗驻此。

奈曼苏默城 即元上都城（开平城）。在今内蒙古正蓝旗东北四十里上都河北岸。清乾隆《口北三厅志》卷3：开平故城"土人呼为奈曼苏默城，直独石口东北二百五十里。……在滦水北，有重城。外方十余里，东西各二门，南北各一门。内城方五里，东、西、南三门。其外，城东北隅有元至元中石碑，城址犹存。而宫阙旧迹，俱已湮没"。

奈曼部 清内蒙古昭乌达盟八部之一。明后期，达延汗长子图鲁博罗特后裔、敖汉部首领岱青杜稜之弟额森伟征始号所部曰奈曼，隶察哈尔汗。天聪元年（1627）其子衮楚克率众归附后金，崇德元年（1636）编为一旗，牧地在潢河（西拉木伦河）、老哈河合流处南岸。札萨克驻章武台（今内蒙古奈曼旗南沙日浩来附近）。

奈曼旗 后金崇德元年（1636）置，属内蒙古昭乌达盟。治所在今内蒙古通辽市奈曼旗东北章古台。光绪三十四年（1908）并入绥东县。1931年复置，属热河省。治所即今奈曼旗驻地大沁他拉镇。日伪时属兴安西省。1947年划归内蒙古自治区哲里木盟。1969年划归吉林省。1979年划回内蒙古自治区。

奔子栏　即今云南德钦县东南九十四里金沙江西岸奔子栏乡。清设奔子栏千总。藏语“奔”为美丽，“子”为沙，“栏”为堤，意即美丽的沙堤。

奔不儿亦思刚管军招讨司　元置，属土蕃等路宣慰司。治所在今四川理塘、巴塘一带。后废。

奔不招讨司　元置，属吐蕃等处宣抚司。治所在今四川巴塘县西。后废。

奔牛塘　在今江苏常州市武进区西北奔牛镇。《宋书·竟陵王诞传》：元嘉三十年（453），“（元）劭遣将华钦、庚导东讨，与（顾）彬之等相逢于曲阿之奔牛塘”。即此。《新定九域志》卷5：奔牛堰“故老相传，古有金牛奔此，故以名之”。因运河经此，北宋元符二年（1099）于此修澳闸。明初设巡司于此。

奔（犇）牛镇　北宋置，属武进县。即今江苏常州市武进区西北奔牛镇。运河经此，为重镇。《宋史·河渠志六》：元祐间，“京口、瓜州、奔牛皆置闸”。同书《河渠志七》：南宋淳熙五年（1178），“漕臣陈岘言，于十月募工开浚无锡以西横林、小井及奔牛、吕城一带地高水浅之处，以通漕舟”。明置巡司于此。

奔龙江　在今贵州惠水县西南三十里。《方舆纪要》卷121定番州：奔龙江在“（大龙番长官）司东一里，又大龙河，在司治后。合奔龙江，下流入于都泥江”。

奔那伐弹那国　亦译作奔那伐檀那国。故地或以为在今孟加拉国帕布纳一带。唐玄奘曾至其地。《大唐西域记》卷10：奔那伐弹那国“周四千余里。……自此东行九百余里，渡大河至迦摩缕波国”。

奔陁浪　在今越南中部南境藩朗。为古代中西海上交通要地。《新唐书·南蛮列传下·环王》：环王“南抵奔浪陀州”。又，《新唐书·地理志》：广州东南海行，“古笪国又半日行至奔陀浪洲。又两日行，到军突弄山”。

奇山千户所　明洪武三十一年（1398）置，属登州卫。在今山东烟台市南芝罘区所城里。

奇木岭　在今云南蒙自市东。《清一统志·临安府》：奇木岭“在蒙自县东十里。旧设土兵哨守”。

奇尔归图河　一名淡河。即今新疆和静县东北及和硕县境之清水河。清乾隆《西域图志》卷27：奇尔归图郭勒“在塔喀尔齐西十里。源出楚辉塔克南麓，偏西南流一百里入博斯腾淖尔”。

奇尔泊　又名集宁海子、威宁海子、希尔池。即今内蒙古察哈尔右翼前旗东北之黄旗海。《清一统志·察哈尔》：威宁海子“在旗（正黄旗察哈尔）南八十里。蒙古名希尔池。纳林河、七金河并注其中”。

奇兰　即今新疆柯坪县东其兰。清《林则徐日记》：道光二十五年（1845）三月初十日，奇兰军台“台以东皆属阿克苏，其西则属叶尔羌矣”。

奇兰河　即今新疆阿尔泰市境之克兰河。清徐松《西域水道记》卷5：“奇喇（一作奇兰，音之转也）河在罕达海图河西三十余里。源发自纳林奇喇境，西南流百里，一水西流五十余里来汇。准语：奇喇，谓山梁也。纳林奇喇西北四十余里有孙都鲁克岭，克木齐克河源发焉，西南流百五十里至额尔齐斯河北岸而汇同入于河。”

奇台（臺）县　清乾隆四十一年（1776）置，属镇西府。治所在靖远城（今新疆奇台县东南九十里老奇台镇）。以奇台堡为名。咸丰三年（1853）改属迪化州。光绪十二年（1886）属迪化府。十五年（1889）徙治于古城（即今奇台县）。民国初属新疆迪化道。1930年属迪化行政区。后直属新疆省。

奇台（臺）堡　清乾隆二十四年（1759）筑，在今新疆奇台县东南老奇台镇。四十年（1775）筑靖远城。四十一年（1776）置奇台县。

奇吉答城　亦作齐吉达城。约在今辽宁新宾满族自治县南、桓仁满族自治县西。《清太祖实录》：甲申年（明万历十二年）九月，太祖努尔哈赤往攻东果部长阿亥，“太祖兵至，围阿亥所居奇吉答城”，即此。

奇迈山　在今福建龙岩市南。《方舆纪要》卷99龙岩县：奇迈山“在县南二十里。一名九峰岐，嵯峨拱峙，森如列戟”。

奇克县　1929年11月改奇克特设治局置，属黑龙江省。治所在奇克特屯（今黑龙江省逊克县）。“奇克特”，鄂伦春语“薪屋”之意。1942年与逊河县合并为逊克县。

奇克特屯　即今黑龙江省逊克县（奇克镇）。民国《黑龙江志稿》卷2：奇克县“地濒黑龙江右岸，旧名奇克特”。1942年改置逊克县。

奇克特卡伦　亦作奇克勒卡伦。清光绪末置，属瑷珲副都统。在今黑龙江省逊克县（奇克特）。后废。

奇克特设治局　1929年1月于奇克特卡伦置，属黑龙江省。治所即今黑龙江省逊克县。11月改为奇克县。“奇克特”，鄂伦春语意为“薪屋”。

奇克得鄂伦春屯　清置，属黑龙江副都统。在今黑龙江省逊克县西南新鄂鄂伦春族乡。

奇村隘　在今广西龙州县西北。《清一统志·太平府》“武德隘”条：奇村隘“与越南交界，有兵防守”。

奇里什　在今新疆库车县东北。《清一统志·库车》：奇里什“在库车东北六十里，正北当天山正干阿勒坦呼苏南麓，距库车城一百里”。

奇岙 在今浙江舟山市定海区西北小沙镇西大沙。《方舆纪要》卷92宁波府定海县：奇岙“在舟山所西北。本名大沙，嘉靖中御倭要地也”。

奇兵营 在今江苏仪征市南。《清一统志·扬州府二》：奇兵营“在仪征县南门外江口。本朝设游击驻防”。

奇沙州都督府 唐龙朔元年（661）置，属安西都护府。治所在护时犍国遏蜜城（今阿富汗喀布尔西北席巴尔甘南）。8世纪中废。

奇沟 又名祁沟。即今河北涿州市西南三十里岐沟。《水经·圣水注》：桃水“出涿县故城西南奇沟东八里大坎下”。因地势险要，唐末于此置祁沟关。

奇拉卡伦 清光绪末置，属瑷珲副都统。在今黑龙江省呼玛县东南黑龙江西岸三卡乡。后废。

奇罗城 当在今越南中部义安省锦川县。《方舆纪要》卷112安南乂安府：奇罗城“在府东南，即奇罗县也，南滨大海。永乐初，张辅追黎贼至闷海口，贼以小舟遁走乂安，辅帅舟师追至海门泾鹊浅，引舟军渡，渡既而辅率步骑夹东西。柳升率舟师前进至茶笼，贼败走。又追败之于奇罗海口，贼众皆溃”。

奇罗海口 在今越南中部义安省锦川县东海岸。《明史·张辅传》：永乐五年（1407），辅征安南，“五月至奇罗海口，获（黎）季犛及其子苍，并伪太子诸王将相大臣等，槛送京师”。

奇治山 又名奇石山。在今河北鹿泉市西北。《清一统志·正定府一》：奇石山“在获鹿县西北二里，怪石峻起，县之镇山也”。

奇莱 即花莲港。今台湾省花莲县花莲市。连横《台湾通史·抚垦志》：清康熙三十二年（1693），“淡水人陈文、林侃遭风至奇莱，始与台东番贸易”。

奇峰口 在今河北易县西北四十里。《清一统志·易州》：奇峰口“在州西北四十里。内连紫荆关四十里，外通金水口六十里，其西二十里曰官座岭口”。

奇峰关 在今湖北鹤峰县西南四十一里。清设把总驻守。

奇勒尔部 亦作欺勒尔、济勒弥。清代对居住于所属黑龙江下游民族的称呼，在今俄罗斯哈巴罗夫斯克边疆区。清何秋涛《朔方备乘》卷1：“自宁古塔东北行三千里曰奇勒尔，滨大东海，俗产与奇雅喀喇同。”奇勒尔人在驱逐沙皇俄国侵略者的战争中，立下了不朽的功绩。康熙《平定罗刹方略》卷1：康熙二十二年（1683），“将军萨布素等奏：牛满河之奇勒尔奚鲁噶奴等杀十余罗刹，携其妻子来归”。

奇勒稽思泊 即乞儿吉思湖。亦作奇尔吉斯、奇耳吉滋。在清科布多境东界，即今蒙古国乌布苏省吉尔吉斯湖。此湖与爱腊格湖相连。《清一统志·喀尔喀》：奇勒稽思泊“在乌兰郭马山东南，扎布噶河合空格衣河之水，西北流，会西南阿鲁都河、布鲁图河之水，又西北流注入此泊，广三四十里”。

奇乾设治局 1920年置，属黑龙江省。治所在今内蒙古额尔古纳市东北奇乾。1921年改为奇乾县。

奇乾县 1921年改奇乾设治局置，属黑龙江省。治所在今内蒙古额尔古纳市东北奇乾。1934年改设额尔古纳右翼旗。

奇梨山 在今云南玉溪市西十里。《方舆纪要》卷115新兴州：奇梨山“在州治西。林木茂蔚，下有泉，流为奇梨溪，下流入大溪”。

奇章县 即其章县。治所在今四川巴中市东北三十里奇章村。《北史·李贤传》：子孝轨“封奇章公”。《旧唐书·牛僧孺传》：“封奇章子。”同书《地理志》奇章县：“梁置，县东八里有奇章山。”因名。

奇密社 即今台湾省花莲县西南瑞穗乡东十二里奇美村。奇密社为高山族阿美人发祥地之一。传说唐贞观年间马来西亚火山爆发，有阿美人姐弟俩援樟木入海漂流至此，婚配为始祖。连横《台湾通史·经营纪》：清光绪三年（1877）五月，“奇密社番乱，讨之”。即此。

奇雅河卡伦 清光绪三十四年（1908）设，在今内蒙古额尔古纳市北额尔古纳河东岸奇雅河村。

奇喇图鲁山 在今新疆沙湾县东南。清乾隆《西域图志》卷22：奇喇图鲁鄂拉“在博罗哈玛尔鄂拉西五十里。玛纳斯郭勒西，乌兰乌苏东，当孔道南”。宣统《新疆图志》卷60：奇喇图鲁山“库克河水出焉，其中多绿玉”。

奇集湖 又作奇吉泊、奇吉侯温（侯温赫哲语意为湖）。即今俄罗斯哈巴罗夫斯克边疆区黑龙江下游大奇济湖。清光绪《吉林通志》卷22：奇集泊“亦曰奇吉侯温。径约六七十里，东逾山岭二十余里，即库页岛海峡矣。奇吉泊在混同江东南数十里，上源四：西曰瑚依里河，自南来会；少东曰道万河，自南流百里许来会；东曰锡拉希布河，自东南合两源行二百里西北流来会；又东南曰诺穆登特河，自东南合两源西北流三百里来会，潴为泊，自西北出，流入混同江”。

奇集噶珊 亦作乞儿。即今俄罗斯哈巴罗夫斯克边疆区黑龙江下游东岸马林斯克。清初属宁古塔将军。康熙《皇舆全览图》：黑龙江下游东岸乞儿必儿忒池口有“乞儿噶山”。后属三姓副都统。光绪《吉林通志》卷17：混同江南岸，东至海滨旧设噶珊有“奇集”。清咸丰间被俄割占。

奇额城 亦作奇雒城、奇洛城、岐额城。在今河南漯河市源汇区西阴阳赵乡。北魏置颍川郡（又称南颍川郡）于此。《水经·汝水注》：“汝水又东南径奇额城西北，今南颍川郡治。”

奇富州 亦作哥富州。唐置羁縻州，属安南都护府。治所在今越南安沛省安沛西北。后废。

奇穆尼河　又作乞母泥河。即今俄罗斯哈巴罗夫斯克边疆区黑龙江中游北支流比腊河。清康熙《皇舆全览图》作“乞母尼河”。光绪《吉林通志》卷22：奇穆尼河“源出奇穆尼窝集，在毕瞻窝集东北三百里。……河南行百数十里，合西来一水，屈东南流百数十里，合北来一水，扬波南注，统成一川，东南流三百里许入混同江”。

奇穆尼窝集　又作乞母泥窝集。在今俄罗斯哈巴罗夫斯克边疆区西，比腊河上游。清齐召南《水道提纲》卷24：“乞母泥窝集，在必占窝集东北三百里，又北三百里，为格连窝集，皆连山绵亘，落叶浮土，人迹罕到。自此而东至海滨，皆杳茫窝集也。”比腊河发源于此。

奄　①古都邑名。在今山东曲阜市旧城东二里。《竹书纪年》：商王“南庚自庇迁于奄”。即此。

②一作郁、盖。商的盟国。嬴姓。在今山东曲阜市城东二里。《书序》：“成王东伐淮夷，遂践奄。”因以其地封周公。《续汉书·郡国志》：“鲁国，古奄国。”

③在今山东博兴县东南十五里（寨郝镇北七里）。《书序》：“成王既践奄，将迁其君于蒲姑。”此即奄故城。清光绪《山东通志》卷37谓“今俗名嫌城”。或作贤城。

奄遏下水海　又作昂阿下水、下水。即今内蒙古凉城县东北岱海。《辽史·天祚皇帝纪》：保大四年（1124）七月，“率诸军出夹山，下渔阳岭，取天德、东胜、宁远、云内等州。南下武州，遇金人，战于奄遏下水，复溃”。《三朝北盟会编》引《燕云奉使录》作昂阿下水，《长春真人西游记》作下水。《明一统志》卷21大同府：奄遏下水海“在府城西北二百里”。《清一统志·察哈尔》镶红旗：奄遏下水海“在旗南四十里，蒙古名黛哈池”。

奄蔡国　又名阿兰。汉西域国名。在康居西北，即今中亚咸海、里海北部草原。《史记·大宛列传》：安息“北有奄蔡”。《汉书·西域传》：“其康居西北可二千里，有奄蔡国。控弦者十余万人。与康居同俗。临大泽，无崖，盖北海云。”东汉时称阿兰聊国，居此城，属康居。嗣后因北匈奴西迁，阿兰亦逐渐西徙，部分去欧洲，停于伏尔加河与顿河之间，部分则滞留在高加索以北。

奋戎城　唐乾符二年（875）置，属戎州。即今四川南溪县。北宋乾德中移南溪县治此。

奋城　唐曰奋戎城。即今四川南溪县。《宋史·地理志》南溪县：“乾德中，移治旧奋城。”

剞首　一名洿谷水。在今陕西合阳县东南。《左传》：文公七年（前620），晋师“败秦师于令狐，至于剞首”。唐杜佑《通典·州郡三》：郃阳县“有剞首水”。或说在今山西临猗县西。

垄下城　即今福建长乐市东南垄下。《方舆纪要》卷96福州府长乐县“松下镇”条下：垄下城“在县东南二十余里。嘉靖四十年，居民筑此以备倭。周一里”。

〔一丶〕

郏　①周王城。在今河南洛阳市西王城公园一带。《左传》：襄公二十四年（前549），“齐人城郏”。杜注：“郏，王城也。”

②春秋郑邑。后属楚。即今河南郏县。《左传》：昭公元年（前541）“冬，楚公子围使公子黑肱、伯州犁城犨、栎、郏”。又，十九年（前523），“令尹子瑕城郏”。战国属韩，秦置郏县。

郏山　即北邙山。在今河南洛阳市北。《逸周书·作雒解》：周公作大邑成周，“南系于洛水，北因于郏山”。即此。《水经·谷水注》：“京相璠曰：郏，山名。”《寰宇记》卷3河南县：“芒山一作邙山，在县北十里。一名平逢山。亦郏山之别名也。”

郏县　①秦置，属颍川郡。治所即今河南郏县。西晋属襄城郡。北魏改为垗城县。北宋复改郏县，属汝州。崇宁四年（1105）属颍昌府。后复改为郏城县。

②元大德八年（1304）复置，属汝州。治所即今河南郏县。以古郏邑为名。清属汝州直隶州。民国初属河南河洛道。1927年直属河南省。

郏店市　又作夹店、郏家桥。在今上海市青浦区东北十五里郏店。因北宋水利学家郏亶父子居此，故名。

郏城县　①亦作郏城、垗城。北魏改郏县置，属襄城郡。治所在今河南郏县。北齐废。

②隋开皇十六年（596）置，属管州。治所在今河南中牟县东。大业初废。

③隋大业四年（608）改辅城县置，属襄城郡。治所即今河南郏县。唐属汝州。北宋崇宁四年（1105）改属颍昌府。金还属汝州。元至元三年（1266）废入梁县。

郏鄏　即周王城所在。在今河南洛阳市旧城西至王城公园一带。《左传》：宣公三年（前606），王孙满曰：“成王定鼎于郏鄏。”即此。《史记·周本纪》正义：“《括地志》云：故王城一名河南城，本郏鄏，周公新筑，在洛州河南县北九里苑内东北隅。自平王以下十二王皆都此城，至敬王乃迁都成周，至赧王又居王城也。《帝王世纪》云：王城西有郏鄏陌。”

〔一㇇〕

轰轰涧　在今山西汾西县东。《方舆纪要》卷41汾西县：“县东十五里有轰轰涧，涧东南有潭，深不可测，涧中又有穴，龙嘘气出入，其声如雷，因名。”

转斗湾市　即今湖北钟祥市西北转斗镇。民国《湖北通志》卷33《乡镇》："转斗湾，在（钟祥县）城北七十五里。"

转经楼　又名转经堂。在今四川金川县南安宁乡。清嘉庆《四川通志》卷57懋功厅：转经堂"在崇化屯广法寺左。旧为金川寺土妇诵经之所"。魏源《圣武记》卷7："勒乌围其官寨，碉坚墙厚，西临大河，迤南有转经楼，与官寨犄角。"

斩龙坳山　在今湖南绥宁县南。《方舆纪要》卷82绥宁县：斩龙坳山"上有土堆五，一大四小，状如龙爪"。

轮氏县　东汉建初四年（79）改纶氏县置，属颍川郡。治所在今河南登封市西五十四里颍阳镇。西晋废。隋开皇十八年（598）改武林县复置，属洛州。大业元年（605）改为嵩阳县（徙治今登封市）。

轮台（臺）　一作仑头。汉西域国名。国都在今新疆轮台县东南四十里奎玉克协海尔（也称柯尤克沁）古城。"奎玉克协海尔"，维语意为"灰烬城"。西汉武帝时为贰师将军李广利所灭。《汉书·李广利传》："贰师后复行，兵多，所至小国莫不迎，出食给军。至轮台，轮台不下，攻数日，屠之。"置使者校尉屯田于此。武帝晚年颁《轮台罪己诏》中之轮台指此。后为龟兹国所并。

轮台（臺）州都督府　唐显庆二年（657）平西突厥置，属北庭都护府。治所在轮台（一说在今新疆昌吉以东唐代破城子；一说在今米泉县古牧地一带；一说在今乌鲁木齐县东南乌拉泊古城，现经考古发掘，多数认为应即乌拉泊古城）。后废。

轮台（臺）县　①唐贞观十四年（640）置，属庭州。治所一说在今新疆昌吉以东唐代破城子；一说在今米泉县古牧地一带；一说在今乌鲁木齐县东南乌拉泊古城（现经考古发掘，多数认为应即乌拉泊古城）。《旧唐书·地理志》：轮台县"取汉轮台为名"。贞元中为吐蕃所据，县废。咸通七年（866），北庭回鹘仆固俊收西州，又取轮台等地。后又废弃。

②清光绪二十八年（1902）置，属焉耆府。治所在玉古尔（今新疆轮台县）。因古轮台国为名。民国初属新疆阿克苏道。1920年改属焉耆道。1930年属焉耆行政区，后直属新疆省。

轮缚大囤　在今四川兴文县西北兴文镇之南寿山。《宋史·赵遹传》：政和五年（1115），征讨晏州卜漏叛蛮，"漏据轮缚大囤，其山崛起数百仞，林箐深密，夷奔溃者悉赴之"。即此。

软化府　唐南诏异牟寻时置，属永昌节度。治所在腾充城（今云南腾冲县西郊西山坝）。宋大理改腾充府。

软桥河　在今贵州盘县（红果镇）东北。《清一统志·普安厅》：软桥河"在厅东三十五里。流入盘江"。

软桥哨　在今贵州盘县（红果镇）东北。为东至普安县之通道。《清一统志·普安厅》：软桥哨"在厅东。……旧皆设兵防御"。

卧牛山　在今河南范县东南。《方舆纪要》卷34范县：卧牛山"在旧县西北三里"。

卧牛城　①北宋东京城（今河南开封市）的俗称。据宋张舜民《画墁录》载：周世宗展筑汴京外郭时，曾登上朱雀门，让赵匡胤骑马奔驰，"以马力尽处为城"。宋岳珂《桯史》卷1《汴京故城》亦载：北宋时，赵匡胤再修汴京，"赵中令鸠工奏图，初取方直，四面皆门……上览而怒，自取笔涂之，命以幅纸作大圈，纡曲纵斜，旁注云：'以此修筑'。"徐梦莘《三朝北盟会编》称：东京外城"状如卧牛，保利门其首，宣化门其项。"《如梦录》亦称：开封"势如卧牛，故名卧牛城"。

②即今四川眉山市。《方舆纪要》卷71眉州：眉山废县，"《城邑考》：州城五代时摄守山行章筑，宋淳化五年，乱贼李顺攻围半年不能下，俗谓之卧牛城。以其坦而难攻也。又沿城多芙蓉，亦谓之芙蓉城"。

卧龙山　①亦名龙冈。在今内蒙古正蓝旗东北四十里上都河北岸兆奈曼苏默古城（元上都城）北。《明史·地理志》开平卫："西北有卧龙山。"清乾隆《口北三厅志》卷2：卧龙山"旧开平城北三里。元上都北枕龙冈，即此山也"。

②即今浙江绍兴市城区西隅府山。《舆地纪胜》卷10绍兴府：卧龙山，"府治据其东麓，越大夫种所葬处"。《方舆纪要》卷92绍兴府：卧龙山，"今府治踞其东麓，山阴县治踞其南麓"。清康熙二十七年（1688）更名兴隆山。

③在今浙江宁海县东。《方舆纪要》卷92宁海县：卧龙山在"县治东南一里。山势蜿蜒如龙偃卧。一名应家山"。

④在今福建长汀县治北隅。明《寰宇通志》卷47汀州府：卧龙山"在府治北，为郡主山。偃卧如龙，一名无境山"。嘉靖《汀州府志》卷2：卧龙山"在府治后。环城四面皆平田，就中突起一山，屹然不与群阜相属，如龙之盘屈而卧，故名"。

⑤在今福建永定县北。《方舆纪要》卷98汀州府永定县：卧龙山在"县治西北。蜿蜒如龙，县之主山也"。

⑥在今湖北襄阳市南。《清一统志·襄阳府一》：卧龙山"在襄阳县南十里，下有习家池"。

⑦在今重庆市奉节县东五里。《方舆胜览》卷57夔州：卧龙山"在奉节县，有武侯祠及寺观，有泉，极清冷"。唐杜甫《上卿翁请修诸葛庙》诗云："尚有西郊诸葛庙，卧龙无首对江渍。"1982年在此出土武侯祠、八阵台、杜甫诗碑等文物。

⑧又名九龙山、安东山。在今四川剑阁县（下寺镇）西南普安镇东二里。《寰宇记》卷84普安县：卧龙山"其山盘围周布，号卧龙山，高百丈"。《舆地纪胜》卷186隆庆府：卧龙山"在普安县东二里。盘围府城，因名卧龙山"。

⑨在今甘肃陇南市武都区北。《明一统志》卷35巩昌府：卧龙山"在阶州治北。一名北山"。

卧龙山千佛岩石窟　在今四川梓潼县西三十里卧龙山。山顶呈圈椅状，中有诸葛古庙，内一巨石上有摩崖造像。山顶圈椅状崖壁间现存三石窟、四十余佛龛，大小佛像三百六十八躯。除一龛为明末凿刻外，其余均镌刻于唐贞观八年（634）。原有造像一千一百八十九躯，故名千佛岩。2006年定为全国重点文物保护单位。

卧龙冈　①在今河北栾城县东南浪头村。《方舆纪要》卷14栾城县：卧龙冈在“县东八里。盘曲如卧龙。今俗名郎头丘”。

②在今山西中阳县东。《方舆纪要》卷42永宁州宁乡县：“卧龙冈在县城东。高里许，形如卧龙，北自州界迤逦而东，抵汾州界，盘踞五十余里。”

③在今河南南阳市西南七里卧龙冈。《明一统志》卷30南阳府：卧龙岗“起自嵩山之南，绵亘数百里，至此截然而住，回旋如巢然。草庐在其内。时人以孔明为卧龙，因号其冈云。其下平如掌，即孔明躬耕处”。而《二国志·蜀书·诸葛亮传》裴注引《汉晋春秋》：亮家“在襄阳城西二十里，号曰隆中”。与此异。

卧龙石　在今四川雅江县东八角楼乡之东。为川藏交通驿站之一。清乾隆《卫藏通志》卷4：“高日寺循海子而南，三十里穿大森林。下山十五里至卧龙石。有旅店，有塘铺。”

卧龙关　亦作惹龙关。明置，在今四川汶川县西南卧龙镇西南。清乾隆“金川之役”以后，设千总驻防。卧龙镇以西以北以南地区为卧龙大熊猫等综合保护区。

卧龙村　即今辽宁本溪市东二十里卧龙镇。民国徐曦《东三省纪要》卷10奉天省矿产表：本溪县卧龙村产铜及铁。

卧龙岩　在今湖南洪江市（黔城镇）西南。《方舆纪要》卷81黔阳县：“卧龙岩在县（治今黔城镇）南四十里。旁即诸葛古城。有洞深数里，石壁如垣，泉涌不竭。相传武侯驻兵处也。”

卧龙城　即姑臧城。今甘肃武威市城的前身。十六国时为前凉、后凉、北凉、南凉的都城。《晋书·张轨传》载：姑臧“本匈奴所筑也。南北七里，东西三里，地有龙形，故名卧龙城”。

卧龙番长官司　明洪武五年（1372）改卧龙番南宁州安抚司置，属贵州卫。治所在今贵州惠水县南十五里。正统三年（1438）改属贵州宣慰司。后属定番州。清乾隆年间裁。

卧龙番南宁州安抚司　元置，属八番顺元宣慰司。治所在今贵州惠水县南十五里。明洪武五年（1372）改置卧龙番长官司。

卧如来馆　馆驿名。辽置，在今河北滦平县东北营房子附近。《辽史·地理志》“松山州”后附宋王曾《上契丹事》曰：“过雕窠岭、偏枪岭，四十里至卧如来馆。”

卧佛寺　在今北京市海淀区西北寿安山南麓。因寺内有卧佛造像而得名。唐代名兜率寺，元代名昭孝寺，至治二年（1322）重建，改名十方普觉寺，主要建筑有天王殿、三世佛殿、卧佛殿等。原有卧佛二，一是贞观中造旃檀像，已毁；一是元至治元年所铸铜像，今存。卧佛为释迦牟尼涅槃，长5米余，浑朴精致，为元代铸造艺术之精品。

卧佛院摩崖造像　在今四川安岳县北六十里八庙乡南卧佛沟。在长达四里的沟内崖间，布满摩崖石刻佛像，在半岩上刻一尊巨大的释迦牟尼涅槃像，长23米，头前刻“卧佛”字，上方有二十余躯造像，沟两侧岩壁上有一百三十九龛窟，造像一千六百一十三躯和《大般涅槃经》、《报父母恩重经》等二十余部，四十余万字。有“开元僧玄应”题记，定为盛唐时物。1988年定为全国重点文物保护单位。

卧佛堂镇　即今河北河间市东北五十里卧佛堂镇。清为驻防要地，设外委驻守。

卧这　在今贵州大方县西。本明水西酋长卧这居处，故名。清康熙三年（1664），贵州水西土司安坤反叛，吴三桂率师出乌西攻安坤于此。

卧虎山　在今陕西千阳县城东二里。《方舆纪要》卷55汧阳县：卧虎山“以山岩蹲峙而名”。

卧虎屯　即今吉林双辽市北卧虎镇。民国《东北年鉴》：四洮铁路大土山站北为卧虎屯站。

卧桥　一名握桥。在今甘肃兰州市旧城西门外。相传始建于唐代，名河厉桥。明永乐年间改建，称为卧桥（握桥）。桥下无墩，数十根长十多米、粗三十多厘米的大圆木分埋于两岸，称为卧木。卧木之下衬砌以糯米、石灰粘接的大石条。横跨阿干水（今雷坛河）上。东西十余丈，高三丈，穹窿特起，上覆盖如屋，楹栏齐全，匠心极巧，俗称“画桥垂虹”，旧为兰州八景之一。1952年被拆除。

卧象山　在今云南双柏县西南碍嘉镇东。《方舆纪要》卷116碍嘉县：卧象山“在县治（今鄂嘉街）东。形如蹲象。上有碍嘉千户所旧址。泰定间所建，属景东路”。

匼河遗址　在今山西芮城县西黄河东岸匼河村附近。1960年在此发现旧石器早期文化遗址，与原始石器同层有肿骨鹿、扁角鹿、三门马、德氏水牛、师氏剑齿象、披毛犀等化石，时代与陕西蓝田猿人相当，名之为“匼河文化”。

匼河镇　北宋置，属河东县。在今山西芮城县西七十五里匼河村。

瓯宁县　北宋治平三年（1066）分建安县置，与建安县同治建州城（今福建建瓯市）。辖州治西北偏。熙宁三年（1070）废，元祐四年（1089）复置。宋时与建安县同为建宁府治。元为建宁路治。明、清为建宁府治。1913年与建安县合并为建瓯县。

瓯江　在今浙江南部。源出龙泉市南，东经云和、丽水、青田、永嘉、瓯海、乐清六县市，于温州市东入东海。《方舆纪要》卷94温州府永嘉县：永宁江“一名瓯江……源自括苍诸溪，汇流入境，又东合大小溪流，以输于海”。

瓯海道 1913年依前温处道改置，属浙江省。治永嘉县（今浙江温州市）。辖境约当今浙江仙霞岭、松阳、缙云、括苍山、温岭县一线以南地区。1927年废。

瓯越 ①东瓯之别称。本越族一支，秦、汉时分布于今浙江南部瓯江流域一带。西汉惠帝时封其首领摇为东海王，都东瓯，故称瓯越。后世因以此为今浙江南部或温州市的别称。

②《史记·南越列传》有西瓯，当居南越西部地。因属南越，故称瓯越。

瓯溪山 在今浙江武义县西南。《方舆纪要》卷94宣平县：瓯溪山“在城（治今柳城镇）东五里。下有瓯溪水”。

欧阳长官司 明洪武三年（1370）改欧阳寨长官司置，属湖广辰州卫。治所在今贵州锦屏县南新化乡东欧阳。寻属靖州卫。后废。永乐元年（1403）复置，属贵州卫。后属黎平府。清以后废。

欧阳戍 在今江苏仪征市东北十里。《宋书·沈庆之传》：大明三年（459），竟陵王诞据广陵反，沈庆之“率众讨之，至欧阳”，即此。

欧阳城 在今安徽淮河以南长丰县南境或凤阳县南境。《资治通鉴》：南朝梁普通二年（521），裴邃欲袭寿阳，云，“魏始于马头置戍，如闻复欲修白捺故城，若尔，便相侵逼，此亦须营欧阳，设交境之备……”。《通鉴》卷161胡三省注：“按江淮之间地名欧阳，见于史者非一处：裴邃移长孙稚欲营欧阳，在寿春境上，吴喜使萧道成留军欧阳，在淮阴界。”

欧阳修墓 在今河南新郑市西辛店镇欧阳寺村北。欧阳修（1007—1072），自号醉翁，吉州（今属江西）人。北宋天圣年间（1007—1032）进士，官至翰林学士。著名文学家、史学家，为唐宋八大家之一。卒后谥“文忠”，葬于新郑。墓前原有明清重修的祠堂及石人、石兽等，祠旁立“宋太师欧阳文忠公祠墓”碑。“文化大革命”中毁坏严重，现仅存数间房屋、断碑残碣。2006年定为全国重点文物保护单位。

欧阳亭 在今浙江湖州市东二十二里。《汉书·地理志》会稽郡乌程县：“有欧阳亭。”《新唐书·宰相世系表四》：“无疆子蹄更封于乌程欧余山之阳，为欧阳亭侯。”即此。

欧阳埭 在今江苏仪征市东北古运河上。《水经·淮水注》：邗沟“自（东晋）永和中，江都水断，其水上承欧阳，引江入埭六十里至广陵城”。地当水陆冲要，在南北朝时，成为军事重地。梁太清二年（548），侯景围建康台城（今江苏南京市），北徐州刺史萧正表附景。《资治通鉴》：南朝梁太清二年，“正表乃于欧阳立栅以断援军，声言入援，实欲袭广陵。……（刘）询帅步骑千人夜袭正表，大破之，正表走还钟离”。

欧阳寨长官司 元置，属思州安抚司。治所在今贵州锦屏县南新化乡东欧阳。明洪武三年（1370）改为欧阳长官司。

欧余（馀）山 一名升山。在今浙江湖州市东二十二里。《新唐书·宰相世系表四》：“越王无疆为楚所灭，无疆子蹄更封于乌程欧余山之阳，为欧阳亭侯。”《寰宇记》卷94：升山“一名欧余山”。

欧冶池 在今福建福州市城内。《明一统志》卷74福州府：欧冶池“在布政司后。昔欧冶子铸剑之地，周围数里”。

欧汪 即今台湾省台南市北将军区。清康熙间高拱乾《台湾府志》卷1：“甲螺郭怀一谋逐红夷，事觉，召土番追杀之，尽戮从者于欧汪。”注云：“欧汪，地名。即今凤山县仁寿里。”

欧罗巴州 即今欧洲。为地球七大洲之一。《明史·外国传七·意大里亚》：“万历初，其国人利玛窦至京师，为《万国全图》，言天下有五大州。……第二曰欧罗巴州，中凡七十余国，而意大里亚居其一。”

欧家庙 即今湖北襄阳市襄城区南四十里欧庙镇。清设把总驻防。

欧掐 亦作敖奇屯。在今黑龙江省佳木斯市西南永安。清光绪《吉林通志》卷17：欧掐“正东松花江南岸，距（三姓）城一百五十里敖奇屯”。即此。

欧寮山 一名大帽山。即今福建南靖县北一里大帽山。明《寰宇通志》卷47漳州府：欧寮山“在南靖县北，又名大帽山。南北二峰峭拔，周回百余里，岁旱祷雨即应”。

殴蛇 一作曲池。春秋鲁邑，在今山东宁阳县东北。《春秋》：桓公十二年（前700），“公会杞侯、莒子盟于曲池”。《公梁传》作殴蛇。

到刺山 又作倒刺山。在今河北蔚县东。《水经·灅水注》：到刺山“山甚层峻，未有升其颠者。《魏土地记》曰：代城东五十里有到刺山，山上有佳大黄也”。《元和志》卷14蔚州兴唐县：“倒刺山在县东七十里。亦号雪山，俗传灵仙所居，与五台山略等。”

到刺山水 又名金河。在今河北蔚县东。《水经·灅水注》：到刺山水“出到刺山西，其水北流，径一故亭东，西北注连水。连水又北径当城县故城西，又径故代东而西北流注祁夷水”。即此。

郅支城 即今哈萨克斯坦江布尔城。《汉书·陈汤传》：建昭三年（前36），西域副校尉陈汤伐匈奴郅支单于，“前至郅支城都赖水上，离城三里，止营傅陈。……汉兵纵火，吏士争入，单于被创死”。

郅支满城 一名碛南州。即今新疆叶城县。《新唐书·地理志》引贾耽《四夷路程》：“于阗……六百二十里至郅支满城。一曰碛南州。”

郅居水 今蒙古国色楞格河。《汉书·匈奴传》：征和三年（前90），汉遣贰师将军李广利等率军十四万余三道出击匈奴，“单于闻汉兵大出，悉遣其辎重徙赵信城，北抵郅居水。……（贰师）欲深入要功，遂北至郅居水上"。

鸢州　唐武德四年（621）置，治所在朱鸢县（今越南兴安省快州附近）。贞观元年（627）废。

〔丨一〕

非秃哈噶珊　在今俄罗斯哈巴罗夫斯克边疆区彼特赫角之北。清初属宁古塔将军。康熙《皇舆全览图》：黑龙江出海口以北有"非秃哈噶山"。后属三姓副都统。咸丰年间通过不平等的中俄《瑷珲条约》被俄割占。

非洛斯国　在今阿富汗西部恰赫恰兰之西。元代为察合台汗国属地。清洪钧《元史译文证补》卷22下：宪宗时，封国中有非洛斯国（前古耳都城）"附庸称臣纳贡"。

歧星县　唐武德四年（621）置，属西濮州。治所在今云南祥云县东北八十六里米甸镇东北楚场。贞观十一年（637）属夒州。天宝后废。

肯特山　亦名肯特汗山。在今蒙古国北部肯特省、中央省、色楞格省之间。《清一统志·库伦》：肯特山"在巴彦集鲁克山北"。自东北向西南延伸约250公里。克鲁伦河、鄂嫩河等发源于此。俗称克鲁伦河发源处为大肯特山，图拉河发源处为小肯特山（又名阿集格肯特山）。肯特，亦作奎腾，意为冷。

些乐城　即茫施。南诏置，属永昌节度使。在今云南芒市。唐樊绰《蛮书》卷6："越礼城……南至些乐城。"《旧唐书·骠国传》："北通南诏些乐城界。"《新唐书·地理志》作乐城。

卓儿河地面　明置，属奴儿干都司。驻地在今内蒙古呼伦贝尔市之扎兰屯市西南绰儿河。后废。

卓刀泉　在今湖北武汉市武昌城区东。《舆地纪胜》卷66鄂州：卓刀泉"在江夏东十里刘备郊坛下。世传关羽尝卓刀于此。有庙在泉上"。

卓木　一作卓摩。即今西藏亚东县。清陶思曾《藏輶随记》称："卓木分上、下二部，上卓木自春丕起，北至帕克哩番民二百六十户界止；下卓木自春丕起，南至咱利山止，番民一百八十户。"佘素著《清季英国侵略西藏史》："（东印度公司秘书）波格尔等由布华山口进入不丹的首府布拉卡，再经由帕罗宗到卓木（按即汉译亚东）进入西藏。""卓木"，藏语意为漩谷。

卓书特部落　即今西藏仲巴县北隆格尔。地处后藏阿里间。《清一统志·西藏》附属部落："（萨噶）西四百二十里，有卓书特部落，乃藏之西界，阿里之东界。"

卓尔必噶珊　在今俄罗斯哈巴罗夫斯克边疆区黑龙江下游西岸锡卡契对岸。清属三姓副都统。《乾隆内府舆图》：黑龙江下游西岸有"卓尔必噶山"。光绪《吉林通志》卷17：混同江北岸，东至海滨旧噶珊有"卓尔必"。咸丰年间通过不平等的中俄《瑷珲条约》被俄割占。

卓尼设治局　1937年以卓尼土司辖地置，属甘肃省。治所即今甘肃卓尼县。1950年改为卓尼自治区。1953年设卓尼县。以清卓尼土司而得名。

卓州　唐永徽二年（651）置羁縻州，属茂州都督府。治所在今四川汶川县西南邛崃山附近地区。后废。

卓驮坪　一作苇驮坪。在今湖北郧西县西北。《舆地纪胜》卷189金州："绍兴十六年和好成。割上津县鹘岭关外卓驮平为界。"民国臧励龢《中国古今地名大辞典》讹为草驮坪。

卓克采长官司　亦作卓克基长官司。清乾隆十四年（1749）置，属杂谷安抚司（后改杂谷直隶厅）。治所在今四川马尔康县东南卓克基镇西索村。后废。

卓克基土司官寨　在今四川马尔康县东南二十里卓克基镇西索村。初建于清乾隆年间，1912年扩建。后毁于火。1937年重建。为四合院式木石结构建筑，依山而建，面积为5400平方米。主楼为一底四层，高19.50米。左右为厢房，均为悬山式。古朴端庄，雄伟壮观。卓克基土司系清乾隆十三年（1748）第一次"大小金川之役"随征有功授封的。卓克基官寨系土司衙门，是全寨统治中心。1988年定为全国重点文物保护单位。

卓克基长官司　即卓克采长官司。治所在今四川马尔康县东南卓克基镇西索村。

卓玛拉康　在今西藏吉隆县城南部、曲德寺西南。在原贡塘王宫的中部，面积200平方米。据藏文史料记载，该庙宇竣工于藏历第五绕回之庚午年（即公元1274年）。原系两层建筑，现仅存底层，由门庭、中殿及后殿三部分组成，内有精美的木构建筑装饰雕刻。2001年将曲德寺、卓玛拉康、大唐天竺使出铭三组具有很高历史、文化、艺术及文献价值的建筑和文物定为全国重点文物保护单位。

卓泥土司　清置，属洮州厅。治所即今甘肃卓尼县。《清史稿·地理志》洮州厅："诸土司皆贫弱，地什九入卓泥杨氏，幅员千余里，南与松潘接。"1937年改为卓尼设治局。

卓洋村市　即今福建古田县东卓洋。民国《古田县志》卷6：卓洋村市"中有上街、下街。

卓索图盟　清内蒙古六盟之一。明末，蒙古喀喇沁部、（东）土默特部归附后金，喀喇沁部先后编为三旗，土默特部编为二旗，合为一盟，会盟地定于土默特右旗境内的卓索图（在今辽宁北票市境），故名。隶理藩院，并受热河都统节制。盟境在喜峰口至辽西盛京边墙外，约当今内蒙古赤峰市南部、河北承德市东部、辽宁朝阳市及阜新县。乾隆以来，盟境陆续开垦，设置了平泉、建昌、朝阳、建平、阜新等州县。1914年隶热河特别区，1928年隶热河省。伪满时撤销卓索图盟，其西部诸旗（喀喇沁部）、县仍隶热河省，东部诸旗（土默特部）、县划归新设的锦州省。1946年成立内蒙古自治联合会卓索盟分会（驻赤峰），与热河省共同管辖原昭乌达盟南部及卓索图盟西部各旗县。1955 年，并入昭乌达盟。

卓资山镇 即今内蒙古卓资县城。1948 年置龙胜县治此。1952 年改为卓资县。因镇东有山，顶平如桌，故名“桌子山”，后雅化为卓资山，镇因以名。

卓啰和南监军司 简称卓罗监军司。西夏置，治所在今甘肃永登县南红城镇附近。元废。

卓锡泉 ①在今江苏镇江市丹徒区西五州山麓净因寺。《清一统志·镇江府一》：卓锡泉“甚深。一曰千人井。井甃万佛，又曰万佛井。流山下汇为溪，澄清不竭，土人名曰夕溪”。

②在今广东韶关市曲江区东南南华寺。唐禅宗六祖慧能浣衣卓锡所在。《舆地纪胜》卷 90 韶州：卓锡泉“在曹溪。苏颖滨有铭”。

③一名霹雳泉。在今广东南雄市东北。《舆地纪胜》卷 93 南雄州：霹雳泉“昔大鉴禅师得法南归，经庾岭，有卓锡遗迹，后人从而屋之，遂为一方名蓝”。《清一统志·南雄州》：卓锡泉“一名霹雳泉。在州北大庾岭东。自石穴涌出。相传六祖过此渴甚，以杖点石，遂涌清泉”。

虎八 一作霍博、火孛。在今新疆和布克赛尔蒙古族自治县。宋、金时为西辽属地。

虎儿文卫 明永乐三年（1405）置，属奴儿干都司。治所在今吉林抚松县西南至临江市一带。后废。

虎口石 在今江西吉安县北。《方舆纪要》卷 87 吉安府庐陵县：虎口石，“《志》云，在府北百三十里。石临赣水，高三丈，上一穴状如虎口。梁侯景之乱，交州刺史陈霸先将兵三万，越海赴难，景将立栅邀之，霸先以舟排栅，而潜军出其不意，败之，即此”。

虎山 ①在今内蒙古固阳县西北。《魏书·太祖纪》：皇始元年（396），“春正月，大蒐于定襄之虎山，因东幸善无北陂”。

②在今广东广州市番禺区东南狮子洋水道中。有二山相对，西曰小虎山，东曰大虎山。虎门因虎山为名。

③在今广西南丹县西南。《方舆纪要》卷 109 那地州：虎山“在州南。以山形蹲踞也”。

虎山墩 在今甘肃平凉市北。《清史稿·图海传》：康熙十五年（1676），陕西提督王辅臣以平凉叛应吴三桂，抚远大将军图海讨之，“五月，夺虎山墩。虎山墩者，在平凉城北，高数十仞，贼守以精兵，通饷道。图海曰：此平凉咽喉也。率兵仰攻，贼万余列火器以拒师”，遂发大炮攻城，王辅臣降。

虎门 亦名虎头门。在今广东东莞市西南海中。有大虎、小虎二山，对列如门。据民国《东莞县志》卷 6 所载清朝薛韫的《虎头门记》说：“虎头门以虎山得名。山有二，西曰小虎山，东曰大虎山，如连珠巨浸，中稍折而东南，右横档山，左南山，相距五六里，岿然双开，而海出入其间，界中外故曰门。”明朝蔡及兰有《虎头门》诗。

虎门炮（礮）台（臺） 在今广东东莞市西南虎门，地处珠江出海咽喉。清康熙五十六年（1717）建有炮台。鸦片战争前夕，清朝爱国官员林则徐、关天培在虎门两岸及海上岛屿修筑炮台，横江布下铁链，使之成为“金锁铜关”。第一重门户为大角、沙角炮台；第二重门户为横档、永安、威远、靖远、镇远、巩固等炮台；第三重门户为大虎炮台。鸦片战争期间，广东水师提督关天培领兵在此浴血奋战，抗击外国侵略者。1982 年定为全国重点文物保护单位。

虎门销烟池 在今广东东莞市西南虎门镇口。清道光十九年（1839），林则徐将英、美等国烟贩交出的鸦片二万余箱于虎门海滩当众销毁。销烟池有二个，长宽各 45 米，池底平铺石板，四周栏桩钉板，池旁开一涵洞，池后通水沟。销烟时先将池蓄水，撒盐成浓盐卤水，将已烧毁之鸦片分批放入池内，用浓盐卤水溶化，再加生石灰搅拌，使其分解销蚀，然后引江水入池冲走，涓滴不留。1982 年定为全国重点文物保护单位。

虎门寨 明初置，在今广东东莞市西南五十里虎门镇。后废。万历十六年（1588）复置。清设副将，嘉庆十五年（1810）改设提督。沿珠江岸布满炮台。道光二十年（1840）英国殖民主义者入侵，爱国官员林则徐、关天培等严守炮台，屡挫英侵略军。

虎井屿 又作虎穴屿。在今台湾省澎湖岛西南。清蒋毓英《台湾府志》卷 3：虎穴屿“形如猛虎，中裂一港，故名。南风起，澎民张网于此。及冬而归”。高拱乾《台湾府志》卷 1 作虎井屿，谓“形如虎临深”。

虎牙山 ①在今湖北宜昌市夷陵区东南长江东岸虎牙滩处，与荆门山斜对。《后汉书·岑彭传》：建武九年（33），公孙述“拔夷道、夷陵，据荆门、虎牙。横江水起浮桥，斗楼，立攒柱绝水道，结营山上，以拒汉兵”。《水经·江水注》：“江水又东，历荆门、虎牙之间，……虎牙在北，石壁色红，间有白文类牙形，并以物像受名。此二山，楚之西塞也。水势急峻。故郭景纯《江赋》曰：虎牙杰竖以屹崒，荆门阙竦而盘礴。”

②在今湖北荆门市西南。《舆地纪胜》卷 78 荆门军：虎牙山“在城西南三里”。明曹学佺《名胜志》：“《舆地志》云：荆门山在城南，虎牙山在城西，各去五里。其山乱石巉岩，上合下开，有如虎牙重门之状。”

虎牙关 在今湖北荆门市南。《清一统志·荆门州》：虎牙山“在荆门州西三里。势极险峻”。

虎冈山 在今福建永定县北虎冈。《方舆纪要》卷 98 永定县：虎冈山在“县北五十余里。两山相合，林木阴翳。亦曰斧山”。

虎爪山 在今浙江杭州市萧山区西南。《方舆纪要》卷92萧山县：虎爪山在"县西南五十里，下临大江，与钱塘、富阳分境。山势回环盘薄，踞峙江滨，其南与浦江、诸暨诸山相联络"。

虎爪关 在今重庆市开县北。明正德《夔州府志》卷2开县：虎爪关"在县北三里"。

虎石台（臺） 即今辽宁沈阳市北虎石台镇。民国徐曦《东三省纪略》表8南满铁路各线车站道里表："虎石台驿距文官屯驿四里六。"

虎北口 ①即古北口。在今北京市密云县东北一百二十里。五代时称虎北口。《资治通鉴》：五代晋开运二年（945），赵延寿部曲有降者言："契丹主还至虎北口。"胡三省注："此乃幽、檀以北之古北口。宋人《使辽行程记》云：自檀州北行八十里，又八十里至虎北口馆。则檀州之古北口亦名虎北口也。"

②在今山西太原市西北汾河北。《资治通鉴》：五代晋天福元年（936），"张敬达发怀州彰圣军戍虎北口"。石敬瑭称臣于契丹求救，"契丹主至晋阳，阵于汾北之虎北口"。战于汾曲，敬达大败，"契丹亦引兵归虎北口……敬瑭出北门见契丹主"。

虎北馆 一作虎北口馆、古北馆。辽置，在今北京市密云县东北古北口。《资治通鉴》：五代晋开运二年（945），"契丹主还至虎北口"。胡三省注："宋人《使辽行程记》云：自檀州北行八十里，又八十里至虎北口馆。"

虎甲山 在今福建龙海市东南，海澄镇西。《方舆纪要》卷99海澄县：虎甲山"在县（治今海澄镇）西一里。俗名美山。巉岩盘踞"。

虎丘山 又名海涌山、武丘山。在今江苏苏州市西北七里。《越绝书·吴地传》："阖闾冢，在阊门外，名虎丘。……筑三日而白虎踞上，故号为虎丘。"《吴地记》："虎丘山，避唐太祖讳改为武丘。"《南史·何求传》："一夜忽乘小船逃归吴，隐武丘山。"即此。

虎尔喀河 唐名忽汗河，金名活罗海川，元名胡里改江，明又名忽儿海河、呼尔海河。即今吉林、黑龙江两省境之牡丹江，为松花江支流。《东三省舆地图说》：清初"称虎尔喀，又作瑚尔喀、呼尔喀、库尔喀，今称牡丹江，皆音之转也"。

虎市 即虎头砂市。或作虎头沙隘。在今广东大埔县西北。清乾隆《潮州府志》卷14大埔：虎头砂市"县北四十里。往上杭磜头路界"。

虎头山 ①在今辽宁铁岭县东南。《方舆纪要》卷37铁岭卫：虎头山"在卫东南百十里"。

②在今福建德化县西。《方舆纪要》卷99泉州府德化县：虎头山在"县西百五十里。有古寨，周围七里余，其中泉石如画，外极高峻，避兵者依之，万夫莫敌"。

③在今台湾高雄市西北打鼓山。一说今台南市西安平附近。《东西洋考》：东洋针路澎湖屿，"用丙巳针，五更，取虎头山"。元汪大渊《岛夷志略》作斧头山。《顺风相送》作虎仔山。

④在今湖北襄阳市市区西南虎头山路一带。《舆地纪胜》卷82襄阳府：虎头山"在襄阳县东南五里半。山形蹲踞，因名"。《元史·阿术传》：元世祖至元四年（1267），"阿术过襄阳，驻马虎头山，指汉东白河口"。即此。

⑤在今湖北鄂州市东。《舆地纪胜》卷81寿昌军：虎头山"在武昌县东三里。《土俗编》云：上枕虎头，下瞰南湖，一佳胜也"。

⑥即秀山。在今广东东莞市西南海中之大虎山岛。《明一统志》卷79广州府：虎头山"在东莞县西南五十五里大海中，有大虎、小虎二山，俗号虎头门。外夷入贡及使外夷者皆道此"。

⑦在今广东惠来县东北。《方舆纪要》卷103惠来县：虎头山在"县东北一里。两石夹峙，其中空洞，外望若虎之昂首"。

⑧在今广东雷州市东南。《舆地纪胜》卷118雷州：虎头山"在海康县东七十里。枕海"。《清一统志·雷州府》：虎头山，"《旧志》：在县东南四十五里"。

⑨在今重庆市合川区东北十五里，与马鬃山隔江相望。《元史·世祖纪》：至元十年（1273）："合剌请于渠江之北云门山及嘉陵江西岸虎头山立二戍，其以图来上，仍乞益兵二万。诏给京兆新签军五千益之。"即此。

⑩在今四川富顺县东南八十三里。《方舆纪要》卷70富顺县：虎头城在虎头山，"其山高六十余丈，蹲踞江边，状若虎头"，因名。《宋史·地理志》富顺监："咸淳元年，徙治虎头山。"即此。

⑪在今四川都江堰市西，为玉垒山向西伸延入岷江内一山头。《元史·河渠志》："北江少东为虎头山。"

虎头山关 在今广东东莞市西南海中大虎山岛。《明史·地理志》东莞县："西南有虎头山关，洪武二十七年置。"

虎头门 又名虎门。即今广东东莞市西南虎门。清屈大均《广东新语》卷2：虎头门，"（广州）海亦有三路，分三门，而以虎头为大门。虎头者，天地之阳气所从入，……门在广州南，大、小虎两山相束，一石峰当中，下有一长石为门限。潮汐之所出入，东、西二洋之所往来，以此为咽喉焉"。民国《东莞县志》卷6载清朝薛韫《虎头门记》称："虎头门以虎山得名。山有二，西曰小虎山，东曰大虎山，如连珠巨浸，中稍折而东南，右横档山，左南山，相距五六里，岿然双开，而海出入其间，界中外故曰门。"

虎头冈 在今安徽亳州市北二里。《方舆纪要》卷21亳州：虎头冈"在州北二里。伏回数里，为城北之屏障"。

虎头冈集 即今河南郸城县东北虎冈乡。旧属鹿邑县。清光绪《鹿邑县全图》首卷《市集》："虎头冈集，在城西南四十里。"1952年属郸城县。

虎头关　①在今湖北麻城市东北七十里阎家河畔。宋代与穆陵、黄土、白沙、大城为五关。《方舆胜览》卷50黄州：五关“李埴奏《乞复五关之险》：夫虎头关形势最险，两山千仞，一涧冲激”。《元史·定宗纪》：元年（1246），“权万户史权等耀兵淮南，攻虎头关寨，拔之，进围黄州”。明、清置巡司于此。

②即虎头山关。今广东东莞市西南大虎头山。

③在今陕西留坝县南。《方舆纪要》卷56褒城县：虎头关在“县北二百里，今为虎头关栈。其北为飞仙关，今为武曲关栈，皆自褒谷达凤县之路”。

虎头沙隘　在今广东大埔县北，与福建接界处。《方舆纪要》卷103大埔县：虎头沙隘“在县东北”。明置巡司于此。

虎头岩　在南宋临安城（今浙江杭州市）钱塘门外，位于宝岩定业寺后山。葛澧《钱塘帝都赋》云：“岩则虎头。”故老传云：“此山旧有岩石突出，如虎头形，吴越钱王纳土后，奏有望气云，杭州西湖有虎头形胜，遂命匠凿去其形。”

虎头城　南宋末建，在今四川富顺县东南万寿镇东虎头山。《方舆纪要》卷70富顺县：虎头城在“县西南六十里虎头山上。其山高六十余丈，蹲踞江边，状若虎头。宋咸淳元年，徙富顺监于山上，因山为城，不假修筑，足以御寇。元复还今治”。今古城遗址尚存。

虎头洲　在今江西抚州市临川区北三十里。《方舆纪要》卷86抚州府临川县：虎头洲在“府北三十里，东接龙步湾，西望宜黄水”。

虎头崖　在今四川茂县北。《方舆纪要》卷67茂州：虎头崖“在州北。嘉靖中，何卿征茂州五寨，夺虎头崖等险，克平十一寨也”。

虎头寨　①在今湖南泸溪县（白沙镇）北。《方舆纪要》卷81卢溪县“河溪寨”条下：“《志》云，县北三里有虎头寨，元末筑此，以保障民居。”

②在今重庆市合川区东北。清光绪《合州志》卷4：虎头寨在“州北十五里，与云门山对峙。周围悬岩峭壁，上有良田数百顷”。明玉珍据蜀，董孝文守劫石坪虎头寨相抗，保全一方。

虎司窝鲁朵　即虎思斡耳朵。在今吉尔吉斯斯坦楚河南岸托克马克东南二十里布拉纳古城遗址。元耶律楚材《西游录》：亦列“其西有城，曰虎司窝鲁朵，即西辽之都，附庸城数十”。

虎皮驿　明置，在今辽宁沈阳市南苏家屯区十里河镇。为沈、辽间交通要冲。《清太祖实录》：天命六年（1621）三月，从沈阳攻辽阳，“前进至虎皮驿，军民俱已弃城遁，遂驻营”。

虎台（臺）　在今青海西宁市西五里。《清一统志·西宁府一》：虎台“台有九层，高九丈八尺。相传秃发傉檀所筑”。

虎耳山　今辽宁宽甸满族自治县西南，鸭绿江畔虎耳山。民国《奉天通志》卷81安东县：虎耳山“突兀江畔，双峰矗峙，恰如伏虎，故名”。为边防要地。

虎庄屯　一作虎獐屯。即今辽宁大石桥市北虎庄镇。1900年7月义和团及清军与俄国侵略军战于大石桥。金山岭失利，俄兵焚烧此屯，商民损失甚巨。

虎忙岭　在今福建连城县西北六十里。《方舆纪要》卷98汀州府连城县：虎忙岭在“县西北，接长汀县。山岭高峻，登陟甚难，言虎过此亦仓忙也”。

虎坑城　在今江苏赣榆县西北城头镇。南北朝时为戍守要地。《南齐书·张冲传》：齐建武二年（495），冲“遣军主杜僧护攻拔虏虎坑、冯时、即丘三城，驱生口辎重还”。

虎坊园　清初建，在今北京市外城虎坊桥西南。为清初著名学者徐乾学别业。

虎把希站　又作忽把希站。明初改元胡鲁八兴站置，在今俄罗斯哈巴罗夫斯克边疆区黑龙江下游格林河口至库穆苏之间。明《辽东志》卷9：海西东水陆城站有狗站“虎把希站”。后废。

虎牢　即制、北制。春秋郑邑。在今河南荥阳市西北三十六里汜水镇西。《穆天子传》卷1：“七萃之士高奔戎……生捕虎而献之，天子命为之柙，而畜之东虞。是为虎牢。”《左传》：庄公二十一年（前673），周惠王赐郑“自虎牢以东”之地。襄公二年（前571），孟献子请城虎牢以偪郑，“遂城虎牢”。汉置成皋县。

虎牢关　又名成皋关。春秋虎牢邑。秦置关，在今河南荥阳市西北三十六里汜水镇西。历代为戍守重地。北魏太和十八年（494）置东中郎府于此。东魏时置北豫州及成皋郡。隋大业初置虎牢都尉府。唐避先祖名讳，改为武牢关。北宋大中祥符四年（1011）改为行庆关。金复名虎牢关。明洪武四年（1371）改为古崤关。清仍名虎牢关。今关存清雍正八年（1730）“虎牢关”石碑。

虎尾径（逕）营　在今广东英德市北。《方舆纪要》卷102英德县：虎尾径营“在县北五十里。清远西山瑶出没道每经此。旧有戍兵，后并于跌牛石营，仍调兵驻守”。

虎尾溪　在今台湾省云林县西南。《清一统志·台湾府》：虎尾溪“在嘉义县北六十五里、彰化县南，二县以溪为界。过此而北，人烟渐少。《旧志》：源出大山中，从柴里斗六门社流出，截溪分流而北，经东螺社南，折而西南流，复合为一，西入于海”。

虎坠长官司　明洪武十二年（1379）置，治所在今贵州贵阳市东六十里。清雍正八年（1730）废。

虎林山　①一名祖山。在今浙江杭州市西城区西北武林门内。为一小土山。宋《淳祐临安志》卷8：“虎林山，《旧经》云：在钱塘县旧治之北半里。今钱塘门里太一宫道院高士堂后土阜是。”《咸淳临安志》卷22引杨至质《虎林山记》："钱氏有国时，此山夐在郭外，丛薄蒙密，异虎出焉，故得名为虎林。吴音承讹，转虎为武耳。"吴自牧《梦粱录》卷11："东太乙宫后圃内有小土山名虎林山，建亭在其上，扁曰武林，即杭之主山也。"或谓避唐太祖李虎讳而改武林山，误。

②即武林山之别称。今浙江杭州市西十五里灵隐山。宋叶绍翁《四朝闻见录》：虎林即灵隐山，因避唐讳改为武林。实灵隐山即《汉书·地理志》之武林山。吴音"武"与"虎"相近，故有虎林之称。

虎林厅 清宣统二年（1910）改呢玛厅置，属吉林省。治所在呢玛河口（今黑龙江省虎林市东北虎头镇）。以七虎林河得名。1913年改为虎林县。

虎林市 1996年撤销黑龙江省虎林县，改设虎林市，市人民政府驻虎林镇。由鸡西市代管。

虎林县 1913年改虎林厅置，属吉林省依兰道。治所在呢玛河口（今黑龙江省虎林市东北虎头镇）。以七虎林河而得名。据穆晔骏《满语地名翻译中的几个问题》附：满语地名表（载《地名知识》1983年第3期）称：七虎林满语意为"沙鸥"。1928年直属吉林省。伪满时属滨江省、东安省。1945年属合江省。中华人民共和国成立后移治黑咀子（虎林镇），1954年划归黑龙江省。1996年改设虎林市。

虎林城 一作武林城。在今安徽池州市东北二十五里，为江滨要地。《三国志·吴书·吴主传》：太元二年（252）正月，立"子休为琅邪王，居虎林"。又《三嗣主传》：太平二年（257）六月，"朱异自虎林率众袭夏口，夏口督孙壹奔魏"，即由此溯江西上。

虎林铁路 从今黑龙江林口向东经虎林至虎头。全长335.7公里。日伪于1934—1935年修筑。

虎岩山 在今湖北通城县西。《方舆纪要》卷76通城县：虎岩山"在县西三十里。山深杳，虎穴其中"。

虎岭关 一名胡岭关。在今河南济源市西。《金史·武仙传》：正大七年（1230），元兵攻卫州，"诏平章政事合达、枢密副使蒲阿救之，徙仙兵屯胡岭关，扼金州路"。

虎岭寨 在今福建龙岩市西。《清一统志·龙岩州》：虎岭寨"在州西门外。宋置巡司。久废"。

虎泽 在今内蒙古达拉特旗东南。《汉书·地理志》西河郡谷罗县："武泽在西北。"唐讳虎，故谓之武泽。《后汉书·梁慬传》：永初三年（109）南单于反，围中郎将耿种于美稷。四年，慬将兵赴援，"虏遂引还虎泽"。即此。

虎相山 即虎啸山。在今四川广安市东北十里渠江岸边。《宋史·张珏传》："自全汝楫失大良平，大兵筑虎相山。"即此。

虎思斡耳朵 又名八剌沙衮、古徐鬼国讹夷朵、大林石牙、亦堵、骨斯讹鲁朵、谷则斡儿朵。西辽都城。即今吉尔吉斯斯坦楚河南岸托克马克东南二十里布拉纳古城遗址。《辽史·天祚皇帝》：耶律大石称帝后，"班师东归，马行二十日，得善地，遂建都城，号虎思斡耳朵"。

虎须（鬚）滩 在今重庆市忠县西南。《水经·江水注》："江水右径虎须滩。滩水广大，夏断行旅。江水又东径临江县南。"《方舆纪要》卷69忠州：大江在州城南，"州西二里有石梁，亘三十余丈，横截江中，俗呼倒须滩。《水经注》江水径虎须滩……即此滩也"。

虎狮山 在今广东龙门县西北五十里。《方舆纪要》卷101广州府龙门县：虎狮山"形若虎狮对峙，上有飞泉，下注蛟穴，流至县东五里为白沙水，引流可以溉田"。

虎哮坝 在今四川犍为县南十里岷江东岸。清嘉庆《犍为县志》卷2："陈天佑一家死节处，今俗呼为虎号坝。"

虎峪口 在今山西阳高县东北。《清一统志·大同府》：虎峪口"在阳高县东北二十里。东西十五步，墙高一丈"。

虎峰场 即今重庆市铜梁县东南虎峰镇。清光绪《铜梁县志》卷2：虎峰场"在县南四十里"。

虎豹关 在今福建永春县西北剧头岭上。《清一统志·永春州》：虎豹关"在德化县东南二十里剧头岭，接州界。有隘口在岭上。明崇祯中，知县李元龙榜曰虎豹"。

虎涧 在今河南安阳县北三十里野马冈下。晋左思《魏都赋》："虎涧龙山。"指此。

虎眼泉 在今北京市昌平区西八里旧县。《明一统志》卷1顺天府：虎眼泉"在昌平旧县西北城下，流至丰善村入榆河"。

虎啸山 亦名虎象山、虎相山。在今四川广安市东北十里渠江岸边。《元史·张庭瑞传》：中统二年（1261），"诸军攻开州、达州，庭瑞将兵筑城虎啸山，扼二州路。宋将夏贵以兵数万围之，城当炮，皆穿，筑栅守之"。

虎啸岩 在今福建武夷山市西南武夷山兜鍪峰西南约三四里，高可七十余丈，壁间镌"虎溪灵洞"四字。明《八闽通志》卷6《地理志·山川》崇安县：虎啸岩"在玉女峰侧，草木丛茂，上有崇真庵，后有南山书堂。宋蔡渊并弟沉祠堂在焉。宋李纲诗：'昔有老虎啸幽岩，千里清风皱碧潭。岩上如今无虎迹，一林花雨落毵毵'"。

虎啸城 南宋末蒙古人置，在今四川广安市东北十里渠江岸边。《元史·杨大渊传》：中统三年（1262），"复于渠江滨筑虎啸城，以逼宋大良城"。

虎啸桥镇 即今浙江平湖市东南二十八里黄姑镇。清光绪《平湖县志》卷1《东十九都西区全图》有虎啸桥镇。

虎猛县 西汉置，属西河郡，为西部都尉治。治所在今内蒙古伊金霍洛旗西南红庆河镇古城。《汉书·匈奴传》：王莽天凤元年（14），匈奴伊墨居次云，须卜当“遣人之西河虎猛制虏塞下”。即此。东汉废。

虎跑井 在今江苏南京市江宁区西南东善桥祖堂山幽栖寺内。该寺始建于南朝刘宋大明三年（459）。唐太宗贞观元年（627）高僧法融禅师在此山洞穴中坐禅修行，后创立牛头宗，为开山祖师。寺内仍存祖师洞、银定桥、虎跑井等。

虎跑泉 ①在今江苏镇江市南郊招隐山东南。《寰宇记》卷89润州丹徒县：招隐山“有虎跑泉及玉芯树”。《清一统志·镇江府一》“真珠泉”条下：“虎跑泉在山东南。泉从石中喷出，引为流觞曲水。”

②在今浙江杭州市西南大慈山下。周密《武林旧事》卷5：虎跑泉“旧传性空禅师居此，无泉，二虎跑地而出”，故名。素称“天下第三泉”。

③即金沙泉。在今陕西凤翔县东北。《方舆纪要》卷55凤翔府凤翔县“玉泉”条下：“府东北二十里有虎跑泉，俱南流入渭，有灌溉之利。”

虎湾 即今河南新县北二十四里浒湾乡。清尹耕云《豫军纪略》卷11：同治三年（1864）八月，捻军“由新店、长潭、虎湾……分踞东南之范店”。

虎渡口 在今湖北荆州市荆州区（故江陵县城）西南。《方舆纪要》卷78江陵县：虎渡口在“府西南二十里。《志》云：龙洲南有虎渡里。后汉时郡守法雄有异政，猛虎渡江去，因名。大江经此分流，注于澧江，同入洞庭，所谓穴口也”。明、清置巡司于此。

虎渡河 长江支津。在今湖北荆州市荆州区西南、公安县西。大江径此分流至湖南安乡县南入洞庭湖。《舆地纪胜》卷64江陵府：虎渡堤“在大江之南岸”。《清一统志·荆州府一》：虎渡河“在江陵县西南二十里龙洲南岸，大江径此分流，南至公安县界东西港口，会孙黄河、便河之水，东过焦圻一箭河，至港口入洞庭”。

虎渡桥 又名江东桥。即今福建龙海市北江东桥。建于南宋嘉定年间。相传初建时，桥基屡建不稳，偶见有虎负子渡江，乃就该处水中礁上垒石建墩，桥基遂固。故又名虎渡桥。《清一统志·漳州府》：虎渡桥“在龙溪县东四十里，跨柳营江，长二百丈，酾水十五道。亦名江东桥。宋建”。

虎跳门 在今广东珠海市斗门区西虎跳门水入海口，与对岸新会之厓门隔湾相望。形势险要。清光绪《广东图说》卷1香山县：“虎跳门，县治门户，上有炮台。”香山协设把总驻防于此。

虎跳岩 在今云南昭通市西二十里。《清一统志·昭通府》：虎跳岩“山势峻嶒，状如虎踞，为一郡关锁”。

虎跳驿 明置，属剑州。在今四川广元市南嘉陵江东岸虎跳镇。《方舆纪要》卷68剑州“紫石驿”条：“州东八十里有虎跳水驿。”

虎遥城 在今河南邓州市西北六十六里南古县村。唐武德二年（619）移新城县于虎遥城。即此。

虎溪 在今贵州正安县西南之清溪河，为芙蓉江支流。《方舆胜览》卷61珍州：虎溪“在州东十七里”。《明一统志》卷72播州宣慰司：虎溪“在真州长官司西南七十里。源出播州委家里，经旧珍州，下流合三江”。《方舆纪要》卷70真安州：虎溪在“州西南七十里。源出遵义北委家岭，径旧珍州城，下流入于三江”。

虎溪场 即今重庆市巴南区西北虎溪镇。清乾隆《巴县志》卷2：虎溪场“离城八十里”。

虎溪镇 在今重庆市梁平县西北四十里。明置巡司于此。

虎窟山 在今山东平阴县西南东阿镇西南三里。唐段成式《酉阳杂俎》卷14：“相传燕建平中，济南太守胡谘，于此山窟得白虎，因名焉。”

虎窟砦 即今福建惠安县西虎窟。《方舆纪要》卷99惠安县：虎窟砦“在县西南山谷中。崇山夹峙，狭径仅通。正统末，置砦以御沙汀之寇，遇乱辄为戍守处”。

虎墟河 在今云南凤庆县北百九十里。《方舆纪要》卷118顺宁府：虎墟河“在府北百九十里阿城旧村之南，以河旁旧有虎穴而名。其水流入黑惠江”。

虎槛洲 在今安徽繁昌县东北五十里长江中，东接芜湖市。《宋书·沈攸之传》：泰始二年（466）“以攸之为宁朔将军、寻阳太守，率军据虎槛”。《舆地纪胜》卷18太平州：虎槛洲“在繁昌县东五十里。宋沈攸之、王休仁屯军于此，攸之推江方兴为统，破孙冲之于赭圻。陈侯瑱进军虎槛洲，与齐王琳合战，亦此地也”。《资治通鉴》南朝宋泰始二年（466）胡三省注：“虎槛，洲名，在赭圻东北江中，芜湖之西南也。”

虎嶂山 在今云南保山市北二十五里。《清一统志·永昌府》：虎嶂山“高一百丈，袤三里许。下有温泉”。

虎墩 即小海寨。在今江苏东台市西北。《清一统志·扬州府一》引《府志》：“宋范仲淹筑捍海堤，起虎墩，即此。”

虎踞关 ①一名虎跳关。在今贵州凤冈县北三十里。《清一统志·石阡府》：虎踞关“林箐幽深。明万历中，设哨兵防御”。

②一作虎居关。在今云南陇川县（章凤镇）西部境外的那潞班附近。明万历二十二年（1594）云南巡抚陈用宾筑，为腾越八关之一。清季中英勘定滇缅边界，划入缅甸。

虎踞崖 在今广西永福县西北。《方舆纪要》卷107永宁州：虎踞崖“在州东南二里。本名老虎崖，相接者为金竺崖，一名狮子崖”。

虎瞰山 在今江西新余市南袁江北岸。唐大历八年（773）新喻县徙治虎瞰山之北，即今新余市。《舆地纪胜》卷34临江军：虎瞰山“在新喻县治之南”。

虎踏溪　宣平港支流。在今浙江丽水市西北。源出丽水市西北与武义县接界处之六千岗，南流至丽水市西入宣平港。《方舆纪要》卷94宣平县：虎踏溪“有双涧合流，亦南入丽水县之大溪”。

虎蹲山　在今浙江宁波市镇海区东北招宝山外海中。宋《宝庆四明志》卷18定海县：虎蹲山在“县东二里。屹立海口，象形而名之”。

〔丨丨〕

贤令山　在今广东阳山县北二里。因唐代韩愈被贬作阳山令而得名。《方舆纪要》卷101阳山县：贤令山“唐韩愈为阳山令，尝读书于此，有读书岩。山以愈名也”。《清一统志·连州》：贤令山“一名牧民山。冈峦横列，中峰耸立，曰金峰。东有游息洞，又东有朝阳洞”。有唐以来摩崖石刻，以韩愈手迹最可贵。南麓有韩愈题字“千岩表”（字大0.3平方米）及其他题诗、题铭。山背有崖高约7米，宽约13米，刻有宋代县令张本中的《皇宋圣传颂并序》，字体古劲遒秀，是广东杰出的宋刻。此外还有游息洞、远览亭等胜迹。

贤州　唐贞观八年（634）改南通州置，治所在石门县（今云南盐津县西南二十六里豆沙关附近）。辖境约当今云南水富、盐津、大关等县地。是年州废。

贤妃镇　在今四川仪陇县（新政镇）东北斗子山。《舆地纪胜》卷188蓬州：李特读书台“在斗子山，李特微时尝隐是山，妇人侯氏归之，昼侍几砚，夜直灯烛，后特以妇为妃，故镇初名贤妃”。

贤豆　古印度的别译。唐玄奘《大唐西域记》卷2：“详夫天竺之称，异议纠纷，旧云身毒，或曰贤豆，今从正音，宜云印度。”

贤良寺　清雍正十二年（1734）建，在今北京市东城区帅府园胡同。本怡亲王故邸，舍为寺，世宗宪皇帝赐名贤良寺。乾隆二十年（1755）移至冰盏胡同。

贤首山　亦名贤隐山。在今河南信阳市西南七里。《梁书·武帝纪》：南齐建武二年（495），北魏围攻司州，萧衍赴援，“去魏军数里，径上贤首山”。《资治通鉴》：梁天监二年（503），魏将犯义阳，司州刺史蔡道恭“遣骁骑将军杨由帅城外居民三千余家保贤首山”。

〔丨丶〕

尚干（幹）里　即今福建闽侯县东南尚干镇。清乾隆十年（1745）置永庆巡司于此。

尚干（幹）镇　即今福建闽侯县东南尚干镇。为烈士林祥谦故里。1950—1953年曾为闽侯县驻地。

尚义设治局　1934年析商都县置，属察哈尔省。治所即今河北尚义县东北大青沟镇。1936年改为尚义县。

尚义县　1936年改尚义设治局置，属察哈尔省。治所即今河北尚义县东北大青沟镇。1944年迁治南壕堑（即今尚义县）。1952年属河北省。

尚子　又作长子。在今山西长子县西南。《水经·浊漳水注》引《竹书纪年》：“郑取屯留、尚子、涅。”

尚书山　在今安徽黄山市黄山区南二十里望仙峰之西。《舆地纪胜》卷19宁国府：尚书山“在太平县望仙乡东，高百仞。唐天宝中，有尚书忘姓氏，入此山隐遁，因此得名”。

尚书台（臺）　在今河南临颍县东南四十里。《新唐书·地理志》许州临颍县：尚书台，“马融讲书之地”。因名。唐显庆初改名讲武台。

尚书谷　在今河南洛阳市西北。《资治通鉴》：唐宝应元年（762），仆固怀恩等至洛阳北郊，击史朝义乱军，“转战于石榴园、老君庙，贼又败；人马相蹂践，填尚书谷，斩首六万级，捕虏二万人，朝义将轻骑数百东走。怀恩进克东京及河阳城”。

尚书渠　在今宁夏银川市东。《资治通鉴》：唐大历十三年（778）二月，“己亥，吐蕃遣其将马重英帅众四万寇灵州，夺填汉、御史、尚书三渠水口以弊屯田”。《方舆纪要》卷62宁夏镇“御史渠”条下，“又尚书渠在卫东，亦唐所开”。

尚书塘　旧址在今福建石狮市东。其塘上接清源山诸境及东湖之水，下流达于晋江。《新唐书·地理志》泉州晋江县：“东一里有尚书塘，溉田三百余顷，贞元五年刺史赵昌置，名常稔塘，后昌为尚书，民思之，因更名。”明时已废为田。

尚庄遗址　在今山东茌平县西南四十四里尚庄村东侧。1975年秋至1976年春发掘，出土文物有骨针、蚌器、石器、陶器等四千五百余件。其中灰陶鬶、红陶鼎、彩陶壶为珍贵的典型文物，分属龙山文化和大汶口文化。

尚安县　①三国吴置，属零陵郡。治所在今广西阳朔县东北四十里兴坪镇。西晋武帝时改为熙平县。

②西魏废帝元年（552）置，为邓宁郡治。治所在今四川九寨沟县西北、黑水河东岸。一说在今甘肃舟曲县西南。隋开皇三年（583）为邓州治。七年（587）为扶州治。大业三年（607）为同昌郡治。唐武德元年（618）属扶州。长安二年（702）移治黑水堡（在今南坪县西北一百十里黑河乡）。至德二年（757）改为万全县。

尚安郡　亦作上安郡。西魏改武进郡置，属邓州。治所在尚安县（今四川九寨沟县西北）。隋开皇三年（583）废。

尚阳堡　一作上阳堡。在今辽宁开原市东。为清河水库淹没。清杨宾《柳边纪略》卷1：“尚阳堡在开原东四十里。安置罪人始于天聪七年八月，后以为例。”康熙时平三藩之乱后，附吴三桂的滇人，悉流戍于此。

尚志市　1988年撤销黑龙江省尚志县，改设尚志市，市人民政府驻尚志镇。属松花江地区。1996由哈尔滨市代管。

尚志县　1946年改珠河县置，属松江省。治所即今黑龙江省尚志市。为纪念抗日联军第三军军长赵尚志烈士而命名。1954年划归黑龙江省。1988年改设尚志市。

尚坚乌黑　在今黑龙江省佳木斯市西南大来镇南山音村。清康熙《平定罗刹方略》卷1：“（顺治）十四年，镇守宁古塔昂邦章京沙尔呼达败之尚坚乌黑。”即此。

尚间崖　在今辽宁抚顺县北富尔哈附近。《清史稿·太祖本纪》：后金天命四年（1619），“马林军由东北清河、三岔至尚间崖。……上趋登山下击，代善陷阵，阿敏、莽古尔泰麾兵继进，上下交击，马林遁，副将麻岩战死，全军奔溃”。

尚纳木林城　清康熙年间置，在今西藏南木林县治。《清一统志·西藏》藏地诸城：尚纳木林城“在日喀则城西北一百十里”。

尚岩街　即今山东苍山县西三十里尚岩乡。旧属临沂。民国《临沂县志》舆图：县西南有尚岩。

尚京城　即今黑龙江省哈尔滨市阿城区南白城。明《辽东志》卷9：“海西东水陆城站：底失卜站、……尚京城，金人故居。”

尚河　雅鲁藏布江支流。即今西藏南木林县东南香曲。上游娘热曲和仁堆曲汇流后，称尚河。清乾隆《卫藏通志》卷3：雅鲁藏布“江水又东北，有尚河自北来会，水亦曰商河。源出西北绛札拉山，东南流，有造索克布山水西来注之，又东南，径尚那木林城南，有佐山水自北注入之，又东南，入藏布江”。

尚冠里　汉长安城（今陕西西安市西北）闾里名。具体方位不详。《三辅黄图》卷2：“长安闾里一百六十，室居栉比，门巷修直。有宣明、建阳、昌阴、尚冠、修城、黄棘、北焕、南平等里。”《汉书·宣帝纪》：帝少时“舍长安尚冠里”。

尚冠街　亦称尚冠前街。汉长安城（今陕西西安市西北）内街衢名。具体方位不详。《汉书·百官公卿表》颜师古注引《三辅黄图》曰：“京兆，在尚冠前街东入故中尉府。”《长安志》卷5载：“尚冠前街在夕阳街之后。”尚冠街当在尚冠里。

尚家店　即今河南舞钢市西南二十里尚店镇。清康熙《南阳府志》卷2《集镇》：裕州舞阳县有尚家店。

尚家堂　即今山东庆云县东南十八里尚堂镇。清咸丰《庆云县志》卷1有尚家堂。

尚婆水　今甘肃徽县东永宁河。《水经·漾水注》：尚婆水“北出利乔山，南径尚婆川，谓之尚婆水。历两当县之尚婆城南……西南至秦冈山入故道水”。《元和志》卷22两当县：尚婆水“今名石磐水，水多磐石，因以为名。俗语音讹，故云尚婆。川中有鸟群飞，二月从北向南，八月从南还北，音如箫管，俗云伎儿鸟。春来则种禾，秋去则种麦，人常以为农候”。

尚婆城　在今甘肃徽县东北。北魏延兴四年（474）置固道郡于此。《水经·漾水注》：尚婆水“历两当县之尚婆城南，魏故道郡治也”。

尚稽镇　1932年置，即今贵州遵义县（南白镇）东南尚稽镇。

尚湖　又名西湖。在今江苏常熟市西南四里。北出黄泗浦入江。明王鏊《姑苏志》卷10：尚湖“一名上湖，长十五里，广九里。上有虞山映带，颇为奇胜”。

〔丨㇆〕

盱水　或作盱水。即今江西抚州市临川区之抚河及南城县南之盱水。《汉书·地理志》豫章郡南城县：“盱水西北至南昌入湖汉。”《水经·赣水注》：“盱水出南城县，西北流径南昌县南，西注赣水。”

盱台　秦汉之际楚国都。在今江苏盱眙县东北二十五里盱眙山麓。《史记·高祖本纪》：秦二世二年（前208），项梁“闻陈王定死，因立楚后怀王孙心为楚王，治盱台”。

盱台县　秦置，属东海郡。治所在今江苏盱眙县东北二十五里盱眙山麓。《史记·高祖本纪》：秦二世二年（前208），项梁“闻陈王定死，因立楚后怀王孙心为楚王，治盱台”。即此。西汉改为盱眙县。东汉复改为盱台县，属下邳国。三国废。西晋复置，改为盱眙县。

盱眙山　在今江苏盱眙县东四十里。《寰宇记》卷16盱眙县：盱眙山“在县东四十里。按《阮升之记》云：其山形若马鞍，遂名为马鞍山。天宝中改为盱眙山，在楚州西南二百三十里”。

盱眙军　南宋建炎三年（1129）升盱眙县置，治所即今江苏盱眙县。四年（1130）废军为县。绍兴十二年（1142）复升县为军，后没于金。绍定四年（1231）改为招信军。

盱眙县　西汉改盱台县置，属临淮郡，为都尉治。治所在今江苏盱眙县东北二十五里盱眙山麓。东汉许慎《说文》：“盱，张目也”；“眙，直视也”。《清一统志·泗州》：盱眙故城“城居山上，可以眺远，故名”。东汉复改为盱台县。三国废。西晋复置盱眙县，为临淮郡治。东晋义熙七年（411）移今盱眙县东北五里都梁山东北麓，为盱眙郡治。《宋书·臧质传》：南朝宋元嘉二十八年（451），北魏太武帝拓跋焘从广陵北还，围攻盱眙，臧质屯兵坚守拒战，魏军大败，焘乃解围北归。东晋兖州、宋南兖州、齐北兖州、陈北谯州均曾治此。隋属江都郡。唐武德四年（621）为西楚州治。后属楚州。武德八年（625）移今治盱眙县。光宅初改为建中县，后复名盱眙县。建中二年（781）改属泗州。北宋景德中又移治淮北泗州城中为州治，在今泗洪县东南，盱眙县对岸（今已沦入洪泽湖中）。降淮南盱眙县为镇。南宋初县入金，仍为泗州治。金明昌六年（1195）改为淮平县。南宋复升盱眙镇为县，治今盱眙县。先后为盱眙军、招信军治。元世祖至元十四年（1277）为招信路治。十五年（1278）为临淮府治。二十七年（1290）改属泗州。清初属凤阳府，康熙中泗州寄此。雍正二年（1724）属泗州。民国初属安徽淮泗道。1928年直属安徽省。1955年划归江苏省。

盱眙郡　①东晋义熙七年（411）置，属南兖州。治所在盱眙县（今江苏盱眙县东北五里都梁山东北麓）。辖境相当今江苏盱眙县地。南朝宋曾为南兖州治。南齐为北兖州治。陈为北谯州治。隋开皇初废。

②北魏孝昌三年（527）置，属东徐州。治所在下相县（今江苏宿迁市西南古城）。辖境相当今江苏宿迁、睢宁等市县地。东魏武定八年（550）改为临清郡。

盱眙镇　北宋置，属盱眙县。即今江苏盱眙县。

旺川镇　即今安徽绩溪县西北上庄镇北旺川，近旌德县界。清道光《徽州府志》卷2绩溪县有旺川村。

旺丹宗　原西藏地方政府设，治所在今西藏白朗县南旺丹。藏语意为有权势。1960年并入白朗县。

旺远镇　即旺原集。今山东烟台市西南旺远。

旺苍设治局　1941年置，属四川省。治所即今四川旺苍县。1945年改为旺苍县。

旺苍坝镇　亦作望苍坝。即今四川旺苍县。1941年于此设旺苍设治局，1945年改为旺苍县。

旺苍县　1945年改旺苍设治局置，属四川省。治所即今四川旺苍县。以县驻地旺苍坝得名。

旺草场　即今贵州绥阳县东北旺草镇。清道光《遵义府志》卷6绥阳县：旺草场在“城西北四十里”。

旺原集　一作旺远镇。即今山东烟台市福山区南门楼镇东南旺远。旧属福山县。民国《福山县志稿》卷1《镇集》：旺原集“在县（治今福山镇）东南三十里”。

旺清门　一作汪清门。即今兴京门。今辽宁新宾满族自治县东南旺清门镇。

昕川　即今山西大宁县南之昕水河。《方舆纪要》卷41大宁县：昕川“在县东南。《志》云，昕川之水，自隰州来者曰蒲川，自吉州来者曰义亭川，自永和县南流入境者曰麻束沟，自县东支流来会者曰小道沟，合为昕川，西流入大河”。

明山　①在今辽宁瓦房店市西北。《方舆纪要》卷37复州卫：明山在“卫东十里。亦曰明王山。相传以高句丽王子东明葬其上，因名”。

②在今江西会昌县北。《方舆纪要》卷88赣州府会昌县：明山在“县北隔河二里，邑主山也。寒泉飞瀑，巨石蹲峙，下有五坡石”。

③在今湖南芷江侗族自治县北二十里。周回二百里。《方舆胜览》卷31沅州：明山“郡主山也。岗峦重复，朝抱郡治，飞云浓岚，如列画屏”。《清一统志·沅州府一》：明山“东为五士坡，旧传唐五高士结庐于此。稍西为百子峰”。

④即今湖南南县东南三十里明山头镇。旧属华容县，明置巡司于此。

⑤即今广东梅县东，与大埔县交界之明山嶂。《舆地纪胜》卷102梅州：明山“在州之东三十里。山巅有古池，池有荷花五色”。《方舆纪要》卷103程乡县：明山“在县东南四十里。高九百余丈，周三百里，形如帘幕。下有龙潭，中有仙花嶂，县之镇山”。

⑥在今广西扶绥县西北。《方舆纪要》卷110思同州：明山“在州治东。岩穴相通”。

明川州　唐开元前置羁縻州，属黎州都督府。治所在今四川美姑县驻地巴普镇附近。北宋以后废。

明王台（臺）　在今安徽亳州市北门内。元至正十五年（1355）二月，红巾军领袖刘福通自砀山清河迎弥勒教首领韩林儿于亳州（今亳州市）称帝，建立政权，号小明王，国号大宋，年号龙凤。此为即位台。今为通真观。

明王峰　南雁荡山主峰。在今浙江平阳县西南。海拔1078米。《方舆纪要》卷94温州府平阳县：南雁荡山“中有明王峰，峰顶有池”。

明中都皇城及皇陵石刻　在今安徽凤阳县西北凤凰山之南。明洪武二年（1369）明太祖朱元璋下诏营建。遗址内现存部分城门、城墙、门楼等，残存有刻工精细、形态优美的石雕和形象生动的各色琉璃脊兽。在中都城南有朱元璋父母陵墓，始建于明洪武二年，洪武十一年（1378）扩建。陵前尚存三十一对刻工精美的石人、石兽雕像和朱元璋亲自撰文的“大明皇陵”碑。此陵是我国石像生最多的陵墓。1982年定为全国重点文物保护单位。2006年明中都城附属建筑定为重点文物，亦归入本保护单位。

明中都城　在今安徽凤阳县城西北隅凤凰山之阳。明洪武二年（1369）九月，诏“以临濠为中都，命有司建置城池宫阙如京师之制”，营建达六年之久。主要建筑有外、中、内三城。外城周五十余里，中城周十三里，内城周六里。内城高约15米，城内殿宇壮丽。有太庙、社稷、中书省、大都督府、御史台、中都城隍庙、开国功臣庙、历代帝王庙、中都国子监、演武厅、校场等。清康熙六年（1667）移凤阳县治于城内，改称县城。现仅存西华门、午门及一段城墙。

明中都城附属建筑　在今安徽凤阳县驻地府城镇。镇北凤凰山日精峰下的龙兴寺，原是明太祖朱元璋为僧时所居寺院，洪武十六年（1383）自凤阳西南廿郢迁此重建，赐名大龙兴寺，并亲撰《龙兴寺碑》文。寺内藏有朱元璋画像、铁像及铜镬，铸有铭文的铁磬。另有一御书亭，亭内有明太祖手书“第一山”石碑，明、清两代名人诗词题刻等文物。镇内明中都鼓楼又称谯楼，与钟楼相对峙。建于明洪武八年（1375），现仅存基座，南北长72米，东西宽34.25米，高15.8米。基下有门洞三个，中门上额刻楷书“万世根本”四字。座面上尚存石础三十五个，西南侧有二层上楼斜道，宽12米，可达顶端。2006年定为全国重点文物，并入明中都皇城和皇陵石刻保护单位。

明水　①一名汜阳河，亦作范阳河。即古萌水。源出山东淄博市淄川区西南，东北流注于孝妇河。《清一统志·济南府一》：明水“诸泉所汇，近水稻田，咸资灌溉，产米最佳”。

②即今四川南江县东神潭河。《舆地纪胜》卷187巴州：明水“在难江县北五十余里，水间出砚屏石，林木山川之形隐石间”。《方舆纪要》卷68巴州：明水在“州北百里。自南江县流入境，下流合于巴江”。

明水设治局　1923年析拜泉、青冈二县地置，属黑龙江省龙江道。治所即今黑龙江省明水县。1929年改为明水县。

明水县　①北魏宣武帝时置，为落丛郡治。治所在今陕西略阳县西北徐家坪镇明水坝村。西魏改名落丛县。

②1929年改明水设治局置，属黑龙江省。治所在兴隆镇（今黑龙江省明水县）。民国《黑龙江志稿》卷2：明水县“境南有明水泉，故名”。

明水城　在今四川大英县东北郪口镇西北明月山。《清一统志·潼川府二》：明水城“在蓬溪县西南。明月山南有明水山，峰峦插天。元末明玉珍保障于此。筑城周二里。遗址尚存。今为镇，亦曰明水寨”。

明水泉子　又名白花泉。在今黑龙江省明水县东南二十余里。明水县以此名。民国《黑龙江志稿》明水县图：县东南有明水泉子。

明水站　元置，即今山东章丘市（明水镇）。

明水堂门　清柳条边门之一。即今辽宁绥中县西北明水满族乡。《清一统志·锦州府二》：明水堂边门“在宁远州西北一百六十里，西至山海关边城界四十里”。康熙十八年（1679）设防御驻防。后废。

明水塘　明置，属广宁前屯卫。即今辽宁绥中县西北明水满族乡。

明水滩　即卤薄滩。在今陕西富平县东二十里，接蒲城县界。《清一统志·西安府一》：卤薄滩“一名东滩，亦曰明水滩。冬夏不竭，可以煮盐”。

明水镇　①金置，属章丘县。即今山东章丘市。

②即今四川大英县东北郪口镇。《清一统志·潼川府二》：明水城“今为镇，亦曰明水寨”。

明月山　①在今河北遵化市西南二十里。《明一统志》卷1顺天府：明月山“高百余仞，上有石穴，南北相通，穴口望之，若明月然”。

②在今湖北巴东县西北。《舆地纪胜》卷74归州：明月山“在巴东。山上有窍如明月”。

③在今湖南沅陵县东一百五十里。为壶头山支脉。《元和志》卷30辰州沅陵县：“明月山，下有明月池。《沅陵记》云：‘两岸素山，崖石如披雪，寒松如插翠。’”

④在今湖南攸县北九十里。《明一统志》卷63长沙府：明月山“峰峦高耸，月出即见。上有杉仙庙、灵谷岩、龙须滩。岩前有井”。

⑤在今四川大英县东北郪江镇境。《寰宇记》卷87长江县：明月山“在县西二里”。《方舆纪要》卷71蓬溪县：明月山“两峰对峙，下临涪水，相映而明。一名鼓楼山，以登其巅，可望数百里也”。唐诗人贾岛任长江主簿，写下了《明月山》诗。

明月水　在今湖南攸县北。《方舆纪要》卷80攸县：“明月水在县北九十里，出明月山。又严仙山，下有严仙水，流二十五里合明月水……皆流入于攸水。”

明月关　明置，属平武县。在今四川青川县西南青溪镇东五里。《明史·地理志》平武县：“东北有明月关巡检司。”

明月池　①在今湖南澧县西南。《舆地纪胜》卷70澧州：明月池“在郡圃东。李群玉游息之地也”。

②在今湖南桃源县西南。《水经·沅水注》：“沅水又东历临沅县西，为明月池、白璧湾。湾状半月，清潭镜澈。”

③在今四川遂宁市北五里。《舆地纪胜》卷155遂宁府：明月山“又有明月池，在小溪县北五里”。《方舆纪要》卷71蓬溪县：明月山“其下有明月池。五代唐天成中，孟知祥、董璋连兵十万，侵遂州，突次明月池，武信军节度使夏鲁奇力不敌，乃坚壁清野，退守州城。知祥等自明月池进攻，陷之”。

④在今陕西城固县北。《水经·沔水注》：“壻水又东径七女冢……水北有七女池，池东有明月池，状如偃月，皆相通注，谓之张良渠，盖良所开也。”

明月店　即今河北定州市西南明月店镇。清道光《定州志》卷7市集：明月店在“城东西南三十里”。

明月河　在今安徽凤阳县东南。《方舆纪要》卷21凤阳县：明月河“在旧城东南，北流汇于淮南”。

明月峡　①一名扇子峡。即今湖北宜昌市西陵区西西陵峡东段。《舆地纪胜》卷73峡州：明月峡“在夷陵县。高七百余仞，倚江于崖，面白如月。又如扇，亦曰扇子峡”。《方舆纪要》卷78夷陵州：明月峡“在州西二十里悬崖间，白石状如月”。

②南汉御苑建筑之一。大宝七年（964）建，在今广东广州城西。《南海百咏》称：“于城西辟池百余步，列石甚富，为明月峡、玉液池，其南北曰含珠亭、紫云阁。每岁端午，令宫人竞渡于此。”宋蒋之

奇建为西园，有石屏台。

③即今重庆市东北长江明月沱。东晋常璩《华阳国志·巴志》："（巴）郡东枳有明月峡。"《水经·江水注》："江水左径明月峡，东至黎乡。"《寰宇记》卷136巴县："明月峡在县东北八十里。……李膺《益州记》云：广阳州东七里，水南有遮要三槌石，东二里至明月峡，峡首南岸壁高四十丈。其壁有圆孔，形若满月，因以为名。"

④亦名朝天峡。在今四川广元市北八十里朝天镇南，为嘉陵江所经。《舆地纪胜》卷184利州有明月峡。《方舆纪要》卷68广元县：嘉陵江"今有明月峡，在县北八十里。一名朝天峡"。在此有古栈道遗迹。

明月湖　①在今江西永修县艾城西四十里。《明一统志》卷52南康府：明月湖"其水泓涵澄澈，莹然如月"。

②在今湖北武汉市武昌城区南。《方舆纪要》卷76武昌府江夏县：明月湖"在府治南二里。湖心有郭公堤。宋都统郭果筑此以防泛滥"。

③在今四川乐山市城南。《舆地纪胜》卷146嘉定府：明月楼"在府醮楼之右。有明月湖，故名"。《方舆纪要》卷72嘉定州：明月湖"旧在州治南，今为平陆"。

明月湾　在今江苏苏州市吴中区西南太湖中石公山西二里。世传吴王尝玩月于此。唐皮日休诗："试问最幽处，号为明月湾。"陆龟蒙亦有诗。

明月楼　在今江苏扬州市东北。明何良俊《何氏语林》卷21："扬州有一赵氏，富而好客，家有明月楼，一时诸名公题咏多未当其意。后赵子昂过扬……援笔书曰：'春风阆苑三千客，明月扬州第一楼。'"

明月溪　在今广西合浦县北。《舆地纪胜》卷120廉州府：明月溪"在合浦县北八十里。清夜湛然，如月一色"。

明月镇　即今吉林安图县。1963年在镇东南五里布尔哈通河边发现古人类牙齿化石及猛犸象、披毛犀等动物化石，被称为"安图人"。

明月潭　在今四川达州市东七里。《明一统志》卷70夔州府：明月潭"在达县东七里。欲雨有声，晴亦如之，邑人以此占晴雨"。

明玉珍墓　史称叡陵。在今重庆市江北区原江北县城北宝盖山腰洗布塘。明玉珍（1331—1366），元末农民起义领袖之一。至正二十二年（1362）称帝，国号大夏，年号天统，建都重庆。天统五年（1366）病死重庆。墓内出土"玄宫之碑"具有重要历史价值。碑文正书二十四行，正文每行四十七字，全碑共一千零四字。记述了明玉珍元末起兵和建立大夏政权的经过，是一篇重要历史文献。

明正长河西鱼通宁远宣慰司　简称明正土司。清康熙五年（1666）改长河西鱼通宁远宣慰司置，属雅州府。治所在打箭炉（今四川康定县）。辖境相当今四川康定、丹巴、雅江、九龙及道孚等县地。宣统三年（1911）改流。

明布拉克山　在今新疆拜城县西北二百三十里。清宣统《新疆图志》卷60：明布拉克山"产铁"。

明弘县　唐武德五年（622）置，属明州。治所在今越南义静省西北甘禄一带。贞观十三年（639）废入越裳县。

明圣湖　一名金牛湖。即今浙江杭州市之西湖。一说在今浙江杭州市西南郊定山以南。早已湮没。《水经·浙江水注》引《钱唐记》云："县南江侧有明圣湖。"唐《初学记》引刘道真《钱唐记》："明圣湖在县南。父老相传：湖中有金牛，古尝有见其映宝云泉，照耀流精，神化莫测，遂以明圣为名。"宋赵彦卫《云麓漫钞》引《十三州记》："湖有金牛，遇明圣即见，故有二名焉。"

明夷站　元置，在今四川米易县。

明光山　在今云南腾冲县北。《方舆纪要》卷118腾越州：明光山"在州西北一百二十里。上有银矿、铜矿"。

明光县　1933年11月中央革命根据地由连城县改名，治连城县城（今福建连城县）。为纪念福建省军区政治部主任兼中共连城县委书记李明光烈士而命名。1934年10月红军长征，国民党政府复名连城县。

明光宫　①在汉甘泉宫中，今陕西淳化县北四十里。《汉书·平帝纪》：元始元年（1），"罢明光宫及三辅驰道"，即此。《三辅黄图》卷3："明光宫，武帝求仙起明光宫，发燕赵美女二千人充之。率取二十以下，十五以上，年满三十者出嫁之，掖庭令总其籍。"《雍录》云，汉明光宫"一在甘泉宫中"，即此。

②在汉长安城内，今陕西西安市西北。《汉书·武帝纪》：太初四年（前101），"秋，起明光宫"。师古注："《三辅黄图》云在城中。《元后传》云，成都侯商避暑借明光宫，盖即此。"《雍录》云：汉明光宫，"一在北宫，与长乐相连"，即此。王莽始建国四年（12），改明光宫为定安馆，为定安太后所居。

③十六国后赵石虎建，在今河北磁县南。《晋书·冉闵载记》：东晋永和七年（351），石祗使刘显帅众七万攻邺，"刘显次于明光宫，去邺二十三里"。邺即今临漳县西南邺镇村。

明光原　在今陕西渭南市东四里。《方舆纪要》卷53渭南县：明光原"亦曰新丰原。后魏置南新丰县于原西偏。隋开皇中，以原上乏水，移县于今治"。

明光集　即今安徽明光市。清光绪《皇朝中外一统舆图》：定远县东有明光集。1938年嘉山县迁治于此。1994年改设明光市。

明光隘　在今云南腾冲县北明光乡。明、清为腾越九隘之一。见乾隆《腾越州志》。

明光殿　①汉长安桂宫中的宫殿，在今陕西西安市西北汉长安城遗址。《汉书·武五子传》：燕王旦"因迎后姬诸夫人之明光殿，王曰：'老虏曹为事当族！'欲自杀"。即此。《三辅黄图》卷2引《关辅记》："桂宫在未央北，中有明光殿土山，复道从宫中西上城，至建章神明台蓬莱山。"又引《三秦记》曰："未央宫渐台西有桂宫，中有明光殿，皆金玉珠玑为帘箔，处处明月珠。金陛玉阶，昼夜光明。"

②北魏洛阳宫殿，故址在今河南洛阳市东北汉魏故城内。《魏书·孝庄纪》：武泰三年（530），"天柱大将军尔朱荣、上党王天穆自晋阳来朝。戊戌，帝杀荣、天穆于明光殿"。

明州 ①南朝梁置，隋治所在交谷县（今越南河静省河静南）。辖境相当今越南河静省河静以南地区。隋大业初废。

②唐武德五年（622）置，治所在越裳县（今越南河静省甘禄附近）。贞观十三年（639）废。

③唐贞观中以西赵首领赵磨酋地置，为羁縻州，属黔州都督府。当在今贵州贞丰、望谟、罗甸县一带。后废。

④唐开元二十六年（738）分越州置，治所在鄮县（今浙江宁波市鄞州区西南四十二里鄞江镇）。《元和志》卷26："以境内四明山为名。"辖境相当今浙江宁波、鄞县、慈溪、奉化等市县和舟山群岛。天宝元年（742）更名余姚郡，乾元元年（758）复为明州。长庆元年（821）迁治今宁波市。五代吴越时治所鄮县改为鄞县。北宋淳化三年（992）移杭州市舶司于州，属定海县。咸平二年（999）设市舶司于此，为唐宋时与高丽、日本、新罗等国贸易重要港口。南宋绍熙五年（1194）改为庆元府。

明州府 元至正二十七年（1367）朱元璋改庆元路置，属浙江行省。治所在鄞县（今浙江宁波市）。辖境相当今浙江宁波、慈溪、奉化、象山等市县及舟山群岛。明洪武十四年（1381）避国号讳，改为宁波府。

明江 即今广西西南左江上游明江河。《明一统志》卷85思明府：明江"源出十万山。流绕府治南，又北流一百八十里入龙州龙江"。

明江厅 清雍正十一年（1733）置，属太平府。治所在今广西宁明县东明江镇。以明江为名。辖境相当今广西宁明县东部地。1912年改为明江县。

明江县 1912年改明江厅置，属广西镇南道。治所在今广西宁明县东明江镇。1928年直属广西省。1952年并入睦南县（后改宁明县）。

明安太右联合旗 简称明太联合旗。1949年当地解放后将明安旗与太仆寺右旗合并设置，驻多恩海拉罕（即女子部，在今内蒙古正蓝旗西北）。1956年改为正蓝旗。

明安伦城 即今黑龙江省齐齐哈尔市西南梅里斯古城。《元史·伯帖木儿传》：至元二十五年（1288）冬，元将玉速帖木儿"转战至帖麦哈必哈，又败之，进至明安伦城，哈丹迎战败走"。即此。

明安驿 明初置，属开平卫。即今河北沽源县东北闪电河。后废。

明安站 又作察罕脑儿站、昔宝赤站。元上都至大都南驿路第三站。在今河北沽源县北小红城古城（元察罕脑儿行宫）东闪电河旁。明初仍为开平卫南路驿站。后废。

明安旗 1936年日伪由牛羊牧群改置，驻海伊尔很额尔格。1949年与太仆寺右旗合并，改设明安太右联合旗（简称明太联合旗）。

明阳县 隋大业间置，为明阳郡治。治所在今贵州德江县西北。唐贞观后废。

明阳郡 隋大业间置，治所在明阳县（今贵州德江县西北）。辖境相当今贵州凤冈、绥阳、湄潭三县及德江县西部地。唐初废。

明孝陵 在今江苏南京市东紫金山西南坡独龙阜玩珠峰下。明太祖朱元璋陵。建于洪武十四至十六年（1381—1383）。其地明时置卫守护，故名孝陵卫。现存有宝城、明楼、陵前墓道两旁的石人、石兽和神功圣德碑等。1961年定为全国重点文物保护单位。

明坑隘 在今江西遂川县南。《方舆纪要》卷87龙泉县"龙庵隘"条内："县南百里为明坑隘。"

明灵寨 在今山东高唐县西南清平镇。《宋史·地理志》大名府清平县："熙宁二年，又割博平县明灵砦隶焉，本县移置明灵。"《齐乘》："清平县，旧治在县西四十里清平镇。元丰间漯河决，坏城，徙治明灵砦，即今治也。"

明阿特部 清科布多参赞大臣管部之一，统于乌里雅苏台定边左副将军。本属准噶尔，乾隆二十年（1755）降清，后复从阿睦尔撒纳叛乱；乱定，被并入和托辉特多尔济车登旗。三十一年，以其众属科布多参赞大臣管辖，编为一旗，置总管，不设札萨克。其地在科布多河下游与阿拉克泊（今哈尔乌苏湖）之北。

明阿特旗 清乾隆三十年（1765）设，属蒙古科布多。旗府驻地在今蒙古国科布多省科布多东北缅嘎德。

明昌州 唐开元十七年（729）置羁縻州，属黎州都督府。治所在今四川甘洛或汉源、石棉、泸定等县境。北宋以后废。

明岩 在今浙江天台县西北。《舆地纪胜》卷12台州：明岩"在天台县西北七十里。岩前峭壁屹立，亦号幽石，其下窍穴透邃，日光穿漏，怪石森然"。《徐霞客游记·游天台山日记》："明岩为寒山，拾得隐身地，两山回曲，《志》所谓八寸关也。"

明岨山 在今陕西彬县水帘乡明岨山麓。《清一统志·邠州》：明岨山"在州西十里。其麓有水帘洞，洞中有水流出。相传唐贞观中凿山为连珠小窍，形肖飞阁。每岁元宵，居民率张灯于此以祈年"。

明周王府 在今河南开封市龙亭公园一带。是朱元璋第五子朱橚由吴王改封为周王后，在其封国开封建造的王府。

明河　①古沙水（蒗荡渠）支津。在今河南郸城县境。《水经·渠水注》："沙水又东，积而为陂，谓之阳都陂。明水注之，水上承沙水支津，东出径汝南郡之宜禄县故城北。明水又东北流注于陂。"故道自今河南淮阳县东南承"沙水支津"，东流，径郸城县，东北至宁平镇东南入陂。久湮。

②明、清时代之明水实为古沙水正流故道。在今河南淮阳、郸城县境。《清一统志·归德府一》引《鹿邑县旧志》：沙水"东南至陈州（今淮阳县北），而明水称焉。曲而南流，径陈州城东，又东径郸城北，又东径双楼北，又北径宁平城南，以上阔不盈丈。又东径丁村南，注于阳都陂。又东径白马驿，又东南入淝河"。清乾隆二十二年（1757）分为东、西二明河，"西明河自汲冢集北，至傅家集入刺河；东明河自刺河之张胖店入淝河"。

③在今河南信阳市北。《方舆纪要》卷50信阳州"淮水"条下："明河在州北九十里。源出天目山，东流入淮。亦曰明港河。"

明定县　唐武德五年（622）置，属明州。治所在今越南河静省西北甘禄一带。贞观十三年（639）废入越裳县。

明经墟　在今广东广州市番禺区东北明经村。清同治《番禺县志》卷18：墟市有"明经墟"。

明垤关　唐置，属平州。在今河北抚宁县北。《方舆纪要》卷17抚宁县：明垤关"与临渝关并为险要。今关道榛塞，渝关独当东面之冲"。

明故宫　明初皇宫。故址在今江苏南京市中山门内。分宫城和皇城两部分，宫城呈长方形，南北长五里，东西宽四里，有护城河环绕。内有奉天、华盖、谨身诸宫，乾清、坤宁诸殿，永乐迁都北京，仿南京故宫布局建造皇宫，而南京故宫仍保留原建制。明末福王朱由崧即位于此，清初遭到破坏，后为八旗驻防地。清咸丰年间毁于兵火。今残存午朝门、东西华门、内外五龙桥等遗迹。辟为午朝门公园（明故宫公园）。

明南京皇城　在南京城（今江苏南京市）东南隅。正南门曰洪武门，向南正对外城的正阳门，向北经承天门、端门、午门，到奉天门即进入宫城，经宫城的北门北安门（后宰门），至玄武门出皇城。在洪武门东侧为长安左门，西侧为长安右门，皇城东曰东华门，西曰西华门，加上北门玄武门，共六门。皇城包括宫城及其他建筑，后统称"明故宫"，到清咸丰年间毁于兵火。

明南京宫城　在皇城之内。亦曰紫金城。在今江苏南京市中山门内明故宫遗址。明初填燕雀湖（即前湖）兴建。有六门：正南曰午门，左曰左掖，右曰右掖，东曰东安，西曰西安，北曰北安。宫城内建筑均已在清咸丰时毁于战火。现仅存午门和东安门二基座，尚有遗迹可寻。

明威戍　在今甘肃民勤县南。《新唐书·地理志》凉州姑臧县："北百八十里有明威戍。"

明显陵　又作显陵。即明世宗朱厚熜生父兴献王朱祐杬的陵墓。在今湖北钟祥市东北十五里松林山。该陵自正德十四年（1519）开始修建，嘉靖十九年（1540）建成。建筑形式与北京十三陵相仿，规模宏伟。陵园门前立一对下马碑，园内有华表、石象生、棂星门、祾恩殿、明楼、碑亭和宝城等建筑。外城围墙高5米，周长约3.5公里。明末所毁的两重大殿尚存琉璃双龙壁、宫殿石基、雕栏等，都具有较高的工艺水平。1988年定为全国重点文物保护单位。2000年被联合国教科文组织世界遗产委员会同位于河北省的清东陵、清西陵，作为明清皇家陵寝列为世界文化遗产。

明皇陵　在今安徽凤阳县西南十二里皇陵农场。是明太祖朱元璋父朱世珍、母陈氏的陵墓。《方舆纪要》卷21凤阳县：皇陵"在府西南十二里。内为皇城，周七十余步。中为砖城，周六里八十一步。外为土城，周二十八里。明皇陵卫置于此"。《明史·礼志·山陵》："皇考仁祖墓，在凤阳府太平乡。太祖至濠，尝议改葬，不果，因增土以培其封，令陵旁故人汪文、刘英等二十家守视。洪武二年荐号英陵，后改称皇陵。"洪武二年（1369）始建，十一年（1378）竣工。有皇城、砖城、土城三道。宫阙殿宇毁于明末兵火。今尚存墓冢、墓前碑刻、石人、石兽、华表和明太祖亲撰之《大明皇陵碑》。1982年定为全国重点文物保护单位。

明祖陵　又称明第一陵。在今江苏盱眙县东北。南临淮河入洪泽湖口。明洪武二十年（1387）朱元璋迁葬其高祖、曾祖、祖父于此。墓区神道长250余米，原有陵门、碑亭、享殿等建筑，现存神道石象生二十一对与墓冢地宫。清康熙十九年（1680）墓区被洪泽湖淹没。1978年筑堤挡水，使墓区重现地面。明祖陵石象生为明代珍贵石刻艺术品，有较高的历史与艺术价值。1996年定为全国重点文物保护单位。

明秦王墓　在今陕西西安市长安区武村杜陵塬上。明太祖朱元璋次子秦王朱樉就藩西安府，镇守关中，洪武二十八年（1395）卒。陵园豪华，但已不存。陵前散布黄蓝诸色琉璃瓦残片。神道两旁对列华表、石翁仲及麒麟、虎、羊、马、狮等，庄严肃穆，气势不凡。2006年定为全国重点文物保护单位。

明珠山　在今山西吉县东北。《清一统志·平阳府一》：明珠山"在吉州东北九十里"。今县东北有明珠村，当在明珠山附近。

明珠曲　在今陕西勉县西。《资治通鉴》：五代梁乾化元年（911），"蜀主以昌王宗锷为应援招讨使，定戎团练使王宗播为四招讨马步都指挥使，将兵救定军，壁于廉、让之间，与唐道袭合击岐兵，大破之于明珠曲。明日又战于凫口，斩其成州刺史李彦琛"。《方舆纪要》卷56沔县：明珠曲"在县西。或曰西县城旁有白马河，其上流为龙门沟，南流入于汉水。水所折旋处，有明珠曲、凫口之名"。

明都泽　即孟猪泽。在今河南商丘市东北、虞城县西北。《周礼·职方氏》："其泽薮曰望诸。"注：

“望诸，明都也。在睢阳。”唐中叶时湖面周回五十里。元以后逐渐堙废。

明铁盖达坂　即今新疆塔什库尔干塔吉克自治县西南喀喇昆仑山之明铁盖达坂。其南为克什米尔。清宣统《新疆图志》卷9：“由坯一克山口仍向西行七十里至明铁盖。阿格嘴向正南行一百里过明铁盖达坂通坎巨提。”

明皋山　即鸣皋山。又名九皋山。在今河南伊川县东南。山下有鸣皋镇。《元和志》卷59陆浑县：“明皋山在县东北十五里。”《续资治通鉴》：南宋建炎二年（1128），京西北路安抚制置使、知河南府翟进与叛将杨进“遇于明皋山下，夹伊水而军”。

明郭宗　在今四川小金县东十五里老营乡。为大小金川北路要隘。《清史稿·海兰察传》：乾隆三十七年（1772）十二月，“进攻明郭宗，突入寨门，焚转经楼，直捣美诺”。

明陵　①在今北京市昌平区北十八里天寿山下方圆40平方公里小平原上。自明成祖朱棣至思宗朱由检均葬于此。有长陵、献陵、景陵、裕陵、茂陵、泰陵、康陵、永陵、昭陵、定陵、庆陵、德陵、思陵等十三处明陵，俗称十三陵。明、清皆设守备太监守护。

②即“明孝陵”。为明太祖朱元璋的陵墓。在今江苏南京市东中山门外紫金山南麓独龙阜。

③在今浙江湖州市西北。《寰宇记》卷94乌程县：西陵山，“《吴兴地记》云：孙皓改葬父和于此山，号曰明陵，即卞山之别岭也”。

明通　即今重庆市城口县南明通镇（明通井）。明置巡司于此。

明通井　旧名宣汉井。在今重庆市城口县西南一百四十里明通镇。《清一统志·太平厅》：明通井“在厅东。旧名宣汉井”。

明通关　即今重庆市城口县南明通镇（明通井）。《清一统志·太平厅》：明通关“在厅东二百里。明置巡司。今裁”。

明通县　亦作通明县。南宋绍兴中改明通院置，属达州。治所在今重庆市城口县西南一百四十里明通镇。一说在今万源市东南一百二十里旧院镇。元至元二十二年（1285）废。

明通院　亦作通明院。五代后蜀置，属壁州。治所在今重庆市城口县西南一百四十里明通镇。一说在今万源市东南一百二十里旧院镇。《元丰九域志》卷8：明通院“伪蜀催科税赋之地”。北宋属达州。南宋绍兴中升为明通县。

明肃王墓　在今甘肃榆中县西北四十二里来紫堡村北。为明代藩王肃庄王、肃康王、肃简王、肃恭王等十一王墓，另有榆中县西圃子湾的肃安王墓、县西南周家山的肃宪王墓。肃王墓系砖砌墓室，规模宏大，结构复杂。在果窑的墓冢高似小山，朝南，有五个墓室，三道大门，头道门、三道门均为高2.5米、宽2.2米的青石门，二道门为木门。第一墓室长、宽各6米，高10米，第二墓室长10米、宽3.3米、高10米，左右耳室各长6米、宽3米、高6米，第三墓室长6.2米、宽5.8米、高12米，置肃王棺椁。曾出土大批铜器、陶器、陶俑等。2006年定为全国重点文物保护单位。

明堂　①西汉元封二年（前109）建，在今山东泰安市东。《汉书·武帝纪六》：“秋，作明堂于泰山下。”

②帝王宣明政教、祭祀祖先神灵的建筑。《三辅黄图》卷5：“周明堂，明堂所以正四时，出教化，天子布政之宫也。黄帝曰合宫，尧曰衢室，舜曰总章，夏后曰世室，殷人曰明馆，周人曰明堂。”汉代以后，历代统治者大多在都城内建有这种象征王权的建筑。

明堂山　在今山东平度市东北四十八里。《隋书·地理志》：胶水有明堂山。《寰宇记》卷20胶水县：明堂山，“《齐记》曰：卢乡城东三十里有明堂山，与巨青山连，出乌头天雄”。

明堂川　即今陕西米脂县西北无定河支流榆林河。《宋史·神宗纪》：元丰五年（1082），“曲珍等败夏人于明堂川”。雍正《陕西通志》卷13谓即榆林河，“其水自榆林流入无定河”。

明堂县　唐乾封元年（666）分万年县置，属雍州。治所在长安城内永乐坊（今陕西西安市南草场坡东）。长安三年（703）废。

明期　在今西藏下察隅地区，察隅县治南四十六里处，沿察隅河左岸。藏语意为大眼。原隶属于西藏地方政府管辖，1944年被印度政府非法占领。

明惠大师塔　在今山西平顺县东北茓兰岩乡虹霓村。此处原有“海惠院”，唐乾符四年（877）寺院主持明惠大师逝于该院，五代后唐长兴三年（932）为之建墓塔。塔为单层，方形平面，石材雕砌，南向。自下而上可分为基座、须弥座、塔身、塔檐和塔刹五部分，高约6米。塔身为仿木亭阁形，正面辟门，背面镶嵌五代后唐长兴三年石碣一方。明惠大师塔塔身比例适度，雕刻工艺上乘，是我国古代单层方形石塔中的优秀作品，具有较高的历史与艺术价值。2001年定为全国重点文物保护单位。

明堡　在今四川珙县（巡场镇）东南曹营乡东。清光绪《叙州府志》卷13珙县：明堡“在和乐乡四甲，乃通九姓司之要道”。

明鲁王墓　在今山东邹城市东北二十四里。为明鲁荒王朱檀（朱元璋第十子），及其子鲁靖王朱肇辉、巨野王朱泰壿墓冢。朱檀墓园最大。在九龙山之阳，陵地南北长206米，东西宽80米。两进院落，有神道石拱桥、礼门、享殿、明楼、地宫等建筑。享殿为七楹歇山式建筑，早已圮毁。墓穴依山凿石开圹，深26米。墓室呈“T”字形，墓内棺椁及棺内衣物、冠袍保存完好。随葬品有冠服、家具、琴棋书画、金银玉器、仪仗俑等，多达两千余件。以“鲁王之宝”印、金镶玉透雕玉带，宋代“天风海涛”琴、宋高宗题诗扇面、元版古籍最为珍贵。四百三十二个彩绘仪仗俑，雕工精细，是艺术珍品。2006年定为全国重点文物保护单位。

明港　在今河南信阳市北。《方舆纪要》卷50信阳州：明河“在州北九十里。源出天目山，东流入淮。亦曰明港河”。

明港驿　即今河南信阳市北七十八里明港镇。《方舆纪要》卷50确山县“竹沟镇关”条下：“县南九十里有明港镇关。明港河之水，自信阳州流经此入淮也。”明、清置巡司于此。

明港镇　即今河南信阳市北七十八里明港镇。明置巡司，并设驿丞于此。

明湖　又名彝休湖、阳宗湖。即今云南宜良、澄江、呈贡三县间之阳宗海。元至清称明湖。《元史·地理志》阳宗县：“在本路西北（按，婴为东北），明湖之南。”《清一统志·澂江府》：明湖“在河阳县东北。一名彝休湖，一名阳宗湖。源出罗藏山下，流入盘江。周七十里，两岸陡绝，水色深黑。境内溪河泉涧诸水，悉汇于此，流入云南府宜良县界”。

明楚王墓　在今湖北武汉市江夏区东北龙泉镇龙泉山。明太祖朱元璋封第六子朱桢为楚王，封地武昌。楚王府的八代九王全部在此修建墓园并设陵卫。朱桢即昭王，其后为庄、宪、康、靖、端、愍、恭、贺诸王，民间有“九寝三碑”之说。昭、庄、端三园各有一座碑亭，石碑保存完好。其中昭王茔园保存最好，台基、神道、御道基本完好，砖筑墓园大部分保存，地宫完好。明楚王墓布局规整，保存较好，对研究明代藩王的葬制、葬俗有重要学术价值。2001年定为全国重点文物保护单位。

明蜀王府　在今四川成都市中心展览馆一带。明洪武十一年（1378），朱元璋第十一子朱椿被封为蜀王，驻成都。洪武十八年（1385）始修蜀王府。明末张献忠入主成都，以蜀王府为大西王府。

明蜀王陵　在今四川成都市东郊正觉山麓。是明代宗室亲王蜀藩王家族陵墓群，包括第三代蜀王僖王朱友壎陵、第六代蜀王怀王朱友支陵、第七代蜀王惠王朱申凿陵、第八代蜀王昭王朱宾瀚陵、第九代蜀王成王朱让栩陵、僖王原配赵妃墓、僖王继妃墓、僖王胞兄黔江悼怀王墓、成王次妃（或继妃）墓及一座无名藩王墓，皆各有陵园。《明一统志》卷67：“蜀僖王墓，在华阴县正觉山。”嘉庆《四川通志》卷44华阳县：蜀僖王墓“在县东北三十里正觉山”。僖王陵、昭王陵及赵妃墓已经考古发掘。其中僖王陵地宫为三进四合院式建筑，琉璃瓦屋面，石门窗梁柱，通进深31.7米，是一组完整的仿宫室建筑。1996年定为全国重点文物保护单位。

明蜀僖王陵　在今四川成都市东郊正觉山麓。《明一统志》卷67：“蜀僖王墓，在华阳县正觉山。”嘉庆《四川通志》卷44华阳县：蜀僖王墓“在县东北三十里正觉山”。僖王为第三代蜀王朱友壎，墓由砖券拱砌成，全长28米，高6.59米，宽8.96米，有大门、前庭、二门、正庭、正殿、中庭和后殿，为琉璃瓦石刻建筑，刻绘多类朱彩图案纹饰。坐椅、香炉、棺台的雕刻极为精美。出土的圹志记载僖王事迹。《明史》“壎”作“壥”。

明溪　①应即今福建明溪县东之渔塘溪。《方舆纪要》卷98归化县：明溪“在县东。亦曰明江。其上源出县西二十五里伍通凹，流至城西南黄溪头而始大，环抱治南，绕如腰带，曰腰带水。一名黄溪水。又东北流，崖侧有大小二阜，相对如明字，因曰明溪”。东南流入沙溪。

②在今江西弋阳县西。明《寰宇通志》卷43广信府：明溪“在弋阳县西二十里。本名弱水，唐刺史孙成改今名”。

③即古之横溪。在今湖南永顺县东南。《清一统志·永顺府》：明溪“在永顺县东南一百二十里。东南流径辰州府沅陵县界，入酉水”。

明溪县　1932年改归化县为明溪县，属福建省。治所即今福建明溪县。因明溪为名。

明溪驿　北宋置，即今福建明溪县治明溪镇。《方舆纪要》卷98归化县：“明溪驿在县西门外。宋元符中置驿，属清化县。明初因之。成化中属今县。”

明溪城　即今湖南沅陵县西北明溪口镇。《方舆纪要》卷82永顺宣慰司：明溪城“在司东南。宋康定中，辰州蛮彭仕义叛，命雷简夫讨之。简夫至辰州，进筑明溪上、下二寨，夺其险要，拓取石马岩故地五百余里，即此城也”。

明溪站　元置，在今福建明溪县。明于此置归化县。

明溪砦　①五代时置，属辰州。即今湖南沅陵县西北五十八里明溪口镇。北宋熙宁九年（1076）废。寻复置。明置明溪巡司。

②南宋绍兴间置，属清流县。在今福建明溪县。元改为明溪站。

明溪镇　即今福建明溪县治。明置巡司于此。成化六年（1470）于此置归化县，1932年改为明溪县。

明福寺塔　在今河南滑县旧城东南隅。隋仁寿四年（604），杜明福捐住宅为寺。故名。唐开元时曾在寺内建小石塔，后又修大塔。据文献记载，此塔建于唐宝历二年（826）。明弘治十一年（1498）重修。通高43米。但从建筑形式及塔内文物推测，塔可能建于北宋初年。后寺废塔存。2001年明福寺塔被定为全国重点文物保护单位。

明噶里窝集　在今俄罗斯哈巴罗夫斯克边疆区黑龙江下游右岸阿纽伊河上游。《清一统志·吉林一》“喀穆尼窝集”条下：“明噶哩窝集，在（宁古塔）城东北一千八百五十七里。”阿纽伊河发源于此。

明德门　①唐长安郭城南面的中门。故址在今陕西西安市南郊杨家村西南。建于隋初，门下开五个门道，故俗称五门。宋人张礼《游城南记》载：“盖京城之南凡三门，中曰明德门，今谓之五门。”其北与皇城朱雀门相对，高宗永徽五年（654）增修门楼观，使其更显雄伟壮丽。这是长安外郭城最大的一座城门。

②五代晋、汉、周东京城内宫城南面中门。在今河南开封市。五代梁时称为建国门，晋天福三年（938）改为明德门。《资治通鉴》：后晋开运三年（946），契丹遣将张彦泽进入东京城外城，"顿兵明德门外"，城中大扰；次年，契丹主"至明德门，下马拜而后入宫"。皆此。北宋太平兴国三年（978）改为丹凤门。

明德水 即今江西吉水县南之泷江。《明一统志》卷56吉安府：明德水"在吉水县南。源发永丰县界，西北流为义昌水，又西北至潇泷，下流与王江合"。《清一统志·吉安府》：明德水"自兴国县发源，西北流入永丰县界，为义昌水，又西北经吉水县南，过沙溪萧泷，入庐陵县界，至县东三十里永和市，东合王江，入于赣江"。

昉村 一名任公村。在今安徽歙县北四十里，富资水上源之一昉溪傍。《南史·任昉传》："出为新安太守，在郡不事边幅，率然曳杖，徒行邑郭。人通辞讼者，就路决焉。为政清省，吏人便之。卒于官，唯有桃花米二十石，无以为敛。"《寰宇记》卷104歙县：昉村"在县北四十里。俗说任昉为新安太守，因行春至此，爱其云溪，缘源寻幽，累日不返。百姓因名其溪为昉溪，溪傍村为昉村……大中十年，刺史卢潘改曰任公村、任公溪"。

具山 即今山东蒙阴县东北巨山。《左传·桓公六年》：申繻曰，"先君献、武废二山"。杜注："二山，具、敖也。鲁献公名具，武公名敖。"《国语·晋语》："范献子聘于鲁，问具山、敖山，鲁人以其乡对。献子曰：'不为具、敖乎？'对曰：'先君献、武之讳也。'"即此。俗称金斗山。

具区 古泽薮名。又名震泽。即今江苏太湖。《尔雅·释地》中十薮之一，称"吴越之间有具区"。《周礼·职方》扬州："其泽薮曰具区。"《汉书·地理志》会稽郡吴县："具区泽在西。扬州薮，古文以为震泽。"

具水 即巨洋水，亦即今之弥河。源出今山东临朐县沂山西麓，北流径临朐县东，又北经青州市东，又东北流径寿光市界，东北入海。《国语·楚语下》："昔齐驺马繻以胡公入于具水。"即此。《水经·巨洋水注》："巨洋水即《国语》所谓具水矣。"

具茨山 一名大骢山。在今河南新密市东南。《庄子·徐无鬼》："黄帝将见大骢乎具茨之山。"《水经·溱水》："溱水出河南密县大骢山。"郦道元注："大骢即具茨山也。黄帝登具茨之山，升于洪堤上，受神芝图于黄盖童子，即是山也。溱水出其阿，而流为陂，俗谓之玉女池。"

具囿 亦即秦之阳纡。在今陕西省凤翔县附近。《左传·僖公三十三年》："郑之有原圃，犹秦之有具囿也。"或谓即《尔雅·释地》之扬陓，为十薮泽之一。

昙厂场 即今贵州仁怀市南坛厂镇。清道光《遵义府志》卷6仁怀县：昙厂场在"城南二十里"。

昙口桥 在今福建闽清县西南昙口。明王应山《闽都记》卷29福清县：昙口桥"在县西宣政里瞿昙溪口。永乐九年知县朱毅重建，构亭其上。正统间毁于寇。成化五年知县左辅重建"。

昙石山遗址 在今福建闽侯县闽江北岸昙石村旁。为典型的海洋性贝丘遗址。文化层厚达3米，已发掘墓葬七十六座、陶窑五座、壕沟两条和许多灰坑，出土大批珍贵文物。主要堆积为新石器时代晚期墓葬，被定为"昙石山文化"。其上层叠压着商周时期黄土仑类型墓葬。四五千年前的昙石山文化以闽江中下游为中心，连接闽台两省，是福建古文化的摇篮。昙石山文化与台湾高雄的凤鼻头文化等内涵相似、年代相近。昙石山遗址对研究福建与台湾古代文化的关系，具有十分重要的价值。2001年定为全国重点文物保护单位。

杲阳关 明置，属青川千户所。在今四川青川县西南青溪镇南。《明史·傅友德传》：洪武四年（1371），"下青川、杲阳进兵徇江油、彰明二县"。

昆 云南省昆明市的简称。

昆山 即坤山。在今山东东平县西北五十八里，东平湖西岸。山上有马跑泉。

昆（崑）山 ①又名小昆山。在今上海市松江区（松江镇）西北二十三里。《舆地纪胜》卷3嘉兴府：昆山"在华亭县西二十三里。《吴地记》云：昆山，陆氏之祖葬此。因生机、云，皆负辞学，时人以玉出昆岗，因而名焉"。南朝梁时设昆山县于其北。唐天宝中置华亭县。昆山县移治西北马鞍山下，后马鞍山习称昆山，此山遂名小昆山。

②即今江苏昆山市城西北隅之马鞍山。《方舆纪要》卷24苏州府昆山县：昆山"山本名马鞍山，唐天宝中移县治于山之阳，因改曰昆山"。

③在今安徽无为县西南昆山乡。《方舆纪要》卷26无为州："昆山亦在州西南百二十里，有东、西二山，皆产矾。其下有清水潭。"

④即矾山。在今安徽庐江县东南四十里矾山镇南。《宋史·地理志》庐江县："有昆山矾场。"

⑤在今山东诸城市西南。《清一统志·青州府一》：昆山"在诸城县西南六十里。汉昆山县以此名。山北有梳洗河"。

⑥在今广东普宁市东北洪阳镇。《方舆纪要》卷103普宁县：昆山"在县治（今洪阳镇）东"。《清一统志·潮州府》：昆山"在普宁县（今洪阳镇）东半里。林木丛蔚，多巨石"。

⑦在今广东鹤山市西南。《清一统志·肇庆府》：昆山"在鹤山县（治今鹤山市西南鹤城）北四里。为数县雄镇，与仓山并峙，人合呼之为昆仓山。昆山高千仞，至其上，则南海顺德、新会、高明、新兴、

开平四面山川皆见。仑山在县治正西。《舆地纪胜》：昆山上有天井，仑山上有白龙池”。

⑧即今新疆与西藏间之昆仑山。《史记·赵世家》：“昆山之玉不出。”即此。

昆（崑）山州 元元贞元年（1295）升昆山县置，属平江路。治所即今江苏昆山市。延祐元年（1314）迁治今江苏太仓市。至正十七年（1375）复还旧治。明洪武二年（1369）复降为昆山县。

昆山县 1941年析寿张、郓城二县置，属鲁南行政公署。治所在今山东梁山县西北大路口乡张博士集。1949年改为梁山县。

昆（崑）山县 南朝梁大同二年（536）分信义县置，属吴郡。治所在今上海市松江区西北，小昆山之北。《元和志》卷25昆山县：“因县有昆山，故名。”陈属吴州。隋开皇九年（589）废，十八年（598）复置，属苏州，大业初属吴郡。唐复属苏州。天宝十年（751）移治马鞍山之阳，即今昆山市。宋政和三年（1113）属平江府。元元贞元年（1295）升为昆山州。明洪武二年（1369）复降为昆山县，属苏州府。民国初属江苏苏常道。1927年直属江苏省。1989年改设为市。

昆山实验区 1940年置，为县级，属鲁西行政公署。治所在今山东梁山县西北大路口乡张博士集。1941年改为昆山县。

昆山侯国 西汉置，属琅邪郡。治所在今山东诸城市西南六十里昆山西七里（当在五莲县北部）。初元元年（前48）封城阳荒王子光为侯国。东汉省。

昆（崑）山镇 北宋置，属庐江县。即今安徽无为县西南八十五里昆山乡。宋置矾场。

昆川县 唐贞观四年（630）置，属南平州。治所在今重庆市东南境。八年（634）属霸州，十三年（639）废。

昆井 在今四川南充市西六十里。《寰宇记》卷86南充县：昆井，“《益州记》云：南充县西六十里，有大昆井，即古之盐井”。《明史·地理志》 南充县：“又西有昆井，产盐。”

昆（崑）冈山 在今江苏扬州市西北八里。南朝宋鲍照《芜城赋》：“轴以昆冈。”李善注引《河图括地象》曰：“昆冈之山，横为地轴。”《方舆纪要》卷23谓之昆仑冈，“一名阜冈。亦名广陵冈，与蜀冈连接，盖即蜀冈之异名”。

昆水 ①即今灰河。一名辉河。汝水支流。源出今河南鲁山县东南，东流经叶县南，至舞阳县北舞渡，北入汝水。《汉书·地理志》 鲁阳县：“又有昆水，东南至定陵入汝。”《水经·汝水注》：“昆水出鲁阳县唐山，东南流，径昆阳县故城西，……又东径定陵城南，又东注汝水。”元以后为北汝河支流。

②即今湖北枣阳市东南白水支流昆河。《水经·沔水注》：“昆水导源（安昌）城东南小山，西流径金山北，又西南流径县南。西流注于白水。”

昆水县 隋开皇十八年（598）改东舞阳县置，属显州。治所在今河南舞钢市东。大业初废。

昆（崑）仑（崙）山 ①在今安徽潜山县东北。《方舆纪要》卷26潜山县“牛眠山”条下：“又昆仑山在县东北六十里。上有泉，近置昆仑寨于此。”

②在今福建福安市西北四十里。《方舆纪要》卷96福安县：昆仑山“高耸万仞。上有天池，池畔多民居”。

③在今福建惠安县东北。《方舆纪要》卷99惠安县：昆仑山在“县东北三十里。势高耸，望之若祥云。南有伏虎岩，清泉石室，最为幽胜”。《清一统志·泉州府》：昆仑山“宋蔡襄读书于此。大中祥符间，有僧道养居山南岩下，能伏虎，因名伏虎岩”。

④在今山东淄博市淄川城西南二十里。明嘉靖《淄川县志》卷1：昆仑山“或以形如毂轮，故名”。

⑤在今广西南宁市邕宁区东北九塘乡北八里，与宾阳县接界。海拔306米。《舆地纪胜》卷106邕州：昆仑山“在宣化县东。昆仑关在焉”。《方舆纪要》卷110南宁府宣化县：昆仑山在“府东北百里。巉岩峭拔，高出群山，有道极险阨，古设关于此，以扼蛮洞，关上有台……《志》云：关扼宾、邕两界，旁多岐岭，与诸夷通，据关而守，则间道所当虑也”。

⑥亦名昆崚山。在今重庆市渝北区北。《清一统志·重庆府一》：昆仑山“在江北厅北一百五十里。《元统志》：据府渠、合之境，高十里，俯视三郡如指掌然，林壑深翠，峰顶绝无尘埃。按《明统志》作昆崚山”。

⑦在今甘肃肃南裕固族自治县西北。《太平御览》卷38引《竹书纪年》：“周穆王十七年，西征昆仑丘，见西王母。”《十六国春秋辑补》卷70：东晋永和元年（345），“酒泉太守马岌上言，酒泉南山，即昆仑之体也。周穆王见西王母，乐而忘归，即在此山。此山有石室、玉室，珠玑镂饰，焕若神宫”。《史记·司马相如》：“西望昆仑。”《正义》引《括地志》：“昆仑山在肃州酒泉县南八十里。”

⑧又作昆仑墟。古昆仑山包括今喀喇昆仑山（今新疆维吾尔自治区与克什米尔之间）、昆仑山（西起帕米尔高原，绵延于新疆、西藏之间，向东延入青海境内）。古代把塔里木河南源视为黄河源，昆仑山往往被误为黄河发源处。《山海经·西三经·西次三经》：“昆仑之丘……河水出焉。”《史记·大宛列传》：“汉使穷河源，河源出于阗，其山多玉石，采来，天子案古图书，名河所出山曰昆仑云。”

⑨在今越南东北部北江省境。《方舆纪要》卷112安南谅江府：昆山“在府东凤山县境。岩洞殊胜”。

⑩亦译军屯山。即今越南南部湄公河口外之昆仑

岛。为古代海舶往来东西洋必经之地。元汪大渊《岛夷志略》：昆仑“古者昆仑山，又名军屯山，山高而方，根盘几百里，截然乎瀛海之中，与占城东西竺鼎峙而相望。下有昆仑洋，因是名也。舶泛西洋者，必掠之，顺风七昼夜可渡。谚云：上有七州，下有昆仑”。

昆（崑）仑（崙）关 在今广西南宁市邕宁区东北、宾阳县西南昆仑山。《宋史·蛮夷传》：皇祐五年（1053），狄青率大军攻侬智高，“以一昼夜绝昆仑关归仁铺。高闻王师绝险而至，出其不意，悉众来拒”，智高大败。1939年中日昆仑关大战，大败日寇于此。

昆（崑）仑（崙）关战役旧址 在今广西南宁市东北一百一十八里昆仑关周围。1939年11月，日本侵略军大批步、骑兵和海军陆战队从防城侵入南宁占据昆仑关。中国军队英勇反击，于12月17日至31日击毙日军四千余人，击伤日军数千人，打击了日军的嚣张气焰，与平型关、台儿庄战役齐名。昆仑关战役旧址，除古关楼、昆仑古道等古代遗迹之外，主要包括“陆军第五军昆仑关战役阵亡将士墓园”南北门牌坊、陆军第五军昆仑关战役阵亡将士纪念塔、抗日将士公墓、抗战碑亭等纪念建筑物，以及昆仑关地区如宾阳县境内的“昆仑关战役指挥部”、邕宁区昆仑镇境内的“昆仑关战役日军第十二旅团团长中村正雄少将被击毙处”和金龙山、仙女山、老毛岭、罗塘南、同兴堡、石家隘以及441、660、653高地等多处昆仑关战役工事、阵地遗迹。2006年定为全国重点文物保护单位。

昆（崑）仑（崙）层期国 故地在今马达加斯加及其附近之非洲沿岸。南宋赵汝适《诸蕃志》卷上：“昆仑层期国在西南海上，连接大海岛。”

昆（崑）仑（崙）店 即今山东淄博市淄川城南昆仑镇。明嘉靖《淄川县志》卷1：昆仑店在“县南二十里”。

昆（崑）仑（崙）渡 在今四川资阳市北昆仑渡，为沱江津渡处。《方舆纪要》卷67资阳县“资阳镇”条下：“昆仑渡在县北十五里，雁江津渡处也。”

昆仑塞 即昆仑障。西汉属广至县。在今甘肃瓜州县西南。《汉书·地理志》 敦煌郡广至县：“宜禾都尉治昆仑障。”《后汉书·孝明帝纪》：永平十七年（74），遣奉车都尉窦固等“出敦煌昆仑塞，击破白山虏于蒲类海上”。李贤注：昆仑塞“昆仑，山名，因以为塞”。又《西域传》：敦煌太守张珰上书曰：“今以酒泉属国吏士二千余人集昆仑塞，先击呼衍王”，进取西域，即此。

昆仑障 一名昆仑塞。西汉置，在今甘肃瓜州县西南。《汉书·地理志》 敦煌郡广至县：“宜禾都尉治昆仑障。”

昆（崑）仑（崙）镇 唐置，在今云南南涧彝族自治县西南六十四里公郎镇。《骆宾王文集》卷9《姚州道破柳诺没弄杨虔露布》：“此山即南中之巨防也，岗峦千里，西通大荒之外，溪谷万重，南极炎洲之境。”

昆夷 ①即犬戎。殷、周时期，游牧于泾、渭流域，今陕西彬县、岐山一带。《孟子·滕文公下》：“文王事昆夷。”即此。

②即绲夷。在今甘肃陇山以西。《孟子·梁惠王下》：“文王事昆夷。”

昆州 ①隋开皇四年（584）置，治所在益宁县（今云南昆明市西山区马街镇）。辖境约当今云南滇池周围的西北东三面。唐天宝后废。

②唐武德四年（621）置，治所在马平县（今广西柳州市）。寻改为南昆州。

昆池 即今云南中部之滇池。唐代滇池亦称昆池或东昆池。唐樊绰《蛮书》卷2：“昆池在拓东城西，南北百余里，东西四十五里，水源从金马山东北来，……至碧鸡山下为昆州，因水为名也，土蛮亦呼名滇池。”但亦仅指今滇池北部的草海。《蛮书》卷7：“昆池之南接滇池。”

昆阳 战国魏邑，后入秦。即今河南叶县。因在昆水之北而得名。《史记·苏秦传》：苏秦说魏襄王曰，“大王之地，南有鸿沟、陈、汝南、许、郾、昆阳”。又《魏世家》：信陵君谓安釐王曰，“秦叶阳、昆阳与舞阳邻”。即此。秦置昆阳县。

昆阳关 在今河南叶县北。《方舆纪要》卷51叶县：昆阳关“在故昆阳城北，亦为昆阳镇，有兵戍守。一名阳关”。

昆阳州 元世祖至元十二年（1275）改巨桥万户置，属中庆路。治所在巨桥城（今云南晋宁县东南四里堡孜）。明属云南府，正德四年（1509）迁治今晋宁县治昆阳镇。崇祯七年（1634）迁治今晋宁县西南二里大新城。南明永历四年（1650）仍还治今晋宁县治。1913年废州改县。

昆阳县 ①秦置，属颍川郡。治所即今河南叶县。《后汉书·光武帝纪》：王莽地皇四年（23）三月，“光武别与诸将徇昆阳、定陵、郾皆下之”。六月，歼灭王莽主力军于此。《水经·汝水注》：“盖藉（昆）水以氏县也。”西晋改属襄城郡。北魏永安中为汉广郡治，移治今叶县东北。北齐改为汝坟县。元初复置，属随州。治所即今河南叶县。至元三年（1266）废。

②1913年改昆阳州置，属云南滇中道。治所即今云南晋宁县治昆阳镇。明郭子章《郡县释名》云南卷上：以在“昆明之阳”，故名。1916年直属云南省。1958年撤销，并入晋宁县。

昆吾 ①夏代诸侯国。在今河南濮阳县西南。《诗经·商颂·长发》：“韦顾既伐，昆吾夏桀。”《左传》：哀公十七年（前478），“卫侯梦于北宫，见人登昆吾之观”。杜注：“卫有观，在古昆吾氏之墟，今濮阳城中。”《史记·殷本纪》：“夏桀为虐政淫荒，而诸侯昆吾氏为乱。”《正义》引《世本》云：“昆吾者，卫氏”是。《汉书·地理志》 东郡濮阳：“故帝丘，颛顼虚。”《续汉书·郡国志》 东郡濮阳：“古昆吾国，春秋时曰濮。”后为商汤所灭。西周时为许之封地。善于制造陶器和铸造铜器。夏启曾命人在昆吾铸鼎。

②即汉时伊吾。今新疆哈密市。《元和志》卷40伊州：“《禹贡》九州之外，古戎地。古称昆吾，周穆王伐西戎，昆吾献赤刀。后转为伊吾。”

昆吾县 隋开皇十六年（596）析濮阳县置，属滑州。治所在今河南濮阳县东南二十里。大业初废。唐武德四年（621）复置，属濮州。八年（625）废入濮阳县。

昆吾亭 在今陕西蓝田县西南。《汉书·扬雄传》：“武帝广开上林，南至宜春、鼎胡、御宿、昆吾。”晋灼曰：“昆吾，地名也，有亭。”宋敏求《长安志》卷16：“昆吾亭，在县境，汉宣帝霍皇后葬亭之东。”

昆明 古族名。《史记·西南夷列传》：“自桐师以东北至叶榆，名为嶲、昆明。皆编发，随畜迁徙，毋常处，毋君长，地方可数千里。”战国至秦、汉，昆明族在今云南洱海一带，处从蜀通身毒道上，但发展比较缓慢。汉武帝曾遣使通身毒国，多次被阻于昆明。三国时，昆明族分布在今云南东北与贵州西北部的广大地区。隋、唐时分布在今贵州西部一带。

昆明市 1919年设昆明市政公所，1920年废。1922年复设昆明市政公所，析昆明县置昆明市，为省辖市。1928年改督办为市长，更名为昆明市政府。为云南省省会。治所即今云南昆明市。1949年12月昆明市解放，为省辖市。1950年为云南省人民政府驻地。

昆明台（臺） 在今陕西西安市西南。《桓谭新论》：元帝远求方士、汉中送道士王仲都，置于昆明池北昆明池观。《水经·渭水注》：“泬水又北径长安城西，与昆明池水合。水上承池于昆明台，故王仲都所居也。”杨守敬注疏：“《三辅黄图》：豫中观，武帝造，在昆明池中，亦曰昆明观。”

昆明州 北宋置羁縻州，属邕州左江道。治所在今广西西南部左江流域。后废。

昆明池 ①在今陕西西安市长安区西丰水与潏水之间。即斗门镇东南洼地。《汉书·武帝纪》：元狩三年（前120），“发谪吏穿昆明池”。注：“臣瓒曰：《西南夷传》有越嶲、昆明国，有滇池，方三百里。汉使求身毒国，而为昆明所闭。今欲伐之，故作昆明池象之，以习水战。在长安西南，周回四十里。”池成后，一支引水东出为昆明渠，以利漕运；一支北出为昆明池水，泄入泬水，供长安城之用。十六国姚秦时，池水涸竭，北魏太武帝和唐德宗均曾修浚。唐太和时，因丰水堰坏，池遂干涸。宋以后湮为田地。

②即今云南中部之滇池。《元混一方舆胜览》：滇池“又名昆明池，在碧鸡山下，广三百里，晋宁、昆阳在池南，而中庆在池北”。《元史·地理志》昆明县：“其地有昆明池，五百余里，夏潦必冒城郭。”

昆明军 唐置，属嶲州。治所在昆明县（今四川盐源县）。《新唐书·地理志》嶲州：“西南有昆明军。”《寰宇记》卷80昆明县：“天宝中于此置昆明军，以镇抚之。”

昆明县 ①唐武德二年（619）置，属嶲州。治所即今四川盐源县东北卫城。《元和志》卷32嶲州昆明县：“盖南接昆明之地，因以为名。”至德二载（757）没入吐蕃。《资治通鉴》：唐贞元十一年（795），“南诏攻吐蕃昆明城，取之”。即此。十七年（801）收复，后没于南诏。南诏曾置香城郡于此。

②蒙古宪宗四年（1254）置昆明千户，元世祖至元十二年（1275）改昆明县，属善州，为中庆路治。治所即今云南昆明市。《通典》卷187：“昆弥国，一曰昆明，西南夷也。”县以昆明夷为名。明、清为云南府治。南明时期曾改名昆海县。民国初为云南滇中道驻地、云南省会。1916年废滇中道，仅为省会。抗日战争时期迁治官渡（今昆明市南二十里官渡镇）。1946年改名谷昌县。1950年复名昆明县，治所迁回昆明市。1953年撤销，并入昆明市。

昆明府 南明永历元年（1647）大西农民军余部四将军进入云南，永历四年（1650）改云南府为昆明府，为大西军余部抗清斗争的中心。治所在昆海县（今云南昆明市）。

昆明城 唐昆明县。在今四川盐源县东北卫城。至德以后没入吐蕃，称为昆明城。地当唐、南诏、吐蕃三方交界处，为军事重镇。《资治通鉴》：唐贞元十一年（795），“南诏攻吐蕃昆明城，取之”。又十七年（801），“韦皋屡破吐蕃，转战千里。……遂围维州及昆明城”。《旧唐书·吐蕃传》云：“吐蕃昆明城管么些蛮千余户又来降。”即此。

昆明渠 古代关中地区的人工渠道。西汉元狩三年（前120）凿昆明池，又引池水东出为昆明渠，以利漕运。《水经·渭水注》：“昆明故渠，上承昆明池东口，东径河池陂北……又北分为二渠：东径虎圈南而东入霸，一水北合渭，今无水。”东入霸者与通向黄河的漕渠相接，成为漕渠之上源。东汉时尚可畅通，以后时堙时溢。唐太和时，因昆明池干涸，渠道亦堙废。

昆明湖 在今北京市西北颐和园内。为西山诸泉汇注之湖。金时称金海。元称瓮山泊。郭守敬辟通惠河水源，引昌平白浮村神山水及瓮山沿途诸泉汇注于湖中，湖面增大，流入都城。明代湖内多菱荷，河岸又有亭台之胜，为京城一游览胜地，称为西湖。清乾隆十五年（1750）重浚，第二年加筑东堤，拦蓄玉泉山东流之水，湖面扩大。又分支绕至万寿山后，称为后湖，形成环包万寿山的局面。取汉武帝在长安开凿昆明池操演水战的故事，改名昆明湖。清《日下旧闻考》卷84载《御制万寿山昆明湖记》：“湖既成，因赐名万寿山昆明湖，景仰放勋之迹，兼寓习武之意。”清末慈禧太后时又大加疏浚。湖边有石舫、铜牛，湖中有长堤、十七孔桥等胜景。

昆泽县 西汉元封二年（前109）置，属益州郡。治所在今云南宜良县东北北古城镇附近。三国蜀属建宁郡。南朝梁末废。

昆弥川 即今云南大理市北之洱海。唐杜佑《通典》："西洱河，一名昆弥川。汉武象其形，凿池以习水战，非滇池也。古有昆弥国，亦以此名。"

昆（崑）承湖 在今江苏常熟市东南五里。《越绝书》卷2："昆湖周七十六顷一亩。去县七十五里。一名隐湖。"明王鏊《姑苏志》卷10："昆承湖或云昆湖，在昆山北。承湖在昆山西北。二湖合而为一，亦名八字湖，纵广各十八里。"《方舆纪要》卷24苏州府常熟县：昆承湖"昔时分流入白茅、许浦以达江。其后诸浦渐堙，湖流日狭，土人于菱苇滩浅处，占据为田，谓之湖田，而分为泾港，散入于昆山、太仓之界。从七鸦浦、刘河诸口以入海"。

昆亭寨 在今浙江宁波市东南昆亭镇。《清一统志·浙江统部》：浙江提督设把总驻此。又《宁波府》：昆亭寨"在镇海县南一百四十里，北接穿山，东接霹雳，有官兵防守"。

昆迷失 在今新疆托克逊县西南。顾炎武《天下郡国利病书》卷117《西域土地人物略》："苏巴失又西二百里为昆迷失，昆迷失西二百里为阿剌木。"

昆都 ①春秋晋地，在今山西临汾市西南。《左传》：僖公十六年（前644），"狄侵晋，取狐、厨、受铎，涉汾，及昆都"。

②又作坤都。即今内蒙古阿鲁科尔沁旗（天山镇）北坤都镇。伪满时为阿鲁科尔沁旗驻地。1946年迁今治天山镇。

昆（崑）都山 在今广东佛山市三水区西南。《方舆纪要》卷101广州府三水县"白塔冈"条：昆都山"即三水镇也，宋置斥堠于此。广州参谋刘领擒海盐盗綦毋谨和尚于三水镇，是也"。

昆都仑召 在今内蒙古包头市昆都仑区昆都仑河右岸。始建于清雍正七年（1729）。汉名法禧寺。"昆都仑"，蒙古语意为横山口。原有大经堂及殿宇二十三座、藏经塔四座。现存经堂、殿宇十二座。殿堂内原有彩绘和塑像多已不存。

昆都仑河 在今内蒙古包头市西。《清一统志·乌喇特》：昆都仑河"在旗（治今哈德门）东四十里。源出乌孙土禄之地，西南流，入黄河"。

昆都伦站 清康熙征准噶尔噶尔丹时置，为归化城至喀尔喀境推河驿站之一。在今内蒙古武川县南大青山乡（乌兰不浪）。民国张鼎彝《绥乘》卷7："汉站由归化城起，北七十里至昆都伦站。"

昆海县 南明永历四年（1650）大西农民军余部改昆明县置，为昆明府治。治所在今云南昆明市。清顺治十六年（1659）废。

昆（崑）陵都护府 唐羁縻都护府名。显庆二年（657）分西突厥东部地置，属安西都护府。管辖碎叶以东五咄陆部，辖境约当今哈萨克斯坦巴尔喀什湖以东至新疆维吾尔自治区准噶尔盆地及伊犁河流域一带。垂拱后徙废。长安后，地属北庭都护府。

昆（崑）嵛山 一称姑余山。在今山东半岛莱阳市东至荣成市成山角间。主峰又名泰薄顶，在文登市西北。《寰宇记》卷20牟平县："大昆嵛山在县东南四十里。按《仙经》云：姑余山，因麻姑曾于此山修道上升，有余址尚在，因以为名。后代以姑余、昆嵛声相类而俗名。又有小昆嵛相连。"《元史·丘处机传》："丘处机，登州栖霞人，自号长春子……年十九为全真，学于宁海之昆嵛山。"

昆嵛县 1941年山东革命根据地由文登、牟平二县析置，治吕家村（在今山东文登市西）。因昆嵛山而得名。1949年徙治汪疃集（今山东文登市西北汪疃镇）。1952年迁治文登城（今文登市）。1956年撤销，并入牟平、文登二县。

昆（崑）崘山 亦作昆仑山。在今重庆市渝北区北。《方舆纪要》卷69重庆府巴县：昆崘山"在府东北七十里。据渠、合之境，山高十里，林壑深翠。一名塔平山"。

昆（崑）湖山 在今广东连州市西十五里。《舆地纪胜》卷92连州：昆湖山"在桂阳县西北二十五里。有水流出桂溪，入合江水"。

昆（崑）楼山 在今四川邻水县北。《方舆纪要》卷68邻水：昆楼山"山岩叠峙，势如楼观。《宋志》：乾德四年，移县治于昆楼镇谓此"。

昆（崑）楼镇 即今四川邻水县。《宋史·地理志》：鄰水县："乾德四年，移治崑楼镇。"

昆新城 在今内蒙古清水河县西北浑河北。《水经·河水注》：树颓水"乱流西南注，分为二水，左水枝分南出，北俗谓之太罗河，右水西径故城南，北俗谓之昆新城。其水自城西南流，注于河"。

昆（崑）墟州都督府 唐龙朔元年（661）置，属安西都护府。治所在多勒建国低宝那城（今阿富汗喀布尔西北木尔加布河上游以北）。8世纪中废。

昌八里 即彰八里。初见于《突厥大词典》，为回鹘五城之一。或谓即唐张堡城守捉。即今新疆昌吉市。《元史·耶律希亮传》：耶律希亮"至昌八里城"。即此。

昌八剌 即彰八里。今新疆昌吉市。元《长春真人西游记》卷上："又历二城，重九日至回纥昌八剌城，其王畏午儿与镇海有旧，率众部族及回纥僧皆远迎。"

昌山 ①在今江西分宜县西南。《寰宇记》卷109袁州宜春县：昌山"在州东六十里。旧名伤山，袁江流于其间，巨石枕岸潺激，舟人上下多倾覆，故名伤山。按，顾野王《舆地记》，晋永嘉四年，罗子鲁于山峡堰断为陂，从此灌田四百余顷，梁大同二年废。

时人以伤非善征，乃改为昌山"。《明一统志》卷57袁州府：昌山"崇山对峙，下瞰秀江，中有巨石横流激湍，故又名昌山峡"。

②在今广东乐昌市东。《寰宇记》卷159乐昌县：昌山，"《拾遗志》云：县东有山名昌山，有石平广数十步，上多竹木交荫，每至佳节，为士庶嬉游之所，时呼为乐石。今取山为县名"。《方舆纪要》卷102乐昌县：昌山在"县东三里。有二石山相连，上小下大如昌字。旧产磬石及紫竹，可为乐器。县以此山名"。

③在今湖南湘潭县西南，接双峰县界。《方舆纪要》卷80湘潭县"五顶山"条下：昌山"左右峰峦叠起，宛如屏障。山半有燕子崖，至冬燕集其中"。

昌山镇 即今江西分宜县西南昌山。《清一统志·袁州府》：昌山渡"在分宜县西二十里。宋元时尝设浮桥，后易以舟"。

昌门县 唐永泰元年（765）置，属歙州。治所在今安徽祁门县西。《元和志》卷28祁门县："本古昌门地，汉黝县之南境，永泰元年草贼方清于此伪置昌门县，以为守备。"二年（766）改为祁门县。

昌义县 辽置，为广州治。治所在今辽宁沈阳市西南六十里大高华堡。金皇统三年（1143）改为章（彰）义县。

昌马河 今甘肃西部疏勒河流经玉门市境内一段。《清一统志·安西州》：昌马河"在玉门县西南一百二十里。源出南山，北流径卫西。又西北入柳沟卫界为布隆吉尔河，即南籍端水之源也"。

昌元县 唐乾元元年（758）置，属昌州。治所在今重庆市荣昌县西北。大历六年（771）废。十年（775）复置，为昌州治。五代后蜀广政十七年（954）以寇焚荡移治罗市镇（今荣昌县西北盘龙镇东南昌州镇）。北宋属昌州。天禧中移治今荣昌县。元至元间废。

昌五设治局 1912年11月析安达厅置，属黑龙江省龙江道。治所即今黑龙江省肇东市西南昌五镇。1913年10月改为肇东设治局。

昌五城 即今黑龙江省肇东市西南昌五镇。1914年于此置肇东县。民国林传甲《黑龙江乡土志》："肇东县，治在肇州之东，俗名昌五城，以其在昌字五井也。"

昌水 在今湖南平江县北。《方舆纪要》卷77平江县：昌水在"县北八十里。出幕阜山，西南流山涧中，有巨石，水绕其旁，形类昌字，因名。又南合汨水"。

昌水河 即古观水。在今山东海阳市北。《清一统志·登州府》：昌水河"源出文登县西南四十里昌山下，西南流经莱阳县东南四十里。名水口河。又名昌阳水。会五龙河南入海"。

昌化山 即今海南省昌江黎族自治县西南之昌化大岭。《元丰九城志》卷9：昌化县有昌化山。

昌化千户所 明洪武二十五年（1392）置，治所即今海南省昌江黎族自治县西昌城镇。正统六年（1441）昌化县徙治于此。

昌化州 即昌明州。治所在今四川汉源或石棉、甘洛县境。

昌化军 北宋熙宁六年（1073）改儋州置，治所在宜伦县（今海南儋州市西北中和镇）。辖境相当今海南省海南岛西部地区。南宋绍兴六年（1136）废。十四年（1144）复置，端平二年（1235）改为南宁军。

昌化县 ①北齐天保三年（552）置，为怀政郡治。治所即今山西吕梁市离石区。北周建德六年（577）改离石县。

②隋大业六年（610）置，属珠崖郡。治所在今海南昌江黎族自治县西昌城镇东南旧县。唐属儋州。北宋熙宁六年（1073）废。元丰三年（1080）复置，属昌化军。徙治今昌城镇南十里江洲中。南宋属南宁军。明属儋州，正统六年（1441）徙治昌化千户所（今昌城镇）。清属琼州府（后属崖州）。1914年改名昌江县。

③北宋太平兴国四年（979）改吴昌县置，属杭州。治所在今浙江临安市西九十八里昌化镇。南宋属临安府。元属杭州路。明、清属杭州府。民国初属浙江钱塘道。1927年直属浙江省。1960年撤销，并入临安县。

昌化郡 ①唐天宝元年（742）改石州置，治所在离石县（今山西吕梁市离石区）。辖境相当今山西离石、方山、中阳、柳林、临县等市县地。乾元元年（758）复改石州。

②唐天宝元年（742）改儋州置，治所在义伦县（今海南省儋州市西北中和镇）。辖境相当今海南省海南岛西部地区。乾元元年（758）复为儋州。

昌平山 在今山东曲阜市东南五十里尼山之西。《史记·孔子世家》："孔子生鲁昌平乡陬邑。"即此。

昌平乡 春秋鲁地。在今山东曲阜市东南五十里尼山之西。《史记·孔子世家》："孔子生鲁昌平乡陬邑。"《正义》引《括地志》："昌平山在泗水县南六十里。孔子生昌平乡，盖乡取山为名。"

昌平州 明正德元年（1506）改昌平县置，属顺天府。治所即今北京市昌平区。旋罢，八年复置。辖境相当今北京市昌平、顺义2区和密云县。《明史·庄烈帝纪》：崇祯十七年（1644），李自成农民军"陷昌平"，由此入京师。1913年复为昌平县。州北天寿山下有明成祖朱棣以下十三帝陵墓。

昌平县 ①西汉置，属上谷郡。治所在今北京市昌平区东南。东汉属广阳郡。《后汉书·寇恂传》：刘玄更始二年（24），王郎遣将徇上谷，中旬"至昌平，袭击邯郸使者，杀之"。西晋属燕国。北魏初废。东魏天平中复置，属平昌郡。移治今昌平区西南十七里土城村。隋大业初属涿郡。唐属幽州。五代唐移治白浮图城（今昌平县西八里旧县村）。辽属析津府。金属大兴府。元属大都路。明属顺天府，景泰三年（1452）移今治。正德元年（1506）升为昌平州。寻复县，八年升为州。1913 年复为昌平县，属京兆尹。1928 年直属河北省。1956 年划归北京市，改设昌平区。后复设昌平县。1999 年改设昌平区。

②三国吴永安年间置，属合浦北部都尉。治所在今广西横县西南七里郁江南岸。西晋太康元年（280）改为宁浦县。

③北魏置，属昌平郡。治所在今河北阳原县东南。《水经·灅水注》："灅水又东径昌平县，温水注之，……又东径昌平故城北，王莽之长昌也。昔牵招为魏鲜卑校尉屯此。"即此。

昌平郡 ①北魏置，属燕州。治所在今河北阳原县东南。辖境相当今河北阳原县东部地。《水经·灅水注》：祁夷水"又径昌平郡东，魏太和中置"。后废。《魏书·地形志》、《隋书·地理志》作平昌郡皆误。

②东魏置，属东燕州。治所在昌平县（今北京市昌平区西南十七里）。后废。

昌北县 1948 年由昌图县析置，属辽东省。治八面城镇（今辽宁昌图县北八面城镇）。1949 年改属辽西省。1954 年撤销，并入昌图县。

昌乐县 ①北魏太和二十一年（497）置，属魏郡。治所在今河南南乐县西北。北周为昌乐郡治。隋大业初废入繁水县。唐武德五年（622）复置，属魏州。六年（623）移治今南乐县。五代唐改为南乐县。

②唐武德三年（620）置，属南石州。治所在今四川宣汉县东北。八年（625）废入石鼓县。

③北宋乾德三年（965）置安仁县，不久改为昌乐县，属潍州。治所在今山东昌乐县西北十里。元世祖至元三年（1266）废入北海县。明初复置，属青州府。洪武中移治今昌乐县。民国初属山东胶东道。1925 年改属淄青道。1928 年直属山东省。

昌乐郡 北魏永安元年（528）置，治昌乐县（今河南南乐县西北）。东魏废。北周复置，后又废。

昌宁县 ①北魏延兴四年（474）置，属定阳郡。治所在今山西乡宁县西。北周属中阳郡。隋属文城郡。唐属慈州。五代唐改为乡宁县。

②隋开皇十六年（596）置，属冀州。治所在今河北武邑县东北。大业初废。唐武德四年（621）复置，仍属冀州，贞观初废。

③元末明玉珍置，治所即今重庆市荣昌县。明属重庆府，洪武六年（1373）改为荣昌县。

④1933 年析顺宁、保山两县地置，直属云南省。治所即今云南昌宁县。民国《云南省民政厅〈关于更改县名及设治局之名译音〉案卷》："查保山即旧日之永昌，顺宁即旧日之顺宁。永昌、顺宁均系原有之府名，应各取第二字为昌宁县。以昌字为首，宁字为次，颇符合永昌、顺宁两府土地联合设县之义，即以昌宁两字意义的解释，亦复安祥吉庆，且与全国县名不雷同。"

昌宁郡 西魏恭帝二年（555）改帖夷郡置，属宁州。治所在帖夷县（在今四川九寨沟县东南一百里）。隋开皇三年（583）废。

昌宁湖 一作昌凝湖。又名昌宁海。在今甘肃金昌市东北。水磨川自永昌县出边墙东北流至宁远堡北四十里潴为湖。清梁份《秦边纪略》卷 2："湖在永昌卫北一百里，镇番卫西一百五十里。明万历间，夷青把都据之，与庄浪大松山之夷宾兔、阿赤兔宰僧，青海之夷永邵卜彼此相为声援，侵犯内地。万历二十六年，巡抚田乐征兵败之，青把都遁去。"

昌辽县 即昌黎县。治所在今辽宁义县。《续汉书·郡国志》 辽东属国："昌辽故天辽，属辽西。"王先谦《汉书补注》："昌辽即昌黎，辽、黎双声变转。"

昌吉厅 清乾隆二十七年（1762）建城，设管粮通判，属迪化州。治所在今新疆昌吉市。三十八年（1773）改设州同。三十九年改为昌吉县。

昌吉市 1983 年撤销昌吉县，改设昌吉市，市人民政府驻北京路。属昌吉回族自治州，为自治州人民政府驻地。

昌吉县 清乾隆三十八年（1773）置，属迪化州。治所即今新疆昌吉市。清徐松《西域水道记》卷 3：昌吉河，"准语，昌吉，场圃也。河坝筑此，故名，后遂因水以名县"。光绪十二年（1886）属迪化府。民国初属新疆迪化道。1930 年属迪化行政区。后直属新疆省。1983 年改设昌吉市。

昌吉斯台卡伦 清科布多参赞大臣所辖二十三卡伦之一。在今哈萨克斯坦东北塞米巴拉金斯克州东南斋桑泊东北。何秋涛《朔方备乘》卷 10：昌吉斯台喀伦"西至那林一百十里，喀伦西有霭图拜山"。

昌西陵 在今河北易县西永宁山下清西陵中昌陵西五里。是嘉庆帝的孝和皇后钮祜禄氏的陵寝。

昌成 即昌城。战国赵地，在今河北冀州市西北五十里。《史记·赵世家》：孝成王十年（前 256），"燕攻昌成"，即此。西汉置昌成县。

昌成侯国 亦作昌城侯国。西汉神爵三年（前 59）封广川缪王子元置，属信都国。治所在今河北冀州市西北五十里。《后汉书·刘植传》：刘植"巨鹿昌城人也。……建武二年，更封植为昌城侯"。东汉改置阜城县。

昌华苑 南汉御苑。有两处：一处在广州市西关，为园林。黄佐《广东通志》载："昌华苑一名显德园，亦伪刘故址也。在荔枝湾。"一处在广州市河南，为陵区。在北亭村处。《舆地纪胜》卷 89 广州：荔枝洲"在南海东四十五里，周回五十里。刘氏创昌华苑于此"。

昌华宫 在今广东广州市河南官洲街道北亭。五代南汉建。《新五代史·南汉世家》：刘晟乾和二年（944），"遣洪昌祠襄帝陵于海曲，至昌华宫，晟使盗刺杀之"。清改为昌华市。

昌州 ①西魏废帝三年（554）改南荆州置，治所即今湖北枣阳市。隋大业初改为春陵郡。唐武德三年（620）复为昌州。五年（622）废。

②唐武德二年（619）置，治所在蒲县（今山西蒲县）。辖境相当今山西蒲县、吉县地。贞观元年（627）废。

③唐贞观二年（628）置，属营州。治所在今辽宁中部，神龙初迁治安次县古常道城（今河北廊坊市西）。后废。

④唐乾元元年（758）割泸、普、渝、合、资、荣等六州界置，治所在静南县（今重庆市大足县西南）。辖境相当今重庆市大足、荣昌、永川等市县地。寻废。大历十年（775）复置，治所在昌元县（今荣昌县西北）。光启元年（885）徙治大足县（今大足县）。元世祖至元二十七年（1290）废。

⑤金置，治所在今河北沽源县西九连城。天辅七年（1123）降为建昌县。明昌七年（1196）复置，属抚州。改建昌县为宝山县。元属兴和路，延祐六年（1319）改名宝昌州。

⑥元世祖至元十二年（1275）置，为定昌路治。治所在今四川德昌县西南。二十三年（1286）为德昌路治。辖境相当今四川德昌县南境。明洪武十五年（1382）属德昌府。永乐二年（1404）改为昌州长官司。

昌州长官司 明永乐二年（1404）改昌州置，属建昌卫。治所在今四川德昌县西南。清属宁远府。后废。

昌江 ①一名大河。又名北河。即今江西东北部昌江，为鄱江北源。《寰宇记》卷107浮梁县：昌江“在县南。水西流会诸溪水入鄱江”。

②即今海南省昌江黎族自治县西南之昌化江。《方舆纪要》卷105昌化县：昌江在“县（治今昌城镇）南十里。源出五指山，西北流汇群川水，至县东南侯村，分南北二流：南江西流，经赤坎村而南出，会海潮成港，一名南崖江，又名三家港；北江北流，绕县南，又西流至泥浦，与潮水会而成港，一名北港，并入于海”。

③即巫溪水。今重庆市巫溪、巫山两县境之大宁河。《明史·地理志》 大宁县：“又有马连溪，亦曰昌溪。”《清史稿·地理志》 巫山县：“巫溪水一名昌江，自大宁入，东南流入大江。”

④即今越南北部之沧江（商江）。《明史·安南传》：永乐四年（1406），张辅等讨安南，“师次芹站，遂造浮桥于昌江以济”。《方舆纪要》卷112安南谅江府：昌江“府南七十里保禄县南。源出府西北山中，下流合市桥江。有昌江市”。

昌江山 在今湖南平江县东南二里。《舆地纪胜》卷69岳州：昌江山，“《皇朝郡县志》云：在平江县境。有仙人艾君居之，有石坛、美蓉池、金线洞、飞仙石、温泉。山有别出凡五：曰天岳，曰雷台，曰雷公，曰天柱，曰幕府”。《方舆纪要》卷77平江县：昌江山“一名鲁德山。山多奇胜，鲁肃尝屯兵于此，后人德之，因名”。

昌江县 ①唐神龙三年（707）析湘阴县置，属岳州。治所在今湖南平江县东南三十里金铺观。元和四年（809）迁治今平江县。五代楚改名平江县。

②1914年改昌化县置，属广东琼崖道。治所即今海南省昌江黎族自治县西昌城镇。县以昌江为名。1920年直属广东省。1952年与感恩县合并为昌感县（驻北黎镇）。1958年撤销昌感县，并入东方县。1961年复设昌江县，迁治石碌镇（今昌江黎族自治县）。1987年改设昌江黎族自治县。

昌安县 西汉置，属高密国。治所在今山东安丘市东南二十里石堆镇东北李家古城。东汉永平初废。永初元年（107）复置，属北海国。西晋属城阳郡。南朝宋属高密郡。北魏为平昌郡治。隋大业初省入安丘县。唐武德二年（619）复置，属潍州。六年（623）省。

昌阳县 战国秦置，属胶东郡。治所在今山东文登市西南三十里宋村镇东南。以在昌水之阳为名。出土秦封泥中有“昌阳丞印”可证。西汉属东莱郡。西晋初废。元康八年（298）复置，属长广郡。治所在今山东莱阳市东南二十三里。北齐属东莱郡。唐属莱州，永徽元年（650）移治今莱阳市。五代唐同光元年（923）改名莱阳县。

昌县 西汉置，属琅邪郡。治所在今山东诸城市东北昌城镇。《汉书·王子侯表》：汉武帝元鼎元年（前116）封城阳顷王子差为“昌侯”。五年“坐酎金免”，复为昌县。东汉废。

昌邑市 1994年撤销山东省昌邑县，改设昌邑市，市人民政府驻奎聚街道办事。由潍坊市代管。

昌邑县 ①秦置，属砀郡。治所在今山东巨野县南六十里大谢集镇南昌邑故城。《史记·绛侯周勃世家》：西汉景帝三年（前154）吴楚七国反，吴攻梁，周亚夫“引兵东北走昌邑，深壁而守……（吴兵）乃引而去，大尉出精兵追击，大破之”。西汉先后为山阳国、昌邑国、山阳郡治。东汉又为兖州治。西晋为高平国治。南朝宋省入金乡县。隋开皇十六年（596）复置，属曹州。大业初又废。

②北宋建隆三年（962）置，属潍州。治所即今山东昌邑市。明属平度州，隶莱州府。清属莱州府。民国初属山东胶东道。1925年改属莱胶道。1928年直属山东省。1994年改设昌邑市。

昌邑邸 汉昌邑王刘贺在长安城内的宅舍，故址在今陕西西安市西北。《汉书·霍光传》 载：昌邑王刘贺继昭帝之后为帝，后被废，“大将军光送至昌邑邸”。

昌邑国 西汉天汉四年（前97）改山阳郡置，封皇子刘髆为昌邑王。治所在昌邑县（今山东巨野县南）。辖境相当今山东巨野、郓城、嘉祥、金乡、鱼台、邹城、单县、曹县、成武等市县地。元平元年（前74）国除为山阳郡。

昌邑城 又名慨口城。在今江西新建县东北一百二十里昌邑乡东游塘。西汉时筑，昌邑王刘贺封于此。《续汉书·郡国志》刘昭注：海昏侯国“在昌邑城”。

昌利山　在今四川成都市东北。《隋书·地理志》：金泉县有昌利山。《寰宇记》卷76怀安军金堂县：“昌利山有一石室，三门，中可容九十人。今人呼为三龙门是也。”

昌谷　一名昌涧。在今河南宜阳县西。唐李贺居昌谷，有《始为奉礼忆昌谷山居》及《昌谷北园新笋四首》诗。《明史·地理志》称为刀辕川。

昌武县　西汉置，属胶东国。当在今山东东部。东汉省。

昌松县　十六国后凉改仓松县置，为昌松郡治。治所在今甘肃武威市东南。北魏改名温泉县。北周复改昌松县。隋开皇初改为永世县，后复名昌松县，仍属武威郡。唐属凉州，乾元后陷于吐蕃。

昌松郡　十六国后凉置，属凉州。治所在昌松县（今甘肃武威市东南）。寻改为东张掖郡。北魏复为昌松郡。北周废。

昌明州　亦作昌化州。唐开元前置羁縻州，属黎州都督府。治所在今四川石棉县东北丰乐乡（大冲）。北宋以后废。

昌明县　①唐贞观二十二年（648）开松外蛮置，属巂州。治所在今四川盐边县西北。后废。

②唐先天元年（712）因避讳改昌隆县置，属绵州。治所在今四川江油市南彰明镇。天宝初属巴西郡，乾元初复属绵州。《新唐书·地理志》昌明县：“有盐、铁。”五代唐改为彰明县。唐著名诗人李白为昌明县人。

昌国　邑名。又名昌城。战国时齐地，后入燕。故址在今山东淄博市东南昌城村。《史记·赵世家》：惠文王二十五年（前274），“燕周将，攻昌城、高唐，取之”。又，《乐毅传》：燕昭王“封乐毅于昌国，号为昌国君”。即此。

昌国卫　明洪武十二年（1379）置昌国守御千户所，十七年（1384）改为昌国卫，属浙江都司。故址在今浙江舟山市定海区城关镇。二十年（1387）迁于今浙江象山县东南六十余里之东门岛，二十七年（1394）又迁至后门山（即今象山县东南五十里昌国镇）。领钱仓、爵溪、石浦前、后四千户所。清顺治十七年（1660）废。

昌国州　元至元十五年（1278）改昌国县置，属庆元路。治所即今浙江舟山市定海区城关镇。辖境相当今浙江舟山群岛大部分地区。明洪武二年（1369）复改昌国县。

昌国县　①战国齐置。后入秦，属临淄郡。治所在今山东淄博市东南昌城村。西汉属齐郡。东汉属齐国。南朝宋废。

②南朝宋改临朐县置，属齐郡。治所即今山东临朐县。隋开皇六年（586）改名逢山县，大业初复名临朐县。

③南齐置，为宋平郡治。治所即今越南河内市。隋开皇初废。唐武德四年（621）复置，属道州。治所在今越南永福省福安一带。贞观十年（636）废。

④东魏武定元年（543）置，属齐郡。治所在雁门川（今山西繁峙县西）。北齐废。

⑤唐武德四年（621）置，属道州。治所在今越南永福省福安东南。贞观十年（636）废入平道县。

⑥北宋熙宁六年（1073）分鄞县置，属明州。治所即今浙江舟山市定海区城关镇。南宋属庆元府。《宋史·高宗纪一》：建炎三年（1129）金兀术犯临安府，高宗乘楼船逃至海上，“次昌国县”。元属庆元路，至元十五年（1278）改为昌国州。明洪武二年（1369）复改昌国县，属明州府。二十年（1387）废。

昌国城　在今山东淄博市东南五里昌城村。《魏书·肃宗纪》：孝昌三年（257），“清河民房须自署大都督，屯据昌国城”。

昌国郡　南朝宋孝建元年（454）侨置，属雍州。寄治襄阳（今湖北襄阳市汉水南襄阳城）。后废。

昌图厅　清嘉庆十二年（1807）置，属奉天府。治所在辽宁昌图县西老城镇。光绪三年（1877）升为昌图府。

昌图县　1913年降昌图府置，属奉天洮昌道。治所即今辽宁昌图县西老城镇。民国《昌图县志》卷4：“昌图者，俗名榆树城，蒙古之长突额尔克也。”“长突额尔克”又作“昌图额尔克”，蒙古语意为绿色草原。县乃取首二字为名。1929年直属辽宁省。1962年徙治昌图镇。

昌图府　清光绪三年（1877）升昌图厅置，属奉天府。治所在今辽宁昌图县西老城镇。辖境相当今辽宁昌图、康平县，吉林四平、双辽、梨树及公主岭等市县一带。1913年改为县。

昌城　①战国赵邑。在今河北冀州市西北。《史记·赵世家》：孝成王十年（256），“燕攻昌城，五月拔之”。即此。战国秦置昌城县。

②即昌国城。战国时齐置，在今山东淄博市东南昌城村。

③在今河南南乐县南。《晋书·石季龙载记》：东晋永和六年（350）冉闵在邺称帝，张贺度等“会于昌城，将攻邺”。即此。

④即今朝鲜平安北道昌城。《明史·朝鲜传》：“宽奠、镇江与昌城、义州诸堡隔水相望。”

昌城村　即今山东诸城市东北二十五里昌城镇。为西汉昌侯国故城。

昌城县　①战国秦置，治所在今河北冀州市西北五十里。汉为昌城侯国。东汉改为阜城县。

②西汉置，属右北平郡。治所在今河北唐山市丰南区西北。东汉废。

③西魏恭帝三年（556）改新城县置，为昌城郡治。治所即今四川三台县。隋大业三年（607）改为郪县。

昌城侯国 亦作昌成侯国。西汉置，属信都国。治所在今河北冀州市西北五十里。宣帝封广川缪王之子元为昌成侯国。即此。东汉永平初改为阜城县。《水经·浊漳水注》："衡水又北径昌城县故城西。……应劭曰，堂阳县北三十里有昌城，故县也。世祖之下堂阳，昌城人刘植率宗亲子弟，据邑以奉世祖是也。"

昌城郡 西魏置，为新州治。治所在昌城县（今四川三台县）。北周辖境相当今四川三台、射洪二县地。隋开皇三年（583）废。

昌南县 1945年山东革命根据地由昌邑县南部析置，治饮马村（今山东昌邑市南饮马镇）。1956年撤销，并入昌邑县。

昌南镇 又名新平镇、陶阳镇。今江西景德镇之别称。以地处昌水之南而得名。北宋景德年间改名景德镇。昌南之名遂渐湮废。水土宜陶瓷。从唐以来，所产陶瓷闻名于世。

昌侯国 西汉置，属琅邪郡。治所在今山东诸城市东北二十五里昌城镇。高帝八年（前199）封旅卿为昌侯。元鼎元年（前116）又封城阳顷王子差为昌侯，即此。东汉省。

昌衍乡 又作昌平乡。春秋鲁地，在今山东曲阜市东南五十里尼山之西。《左传》：僖公二十九年（前631），"介葛卢来朝，舍于昌衍之上，公在会，馈之刍米"。注："昌衍，鲁县东南有昌平城。"《史记·孔子世家》："孔子生鲁昌平乡陬邑。"

昌洛县 北周改南渑池县置，属宜阳郡。治所在今河南洛宁县西，洛水北。隋开皇十八年（598）改为洛水县。

昌珠寺 在今西藏乃东县南。相传公元7世纪时，由松赞干布主持建造。18世纪初叶蒙古准噶尔部侵扰西藏时，寺内大量文物被毁。十三世达赖曾重修此寺。"昌珠"藏语意为鹞子和龙。1961年定为全国重点文物保护单位。

昌都市 2014年撤销西藏自治区昌都地区和昌都县，设立地级昌都市。昌都市人民政府驻新设立的卡若区昌都西路378号。昌都市设立卡若区，区政府驻城关镇昌都中路259号。

昌都县 1913年改昌都府置，属四川省。治所即今西藏昌都县。后属西康省。西藏地方政府设昌都宗。

昌都庙 即今内蒙古阿巴嘎旗南查干淖尔镇驻地昌图苏莫。清为阿巴嘎右翼旗驻地。

昌都府 1912年置，属四川省。治所即今西藏昌都县。辖境相当今西藏自治区东部嘉黎、边坝等县以东地。1913年废府，改为昌都县。

昌都宗 一作察木多。即今西藏昌都县。清乾隆《西藏志·疆圉》称："工布江达、拉里、说板多、洛隆宗、昌都皆为要隘。"1960年与拉多宗合并设昌都县。

昌都刺城 即今新疆昌吉市。顾炎武《天下郡国利病书》卷117《西域土地人物略》：昆迷失"其北有池，有昌都刺城"。

昌原县 唐武德二年（619）置，属昌州。治所在今山西蒲县西。贞观元年（627）废。

昌虑县 东汉改昌虑侯国为县，属东海郡。治所在今山东滕州市东南六十里。建安三年（198），曹操平吕布，于此置昌虑郡，不久废。西晋属兰陵郡。南朝宋为兰陵郡治。北魏属兰陵郡。北齐废。

昌虑侯国 西汉置，属东海郡。治所在今山东滕州市东南六十里。宣帝甘露元年（前53）封梁孝王子宏为侯国。东汉改为昌虑县。

昌虑郡 东汉建安三年（198）置，治所在昌虑县（今山东滕州市东南六十里）。十一年（206）复改昌虑县。

昌润渠 在今宁夏平罗县东。清雍正六年（1728）循黄河支流六洋河之旧迹疏浚而成。《清一统志·宁夏府一》：昌润渠"本朝雍正六年既开惠农渠，复即旧河疏其淤塞。重筑湃岸于渠口……两旁分支渠数十道，溉田万条顷。赐名昌润渠"。

昌涧水 即昌谷。今河南洛宁县东北、宜阳县西之连昌河。《水经·洛水注》："又东有昌涧水注之。水出西北宜阳山，……南注于洛。"

昌陵 清仁宗嘉庆之陵。在今河北易县西五十里永宁山下清西陵内。

昌陵县 西汉鸿嘉元年（前20）置，属京兆尹。治所在今陕西西安市临潼区东。永始元年（前16）废。

昌曼河 即今新疆新源县南恰皮克河，为巩乃斯河支流。清徐松《西域水道记》卷4：昌曼河"发自纳喇特岭，数泉喷涌聚而成川。其地多鹿，谚名鹿圈……西北流，经昌曼卡伦南，又西北流经达哈特岭北，汇其岭水，又西北流经喀喇淖尔岭北，汇其岭水，又西北流经乌兰岭北，汇其岭水，又西北流达山外，入于空格斯河"。

昌隆县 西魏改汉昌县置，属巴西郡。治所在孟津里（今四川江油市南彰明镇）。隋开皇初属绵州，大业初属金山郡。唐武德初属绵州，先天元年（712）改为昌明县。

昌瑞山 在今河北遵化市西北七十里。本名丰台岭，清初改名凤台山，康熙年间以此地为东陵所在，封为昌瑞山。

昌蒲县 西晋置，属敦煌郡。治所即今甘肃肃北蒙古族自治县。后废。

昌溪 即马连溪。在今重庆市巫溪县西。《舆地纪胜》卷181大宁监载杜如篪诗云："险绝昌溪水，如何亦问津。命分毫发地，利役古今人。"《明史·地理志》大宁县："又有马连溪，亦曰昌溪。"

昌溪村 即今安徽歙县东昌源河西岸昌溪乡。清乾隆《歙县志》卷1《都鄙》有昌溪村。

昌磊州 唐开元后置羁縻州，属雅州都督府。治所在今四川康定县境。北宋属雅州。后废。

昌黎县 ①亦作昌辽县。东汉改交黎县置，为辽东属国治。治所即今辽宁义县。《汉书·地理志》辽西郡交黎县应劭注："今昌黎。"三国魏改属昌黎郡。北齐废。

②唐贞观八年（634）置，为崇州羁縻州治。初置在营州境，契丹陷营州，徙治于潞县之古潞城（今河北三河市西南）。后废。

③金大定二十九年（1189）改广宁县置，属平州。治所即今河北昌黎县。元世祖至元七年（1270）废，十二年（1275）复置，属滦州，寻属永平路。明属永平府。民国初属直隶津海道。1928年直属河北省。

昌黎郡　①三国魏改辽东属国置，属幽州。治所在昌黎县（今辽宁义县）。辖境相当今辽宁辽河以西大凌河中、下游及小凌河流域地区。西晋改属平州。十六国前燕移治龙城县（今辽宁朝阳市），属营州。前秦为平州治。后燕属平州。北魏为营州治。北齐废。唐代以韩氏为昌黎一著姓，文学家韩愈虽祖籍颍川，著籍河南，亦每以昌黎自称，故后世称其为韩昌黎，著有《韩昌黎集》。

②北魏永兴中侨置，属南营州。寄治英雄城（今河北徐水县西遂城镇）。北齐移治永乐县（今河北满城县西北乐城）。隋开皇三年（583）废。

昌黎属国　即辽东属国。东汉置，属幽州。治所昌黎县（今辽宁义县）。三国魏改置昌黎郡。

昌器利满达坂　在今新疆和田县南界，南通退摆特。清宣统《新疆图志》卷9：昌器利满达坂"水分东西流，东流属中，西流属外，从骑仑分界，中外分明，诚天然界限也。……该达坂及诸峰峦多积雪，虽盛暑不消"。

昌魏县　三国魏置，属新城郡。治所在今湖北房县西南。西魏废。

易　春秋为燕桓侯别都，战国为赵地，后又属燕。在今河北雄县西北十五里古贤村。《史记·赵世家》：惠文王五年（前294），"与燕鄚、易"。即此。

易上村　即今河北定兴县西南易上村。明万历《保定府志》卷2定兴县图：西南有易上乡。

易门县　元世祖至元四年（1267）置洟门千户，元至元十二年（1275）改易门县，属昆阳州。治所在市坪村（今云南易门县南十里南庄）。《元史·地理志》："县西有泉曰洟源，讹作易门。"元代后期迁治今县北三十二里旧县。明万历二年（1574）复迁今易门县。清属云南府。民国初属云南滇中道。1916年直属云南省。

易门所　明洪武二十四年（1391）置易门守御千户所，属云南都司。治所在今云南易门县南十里南庄。清康熙七年（1668）废。

易马台（臺）　明万历五年（1577）筑。在今陕西榆林市北红山上。《清一统志·榆林府》：款贡城"在榆林县北红山上，中有镇北台、易马台"。

易太圩　在今安徽芜湖县（湾沚镇）西北。清康熙《太平府志》卷4芜湖县："易太圩，宋崇宁间属易俗乡十八九都。"

易水　有三：一曰中易水，源出河北易县西，东流至定兴县西南合拒马河。即古武水。《周礼·职方》并州："其浸涞、易。"《战国策·燕一》：苏秦北说燕文侯曰，燕"南有呼沱、易水"。即此。一曰北易水，源出易县北，东南流入定兴县界，与中易水合，即古濡水，又名沙河。一曰南易水，源出易县西南，东流入徐水、安新县为雹河（今瀑河）。

易公山　一名影珠山。在今湖南长沙县东北。《清一统志·长沙府》：影珠山"在长沙县东北七十五里。……亦名易公山。为元易公得道处"。

易古　在今云南寻甸回族彝族自治县南。民国时有县佐驻此。

易龙驿　明置，属寻甸军民府。在今云南寻甸回族彝族自治县南塘子镇南易隆。后废。

易州　隋开皇元年（581）置，治所即今河北易县。《元和志》卷18易州："因州南十三里易水为名。"开皇十六年（596）置易县为州治。大业初改为上谷郡。唐武德四年（621）复名易州，天宝元年（742）又名上谷郡。乾元元年（758）复名易州。唐辖境相当今河北内长城以南，安新、满城以北，南拒马河以西。辽以后屡有改变。元属保定路。明属保定府。清雍正十一年（1733）升为直隶州，属直隶省。辖境兼有今涞源、涞水两县地。1913年废为易县。境内有长城之险，为河北地区门户。五代、北宋初，常在此与契丹激战。明代与瓦剌等部相持，此地为节制紫荆诸关重镇。

易阳县　西汉置，属赵国。治所在今河北永年县（临洺关）东南。《汉书·地理志》注引师古曰："在易水之阳。"故名。《后汉书·和帝纪》：永平七年(64)，"易阳地裂"。即此。建安十七年（212）属魏郡。三国魏属广平郡。北魏初废，孝文帝复置，移治今永年县。后为易阳郡治。北齐又为襄国郡治。隋开皇六年（586）改为邯郸县。

易贡宗　又称波麦宗。在今西藏波密县西北易贡农场附近。为三波宗中的下波宗。1960年与倾多宗、波曲宗合并，设立波密县。

易县　①秦置，属广阳郡。治所在今河北雄县西北十五里古贤村。西汉属涿郡。东汉属河间国。三国魏改名易城县，属河间郡。北魏复为易县，属高阳郡。移治今县西北三十五里。北齐天保七年（556）废入鄚县。

②隋开皇十六年（596）置，为易州治。治所即今河北易县。以易水为名。大业初为上谷郡治。唐为易州治。元初存州废县，至元三年（1266）复置。明洪武初废入易州。1913年改易州为县，属直隶保定道。1928年直属河北省。县东南有燕国故都之一燕下都遗址。县西永宁山下有清西陵。

易武　即今云南勐腊县北一百十里易武乡。版纳整董、播剌、易武为明代车里宣慰司所辖十二版纳之一。清雍正十三年（1735）设易武土把总。1929年为镇越县治。傣语“易”为美女，“武”为蛇，意即美女蛇街。传说街边马道子石洞内曾住过三位蟒蛇化身的美丽公主，故名。

易武土把总　即今云南勐腊县北易武乡。清雍正间置易武土把总。

易罗池　又称九龙池。在今云南保山市西南郊。《明一统志》卷87金齿军民指挥使司：易罗池“在司城南。周三百余步，源自池底涌出。相传昔有妇沙壶，触沉木而感孕，即此池也”。《方舆纪要》卷118保山县：九隆山“其麓有泉自地涌出，凡九窦，土人甃石为池承之，其下汇为大池，可三十亩，名曰九龙池，或谓之易罗池”。

易京　在今河北雄县西北。《后汉书·公孙瓒传》：据易地，“乃盛修营垒，楼观数十，临易河，通辽海”。唐李贤注：“瓒所居易京故城在今幽州归义县南十八里。”建安四年（199）为袁绍所破。魏晋仍为重镇。《魏书·地形志》：易县有易京。十六国时，石季龙（石虎）过此，恶其固而毁之。《水经·易水注》：“易水又东径易京南，汉末，公孙瓒害刘虞于蓟下，时童谣云：‘燕南垂，赵北际，惟有此中可避世。’瓒以易地当之，故自蓟徙临易水，谓之易京城，在易城西四五里。赵建武四年，石虎自辽西南达易京，以京障至固，令二万人废坏之。今者城壁夷平，其楼基尚存。”

易城县　三国魏改易县置，属河间郡。治所在今河北雄县西北十五里古贤村。西晋属河间国。北魏复名易县。

易俗县　辽太平十年（1030）置，属上京临潢府。治所在今内蒙古巴林左旗南。县衙在上京南城西门之北。金废。

易俗河市　即今湖南湘潭县治易俗河镇。《清一统志·长沙府二》“涂田市”条下：“易俗河市，在（湘潭）县西南二十里易俗河口。”

易浪浉龙　在今云南寻甸回族彝族自治县西九十二里鸡街乡古城。元至元二十四年（1287）于此置倘俸县，次年改归厚县。明初县废。

易家湾市　即今湖南湘潭市东北易家湾。清乾隆《湘潭县志》卷5：易家湾市“一名西港湾。京广要路。市多鱼”。

易陬龙　在今云南曲靖市北沾益县治西平镇。元于此置交水县。

易娘部　宋代的部名，属叙州羁縻。在今云南彝良县东南七十里奎香苗族彝族乡。元置益良州。

易堂　在今江西宁都县城西北十里翠微峰（金精峰）。《清一统志·宁都州》：魏禧“宁都人，结庐金精之翠微峰，与南昌彭士望、林时益，同邑李腾蛟、邱维屏、彭仕、曾灿及兄祥、弟礼等九人为易堂学”。世称“易堂九子”。

易笼县　元至元二十六年（1289）置，属禄劝州。治所在今云南禄劝彝族苗族自治县西北七十二里云龙。《元史·地理志》：“县境有二水，蛮语谓洟为水，笼为城，因此为名。”明洪武十七年（1384）废入州。

易隆　即今云南寻甸回族彝族自治县南四十二里塘子镇南易隆。明为木密所驻地。原名洟笼，彝语“洟”为水，“笼”为城，意即水城。

易溪部　又作亦溪部。宋代的部名，属叙州羁縻。在今云南威信县境。

昂山　①在今浙江龙泉市西。《方舆纪要》卷94龙泉县：昂山在“县西三十里。青壁嵯峨，削入云际”。

②在今江西贵溪市西南百余里。《方舆纪要》卷85广信府贵溪县：昂山“东连贵潭，西接梅潭，南入福建界，北带上清溪，广四十余里，山形昂耸，物产蕃庶”。

昂川　在今四川阿坝县境。《资治通鉴》：南朝宋元嘉三年（426），“吐谷浑握逵等帅部众二万落叛秦，奔昂川，附于吐谷浑王慕璝”。

昂车关　唐置，在今山西武乡县北上关村。《新唐书·地理志》潞州武乡县：“北有昂车关。”《资治通鉴》：唐天复元年（901），朱全忠将“（氏）叔琮入大井关，进军昂车”。《方舆纪要》卷43武乡县：昂车关“在县东北七十里。唐置。一作印车关，亦作芒车关。声相近也”。

昂仁　清设昂仁宗。即今西藏昂仁县。又作章阿布林城或将阿木凌宗。1960年与梅康莎等谿合并设昂仁县。

昂古里泊　即今河北张北县西北之安固里淖尔。《清一统志·牧厂》：“集宁海子在（正黄等四旗）牧厂东六十里。土人名昂古里淖尔，哈柳台河、喀喇乌苏数水注其中。元置集宁路于此。旧有集宁城在其西。”

昂可剌　元北境部族，又译盎吉剌。在今俄罗斯安加拉河及叶尼塞河中下游地区。《元史·地理志》昂可剌者：“因水为名，附庸于吉利吉思，去大都二万五千余里。”又载：谦河流经吉利吉思境，“注于昂可剌河，北入于海”。元世祖时，置益兰州等处五部断事官分治北境，昂可剌为其辖部之一。元盛如梓《庶斋老学丛谈》：“盎吉剌日不落，只一黑气遮日，煮羊膊熟，日又出也。保定刘敬之（即刘好礼）往任断事官，亲见之。”

昂可剌河　今俄罗斯叶尼塞河中下游及其东支流安加拉河。《元史·地理志》：“吉利吉思者，……谦河经其中，西北流，又西南有水曰阿浦，东北有水曰玉须，皆巨浸也，会于谦而注于昂可剌河，北入于海。”元有昂可剌部居此，因水为名。

昂吉泺　即鸳鸯泊。今河北张北县西北安固里淖。《金史·地理志》抚州柔远县：“昂吉泺又名鸳鸯泺。”明罗洪先《广舆图》（据元朱思本《舆地图》增补）“朔漠图”幅标昂古里脑儿于兴和（今河北张北县）北，即此。

昂阿下水　即奄遏下水海。今内蒙古凉城县东北岱海。《三朝北盟会编》引《燕云奉使录》作“昂阿下水”。

昂忍宗　又作昂木仁、阿布林、将阿木凌宗。即章阿布林。治所即今西藏昂仁县。“昂仁”，藏语意为长沟。

昂昂溪遗址　在今黑龙江齐齐哈尔市西南昂昂溪区五福火车站南四里。1930年著名考古学家梁思永在此首次发掘，出土了大量小型压琢石器、陶器和骨器。近年来又陆续发现许多同类型遗址，出土了大量精琢石器、骨器和陶器等。昂昂溪遗址出土的以细小压制石器为主要特征的文化类型和细石器工艺传统是北方草原地带新石器时代中晚期具有代表性的文化类型，称为“昂昂溪文化”。其年代距今约5000—6000年。1988年定为全国重点文物保护单位。

昂城　在今四川阿坝县境。《魏书·吐谷浑传》：“吐谷浑遂徙上陇，止于抱罕暨甘松，南界昂城、龙涸。”

昂榆联络线　全称为齐克铁路昂榆支线。自今黑龙江齐齐哈尔市南榆树屯至昂昂溪。长16.4公里。1929年修筑。今称齐昂线。

国山　即今江苏宜兴市西南五十里离墨山。《寰宇记》卷92引《舆地志》云：国山“本名离里山。山有九峰相连，一名升山。吴五凤二年，其山有大石自立，高九尺三寸，大十三围三寸。归命侯又遣司空董朝、太常周处至阳羡，封禅为中岳，改名国山”。

国山县　西晋永兴初分阳羡地置，属义兴郡。治所在今江苏宜兴市西南五十里国山西麓，章溪东岸。东晋成帝时移于平地，离旧城七里。《宋书·孔觊传》：泰始二年（466），义兴太守刘延熙叛，吴喜进击，“自国山进吴城，去义兴十五里”。隋开皇九年（589）废入义兴县。

国山碑　在今江苏宜兴市西南善卷镇国山顶上。立于三国东吴天玺元年（276）。碑呈圆鼓形，状如囤。碑高2.35米，围长3.3米，四周环刻通连文字，计四十三行，每行二十五字，共计约一千字。字迹有些已漫漶不清，碑文内容是东吴末帝孙皓宣扬祥瑞感应的立碑缘起。“祥瑞”指当时的三件异常现象：其一是吴郡临平湖壅塞后忽然开通；其二是鄱阳郡历阳山的石头纹理出现吉祥文字；其三是指阳羡（今宜兴）的离墨山（即国山）中开裂十余丈长的石室。于是吴帝孙皓派大司空董朝到阳羡举行封禅大典，将离墨山封为“国山”。碑文为董朝所撰，字由东吴中书东观令史立信中郎将苏建所书。国山碑是我国现存最早的封禅碑之一，字体篆书略带隶意，有较高的书法艺术价值。碑文还记载阳羡（宜兴）公元276年的一次地震，是江南地区最早的历史地震记录。2001年定为全国重点文物保护单位。

国子监　在今北京市东城区成贤街北侧。元、明、清三代的国家最高学府。始建于元大德十年（1306），明初改北平郡学，永乐二年（1404）复称国子监。建筑坐北朝南。大门名集贤门，二门名太学门。太学门内的辟雍为国子监全部建筑的中心，与北面的大殿（彝伦堂）形成院落。彝伦堂是国子监的藏书处。彝伦堂后的敬一亭建于明嘉靖七年（1528），是国子监祭酒的办公处。国子监现为首都图书馆旧馆。1988年定为全国重点文物保护单位。

国内城　在今吉林集安市东鸭绿江畔、通沟河口东侧。曾为高句丽国都。高句丽原都纥升骨城（今辽宁桓仁满族自治县东北十七里五女山山城），传至第二代琉璃明王，于西汉平帝元始三年（3）迁都于此，并筑丸都山城作为国内城的守备城。东汉建安十四年（209），山上王移都山城，历时三十五年。东晋咸康八年（342）故国原王又都山城。国内城址略呈长方形，东墙长554.7米，西墙长664.6米。南墙长751.5米，北墙长715.2米。城墙内部以夯土构筑，外部用长条形和方形石条垒砌，由下而上层层收分，一般高约3—4米，宽约10米。西临洞沟河（通沟河），其余三面各有一条宽10米的壕沟。城有六门，南北各一，东西各二，均有瓮城。四隅有角楼，城墙上每隔一定距离有方形垛台。城内中部、东部发现有大型建筑基址，东门外建筑基址保存有回廊、火坑、烟道等遗迹。城内曾出土“太宁四年”瓦当及础石、铁器、铜器、鎏金器、石器、陶器等大量文物。1982定为全国重点文物保护单位。2001年国内城保护单位与其保备城丸都山故城合并，保护单位名称改为丸都山城与国内城。直至北魏太武帝拓跋焘始光四年（427）高句丽迁都平壤，在四个多世纪中，该城一直作为高句丽的政治、经济和文化中心，是高句丽时期具有代表性的一处文化遗址。2004年联合国教科文组织认定为世界文化遗产，列入《世界遗产名录》。

国立西南联合大学旧址　简称西南联大旧址。在今云南昆明市老城北门街。旧址内有闻一多篆书“国立西南联合大学纪念碑”。冯友兰撰碑文，详载日本帝国主义自清光绪年甲午（1894）以来，特别是1937年7月7日卢沟桥事变后大举入侵，国立北京大学、清华大学和私立南开大学迫于形势南迁至昆明，联合组建国立西南联合大学，设理、工、文、法、商、师范等学院。抗战胜利后，1946年5月4日学校回迁。联合大学在昆明期间先后毕业学生二千余人，投笔从戎参加抗击侵略者八百余人。对云南文教事业和革命运动都曾起过重大作用。现联大旧址尚存当年留下的平房教室一间。附近有李公朴、闻一多烈士衣冠冢和“一二·一”运动四烈士墓。2006年定为全国重点文物保护单位。

国立蒙藏学校旧址　在今北京市西城区西单广场北小石虎胡同38号。旧址原是明初常州会馆，明朝末年是崇祯朝大学士周延儒的住宅，清初曾为建宁公主府。1913年在此开办中国蒙藏学校。1923年秋，李大钊、邓中夏来校开展革命工作。1924年，乌兰夫等一批青年学生成为中共第一批蒙古族党员，并在此设蒙古族第一个党支部。旧址西院三进，有府门、正厅、过厅、后厅、垛殿、配殿；东院四进，包括大门、正殿、北房、配殿、耳殿等。2006年定为全国重点文物保护单位。

国民党“一大”旧址　在今广东广州市东山区文明

路广东博物馆内。1924年1月孙中山在此召开国民党第一次代表大会，改组国民党，实行国共合作，确定联俄、联共、扶助农工三大政策。旧地原为广东师范学堂钟楼，三层钢筋混凝土结构楼房。1988年定为全国重点文物保护单位。

国县 《魏书·地形志》恒农郡国县当为“圉县”之误。在今河南淅川县东南丹江水库东。

国相寺 在今河南开封市内东南繁塔前。俗名繁塔寺。五代周显德年间建天清寺，又名白云寺。明洪武十七年（1384）改今名。永乐、天顺年间修葺。明末兵毁。清顺治年间重修。

国殇墓园 在今云南腾冲县城西隅、叠水河瀑布南侧小团山。1945年为纪念抗日战争时中国远征军收复腾冲阵亡烈士而建。有忠烈祠、烈士冢、纪念塔等。忠烈祠建在小团山麓，有碑记述战斗始末和建园缘由。烈士冢呈八行纵队葬列于缓坡，上立碑，刻阵亡官兵三千三百四十二人的姓名、籍贯、军衔。纪念塔建于坡顶，高10米，塔身为矩形，顶为锥形，三面均刻“远征军第二十集团军攻克腾冲阵亡烈士纪念塔”字样。1996年定为全国重点文物保护单位。

国泰墟 即今广东广州市花都区西北国泰村，北接清远市界。清光绪《广州府志》卷69墟市：花县有“国泰墟”。

国清寺 在今浙江天台县北。《舆地纪胜》卷12台州：景德国清寺“在天台县北一十里。旧名天台，隋开皇中僧智顗建。先是顗修禅于此，梦定光告曰：寺若成，国即清。大业中遂改名国清”。今殿宇系清雍正十二年（1734）重修。为我国佛教天台宗的发源地，也是日本佛教天台宗的祖庭。现存主要建筑有南宋重建的隋塔、清雍正年间重修的山门、弥勒殿、雨华殿和大雄宝殿，以及建于清代中后期的西路三圣殿、罗汉堂和东二路的禅堂。西路的妙法堂和东一路的方丈楼、迎塔楼建于民国时期，均保存完好。寺周还保存了大量的摩崖、碑刻、手书、佛像和法器等珍贵文物。2001年定为全国重点文物保护单位。

国清塘 旧址在今福建莆田市东南，其水与木兰陂相灌注。《新唐书·地理志》泉州莆田县：“东南二十里有国清塘，溉田总千二百顷，贞观中置。”宋熙宁中，木兰陂成，附近诸塘遂废为民田，惟国清塘仍留以备大旱。清初起未见记载。

固山 ①又作崮山。在今山东济南市长清区东南三十里。《清一统志·济南府二》：乾隆皇帝南巡经此，有“御制崮山诗”。

②即今山东淄博市博山区东南三十里崮山镇，驻北固山。其南有南固山，东有东固山。俗讹作孤山。

③在今甘肃成县西北。《三国志·魏书·曹休传》：东汉建安二十三年（218），“刘备遣将吴兰屯下辩，太祖遣曹洪征之，以休为骑都尉，参洪军事。……备遣张飞屯固山，欲断军后”。即此。

固山镇 即今山东淄博市博山城东南三十里崮山镇。清光绪《山东通志》卷2《舆图志》：博山县东南有固山集。民国《续修博山县志》卷2《乡镇》作固山镇。

固节县 唐圣历元年（698）改良乡县置，属幽州范阳郡。治所在今北京市房山区西南窦店镇西土城。神龙元年（705）复为良乡县。

固本堤（隄） 在今江西樟树市附近。《方舆纪要》卷87临江府清江县：固本堤在“府城（今临江镇）东。古堤也。赣、袁二水合流东下，最易冲啮。宋嘉定迄咸淳，守土者相继伐石甃砌为堤，水方顺道。元大德间亦常增修。明朝宏治四年及八年、十一年相继修筑始为完固。崇祯十五年堤坏侵城，旋议筑治，盖沿江西岸之巨防也”。

固石洞 在今江西于都县东北。《宋史·岳飞传》：南宋绍兴三年（1133），岳飞讨群盗于虔州，“固石洞贼彭友悉众至雩都迎战，跃马驰突，飞麾兵即马上擒之，余酋退保固石洞”。《清一统志·赣州府一》：固石山“在雩都县东北一百里。一名展诰山。上有洞曰固石洞”。

固东汛 即今云南腾冲县北七十一里固东镇。清有千总外委驻守。

固尔图 即今新疆乌苏市西二百里古尔图。清道光《新疆识略》卷2库尔喀喇乌苏：固尔固台“西至精河所属之托多克台六十里”。

固尔图河 ①一名额布图河。即今新疆乌苏市西古尔图河。清徐松《西域水道记》卷3：“额布图岭，准语，额布图，顺适之谓。发泉东北流为额布图河。”

②在今新疆阿勒泰市西。清徐松《西域水道记》卷5：“额尔齐斯河西北径齐尔衮特依山北，凡四十余里，北会固尔图河。河长百二十余里。”

固尔班托罗泊 俗称为白家海。在今新疆昌吉市北。为乌鲁木齐河所潴。清宣统《新疆图志》卷71：乌鲁木齐河“北流径迪化城西红山之麓，东引为鉴湖，博克达山水自东南来入之，又北折西流百五十余里，昌吉河自西南来会，合流汇于固尔班托罗之泊。……谚称为白家海子者也。海子东西长、南北狭，周径约四五十里。非大泽，故不著名”。

固尔班泊 亦作古尔板泊。在今内蒙古东乌珠穆沁旗东南。清齐召南《水道提纲》卷27：古尔板泊“在（乌珠穆沁）左翼西南三十五里。产盐”。《清史稿·藩部二·乌珠穆沁部》：“是部左翼有固尔班泊，产盐，由巴林桥乌丹城运售内地，西出围场，分销承德、丰、滦各属；东出建平，分销建昌、朝阳各属；远者更可销至奉天突泉诸县，西南可由多伦至山西丰镇、宁远诸厅。”

固戍墟 即今广东深圳市宝安区（新安镇）西北固戍。元《大德南海志》卷10：东莞县有固戍角巡司。明洪武间移今市南福永镇。

固关 亦作故关。在今山西平定县东北。《清一统志·正定府二》：固关“在井陉县（今城关镇）

西南四十里，接山西平定州界。旧曰故关，自山西道出井陉，此为控扼之要，自昔置关于此”。明正统二年（1437）修筑关城，嘉靖二十二年（1543）更营新城。今槐树铺东北有新关。旧关村当为旧址。

固州 ①金贞祐二年（1214）改马邑县置，治所在今山西朔州市东北三十三里马邑村。辖境相当今山西朔州市及山阴县部分地。元复改马邑县。

②即今陕西延长县东南赵家河村。本宜川县地，1937—1948 年陕甘革命根据地置固临县治此。

固江镇 即今江西吉安县西北固江镇。《清一统志·吉安府二》：固江镇巡司“在庐陵县西南。明初置敖城巡司，本朝乾隆三十年移驻于此”。

固安州 元世祖中统四年（1263）升固安县置，属大都路。治所在今河北固安县。辖地相当今河北固安县地。明洪武元年（1368）复为固安县。

固安县 ①北魏改故安县置，属范阳郡。治所在今河北易县东南西贯城。北齐废。

②隋开皇九年（589）置，属幽州。治所即今河北固安县。《寰宇记》卷 70 涿州固安县：“取汉故安县以为名。”唐属幽州，大历四年（769）改属涿州。元中统四年（1263）升为固安州。明洪武元年（1368）又降为县，属顺天府。民国初属直隶京兆尹。1928 年直属河北省。

固安寨 在今贵州锦屏县东南。《方舆纪要》卷 121 湖耳蛮夷长官司：固安寨在“司东二十里”。

固军坝镇 即今四川万源市南一百四十里固军乡。清时有经制外委驻此。

固阳设治局 1919 年由五原、武川二县析置，属绥远特别区。治所即今内蒙古固阳县。1926 年改为固阳县。

固阳县 1926 年改固阳设治局置，属绥远特别区。治所即今内蒙古固阳县。以古稒阳塞和汉稒阳县之名，但非旧治。1928 年属绥远省。1954 年划归内蒙古自治区。

固阳秦长城遗址 在今内蒙古中部阴山山区，固阳县北部的大庙、银号、西斗铺一带，为秦长城的中段遗址。全长约 120 公里，石块垒筑，每隔数里设烽火台。遗址基本连续，一般高出地面 1 米左右。保存最好的一段在前康图沟至牛场湾，长约 7000 米，片石构筑，高 2 米，宽 2.5 米，最高达 3.8 米。秦长城为我国早期长城建筑，遗址保留了该时期的长城原物，有重要研究价值。1996 年定为全国重点文物保护单位。

固庙镇 在今河南桐柏县西北二十二里。古淮渎祠或称淮渎庙曾建于此，故名。

固底镇 金置，属北海县。即今山东潍坊市寒亭区北二十里固堤镇。

固河镇 一作涸河镇。北宋置，属高唐县。即今山东高唐县东北固河镇。

固始县 ①西汉改固陵县置，属淮阳国。治所在今河南太康县南。东汉时废。

②三国魏改固始侯国置，属汝南郡。治所在今安徽临泉县。西晋属汝阴郡。北魏属新蔡郡。东魏武定八年（550）固始城为财州治。北齐废州置包信县。

③南朝宋泰始中侨置，属新蔡郡。治所在今河南固始县东北。取汉固始县为名。梁改为蓼县。北齐复为固始县。为北建州治。后为新蔡郡治。隋开皇初移治今固始县，属光州。大业初属弋阳郡。唐武德三年（620）属光州。清雍正二年（1724）属光州直隶州。民国初属河南汝阳道。1927 年直属河南省。

固始侯国 东汉光武帝改寖县置，属汝南郡。治所在今安徽临泉县。三国魏改为固始县。

固封山 在今湖北老河口市西北。《元丰九域志》卷 1：襄州光化县“有固封山”。《舆地纪胜》卷 87 光化军：固封山“在军城西北九里。晋顺阳在城西。《旧经》云：本名崇山，天宝六年改为固封山”。

固城 ①即今河北定州市东三十里固城。《资治通鉴》：南朝梁大通三年（531），魏普泰初，大都督侯渊“讨刘灵助，至固城”。胡三省注：“固城，当在中山城东北，安国城西南。”《方舆纪要》卷 14 定州：“《旧志》：禹治水时筑，屹然坚固，后人因名曰固城。”

②在今河北南宫市境。《资治通鉴》：唐元和十一年（816），命河东、幽州、义武、横海、魏博、昭义六道兵讨成德王承宗，“魏博奏败成德兵，拔其固城”。胡注：“固城，当在冀州南宫县界。”

③即今江苏高淳县东南固城镇。汉曾为溧阳县治。后县治迁徙，遂废。北宋为固城镇。

④在今山东滕州市东北五十里薛山下。《资治通鉴》：南朝梁天监五年（506），“桓和击魏兖州，拔固城”。《方舆纪要》卷 32 滕县：堌城“盖南北朝时戍守处。或谓之五固”。

⑤在今河南扶沟县西南。唐杜佑《通典》卷 177 扶沟县：“故固城在县西南，周回有水，势甚固，故为名。”

固城仓 一名固城集。即今河南淮滨县北二十八里固城乡。旧属息县。明置巡司于此。清置汛，有兵戍守。

固城汛 即固城仓。今河南淮滨县北二十八里固城乡。旧属息县。《清史稿·地理志》信阳州息县：“汝水自汝阳入，入新蔡，复缘安徽阜阳界径固城汛。”

固城县 ①唐武德元年（618）置，属南丰州。治所在今湖北郧县、郧西县境。八年（625）废。

②唐武后久视元年（700）置，属羁縻淯州。治所在今四川长宁县南境。后废。

固城湖 又称小南湖。在今江苏高淳县南，其南与安徽宣州市接界。宋《景定建康志》卷 18：固城湖“南北三十里，东西二十五里，环楚王故城，有水四派。湖中流与太平州接界，与丹阳湖、石臼湖号为三湖。东经五堰自常州宜兴县界流入太湖，此道今堙塞”。

固城镇　①即今河北定兴县西南四十里固城镇。秦至北魏为范阳县治。《方舆纪要》卷12定兴县：固城镇，“《志》云：宋与辽分界处”。

②即今河北柏乡县北固城店镇。汉为鄗县治。

③北宋置，属溧水县。即今江苏高淳县东南固城镇。

④在今新疆和田县西。《新唐书·地理志》：于阗“西二百里有固城镇”。

固临县　一作固林县。1937年12月西北革命根据地由红宜县改置，治宜川县固州（今陕西延长县东南张家滩镇东南赵家河村）。取固州和临镇（原红宜县驻地）首字为名。1948年撤销，并入延长、临镇二县。

固都尔呼河　即今河北承德市武烈河之西源鹦鹉河。《清一统志·承德府二》：固都尔呼河“在丰宁县东，即热河之西。源出围场东南界察罕陀罗海之西，南流入丰宁县境，径固都尔呼岭，名固都尔呼河，下流合茅沟河赛因河，以入于热河”。即此。

固都河　即今辽宁北票市西南顾洞河，为大凌河支流。《清一统志·承德府一》：固都河“在朝阳县北。自石罅中流出，行五里伏入地，又六十里涌出，南流六十里，会喀喇托欢泉入大凌河”。

固原千户所　明景泰年间于开城置，属陕西都司。在今宁夏固原市南四十里。成化四年（1468）升为固原卫。

固原卫　明成化四年（1468）置，属陕西都司。治所即今宁夏固原市。弘治十五年（1502）改为固原州。

固原市　2001年撤销宁夏固原地区，改设地级固原市，固原县改置原州区，市人民政府驻原州区。

固原州　明弘治十五年（1502）置，属平凉府。治所即今宁夏固原市。《方舆纪要》卷58固原州：“固本作故，时以此城为故原州城。讳故为固，后遂以名州。”清同治十二年（1873）升为直隶州，属甘肃省。辖境相当今宁夏固原、彭阳、海原三市县及同心县部分地。1913年降为固原县。

固原县　1913年改固原州置，属甘肃泾原道。治所即今宁夏固原市。清光绪《固原州志》卷9：“以其地险固，因名固原城。”1928年直属甘肃省。1958年改属宁夏回族自治区。2001年撤销固原地区及固原县，改设地级固原市，原固原县改置原州区。

固原镇　明“九边”之一。明弘治十五年（1502）置，为军事重镇。治所在固原州（今宁夏固原市）。防区相当今宁夏南部和甘肃东南部。《明史·兵志三》：“固原州，隶以四卫，设总制府，总陕西三边军务。”后废。

固留镇　金置，属平阴县。在今山东肥城市西南。

固屑场　北宋置，属抚水羁縻州（后改安化州）。在今广西环江毛南族自治县东北。《寰宇记》卷168抚水州：“固屑场，出硃砂。”后废。

固陵　①在今浙江杭州市萧山区西北十里西兴镇。《越绝书》卷8：“浙江南路西城者，范蠡敦兵城也，其陵固可守，故谓之固陵。”《三国志·吴书·孙静传》：“是时（会稽）太守王朗拒策于固陵。”即此。

②在今河南太康县南。据《史记·项羽本纪》：“汉五年，汉王乃追项王至阳夏南，止军，与淮阴侯韩信、建成侯彭越期会而击楚军。至固陵，而信、越之兵不会。楚击汉军，打破之。”此时汉王刘邦用张良计，对韩信、彭越分封了土地，“自陈以东傅海，尽与韩信；睢阳以北至谷城，以与彭越，使各自为战”，于是韩信、彭越皆答应“进兵”，垓下一战大败项羽。同书《高祖本纪》亦有大体相同的记载。

固陵县　秦置，属陈郡。在今河南太康县南。《史记·项羽本纪》：汉王五年（前202），汉王刘邦追项羽“至阳夏南……至固陵。而（韩）信（彭）越之兵不会。楚击汉军，大破之”。西汉改为固始县。

固陵郡　东汉兴平元年（194）分巴郡置，属益州。治所在鱼复县（今重庆市奉节县东十里白帝城）。建安六年（201）改为巴东郡，二十一年（216）复为固陵郡。辖境相当今重庆市开县、万州区以东及大宁河中上游流域。三国蜀汉章武元年（221）复改为巴东郡。

固陵聚　在今河南太康县南。秦为固陵县，西汉改为固始县，东汉废县为固陵聚。《续汉书·郡国志》陈国阳夏县：“有固陵聚。”

固勒札城　亦作固尔扎。又名金顶寺城。即今新疆伊宁市。《清一统志·伊犁》：宁远城“在伊犁河北，惠远城东南九十里。地名固勒札”。

固堤镇　即今山东潍坊市寒亭镇北二十里固堤镇。一作固底镇。《金史·地理志》：北海县有“固底镇”。即此。明、清置巡司于此。

固道郡　亦作故道郡。北魏延兴四年（474）置，属南岐州。治所在尚婆城（今甘肃徽县东北）。辖境相当今甘肃徽县、两当二县地。太和元年（477）移治梁泉县（今陕西凤县东北凤州镇）。西魏改为归真郡（一说隋开皇三年废）。

固献镇　即今河北威县东二十五里固献乡。民国《冠县志》卷2：《旧志》有固献镇，“在河北，距县一百三十里”。

固璊　亦作瑚吗。即今新疆皮山县。《清一统志·叶尔羌》：固璊“在叶尔羌城东南三百八十里”。

固察土司　清雍正时置，属西宁办事大臣。为玉树四十族之一。驻牧地在沁喀庄（今青海称多县西北通天河东北岸）。清末为玉树二十五族之一。

固镇　①北魏太和中置谷阳镇，即今安徽固镇县。后以音近演为固镇。明、清置固镇巡司。

②即今甘肃徽县治。《资治通鉴》：五代梁乾化四

年（914）十一月，“癸未，蜀兴州刺史兼北路制置指挥使王宗铎攻岐、阶州及固镇，破细沙等十一寨”。又贞明元年（915），前蜀王宗翰“克固镇”。后周置雄胜军于此。北宋开宝五年（972）移河池县治此。元为徽州治。

③北宋置，属武安县。在今河北武安市西五十里。《清一统志·彰德府二》：固镇关“即古固镇。据太行之险，道出泽、潞、辽、沁诸州，明设巡司”。

④即今山西沁水县西北固镇村。《清一统志·泽州府》：固镇“在沁水县西三十里。四岩悬绝”。

固镇市 1948年11月改固镇为市，属五河县。即今安徽固镇县。1950年复改固镇镇。

固镇寨 在今山西沁源县西南。《资治通鉴》：唐会昌四年（844），官军讨泽潞叛帅刘稹，降将高文端言：“固镇寨四崖悬绝，势不可攻。”即此。

固疆堡 即今河北宣化县治。《宋史·地理志》武州：“宣和五年，金人以州来归。六年，筑固疆堡。寻复为金人所取。”

图云（雲）关 即图宁关。旧名新添关。在今贵州贵阳市城东南二里。关踞高山。

图巴尔拉克塔木 在今吉尔吉斯斯坦奥什东南。清祁韵士《西陲要略》卷4：“塔尔噶拉克至图巴尔拉克塔木三十里。图巴尔拉克塔木至古勒沙四十里。”

图古里克 又作土古里、土葫芦。即今新疆呼图壁县西大丰镇。有图古里克河。清徐松《西域水道记》卷3：图古里克河，“准语，图古里克，物之圆者，因地名以命河”。

图们江 ①又作统门水、徒门河、土门河、豆满江。即今吉林东南中朝界河图们江。《清一统志·吉林一》：图们江“在宁古塔城南六百余里。源出长白山，东北流绕朝鲜北界，又东南折会诸水入于海”。图们江除下游入海处一小段为俄朝界河外，其余均为中朝两国界河。

②又名灰幕洞、艾苇甸子、夏甸子、下甸子。即今吉林图们市。隔图们江对岸为朝鲜稳城（南阳）。1933—1935年日寇建长图、牡图两铁路后，成为东北与朝鲜的中转站。1954年改为图们镇。1965年改设图们市。

图们泊 亦名闼门池、龙潭、温凉泊、天池。即今吉林抚松县东南、安图县西南之白头山天池。为中朝两国界湖。《清一统志·吉林》：“图门，国语万数也。”意为万水之源。松花江发源于此。

图尔库勒 即今新疆伊吾县西北托勒库勒。清乾隆《西域图志》卷24：图尔库勒“在巴尔库勒城东三百里。其泽周回五十里。源出天山北麓，西北流五十里，潴为水泽，当盐池之南”。

图尔库勒海 即今新疆伊吾县西北托勒库勒。《清一统志·镇西府》：图尔库勒海“在府城东三百里。周回五十里。源出天山北麓，西北流五十里，潴为大泽，即古盐池海也。天山北之水，以巴尔库勒、图尔库勒为最大”。

图尔根 在今哈萨克斯坦阿拉木图东伊塞克附近。清乾隆《西域图志》卷13伊犁西路：图尔根“在伊犁郭勒南岸，塔拉噶尔东二十里。逾一支河至其地。旧为准噶尔多果鲁特鄂拓克游牧处”。

图尔根河 亦作伊克土尔根。即今内蒙古呼和浩特市南之大黑河。《清一统志·归化城六厅》：黑河“在归化城南二十里。蒙古名伊克土尔根”。又有小土尔根河（今小黑河），“在归化城南十里。源出城东杜贺伦之地，西南流至城西南有扎达海河，自城西北来会，合流入黑河”。

图宁关 旧名新添关。在今贵州贵阳市城东南。清檀萃《黔囊》：“贵阳之东五里为图宁关。关踞高山，有茶亭使馆，所以迎皇华之使。”

图宁铁路 从吉林图们（今图们市）至黑龙江宁北（今牡丹江市）。长248.7公里。为图佳铁路南段。日伪于1933—1935年修筑。

图伦碛 即突沦川。在今新疆南部塔克拉玛干沙漠南缘，或说即塔里木河。《新唐书·吐谷浑传》：贞观九年（635），李靖军破吐谷浑，其王伏允“走图伦碛，将托于阗”。即此。

图克苏呼山 亦名图可苏库山。在今俄罗斯萨哈林岛（库页岛）北部。清康熙《皇舆全览图》：库页岛北部有“图可苏库山”。光绪《吉林通志》卷19：图克苏呼山“在库页岛，距吉林城东北四千四百五十里”。帕罗迈河发源于此。

图克里克 在今新疆伊吾县城附近。清乾隆《西域图志》卷9镇西府：图古里克“在呼济尔台东一百四十里。西距宜禾县治二百九十里。又东南行一百二十里至多都摩垓，接哈密界”。

图苏湖城 又称图苏湖迎驾殿、秃思忽城、秃思忽凉楼。蒙古太宗十年（1238）建，在今蒙古国哈尔和林东南。《元史·地理志》：太宗十年“营图苏湖迎驾殿，去和林城三十余里”。志费尼《世界征服者史》载：窝阔台合罕在哈剌和林城东二程（约合二十六里）之地建造一座很高的宫殿，当他从冬营地返回时，在这里接受和林城民的迎接，蒙古人称迎接为Tozuqu，因此把这个宫殿称为图苏湖城。危素《耶律希亮神道碑》谓希亮“生于和林城南四十里秃忽思（应为秃思忽）凉楼”，罗洪先《广舆图》和林城南标有“秃思忽凉楼”，即此。

图伯特 即“土伯特”的异译。指西藏及其附近地区。为西藏之别称。又作图白忒、退摆特。为唐代吐蕃之音变。近代外语中对西藏之称谓为Tibet，Thebet，Tobut等源此。

图库儿河 即今俄罗斯哈巴罗夫斯克边疆区北部之图古尔河。清陈仪《陈学士文集》卷10萨布素传：“康熙二十三年（1684），遣兵取恒滚河，鄂罗斯遁去，进至图库儿河，获四十七人送京师。”二十八年，“遣使费约多尔等求成，以格尔必齐河为界，东南至图古鲁河”。

图沙玛路 即脱思麻路。治所当在岷州（今甘肃岷县)。《清一统志·巩昌府二》：岷州“图沙玛旧作脱思麻，今改”。

图拉库河 即今吉林安图县西南松花江上源二道白河。《清一统志·吉林一》：混同江，“江有东西二源：东源出长白山颠之潭，激湍奔注，瀑布千寻，俗名图拉库。二派分流，东曰安巴图拉库河，西曰阿济格图拉库河，行数十里会流，其东又有尼雅穆尼雅库河、赫通额河，皆自山东发源，北流入焉”。

图拉河 又作土拉河、脱喇河。在清外蒙古土谢图汗部境。即今蒙古国中央省西北的图拉河，北流至色楞格省，入鄂尔浑河。《清一统志·喀尔喀》：土拉河“发源于敖嫩河源西北百里许，忒勒尔几岭之西。……入鄂尔坤河”。

图呼勒河 即今俄罗斯哈巴罗夫斯克边疆区东北，入鄂霍次克海之图古尔河。清康熙《皇舆全览图》：黑龙江口以北有“兔呼鲁河”。《乾隆内府舆图》作“图呼鲁必拉”。《清一统志·吉林一》：图呼勒河“在宁古塔城东北界，混同江口之北。源出东北无名山，东南流，会钮斡哩、阿尔萨尼等河，折东北入于海”。

图佳铁路 从今吉林图们市经中东路牡丹江站（今黑龙江牡丹江市）至佳木斯。全长580公里。日伪于1933—1937年修筑。

图依屯站 又作安巴多观站。清置，在今吉林蛟河市东北。《清一统志·吉林二》“额赫茂站”条下：拉发站，“又东南六十五里至图依屯站”。

图埒哩山 又作图勒里山。即今俄罗斯阿穆尔州图拉纳山脉。清乾隆《钦定盛京通志》卷29：图埒哩山“国语（满语），图埒哩，外面也。(黑龙江）城东八百里”。

图根满碟 在今四川甘孜县境。清雍正六年(1728）置图根满碟土百户。

图勒河 即今黑龙江省萝北县西都鲁河。民国《黑龙江志稿》卷4：“都鲁河一作图勒河，(绥滨）县西九十里。即《金史》所谓秃答水。源出哲温山东北麓，东南流二百十里径佛思亨山南，折南流十五里注入松花江。”

图斯池 一作特穆尔图淖尔。唐代称热海、大清池。即今吉尔吉斯斯坦东部之伊塞克湖。为伊犁将军辖地。《清一统志·伊犁》：图斯池“在伊犁西三百余里。东西四百里，南北二百里，周广六百余里，四围之水咸汇于此”。后为沙俄割占。

图斯库尔 清帕米尔八卡之一。光绪五年（1879）后置，在今叶什勒库里湖东土孜库里。后被俄国侵占，今属塔吉克斯坦。

图斯库勒 一名特穆尔图淖尔、图斯池。即今吉尔吉斯斯坦东部之伊塞克湖。清乾隆《西域图志》卷26：图斯库勒“东西四百余里，南北二百里。周广六百余里。四围之水，咸汇于此”。

图赉爱古尔山 在今哈萨克斯坦阿拉木图东库尔契利克河之东。《清一统志·伊犁》：图赉爱古尔山“在伊犁西，察察图岭北四十里，伊犁河南岸”。

图赖昭站 又作陶赖昭。清置，即今吉林扶余县南陶赖昭镇。《清一统志·吉林二》“金州鄂佛罗站”条下：“蒙古站又西北五十里至图赖昭站。”

果山 在今四川南充市西八里。《旧唐书·地理志》果州：“因果山为名。”《寰宇记》卷86南充县：果山“层峰秀起，松柏生焉。郡因山以为名”。《宋史·游仲鸿传》：“（吴）曦叛，宣抚司幕官薛绂访仲鸿于果山。”即此。

果子沟 一名塔勒奇沟。又作塔尔奇沟。在今新疆霍城县东北。清祁韵士《万里行程记》：“塔尔奇沟俗名果子沟……七十二桥回环，屈曲于千岩万壑之中，密箐深林之下，凭谁摹此画中境耶。夫此沟一线天耳，而其山其水及其草木，无一不臻佳妙，足称富丽天成，不必更以萧疏澹远为胜，何期万里岩疆乃有此一段仙境，奇绝，快绝。”清徐松《西域水道记》卷4：果子沟“入伊犁者，驿程经此，塞沙眯目，顿觉清爽。迨乎初冬，雨雪断绝，又以是为险隘也”。今果子沟为长五十六里的峡谷，是霍城县著名的风景区。

果马山 在今云南寻甸回族彝族自治县西六十里。《清一统志·曲靖府》：果马山“在寻甸州西六十里。下有泉流，为果马溪。其派别入昆明县，注滇池，一名龙巨江”。

果化州 北宋置羁縻州，属邕州横山砦。治所即今广西平果县西北果化镇。元属田州路。明初属田州府，弘治十八年（1505）改属南宁府。民国初属广西南宁道。1915年废。

果化墟 即今广西平果县西北果化镇。清光绪《广西舆地全图》果化土州图：果化土州驻地。

果布噶尔城 故址在今黑龙江省呼玛县南三卡乡附近。清乾隆《盛京通志》卷32：果布噶尔城在“（黑龙江）城西北一百余里”。后废。

果州 唐武德四年（621）置，治所在南充县（今四川南充市北五里)。《寰宇记》卷86果州：“以郡南八里果山为名。”天宝元年（742）改为南充郡，乾元元年（758）复为果州。辖境相当今四川南充、蓬安、西充、营山、岳池等市县地。大历六年（771）改为充州，十年（775）复为果州。南宋宝庆三年(1227）以理宗潜邸故升为顺庆府。

果园—新城墓群 在今甘肃嘉峪关市东北新城乡西南，酒泉市西北果园乡北的戈壁滩上。面积13万平方米。墓葬多存有砂砾堆积的封土、墓道，大型墓或家族墓群处在砂砾围成的茔地中，发掘所见为砖式墓。魏晋、十六国墓葬的墓门上方砌筑雕砖的门楼，砖雕造型有侧兽、力士、雷公、鸡首人身或牛首人身像。墓室有二室或三室，前、中室盝顶，平面近方形，后室券顶，平面呈长方形。雕砖砌成屋檐和椽形，墓壁龛旁墨书“各门”、“臧内”、“灶内”、“牛马圈”等字样，这些可能是对世家豪族庄园宅第的模仿。另外，还有一些壁画墓，大多一砖一画，以墨线勾勒然后施彩，内容有农桑、畜牧、林园、酿造、狩猎、屯兵、营垒、出行、宴乐、庖厨、驿传、六博、坞壁和建筑装饰图案等，应是当时社会生活的写照。唐墓用模印砖砌成，室壁嵌十二生肖、伎乐、骑士雕砖，地面铺莲花纹方砖。果园—新城墓群为河西走廊魏晋、唐代的代表性墓群，是研究当时社会生活、文化艺术的“地下画廊”。2001年定为全国重点文物保护单位。

果城　在今宁夏吴忠市北。《水经·河水注》：薄骨律镇城“在河渚上，赫连果城也。桑果余林仍列洲上”。

果城山　在今湖北大冶市西南。《方舆纪要》卷76大冶县：果城山“在县西南五十里。环绕如城。一名屏风峡山。又名黄茅尖山。山势峻峭。今有黄茅寨守此”。

果勇底砦　在今贵州黔西县西北。《清一统志·大定府》：果勇底砦“《府志》：旧水西酋筑城于此，恃为险巢，亦曰果勇底城。其东十余里为沙窝等砦，皆险奥可凭，为西北境要害处”。

果淀暗沙　在南海中中国中沙群岛内，位于中沙大环礁南部边缘。东距排波暗沙3.5海里，西北距排洪滩4.3海里。1947年公布名称为果淀暗沙。

果铺山　在今云南维西傈僳族自治县西北。《明一统志》卷87丽江军民府：果铺山“在临西县治（今小维西）西”。

果鲁母站　又作捏来、呆（果）梅鲁站。元置，在今黑龙江省嫩江县东北木古母里驿。元《析津志》天下站名：“和伦百一十海里、捏来。”明废。

果德县　1915年以归德、果化土州等地置，属广西南宁道。治所在马头圩（今广西平果县）。1928年直属广西省。1951年与平治县合并，改设平果县。

味江（味 wèi）　今四川都江堰市西南味江河。《寰宇记》卷73永康军青城县：味江水“源出青城县西长乐山下，江中有大石高数丈，号大坎；又有小石在下，亦高数丈为小坎。水激其上，声汹涌闻于数里，其水东流。古老传云：味江水甘美，人争饮之，因为名”。《方舆胜览》卷52崇庆府：味江“入永康县界，注白马、文井两江。《旧经》：蜀主征西番，有野人以壶酒献王，王使投之江中。三军饮之皆醉，因名”。北宋沈括《梦溪笔谈》卷25记载：王小波为味江人，“李顺本味江王小博之妻弟”。

味江镇　北宋置，属青城县。在今四川都江堰市南。宋沈括《梦溪笔谈》卷25：“李顺本味江王小博之妻弟。”青城山、味江河盛产茶叶，王小波、李顺以贩茶为业。

味县（味 mèi）　西汉元封二年（前109）置，属益州郡。治所在今云南曲靖市西北十五里西山街道（三岔）。三国蜀建兴三年（225）为建宁郡治，十一年（233）又为庲降都督驻地。《三国志·蜀书·马忠传》：庲降都督张翼常驻平夷县，马忠为都督后，“乃移治味县，处民夷之间”。西晋为建宁郡治。南齐属建宁郡。隋废入同乐县。唐武德元年（618）复置，为南宁州治。贞观八年（634）为郎州治。开元五年（717）复为南宁州治。天宝后地入南诏，废。

味莼园　在今上海市静安寺路南。本西人格龙所筑私人花园。清光绪间无锡张鸿禄购得，人称张园。旧时为上海游览胜地。今废。

咕哒国　在今印度尼西亚加里曼丹西部三发一带。清谢清高《海录》有专条记述。

咕哩葛达　即今印度孟加拉邦之加尔各答。清谢清高《海录》：“明牙剌……又三四日到古里葛达，英吉利官军镇明牙剌者治此，有小城，城内唯住官军，商民环处城外。”

呵吒山　在今四川洪雅县西南七十里。《舆地纪胜》卷145嘉定府：呵吒山“在洪雅县西四十里。有石院，一巨石周回刻罗汉一百八身”。《方舆纪要》卷72洪雅县“竹箐山”条内：“县西百里又有呵吒山，岩石雄峻，其东岩瀑布千仞，响撼山谷。”旧有宋建呵吒寺。北宋田锡读书于此。摩崖石刻罗汉像尚存。

呵罗单国　亦作诃罗单或诃罗旦。即今印度尼西亚苏门答腊岛。《太平御览》卷787引《元嘉起居注》曰：“阇婆洲呵罗单国王毗沙跋摩遣使奉献。”据《宋书·夷蛮列传》载，公元430—452年（南朝宋元嘉七年至二十九年），其国曾四次遣使来贡。

咘毕水　亦作咘单水、咘卑水。在今广西天等县东北。《明史·地理志》结伦州：“南有咘毕水，即堰水之上流。”《清一统志·太平府》：咘卑水“一名涧水。源出都结土州境山中，西南流经佶伦土州南，又西南经结安土州南，为堰水。因土人堰水溉田而名。又南入全茗土州界。又有小水，源出陇均等山，绕佶伦土州前，东入果化土州界，入右江”。

咘卑水　即咘毕水。在今广西天等县东北。《方舆纪要》卷110都结州：咘卑水“在州治（今都结乡）南。流入结伦州界。《志》云：涧水出州境山中，西南流入结安州。即堰水”。

咘咳　明十寨之一。在今广西忻城县境。《明史·广西土司》：“古田平，乃并八寨与龙哈、咘咳为十寨，立长官司。”

咘桑泉　在今广西德保县西北。《方舆纪要》卷111镇安府：咘桑泉“在府西北八十里。亦有灌溉之利”。

咘窑墟　亦名穆窑。即今广西扶绥县西二十五里左江南岸咘窑村。明《徐霞客游记·粤西游日记三》：小溪“源发自江州，土人谓之横江。越梁而南，即为穆窑村，有市肆，西临江浒”。

呾呾洲　即丹丹国。在今马来西亚马来半岛。唐义净《南海寄归内法传》作呾呾洲。

呾刺建国　即多勒建国。唐属昆墟州都督府。国都在低宝那城（在今阿富汗穆尔加布河流域）。

呾蜜国　即怛满国。唐西域国名。都城在今乌兹别克斯坦东南境阿姆河北岸铁尔梅兹。唐玄奘《大唐西域记》卷1：咀蜜国“东西六百余里，南北四百余里。……伽蓝十余所，僧徒千余人”。龙朔初置姑墨州都督府于此。

呷竹寺 即今四川松潘县南镇坪乡南甲竹寺。清康熙四十二年（1703）置呷竹寺土千户。

呷合 又作嘎合。在今西藏下察隅地区，察隅县治南三十六里处，沿察隅河左岸。原隶属于西藏地方政府管辖，1944年被印度政府非法占领。

呷哪工弄 在今四川康定县西南甲根坝乡。清康熙四十年（1701）置呷哪工弄土百户。

呷洛 旧名斯斯觉。彝语意为“荒坝”。即今四川甘洛县。1940年置腴田特别政治指导区，后为岩洞乡新市坝。1956年于此置呷洛县。1959年改为甘洛县。“甘洛”为“呷洛”的异译。

呼巴海山 即今哈萨克斯坦与吉尔吉斯斯坦交界处之吉尔吉斯山。《清一统志·伊犁》：呼巴海山“在伊犁西北。图斯池西北，吹河环抱之间”。

呼尔哈河 古名忽汁河、忽儿海河。亦名瑚尔哈河。即今黑龙江省东南部之牡丹江，为松花江支流。《清一统志·吉林一》：瑚尔哈河“按旧本《通志》以此河为呼尔哈江”。

呼尔璊 亦作呼拉玛。在今新疆巴楚县。《清一统志·叶尔羌》：呼拉玛“在叶尔羌城东北六百二十里。乾隆二十四年，副将军富德、参赞大臣舒赫德援将军兆惠，破霍集占于此。提督豆斌死焉”。《清史稿·兆惠传》：“富德帅师至呼尔璊，遇回兵，转战五昼夜。”

呼兰山 在今吉林磐石县北。清光绪《吉林通志》卷18：“呼兰山即烟筒山，（吉林）城西南二百五里。”《清史稿·地理志》磐石县：“东北：呼兰岭，驿马河出西北。”

呼兰厅 清同治元年（1862）置，属黑龙江将军。治所在巴彦苏苏（今黑龙江省巴彦县）。光绪三十年十二月（1905年1月）升呼兰府。

呼兰屯 即今吉林磐石县东呼兰镇。清光绪《吉林通志》卷15磨盘山分州《屯镇》：正东“八十里呼兰屯”。

呼兰县 1913年降呼兰府置，属黑龙江省绥兰道。治所即今黑龙江省哈尔滨市呼兰区。以呼兰河而得名。《满洲源流考》卷18：“呼兰，满洲语烟洞也。”1928年直属黑龙江省。

呼兰府 清光绪三十一年（1905）升呼兰厅置，属黑龙江将军。治所在呼兰城（即今黑龙江省哈尔滨市呼兰区）。辖境相当今黑龙江省呼兰、巴彦、兰西、木兰等县地。1913年降为呼兰县。

呼兰河 古名洛剌浑水、忽刺温江、呼伦河。源出黑龙江省铁力市东北，流经庆安、绥化、望奎、兰西，至呼兰县南流入松花江。《清史稿·地理志》呼兰府：“呼兰河自兰西入，南流，大城沟自西来注之。屈东南流，径府城南入松花江。”

呼兰城 清雍正十二年（1734）置，属齐齐哈尔副都统。即今黑龙江省哈尔滨市呼兰区。清西清《黑龙江外记》卷1：“呼兰，以河得名，又号霍伦。”光绪三十一年（1905）于此设呼兰府。

呼兰哈达 一名灶突山，俗称烟筒山。在今辽宁新宾满族自治县西永陵镇南八里。清《满洲实录》卷2：明万历十五年（1587），努尔哈赤“于硕里口呼兰哈达下，东南河二道：一名嘉哈；一名硕里加，河中一平山，筑城三层，启建楼台”。即此。

呼兰副都统 清光绪四年（1878）改呼兰城守尉置，属黑龙江将军。治所在今黑龙江省哈尔滨市呼兰区。辖境相当今黑龙江省哈尔滨市呼兰区及兰西、巴彦、木兰等县地。三十一年（1905）裁。

呼奴山 又名狐奴山。在今北京市顺义区东北二十五里。《元一统志》：“呼奴山在顺州。”顾炎武《昌平山水记》卷下：“狐奴山其北麓鸟道而上里许，渐宽渐平，有寺，寺后有小石城，山下有龙潭，今涸。山西南百步有汉狐奴县址。”

呼达图渡 在今青海东境黄河上。《清一统志·青海厄鲁特》：吁达图渡“在西宁边外西南三百六十里。……用牛革裹木为船，以二马牵之而渡”。

呼延谷 即黑山。在今内蒙古包头市西北。唐高宗调露元年（679）裴行俭大破突厥于此。

呼延都督府 唐贞观二十年（646）置，属单于都护府。治所不详。领贺鲁州、葛逻州、跌跌州。辖境相当今宁夏、内蒙古巴彦淖尔市一部分及蒙古国南戈壁省部分地。后废。

呼延渠 在今内蒙古包头市西北。唐杜佑《通典》：北安都护府有呼延渠。

呼伦贝尔自治省 1945年1月置，治所在海拉尔（今内蒙古呼伦贝尔市海拉尔区）。1946年3月改称呼伦贝尔（临时地方）自治政府。1948年1月改为呼伦贝尔盟，属内蒙古自治政府。1949年4月与纳文慕仁盟合并设呼伦贝尔纳文慕仁盟（简称呼纳盟）。

呼伦贝尔副都统 清乾隆八年（1743）改呼伦贝尔统领为副都统衔总管，光绪六年（1880）改为副都统，属黑龙江将军。治所即今内蒙古呼伦贝尔市海拉尔区。光绪三十四年（1908）裁副都统，改置呼伦直隶厅。

呼伦贝尔盟 即今内蒙古呼伦贝尔市。清末为呼伦贝尔副都统辖地。1915年划为“特别区域”，直接归中华民国中央政府节制，并受黑龙江省监督。1920年取消“特别区域”，呼伦贝尔副都统专辖蒙旗事宜。1932年伪满洲国在此设兴安北分省。1945年解放后，成立呼伦贝尔自治省政府。1946年改为呼伦贝尔自治政府。1948年改为呼伦贝尔盟，盟府驻海拉尔市。1949年与纳文慕仁盟合并为呼伦贝尔纳文慕仁盟。1954年兴安盟并入，复设呼伦贝尔盟。1980年将原兴安盟所属旗县划出。据西清《黑龙江外纪》卷1：“呼伦贝尔，一作呼伦布雨尔，通称海兰尔。盖其地有池，一曰呼伦，一曰贝尔，官军屯驻二池间，因以名地。”呼伦贝尔盟即以呼伦、贝尔二湖为名。

呼伦布雨尔 即呼伦贝尔。今内蒙古呼伦贝尔市海拉尔区。清西清《黑龙江外纪》卷1："呼伦贝尔，一作呼伦布雨尔，通称海兰儿。盖其地有池，一曰呼伦，一曰贝尔，官军屯驻二池间，因以名地。"清雍正十年（1732）设总管等员驻防。

呼伦池 又称呼伦湖、库楞湖、达赉湖、达赉诺尔。"呼伦"为突厥语，意为"海"。"达赉诺尔"为蒙古语，意为"大海般的湖泊"。即今内蒙古呼伦贝尔市之呼伦湖。《清一统志·黑龙江》：呼伦池"在呼伦布雨尔西二百五十余里"。西清《黑龙江外纪》卷1：呼伦池"池方数百里，产五色盐，可煮可食"。民国《黑龙江志稿》卷4《地理志·山川》胪滨县：呼伦湖"旧作枯伦湖，《唐书》作俱轮泊，《元秘史》作阔连海子，《元史》作呼图泽，明谓阔滦海子，……在城西北二百九十余里，为诸河潴水之区，椭圆形，面积广阔，在唐时为最大，今缩小，自西南而东北长约二百余里，东西广百余里，周可五六百里"。

呼伦县 1920年置，属黑龙江省。治所即今内蒙古呼伦贝尔市海拉尔区。1940年伪满改设海拉尔市。

呼伦直隶厅 清光绪三十四年（1908）置，属黑龙江省。治所即今内蒙古呼伦贝尔市海拉尔区。辖境相当今内蒙古呼伦贝尔市。1912年废。

呼伦河 金称活剌浑水、明作忽剌温江。即今黑龙江省哈尔滨市呼兰区西呼兰河。《清一统志·黑龙江》：呼伦河"在齐齐哈尔城东六百里。源出东兴安岭，南流五百余里，入混同江"。

呼玛厅 清光绪三十四年（1908）置，属黑龙江省。治所在六卡（今黑龙江省呼玛县北金山乡）。1913年降为县。

呼玛尔卡伦 清光绪末置，属瑷珲副都统。在今黑龙江省呼玛县南胡通镇。后废。

呼玛尔河 即今黑龙江省北部呼玛河，为黑龙江支流。源出伊勒呼里山北侧，流经塔河县，于呼玛县南注入黑龙江。清何秋涛《朔方备乘》卷24："瑚玛尔河，一作呼马拉河，一作呼麻拉河，一作呼马儿河，一作呼玛尔河。康熙中，因罗刹窃据雅克萨城，我军筑城于呼玛尔，与之相持，即此河旁地也。"

呼玛尔城 在今黑龙江省呼玛县南胡通镇。清康熙《平定罗刹方略》卷1：顺治十二年（1655），"尚书都统明安达礼自京率师征讨，进抵呼玛尔诸处，攻其城颇有斩获，旋以饷匮班师"。即此。康熙二十三年（1684）重建，为进剿盘据雅克萨罗刹的屯兵积粮重镇。清西清《黑龙江外纪》卷2：黑龙江城"西北三百二十里曰呼玛尔城，将军萨布素征罗刹时筑"。后废。

呼玛尔窝集 又作呼玛窝集。在今黑龙江省塔河县西南与内蒙古额尔古纳左旗交界处。民国徐曦《东三省纪略》卷5：呼玛河流域"有著名之呼玛窝集。其中林木翳天，白昼犹暗，鄂伦春人栖息其间，从事游猎"。

呼玛设治局 1912年由呼玛地方析置，驻呼玛尔（今黑龙江省呼玛县北金山乡）。1913年升为呼玛县。

呼玛县 1913年改呼玛直隶厅置，属黑龙江省黑河道。民国徐曦《东三省纪略》卷2："以呼玛河得名。"治所在今黑龙江省呼玛县北金山乡。1916年移治古站（今黑龙江省呼玛县）。1928年直属黑龙江省。

呼闷城 在今乌兹别克斯坦费尔干纳盆地。《新唐书·西域传》：贞观中，拔汗那立"阿了参为王，治呼闷城"。

呼纳盟 即呼伦贝尔纳文慕仁盟。1949年由呼伦贝尔盟与纳文慕仁盟合并设置，属内蒙古自治区。盟政府驻海拉尔市（今呼伦贝尔市海拉尔区）。1954年复设呼伦贝尔盟。

呼拉喀噶珊 又作和罗哈。在今俄罗斯哈巴罗夫斯克边疆区乌苏里江东岸多尔米当托夫卡西。清属三姓副都统。《乾隆内府舆图》：乌苏里江东岸和罗必拉口南有"呼拉喀噶珊"。光绪《吉林通志》卷17：乌苏里江东岸，北至混同江南岸旧设噶珊有"和罗哈"。咸丰年间通过不平等的中俄《北京条约》被俄割占。

呼雨哩河 又作瑚裕尔河、呼裕尔河。即今黑龙江省富裕县东南乌裕尔河。源出小兴安岭西麓，流经北安、克山、依安、富裕等市县，至齐齐哈尔市以南变成大片沼泽地。清屠寄《黑龙江舆图说·齐齐哈尔城》："瑚裕尔河亦作乌羽尔，国语涝也。"

呼罗珊 亦作忽儿珊。今伊朗东北霍腊散一带。《新唐书·西域传》：大食王末换为众所怨，"有呼罗珊木鹿人并波悉林将讨之，徇众曰：'助我者皆黑衣。'俄而众数万，即杀末换"。

呼图克拜 即呼图壁。今新疆呼图壁县。清徐松《西域水道记》卷3："准语，胡图克拜者，吉祥也。今彼中之谚易曰呼图壁，译为有鬼。"

呼图壁 一名呼图克拜。即今新疆呼图壁县。清乾隆二十八年（1763）设呼图壁巡检，光绪二十九年（1903）升为县丞。1918年改置呼图壁县。

呼图壁县 1918年置，属新疆迪化道。治所即今新疆呼图壁县。清徐松《西域水道记》卷3："准语，胡图克拜者，吉祥也。今彼中之谚，易曰呼图壁，译为有鬼。"1930年属迪化行政区。后直属新疆省。1949年改名景化县。1953年复名呼图壁县。

呼图壁河 一名胡图克拜河。源出今新疆呼图壁、和静二县交界处，北流经呼图壁县西，西北流入沙碛。清徐松《西域水道记》卷3：胡图克拜河，"准语，胡图克拜者，吉祥也。今彼中之谚易曰呼图壁，译为有鬼。……胡图克拜河出城南八十里之松山，五源并出，源处亦置金厂"。

呼酋县 北魏太安二年（456）置，为代名郡治。治所在今内蒙古杭锦旗北。后废。

呼蚕水 即今甘肃省西部陶勒河、北大河。《汉书·地理志》禄福县："呼蚕水出南羌中，东北至会水入羌谷。"

呼海铁路　自黑龙江哈尔滨市北松浦（旧属呼兰县）至海伦。长215公里。1925年动工兴建，1928年建成。1934年将呼兰县南徐家至松浦段长10.5公里拆除。今为滨北线的一段。

呼鄂果勒河　即辉河。今内蒙古鄂温克族自治旗西南之辉河。

呼揭　即乌揭。秦汉时西北部落。在今哈萨克斯坦斋桑湖至新疆阿尔泰山间额尔齐斯河流域。《汉书·匈奴传》：郅支单于破乌孙后，"因北击乌揭，乌揭降"。

呼犍谷　汉西域西夜国都城。在今新疆叶城县西南。东汉为子合国都城。

呼鲁克山　在今哈萨克斯坦阿拉木图东恰伦河东。清咸丰《伊江集载》：呼鲁克山"在惠远城西五百余里"。

呼鲁斯台　在今新疆伊宁县东南。清宣统《新疆图志》卷2宁远县：呼鲁斯台在"城东八十里"。

呼道县　西汉置，属朔方郡。治所在今内蒙古杭锦旗东北。黄河南岸。东汉废。

呼歇水　即今内蒙古鄂温克族自治旗西南之辉河。《金史·宗浩传》：章宗时，征讨广吉剌部等，"进至呼歇水，敌势大蹙"。

呼猿洞　在今浙江杭州市西飞来峰下。明田汝成《西湖游览志》卷10："晋慧理尝畜白猿于此。六朝宋时有僧智一，访旧迹，畜猿于山，临涧长啸，则诸猿毕集。"

呼鹰台（臺）　①元建，在今北京市通州区南三十五里仓上村。《元史·武宗纪》：至大元年（1308）七月，"筑呼鹰台于漷州泽中，发军千五百人助其役"。即此。

②一名景升台。在今湖北襄阳市东。《水经·沔水注》："水南有鹰台，号曰景升台。盖刘表治襄阳之所筑也，言表盛游于此，常所止憩。表性好鹰，尝登此台，歌《野鹰来曲》。"

鸣水　①在今山西昔阳县南。《方舆纪要》卷40乐平县："鸣水出县西陡泉岭，亦名陡泉水，流经县南三十里，与石马水合流，东北入于沾水。"

②在今江西高安市西北。《方舆纪要》卷84瑞州府高安县：鸣水在"府西北六十里。发源山谷中，流经此，北流入奉新县界，合龙溪诸水而为奉新江。碧涧飞流，空谷振响，因名"。

鸣水县　隋开皇八年（588）改厨北县置，属兴州。治所在今陕西略阳县西北徐家坪镇明水坝村。大业初属顺政郡。唐属兴州，永隆元年（680）移治乐素河北。长庆元年（821）废。

鸣水岭　在今湖南永州市南百十里。《方舆纪要》卷81零陵县：鸣水岭"瀑布飞泉，声闻数里，接全、道二州界"。

鸣水镇　在今湖南双牌县西南鸣水岭。宋本《寰宇记》卷116永州零陵县："鸣水栅在州南一百一十四里，以延载年中置。所谓鸣水者，有水从石崖而出，悬空数十丈而落，下注盘石，其声闻于数里，故曰鸣水。今为镇矣。"《方舆纪要》卷81零陵县"雷石镇"条下："鸣水镇置于鸣水岭，皆五代时置。"

鸣凤山　①一作凤鸣山。在今湖北远安县西南。《方舆纪要》卷78远安县：凤鸣山"在县西十里。峰峦秀丽，甲于群山"。《清一统志·荆门州》：鸣凤山"峰峦耸秀，为县之镇。上有泉甚清洌，山半有石如龟蛇状。相传宋宝祐间有凤鸣鼎新之谶，因名"。今县治鸣凤镇即以此山而名。

②在今云南楚雄市西。《方舆纪要》卷116楚雄府楚雄县："鸣凤山在城西，亦名卧龙冈。《志》云，冈在府西十里，以孔明曾过此而名。"《明一统志》作"凤山"。

鸣玉溪　即今重庆市忠县西之长道河。唐白居易《长庆集》卷18《木莲树》："忠州西北十里有鸣玉溪，生者穠茂。"《寰宇记》卷14忠州临江县："鸣玉溪在州西十里。上有悬崖瀑布，高五十余丈，潭洞幽邃，古木苍然。前刺史房式嘉其幽绝，特置兰若，凡置五桥以渡溪水。今废。"《明史·地理志》忠州："西北有鸣玉溪流入江。"

鸣石山　在今广西横县西五里。《寰宇记》卷166宁浦县有"鸣石山"。雍正《广西通志》卷15横州："鸣石山在城西五里。《山海经》云：长石之山，洪水出焉，山多鸣石。即以此名。"

鸣龙场　即今四川西充县西北鸣龙镇。清光绪《西充县志》卷2：鸣凤场在"治北七十里"。

鸣条　在今山西运城市东北。商汤伐夏桀，战于此。《尚书·伊训》："造攻自鸣条。"《史记·殷本纪》："桀奔于鸣条。"《正义》引《括地志》："高涯原在蒲州安邑县北三十里南阪口，即古鸣条陌也。鸣条战地，在安邑西。"一说在河南封丘县东。

鸣沙山　又名神沙山、沙角山。即今甘肃敦煌市南十里鸣沙山。《元和志》卷40：鸣沙山"其山积沙为之，峰峦危峭，逾于山石。四面皆为沙垅，背有如刀刃，人登之即鸣，随足颓落，经宿风吹，辄复如旧。有一泉水，名曰沙井，绵历古今，沙填不满。水极甘美"。

鸣沙州　元初升鸣沙县置，属宁夏府路。治所即今宁夏中宁县东北鸣沙镇。明洪武初废。

鸣沙县　①北周改敦煌县置，为敦煌郡治。治所在今甘肃敦煌市西。《元和志》卷40敦煌县：鸣沙县"以界有鸣沙山，因以为名"。隋大业二年（606）复为敦煌县。

②隋开皇十九年（599）置，为环州治。治所即今宁夏中宁县东北鸣沙镇。大业三年（607）属灵武郡。唐属灵州。《元和志》卷4鸣沙县："西枕黄河，人马行经此沙，随路有声，异于余沙，故号'鸣沙'。"神龙二年（706）冬移治废丰安城（今宁夏中宁县西北石空堡附近）。大中三年（849）仍还旧址。

元初升为鸣沙州。

鸣沙镇 北周建德六年（577）于会州故址置，即今宁夏中宁县东北鸣沙镇。隋开皇十九年（599）升为鸣沙县。

鸣鸡山 又名鸡鸣山。在今河北怀来县（沙城）西北鸡鸣驿。《魏书·高宗纪》：和平元年（460），“葬昭太后于广宁鸣鸡山”。又《水经·㶟水注》：“于延水又东南径鸣鸡山西。《魏土地记》曰：下洛城东北三十里有延河，东流，北有鸣鸡山。《史记》曰：赵襄子杀代王于夏屋而并其土，襄子迎其姊于代。其姊，代之夫人也。至此，曰：代已亡矣，吾将何归乎？遂磨笄于山而自杀。代人怜之，为立祠焉。因名其山为磨笄山。每夜有野鸡群鸣于祠屋上，故亦谓之为鸣鸡山。”

鸣泽 在今河北涿州市西。《汉书·武帝纪》：元封四年（前107），“遂北出萧关、历独鹿、鸣泽，自代而还，幸河东”。注引服虔曰：“鸣泽，泽名也。皆在涿郡遒县北界也。”《水经·圣水注》：洛水“上承鸣泽渚，渚方十五里，……西则独树水注之，水出遒县北山，东入渚”。

鸣音吾汛 即今云南丽江市玉龙纳西族自治县东北百里鸣音乡。清代设鸣音吾汛。

鸣皋山 在今河南伊川县西南。一名九皋山。昔有白鹤鸣其上，故名。《元和志》卷5陆浑县：明皋山“在县东北十五里”。李白《鸣皋歌送岑徵君》：“若有人兮思鸣皋，阻积雪兮心烦劳。”《续资治通鉴》：南宋建炎二年（1128），京西北路安抚制置使知河南府翟进与叛将杨进“遇于鸣皋山下，夹伊水而军”。

鸣皋镇 金置，属伊阳县。即今河南伊川县西南三十四里鸣皋镇。

鸣鹿 春秋陈邑。在今河南鹿邑县西七十里。《左传》：成公十六年（前575），“知武子佐下军，以诸侯之师侵陈，至于鸣鹿”。杜注：“陈国武平县西南有鹿邑。”

鸣雁 春秋郑邑。在今河南杞县北。《左传》：成公十六年（前575），“卫侯伐郑，至于鸣雁”。即此。《续汉书·郡国志》 陈留郡陈留县：“有鸣雁亭。”《水经·汳水注》：“汳水又东径鸣雁亭南。”

鸣犊口 在今山东高唐县南，西汉大河（黄河）所经处。《汉书·沟洫志》：元帝永光五年（前39），“河决清河灵鸣犊口，而屯民河绝”。又，成帝初，清河都尉冯逡奏言：“今屯氏河塞，灵鸣犊口又益不利，独一川兼受数河之任，虽高增堤防，终不能泄。如有霖雨，旬日不霁，必盈溢。灵鸣犊口在清河东界，所在处下，虽令通利，犹不能为魏郡、清河减损水害。”颜师古注：“清河之灵县鸣犊口也。”汉灵县治在今高唐县南南镇乡。

鸣犊河 古河道。南出今山东高唐县南，北至河北景县南入屯氏河。《汉书·地理志》 清河郡灵县：“河水别出为鸣犊河，东北至修人屯氏河。”《汉书·沟洫志》：“永光五年，河决清河灵鸣犊口，而屯氏河绝。”又《水经·河水注》：鸣犊故渎“上承大河故渎于灵县南……东北径灵县东，东入鄃县，而北合屯氏渎，屯氏渎兼鸣渎之称也。又东，径鄃县故城北，东北合大河故渎，谓之鸣犊口”。此鸣犊河与屯氏渎于鄃县北合，当是汉永光以后河决徙所形成，其遗迹至今散见于山东、河北两省接壤处各县境内。

鸣犊镇 金置，属咸宁县。即今陕西西安市长安区东鸣犊镇。宋敏求《长安志》卷11：鸣犊镇“在万年县南六十里镇西原，下有鸣犊泉，故名”。

鸣谦驿 清置，属榆次县。即今山西晋中市榆次区西北十八里鸣谦镇。《清一统志·太原府一》：鸣谦驿“在榆次县北二十里，西去府城五十里。明景泰七年筑城周三里许，门三，池绕其外。本朝设驿丞，后裁”。

鸣蝉堡 在今甘肃秦安县北。《晋书·乞伏乾归载记》：东晋太元十六年（391），“苻登将没奕于遣使结好，……请讨鲜卑大兜国，乾归乃与没奕于攻大兜于安阳城，大兜退固鸣蝉堡，乾阳攻陷之”。即此。

鸣銮镇 亦曰鸣銮戍。在今内蒙古正蓝旗附近。《明史·成祖纪》：永乐八年（1410）远征漠北，“（三月）甲戌，次鸣銮戍”。

鸣鹤山 在今浙江慈溪市东南二十八里鸣鹤镇。《舆地纪胜》卷11庆元府：鸣鹤山“在慈溪县西北六十里，耆老相传：昔有鹤栖于此，一旦飞鸣冲天而去”。

鸣鹤场 北宋置，在今浙江慈溪市东南二十八里鸣鹤镇。《元丰九域志》卷5：明州慈溪县有“鸣鹤一盐场”。因海涂北却，清乾隆时废。

鸣鹤园 俗称老五爷园。在今北京市城西北郊海淀镇以北，今北京大学校园西北隅。为清道光皇帝五弟惠亲王绵愉赐园。同治三年（1864）绵愉死后仍归其后人所有。清末徐世昌租占后，园内建筑遭到严重破坏。庭院东侧假山上的方亭尚存。庭院正中金鱼池方形石岸依然保存完好。

鸣鹤城 北宋属洮州，在今甘肃临潭县东新城镇东。《寰宇记》卷154洮州临潭县：“鸣鹤城、镇念城、三足城，皆吐谷浑昔有此地时所筑，今属郡地。”《清一统志·巩昌府》：鸣鹤城“在洮州厅东。……《明统志》有鹤城镇在卫东六里，即鸣鹤城也”。

呢玛口厅 即呢玛厅。治所在今黑龙江虎林市东北虎林镇。

呢玛厅 亦作呢玛口厅。清宣统元年（1909）置，属吉林省。治所在呢玛河口（今黑龙江省虎林市东北虎头镇）。因河得名。二年改名虎林厅。

呢咕叭当 亦作翠蓝山、呢咕把拉。即今印度洋孟加拉湾东之尼科巴群岛。清谢清高《海录》：“尼古八当国，在笨支里西岭介中，疆城甚小，土番名耀亚。”

呢咕吧拉 亦作翠蓝山、呢咕叭当。即今印度洋孟加拉湾中之尼科巴群岛。

呢是国　即今印度尼西亚苏门答腊岛以西的尼亚斯岛。清谢清高《海录》有专条记述。

咄泉　又名玄女泉、珍珠泉。在今安徽凤台县东北十里。《寰宇记》卷129寿春县：咄泉“其泉与地平，一无波浪。若人至其旁，大叫则大涌，小叫则小涌，若咄之涌弥甚，因名咄泉”。

畅春园　在今北京市西北海淀。明为武清侯李伟所建清华园，清康熙年间改建为畅春园。因位于圆明园南，亦名前园。《日下旧闻考》卷76引《圣祖仁皇帝御制畅春园记》：“都城西直门外十二里曰海淀，淀有南有北。自万泉庄平地涌泉，奔流浮动瀰瀰，汇于丹陵沜。沜之大，以百顷，沃野平畴，澄波远岫，绮合绣错，盖神皋之胜区也。”1960年英法联军入侵时被毁。故址在今海淀西大街北口低地。

甿渚岭　即萌渚岭。五岭之一。在今广西富川瑶族自治县东南、贺县西北、湖南江华瑶族自治县西南。唐杜佑《通典·州郡》：道州“有甿渚岭，今谓之白芒”。《明史·地理志》富川县：“东北有甿渚岭，即临贺岭，与湖广江华县分界。”

迪口　即今福建建瓯市东南迪口镇。清时建安县丞驻此。

迪化市　1945年升迪化县置，为新疆省会。治所即今新疆乌鲁木齐市。1949年12月迪化市为省辖市（地级），新疆省人民政府驻地。1953年改为乌鲁木齐市。1955年新疆维吾尔自治区成立，乌鲁木齐市为自治区首府。

迪化县　清光绪十二年（1886）置，为迪化府及新疆省会。治所即今新疆乌鲁木齐市。民国初为迪化道及新疆省会。1945年析置迪化市。1953年改迪化县为乌鲁木齐县。

迪化直隶州　清乾隆三十八年（1773）置，属甘肃省。治所在巩宁城（今新疆乌鲁木齐市西郊）。辖境相当今新疆乌鲁木齐、克拉玛依、石河子、昌吉、吉木萨尔、阜康、米泉、呼图壁、玛纳斯、沙湾等市县地。光绪十年（1884）为新疆省会。十二年（1886）升为迪化府。

迪化府　清光绪十二年（1886）改迪化直隶州置，属新疆省。治所在迪化县（今新疆乌鲁木齐市）。辖境约当今新疆乌鲁木齐、克拉玛依、石河子、昌吉、玛纳斯、沙湾、吉木萨尔、阜康、奇台、木垒、米泉、呼图壁等市县地。1913年废。

迪化城　清乾隆二十八年（1763）在旧城北筑，即今新疆乌鲁木齐市。为乌鲁木齐厅治。三十七年（1772）于迪化西八里筑满城，一名巩宁城，为迪化州治。旧城称汉城，驻绿营。同治初满城毁。光绪六年（1880）于迪化城东筑新满城（今乌鲁木齐市建国路一带）。十二年（1886）二城合并，为迪化府治。1945年设迪化市。1953年改名乌鲁木齐市。

迪化道　1914年由镇迪道改置，属新疆省。治迪化县（今新疆乌鲁木齐市）。辖境约当今新疆哈密、吐鲁番两地区和昌吉回族自治州及乌鲁木齐、克拉玛依、石河子、奎屯、沙湾、和布克赛尔、乌苏等市县。1916年，沙湾、乌苏二县划归塔城道。1920年吐鲁番、鄯善二县划归焉耆道。1928年废。

迪田　在今湖南湘乡市北。《资治通鉴》：五代汉乾祐三年（950），楚“马希萼又遣群蛮攻迪田。八月，戊戌，破之，杀其镇将张延嗣”。

迪田营　在今广东封开县西北。《方舆纪要》卷101封川县：迪田营“前临贺江，其相近有西河营，旧为广西瑶出入噤喉，防御甚切”。

典巴土司　一作克典巴土司。清雍正时置，属西宁办事大臣。为玉树四十族之一。驻牧地在今青海玉树县西境。乾隆《西宁府新志》卷19“塞外贡马番族”中，有“住牧多洛尼托克地方典巴族”。清末并入安冲土司。

典合城　唐贞观中置，在今新疆若羌县东北罗布泊西岸。唐《沙州都督府图经》：“贞观中康国大首领康艳典东来居此城，亦曰典合城。上元二年改为石城镇。”

典农城　西汉置，在今宁夏青铜峡市西北邵刚堡西。《水经·河水注》：“河水又径典农城东，世谓之胡城，又北径上河城东，世谓之汉城。薛瓒曰：上河在西河富平县，即此也。冯参为上河典农都尉所治也。河水又北径典农城东，俗名之为吕城，皆参所屯以事农甿。”《方舆纪要》卷62灵州守御千户所：典农城“在富平故城西，城有三：其西南城，世谓之胡城，又东北有城，曰上河城，世谓之汉城；又东北有城，世谓之吕城，河水皆经其东”。

典孙　即顿逊国。在今缅甸南端之丹那沙林附近。《梁书·海南诸国列传·扶南国》：扶南“乃治作大船。穷涨海，攻屈都昆、九稚、典孙等十余国，开地五六千里”。

典彻湖　在今越南北部太原省太原县西。唐许嵩《建康实录》卷19：南朝梁大同十一年（545）讨李贲，“（李）骠推高祖（陈霸先）为前锋，所向摧陷，贲走曲（典）彻湖，于屈僚洞界立砦，大造船舰，充塞湖中，众惮之，顿于湖口不敢进”。《方舆纪要》卷112安南太原府：典彻湖“在府西。旧时湖陂浩邈，吐纳群川。今堙”。

忠山　古名宝子山、宝山。即今四川泸州市西忠山。南宋庆元间建诸葛武侯庙于宝山，明改为大忠山。《清一统志·泸州》：宝山，“《旧志》：山在州西一里。即州城后之枕山，明又改名大忠山”。

忠门镇　清置，属莆田县。即今福建莆田市东南忠门镇。

忠义中卫　明永乐元年（1403）置，属后军都督府。治所在今河北遵化市东南。后废。

忠义军　①唐方镇名。文德元年（888）改山南东道节度使号忠义军，治所在襄州（今湖北襄阳市汉水南襄阳城）。天祐三年（906）复名山南东道。

②五代方镇名。后梁改卫国军置，治所在延州（今陕西延安市东）。后唐改名彰武军。

忠义县 ①唐武德三年（620）置，属怀州。治所在今河南沁阳市西南三十里崇义镇。四年（621）废。

②唐广德二年（764）置，为演州治。治所在今越南义安省演州。后废。

忠义寨 在今四川资中县西。民国《资中县续修资州志》卷2：忠义寨“在县西六十里玉京山。清嘉庆五年，里人因教匪之乱结寨，形势最险”。

忠心河镇 本名金家行镇。即今上海市浦东新区川沙镇西北四十四里中兴。以滨忠心河而得名。清光绪《南汇县志》卷1：中心河镇“即金家行镇。邑西北六十里”。

忠正军 五代方镇名。吴置，治所在寿州（今安徽寿县）。南唐改为清淮军。后周显德四年（957）复名忠正军。北宋初废。

忠臣岭 旧名南岭。在今广东紫金县东南南岭一带。《清一统志·惠州府》：“南岭在永安县东南九十里。……宋末，文天祥收散卒，自开疁嶂徙屯于此，后人呼为忠臣岭。天祥手植桂犹存。”

忠庄铺 即今贵州遵义市西南忠庄镇。《清一统志·遵义府》“遵义底塘铺”条下：又有“忠庄铺”等，皆戍守处。

忠州 ①唐贞观八年（634）改临州置，治所在临江县（今重庆市忠县）。《寰宇记》卷149忠州：“以地边巴徼，意怀忠信为名。”明曹学佺《蜀中名胜记》卷19忠州：“忠之名，以巴蔓子，或云严颜。”天宝元年（742）改为南宾郡，乾元元年（758）复为忠州。辖境相当今重庆市忠县、丰都、垫江、石柱等县地。南宋咸淳元年（1265）升为咸淳府，后移治今忠县东二十里黄华城。元复为忠州，还治今忠县，属重庆路。明洪武初废临江县入州，属重庆府。清雍正十二年（1734）升为直隶州，属四川省。1913年废，改本州为忠县。唐著名诗人白居易在元和间任忠州刺史，写下了不少歌颂忠州的诗篇。

②唐咸通中置，治所在今海南省定安县西南。《舆地纪胜》卷124琼州引《图经》云：“昔唐咸通中，辛、蒋、李、赵四将进兵擒捉黎洞蒋璘等，于其地置忠州。”寻废。

③北宋置羁縻州，属邕州左江道。治所在今广西扶绥县西南东门镇西南旧城村。元属思明路。明隆庆三年（1569）改属南宁府。1915年改为忠县。

④金贞祐二年（1214）升河阴县置，治所在今山西山阴县东南二十五里古城镇西南马营庄乡故驿村附近。元世祖至元二年（1265）废。

⑤元置，属庆远南丹安抚司。治所在今广西东兰县西南。明洪武十二年（1379）废。

忠孝安抚司 元至正十五年（1355）改忠孝军民府置，属四川南道宣慰司。治所在今湖北恩施市西南。明洪武二十三年（1390）废。永乐五年（1407）复置，属施南宣抚司。清雍正十三年（1735）废。

忠孝军民府 元至正十一年（1351）改大奴管勾洞长官司置，属四川行省。治所在今湖北恩施市西南。至正十五年（1355）改为安抚司。

忠孝县 金兴定四年（1220）改浮山县置，属平阳府。治所即今山西浮山县。元复改浮山县。

忠孝滩 在南海中中国南沙群岛东部，位于礼乐滩东南方。1935年公布名称为庙滩。1947年改名忠孝滩。

忠县 ①1913年改忠州置，属重庆市东川道。治所即今重庆市忠县。1928年直属四川省。

②1915年改忠州土州置，属广西南宁道。治所在今广西扶绥县西南东门镇西南旧城。1916年改为绥渌县。

忠武军 ①唐、五代方镇名。唐贞元十年（794）以陈许节度使为忠武军。治所在许州（今河南许昌市）。辖许、陈（今河南淮阳县）二州。相当今河南长葛、太康以南，舞阳、沈丘以北，襄城以东，淮阳以西地。天复元年（901）徙治陈州（今淮阳县）。五代梁改为匡国军，还治许州。后仍改忠武军。北宋初废。

②方镇名。五代梁置，治所在同州（今陕西大荔县）。后唐改名匡国军。

忠武顿 在今陕西华阴市东。《资治通鉴》：唐武德六年（623），高祖李渊校猎于华阴，“迎劳秦王世民于忠武顿”。胡三省注：“秦王自并州还。”

忠庙汛 即今安徽巢湖市西中庙镇。清光绪《庐州府志》卷3巢县：中庙镇在“县西九十里”。

忠诚州 唐置羁縻州，属安南都护府。治所在今越南永福省锦溪附近。后废。

忠诚县 唐置，属甘棠羁縻州。治所在今越南安沛省朗盖附近。后废。

忠诚郡 亦作中诚郡。西魏置，属东梁州（后改直州）。北周治所在石泉县（今陕西石泉县）。辖境相当今陕西石泉、西乡等县地。隋开皇初废。

忠建土司 清初改忠建宣抚司置，属施州卫。治所在今湖北宣恩县南。雍正十三年（1735）废。

忠建宣抚司 明洪武六年（1373）改忠建长官司置，治所在今湖北宣恩县南。后废。永乐四年（1406）复置，属施州卫。清改为忠建土司。

忠建都元帅府 元改保顺州羁縻州置，治所在今湖北宣恩县南。明洪武六年（1373）改为宣抚司。

忠峒土司 清初改忠峒安抚司置，属施州卫。治所在今湖北宣恩县东南。雍正十三年（1735）废。

忠峒安抚司 明永乐四年（1406）置，属忠建宣抚司。治所在今湖北宣恩县东南。清初改为忠峒土司。

忠顺都督府　唐置，为党项羁縻府，属灵州都督府。其地当在今宁夏黄河两岸地。后废。

忠信水　即今广东连平县东南忠信河。《清一统志·惠州府》：忠信水"在连平州东三十里。源出九连山，南流经忠信司前，由夹江抵河源县界入新丰江"。

忠信里　即今广东连平县东南忠信镇。明、清置忠信巡司于此。

忠清庙　又称伍子胥庙。在今浙江杭州市西湖东南吴山上。相传春秋时吴国大臣伍子胥以忠死谏，成为"随潮往来之鬼神"，后人遂立祠胥山（即吴山），以为纪念。北宋大中祥符五年（1012）赐额"忠清"，封英烈王，故人称忠清庙。后被火灾毁坏。

忠说山　一名定党山。即今广东封开县东北党山。《寰宇记》卷164封州开建县：定党山"在县北七十里，高六百丈"。《元丰九域志》卷9封州开建县"有忠说山"。《舆地纪胜》卷94封州：忠说山"在开建县北七十里。《旧经》云：古人居此多说直之言，因名之"。《清一统志·肇庆府》：忠说山"在开建县（今南丰镇）东北五十里，接怀集县界。周八十里，与圆珠山皆为县境之望。上有白鹭池，广圆十里，四时不涸"。

忠路　即忠路土司。今湖北利川市西南忠路镇。民国时有县佐驻此。

忠路土司　清初改忠路安抚司置，属施州卫。治所即今湖北利川市西南七十六里忠路镇。雍正十三年（1735）废。

忠路安抚司　明洪武四年（1371）改忠路宣抚司置，属施州卫。治所即今湖北利川市西南七十六里忠路镇。二十三年（1390）废。永乐五年（1407）复置，属施南宣抚司。清初改为忠路土司。

忠路城　即今湖北利川市西南忠路镇。为忠路土司驻地。清有利川县丞及守备驻此。

忠路宣抚司　元末明玉珍改忠路寨置，治所即今湖北利川市西南七十六里忠路镇。明洪武四年（1371）改为忠路安抚司。

忠路寨　元改龙渠县置，属施州。治所即今湖北利川市西南七十六里忠路镇。元末明玉珍改为忠路宣抚司。

忠镇砦　亦作中镇砦。北宋置，属嘉定府。即今四川峨边彝族自治县。《宋史·高宗纪》：南宋绍兴八年（1138），"虚恨蛮犯嘉州忠镇砦"。即此。

黾厄（阨）　即冥厄。在今河南信阳市西南。《淮南子·墬形训》："天下九塞，楚有黾厄。"即此。

黾池　一作渑池。在今河南渑池县西十三里。《史记·六国年表》：赵惠王二十年（前279），"与秦会黾池，蔺相如从"。即此。

黾池县　即渑池县。治所在今河南渑池县西十三里。《汉书·地理志》作"黾池"。

黾阳县　三国吴置，属武陵郡。治所在今重庆市巫山县南。西晋咸宁元年（275）废。南朝宋复置，属巴东郡。南齐改为聂阳县。

黾隘　即冥厄。在今河南信阳市西南。《史记·春申君列传》："秦逾黾隘之塞而攻楚。"即此。

黾塞　即冥厄。在今河南信阳市西南。《战国策·楚策四》："不知乎穰侯方受命乎秦王，填黾塞之内，而投己乎黾塞之外。"

岵山　在今河南淅川县南，丹江水库北。《新唐书·地理志》：内乡县"有岵山"。《宋史·孟珙传》：南宋绍定六年（1233），宋将孟珙料金将武仙，"将上岵山绝顶窥伺"，乃设伏破之。即此。

岖嵱湖　一作休嵱湖。在今浙江上虞市西南。《宋书·谢灵运传》："灵运既不得回踵，又求始宁岖嵱湖为田。"即此。《南史·谢灵运传》作"休嵱湖"。

峨岍图山城址　在今云南巍山彝族回族自治县（南诏镇）西北三十五里，巍山坝子西缘。《清一统志·蒙化厅》：峨岍图城"《旧志》：在厅城西北峨岍山上。周围四百余丈。昔细奴逻筑此城以居。今山上尚有所遗石柱"。在唐代，南诏统一六诏前曾在峨岍山上建立都城。1956年、1958年两次考察、试掘，探明城址建在山顶平地，占地2.6万平方米。古城呈长方形，南北长400米，东西宽100米。城址上出土石柱础、花纹砖、瓦当、滴水、有字瓦、宫殿梢角鳌头等文物。部分残瓦上有二十多个古彝文字和词，有的意为"蒙氏城"。附近南诏寺庙遗址曾出土大量南诏石雕像。旁有天摩牙寺，始建于南诏细奴逻时期。南诏对王母的尊称为"天摩"，"牙"同衙，"天摩牙"即王母住所之意。寺内有三公主庙，又名云隐寺、大寺，历经修葺，尚存殿宇庭院十余所。2006年定为全国重点文物保护单位。

峨岍城　在今云南巍山彝族回族自治县西北三十五里大仓镇甸中村。南诏细奴罗于唐贞观二十三年（649）建大蒙国，永徽元年（650）在峨岍图山筑城，这是南诏最早的都城，遗址尚存。

岫云（雲）寺　即今北京市门头沟区潭柘峰上之潭柘寺。《清一统志·顺天府二》：岫云寺"在宛平县西潭柘山。……晋为嘉福寺，唐为龙泉寺，后更潭柘。本朝康熙二十七年修，赐今额"。

岫岩厅　清乾隆三十七年（1772）置，属奉天府。治所在今辽宁岫岩满族自治县。辖境相当今辽宁岫岩满族自治县、庄河市及盖州市、海城市、凤城市部分地。光绪二年（1876）改为岫岩州。

岫岩州　清光绪二年（1876）改岫岩厅置，属凤凰厅。治所在岫岩堡（今辽宁岫岩满族自治县）。辖境约当今辽宁岫岩满族自治县地。1913年改为岫岩县。

岫岩县　1913年改岫岩州置，属奉天东边道。治所即今辽宁岫岩满族自治县。金王寂《鸭江行部志》：磨石山"予恶其名不佳，欲改之曰竟秀岩"。金之秀岩县当以此而得名。后取岫与秀同音，故改为岫岩。1929年属辽宁省。1985年改设岫岩满族自治县。

岞山 在今山东昌邑市南六十二里。岞然高耸，金人置砦于此。《宋史·张邵传》：南宋建炎三年（1129），张邵使金，至潍州，与金将挞览抗礼。金人“执邵送密州，因于祚山砦”。《三朝北盟会编》卷222《张公行实》作“柞山砦”。

岞岭山 一名岞崿。在今江苏苏州市西南。《水经·沔水注》：“太湖之东，吴国西十八里有岞岭山，俗说此山本在太湖中，禹治水移进近吴。又东及西南有两小山，皆有石如卷笮，俗云禹所用牵山也。太湖中有浅地，长老云是笮岭山蹠。自此以东差深。言是牵山之沟。此山去太湖三十余里，东则松江出焉。”

岭山 即紫金山。在今河南孟州市西八里。《寰宇记》卷52河阳县：岭山“在县西北三十里。冈岭横亘，故以为名”。

岭山寺塔 俗称延安宝塔。在今陕西延安市城南。始建于唐大历年间（766—779），北宋庆历年间（1041—1048）重建。金大定九年（1169）于塔旁建寺，从寺名为岭山寺塔。塔为楼阁式形制，八面九级，高44米，为革命圣地延安的标志建筑。1996年定为全国重点文物，归入延安革命遗址保护单位。

岭山县 隋开皇十八年（598）改岭县置，属缘州。治所在今广西横县西一百里郁江南岸。大业初属郁林郡。唐属横州。北宋开宝五年（972）废。

岭山郡 南朝梁置，属龙州。治所在今广西横县西一百里郁江南岸。隋开皇九年（589）平陈后改为岭县。

岭卫山 在今广西靖西县西南。《清一统志·镇安府》：岭卫山“在归顺州西一百五十里荣劳洞地。高耸延亘，拦隔交趾，为一州捍卫，故名”。

岭方县 唐武德初改领方县置，属南方州。治所在广西宾阳县东南古城村。贞观五年（631）为宾州治。天宝初为安城郡治，至德二载（757）为岭方郡治，乾元初为宾州治。北宋开宝六年（973）移治今宾阳县北十里新宾镇。元为宾州路治。明洪武二年（1369）废入宾州。

岭方郡 唐至德二年（757）改安城郡置，治所在岭方县（今广西宾阳县东南古城村）。辖境相当今广西宾阳县地。乾元元年（758）改为宾州。

岭东县 北魏初置，属汾州镇。治所在今山西交口县东北。太平真君九年（448）改属吐京郡。太和二十一年（497）改名新城县。

岭东营 在今湖南江华瑶族自治县南，接广西壮族自治区境。为楚粤交界要隘。《清一统志·永州府二》：岭东营“嘉庆二十年设，以提标前营守备移驻”。

岭北行省 全称岭北等处行中书省。元皇庆元年（1312）改和林等处行中书省置，治所在和林路（今蒙古国西南鄂尔浑河上游之哈尔和林）。《元史·百官志》 岭北等处行中书省：“治和宁路，统有北边等处。”辖境相当今蒙古国、俄罗斯西伯利亚大部、哈萨克斯坦斋桑湖地区及我国内蒙古东北部地、新疆北部额尔齐斯河流域。明洪武元年（1368）废。

岭北湖南道 元世祖至元十五年（1278）置岭北湖南道提刑按察司，属湖广行省。治所在潭州路（今湖南长沙市）。二十八年改肃政廉访司。明初废。

岭外 “岭”亦作“领”，即岭南。唐代指今广东、广西、海南三省区及越南北部地区。从中原人看来，岭南地区在五岭之外，故名。亦称岭表。《新五代史·南汉世家》：唐末“天下已乱，中朝士人以岭外最远，可以避地，多游焉”。唐高适《送柴司户》诗云：“岭外资雄镇，朝端宠节旄。”南宋周去非撰有《岭外代答》。

岭头寨 即今福建霞浦县南岭头。清有把总驻此。

岭西县 北魏初置，属吐京郡。治所即今山西石楼县。太和二十一年（497）改为吐京县。

岭西部 唐北室韦九部之一，属室韦都督府。在今黑龙江省讷河市东小兴安岭北段以西讷谟尔河流域。《旧唐书·室韦传》：“室韦，我唐有九部焉，所谓岭西室韦……。”即此。

岭庄 即今河北黄骅市西二十里岭庄。清同治《畿辅通志》卷50盐山县图：北有岭庄镇。

岭县 隋开皇九年（589）改岭山郡置，属简州。治所在今广西横县西一百里郁江南岸。十八年（598）改为岭山县。

岭表 即岭南。唐代指今广东、广西、海南三省区及越南北部地区。唐萧昕《送桂州刺史序》云：“居五岭之表，控两越之郊。”《新五代史·刘隐世家》：唐末“唐世名臣谪死南方者往往有子孙，或当时仕宦遭乱不得还者，皆客岭表”。唐刘恂著有《岭表录异》。

岭岩镇 在今四川茂县西北。唐杜佑《通典》卷176静川郡：“西至平戎城百里。北至江源郡六十里，东南至临翼郡岭岩镇百四十里。”

岭店驿 即今浙江乐清市东北大荆镇。《方舆纪要》卷94乐清县：岭店驿“在县东北九十里。元置大荆驿，其地有大荆山也。明初改今名”。清雍正十三年（1735）废。

岭底堡 在今广东信宜市东南。《方舆纪要》卷104信宜县：岭底堡“在县东四十里。向设官军，防怀乡、圣峒、六定、岭底等瑶”。

岭宗 又作岭营、林豁、岭豁、领豁。治所即今西藏浪卡子县东南林西。

岭政县 即钦政县。在今广西蒙山县西北。《旧唐书·地理志》 蒙州：“武德四年置南恭州，割荔州之立山、东区、纯义三县置岭政县。……十二年省岭政入立山。”

岭南 亦谓岭外、岭表。指五岭以南地区，故名。包括今广东、广西、海南三省区及越南北部地区。《新五代史·南汉世家》：“（刘）隐父子起封州，遭世多故，数有功于岭南。”唐张籍《送郑尚书》诗云：“海北蛮夷来蹈舞，岭南封管送图经。”

岭南广西道　元世祖至元十五年（1278）置岭南广西道提刑按察司，属湖广行省。治所在静江路（今广西桂林市）。二十八年改肃政廉访司。明初废。

岭南五府经略使　唐方镇名。唐开元二十一年（733）置，为玄宗时边防十节度、经略使之一。治所在广州（今广东广州市）。直辖广管诸州，辖境相当今广东钦山港以东除连县、连山、连南等县外大部分地区。兼领桂、容、邕、安南四管，即今广西、海南及越南北部地区。至德元载（756）升为岭南节度使。

岭南节度使　唐方镇名。开元二十一年（733）置岭南五府经略讨击使司，为玄宗时边防十节度、经略使之一。开元后治所在广州（今广东广州市）。直辖广管诸州县，相当今广东大部分地区，兼领桂管、邕管、容管、安南四管之地。咸通三年（862）分为东西两道。

岭南东道　唐方镇名。咸通三年（862）分岭南节度使东部地置，治所在广州（今广东广州市）。辖区相当今广东（除连州、连南瑶族自治县、连山壮族瑶族自治县外）及海南省。乾宁二年（895）号清海军。

岭南西道　唐方镇名。咸通三年（862）分岭南节度使西部地置，治所在邕州（今广西南宁市南二里郁江南岸）。辖境相当今广西大部及越南北部地区。后号建武军。

岭南第一楼　又名禁钟楼。在今广东广州市惠福西路北侧五仙观内大殿后面的坡山顶上。始建于明洪武七年（1374）。高17.45米。楼基用红砂岩砌筑高大方台，中开拱形门洞，前后贯通。上为重檐歇山瓦顶，上悬“岭南第一楼”匾额。中悬青铜大钟，钟下以方形竖井下通门洞，为建楼时起吊大钟之预留洞口，据云可使钟声形成共鸣，声闻十里。钟高3.04米，口径2.1米，重约5000公斤，铸于明洪武十一年（1378）。因击钟为夜禁信号，故曰大禁钟。是广东现存最大的古钟。

岭南道　①唐贞观元年（627）置，为全国十道之一。辖境相当今广东、广西、海南三省区和云南南盘江以南及越南北部地区。开元二十一年（733）置岭南道采访处置使，治所在广州（今广东广州市）。为十五道之一。以在五岭之南而名。乾元元年（758）废，但作为地理区划一直沿用至五代。

②1914年依前南韶连道改置，属广东省。治曲江县（今广东韶关市）。辖境约当今广东连山、连南、阳山、英德、翁源、始兴以北地区。1920年废。

岭南镇　唐方镇名。唐至德元载（756）升岭南五府经略使置，治所在广州（今广东广州市）。领南海等二十二郡。辖境相当今广东大部分地区。兼领桂、邕、容、安南四管之地。辖境扩大包括今广西壮族自治区、海南省及越南北部地区。咸通三年（862）分为东西两道：以广管为岭南东道节度使；以邕管为岭南西道节度使，兼领桂、容、安南三管。

岭背营　在今海南定安县南。《方舆纪要》卷105定安县：岭背营“在县南。《志》云，县境思河、光螺峒、水口、岭背等村黎，尝构琼山县境内诸黎为患，因设南伦营防守。嘉靖十三年剿平，改设今营”。

岭峤　即五岭之别称。峤指高而峭之山，五岭之主山均称为峤，如大庾岭称台城峤或东峤。其余又称骑田峤、萌诸峤、越城峤、都庞峤。因此岭南既可称岭峤，亦可称峤南。《新唐书·冯盎传》：“炀帝弑，引其兵逃归。时盗贼多，岭峤路绝，（冯）智戴转战而前。”唐高适《饯送八充彭中丞判官之岭南》诗：“举鞭驱岭峤，屈指冒炎蒸。”

岭海　即岭南。因其地北倚五岭，南临南海，故名。包括今广东、广西、海南三省区及越南北部地区。《新唐书·李靖传》：武德四年（621），授岭南抚慰大使、检校桂州总管，“以岭海陋远、久不见德，非震威武，示礼义，则无以变风”。韩愈《谪潮州刺史谢上表》：“虽在岭海之陬。一如畿甸之间。”《元史·李恒传》：世祖至元十六年（1279），“（张）世杰继亦溺死于海陵港。岭海悉平”。皆此。

岭营　又作岭豁、林豁。清乾隆间置，在今西藏浪卡子县南打隆镇东南林区。“林”，藏语意为洲。

岭喀尔宗　即乌雨克灵喀。治所即今西藏南木林县东南郭郁。

峋嵝峰　在今湖南衡阳、衡山二县交界处。为衡山主峰。《山海经·中山经》郭璞注，谓衡山“南岳也，俗谓之峋嵝山”。故衡山亦兼峋嵝山之名。《方舆胜览》卷24衡州：峋嵝峰“在衡阳北。《湘水记》：衡山南有一山，名峋嵝，东西七十里，南北三十里，高一千五百丈。禹登山获金简玉牒治水之书。山上承翼宿，铃得钩物，故名峋；下据离宫，摄统大师，故名嵝”。

峒峿山　即今江苏新沂市南五十里司吾山。西汉置司吾县，以此山名。《宋史·魏胜传》：南宋绍兴末，胜“知海州兼山东路忠义军都统，遣其子昌同峒峿山首领张荣，持旗榜往结山东忠义”。

峒峿镇　汉为司吾县，俗讹为峒峿。在今江苏新沂市南五十里峒峿村。为北通山东孔道。《资治通鉴》：五代汉乾祐二年（949），南唐遣将皇甫晖出沂、泗招纳淮北群盗，汉“徐州将成德钦败唐兵于峒峿镇”，即此。清置巡司于此。

岷山　亦作峱山。又名汶山、渎山、汶皁山、汶焦山。在今四川西北部，绵延川、甘两省边境。《尚书·禹贡》：“岷山导江。”为岷江水系与嘉陵水系的发源处，高山白雪皑皑，主峰雪宝鼎海拔5588米。1935年9月中国工农红军长征经此，毛泽东《长征》诗：“更喜岷山千里雪，三军过后尽开颜。”

岷山驿　明置，即今甘肃岷县西岷山村。《方舆纪要》卷60岷州卫“遮阳堡”条下：“卫治西今有岷山驿。”

岷冈山　在今浙江温州市西南潘桥镇。《方舆纪要》卷94温州府：岷冈山“在府城西三十五里。峰峦峻拔，潭谷深邃”。

岷州　西魏大统十年（544）置，治所在同和郡（治今甘肃岷县）。《元和志》卷39：“南有岷山，因以为称。”辖境相当今甘肃岷县地。隋大业初废，义宁二年（618）复置。唐天宝元年（742）改名和政郡，乾元元年（758）复为岷州。上元二年（675）没入吐蕃。北宋熙宁六年（1073）复置，辖境相当今甘肃西和、礼县、宕昌、岷县和甘南藏族自治州东南部地区。金改为祐州。后废。南宋绍兴九年（1139）另于长道县白石镇（今西和县西南）置岷州，十二年（1142）改名西和州。元于故治复置岷州，初属巩昌路，至元八年（1271）割属脱思麻路。明洪武四年（1371）置岷州千户所，十一年（1378）改为岷州卫。清雍正八年（1730）复为岷州，属巩昌府。1913年降为岷县。

岷州千户所　明洪武四年（1371）置，属河州卫。治所在今甘肃岷县。十一年（1378）升为岷州卫。

岷州卫　明洪武十一年（1378），升岷州千户所置，属陕西都司。治所即今甘肃岷县。辖境相当今甘肃岷县、舟曲、宕昌等县地。清雍正八年（1730）仍改为岷州。

岷江　①古名江水、大江、汶江、渎江、平模水、导江、都江、武阳江。在今四川中部，为长江水量最大的支流。《禹贡》：“岷山导江，东别为沱。”《汉书·地理志》蜀郡湔氐道：“《禹贡》㟭山在西徼外，江水所出，东南至江都入海。”《舆地纪胜》卷151永康军：岷江“杜光庭《青城山记》云：大皂江以其过岷山，因名岷江。《江源记》云：江水又历汶江道与汶水合，以其发源过岷山下，因名岷江。亦名汶江，盖岷、汶声讹故也”。源出四川松潘县北岷山南麓，南流经松潘、茂县、汶川、都江堰、新津、彭山、眉山、乐山、犍为诸县市，于宜宾市东注入长江。全长793公里。在都江堰市处有闻名中外的都江堰水利工程，分岷江为内、外江，内江分支密如蛛网，与沱江相连，又西南至彭山江口镇汇入主流，在青神县南切割龙泉山，形成岷江小三峡。唐武元衡《古意》诗云：“蜀国春与秋，岷江朝夕流。长波东接海，万里至扬州。”

②即羌水。今嘉陵江支流白龙江。

岷江三峡　又名熊耳峡、湖壤峡、嘉定峡。在今四川乐山市北关庙乡以北。系岷江切割龙泉山南端而成，上峡曰犁头，中曰背峨，下曰平羌。曲折十五里，景色壮丽。唐杜甫《寄岑嘉州》诗云：“外江三峡且相近，斗酒新诗终自疎。”

岷县　1913年降岷州置，属甘肃兰山道。治所即今甘肃岷县。1927年直属甘肃省。

岷峨山　即今甘肃礼县西南一百里，与宕昌县接界之岷峨山。《明史·地理志》礼县：“西南有岷峨山，岷江出焉。”《清一统志·秦州一》：岷峨山“高耸如岷峨，因名”。

峄山　又名邹山、邹峄山或绎山。在今山东邹城市东南二十里。《尚书·禹贡》：“峄阳孤桐。”《诗经·鲁颂·闷宫》：“保有凫、峄”的峄，皆指此。《左传》：哀公七年（前488），鲁师入邾，“邾众保绎”。杜注：“绎，邾山也。在邹县（按指今市东南邹县旧治）北。”又《晋书·郗鉴传》：郗鉴“避难于鲁之峄山”。据《史记·夏本纪》正义引《括地志》：“峄山在兖州邹县南二十二里。《邹山记》云，‘邹山，古之峄山，言络绎相连属也。”

峄水　即今甘肃东南部藉河。源出甘谷县西南，东流经天水市入渭河。唐杜佑《通典》卷174：藉水“一名洋水，今名峄水”。

峄州　金兴定中置，治所在兰陵县（今山东枣庄市南旧峄县）。元至元二年（1265）省兰陵县入州，属益都路。明洪武二年（1369）改为峄县。

峄阳山　即葛峄山。今江苏邳州市西南之岠山。《元和志》卷9下邳县：峄阳山“在县西六里”。

峄县　明洪武二年（1369）改峄州置，属济宁府。治所即今山东枣庄市南旧峄县。十八年（1385）改属兖州府。民国初属山东济宁道。1925年属兖济道。1928年直属山东省。1960年撤销，改设枣庄市。

峄县铁路　即枣台铁路。从山东枣庄经峄城至台儿庄。

峈屼岛　即今山东龙口市西北海中之峈屺岛。《清一统志·登州府》作“峈屼岛”。

峈屺岛　一作峈屼岛。在今山东龙口市西北海中。《明史·河渠四》：“自福山之罘岛至登州城北新海口沙门等岛，西历桑岛、峈屺岛。”即此。《清一统志·登州府》：峈屺岛，“《（黄）县志》：相传明初为牧马场。东北三面皆礁石”。

岢岚山　在今山西岢岚县东北与五寨县接界处。《元和志》卷14宜芳县：岢岚山“高二千余丈，西北与雪山相接”。

岢岚州　金大定二十二年（1182）改岢岚军置，治所在岚谷县（今山西岢岚县）。辖境相当今山西岢岚县地。蒙古太祖十六年（1221）废。明洪武八年（1375）升岢岚县置岢岚州，属太原府。辖境相当今山西岢岚、兴县、岚县地。1912年降为岢岚县。

岢岚军　唐长安三年（703）置，治所在岚谷县（今山西岢岚县）。景龙中废。北宋太平兴国五年（980）复置，辖境相当今山西岢岚县地。金大定二十二年（1182）改岢岚州。

岢岚县　①北魏置，为岚州治。治所在今山西岚县北。隋开皇三年（583）移治三堆城（今山西静乐县），十八年（598）改为汾源县。

②元初改岢岚州置，属岚州。治所即今山西岢岚县。太祖十六年（1221）废入管州。明洪武七年

(1374)复置，属太原府，八年（1375）升为岢岚州。1912年复改岢岚县，属山西冀宁道。1930年直属山西省。

岢岚河 即今山西岢岚、兴县境内之岚漪河。源于岢岚县东南，西北流经县城南，又西流至兴县西北入黄河。《寰宇记》卷50岚谷县："岢岚河在县东，水从岚州宜芳县走马岭下流出，去县四十里，西入合河县界。"

岢岚镇 隋大业三年（607）置，属静乐县。在今山西岢岚县。《新唐书·地理志》："永淳二年以岢岚镇为栅。"长安三年（703）于此置岚谷县。

岸门 ①一作雁门。战国魏地。在今山西河津市南。《史记·六国年表》：秦孝公二十三年（前339），"与晋战岸门"。《史记·魏世家》：魏哀王五年（前314），"秦使樗里子伐取我曲沃，走犀首岸门"。

②战国韩地。在今河南许昌市西北。《史记·韩世家》：秦"大破我岸门"。即此。

岸门口 即今甘肃康县南岸门口镇。1944—1957年康县曾迁治于此。民国张维《甘肃省县总分图》武都县图，东有岸门口镇。

岸门城 明嘉靖间建，在今陕西铜川市耀州区西北。清嘉庆《耀州志》卷3："岸门在州西北八十里分水岭上。嘉靖三十二年参政张涣以虏报急，乃令知州李延宝筑此。"

岸头 即岸门。在今山西河津市南。《汉书·卫青霍去病传》：元朔二年（前127）封卫青校尉"张次公为岸头侯"。即此。

岸亭 一名岸门。在今河南许昌县西北。《续汉书·郡国志》颍川郡颍阴县："有岸亭。"

岸堤 在今河北故城县南。《方舆纪要》卷13故城县：岸堤"在县（治今县东北故城镇）西南，起自（山东）武城县北二十里之甲马营驿，达于县东十八里四柳树镇，皆筑堤，以防卫河泛滥。高数尺以上"。

岩下镇 在今浙江杭州市萧山区西南。《资治通鉴》：唐中和三年（883），"刘汉宏分兵屯黄岭、岩下、贞女三镇"。

岩口铺 即今湖南邵阳县北五十里岩口铺镇。明、清时于此设递铺。

岩山 ①在今河北滦县南五里。《方舆纪要》卷17滦州：岩山"状如虎踞，其东绝壁百仞。有洞十八，其三洞最大而深，在绝壁间，攀援莫上，下有石桥，一郡水口也"。

②一名龙山。在今江苏南京市西南。《宋书·符瑞志》：元嘉二十五年（448），"甘露降丹阳秣陵岩山"。又《孝武帝纪》：大明八年（464），"葬丹阳秣陵县岩山景宁陵"。即此。《寰宇记》卷90升州上元县："岩山在县南四十五里，其山岩险，名曰岩山。宋孝武帝改曰龙山。"

③在今江苏溧阳市西十一里。《晋书·苏峻传》：东晋咸和四年（329），李闳率锐兵追张健、韩晃等，"及于岩山"。即此。

④即今浙江衢州市衢江区西北营盘山。《方舆纪要》卷93衢州府西安县：岩山在"府西十里。四面壁立，绝顶平旷可数十亩，中有石井，冬夏不竭，相传黄巢尝屯兵于此"。

⑤在今浙江建德市西南二十六里。《方舆纪要》卷90寿昌县：岩山"在县（今寿昌镇）北六里。有三峰，高数百丈，顶上有石，围抱如负扆"。

⑥在今福建沙县东。《方舆纪要》卷97沙县：岩山"在县东十里。顶有砦，昔人避兵处"。

岩山寺 原名灵岩院。在今山西繁峙县东南八十里天岩山北麓天岩村。创建于金正隆三年（1158）。元、明、清屡有修葺。主体建筑南殿名文殊殿，为金代遗松。面阔五间，进深三间。殿内置一大佛坛，坛上塑文殊、胁侍、天王等像，均为金代作品。殿内四壁满绘壁画，是金大定七年（1167）宫廷画师王逵所作。壁画构思奇特，内容丰富，人物神态逼真，是我国金代壁画中的优秀作品。东西配殿及禅房等保存完整。今存碑碣中以金正隆三年《繁山孝灵岩院水陆记碑》价值最高。1982年定为全国重点文物保护单位。

岩门 在今浙江海宁市西南岩门山。南宋设盐场于此。

岩门山 在今浙江海宁市（硖石镇）西南八十里钱塘江中。《清一统志·杭州府一》：岩门山，"山上有塔，宋设盐场于此"。

岩门长官司 清顺治十年（1653）改岩门砦置，属黄平州。治所即今贵州黄平县东南岩门司。后废。

岩门司 即岩门长官司。今贵州黄平县东南岩门司。《清一统志·贵州统部》：黄平营设把总驻此。清咸丰五年（1855），张秀眉苗民义军攻占此地。

岩门关 在今重庆江津区南境。《清一统志·重庆府二》：岩门关"在江津县南三百里，接贵州遵义府界，为总路。元末明玉珍筑。一名雁门关。关北属县界，南属遵义"。

岩门砦 ①即今湖南麻阳苗族自治县西十一里岩门镇。明置岩门巡司。清改驻县丞。

②在今贵州黄平县东南岩门司。清顺治十年（1653）改设岩门长官司。

岩孔山 在今贵州安顺市东四十里。《方舆纪要》卷121安顺府：岩孔山"高峻盘亘，顶平广可坐万人。旁有孔穴，有岩孔寨，山因以名"。

岩石营 在今广东佛山市三水区北。《方舆纪要》卷101广州府三水县：岩石营"在县北六十五里"。

岩帅 即今云南沧源佤族自治县东北岩帅镇。1937年于此置沧源设治局。1938年迁治今沧源佤族自治县（勐董镇）。1945年迁治今县东北勐省镇。1950年迁回岩帅镇。1951年改设沧源县。1952年沧源县迁治今勐董镇。"岩帅"为佤语地方名，以建寨人赵岩帅得名。

岩头山　在今安徽广德县西北，接郎溪县界。《明一统志》卷17广德州：岩头山“在州城西四十里。两山屹立如关隘，中夹一溪。广德南山之水皆会于此，而入建溪。每遇巨潦，借此以障湍流奔突之势”。

岩头寨　在今贵州遵义县西南。《方舆纪要》卷70遵义府遵义县：“岩头寨在府西南百里，入水西境内。（明）万历末，讨水西贼鲁钦，克岩头寨。乘胜深入，至织金堡败绩。”

岩寺镇　在今安徽黄山市徽州区。《舆地纪胜》卷20徽州：岩寺镇“在歙县西二十五里。今出漆器”。《清一统志·徽州府二》：岩寺镇“在歙县西二十五里。宋设官收酒税，初置税课局，兼置岩寺巡司。洪武十四年废”。

岩关　即严关。在今广西兴安县西南严关镇。《明史·地理志》作“岩关”。

岩州　①隋开皇十六年（596）置，治所在林虑县（今河南林州市）。大业初废。唐武德二年（619）复置，五年（622）废。

②唐贞观八年（634）改羁縻西金州置。属松州都督府。治所在今四川松潘县西境。后废。

③唐贞观十九年（645）置，治所在白崖城（今辽宁灯塔市东南西大窑镇南、太子河北岸官屯附近）。后废。辽复置，属沈州。金废。

④唐调露二年（680）析横、贵二州置，治所在安乐县（今广西玉林市西北）。《新唐书·地理志》：岩州“以岩冈之北，因为名”。辖境相当今广西玉林市西、南及贵港市南境地。天宝元年（742）改为常乐郡，乾元元年（758）复为岩州。

⑤金兴定三年（1219）置，属辽阳府。治所在东安县（今辽宁辽阳市东南）。元废。

岩州卫　明置，在今四川泸定县北岚安乡（昂州）。《明史·食货志四》：“初制，长河西等番商以马入雅州易茶，由四川岩州卫入黎州始达。”

岩州长官司　明洪武六年（1373）置，属天全六番招讨司。治所在今四川泸定县北岚安乡（昂州）。清康熙四十年（1701）废。

岩坑山　①一作阳鲁山。在今辽宁辽阳市东北十里。后金天命九年（1624）于此建东京陵。清顺治八年（1651）封此山为积庆山。

②在今浙江浦江县西北。《方舆纪要》卷93浦江县：岩坑山“在县西北五十里。上有水二派，东曰岩坑，南流入于浦阳江；北曰湖溪，北流入于富阳江”。

岩垆山　一作阳鲁山。在今辽宁辽阳市东北十里。后金天命九年（1624）于此建东京陵。清顺治八年（1651）封此山为积庆山。

岩杵河　又作彦楚河。在今俄罗斯滨海边疆区西南克腊斯基诺北。清属宁古塔副都统。清曹廷杰《西伯利东偏纪要》：岩杵河“在珲春东南九十里，东北距阿济密俄镇二百余里”。咸丰年间被沙皇俄国通过不平等的中俄《北京条约》割占。1886年中俄双方于此会晤，签订了《中俄重勘珲春东界约记》，勘定东部边界问题。史称“岩杵河勘界会议”。

岩昌县　唐武德四年（621）置，属铜州。治所在今广西容县东南。贞观八年（634）属容州。唐末废。

岩峒山　在今浙江建德市南。《明史·地理志》严州府寿昌县：“东南有岩峒山。”《清一统志·严州府》：岩峒山“在寿昌县（今寿昌镇）东南三十里，跨兰溪县界，高与金华山等”。

岩前山　在今贵州务川仡佬族苗族自治县东北二十里。《方舆纪要》卷122务川县：岩前山“山产硃砂”。

岩前寨　即今福建三明市西岩前镇。北宋嘉定十七年（1224）以其地险远，在黄杨岩下置寨守御，属永安县。绍定四年（1231）增兵戍守。元至元中设巡司，仍隶永安县。明洪武初改名黄杨寨巡司。

岩栖县　唐置，属羁縻思顺州。治所在今广西忻城县东。北宋庆历四年（1044）废。

岩脚市　即今安徽休宁县西岩前镇。清道光《休宁县志》乡村图：城西有岩脚。

岩脚场　即今贵州六枝特区西北岩脚镇。旧属郎岱县，有把总防守。

岩渊县　①唐渤海国置，属椒州。治所在今朝鲜咸镜南道永兴西北城里。辽徙废。

②辽置，为耀州治。治所在今辽宁大石桥市西北岳州城。金废。

岩绿县　北魏太平真君七年（446）改统万镇置，治所即今陕西靖边县北白城子。太和十一年（487）为夏州、化政郡治。西魏大统十二年（546）为弘化郡治。隋为朔方郡治。唐贞观二年（628）改为朔方县。

岩湖嶂　在今福建福安市北四十里。《方舆纪要》卷96福安县：岩湖嶂“高广皆数十仞，其平如掌，容数百人。半岩有穴，亦容数十人。下有湖，名曰岩湖”。

岩磨水　在今广西天等县北。《方舆纪要》卷110镇远州：岩磨水“在州治（今进远乡）南。水泉清洌，人皆仰给”。

宠災山　①又名砻丛山、笼丛山。简称丛山。在今安徽绩溪县东北。《寰宇记》卷104绩溪县：砻丛山“在县北二十九里。其山四合交凑，中有大路，向宣州宁国县，路又二郡分界焉”。《方舆纪要》卷28宁国县：笼丛山在“县西南百五十里。其南属绩溪县界。峻壁崇关，宣歙阨塞处也”。

②在今云南腾冲县北三十里。《明一统志》卷87腾冲军民指挥使司：宠災山“山极高峻，云合即雨”。

宠耸关　明置，属龙里卫。在今贵州龙里县东龙丛。《清一统志·贵阳府》：陇耸关“在龙里县东二十里。陇耸一作哝耸，又作宠災。《黔记》：自东门外东关哨二十五里至宠岚哨，又十里接新添卫界”。

岿水　一名舜水。源出今湖南蓝山县南，东北流合钟水，经嘉禾县至桂阳县入舂陵水。《方舆胜览》卷26桂阳军：岿水“在蓝山县。又名舜水。与舂陵水合流”。

岿州　唐仪凤元年（676）置，治所在今云南开远市附近。后废。

岝崿山　①亦作柞碓山。俗名狮子山。在今江苏苏州市吴中区西南。《越绝书·吴地传》：“柞碓山，故为鹤阜山。禹游天下，引湖中柯山置之鹤阜，更名柞碓。”《吴地记》：“岝崿山在吴县西十二里，吴王僚葬此。”明王鏊《姑苏志》卷8：岝崿山“俗称狮子山，以形名。一名鹤阜山，又名笮碓山”。

②在今浙江临安市西六十六里。《太平御览》卷46引《吴兴记》曰：“于潜县（今于潜镇）西二里有岝崿山，有绝壁高三十许丈。谢安尝登之。”《咸淳临安志》卷26：“岝崿者，山之高峻貌也。”

帖仡佬等处长官司　元置，属管番民总管。治所在今贵州龙里县北。后废。

帖尼大鲁罕　即今内蒙古呼伦贝尔市陈巴尔虎旗、海拉尔市东之特尼河。《元史·太祖纪》：“帝即起兵，逆战于海剌儿、帖尼大鲁罕之地，破之。札木合脱走，弘吉剌部来降。”

帖夷县　西魏废帝元年（552）置，为帖夷郡治。治所在今四川九寨沟县东南一百里白水江东岸。《太平御览》卷167引《后魏书》曰：“以戎夷宁帖为义也。”恭帝二年（555）改为昌宁郡治。隋属同昌郡。唐武德元年（618）属扶州。万岁通天二年（696）改为武进县，神龙元年（705）复为帖夷县。广德后没入吐蕃。

帖夷郡　西魏废帝元年（552）置，属宁州。治所在帖夷县（今四川九寨沟县东南一百里）。辖境范围在今四川九寨沟县东南及甘肃文县部分地。恭帝二年（555）改为昌宁郡。

帖麦该川　在今蒙古国东部。《元史·太祖纪》：岁癸亥（1203），“帝既灭汪罕，大猎于帖麦该川，宣布号令，振凯而归”。“岁甲子，帝大会于帖麦该川，议伐乃蛮”。

帖坚古　一作铁坚古、迭怯里古。在今蒙古国阿尔泰山与杭爱山之间扎布河流域。《元史·囊加歹传》：“武宗在潜邸，囊加歹尝从北征，与海都战于帖坚古。”

帖坚古山　亦作铁坚古山。在今蒙古国西部巴彦乌列盖省阿尔泰山之小山。《元史·土土哈传·牀兀儿》：至元五年（1268），讨叛王海都等，“海都兵越金山而南，止于铁坚古山，因高以自保。牀兀儿急引兵败之”。又《囊加歹传》：“武宗在潜邸，囊加歹尝从北征，与海都战于帖坚古。明日又战，海都围之山上，囊加歹力战决围而出，与大军会。”

帖里麻　一作忒耳迷、迭儿迷、迭里迷。在今哈萨克斯坦阿姆河北岸特尔梅兹。《元史·薛塔剌海传》：“从征回回、河西、钦察、畏吾儿、康里、乃蛮、阿鲁虎、忽缠、帖里麻、赛兰诸国，俱以砲立功。”

帕木竹巴　明代西藏地名。元代宣政院在乌思藏置十三万户，于乌思地区（前藏）置六万户中伯木古鲁万户最强，元末逐渐取代萨迦地方政权。明沿元制，洪武八年（1375）诏置帕木竹巴万户府，永乐四年（1406）晋封为灌顶国师阐化王，允世袭。其治所在今乃东县境。

帕尔宗城　清康熙间置，在今西藏亚东县东北帕里。《清一统志·西藏》藏地诸城：帕尔宗城“在日喀则城西南六百四十里”。1960年并入亚东县。

帕竹　即帕木古鲁。治所在今西藏乃东县北泽当。元置万户府于此。

帕米尔　在我国新疆西南部和塔吉克斯坦东南部、阿富汗东北部一带。为世界最高的高原，有“世界屋脊”之称。唐玄奘《大唐西域记》称此地为“波谜罗”，为帕米尔一名最早的记载。又称葱岭。帕米尔一名一说为柯尔克孜语，意为“高山平地”；一说系古波斯语，意为“平顶屋”。

帕米尔八卡　清光绪五年（1879）在帕米尔地区设置黑孜吉牙克卡（今克孜勒接以克山隘）、六尔阿乌卡（今木尔加布）、巴什滚伯孜卡（今叶什勒库里湖东南巴什古木别孜）、图斯库尔卡（在叶什勒库里湖东土孜库里）、雅尔特拱拜卡（今扎尔提古木别孜）、阿克素睦尔瓦卡（今伊斯里克河上游，今克孜勒拉巴特）、塔墩巴什卡（今新疆塔什库尔干塔吉克县西南）。十五年（1889）设苏满卡（在叶什勒库里）。十七年（1891）沙俄出兵帕米尔，建立据点，捣毁卡伦。同时，强迫中国从帕米尔撤军，侵占至萨雷阔勒岭。在帕米尔八卡中，只有塔墩巴什卡仍留在我国境内，其余均被俄国侵占，今属塔吉克斯坦。

帕克仲营　又作哈木。清乾隆后置，在今西藏日喀则市西南纳尔乡东北帕中。“帕克仲”，藏语意为隐暗村。

帕克里宗　亦名帕尔宗。即今西藏亚东县东北帕里。藏语意为猪山。清乾隆《卫藏通志》卷4：帕里“即帕克哩”。为由江孜至亚东关孔道。

罗　春秋国名。在今湖北南漳县东南清河镇附近。《左传》：桓公十二年（前700），“伐绞之役，楚师分涉于彭，罗人欲伐之”。又桓公十三年（前699），“楚屈瑕伐罗，……罗与卢戎两军之，大败之”。杜注：“罗，熊姓国。在宜城县西山中。”后徙枝江市东北。又徙今湖南汨罗市西北。后灭于楚。

罗卜　亦作罗布。宋金时为西辽国属地，在今新疆若羌县北罗布庄。

罗卜岭冈　即今西藏拉萨市西郊罗布林卜。滨临拉萨河。藏语意为宝贝园林。公元1755年七世达赖始建，后屡经扩建，分为宫区、宫前区、森林区三个主要部分。为达赖喇嘛的夏宫。《清季筹藏奏牍》第2

册《安成奏牍》："窃查达赖喇嘛仿照历辈旧规，每年入夏后移居罗卜岭冈庙内，传习经典，秋后仍回布达拉山。"今已辟为人民公园。

罗卜思庄　即今云南梁河县西南罗卜坝。《方舆纪要》卷119南甸宣抚司：罗卜思庄"在司南七十里。正统七年王骥讨麓川叛目，自腾冲出南甸，进至罗卜思庄。又万历三年木邦酋罕拔导缅兵，又合陇川叛目岳凤兵，袭陷干崖，干崖守备李腾宵退守罗卜思庄"。

罗三溪汛　清道光间置，在今四川雷波县北一百二十五里罗山溪乡。有把总驻防。

罗口　在今河南巩义市南。《隋书·李密传》：大业十三年（617），李密、翟让领精兵七千人"出阳城，北逾方山，自罗口袭兴洛仓"。胡三省注："魏收《地形志》：巩县'有长罗川'。罗口，盖即长罗川口。"

罗山　①又名崇仁山。在今江西崇仁县西北，与丰城县交界处。《寰宇记》卷110抚州崇仁县：崇仁山"在县西四十一里。旧名罗山，天宝六年敕改为崇仁山"。《方舆纪要》卷86抚州府崇仁县：罗山，"《旧志》，跨抚、洪、吉三州之境，以晋道士罗文通学仙于此而名。绝顶有石仙寺。下有池，冬夏不竭。一名池山"。

②在今山东桓台县南。《方舆纪要》卷31新城县"马公山"条下：罗山"状如罗城，因名"。

③又作骡山。即今山东招远市东北二十五里罗山。《魏书·地形志》：东牟郡惤县有"罗山"。元于钦《齐乘》卷3"招远县"条下："有罗山，金人初置罗峰镇。"

④在今河南罗山县南。《元和志》卷9罗山县：罗山"在县西南九里"。《方舆纪要》卷50：罗山"峰峦环抱，隋因以名县。亦谓之龙山，又名小罗山。县南百里又有大罗山"。

⑤在今甘肃正宁县西南。《寰宇记》卷34："罗川水出罗山。"《清一统志·庆阳府一》：罗山"相传唐天宝初，获玉石真人像二十七于此"。

⑥又名蠡山。即今宁夏同心县东北罗山。《清史稿·地理志》固原州平远县："西北：罗山。"山分南北两段，北段称大罗山，南段称小罗山。东麓有明庆王朱㮵及其后裔陵墓。为宁夏自然保护区。

罗山县　①隋开皇十六年（596）置，属申州。治所在今河南罗山县西南。《寰宇记》卷132信阳军罗山县："因山以为名。"大业初属义阳郡。唐移治今罗山县，属申州。北宋开宝九年（976）废。雍熙二年（985）复置，属信阳军。元为信阳州治，而移县治于县城西南隅。元末，州县俱废。明洪武元年（1368）复置，属信阳州，仍还故治。清属汝宁府。民国初属河南汝阳道。1927年直属河南省。

②元世祖至元十三年（1276）置，属沾益州。治所在今云南富源县境。《元史·地理志》罗山县："夷名落蒙山，乃磨弥部东境。"明永乐初废。

罗山城　唐置，属巂州。在今四川喜德县西北冕山镇。唐樊绰《云南志》卷1："（北）谷东南一百三十里至罗山城，天宝以后吐蕃所筑，非国家旧城。"

罗川　①在今福建罗源县西。《方舆纪要》卷96罗源县：罗川"在县城西。源出县西境蒋山，接金钟潭，流经四明山下，合四明溪。又南流分三派，曰中溪、曰南溪、曰后张溪，流经松崎山，达于海。亦谓之松崎江"。

②福建罗源县的别号。

③即罗县。在今湖南汨罗市西北。《旧唐书·萧铣传》：隋大业十三年（617）岳州校尉董景珍等举"罗川令萧铣"为主起兵，铣自称梁王，后称帝。《方舆纪要》卷80湘阴县：罗县城"亦谓之罗川"。

罗川水　一名亚谷河。即今甘肃正宁县四郎河。源出子午岭，西南流至陕西彬县入泾河。《元和志》卷3真宁县：隋置罗川县，"因县南罗（川）水为名"。

罗川戍　在今四川旺苍县南。《宋史·王全斌传》：乾德二年（964）伐蜀，"全斌由罗川趋深渡，与（崔）彦进会"。

罗川县　隋开皇十八年（598）改阳周县置，属宁州。治所即今甘肃正宁县（山河镇）西南罗川村（旧正宁）。《元和志》卷3真宁县：罗川县"因县南罗（川）水为名"。大业初属北地郡。唐属宁州。天宝元年（742）改名真宁县。

罗川城　在今湖北南漳县东南清河镇附近。《水经·沔水注》：夷水"历宜城西山，谓之夷溪。又东南径罗川城，故罗国也"。

罗么（麽）山　在今云南玉溪市东北二十里。《方舆纪要》卷115新兴州：罗么山"在州东北二十里。今名石崖山，下有白龙泉，流为罗么溪。溪凡九曲，入于大溪"。

罗门县　唐置，属羁縻长宁州。治所在今四川长宁县境。后废。

罗卫　即迦罗舍佛。在今泰国曼谷湾西北之叻丕一带。元汪大渊《岛夷志略》有专条记述。

罗井镇　北宋置，属富顺监。在今四川富顺县东。《元丰九域志》卷7：罗井在"监东八十里"。

罗云（雲）山　在今山西洪洞县西北。《方舆纪要》卷41赵城县：罗云山"在县西四十里。山高耸，尝有云气舒布于其上。一名七佛峡"。

罗云（雲）州　唐宝应元年（762）置，为党项部落州，属秦州都督府。在今甘肃泾川及陕西陇县一带。唐末废。

罗云（雲）堡　在今山西洪洞县西北。《清一统志·霍州》"梗壁堡"条下："罗云堡，在（赵城）县西四十里。"

罗木箐河　在今云南玉溪市西北五里。《方舆纪要》卷115新兴州：罗木箐河"在州北。自晋宁州流入境，又西南流入临安府嶍峨县界"。

罗不驿　一作罗卜驿。元至元二十三年（1286）置，在今新疆若羌县。《元史·世祖纪》："立罗不、怯台、阇鄽、斡端等驿。"

罗车国　亦作罗刹国。指沙皇俄国，为俄罗斯译名之讹。清康熙初张缙《宁古塔山水记》："逻车一种，近为边患。其国与西洋相邻，碧眼黄发，善用火枪，酣战不用衣甲，去此二三万里。其来也由海船，入黑筋、鱼皮部落，掠其貂皮……近日宁古练水师，深入海上，乃杀其党，得其乘舟及哆罗羢画像、鸟枪、罗经、定南针之类。"

罗冈市　即今广东兴宁市西北罗冈镇。明正德《兴宁县志》卷2：罗冈步市"在县北七十里"。《方舆纪要》卷103兴宁县"消陂尾隘"条内："《志》云：县北九十里有罗冈隘，接江西安远县界。"万历中设罗冈营于此。

罗冈司　即今广东蕉岭县北广福镇。明崇祯中置镇平县，迁石窟巡司于此。清顺治中废。乾隆元年（1736）复置，改名罗冈巡司。

罗水　①一名长罗川。即今河南巩义市西南坞罗水。《水经·洛水注》：罗水"出方山罗川，西北流，蒲池水注之，水出南蒲坂，西北流，合罗水，谓之长罗川。亦曰罗中也。盖肦子郣罗之宿居，故川得其名耳。……又于訾城东北，入于洛水也"。

②即罗阳溪。在今广东博罗县西。《清一统志·惠州府》：罗水"在博罗县西五十里。一名罗阳水。源出罗山，由丫髻峰刘仙坛下，过钓鱼台，东南流为碧溪，又东南合蚬冈诸派水，东入龙江"。

③即今广东化州市北之罗江。《方舆纪要》卷104化州"陵水"条："罗水亦在州北九十里。源出北流县娥石山下，东南流，合于陵水，亦谓之罗江，经城东，至州南二十里，鉴水来合焉，谓之平江水。……又南流至吴川入海。"

④即今广东阳春市西南之潭水河。《舆地纪胜》卷98南恩州：罗水"出罗黄山"。《方舆纪要》卷101阳春县：麻陈水，"《志》云：县西四十里有罗水。自罗黄山东流合麻陈水，又北流五里，经大沙湾入漠阳江"。唐罗水县以此名。

⑤在今广西全州县西。《舆地纪胜》卷60全州：罗水"在清湘县西一百里，出罗氏山，北入湘江"。今罗水有三源：万乡河、山川河、长乡河，会流后始称罗水，东南流，循城而东，至完山下入湘水。

罗水县　①唐贞观四年（630）置，属羁縻西怀州。治所在今四川松潘县西境。八年（634）属羁縻远州。后废。

②唐天宝末置，属南陵郡。治所在今广东阳春市西南九十里。乾元初属春州。北宋开宝六年（973）废。

③唐置，为云州治。治所在今四川荣县西南。景龙二年（708）废入大牢县。

罗仁山　一名独山。在今广西荔浦县西南修仁镇东二里。《方舆纪要》卷107修仁县：罗仁山"石岩险峻，稍南水绕其下，寇至，邑人以竹木架渡，可容四五百人"。

罗什寺　在今甘肃武威市内北大街。相传建于十六国前秦苻坚建元十八年（382），为西域高僧鸠摩罗什卓锡之所。寺内有塔。1927年毁于地震，仅塔存其半。1934年重修时，在塔基下挖出石碣一方，阴刻"罗什地址，四面临街，敬德书"十一字。因知为唐代所重建。

罗公山　一名罗翁山。即今湖南洪江市（黔城镇）东南八面山。《水经注》作龙桥山。《舆地纪胜》卷71沅州：罗公山"昔有隐者姓罗居此山，有道术，民祈请辄验。今谓之罗公王，即此神也。绝顶有池，广数十里"。《方舆纪要》卷81黔阳县：罗公山"宋熙宁间，土豪舒光起寨于此，为瑶人所破"。

罗公泉　在今安徽绩溪县南。《方舆纪要》卷28绩溪县：罗公泉在"县南二十五里。水自地涌出，腾上数尺，源甚深长，大旱不竭，溉田数百顷"。

罗月和等处长官司　元置，属新添葛蛮安抚司。治所在今贵州贵阳市南。后废。

罗风县　唐贞观五年（631）置，属燕州。治所在今广西藤县境。七年（633）属藤州。十八年（644）废。

罗凤水　在今广东阳春市东北。《舆地纪胜》卷98南恩州：罗凤水"源出阳春县东北白水岭，经县北五十里，西流入漠阳江"。《方舆纪要》卷101阳春县：罗凤水"出县北五十里白木岭。曲折流经龙江湾，亦名江腰河，西流入漠阳江"。

罗文坝　即今四川万源市南二百里罗文镇。《清一统志·四川统部》：太平营把总驻罗文坝汛。民国《万源县志》卷1："清宫保罗思举葬其祖于此（白鹤）山下，祖名文，罗文坝以此得名。"

罗文峪关　明置，属遵化县。为长城关隘之一。在今河北遵化市北二十里罗文峪。《方舆纪要》卷11遵化县：罗文峪关，"马兰峪东第十四关口"。清设把总驻防。

罗文渠　在今陕西华县东南十五里。《新唐书·地理志》郑县："东南十五里有罗文渠，引小敷谷水，支分溉田，皆开元四年诏陕州刺史姜师度疏故渠，又立堤以捍水害。"

罗文寨　即今陕西华县东七里罗纹镇村。《资治通鉴》：五代梁贞明六年（920），同州降晋，梁遣刘鄩围之，晋兵驰救，"乃进逼刘鄩营，鄩等悉众出战，大败，收余众退保罗文寨"。即此。

罗文镇　即今四川万源市西南罗文镇。1933年川陕革命根据地在此置红胜县。

罗为县　唐贞观十四年（640）改邪施县置，属播州。治所在今贵州遵义市西南。《寰宇记》卷121播州芙蓉县：废罗为县"以界内罗为水为名"。显庆五年（660）废。

罗计堡　即上、下罗计堡合称。上罗计堡在今四川珙县南上罗镇；下罗计堡在今四川珙县南下罗乡（老堡场）。明于两处调叙南卫官兵戍守。

罗古 在今贵州桐梓县北。《明史·刘綎传》：万历二十八年（1600），“（杨）应龙乃遣子朝栋，惟栋及其党杨珠统锐卒数万，由松坎、鱼渡、罗古池三道并进。綎伏万人罗古，待松坎贼，……”大败贼众。

罗左冲（衝）山 即今云南腾冲县南半个山。《方舆纪要》卷118腾越州：罗左冲山在“州南六十里。上有镇夷关。山后即南甸宣抚司。悬岩峭壁，足为华夷之限。《滇略》谓之半个山。界限华戎，北寒南暑，迴然各天”。

罗布 即今新疆若羌县北洛南村。清宣统《新疆图志》卷3：婼羌县有“罗布”庄。

罗布林卡 清乾隆二十年（1755）七世达赖喇嘛建，在今西藏拉萨市西郊，为历代达赖喇嘛之夏宫。藏语意为“宝贝园”。全园占地36万平方米，由格桑颇章、金色颇章和达旦明久颇章等三组宫殿组成，每组又分宫区、宫前区、林区三个组成部分，为西藏最大的最具有特色的著名园林。1988年定为全国重点文物保护单位。2001年定为世界文物遗产，列入布达拉宫历史建筑群扩展项目。

罗布泊 古名蒲昌海、盐泽、泑泽、牢兰海。在今新疆若羌县东北。清徐松《西域水道记》卷2：“回语，罗布者谓汇水之区。《吐鲁番回部传》云：罗布淖尔邻吐鲁番为巨泽。叶尔羌、喀什噶尔诸境水六十余汇之，是也。”

罗布泊南古城遗址 在今新疆若羌县城西南沙漠中。英国考古学家斯坦因编号为LK和LL古城。其中LK古城平面呈长方形，城墙略斜，东城墙长163米，南城墙长82米。西城墙长160米，北城墙长87.5米，周长492.5米。城墙顶部残宽1.5—6.5米，残高3—5.4米。有城门一座，在东墙南端，门道宽、高各约3米。城内南部有一组房屋建筑遗迹。LL古城东南距离LK古城约3公里，平面呈长方形，东城墙长71.5米，南城墙长61米，西城墙长76米，北城墙长49米。城内东南角有一组南北21米、东西10.5米的建筑遗迹。这两处古城遗址是丝绸之路楼兰道上的著名古城，对研究汉晋时期楼兰、鄯善地区的历史文化及中原地区历史文化及与中原地区关系具有重要意义。2001年定为全国重点文物保护单位。

罗布驿 清光绪二十九年（1903）置，在今新疆若羌县北罗布庄。清宣统《新疆图志》卷81婼羌县：罗布驿“驿东即罗布淖尔”。

罗龙县 ①唐贞观十二年（638）置，属笼州。治所在今广西扶绥县西南东罗镇。唐末废。

②唐置，属羁縻连州。治所在今四川筠连县境。后废。

罗平关 在今云南牟定县西南三十里。俗讹为罗那关。《方舆纪要》卷116定远县：罗平关“元至大二年，梁王老的与大理构隙，引兵至罗那关，以计杀其守将高蓬”。明属置巡司于此。

罗平州 明万历十五年（1587）平定者继荣叛乱，改罗雄州为罗平州，属曲靖府。治所即今云南罗平县。康熙《罗平州乡土志》：“元初内附，置罗雄州，明万历十四年背叛，抚镇请于朝，讨平之，因建城于白腊山之麓，更名罗平。”1913年废为县。

罗平县 ①南齐置，属广熙郡。治所在今广东罗定市南罗平镇。隋废。

②1913年改罗平州置，后属云南滇中道。治所即今云南罗平县。1916年直属云南省。

罗东山 在今四川泸州市纳溪区东南。《清一统志·泸州》：罗东山“在州东六十里。《旧志》：峰峦森列。周太师尹吉甫故宅及其茔兆在焉”。

罗东堡 即台湾宜兰县东南罗东镇。清末《台湾地舆总图》宜兰县舆地说略：“东南二十里曰罗东，旧设巡检，已裁。”清光绪二十一年（1895）日本侵占台湾后，曾发生抗暴斗争。

罗东舒祠 在今安徽黄山市徽州区（岩寺镇）北呈坎村。为罗氏家族祠堂。始建于明嘉靖年间。棂星门前立大照墙，棂星门内左右各有碑亭。共三进：第一进为仪门。第二进为大厅，享堂高悬“彝伦攸叙”四字。第三进为寝殿，是供奉祖宗牌位的所在。十一开间，彩绘布满梁架和天花，金碧辉煌，为整个祠堂的精华。宝纶阁在寝殿之上，是明万历年间呈坎人罗应鹤为尊供圣旨和珍藏御赐物品而建，为罗氏宗祠的后堂。台基比前堂高出2米，有三条石台阶拾级而上。面宽29米，进深10米，高7米，由三个三开间组成，十根方形石柱沿廊并列，型制宏伟宽敞，梁柱、斗拱雕刻彩绘。阁上有楼，进深约7米，高出台基约12米，前檐高悬“宝纶阁”匾额。1996年定为全国重点文物保护单位。

罗东镇 即今台湾省宜兰县东南罗东镇。清代名罗东堡。嘉庆十五年（1810）置巡司于此。罗东系番语，意为“猿”。道光《噶玛兰厅志》卷8《杂识》诗《罗东道中》题下注：“生番呼猴曰老懂，是地有大石在道旁，状类猕猴，生番呼老懂，传者因讹为罗东。”1945年抗日战争胜利后设罗东镇。

罗北厅 清光绪三十四年（1908）拟设，属兴东道。治所在托罗山（今黑龙江萝北县北兴东镇）。1912年改置萝北设治局。1916年改为萝北县。

罗旧站堡 即今湖南芷江侗族自治县东北二十七里罗旧镇。《方舆纪要》卷81：沅州东有“罗旧站堡”。

罗目山 亦作罗蒙山。在今四川峨边彝族自治县北。《寰宇记》卷74罗目县：罗蒙山“在旧县北二里。俗语讹呼为罗目山”。罗目旧县在今峨边彝族自治县（沙坪镇）。后罗目县移治今峨眉山市南，其附近之山亦名罗目山。《方舆纪要》卷72峨眉县“龙门山”条下：“罗蒙山在县南三十里。一名罗目山。亦高广，二山盖即峨眉之别阜。”

罗目江 即今四川峨眉山市南之临江河。《舆地纪胜》卷146嘉定府：罗目江“出峨眉山麓，右溪自小天池以东，左溪自黄茅平以北，直罗目县治之上五里。水石之胜，怪怪奇奇，自是合二溪之委是为江”。《方舆纪要》卷72峨眉县：罗目江“在县西。出峨眉山麓，右溪自小天池以东，左溪自黄茅平以北，至罗目废县，合二溪之委为江，水石甚奇险，下流入于阳江”。

罗目县　唐麟德二年（665）招生僚置，为沐州治。治所在今四川峨边彝族自治县南大堡镇。《元和志》卷31罗目县：“罗目，僚中山名，因以名县。”上元三年（676）州县俱废。仪凤三年（678）复置，属嘉州。治所在沲和城（今四川峨边彝族自治县）。如意元年（692）移治今峨眉山市南二十里罗目镇附近。北宋太平兴国后废。

罗目镇　①北宋置，属迁江县。在今广西来宾市西南。

②北宋废罗目县为镇，属峨眉县。在今四川峨眉山市南罗目镇东北五里罗目街。《舆地纪胜》卷146嘉定府“罗目江”条下：“又有罗目镇，乃隐士罗目隐遁之所。”

罗田水　亦名晋康水。即今广东罗定市西南之泷江。为西江支流。《元丰九域志》卷9：康州泷水县有罗田水。

罗田县　南朝梁置，为义城郡治。治所在今湖北罗田县东六十里魁山之阳。《舆地纪胜》卷47蕲州：崄石“在蕲水县东北十里，罗田三溪之水会焉”。盖县居兹水之陆而名。隋属蕲春郡。唐武德四年（621）废。北宋元祐八年（1093）于石桥镇复置，属蕲州。治所在今罗田县东石桥镇。南宋末又废。元至元中复置，大德八年（1304）移治官渡河（今罗田县）。明属黄州府。民国初属湖北江汉道。1932年直属湖北省。元末农民领袖徐寿辉为本县人，在县东北多云山（天堂寨山）起义。

罗生山　在今云南腾冲县东南二十里。《明一统志》卷87腾冲军民指挥使司：罗生山“在司城东南二十里。峰峦千丈，条冈百里，林木森茂，腾冲之名山也”。

罗付大河　即今贵州遵义市西北罗江河，为乌江支流。《方舆纪要》卷73永宁宣抚司：罗付大河“在司东，接遵义府界。其下流东南出，入于乌江。天启初，奢崇明及其子寅作乱，官军克遵义，追败奢寅于罗付大河口是也”。

罗仙关　在今贵州安顺市东十里。《方舆纪要》卷123普定卫：罗仙关在“卫东十里。……旧皆为戍守处”。

罗白县　北宋皇祐中置，属邕州迁隆寨。治所在今广西崇左市东南五十里罗白乡。元属江州。民国初属广西镇南道。1918年废。

罗丛山　一名罗丛岩。在今广西桂平市西南六十里。《舆地纪胜》卷110浔州：罗丛岩“在州西南六十里。岩中明快，可容二三百人。遇重九，于此登高。内有三教殿，殿东则名曰碧虚洞，由石穴而入，通行平坦，其屈曲约半里余，出于岩之东。洞内则有石佛、石磬、石狮子、石床、石钟。殿西侧名曰灵源洞，由石穴而入，通行平坦，其屈曲约一里余，出于岩之西。洞内则有石罗汉、石象、石马、石鱼、石笋、石鼓。岩之外，西侧有水月岩，外则有超然亭，实浔之胜概”。

罗市镇　北宋置，属昌元县。在今重庆市荣昌县西北盘龙镇东南昌州镇。《宋史·地理志》昌元县：“咸平四年，移治罗市。”天禧中移县治今荣昌县。

罗头山　在今湖北巴东县东。《方舆纪要》卷78巴东县：罗头山“在县东七里。滨大江，环锁江水，回顾县治。下有罗头洞”。

罗汉山　在今湖南城步苗族自治县东十里。《明史·地理志》城步县：“东南为罗汉山。”《清一统志·宝庆府一》：罗汉山“有十八峰相连，故名”。

罗汉门　即今台湾省高雄市东北旗山区。旧属台湾县，雍正九年（1731）设县丞驻此。后置罗汉门巡司。日本占领期间于1920年设旗山街。1945年抗日战争胜利后设旗山镇。

罗汉寺　①又名治平寺。在今重庆市城东小什字。据明曹学佺《蜀中名胜记》载：“治平寺有石刻‘西山佛’三字，旁刻开山祖月名。祖月，宋治平时僧也。有罗汉、先天二洞，皆古洞。”罗汉寺以罗汉堂里的五百阿罗汉塑像而著名。

②在今四川什邡市东。是中国佛教禅宗八祖大寂禅师马道一讲经传教之地，故有“川西佛都”之称。《清一统·成都府》：罗汉寺“在什邡县东。唐景龙三年建。为马祖出家处。门右有说法台。本朝康熙三年修”。

罗汉寺市　即今湖北武汉市黄陂区西北二十二里罗汉寺镇。清光绪《湖北全省分图》：黄陂县西北有罗汉寺市。

罗汉洞关　在今河北青龙满族自治县东南七十里，与抚宁县接界。明弘治中筑城。《方舆纪要》卷17卢龙县：罗汉洞关，“隆庆初蒙古土蛮入沙岭、罗汉洞，大掠郡境”。即此。

罗汉院双塔及正殿遗址　在今江苏苏州市凤凰街定慧寺巷。始建于唐咸通二年（861）。初名般若院，五代吴越时改称罗汉院。北宋太平兴国七年（982）增建砖塔一对，东曰舍利塔，西曰功德舍利塔，高约32.6米，七级八面，仿木构楼阁式。俗称双塔寺。清咸丰十年（1860）寺毁于战火，仅余双塔和正殿故基。正殿遗址在双塔北，尚存石柱、石础、石罗汉残像、碑刻等数十件遗物。其中北宋石柱、石础最为珍贵。1982年定为全国重点文物保护单位。

罗汉寨　在今福建建宁县北。《方舆纪要》卷98邵武府建宁县：罗汉寨“在县城北。宋乾道四年郡寇何白旗作乱，张浚请设兵置寨于此”。

罗必甸　又作罗必丹。宋大理置，属腾冲府。在今云南梁河县西南萝卜坝子。元废入平缅路。

罗台（臺）驿　明属阿迷州，在今云南砚山县西北稼依镇北落太邑。

罗场镇 北宋置，属庐江县。在今安徽庐江县西南五十里罗河镇。清为罗昌市。

罗共赕 南宋大理国置，属善巨郡。治所即今云南宁蒗彝族自治县。元世祖至元十六年（1279）改置蒗蕖州。

罗西塘水 即今广西乐业县东北逻西河。《清史稿·地理志》凌云县："红水江为县北界……右受白朗塘、罗西塘水。"

罗西噶尔城 即协嘎尔。今西藏定日县驻地。《清一统志·西藏》藏地诸城：罗西噶尔城"在日喀则城西南五百四十里"。

罗当县 唐仪凤二年（677）置，属纳州。治所在今四川叙永县西南境。天宝元年（742）属都宁郡，乾元元年（758）复属纳州。后废。

罗团铺 在今贵州黎平县东北罗团村。《清一统志·黎平府》：下铜鼓铺"在开泰县境。又有前铺、罗团铺、中黄铺、颓砦铺，皆戍守处"。

罗团堡 在今贵州黎平县东北二十里罗团。据《方舆纪要》卷121引《边略》说，由"五开卫军防戍"。

罗竹县 即灵竹县。在今广西横县西北石塘镇灵竹。《宋史·地理志》永定县："开宝六年，废峦州武灵、罗竹二县入焉。"罗为灵之讹。

罗伏州 唐置羁縻州，属安南都护府。治所在今越南义安省海云南。后废。

罗仵侯山 即今云南武定、元谋两县间的大山。唐代称罗仵侯山。《新唐书·南蛮传》载：永徽初，派赵孝祖讨杨承颠，"至罗仵侯山，其酋秃磨蒲与大鬼主都干以众塞箐口，孝祖大破之"。

罗伦江 今老挝甘蒙省境南通河上源。《新唐书·地理志》："行至棠州日落县，又经罗伦江及古朗洞之石蜜山。"

罗衣墟 在今广东梅州市西南长沙镇西南罗衣岗。清光绪《嘉应州志》卷1：罗衣堡"距城三十里。有长沙墟，有罗衣汛"。

罗关赕 宋大理置，属善巨郡。治所在今云南宁蒗彝族自治县南部。元世祖至元十六年（1279）改蒗渠州。

罗州 ①南朝梁置，治所在石龙县（今广东化州市）。辖境相当今广东化州市地。隋大业初废。唐武德五年（622）复置，六年（623）治所在石城县（今广东廉江市东北）。天宝元年（742）改为招义郡，乾元元年（758）复为罗州。辖境相当今广东廉江、吴川二市地。北宋开宝五年（972）废。

②南朝梁置，治岳阳（今湖南汨罗市东北长乐镇）。辖境相当今湖南湘阴、汨罗、平江等县市地。陈废。

③西魏置，治所在竹山县（今湖北竹山县）。隋开皇十八年（598）改为房州。

④北齐置，治所在齐昌郡（今湖北蕲春县西北六里罗州城）。陈改为蕲州。

⑤隋大业初改岳州置，治所在巴陵县（今湖南岳阳市）。辖境相当今湖南洞庭湖南、北、东沿岸各县市地。寻改为巴陵郡。

⑥唐武德元年（618）于延福县境侨置，治所约在今陕西绥德县东南部。贞观二年（628）废。

⑦唐武德四年（621）置，治所罗山县（今河南罗山县）。辖境相当今河南罗山县地。八年（625）废。

罗州县 南朝宋元嘉初置，属高凉郡。治所在今广东化州市北陵、罗二江水口。《寰宇记》卷167吴川县：罗州"以江为名"。南朝梁废。

罗次州 元世祖至元十二年（1275）置，属中庆路。治所在压磨吕白村（今云南禄丰县东北六十二里仁兴镇古城）。《元史·地理志》："本乌蛮罗部，地险俗悍。至元十二年，因罗部立罗次州。"二十四年降为县。民国《罗次县征集地志》：元代取乌蛮之罗（今禄丰县碧城一带）、次（今禄丰县腰站一带）两部合为一县，故称罗次县。

罗次县 元世祖至元二十四年（1287）改罗次州置，属中庆路。治所在今云南禄丰县东北六十二里仁兴镇古城。至元二十七年（1290）改属安宁州。明代迁治今禄丰县东北五十八里碧城。弘治十三年（1500）改属云南府。民国初属云南滇中道。1929年直属云南省。1958年撤销，并入禄丰县。

罗江 ①即今浙江余姚市东南罗江乡。南宋词人张炎《病后别罗江诸友》，指此。

②即今四川德阳市东北秀水河与睢水河汇合后之凯江。《方舆胜览》卷54绵州：罗江"在本县。两水相蹙成罗纹，故名"。

罗江大水河 即罗江。在今四川德阳市东北。《明史·何洪传》：天顺间，"德阳人赵铎反，……（刘雄）追之罗江大水河，手馘数人，贼连败。千户周鼎伤，雄前救之，径奔贼阵，丛刺死"。

罗江口镇 即今四川达州市东北罗江镇。清乾隆《达州志》卷1：罗江口场"在州北方，去城三十里"。

罗江水 ①即今广东翁源县境之翁江。《清一统志·韶州府》：罗江水"在翁源县（治今翁城镇）东北七十五里。南折为小泷，合于浈水"。光绪《广东舆地全图》翁源县图表：罗江水"源出县东北婆髻山，西南流经翁山……西南经官渡墟入英德县东北境"。

②即今四川什邡市西南之鸭子河。《元和志》卷31濛阳县："罗江水在县北一十里。"《寰宇记》卷73什邡县："罗江水在县西南二十七里。源出彭州九陇县两岐山，经县界，入雒县，亦名廉江水。"《清一统志·成都府一》：罗江水"按：今什邡西南之水入汉州者，止有雁江，疑罗江即雁江之异名也"。

罗江县 唐天宝元年（742）改万安县置，属巴西郡。治所即今四川德阳市东北罗江县。明曹学佺《蜀中广记》卷51：罗江县"左水自安县来，右水自绵州来，合于县之东北，蹙成罗纹"，故名。乾元初属绵州。清顺治十六年（1659）废入德阳县，雍正五年（1727）复置。乾隆三十五年（1770）又废，移绵州来治。嘉庆六年（1801）复置，仍属绵州。民国初属四川西川道，1928年直属四川省。1959年撤销，并入德阳、安县、绵阳三县。1996年由德阳市市中区析出复置罗江县。

罗池　在今广西柳州市柳侯公园内。唐韩愈有《柳州罗池庙碑记》。《明一统志》卷83柳州府：罗池“在府城东。水可溉田。近有柳宗元祠，名罗池庙”。

罗那州长官司　元置，属管番民总管。治所在今贵州罗甸县西北罗路村。后废。

罗阳山　在今广西灵山县东北。《舆地纪胜》卷119钦州：“罗阳山在安远县东二十里。又云：在灵山县东二十里。”《方舆纪要》卷104灵山县：罗阳山在“县东二十里。山高极大，陟其巅，往返尽二日之力。山峙县东，日出先照，因名”。《清一统志·廉州府》：罗阳山，“《府志》：脉自贵县来，有一十九峰，高千余丈，延亘百余里，南岸大江出焉”。

罗阳县　①三国吴分永宁县置，属会稽郡。治所即今浙江瑞安市。太平二年（257）属临海郡。宝鼎三年（268）改为安阳县。

②南齐析博罗县置，属南海郡。治所在今广东博罗县西北。南朝梁、陈间废。唐初复置，属循州。贞观元年（627）废入博罗县。

③隋改罗阳郡置，属泷州。治所在今广东郁南县南。开皇十八年（598）改为正义县。

④唐仪凤二年（677）置，属羁縻晏州。治所在今四川兴文县西北。北宋末废。

⑤北宋置，属邕州左江道。治所在今广西扶绥县西北罗阳村。元属太平路。明属太平府。民国初属广西镇南道。1928年废入同正县。

罗阳郡　①南朝梁置，治所在威城县（今广东郁南县南）。隋改为罗阳县。

②唐天宝元年（742）改晏州置，治所在思峨县（今四川兴文县西北兴文镇）。辖境相当今四川兴文县地。乾元元年（758）复为晏州。

罗阳第一关　在今浙江泰顺县东洪口乡。《方舆纪要》卷94泰顺县：罗阳第一关“在县东四十里，当洪水、东渡之西，道出瑞安……水陆往来，多出于此”。

罗阳溪　又名罗水。在今广东博罗县西。《方舆纪要》卷103惠州府博罗县：罗阳溪在“县西六十里。源出罗浮山西双髻峰下，亦曰罗水。罗浮诸峰之水，皆会于此，东南流入于龙川江”。

罗阴县　唐武德七年（624）置，属并州。治所在今山西阳曲县东十二里洛阴村。贞观元年（627）废。

罗阴城　亦作洛阴城。在今山西阳曲县东十二里洛阴村。《水经·汾水注》：“（洛阴水）径洛阴城北。”《魏书·地形志》：永安郡阳曲县有罗阴城。唐武德七年（624）于此置罗阴县，贞观元年（627）废，仍曰罗阴城。

罗坝场　即今四川洪雅县西罗坝镇。清嘉庆《洪雅县志》卷7：罗坝场在“县西五十里”。

罗坎关　在今云南镇雄县西北罗坎镇。清有经制外委驻此。

罗坑　即今广东韶关市曲江区西南罗坑。清同治《韶州府志》卷11曲江县有“罗坑墟”。

罗坊　即今江西崇仁县南相水西岸罗坊。清同治《江西全省舆图》：抚州府崇仁县有“罗坊汛”。

罗坊会议会址　在今江西新余市东北罗坊镇彭家村北。为一厅二间的店房。1930年10月23日至30日，毛泽东在此主持了红一方面军总前委和江西省行委联席会议，简称“罗坊会议”。通过了《目前政治形势与红一方面军及江西党的任务》的决议，反对“左”倾机会主义攻南昌、打九江、会师武汉的错误主张。毛泽东提出“诱敌深入”的作战方针，为取得第一次反“围剿”的胜利奠定了基础。1973年在会议旧地旁建有“罗坊会议陈列馆”。

罗坊镇　①即今江西南丰县西南罗坊。清乾隆四十三年（1778）置巡司于此。

②即今江西奉新县西罗市镇。明、清置巡司于此。

③即今江西新余市东北罗坊镇。明嘉靖《临江府志》卷3：新喻县有罗坊镇。

罗护守捉　唐置，属伊州。在今新疆鄯善县东北。后废。

罗护镇　唐置，为军镇，属嘉州。在今四川乐山市东南四十里五通桥附近。南宋范成大《吴船录》卷上：“癸卯发王波渡，四十里至罗护镇。”

罗严州　即罗岩州。唐天宝前为羁縻州，治所在今四川泸定县北岚安乡（昂州）。

罗克伦　一名洛克伦。在今新疆昌吉市西二十里。清乾隆《西域图志》卷10：罗克伦“旧为噶勒丹多尔济游牧之所。乾隆二十年三月，大兵进讨准噶尔，噶勒丹多尔济偕其兄子扎纳噶尔布以二千五百余户降”。

罗苏亭　即今贵州罗甸县西南罗苏乡。清爱必达《黔南识略》卷3罗斛州判：“罗悃、床井、沟亭、逢亭、上隆、罗苏、赖石各亭，虽非膏壤，水旱皆可有收。”“罗苏”系布依语音译，意为官府（即亭目驻地）下面的寨子。

罗村　即今广东佛山市南海区西北罗村镇。广三铁路经此。

罗村站　元置，在今陕西宁强县东。

罗村寨　在今贵州仁怀市境。《明史·吴广传》：明万历二十八年（1600）征播之役，广军出合江，屯二郎坝（今贵州习水县东南二郎乡），“陶洪、安村、罗村三砦土官各出降，他部来归者数万”。

罗来州长官司　元置，属管番民总管。治所在今贵州罗甸县南。后废。

罗县　战国秦置，属苍梧郡（后又称长沙郡）。治所在今湖南汨罗市西北。因罗子国为名。西汉属长沙国。东汉属长沙郡。南朝梁属岳阳郡。隋属巴陵郡。《新唐书·萧铣传》：大业十三年（617）巴陵校尉董景珍等推县令铣为主起兵，铣自称梁王，次年称帝。唐武德四年（621）属巴州。六年（623）省入湘阴县。

罗围县 唐仪凤二年（677）置，属纳州。治所在今四川叙永县西南境。天宝元年（742）属都宁郡，乾元元年（758）复属纳州。后废。

罗针墟 即今江西抚州市临川区西北四十里罗针镇。清同治《临川县志》卷1下：四十六都有罗针墟。

罗秀 在今广西桂平市东南罗秀镇，与平南、容县接界。《明史·地理志》桂平县："又南有罗秀土巡检司。"

罗秀山 在今广西南宁市北二十里。《舆地纪胜》卷106邕州：罗秀山，"《皇朝郡县志》云：在宣化县北"。《方舆纪要》卷110宣化县"马退山"条下：罗秀山"上有龙潭。山高峻，俯瞰北湖。亦曰罗山"。

罗秀墟 即今广西象州县东北六十里罗秀镇。清乾隆《象州志》卷1："罗秀墟在北下里，离城六十五里。"

罗佐关 即今云南盐津县西南二十六里豆沙关。元、明称罗佐关。《元混一方舆胜览》乌蒙路：罗佐关"北临土僚蛮江，南瞰乌蒙雪山，陡峻万仞，若登梯然，有一夫当关万人莫开之势，由叙州入云南要路也"。《明一统志》卷72乌蒙军民府：罗佐关"在府北二百五十五里"。为彝语地名，"罗"即"诺"，为彝族自称；"佐"为头领。意即彝族头领驻守的地方。

罗佐州 元至元中置，属广南西路宣抚司。治所在今云南富宁县东北。明初废。

罗伽部 宋大理置，属善阐府。在今云南澄江县境。元改澂江路。

罗余县 唐置，属羁縻筠州。治所在今四川筠连县境。后废。

罗甸县 1930年改罗斛县置，属贵州省。治所即今贵州罗甸县。

罗甸国 在今印度尼西亚加里曼丹岛西部坤甸一带。清乾隆四十二年（1777）华侨罗芳伯称王于此。清谢清高《海录》有专条记述。

罗汭 在今湖南汨罗市。《左传》：昭公五年（前537），"楚子以驲至于罗汭"。又，"楚师济于罗汭"。《水经·汨水注》谓罗汭即汨罗江。

罗沟堡 北宋政和三年（1113）置，属环州。在今甘肃环县北一百四十里。金废。

罗没宁堡 又作啰没宁堡。北宋置，属西安州。在今宁夏海原县（三河镇）西北蒿川乡东。后废。

罗君寻城 唐南诏置，属永昌节度。在今云南梁河县东北二十里曩宋阿昌族乡。

罗局镇 金置，属岐山县。即今陕西岐山县东南二十五里罗局村。元废。

罗阿县 南朝梁、陈间置，属南合州。治所在今广东雷州市境。隋大业初废入海康县。

罗陀部 宋大理置，属威楚府。在今云南普洱市西南六十二里官房。元属元江路。明废。

罗武山 在今云南永平县东一百里。《明一统志》卷87金齿军民使司：罗武山"山半有泉，胜备江发源于此"。

罗苛镇 在今广东云浮市东南六十里。《清一统志·罗定州》：罗苛镇"在东安县东南六十里芙蓉都。明洪武元年置巡司，属新兴县，在县北四十里。宏治八年筑城，万历中割属本县。本朝雍正八年，移巡司驻西山"。

罗林州 唐开元后置羁縻州，属雅州都督府。治所在今四川泸定县境。北宋属雅州。后废。

罗昌市 即今安徽庐江县南罗河镇。《清一统志·庐州府二》：沙溪市"又三十五里为罗昌市"。

罗易江 在今云南宁蒗彝族自治县西北永宁南。《方舆纪要》卷117永宁府：罗易江"在府（治今永宁乡）南。自澜沧卫蒗蕖州北流过府境，入于泸沽湖"。

罗岩山 在今浙江上虞市东南。宋《嘉泰会稽志》卷9上虞县：罗岩山"在县（治今丰惠镇）北七里"。《方舆纪要》卷92绍兴府上虞县：罗岩山"丹岩翠壑，泉石甚胜。其旁数山环列，而罗岩为之冠"。

罗岩州 亦作罗严州。唐天宝前置羁縻州，属黎州都督府。治所在今四川泸定县北岚安乡（昂州）。后改属雅州都督府。北宋属黎州。后废。

罗罗 亦名卢鹿、倮㑩、罗落、落落、猓猓。今四川彝族的古称。主要分布于今凉山彝族自治州。元代于其地置罗罗斯宣慰司。

罗罗关 亦作倮㑩关。明置，属宁番卫。在今四川喜德县西北冕山镇北深沟村附近。《明一统志》卷73四川行都司：沙陀关、罗罗关"俱在宁番卫城东一百七十里"。《清一统志·宁远府二》"沙沱关"条内："罗汉关在（冕宁）县东一百二十里。亦名倮㑩关。本倮㑩窟穴，过关五里为湾村，又八里有巡哨堡，地势稍平，又十里至冕山关。"

罗罗州 唐龙朔元年（661）置，属修鲜都督府。治所在滥犍城（今阿富汗喀布尔东格拉曼）。8世纪中废。

罗罗河 即今四川越西、甘洛二县境之越西河、漫滩河、尼日河。为大渡河支流。《方舆纪要》卷74越嶲卫军民指挥使司：罗罗河"在卫南二十三里。有三源，皆出吐蕃界，合为一，东流入境。又东北合鱼洞河而入大渡河"。

罗罗宣慰司 即罗罗斯宣慰司。治所在建昌路（今四川西昌市）。《元史·地理志》建昌路："至元十二年，析其地置总管府五、州二十三，建昌其一路也，设罗罗宣慰司以总之。"

罗罗斯宣慰司 亦称罗罗宣慰司。元世祖至元十二年（1275）置，属四川行省，寻改属云南行省。治所在建昌路（今四川西昌市）。辖境相当今四川大渡河以南，大凉山及金沙江以西地区。明洪武十五年（1382）废，改置建昌卫。

罗岷山 在今云南保山市东北八十里，澜沧江西岸，延袤四十余里。《清一统志·永昌府》引《云南通志》："相传蒙氏时，有僧罗岷自天竺来此，作戏舞术，石亦相随而舞，迄今岸下时有飞石，过者惊趋。"

罗和县 唐置，为羁縻西原州治。治所在今广西大新县西北黑水河西岸。北宋废。

罗刹江 即浙江。在今浙江省西北部。《方舆纪要》卷89：浙江"亦曰罗刹江。《志》云：取风涛险恶之意"。民国《重修浙江通志稿·地理》："秦望山附近古有罗刹石，横截江涛，极为险恶，故钱塘江旧有罗刹江之名。"明钱惟善有《罗刹江赋》。

罗刹洲 一名罗刹矶。在今安徽池州市西六十里。《寰宇记》卷105贵池县：大江"又有大孤石生于江中，俗谓罗刹洲。舟船上下，为之险艰"。《宋史·地理志》安庆府："端平三年，移治罗刹洲"，即此。

罗瓮山 在今湖南麻阳苗族自治县西。《方舆纪要》卷81麻阳县"都督山"条下：罗瓮山"山石纡回，层叠突起如瓮。旧产朱砂，今绝"。

罗肥县 唐武德五年（622）置，属罗州。治所在今广东化州市西北。六年（623）属南石州。贞观元年（627）废入石龙县。

罗店镇 又名罗溪、罗阳。即今上海市宝山区西北罗店镇。《清一统志·太仓州一》引《江南通志》：罗店镇"元至正间创。近海殷富，市廛之盛埒南翔"。

罗波九睒 南诏置，属剑川节度。在今云南丽江市玉龙纳西族自治县西北金沙江西岸巨甸镇。《元史·地理志四》："巨津州，昔名罗波九睒。……至元十四年于九睒立巨津州。"

罗波半空城 元置，为丽江路军民宣抚司治。在今云南丽江市玉龙纳西族自治县西五十四里石鼓镇。明废。

罗波城 明正统中土官岑瑛筑，在今广西武鸣县东北四十里罗波镇。《方舆纪要》卷111武缘县：罗波城"中有罗波潭，因名"。

罗定口镇 又名江口。即今广东郁南县东南南江口镇东。清设江口汛。

罗定市 1993年撤销广东省罗定县，改设罗定市，市人民政府驻罗城。由云浮市代管。

罗定州 明万历五年（1577）升泷水县置，属广东布政司。治所即今广东罗定市。因罗旁瑶民起义被镇压，故以罗定为名。辖境相当今广东罗定、云浮、郁南等市县地。1912年降为罗定县。

罗定县 1912年改罗定州置，后属广东粤海道。治所即今广东罗定市。1920年直属广东省。1993年改设罗定市。

罗官店集 一名罗陈店。即今河南光山县西四十四里罗陈乡。明嘉靖《光山县志》卷1《里店》：罗官店集"旧名斗塘店，因里人罗纪自舍地七丈修造镇，后改今名"。

罗降隘 在今广西马山县东南古零镇南。《清一统志·思恩府》：罗降隘"在古零土司南三十里，接武缘县界。有兵防守"。

罗城 ①在今浙江杭州市。唐末钱镠筑。《资治通鉴》：唐景福二年（893），"钱镠发民夫二十万及十三部军士筑杭州罗城"。宋《淳祐临安志》卷5："罗城，周七十里。"罗城东南濒钱塘江，西南到六和塔，东北抵艮山门外。

②即今浙江建德市东北五十里梅城镇。宋《淳熙严州图经》卷1严州：罗城"周回十二里二步。刁衎《大厅记》云：陈晟筑罗城"。

罗城山 在今湖南临武县南三十里。《方舆纪要》卷80临武县：罗城山"山势如城"。

罗城乡 即今广西罗城仫佬族自治县。《明史·地理志》罗城县："洪武二年十月以罗城乡置，属融州。"

罗城县 北宋开宝五年（972）置，属融州。治所在今广西罗城仫佬族自治县北黄金镇武阳附近。熙宁七年（1074）废。明洪武二年（1369）复置，移治今罗城仫佬族自治县。十年（1377）属柳州府。民国初属广西柳江道。1930年直属广西省。1983年改为罗城仫佬族自治县。

罗城峒 在今湖南张家界市西。《方舆纪要》卷77永定卫"那平关"条下，"又有罗城峒，在（大庸）所西。本蛮峒。宋嘉祐二年，罗城峒蛮寇澧州，州兵击却之"。

罗城铺 今四川犍为县东北罗城镇。清嘉庆《犍为县志》卷2：罗城铺在"县东八十里。通荣县"。《清史稿·曾望颜传》：咸丰十年（1860）李永和义军"据观音场，师自黄阁寺进攻，战于罗城铺"。即此。

罗城堡 北宋崇宁元年（1102）置，属融州。在今广西罗城仫佬族自治县北黄金镇武阳附近。二年（1103）废。

罗城镇 ①北宋置，属融水县。即今广西罗城仫佬族自治县。

②清置，属汾阳县。在今山西汾阳市东北十七里罗城村。

罗带水 即今四川芦山县东芦山河，为青衣江上源东支。《元和志》卷32卢山县：罗带水"经县东五十步"。

罗标汛 在今广东兴宁市北。清光绪《广东舆地全图》兴宁县图：县北有罗标汛。清有外委把总驻防。

罗相县 唐置，属羁縻骋州。治所在今四川金阳县东北。后废。

罗星山 在今福建福州市东南五十里马头江中。《方舆纪要》卷96福州府"平山"条：罗星山"在府东南五十里马江中。登之，百里内诸山皆在左右，为远近奔流之砥柱”。山巅有罗星塔。

罗星长官司 元世祖至元十八年（1281）置，属叙南等处蛮夷宣抚司。治所在今四川珙县南罗渡苗族乡（罗星场）。后废。

罗星塔 在今福建福州市东南五十里罗星山上。宋柳七娘建。据明王应山《闽都记》卷12：“罗星塔屹立江心，镇会城水口，称罗星云。俗呼磨心，以在水中央也。塔为宋时柳七娘所造。七娘，岭南李氏女，有色。里豪某夺之，抵其夫于法，谪死闽南，七娘斥卖其产，入闽捐资造塔，以资冥福。”明万历间塔毁，天启间重建。为八角七层石塔，高31.5米。仍保存宋代塔座。每层有砌栏，登塔可远眺闽江胜景。

罗星渡堡 明置，属珙县。在今四川珙县南罗渡苗族乡（罗星渡）。《方舆纪要》卷70珙县：罗星渡堡“元至元中亦尝设罗星长官司于此。后废。洪武中设堡，并调叙南卫官军戍守”。清废。

罗峒营 在今广东封开县西南。《方舆纪要》卷101封川县：罗峒营“在县（今封川镇）西。相近有菊营，俱正德中设。嘉靖三十八年废”。

罗峒隘 在今广东博罗县东北。《清一统志·惠州府》：罗峒隘“在博罗县东北象头山南，为陆路要害”。

罗科 又名罗科马。在今四川炉霍县东北罗柯马区。分上下二部，各有头人治理。清宣统三年（1911）改流，上罗科归炉霍屯，下罗科归道坞管理。

罗泉井 即今四川资中县西一百二十里罗泉镇。《寰宇记》卷85陵井监：“罗泉井旧废，至国朝乾德三年重开，月收盐三十五万斤。”明置盐课司，清置州判，民国初置县佐。民国《资中县续修资州志》卷2：罗泉镇“两山相峡，中贯大溪，沿岸人烟稠密，井灶相连长十里。为县产盐之区”。1911年8月，四川同盟会在此举行会议，决定组织武装起义等问题，称为罗泉井会议。

罗侯关 在今广西南丹县南。《方舆纪要》卷109南丹州：罗侯关，“《图经》云：在州西”。《清一统志·庆远府》：罗侯关“在南丹土州南二十五里，与那地州接界”。

罗徊洞 亦作罗回洞。北宋置，属邕州都督府。在今广西龙州县西北罗回村。《元史·文宗纪》：至顺元年（1330）“广源贼弗道闭猓寇龙州罗回洞”。

罗亭 ①在今青海贵德县境。《后汉书·段颎传》：延熹二年（159），烧当羌等“寇陇西、金城塞，颎将兵及湟中义从羌万二千骑出湟谷，击破之。追讨南度河，使军吏田晏、夏育募先登，悬索相引，复战于罗亭，大破之”。《资治通鉴》卷54胡注：“贤曰：《东观记》曰：追到积石山，即与罗亭相近，在今鄯州。”

②在河南长垣县东北。《水经·济水注》：“圈称又言，长垣县有罗亭，故长罗县也。”《水经注疏》熊会贞按：“《寰宇记》，在长垣县东北四十里，后谓之长罗亭。当在今长垣县东北。”

罗烂城 唐帆延国都城。在今阿富汗喀布尔市西巴米安。龙朔元年（661）为写凤州都督府治所。

罗洪山 在今广西上林县东五十里。《方舆纪要》卷109上林县：罗洪山“岩洞幽胜。其相近者又有狮山，对峙者曰螺山”。

罗活寨 在今海南省三亚市境或附近地。《方舆纪要》卷105崖州：罗活寨“在州东北。其地膏腴，黎‘贼’常据此，曰罗活峒。嘉靖二十八年黎叛，议者谓当于罗活等处建立州县，设耕屯，且由罗活历斩开路以达安定，使道路四达，以摄奸萌云。《志》云，州境村峒凡九十有二，其最强者，曰罗活、曰抱有、曰多涧、曰千家，而千家尤路迩官道，为诸黎门户”。

罗洋镇 即今浙江泰顺县治罗阳镇。《明史·地理志》温州府泰顺县：“景泰三年以瑞安罗洋镇置。”

罗洲 一名海陵山。即今广东阳江市南海陵岛。《寰宇记》卷158恩州阳江县：罗洲“在海口，回环三百余里，在县西。《图经》云：海中有鱼形如鹿，每五月五日夜悉登岸，化为鹿，小于山鹿。此洲乃百姓鱼盐之地也”。《方舆纪要》卷101阳江县：海陵山在“县西南七十里大海中。……旧名罗洲，又名罗岛”。

罗眉川 在今云南兰坪白族普米族自治县。明正德《云南志》卷11丽江府：“兰州，唐时地属南诏，为卢蛮所居，名罗眉川。”

罗恭县 唐贞观三年（629）置，属羁縻应州。治所在今贵州雷山县东。后废。

罗获（獲）水 在今四川营山县东北。《旧唐书·地理志》宕渠县：“旧治长乐山，长安三年移治罗获水。”

罗获（獲）镇 北宋置，属南充县。在今四川南充市东东观镇。

罗真镇 即今山西隰县西北罗镇堡。《清一统志·隰州》“义泉镇”条下：“（州）西五十里有罗真镇。”

罗桥溪 即今福建龙岩市西小池溪。《方舆纪要》卷99龙岩县：“罗桥溪在县西二里。源出县西南七十里大小池，合流经此，上有罗桥，至县南三里石鼓潭而会龙川。”

罗哥谷 在今四川甘洛县西北海棠镇附近。《新唐书·南蛮传》：“北有浪稽蛮、罗哥谷蛮。”

罗峰镇 唐置，属掖县。治所即今山东招远市。金天会二年（1124）于此置招远县。

罗高山 在今广西崇左市东南罗白乡东。《明一统志》卷85江州：罗高山“在罗白县治东”。

罗部 宋大理置，属威楚府。在今云南禄丰县东北六十二里仁兴镇古城。元改罗次县。

罗旁 地区名。明、清时指今云雾山西北、云开大山以东、西江以南地区。以罗旁山得名。为瑶人所据。《明史·神宗本纪》：万历五年（1577）夏五月，“广东罗旁瑶平”，因置罗定州。《清一统志·罗定州》：泷水废县，“《州志》，罗旁东界新兴，西抵岑溪，南连阳春，北尽长江，与德庆、封川仅隔一水”。

罗旁水 在今广东郁南县东南。《方舆纪要》卷101德庆州：罗旁水“在州西四十五里。源出废都城县，南流七十里入江。水口有石，其纹如罗，因名”。《清一统志·肇州府》：罗旁水“自西宁县流入西江。曰罗旁口”。

罗旁墟 即今广东郁南县东南罗旁镇。清光绪《广东舆地全图》：西宁县东北有罗旁墟。

罗悃亭 即今贵州罗甸县西南罗悃镇。清爱必达《黔南识略》卷3罗斛州判：“罗悃、床井、沟亭、逢亭、上隆、罗苏、赖石各亭，虽非膏壤，水旱皆可有收。”

罗浮 在今广西东兴市东。《方舆纪要》卷104钦州：如昔砦“宣德二年土酋黄金广等以澌凛、罗浮、古森、葛源等四峒十九村叛”。嘉靖三十年（1551）设罗浮营，驻兵防守。

罗浮山 ①在今福建霞浦县南罗浮。《方舆纪要》卷96福宁州“洪山”条下：“又南十里曰罗浮山，相传此山浮海而来，泊船山下，可避北风。若南风，则石厓齿齿难近。嘉靖三十七年，倭贼流劫罗浮，官军御却之。”即此。

②在今湖南攸县东北一百四十里。《明一统志》卷63长沙府：罗浮山“下与凤岭连麓，下有石窦出泉”。《清一统志·长沙府一》：罗浮山“有石窦出泉，涓涓不绝，东入攸水”。

③在今广东博罗县西北。《隋书·地理志》：南海郡增城县“有罗浮山”。《元和志》卷34循州博罗县：罗浮山“在县西北二十八里。罗山之西有浮山，盖蓬莱之一阜，浮海而至，与罗山并体，故曰罗浮。高三百六十丈，周回三百二十七里，峻天之峰四百三十有二”。为东粤名山。五代南汉刘张建天华宫于山中。《方舆纪要》卷103博罗县：罗浮山在“县西北五十里，与增城县接界。山绵延高广，峰岩洞壑之属，不可悉记，为岭南之望”。罗浮与丹霞、西樵、鼎湖齐名，为广东四大名山之一。

④在今广东电白县东北。《清一统志·高州府》：罗浮山“在电白县（治今电城镇）西北一百里。为八府通衢，高百余丈，白石嶙峋。相传仙人牧羊所化”。

⑤在今广西钦州市西北。《隋书·地理志》：安京县有罗浮山。《元和志》卷38钦州安京县：“罗浮山在县北十里。俗传似循州罗浮山，因名之。”《舆地纪胜》卷119钦州：罗浮山“在州西北六十五里。《旧经》云：山形若惠州罗浮，因以得名。《隋志》：安京县北七十里有安京山，即今罗浮也”。

罗浮司 即今广东兴宁市西北一百二十里罗浮镇。其南即十三都司城。清光绪《广东舆地全图》：兴宁县西北有罗浮司。

罗家山 在今江西遂川县北。《方舆纪要》卷87吉安府龙泉县：罗家山“在县北百五十里，地名罗团，西接上犹县界。广数十里，高数百仞。昔有罗姓居其下”。

罗家屯 即今河北迁西县东三十五里罗家屯镇。清同治《畿辅通志》卷49迁安县图：西北有罗家屯。

罗家庄 即今山东淄博市淄川区东北罗村镇。胶济铁路支线通此。

罗家庄支线 从山东淄川东北南定（今淄博市南）至罗家庄。长6.6公里。为胶济铁路支线。日伪于1943年修建。

罗家坝遗址 在今四川宣汉县北普光乡进化村。遗址面积50万平方米。文化堆积丰富，从新石器时代、商周、春秋战国至汉代。出土青铜器有剑、釜、钺、削、矛、带钩、箭镞等。此外还出土有尊、釜、豆、纺轮等陶器及各种玉石器。该遗址对研究古代巴文化及其与中原、楚、秦、蜀各文化的交流具有重要价值。这里发掘的墓葬层位明确，为解决巴蜀文化分期问题提供了依据。罗家坝遗址以其面积大、保存好、内涵丰富，成为研究川东北原始文化，特别是古代巴文化的重要基地。2001年定为全国重点文物保护单位。

罗家角遗址 在今浙江桐乡市西南石门镇罗家角村。面积12万余平方米。据第四文化层灰坑中炭化芦苇的碳十四测定，其年代距今约7000年。考古发掘发现灰坑五十三个，还发现带榫卯的建筑木构件、大量动物遗骸及稻谷等，出土石、骨、木、陶器等遗物八百件。其中包括内涵丰富的典型器物群，如带脊釜、弧腹釜、侧把盉、实足盉、宽沿盆、多角沿盘、喇叭形圈足豆、匜、牛鼻耳陶罐、小网坠等。其文化面貌明显有别于钱塘江南岸的河姆渡文化，是长江中下游地区新石器时代马家浜文化类型中年代最早的遗址。从出土骨耜、稻谷和石臼分析，其早期阶段已确立了以栽培水稻为大宗的农业经济，因此也是我国稻作农业的重要起源地。2010年定为全国重点文物保护单位。

罗家岭 在今安徽桐城市东南九十里，南接怀宁县界。古为安庆通往庐州的孔道。清道光《桐城续修县志》卷1《乡镇》：罗家岭“距棕阳四十里”。

罗家埠 即今安徽庐江县北罗埠。《清一统志·庐州府二》：罗家埠“在庐江县北二十五里”。

罗家集 在今湖北京山县西北。清同治六年（1867）东捻军败曾国荃湘军于此。

罗家湾 即今广东乐昌市西北罗家渡镇。《明史·地理志》乐昌县：“西北有黄圃，又有罗家湾巡检司。”

罗家渡 即今广东乐昌市西北罗家渡镇。明、清置巡司于此。

罗家疃堡　即今山西朔州市东北罗疃村。《清一统志·朔平府》：罗家疃堡"在朔州马邑乡东二十五里"。

罗通山城　在今吉林柳河县东北五十里罗通山中部主峰上，是一处战略性城堡。山城由紧密相连的东西两城组成，中间用一段城墙相连。全城周长7.5公里。城垣为土石混筑结构，充分利用山势。两城共有五门，形制略同，均用石材砌筑半圆形内瓮门。西城东北角和西北角有角楼台基，西城内尚存"点将台"和蓄水池遗址。2001年定为全国重点文物保护单位。

罗绣县　唐武德四年（621）置，属林州。治所在今广西桂平市东南罗绣镇。六年（623）属绣州。北宋开宝五年（972）废入普宁县。

罗梭江　一名南斑河。在今云南省南部。源出宁洱哈尼族彝族自治县东北部，南流经普洱市东、江城哈尼族彝族自治县西，至勐腊县西北注入澜沧江。清《乾隆内府舆图》作猡梭江。光绪《皇朝中外一统舆图》作罗梭江。

罗圈岩砦　在今湖北谷城县西南。民国《湖北通志》卷36谷城县：罗圈岩砦，"《县志》：在西南九十里。有塘兵戍守"。

罗铜山　在今江西铅山县南。《清一统志·广信府》：罗铜山"在铅山县南五十里。宋政和中产铜。今废"。

罗斛　古国名。在今泰国中部班塔欣一带。自宋崇宁二年（1103）至元大德三年（1299）同中国有友好关系，互遣使节往来。南宋赵汝适《诸蕃志》卷上"真腊国"条：罗斛为其属国。元汪大渊《岛夷志略》有专条记述。

罗斛厅　清光绪七年（1881）置，属贵阳府。治所即今贵州罗甸县。1913年改罗斛县。

罗斛县　1913年改罗斛厅置，属贵州黔中道。治所即今贵州罗甸县。1930年改名罗甸县。

罗章特团等处长官司　元置，属新添葛蛮安抚司。治所在今贵州黎平县东北二十里罗团。后废。

罗望江　在今广西玉林市西。《舆地纪胜》卷121郁林州：罗望江，"《九域志》：在南流县"。《方舆纪要》卷108郁林州：罗望江"在州西。一名西望江。亦出容山，绕流经州北，复西南流十余里，下流会南流江"。

罗粒　在今广西苍梧县西南。明置巡司于此。清裁。

罗渠镇　北宋置，属方城县。在今河南方城县西南。

罗淡县　唐置，属羁縻西原州。治所在今广西大新县西北。北宋废。

罗渌山　一作罗碌山。在今广西武宣县东南一百五十里。明代为瑶族聚居地。《明史·广西土司传》：洪武二十年（1387），知府沈信言："广西布政司参议杨敬恭为大亨、老鼠、罗碌山生瑶所杀，官军讨之，'贼'登岩攀树，捷如猿狖，追袭不及。"

罗婆斯　故地或以为在今孟加拉湾东南方之尼科巴群岛。元汪大渊《岛夷志略》：罗婆斯"国与麻加那之右山联属，奇峰磊磊，如天马奔驰，形势临海"。

罗隆宗　即洛隆宗。在今西藏洛隆县东。清乾隆《西域同文志》卷18："西番（藏）语，罗隆，南川也。城南有川，故名。"

罗绳山　亦名蒙山、始阳山。在今四川芦山县东南，与雅安市接界。《寰宇记》卷77名山县：罗绳山"在县西五里。从蒙山西入芦山县，又北接邛州火井县"。《方舆纪要》卷72芦山县：卢山"其相接者曰始阳山，俗呼为罗绳山"。

罗琴山　在今广东阳东县西。《舆地纪胜》卷98南恩州：罗琴山"在州西二十里。昔罗含尝携琴游此山，故名。山顶有石如棋盘，云仙人常枰棋于此"。《方舆纪要》卷101阳江县：罗琴山在"县西二十五里。高三百余丈，周八十余里，众峰攒列，四面相似。《志》云：山东面为罗琴，西为磨刀，南曰射龙，北曰茶水，皆险峻。中各有瑶。上有龙潭，四时不竭"。

罗越国　古国名。在今马来西亚马来半岛南部新加坡一带。是古代东西方海上交通要道。《新唐书·地理志》附"广州通海夷道"："（海峡）蕃人谓之质，南北百里，北岸则罗越，南岸则佛逝国。"海峡即满剌加海峡。

罗巙山　在今四川罗江县西南。《寰宇记》卷83罗江县：罗巙山"在县西南十里。故老相传云：罗公远曾隐于此。山有洞，号真人宫"。清嘉庆《罗江县志》卷5：罗璜山在"县南十五里。一名大霍山"。今山上有罗真观。

罗博瓦山　在今四川金川县东。清魏源《圣武记》卷7《乾隆再定金川土司记》："其乌勒围以罗博瓦山为门户，阿桂令海兰察、额特森、海禄三路绕出其后，福康安、成德、特成额三路仰攻其前，尽夺其险。"

罗博关　明置，属泗城州。在今广西凤山县西南平乐瑶族乡。《方舆纪要》卷111泗城州：罗博关"在州界。有巡司戍守"。

罗博州　南宋置，为羁縻州，属宜州。治所在今广西凤山县西南平乐瑶族乡。元属田州路。明初属田州府。后废。

罗博县　元置，属定远府。治所在今贵州罗甸县东北。后废。

罗插普喇山　即西倾山。亦作鲁察布拉山。在今青海东部、甘肃西南部。《清一统志·青海厄鲁特》：西倾山"番名罗插普喇山，近黄河自东折西北之东岸，绵亘千余里"。

罗落桥　亦名石步镇。即今江苏南京市江宁区东北石埠桥。《晋书·桓玄传》：东晋元兴三年（404），刘裕讨桓玄，"裕等于江乘与战，临阵斩（吴）甫之，进至罗落桥，与（皇甫）敷战，复枭其首"。

即此。

罗雄州　元世祖至元十三年（1276）于罗雄部置，属曲靖路。治所在今云南罗平县南二十五里阿邦村北。至正二十三年（1363）迁治县北十二里旧州东。明代属曲靖府，万历十五年（1587）改罗平州。

罗雄部　宋大理置，属石城郡。在今云南罗平县南二十五里阿邦村北的山上。《元史·地理志》罗雄州："俗传盘瓠六男，其一曰蒙由丘，后裔有罗雄者居此甸。至其孙普恐，名其部曰罗雄。"元改罗雄州。

罗岊州　北宋置，属黔州。治所在今贵州罗甸县东。后废。

罗番长官司　明洪武五年（1372）改罗番遏蛮军安抚司置，属贵州卫。治所在今贵州惠水县西南三十里。正统三年（1438）改属贵州宣慰司。万历间属定番州。清以后废。

罗番遏蛮军安抚司　元置，属八番顺元宣慰司。治所在今贵州惠水县西南三十里。明洪武五年（1372）改置罗番长官司。

罗鲁城　在今云南剑川县南十五里下登。《方舆纪要》卷117剑川州：罗鲁城"唐所筑，今为瓦窑村址。罗鲁，西南夷云海也"。

罗猴山　一作罗猴山。在今湖北房县西。《明史·左良玉传》：崇祯十二年（1639），良玉追张献忠"逾房县八十里，至罗猴山，军乏食。……良玉大败奔还"。又《张献忠传》：左良玉追击张献忠，"至罗猴山（罗）岱中伏死，良玉大败"。皆即此。

罗裒龙　即今云南宜良县。《元史·地理志》宜良县："蛮酋罗氏于此立城居之，名曰罗裒龙，乃今县也。"

罗裒间　宋大理置，在今云南维西傈僳族自治县西北小维西。

罗湖山　在今广东阳春市西南。《方舆纪要》卷101阳春县：罗湖山在"县西南五十里。上有天湖，最清澈。其相近者曰旗鼓山，皆高广"。

罗湖水　在今广东雷州市西。《舆地纪胜》卷118雷州：罗湖水"在海康县西八里。今曰西湖"。《方舆纪要》卷104海康里：罗湖水"在府（雷州府）城西。一名西湖。下流入擎雷水"。

罗湖墟　即今江西抚州市临川区东北罗湖镇。清同治《临川县志》卷1下：八都有罗湖墟。

罗湾岛　即今南海中中国南沙群岛之南钥岛。1935年命名罗湾岛。1947年改名南钥岛。

罗湾礁　即今南海中中国南沙群岛之道明群礁。1935年命名罗湾礁。1947年改名道明群礁。

罗渡镇　即今湖南耒阳市西南五十里常坪乡西罗渡村。明置巡司于此。

罗禄洞　亦作罗渌洞。在今广西武宣县东南、桂平县西北罗渌山。《明史·广西土司》：嘉靖十八年（1539），征讨大藤峡瑶民，"右军万六千人，分四道，攻碧滩、罗渌上、中、下洞等巢"。

罗婺部　宋大理置，属威楚府。在今云南禄劝彝族苗族自治县西北七十二里云龙乡。辖境约当今云南武定、禄劝二县地。《元史·地理志》武定路："至段氏使乌蛮阿刖治纳洟肥共龙城于共甸，又筑城名曰易龙。其裔孙法瓦浸盛，以其远祖罗婺为部名。"元改武定路。

罗蓝县　唐仪凤二年（677）置，属纳州。治所在今四川叙永县西南境。天宝元年（742）属都宁郡，乾元元年（758）复属纳州。后废。

罗蓬州　唐开元后置羁縻州，属雅州都督府。治所在今四川康定县境。北宋属雅州。后废。

罗蓬县　亦作逻蓬县。唐仪凤二年（677）置，属羁縻奉州。治所在今四川珙县西南。后废。

罗蒙山　①一名罗目山。在今四川峨边彝族自治县北。《寰宇记》卷74罗目县：罗蒙山"在旧县北三里。俗语讹呼为罗目山"。后罗目县北移，今峨眉山市南，其附近之山亦以罗蒙名之。《清一统志·嘉定府一》：罗蒙山"在峨眉县南。……《旧志》：在县南三十里"。

②在今贵州正安县南。《方舆胜览》卷61珍州：罗蒙山"在州西南二百九十里"。《明一统志》卷72播州宣慰司：罗蒙山"在真州长官司（今正安县）南六十里。《唐志》云有罗蒙县。此山之高，远瞰罗蒙，故名"。

罗蒙江　在今湖南通道县西。《方舆纪要》卷82通道县："《志》云，（罗蒙）江源有三：一出佛子岭，为羊镇堡江；一出县南天星里，为天星江；一出贵州洪州泊里长官司，为洪州江。合流经此，西南流，至广西怀远县，入古州江。"

罗蒙县　①唐贞观十四年（640）改恭水县置，为播州治。治所即今贵州遵义市。十六年（642）改为遵义县。

②北宋崇宁元年（1102）置，属诚州。治所即今湖南通道侗族自治县西北四十七里县溪镇。二年（1103）改为通道县。

罗蒙砦　北宋元丰七年（1084）置，属诚州。即今湖南通道侗族自治县西北四十七里县溪镇。元祐三年（1088）废。

罗睺寺　在今山西五台县东北五台山台怀镇显通寺东。为喇嘛庙。唐时创建（一说宋元祐中建）。明弘治五年（1492）重建。现存天王殿、文殊殿、大佛殿、藏经阁、配殿、禅院及各殿塑像等，齐备无损，是五台山保存完好的大型寺庙之一。

罗睺岭　在今北京市门头沟区，群峰环列，形势陡峻，是去潭柘寺必经之地。清乾隆二十九年（1764）帝游潭柘寺路过此岭，作《御制过罗睺岭诗》一首。

罗锦山　在今云南嵩明县东北十五里。《方舆纪要》卷114嵩明州：罗锦山"在州东北十五里。岩石峭立，文彩若罗锦，因名。下有罗锦泉，里中之田，资其灌溉"。

罗锦墟　即今广西永福县东三十里罗锦镇。清光绪《广西舆地全图》永福县图：东有罗锦墟。

罗源山　在今浙江平阳县西南。《方舆纪要》卷94平阳县：罗源山在“县西南二十里，横阳江流其下”。

罗源水　即今广东四会市北罗源河，为龙江上源。《方舆纪要》卷101广宁县：罗源水“在县东南一百三十里。源出大罗山麓，西南流十余里，有石港潭水注之，经四会县界，合龙江，而注于绥江”。

罗源场　唐大中元年（847）析连江县一乡置，属福州。故址即今福建罗源县。清道光《罗源县志》卷1：罗源“盖取罗川为名”。咸通二年（861）改置永贞监。

罗源县　宋乾兴元年（1022）改永昌县置，属福州。治所在今福建罗源县南。庆历八年（1048）移治戴坑，即今治。元属福州路。明、清属福州府。1913年属福建东路道。1914年属闽海道。1928年直属福建省。

罗源镇　五代王闽时置，属龙津县。即今福建南平市南罗源。宋属剑浦县。《元丰九域志》卷9南剑州：剑浦县有罗源镇。明嘉靖《延平府志》卷4古迹：废四镇，“延平旧有四镇，郡西门对岸谓之罗源镇，口自镇口而南十五里，地名罗源，其旧镇也”。

罗溪　①即今福建泉州市北罗溪镇。清南安县丞驻此。

②在今广东惠来县西。《方舆纪要》卷103惠来县：罗溪“在县西二十里。源出石乌山，流合东溪，下流会于神泉港”。

罗溪市　即今江西进贤县西北罗溪镇。清同治《南昌府志》卷6：罗溪市“距（进贤县）城二十里”。

罗溪岭　在今江西进贤县西北。《方舆纪要》卷84进贤县：罗溪岭“在县西二十五里。其麓有罗溪，通鄱阳湖”。

罗溪河　在今安徽太湖县北。《方舆纪要》卷26太湖县：罗溪河“出司空山，流经县西一里，汇于马路河，经县治而东，流六十里至潜山县界之黄泥港，又东南汇于潜水”。

罗溪驿　明初置，在今江西新余市东北罗坊镇。嘉靖中移建今新余市旧城东门外。后复迁今新余市北四十里璜溪岭下。清时废。

罗窦洞　在今广东信宜市西南镇隆镇南一里。《旧唐书·地理志》 窦州：“取州界有罗窦洞为名。”《资治通鉴》：唐贞观五年（631），“罗窦诸洞僚反”，高州总管冯盎帅部落二万讨之。《方舆纪要》卷104信宜县“雷公岭”条内：“《志》云：县南一里有罗窦洞，唐以此名州。……盖生僚所居，后日就倾圮，无复故险。明嘉靖中，好事者因之曰小瀛洲。”

罗墟　即今广西武鸣县西北锣圩镇。清乾隆十九年（1754）高井寨巡司移驻于此。

罗裳山　在今福建晋江市西南。明《八闽通志》卷6《地理志·山川》：罗裳山“在永福里二十八都。山之东有玉髻峰，高有石，高寻丈。相传尝有异人画马于石，每天阴，乡人见马驰骤，复入于石，旧迹尚存”。

罗僧县　唐置，属羁縻为州。治所在今四川珙县南境。后废。

罗槃部　宋大理置，属威楚府。在今云南元江哈尼族彝族傣族自治县元江坝子。明《寰宇通志》卷113元江府：“旧名椤槃甸。椤槃，花名，本甸所产者。后讹为罗必甸。”元置元江路。

罗韶县　唐置，属汤州。治所在今越南北江省境。后废。

罗霄山　又作泸潇山、卢萧山。在今江西、湖南两省边境。《太平御览》卷48：罗霄山“王孚《安城记》曰：萍乡罗霄山，泽水所出，水傍出石乳”。《方舆纪要》卷87萍乡县：罗霄山“高数千丈，延袤百余里。下有石潭，深不可测，秀江之源出焉”。《清一统志·袁州府》：罗霄山“上有罗霄洞，旁有葛仙坛，坛生二竹，风动如扫，人谓之扫坛竹。坛侧有黄龙潭”。

罗霄水　在今江西萍乡市东南四十里。《明一统志》卷57袁江府：罗霄水“源出罗霄山，分二派：东流为秀江，西流入醴陵县界”。东流之水即袁江上源，西流之水入醴陵县界后合渌水。

罗墨　明右江十寨之一。在今广西忻城县南。《明史·广西土司传》：“罗墨、古钵、古凭、都北、咘咳立一州，属那地土官黄旸。”

罗黎寨　即今贵州紫云苗族布依族自治县西南火烘乡。明郭子章《黔记》卷7：“元于罗黎寨置和弘州，寻改镇宁州……明洪武十六年仍于罗黎寨置州……嘉靖十二年改迁州治于安庄卫城。”

罗摩诃　在今云南武定县西北。明洪武二十四年（1391）置土巡检司于此。

罗遵县　唐置，属羁縻归思州。治所在今广西忻城县东南。北宋庆历三年（1043）废。

罗镜所　在今广东罗定市西南罗镜镇。《清一统志·罗定州》：罗镜所“在州西南七十里。明万历中，自西宁县移函口千户所于此，亦曰新函口所。城周三百六十余丈，今废，设汛兵防守。乾隆五年设州判驻此”。

罗辩县　唐贞元中改陆川县置，属禺州。治所在今广西北流市东南六靖镇。北宋开宝五年（972）废。

罗藏山　即今云南澄江县北梁王山。《明一统志》卷86澂江府：罗藏山“在府治西北。《东汉志》云，装山出铜，后讹曰藏。又蛮语府棚为罗藏，谓造棚射虎也。其上宽平，有龙湫，时兴云雾。元梁王结集其上，又名梁王山”。

罗藏布河　即今西藏定日县东之洛曲。《清一统志·西藏》：罗藏布河“在罗西噶尔城（今定日县治）东北。源出城东北诸山中，东流六十余里，合为罗楚河，……至罗西噶尔城东北……名罗藏布江”。南流注入朋楚藏布河。

罗藏县　唐置，属羁縻驯州。治所在今四川雷波县境。后废。

凯口垡　即今贵州都匀市西南凯口镇。《明史·贵州土司传》：嘉靖十五年（1536），“平浪叛苗王聰攻夺凯口垡”，即此。“凯口”系布依语音译，意为狗场。

凯口洞　即凯口垡。在今贵州都匀市西南凯口镇。《方舆纪要》卷121平州六洞长官司：凯口洞“在司东北三十里。苗人常避兵于此”。

凯门　即清明门。汉长安城东面的中门。故址在今陕西西安市未央区北玉女村东。

凯过河　亦作凯歌河。即今重庆市秀山土家族苗族自治县梅江（秀山河）。《方舆纪要》卷73邑梅洞长官司：凯过河在“司西北二十里。源自乌罗三洋溪流出，会买赛河，东入辰州大江。旁有凯子砦，行者于此过渡”。

凯州　隋仁寿初置，治所在玄武县（今四川中江县东南）。辖境相当今四川中江县地。大业三年（607）废。

凯江砦　在今重庆市秀山土家族苗族自治县南。《元史·泰定帝纪》：泰定元年（1324），“思州平茶杨大车、酉阳州冉世昌寇小石耶、凯江等寨，调兵捕之”。即此。

凯阳山　在今贵州都匀市西南凯口镇。《明一统志》卷88都匀卫：凯阳山“在平浪长官司西南六十里。山甚险峻，有寨在其上”。明曹学佺《名胜志》：“即凯口囤也。周围十余里，高四十丈，四壁斗绝，独一径尺许，盘旋而登，上有天池，虽旱不竭。”《清一统志·都匀府》引《府志》：“明嘉靖十五年，部苗据此为乱，抚臣陈光宅檄水西安万铨讨平之。后其党复据囤叛，官军购旁砦顺民攻复之，改凯口囤为灭苗镇。”

凯里　即今贵州凯里市。明嘉靖七年（1528）置凯里安抚司。清康熙四十二年（1703）裁。四十五年（1706）地入清平县。雍正十年（1732）设清平县丞驻此，又设凯里营。咸丰时，张秀眉苗民义军据此。

凯里长官司　明万历三十五年（1607）改凯里安抚司置，属黄平州。治所即今贵州凯里市。清康熙四十二年（1703）废。据1986年版《黔东南苗族侗族自治州概况》称：“凯里”为苗语音译，意为“开田”。

凯里安抚司　明嘉靖八年（1529）置，属清平卫。治所即今贵州凯里市。万历二十九年（1601）改属平越府。三十五年（1607）改为凯里长官司。

凯料关　明置，在今贵州石阡县东北。《清一统志·石阡府》：凯料关“在府城东南，去镇远府九十里”。

凯歌河　亦作凯过河。即今重庆市秀山土家族苗族自治县之梅江（秀山河）。《明史·地理志》邑梅洞长官司：“北有凯歌河，一名买赛河，从贵州平头著可司流入，东入酉阳司界。”

沓中　①在今湖北公安县西。《晋书·王澄传》：“澄迁于孱陵，寻奔沓中。”《方舆纪要》卷78公安县：孱陵城在“县西二十五里……孱陵城东有地名沓中”。

②在今甘肃迭部县境。《三国志·蜀书·姜维传》：蜀景耀五年（262），“维率众出汉、侯和，为邓艾所破，还住沓中”。《晋书·乞伏炽磐载记》：东晋义熙十二年（416），“炽磐攻漒川，师次沓中”。

沓氏县　西汉置，属辽东郡。治所在今辽宁大连市金州区东南十八里大岭屯古城，属大李家镇。一说在今辽宁凤城市。三国魏改为东沓县。

沓县　即沓氏县。在今辽宁大连市金州区东南。东汉许慎《说文解字》：“辽东有沓县。”应即沓氏县。

沓磊站　元置，在今广东徐闻县东南海安镇（踏磊港）。元范椁有《登沓磊驿楼自此渡海》诗。

败伏山　在今江西高安市南。《寰宇记》卷106筠州高安县：败伏山“在县南一百一十里。相传陈武帝自下胜敌，转战至此山，又破败伏军，百姓恩之，因以为号”。

败虎堡　在今山西朔州市平鲁区西北七十五里高石庄乡西南败虎堡。《清一统志·朔平府》：败虎堡“在平鲁县西北三十里，西至边墙六里。明嘉靖二十三年筑，周一里有奇”。

败舶湾　在今湖北鄂州市西北。《寰宇记》卷112武昌县：败舶湾“在县西北水路七里。……《武昌记》：权与群臣泛船中流，值风，至樊口十里余便败，因名败舶湾”。

贮粮台（臺）　在今河南淮阳县东南。《寰宇记》卷10宛丘县：贮粮台“在县南二十里。古老传云：（魏）伐陈，于此筑台以贮粮，北临蔡水，下通江淮之利”。《清一统志·陈州府二》：贮粮台“俗呼平粮塚。其高二丈，大顷余，有四门，林木郁然”。

罔子河　亦作辋子河。即今内蒙古赤峰市北之昭苏河。《辽史·地理志》：上京临潢府有辋子河。北宋沈括《熙宁使虏图抄》：“逾济罔子河，河之广度五步，诘曲蛇行，西南与骆马会。”

〔丿一〕

钓台（臺）　①即今河北南皮县西钓鱼台。《清一统志·天津府二》：钓鱼台“在南皮县西十里。相传姜太公钓鱼处”。

②在今江苏淮安市淮阴区北。相传为西汉韩信之钓台。《史记·淮阴侯列传》：“信钓于城下，诸母漂，有一母见信饥，饭信，竟漂数十日。”《正义》：

"淮阴城北临淮水，昔信去下乡而钓于此。"《水经·淮水注》：淮水"又东径淮阴县故城北。……昔韩信去下乡而钓于此处也"。《清一统志·淮安府》：韩信钓台"在山阳县北，与漂母祠为邻"。

③亦名昭明钓台。在今安徽池州市西。《清一统志·池州府二》：昭明钓台"在贵池县西十六里玉镜潭上"。

④在今浙江桐庐县西富春江滨。为东汉隐士严子陵钓台。《元和志》卷25桐庐县：严子陵钓台"在县西三十里，浙江北岸也"。《寰宇记》卷95桐庐县：严子陵钓台"在县南大江侧坛下，连七里濑。按《东观汉记》云：光武与子陵有旧。及登位，忘之。陵隐于孤亭山，垂钓为业……"。旧有东西两台。东台传为严子陵隐居垂钓处。北宋范仲淹建严子祠于台下。西台为南宋末谢翱哭文天祥处。

⑤在今山东鄄城县东南。传为庄子钓台。唐胡曾《濮水》诗云："青春行役思悠悠，一曲汀蒲濮水流。正见涂中龟曳尾，令人特地感庄周。"《明一统志》卷24东昌府：钓台"在濮州东南九十里。相传为庄子垂钓处"。

⑥在今湖北黄石市东南西塞山区。为唐张志和钓台遗址。《清一统志·武昌府二》：张志和钓台"在大冶东道士洑。相传唐张志和隐处"。

⑦在今湖北鄂州市长江滨。《三国志·吴书·张昭传》："（孙）权于武昌，临钓台，饮酒大醉。权使人以水洒群臣曰：今日酣饮，惟醉堕台中，乃当止耳。"《寰宇记》卷112鄂州武昌县："钓台在武昌城下，有石折，临江悬峙，四眺极目。《武昌记》：钓台在城南。"

⑧在今陕西宝鸡市东南磻溪上。相传为殷商末姜子牙（尚）之钓台。《水经·渭水注》："渭水之右磻溪水注之。水出南山兹谷，乘高激流，注于溪中。溪中有泉谓之兹泉。泉水潭积，自成渊渚，即《吕氏春秋》所谓太公钓兹泉也。……东南隅有石室，盖太公所居也。水次平石钓处。即太公垂钓之所也。"

钓台（臺）山 ①在今海南省三亚市西崖城镇南。《方舆纪要》卷105崖州"南山"条："又南十里曰钓台山，中有试剑峰。又有岩曰大洞天岩，前瞰大海，后环曲港，峭壁在南，小洞附北。岩之西北，复有一岩曰小洞天，岩外临海，有平石可坐而钓，谓之钓台。"

②一名钓龙台山、南台山。在今福建福州市南台江畔。《寰宇记》卷100福州"南台江"条："昔越王无诸于此台钓得白龙，因号钓龙台。"《舆地纪胜》卷128福州《景物下》：钓龙台"在闽县。《旧记》，越王馀善于此钓得白龙，遂筑台"。山当从台名。《方舆纪要》卷96福州府闽县：钓台山在"城南九里。……今亦名南台山，建江经此，曰南台江"。

钓台（臺）寨 北宋置，属乾宁军。在今天津市静海县西南子牙镇。《元丰九域志》卷2：乾宁军有"钓台"寨。《清一统志·天津府二》引《静海县志》："钓台砦，即今县西南子牙镇。"

钓矶山 在今江西都昌县南钓矶。《元和志》卷28江西都昌县：钓矶山"在县南一百一十二里。昔陶潜尝钓于此"。

钓鱼山 在今重庆市合川区东十里。《舆地纪胜》卷159合州：钓鱼山"山南大石砥平，有巨人迹。相传异人坐其上，投钓江中，山以是名"。涪江在其南，嘉陵江经其北，渠江在其东，三面临江，峭壁悬崖，形势险峻。山顶周围十三里，海拔300米。上有天池，周五百余步，天旱不涸。南宋淳祐三年（1243）余玠帅蜀兼知重庆府，为抗蒙元建城山上，名钓鱼城，移合州治此。《元史·宪宗纪》：九年（1259），蒙哥亲率大军围攻钓鱼山城，不下，"帝崩于钓鱼山"。元初毁山城。古城遗址尚存，有宋、明、清摩崖造像、石刻题记及石碑。

钓鱼台（臺） ①即今北京市阜成门外钓鱼台国宾馆。明蒋一葵《长安客话》卷3："平则门（今阜城门）外以南十里花园村，有泉从地涌出，汇为池，其水至冬不竭。金时，郡人王郁隐此，作台池上，假钓为乐。至今人呼其地为钓鱼台。"

②亦名炮台咀。即今辽宁兴城市东南钓鱼台镇。《清一统志·锦州府一》：钓台山"在宁远州东南十五里。钓鱼台在山之东"。

③在今安徽广德县北二十里。《明一统志》卷17广德州：钓鱼台"在州城北二十五里。唐张志和钓鱼于此，因名。台之下渊深莫测，藤蔓绕矶，松篁夹岸，台基尚存"。

④在今山东济南市城东南。清道光《济南府志》卷11《古迹》载：钓鱼台，"《旧志》云，在黑虎泉前面，悬崖高峭，俗传太公垂钓处"。

⑤在今广东肇庆市东北高峡山中，与栏柯山相对峙，夹束江流，为峡山中最湍急处。《方舆纪要》卷101肇庆府高要县：大江"每淫雨，则江涨暴至，且为羚羊峡所束，郊原皆溢。谚曰：'水浸钓鱼台，上下不通来'。钓鱼台者，峡中山也"。

⑥又作钓鱼屿、龟屿。即今台湾宜兰县东北之龟山岛。黄叔璥《台海使槎录》："山后大洋北，有山名钓鱼台，可泊大船十余。"

钓鱼屿 一作钓鱼台。即今台湾东北附属岛屿钓鱼岛。明陈侃《使琉球录》中"过钓鱼屿"，即此。

钓鱼岛 在今台湾省东北海中，是台湾的附属岛屿。古名高华屿。《隋书·炀帝纪》：大业六年（610），遣陈稜、张镇州率兵自义安（今广东潮安）浮海击流求（今琉球群岛），"至高华屿"，即此。鞠德源在《日本国窃土源流/钓鱼列屿主权辨》中谓高华屿即今钓鱼岛，至为确切。明永乐年间成书的《顺风相送》首次称为钓鱼屿，曰："北风东涌开洋，用甲卯取彭家山，用甲卯及乙卯取钓鱼屿。"嘉靖间陈侃《使琉球录》载，钓鱼屿在明朝海防范围之内，曰："过平家山、钓鱼屿，过黄尾屿，过赤尾屿。目不暇接，一昼夜兼三日之程……十一日夕，见古米山，乃属琉球者。”明胡宗宪主持编纂的《筹海图编》中的《沿海山沙图》称为橄榄山，则以形似名。钓鱼岛为俗称，系由钓鱼岛、黄尾屿、赤尾屿、南小岛、北小岛等组成，称为钓鱼列岛。为东海上一个渔场，台湾、福建一带人民多在此捕鱼。

钓鱼岭 在今浙江临海市东南十八里钓鱼亭乡。《明史·忠义传二》：嘉靖三十一年（1552），“台州知事溧水武時追倭钓鱼岭，力战死”。即此。

钓鱼城 在今重庆市合川区东十里钓鱼山。南宋淳祐二年（1242）于此建城，移合州及石照县治此，成为抗蒙元军政重镇。开庆元年（1259），蒙古宪宗蒙哥亲率大军十万围攻山城，终因受伤身亡。元至元十五年（1278）安抚使王立以城降，城遂毁。清嘉庆、咸丰间，为抗拒白莲教和李永和义军，在旧址重建。今遗址尚存。1996年定为全国重点文物保护单位。

钓鱼峰 在今陕西渭南市东南。《清一统志·西安府一》：钓鱼峰“在渭南县东南十七里。峰东滨赤水。相传王嘉尝钓于此”。

钓洲 在今江西宁都县南。《方舆纪要》卷88赣州府宁都县“梅川”条下：“今县南二十里有钓洲，湾环曲折，形如钓钩。地不数武，舟行必迟回，半日始达，盖梅川之锁钥矣。”

钓盘山 在今河北临城县东南。《明一统志》卷3真定府：钓盘山“在临城县东南五里。相传韩信败陈余于此。余问其地，曰钓盘山。余曰：鱼遇钓盘，吾其亡矣。果遇害”。《明史·地理志》临城县：“西北有泜水，东经钓盘山下，与沛水合。”

牧 商、周邑。春秋为卫地。在今河南卫辉市东北。《左传》：隐公五年（前718），“郑人侵卫牧”。杜注：“牧，卫邑。”

牧厂 清初置，为牧马之地。在今河北东北部沿边与内蒙古交界处。设总管等官员管辖。张家口厅（今河北张北县）设有礼部牧厂，大仆寺左、右翼牧厂，镶黄等四旗牧厂。独石口厅（今赤城县北）设御马厂，属上驷院。多伦诺尔厅（今内蒙古多伦）置上都牧厂，属宣府镇。

牧马川 亦作沐马川。指今四川双流县东南之府河。《寰宇记》卷85陵州籍县：沐马川“在州北一百二十五里。蜀先主于此置籍田，牧马于此江中，俗因名沐马川。今割属广都县”。《明史·地理志》双流县：“东南有牧马川，即府城内、外江下流也。”《方舆纪要》卷67双流县：牧马川，“《志》云：二江入境，居民资以灌溉，为堰凡四十有八。其最著名曰枟木、黄水口二堰，灌新津、双流二县之田”。

牧马水 即今山西忻州市南之牧马河。《方舆纪要》卷40忻州：牧马水在“州南七里。源出州西南五十里白马山，东北流经三交村，有牛尾庄水流合焉。又东经州南，而东北入定襄县界，合三合水，下流注于滹沱。有灌溉之利”。

牧马市镇 在今安徽舒城县西南。《方舆纪要》卷26舒城县：牧马市镇“在县西三十里”。《清一统志·庐州府》：“周瑜城在舒城县西十八里。……今为牧马市镇。”

牧马陂 即长丰泊。在今河南浚县西二十里。《宋史·河渠志一》：李垂上《导河形胜书》曰，“其始作自大伾西八十里，曹公所开运渠东五里，引河水正北稍东十里，破伯禹古堤，径马家陂”，即此。

牧马河 即古木马河。源出陕西城固县西南凉水井，东北流经西乡县南会洋水，东注于汉。《清史稿·地理志》汉中府西乡县：“牧马河自城固入，径城东南，会洋水。”

牧马堡 明弘治十年（1497）置，属龙门所。即今河北赤城县东北三十里牧马堡。

牧龙亭镇 即今江苏南京市江宁区西南牧龙镇村。清同治《上江两县志》卷5《城厢》：有“牧龙亭”。光绪《江苏全省舆图》江宁县记：“牧龙亭镇在城西南七十里。”

牧师苑 西汉置，在今甘肃榆中县西北。《水经·河水注》：“苑川水出勇士县之子城南山，东北流历此成川，世谓之子城川。又北径牧师苑，故汉牧苑之地也。羌豪迷吾等万余人，到襄武、首阳、平襄、勇士，至此抄苑马，焚烧驿亭，即此处也。”

牧师城 在今山西汾阳市西北。《方舆纪要》卷42汾州府：“牧师城在府西北境，汉边郡皆置牧师苑以养马，此即西河郡牧苑也。”

牧护关 即今陕西商洛市西北牧护关镇。《清一统志·商州》：牧护关“在州西一百二十里，与西安府蓝田县接界。或讹为模糊关。俗传古畜牧之地，有南北二关”。明置秦岭巡司于此。

牧护关水 在今陕西商洛市西北。《清一统志·商州》：牧护关水“在州西北一百二十里。《州志》：源出秦岭，西流入西安府蓝田县界，即坝水之上源”。

牧泽 又称蒲关泽。在今河南开封县东南陈留镇北。《水经·渠水》：“又东至浚仪县”注：“北有牧泽，中有兰蒲，上多儁髦，衿带牧泽，方一十五里，俗谓之蒲关泽，即谓此矣。”

牧野 一作坶野。在今河南淇县西南。周武王所率诸侯之师大败殷军于此。《尚书·牧誓》：“武王戎车三百两、虎贲三百人与受战于牧野。”《说文》牧作坶。

牧麻县 三国蜀改牧靡县置，属建宁郡。治所在今云南寻甸回族彝族自治县境。《续汉书·郡国志》注引李奇曰：“靡音麻，出升麻。”南朝梁末废。

牧漾水 在今云南嵩明县西南。《方舆纪要》卷114嵩明州：牧漾水“源出乌纳山之牧漾涧，西南入于滇池”。

牧靡山 在今云南寻甸回族彝族自治县境。《水经·若水注》：“山生牧靡，可以解毒，百卉方盛，乌多误食，乌喙口中毒，必急飞往牧靡山，啄牧靡以解毒也。”

牧靡县　西汉元封二年（前109）置，属益州郡。治所在今云南寻甸回族彝族自治县境。《水经·若水注》：“县、山并即草以立名。”三国蜀改牧麻。

物藏寨　在今四川若尔盖县西北红星乡南俄真。清雍正元年（1723）置物藏寨土百户。

郰　①又作邹、陬。周代姬姓。周武王封颛顼之后于此。都郰（今山东曲阜市东南南陬村）。春秋文公十一年（前616）迁都绎（今山东邹城市东南二十六里峄山之阳）。《春秋》：隐公元年（前722），“公及郰仪父盟于蔑”。杜注：“郰，今鲁国邹县也。”战国时灭于楚。

②战国楚邑。在今湖北黄冈市城区北。《水经·江水注》：“楚宣王灭郰徙居于此，故曰郰也。”

郰县　秦置，为衡山郡治。治所在今湖北黄冈市北十里禹王城。项羽封吴芮为衡山王，都此。西汉属江夏郡。三国吴属蕲春郡。西晋属弋阳郡。东晋咸和中为西阳郡治。咸康四年（338）又兼南豫州治。五年(339)，后赵石季龙将张貉（张贺度）攻陷郰县城。县废。

郰国故城　在今山东邹城市城南二十六里峄山镇，峄山南麓至郭山之间。相传郰国为史前时期颛顼后裔所建。鲁文公十一年（前616）迁都于此。当时称绎，战国时改郰为邹。邹国因出了孟子而闻名于世，后被楚所灭。郰（邹）国以此城为都历时三百多年，秦、汉、魏、晋、南朝宋、北魏相继以此为邹县治所。直至北齐天保七年（556）迁邹县治所于今邹城。此古城渐废。郰城周长9200米，现存200余米，高3—4米，最高达7米余。城内存有若干殿堂台基遗址，遗址中先后采集文物数百件，大多带有文字，包括1964年出土的珍贵文物“钤印秦诏书”的陶鬲残片。2006年定为全国重点文物保护单位。

郰峄山　即邹峄山、峄山。在今山东邹城市东南二十里。《史记·秦始皇本纪》：“二十八年，始皇东行郡县，上邹峄山，立石。”《正义》引《国系》云：“郰峄山亦名邹山，在兖州邹县南三十二里。鲁穆公改‘郰’作‘邹’，其山遂从邑变。”

郰城　在今湖北黄冈市北十里禹王城。《宋书·州郡志》南豫州刺史：“咸康四年，毛宝为刺史，治郰城。”即此。

郰娄　周代国名。曹姓。即郰。在今山东曲阜市东南南陬村。鲁穆公改称邹。《公羊》：隐公元年（前722），“公及郰娄仪父盟于眛”。注：“郰人语声后曰娄，故曰郰娄。”

郰瑕　又作郰娄。春秋时鲁地。在今山东济宁市南。《春秋》：哀公六年（前489），“城郰瑕”。杜注：“任城亢父县北有瑕娄城。”

制　又名北制、虎牢。西周东虢邑。春秋郑邑。在今河南荥阳市西北三十六里汜水镇西。《左传》：隐公元年（前722），郑庄公即位，姜氏为共叔段“请制。公曰：‘制，岩邑也。虢叔死焉，佗邑唯命。’”五年（前718），卫人以燕师伐郑，“郑二公子以制人败燕师于北制”。《汉书·地理志》河南郡成皋县：“故虎牢，或曰制。”即此。

制田　在今河南新郑市东北。《左传》：成公十六年（前575），“诸侯迁于制田”。杜注：“荥阳苑陵县东有制泽。”

制戎城　北宋政和八年（1118）改天降山新城置，属延安府。在今陕西子长县西北。

制卤台（臺）　亦作制虏台。在今四川松潘县北。《明史·四川土司传》：万历间，雪山国师喇嘛等“围漳腊，守备张良贤破之。……又犯制台，良贤复击之”。明曹学佺《蜀中广记》卷31《边防记》：“又攻制虏台，前后斩首十一级，敌遁去。”

制虏塞　在今内蒙古伊金霍洛旗西南红庆河古城。《汉书·匈奴传》：天凤元年（14），匈奴用事大臣右骨都侯须卜当及其妻伊墨居次云（王昭君之女）“遣人之西河虎猛制虏塞下，告塞吏欲见和亲侯”。后“莽遣和亲侯歙与奢等俱至制虏塞下，与云，当会”。

制河　一作淛江、浙江。即今浙江之钱塘江、富春江。上源为安徽之新安江。《庄子·外物》：“自制河以东，苍梧以北莫不厌若鱼者。”《史记索隐》谓即浙江。《新定九域志（古迹）》卷5：“浙江，按《山海经》云：禹治水以浧淛河。又《庄子》云：淛河之水是也。”

制泽　即春秋时制田。在今河南新郑市东北。《水经·沙水注》：沙水出苑陵县故城西北，县有二城，“二城以东悉多古泽，即古制泽也。京相璠曰：郑地。杜预曰：泽在荥阳苑陵县东。即春秋之制田也”。

制胜关　唐置，在今宁夏泾源县西北四里。《资治通鉴》：唐大中三年（849），“泾原节度使康季荣取原州及石门、驿藏、木峡、制胜、六盘、石峡六关”。

制胜堡　明置，属广宁堡。在今辽宁北镇市东。《方舆纪要》卷37广宁卫：制胜堡“在卫东二十里”。

制置城　即今江西新干县城。原名市南村。五代杨吴时为都制置使治。《方舆纪要》卷87临江府新淦县：制置城“即今县治。《志》云，唐常置虔、吉五州巡简使于新淦。五代梁开平四年，杨吴亦置制置院于此。《五代史》，淮南既得吉州，欲遂图虔，用严可求之策，以新淦为都制置使治所，置戍兵城而守之”。故亦名制置城。

刮耳崖　在今四川金川县南安宁乡。《清一统志·懋功屯务厅》：刮耳崖“在崇化屯东十三里。悬崖峭壁，形势险阻”。

知子罗行政区　1916年析原丽江府地置，属云南腾越道。治所在今云南福贡县南八十二里匹河怒族乡知子罗。傈僳语“知子”为好，“罗”为地方，意即好地方。1929年直属云南省。1932年改碧江设治局。

知本溪　在今台湾省台东县南。《清史稿·地理志》台东州："知本溪"等"并在州东南，入于海"。

迭儿密　即忒耳迷。亦作迭里迷。西辽属地。在今乌兹别克斯坦南、喷赤河北岸铁尔梅兹。元《圣武亲征录》："上亲克迭儿密城。"即此。

迭达土司　清末由隆布、上隆布合并设置，为玉树二十五族之一。驻地在迭达庄（今青海称多县南德达村）。

迭甫站　元置，在今朝鲜咸镜北道吉州。元《析津志》天下站名："木吉百一十（里）迭甫。"明称海洋站。

迭里迷　一作迭儿迷。在今乌兹别克斯坦南、喷赤河北岸铁尔梅兹。《明史·西域传》：迭里迷"在撒马儿罕西南，去哈烈二千余里。有新旧二城，相去十余里，其酋长居新城"。陈诚、李达曾出使于此。

迭怯里古　又作帖坚古、铁坚古。在今蒙古国阿尔泰山与杭爱之间扎布河流域。《元史·武宗纪》：大德五年（1301）八月，"与海都战于迭怯里古之地，海都军溃"。

迭烈孙堡　明置，属靖虏卫。在今甘肃白银市东北平川区水泉镇黄湾中村。《明一统志》卷37靖虏卫：迭烈孙堡"在卫城（今靖远县）北九十里。本朝置巡检司。每岁冬增戍兵"。

迭蔑可儿　在今内蒙古锡林浩特市东南锡林郭勒河流域。《元史·特薛禅传》："岁甲戌，太祖在迭蔑可儿时，有旨分赐按陈及其弟火忽、册等农土……申谕按陈曰：可木儿温都尔、答儿脑儿、迭蔑可儿等地，汝则居之。"

迤山　在今陕西富平县西南二十五里。《方舆纪要》卷53富平县：迤山"孔氏谓之靡迤。昔周东迁，以岐丰之地赐秦襄，遂有周畿内八百里，东至迤山，是也"。

迤东　地区名。明时称云南昆明市以东地区为迤东。清置迤东道，驻曲靖府（今云南曲靖市）。《清史稿·孙可望传》：顺治三年（1646），"可望入云南会城，遣（李）定国徇迤东。……定国亦定迤东诸府"。

迤东道　清雍正八年（1730）置，属云南省。治所在寻甸州城（即今云南寻甸回族彝族自治县），后徙曲靖府城（即今云南曲靖市）。初领云南、临安、澂江、广南、曲靖、普洱、开化、东川、昭通、广西、武定、元江、镇沅十三府，辖境约当今云南元谋、禄丰、易门、峨山、镇沅、景谷、勐海以东地区。乾隆三十一年（1766）以云南、武定属盐法道，临安、普洱、元江、镇沅四府属迤南道。清末领曲靖、东川、昭通、澂江四府，镇雄、广西二州，辖境约当今云南东川、寻甸、马龙、陆良、玉溪等市县以东，丘北、弥勒以北地区。1913年废。

迤西　地区名。明时称云南昆明市以西地区为迤西。清置迤西道，驻大理府（今云南大理市）。《清史稿·孙可望传》：顺治三年（1646），"（孙）可望入云南会城。……与（刘）文秀俱至楚雄，略迤西诸府"。

迤西道　清雍正八年（1730）改永昌道置，属云南。治所在大理府城（今云南大理市北二十六里大理古城）。领大理、丽江、楚雄、永昌、顺宁五府，蒙化、景东、永北三厅，辖境约当今云南永仁、大姚、牟定、双柏、景东、临沧等县以西地区。光绪二十八年（1902）徙治腾越厅（即今云南腾冲县）。1913年改滇西道。

迤州　在今湖北枝江市南。《水经·江水注》："（枝江）县东北十里，土台北岸有迤洲，长十余里。义熙初，烈武王斩桓谦处。"

迤陋山　在今云南新平彝族傣族自治县西北。《方舆纪要》卷115新化州：迤陋山"在州治（今县西北新化）东。山势来自昆阳，连属不绝。又迤阻山在州治西，与迤陋山对峙"。

迤南道　清乾隆三十一年（1766）分迤东道置，属云南省。治所在普洱府城（即今云南宁洱哈尼族彝族自治县）。领普洱、镇沅、元江、临安四府，辖境约当今云南景谷、镇沅、新平、峨山、华宁、开远等县、市以南地区。光绪十三年（1887）分出临安府。清末领普洱府、元江州及镇沅、镇边两厅，辖境约当今云南沧源、景谷、镇沅、新平等县以南地区。1913年改滇南道。

迤都　元名益图，为大漠南北交通要地。在今蒙古国苏赫巴托省达里干嘎南。明洪武二十三年（1390）燕王朱棣获北元太尉乃儿不花、丞相咬住等于此；永乐八年（1410）朱棣北征又过此地，命臣僚致祭山川，更名其山为"擒胡山"，泉曰"灵济泉"，刻于山石上，并于其地立仓屯储军粮。清代称为察罕七老图（蒙古语，意为"有白石"），汉名白石山。

垂　①亦名犬丘。春秋时卫邑。战国时属魏。在今山东曹县北句阳店。《春秋》：隐公八年（前715），"宋公、卫侯遇于垂"。杜注："济阴句阳县东北有垂亭。"

②春秋齐地。在今山东平阴县境。《春秋》：宣公八年（前601），"辛巳，有事于大庙，仲遂卒于垂"。即此。

垂山　在今河南新县东。为古溮水（今白露河）及垂山水（今举水支流）发源处。《水经·淮水注》："溮水出弋阳县南垂山，西北流，……又东北注淮。"又《江水注》："举水又西流，右合垂山之水，水北出垂山之阳，与弋阳溮水同发一山。"

垂山水　即今湖北麻城市北之白塔河，为举水正源。《水经·江水注》：垂山水"北出垂山之阳，与弋阳溮水同发一山，故是水名之。水之东有南口戍，又南径方山戍，西流注于举水"。

垂乡　亦作邳乡。又名甀乡、会甀。在今安徽宿州市西南。《水经·淮水注》："涣水又东南径蕲县故城南，《地理志》曰：'故垂乡也。'”即此。

垂仲殿 即噶玛霞寺。在今西藏拉萨市内。清《西藏图考》卷5：垂仲殿“在大招东半里许，寺名噶玛霞，内塑神像狞恶，有护法垂仲乃剌麻装束，仍娶妻生子，世传其术，即中华之巫类”。

垂庆寺 即清安寺。在今辽宁辽阳市白塔公园处。金大定年间，世宗完颜雍为纪念其母贞懿皇太后李氏在故里出家为尼而改建。明、清时称广佑寺，亦称白塔寺。后毁于战火。

垂花坞 在今安徽凤阳县东二十里逍遥台南。《明一统志》卷7凤阳府：垂花坞“在旧府城逍遥台南，上有樛藤垂花。唐刺史独孤及爱之，命以名”。

垂杨镇 即今河北南宫市东南垂杨镇。明嘉靖《南宫县志》卷1：垂杨集在“县东南五十里”。清同治《畿辅通志》卷54南宫县图：东南有垂阳镇。

垂沙 战国楚邑。在今河南唐河县一带。《战国策·楚策三》：苏子谓楚王曰，“为主死易，垂沙之事，死者以千数”。《荀子·议兵篇》：“楚人鲛革犀兕以为甲，坚如金石，宛巨铁釶。惨如蠭虿，然而兵殆于垂沙，唐蔑死。”

垂陇 春秋郑邑。在今河南荥阳市东北。《春秋》：文公二年（前625），“夏六月，公孙敖会宋公、陈侯、郑伯、晋士縠盟于垂陇”。东汉末置荥阳典农都尉于此，故又名都尉城。

垂果沙尔果 即今西藏普兰县东北之楚郭贡巴。清乾隆《西域同文志》卷18：“西番（藏）语，垂果谓浴，沙尔谓东，果，门也，地有玛帕木池，浴之可避虎灾，故名。”

垂佳普郎城 即今西藏琼结县。《清一统志·西藏》卫地诸城：垂佳普郎城“在喇萨东南二百六十里”。后称穷结宗。1960年改设穷结县。

垂河 即碎叶水。亦名吹河。即今吉尔吉斯斯坦及哈萨克斯坦境内之楚河。《元朝秘史》卷5：“王罕又走去回回地面垂河。”即此。

垂拱殿 北宋东京（今河南开封市）宫殿名。《宋史·地理志》：“旧名长春，明道元年改。”殿在大庆殿北，乃皇帝“常日视朝之所”。

垂虹亭 在今江苏吴江市东长桥上。《舆地纪胜》卷5平江府：垂虹亭“在吴县利往桥。东西千余尺，用木万计。前临具区，横绝松陵，湖光海气，荡漾一色，乃三吴之绝景。桥有亭，曰垂虹。苏子美有诗甚豪”。

垂虹桥 本名利胜桥。又名吴江长桥。在今江苏吴江市东吴淞江上。北宋朱长文《吴郡图经续记》卷中：垂虹桥“庆历八年县尉王廷坚所建也。东西千余尺，用木万计。萦以修阑，甃以净甓，前临具区，横截松陵，湖光海气，荡漾一色，乃三吴之绝景也”。南宋范成大《吴郡志》卷18：“松江南与太湖接，吴江县在江澂。垂虹跨其上，天下绝景也。”《方舆纪要》卷24吴江县：长桥“一名利往桥，又名垂虹桥”。《清一统志·苏州府》：垂虹桥“在吴江县东。本名利往桥。宋庆历八年建。构亭其上，曰‘垂虹’。苏舜钦诗：‘长桥跨空古未有，大亭压浪势亦豪’，因名长桥”。

垂珠岭 在今福建连城、上杭二县之间。《清一统志·汀州府》：垂珠岭“在连城县南百里，接上杭县界。宋建炎二年，文天祥自汀州移屯漳州，过此岭，回顾垂涕，居民表以此名”。

垂都 战国魏邑。在今山东鄄城县东南。《战国策·魏策三》：朱己谓魏王曰，“秦十攻魏，五入国中，边城尽拔；文台堕，垂都焚，林木伐，麋鹿尽，而国继以围”。

垂敛 即垂陇。春秋郑地，在今河南荥阳市东北。《春秋》：文公二年（前625），“公孙敖会宋公、陈侯、郑伯、晋士縠盟于垂陇”。《穀梁传》作垂敛。

垂葭 又名郹氏。春秋时卫邑。在今山东巨野县西南。《春秋》：定公十三年（前497），“齐侯、卫侯次于垂葭”。即此。

垂惠聚 在今安徽蒙城县西北二十里。《续汉书·郡国志》：汝南郡山桑侯国“有垂惠聚”。《后汉书·光武帝纪》：建武四年（28）七月，“遣捕虏将军马武、偏将军王霸围刘纡于垂惠”。唐李贤等注：“垂惠，聚名，在今亳州山桑县西北。一名礼城。”

垂棘 春秋晋邑。在今山西潞城市北。《左传》：僖公二年（658），“晋荀息请以屈产之乘与垂棘之璧，假道于虞以伐虢”。

垂幔滩 在今湖南永州市西南。《舆地纪胜》卷56永州：垂幔滩“水行百里，枕湘江之岸，峭壁倚空，不知几千仞。今遥望石壁，皆如帷幔之状。下有滩，谓之垂幔滩”。

乖西山 在今贵州开阳县西北。《清一统志·贵阳府》：乖西山“一名鲁郎山。元逸士有鲁姓者读书其上。亦名书案山”。

乖西长官司 明洪武五年（1372）改乖西府置，属贵州宣慰司。治所在今贵州开阳县西北。后废。永乐元年（1403）复置，属贵州都司。清乾隆年间废。

乖西府 元皇庆元年（1312）置，属八甸顺元宣慰司。治所在今贵州开阳县西北。明洪武五年（1372）改置乖西长官司。

和山 在今广东兴宁市东北。《方舆纪要》卷103兴宁县：和山“在县东十里。高百许丈。状若旋螺。其阳有麻石岩，深高数丈，两峰环抱，一峰背耸周道，左达丹崖，右耸岩中，清冷如浸”。

和山县 唐贞观四年（630）置，属南平州。治所在今重庆市东南。八年（634）属霸州，十三年（639）废。

和山寨 在今广东兴宁市东。清同治《广东图说》卷89兴宁县：和山堡在“城东十里。内有小村五”。

和山镇　在今四川茂县西北六十六里岷江东岸两河口。《元和志》卷32：翼州“隋大业三年省州，改置和山镇”。

和川　即今山西安泽县北和川镇。1938—1949年为安泽县驻地。

和川水　亦名和水、始阳河。即今四川天全县南之天全河。《寰宇记》卷77荣经县：和川水“在县北九十里，从罗绳岩古蛮州东流来”。《清一统志·雅州府一》：和川水，“《旧志》：水在司治前。源出蛮界，东流入雅州。石壁参天，上有多功坝，亦名多功河”。

和川县　隋开皇十八年（598）改义宁县置，属沁州。治所在今山西安泽县北二十六里和川镇。大业三年（607）废。唐武德元年（618）复置和川县。北宋熙宁五年（1072）废。元祐元年（1086）复置，属晋州（后升平阳府）。元至元四年（1267）废。

和川路　即碉门路、夔松路。唐、宋雅州通吐蕃三路之一。即从今四川雅安市西北行，溯天全河而上，越马鞍山或二郎山，西至康定县。《寰宇记》卷77雅州严道县：“和川路在县界，西去吐蕃大渡河五日程。从大渡河西郭至吐蕃松城四日程。羌蛮混杂，连山接野，鸟路沿空，不知里数。”

和川镇　①唐置，属雅州。在今四川天全县。《新唐书·地理志》：雅州有和川镇。五代后蜀于此置碉门安抚司。宋置碉门砦。《舆地纪胜》卷147雅州：碉门砦，“《皇朝郡县志》云：荣经县之和川镇，即今之碉门砦也”。

②即今山西安泽县北和川镇。民国《岳阳县志》卷4：和川镇“距城九十里”。

和义州　唐宝应元年（762）置，为党项部落州，属秦州都督府。在今甘肃泾川及陕西陇县一带。唐末废。

和义县　亦作义和县。隋大业十二年（616）置，属资阳郡。治所在今四川威远县东北。《元和志》卷33和义县：“以招和夷獠，故以和义为名。”唐武德元年（618）改属泸州。贞观八年（634）改属荣州。元和十三年（818）徙治今自贡市东河家场（一说内江市南龙门场）。北宋乾德五年（967）废入威远县。

和义郡　唐天宝元年（742）改荣州置，治所在旭川县（今四川荣县）。辖境相当今四川荣县、威远二县及自贡市。乾元元年（758）复为荣州。

和子城　唐置，在今云南南华县东南二里土城。《元史·地理志》：“唐时蒙舍诏阁罗凤合六诏为一，侵俄碌，取和子城，今镇南州是也。”

和丰（豐）县　1944年改和什托罗盖设治局置，属新疆省。治所即今新疆和布克赛尔蒙古自治县。1954年改为和布克赛尔蒙古自治区。1955年改为和布克赛尔蒙古自治县。

和丰（豐）站　元置。在今湖南常德市北二里。明改为和丰驿。

和五岛　即今南海中中国西沙群岛东部之东岛。从西北至东南长2公里余，宽约1公里，面积1.6平方公里。是西沙群岛第二大岛。岛上树木茂密，鸟类繁多。清宣统元年（1909）李准巡海时以粤督张人骏的籍贯命名为丰润岛。1935年公布名称为林康岛。1947年公布名称为和五岛，以纪念16世纪末在菲律宾反抗西班牙殖民者的起义领导潘和五而命名。中国渔民向称猫兴岛、巴兴、吧兴岛。1983年改名东岛，以位于西沙群岛东侧，故名。

和水　一名和川水。即今四川天全县南之天全河。《明史·地理志》天全六番招讨司：“南有和水，一名始阳河，亦名多功河。”《方舆纪要》卷73天全六番招讨使司：和水在“司南四十里。《胜览》云：源出蛮界，羁縻罗岩州是也。东流经司境，又东入雅州界，合于平羌江”。

和仁城　在今四川简阳市西南。《旧唐书·地理志》贵平县：“旧治和仁城，开元十四年移治禄川也。”

和仁郡　西魏恭帝二年（555）置，属江州。治所在贵平县（今四川简阳市西南，后移治今仁寿县东北向家乡东贵坪）。辖境相当今四川仁寿、双流、简阳等县市连界地区。隋开皇三年（583）废。

和什山　在今新疆皮山县东南。《清一统志·叶尔羌》：和什山“在叶尔羌东南，奇勒扬山东北，叶什勒河发源东麓”。

和什托罗盖　即今新疆和布克赛尔蒙古自治县。1915年于此置县佐，属沙湾县。1929年改置设治局。

和什托罗盖设治局　1929年析沙湾县置，属新疆省。治所在今新疆和布克赛尔蒙古自治县。1944年改置和丰县。

和什库珠克岭　亦作霍斯库鲁克岭。今塔吉克斯坦东北境喀拉湖以西。《清一统志·喀什噶尔》：和什库珠克岭“在喀什噶尔西南葱岭中，阿喇楚勒东一百里。旧音霍斯库鲁克。山势宽广，峰岭极峻。唐《西域传》，由疏勒西南入剑末谷不忍岭，应即其地”。清乾隆二十四年（1759），参赞大臣明瑞击败大小和卓军于此，史称和什库珠克之战。清徐松《西域水道记》卷1：“和什库珠克岭即参赞明公瑞追大小和卓木于岭下，鏖战三时者也。”又云：“和什库珠克岭东，有大池曰哈喇库勒，周数百里。”

和什阿喇布　亦作和什喇普。即今新疆莎车县西南霍什拉甫乡。《清一统志·叶尔羌》：和什阿喇布“在叶尔羌城西南二百里。有小城”。清徐松《西域水道记》卷1：“泽普勒善河又东北流百数十里迳和什阿喇布庄北（回语和什，双岐之谓；阿喇布，帕尔西语水也。庄在叶尔羌城西南二百六十里）。是为采玉第五营。”

和公城　北周筑，在今湖北汉川市东北十七里。《方舆纪要》卷76汉川县：和公城“后周所筑。隋末，贼董道冲作乱，和操拒之于此，因名”。

和龙　即龙城。亦名黄龙城、龙都。东晋咸康七年

（341）慕容皝筑，即今辽宁朝阳市。《晋书·慕容皝载记（附阳裕传）》："及迁都和龙，裕雅有巧思，皝所制城池宫阁，皆裕之规模。"又《冯跋载记》：慕容永"灭，跋东徙和龙"。皆此。北魏太延二年（436）攻克此城后，改置营州。

和龙山 即龙山。在今辽宁朝阳市东。赵万里辑校《元一统志》卷2：和龙山"在兴中州东，南北长六十里，东西广三十里。一峰特耸，号曰天柱孤峰"。

和龙市 1993年撤销吉林省和龙县，改设和龙市，市人民政府驻文化路。属延边朝鲜族自治州。

和龙县 清宣统元年（1909）置，属延吉府。治所在和龙峪（今吉林龙井市东南智新镇）。民国郭熙楞《吉林汇征》：和龙"地名和龙峪"，因名。1913年改属吉林省延吉道。1929年直属吉林省。1940年移治三道沟（今吉林和龙市）。1945年划归松江省，1949年复属吉林省。1993年改设和龙市。

和龙岛 在今云南石屏县东南异龙湖中。《方舆纪要》卷115石屏州：异龙湖"其大岛曰和龙。立城其上，汉名水城。元至顺初，云南诸王秃坚等作乱，攻略郡县，石屏镇将朱宝以和龙岛有垒堑可保，引众据守。贼帅战舰来攻，宝拒却之"。

和龙宫 东晋咸康七年（341）鲜卑慕容皝所筑，在今辽宁朝阳市。《晋书·慕容皝载记》：东晋永和元年（345），"时有黑龙白龙各一，见于龙山，皝亲率群僚观之，去龙二百余步，祭以太牢。二龙交首嬉翔，解角而去。皝大悦，还宫，赦其境内，号新宫曰和龙"。即此。

和龙峪 又名大拉子、大砬子。在今吉林龙井市东南智新镇。清设分防经历于此。《清史稿·地理志》和龙县："光绪十一年，吉韩通商，和龙峪与光霁峪西步江互市。二十八年，置分防经历，属延吉。"

和平水 即今广东和平县西北之和平河及县南之浰江。《方舆纪要》卷103和平县"镇水"条内：镇水"又东南合和平水，即浰水也"。

和平市 即今广东汕头市潮阳区西和平镇，位于练江之滨。明于此置河泊所，清设把总驻防。

和平关 明永乐中置，属平武县。在今四川平武县西北。《明史·地理志》平武县："西有大鱼关、羊昌关、和平关。"

和平村旧址 在今贵州镇远县城和平街南侧。为一组坐南向北的由高大土石墙围起的建筑群。原是晚清时期镇远总兵署衙门，民国初改为贵州省第二模范监狱。抗日战争时期是国民政府第二日本俘虏收容所。日本反战作家鹿地亘等称之为"和平村"。方形围墙，面阔66米，进深78米。院中原有办公楼、礼堂、医务室、监禁室、哑子室、米库、厨房及监视塔等十四栋单体建筑。全院占地5148平方米，建筑面积1508平方米。1938—1941年，该所由国民政府军委会政治部第三厅（1940年后改组为文化工作委员会）管辖。郭沫若等进步人士和共产党的文化工作者曾在这里担任领导工作。在文化工作委员会支持下，部分有觉悟的日俘在此志愿组织"在华日本人民反战同盟和平工作队"。现在和平村工作队旧址围墙基本保存，其余建筑大部已拆毁。1986年重建了砖木结构的双层单檐悬山顶办公楼及大门内哑子室和米库等。2006年定为全国重点文物保护单位。

和平县 ①北魏置，属临松郡。治所在今甘肃张掖市南。寻省入临松县。

②明正德十三年（1518）析龙川县和平峒地置，属惠州府。治所即今广东和平县。明郭子章《郡县释名》广东卷：以和平峒为名。崇祯六年（1633）改属连平州。清仍属惠州府。民国初属广东潮循道。1920年直属广东省。

和平驿 在今甘肃康乐县境。《方舆纪要》卷60临洮府狄道县：和平驿，"《舆程记》：在府西六十里"。

和平墟 即今广西藤县西北和平镇。清同治《梧州府志》卷2藤县："和平墟（在）四十六都罗龙里。"

和平镇 即今浙江长兴县南四十里和平镇。宋《嘉泰吴兴志》卷10：长兴县有和平镇。《方舆纪要》卷91长兴县：和平镇"在县南五十里。宋置税务于此，元改巡司。明初废"。

和东县 1939年冀鲁豫边区由和顺县东部析置，属太行区。治松烟镇（今山西和顺县东南松烟镇）。1945年4月撤销，与和西县合并，复置和顺县。

和丘（邱）山 即今云南永平县西郊之西山。《方舆纪要》卷118永平县：和丘山在"县西三十里。高千余仞，云合即雨"。按，里距有误。"西山晚翠"为永平八景之一。

和乐市 即今海南省万宁市东北和乐镇。清宣统《广东舆地全图》万州图：东北有和乐市。

和尔必拉 即今青海共和县东北倒淌河。《清史稿·地理志》青海辉特部南一旗："巴彦诺尔在青海东南，周四十余里。水西北流出，屈曲三百数十里，入和尔必拉。"

和尔郭斯卡伦 清乾隆年间置，在今哈萨克斯坦塔尔迪库尔干东南图尔根河下游东岸。清徐松《西域水道记》卷4：图尔根河"经齐齐罕卡伦西，又南二十里，经和尔郭斯卡伦西"。

和尔衮 在今哈萨克斯坦江布尔东北楚河南岸。清乾隆《西域图志》卷13伊犁西路：和尔衮"在吹郭勒下流南岸，东傍支河，西连沙碛"。

和尔博勒津山 汉名七金山。即今内蒙古宁城西北九头山。

和包场 即河包场。今为贵州湄潭县东北八十六里西河乡驻地。清康熙《湄潭县志》作"河包场"。因姚村河环绕三面，故名。

和宁州 唐宝应元年（762）置，为党项部落州，属秦州都督府。在今甘肃泾川及陕西陇县一带。唐末废。

和宁城　在今陕西黄陵县东南。《晋书·苻登载记》："登征虏，冯翊太守兰椟率众二万自频阳入于和宁，与苻纂首尾，将图长安。"

和宁堡　在今陕西三原县北。《方舆纪要》卷53三原县：和宁堡"在县北。姚秦初秦冯太守兰椟率众自频阳入和宁，谋攻姚苌于长安，是也"。

和宁路　元皇庆元年（1312）改和林路置，为岭北行省治所。治所在和林城（今蒙古国鄂尔浑河东岸和尔和林）。辖境相当今蒙古国杭爱山以东，鄂嫩河上游及克鲁伦河上游流域以西蒙古国诸省区。元末废。

和尼迈拉虎卡伦　即霍尼迈拉呼卡伦。清乾隆年间置，在今哈萨克斯坦东北境额尔齐斯河东岸。

和托霍尔岭　亦作和托和尔山。在今哈萨克斯坦东北境布赫塔尔玛河北。清徐松《西域水道记》卷5：布克图尔玛河"二源：东源发自阿勒坦山梁；西源发自和托霍尔岭，分西流百里汇为海尔库门河。又西北流五十里为布克图尔玛河"。

和场山　在今云南保山市西南。《清一统志·永昌府》：和场山"在潞江司东三十余里。《通志》：在府西南一百三十五里"。

和西县　1939年晋冀鲁豫边区由和顺县西部析置。属太行区。治横岭镇（今山西和顺县西横岭镇）。1945年4月撤销，与和东县合并，复置和顺县。

和戎城　唐大足元年（701），郭元振迁凉州都督，于南境峡口置和戎城，即今甘肃古浪县治。

和戎县　北周置，属宕昌郡。治所在今甘肃宕昌县西。唐贞观三年（629）省入怀道县。

和夷　指今四川天全县南天全河（古名和川水）一带之民族。一说指今四川大渡河以南民族。《尚书·禹贡》："蔡蒙旅平，和夷底绩。"《水经·桓水注》："郑玄曰，和上（川），夷所居之地。"《禹贡锥指》：和水即涐水（濊水），"和夷者，涐水南之夷也"。

和曲州　元至元二十六年（1289）置，属武定路。治所在今云南武定县西南十里旧州。明属武定府，隆庆四年（1570）徙州为府附郭，治所即今武定县。清乾隆三十五年（1770）废。

和伦站　元置，在今黑龙江省嫩江县东北科洛镇。元《析津志》天下站名："失怜百四十（里）和伦。"明废。

和众县　辽置，为榆州治。治所在今辽宁凌源市西土城子。金皇统三年（1143）属大定府，元属大宁路。明初废。

和众河堡　在今山西右玉县东南。《方舆纪要》卷44大同府：和众河堡"嘉靖四十一年筑，万历初增修，周二里。西藩威远，东蔽左卫，为往来接济之处"。

和色尔河　一名赫色勒河。即今新疆拜城县东克孜勒河，为渭干河支流。清宣统《新疆图志》卷70：和色尔河"源出拜城县东北四百五十里之大达巴尼岭，西流三十里至伯什克摆草场，又西流一百六十五里至阿尔通伙什卡，折而南流，四十里至尼札尔卡，又西南流至和色尔驿，折而南流二十里至明吕山口，与渭干河会"。

和庄泉　在今山东新泰市西。《方舆纪要》卷31新泰县：和庄泉，"《志》云，县境凡十四泉，俱西流，注于汶河"。

和州　①北齐天保六年（555）置，治所在历阳县（即今安徽和县）。《舆地纪胜》卷48引《元和志》："北齐以两国协和，故谓之和州。"辖境相当今安徽和县、含山等县地。隋大业初改为历阳郡。唐武德三年（620）复为和州。天宝初又改为历阳郡，乾元初复为和州。元至元十五年（1278）升为和州路。二十八年（1291）复降为和州。至正二十七年（1367）朱元璋废历阳县入州。明洪武三年（1370）废州为历阳县，寻复为和州直隶州。清属安徽省。1912年废，改置和县。

②北周保定二年（562）置，治所在伏流城（今河南嵩县东北二十六里陆浑村）。隋开皇改为伊州。

③唐武德元年（618）置，治所在南和县（今河北南和县）。辖境相当今河北南和县地。四年（621）废。

④一名火州。在今新疆吐鲁番市东四十余里高昌故城。《金史·粘割韩奴传》："粘割韩奴自和州往使（耶律）大石……大石怒乃杀之。"

⑤元初置，属北京路。治所在今辽宁葫芦岛市西北。至元五年（1268）废入利州。

和州回鹘　即西州回鹘、高昌回鹘。9世纪中叶由西迁之回鹘一支所建，都高昌城（又名和州城，即今新疆吐鲁番市东四十余里高昌故城）。《辽史·属国表》：太祖元年（907）十二月，"和州回鹘来贡"。又《金史·太宗纪》：天会九年（1131），"和州回鹘执耶律大石之党撒八、迪里、突迭来献"。

和兴设治局　1943年由中果洛地区析置，驻冈麻仓（甘莽仓，在今青海玛沁县西南）。1946年裁撤。

和阳驿　明置，在今安徽太和县西南。《方舆纪要》卷21太和县：和阳驿"在县西南五十里"。

和孝店集　一名和店。即今河南汝南县西南六十二里和孝镇。民国《重修汝南县志》卷2：第九区有和孝店集。

和县　1912年改和州置，属安徽安庆道。治所即今安徽和县。1928年直属安徽省。

和县猿人遗址　又称龙潭洞遗址。在今安徽和县西北善厚镇陶店东汪家山北坡龙潭洞。1980年发掘，发现一具完好的猿人头盖骨和部分下颌骨、牙齿等，在同一层位中，还发现猿人遗留的工具、骨器、角器、牙器等，以及大批动物化石。地质年代为更新世中期，时代属旧石器时代初期。1988年定为全国重点文物保护单位。

和利县　即利和县。治所在今四川黑水县东北。《旧唐书·地理志》、《寰宇记》卷81均作“和利”。

和宏州　即和武州之讹。宋置，治所在今贵州紫云苗族布依族自治县西南火花乡（火烘）。元改为镇宁州。

和良州　唐开元前置羁縻州，属黎州都督府。治所在今四川甘洛县西北田坝镇。北宋以后废。

和罕驿　清光绪二十九年（1903）置，在今新疆若羌县北破城。清宣统《新疆图志》卷81婼羌县：和罕驿“又名破城驿。有安集延废堡，周里许”。

和纳海　又作霍洛海、华诺辉。即今新疆昭苏县东上洪纳海。《清一统志·伊犁》：和纳海台在“博尔台西南一百里”。后移至今昭苏县东郊。

和武州　北宋置，为羁縻州，属黔州。治所在今贵州紫云苗族布依族自治县西南火花乡（火烘）。后讹为和宏州。元改为镇宁州。

和林　哈剌和林的简称。突厥语“黑砾石”之意。为蒙古国国都。在今蒙古国鄂尔浑河上游东岸哈拉和林。《元史·地理志》载：“和宁路始名和林，以西有哈剌和林河因以为名城。”蒙古太祖成吉思汗十五年（1220）建都于和林，蒙古窝阔台七年（1235）筑和林城，前后五朝都此。中统元年（1260）忽必烈在开平（今内蒙古正蓝旗东闪电河北岸）即帝位，首都南迁，和林置宣慰司。大德十一年（1307）设立和林等处行中书省，皇庆元年（1312）改岭北等处行中书省。元亡后，北元又以此为政治中心。明建文四年（1402）去国号。

和林格尔土城子遗址　在今内蒙古和林格尔县城西北二十四里，即西汉成乐县、北魏重镇盛乐城和唐单于大都护府故城址。古城遗址平面呈不规则多边形，南北长2250米，东西宽1550米，总面积约349万平方米。夯土城墙现存最高约10米，城门、瓮城、角楼及建筑基址保存基本完好，城内街道依稀可辨。古城平面分三区，南区现存东墙南段和南墙，初建于战国，盛于西汉，北魏时做了修缮；北区现存东、西、北墙和西南墙，主要属于唐代遗址；中区现存东墙和北墙，可能是辽金元时期的城址。1960年起曾多次对古城内进行发掘，并在城外清理了数十座唐墓葬，出土北魏镶嵌宝石金猪佩饰、唐三彩鹦鹉提壶、贴塑塔形釉陶器及北魏和唐代壁画墓等，有很高的学术价值。2001年定为全国重点文物保护单位。

和林格尔厅　清乾隆二十五年（1760）置，属山西省。治所即今内蒙古和林格尔县。1912年改为和林格尔县。

和林格尔壁画汉墓　在今内蒙古和林格尔县东南八十里新店子镇小板申村东。1971年发现。墓主为东汉使持节乌桓校尉。为多室砖墓，分前、中、后三主室和三耳室，全长19.85米。墓壁、墓顶及甬道两侧有壁画五十余幅，榜题二百五十多项。所绘车马出行、坞壁庄园、城垣官署、舞乐百戏及历史故事等，形象地反映了东汉时期中国北方多民族社会生活面貌，有重要历史价值。

和林格尔县　1912年改和林格尔厅置，属山西省。治所即今内蒙古和林格尔县。清康熙时于此置二十家子台站。蒙古语称为和林格尔，故名。1914年属绥远特别区归绥道。1928年属绥远省。1954年属内蒙古自治区。

和林等处行中书省　元大德十一年（1307）改和林等处元帅府置，治所在和林（今蒙古国鄂尔浑河上游东岸哈拉和林）。辖境相当今蒙古国、俄罗斯西伯利亚大部，哈萨克斯坦东北部及我国内蒙古呼伦贝尔盟、新疆乌伦古河以北地区。皇庆元年（1312）改为岭北等处行中书省。

和林路　元大德十一年（1307）改和林宣慰司都元帅府置，治所在和林城（今蒙古国鄂尔浑河东岸哈拉和林）。辖境相当今蒙古国杭爱山以东，克鲁伦河上游流域以西各省区。皇庆六年（1312）改为和宁路。

和尚岛　在今辽宁大连市西北。明《辽东志》卷1：和尚岛在“（金州卫）城南二十里”。

和尚桥镇　即今河南长葛市驻地尚桥镇。《清一统志·许州直隶州》“董村镇”条下：“和尚桥镇在县（今长葛县东北十八里老城）西南十八里。”1960年长葛县徙治于此。

和尚原　在今陕西宝鸡市陈仓区西南大散关东。《宋史·吴玠传》：南宋绍兴元年（1131），“金将没立自凤翔，别将乌鲁折合自阶、成出散关，约日会和尚原”。元马端临《文献通考》卷322：“和尚原，在大散关之东，距宝鸡两驿，为形势必争之地，此地一失则路径散漫，戎马深入无所限隔。”

和尚铺　即今宁夏固原市南六盘山东麓和尚铺。清宣统《甘肃新通志》卷3固原直隶州图：南有和尚铺。

和尚滩　①在今贵州思南县南。《清一统志·思南府》：和尚滩“在府城（今思南县城）南三十里。中流一石，俨如蹦趺。又南三十里有相公滩”。

②在今安徽六安市西北七十里。明置和尚滩巡司。《清一统志》谓“后以西山地界河南，移驻新店”。

和昌城　在今四川宣汉县东北。《旧唐书·地理志》：唐贞观元年（627），宣汉县“自和昌城移治新安，属通州”。

和昌郡　亦作永昌郡。北周改南晋郡置，治所在今四川宣汉县东北。一说在今万源市南固军乡（固军坝）。隋开皇三年（583）废。按《隋书》：西魏置永昌郡，《旧唐书》、《寰宇记》皆作和昌郡。

和罗　在今黑龙江省抚远县东南海青乡南。清光绪《吉林通志》卷17：乌苏里江西岸，北至混同江南岸旧设噶珊有“和罗”。

和罗河　即今俄罗斯哈巴罗夫斯克边疆区乌苏里江支流霍尔河。《清一统志·吉林一》“阿库密河”条下：和罗河“在（宁古塔）城东一千五百余里。源出和罗窝集，俱西北流入乌苏哩江”。

和罗窝集 在今俄罗斯哈巴罗夫斯克边疆区霍鲁河上游。《清一统志·吉林一》“喀穆尼窝集”条下：“和罗窝集，在（宁古塔）城东北一千七百里。”霍鲁河源于此。

和往州 唐武德四年（621）置，治所在今云南鹤庆县南四十六里松桂镇。辖境约当今云南鹤庆县中部地。吐蕃废。

和舍市 即今海南省临高县南和舍镇。清置巡司于此。

和泥府 明洪武十五年（1382）改和泥路置，属云南布政司。治所在思陀（今云南红河县西南二十八里乐育乡南大新寨）。辖境约当今云南红河、元阳、金平等县及建水县南部地。十七年（1384）废入临安府。

和泥路 又作斡尼路、禾泥路。元世祖至元十五年（1278）置，属云南行省。治所在思陀部（今云南红河县西南二十八里乐育乡南大新寨）。辖境约当今云南红河、元阳、金平等县及建水县南部地。曾一度废入元江路。明洪武十五年（1382）改府。十七年（1384）废。

和姑镇 唐置，属黎州。在今四川汉源县西北。《新唐书·地理志》：黎州有和孤镇。《寰宇记》卷77黎州汉源县：汉水“从和姑镇山谷中经界，至通望县入大渡河”。

和城 在今河北宁晋县东北。《水经·浊漳水注》：白渠“东南流谓之百尺沟，又东南径和城北”。即此城。

和城县 ①东晋置，属南顿郡。治所在今河南项城市南五十六里秣陵镇北。北齐移治今项城市西南南顿镇，属项城郡。隋大业初改为南顿县。

②南朝梁置，属太原郡。治所在今安徽东至县东北。《寰宇记》谓在彭泽县东北二百二十二里。隋开皇九年（589），废入彭泽县。

③南齐侨置，属南汝阴郡。治所在今安徽合肥附近地。后废。

和政县 ①北周宣政元年（578）改同和县置，为洮城郡治。治所在今甘肃岷县东北梅川镇东文斗村。隋属临洮郡。唐属岷州，上元二年（761）没入吐蕃。

②1929年析临洮、临夏二县置，属甘肃省。治所在宁河堡（今甘肃和政县）。

和政驿 明置，即今甘肃和政县治。《方舆纪要》卷60河州“银川驿”条下：“又和政驿，在州南六十里。”清裁。

和茶山 在今云南禄丰县西南。《方舆纪要》卷116广通县：和茶山在“县（治今广通镇）南十五里。清水河源出焉”。

和顺设治局 1943年由上果洛地区析置，驻茶郎寺（在今青海玛多县东南）。1946年裁撤。

和顺县 隋开皇十年（590）置，属并州。治所即今山西和顺县。《元和志》卷13和顺县：“因县东北和顺故城为名。”大业初属太原郡。唐属辽州。北宋熙宁七年（1074）省入辽山县，元祐元年（1086）复置和顺县，仍属辽州。民国属山西冀宁道。1930年直属山西省。

和亭铺 亦作禾亭墟。即今湖南宁远县东北二十里禾亭镇。清《乾隆内府舆图》：宁远县东北有和亭铺。

和都州 唐开元前置羁縻州，属黎州都督府。治所在今四川甘洛县西南玉田镇。北宋以后废。

和桥镇 即今江苏宜兴市北和桥镇。商业殷盛，俗有“小小宜兴城，不及和桥镇”之谚。清有县丞驻此。

和硕恪靖公主府 在今内蒙古呼和浩特市新城区西北部赛罕路公主府街11号。占地1.8万平方米，建筑面积4800平方米。建于清康熙三十六年至四十五年（1697—1706）。现存四进五重院落，共计房舍六十九间。和硕恪靖公主府为内蒙古地区保存最完整的一座皇族品级建制的府邸建筑，是清政府推行联姻政策的实物见证。2001年定为全国重点文物保护单位。

和谈噶珊 又作和谟。在今俄罗斯哈巴罗夫斯克边疆区乌苏里江东岸维亚泽姆斯基西北。清属三姓副都统。《乾隆内府舆图》：乌苏哩江阿翁必拉以上有“和谈噶珊”。光绪《吉林通志》卷17：乌苏里江东岸，北至混同江南岸旧设噶珊有“和谟”。咸丰年间通过不平等的中俄《北京条约》被沙皇俄国割占。

和陵 ①唐昭宗李晔陵。在今河南偃师市东南。《旧唐书·哀帝纪》：天祐二年（905）二月，“葬昭宗皇帝于和陵”。《新唐书·地理志》缑氏县：“有恭陵、有和陵，在太平山。本懊来山，天祐元年更名。”

②在今四川成都市北二十里磨盘山麓。为五代十国后蜀皇帝孟知祥墓。《新五代史·后蜀世家》：“知祥卒……庙号高祖，陵曰和陵。”

和通卡伦 清乾隆年间置，在今哈萨克斯坦斋桑泊西北。清徐松《西域水道记》卷5：布昆河“经毕陵图淖尔南，和通卡伦北，又五十余里，入于（额尔齐斯）河”。

和硕设治局 1938年由焉耆县析置，驻塔温觉肯（今新疆博湖县北塔温觉肯乡）。1941年迁乌什塔拉（今新疆和硕县东乌什塔拉回族乡）。1946年改设和硕县。

和硕县 1946年改和硕设治局置，治乌什塔拉（今新疆和硕县东乌什塔拉回族乡）。以清时为蒙古和硕特部驻地而名。1950年迁清水河子，即今治。

和硕特东上旗 清雍正三年（1725）置，属和硕特部。在今青海祁连县、门源回族自治县、海晏县三县交界处。后迁今乌兰县东南。《清史稿·地理志》：“牧地在青海东北岸。东至阿拉赖达巴木鲁，南至柴吉，西至青海，北至乌尔肯希巴立台。”

和硕特北左末旗 清雍正三年（1725）置，属和硕特部。在今青海乌兰县北。后迁今乌兰县东南。《清史稿·地理志》北左末旗："牧地东至柴吉沁，南至盐海，西至哈唐和硕，北至和特克。"

和硕特北左翼旗 清雍正三年（1725）置，属和硕特部。在今青海乌兰县西北。《清史稿·地理志》北左翼旗："牧地在布隆吉尔河南岸。东至哈喇诺尔，南至科尔鲁克，西至窝果图尔，北至伊克柴达木。"

和硕特北右末旗 清雍正三年（1725）置，属和硕特部。在今青海天峻县西北。后迁今德令哈市西。《清史稿·地理志》北右末旗："牧地在布喀河源沙尔诺尔之西。东至色尔柯克达巴，南至察罕陀罗海，西至萨尔鲁克，北至库尔鲁克。"

和硕特北右翼旗 清雍正三年（1725）置，属和硕特部。在今青海刚察县北。《清史稿·地理志》北右翼旗："牧地在青海北岸。东至沙拉哈吉尔，南至库库诺尔齐津，西至吹吉乌立图阿拉尔，北至乌兰和硕。"

和硕特北前旗 俗称布哈公。清雍正三年（1725）置，属和硕特部。在今青海天峻县东南。后迁今天峻县西北。《清史稿·地理志》北前旗："牧地在青海西岸。东至科依特陀罗海，南至柴吉希巴立台，西至车吉，北至哈达图。"

和硕特西左翼后（後）旗 清雍正三年（1725）置，属和硕特部。在今青海都兰县西南宗家镇一带。《清史稿·地理志》西左翼后旗："牧地跨柴达木河。东至巴彦陀罗海，南至桑陀罗海，西至乌尔图，北至玛尼图沙纳图。"

和硕特西右翼中旗 清雍正三年（1725）置，属和硕特部。在今青海格尔木市南。《清史稿·地理志》西右翼中旗："牧地跨柴达木河。东至诺木罕河，南至诺木罕木鲁，西至滔赉，北至希勒沿。"

和硕特西右翼后（後）旗 清雍正三年（1725）置，属和硕特部。在今青海都兰县西南巴隆乡一带。《清史稿·地理志》西右翼后旗："牧地跨柴达木河。东至希昔，南至诺们罕木鲁，西至乌拉斯台，北至柴达木。"

和硕特西右翼前旗 清雍正三年（1725）置，属和硕特部。在今青海祁连县西南冰沟一带。《清史稿·地理志》西右翼前旗："牧地在大通河北岸。东至察罕阿尔吉永安，南至约呼赉口，西至柴达木察罕巴彦讬罗海，北至希立永安。"

和硕特西后（後）旗 清雍正三年（1725）置，属和硕特部。在今青海共和县西沙珠玉河一带。《清史稿·地理志》西后旗："牧地跨柴集河，其水北注盐池。东至锡喇盐海子、察罕托罗海，南至合约尔巴尔克，西至布隆吉尔河源，北至果库图尔、希拉库图尔。"

和硕特西前旗 清雍正三年（1725）置，属和硕特部。驻牧地在今青海乌兰县东。后迁德令哈市东。《清史稿·地理志》西前旗："牧地在布喀河南岸。东至乌图起尔沙陀罗海，南至西拉库图尔、果库图尔、西至察罕乌苏呼鲁恭纳，北至布喀河滨纳令希楞。"

和硕特南左翼中旗 清雍正三年（1725）置，属和硕特部。在今青海同德县西南黄河以东一带。《清史稿·地理志》南左翼中旗："牧地西滨黄河。有恰克图河，东南来流入之。东至巴哈图尔根，南至阿尔坦果尔，西至伊克图尔根，北至巴哈图尔根。"

和硕特南左翼末旗 清雍正三年（1725）置，属和硕特部。在今青海海晏县东北、大通回族自治县西。《清史稿·地理志》南左翼末旗："牧地当博罗充克克河源。东至囊吉立图巴尔布哈，南至图禄根河，西至恰克图北山木鲁，北至恰克图河。"

和硕特南左翼后（後）旗 清雍正三年（1725）置，属和硕特部。在今青海共和县及青海湖边石乃亥一带。《清史稿·地理志》南左翼后旗："牧地在大通河南岸，青海正北。东至吉噶素台鄂兰布拉克，南至和洛海，西至布都克图乌兰和硕，北至青海。"

和硕特南左翼次旗 清雍正三年（1725）置，隶和硕特部。在今青海共和县西南。《清史稿·地理志》南左翼次旗："牧地有盐池。东至沙拉图，南至海达克，西至努克孙山鄂昔齐，北至乌兰墨尔河。"

和硕特南右翼中旗 清雍正三年（1725）置，属和硕特部。在今青海泽库县城附近。《清史稿·地理志》南右翼中旗："牧地当鲁察布拉山之西。东至库克乌松，南至齐克特尼诺尔，西至僧克图木齐，北至库克乌松西山。"

和硕特南右翼末旗 清雍正三年（1725）置，属和硕特部。在今青海共和县西南、兴海县东北。《清史稿·地理志》南右翼末旗："牧地在黄河北岸，有锡尼诺尔。东至乌兰布拉克，南至黄河舒尔古勒渡口，西至西拉珠尔格西山木鲁，北至巴颜布拉克。"

和硕特南右翼后（後）旗 清雍正三年（1725）置，属和硕特部。在今青海海晏县西北。《清史稿·地理志》南右翼后旗："牧地在青海东岸。东至贺尔，南至恰沙图，西至哈拉素布鲁汉，北至库库诺尔。"

和硕特前左翼头旗 清雍正三年（1725）置，属和硕特部。在今青海刚察县东北。《清史稿·地理志》前左翼头旗："牧地在大通河南岸。东至阿木达赖台，南至固尔班塔拉之北沙克图，西至齐擦擦呢布楚勒，北至巴颜布拉克。"

和硕特前头旗 清雍正三年（1725）置，属和硕特部。驻牧地在今青海河南蒙古族自治县境。《清史稿·地理志》前头旗："牧地南当黄河之曲，有小哈柳图河入于黄河。东至拉布楞希拉得布沙，南至和讬果尔希里克，西至巴尔鄂博巴颜乌拉，北至额尔德尼布乌鲁勒卜达巴。"

和硕特部 额鲁特蒙古四部之一。明末顾实汗率部落由今新疆迁今青海，称青海额鲁特。清雍正间，属西宁办事大臣管辖。游牧地在今青海巴颜喀拉山以东以北，海晏、贵南、河南蒙古族自治县和甘肃玛曲县以西地区。

和硕馆 即曷苏馆。辽置，以处熟女真。在今辽宁辽阳市西南。金置曷苏馆路。

和兜山 在今内蒙古阴山山脉东段。《魏书·世祖纪》：始光三年（426），拓跋焘北伐，“西至五原，田于阴山，东至和兜山”。

和博克河 在今新疆和布克赛尔蒙古自治县境。清宣统《新疆图志》卷72：“塔尔巴哈台城东曰和博克河，发自和博克赛里山，三源并出，东南流，经库克申仓北，左会博依伦水，又东南伏于戈壁。”

和博克萨哩 即霍博克赛里。今新疆和布克赛尔蒙古自治县。《清高宗实录》：乾隆三十六年（1771）八月，“察哈尔都统常青等奏：土尔扈特投诚，其安插额林哈毕尔噶、和博克萨哩者，自商都达布逊诺尔等处，拨马三万、羊十一万”。

和集县 ①唐贞观八年（634）置，属巂州。治所在今四川甘洛县西北海棠镇。天宝初属越巂郡。后地入南诏。

②唐天宝元年（742）改广平县置，为恭化郡治。治所在今四川马尔康县东。一说在黑水县西沙石多乡西干市坝。乾元元年（758）为恭州治。广德后废。

和集镇 唐置，属黎州。在今四川甘洛县西北海棠镇。乾元二年（759）改置大定城。

和鲁苏台河 即蒲河。今内蒙古达拉特旗东之东柳沟。《清一统志·鄂尔多斯》：蒲河“在左翼后旗东一百四十里。蒙古名呼鲁苏台。源出插汉拖罗海冈，东北流入蒲池”。

和蛮部 唐代的部名。在今云南红河哈尼族彝族自治州南部。后属南诏通海都督。

和善县 唐贞观五年（631）置，属羁縻麟州。治所在今四川若尔盖县东境。后废。

和睦井镇 即今河北辛集市东二十二里和睦井乡。清同治《畿辅通志》卷47束鹿县图：北有和睦井。

和睦墟 即今广西融水苗族自治县西南四十五里和睦镇。《清一统志·柳州府》：和睦墟“在罗城县。旧置巡司，本朝乾隆四十二年裁”。

和解部 唐室韦诸部之一。在今内蒙古鄂温克自治旗南境。《新唐书·室韦传》：塞曷支部“益东有和解部”。

和靖设治局 1938年由焉耆县析置，治所在和通苏木（今新疆和静县）。取和硕特安定之义。1941年改为和靖县。

和靖县 1941年改和靖设治局置，属焉耆专区。治所在和通苏木（今新疆和静县）。1959年改为和静县。

和阗 即今新疆和田市。清乾隆二十四年（1759）置办事大臣于此。清椿园氏《西域闻见录》卷2：和阗“亦回疆之一大城也，南行二十日即后藏，北距叶尔羌七百里。……土田平旷，沃野千里，户口繁多，皆出玉子，多于叶尔羌。瓜果咸备，风俗淳朴，无游惰浮华之习，男力为耕，女勤于刀尺，原蚕山茧，所织绸绢，茧布极缜密，光实可贵”。清同治年间，和阗为阿古柏所据。光绪八年（1882）置和阗直隶厅。

和阗县 1913年改和阗直隶州置，属新疆喀什噶尔道。治所即今新疆和田市。1920年为和阗道治。1930年属喀什噶尔行政区。后直属新疆省。1959年改为和田县。

和阗直隶州 清光绪八年（1882）置，属甘肃省。治所在额里齐城（今新疆和田市）。辖境相当今新疆和田市及和田、墨玉、于田、洛浦、民丰等县地。十年（1884）属新疆省。1913年改为和阗县。1959年改名和田县。

和阗河 即今新疆西南部的和田河。有二源：东源曰玉龙喀什河，出策勒县东南，西源曰喀拉喀什河，出和田县西南，二源至和田县北汇合后，称和田河。北流至阿克苏市东南入塔里木河。《清一统志·和阗》：和阗河“在和阗北。即玉陇哈什、哈喇哈什二河，至喀提里什地复合者，源流一千二百里，会叶尔羌、喀什噶尔诸水，即大河南源也”。

和阗道 1920年由喀什噶尔道的和阗、墨玉、于阗、洛浦、皮山、叶城六县置，属新疆省。治和田县（今新疆和田市）。辖境约当今新疆和田地区。1928年废。

和溪 即今福建南靖县北和溪镇。明、清置巡司于此。

和溪口 在今四川阆中市东南二十里河溪镇。《元史·宪宗纪》：八年（1258）十一月，“庚午次和溪口，遣骁骑略青居山”。即此。

和溪水 即今四川阆中市东构溪河。《寰宇记》卷86奉国县：“和溪水一名护溪水。自利州义清县界流入，南流经县东，又南入阆中县界。”

和溪关 亦名濩溪关。明置，属阆中县。在今四川阆中市东南二十里河溪镇。《明一统志》卷68保宁府：和溪关“在府城东南二十里。路通巴地”。

和溪县 南宋开禧三年（1207）升河溪镇为县，属广安军。治所在今四川岳池县西二十里。咸淳二年（1266）属宁西军。元至元二十年（1283）属广安府。后废入岳池县。

和溪镇 北宋置，属新明县。在今四川岳池县西二十里。开禧三年（1207）升为和溪县。

和滩 亦名湖滩。在今重庆市万州区西南六十里长江中。《水经·江水注》：江水“又东径壤塗而历和滩”。

和墨州 一作姑墨州。唐贞观中置，属安西都护府。治所在拨换城（一名威戎城，今新疆温宿县东佳木镇喀什艾日克村古城。一说在今阿克苏市）。贞元中废。

和墨州都督府 一作姑墨州都护府。唐龙朔元年（661）置，属安西都护府。治所在怛没国怛没城（今乌兹别克斯坦捷尔梅兹）。8世纪中废。

和摩驿 明置，属路南州。在今云南石林彝族自治县东北和摩。

秋梓保 在今福建永定县东北六十里高陂镇南北山村。五代南唐保大十二年（954）上杭场迁此。北宋淳化五年（994）升为上杭县。至道二年（996）迁治鳖沙里（今上杭县东北白砂镇）。

季阳则城 一名江孜。即今西藏江孜县。《清一统志·西藏》 藏地诸城：季阳则城"在日喀则城东南一百二十里"。

季武子台（臺） 在今山东曲阜市东北。《左传》：定公十二年（前498），"公山不狃、叔孙辄帅费人以袭鲁。公与三人入于季氏之宫，登武子之台"。《水经·泗水注》："阜上有季氏宅，宅有武子台。今虽崩夷，犹高数丈。"

季家市 即今江苏靖江市东北季市镇。清时有巡检驻此。

季家湖城址 在今湖北当阳市东南八十里季家湖西岸，东距沮漳河3公里，南临今枝江市界。1973年发现，1979年试掘。遗址平面呈不规则的长方形，以季家湖南城墙、杨家山子台基和鲁家圾墓群为中心，总面积12.23平方公里。南城墙位于九门堰，其南有壕沟与之并行。杨家山子台基位于城墙东北500米处。发现东周时期的房基、墓葬及制陶作坊和窑穴遗迹。鲁家圾墓群位于遗址北边中部，探明墓葬八十余座，分布相当密集。1号台基在城址北部中央，鲁家圾墓地以南，出土有"秦王卑命竟坪王之定救秦戎"十二字铭文的铜甬钟。有的史家认为，季家湖城址应即周代之楚都丹阳，它的发现对鄂西地区原始文化的发展系列、楚文化渊源的研究均具有重要意义。2001年定为全国重点文物保护单位。

委羽山 在今浙江台州市南黄岩区。《舆地纪胜》卷12台州：委羽山"在黄岩县南十里。山东北有洞，世传仙人刘奉林于此控鹤轻举，尝坠翮焉，故以为名"。《方舆纪要》卷92黄岩县：委羽山，"道书以为天下第二洞天"。

委剌哈 即兀剌海。又作兀剌孩、兀良海牙。在今内蒙古巴彦淖尔市临河区东北狼山隘口（狼山镇北高油坊古城）。

委粟山 ①在今山东临朐县东北二里。《水经·巨洋水注》："巨泽又东北径委粟山东，孤阜秀立，形若委粟。"《清一统志·青州府一》 引《县志》称：委粟山"亦名稷山，上有后稷祠"。

②在今河南偃师市西南。《三国志·魏书·明帝纪》：景初元年（237）十月"乙卯，营洛阳（今河南洛阳市东北汉魏故城）南委粟山为圜丘"。《魏书·高祖纪》：太和十九年（495）"十有一月，行幸委粟山，议定圆丘"。

委粟关 在今河北唐县西北十五里。《水经·滱水注》：唐水"出中山城之西如北，城内有小山，在城西侧而锐，上若委粟焉，疑即《地道记》所云望都县有委粟关也"。又《新唐书·地理志》 唐县："北有委粟故关。"

委粟津 在今河南孟津县东。黄河津渡处。《资治通鉴》：南朝宋元嘉七年（430），"魏安颉自委粟津济河，攻金墉"。

委鲁母 在今新疆乌鲁木齐市。顾炎武《天下郡国利病书》卷117《西域土地人物略》："土鲁番，回回种，田产各色果品树木。西北有委鲁母。"宣统《新疆图志》卷1："乌鲁木齐，谨案《天下郡国利病书》作委鲁母。"

竺州 唐永徽二年（651）置羁縻州，属茂州都督府。治所在今四川汶川县西南邛崃山附近地区。后废。

竺园山 在今湖北松滋市东北。明曹学佺《名胜志》："隋开皇间，有僧过此，谓人曰：此山似吾舍卫国竺园。因名。"《方舆纪要》卷78松滋县：竺园山"在县东四十里。下有鹿头陂，两崖陡削，傍有微径，仅通人行"。

竺邑县 西晋改竹邑侯国置，属沛国。治所在今安徽宿州市北符离镇南老符离集。后废。

竻竹城 即今越南河内市。《资治通鉴》：唐大中十二年（858），王式为安南都护。"式有才略，至交趾，树竻木为栅，可支数十年，深堑其外，泄城中水，堑外植竹，寇不能冒"。胡注："范成大《桂海虞衡志》：竻竹，刺竹也，芒则森然。……传闻交趾外城亦是此竹，正王式所植者也。"

秉彝场 亦名蛮夷场。在今四川屏山县（新发乡）西南新市镇。清乾隆《屏山县志》卷1：蛮夷乡在"县西二百里。有蛮夷、石角、下溪、冒水孔四场"。秉彝场在镇之东，西为石角营。元、明为蛮夷长官司治所。

〔丿丨〕

佳 黑龙江省佳木斯市的简称。

佳木达宗 又作江达宗、札木达城。即今西藏工布江达县驻地江达镇。清乾隆《西域同文志》卷18："西番（藏）语：佳，即佳囊也；木，语词。城在佳囊楚旁，因以为名。"

佳木斯 即今黑龙江省佳木斯市。清宣统元年（1909）于此置桦川县，二年因水患移治悦来镇。1937年置佳木斯市。

佳木斯市 1937年伪满析桦川县置，为三江省会。治所在今黑龙江省佳木斯市。1945年为合江省会。1949年划归松江省，由省直辖（地级）。1954年划归黑龙江省，仍由省直辖。

佳吉寨 在今山西朔州市东南。《方舆纪要》卷44马邑县：佳吉寨"《志》云，在太和岭北口西山上"。即此。

佳里兴　即今台湾省台南市北佳里区。清为佳里兴堡，康熙二十二年（1683）置佳里兴巡司。康熙二十三年（1684）于此置诸罗县。四十三年（1704）诸罗县移治今台湾省嘉义市。日本占领初期设佳兴区，1920年设佳里街。1945年抗日战争胜利后设佳里镇。

佳勒则宗　一名江孜。即今西藏江孜县。清乾隆《西域同文志》卷18载："西番（藏）语：佳勒，胜也，则，边也。宗居边境，为名胜地，故名。"

侍王府　清咸丰十一年（1861）太平天国侍王李世贤克金华府后建，在今浙江金华市城区东部酒坊巷。系现存规模最大之太平天国遗址。

侍郎山　在今湖南靖州苗族侗族自治县南五里。《明一统志》卷66靖州：侍郎山，"宋侍郎程敦厚言事忤秦桧，谪居靖州，尝游此山，因名"。

侍郎堰　即都江堰。在今四川都江堰市西岷江上。《宋史·河渠志》："岁作侍郎堰，必以竹为绳，自北引而南，准水则第四以为高下之度。江道既分，水复湍暴，沙石填委，多成滩碛。岁暮水落，筑堤壅水上流，春正月则役工浚治，谓之'穿淘'。"

佶伦州　即结伦州。在今广西天等县东北进结镇。

佶（狤）伶（羚）仡（犵）僚（獠）不狼寨　在今湖南沅陵县西北。《方舆纪要》卷81辰州府沅陵县：佶伶仡僚不狼寨"在府西北大酉山口。其名皆犬属，盖盘瓠子孙。《志》云，府有废淘金场、废水银场七，废铁冶四，盖皆山溪所产。今否"。

供隘　在今广西天等县西北。《清一统志·镇安府》"那耨隘"条：供隘"在向武州（治今向都镇）西十里"。

使犬部　清代对所属黑龙江下游，西起今黑龙江省依兰县东北，东达黑龙江口海岸及库页岛等地居住的黑斤（今赫哲族）等使犬部落的称呼。各部从事渔猎，冬日使犬拉雪橇，故名。《清朝文献通考》卷271："自宁古塔东七百余里，外沿松花江、大乌拉江，直至入海处两岸，称赫哲、费雅哈部所居。其俗不知耕种，以捕鱼为生，其来往行猎，并皆以犬，即所谓使犬部也。俗所谓之鱼皮部。考陶宗仪《辍耕录》称征东行省，每岁委官至努儿干，须用站车，每车以四狗挽之，悉谙人性。《元志》称其俗有狗车，木马轻捷之便。狗车形如船，以数十狗曳之，往来递运。……自太祖高皇帝天命元年，即招服使犬路，嗣后全部归附，以其土产貂皮等物，就宁古塔副都统处输纳，岁以为例。"

使坊河卫　明永乐八年（1410）置，属奴儿干都司。治所在今俄罗斯滨海边疆区绥芬河支流舒范河流域。后废。

使君岩　在今四川泸州市南。《舆地纪胜》卷154泸州：使君岩"在城南五里。有嵓洞，深六丈有奇，广半之。嵓中有泉清洌。《图经》云：陆史君名弼，梁天监中为泸州刺史，死有神异，葬白崖，此崖为神游宴之所，号使君岩。象之谨案：《夷坚志》载：本朝有英州刺史王献可乃王云之父知泸州，后亦为白崖神，今使君崖若为陆史君游宴之地，则当有唐人题刻。今其磨崖只有国朝宣政间留题，则非陆史君游宴之地，乃王史君游宴之地耳。此不可以不辨"。

使君滩　①在今湖北宜昌市西陵区西长江中。《方舆纪要》卷78夷陵州"流头滩"条下："使君滩在州西百十里大江中。或曰益州牧刘璋使法正迎先主于此。一云杨亮为益州刺史经此覆舟。故名。"

②在今重庆市万州区东二里长江中。《水经·江水注》：江水"东径羊肠臂滩，杨亮为益州，至此舟覆，惩其波澜。蜀人至今犹名之为使君滩"。《寰宇记》卷149万州南浦县：使君滩"在州东二里大江中。昔姚（杨）亮赴任益州，行船至此覆，故名之"。

使鹿部　清代对所属黑龙江流域、外兴安岭以南，东至库页岛的部分鄂伦春人及其他蓄养驯鹿部落的称呼。清杨宾《柳边纪略》卷3："使鹿部大约在使犬诸部之外。按《实录》：崇德元年五月，阿赖达尔汉追毛安部下逃人，至使鹿部落喀木尼汉地方，获男女二十九来献，至今未通朝贡，无由见其国人，但闻其驾车耕地，使鹿若使牛马而已。"

侠河　亦作挟河。在今河北涿州市西北。《水经·圣水注》：侠河"水出良乡县西甘泉原东谷，东径西乡县故城北，又东径良乡城南，又东北注圣水，世谓之侠活河"。《明一统志》卷1顺天府：挟河"在房山县东南。源出中院谷，流至涿州与胡良河合"。

侣俸场　即今重庆市铜梁县西侣俸镇。清光绪《铜梁县志》卷2：侣俸场"在县北（西）二十里"。

侧水　涟水支流。源出今湖南邵东县乌龙岩古定胜寺侧，东北流至双峰县东北境入涟水。《方舆纪要》卷81湘乡县："侧水在县西南七十里。出邵阳县界，流经县西定胜市入涟。"

侧耳岩　在今四川马边彝族自治县西。清嘉庆《马边厅志略》卷2：侧耳崖在"治西二十余里。峭壁临江，缘岩凿路，仅可通一人，为达犍、嘉要道"。

侏儒山　在今湖北武汉市蔡甸区西南。1941年冬，新四军第五师为把鄂中的汉川、汉阳、沔阳游击区建成抗日根据地，乘武汉地区日军抽兵增援华北和准备南进，该地兵力减弱的机会，集中一部兵力，结合地方武装，对盘踞汉阳县（今蔡甸区）侏儒山地区的伪定国军主力第一师实施连续攻击，占领侏儒山和西流河，并击退日伪军的反扑。侏儒山战役扩大了鄂中抗日根据地。

侏儒山市　即今湖北武汉市蔡甸区西南五十里侏儒镇。清置外委驻此。

侏儒国　即今琉球群岛。《三国志·魏书·东夷传》："女王国东渡海千余里，复有国，皆倭种。又有侏儒国在其南，人长三四尺，去女王四千余里。"

侈　一作袲。春秋宋地。在今安徽宿州市西。《春秋》：桓公十五年（前697）十一月，“公会宋公、卫侯、陈侯于袲伐郑”。《公羊传》作“侈”。

依力川　在今甘肃平凉市东南，东流入泾河。《晋书·赫连勃勃载记》：东晋义熙五年（409），赫连勃勃“掠（后秦）平凉杂胡七千余户，以配后军。进屯依力川”。即此。

依木河卫　明永乐五年（1407）置，属奴儿干都司。在今俄罗斯哈巴罗夫斯克边疆区阿姆贡河支流伊穆河流域一带。后废。

依田站　元置，在今湖南衡山县西南。明废。

依尔该图卡伦　清雍正十一年（1733）设，在今内蒙古陈巴尔虎旗东北。

依兰齐哈城　清置，在今黑龙江省哈尔滨市呼兰区北。

依兰县　1913年改依兰府置，后为吉林省依兰道治。治所在三姓城（今黑龙江省依兰县）。清萨英额《吉林外记》：“三姓又名依兰哈拉。国语依兰，三；哈剌，姓也。”1928年直属吉林省，1954年划归黑龙江省。

依兰府　清光绪三十一年（1905）置，属吉林将军。治所在三姓城（今黑龙江省依兰县）。辖境相当今黑龙江省松花江以南，察库兰山、完达山以北，东至乌苏里江，西至牡丹江西岸地区。1913年降为依兰县。

依兰喀喇　即今黑龙江省依兰县。《清史稿·地理志》依兰府：“清初称依兰喀喇。”

依兰道　1913年由东北路道改置，属吉林省。治依兰县（今黑龙江依兰县）。辖境约当今黑龙江穆棱、鸡东、密山以北，松花江以南，乌苏里江、松阿察河以西，牡丹江以东地区及方正县地。1929年废。

依西肯卡伦　清末置，属黑龙江副都统。在今黑龙江省塔河县东北依西肯乡。民国《黑龙江志稿》卷33：黑河所属卡伦“依西肯，距倭西门九十里，多平原可垦之地”。后废。

依安设治局　1923年析林甸、拜泉二县地置，属黑龙江省龙江道。治所在龙泉镇（今黑龙江省依安县南依龙镇）。1929年改为依安县。

依安县　1929年改依安设治局置，属黑龙江省。治所在龙泉镇（今黑龙江省依安县南依龙镇）。民国《黑龙江志稿》卷2：“地当胡裕尔河南，依克明安旗地”，故称依安。1941年移治泰安镇（即今依安县治）。1947年改名泰安县，1953年复名依安县。

依来镇　北宋置，属璧山县。在今四川璧山县北。

依拉哈站　清置，即今黑龙江省嫩江县南依拉哈乡。清杨宾《柳边纪略》卷2：黑龙江将军所辖十九站有乙喇喀池站。西清《黑龙江外纪》卷2：齐齐哈尔至黑龙江城站作伊勒哈。民国熊知白《东北县治纪要》黑龙江省嫩江县：“县属依拉哈站，距县市八十里。”

依城河　在今河北安新县南。自清苑县流入，东入白洋淀。为古濡水、滱水之下流。《水经·滱水注》：“滱水又东北径依城北，世谓之依城河。”《清一统志·保定府二》：依城河“自宋兴塘泺，水道变迁，滱水自蠡东入河间，不复北行，而依城河止上承濡水。……今徐、曹、一亩、方顺诸水至（安）州西会流为依城河，经州北至新安县西南会雹河”。

依政县　西魏置，为邛州及蒲阳郡治。治所在今四川邛崃市东南五十五里牟礼镇永丰村。隋大业三年（607）属临邛郡。唐武德元年（617）复为邛州治。显庆二年（657）移州治临邛县，县属邛州。元至元二十一年（1284）省入邛州。

依耐国　汉西域三十六国之一，属西域都护府。都城在今新疆叶城县南。

佷山（佷 héng）　在今湖北长阳土家族自治县西南八十里。《三国志·蜀志·先主传》：章武二年（222），汉昭烈帝“自佷山通武陵，遣侍中马良安慰五谿蛮夷”。即此。

佷山县　西汉置，属武陵郡。治所在今湖北长阳土家族自治县西三十六里州衙坪。东汉属南郡。三国吴属宜都郡。西晋太康元年（280）改为兴山县。后复为佷山县。隋开皇八年（588）改为长杨县。

佷子潭　在今湖北丹江口市西北汉水中。《水经·沔水注》：“汉水又东为佷子潭，潭中为古磧洲，长六十丈，广十八丈，世亦以此洲为佷子葬父于斯，故潭得厥目焉。所未详也。”又曰：“（佷子）家赀万金，而自少小不从父语，父临亡，意欲葬山上，恐儿不从，故倒言葬我著渚下石磧上。佷子曰：我由来不奉教，今从语。遂尽散家财作石冢，积土绕之成一洲，长数百步。（晋）元康中始为水所坏，今石皆如半榻许，数百枚聚在水中。佷子是前汉人。”

佷石　①又作狠石，一名石羊。在今江苏镇江市北一里北固山上甘露寺多景楼西。《寰宇记》卷89润州丹徒县：狠石“在北固山甘露寺内，石状如羊。相传诸葛孔明坐其上，与孙仲谋计攻孟德，即此也”。

②一作狠石。在今陕西西安市临潼区东南骊山侧。《寰宇记》卷27昭应县：佷石“在县东十里。初秦始皇之葬，远采此石，将致之骊山，在此不复动。石高一丈八尺，周回十八步”。宋敏求《长安志》卷15：狠石“在秦始皇陵东南二里，形似龟”。

岳　湖南省岳阳市的简称。

岳口镇　即今江西南城县西北岳口乡。明置巡司于此。

岳山　即安岳山。在今四川安岳县南。《清一统志·潼川府一》：岳山“在安岳县西南一里。县以此得名”。

岳（嶽）山　即岍山。在今陕西陇县西南。《周礼·职方》雍州：“其山镇曰岳山。”

岳山郡　西魏置，为岳州治。治所在孝昌县（今湖北孝昌县北）。隋初废。

岳子河　在今江苏南京市六合区东南。《方舆纪要》卷20江宁府六合县“河子沟”条下：“沟北又有岳子河。《志》云，兀术屯瓜步时，岳飞遣子云凿此河袭之，因名。俗呼为鸭子河。”

岳飞母墓　在今江西九江县西南株岭山东北端。《清一统志·九江府》：岳飞母墓“在德化县（今九江市）西南五十里株岭之麓。飞镇江州时，母姚氏殁，高宗赐葬于此。明正德中建祠”。

岳飞庙　又名精忠庙。在今河南汤阴县城西南隅。岳飞（1103—1142）字鹏举，相州汤阴人。南宋抗金名将。《清一统志·彰德府》：岳武穆庙“在汤阴县治西南。《府志》：旧在南关外。明景泰初移此”。庙建于明景泰元年（1450），历经修葺增建。坐北朝南。山门前有施全祠，内奉施全铜像，祠前有秦桧、王氏等五奸臣的铁铸跪像。山门两侧有精忠坊及东大门；山门东侧有清乾隆御书碑。山门内碑碣林立，东有肃瞻亭、西有觐光亭。大殿面阔五间，进深三间。殿内有岳飞塑像，上悬金匾书“还我河山”。寝殿面阔五间，檐下悬巨幅“精忠贯日”。寝殿周围有岳云殿、四方殿、孝娥殿、岳珂殿、三代祠等。现为岳飞纪念馆。2001年汤阴岳飞庙被定为全国重点文物保护单位。

岳飞墓　在今浙江杭州市西湖边栖霞岭南麓。南宋绍兴十一年十二月二十九日（1142年1月27日），岳飞遇害，初瘗于九曲丛祠。隆庆元年（1163），孝宗诏复岳飞官爵，改葬栖霞岭下，子岳云附。墓前跪秦桧、王氏、万俟卨、张俊四奸铁像。

岳王市　旧名鹤王墅。即今江苏太仓市东北岳王镇。清光绪《江苏全省舆图》镇洋县：“岳王市镇在城北三十里。”

岳（嶽）云（雲）楼　在今山东兖州市城东南。本古兖州城楼。唐杜甫《登兖州城楼》诗有“浮云连海岳”句，故称岳云。后楼毁。人呼其故址为少陵台。

岳公城　在今湖北嘉鱼县东北。《方舆纪要》卷76嘉鱼县“沙阳镇”条下：“县东北有岳公城，宋岳武穆征杨么于此筑城屯兵。”

岳北农工会旧址　在今湖南衡山县西北六十四里白果镇。原为刘捷三公祠。1923年春，中共湘区委员会派刘东轩、谢怀德等到衡山县西北白果乡开展农民运动，在此建立湖南第一个农民革命组织岳北农工会。1927年1月，毛泽东到衡山县考察农民运动，曾在此召开农会干部会，热情赞扬岳北农民运动和白果妇女反对族权、大闹祠堂的革命行动。

岳（嶽）市　即今湖南衡阳市北南岳区南岳镇。《清一统志·衡州府二》：岳市“在衡山县西北三十里岳庙前。四方人民，环庙而居，为岳市。旧有巡司，今裁”。

岳台（臺）　故址在今河南开封市西。《方舆纪要》卷47开封府祥符县：“岳台在城西九里。魏时筑此台遥事霍山神。宋太祖建隆三年临幸岳台习骑射。”唐时为天文测景地之一。《新唐书·天文志》：“太史监南宫说择河南平地，设水准绳墨植表而以引度之，……浚仪岳台，晷尺五寸三分。”即此。

岳吉牙来杂城　即今西藏浪卡子县北白地乡。《清一统志·西藏》卫地诸城：岳吉牙来杂城“在喇萨西南三百三十里”。藏语意为小威。为通后藏之交通要冲。

岳西县　1936年由潜山、太湖、舒城、霍山四县析置，属安徽省。治所在朱屋庙（衙前街），即今安徽岳西县。

岳州　①西魏置，治所在岳山郡（今湖北孝昌县北）。隋初废。

②隋开皇九年（589）改巴州置，治所在巴陵县（今湖南岳阳市）。大业初改为罗州，寻改为巴陵郡。唐武德四年（621）又改为巴州，六年（623）复为岳州。天宝元年（742）改为巴陵郡，乾元元年（758）复为岳州。辖境相当今湖南洞庭湖东、南、北沿岸各县市地，其后略小。南宋绍兴二十五年（1155）改为纯州，三十一年（1161）复为岳州。元至元十三年（1276）改为路。明初改为府。洪武九年（1376）复改岳州，十四年（1381）改为府。

岳（嶽）州　唐武德元年（618）改房山郡置，治房山县（今河北平山县）。四年（621）废。

岳州府　明初改岳州路置，属湖广行省。治所在巴陵县（今湖南岳阳市）。洪武九年（1376）降为州，十四年（1381）复为府。辖境相当今湖南岳阳、华容、南县、临湘、平江、澧县、安乡、临澧、石门、慈利、张家界、桑植等市县地。1913年废。

岳州路　元至元十三年（1276）改岳州置，属湖广行省。治所在巴陵县（今湖南岳阳市）。辖境相当今湖南岳阳、华容、临湘、平江等市县地。明初改为府。

岳池水　即今四川岳池、武胜二县境之街子河，为嘉陵江支流。《寰宇记》卷138岳池县：岳安山，“岳池之水出焉”。《清一统志·顺庆府》：岳池水，“《旧志》：岳池水源出姜山，流三十五里至岳池县城东，转南合灵溪、龙穴二水，至定远县界，入嘉陵江”。

岳池县　唐万岁通天二年（697）置，属果州。治所在今四川岳池县北四十里顾县镇。《寰宇记》卷138岳池县：“以境内岳池水为名。”开元二十年（732）移治今岳池县西北六十里旧县铺。天宝初属南充郡，乾元初属果州。北宋开宝二年（969）改属广安军。元属广安府。明洪武初徙治翔凤山南，即今岳池县，属广安州。崇祯年间改属顺庆府。清康熙七年（1668）废入广安州，六十年（1721）复置，仍属顺庆府。民国初属四川嘉陵道。1928年直属四川省。

岳安县　南朝梁置，为岳安郡治。治所即今安徽霍山县。隋开皇初改为霍山县。

岳安郡　南朝梁天监六年（507）置，为霍州治。治所在岳安县（今安徽霍山县）。隋开皇初废。

岳阳　古地区名。指今山西省南部霍山太岳山以南、黄河以北地区。《尚书·禹贡》："既修太原，至于岳阳。"即此。

岳阳山　在今山东淄博市博山区城东南三十里。系原山支脉。元于钦《齐乘》卷1：原山在"（般阳）府东南七十里。《地志》云：原山，淄水所出。今名岳阳山"。

岳阳文庙　在今湖南岳阳市郭亮街学道岭。占地1万平方米。北宋庆历六年（1046）迁建，明代扩建，清代修缮。现存建筑有泮池、状元桥、棂星门、大成门、月台、大成殿、乡贤祠、名宦祠、东西庑房。其中主殿大成殿保持宋代建筑风格，面阔七间，重檐歇山顶，殿内有十四根楠木大柱，殿身周边由二十四根石方柱组成东、西、北三面墙内支柱和南面副阶檐柱，出檐深远。棂星门为花岗岩石牌坊，五间六柱，通高5.95米。冲天望柱头镌刻云龙宝珠。岳阳文庙年代较早，规模较大，采用较为规范的宫式做法，体现了湖南建筑风格和工艺特色。2001年定为全国重点文物保护单位。

岳阳市　1961年由湖南省岳阳县城关镇析置岳阳市，1962年撤销，并入岳阳县。1975年复置岳阳市，1981年撤销岳阳县，并入岳阳市。1983年升为地级市，并析置岳阳县。1996年将南、北、郊三区调整为云溪区、岳阳楼区，新设君山区。岳阳市人民政府驻岳阳楼区。

岳阳县　①南朝梁置，为岳阳郡治。治所在今湖南汨罗市东北长乐镇。隋废入湘阴县。

②隋大业二年（606）改安泽县置，属临汾郡。治所即今山西古县。唐属晋州，武德二年（619）移治今古县东南三十里旧县镇。贞观六年（632）移治今古县。《元和志》卷12岳阳县称，"因山为名"。北宋属平阳府。元属晋宁路。明洪武元年（1368）属平阳府。1914年复改安泽县。

③1913年改巴陵县置，属湖南湘江道。治所即今湖南岳阳市。1922年直属湖南省。1961年析置岳阳市。1962年撤销，并入岳阳县。1975年复置岳阳市。1978年岳阳县迁治荣家湾。1983年岳阳市升为地级市，改由省直辖。

④1941年8月晋冀鲁豫边区由安泽县析置，属太岳区。治岳阳（今山西古县）。1942年撤销，并入安泽县。

岳阳郡　南朝梁置，属罗州。治所在岳阳县（今湖南汨罗市东北长乐镇）。辖境相当今湖南湘阴、汨罗、平江等县市地。隋废。

岳阳楼　唐建，即今湖南岳阳市城西门楼。正对洞庭湖，遥望君山，风景颇胜。宋范致明《岳阳风土记》："岳阳楼，城西门楼也。下瞰洞庭，景物宽阔。唐开元四年，中书令张说除守此州，每与才士登楼赋诗，自尔名著。"杜甫《登岳阳楼》诗："昔闻洞庭水，今上岳阳楼。吴楚东南坼，乾坤日夜浮。"北宋庆历四年（1044）重建，范仲淹撰《岳阳楼记》。《方舆胜览》卷29岳州：岳阳楼"滕宗谅（子京）作而新之，范希文（仲淹）为之记，苏子美（舜钦）书其丹，邵竦篆其首，时称四绝"。现存建筑为清光绪六年（1880）重建。1988年定为全国重点文物保护单位。

岳阳溪　亦名龙溪、姚市河、青竹溪。为安居河支流。在今四川安岳县东北。《元丰九域志》卷7：安岳县有岳阳溪。《舆地纪胜》卷158普州：岳阳溪，"《图经》云：天圣中，郡守翰林彭乘凿石为曲水，后名翰林滩。每岁修禊事于此"。《明史·地理志》安岳县："西有岳阳溪，下流合于涪江。"

岳村集　一名岳庙镇。即今河南新密市东南十五里岳村镇。清嘉庆《密县志》卷6《市集》：有"岳村集"。

岳步镇　在今广东佛山市顺德区西北岳步村。明万历《广东通志》卷16：顺德县有"岳步墟"。

岳希蓬长官司　亦作岳希长官司。明洪武七年（1374）置，属茂州。治所在今四川茂县西南五里。明曹学佺《蜀中广记》卷32引《边防记》："正德间，长官坤卜作乱，伏诛。使其弟坤元袭其职，管波西、水西、渴渴勒都等七寨。"清称陇木长官司，后废。

岳希蓬萝蔔村等处二十二族军民千户所　元置，属松潘宕迭威茂州等处军民安抚使司。治所在今四川茂县西南五里。明于此置岳希蓬长官司。

岳沟镇　即今山东诸城市东北六十里百尺河镇岳沟。明于此置药沟驿。

岳林寺　又名崇福院。南朝梁大同二年（536）建，在今浙江奉化市东北三里。清康熙十三年（1674）重建。

岳岭口　在今河北唐县西北一百二十里。《明史·地理志》唐县："西北有大茂山，即恒岳也，东麓有岳岭口巡检司。"

岳（嶽）城山　在今广东新丰县东北十里。《方舆纪要》卷103惠州府长宁县：岳城山"峭壁四周，若城垣然"。

岳城店　即今河南正阳县东北九十里岳城村。民国《重修正阳县志》卷1："岳城店，城东九十里。有集。"1921年改名岳城镇。

岳城镇　①即今河北磁县西南四十里岳城镇。明嘉靖《彰德府志》卷3：磁州市集有岳城。清同治《畿辅通志》卷51磁州图：西南有岳城镇。

②本名岳城店。即今河南正阳县东北九十里岳城村。1921年改名岳城镇。

岳津镇　在今湖南衡山县南。《方舆纪要》卷80衡山县：岳津镇"在县城南，临湘江。有巡司戍守"。

岳家口镇　即今湖北天门市南三十六里岳口镇。清乾隆年间移县丞驻此。民国改设县佐。

岳家寺镇　即今四川平昌县西南岳家乡。清道光《巴州志》卷 2：岳家寺场在“州南二百四十里”。

岳（嶽）壻山　即岳嵴山。在今山东泰安市北泰山。《汉书·郊祀志》：“岳壻山之属为小山川。”清金棨《泰山志》引《黄溍笔记》：“俗称妇翁曰泰山。说者以为泰山有丈人峰，故有是称。然古者通谓尊长曰丈人，非特妇翁也。或又引张说东封事，其说尤凿。按《汉·郊祀志》：大山川有岳山，小山川有岳壻，山岳而有壻，则岳可以谓之妇翁矣。世俗之称谓未必不以是，或又因岳山而转为泰山耳。”

岳普尔湖庄　一作雅普尔古庄。即今新疆岳普湖县。清道光《新疆识略》卷 3 喀什噶尔：岳普尔湖（庄）在“城东南二百里”。1943 年置岳普湖县于此。

岳普湖设治局　1940 年置，属新疆省。治所即今新疆岳普湖县。1943 年改为岳普湖县。

岳普湖县　1943 年改岳普湖设治局置，属新疆省。治所即今新疆岳普湖县。岳普湖由突厥语“尧普尔湖”演化而来，意为“平坦的地方”。

岳（嶽）麓山　①又名麓山。在今湖南长沙市西。《元和志》卷 29 长沙县：“岳麓山，在县西南，隔湘江水六里，盖衡山之足也，故以‘麓’为名。”上有岳麓寺。《新五代史·楚世家·马希广传》：彭师暠登城望水西军，入白希广曰：“……请令（许）可琼等阵山前，臣以步兵三千自巴溪渡江趋岳麓，候夜击之。”即此。

②在今甘肃临洮县城东。《方舆纪要》卷 60 临洮府：岳麓山“在府城东二里，上有超然台”。《清一统志·临洮府一》：岳麓山“上有东岳庙，故名”。

岳（嶽）麓书院　在今湖南长沙市西岳麓山东面山下。北宋开宝九年（976）潭州太守朱洞创建，大中祥符八年（1015）真宗赐名“岳麓书院”。为宋代四大书院之一。张栻、朱熹等尝讲学于此。清光绪二十九年（1903）改为高等学堂，后又改为高等师范、湖南工业专门学校。1926 年正式成立湖南大学。千年以来，书院历经兵火，屡废屡修。现存建筑为清代所建，有御书楼、六君子堂、十彝器堂、濂溪祠、湘水校、经堂、赫曦台和自卑亭。书院内有唐、宋、明、清碑刻七十三通。1988 年定为全国重点文物保护单位。

岳（嶽）麓寺　在今湖南长沙市湘江西岸岳麓山上。西晋太始元年（265）建。即古麓苑。宋名慧光寺。《太平御览》卷 49“麓山”引盛弘之《荆州记》曰：“长沙西岸有麓山，其下有精舍。”《方舆胜览》卷 23 潭州：岳麓寺“在山上，百余级乃至，今名惠光寺。下有李邕麓山寺碑”。

岱　亦作岱宗。今山东泰安市泰山之别称。《尚书·禹贡》：“海、岱惟青州。”《史记·秦始皇本纪》《正义》：“泰山一曰岱宗，东岳也，在兖州博城县西北三十里。”

岱山　①即今浙江岱山县岱山岛。《清一统志·宁波府一》：岱山“在定海县东北海中。约一潮可到。有鹞子尖。其巅下冈岚秀拔，林樾苍润，时有云雾抹其顶”。

②即泰山。在今山东泰安市北。《尚书·禹贡》：“海、岱惟青州。”《周礼·职方》：“河东曰兖州，其山镇曰岱山。”

岱山场　在今浙江岱山县岱山岛西北部东沙镇桥头村。产海盐。宋《宝庆四明志》卷 6 盐课有“岱山场”。

岱山县　北齐置，属东平郡。治所在今山东泰安市东南七十里。俗曰安固。隋开皇三年（583）改奉高县。六年（586）复改岱山县。大业初废入博城县。

岱山铺　即今安徽定远县东南岱山镇。清光绪《大清直省地舆全图》：定远县东南有岱山铺。

岱屿　在今福建泉州市东南海中。《方舆纪要》卷 99 晋江县“洋屿”条下：岱屿“在府东南六十里，突起海中，介于石湖、北镇两山之间”。

岱江　即今福建连江县境之连江。《方舆纪要》卷 96 连江县：连江“一名岱江”。

岱县　唐武德五年（622）置，属东泰州。治所在今山东泰安市东南七十里。贞观初省入博城县。

岱岳（嶽）　即泰山。在今山东泰安市北。《淮南子·墬形训》：“中央之美者，有岱岳。以生五谷桑麻，鱼盐出焉。”

岱庙　①在今山东泰安市城内西北隅、泰山南麓。祀东岳泰山神。初建于秦汉，历代均予修葺。《水经·汶水注》：“《从征记》曰：泰山有下、中、上三庙，墙阙严整，庙中柏树夹两阶，大二十余围，盖汉武所植也。……中庙去下庙五里，屋宇又崇丽于下庙。庙东西夹涧，上庙在山顶，即封禅处也。”现存建筑为宋代以后所建，是我国现存的颇具规模的宫殿式建筑群之一。以主殿天贶殿为中心，回廊环绕，前有仁安门、配天门，后有寝宫三座：左为汉柏院，中有御座，右有唐槐院、道舍院。庙内古柏参天，碑碣林立，著名的有秦二世泰山刻石及汉、晋、唐碑等。还有明代的铜亭、铁塔。1988 年定为全国重点文物保护单位。

② 在今山西晋中市泽州县（南村镇）冶底村。又称泽州岱庙。始建年代不详。北宋元丰三年（1080）重建天齐殿。金、元、明、清各代均有增建或续修。现存山门、舞楼、天齐殿等。天齐殿建于宋代所筑的台基上，面阔三间，进深六椽，单檐歇山顶，出檐深远。殿内梁架斗栱皆为宋代遗物，柱础及石柱上有“元丰三年”题记。金代重修时增添石刻门框及角石上的俯狮。门框上有精美的线刻图案。殿内神台为须弥座式，上有木雕图案。台

上有明清大型木雕神龛花罩，有较高艺术价值。舞楼在天齐殿前，单开间，十字歇山顶，造型简练，始建于元代，明万历时重修。庙内保存有元以来碑刻十五通。2001 年泽州岱庙被定为全国重点文物保护单位。

岱宗　即泰山。在今山东泰安市北。古以为诸山所宗，故称“岱宗”。《尚书·舜典》说：帝舜“东巡狩，至于岱宗”。《史记·五帝本纪》说，黄帝曾登“岱宗”。即此。《封禅书》：“岱宗，泰山也。”

岱哈泊　亦作黛哈池。即今内蒙古乌兰察布市凉城县东北之岱海。《清一统志·察哈尔》：“奄遏下水海，在（镶红旗察哈尔）旗南四十里。蒙古名黛哈池。”

岱晟山　即今云南安宁市西北笔架山。《方舆纪要》卷 114 安宁州：岱晟山“在州北十五里。山高耸，今名笔架山。亦曰坎山”。

岱海遗址群　在今内蒙古乌兰察布市凉城县东岱海周围，由王墓山、老虎山、园子沟三处典型遗址组成。王墓山遗址总面积 17 万平方米，已清理出半地穴式房址二十一座、灰坑十五个，其年代距今约 6000—5000 年。老虎山遗址是“老虎山文化”的命名地，总面积 13 万平方米，已清理出半地穴式房址六十八座、灰坑三十四个、窑址和墓葬各三座。房址在多层台地上，外围修筑有石墙，平面略呈三角形，年代约在 4500—4300 年前。园子沟遗址总面积约 16 万平方米，已清理出窑洞式或半地穴式房址八十七座、灰坑十四个、窑址六座，出土陶、石器二百余件。窑洞式房址均成排分布，形制规范，保存较好，在国内同期遗址中少见，其年代距今约 4500—4300 年。三处遗址是了解内蒙古中南部地区史前考古文化序列、聚落形态及文明起源的典型资料。2001 年定为全国重点文物保护单位。

岱崮　在今山东蒙阴县北。1943 年 11 月，日、伪军对鲁中抗日根据地进行“扫荡”，八路军鲁中军区主力部队已转移至外线作战，留在内线作战的第十一团八连凭借山崮天险，坚守沂蒙山区朴里以北的南、北岱崮阵地，血战十八天，抗击了日伪军两千多人在飞机、大炮支援下的连续进攻，以伤七人、亡二人的代价，取得了毙伤日伪军三百多人的辉煌胜利。

凭（憑）祥厅　清宣统二年（1910）改凭祥州置，属太平府。治所即今广西凭祥市。1912 年改为凭祥县。

凭祥市　1956 年由广西凭祥镇改设凭祥市，属桂西僮族自治州。1957 年属邕宁专区。1958 年撤销凭祥市与宁明、龙津等县合置睦南县，属南宁专区。1959 年为南宁地区。1961 年复置凭祥市。1971 年属南宁地区。2002 年改由崇左市代管。

凭（憑）祥州　明成化十八年（1482）改凭祥县置，属广西布政司。治所即今广西凭祥市。明郭子章《郡名释名》广西卷：凭祥州，“旧凭祥洞、凭祥镇，从洞镇名也”。辖境相当今广西凭祥市地。清属太平府，宣统二年（1910）改置为凭祥厅。

凭（憑）祥县　明永乐二年（1404）升凭祥镇置，属思明州。治所即今广西凭祥市。成化十八年（1482）升为凭祥州。1912 年又改凭祥厅为凭祥县，属广西镇南道。1928 年直属广西省。1952 年并入睦南县（后改宁明县）。1956 年析置凭祥市。

凭（憑）祥洞　北宋置羁縻洞，属邕州。治所即今广西凭祥市。元属思明路。明洪武十八年（1385）改置凭祥镇。

凭（憑）祥镇　明洪武十八年（1385）改凭祥洞置，即今广西凭祥市。永乐二年（1404）升为凭祥县。

凭（憑）虚洞　亦名牟珠洞。在今贵州贵定县西十五里。《清一统志·贵阳府》：凭虚洞“旧名母猪洞，明丘禾实易以今名。洞中周如华盖，石乳滴成岩窦，奇胜难名”。

凭（憑）虚楼　在今湖南沅陵县西二里。《清一统志·辰溪府一》：凭虚楼“明王守仁谪龙场，过此寓焉。庭中古松一树，因榜其旁曰松云轩”。

凭（憑）落镇　在今新疆阜康市东。《元和志》卷 40 庭州：凭落镇“在府西三百七十里”。

货利习弥国　即火寻国。唐西域国名。都城在急多飓遮城（今乌兹别克斯坦阿姆河下游一带）。唐玄奘《大唐西域记》卷 1：货利习弥伽国“顺缚刍河两岸，东西二三十里，南北五百余里。土宜风俗同伐地国，语言少异”。《新唐书·西域传》：“火寻，或曰货利习弥。”

版岩镇　即今陕西山阳县西南七十里板岩镇。清雍正《陕西通志》卷 17 引《山阳县志》：版岩寨“岩三面如削，一面小路可登”。

版桥　在今安徽和县境长江西岸。《资治通鉴》：西晋太康元年（280），“沈莹帅丹阳锐卒、刀楯五千，三冲晋兵，不动。莹引退，其众乱……张乔自后击之，大败吴兵于版桥”。即此。

版桥浦　故址在今江苏南京市西南板桥镇附近。《文选》卷 27 谢玄晖《之宣城出新林浦向版桥》诗，李善注引《水经注》曰：“江水经三山，又幽浦出焉。水上南北结浮桥渡水，故曰版桥浦。”《三国志·吴书·三嗣主传》裴松之注引干宝《晋纪》：晋灭吴时，晋军薛胜军攻吴军，“张乔又出其后，大败吴军于版桥，获（张）悌、（孙）震、（沈）莹等”。即此。

郏　①春秋郑地，在今河南郑州市南。一说在今延津县北。《左传》：宣公三年（前 606），“晋侯伐郑，及郏，郑及晋平”。

②春秋楚地，在今河南项城市南。《左传》：宣公十一年（前 598），“楚左尹子重侵宋，王待诸郏”。

郎里　在今河南漯河市召陵区东。东汉许慎《说文解字》卷 6：“郎，汝南（郡）邵陵（县）里。从邑自声。读若奚。”著名文字学家许慎为召陵人，曾居此。

帛蒲堡　在今陕西彬县境。《晋书·苻登载记》：东晋太元十九年（394），姚苌死，苻登“尽众而东，攻屠各姚奴、帛蒲二堡，克之”。

卑水（卑 bān）　即今四川美姑县境美姑河。《水经·若水注》：马湖江“又左合卑水，水出卑水县而东流，注入马湖江”。

卑水县（卑 bān）　西汉元鼎六年（前111）置，属越巂郡。治所在今四川昭觉县东北庆恒乡。《三国志·蜀志·张嶷传》：“定筰、台登、卑水三县去郡三百余里，旧出盐铁及漆。”南齐废。

卑卢州　即卑庐州。在今四川小金县境。

卑失州　唐以卑失部置，初隶定襄都督府，后属桑乾都督府。为羁縻州。后侨治夏州朔方县（今陕西靖边县北白城子）界。

卑禾羌海　即今青海省东部之青海湖。《水经·河水注》：“湟水又东南径卑禾羌海，北有盐池。阚骃曰：（临羌）县西有卑禾羌海者也，世谓之青海。”

卑耳山（卑 bēi）　即辟耳山。在今山西平陆县西北。《史记·封禅书》：“束马悬车，上卑耳之山。”

卑羽山　即今甘肃敦煌市东南三危山。《史记·五帝本纪》正义引《括地志》：“三危山有三峰，故曰三危。俗亦名卑羽山。在沙州敦煌县东南三十里。”

卑克努河　在今辽宁朝阳县西南。大凌河支流。《清史稿·地理志》朝阳府朝阳县：“大凌河自建昌入，合南土河，径西平房西，左合卑克努河。”

卑里真站　元置，在今俄罗斯哈巴罗夫斯克边疆区黑龙江下游付答河口以下。元《经世大典》：辽阳等处行中书省所辖狗站有“卑里真站”。明改别儿真站。

卑犹山　亦名徐杭山、徐侯山。在今江苏苏州市西北。《吴越春秋·夫差内传》：“越王乃葬吴王以礼，于秦余杭山卑犹。”《清一统志·苏州府》：夫差墓“在长洲县西北卑犹山”。

卑庐州　唐开元后置羁縻州，属雅州都督府。治所在今四川小金县境。北宋作卑卢州。后废。

卑沙城　即卑奢城。在今辽宁大连市金州区东大黑山古城。《资治通鉴》：唐贞观十九年（645），“张亮帅舟师东莱渡海，袭卑沙城。其城四面悬绝，惟西门可上。程名振引兵夜至，副总管王文度先登，五月，己巳，拔之”。

卑陆后（後）国　汉西域国名，属西域都护府。国都在番渠类谷（今新疆阜康市东北）。

卑陆国　汉西域国名，属西域都护府。国都在天山东乾当谷（今新疆阜康市南）。

卑带洞大小田等处长官司　元置，属思州安抚司。治所在今贵州三穗县西。明初废。

卑南大溪　在今台湾省台东县北。源出县西北中央山脉南段关山东坡，东流折而南，至台东县东北入太平洋。《清史稿·地理志》　台东州：“卑南大溪出州西南新武洛社，合三水东南流入于海。”

卑南厅　清光绪元年（1875）置，属台湾府。治所即今台湾省台东县。卑南为高山族村社名，厅以社为名。十三年（1887）改为台东州。

卑南县　清光绪十八年（1892）置，属台湾省。治所即今台东县。光绪二十一年（1895）被日本侵占。

卑南觅社　即今台湾省台东县。清康熙间高拱乾《台湾府志》卷2：卑南觅社“此社高山重叠，难以站数”。连横《台湾通史·建国纪》：南明永历三十七年（即清康熙二十二年，1683），“淡水通事李沧请采金裕饷，命监纪陈福、宣毅前镇叶明率所部往，遂至卑南觅，不得而还”。

卑品城　西汉西域戎卢国都城。在今新疆民丰县南。《汉书·西域传》：戎卢国“王治卑品城”。

卑奢城　一作卑沙城。隋属高句丽，故城在今辽宁大连市东北大黑山（大和尚山）山城。《隋书·来护儿传》：大业十年（614），“帅师度海，至卑奢城”，破高丽兵。

卑移山　贺兰山的古称。在今宁夏贺兰县西北贺兰山北段与内蒙古阿拉善左旗互界。《汉书·地理志》北地郡廉县：“卑移山在西北。”

卑梁　春秋吴地，在今安徽天长市西北。《史记·楚世家》：平王十年（前519），“吴之边邑卑梁与楚边邑钟离小童争桑，两家交怒相攻，灭卑梁人”。后人因此常用“卑梁之衅”来比喻因小事而酿成剧斗。

卑鞮侯井　西汉宣帝时凿，在今新疆罗布泊以东。《汉书·西域传下》：“汉遣破羌将军辛武贤将兵万五千人至敦煌，遣使者案行表，穿卑鞮侯井以西，欲通渠转谷，积居庐仓以讨之。”

的里安　察合台汗国属地。即今土库曼斯坦查尔朱西北达尔甘阿塔。《元史·地理志·西北地附录》　有“的里安”。

的博岭　一作滴博岭。在今四川理县西北鹧鸪山、大白山。《新唐书·韦皋传》：贞元间，韦皋分兵出西山，“破峨和、通鹤，定廉城，逾的博岭，遂围维州”。杜甫《奉和》诗：“已收滴博云间戍，更夺蓬婆雪外城。”

的澄关　明置，在今贵州清镇市西八里。《方舆纪要》卷123威清卫：的澄关“临的澄河上，因名。路出滇南”。

的澄河　即滴澄河。今贵州修文县西猫跳河。《明史·地理志》　威清卫：“西有的澄河，即陆广河上流。”

阜山　在今湖北房县西南。《左传》：文公十六年（前611），　“楚大饥，戎伐其西南，至于阜山”。即此。

阜平县　金明昌四年（1193）置，属真定府。治所即今河北阜平县。元属真定路。明属真定府。清顺治十六年（1659）废。康熙二十二年（1683）复置，移治王快镇，在今阜平县东南五十里。后又移治今阜平县，属正定府。民国初属直隶保定道，1928年直属河北省。

阜东县 1941年10月苏北革命根据地析阜宁县东部地置，属盐阜区。治东坎镇（今江苏滨海县境）。以在阜宁县东而得名。1949年1月撤销，并入滨海县。

阜田 即今江西吉水县西北阜田镇。清置巡司于此。

阜宁县 清雍正九年（1731）置，属淮安府。治所在庙湾镇（今江苏阜宁县）。民国初属江苏淮扬道。1927年直属江苏省。

阜宁湖 亦作阜安湖。在今江苏淮安市楚州区西南。《方舆纪要》卷22淮安府："阜宁湖在府西南五十里，通高家堰之南，又西接洪泽湖。淮水盛涨，往往挟湖水为患，堤防常切焉。"

阜民司 明置，在今四川雅安市。《方舆纪要》卷72雅州"雅安驿"条下："阜民司，明洪武九年置，收买番马，后罢为民居。"

阜民场 在今河北黄骅市西南二十五里常郭乡。清为长芦盐运司十大盐场之一。雍正年间废。

阜民监 ①北宋治平四年（1067）置，属归善县。为铸钱监。在今广东惠州市旧城内。

②北宋仁宗时置，在今陕西洛南县东南。《宋史·食货志下》：仁宗"采洛南红崖山、虢州青水冶青铜，置阜民、朱阳二监铸钱"。《元丰九域志》卷3：上洛县有阜民钱监。

阜阳市 1975年由安徽省阜阳县城析置阜阳市，1992年阜阳县撤销并入。1996年撤销阜阳地区和县级阜阳市，设立地级阜阳市；原县级阜阳市改置颍州、颍东、颍泉3区。市人民政府驻颍州区。

阜阳县 清雍正十三年（1735）置，为颍州府治。以东汉阜阳侯国故城在县境为名。治所即今安徽阜阳市。民国初属安徽淮泗道。1928年直属安徽省。1975年析置阜阳市。1992年撤销阜阳县，并入阜阳市。1996年撤销阜阳地区，改设地级阜阳市。

阜财场 在今河北海兴县南二十二里高湾镇。明长芦盐场之一，雍正十年（1732）废。

阜财监 北宋熙宁七年（1074）置，属河南府。治所在今河南孟津县东。《元丰九域志》卷1：阜财监"铸铜钱"。金废。

阜成门 即今北京市城区阜成门。为明清北京城西垣偏南的一门。本元大都城平则门，明正统四年（1439）重修后改名阜成门。1968年城门被拆除。

阜城卫 即今湖北老河口市北光化街道。《明史·地理志》光化县："旧治在西。隆庆末，改建于阜城卫，即今治也。"

阜城市 1948年淮北解放区由阜阳县城区析置，治所即今安徽阜阳市。1949年属皖北行署区。1950年撤销，并入阜阳县。

阜城县 ①西汉置，属勃海郡。治所在今河北阜城县东古城镇。东汉废。西晋复置，仍属勃海郡。北齐天保七年（556）移治今阜城县。隋属信都郡。唐属冀州，天祐二年（905）改名汉阜县。五代汉复名阜城县。北宋属永静军，嘉祐八年（1063）废为镇，熙宁十年（1077）复置。金属景州。明属河间府。民国初属直隶津海道。1928年直属河北省。

②东汉永平初改昌成侯国置，属安平国。治所在今河北冀州市西北五十里。西晋废。

③南朝宋侨置，属河间郡。治所在今山东寿光市东北境。北齐废。

阜南办事处（县级） 1949年6月当地解放后由阜阳、颍上、临泉三县析置，属皖北行署区。治薛集（今安徽阜南县）。1950年改设阜南县。

阜俗县 辽统和四年（986）置，后为利州治。治所即今辽宁喀喇沁左翼蒙古族自治县（大城子镇）。元废。

阜陵县 ①西汉置，属九江郡。治所在今安徽和县西。文帝八年（前172）封淮南王子安为侯，置侯国。元狩元年（前122）国除为县，属九江郡。东汉明帝永平十六年（73）徙淮南王延为阜陵王，章帝建初元年（76）国除。至章和元年（87）复置阜陵国，甚至"增封四县，并前为五县"，且"以阜陵下湿，徙都寿春"（见《后汉书·阜陵质王延传》）。其后阜陵国几经暂绝而又复继，或又变为一县之地，直至建安十一年（206）国除为县，仍属九江郡。三国时县废。西晋复置，属淮南郡。东晋又废。

②南朝梁置，为西永宁郡治。治所在今湖北随州市东北。北周改为漳川县。

阜康市 1992年撤销阜康县，改设阜康市，市人民政府驻博峰街。属新疆昌吉回族自治州。

阜康县 清乾隆四十一年（1776）置，属迪化州。治所即今新疆阜康市。光绪十二年（1886）属迪化府。民国初属新疆迪化道。1930年属迪化行政区，后直属新疆省。1992年改设阜康市。

阜康堡 清乾隆二十五年（1760）筑，在今新疆阜康市。四十一年（1776）置阜康县于此。

阜新市 1940年伪满析阜新县置，属热河省。治所即今辽宁阜新市。1945年撤销阜新市，并入阜新县。1948年复设阜新市，属辽北省。1949年属辽西省，升为地级市。1954年划归辽宁省，仍由省直属（地级）。

阜新县 清光绪二十九年（1903）置，属直隶朝阳府。治懿州城（今辽宁阜新蒙古族自治县东北塔营子乡）。宣统三年（1911）移治水泉（今辽宁阜新蒙古自治县）。1914年划归热河特别区。1928年属热河省。1949年属辽西省。1954年划归辽宁省。1951年徙治阿金（今辽宁阜新县）。1958年改设阜新蒙古族自治县。

〔丿丿〕

质 古海峡名。一般以为是指新加坡海峡。或谓为满剌加海峡，乃取其广义，指马来半岛与苏门答腊岛中间之海峡而言。《新唐书·地理志》附“广州通海夷道”云：“又五日行至海峡，蕃人谓之质，南北百里，北岸则罗越国，南岸则佛逝国。”

质台守捉城　唐置，属维州。在今四川理县东北。后废。

质州　唐永徽二年（651）置羁縻州，属茂州都督府。治所在今四川汶川县邛崃山附近地区。后废。

质河　即今吉尔吉斯斯坦境之纳伦（林）河，为锡尔河上游。《新唐书·西域传》：石国“西南有药杀水，入中国谓之真珠河，亦曰质河”。

质孤堡　北宋元丰五年（1082）置，属兰州。在今甘肃兰州市东五十里。元废。

欣山　在今江西安远县南。《寰宇记》卷108虔州安远县：欣山“在县南四十里。其山一十二面，高五百丈。上有莲花池水及石室、石床、橘树、异竹。一水南流入循州雷乡县”。《清一统志·赣州府一》：欣山“在安远县南十五里。……《县志》，其山高峻插天，盘根数百里。多岩池泉石，游者欣然，故名”。

欣平县　南朝宋元嘉十年（433）侨置，属宋宁郡。寄治成都（今四川成都市）。南齐属永宁郡。北周废。

欣乐县　东晋置，属南海郡。治所在今广东惠州市惠阳区东北东江东。南朝宋属东官郡。梁属梁化郡。陈末废。

欣乐驿　在今广东惠州市城北。《清一统志·惠州府》：欣乐驿“在归善县城北一里，水马驿也。明洪武三年置，在县北三里下郭，万历二十五年改建于此”。

欣都思　亦作身毒、欣都、印毒、印都信度、胫笃。即今印度。《元朝秘史》卷13：“初命巴剌追回回王扎剌（勒）丁并蔑力克王，追过申河，直至欣都思种地面。根寻不见回来，却将欣都思边城百姓的驼羊都虏了。”

欣道县　唐贞观二十三年（649）改宁人县置，属容州。治所在今广西容县东北六十里。北宋开宝五年（972）废入普宁县。

郈　春秋时为鲁叔孙氏邑。在今山东东平县东南后亭。《左传》：昭公二十五年（前517），臧会“奔郈，郈鲂假使为贾正焉”。《春秋》：定公十二年（前498），“叔孙州仇帅师堕郈”。杜注：“郈在东平无盐邑东南。”

征平郡　北魏神䴥元年（428）改南太平郡置，属同州。治所在今山西新绛县。辖境相当今山西新绛、曲沃等地。太和十八年（494）改为正平县。

征东元帅府　元置，属辽阳行省。治所在俄罗斯哈巴罗夫斯克边疆区东北黑龙江下游之特林。明永乐七年（1409）改置奴儿干都司，称为奴儿干城。

征东行省　元至元中以征日本置，寻废。大德三年（1299）复置，治所在开城（即今朝鲜开城）。寻废。至治三年（1323）复置，后废。

征北小城　又作征北府小城。东汉末公孙瓒筑。在今北京市东。《晋书·刘琨传》：建兴三年（315），刘琨自太原奔段匹磾，“琨别屯故征北府小城”。即此。又《方舆纪要》卷11大兴县：征北小城“晋置征北将军尝治此，因名征北小城”。今已毁。

征州　唐末置，治所在今四川南充市西南八十五里。《资治通鉴》：五代唐长兴元年（930）十月，“（董璋）东川兵陷征、合、巴、蓬、果五州”。胡三省注：“遍考隋、唐《地理志》、《五代职方考》、《元丰九域志》，皆无征州。按东川之兵时自遂、阆东略。……征州必在遂、合、果三州之间。”民国《南充县志》：“其地古有盐井，当征赋税，曰征州。”后蜀时废。

征县　西汉置，属左冯翊。治所在今陕西蒲城县东北避难村。东汉废。

征羌县　东汉建武十一年（35）置，为侯国，属汝南郡。治所在今河南郾城县东南。西晋废。北魏复置，北齐废。

征虏亭　又名征罗亭。东晋太元年间建，故址在今江苏江宁县南方山南。《晋书·谢万传》：谢万“尝与蔡系送客于征虏亭”。

征祥港镇　又名惩洋港镇。即今江苏射阳县西北二十八里通洋乡。旧属阜宁县。清光绪《江苏全省舆图》阜宁县：“征祥港镇在城东六十里。”地居通洋港畔，故名。

征通谷中路东水泉堡　北宋置，属西安州绥戎堡。在今宁夏海原县（三河镇）北。后废。

徂徕山　一称尤徕山，又作尤来山、尤崃山。在今山东泰安市东南四十里。大汶河、小汶河之分水岭。《诗经·鲁颂·闷宫》：“徂来之松。”即此。《水经·汶水注》：汶水“又西南流径徂徕山西，山多松柏”。宋石介筑室其下，号徂徕先生。

往流集　即今河南固始县北五十里淮河南岸往流镇。清置巡司于此。

径（迳）口　即今广东江门市新会区北棠下镇西南径口村。清道光《新会县志》卷5有径口汛。

径（迳）口墟　即今广东四会市东北径口镇。东与佛山市三水区接界。清光绪《广东舆地全图》：四会县东北有径口墟。

径山　①在今浙江杭州市余杭区西一百二十五里。宋《咸淳临安志》卷25引《径山事状》：“山乃天目之东北峰，有径路通天目，故谓之径山。”山有东西二径、凌霄等七峰。旧有径山寺，唐宋时颇负盛名，为禅林之冠，后废。唐李吉甫有《杭州径山寺大觉禅师碑铭并序》。

②在今广东罗定市南六十里。《方舆纪要》卷101罗定州：径山“群峰森立，横截州南”。

径（迳）江　在今福建福清市南。《方舆纪要》卷96福清县：径江在“县南三十里。《志》云，江源有二：一出故兴化县界金支大泽合渔溪；一出黄檗山北，过铁场边北流，并渔溪，合径港，南至绵亭，东抵乌屿门。又南至双屿岛，复岐为二，东出白屿，西出后屿，南流复合，由迎仙港入于海。嘉靖三十八年，倭贼自海坛山入犯，移屯上径，官军捣破之。即径江上流也”。

径渎 在今江苏溧阳市北三十里。宋《景定建康志》卷19：泾渎“水自金坛县界来，入长塘湖。《镇江志》谓：晋、宋旧有此渎，隋大业初县令达奚明又加疏决”。《清一统志·镇江府一》：泾渎，“《新志》：明成化间，知县靳璋、符观，相继浚凿，水势深阔，至今民赖其利”。

所口 即石臼所口。在今山东日照市东。

所村 即今安徽青阳县南陵阳镇西所村，东距陵阳镇七里。清乾隆《青阳县志》卷1：东南陵阳乡十三都有所村。

所前市 即今浙江杭州市萧山区南二十里所前镇。因曾设盐务批验所而得名。民国《萧山县志稿》卷1《市镇》有所前乡、所前市。

所街 又名所市。即今湖南石门县西北一百十里所街乡。明于此置添平所。

〔丿丶〕

舍月山 在今贵州遵义市东南。《方舆纪要》卷70仁怀县：舍月山“山高耸。唐以此名县”。

舍月县 唐贞观十四年（640）改高山县置，属播州。治所在今贵州遵义市东南。《寰宇记》卷121播州芙蓉县：废舍月县“以界内舍月山为名”。显庆五年（660）废。

舍忒河 在今内蒙古乌拉特前旗东北。《清一统志·乌喇特》：舍忒河“在旗（驻地在今包头市西哈德门村）北八十里。源出敖西喜山，西流经大青山，入黄河”。

舍利水城 唐南诏置，在今云南洱海中金梭岛上。唐樊绰《蛮书》卷5：舍利水城“在洱河中流岛上，四面临水，夏月最清凉，南诏常于此城避署”。

舍利州 ①唐武德四年（621）置，治所在今云南洱源县东南四十八里江尾。辖境约当今云南洱源县东南部。天宝后废。

②唐贞观二十三年（649）以舍利吐利部置，属云中都督府。为羁縻州。后侨治夏州朔方县（今陕西靖边县北白城子）界。

舍利塔 全称栖霞寺舍利塔。在今江苏南京市东北栖霞山栖霞寺东侧。建于隋仁寿元年（601），但从塔上浮雕看，为南唐重修的遗物。塔八面五层，高约15米，全部用细致的灰白石构成，仿木结构。底座是宽敞的台基，台基上为塔须弥座。须弥座腰部的隔版内，浮雕着释迦牟尼佛成道八相图：（1）白象托生母胎。（2）树下诞生，九龙洒水。（3）出游四门（见老病死及沙门四相）。（4）逾城出家，雪山苦行。（5）河中沐浴，村女授乳，树下禅坐。（6）成道。（7）降伏魔王。（8）大般涅槃，毘荼焚化。须弥座上为莲花座，上即塔身。塔身第一层较长，除正面的门外，其他各面镌四大天王像的文殊、普贤菩萨像。以上各层塔身都较短，每面凿佛龛，内坐小佛像。五层檐上为塔顶，塔刹莲花形，是近代整修时修配的。1988年定为全国重点文物保护单位。

舍城水 即今海南琼山市东之南渡江。《新唐书·地理志》：舍城县“以舍城水名”。

舍城县 隋大业六年（610）置，为珠崖郡治。治所在今海南省海口市琼山区东南三十里。《新唐书·地理志》舍城县：“以舍城水名。”唐武德四年（621）为崖州治。天宝元年（742）为珠崖郡治，乾元元年（758）复为崖州治。北宋熙宁四年（1071）废。

舍亭山 在今浙江杭州市余杭区西。《宋书·王敬弘传》：南朝宋元嘉二十四年（447），敬弘“薨于余杭之舍亭山”。即此。

舍哩岛 亦作猞猁岛。即今辽宁长海县南塞里岛。《清一统志·奉天府一》：舍哩岛“在宁海县（今大连市金州区）东一百六十里”。

舍哩站 又作舍利站。清置，即今吉林扶余县西北社里乡。《清一统志·吉林二》“金州鄂佛罗站”条下：“蒿子站，又西北六十里至舍哩站。”

舍（捨）资千户所 元初置，属临安路。治所在今云南蒙自市东八十里老寨苗族乡。至元十三年（1276）改安南道防送军千户。明洪武十五年（1382）复名舍资千户所，寻改安南长官司。

舍（捨）资河 在今云南禄丰县西。《方舆纪要》卷116广通县：舍资河在“县（治今广通镇）东五十里。源出武定府，东流入南安州界，至元江府境，下流入交趾河。今有铺、有堡、有巡司、有驿、有村，皆以舍资为名”。

舍（捨）资部 又作沙资部。宋大理置，属最宁府。在今云南蒙自市东八十里老寨苗族乡。《元史·地理志》舍资千户：“昔名褒古，又曰部嫋踵甸，传至裔孙舍资，因以为名。”元改舍资千户。

舍（捨）资街 即今云南禄丰县西北三十四里舍资镇。明置巡司于此。清设舍资驿。民国初置县佐。“舍资”为彝语，“舍”为茨栎，“资”为树林，意即茨栎树多的地方。

金上京会宁府遗址 在今黑龙江省哈尔滨市阿城区南四里阿什河左岸。是我国女真族所建金朝的早期都城。金太祖完颜旻收国元年（1115）至海陵王完颜亮天德五年（1153），金太祖、太宗、熙宗、海陵王四帝以此为都。是上京路和会宁府的治所。金天眷元年（1138）上号上京。遗址主要由横竖相连的南北二城和皇城组成。南、北城皆长方，呈曲尺形。皇城建于天会二年（1124），位于南城内偏西处。遗址除城垣外，环城有瓮城、角楼、堞楼（马面）遗迹。皇城有午门和六座宫殿址。整个古城遗址保存比较完整。1982年定为全国重点文物保护单位。

金口　在今江西金溪县西北。为金溪水注入抚河之口，因名。《陈书·周文育传》：永定三年（559），讨王琳、余孝励，“文育遣吴明彻为水军，配周迪运粮，自率众军入象牙江，城于金口”。王琳攻周迪，“迪等败绩，文育退据金口”。即此。

金口厂　在今四川乐山市金口河区金河镇。明曹学佺《蜀中广记》卷35《边防记》：峨眉县“射箭坪外八里至黑龙溪，四里至虎皮冈，始分两岐。右路由上马胜溪至金口厂，为邛部司新附籍之民，名归化乡”。

金口河　金为通京师漕运而凿，在今北京市西石景山北麓引永定河入潞水（北运河）。《金史·河渠志》：大定十一年（1171），“自金口疏导至京城北入壕，而东至通州之北，入潞水，……及渠成，以地势高峻，水性浑浊。峻则奔流漩洄，啮岸善崩，浊则泥淖淤塞，积滓成浅，不能胜舟”。元至正二年（1342）重浚金口河。《元史·河渠志》：金口河“起闸放金口水，流湍势急，沙泥壅塞，船不可行。……又费用不赀，卒以无功”。今北京市西郊石景山以东、八宝山以北的旱河，讹称金钩河，即为金口河之上游。东流经今正阳门以东水关，转而南下，经天坛北三里河东南行，出左安门经十里河至高丽庄合潮白河，接引海漕。

金口站　元置，为水站，在今湖北武汉市江夏区西长江东岸之金口镇。

金口堰　在今山东兖州市东五里。《方舆纪要》卷32嵫阳县：金口闸“元至元中所建。稍南曰金口堰，成化中所修滚水石坝也”。《清一统志·兖州府二》：“元至正中，为滚水石坝。引泗入运，即隋时薛胄于泗沂之交积石为堰，决令西注陂泽以溉良田者。延祐中，疏为三洞以泄水势。成化间，筑石堰，东西长五十丈，甃石三处，际水消长，时其启闭。”

金口镇　①即金家口。今山东即墨市东北金口镇。

②即今湖北武汉市江夏区西金口镇。明置巡司于此。《方舆纪要》卷76江夏县：涂口市“市西为金口镇，有巡司及金口驿。又金口垱河泊所、金口税课局、金口批验茶引所，并置于此”。

金山　①又名瓮山。即今北京市西北颐和园内万寿山。《方舆纪要》卷11顺天府：“金山亦在府西三十里，亦曰瓮山，其西有龙泉汇而为池，曰瓮山泊，潜通大湖。”

②在今河北涞水县西北。《方舆纪要》卷12涞水县：金山“一名金丝山。群峰并耸，其最高者曰朝阳岭，岭色如金”。

③指今内蒙古东北之大兴安岭。《明史·鞑靼传》：洪武二十年（1387）春，冯胜等率十二万众征鞑靼，“遣蓝玉乘大雪袭庆州，克之。夏，师逾金山，临江侯陈镛失道，陷敌死”。

④在今辽宁昌图县西十五里。《新唐书·薛仁贵传》：乾封初攻高丽，“（庞）同善进次金山，衂虏不敢前，高丽乘胜进，仁贵击虏断为二，众即溃”。

⑤亦名黄金山。即今辽宁大连市旅顺口东黄金山。《新唐书·高丽传》：总章元年（668）与高丽战，“（庞）同善（高）侃守新城，（泉）男建遣兵击之，薛仁贵救（高）侃，战于金山”。即此。

⑥在今吉林双辽市东北东辽河北。《明史·冯胜传》：“元太尉纳哈出拥众数十万屯金山，数为辽东边害。二十年命胜为征虏大将军……驻大宁逾两月，留兵五万守之，而以全师压金山。”

⑦在今上海市金山区东南海中，有大、小金山二岛。《方舆纪要》卷24松江府华亭县：金山，“《志》云，周康王筑城处，后沦入海。上有平坡，官军尝会哨于此”。《清一统志·松江府一》：金山，“按，杨维桢《志》云：淞之南有大金、小金，出没于云海之中，即指此二山也”。

⑧在今江苏苏州市吴中区西。系天平山支陇，西去天平山里许。《方舆纪要》卷24苏州府长洲县“天平山”条：金山“初名茶坞山，晋宋间凿石得金，因易今名。顶亦有石池”。民国《吴县志》卷19引杨循吉《金山杂志》：“山高可五十丈，多美石，巉巉高耸，皆碧绿色。山左有石，尤伟而峭。”

⑨古名氐父山。又名获苻山、浮玉山、伏牛山、龙游山。在今江苏镇江市西北隅。与焦山、北固山合称京口三山。原在长江中，清道光年间因江沙淤积，始与南岸相连。《资治通鉴》：唐肃宗上元二年（761），田神功自瓜洲渡江击刘展，刘展“将步骑万余陈于蒜山，神功以舟载兵趣金山”。即此。《寰宇记》卷89丹徒县：金山“一名浮玉。唐肃宗裴头陀于此开山得金，故名”。今山上有金山寺、楞伽台、慈寿塔、法海洞、白龙洞、中冷泉等名胜。

⑩在今浙江东阳市北。《方舆纪要》卷93东阳县：金山“在县北五十里”。

⑪一名紫金山。即今福建上杭县北紫金山。《舆地纪胜》卷132汀州《景物上》：金山“在上杭县之西一十里。宋康定中产金，因以名之”。《方舆纪要》卷98汀州府上杭县：金山在“县西十里，一名紫金山。……相传宋时县治密迩，其地水赤味苦，饮则伤人，惟浸生铁，可炼成钢。后县治既迁，其水遂变，不异常水”。

⑫在今江西进贤县南四十里。《方舆纪要》卷84进贤县“港南山”条下：金山“地产金，有淘金井。界于临川”。

⑬在今江西遂川县城北。《舆地纪胜》卷31吉州：金山“在龙泉县西北。去县一里，有龙兴寺，有塔。阴阳家以县名龙泉，而金银两山夹峙为龙之角，又谓两塔为双峰”。《方舆纪要》卷87吉安府龙泉县：金山在“县治北一里。又有银山在治东一里。二山夹峙，上各有塔”。

⑭在今山东梁山县北四十五里。《方舆纪要》卷

33 东平州：金山“山色紫赤，其石坚致，河上诸邑往采以给用”。

⑮在今山东淄博市临淄区西南。明嘉靖《青州府志》卷6：金山“金岭名镇取此”。

⑯在今山东烟台市牟平区宁海街道东北四十五里。明洪武中置金山所于此。

⑰在今河南信阳市南。《魏书·世宗纪》：永平元年（508）十二月，“郢州刺史娄悦破衍将马仙琕于金山”。即此。《水经·淮水注》：“浉水东南流历金山北。山无树木，峻峭层峙。”

⑱即金城山。在今广东潮州市城北。《明一统志》卷80潮州府：金山“在府治后，即金城山。东临恶溪，西瞰大湖，为一郡游览胜处”。《方舆纪要》卷103潮州府海阳县：金山“在府治北。形如覆釜，高四十丈，周三里，中有小湖”。

⑲即金岗山。在今广东四会市北。《元和志》卷34广州四会县：金山“一名金冈山，在县北六十五里。出金沙”。

⑳在今广西崇左市东北左州镇西北。《方舆纪要》卷110左州：金山“在州西北二里。有通幽岩，奇峰错峙，怪石环列。稍北有流霞峰最高，登之则八表在目。又有双清、独秀诸峰，联络环向，六州之胜概地”。

㉑在今四川广元市北。《方舆纪要》卷68广元县：金山“在县北三里。孟蜀置金山砦于此”。《清一统志·保宁府一》：金山“一名金城山，涤溪环其右”。

㉒在今四川安县（花荄镇）西北。《元和志》卷33龙安县：金山“在县东五十步。每夏雨奔注，崩颓之所则金粟散出，大者如棋子”。

㉓亦名富乐山。在今四川绵阳市东。《寰宇记》卷83巴西县：金山，“《益州记》云：金山在涪县东五十步，东临涧水，光照耀川。又《李膺记》云：金山长七八里，每夏淹雨，有崩处即金粟散出”。

㉔在今甘肃玉门市西北赤金镇东。《元和志》卷40玉门县：“金山，在县（今赤金镇稍东）东六十里。出金。”

㉕在今甘肃民乐县南。《十六国春秋辑补》卷82后凉录：吕光龙飞二年（397），“（沮渠）蒙逊叛光，杀中田护军马邃，攻陷临松郡，屯兵金山”。即此。

㉖在今甘肃永昌县北三里。《晋书·吕光载记》：东晋隆安初，沮渠蒙逊叛光，“杀中田护军马邃，攻陷临松郡，屯兵金山，大为百姓之患”。

㉗即今青海大通回族自治县、门源回族自治县、互助土族自治县境内的达坂山。隋炀帝西巡陇右、河西时经此。《隋书·炀帝纪》：大业五年（609），五月“壬午，度星岭。甲申，宴群臣于金山之上”。

㉘即金岭。又名金沙山、金莎山、金娑山。今新疆中部之博格达山。《方舆纪要》卷65火州：金山“在庭州东南，西州西北，此西域之金山也”。

㉙又名金微山、阿勒坦山。即我国新疆北部与蒙古国间之阿尔泰山。《魏书·蠕蠕传》：“那盖出自金山。”《隋书·突厥传》：“后魏太武灭沮渠氏，阿史那以五百家奔茹茹，世居金山，工于铁工。金山状如兜鍪。”

金山卫 亦曰小官镇。明洪武九年（1376）置，治所即今上海市金山区西南金山卫镇。清雍正二年（1724）改置金山县。乾隆十七年（1752）省卫。

金山左千户所 明成化中置，属宁海卫。在今山东烟台市牟平区姜格庄镇北金山下寨。

金山寺 ①又名泽心寺、龙游寺、江天寺。在今江苏镇江市西北金山上。始建于东晋。依山而筑，殿宇楼台层层相接，山与寺混为一体，故有“寺里山”之称。《寰宇记》卷89润州丹徒县：“金山泽心寺在城东南扬子江。按《图经》云：本名浮玉山，因头陀开山得金，故名金山寺。诗人多题留。”西北峰顶慈寿塔始建于南齐，今塔为光绪间建。

②即今四川乐山市东南金山镇。唐应灵县治此。嘉庆《犍为县志》卷3：金山寺在“县东北七十里”。

③在今甘肃兰州市以北白塔山中。俯瞰黄河，其下波涛壮险，名“龙堆浪势”，旧为兰州八景之一。

金山县 ①北周天和六年（571）置，属巴西郡。治所在今四川安县（花荄镇）东北永安镇。《元和志》卷33龙安县：金山县以山为名。隋属金山郡。后废。

②北周置，属甘州。治所在今甘肃民乐县境。寻废。

③隋开皇十五年（595）置金山府，大业末乡人自立为金山县。治所即今江苏金坛市。唐武德八年（625）废。垂拱四年（688）复置，更名为金坛县。

④隋大业元年（605）置，属冲州。治所在今越南广南省桂山附近。三年（607）属林邑郡。后废。

⑤唐垂拱四年（688）改金华县置，为婺州治。治所即今浙江金华市。神龙元年（705）复名金华县。

⑥辽置，属泰州。治所在今内蒙古乌兰浩特市东北郊乌兰哈达镇公主岭一号古城。天庆六年（1116）升为静州。

⑦清雍正二年（1724）改金山卫置，属松江府。治所即今上海市金山区西南金山卫镇。乾隆二十四年（1759）移治泖泾镇（今金山区西北朱泾镇）。民国初属江苏沪海道。1927年直属江苏省。1958年划归上海市。1997年改设上海市金山区，迁治金山卫南石化街道。2000年迁今治山阳镇。

金山咀岛 在今河北秦皇岛市西南北戴河海滨。为海防要地。《方舆纪要》卷17抚宁县：金山咀岛“在县东南四十五里。山如鸟咀，半入于海，今设军戍守”。

金山岭长城　在今河北滦平县西南巴克什营镇花楼沟一带。始建于明洪武初年，隆庆初及万历年间续有增补。西起龙峪口，东止望京楼。全长10.5公里，沿线设有大小关隘五处，敌楼六十七座及烽火台等，皆为砖石结构，形式多样。建筑用料就地取材，制作技艺巧夺天工，被誉为“第二个八达岭”。1988年定为全国重点文物保护单位。

金山府　隋开皇十五年（595）于曲阿县金山置，治所即今江苏金坛市。大业末改为金山县。

金山驿　在今四川绵阳市。《方舆纪要》卷67绵州：金山驿“在州治北，陆道所经也”。

金山城　在今上海市金山区东南海中大金山上。《方舆纪要》卷24松江府华亭县：金山故城，“五代时，吴越钱氏筑此为戍守处，以南接金山而名。《志》云，城东十里许，当潮势猛烈处有周公墩。俗传金山城周康王所筑，故墩亦附会周公之名，盖昔时堠望处耳。明嘉靖三十四年，倭攻青山、南汇、金山卫，登周公墩者千余贼，即此”。

金山郡　①十六国北凉置，治所在今甘肃民乐县境。《十六国春秋辑补》卷95：沮渠蒙逊永安十年(410)，“以从弟成都为金山太守”。北魏废。

②隋大业三年（607）改绵州置，治所在巴西县(今四川绵阳市东涪江东岸)。《寰宇记》卷83绵州：“金山郡以金山为号。”辖境相当今四川绵阳、江油、安县三市县及德阳、三台等市县部分地。唐武德元年(618)复改为绵州。

金山都督府　唐开元中置，治所在西州（今新疆吐鲁番市东四十余里）。

金山砦　五代后蜀置，在今四川广元市北三里。《宋史·王全斌传》：乾德二年（964）伐蜀，崔彦进等“遂进击金山砦，破小漫天砦”。即此。

金山铺　①亦作金山驿。即今四川罗江县东北金山镇。《清一统志·绵州》：金山驿，“本朝乾隆三十五年裁罗江典史，设县丞驻此。嘉庆七年仍设罗江县，裁驿丞”。

②即今四川西充县东南三十里金山乡。明正德《四川志》卷15：西充县南有金山铺。清彭遵泗《蜀碧》卷3：清顺治三年（1646），肃王至汉中，刘进忠迎降，“王问（张）献（忠）所在，曰：‘在南充，西充交界金山铺，去此千余里’”。

金山寨　在今四川广元市北。北宋乾德初伐蜀，史进德等自嘉川进击金山寨。即此。

金山镇　①即今黑龙江省呼玛县北金山乡。旧为呼玛县治。民国白眉初《满洲三省地志》：呼玛县“初设治于今县北四十里之地点，民国四年迁移古站，即今治地，乃名旧治地曰金山镇”。

②俗名黄金埸。在今安徽青阳县东六十里乔木乡金山村。《方舆纪要》卷27青阳县：石龙山在县东四十五里，“其相近者曰金山，有金山镇，与南陵县分界”。

③亦名金川镇。隋改石门镇置，属汶川县。在今四川理县东北一百二十里通化乡。《旧唐书·地理志》：“后周置石门镇，隋改为金山镇，寻改为通化也。”开皇六年（586）升为金川县。

④北宋置，属罗江县。即今四川罗江县东北金山镇。嘉庆《罗江县志》卷10：金山铺在“县东北三十里。即古金山郡驿站。有崇祯十五年都察院禁役铺兵碑”。

金山嘴　在今上海市金山区（山阳镇）西南金山卫镇东。为滨海要地。民国《江苏六十一县志》金山县：“沿海一带，浅沙至金山嘴而尽，潮退时通船亦可到岸。”

金川　①即今浙江常山县常山港及其上游马金溪。《方舆纪要》卷93常山县：金川在“县北半里。一名马金溪。源出开化县东北马金岭，流入界……县北诸溪流皆由此汇入焉”。

②又名内江、中水、雒江、釜川。即今四川长江支流沱江。《舆地纪胜》卷167富顺监：内江“自汉州雒源东流，经怀安，历简、资南流至监，经由城南门，自东而西，因号金川。又东南流至泸合泸江”。《方舆纪要》卷70富顺县：金川在“县治东。一名中江，亦曰中水，即雒江也。自成都府内江县来，径重庆府荣昌县西入县界，自县西绕而东，至隆昌县界，至泸州入大江。《志》云：中水中流，有石堆高出水面，分布两层，前三后七，世传为三合七曜石。又云：雒水经金堂峡，故曰金川，亦谓之釜川，以其盘绕县治，形若釜然”。

③地区名。在今四川西部大金川下游与小金川流域。明金川寺哈伊拉木归顺，封为演化禅师，使世袭管理金川地区。《清史稿·四川土司传》：“川之南有金川者，本明金川寺演化禅师哈伊拉木之后，分为大小金川。”

金川土司　即大小金川土司合称。辖地在今四川小金、金川二县境。小金川卜儿吉细于清顺治七年（1650）归诚，授职。大金川土舍莎罗奔于康熙六十一年（1722）归诚，雍正元年（1723）授安抚司。乾隆《金川琐记》卷3：“初，两金川有夙怨，不甚联络，划控卡山梁为界。后金川日强，遂越控卡，占据小金川之大牛厂，小金川畏之退保小牛厂。”

金川门　明南京城门名。在今江苏南京市城北，钟阜门之西。因靠近金川河出城口而得名。此门于20世纪50年代被拆除。

金川寺　唐时建，在今甘肃永昌县城北二里。俗称油神宫，依冈为屋，山水环绕，为游览之地。寺早毁，今存金川寺塔（一名观河楼塔）。

金川州　唐开元后置羁縻州，属雅州都督府。治所在今四川金川县。北宋属雅州。后废。

金川设治局　1926年析柳河置，属奉天省东边道。治所在小金川（今吉林辉南县东南金川镇）。1928年改为金川县。

金川县　①隋开皇六年（586）于金川镇置，属会州。治所在今四川理县东北一百二十里通化乡。十八年（598）改为通化县。

②隋大业初改吉安县置，为西城郡治。治所即今陕西安康市。义宁二年（618）改名西城县。

③唐武德七年（624）置，属维州。治所在今四川理县东北。贞观元年（627）废。

④亦作途川县。北宋天圣元年（1023）改通化县置，属威州。治所在今四川理县东北一百二十里通化乡。景祐四年（1037）复为通化县。

⑤1928年改金川设治局置，属奉天省（后改辽宁省）。治所在小金川（今吉林辉南县东南金川镇）。1934年废入濛江县（今靖宇县）。

金川河　又名大金川水。在四川西部大渡河上游。《清一统志·懋功屯务厅》：金川河“源发松潘厅西北氂牛徼外，北由绰斯甲布土司及杂谷厅从噶克丹坝各土司境，南流入金川土司境，过绥靖屯而西，至崇化屯收功噶山水，历马尔邦、巴底、巴旺，西南流至章谷会小金川孟拜山水，又西南流入雅州府明正土司境，经打箭炉收各小溪水，南流过泸定桥入清溪县界。乾隆四十一年，秩于祀典，春秋致祭”。

金川驿　南宋置，属新淦县。即今江西新干县西北界埠乡。《清一统志·临江府》：金川驿“旧在新淦县西北界埠。宋嘉泰中建。明嘉靖中改建于治北半里金水亭”。

金川堡　明置，属建昌卫。在今四川德昌县东南锦川乡。

金川镇　隋改石门镇置，在今四川理县东北通化乡。《隋书·苏沙罗传》：开皇八年（588），“冉龙羌作乱，攻汶山、金川二镇，沙罗率兵击破之”。即此。

金门　①汉代长安城内未央宫金马门的简称。《汉书·扬雄传下》：“历金门，上玉堂有日矣。”

②即今福建金门岛。清同安县丞及金门镇总兵官驻此。《明通鉴》附编：清顺治七年（1650）秋八月，“明郑成功取厦门、金门”，即此。

金门山　在今河南洛宁县南。《后汉书·陈俊传》：建武二年（26），“大司马吴汉承制拜俊为强弩大将军，别击金门、白马贼于河内，皆破之”。李贤注：“金门、白马并山名。”《水经·洛水注》：“洛水右会金门溪水，水南出金门山。……洛水又东，黍良谷水入焉，水南出金门山。”

金门千户所　明洪武二十年（1387）置，属永宁卫。治所即今福建金门县西南金门旧城。清顺治十四年（1657）废。《明通鉴》附编：清顺治七年（1650）秋八月，“明郑成功取厦门、金门”。即此。

金门坞　一作金门隖。在今河南洛宁县西洛水南。《宋书·柳元景传》：元嘉二十七年（450），“招宜阳人刘宽虯率合义徒二千余人，共攻金门隖，屠之”。《水经·洛水注》：“洛水右会金门溪水，水南出金门山，北径金门坞西。”东魏天平初置金门郡及金门县于此。

金门县　①东魏天平初置，为金门郡治。治所在今河南洛宁县西洛水南。北周废。

②东魏兴和中侨置，属宜阳侨郡。寄治汲郡陈城（今河南卫辉市）。北齐废。

③旧名浯洲屿。明洪武二十年（1387）置金门千户所。清同安县丞及金门镇总兵官驻此。1914年析思明县所辖大、小金门等岛屿置县，属福建厦门道。治所即今福建金门县。以金门岛为名。1928年直属福建省。

金门亭　在今河南宜阳县西南。东汉延熹二年（159），尚书令李玮诛梁冀有功，封金门亭侯。

金门郡　①东魏天平初置，属阳州。治所在金门县（今河南洛宁县西，洛水南）。辖境相当今河南洛宁县及卢氏县。后废。

②东魏兴和中侨置，属义州。寄治汲郡陈城（今河南卫辉市）。北齐废。

金子寺　在今四川平昌县东北笔山镇。清道光《巴州志》卷10载：嘉庆七年（1802），白莲教义军张添伦等与清陕安镇总兵激战于此，壮烈牺牲。

金子矶　在今湖北鄂州市西北五里樊口。明置巡司于此。清移于金牛镇。

金子寨　在今安徽霍山县东。《方舆纪要》卷26霍山县：金子寨“在县东八十里金子山，以山色如金而名”。

金马厂　在今四川昭觉县东南西溪河东岸。民国《昭觉县志》卷2：金马厂“在县南，距城三十里。铜矿”。

金马山　①在今四川彭州市西。《方舆纪要》卷67崇宁县：金马山在“县北二十里。相传山似云南之金马，因名”。上有金马碧鸡祠。

②在今云南昆明市东郊。唐代以来称金马山。唐樊绰《蛮书》卷2：“金马山在拓东城螺山南二十余里，高百余丈，与碧鸡山东南西北相对。土俗传云，昔有金马，往往出见。山上亦有神祠。从汉界入蛮路出此山之下。”

金马川　即今吉林舒兰市东北金马镇。清光绪初年，传屯南小河有金马驹饮水，遂以名屯。另一说“金马”为满语，意为青麻。

金马门　西汉长安城内未央宫宫门。在今陕西西安市西北未央宫遗址。《史记·滑稽列传》：“金马门者，宦署门也，门傍有铜马，故谓之金马门。汉代征召来人中才能优异者令待诏金马门。《资治通鉴》：西汉元光五年（前130），菑川人公孙弘对策，“天子擢为第一，拜为博士，待诏金马门”。

金马关　在今云南昆明市东。《方舆纪要》卷114云南府昆明县：金马关“在府东七里金马山下。旧有关城、元筑。今废”。

金马坊　在今四川成都市旧城内。《资治通鉴》：五代唐同光三年（925），后蜀王宗弼“又责文思殿大学士、礼部尚书、成都尹韩昭佞谀，枭于金马坊门”。即此。

金马河　①四川岷江的别称。指今都江堰市至新津县段之岷江。清李元《蜀水经》卷2：“皂江东南分支为沙沟河。又东分支为北江河，又东分支为洋马河，又东分支为金马河，又东分支为石鱼河，其正流经崇庆州北为郫江。”古时此段江流又称郫江。

②在今四川都江堰市南。《元史·河渠志三》：南江“自金马口之西凿二渠，合金马渠，东南入于新津江”。1933年大水，河床冲宽，成为岷江之正流。此水在都江堰鱼咀南二里处右分一水为沙沟河，下半里右分一水为黑石河，左分一水为江安河，东南流至大兴乡右分一水为羊马河，至温江河坝场左分一水为杨柳河，流至彭山县江口镇与府河合流。

金马镇　北宋置，属江原县。在今四川成都市温江区西南金马镇。

金乡山　在今山东金乡县西北三十七里，接巨野县界。县以此名。《水经·济水注》：“戴延之《西征记》曰：焦氏山北数里，有汉司隶校尉鲁峻冢，穿山得白蛇、白兔，不葬，更葬山南，凿而得金，故曰金乡山。”

金乡卫　明洪武二十年（1387）置，在今浙江苍南县东南四十六里金乡镇。清康熙九年（1670）废。

金乡县　东汉析东缗县置，属山阳郡。治所在今山东嘉祥县南四十里阿城埠。以县西北金乡山得名。西晋属高平国。南朝宋属高平郡。北魏移治东缗县城（今金乡县）。隋属济阴郡。唐属兖州。五代属济州。元属济宁路。明属兖州府。清属济宁州。民国初属山东济宁道。1925年属兖济道。1928年直属山东省。

金乡堡　即今河南汝南县北二十六里金铺镇。清尹耕云《豫军纪略》卷11：同治四年（1865）七月，赖汶光“掠汝阳之金乡堡、祖师庙”。

金乡镇　一名金乡埠。北宋置，属汝阳县。即今河南汝南县北二十六里金铺镇。

金井　在今湖南益阳市。《续汉书·郡国志》长沙郡益阳县注引《荆州记》曰：“县南十里有平冈，冈有金井数百，浅者四五尺，深者不测。俗传云有金人以杖撞地，辄便成井。”

金井市　在今湖南长沙县东北百里金井镇南。清嘉庆《长沙县志》卷3：金井市在城东“尊阳都”。旧市原在今金井乡南二里。相传村人掘井时得金，故名。1954年毁于洪水，后迁于此。

金井河　在今陕西柞水县东。为夹水上游。《水经·沔水注》：甲水“出秦岭山，东南流径金井城南，又东径上庸郡北，与关衵水合”。《水经注疏》：“会贞按：（金井）城在今镇安县（今属柞水县）东北，故今水有金井河之目。”《清一统志·商州》“甲水”条引《通志》：“金井河源出秦岭，纳州西南八十里之东、西牛槽水，入镇安界，盖即甲水。”

金井城　在今陕西柞水县东北。《水经·沔水注》：甲水“出秦岭山，东南流径金井城南”。即此。

金天军　唐天宝十三年（754）置，属廓州。驻地在洪济桥（今青海贵南县北龙羊峡大坝西，今已没入龙羊峡水库中）。《新唐书·地理志》廓州：“西南百四十里洪济桥有金天军。”乾元元年（758）陷于吐蕃，废。

金天观　在今甘肃兰州市西津东路东段。明建文二年（1400）由朱元璋第十四子肃王朱楧建。因主祀雷祖，民间称为雷坛。永乐年间赐名金天观。现辟为兰州市工人文化宫。

金太祖陵　金朝开国皇帝完颜阿骨打陵寝。在今北京市房山区西北大房山支脉云峰山麓。《金史·太祖纪》载：天辅七年（1123）八月“戊申，上崩于部堵泺西行宫，年五十六”。部堵泺西行宫在今吉林松原市（旧扶余县）境。同年“九月癸丑，梓宫至上京。乙卯，葬宫城西南，建宁神殿”。后称太祖庙。故址在今黑龙江哈尔滨市阿城区南金上京故城之西，俗称“斩将台”。天会十三年（1135）“改葬和陵”，后改名睿陵，故址在今阿城区东南七十里阿什河上源老母猪顶子山西南麓。贞元三年（1155）“改葬于大房山，仍号睿陵”。

金牙山　在今新疆霍城县西北。《新唐书·苏定方传》：显庆间，定方“勒兵进至双河，与弥射、步真合，距贺鲁所百里，下令阵而行，薄金牙山。方贺鲁将畋，定方纵击，破其牙下数万人”。

金牙关　在今陕西岐山县西南。《方舆纪要》卷55岐山县：金牙关“在县西南百里，亦南山隘道也”。

金瓦山　在今湖北恩施市东。《清一统志·施南府》：金瓦山“在恩施县东四十里。崖石鳞次，如屋瓦而色黄”。

金中都水关遗址　在今北京市区南右安门外凉水河北。是迄今发现的唯一一处完整的金中都建筑遗址，是国内规模最大、保存较完整的一处水关遗址。建造年代约在金天德三年至五年间（1151—1153）。水关遗址全长43.4米，其中水涵洞南北长21.35米，东西宽7.7米。水关跨城墙而建，木石结构，水流经水涵洞由北向南穿城而过，流入护城河。现存遗址主要有水涵洞地面铺石、两侧残余石壁、进出水口的“摆手”及城墙夯土等，在水涵洞南北两端还立有擗石桩和护桩。金中都水关遗址为金中都城和中国古代城市建设的研究提供了难得的实物资料。2001年定为全国重点文物保护单位。

金中都皇城　在辽南京（今北京市）城内子城的基础上扩建而成。位居大城的中心偏南，皇城内宫城居中偏东。宫城之前、皇城南门之内，左有太庙、右有金廷中央政府及地方衙署。皇城有四门：南为宣阳门，东为宣华门，西为玉华门，北为拱辰门。皇城的南墙在今北京广安门外鸭子桥东、西延长线上，东墙在今广安门南、北线阁偏东的南北线上，西墙在今广安门外甘石桥南北向河流东岸一线上，北墙在今广安门外大街南侧的东西一线上。

金冈山　在今广东江门市新会区西八十里。《新唐书·地理志》广州新会县：“以南海郡之新会、义宁二县置冈州新会郡，以地有金冈以名州。”《方舆纪要》卷101广州府新会县：金冈山，“其地产金，下有淘金坑，傍皆沃壤，延袤八十里。今皆民田，不复有金坑”。

金水　①原名涂水。在今湖北武汉市江夏区西南。《寰宇记》卷112江夏县：金水“在县南九十里。出秦山，西注入大江。《旧记》云，有金鸡从鸡翅山南飞，产金于此，故名金水”。

②在今广西宜州市北。《方舆纪要》卷109庆远府宜山：金水“在府北。《志》云：龙江自天河县折而南，与金水诸川合，流至城北是也”。

金水口　在今河北涞水县西北一百二十里金水口村。《方舆纪要》卷12易州：金水口“在（紫荆关）北八十里，其西有石塘横岭等口”。

金水山　即铜官山。在今四川金堂县东。《舆地纪胜》卷164怀安军：金水山，“《皇朝郡县志》云：在金水县北四十里。本名铜官山”。

金水县　①唐武德元年（618）避李渊讳改金渊县置，属简州。治所在今四川金堂县东南淮口镇西同兴场。宋乾德五年（967）为怀安军治。元至元十三年（1276）废。

②唐贞观六年（632）置，属羁縻冉州。治所在今四川黑水、红原县境。后废。

金水河　①又名玉河、御河。在今北京市城内。金始导今北京西北玉泉山水，东注入今北海、中海，下汇通惠河。元时修浚，名金水河。《元史·河渠志》：“金水河，其源出于宛平县玉泉山，流至和义门（今西直门）南水门入京城，故得金水之名。”入城之水，东注今北海、中海，由南端沿皇城东南注入通惠河。明改引玉泉为通惠河源，城西金水河故道遂废弃。玉泉水由德胜门西水关入城至今什刹海：分为二支，一支沿皇城东南流，汇为通惠河；另一支南注三海，东贯宫城为金水河，又自宫苑南出沿皇城南东入通惠河。清称环紫禁城者为内金水河，绕皇城者为外金水河，沿袭至今。

②在今山西清徐县东。《方舆纪要》卷40徐沟县：金水河“源出太谷县东北大塔山，下流合众泉，经榆次县之东阳镇，流入县界，合象谷水”。

③即今黑龙江省哈尔滨市东南阿什河。明《寰宇通志》卷116：金水河“在开原城北千余里。源出黄里（里，龙之误）府东山，北流入松花江。金人所谓按出虎水即此”。

④一名沁水河。即今山东烟台市东南沁水河。《清一统志·登州府》：金水河“发源州（宁海州治即今宁海镇）东南八十五里之黄堆山，合溪涧诸水北流经州东，又东北入海”。

⑤在今河南洛阳市西。《方舆纪要》卷48河南府：“金水河在城西二十里。自新安县流入。《志》云：隋时引水绕皇城，因名。”

⑥北宋建隆二年（961）凿渠引荥阳京水东过中牟县，凡百余里抵都城（开封）西，架槽横绝汴渠，东汇于五丈河，名曰金水河。为北宋漕运四渠之一。《东京梦华录》卷1：“西北曰金水河。自京城西南分京索河水筑堤。从汴河上引木槽架过，从西北水门入京城，夹墙遮拥，入大内灌后苑池浦矣。”元丰五年（1082）赐名天源河。南渡后废。

⑦在今四川成都市旧城内。《方舆纪要》卷67华阳县：金水河，“《志》云：唐白敏中所开，环络街市，谓之禁河。其后相继开浚。……明初建蜀府于河阳，改名金水。《志》云：内江之水，分流入城，为金水河”。此水早已淤塞。系由城西西门铁窗入城，经祠堂街、三桥、玉河沿，至城东南隅出城，注入府河。

⑧古名蘧蒢水。又名黄金水。在今陕西洋县东。《清一统志·汉中府一》：黄金水，“《县志》：金水河在东百里，源出秦岭，南流至黄金峡之金潭入汉”。

金牛山　①在今浙江海宁市（硖石镇）东南四十三里。《寰宇记》卷93盐官县：金牛山，“《舆地志》云：昔吴、楚之间，金牛出毗陵，奔来此山而没，因名之”。《方舆纪要》卷90海宁县：金牛山“高三百丈，周十九里。山势隆起，冠于境内，山侧有洞，深不可测，相传宋建炎初，避乱者多居此”。

②在今江西万安县南。《明一统志》卷56吉安府：金牛山“在万安县南六十里。东瞰大江，中有石如牛。下有金牛庙”。

③一名牛山。在今山东肥城市西北二十余里。《方舆纪要》卷31肥城县：金牛山“上有五龙池。一名郁葱山”。《清一统志·泰安府二》：“《府志》：相传宋真宗尝驻跸于此，改为郁葱山。”

④在今湖南汉寿县南。《明一统志》卷64常德府：金牛山“在龙阳县（今汉寿县）南六十里。峰峦秀出，上有金牛寺、仙翁祠、龙池、风洞”。

⑤在今海南省琼海市东南。《方舆纪要》卷105琼州府乐会县：“金牛山在县东南十五里。峻耸插空，俯视诸山，皆如培塿。海航望此，以为表识。”

⑥一名寨子山。在今云南巍山彝族回族自治县西二十里。《清一统志·蒙化直隶厅》：金牛山“林山幽深，烟云出没。相传蒙诏立寨于此”。

金牛山遗址　在今辽宁大石桥市南十六里永安镇西田村一孤立的山丘上。海拔69.3米。1974年开始在这里进行多次发掘，在山的西部第3地点和东部第1地点发现人骨化石、石器和大量动物化石，以及烧土块、灰烬、炭粒、烧骨等用火痕迹。1984年发现了属于一个个体较完整的人骨化石，包括头骨、脊椎骨、尺骨等。经测定，年代距今二十八万年左右，属于旧石器时代。像这样完整的人骨化石的发现，在古人类考古中是罕见的。1988年定为全国重点文物保护单位。

金牛冈　①在今江苏淮安市楚州区西北十里。《舆地纪胜》卷39楚州：金牛冈“俗云周世宗宿兵于此。冈上亦有甘罗钱如淮阴者”。

②即金牛堆。在今湖北大冶市西南金牛镇。

③在今湖南长沙市西。《方舆胜览》卷23潭州：金牛冈“在长沙。《湘中记》载：赤牛渡江粪金于沙中，舟人迹逐，至山不见。乃掘地求之，掘处尚存。谓之金牛冈。今在城中之严福寺，有裴休书堂在焉”。

金牛台（臺） 今江苏常州市武进区西北三十里奔牛镇西。《方舆纪要》卷25常州府武进县：奔牛镇“镇西五里又有奔牛台，亦曰金牛台。相传茅山尝出金牛，奔至此，因名。齐高帝与萧顺之尝登焉”。

金牛县 唐武德三年（620）置，属褒州。治所即今陕西宁强县东北六十里大安镇。《元和志》卷22金牛县：“取秦五丁力士石牛出金为名。”宝历元年（825）废。

金牛岭 ①在今江苏溧阳市南。《清一统志·镇江府一》：金牛岭“在溧阳县南七十里，长亘十五里，与安徽广德州界”。

②即今安徽广德县东北七十里牛头山。《方舆纪要》卷29广德州：金牛岭在“州东北七十里。四面皆重山，中一岭，长亘十五里”。

③又名金黄岭。在今安徽阜南县南。《方舆纪要》卷21颍州：金牛岭“在州南百二十里，淮水北岸。与朱皋镇相近”。

金牛城 在今陕西宁强县北金牛驿。《资治通鉴》：五代梁乾化元年（911），“蜀王宗弼败岐兵于金牛，拔十六寨”。北宋置金牛镇。

金牛峡 又作五丁山。在今陕西宁强县北大安镇东金牛驿。《方舆纪要》卷56汉中府：金牛道，“《舆程记》：自褒城西南九十里而至沔县，又六十里为青阳驿，又四十里为金牛驿，其相近者有五丁峡，亦曰金牛峡”。

金牛站 元置，在今陕西宁强县东北大安镇。

金牛堆 一名金牛冈。在今湖北大冶市西南金牛镇。《舆地纪胜》卷81引《舆地记》云：“昔有金牛数十出于堆石上，遗迹存。”

金牛渚 牛渚山别名。在今安徽马鞍山市西南采石街道江滨。《寰宇记》卷105当涂县：金牛渚“在县西北十里。东方朔《神异记》云，有铜与金相似。又云，昔有金牛起于此山，入牛渚，坎穴犹存”。

金牛道 即石牛道。古代陕西汉中盆地和四川盆地间的主要交通路线。自今陕西勉县西南行入蜀，经广元市而至剑阁县。《方舆纪要》卷66四川：“石牛道亦名金牛道。”

金牛湖 一名明圣湖。在今浙江杭州市西南。《水经·渐江水注》引《钱唐记》云：“县南江侧有明圣湖，父老传言，湖有金牛，古见之，神化不测，湖取名焉。”或说为今杭州西湖，误。

金牛寨 在今江西永丰县南。《方舆纪要》卷87吉安府永丰县：金牛寨“在县南二百四十里”。

金牛镇 ①北宋置，属庐江县。即今安徽庐江县西北四十四里金牛镇。

②北宋置，属武昌县。即今湖北大冶市西南七十里金牛镇。明、清置巡司于此。《方舆纪要》卷76武昌县：金牛镇“在县南百二十里。其地有金牛堆，亦曰金牛冈，镇因以名”。

③北宋以故金牛县置，属大安军。在今陕西宁强县东北六十里。

金氏陂 在今陕西渭南市东北，渭河北。《水经·渭水注》：白渠“东南径居陵城北，莲芍城南，又东注金氏陂”。《寰宇记》卷29下邽县：“金氏陂在县东南二十里。按《舆地志》云，汉昭帝时，车骑将军金日磾有功，赐其地。”后陂废。唐武德二年（619）复引白渠入陂，贞观三年（629）于陂侧置金氏监，十二年监废。

金凤山 ①即福山。在今江苏常熟市北四十里，濒临长江。

②在今福建漳平市北双洋镇北。《方舆纪要》卷99宁洋县：金凤山在“县治（今双洋镇）后。县之镇山也。圆峰特起，麓有平阳，结为县治”。

③在今云南鹤庆县西二十五里。《方舆纪要》卷117鹤庆军民府：金凤山“在府西二十五里”。

金凤台（臺） 即曹操于邺城所筑“三台”之一“金虎台”。在今河北临漳县西南古邺北城西北隅。后赵石虎时因避讳改名“金凤”。

金凤城 唐天祐中吴越筑，即今江苏常熟市北四十里福山镇。《方舆纪要》卷24苏州府常熟县：福山“天祐初，吴越于此筑城戍守，控扼江道，亦谓之金凤城”。

金凤渠 唐咸亨三年（672）开，在今河北临漳县西南。《新唐书·地理志》邺县：“南五里有金凤渠，引天平渠下流溉田。”

金斗山 在今河南内乡县东北。明置巡司于此。《方舆纪要》卷51内乡县：金斗关“在县东北百十里。道路险僻，有巡司戍守”。

金斗火洛 即今吉林通化县西北金斗朝鲜族满族乡。清光绪《奉天全省地舆图说图志》通化县图：西北有金斗火洛。“金斗火洛”，满语意为宽而亮的沟。

金斗场 在今广东珠海市（香州镇）。《元丰九域志》卷9：新会县有“金斗”盐场。《方舆纪要》卷101香山县：金斗场“在县南百五十里。地名濠潭，即宋金斗盐场也。今废”。

金斗砦 北宋置，属观州。治所在今广西东兰县境。宣和三年（1121）废。

金石井 即今四川犍为县东北金井。《方舆纪要》卷72嘉定州“凌云驿”条内：“《志》云，州东南四十里有金石井巡司。万历中革。”嘉庆《犍为县志》卷2：金石井在“县东五十里。晋治官废县地”。

金石台（臺）山 在今江西抚州市临川区西十五里。《方舆纪要》卷86抚州府临川县：金石台山“在府西十五里。有石峰如台者五，列于赤冈之外，旧名五虎台，以形如虎峙也。第一峰独高，第五峰差小，旧与第四峰连属，后流水冲啮，分为二。《志》云：色赭者曰金石台，色白者在中流者曰玉石台，谚谓之狮子石”。

金石宫墟 即今广东潮安县西北金石镇。清光绪《潮州府志》卷14：海阳县“墟市”有金石宫墟。

金石番太平军安抚司 元置，属八番顺元宣慰司。治所在今贵州惠水县西南二十五里金石村。明洪武五年（1372）改置金石番长官司。

金石番长官司 明洪武五年（1372）改金石番太平军安抚司置，属贵州卫。治所在今贵州惠水县西南二十五里金石村。正统三年（1438）改属贵州宣慰司。万历间属定番州。清以后废。

金石镇 ①即今福建诏安县东南梅岭镇西南赤石。明洪武二十年（1387）移金石巡司于此。清初废。

②亦作金山镇。在今四川大竹县西南。《舆地纪胜》卷162渠州：金石镇“在邻山县西十八里”。

金龙口 一名荆隆口。在今河南封丘县西南二十里。河水自砥柱而下，至金龙口最为险隘，历代屡决。《明史·河渠志一》：宣德十年（1435）“浚金龙口”。即此。

金龙山 ①在今山西怀仁县西南。《金史·地理志》：大同府怀仁县有金龙山。《方舆纪要》卷44怀仁县：“金龙山在县西南三十五里。有泉，与马邑金龙池脉相通，因名。”

②在今湖南会同县东五十里。《方舆纪要》卷82会同县：金龙山“峰峦峻绝，状若飞龙”。

③在今广西武宣县东。《清一统志·浔州府》：金龙山“在武宣县东七十里。对峙者曰双髻山。有水入东乡江”。

金龙州 唐置羁縻州，属安南都护府。治所即今广西龙州县西北金龙镇。北宋废。

金龙池 在今山西朔州市东北三十里。《清一统志·朔平府》：金龙池“在朔州马邑乡西北十里”。即此。

金龙县 隋大业元年（605）置，属冲州。治所在今越南承天—顺化省顺化北香山南岸。大业初属林邑郡。《旧唐书·地理志》林州金龙县：“因方得金龙，乃为县名。”后废。唐贞观九年（635）复置，属林州。寄治驩州之南境（今越南义安省境）。后废。

金龙宗 又名吉不绒。在今西藏定结县东北。“金龙”，藏语意为哥哥的地方、兄长沟。1960年与定结宗、康巴宗合并设定结县。

金龙洞 在今河北唐县西北。《方舆纪要》卷14阜平县：金洞口，“大茂山之口也，北接倒马关，旧为戍守要地”。

金龙湫 在今云南宾川县西。《清一统志·大理府》：金龙湫“在宾川州（西）百里洱河东。林木茂密，泉声混混，祷雨辄应。《明地理考》：州西有金龙湫，流入西洱河”。

金平县 1934年合金河、平河二设治区置，各取一字为县名，直属云南省。治所即今云南金平苗族瑶族傣族自治县。1985年改设金平苗族瑶族傣族自治县。

金东宗 或作金东谿。17世纪中叶，甘丹颇章政权建立后，西藏地方政府设金东宗，治所即今西藏朗县东金东乡。“金东”，藏语意为一千种饮料（琼浆）。1960年并入朗县。

金东营 清乾隆间置，在今西藏朗县东金东乡。清乾隆《卫藏通志》卷15《部落》中有金东。

金东谿 又作金冬谿、金栋谿。原西藏地方政府设，治所即今西藏朗县东金东乡。清乾隆《卫藏通志》卷15《部落》中有金东乡。1960年并入朗县。“金东”，藏语意为一千种饮料（琼浆）。

金且谷 今新疆天山之博格达山。《后汉书·班勇传》：永建元年（126），“（匈奴）北单于自将万余骑入后部，至金且谷，勇使假司马曹俊驰救之”。

金田 即今江西遂川县北金田坑。明时秀州巡司迁此。

金田村起义旧址 在今广西桂平市北金田镇西北。清道光三十年十二月十日（1851年1月11日），洪秀全在此举行武装起义，建号“太平天国”。清王闿运《湘军志》卷1：“金田村者，浔州倚郭桂平县地，前史称大藤峡也。”金田村边犀牛岭的古营盘为太平军竖旗誓师之处。起义指挥部就设在犀牛岭营盘，遗址尚存。新圩三界庙是太平军作战指挥所，现陈列着有关起义的历史文物资料。1961年定为全国重点文物保护单位。

金生城 唐南诏置，属镇西节度。在今缅甸克钦邦辛博。南诏后期属丽水节度。唐樊绰《云南志》卷6：“眉罗苴西南有金生城。”

金丘 在今河南新蔡县东五十里。《宋书·殷琰传》：泰始二年（466），汝南人周伯符将兵侵淮西，“郭慈生击伯符于金丘”。即此。

金仙水 即今海南省万宁市北后溪河。《元丰九域志》卷9万安军：“西北至金仙水二十里。”《方舆纪要》卷105万州：金仙水在“州北二里。源出黎母山，至城北，潴为潭，绕流经东山岭，转北入小海港达于海。俗呼仙溪河”。

金仙场 即今四川剑阁县（下寺镇）西南金仙镇。1935年川陕革命根据地在此置金仙县。

金仙县 1935年4月川陕革命根据地置，治金仙场（今四川剑阁县下寺镇西南金仙镇）。同年5月废。

金瓜山 在今甘肃礼县西十里。清光绪《甘肃新通志》卷7：金瓜山“前连小峰，上有石微指之即动，力撼之不动，土人谓之悬忽石。对面有高峰，苍松万株”。

金瓜石 在今台湾省新北市东北。为台湾著名金铜矿产区。该矿发现于清光绪十九年（1893），铜的最高年产量达1780吨，金的最高年产量10474两，并有水银矿藏。林兴仁主修《台北县志》卷3说：“本火山体，产丰富之金矿，故有‘大金瓜’或‘金瓜石’之称。”

金包里（裡） 即今台湾省新北市东北金山区。本凯达格兰族金包里社。清代为金包里街。据陈汉光《台北县地名研究初稿》（载《台北县文献丛辑（一）》）说："当地人李宝同言：'金包里'三字的读音，就是凯达格兰语'丰收'的意思。"日本占领期间设金包里区，后改设金山庄。1945年抗日战争胜利后设金山乡。

金市 在今河南洛阳市东北魏晋洛阳故城内。《水经·谷水注》引《洛阳记》："凌云台西有金市，金市北对洛阳垒。"《太平御览》卷827引《洛阳记》："三市，大市名。金市在城中，马市在城东，阳市在城南。"

金兰 古地域名。《汉书·地理志》庐江郡："金兰西北有东陵乡，淮水出。"《水经》及郦注以为在江北大别山区属庐江郡的金兰县，不确。其方位与读音均与泾县之泾同，盖为古越语方言地名，置县后简称为泾。

金兰支线 自浙江金华至兰溪。全长24公里。为浙赣铁路支线。1932年建成。今为金岭铁路之一段。

金兰市 即今湖南衡阳县（西渡镇）西北六十三里金兰镇。清光绪《湖南通志》卷1衡阳县图：县西北有金兰市。

金兰县 西汉置，不见于《汉书·地理志》。但《汉志》庐江郡下注曰："金兰西北有东陵乡，淮水出。"《水经·决水注》载：灌水"导源庐江金兰县西北东陵乡大苏山"。又《水经·禹贡山水泽地》曰："东陵地在庐江金兰县西北。"或说县当置于汉初，中废。三国魏复置，晋又废。以今之地望言，当在今湖北罗田县北或河南商城县南。

金汇（匯）桥镇 即今上海市奉贤区东北十八里金汇镇。清光绪《奉贤县志》卷1："金汇桥在金汇塘东，距治（今奉城镇）三十里。棉花市最繁盛。"1978年因开金汇港，旧镇被大部分拆除，于港东建新镇。

金头山 在今重庆市巫山县东北一百四十里。《方舆纪要》卷69大昌县：金头山在"县（旧治大昌镇）东北四十里。山势高耸，冬月积雪不消"。

金宁县 隋置，属驩州。治所在今越南河静省河静西南。大业初属日南郡。唐武德五年（622）属智州。贞观十三年（639）后废入越裳县。

金台（臺） 又名贤士台、招贤台、黄金台。在今河北定兴县西易水上。战国燕昭王置，以延天下士。《水经·易水注》：故安县有"金台陂，陂东西六七里，南北五里。侧陂西北有钓台，高丈余，方可四十步。陂北十余步有金台，台上东西八十许步，南北如减，高十余丈。访诸耆旧，咸云昭王礼宾，广延方士"。又《资治通鉴》：东晋咸康四年（338）赵王石虎击段辽，"进屯金台"。即此。《寰宇记》卷67易县："金台在县东南三十里。燕昭王所造，置金于上，以招贤士"故名。《文选》卷28《乐府·放歌行》李善注引王隐《晋书》："段匹磾讨石勒，进屯故安县故太子丹金台。"

金台（臺）山 ①在今浙江建德市南四十里。《方舆纪要》卷90寿昌县：金台山在"县（今寿昌镇）南十五里。县山之最高者"。

②即金堂山。在今四川金堂县南二十里。西汉扬雄《蜀都赋》："铜梁金台。"《寰宇记》卷76怀安军金水县：金台山"在县西一十五里。《华阳国志》云：新都县金台山，水通于巴汉，以水出金台（一作沙），因以名山"。

金台（臺）观 在今陕西宝鸡市区北的陵塬山腰。《清一统志·凤翔府》寺观：金台观"在宝鸡县东北二里。张三丰修道之所"。观内有大殿八座，朱楹雕栏。登高眺望可一览秦川山水和宝鸡山城全貌。观内已建博物馆，展出大批西周铜器。

金台（臺）场 即今四川南充县北金台镇。民国《南充县志》卷1：金台场"在治北四十五里金台坝上。兴市于嘉庆乙卯。铺户九十余家，为北区第二大镇"。

金台（臺）顿 亦名金台驿。在今河北保定市旧城东关外。北宋镇州与辽幽州间通道。南宋李焘《续资治通鉴长编》卷20：太平兴国四年（979），太宗乘灭北汉之势，移师征辽，"六月辛酉，次定州……丙寅，次金台顿，契丹据有之地也"。

金场 ①在今江西德兴市南。《方舆纪要》卷85饶州府德兴县：金场"在县南二十里。宋时冶金处也"。

②北宋属四会县，即今广东广宁县西南金场街。《舆地纪胜》卷96肇庆府：金场"在四会县西一百里。昔刘氏置场采金于此"。《清一统志》引《旧志》："在广宁县南。"

金光门 唐长安外郭城西面的中门。隋初建。故址在今陕西西安市西郊李家庄西北约130米处。西出此门可达昆明池。天宝元年（742）引潏水为漕渠，经金光门入城流入西市。

金吕城 即金昌城。在今甘肃永昌县北（一说在今甘肃武威市东南）。《寰宇记》卷152："金吕城，晋将马隆所筑。依于金吕山筑之。城因山以立名。"《清一统志·凉州府一》"金昌城"条下谓"金吕"盖即"金昌"之讹。

金屿 又名金山屿。在今台湾省澎湖县北，白沙岛之北。清高拱乾《台湾府志》卷1：金山屿"屿色黄赤如金然，故土人呼之"。

金刚头市 即今湖南浏阳市南金刚镇。清嘉庆《浏阳县志》卷7：金刚头市"在县南七十里"。

金刚台（臺）山 ①在今安徽金寨县西北，与河南商城县接界。《方舆纪要》卷50商城县：金刚台山在"县南三十里。旧名石额山，延袤六十余里，双峰高峙，上有风洞、龙井。宋绍兴初，义师首领张昂结砦于此，以御金人。绍熙初，筑石城于山之阳，为光州寓治。元末，土豪余思铭据之。今有仓廪遗址"。

②在今河南商城县东南三十五里。旧名石额山。为河南、安徽两省界山。南宋嘉熙元年（1237）徙光

州治此。《元史·世祖纪》：至元七年（1270）七月，"都元帅也速带儿等略地光州，败宋兵于金刚台"。即此。明初置巡司于此。

金刚库　即今山西五台县东北金岗库乡。光绪《大清直省地舆全图》：五台县东北有金刚库。

金刚城　在今青海化隆回族自治县西南六十里黄河北岸群科镇古城。北魏石城县、西魏化隆县、唐廓州及广威县等曾治于此。清光绪《西宁府续志》卷1：金刚城"在青库尔东，距厅城六十里，即廓州之旧治也"。

金刚座舍利宝塔　俗名五塔。在今内蒙古呼和浩特市旧城五塔寺街。原为慈灯寺（俗名五塔寺）内的一幢建筑，寺宇早已圮废。塔建于乾隆年间。蒙古语音译为"塔本·骚布日格"。塔座为拱门方形高台，上有五座小塔，当中小塔七层，四角四座小塔各为五层，皆为砖石结构。通高16.5米。塔门上方有蒙古、汉、藏三种文字的"金刚座舍利宝塔"匾额。金刚座后照壁南面嵌雕有三幅图：西为六道轮回图，中为须弥山分布图，东为天文图（是国内现存唯一用蒙古文标注的天文图）。1988年定为全国重点文物保护单位。

金刚髻山　在今广东惠来县东。《方舆纪要》卷103惠来县：金刚髻山"在县东北七十里。尖峰秀拔，渔舟出海归路，视此为准"。《清一统志·潮州府》：金刚髻山"在惠来县东六十里。周三十里"。

金竹山　在今陕西镇巴县西七十里。《方舆纪要》卷56西乡县：金竹山"山多金竹，因名"。

金竹关　①在今福建浦城县东北。《清一统志·建宁府》：金竹关"在浦城县东北八十里"。

②一名金局关。在今湖北大悟县东黄站镇附近。旧属黄安县。《清一统志·黄州府二》：金局关"在黄安县西北九十里。西接汉阳府黄陂县界，北接河南府汝宁府罗山县界，相近有大城关"。

金竹坪　即今湖北宜昌市夷陵区北金竹乡（金竹坪）。明置巡司于此。

金竹岭　在今浙江开化县西北齐溪镇。《明史·地理志》衢州府开化县："北有金竹岭巡检司。"《方舆纪要》卷93开化县：金竹岭在"县北六十里，道出休宁县"。

金竹府　元世祖至元二十六年（1289）置，属管番民总管。治所即今贵州长顺县西北广顺镇。明洪武四年（1371）改为金筑长官司。

金竹峰　在今江西吉安县北。《明一统志》卷56吉安府：金竹峰"在府城北六十里。两峰独峙如竹"。《方舆纪要》卷87吉安府庐陵县：金竹峰"高约三百丈，周三十七里。两峰相峙如竹，因名"。

金竹隘　在今广西阳朔县西北。《清一统志·桂林府二》：金竹隘在"天鹅、都利二山之间。明嘉靖初，建关门于此"。

金迁郡　西魏改掌天郡置，属隆州。治所在晋安县（今四川南部县西北升钟镇）。北周辖境相当今四川南部县西部地。隋开皇三年（583）废。

金华山　①即长山。在今浙江金华市北。《元和志》卷26婺州金华县：金华山"在县北二十里。赤松子得道处，出龙须草"。《方舆纪要》卷93金华县：金华山"山中诸溪汇流其下，两岩对峙，高数百仞，登其上则城郭聚落宛在目前"。

②在今江西乐安县西北。《方舆纪要》卷86抚州府乐安县：金华山"在县西北三十里。形似覆瓢。或以其类婺女金华而名"。

③在今四川达州市西北。《方舆胜览》卷59达州：金华山"去通川县四十里。与石城山相接。杨晨诗：吾州金华峙霄汉，上有兜率香飘帷"。

④在今四川射洪县西北四十里金华镇北。《舆地纪胜》卷154潼川府：金华山"在射洪县南（北），有陈子昂读书台"。《方舆纪要》卷71射洪县：金华山"县（旧治在今金华镇）北二里。上拂霄汉，下瞰涪江"。光绪《射洪县志》卷1：金华山在"县（旧治在今金华镇）北半里。其山贵重而华美，故名"。《杜甫诗》云："涪右众山内，金华紫崔嵬。"陈子昂读书台尚存。

⑤在今云南剑川县西郊。《方舆纪要》卷117剑川州：金华山在"州治西一里。自西番界盘均山盘折而来，延亘二十余里。山顶常有紫色如金，故名"。现为著名名胜区。

⑥在今陕西南郑县西南。《舆地纪胜》卷183兴元府：金华山"在南郑县西南七十里，与巴山相接，其上峭峰特起，左右环绕，旁有数泉，合为一池"。

金华市　1949年当地解放后由金华县城区析置，治所即今浙江金华市。1962年撤销，并入金华县。1979年复设金华市。1985年升为地级市。

金华观　一名玉京观。在今四川射洪县西北金华镇北金华山上。《舆地纪胜》卷154潼川府：玉京观"在射洪县北金华山上。昔陈勋学道山中，东晋宁康三年白日仙去。梁天监中建观。皇祐二年赐名。有老君像，唐明皇所铸。有陈拾遗读书堂"。今观有玄帝殿、老君殿等，连成一体。陈子昂读书台，清道光间由前山移建于后山梧岗。台内壁刻子昂诗及传。

金华县　隋开皇十八年（598）改东阳县置，为婺州治。治所即今浙江金华市。《元和志》卷26金华县："长山一名金华，故取名焉。"大业初及唐天宝、至德间为东阳郡治。唐垂拱四年（688）改名金山县，神龙元年（705）复名金华县。元为婺州路治。明、清为金华府治。民国初属浙江金华道。1927年直属浙江省。

金华府　元至正二十年（1360）朱元璋改宁越府置，为中书分省治。治所在金华县（今浙江金华市）。辖境相当今浙江省金华江流域及兰溪、浦江诸市县。至正二十六年（1366）后属浙江行省。清属浙江省。1912年废。

金华洞　在今浙江金华市北，为双龙、朝真、冰壶三洞之总称。《清一统志·金华府一》：金华洞“在金华县北三十里金华山下，《道书》以为第三十六洞”。今为著名风景名胜区。

金华宫　梁别宫。故址在今江苏南京市东。宋《景定建康志》卷21：“梁金华宫在青溪东，去台（城）三里。”并引《舆地志》曰：“梁大同中所筑，昭明太子蔡妃所居。”《梁书·陆襄传》：中大通三年（531），“昭明太子薨，官属罢，妃蔡氏别居金华宫，以襄为中散大夫、领步兵校尉、金华宫家令、知金华宫事”。即此。

金华郡　南朝陈天嘉三年（562）改东阳郡置，为缙州治。治所在长山县（今浙江金华市）。辖境相当今浙江金华江、衢江流域诸市县地。隋开皇九年（589）废。

金华道　1913年依前金衢严道改置，属浙江省。治兰谿县（今浙江兰溪市）。1917年移治衢县（今浙江衢州市）。辖境约当今浙江东阳、盘安、永康以西，淳安、桐庐、浦江、义乌以南，仙霞岭、武义江以北地区。1927年废。

金华殿　十六国后赵时建。在今河北临漳县西南古邺北城后宫前。《邺中记》载：“石虎金华殿后有皇后浴室，三门徘徊反宇，栌欂隐起，彤采刻镂，雕文粲丽。”

金庄　即今广东封开县东北金装镇。明万历《广东通志》卷40：开建县有金庄墟。

金齐国王完颜晏墓　在今黑龙江哈尔滨市阿城区北巨源乡西南城子村。1988年发掘，墓为竖穴土坑石椁木棺。棺盖正中置有标识墓主人身份的“太尉开府仪同三司事齐国王”银质铭牌。棺内四壁有织金丝织品帷幔，为夫妻合葬。所着衣服华美鲜艳，且完好无损。二人头下置有一块木牌，墨书“太尉仪同三司事齐国王”。据《金史·完颜晏传》载：晏先后仕于太宗、熙宗、海陵、世宗四朝，“海陵迁都，晏留守上京，授金牌一、银牌二，累封豫王、许王，又改越王。贞元初，进封齐”。世宗时，“拜左丞相，封广平郡王”；大定二年（1162）“进拜太尉”。是年卒。墓中出土文物丰富，特别是具有浓厚游牧色彩的女真民族服饰，填补了我国服饰制度中金代的空白，被誉为中国北方的“马王堆”。

金州　①西魏废帝三年（554）改东梁州置，治所在西城县（北周改吉安县，即今陕西安康市）。隋大业三年（583）废。唐武德元年（618）复改西城郡为金州，仍治西城县（今安康市）。辖境相当今陕西石泉县以东、旬阳县以西的汉水流域。天宝元年（742）改为安康郡，至德二年（757）又改汉南郡，乾元元年（758）复为金州。元省西城县入州。明万历十一年（1583）改名兴安州。

②金贞祐四年（1216）改成化县置，治所在今辽宁大连市东北金州区。元属辽阳路。明洪武二十八年（1395）废。

③金正大三年（1226）置，属临洮路。治所在龛谷县（今甘肃榆中县南二十里小康营乡）。元至元七年（1270）县废，州徙治今榆中县。明洪武二年（1369）降为金县。

④元世祖至元十五年（1278）置，后属闰盐州。治所在今四川盐源县西北。《元史·地理志》：“以县境斛僰和山出金，故名。”后降为金县。

金州万户府　元置，即今辽宁大连市金州区金州镇。明改为金州卫。

金州卫　明洪武八年（1375）改显州置，属辽东都司。治所即今辽宁大连市东北金州区。清雍正十二年（1374）改为宁海县。

金州厅　清道光二十三年（1843）改宁海县置，属奉天府。治所即今辽宁大连市东北金州镇。1913年改为金县。

金州中左千户所　明洪武二十年（1387）置，属金州卫。治所在旅顺口北城（今辽宁大连市西南旅顺口）。《明史·地理志》金州卫：旅顺口关“有南、北二城，其北城有中左千户所”。清乾隆《钦定盛京通志》卷29宁海县：旅顺旧城在“城西南一百二十里。……明初筑城，设中左千户所于此”。清初废。

金州市　1949年析金县置，属旅大行署区。治所在金县（今辽宁大连市东北金州区）。1950年冬裁入金县（今金州区）。

金州半岛　在今辽东半岛南部。民国徐曦《东三省纪略》卷4：“旅顺位于金州半岛之西南端。”西自普兰店市，东至皮口镇以南地区。西临渤海普兰店湾和金州湾，东滨黄海，海岸线曲折。南端为旅大半岛。

金州城　在今湖南耒阳市北。《方舆纪要》卷80耒阳县“耒阳废县”条下：“又县北八十里有金州城，南北朝时侨置城也。”

金州湾　在今辽宁大连市金州区西。为渤海海湾之一。清光绪三十一年（1905）日俄战争时曾于此激战。

金江　即今云南永胜县西南涛源镇金江街。《清一统志·云南统部》：永北厅有知事“驻金江渡口”。

金江市　即今海南省澄迈县治（金江镇）。1903年《广东省全图》：海南岛澄迈县西南有金江市。1950年澄迈县迁治于此。

金池县　唐贞观五年（631）置，属羁縻西金州。治所在今四川松潘县西境。八年（634）属岩州。后废。

金汤军　唐乾符二年（875）置，属雅州。治所在荣经县（今四川荥经县）。后废。

金汤设治局　1932年于上鱼通地方置，属四川省。治所在今四川康定县东北金汤乡。1939年划归西康省。1951年并入康定县。

金汤城　即今陕西志丹县西一百里金鼎镇金汤城。宋初置金汤砦，元丰五年（1082）鄜延将曲珍败西夏于金汤，即此。《宋史·地理志》保安军：金汤城“元符二年进筑”。为戍守要地。

金安县 ①南齐置，属永宁郡。治所在今广东电白县境。陈以后废。

②金承安三年（1198）改乐康县置，属泰州。治所在今吉林洮南市东北城四家子村。后废。

金坛区 2015年撤销江苏省金坛市，设立常州市金坛区，区政府驻西城街道华阳南路88号。

金坛市 1993年撤销江苏省金坛县，改设金坛市，市人民政府驻金城镇。由常州市代管。

金坛（壇）运河 相当今江苏丹阳市南、金坛市北之丹金溧漕河。《清一统志·镇江府一》：金坛运河"在金坛县东北。自县城引流，至县北八里高湖下口渎，接天荒荡渚水，益引而东为白鹤溪，又东接常州府武进县之滆河，而东北达于漕河"。

金坛（壇）县 唐垂拱四年（688）以金山县改置，属扬州。治所即今江苏金坛市。《寰宇记》卷89润州金坛县："取邑界句曲之山，金坛之陵以为号。"宋属镇江府。元属镇江路。明属镇江府。民国初属江苏金陵道。1927年直属江苏省。1993年改设金坛市。

金坑 即今江西崇义县西北金坑乡。明置金坑巡司于此。

金坑寨 在今江西崇义县西北金坑乡。《方舆纪要》卷88南安府上犹县：金坑寨"在县西百六十里。正德三年置，有小城，为戍守之所"。

金花公主墓 在今北京市平谷区东金海湖大坝东侧。据明曹学佺《名胜志》："金花公主墓在（平谷）县东三十里之马家庄。金花公主，俗传金章宗女也。其墓两山相抱，自崖口凿石穴，施四铜环，棺木悬空，引海子水流入于内，其深莫测。"1958年修海子水库（即金海湖）时，清理出金簪、红缨等物。今之金花公主墓乃1984年重修。

金花桥 ①在今四川成都市旧城西南隅，跨金水河。明天启《成都府志》卷3："金花桥在府城中卫大街，旧有坊，今废。即市桥也。"

②在今四川双流县东北金花镇，跨江安河上。明天启《成都府志》卷3：金花桥在"双流治东二十里"。嘉庆《四川通志》卷31双流县：金花桥，"《县志》：在县东十里。省南冲衢。西北源江安堰，东南合府河。此水来去横流，冲激最甚。乾隆三年重修，五十八年复修，桥亘十丈，桥西石堤亘数十丈，树柳成行"。

金花砦 即今湖北郧西县东南金花砦村。《方舆纪要》卷79郧西县：金花砦"在县东南四十里"。

金村堡 北宋置，属庆州。当在今甘肃庆城县附近地。元丰二年（1079）废。

金吾暗沙 在南海中中国南沙群岛内，位于榆亚暗沙东南8海里。实为一水下暗礁。1935年公布名称为西南社礁。1947年改名金吾暗沙。

金连盐泽 在今内蒙古杭锦旗西北哈日芒乃淖尔。《汉书·地理志》朔方郡朔方县："金连盐泽、青盐泽皆在南。"《水经·河水注》："《魏土地记》曰：（朔方）县有大盐池，其盐大而青白，名曰青盐，又名戎盐，入药分，汉置典盐官。"即金连盐泽。

金县 ①元改金州置，属柏兴府。治所在今四川盐源县西北。明洪武十七年（1384）废。

②明洪武二年（1369）降金州置，属临洮府。治所在今甘肃榆中县。成化十三年（1477）改属兰州。清乾隆三年（1738）属兰州府。民国初属甘肃兰山道。1919年因与奉天省金县重名，改为金城县。

③1913年改金州厅置，属奉天府东边道。治所即今辽宁大连市东北金州镇。1929年属辽宁省。1987年并入大连市改为金州区。

金岗山 又名金山。在今广东四会市北一里。《舆地纪胜》卷96肇庆府：金岗山，"按顾微之《广州记》云，行人往往见金人游于岗侧。《图经》云：按（四会）县境有银岗，在县之北，疑是此尔。县西江中又有金鸡洲"。《方舆纪要》卷101肇庆府四会县：金冈山在"县北一里，县之主山也。一名金山，又名金鸡山"。

金帐汗国 即钦察汗国。蒙古大汗国之一。都萨莱城（今俄罗斯伏尔加河下游阿斯特拉罕）。辖地东至额尔齐斯河，西至多瑙河，南至高加索，俄罗斯诸公国为其附庸。明成化十六年（1480）为莫斯科公国所灭。

金利站 元改金利寨（又名吉利场）置，在今广东佛山市南海区北里水镇。明洪武三年（1370）置巡司于此。

金利砦 在今广东佛山市南海区北里水镇。《方舆纪要》卷101广州府南海县：金利砦在"府西十五里。宋元时置砦于此。明洪武三年改置巡司"。

金利墟 即今广东高要市东金利镇，东临三水市界。明万历《广东通志》卷46：高要县有金利墟。清嘉庆二十一年（1816）移县丞驻此。

金秀设治局 1942年析修仁、蒙山、象县、平南、桂平五县地置，属广西省。治所在金秀乡（今广西金秀瑶族自治县）。1947年撤销。

金佛山 在今重庆市南川区东南一百里。清光绪《南川县志》卷首："金山四面峭壁如铸，多古佛状。"故名。咸丰《南川县志》卷1：金佛山"背黔面蜀，横亘东南，四面峭壁如铸，凡数层，最高曰清冻顶，尤人迹罕到"。古迹有金佛寺、古佛洞、老君洞、龙崖城等，为川东南著名风景名胜区。

金佛寺堡 明置，属肃州卫。在今甘肃酒泉市东南九十里金佛寺镇。《清一统志·肃州》：金佛寺堡，"城在近山，周二里四十丈。今有把总"。

金余（馀）镇 即今江苏南通市通州区（金沙镇）东南十二里金余乡。清光绪《通州直隶州志》卷1：东"五十里曰金余镇"。

金谷 在今河南孟津县东南凤凰台南至左坡南。《水经·谷水注》：金谷水"出太白原，东南流历金谷，谓之金谷水，东南流径晋卫尉卿石崇之故居也。

石季伦《金谷诗集·叙》曰：……有别庐在河南界金谷涧中，有清泉、茂树、众果、竹柏、药草蔽翳”。《晋书·石勒载记》：石勒与刘曜大战于洛阳，刘曜军败，“枕尸金谷”。即此。

金谷水　即今河南洛阳市西金水河。《水经·谷水注》云：金谷水“出太白原东南流，历金谷，谓之金谷水”。

金谷园　在今河南孟津县东南凤凰台南。西晋石崇建。石崇《金谷诗序》：“余有别庐在河南金谷涧中，清泉、茂树、众果、竹柏、药物备具。又有水碓鱼池。”

金谷园支线　自今河南洛阳市至金谷园。长32.2公里。为陇海铁路支线。1940年建成。1944年拆除。

金谷涧　在今河南洛阳市东北。《水经·谷水注》：“谷水又东，左会金谷水，水出太白原，东南流，历金谷，谓之金谷水。东南流径晋卫尉卿石崇之故居也。石季伦《金谷诗集·叙》曰：‘余以元康三年，从太仆卿出为征虏将军，有别庐在河南界金谷涧中。’”

金邻大湾　古海湾名。又称小海。即今暹罗湾。隋、唐时为中国经扶南通西方各国所经。《太平御览》卷788“边斗四国”条引《隋书》曰：“边斗国、都昆国、拘利国、比嵩国，并扶南度金邻大湾，南行三千里有此国。”

金邻国　古国名。亦译金陈或金遴。在今泰国曼谷湾西北岸之叻丕。《太平御览》卷790引《异物志》曰：“金邻一名金陈，去扶南可二千余里。”《梁书·扶南国传》：“次当伐金邻国，蔓遇疾，遣太子金生代行。”隋、唐时的金邻大湾，即因此国而得名。

金龟山　①在今广西北流市东南二里。《方舆纪要》卷108北流县：金龟山“与会灵台山隔江相对，台上有瀑布岩洞”。

②在今四川万源市西南三百里鹰背乡境。民国《万源县志》卷1：金龟山“山有王家寨，险峻阔大”。清嘉庆初，白莲教首领冉文俦据此。

金龟井　在今云南姚安县西十里。《方舆纪要》卷116姚安军民府：金龟井“在府西十里。水甚清洌，土人皆汲于此”。

金龟头　即今台湾省澎湖县马公半岛西南端之金龙头。连横《台湾通史·开辟纪》：明天启二年(1622)，荷兰船舰至澎湖，“复于风柜尾、金鱼头，蒔里白沙、渔翁诸岛，各造炮台，以防守海道”。即此。

金沙　又作金江。即今云南永胜县西南金江街。清设金沙县知事。民国初改金沙县佐。

金沙山　在今河南濮阳市东北。《方舆纪要》卷16开州：“金沙山在州治东迤北。宋建炎间，杨隶守开德，金人来攻，方战，城陷。金人屠其城，隶及弟彭年死之，人为瘗骨，立冢如山，因以沙名。”

金沙场　北宋置，即今江苏南通市通州区（金沙镇）。为宋代通州八盐场之一。清设金沙场盐课大使于此。民国间改设金沙镇。

金沙关　明置，在今四川雅安市东北二十里。《明史·地理志》雅州：“东北有金沙关。”

金沙州　在今湖北武汉市武昌区西南。《方舆纪要》卷76江夏县：金沙州“在城西南江滨。旧持此以障大江之冲啮。今洲移江澨”。

金沙江　①古名绳水、若水、泸水、马湖江、犁牛河、丽江。为长江上游，今四川宜宾市以上江名。赵万里辑《元一统志》卷7：“金沙江古丽水也。今亦名丽江。白蛮谓金沙江，磨些蛮谓漾波江，吐蕃谓犁枢。源出吐蕃共陇川犁牛石下，亦谓之犁牛河。至临西县境，绕猪婆山弄视川，南流过铁桥，临巨津州，破雪山，出宝山州而去。此江沿河皆出金，白蛮遂名之金沙江。”源出青海西南唐古拉山东麓，东南流至玉树直门达始称金沙江。南流入四川石渠县境，为川藏界河，由得荣流入云南境，曲折东流至渡口市东北纳雅砻江，东北流为川滇界河，于四川宜宾市东纳岷江后，始称长江。

②在今云南宾川县东北境。明洪武三十一年(1398)置土巡检司于此。

③在今云南武定县西北金沙江畔。明洪武二十四年（1391）置土巡检司于此。

金沙江巡司　即今云南元谋县北金沙江南岸江边乡（龙街）附近。《清一统志·武定州》：金沙江巡司“在州西二百五十里，金沙江南岸。明永乐五年建，今仍旧”。

金沙县　1941年置，属贵州省。治所在打鼓新场（今贵州金沙县）。金沙县有金沙里，为富庶之区。县名金沙取“地区富庶，砂土与黄金同价”之义。

金沙谷　在今甘肃天水市东南。《资治通鉴》：五代梁贞明元年（915），蜀将“王宗绾等败秦州兵于金沙谷”。即此。

金沙岭　①在今河北任丘市东四十里。《方舆纪要》卷13任丘县：金沙岭，“以土阜参差而名，本无岭也。《志》云：岭回环断续，隐约蜿蜒，如见如伏，凡数十里。断处有细沙流出，如金星，因名”。

②即金岭。今新疆天山东支博格达山。《新唐书·地理志》西州交河县：“自县北八十里有龙泉馆，又北入谷百三十里，经柳谷，渡金沙岭。”即此。

金沙驿　即今福建南平市东南茶洋。宋淳祐中置，元至正间改名茶洋驿。

金沙泉　①在今浙江长兴县西北三十三里顾渚山东南麓。《寰宇记》卷94长兴县：金沙泉，“按《郡国志》云，即每岁造茶所也”。《方舆纪要》卷91长兴县：金沙泉“在顾渚山下，泉出不常。唐时惟造紫笋茶供贡，则取给此水。元至元间水溢，可灌田千顷，因名瑞应泉”。唐裴清有《进金沙泉表》。

②在今广西平乐县城东南隅。唐李商隐《昭郡》诗："绳烂金沙井。"即此。

③一名虎跑泉。在今陕西凤翔县东北二十里。北宋苏轼诗："金沙泉涌雪涛香。"指此。

金沙洲　在今湖南岳阳市西南洞庭湖中。《方舆纪要》卷77岳州府巴陵县"曹公洲"条下：金沙洲"一名龙堆。延袤数里。亦名金沙堆"。

金沙埠　即今江西贵溪市西北金沙乡。《清一统志·广信府》"江浒山镇"条下："又（贵溪）县西二十里曰金沙埠……俱为水陆要冲，今皆有兵戍守。"

金沙渡　在今江西贵溪市西北信江北岸。南宋范成大《骖鸾录》：乾道癸巳岁（1173），"过贵溪县宿金沙渡，去县数里有桃花台"。

金沙镇　①南宋置，属严道县。在今四川雅安市东北。《舆地纪胜》卷147雅州：金沙镇"相传章宪明肃刘皇后生于此"。

②即今江苏南通市通州区（金沙镇）。1949年南通县迁治于此。1993年改设通州市。

金沟　在今江苏沛县东五里。《清一统志·徐州府一》：金沟，"三河口诸水，由此而入运河。地多沙，其中隐隐若麸金，故名"。

金沟馆　在今北京市密云县东北四十五里，已没入密云水库中。《明一统志》卷1顺天府："王曾《上契丹事》：自顺州至檀州，渐入山五十里，至金沟馆。将至馆，川原平旷，谓之金沟淀。"

金局关　在今湖北大悟县东黄站乡（黄陂站）。《方舆纪要》卷76黄安县"双山关"条下："金局关在县西北，亦曰黄陂站，接河南罗山县界。"

金陈国　即金邻国。在今泰国曼谷湾西北岸之叻丕。《水经·河水注》引竺枝《扶南记》曰："林锡国在金陈国步道二千里。"

金附州都督府　唐显庆二年（657）后析大漠州都督府置，属北庭都护府。在今新疆和布克赛尔蒙古自治县境。8世纪前期废。

金鸡山　①在今浙江宁波市东北甬江入海口东岸。《舆地纪胜》卷11庆元府：金鸡山"在定海县之海门。相传山有金鸡，正镇海门"。清薛福成《笠山宏远炮台铭并序》："招宝山扼其北，金鸡山峙其南，最据形胜。"

②在今福建福州市东。《舆地纪胜》卷128福州《景物下》：金鸡山"在报恩院。秦始皇时望气者云此山有金鸡之祥，遂劚断山脊，以厌王气"。

③在今广西宾阳县西。《方舆纪要》卷109宾州：金鸡山"在州西二十里"。"

④一名鸡鸣山、鸡栋山。在今四川名山县西南与雅安市交界处。《舆地纪胜》卷147雅州：金鸡山"在严道县北三十五里。俗传：古有金鸡鸣于此"。《方舆纪要》卷72雅州：金鸡山"在州北二十里。上有金鸡关"。

金鸡场　在今福建连城县南。《方舆纪要》卷98连城县：金鸡场"在县南金鸡山下。相近又有吕溪场"。

金鸡关　①在今安徽霍山县西南五十里大化坪镇境内。《方舆纪要》卷26霍山县"梅子关"条下："又县西南五十里有金鸡关，南北两关对峙，路出英山。皆昔时戍守处。"

②一名鸡栋关。在今四川雅安市东北金鸡山金鸡村。《明史·地理志》雅州："北有金鸡关。"《方舆纪要》卷72雅州：金鸡关"在州北金鸡山上。一名山鸡栋关"。

金鸡坪营　在今广东高要市东南。《方舆纪要》卷101肇庆府高要县：金鸡坪营"在府东四十里云头山，与高明县九曲径相接。嘉靖二十五年置"。

金鸡岭　亦作京畿岭。在今江苏镇江市西北之云台山上。《清一统志·镇江府一》：银山"一名云台山，上有金鸡岭"。

金鸡驿　明置，在今贵州大方县东南鸡场乡。

金鸡峡　在今广西贵港市西六十里。《方舆纪要》卷108贵县：金鸡峡"相近者又有狮子峡"。连山绵亘，直至宾阳县。

金鸡泉　在今云南保山市东五里金鸡村。《清一统地·永昌府》：金鸡泉"泉出二池，一温一凉。泉畔有石，高五尺，围丈余。石上数孔，聚水澡浴，俗谓之立舒石。相传吕凯所立"。

金鸡站　元置，属藤州。在今广西藤县西南。明改为金鸡驿，后废。

金鸡砦　在今陕西平利县西南一百八十里。《清一统志·兴安府二》：金鸡砦"自金毛关平地特起一山，高百丈，周环有水。明正德中，剿流寇尝屯兵于此"。

金鸡堡　在今山西平陆县西南。《方舆纪要》卷41平陆县：金鸡堡"在县南二里。有金鸡冈，其顶高峻，前临黄河，昔人因置堡于此，为戍守处"。

金鸡墟　①即今广东开平市西南金鸡镇。清光绪《广东舆地全图》：恩平县东北有金鸡墟。

②即今广东罗定市东金鸡镇，东接云浮市界。清康熙《罗定州志》卷9有金鸡墟。

③即今广西藤县西南五十里金鸡镇。清雍正《广西通志》卷20藤县：旧设金鸡驿。

金武支线　自今浙江金华市至武义县，长40公里，为浙赣铁路支线。日伪于1942—1944年修筑。1945年被拆除。

金顶　在今四川峨眉山市西南一百三十里，为峨眉山顶峰之一，仅次于万佛顶。海拔3077米。游峨眉山者至此而止。上有光相寺（普光殿）、卧云庵等。气势磅礴。在覩光台可见日出、云海、宝光（佛光）、圣灯四大自然景观。南宋范成大游此，在《峨眉山游记》中记载了金顶景况。

金顶寺城　又名固勒札城。即今新疆伊宁市。清徐松《西域水道记》卷4："《西藏总传》云：初，厄鲁特崇黄教，噶勒丹策凌建都纲于伊犁河滨，北曰固勒扎……谚称固勒札曰金顶寺。”清乾隆二十七年（1762）建宁远城于此，故该城有金顶寺、固勒札之称。

金坡镇 在今河北易县西五十里安格庄乡北金坡村。明洪武七年（1374）于此置巡司。嘉靖中废。

金林州 一作全林州。唐天宝前置羁縻州，属雅州都督府。治所在今四川康定县境。北宋属雅州。后废。

金柜（匱）山 在今广西崇左市东。《明一统志》卷85太平府：金柜山“在府城外江东。山中虚，可容百人”。明《徐霞客游记·粤西游日记三》：“金柜瞰江峙，岩洞中空，大容数百人；茅棘湮阨，竟金柜山岩洞不得，三周其北、东、南三面，又两越其巅，对瞩江城，若晰须眉于镜中。”

金柜（匱）镇 北宋熙宁四年（1071）废乐蟠县置，属合水县。即今甘肃合水县治（西华池镇）。元废。

金瓯山 在今福建宁德市东南。明嘉靖《福宁州志》卷2《山川》宁德县：金瓯山“在一都。四际平旷，山突出如覆瓯，故名。又曰覆釜”。

金齿山 在今浙江象山县南。《方舆纪要》卷92象山县：金齿山“在县南百六十里。《海防说》：山岛岙颇多，有金齿门港，倭船往来，每栖泊于此，亦南路要冲也”。

金齿军民指挥使司 明洪武二十三年（1390）升金齿卫置，属云南都司。治所即今云南保山市。辖境约当今云南保山市，永平、施甸等县，怒江傈僳族自治州及中甸县。嘉靖元年（1522）复为卫。

金齿所 明洪武中置金齿千户所，属金齿军民司。治所即今云南保山市。万历十三年（1585）改镇安守御千户所，移驻猛淋。

金虎台（臺） 在今河北临漳县西南三台村。东汉末曹操所筑。为邺都三台之一。《三国志·魏书·武帝纪》：建安十八年（213），“作金虎台”。《水经·浊漳水注》：“金虎台，高八丈，有屋百九间。”北周毁，今仅存土阜。

金昌县 五代梁开平二年（908）吴越改唐山县置，属杭州。治所在今浙江临安市西九十八里昌化镇。五代唐同光初复名唐山县。

金昌府 金兴定元年（1217）改河南府置，建号中京。治所在洛阳县（今河南洛阳市）。辖境相当今河南渑池县以东，巩义、登封二市以西，北起黄河，南至伊川县地。元改为河南府路。

金昌城 一作金吕城。在今甘肃永昌县北。《晋书·张轨传·张天锡附传》：东晋太元元年（376），前秦苻坚遣将伐前凉，“天锡率万人顿金昌城”。即此。

金昌亭 即金阊亭。故址在今江苏苏州市阊门内。

金明川 即今陕西安塞县西延河。《寰宇记》卷36延州金明县：金明川“川自县北蕃部来一十五里县西过南流，入肤施县界”。

金明门 三国魏邺都之西门。在今河北临漳县西南五十里邺城遗址。《水经·浊漳水注》：邺城“有七门……西曰金明门，一曰白门”。《资治通鉴》：东晋永和三年（347），后赵石虎“命太子宣出祈福于山川，因行游猎。……十有六军戎卒十八万出自金明门”。

金明池 故址在今河南开封市西郊。五代周显德四年（957）开凿。为伐南唐而训练军队习水战之处。北宋太祖置神卫水军、真宗大中祥符六年（1013）置虎翼军习水战于此。南宋孟元老《东京梦华录》卷7：“（金明）池在顺天门外街北。周围约九里三十步。池西直径七里许。入池门内南岸西去百余步，有面北临水殿，车驾临幸观争标，锡宴于此。”

金明县 隋仁寿元年（601）改广洛县置，属延州。治所即今陕西安塞县东南沿河湾镇。大业初属延安郡。十三年（617）废。唐武德二年（619）复置，为北武州治。贞观二年（628）属延州。北宋熙宁五年（1072）并入肤施县。

金明郡 北魏太平真君十二年（451）置，治所在永丰县（今陕西安塞县西北）。辖境相当今陕西安塞县境。北周废。

金明寨 ①在今贵州开阳县东北废乖西司境。《方舆纪要》卷121金筑安抚司：金明寨“洪武二十一年，顾成统平越等卫军征乖西扒古、谷劳、金明等砦，平之”。即此。

②北宋熙宁五年（1072）降金明县置，属肤施县。在今陕西安塞县东南沿河湾镇。《宋史·夏国传上》：康定元年（1040），“夏人攻金明砦，执都监李士彬父子”。即此。

金岭 又名金山、金娑岭、金莎岭、金沙岭。即今新疆天山东支博格达山。《新唐书·契苾何力传》：永徽中，西突厥阿史那贺鲁叛，“寇庭州，陷金岭”。《宋史·高昌国传》引王延德《高昌行纪》：“历交河州，凡六日，至金岭口，宝货所出……上金岭。过岭则多雨雪，岭上有龙堂，刻石纪云：小雪山也。”

金岭驿 即今山东淄博市东金岭回族镇。《旧五代史·梁书·朱珍传》：“兵至乾封，与淄人战于白草口，败之。青人以步骑二万，列三寨于金岭驿。”即此。宋置金岭镇。

金岭镇 北宋置，属淄川县。即今山东淄博市临淄区西金岭回族镇。清有益都县县丞驻此。胶济铁路在此有支线（铁山支线）通铁山。

金岭镇站 元置，属临淄县。在今山东淄博市临淄区西金岭回族镇。

金钗山 在今福建石狮市东北。《舆地纪胜》卷130泉州《景物下》：金钗山“两山延袤若钗股然，故名。梁文靖公（梁克家）读书堂在其下”。明时浯屿水寨置于山下。

金瓮（甕）山 在今陕西富平县东北三十三里。唐顺宗丰陵在此。

金鱼井　在今四川宜宾市西北。《舆地纪胜》卷163叙州：金鱼井“在城南门外一里许。山谷居是邦时，酷喜茶，令人遍汲井泉试之，品题为第一”。

金鱼岭　在今广东五华县西。《方舆纪要》卷103长乐县：金鱼岭“在县西九十里。每霖雨水溢，其旁冈阜皆没，独此岭形如双鱼，鬐鬣悉具，若腾跳于巨浸中”。

金河　①即古到剌山水。在今河北蔚县东。《清一统志·宣化府二》引《旧志》：“金河在蔚州东南七十里。发源小五台山，西北流入壶流河。其水映石如金，故名。”

②即古芒干水。今内蒙古呼和浩特市南大黑河。《隋书·突厥传》：大业三年（607），“炀帝幸榆林（今内蒙古准格尔旗东北十二连城）……亲巡云内（即古云中，今托克托县东北古城），泝金河而东，北幸启民所居”。同书《于仲文传》：仲文“统十二总管以击胡，出服远镇，遇虏破之……于是从金河出白道”。据《元和志》卷4：榆林县东北二十里有“金河泊”，在今大黑河下游近入黄河处，当因金河所汇得名，即古沙陵湖。《水道提纲》谓大黑河即隋唐金河，其说是。

③当今内蒙古乌拉特中旗东南摩楞河。《新唐书·地理志》夏州塞外道大同城：“北经大泊，十七里至金河。又经故后魏沃野镇城，傍金河，过古长城。”

④在今甘肃酒泉市西。《方舆纪要》卷63肃州卫：金河“在卫西。高居诲《使于阗记》：从甘州而西，始涉沙碛，又西北行五百里至肃州，渡金河西百里，出天门关云。唐人有金河戍”。

⑤今蒙古国鄂尔浑河上游支流吉尔马泰河。《辽史·太祖纪》：天赞三年（924）九月，“次古回鹘城。……凿乌山石，取金河水，辇致潢河、木叶山，以示山川朝海宗岳之意”。元耶律铸《双溪醉隐集》卷5：“和林西百余里有金莲花甸，金河界其中，东汇为龙涡。”《元史》卷4：中统元年（1260），阿里不哥“僭号于和林城西按坦河”（按坦，意为“金”）。

金河口镇　即今四川乐山市金口河区金河镇。民国《峨边县志》卷2：金口河场“在县西北一百二十里”。为大渡河上重要集镇。

金河山　当在今内蒙古呼和浩特市东凉城县西北、卓资县西南相连接地区。《辽史·地理志》：德州有金河山。

金河行政区　1917年析建水县勐喇、茨通坝、者米三土掌寨地置，属云南蒙自道。治所在王布田（即今云南金平苗族瑶族傣族自治县）。民国《云南省金河行政委员区域地志资料册》：“因治城去铜厂道路有金河一条，距城约三十余里，即以‘金河’二字定名。”1929年直属云南省。1932年改金河设治局。

金河设治局　1932年改金河行政区置，直属云南省。治所即今云南金平苗族瑶族傣族自治县。1934年与平河设治局合置金平县。

金河县　隋开皇十八年（598）改阳寿县置，属云州。治所在今内蒙古托克托县北哈拉板申村大黑河东岸古城。以金河（今大黑河）为名。二十年（600）改属胜州。后废。唐天宝四年（745）复置，为振武军治。移治今和林格尔县西北土城子。后废。

金河泊　即秦、汉之沙陵湖。在今内蒙古托克托县西北。《元和志》卷4胜州榆林县：金河泊“在县东北二十里。周回十里”。

金波亭　在魏州城（今河北大名县东大街乡）内。《资治通鉴》：五代梁乾化五年（915）三月，置昭德军于相州，分魏州将士府库之半隶之。魏兵不从，刘鄩遣别将王彦章“入魏州，屯金波亭”，魏州军乱，“围金波亭，王彦章斩关而走”。即此。

金波湖　在今宁夏银川市东北。明嘉靖《宁夏新志》卷2：金波湖“在丽景园青阳门外。垂柳沿岸，青阴蔽日，中有荷芰，画舫荡漾，为北方盛观”。

金泽县　东晋建元元年（343），十六国前凉置，属张掖郡。治所在今甘肃张掖市南。后废。

金泽塘　今上海市青浦区西南。《方舆纪要》卷24松江府青浦县：金泽塘，“《志》云，塘东北接淀山湖，西南流入泖，其南通白荡，入浙江嘉善县境”。

金泽镇　即今上海市青浦区西南金泽镇。元时设淀山巡司于此。明初移于镇西之安庄。

金泾　在今江苏常熟市东北。《方舆纪要》卷24苏州府常熟县：金泾“在县东北九十里。南通李墓塘。又东接白茆港、李墓塘，汇流北出，自金泾注于大江。宋庆历中，知县事范琪浚金泾、鹤渎二浦，溉田千顷”。

金宝圩　亦名金钱圩、惠民圩、化成圩。在今安徽宣城市西北。三国吴赤乌二年（239）筑，历经修建。至清代圩周一百二十余里，溉田二十余万亩。

金宝顶堡　即金宝堡。在今广西阳朔县西四十里金宝乡。明隆庆五年（1571）置，清康熙八年（1669）设游击驻防。

金宝城　唐南诏置，属镇西节度。在今缅甸克钦邦密支那。南诏后期属丽水节度。

金宝堡　亦作金宝顶堡。明隆庆五年（1571）置，在今广西阳朔县西四十里金宝乡。《明史·郭应聘传》：万历初，廖金滥等起事，总兵官李锡“以阳朔金宝岭贼近，欲先灭之”。即此。清设游击驻防。

金肃州　亦作金肃军。辽重熙十二年（1043）置，属西京道西南面招讨司。治所即今内蒙古达拉特旗东南城塔村古城。《辽史·天祚帝纪》：保大三年（1123），西遁云内，夏国王李乾顺遣使请临其国，“渡（黄）河，止于金肃军北”。即此。金废。

金肃军　即金肃州。辽重熙十二年（1043）置，治所在今内蒙古达拉特旗东南城塔村古城。

金线岛　在今辽宁长海县境。《方舆纪要》卷37金州卫"莲花岛"条下："又有金线岛，俱有官兵戍守。明朝永乐十七年，大帅刘江于金线岛西北望海埚上筑垒备倭。"

金线闸　在今山东东平县西北戴庙乡运河东岸。《方舆纪要》卷33东平州："金线闸在州西北，即张秋镇河东岸也，有巡司戍守。"

金线河　在今辽宁开原市东北。明《全辽志》卷1：金线河"在（开原）真武庙前。源出东北隅泉穴，西流出水关而南入清河"。《方舆纪要》卷37三万卫：金线河"在卫城东北，西流入城，出西水关，又南入清河。夹岸多柳，因名"。

金线泉　①在今山东济南市趵突泉东数十米。元好问《济南行记》："金线泉，有纹若金线，夷犹池面。"又《方舆纪要》卷31历城县载："金线泉在城西。石甃方池，泉乱发其下，东注城濠，澄澈见底，波心南北有金线一道，隐起水面，因名。"金线泉在今趵突泉公园内。

②在今河南潢川县南七里。《清一统志·光州一》：金线泉"在州南七里。常涌不绝，下流入小潢河。宋赵抃诗：玉甃常浮颢气鲜，金丝不断县南泉"。

金城　①在今江苏南京市东北长江南岸。相传三国吴筑。东晋南渡后曾侨置琅邪郡于此。《晋书·元帝纪》：东晋永昌元年（322），王敦以诛刘隗为名举兵，"刘隗军于金城"。即此。

②在今江苏句容市北。《晋书·桓温传》："温自江陵北伐，途经金城"，即此。

③在今云南嵩明县西南。《方舆纪要》卷114嵩明州：金城"在州西南。汉人所筑。《志》云，金城南有诸葛武侯与夷酋盟台。嵩盟之名盖本于此"。

金城山　①在今安徽黄山市黄山区西北。《方舆纪要》卷27石埭县：金城山，"《志》云：在县西二里，势如罗郭，因名"。

②在今湖北咸宁市西北。《水经·江水注》："陆水又屈而西北流，径其（下隽）县北，北对金城，吴将陆涣所屯也。"《寰宇记》卷112江夏县：金城山"在县东南二百三十里。下有村，在金口水南。村人堰水成塘，以此为名"。《方舆纪要》卷76江夏县"赤壁山"条下：金城山"吴将陆焕尝屯兵于此。《南迁录》所云'金城险固'者也"。

③在今湖北崇阳县东十五里。《清一统志·武昌府一》：金城山"宋黄庭坚读书其上，黑池犹存"。

④在今湖南临武县东四十里。《方舆纪要》卷80临武县"舜峰山"条下：金城山"山高广。旧时土人于上垒石为城以避寇"。

⑤在今湖南武冈市东南五十里。《方舆胜览》卷26武冈军：金城山"在武冈县界，是石真人所治之处，第六十八福地也"。

⑥在今湖南新宁县南十五里。《明一统志》卷63宝庆府：金城山"道书以为第六十八福地。石真人所治处"。

⑦又名金山。在今广东潮州市旧城内北部。《舆地纪胜》卷100潮州：金城山"见《九域志》。有韩木，韩退之所植也。不知名。土人以岁开花为登第之兆"。《方舆纪要》卷103潮州海阳县：金山"一名金城山，东临恶溪，西瞰大湖，为一郡之胜"。

⑧在今重庆市城口县东南。《清一统志·太平厅》：金城山"在厅东二百四十里。前江发源于此"。

⑨亦名隆城山、崇城山、金粟山。在今四川仪陇县（新政镇）东北金城镇城内北隅。《寰宇记》卷139仪陇县："县城原在金城山顶，四望悬绝，石壁高八十丈，周回五里，惟西南稍通人马。"《方舆纪要》卷68仪陇县：金城山"在县治北。众山环向，如雉堞然，石壁高八十丈，周回五里，惟西南有径可通。上有数石，如贮米囊，故亦名金粟山"。

金城关　汉置。在今甘肃兰州市城关西北黄河北岸中山铁桥西金城关下。阚骃《十三州志》："金城郡有金城关。"《元和志》卷39兰州："金城关，在州城西。周武帝置金城津，隋开皇十八年（598）改津为关。"《宋会要辑稿》哲宗绍圣四年（1097）权知兰州苗履建言："议建金城，因旧基，增损周圆长千步以上，中系浮桥，矢石不及。"《续资治通鉴长编》：同年，"枢密院言：'兰州近日修复金城关，系就浮桥。'"

金城州　北宋置，为羁縻州，属宜州。治所在金城县（今广西河池市金城江区驻地）。元废。

金城江　即今广西龙江上游。《明史·地理志》河池州："东有金城江，下流合于都泥江。"《方舆纪要》卷109河池州：金城江在"州东五十里。源出贵州界，下流入都泥江。《宋志》：宜州所领有羁縻金城州，盖因江以名"。

金城县　①西汉置，属金城郡。治所即今甘肃兰州市城关。《汉书·地理志》金城郡注引应劭曰："初筑城得金，故曰金城。"臣瓒曰："称金，取其坚固也。"十六国前凉为金城郡治。西秦曾迁都于此。北魏废。隋大业初复置，改子城县，仍为金城郡治。隋末改名五泉县。唐咸亨二年（671）复名金城县，为兰州治。天宝元年（742）又改为五泉县。

②北魏初置，属金城郡。治所在今青海民和回族土族自治县南古鄯镇北古城。《元和志》卷39鄯州龙支县："本汉允吾县也，属金城郡。后魏初于此置金城县，废帝二年（553）改名龙支县。"

③北周置，为旭州通义郡治。治所在今甘肃碌曲县东南。隋开皇十八年（598）改为美俗县。

④唐武德二年（619）改因城县置，属延州。治所在今陕西甘泉县西北。天宝元年（742）改名敷政县。

⑤唐武德四年（621）分涟水县置，属涟州。治所在今江苏涟水县北三十里。贞观元年（627）废。

⑥唐景龙二年（708）改始平县置，属雍州。治所在马嵬城（今陕西兴平市西二十五里马嵬镇）。《元和志》卷2：“景龙二年，金城公主出降吐蕃，中宗送至此县，改始平县为金城县。”开元元年（713）属京兆府。至德二载（757）改名兴平县。

⑦唐乾元二年（759）改广武县置，属兰州。治所在今甘肃永登县东南。后地入吐蕃，废。

⑧唐末置，为应州治。治所在今山西应县东。乾符间移治今应县。明洪武初废。《资治通鉴》：五代晋天福二年（937），“应州马军都指挥使金城郭崇威亦耻臣契丹，挺身南归”。胡三省注：“按此非兰州之金城，乃应州之金城县也。”

⑨北宋置，为羁縻金城州治。治所即今广西河池市金城江区驻地。元废。

⑩1919年8月改金县置，属甘肃兰山道。治所即今甘肃榆中县。同年10月改名榆中县。

金城驿 在今广西南宁市邕宁区东北。《宋史·蛮夷传》：皇祐四年（1052），依智高军“又败陈曙于金城驿”。即此。

金城津 北周置。在今甘肃兰州市城关西北黄河北岸中山铁桥西金城关下。《元和志》卷39兰州：“金城关，在州城西。周武帝置金城津，隋开皇十八年（598）改津为关。”

金城宫 在今陕西华阴市东。《新唐书·地理志》华阴县：“东十三里有隋金城宫，武德三年废，显庆三年复置。”

金城郡 ①西汉始元六年（前81）置，治所在允吾县（今青海民和县南古鄯镇北古城）。辖境约当今甘肃兰州市以西，青海省青海湖以东的河、湟二水流域和大通河下游地区。东汉末辖境西部缩小，仅指今大通河下游以东。西晋初迁治榆中县（今甘肃兰州市榆中县西北定远镇）。十六国前凉迁治金城县（今兰州市城关）。隋开皇废。大业初复置，仍治金城县。隋末治五泉县。唐武德二年（619）改为兰州。咸亨二年（671）治金城县。天宝元年（742）复为金城郡。乾元元年（758）改为兰州。

②北魏置，属东梁州。治所在直城县（今陕西石泉县东北池河东岸）。后属直州。辖境相当今陕西石泉县地。隋开皇初废。

金城堡 ①即今广西河池市。《清一统志·庆远府》：金城堡“在河池州东北，金城江北。旧置巡司，或曰即故州也。州界瑶僮十居七八，其力作及走墟市，皆由妇人，谓之坐男使女”。

②北宋筑，在今陕西府谷县北。南宋李焘《续资治通鉴长编》：仁宗庆历元年（1041），民乏水饮，麟府将张亢，以府州“下城旁有蔬畦，为筑金城堡”。

金城渡 即今广西河池市。《方舆纪要》卷109河池州：金城渡“在州东五十里金城江上，渡旁旧置巡检司”。

金城寨 在今广西南宁市邕宁区东北金城。北宋为金城驿。明置巡司于此。《清一统志·南宁府》：金城寨巡司“在宣化县东九十里。本宋金城驿。……明洪武四年改为寨并置巡司，今因之”。后废。

金城镇 ①北宋置，属涟水县。在今江苏涟水县北三十里金城庵。

②即今广西河池市。明置巡司于此。

金带河 在今江西德安县西。《方舆纪要》卷87九江府德安县：金带河“旧从西南流，合庐山诸河，四面旋绕如带。后以山溪瀑涨，冲决城西，入城西北之箬山河，而会东北之水，县西之水遂竭。嘉靖二十六年，开浚如旧”。

金带铺 即今四川资中县西北金带场。清光绪《资州志》卷12：金带铺在“州北四十里”。

金南县 1933年9月中央革命根据地由金溪、南城二县析置，驻水口村（今江西南城县东北水口）。取二县首字为名。1933年11月废。

金柳城 在今甘肃广河县西。《寰宇记》卷154河州大夏县：“金剑山在县西二十里，亦有金剑故城，一号金柳城，即前凉曾为金剑县于其中。”

金柱关 在今安徽当涂县西五里，姑溪河入江口。《清史稿·地理志六》当涂县：“金柱关有汛。”

金树砦 在今贵州石阡县西北。《方舆纪要》卷122石阡府苗民司：“金树砦在司前，旧为戍守处。”

金砂村 即今福建永定县西北十里金砂乡。1927年中共永定县委设此。1928年6月，张鼎丞和永定县委在此发动了永定暴动。

金星山 ①在今福建永安市西。《方舆纪要》卷97延平府永安县：金星山“在县城西。西北临溪，有石壁，巉岩如削，下为潭，燕水所汇也”。

②在今贵州贵定县西。《方舆纪要》卷123新添卫：金星山“在卫城（今贵定县）西”。《清一统志·贵阳府》：金星山“在贵定县西半里。山形圆秀，迥异诸峰”。

金贵堡 明置，属宁夏卫。即今宁夏贺兰县东南金贵镇。明嘉靖《宁夏新志》卷1：金贵堡“有草场”。

金界壕遗址 一作金源边堡。金朝为防御蒙古所筑壕堑。天眷元年（1138），婆卢火驻乌骨迪烈地时建，为东北路界壕。大定二十一年（1181）将界壕取直，“东北自达里带石堡子至鹤五河地分，临潢路自鹤五河堡子至撒里乃，皆取直列置堡戍”。明昌五年（1194）在旧界壕基础上增建，至承安三年（1198）竣工。《金史·地理志》：“金之壤地封疆，……北自蒲与路之北三千余里，火鲁火疃谋克地为边，右旋入泰州婆卢火所浚界壕而西，经临潢、金山、跨庆、桓、抚、昌、净州之北，出天山外，包东胜，接西夏。”这北界边界线即界壕边墙的走向。据实测，金界壕起于今内蒙古呼伦贝尔市莫力达瓦旗嫩江西岸的前、后七家子村，西南沿大兴安岭东南麓经阿荣旗、扎兰屯市、扎赉特旗北，至科右前旗满族屯分为内外二线。外线经科右中旗西北、霍林郭勒市、东珠穆沁旗。内线从满族屯向西南，经突泉县、扎鲁特旗、阿鲁科尔沁旗、巴林左旗、巴林右旗、林西县至克什克腾西之达里泊，在正蓝旗境分为南北两线，北线经正镶白旗、镶黄旗，至商都县与南线合，往西经察右后旗、四子王旗，在查干敖包东与外边墙会，经达茂旗、武川县西北，折而南至大青山北麓。在东乌珠穆沁旗东北延伸入蒙古国境有一道外墙。从东到西界壕全长三千里。用夯土筑墙，墙外掘壕。重要地段有双壕双墙。为古代巨大的工程之一。又在今额尔古纳河上游北岸，西经满洲里市北，直至蒙古国，金代亦筑有边堡。2001 年金界壕遗址被定为全国重点文物保护单位。

金峒土司　清初改金峒安抚司置，属施州卫。治所在今湖北咸丰县北五十六里金洞司。雍正十三年（1735）废。

金峒安抚司　明永乐五年（1407）置，属施南宣抚司。治所在今湖北咸丰县北五十六里金洞司。清初改为金峒土司。

金峒寨　元置，属施州。治所在今湖北咸丰县北五十六里金洞司。元末明玉珍改为镇边五路总管府。

金钟（鐘）山　在今广西隆林各族自治县西南。《清史稿·地理志》泗城府西隆州：“西南：金钟山。”

金复（復）州万户府　元置，属辽阳等处行中书省。治所在今辽宁大连市金州区（金州镇）。后废。

金泉山　在今山东平度市东南三十五里。《魏书·地形志》：长广县有金泉山。《寰宇记》卷 20 胶水县：金泉山“其山出桔梗及防风”。

金泉县　即金渊县。治所在今四川金堂县东南淮口镇西沱江对岸同兴场。《隋书·地理志》作“金泉县”。

金泉郡　即金渊郡。治所在金泉县（今四川金堂县东南淮口镇西沱江对岸同兴场）。《隋书·地理志》金泉县：“西魏置县及金泉郡。后周废郡。”

金盾暗沙　在南海中中国南沙群岛内，为南薇滩南端的暗沙。水深 0.9 米。1935 年公布名称为顷士登滩。1947 年改名金盾暗沙。

金剑县　十六国前凉置，治所在今甘肃临夏县东南。《寰宇记》卷 154：金剑故城，“一号金柳城，即前凉曾为金剑县于其中”。后废为金柳城。

金盆岭　即今湖南长沙市南八里金盆岭街道。为城南第一要隘。清时有防营驻此。

金胜关　亦作全胜关。明置，属潞江安抚司。在今云南保山市西南腾冲县东北。《方舆纪要》卷 118 潞江安抚司：金胜关“在司西。《志》云：在镇姚所南，有堰草坡。明朝万历十一年参将邓子龙败缅军于此。时缅人崩溃而下，至今草生不能上指”。

金哀宗陵　在今河南汝南县北汝水之旁。《金史·哀宗纪》：天兴三年（1234），“帝自缢于幽兰轩。末帝退保子城，闻帝崩，率群臣入哭，谥曰哀宗。哭奠未毕，城溃。诸禁近举火焚之，奉御（完颜）绛山收哀宗骨瘗之汝水上”。即此。

金庭山　①即今安徽巢湖市北之黄山。《方舆纪要》卷 26 巢县：金庭山“在县北九十里。即黄山也。与合肥县接界”。

②即桐柏山。在今浙江嵊州市东南七十二里。《方舆纪要》卷 92 绍兴府嵊县：丹池山“旧名桐柏山，亦名金庭山，道书以为第二十七洞天”。

金阁寺　在今山西五台县东北南台西北岭畔，东北距台怀镇三十里。《清一统志·代州》：金阁寺“在五台县东北南台西北。唐大历二年有见金阁浮空，因建寺。铸铜为瓦，涂金其上”。阁为二层，内有高达 17 米的观音铜像，挺身而立，直达阁之上层。后人在铜像之外覆盖一层泥皮，遂似泥塑。观音两侧，二十四诸天环侍。阁背面有毗卢殿、弥陀殿、观音殿、地藏殿、菩萨殿、药王殿等，塑像满布，有近千尊之多。最后为大雄宝殿，供三世佛和十八罗汉，保存完好。

金炽山　在今陕西蒲城县西北三十里丰山之西。唐宪宗景陵在此。

金洋州　元置，属巩昌等处总帅府。治所即今甘肃成县。《元史·地理志》金洋州：“本隶兴元路，戊戌岁，有雷、李二将挈民户归附，令迁至成州，自行金洋州事。”后废。

金洲　一译金地。梵语意为吉祥胜利。所指地域，有时为缅甸南部，有时为暹罗，有时为马来半岛，有时为苏门答腊。一说为东南亚地区的泛称。惟托勒密和其他古代西方地理学家所称之 Gold Khersonese，系指今马来半岛。《大唐西域求法高僧传》卷下《贞固律师传》及《道宏传》所述之金洲，则指今苏门答腊岛。

金津　在今内蒙古乌拉特前旗东南。为古黄河渡。《魏书·太祖纪》：登国六年（391）十一月，大破卫辰子直力鞮军于铁岐山南，“戊子，自五原金津南渡河”。

金扃关　一名金山关。在今湖北大悟县东黄站镇（黄陂站）。《明史·地理志》黄安县：“西北有金扃关，亦曰金山关，与河南罗山县界。”

金神墩　即今安徽桐城市东南金神镇。清道光《桐城续修县志》卷 1《乡镇》：金神墩“小镇。城南三十五里由县往枞阳之路，水涨时至此乘舟”。

金垒山　在今浙江上虞市东南二十六里丰惠镇西南。《清一统志·绍兴府一》：金垒山“在上虞县（治今丰惠镇）西南二里。相传汉魏伯阳著《参同契》于此。旁有丹井，晋太康中浚井得金垒，故名”。

金珠鄂佛罗站　亦作金州鄂佛罗站，又名哲松站。在今吉林省吉林市北金珠乡。《清史稿·地理志》：吉林府北有“金珠鄂佛罗”站。

金盏淀　亦名金盏儿淀。在今北京市朝阳区东北三十里金盏地区。《明一统志》卷 1 顺天府：金盏儿淀

"在通州境，广袤三顷，水中有花开似金盏"。因名。淀早已消失。

金莲山　①在今江西大余县北。《方舆纪要》卷88南安府大庾县：金莲山"在府北三里。诸峰连接，状若莲花。迎候馆在其下。左有铁冈，冈上有候使台，讹为猴狮台"。

②在今云南澄江县东五里。《方舆纪要》卷115澂江府河阳县：金莲山"在府治东五里。一名龟山。高圆平正，众山环拱，日光照耀，有若金莲"。

金莲川　俗称金莲花滩。在今河北沽源县西南七十里莲花滩。为金世宗纳凉避暑之地。《金史·世宗纪》：大定十二年（1172），"如金莲川"。《金史·地理志》桓州："曷里浒东川，更名金莲川。"《元史·河渠志》："滦河，源出金莲川中。"周伯琦《扈从诗前序》：自牛群头（今河北赤城县独石口镇北石头城子）以北"多异花，五色，有名金莲者，绝似荷花而黄，尤异"。盖因滦河上源由南而北百余里地皆遍生金莲花，故名之为金莲川。

金莎岭　①在今山东金乡县东一里。《方舆纪要》卷32金乡县：金莎岭"西自曹县、定陶，东抵鱼台，绵亘三百余里，因地异名，实一岭也"。《清一统志·济宁州》："上有莎草，映日如金，故名。"

②即金岭。今新疆天山东支博格达山。《新唐书·突厥传》："有特庞勒居焉耆城，称叶护，余部保金莎岭。"即此。

金翅山　在今福建福清市西。《舆地纪胜》卷128福州《景物下》：金翅山"在福清县白鹿山东二十里，有卢山寺"。明《寰宇通志》卷45福州府《山川》：金翅山"在福清县西北七里，如鸟展两翅，因名"。

金原县　唐贞观二年（628）置，属羁縻轨州都督府。治所在今四川阿坝县境。后废。

金峰山　①在今江苏溧阳市西南。《清一统志·镇江府一》：金峰山"在溧阳县西南六十里。形势耸秀，为金陵发脉之宗"。

②在今湖南新宁县东五里。《方舆纪要》卷81新宁县：金峰山"上有大小芙蓉岭，亦名大小金峰山。岭侧有飞瀑泉，四旁斗崄，绝顶正平，可容数百人。有石屋户牖，皆天成"。

金钱圩　即金宝圩。在今安徽宣城市西北。

金钱隘　在今福建清流县西北。《方舆纪要》卷98清流县："金钱隘在县西北，路通宁化。"

金钱寨　在今重庆市城口县西北。清道光《城口厅志》卷4：金钱寨"距厅西九十里。山自陕西大界岭分支，绵亘数百里，至黄溪河后山，高峰特耸，俯视众山，四面皆悬崖"，相传为明左良玉扎营之所。清嘉庆初，白莲教义军起，乡团居民于此扎寨，龙绍周义军围攻三昼夜，不克而退。

金积山　在今宁夏吴忠市西南金积镇南。明嘉靖《宁夏新志》卷3灵州守御千户所：金积山"在州西南一百余里。产文石，上有牛首寺"。《明一统志》卷37宁夏卫：金积山"在卫城南二百里，山多赭土，日照其色如金。山北崖石板下，有水乱滴如雨，天旱祷有应"。

金积县　1913年改宁灵厅置，属甘肃宁夏道。治所在今宁夏吴忠市西南金积镇。以金积山为名。《明一统志》卷37宁夏卫："山多赫土，日照其色如金。"1928年属宁夏省。1960年撤销，部分地区与宁朔县及中宁县部分地区合并为青铜峡市，其余地区划归吴忠市。

金积渠　在今宁夏吴忠市西南。明嘉靖《宁夏新志》卷3：金积渠"在（灵）州西南金积山口，汉伯渠之上。弘治十三年，都御史王珣奏浚。长一百二十里……遍地顽石，大皆十余丈，锤凿不能入，火醋不能裂，竟废之。今存此虚名耳"。

金积堡　明嘉靖六年（1527）置，属灵州守御千户所。即今宁夏吴忠市西南金积镇。清同治间，回民马化隆、白彦虎据此反清。同治十一年（1872），清政府将回民起义镇压下去之后，于此置宁灵厅。

金釜山　在今四川蒲江县南八里。《寰宇记》卷75：蒲江县有金釜山。《方舆纪要》卷71蒲江县：金釜山"下有盐井，亦以金釜为名"。

金瓶山　在今广西灵川县北。《方舆纪要》卷107灵川县：金瓶山"在县西十五里。其西峰连环崒嵂，状类金瓶"。

金瓶堡　明置，属松潘卫。在今四川松潘县南一百五十里镇平乡金瓶崖。《明史·李应祥传》万历间，"杨柳番出攻普安堡，犯归水崖、石门坎，遂入金瓶堡，杀守将"。即此。

金娑山　即金岭。今新疆天山东支博格达山。《新唐书·沙陀传》："处月居金娑山之阳，蒲类之东，有大碛，名沙陀。"

金流镇　北宋置，属眉山县。在今四川夹江县东北三洞镇。

金浪山　即今云南永平县西南之博南山。元代称金浪山。《元混一方舆胜览》永昌府：金浪山"古博南山也，极为险隘"。

金家口　亦名金口镇。即今山东即墨市东北八十里金口镇。清同治《即墨县志》卷2《市廛》有金家口。

金家屯　即今辽宁昌图县西金家镇。清光绪《奉天全省地舆图说图志》昌图府：金家屯"在府城西北五十里"。

金家凹　在今甘肃泾川县东十里。明于此置巡司。清改为堡。《清一统志·泾州一》：金家凹堡，"俗呼圪塔关。明置巡司，后废。有城周一里有奇"。

金家庄堡　明成化二年（1466）置，属龙门卫。在今河北赤城县西北。《方舆纪要》卷18龙门卫：金家庄堡在"卫西北七十里。成化二年筑。……堡跨据高阜，南北两山夹峙，最为险要"。

金家岭寨　在今山东青岛市东。明曾置即墨营于此。为登莱三营之一。宣德八年（1433）移于即墨县北十里。

金家桥　即今安徽肥西县西北铭传乡西金桥村。旧属合肥县。清光绪《皇朝中外一统舆图》：合肥县西南有金家桥。

金家寨　在今安徽金寨县南。1932年置立煌县于此，1947年改为金寨县。1954年建梅山水库，淹入水中。

金容金达等处长官司　元置，属思州安抚司。治所在今贵州镇远县东北八十里。明洪武二年（1369）改为镇远溪洞金容金达长官司。

金陵　①战国楚威王七年（前333）灭越后置金陵邑，在今江苏南京市清凉山。三国吴在此筑城。《太平御览》卷170引《金陵图》云："昔楚威王见此有王气，因埋金以镇之，故曰金陵。"《晋书·王导传》："建康古之金陵，旧为帝里。"后人因以金陵为今南京市别称。

②北魏前期诸帝陵寝。在今内蒙古和林格尔县西北。《魏书·太祖纪》：永兴二年（410），"葬于盛乐金陵，庙号太祖"。其后太宗明元帝、世祖太武帝、高宗文成帝、显祖献文帝均葬于"云中之金陵"。《清一统志·归化城六厅》：金陵"在古盛乐城西北"。

③今江苏镇江市。唐时亦称金陵。宋王楙《野客丛书》卷20"北固甘露"条："唐张氏《行役记》言甘露寺在金陵山上；唐李璘《因话录》言李勉至金陵，屡赞招隐寺标致。盖时人称京口亦曰金陵。"

④金朝皇帝的陵墓。在今北京市房山区车厂村至龙门口一带。始建于海陵王完颜亮在位时。陵区有睿陵（太祖完颜旻陵，在房山区西北十五里云峰山麓）、恭陵（太宗完颜晟陵，在坟山）、德宗陵（海陵王之父完颜宗干陵，因被世宗削去帝号，陵名不存）、思陵（熙宗完颜亶陵，葬蓼香甸，世宗朝改葬鹅眉谷）、景陵（世宗父完颜宗辅陵，陪葬太祖陵侧）、兴陵（世宗完颜雍陵，葬于太祖陵侧）、道陵（章宗完颜璟陵，在燕山东风林场一带）等。明天启朝金陵被捣毁，清兵入关后，重修了睿、兴二陵，已非旧观。2006年定为全国重点文物保护单位。

金陵山　又名钟山、蒋山、紫金山。在今江苏南京市中山门外。《元和志》卷25上元县"钟山"条引《舆地志》："古金陵山也，邑县之名由此而立。"

金陵县　唐武德八年（625）改归化县置，属扬州。治所即今江苏南京市。次年改为白下县。

金陵府　五代吴武义二年（920）升升州置，治所在上元县（今江苏南京市）。辖境相当今江苏南京市市区及句容、溧水、溧阳、高淳等市县地。南唐升元元年（937）建都于此，改为江宁府。

金陵道　1914年依前江陵、镇江两府辖境置，属江苏省。治江宁县（今江苏南京市）。辖境约当今江苏扬中、丹阳、金坛、溧阳以西长江南岸地区及江北南京市六合、浦口2区地。1927年废。

金陵渡　又名金陵津。在今江苏镇江市北。唐张祜《题金陵渡》诗："金陵津渡小山楼。"即此。

金陵镇　北宋置，属江宁县。即今江苏南京市江宁区南陶吴。宋《景定建康志》卷16："金陵镇在江宁县南六十里。本陶吴铺，景德二年改为镇。"元设税务于此。

金勒　即今广西东兴市东北那梭。《方舆纪要》卷104钦州"如昔砦"条："宣德二年，土酋黄金广等以澌凛、罗浮、丁森、葛源等四峒十九村，叛附安南，安南遂侵如昔、贴浪、二都，因置金勒千户所，移治那苏隘。嘉靖十五年，安南复侵如昔、贴浪二都。十九年，莫登庸降，归澌凛、金勒、古森、丫葛四峒地，于是始复故境。"

金梭岛　又名海岛。在今云南大理市北洱海中。唐樊绰《蛮书》卷5载："大釐（理）城……东南十余里有舍利水城，在洱河中流岛上。四面临水，夏月最清凉，南诏常于此城避暑。"即在此岛。《清一统志·大理府》：金梭岛"在太和县洱河之东、青岭山之南。一名罗荃岛"。

金匮山　又名金紫山。在今江苏无锡市东北隅。明洪武《无锡县志》卷2：金匮山"周回数十丈，当邑之中，邑之主山也。世传有金匮藏书于山下，为无锡之巨镇，故名"。清置金匮县以此为名。

金匮县　清雍正二年（1724）析无锡县置，属常州府。治所即今江苏无锡市，与无锡县同城而治。以城内金匮山为名。1912年并入无锡县。

金雀山　在今山东临沂市南。《清一统志·沂州府一》：金雀山"在兰山县（今临沂市）南三里。《府志》：其西为银雀山。东西对峙，环护府治。中有桃花洞，下有泉，南流为阳明河"。

金堂山　亦名金台山、金堂峡山。在今四川金堂县南二十里。东晋常璩《华阳国志·蜀志》：新都县"有金堂山，水通于巴"。《元和志》卷31金堂县："以县界连金堂山，故以为名。"

金堂县　唐咸亨二年（671）析雒县、新都、金水三县地置，属益州。治所在今四川金堂县西南昆河南岸。一说在今县南龙威乡新生村。《元和志》卷31金堂县："以县界连金堂山，故以为名。"垂拱二年（686）属汉州。北宋乾德五年（967）属怀安军，嘉祐初因水患移治今成都市东北城厢镇（旧金堂县）。元属成都路。明洪武十年（1377）废入新都县，十三年（1380）复置，属成都府。《明史·徐尚卿传》：崇祯十年（1637），李自成义军入蜀，攻"陷金堂"。即此。民国初属四川西川道。1928年直属四川省。1950年迁治赵镇（今金堂县）。

金堂河　指今四川金堂县境之沱江。《寰宇记》卷76金水县：金堂水，"《华阳国志》云：新都县有金堂山，山有水，合巴、汉大江"。《明史·地理志》金堂县："雒水经此，曰金堂河。"《方舆纪要》卷67金堂县：金堂河"在县东。以金堂峡而名。即湔水、绵水、雒水会流处也。自新都入县界，至县东南五十里，出金堂峡而入简州资阳县界”。

金堂峡 在今四川金堂县南十八里。《舆地纪胜》卷164怀安军：鳖灵迹“在金堂峡南岸，去军二十余里。石门有巨迹，长三四尺。旁刻‘鳖灵跡’三字”。《方舆纪要》卷67金堂县：金堂峡在“县东二十里。两山拱峙，河流其中。相传望帝相鳖灵所凿，宋转运使韩琦复修之，以通舟楫，亦曰峡口。《图经》：旧金堂县治峡口，今县治为古城镇”。沱江切割龙泉山而成鳖灵峡（长0.8公里）、明月峡（长6公里）、九龙峡（长1公里）总称金堂峡。

金堂镇 北宋于金堂县故治置，属金堂县。在今四川金堂县西。

金崖县 北周置，属龙涸郡。治所在今四川松潘县北。隋属同昌郡。唐废。

金铙山 在今福建泰宁县西南。《新定九域志》卷9邵武军有“鸣铙山”，并引《图经》云：“越王无诸尝畋猎于此，鸣铙载旗，因以名焉。”《方舆纪要》卷98泰宁县：金铙山在“县西七十里。亦名大历山，一名大戈山。跨建宁、宁化、泰宁三县界，有八十四面，周四百余里……有石燕岩，深广多泉石之胜。又有华盖岩，石磴萦回而上。上有池，谓之仙塘。旁有黄杨坪，龙潭在焉，溉田可千亩，亦曰龙平潭”。

金银岛 在南海中的中国西沙群岛西部永乐群岛内，位于甘泉岛西南约7海里，在永乐环礁之西端。岛上树木茂盛，鸟类繁多，鸟粪资源丰富。20世纪70年代在礁盘上发现一批元、明、清时代的瓷器。中国渔民向称尾峙、尾岛。1935年公布名称为银财岛。1947年改名金银岛。郑资约《南海诸岛地理志略》载：金银岛“岛依于一峭崖礁之西端，西人译称Money Island。礁长3浬，与羚羊礁之间隔一水道，宽1.75浬。岛长1400码，高20呎。其西尚有数砂洲存于礁上”。

金笼山 在今广东海丰县东南。《方舆纪要》卷103海丰县：金笼山在“县东南十里。山腰有泉甘洁，土人呼为圣泉。《志》云：此为小金笼山”。

金兜堡 北宋置，属陇州。在今陕西陇县西北四十里。后废。

金盘山 ①在今湖南望城县西，接宁乡县界。《方舆纪要》卷80善化县“岳麓山”条下：金盘山“在善化县西北七十里。山高逼空，一峰突出，四围环绕如盘”。

②亦名仙门山。在今四川大竹县东北。《舆地纪胜》卷162渠州：金盘山“在邻山县北五十里。上有三圣院”。《清一统志·绥定府一》：金盘山“在大竹县东北。……《旧志》：在今县东北一百里仙门里，亦名仙门山。峰峦高耸，岩石奇胜”。

金阊 今江苏苏州市旧时之别称。因城西阊门内旧有金阊亭而得名。

金阊亭 一作金昌亭。故址在今江苏苏州市阊门内。《宋书·少帝纪》：景平二年（424），“徐羡之等使中书舍人邢安泰弑帝于金昌亭”。即此。

金清港 即今浙江台州市路桥区东南金清镇。清设金清汛。光绪《黄岩县志》卷7“金清台”后案语称：“金清港有炮台一，阮文达元抚浙时筑，今圮。”

金渊山 即金堂山。在今四川金堂县东栖贤乡。《续高僧传·遗身篇·周益部沙门释僧崖传》：“姓牟氏，祖居涪陵。晋义熙九年，朱龄石伐蜀，涪陵儴三百家随军平讨，因止于广汉金渊山谷，崖即其后也。”

金渊县 亦作金泉县。西魏废帝二年（553）平蜀后于金渊戍置，为金渊郡治。治所在今四川金堂县东南五十里淮口镇西沱江对岸同兴场。隋属蜀郡。唐武德元年（618）改为金水县。

金渊郡 一作金泉郡、金水郡。西魏废帝二年（553）置，属东益州。治所在金渊县（今四川金堂县东南淮口镇西沱江对岸同兴场）。辖境相当今四川金堂县及成都市东境。隋废。

金渠镇 清置，属郿县。即今陕西眉县东南金渠镇。

金梁洲 在今湖北嘉鱼县西北。《水经·江水》：江水“又径鱼岳山北，下得金梁洲”。即此。

金塔寺城 明筑，在今甘肃金塔县东南。《清一统志·肃州》：金塔寺堡“在州东北一百里，即明金塔寺城也”。

金塔寺堡 即今甘肃武威市西南三十里金塔乡。《清一统志·肃州》：金塔寺堡“在州东北二百里，即明金塔寺城也”。设州司，有副将驻守。

金塔县 1913年析高台县置，属甘肃安肃道。治所在王子庄（今甘肃金塔县）。县东南四里处有古塔，名金塔寺，故名。1927年直属甘肃省。

金堤（隄） ①指西汉东郡（治濮阳县，今河南濮阳市西南）、魏郡（治邺县，今河北临漳县西南）、平原郡（治平原县，今山东平原县南）界内黄河两岸石堤。《史记·河渠书》：“孝文时，河决酸枣，东溃金堤，于是东郡大兴卒塞之。”《汉书·沟洫志》：“近黎阳南故大金堤，从河西西北行，至西山南头，乃折东，与东山相属。民居金堤东为庐舍，往十余岁更起堤，从东山南头直南与故大堤会。”

②指东汉汴口（今河南荥阳市东北）以东黄河两岸石堤。《水经·河水注》：“顺帝阳嘉中，又自汴口以东，缘河积石为堰，通渠，咸曰金堤。”《方舆纪要》卷13故城县：金堤，“《志》云：在县西南。自大名府大名县界，逶迤而东北入县境，即后汉王景所筑”。

③即都江堰。在今四川都江堰市西岷江上。西晋左思《蜀都赋》：“西踰金隄，东越玉津。”刘逵注：“金隄在岷山都安县西，隄有左右口，当成都西也。”《水经·江水注》：“都安大堰，亦曰湔堰，又谓之金隄。”

④在今湖北荆州市荆州区（故江陵县）东南。

《水经·江水注》："江陵城地东南倾，故缘以金堤，自灵溪始。桓温令陈遵造。"

金堤（隄）关　在今河南荥阳市东北古黄河南岸。《旧唐书·李密传》：李密说翟让取荥阳，瓦冈军"自是破金堤关"，下荥阳诸县城堡。

金堤（隄）驿　在今河南濮阳县东。《方舆纪要》卷16清丰县：金堤驿，"《志》云：县南四十五里有金堤，南接开州，北接南乐县境。汉成帝时，王延世运土塞河，自金堤增筑之，置驿于其上，因以金堤为名"。

金堤（隄）集　即今山东菏泽市南金堤镇。清光绪《山东通志》卷2《舆图志》：菏泽县南有金堤集。

金提店　即今河北内丘县东十二里金店镇。明嘉靖二十五年（1546）于此筑金提堡。

金棱（稜）河　即今云南昆明市东之金汁河。《方舆纪要》卷114昆明县：金棱河"在府治东十里。俗名金汁。引盘龙江水，由金马山麓流经春登里，灌溉东乡之田，为利甚广。蒙段时，堤上多种黄花，名绕道金棱，元赛典赤瞻思丁复修筑为堤。今废"。

金粟山　①在今浙江海盐县西南三十二里甪里乡。《舆地纪胜》卷3：六里山"一名金粟山"。《方舆纪要》卷91海盐县"长墙山"条：金粟山"周回六里，亦名六里山，下临澉浦"。

②在今陕西蒲城县东北二十五里。《清一统志·同州府一》引《雍胜略》："山有碎石如粟，故名。"唐明皇泰陵在此。

金粟岩　在今湖南临武县西北二十里。《方舆纪要》卷80临武县：金粟岩"石壁峭拔。下有溪，流合于武水"。

金粟河　即今内蒙古巴林左旗东乌力吉木伦河。《金史·地理志》：临潢府临潢县"有金粟河"。

金粟泉　在今海南省海口市琼山区东北。《清一统志·琼州府一》"双泉"条："一即金粟泉，又名浮粟井，在（琼山）县东北里许。"

金雁水　即雁江。今四川之沱江。《舆地纪胜》卷145简州"诗"载转运使荣諲诗："城下江流金雁水，亭中人弄玉琴弦。"《方舆纪要》卷67简州：雁水"雒水之别名也。其上流为金堂河，流经州界，谓之雁水。相传水中尝出金雁，亦曰金雁水"。

金雁河　亦名雁江。即今四川什邡、广汉等市境之鸭子河。《方舆胜览》卷54汉州：雁江"在雒县南。曾有金雁，故名"。《清一统志·成都府一》：金雁河"亦名雁江。自什邡县西南发源，俗名鸭子河，东南流四十里，至汉州城东北，合沈犀河"。

金雁桥　亦名雁桥。在今四川广汉市北鸭子河上。《资治通鉴》：五代唐天成元年（926）三月，李绍琛据守汉州，"汉州无城堑，树木为栅，乙丑，任圜进攻其栅，纵火焚之，李绍琛引兵出战于金雁桥，兵败"。胡三省注："金雁桥在汉州雒县东雁江之上，俗传曾有金雁，故名。"

金紫山　①在今广东英德市北十里。《方舆纪要》卷102英德县：金紫山"在县北十里。石山耸拔。冈脉南出，为县北一里之大庆山，俗名龙山"。

②在今四川盐亭县北。《方舆纪要》卷71盐亭县：金紫山在"县北（七）十五里。相传以唐邑人严震、严砺，俱贵显而名。一名紫金山"。

金紫峰　在今湖北赤壁市南。《方舆纪要》卷76蒲圻县"蒲首山"条下："《志》云，白石山北有金紫峰，峻极万仞，为蒲邑诸峰之冠。"

金锁　即今江苏泗洪县东北金镇。清属桃源县。光绪《江苏全省舆图》：桃源县西有金锁。后又属泗阳县。洪宪元年（1916）《最新大中华帝国道县形势全图》：泗阳县西有金锁。

金锁关　①一名向阳峡。在今山西汾阳市西北三十里。《方舆纪要》卷42汾阳县：金锁关"岩崄插天，中断如辟，为汾水咽吭。汉、晋以来戍守处也。明初置巡司，寻废。隆庆初增筑关城，设兵防御，颇为严固"。

②即今陕西铜川市耀州区北金锁关。《清一统志·西安府三》："明嘉靖三十年筑关城，置巡司。本朝裁巡司，设部司驻守。"

金锁岭　即今河南睢县西北四里北关村。《清一统志·归德府一》：金锁岭"在睢州治后。其形窿然而高，避水患者多趋其上"。

金鹅　在今广西怀集县西八十里。明万历十三年（1585）慈乐寨巡司移治于此。

金鹅山　在今浙江德清县东。《寰宇记》卷94武康县："金鹅山在县东二十里。《山墟名》曰：汉海昏侯沈戎葬于此，上有池深五尺，其水冬夏不竭。时吴帝见山上金鹅翔集。"故名。《古今图书集成》卷967：德清县"西至武康县界三里，以金鹅山为界"。

金鹅寺　在今四川宣汉县东北三十里清溪乡东南。清嘉庆初，白莲教徐天德等据此。《清史稿·明亮传》：亮镇压白莲教义军，"焚金峨寺、破重石子、香炉坪，克分水岭、大石岭诸卡"。

金鹅池　今四川兴文县东南大河苗族乡东金鹅村。《明一统志》卷72永宁宣抚司：金鹅池"昔有天鹅，羽如黄金，游池内，至暮飞去，因名"。《方舆纪要》卷72九姓长官司：金鹅池"司西南五十里。成化三年，都掌蛮为乱。议者欲分兵三路，南路从金鹅池进攻大坝，中路从戎县进攻箐前，北路从高县进攻都掌是也。既而督臣程信分遣别将罗秉忠等由金鹅池进捣都掌"。

金鹅岭　在今广东广州市东北四十里。《方舆纪要》卷101广州府南海县：金鹅岭"一名飞凤岭。其山峻险，中藏群峰，下枕茭塘，接洋海。正统末，乡民立镇于此以避寇"。

金鹅洞　亦名换鹅洞。在今四川隆昌县西里许。明曹学佺《蜀中名胜记》卷15隆昌县：金鹅洞"溪水东来，绕于西折里许，孤山柱立，水环其趾，下为悬岩，壁立千尺，飞流下坠，常时如匹练，如散珠，及至溪水暴涨，倒立悬垂，雷声冲激，闻数十里，细雾曲尘，飞洒千步，亦奇观也。峭壁中有洞，方广丈许，人迹难至，疑鬼工所凿，名曰金鹅，不知所本。俗传有藏金鹅其中，或以铜鹅换之，故又名换鹅洞，其编户亦有换鹅里”。

金筑长官司　明洪武四年（1371）改金竹府置，属贵州卫。治所即今贵州长顺县西北广顺镇。十年（1377）升为安抚司。

金筑安抚司　明洪武十年（1377）升金筑长官司置，属贵州卫。治所即今贵州长顺县西北广顺镇。后属贵阳府。万历四十年（1612）改置广顺州。

金牌水　在今湖南浏阳市东。《方舆纪要》卷80浏阳县“龙津水”条下：金牌水“在县东五里。出道吾山东麓，流经此，折而西，经县南一里，入于浏水”。

金牌寨　一名金门港、金牌门。明嘉靖间置，以备倭，属闽县。在今福建福州市东南琅岐岛上。清康熙时修葺并建炮台，与对岸长门（今属连江县）皆为闽江口要塞。

金集里克河　在今哈萨克斯坦东部萨瑟科尔湖西南。清《乾隆内府舆地图》：阿拉克图胡尔淖尔西南有金集里克必拉。

金厢坪　即今湖北南漳县西南巡检镇。《方舆纪要》卷79南漳县“七里滩镇”条下：“县西南百五十里有金厢坪巡司。”

金童桥镇　在今江苏江阴市东十里金童镇。清光绪《江苏全省舆图》江阴县图：东有金童桥。民国《江苏六十一县志》：江阴县东有“金童桥镇”。

金港　在今湖北钟祥市南一里。《寰宇记》卷144长寿县：金港“在县南二百步。源出橫木山”。《方舆纪要》卷77安陆府钟祥县：金港在“府南一里。源出橫木山，流里许，入汉江。宋尝于此采金。今塞”。

金湖　即今湖北大冶市东与阳新县交界处之大冶湖。《清一统志·武昌府》：金湖“在大冶县南半里。湖南为兴国州（今阳新县）界。春冬则涸，夏潦盛时，由沣源口入江”。

金缕水　在今广东封开县东北。《方舆纪要》卷101开建县：金缕水在“县（今南丰镇）东十五里。其上源合似龙、昭埇、野埇诸山水，流经金缕村，因名。水声清响，亦谓之龙吟水，至县东南，流入开江”。

金鼓山　在今湖北武汉市黄陂区北一百里。《舆地纪胜》卷49黄州：金鼓山“在黄陂县北一百五十里”。《方舆纪要》卷76黄陂县：木兰山“又北三十里有金鼓山，丹崖壁立，秀拔云表”。

金塘山　即今浙江舟山市定海区西部之金塘岛。《方舆纪要》卷92宁波府定海县：金塘山“在县东南海中约百里，半潮可到。山周环二百里。旧为昌国县之金塘乡，明初徙民入内地；嘉靖中倭夷窃据，参将卢镗击败之”。

金塘墟　即今广东茂名市西北金塘镇。清光绪《茂名县志》卷2：“县治南四十五里金塘墟。《旧志》：崩塘。”

金蓬山　在今四川松潘县东南五里。《方舆纪要》卷73松潘卫：金蓬山“在卫东南五里。《志》云：羌人金蓬者昔居此山”。

金蒲县　即金满县之讹。在今新疆吉木萨尔县北二十五里破城子。

金蒲城　即金满城。在今新疆吉木萨尔县北二十五里破城子。《后汉书·耿恭传》：永平十七年（74），“乃以恭为戊己校尉，屯后王部金蒲城……（明年）匈奴遂破杀后王安得，而攻金蒲城。恭乘城搏战，以毒药傅矢”。

金楼寨　亦作金家楼。在今河南虞城县南。清咸丰十一年（1861）部永清等领导白莲教在此起义。光绪《虞城县志》卷16：同治元年（1862），“教匪部守正盘踞商丘金家楼”。即此。

金锡都　在今广东汕尾市西北。明嘉靖《惠州府志》卷1：海丰县南有金锡都。清同治《广东图说》卷26海丰县：金锡都在“城南四十里，内有小村二百十九”。

金简台（臺）　在今湖南衡阳市南岳区黄庭观右。《清一统志·衡州府一》：金简台“相传神禹藏书处”。

金简峰　在今湖南衡阳市南岳区东部，为衡山七十二峰之一。峰东有大禹岩。《太平御览》卷39引《吴越春秋》：“禹伤父功不成，登衡山……退斋三日，登宛委发石得金简玉宇之书。”故名。

金微山　又名金山。即我国新疆北部与蒙古国间之阿尔泰山脉。《后汉书·耿夔传》：永元三年（91），耿夔伐北匈奴，“将精骑八百，出居延塞，直奔北单于廷，于金微山斩阏氏、名王以下五千余级”。即此。

金微都督府　唐贞观二十一年（647）以铁勒仆骨部置，属燕然都护府。其地在今蒙古国肯特山以北、鄂嫩河上游至俄罗斯奇科依河一带。总章二年（669）属安北都护府。后废。

金满州都督府　唐永徽五年（654）以处月部置，属北庭都护府。治所在今新疆吉木萨尔县境。后废。

金满县　又讹作金蒲县。唐贞观十四年（640）置，为庭州治。治所在今新疆吉木萨尔县北二十五里破城子。长安二年（702）改为北庭都护府治。宝应元年（762）改为后庭县。

金满城　在今新疆吉木萨尔县北二十五里破城子。《后汉书·西域传》：“自高昌壁北通后部金满城五百里。”唐置金满县。

金源　金国之别称。《金史·地理志》上京路：“金之旧土也。国言‘金’曰‘按出虎’，以按出虎水发源于此，故名金源。建国之号，盖取诸此。”阿鲁图《进金史表》：“维此金源，起于海裔。”

金源县　辽开泰二年（1013）置，属大定府。治所在今辽宁建平县东北喀喇沁镇。《金史·地理志》金源县："以地有金甸为名。"元属大宁路。明初废。

金源堡　在今陕西淳化县西四十里。《方舆纪要》卷54淳化县：金源堡"堡立泾水中，四面斗绝，上有洞窟数十，盖昔人避乱之所"。

金溪　①即今浙江开化县东侧马金溪。为常山港上游。《方舆纪要》卷93开化县：金溪"在县治东。有二源；一出马金岭；一出百际岭。合流而南，绕城北而经城东，又南流至华埠始容小舟，入常山县境曰金川，而流始大。县境诸溪流皆汇入焉"。

②在今浙江奉化市东部西坞街道东白杜村附近。《方舆纪要》卷92奉化县：金溪"在县东五十里。出县东北六十里金鹅山，西流入白杜河"。

③在今广东四会市西北四十里。明洪武初置巡司于此。寻废。

金溪山　在今福建诏安县西北。《方舆纪要》卷99诏安县：金溪山"在县西北四十里。俗曰金鸡山，与六峒诸山相接。旧有银坑，正德初，议开采，不果。万历中，复议开，商贾杂沓，奸宄欲乘机为变，寻奉旨封闭，又以南诏所官兵更番戍守，然盗矿者隐匿犹故也"。

金溪（谿）水　在今江西金溪县北。《明一统志》卷54抚州府：金溪水"在金溪县上幕岭东。水色如金，县因以名"。《清一统志·抚州府一》：金溪水"在金溪县北。源出上幕岭，东西分流，经疏山入盱水。水色如金，故名"。

金溪（谿）场　五代南唐交泰元年（958）置，在今江西金溪县城内。《寰宇记》卷110抚州：金溪场"本临川县上莫镇，其山冈出银矿，唐朝尝为银监，基址犹存。至周显德五年，析临川近镇一乡，并取饶州余干白马一乡立金溪场名，俱置炉以烹银矿"。北宋淳化五年（994）升为金溪县。

金溪（谿）县　北宋淳化五年（994）升金溪场置，属抚州。治所即今江西金溪县。《舆地纪胜》卷29抚州金溪县："旧传上幕岭东有小溪，水色如金，县之取名以此。"元属抚州路，明属抚州府。民国初属江西豫章道。1926年直属江西省。宋陆九渊为此县人。

金溪究　即禁谿。今越南红河支流山阳河。《后汉书·马援传》注："《越志》云：徵侧兵起，都麊泠县。及马援讨之，奔入金溪究中，二年乃得之。"《水经·叶榆河注》："后汉遣伏波将军马援将兵讨徵侧诗（索），走入金溪究，三（二）岁乃得。"

金溪墟　在今广东佛山市南海区北金溪圩。清设金利汛，有把总驻防。

金滩镇　亦作小滩镇。即今河北大名县东北金滩镇。明正德《大名府志》卷1：小滩镇"镇濒卫河，民居稠密，向东辐辏，巡检司在焉。每岁河南京仓粮兑运于此"。清管河主簿驻此。

金窟山　在今江西金溪县东。《舆地纪胜》卷29抚州：金窟山"在金溪县东。前有金窟，又有仙人麻鞋迹，宛然而存"。《清一统志·抚州府一》：金窟山"高三百丈，周十五里，与银山相连。中有石窦，乃旧日采金之所"。

金福铁路　自辽宁金州（今大连市金州区）东门起，东北至城子疃（今城子坦）。全长102.3公里。中日合办于1926—1927年修筑。今称金城线。

金殿　俗称金顶。在今湖北丹江口市西南武当山天柱峰顶端。明永乐十四年（1416）建。面阔、进深各三间，高5.54米，宽4.4米，深3.15米，全为铜铸鎏金。是我国现存最大铜铸建筑物。殿基为花岗岩砌石台，石雕栏杆。殿内神像、供器均为铜铸。殿下峰腰绕石城一周，名紫金城，长1.5公里。在武当山小莲峰有永乐十四年从天柱峰顶移此的元大德十一年（1307）铸造的铜殿一座，是我国现存最早的铜铸建筑物。1961年武当山金殿被定为全国重点文物保护单位。

金障山　在今江西南丰县西南。《明一统志》卷53建昌府：金障山"在南丰县西南一百里。根盘百余里，高十余里"。《清一统志·建昌府一》：金嶂山"南去广昌县四十里，跨两县界"。

金墉城　三国魏明帝筑，在今河南洛阳市东北汉魏故城西北隅。西晋时被废黜之皇帝、皇后、皇太子曾安置于此。十六国时洛阳城荒残，金墉城遂成为戍守攻战要地。《宋书·武帝纪》：东晋义熙十二年（416），刘裕北伐，"众军至洛阳，围金墉"。即此。北魏初为河南四镇之一。唐贞观初，洛阳、河南二县先后徙治于金墉城。六年（632）二县还治东都（今河南洛阳市）。城遂堙废。

金榜山　在今广西隆安县东南十里。明《徐霞客游记》卷4上："按《百粤志》记隆安有金榜山，合沓如城。余至邑问之，无有知者。"《清一统志·南宁府一》：金榜山"俗名挂榜山，又名野邕山。峭壁耸拔。有三层岩，可容千人。顶有天然石池，其南麓一谷尤奇绝。从麓拾级而升，中有女玉井，上有明和洞，洞三层极深邃，再上为雷坛，雷坛深处为飞云谷、白猿崖、横烟障、香炉峰，皆名胜"。

金墅镇　即今江苏苏州市吴中区西北五十里金墅。地处金墅港入太湖之口。清光绪《江苏全省舆图》长洲县："金墅镇在城西北五十里。"

金鹗山　在今湖南岳阳市南二里。《清一统志·岳州府一》：金鹗山"相传有异鸟飞集于山，其色如金"。

金精山　又名翠微峰、石鼓山。即今江西宁都县西北翠微峰。《寰宇记》卷108虔州虔化县：金精石鼓山"在县西北一十五里。旁有石鼓山"。《新定九域志》卷6虔州：金精山，"《图经》云：洞内有金床玉枕"。《舆地纪胜》卷32赣州：金精山，"《章贡志》引道书《上京记》云，金精山系三十五福地。西汉初，有张金华之女丽英入山，获二桃得道，长沙王吴芮聘焉，至洞中见女乘紫云，在半空谓芮曰，吾为金星之精，降治此山。山有石室，可容万人，今琳宫栖焉”。《方舆纪要》卷88赣州府宁都县：金精山“群山联络，延袤四十余里。中有黄竹、赤面、三岘、冠石诸砦，自昔避兵处也。《志》云，山有石室，两面悬崖百余丈。圆如鼓，一名石鼓山”。

金寨县 1947年改立煌县置，属安徽省。治所在金寨镇（今金寨县南，1954年因建梅山水库淹没）。1955年迁治梅山镇。

金寨崖镇 即今甘肃榆中县北五十里金崖镇。清宣统《甘肃新通志》卷3兰州府金县图：北有金寨崖驿。

金鞒山 在今山东安丘市西南七十里。《方舆纪要》卷35安丘县：金鞒山“形肖鞍鞒”。

金鲤潭 在今云南呈贡县南。《方舆纪要》卷114晋宁州归化县：金鲤潭“在治（今化城）南六里之白马勒村。旧为平原，恒苦亢旱。隆庆六年七月，田中忽水涌成深潭，有金鲤游泳其中，遂为一方灌溉之利”。

金镤关 即今陕西铜川市北金锁关。《方舆纪要》卷54同官县：金镤关“在神水峡内，道里险阻，旧为戍守要地。今有巡司”。

金鳌山 在今浙江台州市椒江区椒江北岸之章安镇。元陶宗仪《南村辍耕录》卷7：金鳌山“山枕海，属临海县章安镇。初，宋高宗在潜邸日，泰州人徐神翁……献诗于帝曰：‘牡蛎滩头一艇横，夕阳西去待潮生。与君不负登临约，同上金鳌背上行。’及两宫北狩，匹马南渡，建炎庚戌正月三日，帝航海，次章安镇，滩浅阁舟，落帆于镇之福济寺前以候潮，顾问左右曰：‘此何山?’曰：‘金鳌山。’又问：‘此何所?’曰：‘牡蛎滩’”。《明一统志》卷47台州府：金鳌山“在府城东南一百二十里。东有小洞。昔有人夜舣舟山下，见波间光彩，近视之，乃一金色巨鳌，因名”。

金鳌玉蝀桥 即今北京市北海大石桥。元初为木吊桥。明改为石桥，名御河桥，亦名金海桥。世宗时桥东西两端各建牌坊一座，西曰金鳌，东曰玉蝀，故名金鳌玉蝀桥。

贪水 即今云南弥渡县西毗雄县。汉至南朝称贪水。《汉书·地理志》：“贪水首受青蛉，南至邪龙入仆，行五百里。”

贪汗山 即今新疆中部天山东支博格达山。《新唐书·回鹘传下·薛延陀》：铁勒人“推契苾哥楞为易勿真莫贺可汗，据贪汗山”。《方舆纪要》卷65吐鲁番：贪汗山“在土鲁番西北百余里。夏有积雪。山之北，旧为铁勒界”。

贪泉 在今广东广州市西北三十里石门。《晋书·吴隐之传》：“朝廷欲革岭南之弊，隆安中，以隐之为龙骧将军、广州刺史、假节，领平越中郎将。未至州二十里，地名石门，有水曰贪泉，饮者怀无厌之欲。隐之既至，语其亲人曰：‘不见可欲，使心不乱。越岭丧清，吾知之矣。’乃至泉所，酌而饮之，因赋诗曰：‘古人云此水，一歃怀千金。试使夷齐饮，终当不易心。’”《元和志》卷34广州南海县：石门水“一名贪泉，出县西三十里平地。即晋广州刺史吴隐之饮水赋诗之处”。今广州市西北石门发现一碑，为明万历二十四年（1596）郡人右布政使李凤等重置“贪泉”碑。

贪漫山 又作曲漫山。今俄罗斯西伯利亚南萨彦岭山脉。《新唐书·回鹘传下》：黠戛斯“众数十万，胜兵八万，直回纥西北三千里，南依贪漫山”。《寰宇记》卷199黠戛斯：“其国南有贪漫山，地夏沮洳，冬积雪，有水从回鹘北流逾山。”

念青岭 在今江西广丰县东。《方舆纪要》卷85广信府永丰县：念青岭在“县东北二十三里。耸拔三百余仞，当江、浙通衢，望江山县如指掌。又从岭左折而上约五里许，一峰干霄曰大岩尖，其巅东望三衢，西顾信州，山川形胜一览而尽。泉涌绝顶，冬夏不涸。又有石室可容千人”。

念祖村 即今河北河间市东北四十二里念祖村。清乾隆《河间县志》卷1市集：有念祖村。

郐 又作桧或会。西周封国，妘姓。在今河南新密市东七十里古城角寨村。《国语·郑语》：史伯曰，“是其子男之国，虢、郐为大”。又说：“妘姓邬、郐、路、偪阳。”周平王二年（769），郑武公灭郐而并其地。《左传》：僖公三十三年（前627），郑葬公子瑕于“郐城之下”。杜注：“郐城，故郐国，在荥阳密县东北。”

郃阳 一作合阳。战国魏地，在今陕西合阳县东南。《史记·魏世家》：文侯“筑合阳”。即此。汉时置郃阳县。

郃阳县 ①西汉改合阳县置，属左冯翊。治所在今陕西合阳县东南四十里。《水经·河水注》：“河水又径郃阳城东……，(城南)即郃水也，县取名焉。应劭曰，在郃之阳也。”三国魏属冯翊郡。北魏属华山郡。北周属澄城郡。隋开皇十六年（596）移治今合阳县。大业初属冯翊郡。唐属同州。五代梁改属河中府，后唐天成元年（926）仍属同州。金贞祐三年（1215）改属祯州。元初复属同州。清属同州府。民国初属陕西关中道。1928年直属陕西省。1964年改为合阳县。

②东魏兴和中侨置，属泰宁侨郡。寄治汲郡陈城（今河南卫辉市）。北齐废。

郷阳（郷 táo） 战国楚地。在今广西全州县东北。因位于湘水上游支流洮水之阳得名。《鄂君启节》铭文：“让上江，内入湘，庚䏝，庚郷阳”，即此。西汉置洮阳县。

斧山 一名福山。在今山东莱州市西北五里。《魏书·崔挺传》：挺除光州刺史，“州治旧掖城，西北数里有斧山，峰岭高峻，北临沧海，南望岱岳，一邦游观之地也”。

斧头湖 一作釜头湖。在今湖北武汉市武昌区西南。《清一统志·武昌府》：斧头湖“汇嘉鱼、咸宁诸县水，至金口入江”。

斧柯山　又名烂柯山。即今广东高要市东北栏柯山。《寰宇记》卷159端州高要县：烂柯山“一名斧柯山”。宋苏易简《砚谱》云：“端溪有斧柯、茶园、将军地，同是一溪，惟斧柯出者，大不过三四指。一两呵汗津滴沥，真难得之物。”

采山　①在今山东汶上县东北。《方舆纪要》卷33汶上县：“采山在汶上县东北三十五里。与县北三十里坦山相接，皆出沙金。”

②在今云南个旧市北。两汉称采山。《汉书·地理志》贲古县：“北，采山出锡。”

采石场遗址　在今吉林集安市北阳岔乡高台村附近的山坡上。南北长约1250米，东西宽约1000米。残存的当时已开采的花岗岩石料，与将军坟、太王陵的石材石质相同，推测这些陵墓上的石材应来源于此。公元4—5世纪时，高句丽贵族的陵墓盛行方坛阶梯石室墓，此时也是采石场开采、加工和运输的繁忙时期。该采石场是迄今唯一确认为高句丽时期的采石场。2001年定为全国重点文物，归入洞沟古墓群保护单位。

采石戍　在今安徽马鞍山市西南采石街道江滨。《南齐书·陈显达传》：东昏侯永元元年（499），“显达率众数千发寻阳，与胡松大战采石，大破之，京邑震恐”。《陈书·后主本纪》：祯明三年（589）正月乙丑朔，“隋总管贺若弼自北道广陵济京口，总管韩擒虎趋横江，济采石，自南道将会弼军。丙寅，采石戍主徐子建驰启告变”。《元和志》卷28当涂县：采石戍“西接乌江，北连建业，城在牛渚山上，与和州横江渡相对。隋师伐陈，贺若弼（应为韩擒虎）从此渡。隋平陈置镇，贞观初改镇为戍”。《新唐书·地理志》：宣州当涂县有采石戍。

采石军　唐乾元二年（759）置，属宣州。在今安徽马鞍山市西南采石街道。元和六年（811）废。

采石矶　又名牛渚矶。在今安徽马鞍山市西南采石街道江滨。山势峻峭，矶头突出江中，历为江津津要。《资治通鉴》：南朝宋元嘉二十七年（450），魏主至瓜步，命领军将军刘遵考等将兵分守津要，“陈舰列营，周亘江滨，自采石至于暨阳（江苏江阴县东）六七百里”。胡注：“今太平州当涂县北三十里有采石山，山下有采石矶。”《宋书·柳元景传》：孝建元年（454），“臧质、义宣并反，（王）玄谟南据梁山，夹江为垒，垣护之，薛安都渡据历阳，元景出屯采石”。即此。

采石矶浮桥　北宋开宝七年（974）建，在今安徽马鞍山市西南采石矶与和县西南横山浦之间长江上。《舆地纪胜》卷18太平州：采石矶浮桥“开宝七年，王师伐江南，上遣郝守濬率丁匠，自荆南以大舰载巨竹絙，并下朗州所造黄黑龙船于采石矶。或谓江阔水深，古未有浮梁。于采石矶系缆三日而成，不差尺寸。王师过之，如履平地。用樊若水之谋故也”。《宋史·潘美传》：“及采石矶浮梁成，吴人以战舰二十余，鸣鼓泝流趋利。”

采石津　亦名南州津。在今安徽马鞍山市西南采石矶江口。《梁书·侯景传》：太清二年（548）侯景反，“乃自采石济，马数百匹，兵千人，京师不之觉”。南宋绍兴三十一年（1161），虞允文大败金主完颜亮军于此渡口。

采石新河　即今安徽马鞍山市西南采石街道锁溪河，为采石河入江口。《方舆纪要》卷27太平府当涂县：新河在“府北二十五里。亦曰采石河。《志》云，在采石镇西，牛渚矶东。宋庆历中，以牛渚矶控江流之冲，水势湍激，为舟楫害。乃开新河于矶后，南接夹河，北达大江，舟行遂得安济”。

采石镇　隋置，即今安徽马鞍山市西南采石街道。《明史·太祖本纪》：龙凤元年（1355）定计渡江，“诸将请直趋集庆（南京市）。太祖曰：‘取集庆必自采石始。采石重镇，守必固。牛渚前临大江，彼难为备，可必克也。’六月乙卯，乘风引帆，直达牛渚，常遇春先登，拔之。采石兵亦溃。沿江诸垒悉附”。明于此置采石巡司。

采穴口　在今湖北松滋市东北三十六里采穴村。《方舆纪要》卷78松滋县“大江”条下：“旧有采穴一口，藉以分泄江流，元季湮废。……（明）隆庆初，议者谓县东五十里采穴口，当诸穴之首，在江南岸，原有故道自堤口起，六十里至沙河，下洞庭，必当开浚，以宽下流之决溃。”

采育　在今北京市大兴区（黄村）东南五十二里采育镇。清孙承泽《春明梦余录》卷64：“采育乃古安次县采魏里也，明初为上林苑，改名蕃育署，而人仍呼采育，合新旧而名之也。”《日下旧闻考》卷90：“采育在左安门外五十五里，居民数千家，为畿辅首镇。本（清）朝分设巡检一员，专驻其地。明时蕃育署今已废，仅存遗址。”清设巡司。

采哈新甸　即今吉林双辽市东北双山镇。1914年置双山县于此。为双山镇土名。

采（採）香径　①俗称箭泾。在今江苏苏州市吴中区西南香山，通往灵岩山。南宋范成大《吴郡志》卷8：“采香径，在香山之傍小溪也。吴王种香于香山，使美人泛舟于溪以采香。今自灵岩山望之，一水直如矢，故俗又名箭泾。”

②在今江苏张家港市东北香山。《舆地纪胜》卷9江阴军：采香径“吴遣美人采香于此，因名。香山故有采香径”。

采亭桥河　即古蓝水。今河北玉田县西兰泉河。《清一统志·遵化直隶州一》：采亭桥河“源出三乐台山，西流会螺山寺泉，又西南入宝坻县蓟运河。其水清澈，而泥蓝于靛，亦名蓝水”。

采（採）莲泾　在今江苏苏州市城内东南隅。南宋范成大《吴郡志》卷18：采莲泾“在城内东南隅，运河之阳也。今可通舟，两岸皆民居，亦有空旷为蔬圃，此种莲旧迹也。上有采莲泾桥”。

采桑　黄河津渡名。一作啮桑。在今山西乡宁县西黄河畔。《左传》：僖公八年（前652），“晋里克帅师，梁由靡御，虢射为右，以败狄于采桑”。杜预注：“平阳北屈县西南有采桑津。”

采（採）掠山　在今山西大同县北。《金史·地理志》：白登县有采掠山。《清一统志·大同府》引《旧志》：采掠山“在县东北四十里。一名采药山。其山多产药材”。

采菱城　在今湖南桃源县东北二十五里。《舆地纪胜》卷68常德府：采菱城，“《武陵记》云，其湖产菱，壳薄肉厚，味特甘香。楚平王尝采之。有采菱亭”。

采野　即加罗希。今泰国南部马来半岛万伦之柴也。见明王宗载《四夷馆考·暹罗馆》。清陈伦炯《海国闻见录·南洋记》作斜仔。

采（採）铜川　在今陕西富县西北。东南流入洛河。《元一统志》（残本）：石脂“采铜川有一石窟，其中出此，就窟可灌成烛一枝，敌蜡烛之三。至元七年，上司移文封扃，至今不采”。

采蓝洞　在今广西融安县南。《方舆纪要》卷109融县：采蓝洞“在县东北二十里。四山环列，洞中平地如砥”。

觅出礁　即今南海中中国西沙群岛永兴岛西南之华光礁。1935年命名为觅出礁。1947年改名华光礁。

受州　唐武德三年（620）置，治所在盂县（今山西盂县）。辖境相当今山西盂县、寿阳县地。六年（623）移治寿阳（今山西寿阳县），一说移治今山西阳泉市西十五里赛鱼村。辖境扩大至今山西平定、昔阳县地。贞观八年（634）废。

受阳县　①又作寿阳。西晋初分榆次县置，属乐平郡。治所在今山西寿阳县西。永嘉后废。隋开皇十年（590）复置，属并州。治所即今山西寿阳县。大业初属太原郡。唐贞观十一年（637）改为寿阳县。

②北魏太平真君九年（448）置，属太原郡。治所在今山西文水县东十里旧城庄。隋属并州，开皇十年（590）改为文水县。

③唐武德元年（618）置，属迁州。治所在今湖北保康县西南一百五十里。七年（624）废。

受阳坪　亦作寿阳坪。在今湖北保康县西南一百五十里。唐为受阳县治。《清一统志·郧阳府》：受阳废县，“《旧志》：受阳坪在保康县西南。明成化中，官军讨郧阳贼（指刘通义军），逼房县西山，贼惧欲走受阳，都御史白圭檄别将往受阳阻截其奔轶，即故受阳城”。

受贤站　元置，在今江苏邳州市东北。

受降城　①西汉太初元年（前104）建，在今内蒙古乌拉特中旗东阴山北。为匈奴降者所居。《史记·匈奴列传》：匈奴左大都尉欲杀儿单于，遣人来告降汉，乃命因杅将军公孙敖筑受降城，次年，遣浞野侯赵破奴将二万余骑出朔方西北二千余里，期至浚稽山接应，既而单于发觉左大都尉之谋，杀之，发兵击赵破奴，破奴还师，“未至受降城四百里，匈奴兵八万骑围之……军遂没于匈奴。匈奴儿单于大喜，遂遣奇兵攻受降城，不能下，乃寇入边而去。其明年，单于欲自攻受降城，未至，病死”。《汉书·匈奴传》：甘露三年（前51），呼韩邪单于降汉入朝，“自请愿留居光禄塞下，有急保汉受降城”。汉遣军送出鸡鹿塞。

②唐景龙二年（708）张仁愿于黄河以北筑三受降城，首尾相应，用以防御突厥的侵扰。中受降城在今内蒙古包头市西南敖陶窑村古城；东受降城在今托克托县南，黄河北大黑河东岸，西去中受降城三百里；西受降城在杭锦后旗北乌加河北岸，狼山口南，东去中受降城三百八十里。其后东西两城均曾改筑。

③在今广西宁明县东。《清一统志·太平府》：受降城“在今明江厅（治今明江镇）北五里。明成化间，征交阯受降之所”。

受禅碑与受禅台（臺）　在今河南临颍县西北二十八里繁城回族镇。魏文帝曹丕即位于此。《水经·颍水注》：颍水“径繁昌故县北，曲蠡之繁阳亭也。魏书国志曰：文帝以汉献帝延康元年行至曲蠡，登坛受禅于是地，改元黄初，其年以颍阴之繁阳亭为繁昌县。城内有三台，时人谓之繁昌坛。坛前有二碑。昔魏文帝受禅于此”。《寰宇记》卷7临颍县：繁昌城“坛前有二碑，一是百官劝进碑，一是受禅碑，并钟繇书”。俗呼繁城碑。受禅碑又称公卿将军上尊号奏碑，碑呈圭形，高3.7米，上刻公卿将军们呈给魏王曹丕的奏章，力劝以魏代汉、建立魏国之事。受禅表碑高3.7米，详细记录了黄初元年（220）冬十月二十九日，汉献帝在受禅台上将帝位禅让于曹丕的经过。两碑并列，立于镇内的献帝庙旧址上。受禅台在繁城镇献街村南，筑成于东汉延康元年（220），台上原有大殿等建筑。现仅存高台一座，台分三层，坐北朝南，呈上园下方状，高约13米，底周长368米。2001年受禅碑与受禅台被定为全国重点文物保护单位。

乳山　①在今山东乳山市南。乳山河由此入海。《清一统志·登州府》：乳山“在宁海州西南一百六十里。《宋史》登州有乳山砦”。

②在今湖北红安县西北。《清一统志·黄州府一》：乳山“在黄安县西北六十里。在仙居崖，旧传抱朴子修炼处”。

乳山市　1993年撤销山东省乳山县，改设乳山市，市人民政府驻胜利东街。由威海市代管。

乳山县　1945年改牟海县置，属山东省。治所在夏村（今山东乳山市）。1993年改设乳山市。

乳山河　即今山东乳山市西乳山河。清光绪《山东通志》卷33：“乳山河在（海阳）县东五十里。”上源曰玉林河，发源于牟平县南分水岭，西南流会夏村河，至乳山口入海。

乳山寨　宋置，属牟平县。在今山东乳山市西南乳山寨镇。《宋史·地理志》：牟平县有乳山砦。即此。

清于此置巡司。

乳水　即古楚水。在今陕西商洛市南。《清一统志·商州》引《州志》："乳水即楚水也。源出秦望山，其色如乳，故名。自黄龙庙口至土门，其渡凡七，名七渡河。又东经南秦岭下，名南秦川。又东北至三台山，东入于丹水。"

乳香台（臺）　在今河南沈丘县南老城南二里。旧产乳香，故名。明置巡司于此。

乳泉　在今海南省儋州市西北中和镇（旧儋州城）南。《舆地纪胜》卷125昌化军：乳泉"东坡居儋耳城南天庆观，得泉甚甘。作《乳泉赋》"。

乳泉山　在今江西乐平市北。《寰宇记》卷107饶州乐平县：乳泉山"在县北六十七里。内有石如砚，山西出乳泉。旧名石砚山，天宝六年敕改乳泉山"。

乳洞　①在今浙江淳安县西。《清一统志·严州府》：乳洞"在淳安县西六十里，深可数里，泉溜凝结如乳"，故名。

②在今广西兴安县西南十里董田村。《方舆胜览》卷38静江府"虚秀洞"条内："乳洞上中下三洞。有泉凝碧，自洞中沿石壁流出，窈然深黑，水上有龙，田沟塍如凿。每棱中常满，贮水未尝竭。水至洞门，触石喷激倾洞。洞外有盘登山，至中洞，门有三石柱及石室、石床，云气常霏，衣袂清冷。自中洞左盘至上洞，入门却下十步至平处，秉炬入，石乳玲珑，有五色石横亘其上，如飞霞，有浅水，揭厉可行，水中亦多石果。好事者名其下洞曰喷雪，中洞曰驻云，上洞曰飞云。"

乳骆河　即今青海乐都县北大西沟（引胜河）。《宋史·地理志》乐州临宗砦："崇宁三年赐名。南宗堡稍南一十五里乳骆河之西。"

乳峰山　在今辽宁凌海市西南松山镇北。明《辽东志》卷1：乳峰山在"（锦州）城西南七十里。中峰如盖，东西十二麓，拱城北向，悬崖有窦，方深丈许，寒溜如乳，甘冽可饮"。按此记载有误。据《清一统志·锦州府一》：乳峰山"在锦县（今锦州市）东南十六里"。明末，此处为后金攻明的松山战场之一。

乳浪镇　金置，属合河县。当在今山西兴县西。

乳源县　南宋乾道二年（1166）置，属韶州。治所在今广东乳源瑶族自治县东南七里。清光绪《广东考古辑要》卷1：乳源县"以县北三里钟乳岭得名"。元属韶州路。明洪武元年（1368）迁于洲头津（今乳源县），属韶州府。民国初属广东岭南道。1920年直属广东省。1963年改设乳源瑶族自治县。

乳溪　一名临溪水。在今安徽绩溪县西北。《元和志》卷28绩溪县："此县北有乳溪与徽溪，相去一里。"《方舆纪要》卷28绩溪县"绩溪"条下：乳溪"出县北十里大坑之凹，为临溪上游。其流清浅屈曲，经县东北二里，东流合于大溪"。

瓮口山　在今山东莱芜市东北九十里。《方舆纪要》卷31莱芜县：瓮口关"形如瓮口"，故名。古青石关置于此。

瓮口戍　在今山东济南市长清区西北。即后燕慕容隆破张愿处。《方舆纪要》卷31禹城县引《三十国春秋》："隆兵至斗城，愿兵奄至，隆击却之，谓慕容德曰：愿乘人不备，宜得大捷，而我士卒以悬隔河津势迫之故，人思自战，故能却之，遂进战于瓮口，愿败走。盖斗城在河津之南，而瓮口又在斗城东南也。"

瓮（甕）山　①即今北京市西北颐和园内万寿山。元称瓮山，相传有老人凿石得瓮而得名。为元通惠河主要水源。《元史·河渠志》："白浮瓮山，即通惠河上源之所出也。"清乾隆十六年（1751）改名万寿山。

②在今陕西紫阳县南汉江南岸。《清一统志·兴安府一》：瓮山"其形如瓮，俗谓之瓮儿山。下有紫阳洞……宋真人张紫阳修道于此，县因以名"。

瓮（甕）山泊　即今北京市西北颐和园内昆明湖。为西山诸泉汇注之湖。《元史·河渠志》："白浮泉水在昌平县界，西折而南，经瓮山泊，自西水门入都城焉。"清乾隆十五年（1750）改名昆明湖。

瓮（甕）门关　明置，在今湖北罗田县东北一百八十里。《方舆纪要》卷76罗田县"岐岭关"条下："其东北曰甕门关，在上岐岭，北抵固始县界。"

瓮（甕）水安抚司　明洪武初置，属播州宣慰司。治所即今贵州瓮安县西北瓮水司。万历二十九年（1601）改置瓮安县。

瓮（甕）水寨　南宋绍兴中置，属黄平府。在今贵州瓮安县西北瓮水司。明初改置瓮水安抚司。

瓮（甕）包长官司　元置，属新添葛蛮安抚司。治所在今贵州麻江县东南。后废。

瓮（甕）安县　明万历二十九年（1601）改瓮水安抚司置，属黄平州。治所即今贵州瓮安县。清属平越州。民国初属贵州黔中道。1920年直属贵州省。据郭子章《郡县释名》贵州卷：瓮水、重安俱长官司，"合重安、瓮水二司而邑之名曰瓮安"。

瓮（甕）岔镇　即今陕西华阴市西南瓮岔铺。清《乾隆内府舆图》：华阴县西南有瓮岔镇。

瓮（甕）城关　明洪武二十二年（1389）建，在今贵州贵定县西南二十五里瓮城桥。《清一统志·贵阳府》引《黔记》："自马桑冲而西十五里，即瓮城哨。"

瓮（甕）城河　在今贵州贵定县西。《方舆纪要》卷123新添卫：瓮城河在"卫西南二十里。源出龙里卫废平伐长官司界，东北流经此，下流亦入于清水江。天启初，安邦彦犯会城，据龙里，王三善进兵平越，别将徐时逢败死于瓮城河。又官军讨邦彦于水西，不克，退屯威清。苗仲乘官军之溃，大掠龙里，至瓮城，尸横四十里，即此"。元有瓮城都桑等处长官司，以此名。

瓮（甕）城都桑等处长官司 元置，属新添葛蛮安抚司。治所在今贵州贵定县西南二十里。明初废。

瓮（甕）首河 即今贵州贵定县西南瓮城河上游弯滩河。《明史·地理志》龙里卫大平伐长官司：“东南有瓮首河，下流合清水江。”

瓮（甕）洞场 清改新市镇置，即今贵州天柱县东北瓮洞镇。“瓮洞”系侗语音译，意为地形如坛子的地方。

瓮（甕）真河 在今贵州贵定县西南。《清一统志·贵阳府》：瓮真河“在贵定县西南小平伐司西。下流入清水江”。

瓮（甕）哥落城 亦作翁鄂洛城、翁克洛城。明属建州女真董鄂部，在今辽宁桓仁县北。万历十二年（1584），努尔哈赤率师攻瓮哥落城。即此。

瓮（甕）蛮国 故地在今阿拉伯半岛东部之阿曼。南宋赵汝适《诸蕃志》卷上：“瓮蛮国人物如勿拔国。”

瓮（甕）蓬关 明洪武二十三年（1390）建，在今贵州施秉县东瓮蓬洞。《方舆纪要》卷122镇远府镇远县：瓮蓬关在“府西五十里。为戍守要地”。

瓮（甕）蓬县 元至元中置，属定元府。治所在今贵州贵阳市东北四十里大翁逢。明废。

瓮（甕）蓬洞 在今贵州施秉县东。镇阳江水所径。《方舆纪要》卷122镇远府偏桥长官司：“瓮蓬洞在司东十五里。江水经此而出，隘口凡五，行舟过此，如入瓮中，瓮蓬关以此名。”

〔丿⺈〕

肤（膚）公城 北宋崇宁三年（1104）改吐蕃结啰城置，属廓州。在今青海化隆回族自治县西。《宋史·地理志》廓州：肤公城“旧名结啰城，崇宁三年收复，后改今名。王厚云：结啰城至廓州约三十余里，东至来宾城界一百三里”。后废。

肤（膚）施 战国赵邑，在今陕西榆林市东南七十五里鱼河堡附近。《史记·赵世家》：惠文王三年（前296），“灭中山，迁王于肤施”。即此。“后地入秦，于此置肤施县”。

肤（膚）施县 ①战国秦昭王十三年（前293）置，为上郡治。治所在今陕西榆林市东南七十五里鱼河堡附近。东汉建安二十二年（217）废。

②隋大业三年（607）置，为延安郡治。治所在今陕西延安市东延河东岸。唐为延州治。北宋庆历七年（1047）移治今延安市，为延安府治。元为延安路治。明、清仍为延安府治。民国初属陕西榆林道。1920年为榆林道治。1928年直属陕西省。1936年改名延安县。

朋口 即今福建连城县南朋口镇。民国《连城县志》卷6：“在璧州西者曰朋口。”

朋兴店 即今湖北孝感市北朋兴乡。民国《湖北通志》卷33《乡镇》：“朋兴店，在（孝感县）城北三十里。”

朋峰山 在今广东佛山市高明区西。《方舆纪要》卷101广州府高明县：朋峰山“在县（今明城镇）西北二十五里。顶平，高三百余丈，周五里，两峰并峙，形如朋字。其相接者为官径山”。

朋笮守捉城 唐置，属彭州。在今四川彭州市西北三十里关口。后废。

朋普 即今云南弥勒县南一百里之朋普。汉、晋时律高县治此。

朋楚藏布河 一作蓬楚藏布。即今西藏定日县南之朋曲。上源有三：一出书尔木藏拉山，一出希夏邦马峰，一出瓜查岭，合东南流，折而南流入尼泊尔境，称阿龙河，又南至印度境注入恒河。清乾隆《卫藏通志》卷3《山川》：“朋楚藏布河，入藏布江。”

肥 ①春秋肥子国。在今河北藁城市西南七里。《左传》：昭公十二年（前530），晋荀吴“灭肥，以肥子绵皋归”。杜注：“巨鹿下曲阳县西南有肥累城。”

②春秋夷国，在今山西昔阳县东冶头镇。后为晋所灭。《左传》：昭公十二年（前530），“晋荀吴伪会齐师者，假道于鲜虞，遂入昔阳。秋八月壬午，灭肥，以肥子绵皋归”。今河北卢龙县西北有肥如城，山东有肥城县，盖皆晋灭肥后，肥民散处之地。一说肥在今河北藁城市西南七里。

③春秋、战国时齐地。在今山东肥城市北老城。《汉书·地理志》泰山郡肥成县注：“应劭曰：肥子国。”清高士奇《春秋地名考略》卷14称：“亦相传为肥子亡国后所居。”

④战国赵邑，后入魏。在今河北肥乡县西。《水经·浊漳水注》引《竹书纪年》：“梁惠成王八年，伐邯郸，取肥。”即此。

肥乡县 ①三国魏黄初二年（221）置，属广平郡。治所在今河北肥乡县西二十二里。东魏天平初废。隋开皇十年（590）复置，属磁州，移治今肥乡县。大业初属武安郡。唐属洺州。元属广平路。明属广平府。民国初属直隶大名道。1928年直属河北省。

②南朝宋侨置，属魏郡。治所在今山东济南市东。北魏属东魏郡。北齐省。

肥水 ①又名施水。即今安徽合肥市之南肥河。《寰宇记》卷126合肥县：“肥水出县西南八十里兰家山，东南流入巢湖。”《梁书·韦叡传》：“右军司马胡略等至合肥，久未能下……乃堰肥水。”即此。

②即今安徽寿县之东肥河。源出合肥西北将军岭，北流至寿县东北两河口（今名起台子）入淮河。因下游流势不畅，中游已壅为瓦埠湖。《水经·肥水》：“肥水出九江成德县广阳乡西，北过其县西，北入芍陂，又北过寿春县东，北入于淮。”东晋太康八年（383），谢玄等大败前秦苻坚的“肥水之战”，即发生于此。

③即西肥水。源出今河南太康县东南，为清水河。东南流经鹿邑县西、郸城县东名肥河。又东南经今安徽亳州市南、涡阳、利辛等县之西，至凤台县西南入淮水。

④即今湖南耒阳市东南肥水。《水经·耒水注》：耒阳“县有溪水，东出侯计山，其水清澈，冬温夏冷，西流谓之肥川”。《方舆纪要》卷80耒阳县“耒水”条下：“又有肥水，出侯计山，亦名溪水，下流合于耒水。”

⑤即今宁夏海原县北石硖口水。《水经·河水注》：肥水“出高平县西北二百里牵条山西，东北流与若勃溪合。……又东北出峡注于高平川”。

肥水县　隋开皇十六年（596）改涡阳县置，属谯州。治所在今安徽蒙城县北三十二里芮集。大业初改名山桑县。

肥水堰　南齐建。在今安徽寿县城外西北角，东淝河南侧。《南齐书·垣崇祖传》：建元二年（480），北魏攻寿春，崇祖“乃于城西北立堰塞肥水，堰北起小城，周为深堑，使数十人守之”。即此。

肥牛亭　在今陕西咸阳市西北。《汉书·张禹传》：鸿嘉中，禹“自治冢茔，起祠室，好平陵肥牛亭部处地，又近延陵，奏请求之，上以赐禹，诏令平陵徙亭它所”。《清一统志》引《咸阳县志》：肥牛亭“在汉平陵南”。

肥东县　1949年析合肥县东部地置，治所即今安徽肥东县（店埠镇）。

肥田市　即今湖南耒阳市北肥田乡。《清一统志·衡州府二》“竹塔市”条下：“肥田市，在（耒阳）县北四十里。”

肥西县　1948年析合肥县西部置，治所在今安徽肥西县西南双河镇。1949年移治今肥西县（上派河镇）。

肥成县　西汉置，属泰山郡。治所在今山东肥城市北老城。东汉属济北国，寻省入卢县。三国魏复置，西晋废。

肥阳县　东魏武定六年（548）改宁陵县置，属下蔡郡。治所在今安徽凤台县西北。后废。

肥阳城　在今河南杞县东北。《寰宇记》卷1开封府雍邱县：“肥阳城在县东北二十里。按《城冢记》云：‘禹治洪水时在肥泽之阳所筑。’”

肥如县　西汉置，属辽西郡。治所在今河北卢龙县北潘庄镇沈庄一带。《汉书·地理志》注：应劭曰，“肥子奔燕，燕封于此”。故名肥如。隋开皇六年（586）废。

肥如河　即滦河之支流玄水。在今河北卢龙县东北。《水经·濡水注》：玄水“出肥如县东北玄溪，西南流径其县东，东屈，南转，西回，径肥如县故城南，俗又谓之肥如水。西南流右会卢水。……玄水又西南径孤竹城北，西入濡水”。《明一统志》卷5永平府：肥如河“源出部落岭，下流至城西入滦河”。

肥河　在今山东肥城市西北，西流为汇河注于汶。即古蛇水。《清一统志·泰安府二》：“《旧志》：肥河源出泰安州西境，流经县南八里，又西南经东平州界，入汶。”

肥河卫　明永乐四年（1406）置，属奴儿干都司。在今黑龙江省哈尔滨市阿城区东北蜚克图河流域。后废。

肥城市　1993年撤销山东省肥城县，改设肥城市，市人民政府驻新城。由泰安市代管。

肥城县　北魏置，为东济北郡治。治所在今山东肥城市北老城。北周为肥城郡治。隋开皇初郡废。大业初属济北郡。唐武德五年（622）属东泰州，贞观初省入博城县。元至元十二年（1275）复置，属济宁路。明属济南府。清雍正十三年（1735）改属泰安府。民国初属山东济南道。1925年属泰安道。1928年以直属山东省。1980年迁治新城镇。1992年改设肥城市。

肥城郡　北周置，属济州。治所在肥城县（今山东肥城市北老城）。辖肥城、蛇丘二县，相当今山东肥城市地。隋开皇初废。

肥泉　即泉源水。今河南淇县南折胫河。《诗经·邶风·泉水》：“我思肥泉，兹之永叹。”

肥桥　亦作淝桥。在今安徽寿县北肥水上。《资治通鉴》：五代周显德三年（956）三月，“上行视水寨，至淝桥，自取一石，马上持之至寨以供炮，从官过桥者人赍一石”。胡三省注：“淝桥，于淝水上为桥也。”

肥陵山　即“八公山”。在今安徽寿县西北五里。《寰宇记》卷129寿春县：“八公山一名肥陵山。”

肥陵县　唐初分安丰县置，属寿州。治所在今安徽寿县东南。《括地志》：“肥陵故县在安丰东六十里。”武德七年（624）废。

肥累县　春秋肥子国。西汉置县，属真定国。治所在今河北藁城市西南七里。东汉废。

服武县　东魏武定七年（549）置，属沭阳郡。治所当在今江苏沭阳县地。南朝陈太建五年（573）省入怀文县。

服泽　相传尧举舜于此。《墨子·尚贤上》：“故古者尧举舜于服泽之阳，授之政，天下平。”清毕沅注：“未详其地。服与蒲，音之缓急，或即蒲泽，今蒲州府。”按，清蒲州府，今山西运城市西部地。

服秦城　北周置，在今山西吉县西北黄河东岸。《北齐书·段韶传》：武平二年（578），“五月，攻服秦城。周人于姚襄城南更起城镇，东起定阳，又作深堑，断绝行道。韶乃密抽壮士，从北袭之”。

胁营　清乾隆间置，在今西藏谢通门县西通门乡。

周　古部族名。始祖后稷，原居邰（今陕西武功县西南永安村）。传至公刘，迁到豳（今陕西彬县）。古公亶父时，定居于周（今陕西岐山县东北周塬遗址）。《史记·周本纪》集解：“骃案，皇甫谧云‘邑于周地，故始改国曰周’。”周文王时，迁都于丰

（今陕西西安市长安区西北沣河西岸）。公元前1066年武王灭商，遂有天下。

周三王陵 在今河南洛阳市西南周山附近。此地有三个土冢相连，俗称“三山”。相传为周敬王、悼王、定王的陵墓。《水经·洛水注》载：洛水“又东北径三王陵东北……今陵东有石碑录赧王以上世王名号，考之碑记，周墓明矣”。

周口市 1948年河南革命根据地由商水县析置，治周家口（今河南周口市）。1952年撤销周口市，改为周口镇。1980年复设周口市。2000年撤销周口地区及县级周口市，改设地级周口市。原县级周口市改置川汇区。

周口店 在今北京市房山区西南。其村西两座小山因盛产龙骨而名龙骨山。1929年在此发现距今六十九万年的中国猿人遗址。继之又发现了距今五万年的山顶洞人遗址，成为研究人类起源的重要基地。

周口店“北京猿人”遗址 在今北京市西南郊房山区周口店。遗址内已发现古人类化石、石器或人类居住遗址二十余个地点，其中第一地点位于龙骨山北坡洞穴内。1918年发现，1921—1937年及1949年后曾多次进行发掘，发现“北京猿人”化石四十多个个体，打制石器、石片十万多件，以及大量动物化石、骨器、角器和用火遗迹。年代距今70万—20万年，地质年代属中更新世。在世界同一阶段的古人类遗址中，材料最丰富、最系统。1933年在其上部洞穴中发现约2万年前的旧石器时代晚期“山顶洞人”，发掘出八个性别年龄不同的个体化石，还出土了石器、骨角器和穿孔饰物。1961年周口店遗址被定为全国重点文物保护单位。1987年“北京猿人”遗址又被联合国教科文组织世界遗产委员会确定为世界文化遗产。

周口店支线 从今北京市西南琉璃河站（今属房山区）向西北至周口店。长15.2公里。为卢汉铁路支线。清光绪十八年（1892）动工修筑，次年建成。

周口镇 ① 又作周家口。即今河南周口市。

②亦作舟口、州口。即今四川蓬安县。清光绪《蓬州志》：州口“在城东溯行五里，渡嘉陵而达，在龙角山之隈。……与州夹水，而当通衢，故曰州口。舟所泊，故曰舟口。市场所集，故曰舟镇，或云濂溪。周子之适合州，留讲学于此，士慕从之，多诣合与之游。镇今有濂溪祠”。1953年蓬安县由锦屏镇迁此。

周山 ①一名小亭山。在今河南洛阳市西南。《水经·洛水注》：“枝渎又东径周山，上有周灵王冢。”《寰宇记》卷3：“周山，今在苑中，当县之西。《皇览》云，‘河南城下有周山，一名小亭山’。”

②在今广东乐昌市北。《方舆纪要》卷102乐昌县：周山“在县北十五里。一名白石岭，亦曰宝山。为北达郴州之道”。

周子南 西汉元鼎四年（前113）封周后为周子南君。在今河南汝州市东。《汉书·武帝纪》：“封嘉为周子南君，以奉周祀。”师古曰：“子南，其封邑之号，以为周后，故总曰周子南君。”初元五年（前44）改封为周承休侯。

周马汛 在今广西田林县西南驮娘江东岸周马村。清有上林营外委戍守。

周王庙 在今浙江海宁市（硖石镇）西南三十八里周王庙镇。晋时里人周凯治海潮有功，后人立庙祀之，名周灵古社，一名周王庙。1928年置周镇，1936年更名周王庙镇。

周元镇 1938年为纪念爱国将领周元改漆园镇置，属蒙城县。即今安徽蒙城县。

周戈庄 清代称周家庄堡。即今山东高密市西北六十里周戈庄镇。

周水 ①即今广西柳江支流龙江。《汉书·地理志》定周县：“周水首受毋敛，东入潭，行七百九十里。”《水经·存水》：存水“东南至郁林定周县为周水，又东北至潭中县，注于潭”。

②即今云南西部之怒江。汉至南朝称周水。《汉书·地理志》嶲唐县：“周水首受徼外。”《华阳国志·南中志》：“嶲唐县，有周水从徼外来。”

周水子 在辽宁大连市西北，今为甘井子区驻地。南满铁路旅大支线以此为起点。

周长铁路 从今北京市西南周口店起，西北至长沟峪。长约5公里。1915年建成。

周公山 在今四川雅安市东南五里。《寰宇记》卷77严道县：周公山“在县东南畔，山势屹然，有龙穴，常多阴云。耆老传云：昔诸葛亮征南，于此梦周公，遂立庙。州县以灵验。闻伪蜀乾德六年封显圣王之庙”。

周公礼殿 即文翁学堂。西汉景帝时蜀守文翁建。在今四川成都市文庙前街第四中学校内。《元和志》卷31成都县：“南外城中有文翁学堂，一名周公礼殿。”

周公台（臺） 在鲁城中部偏东，今山东曲阜市东北周公庙村北高地上。《水经·泗水注》：季武子之台“西北二里有周公台，高五丈，周五十步。台南四里许，则孔庙即夫子之故宅也”。《清一统志·兖州府》“周公台”条引《府志》：“今文宪王庙，在城北高阜上，世所称鲁太庙旧址者，亦即其地也。”

周公岭 在今江西莲花县东北。《清一统志·吉安府》：周公岭“在莲花厅东北二十五里。上有罗家仙岩，高耸如屋，及伏虎岩、鸦石狮石、螺峰蛟峰、秀溪澄潭诸胜”。

周公庙 ①在今山东曲阜市东北。《清一统志·兖州府》：周公庙“在曲阜县东北三里故鲁太庙之墟。宋大中祥符时，追封周公为文宪王，重建新庙。真宗亲为之赞，立石庙中，春秋委官致祭，历代因之。本朝康熙二十三年，圣祖仁皇帝幸鲁，回銮至兖州，特命恭亲王长安、礼部尚书介山往祭，御制碑文，勒石庙庭”。

②在今河南洛阳市老城西关外定鼎南路东侧。是为祭祀周公而兴建的一座规模宏大的庙宇。周公姓姬，名旦，为周文王第四子。因其封邑在周，故名周公。文王死后，周公全力辅佐武王治理国家，攻灭商纣，建立西周王朝。武王死后，成王年幼，周公又代成王管理国家，亲自率兵东征，平定了以武庚为首的商朝奴隶主贵族的叛乱，稳定了周朝的统治；同时分封诸侯，制礼作乐，为建立西周王朝的典章制度，发展祖国的文化，起了重要作用。周公还继承武王遗志，与召公奭一起，在洛水之滨营建洛邑，并带领重兵常年在此镇守东方。直到他临死时，还嘱咐把他的遗体葬在成周。可见周公与洛阳有着密切的关系。周公庙自隋末营建以来，历代香火不绝。明万历年间重修后，清代又多次重修。现为洛阳都城博物馆所在地。2006年定为全国重点文物保护单位。

③在今陕西岐山县北。《清一统志·凤翔府》：周公庙“在岐山县西北十五里凤鸣山下。内有唐周公祠灵泉碑，又姜嫄庙在庙后”。庙内有唐宋以来历代碑刻数十通，其中以唐大中二年（848）敕赐润德泉答诏和凤翔节度使崔珙奏状、谢表刻石和韩愈、苏轼题诗最为著名。1986年以后，先后维修了姜嫄殿、周公殿、召公殿、戏楼等建筑，附近发掘有西周古城址，应为周城遗址。2006年定为全国重点文物保护单位。

周公河　即今四川雅安市南之雅安河。《明史·地理志》雅州：“东有蔡山，一名周公山，其下有经水，一名周公水。”《方舆纪要》卷72雅州：“沬水”条下：“周公水在州东四里。源出荣经县瓦屋山，流经周公山，因名。”

周公馆　即曾家岩50号。在今重庆市渝中区中山四路。1938年底，中共代表周恩来、董必武、秦邦宪、邓颖超等到重庆后，正式组成中共中央南方局，周恩来任书记。为便于工作，周恩来以个人名义租下这幢楼房，作为南方局和八路军办事处在城内的主要办公处所。当时称为“周公馆”。1946年5月，周恩来率中共代表团到南京后，此处改为中共四川省委机关驻地。

周氏陂　亦名周氏曲。在今陕西咸阳市东三十里。《寰宇记》卷26咸阳县：“周氏陂周回十三里。汉太尉周勃冢在陂中，其子亚夫有功，遂赐此陂，故地以氏称之。”

周文王陵　在今陕西咸阳市北十五里，武王陵南。《汉书·刘向传》：“文王、周公葬于毕。”《史记·周本纪》集解引马融曰：“毕，文王墓地名也。”

周平城　在今河南汝州市西南汝水南岸。《水经·汝水注》：“汝水又径周平城南。”《魏书·地形志》：汝北郡石台县“有平州城”。《水经注疏》谓“平州”似为“周平”之误。

周卢溪水　在今河北遵化市东。《水经·鲍丘水注》：庚水（今潈河）“又径徐无县故城东，……其水又西南与周卢溪水合，水出徐无山，东南流注庚水”。

周田村墟　在今广东韶关市曲江区东北周田镇。清同治《韶州府志》卷11曲江县有“周田墟”。

周四沟堡　明置，属永宁县。在今北京市延庆县东北刘斌堡乡东周四沟。《方舆纪要》卷17永宁县：周四沟堡，“（明）嘉靖十九年创筑，周二里有奇。其西北有黄土岭、西石河镇、口外山口诸冲”。

周白渡　即今重庆市黔江区东南舟白镇。清光绪《黔江县志》卷2：舟白渡场在“县东二十五里”。

周市　即今江苏昆山市东北周市镇。清光绪《江苏全省舆图》新阳县：“周市在城东北二十里。”

周宁县　1945年由周墩特种区及宁德县部分地置，属福建省。治所在周墩（今福建周宁县治狮城镇）。以周墩、宁德各取首字为名。

周礼场　亦作周里场。即今四川安岳县西南九十里周礼镇。接资中界。清彭遵泗《蜀碧》卷1：明崇祯十三年（1640），张献忠义军入蜀，“（万）元吉自间道走射洪，遏蓬溪以待贼。时贼屯安岳周里场，知官军至，宵遁。（猛）如虎选骑逐贼，元吉与（张）应元营安岳城下，以截贼归路”。

周老嘴　即今湖北监利县东北五十二里周老嘴镇。《清一统志·荆州府二》：周老嘴集“在监利县北、接安陆府潜江县界”。第二次国内革命战争时期，曾一度为湘鄂西革命根据地的中心。湘鄂西特委、省委、省苏维埃政府等均驻此。

周庄镇　①即今江苏昆山市西南周庄镇。清属元和县，置巡司于此。

②即今江苏江阴市东南三十里周庄镇。明嘉靖《江阴县志》卷2：“东南化成乡有周庄市。”清道光《江阴县志》卷2：周庄镇在“县东三十里。……为东南巨镇”。

周关　在今陕西华县西南圣山南秦家庄。《清一统志·同州府一》：周关“杜实材记：关为周处而建”。

周安郡　北周天和元年（566）改马蹬郡置，属开州。治所在西流县（今四川宣汉县东南坝镇）。辖境相当今四川宣汉县东南地。隋开皇三年（583）废。

周安堡　旧为周安寨，为明右江十寨之一。后置堡。在今广西忻城县南周安村。《明史·地理志》宾州上林县：“西南有周安堡，在八寨中，旧为瑶、僮所据，嘉靖三年讨平之，万历七年改属南丹卫。”清乾隆四十六年（1781）置巡司。

周阳　在今山西绛县西南，一说在今闻喜县东三十里东镇城南。《史记·孝文本纪》：西汉文帝元年（前179），“封淮南王舅父赵兼为周阳侯”。《正义》引《括地志》：“周阳故城在绛州闻喜县东二十九里。”

周阳侯国　西汉置，属河东郡。治所在今山西绛县西南，一说在今闻喜县东三十里东镇城南。文帝元年（前179）封淮南王舅赵兼为周阳侯。武帝时，封田蚡弟胜为周阳侯。元狩二年（前121）废。

周均庄　即今青海称多县治。1938年于此置称多县。“周均”，藏语意为“小渡口”。民国汪公亮《西北地理》第二十三章：称多族驻地周均庄。

周坊　即今江西贵溪市西北周坊乡。清同治《江西全省舆图》卷11：贵溪县西有周坊。

周村　①在今山东淄博市西。原属长山县。清嘉庆《长山县志》卷13载，康熙四十九年长山知县金铽《周村义集记》称：“长邑南十八里为周村大镇，地不通夫水陆，而天下之货聚焉。”光绪三十年（1904）与历城同时开为商埠。为全省著名大镇。今为淄博市周村区。

②在今广西藤县南。明置巡司于此。《方舆纪要》卷108藤县“白石砦”条下：“《志》云：旧有周村巡司，在县南五十里。正统中置，成化中废。今为周村堡。”

周村市　1945年8月山东革命根据地由长山县析置，治周村（今山东淄博市西周村区）。1950年5月撤销，并入长山县。同年11月与张店市合并，改置张周市。

周村集　即今河北永年县（临洺关）东南二十五里周村乡。清同治《畿辅通志》卷51永年县图：西有周村。

周村镇　金置，属晋城县。即今山西晋城市西四十里周村镇。

周利江　在今广西上林县西南。《方舆纪要》卷109上林县：周利江“在县西南。……东流注合水”。

周何山　在今安徽望江县东。《方舆纪要》卷26望江县：周何山“在县东一里。《志》云：周瑜及何无忌皆曾驻军于此，因名”。

周近水　即今云南南华、楚雄、元谋等县市间之龙川江。《新唐书·南蛮传》：“永徽初，大勃弄杨承颠私署将帅，寇靡州，都督任怀玉招之不听，高宗以左领军将军赵孝祖为郎州道行军总管，与怀玉讨之。至罗仵侯山，其酋秃磨蒲与大鬼主都干以众塞箐口。孝祖大破之。孝祖按军多弃城逐北，至周近水，大酋俭弥干、鬼方董朴濒水为栅，以轻骑逆战。”

周灵王陵　在今河南洛阳市西南周山附近。《水经·洛水注》载：洛水“枝渎又东径周山，上有周灵王冢”。又引《皇览》曰：“周灵王葬于河南城西南周山上。”清乾隆年间洛阳知县龚松林曾于冢前立“周灵王陵”墓碑。

周武王陵　在今陕西咸阳市北十五里，文王陵北。《汉书·刘向传》：“文王、周公葬于毕。”《史记·周本纪》正义引《括地志》：“武王墓在雍州万年县西南二十八里毕原上。”

周武防　北周保定元年（561）废朔州置，即今甘肃庆城县。隋开皇三年（583）改为合川镇。

周（週）坪市　即今湖北秭归县（剪刀峪）西周坪镇。清设外委驻防。

周昌县　唐长寿二年（693）改唐昌县置，属彭州。治所在今四川郫县西北唐昌镇。神龙元年（705）复为唐昌县。

周罗县　唐武德四年（621）置，属南州。治所在今广西博白县东南八十里。六年（623）属白州。天宝初属南昌郡，乾元初复属白州。北宋开宝五年（972）废。

周罗寨　在今广西博白县东南八十里凤山镇（蕉麻墟）。明置周罗巡司，清改为周罗寨巡司。

周和郡　西魏大统十年（544）置，为岷州治。治所在溢乐县（今甘肃岷县）。北周辖境相当今甘肃岷县一带。隋初废。

周河砦　北宋置，属信安军。在今河北霸州市东四十五里。

周泥驿　在今贵州毕节市西六十里。《方舆纪要》卷123毕节卫：周泥驿“周泥站亦置于此。有小城，设兵戍守”。

周郎桥　故址在今江苏南京市江宁区东南湖熟镇附近。宋《景定建康志》卷16：周郎桥“在城东八十里上元县丹阳乡湖熟镇，下临横塘”。并引石迈《古迹编》云：“旧传周瑜尝至此”，因名。

周承休国　西汉初元五年（前44）置，为侯国，属颍川郡。治所在今河南汝州市东。绥和元年（前8）为公国。元始四年（4）改为邥县。东汉建武二年（26）复改为周承休县。十三年（37）废。

周城县　北魏太平真君六年（445）置，属平秦郡。治所在今陕西岐山县东北五十里。北周天和三年（568）移治今陕西眉县东北渭河北岸，属岐山郡。隋开皇十八年（598）改名渭滨县。

周（週）城埠　即今江苏溧阳市西南周城镇。《方舆纪要》卷20江宁府溧阳县：周城埠，“宋末，土人结寨筑城于此，以御侵寨，周回濠迹尚存。亦曰周城”。

周巷市　即今浙江慈溪市西二十二里周巷镇。旧属余姚县。清乾隆《绍兴府志》卷7《市》引《万历志》：周巷市“在县西北四十五里”。

周南　指今河南洛阳市一带。《史记·太史公自序》：“太史公留滞周南。”《集解》徐广曰：“虞挚曰：古之周南，今之洛阳。”《索隐》：张晏云，“自陕以东，皆周南之地也”。另说在今河南陕县以东地区。

周南山　又名终南山、太一山。即今陕西南部之秦岭山脉。《括地志》：“终南山一名中南山，一名太一山，一名周南山，一名地肺山，一名楚山，一名橘山，一名秦山。”

周南郡　北周天和二年（567）置，为恒州治。治所在盩厔县（今陕西户县西北三十五里）。建德三年（574）废。

周泉县　唐贞观四年（630）置，属南平州。治所在今重庆市东南境。八年（634）属霸州，十三年（639）废。

周首 春秋时齐邑，在今山东平阴县西南。《左传·文公十一年》：“齐襄公之二年，鄋瞒伐齐。齐王子成父获其弟荣如，埋其首于周首之北门。”杜注：“周首，齐邑。济北谷城县东北有周首亭。”《水经·济水注》：“今世谓之卢子城，济北郡治也。京相璠曰：今济北所治卢子城，故齐周首邑也。”

周洪山 在今山西静乐县南。《方舆纪要》卷40静乐县：周洪山“在县西南七十里，巍峨奇秀，其西北十里有渥洼泉”。

周桥 在今山东曹县东北。《资治通鉴》：隋大业九年（613），“济阴孟海公起为盗，保据周桥，众至数万”。又唐武德四年（621），“窦建德克周桥，虏孟海公”。

周桥镇 在今江苏常州市武进区东南周桥村，东接无锡市界。民国《江苏六十一县志》：武进县东南有“周桥镇”。

周原 在今陕西岐山县东北部和扶风县西北部。《诗经·大雅·绵》：“周原膴膴，堇荼如饴。”原之得名以此。《续汉书·郡国志》：右扶风美阳县“有周城”。注引《帝王世纪》曰：“周太王所徙，南有周原。”《史记·周本纪》 正义曰：“因太王所居周原，因号曰周。”

周原遗址 在今陕西岐山县东北部和扶风县西北部。遗址中心区北起岐山南麓，南至岐山县青化镇的祁家沟、山岔河和扶风县法门镇的张吴、南陈、尧白等村，东起扶风县交阳河，西至岐山县岐阳沟。周原遗址历来是西周青铜器的重要出土地点，有名的大盂鼎、毛公鼎等均出于此。1976年起发掘出西周大型宫室基址和平民居址、制骨作坊遗址以及大量有价值的青铜器和一批有刻辞的甲骨，证实这里是西周早期王都岐周之所在，是极为重要的周文化遗址。1982年定为全国重点文物保护单位。

周党镇 一名周党畈店。即今河南罗山县南周党镇。清乾隆《罗山县志》卷1《镇店》：“周党镇，南八十里。”

周恩来故居 在今江苏淮安市楚州区驸马巷。1898年3月5日，周恩来诞生于此。故居为东、西两个宅院，是周恩来的祖父周攀龙和二祖父从浙江绍兴迁居淮安后共同买下的。原有房屋三十一间，其中东院三进十二间，西院三进十九间。周恩来在这里开始受到启蒙教育（六至九岁时一度依靠外祖父母在清江浦居住）。1910年周恩来满十二岁时受四伯父周贻庚之召，离开淮安去东北铁岭、沈阳求学。1988年定为全国重点文物保护单位。

周铁桥镇 又名桥头镇。即今江苏宜兴市东北四十五里周铁镇。东近太湖。清移下邾巡司于此。

周浦镇 一名杜浦。即今上海市浦东新区南汇西北四十里周浦镇。元置下沙盐场及杜浦巡司于此。后盐场徙他处，巡司亦废。明嘉靖中又置三林巡司于此。《方舆纪要》卷24松江府上海县：周浦镇“明嘉靖三十四年，倭贼自柘林移据周浦，官军败却之”。即此。

周家口集 又名周口镇、周家埠。即今河南周口市。当贾鲁河入沙河处。明至清末为豫东重要商埠。旧属商水县，清设通判驻此。民国《商水县志》卷5《集镇》引《旧志》云：“周家口镇，城东北十八里小黄河与沙河汇流处。旧在沙河南岸，仅有子午街一道，居民数家。国朝（指清朝）治平百年以来，人烟丛杂，街道纵横，延及淮宁境，接连永宁集，周围十余里，三面夹河，舟车辐辏，烟火万家，樯桅树密，水陆交会之乡，财货堆积之薮，……豫省一大都会也。”民国初置县佐。1949年设周口市。

周家山 在今四川雷波县东北汶水镇境。产铁。清咸丰初曾开采，年余无成遂止。

周家冈街 即今安徽全椒县西北周岗乡。民国《全椒县志》卷1：“距城五十里有周家冈街，长一里，俱市肆。”

周家市 在今江西万载县东南。《清一统志·袁州府》：周家市“在万载县东南十五里怀万乡，为宜春及分宜之要冲”。

周家场 即今四川简阳市西北周家乡。民国《简阳县志》卷2：周家场，“《采访册》按：《乾隆》、《咸丰》两志并云在州北。距城四十里（《乾隆志》）。创建（于）清乾隆十年”。

周家弄（衖）汛 即今上海市奉贤区东北三十四里周家弄。清光绪《奉贤县志》县境图：县（旧治）西北有周家弄汛。

周家坪 即今陕西南郑县治。清光绪《陕西全省舆地图》南郑县：周家坪“在城（今汉中市）西南八十五里”。1961年南郑县迁治于此。

周家店市 即今湖南常德市东北八十里周家店。《清一统志·常德府二》：武陵县东北有“周家店市”。

周家店闸 在今山东聊城市南三十二里周店村。《清一统志·东昌府》：周家店闸“在聊城县东南三十二里运河上。南距兖州府阳谷县七级下闸十二里。元大德十二年建。今有闸官”。

周家油房 在今吉林榆树市西南秀水镇西大于村北。1951年在此发现原始文化遗存，距今四万年至七万年。被称为“榆树人”。

周家泊 一名周家陂。在今河南西平县北三十五里。《清一统志·汝宁府一》：周家泊“县北诸水多汇于此。东流为洪河。明嘉靖初，为汝水所淤，俱变为良田”。

周家桥 在今江苏洪泽县南二十里高桥。《方舆纪要》卷22淮安府：周家桥“在府西南九十余里。北去高堰五十里。又南为翟家坝。淮水东溢，往往从此奔冲，为高、宝一带之患，堤防至切”。

周家崄镇 即今陕西子洲县西周家崄镇。清光绪《绥德州志》卷2《堡寨》：周家崄镇“在城西一百二十里”。

周家营　即今山东枣庄市西南周营镇。旧属峄县。清光绪《山东通志》卷2《舆图志》：峄县西南有周家营。

周家堡　亦名周家铺堡。在今河北唐县西北一百十里。为倒马关东路隘口，明洪武间置周家铺巡司。清裁。

周家镇　即今安徽砀山县东北周寨镇。清同治《徐州府志》砀山县境图：东北有周家寨。

周康郡　北魏置，治所在今河南泌阳县东北。隋开皇初废。

周鹿城　即今广西马山县西南周鹿镇。《清一统志·思恩府》：周鹿城在“今那马土司治。旧有石城，相传明正统间，土官岑瑛，尝围猎守鹿于此，因名守鹿城，后讹为周鹿城。嘉靖七年于此置那马土司，以黄理为巡检世袭。本朝因之”。清同治九年（1870）于此置那马厅，1912年改那马县。1951年县废。

周窑　明周丹泉创建，在今江西景德镇市。为当时著名瓷窑之一。清蓝滨南《景德镇陶录》卷5：“周窑：隆万中人名丹泉，本吴门籍，来昌南造器，为当时名手，尤精仿古器。每一名品出，四方竞重购之。”

周港　在今浙江慈溪市西周巷镇。《清一统志·浙江统部》：绍兴营设把总驻此。

周瑜城　在今安徽舒城县西南。《舆地纪胜》卷45庐州：周瑜城“在舒城县西十八里”。《方舆纪要》卷26舒城县：周瑜城，“《志》云：瑜从孙权举义兵讨董卓，徙家于舒，因筑此城。今为净梵寺”。

周瑜墓　在今安徽庐江县东二里。周瑜（175—210）字公瑾。庐江郡舒县（今庐江县境内）人。三国吴名将。建安十五年（210）卒于巴邱（今湖南岳阳），归葬于此。明正统七年（1442）庐江知县黄金兰于墓前立“吴名将周公瑾之墓”碑。清刘廷鸾作“汉偏将军领南郡太守周瑜墓铭”，立石于墓前。咸丰间墓遭破坏。1926年重修。1942年改圆顶墓为“凸”形，墓前竖刻石两块。

周塘　在今广西平乐县东周塘村。《方舆纪要》卷107平乐县：“周塘在平乐县之东乡里。积水灌田，四时不涸。”

周塘驿　在今广东兴宁市东南。《方舆纪要》卷103兴宁县：周塘驿“在县东南。万历四年建”。《清一统志·嘉应州》：周塘驿“在兴宁县东南六十里。为惠、潮二府往来之道”。

周塘泉　在今湖南汝城县南五里。《方舆纪要》卷82桂阳县“屋岭水”条下：“《志》云，县南五里有周塘泉，分上、中、下三塘，溉田百余顷。”

周新镇　即今江苏无锡市南十八里东绛镇。民国《江苏六十一县志》：无锡县南有“周新镇”。

周溪　在今福建连江县西南。《方舆纪要》卷96连江县：周溪“在县西南。又县南有竹溪，县西有利坑溪，皆流入鳌江，有灌溉之利”。

周溪驿　明置水驿，在今重庆市万州区东北五十里。《舆地纪胜》卷177万州：“州东四十里有周溪。”《方舆纪要》卷69万县“集贤驿”条引《舆程记》：“（集贤驿）又六十里即周溪驿。”

周溪镇　即今江西都昌县东南周溪镇。清设巡司于此。

周墅镇　亦作周市。即今江苏昆山市东北二十里周市镇。明嘉靖《昆山县志》卷4：“周市，县东北新塘。”清光绪《江苏全省舆图》新阳县记：“周市在城东北二十里。”民国《江苏六十一县志》：昆山县周墅镇，“当汉浦塘、东新塘汇合之口，水道四通”。

周槃城　北周改东槃县置，治所在今甘肃合水县西南，北至庆城县百二十里。寻废。《隋书·高祖纪上》：开皇二年（582）十二月，“突厥寇周槃，行军总管达奚长儒击之，为虏所败”。即此。

周墩　即今福建周宁县。明洪武初置东洋麻岭巡司于此。清初为宁德县丞驻地。民国初改设县佐。1935年析置周墩特种区，为特种区治所所在地。

周墩特种区　1935年由宁德县析置，属福建省。治所在周墩（今福建周宁县治狮城镇）。1945年改置周宁县。

周澄堡　明置，属宁夏前卫。即今宁夏平罗县西南周城。

周穆王陵　在今陕西西安市西北。周穆王姬满为周昭王之子，在位期间西击犬戎，东讨徐戎，周游天下。据《寰宇记》卷25雍州长安县：“周穆王陵在县西南张恭村，二十五里。”

昏驮多城　一名摸达城。隋、唐西域国达摩悉铁帝国都城。在今阿富汗喀布尔东北瓦罕。唐玄奘《大唐西域记》卷12：达摩悉铁帝国“昏驮多城，国之都也。中有伽兰，此国先王之所建立，疏崖奠谷，式建堂宇”。

昏磨城　唐祀惟州治所。在今阿富汗北部胡尔姆。《新唐书·地理志下》：祀惟州“以昏磨城置”。

郇　西周封国。姬姓。文王十七子封地，在今山西临猗县西南。《诗经·国风·曹》：“四国有王，郇伯劳之。”春秋时灭于晋。《左传》：僖公二十四年（前636），“秦伯使公子絷如晋师，师退，军于郇。辛丑，狐偃及秦晋之大夫盟于郇”。即此。

郇州　唐武德元年（618）置，治所在郿县（今陕西眉县）。辖境相当今陕西眉县地。三年（620）废。

郇阳　战国楚邑。在今陕西旬阳县北洵河北岸。《战国策·楚策一》：苏秦为赵合从，说楚威王曰，楚“北有汾陉之塞、郇阳”。即此。西汉置旬阳县。

鱼　①群蛮国。在今重庆市奉节县东白帝城。《左传》：文公十六年（前611），“庸人帅群蛮以叛楚，……楚人……使庐戢黎侵庸……七遇皆北，唯裨、鯈、鱼人实逐之”。《水经·江水注》：“江水又东径鱼复县故城南，故鱼国也。”

②春秋庸国邑。在今重庆市奉节县东十里白帝城。《左传》：文公十六年（前611），“楚师伐庸，裨、儵、鱼人逐楚师”。杜注：“裨、儵、鱼，庸三邑。鱼，鱼复县。”秦置鱼复县。

鱼儿泺　①即今吉林大安市西北洮儿河注入嫩江处之月亮泡。《辽史·圣宗纪》：太平二年（1022）“二月辛丑朔，驻跸鱼儿泺”。五年（1025）三月“如长春河鱼儿泺，其水一夕有声如雷，越沙冈四十里，别为一陂”。

②即今内蒙古克什克腾旗西达来诺尔。《续资治通鉴》：蒙古成吉思汗十年（1215），“驻军鱼儿泺，遣缴格巴图帅万骑自西夏趋京兆，以攻金潼关”，即此。

鱼儿浦　在今山东昌邑市北五十里鱼尔堡。《方舆纪要》卷36昌邑县“海”条下：“有鱼儿浦巡司，为滨海戍守处。”《清一统志·莱州府二》谓鱼儿铺“明初设巡司，崇祯时废”。

鱼山　①即鱼条山。在今河北满城县西北五里。《水经·滱水注》：鱼水“出北平县西南鱼山，山石若巨鱼”。即此。

②在今山东东阿县西南。一名吾山。《史记·河渠书》：汉武帝《瓠子歌》有“功无已时兮吾山平”句。《水经·济水注》：“马颊水又东北流径鱼山南，山即吾山也。”《三国志·魏书·陈思王植传》：曹植徙封东阿。“初，植登鱼山，临东阿，喟然有归焉之心，遂营为墓”，即此。《旧五代史·梁书·太祖纪》载，唐乾宁元年（894）二月，朱温“亲领大军由郓州东路北次于鱼山”，用火攻大败郓帅朱煊军，杀万余人，“因筑京观于鱼山之下”。

鱼子沟河　在今山东邹平县东南。《水经·济水注》：鱼子沟“水南出长白山东柳泉口，山即陈仲子夫妻之所隐也。……其水又径於陵县故城西，……其水北流注于陇水（孝妇河）”。

鱼子淜　在今云南洱源县西。《方舆纪要》卷117浪穹县：鱼子淜“在县西。水色青碧，流合于宁河。一名龙池”。

鱼木寨　在今湖北利川市西北一百五十二里。为古代巴人军事要塞。寨子建在数百米高的危崖绝壁上。崖壁上钻石孔为道，修有石卡门。为鄂川入渝古道。寨上拥有百余块石碑，样式奇特，有塔式、牌坊式、楼层式等。碑雕有人物、花卉等图案。2006年定为全国重点文物保护单位。

鱼水　在今河北满城县西南。《水经·滱水注》：鱼水“水出北平县西南鱼山，山石若巨鱼，水发其下，故世俗以物色名川，又东流注于蒲水，又东入濡”。

鱼孔隘　即今陕西勉县西南十五里老虎沟。《宋史·理宗纪》：南宋淳祐三年（1243），蒙古兵破大安军，“忠义副总管杨世威坚守鱼孔隘，孤垒不降”，即此。

鱼石洞戍　在今四川广元市西南昭化镇西北。《资治通鉴》：南朝梁大宝二年（551），“杨乾运进据平兴，平兴者，杨法琛所治也。法琛退保鱼石洞，乾运焚平兴而归”。西魏于此置鱼盘县。

鱼龙山　在今安徽青阳县南七十里陵阳镇西南南阳村，东南接石台县界。《方舆纪要》卷27青阳县“青山”条下：“又鱼龙山，在县南七十里。其深谷中有小鱼龙洞，又有大鱼龙洞。水分七流，互相交贯，中多奇胜。”大鱼龙洞称鱼龙前洞，属石台县境。小鱼龙洞称鱼龙后洞。现均已开辟供人游览。

鱼龙川　即龙鱼川。今陕西陇县西千河上源北河。《旧唐书·太宗纪》：贞观四年（630），“幸陇州，校猎于鱼龙川”。即此。

鱼龙湾　在今山东桓台县北二十六里鱼龙。《水经·河水注》：漯水“又东北为马常坑，坑东西八十里，南北三十里，乱河支流而入海。河海之饶，兹焉为最”。《方舆纪要》卷31新城县：鱼龙湾，“或曰，即马常坑也。……今漯水湮绝，鱼龙湾即小清河所汇”。

鱼丘山　在今山东高唐县东。《方舆纪要》卷34高唐州：鱼丘山“在州东。其状如鱼。五代梁改县名鱼丘以此”。

鱼丘县　五代梁改高唐县置，治所即今山东高唐县。后唐复改高唐县。

鱼丘驿　在今山东高唐县东。《方舆纪要》卷34高唐州：鱼丘驿“明初置马驿于此”。

鱼皮部　清初又称使犬部。分布在我国东北松花江下游及黑龙江下游地区。包括赫哲、费雅喀、库页等族。清吴桭臣《宁古塔纪略》：衣朗哈喇“又东北五六百里为呼儿喀；又六百里为黑斤；又六百里为非牙哈；总名乌稽鞑子，又名鱼皮鞑子，因其衣鱼皮，食鱼肉为生，故名”。

鱼台（臺）县　唐天宝元年（762）改方与县置，属鲁郡（后改兖州）。治所在今山东鱼台县西旧城集。《元和志》卷10鱼台县称：“因县北有鲁君观鱼台，故名。”元属济州，至元二年（1265）并入金乡，三年（1266）复置。明属兖州府。清乾隆二十一年（1756）徙治今县西南鱼城。四十一年（1776）改属济宁州。民国初属山东济宁道。1925年属兖济道。1928年直属山东省。1964年迁治谷亭。

鱼凫山　在今四川彭山县东北。《方舆纪要》卷71彭山县：鱼凫山在“县东北二里。或曰即鱼涪津也。……《旧志》：津在嘉定州夹江县界”。

鱼凫城　相传古蜀国鱼凫王所都。在今四川成都市温江区北万春镇直属与报恩村间。《成都文类》卷2：宋孙松寿《观古鱼凫城》诗自注云：“在温江县北十五里，有小院。”诗曰：“野寺依脩竹，鱼凫迹半存。高城归野垅，故国霭荒村。”《方舆纪要》卷67温江县：鱼凫城在“县北十里。相传古鱼凫所都”。民国《温江县志》卷2：鱼凫城“其遗址犹在，乡人呼古城埂”。今古城遗址尚存。

鱼凫津　在今四川彭山县东北。《寰宇记》卷74彭山县：鱼凫津"在县东北二里。一名彭女津，在彭亡山南，居导江、皂江等水会之处。按：《南北八郡志》云：犍为有鱼凫津数百步"。

鱼羊寨　北宋置，属夷陵县。在今湖北五峰土家族自治县东渔洋关镇。

鱼关寨　在今陕西勉县西。《宋史·吴璘传》谓"鱼关仓亦宜积粮"。《方舆纪要》卷56沔县：鱼关寨"宋绍兴中，贮钱帛于此以给军"。

鱼池口　原名鱼池。在今河南滑县东北鱼池。五代汉乾祐元年（948）黄河决口于此。称为鱼池口。《资治通鉴》：五代周显德元年（954），"河决灵河、鱼池、酸枣、阳武、常乐驿、河阴、六明镇、原武凡八口，至是分遣使者塞之"。《旧五代史·汉书·隐帝纪上》：乾祐元年（948）五月，"河决滑州鱼池"。皆此。北宋于此置鱼池埽，并就决分为减水河。

鱼池埽　北宋于鱼池口建，在今河南滑县东北鱼池。《宋史·河渠志》：滑州有鱼池埽。大观二年（1108），工部员外郎赵霆上免夫之议："今春滑州鱼池埽合起夫役，尝令送免夫之直，用以买土，增贴埽岸，比之调夫，反有赢余。"

鱼村隘　在今广东饶平县西北。《方舆纪要》卷103潮州府饶平县：鱼村隘"在县（今三饶镇）东南。相近又有小榕隘"。

鱼步镇　即石步镇。北宋置，属宣化县。即今广西南宁市西三十里石埠。

鱼肠屿　在今福建漳浦县东南海中。《方舆纪要》卷99漳浦县：鱼肠屿在"县东南三十里海中。相近为竹屿，居民数百家，岁获鱼盐之利"。

鱼条山　一名鱼山。在今河北满城县西北五里。《清一统志·保定府二》：鱼条山"形如巨鱼，即《水经注》所谓鱼山也。山极险旷"。

鱼沟镇　亦作渔沟镇。即今江苏淮安市淮阴区西北渔沟镇。为往来孔道。《明史·河渠志二》：万历二十年（1592），张贞观言："至于广入海之途，则自鲍家口、黄家营至鱼沟、金城左右，地势颇下，似当因而利导之。"即此。

鱼陂　春秋楚邑。在今湖北天门市西北。《左传》：昭公十三年（前529），"公子比为王，公子黑肱为令尹，次于鱼陂"。杜注："竟陵县城西北有甘鱼陂。"

鱼耶镇　即宋鱼蛇镇。在今四川眉山市东南复兴乡（复兴场）。明置鱼耶镇巡司于此。《清一统志·眉州》：鱼耶镇"在州东南三十里两河口，即古鱼蛇镇。旧有巡司。久裁"。

鱼齿山　在今河南平顶山市西南。《左传》：襄公十八年（前555），楚师伐郑，"涉于鱼齿之下"。《水经·汝水注》："湛水出犨县北鱼齿山西北，东南流，历鱼齿下。"

鱼岳（嶽）山　在今湖北嘉鱼县西长江岸边。《水经·江水注》：鱼岳山"山在大江中，杨子洲南，孤峙中洲"。《隋书·地理志》：蒲圻县有鱼岳山。《舆地纪胜》卷66鄂州：鱼岳山"《武昌志》云：在嘉鱼西一里"。

鱼河　即今内蒙古达拉特旗东母哈日沟（或译为木呼尔沟）。《清一统志·鄂尔多斯》：鱼河"在左翼后旗东一百十里。蒙古名折葛苏台。源出托诺克拖罗海山，东北流入捕鱼池"。

鱼河堡　即今陕西榆林市南鱼河镇。《清一统志·榆林府二》：鱼河堡"地名黑土圪塔。明正统二年置鱼河砦于九股水。成化十一年，巡抚俞子俊移置今所。城在半山，周三里三百步，门二。居无定、明堂两河之间，为腹里上地。今有守备分防"。

鱼泽障　在今甘肃敦煌市东北三十里。《汉书·地理志》敦煌郡效谷县颜师古注："本渔泽障也。桑钦说孝武元封六年济南崔不意为鱼泽尉，教力田，以勤效得谷，因立为县名。"

鱼祈塘　在今上海市松江区西。《宋史·河渠志七》：南宋淳熙十年（1183），"命秀州发卒浚治华亭乡鱼祈塘，使接淞江太湖之水；遇旱，即开西闸堰，放水入泖湖，为一县之利"。

鱼城　故址在今江苏苏州市吴中区西南。《吴地记》："鱼城，吴王养鱼处。"北宋朱长文《吴郡图经续记》卷下："鱼城在吴县西横山下，遗址尚存。盖吴王控越之地，宜为吴城，谓之鱼城，误也。横山之旁，冈势如城郭状，今犹隐隐然。"

鱼骨滦潭　在今江西石城县东。《方舆纪要》卷88赣州府石城县：鱼骨滦潭"在县东七十里万山间。石岩倒垂，小潭深靓。岩上飞瀑，下蔽潭口，称为奇胜"。

鱼复（復）县　战国秦置，属巴郡。治所在今重庆市奉节县东十里白帝城。西汉为江关都尉治。东汉建安六年（201）为巴东郡治。三国蜀汉章武二年（222）改为永安县。《三国志·蜀书·先主传》：刘备伐吴，在猇亭惨败，"收合离散兵，遂弃船舫，由步道还鱼复，改鱼复县曰永安"。即此。西晋复改为鱼复县。西魏改为民复县。

鱼复（復）浦　在今重庆市奉节县东南二里八阵图下之沙洲。《晋书·桓温传》："初，诸葛亮造八阵图于鱼复浦沙丘之上。"唐杜甫《入宅》诗云："水生鱼复浦，云暖麝香山。"清钱谦益笺注："《地志》：夔治鱼复，滟滪风涛电射，巨鱼却而不得上，故名曰鱼复浦也。"

鱼泉县　西魏废帝二年（553）改南浦县置，为安乡郡治。治所即今重庆市万州区。《寰宇记》卷149万州南浦县：鱼泉县"以地土多泉，民赖鱼罟为名"。北周改为安乡县。

鱼泉镇　即今重庆市云阳县东北栖霞乡（鱼泉坝）。民国《云阳县志》卷1：沙沱乡有鱼泉场。

鱼亭山　在今安徽黟县南三十五里鱼亭镇西。有鱼亭水出山下，东入横江。《寰宇记》卷104黟县：鱼亭山"在县南二十五里。每岁西江鱼船至祁门县舍舟登陆，止此东水次，淹留待船，故云鱼亭焉”。

鱼亭镇　在今安徽黟县东南三十五里鱼亭山下，横江水与章水合流口。宋置驿及巡司于此。淳熙《新安志》卷5黟县《驿道》：鱼亭驿“在县东三十五里，道路东南各通休宁，西通祁门，北通太平界”。南宋诗人吕本中诗云：“竹密如云不见天，好山无数簇溪田。只因黟县溪山胜，尽在鱼亭驿舍前。”《方舆纪要》卷28黟县：鱼亭山，“《志》云：山即祁门县榔木岭之支也。自榔木岭而东，十里至鱼亭，又东五十里即至休宁县。旧时，江西鱼船至祁门，以次泊山之东。县有四亭八墅，鱼亭其一也”。

鱼洞　即今重庆市西南巴南区（鱼洞镇），鱼洞溪注入长江处。《舆地纪胜》卷175重庆府：鱼洞溪“在江津县东南”。

鱼洞河　在今四川越西县北。《明一统志》卷73四川行都司：鱼洞河“在越嶲卫城北二十五里。源出吐蕃，流合罗罗河，入大渡河。其中常出鱼”。

鱼洞驿　明置，即今重庆市巴南区（鱼洞镇）。《方舆纪要》卷69重庆府巴县“朝天驿”条内：“《志》云：府南六十里有鱼洞水驿。万历元年，改鱼洞为土闸坝。”

鱼捕滣　亦作渔浦潭。在今湖北襄阳市南。《方舆纪要》卷79襄阳府襄阳县：鱼捕滣“在府南，蒙古围襄阳，尝筑城于其旁，所谓捕鱼城也”。

鱼浦　在今浙江富阳市东南四十里。《南齐书·沈文季传》：永明三年（485）冬唐寓之起义，富阳县令何洵“告鱼浦子逻主从系公，发鱼浦村男丁防县”。唐储光羲《京口送别王四谊》：“落潮先鱼浦，倾荷枕驿楼。”五代时钱镠拒刘汉宏水军，而由鱼浦出，均此。

鱼海　又名白亭海、小阔端海子。蒙古名哈拉（喇）脑尔。在今内蒙古阿拉善旗西克头（大）湖村北与甘肃民勤县马王庙村东北之干湖盆。《清一统志·阿拉善厄鲁特》：谷水“即三岔河。自河州府城东东北流，经镇番县东，又东北出边至旗界，入白亭海子”。又“休屠泽”条：“按：三岔河自镇番东北流出边，又三百余里，潴为大泽，方广数十里，俗名鱼海子。蒙古名哈喇鄂模。”

鱼浮关　亦名鱼涪关、鱼凫关。明置，在今四川叙永县东。《清一统志·叙永厅》：鱼浮关“在厅东三里。明洪武四年建”。清康熙时废，后又重建。光绪《叙永永宁厅县合志》卷2：鱼凫关在“东七里。……又一在治东三里。又一在县东三十里”。

鱼流山　在今广西南宁市邕宁区东。《舆地纪胜》卷113横州：鱼流山“在永定县西六十里。中有溪，每至水潦泛涨，水流甚急，鱼自溪顺流而下”。

鱼窍峡　在今甘肃成县西二十里。峡中天井山下，有东汉建宁四年（171）所建黄龙碑（亦名西峡颂摩崖），记载武都太守李翕率众开天井道事迹。传为唐吴道子手笔。《方舆胜览》卷70：清风轩“有汉武都太守河阳李翕伯都竟陵（建宁）四年之碑，在鱼窍峡”。即此。《清一统志·阶州》：鱼窍峡“在成县西二十里”。

鱼陵　春秋郑地。在今河南平顶山市西南。《左传》：襄公十八年（前555），“楚师伐郑，次于鱼陵”。杜注：“鱼陵，鱼齿山也。在南阳犨县北。郑地。”

鱼通万户府　元置，属天全招讨司。治所在今四川康定县东北麦崩乡。《元史·世祖纪》：至元十七年（1280），“敕东西川发蒙古、汉军戍鱼通、黎、雅”。即此。后废。

鱼通安抚司　五代后蜀置，属雅州。治所在今四川康定县东北麦崩乡。元改为宣抚司，属吐蕃等处宣抚司。明废。

鱼难山　在今陕西洛南县东北八十里。《方舆纪要》卷54洛南县：鱼难山“鱼难水出焉。崖高五十余丈，谓之扑水崖，鱼不能过，故曰鱼难。又南经石门入洛。两石相夹，中通行路，崖高万仞，极为险阻，俗谓之鬼门也”。

鱼黄峒　在今湖南汝城县东南一百里。《方舆纪要》卷80桂阳州“泗洲镇”条下：“《志》云，州（今桂阳县）东百里有鱼黄洞，近江西大庾县界。正德中，群‘盗’结聚于此，土兵破灭之。洞中田连阡陌，皆膏腴也。”《清一统志·郴州二》：鱼黄峒“在桂阳县东南一百里，接江西南安府大庾县界。一名鱼王峒……高峰巨壑，盘据广远，瑶、僮杂居其中”。

鱼蛇水　即今四川眉山市东南、青神县北之粤江河。《寰宇记》卷74青神县：鱼蛇水“在县东北十二里。从陵州贵平县木梓山入当县，合导江水。有鱼似蛇”。《方舆纪要》卷71青神县：鱼蛇水“在县南（北之误）二十里。源出成都府仁寿县界之木梓山，流经县境入大江。以水中有鱼似蛇，因名。一名鱼鲫江”。

鱼蛇镇　北宋置，属眉山县。在今四川眉山市东南复兴乡（复兴场）。

鱼符津　亦名鱼津、鱼凫津。在今四川南溪县西。《寰宇记》卷79南溪县：鱼津，“按《郡国志》云：南溪县西三十里，有津。津南有鸳鸯圻也”。《方舆纪要》卷70南溪县：鱼符津“在县西三十里。亦曰鱼凫津。津南有鸳鸯圻”。

鱼盘县　西魏置，属平兴郡。治所在鱼洞戍（今四川广元市西南昭化镇西北）。隋大业初废入景谷县。

鱼涪关　亦作鱼浮关、鱼凫关。在今四川叙永县东。《方舆纪要》卷73永宁宣抚司：鱼涪关在“司东三里。洪武四年建。有兵戍守”。明著名诗人杨慎经此，题关门云：“华夷统镇连千里，黔蜀分疆第一关。”清康熙时废。后又重建。

鱼涪津　在今四川乐山市北，为岷江津渡。《续汉书·郡国志》：南安县有鱼涪津。刘昭注：“《蜀都赋》注曰：鱼符津数百步，在县北三十里。”东汉建武十二年（36），吴汉率舟师溯江伐公孙述，与述将魏党、公孙永战于鱼涪津。

鱼梁山 在今湖南岳阳市东北。《方舆纪要》卷77岳州府临湘县“望城山”条下：“又鱼梁山，在县（治今陆城镇）南一里。山下有湖，渔者取鱼于此。”《清一统志·岳州府一》：鱼梁山“山下有湖，产鱼特美”。

鱼梁城 在今江西万安县南五里。《陈书·高祖纪》：南朝梁大宝元年（550），“高州刺史李迁仕据大皋，遣主帅杜平虏千人入赣石鱼梁”，即此。

鱼梁洲 又作渔梁洲。在今湖北襄阳市襄阳城南岘首山东北侧。《水经·沔水注》：“襄阳城东有东白沙，白沙北有三洲。……沔水中有鱼梁洲，庞德公所居。”即此。

鱼渡 在今贵州桐梓县北。《明史·刘綎传》：万历二十八年（1600），杨应龙遣子朝栋等“由松坎、鱼渡、罗古池三道并进。綎伏万人罗古，待松坎贼；以万人伏营外，待鱼渡贼；而别以一军策应”。

鱼窝寨 在今广西柳江县西北。《方舆纪要》卷109马平县：嘉靖间，韦金田等起事，“二十四年，督臣张岳等会兵征之，分三哨并进，破雷岩、同银、平田、落满、都博等巢，遂围鱼窝寨。鱼窝石壁峭立，拔地高数千丈，从来用兵莫能胜。贼悉力坚守，山四周倾仄，官军进攻，不能置足，乃为久困计，乘懈击之，遂破鱼窝寨”。

鱼腹县 即鱼复县。在今重庆市奉节县东十里白帝城。《晋书·地理志》：“巴东郡鱼腹（县）。”腹为复之讹。

鱼鲊渡 在今四川会理县西南鱼鲊乡。为金沙江主要津渡之一。同治《会理州志》卷2：鱼鲊渡在“治西南一百七十里”。

鱼鳌山 在今陕西宁强县东南。《方舆纪要》卷56宁羌州：鱼鳌山“宋绍定四年，蒙古拖雷入汉中，分两军。东军屯于兴元、洋州之间，以趋饶风关；西军由别路入沔州，取大安军路，开鱼鳌山，撤屋为筏，渡嘉陵江，入关堡，并江趋葭萌，略地至西水县，破城寨百四十而还……州东南七十里有天池山，上有池，或以为即鱼鳌山”。

鱼藻池 ①俗称金鱼池。在今北京市东城区崇文门东南金鱼池街。为金、元、明、清饲养金鱼之地。明《帝京景物略》卷3：“金故有鱼藻池。《旧志》云，池上有殿，榜以瑶池。”1952年曾疏浚，池呈圆形，四周围以石栏，水面清澈如镜。1966年填平盖楼。

②在今陕西西安市北，唐禁苑中。宋敏求《长安志》卷6：“唐贞元十二年，诏浚鱼藻池，深一丈。至穆宗，又发神策六军二千人浚之。”程大昌《雍录》卷4：“池中有山，山上建鱼藻宫。”

兔儿山 又名吐儿山、犊儿山。在今内蒙古扎鲁特旗西北霍林河（呼林河）河源处。《辽史·地理志》：上京临潢府有兔儿山。

兔儿关 在今甘肃金塔县东北赵家峡附近。《清一统志·肃州》：兔儿关“在高台县西北镇夷城北四十里”。

兔儿坂镇 即今山西临县西北兔坂镇。《清一统志·汾州府》“三交镇”条下：兔儿坂镇“在（临）县西八十里”。

兔儿岛 即今辽宁盖州市西南仙人岛。明《全辽志》卷1：兔儿岛在“（盖州卫）城西南七十五里”。

兔儿窝寨 金置，属广宁县。在今辽宁北镇市东北。

兔毛川 在今陕西神木县北。《元丰九域志》卷4：麟州新秦县有“兔毛川”。《清一统志·榆林府一》：兔毛川“宋张亢破夏人于此。源出塞外，流入屈野河”。

兔毛河 ①古名中陵川水。即今山西右玉县西之沧头河。源出山西朔州市平鲁区北，北流经右玉县西，出杀虎口，至内蒙古和林格尔县东南入浑河。《明史·地理志二》山西行都司：定边卫“东北有海子窊，兔毛川出焉，分为二，其一东南流入左卫界，其一西北流自杀虎口出塞”。又东胜卫“又有兔毛川，亦入于黄河”。

②即今内蒙古杭锦旗东北毛布拉格孔兑河。《清一统志·鄂尔多斯》：兔毛河“在左翼后旗西一百二十里。蒙古名陶赖昆兑。源出敖柴达木，西北流入黄河”。

兔台（臺） 在今河北成安县西。《史记·赵世家》：敬侯四年（前383），“魏败我兔台”。《方舆纪要》卷15成安县：兔台，“《郡邑志》：成安县有兔台是也”。

兔耳山 在今河北抚宁县西十里。《明一统志》卷5永平府：兔耳山“双峰尖耸，状类兔耳”。因名。《金史·太宗纪》：天会元年（1123），张觉据平州归宋，金将“阇母及张觉战于兔耳山，阇母败绩”。即此。

兔园 即东苑。在今河南商丘市东南。《史记·梁孝王世家》正义引《括地志》：兔园“在宋州宋城县东南十里”。《元和志》卷7宋城县：兔园在“县东南十里。梁孝王园”。

兔园水 今蒙古国巴彦洪戈尔省图音河。《魏书·蠕蠕传》：神䴥二年（429）五月，世祖统兵从漠南进袭蠕蠕，至栗水，“缘栗水西行，过汉将窦宪故垒。六月，车驾次于兔园水，去平城三千七百里。分军搜讨，东至瀚海，西接张掖水，北渡燕然山”。

兔床山 在今河南西部。《山海经·中山经·中次十一经》：“丰山东北八百里曰兔床之山，其阳多铁，其木多藷䓘，其草多鸡谷。”按丰山，清毕沅谓在河南南阳府治（今南阳市）东北；又兔床山东一百六十里有支离之山，毕沅谓在河南嵩县。是兔床山或即今河南西部之熊耳山。

兔河　在今内蒙古杭锦旗西北。《清一统志·鄂尔多斯》：兔河“在右翼后旗南一百二十里。蒙古名陶赖”。

兔羼山　在今辽宁建平县北建平镇北。《辽史·地理志》惠州：“太祖俘汉民数百户兔羼山下，创城居之，置州。”

狋氏县　西汉置，属代郡。治所在今山西阳高县东南百里。西晋废。

狐人　春秋周邑。在今河南长葛市西南。《左传》：定公六年（前504），郑伐“狐人”。即此。《续汉书·郡国志》颍川郡颍阴县：“有狐宗乡，或曰古狐人亭。”

狐父　又名狐父亭、狐父城、狐父聚。在今安徽砀山县东南三十里。《史记·曹相国世家》：曹参“击秦司马展军砀东，破之，取砀、狐父、祁善置”。唐张守节《正义》引《括地志》云：“狐父在宋州砀山县东南三十里。”

狐奴山　即呼奴山。在今北京市顺义区东北二十五里。《水经·沽水注》：“沽水西南流经狐奴山西，又南经狐奴县故城西。渔阳太守张堪于县开稻田，教民种植，百姓得以殷富。”即此。

狐奴县　西汉置，属渔阳郡。治所在今北京市顺义区东北三十里呼奴山麓。《后汉书·张堪传》：“于狐奴开稻田八千余顷。”又《邓训传》：“诏训将黎阳营兵屯狐奴。”皆此。三国魏景初二年（238）废。西晋复置，属燕国。北魏又废。

狐奴阜　亦作胡奴坂。在今甘肃天水市西。《十六国春秋辑补》卷40：前秦太初二年（387），苻登攻姚秦将姚硕德于秦州。“苌自往救之，十月姚苌战于胡奴坂，大破之”。即此。

狐苏县　西汉置，属辽西郡。治所在今辽宁朝阳县东南小溪河北松树咀子。东汉废。

狐岐山　一名薛颉山。在山西孝义市西。《山海经·北次二经》：“狐岐之山，无草木，多青碧，胜水出焉，而东北流注于汾水。”

狐谷亭　在今山西襄汾县西北。《左传》：僖公十六年（前644），“秋，狄侵晋，取狐厨、受铎。涉汾，及昆都”。杜预注：“狐厨、受铎、昆都，晋三邑。平阳临汾县西北有狐谷亭。”《水经·汾水注》：平水“东径狐谷亭北，春秋时狄侵晋，取狐厨者也”。

狐岭关　在今河南济源市西。《方舆纪要》卷49济源县：狐岭关“一名胡岭关。宋绍定三年，蒙古史天泽攻金将武仙于卫州，仙败走胡岭关，天泽遂取卫州，是也”。

狐骀　春秋时邾地。在今山东滕州市东南二十里。《左传》：襄公四年（前569），臧纥“侵邾，败于狐骀”。杜注：“狐骀，邾地。鲁国蕃县东南有目台亭。”

狐胡国　一作孤胡国。汉西域三十六国之一，属西域都护府。都车师柳谷（今新疆吐鲁番西北达坂城）。

狐突山　一名马鞍山。在今山西交城县西北。《元和志》卷13交城县：“狐突山，在县西南五十里。”《方舆纪要》卷40交城县：狐突山在“县西北五十里。有晋大夫狐突庙，因名。县之镇山也，产青铁”。

狐狸别　亦作葫芦别。在今吉林珲春市东北。产金。《清史稿·地理志》珲春厅：珲春河“左合夹心子，胡卢别、瓦岗寨……”。

狐狸淀　在今河北任丘市西北。《寰宇记》卷66任丘县：狐狸淀“在县西北二十里。《水经注》云：在鄚县东南隅，中有蒲柳，多葭苇”。

狐厨　春秋晋邑，在今山西襄汾县西北襄陵镇西。《左传》：僖公十六年（前644），“秋，狄侵晋，取狐厨，受铎”。《水经·汾水注》：平水“东径狐谷亭北，春秋时狄侵晋，取狐厨者也”。

狐谡县　西汉置，属河东郡，治所在今山西永和县西南三十五里。东汉废。三国魏初复置狐谡县，属平阳郡。北魏太延二年（436）废。

狐壤　春秋郑地，在今河南长葛市西南。《左传》：隐公十一年（前712），公“与郑人战于狐壤”，即此。

狗厂营　明置，即今贵州盘县（红果镇）东南保田镇南联强（狗场营）。嘉靖《普安州志》：狗场营“在州南一百二十里”。

狗山　即今河北永年县（临洺关）西娄山。《初学记》卷8引《水经注》曰：“狗山顶上有狗迹。今在临洺县西。”唐武德五年（618），太宗亲征刘黑闼，于此立营。

狗头岭　在今浙江杭州市余杭区西。宋《淳祐临安志》卷9：狗头岭“在钱塘县旧治之北，到县五十里”。《方舆纪要》卷90杭州府：狗头岭在“府西北五十里。唐上元二年刘展作乱，……杭州州将李藏用使其属温晁自余杭驰居狗头岭”。即此。

狗耳岭　在今广东翁源县西北。《方舆纪要》卷102翁源县：狗耳岭在“县（治今翁城镇）西北九十里。两峰并立，状如狗耳。曹溪水出焉，即南华山之支岭也，与曲江县接界”。

狗沙屿　在今台湾省澎湖县南，将军澳屿北约一里。清高拱乾《台湾府志》卷1：狗沙屿“鱼名狗沙，此屿最多，故名”。

狗河寨　明置，属广宁后屯卫。即今辽宁义县西北沟河寨。明《辽东志》卷3：大平堡“堡南万佛堂可屯兵，狗河寨可按伏”。

狗泺　即今内蒙古太仆寺旗西南与河北沽源县西境接界之九连城诺尔。《金史·地理志》昌州：明昌七年（1196）以狗泺置。“有狗泺，国言（女真语）曰押恩尼要”。据同书《食货志》，狗泺本金西京路盐场，大定十一年（1171）置六品盐使司，二十五年改为西京盐司。张德辉《纪行》：“北入昌州，居民仅百家。亦有仓廪，州之盐司。州之东有盐池，周广可百里，土人谓之狗泺，以其形似故也。”金昌州即元宝昌州，今河北沽源县西境九连城即其故址。故城东之九连城诺尔即金、元狗泺。

狗泺盐场 在今内蒙古太仆寺旗西南与河北沽源县西南界之九连城淖尔。《金史·食货志》：世宗大定十一年（1171）正月，“用西京盐判宋俣言，更定狗泺盐场作六品使司，以俣为使”。

狗枷堡 在今陕西蓝田县西白鹿原上。《水经·渭水注》：“《三秦记》曰：‘丽山西有白鹿原，原上有狗枷堡。秦襄公时有天狗来下，有贼则狗吠之，一堡无患，故川得厥目焉。’”

狗脊岭 在今陕西西安市东南五里，唐京城东市。《方舆纪要》卷53西安府：狗脊岭“盖龙首山之古陇。唐为行刑之地”。

狗琵岩 在今湖南泸溪县西南一百三十五里。清严如熤《苗疆险要考》：狗琵岩“石峰嶙峋，攒立如戟，背负滚龙坡猫儿岩，俱极嵚崎。俯临沱江，径路碕仄，为乾苗入泸总口”。清魏源《圣武记》卷7《乾隆湖贵征苗记》载：乾隆六十年（1795）四月，“福宁以兵役六千由泸溪复乾州，遇苗苟琵岩，急匿辎重中以遁”。即此。

狗街 即今云南昌宁县东北六十二里耇街彝族苗族乡。光绪《大清直省地舆全图》：保山县东有狗街。

狗街渡 即今云南宜良县西南狗街镇。滇越铁路经此。

忽儿秃卫 又作法勒图河卫、乌尔秃卫。明正统后置，属奴儿干都司。在今俄罗斯滨海边疆区乌苏里江上游乌拉河流域。后废。

忽儿珊 亦作呼罗珊。今伊朗东北霍腊散一带。《辽史·天祚本纪》：耶律大石率大军“至寻思干，西域诸国举兵十万，号忽儿珊，来拒战。……三军俱进，忽儿珊大败，僵尸数十里”。

忽儿海卫 又作忽鲁哈卫。明永乐七年（1409）置，属奴儿干都司。治所在今黑龙江省依兰县。后改忽鲁爱卫。

忽儿海河 唐为忽汗河。金为活罗海川。元为胡里改江。即今黑龙江省东南部松花江支流牡丹江。明《寰宇通志》卷116：忽儿海河“在开原城东北千里。源出潭州城东诸山，北流入松花江”。清作瑚尔喀河。

忽石门卫 明永乐七年（1409）置，属奴儿干都司。治所在今俄罗斯哈巴罗夫斯克边疆区黑龙江下游左岸格林河口。后废。

忽兰兀孙 即今新疆沙湾县东乌兰乌苏镇。《元史·明安传》：世祖至元二十九年（1292），“别失八喇哈孙盗起，诏以兵讨之，……贼军再合四千人于忽兰兀孙，明安设方略与战，大败之”。

忽兰忽失温 在今蒙古国乌兰巴托东南，土剌河上源东乌兰山口。明金幼孜《北征后录》：永乐十二年（1414），成祖亲北征至饮马河（今克鲁伦河）。五月“初七日次忽兰忽失温，……寇大败，人马死伤无算，皆号痛而往，宵遁，至土剌河，上乃收军回营。……遂名其地曰杀胡镇”。

忽必烈行宫旧址 在今河北沽源县东北小宏城子村北。即元之察罕脑儿行宫。《元史·世祖纪》载：至元十七年（1280）五月，“甲辰，作行宫于察罕脑儿”。即此。

忽汗州 又作忽汗州都督府。唐先天二年（713）置，属幽州都督府。治所即今吉林敦化市。因濒忽汗河（今牡丹江），故名。辖境相当今牡丹江上游、松花江中上游流域。后废。

忽汗河 即今黑龙江省东南部松花江支流牡丹江。《新唐书·渤海传》：“天宝末，钦茂徙上京，直旧国三百里，忽汗河之东。”

忽汗城 又名东京城，为唐渤海国都。在今黑龙江省宁安市西南渤海镇。因城濒忽汗河（今牡丹江）而得名。《辽史·太祖纪》：天显元年（926）正月丙寅，“是夜围忽汗城。……辛未，諲譔素服，稾索牵羊，率僚属三百余人出降”，渤海亡。同年改为东丹国都，名天福城。

忽汗海 即今黑龙江省宁安市西南镜泊湖。《新唐书·地理志》引贾耽《道里记》：“渤海王城，城临忽汗海。”即此。清称毕尔腾湖。

忽里模子 一作忽鲁谟斯。在今伊朗南部海滨、霍尔木兹海峡以北。《元史·地理志·西北地附录》有“忽里模子”。

忽谷 在今甘肃山丹县东。《十六国春秋辑补》卷82后凉录：后凉龙飞二年（397），凉王吕光遣太原公吕纂“败（沮渠）蒙逊于忽谷”，即此。《资治通鉴》作忽谷。

忽纳寨 在今云南晋宁县（昆阳镇）东北二十四里，滇池东岸下梁王。《方舆纪要》卷114晋宁州：忽纳寨“在州（治今晋城镇）西。明初瓦尔密闻曲靖，破走入晋宁州忽纳寨，赴滇池死，即此寨也”。

忽林站 明改元胡怜站置，在今俄罗斯哈巴罗夫斯克边疆区黑龙江下游格林河口忽林屯。明《辽东志》卷9：海西东水陆城站有狗站“忽林站”。后废。

忽帖罕站 又作胡帖干站。元置，在今黑龙江省通河县东北大古洞村。元《析津志》天下站名：“吾纳苦百三十（里）忽帖罕、塔海万户。”明改克脱亨站。

忽剌火失温 又作忽兰忽失温（蒙古语，意为红山咀）。今蒙古国乌兰巴托东南，图拉河上游南的乌兰山口。《元史·明宗纪》：明宗从和林东行，过土拉河，至忽剌火失温，复东行至克鲁伦河上游西的撒里怯儿。金幼孜《后北征录》：明永乐北征，至撒里怯儿，西北越三峡口（康合儿孩），在忽兰忽失温大败北元军，追至土拉河。

忽剌秃失图 辽、金北境边堡。在今蒙古国东方省乌尔札河上游南乌尔再和苏台。《圣武亲征录》：“塔塔儿部长蔑里真笑里徒背金主约，金主遣丞相完颜襄帅兵逐塔塔儿北走。上闻之，遂起兵自斡难河迎讨之，……与战纳剌秃失图、忽剌秃失图之野。”“失图”（Shitugen）意为“堡寨”。今内蒙古额尔古纳右旗的古边墙遗迹向两延伸到蒙古国内，直至乌尔札河源附近，南侧有许多堡寨遗址。忽剌秃堡应在乌尔扎河上游。

忽剌温江　金作活剌浑水。即今黑龙江省哈尔滨市呼兰区西呼兰河。明《寰宇通志》卷116：忽剌温江“源出北山，南流入松花江”。

忽牵河　即忽章河。今哈萨克斯坦锡尔河。

忽炭　即今新疆和田市。《元史·地理志·西北地附录》作“忽炭”。

忽毡河　即忽章河。今哈萨克斯坦锡尔河。

忽毡城　一作忽禅城、苦盏城。察合台汗国属地。即今塔吉克斯坦锡尔河南岸苦盏。《元史·地理志·西北地附录》有“忽毡”。

忽恶峒　北宋置，属邕州。在今广西靖西县东南。《宋史·外国传·交阯》：“元祐中，又数上表求忽恶、勿阳峒地，诏不许。”

忽麻里河　即今黑龙江省呼玛县西之呼玛河。《清太宗实录》卷51：崇德五年（1640）二月，萨穆什喀等讨博穆博果尔，“至忽麻里河分兵，各旗照派定地方攻取”。

忽章河　即中亚之锡尔河。《元史·郭宝传》：甲戌岁（1214），随成吉思汗西征，“次忽章河，西人列两阵迎拒，……进兵下挦思干城”。

忽鲁八兴站　元置，在今俄罗斯哈巴罗夫斯克边疆区东北黑龙江下游格林河口东北。明作虎把希站。

忽鲁爱卫　又作忽鲁哈卫。明永乐十三年（1415）改忽儿海卫置，属奴儿干都司。治所在今黑龙江省依兰县。后废。

忽鲁谟斯　亦译作忽里模子、忽鲁谟厮。在今伊朗东南部，旧港在米纳布附近，新港在波斯湾，口格什姆岛以东之霍尔木兹岛。《明史·外国传七》：“忽鲁谟斯，西洋大国也。……其国居西海之极。自东南诸蛮邦及大西洋商舶、西域贾人，皆来贸易，故宝物填溢。”在永乐、宣德年间，郑和使其地。忽鲁谟斯多次遣使来贡。

忽阑河　今青海玛多县南黑河。《元史·地理志》河源附录：“亦里出与赤宾河合，又三四日，水南来，名忽阑。又水东南来，名也里术，合流入赤宾，其流浸大，始名黄河。”

忽禅河　即忽章河。今哈萨克斯坦锡尔河。

忽禅城　即忽章城。元察合台汗国地。在今塔吉克斯坦列宁纳巴德（苦盏）附近。《元史·伯颜传》：祖“平忽禅有功，得食其地”。

忽缠城　即忽毡城。元察合台汗国地。在今塔吉克斯坦列宁纳巴德（苦盏）附近。《元史·薛塔剌海传》：“从征回回、河西、钦察、畏吾儿、康里、乃蛮、阿鲁虎、忽缠、帖里麻、赛兰诸国，俱以炮立功。”

备溪江　即今云南南涧彝族自治县西碧溪。明洪武十七年（1384）于此置土巡检司。

饴山　即原山。在今山东莱芜市东北。《淮南子》：“淄水出饴山。”饴山即原山之别名。

〔丶一〕

京　春秋郑邑。在今河南荥阳市东南二十四里京襄城村。《左传》：隐公元年（前722），郑武姜为共叔段“请京，使居之，谓之京城大叔”。秦置京县于此。

京大铁路　从吉林长春市至大赉（今大安市）。全长213.6公里。系长白铁路的一段。日伪修筑。1935年建成。因长春是伪满洲国的“新京”，故伪满称之为京大铁路。

京口　东汉末、三国吴时称为京城，后称京口。即今江苏镇江市。《元和志》卷25润州：“后汉献帝建安十四年，孙权自吴理丹徒，号口‘京城’，今州是也。十六年迁都建业，以此为京口镇。”《方舆胜览》卷3镇江府：京山，“《图经》：其城因山为垒，缘江为境，《尔雅》丘绝高曰京，故名”。

京口戍　即今江苏镇江市。《旧唐书·地理志》丹徒县：“吴为京口戍，晋置南徐州。”

京口里　在今江苏镇江市。《宋书·武帝纪一》：“旭孙生混，始过江，居晋陵郡丹徒县之京口里。”

京口埭　在今江苏镇江市北江南河入江口。《新唐书·地理志》丹徒县：“开元二十二年，刺史齐澣以州北隔江，舟行绕瓜步，回远六十里，多风涛，乃于京口埭下直趋渡江二十里开伊娄河。”

京山　一名京源山。在今湖北京山县东十五里。《隋书·地理志》京山县：“有京山。”《寰宇记》卷144京山县：“因界内京山为名。”

京山村　即今广东东莞市东北三十里京山村。明置巡司于此。

京山县　①隋大业初改角陵县置，属安陆郡。治所即今湖北京山县。《寰宇记》卷144京山县：“因界内京山为名。”唐属郢州。元属安陆府。明属承天府。清属安陆府。民国初属湖北襄阳道。1932年直属湖北省。

②南朝齐、梁间置，为建安左郡（建安郡）治。治所在今湖北天门市东北。西魏为光川郡治。隋大业初废入竟陵县。

京山铁路　自北京至山海关。乃京奉铁路的一段，即关内外铁路的关内段。

京门支路　为京绥铁路之支路。自北京西直门站至门头沟京西煤矿。全长26公里。清光绪三十四年（1908）建成。1928年后称平门铁路。

京水　一名黄水。即今河南贾鲁河上源。在今河南新密市东北、荥阳市东南及郑州市境。《水经·济水注》：黄水“发源京县黄堆山，东南流，名祝龙泉，泉势沸涌，状若巨鼎扬汤，西南流谓之龙项口，世谓之京水”。北流注于济水。北宋建隆初，凿渠引京水东流，名金水河。经中牟县入都城，汇入五丈河通漕运。元丰五年（1082）又由副堤入蔡水。元至元中，贾鲁治河，复引京水自中牟县南流，经陈、颍入淮。遂为贾鲁河正源。

京水县　唐置，属抚水羁縻州。治所在今广西环江毛南族自治县东北。后废。

京玉关　北宋置，属兰州。在今甘肃兰州市西固区西北新城镇青石村北黄河边。《宋史·地理志》：京玉关“元符三年赐名，本号把拶桥”。元废。

京东东路　北宋熙宁七年（1074）分京东路东部置，治所在青州（今山东青州市）。辖今山东省泰山以北、沂水流域以东地区。金改置山东东路。

京东西路　北宋熙宁七年（1074）分京东路西部置，治所在兖州（今山东兖州市），后移治应天府（宋景德时升宋州为府，在今河南商丘县南）。辖境相当今山东泰安、平阴、阳谷及河南范县以南，山东东明、河南宁陵、柘城以东，河南夏邑、安徽萧县和江苏徐州以北，山东莱芜、泗水、滕州以西地区。金改置山东西路。

京东路　北宋至道三年（997）置，治所在宋州（今河南商丘市南）。辖境相当今山东徒骇河东南，山东东明、河南宁陵、柘城县以东地区和江苏西北角。熙宁七年（1074）分为东、西二路。

京市铁路　原名江宁铁路。在今江苏南京市内。清光绪三十三年至宣统元年（1907—1909）筑成从下关经鼓楼至万寿宫段，长11.9公里。1928年改称京市铁路。1935年延筑至中华门，全长14.4公里。1958年被拆除。

京汉铁路　北京至汉口。原名卢汉铁路，因起点站原定在北京卢沟桥，故名。清光绪二十三年（1897）动工修建，至三十二年（1906）建成，全长1214.5公里。因1900年八国联军占领北京后，比、法、英三国将卢汉路由卢沟桥筑至北京前门站，遂改称京汉铁路。今为京广路北段。

京西北路　北宋熙宁五年（1072）分京西路北部地置，治所在河南府（今河南洛阳市）。辖境相当今河南济源、温县及郑州市以南，信阳、息县、淮滨等市县以北，渑池、洛宁及伏牛山、桐柏山以东，新郑、淮阳、沈丘及安徽太和、颍上县以西地区。金废。

京西南路　北宋熙宁五年（1072）分京西路南部地置，治所在襄阳府（今湖北襄阳市）。辖境相当今陕西秦岭及河南伏牛山以南，四川大巴山与湖北荆山以北，陕西子午河以东，河南桐柏及湖北随州、京山以西地区。南宋时有所缩小。元废。

京西路　北宋至道三年（997）置，治所在河南府（今河南洛阳市）。辖境相当今河南郑州、许昌二市及淮阳县以西，崤山、熊耳等山以东，沁、卫二河以南；安徽西淝河以西、淮河以北；陕西秦岭以南，子午河及大巴山以东；湖北郧水以西，京山、钟祥等县市及荆山以北地区。熙宁五年（1072）分为南北二路，大体上以伏牛山、方城山、桐城山为界。北路治所在河南府，金改为南京路；南路治所在襄阳府（今湖北襄阳市）。元废。

京师　①首都之别称。《公羊传·桓公九年》：“京师者，天子之居也。京者何？大也。师者何？众也。”

②明制，都城附近不设布政司，周围各府、州直辖于都城，这一地区称京师，也称直隶。洪武初建都于应天府（今南京市），京师地区相当今江苏、安徽两省及上海一市。永乐十九年（1421）迁都顺天府（今北京市），京师地区相当今北京、天津两市，河北省大部分及河南、山东的小部分地区。清初改为直隶省。

京师仓遗址　在今陕西华阴市东北碾峪乡西泉店村南，处于渭河南岸的漕渠入渭处。《汉书·王莽传下》：地黄四年（23），“郭钦、陈翚、成重收散卒，保京师仓”。颜师古注：“京师仓在华阴灌北渭口也。”仓城用战国宁秦城墙，依自然地势构筑，平面长方形，东西长1120米，南北700米。发现粮仓六座，其中一号仓东西长62.5米，南北26.6米，分三室，中室大，东西49.3米。南北7.1米，容量上万立方米。京师仓又名华仓，汉武帝时修建，是为首都长安贮存、转运粮食的国家大型粮仓，规模宏大，保存较好。这是目前发现的规模最大的西汉粮仓建筑遗址，对研究汉代建筑史、经济史、漕运史等具有重要价值。2001年定为全国重点文物保护单位。

京兆尹　①西汉太初元年（前104）改右内史置，属司隶校尉部。分原右内史东半部为其辖区，职掌相当于郡太守。因地属畿辅，故不称郡，为三辅之一。宋敏求《长安志》卷2引《三辅决录注》曰：“京，大也。天子曰兆民。”故称首都为京兆，即京师之意。治所在长安县（今陕西西安市西北十三里）。辖境相当今陕西秦岭以北、西安市以东、渭河以南及河南一小部分地区。三国魏改为京兆郡，北周复为京兆尹。隋开皇三年（583）废。

②1912年改顺天府置京兆地方，府尹改为京兆尹，治所在大兴、宛平县（今北京市）。1928年废。

京兆地方　1912年中华民国定都北京，改顺天府为京兆地方，设京兆尹，直隶中央政府。治所在大兴、宛平县（今北京市）。辖区相当今北京市（除延庆县外），天津市武清、宝坻二区及河北涿州、霸州、廊坊、固安、永清、香河、三河、蓟县等市县地。1928年迁都南京，废京兆入河北省。

京兆县　北魏改益昌县置，属南白水郡。治所在今四川广元市西南四十五里昭化镇。北周改为益昌县。

京兆府　唐开元元年（713）改雍州置，治所在长安、万年二县（今陕西西安市）。辖境相当今陕西秦岭以北，乾县以东，铜川市以南，渭南市以西地。其后屡有伸缩。开元二十一年（733）以后为关内道、京畿道治。五代梁改名大安府，后唐复为京兆府。元至元十六年（1279）改为安西路。

京兆府路　金皇统二年（1142）改永兴军路置，治所在京兆府（今陕西西安市）。辖境相当今陕西韩城、铜川、乾县以南，武功县以东，首阳山、镇安县、社川河以北、以东及河南卢氏县、虢略镇、米阳关等地。蒙古废。

京兆郡　①三国魏改京兆尹置，为雍州治。治所在长安县（今陕西西安市西北十三里）。辖境相当今陕西秦岭以北，西安市以东、华县以西及三原、泾阳、高陵三县地。晋建兴后，历为刘聪、石勒、苻健、姚苌、赫连勃勃所据。北魏徙治霸城县（今西安市东北新筑镇附近），属雍州。北周明帝二年（558）复治长安县，改为京兆尹。隋开皇三年（583）改置雍州。大业三年（607）废雍州为京兆郡，治所在大兴城（今西安市）。辖境北面扩大至宜君县。唐武德元年（618）又改为雍州，天授元年（690）复为京兆郡，寻复为雍州。

②东晋孝武帝时侨置，属雍州。寄治襄阳（今湖北襄阳市汉水南襄阳城）。南齐时治邓县（今襄阳县西北邓城）。

京江　指今长江镇江市段。因镇江古名京口而得名。《资治通鉴》：唐建中四年（783），淮南节度使陈少游发兵三千大阅于江北，韩滉“亦发舟师三千曜武于京江以应之”。胡三省注曰：“大江径京口城北，谓之京江。”唐杜牧《杜秋娘》诗：“京江水清滑，生女白如脂。”皆此。

京池县　西魏大统十六年（550）改平阳县置，为董城郡治。治所在今湖北安陆市东北吉阳城。隋大业二年（606）改名吉阳县。

京安镇　清置，属襄陵县。在今山西襄汾县西北二十二里京安村。

京军县　北魏世祖时置，属汾州。治所在今山西吉县东北六十里。太和二十一年（497）改为五城县。

京县　战国韩置。后入秦，属三川郡。治所在今河南荥阳市东南二十四里京襄城。西汉属河南郡。三国魏属荥阳郡。北齐废。

京邑　六朝时通称都城建康（吴名建业，今江苏南京市）为京邑，以别于今江苏镇江市的京城（简称京）。《三国志·吴书·孙和传》：“宜立庙京邑”；《宋书·孝武帝纪》：元嘉三十年（453）五月丙子，“克定京邑”。皆此。

京岘山　又名丹徒岘、荆岘。在今江苏镇江市东五里。京口即以此山得名。南朝宋鲍照有《从拜陵登京岘》诗。《资治通鉴》：唐建中四年（783），“浙江东西节度使韩滉闭关梁，禁牛马出境，筑石头城，穿井近百所，缮馆第数千，修坞壁，起建业，抵京岘，楼堞相属”。胡三省注：“京岘山在润州州治东五里。”

京张铁路　从北京丰台至河北张家口市，系京绥线的一段。全长201公里。由詹天佑主持修筑，清光绪三十一年（1905）动工，宣统元年（1909）竣工。

京奉铁路　即关内外铁路。自北京至辽宁沈阳。因当时辽宁名奉天，故光绪三十一年（1905）关内外铁路改称京奉铁路。

京苑铁路　又称南苑支线。即京奉铁路南苑支线。从北京永定门至南苑万字地。全长7.5公里。清光绪三十二年（1906）动工，次年竣工。原为轻便铁路，1941年改成标准轨距。

京城　①即今江苏镇江市。《三国志·吴书·宗室传》：孙韶伯父河“为将军，屯京城”。即此。

②六朝时通称都城建康（吴名建业，今江苏南京市）为京师或京邑，亦称京城。《陈书·后主纪》：祯明三年（589），隋伐陈，“晋王广入据京城”。即此。

③即京。在今河南荥阳市东南二十四里京襄城村。《左传》：隐公元年（前722），郑武姜为郑叔段“请京，使居之。谓之京城大叔”。

京临县　元至正十七年（1357）朱元璋改晋陵县置，为长春府治。治所即今江苏常州市。寻省入永定县。

京兹　春秋时齐地。在今山东肥城市西。《左传》：襄公十八年（前555），晋侯伐齐，入平阴，“荀偃、士丐以中军克京兹”。杜注：“京兹，在平阴城东南。”

京洛　洛阳之别称。因东周、东汉皆建都于此，故名。班固《东都赋》：“子徒习秦阿房之造天，而不知京洛之有制也。”

京室县　西汉置，属上郡。方位缺考，当在今陕西省北部。东汉废。

京索　京，春秋郑邑。秦置京县（今河南荥阳市东南京襄城村）。索，索亭，又名大索城（今河南荥阳市北四里）。《史记·项羽本纪》：“楚起于彭城，常乘胜逐北，与汉战荥阳南京、索间。”《集解》引应劭曰：“京，县名，属河南。有索亭。”

京陵县　西汉置，属太原郡。治所在今山西平遥县东北十里京陵城。北魏废。

京通铁路　又称平通铁路。即关内外铁路通州支线。清光绪二十七年（1901）修筑，从北京东便门至通州（今通县）。全长22.8公里。

京绥铁路　又称平绥铁路。从北京丰台至绥远省会归绥（今内蒙古呼和浩特市）。是由京张铁路继续向西北延伸，1921年修至归绥（今呼和浩特）。1923年延至包头。全长817.9公里。今称京包线。

京旗屯　清置，在今黑龙江省望奎县附近。一说在绥化市西南永安镇南。清屠寄《黑龙江舆图说·呼兰城》：“呼兰河既合纳敏河，又西流三十四里，径京旗屯北折而西南流五十四里，右纳通肯河。”

京畿　唐方镇名。至德元年（756）置京畿节度使，治京兆府（今陕西西安市），领京兆府及金、商二州，辖境相当今陕西铜川、淳化以南，乾县、周至、石泉、紫阳以东，岚皋、镇坪以北，蒲城、渭南、商南以西地区。宝应元年（762）废。广德二年（764）复置，称京畿观察使。建中四年（783）改为京畿渭南节度观察使。兴元元年（784）废。

京畿道 唐开元二十一年（733）分关内道南部置，为十五道之一。治所与关内道同在长安县（今陕西西安市）。辖境相当今陕西中部关中平原。乾元元年（758）废。

京畿路 北宋皇祐五年（1053）置，治所在开封府（今河南开封市）。辖境相当今河南荥阳、禹州、舞阳以东，偃城、商水、项城以北，原阳、长垣等县以南，淮阳、睢县及山东菏泽、东明县以西地区。其后时废时置，辖境屡有变迁。

京赣铁路 由江苏南京通江西，即宁赣铁路东段。1936年11月，分皖段、赣段同时兴筑，至1937年底，安徽境内从宣城修到歙县，计160公里；江西境内从贵溪修到陈营（今万年县），计49.9公里。由于抗日战争爆发，宣城失陷，皖赣两段旋即拆毁。

享堂 在今青海民和回族土族自治县东北五里。因是明朝李英土司坟墓所在地，故名。古代为军事交通要道，素有“青海门户”之称。

夜月台（臺） 在今湖南益阳市南一里。《水经·资水》：“又东北过益阳县北。”郦道元注：“县有关羽濑，所谓关侯滩也。南对甘宁故垒，昔关羽屯军水北。”《益阳县志》：吴甘宁屯兵之所，每夜月凄清如闻金铁之声，故名夜月台。

夜头水 在今山东莒南县北。《汉书·地理志》琅邪郡椑县：“夜头水南至海。”《寰宇记》卷24莒县：“椑，《汉志》注云，夜头水经椑南至海；又《舆地志》云，向水南至海。夜头、向水盖异名。”光绪《山东通志》卷31谓发源于莒州东南八十里（今莒南县东北）之幞头山的寨子河即古夜头水。

夜护城 即今广东罗定市西北苕滨镇。《清一统志·罗定州》：夜护巡司“在西宁县西南八十里。本朝雍正十一年置。有城，明万历十七年筑”。

夜来山 在今内蒙古林西县北境。宋沈括《梦溪笔谈》卷24：“黑水之西有连山，谓之夜来山，极高峻。契丹墓皆在山之东南麓。”黑水即今查干木伦河。

夜邑 又称掖邑。战国时齐地。即今山东莱州市。《战国策·齐六》：齐王“益封安平君以夜邑千户”。又，鲁仲子对田单曰：“当今将军东有夜邑之奉，西有菑上之虞。”应为夜县。出土秦封泥有“夜丞之印”可证。汉刘向《说苑·指武》作“掖邑”。

夜苴部 宋大理置，属石城郡。在今云南富源县东南八十六里亦佐。明《寰宇通志》卷112：“蛮云夜苴，本酋名。”元代改亦佐县。

夜泊山 一名夜婆山。在今湖北武汉市武昌城区南。《清一统志·武昌府》：夜泊山“在江夏县南四十里。以骆禅师泊舟于此得名”。

夜泽 在今越南北部兴安省快州县境。《方舆纪要》卷112安南建昌府引《方舆胜览》：“昔梁武帝时有阮贲者，世为豪右，命陈霸先击破之，贲逃泽中，夜则出掠，因号夜泽。阮贲当即李贲矣。”

夜郎 战国至西汉时国名。主要在今贵州西部及北部，并包括云南东北，四川南部及广西北部部分地区。国都旧址迄无定论。近年来在今贵州赫章县西北可乐民族乡古遗址中发现大量珍贵文物，品位甚高。可乐在彝文古籍中称为“柯洛倮姆”，意为“中央大城”，这里究竟与夜郎都邑有何关系，已引起人们的极大关注。《史记·西南夷列传》：“西南夷君长以什数，夜郎最大。”又称：“夜郎者，临牂牁江，江广百余步，足以行船。”汉武帝元鼎六年（前111），于其地置牂牁郡。

夜郎旧城 在今贵州桐梓县北夜郎镇。《明史·刘綎传》：万历二十八年（1600）讨杨应龙叛乱，四川总兵刘綎逾夜郎旧城，直抵娄山关。

夜郎坝 在今贵州桐梓县北夜郎镇。清乾隆爱必达《黔南识略》卷31桐梓县：“夜郎坝在城北七十里。有古夜郎城旧址，明刘綎逾夜郎旧城是也。”镇北有夜郎坝古墓群。

夜郎县 ①西汉置，属牂牁郡。为都尉治。治所在今贵州关岭布依族苗族自治县西南。东晋南朝时为夜郎郡治。梁大宝后废。

②南朝梁置，为夜郎郡治。治所在今湖南辰溪县境。隋废。

③唐武德四年（621）置，属夷州。治所在今贵州石阡县西南。贞观初废。

④唐贞观八年（634）由龙标县析置，属巫州。治所即今湖南新晃侗族自治县西南凉伞镇。长安四年（704）为舞州治。开元十三年（725）为鹤州治。二十年（732）为业州治。天宝元年（742）改为峨山县。

⑤唐贞观十六年（642）置，为珍州治。治所在今贵州桐梓县北夜郎坝。天宝元年（742）为夜郎郡治。乾元元年（758）复为珍州治。元和三年（808）并入溱州。五代时废。北宋大观二年（1108）复置夜郎县。宣和三年（1121）废。

夜郎驿 在今贵州桐梓县北。《清一统志·遵义府》：夜郎驿“在桐梓县北五十里”。

夜郎郡 ①西晋永嘉五年（311）分牂牁、朱提、建宁三郡置，属宁州。治所在夜郎县（今贵州关岭布依族苗族自治县西南）。辖境约当今贵州西南部及云南一隅。南朝梁大宝以后废。

②南朝梁置，治所在夜郎县（今湖南辰溪县境）。隋废。

③唐天宝元年（742）改珍州置，治所在夜郎县（今贵州桐梓县北夜郎坝）。辖境相当今贵州正安、道真、桐梓等县地。乾元元年（758）复改珍州。

④唐天宝元年（742）改业州置，治所在峨山县（今湖南新晃侗族自治县西南凉伞镇）。乾元元年（758）复名业州。

夜郎溪 即今重庆市綦江县之綦江。《舆地纪胜》卷180南平洋：夜郎溪“以其从夜郎之境来，故名”。

《方舆纪要》卷69綦江县：綦江“在县南，即夜郎溪也”。

夜侯国　即掖侯国。在今山东莱州市。《后汉书·欧阳歙传》：建武九年（33），歙“更封夜侯”。李贤注：“夜，今莱州掖县。”

夜婆山　一名夜泊山。在今湖北武汉市武昌城区南。《方舆纪要》卷76江夏县“洪山”条下：“夜泊山在城南三十里。明初太祖围武昌，其党张必先以潭、岳兵来援，至夜婆山，常遇春击败之。即夜泊山也。”

卒尔普寺　明代西藏寺名。藏传佛教噶举教派噶玛支派的主寺，1189年建，为噶玛黑帽系活佛驻锡地。永乐五年（1407）封哈立麻（即噶玛）活佛为如来大宝法王，是明代分封各教派领袖中之最高者。寺在今西藏堆龙德庆县西北楚布。

卒歌　西藏古地名。约在今曲水县曲水雪。唐时吐蕃曾于此置驿站。《新唐书·地理志》载，由农歌驿“百一十里渡姜济河，经吐蕃垦田，二百六十里至卒歌驿”。

兖水　即济水。亦作沇水、泲水。《续汉书·郡国志》河东郡垣县：“有王屋山，兖水出。”兖亦作沇。《尚书·禹贡》：“导沇水，东流为济，入于河。”又兖州，《史记·夏本纪》作沇州。

兖州　①古“九州”之一。《尚书·禹贡》：“济、河惟兖州。”《尔雅、释地》：“济、河间曰兖州。”《周礼·职方》：“河东曰兖州。”济指黄河以南自今河南武陟东北流至今山东利津南入海的古济水，河指自今河南武陟东北流至今河北沧县东北入海的古黄河。据汉刘熙《释名》：兖州“取兖水以为名”。兖水又作沇水，即济水。

②西汉元封五年（前106）置，为十三刺史部之一。约当今山东西南部及河南东部地区，北至茌平、莱芜，东至沂水流域，东南至莒县、平邑、兖州、鱼台、单县，南至鹿邑、淮阳、扶沟等市县，西南至开封、濮阳等地。东汉时治所在昌邑县（今山东巨野县东南）。魏晋时移治廪丘（今山东郓城县西六十四里），辖境逐渐缩小。南朝宋移治瑕丘城（隋置瑕丘县，即今山东兖州市）。隋大业二年（606）改为鲁州，唐武德五年（622）复为兖州。辖境相当今山东济宁、曲阜、泰安、莱芜、汶上、宁阳、泗水、邹城等市县地。宋代兖州治所在瑕县（金改嵫阳县，即今兖州市）。明洪武十八年（1385）改为兖州府。

③十六国前秦置，治所在仓垣城（今河南开封市西北）。《晋书·地理志》：前秦苻坚灭燕后，置“兖州刺史镇仓垣”。东晋义熙末废。

④南燕置，治梁父（今山东新泰市西羊祐城）。《晋书·地理志》：南燕慕容德以“兖州刺史镇梁父”。

⑤后燕置，初治东阿（今山东阳谷县东北阿城镇）。后治滑台（即今河南滑县东旧滑县）。《十六国疆域志》卷12：“《后燕录》：建兴二年，垂以慕容楷为兖州刺史，镇东阿。”

⑥南朝宋泰始二年（466）侨置，治所在淮阴县（今江苏淮安市淮阴区西南码头镇）。南齐改名北兖州。

⑦北魏天兴中置，治所在滑台（今河南滑县东南城关镇）。后改为东郡。隋开皇间又先后改置杞州、滑州。大业二年（606）复改滑州为兖州。三年（607）又改为东郡。

兖州市　1946年析山东省滋阳县及附近地置兖州市，属鲁南行政区第一专区。1948年市并入县。1958年滋阳县并入曲阜县。1961年析置兖州县。1992年撤县改市，由济宁市代管。2013年撤销兖州市，设立济宁市兖州区，区政府驻龙桥街道九州中路99号。

兖州府　明洪武十八年（1385）升兖州置，属山东省。治所在滋阳县（今山东兖州市），辖境包括今山东平阴、阳谷、菏泽、曹县、单县、鱼台、微山、郯城、临沂、泗水等县市间地。清辖境缩小，包括今山东枣庄、滕州、邹城、汶上、阳谷、宁阳、泗水、兖州等市县地。1913年废。

兖济铁路　自今山东兖州至济宁。全长31.5公里。为津浦铁路支线。1911年动工修建，1912年建成。

兖济道　1928年由济宁道分置，属山东省。治所在济宁县（今山东济宁市）。辖境相当今山东济宁、兖州、泗水、汶上、宁阳、嘉祥、金乡、鱼台、曲阜、邹城、滕州、枣庄、微山等市县地。1928年废。

兖海　即沂海。唐方镇名。元和十四年（819）置，治沂州（今山东临沂市）。领沂、海、兖、密四州。乾宁四年（897）改为泰宁军节度使。

育水　亦作淯水。即今河南西南部之白河。《明史·地理志》南阳府南阳县：“东有淯水，一名白河，下流至湖广襄阳县界入汉水。”《清一统志·南阳府》：淯水“俗谓之白河”。

育阳县　一作淯阳县。西汉置，属南阳郡。治所在今河南南阳市南六十里。西晋属南阳国。东晋为淯阳郡治，后仍属南阳郡。孝武帝避简文帝讳，改为云阳县。

育阳郡　东晋置，治所在育阳市（今河南南阳市南）。后废。

育犁县　西汉置，属东莱郡。治所在今山东烟台市福山北奇章。或说在今乳山市西北育犁镇。东汉废。

庞　①即庞戏城。又作彭戏。战国秦邑。在今陕西白水县东北南彭衙村、北彭衙村。《史记·六国年表》：秦灵公十年（前415），“补庞，城籍姑”。时秦已置为县。

②战国楚邑。在今湖南衡阳市东。《史记·赵世家》：“复雠、庞、长沙，楚之粟也。”《集解》：“徐广曰：一作宠”。即此。

庞山湖　在今江苏常州市吴中区南二十里，澹台湖东。《方舆纪要》卷24苏州府长洲县：庞山湖，“太湖之水，自吴江县之鲇鱼口及长桥下东北出者，皆汇于此，导流为吴淞江，又东南为黎湖、菱湖、叶泽湖、新湖，即庞山湖之旁注者也，皆与吴江县接境”。

庞公渡　在今湖北监利县西北。《方舆纪要》卷78潜江县：庞公渡“在县西北二里。以后汉末庞德公名。为一县往来之津要”。

庞各庄　①即今北京市大兴区南四十里庞各庄镇。清嘉庆二十年（1815）曾移宛平县县丞驻此。

②即今河北乐亭县西十五里庞各庄乡。清光绪《乐亭县志》卷2：庞各庄集“同治元年新立，有蓆市”。

庞戏城　即彭戏。在今陕西白水县东北南彭衙村、北彭衙村。《史记·六国年表》：秦厉共公十六年（前461），“伐大荔，补庞戏城”。疑其时秦已置庞戏县。

庞统祠墓　在今四川罗江县西南白马关。庞统祠又称靖侯祠。庞统，三国蜀汉刘备军师，东汉建安十九年（214）率军攻雒城，中矢而死，蜀汉景耀三年（260）追封靖侯，并建祠墓于白马关。明末祠毁。清康熙四十八年（1709）重建祠，雍正、乾隆、嘉庆年间增建龙凤二师殿和栖凤殿。现存一墓、二亭、三殿。祠殿内祀庞统、诸葛亮。白马亭、胭脂马亭分别建于祠殿两侧。祠墓占地1.3万平方米。保存有古柏百余株。还有众多碑碣、石柱楹联及历代名人题咏。附近有换马沟、落凤坡、点将台、古驿道等名胜古迹。2006年定为全国重点文物保护单位。

庞统墓　在今四川罗江县西南白马关侧。古名鹿头关。俗名白马关。庞统（179—214），字士元，号凤雏，襄阳人。三国时刘备谋士。建安十九年（214）随刘备攻刘璋，围雒城（今广汉）时不幸中箭殁。《方舆胜览》卷54绵州：白马山“在魏城县西。山势高峻。上有庞统墓”。《明一统志》卷67成都府：庞统墓“在鹿头关”。明末祠、墓被毁。清康熙四十八年（1709）重建。

庞家堡　即今河北张家口市东南庞家堡。京绥铁路有支线至此。

店下墟　即今江西樟树市东南店下镇。清同治《江西全省舆图》卷6：清江县东有店下墟。

店口市　即今浙江诸暨市北五十六里店口镇。清光绪《诸暨县志》卷42：店口市“在六十一都义士桥东。旧在中里（原注：即今中村），明万历间移此”。

店步　即今安徽肥东县驻地店埠镇。《宋史·高宗纪》：南宋绍兴十一年（1141），杨沂中等大败兀术于柘皋，“兀术亲率兵逆战于店步，沂中等又败之，乘胜逐北，遂复庐州”。

店张镇　清置，属兴平县。即今陕西兴平市东北三十里店张镇。乾隆二十六年（1761）移县丞驻此。

店前河镇　即今安徽岳西县西南店前镇。旧属太湖县。清乾隆《太湖县志》卷2《乡镇》有店前河镇。

店埠　即今山东莱西市西南四十八里店埠镇。旧属莱阳县。清光绪《山东通志》卷2《舆图志》：莱阳县西南有店埠集。

店埠河　在今安徽肥东县西。《方舆纪要》卷26庐州府合肥县：“店埠河在府东四十里。源出城北六十里园疃镇，流经此为店埠镇，又东流入巢湖。”

店集　即今山东即墨市东北店集镇。1949年山东革命根据地所置即东县曾迁治于此。

庙儿坝　在今四川武胜县南三十里中心镇。《明史·地理志》　定远县：“今城本庙儿坝，嘉靖三十年徙此。”《方舆纪要》卷69定远县：定远故城“在县北。《志》云：旧治女菁平，涪江涨溢城坏，嘉靖三十年移治江岸南十里，地名庙儿坝，筑城环之，即今治也”。

庙儿沟　一作庙沟。在今辽宁本溪市东南。民国《东北年鉴》本溪湖煤矿：“又以附近庙儿沟、牛心台、八盘岭等处，开有铁矿，用煤炼焦。自乾嘉以迄咸同，数十年间，矿业颇称繁盛。”清宣统三年（1911），中日商办本溪湖煤铁有限公司，将庙儿沟铁矿并入公司。

庙儿驿　清光绪年间置，即今新疆托里县东南庙儿沟镇。清宣统《新疆图志》卷80塔城厅：庙儿驿“旧名乌图布拉克台”。

庙下店　即今河南汝州市西北庙下乡。明正统《汝州志》卷1：“庙下店，在州西三十五里。”

庙山　在今浙江瑞安市城区东南。《方舆纪要》卷94瑞安县：庙山“在县东南五里，亦曰安禄庙山。山高秀，障蔽海门，上有浮图”。

庙山镇　即今浙江余姚市西北临山镇。本庙山寨。明洪武中置庙山巡司于此。洪武二十年（1387）改置临山卫。

庙川堡　即今湖北郧西县西北湖北口回族乡庙川台子。《方舆纪要》卷79上津县：庙川堡“在县西北百二十里，路达商、洛。山深径僻，盗贼出没处也。嘉靖八年置有官兵戍守”。

庙子角　在今广东龙门县西南。清乾隆十九年（1754）置巡司于此，并设千总驻防。后移于永清墟（今永汉镇）。

庙子沟遗址　在今内蒙古乌兰察布市察哈尔右翼前旗东南新风乡庙子沟村。为新石器时代遗址。总面积约23万平方米。已清理出半地穴式房址五十一座、窖穴或灰坑一百三十二个、墓葬四十三座。房址均成排分布，门道朝东，室内皆有窖穴。在室内外长方形、圆形窖穴或灶坑内发现有埋葬死者的现象，有单人葬，也有双人或多人葬。多侧身屈肢，头向不定。随葬品多为陶、石、骨器，多寡不一。其年代为距今5500年左右。庙子沟遗址保存状况较好，聚落布局清晰，出土遗物丰富。该类遗址已被命名为“庙子沟文化”。2001年定为全国重点文物保护单位。

庙子街　即今河南栾川县东二十四里庙子乡。清尹耕云《豫军纪略》卷10：同治三年（1864）二月，捻军张总愚至“卢氏之栾川、庙子街、三川诸处，袤延二百余里”。

庙屯站 亦作妙噶山站。清乾隆二十七年（1762）置，为吉林将军境内北路驿站之一。在今黑龙江省依兰县北迎兰。光绪《吉林通志》卷57：“妙噶山站，南至三姓城五里。”

庙龙 即今广东阳春市西北庙龙圩。清光绪《广东舆地全图》：东安县西南有庙龙墟。

庙头塘 即今广西全州县东北七十里庙头镇。清光绪《广西舆地全图》全州图：东北有庙头塘。

庙台（臺）渡 在今安徽颍上县南二十五里淮河北岸。《方舆纪要》卷21颍州颍上县：庙台渡“淮河津济处也”。

庙宇漕镇 即庙漕场。今重庆市巫山县西南一百二十里庙宇镇。

庙坝场 即今四川富顺县北一百里庙坝镇。民国《富顺县志》卷3：庙坝场“东距县一百里。东连隆邑，北接内江，东北极边，悬为一角”。

庙矶滩 亦名庙基滩。在今重庆市云阳县东长江中。明嘉靖《云阳县志》卷上：庙基滩在“县东三十里。蜀道险地”。两岸石咀夹束，江面甚逼，江心又有石梁一道，横亘南北，水流至此，漩折成涡，名曰迴水沱，舟行屡遭覆溺。清嘉、道间累经平治，滩势稍平。

庙岛 在今山东长岛县长山岛西北。古名沙门岛。清光绪《登州府志》卷3：“凡海舟渡辽者必泊此以避风。上有龙女庙，俗呼庙岛。”其附近岛屿通称为庙岛群岛。自北而南，延长二百余里。最北为北隍城岛、南隍城岛，最南为长山岛、庙岛、大小黑山岛，中有大钦、小钦、砣矶、高山、猴矶、大竹山、小竹山等岛。水道北以老铁山头、南以庙岛海峡为著，为黄海、渤海之分界处。

庙沟后、横省石牌坊 在今浙江宁波市鄞州区。庙沟后石牌坊位于鄞州区东南钱湖镇韩岭村庙沟后山。西向，二柱一间一楼仿木构。面阔3.29米，柱高3.28米。单檐歇山顶，翼角起翘较大，兽面勾头。重唇板瓦滴水。横省石牌坊位于鄞州区东五乡镇横省村仙人山，亦为西向，二柱一间楼仿木构，面阔2.5米，其基本结构与庙沟后石牌坊类同。不同处在于阑额下移，插入柱身，无普拍枋，华栱用插栱，阑额上刻出“七朱八白”样式的长方形凹槽等。两石坊年代较早，按形制考证，约建于南宋至元代期间，是已知年代最早的石坊。仿木构形制较为忠实，如单栱素方，转角列栱及使用上昂形斜撑、翼角起翘显著等皆为南方建筑做法，在建筑史上有重要价值。2001年定为全国重点文物保护单位。

庙旺墟 即今广西象州县东南妙皇乡。清光绪《广西舆地全图》武宣县图：东北有庙王（旺）墟。

庙底沟遗址 在今河南三门峡市区西南六里青龙漳南岸，是著名的新石器时代遗址。1953年发现，1956年9月和1957年3月黄河水库考古工作队先后两次在此发掘。遗址总面积36.2万平方米。在仰韶文化层中，发现有方形浅竖穴房基、灰坑及少量长方竖穴墓，出土的陶器有杯、盘、碗、盆、罐、甑、鼎等及石器骨器工具。陶器的纹饰有彩绘、线纹、蓝纹、划纹、布纹、附加堆纹。龙山文化层中发现有圆袋形竖穴房基和大量长方形竖穴墓，陶器以灰陶为主。根据遗物的形制，庙底沟遗址第二期文化不同于河南地区所习见的“河南龙山文化”，如陶器全部是用手制的，不见轮制的痕迹，也无典型的黑陶。有斝无鬲。盆、罐、尖底瓶等器形还承袭着仰韶文化的形制，而且有彩陶。斝、鼎、罐、豆等器形也开了“河南龙山文化”陶器的先河。因此，它是从仰韶文化到龙山文化的一种过渡性的遗存，当属于龙山文化的早期，从而证明河南龙山文化，是从庙底沟二期文化发展而来。2001年定为全国重点文物保护单位。

庙前市 即今安徽青阳县西南庙前镇。清光绪《青阳县志》图：西南有庙前。

庙前镇 清置，属荣河县。故址即今山西万荣县西南庙前村。

庙首镇 即今安徽旌德县西南四十里庙首镇。清嘉庆《旌德县志》卷2：城西南四十里有庙首。

庙街 一作庙尔。即今俄罗斯哈巴罗夫斯克边疆区东北黑龙江下游北岸之尼古拉耶夫斯克。唐代为黑水都督府辖地。元代为征东元帅府属地。明属奴儿干都司。清初属宁古塔将军。康熙《皇舆全览图》：黑龙江下游南岸出海口附近有“庙噶山”。后属三姓副都统。道光三十年（1850）沙皇俄国侵略军潜入黑龙江流域，在此筑寨，以沙俄尼古拉名字命名。咸丰八年（1858）沙俄强迫清政府签订不平等的《瑷珲条约》，将黑龙江以北、外兴安岭以南地区划归俄国。曹廷杰《西伯利亚东偏纪要》：“庙尔地方在伯利东北二千二百七十余里。凡外兴安岭以西以南，长白山以东以北诸山，俱于此处总汇，再向东偏南行百余里，即出海岛口。俄人于此设镇，名利格来斯克，街道东西约长六里，南北宽一里有奇，共街四层。”从庙尔溯黑龙江而上恒滚河口对岸之特林为元东征元帅府及明奴儿干都司治所。

庙道口店 即今江苏沛县西北庙道口。《清一统志·徐州府二》：庙道口店“在沛县西北三十里。有公馆”。

庙湾 即今陕西铜川市耀州区西北庙湾镇。陕甘宁革命根据地淳耀县1943年徙治于此。

庙湾寨 即今江苏阜宁县。《元史·董搏霄传》：至正十六年（1356），“剿平北沙、庙湾、沙浦等寨”。清雍正九年（1731）于此置阜宁县。

庙湾镇 ①明置，属山阳县。即今江苏阜宁县治。《方舆纪要》卷22淮安府：庙湾镇在“府东北百八十里。为滨海冲要处。亦曰庙湾场。嘉靖中，倭寇往往阑入于此”。明于此置巡司。清雍正九年（1731）于此置阜宁县。

②即今福建浦城县西北九牧镇。清雍正十年（1732）庙湾巡司移驻于此。乾隆二十六年（1761）

改称庙湾。

③在今河南平舆县东北三十里庙湾镇。旧属汝阳县。清设巡司于此。

④清置，属耀州。在今陕西铜川市耀州区西北庙湾。

庙滩 即今南海中的中国南沙群岛之忠孝滩。1935年命名为庙滩。1947年改名忠孝滩。

庙滩镇 即今湖北谷城县东南三十四里庙滩镇。清有外委驻防。

庙漕场 即今重庆市巫山县西南庙宇镇。清道光《夔州府志》卷12：庙漕场“在县西南一百二十里”。

庙镇 即今上海市崇明县西北庙镇。相传旧有貊貔庙，故名。清雍正《崇明县志》卷2：“周神庙镇，城西三十里。旧名貊貔庙镇，今改正。”民国《崇明县志》卷2：“邑称四镇为最繁盛。北曰普济桥镇，距城二里。……西曰貊貔庙镇，距城三十里。有周神庙，故名。”民国《江苏六十一县志》崇明县：“庙镇濒盘船洪水，商业亦盛，与堡镇、浜镇、桥头，称堡浜桥庙四大镇。”

床川砦 北宋熙宁七年（1074）置，属岷州。在今甘肃岷县东二十里。

床穰堡 北宋熙宁八年（1075）改床穰镇为堡，属秦州。在今甘肃清水县西十五里。金复改为镇。

床穰寨 北宋开宝九年（976）筑，属秦州。在今甘肃清水县西十五里。熙宁三年（1070）改为床穰镇。

床穰镇 北宋熙宁三年（1070）改床穰寨为镇，属秦州。在今甘肃清水县西十五里。八年（1075）改为床穰堡。金复为床穰镇。元废。

府山 在今浙江绍兴市城区西隅。因城区在民国前为绍兴府治而得名。传春秋时越国大夫文种葬于北麓，又称种山。主峰海拔78米。有越王台、望海亭等古迹。

府山城 在今江西泰和县南。《方舆纪要》卷87吉安府泰和县：府山城“在县南四十里。《图经》云，陈置县，隋废”。

府门驿 ①明置，在今广西桂平市城南。《方舆纪要》卷108浔州府桂平县：府门驿“在城南。《舆程记》：自府门驿历大藤峡水口，共九十里至牛屎湾堡……又自府门驿而西四十里为淹冲堡”。

②在今广西梧州市城西南。《方舆纪要》卷108梧州府苍梧县：府门驿“在府城西南德政门外，递运所亦置于此”。

府场 即今湖北洪湖市西北九十里府场镇。民国《湖北通志》卷33《乡镇》：沔阳州（治所在今市西南沔城镇）南乡有“府场”。

府州 五代梁乾化元年（911）置，治所在府谷县（今陕西府谷县）。辖境相当今陕西府谷县地。金废。元初复置，至元六年（1269）废。

府州城址 在今陕西府谷县城东一里石山梁上，东南临黄河，崖峭壁陡，地形雄险。古城平面呈曲尺形，四面辟门，门上设城楼。大南门、小西门外筑瓮城。城垣周长2320米，城墙内夯黄土外砌石头，高7.2米。城内有东、西主街，城中部设钟楼，东有文庙、城隍庙，西有关帝庙、祖师坛，北有上帝庙，南有南寺、荣河书院、千佛洞。现存建筑除城墙为五代、北宋遗物外，其余均为明清遗物。1996年定为全国重点文物保护单位。

府江 亦作府河。今四川都江堰市东南内江柏条河分流，南流纳油子河，东南流经成都市北，东南流与南河（走马河）合流，至双流县华阳镇纳江安河，流至彭山县江口镇与岷江正流合。唐末以前由成都西北向西南流与南河会合。北宋黄休复《茅亭客话》卷1：“开宝五年壬申岁秋八月初，成都大雨，岷江暴涨。永安军大堰将坏，水入府江。”《元史·河渠志三》：都江堰水“自上马骑东流，过郫入于成都，古谓之内江，今府江是也”。

府谷县 五代梁乾化元年（911）升府谷镇置，为府州治。治所在今陕西府谷县境。次年迁至留得人堡（今陕西府谷县城）。元属葭州。清属榆林府。民国初属陕西榆林道。1928年直属陕西省。

府店镇 ①金置，属永宁县。在今河南洛宁县境。

②清置，属偃师县。即今河南偃师市东南三十四里府店镇。

府河 ①清苑河支流。在今河北保定市城南。清苑河源于满城县东，东流绕保定市城南者即府河，东南入方顺河。

②即湖北汉水北支流涢水。《明史·地理志》安陆县：“涢水在城西，俗称府河，亦曰石潼河。”

府学礼殿 古文翁学堂、周公礼殿。在今四川成都市文庙前街第四中学校处。《宋史·王刚中传》：南宋高宗时，任成都府，制置四川“府学礼殿，东汉兴平中建，后又建新学，遭时多故，日就倾圮，属九县缮完，悉复其旧”。即此。

府城县 隋开皇十六年（596）置，属贝州。治所在今河北威县东。大业初废。唐武德四年（621）复置，属宗州。九年（626）废。

府城砦 北宋置，属安化县。即今甘肃庆城县西北五十里阜城村。元丰四年（1081）废。

府城遗址 在今河南焦作市西南郊二十里处的府城村西北部台地上。遗址面积近10万平方米。分布于遗址中部的早商文化遗存为其重要内容，发现有城址、宫殿基址、房基、灰坑等。城址平面呈方形，周长约1200米。西城墙和北城墙保存较好，长度均为300米，残高2—3米。夯层明显。城东北部发现四处宫殿基址，四者有叠压打破关系。一号宫殿基址平面呈长方形，南北长70米，东西宽50米，分南北两院落，由南、中、北三殿与东、西回廊构成封闭性的组群建筑。这种建筑结构在商代考古中首次发现。府城商代早期城址的发现为解决夏商关系及商代历史的研究提供了新的资料。2001年定为全国重点文物保护单位。

府城镇　即今山西安泽县治。1949 年安泽县迁治于此。

府前江　即今广西西南之左江。《明史·地理志》太平府崇善县："南有府前江，即丽江。"《明一统志》卷 85 太平府：府前江"绕府城东、南、西三面。发源广源州，合七源州水，历龙州、下思明，会崇善县水，流至府前，西转合右江之水入邕州"。《方舆纪要》卷 110 太平府崇善县：府前江"在府城南。即丽江也。亦曰左江"。

府前渡　在今广西崇左市南。《明一统志》卷 85 太平府：府前渡"在府南。路通思明府、思陵、上思、忠、江等州"。

底兀剌宣慰司　明永乐二十二年（1424）置，属云南布政司。治所在洞吾（今缅甸东吁）。辖境约当今缅甸锡唐河流域。正统以后废。

底马撒宣慰司　明永乐四年（1406）置底马撒军民宣慰使司，属云南布政司。治所在马都八（今缅甸莫塔马）。辖境在今缅甸萨尔温江入海口一带。正统以后废。

底木达屯　清乾隆四十一年（1776）置，属美诺厅。即今四川小金县北抚边乡。四十四年（1779）改为抚边屯。四十五年（1780）又设抚边营守备于此。

底木达寨　即今四川小金县北抚边乡。《清史稿·海兰察传》：乾隆三十八年（1773）六月，"后路贼攻陷底木达，进据登春。海兰察还御"。四十五年（1780）设抚边营于此。

底勿　古地名。即今印度尼西亚帝汶岛。为南海最重要的产檀香地区。见南宋赵汝适《诸蕃志》"苏吉丹"条。元汪大渊《岛夷志略》作古里地闷（古为吉之误，吉里义为岛）。明费信《星槎胜览》作吉里地闷。

底东堡　明置，属珙县。在今四川珙县东南底洞镇。《方舆纪要》卷 70 珙县"罗星渡堡"条下："底东堡在县南三十里。亦洪武中置。有官军戍守。"

底失卜站　明初改元第四铺站置，在今黑龙江省双城市西南金城乡西大半拉子古城。明《辽东志》卷 9：海西东水陆城站有"底失卜站"。

底米河　又作底济密河。在今俄罗斯哈巴罗夫斯克边疆区东北。清《乾隆内府舆图》：黑龙江口南有"底米必拉"。光绪《吉林通志》卷 23：底济密河"在察哈玛河北，东入海"。

底张驿　即今陕西兴平市东北三十里店张镇。《清一统志·西安府三》：店张驿"在兴平县东北三十里店张镇。北通固原，最为冲要。明置驿于此，初曰底张，后改名。旧有驿丞及店张递运所，后裁"。

底店镇　清置，即今陕西富平县北五十二里底店乡。

底庙镇　即今陕西旬邑县北五十里底庙镇。清《乾隆内府舆图》：三水县北有底庙镇。

底柱　山名。亦名砥柱山、三门山。在今山西平陆县东、河南陕县东北黄河中。为黄河漕运极为艰险之处。《尚书·禹贡》："底柱析城，至于王屋。"即此。《汉书·沟洫志》：武帝时，河东守番系言："漕从山东西，岁百余万石，更底柱之艰，败亡甚多而烦费。"历代曾在此段采用陆运，以避底柱之险。

底桥镇　一作砥桥镇。即今河北东光县东五十五里大单镇砥桥村。《清一统志·天津府》：底桥镇"在南皮县东南五十里"。

底堡水　在今宁夏隆德县西。为渝河支流。《方舆纪要》卷 58 隆德县：底堡水"在县西二里。源出美高山，下流合于好水"。

底窝紫江等处长官司　元置，属管番民总管。治所在今贵州开阳县东北。明废。

底蓬褒　即今四川江安县南六十里底蓬镇。南宋李焘《续资治通鉴长编》：北宋元丰四年（1081），韩存宝讨泸州蛮，转运副使董钺随军，十月戊辰（十日）"次底蓬褒"。《永乐大典》卷 2317《泸州志》引南宋《江阳谱》作"低蓬"。

底寨长官司　明洪武五年（1372）改底寨等处长官司置，属贵州宣慰司。治所即今贵州息烽县西南底寨。清以后废。

底寨等处长官司　元置，属顺元路军民安抚司。治所在今贵州息烽县西南底寨。明洪武五年（1372）改为底寨长官司。

庚水　又名浭水。即今河北遵化市、天津市蓟县境之州河、潆河。《水经·鲍丘水注》：庚水"出右北平徐无县北塞中，而南流，历徐无山，……其水又径徐无县故城东。……庚水，世亦谓之柘水也，南径燕山下。庚水又南，径北平城西，而南入鲍丘水"。

庚克申仓　一名和什托罗盖，今新疆和布克赛尔蒙古自治县。清置驿于此。

庚宗　春秋鲁地。在今山东泗水县东南。《左传·昭公四年》："初，穆子去叔孙氏，及庚宗，遇妇人，使私为食而宿焉。"又，哀公八年（前 487），吴伐鲁"舍于庚宗，遂次于泗上"。即此。

庚除山　在今四川绵竹市东四十里。《新唐书·地理志》：绵竹县有庚除山。《寰宇记》卷 73 绵竹县："在县东北四十里。即张道陵二十四化之一也。山有二石室，天宝七年敕置庚除观。今废。"

废丘　即犬丘。西周都城之一。在今陕西兴平市东南。《诗经·小大雅谱》正义引《世本》："懿王徙于犬丘。"《史记·周本纪》《索隐》："宋忠曰：懿王自镐徙都犬丘，一曰废丘，今槐里是也。"秦置废丘县，西汉改为槐里县。

废丘县　战国秦改犬丘置，属内史。治所在今陕西兴平市东南十里阜寨乡附近。出土秦封泥中有"废丘丞印"可证。《史记·项羽本纪》：西汉高帝元年（前 206），"项王乃立章邯为雍王，王咸阳以西，都废丘"。三年（前 204）改为槐里县。

废桥　在今陕西兴平市西北。《资治通鉴》：东晋太元十九年（394），“秦主登自六陌趣废桥”。即此。

郊 ①春秋晋地，当在今山西闻喜县西。《左传》：文公三年（前624），“秦伯伐晋，济河焚舟，取官及郊”。即此。《史记·秦本纪》作鄗。

②春秋曹地。在今山东定陶县西南。《左传》：定公十二年（前498），“卫公孟彄伐曹，克郊”。

③春秋周地。在今河南巩义市附近。《左传》：昭公十二年（前530），“原舆人逐绞，而立公子跪寻，绞奔郊”。

郊乡县 南齐置，为义安郡治。治所在今湖北襄阳市襄城区西。后废。

郊郢 春秋楚地。在今湖北钟祥市。《左传》：桓公十一年（前701），郧人“将与随、敖、绞、州、蓼伐楚师，莫敖患之。鬭廉曰：郧人军其郊，必不诫。且日虞四邑之至也。君次于郊郢，以御四邑……”。

放山 在今江苏苏州市西南，近岝崿山。《越绝书·吴地传》：“放山者，在岝确山之南。”《清一统志·苏州府一》：“岝崿山在吴县西南。《越绝书》：筰确山，“禹游天下，引湖中柯山置之鹤阜，更名筰确山。”

放牛沟 即今吉林九台市西南放牛沟镇。清光绪《吉林通志》卷15吉林府：西“一百八十里放牛沟屯”。

放生铺 即今四川乐至县西北二十五里放生乡。清光绪《乐至县志》卷2：咸丰十年（1860），“张逆（指白莲教首领张子总）复夥彭匪犯县西放生铺、高寺场等处”。

放生溪 在今四川乐至县西。《方舆纪要》卷71乐至县：放生溪“在县西十里。西流入简州界，注于雁水”。《清一统志·潼川府一》：放生溪“在乐至县西四十里。源出宝鼎山，西流入简州河”。

放索社 在今台湾省屏东县南林边乡南约四里林利村。清康熙间高拱乾《台湾府志》卷2：放索社“离府治三百三十里”。清设放縤汛。

放鹤亭 ①在今江苏苏州市吴中区西南。《清一统志·苏州府二》：放鹤亭“在支硎山西南峰寺中。今寺废而亭存，即支公别庵也”。

②在今江苏徐州市南云龙山上。《明一统志》卷18徐州：放鹤亭，“宋熙宁间，云龙山人张天骥作于东山之麓，山人有二鹤，旦则望西山而放，暮则傍东山而归，故名”。苏轼有《放鹤亭记》。

③在今浙江杭州市西湖中孤山北麓。明嘉靖时，因纪念北宋性好梅、鹤的诗人林逋而建放鹤亭。清康熙三十四年（1695），帝巡江南，书“放鹤亭”匾。今亭重建于1915年。

④在今广西宜州市南。清乾隆《广西通志》卷45庆远府宜山县：放鹤亭“在府城南大号山。宋赵抃判宜州时建”。

放鹰台（臺） 在今湖北省钟祥市南五十里。《舆地纪胜》卷84郢州：放鹰台“在城南薮泽间，四望空阔，极目千里，而台居其中。旧传楚武王游猎放鹰于此。今尚存”。

於（於 yú） 一名於中。在今河南西峡县东七里。《史记·越世家》：越王曰，“商、於、析、郦、宗胡之地……”。《正义》：“《括地志》引《荆州图副》云：邓州内乡县东七里於村，即於中地也。”

於中（於 yú） 即於。又作于中、商於、商于。在今河南西峡县东七里。《史记·楚世家》：怀王十六年（前313），张仪说怀王曰，“王为仪闭关而绝齐，使使者从仪西取秦所分楚商於之地方六百里，如是则齐弱矣。是北弱齐，西德于秦，私商於以为富，此一计而三利俱至也”。《集解》：“商於之地在今顺阳郡南乡、丹水二县，有商城在於中，故谓之商於。”同书又云：齐使说越王曰，“楚三大夫张九军，北围曲沃、於中。尔时曲沃属魏，於中属秦，二地相近，故楚围之”。

於延水 即于延水。今内蒙古兴和县后河、东洋河。《魏书·太祖纪》：天赐五年（408）正月，“行幸犲山宫，遂如参合陂，观鱼於延水，至宁川”。

於余（馀）丘 在今山东临沭县南。《春秋》：庄公二年（前692），“夏，公子庆父帅师伐于余丘”。杜注：“於余丘，国名也。”《公羊》、《穀梁》以为邾国之邑名。

於皇寺 一称皇觉寺。在凤阳县太平乡，今安徽凤阳县西北。明太祖朱元璋御制《龙兴寺碑》说：“寺者於皇，乃於皇旧寺也。昔宋时先为金所废，后亦为元所废。元定天下，一僧名宣者于瓦砾中建茅宇而度弟子，以成其寺，应供是方。”朱元璋青年时曾托身于寺四年。至正十二年（1352）寺为兵废。因旧寺之基去皇陵甚近，焚修不便，于是在洪武十六年（1383）择离旧寺十五里之中都城内盛家山（日精峰旧名）之阳重建，更名“大龙兴寺”，简称龙兴寺。

於都斤山 又作于都斤山、都斤山、郁督军山、乞督军山、尉都楗山、乌德鞬山、乌德健山、乌德犍山。即今蒙古国中部之杭爱山。

於陵 战国时齐邑。在今山东邹平县南四十里临池镇东北。《孟子·滕文公下》：“匡章曰，陈仲子岂不诚廉士哉，居於陵，三日不食，耳无闻，目无见也。”《史记·鲁仲连邹阳列传》：“於陵子仲辞三公为人灌园。”《元和志》卷10齐州亭山县“长白山”下引《齐记》曰：“於陵城西三里有长白山，陈仲子夫妻所隐也。”《寰宇记》卷19长山县：“於陵故城在县南二十五里。”秦置於陵县。

於陵县 战国秦置，属济北郡，为都尉治。治所在今山东邹平县南四十里临池镇东北。出土秦封泥中有“於陵丞印”可证。西汉属济南郡。东汉建武中，改封侯霸子昱为於陵侯，不久复为县。南朝宋永初后省。

於菟村（於 wū） 一名乌徒村。在今湖北云梦县西十里。《寰宇记》卷132云梦县：“乌徒村，即楚斗伯比外家处。生斗谷於菟，为楚令尹子文是也。”

於商　战国秦邑。在今陕西丹凤县西北商镇。原名邬，亦称於。战国时秦卫鞅封地。后为商鞅之封地，称为商，也称於商。《史记·商君列传》：“卫鞅既破魏还，秦封之于商十五邑，号为商君。”《水经注·浊漳水》引《竹书纪年》：“秦封卫鞅于邬，改名商。”商鞅封地之商邑，遗址尚存。

於朁县　西汉元封二年（前109）置，属丹阳郡。治所在今浙江临安市西六十四里于潜镇。《元和志》卷25：“县西有朁山，因以为名。”东汉为於潜县。

於越（於 wū）　①上古时代分布于今浙江省中部、北部地区的部族。“於”为古越语发语词，“於越”即越。《春秋》：定公五年（前505），“於越入吴”；定公十四年（前496），“於越败吴于檇李”。《疏》：“於越，越国也，帝少康之庶子，封于会稽。”昔人以於越为禹之苗裔，目前多数学者则认为是土著部族的可能性较大。春秋时强盛的越国即为本部族所建。周显王三十五年（前334）楚灭越，於越遂散。

②即越国。夏至战国初国。律都会稽（今浙江绍兴市）。前494年与吴战，为夫差所败。越王勾践卧薪尝胆，奋发图强，于前473年攻灭吴国。战国时为楚所灭。

於塘村　即今江苏常州市武进区北滆港河东岸圩塘镇。元、明置于塘巡司于此。

於潜县　东汉改於朁县置，属丹阳郡。治所在今浙江临安市西六十四里于潜镇。三国吴属吴兴郡。南朝陈改属钱唐郡。隋属余杭郡。唐属杭州。南宋属临安府。元属杭州路。明、清属杭州府。民国初属浙江钱塘道。1927年直属浙江省。1958年撤销，并入昌化县。

於襄千户所　明崇祯三年（1630）改青山长官司置，属敷勇卫。治所即今贵州息烽县西九庄镇。清康熙二十六年（1687）废。

於灊县　本於潜县。《隋书·地理志》作於灊。治所在今浙江临安市西六十四里于潜镇。唐复为於潜县。

刻石山　①在今浙江绍兴县西南。《舆地纪胜》卷10绍兴府：刻石山“在会稽西南七十里。晋时王彪有《会稽刻石山》诗”。因秦始皇曾至此刻石颂德而名。

②即今浙江嵊州市西南独秀山。宋高似孙《剡录》卷2引《十道志》云：“相传以刻石为名。”

〔丶丨〕

怯失　一作记施。即今伊朗南部波斯湾基什岛。《元史·地理志·西北地附录》有“怯失”。即此。

怯失迷尔　亦作乞石迷西、迦叶弥儿、乞石迷、客失迷儿。即今克什米尔。《元史·宪宗纪》：三年（1253），“命塔塔儿带撒里、土鲁花等征欣都思、怯失迷儿等国”。

怯台驿　元至元二十三年（1286）置，在今新疆且末县东南哈的勒克附近。《元史·世祖纪》：“立罗不、怯台、阇鄽、斡端等驿。”

怯绿连河　亦译客鲁连、怯鲁连、怯绿怜、翕陆连，又作胪朐河、驴驹河、陆局河、龙居河、龙驹河。即今克鲁伦河，源出蒙古国肯特山，东流入中国境，注于呼伦湖。《秋涧集》录张德辉《纪行》：“翕绿连河（怯绿连河）汉言驴朐河（胪朐河）。”《元史·太祖纪》：“六年辛未春，帝居怯绿连河。”

怛没国　即怛满国。唐西域国名。都城在今乌兹别克斯坦东南境阿姆河北岸铁尔梅兹。《新唐书·西域传下》：“怛满或曰怛没，东陀拔斯，南大食。……居乌浒河北平川中。兽多师子。西北与史接，以铁关为限。”唐于此置姑墨州都督府。

怛罗斯城　即怛逻斯城。在今哈萨克斯坦江布尔城。《资治通鉴》：唐天宝十载（751），高仙芝“将蕃、汉三万众击大食，深入七百里，至怛罗斯城，与大食遇，相持五日，葛罗禄部众叛，与大食夹攻唐军，仙芝大败。士卒死亡略尽，所余才数千人”。胡注：“或作呾罗斯城。”

怛逻斯城　亦作怛罗斯城。在今哈萨克斯坦南部江布尔。唐天宝十年（751），大食国和石国联军大败安西节度高仙芝于此。《新唐书·高仙芝传》：石国“王子走大食，乞兵攻仙芝于怛逻斯城”。

怛满国　亦作怛没国、呾蜜国。唐西域国名。都城在今乌兹别克斯坦东南境阿姆河北岸铁尔梅兹。《新唐书·西域传》：怛满国“居乌浒河北平川中。兽多师子。西北与史接，以铁关为限”。龙朔初置姑墨州都督府于此。

怕怀大隘　亦作伯大怀遂。在今广西那坡县西南一百九十里，为中越边境要隘之一。《清一统志·镇安府》“平孟隘”条：“伯大怀隘，打面梁那坡、者赖、者欣三村，在城西南。本朝乾隆三十一年，设兵防守。”光绪《镇安府志》卷9载总督杨廷璋《请添设小镇安通判疏略》：“怕怀大隘逼今安南，且与云南连界，实为小镇安之门户。”

怕剌　元属察合台汗国。在今新疆博乐县，艾比湖之西。《西游录》作不剌，《西使记》作孛罗，《元史·地理志·西北地附录》作普剌，《耶律希亮传》作不剌，均为同名异译。

怡山　一名云山、西禅山。在今福建福州市西南洪山。《方舆胜览》卷10福州山川：怡山“在府城西一十五里，一名云山。梁道士王霸居此。唐廉师李若初登楼，望见五云环其处，乃以任敦、董奉、徐登暨霸立为四仙”。《清一统志·福州府一》：怡山“在侯官县西南十五里。一名西禅山。有龟吐泉，周围多荔枝。其北曰凤山”。山周围多荔枝。山麓西禅寺，建于唐咸通间，五代后唐长兴中更名长庆寺，为福州五大禅林之一。

怡乐镇　即今四川江安县东长江南岸怡乐镇。清嘉庆《江安县志》卷1：怡乐镇场“距县十五里。即二龙口。为邑东南聚米之地”。

怡园　在今江苏省苏州市区人民路。本是明朝尚书吴宽旧宅，清光绪初年为顾文彬所得，邀名画家任阜长等参与设计，费时7年扩建而成。面积仅八亩余，布局精巧。园分东西两部，中隔复廊。东部以轩馆回廊为主，有石听琴室、拜石轩、四时潇洒亭、石舫等。西部以水池居中，环以假山、花木，有藕香榭、金粟亭、碧梧栖凤、画舫斋、小沧浪等建筑。园内湖石随意点缀，颇得自然之趣。廊壁镶嵌历代名家书法艺术珍品数十方，称为“怡园法帖”。

怡亭铭摩崖石刻　在今湖北鄂州市小北门外江边。又名观音崖。俗称猴子石。怡亭早废，摩崖石刻尚存。崖高3米，宽2.8米，其序为篆书，是唐代书法家李阳冰所书。铭为分书，是裴虬美所书。文辞为“怡亭，裴鷃卜而亭之，李阳冰名而篆之，裴虬美而铭之曰：峥嵘怡亭，磐礴江汀，势压西塞，气涵东溟。风云自生，日月所经，众木成幄，群山作屏，愿余逃世，于此忘形”。后附“永泰元年乙巳岁夏五月十一日陇西李莒”款识。1988年定为全国重点文物保护单位。

怡容山　在今湖南沅陵县东一里。《方舆纪要》卷81沅陵县“南山”条下：怡容山“峰峦奇秀”。

怡容驿　在今湖南沅陵县东。《方舆纪要》卷81辰州府沅陵县：怡容驿“在府城东”。

闸口　①在今浙江杭州市南。宋《淳祐临安志》卷10引苏轼《请开河奏状》：“茆山河，南抵龙山浙江闸口。”即此。

②即闸口墟。今广西合浦县东北闸口镇。

闸口白塔　在今浙江杭州市南钱塘江边闸口的白塔岭上。建于五代吴越末期。用白石雕砌而成，八面九层，仿木构楼阁式建筑。顶部为铁塔刹。每层由塔身、塔檐和平座三部分组成。塔基须弥座的束腰上刻佛经，塔身壸门两侧浮雕佛、菩萨和经变故事。是五代吴越时期最精美、最典型的仿木构形式的石塔。1988年定为全国重点文物保护单位。

闸口墟　在今广西合浦县东闸口镇。清同治《广东图说》卷61合浦县：城东南有闸口墟。

闸北　清康熙十一年（1672），在今上海市福建路桥附近的吴淞江上建闸，后毁。雍正间又于老闸之西建新闸。新闸以北之地通称闸北。相当今上海市闸北区。

闸坡市　即今广东阳江市南海陵岛西南闸坡镇。明置海陵镇巡司于此。清道光《阳江县志》卷1：闸坡市“在海陵戙船澳。嘉庆三年开”。

闸河　明、清会通河的别名。会通河地势中间隆起，加之河道东西两岸地势多有起伏，水源不足，故元代在沿线设闸，分段启闭，递相灌输，以利通航。明末全河建闸五十一座，清乾隆时有闸四十九座。河道多河闸，故名。

闸港镇　又名闸港口。即今上海市闵行区东南三十里闸港。清光绪《南汇县志》卷1：闸港镇“俗呼邹家嘴，候潮船多泊此”。

闹阳坪　即云路沟。在今湖北竹溪县西南一百四十里。清嘉庆四年（1799）参将李正勇御白莲教徒死于此。

闹沟　一名挠沟。在今湖北襄阳市北。《南齐书·崔慧景传》：北魏军围邓城，“慧景南出过闹沟，军人蹈藉，桥皆断坏，虏军夹路射之，军主傅法宪见杀，赴沟死者相枕。山阳取袄杖填沟，乘之得免”。《方舆纪要》卷79襄阳府襄阳县：闹沟“在府北。自南阳府境流入界，经废邓城南而入于汉”。

闷畔部　又作必伴部。宋大理置，属东川郡。在今云南会泽县境。明《寰宇通志》卷69：“旧名东川甸，乌蛮閟弹改为那扎那夷。南诏王蒙世隆置东川郡，遣清平官赵铎些冢子赵些贤治之。后乌蛮闷畔强盛，自号闷畔部。”元初置闷畔万户府，至元中改闷畔军民总管府，寻改东川路。

〔丶丿〕

邾　又作骈。春秋纪邑，后入齐。在今山东临朐县东南三十里。《春秋》：庄公元年（前693），“齐师迁纪邾、鄑、郚”。杜注：“齐欲灭纪，故徙其三邑之民而取其地。邾在东莞临朐县东南。”西汉为瓶侯国。

郑　①周封国。姬姓。始封之君为周宣王弟友。都于棫林（一作咸林，今陕西华县）。《史记·郑世家》：周宣王二十二年（前806），“友初封于郑”。幽王末年徙都新郑（今河南新郑市）。春秋时因地处中原地区，常依违于秦、晋、楚大国之间。战国初灭于韩。

②春秋战国时秦所置县，治所即今陕西华县。《史记·秦本纪》：秦武公十一年（前688），“初县杜、郑”。即此。

郑义门古建筑群　在今浙江浦江县东北郑宅镇。郑宅原名承恩里，北宋初年郑氏在此始立宅，南宋时易名三郑、仁义里。元代因两次旌表为“孝义门”而改称郑义门，明代被旌为“江南第一家”。宅以郑氏宗祠为中心，其宗祠坐东朝西，占地5000平方米，建筑面积2463平方米。另有十桥九闸、东明书院遗址、文井、圣谕楼、老佛社、昌七公祠、九世同居碑及孝感泉等建筑与元明古迹五十余处。祠内另有宋濂手植树龄达六百五十余年的龙柏九株。郑义门以孝义闻名于世，同居始于北宋至道年间，衰于明天顺三年（1459），历十五世三百余年，鼎盛时合食人口达三千余人。此后，郑氏续立小同居传承家范延及清末，亦越十三世之多。江南第一家——郑义门为融古代建筑、儒学思想与传统民俗于一体的典型，具有很高的历史、文化、艺术、伦理史、教育史及民俗研究等方面的价值。2001年定为全国重点文物保护单位。

郑水 古名不家水。在今河南郑州市和中牟县境。《隋书·地理志》荥阳郡管城县："有郑水。"《寰宇记》卷9郑州管城县："郑水，一名不家水。源出梅山。"

郑公乡 亦名郑公店。在今山东高密市西，近安丘市界。《后汉书·郑玄传》："孔融深敬于玄，屣履造门，告高密县为玄特立一乡。……今郑君乡宜曰'郑公乡'。"

郑公泉 在今浙江绍兴市东。《水经·浙江水注》："（寒）溪之北有郑公泉，泉方数丈，冬温夏凉，汉太尉郑弘宿居潭侧，因以名泉。"《舆地纪胜》卷10绍兴府：郑公泉"在会稽五云乡，去葛仙翁钓矶为近，以郑弘得名。味极甘，宜茶"。

郑公塔镇 即今湖北武穴市东北五十里郑公塔镇。清光绪《黄梅县志》卷5："郑公者不知其名，宦居兹土，舍地建塔，名椿山塔，俗呼郑公塔。"镇因塔而名。

郑公渡市 即今湖北公安县西南六十六里郑公渡镇。清同治《公安县志》卷2《乡市》："郑公渡市，在长安里。"

郑六桥镇 即今江苏常州市武进区东北郑陆镇。清光绪《江苏全省舆图》阳湖县图：东北有郑六桥镇。

郑白渠 即郑渠和白渠的合称。《班固·西都赋》："郑白之沃，衣食之源。"郑渠为韩水工郑国为秦所凿；白渠为汉赵中大夫白公所凿。

郑母村 即今山东青州市东南郑母镇。1948年山东革命根据地置益临县治此。

郑母店 即今山东青州市东南郑母镇。明嘉靖《青州府志》卷11：郑母店在"城东四十里"。

郑成功墓 在今福建南安市南水头镇附近的康店复船山上。郑成功（1624—1662），本名森，字大木。南安石井人。为我国明末清初反抗荷兰侵略的民族英雄。南明永历十五年（清顺治十八年，1661）三月挥师东渡，翌年二月驱逐荷兰侵略者，收复台湾。同年五月病逝。原葬台湾洲仔尾，清康熙三十八年（1699）五月迁葬今地郑氏祖茔内，随同迁葬的有其子郑经的灵柩。墓系三合土与糖水灰构筑，墓碑、墓道为石砌。1962年福建省人民政府拨款修葺，重立碑记。1982年定为全国重点文物保护单位。

郑庄公城 在今河南襄城县北四十五里。《方舆纪要》卷47襄城县："县北四十里有阎寨……又五里为郑庄公城。春秋楚伐郑，庄公出师境上，与楚相距处。"

郑庄渡 在今山西沁水县东北郑庄镇。《清一统志·泽州府》"曲堤渡"条下：郑庄渡"在县东五十里"。

郑庄镇 即今江苏常州市武进区西成章乡。清光绪《江苏全省舆图》武进县记："郑庄镇在城西南五十里。"

郑州 ①北魏置，治所在今河南泌阳县东北。隋开皇初废。

②东魏武定七年（549）改颍州置，治所在颍川郡（治颍阴城，今河南许昌市）。辖境相当今河南许昌、禹州二市及鄢陵、长葛、临颍、扶沟等县地。北周大定元年（581）改为许州。

③隋开皇三年（583）改荥州置，治所在成皋县（今河南荥阳市西北汜水镇）。大业二年（606）移治管城县（今郑州市）。三年（607）改为荥阳郡。唐武德四年（621）复为郑州，移治虎牢（今荥阳市西北汜水镇）。贞观七年（633）还治管城县。辖境相当今河南郑州、荥阳、新郑三市及中牟、原阳等县地。北宋熙宁五年（1072）废。元丰八年（1085）复置。元属汴梁路。明初省管城县入郑州。1913年降为郑县。

郑州市 1928年析郑县城区置，属河南省。治所即今河南郑州市。1931年裁入郑县。1948年复置。1954年为河南省会。

郑州商代遗址 在今河南郑州市管城回族区。遗址总面积达25平方公里。1950年秋发现，1952年起进行了发掘。在遗址中部发现一座周长7公里的城垣。城内东北部有宫殿遗址，城外周围有铸铜、制陶、制骨等作坊四处。发现铜器窖藏两处，发掘墓葬一百余座。出土的遗物有陶器、青铜器、石器、骨器、原始瓷器等。遗址年代早于安阳殷墟。史家认为此遗址即商之隞都。《史记·殷本纪》载："帝中丁迁于隞"，即此。1961年定为全国重点文物保护单位。

郑坊墟 即今福建顺昌县西南郑坊乡。《清一统志·延平府》"大槎墟"条下："又郑坊墟，在（顺昌）县西南九十里。"

郑村 即今安徽歙县西十里郑村镇。清乾隆《歙县志》卷1《都鄙》有郑村。

郑村坝 在今北京市东北二十里东坝。《明史·恭闵帝纪》：建文元年（1399），"李景隆及燕兵战于郑村坝，败绩"。即此。

郑村镇 即今河北大城县西南三十二里郑家村。清同治《畿辅通志》卷49任邱县图：东南有邵（郑）家庄。

郑县 ①春秋秦武公十一年（前687）灭郑国置，治所即今陕西华县。秦属内史。西汉属京兆尹。三国魏属京兆郡。北魏太平真君元年（440）为华山郡治。孝昌二年（526）移治今华县西七里，属华山郡。北周移治今华县西南九里故县里。隋开皇三年（583）还治今华县，属华州。大业初属京兆郡。义宁元年（617）复为华山郡治。唐武德初复为华州治。垂拱元年（685）改为太州治，后复为华州治。乾宁四年（897）为德兴府治。光化三年（900）复为华州治。元初省入华州。

②战国韩置，治所在今河南新郑市郑韩故城。为韩国都城所在。秦灭韩之后，改名新郑县。

③南朝宋置，属顺阳郡。治所在今河南淅川县东南。南齐属从阳郡。北魏废。西魏复置，不久改为清乡县。

④南齐侨置，属南汝阴郡。治所在今安徽合肥附

近地。后废。

⑤1913年改郑州直隶州置，属河南豫东道。治所即今河南郑州市。1914年属河南开封道。1927年直属河南省。1928年析城区置郑州市。1952年撤销，并入郑州市及新郑、中牟二县。

郑陈　唐方镇名。乾元二年（759）置，治所在郑州（今河南郑州市）。领郑、陈、亳、颍四州。上元二年（761）废。

郑陂　在今安徽萧县西北。三国魏郑浑主持兴修，故名。《三国志·魏书·郑浑传》：魏文帝时，郑浑为沛郡太守，“郡界下湿，患水涝，百姓饥乏。浑于萧、相二县界，兴陂遏，开稻田，郡人皆以为不便。浑曰：‘地势洿下，宜溉灌，终有鱼稻经久之利，此丰民之本也。’遂躬率吏民，兴立功夫，一冬间皆成。比年大收，顷亩岁增，租入倍常，民赖其利，刻石颂之，号曰郑陂”。《方舆纪要》卷29萧县：郑陂“在县西北。……今堙”。

郑国渠　战国时期关中平原上最早兴建的人工灌溉渠道。自今陕西泾阳县西北仲山下，分泾水东流，历今三原、富平、蒲城诸县境注入洛水。《史记·河渠书》：秦王政元年（前246），“韩闻秦之好兴事，欲罢之，毋令东伐，乃使水工郑国间说秦，令凿泾水自中山西邸瓠口为渠，并北山东注洛，三百余里。……渠就，用注填阏之水，溉泽卤之地四万余顷”。因名郑国渠。主要工程从中山西瓠口（即谷口，又称焦穫薮，在今泾阳县西北）利用西北向东南逐步倾斜的地形，引泾水东流，至今三原县北，合浊水，利用浊水及石川河水道，再引流东径今富平、蒲城之南，注入洛水。汉、魏时，仍为泾水流域主要灌溉系统。唐以后郑国渠逐渐堙废。

郑国渠遗址　在今陕西泾阳县西北五十里泾河东岸王桥镇船头村西北。岸边七个方形石水坑一字排开，东去与古渠道相通，坑与坑之间以地下井渠连通，这就是战国时期秦国于秦王政元年（前246）所建引灌的郑国渠渠首。自郑国渠始，历经汉白公渠，唐三白渠，宋丰利渠，元王御史渠，明广惠渠、通济渠，清龙洞渠和民国泾惠渠，延续至今两千多年。遗址内现存上述各渠渠口、渠道、拦河坝等遗迹和大量反映水利的历代碑刻，其中郑国渠夯筑拦河大坝，是世界上最早的大坝之一。该遗址被誉为中国水利史上的“天然博物馆”。1996年定为全国重点文物保护单位。

郑和墓　在今江苏南京市江宁区（东山镇）西南二十六里牛首山西南麓回子山，俗称回子坟。郑和（1371—1435），本姓马，小字三保（一作宝），云南昆阳（今并入晋宁）人。回族。明初入宫做宦官，从燕王起兵“靖难”有功，赐姓郑，任内官监太监。从永乐三年（1405）起，郑和奉命率领庞大的船队通使“西洋”，前后二十八年间，七次出航，遍历亚非三十余国。最后一次航行时，年已六十，回国后不久即病死。史称“三宝太监下西洋”。郑和墓布局宏伟，神道南北长300米，东西宽60米。墓高约3米。周围原有香火田三四十亩。1985年重修郑和墓，并立碑建亭于墓前。

郑和群礁　为南海中中国南沙群岛的岛群之一。包括太平岛、鸿庥岛及敦谦沙洲等岛礁。1935年公布名称为铁沙礁。1947年改名郑和群礁，为纪念明代著名航海家郑和而命名。

郑店　即今山东乐陵市南郑店镇。清乾隆《乐陵县志》卷1：郑店镇在“县南六十里”。

郑河　古名不家水。在今河南郑州市和中牟县境。《金史·地理志》开封府中牟县：“有郑河。”《方舆纪要》卷47郑州：郑水“源出梅山，京、索二水自荥阳而东合于郑水，又东北至中牟县，溉田千余顷，其余水下入于汴。亦名不家水”。后渐淤塞。

郑城　①在今安徽颍上县南。《梁书·裴邃传》：南朝梁普通六年（525），“复破魏新蔡郡，略地至于郑城，汝颍之间所在响应”。

②在今山东高密市西南五十里。《寰宇记》卷24密州高密县：“《郡国志》：高密县西有郑康成宅，亦曰郑城。”

③即今山东平邑县南五十四里郑城镇。《方舆纪要》卷33费县“舆城”条下：“又有郑城，在县西南七十里。相传郑玄所居。”

郑侯国　西汉置，属山阳郡。当在今山东西南部。东汉省。

郑家口　又名郑镇。即今河北故城县治。清于此置巡司。1945年故城县迁治于此。

郑家屯　即今吉林双辽市。旧属昌图县。清光绪二十八年（1902）于此置辽源州。1913年改辽源县。1940年改设双辽县。

郑家场　即今贵州绥阳县东南郑场镇。清道光《遵义府志》卷6绥阳县：郑家场在“城南二十里”。

郑家坊镇　即今江西上饶县西北郑坊镇。明、清置巡司于此。

郑家店　在今河南潢川县东北，潢河入淮河处。隔河与淮滨县接界。《清史稿·地理志》光州直隶州：淮水“又东北径郑家店，复合黄水”。民国初设县佐驻此。

郑家驿　亦名郑家店。在今湖南桃源县西南七十里沅水南岸。明置马驿于此。清乾隆四十一年（1776）改置巡司。

郑家集　即今安徽天长市南二十五里郑集镇。清嘉庆《天长县志》卷2：县南有郑家集。

郑通支线　从吉林郑家屯（今双辽）至通辽（今内蒙古通辽市）。长115公里。为四洮铁路支线。1921年修筑。今为大（虎山）郑（家屯）线的北段。

郑韩故城　在今河南新郑市东南。据《史记·郑世家》载：周宣王二十二年（前806），郑桓公“友初封于郑”。东周初，郑武公东徙新郑。故址即在今河南新郑市东南地处双洎河（古称洧水）与黄水交会处之郑韩故城。同书《韩世家》又载，周烈王元年

（前375），韩哀侯“灭郑，因徙都郑”。此后又为韩国之都。郑韩故城在今河南新郑市双洎河与黄河交汇处。为东周时期郑国和韩国的都城遗址，历时五百余年。故城周长19公里，平面极不规则，以隔墙分为东西两城。大部分城墙尚存，最高处达18米。西城中部有一座小城，内有大片夯土建筑基址，应是当时的宫城。东城内有铸铜、制骨、冶铁、制陶、制玉等手工业作坊遗址。曾发现一坑韩国铜兵器一百八十余件，多数有铭文。城内外发现六处墓地，出土一批青铜器和玉器等。1961年定为全国重点文物保护单位。

郑集　即今江苏徐州市铜山区西北郑集镇。清时有把总驻此。

郑溪　在今江西井冈山市西北。《方舆纪要》卷87吉安府永宁县：郑溪“在县城（治今新城镇）南。亦曰郑溪井。溢流而入鹅岭水”。

郑旗营　在今宁夏海原县（三河镇）西北郑旗乡。《清一统志·平凉府二》“西安州营”条下：“又有郑旗营，在（固原）州西一百里。”

郑镇　即郑家口。今河北故城县治。清置郑家口巡司。1945年故城县迁治于此。

券桥店　即今河南方城县南二十五里券桥乡。清康熙《南阳府志》卷2《集镇》：裕州有券桥店。

卷　①春秋楚邑。在今河南叶县西南。《左传》：昭公二十五年（前517），楚子“使熊相禖郭巢，季然郭卷”。杜注：“使二大夫为巢、卷筑郭也。卷城在南阳叶县南。”《续汉书·郡国志》：叶县“有卷城”。

②战国魏邑。在今河南原阳县西圈城。《史记·秦本纪》：昭襄王三十三年（前274），“客卿胡阳攻魏卷”。《正义》引《括地志》：“故卷城在郑州原武县（按，即今原武镇）西北七里。即衡雍也。”

卷县（卷 quán）　战国秦置，属三川郡。治所在河南原阳县西圈城。出土秦封泥中有“卷丞□印”可证。西汉属河南郡。西晋属荥阳郡。北魏太平真君八年（447）废。太和十一年（487）复置，北齐废。

卷（捲）洞门镇（卷 juǎng）　即今四川渠县东南卷硐乡。清同治《渠县志》卷4：卷硐场“县东四十里，即卷硐门，当巴夔之冲衢”。

卷楚　春秋晋地。在今山西沁县南。《左传》：宣公十七年（前592），“夏，会于断道，讨贰也，盟于卷楚”。

卷镇　即今河北枣强县西南二十五里北卷子村。清于此筑卷子堡城。

单（单 shàn）　周畿内国。姬姓。在今河南济源市东南。《春秋》：庄公元年（前693），“夏，单伯送王姬”。十四年（前680），“夏，单伯会伐宋”。杜注：“单伯，天子卿也。单，采地。伯，爵也。王将嫁女于齐，既命鲁为主，故单伯送女不称使也。……天子嫁女于诸侯，使同姓诸侯主之。”《国语·周语中》：单子谓定王曰：“今虽朝也不才，有分族于周。”韦昭注：“朝，单子之名也。有分族，王之族亲也。”

单于大都护府（单 chán）　唐麟德元年（664）改云中都护府置，治所在今内蒙古和林格尔县西北土城子古城。《新唐书·地理志》：单于大都护府管辖以归降突厥部落所置漠南云中、定襄、呼延、桑乾四都督府。辖境东至大洛泊（今内蒙古克什克腾旗西达里诺尔）、滦河之西，接奚、契丹界，西接安西都护府界，北以大漠与瀚海（寻改安北）都护府为界，南至阴山及河西走廊之北。调露元年（679）突厥诸部叛，复建突厥汗国，单于都护府所辖诸府州尽失，乃改都护为镇守使。景龙二年（708），唐于河北筑三受降城，“北拓地三百里”（《旧唐书·张仁愿传》），拒突厥于阴山北。开元二年（714），复置单于都护府，都护兼镇守使，统于朔方节度使。乾元后由振武节度使兼领。

单于台（臺）　在今内蒙古固阳县西北阴山中。《汉书·武帝纪》：元封元年（前110）冬十月，“行自云阳，北历上郡、西河、五原，出长城，北登单于台”。《元和志》卷14：“单于台在［云中］县西北四十（‘百’之误）余里。汉武帝元封元年勒兵十八万骑出长城，北登单于台，即此也。”单于台当即匈奴单于庭所在之地。《史记·匈奴传》谓单于庭“直代、云中”；《汉书·匈奴传》引侯应之言曰：“（塞）外有阴山，东西千余里，草木茂盛，多禽畜，本冒顿单于依阻其中。”《通典》胡注：“杜佑曰：单于台在云州云中县西北百余里。”故亦有人认为，当在今呼和浩特市西。

单山　在今山东即墨市西南。《清一统志·莱州府一》：单山“在即墨县西南五十里。《县志》：一山独立，故名”。

单马锡　梵语意为狮城。即今新加坡。元汪大渊《岛夷志略》“龙牙门”条：“门以单马锡番两山，相交若龙牙状，中有水道以间之。”《郑和航海图》作淡马锡。

单父（单 shàn）　春秋时鲁邑。在今山东单县南一里。《史记·仲尼弟子列传》：“宓不齐字子贱，少孔子三十岁……子贱为单父宰。”汉刘向《说苑·政理》：“宓子贱治单父，弹鸣琴，身不下堂而单父治。巫马期亦治单父，以星出，以星入，日夜不处，以身亲之，而单父亦治。”

单父县　战国魏置。后入秦，属砀郡。治所在今山东单县南一里。西汉属山阳郡。东汉改为侯国，后复为县，属济阴郡。西晋后废。隋开皇六年（586）复置，属曹州。大业初属济阴郡。唐属宋州。五代唐为单州治。明洪武元年（1368）省县入州。二年（1369）改为单县。

单父侯国　东汉改单父县置，属济阴郡。治所在今山东单县南。后复为单父县。

单东安抚司　清康熙四十一年（1702）置，属雅州府。治所在今四川丹巴县西北丹东乡。宣统三年（1911）改流，归道坞委员管理。

单东革什咱安抚司　亦名革什咱安抚司。清康熙三十九年（1700）置，属雅州府。在今四川丹巴县西北革什扎乡。宣统三年（1911）改流，属道坞委员。

单乐县 唐中宗时置，属羁縻禄州。治所在今越南广宁省禄平一带。后废。

单州 唐光启中置，治所在单父县（今山东单县南）。朱全忠奏改为辉州，移治砀山（今安徽砀山县）。五代唐同光二年（924）复改单州，仍治单父县。宋辖境相当今山东单县、成武、鱼台及安徽砀山等县地。金属归德府。元属济宁路。明洪武元年（1368）以州治单父县省入。二年（1369）改为单县。

单县 明洪武二年（1369）降单州置，属济宁府。治所在今山东单县南一里。十八年（1385）改属兖州府。嘉靖二年（1523）以河患徙今治。清雍正十三年（1735）改属曹州府。民国初属山东济宁道。1925年属曹濮道。1928年直属山东省。

单拐村 在今河南清丰县东南三十里。1944年8月至1945年10月中共中央平原分局及冀鲁豫军区司令部驻此。

单单 即丹丹国。在今马来西亚马来半岛。《新唐书·南蛮传下》："单单，在振州东南，多罗磨之西，亦有州县。"

单单大岭（单 dān） 古称盖马大山。即今朝鲜东北部之狼林山脉。《后汉书·东夷列传·涉》：西汉昭帝时，"自单单大领已东，沃沮、涉貊悉属乐浪"。即此。

单城县 南朝宋置，属宋康郡。治所当在今广东阳西或电白县境。隋废。

单南清真寺 在今宁夏西吉县东南兴隆镇南单南村。1935年10月，毛泽东率中国工农红军长征路经此地。

单桓国 汉西域国名，属西域都护府。国都在单桓城（今新疆乌鲁木齐市米泉区北）。

单家桥 即今河北献县南十二里单桥村。《方舆纪要》卷13献县：单家桥"跨滹沱河上，行旅通途也。明建文三年，燕王败平安等于单家桥。又宣德初，驾征高煦还，驻跸于此。一名五节桥，以正德间流寇乱，有五妇死于此也。旧有单桥巡司"。

单牒县 东晋末置，属新宁郡。治所在今广东新兴县东东成镇丹堞村。南朝梁废。唐武德四年（621）复置，属新州。贞观中废。

单溪镇 北宋置，属新明县。在今四川岳池县南二十里。开宝六年（973）移新明县治此。

炒米关 明置，属越嶲卫。在今四川越西县南三十里。明曹学佺《蜀中广记》卷34《边防记》越嶲卫："龙泉驿又十五里为炒米关，在高山峡内，关即韦皋所筑要冲城矣。"要冲城在今汉源县境。

炒米城 在今四川汉源县东南万工乡境。明曹学佺《蜀中广记》卷35黎州："《志》云：州南百里，临大渡河，有韦皋所筑要冲城，俗呼沙米寨，亦作炒米城关。"《明史·四川土司传一》："松坪在司（黎州安抚司）之东南，自炒米城直至峨眉，高山峻坂三百余里，皆安抚族人居之。"

炉山 在今山东临沂市东北六十里。《方舆纪要》卷33沂州"艾山"条下：炉山"旧产金"。

炉山汛 清置，属清平县。在今贵州凯里市西北香炉山。旧有外委戍守。

炉山县 1914年改清平县置，属贵州黔中道。治所即今贵州凯里市西北炉山镇。1920年直属贵州省。1952年改置炉山苗族自治区，1955年改为炉山苗族自治县，迁治凯里镇（今凯里市）。1956年改为炉山县。1958年与雷山、丹寨、麻江三县合并，改名凯里县。

炉边 地区名。指今四川雅砻江至西藏昌都地区宁静山以东之地。清雍正间，在宁静山顶立碑划川藏界，山以东地称炉边。

炉冶城 一作冶炉城。在今河南西平县西南七十五里出山镇南酒店。战国韩王铸剑处。《新唐书·李愬传》：愬讨吴元济，"战嵖岈山，以取炉冶城"。

炉河 又名折多河、瓦斯沟河。在今四川康定县中部。清乾隆《卫藏通志》卷3："泸河源出折多山西南。东流七十里至炉。"此水有南、北二源：北源名雅拉河（雅拉沟河），源出大炮山（海拔4904米）；西源名折多水，源出折多山，相汇于康定城东北郭达山下，东流于瓦斯乡东注入大渡河。

炉城 指今四川康定县。清光绪黄懋材《西辅日记》："炉城二水夹流，三山紧抱，晨夕多风，终年积雪，盛夏犹服重裘。……实西南之锁钥，藏卫之喉吭也。"

炉（鑪）霍屯 亦名章谷屯。清光绪三十年（1904）改霍耳章谷安抚司置，属打箭炉厅。在今四川炉霍县西南下街。《清史稿·土司传》："霍耳章谷安抚司……同倬倭一并改流。后发还，而章谷无人承领，改为炉霍屯。"宣统三年（1911）改为章谷委员。

炉（鑪）霍县 1912年改章谷委员置，属边东道。治所在今四川炉霍县西南下街（旧炉霍）。任乃强《西康图经》（地文篇）《正译·七十八·昌都炉霍名义辨》："查炉霍建置历史，始知其为纯粹之汉名。霍谓霍尔，炉谓西炉。同治中，而辖霍尔诸部，故命名炉霍。土人则至今称其地为章谷也。""炉霍"，藏语意为"山岩村"。1914年属川边特别区。1939年属西康省。1952年迁今炉霍县（新都镇）。1955年属四川省。

炎方驿 在今云南曲靖市沾益县东北炎方乡。《清一统志·曲靖府》：炎方驿"在宣威州南八十里炎方城内。旧名太忽都堡。明置炎方驿，今设炎松巡司，兼管二驿"。

炎州 唐贞观八年（634）改西封州置羁縻州，属茂州都督府。当在今四川茂县西北或黑水县境。后废。

炎亭寨 即今浙江苍南县东五十四里炎亭镇。《方舆纪要》卷94平阳县：炎亭寨"在县南、金乡卫东七里，有海口，倭贼从此径犯卫城”。

炎帝陵　又称天子坟。在今湖南炎陵县城西南三十里鹿原镇鹿原陂。炎帝为远古时代部族首领，中华民族的始祖之一。晋皇甫谧《帝王世纪》称，葬于长沙。宋罗泌《路史》载：“崩葬长沙茶乡之尾，是曰茶陵。”《新定九域志》卷6衡州有“炎帝庙及陵”。《舆地纪胜》卷63茶陵军：炎帝庙“在茶陵县西南帝陵侧。乾德五年始访得陵，即诏建庙”。后经历代修葺。1940年重修主体建筑炎帝殿。1954年除夕遭火焚毁。1986年按原貌修复。1996年定为全国重点文物保护单位。

〔丶丶〕

洌口　在今朝鲜黄海南道殷栗。《史记·朝鲜列传》：西汉元封间，攻卫氏朝鲜，“楼船将军亦坐兵至洌口”。《索隐》苏林曰：“县名。度海先得之。”

洌口县　亦作列口县。西汉置，属乐浪郡。治所在今朝鲜黄海南道西北殷栗。以在洌水入海之口而名。西晋后废。

洌水　又作洌水、列水。即今朝鲜大同江。《汉书·地理志》吞列县：“分黎山，列水所出，西至黏蝉入海，行八百二十里。”

净土寺　又名希玄寺。北魏建，即今河南巩义市东北大力山下巩县石窟寺。《清一统志·河南府》：净土寺“在巩县东北。一名石窟寺，亦名石佛寺。后魏景明间建。凿石为佛，佛与窟连，法象巍然，唐宋题咏甚多”。今存石窟造像五窟二百五十六龛，七千七百四十三尊，数十题记，系西魏至宋凿造。

净山　即今福建惠安县东南净峰。明末清初仍悬在海中，今已与陆地相联。《方舆纪要》卷99泉州府惠安县：净山“在县东海海中。一名尖山，圆净尖秀，下瞰东溟。上多怪石，如水啮射状。最高而峭拔者三峰，登之可以观日出”。

净业寺　唐建。在今陕西西安市长安区西南沣峪口南六里。为佛教律宗祖师道宣的道场。今院内正殿仍存。

净业湖　今北京市西城区德胜门内西海、积水潭一带。俗称净业湖。因水北有净业寺而名。

净乐县　元世祖至元十五年（1278）置，属威州。治所在今云南楚雄市境。至元二十一年（1284）废入威楚县。

净因寺　旧名因胜寺。西晋永熙中建，在今江苏镇江市丹徒区西五州山麓。北宋熙宁中改名显慈寺，后废。明万历间复建为因胜寺，清乾隆二十二年（1757）御题寺额改为净因寺。

净州　又作静州。金大定十八年（1178）升天山榷场置。治所在天山县（今内蒙古四子王旗东北库伦图镇城卜子村东）。辖境相当今内蒙古四子王旗一带。元改为净州路。明初废。

净州路　元升净州置，隶中书省，属河东山西道宣慰司分管。治所在天山县（今内蒙古四子王旗东北库伦图镇城卜子村东）。《元史·成宗纪》：大德七年（1303）已见净州路，净州升为路，应在此之前。明初废。

净阳镇　金置，属乐平县。在今山西昔阳县东四十五里静阳村。明改静阳镇。

净净沟水　即白沟水。在今安徽萧县南。自梧桐陂北流入古获水。《水经·获水注》：“獾水又东，净净沟水注之。水上承梧桐陂，西北流，即刘中书澄之所谓白沟水也。又北入于獾，俗名之曰净净沟也。”

净居山　在今河南光山县西南四十里。《金史·仆散安贞传》：兴定五年（1221），伐宋，“安贞出息州，军于七里镇，宋兵据净居山，遣兵击败之”。山顶有净居寺，北宋苏轼尝避暑于此。

净居寺　①在今江西吉安市东南十五里青原山上。始建于唐神龙元年（705）。初名安稳寺。北宋崇宁四年（1105）宋徽宗赐额“净居寺”。

②唐神龙中建，在今河南光山县西南净居山顶。宋苏轼有《游净居寺》诗，序曰：“寺在光山县南四十里大苏山之南、小苏山之北……唐神龙中道岸禅师始建寺于其地。广明庚子之乱（按指黄巢起义），寺废于兵火。至乾兴中乃复，而赐名曰焚天云。”

净瓶山　在今广西扶绥县西北。《方舆纪要》卷110永康州：净瓶山在“州（治今中东镇）东二里。平地突起一峰，如瓶立”。

净烟堡　清改静远堡置，属承德县。即今辽宁沈阳市西北静安堡。《清一统志·奉天府二》“东州堡”条下：“净烟堡即明之静远堡，在县西六十里。”

净域寺　在唐长安城宣阳坊西南隅，今陕西西安市。宋敏求《长安志》卷8：净域寺“隋文帝开皇五年立。恭帝禅位，止于此寺薨焉”。段成式《酉阳杂俎·续集》卷6载：“宣阳坊静（净）域寺，本太穆皇后宅。”并称，寺内壁画甚多。

净慈寺　在今浙江杭州市西湖南之南屏山北麓慧日峰下。五代周显德元年（954）吴越国建，原名慧日永明院。北宋太平兴国二年（977）改名寿宁禅院。南宋建炎二年（1128）改为净慈禅寺。绍兴十九年（1149）始改称净慈报恩光孝禅寺，简称净慈寺。周密《武林旧事》卷5：净慈报恩光孝禅寺“大抵规模与灵隐相若，故二寺号南、北山之最”。

净溪里乌喇　亦名精奇里乌喇。即今俄罗斯阿穆尔州之结雅河，为黑龙江支流。清雍正《钦定八旗通志初集》卷153《郎谈传》：康熙二十一年（1682）上谕，出兵剿罗刹，“俟我兵将至净溪里乌喇令索伦接济牛羊，甚有裨益”。

净壁　在今重庆市巫山县北。《明史·杨嗣昌传》：崇祯十三年（1640），张献忠义军“闻（杨嗣昌）督师西，遂急趋大昌，犯观音岩，守将邵仲光不能御，遂突净壁，陷大昌”。

净藏禅师塔 在今河南登封市城西北十二里会善寺西侧。是唐代净藏禅师的墓塔。建于唐天宝五年(746)。为单层单檐亭式仿木构砖塔。平面呈八角形，立于一高大的砖砌台基之上。塔身下层为须弥座。南面辟单券门，由门可入塔心室。北面嵌塔铭一方，记述净藏禅师生平。1988年定为全国重点文物保护单位。

沬 即妹。殷邑名。今河南淇县城。《诗经·鄘风·桑中》：“爰采唐矣，沬之乡矣。”西周初武庚及卫国相继都此。

沫水 ①即今四川中部之岷江。《宋史·河渠志》：“沫水出蜀西徼外，今阳山江、大皂江皆为沫水，入于西川。”

②一名渽水、涐水。即今四川西部大渡河或青衣江。东晋常璩《华阳国志·蜀志》：“时青衣有沫水出蒙山下，伏行地中，会江南安，触山胁溷崖，水脉漂疾，破害舟船，历代患之。(李)冰发卒凿平溷崖，通正水道。”《史记·司马相如列传》：西汉元光五年（前130），司马相如奉命通西南夷，“西至沬水、若水。”东汉许慎《说文解字》：“沫水出蜀西徼外，东南入江。”

沫沟湖 在今安徽灵璧县北七十里。《方舆纪要》卷21灵璧县“石湖”条下：“县境又有沫沟湖，今涸。”《清一统志·凤阳府一》：沫沟湖，“相传晋、宋间地陷为湖，每春夏晦暝，水上有城屋之状，见则岁有大水。相近有青冢湖，俱通睢水”。

泺口 在今湖北南漳县东泺水入鄢水（今清凉河）之口。《水经·沔水注》：“泺水又东历宜城西山，谓之泺溪，东流合于夷水，谓之泺口。”《晋书·怀帝纪》：永嘉四年（310），荆州刺史王澄“独以众进至泺口，众溃而归”。即此。

泺乡县 一作祁乡县。三国魏置，属新城郡。治所在今湖北南漳县西蛮河旁长坪镇附近。南朝梁废。

泺水 亦作祁水。又名零水。即今湖北南漳县西南之蛮河。《水经·沔水注》：“零水即泺水也，上通梁州没阳县之默城山。其水东径新城郡之泺乡县，谓之泺水。……又东历宜城西山，谓之泺溪。东流合于夷水，谓之泺口。”

浅口镇 在今河北馆陶县西北二十里柴堡镇西浅口村。《资治通鉴》：唐太和三年（829），李听自贝州镇魏州，“七月，（何）进滔出兵击李听；听不为备，大败，溃走，昼夜兼行，趣浅口”。即此。

浅水县 ①西汉置，属上郡。治所在今陕西黄陵县西北沮河北岸。东汉废。

②北魏置，属赵平郡。治所即今陕西长武县北五里浅水村。西魏大统十四年（548）废。

浅水原 亦名鹑觚原。在今陕西长武县北浅水村一带。《元和志》卷3宜禄县：浅水原“即今县理所。……武德元年，（薛）举寇泾州，屯兵于安定县之折墌城，太宗亲征，相守六十余日，会举死，其子仁杲统其众，并羌胡十余万，数来挑战。上遣总管庞玉自此原南出贼之右，因高而陈，上举大兵自原而北，出其不意，斩首万余级，贼大溃”。

浅湾 在今广东南澳县东南，一说在汕头市潮阳区海门镇南。元陈桱《通鉴续编》卷24：南宋景炎二年(1277)，“六月，帝舟迁于潮州之浅湾。……九月，大元索多援泉州，张世杰帅师还浅湾”。乾隆《御批历代通鉴辑览》卷95：浅湾，“今潮阳南澳山相近有钱澳，或曰即浅湾”。

浅澳 即今广东陆丰市东南碣石镇南浅澳村。清碣石镇驻千总于此。

法土龙城 在今云南广南县城西十五里。《清一统志·广南府》引《云南通志》：“龙读陇。其城险固，后有高山壁立，石城险峻，凭高临下，城中每恃为声援。”

法山站 元置，在今四川德昌县南。

法门寺遗址 在今陕西扶风县北二十里法门镇西北隅。相传寺建于东汉末年，唐时香火兴旺。内有护国真身塔。1986年拆除残塔时，发现唐代地宫，出土有唐宪宗令群僧迎来的释迦牟尼指骨四枚和许多金银器皿、玻璃制品及大量精美的丝织品。2006年定为全国重点文物保护单位。

法王寺塔 在今河南登封市北嵩山太室山南麓玉柱峰下的山坡台地上。《清一统志·河南府三》：法王府“在登封县北十里嵩山南麓。（东）汉永平十四建。唐开元中改名功德，宋庆历中复改今名。寺背负嵩岑，左右高峰，如张两翼，俯瞰二熊诸山，排列如拱”。现存建筑多为清代建筑，有天王殿、大雄宝殿、地藏殿等。寺内散存汉至清代古柏数十株，古银杏四株，唐至清代碑刻二十余品。法王寺塔群共有唐代砖塔四座及元“月庵海公圆静之塔”、清“弥壑澧公和尚之塔”。法王寺大塔为密檐式，平面方形，边长7米，高35米余，空心。全塔用灰砖黄泥垒砌而成，塔外壁敷白灰一层，外形呈柔和的抛物线形，优美秀丽。2001年法王寺塔被定为全国重点文物保护单位。

法云（雲）寺 在今江苏扬州市。东晋时为谢仁祖住宅，后建为寺。《资治通鉴》：唐光启三年（887），“（杨）行密伏甲执（高）霸及丁从实、余绕山，皆杀之。又遣千骑掩杀其党于法云寺，死者数千人。是日，大雪，寺外数坊地皆赤”。《清一统志·扬州府》：法云寺“在甘泉县（今扬州市）盐运司前”。

法中 即今山西沁源县东南法中乡。抗日战争时期晋冀鲁豫边区太岳区领导机关曾长期驻此。

法石寨 南宋淳熙十三年（1186）置，属晋江县。即今福建泉州市东南东海镇（法石）。《方舆纪要》卷99泉州府晋江县：法石寺在“府东五里。宋末蒲寿庚谋据郡降蒙古，少主至泉城北，不敢入城，驻跸于法石寺，即此”。

法因河卫 明永乐八年（1410）置，属奴儿干都司。治所在今黑龙江省林口县费雅河（乌斯浑河）上游。后废。

法华山　①在今浙江湖州市西北十八里。《清一统志·湖州府一》：法华山“在乌程县西北十八里。苏轼有《与胡祠部游法华山》诗”。

②在今浙江杭州市西。明田汝成《西湖游览志》卷9：“法华山去灵隐山后可里许，去北十里为西溪。”山有法华寺。

法华寺　在今上海市长宁区东南部法华镇路。北宋开宝三年（970）始建，元、明、清时曾多次重修，近代废弃。现为上海交通大学分部所在。

法华寺石窟　在今云南安宁市东十里小桃花村后洛阳山崖壁上。《清一统志·云南府》载：法华寺“在安宁州东洛阳山。大理段氏建。中有遥岑楼，登之可览一州之胜。明杨慎以所得禹碑墨本，镌之岩石”。今寺已废。石窟开凿于大理国时期，共二十五窟。最大的造像是横卧于南崖龛内的卧佛，长4.25米，作曲肱而枕半睡状。东峭壁上的十八罗汉雕像，排列为上中下三层，大小不一，高在0.55—1米之间，姿态各异。由卧佛石龛向南曲折而上，在一崖壁上有明代学者杨慎释译的《禹王碑》。

法华桥镇　即今上海市奉贤区西南十四里法华桥。宋时建有法华禅寺，后废。明建法华桥，故名。

法华镇　在今上海市长宁区东南部法华镇路一带。镇以寺名。《清一统志·松江府二》：法华镇“在上海县西十八里”。清时有吴淞巡司驻此。

法兴寺　原在今山西长子县东南三十里南慈林镇慈林山腰，后迁至原址对面崔庄山腰。始建于十六国后燕光始元年（401）。今寺内中轴线上有舍利塔、圆觉殿和后殿。舍利塔为唐咸亨四年（673）建，砂石板建造，平面方形，重檐楼阁式，四角钻尖顶，外形似塔非塔，似殿非殿。圆觉殿为六架椽歇山顶建筑，石门颊，前檐青石墙上雕有动物莲花图案，刻工精细。殿内有北宋政和元年（1111）塑造的释迦牟尼及圆觉像十余尊，造型优美。1988年定为全国重点文物保护单位。

法块山　在今云南禄劝彝族苗族自治县北五十里。《方舆纪要》卷116禄劝州：法块山“四面削立，惟东南有一径，可容单骑。旁有哀阿龙山”。

法库山　在今辽宁法库县南。《清史稿·地理志》法库直隶厅：“法库山在南。”

法库门　又作发库门。清康熙元年（1662）建，为辽东柳条边边门之一。即今辽宁法库县。光绪三十二年（1906）于此设法库厅。1913年改为法库县。

法库厅　清光绪三十二年（1906）置，属奉天府。治所在法库门（今辽宁法库县）。三十三年（1907）升为直隶厅。1913年改为法库县。

法库县　1913年改法库厅置，属奉天洮昌道。治所在法库门（即今辽宁法库县）。乾隆《钦定盛京通志》卷33：发库边门，“国语（满语），发库，鱼梁也”。西清《黑龙江外纪》卷2：“法库，汉人言瀑布也。”1929年属辽宁省。

法雨寺　在今浙江舟山市普陀区普陀山中部。创建于明万历八年（1580）。《清一统志·宁波府一》：法雨寺“在定海县补陀山。明建，初名海潮寺，本朝康熙二十八年重建，赐今额”。

法雨泉　在今江苏苏州市吴中区西南穹窿山上。明王鏊《姑苏志》卷9：法雨泉“山半有泉名法雨，四时流不绝，下注石堰，可以灌田”。

法轮寺　故址在今江苏南京市东北，太平门内九华山下。《南齐书·崔慧景传》：崔慧景“性好谈义，兼解佛理，顿法轮寺，对客高谈”。即此。

法轮场　即今四川资中县西北法轮镇。民国《资中县续修资州志》卷2：发轮乡“俗呼四眼桥。在县西水一百四十里，接仁寿县界。人烟稠密，后有巨涧出阳陵山下，流经龙水废县，委折数十里，至珠溪小三江口与龙结镇涧水合流，以入资江。可通舟楫”。

法果泉　在今云南蒙自市南十五里。《清一统志·临安府》引《蒙自县志》：“地名生山岊。明正德间，土酋那伐乱，官兵讨平之，置新安千户所，疏此水。”

法岩　即今贵州兴义市西南鲁布革镇。清罗绕典《黔南职方纪略》卷2兴义府：“捧鲊营溯红水江而西，直抵黄泥河为界。其间歪染、养马、白云、法岩诸寨，皆系昔日顽苗恃险负隅之处。”

法泗洲市　即今湖北武汉市江夏区（纸坊镇）西南五十四里法泗镇。清光绪《湖北全省分图》：江夏县（今武汉市武昌区）西南有法泗洲市。

法宝山　在今云南保山市南十里。《清一统志·永昌府》引《府志》：“法宝山势接九隆，而沙河限之。异牟寻于此建法宝寺，故名。”

法相寺　在今浙江杭州市西南。《清一统志·杭州府二》：法相寺“在钱塘县南高峰下。旧名长耳院，五代晋时建，宋大中祥符间改今名”。

法相岩　即宝方山。又名宝胜山、资胜山。在今湖南武冈市东南二里。南宋嘉定年间知武冈军姜桐《法相岩小记》载：山有法相寺。以寺得名。

法歪纳　大理国会川府。在今四川会理县。《元混一方舆胜览》卷下：“汉名会川县，蛮名法歪纳。”

法特哈门　又作巴延鄂佛罗边门。清置，在今吉林舒兰市西北法特镇。《清一统志·吉林二》：法特哈边门“在吉林城北一百七十里。一名巴延鄂佛罗。由吉林至白都讷、黑龙江之道也”。

法海寺　①在今北京市石景山区模式口翠微山南麓。《清一统志·顺天府》载：法海寺“在宛平县西四十里。旧名龙泉寺，明正统四年改建”。据寺内保存的“法海禅寺碑”记载，该寺于明正统四年（1439）动工兴建，正统八年完工。原建筑有大雄宝殿、四大天王殿、护法金刚殿、伽蓝殿、祖师堂、钟鼓楼等。1949年前部分建筑已被毁，仅存山门和大雄宝殿。现存大雄宝殿较完整，殿内有九幅壁画均为明代原物。1988年定为全国重点文物保护单位。

②北宋咸平四年（1001）建，在今河南新密市西。《清一统志·开封府》：法海寺“在密县西。……《县志》：寺前有塔，青、白石杂为之，高

十余级。四面自基至顶凿莲经一部，字画遒劲。宋张哲有《法海寺石塔记》”。

法祥寺　北宋建隆二年（961）建。初为应天寺，后改法祥寺。在今河南洛阳市老城东夹马营。即宋太祖赵匡胤诞生地。

法源寺　在今北京市西城区法源寺前街。建于唐代。清孙承泽《春明梦余录》卷66：“唐悯忠寺建于贞观十九年，太宗悯东征士卒战亡者，收其遗骸葬幽州城西十余里许，为哀忠墓，又于幽州城内建悯忠寺。”唐武则天万岁通天元年（696）建成佛寺。安史之乱时曾改名顺天寺。宋钦宗被掳曾拘留于此。明正统二年（1437）重修，改名崇福寺。清雍正十二年（1734）改今名。法源寺是北京城内历史最悠久的佛寺。寺内珍藏佛经最多，版本也最为珍贵。1979年辟为中国佛教图书文物馆。2001年定为全国重点文物保护单位。

法藏寺　旧名茶子庵。在今天津市蓟县西北二十五里盘山中。寺内以盘龙松著称。民国《蓟县志》卷1：法藏寺“在逊清行宫西北十七里。一名茶子庵。成化中重修，康熙中僧养心又修”。

法螺寺　故址在今江苏苏州市西。《清一统志·苏州府三》：法螺寺“径接寒山千尺雪，山径盘行，从修篁中百折而上，势如旋螺，故名”。

泔河　在今山东淄博市西。《方舆纪要》卷31长山县：“泔河出县（按，旧长山县治即今山东邹平县东长山镇）南米山，流至城南，亦入孝妇河。”

泄水　相当于今安徽霍邱县东之东汲河。《水经·泄水注》：“泄水出博安县，北过芍陂，西与沘水合，西北入于淮。”

泄城渠　在唐东都城北部，今河南洛阳市旧城东部。徐松《唐两京城坊考》卷5载：泄城渠“渠自含嘉仓城北，循城南流至宣仁门南，屈而东流经立德坊北，至东北隅绕其坊，屈而南流入漕渠”。

泄剌失　即失罗子国。今伊朗德黑兰市东南设拉子。《元史·地理志·西北地名附录》有“泄剌失”。

泄湖　即今陕西蓝田县西北泄湖镇。清《蓝田县志》卷1有泄湖镇。

泄溪　浦阳江支流。即今浙江诸暨市西五泄江。《水经·浙江水注》：浦阳江“东径诸暨县，与泄溪合，溪广数丈，中道有两高山夹溪”。《隋书·地理志》：会稽郡诸暨县“有泄溪”。均此。

泄滩　一名叶滩。在今湖北秭归县西北泄滩镇。民国《湖北通志》卷12：泄滩“水势汹涌，有泄床石长三十余丈，行者无不惊怖。土人云，‘有泄无新，有新无泄’。盖新、泄二滩，水涨则泄险，水涸则新险耳”。

沽河　①又作沽水。即今白河、潮白河，东循北运河入海。《汉书·地理志》渔阳郡渔阳县：“沽水出塞外，东南至泉州入海。”又《水经·沽河》：“沽河从塞外来，南过渔阳狐奴县北，西南与灅余水合为潞河。”

②即今天津市蓟县南之州河。源出今河北遵化市东为梨河，西流入蓟县名沽河，又南与泃河合为蓟运河。清道光《蓟州志》卷2：沽河在州南五里，“其河东接遵化、玉田交界处入境，迤西而行至州南纪家窝，转而南行至下仓庄，转而西南行至咀头庄与泃水合流转而东南行，由白龙港南流至北塘入于海”。

③又名姑水。即今山东东部之大沽河。源出招远市东北，南流经莱西市西南，小沽河自北注之，合流南经平度市南，至胶州市东北与胶莱河合流入海。《左传·昭公二十年》：“姑、尤以西。”杜注：“姑、尤，齐东界也。姑水、尤水皆在城阳郡东南入海。”《魏书·地形志》长广郡长广县：有“沽水”。

沽源县　1915年改独石县置，属直隶兴和道。治所在今河北赤城县北独石口。1925年迁治今沽源县南小河子。1928年属察哈尔省。1948年移治平定堡（今沽源县），1952年属河北省。

沭水　即今山东东南部、江苏北部之沭河。《周礼·职方》青州：“其浸沂沭。”《汉书·地理志》琅邪郡东莞县下作“术水”。《水经·沭水注》：“沭水出琅邪东莞县西北山。……又南径东海厚丘县……分为二渎，一渎西南出，今无水，世谓之枯沭；一渎南径建陵县故城东，……又南径建陵山西……南入淮阳宿预县注泗水。《地理志》所谓至下邳注泗者也。”古之沭水自厚丘（今江苏沭阳县北）南径建陵山，屈径今沭阳县治，与各湖混合，出游水（旧涟水）入海。涟水湮废，乃改由蔷薇河入海。

沭州　治所即今江苏沭阳县。《寰宇记》卷22海州沭阳县：“大业十三年土人臧君相反于沭阳县，置沭州。唐武德四年复为沭阳县。”

沭阳县　北周建德七年（578）改怀文县置，为沭阳郡治。治所即今江苏沭阳县。《元和志》卷11海州：沭阳县“在沭水之阳，故以为名”。隋属东海郡。唐属海州。明属淮安府。清雍正二年（1724）改属海州。民国初属江苏徐海道。1927年直属江苏省。

沭阳郡　东魏武定七年（549）改僮阳郡置，治所在僮县（今江苏沭阳县南六里）。隋开皇初废。

河上县　隋开皇十六年（596）分临黄县置，属魏州。治所在今山东莘县西南观城镇东北。大业初省。

河上洲　一名金鱼洲。在今湖南沅陵县东五十里。《方舆纪要》卷81沅陵县“蒸鱼洞”条下：河上洲，“《志》云，洲塞五溪水口上，上有民居数十家”。

河上溪　在今福建平和县西南。《方舆纪要》卷99平和县：“河上溪在县（旧治在今县西南九峰镇）东南。亦出大峰山。或云，大峰之支麓有旗山，水源出焉。流为西林溪。又南为云霄溪，即漳浦县漳江之上源也。”

河口 在今湖北英山县东。《方舆纪要》卷26英山县“皮家店”条下：“河口巡司，旧在县东三十里。亦元废。”

河口仓 即河阴仓。在今河南荥阳市东北广武镇广武山附近，古汴河注入黄河处。《新唐书·食货志三》：开元二十一年（733），京兆尹裴耀卿奏请罢陕陆运，而置仓河口，玄宗以为然，“乃于河阴置河阴仓……自江、淮漕者，皆输河阴仓，自河阴西至太原仓，谓之北运”。

河口市 在今广东五华县北大坝镇。清同治《广东图说》卷90：长乐县有河口墟。

河口对汛督办区 清光绪二十三年（1897）置河口副督办，属临开广道。1914年改为河口对汛督办，直属云南省。治所即今云南河口瑶族自治县。民国《云南河口对汛督办公署造报地志资料细目清册》：“现在对汛督办驻在地，适当红河、南溪两水会流出口之处，故名为河口。”辖老卡、新店、坝洒、那发千个汛。1950年撤销，置河口市。

河口汛 即中渡汛。在今四川雅江县。此为雅砻江主要津渡。清置中渡汛。

河口县 清宣统三年（1911）置，属康定府。治所即今四川雅江县。1913年改为雅江县。

河口驿 在今四川盐源县东北金口乡。《方舆纪要》卷74盐井卫“盐井驿”条：“东百里为平川驿，平川递运所亦置于此。又东六十里为河口驿，有河口递运所。《志》云：驿西去打冲河三里，以在打冲河口而名。”

河口集 即今安徽霍邱县南河口镇。明嘉靖《寿州志》卷1：霍邱县有两河口集。清道光《安徽通志》卷29霍邱县：河口集在“县南六十里”。

河口街 即今江西宜黄县西南河口。清同治《江西全省舆图》卷2抚州府宜黄县：南有“河口”。

河口墟 即今广东云浮市东河口镇。清雍正《广东通志》卷18：东安县（今云浮市）有县河口墟。

河口寨 即今河南罗山县东北三十二里河口寨。清尹耕云《豫军纪略》卷3：咸丰五年（1855）五月，清军抵孙铁铺，知林其贤等“已由竹竿铺北走，至河口寨”。

河口镇 ①即今山西岚县北河口乡。《清一统志·太原府二》“东村镇”条下：河口镇“在县北”。

②即今内蒙古托克托县南河口村。为黄河渡口。清王庆云《石渠余记》卷5：吉兰泰盐“向由船运至山西省北……磴口为发运之所。河口镇为入晋停泊要区，各设大使一”。光绪《山西通志》卷71：嘉庆十二年（1807）河东复行商运。“立口岸于托克托之河口镇，岁额八万七千五百引，课银六万三千五百余两”。

③明置，属芜湖县。在今安徽芜湖市青弋江口南岸。《明史·地理志》芜湖县：“西有河口镇巡检司，后移于鲁港镇。”

④即今江西铅山县驻地。《清一统志·广信府二》：河口镇“本朝乾隆三十六年移同知驻此”。1949年铅山县由永平镇迁驻于此。

⑤一名两河口。清置，属黄陂县。即今湖北大悟县东南七十六里河口镇。有巡司。民国设县佐。

河山 在今山东日照市北。《清一统志·沂州府一》：河山“在日照县北二十里。《县志》：为县主山，以其为境内众河之源，因名”。

河山县 北魏太和二十一年（497）置，属荆州。治所在今河南叶县西北。二十二年（498）属鲁阳郡。隋大业初废。

河门 在今河北大名县东北。《资治通鉴》：五代梁贞明元年（915），“遣澶州刺史王彦章将龙骧五百骑入魏州，屯金浪亭。魏兵相与谋曰：朝廷忌吾军府强盛，欲设策使之残破耳。吾六州历代藩镇，兵未尝远出河门”。胡三省注：“按《旧唐书》，魏州城外有河门旧堤，乐彦祯筑罗城，约河门旧堤周八十里。”即此。

河子沟 旧名急流江。即今江苏南京市六合区东南二十五里急水沟。《方舆纪要》卷20江宁府六合县：河子沟“宋淳熙初所开新河也，下流入于大江”。

河子镇城 唐置，在今四川会理县西南河口乡。一说今四川攀枝花市东南。唐贞元十四年（798），内侍刘希昂使南诏经此。《新唐书·地理志》巂州：“又经菁口、会川四百三十里至河子镇城，又三十里渡泸水，又五百四十里至姚州。”

河云（雲） 在今蒙古国科布多东北。《后汉书·和帝纪》：东汉永元二年（90），“遣左谷蠡王师子出鸡鹿塞，击北匈奴于河云北，大破之”。

河屯镇 北宋置，属新繁县。在今四川成都市新都区西北二十五里河屯乡。

河中 唐方镇名。至德二年（757）置，治所在蒲州（旋升河中府，治今山西永济市西南蒲州镇）。辖境屡有变动，较长期领有今山西石楼、汾西、霍州以南和安泽、垣曲以西地区。光启元年（885）建号护国军。北宋初废。

河中府 ①唐开元八年（720）升蒲州置，治所在河东县（今山西永济市西南二十四里蒲州镇）。同年改蒲州。乾元三年（760）复置河中府。辖境相当今山西西南部龙门山以南，稷山、芮城县及运城市以西，陕西大荔县东南部地。其后屡有减缩。明洪武二年（1369）改蒲州。

②西辽置，在今乌兹别克斯坦撒马尔罕。元《长春真人西游记》卷上：“邪米思干大城，大石有国时，名为河中府。”元耶律楚材《西游录》：“寻思干者西人云肥也，以地土肥饶故名之。西辽名是城曰河中府，以濒河故也。”

河中渚 指今河南孟州市南古黄河中之沙洲。《资治通鉴》：南朝梁中大通元年（529），“尔朱荣与（元）颢相持于河上。……有夏州义士为颢守河口渚，阴与荣通谋”。胡三省注：“《水经注》曰：河中渚上有河平侯祠，河之南岸有一碑，题曰‘洛阳北界’。

意此中渚即唐时河阳之中潬城也。”

河中堡 明置，属宁夏卫。即今宁夏灵武市西河忠堡。旧在黄河中，后因河道变迁，与东岸相接。

河内 春秋战国时期以黄河以北为河内，黄河以南为河外。《史记·魏世家》正义：“古帝王之都多在河东、河北，故呼河北为河内，河南为河外。”又云：“河从龙门南至华阴，东至卫州，折东北入海，曲绕冀州，故言河内云也。”《周礼·职方》：“河内曰冀州。”《史记·河渠书》：“西门豹到漳水溉邺，以富魏之河内。”皆此。或专以今河南省黄河以北地区为河内。《史记·晋世家》：“当此时晋强，西有河西，与秦接境，北边翟，东至河内。”《正义》：“河内谓怀州。”

河内县 隋开皇十六年（596）改野王县置，为怀州治。治所即今河南沁阳市。大业三年（607）为河内郡治。唐为怀州治。元为怀庆路治。明为怀庆府治。1913年改为沁阳县。

河内郡 ①秦置，治所在怀县（今河南武陟县西南）。辖境相当今河南黄河以北，安阳、滑县以西地区。西晋移治野王县（今河南沁阳市）。辖境渐小。隋开皇三年（583）废。大业三年（607）复置，治所在河内县（今沁阳市）。唐武德二年（619）改为怀州，天宝元年（742）复为河内郡。乾元元年（758）又改为怀州。

②东晋义熙十二年（416）侨置，属司州。治所在洛阳（今河南洛阳市东北汉魏故城西北隅）。《资治通鉴》：东晋义熙十二年（416）十月，“太尉裕以冠军将军毛脩之为河南河内二郡太守行司州事，镇洛阳”。南朝宋景平元年（423）废。

河水 ①唐宋以前常以河水为黄河的正称、专称。

②即今云南江川县东北星云湖。汉至南朝称河水。《汉书·地理志》胜休县：“河水，东至毋椵入桥。”《续汉书·郡国志》胜休县注引《南中志》：“有大河，纵广百四十里，深数十丈。”

③即今云南石屏县东南异龙湖。南朝称河水。《水经·温水注》：“梁水上承河水。”

河厉桥 南北朝时吐谷浑建。在今青海贵南县北沙沟乡原查纳东北、龙羊峡大坝之西的黄河上（今已没入龙羊峡水库）。《水经·河水注》：“段国《沙州记》，吐谷浑于河上作桥，渭之河厉。长百五十步，两岸累石作基陛，节节相次，大木从横更镇压，两边俱平，相去三丈，并大材以板横次之，施钩栏，甚严饰。”

河右 地区名。即河西。指今甘肃、青海黄河以西地区。《晋书·张轨传》：“永宁初，出为护羌校尉、凉州刺史，于是鲜卑反叛，寇盗以横，轨到官，即讨破之，斩首万余级。遂威著西州，化行河右。”

河龙县 唐武德五年（622）置，属源州。治所在今越南义安省香山一带。贞观十三年（639）废。

河平县 金大定二十九年（1189）改共城县置，属卫州。治所即今河南辉县市。明昌三年（1192）改为苏门县。

河平砦 又名小直沽口。北宋政和三年（1113）改泥姑砦置，属沧州清池县。在今天津市东南之东、西泥沽村一带。

河东 ①古地区名。战国、秦、汉时指今山西省西南部，唐以后泛指今山西全省。因黄河自北而南流经本区西界，故有河东之称。《孟子·梁惠王上》：“河内凶，则移其民于河东，移其粟于河内。河东凶亦然。”即此。

②唐方镇名。开元十八年（730）改太原府以北诸军州节度使为河东节度使，治所在太原府（今山西太原市西南晋源镇）。长期领有太原府及石、岚、汾、沁、仪、忻、武等州，辖境相当今山西内长城以南，中阳、灵石、沁源、榆社、左权以北地区。兴元元年（784）号为保宁军节度使。贞元三年（787）复为河东节度使。五代周广顺元年（951）河东节度使刘崇据此称北汉。

河东山西道宣慰司 元初置，属中书省。治所大同路（治今山西大同市）。辖境相当今山西及内蒙古河套至集宁市一带。明洪武二年（1369）改为山西等处行中书省，移治所太原府（今山西太原市）。

河东屯 清乾隆四十一年（1776）置，属懋功厅。在今四川金川县南河东乡。

河东长官司 清雍正六年（1728）改河东宣慰司置，属宁远府。治所在今四川西昌市西北三十五里樟木箐乡。后移治今西昌市东街。

河东北路 金天会六年（1128）分河东路置，治所在太原府（今山西太原市）。辖境相当今山西内长城以南，中阳、灵石、昔阳等县以北及陕西佳县以北地区。元废。

河东州 ①唐开元以前置羁縻州，属黎州都督府。治所在今四川石棉县西北安顺乡。北宋以后废。

②唐置，在今云南大理市东十六里凤仪镇。辖境约当今云南大理市凤仪坝子。唐樊绰《蛮书》卷5：河东州“大族有王、杨、李、赵四姓，皆白蛮也。云是蒲州人，迁徙至此，因以名州焉”。向达《蛮书校注》：“盖云南之河东州，乃因州人多自山西河东郡之蒲州迁来，故即以乡邦旧名之耳。”（中华书局，第123页）。天宝后废。

河东汛 清置，属越嶲营。在今四川越西县东北越西河东岸河东乡。设把总驻守。

河东县 ①隋开皇十六年（596）置，属蒲州。治所在今山西永济市西南二十四里蒲州镇。唐乾元三年（760）属河中府。明洪武二年（1369）废。

②元至元间置，属理州。治所在今云南大理市洱海东岸。后废。

河东南路 金天会六年（1128）析河东路南部置，治所在平阳府（今山西临汾市）。辖境相当今山西石楼、汾西、和顺等县以南及河南黄河以北、修武县以西地区。金末废。

河东宣慰司 明置，属建昌卫。治所在今四川西昌市西北三十五里樟木箐乡。清雍正六年（1728）改为长官司。

河东郡 ①战国魏置，后属秦。治所在安邑县（今山西夏县西北十五里禹王城）。辖境相当今山西沁水以西、霍山以南地区。东晋义熙十四年（418）移治蒲坂县（今山西永济市西南蒲州镇），辖境缩小到今山西西南部汾河下游至王屋山以西一角。隋开皇初废。大业三年（607）复置，治所在河东县（今永济市蒲州镇）。唐武德元年（618）废，天宝元年（742）又改蒲州为河东郡，乾元元年（758）复改蒲州。产池盐，向为军事上控制关中的门户。

②南齐改南河东郡置，属荆州。治所在松滋县（今湖北松滋市西北）。隋开皇九年（589）废。

河东营 在今云南宣威县东南六里。元为沾益州治。

河东赕 宋大理置，属首府大理地区。治所在今云南大理市洱海东岸。辖境包有今云南宾川县地。元改河东县。

河东道 ①唐贞观元年（627）因山川形便，分黄河以东、太行山以西地区置。为贞观十道、开元十五道之一。辖境相当今山西全省及河北西北部内、外长城间地。开元以后治蒲州（治今山西永济市西南蒲州镇）。乾元元年（758）废。

②明置，属山西省。驻蒲州（治今山西永济市西南蒲州镇）。清辖蒲州、平阳两府及解、隰、霍、绛四州。嘉庆中移驻安邑县运城（今山西运城市），兼管河东盐法。1912年废。1914年复置，1928年又废。

河东路 北宋至道三年（997）置，治所在并州（后改太原府，今山西太原市）。辖境相当今山西内长城以南，龙门山、稷山、绛县、垣曲一线以北及陕西佳县以北地区。金天会六年（1128）分为南、北两路。北路治太原府，辖境约当今山西长城以南，中阳、灵石、太谷、昔阳等县以北及陕西吴堡、佳县、神木等县地；南路治平阳府（治今山西临汾市），辖境相当今山西西南部及河南修武、武陟等县以西的黄河以北地区。蒙古废。

河东路180号别墅 又称美庐别墅。在今江西九江市南庐山牯岭东谷长冲河畔。是一座二层石木结构建筑，1924年由英人建造。1934年别墅转卖给宋美龄，1948年改称“美庐”。1934—1948年，蒋介石夫妇在此居住，兼作行政官邸。中共庐山三次会议期间，毛泽东曾在此居住。现已对外开放。

河北 ①泛指今黄河以北地区。《史记·乐毅列传》：乐毅报遗燕惠王书曰：“起兵击齐。以天之道，先王之灵，河北之地随先王而举之济上。济上之军受命击齐，大败齐人。”

②战国时指齐国之黄河以北，今河北东光、盐山及山东宁津、乐陵一带。《战国策·燕策一》：齐“河北不师，所以备燕也”。

河北三镇 亦称河朔三镇。唐安史之乱后黄河以北卢龙（治幽州，在今北京市城西南）、魏博（治魏州，今河北大名县东北）、成德（治恒州，在今河北正定县）三镇的合称。

河北山 今内蒙古狼山与阴山之合称。《资治通鉴》：南朝陈太建十四年（隋开皇二年，582），“隋大将军韩僧寿破突厥于鸡头山，上柱国李充破突厥于河北山”。

河北屯 在今河北香河县东南。清末《畿辅舆地全图》香河县图：东南有河北屯。

河北东路 北宋熙宁六年（1073）分河北路置，治所在大名府（今河北大名县东北大街乡）。辖境相当今河北白洋淀以南，子牙河、滏阳河及京广铁路以东，雄县、霸州和天津市海河以南，及山东黄河以北地区。金正隆年间移治河间府（今河间市），辖境南部缩小。元初废。

河北西路 北宋熙宁六年（1073）分河北路置，治所在真定府（今河北正定县）。辖境相当今河北白洋淀向南，子牙河，滏阳河及京广铁路以西，太行山以东，河北阜平、唐县以南，河南旧黄河以北地区。金时东部、西南部略有缩小。元初废。

河北县 ①西汉置，属河东郡。治所在今山西芮城县北五里。北魏属河北郡。后废。

②北周天和二年（567）改大阳县置，为河北郡治。治所在今山西平陆县西南二十里三门峡水库淹没区。隋属河东郡。唐属陕州，天宝三年（744）改为平陆县。

河北省 简称冀。1928年改直隶省置，治所在北平市（今北京市）。1930年移治天津市（今天津市）。1935年又移治清苑县（后改名保定市，即今河北保定市）。1952年划入旧察哈尔省南部，1956年又划入热河省西南部，即成今河北省范围。1958年省治再移治天津市。1968年移治今石家庄市。

河北郡 十六国后秦置，属并州。治所在河北县（今山西芮城县北）。北魏太和十一年（487）移治大阳县（今山西平陆县西南），属司州。辖境相当今山西运城市及芮城、平陆等县地。北周天和二年（567）治河北县（今平陆县西南二十里三门峡水库淹没区），属虞州。隋开皇初废。

河北街 即今河南舞阳县东北侯集乡。1948年河南革命根据地置沙北县治此。

河北道 ①唐贞观元年（627）置，为贞观十道、开元十五道之一。因在黄河以北，故名。开元后治所在魏州（今河北大名县东北大街乡）。辖境相当今北京、天津二市及河北、辽宁大部，河南、山东古黄河以北地区。

②1914年由豫北道改置，属河南省。治汲县（今河南卫辉市）。辖境约当今河南济源以东，内黄、滑县、封丘以西黄河北岸地区及河北武安、涉县、临漳等县地。1927年废。

河北路 北宋至道三年（997）置，为十五路之一。

治所在大名府（今河北大名县东北大街乡）。辖境相当今河北易水、雄县、霸州和天津市海河以南，及山东、河南两省黄河以北的大部。熙宁间分为东、西二路：东路治所在大名府，西路在真定府（今正定）。两路大致以今白洋淀向南，子牙河、滏阳河及京广铁路为分界。金正隆间东路治所在河间府（今河间市），西路仍治真定府。辖境缩小。元初废。

河目县 西汉置，属五原郡。治所在今内蒙古乌拉特前旗东北乌梁素海东额尔登布拉格苏木境。东汉末废。《水经·河水注》："河水（北河）自临河县东径阳山南……东流径石迹阜西。……南屈径河目县故城西，在北假中。"

河由江 在今贵州沿河土家族自治县北。《方舆纪要》卷122思南府沿河祐溪长官司：河由江在"司北十里。洞出铜仁府乌罗司。又石马江，在司西百三十五里。下流俱入水德江"。

河田水 在今江西南康市西北。《方舆纪要》卷88南安府南康县：河田水在"县西百四十里，地名黄雀坳。源出至坪里船场，分二派：一自茆平桑坝注长龙；一自新溪径长龙合为至坪江。又东为瑞阳江，合于章水"。

河田墟 即今广东陆河县（河田镇）。清属陆丰县，置巡司于此。1988年设陆河县治此。

河外 春秋晋人称黄河以北为河内，黄河以南为河外。《左传》：僖公十五年（前645），"晋赂秦伯以河外列城五"。杜注："河外，河南也。"战国魏人以河南、河西为河外。《史记·魏世家》："所亡于秦者，山南、山北、河外、河内。"指今陕西华阴至河南陕县一带。赵亦以河南为河外。《史记·张仪列传》："驱韩、梁军于河外。"《正义》："河外，谓郑、滑州（今河南郑州市、滑县一带），北临河。"秦人以河东为河外。《资治通鉴》：周赧王四年（前311），张仪曰："梁效河外。"胡三省注："秦盖以河东为河外，梁则以河西为河外。"

河包场 又作和包场。即今贵州湄潭县东北八十六里西河乡驻地。清康熙《湄潭县志》作"河包场"。因姚村河环绕三面，故名。

河市坝镇 即今四川达县西南河市镇。民国《达县志》卷1：河市坝"距城三十里"。

河头中营 即今福建平和县西南九峰镇。旧为平和县治。《清一统志·漳州府》：河头中营"今平和县治。本南靖县地，明正德十四年，南赣抚臣王守仁讨平象湖流恩等'贼'，上言南靖县治，僻在一隅，所辖芦溪、平和、长乐等处，地里遥远，政教不及，盗窃时作，有河头社大洋陂，背山面水，地势宽平，西接广东饶平，北连三团芦溪，可以置县。因分南靖清宁、新安二里，及漳浦县二三都地置县，以河头中营为治，取盗平民和之义，名曰平和"。

河头市 ①即今浙江临海市北河头镇。民国《临海县志》卷4：河头市"在县北四十三里"。

②即今浙江宁波市北三十八里河头乡。归属慈溪县。清雍正《慈溪县志》卷1：河头市在"县东三十里"。

河头店 即今山东莱西市东北三十六里河头店镇。旧属莱阳县。清光绪《山东通志》卷2《舆图志》：莱阳县西北有河头店。

河头溪 在今福建平和县西南。《方舆纪要》卷99平和县：河头溪"在县治（今九峰镇）东南。源出大峰山。《志》云，大峰山泉潢四注，画地成川。自正西出者，其下为粗溪，西经县治，曰河头溪。清濑可掬。西流至广东大埔县三河坝，合芦溪出赤水岩，下潮阳入海"。

河头墟 即今广东新兴县西南七十里新兴江西岸河头镇。清同治《广东图说》卷44新兴县："宁化都，城西南七十里。……往来大道有天堂墟、河头墟汛。"

河边场 即今四川蓬溪县西南河边场镇。清道光《蓬溪县志》卷2：河边场在"县西二百里"。

河边村 即今山西定襄县东北河边镇。1935年建成北同蒲路忻窑支线经此。

河台（臺） 清代河道总督的别称。

河西 ①古地区名。泛指黄河以西之地。春秋战国时指今山西、陕西两省黄河南段之西。汉、唐时指今甘肃、青海两省黄河以西，即河西走廊与湟水流域。北朝又指今山西吕梁山以西的黄河东西两岸。《尔雅·释地》："河西曰雝州。"亦曰河右。

②唐方镇名。景云二年（711）置河西节度使，开元、天宝间为十节度使之一。治所在凉州（今甘肃武威市）。统凉、甘、肃、伊、西、瓜、沙七州。相当今甘肃武威市以西和新疆东北部地。广德初，吐蕃陷凉州，移治沙州（今甘肃敦煌市西）。大中五年（851）沙州人张义潮收复河湟等地，改置归义节度使。

河西五郡 西汉武帝元狩二年（前121）匈奴昆邪王降汉后，以其故地置酒泉、武威、张掖、敦煌四郡，至昭帝始元六年（前81）于今湟水流域又置金城郡。合称河西五郡。

河西屯 清乾隆四十一年（1776）置，属懋功厅。在今四川金川县南河西乡。

河西四郡 西汉武帝元狩二年（前121），匈奴昆邪王杀休屠王降汉，以其故地置酒泉、武威二郡。元鼎六年（前111）又分置张掖、敦煌二郡。因地在甘肃黄河以西，故称河西四郡。《后汉书·西羌传》：阳嘉年间，巩唐种三千余骑寇陇西，诏赵冲"督河西四郡兵为节度"。即此。

河西务 即今天津市武清区西北河西务镇。自元以来为漕运要镇。《元史·百官志》：至元二十四年（1287），"自京畿运司分立都漕运司，于河西务置总司，分司临清"。同书《食货志》：至元二十五年（1288）于河西务置漕运司，"领接海道运粮"。又明蒋一葵《长安客话》卷6：河西务"漕渠之咽喉也。江南漕艘毕从此入。……两涯旅店丛集，居积百货，为京东第一镇。户部分司于此榷税”。隆庆六年（1572）筑城。清设管河同知及巡司于此。

河西州　元世祖至元十三年（1276）置，属临安路。治所在今云南通海县西二十二里河西镇。二十六年（1289）降为县。

河西走廊　一称甘肃走廊。指今甘肃西北部，祁连山以北、合黎山和龙首山以南、乌鞘岭以西地区。因地势较低，形状狭长，又在黄河之西而得名。东西长约1000公里，南北宽约100—200公里。平均海拔1400米左右。多沙碛、戈壁。绿洲断续相连，主要依靠祁连山的冰雪融水灌溉，农、牧业较为发达。自古以来是通往新疆和中亚、西亚等地的重要通道，丝绸之路必经之地。

河西县　①唐武德三年（620）析郃阳县置，属西韩州。治所在今陕西合阳县东南四十里夏阳村。乾元三年（760）改名夏阳县。同年又改朝邑县为河西县，属河中府。治所即今陕西大荔县东朝邑镇。大历五年（770）复名朝邑县。

②唐武德四年（621）置，属西宗州。治所在今云南祥云县东南七十三里普淜镇。贞观十一年（637）属宗州。后废。

③元世祖至元二十六年（1289）降河西州置，属临安路。治所在今云南通海县西二十二里河西镇。《肇域志》河西县：“以其地在杞麓湖之西，土人称湖为河，因名河西。”明、清属临安府。民国初属云南蒙自道。1929年直属云南省。1956年与通海县合并置杞麓县。

④元至元中置，属昆阳州。治所在今云南晋宁县北十二里下方古城。后废入昆阳州。

⑤1946年3月山东革命根据地改长清县置，治赵官镇（今山东济南市长清区西南赵官镇）。以地处黄河西岸而得名。1950年撤销，并入长清县。

河西驿　在今陕西吴堡县附近。《方舆纪要》卷57吴堡县：河西驿“山陕往来，多取途于此”。

河西泉　在今河北平山县西。《方舆纪要》卷14平山县：河西泉“在县西二十五里，平地涌泉数处，灌田数百顷”。

河西宣慰司　清康熙五十一年（1712）置，属宁远府。治所在今四川西昌市西南佑君镇（河西）。雍正六年（1728）改为土千总。

河西堡　明置，属镇夷千户所。在今甘肃高台县西北。《皇明职方地图》中卷甘肃边镇图有河西堡。

河西寨　明置，属宁夏卫。即今宁夏永宁县东北通吉桥附近河西寨。明嘉靖《宁夏新志》卷1：河西寨“有宁夏在城递运所”。清属宁夏县。

河西镇　即今四川西昌市西南佑君镇。清光绪《盐源县志》卷2：河西场“东二百十里”。清会盐营于此设河西汛，有守备驻防。

河夹岸　指甘肃永靖县西南岘塬镇李家塬头附近的原黄河刘家峡峡谷（今已没入刘家峡水库之中）。《水经·河水注》：“大河又东迳赤岸北，即河夹岸也。《秦州记》曰：枹罕有河夹岸，岸广四十丈”。即此。

河曲　①春秋晋地。在今山西芮城县西南七十余里。黄河至此折而东流，故名。《水经·河水注》引《竹书纪年》：晋惠公十五年（前636），“秦穆公率师送公子重耳，涉自河曲”；《春秋》：文公十二年（前615），“晋人、秦人战于河曲”。均即此。

②在今山东夏津县北。《资治通鉴》：隋大业七年（611），“时鄃人张金称聚众河曲”。胡三省注：“河曲，清河之曲，《新唐书》作‘河渚’。”《方舆纪要》卷34夏津县“屯氏故河”条谓“县有河曲，或曰，即屯氏河之曲也”。

③古地区名。指今青海东南境黄河曲流处，为古代羌族所居之地。《水经·河水注》：“司马彪曰，西羌者，自析支以西，滨于河首左右居也。河水屈而东北流径析支之地，是为河曲矣。应劭曰，《禹贡》析支属雍州，在河关之西，东去河关千余里，羌人所居，谓之河曲羌也。”

河曲设治局　1940年置，驻藏寺（今青海同德县东南赛德）。1948年裁撤（省府设置，未经中央政府核准）。

河曲县　金贞元元年（1153）置，为火山军治。治所在今山西河曲县东南。大定二十二年（1182）为火山州治。后为隩州治。兴定四年（1220）移治黄河滩许父寨（今河曲县城附近）。元世祖至元二年（1265）废。明洪武十三年（1380）复置，属太原府。万历中移治今河曲县东南旧县乡。清属保德州，乾隆二十七年（1762）移治今河曲县。民国初属山西雁门道。1928年直属山西省。

河曲城　即今山西河曲县东南旧县乡。《清一统志·保德州》：河曲故城“在河曲县东南七十里，周六里有奇。宋太平兴国中土筑，元至正中增筑南面小城。明万历中甃以砖石，并为县治。……乾隆二十七年移治西北河堡营”。

河曲营堡　在今山西河曲县南约三十里黄河东岸。《方舆纪要》卷40河曲县：河曲营堡“宣德四年置，万历二年及七年增修，周二里有奇”。

河会城　在今甘肃兰州市西固区河口乡河口，庄浪河入黄河处。《晋书·苻坚载记》：东晋太元元年（376），苻坚灭前凉，遣苟长、梁熙等伐张天锡，天锡亦遣将拒之。“俄而梁熙、王统等自清石津攻其将梁粲于河会城，陷之”。即此。

河会堡　在今山西河曲县东南二十五里河会村。《方舆纪要》卷40河曲县：“河会堡在唐家会堡东南，万历二十五年建，城周二里有奇。边口有曲峪等处为最冲。”

河色尔　即喀喇和色尔。今新疆和硕县东榆树沟。清《林则徐日记》：道光二十五年（1845）二月初二日，“至河色尔台，又名榆树沟，此处有榆树数株，井水可饮。军台洁净，较前数台俱胜”。

河庄　即今江苏常州市新北区西北孟河镇。《方舆纪要》卷25常州府武进县：河庄在“府西北八十里，当孟河之口。《江防考》：自京口而下，惟河庄贼可深入，由大江入孟河，抵奔牛，趣府城，至便且易。今孟河营置于此”。

河关县　西汉神爵二年（前60年）置，属金城郡。治所在今青海贵德县（河阴镇）西。《水经·河水注》：“河水右迳沙州北。段国曰：浇河西南一百七十里有黄沙。沙南北百二十里，东西七十里。……周回数百里，沙州于是取号焉。《地理志》曰：汉宣帝神爵二年，置河关县，盖取河之关塞也。”东汉属陇西郡。西晋初废。惠帝初复置，属狄道郡。后废。

河州　十六国前凉置，治所在枹罕县（今甘肃临夏县韩集镇东双城）。西秦乞伏炽盘迁都于此。北魏初改置枹罕镇，移治今临夏市。太和十六年（492）复为河州。辖境相当今洮河、大夏河中下游流域，湟水下游及桑园峡、积石峡间黄河流域地。隋大业三年（607）改为枹罕郡。唐初复改为河州。天宝元年（742）改为安乡郡，乾元元年（758）复为河州。宝应初入吐蕃。北宋熙宁六年（1073）复置河州。元世祖至元六年（1269）改为河州路。明洪武三年（1370）改置河州卫，五年（1372）升为河州府。景泰二年（1451）又改为河州，属临洮府。清改属兰州府。1913年降为导河县。

河州卫　明洪武四年（1371）改河州路置，属西安都卫。治所即今甘肃临夏市。后属陕西都司。辖境相当今甘肃临夏、广河、和政等市县及东乡族自治县、积石山保安族东乡族撒拉族自治县地。五年（1372）改为河州府，十三年（1380）仍改为卫。清雍正四年（1726）并入河州。

河州府　明洪武五年（1372）改河州卫置，属陕西行省。治所即今甘肃临夏市。辖境相当今甘肃临夏、广河、和政等市县及东乡族自治县、积石山保安族东乡族撒拉族自治县地。十二年（1379）仍改为河州卫。

河州路　元世祖至元六年（1269）改河州置，属吐蕃等处宣慰司。治所即今甘肃临夏市。辖境相当今甘肃临夏、和政、广河等市县及东乡族自治县、积石山保安族东乡族撒拉族自治县地。明洪武四年（1371）改置河州卫。

河池千户所　明洪武二十八年（1395）置，属庆远卫。治所在河池县（今广西河池市西河池镇）。永乐六年（1408）移今宜山县西北德胜镇。后废。

河池水　即今甘肃徽县东永宁河。《水经·漾水注》：河池水“出河池北谷，南径河池戍东，西南入浊水”。

河池市　1983年撤销广西河池县，改设河池市，属河池地区。2002年撤销河池地区和县级河池市，设立地级河池市；原县级河池市改置金城江区。河池市人民政府驻金城江区。

河池戍　即今甘肃徽县西北银杏树乡。北魏于此置广化郡广化县。《魏书·肃宗纪》：北魏正光五年（524），“（莫折）念生遣其都督杨伯年、樊元、张朗等攻仇鸠、河池两戍”。《水经·漾水注》：“河池水南径河池戍东。”

河池州　明弘治十七年（1504）升河池县置，属庆远府。治所在今广西河池市西河池镇北。辖境相当今广西河池市、环江毛南族自治县及贵州荔波县地。嘉靖四年（1525）迁凤仪山南（今河池市西河池镇）。1912年改为河池县。

河池县　①西汉置，属武都郡。治所即今甘肃徽县西北银杏树乡。《元和志》卷22河池县：“一名仇池。按仇池山本名仇维山，上有池，似覆壶，有瀑布，其县因山为名。山在成州界，去县稍远，今县所处，谓之河池川，故取以为名。”《后汉书·公孙述传》：建武九年（33），“使（王）元与领军环安拒河池”。即此。西晋后废。北魏改置广化县，隋仁寿元年（601）复改河池县，属河池郡。唐属凤州。北宋开宝五年（972）迁治固镇（今徽县）。元世祖至元初于县置南凤州（后改为徽州），至元七年（1270）省入徽州。

②北宋初置，属金城羁縻州。治所在今广西河池市西河池镇北。后属宜州。大观元年（1107）改为怀德县，为庭州治。四年（1110）复为河池县，仍属宜州。南宋属庆远府。元属庆这路。明天顺六年（1462）迁治屏风山（今河池镇东），成化十三年（1477）复还旧治，弘治十七年（1504）升为河池州。1912年复为河池县，属广西柳江道。治所即今河池镇。1928年直属广西省。1953年迁治金城江镇（即今河池市），1983年改为河池市。2002年撤销河池地区及县级河池市，设立地级河池市。原县级河池市改置金城江区。

河池陂　在今陕西西安市长安区西河池寨。《水经·渭水注》：昆明故渠“上承昆明池东口，东径河池陂北，亦曰女观陂”。

河池驿　在今湖南汉寿县北。《方舆纪要》卷80龙阳县：“河池驿在县北一里。”

河池郡　隋大业三年（607）改凤州置，治所在梁泉县（今陕西凤县东北凤州镇）。辖境相当今陕西凤县及甘肃徽县、两当二县地。唐武德元年（618）改为凤州，天宝元年（742）复为河池郡，乾元元年（758）又改为凤州。

河阳　春秋晋邑。在今河南孟州市西三十五里。《春秋》：僖公二十八年（前632），“天王狩于河阳”。即此。

河阳三城　①唐时称河阳县治北中城及毗邻之中潬城、南城为河阳三城。三城皆濒临黄河。北中城，北魏太和二十年（496）筑，在今河南孟州市南十五里黄河北岸。北齐置行台，北周置河阳镇，隋移河阳县治此。唐建中二年（781）置河阳三节度使，会昌三年（843）兼置孟州。金大定中毁于河水，后复筑，称下孟州。中潬城，东魏元象元年（538）筑，在北中城南黄河中沙洲上，并于此设河阳关。

北宋嘉祐八年（1063）为河水所毁。南城，东魏元象二年（539）筑，在中潬城南黄河南岸（今河南孟津县东老城）。黄河二派流贯三城之间，有河桥相连，为洛阳北面津要。自北魏至五代，历为军事重镇。

②唐方镇名。建中二年（781）置河阳三城节度使，又称怀卫节度使，治河阳县（今河南孟州市南）。领怀、卫二州及河南府河阳、河清、济源、温、汜水五县。元和九年（814）增领汝州，并移治汝州（今河南汝州市）。十三年（818）汝州改属东畿都防御使，罢河阳节度。会昌三年（843）复置河阳节度，并于河阳置孟州，为河阳节度治所。

河阳仓　在今河南偃师市北。《隋书·食货志》：开皇三年（583）于“洛州置河阳仓”。即此。

河阳州　元世祖至元十六年（1279）置，为澂江路治。治所在今云南澄江县西三里旧街子。二十六年（1289）降为县。

河阳军　唐、五代方镇名。唐建中二年（781）置河阳三城节度使，寻改为河阳军节度使，治所在河阳县（今河南孟州市南十五里）。元和九年（814）徙治汝州（今河南汝州市），十三年（818）废。会昌三年（843）复置，还治孟州河阳县。较长期领有河阳三城和河阳、温县、济源、汜水、河阴等县及怀、卫二州，辖境相当今河南黄河故道以北、太行山以南、浚县以西和今黄河南岸孟津县及荥阳市的汜水、广武二镇地。北宋初废。

河阳县　①西汉置，属河内郡。治所在今河南孟州市西三十五里冶戍镇。西晋末废。北魏孝昌中复置，北齐废。隋开皇十六年（596）复置，属怀州。移治北中府城（今孟州市南十五里）。大业初属河内郡。唐为孟州治。金大定中徙治今孟州市。明洪武初省入孟州。

②西晋永嘉五年（311）置，为河阳郡治。治所在今云南大理市东南凤仪镇。南朝宋改东河阳县。

③南朝宋侨县，属南天水侨郡。治所在今湖北宜城市境。南齐废。

④旧或作阿阳县。北魏置，属略阳郡。治所在今甘肃静宁县西南城川乡咀头村。西魏为河阳郡治。隋废。

⑤隋开皇二年（582）改陇城县置，属秦州。治所即今甘肃秦安县东北九十里陇城镇。大业初属天水郡。六年（586）复名陇城县。

⑥元世祖至元二十六年（1289）降河阳州置，为澂江路治。治所在今云南澄江县西三里旧街子。明郭子章《郡县释名》：“县在抚仙湖之阳也。”明洪武十五年（1382）为澂江府治，治所在今澄江县东金莲山上。正德十三年（1518）迁治今县东南四里旧城，隆庆五年（1571）迁治舞凤山麓（即今澄江县）。1913年改澂江县。

河阳宫　隋炀帝时建，在今河南孟州市南。《寰宇记》卷52孟州河阳县：隋炀帝又改置河阳宫。后入唐，宫废。

河阳郡　①西晋永嘉五年（311）析云南、永昌两郡置，属宁州。治所在河阳县（今云南大理市东南凤仪镇）。辖境约比今云南洱海周围大，北到丽江、永胜，西到云龙。东晋析置西河阳郡后，辖境仅包有今洱海周围，北抵金沙江。南朝宋析为东河阳与西河阳两郡。

②西魏置，治河阳县（在今甘肃静宁县西南）。北周废。

③唐南诏置，属拓东节度。治所在今云南澄江县境。宋大理废为罗伽部。

河阳桥　即河桥。西晋泰始十年（274）杜预建造于富平津，在今河南孟州市西南黄河上。为黄河南北交通要道之一。北魏、东魏先后筑河阳三城于桥北、桥南及河中洲上，为洛阳外围戍守重地。唐代通称河阳桥。《唐六典》：天下河桥有三，此其一。杜甫《后出塞》诗：“朝进东门营，暮上河阳桥。”

河阳集　即今山东沂南县东南二十六里河阳乡。清道光《沂水县志》卷2：河阳集“距（沂水县）城一百里”。

河阳镇　在今河北定兴县南十里北河镇。明、清于此置巡司。

河阴仓　在今河南郑州市西北。为唐代漕运中转站。《元和志》卷5河阴县：唐开元二十二年（734）裴耀卿为相，“兼转运都使，于是遂分置河阴县及河阴仓。……自江、淮来者悉纳河阴仓，自河阴候水调浮漕送含嘉仓，又取晓习河水者递送太原仓，所谓北运也，自太原仓浮渭以实关中”。

河阴县　①西汉置，属五原郡。治所在今内蒙古达拉特旗西北黄河南岸。东汉末废。《水经·河水注》：河水“东径河阴县故城北。又东径九原故城南”。

②三国魏黄初中改平阴县置，属河南郡。治所在今河南孟津县东北。东魏为河阴郡治。隋开皇初属洛州，大业初废入洛阳县。

③唐开元二十二年（734）置，属河南府。治所在今河南荥阳市东北黄河南岸任庄。会昌三年（843）改属孟州。金属郑州。元徙治今河南荥阳市东北广武山北。明洪武三年（1370）徙治今荥阳市东北广武镇。清乾隆三十年（1765）省入荥泽县。1913年析荥泽县复置，属河南豫东道。1914年属开封道。1927年直属河南省。1931年并入广武县。

④辽置，属朔州。治所在今山西山阴县东南二十五里古城镇西南马营庄乡故驿村附近。以在桑干河之阴，故名。金大定七年（1167）改为山阴县。

⑤1912年由荥泽县析置，治河阴乡（今河南荥阳市东北广武）。1931年与荥阳县合并，设立广武县。

河阴郡　东魏元象二年（539）置，属洛州。治所在河阴县（今河南孟津县北）。隋开皇初废。

河防县　1939年西北革命根据地由绥德、清涧、吴堡三县黄河地区析置，治界首村（今陕西绥德县东南界首）。1940年撤销。

河坝场　即今四川绵竹市东北绵远镇。清道光《绵竹县志》卷12：“富兴场城东十五里，至安县河坝场十五里，与安县交界。”

河坞店　一作河坞镇。即今河南新蔡县西南老河坞。清乾隆《新蔡县志》卷2《乡镇》：“河坞店，城西南二十五里。”

河坊口关　明置，为明长城关口之一。在今北京市怀柔区北三十里。《方舆纪要》卷11怀柔县：河坊口关“在县东北，歼连口东第二关口也。口外为连云栈，又北为沙岭儿，隘窄不能容马，防守较易”。

河苍烽　一作阿苍烽。唐筑，在今甘肃敦煌市西北。唐杜祐《通典》卷174敦煌郡：“西北到河苍烽二百四十二里，与废寿昌县分界。”《沙州都督府图经》：“古阿苍城，周回一百八十步，右在州西北二百四十二里，俗号阿苍城，莫知时代，其城颓毁，基址犹存。”

河连湾　在今甘肃环县西北。1936年6月至1937年初为陕甘宁省工农民主政府驻地。

河邑　即今山西河曲县东南旧县乡。清置河邑巡司驻此。

河间　①地区名。战国赵地，后属秦。在今河北献县、河间、青县、泊头等市县地。以在两河之间而名。《战国策·秦策五》：“文信侯欲攻赵，以广河间”；又《赵策二》：“割河间以事秦。”皆此。后置为郡。

②战国赵邑。在今河北献县东南。后入于秦，为吕不韦封邑。

河间县　北齐置，属河间郡。治所即今河北河间市。隋开皇十六年（596）以武垣县并入，为瀛州治。大业初为河间郡治。唐复为瀛州治。北宋为河间府治。元为河间路治。明为河间府治。民国初属直隶津海道。1928年直属河北省。

河间国　西汉文帝二年（前178）改河间郡置，治所在乐成县（今河北献县东南十六里）。辖境相当今河北献县及泊头市等地。东汉初并入信都国，永元二年（90）复置。辖境扩大，相当今河北雄县及大清河以南，南运河以西，高阳、肃宁以东，交河、阜城以北地区。三国魏改为郡，西晋复为国，北魏又改为郡。

河间府　北宋大观二年（1108）改瀛州置，治所在河间县（今河北河间市）。辖境相当今河北河间市以南，肃宁、献县以东，沧州、大城以西，泊头市以南地。金时辖境缩小，仅有今河间市、肃宁县地。元世祖至元二年（1265）改为河间路。明洪武元年（1368）复为府。清辖今河北任丘市以南，肃宁、献县以东，故城以北，东光及山东宁津等县以西地。1913年废。

河间郡　①西汉高帝九年（前198）置，治所在乐成县（今河北献县东南十六里）。文帝二年（前178）改为国。三国魏改为郡，治所在乐城县（今献县东南）。西晋复为国。北魏又改为郡，移治武垣县（今河北河间市南）。隋开皇初废。大业初及唐天宝、至德间皆改瀛州为河间郡，治所在河间县（今河间市）。

②南朝宋侨置，属冀州。治所在乐城县（今山东寿光市东南十里洛城村）。北齐废。

河间盐运司　元置，属长芦镇（今河北沧州市）。《元史·食货志·盐法》：河间盐运司，至正二年（1342），“岁办额余盐共三十八万引，计课钞一百一十四万锭，以供国用”。明初改为长芦盐运司。

河间路　元世祖至元二年（1265）改河间府置，属中书省。治所在河间县（今河北河间市）。辖境相当今河北白洋淀以东的大清河及天津市海河以南，山东马颊河以北，河北任丘、肃宁、献县、故城以东地。明洪武元年（1368）改为河间府。

河沥溪镇　今安徽宁国市河沥溪镇东部。明嘉靖《宁国县志》卷2市镇：河沥溪市在“县东五里”。清道光《安徽通志》卷27：宁国县有河沥溪镇。

河沙坝　在今贵州贵阳市西。《方舆纪要》卷121贵阳军民府贵定县“孙官堡”条内：天启二年（1622），水西安邦彦反，“抚臣王瑊先遣兵攻府西河沙坝，尽俘其罗鬼”。

河沙堡　即今河北邯郸县东南河沙镇。《清一统志·广平府二》：河沙堡“在邯郸县东南二十五里……有土城”。

河沟　即鸿沟。在今河南开封市西北、绕市南而东南流。《史记·魏世家》：“太史公曰，吾适故大梁之墟，墟中人曰：‘秦之破梁，引河沟而灌大梁，三月城坏，王请降，遂灭魏。’”

河陇　地区名。指河西及陇右地区。《新唐书·吐蕃传》：赞磨“为东面节度使，专河陇”。相当今甘肃陇山、六盘山以西，包括今河西走廊与黄河支流湟水流域。

河纳县　元世祖至元十三年（1276）置，属陆凉州。治所在今云南陆良县西南二十六里河纳村。明永乐初废入陆凉州。

河罗县　西夏置，在今甘肃景泰县境。元废。

河牧城　在今山东莘县西南观城镇东北。《续汉书·郡国志》：东郡卫公国有河牧城。隋开皇十六年置河上县于此。

河府县　1948年1月革命根据地由陕西府谷、山西河曲二县及内蒙古准格尔旗析置，治麻地沟（今陕西府谷县北麻镇）。同年8月撤销。

河底镇　即今河南洛宁县东北河底乡。民国《洛宁县志》卷1：“河底镇，在城东北六十里。”

河泊所　①在今湖北武汉市汉阳区东。《方舆纪要》卷76汉阳府汉阳县“太白湖”条下：“志云，汉阳县治南有长江河泊所。”

②在今广东肇州市东。《方舆纪要》卷101肇庆府高要县：河泊所“旧在府东二里。明初置，万历中

革"。

河波 即今四川白玉县东北河波乡。民国《白玉县图志》乡镇:"本县北以河坡,东以昌太,南以大吉,西以本城为五路保正驻劄办事之所。"同书《路道》:河波"人烟稠密,北通德格县"。

河泽 即阿泽。在今山东阳谷县东北。《左传》:襄公十四年(前559),卫献公出奔齐,孙林父追之,"败公徒于河泽"。杜注:"济北东阿县西南有大泽。"

河宗 指今山西西北部及内蒙古清水河一带。《穆天子传》卷1:"辛丑,天子西征,至于鄘人。河宗之子孙鄘柏絮……。戊寅,天子西征,鹜行,至于阳纡之山,河伯无夷之所都居,是惟河宗氏。"《史记·赵世家》有"奄有河宗"一语。《正义》:"按,盖在龙门河之上游,岚、胜二州之地也。"

河陕 即今甘肃永靖县刘家峡镇驻地小川。《晋书·石季龙载记》:"麻秋又袭张重华将张瑁于河陕,败之,斩首三千余级。"《说文》:"陕,隘也"。段玉裁注:陕,"俗作陿、峡、狭"。

河姆渡遗址 在今浙江余姚市东南四十二里河姆渡镇东北。1973年在此发现四个相互叠压的文化堆积层。其中第四层是东南沿海已发现的新石器时代最早的文化层,距今六七千年。出土有石器、骨器和陶器,并发现大批木构干栏式建筑的遗迹。稻耕农业较盛,有大面积的稻谷堆积,说明在六七千年前,长江下游地区已有比较进步的原始文化,是中华民族文化发祥地之一。1982年定为全国重点文物保护单位。

河城 即今河北献县东十六里河城街镇。清乾隆《献县志》卷3市集:有河城。

河南 ①地区名。指今黄河以南地区。《史记·项羽本纪》:刘邦在鸿门见项羽曰,"臣与将军戮力而攻秦,将军战河北,臣战河南,然不自意能先入关破秦,得复见将军于此"。

②《尔雅·释地》、《周礼·职方》:"河南曰豫州。"指今河南省一带。

③战国韩、魏两国的河南,指今河南省洛阳市以西一带。

④战国秦地,在今河南洛阳市一带。《史记·吕不韦传》:庄襄王元年(前249),"封为文信侯,食河南雒阳十万户",始皇十年(前237),"而出文信侯就国河南"。《索隐》以为秦之三川郡。汉高帝更名河南郡,此处据汉郡而言之。

⑤古邑名,在今河南洛阳市西涧河东岸。《史记·周本纪》:"考王封其弟于河南,是为桓公,以续周公之官职。"《正义》:"《帝王世纪》云:'考哲王封弟揭于河南,续周公之官,是为西周桓公。'按:自敬王迁都成周,号东周也。桓公都王城,号西周桓公。"

⑥秦汉地区名,指今内蒙古河套内黄河以南地区。《史记·秦始皇本纪》:三十二年(前215),"始皇乃使将军蒙恬发兵三十万人击北胡,略取河南地"。

⑦国名。楚汉之际,项羽封诸侯王国之一。《史记·项羽本纪》:"瑕丘申阳者,张耳嬖臣也,先下河南迎楚河上,故立申阳为河南王,都雒阳。"在今河南洛阳市东北。辖境相当今河南中部伊水、洛水流域。西汉高祖二年(前205)国灭后改设河南郡。

⑧唐方镇名。天宝十四年(755)置,治所在陈留郡(今河南开封市)。辖境相当今河南省黄河以南、淮河以北、东至于海。乾元元年(758)废。宝应元年(762)复置,治所在汴州(今河南开封市),辖汴、宋、徐、兖等八州。别称汴宋节度使。大历十一年(776)废。寻复置,改称汴宋。

⑨巡抚名。明宣德五年(1430)遣侍郎巡抚山西、河南,景泰元年(1450)始专设河南巡抚。驻开封府(治今河南开封市)。辖河南省。民国废。

河南四镇 简称四镇。北魏初,都平城(今山西大同市东北),在其南界的碻磝城(今山东茌平县西南)、滑台城(今河南滑县东南八里城关镇)、洛阳(指金墉城,今河南洛阳市东北汉魏故城西北隅)、虎牢城(今河南荥阳市西北汜水镇)驻兵戍守。称四镇。又因四城皆位于黄河南岸,故又称河南四镇。《资治通鉴》:南朝宋元嘉七年(430),到彦之北伐,势甚锐,"魏主以河南四镇兵少,命诸军悉收众北渡"。王应麟《小学绀珠》卷2:河南四镇"碻磝、滑台、洛阳、虎牢"。

河南江北行省 元世祖至元二十八年(1291)置,治所在汴梁路(今河南开封市)。辖境约当今河南省黄河以南,江苏、安徽、湖北三省长江以北地区。元至正后其地分属江南、湖广、河南等行省。

河南县 ①战国秦置,属三川郡。治所在今河南洛阳市西涧水东岸。西汉属河南郡。西晋末废。东晋义熙末复置,北魏太和中属河南尹。东魏天平初改属新安郡,二年(535)改名宜迁县,为河南郡治。北周复名河南县。大业初徙治东京(今洛阳市),为河南郡治。唐武德四年(621)与洛阳县并为洛州治。永昌元年(689)改名合宫县。神龙元年(705)又名河南县。三年(707)改名合宫县。景龙元年(707)又名河南县。开元初与洛阳县并为河南府治。金废。

②南朝宋侨置,为河南侨郡治。治所在今河南新野县东北。北魏废。

③1938年析伊宁县置,属新疆省。治所即今新疆察布查尔锡伯自治县。以在伊犁河南岸,故名。1944年改名宁西县。

河南国 秦亡后,项羽封申阳为河南王,都洛阳(今河南洛阳市东北汉魏故城)。领三川郡。辖境相当今河南北部北汝河上游及卢氏以东中牟、原阳以西伊、洛流域。汉高帝二年(前205)改为河南郡。

河南府 唐开元元年(713)改洛州置,治所在洛阳、河南二县(今河南洛阳市)。辖境相当今河南济源市及洛宁、渑池等县以东，新密、巩义二市以西伊、洛、河流域。金兴定初改为金昌府。元改为河南府路。明改为河南府。1913年废。

河南府路 元改金昌府置，治所在洛阳（今河南洛阳市）。辖境相当今河南伊川县以北，巩义、登封二市以西，黄河以南，陕西潼关以东地。明洪武元年（1368）改为河南府。

河南城 原为王城，战国时加以扩建，称河南城。在今河南洛阳市西涧水东岸。《史记·周本纪》："考王封其弟于河南，是为桓公，以续周公官职。"遂为西周君所居。公元前256年，灭于秦。西汉置河南县。

河南省 明洪武元年（1368）置中书分省，次年改为河南行省。治所在开封府（今河南开封市）。九年（1376）为河南布政使司。辖境相当今河南省地。清为河南省。1948年治开封。1954年徙治郑州市（今郑州市）。

河南宫 北魏在悦跋城（又称代来城）所建行宫。在今内蒙古鄂尔多斯市东胜区西泊江海子乡大成梁古城。《魏书·太祖纪》：登国六年（391）"起河南宫"。

河南郡 ①汉高帝二年（前205）改河南国置，治所在洛阳县（今河南洛阳市东北汉魏故城）。辖境相当今河南原阳、中牟二县以西，孟津、伊川二县以东，孟津至荥阳段黄河以南，汝阳、汝州、新密、新郑等县市以北地。东汉、三国魏、西晋、北魏建都于洛阳，置尹。东魏天平初，移治宜迁县（北周改为河南县，在今洛阳市西）。隋初废。大业三年（607）改豫州为河南郡，治所在河南县（今洛阳市）。唐初改为洛州。

②东晋侨置，属雍州。寄治襄阳（今湖北襄阳市汉水南襄阳城）。西魏时治所在安养县（今湖北襄阳市樊城北）。隋开皇初废。

③南朝宋侨置，治所在河南侨县（今河南新野县东北）。北魏废。

④西魏大统中侨置，治所在大坞城（今河南渑池县北十五里）。其后治所迁徙频繁。北周大象中废。

河南等路行中书省 元世祖至元十年（1273）置，治所在襄阳县（今湖北襄阳市汉水南襄阳城）。寻废。

河南街 即今广东广州市城区南部珠海区，今仍俗称河南。清屈大均《广东新语》卷2：河南，"广州南岸有大洲，周回五六十里，江水四环，名河南。人以为在珠江南，故名河南，非也。汉章帝时，南海有杨孚者，举贤良，对策上第，拜议郎。其家在珠江南，常移雒阳松柏种宅前，隆冬蜚雪盈树，人皆异之，因目其所居曰河南。河南之得名自孚始"。清于此设永靖堡炮台及西汇盐关。

河南道 唐贞观元年（627）置，因在黄河之南，故名。辖境约当今山东、河南二省黄河故道以南（唐河、白河流域除外），江苏、安徽二省淮河以北地区。开元二十一年（733）分置采访处置使，治所在汴州（今河南开封市）。开元二十一年（733）分置都畿道。乾元元年（758）废。

河南路 河南府路之简称。治所在洛阳（今河南洛阳市）。

河栏沟 即今辽宁辽阳县东南河栏镇。民国《辽阳县志》卷4：河栏沟"距城三十里"。

河背咀 即今湖北大悟县东南新城镇。1937年礼山县迁治于此。1952年县治迁至二郎店，改名大悟县。

河咡坎镇 即今四川井研县西南磨池镇。民国《乐山县志》卷1："河二坎，明时设。距城东四十里。……为通荣县之要道。旧名河咡坎。"

河峡 在今青海贵南、共和、贵德三县交界处黄河上的龙羊峡。西起贵南县查那村，东至贵德县咋那村。《水经·河水注》：永元五年（93）"贯友代聂尚为护羌校尉，攻迷唐，斩获八百余级，收其熟麦数万斛，于逢留河上筑城以盛麦，且作大船，于河峡作桥渡兵，迷唐遂远依河曲"。

河顺村 即今河南林州市东北河顺镇。民国《林县志》卷1《乡镇》："河顺村，距城三十里。"

河保营 即今山西河曲县。清乾隆二十七年（1762）河曲县徙治于此。

河洑山 亦名武山。又名平山、太和山。在今湖南常德市西三十里。光绪《湖南通志》卷23引明杨嗣昌《河洑山记》："河洑山者，山下出泉，伏流而入于河，故相传谓河洑山也。"

河洑关 即今湖南常德市西三十里河洑山东麓河洑镇。明嘉靖《常德府志》有河洑市。

河洛 谓黄河与洛水交汇处及附近之地。《史记·封禅书》："昔三代之居皆在河洛之间。"《正义》："《世本》云：'夏禹都阳城，避商均也。又都平阳，或在安邑，或在晋阳。'《帝王世纪》云：'殷汤都亳，在梁，又都偃师，至盘庚徙河北，又徙偃师也。周文、武都酆、鄗（镐），至平王徙都河南。'案：三代之居皆在河、洛之间也。"又，班固《两都赋》："盖闻皇汉之初经营也，尝有意乎都河、洛矣。"

河洛道 1914年由豫西道改置，属河南省。治洛阳县（今河南洛阳市）。辖境约当今河南伏牛山以北，巩义、登封、郏县、平顶山、鲁山等市县以西黄河南岸地区。1927年废。

河洲 在今广西东兴市西北河洲村。清宣统《广东舆地全图》防城县图：东兴镇西北有河洲。

河洲驿 在今湖南常宁市西北。《方舆纪要》卷80常宁县"柏坊驿"条下："又河洲驿，在县西三十余里。"

河洲塘 即今湖南祁东县东南七十二里河洲镇。旧属祁阳县。清《乾隆内府舆图》：祁阳县东有河洲塘。

河浒镇 即宋之河湖镇。在今江西永修县西北境。明、清时置巡司于此。

河津市 1994年撤销山西省河津县，改设河津市，市人民政府驻泰兴路。属运城地区。2000年属运城市代管。

河津县 ①隋开皇初置，为廓州治。治所即今青海贵德县河阴镇。大业初为浇河郡治。唐废。

②北宋宣和二年（1120）改龙门县置，属河中府。治所在今山西河津市西。元皇庆初移治今河津市。明洪武二年（1369）属蒲州。清初属平阳府，雍正二年（1724）属绛州。民国初属山西河东道。1928年直属山西省。1994年改设河津市。

河埒口镇 即今江苏无锡市西南郊滨湖区河埒街道。民国《江苏六十一县志》：无锡县西有“河埒口镇”。并记：“河埒口、荣巷、徐巷皆在惠山之南，亦称山南，为锡宜、开原二汽车路所经，居民颇善经商。”

河桥 ①战国秦建。在今陕西大荔县东大庆关与山西永济市西南蒲州镇之间黄河上。《史记·秦本纪》：昭襄王五十年（前257），“初作河桥”。《正义》：“此桥在同州临晋县东，渡河至蒲州，今蒲津桥也。”

②西晋泰始十年（274）建。在今河南孟州市南、孟津县东北黄河上。《晋书·杜预传》：“预又以孟津渡险，有覆没之患，请建河桥于富平津。”自东晋至五代，为兵家必争之要津。

③在今青海贵南县北沙沟乡西北、龙羊峡大坝之西的峡口上。《后汉书·西羌传》：东汉永元五年（93），护羌校尉贯友“夹逢留大河筑城坞，作大航，造河桥，欲度兵击迷唐”。即此。后吐谷浑、吐蕃皆建桥于此。

④唐贞观中建，在今山西平陆县西南、河南陕县西北黄河上。唐代通称大阳桥。

河桥水驿 在今山东微山县西北南阳镇。《清一统志·济宁州》：河桥水驿“明隆庆初，自谷亭镇移此。旧有驿丞，今裁”。

河套 在今内蒙古和宁夏境。《明史·鞑靼传》：“河套、古朔方郡，唐张仁愿筑三受降城处也。地在黄河南，自宁夏至偏头关，延袤二千里，饶水草，外为东胜卫。”指今贺兰山以东、狼山和大青山以南黄河南北地区。自明代统称为河套。以黄河在此流成一个大弯曲，故名。以乌拉特前旗之乌拉山为界，东为前套，西为后套。又旧以黄河以南、长城以北地区称前套，与黄河北岸的后套相对称。

河唐县 唐贞观四年（630）置，属羁縻盖州。治所在今四川若尔盖县西北境。后废。

河朔 泛指黄河以北地区。《尚书·泰誓中》：“王次于河朔。”孔传：“渡河而誓，即誓而止于河之北。”《三国志·魏书·袁绍传》：“威振河朔，名重天下。”

河朔三镇 亦作河北三镇。唐天宝末安史之乱后，黄河以北魏博、成德、卢龙三个藩镇之合称。广德元年（763）平定史朝义，将三镇授安史降将。三镇辖境基本状况是：魏博镇辖魏、博、贝、丘、澶、相六州，治所在魏州（今河北大名县东北）；成德镇辖恒、赵、深、冀四州，治所在恒州（治今河北正定县）；卢龙镇辖幽、蓟、涿、营、平、檀、妫、瀛、莫九州，治所在幽州（治今北京市城西南隅）。三镇辖境包括北京市及河北大部、天津市海河以北地区。三镇节度使基本上是王朝辖境内的独立王国。安史之乱前，河朔为黄河流域经济文化发达地区；乱后由于在武人长期统治之下，“暴刑暴赋，唯恤军戎”（《通典·职官》），社会经济文化遭受严重的破坏。《新唐书·史孝章传》：“大河之北号富强，然而挺乱取地，天下指河朔若夷狄然。”

河流口关 明置，属迁安县。为长城关口之一。在今河北迁安市东北冷口村东。《方舆纪要》卷17迁安县：河流口关“冷口东第一关口也。嘉靖三十六年蒙古把都儿入犯，陷河流口，寻去”。即此。

河诺城 一作珂诺城、阿纳城。北宋置，属河州。在今甘肃广河县。熙宁七年（1074）改为定羌城。

河崖镇 即今山东高密市东北三十里河崖镇。民国《高密县志》作河崖镇。

河清军 辽重熙十二年（1043）置，属西南面招讨司。治所在今内蒙古准格尔旗东北。后废。

河清县 唐先天元年（712）改大基县置，属洛州（后属河南府）。治所在今河南济源市西南。大顺初移治柏崖（今孟津县东南）。北宋开宝元年（968）移治白波镇（今孟津县东南二十五里）。金改名孟津县。

河清堡 明置，属肃州卫。即今甘肃酒泉市东南上河清。《方舆纪要》卷63肃州卫：临水堡“东四十里为河清堡，亦曰河清驿。成化中，罕东番贼尝犯此”。

河渠村集 即今河北宁晋县西南十五里河渠镇。清同治《畿辅通志》卷55宁晋县图：西南有河渠村集。

河婆镇 即今广东揭西县（河婆镇）。清嘉庆十二年（1807）移南寨巡司于此，更名河婆巡司。1965年于此置揭西县。

河董城 辽置，为辽防城之一。在今蒙古国东方省乔巴山市西克鲁伦河中游北岸。《辽史·地理志》：“河董城，本回鹘可敦城，语讹为河董城。久废，辽人完之以防边患。东南至上京一千七百里。”“皮被河出回纥北，东南经羽厥入胪朐河，沿河董城北，东流合于沱漉河，入于海”。后废。

河稍桥 即今江苏盱眙县西南河桥镇。清光绪《盱眙县志稿》卷3：河稍桥在“西四十里”。

河舒场 即今四川蓬安县东南河舒镇。清光绪《蓬州志》：河舒场“在清溪之东北，距周口二十五里。旧场在北一里许龙凤坝，曰龙凤场。河舒场者，旧为河猪市。康熙中于此建河舒佛寺，乾隆四十二年徙场就之”。

河道总督 明永乐九年（1411）遣尚书治河，自后常遣侍郎、都御史总督专治河道，非常设治河之官。成化七年（1471）始称总督河道，总理河道。正德四年（1509）设都御史提督，驻所在济宁州（今山东济宁市）。清初沿袭明制，置河道总督专官，管理黄河、运河及永定河之治理、疏浚和堤防等事。以后成为定制。雍正设总督江南河道（简称南河），驻所在清江浦（今江苏淮安市清江区）；总督山东河南道（简称东河），驻所在济宁州（今山东济宁市）；直隶河道水利总督（简称北河），驻所在天津（今天津市）。乾隆十四年（1749）直隶河北水利由直隶总督监理。咸丰八年（1858）废南河河道总督。光绪二十八年（1902）废东河河道总督。自此以后河务无专官。

河湖镇 ①北宋置，属丰城县。即今江西丰城市西南荷湖乡。明置巡司于此。清称荷湖墟。

②北宋置，属建昌县。在今江西永修县西北境。

河湟 指今青海黄河与湟水两流域之地。《后汉书·西羌传》："河湟间少五谷，多禽兽，以射猎为事。爰剑教之田畜，遂见敬信，庐落种人依之者日益众。"汉武帝"乃度河、湟，筑令居塞"。《新唐书·吐蕃传》："世举谓西戎地曰河湟。"

河渡门隘 在今广东汕头市东南濠江区河渡村。《方舆纪要》卷103潮阳县"兴安镇"条内："河渡门隘在招收山下。《志》云：县有下游营守河渡门、磊口等处。……嘉靖三十八年倭贼从招宁巡司河渡、磊石入犯。"

河渡关 在今贵州遵义县东南，下临乌江。《明史·童元镇传》：万历二十八年（1600）讨杨应龙叛乱，"前哨参将谢崇爵乘势督泗城及水西兵再拔河渡关"。官军惨败。

河塘镇 亦作河夹塘镇。即今湖南汨罗市西北河夹塘村，滨汨罗江。旧属湘阴县。清光绪《湖南通志》卷1湘阴县图：县东北有河塘镇。

河楼滩镇 亦作河楼湍。北宋置，属大足县。即今重庆市大足县。《寰宇记》卷88大足县："今治在河楼湍，东临赤水。"

河亶甲城 一名殷城。商王河亶甲所都。在今河南内黄县西南亳城。一说在今安阳市后岗一带。《史记·殷本纪》载："河亶甲居相。"《正义》引《括地志》："故殷城在相州内黄县东南十三里，即河亶甲所筑之都，故名殷城也。"唐内黄县即今内黄县西二十里旧县，殷城应在内黄县西南。

河亶甲陵 在今河南汤阴县北五里。《清一统志·彰德府二》：河亶甲陵，"《府志》：府城西北开元寺后有河亶甲冢，在洹水南"。未知孰是。

河雍 即阳。战国魏邑。在今河南济源市西南。《水经·济水注》引《竹书纪年》："郑侯使韩辰归晋阳及向。二月，城阳、向。更名阳为河雍。"即此。

河源 指黄河河源。在今青海曲麻莱县东境。《尚书·禹贡》："道河积石，至于龙门。"源出今青海积石山。西汉时，以为河源在今新疆维吾尔自治区西南部。《汉书·西域传》："河有两源：一出葱岭山，一出于阗。于阗在南山下，其河北流，与葱岭河合，东注蒲昌海……其水亭居，冬夏不增减，皆以为潜行地下，南出于积石，为中国河。"此伏流说，后人早已斥其非。唐时，以河源在今青海中部巴颜喀喇山。《新唐书·吐蕃传》：刘元鼎曰，紫山"古所谓昆仑者也，虏曰闷摩黎山，东距长安五千里，河源其间，流澄缓下，稍合众流，色赤，行益远，它水并注则浊，故世举谓西戎地曰河湟"。元世祖至元十七年（1280）都实奉命往求河源，进行实地考察，认为河源在今青海曲麻莱县东北。"河源在土蕃朵甘思西鄙，有泉百余泓，沮洳散焕，弗可逼视，方可七八十里，履高山下瞰，灿若列星，以故名火敦脑儿。火敦，译言星宿也，群流奔辏，近五七里，汇二巨泽，名阿剌脑儿，自西而东，连属吞噬，行一日，迤逦东骛成川，号赤宾河"。清康熙年间，又对河源进行实地考察，测量地形，绘入舆图，定阿尔坦河（今约古宗列曲）为黄河正源。中华人民共和国成立后又多次进行实地考察，认为河有三源：北源名扎曲，西源名约古宗列曲，南源名卡日曲。其正源，据历代探源结果，有二说：一说为约古宗列曲，发源于雅拉达泽山；一说为卡日曲，发源于巴颜喀喇山的各姿各雅山北麓，汇流入扎陵湖和鄂陵湖。

河源千户所 明洪武二十八年（1395）置，属惠州卫。治所在今广东河源市。后废。

河源水 即今广东东江。《元和志》卷34博罗县：河源水"东自归善县界流入，南去县一百步"。

河源军 唐仪凤二年（677）置，属陇右节度使。治所在今青海西宁市东。《资治通鉴》：唐永隆元年（680），"秋七月，吐蕃寇河源，左武卫将军黑齿常之击却之。擢常之为河源军经略大使。常之以河源冲要，欲加兵戍之，而转输险远，乃广置烽戍七十余所，开屯田五千余顷，岁收五百余万石，由是战守有备焉"。宝应元年（762）陷于吐蕃，废。

河源县 南齐析龙川县置，属南海郡。治所即今广东河源市。《元和志》卷34河源县："以县东北三百里有三河之源，故名也。"隋属龙川郡。唐属循州。五代南汉属祯州。宋属惠州。元属惠州路。明属惠州府。崇祯六年（1633）改属连平州。清属惠州府。民国初属广东潮循道。1920年直属广东省。1988年改设河源市（地级），由省直辖。

河源郡 隋大业五年（609）置，治所在赤水县（今青海兴海县东南黄河西岸）。辖境相当今青海共和、兴海、同德、贵南、玛沁等县地。隋末地入吐谷浑，废。唐贞观十年（636）曾封吐谷浑王诺曷钵为河源郡王。

河溪堡 即今湖南吉首市东南二十五里河溪镇。为沱江、高岩河二水会合之口。明属卢溪县，置河溪巡司。清属乾州厅。《清一统志·乾州厅》：河溪巡司"嘉庆五年兼设都司驻此"。

河溪寨 在今湖南泸溪县西九十里。明置巡司于此。

河滨关　即君子津。唐贞观七年（633）置，在今内蒙古准格尔旗东北黄河上。后废。

河滨县　①唐武德三年（620）析朝邑县置，属同州。治所在今陕西大荔县朝邑镇东黄河西岸。贞观元年（627）废。

②唐贞观三年（629）置，为云州治。治所在今内蒙古准格尔旗东北黄河西岸。《元和志》卷4河滨县："东临（黄）河岸，因以为名。"四年（630）为威州治，八年（634）州废，改属胜州。辽属东胜州。金废。

河滨郡　北周置，属弘州。治所在今甘肃碌曲县西南。隋开皇初废。

河滨堡　北宋置，属府谷县。在今陕西府谷县东北黄河西岸。后废。

河溶镇　即今湖北当阳市东南河溶镇。清设巡司于此。《清一统志·荆门州》：河溶镇巡司"在当阳县东南五十里。旧名合溶市。沮、漳水至此合流，故名"。

河嘴　即今四川三台县南安居镇。清嘉庆《四川通志》卷29三台县：河嘴"在县南九十里"。民国《三台县志》卷1：安居场"在城南，距城九十里，即河嘴。清康熙时名云台场，后更名。五百余户。通蓬溪、中江小路"。

洒洲场　元置，为盐场，属泉州路晋江县。在今福建晋江市东南七十里洒洲村。明初废。

洒洲屿　即今福建厦门市同安区东南丙洲。东西二溪水合流经此入海。明时周围二里余，清初周四里。20世纪60年代仍在海中，今已与陆地相连。《方舆纪要》卷99泉州府同安县：洒洲屿"在县南四十里海中，以在丙方而名"。

泷冈　在今江西永丰县南沙溪镇旁凤凰山上。宋罗大经《鹤林玉露·仕宦归故乡》："欧阳公居永丰县之沙溪，其考崇公葬焉，所谓泷冈阡是也。厥后奉母郑夫人之丧归合葬。载青州石镌阡表，石绿色，高丈余，光可鉴，阡近沙山太守庙。"《清一统志·吉安府一》：凤凰山"在永丰县南一百六十里。有泷冈，宋欧阳修葬父处也。山旁即沙溪市"。

泷冈阡表碑　在今江西永丰县东南一百六十里沙溪镇城南村。宋文学家欧阳修故里。宋敕赐欧阳家坟院西阳宫，院内存欧阳文忠公祠和《泷冈阡表》碑亭。亭为两层楼阁式建筑，砖木结构，雕梁画栋。正厅竖欧阳修为纪念其父母所撰墓志铭《泷冈阡表》碑刻。碑高约1.5米，宽0.9米，正面镌《泷冈阡表》为欧阳修手迹。背面勒欧阳氏世系表，为石刻珍品。2006年定为全国重点文物保护单位。

泷水（泷 shuāng）　①即武水。又名武溪。古名虎溪。又名武阳溪。源出今湖南临武县西北，东流经宜章县，入广东乐昌县，至韶关市，南流为北江。《水经·溱水注》："武溪水又南入重山，崖峻险阻，崖岭干天，交柯云蔚，霾天晦景，谓之泷中。悬湍回注，崩浪震山，名之泷水。"唐李绅《逾岭峤止荒陬抵高要》诗注："南人谓水为泷，如原瀑流。自郴南至韶北有八泷，其名神泷、伤泷、鸡附等泷，皆急险不可上。南中轻舟迅疾可入此水者，因名之泷船，善游者为泷夫。"即指此水。

②即今广东郁南县东南之南江。《清一统志·罗定州》：泷水"源出西宁县（今建城镇）西南，一名双林水，经县东南，又东北流入州西，谓之建水，又东北经东安县西北七十里，又北经古蓬洞，又北入江。一名晋康水，又名南江。《通志》：源出云卓诸山，东流会平窦水、新榕水，又五里许有石屏，高二丈许，峭削如壁横亘，水道因之屈曲，瀑流飞下，若咽喉然，名曰泷喉，最为峻险。过此水势稍平，漫流过州治西，宛转而东北，会乌水入江，曰南江口"。

③一名洲头水。即今广东乳源县南之南水。为北江支流。清光绪《广东舆地全图》乳源县图表：泷水"源出县西南梯子山，东北流经枫树坪，员子山水自北来注之。……又东南经白石下入曲江县西南境"。

④即今广东乐昌、韶关等市境之武江。为北江支流。《水经·溱水注》："武溪水又南入重山，山名蓝豪……悬湍回注，崩浪震山，名之泷水。"

泷水千户所　明置，属广东都司。治所在今广东罗定市。《方舆纪要》卷101罗定州：泷水千户所"在州城内，万历四年增设，直隶都司"。后废。

泷水县　隋开皇十八年（598）改平原县置，为泷州治。治所在今广东罗定市南百里。大业初为永熙郡治。唐为泷州治。北宋属康州。南宋属德庆府。元属德庆路，大德八年（1304）移治今罗定市。明万历五年（1577）升为罗定州。

泷头　在今广东英德市南十五里。《宋史·南汉世家》：开宝四年（971）正月，潘美等破英、雄二州，"次泷头，（刘）𬮤遣使请和，且求缓师。泷头山水险恶，美等疑有伏兵，乃挟𬮤使速度诸险"。

泷头水　亦名滃溪。即今广东翁源县境之翁溪。《明史·地理志》翁源县："东有灵池山，滃溪出焉，即泷头水。"《宋史·南汉刘氏世家》：开宝四年（971）潘美攻占韶州后，又破英州、雄州，"次泷头，（刘）𬮤遣使请和，且求缓师。泷头山水险恶，美等疑有伏兵，乃挟𬮤使速度诸险"。《清一统志·韶州府》：泷头水"源出翁山，经象冈至此，与泷水合。泷水即溱水也。其地险隘，两山夹峙，水多激石。《宋史》：潘美伐南汉，克英州，次泷头"。即此。

泷州　南朝梁置，治所在龙乡县（今广东罗定市南百里）。隋大业初改为永熙郡。唐武德四年（621）复为泷州。辖境相当今广东罗定市境。天宝元年（742）改为开阳郡，乾元元年（758）复名泷州。北宋开宝六年（973）废。

泷底江　即今广西岑溪市之义昌江。《清一统志·梧州府》：泷底江"在岑溪县南。源出县东南凤凰、黄陵二山及西宁县排埠，西流名竹子河。又西合大峒水、乌峡水绕城南，经皇华山麓，为皇华江。至县西北石泷山，水行石隙中，舟不能下，陆行里许，复可行舟，故曰泷底。又西北至藤县界入绣江”。

泷潭县 即龙潭县。治所在今广东阳春市东北。《旧唐书·地理志》铜陵县：“宋立泷潭县。隋改为铜陵。”

泼延州 唐置，为羁縻州。治所约在今陕西省北部古长城边。

沾水 源出今山西壶关县东南，东流经河南林县东南入淇河。《汉书·地理志》上党郡壶关县：“沾水东至朝歌入淇。”《水经·淇水注》：沾水“出壶关县东沾台下，石壁崇商，昂藏隐天，泉流发于西北隅，与金谷水合，……又东流注淇水”。

沾化区 2014年撤销山东省沾化县，设立滨州市沾化区，区政府驻富国街道金海五路166号。

沾（霑）化县 金明昌六年（1195）改招安县置，属滨州。治所即今山东沾化县西古城镇（沾化城）。元于钦《齐乘》卷3霑化县：“取龚遂为渤海太守，海滨之民复沾圣化立名。”元属济南路。明属济南府。清雍正十二年（1734）属武定府。民国初属山东济南道。1928年直属山东省。1957年迁治富国镇，即今治。2014年改设沾化区。

沾县 西汉置，属上党郡。治所在今山西昔阳县西南三十余里西寨乡附近。东汉建安中为乐平郡治。北魏太平真君九年（448）改属太原郡。隋初废。

沾岭 在今山西昔阳县西。《魏书·地形志》：乐平县有沾岭。《水经·清漳水注》：“清漳出沾县故城东北，俗谓之沾山。”

沾（霑）益州 元世祖至元十三年（1276）于磨弥部地置，属曲靖路。治所在今云南宣威市东南六里河东营。民国《宣威县志稿》：“命曰沾益，意盖从宽处理，使得均沾利益也。”明属曲靖府。洪武十六年（1383）迁治即今宣威市。明末土官叛乱，流官知州于天启三年（1623）迁治交水（今云南沾益县）筑城寄治。1913年废为县。

沾（霑）益县 1913年改沾益州置，后属云南滇中道。治所在今云南曲靖市北沾益县。1916年直属云南省。1983年与曲靖县合并建曲靖市。1997年撤销县级曲靖市，复设沾益县。

泸山 即今四川西昌市南之泸山。《方舆纪要》卷74建昌卫军民指挥使司：泸山在“司南十五里。以山之西近泸水而名”。《明一统志》卷73四川行都司：泸山“其山西近泸州”为名。山东临邛海，山上有光福寺、玉皇殿、祖师殿等庙观十余座。从山麓至顶端有八里。为西昌市著名名胜风景区。

泸山县 元改卢山县置，属雅州。治所即今四川芦山县。《元史·世祖纪》：中统三年（1262），宋兵攻“雅州、泸山”。即此。元末废入严道县设巡司。

泸川县 隋大业元年（605）改江阳县置，为泸州治。治所在今四川泸州市。《寰宇记》卷88泸州：“远取泸川为名。”县以此名。三年（607）为泸川郡治。唐武德元年（618）为泸州治。元至元二十年（1283）废入泸州。

泸川驿 在今四川泸州市东。《方舆纪要》卷72泸州：泸川水驿“在州治东”。

泸川郡 隋大业三年（607）改泸州置，治所在泸川县（今四川泸州市）。辖境相当今四川泸州、泸县、富顺、隆昌、合江、纳溪、江安等县市地。唐武德元年（618）复为泸州。天宝元年（742）改为泸川郡。乾元元年（758）复为泸州。

泸卫 亦作芦卫。即泸州卫。在今四川兴文县（中城镇）。明成化四年（1468）迁泸州卫于渡船铺，建城，称泸州卫城，简称泸卫。清康熙二十四年（1685）废卫，仍设官驻兵于此。

泸水 ①即今江西安福县城北泸河。《方舆纪要》卷87吉安府安福县：泸水“在县城北。发源卢萧山，东流与王江合，又会泰和县之禾水而入赣江。亦谓之卢溪”。

②指今四川之雅砻江。《元史·地理志》建昌路泸州：“州在路西。……有泸水，深广而多瘴，鲜有行者，冬夏常热，其源可焊鸡豚。”

③指今四川西昌市西南之安宁河。《方舆纪要》卷74建昌卫军民指挥使司：泸水在“司南十里。源出番界流入境，又南流入金沙江，至废黎溪州而接马湖江”。《新唐书·韦皋传》：“东蛮断泸水桥攻吐蕃，请（韦）皋济师”，桥建于泸水上，因名，此桥在今西昌市西十里。

④即今雅砻江下流及与雅砻江合流后至云南巧家县一段金沙江。在四川、云南二省间。汉至唐称泸水。《后汉书·西南夷传》：建武十九年（43），遣刘尚率军“度泸水入益州界”。《三国志·蜀书·诸葛亮传》：“五月渡泸，深入不毛。”即指此水。《水经·若水注》引《益州记》：“泸水源出曲罗，巂下三百里曰泸水。两峰有杀气，暑月旧不行，故武侯以夏渡为艰。”唐代，泸水又分东泸水（今雅砻江）、西泸水（今安宁河）、南泸水（今金沙江），合称三泸水。《旧唐书·玄宗本纪》：天宝十年（751）夏四月，“剑南节度使鲜于仲通将兵六万讨云南，官军大败，死于泸水者不可胜数”。此指南泸水。

泸水行政区 1913年析保山、云龙两县地置，后属云南腾越道。治所在鲁掌（即今云南泸水县）。民国《泸水行政委员区域地志资料》：“因区域全境俱在泸水东西两岸，故以泸水为名。”时人以怒江亦名泸水，故名。1929年直属云南省。1932年改泸水设治局。

泸水设治局 1932年改泸水行政区置，直属云南省。治所即今云南泸水县。1951年改泸水县。

泸水桥 在今四川西昌市西十里。《新唐书·韦皋传》：贞元五年（789），韦皋召东蛮内属，绝吐蕃，“东蛮断泸水桥攻吐蕃，请皋济师”。《方舆纪要》卷74建昌卫军民指挥使司：泸水在“司南十里。……今司西十里有泸川桥，亦曰泸水桥”，即韦皋招东蛮，东蛮所断之泸水桥。

泸宁设治局　1945年置，属西康省。治所在今四川冕宁县西南锦屏乡（泸宁）。1952年撤销并入冕宁县。

泸宁营　清置，在儿斯堡（在今四川冕宁县西南锦屏乡）。有守备千总驻防。

泸西县　1917年改广西县置，属云南蒙自道。治所即今云南泸西县。民国《云南泸西县地志资料细目调查表册》："因城西有泸源洞故也。"1929年直属云南省。

泸州　①南朝梁大同中置，治所在江阳县（今四川泸州市）。《元和志》卷33泸州："取泸水为名。"隋大业三年（607）改为泸川郡。唐武德元年（618）复为泸州，天宝元年（742）改为泸川郡，乾元元年（758）又改为泸州。辖境相当今四川沱江下游及长宁河、永宁河、赤水河流域。南宋淳祐三年（1243）迁治州东长江北岸神臂崖城（今四川合江县西北焦滩乡南老泸）。景定二年（1261）改为江安州。元世祖至元十二年（1275）复改为泸州，治所在茜草坝（今四川泸州市东长江东岸）。明洪武六年（1373）升为直隶州。徙治今泸州市。1913年废，改本州为泸县。1950年析泸县城区及近郊置泸州市。泸州老窖大曲、特曲荣获1915年巴拿马国际金奖和1987年泰国国际金鹰杯奖，素有"酒城"之称。

②元至元十五年（1278）置，属建昌路。治所在今四川西昌市西南佑君镇（西河）。明洪武十五年（1382）属建昌府。后废。

泸州大曲老窖池　在今四川泸州市。建于明万历年间（1573—1620）。窖池共四口，皆为长方形，占地面积1960平方米，系用城外五渡溪优质黄泥同市中区营头沟龙泉井水掺和踩揉而成，是我国保存最好、持续使用时间最长的白酒窖池。1996年定为全国重点文物保护单位。

泸州卫　明洪武二十五年（1392）置，属四川都司。治所在泸州（今四川泸州市）。成化四年（1468）迁宋江渡（今四川兴文县）。清康熙二十四年（1685）废入泸州。

泸州市　1950年由泸县城区析置泸州市，属川南行署区，专署驻泸州市。1952年改属四川省，划归泸州专区。1960年划归宜宾专区。1983年泸州市升为地级市，原县级泸州市改置市中区。1995年泸州市市中区改名为江阳区，泸州市人民政府驻江阳区。

泸州驿　在今四川兴文县（中城镇）西。《方舆纪要》卷72泸州卫：泸州驿在"卫西五里，马驿也"。

泸州都督府　唐武德三年（620）置泸州总管府，七年改为都督府。治所在泸州（今四川泸州市）。大足时督纳、薛、晏、巩、顺、奉、思娥、能、淯、浙等羁縻州，后增至十四州。相当今四川江安、长宁以南，高县、筠连以东和贵州赤水、习水以西地区。后废。

泸江　①古称庐水。即今江西吉安市南之泸水。《汉书·地理志》长沙国安成县："庐水东至庐陵入湖汉。"《清一统志·吉安府一》：泸江"在庐陵县南。即古庐水。……《旧志》，泸江源出安福、萍乡二县界之泸潇山，东流一百八十里，经安福县北，又东折而南八十里，与永新县南之新江会，入庐陵县界，又四十余里，至城南十五里大皋渡，入赣江"。

②指今四川之长江。《寰宇记》卷88泸州泸江县：泸江，"按《郡国志》：泸江水中有大阙焉，季春三月则黄龙推没阙即平"。《方舆纪要》卷72泸州：泸江"在州城东，即大江也。自叙州府南溪县流径江安、纳溪县，过州城南，又东北出而会雒江"。

③在今云南石屏、建水、开远等市县间。《明一统志》卷86临安府：泸江"在府城南。源自石屏州异龙湖，东流入阿迷州南，为乐蒙河，入于盘江"。今全程皆称泸江。

④亦作鲁江。指今越南河内市一带之红河。元黎崱《安南志略》卷1：大罗城"其城在泸江西岸"。《元史·察罕传》：世祖至元二十四年（1287），"从镇南王征安南，师次泸江"。《明一统志·安南》：富良江"一名泸江"。

泸江水　即今金沙江流经云南昭通市西至四川宜宾市一段。东汉称泸江水。《水经·若水》：若水"又东北至犍为朱提县西，为泸江水，又东北至僰道县入于江"。郦道元注："泸水又下合诸水，而总其目焉，故有泸江之名矣。"

泸江亭　在今四川泸州市旧城外长江边。《舆地纪胜》卷153泸州：泸江亭"在江皋，宾饯之地也"。《永乐大典》2218《泸州志》引《江阳谱》：泸江亭"在泸州通海门外五十步，为过客舣船迎饯之地。乾道八年，帅梁公介撤茅为瓦，附城面江，高明爽垲，榜曰江亭，公自为之记。……嘉泰四年，郡丞虞公炢重修，榜以今名"。又引《元一统志》："在江皋宾饯之所。故相虞允文十岁侍父祺漕潼川，登此亭，有诗。"

泸县　1913年改泸州置，为四川永宁道治。治所即今四川泸州市。1928年直属四川省。1950年析城区设泸州市。1951年徙县治于今泸州市小市镇。1983年泸州市升为地级市。1995年泸县迁治福集镇。

泸沽关　明置，属建昌卫。在今四川冕宁县南泸沽镇。《明史·地理志》："北有泸沽巡检司，即故泸沽县也。"清裁巡司，冕山营设把总驻防于此。

泸沽县　元世祖至元十五年（1278）置，属礼州。治所在今四川冕宁县南泸沽镇。《方舆纪要》卷74建昌卫：泸沽废县，"《志》云：洪武二十四年，景川侯曹震开河道，谓路之险者，莫甚于泸沽县。于是架阁凿岩，更辟新道，即此也"。明洪武二十七年（1394）后废。

泸沽河　一名孙水河。在今四川冕宁县南，为安宁河支流。《明一统志》卷73四川行都司：泸沽河"在会川卫城南八十里。源出小相公岭，流入金沙江"。

《方舆纪要》卷74冕山桥千户所：泸沽河“在所西。源出越巂卫小相公岭，引流而南经所境，又东南流，至会川卫南合金沙江。或曰泸沽河即孙水也，冕山桥旧在其上，即汉孙水道桥之址”。

泸沽驿 亦作芦沽驿。在今四川冕宁县南泸沽镇。《元史·文宗纪》：至顺初，云南诸王秃坚等叛乱，罗罗斯土官撒加伯攻建昌县，“四川军亦败撒加伯于芦古驿”。即此。《清一统志·宁远府》：“泸沽驿在（西昌）县北一百八十里。”久裁。

泸沽峡 在今四川冕宁县南泸沽镇南，安宁河峡。明曹学佺《蜀中广记》卷34宁番卫：“建昌之泸沽关即泸沽峡。两山壁立，峡深百余丈，阔不盈寻，孙水流其中，淙淙有声，人行东山岭上，俯视魂摇，南北长五里。”

泸沽湖 又称左所海。在今云南宁蒗彝族自治县城北一百三十八里落水村以东，西北部分属四川盐源县。《明一统志》卷87永宁府：泸沽湖“在府东三十里。周三百里。中有三岛”。《清一统志·永北厅》：泸沽湖“在永宁土府东三十里。周三百里。中有三岛，高可百丈。其近南二岛：一名罗水，一名列格。永宁土官立寨于上，名列格寨”。今湖中三岛，大者为阿侯岛，其次为木侯岛、左所岛。这里是梭摩人的聚居区，至今还保留着远古独特的家庭婚姻制度，以母系为中心建立家庭，实行走婚制。住于泸沽湖北岸海拔3754米的狮子山，被当地人奉为“干木女神”。

泸沽擻 大理国泸沽县。即今四川冕宁县南泸沽镇。《元混一方舆胜览》卷下：“泸沽县曰泸沽擻，汉语水交流处。唐移巂州于台登即此地。”

泸河县 隋大业间升泸河镇置，属辽西郡。治所在今辽宁锦州市。后废。

泸河镇 隋置，在今辽宁锦州市西。一说在今辽宁义县境。《资治通鉴》：隋大业七年（611），炀帝谋伐高丽，“发民夫运米，积于泸河、怀远二镇，车牛往者皆不返，士卒死者过半”。

泸定县 1913年改泸定桥委员置，属边东道。治所即今四川泸定县。以泸定桥为名。次年属川边特别区。1939年属西康省。1955年属四川省。

泸定桥 ①即今四川泸定县。清雍正六年（1728）于此置巡司。《清史稿·胡中和传》：同治二年（1863），太平军石达开从米粮坝渡金沙江，“中和督军扼化林坪、泸定桥”。即此。宣统三年（1911）改为泸定桥委员。1913年改置泸定县。

②桥名。在今四川泸定县西大渡河上。始建于清康熙四十四年（1705），历时五年建成。乾隆《卫藏通志》卷首《康熙御制泸定桥碑记》：“桥东西长三十一丈一尺，宽九尺，施索九条。索之长视桥身余八丈而赢，覆板于上。又翼以扶栏，镇以梁柱，皆熔铁以庀事。”为川藏必经之道。1935年中国工农红军长征经此北上，“飞夺泸定桥”。即此。1950年整修大桥，桥西建“红军楼”，桥东建“长征纪念馆”。1961年定为全国重点文物保护单位。

泸定桥委员 清宣统三年（1911）改泸定桥巡司置，属四川省。治所即今四川泸定县。1913年改为泸定县。

泸南县 唐天宝初（742）改长城县置，属姚州。治所在今云南大姚县西南二十八里七街。《寰宇记》卷79泸南县：“以在泸水之南为名。”天宝后废。

泸津 古渡口。在今云南巧家县西的金沙江上。晋至南朝称泸津。《水经·若水注》：“有泸津，东去（堂狼）县八十里，水广六七百步，深十数丈，多瘴气，鲜有行者。晋明帝太宁二年，李骧等侵越巂，攻台登县，宁州刺史王逊遣将军姚岳击之，战于堂狼。骧军大败，岳追之，至泸水，赴水死者千余人。”

泸津关 唐置，属会川卫。在今四川会理县西南金沙江东岸。《新唐书·地理志》会川县：“有泸津关。”《寰宇记》卷80会川县：泸津关“关上有石岸高三千丈，四时多瘴气，三四月间发，人冲之死。非此时中，人多闷吐。唯五月上伏即无害”。

泸渡江 即今湖南资兴市东南沤江。《方舆纪要》卷82兴宁县：泸渡江“源出桂东县万王山，西流入桂阳县（今汝城县）界，北入县境，合资兴水。《舆程记》云，泸渡水自桂阳县（今汝城县）东北唐延里北流至丰乐，又二十里至沿潭接县界，六十里至高活，水势险恶。其旁凿山通道，行者必舍舟从陆以避险。自高活五里至结鱼，又六里至泸渡，又十五里至耒江口泷头，凡十二滩，巨石堆叠，舟师非荡舟不能渡。又十五里至东津渡，又七十里合郴江口，即耒江正流也”。

泸溪县 ①明万历六年（1578）分南城县南城、蓝田两乡置，属建昌府。治所即今江西资溪县。1914年因与湖南泸溪县同名，改名资溪县。

②清改卢溪县为泸溪县，属辰州府。治所即今湖南泸溪县西北武溪镇。《方舆纪要》卷81卢溪县：武溪“亦曰卢江，县以此名”。民国初属湖南辰沅道。1922年直属湖南省。2001年迁治白沙镇。

泸溪郡 唐天宝元年（742）改辰州置，治所在沅陵县（今湖南沅陵市）。辖境相当今湖南沅陵、吉首、溆浦等市县地。乾元元年（750）复为辰州。

泸溪桥 在今福建南安市北。元至顺间（1330—1332）置泸溪巡司于此，明洪武二十年（1387）废。

泸溪镇 北宋置，属南充县。即今四川南充市北芦溪镇。

泸潇山 即今江西、湖南二省边境之罗霄山。《明一统志》卷56吉安府：卢萧山“相传有道士姓萧者结庐山下，因名。卢水出焉”。《清一统志·吉安府一》：泸潇山“在安福县西北一百二十里，跨萍乡县界。元赵仪可《葛仙坛记》：‘其山自萍乡蜿蜒而来，特起二峰，曰泸、曰潇，武功当二峰之中，二峰之水皆出其麓。泸水东流入彭蠡，潇水南流入洞庭，独武功之水出于其顶’。谨按，泸潇或作卢萧，又作罗霄。云昔有罗霄居此，因名”。

沮中（沮 jū）　亦作柤中。指今湖北南漳、宜城两县市蛮河流域一带。一说今湖北沮河上游地区。《晋书·宣帝纪》：魏正始二年（505），“（吴）朱然、孙伦围樊城，诸葛瑾、步隲掠柤中，帝请自讨之”。《水经·沔水注》：“（沶水）上通梁州没阳县之默城山，司马懿出沮之所由。”

沮水（沮 jū）　①在今山东西南部。《尚书·禹贡》兖州：“雷夏既泽，雝、沮会同。”伪孔传：“雷夏，泽名。雝、沮二水会同此泽。”《尔雅·释水》：“济为濋。”濋与沮音近，或沮水即濋水，为济水的支流。据《元和志》卷11雷泽县：“雝水、沮水，二源俱出县西北平地”，并说“雷夏泽在县北郭外。雝、沮二水，会同此泽”。唐雷泽县在今山东菏泽市东北，五代、北宋时这一带地方屡为黄河决流所淹灌，沮水故道遂致湮废。明、清地志以出自今山东菏泽东，流经巨野、嘉祥注入南阳湖的赭水河、澹台河及其自巨野北流至寿张入运河的一支为沮水，更与《禹贡》沮水无涉。

②亦作睢水。即今湖北西部长江支流沮河、沮漳河。源出保康县西南，东南流经远安、当阳，至荆州市西注入长江。《左传·哀公六年》：“江、汉、睢、漳，楚之望也。”睢即沮河。《汉书·地理志》汉中郡房陵县：“东山，沮水所出，东至郢入江，行七百里。”

③源出陕西黄陵县西，曰子午水。东流为沮水，入于北洛河。《汉书·地理志》直路县：“沮水出县西，东入洛。”即此。

④在今陕西勉县西。即汉水别源。《汉书·地理志》武都郡沮县：“沮水出东狼谷，南至沙羡南入江。”《水经·沔水注》：“沔水一名沮水。阚骃曰：以其初出沮洳然，故曰沮水也。县亦因受名焉。导源南流，泉街水注之。水出河池县，东南流入沮县，会于沔。沔水又东南，径沮水戍而东南流，注汉，曰沮口。”

⑤即今陕西岐山县东沣河。源出岐山县东北沣谷，东南流径扶风县，至武功县西北合漆水河入渭。《诗经·大雅·绵》：“民之初生，自土沮漆。”《史记·周本纪》：古公“去豳，度漆、沮，逾梁山，止于岐下”。

⑥应即流经今陕西铜川市耀州区、富平县，在西安市临潼区东北注入渭水的石川河。《尚书·禹贡》雍州：“漆、沮既从”；导渭，“又东会于泾，又东过漆、沮，入于河”。此沮水在泾水以东，与岐周之沮有别。伪《孔传》、阚骃《十三州志》以为漆、沮是一水，即洛水（北洛）下游。《水经注》既沿用伪《孔传》、阚骃的说法，又将源出今陕西宜君县，流经铜川市、耀县、富平县，注入渭水的石川河和郑国渠故道在今富平县南会合石川河以后东注洛水一段都称为沮水。程大昌、胡渭认为沮水（今石川水）循郑国渠东注洛水是郑国凿渠以后的事，《禹贡》所谓沮水应即今石川河。

沮水戍　在今陕西勉县西北沮水旁茶站镇。《水经·沔水注》：“沔水又东南，径沮水戍而东南流注汉，曰沮口。”《资治通鉴》：东晋宁康元年（373），“梁州刺史杨亮遣其子广袭仇池，与秦梁州刺史杨安战，广兵败，沮水诸戍皆委城奔溃”。

沮水关　在今陕西勉县西北。《南齐书·氐羌传》：建武二年（495），“氐杨馥之聚义众屯沮水关，城白马北”。

沮末国　即古且末国。在今新疆且末县西南。唐玄奘《大唐西域记》卷12：覩货逻故国“东行六百余里，至折摩驮那故国，即沮末地也。城郭岿然，人烟断绝”。

沮州　北周置，治所在南襄阳郡（今湖北南漳县）。寻废。

沮阳县（沮 zǔ）　①战国燕置，为上谷郡治。治所在今河北怀来县（沙城）东南官厅水库南岸之大古城。燕王喜二十九年（前226）属秦，仍为上谷郡治。北魏废。

②南朝宋置，属汶阳郡。治所在今湖北保康县南。西魏废。

沮阳城　在今北京市昌平区东南。《清一统志·顺天府三》：沮阳城“在昌平州东南四十里，建置未详。或以为即汉县，误”。

沮县（沮 jū）　西汉置，属武都郡。治所在今陕西略阳县东黑河东侧观音寺。《汉书·地理志》沮县：“沮水出东狼谷，南至沙羡南入江。”县以沮水为名。西晋永嘉后废。

沮河　即宜君水。在今陕西铜川市耀州区。源出耀州区北界，东南流至耀州区南合漆水为石川河，入于渭河。《诗经·周颂·潜》：“猗与漆、沮。”《尚书·禹贡》雍州：“漆沮既从”；导渭，“又东过漆、沮，入于河”。《清一统志·西安府一》按：“汉时沮水由郑渠入洛，故洛水亦有漆沮之名。非谓漆沮即洛水也。诸家之说多误。”

沮洳山　又名大号山、北山、淇山。在今河南辉县市西北。淇水发源于此。《山海经·北山经·北次三经》：“沮洳之山，无草木，有金玉。濝水出焉，南流注于河。”

沮洳城　亦作且如城。为西汉且如县治。在今内蒙古兴和县西北。《魏书·太宗纪》：神瑞二年（415）冬十月，“辛酉，行幸沮洳城”。

洹津渡　即今湖南津市市。明宪宗时置三州驿于此。清名津市渡。《清一统志·澧州》：津市渡“在州东二十里”。津市镇在渡口，清设澧州通判，又尝寄州治于此。

油口　一名油江口。在今湖北公安县西北隅。《三国志·蜀书·先主传》注引《江表传》：“备别立营于油江口，改名为公安。”即此。《方舆纪要》卷78公安县：“今县城北有油口巡司。”

油水　①即今河南信阳市游河。《水经·淮水注》：油水“出（平春）县西南油溪，东北流径平春县故城南，……又东北注于淮”。《清一统地·汝宁府一》：游水“在信阳州西五十里，合白鹭水，至卓斧山下入淮”。

②一作繇水。在今湖北公安县西。《汉书·地理志》南郡高成县：“三危山，沲水所出，东入繇。繇水南至华容入江，过郡二，行五百里。”古油水即今湖北松滋市南之沲水，下游东流至今公安县西北注入长江。《水经·油水》：“油水出武陵孱陵县西界，东过其县北，又东北入于江。”郦道元注：“县有白石山，油水所出，东径其县西，与沲水合。”又“油水自孱陵县之东北，径公安县西，又北流注于江”。

油水县 隋开皇末改淮南县置，属显州。治所在今河南桐柏县境。大业初废。

油召 即今河北平乡县西十四里油召乡。清同治《畿辅通志》卷51平乡县图：东北有油召村。

油州 南朝梁置，治所在淮南县（今河南桐柏县境）。北周天和二年（567）并入纯州。

油坑营 在今广东海丰县西。《方舆纪要》卷103海丰县：油坑营“在县西，近归善县界”。

油坊桥镇 即今江苏扬中市南油坊桥镇。民国《江苏六十一县志》：扬中县有“油坊桥镇”。

油坊铺 即今河北清河县东南二十六里油坊镇。清时有县丞驻此。

油坊集 即今安徽巢湖市北司集镇。清光绪《庐州府志》卷3合肥县：东“油坊集，一百二十里”。

油罗关 在今湖南张家界市西北。《方舆纪要》卷77九溪卫：油罗关“在卫境。《志》云：慈利有油罗、大泉、于制、野鸡等关，俱永定卫军戍守”。《清一统志·永顺府》：油罗关“在桑植县东南五十里。一名牛骡隘”。

油房镇 清置，属孟津县。在今河南孟津县东。

油顿街 即游顿街。今江西抚州市临川区南四十里油顿。

油蓬堡 在今贵州松桃苗族自治县西南平头乡西。《方舆纪要》卷122铜仁府平头著可司：油蓬堡“在司西。《志》云，司孤悬苗界，地最广饶，赋役出办居多。与乌罗、朗溪及四川之邑梅司接壤，守御最切。而油蓬堡、苗羊坪、冠带河，皆置戍处也”。

油溪 ①在今湖南新化县北。《清一统志·宝庆府一》：油溪“在新化县北三十里。源出维山，西流入资”。

②在今重庆市璧山县南、江津区西，为长江支流。《元丰九域志》卷8：璧山县有“油溪”。《清一统志·重庆府一》：油溪“在璧山县西。源出汤峡口，南流三十里出马坊桥，又六十里至斗牛石，入江津县界，与来凤桥溪合流为油溪，又三十里至县西四十里油溪口，入大江”。此水上游两源：西源梅江河（马坊桥溪）；东源璧南河（来凤桥溪），两水合流是为油溪。

油溪市 即今湖南新化县北六十里油溪乡。清光绪《湖南通志》卷1新化县图：县北有油溪市。

油溪场 即今重庆市江津区西南长江北岸油溪镇。清光绪《江津县志》卷2：油溪场“距城四十里”。

油榨关 明洪武二十二年（1389）建，在今贵州镇远县西五里。《明史·地理志》镇远府：“又西有油榨关。”《清一统志·镇远府》引《府志》：油榨关“在府西二仙峰。崖壁险固，控扼所资”。

油榨沟市 即今安徽宣城市北二十五里水阳江东岸油榨沟。清嘉庆《宁国府志》卷12：“北乡油榨沟镇，距城三十里。”

油榨墟 即今湖南永兴县西南四十里油市镇。清光绪《湖南通志》卷1永兴县图：县西南有油榨墟。

油榨镇 即今河北滦县北二十五里油榨镇。清同治《畿辅通志》卷49卢龙县图：西南有油榨集。

油潭岭 在今江西龙南县东南。《方舆纪要》卷88赣州府龙南县：油潭岭“在县东南百三十里，抵龙川县界”。

油潘县 南齐置，属北随安左郡。治所在今湖北随州市北。梁废。

洞酌亭 在今海南省海口市琼山区东北双泉之上。北宋苏轼《洞酌亭诗序》曰：“丁丑岁六月，轼南迁过琼，始得双泉之甘于城之东北隅，以告其人，自是汲者常满。泉相去咫尺而异味。庚辰岁六月十七日，迁于合浦，复过之，太守承议郎陆公求泉上之亭名与诗，名之曰洞酌。”

泗上 指泗水之滨。《左传》：哀公八年（前487），吴师克东阳而进，“遂次于泗上”。《史记·孔子世家》：“孔子葬鲁城北泗上，弟子皆服三年。”又《战国策·楚一》：张仪说楚王曰：“大王悉起兵以攻宋，不至数月而宋可举。举宋而东指，则泗上十二诸侯，尽王之有已。”此所谓“泗上十二诸侯”，当指泗水旁的十二个诸侯国。

泗口 亦曰清口。在今江苏淮安市淮阴区西南杨庄附近。即古泗水入淮之口。《晋书·明帝纪》：东晋太宁二年（324）“石勒将石季龙寇兖州，刺史刘遐自彭城退保泗口”。即此。

泗水 亦称清泗。别名清水。源出今山东泗水县东五十里陪尾山。四源并发，故名。《尚书·禹贡》：“浮于淮泗。”泗即泗水。古泗水自鲁桥以下又南循今运河至南阳镇，穿南阳湖而南，经昭阳湖西、江苏沛县东，又南至徐州市东北循淤黄河东南流至淮阴市西南，注入淮河。金以后自徐州以下一段为黄河所夺，元以后鲁桥至徐州一段又为南北漕运所经，成为大运河的一部分。明隆庆、万历间，先后开新运河于昭阳湖、微山湖东，下接泇河以通运。自南阳镇至徐州一段故道，不久淤为平地。清咸丰五年（1855）黄河北徙，金、元以来为黄河所夺之徐州以下一段故道亦淤废。

泗水县 隋开皇十六年（596）置，属兖州。治所即今山东泗水县。大业初属鲁郡。唐属兖州。元至元二年（1265）废入曲阜县。次年复置。明属兖州府。

民国初属山东济宁道。1925 年属兖济道。1928 年直属山东省。

泗水国　西汉元鼎四年（前 113）分东海郡地置，治所在凌县（今江苏宿迁市东南）。辖境相当今江苏泗阳、淮阴及宿迁东南部地。东汉建武十三年（37）废。

泗水亭　秦置，属沛县。在今江苏沛县东。汉高祖刘邦曾为泗水亭长。《史记·高祖本纪》《正义》引《括地志》："泗水亭在徐州沛县东一百步，有高祖庙也。"

泗水郡　一作泗川郡。战国秦王政二十三年（前 224）置，治相县（今安徽淮北市西北相山区）。秦末曾移治沛县（今江苏沛县）。辖境相当今江苏泗洪、宿迁以西，丰县、沛县以南，安徽萧县、濉溪、涡阳、利辛等县以东，淮河以北地。汉高帝四年（前 203）改为沛郡。

泗州　北周大象二年（580）改安州置，治所在宿预县（今江苏宿迁市东南郑楼镇古城）。隋大业初废。唐武德四年（621）复置，开元二十三年（735）徙治临淮县（今江苏盱眙县西北）。辖境相当今江苏宿迁、邳州、睢宁、泗阳、涟水、灌南、泗洪及安徽泗县等市县地。天宝元年（742）改为临淮郡，乾元元年（758）复为泗州。清康熙十九年（1680）州城陷入洪泽湖，寄治盱眙县（今江苏盱眙县）。雍正二年（1724）升为直隶州，属安徽省。乾隆四十二年（1777）移治虹县（今安徽泗县）。辖境相当今安徽泗县、五河、天长和江苏盱眙、泗洪等县地。1912 年废。

泗安镇　亦作四安镇。北宋置，属长兴县。在今浙江长兴县西南七十里泗安镇。元亦设官征税。明初改置巡司。清又设守备驻防。

泗阳县　①西汉置，属泗水国。治所在今江苏淮安市淮阴区西旧黄河南。东汉废。

②1914 年改桃源县置，属江苏淮扬道。治所即今江苏泗阳县西南六里城厢镇。1927 年直属江苏省。1941 年迁治众兴镇（今泗阳县）。

泗县　1912 年改泗州置，属安徽淮泗道。治所在今安徽泗县。1928 年直属安徽省。

泗汾河　即今湖南醴陵市南之铁水。源出今攸县境，北流入醴陵市西南境，又北至铁口入渌。《清史稿·地理志》长沙府醴陵县：铁水"一名北江，自攸县入，北合清水江，又北流为泗汾河。水又北入渌水，至渌口入于湘"。

泗汾桥　在今湖南醴陵市南泗汾镇。《清一统志·长沙府二》：泗汾桥"在醴陵县南三十里。路出攸县。今更名慈寿桥"。

泗河城　即今吉林榆树市东北泗河镇。《吉林乡土志》："本镇东门外，有古代土城一座，东、西门各一，面积约一方里。据土人云：此系辽、金时之遗物，盖牧马之场所也；泗道河子又流经其东，此即本城名之由来也。"

泗泾　在今上海市松江区东北泗泾塘。《清一统志·松江府一》："其上流自娄县祥泽塘，北流受通波泾、外波泾、洞泾、张泾四水，故名。东合盘龙塘，北出为浦汇塘，接上海县界入黄浦。"

泗泾镇　亦名会波村。清置，属青浦县。即今上海市松江区北泗泾镇。《清一统志·松江府二》：泗泾镇"傍泗泾塘"，因名。

泗城山　即四城山。在今福建霞浦县西南五十五里。

泗城州　北宋皇祐中置羁縻州，属邕州横山寨。治所在今广西凌云县东南下甲乡。元属田州路。明属广西布政司，移治古磡洞（今凌云县）。辖境相当今广西凌云、乐业、田林及贵州罗甸、望谟等县地。清顺治十五年（1658）升为泗州府。

泗城府　清顺治十五年（1658）改泗城州置，寻改为泗州军民府，属思恩府。治所即今广西凌云县。雍正四年（1726）改设流官，属广西省。辖境相当今广西凌云、田林、西林、乐业及隆林各族自治县等地。1913 年废。

泗洲驿　在今湖南株洲县南泗洲。《方舆纪要》卷 80 醴陵县"石门关"条下："又县南九十里有泗州驿。《舆程记》：驿北去渌口六十里，又西南七十五里至湘潭县之都石驿。"

泗洲寨　在今湖南临武县西南。《方舆纪要》卷 80 临武县：泗洲寨在"县西南七十里。又有芹寨、猴寨、牛寨诸处，皆在深箐叠岭间，与蓝山及郴州之宜章县接境。崇祯十一年，'土贼'啸聚于此"。

泗洲镇　①清置，属昆山县。在今江苏昆山市东南四十里。

②即今湖南桂阳县西北八十里泗洲乡。明、清置巡司于此。

泗桥镇　清置，属昆山县。在今江苏昆山市东南四十里。

泗源沟镇　在今江苏仪征市南泗源沟，临运盐河为市。清光绪《江苏全省舆图》仪征县："泗源沟镇俗名十二圩，在城南五里。"

泗溪　在今浙江泰顺县东南。为寿泰溪支流。《方舆纪要》卷 94 泰顺县：泗溪"在县南。源出泗溪西山，合县南诸溪水，抵（福建）福安县界，入于海"。

泗溪桥　即今江西上高县东北泗溪镇。清同治《江西全省舆图》卷 4：上高县东北有泗溪墟。

柞水　又名柞水。即今陕西镇安县东乾祐河。《元丰九域志》卷 3：乾祐县有柞水。《方舆纪要》卷 54 镇安县：柞水"在县东五里。出秦岭，流入洵阳县界，合旬水入于汉江"。

沲水　即今湖南江华瑶族自治县南之沱江。《舆地纪胜》卷 58 道州：沲水，"《晏公类要》云，源从九疑山沲洞出，自江华县女弦潭流经过营道县"。《明史·地理志》江华县："东有沲水，源出九疑山之石城、娥皇二峰，下流合于潇水。"

沲江　即沱江。今四川成都平原北部之蒲阳河。

《新唐书·地理志》彭州九陇县："武后时，长史刘易从决唐昌沲江，凿川派流，合堋口埌岐水溉九陇、唐昌田。"

沲江镇　北宋置，属成都县。即今四川成都市新都区南十里三河镇。

沲和城　亦作陁和城。在今四川峨边彝族自治县。《旧唐书·地理志》罗目县："仪凤三年，又置，治沲和城。"

泊头清真寺　在今河北泊头市清真街南端。坐西朝东。始建于明永乐二年（1404），其后多次修葺，明崇祯时曾扩建。寺内院落基本分三重：前院、中院和殿庭。前院左右有南北义学堂，中为望月楼；中院为南北配殿；殿庭有南北讲堂，大殿前月台东端有花殿阁。该寺为华北地区最大的清真寺。2001年定为全国重点文物保护单位。

泊头墟　在今广东博罗县西北。《方舆纪要》卷103惠州府博罗县：泊头墟"距罗浮山十五里，广、惠二郡舟楫及自陆路而至入罗浮山者，皆毕集于此"。

泊头镇　①即今河北泊头市。《方舆纪要》卷13交河县：泊头镇在"县（治今泊头市西南交河镇）东五十里，卫河西岸。商贾凑集，筑城于此，管河别驾驻焉。有泊头镇巡司，并置新桥驿，俗名泊头驿"。1953年改设泊头市，1958年复改泊头镇。1961年交河县迁治于此。1982年改设泊头市。

②即今山东无棣县西北八十里小泊头镇，为全省最北之大镇。清光绪《山东通志》卷2《舆图志》：海丰县西北有泊头镇。1982年改为小泊头。

泊汋口　在今辽宁宽甸满族自治县西南蒲石河口东岸。《新唐书·地理志》引贾耽《道里记》："自鸭渌江口舟行百余里，乃小舫泝流东北三十里至泊汋口。"即是。或云泊汋口与泊汋城为一地。

泊汋城　高句骊置，即今辽宁丹东市东北九连城镇古城。《新唐书·地理志》引贾耽《道里记》：自营州渡辽水，"南至鸭渌江北泊汋城七百里，故安平县也"。又《新唐书·太宗纪》：贞观二十二年（648），伐高丽，"薛万彻及高丽战于泊灼城"。皆此。

泊里镇　即今山东胶南市西南泊里镇。1944—1956年为藏马县治。

泊陂河　即今河南光山县南泼河。《方舆纪要》卷50光山县：泊陂河"在县东南四十五里。商城县之五水关河流合焉，下流亦注于淮河"。

泊湖　在今安徽望江县西、太湖县南、宿松县北，为三县界湖。《方舆纪要》卷26望江县：泊湖在"县西四十里。自宿松县界龙南诸湖及县四境之水，皆汇于此"。

泊镇　1949年当地解放后由交河县泊头地区析置，治泊头（今河北泊头市）。1953年撤销，改设泊头市。

泒河　其上游即猪龙河的上游大沙河，下游即天津海河。《水经注》称之为泒河尾。《说文》："泒水，出雁门葰人戍夫山，东北入海。"即此。《寰宇记》卷62安喜县："《水经注》云：泒水历天井泽，南水流所播为泽，俗名天井淀。"又蒲阳县："泒水在县西二十五里。"《魏书·太祖纪》：皇始二年（397），"帝进军新市，贺麟退阻泒水，依渐洳泽自固"。

泠口　①又名铜零口。在今湖北蕲春县蕲州镇东南。《晋书·陶侃传》：西晋建兴元年（313），侃击杜陵，"周颉为荆州刺史，先镇浔水城，贼掠其良口。侃使部将朱伺救之，贼退保泠口"。即此。

②在今湖南宁远县西，泠水入营水（今潇水）之口。《水经·湘水注》：泠水"出九疑山，北径其县（按：泠道县，今宁远县西南）西南，泠水又西北入于营水"。1972年长沙马王堆出土汉墓《地形图》有泠水、营水。

泠支　即令支。在今河北迁安市西。《管子·小匡》："伐山戎，制泠支，斩孤竹。"

泠水　①今安徽长江南岸支流青弋江。东汉许慎《说文》：泠水"出丹阳宛陵，西北入江"。段玉裁注："《前志》宛陵下曰：清水西北至芜湖入江。按许之泠水，即班之清水。应劭零陵泠道下注引《说文》此条，则应氏未知清、泠异名同实也。泠水即今宣城县西六十里之青弋江。"

②一名泠道水。即今湖南境内之泠水。《水经·湘水注》：泠水"南出九疑山，北流径其（泠道）县西南，泠水又北流注于都溪水，又西北入于营水……营水北流注于湘水"。《清一统志》谓即今潇水，误。

③亦作零水。即今陕西西安市临潼区东零河。源出蓝田县西北马谷老池头，北流入临潼区境，至零口镇北入渭。《水经·渭水注》：泠水"南出肺浮山，……北会三川，统归三壑，历阴槃、新丰两原之间，北流注入渭"。

泠君山　在今广东乐昌市东北。《水经·溱水注》："泷水又南合泠水。泠水东出泠君山。山，群峰之孤秀也。晋太元十八年，崩十余丈。于是悬涧瀑挂，倾流注壑，颓波所入，灌于泷水。"《方舆纪要》卷102乐昌县：泠君山在"县东北三十五里。泠亦作灵。高数十仞，周回数百里。山岭有池，广十里，深五尺。其西有龙山，亦幽胜"。

泠敦　春秋许地。在今河南许昌县境。《左传》：成公四年（前587），"郑伯伐许，取钽任、泠敦之田"。

泠道县　一作泠道县。秦置，属长沙郡。治所在今湖南宁远县东南四十里。西汉初属长沙国，后属桂阳郡，元鼎六年（前111）属零陵郡。《水经·湘水注》：湘水"西北流径泠道县北，与泠水合。水南出九疑山，北流径其县西南，县指泠溪以即名"。三国吴改属营阳郡。南朝梁属永阳郡。隋废。

泠溪水　即今广东乐昌市东之廊田河。《水经·溱水注》："泷水又南合泠水。泠水东出泠君山。"《方舆纪要》卷102乐昌县：泠溪水在“县东北三十里。……今泠水溪南流四十里，入于武水”。《清一统志·韶州府》：泠水“一名灵溪。在乐昌县东。……《县志》：灵溪源出灵君山，西南流四十里入泷。有渡在县东三十里”。

泜水　①即今河北隆尧县北泜河。《山海经·北三经》：敦舆山，“泜水出于其阴，而东流注于彭水”。《清一统志·赵州一》：泜河“自临城县西南发源，东南径顺德府内丘、唐山二县界，又东南径隆平县南，至任县入滏阳河。……《旧志》：泜源有二，此为南泜，在临城县西南二十五里，流径柏畅亭，至县西五里许，断伏不流，下二百余步复出，东径钩盘山下合沙河。又东南径内邱、唐山、隆平抵任县，入大陆泽，俗名三断绿杨河”。

②在今河北元氏县西南。源出封龙山，东南流经元氏县西南六里纸屯村入槐河。《史记·陈余列传》：“遣张耳与韩信击破赵井陉，斩陈余泜水上。”

③一名滍水。即今沙河。汝水支流。源出今河南鲁山县西，东流经叶县北，至舞阳县西北入汝河。《左传》：僖公三十三年（前627），“晋阳处父侵蔡，楚子上救之，与晋师夹泜而军”。

泜州　唐大历三年（768）置，治所在行唐县（今河北行唐县）。辖境相当今河北行唐、曲阳、灵寿等县地。九年（774）废。

泺（泺 luò）　春秋时齐邑。在今山东济南市城西。《春秋》：桓公十八年（前694），“公会齐侯于泺”。即此。战国时称为历下邑。

泺口镇　即今山东济南市东北二十里泺口。为泺水入古济水（此段古济水即今黄河）之口。《水经·济水注》：泺水“北流注于济，谓之泺口”。筑堰以分其流，故亦名堰头镇。又曰下泺镇。明置堰头镇巡司。

泺水　源出今山东济南市西南趵突泉，北流至泺口入古济水（此段古济水即今黄河）。《春秋》：桓公十八年（前694），“公会齐侯于泺”。南宋初，伪齐刘豫堰泺水东流为小清河上源，后人因通称泺水为小清河。

泺关　在今山东济南市西北。《清一统志·济南府》：泺关“在历城县西北十二里。有批验所大使驻此”。

泺黄支线　自今山东济南市北泺口至胶济路黄台车站。长7.8公里。为津浦铁路支线。1913年修筑。

泺源桥　在今山东济南市城西趵突泉公园内。《清一统志·济南府二》：泺源桥“在历城县西。苏辙有诗”。

沿口镇　即今四川武胜县。民国《武胜县志》卷1：沿口场在“县北三十里……商务繁盛，为河东冠”。1953年武胜县迁治于此。

沿头埠　在今广东德庆县西。《方舆纪要》卷101德庆州：沿头埠在“州西八十五里……近大江北岸”。

沿边溪洞长官司　明洪武五年（1372）改宣抚司置，治所在今湖北宣恩县东南。后废。

沿边溪洞安抚司　元末明玉珍改湖南镇边宣慰司置，治所在今湖北宣恩县东南。明洪武五年（1372）改为长官司。

沿边溪洞军民府　元末明玉珍改佛乡洞长官司置，属沿边溪洞军民宣慰司。治所在今重庆市秀山土家族苗族自治县南一百里梅江镇。明洪武八年（1375）改为邑梅洞长官司。

沿边溪洞军民宣慰司　元末明玉珍改酉阳州置，治所在今重庆市酉阳土家族苗族自治县。辖境相当今重庆市酉阳、秀山二土家族苗族自治县地。明洪武五年（1372）改为酉阳州。

沿边溪洞招讨司　元初置，属四川行省。治所在今湖北利川市南毛坝乡龙孔坝。至正二年（1342）改为施南道宣慰司。

沿台（臺）山　在今贵州惠水县南百四十里。《方舆纪要》卷121定番州：沿台山“在（木官）里寨西三里”。

沿岗墟　亦作沿江墟。即今江西瑞金市东北八十里沿冈墟。清同治《江西全省舆图》卷10：瑞金县东北有沿江墟。同治《宁都直隶州志》卷4：瑞金县有沿冈墟。

沿河口　即今北京市门头沟西北沿河城。明于此设守御千户所。清改置都司。

沿河县　1913年置，属贵州镇远道。治所即今贵州沿河土家族自治县。1923年直属贵州省。1986年改设沿河土家族自治县。

沿河祐溪长官司　明洪武七年（1374）改沿河祐溪等处长官司置，属思南宣慰司。治所即今贵州沿河土家族自治县。永乐十二年（1414）属思南府。清废。

沿河祐溪等处长官司　元置，属思州安抚司。治所即今贵州沿河土家族自治县。明洪武七年（1374）改置沿河祐溪长官司。

沿海　亦作淞海。在今广西钦州市南十里。明洪武五年（1372）置巡司于此。后移钦州北七十五里小董村（今小董镇）。

沿溪渡镇　即今江西泰和县东北沿溪镇。清同治《江西全省舆图》卷7：泰和县东北“五里至矶头汛，又十里至沿溪渡汛”。

沿滩　即今四川自贡市东南釜溪河西岸沿滩镇。清乾隆《富顺县志》卷2：沿滩“水涸，乱石丛集，货载尽出，空舟牵挽始上。前上下舟只相争，多致构讼，知县熊葵向谕令以单双日分上下。里人龙源记其事。至今为例，舟人赖之”。

洵河　俗名错河。源于今河北兴隆县南之北三岔口，南流折而向西，经北京市平谷、河北省三河市，至天津市宝坻县入蓟运河。《水经·鲍丘水注》引《竹书纪年》曰：“梁惠成王十六年，齐师及燕战于洵水，齐师遁。”即此水。

泖桥镇　在今上海市金山区西北泖桥。明洪武初朱泾巡司改置于此。

泖港　又名佘来庙。即今江苏松江区南十七里泖港镇。清光绪《江苏全省舆图》：金山县东北有“大泖港”。

泖港镇　一名粂米庙镇。即今上海市松江区南十七里泖港镇。清光绪《江苏全省舆图》娄县图：南有大泖港。民国《江苏六十一县志》金山县：“东北有大泖港镇。”

泖湖　即三泖。即今上海市松江区西的泖河。《方舆纪要》卷24松江府华亭县：泖湖在“府西三十五里。亦曰三泖。《广韵》注：泖，华亭水也。其源出华亭谷。晋陆机对武帝，三泖之水，冬温夏凉。亦曰华亭泖”。

泡子河　在今北京市崇文门东北。清《日下旧闻考》卷46引《燕都游览志》：“泡子河在崇文门之东城角，前有长溪，后有广淀。”初由元大都丽正门（南城墙正门，今天安门南）左东南流入通惠河，明南城墙外移，把泡子河包入城中，遂湮废。清内务府藏《乾隆京城全图》尚有船板胡同以南之运河遗迹，当即旧日的泡子河。

泡马滩　即今四川仁寿县东南宝马乡。清嘉庆《四川通志》卷89仁寿县：泡马滩铺“在县东二十里”。同治《仁寿县志》卷1：“泡马滩更名宝马场。”

泡水　又名丰水、苞水。出自今山东单县东南，东入沛县界。《汉书·地理志》山阳郡平乐侯国：“泡水东北至沛入泗。”《水经·泗水注》：黄水“又东径平乐县右合泡水……自下丰、泡并得通称矣”。

泡桥　在今江苏沛县西。《水经·泗水注》：泡水“又径丰西泽，谓之丰水……水上旧有梁，谓之泡桥”。或说在丰县北门外。

注　一名注人。战国韩邑。在今河南汝州市西十五里汝水北。《史记·魏世家》：文侯三十二年（前414），“败秦于注”。《集解》：“司马彪曰，河南梁县有注城也。”

注人　一名注。战国韩邑。在今河南汝州市西十五里汝水北岸。《史记·赵世家》：孝成王元年（前265），齐田单“攻韩注人，拔之”。即此。

注辇国　亦作珠利耶、马八儿、项里、西洋项里。在今印度科罗曼德尔海岸。《宋史·外国传五》：“注辇国东距海五里，西至天竺千五百里。”北宋大中祥符八年（1015），使臣娑里三文来中国，所经航道，记录于《宋史·外国列传》，为研究中西交通关系的重要参考资料。

注滋口市　俗称锯齿口、锯子口。即今湖南华容县东南五十三里注滋口镇。清光绪《华容县志》图：东南有注滋口。

泣勤川　在今甘肃临潭县新城镇南。《晋书·乞伏炽磐载记》：东晋义熙九年（413），乞伏炽磐“遣安北乌地延、冠军翟绍讨吐谷浑别统句旁于泣勤川，大破之，俘获甚众”。即此。

泫氏　战国赵邑，即今山西高平市。《水经·沁水注》引《竹书纪年》：晋烈公元年（前419），“赵献子城泫氏”，即此。应在此时赵置泫氏县。

泫氏县　战国赵置。后入秦，属上党郡。治所即今山西高平市。北魏永安中改玄氏县。《元和志》卷15：“在泫水之上，故以为名。”

泮山　即半山。在今云南凤庆县东一百二十里。《清一统志·顺宁府》：泮山“峻峭极险，其下即澜沧、黑惠二江合流之处，土人名曰泮江”。

泮水　①即雩水。在今山东曲阜市南二里。《方舆纪要》卷22曲阜县：“雩水亦在县南二里。源出县治西南马跑泉，亦曰泮水。”《诗经·鲁颂》：“思乐泮水。”即此。

②又称北汶。今山东泰安市西大汶河支流。《左传》：襄公二十五年（前548），“晋侯济自泮”。即此。《方舆纪要》卷31泰安州：泮水“源出岳西北之桃花峪，会诸谷水流经州东南二十里，又东南入于汶”。

泮水场　即今贵州遵义县（南白镇）西泮水镇。清道光《遵义府志》卷6遵义县：泮水场在“城西百四十里”。

泞泥河　又作宁尼河。在今俄罗斯阿穆尔州东北，为结雅河支流。《清一统志·黑龙江》：泞泥河“在黑龙江城东北一千二百五十里。源出北兴安岭，南流入精奇哩江”。

泞泉　在今江西宜春市北。《明一统志》卷57袁州府：泞泉“在府城北三十里。溉田万余亩”。

沇水　一名潏水。古关中八大川之一。源出陕西西安市长安区南秦岭中，北流至西安市西北注入渭水。《汉书·司马相如传》：“酆、镐、潦、潏。”唐颜师古注：“《地理志》鄠县有潏水。北过上林苑入渭，而今之鄠县则无此水。许慎云：潏水在京兆杜陵。此即今渭沇水。……盖为字或作水旁穴，与沇字相似，俗人因名沇水乎？”

沱口　一作溰口。又称驼口镇。在今河南漯河市召陵区东南沱沟。《旧唐书·宪宗纪》：元和十二年（817）十月，“裴度往溰口观板筑五沟”。《资治通鉴》作沱口。

沱水　亦作沱江。《禹贡》荆、梁二州皆有“沱”。《汉书·地理志》作“江沱”。《水经·禹贡山水泽地所在》作“沱水”。梁州沱水有二：《汉书·地理志》蜀郡郫县：“《禹贡》江沱在西，东入大江”；汶江“江沱在西南，东入江”。前者在今四川郫县西南，为古郫江之前身，为检江（流江即岷江正流）之别流，东出至成都还入流江。另说上游即今柏条河、毗河，自都江堰市别岷江东出，下游即今自金堂以下之沱江，至泸州市注入长江。后者在今四川汶川县西，相当今杂谷脑河。荆州沱水，《汉书·地理志》南郡枝江县：“江沱出西，东入江。”在今湖北枝江县东；古江水至此分为南北二派，南为大江正流，北为沱水，后世南流日微，沱水转为正流，即今江口镇附近一段长江。此外，历代学者关于《禹贡》所言沱水还有多种解释。

②在今湖南江华瑶族自治县和道县境，北与潇水合。为古营水上游故道。《清史稿·地理志》永州府江华县："沱水在东，上源曰中河，自蓝山入，南屈而东，前河、后河皆流合焉，又西南径锦田所城（今码市镇）。……又西北合冯水，今谓之练江水也，至县城东曰东河。西河曰萌渚水，自西南来会，又西北入道州（今道县）。"又，道县下载："潇水在东，即古营水，又曰泥江，自宁远县入，西北至青口，与南源沱水合。"

沱州　唐渤海国置，属东平府。治所在今俄罗斯滨海边疆区兴凯湖西新尼科拉耶夫卡北。辖境当今俄罗斯兴凯湖西岸一带。辽废。

沱江州　明永乐五年（1407）属三江府。治所在陇拔县（今越南北部河西省不拔）。辖境相当今越南河西省和富寿省相连地区。宣德二年（1427）以后地入安南。

沱江驿　唐置，属新繁县。在今四川成都市新都区西北新繁镇南。《方舆纪要》卷67新繁县：沱江驿"以沱江为名"。《资治通鉴》：唐咸通十一年（870），将军宋威援成都，败南诏于新都，"进军沱江驿，距成都三十里"。即此。

沱沟　在今河南漯河市召陵区东南四十里。《清一统志·许州一》：沱沟"在郾城县东南五十五里。汝水别流也"。

沱河　在今安徽北部。《方舆纪要》卷21五河县：沱河"在县治西北一里。源出宿州东南之紫葶湖，历灵璧、虹县，流入境，又东流，入于淮"。

沱泊溪　在今云南镇雄县西一里。《明一统志》卷72芒部军民府：沱泊溪"在府治西。源出山涧，下流入纳冲河"。

沱埠渊　在今湖北潜江市西南。《方舆纪要》卷77潜江县：沱埠渊"亦在县西南五里"。

泌水　①即今山东肥城市西南康王河。《水经·汶水注》：泌水"出肥成县东北原，西南流径肥成县故城南……其水又西南流注于汶"。

②即沘水。今河南泌阳、唐河县之泌阳河。《方舆纪要》卷51唐县：泌水"在城西。出自泌阳县铜山，流入县界，又西会县境入三家、八叠诸水，入南阳县界，与淯水合流，入于襄江"。

泌州　唐天祐三年（906）改唐州置，治所在泌阳县（今河南唐河县）。辖境相当今河南唐河、泌阳、方城、社旗、桐柏等县地。五代唐改为唐州。后晋复名泌州。后汉又改唐州。

泌冲堡　又名盐步堡。即今广东佛山市南海区东北盐步镇。《方舆纪要》卷101广州府南海县"金利砦"条：盐步堡"有神安巡司，旧为泌冲寨"。

泌阳县　①唐天宝元年（742）改上马县置，属淮安郡。治所即今河南唐河县。乾元元年（758）属唐州。明洪武二年（1369）省入唐州。

②明洪武十三年（1380）以故比阳县地置，属南阳府。治所即今河南泌阳县。民国初属河南汝阳道。1927年直属河南省。

泥山　在今四川天全县东。《方舆纪要》卷73天全六番招讨使司：泥山"在司东三里，四时积雨、山多泥泞。一名梅岭，以梅赏生其上也"。

泥山百户所　在今四川天全县东南。《明史·地理志》：天全六番招讨司有泥山百户所。《清一统志·雅州府二》：泥山所"在天全州东"。

泥山镇　北宋置，属平阳县。即今浙江苍南县东三十里宜山镇。

泥井　即今河北昌黎县南二十里泥井镇。清同治《畿辅通志》卷49昌黎县图：南有泥井街。

泥水　①即今湖南湘江支流洣水。《汉书·地理志》长沙国茶陵："泥水西入湘，行七百里。"即此水。

②即今甘肃宁县东南马莲河。《汉书·地理志》北地郡郁郅县："泥水出北蛮夷中。有牧师菀官。"汉置泥阳县以在此水之北而名。

泥公山　即泥功山。在今甘肃成县西二十里。《新唐书·地理志》：贞元五年（789）于同谷县（今甘肃成县）西境泥公山权置行成州。杜甫有《泥公山》诗。

泥功山　一作泥公山。在今甘肃成县西二十里。《南齐书·氐羌传》：明帝建武二年（495），"虏亦遣伪南梁州刺史仇池公杨灵珍据泥公山以相拒"。即此。《元和志》卷22成州："今于同谷县西界泥公山上权置行成州。"

泥头驿　即今四川汉源县西北宜东镇。《清一统志·雅州府二》：泥头驿"在清溪县西北"。为入藏要道。清设泥头铺汛，有外委把总驻防。

泥师城　在今新疆库车县东。《新唐书·高宗纪》：显庆三年（658），"杨胄及龟兹羯猎颠战于泥师城，败之"。

泥江水　又名沂江水。即今江西新干县南沂江。《寰宇记》卷109吉州新淦县：泥溪水"在县南六十里。其水从抚州崇仁县流入赣水"。《方舆纪要》卷87临江府新淦县：泥江水在"县南十里。一名泥溪。源出抚州乐安县界，流入县境，二百里达于清江。泥溪城以此名"。《清一统志·临江府》：沂江水"一名泥溪"。

泥汉河　即今安徽无为县西南之西河。《清一统志·庐州府一》：泥汉河"源出庐江县黄陂湖，东流入无为州界，至州东南入江"。

泥汉河镇　即今安徽无为县东南二十八里泥汉镇。明置巡司于此。

泥阳水　即埿阳水。今甘肃成县、徽县境之洛河。源出徽县西北老爷山，南流经成县，东南流复入徽县，合栗河（今伏镇河）。又南流入陕西略阳县，与故道水（今嘉陵江）会。《资治通鉴》：五代梁贞明元年（915），"蜀王宗翰引兵出青泥岭，克固镇，与秦州将郭守谦战于泥阳川"。

泥阳县　①秦置，属北地郡。治所在今甘肃宁县东南。《史记·郦商传》：汉王以商为陇西都尉，别将破雍将军焉氏，"苏驵军于泥阳"。即此。东汉末移治今陕西铜川市耀州区东南，为北地郡治。北魏太平真君七年（446）废。景明元年（500）复置。隋开皇六年（586）移治今铜川市耀州区，改为华原县。

②北魏置，属广业郡。治所即今甘肃徽县西北泥阳镇。西魏废。

泥阳镇 北宋置，属栗亭县。即今甘肃徽县西北泥阳镇。

泥谷水 在今陕西黄陵县西北，东南流入沮水。《寰宇记》卷35坊州中部县：泥水，"《水经注》云，泥水出翟道县泥谷。今按《图经》，泥谷水在县西北五十里，源自栲栳谷来"。

泥沙兀儿 即乃沙不耳。今伊朗东北部内沙布尔。元《圣武亲征录》："命四太子攻也里、泥沙兀儿等城。"即此。

泥沟 在今江苏丰县北。《清一统志·徐州府一》：泥沟"在沛县西北五十里。亦名泥沟河。源出山东滕县白马山，自鱼台县流入，经沙河镇西南入漕河"。

泥岭 在今青海天峻县北。《隋书·炀帝纪》：大业五年（609），炀帝西巡，命"将军张寿西屯泥岭"，即此。

泥河 ①在今河北宣化县东十五里。《清一统志·宣化府三》：泥河"自关子口西南流四十里与洋河合。即古黑城川水也"。

②在今辽宁盖州市东。《明史·地理志》盖州卫："又东有泥河，南有清河……下流皆入于海。"《方舆纪要》卷37盖州卫：泥河"在卫东七十里。亦曰轩芋泺，以水多轩芋草也"。

③在今山东新泰市西四十里。《方舆纪要》卷31新泰县：泥河"源出寨山，亦西南流三十里，入小汶河"。

④在今河南临颍县西南四十里。《方舆纪要》卷47临颍县：泥河"一名玛瑙河。自襄城界流入……旧俱入颍。今涸流而东南注于決河"。

⑤即今朝鲜咸镜南道永兴境内龙兴江。渤海国南边以此为界，与新罗接壤。

泥河泉 在今山东鱼台县东。《方舆纪要》卷32鱼台县：泥河泉在"县东二十五里。引流为泥河。又平山下为平山泉，其东南为东龙泉，西为西龙泉。《志》云，县境有泉凡十五，俱引流而入于漕河也"。

泥河湾遗址群 在今河北阳原县境泥河湾盆地的中、东部。东部以东谷坨遗址为中心的旧石器时代早期遗址群，已发现二十四处旧石器地点。其中小长梁、东谷坨与岑家湾等遗址已进行过多次发掘，发现石制品多达上万件，还有数量众多的哺乳动物化石，年代距今100万年左右。层位清楚，遗物丰富，集中分布在泥河湾古湖滨，清楚地反映了当时人类的活动状况，是迄今东亚地区发现的分布最集中、石制品最丰富、时代最早的远古人类遗存。中部是以虎头梁遗址为代表的旧石器时代晚期遗址群，已发现十九处旧石器地点，时代距今1.5万—1万年。出土石制品多达数万件，还有加工精美的装饰品，以及大量人工破碎的哺乳动物化石。以楔形石核为代表的细石器最具特色，显示出华北地区与同一时期在东北亚广泛分布的细石器文化之间的密切联系。以用火遗迹为中心的平面展开了更新世末原始人类居住营地的结构形态。2001年定为全国重点文物保护单位。

泥姑砦 北宋置，属沧州清池县。在今天津市东南东西泥沽村一带。政和三年（1113）改名河平砦。

泥城镇 即今上海市浦东新区南汇东南三十四里泥城镇。清时有县丞驻此。

泥洼镇 在今河北三河市西二十里。明初于此设巡司。

泥涌河 即今广东台山市东南之大同河。《清一统志·广州府一》：泥涌河"在新宁县东南。源出百峰山，西南至广海卫烽火角入海"。

泥源城 在今甘肃正宁县东北。《晋书·姚苌载记》：东晋太元十二年（387），"（苻）登冯翊太守兰犊与苻师奴离贰，慕容永攻之，犊遣使请救。……遂师次于渥源。师奴率众来距，大战，败之，尽俘其众"。"渥"乃"泥"之讹。

泥溪 ①在今江西新干县南赣江东。南朝梁太平二年（557），萧勃将欧阳頠为陈霸先将周文育所攻，自苦竹滩退入泥溪，即此。

②在今四川屏山县（新发乡）西。《方舆纪要》卷73马湖府屏山县：泥溪在"府西二里。源出叙州府宜宾县，流入马湖江"。

泥溪长官司 元世祖至元十三年（1276）置，属马湖路。治所在今四川屏山县（新发乡）西南屏山镇。明曹学佺《蜀中广记》卷52泥溪长官司："界有此溪。"因名。明洪武四年（1371）为马湖府治。万历十七年（1589）改置屏山县，移长官司于县西三里。清雍正五年（1727）属叙州府。后废。

泥溪场 ①即今四川通江县东北泥溪乡。清道光《通江县志》卷2：泥溪场"离城一百七十里"。1932年川陕省设赤化县泥溪市苏维埃驻此。1933—1935年川陕革命根据地置赤北县治此。

②即今四川宜宾县西北泥溪镇。唐置泥溪军镇于此。清光绪《叙州府志》卷8宜宾县：泥溪场在"治北一百八十里"。

泥溪河 ①在今四川乐山市东北。《方舆纪要》卷72嘉定府：泥溪河在"州东北五里。源出平羌县山谷中，每岁泛涨，水色甚浑，泥凝于岸，因曰泥溪。西南流，会于大江"。

②在今四川广元市西南昭化镇西四十里。《资治通鉴》：五代梁乾化元年（911），岐王兵围蜀安远军，王建军"林思谔自中巴间行至泥溪"。胡三省注："后唐伐蜀还，魏王继岌与李绍琛军行次舍泥溪，当在剑州北利州界。"

泥溪驿 在今四川屏山县（新发乡）西南屏山镇东金沙江岸边。《方舆纪要》卷73马湖府屏山县：泥溪驿在"府东一里"。

泥溪城 在今江西新干县南，临江。《陈书·周文育传》：南朝梁末，广州刺史萧勃举兵，别将欧阳颀“退入泥溪，作城自守”。即此。《寰宇记》卷109吉州新淦县：泥溪城“在县南四十里”。

泥溪镇　唐置，为军镇，属戎州。在今四川宜宾县西北泥溪镇。

泥橙口　又名泥登、泥澄。在今山西昔阳县东北。清光绪《畿辅通志》卷68《关隘》：泥橙口“在（赞皇）县西一百二十里，赴平定州必由之路，道险仅容一人。内连黄沙岭，外通乐平乡，旧设外委一员戍守”。

泥嘴镇　在今湖北襄阳市襄州区（张湾镇）西南泥嘴镇。清设把总驻防。

沸井　在今江苏丹阳市南。《南齐书·豫章文献王传》：“嶷拜陵，还过延陵季子庙，观沸井。”即此。《清一统志·镇江府一》“沸井”条引《舆地志》：“庙前井四，腾、涌、惊、沸，二清二浊，瀿沸之声，昼夜不绝。”

沸水泉　在今广西贺州市南。《舆地纪胜》卷123贺州：沸水泉“在城（故治在今贺街镇）西二十里。泉涌如沸，灌溉之利甚溥”。

沸泉水　即绛水。又名白水。源出今山西绛县西北，西北流至曲沃县东注入浍水。《元和志》卷12绛县：“绛水一名沸泉水，出绛山东谷，悬流奔壑，一十许丈，西北注于浍。”

沸流水　古盐难水。一名佟家江。即今辽、吉两省境鸭绿江支流浑江。高句丽始祖朱蒙居此。高句丽《好大王碑》：邹牟王“于沸流谷忽本西，城山上而建都焉”。《三国志·魏书·毋丘俭传》：“正始中，俭以高句丽数侵叛，督诸军步骑万人出玄菟，从诸道讨之。句骊王宫将步骑二万人，进军沸流水上，大战梁口。”即此。

泓　水名。古涣水支流。故道在今河南柘城县西北。《春秋》：僖公二十二年（前638），“宋公及楚人战于泓”。《寰宇记》卷12柘城县：“泓水，在县西北三十五里。”

泓上　春秋吴地，在今江苏苏州市吴中区西南横山。《左传》：哀公十三年（前482），越伐吴，“吴大子友、王子地、王孙弥庸，寿于姚自泓上观之”。

沼山　在今湖北大冶市西。《舆地纪胜》卷33兴国军：沼山“在大冶县西五十里，近保安市。绝顶有寺，悬崖有塔”。

沼阴站　明初改元赵斤站置，在今俄罗斯哈巴罗夫斯克边疆区黑龙江下游东岸沙文斯克。明《辽东志》卷9：海西东水陆城站有狗站“沼阴站”。后废。

泇口镇　即今江苏邳州市西北泇口。《方舆纪要》卷22邳州：泇口镇在“州西北九十里。亦曰泇口集。……正统中，刘六等作乱，官军败之于泇口集”。

泇河　在今江苏邳州市西北。元于钦《齐乘》卷2：“泇水有二：东泇出沂州西北其山，南流至卞庄站，东分一支入芙蓉湖，溉田数千顷。湖在沂州东南芙蓉山下……；西泇河出峄州东北抱犊山，东南流至三合村（今江苏邳州市西北），与东泇合，南贯四湖，溉田倍芙蓉，又南合武河入于泗，谓之泇口。”《明史·地理志》邳州：“西北有泇河。万历三十五年开泇以通运，自沛县夏镇（今山东微山县）迄直河口（今江苏宿迁市西北皂河集西），长二百六十余里，避黄河险者三百余里。”自后运河由泇河经微山湖东，西北直达济宁州，避开了旧道从直河口溯黄河而至徐州的三百里风险。时称“东运河”。

波水　在今河南鲁山县西。《尚书·禹贡》豫州：“荥、波既潴，道菏泽，被盟猪。”《周礼·职方氏》：豫州“其浸波、溠”。《水经·滍水注》：波水“出霍阳西川大岭东谷，俗谓之歇马岭。……又南，分三川于白亭东，而俱南入滍水。滍水自下兼波水之通称也”。

波汉山　在今广西崇左市南江州镇。《明一统志》卷85江州：波汉山“在州治后。山势起伏，如波澜，因名”。

波多宗　又作旁多宗。即蓬多城。今西藏林周县北旁多乡。

波州　①唐置羁縻州，属邕州都督府。治所在今广西大新县西南恩城乡西安平。北宋皇祐元年（1049）改为安平州。

②唐置，治所即今云南祥云县。辖境约当今云南祥云县大部地。天宝后废。

波州大池　即今云南祥云县东南青海。唐代称波州大池。唐樊绰《蛮书》卷6：“大池绕山，长二十余里，波州废地在池东南隅。”

波州铺　即今湖南新晃侗族自治县东二十五里波洲镇。清光绪《湖南通志》卷1晃州厅图：厅东有波州。

波弄山　在今云南镇沅彝族哈尼族拉祜族自治县西。《明史·地理志》镇沅府：“西有波弄山，山上下有盐井六。”《清一统志·镇沅州》引《镇沅府志》：“土人掘地为坑，深三尺许，纳薪其中焚之，俟薪成灰，取井中之滷浇于上，越日成盐，其色黑白相杂而味苦，俗呼白鸡粪盐，交易亦用之。”

波县　西汉置，属河内郡。治所在今河南济源市东南裴城。西晋废。

波利山　在今贵州绥阳县北。《方舆纪要》卷70绥阳县：波利山在“县北二十里”。

波孜纳　在今帕米尔叶什库里东。清宣统《新疆图志》卷5：光绪十八年（1892），“英人唆阿富汗遣兵至苏满、波孜纳”。即此。后被俄国侵占，今属塔吉克斯坦。

波陇山　一作皮陇。在今贵州麻江县东。《方舆纪要》卷121麻哈州：波陇山在“州东十里”。

波林三多　在今西藏阿里地区札达县西南一百三十多里。藏语意为毛洲三岔口。因地处甲扎岗嘎河三岔处而得名。1954年《中华人民共和国和印度共和国关于中国西藏地方和印度之间的通商和交通协定》规定，由中国政府同意在西藏阿里对印度开放的十个市场之一。但协定签订不久印度军队即入侵该地。

波些山　在今云南文山县西。《方舆纪要》卷115教化三部长官司：波些山在“司（治今县西南旧城）西四十里。孤峰秀削，冠群山之上”。

波罗　即今西藏察隅县西北波罗。清末刘赞廷《波密日记》：“由科麦县至察隅县，计程六百三十五里。由县治西南行，三十里俄京宿，一百二十里至波罗宿。”即此。“波罗”，藏语意为搬回。相传当地人是从外地迁回来的。

波罗川　在今重庆市潼南县西南光辉镇境。《旧唐书·地理志》崇龛县：“旧治整瀨川，久视元年移治波罗川。”

波罗江　①在今广东广州市东南黄埔区南海神庙南珠江下游段，因南海神庙俗称波罗庙而名。唐韩愈《南海神广利王庙碑》：“扶胥之口，黄木之湾”，即此。

②即今广西容县东南之杨梅河。《清一统志·梧州府》：波罗江“在容县东南三十里。源出天塘山，西北流入容江”。

③在今云南大理市东南。《方舆纪要》卷117赵州：波罗江“在州治（今凤仪镇）东南。有二源，一出九龙顶山，一出定西岭，合流而北，经州治，又西北流入西洱河。一名大江”。

波罗江口市　即今广西容县东北二十三里江口村。当波罗江注入容江（北流江）之口。清光绪《容县志》卷3：波罗江“源出波罗里石马山，至江口墟入容江”。

波罗汛　清置，属靖远营。在今四川喜德县东南。咸丰《冕宁县志》卷2：波罗汛“在靖远营东南三十里，接凉山境”。有千总驻防。

波罗赤汛　即今辽宁朝阳县西南波罗赤镇。清有千总驻守。民国《朝阳县志》卷5：“波罗赤千总署，在县南一百一十里。”

波罗坑营　在今广东英德市西南波罗坑。《方舆纪要》卷102英德县“虎尾径营”条内：县境有“波罗坑”等营。《清一统志·韶州府》“高桥营”条：波罗坑营“在县西南江东南岸，均防江要地”。

波罗里大峒　亦名大洞。在今广西容县东南五十里。明、清置巡司于此。

波罗庙　即南海庙。在今广东广州市东南黄埔区庙头村。庙内多波罗树，相传南朝梁时波罗国达奚司空所种。清屈大均《广东新语》卷17：南海庙，“祀南海之神，退之为南海庙碑，乃其地也。庙植波罗树，种自海外来，树不著花，……庙有此树，古亦号曰波罗庙。左为浴日亭，登以望海，森茫无际”。

波罗河卫　明正统后置，属奴儿干都司。在今俄罗斯萨哈林岛（库页岛）南部波罗河流域。后废。

波罗城　①即今河北隆化县。清光绪《畿辅通志》卷67：波罗城，“城东南有黄姑屯，即波罗河屯，西为行宫，有巡检千总驻守”。

②即辽上京临潢府城。在今内蒙古巴林左旗（林东镇）南沙里河注入乌力吉沐沦河处。《清一统志·巴林》：临潢旧城“在旗东北。……今巴林东北一百四十里，当乌尔图绰农河会和戈图绰农河之处，有波罗城址，周十二里。内有三塔，久毁，疑即古之临潢”。上京古城遗址尚存。

波罗树汛　又名博罗树。在今河北青龙满族自治县北二十五里柠椤滩。清于此设外委驻守。

波罗涧　在今云南楚雄市西。《方舆纪要》卷116楚雄府楚雄县：波罗涧“在府西八里。《志》云，其麓有夜合榆，榆下有卤水。元至正间，设官开井，煎盐输课。今废”。《清一统志》谓在县西一里。

波罗营　清时改波罗堡置，即今陕西横山县东北四十里波罗镇。延绥中协将驻此。乾隆五十九年（1754）改设参将驻守。

波罗梁　即今河北丰宁满族自治县东南一百二十里波罗诺镇。为通滦平要道。清于此设讯兵戍守。

波罗堡　明正统十年（1445）巡抚马恭置，属绥德州。即今陕西横山县东北四十里波罗镇。以有波罗寺为名。清改波罗营。

波罗箐　在今贵州大方县东南。清康熙三年（1664）总兵李世耀等自乌蒙进兵，水西土酋安坤率众来拒，清兵破之于此。

波泥河子　即今吉林九台市南波泥河镇。清光绪《吉林通志》卷15吉林府：西“一百三十里波泥河子屯”。

波居县　唐置，属羁縻长宁州。治所在今四川长宁县境。后废。

波剌斯　指萨珊王朝统治下的波斯。国都在今伊拉克巴格达附近。唐玄奘《大唐西域记》卷11：波剌斯国“周数万里。国大都城号苏剌萨傥那，周四十余里”。

波洞铺　在今贵州黄平县西北波洞村。《清一统志·镇远府》“在城铺”条下：又有“波洞”等铺。

波洑暗沙　在南海中的中国中沙群岛内，位于中沙大环礁南部边缘。东距布德暗沙8海里，西距排波暗沙7.5海里。1947年公布名称为波洑暗沙。

波婆县　唐仪凤二年（677）置，属巩州。治所在今四川珙县西南。天宝元年（742）属因忠郡，乾元元年（758）属巩州。后废。

波密　即今西藏波密县。旧名博窝，或作波窝、波俄。隋、唐前为西藏最早的十余小邦之一，后为吐蕃兼并。波密即博窝之转。藏语意为祖先。原西藏地方政府设倾多、曲宗、易贡三宗，1960年合并设波密县，驻扎木。

波谜罗川　即今新疆西南之帕米尔高原。唐玄奘

《大唐西域记》卷12：波谜罗川“东西千余里，南北百余里，狭隘之处不逾十里，据两雪山间，故寒风凄劲，春夏飞雪，昼夜飘风”。

波斯　指萨珊王朝统治下的伊朗。公元224年阿尔希达尔推翻安息阿尔萨息王朝，建立了萨珊王朝。都城在宿利城（今伊拉克巴格达附近）。唐永徽二年（651）为大食（阿拉伯帝国）所灭。

波斯坎　即坡斯坎。今新疆泽普县。清宣统《新疆图志》卷82莎车府：“出境达叶城县波斯坎庄。”

波斯都督府　唐龙朔元年（661）置，属安西都护府。治所在疾陵城（今伊朗东北部萨巴里湖附近）。贞元三年（787）废。

波斯离　在今伊拉克巴士拉之西，为古波斯湾沿岸主要港口之一。元汪大渊《岛夷志略》：“波斯离，境与西夏联属，地方五千余里。”

波窝　①西藏古代族部名。《西藏王统记》载：悉补野部落之裔嘉赤，占据波窝为首领，其后裔遂世为波窝部落之首领。波窝在隋、唐以前为西藏最早的十余小邦之一，后为吐蕃兼并。地在今西藏林芝地区波密县波曲河（博藏布江）流域。

②即波密。在今西藏波密县东南。

波窝曲宗　即曲宗。在今西藏波密县东。

波零县　唐贞观十二年（638）置，属瀼州。治所在今广西上思县西南。贞元后废。

波路国　南北朝时西域国名。在今巴基斯坦控制的克什米尔西北部之巴勒提坦。《魏书·西域传》：波路国“在阿钩羌西北，去代一万三千九百里。其地湿热，有蜀马，土平”。唐代名钵罗、布露。

泼张城　在今湖南华容县西北安津湖侧。《清一统志·岳州府二》：泼张城“相传陈友谅参政张雄所筑”。并引《县志》称：“湖有田数千亩，民聚而居者数十百家。中有泼张城，伪汉储粟地也。”

泼陂河集　即今河南光山县南泼陂河镇。清尹耕云《豫军纪略》卷1：同治三年（1864）五月十五日，“连陞驰抵拨陂河”。民国《光山县志约稿》卷1《市集志》：泼陂河集“在城南五十里第六区旧泼陂河保”。

泽心寺　东晋时建。北宋时改名龙游寺。即今江苏镇江市西北金山上的金山寺。《舆地纪胜》卷7镇江府：金山寺“梁天监四年武帝亲临泽心寺，设水陆会。今寺中尚有梁王殿”。

泽布隆城　即古格札什鲁木布则城。在今西藏阿里地区札达县西三十里。有古格王朝遗址。

泽田寺　在今新疆鄯善县东北。《宋史·高昌传》：太平兴国六年（981），王延德出使高昌，从鬼谷口避风驿“凡八日至泽田寺。高昌闻使至，遣人来迎”。

泽头集　即今山东文登市西南泽头镇。清光绪《文登县志》卷3《坊市》：城西南五十里曰泽头集。

泽发（發）水　即今河北井陉县治河之上源。《元和志》卷13引《水经注》曰：“泽发水出董卓垒东。”源出山西平定县东北妒女祠下，东北流入滹沱。

泽当　即今西藏乃东县驻地，雅鲁藏布江南岸泽当镇。相传是西藏古代人类发祥地。“泽当”，藏语意为猴子玩耍坝、游戏场。清《乾隆内府舆图》作泽当珠克特亨。清末辛亥年版《西藏新志》卷上：“泽当为前藏都府，在雅鲁藏布江支流雅兰河之右岸。市街繁旺，贸易亦盛。”

泽当比乌扎普　汉译猴子洞。在今西藏乃东县泽当贡布山上。神话传说这里是观世音菩萨点化猕猴和罗刹女结合、繁衍后代的地方。藏文史籍记载为西藏古代人类的发祥地。

泽多泉　即《水经注》之泽泉水。在今陕西富平县西。宋敏求《长安志》卷19富平县：“泽多泉在县西一十三里永闰乡温泉村，东入薄台川三十里，东南入漆沮河，溉民田。”

泽州　①隋开皇初改建州置，治所在高都县（开皇十八年改丹川县，即今山西晋城市东北三十里高都镇）。《元和志》卷15：“盖取濩泽为名。”辖境相当今山西晋城、高平二市及沁水、陵川、阳城等县地。大业初改长平郡。唐武德元年（618）别置泽州，治所在濩泽县（今山西阳城县），八年（625）移治端氏县（今山西沁水县东六十里端氏镇），贞观元年（627）又移治晋城县（今晋城市）。天宝初改高平郡，乾元元年（758）复改泽州。金天会六年（1128）改南泽州，天德三年（1151）复改泽州。清雍正六年（1728）升泽州府。

②辽开泰中置，属中京大定府。治所在神山县（今河北平泉县西南察汗城）。辖境相当今河北平泉县、宽城满族自治县及迁西县一带。金承安二年（1197）改名惠州。

泽州岱庙　即“岱庙”②。在今山西晋中市泽州县（南村镇）冶底村。

泽州府　清雍正六年（1728）升泽州置，治所在凤台县（今山西晋城市）。辖境相当今山西晋城、高平二市及沁水、阳城、陵川等县地。1912年废。

泽林嘴镇　即今湖北鄂州市南泽林镇。清光绪《武昌县志》卷3《乡坊》：“泽林嘴镇在县南十五里。半属武昌，半属大冶，有碑为界。”

泽国镇　1931年置，属温岭县。即今浙江温岭市北三十二里泽国镇。清嘉庆《太平县志·叙水》：“以水所钟，支流四注，号为泽国。”镇因以名。

泽城　即春秋郑皋鼬邑。在今河南临颍县南。《水经·颍水注》：“颍水又东南径泽城北，即古城皋亭矣。《春秋经》书‘公及诸侯盟于皋鼬’者也。”

泽城县　隋开皇十六年（596）置，属冀州。治所在今河北冀州市西。大业初废。

泽泉水　一名泽多泉。在今陕西富平县西。《水经·沮水注》：泽泉水“出沮东泽中，与沮水隔源，相去十五里，俗谓是水为漆水也。东流径薄昭墓南，又径怀德城北，东南注郑渠，合沮水”。《长安志》：“泽多泉在县西一十三里永闰乡温泉村，东入薄台川三十里，东南入漆沮河，溉民田。”毕沅谓即《水经注》之泽泉“出沮东泽中”者。

泽朗山 在今福建福清市东南七十里。明初移练门巡司于此，改名泽朗山巡司。

泽掌镇 金置，故址在今山西新绛县西北二十五里泽掌镇。《金史·地理志》：绛州正平县有“泽掌镇”。即此。

泽普县 1921年析叶城县置，属新疆喀什噶尔道。治所在坡斯坎（今新疆泽普县）冯承钧《西域地名》：“《西域图志》坡斯恰木城，今为新疆泽普县治。取《西域水道记》泽勒普善河名之省称也。”1930年属喀什噶尔行政区。后直属新疆省。

泽普勒善河 即今新疆叶尔羌河上游。清徐松《西域水道记》卷1：叶尔羌河“其河二源，西源曰泽普勒善河”。

泽溪 在今贵州贵阳市西三里。《方舆纪要》卷121贵阳府：泽溪“一作宅溪，有广济桥跨其上。天启初，王三善援会城，营于南门外坡上，又移宅溪，安邦彦远遁陆广河外”。

泽潞 唐方镇名。至德元年（756）置，治所在潞州（今山西长治市），领潞、泽、邢、洺、磁五州，相当今山西沁县沁水以东地区及河北巨鹿、丘县以西至太行山。大历后改为昭义军。

泾上 在今四川夹江县西北八里青衣江东岸泾上。《旧唐书·地理志》夹江县：“旧治泾上，武德元年移于今治也。”民国《夹江县志》卷1：“千佛岩上有‘古泾口’三大字。”

泾口市 即今江西南昌县（莲塘镇）东北泾口乡。清同治《南昌府志》卷6：泾口市“距（南昌）城六十五里”。

泾口砦 南宋置，属峨眉县。在今四川乐山市金口河区金河镇。南宋李心传《建炎以来朝野杂记乙集》卷17：峨眉县七寨有“泾口寨”。

泾川县 ①金大定七年（1167）改保定县置，为泾州治。治所在今甘肃泾川县北五里泾河北岸。以泾水为名。明洪武三年（1370）省入泾州。

②1914年改泾县置，属甘肃泾原道。治所即今甘肃泾川县。1927年直属甘肃省。

泾水 ①即今安徽泾县南之徽河，为青弋江支流。源出徽岭，北流出芜湖入于大江。《汉书·地理志》泾县注：“韦昭曰：泾水出芜湖。”《后汉书·明帝纪》：永平十三年（70）十一月，楚王英迁于泾县，注：“有泾水出芜湖，因水立名。”《清一统志·宁国府一》：泾水“在泾县南。源出徽州府绩溪县徽岭山，名曰徽水。北流入旌德县界，受清潭水，又经县南，折至县东北与东溪合，又北经石璧山北，又西十里与抱麟溪合，又北经龙首山，北流入泾县界，名曰泾水。亦谓之藤溪……又北至岩潭与赏溪合”。

②在今四川泸州市纳溪区东南。《旧唐书·地理志》泾南县：“在泾水之南。”

③渭河支流。在今陕西省中部。有南北二源。北源出宁夏固原市西南六盘山东麓，东南流经隆德县及甘肃平凉县会南源。南源出宁夏泾源县西南大关山，东北流会北源，又东南流经甘肃泾川及陕西长武、彬县、淳化、醴泉、泾阳等县，至高陵县入渭。全长九百余里。因泾水清、渭水浊，故有“泾渭分明”之说。《尚书·禹贡》：“泾属渭汭。”《诗经·邶风》：“泾以渭浊，湜湜其沚。”《周礼·职方》：“正西曰雍州，其川泾汭。”

泾州 ①南朝梁置，治所在沛县（今安徽天长市西北石梁镇）。陈废。

②北魏神䴥三年（430）置，治所在临泾县（今甘肃镇原县东南）。后移治安定郡安定县（今甘肃泾川县北五里）。《元和志》卷3泾州：“因（泾）水为名。”辖境相当今甘肃泾川、崇信、平凉、华亭、灵台及陕西彬县、旬邑、永寿，宁夏泾源等县市地。隋开皇初郡废，大业三年（607）改为安定郡。唐初复名泾州，仍治安定县。天宝元年（742）改为安定郡。至德元年（756）又改名保定郡，并改县为保定县。乾元元年（758）复改为泾州。金改泾川县。元复置泾州。明洪武三年（1370）省泾川县入州，移今泾川县治，属平凉府。清升为直隶州。1913年降为泾县。

泾江 又名禁江。在今江西湖口县东北九十里长江北岸。《明史·太祖本纪》：太祖二十三年（1363），陈友谅围南昌，太祖帅舟师赴救，“次湖口，先伏兵泾江口及南湖嘴，遏友谅归路……友谅食尽，趋南湖嘴，为南湖军所遏，遂突湖口。太祖邀之，顺流搏战，及于泾江。泾江军复遮击之，友谅中流矢死”。即此。

泾江口镇 即今安徽宿松县南长江滨之汇口镇。明设巡司于此。清嘉庆时裁。

泾阳 西周邑名。战国为秦都之一。在今陕西泾阳县西北。《诗经·小雅·六月》：“侵镐及方，至于泾阳。”《史记·秦始皇本纪》：“肃灵公，昭王子也，居泾阳。”皆此。

泾阳县 ①战国秦置，属北地郡。治所在今甘肃平凉市西北四十里安国镇油房庄。《史记·秦本纪》：秦昭王六年（前301），“泾阳君质于齐”。西汉改属安定郡。《后汉书·隗嚣传》：东汉建武二年（26），“赤眉去长安，欲西北上陇，嚣遣将军杨广迎击，破之，又追败之于乌氏、泾阳间”。后废。三国魏复置。十六国后赵为陇东郡治。北周废。

②十六国前秦皇始二年（352）析池阳县置，属扶风郡。治所在今陕西泾阳县东南三十里故县村。北魏属咸阳郡。太平真君七年（446）废，景明初复置。隋开皇三年（583）迁治今泾阳县，属雍州。大业初属京兆郡。唐属京兆府。元属奉元路。明

属西安府。民国初属陕西关中道。1928年直属陕西省。

泾阳崇文塔　在今陕西泾阳县东南崇文镇东太平村。俗称“铁佛寺塔”，为我国最高砖塔之一。始建于万历十九年（1591），历时十三年竣工。为楼阁式砖塔，八角形，高87米，十三层，逐层收分。底层每边长9米，南面辟券门，门额镌刻“崇文塔”三字。由二层至顶层，每层均辟四券门、四佛龛，每龛内置佛像一尊。层间叠涩出檐，檐角悬挂风铃。塔刹为铜制宝瓶顶，围有成垛式护墙。塔身为单壁中空，设砖阶梯盘旋而上。塔前还存有鎏金铜佛像、石佛像、石碑等。2001年定为全国重点文物保护单位。

泾县　①西汉置，属鄣郡。治所在今安徽泾县西青弋江西岸。以泾水为名。元封二年（前109）属丹阳郡。西晋属宣城郡。唐武德三年（620）于县置猷州；八年（625）州废，仍属宣州。南宋属宁国府，嘉定三年（1210）移治溪东留村。元至元十三年（1276）移治今泾县，属宁国路。明属宁国府。民国初属安徽芜湖道。1928年直属安徽省。

②1913年降泾州置，属甘肃省。治所即今甘肃泾川县。因与安徽泾县重名，1914年改名泾川县。

泾谷水　即今甘肃天水市东南永川河。源出麦积山，北流入渭水。《水经·渭水注》：“水出西南泾谷之山，东北流与横水合。……乱流西北出泾谷峡。……又东北历董亭下。……其水东北流注于渭。”

泾河　在今江苏宝应县东北。《方舆纪要》卷23宝应县：泾河在“县北四十里。由山阳县界西接漕河，经县东四十里，又东入射阳湖”。

泾城郡　南朝梁置，属泾州。治所在沛县（今安徽天长市西北石梁镇）。陈改为沛郡。

泾南县　唐贞观八年（634）析泸川县置，属泸州。治所在今四川泸州市纳溪区东南。《旧唐书·地理志》泾南县：“在泾水之南。”因名。后废入泸川县。

泾原　唐方镇名。大历三年（768）置泾原节度使，治所在泾州（今甘肃泾川县北五里）。辖泾、原二州，相当今甘肃清水河中上游流域及泾川、镇原、灵台之泾水上游流域。贞元六年（790）兼领四镇北庭行军节度使。元和以后增领渭州、武州。乾元元年（758）号彰义军。光化二年（899）为凤翔节度使李茂贞所并。

泾原道　1913年由陇东道改置，属甘肃省。治平凉县（今甘肃平凉市）。辖境约当今甘肃环县、镇原、平凉、华亭以东和静宁、庄浪、张家川3县及宁夏固原地区所属诸县。1927年废。

泾原路　北宋康定二年（1041）置经略安抚使，治所在渭州（今甘肃平凉市）。辖境相当今甘肃蒲河以西，葫芦河以东，张家川回族自治县以北，以及宁夏固原、隆德、泾源、西吉等地。元符后辖境扩大。元丰中及宣和后一度增置转运使。金皇统二年（1142）废。

泾惠渠　1930—1935年建，自今陕西泾阳县西北引泾河水东南流，灌溉泾阳、高陵、三原等县土地，下游分流注入渭水。为近代第一座应用新技术建设的大型水利灌溉工程。原本是战国时之郑国渠，西汉时之白渠，唐宋以后屡有变迁，清后期引水困难，名存实亡。改建后渠水灌溉面积为五十九万亩。中华人民共和国成立后，又经整修、扩建，形成关中灌溉面积最大的水利灌溉工程。

泾溪　即赏溪。在今安徽泾县西南一里青弋江与泾水合流口。李白《别山僧泾川作》云：“何处名僧到水西，乘舟弄月宿泾溪。”

泾滩　①在今四川泸州市西。明《永乐大典》卷2218《泸州志》：泾滩“在泸之西十里。其滩两岸绝壁，下流有一石碛，流水浅急。相传诸葛武侯射蛮之地。俗名为赶箭滩”。

②亦作泾溪。在今四川长宁县南竹海镇（相岭场）一带。明曹学佺《蜀中名胜记》卷16引《寰宇记》：泾滩“在江安县南三十里。滩上有山刺天，瀑布飞洒。相传武侯誓蛮之地”。《宋史·蛮夷传四》：大中祥符六年（1013），王怀信、康训等讨晏州斗望，“两路兵会于泾滩置砦，遣康训部壕砦卒修泾滩路，以渡大军。俄为夷贼所邀，战不利，训颠于崖，死之，怀信引兵急击，大败之，追斩至泾滩”。即此。

泾滩砦　北宋大中祥符六年（1013）置，属淯井监。在今四川长宁县南竹海镇（相岭场）一带。《宋史·蛮夷传》：大中祥符间讨晏州多刚县斗望，“两路兵会于泾滩置砦，遣康训部壕砦卒修泾滩路，以渡大军”。

治山　即今黑龙江海林县西北治山村。中东铁路在此有开道支线。

治水　①上游即今山西、河北境内的桑干河及永定河。自今北京市西南卢沟桥以下，故道在今永定河以北。《汉书·地理志》雁门郡阴馆县：“累头山，治水所出，东至泉州入海。”

②即今山东平邑县东南浚河。《汉书·地理志》泰山郡南武阳：“冠石山，治水所出，南至下邳入泗。”

③即今山东东部之大沽河。《汉书·地理志》东莱郡曲成：“阳丘山，治水所出，南至沂（计斤）入海。”治水即《左传·昭公二十年》“姑尤以西”之姑。

“治世玄岳（嶽）”牌坊　即玄岳门。在湖北丹江口市西南武当山麓。建于明嘉靖三十一年（1552），相传进入此门即为朝山“神道”。牌坊全以石凿榫卯构成，高20米，宽12.81米，四柱三间五楼式。正中坊额刻“治世玄岳”四字，其额枋、栏柱分别以浮雕、镂雕和圆雕等手法，刻有仙鹤、游云和八仙人物故事。坊下有鳌鱼相对，顶饰吻兽，檐下枋心刻有各种花卉图案。雕刻精巧，造型生动。1988年定为全国重点文物保护单位。

治平寺石塔 又称嘉应寺石塔。在今河北赞皇县东南十里嘉应寺村北。寺建于隋开皇三年（583），初名嘉应寺。北宋治平二年（1065）改名治平寺。抗日战争中被毁。现存石塔三座，中心塔八角形，始建于唐天宝八年（749），为青石雕砌实心仿木结构楼阁式石塔，高16.3米。1996年定为全国重点文物保护单位。

治平县 金升治平砦置，属德顺州。治所即今甘肃静宁县西南八十里治平乡。元初并入陇干县。

治平洲 在今广西三江侗族自治县西南，为融江中沙洲。《方舆纪要》卷109怀远县“平山”条：“山东麓有治平洲，广数百亩，可以耕种。”《清一统志·柳州府》：治平洲“在怀远县（治所在今丹州镇）北七十里。广数百亩，可以耕种”。

治平砦 北宋治平四年（1067）置，属德顺军。即今甘肃静宁县西南八十里治平乡。金升为治平县。

治平镇 北宋置，属虞城县。在今河南虞城县境。

治易洞 在今四川乐山市东。《舆地纪胜》卷146嘉定府：治易洞“在九顶山后门，皇祐间郡守吴秘名，上有摩岩大字”。

治官县 即冶官县。在今四川威远县西北。治为冶之讹。

治城 ①即冶城。十六国前凉张氏筑，在今甘肃临夏县东北、莲花镇原唵哥集，现已没入刘家峡水库中。《资治通鉴》：南朝宋元嘉六年（429），西秦“南安太守翟承伯等据罕幵谷以应河西，暮末击破之，进至治城”。八年（431），“夏主畏魏人之逼，拥秦民十余万口，自治城济河，欲击河西王蒙逊而夺其地”。皆即此。治城即冶城之讹。亦即野城。

②即今四川北川羌族自治县西北治城乡。1935年川陕革命根据地在此置平北县

治城县 ①北魏孝昌三年（527）置，属汝北郡。治所在今河南汝州市西南。北齐废。

②北魏置，属建昌郡。治所在今甘肃临夏县东北、莲花镇原唵哥集（现已没入刘家峡水库中）。后为东泾郡治。北周废。

治涅水 即今朝鲜咸镜南道洪原之新翼川。《金史·高丽传》：康宗“遣石适欢以星显、统门之兵往至乙离骨岭，益募兵趋活涅水，徇地曷懒甸，收叛亡七城”。

泑泽 又名蒲昌海。即今新疆若羌县东北罗布泊。《山海经·西山经·西次三经》：不周之山，“东望泑泽，河水所潜也”。《水经·河水注》：“河水又东注于泑泽，即经所谓蒲昌海也。”

学士泉 在今广东广州市北。《清一统志·广州府》：学士泉“在番禺县北七里。明天顺中，学士黄练谪广州，品其水为岭南第一，因名”。泉水贮白瓷碗中，蘸墨滴入，黑沉而不散。

学山 在今江苏高淳县东一里。《方舆纪要》卷20江宁府高淳县：学山“学宫在其旁，因名”。

学田 即今浙江磐安县东南二十六里大盘镇驻地学田村。1939年至1949年为磐安县治。

学射山 一名斛石山、威凤山。即今四川成都市北十八里凤凰山，北宋范镇《仲元龙图兄邀游学射》诗注：“学射山者，以刘主禅于此学射，故名。”《资治通鉴》：唐光启三年（887），王建攻陈敬瑄，“败汉州刺史张顼于绵竹，遂拔汉州，进军学射山”。即此。

学堂梁子遗址 在今湖北郧县西北青曲镇弥陀寺村汉水左岸阶地上。先后发现两具早期人类头骨化石及石制品三百多件，主要是以当地砾石为原料制作的大型石器，有石核、石片、砍砸器、尖状器和刮削器等。另外，还发现大熊猫、东方剑齿象等第四纪更新世早期的哺乳动物化石二十余种。时代为早更新世晚期，距今80万年以前。古人类头骨化石既有直立人的原始特征，也有与早期智人相近之处，反映了远古人类进化过程的复杂性。丰富的石制品与动物化石的发现，为研究中国及东亚地区早期人类文化及第四纪古地理环境提供了重要材料。2001年定为全国重点文物保护单位。

宝力屯 亦作宝立屯。即今辽宁昌图县西北宝力镇。清光绪《奉天全省地舆图说图志》昌图府：宝力屯“在府城西北五十里”。

宝山 ①在今山西繁峙县东南。《方舆纪要》卷40繁峙县：“宝山在县东南九十里，有南冶谷，路通直隶唐县、定州之境。”

②在今上海市浦东新区高桥镇东北老宝山城稍西。《方舆纪要》卷24苏州府嘉定县：宝山在“县东南八十里。明永乐十年，命海运将士筑此以建烽堠，周六百丈，高三十丈，为海运表识，昼则举烟，夜则明火，海洋空阔，一望千里。先是，居民尝见其地有山影，至是山成，因名曰宝山”。旧宝山县以此名。明万历十年（1582）为海涛冲没。

③在今福建建宁县东。《方舆纪要》卷98建宁县：“宝山在县东二十五里。厥土白壤，宜陶。蓝溪经其下。有坪曰桐树坪，地势平夷，上多桐树。”

④在今山东苍山县西北。《方舆纪要》卷33沂州“艾山”条下：宝山“上有银坑。《志》云：宝山旁有乔家、黄泥、黑渗、白扭、双眸等洞。元时取银矿于此”。

⑤在今河南安阳县西南五十里。《明一统志》卷28彰德府：宝山“多产白石，陶人取以为器”。

⑥即今广东东莞市东南宝山。《元和志》卷34东莞县：宝山“在县东北五十五里”。《舆地纪胜》卷89广州：宝山“在东莞县。旧以山有宝置场烹银，名石瓮场，今山中有银滓犹存”。

⑦在今广东翁源县西北。《方舆纪要》卷102翁源县：宝山在“县（治今翁城镇）北二十五里。山产铜矾。高千仞，周百余里，巅有巨石，下有池，环绕左右，东岩出泉，深不可测。岑水盖源于此”。

⑧在今广东兴宁县东北。《方舆纪要》卷103兴宁县：宝山在“县东北六十里。高六十余丈，周三十里。势若树屏，循、潮二州之分水岭也。唐韦衮刺潮州经此，因名丞相岭。有巨石如马，外险中衍，曰石马峒。《志》云：元末陈友定采矿于此，得银数百万，因名宝山。明嘉靖中，贼据石马峒为乱，讨平之”。

⑨在今广东化州市旧城内。清光绪《高州府志》卷4化州：宝岭“一名宝山。在州城南隅，城垣跨山之巅，州堂面之，旧有览胜亭”。

⑩在今广东高州市东北四十五里。《舆地纪胜》卷117高州：宝山“在州治之后，去城二里。创登高亭于上，凭高一眺，郡之山、水、城市，表里如画，为一郡登临胜处。《图经》云：有麖鸣则赦书至”。《方舆纪要》卷104电白县：宝山“旧县治北一里。秀丽特立，形如园珠。宋绍兴间创登高亭，植松于上，为郡登临之胜。山之麓有送龙冈，其南为狮子坡，县治凭焉”。

⑪即今四川泸州市西郊之忠山。《舆地纪胜》卷153泸州：宝山“在州城。初名宝子山，为巡检廨。陈公损之，移廨山西，建堂其山，袁公说友名其堂曰‘江山平远’。易堡子为宝山，皆大书揭之。下瞰城郭，万瓦鳞集，两江合流，诸山拱揖，真胜绝也”。

⑫在今云南建水县西南。《方舆纪要》卷115建水州：宝山在“城西南二里。相传山产石宝，夜有火光”。

宝山—六道沟冶铜遗址 在今吉林临江市东南一百四十里的宝山镇和六道沟镇境内。遗址面积约20平方公里，包括古矿洞八处及古冶炼址、居址。矿洞最长者达800余米，古废渣堆五十二处。已发掘居住址一处、冶炼坑四处、水井一处、房址一处、灰坑三处，出土有鎏金铜带銙及铁器、陶器等物品。陶器有瓮、双耳重唇罐等，具有较明显的靺鞨—女真器物特征。宝山—六道沟冶铜遗址是东北地区发现的唯一一处唐渤海时期冶炼遗址群。2001年定为全国重点文物保护单位。

宝山千户所 明万历五年（1577）置，治所在今上海市浦东新区西北老宝山城。清顺治十五年（1658）裁。

宝山石头城 在今云南丽江市玉龙纳西族自治县城东北一百三十六里金沙江峡谷。是一座建在巨石上的特殊城堡。建于元代，当年为丽江路辖七州之一的宝山州治所。纳西族语叫“刺伯鲁盘坞”，意为“宝山白石寨”。元世祖至元十四年（1277）置宝山县，至元十六年建宝山州，州府即石头城。石头城建在0.5平方公里的巨石上。城北有天险太子关。城南有峭壁屏障。石头城中民居青瓦灰墙，鳞次栉比。巷道狭窄。民居内常以石为灶，为床，乃至凿石为缸。石头城仅设东、西两城门，建有城墙、烽火台、众将台等。城北10公里的太子关是古渡口遗址，东侧山腰有崖画。2006年定为全国重点文物保护单位。

宝山寺大殿 在今福建顺昌县西北大干镇上湖村宝山峰顶。为石构佛殿，南向。始建于元至正二十三年（1364），明万历四十二年（1614）重修。大殿面阔五间，进深四间，单檐悬山顶。花岗石仿木结构，除两扇大门外，柱、梁、斗栱、檩、屋面瓦件、脊饰、鸱吻俱为石材。原构为面阔三间、进深四间，明代重修时将东、西、北三面扩出，形成现有规模。屋顶举折平缓，尚具古意。因全用石材，故构件断面粗大敦厚。该殿有明确修建时间纪年，为研究我国南方宋元建筑形式及技术发展提供了宝贵的实物例证。2001年定为全国重点文物保护单位。

宝山州 元世祖至元十六年（1279）升宝山县置，属丽江路。治所在今云南丽江市玉龙纳西族自治县东北一百三十六里宝山石头城。明属丽江府。清顺治十六年（1659）废。

宝山县 ①金明昌七年（1196）改建昌县置，属昌州。治所在今内蒙古太仆寺旗西南九连城淖尔旁。元初废。

②元世祖至元十四年（1277）以大匮等七处置，属丽江路。治所在今云南丽江市玉龙纳西族自治县东北一百三十六里宝山石头城。至元十六年（1279）升为州。

③清雍正二年（1724）析嘉定县东境置，属太仓州。治所即今上海市浦东新区宝山。明永乐十年（1412）在今上海市浦东高桥筑有宝山，县以山名。民国初属江苏沪海道。1927年直属江苏省。1958年划入上海市。1988年撤销，改设宝山区。2009年撤销宝山区，并入浦东新区。

宝山、罕苏木墓群 在今内蒙古阿鲁科尔沁旗西北。宝山墓群在阿鲁科尔沁旗西北东沙布台乡宝山村西三里。长方形茔园，面积3400平方米，夯土墙，东、南各设一门，有瓮城。茔园内有十余座墓，列为三排。其中1号墓壁画题记为天赞二年（923），是已知时代最早的契丹贵族墓。1、2号墓室内饰有精美彩绘壁画，以“高逸图”、“降真图”、“寄锦图”、“颂经图”等为代表。画面布局较好，用笔简练流畅。画中众多盛装女子神态、服饰体现唐和五代遗风，展现了辽初绘画艺术的成就。罕苏木墓群在阿鲁科尔沁旗西北罕苏木（乡）东南六十里古日板呼舒牧村东北裂缝山南，为耶律羽之家族墓地。墓结构精细考究，以琉璃砖为建筑装饰材料，金碧辉煌，局部饰有彩绘壁画。墓中出土金银器、瓷器等精美文物达三百余件，充分体现了墓主人地位的显赫。墓中还出土一方近千字的楷书墓志，字口描金，记述了耶律羽之属皇族近支的显耀世系及其生平事迹，极具文献价值。此外墓地还发现了用大型实用车具殉葬的现象。2001年定为全国重点文物保护单位。

宝山城 唐南诏置，属镇西节度。在今云南盈江县北四十四里勐寻街。南诏后朝属丽水节度。

宝子砦 南宋置，属泸州。在今四川泸州市西郊忠山（旧名宝子山、宝山）。《元史·步鲁合答传》：世祖至元十一年（1274），“泸州叛，还军讨之，步鲁合答以所部兵攻宝子砦”。即此。

宝子塔　在今重庆市云阳县东。《方舆纪要》卷69云阳县：大江“又有宝子塔在治东大江中。古人凿石为塔，以为行舟之则。谚云：水浸宝塔足，下舟休要错”。民国《云阳县志》卷5：江水“又东五里为宝子塔滩，北为沱，沱岸大石林立。昔人于石上刻浮图形，高若丈许，舟人以为水计。其谚曰：水淹宝塔顶，十船九船稳，水淹宝塔足，十船九船没”。

宝丰（豐）县　①北宋淳化五年（994）升弋阳县宝丰场置，属信州。治所在今江西弋阳县南五十里。景德元年（1004）废为镇。康定中复置。庆历三年（1043）又废。

②北宋宣和二年（1120）改龙兴县置，属汝州。治所即今河南宝丰县。以县有冶铸场，故名。元至元三年（1266）废。明成化十一年（1475）复置。清属汝州直隶州。民国初属河南河洛道。1927年直属河南省。

③清雍正七年（1729）置，属宁夏府。治所即今宁夏平罗县东北宝丰镇。乾隆三年（1738）废。

宝丰（豐）监　北宋元丰六年（1083）置，属徐州。治所在今江苏徐州市东。《宋史·地理志》徐州宝丰监：“铸铜钱。”八年（1085）废。

宝丰（豐）镇　①北宋景德元年（1004）降宝丰县为镇，属弋阳县。故址在今江西弋阳县南五十里。康定中复升为宝丰县，庆历三年（1043）又降为镇。

②北宋置，属竹山县。即今湖北竹山县西北保丰镇。

③即今宁夏平罗县东北宝丰镇。清雍正七年（1729）置宝丰县，乾隆三年（1738）废为镇。

宝井山　在今甘肃成县东南十里。《旧唐书·穆宗记》：长庆三年（823），“移成州于宝井堡”。即此。

宝井堡　在今甘肃成县东南。《新唐书·地理志》成州：“宝应元年没吐蕃，贞元五年，于同谷之西境泥公山权置行州，咸通七年复置，徙治宝井堡。”

宝天铁路　即陇海铁路宝鸡（今陕西宝鸡市）至天水（今甘肃天水市）段。长154公里。1939年动工修建，1945年建成。今称陇海铁路宝天段。

宝云（雲）山　在今江西上高县南。《明一统志》卷57瑞州府：宝云山“在上高县南二十五里。嵌岩岌岦，霭翠珑璁，中有僧庐曰宝云院”。

宝云（雲）寺　又称千光王寺。在今浙江杭州市葛岭东北宝云山。乾德二年（964），吴越国王钱俶建。北宋苏轼“宝云楼阁闹千门”的诗句指此。

宝水　在今广西上林县西南。《方舆纪要》卷109上林县：“宝水在县西南十五里。有陂堰可溉田。”

宝月关　明置，在今云南广南县东南。《清一统志·广南府》：宝月关“在县东南五十里。《通志》：府南连山峭壁，惟此凿石通道，依氏设关其上，逾关旧有公署，今废”。

宝方山　一名宝胜山。又名资胜山。在今湖南武冈市东南二里。《舆地纪胜》卷62武冈军：宝方山“在济川门外。有岩洞八所，一栖真，二上屏，三太保，四朝阳，五迎阳，六芙蓉，七隐仙，八花乳，龙甲、神像皆滴乳所成”。

宝石山　①即石甑山。又名巨石山。在今浙江杭州市西湖北岸。宋《淳祐临安志》卷8“巨石山”条引《寰宇记》云：“吴越王钱氏号‘寿星宝石山’。”简称宝石山。山上有保俶塔。

②亦名玉印山、印山。在今重庆市忠县东北长江北岸石宝寨。《方舆胜览》卷61咸淳府：石宝山“在临江县东五十里”。嘉庆《四川通志》卷21忠州：石宝山“一名玉印山”。

宝石河　①即今黑龙江省宝清县。民国《吉林新志》下编：“宝清县，土名宝石河。”

②即今湖北通山县东南横石河。为富水支流。《明史·地理志》通山县：“东南有九宫山，宝石河出焉，下流合于富水。”

宝石河市塘　即今湖北通山县东南三十里闯王镇北宝石村。清光绪《湖北全省分图》：通山县东南有宝石河市塘。

宝田寺　在今江苏南京市。《资治通鉴》：隋开皇九年（589），围建康，陈后主命“忠武将军孔范屯宝田寺”。

宝仙圣洞　在今江西永新县东。《寰宇记》卷109吉州永新县：宝仙圣洞“在县东二十里。洞深数百步，内有石柳、石龙、石鼓、石棋枰。又方石若书案，旁二石若童子对立。唐天宝间，有言洞藏妙宝真符者，明皇命张均等祠求之”。《方舆纪要》卷87吉安府永新县：宝仙圣洞“其阳为王虚洞，宽可容千人。巨石壁立十数仞，上开天门，深可一二里。右为合壁洞，洞门双辟，如合扇然”。

宝宁县　①南齐置，属广熙郡。治所在今广东罗定市境。隋废。

②清乾隆元年（1736）置，为广南府治。治所即今云南广南县。《清史稿·地理志》：“西北有宝宁溪，县以此得名。”1913年改广南县。

宝宁溪　在今云南广南县西北。《方舆纪要》卷115维摩州：宝宁溪“在州（今砚山县西北维摩）东北百二十里。出宝宁山，南流合万年龙溪及折角溪之水，流入广南府界，汇于右江”。

宝成寺麻曷葛剌造像　在今浙江杭州市上城区紫阳山东麓宝成寺的岩壁上。开凿于元代至治二年（1322），题材为佛教密宗造像。龛高2.45米，宽4.1米，进深1.16米。龛内又开三个小龛，中间为本尊麻曷葛剌像，左侧为文殊骑狮像，右侧为普贤骑象像。龛楣浮雕金翅鸟三只，左右还有飞鸟和奔兽各一。大龛北侧壁有元代至治二年“朝廷差来官骠骑卫上将军左卫亲军都指挥使伯家奴”的汉文造像题记。麻曷葛剌造像造型较大，保存良好，刀法简练粗犷，和杭州飞来峰藏传佛教相比，风格不同，因此这处造像是研究藏密“梵式”造像发展的重要实物。另外，元代具有纪年题记的麻曷葛剌像在全国也很少见。麻曷葛剌是大日如来的梵语音译，意译是“大黑天”，元朝统治者奉为军神或战神。在南宋故都杭州雕刻此像，具有特别的意义。2001年定为全国重点文物保护单位。

宝光寺　①晋为石塔寺，北魏改名宝光寺。在今河南洛阳市东北汉魏故城西。《洛阳伽蓝记》卷4：“在西阳门外御道北。有三层浮图一所，以石为基，形制甚古，画工雕刻。”

②在今四川成都市新都区宝光街。相传始建于东汉。隋代名大石寺。唐广明元年（880）黄巢起义军攻破长安，唐僖宗逃到西川（治成都市），曾驻跸于此，命悟达国师重修庙宇，改名宝光寺。唐至明代屡毁屡修，现存建筑多为清代所建。寺坐北朝南，主要建筑集中在中轴线上，依次为山门、天王殿、舍利塔、七佛殿、大雄宝殿、藏经楼等，两边有钟楼、鼓楼、东方丈、西方丈、客堂、戒堂、禅堂等十六院。寺院东部有我国最大的一座罗汉堂，平面呈田字形，建于清咸丰元年（1851），内有罗汉塑像五百七十七尊，像高约2米，生动多姿。宝光寺内还保存有南朝梁大同六年（540）的石刻千佛碑及唐代“施衣功德碑”、元代金银书《华严经》、明代尊胜石幢、清代大藏经和石刻舍利塔及佛舍利等文物。该寺是四川地区现存较完整、规模较大的佛教寺院，平面布局保留了早期佛教寺院“寺、塔一体，塔踞中心”的特点。2001年定为全国重点文物保护单位。

宝华山　①在今江苏句容市北。南朝梁僧宝志曾结庵于此。明万历间在此建隆昌寺，后改名慧居寺。

②在今广西横县南二十里。《元丰九域志》卷9：宁浦县有“宝华山”。《舆地纪胜》卷113横州：宝华山“山顶尝有宝异之气。陶弼有《宝华亭》诗”。

③在今广西桂林市西北。《方舆纪要》卷107临桂县：宝华山“在府治西北。《志》云：夹北城而西，是为宝华，当山中断，续以雉堞，下有重门，即西清门也”。

宝庄　即今新疆鄯善县。《宋史·高昌传》：太平兴国六年（981），王延德出使高昌，从鬼谷口避风驿“凡八日至泽田寺。高昌闻使至，遣人来迎，次历地名宝庄”。

宝庆县　1913年改邵阳县置，属湖南湘江道。治所即今湖南邵阳市。1922年直属湖南省。1926年复改邵阳县。

宝庆府　南宋宝庆元年（1225）升邵州置，治所在邵阳县（今湖南邵阳市）。辖境相当今湖南邵阳市及新邵、邵东、新化等县地。元世祖至元十四年（1277）升为宝庆路。明洪武元年（1368）复改宝庆府。辖境扩大至今武冈、新宁及城步苗族自治县地。1913年废。

宝庆路　元世祖至元十四年（1277）升宝庆府置，属湖南行省。治所在邵阳县（今湖南邵阳市）。辖境相当今湖南邵阳市及新化、新邵、邵东等县地。明洪武元年（1368）改为宝庆府。

宝关山　在今云南大姚县西北。《清一统志·楚雄府》：宝关山“在白井司西一里。山高百仞，为行盐要路。土人以盐为宝，因名宝关”。

宝州　①唐万岁通天二年（697）以昆明夷内附置，属黔州都督府。治所即今贵州大方县。后废。

②唐置，为羁縻州，属芳池州都督府。在今甘肃华池县西北境。后废。

宝江　即今广西贵港市西鲤鱼江。《舆地纪胜》卷111贵州：宝江“在州西二里。即浮江水，一曰宝江。来自宾州界，入郁江”。

宝江驿　明洪武时置，在今广东河源市城南江滨。

宝兴军　五代北汉置，治所在今山西繁峙县东南八十里五台山东北麓。《新五代史·东汉世家》：五台山僧继颙“又于柏谷置银冶，募民凿山取矿，烹银以输，刘氏仰以足用，即其冶建宝兴军”。北宋废为宝兴军寨。

宝兴县　1930年改穆坪设治局置，属四川省。治所即今四川宝兴县。据1985年《宝兴县地名录》云：宝兴县取《中庸》篇“宝藏兴焉”之义。1939年改属西康省。1955年复属四川省。

宝兴银场　北宋属龙岩县，在今福建龙岩市南。《宋史·地理志》漳州龙岩县：“有大济、宝兴二银场。”《清一统志·龙岩州》：银场“《县志》：宝兴铅锡场，在县南龙津桥。今废为民居”。

宝兴镇　即佛山镇。今黑龙江省嘉荫县东南保兴乡。民国《黑龙江志稿》卷2：佛山县有宝兴镇。

宝安州　元世祖至元十五年（1278）割建乡城十四村及建蒂四村置，属建昌路。治所在今四川西昌市境。二十六年（1289）废。

宝安县　①东晋咸和六年（331）置，为东莞郡治。治所即今广东深圳市西宝安区。《舆地纪胜》卷89广州：宝山“旧以山有宝置场烹银”，因以为名。隋属南海郡。唐属广州，至德二年（757）改为东莞县。宋废。1914年改新安县复置，属广东粤海道。治所仍在今深圳市西南头镇。1920年直属广东省。1953年迁治深圳，1979年撤县改为深圳市。1982年复置，移治新安镇，1992年改为宝安区。

②北宋置，属羁縻金城州。治所在今广西河池市东境。后废。

宝秀关　在今云南石屏县西北三十里宝秀镇。明置巡司于此。清废。

宝应寺　在唐长安城道政坊，今陕西西安市内。宋敏求《长安志》卷9：宝应寺“《代宗实录》与《会要》曰：‘本王缙宅。缙为相，溺于释教，妻李氏，实妾也。大历四年，以疾请舍宅为寺。代宗嘉之，赐以题号。'"寺内有韩幹等人绘画。

宝应州 南宋宝庆三年（1227）升宝应县置，治所即今江苏宝应县。后改为宝应军。

宝应军 南宋宝庆三年（1227）改宝应州置，治所即今江苏宝应县。元世祖至元十六年（1279）改置安宜府。

宝应县 唐上元三年（762）改安宜县置，属楚州。治所即今江苏宝应县。《旧唐书·地理志》载："肃宗上元三年建巳月，于此县得定国宝十三枚，因改元宝应，仍改安宜为宝应。"南宋宝庆三年（1227）升为宝应州，不久改宝应军。元世祖至元十六年（1279）改置安宜府，二十年（1283）复改宝应县，属高邮府。明属扬州府高邮州。清属扬州府。民国初属江苏淮扬道。1927年直属江苏省。

宝鸡山 即陈仓山。今陕西宝鸡市东南四十里鸡峰山。《新唐书·地理志》：宝鸡县有宝鸡山。

宝鸡市 1949年解放后由宝鸡县城区及近郊析置，治所即今陕西宝鸡市。1971年升为地级市。

宝鸡县 唐至德二年（757）改凤翔县置，属凤翔府。治所即今陕西宝鸡市。《元和志》卷2宝鸡县："以昔有陈宝鸡鸣之瑞，故名之。"民国初属陕西关中道。1928年直属陕西省。1949年析置宝鸡市，1950宝鸡县迁治虢镇。2003年改设宝鸡市陈仓区。

宝纶阁 在今安徽黄山市徽州区（岩寺镇）北呈坎村。为罗东舒祠（罗氏宗祠）的后堂。

宝顶山 即宝鼎山。在今重庆市大足县东北三十里。山上有宝顶寺。

宝顶山摩崖造像 在今重庆市大足县城东北三十里宝顶山。摩崖石刻为宋蜀中名僧赵智凤募化主造，自南宋淳熙六年（1179）至淳祐九年（1249），历时七十余年。石刻共十三处，造像数以万计。以大佛湾和小佛湾规模为最大。巨型雕刻三十余幅，最著者有六道轮回、华岩三圣像、千手观音像、释迦涅槃圣迹图、九龙浴太子、孔雀明王经变、无量寿佛经变像、地狱变像等。对研究宋代社会生活提供了丰富的资料。1961年定为全国重点文物保护单位。1996年石门山摩崖造像归入该保护单位。

宝坻县 金大定十二年（1172）升新仓镇置，属大兴府。治所即今天津市宝坻区。《清一统志·顺天府三》引金刘晞彦《新建宝坻县记》："盐乃国之宝，取如坻如京之义，命之曰宝坻。"承安三年（1198）升为盈州，寻复为宝坻县。民国属河北省。1973年划属天津市。2001年改设宝坻区。

宝林山 在今江西峡江县西南。《舆地纪胜》卷34临江军：宝林山"在新淦县南八十里。有寺曰天长"。《清一统志·临江府》：宝林山"在峡江县（治今巴邱镇）西二十里。群岫环拥，竹树阴森"。

宝林寺 在今湖北广水市北二十里。《清一统志·德安府》：宝林寺"前临大河，基周数里。后有松、栗二坪，木皆参天。宋、元皆有碑碣。明洪武间赐名正觉寺"。

宝轮寺 又名白崖寺。在今重庆市西北沙坪坝区磁器口。为重庆著名古佛寺。据清乾隆《巴县志》载："宝轮寺，直里一甲龙隐山白崖镇。宋治平间建。明成化十一年重修。有万历时邑人周宗武碑。大殿左危崖竦立，有观音阁。"

宝轮寺塔 在今河南三门峡市陕州故城东南隅宝轮寺旧址上。该塔全名宝轮寺三圣舍利塔，建成于金大定十七年（1177）。坐北朝南，为方形十三级叠涩密檐式砖塔，高27.2米。用青灰条砖一顺一丁砌成，塔身向上收分，每层高度均匀递减，外轮廓呈抛物线形。塔身第一层正面辟圆券门，入门经一通道即入塔心内室。塔心内室平面为正方形，每层有一室壁设有脚磴通往上层。第六层以上砌实。原塔刹已毁，现塔刹为1990年修复时所建。宝轮寺塔为古代四大回音建筑之一。2001年定为全国重点文物保护单位。

宝昌州 元延祐六年（1319）改昌州置，属兴和路。治所在今河北沽源县西九连城。明废。

宝昌设治局 1917年析太仆寺左右翼牧群及察哈尔镶白、正蓝二旗各一部分地置，属察哈尔特别区兴和道。治所在今内蒙古太仆寺旗驻地宝昌镇。1925年改为宝昌县。

宝昌县 1925年改宝昌设治局置，属察哈尔特别区兴和道。治所即今内蒙古太仆寺旗驻地宝昌镇。1928年属察哈尔省。1948年与沽源县合并为宝源县，1950年复设宝昌县。1956年撤销宝昌县，并入太仆寺左旗（改设太仆寺旗）。

宝城 即隋唐东都皇城。在今河南洛阳市隋唐故城中。《资治通鉴》隋大业十一年（615）载："有二孔雀自西苑飞集宝城朝堂前。"胡三省注："皇城盖即隋之宝城。"

宝城山 在今四川宣汉县西北四十里。《清一统志·绥定府一》：宝城山"四面险峻，斜通一径，上有坪有寨，亦以宝城名"。

宝城县 南朝宋孝建三年（456）析郾县置，属义阳郡。治所在今河南罗山县西。南齐改为保城县。

宝带山 在今贵州黎平县南三里。《方舆纪要》卷121黎平府：宝带山"蟠旋如带，亘二十余里，绕城西北皆山麓也"。

宝带江 在今贵州黎平县西南三里。《方舆纪要》卷121黎平府：宝带江"源出石井山下之庄家潭，东北流绕宝带山，沿城西北至府城北五里，汇于敛材溪，又东北经挂榜山，又北经亮砦西，又北入于沅江"。

宝带桥 在今江苏苏州市吴中区长桥镇古运河西侧。初建于唐元和年间（806—820），明正统十一年（1446）重建为现有型制与规模。桥全长316.08米，两端孔脚间长249.8米，整桥采用五十三孔连拱薄墩形式，桥身狭长如带，多孔连缀。在桥体结构上，采用"柔性墩"与"刚性墩"相结合的方法，柔性墩可减轻桥身的重量，刚性墩可防止多孔桥连续倒塌。宝带桥的桥身之长、桥孔之多、结构之精巧，在中外古代桥梁中较为罕见。桥中间两侧水盘石上有宋代石塔一座，五面八级，高4米，以整块青石雕凿而成，上刻海浪云龙纹，每级各面雕凿佛龛、佛像。桥北堍有一碑亭，清同治十一年（1872）重建，单檐歇山顶，石质仿木结构，高6.13米。2001年定为全国重点文物保护单位。

宝相寺 在今浙江新昌县西南四里南明山。《清一统志·绍兴府一》：宝相寺“在新昌县西南南明山。齐永明中，僧护凿石造弥勒佛像，高百尺，因建寺”。南朝梁刘勰有《宝相寺记》。

宝香亭 在今湖北省钟祥市市内。《舆地纪胜》卷84郢州：宝香亭“在龙兴寺北”。唐皮日休为记。

宝泉山 ①在今甘肃西和县北。《明一统志》卷35巩昌府：宝泉山“在西和县北二十里，上有湫池”。

②在今云南祥云县西北二十里。《方舆纪要》卷117云南县：宝泉山“九峰相并，望之簇如青莲，石穴空洞，盘折而升，一名九鼎山”。

宝泉监 北宋熙宁七年（1074）置，属鄂州。在今湖北武汉市武昌城区。元废。

宝胜山 在今福建罗源县东北。《清一统志·福州府一》：宝胜山“在罗源县东北。山最高大。黄沙溪水出焉”。

宝祐城 在今江苏扬州市西北七里。旧名堡城。《方舆纪要》卷23扬州府：宝祐城，“《志》云，城周千七百丈，遗隍断堑，隐隐可寻，即隋迷楼故基也。宋宝祐四年，贾似道奉诏筑，所谓包平山而瞰雷塘者”。

宝屏山 ①一名登云山。在今四川长宁县南双河镇北。《舆地纪胜》卷166长宁军：“军治负据宝屏山，牛心峰在左，笔架峰在右，西南与棫山诸峰为对”。《方舆胜览》卷65长宁军：宝屏山“军治之主山，与棫山诸峰相对。”《方舆纪要》卷70长宁县：宝屏山在“县治（今双河镇）北一里。环列如屏，县之主山也。一名登云山”。

②在今四川屏山县(新发乡）西南。《方舆纪要》卷73马湖府屏山县：宝屏山在“府（旧治屏山县锦屏镇）东十里。山如屏蔽，县以此名”。

宝珠山 在今安徽望江县东北五十里。《方舆纪要》卷26望江县“磨叉山”条下：“又北二十里曰宝珠山，山近漳湖，滨湖诸山皆伏，山独圆秀而杰出，因名。”

宝珠洞 在今北京市西山八大处中第七处。位于平坡山顶。有正殿一座、配殿两座，殿后有岩洞，宽广约5米。因洞为砾石胶结岩，形如黑白两色的珠子粘合在一起，故名“宝珠”。洞前有敞亭，名眺远亭。明《帝京景物略》卷6：“宝珠洞，洞石黑、白点糁之，珠名以此。”

宝珠溪 在今重庆市大足县南四十里。明曹学佺《蜀中名胜记》卷17大足县：“唐贞观时，渔人郭福者，夜捕鱼，见水际有光。即之，有蚌如斗。剖得珠径寸。献之。太宗赐以积善井碑，碣存。”

宝珠寨 明置，属石泉县。在今四川北川羌族自治县西北。《方舆纪要》卷73石泉县：宝珠寨在“县北百二十里。《志》云：宝珠古寨口与县西北百五十里之赤珠古寨口，俱为番蛮出入要口。昔时立此二寨，以限隔之。今故址犹存”。

宝峰山 ①即今重庆市大足县东北三十五里宝鼎山。《舆地纪胜》卷161昌州：宝峰山“在大足县东三十里。有龛岩，道者赵智凤修行之所”。

②又名白马山。在今四川广元市西十里。《舆地纪胜》卷184利州：白马山，“《寰宇记》在绵谷县。后汉张平子少学业于此。《图经》：又名宝峰山，有白马观在焉”。《元史·宪宗记》：八年（1258）“冬十月壬午，帝次宝峰。癸未，如利州”。

③又名擂鼓山。在今云南腾冲县西十里。元代至今称宝峰山。《元混一方舆胜览》腾冲府：宝峰山“在府西。古高僧摩竭陀修行所”。

宝峰川镇 在今河北怀来县（沙城）南。《方舆纪要》卷17保安州：宝峰川镇“相近者有安树寨、豺狼峪、庄窠涧等口，南达大龙门口不过一二十里，与涿州接界。弘治中，抚臣周纲言：宝峰川通宣化府要路，三十八盘、分水岭、荞麦川三者最急，是也”。

宝积山 ①在今安徽马鞍山市西临江。《舆地纪胜》卷18太平州：宝积山“在当涂县采石山北。其山古有取铜坑一所，宝积之名取此”。

②北宋置，属宜州。在今广西河池市西。《舆地纪胜》卷122宜州：宝积监“自河池而西五十里，坑户穴地深五十丈，取矿入炉，烒炼成银”。

③即今广西桂林市区宝积山，与叠彩山仙鹤峰东西相对。《明一统志》卷83桂林府：宝积山“与华景山相连，多诡石怪木，山东隅有岩，石乳融结。旧名吕公岩”。

④在今广西融安县东南泗顶镇北。《明一统志》卷83柳州府：宝积山“在融县东五十里。其山两峰相连，产铁及芦甘石”。

宝积监 北宋置，属宜州。在今广西河池市西。《舆地纪胜》卷122宜州：宝积监“自河池而西五十里，坑户穴地深五十丈，取矿入炉，烒炼成银”。

宝积铁场 北宋置，属邵武县。即今福建邵武市西南大阜岗镇东宝积。《元丰九域志》卷9邵武军邵武县有宝积铁场。

宝唐水 即今江西崇仁县西南公陂河。《元丰九域志》卷6：崇仁县有宝唐水。《明一统志》卷54抚州府：宝唐水“在崇仁县西一百二十里。源出宝唐山，下流合巴水”。

宝通寺 在今北京市通州区南门外。光绪《通州志》卷2：宝通寺，“明天顺七年，内监张文锋建，敕赐额名宝通”。

宝通州 元泰定四年（1327）置，属顺宁府。治所在今云南云县。明洪武十五年（1382）废。

宝通禅寺　在今湖北武汉市武昌区洪山南麓。南宋端平年间由湖北随州大洪山迁此。原名崇宁万寿禅寺，明成化二十一年（1485）改今名。现存殿宇多系清同治四年（1865）至光绪五年（1879）建筑。主要建筑有山门、接引殿、大雄宝殿、祖师殿等。为武汉市佛教四大丛林之一。

宝停汛　清雍正八年（1730）置，属万州。即今海南省保亭黎族苗族自治县。置巡司于此。乾隆三年（1738）改属陵水县。1935年于此置保亭县。

宝盖山　①在今江苏镇江市西。《清一统志·镇江府一》：宝盖山“在丹徒县西四里。有茅山道院”。

②即今福建石狮市东南宝盖山。明《寰宇通志》卷46泉州府：宝盖山“在晋江县南。上有石塔（姑嫂塔），宏壮耸拔，自海还者以塔为抵岸之期”。

③一名西山。在今湖北郧县西南三里。《水经·沔水注》：“汉水又东径郧乡县南之西山。”《元和志》卷21郧乡县：西山“今名宝盖山，在县西南三里。其山南临汉水”。

④在今湖南浏阳市东北七十里。《方舆纪要》卷80浏阳县：宝盖山“群山壁立，状若张盖”。

⑤在今广西永福县西北寿城乡北一里。《方舆纪要》卷107永宁州：宝盖山在“州北一里。州之主山也，黄源水出焉”。光绪《永宁州志》卷2：宝盖山，“平畴之中，一山突起，圆如宝盖，为州之主山。俗呼馒头山，亦以形似也”。

⑥又名白象山，在今重庆市荣昌县南。明曹学佺《蜀中名胜记》卷17荣昌县：“《志》云：南一里曰宝盖山。有卧佛寺，叠形如皂盖，园净明朗，耸翠炫奇。”《清一统志·重庆府一》：宝盖山“在荣昌县南一里。宋置宝盖镇以此名。《旧志》：明初于镇改置荣昌县，即今县治”。

⑦在今云南保山市城西北。《方舆纪要》卷118保山县：宝盖山“在城西北永镇门外。以形似名。山势峻嶒，为众山之冠。右曰梯山，左曰玉壶山，山麓有石窦，流泉甚清”。

⑧在今甘肃张家川回族自治县北。《方舆纪要》卷59秦州清水县：宝盖山“在县北百五十里。顶平如盖，因名。其地东连关山，北抵静宁”。

宝盖洞　即今浙江常山县西南球川镇白鸽洞。《方舆纪要》卷93常山县：宝盖洞“在县西五十五里球川之上。正德七年以姚源盗起，置戍于此”。

宝盖寨　南宋嘉定十一年（1218）置，属晋江县。即今福建晋江市南端围头。元废。

宝盖镇　北宋置，属昌元县。即今重庆市荣昌县。明曹学佺《蜀中名胜记》卷17荣昌县：“今荣昌，乃古宝盖镇。”

宝清县　1916年析密山、同江二县置，属吉林省依兰道。治所在宝石河（今黑龙江省宝清县）。因濒宝清河得名。清乾隆《盛京通志》卷27：“蒙古语，波亲（宝清），猴也。”1928年直属吉林省。1945年划归合江省。1949年划归松江省。1954年划归黑龙江省。

宝塔山　①在今贵州惠水县西南卢山镇西。《方舆纪要》卷121定番州“卢山”条下：“宝塔山在司（卢山长官司，今卢山镇）西五里。峰峦尖削如塔。”

②又名嘉岭山。在今陕西延安市东南侧延河岸边。因有塔而俗称宝塔山。《清一统志·延安府》：嘉岭山“在肤施县东南一百八十步南河滨。形势高峻，上有古塔。《隋志》：肤施县有丰林山，疑即此”。塔建于万历三十六年（1608），清代多次修葺，为八角形九层砖塔，高44米。1937年7月1日以后，中共中央驻延安，宝塔山遂成为延安的象征。

宝塔坝　在今四川开江县东南讲治镇西。1933年红四方面军与国民党军激战于此。

宝堰镇　即今江苏镇江市丹徒区南宝埝镇。清光绪《江苏全省舆图》丹徒县：“宝堰镇在城西南七十三里。”民国《江苏六十一县志》：镇江县西南有“宝堰镇”，“宝堰距治七十三里，东西南三面与丹阳、句容、金坛三县连界，地形四达，商旅凑集”。

宝鼎山　①亦作宝顶山。古名宝峰山。在今重庆市大足县东北三十里。明曹学佺《蜀中名胜记》卷17大足县：“宝顶寺，唐柳本尊学吴道子笔意。环崖数里，凿浮图像，奇谲幽怪，古今所未有也。”宝顶寺又曰圣寿寺、圣寿院，在宝顶山上。宋代摩岩造像共十三处，造像数以万计。

②亦名雪拦山。即今四川松潘县东三十里宝鼎山。为岷山主峰，海拔5588米。明张瀚《松窗梦语》卷3西番记：“松潘城之东三十里，为雪阑山，四时积雪不消，俗呼宝鼎，即古岷山也。”

宝鼎县　唐开元十一年（723）改汾阴县置，属蒲州。治所在今山西万荣县西南宝井村。《旧唐书·地理志》：“开元十一年，玄宗祀后土，获宝鼎，因改为宝鼎。”乾元三年（760）属河中府。北宋大中祥符三年（1010）改荣河县。

宝像塔　在今湖北武汉市武昌区蛇山上。元顺帝至正三年（1343）建。清刘献廷《广阳杂记》卷4：“黄鹤楼建汉阳门城楼上，巍巍百尺，西向大江。楼前有白石浮图，工丽无比，如西番阿育王塔式，四周皆镌大梵书，恨不能译其语；南向建石坊，题曰胜像宝塔。大元至正中，威胜王太子建。”1955年因建长江大桥，拆迁至司门口附近山上。

宝源山　①在今广东阳山县东三十里。《方舆纪要》卷101阳山县：宝源山“山产黑铅，居民尝采取之。宏治九年，奸徒相结为盗，始禁不复采”。

②亦名宝山、宝泉山。在今重庆市巫溪县北宁厂镇北谭家墩西。《舆地纪胜》卷181大宁监：宝山“在监北一十七里。宝山半有穴如瀑泉，即咸泉也。山有牡丹、芍药、兰蕙，气象盘蔚，大宁诸山，惟此独雄”。道光《夔州府志》卷6：宝源山“在（大宁）

县北三十五里。旧名宝山”。

宝源县　1948年由宝昌、沽源二县合并设置，属察哈尔省。治所即今河北沽源县。1950年撤销，复为宝昌、沽源二县。

宝溪　即今浙江曹娥江上源澄潭江。《方舆纪要》卷92绍兴府嵊县：宝溪“在县西南三十里。《志》云：源自天台，行百二十里为宝溪，又北流十里为上碧溪，至县南十里合于新昌溪，又西北会于剡溪”。

宝溪山　在今湖南靖州苗族侗族自治县东北十五里。《舆地纪胜》卷72靖州：宝溪山“其下有溪，大抵洞中诸溪皆产金，故以宝名”。

宝殿　北齐时建。在今河北临漳县西南古邺南城宫内。《北史·齐后主纪》载：“乃更增益宫苑，造偃武、修文台。其嫔嫱诸院中，起镜殿、宝殿、玳瑁殿，丹青雕刻，妙绝当时。”

宝墟　即今广东化州市东北宝圩镇。清光绪《高州府志》卷10化州：宝圩在“州北一百九十里”。

宝墩古城址　在今四川新津县西北龙马乡。平面呈长方形，面积达60万平方米。是成都平原著名史前城址之一。

宝鞍山　即锦屏山。在今四川阆中市南三里嘉陵江岸。《舆地纪胜》卷185阆州：宝鞍山“即锦屏山也”。

宝幢市　即今浙江宁波市鄞州区东五乡镇东宝幢。清光绪《鄞县志》卷2《市镇》引《乾道图经》，谓宋代有宝幢村。并载：宝幢“距城四十里”。

宝墨亭　①在今江苏镇江市东北焦山上。《舆地纪胜》卷7镇江府：宝墨亭，“苏子美诗：山阴不见换鹅经，京口今传瘗鹤铭”。《清一统志·镇江府二》：宝墨亭“以贮王奂之所集右军书陀罗尼经幢，及华阳真逸瘗鹤铭”。

②在今河南睢县北四里北关村西乾明寺旧址。《清一统志·归德府二》：宝墨亭“宋苏轼适岭表，信宿于此，书《洞庭春色》、《中山松醪》二赋。后人刻于石，建亭以覆之”。

宝髻　即悉补野的异译。西藏吐蕃王朝建政前的称号。《册府元龟·外臣部》：“自号吐蕃为宝髻。”地在今西藏乃东、穷结县境。

宗　夏商至春秋时国名。偃姓。在今安徽舒城县东南。《左传》：文公十二年（前615），“子孔执舒子平及宗子，遂围巢”。

宗水　今青海省湟水中游之别名，因流经宗哥城（今青海平安县）而得名。《宋史·王厚传》：崇宁三年（1164），“厚帅大军次于湟，命（高）永年将左军循宗水而北，别将张诫将右军出宗谷而南，自将中军趋绥远，期会宗哥川。羌置陈临宗水，倚北山”。

宗艾镇　清置，属寿阳县。即今山西寿阳县西北二十里宗艾镇。

宗札萨克旗　和硕特西左翼后旗的俗称。在今青海都兰县西南雄曲卡一带。

宗丘　春秋楚邑。在今湖北秭归县北。《左传》：昭公十四年（前528），“楚子使然丹简上国之兵于宗丘，且抚其民”。

宗州　①唐武德四年（621）置，治所在宗城县（今河北威县东南二十里古城）。辖境相当今河北威县、南宫、枣强等县地。九年（626）废。

②唐贞观十一年（637）改西宗州置，治所在宗居县（今云南祥云县东南三十四里云南驿镇东旧站）。辖境约当今云南祥云县东南部地。后废。

③金天德三年（1151）改来州置，治所在来宾县（今辽宁绥中县西南前卫镇）。辖境相当今河北山海关以东、六股河中游以西地区。泰和六年（1206）改名瑞州。

宗安县　金明昌六年（1195）改来宾县置，为宗州治。治所在今辽宁绥中县西南前卫镇。泰和六年（1206）改为瑞安县。

宗谷　即绥边砦。在今青海互助土族自治县西南。《宋史·地理志》西宁州：绥边砦“旧名宗谷，崇宁三年建筑，后改今名”。

宗角　在今西藏拉萨市。清《西藏图考》卷5：宗角“在布达拉北二里许，林木荫翳，景致甚幽，亦达赖喇嘛避暑处”。

宗泽墓　在今江苏镇江市京岘山北坡。宗泽（1059—1128），字汝霖。浙江义乌人。南宋名将。死后与夫人陈氏合葬于此。墓碑刻有“宋宗忠简公讳泽之墓”。

宗居县　唐武德四年（621）置，为西宗州治。治所在今云南祥云县东南三十四里云南驿镇东旧站。贞观十一年（637）为宗州治。后废。

宗城县　隋仁寿元年（601）改广宗县置，属贝州。治所在今河北威县东南二十里古城。大业初属清河郡。唐属贝州，天祐三年（906）改为广宗县。五代唐复为宗城县。北宋属大名府，崇宁四年（1105）移治今威县东五十里邵固。金改属洺州，元废。

宗胡　战国楚邑。在今安徽阜阳市。《史记·越王句践世家》：“商、於、析、郦、宗胡之地，夏路以左，不足以备秦。”

宗洽瓦遮　省称宗瓦。包括相近的宗洽（即今大中巧）、瓦遮（即今大瓦遮）两部分。在今云南元阳县东南。清代为建水州辖十五勐之一，设掌寨。

宗哥川　亦作宗噶尔川。即牛心川水。亦即今青海湟中县东之南川河。《宋史·王厚传》：崇宁三年（1104）四月，“厚帅大军次于湟。命（高）永年将左军，循宗水而北。别将张诫将右军，出宗谷而南。自将中军趋绥远，期会宗哥川”。《清一统志·西府一》：牛心川水，“《旧志》：宗哥川在卫西南九十里，亦即今南川水之异名也”。

宗哥城　唐时吐蕃于龙支县地置，即今青海平安县城。《宋史·唃厮啰传》：“唃厮啰者，绪出赞普之后……宗哥僧李立遵、邈川大酋温逋奇略取厮啰如廓州，尊立之。部落浸强，乃徙居宗哥城，立遵为论逋佐之。”即此。北宋元符二年（1099）改名龙支城。

宗高谷　在今宁夏银川市西北贺兰山后。《资治通鉴》：唐天祐三年（906），“灵武节度使韩逊奏吐蕃七千余骑营于宗高谷，将击嗢末及取凉州”。《方舆纪要》卷62宁夏镇：宗高谷“在镇西北。……谷盖在贺兰山后”。

宗营镇　清置，属褒城县。即今陕西汉中市西北宗营镇。

宗喀宗　又作宗嘎、荣哈。即今西藏吉隆县驻地宗嘎镇。“宗嘎”藏语意为可爱的城堡。清松筠《西招纪行诗》注：“定日汛岔路有三，一西北行四日至宗喀。”1960年撤销，与吉隆宗合并，设立吉隆县。

宗渡河　在今湖北蕲春县南。《清一统志·黄州府》：宗渡河“在蕲州（治今蕲春县西南蕲州镇）东八十里。西流入蕲河”。

宗噶　即宗喀。今西藏吉隆县驻地宗嘎镇。

定山　①在今江苏江阴市东。《舆地纪胜》卷9江阴军：定山“在县东四十里。有定山寺”。《清一统志·常州府一》：定山“在江阴县东二十里。一名女山。唐法响禅师驻锡于此。有玉乳泉，一名虎跑泉”。

②一名浙山。在今浙江杭州市西南周浦乡境。《水经·渐江水注》：钱唐“县东有定、包诸山，皆西临浙江，水流于两山之间，江川急浚”。《寰宇记》卷93钱塘县：定山“在县西四十七里，突出浙江数百丈，又按《郡国志》云：涛至此辄抑声，过此便雷吼霆怒，上有可避涛处，行者赖之，云是海神父家”。南朝宋泰始二年（466）沈思仁等破东军于定山，唐光启二年（886）钱镠遣将自定山出海门讨薛朗，均此。原为钱塘江中江心岛，元后泥沙淤积，钱塘江江道东移，遂成陆上岗丘。

③在今湖北房县南七里。西晋潘岳《闲居赋》：“房陵朱仲之李”出此。《舆地纪胜》卷86房州：“吴曾《漫录》云，房陵定山有朱仲李园三十六所。”

④在今广东肇庆市北。《隋书·地理志》：高要县“有定山”。《清一统志·肇庆府》：定山，“《府志》：嵩台即定山也。有七星岩”。

定山寺　在今江苏南京市江北浦口大顶山狮子峰下。南朝梁天监年间，萧衍为高僧法定建精舍于此，敕名“定山寺”。天竺国（今印度）高僧达摩也曾在此驻锡，面壁三年。今存达摩岩、面壁处、宴坐石、卓锡泉及明弘治四年（1491）的达摩画像石碑诸胜。

定山江　即今浙江杭州市萧山区西与杭州市界上弯曲段钱塘江。《方舆纪要》卷92绍兴府萧山县：定山江“即浙江也，在县西四十里”。

定川　在今四川高县西南。《元史·地理志》：“四十六囤蛮夷千户所，领豖蛾夷地，在庆符向南抵定川，古夜郎之属，唐羁縻定州之支江县也。”

定川江　即今广西玉林市西南车陂江。《舆地纪胜》卷121郁林州：定川水，“《元和志》：在故牢州定川县”。《方舆纪要》卷108郁林州“鸦桥江”条下：定川江“在州西南二十里。源出兴业县之葵山，绿鸦水流入焉，共注于南流江”。

定川县　①南朝梁大通二年（528）置，属临川郡。治所在今江西抚州市临川区东北雷坊。隋开皇九年（589）并入临川县。

②隋平陈后改定川郡置，属越州。治所在今广西玉林市西南成均镇古城。《新唐书·地理志》定州：“以定川水名之。”大业初属合浦郡，后废入北流县。唐武德四年（621）复置，属潘州。治所在今玉林市西。贞观八年（634）为潘州治。乾封三年（668）属牢州。北宋开宝五年（972）废。

定川郡　①南齐置，属越州。治所在兴昌县（今广西玉林市西南）。隋废。

②唐天宝元年（742）改牢州置，治所在南流县（今广西玉林市）。辖境相当今广西玉林市东部、南部之地。乾元元年（758）复改为牢州。

定川砦　北宋庆历二年（1042）置，属镇戎军。在今宁夏固原市西北二十五里中河乡大营村黄咀古城。金省。

定川溪　即今四川筠连县西北筠连河。《方舆纪要》卷70筠连县：定川溪“在县治西北。乱流自山而下，汇积成溪，其下流入石门江，注于大江”。

定乡县　清光绪三十四年（1908）置，属巴安府。治所即今四川乡城县。1914年属川边特别区。1939年属西康省。1951年改为乡城县。

定王台（臺）　在今湖南长沙市芙蓉区浏正街南侧。为西汉长沙王刘发筑。刘发于汉景帝二年（前155）被封为长沙王，在位二十八年，谥号定王。《方舆胜览》卷23潭州：定王台“俗传定王载米搏长安土，筑台于此，以望其母唐姬墓。张安国名曰‘定王台’，自为书匾”。明《寰宇通志》卷55长沙府：定王台“在府城东北。汉长沙定王发所筑。发，景帝第十子，既之国，乃筑台于此，以望母唐姬墓”。

定云（雲）府　元至元末置，属思明路。治所在今贵州三都水族自治县南。寻废。

定日　在今西藏定日县（协嘎尔）西一百四十里。为藏南重地。清代称定日汛，有重兵驻防。松筠《西招纪行诗》注：“定日汛岔路有三：一西北行四日至宗喀，自宗喀西南行三日，可抵洛咙边隘；一西行二日即抵聂拉木边隘；一南行三日可抵绒辖边隘，此三处边外均与廓尔喀毗连，绒辖在喀达以西，相距路程仅四日，定日一汛，可谓独镇三边。”

定日谿　原西藏地方政府设，治所在今西藏定日县西定日。藏语意为“定”声小山。1960年与协嘎尔宗合并，改设定日县，后迁驻协嘎尔。

定水镇　金置，属阳谷县。即今山东阳谷县北五十里定水镇。

定平县　唐武德二年（619）分定安县置，属宁州。治所即今甘肃宁县南六十里政平村。唐末为衍州治。

五代周显德五年（958）属邠州。寻属宁州。元世祖至元七年（1270）省入宁州。

定平砦　北宋政和三年（1113）改王家砦置，属任丘县。在今河北任丘市西。金废。

定东县　高丽置，为定州治。治所在今朝鲜平安北道义州以东。辽开泰三年（1014）取之，“徙辽西民居之”。金废。

定东陵　在今河北遵化市马兰峪西清东陵中定陵之东。是咸丰帝的孝贞慈安皇后钮祜禄氏和孝钦慈禧皇后叶赫那拉氏的陵寝。慈禧陵的隆恩殿最为富丽豪华，是清代陵寝中绝无仅有的。1928年军阀孙殿英炸陵开棺，将随葬宝物洗劫一空。

定旦铺　即今贵州榕江县西南九十里定威水族乡。清爱必达《黔南识略》卷22古州同知：定旦汛“土城周三百六十五丈，都江水程之关隘也”。“定旦”系水语音译，意为岩脚地。

定田泉　在今湖南东安县西。《方舆纪要》卷81东安县：“定田泉在县（治今紫溪市镇）西二十五里。源有五窍，溉田甚众，因名。”

定头汛　清置，属贞丰州。在今贵州贞丰县西八十里。旧有守备把总外委驻防。

定辽卫　明初置，属辽东都司。治辽阳（今辽宁辽阳市老城）。后分中、左、右、前、后五卫。中卫，洪武十七年（1384）置，治辽阳城东南隅，左、右卫，洪武六年以千户所升置。前卫，洪武八年置，治辽阳城东北隅。后卫，洪武八年以辽东卫改置。嘉靖四十五年（1566）移右卫于凤凰城堡（今辽宁凤城市）。

定辽中卫　明洪武十七年（1384）置，属辽东都司。治所在今辽宁辽阳市老城。明末废。

定辽左卫　明洪武六年（1373）置，属辽东都司。治所在今辽宁辽阳市老城。明末废。

定辽右卫　明洪武六年（1373）置，属辽东都司。治所在今辽宁辽阳市老城。嘉靖四十五年（1566）徙治今辽宁凤城市。后废。

定辽后（後）卫　明洪武八年（1375）改辽东卫置，属辽东都司。治所即今辽宁辽阳市老城。后废。

定辽前卫　明洪武八年（1375）置，属辽东都司。治所即今辽宁辽阳市老城。明末废。

定辽都卫　明洪武四年（1371）置，治所在今辽宁辽阳市老城。八年（1375）改为辽东都指挥使司。

定辽都指挥使司　明洪武四年（1371）置，治所在定辽中卫（今辽宁辽阳市老城区）。八年改为辽东都指挥使司。

定边卫　明洪武二十六年（1393）置，属山西行都司。治所在今山西右玉县北四十四里右玉城镇。永乐元年（1403）废。

定边左副将军　亦称乌里雅苏台将军。清雍正十一年（1733）置，驻塔米尔河。乾隆十九年（1754）移驻乌里雅苏台城（今蒙古国扎布汗省会扎布哈朗特，即乌里雅苏台）。《清一统志·乌里雅苏台统部》：定边左副将军“统辖唐努乌梁海、科布多地方、喀尔喀四部官兵，并会办库伦以西事务”。辖境相当今蒙古国及俄罗斯萨彦岭以南和鄂毕河上源比雅河、卡通河流域，哈萨克斯坦斋桑湖以东以北，新疆额尔齐斯河、乌伦古河以北地区。民国初废。

定边军　①唐方镇名。唐咸通九年（868）置，治所在邛州（今四川邛崃市）。《资治通鉴》：唐咸通九年（868），“以（李）师望为嶲州刺史，充定边军节度，眉、蜀、邛、雅、嘉、黎等州观察，统押诸蛮并统领诸道行营、制置等使”。十一年（870）废。

②北宋元符二年（1099）改定边城置，政和六年（1116）又于此置定边县为倚郭。治所在今陕西吴起县西铁边城镇附近。金废。

定边县　①北宋政和六年（1116）置，为定边军治。治所在今陕西吴起县西铁边城镇附近。金皇统六年（1146）降为定边寨。

②元至元二十二年（1285）置，属镇南州。治所即今云南南涧彝族自治县。后废。明洪武中复置，属楚雄府。清雍正七年（1729）废入蒙化府。

③清雍正九年（1731）置，属榆林府。治所即今陕西定边县。乾隆元年（1736）改属延安府。民国初属陕西榆林道。1928年直属陕西省。

定边河　即今红河在云南南涧彝族自治县境一段。《方舆纪要》卷116定边县：定边河“在县南。其上流一自大理府赵州流入，即礼社江也；一自蒙化府罗邱场流入，即阳江也。合流经县之利木村，五六月间涨水汹涌，人不敢渡”。

定边驿　明置，属楚雄府定边县。在今云南南涧彝族自治县城内。

定边城　在今山西右玉县北四十四里右玉城镇。唐开元中置定边军于此。明洪武二十六年（1393）置定边卫，永乐元年（1403）废。

定边营　明正统二年（1437）置，属延绥镇。即今陕西定边县。清雍正九年（1731）改置定边县。

定边寨　①北宋置，属秦州。在今甘肃张家川回族自治县东。后改为镇。

②金皇统六年（1146）降定边县置，属环州。在今陕西吴起县西铁边城镇附近。后废。

定戎关　即安戎关。又称新关。在今陕西陇县西四十里。《旧唐书·宣帝纪》载：大中六年（852）春，“正月戊辰，以陇州防御使薛逵为秦州刺史、天雄军使，兼秦、成两州经略。……三月，陇州刺史薛逵奏筑定戌关工毕”。定戌关为定戎关之讹。《唐会要》卷86“关市”条下作定戎关，《册府元龟》卷504“关市”条亦作定戎关。

定戎城　唐置，属鄯城县。在今青海湟源县西南哈城东北山上。《新唐书·地理志》　鄯州鄯城县：绥戎城“又西南六十里有定戎城”。后没入吐蕃。

定戎郡 北魏永安中置，属显州。治所在瓜城（今山西孝义市北大虢城）。北齐废。

定戎堡 北宋元符二年（1099）于碱隈川置，属西安州。在今宁夏海原县（三河镇）西北干盐池古城堡遗址。后废。

定戎镇 金置，属汧源县。在今陕西陇县西。

定西市 2003年撤销甘肃省定西地区和定西县，设立地级定西市；原定西县改置安定区。定西市人民政府驻安定区。

定西关 在今青海民和回族土族自治县东北享堂附近。清宣统《甘肃新通志》卷9：定西关“在碾伯县东九十里冰沟谷口，即定西门也。明时羌戎相结，北入冰沟，南达古鄯，居民苦之，故于此设关以控扼要”。

定西州 金贞祐四年（1216）升定西县置，治所在今甘肃定西市南二十七里。辖境相当今甘肃定西市地。元初移治安西县（今定西市），至元三年（1266）省县入州，属巩昌路。至正十二年（1352）改为安定州。

定西县 ①金初升定西城为县，属巩州。治所在今甘肃定西市南二十七里。贞祐四年（1216）升为定西州。

②1913年改安定县置，属甘肃兰州道。治所即今甘肃定西市。1927年直属甘肃省。2003年撤销定西地区和定西县，改设地级定西市。

定西岭 ①在今云南大理市东南，凤仪镇南四十里。《明一统志》卷86大理府：定西岭“在赵州（今凤仪镇）南四十里。高千余仞，设关其上”。《清一统志·大理府》引《云南通志》：“本名昆弥山。明初西平侯沐英过此更今名。两崖间有刻文如印篆，世传以为诸葛武侯印。”

②即今云南大理市东南定西岭。明洪武十七年（1384）置土巡检司于此。

定西驿 又名定西岭驿。在今云南大理市东南，凤仪镇南四十里。兼置巡司于此。

定西城 北宋元丰四年（1081）改西使城置，属通远军（后升巩州）。治所在今甘肃定西市南二十七里。金升为定西县。

定西砦 北宋建隆三年（962）置，属秦州。在今甘肃天水市西北四十五里渭河北岸。

定夸（誇）山 在今四川宜宾县西。《舆地纪胜》卷163叙州：定夸山“在宜宾县西百里。山坡荔枝连袤，多属廖氏。（黄）山谷所赋‘廖致平家绿荔枝’即此山所出也”。

定州 ①北魏天兴三年（400）改安州置，治所在卢奴县（北齐改名安喜县，今河北定州市）。辖境相当今河北满城县以南，安国市、饶阳县以西，井陉县及藁城、辛集二市以北地区。其后渐小。隋大业三年（607）改为博陵郡，九年（613）又改为高阳郡。唐武德四年（621）复为定州，天宝初改为博陵郡，乾元初复为定州。北宋政和三年（1113）升为中山府。金天会中复为定州，寻又为中山府。明洪武初改为定州，属真定府。清雍正二年（1724）升为直隶州，属直隶省。辖境相当今河北定州市及曲阳、深泽二县地。1913年改为定县。

②南朝梁置，治所在郁林郡布山县（今广西桂平市西南古城）。后改为南定州。

③南朝梁置，治所在蒙龙城（今湖北麻城市东北）。东魏改为南定州。北周改为亭州。

④唐置羁縻州，属泸州都督府。治所在今四川高县西南。北宋属泸州。后废。

⑤唐渤海国置，为定理府治。治所在定理县（今俄罗斯滨海边疆区东苏城）。辖境约当今俄罗斯滨海边疆区苏昌河流域一带。辽废。

⑥高丽置，治所在定东县（今朝鲜平安北道义州以东）。辽属东京道。统和十三年（995）升军，迁辽西民实之。金废。

⑦西夏赵元昊置，治所在定远镇（今宁夏平罗县南姚伏镇）。元初废。

定州市 1986年撤销湖北省定县，改设定州市，市人民政府驻定州。属保定地区。1994年划归保定市代管。

定州贡院 在今河北定州市东大街草场胡同24号。清乾隆三年（1738）始建，道光十四年（1834）修葺扩建。现存影壁、大门、魁阁号舍、大堂、后楼等建筑。主体建筑由号舍、魁阁两组建筑组合而成。号舍以山面为正面，面阔七间，进深九间，卷棚悬山顶。梁架为八柱二十八檩，屋顶高度分为四层，当中最高，左右依次降低，屋面亦随之分层。魁阁进深仅一间，贴建在号舍南，立面沿号舍山面轮廓处理成正中攒尖顶，两侧依次降低，形成奇特外观。当中二层阁楼，是供奉“魁星”之处。大堂紧挨号舍之北，面濶三间，进深四柱十二檩带后廊，是考生交卷、考官封卷之处。后楼面阔五间，进深四柱七檩，前出廊，高三层，是考官观看武生比试处，兼住宿之用。定州贡院是一座保存完好的清代考场。2001年定为全国重点文物保护单位。

定州路 北宋庆历八年（1048）置，治所在定州（政和三年升为中山府，今河北定州市）。为河北四安抚司路之一。辖境相当今河北阜城县北，满城、徐水等县以南，安新县定州镇及高阳、饶阳、武强等县以西，曲阳、新乐、无极、晋州、辛集等市县以东，滏阳河以北地区。金废。

定江寨 南宋属分宁县，在今江西修水县西南。明宁州（宁县）置定江巡司于此。

定兴县 金大定六年（1166）置，属涿州。治所即今河北定兴县。元属易州。明属保定府。民国初属直隶保定道。1928年直属河北省。

定安州 金贞祐二年（1214）升定安县置，治所在今河北蔚县东北。辖境相当今河北蔚县东北地带。元废为县。

定安县 ①北魏太平真君二年（441）置，为赵兴郡治。治所即今甘肃宁县。《元和志》卷3定安县：“取定俗安人为义。”隋开皇三年（583）为宁州治。

大业初为北安郡治。唐复为宁州治。金大定七年（1167）改为安定县。

②南朝宋改安定县置，属交趾郡。治所在今越南南定省南定县西北红河南岸。南齐废。

③辽置，属蔚州。治所在今河北蔚县东北。金贞祐二年（1214）升为定安州。元复为县，属蔚州。明初废。

④元世祖至元三十一年（1294）置，属琼州。治所在今海南省定安县东南。天历二年（1329）升为南建州，移今治。明洪武元年（1368）复改定安县，属琼州府。民国初属广东琼崖道。1920年直属广东省。1988年划归海南省。

⑤元改邛水县置，属思州安抚司。治所即今贵州三穗县。后复改邛水县。

定安国 北宋初渤海遗民乌氏建，在今吉林鸭绿江畔白山市一带。《宋史·定安国传》："定安国本马韩之种，为契丹所攻破，其酋帅纠合余众，保于西鄙，建国改元，自称定安国。"宋初屡贡方物。后为辽所并。

定军山 在今陕西勉县南。《三国志·蜀书·先主传》：东汉建安二十四年（219）春，"自阳平南渡沔水，缘山稍前，于定军、兴势作营。（夏侯）渊将兵来争其地，先主命黄忠乘高鼓譟攻之，大破渊军……先主遂有汉中"。后诸葛亮葬定军山，因山为坟。

定阳 即今陕西延安市东南固县镇。战国时魏地，后属秦。《战国策·齐策五》：苏子谓齐王曰："昔者魏王拥土千里，带甲三十六万，其强而拔邯郸，西围定阳。"即此。

定阳县 ①战国秦置，属上郡。治所在今陕西延安市东南固县镇。东汉末废。

②东汉建安二十三年（218）分新安县置，属会稽郡。治所在今浙江常山县治东三十二里招贤镇。三国吴宝鼎元年（266）属东阳郡。南朝陈属信安郡。隋省。唐武德四年（621）复置，属衢州。武德八年（625）废。

③北魏延兴四年（474）置，为定阳郡治。治所即今山西吉县。《元和志》卷12吉昌县：定阳县"会有河西定阳胡人渡河居于此，因以为名"。北周为汾州治。隋开皇十六年（596）为耿州治。十八年改为吉昌县。

④北魏置，属敷城郡。治所在今陕西延安市东南。后废。

⑤南朝梁置，为北郢州治。治所在今湖北随州市西北。西魏改置安贵县。

定阳郡 东魏兴和四年（542）置，属南朔州。治所在平昌县（今山西介休市）。辖境约相当今山西介休市境。北周改介休郡。

定阳溪 衢江支流。即今浙江衢州市衢江区南乌溪江。源出福建浦城县东北，北经龙泉、遂昌二县入衢县，于衢州市东入衢江。《水经·浙江水注》："谷水又东，定阳溪水注之。"《明史·地理志》衢州府西安县："东有定阳溪，一名东溪，自遂昌县流入，合于衢江。"

定妃园寝 在今河北遵化市马兰峪西清东陵中定陵与定东陵之间的顺水峪。是文宗咸丰帝妃嫔的葬地。

定远厅 清嘉庆七年（1802）置，属汉中府。治所即今陕西镇巴县。因汉封班超为定远侯，食邑于此，故名。1913年改为定远县。

定远州 ①元世祖至元四年（1267）改武胜军置，属和溪安抚司。治所在今四川武胜县南二十里旧县乡。二十四年（1287）降为定远县。

②元世祖至元十二年（1275）改牟州千户置，属威楚路。治所在今云南牟定县西北十二里吕交城。后降为县。

定远军 五代周显德二年（955）改景州置，属沧州。治所在东光县（今河北东光县）。北宋太平兴国六年（981）直隶京师。景德元年（1004）改为永静军。

定远县 ①南朝梁天监三年（504）置，为定远郡治。治所在今安徽定远县东南大桥乡三官集。北齐为广安郡治。隋属钟离郡，仁寿元年（601）改临濠县。唐武德三年（620）复名定远县，属濠州。天宝四年（745）移今定远县。明属凤阳府。民国初属安徽淮泗道。1928年直属安徽省。

②唐天宝中升定远城置，属灵州。治所在今宁夏平罗县南姚伏镇。景福元年（892）改为警州。

③金大定二十二年（1182）升定远城置，属兰州。治所在今甘肃榆中县西北定远镇。元废。

④元世祖至元二十四年（1287）改定远州置，属合州。治所在今四川武胜县南二十里旧县乡。明曹学佺《蜀中广记》卷53定远县："言永远安定矣。"明嘉靖三十年（1551）因水害迁治今县南三十里中心镇。清康熙八年（1669）废入合州，雍正六年（1728）复置，属重庆府。《清史稿·骆秉璋传》：同治元年（1862）镇压李、兰义军，"黄淳熙援顺庆，战于定远"。即此。1914年改为武胜县。

⑤元代降定远州置，属威楚路。治所在今云南牟定县西北十二里吕交城。明代属楚雄府，治所即今牟定县。1914年因与陕西、四川、安徽定远县重名，改牟定县。

⑥1913年改定远厅置，属陕西省。治所即今陕西镇巴县。1914年改为镇巴县。

定远所 ①明洪武二十四年（1391）置定远千户所，属楚雄卫。治所即今云南牟定县。清康熙七年（1668）废。

②即定南所。明崇祯三年（1630）置，属镇西卫。治所即今贵州普定县。

定远店 即今河南罗山县南定远乡。清乾隆《罗山县志》卷1《镇店》："定远店，南一百里。"

定远府 元世祖至元二十九年（1292）置，属八番顺元宣慰司。治所在今贵州惠水县东南一百里。明初废。

定远城 ①又称平西城。在今陕西西乡县南十五里。《后汉书·班梁传》：永建七年（132），“封（班）超为定远侯，邑千户”。李贤注：“《东观记》曰：‘其以汉中郡南郑之西乡户千封超为定远侯。’故城在今洋州西乡县南。”

② 即今甘肃榆中县西北定远镇。《宋史·地理志》兰州金城郡：定远城，“元祐七年（1092）筑。旧名李诺平，本（属）龛谷砦。因地窄及无水，故废之，改筑为定远军城”。金大定二十二年（1182）升为定远县。

③唐建，在今宁夏平罗县南姚伏镇。《元和志》卷4灵州：“定远废城，在州东北二百里。即汉北地郡方渠县之地，先天二年郭元振以西城远阔，丰安势孤，中间千里无城，烽堠杳渺，故置此城，募有健兵五千五百人以镇之。”天宝中升为定远县。

定远郡 亦作临濠郡。梁天监初置，属安州。治所在今安徽定远县东南大桥乡三官集。旋废。

定远营 ①即今内蒙古阿拉善左旗驻地巴彦浩特。清为阿拉善额鲁特旗驻地。1952年改名巴彦浩特（蒙古语意为“富城”）。

②清代王府家庙古建筑。在今内蒙古阿拉善盟行署驻地阿拉善左旗（巴彦浩特镇）王府街。清康熙二十五年（1686），蒙古族顾实汗之孙和罗理归顺清政府，后又出征青、藏有功，被封为世袭亲王，封其驻地为定远营（今巴彦浩特）。雍正九年（1731），清政府又以定远营赐予和罗理之子阿宝。阿宝之子罗布桑多尔济袭位后，在王府西侧建家庙，清乾隆八年（1743）建成，乾隆二十五年（1760）重修，赐名延福寺。俗称衙门庙。定远营始建于清康熙三十六年（1697），历九代十王营造。坐北朝南，占地约25万平方米，四合院式布局，设计独特，建筑精巧、宏伟，兼具蒙古、汉民族建筑艺术风格。原有衙门、宅院、庙宇、花园等。西院现存府门、大殿及东、西配殿等，东院存王爷眷属住所。东北部尚有民国时期建造的一栋中西结合式房屋。为内蒙古西部著名民族胜迹之一。2006年定为全国重点文物保护单位。

定远堡 ①明置，在今辽宁铁岭县东北。《方舆纪要》卷37铁岭卫“宋家泊堡”条下：“平定堡又东北接三万卫之定远堡。”即此。

②明成化四年（1468）置，属泸州卫。在今四川兴文县南。《方舆纪要》卷72泸州卫“洞扫堡”条内：“定远堡在卫南五十里。”后废。

定远镇 ①北宋置，属灵州。即今宁夏平罗县南姚伏镇。西夏于此置定州。

②一名猪嘴堡。元废定远县为镇，即今甘肃榆中县西北四十里定远乡。

定连城 十六国后凉吕光筑，在今甘肃临夏县东。《资治通鉴》：南朝宋元嘉三年（426），“呼卢古、韦代进攻枹罕，秦王炽磐迁保定连”。六年（429），“河西王蒙逊伐秦，秦王暮末留相国元基守枹罕，迁保定连……蒙逊至枹罕，遣世子兴国进攻定连”。即此。

定县 ①西汉置，属勃海郡。治所在今山东乐陵市东北。武帝元朔四年（前125），封齐孝王子越于此，称定敷侯。东汉省。

②1913年改定州置，属直隶保定道。治所即今河北定州市。1928年直属河北省。1986年改设定州市。

定羌军 北宋淳化四年（993）置，治所在今山西保德县。景德元年（1004）改保德军。

定羌县 元升定羌城置，属河州路。治所即今甘肃广河县。元末废。

定羌城 北宋熙宁七年（1074）改河诺城置，属河州。即今甘肃广河县（太子寺）。元升为定羌县。

定莋县 本定筰县。西晋改为定莋县，属越嶲郡。治所在今四川盐源县。南朝宋复为定筰县。

定林寺 ①在今山东莒县西十八里浮来山上。相传始建于南北朝，现存殿宇系清同治十三年（1874）重修。主要建筑有大佛殿、校经楼等。校经楼原名毗卢阁，传刘勰曾在阁上校阅藏经。刘勰（465—532）字彦和，东莞莒（今山东莒县）人。所撰《文心雕龙》为我国古代文学理论名著。晚年出家，法号慧地，栖息定林寺以终。寺周还有怪石峪、文心亭、莒子墓等名胜。

②在今安徽巢湖市东北。《清一统志·庐州府二》：定林寺“在巢县东北。梁建”。

定昆池 在今陕西西安市西南。《新唐书·安乐公主传》：“尝请昆明池为私沼，帝曰：‘先帝未有以与人者。’主不悦，自凿定昆池，延袤数里。定，言可抗订之也。”唐张鷟《朝野佥载》卷3：安乐公主“造定昆池四十九里，直抵南山，拟昆明池”。

定昌军 五代方镇名。梁开平四年（910）置，治所在晋州（今山西临汾市）。贞明三年（917）改为建宁军。

定昌县 南齐置，属广熙郡。治所在今广东罗定市境。隋废。

定昌路 元世祖至元十二年（1275）置，属罗罗蒙庆等处宣慰司。治所在今四川米易县西北普威镇。辖境相当今四川德昌、米易二县相连地区。二十三年（1286）改为普济州。

定国山 在今江苏徐州市东四里。《元和志》卷9徐州彭城县：定国山，“后魏武定五年，慕容绍宗欲击梁贞阳侯萧（渊）明，营于此山”。

定国寺 在今河北临漳县西南古邺城北城内。北魏永熙元年（532）高欢败尔朱荣于今河南安阳市东北十六里的韩陵山。东魏于邺北城内原御史台（一称南台）改建定国寺，并由温子升撰《定国寺碑》以纪功。《寰宇记》卷55相州安阳县引《后魏书》曰：“东魏迁邺，高欢以南台为定国寺，作砖浮图，极高，其铭即温子升文。”

定罗土司 明嘉靖七年（1528）置，属思恩府。治所在广西马山县西南永州镇南定罗村。1912 年并入那马县。

定周县 西汉置，属郁林郡。治所在今广西宜州市。东汉末废。

定城 在今陕西华阴市东十里。《晋书·姚泓传》：刘裕将檀道济等攻潼关，秦将姚绍出战，“道济率王敬、沈林子等逆冲绍军，将士惊散，引还定城”。《水经·渭水注》：“渭水又东径定城北。《西征记》曰：城因原立。《述征记》：定城去潼关三十里，夹道各一城。”《寰宇记》卷 29 华州华阴县：定城，“郭缘生《述征记》云：或云段煨所造……按，煨在汉为镇远将军。后魏孝武帝永熙三年，于城中置定城驿”。

定城关 在今河南商城县西南九十里。《元和志》卷 9 殷城县：“高齐以南迫陈境，因置此关。隋废。”

定城县 北齐改北弋阳县置，为弋阳郡治。治所即今河南潢川县。隋属弋阳郡。唐初为弦州治。后为光州治。明洪武初省入光州。

定城郡 ①南朝梁置，治所在今河南潢川县西。北齐废。

②南朝梁置，治所在今湖北麻城市境。隋开皇初废。

定荒县 北魏正光末置，属昌黎郡。治所在今辽宁喀喇沁左翼蒙古族自治县南。东魏兴和中寄治英雄城（今河北徐水县西遂城）。北齐废。

定胡县 北周大象元年（579）置，为定胡郡治。治所即今山西柳林县西北孟门镇。隋属离石郡。唐武德三年（620）为西定州治。贞观二年（628）改孟门县。八年（634）复置定胡县，属石州。北宋大观三年（1109）改属晋宁军。金明昌六年（1195）改为孟门县。

定胡郡 北周大象元年（579）置，属石州。治所在定胡县（今山西柳林县西北孟门镇）。辖境相当山西柳林县地。隋开皇初废。

定南千户所 明崇祯三年（1630）置，属镇西卫。治所即今贵州普定县。清康熙二十六年（1687）省入普定县。1913 年移普定县治此。

定南厅 清乾隆三十八年（1773）以定南县改置，属赣州府。治所即今江西定南县西南老城镇。1912 年仍改为定南县。

定南县 ①北周改安南县置，属南襄城郡。治所在今河南叶县南。隋大业初废。

②明隆庆元年（1567）分龙南、安远、信丰三县地置，属赣州府。治所在莲塘镇（今江西定南县西南老城镇）。清乾隆三十八年（1773）改为定南厅。1912年复为定南县，属江西赣南道。1926 年直属江西省。1927 年迁治下历（今定南县城历市镇）。

定南郡 东魏改南安郡置，治所在安南县（今河南叶县南）。北周废。

定侯国 西汉置，属勃海郡。治所在今山东乐陵市东北。武帝元朔四年（前 125）封齐孝王子刘越为定侯。东汉废。

定胜镇 即今湖南双峰县治永丰镇。《方舆纪要》卷 80 湘乡县：定胜镇“唐末，邵州将蒋勋据州拒刘建锋，起兵连飞山、梅山蛮寇湘潭，又遣兵屯定胜镇，以扼潭人，建锋使马殷击破之”。

定结宗 即今西藏定结县东南定结乡。清乾隆《西域同文志》卷 18：“西番（藏）语：定，岛也。结，长也。水中有山，山上建城，故名。”1960 年与康巴宗、金龙豁合并设定结县，驻江嘎。

定秦堡 吐蕃筑，在今甘肃临潭县东北。《资治通鉴》：唐大历三年（768），“凤翔节度使李抱玉使右军都将临洮李晟将兵五千击吐蕃，……至临洮，屠吐蕃定秦堡”。即此。

定莋县 西汉置，属越巂郡。为都尉治。治所在今四川盐源县。西晋改为定笮县，南朝宋又改为定莋县。齐废。

定晋岩禅果寺 即禅果寺。在今河北武安市西北活水乡寺沟村东。

定海山 即今浙江省舟山岛。

定海千户所 明洪武二十一年（1388）置，属福宁卫。治所在今福建连江县东北筱埕镇南定海。清康熙三年（1664）废。

定海卫 明洪武二十年（1387）置，在今浙江宁波市东北镇海区。领所五：即舟山中中千户所、舟山中左千户所、穿山后千户所、霩霩守御千户所、大嵩守御千户所。清废。

定海中千户所 明洪武二十年（1387）置，属浙江都司。治所在今浙江舟山市定海区定海镇。

定海中左千户所 明洪武二十年（1387）置，属浙江都司。治所在今浙江舟山市定海区。

定海后千户所 明洪武二十七年（1394）置，属浙江都司。治所在今浙江舟山市镇海区东南穿山。清废。

定海县 ①北宋改望海县置，属明州。治所即今浙江宁波市东北镇海区。南宋属庆元府。元属庆元路。明属宁波府。清康熙二十六年（1687）改名镇海县。

②清康熙二十六年（1687）置，属宁波府。治所在今浙江舟山市定海区定海镇。取“风波永定”之义。道光二十一年（1841）改为定海直隶厅。1912 年复改定海县，属浙江会稽道。1927 年直属浙江省。1987 年撤销，改设舟山市（地级）。

定海直隶厅 清道光二十一年（1841）改定海县置，属浙江省。治所在今浙江舟山市定海区定海镇。1912 年复改定海县。1987 年并入舟山市，改为定海区。

定海驿 明洪武二十年（1387）置，在今浙江宁波市东北镇海区。《方舆纪要》卷 92 定海县：定海驿“在县城（今镇海区）西一里……嘉靖中废”。

定流河　在今河北乐亭县西北三十里。《方舆纪要》卷17乐亭县：定流河“即滦河下流也。《志》云：滦河经县北岳婆港，分为二支，一曰葫芦河，在县东北三十里，流经县东二十里，南流入海，谓之东滦河。（明）景泰中淤塞，俗谓之干滦河。定流河遂独承滦河之水至县南四十里刘家墩入海。天启以后，海运由天津三百余里至刘家墩海口入滦河”。

定祥山　在今广西贵港市西三十里。《方舆纪要》卷108贵县：定祥山“崎岖险塞，常为盗薮。其相近者又有云岭山”。

定陵　①在今北京市昌平区北大峪山下。明十三陵之一，在昭陵北一里。明神宗朱翊钧之陵。主要地面建筑毁于兵火，今仅存明楼与宝城顶。地宫位于明楼正后部，由前、后、左、右、中五个殿组成。整个宫殿顶皆用石起券，呈拱形，券门皆由汉白玉组成。地宫总面积达1195平方米。1956年已开挖，出土大量文物。1959年建为博物馆。

②清文宗咸丰帝奕詝陵。在今河北遵化市西七十里清东陵中裕陵西三里。

③为北魏孝明帝元诩的陵墓。在今河南洛阳市东北郊西山岭头村南。元诩为宣武帝第二子，延昌四年(515)即皇帝位。《魏书·肃宗纪》载：武泰元年(528)二月，“癸丑，帝崩于显阳殿，时年十九”。三月“甲申，上尊谥孝明皇帝。乙酉，葬于定陵，庙号肃宗”。

④唐中宗李显的陵墓。在今陕西富平县北。《元和志》卷1富平县：“中宗定陵，在县西北十五里龙泉山。”

定陵县　①西汉置，属颍川郡。治所即今河南舞阳县北五十里后古城。西晋属襄城郡。北魏皇兴元年(467)改置北舞阳县。

②东晋侨置，属淮南郡。治所在今安徽青阳县东北。南朝梁属南陵郡。隋开皇九年(589)废。

定陵郡　北魏永安中置，属广州。治所在北舞阳县(今河南舞阳县东北四十六里北舞渡镇)。隋开皇初废。

定陵墅　在今河北威县西北八里。《晋书·石勒载记》：“其将孔苌寇定陵，害兖州刺史田徽。”即此。《方舆纪要》卷15威县：定陵墅“在县西北。陵周三百二十步，高六丈余。上有汉广宗王庙”。

定陶山　在今安徽宿州市北四十里。《隋书·地理志》：符离县有定陶山。《寰宇记》卷17宿州符离县：定陶山“有定陶县在山下”。

定陶县　①战国秦置，属东郡。治所在今山东定陶县西北四里。秦封泥中有“定陶丞印”可证。西汉彭越为梁王，都定陶。后为济阴郡治。隋属济阴郡。唐省入济阴县。北宋太平兴国四年(979)复置，为广济军治。金属曹州。明洪武初废。四年(1371)复置，属济宁府，徙今治。正统十一年(1446)改属曹州。清属曹州府。民国初属山东济宁道。1925年属曹濮道。1928年直属山东省。

②亦作安陶县。西汉置，属定襄郡。治所在今内蒙古呼和浩特市东南黄合少镇北二十家子西村东古城。东汉废。

③东魏武定中侨置，属南济阴郡。治所在今安徽宿州市北四十里定陶山下。《寰宇记》卷17宿州符离县：定陶县“在(定陶)山下，因为名”。北齐废。

定陶国　西汉甘露二年(前52)改济阴郡置，治所在定陶县(今山东定陶县西北四里)。辖境相当今山东菏泽市及定陶、东明等县地。黄龙元年(前49)复为济阴郡。河平四年(前25)复置定陶国，建平二年(前5)又改为济阴郡。

定陶镇　唐贞观元年(627)降定陶县为镇，属曹州济阴县。在今山东定陶县西北。北宋太平兴国四年(979)复为定陶县。

定难军　唐、五代方镇名。唐中和二年(882)以夏绥银节度使号为定难军。治所在夏州(今陕西靖边县北白城子)。辖境屡有变化，长期领有夏、绥、银、宥四州之地，相当今陕西长城、清涧河以北、秃尾河以南及内蒙古鄂尔多斯市南部。此后为党项族拓跋思恭及其子孙所有，北宋时建为西夏国。

定理县　唐渤海国置，为定州治。治所在今俄罗斯滨海边疆区东苏城。辽废。

定理府　①唐渤海国置，治所在定州(今俄罗斯滨海边疆区东苏昌)。辖境相当今俄罗斯滨海边疆区东苏昌河和锡林河流域。辽废。

②辽置，治所在兴州常安县(今辽宁铁岭县西南新台子镇东南懿路村)。金废。

定埠街　原名邓步。亦名定步市。即今安徽郎溪县北四十里定埠镇，北接江苏高淳县界。北岸有镇，亦称定埠。河上有桥，连为一体，为皖苏间古镇。明嘉靖《建平县志》卷1《坊乡》：定步街“在县北四十里。旧名邓步”。

定清江　在今广西来宾市东北。《清一统志·柳州府一》：定清江“在来宾县北五里。源出清泉堡，东南流入红水江”。

定渚渠　即定都渠。在今山东平度市南七十里。《寰宇记》卷20胶水县：“定渚渠在县南七十里。西流入胶水。”

定淮门　明南京城门名。在清凉门西北。因面临秦淮河而得名。即今江苏南京市城西北定淮门。20世纪50年代城门被拆除。

定淮特别区(县级)　1944年日伪置，治大通(今安徽淮南市大通区)。1945年8月废。

定渠　一名定都渠，或作定渚渠。在今山东平度市南七十里。《方舆纪要》卷36平度县：定渠“与州东北之药石水及石渎河合流入胶水”。

定窑　在今河北曲阳县北灵山镇东南涧磁村、燕山村一带。清蓝滨南《景德镇陶录》卷6：“定窑，宋时所烧。出直隶定州，有南定器、北定器。”1962年与1987年进行发掘，东西长二十里，最大窑场在涧磁村北。出土瓷器众多。为唐至元之著名瓷窑。

定雄千户所 明万历十四年（1586）置，属曲靖卫。治所在今云南罗平县南。《清一统志·曲靖府》：定雄废所“平者继荣余党，移调曲靖中左所驻防于此，赐名定雄”。清康熙五年（1666）废。

定番州 明万历十四年（1586）于旧程番府治置，属贵阳府。治所即今贵州惠水县。1913年改为定番县。

定番县 1913年改定番州置，属贵州黔中道。治所即今贵州惠水县。1920年直属贵州省。1941年改名惠水县。

定番城 在今四川乐山市西南、金口河区西北永胜乡。《元和志》卷32黎州：“定番城，在通望军东一百八十里。”《寰宇记》卷77黎州通望县：“废定番城在县东二百一十里。唐贞元五年韦皋筑。”

定番堡 明万历十五年（1587）置，属宁番卫。在今四川冕宁县西。《方舆纪要》卷74宁番卫军民指挥使司：定番堡“在卫西。……《土彝考》：宁番东南东北诸蛮颇驯扰，惟西去月落、三渡水、妙竹一十儿寨，恃其险隘，常引水外生番入寇，自堡设而稍敛迹”。

定颍县 东汉永初二年（108）析上蔡县置，属汝南郡。治所在今河南西平县东。南朝宋废。

定禄江 即左江。在今广西扶绥县西。《明史·地理志》 新宁州：“城西有丽江，一名定禄江，又名文字水。”

定跨桥 在今江苏苏州市临顿路中段、悬桥巷西端。《吴地记》曰：“定跨桥，阖闾于行苑内置，游赏之处。基址见存。”

定筰县 即定莋县，治所即今四川盐源县。《方舆纪要》卷74盐井卫军民指挥使司：定莋县“在卫治南”。

定筰镇 北周天和三年（568）于故定筰县置，属可泉县。在今四川盐源县。唐武德二年（619）改置昆明县。

定廉山 在今四川理县北。《元和志》卷32盐溪县：定廉山“在县东一十里”。《寰宇记》卷78保宁县：定廉山“在县东十里。定廉水、盐溪皆出其阳”。《方舆纪要》卷67威州：定廉山在“州东南四十五里，有盐溪出其阳，流至盐溪村，民得採漉之利”。《清一统志·杂合厅》：定廉山“在厅西北”。

定廉水 今四川理县东北之孟屯沟。《元和志》卷32定廉县：“因定廉水为名”。《清一统志·杂谷厅》：“定廉水在厅西北定廉山之阳。”

定廉戍 隋开皇四年（584）置，属会州。在今四川理县北一百十里上孟乡。唐武德七年（624）改为定廉县。

定廉县 唐武德七年（642）改定廉戍置，属维州。治所在今四川理县北一百十里上孟乡。《元和志》卷32定廉县：“因定廉水为名。”贞观元年（627）废。次年复置。开元二十八年（740）为奉州治。天宝元年（742）改为云山郡治。八年（749）徙治天保军，属天保郡。乾元元年（758）为保州治。后废。

定廉城 即定廉县。在今四川理县北上孟乡。《新唐书·韦皋传》：贞元九年（793），遣大将军董勔、张芬讨吐蕃，“分出西山、灵关，破峨和、通鹤、定廉城，逾的博岭，遂围维州”。

定慧寺 又名普济寺、焦山寺。在今江苏镇江市东焦山上。始建于东汉兴平年间，名普济寺。南宋景定中重建，改名焦山寺。清康熙二十三年（1684）赐名定慧寺。建筑宏伟，殿阁与金山寺迥异，故有“金山寺里山，焦山山里寺”之称。现殿宇为明正德年间所建，虽经康熙、道光年间多次重修，但仍保持明代建筑风格，是江南佛教圣地之一。

定襄县 ①西汉置，属定襄郡。治所在今内蒙古呼和浩特市东南二十家子古城。东汉建安二十年（215）移治今山西定襄县东南三里待阳村，属新兴郡。北魏永安中移治今定襄县，为永安郡治。北齐废。唐武德四年（621）复置，属忻州。北宋熙宁五年（1072）废，元祐元年（1086）复置。民国初属山西雁门道。1928年直属山西省。

②东晋元帝侨置，属新兴侨郡。治所在今湖北荆州市荆州区东北。隋大业初废。

③唐贞观十四年（640）置，属云州。治所在今山西大同市。永淳元年（682）废。

定襄郡 ①西汉高帝十一年（前196）分云中郡地置，治所在成乐县（今内蒙古和林格尔县西北盛乐镇古城）。辖境相当今内蒙古和林格尔、清水河、卓资、察哈尔右翼中旗等地。东汉移治善无县（今山西右玉县南）。辖境缩小，仅有今内蒙古清水河县及山西右玉县地。东汉末废。

②隋大业初改云州置，治所在大利县（今内蒙古和林格尔县西北盛乐镇）。辖境相当今内蒙古呼和浩特、和林格尔、武川、卓资等市县地及清水河县部分地。唐初废。

③唐天宝元年（742）改忻州置，治所在秀容县（今山西忻州市）。辖境相当今山西忻州市及定襄县地。乾元元年（758）复改忻州。

定襄都督府 唐贞观四年（630）分突厥颉利可汗左部置，属夏州都督府。侨治宁朔县（今陕西靖边县东）。辖阿德州、执失州、苏农州、拔延州。辖境相当今内蒙古二连浩特市至乌兰察布市集宁区一线以东，东乌珠穆沁旗至阿巴哈纳尔旗、太仆寺旗一线以西地区，以及蒙古国苏赫巴托省部分地。龙朔三年（663）分所属南部地置桑乾都督府。后废。

定霸县 辽统和八年（990）置，属上京临潢府。治所在今内蒙古巴林左旗（林东镇）南波罗城（上京城遗址）西南。金废。

宕川县 唐武德五年（622）置，属潘州。治所在今广西玉林市西南。《新唐书·地理志》 宕川县：“因泸宕水名之。”乾封三年（668）属牢州。北宋开宝七年（974）废。

宕水 又名诸水。即今四川通江县西北小通江。明曹学佺《蜀中名胜记》卷25通江县:“(壁)山下枕诸水,诸水即宕水,所激声若呼诺,后魏诺水县以此得名也。”《明史·地理志》:通江县“又有宕水,在县西壁山下,亦曰诺水,流入巴江”。

宕州 ①北周天和元年(566)于宕昌羌地置,治所在阳宕县(今甘肃宕昌县东南)。辖境相当今甘肃宕昌、舟曲二县地。大业三年(607)废。唐武德元年(618)复置,治所在怀道县(今甘肃宕昌县西南)。贞观元年(627),与怀道县移治今甘肃舟曲县西北白龙江北岸。天宝元年(742)改为怀道郡,乾元元年(758)复为宕州。广德后没于吐蕃。

②唐永徽二年(651)置羁縻州,属茂州都督府。治所在今四川茂县西北。北宋属茂州。《宋史·蛮夷传》:“宣和五年,宕、恭、直诸部蛮入寇。”后废。

宕昌 西羌别种。地当今甘肃南部西汉水与白龙江流域。《魏书·宕昌传》:宕昌羌梁懃自称王,“其地自仇池以西,东西千里。席水以南,南北八百里。地多山阜,人二万余落”。北周保定四年(564)大将军田弘讨灭之,以其地为宕州。

宕昌县 唐武德四年(621)分北流县置,属容州。治所在今广西容县境。后废。

宕昌驿 明置,在今甘肃宕昌县。《方舆纪要》卷60岷州卫“宕州城”条内:“今卫南百二十里有岩昌驿。《一统志》云:宋纲马憩息之所也。”

宕昌城 在今甘肃宕昌县西南。北魏时为宕昌国都城。北周天和元年(566)灭宕昌后置宕州。

宕昌郡 北周天和五年(570)置,属宕州。治所在阳宕县(今甘肃宕昌县东南)。辖境相当今甘肃宕昌、舟曲二县地。隋开皇三年(583)废。大业时曾改宕州为宕昌郡。唐初复为宕州。

宕昌砦 ①北宋熙宁七年(1074)置,属岷州。即今甘肃宕昌县治。金于此置宕昌驿,为纲马憩息之所。

②即今甘肃岩昌县。《清一统志·巩昌府二》:岩昌砦“在(岷)州南一百二十里”。

宕城 即今河北曲阳县西北三十里党城乡。《方舆纪要》卷14曲阳县“岩城”条称“未详所始”。

宕渠山 一名大青山。在今四川渠县东北。《后汉书·吴汉传》李贤注:“宕渠,山名,因以名县。”《寰宇记》卷138渠州:“宕渠山一名大青山,在县东五十八里。《蜀都赋》:外负铜梁于宕渠。”《舆地纪胜》卷162渠州:宕渠山,“《图经》:在州东五十里。其山东西两门,延连相接,山涧长狭,有似沟渠”。

宕渠水 即今四川渠江及其上游南江。《汉书·地理志》作潜水。因水在宕渠县境内,故《水经》或作潜水,或作宕渠水,上游一名北水。《水经·漾水注》:“汉水又东南径宕渠县东,又东南合宕渠水,水西北出南郑县巴岭,与槃余水同源,派往南流,谓之北水,东南流与难水合……又东南流径宕渠县,谓之宕渠水,又东南入于汉。”唐、宋时,称上游为北水或巴江,称下游为渠江;近代上游又改称南江,下游仍称渠江。

宕渠关 在今四川渠县东天星镇东。层峦叠嶂,峻不可攀。清同治《渠县志》卷11:宕渠关“在县东三十里,即大峡口,系古关隘”。

宕渠县 ①西汉置,属巴郡。治所在今四川渠县东北七十四里土溪镇渠江南岸城坝古城。应劭曰:“石过水为宕,水所蓄为渠,故县以是名。”东汉建安末为宕渠郡治。南朝宋废。

②南朝宋改垫江县置,为东宕渠郡治。治所即今重庆市合川区。齐为东宕渠獠郡治。梁复为东宕渠郡治。西魏恭帝三年(556)改为石镜县。

③南朝宋侨置,为南宕渠郡治。治所在今四川南充市北。南朝梁废。

④南齐置,为西宕渠郡治。治所在今四川盐亭县西北。西魏改为涌泉县。

⑤南朝梁太清元年(547)置,为景阳郡治。治所在今四川营山县东六十里黄渡镇景阳村。《寰宇记》卷139良山县:废岩渠县“因县界山为名”。隋属宕渠郡。唐武德初属蓬州,长安三年(703)移治罗获水(今四川营山县东北)。天宝初属咸安郡,乾元初属蓬州,宝历元年(825)废入蓬山县,大中中复置。北宋乾德三年(965)废入良山县。

宕渠郡 ①东汉建安二十三年(218)刘备分巴西郡置,治所在宕渠县(今四川渠县东北七十四里土溪镇渠江南岸城坝古城)。不久废。三国蜀汉延熙中又置,后又废。西晋永兴元年(304)李雄复置。辖境相当今四川渠县、宣汉、巴中、达川、达县、通江、万源、城口等市县地。东晋末废。

②南朝梁改南宕渠郡置,属北巴州。治所在安汉县(今四川南充市北)。西魏复为南宕渠郡(亦名宕渠郡),治所在石苟坝(今南充市东北搬罾镇)。辖境相当今四川南充市及蓬安县地。隋开皇三年(583)废。

③北周改垫江郡置,属合州。治所在石镜县(今重庆市合川区)。辖境相当今重庆市合川、铜梁二区及四川武胜等县地。隋开皇三年(583)废。

④隋大业三年(607)改渠州置,治所在流江县(今四川渠县)。辖境相当今四川渠县、大竹、邻水、垫江、广安等市县地。唐武德元年(618)复为渠州。

宠 一作庞。在今湖南衡阳市。《史记·越王勾践世家》:“复雠、庞、长沙,楚之粟也。”《集解》:徐广曰:庞一作宠。《正义》其地以为“近长沙、潭、衡之境”。

宠托和一 在今新疆塔什库尔干塔吉克自治县东南叶尔羌河二源会合处北岸。宣统《新疆图志》卷9:宠托和一“周围十余里,草木蕃茂”。

宠泉 在今山西曲沃县东北。《方舆纪要》卷41曲沃县:“宠泉在县东北三十里,亦有灌溉之利。”

宠洲　在今湖北荆州市西长江中。《晋书·王澄传》：巴蜀流人与土人忿争，杀县令，屯聚乐乡，请降，“澄伪许之，既而袭之于宠洲”。即此。《水经·江水注》：枚回洲“下有龙洲，洲东有宠洲”。

宜　西周初封国。姬姓。据1954年在今江苏镇江市丹徒区东烟墩山出土的《宜侯夨簋》，疑在今江苏镇江市丹徒区及其附近地区。后为吴所灭。或说应在今河南宜阳县西。

宜人县　隋开皇十八年（598）改石武县置，属随州。治所在今湖北随州市东北。大业三年（607）废。

宜山　①在今浙江临海市西。《方舆纪要》卷92台州府：宜山在“府西六十里。其巅平衍，良畴可千顷，潭瀑沾溉，旱不能灾”。

②在今广西宜州市北一里。《元丰九域志》卷9：宜州龙水县有宜山。《方舆纪要》卷109庆远府：宜山在“府城北一里。群山皆高大，此独卑小，下临龙江，宜于登眺，因名。唐以此名州，宋复以此名县”。

宜山县　①五代晋改唐兴县置，属莫州。治所在今河北安新县南。后周显德六年（959）废。

②北宋太平兴国元年（976）改义川县置，属丹州。治所即今陕西宜川县。元属延安路。明、清属延安府。民国初属陕西榆林道。1928年直属陕西省。

③北宋宣和元年（1119）改龙水县置，为庆远军治。治所在今广西宜州市。《舆地纪胜》卷122宜州宜山县：“以县有宜山以为名。”南宋咸淳元年（1265）为庆远府治。元为庆远路治。明为庆远府治。民国初属广西柳江道。1928年直属广西省。1993年改设宜州市。

宜川县　五代晋改唐兴县置，属鄚州。治所在今河北安新县西南安州镇东南。后复为唐兴县。

宜门千户所　明置，属荆州卫。治所在今湖北荆门市北一百三十里。后改属承天卫。清废。

宜丰（豐）县　①三国吴析建城县置，属豫章郡。治所在今江西宜丰县北三十里天宝乡。南朝宋废。唐武德五年（622）复置，属靖州。八年（625）废人高安县。1914年又以新昌县改置，属江西庐陵道。治所即今宜丰县。1926年直属江西省。

②辽置，为衍州治。治所在今辽宁辽阳市东南弓长岭区安平乡。金属辽阳府。元废。

宜水　①在今江西宜黄县东南。《清一统志·抚州府一》“宜黄水”条：“宜水源出县东南军山，黄水源出县南黄土岭，皆北流至县东合流，名宜黄水。”

②一名宜溪水。在今湖南常宁市境。《方舆纪要》卷80常宁县：“宜水在县东。源出塔山。亦曰宜溪，经县东三十里，亦曰宜江。又东有樟水流合焉，俱北注湘水。”

宜北县　①1914年改安化县置，属广西柳江道。治所在今广西环江毛南族自治县东北明伦镇。民国《宜北县志》第三编：“以其在宜山之北”，故名。1928年直属广西省。1951年与思恩县合并为环江县。

②1947年革命根据地由原宜阳县洛河以北地置，治柳泉（今河南宜阳县西柳泉镇）。1949年与宜南县合并，复置宜阳县。

宜禾县　①三国魏置，属敦煌郡。治所在今甘肃瓜州县西南。西晋改属晋昌郡。北周废。

②清乾隆三十八年（1773）置，为镇西府治。治所在巴尔库勒城（今新疆巴里坤哈萨克自治县）。咸丰五年（1855）废。

宜兰县　清光绪元年（1875）改噶玛兰厅置，属台北府。治所即今台湾省宜兰县。

宜兰线　即台湾铁路宜兰线。自基隆市西南八堵经宜兰至苏澳。长98.7公里。1917年动工修建，1924年建成。

宜民戍　在今湖北京山县境。《宋书·沈庆之传》：元嘉年间，讨幸诸山犬羊蛮，“庆之令诸军斩山开道攻之，而山高路险，暑雨方盛，乃置东冈、蜀山、宜民、西柴、黄徼、上夌六戍而还”。

宜民县　辽统和中置，属川州。治所在今辽宁北票市东北黑城子镇。金属兴中府。元废。

宜民郡　北周于宜民戍置，属温州。治所当在今湖北京山县境。后废。

宜成侯国　西汉置，属济南郡。治所在今山东济阳县西北。东汉省。

宜迁县　东魏天平二年（535）改河南县置，为河南郡治。治所在今河南洛阳市西涧水东岸。北周复为河南县。

宜伦县　北宋太平兴国五年（980）改义伦县置，为儋州治。治所在今海南省儋州市西北中和镇。熙宁六年（1073）为昌化军治。南宋绍兴六年（1136）改属琼州。十四年（1144）复为昌化军治。端平二年（1235）为南宁军治。明洪武元年（1368）为儋州治。正统四年（1439）省入儋州。

宜州　①南朝梁置，治所在夷陵县（今湖北宜昌市西北）。辖境相当今湖北宜昌、宜都、远安等市县地。西魏改为拓州。

②西魏废帝三年（554）改北雍州置，治所在通川郡泥阳县（今陕西富平县西北）。隋开皇六年（586）迁治华原县（今陕西铜川市耀州区）。大业三年（607）废。唐武德元年（618）又改宜君郡为宜州，贞观十七年（643）废。天授二年（691）复置，大足元年（701）废。

③唐乾封中改粤州置，治所在龙水县（今广西宜州市）。天宝元年（742）改为龙水郡，乾元元年（758）复为宜州。辖境相当今广西宜山县大部及罗城仫佬族自治县西南部地。南宋咸淳元年（1265）升为庆远府。

④辽兴宗时置，治所在弘政县（今辽宁义县东北

二十五里)。辖境相当今辽宁义县地。金天德三年(1151)改名义州。

宜冲驿　在今湖南慈利县西南五十四里宜冲桥乡。《方舆纪要》卷77慈利县“羌口镇”条下:“废宜冲驿,旧通辰沅云贵之路。明洪武中,以路险废之。”

宜冲桥镇　即今湖南慈利县西南五十四里宜冲桥乡。明于此置宜冲驿。

宜江　在今湖南常宁市西北三里。唐开元九年(721)新宁县由麻州徙治于此。

宜兴千户所　俗名小兴州。明洪武三年(1370)改宜兴卫置,后属大宁都司。治所在今河北滦平县东北十五里小城子(在兴州村南)。永乐元年(1403)废。

宜兴卫　明洪武二年(1369)置于宜兴州,后属大宁都司。治所在今河北滦平县东北十五里小城子。次年改为宜兴守御千户所。

宜兴市　1988年撤销江苏省宜兴县,改设宜兴市,市人民政府驻宜城镇。由无锡市代管。

宜兴州　①元元贞元年(1295)改宜兴府置,属常州路。治所在今江苏宜兴市。明洪武二年(1369)复为宜兴县。

②元致和元年(1328)升宜兴县置,属上都路。治所在今河北滦平县东北十五里小城子(在兴州村南)。明洪武五年(1372)废。

宜兴军　南宋末改宜兴县置,治所在今江苏宜兴市。元至元十五年(1278)升为宜兴府。

宜兴县　①北宋太平兴国初改义兴县置,属常州。治所在今江苏宜兴市。南宋末改置宜兴军。元世祖至元十五年(1278)升为宜兴府,二十年降为县,次年又升为府,并置县隶之。元贞初府县俱废,改为宜兴州。明洪武二年(1369)复为宜兴县,属常州府。民国初属江苏苏常道。1927年直属江苏省。1988年改设宜兴市。土产紫泥器有名。

②金泰和三年(1203)改白檀镇置,属兴州。治所在今河北滦平县东北十五里小城子(在兴州村南)。元改为宜兴州。

宜兴府　元世祖至元十五年(1278)升宜兴军置,属常州。治所即今江苏宜兴市。二十年(1283)降为县,次年又升为府。元贞元年(1295)改为宜兴州。

宜兴埠　即今天津市西北宜兴埠。清乾隆《天津县志》卷1:西沽巡检司辖村庄有宜兴埠。民国《天津志略》第六章:“(北乡)东北为宜兴埠,地产鱼苇,其居民之繁盛,殆与西乡杨柳青颉颃云。”

宜兴窑址　在今江苏宜兴市东南洑东镇张桥村。自古被称为龙窑,主要为唐中后期窑址遗存。现存有窑头及中段部分,窑炉烧制青瓷,结构坡度陡、垫座高。产品主要有双系罐、碗、钵、盘等。双系罐具越窑风格。2006年定为全国重点文物保护单位。

宜安　战国赵邑。在今河北藁城市西南宜安村。《史记·赵世家》:幽缪王迁三年(前233),“秦攻赤丽、宜安”。《方舆纪要》卷14真定府藁城县引《舆地记》:“宜安城,李牧所筑,旁有土山,冈阜崛起,又有台高数仞,俗犹呼为李牧台。”

宜安县　①晋之冥安县。治所即今甘肃瓜州县东南锁阳城。《晋书·地理志》讹作宜安县。

②隋义宁元年(617)置。属巨鹿郡。治所在今河北藁城市西南宜安村。唐武德初属廉州。四年(621)废。

宜阳　战国韩地。在今河南宜阳县西。《战国策·东周一》:秦攻宜阳,周君对赵累曰,“宜阳城方八里,材士十万,粟支数年”。《史记·苏秦列传》:苏秦说韩宣子曰,“韩北有巩、成皋之固,西有宜阳、商阪之塞”。

宜阳县　①战国韩置,治所在今河南宜阳县西四十八里韩城镇。秦属三川郡。西汉属弘农郡。北魏为宜阳郡治。北周明帝二年(558)为熊州治,移治今宜阳县西福昌。隋属河南郡。唐武德二年(619)改为福昌县。

②西晋太康元年(280),因避太后讳,改宜春县为宜阳县,属安成郡。治所即今江西宜春市。隋开皇十一年(591)于县置袁州,并移宜阳县于今宜春市东五里。十七年(597)复改为宜春县。

③东魏兴和中侨置,属宜阳侨郡。寄治汲郡陈城(今河南卫辉市)。北齐废。

④金大定时改寿安县置,属金昌府。治所即今河南宜阳县。元属河南府路。明属河南府。民国初属河南河洛道。1927年直属河南省。

宜阳栅　在今河南桐柏县西。《资治通鉴》:唐元和十二年(817)三月,李愬讨吴元济,“自唐州徙屯宜阳栅”。即此。

宜阳郡　①北魏孝昌初置,属司州。治所在宜阳县(今河南宜阳县西四十八里韩城镇)。东魏天平初为阳州治。北周明帝二年(558)为熊州治,移治今宜阳县西五十四里福昌村。隋开皇初废,义宁二年(618)复置,唐武德元年(618)改为熊州。

②东魏兴和中侨置,属义州。治所在今河南卫辉市附近。北齐废。

宜寿县　唐天宝元年(742)改盩厔县置,属京兆府。治所即今陕西周至县。至德二年(757)复为盩厔县。

宜寿宫　在今陕西周至县南。《方舆纪要》卷53盩厔县:宜寿宫“在县南三十里。周、隋时建”。

宜芳州　唐置,为羁縻州,属凉州都督府。治所在今甘肃卓尼县境。后废。

宜芳县　唐武德四年(621)改岚城县置,为东会州治。治所在今山西岚县北二十五里岚城镇。六年(623)为岚州治。天宝元年(742)为楼烦郡治。乾元元年(758)复为岚州治。元世祖至元二年(1265)废。

宜沟驿　即今河南汤阴县南二十四里宜沟镇。《方舆纪要》卷49彰德府汤阴县“伏道店”条:“宜沟驿,县东五十里,为棡河递运所,皆往来必经之道。”

宜沟站　元置，属汤阴县。在今河南汤阴县南宜沟镇。

宜沟镇　在今河南汤阴县南二十五里。明崇祯八年（1635）筑城。清置巡司于此。

宜良千户所　明洪武二十四年（1391）置，属云南都司。治所即今云南宜良县。清康熙七年（1668）废。

宜良州　元世祖至元十三年（1276）置，属中庆路。治所即今云南宜良县。清康熙《新修宜良县志》：“宜之为言，善也；良，易直也。”民国《宜良县志》：“纪良，山名，在城西北十里，州因山名焉。”至元二十一年（1284）降为县。

宜良县　元世祖至元二十一年（1284）降宜良州置，属中庆路。治所在罗裒龙（即今云南宜良县）。明、清属云南府。民国初属云南滇中道。1916年直属云南省。

宜良镇　即今广西三江侗族自治县。旧属怀远县，明置宜良镇巡司。

宜君护军　十六国前秦置，治所即今陕西铜川市耀州区。北魏太平真君七年（446）改置宜君县。

宜君县　北魏太平真君七年（446）改宜君护军置，属北地郡。治所即今陕西铜川市耀州区。西魏大统五年（539）迁至今铜川市西北玉华南四里，为宜君郡治。隋开皇三年（583）郡废，县属雍州。大业初属京兆郡。唐武德七年（624）属宜州，贞观十七年（643）废。二十年（646）复置，属雍州。永徽二年（651）又废。龙朔三年（663）复置，属坊州。治所即今陕西宜君县。元改属鄜州，明属延安府鄜州。清属鄜州。民国初属陕西榆林道。1928年直属陕西省。

宜君郡　西魏大统五年（539）置，治所在宜君县（今陕西铜川市西北玉华南四里）。辖境相当今陕西铜川市及耀州区北部、宜君县西部地。隋开皇三年（583）废。义宁二年（618）复置，治所在华原县（今铜川市耀州区）。唐武德初改为宜州。

宜坤州　即仪坤州。治所在今内蒙古克什克腾旗东南土城子镇古城。北宋曾公亮《武经总要前集》卷16：“宜坤州，契丹为启圣宗节度，即应天太后所生地也。东至长泊十五里，西南至上京二百里，北至踏弩河二十里，河北至大水泊五十里。”

宜昌市　1949年7月当地解放后由宜昌县城区及近郊析置，治所即今湖北宜昌市。1979年升为地级市。2001年撤销宜昌县，改设宜昌市夷陵区。

宜昌县　①东晋置，属宜都郡。治所在今湖北宜昌市西北长江南岸。隋废。

②南朝宋元嘉十年（433）侨置，属宋宁郡。寄治成都（今四川成都市）。南齐属永宁郡。北周废。

③隋开皇十一年（591）改宜都县置，属夷陵郡。治所即今湖北宜都市。大业初属南郡。唐武德二年（619）改为宜都县。

④1912年改东湖县置，后为湖北荆南道治。治所即今湖北宜昌市。1922年为湖北荆宜道治。1932年直属湖北省。1949年移治小溪塔镇（今宜昌县）。2001年并入宜昌市，改设夷陵区。

宜昌府　清雍正十三年（1735）改夷陵州置，属湖北省。治所在东湖县（今湖北宜昌市）。辖境相当今湖北宜昌市和长阳、兴山、巴东、秭归、五峰、鹤峰等县及神农架林区地。1912年废。

宜定州都督府　唐改安定州都督府置，属庆州都督府。寄在庆州界（今甘肃庆城县境）。天宝后废。

宜春口　在今湖南岳阳市西北。宋范致明《岳阳风土记》：“洞庭山之北，宜春口出焉。韩退之诗‘朝发宜春口’，即此地也。”

宜春水　即今青海互助土族自治县东南红崖子沟。《水经·河水注》：“湟水又东，左合宜春水。水出东北宜春溪，西南流至安夷城，南入湟水。”

宜春市　1979年由江西省宜春县析置宜春市。1985年撤销宜春县，并入宜春市。2000年撤销宜春地区及县级宜春市，改设地级宜春市；原县级宜春市改置袁州区。宜春市人民政府驻袁州区。

宜春台（臺）　在今江西宜春市城东南隅山上，为全市最高点。《寰宇记》卷109袁州宜春县：宜春台“在县东南隅。《城冢记》，汉宜春侯刘成于城中立五台，其最胜者为宜春。高五十余丈，植桃李以万计”。《方舆纪要》卷87袁州府宜春县：宜春台“在府城内东南隅，高五十丈，周览川原，实为壮观。又仙女台，亦在城东南隅，与宜春台相望。城西南隅曰凤凰台，城南十五里湖冈山有湖冈台，西北化成岩曰化成台，与城内三台为五也”。

宜春观　西汉武帝时建，在今陕西户县西南。《水经·渭水注》：涝水“北径汉宜春观，又北径鄠县故城西。……合美陂水。水出宜春观北，东北流注涝水”。《清一统志·西安府一》：宜春观“在鄠县西南。……《县志》：观在县西涝、渼二水之间”。

宜春县　①西汉高帝六年（前201）置，属豫章郡。治所即今江西宜春市。《寰宇记》卷109宜春县：“县侧有暖泉从地涌出，夏冷冬暖，清澄若镜，莹媚如春，饮之宜人，故名宜春县。”三国吴宝鼎二年（267）改属安成郡。西晋太康元年（280）以避太后讳，改名宜阳县。隋开皇十一年（591）于县置袁州，移宜阳县于袁州（今宜春市）东五里。十七年（597）复改为宜春县。唐武德四年（621）仍移治今宜春市，为袁州治。元为袁州路治。明为袁州府治。民国初属江西庐陵道。1926年直属江西省。1979年析置宜春市。1985年撤销宜春县，并入宜春市。

②金大定七年（1167）置，属会宁府。治所在今吉林松原市东南小城子古城。元废。

宜春苑　①在今陕西西安市长安区东南曲江池。《史记·秦本纪》：“二世皇帝葬宜春。”汉名宜春下苑。《汉书·元帝纪》颜师古注："宜春下苑，即今京城东南隅曲池是。"《寰宇记》卷25长安县："曲江池，汉武帝所造，名为宜春苑。其水曲折有似广陵之江，故名之。"

②故址在今河南开封市东郊。《宋史·太祖纪》：建隆元年（960），"幸宜春苑"。即此。

宜春泉　或曰又名灵泉。在今江西宜春市西。《新唐书·地理志》袁州宜春："有宜春泉，酝酒入贡。"《寰宇记》卷109袁州宜春县："县侧有暖泉，从地涌出，夏冷冬暖。清澄若镜，莹媚如春，饮之宜人，故名宜春县。"《舆地纪胜》卷28袁州：灵泉"即宜春泉。在（宜春）县西四里。李景夏《灵泉记》云，泉宜作酒"。故迹已堙。

宜春侯国　西汉置，属汝南郡。武帝元朔五年（前124）封卫伉为宜春侯。治所在今河南汝南县西南六十里。东汉改为北宜春县。

宜春宫　秦离宫。在今陕西西安市东南曲江池南春临村西南。《汉书·司马相如传》："还过宜春宫，相如奏赋以哀二世行失。"颜师古注："宜春本秦之离宫。"又《汉书·司马相如传》云"息宜春"，颜师古注云："宜春，宫名，在杜县东，即今曲江池，是其处也。"

宜春郡　隋大业三年（607）改袁州置，治所即今江西宜春市。唐武德四年（621）复为袁州。天宝元年（742）又改为宜春郡。辖境相当今江西萍乡市和新余以西的袁水流域。乾元元年（758）复为袁州。

宜城　①即今安徽安庆市。古称宜城渡，为长江中流北岸一渡口。南宋嘉定十年（1217）在此筑城，景定元年（1260）移安庆府、怀宁县治此。后历为安庆府、安庆路治。

②亦名武阳城。在今四川双流县南十里宜城山下。《方舆纪要》卷67双流县"瞿上城"条下："又有宜城，在县东南十里。相传汉任安所筑。"

宜城山　在今四川双流县南十二里。《元和志》卷31双流县："宜城山在县南十二里。出紫草。"《寰宇记》卷72双流县："宜城山在县东南一十里。李膺《益州记》云：宜城山在牛饮水南三十里。"

宜城市　1994年撤销湖北省宜城县，改设宜城市，市人民政府驻宜城。由襄樊市代管（2010年改襄樊市为襄阳市）。

宜城县　①西汉惠帝三年（前192）改鄢县置，属南郡。治所在今湖北宜城市东南十五里楚皇城遗址。东汉改为宜城侯国。三国魏复为宜城县，属襄阳郡。西晋初为襄阳郡治。后仍属襄阳郡。南朝宋初废。

②唐天宝七年（748）改率道县置，属襄阳郡。治所即今湖北宜城市。乾元元年（758）属襄州。北宋宣和元年（1119）属襄阳府。元属襄阳路。明属襄阳府。民国初属湖北襄阳道。1932年直属湖北省。1944年改为自忠县。1949年复改宜城县。1994年改为宜城市。

宜城侯国　东汉改宜城县置，属南郡。治所在今湖北宜城市东南十五里楚皇城遗址。三国魏复为宜城县。

宜城郡　西魏改华山郡置，属襄州。治所在汉南县（今湖北宜城市）。北周废。

宜南县　1947年河南革命根据地由原宜阳县洛河以南地置，治白杨镇（今河南宜阳县东南白杨乡）。1949年与宜北县合并，复置宜阳县。

宜秋　①在今河南唐河县东南。《后汉书·齐武王縯传》："会下江兵五千余人至宜秋。乃往为说合从之势，下江从之。"李贤注："宜秋，聚名，在泚阳县。"

②在今陕西泾阳县西北。《晋书·苻健载记》：东晋永和八年（352）正月，"杜洪屯宜秋，为其将张琚所杀，琚自立为秦王"。即此。

宜都市　1987年撤销湖北省宜都县，改设枝城市。1998年改名宜都市，市人民政府驻陆城。由宜昌市代管。

宜都县　南朝陈天嘉元年（560）置，为宜都郡治。治所即今湖北宜都市。隋开皇十一年（591）改名宜昌县。唐武德二年（619）复名宜都县，为江州治。后属硖州。元属硖州路。明属夷陵州。清属荆州府。民国初属湖北荆南道。1921年属荆宜道。1932年直属湖北省。1987年改为枝城市。1998年改名宜都市。

宜都郡　①东汉建安十四年（209）刘备改临江郡置，属荆州。治所在夷陵县（今湖北宜昌市东南长江北岸）。西晋辖境相当今湖北宜昌、宜都二市及长阳、五峰等县地。南朝宋移治夷道县（今湖北宜都市）。隋开皇七年（587）废。

②南朝梁萧督置，治所在夷道县（今湖北枝江市西北）。隋开皇七年（587）废。

宜宾市　1951年由湖北省宜宾县城区析置宜宾市。1996年撤销宜宾地区和县级宜宾市；原县级宜宾市改置翠屏区。宜宾市人民政府驻翠屏区。

宜宾县　①北宋太平兴国元年（976）以避太宗讳改义宾县置，属戎州。治所在今四川宜宾县西北八十六里蕨溪镇北宣化坝。熙宁四年（1071）省入僰道县。

②北宋政和四年（1114）改僰道县置，为叙州治。治所在今四川宜宾市西北六里旧州坝。南宋咸淳三年（1243）迁治登高山（今宜宾市东二里东山）。元世祖至元十三年（1276）迁今宜宾市，十八年（1281）为叙州路治。明为叙州府治。民国初属川南永宁道。1928年直属四川省。1951年析城区置宜宾市。1965年宜宾县迁治柏溪镇。1996年撤销宜宾地区。改设地级宜宾市。

宜宾镇　北宋熙宁四年（1071）废宜宾县置，属僰道县。在今四川宜宾县西北八十六里蕨溪镇北宣化坝。宣和元年（1119）改置宣化县。

宜陵镇　北宋置，属江都县。即今江苏江都市东北宜陵镇。《方舆纪要》卷23扬州府：宜陵镇在"府东北六十五里。地势高阜，民居稠密，自湾头达泰州之道也”。

宜娘（孃）山　在今贵州黄平县南。《清一统志·镇远府》：宜娘山“在黄平州南四里。《黔记》：相传宋有宜娘者，营兵于此”。

宜黄水　在今江西宜黄县东。《寰宇记》卷110抚州宜黄县：宜黄水“在县东南二百六十三里。源出黄土岭，沿流合章水，至西津与汝水同流”。《清一统志·抚州府一》：宜黄水“在宜黄县东。本宜、黄二水，宜水源出县东南军山，黄水源出县南黄土岭，皆北流至县东合流，名宜黄水，又北入临川县界，至县西，合临水入盱水”。

宜黄场　五代南唐置，即今江西宜黄县。北宋开宝三年（970）升为宜黄县。

宜黄县　三国吴太平二年（257）分临汝县置，属临川郡。治所在今江西宜黄县东。地当宜黄水侧，故名。隋开皇九年（589）废。唐武德五年（622）复置，属抚州。八年（625）又废。北宋开宝二年（970）升宜黄场复置，属抚州。治所即今江西宜黄县。元属抚州路。明属抚州府。民国初属江西豫章道。1926年直属江西省。县盛产木材、竹和苎布。

宜盛县　北魏置，为武安郡治。治所在今甘肃民勤县西南。西魏废。

宜章县　北宋太平兴国初以避太宗赵光义讳改义章县置，属郴州。治所即今湖南宜章县。元属郴州路。明属郴州。民国初属湖南衡阳道。1922年直属湖南省。

宜梁县　西汉置，属五原郡。治所在今内蒙古乌拉特前旗东南。东汉末废。《水经·河水注》：“河水又东径宜梁县之故城南。阚骃曰：五原西南六十里，今世谓之石崖城。”

宜堰　在今浙江湖州市北。《方舆纪要》卷91湖州府：宜堰“明初克宜兴，遣杨国兴出太湖，破张士诚于旧馆，又平宜堰口三十六寨”。即此。

宜喜山　在今四川金川县西北一百里。《清史稿·海兰察传》：“乾隆四十年征金川，四月，将军阿桂令往宜喜，会明亮调兵入道，约期会攻……寻分兵千人偕福康安赴宜喜。”即此。

宜善司　在今广东连山壮族瑶族自治县南永丰村北司城街。明永乐初连山县尝徙治于此。明万历十一年（1583）置巡司，清以后废。

宜湘水　在今广西全州县西北，为湘江支流。《舆地纪胜》卷60全州：宜湘水“在清湘县北九十里，出歌山”。清雍正《广西通志》卷13：宜湘水“源出（全）州北九十里山，东流三十里入湘江”。

宜湘镇　北宋置，属清湘县。在今广西全州县东北七十里宜湘。

宜禄川　一名芮水。即今陕西长武县南黑河。《水经·渭水注》：“汭水东径宜禄县，俗谓之宜禄川水。”

宜禄县　①西汉置，属汝南郡。治所在今河南郸城县南三十七里宜路镇。东汉初废。永元中复置。魏晋间废。

②西魏废帝元年（552）改东阴槃县置，属新平郡。治所即今陕西长武县。《元和志》卷3宜禄县：“以县南临宜禄川，因改名。”北周省入鹑觚县。唐贞观二年（628）复置，属邠州。元世祖至元七年（1270）废。

宜路山　在今广东新兴县西北二十里。《方舆纪要》卷101肇庆府新兴县：宜路山“高七十余仞，周四十余里。平冈坡陀，路经其上。其相近有小温峰，高三百余仞，周三十余里，峥嵘接天，下有小温村”。

宜溪水　即今湖南常宁市西之宜水。《水经·湘水注》：宜溪水“出湘东郡之新宁县西南新平故县东……众川泻浪，共成一津，西北流，东岸山下有龙穴，宜水径其下，天旱则拥水注之，便有雨降，宜水又西北注于湘”。

审坡村　又名审婆堡。即今河北武邑县东二十五里审坡镇。明嘉靖间筑堡于此。

官人山　在今江西宁都县西。《方舆纪要》卷88赣州府宁都县：官人山“在县西十里。石岩环列，一线仅通，登者必扪萝而上。其顶平旷，岩泉奇胜。山之麓有泉有湖，俗谓之小桃源。唐季黄巢之乱，官隶多避难于此，因名”。

官口镇　金置，属商河县。在今山东商河县地。

官山　①在今内蒙古卓资县北。《方舆纪要》卷44大同府大同县“意辛山”条内：“《志》云：府西北五百余里有官山，上有九十九泉，流为黑河。”

②在今河南禹州市东北。南宋绍定六年（1232）蒙古败金兵于三峰山。《金史·移剌蒲阿传》：蒲阿逃走，途中被擒，“械至官山”。被杀。

③在今陕西清涧县北。《方舆纪要》卷57清涧县“草坞山”条下：官山“在县北五十里。万山旋绕，二川萦流，通往来官道”。

官山卫　明洪武八年（1375）置，属大同都卫。治所在今内蒙古卓资县北灰腾梁。次年废。

官山墟　在今广东广州市番禺区北端，珠江南派东岸，对岸即官洲。清同治《番禺县志》卷18：墟市有“官山墟”。

官井关　宋置，属德化县。在今福建德化县北大官岭，路通尤溪县。明为油竹隘，清初为大官隘。

官井洋　在今福建宁德市东北三十里。合福安、霞浦诸水，潴为大洋入海。宋梁克家《三山志》：官井洋港“源出龙泉县，流出黄崎镇，与政和、古田、罗源诸溪，同汇于官井洋。风涛险恶，号三港口，东入海”。《清一统志·福宁府》引《宁德县志》：“在二都扈崎山尾。洋底有井，故名。”

官厅　即今云南建水县西南五十四里官厅镇。明、清时为纳楼茶甸长官司治。

官厅市 即今湖南常宁市西三十里官岭镇。清光绪《湖南通志》卷1常宁县图：县西北有官厅。

官车镇 在今山西沁源县东北。《清一统志·沁州》：官车镇“在沁源县东北四十里。有堡”。

官水镇 北宋置，属襄陵县。在今山西乡宁县东九十里。

官牛市 在今广东雷州市东南五十里。清光绪《广东舆地图说》卷8海康县：淡水社“往来大道有官牛墟、淡水汛”。

官升（昇）店 即今四川射洪县西南四十里官升镇。清光绪《射洪县志》卷2：官升店场在“县东南八十里”。

官仓前镇 即今江西宜黄县西北十五里官仓前。清同治《江西全省舆图》卷2：宜黄县西北有官仓前。

官田坝 即今云南盐津县。1931年盐津县由该县南郊老街迁治于此。

官田砦 即今福建浦城县北仙阳镇东官田。《方舆纪要》卷97浦城县：官田砦“在县北四十五里。宋庆元二年置”。

官台（臺）山 在今福建寿宁县东北。明景泰六年（1455）渔溪巡司迁此山麓，弘治中移治县东南斜滩镇。地产银矿。《明通鉴》：景泰五年（1454）九月，“福建官台山民作乱”，即此。

官台（臺）场 在今山东寿光市东北。元于钦《齐乘》卷5：官台在“寿光北七十里，有盐官”。《清一统志·青州府二》引《县志》曰：“官台场在县北八十里，产盐。”

官母屿 在今福建连江县东南海中。明洪武二年（1369）置巡司于此。《方舆纪要》卷96福州府：五虎山在“府东百里大海中，有五虎门与江口相接……山下为官母屿，巡司置于此”。

官地屯 即今吉林敦化市北官地镇。清光绪《吉林通志》卷15敦化县《屯镇》：东北“九十五里官地屯”。

官地寨 金置，属泾川县。当在今甘肃泾川县境。

官竹 又名竹圃、官竹园、梁王竹园、兔园。在今安徽亳州市东北。《水经·睢水注》：“睢水又东南流，历于竹圃。水次绿竹荫渚，菁菁实望，世人言梁王竹园也。”《梁书·羊侃传》：梁中大通四年（532），“（羊侃）行次官竹，元树又于谯城丧师”。

官会店 即今河南项城市东南四十八里官会镇。清宣统《项城县志》卷1：县有官会店。

官庄 即今山东平度市西北五十六里张舍镇西官庄。清道光《平度县志》卷9有官庄。

官庄市 在今安徽泾县西南。清嘉庆《泾县志》卷2：官庄市“在县南二十五里。旧传岳忠武有庄在其地，庐舍延三四里，今废”。

官庄驿 明初置，属广州府清远县。在今广东清远市东高桥镇。

官庄集 即今湖北宜城市东官庄。清光绪《湖北全省分图》：宜城县东有官庄集。民国《湖北通志》卷34宜城县：官庄集“旧名望江集，在城东十五里”。

官庄墟 即今广东清远市东高桥镇。清宣统《广东舆地图说》卷1：清远县有官庄墟汛。

官庄镇 ①即今河北内丘县东南二十里官庄镇。明嘉靖二十五年（1546）于此筑官庄堡。

②民国置，即今山东安丘市南四十里官庄镇。明万历《安丘县志》卷5镇店：城南“官庄，有市”。

官江 即今广西桂平市西南之官江河。《方舆纪要》卷108桂平县：官江在“府西南三十里”。

官池河泊所 明置，故址在今安徽无为县南。《方舆纪要》卷26无为州：官池河泊所“在州南六十里。官池河一作黄洛河”。

官坝 即今贵州凤冈县北土溪镇东南官坝。《明史·四川土司传》：杨应龙攻陷綦江，“益结九股生苗及黑脚苗等为助，屯官坝，声窥蜀”。即此。

官村 在今广西平南县西北官城镇南。明初置秦川巡司于此。后移思旺墟（今思旺镇东南）。清咸丰元年（1851），太平军大败清军于此。《清史稿·向荣传》：“八月，贼冒雨窜逸，官军失利于官村。”

官村镇 ①即今江苏宜兴市西北官林镇。清光绪《江苏全省舆图》宜兴县图：西北有官村镇。

②即今江西赣县东北境官村。清时有把总驻防。

官灶城 在今山东沾化县东北。《方舆纪要》卷31利津县：官灶城“在县南。旧为煮盐之所。金时尝屯兵于此，因置城戍守。今遗址犹存”。

官沟 在今江苏扬州市东。《方舆纪要》卷23扬州府：“官沟在府东三十里。南通江。”

官陂 ①在今广东怀集县西。《方舆纪要》卷108梧州府怀集县：官陂在“县西六里。……《志》云，县境之以陂名者凡数十处，俱有灌溉之利”。

②在今广西宜州市南六里。《方舆纪要》卷109宜山：官陂“堰水分流，东西灌溉，汇流城南，引入饮军池。宏治初，郡守王溥尝疏治之”。

③在今广西玉林市北。《方舆纪要》卷108郁林州：官陂在“州北五里”。

官昌市 即今广东雷州市东南调风镇南官昌。清光绪《广东舆地图说》卷8海康县：那里社“有官昌圩，南界徐闻县”。

官店口 即今湖北建始县东南官店口镇。清同治《建始县志》卷2《场市》：南乡“官店口，二百里”。

官底镇 清置，即今陕西渭南市西北官底乡。

官河 ①在今北京市昌平区西南。《明一统志》卷1顺天府：官河“源出昌平县一亩泉，分为二流：一曰官河，流入宛平合高梁河；一曰双塔河，经双塔店入榆河”。

②即古邗沟。在今江苏扬州市东南。《方舆纪要》卷23扬州府：官河在“府东南二里。古邗沟也，即春秋时吴通江淮之处……亦谓之邗江，亦曰合渎渠。今为漕河。盖江南之漕，广陵当其咽喉。上江来者，至自仪真；下江来者，至瓜洲会于扬子桥。东北行过府城东，凡六十里而入邵伯湖，又北行六十里入高邮界，又北四十里至界首，入宝应湖，又北至黄浦，接淮安界，为山阳渎，由江达淮”。

③一名漕河。在今江苏涟水县北三十里。《新唐书·地理志》涟水县：“有新漕渠，南通淮，垂拱四年开，以通海、沂、密等州。”《方舆纪要》卷22安东县：官河“今自西涟南通中涟，至县东北百里，接遏蛮等河，南入淮，北通海州诸盐场，为商旅辏集之所”。

④在今江苏盐城市西南四十里马鞍湖西南。《清一统志·淮安府一》：官河“源出大踪湖，北入盐河，东入东塘河”。

⑤在今江苏高邮市西。《方舆纪要》卷23高邮州：官河“在州城西。自州南三十里江都县界露筋庙起，至州北六十里界首镇止，其西七十二涧之水，由甓社等湖，经城南北金门闸及城西窑港闸，而入官河”。

⑥在今浙江台州市黄岩区东。《宋史·河渠志七》：南宋淳熙十二年（1185），“淛东提举勾昌泰言：黄岩县旧有官河，自县前至温岭凡九十里，其支流九百三十六处，皆以溉田”。

官河集 即今江苏邳州市东北二十七里官湖镇。清光绪《江苏全省舆图》邳州：“官河集在城（今邳城镇）东南八里。”

官亭镇 ①即今河北巨鹿县北三十里官亭镇。清同治《畿辅通志》卷51巨鹿县图：北有官亭镇。

②在今江苏淮安市淮阴区西北。《清一统志·淮安府二》：官亭镇“旧名崇河集。明初都金陵，此为山东驿传中道，设爬泥荡铺，建有官亭，故名。……多鱼蒲菱芡之利，后因河决地淤”。

③即今安徽肥西县西北六十里官亭镇。清乾隆时设巡司于此。

④一作官亭。即今河南长葛市北官亭乡。民国《长葛县志》卷2《镇集》：“官亭集，在县西北十八里。”

官度 或作官渡、中牟台。在今河南中牟县东北。《后汉书·孝献帝纪》：建安五年（200），“曹操与袁绍战于官度，绍败走”。李贤注引裴松之《北征记》曰：“中牟台下临汴水，是为官度，袁绍、曹操垒尚存焉。”

官阁 在今四川三台县西北六十里香积山香积寺侧。唐杜甫《涪城县香积寺官阁》诗云：“寺下春江深不流，山腰官阁回添愁。”

官洛布村 一作官禄㘵村。即今广东广州市花都区西北十二里官禄布村。为清太平天国领袖洪秀全故乡。

官津 即今河南新蔡县南十里关津乡。《方舆纪要》卷50新蔡县“汝水”条：“《志》云，汝水经县南十里有官津。即鲁昭公二十年，夫子自楚反蔡问津处。今地名官津店。”

官浔镇 即今福建漳浦县东北五十四里官浔镇。清光绪《漳浦县志》图：县东北有官浔。

官觉 即馆觉。在今西藏贡觉县东南。清乾隆《卫藏通志》卷12作“官觉”。

官桥 ①一作管桥。在今山东滕州市南四十里，跨薛河上。《清一统志·兖州府二》：官桥“隋开皇八年建”。

②在今广西武宣县东北。清咸丰元年（1851），太平军大败清军于此。

官桥溪 即今浙江丽水市北小安溪。《方舆纪要》卷94处州府：官桥溪在“府北十五里。有甘泉、白溪二水流合焉，入于大溪”。

官桥墟 即今广东化州市西北官桥镇。明万历《高州府志》卷1：化州有官桥墟。清光绪《高州府志》卷10化州：官桥墟在“州西北五十里”。

官涌汛 在今香港九龙西北海滨。清光绪《广东舆地全图》：新安县南有官涌汛。

官家洞 在今陕西旬邑县东三十里。《方舆纪要》卷54三水县：官家洞“峭壁三百尺，下临汃水，高下各数十窟，可容数百人。中有二井，盖避兵之险绝者，沿川上下数十里，处处有之，惟官家洞为最著”。

官埠桥 ①即今安徽枞阳县北二十里官埠桥镇。旧属桐城县。清道光《桐城续修县志》卷1《集场》有官埠桥。

②即今湖北咸宁市东北官埠镇。清光绪《咸宁县志》卷1《镇市》：官埠桥“东去县十里”。

官埠港 在今湖北咸宁市东北。《方舆纪要》卷76咸宁县“梓潭湖”条下：“官埠港在县东十里。源出县东三十里之长岭，西入梓潭湖。”

官菜园 在今陕西绥德县东。《清一统志·绥德州》：官菜园“在州东北一百四十里。明正统中置巡司。今裁”。

官窑馆 馆驿名。辽置，在今内蒙古喀喇沁旗东北十家满族乡（楼子店）附近。

官窑墟 即今广东佛山市南海区北官窑镇。明万历《广东通志》卷16：南海县有“官窑墟”。

官棠水 在今广东佛山市高明区（高明镇）西。《方舆纪要》卷101肇庆府高明县：官棠水“在县（治今明城镇）东四十里。《志》云：府东百二十里有官棠山，官棠水出焉，亦名澶滘水，入县境合仓步水。旧通大江，元至正中，泛溢为害，因筑塞之”。

官帽山 ①在今北京市延庆县北。《方舆纪要》卷17延庆州：官帽山在“州北十八里。状如幞头，与怀来卫大海陀山东西相望。一名东崖山”。

②在今四川雅安市西北与芦山县交界处。《清一统志·雅州府一》：官帽山“在雅安县北。上有飞仙关，关以内属雅安，关以外属芦山”。

官堡镇　在今甘肃渭源县西南金川镇。民国《渭源县志》卷2：官堡镇“在县南七十里。街冲洞达，闾阎且千，人民繁庶，商业发达，文化亦最进步，为渭源之胜区”。1944年会川县治此。1958年撤县入渭源县。镇东4里有金家山遗址。

官街　即今吉林桦甸市。清光绪三十四年（1908）置桦甸县于此。民国《东北年鉴》：“桦甸，清光绪三十四年设县，治官街。”即此。

官道口　即今河南卢氏县北官道口镇。清光绪《卢氏县志》卷2：官道口“去县八十里”。

官道李庄　即今河北冀州市西北官道李镇。民国《冀县志》卷8：官道李庄“距城四十里。有市”。

官湖集　一作官河集。即今江苏邳州市东北二十七里官湖镇。清咸丰《邳州志》卷3：官湖集为“近城重地”。

官渡　①又作官度。在今河南中牟县东北。《三国志·魏书·武帝纪》：东汉建安四年（199）“十二月，公军官渡”。著名的官渡之战即发生在此。

②滇池边的古渡口。宋大理置，在今云南昆明市南郊官渡镇。元初《创建妙湛寺碑记》：“滇城之巽隅二十里，有郭曰蜗洞。……乡士大夫游赏，缆船于渡头，吟啸自若，陶陶而忘返，命之曰官渡。”

官渡口　①即今湖北巴东县西官渡口镇。清光绪《湖北全省分图》：巴东县西有官渡口。

②即今四川巴中市东北关渡乡（官渡场）。清道光《巴州志》卷2：官渡溪场在“州北一百二十里”。

官渡场　①即今四川宣汉县东北新华镇（官渡场）。清嘉庆《东乡县志》：官渡场“去县治二百三十里”。

②即今重庆市巫山县南官渡河南岸之官渡镇。清道光《夔州府志》卷12：官渡场“在县南六十里”。

③清为官渡塘场，即今贵州赤水市东官渡镇。民国间为鳛水县治。

官渡汛　在今湖北利川市西南。清有千总驻防。

官渡县　蒙古宪宗四年（1254）置官渡千户，元世祖至元十二年（1275）改官渡县，属善州。治所在今云南昆明市南二十里官渡镇。后废入昆明县。

官渡河　①淮水支流潢河上游的俗称。在今河南新县、光山县境。入潢川县境，名小黄河。《明一统志》卷31汝宁府：官渡河“在光山县南五里。源出分水岭，至光州为小黄河，北流合梅林、泊陂、张师等河及蒋沟、磨子港入淮”。

②即今湖北罗田县东罗田河。《方舆纪要》卷76罗田县：官渡河“在县南百步。亦名县前河。源出县东北百里峨眉山，县东有多云河，自广济县界流合焉。又有平湖河出县北百四十里之松子山，亦流合焉，经蕲水县界至黄冈县合巴河入大江”。

官渡堡　即今湖北竹山县西南官渡镇。《方舆纪要》卷79竹山县“吉阳关”条下：“县南百二十里有官渡堡。……为成化以后增置，为控驭之所。”清置巡司于此。

官渡镇　即今云南昆明市东南官渡镇。元于此置官渡县。

官富山　在今香港九龙半岛南部。《方舆纪要》卷101广州府新安县“梧桐山”条：“西南八十里有官富山，山之东有官富场。《行朝录》：景炎二年四月，帝舟次于官富场，是也。”

官富场　亦作富场。南宋置，属东莞县。在今香港九龙东部。一说在今广东深圳市西。文天祥《文山集》卷21：南宋祥兴元年（1278），“正月二日，张元帅下海，置予舟中，初六日发潮阳，初八日过官富场，十三日至厓山”。

官禄埗　即官洛布。在今广东广州市花都区西北十二里。清光绪《广舆地全图》：花县西南有官禄埗（村）。太平天国领袖洪秀全出生于此。

官塘山　在今福建连江县东马祖列岛。明郑和下西洋经此。

官塘河　在今江苏句容市东。《方舆纪要》卷20江宁府句容县：官塘河“在县东五十里，东北流入镇江府丹徒县界”。

官塘驿　明置，在今湖北赤壁市东北官塘驿镇。清乾隆二十年（1755）裁。

官塘驿市　即今湖北赤壁市东北四十里官塘驿镇。清光绪《湖北全省分图》：蒲圻县东北有官塘驿市。

官塘站　元置，在今湖北赤壁市东北六十里官塘驿镇。明改为驿。清乾隆二十年（1755）裁。

官塘墟　即今广东梅县南官塘圩。清光绪《嘉应州志》卷4：龙冈坪堡在“城西南六十里，有官塘墟、水车墟汛，南界丰顺县”。

官塘寨　在今广东紫金县西南。《清一统志·惠州府》：官塘寨“在永安县西南清溪社”。

官路下　亦作关麓下。即今安徽黟县西南西武村之官路下。道通祁门县。清道光《黟县志》卷2：四都有官路下。

官路桥　即今浙江仙居县西官路镇。《方舆纪要》卷92仙居县：官路桥“在县西二十里。为往来通道”。

官路镇　即今陕西渭南市东北官路镇。清光绪《陕西全省舆地图》渭南县：官路镇“在县东北六十三里”。

官源渠　在今四川成都市北十里凤凰山南。《新唐书·地理志》成都县：万岁池“南百步有官源渠堤百余里。天宝二载，令独孤戒盈筑”。

官溪隘　在今广东揭阳市南。《方舆纪要》卷103潮州府揭阳县：官溪隘“在县南”。

官寨　①在今山西和顺县西北。《清一统志·辽州》：官寨“在榆社县北，接和顺县界。四面陡绝，惟一径可登。山巅平旷，可容数百人”。

②在今缅甸北部糯千卡河（即小江）北侧的坝冈附近。清代属腾越州大塘隘土把总。《永昌府文征》记载第三册收硕色《处置秤戛等处分隶奏摺》："官寨、上楼、痴戛、把仰、大塘、明光、派赖、茨竹、习降、古永、鲁仰、滇滩各寨，附近腾越，应归腾越州管辖。"

官寨盐场　明洪武中建，在今广东廉江市西南车板镇一带。《清一统志·高州府》：官寨盐场"在石城县西南一百三十里，接合浦县界"。清时并入白石盐场。

官寨港　在今广东廉江市西南。《方舆纪要》卷104石城县：官寨港"在县西南百二十里。源出廉州府废石康县之六牛山，南流二十里入永安大海。近官砦盐场，因名"。

官潭墟　即今广西贺州市东南一百二十里信都镇。清宣统元年（1909）信都厅徙治于此。1912年为信都县治。

官澳　即今福建金门县东北官澳。明属同安县，置巡司于此。

宛（宛 yuān）　①春秋战国楚邑，在今河南南阳市。《史记·秦本纪》：缪公五年（前655），晋献公灭虞、虢，虞大夫"百里傒亡秦走宛，楚鄙人执之"。后地入秦，秦昭襄王十五年（前292），"攻楚，取宛"。秦置宛县。

②春秋郑邑，在今河南长葛市东北。《左传》：襄公二十四年（前549），"郑人卜宛射犬，吉"。

宛水　即菀水。在今河南浚县西南。《方舆纪要》卷16浚县：宛水在"县西南六十里。《水经注》：淇水南历枋堰，又东有宛水合焉。其上流有五水分流，世号五穴口。今并为二水，一为天井沟，一分为蓼沟，东入白祀陂，又东入同山陂，溉田七十余顷。又东南入于淇河"。

宛平县（宛 wǎn）　辽开泰元年（1012）改幽都县置，与析津县同为南京析津府治所（今北京市城西南隅）。金为中都大兴府治。元为大都路治，移治大都城内（今北京城内）。明、清皆为京师顺天府治。1913年移治芦沟桥，次年还治城内，属京兆地方。1928年仍移治芦沟桥东宛平城，属河北省。1952年撤销，并入北京市。

宛丘　在今河南淮阳县东南。《诗经·陈风·宛丘》："子之汤兮，宛丘之上兮。"《诗谱》："陈都于宛丘之侧。"《尔雅·释丘》："丘上有丘为宛丘，陈有宛丘。"

宛丘县　隋开皇初改项县置，属陈州。治所即今河南淮阳县。十六年（596）为陈州治。大业初为淮阳郡治。唐武德元年（618）为陈州治。北宋宣和初为淮宁府治。金为陈州治。明洪武省入陈州。

宛冯　战国韩邑，在今河南荥阳市西北。《战国策·韩策一》：苏秦为合纵说韩王曰，"韩卒之剑戟，皆出于冥山、棠溪、墨阳、合伯膊、邓师、宛冯、龙渊、大阿，皆陆断牛马"。

宛州　①南朝梁天监五年（506）置，治所在河南城（今河南新野县东北）。寻废。

②唐武德三年（620）置，治所在南阳县（今河南南阳市）。辖境相当今河南南阳市及南阳、唐河二县地。八年（625）废。

宛阳　在今河北临漳县西。《十六国春秋辑补》卷17《后赵录》：建武六年（322），"季龙如宛阳，大阅于曜武场"。即此。

宛县　战国楚改申县置，后入秦，为南阳郡治。治所即今河南南阳市。西晋为南阳国治。南朝宋为南阳郡治。北周与上陌县合并改为上宛县。

宛里和屯　辽、金称瓦里霍通，即今黑龙江省桦川县东北万里河村。

宛里城　一名宛里和屯。在今黑龙江桦川县东北万里和通。清康熙《皇舆全览图》作窊采城。乾隆《内府舆图》作宛里和屯。

宛秀城　在今青海贵南县东北沙沟乡附近。《新唐书·地理志》廓州宁塞郡："西八十里宛秀城有威胜军。"

宛顶屯　明清置，为汉龙关屯田区。在今云南瑞丽市东北城关镇。《滇南界务陈牍》下卷《腾越沿边疆索图说》："雍正二年，前督部堂鄂、抚部院杨添设方耀等九屯，协守二关，内有宛顶屯，即附近于汉龙关地。"

宛委山　一名玉笥山。又名天柱山。在今浙江绍兴市东南。《吴越春秋》卷6：大禹"登宛委山，发金简之书"，即此。

宛肃城　一作宛秀城。在今青海贵南县东北沙沟乡附近。《元和志》卷39积石军："威胜军，在积石军西八十里宛肃城。"

宛城　在今湖北荆门市南。《清一统志·荆门州》：古宛城"在荆门州南六十里。《旧志》：魏立荆州，理宛城。即此也"。

宛朐　在今山东曹县西北。《史记·封禅书》："黄帝得宝鼎宛朐。"即此。秦置宛朐县。亦作冤句。

宛朐县　即冤句县。秦置，属济阴郡。治所在今山东曹县西北。西汉景帝时，封楚元王子执于此，称宛朐侯。西晋属济阳郡。北魏、隋属济阴郡。唐属曹州。北宋改为宛亭县。

宛亭　即春秋宛濮邑。在今河南封丘县东北。《左传》：僖公二十八（前632），"宁武子与卫人盟于宛濮"。杜注："陈留长垣县西南有宛亭，近濮水。"

宛亭县　北宋元祐元年（1086）改宛朐县置，属兴仁府。治所在今山东曹县西北。金圮于河，遂废。

宛唐　亦作宛塘。在今安徽寿县东南。《资治通鉴》：南朝宋泰始二年（466），"殷琰将刘顺、柳伦、皇甫道烈、庞天生等马步八千人东据宛唐，刘劻帅众军并进，去顺数里立营"。

宛陵县　西汉初置，属鄣郡。元封二年（前109）

为丹阳郡治。治所即今安徽宣城市。西晋为宣城郡治。隋开皇九年（589）改为宣城县。

宛湖　又名宛山荡。在今江苏无锡市东，与常熟市接界。《方舆纪要》卷25常州府无锡县：宛湖“在县东北五十里。湖滨东岸即常熟县界。有山曰宛山，俗曰宛山荡”。

宛温县　西汉元鼎六年（前111）置，属牂柯郡。治所在今云南砚山县西北四十六里维摩彝族乡。三国蜀建兴三年（225）为兴古郡治。西晋郡治他移，仍属兴古郡。东晋复为郡治。永和三年（347）后改宛暖县。

宛塘　即宛唐。在今安徽寿县东南。

宛暖县　东晋时，为避桓温讳，改宛温县置，为兴古郡治。治所在今云南砚山县西北四十六里维摩彝族乡。南朝梁末废。

宛溪　在今安徽宣城市东门外。源出市东南三十里驿山南，北流合溪涧诸流，绕出城东为宛溪。东北三里许至三岔河口合于句溪（水阳江）。唐李白《题宛溪馆》诗：“吾怜宛溪好，百尺照心明。”

宛濮　又名漆、宛亭。春秋卫邑。在今河南长垣县西南。《左传》：僖公二十八年（前632），“宁武子与卫人盟于宛濮”。杜注：“陈留长垣县西南有宛亭，近濮水。”

实大关　明洪武初置，属茂州。在今四川茂县西北八十里石大关乡。

实大关副长官司　明置，属茂州。治所在今四川茂县北八十里石大关乡。清以后废。

实胜寺　①在今北京市西北香山西麓。清乾隆年间为用兵金川，于山麓筑石碉以训练武士，习玄梯攻碉之术。金川平定，于石碉之侧建实胜寺，并设健锐云梯营于寺左右。后平定准噶尔回部，健锐云梯营之兵效力尤多。清《日下旧闻考》卷102引乾隆十四年《御制实胜寺碑记》：“去岁夏，视师金川者久而弗告其功，且苦酋之恃其碉也，则创为以碉攻碉之说，将筑碉焉。……云梯之习犹是志也，而即以成功。则是地者岂非绥靖之先声继武之昭度哉！因命择向庀材建寺于碉之侧，名之曰实胜。”

②俗名黄寺。一作皇寺。在今辽宁沈阳市小西门外。后金崇德三年（1638）皇太极敕建，系清入关前盛京最大的喇嘛寺。清高宗四次东巡，皆有诗。

空山坝　即今四川通江县北空山乡。清道光《通江县志》卷2：“南山里十甲，由县东娄峪溪至空山坝。”1933年中国工农红军第四方面军在此粉碎四川军阀三路围攻，取得极大胜利，史称“空山战役”。

空山洞　在今湖北京山县南二十余里。《舆地纪胜》卷84郢州：空山洞“在京山县南二十五里。山间空口有石鼓，击之鸣彻。中有石仙女、石镜、石台”。

空云（雲）城　亦作空头城、空零城、空灵滩。在今湖南株洲市南湘江畔。《资治通鉴》：南朝梁承圣元年（552），营州刺史李洪雅讨陆纳，“纳遣其将吴藏袭击，破之，洪雅等退保空云城，藏引兵围之”。即此。

空仓岭　在今山西高平市西南三十五里。《方舆纪要》卷43沁水县：空仓岭“相传秦白起诡运置仓以给赵括处”。

空仓堡　在今山西高平市西南。《清一统志·泽州府》：空仓堡“在高平县西南四十五里，与沁水县接界。两壁高山，中通小道。明万历三十四年，创立石城，置巡司于此。后裁”。

空卡山　亦作控卡山。在今四川金川县东南。《清一统志·懋功屯务厅》：空卡山“在崇化屯东一百二十里。高拔群山，路径陡险，冬春积雪丈余。土人于路旁列木杆，行者望杆而进。其雪至五月始消，为两金川往来极险之所”。

空同山　①一作空峒山、崆峒山。在今宁夏固原市西之六盘山。《庄子·在宥篇》：“（黄帝）闻广成子在于空同之山，故往见之。”《史记·五帝本纪》：黄帝“西至于空桐”；《孝武帝纪》：元鼎五年（前112），“上遂郊雍，至陇西，西登空桐”。《正义》：“空桐山在原州平高县西一百里。”

②在今甘肃酒泉市东南。《史记·赵世家》：“其后娶空同氏。”《正义》：“《括地志》：崆峒山在肃州福录县东南六十里。”

空坑　在今江西兴国县境。《宋史·文天祥传》：南宋景炎二年（1277），文天祥复梅州，引兵出江西，复会昌县，败元军于雩都，围赣州，分兵复吉、赣诸县。元“江西宣慰使李恒遣兵援赣州，而自将兵攻天祥于兴国。天祥不意恒兵猝至，乃引兵走，即邹沨于永丰。沨兵先溃，恒穷追天祥方石岭。巩信拒战，箭被体，死之。至空坑，军士皆溃，天祥妻、妾、子女皆见执”。即此。

空灵岸　即空灵滩。在今湖南株洲县南八里。唐杜甫有《过空灵岸》诗。

空灵滩　在今湖南株洲市南湘江中。亦作空泠峡。《梁书·元帝纪》：承圣元年（552），“营州刺史李洪雅自零陵率众出空灵滩，将下讨（陆）纳，纳遣将吴藏等袭破洪雅，洪雅退守空灵城”。即此。清光绪《湖南通志》卷14引《府志》曰：“空灵滩，土人谓之空洲。两岸石如悬钟，因名。”

空泠峡　①一名空舲峡。在今湖北秭归县（茅坪镇）西北。《水经·江水注》：“江水自建平至东界峡，盛弘之谓之空泠峡。峡甚高峻，即宜都、建平二郡界也。其间远望，势交岭表，有五六峰，参差互出。上有奇石，如二人像，攘抉相对，俗传两郡督邮争界于此。”

②即空灵滩。在今湖南株洲县南。《水经·湘水注》：“湘水又北径建宁县，有空泠峡。惊浪雷奔，浚同三峡。”

空泽　春秋宋邑。在今河南虞城县东北。《左传》：哀公二十六年（前469），宋景公“游于空泽”。杜注：“空泽，宋邑。”

空城 古城名。在今山东乐陵市西。《方舆纪要》卷13宁津卫“宁津故城”条下：空城“在县东四十里。城周五里。相传汉光武所筑”。

空桐 春秋宋邑。在今河南虞城县东北。《左传》：哀公二十六年（前469），宋“大尹兴空泽之士千甲，奉公自空桐入如沃宫”。《续汉书·郡国志》 梁国：“虞（县）有空桐地，有桐地，有桐亭。”

空桐山 亦作崆峒山。即今宁夏固原市西之六盘山。《史记·孝武本纪》：元鼎五年（前112），“上遂郊雍，至陇西，西登空桐”。《正义》：“空桐山在原州平高县西一百里。”

空桐泽 即空泽。在今河南虞城县东北。《水经·获水注》：“获水又东南径空桐泽北，泽在虞城东南。”

空格斯 指今新疆新源县巩乃斯河地带。清乾隆《西域图志》卷12：空格斯“地势宽平，气候温暖，饶水草，宜耕牧，为伊犁东南最近要地。……三面峰峦环抱，而空格斯郭勒复襟带其间”。

空冢戍 即寒冢戍。在今四川剑阁县（下寺镇）西南汉源镇北五斗咀。《元和志》卷33普安县：“钟会故垒一名开远戍，在县东北五十三里。亦名空冢戍，晋（魏）钟会军于此，既度剑阁，居死地，遂掘冢决为死战。既无所埋，故曰空冢。后魏改名开远戍。”

空桑 在今河南开封县东南陈留镇南。相传为殷伊尹出生地。《吕氏春秋》卷14：“有侁氏女子采桑，得婴儿于空桑之中（其母居伊水之上）东走十里，而顾其邑尽为水，身因化为空桑，故命之曰伊尹。”《寰宇记》卷1开封府雍邱县：“空桑城，在县西二十里。按《帝王世纪》云：‘伊尹生于空桑。’此伊尹生处。”

空舲峡 即空泠峡。在今湖北秭归县（茅坪镇）西北。《舆地纪胜》卷74归州：空舲峡“在秭归县东，绝崖壁立，湍水迅急，上甚艰难。舲中载物尽悉下，然后得过，故谓之空舲峡。上有火烬插在崖间”。《清一统志·宜昌府》：空舲峡“《州志》：峡有大石，大石左下，三石联珠，峙伏水中，土人号曰三珠石，舟行必由大石左旋，捩柁右转，毫厘失顾，舟糜石上”。

空喀山口 又作空喀拉。在今西藏阿里地区日土县与新疆交界处，是日土县北部通往克什米尔波布朗、塘子等地的重要山口。藏语“空喀”意为冬季，“拉”意为山口。

穹州 唐贞观八年（634）改西博州羁縻州置，属茂州都督府。治所在今四川黑水、红原县境。后废。

穹荡（盪）山 即崛嵕山。在今云南禄丰县东北。《方舆纪要》卷114罗次县：穹荡山“在县（今碧城镇）南十五里。乌蛮谓之堀嵕峰”。

穹隆岭 在今蒙古国西车车尔勒格西南，为杭爱山东南脉。《魏书·蠕蠕传》：北魏太平真君十年（449），世祖亲征吐贺真，“与诸军期会于地弗池。吐贺真悉国精锐，军资世盛，围（高凉王）那数十重，那掘长围坚守，相持数日。……那引军追之，九日九夜，吐贺真益惧，弃辎重，逾穹隆岭远遁”。

穹赕 唐南诏置，属永昌节度。治所在今云南保山市西南怒江坝。宋大理属永昌府。元代属柔远路。明改潞江安抚司。

穹窿山 在今江苏苏州市吴中区西南。《越绝书·吴地传》：“由钟穹窿山者，古赤松子所取赤石脂也。”明王鏊《姑苏志》卷9：穹窿山“山高而平，其广可百亩，……山半有泉名法雨，四时流不绝，下注石堰，可以灌田”。

穹窿溪 在今福建宁德市西五十里。《方舆纪要》卷96宁德县：穹窿溪“上有穹窿岩，因名。源出古田县境，合周仙湖东流至石堂山下，合于唐溪，又东为穹窿溪。又环溪在县西百二十里，亦出古田县界，双溪夹拱，周围环绕，至穹窿岩，合流为天柱窟。又东为泛尾，经赤鉴湖至岫门，下达于海”。

〔丶7〕

试剑山 在今四川汉源县南。《方舆纪要》卷73黎州守御千户所：试剑山“在所南八十里。崭然高耸，上列三峰。中峰又析为二，状如剑削”。《明史·地理志》 黎州守御军民千户所：汉水“下流至试剑山，入大渡河”。

试剑石 ①在今江苏苏州市西北虎丘山上。相传秦王试剑于此。一说为吴王阖闾试干将、莫邪二剑遗迹。

②在今江苏徐州市东南汉高祖庙。《清一统志·徐州府二》：试剑石，“《旧志》，石高三丈余，中裂如破竹，不尽者寸。父老曰：‘此帝之试剑石也。’苏轼为守，弟辙从观此石，为作铭”。

③在今湖北鄂州市西樊山下。《舆地纪胜》卷81寿昌军：试剑石“在樊山下。其石中断”。《明一统志》卷59谓“相传吴王试剑于此”。

④在今湖南平江县东道岩山上。相传为许旌阳试剑处。

⑤在今广西桂林市区东北漓江西岸伏波山。南宋范成大《桂海虞衡志》：伏波岩“在漓江之滨，突然而起，且千丈。下有洞，可容二十塌，穿凿通透，户牖傍出。有悬石如柱，去地一线不合，俗名马伏波试剑石。前浸江滨，波浪汹涌，日夜漱啮之”。

试剑峰 在今海南省三亚市西崖城镇南二十里。《舆地纪胜》卷127吉阳军：石船“在南岭之南，距海数步，长丈余，如舟然。旁有峻峰。名试剑峰”。《明一统志》卷82崖州：试剑峰“在崖州南二十里海滨。山有巨石，高二丈余。宋毛奎题‘小洞天’三字，刻石上。其南有石临海，题曰‘钓台’。又入数步，名大洞天。有石室，题曰‘海山奇观’。傍有石梯，题曰‘仙梯’”。

试院 在今福建长汀县城兆征路。原为汀州府历代府试之处，内有朱子祠、龙山书院。清咸丰七年（1857）改建。1904年为福建省立第七中学校舍。院内有古柏两株，据清纪昀《阅微草堂笔记》称："福建汀州试院堂前二古柏，唐物也。"1932年3月福建省第一次工农兵代表大会在此召开，选举成立福建省苏维埃政府。省苏维埃政府即在此办公。1935年6月，瞿秋白就义前曾被国民党关押于此。

诗礼堂 在今山东曲阜市孔庙承圣门内。《清一统志·兖州府二》：诗礼堂"本孔子旧宅。宋真宗幸鲁，尝御此"。盖因孔子教子学诗礼而名。

诗国 即邿国。在今山东微山县西北。《汉书·地理志》东平国亢父县："诗亭，故诗国。"

诗亭 古诗国。在今山东微山县西北。《汉书·地理志》东平国亢父县："诗亭，故诗国。"

诚州 五代时蛮置，治所在今湖南靖州苗族侗族自治县东。北宋初为羁縻州。元丰四年（1081）仍置诚州，迁治今靖州苗族侗族自治县。六年（1083）移治渠阳县（今靖州苗族侗族自治县渠水东岸）。辖境相当今湖南会同县、靖州苗族自治县及通道侗族自治县西部和贵州天柱、锦屏、黎平等县地。崇宁二年（1103）改为靖州。

诚州富盈等处长官司 元置，属新添葛蛮安抚司。治所在今贵州黎平县西北。明初废。

诞山江 在今广西平乐县东南。《方舆纪要》卷107平乐县：诞山江"在府东。源出诞山，西流至虎阜滩，入乐川水"。

该朱城 亦作盖朱城。西夏建，属卓啰和南军司。在今甘肃永登县南庄浪河畔。

郎 ①春秋时鲁地。在今山东兖州市西北。《春秋》：隐公九年（前714），"夏，城郎"。又庄公十年（前684），"夏六月，齐师、宋师次于郎"。即此。清江永《春秋地理考实》谓隐九年所城之郎为"鲁近郊之邑"。故桓十年，"齐卫郑来战于郎"，《公羊传》云，"郎者何？吾近邑也"。

②春秋时鲁邑。在今山东鱼台县东（今鱼城东北九十里）。《左传》：隐公元年（前722），"夏四月，费伯帅师城郎"。杜注："高平方舆县东南有郁郎亭。"

③即奚。春秋时鲁地。在今山东枣庄市西薛城镇东北陶庄镇奚村。《谷梁传》作"郎"。

郎山 ①又名狼山。在今河北满城县西北五十里。《水经·滱水注》："徐水东北屈径郎山，又屈径其山南。众岑竞举，若竖鸟翅，立石崭岩，亦如剑杪，极地险之崇峭。汉武之世，戾太子以巫蛊出奔，其子远遁斯山，故世有郎山之名。"

②在今河北易县西南九十里。《水经·易水注》：易水"出代郡广昌县东南，郎山东北燕王仙台东。台有三峰，甚为崇峻，腾云冠峰，高霞翼岭，岫壑冲深，含烟罩务。耆旧言：燕昭王求仙处"。又《水经·滱水注》："徐水东北屈径郎山，又屈径其山南，众岭竞举，若竖鸟翅，立石崭岩，亦如剑杪，极地险之崇峭。汉武之世，戾太子以巫蛊出奔，其子远遁斯山，故世有郎山之名。"皆此。

③一名新嵊山。即今安徽绩溪县东北王石山。宋淳熙《新安志》卷5绩溪县：郎山"在县东北十五里，高二百三十仞，周三里，亦谓之郎嵊山。下有郎溪，驿路在焉。两傍有石道，长数百步，直下数百尺，名悲翠岩，不生草木，有类石洞云"。

④一名和龙山。即今安徽池州市西南六十里殷家汇琅山岩。下有玉镜潭。《水经·沔水注》："南江又东与贵长池水合，水出县南郎山。"即此。

⑤又名狼山。在今安徽蒙城县西北二十八里。《水经·阴沟水注》：涡水"又东南屈，径郎山南，山东有垂惠聚"。《元丰九域志》卷5：亳州蒙城县"有狼山"。

⑥即郎亭山。在今湖北鄂州市西。明曹学佺《名胜志》武昌县：郎山"在樊山南。一名郎亭山。高八十丈，周十里，樊山之别也。《土俗编》云：郎山、樊山相接而中断，江上望如八字"。

郎中县 南朝梁置，为梁安郡治。治所在今河南息县东北。隋大业初废。

郎仁县 唐置，属羁縻浪川州。治所在今四川金阳县西南。后废。

郎布池 即今西藏改则县西南昂拉仁错。《清一统志·西藏》载：郎布池"近查布也萨噶池之北，池广二百二十余里"。

郎当驿 本名上亭驿，亦名琅珰驿。在今四川梓潼县东北五十里上亭铺。《舆地纪胜》卷186隆庆府：上亭驿"在梓潼、武连二县之界。唐明皇幸蜀，闻铃声之地。又名琅珰驿。前辈诗什极多"。清张邦伸《云栈纪程》卷5："明皇入蜀，雨中于此闻铃声，问黄播绰铃语云何？对曰：似谓三郎郎当，因令乐工张野狐制雨淋铃曲。"

郎州 ①唐贞观八年（634）改南宁州置，治所在味县（今云南曲靖市西北十五里西山街道驻地三岔）。辖境约当今云南寻甸、宜良、路南、弥勒等县以东地区。以后辖境缩小。开元五年（717）复为南宁州。

②唐贞观九年（635）置，治所在恭水县（今贵州遵义市）。辖境相当今贵州遵义市、遵义县及桐梓县地。十一年（637）废。

郎州都督府 唐贞观二十三年（649）废戎州都督府改置，治所在朗州（今云南曲靖市北十五里三岔）。辖境北有云南东北部，东有贵州普安、兴义，西至怒江，南抵曲江、盘江。永徽三年（652）废。

郎违县 唐贞元十三年（797）置，属羁縻浪川州。治所在今四川金阳县西南。后废。

郎坊镇 又名廊坊镇。即今河北廊坊市。本属安次县，商业颇盛。1948年安次县迁治于此。1981年析置廊坊市。

郎步镇 今安徽郎溪县治。《元丰九域志》卷6广德军："端拱元年以广德县郎步镇置建平县"，即此。以郎姓所居埠头为名。桐川亦以此称为郎溪。

郎岭关　明置，在今山西繁峙县东。《方舆纪要》卷40繁峙县：郎岭关在“县东百里，旧名狼岭，路通应州，属振武卫戍守”。

郎岱厅　清雍正九年（1731）置，属安顺府。治所即今贵州六枝特区西南郎岱镇。1913年改为郎岱县。

郎岱县　1913年改郎岱厅置，属贵州贵西道。治所即今贵州六枝特区西南郎岱镇。据1982年版《六盘水市地名录》引《郎岱县访稿》记载：“郎岱之得名来历已久，在明初即有是称。有谓因建城于古郎山之间，故曰郎岱。而前厅丞孙清彦则谓因城西老郎山及城中岱山而名。又有谓郎岱系土语‘喃吡’二字之译音，乃两山间之平地也。”从这些说法来看，以郎岱因郎山得名之说较为近理。1960年撤销郎岱县，改设六枝市。

郎官湖　在今湖北武汉市汉阳城区东南隅太平巷、郎星巷一带。原名南湖。唐乾元初，李白至沔州，与故人张谓等游南湖，改名郎官湖。有《泛沔州城南郎官湖》诗。《清一统志·汉阳府》引《府志》：“湖汇城中诸水，南从水门达江。明正德以后渐涸，仅同沟洫。”至清湮塞。

郎迦戍国　即迦摩浪迦国。在今马来半岛北部。一说在今缅甸南部勃固附近。《南海寄归内法传》卷1作郎加戍国。

郎茫州　唐永泰二年（766）以林覩府部落分置，治所在郎茫县（今云南河口瑶族自治县北部）。辖境约当今云南河口瑶族自治县地。后废。

郎茫县　唐永泰二年（766）置，为郎茫州治。治所在今云南河口瑶族自治县北部。后废。

郎亭山　一名郎山。在今湖北鄂州市西。《舆地纪胜》卷81寿昌军：郎亭山“在樊山西，路出武昌退谷中。朱梁时，朱友恭凿山开道，射以强弩，遂拔武昌”。即此。

郎娇　即琅琊。即今台湾南部屏东县之恒春。清光绪《台湾舆图并说》恒春县舆图说略：“于是相度阴阳，经画久远，实维琅琊之猴洞山形环抱，中豁平原，堪建城池。”

郎娇山　又作琅琊山、琅峤山。即今台湾省本岛南恒春半岛。清康熙间高拱乾《台湾府志》卷1：郎娇山“在沙马矶头山东南，离府治五百三十余里”。

郎娇社　又作浪琊社、琅峤社。即今台湾省屏东县南恒春镇。原为高山族郎娇社。清康熙间高拱乾《台湾府志》卷2：郎娇社“离府治四百九十五里”。

郎郭州　唐开元十七年（729）置羁縻州，属黎州都督府。治所在今四川九龙县城呷尔镇。北宋以后废。

郎浪县　唐置，属羁縻浪川州。治所在今四川金阳县西南。后废。

郎麻哈　亦作剌麻哈。在今青海达日县西黄河南。《元史·地理志》河源附录：“思本曰：……（怀里火秃河）与黄河合，又东北流一百余里，过郎麻哈地。”

郎婆露斯　即今印度之尼科巴群岛。《新唐书·室利佛逝传》：“室利佛逝……西曰郎婆露斯。”

郎惰寨　在今四川阿坝县境。清雍正元年（1723）置郎惰寨土百户。

郎湖　在今越南中部广治省境内。《水经·温水注》：“寿泠水自（林邑）城南，东与卢容水合，东注郎究，究水所积，下潭为湖，谓之郎湖。”

郎塘市　亦作琅塘市。即今湖南新化县西北百里琅塘镇。清光绪《湖南通志》卷1新化县图：县西北有郎塘市。

郎溪　①原为桐川流经安徽郎溪县治及其左右区段名。《方舆纪要》卷29建平县：“郎溪在县治南，郎步镇以此名，下流合于桐川。”今桐水与无量溪自广德流入县境，在合溪口合流后，西北流入南漪湖，统称郎溪。一名郎川河。

②在今贵州锦屏县东南湖耳山东。《舆地纪胜》卷72靖州：郎江“出湖耳山，即唐之郎江”。《清一统志·黎平府》：朗溪“源出石流山。一名滴溪，东流入湖南会同县界。亦曰朗江”。

郎溪县　①唐贞观八年（634）析龙标县置，治所在今湖南洪江市（黔城镇）西南四十里卧龙岩。《元和志》卷30郎溪县：“在郎溪之侧，因为名。”天授二年（691）属沅州，开元十三年（725）属巫州。大历五年（770）属叙州。北宋初废。

②1914年改建平县置，属安徽芜湖道。治所即今安徽郎溪县。以川流郎溪及郎步镇为名。1928年直属安徽省。

郎溪蛮夷长官司　明洪武七年（1374）置，属思南宣慰司。治所即今贵州印江土家族苗族自治县东十六里朗溪镇。后属思南府。清废。

郎寨土司　清康熙四十二年（1703）置，属松潘镇漳腊营。在今四川九寨沟县西北塔藏乡东南郎寨。后废。

郎噶池　一名兰加克湖或兰嘎错。即今西藏阿里地区普兰县北拉昂错。《清一统志·西藏》：郎噶池“在达克喇城北一百七十里，冈底斯山西南三十四里。池广三百余里。从马品木达赖池水西流，汇为此池；又自池西流出，为狼楚河。水色稍黑，味（较马品木达赖池）亦逊”。

郎德上寨古建筑群　在今贵州雷山县北郎德镇。始建于元末明初，又是清代咸丰、同治年间苗族起义将领杨大六的故乡，当年的战斗遗迹迄今犹存。寨子背山面水，现有民居一百一十八座，风雨桥一座，板凳桥两座，保爷桥四十八座，寨门三座，铜鼓坪两个及水井、水车等。鳞次栉比的吊脚楼以山脚修到山腰，民居多为干阑式吊脚楼，具有鲜明民族特点。2001年定为全国重点文物保护单位。

郓　春秋时鲁邑。有二：（1）在今山东郓城县东十六里。亦称西郓。《春秋》：成公四年（前587），“冬，城郓”。《左传》：成公十六年（前575），“九月，晋人执季文子于苕丘。公还，待于郓”。杜注：“郓，鲁西邑。东郡廪丘县东有郓城。”（2）在今山东沂水县东北。《春秋》：文公十二年（前615），“季孙行父帅师城诸及郓”。又，成公九年（前582），“楚公子婴齐帅师伐莒。庚申，莒溃。楚人入郓”。鲁襄公十二年（前561），“莒人伐我东鄙，围台。季孙宿帅师救台，遂入郓”。《左传》：昭公元年（前541），“季武子伐莒，取郓”。皆此。故《左传》称：“莒、鲁争郓，为日久矣。”《寰宇记》卷23沂水县下引《十三州志》说：“有东、西二郓。鲁昭公所居者为西郓，在兖州东平郡是也；莒与鲁所争为东郓，即此县是也。”

郓州　隋开皇十年（590）置，治所在万安县（后改郓城县，在今山东郓城县东十六里）。大业初改为东平郡。唐武德初，复改郓州。贞观八年（634）移治须昌县（今山东东平县西北）。辖境相当今山东东平、梁山、郓城、巨野等县地。天宝初复改东平郡。乾元初复为郓州。原济州所属今长清、平阴、东阿、阳谷等县地并入。北宋移治须城县（今东平县）。辖境略有缩小。宣和元年（1119）升为东平府。

郓城县　隋开皇十八年（598）改万安县置，属郓州。治所在今山东郓城县东十六里。大业初属东平郡。唐属郓州，天祐二年（905）又改万安县，五代唐复名郓城县。后周改属济州。金大定六年（1166）徙治盘沟村（今郓城县）。元属济宁路。明属兖州府济宁州。清属曹州府。民国初属山东济宁道。1925年属曹濮道。1928年直属山东省。

郓亭　在今山东莒县东北东莞集。《续汉书·郡国志》：东莞有“郓亭”。《续山东考古录》卷21沂水县：“莒州之东莞集确是郓城。”

郓濮　唐方镇名。元和十四年（819）置，治所在郓州（今山东东平县西北）。次年号为天平军。

戾园　在今河南灵宝市西北鸠涧西（底董村南）。《汉书·戾太子传》：孝宣帝即位，“以湖阌乡邪里聚为戾园”。晋潘岳《西征赋》：“吊戾园于湖邑，谅遭世之巫蛊。”

戾陵堰　三国魏嘉平二年（250）刘靖主持修建，在今北京市西石景山区永定河上，引水入车箱渠东注高梁河。《水经·鲍邱水注》：高梁水“首受灅水于戾陵堰，水北有梁山，山有燕刺王旦之陵，故以戾陵名堰。水自堰枝分，东径梁山南，又东北径刘靖碑北。其词云：魏使持节都督河北道诸军事、征北将军、建城乡侯沛国刘靖，字文恭，登梁山以观源流，相灅水以度形势……乃使帐下丁鸿督军士千人，以嘉平二年立遏于水，导高梁河，造戾陵遏，开车箱渠”。唐以后废。

房　一作防。西周封国。即今河南遂平县。春秋时灭于楚。《左传》：昭公十三年（前530），“楚之灭蔡也，灵王迁许、胡、沈、道、房、申于荆焉。平王即位，既封陈、蔡，而皆复之”。西汉置吴房县。

房儿寨　即今河北馆陶县西南十八里房寨镇。清乾隆《馆陶县志》卷3：房儿寨集在“（西南）五十里”。

房山　①又名王母山、西山。即今河北平山县西北，与灵寿县交界处之王母山。海拔1252米。《后汉书·章帝纪》：元和三年（86）三月，“己卯，进幸赵。庚辰，祠房山于灵寿”。李贤注：“房山在今恒州房山县（按：今平山县）西北，俗名王母山，上有王母祠。”《元和志》卷17房山县：房山“一名王母山，在县西北五十里。汉武帝于此山立祠，今王母观是也”。

②在今江苏东海县东南房山镇一带。《魏书·地形志中》：东彭城郡龙沮县有房山。《清一统志·海州》：房山，“《旧志》：在州西南六十里。有巨石如房”。

③在今湖北房县西南。《隋书·地理志》：房陵郡光迁县“有房山”。《元和志》卷21房陵县：房山“在县西南四十三里。其山西南有石室，似房，因以为名”。

房山云居寺塔及石经　在今北京市房山区西南尚乐水头村。原寺为隋代僧人静琬主持创建，现仅存辽代北塔（又称舍利塔或罗汉塔），为高30米二层砖塔。四隅有唐代小石塔四座，寺北还有静琬石塔一座。云居寺是世界上石经版收藏量最大的寺院。寺院南端一藏经穴内和寺东北三里的石经山上的九座藏经洞内分别有辽、金经版和隋至明代石经版，共一万四千二百七十八块，总计约1700万字。云居寺及石经山附近还有唐代石塔和辽代砖塔。1961年定为全国重点文物保护单位。

房山关　在今湖北房县西南。《方舆纪要》卷79房县：房山关“在县西三十五里房山下”。

房山县　①隋开皇十六年（596）置，属井州。治所即今河北平山县。《元和志》卷17房山县：“因县北房山为名。”大业初属恒山郡。唐属恒州，至德元年（756）改为平山县。

②元世祖至元二十七年（1290）改奉先县置，属涿州。治所在今北京市房山区西南城关镇。清属顺天府。民国初属京兆地方。1928年直属河北省。1958年撤销，改设周口店区。1960年复设房山县。1986年改设房山区。1997年迁驻良乡。

房山侯国　西汉置，属琅邪郡。治所在今山东昌乐县东南方山店子。东汉省。

房子　战国中山邑。在今河北高邑县西南十五里仓房村。《史记·赵世家》：敬侯十年（前377），“与中山战于房子”。其后又先后属赵、魏。同书惠文王二十四年（前275），“廉颇将，攻魏房子，拔之”。即此。

房子县　①西汉置，属常山郡。治所在今河北高邑县西南十五里仓房村。三国魏为赵国治。西晋为冀州治。北魏属赵郡。北齐天保七年（556）废。隋开皇六年（586）复置，移治今临城县，属赵州。大业初属赵郡。唐属赵州，天宝元年（742）改名临城县，天祐二年（905）复名房子县。五代唐又改名临城县。

②隋开皇六年（586）置，属栾州。治所即今河北临城县。大业初属赵郡。唐属赵州。天宝元年（742）改为临城县。天祐二年（905）复为房子县。五代唐初又改为临城县。

房木镇　一作芳木镇。即今辽宁西丰县西南房木镇。伪满康德五年《西丰县志》卷4：房木镇在"（县）西南四十五里"。

房公湖　亦名西湖。在今四川广汉市城西南。唐汉州刺史房琯所凿，故名。《方舆胜览》卷54汉州：房公湖"又名西湖"。唐杜甫、李德裕，南宋陆游等皆有诗。《方舆纪要》卷69汉州：房公湖在"州治南，唐房琯所凿，亦谓之西湖。凡数百亩，称为佳胜。宋熙宁间，奏垦为田。今废塞"。1927年建广汉公园于此，1984年又修、改为房湖公园，形成湖、岛、厅、堂、廊、阁交错的园林格局。

房州　隋开皇十八年（598）改罗州置，治竹山县（今湖北竹山县）。大业初省。唐武德元年（618）分迁州复置房州，仍治竹山县（今湖北竹山县）。贞观十年（636）徙治房陵县（今房县）。辖境相当今湖北房县、竹山、竹溪、保康等县及神农架林区北部地。南宋治所迁徙不定。元还旧治，属襄阳路。明洪武十年（1377）改为房县。

房村　即今福建建瓯市南六十里房村。清乾隆十五年（1750）移筹岭巡司驻此。

房村口　即今福建南平市北房村口。《方舆纪要》卷97延平府南平县：房村口在"府北五十里，与建宁府接界。自建宁而下者，至此为水陆会集之道，傍山临溪，据险而守，足为府境之保障。由此而南，则支径旁通，难于控御矣。口盖府北之锁钥也"。

房村驿　明置，即今江苏徐州市铜山区东南五十里房村镇。《清一统志·徐州府二》：房村驿"南岸主簿及把总驻此"。

房村站　元置，在今江苏徐州市铜山区东南房村镇。明改为驿。《清一统志·徐州府》：房村驿"在铜山县东南五十里。南岸主簿及把总驻此"。

房连山　在今湖南辰溪县东四十五里。《方舆纪要》卷81辰溪县"五城山"条下：房连山"连峰接岫，廉隅峭厉，如房室然"。

房县　①西汉置，属辽东郡。治所在今辽宁盘山县东南古城子镇附近。东汉属辽东属国。东汉末废。《水经·大辽水》：大辽水"东南入塞，过辽东襄平县西。又东南过房县西"。即此。

②明洪武十年（1377）改房州置，属襄阳府。治所即今湖北房县。成化十二年（1476）改属郧阳府。民国初属湖北襄阳道。1932年直属湖北省。

房县千户所　明洪武初置，后属郧阳卫。治所在今湖北房县东。后废。

房钟（锺）　春秋吴邑。即今安徽利辛县东南三十六里阚疃镇。《左传》：昭公六年（前536），"吴人败其师于房钟"。即此。

房亭河　在今江苏徐州市铜山区东，东流至邳州市南，注入京杭运河。《清一统志·徐州府一》：房亭河"在铜山县东。泄河北诸山泉积涝，分二支：一通吴家窑荆山河口，一由王家林东西滩，过贺家口入邳县境，归猫儿窝济漕"。

房陵　春秋麇国地。名防渚。战国属楚，后入秦。在今湖北房县。秦始皇时为流放罪人之地。《史记·秦始皇本纪》：平缪毐之乱，"夺爵，迁蜀四千余家，家房陵"。《华阳国志·汉中志》："徙吕不韦舍人万于房陵。"《淮南子·泰族训》：秦灭赵，"赵王迁流于房陵"。皆即此。秦置房陵县。

房陵县　①秦置，属汉中郡。治所即今湖北房县。东汉末为房陵郡治。三国魏黄初中改为新城郡治。北周保定三年（563）改为光迁县。唐贞观十年（636）复为房陵县，为房州治。明洪武十年（1377）废入房州。

②唐武德元年（618）置，属迁州。治所在今湖北房县境。七年（624）废。

房陵郡　东汉建安末年置，治所在房陵县（今湖北房县）。三国魏改为新城郡。隋大业初改房州复置，治所在光迁县（今房县）。辖境相当今湖北房县、保康、竹山、竹溪等县及神农架林区北部地。唐初改为迁州。天宝初复改房州为房陵郡。乾元初又改为房州。

房渊　在今河北献县北三十里。《寰宇记》卷63乐寿县：房渊，"《九州记》云：乐寿县有房渊，方三百里，石勒之建安二年，水忽变为赤。燕慕容儁二年，水忽生盐，如印形，其渊一日再生再减，不失其度。居近者，时见龙狗之状戏于旁，叶落于渊者，辄有群燕衔出"。此水久淤。

视田　即今江西永丰县东北视田。明初置巡司于此。万历中废。

视高铺　亦作石膏铺。即今四川仁寿县西北八十七里视高镇。清光绪《仁寿县志》卷1：北路有石膏铺。民国改作视高铺。

视渡口镇　在今湖南茶陵县东八十里。明置视渡口巡司。《方舆纪要》卷80茶陵州：视渡口镇，"《志》云：州境有花石、虎背、严河、古城、老虎、白石、高水、仙女、会仙、磨石等十寨，俱元末州民避兵处"。

袄神楼　在今山西介休市城北关顺城街。是三结义庙（旧为元神庙）前的乐楼，又是街心点缀的过街楼。明万历年间（1573—1620）改建，清康熙、乾隆间重修。另有大殿和献亭，均为清建。楼下层为庙门，上层为乐楼，中心为神龛。楼高二层，约25米，腰间设平座勾栏，上部覆盖重檐，实为四层。四根通柱直承上层梁架，山门戏台上下叠构，楼顶十字歇山式，檐下四向凸出山花，瓦件脊饰全为琉璃制品。设计巧妙，构造奇特，雄建稳定，瑰丽壮观，为我国建筑史上的精品。1996年定为全国重点文物保护单位。

祈年宫　即蕲年宫。在今陕西凤翔县西南古城村。《汉书·地理志》雍县："橐泉宫，孝公起。祈年宫，惠公起。"《水经·渭水注》："渭水又东径雍县南，雍水注之。水出雍山，东南流……径胡城东。俗名也。盖秦惠公之故居，所谓祈年宫也。孝公又谓之为橐泉宫。"

祈年殿　在今北京市天坛公园北部。是明、清皇帝祈祷五谷丰登之地。建于明永乐十八年（1420），初为天地坛内大祀殿，嘉靖九年（1530）天地分祭，改名祈谷坛。二十四年（1545）改建，名大享殿。清乾隆十六年（1751）重修，改名祈年殿。现存建筑为光绪二十二年（1896）所建。

祋古国　即今土耳其。清谢清高《海录》："祋古国，即土耳其。在西洋吕宋佛郎机之后，港口在伊宜各国之南。疆域极大。本回回种。"

祋祤县　西汉景帝二年（前155）置，属内史。治所即今陕西铜川市耀州区东一里河东堡。武帝后属左冯翊。东汉初废。永元九年（97）复置，三国魏又废。

祊　又称邴。春秋时郑国祀泰山的汤沐邑。在今山东费县东方城镇北。《左传》：隐公八年（前715），"郑伯请释泰山之祀而祀周公，以泰山之祊易许田。三月，郑伯使宛来归祊"。《公羊传》、《穀梁传》作"邴"。《续汉书·郡国志》：泰山郡费侯国"有祊亭"。

祊水　出今山东费县西南大箧崮。元于钦《齐乘》卷2"沂水"条称："祊出县南关阳川。"《清一统志·沂州府一》：祊河"名祊者，以地为古祊田也。出崮东北流径县南，汇为桃花渊。渊在崖石间，水深多鱼。桃花上为二郎渊，下为丁沟渊，皆祊水之曲也。祊水东入于小沂水"。

〔𠃌一〕

叀国　一作画国。商代方国。在今山东淄博市东北。《甲骨文合集》28319："戊王其田于叀擒大狐。"即此。

建义县　①北魏建义元年（528）析屯留县置，属襄垣郡。治所在今山西襄垣县南。北齐废。

②北魏永熙中置，属真兴郡。治所不详（当在今山西北部地）。后废。

建义港　在今江苏淮安市楚州区东北八十里。《方舆纪要》卷22淮安府："建义港在府东北八十里，东南流合通济沟，入射阳湖。"

建子门　即汉长安城北面中门厨城门。在今陕西西安市西北六村堡乡曹家堡西。王莽时改名建子门。

建子城　北宋天禧元年（1017）置，属保安军。在今陕西志丹县西南。天圣元年（1023）改为德靖寨。

建元县　南齐置，属宣城郡。治所在今安徽宣城市境。旋废。

建中县　唐光宅初改盱眙县置，属楚州。治所即今江苏盱眙县。后复改盱眙县。

建水　①亦作湕水。即今湖北荆门市南新埠河。《周书·萧詧传》：梁太清二年（548），詧率军伐江陵，其将杜岸降于江陵，"詧众大骇，其夜遁归襄阳，器械辎重，多没于湕水"。即此。《清一统志·荆门州》：建水"在荆门州东南。今名建阳河，一名大漕河。源出龟山，南流入荆州府江陵县长湖"。

②又名泷水。即广东罗定市之罗定江，为西江支流。《新唐书·地理志》泷州建水县："以建水在西也。"

③在今云南建水县南。《方舆纪要》卷115临安州建水县：建水"在府城南。广五亩，今堙塞过半。《元志》：建水城每秋夏之间，溪水涨溢如海，夷谓海为惠，大为刚，故以惠刚名城，盖即此水也"。

④即今甘肃合水县之合水川。《明一统志》卷36庆阳府：建水"在合水县治东。源出子午山，西南流与北岔川水合，谓之合水，南入马莲河。合水县以此为名"。

建水文庙　在今云南建水县（临安镇）建中路西段。始建于元世祖至元二十二年（1285），后经明、清两代多次续修，遂成为国内大型文庙之一。有古建筑二十九栋一百一十七间，中轴线上有泮池、牌坊、棂星门、大成殿、崇圣祠等，分六进院落。还有文昌阁、东西庑、东西明伦堂、东西碑亭等。主体建筑大成殿为五开间，单檐黄琉璃瓦歇山顶，全殿由二十八根巨柱支撑，其中二十二根为整块青石凿磨而成，高5米。二十二堂格扇门的棂花格心为云水腾龙透雕，形象生动。2001年定为全国重点文物保护单位。

建水州　元世祖至元十三年（1276）置，属临安路。为临安广西元江等处宣慰司驻地。治所即今云南建水县。明代为临安府治。清乾隆三十五年（1770）降为县。

建水县　①唐天宝元年（742）改永宁县置，属开阳郡。治所在今广东罗定市西南罗定江东。《新唐书·地理志》建水县："以建水在西"，故名。北宋开宝六年（973）废。

②清乾隆三十五年（1770）降建水州置，为临安府治。治所即今云南建水县。1913年改临安县。1914年复名建水县，属云南蒙自道。1929年直属云南省。

建水城　唐南诏置，属通海都督。即今云南建水县。《元史·地理志》："每秋夏溪水涨溢如海，夷谓海为惠，刚为大，故名惠刚，汉语曰建水。"宋大理属秀山郡。元改建水州。

建水镇　在今广东罗定市西南罗定江东。即建水废县。明洪武中置巡司于此。

建正县　唐武德五年（622）置，属前真州。治所在今越南清化省清化西北。贞观元年

(627) 废。

建节水　在今江西德兴市西南。《明一统志》卷50饶州府：建节水“在德兴县治西南”。《清一统志·饶州府一》：建节水“在德兴县西南五十里。源出弋阳县雾山，北流会上饶僚源诸水，又径县西，至乐平桐山港入大溪”。

建平县　①西汉置，属沛郡。治所即今河南夏邑县西南五十九里马头镇。东汉属沛国。西晋废。

②东汉建安十年（205）置，属建安郡。治所在今福建建阳市东南三贵里。西晋太康中改名建阳县。

③三国魏改建平侯国置，属沛国。治所在今河南永城市西北。西晋废。

④西魏置，治所在今甘肃礼县境。北周废。

⑤北宋端拱元年（988）分广德县置，属广德军。治所郎步镇（即今安徽郎溪县治）。元属广德路。明属广德直隶州。1914年改为郎溪县。

⑥清光绪二十九年（1903）析建昌及平泉州地置，属朝阳府。治所在新丘（即今辽宁建平县北建平镇）。取建昌、平泉各一字为名。民国初属热河特别区，1928年属热河省。1954年迁叶柏寿镇，即今建平县治。1956年属辽宁省。

建平府　明永乐五年（1407）改建兴府置，属交趾布政司。治所在懿安县（今越南北部河南省懿安）。辖境相当今越南和平省南部及河南省地。宣德二年（1427）以后地入安南。

建平驿　明置，为水驿。在今湖北秭归县西北归州镇东。《方舆纪要》卷78归州：建平水驿“在州东五里。《志》云，驿东有三闾峡，以屈原名”。

建平城　在今河南夏邑县西南五十九里马头镇。《魏书·地形志》马头郡：“天平中复，治建平城。”即此。

建平侯国　西汉置，属沛郡。治所在今河南永城市西北。东汉改为建平县。

建平郡　①三国吴永安三年（260）置，属荆州。治所在信陵县（今湖北秭归县西北）。魏灭蜀后，置建平郡都尉于巫县（今重庆市巫山县）。西晋咸宁元年（275）改为建平郡。太康元年（280）灭吴，将两建平郡合并，治所在巫县。辖境相当今重庆市巫山、巫溪二县及湖北兴山、秭归二县、清江中上游地区。南齐属巴州。梁属信州。隋开皇初废。

②北魏永安中置，属显州。治所在六壁城（今山西孝义市西六壁头村）。北齐废。

建平站　元置，为水站。在今湖北秭归县旧秭归城（长江北岸）。明改为建平驿。

建平陵　东晋元帝司马睿陵墓。在今江苏南京市东北，鸡笼山南麓。《元和志》卷25上元县：晋元帝睿建平陵“在县北六里鸡笼山”。

建东县　1933年9月中央革命根据地由黎川、南城、资溪三县交界地析置，驻王坪村（今江西南城县东南）。1935年初废。

建业县　东汉建安十七年（212）孙权改秣陵县置，为丹阳郡治。治所在石头城（今江苏南京市清凉山）。三国吴黄龙元年（229）自武昌（今湖北鄂城）迁都于此，形势胜于武昌。《三国志·吴书·陆凯传》：“有童谣：宁饮建业水，不食武昌鱼；宁还建业死，不止武昌居。”西晋太康元年（280）灭吴，复名秣陵县。三年分淮水（今秦淮河）以北为建业县，并改“业”为“邺”。建兴元年（313）因避愍帝司马邺讳，改名建康。

建宁左卫　明洪武八年（1375）置，属福建行都司。治所在今福建建瓯市东。清康熙十八年（1661）废。

建宁左县　亦作建宁县。南朝宋大明八年（464）改建宁左郡置，属西阳郡。治所在今湖北麻城市西南。南齐为建宁左郡治。隋开皇初废。

建宁左郡　或作建宁郡。南朝宋置，属豫州。治所在今湖北麻城市西南。大明八年（464）改为建宁左县。南齐复置建宁左郡，属司州。东魏改为北建宁郡。北周改为建宁郡。隋开皇初废。

建宁右卫　明洪武八年（1375）置，属福建行都司。治所在今福建建瓯市西。明成化十年（1474）后辖有浦城守御千户所。清顺治十八年（1661）废。

建宁州　元至正十八年（1358）朱元璋改宜兴州置，治所即今江苏宜兴市。寻复为宜兴州。

建宁军　五代方镇名。梁贞明三年（917）改定昌军置，治所在晋州（今山西临汾市）。后唐改为建雄军。

建宁县　①三国吴置，属长沙郡。治所即今湖南株洲市。西晋泰始中移治今株洲县南淦田镇西南。隋废。唐武德四年（621）复置，属南云州。贞观元年（627）废。

②南朝宋大明八年（464）改建宁郡置，属西阳郡。治所在今湖北麻城市西南。南齐复改为郡。

③南朝宋置，属宋熙郡。治所在今广东佛山市高明区或鹤山市境。隋平陈，废入平兴县。

④北魏置，属城阳郡。治所在今河南泌阳县境。西魏废。

⑤唐武德四年（621）置，属南州。治所在今广西博白县西南柯木。六年（623）属白州。天宝初属南昌郡，乾元初属白州。北宋开宝五年（972）废。

⑥北宋建隆二年（961）南唐置，属建州。治所即今福建建宁县。太平兴国五年（980）改属邵武军。元属邵武路。明、清属邵武府。民国初属福建北路道。1914年属建安道。1928年直属福建省。

⑦北宋乾德三年（965）升白臼征科巡院置，属江陵府。治所在今湖北石首市东七十里。熙宁六年（1073）废。元祐元年（1086）复置。崇宁五年（1106）又废。

⑧金正大三年（1226）升建宁堡置，属葭州。治所在今陕西府谷县西北七十里。元世祖至元六年（1269）省入府谷县。

⑨元世祖至元十一年（1274）改白崖千户置，属赵州。治所在今云南弥渡县北部红岩附近。至元二十五年（1288）废入州。

建宁府 南宋绍兴三十二年（1162）以孝宗曾封为建王，升建州置，治所在建安、瓯宁二县（今福建建瓯市）。辖境相当今福建建瓯市以北的建溪流域及寿宁、周宁等县地。元世祖至元十六年（1279）升为建宁路。明洪武元年（1368）复为府，属福建省。辖境相当今福建建瓯市以上的建溪流域及寿宁、周宁等县地。1913年废。

建宁郡 ①三国蜀建兴三年（225）改益州郡置，属庲降都督。治所在味县（今云南曲靖市西北十五里三岔）。辖境约当今滇东和滇中，西南至哀牢山以东的双柏、新平。西晋属宁州。东晋时，辖境仅当今云南寻甸、宜良、弥勒等县以东地区。南齐移治同乐县（今云南陆良县南三里旧城）。南朝梁末废。

②南朝宋初侨置，属郢州。治建宁县（在今湖北麻城市西南）。大明八年（464）降为县。南齐复升为郡。隋开皇初废。

建宁堡 北宋筑，属银城县。在今陕西府谷县西北七十里。金正大三年（1226）升为建宁县。

建宁路 元世祖至元十六年（1279）改建宁府置，属福建省。治所在建安、瓯宁二县（今福建建瓯市）。辖境相当今福建建瓯市以上的建溪流域及寿宁、周宁等县地。明洪武元年（1368）复为建宁府。

建西县 1946年9月由喀喇沁右翼旗析置，治锦山镇（今内蒙古喀喇沁旗）。1947年11月改为喀喇沁右旗建西县联合政府，1949年3月改名喀喇沁旗。

建成山 在今河北献县境。《清一统志·河间府一》：建成山“在献县境。《县志》：汉尝以此名县，高祖封曹参为建成侯。又封吕泽为建成侯。又公沙穆尝居建成山，依林阻为室”。

建成县 ①西汉置，属勃海郡。治所在今河北泊头市西北二十里齐桥镇。东汉废。

②西汉高帝六年（前201）置，属豫章郡。治所即今江西高安市。汉武帝时曾为长沙定王子拾侯邑。东汉改作建城县。

建成侯国 西汉高祖元年（前206）封曹参为建成侯国，属沛郡。治所在今河南永城市东南。东汉废。

建州 ①北魏永安中置，治所在高都城（今山西晋城市东北三十里高都镇）。辖境相当今山西晋城市及高平、沁水、阳城、陵川等县地。北齐废。

②南朝梁置，治所在安遂县（今广东郁南县东南连滩镇）。辖境相当今广东郁南县东南地。隋大业初废。

③西魏侨置，治绛县（今山西绛县南）。平齐后废。

④南朝陈称南建州为建州，治所在高平郡高平县（今河南商城县东）。隋开皇初废。

⑤隋开皇十年（590）置，治所在今湖南邵阳市北二里。唐移治今邵阳市。武德四年（621）改为南梁州。

⑥唐武德初改建安郡置，治所在闽县（今福建福州市）。辖境相当今福建省。武德六年（623）改为泉州。

⑦唐武德四年（621）置，治所在建安县（今福建建瓯市）。天宝元年（742）改为建安郡，乾元元年（758）复名建州。辖境相当今福建南平以上的闽江流域（沙溪中上游除外）。北宋时辖境西北部及南部缩小，仅有今建瓯市以北的建溪流域及寿宁、周宁等县地。南宋绍兴三十二年（1162）升为建宁府。五代晋天福八年（943）王延政在此称帝，建国号为殷。南宋建炎四年（1130）范汝为亦起义于此。

⑧唐渤海国置，属率宾府。故址在今黑龙江省东宁县东南大城子古城。辖境约当今绥芬河中游一带。渤海亡后废。

⑨辽置，治所在永霸县（今辽宁朝阳县西南黄河滩喀喇城）。辖境相当今辽宁朝阳县西南大凌河中游地区。元属大宁路。明武洪中废，二十五年（1392）改为营州右屯卫。

建州三卫 即建州卫、建州左卫和建州右卫的合称。明正统间，驻地均在赫图阿拉城（今辽宁新宾满族自治县西老城）。

建州卫 明永乐元年（1403）于女真人居处置，属辽东都司。因卫处渤海建州地，故名。治所在今黑龙江东宁县东大城子。一说在吉林农安县；或谓在双城子（今俄罗斯滨海区乌苏里斯克）。二十一年（1423）移治婆猪江（即佟家江，今吉林、辽宁境内之浑江）流域。正统三年（1438）徙治赫图阿拉（今辽宁新宾满族自治县西老城）。后废。

建州五部 明建州女真之主体。明末定居今辽宁苏子河、浑河流域的建州三卫女真人，逐渐形成为五大部，即《清太祖实录》卷1所谓“满洲国之苏克苏浒河部、浑河部、王甲部、董鄂部、哲陈部”。万历十一年至十六年（1583—1588），先后为努尔哈赤兼并，使其成为满族共同体的核心。

建州左卫 明永乐三年（1405）析建州卫置，属辽东都司。初在朝鲜吾都里（今图们江南岸朝鲜会宁），九年徙开元路（今黑龙江省东宁县大城子古城），二十一年复归旧地。宣德、正统间举众西迁至今吉林省浑江和辽宁省苏子河流域。为著名的“建州三卫”之一，构成满族的重要组成部分。

建州右卫 明正统七年（1442）因猛哥帖木儿弟范察与子童仓（即董山）争立，析建州左卫置，以董山领左卫事，范察尔右卫指挥使，属辽东都司。治所在苏子河畔赫图阿拉城（今辽宁新宾满族自治县西老城）。自此始有“建州三卫”之称。明末废。

建江 一名建溪。即今福建北部之闽江。《明史·地理志》福州府闽县：“南有闽江，亦曰建江，自南平县流入府境。”

建兴县　①三国吴置，属临贺郡。治所在今广西贺州市东北桂岭镇。西晋太康元年（280）改为兴安县。

②西晋置，属邵陵郡。治所在今湖南武冈市东北百余里。南朝陈废。唐武德四年（621）复置，属南梁州。寻废。

③北魏置，属城阳郡。治所在今河南泌阳县境。西魏废。

④西魏置，为沔阳郡治。治所在今湖北仙桃市西南沔城镇。隋大业初废。

建兴苑　在今江苏南京市区西南，秦淮河南岸。《梁书·武帝纪》：天监四年（505），“立建兴苑于秣陵建光里”。又《裴之高传》：太清年间，侯景乱，之高入援，“造船舸二百余艘迎致（柳）仲礼，与韦粲等俱会青塘立营，据建兴苑”。即此。

建兴郡　①十六国西燕慕容永置，治所在阳阿县（今山西晋城市北四十里大阳镇）。北魏太平真君九年（448）废。和平五年（464）复置，永安中又废。

②南朝陈太建十年（578）置，属扬州。治所在今江苏南京市东南。隋初废。

建兴湖　在今浙江海宁市（硖石镇）西南五十里长安镇附近。宋《咸淳临安志》卷34盐官县：建兴湖“在县西北二十五里。东西一十里，南北六里。吴建兴中开，因名建兴湖”。南宋时堙废。

建安　即今广西全州县西南六十里建安。明洪武二十年（1387）置建安驿，三十年（1397）置巡司。万历九年（1581）并裁。

建安山　在今湖南醴陵市北二十里。《方舆纪要》卷80醴陵县：建安山“山高三百余丈，周十里。元末土人尝置寨于此以避兵，曰建安寨”。

建安左郡　亦作建安郡。南齐置，属郢州。治所在霄城县（今湖北天门市东北）。西魏改为光川郡。

建安戍　①在今河南宜阳县西。《资治通鉴》：南朝陈太建三年（571），“齐斛律光与周师战于宜阳城下，取周建安等四戍，捕虏千余人而还”。

②南齐置，在今河南固始县东。《梁书·夏侯详传》：南齐明帝时，“建安戍为魏所围，仍以详为建安戍主，带边城、新蔡二郡太守，并督光城、弋阳、汝阴三郡众赴之。详至建安，魏军引退”。北魏景明初取建安戍。《魏书·彭城王勰传》：“扬州所统建安戍主胡景略犹为宝卷拒守为下，勰水陆讨之，景略面缚出降。”

建安州　①唐置，属安东都护府。治所在建安城（今辽宁盖州市东北青石关）。后废。

②唐南诏置，属建昌府（郡）。治所在今四川西昌市。后废。元世祖至元十七年（1280）复置，属建昌路。明洪武十五年（1382）属建昌府。后废。

③元至元中置，为建安路治。治所即今四川西昌市。明洪武中废。

建安州都督府　唐置，属安东都护府。治所在建安城（今辽宁盖州市东北十五里青石岭镇）。后废。

建安军　北宋乾德二年（964）升迎銮镇置，治所即今江苏仪征市。大中祥符六年（1013）升为真州。

建安县　①东汉建安初分侯官县置，为会稽郡南部都尉治。治所在今福建建瓯市东北三里黄华山下。《寰宇记》卷101建州建安县：“以年号为名。”三国吴为建安郡治。南朝宋元嘉元年（424）移治松溪北岸黄华山西（即今建瓯市）。陈又徙松溪南岸，覆船山北。祯明元年（587）复移今建瓯市。唐初为建州治。天宝元年（742）为建安郡治，乾元元年（758）复为建州治。南宋绍兴三十二年（1162）与瓯宁县同为建宁府治。元为建宁路治。明、清为建宁府治。1913年与瓯宁县合并改名建瓯县。宋在此置银场，并以产北苑茶著名。

②南朝宋置，属郁林郡。治所当在今广西桂平、象州、武宣、来宾等县市一带。南齐以后废。

③南朝宋置，属梁水郡。治所在今云南建水县。南朝梁末废。

④北魏侨置，属冯翊郡。治所在今河南正阳县南五十里。后废。

⑤北周天和三年（568）置，为历城郡治。治所在今宁夏平罗县西南黄河东岸。隋开皇十八年（598）改为广润县。

⑥唐武德二年（619）改民牂柯县置，为牂州治。治所即今贵州瓮安县东北草塘镇。开元中为羁縻牂州治。后废。

⑦辽置，为辰州治。治所即今辽宁盖州市。金属盖州。元废。

建安典船校尉　三国吴置，属建安郡。治所在今福建福州市。西晋太康三年（282）改置原丰县。《宋书·州郡志》晋安太守：“原丰令，晋武帝太康三年，省建安典船校尉立。”《元和志》卷29福州：“吴于此立曲（典）船都尉，主谪徙之人作船于此。”

建安府　元至正十八年（1358）朱元璋改建德路置，属中书分省。治所在建德县（今浙江建德市东北五十里梅城镇）。辖境相当今浙江建德、淳安、桐庐等市县地。寻改建德府。

建安城　①在今河北迁安市东北。《资治通鉴》：东晋隆安二年（398），后燕慕容宝“以兰汗祀燕宗庙，所为似顺，意欲还龙城，不肯留冀州，乃北行，至建安”。即此。

②即今辽宁盖州市东北十五里之青石岭古城。《新唐书·张亮传》：唐贞观十八年（644）征高丽，亮“引兵自东莱浮海，袭破沙卑城，进至建安”。即此。

③在今甘肃西和县北。《水经·漾水注》：“建安水又东径建安城南。其地故西县之历城也，杨定自陇右徙治历城，即此处也。去仇池百二十里，后改为

建安城。"（按：建安水即今西和县东西和河）。《魏书·皮喜传》：北魏太和元年（477），皮喜讨杨鼠于仇池。"军到建安，鼠弃城南走"。即此。

建安郡 ①三国吴永安三年（260）分会稽南部都尉置，属扬州。治所在建安县（今福建建瓯市东北三里黄华山下）。南朝移治今建瓯市。辖境相当今福建省。西晋太康三年（282）分置晋安郡，辖境缩小，约当今福建南平以上的闽江流域（沙溪中上游除外）。东晋、南朝宋属江州，陈属丰州。隋开皇九年（589）废。

②亦名建安左郡。南齐置，治所在霄城（今湖北天门市东北）。西魏改为光川郡。

③北魏永熙中置，属云州。治永定县（今地不详。当在今山西北部地）。后废。

④东魏武定元年（543）置，属廓州。治所在今山西原平市北。北齐废。

⑤隋大业三年（607）改闽州置，治所在闽县（今福建福州市）。辖境相当今福建全省。唐武德初改为建州。六年（623）易名泉州。

⑥唐天宝元年（742）改建州置，治所在建安县（今福建建瓯市）。辖境相当今福建南平以上的闽江流域（沙溪中上游除外）。乾元元年（758）复名建州。

建安站 元置，为水站，属全州路。在今广西全州县西南六十里湘江东岸。明改置建安驿。

建安堡 在今陕西榆林市东北十里大河塔乡。明成化十年（1474）巡抚余子俊设置，为榆林卫东路九堡之一。清有都司驻守。

建安道 1914年由北路道改置，属福建省。治南平县（今福建南平市）。辖境约当今福建浦城、松溪、政和、建瓯、南平以西，建宁、泰宁、将乐、沙县、三明、永安、尤溪以北地区。1928年废。

建安寨 在今湖南醴陵市北二十里建安山。《方舆纪要》卷80醴陵县：建安山"元末土人尝置寨于此以避兵，曰建安寨"。

建安镇 北宋置，属清湘县。在今广西全州县西南建江注入湘江处之凤凰咀。明于此置巡司。

建阳卫 明建文四年（1402）置，属直隶中军都督府。治所在今安徽当涂县。后废。

建阳水 古建水。即今湖北荆门市南之新埠河。《清一统志·荆门州》：建水"在荆门州东南。今名建阳水，一名大漕河"。

建阳市 1994年撤销福建省建阳县，改设建阳市，驻潭城镇。由南平市代管。2014年撤销建阳市，设立南平市建阳区，区政府驻潭城街道人民路28号。

建阳县 ①秦置，属九江郡。治所在今安徽来安县南水口镇东。东汉废。

②西晋太康中改建平县置，属建安郡。治所在今福建建阳市东北回潭。《寰宇记》卷101建州建阳县："因（武夷）山之阳为名。"隋开皇十年（590）并入建安县。唐武德四年（621）复置，八年废。垂拱四年（688）又置，属建州。移治大潭城（今建阳市）。天宝元年（742）属建安郡。乾元元年（758）复属建州。南宋属建宁府，景定元年（1260）改为嘉禾县。元复改建阳县，属建宁路。明、清属建宁府。1913年属福建北路道。1914年属建安道。1928年直属福建省。1994年改设建阳市。唐时多书肆，宋、元、明刻书业极盛，世称"建本"，皆聚于麻沙、崇化两坊，号称"图书之府"（《方舆胜览》）。宋时所产建窑（黑窑瓷）制作茶器，号称极品，进贡内廷，远销日本。

③1941年析阜宁、盐城二县地置，治所在建阳镇（今江苏建湖县西建阳镇）。1947年移治今建湖县（湖垛镇）。1951年因与福建建阳县重名，改为建湖县。

建阳河 亦名建阳峡水。即今湖北兴山县东高岚河。《方舆纪要》卷78兴山县：建阳峡"峡中之水会于香溪"。《清史稿·地理志》兴山县："城南香溪，一名县前河，建阳、南阳两河入之。"

建阳峡 在今湖北兴山县东南。《舆地纪胜》卷74归州：建阳峡"在兴山县东七十里。源出宁都，入于香溪，委蛇曲折四十八渡，约十余里至建阳村中"。《方舆纪要》卷78兴山县：建阳峡在"县东南五十里，与州境接界。峡中之水，会于香溪"。

建阳侯国 西汉置，属东海郡。治所在今山东枣庄市薛城东南沙沟镇东南常村。宣帝甘露四年（前50）封鲁孝王子咸为建阳侯。东汉省。

建阳郡 西魏置，属北益州。治所在秦兴县（今四川青川县驻地乔庄镇）。辖境相当今四川青川县东部地。隋开皇三年（583）废。

建阳溪 一名建溪。今福建闽江上源支流建溪。《寰宇记》卷101建州建阳县：建溪"在县东一百步。源从武夷山下，西北来县界也"。《清一统志·建宁府》：建溪"一曰崇溪，即古建阳溪也"。

建阳镇 ①即今江苏建湖县西北建阳镇。旧属盐城县。清光绪《江苏全省舆图》盐城县："建阳镇在城西北八十里。"后划归建湖县。

②即今湖北沙洋县西五里铺镇南建阳驿。《方舆纪要》卷77荆门州"沙洋镇"条下："建阳镇在州南九十里。有巡司并置建阳驿于此。"

建志补罗 简称建志。一般以为在印度东南部马德拉斯西南康契普腊姆附近。为古代南印度主要商业城市和港口。唐玄奘《大唐西域记》卷10：达罗毘荼国"周六千余里。国大都城号建志补罗，周三十余里"。

建邺县 即建业县。治所在石头城（今江苏南京市清凉山）。西晋太康三年（282）改"业"为"邺"。建兴元年（313）因避愍帝讳，改名建康。

建伶县 西汉元封二年（前109）置，属益州郡。治所在今云南晋宁县昆阳坝子南缘。三国蜀建兴三年（225）属建宁郡。西晋太安二年（303）属益州郡。东晋属晋宁郡。南朝宋为晋宁郡治。梁末废。

建初寺 在今江苏南京市。《舆地纪胜》卷17建康府：建初寺“《金陵览古》云：在上元县南三百步。《舆地志》云：吴赤乌十年，沙门僧康僧会自西天竺来传佛法，大皇帝作建初寺以处之。江东诸寺始于此寺。今名法性寺是也”。

建初县 ①三国吴末置，属九真郡。治所在今越南清化省农贡附近。隋废。唐武德五年（622）复置，属山州。贞观八年（634）废。

②南朝宋置，属郁林郡。治所当在今广西桂平、武宣、象州、来宾等县市一带。南齐以后废。

③唐武德五年（622）置，属山州。治所在今越南清化省清化县南境。贞观八年（634）废入隆安县。

建武千户所 明万历二年（1574）置，属四川都司。治所在今四川兴文县西南九丝城镇建武。《方舆纪要》卷70建武守御千户所：“砦址坐西向东，前对印坝山，后坐鸡冠岭，左扼九丝城，右挹都都砦，实为雄胜。前有大河，因为城濠，城开四门，周七里有奇，环四山而连云贵，襟三水而接叙泸，屹然雄峙矣。”《明史·神宗纪》：万历十三年（1585），“四川建武所兵变，击伤总兵沈恩学”。即此。清康熙六年（1667）裁。

建武军 ①唐、五代方镇名。唐咸通后改岭南西道节度使置，治所在邕州（今广西南宁市南郁江南岸）。五代南汉辖境相当今广西大部及越南部分地。北宋初废。

②五代南唐升元六年（942）置，治所在天长市（即今安徽天长市）。后周显德四年（957）改为雄州。

③五代南唐置，治所在南城县（今江西南城县）。北宋太平兴国四年（979）改为建昌军。

建武县 南齐置，属南襄郡。治所在今湖北南漳县境。西魏废。

建武驿 明置，在今广西南宁市西南。明《徐霞客游记·粤西游日记三》：“泊于建武驿前天妃宫下。”

建武城 明万历二年（1574）建，在今四川兴文县西南九丝城镇建武。明置建武千户所。清康熙六年（1667）改设叙州通判。乾隆元年（1736）设巡检，四十三年（1778）改设都司。光绪三十三年（1907）移兴文县于此。古城遗址尚存。

建武营 清置，属四川提督。在今四川兴文县西南九丝城镇建武。乾隆四十三年（1778）改游击为都司。《清史稿·胡中和传》：同治三年（1864），“冬，剿苗匪于建武，腰中弹伤，力战败之”。即此。光绪三十三年（1907）移兴文县治此。后废。

建林驿 亦作建宁驿。明洪武中置，即今四川三台县西建林乡。《方舆纪要》卷71潼川州“皇华驿”条下：“州西六十里有建马（宁）驿。”

建瓯东岳庙 在今福建建瓯市城东四里白鹤山麓。占地2660平方米，是目前福建省为数不多的古代道教建筑之一，其主体建筑“圣帝殿”的规模、型制及文物价值为省内仅见。建瓯东岳庙始建于东晋建武元年（317），迄今已有一千六百余年。东岳庙正殿有井一口，名“天通泉”，围以铁栏（现用木栏），是北宋熙宁三年（1070）所凿。2006年定为全国重点文物保护单位。

建瓯县 1913年3月由建安、瓯宁两县合置，属福建北路道。1914年属建安道。治所建宁城（即今福建建瓯市）。取两县首字为名。1928年直属福建省。1992年改设建瓯市。建溪流域茶叶总汇于此，每年春夏之际，舟车辐辏。

建国县 1939年晋察冀边区由献县、河间二县析置，治杜生（今河北沧县西北杜生镇）。1954年撤销，并入河间、沧县、献县等县。

建昌土卫 明洪武十五年（1382）置，属云南都司，后改属四川行都司。治所在今四川西昌市东。万历后废。

建昌卫 明洪武十五年（1382）置，属云南都司。治所在今四川西昌市。寻改属四川都司。二十五年（1392）升为军民指挥使司。二十七年（1394）属四川行都司。《明史·徐司马传》：洪武二十五年（1392），“从蓝玉征建昌，讨越巂”。即此。清雍正六年（1728）改为宁远府。

建昌打冲河中前千户所 明洪武二十七年（1394）置，属建昌卫。治所在今四川西昌市西巴汝乡西南雅砻江东岸打罗村。后废。

建昌州 元元贞元年（1295）升建昌县置，属南康路。治所在建昌县（今江西永修县西北艾城）。明洪武初降为县。

建昌江 又名汝水、盱水。即今江西东部抚河。《方舆纪要》卷86建昌府南城县：盱江“在府城东。一名建昌江”。

建昌军 北宋太平兴国四年（979）改建武军置，治所在南城县（今江西南城县）。辖境相当今江西南城、南丰、广昌、黎川、资溪等县地。元升为建昌路。

建昌坝 在今四川雷波县北桂花乡（中山坪）境。产铜。清同治间曾开采，不久废。

建昌县 ①东汉永元十六年（104）分海昏县置，属豫章郡。治所在今江西奉新县西一百四十里，潦河南。以其户口昌盛，因以为名。南朝宋元嘉二年（425）移治废海昏城（今江西永修县西北艾城）。陈属豫宁郡。隋属豫章郡。唐武德五年（622）为南昌州治，八年（625）后属洪州。北宋太平兴国七年（982）改隶南康军。元元贞元年（1295）升为建昌州。明初复为县，属南康府。1914年改名永修县。

②南朝宋元嘉十年（433）置，属宋兴郡。治所在今四川成都市北。齐属安兴郡。北周废。

③南齐置，属襄阳郡。治所在今湖北襄阳市襄城区境。后废。

④南朝梁改辰阳县置，属南阳郡。治所在今湖南辰溪县西北。陈复名辰阳县。

⑤西魏置，为芦北郡治。治所在今甘肃文县西

南。隋开皇十八年（598）改名长松县。

⑥北周避文帝宇文泰讳改泰昌县置，属建平郡。治所即今重庆市巫山县西北一百二十里大昌镇。不久改为大昌县。

⑦唐武德五年（622）置，属顺州。治所在今越南清化省清化东南一带。贞观元年（627）废。

⑧金天辅七年（1123）改昌州置，属桓州。治所在今内蒙古太仆寺旗西南九连城淖尔旁。明昌七年（1196）改为宝山县，属昌州。元初废。

⑨在今四川西昌市。《元史·文宗纪》：至顺元年（1330）六月，“罗罗斯土官撒加伯合乌蒙蛮兵万人攻建昌县”。即此。县当为路之讹。

⑩清乾隆四十三年（1778）改塔子沟厅置，属直隶承德府。治所在塔子沟（今辽宁凌源市）。光绪三十年（1904）改属朝阳府。1914年1月因与江西建昌县重名，改为塔沟县，8月改名凌源县。1931年析置凌南县。1937年将凌南、凌源二县合并为建昌县。1940年废。1945年抗日战争战胜利后复分为二县。1949年复改凌南县为建昌县。1955年划归辽宁省。

建昌府 ①唐南诏改嶲州置，治所在今四川西昌市。元世祖至元十二年（1275）改为建昌路。明洪武十五年（1382）复为建昌府，属云南布政司，寻属四川布政司。辖境相当今四川西昌市及德昌、米易等县地。二十五年（1392）废。

②明初改建昌路置肇昌府，不久改为建昌府，治所在南城县（今江西南城县）。辖境当今江西南城、南丰、广昌、黎川、资溪等县地。1912年废。

③明永乐五年（1407）属交趾布政司。治所在俸田县（今越南北部兴安省舒池）。辖境相当今越南兴安省南部和太平省部分地。宣德二年（1427）以后地入安南。

建昌前卫 明洪武二十七年（1394）置，属四川行都司。治所在今四川西昌市。万历三年（1575）废入建昌卫。

建昌郡 ①西晋元康九年（299）置，治所在今湖北通城县西北。东晋咸康初废。

②南朝宋孝建元年（454）置，属雍州。寄治襄阳（今湖北襄阳市汉水南襄阳城）。梁废。

③北魏置，属凉州。治所在榆中县（今甘肃榆中县西北）。北周废。

建昌站 元置，在今河北迁安市东北建昌营镇。明废。

建昌营 即今河北迁安市东北四十里建昌营镇。明初为东路协守，万历中改为建昌路，设参将及车营都司于此。清顺治中设都司驻守，乾隆中又增置巡检。

建昌道 1914年由上川南道改置，属四川省。治雅安县（今四川雅安市）。辖境约当今四川大渡河、锦屏山、雅砻江一线以东，眉山、青神、乐山、犍为、峨边、美姑、金阳、布拖、会东以西，天全、宝兴、芦山、邛崃、大邑、彭山以南地区及荣县、威远、木里、盐源、盐边诸县地。1928年废。

建昌路 ①元世祖至元十二年（1275）改建昌府置，属罗罗斯宣慰司。治所在建安州（今四川西昌市）。辖境相当今四川大渡河以南、冕宁、西昌、普格以东，大凉山、金沙江以西地。明洪武十五年（1382）改建昌府。

②元世祖至元十四年（1277）升建昌军置，治所在南城县（今江西南城县）。辖境当今江西南城、黎川、资溪、广昌等县地。明初改肇昌府，不久改建昌府。

③明万历二十四年（1596）置，治所即今河北迁安市东北四十里建昌营镇。明设参将及东营都司。清于此设参将及巡司。

建昌镇 ①金置，属迁安县。即今河北迁安市东北四十里建昌营镇。

②清置，属四川总督。驻地在宁远府（今四川西昌市）。后废。

建明寺 在今山西大同市东北平城故城。北魏承明元年（476）八月，孝文帝诏建。同年十月，孝文帝曾行幸此寺。

建忠县 南朝宋置，属宋兴郡。治所在今四川成都市北。北周废。

建忠郡 北魏永安元年（528）置，属北雍州。治所在三原县（今陕西淳化县东嵯峨山北）。永安元年（528）随县移治今陕西三原县北清水峪。辖境相当今陕西三原县地。北周建德二年（573）废。

建始县 ①三国魏置，属上庸郡。治所在今湖北竹溪县东。西晋改为微阳县。

②西晋泰始元年（265）置，属建平郡。治所在今湖北建始县东三十五里州基山下。明郭子章《郡县释名》四川卷下：“以其为汉巫县地，属建平郡，而始建邑也。”太康五年（284）废。后复置。南朝宋元嘉中废。北周建德三年（574）复置，为业州及军屯郡治。隋大业初属清江郡。唐属施州。北宋徙治今建始县。明属四川夔州府。清属湖北施南府。民国初属湖北荆南道。1921年属施鹤道。1932年直属湖北省。

③东晋十六国后赵置，属建兴郡。治所在今河北威县东北。后废。《魏书·地形志》：广宗郡广宗县有“建始城”。

建始殿 三国魏文帝时洛阳正殿。在今河南洛阳市东北汉魏故城北部。《三国志·魏书·文帝纪》载：黄初元年（220）十二月，“初营洛阳宫，戊午幸洛阳”。裴松之按：“诸书记是时帝居北宫，以建始殿朝群臣。”

建春门 ①魏晋洛阳城东面北头第一门。在今河南洛阳市东北。东汉曰上东门，魏晋改为建春门。《资治通鉴》：西晋永嘉二年（308）王弥攻洛阳，“弥烧建春门而东，（王）衍遣左卫将军王秉追之，战于七里涧，又败之”。《水经·谷水注》：谷水“径建春门石桥下，即上东门也”。

②唐东都外郭城东面的中门。故址应在今河南

洛阳市老城区东南李楼村。唐韦述《两京新记》载："建春门南曰永通门。"《元河南志》载：唐东都城东面三门，中曰建春门，"隋曰建阳，唐初改"。

建春宫　①金代皇帝离宫。在今北京市大兴区南苑一带。《金史·地理志》中都路大兴府：大兴"辽名析津，贞元二年更今名。有建春宫"。

②在今河北安新县西南。《清一统志·保定府三》：建春宫"在新安县治（今安新县）西南。为金章宗行宫。明改为行太仆寺"。

建城县　①秦置，属砀郡。治所在今河南永城市东南。西汉改为侯国。

②东汉改建成县置，属豫章郡。治所即今江西高安市。《寰宇记》卷106筠州高安县："雷次宗《豫章记》云，汉高帝六年置，隶豫章，以其创建城邑，故曰建城。"唐武德五年（622）避太子讳，改名高安县。

③东魏时并北方城、赭阳二县置，为建城郡治。治所在今河南叶县西南。北齐废。

④北宋宣和三年（1121）改万载县置，属袁州。治所即今江西万载县。南宋绍兴二年（1132）复名万载县。

建城郡　北魏太和十八年（494）置，属荆州。治所在今河南叶县西南。景明末废，置戍于此。永熙二年（533）复置，属襄州。北齐废。

建南镇　即今湖北利川市西北八十二里建南镇。清置巡司驻防。乾隆四十九年（1784）复设施南府同知驻此。

建威县　北周改白水县置，属武都郡。治所在今甘肃陇南市武都区东北龙坝乡。唐属武州，贞观元年（627）省入将利县。

建威城　①在今甘肃成县西北。东汉末所置戍守处。《三国志·蜀书·诸葛亮传》：建兴七年（229），"亮遣陈式攻武都、阴平，……自出至建威，（郭）淮退还，遂平二郡"。即此。

②在今青海贵德县东黄河北。《后汉书·西汉传》：东汉永元中，"金城长史上官鸿上开置归义、建威屯田二十七部"。即此。

建信县　西汉置，属千乘郡。高帝封娄敬为建信侯，后为县。治所在今山东高青县西北青城镇东北小新城。东汉省。

建屏县　1946年晋察冀边区由平山县西部析置，治洪子店（今河北平山县西东回舍镇西南洪子店）。1958年撤销，并入平山县。

建都郡　东晋成帝时析建宁郡西北部置，属宁州。治所在新安县（约在今云南武定县境）。辖境约当今云南武定、禄劝等县地。南朝梁末废。

建桥镇　金置，属东光县。即今河北阜城县东北三十四里建桥乡。

建陵　①南朝梁武帝父文帝陵，又称梁文帝萧顺之建陵。在今江苏丹阳市东北二十里东城村。《元和志》卷25润州丹阳县："梁文帝顺之建陵，在县口二十五里。武帝父也，追尊为文皇帝。"

②唐肃宗李亨的陵墓。在今陕西礼泉县北三十里五将山。宋敏求《长安志》卷16醴泉县：肃宗建陵"武将山修文乡刘村四十里，下宫去陵五里，陪葬功臣一"。

建陵山　在今江苏新沂市南。《魏书·地形志》：建陵县有建陵山。《寰宇记》卷22海州沭阳县："建陵山在县西北一百五里。按《汉书·地理志》东海有建陵，景帝封卫绾为侯。王莽改曰付亭。其县缘此名。按山南北狭长，有陵阜，缘此名建陵。"《清一统志·海州》引《旧志》：建陵山"一名张仓山。其北十五里有由吾洞"。

建陵左县　南齐改建陵县置，属始安郡。治所在今广西荔浦县西南修仁镇西老县。梁复改为建陵县。

建陵县　①战国置，秦属东海郡。治所在今江苏新沂市南沭河西岸。西汉曾一度置建陵侯国，东汉废。北魏复置，为郯郡治。北周废。

②三国吴甘露元年（265）置，属苍梧郡。治所在今广西荔浦县西南修仁镇西老县。西晋属始安郡。南朝宋属始建国。齐改为建陵左县，梁复改为建陵县。隋属始安郡。唐属桂州，长庆元年（821）改为修仁县。

③东晋置，属山阳郡。治所在今江苏泰州市东北。南朝宋、齐为海陵郡治。梁属海陵郡。隋开皇初废。

建陵侯国　西汉置，属东海郡。治所在今江苏新沂市南沭河西岸。东汉废。

建陵郡　①南朝梁置，属桂州。治所在建陵县（今广西荔浦县西南修仁镇西老县）。隋开皇初废。

②南朝梁置，属石州。治所在安基县（今广西岑溪市西北）。辖境相当今广西岑溪县西北地。隋开皇九年（589）平陈后废。

③唐至德二年（757）改始安郡置，治所在临桂县（今广西桂林市）。辖境相当今广西龙胜、永福以东和荔浦以北地区。乾元元年（758）改为桂州。

建康军　一作建昌军。唐证圣元年（695）置，治所在今甘肃高台县西南骆驼城。天宝后废。

建康县　西晋建兴元年（313）因避愍帝司马邺讳，改建邺为建康，为丹阳郡治。治所在今江苏南京市。东晋、南朝皆都于此。南朝梁时都城东到倪塘（今南京市东南，方山之北），西抵石头城（今南京市清凉山），南至石子岗（今南京市安德门南），北过蒋山（即钟山），东西南北各四十里，成为当时我国最大城市。城内有台城、石头城、东府城、西州城等四城。侯景之乱遭受严重破坏，陈时复加修葺。隋灭陈，城邑宫室全被拆毁。建康县并入江宁县。

建康府　南宋建炎三年（1129）改江宁府置，治所在上元、江宁县（今江苏南京市）。辖境相当今江苏南京市及江宁区、溧阳、溧水等县和句容市地。元世祖至元十四年（1277）升为路。

建康城 西晋建兴初改建业（邺）为建康，为东晋、南朝都城。主要有四城：中为台城，东晋成帝时建。在今鸡鸣山南、乾河沿北。为皇宫及台省（中央政府）所在地；西为石头城，东汉建安十七年（212）孙权建。在今清凉山一带。为军事重镇。又西为西州城，在今朝天宫西望仙桥一带，系扬州刺史治所；东为东府城，又称东城，东晋安帝时建，在今通济门一带，系诸王府第、丞相及扬州刺史住宅。《寰宇记》卷90引《金陵记》云："梁都之时，城中二十八万余户，西至石头城，东至倪塘，南至石子冈，北过蒋山，东西南北各四十里。"梁代侯景之乱，遭到严重破坏，陈代加以修葺，"中外人物不逭宋、齐之半"。隋平陈，城邑宫室全遭破坏，省建康改置江宁县。

建康宫 又名新宫、显阳宫。故址在今江苏南京市鸡鸣寺南，成贤街旧牌楼一带。东晋元帝南渡，初居太初宫，改为建康宫。《晋书·成帝纪》：东晋咸和三年（328）苏峻作乱。四年，"峻子硕攻台城，又焚太极东堂、秘阁，皆尽"。五年，"造新宫，始缮苑城"。太元三年（378）又大加修建，其范围南起今珠江路的浮桥至莲花桥一线，东到今珍珠河，西临今进香河，北至今南京市政府前。后历有兴建，元至元间全毁。

建康郡 十六国前凉张骏置，治所在今甘肃高台县西南骆驼城。《十六国春秋辑补》卷81后凉录：后凉大安元年（386），张大豫"求救于岭西诸郡，建康太守李隰，……起兵应之"。隋废。

建康路 元世祖至元十四年（1277）改建康府置，属江浙行省。治所在上元、江宁县（今江苏南京市）。辖境相当今江苏南京市及江宁区、句容市和溧阳、溧水等县地。天历二年（1329）改为集庆路。

建章宫 在今陕西西安市西北二十里，汉长安故城西。《汉书·武帝纪》：太初元年（前104）二月，起建章宫。《郊祀志》："粤俗有火灾，复起屋，必以大，用胜服之。于是作建章宫，度为千门万户。"

建窑遗址 在今福建建阳市东北水吉镇南池中后井村一带。蓝滨南《景德镇陶录》卷7：建窑"古建州窑也。出宋代，为今之建宁府建阳县，始于建安，后迁建阳，入元犹盛"。此窑创建于唐末五代，盛于两宋及元。发掘面积为12万平方米。著名的黑釉瓷器，制品精良，俗称"建盏"。外销流传日本、韩国等地。2001年定为全国重点文物保护单位。

建隆观 在北宋东京城（今河南开封市）梁门外西北。后周世宗建，初名太清观。赵匡胤建立宋朝后，随建隆年号改名为建隆观。北宋亡后毁于兵火。

建隆县 北宋置，属地州。治所在今广西南丹县西南。大观元年（1107）改为归仁县。

建雄军 五代方镇名。后唐改后梁建宁军置，治所在晋州（今山西临汾市）。北宋初废。

建雄镇 北宋置，属扶沟县。在今河南扶沟县东三十五里。

建道县 唐武德五年（622）置，属安州。治所在今越南清化省清化县东南一带。贞观元年（627）废入隆安县。

建鼓山 在今湖北房县东南。东晋常璩《华阳国志·汉中志》："山水险阻，有黄金、子午、马聪、建鼓之阻。"《元和志》卷21房陵县：建鼓山"在县南一百十三里，与马鬃山连接，二山并高峻，冬夏积雪"。《寰宇记》卷143房陵县：建鼓山"袁山松记云：登旬将山见马鬃、建鼓，嶷然半天"。

建溪 闽江北源。在今福建省北部，由南浦溪、崇阳溪、松溪合流而成。南流至南平市和富屯溪、沙溪汇合为闽江。长296公里，亦名剑溪，又称延平津。《晋书·张华传》：雷焕在豫章丰城掘地四丈余，得一石函，中有双剑，一曰龙泉，一曰太阿。雷焕赠一剑与张华，自留一剑。后张华被诛，其剑丢失；雷焕死后，其子"持剑行经延平津（今建溪），剑忽于腰间跃出堕水。使人没水取之，不见剑，但见两龙各长数丈"，故称延平津为剑津，或称剑溪。溪多险滩。《资治通鉴》：五代晋天福五年（940），闽王曦遣将潘师逵、吴行真将兵四万击王延政于建州，师逵军城西，行真军城南，皆阻水置营，焚城外庐舍，寻为延政所败，即指此水。

建溪驿 在今福建建阳市南。《方舆纪要》卷97建阳县：建溪驿"在县南。水驿也。宋置。政和中，迁于县西，改为东阳驿。元因之。明朝洪武二年，复迁于此，改今名"。

建福县 北宋崇宁元年（1102）升岑水场置，属韶州。治所在今广东翁源县西北。南宋建炎初废。

建福宫 在今四川都江堰市西南青城山麓丈人峰下。原名丈人观，宋以后改为建福宫。

建德力河 即今新疆于田县境之克里雅河。《新唐书·西域传·于阗》："于阗东三百里有建德力河……河之东有汗弥，居建德力城，亦曰拘弥城，即宁弥故城。"

建德江 指今浙江钱塘江上游建德市河段。《资治通鉴》：南朝梁大宝二年（551），侯景将刘神茂据东阳，"遣（元）頵及别将李占下据建德江口"。唐孟浩然有《宿建德江》诗。《明史·地理志》严州府建德县：新安江"又东北有胥溪，来入江，谓之胥口，亦曰建德江"。《清一统志·严州府》："胥口溪在建德县东二十五里。自胥岭发源，流三十里至胥口，又逆流十里入江，亦谓之建德江。"

建德县 ①三国吴黄武五年（226）分富春县置，属东安郡。治所在今浙江建德市东北五十里梅城镇。七年（228）属吴郡。南朝梁属东阳郡。陈属金华郡。隋开皇九年（589）省。唐武德四年（621）复置，属严州，武德七年（624）省。永淳二年（683）又复置，属睦州，万岁通天二年（697）后为睦州治。北宋宣和三年（1121）为严州治，南宋咸淳元年

(1265)为建德府治。元为建德路治。明、清为严州府治。民国初属浙江金华道。1927年直属浙江省。1960年迁治白沙镇(今建德市)。1992年改设建德市。

②北燕置,为建德郡治。治所在白狼城(今辽宁喀喇沁左翼蒙古族自治县西南黄道营子)。《魏书·高道悦传》:“祖育,冯文通建德令。值世祖东讨,率其所部五百余家归命军门,世祖授以建忠将军,齐郡、建德二郡太守。”即此。北魏太平真君八年(447)废入广都县。

③五代杨吴顺义初改至德县置,属池州。治所在今安徽东至县北梅城镇。元属池州路。明属池州府。1914年改为秋浦县。

建德府 南宋咸淳元年(1265)改严州置,治所在建德县(今浙江建德市东北五十里梅城镇)。辖区相当今浙江建德、淳安、桐庐等市县地。元世祖至元十四年(1277)改建德路。公元1358年朱元璋改建安府,寻改置建德府。公元1362年朱元璋又改严州府。

建德城 在今河北永年县(临洺关)东北。《方舆纪要》卷15广平府永年县:建德城“在府(今永年县东南城关镇)北二十五里。有故城二,东西相直,相传窦建德屯军处”。

建德郡 ①北燕置,北魏属营州。治所在白狼城(今辽宁喀喇沁左翼蒙古族自治县西南黄道营子)。辖境相当今辽宁大凌河上游建昌县一带。隋开皇初废。

②北魏永熙二年(533)置,属辽东郡。寄治英雄城(今河北除水县西遂城)。北齐废。

建德路 元世祖至元十四年(1277)改建德府置,至元二十一年(1284)属江浙行省。治所在建德县(今浙江建德市东北五十里梅城镇)。辖境相当今浙江建德、淳安、桐庐等市县地。公元1358年朱元璋改为建安府。

鄩 春秋周邑。在今河南巩义市西南。《左传》:昭公二十三年(前519),“二师围郊。癸卯,郊、鄩溃”。杜注:“河南巩县西南有地名鄩中。”《水经·洛水注》:“又有鄩城,盖周大夫鄩肸之旧邑。”

鄩水 在今河南偃师市东北,与巩义市接界。《史记·张仪列传》:“仪曰:亲魏善楚,下兵三川,塞什谷之口。”《集解》“徐广曰:一作‘寻’,成皋巩县有寻口”。《正义》:“《括地志》云,温泉水即寻,源出洛州巩县西南四十里。”《水经·洛水注》:鄩水“出北山鄩溪,其水南流,世谓之温泉水,……鄩水又东南于訾城西北东入洛水,故京相璠曰:今巩洛渡北有鄩谷水,东入洛”。《清一统志·河南府一》:“《旧志》,鄩溪在偃师县东北十四里。温泉在邙山下。”

鄩江 即郫水。指今四川都江堰市至彭山县一段之岷江。《方舆胜览》卷52崇庆府:鄩江“自青城县南流入县界”。《明史·地理志》崇庆州:“西北有鄩江,东流入新津县界。”

鄩谷水 在今河南巩义市西南。亦名什谷。《水经·洛水注》:“洛水又北径偃师城东,东北历鄩中,径訾城西,而鄩水注之。水出北山鄩溪,其水南流,世谓之温泉水。鄩水又东南于訾城西北,东入洛水。”

肃北设治局 1938年由安西、玉门等县北部析置,治所在今甘肃省肃北蒙古族自治县东北公婆泉。1939年6月徙治将军台。1949年迁玉门市西北赤金堡。1950年升为肃北自治区。1953年6月改名肃北蒙古族自治县,11月移治党城湾(即今县治)。

肃宁县 ①隋大业五年(609)置,属且末郡。在今新疆且末县附近地。隋末废。

②金改肃宁城置,属河间府。治所即今河北肃宁县。元世祖至元二年(1265)废入河间县,后复置,属河间路。明属河间府。民国初属直隶津海道。1928年直属河北省。

肃宁城 北宋景德二年(1005)改平虏砦置,故址即今河北肃宁县。金升为肃宁县。

肃州 ①隋仁寿二年(602)分甘州置,治所在福禄县(隋末改为酒泉县,今甘肃酒泉市)。大业初废。唐武德二年(619)复置。辖境相当今甘肃疏勒河以东,高台县以西地区。天宝元年(742)改为酒泉郡,乾元元年(758)复改肃州。大历后陷于吐蕃。宋时属西夏。元世祖至元七年(1270)改置肃州路。明为肃州卫。清雍正七年(1729)复置肃州,直隶甘肃省。辖境相当今甘肃酒泉、高台两县市地。1913年改为酒泉县。

②辽置,治所在清安县(即今辽宁昌图县,一说在今昌图县南一营盘子)。辖境相当今辽宁昌图县一带。金皇统三年(1143)废。

肃州卫 明洪武二十七年(1394)改肃州路置,属陕西行都司。治所即今甘肃酒泉市。辖境相当今甘肃嘉峪关、金塔、酒泉三市县及肃南裕固族自治县西部地。清雍正二年(1724)废。

肃州路 元世祖至元七年(1270)置,属甘肃行省。治所即今甘肃酒泉市。辖境相当今甘肃疏勒河以东,高台县以西地区。明洪武二十七年(1394)改置肃州卫。

肃远砦 北宋置,属通远县。在今甘肃环县北四十里。后废。

肃远堡 北宋置,属镇戎军。在今宁夏固原市境。后废。

肃然山 在今山东莱芜市西北六十里。《史记·封禅书》:元封元年(前110),武帝“禅泰山下阯东北肃然山,如祭后土礼”。《金史·地理志》:莱芜县有肃然山。《清一统志·泰安府》:肃然山“《县志》,高二十里,泰山东麓也。今讹为宿岩山”。

肃慎 又作息慎、稷慎。商、周时居不咸山(今吉林长白山)北,东滨大海,北至黑龙江中下游。《山海经·大荒北经》:“大荒之中,有山名曰不咸,有肃慎氏之国。”东晋郭璞注：“今肃慎国去辽东三千余里。”《书序》：“成王即伐东夷，肃慎来贺。”《国语·鲁语下》：“肃慎氏贡楛矢、石砮。”汉以后称为挹娄。

肃慎县 唐渤海国置，属龙州。治所在今黑龙江省宁安市西南三十里古肃慎城附近。辽初废。

肃蕃山 在今四川黑水县东北。《元和志》卷32悉州识臼县：肃蕃山“在州北八十里。肃蕃镇在山下”。

肃蕃镇 唐置，属悉州。在今四川黑水县东北。《元和志》卷32悉州：“肃蕃山在州北八十里。肃蕃镇在山下。”

录 西周封国。在今安徽六安市东北。《大保簋》铭文云：“王伐录于耳”。郭沫若《两周金文辞大系考释》以为即六。又见《录忒卣》、《录伯忒簋》、《录簋》等铜器。春秋时灭于楚。

录巴寺镇 即今甘肃卓尼县西录巴寺。清宣统《甘肃新通志》卷30洮州厅番寺：有录巴寺。

隶恭州 北宋改斜恭州置，属雅州。治所在今四川泸定县境。后废。

居止山 即今山东栖霞市东南之牙山。《汉书·地理志》东莱郡腄县：“有之罘山祠。居上山，声洋（丹）水所出，东北入海。”居上山之“上”系“止”之讹。

居仁镇 即今湖南浏阳市东北七十里官渡镇。《清一统志·长沙府二》：居仁镇“一名居陵镇”。古为浏阳县治。

居风县 西汉置，属九真郡。治所在今越南清化省清化北马江南岸。三国吴改为移风县。

居延设治局 1929年于额济纳土尔扈特旗地置，属宁夏省。治所在今内蒙古额济纳旗西北。后废。

居延县 西汉武帝时置，属张掖郡，为郡都尉治。治所在今内蒙古额济纳旗东南黑城东北故城。东汉为张掖属国都尉治。魏、晋为西海郡治。后废。

居延泽 在今内蒙古额济纳旗北境。《汉书·地理志》张掖郡居延县：“居延泽在东北。”魏、晋一名西海。唐以后通称居延海。

居延城 即延城。今新疆库车县城东郊皮朗旧城。《后汉书·班超传》唐李贤注：“龟兹国居居延城，去长安七千四百八十里，南与精绝、东与且末、北与乌孙、西与姑墨接。”

居延海 在今内蒙古额济纳旗北境。弱水（今额济纳河）自张掖北流，至下游分为东河、西河等河，汇潴于此。《水经注》卷40：居延泽“形如月生五日”。唐以后通称居延海。本为一湖，其后中段淤塞，遂成二泊。汉人称东、西居延海，简称东海、西海。蒙古语称东海为索果诺尔（又作苏古诺尔），西海为嘎顺诺尔。

居延遗址 在今内蒙古额济纳旗和甘肃金塔县间的额济纳河流域居延海一带（今弱水下游嘎顺诺尔一带）。绵延300公里，古人泛称居延。西汉武帝太初三年（前102），路博德沿河筑塞墙、城、障、烽燧等，现存居延城、破城子、大方城、烽台等建筑遗迹二百多处。1972—1976年对该遗址进行全面勘查并在几处进行发掘，出土竹简二万多枚，记载汉代戍边屯田情况，也有西汉中期到东汉初年的官方文献，涉及汉代社会的各个领域。1988年定为全国重点文物保护单位。2001年又将额济纳旗（达来库布镇）东南五十里的黑城遗址归入居延遗址保护单位。

居延塞 一名遮虏障。西汉太初三年（前102）路博德筑，以遮断匈奴入侵河西之路。在今内蒙古额济纳旗北境。《汉书·地理志》注：师古曰，“阚骃云，武帝使伏波将军路博德筑遮虏障于居延城”。《后汉书·窦宪传》：永平十六年（73），伐北匈奴，“耿秉、秦彭率武威、陇西、天水募士及羌胡万骑出居延塞”，即此。

居州 唐咸亨三年（672）置羁縻州。治所在今贵州威宁彝族回族苗族自治县西南哲觉镇。天宝后废。

居住山 在今湖南泸溪县西八十里。《方舆纪要》卷81卢溪县“连竭提山”条下：居住山“有石室，苗僚所居”。

居牢县 唐武后久视元年（700）置，属羁縻淯州。治所在今四川长宁县南境。后废。

居茹川 即今青海共和县西北之柴集河（沙珠玉河）。《资治通鉴》：唐贞观九年（635），“将军执失思力败吐谷浑于居茹川”。

居缺峒 在今海南省海口市琼山区西。《方舆纪要》卷105琼州府琼山县：居缺峒“在府西境。元大历初，琼山黎多叛，主帅谭汝楫请兵讨之，次居缺峒，败‘贼’兵。‘贼’有九峒，而居野居中，为最大，周百二十里，草木蒙密不可入。汝楫先令万人除道周其山，暮复以万二千人衔枚围之，树栅三重，密防奔突。明日，出万人赭其山，布阵以待，渐移栅逼之。复益栅数十重，‘贼’穷蹙，不知为计，遂进兵平之”。

居陵城 在今陕西渭南市西北。《水经·渭水注》：白渠“东南径居陵城北，莲芍城南”。《水经注疏》：“守敬按，《地形志》莲芍县有据城。据、居音近，疑即居陵城也。”

居庸山 又名军都山。在今北京市昌平区西北。《寰宇记》卷69昌平县：“军都山又名居庸山，在县西北十里。《后汉书》曰，尚书卢植隐居上谷军都山，立黉肆教授，好学者自远方而至。”又《清一统志·顺天府二》：军都山“又名居庸山，《旧志》：在今（昌平）州西北十里。层峦叠嶂，奇险天开，太行第八陉也。为燕京八景之一，曰居庸叠翠。按吕览九塞，齐居庸于殽函、井陉，则是居庸本为山名，而关以山得名”。

居庸关 又名军都关、太行第八陉、蓟门关、纳款关。在今北京市昌平区西北三十里。关门南北相距四十里，两山夹峙，下有巨涧，悬崖峭壁，称为绝险。《吕氏春秋·有始》：九塞有“居庸”。《汉书·地理志》：上谷郡居庸县“有关”。《后汉书·光武纪》：建武十五年（39），“徙雁门、代郡、上谷三郡民，置常山关、居庸关以东”。《水经·灅余水注》：“灅余水出上谷居庸关东。”为历代军事防御要地。元始于居庸关设南、北口之戍。明徐达于此垒石为城，为京师北方门户。清于此关城置都司。

居庸关云台 在今北京市昌平区南口镇北。为长城居庸关关城内的过街喇嘛塔之塔座。元至正五年(1345)建。台上原有三座喇嘛塔，元末明初已毁。台用汉白玉石砌成，高9.5米。有南北向券门，券门洞内雕有四大天王、迦楼罗（金翅鸟）及用汉、藏、西夏、梵、维吾尔、八思巴六种文字题刻的“陀罗尼经咒”和“造塔功德论”等，是元代建筑与雕刻艺术的杰作。1961年定为全国重点文物保护单位。

居庸县 西汉置，属上谷郡。治所在今北京市延庆县东。三国魏为上谷郡治。北魏孝昌中废。东魏天平中复置。北齐废。

居鹿山 在今广西象州县东北四十里。《舆地纪胜》卷105象州：居鹿山“上有鹿池水。《九域志》云：天欲雨，山上云气如鹿”。

居巢 一作巢邑。在今安徽六安市东北。《史记·吴太伯世家》：“八年，吴使公子光伐楚，败楚师，迎楚故太子建母于居巢以归。……九年，公子光伐楚。拔居巢。”即此。

居巢山 又名如墨山、墨山。在今安徽巢湖市西南。《寰宇记》卷126巢县：“居巢山本名如墨山，在县南六十里，其溪谷间有墨石，研之如墨，因以为名，天宝六年敕改为居巢山。”

居巢县 战国秦置，属九江郡。治所在今安徽六安市东北。西汉属庐江郡。东汉改为居巢侯国，后复为县。东晋废。

居巢侯国 东汉改居巢县置，属庐江郡。治所在今安徽巢湖市东北。后复为居巢县。

居就县 西汉置，属辽东郡。治所在今辽宁辽阳县东南汤河东岸亮甲山。东汉废。西晋复置，属辽东国。后废。

居鄛县 即居巢县，在今安徽巢湖市东北。《史记·项羽本纪》：“居鄛人范增，年七十，素居家，好奇计。”

屈 即北屈。春秋晋邑，在今山西吉县东北二十一里。《左传》：庄公二十八年（前666），晋外嬖梁五与东关嬖五言于献公曰：“蒲与二屈，君之疆也。”指此。同书僖公二年载：“晋荀息请以屈产之乘与垂棘之璧假道于虞以伐虢。”“屈产之乘”犹言北屈所产之马。亦指此。

屈丁堡 北宋置，属延安府。在今陕西子长县东南。后废。

屈大均墓 在今广东广州市番禺区东北二十五里新造镇东北思贤村。屈大均（1630—1696），广东番禺人。为清代著名诗人。屈大均墓有志铭碑石一方，记载墓主生平，是书法家吴道镕撰书。

屈子祠 又称屈原庙或汨罗庙。旧在汨罗江北。晋王嘉《拾遗记》称，屈原死后“楚人为之立祠，汉末犹在”。《水经·湘水注》：“汨水又西为屈潭，即汨罗渊也。屈原怀沙自沈于此，故渊以屈为名。……渊北有屈原庙，庙前有碑。又有汉南太守程坚碑，寄在原庙。”清乾隆二十一年（1756）移建于今汨罗市西北十五里玉笥山上，即今址。2001年定为全国重点文物保护单位。

屈支国 即龟兹国。都城在伊逻卢城（今新疆库车县东郊皮朗旧城）。唐玄奘《大唐西域记》卷1：屈支国“东西千余里，南北六百余里。国大都城周十七八里”。

屈爪屿 在今台湾省澎湖县东北，白沙岛东北十里。清蒋毓英《台湾府志》卷3：屈爪屿“屿形如卧虎屈爪势”。

屈斗宫德化窑遗址 在今福建德化县城东南郊宝美村。创烧于宋。元代有发展，至明代以生产白瓷著名。产品远销日本及东南亚诸国。1976年对屈斗宫窑址进行发掘，发现一条保留比较完整的窑基，出土六千多件瓷器和烧制工具。瓷器中洗、盆和梅花杯等，造型雅致，纹饰异常丰富，这在其他瓷窑中是比较少见的。1988年定为全国重点文物保护单位。

屈产 春秋晋地。在今山西石楼县东南。《春秋公羊传·僖公二年》：“请以屈产之乘，往必可得也。”何休注：“屈产，出名马之地。”《春秋传说汇纂》载，山西石楼县东南四里有屈产泉。即此。

屈邑县 唐天祐中改文城县置，属慈州。治所在今山西吉县西北文城乡。五代唐复为文城县。

屈利水 即今黑龙江省龙江县西南之雅鲁河，为嫩江支流。《魏书·失室传》：“路出和龙北千余里。……又北行三日有大水名屈利。”

屈沱 在今湖北秭归县西北归州镇东五里南岸。邵博《闻见后录》卷30：“今归州屈沱，屈原旧居也。”

屈茨国 即龟兹国。都延城（今新疆库车县东郊皮朗旧城）。《水经·河水注》：“东川水出龟兹东北，赤沙积梨，南流，枝水右出，西南入龟兹城，音屈茨，故延城矣。”

屈兹国 亦作屈兹国、丘慈国、屈茨国、屈支国、鸠兹国、归兹国。都延城（今新疆库车县东郊皮朗旧城）。西汉属西域都护府。唐名伊逻卢城，为龟兹都督府治。《新唐书·西域传》：“龟兹一曰丘兹，一曰屈兹。”

屈真川 亦作吐屈真川。即今青海共和县西北柴集河（沙珠玉河）。一说即今青海乌兰县东南茶卡盐湖东南流出之惠农河。《宋书·鲜卑吐谷浑传》：“屈真川有盐池。”

屈原故里 在今湖北秭归县（茅坪镇）西北、原归州镇东北六十里屈坪。《水经·江水注》：“（秭归）县东北数十里，有屈原旧田宅。虽畦堰縻漫，犹保屈田之称也。县北一百六十里有屈原故宅，累石为屋基，名其地曰乐平里。”《名胜志》：“屈原宅有二，一在归州东北六十里，即三闾乡也。……一在归州东百里，即乐平宅。”今此地为屈原乡，有屈原庙，相传为屈原旧宅所在。

屈原祠　又名三闾大夫祠、清烈公庙。唐元和间建，祀楚爱国大诗人屈原。在今湖北秭归县西北归州镇东。《舆地纪胜》卷77归州：清烈公庙，“《晏公类要》云：三闾大夫祠在秭归县，在州东五里，即屈原之故宅也。陆游《归州重午》诗云：屈平乡国逢重午，不比常年角黍盘”。《清一统志·宜昌府》：三闾大夫祠“一在归州东二里相公岭，祀楚屈原，以宋玉配”。1975年迁建于城东三里向家坪。

屈原墓　在今湖南汨罗市北十五里屈子祠镇东南玉笥山东北烈女岭上。《元和志》卷27湘阴县：“屈原冢，在县北七十一里。”《明一统志》卷63长沙府：屈原墓“在汨罗江，与屈原庙相对。碑额题曰三闾墓”。今汨罗山有十二疑冢，分别为封土堆。其中一冢高近20米，形似小山，前竖清同治六年（1867）所立“楚故三闾大夫之墓”石碑。另一墓前有清光绪二十八年（1902）刊石碑，文为“三闾大夫之墓”。

屈部　宋大理国部落之一。居住于葛鲁城一带，属建昌府。在今四川德昌县南。《元史·地理志》昌州：“初，乌蛮阿曲之裔寖强，用祖名为屈部。其孙乌则，至元九年内附。十二年改本部为州，兼领普济、威龙，隶定昌路。”

屈海　即今青海省东部之青海湖。《北史·吐谷浑传》：“吐谷浑北有乙弗敌国，国有屈海，海周千余里。”即此。

屈家岭遗址　在今湖北京山县西南六十里屈家岭村，是一处新石器时代遗址，坐落在青木垱河与青木河交汇的山丘岗地。面积40万平方米。1955—1957年两次发掘，文化层堆积3米左右，发现有房屋、窖穴、墓葬等遗址。出土遗物以彩陶纺轮、彩绘黑陶和蛋壳彩陶最有特色，双弧形折壁陶器独具特征，具有浓厚的地方色彩，被命名为“屈家岭文化”。年代距今四千余年。1988年定为全国重点文物保护单位。

屈野川　①在今内蒙古伊金霍洛旗东南、陕西神木县西北之木伦河、窟野河。为黄河支流。《宋史·夏国传》：“麟州西城枕蜱睨曰红楼，下瞰屈野河，其外距夏境尚七十里，而田腴利厚，多入讹庞，岁东侵不已。至耕获时，辄屯兵河西，经略使庞籍每戒边将使毋得过屈野河，然所距屈野河犹二十里。”

②一名曲源水。即今陕西省北部屈野河。上源名乌兰木伦河。源出塞外五兰茆儿，绕笔架山之阳，南流经神木县西入黄河。《宋史·夏国传》：“麟州西城枕蜱睨曰红楼，下瞰屈野河。”

屈裂儿河　亦作屈烈儿河、屈烈河。即今内蒙古科尔沁右翼前旗西北之归流河。为洮儿河支流。《方舆纪要》卷18大宁卫：屈烈儿河“永乐十二年大驾北征，以兀良哈附阿鲁台为边患，移军击之，大败之于屈烈儿河东北深谷中，三卫服罪，乃班师”。《明史·朵颜传》：永乐二十年（1422），“帝亲征阿鲁台还，击之，大败其众于屈烈河”。

屈潭　在今湖南汨罗市西北汨罗江中。《水经·湘水注》：“汨水又西为屈潭，即汨罗渊也，屈原怀沙自沈于此，故渊潭以屈为名。”

屈颡颠山　在今云南江川县东北江城镇北。《方舆纪要》卷115澂江府江川县：屈颡颠山“在县（今江城镇）北十五里。山半涌泉三派，西入滇海，东入抚仙湖，南为阿伴溪，入星云湖，溉田甚溥。《志》云，土人谓犬为屈，惜为颡，常有猎是山而不获者，因名”。

屈霜你迦国　即何国。都城在今乌兹别克斯坦撒马尔罕西北。唐玄奘《大唐西域记》卷1：屈霜你迦国“周千四五百里，东西狭，南北长。土宜风俗同飒秣建国”。《新唐书·西域传》：“何，或曰屈霜你迦。”

刷金寺　亦作刷经寺。即今四川红原县东南刷经寺镇。民国谢培筠《川西边事辑览》第八编：“由理番至刷金寺……共计三百里。”1954年为四川省藏族自治区首府，1955年为阿坝藏族自治州首府，1958年自治州首府迁马尔康县（马尔康镇），镇属红原县。

弥川县　金正大三年（1226）升弥川砦置，属葭州。治所在今陕西神木县南太和寨南三十里。元世祖至元六年（1269）省入葭州。

弥川砦　在今陕西神木县南太和寨南三十里。《宋史·地理志》晋宁军：弥川砦“地名弥勃川，元符二年赐名”。金正大三年（1226）升为弥川县。

弥川堡　在今陕西神木县南太和寨南。《宋史·地理志》晋宁军：弥川堡“地名小红崖，元符二年，同砦赐名”。元废。

弥末　即米国。都城在钵息德城（今乌兹别克斯坦撒马尔罕东一百四十里喷赤干古城，一说在米马巴札尔）。《新唐书·西域传》：“米，或曰弥末，曰弥秣贺。”

弥兰大河　即今印度河。《新唐书·地理志》附“广州通海夷道”：“（提飓国）其国有弥兰大河，一曰新头河，自北渤昆国来，西流至提飓国北，入于海。”

弥兰太河　即今巴基斯坦境之印度河。《新唐书·地理志》广州通海夷道：提飓国有“弥兰太河，一曰新头河，自北渤昆国来，西流至提飓国北，入于海”。

弥臣国　故地或以为在今缅甸西南端勃生附近，或以为在缅甸伊洛瓦底江口。《新唐书·骠国传》属国中有弥臣。《寰宇记》卷177“骠国”条：贞元二十一年（805），“封弥臣国嗣王道勿礼为弥臣国王”。

弥牟镇　即今四川成都市东北弥牟镇。《方舆纪要》卷67引《益州记》：“弥牟镇有八阵图。”为成都至陕西长安必经之地。《新唐书·陈敬瑄传》：龙纪元年（889），“敬瑄屯弥牟、德阳，树二壁拒（王）建”；《宋史·高继勋传》：咸平初，王均据益州（今成都市），“招安使雷有终以兵五百授继勋，守东郭二门，会贼攻弥牟砦，继勋引兵转斗至嘉州”。皆此。清雍正七年（1279）置巡司于此，乾隆二十七年（1762）裁。

弥卤堡　在今山西左云县东北五十里。《方舆纪要》卷44大同府：弥卤堡“嘉靖二十二年筑，四十二年修，万历二年增筑，周二里有奇。……堡外控保安诸堡，内蔽左云卫西，东与破卤接”。

弥沙井　即今云南剑川县西南弥沙镇。明洪武中置土巡检司于此。《清一统志·丽江府》：弥沙井“在剑川州西南一百五十里。有盐课大使驻此”。

弥沙县　元世祖至元十三年（1276）于弥沙等五城置，属路南州。治所在今云南石林彝族自治县东北。二十四年（1287）废入邑市县。

弥沙城　元世祖至元十三年（1276）置，属路南州。治所在弥沙城（今云南石林彝族自治县东北）。二十四年（1287）废入邑市县。

弥沙浪河　在今云南剑川县南。《方舆纪要》卷117剑川州：弥沙浪河“在州南百里白水场，与剑湖水汇而南流”。

弥陀寺市　即今湖北荆州市荆州区西南弥市镇。清光绪《荆州府志》卷4《乡镇》：“弥陀寺市，在（江陵）县西南虎渡汛，距县七十里。江南里中最盛之地。”

弥陀寺镇　即今安徽太湖县西北一百里弥陀镇。清设外委驻防。

弥陀场　即今四川泸县东南长江南岸弥陀镇。清嘉庆《泸州志》卷2：弥陀岩场在“州东四十里”。以江边石岩上石刻“阿弥陀佛”字得名。

弥苴佉江　即今云南洱源县东弥苴河。唐代称弥苴佉江，见南诏《中兴二年画卷》。

弥泽　在今山西朔州市西南。《魏书·太祖纪》：北魏登国二年（387），“帝亲征刘显于马邑南，追至弥泽，大破之”。

弥城　①唐南诏置，属永昌节度。在今云南盈江县东北九十里盏西镇。

②即弥黎城。在今江苏徐州市西南。《清一统志·徐州府二》：弥城，“《旧志》：州西南旁太山有迷刘城，盖即弥黎之讹”。

弥浑水　即今内蒙古乌审旗东南、陕西榆林市西之海流兔河（哈柳图河）。《元和志》卷4德静县：“周武帝于此置弥浑戍，南有弥浑水。”

弥浑戍　北周建德二年（573）置，在今陕西榆林市西海流兔河东岸。《元和志》卷4德静县：“周武帝于此置弥浑戍，南有弥浑水，因名。”隋开皇三年（583）改为德静镇。

弥诺市　一作弭诺、米糯。即今湖南花垣县西南五十七里民乐镇。“弥诺”系苗语习称，1949年后以谐音定名民乐。

弥诺江　即今缅甸钦敦江。一说指今迈立开江。唐樊绰《蛮书》卷2：“丽水一名禄卑江，源自逻些城三危山中，南流过丽水城西，又南至苍望，又东南过道双王道勿川西，过弥诺道立栅，又西与弥诺江合流，过骠国，南入于海。”《新唐书·地理志》附“安南入海夷道”：“二百里至安西城，乃西渡弥诺江水，千里至大秦婆罗门国。”

弥诺国　故地或以为在今缅甸阿拉干。是唐时通天竺道路所经。唐樊绰《蛮书》卷10：“弥诺国、弥臣国，皆边海国也。”

弥勒石溪　在今云南澄江县北。《清一统志·澂江府》：弥勒石溪“在河阳县北。源出罗藏山西麓，合众涧流为溪，出弥勒石口，会于锦溪，溉田甚多”。

弥勒市　2013年改弥勒县置，市人民政府驻弥阳镇髯翁西路136号。弥勒市由云南省红河哈尼族彝族自治州管辖。

弥勒州　元世祖至元十二年（1275）置弥勒千户，二十七年（1290）改弥勒州，属广西路。治所即今云南弥勒县。明代属广西府。清乾隆三十五年（1770）降为弥勒县。

弥勒县　清乾隆三十五年（1770）改弥勒州置，属广西直隶州。治所即今云南弥勒县。民国初属云南蒙自道。1929年直属云南省。1953年改弥勒彝族自治县。1957年复名弥勒县。

弥勒部　唐南诏置，属拓东节度。即今云南弥勒县。《元史·地理志》弥勒州：“昔些莫徒蛮之裔弥勒得郭甸、巴甸、部笼而居之，故名其部曰弥勒。”宋大理属石城郡。元改弥勒州。

弥勒湾　即今云南丘北县东南天星乡。《清一统志·广西州》：弥勒湾“在弥勒县境。自临安府阿迷州陇希寨东流六十里至弥勒湾”。

弥鹿部　唐南诏置，属拓东节度。即今云南泸西县。宋大理属石城郡。元改广西路。

弥雄山　在今云南嵩明县北三十里。《明一统志》卷86云南府：弥雄山“在嵩盟州北三十里。苍崖叠出，望之蔚然，土址肥饶，蔬菜繁夥。今名弥秀山”。

弥渡县　1913年析原蒙化厅及赵州、云南县地置，后属云南腾越道。治所在弥渡镇（即今云南弥渡县）。民国《云南行政纪实》：“古时溪河横流，行人迷渡，因名迷渡。后以迷字欠雅，更名弥渡。”1929年直属云南省。

弥黎城　在今江苏徐州市西南。《水经·获水注》：“获水又东径弥黎城北。刘澄之《永初记》所谓城之西南有弥黎城者也。”《旧志》误为迷刘城。《方舆纪要》卷29徐州“垞城”条下：“今州南二里有古迷刘城。”即此。

弥濛水　即濛江。即今四川彭州市东北之濛阳河。《元和志》卷31濛阳县：弥濛水“在县南二百五十步”。《方舆纪要》卷67彭县：濛江“在县东。亦曰弥濛水。源出九陇山，至濛阳故县南，合于沱江”。

弦　西周封国。在今河南光山县西北。春秋时为楚国所灭。《春秋》：僖公五年（前655），“楚子灭弦，弦子奔黄”。杜注：“弦国，在弋阳轪县东南。”

弦州　唐武德三年（620）置，治所在定城县（今河南潢川县）。贞观元年（627）废。

弦蒲薮　在今陕西陇县西。《周礼·职方》："正西曰雍州，其泽薮曰弦蒲。"《水经·渭水注》："汧水出汧县之蒲谷乡弦中谷，决为弦蒲薮。"《尔雅·释地》"秦有杨陓"。疏谓弦蒲即杨陓，误。

〔ㄱ丨〕

承乡侯国（承 zhěng）　西汉置，属东海郡。治所在今山东枣庄市峄城区峄城镇西北，沙河（原氶水）北岸。后废。

承乡镇　在今江西会昌县北八十里。明置巡司于此。清乾隆三十年（1765）裁。

承天山（承 chéng）　在今山西平定县东北。《清一统志·平定州》：承天山"在州东八十五里，即宋之承天军也。山形峭拔，有唐裴度、韩愈题名石壁。上即承天寨，山半为老君洞"。

承天门（承 chéng）　唐长安宫城的正南门，也是太极宫的正门。故址在今陕西西安市城内莲湖公园莲湖南岸偏西的南侧。隋开皇二年（582）建，初名广阳门，仁寿元年（601）改名昭阳门，唐武德元年（618）改为顺天门，神龙元年（705）改为承天门。门外有朝堂，东有肺石，西有登闻鼓，门上有楼观。承天门南面直对皇城朱雀门。

承天门街　亦名天街。又名天门街。唐长安城（今陕西西安市）正南门外大街。唐岑参《秋夜闻笛》诗云："天门街西闻捣帘。"

承天卫　明嘉靖年间改显陵卫置，属兴都留守司。在今湖北钟祥市西北。《方舆纪要》卷77安陆府：承天卫"在府治西北。洪武初置安陆卫，嘉靖三年改为显陵卫以护陵寝。十六年……改显陵卫为承天卫"。

承天寺　①在今江苏苏州市人民路接驾桥巷口。初为梁陆僧瓒故宅，舍为重云寺（一作重玄寺）。北宋初改为承天寺。宣和中又改能仁寺，后合称承天能仁寺。又名双峨寺。元至正十六年（1356）张士诚据为王府。二十年（1360）复为寺。今寺已遗迹无存。

②一名月台寺。在今福建泉州市承天巷。本五代节度使留从效的南园，南唐时建寺。初名南禅寺，北宋景德四年（1007）赐名承天寺。南宋王十朋有《承天十景》诗。现存大殿为清末重建。1938年春，闽中红军游击队在寺内整训，准备北上抗日，突遭国民党反动派重兵包围，五个同志被杀害。此即泉州事件。

③东晋永和中建，在今湖北荆州市荆州区（故江陵县城）西北。宋洪迈《容斋四笔·承天塔记》曰："黄鲁直初谪戍涪，既得归，而湖北转运判官陈举，以时相赵清宪与之有小怨，讦其所作《荆南承天塔记》，以为幸灾，遂除名羁管宜州，竟卒于彼。"

④在今湖北黄冈市南。北宋苏轼有《夜游承天寺记》。

⑤在今宁夏银川市老城西南隅。西夏建。并建有承天寺塔，为寺主体建筑。明洪武初，寺圮塔存。

承天军　唐乾元初置，治所在今山西平定县东北娘子关。五代汉废。北宋建隆元年（960）复置，后废为承天寨。

承天府　①明嘉靖十年（1531）改安陆州置，治所在钟祥县（今湖北钟祥市）。辖境约当今湖北钟祥、荆门、天门、仙桃、洪湖、潜江、当阳、京山等市县地。清顺治三年（1646）改为安陆府。

②清顺治十八年（1661）郑成功收复台湾后于赤嵌城置，号为东都。治所即今台湾省台南市。辖今台湾本岛及澎湖群岛等附属岛屿。康熙三年（1664）郑经改置东宁省。

承云（雲）山　在今河南新密市东北十八里。《魏书·地形志》荥阳郡密县："有承云山。"《清一统志·开封府一》："山有石穴，云从此起，故名。"

承水　①在今河南郑州市南。《山海经·中山经·中次七经》：太山"承水出于其阴，而东北流注于役"。《水经·渠水注》：白沟水"有二源，北水出密之梅山东南，而东径靖城南，与南水合；南水出太山，西北流至靖城南左注北水，即承水也"。《清一统志·开封府一》引《元统志》云：管城县之二十里河与十八里河，"即承水南北二流也"。北入贾鲁河。

②又作烝水。即今湖南衡阳市及衡阳县境之蒸水。《水经·湘水注》："承水出衡阳重安县西，邵陵县界邪薑山，东北流至重安县……又东北径重安县南……至湘东临承县北，东注于湘。"

承化寺　一作丞化寺。即今新疆阿勒泰市。蒙古语曰赊拉斯麦，意为黄寺。清光绪三十一年（1905）设阿尔泰办事大臣驻此。民国初改为阿尔泰办事长官治所。1921年置承化县于此。1954年改为阿勒泰县。1984年改设阿勒泰市。

承化县　①唐置，属峰州。治所在今越南永福省白鹤县南凤州西北。唐末废。

②1921年析布尔津县置，为新疆省阿山道治。治所在承化寺（今新疆阿勒泰市）。1930年为阿山行政区治，后直属新疆省。1953年改为阿尔泰县。1954年改为阿勒泰县。1984年改设阿勒泰市。

承化郡　唐天宝元年（742）改峰州置，治所在嘉宁县（今越南永福省白鹤县南凤州）。辖境相当今越南永福省及宣光省南部地。乾元元年（758）复为峰州。

承风岭　在今青海贵德县北千户庄一带。《新唐书·吐蕃传》：仪凤间，"（李）敬玄率刘审礼击吐蕃青海上，审礼战殁。敬玄顿承风岭"。

承风堡 亦作承风戍。在今青海贵德县北千户庄一带。宋《册府元龟》卷999：“武德八年，吐谷浑款承风戍各请互市，并许之。”唐道宣《释迦方志》遗迹篇4：“且大唐往年使者则有三道……其东道者，从河州西北度大河，上漫天岭，减四百里至鄯州，又西减百里至鄯城镇，右州地也。又西南减百里至故承风戍，是随（隋）互市地也。”《新唐书·吐蕃传》：开元二十九年（741），“虏乃悉众四十万攻承风堡，抵河源军”。

承匡山 “承雀山”之讹。即凫山。在今山东邹城市西南五十二里。《寰宇记》卷14、《元丰九域志》卷1均作“承匡山”。

承匡县 战国秦置，属砀郡。治所在今河南睢县西三十里匡城乡。后徙襄陵，改为襄邑县。

承光宫 汉上林苑中的离宫。在今陕西西安市西。《关中记》列为汉上林苑中十二宫之一。《汉书·王莽传》：地皇元年（20），“坏彻城西苑中建章、承光、包阳、大台、储元宫及平乐、当路、阳禄馆，凡十余所，取其材瓦，以起九庙”。

承休县 隋大业三年（607）改汝原县置，为襄城郡治。治所即今河南汝州市。唐武德四年（621）为伊州治。贞观元年（627）改为梁县。

承华宫 北魏平城宫殿。在今山西大同市北。《魏书·世祖纪》：神䴥四年（431）七月，“行幸河西，起承华宫”。

承庆殿 在唐长安城太极宫内，今陕西西安市城北部。隋初建。唐初为秦王李世民所居。

承州 ①北宋大观三年（1109）置，治所在绥阳县（今贵州凤冈县北绥阳镇）。辖境相当今贵州凤冈、绥阳、湄潭等县地。宣和三年（1121）废。

②南宋建炎四年（1130）升高邮军置，治所在高邮县（今江苏高邮市）。辖境相当今江苏高邮及兴化市境。绍兴五年（1135）废。

承阳山 在今陕西礼泉县北六十里。《寰宇记》卷26醴泉县：“承阳山，石泉所出。”

承阳县 西汉置，属长沙国，治所在今湖南邵东县东南。东汉改为烝阳侯国。

承县（承 zhěng） 即丞县。在今山东枣庄市南峄城西北一里。《汉书·地理志》作“承县”。

承贤门 北魏平城宫内门阁。在今山西大同市东北。《水经·㶟水注》：太和殿“东北接紫宫寺，南对承贤门，门南即皇信堂”。

承明殿 汉长安未央宫殿之一。在今陕西西安市西北。《汉书·霍光传》：“光即与群臣俱见白太后，具陈昌邑王不可以承宗庙状。皇太后乃车驾幸未央承明殿，诏诸禁门毋内昌邑群臣。”又《汉书·成帝纪》载：鸿嘉二年（前19），“三月，博士行饮酒礼，有雉蜚集于庭，历阶升堂而雊，后集诸府，又集承明殿”。师古注：“在未央宫中。”《三辅黄图》卷3谓“未央宫有承明殿，著述之所也”。

承注山 在今山东邹城市西南五十二里。《元和志》卷10任城县：承注山“在县东南七十六里。女娲生处。按今山下有女娲庙”。光绪《山东通志》卷24谓即“承雀山”之讹。

承治水 即丞水。今山东枣庄市南峄城大沙河。《寰宇记》卷23沂州丞县：“承治水出县西北六十里方山之东，王莽改丞县为承治，故水有此名。”

承恩县 唐贞观七年（633）改池阳县置，属泰州。治所在今广西藤县西北。十二年（638）废。

承恩镇 金置，属修武县。在今河南焦作市东南。《方舆纪要》卷49修武县：承恩镇“在县西三十五里。又县西二十里有待至镇，皆以武王伐纣时所经而名之也”。

承高县 北齐天保七年（556）改萧县置，属彭城郡。治所在今安徽萧县西北黄口镇。隋开皇六年（586）改为龙城县。

承流山 一名九峰山。在今安徽泾县西南。《舆地纪胜》卷19宁国府：承流山“在泾县西南四十里，俗传窦子明尝隐于此。以其为陵阳令，故山因以名”。《方舆纪要》卷28泾县：承流山“有群峰回环，耸秀甲于一邑。自承流而南，嵻岫盘旋，百有余里，如城垒然。东连旌德，西接太平，溪谷幽深，最为嘉胜”。

承流县 北宋大观三年（1109）置，为溱州治。治所即今贵州习水县西南土城镇。宣和三年（1121）废。

承流谷水 当今青海乐都县西北之水磨沟。《水经·河水注》：“湟水又东，左则承流谷水南入。”

承营 在今河北定州市东南。《晋书·慕容垂载记》：太元九年（384），后燕慕容楷追击丁零翟真，“战于下邑，为真所败，真遂屯于承营”。即此。

承雀山 即凫山。在今山东邹城市东南五十二里。《魏书·地形志》：高平郡高平有承雀山。《元和志》卷10作“承注山”，《寰宇记》卷14、《元丰九域志》卷1均作“承匡山”。清光绪《山东通志》卷24谓皆“承雀山”之讹。

承匡 春秋宋邑。在今河南睢县西三十里匡城乡。《春秋》：文公十一年（前616）夏，“叔彭生会晋郤缺于承筐”。杜注：“宋地，在陈留襄邑县西。”《战国策·齐策二》：“犀首以梁为齐战于承匡而不胜。”战国属魏，置县。《元和志》卷7襄邑县：“承匡故城，在县西三十里。”

承德市 1948年11月革命根据地由承德县城区析置，属热河省。治所即今河北承德市。1955年改属河北省，为河北省辖市（地级）。

承德州 清雍正十一年（1733）改热河厅置，属直隶省。治所即今河北承德市。乾隆七年（1742）复为热河厅。

承德县 ①清康熙三年（1664）置，为奉天府治。治所即今辽宁沈阳市。清光绪间为奉天省治。宣统二年（1910）废。1913年改奉天县为承德县，1914年改为沈阳县。

②1914年置，属热河道。治所即今河北承德市。1928年属热河省。1949年迁至今治下板城。1956年属河北省。

承德府　清乾隆四十三年（1778）改热河厅置，属直隶省。治所即今河北承德市。辖境相当今河北长城以北，汤河流域以东，内蒙古西拉木伦河、西辽河以南，辽宁松岭山以西地。清末略缩。1913年废。

孟乃　又作募莱。在今云南澜沧拉祜族自治县西北四十四里竹塘乡（募乃）。明代属孟连宣抚司。明谢肇淛《滇略》卷3："孟连所属内有孟乃场矿出银，世专其利，以致殷富。"

孟乃河　即今云南腾冲县东之龙川江。《方舆纪要》卷119南甸安抚司：孟乃河"即腾越州之龙川江也。流入境，为孟乃河，又南入干崖境"。

孟山　又名落孟山。在今四川荥经县东北荥经河东。《舆地纪胜》卷147雅州：落孟山"在荣经县东十里。前临大江，曰七纵渡，孔明擒孟获之地也"。《方舆纪要》卷72荥经县"自由山"条下："又有孟山亦在县东二十里。俗传孔明擒孟获处，其下有七纵桥，盖传讹也。"

孟广长官司　元至顺二年（1331）置孟广军民长官司，直属云南行省。治所在今缅甸北部瑞丽江南岸。明废。

孟门　春秋晋国隘道。在今河南辉县市西。《左传》：襄公二十三年（前550），"齐侯遂伐晋，取朝歌，为二队，入孟门，登太行"。杜注："孟门，晋隘道。"

孟门山　①在今山西吉县西、陕西宜川县东北，龙门之北，黄河两岸。《山海经·北次三经》："孟门之山，其上多苍玉、多金，其下多黄垩、多涅石。"《吕氏春秋·有始览》、《淮南子·墜形训》中皆列为九山之一。

②在今陕西宜川县东北。《寰宇记》卷35汾川县："孟门山在县东南二十里。"《明一统志》卷36延安府：孟门山"在宜川县北石濨下三里黄河中流，相传有石扼束河流，俗谓之石濨"。

孟门关　隋置，在今山西柳林县西北孟门镇。《寰宇记》卷42石州定胡县：孟门关"周大象元年于此置孟门津，隋开皇六年改曰孟门关，在黄河东岸"。

孟门县　唐贞观二年（628）置，属石州。治所在今山西柳林县西北孟门镇。七年（633）废。金明昌六年（1195）改定胡县复置，属石州。元至元后废。

孟子山　在今湖南宁乡县西北。《清一统志·长沙府》：孟子山"在宁乡县西北五十里。沩水所经。《县志》：元欧道结庐读书于此。尝登山植杉成林，因书《孟子·牛山章》于壁，山因以得名"。

孟伦土司　明属云南孟养军民宣慰司，在今缅甸杰沙西北。明天启《滇志》缅甸始末："隆庆年间，莽瑞休率兵侵迤西（孟养），屡为思箇（孟养土官）所败，箇亦退保孟伦，相持不决。"

孟庄遗址　在今河南辉县市东南孟庄镇孟庄村东侧。南北长约600米，东西宽约500米。遗址最下层是距今约8000—7000年的裴李岗文化层，向上依次为仰韶文化层、龙山文化层、二里头文化层等。遗址内发现有龙山文化、二里头文化及商代晚期三座相叠压的城址。其中龙山文化城址面积达13万多平方米，包括城垣、城门、护城河和城内一批房基、灰坑、水井等遗迹。孟庄遗址面积大，文化内涵丰富，它的发现首次在豫北地区建立起一个较系统的考古学编年序列。西周时这里是共伯之国，孟庄龙山城址可能是古代共工氏的遗存。孟庄龙山文化、二里头文化、晚商三叠城的发现，为研究原始社会晚期向阶级社会过渡、探索中国文明起源提供了重要资料。2001年定为全国重点文物保护单位。

孟并（併）长官司　元至顺二年（1331）置孟并军民长官司，直属云南行省。治所在今缅甸北部蒙米特。明废。

孟州　唐会昌三年（843）置，治所在河阳县（今河南孟州市南十五里）。辖境相当今河南孟州市、温县、济源市及荥阳市部分地。金初为河阳府。天会六年（1128）复改孟州。大定中徙治今孟县。明洪武初省河阳县入州。十年（1377）降为孟县。

孟州市　1996年撤销河南省孟县，改设孟州市，市人民政府驻城关镇。由焦作市代管。

孟艮府　明永乐三年（1405）置孟艮御夷府，属云南都司，后属云南布政司。治所在孟掯（又作木肯寨，即今缅甸掸邦的景栋）。后废。

孟弄州　元至正七年（1347）置，属耿冻路。治所在今云南勐腊县西北一百六十八里象明彝族乡北倚邦。明洪武十五年（1382）废入车里军民府。

孟坝　即今甘肃镇原县北孟坝镇。1940—1949年陕甘宁革命根据地曾在此置镇宁县。

孟克图岭　在今新疆昌吉市南。《清一统志·迪化州》：孟克图岭"在昌吉县南。山脉自哈屯博克达山，东行三百余里，至此冈峦特峻"。清徐松《西域水道记》卷3：孟克图岭，"准语，孟克，经久之意。山雪经年不消，故名"。昌吉河发源其北麓。产铁。乾隆二十七年（1762）办铁厂于此。罗克伦河发源其西北麓，产金，乾隆四十七年（1782）置金厂于此。

孟克锡里卡伦　清雍正五年（1727）设，在今内蒙古陈巴尔虎旗西北。

孟村镇　即今河北孟村回族自治县。清置孟村巡司。1955年于此设孟村回族自治县。

孟连宣抚司　清康熙四十八年（1709）改孟连长官司置，属永昌府。治所在娜允（今云南孟连傣族拉祜族佤族自治县治西部）。傣语"孟"为地方，"连"为找到，意即找到的地方。"木连"、"孟琏"、"勐脸"皆同音异写。乾隆二十九年（1764）改属顺宁府，光绪二十年（1894）改属镇边厅。民国废。

孟连宣抚司署　在今云南孟连傣族拉祜族佤族自治县驻地娜允镇西北，南垒河畔。为孟连历代傣族土司衙门。始建于明永乐四年（1406），后被焚毁，清光绪五年（1879）重建，占地1.2万平方米。在2米高墙内有正厅、议事厅、后厅、东西厢楼、门堂、谷仓、监狱等。议事厅为三层三重檐歇山顶干栏式木楼。长23.3米，宽16.1米，高10.2米。有斗拱飞檐，造型别致。内设宣抚司座椅、案桌，旁列刀、矛等仪仗，为傣、汉合壁风格古建筑物。署中保存清代朝廷赏赐的官服、旗帜，傣、汉文图籍等。2006年定为全国重点文物保护单位。

孟县 明洪武十年（1377）改孟州置，属怀庆府。治所即今河南孟州市。民国初属河南河北道。1927年直属河南省。1996年改设孟州市。

孟佑河 又作孟祐河。即今云南云县东罗闸河。《方舆纪要》卷118云州：孟佑河“在州治东。顺宁府境诸水汇流于此，入于澜沧江”。

孟良梯 在今重庆市奉节县东十三里长江瞿塘峡南岸绝壁上。明正德《夔州府志》卷7：“孟良梯与粉壁堂相连。俗传孟良欲夜过关，故设此梯。”实为古栈道遗迹，顺梯上为盔甲洞，发现古巴人遗物。梯下为粉壁堂，有《宋中兴圣德颂》，瞿塘、夔门等摩岩石刻。

孟良崮 在今山东蒙阴县东南六十里。坐落在蒙阴、沂南二县交界处。原名卢山，因1947年孟良崮战役发生在此，故更名孟良崮，以卢山第三峰孟良崮（海拔536米）而得名。

孟英山 在今广西南丹县西北五十里芒场镇。《明史·地理志》 南丹州：“西有孟英山，旧产银。”《徐霞客游记·粤西游日记》 四：“有孟英山，在南丹西五十里芒场相近。止产银。永乐中遣中使雷春开矿于此，今所出甚微，不及新州矣。”

孟林 在今山东邹城市东北三十里四基山西麓。墓前有庙，宋孔道辅建。《寰宇记》卷21曲阜县：“孟轲墓在县南四十里。原属邹县界，唐贞观八年大使杜正伦置曲阜县，隶入曲阜。”后又属邹县。

孟杰路 元泰定四年（1327）置，属云南行省。治所在今缅甸南掸邦南部孟皎。明洪武十五年（1382）改为府，后废。

孟知祥墓 五代后蜀皇帝的陵墓。史称“和陵”。在今四川成都市北郊十四里磨盘山南麓。1970—1971年发现，青石结构，有墓道、墓室、宝城。墓道长12.9米，两壁彩绘男女宫人。牌楼式墓室前门，有青龙、白虎浮雕，门前立卫士。中门为石闸门，后门为双扇石门。墓室圆锥形穹隆顶，左、主、右三室并列，主室高8.68米，直径6.7米。室内须弥座棺台长5.1米，宽2.75米，高2.12米，前后列裸身卷发力士各五人，四角有跪地负棺力士各一人，均为深浮雕，上层四周刻“双龙戏珠”浮雕。左、右耳室高6米，直径4米，藏随葬品。宝城周长77.4米，形如石城堡。墓中出土有玉哀册、谥册残片及玉饰片、石油缸、福庆长公主墓志铭等。2006年定为全国重点文物保护单位。

孟店 即今山东阳谷县治。北宋景德三年（1006）阳谷县徙治于此。

孟店镇 北宋置，属云阳县。即今陕西三原县西北孟店村。

孟庙及孟府 孟庙在今山东邹城市南门外。为历代祭祀孟子的祠庙。孟子（约公元前372—前289），名轲，字子舆，邹县人。战国时著名思想家、政治家、教育家。北宋景祐四年（1037）始于四基山孟子坟旁建庙，宣和三年（1121）迁今址。现存建筑为清康熙年间重建，共有五进院落，分中、东、西三路，有亚圣殿、后圣殿、孟母殿、致严堂等建筑。亚圣殿位于南北中轴线上，为庙内主体建筑。庙内共有碑碣石刻三百五十余块。孟府是孟子后裔的宅第，位于孟庙西侧，现存六进院落，殿堂门庑一百四十八间，前为官衙，后为住宅。后院有明代建筑“赐书楼”。1988年孟庙及孟府被定为全国重点文物保护单位。

孟河城 明嘉靖三十二年（1553）为防倭寇建。在今江苏常州市西北新北区孟城（孟河镇）。明、清置巡司于此。

孟定甸 宋大理置，属永昌府。在今云南耿马傣族佤族自治县西六十五里孟定镇。元改孟定路。

孟定府 明洪武三十五年（1402）置孟定御夷府，属云南布政司。治所在今云南耿马傣族佤族自治县西六十五里孟定镇。辖境约当今云南耿马傣族佤族自治县（除勐撒）、沧源佤族自治县及其西缅甸萨尔温江以东地区。清为孟定土府，属永昌府。民国废。

孟定路 元世祖至元三十一年（1294）置，属云南行省。治所在今云南耿马傣族佤族自治县西六十五里孟定镇。傣语“孟”为地方，“定”为弦子，意即弹弦子的地方。辖境约当今云南耿马县西部至缅甸萨尔温江以东的地方。明初废。

孟拱土司 明属云南孟养军民宣慰司，在今缅甸克钦邦之孟拱。《清史稿·缅甸》：乾隆三十四年（1769），傅恒征缅，“贺丙往戛鸠招抚孟拱，挟其头目脱乌猛以来。……（八月）丙子次孟拱”，头人浑觉投降，从军效力，任命为孟拱土司。后废。

孟城山 在今江苏常州市新北区西北。《方舆纪要》卷25常州府武进县：孟城山“俯瞰大江，相传晋孟嘉尝寓此。今孟渎经其下入江”。

孟畈店 即今湖北广水市北孟畈店。民国《湖北通志》卷74《兵事》：清同治三年（1864）三月，“陈得才等拥众百万入孟畈店、龙泉镇等处”。

孟亭 在今湖北省钟祥市内。《新唐书·孟浩然传》：“王维过郢州，画浩然像于刺史亭，因曰浩然亭。咸通中，刺史郑诚谓：‘贤者名不可斥。’更署曰孟亭。”

孟养土司 明洪武十七年（1384）以云远府改置为孟养府，后为麓川思氏所并。三十五年（1402）得其地仍称府。永乐二年（1404）改置为孟养军民宣慰使司。治今缅甸孟养。正统十三年（1448）又为麓川思氏所据。明复其地后于万历十三年（1585）改置孟养长官司。三十二年（1604）地入缅甸。清初再度内属，乾隆后复属缅甸。

孟养长官司 明万历十三年（1585）降孟养军民宣慰司置，属云南布政使司。治所即今缅甸喀钦邦孟养。清废。

孟养府 明洪武十七年（1384）改云远府置，属云南布政司。治所在今缅甸北部孟养。后废。三十五年（1402）复置。永乐二年（1404）改宣慰司。

孟养宣慰司 明永乐二年（1404）改孟养府置军民宣慰使司，属云南布政司。治所在今缅甸北部孟养。辖境东抵伊洛瓦底江，西抵今印缅边界，北抵西藏，南至八莫、杰沙、戛里一线。明末废。

孟洲 在今安徽宿松县南四十里。《方舆纪要》卷26宿松县：孟洲“洲连龙湖”。《清一统志·安庆府一》：孟洲“环洲皆湖，其地广饶，宜畜牧，居民甚众”。

孟津 又名盟津、富平津、武济、陶河。古黄河津渡名。在今河南孟州市南、孟津县东北。《尚书·禹贡》：导河“又东至于孟津”。《史记·周本纪》：武王九年，“东观兵，至于盟津。……诸侯不期而会盟津者八百诸侯”。十一年十二月，伐纣，“师毕渡盟津，诸侯咸会”。东汉末置孟津关，为洛阳附近八关之一。

孟津关 东汉末在孟津置，为八关之一。在今河南孟津县东北、孟州市西南。《后汉书·皇甫嵩传》：中平初，张角黄巾起义，“诏勅州郡修理攻守，简练器械，自函谷、大谷、广城、伊阙、轘辕、孟津、小孟津诸关，并置都尉”。

孟津县 金改河清县置，属河南府。治所在孟津渡（今河南孟津县东老城东二十里）。元属河南府路。明属河南府，嘉靖十四年（1535）徙治圣贤庄（今孟津县东二十五里老城）。民国初属河南河洛道。1927年直属河南省。1959年徙治长华镇（今孟津县城）。

孟津河 即今新疆塔什库尔干塔吉克自治县塔什库尔干河，为叶尔羌河支流。北魏杨衒之《洛阳伽兰记》卷5引《宋云行纪》：汉盘陀国“城东有孟津河，东北流向沙勒”。

孟祐 在今云南云县。明景泰《云南志》卷6大侯州：“蛮名孟祐。”

孟爱府 元世祖至元三十一年（1294）于孟爱甸置孟爱等甸军民府，属云南行省。治所在今缅甸掸邦景栋东北孟开。明洪武十五年（1382）后废。

孟爱等甸军民府 元世祖至元三十一年（1294）置，属云南行省。治所在今缅甸掸邦景栋东北孟开。明属孟艮御夷府。后废。

孟海城 在今山东定陶县东北三十里孟海镇。《寰宇记》卷13定陶县：孟海城，“（隋）孟海公陷曹州筑此南北二城”。

孟家屯 即今吉林长春市西南郊区孟家街道。旧为南满铁路站之一。民国徐曦《东三省纪略》卷8：南满铁路有孟家屯站。

孟家沟 在今河北故城县东。《方舆纪要》卷13故城县：孟家沟“在县（治今县东北故城镇）东二里，漳水决入处也，一名柳行港。自县北达（景）州西为青草河，又东北注于千顷洼。今涸”。

孟家峪 在今山西兴县西南黄河崖，路通陕西神木县。明置巡司于此。

孟家集 即今山东宁津县东孟集乡。清光绪《宁津县志》卷2：“邑东二十八里孟家集。”

孟家楼 即今湖北老河市东北孟楼镇。民国《湖北通志》卷34光化县：孟家楼“一名新兴集。接河南邓州界，惟西南隅属县辖。在城东北四十五里”。

孟家镇 清置，属中部县。在今陕西黄陵县西一百五十里孟寨镇。

孟诸 即孟猪。泽薮名。在今河南商丘市东北、虞城县西北。春秋属宋。《尔雅·释地》：“宋有孟诸。”郭璞注：“今在梁国睢阳县东北。”《元和志》卷7虞城县：“孟诸泽，在县西北十里，周回五十里。”

孟诸台（臺） 在今河南虞城县西北十里。《方舆纪要》卷50虞城县：孟诸台“县境古孟诸之地也。台因以名”。

孟陵县 唐武德四年（621）于故猛陵县置，属藤州。治所在今广西苍梧县西北五十里人和镇孟陵。贞观八年（634）属梧州。北宋开宝五年（972）废入苍梧县。

孟陵镇 北宋开宝五年（972）废孟陵县置，属苍梧县。在今广西苍梧县西北桂江东岸。

孟通 即勐统。在今云南昌宁县南六十八里勐统镇。《明史·云南土司二》：正统七年（1442）征麓川之役，从东路者“招降孟通诸寨”。

孟通山 在今云南昌宁县南。《明一统志》卷87湾甸州：“境内有孟通山，所产细茶名湾甸茶，谷雨前采者为佳。”

孟绢府 明洪武十五年（1382）改孟绢路置，属云南布政使司。治所在今泰国清迈以南。后废。

孟绢路 亦作孟肙路。元元统元年（1333）（一说至顺二年，1331）置，属云南行省八百宣慰司。治所在今泰国清迈以南。明洪武十五年（1382）改为孟绢府。后废。

孟琏长官司 明永乐四年（1406）置，直属云南都司。治所即今云南孟连傣族拉祜族佤族自治县。清代属永昌府，康熙四十八年（1709）改孟连宣抚司。

孟猪 亦名望诸、孟诸、盟猪、明都。泽薮名。在今河南商丘市东北及虞城县西北。《尚书·禹贡》：“导菏泽，被孟猪。”《周礼·职方氏》：“其泽薮曰望诸。”注：“望诸，明都也。在睢阳。”《尔雅·释地》：“宋有孟诸。”郭璞注：“今在梁国睢阳县东北。”《汉书·地理志》睢阳县：“《禹贡》盟诸泽在东北。”《元和志》卷7虞城县：“孟诸泽，在县西北十里。周回五十里，俗号盟诸泽。”金、元以后逐渐湮废。

孟渎 即今江苏常州市新北区西北孟河，南接运河，北流六十里入江。《新唐书·地理志》武进县：“西四十里有孟渎，引江水注通漕，溉田四千顷。元和八年刺史孟简因故渠开。”

孟密土司　明成化二十年（1484）析木邦西部地置孟密安抚司，治今缅甸掸邦西北蒙米特。万历十三年（1585）升为宣抚司，十八年（1590）地入缅甸。清初又曾内属，不久又属缅甸。

孟密安抚司　明成化二十年（1484）析木邦地置，属云南布政司。治所在今缅甸北部蒙米特。万历十三年（1585）升宣抚司。

孟密宣抚司　明万历十三年（1585）升孟密安抚司置，属云南布政司。治所在今缅甸蒙米特。后废。

孟隆路　元泰定三年（1326）于孟隆甸置孟隆路军民府，属云南行省。治所在今云南景洪市南九十八里勐龙镇。辖境约当今云南景洪市南部大勐龙周围地区。明洪武十五年（1382）改府，后废入车里军民府。

孟董沟　即今四川理县东北之孟屯沟。源出县北鹧鸪山东麓，东南流经上孟、下孟两乡，于薛城东北注入杂谷脑河。清同治《直隶理番厅志》卷1：孟董水“源出梭磨土司克州雪山，水南北分，南流为孟董水，计一百三十里至厅城外入于沱江……水傍旧有孟董两姓氏居之，故名”。

孟董寨　即今四川理县北孟屯沟。明曹学佺《蜀中广记》卷3保县：“《保志》云：西北生番有孟董十八寨。”清有上、下两寨，均设屯，驻守备、千总等官。

孟缅长官司　明宣德五年（1430）析景东府之孟缅、孟梳地置，属景东府。治所即今云南临沧市。傣语“孟”为地方，“缅”指拉祜族，意即拉祜族居住的地方。后直属云南布政司，万历二十五年（1597）改属云州。清代属顺宁府，乾隆十二年（1747）改缅宁厅。

孟赖寨　在今云南耿马傣族佤族自治县西。《方舆纪要》卷119孟定御夷府：孟赖寨“在府东南。正统二年，麓川思任发叛，犯景东、孟定，破孟赖寨，降孟琏等长官司，寨盖孟定之别都也”。

孟盟堡　在今山西永济市西南二十里孟盟桥村。《清一统志·蒲州府一》：孟盟堡“明嘉靖中筑”。

孟溪堡　明置，即今贵州松桃苗族自治县西南孟溪镇。明郭子章《黔记》卷7：“废龙泉葛泽长官司，宋置。今孟溪堡乃其故址。”

孟遮版纳　明属车里宣慰司。在今云南勐海县西北孟遮镇。《泐史》载傣历九三四年（明隆庆六年，1573）车里宣慰司所属十二版纳：猛遮、景鲁、猛翁为一版纳。道光《云南通志》卷107《边防志》引《案册道路记》：“自猛松八十里至顶真，又五十里至猛遮。”

孟寨镇　北宋置，属舞阳县。即今河南舞阳县北二十四里孟寨镇。

陋城　在今湖南永顺县东南。《元和志》卷30大乡县：“陋城，在县（治今永顺县东南老司城）东南六十七里。汉横海将军韩说所筑。”

陋巷　在今山东曲阜市阙里东北。为颜子所居，今有颜子庙。《论语·雍也》：“在陋巷，人不堪其忧，回也不改其乐。”

陋室　①在今河北定州市南。《清一统志·定州》：陋室“在州南三里庄。唐刘禹锡所筑，有铭”。

②在今安徽和县城内。为唐刘禹锡为和州刺史时建。《舆地纪胜》卷48和州：陋室“唐刘禹锡所辟。又有陋室铭，禹锡所撰”。

陌底渡　又名鄍津渡。在今山西芮城县东三十五里陌南镇南，黄河渡口。明置巡司于此。

陌城　又名石头城、酒城、坛城。在今江苏吴江市北。《太平御览》卷74引《吴地记》曰：“坛塘，名陌城。夫差十二年，既杀子胥，后悔之，与群臣临江作塘，创设祭奠，百姓因以立庙。”

陌城寨　在今浙江平阳县东南十八里墨城村。《方舆纪要》卷94平阳县：陌城寨“在县东南。寨东南滨海，其相连者曰陆路寨，俱戍守要地也”。

陌南　即今河北献县西北三十二里陌南乡。清乾隆《献县志》卷3市集：有陌南。

陑山　即雷首山。在今山西永济市西南蒲州镇南。《尚书·商书·汤誓》：“伊尹相汤伐桀，升自陑。”伪孔传：“桀都安邑，汤升道从陑出其不意。陑在河曲之南。”《寰宇记》卷46河东县：“雷首在河东界，此山有九名，谓历山、首山、薄山、襄山、甘枣山、渠猪山、独头山、陑山等之名。”

陕　①古地名。又称陕陌。在今河南三门峡市西陕县老城西南。周成王时，周、召二公以此为界。《公羊传·隐公五年》：“自陕而东者，周公主之；自陕而西者，召公主之。”即此。

②战国魏邑。后属秦。在今河南三门峡市西陕县老城东。《史记·秦本纪》：惠文王十三年（前325），“使张仪伐取陕”。即此。秦置县。

③陕西省的简称。

陕中县　北魏置，属恒农郡。治所在今河南三门峡市陕县东南约一百里。北周废。

陕甘宁边区　原为陕甘革命根据地。1935年10月中共中央和毛泽东率领的中国工农红军主力长征到达陕北后，成为革命的中心根据地，并为中共中央所在地。1937年抗日民族统一战线建立后，陕甘革命根据地改名为陕甘宁边区，治所在延安（今陕西延安市）。共辖延安、鄜县（今富县）、甘泉、延川、延长、安定（今子长）、安塞、保安（今志丹）、靖边、神府、定边、栒邑（今旬邑）、淳化、环县、庆阳、合水、镇原、宁县、正宁、盐池、绥德、清涧、吴堡、米脂、葭县（今佳县）等二十余县。相当今宁夏东部、陕西北部、甘肃东北部地。1946年蒋介石发动全面内战后，党中央和毛泽东仍在边区指挥全国的解放战争。1947年3月，国民党胡宗南军向边区发动重点进攻，边区政府移驻绥德（今陕西绥德县）。1948年4月22日收复延安后，还治延安。1949年领域扩大，迁治于西安新城。

1950年1月19日撤销。

陕甘宁省 1936年6月革命根据地改陕甘省置，省府驻环县北河连湾。10月辖区向甘肃、宁夏省境扩展，有华池、曲子、环县、固北、预旺、预海、安边、定边、盐池、赤安、赤庆十一县。1937年初省府迁驻曲子镇（今甘肃环县东南曲子镇）。同年5月改名陕甘宁边区。

陕甘革命根据地 位于陕西北部和甘肃东部。1928年5月，共产党人刘志丹、谢子长在陕西渭南、华县一带领导群众举行渭华起义，组织工农革命军，开展游击战争。1932年12月，成立中国工农红军第二十六军，开辟了以保安（今志丹）以南之南梁（桥山山脉中段地区）为中心的陕甘边革命根据地。1935年1月，成立中国工农红军第二十七军，开辟了包括安定（今子长）、清涧、绥德、吴堡、神府等边界地区的陕北革命根据地。同年7月，红二十六军和红二十七军配合，粉碎了国民党军对根据地的第二次“围剿”，解放延川、延长、安塞、保安、安定、靖边等县，使陕甘和陕北两个根据地联成一片，建立了陕北工农民主政府。1935年10月，中共中央率中央红军长征到达陕北后，成为革命的中心根据地。

陕甘省 1935年10月中央红军抵达陕北保安县（今志丹县）吴起镇。11月，中央决定撤销陕甘晋省，将陕甘边区扩建为陕甘省，省府驻甘泉县西北下寺湾。后迁鄜县套洞原及吴起镇。辖甘洛、鄜县、宜川、甘泉、肤施、中宜、华池、庆北八县。1936年4月将庆北并入华池县。1936年6月改为陕甘宁省。

陕甘晋省 1935年9月中国工农红军第二十五军长征抵达陕甘边区，与第二十六军、二十七军会合后，在延川县西北永坪镇举行联席会议，决定合编为第十五军团，并以陕甘边区、陕北根据地建陕甘晋省。辖境包括今陕西省北部及甘肃省东部地。同年11月撤销。

陕东 地区名。指今河南陕县以东黄河下游地区。西周成王时，周公、召公分陕（即陕陌，在今陕县西南）而治，陕东归周公治理，以西归召公治理。《元和志》卷6陕州：“周为二伯分陕之地，《公羊传》曰：自陕以东，周公主之。自陕以西，召公主之。”

陕西 ①古地区名。周成王时，周、召二公以陕陌（今河南陕县西南）为界，陕陌以东归周公治理，以西归召公治理。后人一般认为陕指陕陌而言，因称陕陌以西地区为陕西。

②唐方镇名。上元元年（760）改陕虢华节度置，治所在陕州（今河南三门峡市西陕县老城）。辖境相当今河南三门峡、陕县、灵宝、卢氏及山西平陆、芮城等县市地。大历十四年（779）废。建中二年（781）复置。兴元元年（784）废。

③巡抚名。明宣德初命尚书、侍郎巡抚陕西。景泰三年（1452）改都御使巡抚，遂为定制。驻西安府（治今陕西西安市），防秋驻固原（今宁夏固原市）。成化二年（1466）加提督军务，二十二年（1486）改赞理军务。辖西安、凤翔、汉中三府及平凉府之泾州、庆阳府之宁州，河南阌乡、灵宝二县，山西蒲州，潼关卫及陕西都司之西安左卫等卫、所。清辖陕西全省。

陕西三边 总督名。明弘治十年（1497）遣重臣总督陕西、甘肃、延绥、宁夏军务。十五年后或设或革。至嘉靖四年（1525）始定设，初称提督军务，七年改提督为总制，十九年改为总督三边军务。驻固原州（今宁夏固原市）。辖陕西、延绥、宁夏、甘肃四巡抚及延绥（驻今陕西榆林市）、宁夏（驻今宁夏银川市）、甘肃（驻今甘肃张掖市）三边镇。清初改为陕西总督。

陕西四川等处行中书省 简称陕西四川行省。蒙古中统三年（1262）置，治所在京兆府（今陕西西安市）。辖境相当今陕西、四川、宁夏南部、甘肃东南部、青海东部及内蒙古河套地区。元世祖至元二十三年（1286）分为陕西等处行中书省和四川等处行中书省。

陕西汉中道肃政廉访司 元世祖至元六年（1269）置河东陕西道提刑按察司，治京兆路（今陕西西安市）。八年改为陕西四川道。至元十六年（1279）改陕西汉中道。二十八年改按察司为肃政廉访司。后时废时复。延祐二年（1315）徙治凤翔府（今陕西凤翔县）。后废。

陕西汉中道宣慰司 元世祖至元二十年（1283）置，属陕西四川行省。治所在安西路（后改奉元路，今陕西西安市）。领安西、延安、开成、凤翔、兴元等五路，相当今陕西及宁夏、内蒙古部分地。二十二年（1285）废。

陕西行都指挥使司 简称陕西行都司。明洪武十二年（1379）置，治所在庄浪卫（今甘肃永登县）。二十六年（1393）移治甘州城（今甘肃张掖市）。辖境约当今甘肃黄河以南及青海湟水流域。清雍正二年（1724）废。

陕西省 蒙古中统三年（1262）置陕西四川等处行中书省，简称陕西行省或陕西省。治所在京兆府（今陕西西安市）。辖境相当今陕西、四川二省全境、甘肃东南部和宁夏南部及内蒙古部分地区。元至元二十三年（1286）分为陕西等处行中书省和四川等处行中书省。陕西等处行中书省仍简称陕西行省或陕西省，治所在安西路（后改奉元路，今西安市）。辖境相当今陕西全境、甘肃东南部和宁夏南部及内蒙古部分地区。明洪武九年（1376）改置陕西等处承宣布政使司，习惯称陕西省。分左、右二使司，治所皆在西安府（今西安市）。辖境相当今陕西、宁夏、甘肃三省及青海湟水流域。清康熙二年（1663）改陕西右布政使司为巩昌布政使司，移治巩昌府（今甘肃陇西县）。六年（1667）改陕西左布政使司为西安布政使司，寻改为陕西布政使司，仍称陕西省。治所仍在西安府，辖境相当今陕西全境。1912年设置陕西省，省会在西安城（今西安市）。

陕西等处行中书省　简称陕西行省。元至元二十三年（1286）分陕西四川等处行中书省置，治所在安西路（后改为奉元路，治今陕西西安市）。辖境相当今陕西全省、甘肃东南部、宁夏南部及内蒙古部分地区。明洪武二年（1369）废甘肃等处行中书省，以其地（今甘肃黄河以西、宁夏大部、内蒙东西部以及青海、新疆部分地区）来属，九年（1376）改置陕西等处承宣布政使司。

陕西等处承宣布政使司　简称陕西布政使司。明洪武九年（1376）改陕西等处行中书省置，有左右二使，治所皆在西安府（今陕西西安市）。辖境相当今陕西省、宁夏、甘肃三省区及青海东部。清康熙二年（1663）移右布政使治巩昌府（今甘肃陇西县），左布政使仍治西安府。六年（1667）改左布政使司为西安布政使司，后又改为陕西布政使司。辖境相当今陕西省。一般称陕西省。

陕西路　北宋至道三年（997）置，为全国十五道之一。治所在京兆府（今陕西西安市）。辖境相当今陕西和宁夏长城以南、秦岭川北及山西西南部、河南西北部、甘肃东南部地区。熙宁五年（1072）分为永兴军，秦凤二路，习惯上仍称二路为陕西路。

陕州　北魏太和十一年（487）置，治所在陕县（在今河南三门峡市西陕县老城）。辖境相当今河南三门峡、陕县、洛宁、渑池、灵宝等市县及山西运城、平陆、芮城等市县地。十八年（494）废。东魏天平初复置。隋大业初废。唐武德元年（618）复置，天宝元年（742）改为陕郡。乾元元年（758）复为陕州。明属河南府。清雍正二年（1724）升为陕州直隶州。1913年改为陕县。

陕州区　2015年撤销河南省陕县，设立三门峡市陕州区，区政府驻大营镇陕州大道18号。

陕坝市　1943年由临河县析置，治陕坝（今内蒙古杭锦后旗驻地陕坝镇）。解放后1949年降为陕坝镇（县级）。1958年撤销，并入杭锦后旗。

陕县　战国秦置，属三川郡。治所在今河南三门峡市西陕县老城。西汉属弘农郡。东汉属恒农郡。西晋属弘农郡。北魏为弘农郡治。后改为北陕县。北周复改为陕县，为崤郡治。隋开皇初为陕州治。大业三年（607）改属河南郡。义宁元年（617）为弘农郡治。唐为陕州治。元属河南府路。明洪武元年（1368）省入陕州。1913年改陕州为陕县，属河南豫西道，寻属河洛道。1927年直属河南省。1957年析置三门峡市（地级），由省直辖。次年改为县级市。1960年撤销陕县，并入三门峡市。1962年复置陕县，移治今三门峡市（会兴）。1986年升为地级市。1998年陕县迁治大营镇。2015年撤销陕县，改为陕州区。

陕陌　一名陕原。在今河南陕县西南。周成王时，周、召二公分陕而治，以此为界。《公羊传》：隐公五年（前718），“自陕而东者，周公主之。自陕而西者，召公主之”。《续汉书·郡国志》：弘农郡陕县“有陕陌”。注引《博物记》：“二伯所分。”

陕南县　1933年12月川陕革命根据地改赤南县置，治青鹤观（今陕西镇巴县南青鹤观）。后迁盐场坝（今镇巴县南盐场坝）。1935年3月废。

陕津　即大阳关。在今河南三门峡市陕县老城西北。《晋书·姚泓载记》：东晋义熙十二年（416）北伐，晋师至成皋，逼洛阳。后秦姚泓派军援洛阳，又遣姚懿“南屯陕津为之声援”。即此。

陕郡　唐天宝元年（742）改陕州置，治所在陕县（今河南三门峡市西陕县老城）。辖境相当今河南三门峡市、陕县、灵宝及山西省芮城、平陆等县地。乾元元年（758）复为陕州。

陕原　即陕陌。在今河南陕县西南。《元和志》卷6陕县：“陕原在县西南二十五里。”

陕虢　唐方镇名。贞元元年（785）置，治所在陕州（今河南三门峡市西陕县老城）。大和三年（829）废。开成元年（836）复置。辖境相当今河南三门峡市，陕县、灵宝、卢氏及山西平陆、芮城等县地。龙纪元年（889）改为保义军。

陕虢华　唐方镇名。乾元二年（759）置，治所在陕州（今河南三门峡市西陕县老城）。辖境相当今河南三门峡市，陕县、灵宝、卢氏，山西平陆、芮城及陕西华县、华阴、潼关等县市地。上元元年（760）改为陕西节度。

降水　古水名。亦作洚水、绛水。《尚书·禹贡》：“北过降水，至于大陆。”后世说法不一。《汉书·地理志》上党郡屯留：“桑钦言‘绛水出西南，东入海。’”《水经·浊漳水注》：绛水“东径屯留县故城南，其水东北流入于漳”。是知降水乃浊漳水上游，源出今山西屯留，东流入漳水以注入古黄河。凡今屯留、襄垣、黎城，河南林州、安阳，河北涉县、成安、肥乡、曲周等市县，皆古降水所经。

降圣州　辽穆宗（951—969）时置，属上京道。治所在今内蒙古敖汉旗东北五十家子村古城。一说在今敖汉旗东北木头营子乡新民村。金废。

降昆县　唐贞观中置，属羁縻琰州。治所在今贵州紫云苗族布依族自治县南。后废。

降宗　又作降里、江谿、降谿。原西藏地方政府置，治所即今西藏曲水县东北江村。“绛”，藏语意为绿油油、青苗。

降营　清乾隆年间置，在今西藏曲水县东北江村。

降隆　即今贵州平塘县西南航龙。明末于此置降隆土里目。

陔山镇　北宋置，属大足县。在今重庆市大足县东四十里。以陔山为名。《舆地纪胜》卷161昌州：陔山“在大足县东四十里，接三华之秀气，屹然鼎立”。

限山　一名磁山。又名龙头山。在今湖南江永县东五里。《方舆纪要》卷81永明县：限山，“《志》云：自都庞岭分支三十里，过县治后，东南隔潇水，若城墉之限。往时路沿山下，寻圮于江。江溢时，舟济者多覆溺之患。宋绍兴中，复凿山通道，人以为便”。

限门港　在今广东吴川市西南吴阳镇南。《方舆纪要》卷104吴川县“海”条内：“《志》云，县南三十里有限门港，合群川之流注于海。水道曲狭，值潮退，沙碛浅露，或潮满风急，舟楫悉不敢往来，因名。”明万历时以倭警置限门寨，清设游击驻此。明李元阳写有《限门赋》。

限门寨　明万历二十九年（1601）置。在今广东吴川市西南吴阳镇南。清顺治四年（1647）设游击驻此。

孤　战国赵邑，在今河北唐县北。《史记·秦始皇本纪》：秦王政七年（前240），“以攻龙、孤、庆都”。

孤山　①在今北京市房山区西南。《宋史·宋琪传》：端拱二年（989），将讨幽蓟，宋琪上疏“令大军会于易州，循孤山之北，漆水以西，挟山而行，援粮而进。涉涿水，并大房，抵桑干河，出安祖砦，则东瞰燕城，裁及一舍，此是周德威收燕之路”。即此。

②即今河北三河市西北孤山。《明一统志》卷1顺天府：孤山“在通州城东四十里。四面平旷，一峰挺秀，故名”。《方舆纪要》卷11通州：“靖难初，李景隆攻北平，燕王自大宁还至孤山，列陈于白河西。嘉靖中，酋俺答入犯，亦营此地。”

③在今河北秦皇岛市东北山海关南。《明一统志》卷5永平府：孤山“在山海关南六里。屹然独立于海上，四面皆水”。

④又名都山。即望都山。在今河北唐县东北。《水经·滱水注》：“（唐）城之东有山孤峙，世以山不连陵，名之曰孤山。孤、都声相近，疑即所谓都山也。”

⑤在今河北内丘县西北。《寰宇记》卷59内丘县：“孤山在县西北十七里，其山孤峙，天宝六年敕改为内丘山。”《清一统志·顺天府一》：孤山，“《旧志》：又名思亲山，以虢太子思亲而名”。

⑥在今山西万荣县南二十五里。《新唐书·地理志》：河中府猗氏县有“孤山”。

⑦在今山西蒲县北。《方舆纪要》卷41蒲县：“孤山在县北三十里，一名黑儿岭，相传昔有刘黑儿居此岭。沿五鹿山下至县东北界，长五十里。”

⑧在今江苏靖江市东北孤山镇附近。《寰宇记》卷130泰州海陵县：“孤山在县东南一百一十里。阮昇之《南兖州记》云：孤山有神祠，侧悉生大竹。”《方舆纪要》卷25常州府靖江县：孤山“旧在大江中，去岸五六里，距山百步有石矼，亦在水中，与江阴浮山相对。成化八年潮沙壅积，转而成田，今山在平陆矣”。

⑨在今江苏徐州市铜山区西北。《魏书·地形志》：彭城有孤山。《明一统志》卷15徐州：孤山“傍近无峰峦，因名”。

⑩在今江苏连云港市西南。《宋史·魏胜传》：南宋绍兴末，“海州城西南枕孤山，敌至，登山瞰城中，虚实立见，故西南受敌最剧”。

⑪在今安徽泾县西北十五里。《方舆纪要》卷28泾县“格山”条下：“又西北二十里曰孤山，上有黄巢砦。”

⑫在今安徽合肥市南巢湖中。《舆地纪胜》卷45庐州：孤山“在合肥东（南）一百里巢湖中”。《魏书·世宗纪》：正始三年（506）七月，“（萧）衍将桓和寇孤山……八月壬寅，安东将军邢峦破萧衍将桓和于孤山，斩首万余级”。即此。

⑬即小孤山。在今安徽宿松县东南一百二十里，长江边。

⑭在今福建浦城县西北五里。《寰宇记》卷101引萧子开《建安记》云：“孤山在环嶂之间，其地坦平，悉是沟塍阡陌。以此山挺然孤立，因名。”《清一统志·建宁府》引《福建通志》谓之梦笔山，“相传梁江淹为吴兴令，尝梦神人授笔于此”。

⑮在今浙江杭州市西湖中。海拔38米。东连白堤，西接西泠桥。宋《淳祐临安志》卷8：孤山，“湖中独立一峰”，故名。北宋林逋隐居于此。山有六一泉、文澜阁、西泠印社等。自唐以来，题咏特甚。

⑯在今江西德安县北十里。《方舆纪要》卷85九江府：孤山“以山势孤突而名”。

⑰在今江西崇仁县东南。《清一统志·抚州府一》：孤岭“在崇仁县东南六十里，接宜黄县界”。

⑱在今山东昌乐县东十里。《方舆纪要》卷35昌乐县：孤山“峰峦峭拔，高出云霄。《志》云：伯夷避纣，居东海之滨，盖在此山之侧”。

⑲即今山东滕州市东南孤山。《魏书·邢峦传》：“萧衍辅国将军萧及先率众二万，寇陷固城；冠军将军鲁显文、骁骑将军相文玉等率众一万，屯于孤山。”即此。

⑳又名方山、介立山。在今河南嵩县东北。《水经·伊水注》：焦涧水“东流径孤山南。其山介立丰上，单秀孤峙，故世谓之方山，即刘中书澄之所谓县有孤山者也”。《隋书·地理志》：陆浑县有“孤山”。

㉑又名葛道山、郭道山。在今湖北宜昌市东南五里长江南岸。《水经·江水注》：“江南岸有山孤秀，从江中仰望，壁立峻绝。袁山松为郡，尝登之瞩望焉。故其《记》云：今自山南上至其岭，岭容十许人，四面望诸山，略尽其势。俯临大江，如萦带焉，视舟如凫雁矣。北对夷陵县之故城。”《寰宇记》卷147远安县：孤山“《郡国志》云：远安有陆抗故城，故城之南有孤山”。

㉒在今四川越西县西南。《明一统志》卷73四川行都司：孤山“有二：一在越嶲卫城西。一在城南二十里，孤高出众山之表”。城西五里为小孤山，城南二十里为大孤山。

㉓在今甘肃天水市西北。《魏书·元丽传》：正

始三年（506），“（吕）苟儿率众十余万屯孤山，列据诸险，围逼州城。丽出击，大破之，便进军水洛。……行秦州事。李韶破苟儿于孤山，乘胜追奔三十余里”，苟儿遂降。即此。

孤山子 即今吉林柳河县东南孤山子镇。民国熊知白《东北县治纪要》辽宁柳河县：“县属孤山子，在县市东南七十里。”

孤山水 在今湖南汝城县东十七里。《舆地纪胜》卷57郴州：孤山水“屈曲流一百五十里至益将入上犹县合江”。

孤山县 1947年析庄河、安东、岫岩、凤城四县置，属安东省。治所在大孤山（今辽宁东港市西孤山镇）。1949年废。

孤山堡 ①明嘉靖二十五年（1546）置，在今辽宁本溪满族自治县东南新城子。《方舆纪要》卷37辽东都司“散洋峪堡”条下：“又孤山堡，在碱场堡东南，亦嘉靖二十五年置。”

②明置，即今陕西府谷县西孤山镇。清有都司驻守。

孤山港 在今江苏靖江市东北孤山镇。《方舆纪要》卷25常州府靖江县：孤山港在“县东北十二里，以近孤山而名”。

孤山寨 北宋置，属绥德州。即今陕西府谷县西四十里孤山镇。元废。

孤云（雲）山 在今陕西南郑县西南。《舆地纪胜》卷183兴元府：孤云山“在廉水县东南百七十里”。《清一统志·汉中府一》：孤云山，“《府志》：孤云山在褒城县南一百二十里。亦名两角山，通巴州，其路险峻，三日而达于山顶绝高处，谓之孤云”。

孤公戍 北齐置，属永宁县。在今山西沁水县西南。《北齐书·潘乐传》：天保初，周文遣“仪同杨檦从鼓钟道出建州，陷孤公戍。诏乐总大众御之”。

孤石山 在今新疆巴楚县东北。《新唐书·地理志》引贾耽《四夷路程》：“谒者馆又六十里至据史德城，龟兹境也，一曰郁头州，在赤河北岸孤石山。”

孤屿 即今浙江温州市北瓯江中之江心屿。南朝宋谢灵运《登江中孤屿诗》：“乱流趋孤屿，孤屿媚中川。”《寰宇记》卷99温州：孤屿“在州南（系‘北’之讹）四里永嘉江中。渚长三百丈，阔七十步，屿有二峰”。《方舆纪要》卷94温州：孤屿山“郡城有事，此为戍守重地”。屿上建有江心寺。

孤竹 商代国名。在今河北卢龙县南。《尔雅·释地》郭璞注：“孤竹在北。”《国语·齐语》：“遂北伐山戎，刜令支，斩孤竹而南归。”《史记·齐太公世家》：齐桓公二十三年（前663），“遂伐山戎，至于孤竹而还”。同书《伯夷列传》：“伯夷、叔齐，孤竹君之二子也。”

孤竹山 在今河北卢龙县西十五里。《水经·濡水注》：“（孤竹）祠在山上，城在山侧。”《清一统志·永平府一》：孤竹山，“《旧志》：洞山，古孤竹山也，距（卢龙）城西十五里”。

孤竹县 唐置，为带州羁縻州治所。旧治在营州界内。州陷契丹后，寄治于昌平县之清水店（今北京市昌平区西境）。后废。

孤竹城 商、周时孤竹国。在今河北卢龙县南。《史记·齐太公世家》：齐桓公二十三年（前663），“齐桓公救燕，遂伐山戎，至于孤竹而还”。《汉书·地理志》：辽西郡令支县“有孤竹城”。即古孤竹国。《水经·濡水注》：“玄水又西南径孤竹城北，西入濡水。”

孤庄村 在今安徽凤阳县北。朱元璋生于钟离县东乡明光集（今安徽嘉山市）。后迁钟离县西乡，又迁太平乡孤庄村。

孤圻山 又名战鸟圻、灵山。在今安徽繁昌县西北五十里长江南岸。《元和志》卷28宣州南陵县：“战鸟山在县西北一百二十里。临大江。本名孤圻山，昔桓温于赭圻讨贼，屯兵山下，夜出众鸟鸣，贼谓官军已至，一时惊溃。因以为名。”

孤店子 即今吉林省吉林市西北孤店镇。《吉林乡土志》：“当初原系荒甸，并无居民。自清末吉长路开工时，有商人在该地建筑草房数间，开设旅店，以寓往来客商。当时附近除此店外，别无人家，故名之曰孤店子。”

孤店关 明置，在今山西大同市北十里古店镇。《方舆纪要》卷44大同府：孤店关“在府东北。成化十九年，王越出孤店关，至猫儿庄，袭敌于威宁海子，是也”。

孤胡国 即狐胡国。汉西域城国之一。都车师柳谷（今新疆吐鲁番西北达板城）。

孤奎山 即今奎山。在今山东日照市南。《方舆纪要》卷35日照县“丝山”条：“又县东南二十里有孤奎山，亦曰圭山。”

孤舒州都督府 唐置，属北庭都护府。在今哈萨克斯坦巴尔喀什湖以西地区。后废。

孤榆树 即今吉林榆树市。清光绪八年（1882）移伯都讷厅治此。三十二年（1906）于此置榆树县。宣统元年（1909）升为榆树直隶厅。1913年复降为县。民国魏声龢《吉林地志》：“榆树县，土名孤榆树。”

孤榆树镇 ①即莲花街（棉花街）。今辽宁开原市东北莲花镇（孤榆树）。

②即今辽宁昌图县西北七十五里古榆树镇。清光绪《奉天全省地舆图说图志》昌图府图：西北有孤榆树。

孤槃谷 在今甘肃甘谷县东。《后汉书·盖勋传》：中平元年（184），“时叛羌围护羌校尉夏育于畜官，勋与州郡合兵救育，至狐槃，为羌所破”。即此。

亟墨国 唐西域国名。都城在今新疆温宿县东扎木台乡喀什艾日克村古城。一说在今阿克苏市。《新唐书·西域传》：“跋禄迦，小国也，一曰亟墨，即汉姑墨国，横六百里，纵三百里。风俗文字与龟兹同，言语少异。”

函　西周封国。在今陕西西安市西北。见函皇父簋、函皇父匜等铜器铭文。

函山　即玉函山。在今山东济南市城南二十里。《方舆纪要》卷31历城县“石固寨山”条下载：“函山在府南二十里，即泰山北麓也。一名卧佛山。”

函氏　春秋许邑。在今河南叶县北。《左传》：襄公十六年（前557），晋“伐许，次于函氏”。即此。

函州　唐武德三年（620）置，治所在永宁县（今河南洛宁县）。八年（625）废。

函江千户所　亦作函口。明置，属广东都司。治所在今广东罗定市西南罗镜镇。《明史·地理志》罗定州：函江千户所，“万历五年五月置于西宁县境，十六年迁于州界之蒳沟驿”。后废。

函谷关　①旧函谷关。战国秦置，在今河南灵宝市东北三十里王垛村。《战国策·秦策一》苏秦说秦惠王：“东有肴、函之固。”又，《楚策一》张仪说楚王：“秦之所以不出甲于函谷关，十五年以后攻诸侯者，阴谋有吞天下之心也。”《汉书·高祖纪》：项羽欲西入关，关门闭，大怒，“使黥布等攻破函谷关”。西汉元鼎三年（前114）徙函谷关于新安，以故关为弘农县。《元和志》卷6引《西征记》曰：“函谷关城，路在谷中，深险如函，故以为名。其中劣通，东西十五里，绝崖壁立，崖上柏林荫谷中，殆不见日。关去长安四百里。……东自崤山，西至潼津，通名函名，号曰天险。”现仅存关门。

②或称新关。在今河南新安县东一里。汉武帝自灵宝县移此。《汉书·武帝纪》：元鼎三年（前114）“冬，徙函谷关于新安，以故关为弘农县”。注：应劭曰：“时楼船将军杨仆素有大功，耻为关外民，上书乞徙东关，以家财给其用度。武帝意亦好广阔，于是徙关于新安，去弘农三百里。”东汉灵帝置八关，此即八关之首。三国魏正始元年（240）废。今遗址尚存。

函冶　春秋晋邑，在今河南孟州市西北。《战国策·西周一》：“函冶氏为齐太公买良剑。”

函陵　在今河南新郑市北十三里。《左传》：僖公三十年（前630），晋侯、秦伯围郑，“晋军函陵”。即此。

〔フ丿〕

妹　殷邑名。一作沬。即今河南淇县。《尚书·酒诰》：“王若曰，‘明大命于妹邦’。”郑注：“纣之所都处也。”殷自武乙以后皆都于此。西周初纣王子武庚及卫国亦相继都此。

姑尤　二水名。《左传》：昭公二十年（前522），晏子曰：“聊、摄以东，姑、尤以西。”杜注：“姑尤，齐东界也。姑水、尤水皆在城阳郡东南入海。”元于钦《齐乘》卷2：姑尤水，“今按沽水有二：曰大沽河，出黄县南蹲狗山；曰小沽河，出莱州南马鞍山，二水俱南流，径胶水县东南朱毛城东乃相合，通名为沽河，至胶州东南入海。沽水起北海至南海，行三百余里，绝齐东界，故曰沽尤以西。尤即小沽河耳”。

姑末　一作姑蔑。春秋越地，在今浙江龙游县北。《越绝书》卷8：“姑末，今大末。”《左传》：哀公十三年（前482），“弥庸见姑蔑之旗”。《吴越春秋》：勾践之地“南至姑末”。

姑且水　即今蒙古国西南巴彦洪戈尔省图音河。《汉书·匈奴传》：贰师将军等伐匈奴，“单于闻汉兵大出，悉遣其辎重，徙赵信城北邸郅居水，左贤王驱其人民度余吾水六七百里，居兜衔山。单于自将精兵左安侯度姑且水”。

姑师国　即车师国。汉西域国名。都城在交河城（今新疆吐鲁番市西北二十里雅尔湖西）。《史记·大宛传》：“楼兰，姑师，邑有城郭。”《汉书·西域传》：“至宣帝时，遣卫司马使护鄯善以西数国。及破姑师，未尽殄，分以为车师前后王及山北六国。”

姑苏　今江苏苏州市的别称。以有姑苏山而名。唐张继《枫桥夜泊》诗：“姑苏城外寒山寺，夜半钟声到客船。”即此。

姑苏山　在今江苏苏州市西南。《史记·河渠志》：“上姑苏，望五湖。”宋范成大《吴郡志》卷15：姑苏山“一名姑胥，一名姑余。在横山西北，古姑苏台在其上”。

姑苏区　2012年撤销江苏省苏州市沧浪区、平江区、金阊区，设立苏州市姑苏区，区政府驻苏锦街道平川路510号。

姑苏台（臺）　又名姑胥台，简称胥台。在今江苏苏州市西南姑苏山上。《越绝书·吴地传》：“胥门外有九曲路，阖庐造，以游姑胥之台以望太湖。”《史记·淮南衡山列传》：子胥谏夫差不听，曰：“臣今见麋鹿游姑苏之台也。”宋范成大《吴郡志》卷8引《吴地记》云：“阖闾十一年，起台于姑苏山，因山为名。”

姑里甸　即今黑龙江省宁安市西南。《金史·世纪》：“（昭祖）还经仆燕水。仆燕，汉语恶疮也。昭祖恶其地名，虽已困惫，不肯止。行至姑里甸，得疾。迨夜，寝于村舍。……是夕卒。”即此。

姑余（馀）山　即昆嵛山。在今山东半岛莱阳市东至荣成市成山角间。元于钦《齐乘》卷1：“《仙经》云：姑余山，麻姑于此修道上升，余址犹存，因名姑余。后世以姑余、昆嵛声相类，因讹为昆嵛然。”

姑复（復）县　西汉元鼎六年（前111）置，属越巂郡。治所在今云南永胜县境。三国蜀建兴三年（225）属云南郡。南朝宋改东古复。

姑衍山　在今蒙古国乌兰巴托东，土拉河上源附近之汗山。《史记·卫将军骠骑列传》：骠骑将军霍去病率师讨匈奴，“封狼居胥，禅于姑衍，登临翰海”。

姑衍州　唐置，为羁縻州。治所在今陕西省北境。

姑胥山　即姑苏山。在今江苏苏州市西南。南宋范成大《吴郡志》卷15：姑苏山“一名姑胥”。

姑胥台（臺）　即姑苏台。在今江苏苏州市西南姑苏山上。《越绝书·吴地传》：“胥门外有九曲路，阖庐造，以游姑胥之台以望太湖。”

姑射山　①即藐姑射山。在今山西临汾市西北。《山海经·东次二经》：“姑射之山，无草木，多水。”

②在今山西河津市。元皇庆初，河津县徙治姑射山麓，即此。

姑孰城　古城名。三国吴黄武间（222—229）筑，即今安徽当涂县治。城濒姑孰溪，西临江口，为沿江要津，建康（今南京市）西南门户。《晋书·王敦传》：太宁元年（323），“敦移镇姑孰，帝使侍中阮孚赍牛酒犒劳”。《梁书·侯景传》：太清二年（548），景自采石渡过长江，“即分袭姑孰”。隋移当涂县治此。

姑孰溪　一名姑浦。即今安徽当涂县姑溪河。《元和志》卷28当涂县：姑熟水“在县南二里，县名因此”。《寰宇记》卷105当涂县：“此水经县市中过，按溪即因地以名之也。又按《江源记》，姑浦口南岸立津关，讥禁行旅。”故又名南州津。《舆地纪胜》卷18太平州：姑孰溪，“按《江浦记》，今当涂即晋姑孰城。姑溪有港，旧经城中。建炎中，太守郭伟始筑新城，限溪流于外，西入大江”。

姑婆屿　在今台湾省澎湖县西北，白沙岛之西北。清蒋毓英《台湾府志》卷3：姑婆屿，“澎湖居民春往捕蠔，冬往掇拾紫菜”。北端海拔21米。有英船遇难纪念碑。清光绪十八年（1892）英船在此失事。

姑棼　在今山东博兴县南。《左传》：庄公八年（前686），“齐侯游于姑棼”。《方舆纪要》卷35谓“姑棼或以为即薄姑也”。

姑幕县　①战国秦置，属琅邪郡，为都尉治。治所在今山东诸城市西北四十里石埠子镇。清末出土的秦封泥中有“姑幕丞印”可证。东汉属琅邪国。三国魏属城阳郡。南朝宋废。北魏永安中复置，属东武郡。北齐并入东莞县。

②东晋侨置，属南东莞侨郡。治所在今江苏常州市武进区东南。南齐建武三年（496）省。

姑蔑　①一作姑末。在今浙江龙游县北。《国语·越语上》：句践之地“西至于姑蔑”。《左传》：哀公十三年（前482），越伐吴，“（吴王孙）弥庸见姑蔑之旗”。杜预注：“姑蔑，今东阳太末县。”

②春秋时鲁地。简称蔑。在今山东泗水县东四十余里卞桥南。《左传》：定公十二年（前498），鲁人伐费，“败诸姑蔑”。即此。

姑臧县　西汉元狩二年（前121）置，为武威郡治。治所即今甘肃武威市。《元和志》卷40姑臧县：“因姑臧山为名。亦言故匈奴盖臧城，后人音讹为‘姑臧’焉。”三国魏黄初中移凉州治此。十六国时，为前凉、后凉、南凉、北凉国都。北魏改林中县，西魏复名姑臧县。唐为凉州和河西节度使治所。安史之乱后地入吐蕃，县废。

姑臧南山　即今甘肃武威市西南祁连山。《汉书·地理志》姑臧：“南山，谷水所出。”《元和志》卷40姑臧县：“姑臧南山，一名雪山，在县南二百三十里。”《寰宇记》卷152：“番和县南山，一名天山，又名雪山。山阔千余里，其高称是，连亘数郡界，美水丰草，尤宜畜牧，葱岭以东，无高于此。”《清一统志·凉州府一》：姑臧南山“按此山西连山丹、甘州、高台、肃州之祁连山以及塞外之雪山，脉皆连亘，名多互称”。

姑墨川　即今新疆塔里木河支流阿克苏河。《水经·河水注》：“北河又东径姑墨国南，姑墨川水注之。水导姑墨西北赤沙山，东南流径姑墨国西，治南城，南至于阗，马行十五日，土出铜、铁及雌黄，其水又东南流，右注北河。”

姑墨州　即和墨州。唐贞观中置，属安西都护府。治所在拨换城（一名威戎城，今新疆温宿县东佳木镇喀什艾日克村古城。一说在今阿克苏市）。贞元中废。

姑墨州都督府　亦作和墨（默）州都督府。唐龙朔元年（661）置，属安西都护府。治所在怛没城（今乌兹别克斯坦东南境阿姆河北岸铁尔梅兹）。8世纪中废。

姑墨国　一作姑默国。汉西域三十六国之一，属西域都护府。都城在南城（今新疆温宿县东佳木镇喀什艾日克村古城。一说在今阿克苏市）。东汉延光三年（124）属西域长史。唐名跋禄伽国（一名亟墨国）。

姐勒　即今云南瑞丽市东十里勐卯镇。清初为勐卯安抚司治。傣语“姐”为城，“勒”为上方，意即城在上方。因在勐卯城上方而得名。

姒姆山　在今江西玉山县西，山南为姒姆镇。清同治《江西全省舆图》卷11：广信府玉山县西有姒母山。

始丰（豐）山　在今江西丰城市南七十里。《寰宇记》卷106洪州丰城县：始丰山，“即神仙三十七福地之一”。《清一统志·南昌府一》：始丰山，“《县志》，山周十里，高三百丈，上有药臼、洗药池，石壁上有白玉蟾影及手书，山西有仙人掌、石棋局”。

始丰（豐）县　西晋太康元年（280）改始平县置，属临海郡。治所即今浙江天台县。南朝梁属赤城郡。陈属章安郡。隋开皇九年（589）废。唐武德四年（621）复置，属海州。武德八年（625）又废。贞观八年（634）再置，属台州。高宗上元二年（675）改名唐兴县。

始丰（豐）溪　灵江支流。一名大溪。源出浙江磐安县东南大盆山，东北流至天台，折而南流经临海市西北入灵江。《元和志》卷26台州临海县：临海江“有二水合成一水，一自始丰溪，一自乐安溪，至州城西北一十三里合"。

始化县 南齐置，属海昌郡。治所当在今广东高州、信宜二市县境。梁以后废。

始平县 ①三国魏黄初元年（220）改平陵县置，属扶风郡。治所在今陕西咸阳市西北十八里。十六国前秦苻坚移治茂陵城（今兴平市东北十九里），为始平郡治。北魏永安元年（528）迁至今兴平市东北十五里固显村，属扶风郡。西魏恭帝元年（554）又迁至今兴平市东北二十五里。北周大象二年（580）又移治今兴平市东南十五里文学城，为扶风郡治。隋属京兆郡，大业九年（613）始移治今兴平市。唐景龙二年（708）改名金城县。

②一作南始平县。三国吴分章安县置，属临海郡。治所即今浙江天台县。西晋太康元年（280）因与雍州始平县重名而改名始丰县。

③东晋安帝时因秦雍流民置，属怀宁郡。治所在今四川成都市南。北周废。

④ 南朝宋置，属始平郡。治所在今四川剑阁县（下寺镇）西南普安镇北。北魏属南白水郡。后废。

⑤唐武德五年（622）置，属西吴州。治所在今江西樟树市西南太平街。七年（624）废。

始平郡 ①西晋泰始三年（267）分扶风郡置，属雍州。治所在槐里县（今陕西兴平市东南十里）。辖境相当今陕西咸阳市、户县以西，宝鸡、兴平二市以南，秦岭以北地。北魏太平真君中废。

②东晋侨置，属雍州。寄治襄阳（今湖北襄阳市汉水南襄阳城）。南朝宋移治武当县（今湖北丹江口市西北关门岩北）。西魏改为武当郡。

③南齐末改始平郡置，属益州。治所在涪城县（又名始平素，今四川三台县西北花园镇）。南朝梁属潼州。西魏废帝二年（553）改为涪城郡。

始平原 在今陕西兴平市北二里。《元和志》卷2兴平县：始平原"东西五十里，南北八里，东入咸阳界，西入武功界"。

始平僚（獠）郡 ①南朝宋置，为侨郡，属梁州。治所在今四川广元市西南。《水经·漾水注》：清水"又东南径新巴县东北，又东南径始平侨郡南，又东南径小剑戍北"。后废。

②南朝齐建武三年（496）置，属益州。治所在今四川三台县西北六十里花园镇。后改为始平郡。

始宁山 在今四川巴中市东。《隋书·地理志》：始宁县"有始宁山"。《寰宇记》卷139其章县："始宁山在（始宁）县东北七里。"

始宁县 ①东汉永建四年（129）分上虞县置，属会稽郡。治所在今浙江嵊州市北三十八里三界镇。东晋时迁治今浙江上虞市南五十里曹娥江东岸。隋开皇九年（589）废。

②南朝梁普通六年（525）置，为遂宁郡治。治所在今四川巴中市东南四十五里。《寰宇记》卷139其章县：始宁县"因山为名"。隋属清化郡。唐属巴州。北宋乾德四年（966）废入其章县。

始宁郡 ①北周置，属信州。治所在北井县（今重庆市巫山县北大昌镇东南）。天和二年（567）废入永昌郡。

②唐天宝元年（742）改璧州置，治所在通江县（今四川通江县）。辖境相当今四川通江县地。乾元元年（758）复为璧州。

始宁墅 一名西庄。在今浙江上虞市西南东山下。《宋书·谢灵运传》："灵运父祖并葬始宁县，并有故宅及墅，遂移籍会稽，修营别业，傍山带江，尽幽居之美。"《清一统志·绍兴府》：始宁园"在上虞县东山下。……《名胜志》：东山之西一里，为始宁园，乃谢灵运别墅。一曰西庄"。

始成县 南朝宋元嘉九年（432）置，属新会郡。治所在今广东江门市新会区境。南朝梁、陈间改熙潭县。

始州 西魏废帝三年（554）改安州置，治所在普安郡（今四川剑阁县下寺镇西南普安镇）。《寰宇记》卷84剑州："取郡邑更始为名。"北周辖境相当今四川剑阁县地。《周书·武帝纪》：建德三年（574）冬十月，"始州民王鞅拥众反，大将军郑格讨平之"。隋大业初改为普安郡。唐武德初复为始州，先天二年（713）改为剑州。

始兴大江 即今广东韶关市东江与溱水（今武江）合流后之北江。《水经·溱水注》："东溪亦名东江，又曰始兴水。……东汉又西注于北江，谓之东江口。溱水至此，有始兴大江之名。"《元和志》卷34浈阳县："溱水一名始阳大江，北自韶州曲江县界流入，东去县一百一十步。"《清一统志·南雄州》：东江"按东江至曲江县西注北江后，始有始兴大江之名。所合者溱水，非浈水也"。

始兴水 即今广东南雄、始兴、韶关等县市境之浈江。《水经·溱水注》："东溪亦名东江，又曰始兴水……又西径始兴县南，又西入曲江县。……又西注于北江。"

始兴县 ①三国吴永安六年（263）置，属始兴郡。治所在今广东始兴县西北。明郭子章《郡县释名》广东卷：始兴县"县西十里有塔岭，始兴之水出焉。郡县以此名"。南朝梁为安远郡治，移治正阶县（今始兴西七里）。隋开皇九年（589）平陈后移治今始兴县。大业初属南海郡。唐属韶州。北宋开宝四年（971）改属南雄州。元属南雄路。明属南雄府。清嘉庆十一年（1806）属南雄州。民国初属广东岭南道。1920年直属广东省。

②南朝宋置，属巴渠郡。治所在今四川达县南。南齐以后废。

③西魏改晋兴县置，属怀化郡。治所在今重庆市潼南县西北玉溪镇西青石坝。隋开皇十八年（598）改为青石县。

④金天会八年（1130）置，为肇州治。治所在今黑龙江省肇源县西茂兴镇南哈什吐古城（一说即今肇东市西南之西八里乡）。后废。

始兴郡 三国吴甘露元年（265）分桂阳南部都尉

置，属荆州。治所在曲江县（今广东韶关市东南莲花岭下）。南朝宋泰豫元年（472）改为广兴郡。南齐复为始兴郡，属湘州。辖境相当今广东清远、佛冈、翁源以北地区。隋开皇九年（589）平陈后废。唐天宝元年（742）改韶州复置，治所曲江县（今广东韶关市西一里武水西）。辖境缩小。乾元元年（758）复为韶州。

始安水 即今广西东部之桂江（漓江）。《水经·漓水注》："湘、漓之间，陆地广百余步，谓之始安峤。峤即越城峤也。峤水自峤之阳南流注漓，名曰始安水。"

始安县 ①西汉元鼎六年（前111）置，属零陵郡。治所即今广西桂林市。东汉为始安侯国。三国吴为始安郡治。南朝宋为始建国治。南齐复为始安郡治。梁又为桂州治。唐贞观八年（634）改为临桂县。

②南朝宋置，属巴渠郡。治所在今四川宣汉县西南东林乡。梁改为石鼓县。

③南朝梁普通三年（522）于始安城置，属北宕渠郡。治所在今四川广安市东北一百二十里肖溪镇。《寰宇记》卷138渠江县：始安县"取古始安城为名"。西魏属流江郡。隋开皇三年（583）属渠州，十八年（598）改为賨城县。唐武德元年（618）复改为始安县，属渠州。治所在今广安市东北。天宝元年（742）改为渠江县。

④唐贞观四年（630）置，属羁縻琰州。治所在今贵州六枝特区北。后废。

始安岭 即越城岭。为五岭之一。在今广西全州、资源二县间。长200公里。《寰宇记》卷162兴安县："越城岭一名始安岭，在县北三里，即是五岭从东第五岭。"

始安郡 三国吴甘露元年（265）分零陵郡置，属广州。治所在始安县（今广西桂林市）。辖境相当今广西桂林市、平乐间漓水流域及永福县等地。南朝宋改为始建国，齐复为始安郡，属湘州。梁大同六年（540）始于郡置桂州。隋开皇初废。大业初改桂州为始安郡。唐武德四年（621）复改为桂州，天宝初改为始安郡，至德二年（757）改为建陵郡。

始阳山 亦名蒙山、罗城山。即今四川芦山县东南罗绳冈。《寰宇记》卷77卢山县：始阳山"在县东七里。本名蒙山，唐天宝六年敕改为始阳山。高八里，束道控川，历严道县，横亘入邛州火井县界"。

始阳县 ①西晋太康四年（283）分安固县南境横屿船屯置，属临海郡。治所即今浙江平阳县。寻更名横阳县。

②西晋置，属始安郡。治所当在今广西临桂、永福、恭城等县境。后废。

③西魏废帝二年（553）置，为蒙山郡治。治所在今四川雅安市西。隋开皇十三年（593）改为蒙山县。

始阳河 又名和水、和川水。即今四川天全县南之天全河，为荥经河支流。《明史·地理志》天全六番招讨司："南有和水，亦名始阳河，亦名多功河，流入雅州青衣江。"

始阳路 唐、宋雅州通吐蕃三道之一。从今四川雅安市西南行，经荥经县、汉源县北清溪镇，西越飞越岭至泸定县。《舆地纪胜》卷147雅州"碉门寨"条下："自雅州西通蕃之路有三：曰灵关、曰碉门、曰始阳。而灵关去吐蕃路险而远，始阳则所可防者，不过荣经之苦蒿坝一路。……自苦蒿平，外则与黎州五部落及诸羌接，夷汉相错，不可不严其守焉。"

始阳镇 唐置，属雅州。即今四川天全县东南二十五里始阳镇。《新唐书·地理志》：雅州有始阳镇。元设天全招讨司于此。明为天全六番正招讨司驻地。清雍正七年（1729）设州同驻此。

始昌县 ①西晋置，属天水郡。治所在今甘肃礼县东北。后废。《水经·漾水注》："西汉水又西南径始昌峡。《晋书地道记》曰：天水始昌县故城西也。"

②南朝宋置，属乐昌郡。治所在今广东四会市北。南齐为乐昌郡治。隋平陈废。

③南齐置，属百梁郡。治所在今广西合浦县东北境。隋开皇初废。

始昌苑 东汉永初六年（112）置，为马苑。在今四川会理县境。《后汉书·孝安帝纪》："六年春正月庚申，诏越巂置长利、高望、始昌三苑。"

始定县 西晋置，属宁浦郡。治所在今广西横县西北。南齐废。

始建县 ①西晋置，属郁林郡。治所在今广西南宁市至桂平市郁江一带。后废。

②隋大业五年（607）改始建镇置，属隆山郡。治所在今四川仁寿县东南境。唐武德元年（618）属陵州。圣历二年（699）移于荣祉（今仁寿县东南始建乡）。北宋咸平四年（1001）废入井研县。

始建国 南朝宋明帝改始安郡置，属湘州。治所在始安县（今广西桂林市）。辖境相当今广西桂林、灵川、永福、阳朔、恭城、平乐、荔浦等市县地。南齐复为始安郡。

始建镇 隋开皇十年（590）置，属蒲亭县。在今四川仁寿县东南。大业五年（609）改置始建县。北宋咸平四年（1001）降始建县为镇，属井研县。在今仁寿县东南始建乡。

始基城 在今河南柘城县东南。《元和志》卷7宁陵县：始基故城"晋豫州刺史祖逖督护卫策所筑。初，乞活魁遣陈川据陈留浚仪，遣将魏硕于谷水南营。逖遣策等追战，大破之。因即立戍留守。策曰：'从祖公北伐数年，功始基于此。'因以为名"。

始康县 ①东晋安帝时置，为始康郡治。寄治成都（今四川成都市）。《南齐书·州郡下》："泰始中，成都市桥忽生小洲，始康人邵硕有术数，见之曰：洲生近市，当有贵王临境。”梁移治今新都区南一里。西魏废。

②南朝宋元嘉中置，属新会郡。治所在今广东开平市东北。隋开皇十年（590）废入封平县。

始康郡　东晋安帝时因关陇流民置，属益州。寄治成都县（今四川成都市）。南朝梁移治今新都区南一里。西魏废。

始集县　南齐置，属郁林郡。治所当在今广西桂平、象州、武宣、来宾等市县境。后废。

始新左县　即始新县。在今安徽六安市或霍山、舒城等县境。

始新县　①东汉建安十三年（208）分歙县置，为新都郡治。治所在今浙江淳安县（排岭镇）西北五十余里千岛湖威坪岛附近。西晋为新安郡治。隋开皇九年（589）废。

②亦作始新左县。南朝宋泰始三年（467）侨置，属庐江郡。治所在今安徽六安市或霍山、舒城等县境。

弩卜公拉岭　即鲁工拉山。今西藏嘉黎县东鲁贡拉。《清一统志·西藏》载：弩卜公拉岭“在达尔宗城西北三百里，为喀木、卫地之交界”。

弩儿哥　即奴儿干。今俄罗斯哈巴罗夫斯克边疆区黑龙江口附近一带。元苏天爵《元文类》卷41：至元初，征东招讨使塔匣剌“去年征行至弩儿哥地，问得兀的哥人厌薛，称：欲征嵬骨，必聚兵候冬月，赛哥小海渡口结冻，冰上方可前去”。即此。

弩支城　唐建，即今新疆若羌县西南瓦石峡乡。《新唐书·地理志》引贾耽《四夷路程》：“又西二百里至新城，亦谓之弩支城，（康）艳典所筑。”

弩牙山　①在今湖北崇阳县南。《寰宇记》卷112崇阳县：弩牙山“在县南四十里。有吴城港，水绕岩下，过其岩，势如弩牙”。

②在今四川平武县东南。《寰宇记》卷84龙州江油县：弩牙山“在州东一百三十四里。高三千七百丈。以山形似弩牙”。《方舆纪要》卷73龙安府平武县：弩牙山在“府东南百六十五里。状若弩牙。相传邓艾伐蜀屯军于此”。

弩台（臺）　在今河南淮阳县南。《元和志》卷8宛丘县：“弩台，在县理古陈城南八十步。后汉陈敬王曾孙宠善弩射，十发皆同处。尝于此台教弩。”

弩金冈苍山　一作诺特津冈藏拉。即今西藏江孜县东之宁金岗桑。《清一统志·西藏》载：弩金冈苍山“在纳噶拉则城南二百里。山极高大，多积雪。自达木楚克喀巴布山至此，皆在藏地”。

弩烈河　亦名奴列河。即今俄罗斯萨哈林岛（库页岛）东北流入海之纳比耳河。清齐召南《水道提纲》卷24：大长岛（今库页岛）“东流入海者九”，白恬必河东北二百余里为“奴列河口”。

弩滩　在今广西桂平市西北黔江中。《方舆纪要》卷108桂平县：弩滩在“府西北五十里。当大藤峡口，水涌而迅，势如发弩，因名。嘉靖五年，藤峡以北瑶酋侯胜海居弩滩为乱，指挥潘翰臣诱杀之”。

迦布罗　唐安西都护府属地，在今阿富汗首都喀布尔。《新唐书·西域传》：小勃律“王居孽多城，临娑夷水。其西山颠有大城曰迦布罗”。

迦叶（葉）洞　在今云南鹤庆县南境。《清一统志·大理府》：迦叶洞“在宾川州鸡足山东北三十里。明李元阳游记：有二洞，皆名迦叶，一在山麓，每岁二月，土人作会；一在山腰，草木蒙蔽。洞深各百余步，奇石万状，而雕镂巧妙，如人为者”。

迦师城　在今新疆喀什市。一说在今伽师县东南黑太沁尔古城。《新唐书·西域传上》：“疏勒一曰佉沙……王姓裴氏，自号阿摩支，居迦师城。”安西四镇之一疏勒镇驻此。

迦那调洲　又作古奴、姑奴、奴调。“调”，梵文意为洲，或译为国。古地名。在今缅甸西南沿岸。《水经·河水注》引康泰《扶南传》曰：“从迦那调洲西南入大湾，可七八百里，乃到枝扈黎大江口，度江径西行极大秦也。”

迦罗舍佛　在今泰国曼谷湾西北之叻丕一带。《旧唐书·南蛮列传》：“堕和罗国，南与盘盘，北与迦罗舍佛、东与真腊接，西邻大海。”元汪大渊《岛夷志略》作罗卫。

迦底真城　唐中曹国都城。在今乌兹别克斯坦撒马尔罕北。

迦毘黎河　亦名殑伽河。即今印度东北之恒河。《新唐书·西域传上·天竺国》：中天竺在四天竺之会，都城曰茶镈和罗城，滨迦毗黎河”。《大唐西域记》卷8：“殑伽河南有故城，周七十余里。……昔者人寿无量岁时，号拘苏摩补罗城。唐言香花宫城。王宫多花，故以名焉。逮乎人寿数千岁，更名波吒釐子城。旧曰巴连弗邑，讹也。”

迦湿弥罗国　即个失蜜国。唐西域国名。都城在拨逻勿逻布逻城（今克什米尔斯利那加）。唐玄奘《大唐西域记》卷3：迦湿弥罗国“周七千余里，四境负山。山极峭峻，虽有门径，而复隘狭，自古邻敌无能攻伐。……伽蓝百余所，僧徒五千余人。有四窣堵波，并无忧王所建也，各有如来舍利升余”。

迦瑟州都督府　唐置，属北庭都护府。在今哈萨克斯坦巴尔喀什湖以西地区。后废。

迦摩波国　即迦摩缕波国。在今印度阿萨姆邦西部高哈蒂一带。《新唐书·地理志》：安南通天竺道“又自骠国西度黑山，至东天竺迦摩波国千六百里”。

迦摩浪迦国　在今马来半岛北部。一说在今缅甸南部勃固附近。《大唐西域记》卷10“三摩呾吒国”条：“从此东北大海滨山谷中，有室利差呾罗国，次东南大海隅有迦摩浪迦国。”《南海寄归内法传》卷1作郎迦戍国。

迦摩缕波国　亦译作迦摩波、个（箇）没卢。在今印度阿萨姆邦西部高哈蒂一带。唐玄奘《大唐西域记》卷10：迦摩缕波国“周万余里。国大都城周三十余里”。玄奘应其王拘摩罗邀请前往访问。

驾　春秋时楚邑。在今安徽无为县境。《左传》：成公十七年（前574），“舒庸人以楚师之败也，道吴人围巢，伐驾，围釐、虺。”即其地。

驾部口　在今湖北嘉鱼县东北。《水经·江水注》：港口“南对龙穴洲，沙阳洲之下尾也，洲里有驾部口，宋景平二年迎文帝于江陵，法驾顿此，因以为名”。

驾掌寺　亦作夹滩寺。在今辽宁大洼县东东风镇。清光绪《奉天全省地舆图说图志》海城县图：西有夹滩寺。

驾雾山　在今安徽潜山县西三十里驾雾冲。《方舆纪要》卷26潜山县：驾雾山在“县南三十里。峰峦高峻，驾云雾之上。三国时魏人尝屯兵于此”。按，民国《潜山县志》卷1谓驾雾山在“县西三十里，山峰高峻，云雾常出其下”。

驾雾关　在今安徽潜山县西。《清一统志·安庆府二》：驾雾关“在潜山县南三十里，驾雾山下”。按，据民国《潜山县志》卷1谓驾雾关在县西五十里。

驾鹤山　即今广西柳州市东南隅隔江驾鹤山。唐柳宗元《柳州山水近治可游者记》：“古之州治在浔水南山石间，今徙其水北。……驾鹤山壮耸环立，古州治负焉。”

〔乙丶〕

参卜郎　在今四川理塘县北。元为吐蕃等路宣慰司治。明为参卜郎千户所。

参卜郎千户所　明置，属朵甘都司。治所在今四川理塘县北。后废。

参山　即三山。在今山东莱州市北五十里三山岛。《史记·封禅书》：古帝王所祀八神，“四曰阴主，祠三山”。《索隐》：“《地理志》东莱曲成有参山，即此三山。”《汉书·郊祀志》：宣帝“祠参山八神于曲成”。

参户侯国　西汉置，属勃海郡。治所即今河北青县西南二十八里木门店镇。东汉废。

参合县　①西汉置，属代郡。治所在今山西阳高县南大白登镇。东汉末废。

②北魏置，属凉城郡。治所在今内蒙古凉城县西南，双古城乡东北。孝昌中废。《水经·河水注》：沃水“又东经参合县南，……魏立县以隶凉城郡也，西去沃阳故城二十里”。

参合陂　即今内蒙古凉城县东北岱海。《晋书·慕容垂载记》：东晋太元二十年（395），“遣其太子宝及农与慕容麟等率八万伐魏……宝进师临河，惧不敢济。还次参合（陂），忽有大风黑气，状若堤防，或高或下，临覆军上。……魏师大至，三军奔溃，宝与德等数千骑奔免，士众还者十一二，（慕容）绍死之”。《魏书·太祖纪》：登国十年（395），“秋七月，慕容垂遣其子宝来寇五原……（十月）乙酉夕，至参合陂。丙戌，大破之”。

参合陉　在今内蒙古和林格尔县东北西沟门。《水经·河水注》：沃水“径参合县南，魏因参合陉以即名也。北俗谓之仓鹤陉。道出其中，亦谓之参合口，陉在县之西北，即《燕书》所谓太子宝自河还师参合，三军奔溃，即是处也”。

参军镇　金置，属交河县。在今河北泊头市境内。

参驾店　即今河南偃师市东南参店。明弘治《偃师县志》卷1：参驾店“在县东南五十里。故老云：宋太宗避暑于嵩山之上，耆老朝参于此，后以为店，因名”。

参封侯国　西汉置，属琅邪郡。当在今山东东部。东汉省。

参柳河　即今辽宁锦州市西南小凌河。《汉书·地理志》柳城县：“参柳水北入海。”即此。

参麻布玛　在今西藏巴青县东北江绵附近。为藏北三十九族之一。见清乾隆《西藏志·外番》。

参寥泉　在今浙江省杭州市西湖中孤山下。明田汝成《西湖游览志》卷8：僧道潜号参寥子，苏轼“与参寥子善，名其所居泉曰参寥泉”。

参䜌县　西汉置，属安定郡，为主骑都尉治。治所在今甘肃庆城县西北。东汉属北地郡。《后汉书·顺帝纪》：汉安二年（143），“护羌校尉赵冲与汉阳太守张贡击烧何羌于参䜌破之”。即此。西晋废。

〔乛乛〕

绀山　在今广西环江毛南族自治县北。《方舆纪要》卷109思恩县：绀山“在县北二十里，以山色名。亦曰扞山。以扞蔽县后也。岩嶂层叠，日光少见，土人谓之暗岭”。

练水　一名黄西河。又名练家河。在今河南汝南县西。《清一统志·汝宁府》：练水“源出确山县之乐山。径县北三十里。俗称黄西河，东流至汝阳县西，有断济河、寨河、冷水诸小川汇入焉，至县东南入于汝。宋端平初，孟珙与元人围蔡州，决练江，即此”。

练寺集　即今河南扶沟县南二十四里练寺镇。清光绪《扶沟县志》卷2《村集》：有“练寺集”。民国《西华县续志》卷1《大事记》：咸丰九年（1859）二月，捻军“破扶沟练寺集”。

练江　①一名练溪。在今安徽歙县城西。《江南通志·山川五·徽州府》：练江“环绕郡城，扬之、布射、富资、丰乐四水分派合流，直泻如练，而抵于城南，是名西溪，一名徽溪。其水注于渔梁，抵歙浦而合于新安江”。

②在今广东汕头市潮阳区南。《方舆纪要》卷103潮州府潮阳县：练江“在县西南石龟山下。源出海阳县云落山，流入境东南十里，有泷水来合焉。又东二十余里，潇溪流入焉，又东四十五里，东溪流合焉。又五里出和平桥，又东流经县南二十里，汇众流而为江。纡回如练，因名练江。又东南入于海”。

练祁市 即今上海市嘉定区驻地嘉定镇。唐为昆山县疁城乡。宋为练祁市。南宋嘉定十年（1217）置嘉定县于此。

练祁塘 又名练渠、练圻河。在今上海市嘉定区原县城南。《方舆纪要》卷24苏州府嘉定县：练祁塘“自县治中分，曰东西练祁。相传昔时水澄如练，亦名练川。今自顾浦纳淞江之流东折贯于吴塘，又东过盐铁塘，贯县城而东抵罗店镇，稍东北入于海。其东一支南折而东，合马路塘，又东合月镇（今月浦），又东合采绚港入海；又西一支，从西门外冈北折，合北盐铁塘入娄江”。

练固 故址在今安徽含山县北。《宋书·刘敬宣传》：东晋元兴三年（404），“桓歆率氐贼杨秋寇历阳，敬宣与建威将军诸葛长民大破之，歆单骑走渡淮，斩杨秋于练固而还”。即此。

练宗 又作连阿、那安。治所即今西藏日喀则市东南联阿。“练”，藏语意为鼓形畜圈。

练城山 在今湖北兴山县北。《方舆纪要》卷78兴山县：练城山在“县北三十里。环绕如城”。

练城集 又作炼城。即今河南通许县东南二十九里练城乡。《清一统志·开封府二》：炼城“相传高欢所筑”。

练浦塘 在今浙江嘉兴市南。《方舆纪要》卷91嘉兴府：“练浦塘在府南二十五里，与横塘、长水塘相通。相传春秋时吴王练兵处也。”

练营 清乾隆年间置，在今西藏日喀则市东南联阿乡。“练”，藏语意为鼓形畜圈。

练渎 在今江苏苏州市吴中区西南。南宋范成大《吴郡志》卷18：“练渎在太湖，旧传吴王所开，以练兵。”唐皮日休《练渎》诗：“空阔嫌太湖，崎岖开练渎。”即此。

练湖 ①即玄武湖。在今江苏南京市城东北玄武门外。宋《景定建康志》卷18“玄武湖”条引《丹阳记》云：“后湖又名练湖。”

②古称曲阿后湖。又名练塘后湖、开家湖。在今江苏丹阳市西北。《元和志》卷25润州丹阳县：练湖“在县北一百二十步，周回四十里。晋时陈敏为乱，据有江东，务修耕绩，令弟谐遏马林溪以溉云阳，亦谓之练塘，溉田数百顷”。《寰宇记》卷89引《舆地志》云：“曲阿出名酒，皆云后湖水所酿，故醇洌。”湖水纳附近诸山溪，注入运河，历代皆加疏浚，现大部已辟为农场。

练塘 一名练湖。在今江苏丹阳市西北练湖农场一带。《新唐书·地理志》丹杨县：“有练塘，周八十里。永泰中，刺史韦损因废塘复置，以溉丹杨、金坛、延陵之田，民刻石颂之。”《舆地纪胜》卷7镇江府：练塘“即练湖也，在丹阳城一里。唐永泰中，韦损守润修之。李华为颂曰：练塘幅员四十里、菰蒲菱芡之多，龟鱼螺鳖之生，芡沃江淮，膏润数州。盖是湖纳长山诸水凡七十二流。古语云：湖水寸，渠水尺”。

练溪 即今安徽歙县东北之练河。《清一统志·徽州府一》：杨之水“又西南会大障水为临溪，又西南径歙县东北界上，又西南会布射、富资、大小母㙍、丰乐四水，谓之练溪”。

练潭 在今安徽桐城市南。《方舆纪要》卷26桐城县：练潭“在县西南七十里。郡北高河、黄马河诸水俱汇于此，引而东南”。

练潭镇 即今安徽桐城市南六十里双港镇南练潭村。《方舆纪要》卷26桐城县“孔城镇”条下：“又练潭镇在县南六十里。以近练潭为名。”清乾隆二十八年（1763）设巡于此。

细川 即今甘肃泾川、灵台一带平川之地。《魏书·尒朱天光传》：北魏建明元年（530）万俟醜奴“谓以为实，分遣诸军散营农稼，在岐州之百里径（细）川”。《资治通鉴》：唐武德元年（618），泾州镇将刘感，自高墌城引还泾州，与薛仁果“战于百里、细川”。即此。《资治通鉴》胡注：“据令狐德棻《后周书》，百里细川在岐州北。又据《元丰九域志》：泾州灵台县有百里镇，盖即细川之地。”

细水 古沙水（蒗荡渠）支津，颍水支流。《水经·渠水注》：“沙水又东积而为陂，谓之阳都陂。明水注之。……陂水东南流，谓之细水。”又，《颍水注》：细水“上承阳都陂。陂水枝分，东南出为细水，东径新阳县故城北，又东南径宋公县故城北。……又东南流屈而西南入颍”。故道自今河南郸城县东，东南流经安徽太和县，至阜阳市北入颍水。约当今茨河下游。

细叶（葉）川 即碎叶水。今吉尔吉斯斯坦及哈萨克斯坦境内之楚河。《新唐书·西域传》：“由勃达岭北行赢千里，得细叶川。”即此。

细兰 即今斯里兰卡。南宋周去非《岭外代答》“海外诸蕃国”条：“直交阯之南，则占城、真腊、佛罗安也。交阯之西北，则大理、黑水、吐蕃也。于是，西有大海隔之。是海也，名曰细兰。细兰海中有一大洲，名细兰国。”

细兰国 亦作悉兰池、西兰。即今斯里兰卡。南宋周去非《岭外代答》卷2海外诸蕃国：交趾“西有大海隔之，是海也名曰细兰，细兰海中有一大洲名细兰国，渡之而西复有诸国”。

细阳县 西汉置，属汝南郡。治所在今安徽阜阳市北。《汉书·地理志》汝南郡细阳县：唐颜师古曰：“居细水之阳，故曰细阳。细水本出新郪。”西晋废。

细利洼 即今印度尼西亚苏拉威西岛。清谢清高《海录》有专条记述。

细甸　即今云南昌宁县西南八十四里湾甸傣族乡。明景泰《云南志》卷6：湾甸州“蛮名细甸，元时属镇康路”。《方舆纪要》卷118潞江安抚司：细甸“在司东南。正统中，麓川酋思任发叛，督臣王骥言江北细甸、昔剌等处系贼左臂，恐乘虚窃发，侵犯金齿，阻绝粮道，今分兵二路，别将冉保从细甸直取孟定，合木邦、车里之兵为东路，而大军由东路至腾冲与保会，使贼腹背受敌云”。

细沙溪　在今湖北宣恩县东，为忠建河支流。《方舆纪要》卷82东乡五路安抚司：细沙溪在“司东二十里。自施州界东门山流经此，下流入龙平溪”。

细沙寨　南宋置，属清江县。即今湖北宣恩县东北长潭河侗族乡。元末明玉珍改为东乡五路宣抚司。明洪武六年（1373）改为安抚司。

细林山　又名神山、秀林山。即今上海市松江区西北辰山。《舆地纪胜》卷3嘉兴府：细林山“在华亭西北十八里。本名神山，唐天宝六年改名”。

细河　①即今内蒙古乌审旗南纳林河。《清一统志·鄂尔多斯》：细河“在右翼前旗西南二百十里。蒙古名纳林河。源出托里泉，南流会哈柳图河”。

②即今辽宁本溪市西南细河。太子河支流。《清一统志·奉天府一》：细河“在岫岩厅所辖凤凰城西北界。源出小黑山，北流入太子河”。

③在今辽宁义县东北。为大凌河支流。《方舆纪要》卷37广宁卫“珠子河”条下：“细河在城西六十里。源出卫西北百里之响山，南流合于大凌河。”

细柳　①在今陕西咸阳市西南渭河北岸。《汉书·文帝纪》：文帝后元六年（前158），以“河内守周亚夫为将军，次细柳”，以防匈奴。后置仓于此，亦名细柳仓。杜甫《奉送郭中丞兼太仆卿充陇右节度使三十韵》：“箭入昭阳殿，笳吟细柳营。”即此。

②在今陕西西安市长安区西三十里府君庙附近。《史记·司马相如列传》载《上林赋》：“登龙台，掩细柳。”《正义》：“郭云：‘观名，在昆明南柳市’。”《汉书·游侠传》记万章所在城西柳市。《元和志》作细柳原。一说此处即周亚夫屯军处。《寰宇记》谓非是。

细浮图寨　西夏建，在今陕西子洲县东北。《宋史·地理志》绥德军：克戎寨“本西人细浮图砦，元丰四年收复，隶延州延川县。七年，改隶绥德城。元祐四年，给赐夏人。绍圣四年收复赐名”。

细赕　宋大理置，属永昌府。在今云南昌宁县西南湾甸坝子。元属镇康路。明改湾甸州。

细腰城　北宋庆历四年（1044）筑，属环州（后属原州）。在今甘肃环县西。《宋史·种世衡传》：“范仲淹檄令与蒋偕筑细腰城，世衡时卧病，即起，将所甲士昼夜兴筑，城成而卒。”即此。

细腰葫芦城　在今宁夏固原市西北黄铎堡古城址。《宋史·范仲淹传》：仲淹上言：“若北取细腰、胡芦众泉为堡障，以断贼路，则二族安，而环州、镇戎径道通彻，可无忧矣！其后，遂筑细腰、胡芦诸砦。”指此。明嘉靖《固原州志》卷1：细腰葫芦硖城“在州东北一百五十里。通韦州、灵、夏诸处。其路两山相夹，亦为要害。……金、元以来，城守渐废”。

细腰寨　北宋置，属宁化军。在今山西宁武县西南九十里细腰村。

细鳞河　在今黑龙江省东宁县西北。源出太平岭，东南流注于小绥芬河。《清史稿·地理志》穆棱县：官商路“东渡细鳞，逾铁路至东宁”。旧中东铁路所经，有细鳞河站（今细鳞河乡）。

细鳞河站　又作三道卡伦。清光绪七年（1881）置，在今黑龙江省海林市东北二道河子镇三站村。光绪《吉林通志》卷17：“正北迤东距（宁古塔）城二百八十里三道卡伦，即细鳞河站。”

织云（雲）　在今贵州天柱县西北。清咸丰五年（1855），姜映芳等领导侗族人民起义于此。

织金县　1914年改平远县置，属贵州贵西道。治所即今贵州织金县。以织金河为名。1923年直属贵州省。

织金河　在今贵州织金县东三十里。《清一统志·大定府》：织金河“其水东流入黔西州境，注于鸭池河”。

织金城　明洪武间筑，即今贵州织金县。《方舆纪要》卷123附水西宣慰司：织金城“在水西西北。地深阻，夷人以为险巢。天启三年，黔抚王三善逼大方，安邦彦窜入织金，既而三善为降贼所诱，师陷，邦彦遂复炽”。

织篢墟　即今广东阳西县。清道光《阳江县志》卷1有织篢墟。1988年设阳西县治此。

绂城　即今北京市平谷区西南英城乡。《水经·鲍丘水注》：“泃河又南径绂城东，而南合五百沟水。水出七山北，东径平谷县之绂城南，东入于泃河。”

终南山　又名南山、中南山、太一山。即今陕西省秦岭山脉。东西走向，海拔2000—3000米。《尚书·禹贡》：“终南、惇物，至于鸟鼠。”《诗经·秦风》：“终南何有，有条有梅。”皆此。晋潘岳《关中记》曰：“终南山，一名中南，言在天中，居都之南也。”终南山主峰在长安、柞水二县交界处，海拔2604米，为秦岭主要高峰之一。《长安志》引《三秦记》曰：太一山“在长安东南八十里太一谷。中有太一元君湫池。汉武帝元封二年，祀太一于此，建太一宫”。为道教名山。辟有国家森林公园。

终南县　西魏分盩厔县置，寻废。唐武德二年（619）复置，属雍州。治所在今陕西周至县东终南镇。贞观八年（634）又废。北宋大观元年（1107）复置，为清平军治。元世祖至元初废。

纻溪　一作苎溪。在今浙江德清县东，流入苕溪，北流注入太湖。《宋书·始兴王濬传》：太湖地区大水，姚峤议“从武康纻溪开漕谷湖，直出海口，一百余里，穿渠浛必无阂滞”。

绍庆府 南宋绍定元年（1228）改黔州置，治所在彭水县（今重庆市彭水苗族土家族自治县）。辖境相当今四川彭水、黔江等县地。明洪武四年（1371）废。

绍庆珍州南平等处沿边宣慰司 亦作沿边溪洞宣慰使司。元世祖至元二十八年（1291）置，属四川行省。后隶湖广行省。治所在播州军民安抚司（今贵州遵义市）。辖境相当今大半个贵州省。后废。

绍庆路 即绍庆府。治所即今重庆市彭水苗族土家族自治县。《元史·英宗纪》：延祐七年（1320），“绍庆路洞蛮为寇，命四川行省捕之”。

绍兴卫 在今浙江绍兴市。《方舆纪要》卷92绍兴府：绍兴卫“在府治东。洪武十二年建，领三江所一”。清废。

绍兴县 1912年合山阴、会稽二县置，1914年后属浙江会稽道。治所即今浙江绍兴市。1927年直属浙江省。1950年由绍兴县城区析置绍兴市。1952年改为省辖市（地级）。其后改为县级市。1962年撤销绍兴市，并入绍兴县。1979年复设绍兴市。1983年升为地级市。2001年绍兴县迁治柯桥镇。2013年撤销绍兴县，改设绍兴市柯桥区。

绍兴府 南宋绍兴元年（1131）改越州置，为南宋陪都。治所在山阴、会稽二县（今浙江绍兴市）。以年号为名。辖境相当今浙江浦阳江（浦江县除外）、曹娥江流域和余姚、慈溪二市西部。元世祖至元十三年（1276）改为绍兴路。至正二十六年（1366）朱元璋复改绍兴府，属浙江布政使司。清属浙江省。1912年废。

绍兴鲁迅故居 在今浙江绍兴市东昌坊周家新台门内（鲁迅路208号）。鲁迅自1881年诞生至1898年去南京读书前，一直生活于此。1910年到1912年间，鲁迅回乡，任教绍兴府中学堂和山会师范，经常在此接待革命军人和青年学生。故居坐北朝南，两楼两底，一间平屋，中有走廊相连。故居后面有百草园，是鲁迅童年时代经常活动的地方。在故居东边不远有三味书屋（鲁迅路198号），是鲁迅少年时代读书的地方。1988年定为全国重点文物保护单位。

绍兴路 元世祖至元十三年（1276）改绍兴府置，二十一年（1284）后属江浙行省。治所在山阴、会稽二县（今浙江绍兴市）。辖境相当今浙江浦阳江（浦江县除外）、曹娥江流域和余姚、慈溪二市西部。至正二十六年（1366）朱元璋改为绍兴府。

绍武君臣冢 为南明唐王朱聿𨮁及其臣下苏观生等臣合葬墓。“绍武”为南明唐王朱聿𨮁的年号，即公元1646年，相当于清顺治三年。墓本在今广东广州市象冈北麓。1954年迁入越秀公园木壳冈，1981年再迁南秀湖畔现址。墓碑仍刻“明绍武君臣冢”。

绍熙府 南宋绍熙中升荣州置，治所在荣德县（今四川荣县）。《方舆胜览》卷64绍熙府：“光宗皇帝潜藩，升绍熙府。”辖境相当今四川自贡、荣县、威远等市县地。宝祐后废。

绍熙府军民宣抚司 元世祖至元四年（1267）置，治所在绍熙府（今四川荣县）。辖境相当今四川荣县、仁寿以东，安岳县和重庆市大足县以西沱江中游地区。六年（1269）废。

绍熙路 元至正初置，治所在荣怀县（今四川荣县）。辖境相当今四川荣县、威远二县及自贡、乐山、井研等市县部分地。明玉珍时改为荣州。

绎 春秋邾邑。在今山东邹城市东南。《左传》：文公十三年（前614），“邾文公卜迁于绎”。后属鲁。

绎幕县 ①西汉置，属清河郡。治所在今山东平原县西北二十里王杲铺。北魏太平真君三年（442）并入武城县。太和二十一年（497）复置，属安德郡。北齐废。隋开皇十六年（596）复置，属德州。大业初并入安德县。

②南朝宋侨置，属东清河郡。治所在今山东淄博市淄川城西北六里域城镇。北齐废。光绪《山东通志》卷28淄川县“陇水”条下：“按，《魏书·地形志》东清河郡绎幕有陇水，今县西南有绎幕县地。”

经山 又名金牛山、金山。在今江苏丹阳市东北三十五里。《方舆纪要》卷25镇江府丹阳县：经山“有金牛洞，洞皆石壁，洞口仅容一人，其中甚广。山北迫近江岸，贼由此登犯，可以直薄县城。宋置经山寨于此，为防遏之所”。《清一统志·镇江府一》：经山“相传有异僧讲经于此”。因名。

经水 ①即今四川雅安市南之周公河，为青衣江支流。《明史·地理志》雅州：周公山“下有经水，一名周公水”。

②在今四川荥经县南，为荥经水支流。清乾隆《雅州府志》卷1：经水“在县南。源出瓦屋山，由改丁烟溪至章公渡，下至荥水合流，至天全之落阴河与罗岩之和水合，而出平羌”。

经石峪 在今山东泰安市泰山龙泉峰下，龙泉观（今称斗母宫）东北约一里。石坪广亩许，上刻《金刚般若波罗蜜经》全文，为八分书，字大如斗。一般以为北齐人所书。宋代陈国瑞题名“经石谷”，明代称“石经峪”，清代以来称“经石峪”。

经州 北宋宣和六年（1124）置，治所在玉田县（今河北玉田县）。七年废。

经扶县 1932年9月析河南光山县及湖北黄安、麻城二县地置，属河南省。治所在新集（今河南新县治）。以国民党将领刘峙的号而命名。1947年改为新县。

经县 西汉置，属巨鹿郡。治所在今河北广宗县东北二十里。后废。东汉复置，属安平国。北魏太平真君二年（441）废入南宫县。太和十年（486）复置，移治今威县北五十里经镇，属广宗郡。北齐天保七年（556）废。

经武殿 北魏平城宫殿。在今山西大同市北。《魏书·高祖纪》载：太和十二年（488）九月，“起宣文堂、经武殿"。《资治通鉴》：南朝齐永明十一年（北魏太和十七年，493），"魏主大会公卿于经武殿，以议南伐"。

经城县　隋开皇六年（586）改武强县置，属贝州。治所在今河北威县北五十里经镇。大业初属清河郡。唐属贝州。北宋熙宁六年（1073）废入宗城县。《资治通鉴》：唐兴元元年（784），朱滔"遣马实攻宗城、经城"。即此。

经略台（臺）真武阁　亦称真武阁。在今广西容县城东人民公园内。光绪《容县志》卷4：经略台"在永安门外。唐经略使元结常游玩于此，因名。明初改为真武庙，嘉靖间重修，训导梁珮有记。万历间，知县伍可受以城中屡遭回禄，集乡宦杨际熙等增改层楼，以压南方火星。岁久倾圮。国朝康熙间，知县徐发倡议修复……台之地势如凤展左翅横翔江浒，凭高四瞩，面都峤而枕大容，诸天梵呗与江介欸乃声遥遥相应。寺前苍厓壁立，老树盘拿。夏秋间游履多萃于此。真天南杰构也"。庙毁阁存，为木结构三层楼阁，呈方塔形，设计精巧。1982年定为全国重点文物保护单位。

经略军　唐天宝中置，治所在今内蒙古鄂托克旗东北。《元和志》卷4新宥州：李吉甫上言曰："天宝末，宥州寄理于经略军，盖谓居中可以总统蕃部，北接天德，南据夏州。今经略军远碍，灵武道路乖越，又不置军镇，非旧制也。请置宥州，理经略军。"至（元和）九年五月，"诏复于经略军城置宥州，仍为上州，于州郭下置延恩县为上县，改隶夏绥银观察使，取鄜城神策行营兵马使郑杲下兵士并家九千人，以实经略军"。后废。

经棚设治局　1913年析克什克腾旗置，属热河特别区热河道。治所即今内蒙古克什克腾旗（经棚镇）。次年升为经棚县。

经棚县　1914年改经棚设治局置，属热河特别区热河道。治所即今内蒙古赤峰市克什克腾旗驻地经棚镇。据《经棚县志》记载：清顺治年间，西藏的喇嘛到此处传经，搭了一处简易的棚子为诵经之处，故名。1945年并入克什克腾旗。

经楼墟　即今江西樟树市西北经楼镇。清同治《江西全省舆图》卷6：清江县西北有经楼墟。

驷马桥　又名升仙桥。在今四川成都市北沙河上。东晋常璩《华阳国志·蜀志》："城北十里有升仙桥，有送客观。司马相如初入长安，题市门曰：不乘赤车驷马，不过汝下。"故名。

驷望县　西汉置，属乐浪郡。治所在今朝鲜平安南道江东郡附近。西晋后废。

驺　又作邹。即邾。在今山东邹城市东南。

驺山　即邹山。又名峄山。在今山东邹城市东南二十里。《续汉书·郡国志》鲁国驺县下刘昭注："有驺山，高五里，秦始皇刻石焉。"

驺县　即邹县。战国秦改邹为驺。秦封泥中有"驺丞之印"，证实战国秦置为县，属薛郡。治所在今山东邹城市东南二十六里峄山之阳。汉亦作驺，属鲁国。三国魏复改邹县。

驺虞城　即今安徽六安市。唐之盛唐县治此。《旧唐书·地理志》寿州盛唐县："神龙元年复为霍山。开元二十七年改为盛唐，仍移治于驺虞城。"

驻马台（臺）　即今天津市宝坻区南歇马台。《方舆纪要》卷11通州宝坻县：驻马台在"县南五里。金主璟曾驻于此。一名歇马台"。

驻马店市　1949年当地解放后由确山县驻马店地方析置，治驻马店（今河南驻马店市）。1952年撤销，并入确山县。后屡有置废。1980年复设驻马店市。2000年撤销驻马店地区和县级驻马店市，改设地级驻马店市。原县级驻马店市改置驿城区。

驻岭　在今福建浦城县西九十里。《方舆纪要》卷97浦城县：驻岭"岭极高峻，路出崇安"。

驻驾台（臺）　在今河北雄县东七里。《方舆纪要》卷12雄县：驻驾台"高数丈，相传周世宗曾驻跸于此"。

驻跸山　①又名神山、神岭峰。在今北京市昌平区西二十五里。《明一统志》卷1顺天府：驻跸山"山石刻驻跸二字，金章宗尝游此"。又《方舆纪要》卷11昌平州："其山绵亘而北，凡二十里，石皆壁立。正北有石梯，可登陟。金主璟尝游此，因名。"

②在今河北昌黎县西五十里。《方舆纪要》卷17昌黎县：驻跸山，"《旧志》：唐太宗征高丽还，登此。郭造卿曰：疑后魏文成帝尝游此，俗误以为太宗也"。

③即今辽宁海城市西南唐王山（平顶山）。《新唐书·高丽传》：贞观十九年（645）伐高丽，攻安市城，"帝自山驰下，虏大乱，斩首二万级。……因号所幸山为驻跸山，图破阵状，勒石纪功"。即此。另一说在今辽宁辽阳市西南十五里首山。《辽史·地理志》东京辽阳府："驻跸山，唐太宗征高丽，驻跸其巅数日，勒石纪功焉。俗称手山。"按勒石纪功之驻跸山在安市城，不在此处。

④本名薛家山。在今安徽宁国市南。《方舆纪要》卷28宁国县"鸡山"条下："又南二里曰薛家山。明太祖南征，尝驻跸于此，亦名驻跸山。"

驻操营　即今河北抚宁县东北九十里驻操营镇。为石河出口要道。清同治《畿辅通志》卷49临渝县图：北有驻操营。

驼儿山　在今山东五莲县南。《清一统志·沂州府一》：驼儿山，"《县志》：山椒有石，如人负儿状，傅眝河发源于此。山顶有秦王碑，磨剑石"。

驼口　即骆驼咀。在今湖南长沙市北浏阳河入湘江口。《资治通鉴》：五代汉乾祐三年（950），"马希广遣刘彦瑫召水军指挥使许可琼帅战舰五百艘屯城北津，属于南津，以马希崇为监军；又遣马军指挥使李彦温将骑兵屯驼口，扼湘阴路"。胡三省注："浏江口有骆驼咀，因谓之驼口。"

驼口镇　一作沱口。北宋置，属郾城县。在今河南漯河市召陵区东南。

驼山　①在今安徽蒙城县西北二十里。《方舆纪要》卷21寿州蒙城县：驼山“山首尾高而中陷，俗呼驼腰山，一名灵山”。

②在今山东青州市西南八里。《明一统志》卷24青州府：驼山“以形似名。山阴有龙湫，上有龙祠”。

③在今陕西榆林市城东。《清一统志·榆林府》：驼山“在榆林县治东。高数十丈，县城半居其上，俗呼为东山。土人穴山为居。山之西有堡儿山，三峰並立，上有塔，亦名文笔塔”。

驼山石窟　在今山东青州市城西南十二里驼山上。有北周至隋唐时代的洞窟五个，龛窟一个，计大小佛像六百三十八尊。其中第3号窟最大，造像最多，为北周时雕凿。阿弥陀佛造像高达5米，底座高1米，上刻“大像主青州主管柱国平桑公”题记。其余四个洞窟为隋、唐造像，有唐长安二年（702）题刻。1988年定为全国重点文物保护单位。

驼坊镇　在今山西屯留县东南驼坊村。《清一统志·潞安府》“寺底镇”条下：驼坊镇“在县东南二十五里”。

驼罗口　在今河北涿州市东北。《辽史·圣宗纪二》：统和四年（986）三月，“宋兵入涿州。……时上与皇太后驻兵驼罗口，诏趣东征兵马以为应援”。即此。

驼峰镇　即今江苏东海县东北十八里驼峰乡。清嘉庆《海州直隶州》卷14：驼峰镇在“治西七十里。南北皆官路”。

驼涧　又名駞涧、驰涧。即今安徽蒙城县西北三十六里戴沟。《方舆纪要》卷21：驼涧“涧水出駞山，因名”。《梁书·陈庆之传》：大通元年（527），魏遣征南将军常山王元昭等率马步十五万援救涡阳，“前军至驼涧”。即此。

驼基岛　即鼍矶岛。今山东长岛县北砣矶岛。《宋会要辑稿》第186册兵29载：北宋政和八年（1118）五月二日臣僚言：熙宁中，巡检每季“下北海驼基岛驻扎”。即此。

驼基寨　宋置，属蓬莱县。在今山东长岛县北砣矶岛上。《宋会要辑稿》第186册兵29载：北宋政和八年（1118）五月二日臣僚言：熙宁中，巡检每季“下北海驼基岛驻扎，系以驼基石为界。自与北朝通好，不曾根究海上北界。今窃虑与渤海人水陆相近缓急作过，则驼基孤外，乞以末岛、呜呼岛为界”。

驿山　即今安徽芜湖市北临江之弋矶山。《明一统志》卷15太平府：驿山“在芜湖县北八里，临大江。南唐时设馆驿，列市肆于此，故名”。

驿马关　即今甘肃庆城县西南九十里驿马镇。《资治通鉴》：唐兴元元年（784）朱泚败走，自泾州“独与范阳亲兵及宗族、宾客北趣驿马关。宁州刺史夏侯英拒之”。即此。明弘治中置巡司。正德十年（1515）废。

驿马坊张作霖墓园　在今辽宁凌海市东北石山镇驿马坊村西。1916年张作霖为其母所建。1928年6月张作霖在沈阳皇姑屯被炸死后，停柩于沈阳东关竹林寺。1937年简葬于此。墓园坐东朝西，前为张作霖与其妻赵氏合葬墓，其后是张作霖母亲之墓。现保存完好。

驿马沟　在今河南商水县西南。《寰宇记》卷10商水县：“驿马沟在县西南十三里。故老传云，楚相孙叔敖截汝墳之水以作塘，下有柘塘陂九百顷，遂乃凿此沟，其湍急如驿马。其水发孙塘，屈曲六十里入颍水。”

驿马河　又名伊勒们河。在今吉林双阳、九台、德惠等市县境，为伊通河支流。清光绪《吉林通志》卷22：驿马河“源出蒙古旗地六家子山。南流入长春府西北界，折东流，北岸直农安县，又东一百七十里，南受新开河，合东流四十里径赵家店北，东注伊通河”。

驿马城　在今江苏东海县南。《南齐书·张冲传》：建武二年（495），北魏攻义阳，“冲遣军主桑系祖由渣口攻拔虏建陵、驿马、厚生三城，多所杀获”。《方舆纪要》卷22沭阳县“厚丘城”条下：“驿马城或曰在厚生北。亦魏置戍处。”

驿台（臺）镇　即今山东桓台县西新城镇。《元史·地理志》新城县：“本长山县驿台，太宗在潜，以人民完聚”，创置为县。元于钦《齐乘》卷3：“本长山县之驿台镇”，元时置县。

驿安站　元置，属辽阳路。即今辽宁阜新蒙古族自治县北库伦。《析津志辑佚·大都东西馆马步站》：“驿安东北百五十里洪州。”

驿店镇　北宋置，属岐山县。即今陕西岐山县东南益店镇。

驿面　在今广西藤县西南六十里。《明史·地理志》：藤县西南有驿面巡司。后废。

驿亭埭　在今浙江嘉兴市城区西南隅。《资治通鉴》：唐乾宁四年（897），“淮南将田頵屯驿亭埭，两浙兵乘胜逐之”。即此。

驿亭镇　即今浙江上虞市东北十二里驿亭镇。清光绪《上虞县志》卷18《村镇行市》：三都有驿亭。

驿前　即今江西广昌县南驿前镇。1934年中央革命根据地置广赤县治此。

驿前墟　即今江西广昌县南驿前镇。清同治《江西全省舆图》卷3：广昌县南有驿前汛。

驿道集　即今山东莱州市东北四十里驿道镇。清光绪《山东通志》卷2《舆图志》：掖县东北有驿道集。

驿藏关　在今宁夏海原县北。《资治通鉴》：唐大中三年（849）六月，“泾原节度使康季荣取原州及石门、驿藏、木峡、制胜、六盘、石峡六关”。

骀　①一作邰。商周时国。在今陕西武功县西。《左传》：昭公九年（前533），“王使詹桓伯辞于晋曰：我自夏以后，稷、骀、芮、岐、毕，吾西土也”。

②春秋齐地。在今山东临朐县界。《左传》：哀公六年（前449），“使毛迁孺子于骀”。注：“骀，

齐邑。”

骀上　即狐骀。春秋邾地。在今山东滕州市东南。《左传》：哀公二十七年（前468），“赵子使舌庸来聘，且言邾田，封于骀上”。

贯　西周封国。春秋时为宋邑。在今山东曹县南十里。《春秋》：僖公二年（前658），“秋九月，齐侯、宋公、江人、黄人盟于贯”。即此。《史记·田敬仲完世家》：齐宣公四十九年（前407），“伐卫，取毋丘”。《正义》引《括地志》：“故贯城即古贯国，今名蒙泽城，在曹州济阴县南五十六里。”

贯市　在今北京市昌平区西南二十四里阳坊镇西贯市村。清为驻防要地，设把总驻守。

贯头山　在今河北迁安市西三十五里。《方舆纪要》卷17迁安县：贯头山“三峰连属如珠，巉岩苍翠”。

贯河镇　又名灌河镇。金置，属交河县。在今河北泊头市西黄屯。

贯保砦　北宋元丰三年（1080）置，属沅州。在今湖南靖州苗族侗族自治县北三十里贯保渡。六年（1083）属诚州。

贯洞砦　即今贵州从江县东北贯洞镇。明郭子章《黔记》卷5：永从县南有“贯洞砦”。“贯洞”系侗语音译，意为洞前的寨子。

贯桥　即今江西崇仁县东南贯桥。清同治《江西全省舆图》卷2抚州府崇仁县：东南有“贯桥”。

甾川国　一作菑川国或淄川国。西汉文帝十六年（前164）分临淄郡置，封齐悼王子贤为菑川王，都剧（今山东寿光市南三十里）。东汉并入北海国。

甾乡侯国　西汉置，属山阳郡。当在今山东西南部。东汉省。

甾水　即淄水。在今山东中北部。《汉书·地理志》泰山郡莱芜：“原山，甾水所出，东至博昌入泲。”而《史记·河渠书》云，禹治水之后，“于齐，则通甾、济之间”，则战国时，菑本独流入海，不入济。

甾丘县　西汉置，属楚国。在今安徽宿州市东北六十六里支（甾）河乡城孜集。《水经·睢水注》：湡湖水“西届彭城甾丘县之故城东”。东汉改为菑丘县。

甾县　或作菑县。秦置，属砀郡。治所在今河南民权县东北。西汉属梁国。东汉章帝时改为考城县。

九 画

〔一一〕

契丹 古东胡诸后裔的一支，初附宇文部，4世纪中叶宇文部败散，始分出，号契丹。居地在辽河上游潢河（今西拉木伦河）、土河（今老哈河）流域。传说其始祖生八子，后裔衍为八部。北魏时，八部各入贡，交市于和龙（今辽宁朝阳）、密云间。隋末唐初组成部落联盟，酋长姓大贺氏。贞观二年（628），归附唐朝。二十二年，唐于其地置松漠都督府，以其酋长为都督，赐姓李；又置羁縻州十，以各部首领为刺史，隶于都督。唐高宗末年以后，时叛时服，并且依附突厥。开元中，大贺氏衰，旧八部瓦解，迭剌部首领涅里重建新八部联盟，推遥辇氏阻午为可汗，而自任夷离堇，掌握军政大权，唐朝授为松漠都督。后服属于回纥汗国。回纥汗国亡，复归顺唐朝。唐朝末年（907），涅里后裔耶律氏贵族阿保机取代遥辇氏任可汗。五代梁贞明二年（916），耶律阿保机效中原制度建立契丹国，自称"天皇帝"，城西楼为皇都（后称上京，今内蒙古巴林左旗）。先后西征服奚、吐浑、党项、阻卜（鞑靼）等部，北征服室韦、于厥等部，东灭渤海国，南侵中原。契丹太宗会同元年（938），得后晋所献燕云十六州之地。大同元年（947），改国号为辽。北宋宣和七年（1125）为金所灭。契丹人多与汉人、蒙古人、女真人融合。另一部由耶律大石率领，西迁建立西辽（1124—1211），后建都虎思斡耳朵（今吉尔吉斯托克马克以东楚河南岸），又称哈剌契丹。

契州 唐六胡州之一。调露元年（679）以处突厥民置，治所在今内蒙古鄂托克旗或鄂托克前旗境。神龙三年（707）属兰池都督府，寻改为县。开元十年（722）复置。后废。

契吴山 在今内蒙古乌审旗西南。《元和志》卷4夏州朔方县：契吴山"在县（治所在今陕西靖边县东北白城子）北七十里。《十六国春秋》曰：'赫连勃勃北游契吴，叹曰：美哉，临广泽而带清流。吾行地多矣，自马领以北，大河以南，未之有也！'"

契吴城 当在今内蒙古乌审旗西南。《元和志》卷4夏州朔方县："故白城，一名契吴城，在县北一百二十五里契吴山。赫连中因山所筑，勃勃尝所叹美，故其子昌因立此城，以立勃勃之庙。"

契苾部 隋、唐铁勒十五部之一。在今蒙古国乌兰巴托南中戈壁省一带。《新唐书·回鹘传·契苾》："契苾亦曰契苾羽，在焉耆西北鹰娑川，多览葛之南。"唐永徽四年（653）以其部为贺兰都督府。大和中，其种帐附于振武。

贰 春秋小国。在今湖北广水市南。《左传》：桓公十一年（前701），"楚屈瑕将盟贰、轸"。

贰师城 本大宛属地。在今吉尔吉斯斯坦西南奥西以西马尔哈马特。《史记·大宛列传》："宛有善马在贰师城，……使壮士车令等持千金及金马以请宛王贰师城善马。"汉武帝以李广利为贰师将军伐大宛，立"昧蔡以为宛王"而去。

贰城 即苻秦时贰县城，在今陕西黄陵县西北。《晋书·苻坚载记上》：东晋兴宁三年（365），坚以匈奴曹毂死，"分其部落，贰城已西二万余落封其长子玺为骆川侯，贰城已东二万余落封其小子寅为力川侯"。

郫水 亦作郫江。又名皂江。即今四川都江堰市至彭山县一段岷江。《汉书·地理志》江原县："郫水首受江，南至武阳入江。"《水经·江水注》：武阳县"有郫江入焉，出江原县，首受大江，东南流至武阳县注于江"。

春王门 即汉长安城宣平门。在今陕西西安市西北青口村西侧。王莽时改名春王门。《汉书·翟方进传》："春王城门校尉王况为震威将军。"师古注："春王，长安城东出北头第一门也。本名宣平门，莽更改焉。"

春王园 西晋洛阳园林。在今河南洛阳市东北汉魏故城。晋陆士衡《答张士然一首》诗曰："逍遥春王圃，踯躅千亩田。"李善注："《晋宫阁铭》曰，洛阳宫有春王园。"

春水街铺 一作春水镇。即今河南泌阳县北春水镇。清道光《泌阳县志》卷1《村镇》："春水街铺，城东北九十里。"

春水墟 即今广东广宁县东南春水村。当白花水与绥江汇合之口，通四会孔道。清宣统《广东舆地全图》广宁县图：县东南有春水汛。

春风岭　在今湖北麻城市东九十里。《舆地纪胜》卷49黄州：春风岭“在麻城县。岭多梅花，东坡自新息渡淮，由是岭”。

春风楼　在今湖北武汉市汉阳城区。《明一统志》卷59汉阳府：春风楼“在府治西。宋知军胡介在任，政和民安，乃建楼，标曰熙春。后守徐安民更名春风。元陈益稷又改名拱北”。

春丕峡　一作春碑。在今西藏亚东县西南，近不丹、锡金界。为雪山之峡，土人称卓木，意为漩谷。卓木麻曲流经其间，土壤肥沃。峡中有著名之都会三，曰帕里、亚东、靖西。

春申江　即今上海市黄浦江的别名。旧误传此江为战国时楚春申君黄歇所疏导，故名。

春申君墓　又称黄歇墓。在今安徽淮南市西南赖山集。西距寿县二十五里。春申君（？—前238）名黄歇。战国时著名四公子之一。楚顷襄王时任左徒，考烈王时任令尹。考烈王十五年（前248）改封于吴（今江苏苏州）。考烈王死后在内讧中被杀。清嘉庆《凤台县志》卷10：“春申君墓在城内东北，今人指县署西大官塘中土堆为春申君墓。”

春市场　金置，属柔远县。在今内蒙古察哈尔右翼前旗东北巴音塔拉镇土城子村。明昌三年（1192）改置集宁县。

春华山市　即今湖南长沙县东北春华镇。《清一统志·长沙府二》“榔梨市”条下：“春华市在县东北六十里。”

春州　唐武德四年（621）平萧铣置，治所在阳春县（今广东阳春市）。天宝元年（742）改为南陵郡，乾元元年（758）复为春州。辖境相当于今广东阳春市地。北宋熙宁六年（1073）废。

春江　富春江的简称。即今钱塘江流经浙江富阳市段。

春江第一楼　在今浙江富阳市东鹳山山腰。前临风景如画的富春江，依山面水，为登眺胜处。楼建于清同治年间，1962年改建为混凝土结构。

春谷（穀）县　西汉置，初属鄣郡，元封二年（前109）属丹阳郡。治所在今安徽繁昌县西北。西晋属宣城郡。东晋宁康初（373）改名阳谷县，寻废。

春谷（穀）岭　又名覆釜山。即今安徽繁昌县西北二十五里寨山。《太平御览》卷756引《晋中兴书》云：“成帝咸和元年，宣城春谷山崩，得古鼎，重三百斤，容可三斛余”，即此。

春明　唐都长安城东面三门之中门。又称青绮门或青门。在今陕西西安市东郊纬十街北。《唐两京城坊考》外郭城：“春明门，时即称东门，门外有镇国寺。……《唐阙史》：春明门外有逆旅及灞水桥石岸。”后人即以春明作为都城的别称。如清初孙承泽的《春明梦余录》。

春河　即诏虞水。在今河南潢川县东。《清一统志·光州一》“诏虞水”条下引《固始县志》：“春河源出商城县马鞍山，东北流入白露河。”

春秋山　在今安徽舒城县南三十里。《舆地纪胜》卷45庐州：春秋山“在舒城县南三十里。有李公麟读书堂、洗砚池及望湖尖、凤凰台、仙人峰、仙人迹，绝顶有洞，可容数千人”。《方舆纪要》卷26舒城县：春秋山在“县南三十五里。山多名胜，顶有洞，可容数千人”。

春秋台（臺）　在今山东曲阜市南。任昉《述异记》：“曲阜县南十里有孔子春秋台。”相传为孔子作《春秋》处。

春科安抚司　清雍正六年（1728）置，属雅州府。治所在今四川石渠县西南正科乡。宣统元年（1909）改流，地属登科府。

春科高日长官司　清雍正七年（1729）置，治所在今四川石渠县西南奔达乡。后废。

春科副安抚司　清雍正七年（1729）置，属雅州府。治所在今四川石渠县西南正科乡。宣统三年（1911）改流。

春济卡伦　一作春稽卡伦。清乾隆年间置，在今哈萨克斯坦阿拉木图东春贾。乾隆《西域图志》卷13伊犁西路：春济“在伊犁西南三百里。……山谷联延，并设卡伦”。

春晖亭　在今湖南长沙市北。宋苏轼有《题潭州徐氏春晖亭》诗。

春堆　在今西藏日喀则市东南三十八里。清《西藏图考》卷3：“巴浪迤逦而进，过大桥路坦，七十里至春堆，一作春磊。”藏语意为集市。为日喀则赴拉萨之要路。

春祺县　北宋政和四年（1114）置，为祺州治。治所在今四川理县北孟屯河中下游。宣和三年（1121）废。

帮源洞　即今浙江淳安县西北威平洞。《宋史·方腊传》：睦州青溪县有“梓桐、帮源诸洞”。北宋宣和三年（1121），方腊被捕于此。后改名威平洞。

珂咄罗国　即骨咄国。唐西域国名。都城在思助建城（今塔吉克斯坦库尔干秋别北）。唐玄奘《大唐西域记》卷1：珂咄罗国“东西千余里，南北千余里。国大都城周二十余里”。

玳堰头村　即大堰村。今浙江衢州市衢江区北上方镇南玳堰头。

玳瑁山　在今广东龙川县东。《清一统志·惠州府》：玳瑁山“在龙川县东南八十里，接嘉应州长乐县界。石多黑点，状如玳瑁”。

玳瑁水　在今广东新丰县东。《方舆纪要》卷103惠州府新丰县：玳瑁水“在县东。县境又有公庄水，皆东南流，入归善县界，注于东江”。

玳瑁县　即瑇瑁县。西汉置，属珠崖郡。治所在今海南省海口市琼山区南。后废。《舆地纪胜》卷124引《寰宇记》：“郑彦《琼记》云：（琼）山在古玳瑁县。”

玳瑁洲　即今海南省三亚市西南海中东、西瑁洲。《清一统志·琼州府一》：玳瑁洲“在崖州。有大、小二洲。大洲在州东海中，小洲在州西海中。又有双洲门在洲东八里，双洲对峙，状如两扉”。

玳瑁楼　在今河北临漳县西南古邺南城宫内。《邺中记》载：“圣寿堂北置门，门上有玳瑁楼。”

珀玕墟镇　即今江西南城县东北五十五里沙州镇驻地珀玕。《方舆纪要》卷86建昌府南城县“日潭镇”条下：白玕镇“万历八年增设巡司，九年改置”。

珍州　①唐贞观十六年（642）置，治所在夜郎县（今贵州桐梓县北夜郎坝）。《旧唐书·地理志》珍州夜郎县：“以县界有降珍山，因名珍州。”天宝元年（742）改为夜郎郡，乾元元年（758）复为珍州。辖境相当今贵州正安、道安、桐梓等县地。元和三年（808）废。北宋大观二年（1108）复置，治所在乐源县（今正安县东北）。元改置珍州思宁等处长官司。

②北宋初置，为羁縻州。治所在今湖北宣恩县南高罗镇。开宝六年（973）改为高州。

珍州思宁等处长官司　元置，属播州安抚司。治所在今贵州道真仡佬族苗族自治县东南旧城镇。明玉珍改置真州。

珍宝岛　在今黑龙江省虎林市东北。为乌苏里江主航道西侧小岛。该岛形成时间较晚。1915年前后，因江水与山水冲刷，将中国一侧河岸冲开，逐渐形成一岛，以后河道逐渐向中方一侧移动，使中方一侧江面加宽。珍宝岛历来属虎林县管辖。

珍珠村　即今山东莱州市西南四十里珍珠镇。当白沙河东岸。民国《四续掖县志》卷1有珍珠村，为珍珠乡驻地。

珍珠岩　在今湖南衡阳县东北甲满坳珍珠村。为天然岩洞。明嘉靖间建为佛殿。游人题刻甚多，著名思想家王夫之有《山僧导游珍珠岩》诗。

珍珠泉　①亦作真珠泉。在今安徽滁州市西南。《舆地纪胜》卷42滁州：真珠泉“在清流县西三十里，侧菱山幽栖巷前，游者抚掌，则泉水溅射，有若跳珠”。

②又名咄泉。在今安徽寿县北。《寰宇记》卷129寿县：咄泉“在县东北十里净界寺北一百步。其泉与地平，一无波浪，若人至其旁大叫即大涌，小叫则小涌，若咄之涌弥甚，因名咄泉。按《寿阳记》云：一名玄女泉”。《清一统志·凤阳府一》：咄泉“在凤台县北五里……《寿州志》：一名珍珠泉”。

③在今山东济南市旧城内。元于钦《齐乘》卷2“大明湖”条载历下名泉：“曰北珍珠，白云楼前”；“曰南珍珠，铁佛巷东”。《明一统志》卷22济南府：珍珠泉“有二：南珍珠泉在府城内铁佛巷街东，今淤塞；北珍珠泉在都司西北白云楼前”。清王昶《珍珠泉记》：“泉从河际出，忽聚忽散，忽断忽续，忽急忽缓，日映之，大者为珠，小者为玑，皆自底以达于面。”

④在今山东淄博市博山区东。《清一统志·青州府一》：珍珠泉“亦名范公泉。以宋范仲淹读书其侧也”。

珍珠桥　在今江苏南京市城内北京东路珍珠河上。始建于三国东吴。《明一统志》卷6南京：珍珠桥“在洪武门大街”。1931年“九·一八”事变后，国民党政府对日本的侵略采取不抵抗政策，激起全国人民的极大愤慨。12月17日，北平、天津、上海、广州、武汉、济南、安徽等地的学生代表赴南京与当地学生三万余人一起举行示威游行，要求国民党政府出兵抗日。游行队伍到珍珠桥附近时，遭到军警的血腥镇压，当场打死三十多人，打伤一百多人，逮捕一百多人，造成震惊全国的“珍珠桥事件”。国民党政府的暴行遭到全国人民的强烈谴责，各地学生纷纷起来为死难学生开追悼会，并举行示威游行。

珍珠潭　在今湖北兴山县南昭君故里附近回水沱。《清一统志·宜昌府》：珍珠潭“在兴山县南一里。俗传昭君涤妆，遗珠于此，故名”。

珍富县　即洛富县。在今广西宜州市南洛富村。珍为洛之讹。

珍溪场　即今重庆市涪陵区东北长江北岸珍溪镇。清同治《涪州志》卷1：罗云里有“珍溪镇场”。

玲珑山　①在今浙江临安市西。宋《咸淳临安志》卷25临安县：玲珑山“在县西十二里。两山屹起盘屈，凡九折，上通绝顶，名九折岩。南行百许步，有亭名三休”。

②即嵖岈山。在今河南遂平县西五十里。《方舆纪要》卷50遂平县：查牙山“孔穴玲珑，风嘘则鸣，一名玲珑山”。

玲珑山寨　在今河南遂平县西五十里嵖岈山。《清一统志·汝宁府二》：玲珑山寨“元末土豪立寨。明初邓愈自信阳讨平之”。

玲珑塔　即今辽宁建昌县东北玲珑塔镇。清乾隆《钦定热河志》卷54：“五道沟在大城子东南七十里，玲珑塔在五道沟东南十五里。”

珊延穆克河　即今吉林敦化市东沙河（大石头河）。清光绪《吉林通志》卷22：珊延穆克河“源出（敦化）县东南庙尔岭，土人呼为大石头河。西北流二十里，受东南来之头道河，少北，有二道河自西南来入之。又北流，三道河自西南来入之。又东北，而富勒佳哈河合众水自东北来会（入牡丹江）”。同书卷20谓满语“珊延，白也；穆克，水也”。

珊城　在今江西金溪县西南。《方舆纪要》卷86抚州府金溪县：珊城“在县西南四十里。《志》云，南唐后主李煜时所筑”。

珊瑚川　在今甘肃宁县西。《方舆纪要》卷57宁州：珊瑚川“在州西十五里，下流亦会于九龙川。一云珊瑚谷水，东南至栒邑入洛”。

珊瑚岛　在南海中中国西沙群岛西部永乐群岛内，位于甘泉岛东北2海里。鸟粪资源丰富。中国渔民向称老粗岛、老粗峙。清宣统元年（1909）李准巡海时发现此处珊瑚极多，命名珊瑚岛。郑资约《南海诸岛地理志略》载：珊瑚岛“长半浬，宽0.25浬，高30呎。西名Pattle Island。岛上满覆灌木与热带常绿树，树高10呎乃至15呎。自岛之西端计起，岛长三分之一范围内，有大椰树三株，最高者出海面40呎，为一航海极好目标。近椰树处有井，水甘可饮，煮之更觉适口”。

珊蒙果山　在今云南晋宁县西十里。《方舆纪要》卷114昆阳州：珊蒙果山“在州西十里。顶秀三峰，奇分八面”。

珊碧外龙山　在今云南丽江市玉龙纳西族自治县西南二十里。《方舆纪要》卷117丽江军民府：珊碧外笼山“孤峰耸翠，多产箭竹”。

珉玉坑　在今河南息县西南淮水中。《元和志》卷9新息县：“珉玉坑，在古息城东南五步，周回一百五十步，深三尺，其玉颜色洁白，堪为器物，隋朝官采用，贞观中亦令采取。其后为淮水所没。开元中淮水东移，珉坑重出，其玉温润倍胜昔时，蔡州至今以为厥贡之首。”

玻璃山站　即今吉林双辽市西北玻璃山镇。民国《东北年鉴》：四洮铁路卧虎屯站北为玻璃山站。

玻璃江　即今四川眉山市东之岷江。《方舆胜览》卷53眉州：蜀江“在城外。一名玻璃江”。苏轼《送杨孟容》诗：“我家峨眉阴，与子同一邦。相望六十里，共饮玻璃江。”

玻璃泉　亦作玻瓈泉。在今江苏盱眙县东第一山下。有石龙虎，口中喷水注石池中。宋张耒《大雪中李提举惠玻璃泉两榼二首》诗：“栗烈残年新庆雪，玻璃美酒旧知名。”指此。

毒乐河　又作独洛河、独乐水、独逻河。即今蒙古国境内土拉河。

〔一丨〕

挂丁铺　即今贵州凯里市东南挂丁镇。清乾隆元年（1736）包利、红银率苗民起义与清军激战于此。

挂车岭　又名挂车山。在今安徽桐城市西南四十里范岗镇西挂镇村。古为江淮要道。据《三国志·吴书·朱桓传》：黄武七年（228），魏将曹休率兵十万至皖城，吴将陆逊为元帅击休。朱桓献计曰：“休本以亲戚见任，非智勇名将也。今战必败，败必走，走当由夹石、挂车，此两道皆险厄，若以万兵柴路，则彼众可尽，而休可生虏。”

挂车镇　北宋置，属桐城县。即今安徽省桐城市西南二十二里挂镇乡。《方舆纪要》卷26桐城县“挂车岭”条：挂车镇“以挂车岭而名”。

挂月峰　在今天津市蓟县西北二十五里盘山。海拔864米。清道光《蓟州志》卷2：挂月峰“上锐下削，乃盘山最高处”。峰巅有定光佛舍利塔。塔建于唐代，辽大康，明成化、嘉靖、万历及清乾隆皆相继重修。相传唐智源禅师藏佛舍利十六颗、佛牙一具于塔内，故名。塔侧崖壁刻有“去天五尺”、“一览众山小”等字。明将戚继光镇守蓟州十六年，曾于此吟诗抒怀。峰左侧有云罩寺。

挂龙崖　在今河南汝阳县西南。明文翔凤《挂龙崖游记》：“盖有危石悬空际，云昔曾挂龙，奇甚。”

挂甲口　在今山东庆云县北。《方舆纪要》卷13庆云县“板达营”条下：挂甲口，“相传韩信下齐，道出于此”。

挂甲山　在今山西吉县南。《方舆纪要》卷41吉州：挂甲山在“州南二里。相传尉迟恭尝挂甲于此而名”。隋开皇三年（583）在山脚石崖上雕造佛像五区，每区二三龛，龛内多为一佛二菩萨，雕凿手法别具一格。

挂剑台（臺）　在今山东阳谷县东南张秋镇南。《清一统志·泰安府一》：挂剑台“《元都水监丞满慈记》云：古碑刻有‘季札挂剑徐君墓树’八字”。

挂喇尔屯　在今俄罗斯阿穆尔州西北苏赫基诺以东。《清太宗实录》卷51：崇德五年（1640）三月，萨穆什喀等讨索伦部博穆博果尔之乱，“遣阿哈尼堪巴山郎图萨禄率两甲喇兵，往攻挂喇尔屯”。即此。

挂榜山　在今广西横县西北峦城镇西北隅。《舆地纪胜》卷113横州：挂榜山“在永定县南二里”。《方舆纪要》卷110永淳县：挂榜山“县治西北隅。城环其上，石壁临江，亦名屏风山。下有珠崖，俯临水涯”。

拱天岭　在今广西龙州县西。《明一统志》卷85太平府：拱天岭“在上下冻州南一十里。山峻而长，绵延百余里，东南接交趾界，峰头皆北向，因名”。

拱北埠　即今广东珠海市南拱北。清光绪十三年（1887）开为商埠，设拱北关。

拱州　①唐显庆元年（656）以钵南优浪恐部置，为羁縻州，属松州都督府。治所在今四川阿坝县东南境或红原县南境。后废。

②北宋崇宁四年（1105）析开封、应天二府置，治所在襄邑县（今河南睢县）。辖境相当今河南睢县、太康、柘城、宁陵、民权等县及山东曹县地。大观四年（1110）废，政和四年（1114）复置。金天德三年（1151）改为睢州。

拱极门　原名万胜门。俗称大北门。又名柳门。即江陵城（今湖北荆州市荆州区故江陵县城）北门。清名拱极门。北上中原的驿道经此。

拱极城　在今北京市丰台区卢沟桥东头旧宛平城。明崇祯十年（1637）于卢沟桥东侧筑城，名拱北，特设参将控制。清改名拱极城，设西路捕盗同知及巡司、游击驻守。1928年宛平县治迁此。

拱辰山　又作北辰山。在今贵州黄平县北。《方舆纪要》卷121余庆县：拱辰山在“县南百五十里。以山势北向而名”。

拱面山　在今云南鹤庆县西北五里。《方舆纪要》

卷117鹤庆军民府：拱面山“山高百仞，一峰拱向郡治，林峦环映，阴晴异态”。

拱星场 即今四川绵竹市东北拱星镇。清道光《绵竹县志》卷12：拱星场在“城东北三十里，与安县交界”。

拱宸城 一名霍尔果斯。清乾隆四十五年（1780）建。为伊犁九城之一。在今新疆霍城县西北九十里霍尔果斯。光绪十四年（1888）于此置霍尔果斯厅。1914年改为霍尔果斯县。1947年改为霍城县。1966年县徙治水定镇。

拱宸桥 在今浙江杭州市北。明崇祯四年（1631）建桥。《清一统志·杭州府二》：拱宸桥“在仁和县北新关外，西湖、苕溪诸水汇流于此”。为水陆冲要之地。1949年至1953年，杭县曾迁治于此。

挞扒店 在今江苏扬州市西。南宋淳祐初，淮东将邓淳等与蒙古人战于扬州之挞扒店。《宋史·理宗纪》：南宋淳祐二年（1242），“诏：淮东先锋马军邓淳、李海等扬州挞扒店之战，宣劳居多，各官两转，余推恩有差”。

挞吉那国 故地或以为在今印度半岛西部沙漠地区，或以为在今伊朗法尔斯省沿海塔黑里一带。元汪大渊《岛夷志略》：“挞吉那，国居达里之地，即古之西域，山少而瘠，气候平热。”

挞拉巴哈台（臺） 旧名楚呼楚。即塔尔巴哈台。今新疆塔城市。清《西域闻见录》卷1：参赞大臣初驻雅尔肇丰城。乾隆三十二年（1767），“移驻于楚呼楚，上赐名曰挞拉巴哈台，建筑城垣，周回数里”。

挞鲁 即今西藏浪卡子县北倒龙。清《西藏图考》卷3：“白地三十五里过叶赛，十五里至挞鲁。”藏语意为飞禽之乡。自拉萨赴日喀则有二道，一由江孜，二由然巴，以此为分歧点。

挞鲁古河 古作太泺河，他漏河、他鲁河等。即今吉林西北部嫩江支流洮儿河。《金史·地理志上》长春县：“有挞鲁古河。”即此。

挞鲁河 亦作他鲁河。即今吉林西北嫩江支流洮儿河。《辽史·圣宗纪》：太平四年（1024）“二月己未朔，猎挞鲁河”。

挟河 ①在今北京市房山区南。《方舆纪要》卷11房山县：挟河“出县东南中浣谷，流入涿州界”。清《日下旧闻考》卷103：“挟河在（房山）县东南三十里，与涿州良乡交界。发源县之青龙潭东归公村，河亦名夹河。”

②亦作侠河。在今河北涿州市西北。《明一统志》卷11顺天府：挟河“在房山县东南。源出中院谷，流至涿州与胡良河合”。

挠力河 在今黑龙江省饶河县北。源出密山市西北，东北流经宝清、富锦，于饶河县北东安镇南注入乌苏里江。据民国郭熙楞《吉林汇征》载：饶河县“以挠力河得名。满语曰诺罗，为禽鸟众多栖集之地。汉音则讹为挠力”。另据穆晔骏满语地名翻译中的几个问题。附《满语地名表》（载《地名知识》1983年第3期），认为“诺罗”（挠力）满语意为“流荡不定”，因挠力河平展在三江平原之上，落差极小，河道回曲弯转，变化无常，故名。

挠沟 一名闹沟。在今湖北襄阳市北。《晋书·庾翼传》：“胡贼五六百骑出樊城，翼遣冠军将军曹据追击于挠沟北，破之。”即此。

拽剌山 亦作夜来山、耶里山。又名庆云山。在今内蒙古巴林右旗及林西县北境。《辽史·穆宗纪上》：应历八年（958），“秋七月，猎于拽剌山。迄于九月，射鹿诸山，不视朝”。

挺关 又名遗遗之门、扞关。战国赵地。在今陕西榆林市西北。《史记·赵世家》：惠文王十六年（前250），苏厉为齐遗赵王书云，“秦之上郡近挺关，至于榆中者千五百里”。即此。

挺县 西汉置，属胶东国。治所在今山东莱阳市南七里古柳街区。东汉属北海国。西晋属长广郡。北齐废。

挺城县 隋开皇十六年（596）置，属莱州。治所在今山东莱阳市南七里古柳街区。旋并入卢乡县。

括仓山 即括苍山。在今浙江仙居县东南。《隋书·地理志》：永嘉郡括苍县有“括仓山”，即此。

括（栝）州 隋开皇十二年（592）改处州置，治所在括苍县（今浙江丽水市东南七里古城村）。以产括木得名。辖境当今浙江天台山—仙都山一线以南的灵江、瓯江、飞云江流域。大业三年（607）改永嘉郡。唐初复为括州，辖境缩小。天宝元年（742）改为缙云郡，乾元元年（758）复为括州，大历十四年（779）改为处州。

括苍山 一作括仓山。在今浙江省仙居县东南。晋葛洪《抱朴子·内篇》卷4：“按《仙经》，可以精思合作仙药者，有……大山天台山、四望山、盖竹山、括苍山。”《新唐书·地理志》处州丽水县“有括苍山”，即此。《方舆纪要》卷89浙江总叙：“括苍山在台州府西南四十里，处州府缙云县东南百里，山连二郡之境。”

括苍县 隋开皇九年（589）分松阳县置，为括州治。治所在今浙江丽水市东南七里古城村。《元和志》卷26：“取括苍山为名。”大业三年（607）为永嘉郡治。唐初复为括州治，天宝、乾元间为缙云郡治。大历十四年（779）改名丽水县。

拾万场 亦名十万里场、百千街。在今重庆市大足县东南六十里拾万镇。清光绪十九年（1893），余栋臣率反洋教义军在此与清军激战。

拾回（迴）桥镇 一作十回桥镇。即今湖北荆门市南拾回桥镇。清嘉庆《荆门直隶州》卷7《集镇》：东南，“十回桥镇，一百二十里”。

拾翠洲 即今广东广州市城区西南、珠江白鹅潭沙面。唐陆龟蒙《送李明府之任南海》诗：“侯吏多来拾翠洲”，即此。《方舆纪要》卷101广州府南海县“琵琶洲”条：拾翠洲“在府西南三十里。古有津亭，今建节亭于其上”。唐至明，从西江、北江来广州的船舶，皆以此为终点，故拾翠洲为迎送官吏之处。

指向（嚮）礁　在南海中中国南沙群岛东南部，位于南乐暗沙东，在半月礁西南19海里。1935年公布名称为方向礁。1947年改名指向礁。

指林寺大殿　在今云南建水县城（临安镇）西门内。指林寺是滇南最早的禅宗寺院。始建于元代元贞二年（1296），明永乐年间（1403—1424）扩建，清代修复。为二进四合院。现存大殿、牌坊、廊庑。指林寺大殿系重檐歇山顶围廊式建筑，台基宽23米，纵深20.9米，大殿面阔、进深各五间，平面呈正方形。殿内为抬梁式木结构，举架高峻，保存元代建筑特点。内有两幅壁画和明景泰三年（1452）重修指林寺碑记，记载禅宗传入滇南的历史。殿前立有双柱歇山顶牌坊及石狮一对。2006年定为全国重点文物保护单位。

指封山　在今安徽霍山县东三十里，与儿街镇境内。《方舆纪要》卷26霍山县：指封山，"相传汉武南巡还，登复览山，见此山峻拔，因指示群臣，拟封为霍岳之副，故名"。

指掌暗沙　在南海中中国中沙群岛内，位于中沙大环礁浅湖内东部。东距石塘连礁5.3海里，南距南扉暗沙3.5海里。1947年公布名称为指掌暗沙。

挍城（挍 xiào）　亦称挍亭。在今山东临朐县东南七十里。《汉书·王子侯表》：元鼎元年（前116），封城阳顷王子云为挍侯，即此。

拼泉县　汉之渊泉县。在今甘肃瓜州县东南三道沟镇附近。《续汉书·郡国志》讹作拼泉县。

挖黑司　在今四川马边彝族自治县西南沙腔乡西。清为挖黑土百户。

按出虎水　即今黑龙江省哈尔滨市阿城区东阿什河。《金史·地理志》："上京路，即海古之地，金之旧土也。国言金曰按出虎，以按出虎水源于此，故名金源，建国之号盖取诸此。"清称阿拉楚喀河。

按出虎城　金为会宁府治。即今黑龙江哈尔滨市阿城区南白城。《金史·地理志》：因女真族云"金"为"按出虎"，故名。

按台山　即今阿尔泰山的元代译名。又作金山。《元朝秘史》作"阿勒台山"。Altai，蒙古语意为"金"。《元史·武宗纪》：大德十年（1306）"驻冬按台山……十一年春，闻成宗崩，三月，自按台山至于和林"。

按兔爪儿简寨　即安土瓜尔佳城。在今辽宁新宾县西北上夹河镇腰站附近。《清太祖实录》作"按兔爪儿简寨"。

挦思干城　即寻思干。今乌孜别克斯坦撒马尔罕。元刘郁《西使记》："挦思干城大而民繁。"

封山　①在今河北邢台县西。《方舆纪要》卷15顺德府：封山在"府西二十里。《志》云：以邢侯初封此而名，亦谓之西山。今自封山以西，绵延数百里，直接太行，皆西山矣"。

②在今浙江德清县西南。《国语·鲁语下》：仲尼云："汪芒氏之君也，守封、嵎之山者也。"韦昭注："封，封山；嵎，嵎山。今在吴郡永安县也。"《寰宇记》卷94武康县："封山者，以其禁樵采渔猎也。"

③在今福建将乐县东北。明《寰宇通志》卷49延平府：封山"在将乐县治北龙他都。其山高大，群峰拱揖，为一邑镇山"。昔传杨道真君炼丹于此。

封山县　①西晋置，属新昌郡。治所在今越南河西省西北不拔一带。南齐后废。

②南朝梁改安金县置，属合浦郡。治所在今广西灵山县南武利镇西安金村。隋属合浦郡。唐武德五年（622）为姜州治。后属廉州。北宋开宝五年（972）废。

封山郡　南齐置，属越州。治所在安金县（今广西灵山县南安金村）。辖境相当今广西灵山与浦北县相连武利江一带。梁废。

封山镇　亦作峰山镇。北宋置，属新明县。即今四川武胜县（沿口镇）。

封川县　隋开皇十八年（598）改梁信县置，为封州治。治所即今广东封开县东南封川镇。以封溪水为名。大业初为苍梧郡治。唐武德四年（621）复为封州治。天宝初为临封郡治。乾元初复为封州治。明属德庆州。清属肇庆府。民国初属广东粤海道。1920年直属广东省。1958年迁治江口镇（今封开县治）。1959年撤销封川县，与德庆县合并为德封县。1961年又以原封川县地，与原开建县地合并为封开县。

封门山　在今广东封开县东北。《方舆纪要》卷101封川县：封门山"在县（今封川镇）东北二十里。峰峦秀蔚，两崖如门"。

封门千户所　明万历五年（1577）置，属广东都司。在今广东郁南县西南通门镇。后废。

封乡　即今河南兰考县东仪封乡。民国属兰封县，有县佐驻此。

封水　即今广西西江支流贺江。《汉书·地理志》苍梧郡封阳县应劭注："在封水之阳。"《水经·温水注》："郁水东径苍梧广信县，漓水注之。又东，封水注之。"

封父　夏、商诸侯国。在今河南封丘县西。《左传》：定公四年（前506），"分鲁公以大路、大旂，夏后氏之璜，封父之繁弱"。杜注："封父，古诸侯也。"《礼记·明堂位》："崇鼎、贯鼎、大璜、封父龟，天子之器也。"郑玄注："崇、贯、封父皆国名。"《新唐书·宰相世系表》："封氏出自姜姓。……至夏后氏之世，封父列为诸侯，其地汴州封丘有封父亭，即封父所都。"

封氏墓群　在今河北景县城东南十五里小村南、后村北。为北魏至隋封氏家族的墓地。现存有封土的墓十六座。1948年曾出土文物三百多件，有铜器、瓷器、陶器、玻璃器及墓志等。其中莲花青瓷尊纹饰华美、造型精致，是当时北方青瓷的珍品。1961年定为全国重点文物保护单位。

封龙　在今河北鹿泉市南。《史记·赵世家》：武灵王二十一年（前305）攻中山，“王军取鄗、石邑、封龙”。《正义》：“《括地志》云：‘封龙山一名飞龙山，在恒州鹿泉县南四十五里。邑因山为名。’”

封龙山　①又名飞龙山。在今河北元氏县西北。《寰宇记》卷61镇州获鹿县：“飞龙山在县西南四十五里，一名封龙山。”《清一统志·正定府一》：封龙山，“《旧志》：山势如伏龙欲飞状，峰峦泉石，回环错列，称为奇胜”。故名。

②即今山西浑源县西南四十里龙山。《魏书·太宗纪》：泰常二年（417），“司马顺之入常山，流言惑众，称受天帝命，年二十五应为人君，遂聚党于封龙山”，即此。金末，元好问、李治、张德辉常游此山，时号“龙山三老”。

封平县　东晋末置，属新会郡。治所在今广东江门市新会区西南。隋大业初废。唐武德四年（621）复置，属冈州。贞观十三年（639）废。

封田城　在今山西长治市西北。《资治通鉴》：西晋永嘉三年（309），“（石）勒败（刘琨将黄）肃于封田”。即此。

封丘门　五代大梁城（今河南开封市）北墙西门。梁开平元年（907）改封丘门为含曜门，时人犹以旧称封丘门。《资治通鉴》：五代唐同光元年（923），“李嗣源军至大梁，攻封丘门，王瓒开门出降”。后晋天福三年（938）改为宣阳门，仍俗称封丘门。

封丘县　西汉置，属陈留郡。治所即今河南封丘县。北魏太平真君九年（448）废。景明二年（501）复置，北齐废。隋开皇十六年（596）复置，属滑州。大业初属东郡。唐属汴州。五代梁属开封府，元属汴梁路。明属开封府。清乾隆中属卫辉府。民国初属河南河北道。1927年直属河南省。

封乐县　南朝宋元嘉十二年（435）析盆允、新夷二县置，属新会郡。治所在今广东江门市新会区西北。隋大业初废。唐武德四年（621）复置，属冈州。贞观十三年（639）废。后复置，开元初又废。

封台（臺）　在今河南开封市南。《方舆纪要》卷47开封府祥符县：封台“在南薰门外。洪武初，幸汴时所筑”。

封州　①隋开皇十年（590）置，治所在新会县（今广东江门市新会区北）。辖境相当今广东江门市新会区境。十一年（591）改为允州。

②隋开皇十年（590）改成州置，治所在梁信县（今广东封开县）。辖境相当今广东郁南、封开县及广西贺江上流地区。大业三年改为苍梧郡。唐武德四年（621）复为封州，治所在封川县（今广东封开县东南封川镇）。天宝元年（742）改名临封郡，乾元元年（758）仍为封州。元至元十四年（1277）改为封州路，十九年（1282）降为封州，属江西行中书省广东道宣慰司。明洪武二年（1369）废。

③唐武德元年（618）置，治所在平乡县（今河北平乡县西南）。四年（621）废。

封州路　元世祖至元十四年（1277）改封州置，属江西行中书省广东道宣慰司。治所在封川县（今广东封开县东南封川镇）。辖境相当今广东封开县地。十九年（1282）复为封州。

封兴县　东晋置，属晋康郡。治所在今广东封开县东北。南朝梁属梁信郡。隋属封州，大业初废入封川县。唐武德四年（621）复置，后又废。

封阳县　西汉置，属苍梧郡。治所在今广西贺州市东南信都镇。《元和志》卷37封阳县：“在封水之阳，故名。”三国吴属临贺郡。南朝宋属临庆国。南齐复属临贺郡。隋属苍梧郡。唐武德四年（621）属贺州，贞观元年（627）废，九年（635）复置。北宋开宝四年（971）省入临贺县。

封谷　即封陵。战国魏邑，后入秦。在今山西芮城县西南风陵渡镇一带。

封陆　即封陵。战国魏邑，后入秦。在今山西芮城县西南风陵渡镇一带。

封建亭　在今湖北武汉市武昌南梅亭山。《清一统志·武昌府》：封建亭，“明太祖既降陈理，驻跸山上，得使报生皇六子，喜曰：他日以此子王楚。及封，议王齐，宝三铸不成。因悟曰：朕昔驻梅亭有言，其王楚乎？一铸而宝成，后乃建亭于山上”。

封统郡　西魏废帝元年（552）置，属宁州。治所同昌县（今四川九寨沟县白水江东岸）。辖境相当今四川九寨沟县中部地。后废。

封桥　即枫桥。在今江苏苏州市阊门西枫桥镇东。宋周遵道《豹隐纪谈》：“旧作封桥，后因唐张继诗，相承作枫。今天平寺藏经多唐人书，背有封桥常住字。”

封峦宫　汉武帝建元中建。在今陕西淳化县西北汉甘泉宫苑内。《汉书·扬雄传》甘泉赋：“逞逞离宫般以相烛兮，封峦、石关施靡虖延属。”注：“封峦、石关皆宫名也。”

封郭洲　在今湖北黄梅县南，长江北岸。《清一统志·九江府》：封郭洲“在德化县（今九江市）江北”。

封郭洲堤（隄）　在今湖北黄梅县南，长江北岸。《方舆纪要》卷85九江府：封郭洲堤在“府东北十里。隆庆中，邑令俞汝为筑堤，自李家口起，至小池口一带，绵亘三十余里。民田三万六千亩，及南昌、九江、蕲州之屯田，皆藉此堤以捍滨江侵啮。后浙圮，万历三年增筑。三十六年又建石闸，以为蓄泄。四十一年淫潦，堤闸多崩坏，兵备副使葛寅亮修筑堤闸，高广完固，其后相继营葺”。

封陵　一名风陵。在今山西芮城县西南风陵渡镇。《史记·魏世家》：魏襄王十六年（前303），“秦拔我蒲反、阳晋、封陵”。二十三年（前296），“秦复予我河外及封陵为和”。均此。

封陵县　唐乾元后置，属邕州。治所在今广西南宁市邕宁区东北七塘张村。五代晋属诚州。南汉复属邕州。北宋开宝五年（972）废。

封陵渡　又作风陵渡、风陵津、封陵津。为黄河主要渡口之一。在今山西芮城县西南黄河北岸风陵渡镇南。唐圣历元年（698）置风陵关于此。

封斯侯国　西汉元朔二年（前127）封赵敬肃王子胡伤为侯国，属常山郡。治所在今河北赵县西北二十里。东汉废。

封嵎　又作封隅、封禺。封山、嵎山的合称。在今浙江德清县西南。两山相去仅三里。《国语·鲁语下》：防风氏在虞、夏、商为汪芒氏，“守封嵎之山”。

封禅寺　原名独居寺。唐开元十七年（729）改名封禅寺。在今河南开封市东北隅。《旧五代史·晋书·少帝纪》：开运三年（946）十二月，辽兵入东京，晋降，“百官宿封禅寺”。又，《旧五代史·汉书·高祖纪》天福十二年，“晋少帝蒙尘于封禅寺”。即此。宋太祖开宝三年（970）又改曰开宝寺。

封禁山　又名铜塘山。在今江西上饶县东南。《方舆纪要》卷85广信府上饶县：封禁山在“府东南八十五里。一名铜塘山。险塞危峻，为郡之要害。中产铜铁。景泰中，福建沙县寇邓茂七盗冶铜铁，剽掠永丰，知县邓显追捕遇害，久之患始平。自是严冶禁，设隘戍守。《志》云，山绵亘广远，东接福建浦城县，东有铜孛山，为封禁之要口。南连福建崇安县，北通永丰县。其西南为择子岭，与高洲铁山一带相接，向为奸宄啸聚之地。其中林篁丛杂，溪港连延，旧制以其险峻难通，宜于封禁，因名。万历三十年尝复议开采，不果，自是垂为永制”。

封禁山水　在今江西广丰县西南。《清一统志·广信府一》：封禁山水“源自上饶界封禁山，东流过浑潭石，合永平溪”。

封溪水　又名封江、贺江、临水、临贺水。即今广西贺州市南之贺江。《水经·温水注》：“临水又西南流径郡南，又西南径封阳县东，为封溪水，故《地理志》曰：县有封水。又西南流入广信县，南流注于郁水，谓之封溪水口者也。”《元和志》卷34封川县：“封溪水经县北，去县十五里。”

封溪县　唐武德四年（621）置，属隆州。治所在今越南和平省西北。贞观元年（627）属峰州。寻废入嘉宁县。

封德县　北周建德六年（577）置，为芳州治。治所在今甘肃迭部县东南。隋属同昌郡。唐初省入常芬县。

封谿县　东汉建武十九年（43）置，属交趾郡。治所在今越南永福省安朗东。西晋属武平郡。《水经·叶榆水注》：左水“又东合南水，水自麊泠县东径封溪县北”。隋开皇初废。唐武德四年（621）复置，属隆州。贞观元年（627）废。

垣　又名王垣。在今山西垣曲县东南王茅镇。《史记·魏世家》：武侯二年（前394），“城安邑、王垣”。又《秦本纪》：昭襄王十五年（前292），“大良造白起攻魏，取垣，复予之”。皆此。战国时置垣县。

垣水　即今河北涿州市北拒马河支流胡良河。《汉书·地理志》涿郡良乡县：“垣水南东至阳乡入桃。”《水经·圣水注》：垣水“上承涞水于良乡县。分桃水，世谓之北涉沟。故应劭曰：垣水出良乡，东径垣县故城北，世名之顷前河。……垣水又东径涿县北，东流注于桃”。金称湖梁河。《清一统志·顺天府二》：胡良河“在涿州北十里。源出房山县大安山，流入州北，又东南合拒马河，入琉璃河，即古垣水”。

垣曲县　北宋改垣县置，属绛州。治所在今山西垣曲县东南五十七里古城镇。民国初属山西河东道。1928年直属山西省。1959年迁治刘张镇（今垣曲县）。

垣县　①战国魏置，后入秦，属河东郡。治所在今山西垣曲县东南约三十五里王茅镇。东汉改东垣县。

②隋大业三年（607）改亳城县置，属绛郡。治所在今山西垣曲县东南五十七里古城镇。唐属绛州。北宋改为垣曲县。

垣苗城　本名洛当城。在今山东济南市长清区西南五十里。《魏书·慕容白曜传》：白曜“既至升城，垣苗、麋沟二戍拒守不下”。《水经·济水注》：“济水又东北径垣苗城西，故洛当城也。伏韬《北征记》曰，济水又与清河合流至洛当者也。宋武帝西征长安，令垣苗镇此，故俗又有垣苗城之称。”

垣雍　即春秋时之衡雍。战国为韩邑，后属秦。在今河南原阳县西圈城。《史记·秦本纪》：昭襄王四十八年（前259）十月，“韩献垣雍”。又，《魏世家》：无忌谓魏王曰，“（秦）有郑地，得垣雍，决荥泽水灌大梁，大梁必亡”。

城上　即今江西新干县东南城上乡。南宋绍兴中于此置杯山巡司，寻废。明、清复置巡司于此。

城口　①即春秋楚大隧、直辕、冥阨三隘道的总称。在今河南信阳市南豫、鄂界上。《左传》：定公四年（前506），楚史皇谓子常曰：“若司马毁吴舟于淮，塞城口而入，是独克吴也。”杜注：“城口，三隘道之总名。”

②在今江西新干县西。《方舆纪要》卷87新淦县：“监军城在县西十里。地名城口。杨吴置制置院于新淦，又渡江而西，置监军营，因筑此城。宋绍定间废。”

城口山　在今重庆市城口县北一里。《清一统志·太平厅》：城口山“在厅北一百里。有诸葛城遗迹”。清道光《城口厅志》卷4：赤龙山“山极雄峻，重叠三层，由山麓上第一层，高五里，为城口山，一名鹞子岩”。

城口厅　清道光二年（1822）置，属绥定府。治所即今重庆市城口县。《清史稿·地理志》城口厅："西：城口山，厅以此名。"1913年改为城口县。

城口村　即城口隘。今广东仁化县北九十里城口镇。《方舆纪要》卷102仁化县"风门凹隘"条：城口隘"在县北一百三十里"。清设城口汛，有外委把总驻防。

城口县　①1913年改城口厅置，属四川东川道。治所即今重庆市城口县。1928年直属四川省。

②1933年9月川陕革命根据地置，治大竹河（今四川万源市东北大竹镇）。1935年初迁治洪口（今四川通江县东北洪口镇）。旋废。

城口营　即今重庆市城口县。《清一统志·太平厅》：城口营"在厅东城口。本朝嘉庆十四年设都司驻防"。道光二年（1822）改设城口厅。

城口堡　明嘉靖末筑，属宁洋县。在今福建漳平市北新桥镇城口村。《清一统志·龙岩州》：城口隘"在宁洋县东五十里，接大田县。……今有城口桥"。

城口隘　①即今福建漳平市东北城口。《清一统志·龙岩州》：城口隘"在宁洋县（治所在今双洋镇）东五十里，接大田县界。明嘉靖末，漳平知县魏文瑞尝议筑堡于此。今有城口桥"。

②即今广东仁化县北城口镇。明嘉靖《仁化县志》卷1有城口隘。《清一统志·韶州府》：城口隘"在仁化县北九十里康溪都，路通桂阳"。

城口镇　亦名无为镇。即今安徽无为县。《元史·地理志》无为州："宋始以城口镇置无为军。"

城山　①在今北京市平谷区东。《方舆纪要》卷11平谷县：城山在"县东六十里，四山高耸，中宽平如城"。

②在今河北井陉县南三十里障城山。《方舆纪要》卷14井陉县：城山在"县（按，在今县西南城关镇）东南三十里。一名障城山，以山似城垣而名。金末武仙余党赵贵等据山侵掠，蒙古将焦德裕击平之。明初大兵下井陉，别将费聚取城山砦是也"。

③在今安徽铜陵县东三十五里新桥镇。《方舆纪要》卷27铜陵县：城山"四围石壁峭立，西南仅通一径，宛如城门。其上平坦，约数十亩。又有井，虽旱不涸。昔人恃以避寇，亦谓之赛城"。

④在今安徽池州市西南。《方舆纪要》卷27贵池县"全山"条下："又西南二十里曰城山，以山势周遭如城也。罗友贤寨址存焉。"

⑤在今福建福安市西南十五里。《方舆纪要》卷96福安县：城山"唐末乡民筑城于此，以避黄巢之乱，因名。上有灵岩，岩下有双剑水，亦曰廉溪"。

⑥在今福建莆田市东南二十里。《方舆纪要》卷96莆田县：城山"一名谷城山，与壶公对峙，为黄石市（今黄石镇）之主山。上有松隐岩，前临国清塘"。

城山子山城　在今吉林敦化市南郊，牡丹江西岸。又称敖东城，为唐时渤海国早期都城。都城从第一代王大祚荣建国到第三代王大钦茂迁都，持续57年之久。土筑城垣，呈长方形。分内、外城，外城东西长400米、南北宽200米；内城呈正方形，边长80米，今已难辨城貌。山城遗址内出土有铜钱、石臼、兵器、陶器、砖瓦等。2006年定为全国重点文物保护单位。

城山岭　在今浙江临海市西南。《方舆纪要》卷92台州府：城山岭"在府西南三里。以城跨其上而名"。

城山寨　在今安徽池州市西南境。《方舆纪要》卷27贵池县"乌石山寨"条下："又城山寨，在府西百三十里。元末，建德土豪罗友贤聚众保障，遂为乱。至正二十年，我师取建德，以友贤归。二十二年，友贤复据城山寨以叛，欲通张士城，杭、歙震动。既而徐达等讨平之。"

城门山　在今广西天等县东北。《方舆纪要》卷110结安州：城门山"在州治（今结安）东北。以壁立如门"。

城门乡　在今安徽天长市东北四十五里。明、清置巡司于此。

城门岭　在今浙江台州市（椒江区）椒江南岸。《方舆纪要》卷92临海县：城门岭"当（海门）卫城北，亦峙椒江南岸，稍东北即前千户所城也，由此达仙居、走温州，为所境之险"。

城门嶂　在今福建宁化县东北。《清一统志·汀州府》：城门嶂"在宁化县东北四十里。山势卓立如屏。元季寇乱，乡人避兵于此"。

城子山　①即今江苏仪征市北曹山。《舆地纪胜》卷38真州：城子山"在州北。魏文帝尝于此筑乐游台"。《方舆纪要》卷23仪真县：城子山在"县北六里。山形如城。魏文帝筑乐游台，立马赋诗于此"。

②在今湖北钟祥市东北。《方舆纪要》卷77安陆府钟祥县：城子山"在府东南百四十里。上有土城，亦昔时保聚处"。《清一统志·安陆府》：城子山"在钟祥县东北一百里。绝顶方池数顷，四面悬崖峭壁，惟一径可登。上有古城基。又京山县东二十里，亦有城子山，其上亦有古城"。

城子山山城　在今吉林延吉市东城子山上。为东夏国的南京。东夏是由蒲鲜万奴在辽东建立的割据政权。南宋绍定六年（蒙古太宗五年，公元1233年），蒙古军攻破山城，生擒蒲鲜万奴，东夏遂亡。

城子山遗址　在今内蒙古敖汉旗北萨力巴乡与玛尼罕乡交界处，年代距今4000—3500年。遗址主体分布范围约为6.6平方公里，发现十个祭祀点，均在山梁上。其中规模最大、保存最好的1号地点位于主梁的最北端，平面呈不规则多边形，面积约为15万平方米，外侧有石块垒砌的围墙，周长为1418米，局部残高0.5米，宽度为1—2米，石墙外侧有弧度护坡。共有石垒祭坛二百三十一个，其中主墙内有二百二十八个。外围主墙中部发现一巨型石雕猪首，形象逼真，长9.3米，额头宽7.5米。城子山遗址规模宏大，布局完整，是夏家店下层文化中心性祭祀遗址，是赤峰一带出现早期国家的实证。2001年定为全国重点文物保护单位。

城子岭关　明置，属迁安县。即今河北迁西县东北五十里太平寨镇东北城自岭。《方舆纪要》卷17迁安县：城子岭关“在县西北九十三里。《边略》云：青口东第四关口也。……《郡志》：城子岭西南去榆木岭二十里，其间山岭崎岖，所谓十八盘也”。

城子驿　在今江西永修县西北。《方舆纪要》卷84南康府建昌县：“城子驿在县（治今艾城）北二十五里，唐置。”

城子崖遗址　在今山东章丘市西龙山镇东北。1928年春发现新石器时代晚期的文化遗址，1930—1931年进行了两次考古发掘，出土陶器、石器、骨器等大批文物，确认是一处以磨光黑陶为主要特征的文化遗存，考古学界已将龙山镇城子崖遗址为代表的文化遗存命名为“龙山文化”。1990年对城子崖遗址进行再次发掘，发现距今4000年前的龙山文化城和夏代城址。1961年定为全国重点文物保护单位。

城子镇　即今江西九江县西北城子镇。《方舆纪要》卷85九江府：城子镇“在府西四十里大江北。有巡司，亦洪武初置”。清亦置巡司于此。

城子疃　即今辽宁新金县东北城子坦镇。为金福铁路（今金城线）的终点。

城乡县　西汉置，属广平国。治所在今河北南部。东汉废。

城中县　北魏神龟元年（518）于库仁川置，属朔方郡。治所在今陕西子长县东秀仁河流域。西魏改属安宁郡。隋开皇元年（581）改为城平县。

城冈山　在今湖南耒阳市西南五十里。《方舆纪要》卷80耒阳县：城冈山“冈峦秀拔，上有二峰相峙。又有清溪水环其北麓”。

城冈峒　在今广东台山市西南。《方舆纪要》卷101广州府新宁县：城冈峒“在县（今台山市）西南七十里城冈堡，有巡司”。

城冈墟　即今江西兴国县东北九十里城冈乡。明嘉靖《赣州府志》卷5：兴国县在城冈市。清同治《江西全省舆图》卷9：兴国县东北“石浒头又七里至城冈墟，自此东北行五里至壕头隘，系吉安府永丰县界”。

城父　①又名夷邑。春秋陈地。即今安徽亳州市东南七十里城父镇。后入楚，曾为许国都。《左传》：昭公九年（前533）二月，“楚公子弃疾迁许于夷，实城父”。即此。汉置城父县。

②春秋楚邑。在今河南宝丰县东。《左传》：昭公十九年（前523），费无极言于楚子曰：“若大城城父，而寘大子焉，以通北方，王收南方，是得天下也。”王从之。“故大子建居于城父”。即此。

城父县　①西汉置，属沛郡。治所在今安徽亳州市东南城父镇。东汉属汝南郡。三国魏属谯郡。南朝宋废并入浚仪县。隋开皇十八年（598）复改浚仪县为城父县，大业初属谯郡。唐天祐二年（905）改为焦夷县。五代梁改为夷父县。后唐同光初复为城父县，属亳州。元废入谯县，寻复置。明初废。

②东晋侨置，属南谯郡。治所在今安徽巢湖市附近地。后废。

城月水　即今广东遂溪县西南城月水。《清一统志·雷州府》“武乐水”条内：“城月水，源亦出螺冈，东流合武乐水，由库竹港入海。”

城月站　元置，在今广东遂溪县东南城月镇。

城月墟　即今广东遂溪县西南城月镇。明万历《雷州府志》卷4遂溪县：城月墟在“县西南，坡月驿边”。清道光《遂溪县志》卷4：城月墟在“县南七十里”。

城平县　①南朝宋置，属河间郡。治所在今河北沧州市西南。寻废。

②隋开皇元年（581）改城中县置，属安宁郡。治所在今陕西子长县东秀仁河流域。大业初属雕阴郡。唐武德三年（620）为魏州治。贞观二年（628）属绥州。宋至道间废。

城北湖　在今湖北省钟祥市北。《方舆纪要》卷77安陆府钟祥县：城北湖在“府北五里。流通汉江”。

城田镇　北宋置，属灌阳县。在今广西灌阳县西南八十里。

城乐县　唐武德四年（621）置，属思州。治所在今贵州德江县南。贞观八年（634）改属费州。《寰宇记》卷121费州城乐县：“始筑城，人歌午之，遂以为名。”后废。

城头山　即临嶂山。在今湖北武汉市西北蔡甸区东。《宋史·地理志》德安府：“咸淳中，徙治汉阳城头山。”

城头山遗址　在今湖南澧县西北。遗址呈圆形，夯筑城垣周长为1000米。1991—1994年多次发掘，确认其为始建于约5000年前的屈家岭文化中期。现存城墙高出护城河水面约6米，城门缺口四个，东、西、南、北相对应，在东门外有一条宽5米许的卵石道路通向城内，北门为水道，与护城河相通。已发现城内有夯土房址台基、成排房址、制陶作坊、墓葬区及贯穿东、西城门的主干道。城下尚有大溪文化遗存。城头山遗址是目前所知长江流域最早的城址。1996年定为全国重点文物保护单位。

城头盖　又名岑头盖、铁桶盖。在今贵州思南县西六十里杨家坳苗族土家族乡境。清咸丰、同治年间，白莲教在思南、凤冈等地起义，称“白号军”。朱明月部以此为据点，坚持斗争12年之久。今前营城墙完好，点将台、花厅、昭忠祠、九龙口、四大卡、八小卡等遗址尚存。

城西驿　①在今福建建瓯市城西南。《方舆纪要》卷97建宁府：城西驿“在府城西南通济门外。元为城西站。洪武二年改为驿”。

②在今广东东莞市城西。《方舆纪要》卷101广州府东莞县：城西驿“在县城西，水驿也”。

城关镇 在今湖北竹溪县东南。《清一统志·郧阳府》：城关镇“在竹溪县东七十里”。

城安县 北魏孝昌中置，为北梁郡治。治所在今河南民权县东北。北齐天保七年（556）移治废考阳县城（今民权县东北），属梁郡。隋开皇十八年（598）改为考城县。

城阳 ①战国时为韩国城阳君封邑。在今山东菏泽市东北五十二里胡集乡。《史记·秦本纪》：昭襄王十七年（前290），“城阳君入朝”。即此。《正义》引《括地志》：“濮州雷泽县本汉郕阳县，古郕伯姬姓之国，周武王封弟季载于郕，其后迁城之阳也。”

②战国楚地，在今河南信阳市北。《战国策·楚策四》：“襄王流揜于城阳”，即此。

城阳山 在今安徽歙县城南二里。《寰宇记》卷104歙县：城阳山“在县南。回环孔高，为城郭之襟带。居郡之南，故号为城阳焉。即许宣平得道之所，亦为李白所寻不遇之处。今山上有遗迹存”。

城阳州 金大定二十二年（1182）改城阳军置，治所即今山东莒县。二十四年（1184）改名莒州。

城阳军 金初置，属山东东路。治所即今山东莒县。大定二十二年（1182）升为城阳州。

城阳县 ①战国秦置，属东郡。治所在今山东菏泽市东北五十二里胡集乡。西汉改为成阳县。西晋复改城阳县，属济阴郡。北魏属濮阳郡。北齐废。

②南朝宋置，为沈黎郡治。治所在今四川汉源县东北。后废。

③南朝宋置，属新宁郡。当在今广东新兴县或高要市境。南朝梁以后废。

④北魏太和三年（479）置，为殷州城阳郡治。治所在今河南泌阳县南。隋开皇中废。

⑤南朝梁置，为城阳郡治。治所在今河南信阳市东北。后属北魏。东魏属仵城郡。隋属汝南郡，大业末废。

城阳国 西汉文帝二年（前178）改城阳郡为国，治所在莒县（今山东莒县）。西汉末辖境相当今山东莒县、沂南等地。东汉建武十三年（37）并入琅邪国。

城阳郡 ①西汉初置，治所在莒县（今山东莒县）。文帝二年（前178）改为城阳国。东汉建武十三年（37）并入琅邪国。建安三年（198）复置，三国魏移治东武县（今山东诸城市）。西晋废。

②北魏太和三年（479）置，为殷州治。治所在城阳县（今河南泌阳县南）。隋开皇初废。

③南朝梁置，为楚州治。治所在城阳县（今河南信阳市东北）。寻属北魏。东魏为西楚州治，移治义兴县（今信阳市东北）。北齐属永州。隋初废。

④西魏置，属安州。治所在应城县（今湖北应城市）。北周辖境相当今湖北应城、云梦等市县地。隋开皇初废。

城阳遗址 在今河南信阳市平桥区平桥镇北偏西六十里。为春秋早期所筑，是楚国的军事重镇。城址保存完整，分内、外两城，内城周长5484米，面积68万平方米；外城东、北、西三面为沿河，南墙向东延伸1公里至淮河边。内外城总面积250万平方米。在城西南400米的山坡上分布有楚墓群，有几十座大型墓葬。公元前278年，秦破楚郢都，楚顷襄王逃至城阳，城阳曾作为楚的临时国都。城阳城一带出土了大量青铜器、陶器、郢爰、蚁鼻钱等。城阳城及墓葬在楚文化研究中占有十分重要的地位，是我国现存六座“楚王城”中面积最大、保存最好的一座。2001年定为全国重点文物保护单位。

城阳镇 民国置，即今山东青岛市北城阳区驻地城阳镇。滨临胶州湾。清同治《即墨县志》卷2《市廛》有城阳。

城阶县 西魏置，治所在今甘肃西和县境。北周废。

城阴城 在今山东高密市西南四十里井沟镇西北前田庄。元于钦《齐乘》卷4：龙且城“（潍）水西即且冢，冢南曰梁台，韩信囊沙壅水之地，亦曰城阴城”。

城坝遗址 在今四川渠县东北七十四里土溪乡城坝村，渠江左岸。三面临江，面积约为1平方公里。秦取巴蜀后在此建宕渠县，东汉车骑将军冯绲增修，俗称车骑城。晋末城曾毁，后历为州、郡、县治。古城遗址内汉砖（花边砖）、汉瓦残片遍布。官署、市街、手工工场、古墓葬等遗迹布局明显。水井密集，深达四五丈，还发现有地下排水管道和房基痕迹。窑址、灰坑有的露出地面。以上釉几何图案砖最为珍贵。出土有汉代铜编钟、铜蒜头壶及大量陶俑、陶禽、陶炊具和建筑材料等。为研究汉代政治、经济、文化提供了重要实物资料。2006年定为全国重点文物保护单位。

城村汉城遗址 又称古粤城、闽王城。在今福建武夷山市南兴田镇北。为汉代闽越国故城址。平面略呈长方形，城周围崇溪三面环绕，地势险要，遗址面积48万平方米。城墙夯土建筑，周长为2896米。二城门，城内探明建筑基址四处、冶铁作坊遗址五处、居住区十五处，烽火台、排水系统、古道路多处。建筑基址中有大量宫殿基址，反映汉代闽越族建筑成就。1958年以来发现大量陶器、铁器和铜器。1996年定为全国重点文物保护单位。

城步县 明弘治十七年（1504）置，属宝庆府。治所即今湖南城步苗族自治县。清同治《城步县志》卷1：“步者水陆凑会之名，城者言有故城也。”民国初属湖南湘江道。1922年直属湖南省。1956年设立城步苗族自治县。

城步砦 北宋熙宁六年（1073）置，属武冈县。即今湖南城步苗族自治县。明于此置巡司。弘治十七年

（1504）改置城步县。

城鸡铁路　从今黑龙江穆棱市西南下城子东北至鸡西市。长44.5公里。为八梨铁路的延长线。日伪于1939—1941年修筑。

城武县　南朝宋改成武县置，属北济阴郡。治所即今山东成武县。北魏移治今成武县东南部鼎集。北齐为永昌郡治。隋开皇初废郡，复改成武县，并还旧治。明又改城武县，属兖州府。清属曹州府。民国初属山东济宁道。1925年属曹濮道。1928年直属山东省。1958年复名成武县。

城固县　南朝宋改成固县置，属汉中郡。治所在今陕西城固县东湑水西岸。北魏正始中移治壻乡川（今城固县西十八里柳林镇固城）。隋属汉中郡。唐武德二年（619）改名唐固县，贞观二年（628）复名城固县，属梁州（后为兴元府）。北宋崇宁二年（1103）移今城固县治。元属兴元路。明、清属汉中府。民国初属陕西汉中道。1928年直属陕西省。

城固南城　在今陕西城固县东汉水南。《水经·涔水注》："涔水即鬻水也，东北流径城固南城北，城在山上，或言韩信始立，或言张良创筑，未知定所制矣。义熙九年，索邈为梁州刺史，自城固治此，故谓之南城。城周七里，衿涧带谷，绝壁百寻，北谷口造城东门，傍山寻涧，五里有余，盘道登陟，方得城治。城北水旧有桁，北渡涔水，水北有赵军城，城北又有桁，渡沔取北城，城即大城固县治也。"

城南庄　在今河北阜平县南。1949年晋察冀军区司令部设此。现有晋察冀军区司令部旧址和城南革命纪念馆。

城南佳趣堂　在今江苏常熟市西北虞山东芝溪上。明王鏊《姑苏志》卷31：城南佳趣堂，"邑人虞子贤尝得朱晦庵和张广汉忠献城南杂咏真迹，遂筑堂以居。番阳周伯琦题匾曰：'城南佳趣'"。

城南驿　明置，在今广西全州县南。《方舆纪要》卷107全州："城南驿旧在州南。洪武二年迁置于广山下，去旧驿十里，正统中改置于城北朝京门外之江次。"

城南堰　在今云南楚雄市南三里。《方舆纪要》卷116楚雄府：城南堰"在府南三里。可灌田千余亩"。

城洑镇　在今安徽铜陵县北十里长江中沙洲上。《清一统志·池州府一》：城洑镇"在铜陵县北鹊头山，即古鹊头镇也。旧有巡司，今裁"。

城都侯国　西汉置，属山阳郡。治所在今山东鄄城县东南。成帝河平二年（前27）封王商为城都侯，即此。东汉省。

城桥关　吐蕃置，在今甘肃临夏县北莲花镇原唵哥集，今已没入刘家峡水库。《宋史·地理志》河州："安乡关，旧城桥关，元符三年赐名。"《方舆纪要》卷60河州：安乡城"在州东北五十里。吐蕃所置城桥关也"。

城钽　春秋宋邑。在今河南滑县东。《左传》：哀公十一年（前484）卫大叔疾奔宋，"疾臣向魋，纳美珠焉，与之城钽"。杜注："城钽，宋邑。"

城皋亭　即春秋郑皋鼬邑。在今河南临颍县南。《春秋·定公四年》杜注："繁昌县东南有城皋亭。"

城陵矶　在今湖南岳阳市东北十五里，当长江与洞庭湖交汇处。《水经·江水注》："江之右岸有城陵山，山有故城。"明置巡司于此。

城盘子　即熙春城。在今新疆伊宁市北十里。清祁韵士《西陲要略》卷2：熙春城"在惠远城东八十里，亦巴彦岱地，俗呼城盘子"。

城隍港　即今湖北汉川市西南十六里城隍镇。清光绪《湖北全省分图》：汉川县西南有城隍港。

城棣　春秋郑邑。在今河南原阳县北。《左传》：襄公五年（前568）十一月，楚伐陈，诸侯"会于城棣以救之"。杜注："郑地。陈留酸枣县西南有棣城。"《寰宇记》卷2阳武县："南棣城、北棣城二城并在县北十里。《左传》楚伐陈，诸侯会于城棣以救之。北城也。"

城颍　春秋郑邑。在今河南临颍县西北。《左传》：隐公元年（前722），郑庄公"遂寘姜氏于城颍"。

城湖　即仆射陂。在今河南郑州市东五里堡南。

城塘县　隋开皇末置，属鄂州。治所在今湖北鄂州市西北白浒镇。《寰宇记》卷112武昌县：废城塘县"西有小城塘以为名"。大业九年（613）废。

城濮　春秋时卫地。在今山东鄄城县西南临濮集。《春秋》：僖公二十八年（前632），"晋侯、齐师、宋师、秦师及楚人战于城濮，楚师败绩"。即此。一说在今河南开封县陈留附近。

塽城县　北魏改郏县置，属广州南阳郡。治所即今河南郏县。西魏废。

蚀县　战国秦置，属泗水郡。治所在今安徽五河县西五十二里东刘集镇附近。西汉属沛郡。东汉改作虹县。

垌冢（塚）集　即今湖北汉川市西北八十里垌冢镇。清光绪《湖北全省分图》：汉川县西北有垌冢集。

垛石桥　旧名杜家水口镇。即今山东济阳县西北三十里垛石镇。清光绪《山东通志》卷1《舆图志》：济阳县西北有垛石桥。

垛庄　即垛庄驿。今山东蒙阴县东南垛庄镇。民国时有县佐驻此。

垛庄驿　即今山东蒙阴县东南五十四里垛庄镇。清康熙二年（1663）置驿丞，乾隆十四年（1749）改置巡司。

垝津　即白马津。在今河南滑县东北古黄河东岸。《战国策·魏策三》："秦故有怀地刑丘、之城、垝津。"

垓下　又名垓下聚。在今安徽灵璧县东南，沱河北岸。一说在今安徽固镇县东南四十八里。《史记·

项羽本纪》：汉高帝五年（前202），楚、汉两军在垓下决战，项羽大败。张守节《正义》："垓下是高冈绝岩，今犹高三四丈，其聚邑及堤在垓之侧，因取名焉。"

垟头岩　在今浙江云和县西。《方舆纪要》卷94云和县：垟头岩"在县西十八里，高千余仞"。

垞城　亦作秺城。即今江苏徐州市铜山区北垞城（李场西南）。《水经·泗水注》："泗水又径留县，而南径垞城东。"《元和志》卷9徐州彭城县："故垞城，在县北二十六里。或曰古崇侯国。兖州人谓实中城曰垞。"《方舆纪要》卷29徐州：垞城"盖南北朝时戍守处也。今谓之茶城，为运道所经。明嘉靖末，黄河北徙，城遂为漕、黄交会之冲。后河口东移，荣城乃为内险"。

项　西周封国，姞姓。即今河南沈丘县。春秋时灭于鲁。《春秋》：僖公十七年（前643），"夏，灭项"。杜注："项国，今汝阴项县。"

项山　即今浙江衢州市衢江区北王山。《方舆纪要》卷93衢州府西安县：项山在"府北四十里。山陡峻，内有桐岩，旁列诸峰，势如奔马。上有项羽庙，因名"。

项公山　即尹公山。在今浙江遂昌县东北。《元丰九域志》卷5：处州遂昌县"有项公山"。

项关　在今河南项城市西南南顿镇。《晋书·王弥传》：刘聪遣王弥、刘曜等陷洛阳，弥与曜有隙，"遂引众东屯项关"。即此。

项村　即今江西婺源县西南项村。明万历八年（1580）设巡司于此，名项村巡司。

项县　秦置，属陈郡。治所即今河南沈丘县。西汉属汝南郡。南朝宋为陈郡治。北魏徙治陈城（今淮阳县）。隋开皇初改名宛丘县。

项城市　1993年撤销河南省项城县，改设项城市，市人民政府驻水寨镇。由周口市代管。

项城县　隋开皇初改秣陵县置，属陈州。治所即今河南沈丘县。大业初属淮阳郡。唐属陈州。北宋属淮宁府。金属陈州。元世祖至元二年（1265）废。后复置。明宣德三年（1428）移治殄寇镇（今项城市南老城）。清属陈州府。民国初属河南开封道。1927年直属河南省。1953年徙今治水寨镇。1993年改为项城市。

项城阜　在今山东定陶县北。《清一统志·曹州府》：项城阜"在定陶县北三十里。楚项梁破章邯屯兵处。其地有高阜"。

项城郡　建置不详。治所当在今河南沈丘县境。《隋书·地理志》项城下云："又有项城郡，开皇初分立陈郡，三年并废。"

项城营　在今河南项城市西南二十五里。《清一统志·陈州府一》：项城营"明宣德中尝议迁县于此"。

项浦　在今浙江湖州市东北。《寰宇记》卷94乌程县："掩浦一名项浦，在县东北十六里。顾长生《三吴土地志》云：昔项羽观秦皇舆御曰：'可取而代也'，伯项梁闻，掩其口之处，因名之。"

政平州　明永乐七年（1409）改布政州置，属新平府。治所在政和县（今越南中部广平省广泽）。辖境相当今越南广平省北部地。宣德二年（1427）以后入安南。

政平驿　明洪武三年（1370）置，即今甘肃宁县南中村乡西南六十里政平村。《方舆纪要》卷57宁州：政平驿"邠、宁往来之通道也"。

政州　北宋政和五年（1115）改龙州置，治所在江油县（今四川平武县东南涪江东岸南坝镇北旧州）。辖境相当今四川平武县及江油、青川二市县部分地。南宋绍兴元年（1131）复为龙州。

政和圩　北宋政和初筑，在今安徽当涂县南。《宋史·河渠志六》：政和四年（1114），工部言，"乞依宗原任太平州判官日已兴政和圩田例，召人户自备财力兴修"。

政和县　①北魏置，属朔方郡。治所在今陕西吴堡县西北四十里杨家塬。西魏废帝元年（552）改名延陵县。

②北宋政和五年（1115）改关隶县置，属建州。治所即今福建政和县。以年号为名。南宋绍兴中属建宁府。元属建宁路。明、清属建宁府。1913年属北路道。1914年属建安道。1928年直属福建省。宋时置银场于此。

政和堡　北宋政和六年（1116）置，属泸州。在今四川兴文县西北境。南宋李心传《建炎以来朝野杂记乙集》卷17：《泸州长宁军胜兵邑义军》原注："长宁军，乐共城各五百，梅洞、水庐寨、政和堡各三百。"

政宾水　即今广东清远市、清新县西北之滨江，为北江支流。《清一统志·广州府一》：政宾江"在清远县西北六十里。源出大罗山，流经临汉峡，又南入湞"。

政宾县　隋开皇十年（590）改中宿县置，属广州。治所在今广东清新县西北河洞堡。大业初属南海郡。唐武德六年（623）废。

政满镇　金置，属范阳县。在今河北涿州市境内。

赵　古国名。西周缪王以赵城封造父，故址在今山西洪洞县北赵城镇西南。赵氏之后，世为晋大夫。周威烈王二十三年（前403），赵烈侯（即赵籍）与韩、魏瓜分晋国，列为诸侯，建都晋阳（今山西太原市西南）。前386年迁都邯郸（今河北邯郸市）。疆域包括今河北西南部、山西中部及陕西东北隅。赵武灵王时攻灭中山，打败林胡、楼烦，设云中、雁门、代郡，占有今山西北部、河北西部及河套地区，成为战国七雄之一。前260年长平之战大败于秦，国势日衰。前222年灭于秦。

赵三王陵　在今河北邯郸县西北三陵乡。《清一统志·广平府》：赵三王墓"在邯郸县西北二十里。亦名三王陵。三王，惠文、孝成、悼襄也。俗呼为陵台。今其地即名三陵村"。

赵口坪　在今四川通江县东一百里。《明史·地理志》通江县："旧治在赵口坪，洪武中徙于今治。"道光《通江县志》卷2：通江旧县，"《旧志》：赵公坪，明洪武太祖中徙今治。废县在今县东一百里，盖即宋末下通江也"。

赵川县　1947年10月当地解放后由商南县析置，治赵川镇（今陕西商南县西南赵川镇）。1948年5月废。

赵川赕　又称渠敛赵。唐南诏中心区十赕之一。治所在今云南大理市东十六里凤仪镇。辖境约当今云南大理市东南部。宋大理改赵赕。

赵川堡　在今河北宣化县东北五十里赵川镇。明宣德五年（1430）筑堡于此，隆庆后改筑砖城。清设把总驻守。

赵川镇　即今陕西商南县西南赵川镇。1947年10月当地解放后曾设赵川县治此。

赵王河　源出今山东东明县南，东流经菏泽、郓城，至寿张县界流入运河。或曰即山东境之古灉河。

赵王城　在今安徽来安县东二十五里。《方舆纪要》卷29来安县：赵王城在"县东北二十五里，相传寇乱时，有赵、王二将屯此"。

赵王陵　在今河北邯郸县西北三陵乡。《清一统志·广平府》：赵三王墓"在邯郸县西北二十里，亦名三王陵。三王，惠文、孝成、悼襄也。俗呼为陵台。今其地即名为三陵村"。除了邯郸县西北三陵乡有三座陵台外，永年县南两岗乡也有两座陵台，共有五座陵台。各陵台均坐西朝东，结构形制基本相同。系以山丘为基，用黄土夯筑成2万—6万平方米的高大梯形平台，台面有封土一座至二座。墓室筑于山体岩石之内，神道宽大呈斜坡状，均筑于台面东侧。陵台周边有陪葬墓多座，地表残存一些建筑材料。赵王陵是战国七雄之一的赵国王陵，宏伟壮观，保存完好，是研究战国史、赵文化的第一手资料。2001年定为全国重点文物保护单位。

赵王镇　清置，属鄠县。即今陕西户县东北二十五里赵王镇。

赵云（雲）墓　在今四川大邑县城东三里银屏山下。赵云（？—229），字子龙，常山真定（今河北石家庄市东北）人。三国蜀汉名将。初从公孙瓒，后归刘备。建兴七年（229）病死成都。《清一统志·邛州》：赵云墓"在大邑县东三里"。

赵屯桥镇　即今上海市青浦区北赵屯镇。《方舆纪要》卷24松江府青浦县：赵屯镇"在县西北二十七里赵屯浦上。《志》云，旧名汉城里，以宋高南渡屯兵于此，因名"。

赵屯浦　在今上海市青浦区西北。《方舆纪要》卷24松江府华亭县：赵屯浦"旧当淀山湖北，直受湖水，泻于吴淞江，阔五十丈，通江五大浦之一也。宋、元以来，屡经浚治。……后水利不修，浦去淀湖益远，湖水自北曹港分支北流，愈北愈隘。浦口束以石梁，仅通舟楫，其接曹港处，又名新河浦，分二支：一支东南流入曹港者曰南小赵屯浦；一支东北流入吴淞江者曰北小赵屯浦"。

赵屯镇　北宋置，属东流县。在今安徽东至县北。《寰宇记》卷111彭泽县：古赵屯城"在县东北二百五十七里。典籍不载，古老相传赵屯城"。《元丰九域志》卷6东流县有赵屯镇。

赵牛河　在今山东齐河县西。《清一统志·济南府一》：赵牛河"旧曰利民河。西南自长清连杨堤，西北至禹城界，长百余里。地势洼下，夏秋水溢，淹没禾稼。明洪武十七年知县赵清、县丞牛文浚河，阔十五步，深二丈，民至今赖之，故名赵牛河"。

赵毛陶庄　即今河北海兴县西南二十二里赵毛陶乡。清同治《畿辅通志》卷50盐山县图：东北有赵毛陶集。

赵长城　战国赵武灵王筑。《史记·匈奴列传》："筑长城，自代并阴山下，至高阙为塞。"据考古工作者实地考察，傍阴山山脉东段大青山南麓迤逦而西，再西北折至阴山西段的狼山内，至石兰计山口（即高阙）止。

赵化原镇　北宋置，属江阳县。即今四川富顺县东南七十里赵化镇。

赵化镇　在今四川富顺县东南七十里，沱江西岸。明置巡司于此。清光绪间，戊戌变法被杀六君子之一刘光第是本镇人。刘坟在镇西南。

赵斤站　元置，在今俄罗斯哈巴罗夫斯克边疆区黑龙江下游左岸沙文斯克。元《经世大典》：辽阳等处行中书省所辖狗站有"赵斤站"。明改沼阴站。

赵公山　又名大面山。在今四川都江堰市西南。清嘉庆《四川通志》卷10灌县：赵公山"在县南九里。隋嘉州太守赵昱居此，有道术，斩蛟治水。唐太宗封神勇大将军，明皇时进封赤城王"。

赵公城　在今福建龙岩市城西。《方舆纪要》卷99龙岩县：赵公城"在县治西。《志》云，县初无城，唐时编竹为限，寻筑土墙。宋绍定三年，令赵姓夫于大封山巅筑土城，可容千余家以避寇，谓之西砦，亦曰官寨。淳祐九年，令赵宗揆甃以石，俗号赵公城。元至元间，令黄士龙又即砦麓筑土城，县治仍在城东，寇至辄毁。至正十七年，筑城包县治，与旧城为上下二城。二十一年，议以二城难守，乃联筑为一，凿濠环之。二十四年，以城西逼高山，不利守御，因拓而大之，并辟城濠。明朝洪武八年修浚，正统中，为贼所毁。成化八年，因旧址修筑，更辟西北隅。十四年，城始就。正德以后，不时营葺。今城周六里有奇"。

赵公港　在今湖南岳阳市东北。《方舆纪要》卷77岳州府临湘县："赵公港在县治（今陆城镇）东。旧有堤倾圮。元泰定间，县尹赵宪筑成之。水患遂平。"

赵氏坞　在今陕西铜川市耀州区北。《资治通鉴》：东晋太元九年（384），"秦王坚自帅步骑二万以击后秦，军于赵氏坞”。义熙十二年（416），“北地太守毛雍据赵氏坞以叛”。皆此。

赵世炎故居　在今重庆市酉阳土家族苗族自治县东南龙东乡八一村。旧称赵家庄屋。清光绪二十八年（1902）建，砖木结构复四合院布局，正房居中呈丁字形。共有瓦房三十二间，建筑严谨、雅致、实用，具有典型的西南民居风格。为革命烈士赵世炎（1901—1927）的诞生地，并在此度过了少年时代。2001年定为全国重点文物保护单位。

赵平郡　十六国后赵建武十年（344）置，治所在鹑觚县（今甘肃灵台县东北）。辖境相当今甘肃灵台县地。西魏大统中移治今灵台县。北周废。

赵田湖　又名范青漾、范家田。俗称新开湖。在今江苏昆山市东南七十里。《方舆纪要》卷24苏州府昆山县：赵田湖“南连淀山湖，一望巨浸，其北即千墩浦口也”。今为淀山湖北部湖区。

赵市镇　北宋置，属内江县。在今四川内江市西全安镇（朱家桥）西南。

赵皮塞　在今河南兰考县北。《清一统志·开封府二》：赵皮塞“在兰阳县（今兰考县）北十六里。一名张禄口。明嘉靖中，河尝决于此”。

赵台（臺）山　在今陕西安康市南。《舆地纪胜》卷189引《元和志》：赵台山“在西城县南二里。梁代汉水泛溢，人皆走此山上”。

赵老背屯　在今俄罗斯滨海边疆区兴凯湖南。清属宁古塔副都统。清曹廷杰《西伯利东偏纪要》：“赵老背地方在红土岩南四十三里，双城子北六十里。”清咸丰年间被俄割占。

赵曲镇　清置，属襄陵县。在今山西襄汾县北十五里赵曲村。

赵伊镇　清置，属永济县。即今山西永济市。1949年永济县移治于此。

赵各庄　在今河北唐山市东北四十五里古冶区赵各庄。盛产煤。清光绪中始采掘，属滦州煤矿。民国初属开滦煤矿。

赵庄　在今江苏宜兴市东南丁蜀镇东北。《方舆纪要》卷25宜兴县：赵庄在“县南三十里，蜀山相对”。

赵庄堡　即今山西高平市西北赵庄乡。《清一统志·泽州府》：赵庄堡“在高平县北四十里”。

赵充国墓　在今甘肃清水县城西北二里白土崖村头。赵充国（前137—前52），字翁孙，陇西上邽（今甘肃天水市）人。汉武帝时从击匈奴，后又平武都氐，屡立战功，封营平侯。神爵元年（前61）西羌叛，赵充国年七十，驰至金城，用智谋挫败诸羌后，提出屯田主张，尤为后人所宗。土冢呈椭圆形，高3.8米，底径为6米。墓前二碑亭，右为清嘉庆十三年（1808）“汉侯将军营平侯公讳赵充国墓”碑，左为道光五年（1825）“汉故将军营平侯之墓”碑。

赵州　①北齐改殷州置，治广阿县（今河北隆尧县东旧城）。《元和志》卷17赵州：“因赵国为名。”隋开皇中改置栾州，寻复为赵州。唐武德元年（618）移治柏乡县（今河北柏乡县），四年又移治平棘县（今赵县）。天宝初改为赵郡，乾元初复为赵州，辖境相当今河北宁晋、元氏、赵县、赞皇、高邑、栾城、临城、柏乡等县及隆尧县一部分。北宋宣和初改为庆源府。金改名沃州。元复名赵州，属真定路。明洪武初省平棘县入赵州，属真定府。清雍正二年（1724）升为直隶州。1913年废为县。

②元至元十一年（1274）改赵赕千户置，属大理路。治所在今云南大理市东十六里凤仪镇。明、清属大理府。1913年废为县。

赵州陀罗尼经幢　俗称石塔。在今河北赵县城内。北宋景祐五年（1038）由赵州人王德成建。原为开元寺建筑之一。寺已毁。现仅存经幢。全部用石料叠砌而成，八角形七层，高18米，是我国现存石经幢中最高的一座。造型秀美，雕刻生动，展现了宋代艺术的高度成就。1961年定为全国重点文物保护单位。

赵州桥　又名安济桥、大石桥。在今河北赵县南五里洨河上。隋开皇年间，由工匠李春设计建造，为我国现存古代大型单孔石拱桥。桥长64.40米，宽9.6米，主拱净跨37.35米。主拱两端各建两个小拱，桥身构思精巧，既减轻重量，又利于排洪。桥两侧有望柱、栏板、雕刻的各种蛟龙、兽面、竹节和花饰等。为世界桥梁史上一创举。1961年定为全国重点文物保护单位。

赵兴郡　北魏太平真君二年（441）置，属豳州。治所在赵兴城（今甘肃宁县）。辖境相当今甘肃宁县、正宁二县地。隋开皇三年（583）废。

赵宅镇　北宋置，属将陵县。在今山东德州市德城区东北赵宅乡。

赵安县　①十六国石赵改中丘郡置，治所在今河北内丘县西十里。北魏省入柏人县。

②北魏太平真君二年（441）置，属赵兴郡。当在今甘肃宁县、正宁二县境。北周废。

赵邯郸故城　在今河北邯郸市区及其外围。战国赵敬侯元年（前386）迁都于此，至赵王迁八年（前228）邯郸为秦所占，为赵都长达158年。遗址分宫城和郭城两部分，周长约为25公里。宫城由三个小城组成，平面呈品字形，俗称赵王城。以西城内龙台最大（高19米），是当时主要的宫殿基址。东城西部有南北将台，地下有面积宽广的夯土基址。郭城位于宫城东北部，称为大北城。在今邯郸市区，大部湮埋在地下6—9米。城内发现冶铁、制石、制骨和制陶等手工业作坊遗址。城西沁河北岸有墓葬区。1961年定为全国重点文物保护单位。

赵村　①在今河南开封市西南六里，五代汉隐帝死于此。《资治通鉴》：五代汉乾祐三年（950）十一月，隐帝因军溃，自七里店策马至玄化门，不能入，遂“回辔西北至赵村”，郭威追兵已至，遂遇害于此。

②即今陕西礼泉县东北二十里赵镇。民国《续修

醴泉县志稿》卷4：赵村镇“该县背倚昭陵，前临泔水，当出山要口，市肆尚称繁富。镇内广济寺有石鼓。故称石鼓赵村”。

赵村镇　在今北京市房山区东南葫芦堡西南，小清河东岸赵庄。清设管河县丞驻此。

赵步　在今安徽凤台县东淮河北岸，南直紫金山。《资治通鉴》：五代周显德四年（957），“帝驰至荆山洪，距赵步二百余里”。胡三省注：“赵步，以赵氏居其地而得名。”

赵县　①1913年改赵州为县，属直隶大名道。治所即今河北赵县。1928年直属河北省。

②1913年改赵州置，后属云南腾越道。因与直隶赵县重名，1914年改凤仪县。1958年并入大理市。

赵旷川　在今河北徐水县北。《宋史·河渠志五》：明道二年（1033），刘平奏：“自边吴淀望赵旷川、长城口，乃契丹出入要害之地。”即此。

赵佗先人墓　在今河北石家庄市西北赵陵铺镇东南。为西汉南越王赵佗先人之墓。《元和志》卷17恒州石邑县：“赵佗墓，在县北十三里。佗，真定人，僭号南越帝，文帝为其先人置守冢，昆弟在者存问之，佗遂释黄屋左纛而称臣。”《清一统志·正定府》“赵佗先冢”条引《旧志》：“赵王冢在今（获鹿）县东三十里赵陵铺东，大冢六，小冢二十三。”

赵佗城　①指赵佗扩建南武城后的番禺城而言。在今广东广州市内。元《大德南海志》卷8云：“州之东，旧有赵佗城古迹，颓垣废垒而已。余襄公诗云‘千载犹存古越城’者，即其地也。”

②在今广东仁化县北城口镇。《舆地纪胜》卷90韶州：仁化古城“在本县北一百三十里。《旧经》云：昔尉佗自王南越，以五岭为界，乃筑城于此，以定粤境”。《清一统志·韶州府》：赵佗城“在仁化县北九十里城口村”。

赵沟泉　在今山东滕州市西南二十六里。《方舆纪要》卷32滕县：赵沟泉“旁有纹沟、三山、五花等泉。旧俱由上沽头闸入漕河。今附南沙河而西北达于运河”。

赵武灵王城　在今山西静乐县西南三里赵王城村。《方舆纪要》卷40静乐县：赵武灵王城“下临汾水，城垒犹存”。《清一统志·忻州》：“相传赵武灵王练兵于此。”

赵武灵王墓　在今河北邯郸县西北三陵乡。赵武灵王（？—前295），名雍。战国时赵国君。公元前325—前299年在位。二十七年传位给王子何（即赵惠文王），自称主父。后在内讧中被李兑围于沙丘宫饿死。葬在赵王陵。

赵述岛　在南海中中国西沙群岛永兴岛北，属宣德群岛。岛上多生长草海桐为主的树木，故有“树岛”之称。1935年公布名称为树岛。1947年改名赵述岛，为纪念明太祖遣使赵述至三佛齐而命名。中国渔民向称船暗岛或船晚岛，意即船只可转来此岛避风。郑资约《南海诸岛地理志略》载：赵述岛“上覆热带灌木，周有白色沙滨围绕。岛中心之椰子树高可30呎。海南岛渔人，当东北季风时期，常来捕鱼。岛之西南侧，水深十三寻，为良好锚地”。

赵国　西汉高帝四年（前203）封张耳为赵王，都襄国县（今河北邢台市），领有秦邯郸、巨鹿、常山三郡。九年（前198）废张氏，徙代王刘如意为赵王，都邯郸县（今河北邯郸市西南），兼有秦云中、雁门、代郡三郡。后辖境缩小。西汉末辖境相当今河北邯郸、邢台、沙河三市及邯郸、邢台、永年等县西部地。景帝三年（前154）改为邯郸郡，五年（前152）复为赵国。东汉建安十七年（212）又改为郡。三国魏太和六年（232）复为赵国，移治房子县（今高邑县西南）。西晋末复改为郡。

赵固镇　即今河南辉县市西二十四里赵固乡。清尹耕云《豫军纪略》卷2：咸丰四年（1854）十月，辉县民戴蓥等“在县西二十五里赵固镇设局，胁众花户抗纳钱漕，烧毁粮差房屋”。

赵征村　在今河南濮阳县东北。即六塔河口。《宋史·河渠志一》：嘉祐元年（1056）刘恢奏：“（六塔河）口乃赵征村，于国姓、御名有嫌，而大兴臿斸，非便。”

赵河　①在今浙江奉化市北。《方舆纪要》卷92奉化县：赵河“在县北二十五里。唐元和十二年令赵察开置，引溪流溉田八百余顷”。

②唐河上源。在今河南方城县西、社旗县南。《清一统志·南阳府一》：赵河“源出裕州西北郦山之麓，东南流经州南，又西南流经唐县北二十里圆潭，南流入泚水”。

③即古涅水。亦名照河。在今河南镇平县西、邓州东，南流入湍河。《清一统志·南阳府一》：涅水“出镇平县骑立山之三潭，东南流经邓州，东北至湼滩入于湍水。亦名照河”。《清史稿·地理志》邓州：“湍水自内乡入，……侧城东南至湼滩，左纳赵河。”

④在今湖北郧县北。《方舆纪要》卷79郧阳府郧县：赵河在“府北七十里。源出府东北百四十里之马喊泉。……引流为河，至府城东为盛水堰，溉田百亩”。

赵泾　在今上海市嘉定区西南二十里。《方舆纪要》卷24苏州府嘉定县：赵泾“北通练祁，南出为封家浜，亦曰封家渡。又南为月河，出吴淞江”。

赵宝沟遗址　在今内蒙古敖汉旗（新惠镇）东北五十里高家窝铺乡赵宝沟村西北。为新石器时代文化遗址。古遗址在漫梁上，面积约为9万平方米，文化层厚约1米。地表暴露有成排布列的房址八十九座。1986年发掘方形半地穴式房址十七座，灰坑五个。出土一批有特色的陶、石、骨、蚌器和大量动物残骸。该遗址是赵宝沟文化命名地。在西北侧暴露有小河沿文化房址，采集到网格纹筒形罐残片。2006年定为全国重点文物保护单位。

赵官堡　在今贵州贵阳市西北。《清一统志·贵阳府》“孙官堡”条下：“相近有赵官堡。明安邦彦渡江烧劫麻姑孙官堡。巡抚王瑊……遣兵败邦彦于赵官堡，水内水外之贼皆溃去。”即此。

赵官镇　即今山东齐河县西南七十四里赵官镇。原属长清县。清道光《长清县志》卷2有赵官镇。抗日战争及解放战争时期曾为河西县民主政府驻地。1956年划归齐河县。

赵孤庄　在今河北邢台市西北二十五里。《清一统志·顺德府》：赵孤庄，“相传程婴匿赵孤处”。

赵封山　在今河南巩义市东南。《方舆纪要》卷48巩县：“《志》云：宋种茶于此，而封固其地，因名。”

赵城　在今山西洪洞县北赵城镇东北三里。《史记·赵世家》：周穆王“赐造父以赵城”。即此。春秋时赵简子居此。隋于此置赵城县。

赵城县　隋义宁元年（617）置，属霍山郡。治所在今山西洪洞县北赵城镇东北。唐属晋州，麟德初移治今赵城镇。《元和志》卷12赵城县：“因故赵城为名。”北宋熙宁五年（1072）废。元丰三年（1080）复置，政和三年（1113）升庆祚军。金复为赵城县，属平阳府。元属霍州。明属平阳府。清属霍州。民国初属山西河东道。1928年直属山西省。1954年与洪洞县合并为洪赵县。

赵草城　南朝梁筑，在今安徽凤阳县东北。《梁书·曹景宗传》：南齐建武五年（498），“魏大将杨大眼对桥北岸立城，以通粮运，每牧人过岸伐刍藁，皆为大眼所略。景宗乃募勇敢士千余人，径渡大眼城南数里筑垒，亲自举筑。大眼率众来攻，景宗与战破之，因得垒成。使别将赵草守之，因谓为赵草城，是后恣刍牧焉”。《清一统志·凤阳府》：赵草城“在凤阳县。……《县志》：城距邵阳洲数里，据淮为险”。

赵保镇　即今河南宜阳县西南二十二里赵保乡。明置巡司于此。

赵信城　汉武帝时匈奴建，在匈奴北境郅居水之南，今蒙古国色楞格河南支流哈努依河中游。《汉书·匈奴传》：元朔六年（前123），汉将赵信（本匈奴人降汉者）降匈奴，“教单于益北绝幕以诱疲汉兵”。《汉书·卫青霍去病传》：元狩四年（前119），卫青统兵度幕击匈奴，单于“悉远北其辎重，皆以精兵待幕北”，与汉军战不利，突围西北驰去，汉军追之不得，“遂至窴颜山赵信城，得匈奴积粟食军”。今哈努依河中游东有一匈奴古城遗址，疑即赵信城。

赵洛镇　北宋置，属梁县。在今河南汝州市东南。

赵郡　①东汉建安十七年（212）改赵国置，治所在邯郸县（今河北邯郸市）。三国魏太和六年（232）改为赵国，移治房子县（今高邑县西南）。西晋末复为赵郡。辖境相当今河北赵县、元氏、高邑、内丘、临城、柏乡、赞皇等县及平乡、隆尧二县部分地区。北魏移治平棘（今赵县），辖境缩小，相当今河北赵县、元氏、高邑、柏乡等县地。隋初废。大业及唐天宝曾改赵州为赵郡。

②西晋末改赵国置，属殷州。治所在房子县（今河北高邑县西南）。北魏移治平棘县（今河北赵县）。辖境相当今河北赵县、元氏、高邑、栾城、临城、柏乡等县地。隋初废。大业初复置赵郡。唐武德初改为赵州，天宝初改为赵郡，乾元初复改为赵州。北宋宣和初改为庆源府。

赵屋岭　即今山西壶关县南赵屋村。《清一统志·潞安府》：赵屋岭“在壶关县南六十里。上有铁矿，及产赤白石脂”。村以岭名。

赵都军城　北魏置，即今河北河间市。太和十一年（487）置瀛州于此。

赵桥堡　即今河北武邑县北三十里赵桥镇。明嘉靖《冀州志》武邑县地理图：北有赵桥堡。

赵家屯　即今辽宁北镇市东南赵屯镇。民国《北镇县志》：赵屯在“城南三十五里”。

赵家圩　一作赵家围。在今江西南昌县东北。《方舆纪要》卷84南昌府新建县：黄家渡在“府东三十里，……《舆程记》：自黄家渡东四十里为赵家圩”。

赵家场　①即今四川达县南赵家镇。清乾隆《达州志》卷1：赵家场“在州南方，去城九十里”。

②即今重庆市开县南赵家镇。清咸丰《开县志》卷3：赵家场“离城四十里”。

赵家村　即今河南鲁山县西七十六里赵村乡。清置巡司于此。

赵家围　在今江西南昌县东北。明属新建县，置巡司于此。

赵家圈　即今安徽萧县西北的赵圈村。《方舆纪要》卷29萧县：赵家圈“在今县西六十里。有赵家圈渡，大河津要处也。嘉靖四十四年，大河由此冲决，丰、沛皆受其患。有赵家圈巡司”。清改置萧营守备驻此。

赵家铺　即今江西进贤县北四十里三阳集乡赵埠。清同治《南昌府志》卷6：赵家铺市“距（进贤县）城四十里”。

赵家堡　又名赵家城。在今福建漳浦县东北四十六里湖西畲族乡南。是明清闽南聚族而居的土堡式聚落。为赵宋皇族赵范及其族人聚居之所。南宋亡时，宗室闽冲郡王赵若和等从广东崖山逃至漳浦隐居。明万历间，其后裔在此建城堡，占地9万平方米，建筑面积为1.08万平方米。现存建筑主要为明代遗存，分内、外城布局。内城周长为220米，入口三处，主楼叫完璧楼。外城周长1082米，建有城门四座，瓮城两座。城内建四组同式五进府第，六组同式三进堂屋，并有武庙、佛庙、禹庙、石坊等遗址及石塔建筑。城北侧辟有内外荷花池，上建汴式桥一座，并利用自然山石，以明代文人的私家园林手法造园，从中表现亡国王族所特有的精神内涵。这种格局在中国造园史及传统村落布局中均不多见。2001年赵家堡与湖西乡诒安堡一起被定为全国重点文物保护单位。

赵家湖古墓群　在今湖北当阳市东南五十八里。因地处赵家湖周围岗地，故名。为西周晚期至战国中期古墓葬。1975年以来先后发掘古墓二百九十七座，出土文物有古铜、铁、竹、木器和玉器等一千多件，以错金鸟篆铭文铜戈最为珍贵。

赵家湾　即今陕西旬阳县西北赵湾镇。清光绪《洵阳县志》卷4《桥渡》：城北一百二十里有赵家湾。

赵家渡　亦名大渡、韩家渡、赵渡。即今四川金堂县。清嘉庆《金堂县志》卷2：赵家渡"古名大渡，又名韩滩。在治（今成都市东北城厢镇）东三十里三江镇，沱、湔、雒二水会"。

赵家寨　在今广西玉林市西。《清一统志·郁林州》：赵家寨"在兴业县南二十里。旧有巡司，明初废"。

赵奢垒　在今山西和顺县东四十五里石家庄。《寰宇记》卷44和顺县：赵奢垒"在县东五十里"。《清一统志·辽州》：赵奢垒"即赵奢救韩，去阏与五十里而军筑垒处"。

赵康镇　即今山西襄汾县西南赵康镇。《清一统志·平阳府一》：赵康镇"在太平县（今汾城镇）南二十五里。有堡"。

赵渠　在今河南商丘市东南。《方舆纪要》卷50商丘县：赵渠"在府东南。《志》云：即贾鲁所开大河故渎也。自商丘、虞城县而东达萧县至徐州。嘉靖末始北徙。万历初，潘季驯议复开之，以费重而止。二十六年刘东星复浚渠，功未竟而卒"。

赵韩王园　在今河南洛阳市旧城南。赵韩王即赵普，北宋开国功臣，家居洛阳。淳化元年（990）罢相，为西京留守、河南尹，仍兼中书令。淳化三年（992）遣人上表求致政，拜太师，封魏国公。死后追封韩王。宋李格非《洛阳名园记》说："赵韩王宅园，国初诏将作营治，故其经画制作，殆侔禁省。"

赵赕　宋大理置，属首府大理地区。治所在今云南大理市东十六里凤仪镇。蒙古宪宗七年（1257）改赵赕千户。元世祖至元十一年（1274）改赵州。

赵堡口　又名赵北口。在今河北安新县东二十八里。《方舆纪要》卷13任丘县：赵堡口在"县东北五十里。易水流经此。《志》云：即宋时唐兴口也"。《清一统志·河间府一》：赵北口"白洋诸淀之水所汇，旧有堤长七里，有桥七，通南北孔道"。

赵堡镇　即今河南温县东北赵堡镇。《清一统志·怀庆府二》：赵堡镇"在温县东北十五里"。

赵渡镇　在今陕西大荔县朝邑镇南。《清一统志·同州府二》：赵渡镇"在朝邑县南十五里。滨渭河。为商贾辏集之处"。

赵照渠　在今河北冀州市东。《新唐书·地理志》冀州信都县："东二里有葛荣坡。贞观十一年（637），刺史李兴公开，引赵照渠水以注之。"今堙。

赵障　亦作赵鄣。在今山西高平市西。《史记·白起王翦列传》：秦昭王四十七年（前260），秦将王龁"陷赵军，取二鄣四尉"。《正义》引《括地志》："赵鄣故城一名都尉城，今名赵东城，在泽州高平县西二十五里。又有故谷城。此二城即二鄣也。"

赵旗屯　即今安徽涡阳县西北赵屯。民国《涡阳风土记》卷2："赵旗屯集属赵旗屯堡，西北二十五里。"

赵寨集　即今山东高唐县西南赵寨子乡。为往来要路。清光绪《山东通志》卷2《舆图志》：高唐县西南有赵寨集。

赵镈县　1941年山东革命根据地由临沂、费县、峄县、郯城四县析置，治漫子（漫溪村，今山东苍山县西北车网镇东南八里）。为纪念1940年牺牲的中共鲁南区党委书记赵镈同志而命名。1950年5月撤销，并入苍山县。

赵疃　即今山东海阳市西南六十里赵疃村。抗日战争时期，赵疃人民开展地雷战，给敌人以沉重打击，1945年被胶东军区授予"胶东特等爆炸模范村"称号。今有赵疃地雷战遗址。

贲仑（崙）城　西晋时焉耆国地。在今新疆焉耆回族自治县境。《晋书·四夷传·焉耆》：沙州刺史杨宣经理西域，以张植为前锋攻焉耆国，"军次其国，（龙）熙距战于贲仑城，为植所败"。

贲古县（贲 bēn）　西汉元封二年（前109）置，属益州郡。治所在今云南蒙自市东南十四里新安所镇。三国蜀建兴三年（225）属兴古郡。西晋永嘉五年（311）属梁水郡。南朝宋改名新丰县。产锡、铅、银。

贲禺（贲 pān）　即番禺。今广东广州市。《山海经·海内南经》："桂林八树，在番禺东。"《续汉书·郡国志》注及《太平御览》卷172引《山海经》并作"贲禺"。《水经·泿水注》："泿水东别径番禺，《山海经》谓之贲禺者也。"

贲湖　又名宋陂湖。在今浙江海盐县西十四里。《方舆纪要》卷91海盐县：贲湖"周四十里，东接县西九里之天仙湖，西连横湖，南通黄道、彭墩诸湖"。

郝屯　即今河北南宫市东南五十里薛吴村乡郝家屯。清同治《畿辅通志》卷54南宫县图：东南有郝屯。

郝穴口　即鹤穴口。在今湖北荆州市江陵县驻地郝穴镇。《方舆纪要》卷78江陵县：郝穴口"在府东南九十里。大江经此分流，注潜水，合于汉水。……嘉靖初复筑郝穴口，大江遂至涨溢为害"。明置郝穴口镇巡司于此。1998年于此置江陵县。

郝州　唐置羁縻州，属黔州都督府。治所在今贵州大方县南。南宋后废。

郝村镇　即今河北泊头市西北郝村镇。清同治《畿辅通志》卷49交河县图：北有郝村镇。

郝城　北周置，在今湖北汉川市南十五里。《方舆纪要》卷76汉川县"和公城"条下：郝城"后周时所筑，以主者之姓为名"。

郝家寨 即今江苏徐州市铜山区西四十里郝寨站。古为彭城、萧县二县交界地。北魏析置龙城县于此。

郝遮镇 唐置，在今新疆木垒哈萨克自治县西北。《元和志》卷40庭州：郝遮镇“在蒲类（县）东北四十里。当回鹘路”。《新唐书·地理志》后庭县：“有蒲类、郝遮、咸泉三镇。”

郙阁 或称郙阁道。在今陕西略阳县西二十里。东汉灵帝建宁三年（170）太守李翕建、时人勒铭颂之。赵明诚《金石录》有“汉武都太守李翕碑”。《清一统志·汉中府二》引《县志》，谓阁“临江崖，高数十丈，俗名白崖，水溢则上下不通，故李翕凿石架木，建阁以济行人，废址犹存”。

郠 春秋莒邑。在今山东沂水县西。后入鲁。《左传》：昭公十年（前532），鲁“平子伐莒，取郠”。

郚（郚 wú） ①春秋纪地，后属齐。在今山东安丘市西南六十里峿山之北。《春秋》：庄公元年（前693），“齐师迁纪郱鄑、郚”。西汉置梧城县。

②春秋时鲁邑。在今山东泗水县东南。《春秋》：文公七年（前620），“遂城郚”。

郚乡侯国（郚 yú） 西汉置，属东海郡。治所在今山东泗水县东南。东汉省。

郚城县 隋大业初改琅邪县置，属高密郡。治所在今山东安丘市西南六十里峿山之北。唐省。

郖津渡 又名陌底渡。在今山西芮城县陌南镇南。为黄河渡口。《三国志·魏书·杜畿传》：“（卫）固等使兵数千人绝陕津，畿至不得渡。……遂诡道从郖津渡。”即此。

郦（郦 zhí） ① 春秋鲁邑。今地无考。《春秋》：僖公元年（前659），“冬十月壬午，公子友帅师败莒师于郦，获莒拏”。公羊作“犁”，谷梁作“丽”。

②战国楚邑，在今河南南阳市西北。《史记·楚世家》：顷襄王十八年（前281），楚人说王曰：“楚之故地汉中、析、郦，可得而复有也。”

郦山 即骊山。在今陕西西安市临潼区南。《史记·秦始皇本纪》：三十七年（前210），“葬始皇郦山。始皇初即位，穿治郦山”。

郦州（郦 zhí） 唐武德二年（619）置，治所在新城县（今河南邓州市西北四十八里张村镇）。八年（625）废。

郦县（郦 zhí） 秦置，属南阳郡。治所在今河南南阳市西北。东汉徙治今河南内乡县北十里郦城。北魏改置南郦县。北周仍名郦县，属武关郡。隋开皇初改为菊潭县。

郦亭（郦 lì） 在今河北涿州市西南十八里。《水经注》作者郦道元先世居此。《水经·巨马河注》：“巨马水又东，郦亭沟水注之，水上承督亢沟水于遒县东，东南流历紫渊东。”郦道元称：“余六世祖乐浪府君，自涿之先贤乡爰宅其阴。”后人遂用为郦道元之别称。

郦家坪 在今湖南邵阳县（塘渡口镇）东六十六里郦家坪镇。清道光《宝庆府志》卷50《疆里图》：邵阳县（今邵阳市）东南开化都有郦家坪。

垫江 战国时巴国都，在今重庆市合川区南五里。东晋常璩《华阳国志·巴志》：“巴子时，虽都江州，或治垫江。”即此。

垫江水 ①古西汉水（今四川嘉陵江）下游经垫江县（今重庆市合川区）入长江一段，称为垫江。东汉建安十六年（211），刘备自江州（今重庆市渝中区）北由垫江水至涪（今四川绵阳市东），即此。其上源即古桓水（今四川白龙江）、白水（今四川白水江）及西汉水上游，亦有垫江之名。故5世纪初叶，吐谷浑酋长阿豺曾至西强山（今甘肃西南西倾山）观垫江源。

②亦名浊水。即今重庆市开县南四十里之普里河。《寰宇记》卷137开州新浦县：“垫江水源自县高梁山，东北流于县南入常渠水。”《方舆纪要》卷69开县：垫江在“县南四十里。源出梁山县之高梁山。春夏泛涨，人多垫溺，流经渠口浦，入于开江。亦谓之浊水”。

垫江县 ①战国秦置，属巴郡。治所即今重庆市合川区。《后汉书·岑彭传》：建武十一年（35），伐公孙述，“（岑）彭到江州，以田戎食多，难卒拔，留冯骏守之，自引兵乘利直指垫江”。即此。东汉建安六年（201）属巴西郡。三国蜀汉建兴十五年（237）复属巴郡。南朝宋改为宕渠县。

②南齐永明五年（487）改江州县置，为巴郡治。治所在今重庆市渝中区。北周武成二年（560）改为巴县。

③西魏恭帝三年（556）置，为容州、容山郡治。治所即今重庆市垫江县。明郭子章《郡县释名》四川：“《州志》云：前后距山，溪水夹绕，地势低夷，垫溺不常，是其义也。”北周改为魏安县。隋开皇十八年（598）复为垫江县。大业初属宕渠郡。唐武德初属潾州，八年（625）属临州，寻属忠州。元至元中废，至正末明玉珍复置。清初属重庆府，雍正十二年（1734）属忠州。民国初属四川东川道。1928年直属四川省。今属重庆市。

④亦名西垫江县。南朝宋侨置，属宁蜀郡。治所在今四川双流县境。梁废。

垫江郡 西魏恭帝三年（556）改东宕渠郡置，属合州。治所在石镜县（今重庆市合川区）。辖境相当今重庆市合川区及铜梁、武胜等县地。北周改为宕渠郡。

荆 楚国之别称。《战国策》卷3秦策：张仪说秦王，“秦与荆人战，大破荆，袭郢，取洞庭、五都、江南。荆王亡奔走，东伏于陈”。

荆山 ①在今河北满城县西北十五里。《方舆纪要》卷12满城县：荆山“山势险阻，其西南有杨家陀寨，昔人据守处”。《清一统志·保定府二》：“山多产荆树，故名。”

②在今安徽芜湖县西北四十五里，西接芜湖市东郊。《舆地纪胜》卷18太平州：荆山“在芜湖县东十六里。东南麓有大石，高七尺，下有一穴，上

有龟纹，传云古有龟穴此而出。又一石相对，传云有古仙鹤，足迹犹存”。《方舆纪要》卷27芜湖县：“有大小二荆山，小荆山在大荆山之东，有岩石之胜。”

③即今安徽怀远县西南淮河北岸荆山。《水经·淮水注》：“淮出于荆山之左，当涂之右。”《魏书·地形志》：楚州沛郡己吾县“有当涂山、荆山”。

④又名荆台山。在今山东诸城市西北四十里。山巅有凤凰石。《水经·潍水注》：“潍水又北径平昌县故城东，荆水注之，水出县南荆山阜。”《魏书·地形志》：姑幕县有荆台山。

⑤在今山东蓬莱市西半里。《方舆纪要》卷36蓬莱县“丹崖山”条下：“又有荆山，在田横、丹岩二山之间，产荆，山色长紫。一名紫荆山。”

⑥在今河南禹州市西北。《寰宇记》卷7阳翟县：荆山，“《洛阳记》云，‘荆山出玉’。齐武帝于此采玉。其下即汉颍川郡地”。

⑦一名覆釜山。在今河南灵宝市西。《史记·封禅书》：“黄帝采首山铜，铸鼎于荆山下。”《元和志》卷6湖城县：“荆山，在县南。即黄帝铸鼎之处。”

⑧在今湖北南漳县西。漳水所出。古为豫州及荆州界山。《尚书·禹贡》：“荆及衡阳惟荆州。”又，“荆、河惟豫州”。《左传》：昭公四年（前538），晋司马侯曰：“荆山、中南，九州之险也。”《元和志》卷21南漳县：“荆山，在县西北八十里。三面险绝，惟东南一隅，才通人径。”《寰宇记》卷145南漳县：荆山，“《韩子》：卞和得玉于荆山……顶上有池，周回十步，乔松、翠柏列绕其旁，并有石室，相传为卞和宅”。

⑨在今湖北阳新县东北。《舆地纪胜》卷33兴国军：玉洞“在永兴县荆山”。《清一统志·武昌府二》：荆山“在兴国州北五十里”。

⑩在今陕西大荔县东南朝邑镇南。《尚书·禹贡》：“导岍及岐，至于荆山。”又“荆岐既旅”。孔传：“此荆在岐东，非荆州之荆。”《汉书·地理志》左冯翊褱德：“《禹贡》北条荆山在南，下有彊梁原。”《续汉书·郡国志》注引《帝王世纪》云：“禹铸鼎于荆山，在冯翊怀德之南，今其下荆渠也。”《元和志》卷1富平县载：“荆山，在县西南二十五里岐山东。”疑误。

⑪即台山。在今甘肃灵台县北。《清一统志·泾州一》：台山，“《平凉府志》：台山东西延亘百里，荆花尤茂。一名荆山”。

荆山口河 在今江苏徐州市铜山区北。《清一统志·徐州府一》：荆山口河“在铜山县北二十里。广数百丈，有长桥跨其上。上流与微山、昭阳相通，下合诸山溪、房亭河，流邳境入漕河”。

荆山戍 又名旧城。北魏延昌四年（515）置，在今安徽怀远县北三里。《梁书·武帝纪》：普通五年（524）九月，“北兖州刺史赵景悦围荆山……十二月戊寅，魏荆山城降”。即此。

荆山县 ①唐武德二年（619）置，为重州治。治所在今湖北南漳县西。开元十八年（730）改置南漳县。

②南宋宝祐五年（1257）置，为怀远军治。治所在今安徽怀远县北三里。元至元二十八年（1291）废。

荆山洪 在今安徽怀远县西南淮河畔。《资治通鉴》：五代周显德四年（957），“帝（指周世宗）驰至荆山洪”。胡三省注：“即梁武帝筑堰之地。”

荆山洞 又名冯家洞、长乐洞或大洞。即今安徽广德县东北七十里太极洞。《寰宇记》卷103广德县：荆山洞“在县东北五十里”。《方舆纪要》卷29广德州“金牛岭”条下：“《志》云：荆山洞亦在州东北七十里。一名冯家洞，洞口如夏屋四五间，容千人，深不可测。相传与太湖相通，亦曰大洞。”

荆山郡 北齐改马头郡置，属西楚州。治所在荆山城（今安徽怀远县北三里）。辖境相当今安徽怀远县地。南朝陈改为马头郡。北周仍为荆山郡，治所在马头县（今安徽怀远县南二十里马头城）。隋开皇初废。

荆山堰 南朝梁建，在今安徽怀远县南荆山与涂山之间。《梁书·康绚传》：天监十三年（514），“于钟离南起浮山，北抵巉石，依岸以筑土，合脊于中流。……十五年四月，堰乃成。其长九里，下阔一百四十丈，上广四十五丈，高二十丈，深十九丈五尺。夹之以堤，并树杞柳。军人安堵，列居其上”。《方舆纪要》卷21怀远县：荆山，“萧梁于山下立堰，以遏淮流，因曰荆山堰”。

荆山镇 北宋置，属蕲县。在今安徽怀远县北三里。南宋宝祐五年（1257）升为荆山县。

荆门山 ①在今湖北宜都市西北四十四里长江南岸，与北岸虎牙山相对（由于当地江流呈西北—东南走向，荆门山处江之西岸，而虎牙山处江之东岸）。《后汉书·光武纪》：建武九年（33），“公孙述遣将田戎、任满据荆门”。《水经·江水注》：“江水东历荆门、虎牙之间。荆门在南，上合下开，暗彻山南，有门像；虎牙山在北，石壁色红，间有白文类牙形，并以物像受名。此二山，楚之西塞也。”

②在今湖北荆门市南五里。《舆地纪胜》卷78荆门军：荆门山，“《荆南图副》：上合下空，有若门像”。

荆门千户所 明置，属荆州卫。治所在今湖北荆门市南九十里。后改属承天卫。清废。

荆门市 1979年由湖北省荆门县城关镇及近郊析置荆门市，属荆州地区。1983年撤销荆门县，并入荆门市，改置地级荆门市。1985年设东宝区，市人民政府驻东宝区。

荆门州 元世祖至元十五年（1278）改荆门府置，属荆湖北道宣慰司。治所在长林县（今湖北荆门市）。明洪武九年（1376）改为荆门县。十三年（1380）

复为荆门州，属荆州府。嘉靖十年（1531）改属承天府。清初属安陆府，乾隆五十六年（1791）升为荆门直隶州。辖境相当今湖北荆门、当阳二市及远安县地。1912年改为荆门县。

荆门军 五代梁时南平王高氏置，治所在当阳县（今湖北当阳市）。不久废。北宋开宝五年（972）复置，治所在长林县（今湖北荆门市）。熙宁六年（1073）废。元祐三年（1088）复置，端平三年（1236）移治当阳县（今当阳市）。元至元十四年（1277）改置荆门府。

荆门县 唐贞元二十一年（805）置，属江陵府。治所即今湖北荆门市。唐末废。明洪武九年（1376）改荆门州复置，属荆州府。治所即今荆门市。十三年（1380）复改为荆门州。1912年废州为荆门县，属湖北襄阳道。1932年直属湖北省。1979年析城区置荆门市。1983年撤销荆门县，并入荆门市。荆门市升为地级市。

荆门府 元世祖至元十四年（1277）改荆门军置，属荆湖北道宣慰司。治所在当阳县（今湖北当阳市）。十五年（1278）移治长林县（今湖北荆门市），降为荆门州。

荆门城 在今湖北宜都市西北长江边。《晋书·王濬传》：太康元年（280）伐吴，沿长江而下，“克荆门、夷道二城”。即此。

荆门站 元置，水站。在今山东东阿县西南。明废。

荆子口关 又名荆子关、荆紫关。即今河南淅川县西北九十里荆紫关。《金史·武仙传》：正大八年（1231），仙“由荆子口东还”。民国初有县佐驻此。白狼农民起义军即由此入陕西。

荆子关 即荆子口关。今河南淅川县西北荆紫关。

荆水 在今山东诸城市西北。《水经·潍水注》：“潍水又北径平昌故城（在今诸城市西北）东，荆水注之。水出县南荆山阜，东北流径平昌县故城东……又东北注于潍。”《元和志》卷11引《三齐记》曰：“昔者堰浯水南入荆水，灌田数万顷。”

荆头川水 在今甘肃陇西县南之南河。《水经·渭水注》：荆头川水“出襄武西南鸟鼠山荆谷，东北径襄武县故城北，……东北流注于渭”。

荆台（臺） 在今湖北监利县北。《舆地纪胜》卷64江陵府：荆台“在监利县西三十里土洲之南。《孔子家语》云‘楚王游荆台。……’即此地也”。

荆台（臺）县 隋大业初改昭丘县置，属南郡。治所在今湖北当阳市东。寻废。

荆竹园 ①在今重庆市梁平县。清道光《夔州府志》卷31：嘉庆三年（1798）五月，勒保斩白莲教“林定相于梁山县之荆竹园”。

②在今贵州思南县西南七十六里老店子乡场井村。清咸丰七年（1857）白莲教首领刘义顺和秦魁榜组织“白号军”起义，十年（1860）在此建立营寨。同治七年（1868）白号军失败，营垒房舍尽毁。

荆庄大云（雲）寺大雄宝殿 在今山西浑源县西南二十里荆庄乡荆庄村。原为一组古建筑群，现仅存一座大雄宝殿，面阔三间，进深四椽，单檐歇山顶。殿内四壁有壁画。从建筑形制判断为金代建筑，以后历代做过修葺。2001年定为全国重点文物保护单位。

荆州 ①古“九州”之一。《尚书·禹贡》：“荆及衡阳惟荆州。”《尔雅·释地》：“汉南曰荆州。”《周礼·职方》：“正南曰荆州。”“荆”指荆山（今湖北南漳县西）；“衡”指衡山，《汉书·地理志》以为即今湖南衡山县西之衡山；汉指汉水。

②西汉元封五年（前106）置，为“十三刺史部”之一。辖境约当今湖北、湖南二省及河南、贵州、广西、广东等省区部分地。东汉治所在汉寿县（今湖南常德市东北）。初平元年（190）刘表徙治襄阳（今湖北襄阳市汉水南岸襄城区）。后治所屡徙，东晋时定治江陵县（今湖北荆州市西北荆州区），辖境大为缩小。隋大业初废。唐武德四年（621）复置，天宝元年（742）改为江陵郡，乾元元年（758）复为荆州。辖境相当今湖北松滋至石首间长江流域北部，兼有今荆门、当阳等地。上元元年（760）升为江陵府。

③西晋末成汉李雄时置，治所巴郡江州县（今重庆市区嘉陵江南岸）。辖境相当今重庆市江津至奉节长江南北地。后废。

④东晋荆州辖境、治所屡变，太元以后始定治江陵县（今湖北荆州市西北荆州区故江陵县城）。南朝宋、齐时辖境有今湖南澧水以北，湖北大神农架、荆山以南，荆门市、监利县以西和重庆市万州区以东，开县、巫溪县以南地区。梁以后缩小。承圣三年（554），江北之地为西魏所占，立萧詧为梁王，都江陵县，荆州只有沿江之地。陈置荆州于江南之公安县（今湖北公安县西北），与后梁荆州隔江相对。隋、唐荆州皆治江陵县。唐辖境相当今湖北荆门市、当阳市以南，枝江、松滋二市以东和潜江、石首二市以西地区。上元元年（760）置南郡，升为江陵府。

⑤十六国前赵置，治所在洛阳县（今河南洛阳市东北汉魏故城）。《寰宇记》卷3河南府：“刘聪以洛阳为荆州。石季龙又改为司州。”

⑥十六国后赵置，治所在樊城（今湖北襄阳市樊城区）。后徙治鲁阳（今河南鲁山县）。后废。

⑦十六国前燕建熙元年（360）置，治所在鲞台（今河南安阳县南）。五年（364）移治鲁阳（今河南鲁山县）。后废。

⑧十六国前秦皇始二年（352）置，治所在丰阳县（今陕西山阳县）。建元十六年（380）移治襄阳县（今湖北襄阳市）。后废。

⑨北魏太延五年（439）置，治所在上洛郡上洛城（今陕西商洛市）。辖境相当今陕西商洛市及山阳、

商南二县地。太和十八年（494）改为洛州。

⑩北魏太和十八年（494）改鲁山镇置，治所在山北县（即今河南鲁山县）。辖境相当今河南鲁山、襄城二县及平顶山市地。二十二年（498）废。

⑪北魏太和二十二年（498）置，治所在穰县（今河南邓州市）。辖境相当今河南叶县、南召、西峡三县以南，唐河、新野二县以北，淅川县以东，方城、社旗二县以西地。孝昌中辖境缩小。隋开皇初改为邓州。

⑫十六国夏赫连勃勃置，治所在陕县（今河南三门峡市西陕县老城）。后废。

⑬南朝陈置，治所在公安县（今湖北公安县）。隋开皇九年（589）废。

荆州府 元至正二十四年（1364）朱元璋改中兴路置，属湖广行省。治所在江陵县（今湖北荆州市西北荆州区故江陵县城）。洪武九年（1376）属湖广布政司。辖境相当今湖北巴东县以东，监利县以西，长江流域地。清属湖北省。1912年废。

荆州城墙 在今湖北荆州市荆州区。荆州城始建于东汉。《清一统志·荆州府一》载：荆州府城“周十八里有奇。门六，有濠。旧传为汉关忠义所筑。晋桓温增建。明初修，万历十年拓修。本朝顺治三年重建”。现存城墙为清顺治三年（1646）于明代旧基重建。城墙高约9米，厚10米，周长为11.03公里。东西长，南北短。城墙、城门、敌台、堞垛、藏兵洞等均保存较好。六座城门之上原建有城楼，现保存有道光十八年（1838）重修的大北门城楼巍峨壮观。1996年定为全国重点文物保护单位。

荆江 即今湖北荆州市以下长江河段。《资治通鉴》：唐天复三年（903），“马殷遣大将许德勋将舟师万余人，雷彦威遣其将欧阳思将舟师三千余人会于荆江口。乘虚袭江陵”。胡三省注：“大江自蜀东流入荆州界，谓之荆江。”

荆江口 又名西江口、三江口。在今湖南岳阳市北，为洞庭湖入江处。《资治通鉴》：五代唐天成三年（928），“吴人进军荆江口，将会荆南兵攻岳州”。胡三省注：“荆江口，洞庭湖与大江会处。”

荆阳县 唐武德四年（621）析太湖县置，属舒州。治所在今安徽太湖县东。八年（625）废。

荆村 在今山西万荣县南。其地发现仰韶文化遗址。

荆河 在今河南汝南县东北二里。《方舆纪要》卷50汝阳县：荆河“源出天中山。汇悬瓠池水，经城北大堤外，东流六十里，南入溵水”。

荆河脑 古名西江口。在今湖北监利县东南长江北岸。民国《湖北通志》卷36：西江口“即今荆河脑，盖江水至荆河脑得洞庭湖，汇澧、沅、资、湘诸水来会，其势亦盛，故自来舟师利用之”。

荆宜道 1921年由荆南道的宜昌、江陵、公安、石首、监利、松滋、枝江、宜都、长阳、兴山、巴东、五峰、秭归十三县及襄阳道的荆门、当阳、远安三县合置，属湖北省。治宜昌县（今湖北宜昌市）。辖境相当今湖北巴东、五峰以东，荆门、当阳、荆州市、监利、石首以西，神农架、兴山、远安、荆门以南地区。1932年废。

荆城 ①在今山东定陶县东北二十里。《寰宇记》卷13定陶县：荆城，“《旧经》云：按《皇览》冢墓记，是战国时魏将庞涓与孙膑相持处”。

②即今湖北钟祥市西南四十四里石牌镇。《三国志·魏书·文聘传》：“又攻（关）羽辎重于汉津，烧其船于荆城。”

荆南 唐、五代方镇名。至德二年（757）置，治所在荆州（后升为江陵府，今湖北荆州市荆州区故江陵县城）。辖境相当今湖北石首、荆州市以西，重庆市垫江、丰都以东的长江流域及湖南洞庭湖以西的澧、沅二水下游一带。天祐二年（905）为朱全忠所并。三年（906）朱全忠以高季兴为荆南节度观察留后。五代梁开平元年（907），高季兴为荆南节度使。后唐同光三年（925）封南平王，称南平国，或荆南国。北宋初废。

荆南山 即君山。今江苏宜兴市西南二十里铜官山。《寰宇记》卷92宜兴县：君山“在县南二十里。旧名荆南山，在荆溪之南”。故名。

荆南国 即南平国。五代十国之一。都江陵府（治今湖北荆州市荆州区故江陵县城）。北宋建隆四年（963）并于宋。

荆南道 1914年由鄂西道改置，属湖北省。治宜昌县（今湖北宜昌市）。辖境相当今湖北荆州、监利、石首以西，神农架、兴山、宜昌、枝江、荆州市荆州区以南地区。1921年裁撤。

荆轲城 在今河北易县西荆轲山村。《水经·易水注》：“濡水又东南径樊于期馆西，是其授首于荆轲处也。濡水又东南流径荆轲馆北，昔燕丹纳田生之言，尊轲上卿，馆之于此。”

荆峡镇山 在今湖南江永县西南。《方舆纪要》卷81永明县：荆峡镇山在“县南八十里。两山对峙，中通小江，泄桃江、扶灵之水，实邑之关险。宋时设关镇守。熙宁中省，仍置寨兵屯戍”。

荆亭戍 又名荆亭城。在今安徽颍上县西南六十里。《宋书·刘勔传》：泰始五年（469），汝阴太守杨文苌“又频破虏（指魏军）于荆亭及戍西”。《魏书·地形志》：汝阴、义阳二郡宋县“有荆亭城”。

荆姚镇 北宋置，属蒲城县。即今陕西蒲城县西南三十里荆姚镇。

荆家庄 即今河北新河县西荆家庄乡。清光绪《新河县志》卷1：西路“荆家庄，东西长一百五十步，南北宽五百步，至城二十五里”。

荆硖镇 北宋置，属恭城县。在今广西恭城瑶族自治县东北七十里龙虎村。

荆隆口 即金龙口。在今河南封丘县西南二十里。《明史·河渠志一》：“荆隆即金龙也。”

荆紫关 一名荆子关。即今河南淅川县西北八十八里荆紫关镇。清王定安《求阙斋弟子记》卷12：同治五年（1866）七月，上谕："张、牛等股有向淅川、内乡之意，而荆紫关、潼关为入陕通衢。"

荆紫关古建筑群 在今河南淅川县西北丹江河上游，鄂、豫、陕三省交界处。秦汉时称草桥关，南宋时改称荆籽关，清初改为荆紫关。是丹江上游历史悠久的重要码头集镇。清嘉庆七年（1802）形成南北长2公里的河街及与之平行的2.5公里长、5米宽的商业街。现存古建筑皆为清代建筑，约二百八十一栋，其中民居二百三十栋、公共建筑五十一栋，建筑面积2.12万平方米。荆紫关在明清时期达到空前的繁荣，逐渐形成三大公司、八大帮会、十三大骡马店、二十四大商行。随着客商云集，又营造了不少宫房、会馆。如祭祀建筑平浪宫、禹王宫，江浙会馆万寿宫、山陕会馆，以及清真寺、协镇都督府、城隍庙、法海禅寺等。荆紫关镇在长达2.5公里的长街上布置了二百余间商店铺面房，古街区融合了南北建筑风格，是一座很有特色的古集镇。2001年定为全国重点文物保护单位。

荆蛮 指楚国。为周人敌视楚国的称呼。

荆湖北道宣慰司 元初置，属河南江北等处中书省。治所在荆南府路（后改中兴路，治今湖北荆州市荆州区故江陵县城）。辖境相当今湖北大悟、孝感以西，桐柏山、荆山以南，长江以北地区。元至正二十四年（1364）并入湖广行省。

荆湖北路 北宋初置，治所在江陵府（今湖北荆州市荆州区故江陵县城）。雍熙中与荆湖南路合并为荆湖路。至道三年（997）又分为荆湖北路。辖境相当今湖北兴山、巴东等县以东，大悟、鄂州、通城等市县以西，远安、荆门、天门、应城等市县以南及湖南澧水、沅江流域与平江县地。元至元中废。

荆湖行中书省 元世祖至元十二年（1275）置，治所在襄阳县（今湖北襄阳市汉水南襄阳城）。后废。

荆湖南路 北宋至道三年（997）分荆湖路南部置，简称湖南路。治所在潭州（今湖南长沙市）。辖境相当今湖南汨罗、益阳、安化、洞口、绥宁等县以南及广西越城岭以南湘水、灌水流域。元废。

荆湖等路行中书省 元世祖至元十一年（1274）置，治所在鄂州（今湖北武汉市武昌区）。十四年（1277）改为湖北道宣慰司，并入潭州行中书省。

荆湖路 北宋雍熙中并荆湖南、北路置，治所在江陵府（今湖北荆州市荆州区故江陵县城）。辖境相当今湖南全省，湖北荆山、大洪山以南，鄂州市、崇阳县以西，巴东县、五峰土家族自治县以东、广西越城岭以东的湘水、灌江流域。至道三年（997）又分为南、北二路。

荆塘镇 在今湖南东安县北。《清一统志·永州府二》：荆塘镇"在东安县（治今紫溪市镇）北一百七十里。当宝庆（今邵阳）之冲"。

荆溪 ①即今江苏宜兴市南之南溪。《元和志》卷25常州义兴县："荆溪，是周处斩蛟处。"《寰宇记》卷92谓荆溪为《汉书·地理志》之中江。

②在今浙江乐清市西北。《方舆纪要》卷94乐清县：荆溪"在县西北百里。《志》云：由县西北出仙居，荆溪为之孔道。嘉靖三十五年，倭贼由此犯仙居"。

③在今浙江长兴县西南。《寰宇记》卷94长兴县："荆溪者，以其出荆山，因名。"《方舆纪要》卷91长兴县：荆溪"在县西南四十里。源出江南宜兴县之荆南山，合诸山溪之水，流经县境，又东南注于苕溪"。

④即今陕西蓝田县西北之长水，至长安县境入浐水。《两京道里记》："荆溪本名长水，后秦姚兴避讳改焉。"

荆溪县 清雍正二年（1724）析宜兴县置，属常州府。治所在今江苏宜兴市。1912年废入宜兴县。

剌木城 在今新疆哈密市西北。《方舆纪要》卷65哈密卫：剌木城"在卫西。哈密旧恃此城为固。宏治九年，土鲁番部阿黑麻袭破哈密，使其党撒他儿守剌木城，哈密头目奄克孛剌结瓦剌部小秃列袭杀之"。

剌伯关 明置，属越嶲卫。在今四川越西县西北。《明一统志》卷73四川行都司：剌伯关"在越嶲卫城西北二十五里"。

剌和庄长官司 明永乐四年（1406）置，直属云南都司。治所在今云南维西傈僳族自治县西北八里拉河柱。"剌和庄"为纳西语"腊合卓"的音变，意即竹园村。后废。

剌怜 即今黑龙江省五常市西北拉林镇。《元史·兵志三》浦峪路屯田万户府："（至元）三十年，命本府万户和鲁古䚟领其事，仍于茶剌罕、剌怜等处立屯。"即此。

剌离水 即今吉林、黑龙江两省间松花江支流拉林河。《辽史·萧胡笃传》：天庆五年（1115），从天祚帝东征，为先锋都统，"进至剌离水，与金兵战，败"。即此。

剌鲁卫 明永乐六年（1408）置，属奴儿干都司。治所在今黑龙江省宾县西宾西镇一带。后废。

剌撒国 当在今也门亚丁附近。明费信《星槎胜览》卷4：剌撒国"自古里国顺风二十昼夜可至。其国傍海而居，垒石为城。……其酋长感慕圣恩，遣使捧金叶表文，奉贡万物"。《明史·外国传七》：剌撒"永乐十四年遣使来贡，命郑和报之"。

刭河口 即今湖北仙桃市西刭河镇。《方舆纪要》卷77沔阳州：刭河口"在州西北六十里。刭与穴同，盖水流分泄处，亦曰刭河新掘口，汉水别流所经也。有河泊所，并置刭河驿于此"。

革儿昔 亦作吉力石。即今印度尼西亚爪哇岛东北岸的锦石（格雷西）。公元15世纪以后为爪哇重要商埠。明马欢《瀛涯胜览》"爪哇国"条："杜板投东行半日许，至新村，番名曰革儿昔。原系沙滩之地，盖因中国之人来此创居，遂名新村。"

革上汛　即今贵州兴义市西南五十里革上村。清有把总驻防。

革井溪　在今湖北利川市西南忠路镇东。《方舆纪要》卷82忠路安抚司：革井溪在“司东一里”。

革什咱安抚司　清康熙三十九年（1700）置，属雅州府。治所在今四川丹巴县西北革什扎乡。宣统三年（1911）改流，属道坞委员。

革布什扎土司　即革什咱安抚司。《清史稿·土司传》：小金川莎罗奔于乾隆“十二年，又攻革布什扎及明正两土司”；“二十三年，逐泽旺及革布什扎土司”。即此。

革龙山　在今云南丘北县北。《清一统志·广西州》：革龙山“明末沙定洲遁归，屯田此山，李定国围三年乃克之。今城址尚存”。为通泸西要路。

革东汛　清置，属台拱厅。即今贵州台江县东北革东镇。旧有千总、外委驻守。

革吉　原为堆噶尔本所辖牧区部落。在今西藏革吉县境。1960年以革吉、亚热、邦巴、雄巴等牧区部落设革吉县，驻那坡。

革甸　在今云南宁蒗彝族自治县西北永宁乡北一百二十里。明置长官司。清废。

革纳哨　在今贵州普安县西。《清一统志·兴义府》“泥腊哨”条下：“又西有板桥哨、革纳哨，皆戍守处。”

革泥　在今云南石林彝族自治县东南。明置土巡检司于此。

革泥关　在今云南弥勒县北。《清一统志·澂江府》：革泥关“在路南州东南八十里，交弥勒县界”。

革洒故城　在今云南文山县境。明土司龙祚筑。《清一统志·开化府》引《府志》：“其地山高箐密，人迹罕至，天阴时常闻人马鼓乐声。”

革塔堡　一作墶塔堡。明置，属平武县。在今四川平武县西北阔达乡。后废。

革赍　在今四川甘孜县东南。清雍正七年（1729）置革赍土百户。

革融县　北魏置，属化政郡。治所在今陕西横山县境。西魏、北周废。

茜鸡坪（茜 xī）　亦作栖鸡坪。即今四川峨边彝族自治县西南大堡镇。明曹学佺《蜀中广记》卷35峨眉县：嘉靖末“腻乃虐栢等叛，出凉山，会同西河匪瓜白禄出沙坪，于是嘉、峨、犍为一带邻边居民不能安枕，建昌上下南三道督邛部发兵至茜鸡坪截杀之，我师未集，潜从冷溪而渡，直捣茜鸡，坐制我死命，而瓜锋于是益炽矣”。

茜泾（茜 qiàn）　在今江苏太仓市东北三十里。宋时与七鸦浦俱为诸大浦之一。《清一统志·太仓州一》：茜泾“西承杨林河，东出花浦口入海。宋范仲淹、叶清臣、赵霖皆尝开浚”。

茜泾镇（茜 qiàn）　元置，即今江苏太仓市东北四十里茜泾镇。明置巡司于此。后废。清乾隆十一年（1746）移州同驻此。

茜草坝　在今四川泸州市汉阳区东北长江东岸茜草镇。《明史·地理志》泸州：“旧治在州东茜草坝，洪武中，徙此。”

茜墩镇（茜 qiàn）　即千墩镇。今江苏昆山市东南千灯镇。

茬平县　秦置，属东郡。治所在今山东茌平县西南。东汉改为茌平县。

茬县　西汉置，属泰山郡。治所在今山东济南市长清区东南三十里张夏镇。东汉改为山茌侯国。三国魏改为山茌县。

荐福山　即横山。在今江苏苏州市吴中区西南十五里。《吴郡志》卷15：踞湖山，“钱氏（吴越）有国日，造寺于山下，曰荐福寺。至今里人不以踞湖名山，或以寺名名之”。

荐福寺　在今陕西西安市南。宋敏求《长安志》卷7：大荐福寺“隋炀帝在藩旧宅。武德中赐上书左仆射萧瑀为西园。……后宫市为英王宅。文明元年，高宗崩后百日，立为大献福寺，度僧二百人以实之。天授元年改为荐福寺。……自神龙以后，翻译佛经，并于此寺”。原在小雁塔以北开化坊，唐末因遭兵祸，迁安仁坊塔院，即小雁塔所在地。在今西安市南门外友谊西路南侧。

荛鲁都斯县　1945年巴音布鲁克牧民武装起义后置，治巴音（今新疆和静县东巴音）。1949年12月撤销，并入和静县。

茈丘山　即慈丘山。在今河南泌阳县西北五十里。《水经·比水注》：澳水“北出茈丘山，东流屈而南转，又南入于比水”。

茈湖口　清称茈湖口。一作齐湖口。即今湖南益阳市东北五十里茈湖口镇。地处资水入洞庭湖之口，昔紫草（俗称茈）丛生，故名。

草厂庄　即今河北秦皇岛市西南北戴河海滨草厂。清同治《畿辅通志》卷49临渝县图：西南有草厂（村）。

草山管理局　1949年8月为建设草山风景区由台北市析置，驻阳明山（今台湾台北市北阳明山）。1950年9月改名阳明山管理局。1967年撤销，并入台北市。

草屯镇　即今台湾省南投县北草屯镇。旧名草鞋墩。日本占领期间设草屯庄，后改草屯街。1945年抗日战争胜利后设草屯镇。

草中之戎　在今山西东部。《国语·晋语四》：晋文公“乃行赂于草中之戎与丽土之狄，以启东道”。韦昭曰：“二邑戎、狄，间在晋东。”蒙文通《古代民族移徙考》依马融说，谓在东阳，即今河南淇县东北。

草心山　在今内蒙古河套北。《新唐书·论弓仁传》：神龙三年（707），“为朔方军前锋游奕使，时张仁愿筑三受降城，弓仁以兵出诺真水、草心山为逻卫”。

草平驿　在今江西玉山县东。《方舆纪要》卷85广信府玉山县：草平驿在“县东四十五里，亦名草平镇。明初陈友谅遣将寇广信，据草平镇，遏浙东援兵是也”。

草市 ①在今河南滑县东南城关镇西南。《资治通鉴》：五代晋天福二年（937），天雄军节度使范延光举魏州反，“遣兵渡河焚草市”。胡三省注：“时天下兵争，凡居民在城外，率居草屋以成市里，以其价廉功省，猝遇兵火，不至甚伤财以害其生也。此草市在滑州城外。”

②即今湖北荆州市荆州区（故江陵县城）东四里草市镇。《清一统志·荆州府二》：草市“在江陵县东镇流门外”。

③即今湖南衡东县东南六十二里东桥镇草市。旧属衡山县，明、清置巡司于此。

草市镇 即今江西萍乡市西南六十五里草市。明置巡司于此。

草皮街 即太和街。今云南镇沅彝族哈尼族拉祜族自治县西北振太乡（太和街）。

草屿 ①即今福建平潭县南草屿。明郑和下西洋经此。又见清《海国闻见录》。

②在今台湾省澎湖县西南，花屿之南。清高拱乾《台湾府志》卷1：虎井屿转南即花屿、草屿，“二屿相连，澎山无草木，二屿颇有，故以花、草名”。连横《台湾通史·经营纪》：咸丰二年（1852）夏六月，“澎湖大风，台湾乡试之船溺于草屿”。

草池堰镇 即今四川简阳市西南草池镇。民国《简阳县志》卷2：草池堰“又名安草。……距城五十里（《咸丰志》）。创建（于）清雍正三年”。

草坝场 即今四川雅安市东南三十里草坝镇。民国《雅安县志》卷1：慕义场“俗呼草坝场。茶市”。

草沟圩 即今安徽泗县西南草沟镇。清咸丰九年（1859）张乐行、张敏行率捻军与清兵激战于此。

草坪镇 原草坪驿。在今浙江常山县西南。《清一统志·衢州府》：草坪“在常山县西四十里，旧草坪驿”。

草店 即今湖北钟祥市东北一百一十八里草店镇。清尹耕云《豫军纪略》卷4：同治元年（1862）十二月，陈大喜“既破擂鼓台寨，盘踞草店诸处”。

草店镇 即今湖北丹江口市西南武当山街道东北铁路线北草店。清有千总驻守。

草河 在今辽宁凤城市北。为叆河支流。《清一统志·奉天府一》：草河“在岫岩厅所辖凤凰城北三十里。源出桃树峪，东南流入叆河”。

草河口 旧属凤凰县。即今辽宁本溪满族自治县西南草河口镇。清光绪《奉天全省地舆图说图志》凤凰厅图：西北有草河口。产石棉。

草河掌 即今辽宁本溪满族自治县草河掌镇。清光绪《奉天全省地舆图说图志》凤凰厅图：北有草河长。民国徐曦《东三省纪略》卷10奉天省矿产表：本溪县草河掌产金。

草河堡 明置，属定辽右卫。即今辽宁本溪满族自治县南草河城镇。《方舆纪要》卷37辽东都司“甜水堡”条下：“又南八十里曰草河堡。”民国《奉天通志》卷82凤城县：“草河自本溪东南流至县治北一百二十里草河城村西入境，村为明草河堡故址。”

草垛山堡 在今山西偏关县东北六十里草垛山村。《方舆纪要》卷40河曲县：草垛山堡“宏治十五年置，万历二十三年及二十八年增修，周二里有奇。……堡势极孤悬，山谷错杂”。

草桥 ①在今北京市右安门南草桥村。明、清以盛产花卉而闻名。明《帝京景物略》卷3：“右安门外南十里草桥，方十里，皆泉也。……土以泉，故宜花，居人遂花为业。”

②在今河北冀州市西南。《魏书·世宗纪》：永平元年（508），冀州刺史京兆王愉反于信都，“李平大破元愉于草桥”。即此。

草桥关 在今河北高阳县西二十里。为三关之一。《清一统志·保定府三》：草桥关，“周显德六年（959）复三关以控燕蓟，雄曰瓦桥，霸曰益津，高阳曰草桥，俱置重兵”。

草桥镇 金置，属诸城县。在今山东胶南市西南。

草凉楼驿 即今陕西凤县东北草凉驿。《方舆纪要》卷56凤县：草凉楼驿，“唐玄宗西幸，尝驻跸于此”。

草海子 在今贵州威宁彝族回族苗族自治县西南。清爱必达《黔南识略》卷26威宁州：南海子“亦名石海，又名草海子，在城南门外。春夏水涨，弥漫数十里，远望若海”。今为天然淡水湖，水域面积达45平方公里。

草埠潭河 在今湖北武汉市黄陂区东北。《方舆纪要》卷76黄陂县：草埠潭河“在县东北三十里。自安陆县流入界，至三十六湾合流而达于沙口”。

草萍驿 在今浙江常山县西南草坪村。《方舆纪要》卷93常山县：草萍驿在“县西四十里。江（西）、浙（江）于此分界”。

草堂寺 ①十六国时建，在今陕西户县南草堂营村。宋敏求《长安志》：草堂禅寺“在御宿川圭峰下。本姚兴草堂逍遥园，鸠摩罗什译经是园”。其后鸠摩罗什葬此，并建舍利塔。

②即梵安寺。在今四川成都市西南五里。《清一统志·成都府二》：梵安寺“与杜甫草堂相接……俗呼草堂寺”。《明史·忠义传二》：崇祯末，张献忠义军攻成都，“成都后卫指挥韩应泰赴援成都，遇贼草堂寺……力战死”。即此。

草庵石刻 在今福建晋江市南罗山街道苏内村北。草庵依崖而筑，原为草构，元代时改为石筑仿木建筑结构。庵面宽三间，单檐歇山顶。庵内崖壁上圆拱形佛龛，内雕摩尼光佛一躯，像高1.5米，宽0.8米。其背光雕出光焰四射的纹样，世称“摩尼光佛”，为我国仅存的完整摩尼教遗址。

草塔市　即草㙦市。今浙江诸暨市西南二十二里草塔镇。

草堰口　即今江苏建湖县东北草堰口镇。清属阜宁县，有巡司驻此。

草堰场　即今江苏大丰市西南六十二里草堰镇。产海盐。清时设盐课大使。民国初以刘庄场并入，设场知事。

草㙦市　又作草塔市。即今浙江诸暨市西南二十二里草塔镇。清光绪《诸暨县志》卷41《坊宅志》：草㙦市“在十六都，在南屏南”。

草街子　即今重庆市合川区东南草街镇。清光绪《合州志》卷4：草街子“距城五十里”。

草湾　在今江苏淮安市淮阴区东。因草湾河而名。《明史·河渠志一》：嘉靖三十一年（1552），总河副都御史曾钧言：“刘伶台至赤晏庙凡八十里，乃黄河下流，淤沙壅塞，疏浚宜先。次则草湾老黄河口，冲激淹没安东一县，亦当急筑，更筑长堤矶咀以备冲激。”

草湾河　在今江苏淮安市淮阴区东。《方舆纪要》卷22淮安府“范家河”条下：草湾河“在府西二十里淮河北岸，南对清江浦。嘉靖三十二年，淮河旁决于此，分流成河。万历四年，河臣吴桂芳复开浚之，后通塞不时。十七年，河复由此分流，凡六十里，至安东赤晏庙，仍归正河”。

草塘安抚司　明洪武十七年（1384）改旧州草塘等处长官司置，属播州宣慰司。治所即今贵州瓮安县东北草塘镇。万历二十九年（1601）省入瓮安县。

草滩镇　即今陕西西安市北草滩镇。清于此设县丞，民国改为县佐。

草鞋夹　在今江苏南京市下关东北，即长江之南支。一名南京河。清嘉庆《江宁府志》卷9：“江水自大胜关以下，中隔大洲，故南江曰草鞋夹，至黄天荡，洲尽江合。”

草鞋墩　即今台湾省南投县北草屯镇。连横《台湾通史·疆域志》埔里社厅：“自府治出南门，行二十里至乌溪，水急不可涉，驾筏渡之，六里为草鞋墩。”据刘枝万等纂《南投县志稿》说：“据传林爽文反清，被官军追击，途经本地，遗弃草鞋狼藉，堆积如山墩，因名草鞋墩。”日本占领期间称草屯庄，又改草屯街。1945年抗日战争胜利后设草屯镇。

草鞋潭　在今福建上杭县北。《方舆纪要》卷98上杭县：“草鞋潭在县北二里。延袤数里，大溪（汀江）所经。舟人云，行竟此潭，可成草鞋一双，盖状其长也。”

草壁戍　在今甘肃泾川县东。《晋书·刘曜载记》：东晋大兴二年（319），“黄石、屠各、路松多起兵于新平、扶风，……松多下草壁，秦陇氐羌多归之”。三年，“曜进攻草壁，又陷之，松多奔陇城，进陷安定”。皆即此。

草壁镇　清置，属汧阳县。即今陕西千阳县西北草碧镇。

莒　西周初分封的诸侯国。嬴姓（纪公以下始为己姓）。开国君主是兹舆期，建都计斤（一作介根，今山东胶州市西南）。春秋初迁于莒（今山东莒县）。有今山东安丘、诸城、沂水、莒县、日照等县市间地。公元前431年为楚所灭。

莒口市　即今福建建阳市西四十里莒口镇。明嘉靖《建阳县志》卷3：莒口市“在崇泰里”。清《乾隆内府舆图》：建阳县西有莒口塘。

莒山　在今山西晋城市东北。《清一统志·泽州府》：莒山“在凤台县东北五十里，北接高平县界。下有道泉，其左有全玉岭，相传即蔺相如怀璧从间道归处”。

莒父　春秋时鲁邑。在今山东莒县。《春秋》：定公十四年（前496），“城莒父及霄”。《论语·子路》：“子夏为莒父宰。”即此。

莒北县　1943年山东革命根据地由莒县、诸城二县析置，治贾悦（今山东诸城市西贾悦镇）。1950年1月撤销，并入诸城、五莲二县。

莒州　①北周改南青州置，治所在团城（今山东沂水县）。辖境相当今山东沂水、沂源、蒙阴、莒县、莒南、日照及江苏赣榆等县市地。隋大业初废。唐武德五年（622）复置，贞观八年（634）废。

②金大定二十四年（1184）升城阳州置，治所在莒县（今山东莒县）。明洪武初省莒县入州，属青州府。清雍正八年（1730）升为直隶州。1913年改为莒县。

莒县　①战国齐置，治所即今山东莒县。《史记·乐毅列传》：燕将乐毅率兵伐齐，至于临菑。“齐湣王之败济西，亡走，保于莒”。后乐毅“下齐七十余城，皆为郡县以属燕，唯独莒、即墨未服”。即此。后入秦，属琅邪郡。西汉文帝二年（前178）置城阳国，以莒为都。东汉属琅邪国。三国魏属城阳郡。西晋为城阳郡治。南朝宋为东莞郡治。北齐属义塘郡。隋属琅邪郡。唐属密州。金为城阳州治，后为莒州治。元属益都路。明洪武初省入莒州。清属沂州府。1913年改为莒县，属山东济宁道。1925年改属琅玡道。1928年直属山东省。

②东晋侨置，属南东莞侨郡。治所在今江苏常州市武进区东南二十里。南齐后废。

莒沂边县　1940年山东革命根据地由沂水、莒县二县边境析置，治杨家城子（今山东沂水县东北马站镇南杨家城子）。1949年改名莒沂县。

莒沂县　1949年8月山东革命根据地由莒沂边县改名，治杨家城子（今山东沂水县东北杨家城子）。1953年撤销，并入沂水、莒县、沂源三县。

莒城　在今江苏赣榆县西。《水经·淮水注》：“游水又北径祝其县故城西……游水左径琅邪计斤县故城之西。《地理志》曰，莒子始起于此，后徙莒，有盐官，故世谓之南莒也。”

莒溪铁务　北宋置，属长汀县。即今福建连城县南莒溪镇。《元丰九域志》卷9及《宋史·地理志》汀州长汀县皆载有莒溪铁务。

茱萸山　在今江苏徐州市铜山区东北。《魏书·地形志》：吕县有茱萸山。《寰宇记》卷15徐州彭城县：“茱萸山在县东北八十五里，俗谓之采药山……出茱萸、麦门冬。《本草》：山茱萸出东海承县。此山昔隶承县。”

茱萸江　即资水。在今湖南省中部。《水经·资水》：“东北过邵陵县之北。”郦道元注：“县治郡下南临大溪，水径其北，谓之邵陵水……自下东北出益阳县，其间径流山峡，名之为茱萸江，盖水变名也。”《太平御览》卷65引《湘州记》曰：“资水一名茱萸江。”

茱萸湾　在今江苏扬州市东北湾头镇。《寰宇记》卷123引阮升之记：“吴王濞开此沟，通运至海陵仓，北有茱萸村，以村立名。”

茱萸隘　在今江西广昌县东南，接福建建宁县界。《清一统志·建昌府二》：茱萸隘“在广昌县东六十里。相近有船尖隘”。

茱萸滩　亦名铜柱滩。在今湖南新邵县西北二十里资水中。《方舆纪要》卷81宝庆府邵阳县：茱萸滩在“府北四十里。资江水势险恶，昔人置铜柱于岸侧，以固牵挽，俗谓五十三滩、四十八滩，此其首也。亦名三百里滩。……明初杨璟遣将取宝庆，败‘贼’于茱萸滩，遂克其城”。

荞甸　在今云南晋宁县西。明万历《云南通志·沿革大事考》：万历二年（1574）8月，“征荞甸等夷平之，立营戍守，六郡乃安”。清康熙《昆阳州志》卷6：“荞甸，在州治西六十里……天启二年，命守备杨明廷领兵筑土城，建守备，造营房，辟校场，立讲武厅，改置游击一员领之。”《方舆纪要》谓在陆凉州西南，误。

荇溪　即菱溪。在今安徽滁州市东，为清溪河支流。以避杨行密讳而改名。

荟福寺　俗称东大庙。又名巴尔斯庙。清圣祖玄烨三女荣宪公主于康熙四十五年（1706）建，在今内蒙古巴林右旗（驻地大坂镇）。占地7100平方米。初名巴尔斯（虎）庙，后改名荟福寺。原有建筑大门、前殿、后殿、东西配殿等仍存，以后殿最为完整，殿内佛像壁画俱存。

茶山　①又名蛇山、长山。即今上海市崇明县东南长江口外之佘山。《方舆纪要》卷24松江府上海县：茶山“嘉靖中，官军击补陀山倭贼，贼走茶山绝顶，官军一道由东北浅步沙进，一道由婴哥岩进，而大兵皆继其后，遂歼之”。即此。《清一统志·松江府一》“茶山”条引《海防考》：“在上海县南跄巡司界，与浙江之海盐、定海海中诸山相联络。”

②在今浙江海盐县东南海中。《方舆纪要》卷91海盐县“衢山”条：茶山“嘉靖三十七年总兵俞大猷败倭贼于茶山洋，是也。为南浙汛兵会哨处”。

③即今福建建瓯市东凤山。《资治通鉴》：五代晋天福五年（940），王延政据建州，福州兵来攻，“延政遣其将林汉彻等败之于茶山，斩首千余级”。胡三省注：“茶山在建州东二十五里，今亦谓之凤凰山，北苑茶焙即其地。”

④在今江西上饶市北。唐陆鸿渐居此，环居多植茶，号茶山御史。山有陆羽泉，即天下第四泉。宋高宗时，曾几忤秦桧去位，侨寓上饶茶山寺，自号茶山居士，因名其集曰《茶山集》。

⑤一名景阳山。在今湖南茶陵县东。以林谷间多生茶茗，故名。《元和志》卷29茶陵县：“因南临茶山，县以为名。”相传炎帝葬于茶山之野，即此。

⑥在今广东大埔县北茶阳镇。《方舆纪要》卷103大埔县：茶山“在县治北。山下有寨。元至元二十一年，闽人涂侨据此，称涂寨，久之始降。今城垣半跨其上，县之主山也。山后有白莲洞”。

⑦在今广东电白县东北。《寰宇记》卷161电白县：茶山，“《南越志》：浈阳县北五里有茶山，山有热泉，源自沸涌”。《清一统志·高州府》：茶山“在电白县（今电城镇）西北十里”。

⑧在今广西蒙山县西四十里。《方舆纪要》卷107永安州：茶山“绵亘深远，林箐丛郁”。

茶山长官司　明永乐五年（1407）析孟养地置，属金齿军民指挥使司。在今缅甸北部恩梅开江支流糯千卡河（即小江）流域。嘉靖元年（1522）属永昌军民府。明末废。

茶山百纳等处长官司　元置，属顺元路安抚司。治所在今贵州贵阳市南黔陶布依族苗族乡一带。明洪武初并入中曹长官司。

茶山关　在今贵州遵义县（南白镇）东南五十四里尚稽镇南与开阳县交界处。原名河渡关，后改今名。1935年1月，红三军团由此突破乌江，击溃黔军侯之担部，进军遵义。

茶山村　即今广东东莞市东茶山镇。清时京山巡司驻此。

茶山路　在今江苏常州市武进区西南。《方舆纪要》卷25常州府武进县：茶山路“在府西南十里。其地有大墩、小墩，连绵簇拥。相传唐时湖、常二州守会阳羡，造茶修贡，由此往返，因名”。

茶川水　即今四川安县西之茶坪河，为安昌河支流。《新唐书·地理志》龙安县：“云门堰决茶川水溉田。”《舆地纪胜》卷152石泉军：茶川水“在龙安县南六十五里。《括地志》云：西岸出茶，因名”。

茶王城　在今湖南茶陵县东七十里古城营。汉置茶陵县于此。宋本《寰宇记》卷115衡州茶陵县：“又按《图经》云，茶陵者，所谓陵谷名焉。今攸县东一百四十里茶陵故城是，汉为理所，俗名茶王城。”《方舆纪要》卷80茶陵州“古茶王城”引

《城冢记》:“汉元朔中，节侯所筑，盖即茶陵节侯䜣也。”

茶水 洣水支流。宋本《寰宇记》卷115茶陵县有“茶水”。源出今湖南茶陵县东景阳山，西流入洣水。

茶卡盐湖 一称茶卡盐池，在青海乌兰县东南。为著名盐产地之一。“茶卡”，藏语意为“盐堆”。民国许公武《青海志略》:达布逊湖“一名盐池，周百余里，产青盐，即茶卡盐池，青海蒙古及番族皆仰食于此”。

茶地 在今广西桂平市西北。清末太平军起义，曾设指挥部于此。

茶关 一名蚕岩关。在今四川都江堰市西北四十里龙溪镇东查关。《清一统志·茂州》:茶关“在汶川县南一百四十里。一名蚕岩关”。清有把总驻防。

茶冲峒 在今湖南新宁县西南。瑶人所居。《清一统志·宝庆府二》有“茶冲峒”。

茶坝市隘口 即今四川巴中市西南一百四十里茶坝镇。《方舆纪要》卷68巴州“浪楼溪隘口”条下:“又州南二百里有茶坝市隘口，旧皆有兵戍守。”

茶赤剌部 又作茶札剌部。辽、金北境部族。当即蒙元史料所载札只剌部，为蒙古分部之一。据《元朝秘史》记载，其居地当在斡难河（今俄罗斯鄂嫩河）中下游一带。《辽史·道宗纪》载，大安十年（1094），乌古部节度使耶律陈家奴奏讨平茶札剌部之叛。知此部应隶属辽乌古敌烈统军司。辽亡，耶律大石走西北路，集诸属部谋复国，茶赤剌部亦从之。1201年，其酋长札木合联合一部分蒙古部落首领，于犍河（今内蒙古额尔古纳市北根河）会盟，被推举为局儿罕，以对抗蒙古乞颜部首领铁木真。1204年，被铁木真所灭。

茶花岭 在今福建泰宁县西北。《清一统志·邵武府》:茶花岭“在泰宁县西北六十里。广二十里。杉溪出此”。

茶园 即今广东东莞市东茶山镇。《明史·地理志》东莞县:“东北有京山巡检司，本治茶园，后迁京口村，更名。”

茶园关 明置，在今贵州石阡县南。《方舆纪要》卷122石阡府:“茶园关在府南，与偏桥卫接界。”

茶园铺 在今广东翁源县西南三华镇附近。《明史·地理志》翁源县:“东有桂丫山巡检司，初治茶园铺，后迁南浦。”

茶园镇 在今浙江淳安县（排岭镇）东南二十六里千岛湖茶园岛附近。《清一统志·严州府》:茶园镇“在淳安县东五十里，下有茶园渡”。

茶皂市 即今湖南衡南县（云集镇）东茶市镇。《清一统志·衡州府二》“泉溪市”条下:“又茶皂市，在（清泉）县东五十里。”

茶罕章 又作察罕章。指今滇西北一隅。蒙古宪宗四年（1254）设茶罕章管民官，元至元八年（1271）改茶罕章宣慰司。《元一统志》:至元十五年（1278），“改茶罕章为丽江路军民总管府”。以后茶罕章与丽江地名经常互用。《经世大典·叙录》:“兀良合台袭取白蛮，译曰察罕章。”方国瑜谓“章”为蒙古语区域之意，茶罕章即白地（《中国西南历史地理考释》，第789—790页）。

茶坪河 在今四川安县（花荄镇）西北。《清一统志·绵州》:茶坪河“在安县西。《旧志》:源出县西北千佛山，东南流七十里至县西南合苏包河，又东南二十里入绵州界，至州南合涪江”。

茶店场 即今重庆市永川区东茶店。清光绪《永川县志》卷3:茶店场在“县东十五里。创自前明。相传建文帝过宿，茶庵乃其遗址，场因名焉。庵在街西，铺户百余家。……为川东大道”。

茶店铺 即今湖北巴东县南二十八里茶店子镇。清设外委驻守。

茶城 即今江苏徐州市铜山区北垞城。《明史·河渠志三》:“河漕者，即黄河，上自茶城与会通河会，下至清口与淮河会。”

茶城河 在今江苏徐州市铜山区北。《清一统志·徐州府一》:茶城河“一作垞城。为运道所经。明嘉靖末，黄河北徙，城为漕、黄交会之冲道”。

茶剌罕 在今黑龙江省青冈、望奎、庆安、铁力一带。《元史·兵志三》:浦峪路屯田万户府“（至元）三十年，命本府万户和鲁古解领其事，仍于茶剌罕、剌怜等处立屯”。

茶洞城 在今湖南花垣县西南茶洞镇。《清一统志·永绥厅》:茶洞城石堡“在厅东北（按:当西南之误）。雍正八年设吉多坪营，置副将，嘉庆七年改移驻此”。《清史稿·地理志》:永绥厅，“牛角河即酉水南源，自贵州松桃厅缘界流入，北至茶洞城”。

茶洞堡 即今湖南花垣县西南四十四里茶洞镇。昔称“乍董”，苗语意为“汉人住地”，因有汉人居此而得名。后音译为“茶洞”。清严如熤《苗疆险要考》谓茶洞城“背负峻岭，面临绝壁，西接秀山，南邻松桃。谚云:‘一眼望三省’”。清时有知事、副将等官驻防。

茶洋驿 即今福建南平市东南茶洋。《方舆纪要》卷97延平府南平县“剑浦驿”条下:“又茶洋驿，在府东南六十里。宋淳祐中置，名金沙驿。元至正间改今名。明朝因之。”

茶峪渡 在今陕西合阳县东南。《方舆纪要》卷54郃阳县:茶峪渡“在县东河西故城南，南去罂浮渡里许，通山西荣河县界”。

茶陵卫 在今湖南茶陵县城内。明洪武初置，清康熙二十七年（1688）裁。

茶陵州 元世祖至元十九年（1282）升茶陵县置，属湖广行省。治所即今湖南茶陵县。明初降为县。成化十八年（1482）复升州，属长沙府。1913年改为茶陵县。

茶陵江 即洣水。在今湖南衡东县境。《方舆纪要》卷80衡山县：茶陵江“自酃县流入长沙府茶陵州界，又西北经攸县界而入攸水，又西至县境，流入湘江，谓之茶陵江口”。

茶陵军 南宋绍兴九年（1139）升茶陵县置，属荆湖南路。治所即今湖南茶陵县。元初废军为县。

茶陵县 西汉武帝封长沙王子刘䜣为侯国，后改为县，属长沙国。治所在今湖南茶陵县东七十里古城营。东汉属长沙郡。三国吴属湘东郡。隋废。唐圣历元年（698）复置，属衡州。移治今茶陵县。南宋绍兴九年（1139）升为茶陵军。元复改县。至元十九年（1282）升为州。明初又降为县，属长沙府。成化十八年（1482）复升为州，1913年改为茶陵县，属湖南湘江道。1922年直属湖南省。

茶埠峪寨 即今甘肃岷县东北茶埠镇。《明一统志》卷37岷州卫：茶埠峪寨“在卫城东一十五里”。

茶笼州 明永乐十三年（1415）置，属乂安府。治所在今越南中部义安省境。《方舆纪要》卷112安南乂安府：茶笼城“在府北。宣德初，黎利作乱，自老挝还宁化州，官军与战于乂安府茶笼州。不利。复战于清化，破走之”。宣德二年（1427）入安南。

茶庵集 即今安徽寿县南茶庵镇。清乾隆《寿州志》卷1西南乡《市集》：茶庵集“离城一百一十里”。

茶棚镇 在今辽宁凌源市西南。清乾隆《钦定热河志》卷54建昌县：“茶棚在红吉勒台西南三十里。”

茶溪 在今湖南古丈县东。《清一统志·永顺府》：茶溪“源出高望山，即会溪上流，东南流入沅陵县界”。注入酉水。

茶溪镇 清置，属西乡县。即今陕西西乡县东一百一十里茶镇镇。

茶滩砦 在今湖南古丈县东北。《宋史·蛮夷一·西南溪洞诸蛮上》：北宋熙宁五年（1072），“诏修筑下溪州城，并置砦于茶滩南岸，赐新城名会溪”。

茶磨山 在今浙江海盐县西南三十二里。《方舆纪要》卷91海盐县：茶磨山，“今山周不过三里”。明嘉靖间兵科给事中许相卿隐居于此。

茶镈和罗城 又名拘苏摩补罗、波吒釐子城、婆吒梨子城、波罗利弗多罗、波罗利弗拓路、波罗利弗、波罗黎弗都卢、巴陵弗、巴邻、波罗黎、巴连弗、香花宫城及华氏城。在今印度东北恒河南岸巴特那。《新唐书·西域传上·天竺国》：“中天竺在四天竺之会，都城曰茶镈和罗城，滨迦毗黎河。……（贞观）二十二年，遣右卫率府长史王玄策使其国，以蒋师仁为副；未至，尸罗逸多死，国人乱，其臣那伏帝阿罗那顺自立，发兵拒玄策。……玄策挺身奔吐蕃西鄙，檄召邻国兵。吐蕃以兵千人来，泥婆罗以七千骑来，玄策部分进战茶镈和罗城，三日破之。”

荀 西周姬姓封国。故址在今山西新绛县西十五里。《左传》：桓公九年（前703），“秋，虢仲、芮伯、梁伯、荀侯、贾伯伐曲沃”。春秋时被晋所灭。

荀子墓 在今山东苍山县西南兰陵镇东南三里。荀子（约前313—前238），名况，战国时赵国人。为孔孟之后的儒学大师，称荀卿。曾游学于齐，三为稷下学宫祭酒。又至楚，春申君以为兰陵令。后去官，著书终老，葬于兰陵。墓区面积为6776平方米，墓高3.9米。墓前尚存清道光二十一年（1841）《补建荀子墓碑》和光绪三十年（1904）《楚兰陵令荀卿之墓》石碑。

荀公谷 即苟公谷。在今河南洛宁县西南。《水经·洛水注》：“洛水又东得荀公溪口，水出南山荀公涧，即庞季明所入荀公谷者也。其水历谷东北流注于洛水。”

贲山（贲 fù） 一名东首阳山。在今河南巩义市北，黄河南岸。《山海经·中山经·中次三经》：“贲山之首，曰敖岸之山，其阳多㻬琈之玉，其阴多赭、黄金。”《水经·河水注》：“皇甫谧《帝王世纪》以为即东首阳山也。”

贲阳宫（贲 bèi） 一作倍阳宫。秦惠文王时建，在今陕西户县西南二十三里。《汉书·宣帝纪》：甘露二年（前52），“冬十二月，行幸贲阳宫，属玉观”。又《东方朔传》：武帝微行数出，“长杨、五柞、倍阳、宣曲尤幸”。颜师古说：“倍阳，即贲阳也，其音同耳。”

茗山 ①在今湖北赤壁市北十五里。《方舆纪要》卷76蒲圻县：茗山“在县北十五里。产茶”。

②在今湖南沅陵县东南。《水经·沅水注》：“沅水又东，溪水南出茗山，山深回险，人兽阻绝。”

③在今广东德庆县东十五里。《舆地纪胜》卷101德庆府：茗山“在端溪”。《方舆纪要》卷101德庆州：茗山“高百余丈，周二十里，产茶”。

④在今四川安岳县东南七十里。《宋史·安丙传》：嘉定十二年（1219），张福、莫简率红巾军驻扎于此，丙“至遂宁，贼犹负固于普州之茗山。丙下令诸军合围，绝其樵汲之路以困之。未几，张威、李贤俘获张福等十七人以献”。

茗山镇 北宋置，属安居县。在今四川安岳县东南七十里龙新镇南茗山坝。以茗山为名。《宋史·张威传》：南宋嘉定十二年（1219），兴元叛兵张福、莫简率红巾军“自遂宁入普州茗山，威进兵重围，绝其粮道，昼夜迫之。未几擒福等十七人戮之，简自杀，贼遂平”。

茗盈州 北宋置，属邕州左江道。治所在今广西大新县北全茗镇东茗盈村。元属太平路。明属太平府。民国初属广西镇南道。1916年与龙英、全茗二土州合并设置龙茗县。

茭山 在今江苏溧阳市西。《方舆纪要》卷20江宁府溧阳县：菱山在“县西六里。东西石壁削成，上有龙潭”。

菱石矶镇　在今江西湖口县北二十五里。明置巡司于此。《方舆纪要》卷85九江府湖口县：菱石矶镇巡司“其地有菱石矶，因名”。

菱陵镇　即今江苏淮安市楚州区东北五十五里菱陵乡。因汉楚元王刘交陵墓建此而得名。清时有把总驻守。

菱道市　明置，即今浙江武义县东北菱道镇。《明史·地理志》武义县：“有菱道市。”《方舆纪要》卷93武义县：菱道市在“县东北三十里。旧置道山驿于此，洪武十四年改曰菱道驿”。

菱湖岭　在今浙江余姚市南。《方舆纪要》卷92余姚县：菱湖岭“在县南五十里。山径峭险，亦四明（山）之别岭也”。

菱塘　在今广东广州市番禺区东北菱塘。明洪武三年（1370）置菱塘巡司于此，清移驻新造汛（今番禺区东北新造镇）。

荒干水　即今内蒙古呼和浩特市南之大黑河。《汉书·地理志》定襄郡武皋县：“荒干水出塞外，西至沙陵入河。”《水经·河水注》作芒干水。

荒田庄　即今河北昌黎县西南四十里荒佃庄乡。清同治《畿辅通志》卷49昌黎县图：西南有荒田庄。

荒田驿　即今广西武鸣县北府城。《清一统志·思恩府》“思恩故城”条：明嘉靖七年（1528）“移府治于武缘县止戈里之荒田驿，即今府治”。

荒地庄　即今辽宁绥中县西南二十五里荒地镇。民国徐曦《东三省纪略》卷9京奉铁路车站道里表：“荒地，绥中县城西二十五里。”

荒地汛　在今河北隆化县东北五十里荒地乡。清于此设把总驻守。《清史稿·地理志》承德府丰宁县有“荒地”镇。即此。

荒谷　春秋楚地。在今湖北荆州市荆州区江陵县故城西。《左传》：桓公十三年（前698），楚伐罗，罗与卢戎大败楚师，“莫敖缢于荒谷”。即此。

荒浦　春秋楚地，在今安徽舒城县东南。《左传》：襄公二十四年（前549），“吴人为楚舟师之役故，召舒鸠人。舒鸠人叛楚。楚子师于荒浦，使沈尹寿与师祁犁让之”。

茨开　即今云南贡山独龙族怒族自治县驻地茨开镇。旧属丽江县，民国设茨开县佐。1919年菖蒲桶行政区迁治于此。1932年改贡山设治局。1954年改贡山县。1956年改设贡山独龙族怒族自治县。

茨竹　在今缅甸北部糯千卡河（即小江）南侧。清代属腾越州茨竹寨土守备。光绪《续云南通志稿》卷99土司：茨竹寨土守备，“乾隆十三年从征秤戛，以功授世袭茨竹土把总，……北至茨竹、习降小江一百里野夷界”。

茨冲汛　在今湖南吉首市东南，乾州东南四十里沱之东。清严如熤《苗疆险要考》谓“两面高山相峙，中间一线羊肠，密箐荫翳，乾苗往泸溪必由之路”。

茨沟村　即次沟村。在今河北阜平县西北一百二十里。明嘉靖二十五年（1546）矿工起义于此。

茨沟镇　即今河南襄城县东二十里茨沟乡。明嘉靖《许州志》卷1《村镇》：襄城县“茨沟镇，在县东二十里”。

茨坪　即今江西井冈山市驻地茨坪镇。清同治《江西全省舆图》永新县图说：“又由南路六十五里之泰桥迤西行……至茨坪，自县至此共九十里，亦交龙泉县之山路界。”1981年于此置井冈山县，1984年改设井冈山市。

茨岩塘　即今湖南龙山县东南四十五里茨岩塘镇。清设塘汛。光绪《湖南通志》卷30龙山县：茨岩塘“南达永顺，北通川峡”。

茨河　一名刺河。源出河南鹿邑县南，会黑河。《清一统志·归德府一》：刺河“一名茨河。《鹿邑县志》：‘上承偃王陂水，东流径唐桥店南。灉河注之。刺河南流径丁村东。又东南流至安徽颍州入颍河。’”

茨河集　又名云雾镇。即今安徽阜阳市北茨河集。明正德《颍州志》卷1《铺舍》：“王庄铺八里至西茨河铺。”清乾隆《阜阳县志》卷4《村集》：茨河铺在“北乡二十里”。

茨河镇　即今湖北谷城县东南六十里茨河镇。清有千总驻防。

茨桶坝　即今云南金平苗族瑶族傣族自治县西八十六里茨通坝。清代为建水州辖十五勐之一，乾隆十八年（1753）设掌寨。

茨梨陇　在今四川巴塘县东北。《清史稿·四川土司传》：光绪三十年（1904），驻藏帮办大臣凤全道经巴塘，“见地土膏腴，即招汉人住垦，筑垦场于茨梨陇”。即此。

茨湖　在今湖北老河口市东南。《宋史·高宗纪》：南宋绍兴三十一年（1161），“金人犯汉南之茨湖，鄂州军士史俊登其舟，获一将，诸军继进，遂击却之。……金统军刘萼闻茨湖败，亦退师”。

茨榆坨　①即今河北滦县西南六十里茨榆坨镇。清于此设把总驻守。

②一作刺榆坨。即今辽宁辽中县东三十里茨榆坨镇。清置堡于此。《清一统志·奉天府二》“东州堡”条下：“刺榆坨堡在（承德）县西南一百二十里。”

茨榆树　即今辽宁昌图县西南茨榆城子。《清一统志·奉天府二》“跑马城”条下：“茨榆城距（昌图厅）城二十里。”

茨藜乡　即今四川沐川县西北茨梨坝。清乾隆《屏山县志》卷1：茨黎乡在“县东北二百二十里”。产铁，清乾隆间曾开采。

茫乃道　唐南诏置，属开南节度。治所在今云南景洪市。辖境约当今云南西双版纳傣族自治州地。后属银生节度。宋大理改称勐泐。

茫江堰　在今四川罗江县北。《新唐书·地理志》罗江县："北五里有茫江堰，引射水溉田入城，永徽五年，令白大信置。"

茫拉河　亦作忙拉河。即今青海贵南县之茫拉河（哈克河）。清宣统《甘肃新通志》卷3黄河流域图：哈克河俗名忙拉河。

茫咕噜　即今印度尼西亚苏门答腊岛西南岸之明古鲁。公元17世纪后期，英国东印度公司在此设立根据地，作为侵略马来亚的总部。至1824年将此地同荷兰殖民者交换马六甲殖民地。清谢清高《海录》有专条记述。陈伦炯《海国闻见录》作万古屡。

茫咖萨　即今印度尼西亚苏拉威西岛西南岸之望加锡。清谢清高《海录》有专条记述。陈伦炯《海国闻见录》作茫佳虱。

茫荡洋山　即今福建上杭县东南茫荡洋山。《方舆纪要》卷98上杭县：茫荡洋山在"县南百里。磅礴数百里，当上杭、永定两县之界。峰峦崭绝，人迹罕至。西南通程乡，东通漳州，奸民常据为窟穴，急则逃入于广"。

茫施　唐南诏属永昌节度。即今云南芒市驻地芒市镇。宋大理属永昌府。元置茫施路。

茫施路　元至元十三年（1276）于茫施蛮地置，属云南行省。治所在今云南芒市驻地芒市镇。辖境约当今云南芒市地。明洪武十五年（1328）改府。

茫部府　明洪武十五年（1328）改茫部路置，次年属四川布政司。治即今云南镇雄县北茫部镇。十七年升为军民府。嘉靖五年（1526）移治今镇雄县，改名镇雄府。

茫部路　元至元二十二年（1285）于茫布部置茫部路军民总管府，属云南行省。治所在今云南镇雄县北四十里芒部镇。辖境约当今云南镇雄、威信、彝良等县地。明洪武十五年（1382）改为茫部府。

荡口镇　即今江苏无锡市锡山区东南鹅湖镇。清光绪《江苏全省舆图》金匮县："荡口镇在城东南五十里。"

荡山县　南朝梁置，属临贺郡。治所在今广西贺州市西南。隋大业二年（606）废。《寰宇记》卷161临贺县：废荡山县"因界内荡山为名"。唐武德四年（621）复置，属贺州。天宝初属临贺郡，乾元初复属贺州。北宋开宝四年（971）废。

荡水（荡 tāng）　源出今河南鹤壁市东，东流经汤阴县至内黄县西入卫河。《汉书·地理志》河内郡荡阴县："荡水东至内黄泽。"《水经·荡水》："荡水出河内荡阴县西山东，又东北至内黄县入于黄泽。"郦道元注："荡水出县西石尚山，东流径其县故城南，县因水取名也。……又东径内黄城南，……东注白沟。"

荡平岭道　清建，即今吉林通化市至临江市之道路。《清史稿·地理志》临江县："初，县西北接通化，山路险绝。光绪三十四年改修，自林子头越老爷岭，历三道阳岔达县治，铲山梁溪，长百二十余里，通车马，名荡平岭道。"

荡州　隋大业元年（605）置，治所在比景县（今越南广治省宋河下游高牢下村）。三年（607）为比景郡。

荡阴（荡 tāng）　战国魏邑。即今河南汤阴县治。《战国策·赵策三》："魏安厘王使将军晋鄙救赵。畏秦，止于荡阴不进。"即此。

荡阴县（荡 tāng）　战国秦置，属河内郡。治所即今河南汤阴县。《水经·荡水注》："县因水以取名也。"东汉建安十七年（212）改属魏郡。东魏天平初并入邺县。

荡阴里　在今山东淄博市东临淄区南。《水经·淄水注》：淄水"又东径临淄县故城南。……又东北径荡阴里西"。诸葛亮《梁父吟》："步出齐城门，遥望荡阴里"，即此。

荡（盪）羌砦（荡 dàng）　北宋元符元年（1098）于故没烟后峡建，初属西安州，后改属怀德军。在今宁夏海原县（三河镇）西北苋麻河水库附近。金属镇戎州，元废。

荡社　一作汤社。春秋亳国之邑。在今陕西三原县西南（一说在今陕西西安市东南）。《史记·秦本纪》："宁公二年，公徙居平阳，遣兵伐荡社。三年，与亳战，亳王奔戎，遂灭荡社。"即此。

荡昌县　①东汉置，属九真郡。治所在今越南中部义安省境。后废。《旧唐书·地理志》驩州九德县："后汉遣马援讨林邑蛮，援自交趾循海隅，开侧道以避海，从荡昌县南至九真郡。"《方舆纪要》卷112安南：演州"荡昌废县在州西。……按二汉志无此县"。

②西晋武帝时置，属合浦郡。治所即今广西容县。南朝梁普通四年（523）改为阴石县。

荡洞堡　明成化八年（1472）建，在今贵州三穗县东北桐林镇坦洞。《方舆纪要》卷122镇远府邛水司：荡洞堡"《黔略》云，邛水、施秉与洪江一带生苗接踵，清浪卫止控扼在外道路，其苗所自入防御最切者，荡洞、得民诸处是也"。

荡（盪）寇将军垒　俗称将军寨。在今湖南宁远县东六十里。《方舆纪要》卷81宁远县：荡寇将军垒"南齐以李道辨为南道开拓南蛮大使，筑垒于此"。

荡源县　即汤源县。在今河南鹤壁市东南六里故县村。《新唐书·地理志》作"荡源县"。

荣　金文作"㷀"。西周畿内国。姬姓。在今陕西户县西。《尚书·周官》："成王既伐东夷，肃慎来贺，王俾荣伯作贿肃慎之命。"《敔簋》、《辅师嫠簋》有"㷀伯"，郭沫若谓即荣夷公。春秋时当东徙，其地不详。《春秋》：文公五年（前622），"王使荣叔归含，且赗"。或谓即荣锜氏，在今河南巩义市西。

荣丁乡　即今四川马边彝族自治县东北荣丁镇。清乾隆《屏山县志》卷1：荣丁乡在"县西北三百六十里。有荣丁场"。

荣丁砦　北宋置，属犍为县。在今四川马边彝族自治县东北九十里荣丁镇。《宋史·蛮夷传四》："董蛮在马湖江右……蛮数寇抄。熙宁、绍圣中，朝廷皆为徙赖因监押驻荣丁砦。"即此。

荣山市　即今江西抚州市临川区南七十里荣山镇。清同治《临川县志》卷1下：南新丰乡百三都有荣山墟。

荣川水　即今四川荣县、自贡、富顺境之旭水河(荣县河)。《方舆纪要》卷72荣县：荣川"在县东。亦曰荣溪。自成都仁寿县界流入，又东南与双溪合流，东南入叙州府富顺县合金川，注于大江"。

荣王城　在今四川荣县城清富山麓。明正德《四川志》卷19：荣王旧城"在（荣县）治西一里。宋光宗居潜邸之时，开熙元年诏以卫国公㬙为皇子，赐名贵诚，封荣王。筑城周二百丈。元末隳废"。《方舆纪要》卷72荣县：资官废县，"《邑志》：县治西一里有荣王城。宋宝庆初筑，以封弟芮。周一里有奇"。

荣水　即今四川荥经县西南荥经河之支流荥河。清乾隆《雅州府志》卷1：经水"在（荥经）县西北，出相公岭。一名邛水。由大通桥、花滩合紫眼河，经黑羊渡、大屯渡至砵沙溪与经水合"。

荣乐城　在今四川峨眉山市东南四十里。《旧唐书·地理志》：绥山县"隋招致生僚，于荣乐城置绥山县，取旁山名也"。

荣成山　在今山东荣成市东北。《史记·秦始皇本纪》：三十七年（前210），"自琅邪北至荣成山"。《正义》谓即成山。

荣成县　清雍正十三年（1735）改成山卫置，属登州府。治所即今山东荣成市东北成山卫镇。民国初属山东胶东道。1925年属胶莱道。1928年直属山东省。1948年移今治崖头。1988年改设荣成市。

荣成澳　即今山东荣成市东北成山角迤西荣成湾。因旧荣成县而得名。洪宪元年（1916）《大中华帝国道县形势全国》作荣成澳。

荣州　①唐武德元年（618）置，治所在公井县(今四川自贡市西十里贡井区)。《元和志》卷33荣州："取荣德山为名。"六年（623）移治大牢县（今四川荣县西）。永徽二年（651）移治旭川县（今四川荣县）。天宝元年（742）改为和义郡，乾元元年(758）复为荣州。辖境相当今四川自贡、荣县、威远等市县地。南宋绍熙中升为绍熙府。宝祐后废。元末复置，属嘉定府路。明洪武九年（1376）降为荣县。

②金贞祐三年（1215）升荣河县置，治所在今山西万荣县西南宝井村。辖境相当今山西万荣县、河津市地。元初复为荣河县。

③辽置，治所在今辽宁康平县东北齐家坨子附近。辖境相当今辽宁康平县部分地。金降为荣安县。

荣安县　金降辽荣州置，属咸平府。治所在今辽宁康平县东北齐家坨子附近。金王寂《辽东行部志》：明昌元年（1190）三月"己未，晚达荣安县，昔在辽为荣州"。元废。

荣阳水　在今江西会昌县东南。《方舆纪要》卷88赣州府会昌县：荣阳水"在县东南。上流会东水及上辅水，共流一百九十里抵广东海阳县界会韩江入海"。《清一统志·赣州府一》：荣阳水"源出军门岭南，东南流合上辅水，入福建武平县界。即广东石窟溪之上源也"。

荣劳隘　在今广西靖西县西荣劳村。《清一统志·镇安府》"频峒隘"条："又荣劳隘，在（归顺）州西七十里。"

荣劳墟　亦名荣劳洞。即今广西靖西县西八十里荣劳乡。《清史稿·地理志》归顺州："西：荣劳墟。"

荣县　明洪武九年（1376）降荣州置，属嘉定州。治所即今四川荣县。清属嘉定府。民国初属四川建昌道。1928年直属四川省。

荣县大佛石窟　又作大佛山。在今四川荣县东南郊宋家冲村真如岩。石窟寺大佛寺占地2.3万平方米。有摩崖造像龛窟多处，主像为释迦如来大佛，故名大佛寺。始建于唐代，初名开化寺大佛殿，宋代称真如观。清嘉庆年间（1796—1820）重建。寺依山势而建，高踞山腰。以弥勒殿、如来殿为中轴，左右有方丈室、藏经楼、达摩殿、法门等。建筑面积为2077平方米，殿顶多为歇山式或硬山式。红墙碧瓦，飞檐翘角。寺中大佛传为唐代所刻，一说为北宋元丰八年(1085）所刻，屹立于真如崖上，坐南向北，善跏趺坐姿，面长耳大，头与山齐，高36.37米，仅次于乐山大佛（通高71米），是蜀中第二大佛。石窟寺内刻有达摩像，并多历代名人题刻诗碑。苍崖翠壁间建有啸台，为观景佳境，2006年定为全国重点文物保护单位。

荣昌区　2015年撤销荣昌县，设立重庆市荣昌区，区政府驻昌元街道人民路2号。

荣昌县　明洪武六年（1373）改昌宁县置，属重庆府。治所即今重庆市荣昌县。明曹学佺《蜀中广记》卷53：荣昌县"以介于荣、昌二州之间为名"。民国初属四川东川道。1928年直属四川省。今属重庆市。2015年撤销荣昌县，改设荣昌区。

荣河县　北宋大中祥符三年（1010）改宝鼎县置，为庆成军治。治所在今山西万荣县西南宝井村。熙宁五年（1072）属河中府。金属河中府。贞祐三年(1215）升为荣州。元初复改为荣河县，属河中府。明改属蒲州。清属蒲州府。民国初属山西河东道。1928年直属山西省。1947年移治今万荣县西南荣河镇。1954年与万泉县合并为万荣县。

荣祉山　一名灵芝山。在今四川仁寿县东南四十里始建镇境。《旧唐书·地理志》始建县："旧治拥思茫水。圣历二年，移治荣祉山。"《舆地纪胜》卷150隆州：荣祉山，"《皇朝郡县志》云：在井研县东北。……一名灵芝山"。

荣经水口戍 隋置，属严道县。即今四川荥经县。唐武德三年（620）于此置荣经县。《寰宇记》卷77荣经县："因界内有荣经水口戍为名。"

荣经县 唐武德三年（620）置，属雅州。治所即今四川荥经县。《寰宇记》卷77荣经县："因界内有荣经水口戍为名。"元末废入严道县。明洪武十三年（1380）复置。清属雅州府。《清史稿·偏图经》：康熙二十年（1681）平吴三桂乱，"（赵）良栋檄偏图坚守雅州，徇荣经"。即此。民国初属四川建昌道。1928年直属四川省。1939年改属西康省。1955年属四川省。

荣经河 古名邛水、邛崃水。即今四川荥经、天全二县境之荥经河，为青衣江西支流。《寰宇记》卷77荣经县：荣经水"在县东一里，出严道县青山下，入县界"。《方舆纪要》卷72荣经县：荣经水"在城东。荣水出大相公岭，流至城北，经水出瓦屋山，流经城南，会流而东北入于平羌江。隋时置荣经口戍，唐因置县"。

荣城 南宋末建，在今四川大竹县东北八十里。《方舆纪要》卷68大竹县：荣城"在县东仙门里。四围险峻，高阜宽平。宋末保此以御蒙古"。

荣哈 即宗喀宗。今西藏吉隆县驻地宗嘎。

荣隐山 在今四川荣县西。《舆地纪胜》卷160荣州：荣隐山，"《九域志》云：荣隐山上有荣隐先生修道山。《图经》云：在县北三十里，石壁间今有形像尚存，俗呼为道士影。又有钟飞，在山东五里绝崖之上，俗呼为挂钟石"。《清一统志·嘉定府一》：荣隐山"在荣县西三十里。一名�山。山左有石耸如印，又名印山，中有石室"。

荣锜氏 春秋周邑。在今河南偃师市东北。《左传》：昭公二十二年（前520），周景王"崩于荣锜氏"。杜注："河南巩县西有荣锜涧。"

荣锜涧 在今河南巩义市西。《左传》：昭公二十二年（前520），景王"崩于荣锜氏"。杜注："河南巩县西有荣锜涧。"

荣溪 亦名荣川水。即今四川荣县、自贡、富顺等市县境之荣县河（釜溪河）。《方舆纪要》卷70富顺县：荣溪"在县西二十里。发源成都府仁寿县，过嘉定州荣县，合金川，入于蜀江"。

荣黎山 在今四川荣县东。《舆地纪胜》卷160荣州：荣黎山"在州东十五里。即云慈禅院。高五里许，上有山神祠、五龙池"。《清一统志·嘉定府一》：荣黎山"亦名舞龙山，与荣德对峙，山腹有龙洞二"。

荣德山 一名老君山。在今四川荣县东北三十五里。《元和志》卷33旭川县：荣德山"在县东北三十五里"。《寰宇记》卷85旭川县：荣德山"在（荣）州东北四十二里。其山在川谷之中，独拔五百余尺，中有老君祠，刻石为像。有小路至山顶，以木为梯"。与荣黎山、荣隐山，合称三荣山。

荣德县 北宋治平四年（1067）改旭川县置，为荣州治。治所即今四川荣县。《舆地纪胜》卷160荣州荣德县："《国朝会要》云：治平四年，以本县上一字与神宗御名同，改旭川县曰荣德。"南宋绍熙中为绍熙府治。宝祐后废。

荣懿县 唐贞观十六年（642）置，为溱州治。治所在今重庆市万盛区西南青羊镇。北宋废。

荣懿砦 北宋熙宁七年（1074）改羁縻荣懿州置，属南川县。在今重庆市万盛区西南青羊镇。《舆地纪胜》卷180南平军：荣懿市"本唐溱州。故荣懿市夷贼李光吉据为巢穴，至绍兴七年移土门镇巡检于此兼寨事，后移巡检司于曲崖险。今空有寨名，但为一市"。后废。

荥口（荥 xíng） 在今河南荥阳市北。古荥泽受河水之口。《战国策·燕策二》：苏代曰，"决荥口，魏无大梁"，即此。

荥州（荥 xíng） 一作荧州。北周改豫州置，治所在虎牢（今河南荥阳市西北汜水镇）。辖境相当今河南郑州、荥阳、中牟、新密、新郑、原阳等市县地。隋开皇初改为郑州。

荥阳（荥 xíng） 荥一作荧。战国韩邑。在今河南荥阳市东北。《史记·韩世家》：桓惠王二十四年（前249），"秦拔我成皋、荥阳"。秦置荥阳县。

荥阳市 1994年撤销河南省荥阳县，改设荥阳市，市人民政府驻索河路。由郑州市代管。

荥阳县（荥 xíng） 秦置，属三川郡。治所在今河南郑州市西北古荥镇。西汉属河南郡。三国魏正始三年（242）为荥阳郡治。北魏太和十九年（495）徙治大栅城（今荥阳市）。北齐为成皋郡治。隋属荥阳郡。唐武德四年（621）属郑州。天授二年（691）改为武泰县。万岁通天元年（696），复为荥阳县，属洛州。神功元年（697）改为武泰县，神龙元年（705）复为荥阳县，二年（706）改属郑州。北宋熙宁五年（1072）废入管城县。元祐元年（1086）复置。民国初属河南开封道。1927年直属河南省。1994年改设荥阳市。

荥阳郡（荥 xíng） ①三国魏正始三年（242）置，属司州。治所在荥阳县（今河南郑州市西北古荥镇）。后废。西晋泰始二年（266）复置，辖境相当今河南荥阳市以东，中牟县以西、原阳县以南、新密、新郑二市以北地。东晋义熙末属司州。北魏泰常八年（423）属豫州，皇兴中属北豫州。太和十七年（493）移治大栅城（今荥阳市）。北齐废。

②隋大业三年（607）改郑州置，治所在管城县（今河南郑州市）。辖境相当今河南郑州、开封、新郑、荥阳四市及原阳、延津等县地。唐武德初改为管州。天宝初改郑州复置，乾元初又改为郑州。

荥波（荥 xíng） 即荥泽。在今河南郑州市西北古荥镇北。《尚书·禹贡》："荥波既豬。"荥水即济水，战国时济水与黄河相通，西汉平帝后始淤浅，唐初淤为平地。

荥泽（荥 xíng） 一作荧泽。又名荥波。在今河南郑州市西北古荥镇北。春秋战国时尚与济水、黄河相通。《尚书·禹贡》："荥波既猪。"又"道沇水，东流为济，入于河，溢为荥"。《水经·济水注》："济水又东径荥泽北，故荥水所都也。京相璠曰：荥泽在荥阳县东南。"自西汉平帝以后，荥泽淤塞为平地。

荥泽县（荥 xíng） 隋仁寿元年（601）改广武县置，属郑州。治所在今河南郑州市西北古荥镇北五里。大业初属荥阳郡。唐属郑州。北宋熙宁五年（1072）省入管城县。元祐元年（1086）复置。元属汴梁路。明洪武八年（1375）徙治于今郑州市西北古荥镇，属郑州。民国初属河南开封道。1927年直属河南省。1931年并入广武县。

荥渎（荥 xíng） 古引荥泽之水，自今河南荥阳市境，东流至山东菏泽。亦曰南济。《水经·济水注》："济水又东合荥渎。渎首受河水，有石门，谓之为荥口石门也。而地形殊卑，盖故荥播所道自此始也。……荥渎又东南流，注于济。今无水。"荥渎在河南境内者，即汴渠。久湮废。

荦 一名柽。春秋宋邑。在今河南淮阳县西南。《左传》："盟于荦，谋救郑也。"《春秋》作"柽"。《水经·渠水注》：谷水"东径涝城北。王隐曰：荦北有谷水，是也。荦即柽矣"。

荧泽（荧 xíng） ①即荥泽。在今河南郑州市西北古荥镇北。《左传》：宣公十二年（前597），楚潘党逐晋魏锜，"及荧泽"。即此。

②亦作荥泽。在今河南浚县西。《左传》：闵公二年（前660），狄人伐卫，"战于荧泽，卫师败绩，遂灭卫"。

荧庭（荧 xíng） 春秋晋邑，在今山西翼城县东南。《左传》：襄公二十三年（前550），"齐侯遂伐晋，取朝歌，为二队，入孟门，登大行，张武军于荧庭"。

荪湖 在今浙江平阳县南。《方舆纪要》卷94平阳县：荪湖"县南六十里有荪湖山，诸山溪之水汇于山下"。

荫田铺 一作秧田市。即今湖南常宁市东四十八里荫田镇。清光绪《湖南通志》卷1常宁县图：县东有荫田铺。

荫城镇 清置，属长治县。即今山西长治县东南荫城镇。

茹口 亦作峪口、洳口。即今北京市平谷区西北峪口镇。清同治《畿辅通志》卷46三河县图：北有茹口。清《畿辅舆地全图》三河县：洳口镇在"县北四十里"。

茹水 在今湖南慈利县西南。《水经·澧水注》："澧水又东，茹水注之。水出龙茹山，水色清沏，漏石分沙，庄辛说楚襄王所谓饮茹溪之流者也。茹水东注澧水。"

茹由县 南朝宋元嘉二十五年（448）以豫部蛮民置，属弋阳郡。治所在今河南光山县南六十里。大明中属光城左郡。南朝梁为边城郡治。隋开皇三年（583）废。

茹庄 即今河北永年县（临洺关）东三十里茹佐村。清同治《畿辅通志》卷51永年县图：西北有茹庄。光绪《永年县志》疆域图作茹佐。

茹县 西汉置，属上谷郡。治所在今河北张家口市东南下花园区。东汉废。

茹陂 在今河南固始县东南。《元和志》卷9固始县：茹陂"在县东南四十八里。建安中，刘馥为扬州刺史，兴筑以水溉田"。

茹拖 一作鲁多克。即今西藏日土县。清乾隆《卫藏通志》卷12作"茹拖"。

茹麻岭镇 在今安徽泾县东南六十里茹麻岭口，南通旌德县。明置巡司于此。

茹越口 在今山西应县南三十七里茹越口村。《方舆纪要》卷44应州：茹越口在"州南四十里。亦南接繁峙县，其西接胡峪口，旧俱设巡司戍守，今改置茹越等堡，属山西镇"。

茹越口堡 在今山西应县东南三十七里茹越口村。《宋史·地理志》：代州繁畤县有茹越寨，即此。金置镇，明清为茹越口堡。

茹越山 在今山西繁峙县北二十里。《方舆纪要》卷40繁峙县：茹越山"山下旧有茹越镇，亦曰茹越口，为戍守处"。

茹溪 俗名小溪。在今重庆市巫山县北。《战国策·楚策四》：庄辛谓楚襄王曰："蔡灵侯之事，因是以南游乎高陂，北陵乎巫山，饮茹溪流，食湘波之鱼。"注："茹溪，巫山之溪。"

茹蔴岭 亦作茹麻岭。在今安徽泾县东南六十里。《方舆纪要》卷28泾县：茹麻岭"群山环列，径道崎岖，有巡司戍守。岭北即桓公岭也"。

茹寨 在今四川金川县北庆宁乡。《清史·图钦保传》：乾隆间征金川："至萨克萨谷，其北曰茹寨，麦方熟，设碉以卫，图钦保力攻克之，焚沿河各寨。"即此。乾隆四十五年（1780）于此设庆宁营，驻守备。

荔川河 即今甘肃宕昌县北理川河，为岷江支流。《方舆纪要》卷60岷州卫：荔川河在"卫东南九十里，旧有荔川砦，以此为名"。

荔川砦 北宋熙宁六年（1073）置，属岷州。即今甘肃宕昌县西北理川镇。

荔水 今广西金秀、荔浦、平乐三县境内的荔浦河。《方舆纪要》卷107平乐县：荔水在"府西四十里。自修仁县流经荔浦县，又东北流入界，至府西七里曰荔浦江口，入于漓"。

荔平关 ①西汉置，属荔浦县。在今广西荔浦县西南。《元和志》卷37桂州荔浦县："县南有荔平关，今废。"

②唐置，在今广西富川瑶族自治县东北。《新唐书·地理志》冯乘县："有荔平关。"

荔州 唐武德四年（621）置，治所在荔浦县（今广西荔浦县西）。辖境相当今广西蒙山、荔浦等县地。贞观十二年（638）废。

荔江 即今广西荔浦县南之荔浦河。《元和志》卷

37 荔浦县：“荔江水在县南一里。”《明史·地理志》荔浦县：“又荔江在南，下流入漓江。”清康熙《荔浦县志》卷 1：荔江“水色如荔，故名”。

荔枝园　在今重庆市。东晋常璩《华阳国志·巴志》：江州县“有荔枝园，至熟，二千石常设厨膳，命士大夫共会树下食之”。

荔枝洲　在今广东广州市番禺区（市桥镇）北。《寰宇记》卷 157 广州南海县：“荔枝洲，上有荔枝，冬夏不凋。”《舆地纪胜》卷 89 广州：荔枝洲“在南海东四十五里，周回五十里。（南汉）刘氏创昌华苑于上”。

荔枝湾　①一作荔枝洲。在今广东广州市区西部。为五代南汉昌华园故址。风景颇胜。“荔湾渔唱”为羊城八景之一。

②在今四川乐山市北二十里。以盛产荔枝为名。民国《乐山县志》卷 2：“荔支湾在锦江山麓。所产荔支最佳，夹、峨、洪、犍、眉诸产不及也。”

荔枝楼　唐忠州刺史白居易建，在今重庆市忠县城西南隅。白居易《长庆集》卷 18《荔枝楼对酒》诗云：“荔枝新熟鸡冠色，烧酒初开琥珀香。欲摘一枝倾一盏，西楼无客共谁尝。”《方舆胜览》卷 61 咸淳府：荔枝楼“在城西南隅。白公置。有《荔枝楼对酒》诗”。

荔波州　元置，属广西南丹安抚司。治所在今贵州荔波县西北。明初废。

荔波县　明洪武十七年（1384）置，属广西庆远府。治所在穹来捧喇轸村（今贵州荔波县东南时来旧县村）。后改属河池州。清顺治十七年（1660）徙方村垟峨岭（今荔波县西北方村）。雍正十年（1732）改属贵州都匀府。乾隆三年（1738）迁治蒙石里（今荔波县）。民国初属贵州黔中道。1920 年直属贵州省。据清爱必达《黔南识略》卷 11：荔波县“荔泉在城北土地关崖下，其味甘冽，甲于他水，荔波所由名也”。而据 1992 年贵州省民政厅编印《贵州省政区地名手册》称：荔波为布依语，意为美丽的土坡。

荔波峒　北宋置，属广西宜州。在今贵州荔波县西北。元升为荔波州。

荔原堡　北宋治平四年（1067）筑，属合水县。即今甘肃华池县东南南梁乡驻地荔原堡。后废。

荔浦县　亦作荔蒲县。西汉置，属苍梧郡。治所在今广西荔浦县西南四十里青山镇。《元和志》卷 37 荔浦县：“因荔水为名。”三国吴属始安郡。南朝宋属始建国。齐复属始安郡。唐武德四年（621）为荔州治。贞观十二年（638）属桂州。南宋属静江府。元属静江路，迁治今荔浦县南。明属桂林府，景泰七年（1456）迁治后山，即今荔浦县。弘治四年（1491）改属平乐府。民国初属广西桂林道。1928 年直属广西省。

荔蒲县　即荔浦县。治所在今广西荔浦县西南四十里青山镇。《汉书·地理志》作“荔蒲县”。

药（藥）儿岭　即今河北宣化县东南鹞儿岭。《旧唐书·僖宗纪》：广明元年（880），代北行营招讨使李琢、幽州节度使李可举等讨李克用。克用令其将高文集守朔州，文集归款于李琢，“克用闻之，亟来赴援，为李可举之兵追击，大败于药儿岭”，即此。

药（藥）山　在今湖南津市市南。《舆地纪胜》卷 70 澧州：药山“在澧阳县南八十里。昔多芍药，故名”。明《寰宇通志》卷 57 常德府：药山“唐僧惟俨道场。刺史李翱曾访之”。

药（藥）山县　南朝梁置，为药南山治。治所在今湖南沅江市西南。隋开皇中改为安乐县。

药（藥）山郡　南朝梁置，属郢州。治所在药山县（今湖南沅江市西南）。辖境相当今湖南沅江市地。隋开皇中废。

药（藥）乞站　明初置，在今黑龙江省抚远县东北黑瞎子岛上木克得赫屯附近。明《辽东志》卷 9：海西东水陆城站有“药乞站”。

药（藥）王山　①又名越王山、越山。在今江西奉新县西北。《寰宇记》卷 106 洪州奉新县：药王山“在县西北五十里。山上有药王庙，因以名之。其山盘险而上，及其顶平阔二十里，其中有湖水澄深无底，湖岸四时花木芳浓，风景异于他处”。《清一统志·南昌府一》：药王山，“《县志》，亦名越王山。上有宝莲湖，西南有琵琶峰、雷公岩、邹公洞、龙须洞、凤凰池诸胜”。

②原名磬玉山。又名五台山。在今陕西铜川市耀州区城东三里。明隆庆六年（1572）镌刻孙思邈所撰药书《千金要方》于五通碑石，置于山上，此后俗称药王山。山上共有历代碑石一百余通，另有隋、唐时石窟七龛以及北魏至唐造像碑多处。药王山石刻于 1988 年定为全国重点文物保护单位。

药王庙　在今河北安国市南关。坐东朝西，平面呈长方形。占地 3.2 万平方米，古建筑面积为 731.45 平方米。始建于东汉，北宋太平兴国至建中靖国年间（976—1101）拓址扩建，清道光九年（1829）立铸铁旗杆一对。庙内现存古建筑有牌楼、马殿、钟鼓楼、垂花门、碑房、药王墓亭、名医殿、大殿、后殿等，大部分为明永乐、清嘉庆时期建筑。该庙是我国目前规模最大的纪念药王邳彤的祠庙建筑群，与古祁州（安国）药业发展关系密切。邳彤，信都（今河北冀州）人。东汉开国功臣，才兼文武，精通医理。《后汉书》有传。北宋建中靖国元年（1101）徽宗追封他为灵贶侯，并建庙祭祀。清乾隆二十年（1755）重修庙宇时并增塑秦越人、张仲景、华佗、孙思邈等名医像陪祀。庙内雕梁画栋，雕刻精美，彩塑出自天津泥塑世家泥人张之手。2001 年定为全国重点文物保护单位。

药（藥）王庙镇　即今辽宁建昌县东南药王庙镇。民国熊知白《东北县治纪要》热河凌源县：“药王庙距县市约一百二十里。市街以药王庙为中心……为大凌河流域之物资集散市场。”

药（藥）水　在今甘肃迭部县东。《元和志》卷 39 叠州合川县：药水“在县东平地。人有患冷者，煎水服之，多愈”。

药（藥）石水 在今山东平度市北五十里。《寰宇记》卷20胶水县：药石水“源出明堂山，合石渎河”。《清一统志·莱州府一》：“按《县志》有逄家庄河，源出大泽山，西流会药石河入胶水，盖即石渎河也。”

药（藥）丛山 在今四川平武县南。《方舆纪要》卷73龙安府平武县：药丛山在“府南十里。多产药材，因名。或讹为落丛山，俗呼乐从山”。

药（藥）师崖石刻 在今四川大邑县西凤凰山凤凰禅院背后。《清一统志·邛州》：凤凰山“在大邑县西八十里。有药师岩、虎擘泉、骑鲸柏诸胜”。药师崖石刻始凿于唐开成二年（837），其后五代、宋、元、清均曾增刻。石刻全长150米，共十五龛，造像一千二百五十七尊。药师佛造像位于石刻正中，坐莲台上，通高5.4米。药师崖即以主龛造像药师佛而得名。

药（藥）杀水 即今中亚锡尔河。《隋书·西域传》：“石国，居于药杀水。”唐玄奘《大唐西域记》作素叶河，《大慈恩寺三藏法师传》作叶叶河，《元史》又作忽章河、忽禅河、忽毡河，《长春真人西游记》作霍阐没辇，刘郁《西使记》作忽牵河，《明史》作火站河。

药（藥）州 唐贞观八年（634）改南建州置，治所在安遂县（今广东郁南县东南连滩镇）。辖境相当今广东郁南、罗定及广西岑溪等三县市部分地。十八年（644）废。

药（藥）妇山 在今陕西平利县西南四十里。《寰宇记》卷141引《周地图记》云：“有夫妇携子入山猎，其父落崖，妻子将药救之，并变为三石人，名以此得。今岭上有臼。父老云，古仙学道于此，而药臼尚存。”

药（藥）园垒 东晋刘裕筑，在今江苏南京市西秦淮河口。《资治通鉴》：东晋义熙六年（410），卢循至淮口，刘裕屯石头城，“（裕）用虞丘进计，伐树栅石头淮口，修治越城，筑查浦、药园、廷尉三垒，皆以兵守之”。胡三省注：“查浦在大江南岸，近秦淮口。药园，盖种芍药之所。廷尉，寺舍所在，因以为地名。”

药（藥）沟驿 明洪武中置，在今山东诸城市东北六十里百尺河镇东北境岳沟。后废。

药（藥）径（逕） 亦作乐径。在今广东鹤山市东北沙坪河北岸。明、清置巡司于此。

药（藥）城县 唐武德三年（620）于鲁邱堡（今安徽亳州市东南）置，为文州治。四年（621）废。

药（藥）泉 在今甘肃肃北蒙古族自治县东北石包城乡。《清一统志·安西州》：药泉“在敦煌县东南石堡城，味略如酒，相传饮之愈疾。水有二源，北流合一。又北流为水峡，未至踏实而没”。

药（藥）洲 又名九曜石。在今广东广州市教育路南方剧院的水池内。是五代南汉时南宫西湖药洲的遗迹。南汉主刘䶮称帝岭南后，遍筑离宫别院，在城西开凿西湖（又称仙湖），地连南宫。聚方士制药于此，故名药洲。或说因栽植红药（有说即芍药）而得名。宋代时此地为游览胜地，石上多宋人铭刻，其中以书法家米芾的“药洲”题刻最著名。明代时“药洲春晓”为羊城八景之一。其后西湖渐淤塞。1988年重整药洲遗址。

药（藥）家镇 北宋置，属平原县。即今山东平原县西南腰站镇。

贯乡 春秋时为宋贯邑。在今山东曹县南十里。西汉建昭元年（前38），封梁敬王子平为贯乡侯，即此。

贯县 西汉置，属巨鹿郡。治所在今河北辛集市西南大车城。东汉废。《后汉书·光武帝纪一》：更始二年（24），光武驰赴信都，“先击堂阳、贯县皆降之”。《水经·浊漳水注》：斯洨水“东分为二水，枝津右出焉，东南谓之百尺沟，……又东南径贯城”。

带马沟 亦作抬马沟、台马沟、代马沟。在今黑龙江省穆棱市西南磨刀石镇东代马沟村。清光绪《皇朝直省图》吉林图：宁古塔东北有带马沟。民国徐曦《东三省纪略》东清铁路车站道里表：磨马石站东有抬马沟站。民国《东北年鉴》作代马沟站。

带水 ①在今贵州遵义市西北。《寰宇记》卷121播州带水县：带水“源出故县西大山东，流经县城北，又东流至废胡刀县界注胡江水”。

②在今朝鲜黄海南道载宁江。《汉书·地理志》乐浪郡含资县：“带水西至带方入海。”

带水县 唐贞观十四年（640）改柯盈县置，属播州。治所在今贵州遵义市西北。《元和志》卷30带水县：“因县北有带水为名。”天宝中移治今遵义市西。咸通以后废。北宋大观二年（1108）复置，宣和三年（1121）废。

带方县 ①西汉置，属乐浪郡。治所在今朝鲜黄海北道凤山土城内。东汉末为带方郡治。西晋建兴元年（313）侨治棘城（今辽宁义县西北）。北魏延和元年（432）废。后复置，属乐良郡。北齐废。

②北魏改带方郡置，属乐良郡。治所在今辽宁北票市东南大凌河西岸。后废。

③东魏元象中置，属营丘郡。寄治英雄城（今河北徐水县西遂城）。北齐废。

带方郡 东汉建安时公孙康析乐浪郡南部置，属幽州。治所在带方县（今朝鲜黄海北道凤山土城内）。以带水得名。辖境相当今朝鲜黄海南北道、京畿道及江原道北部地。西晋建兴元年（313）侨治棘城（今辽宁义县西北）。北魏延和元年（432）废。

带州 唐贞观十九年（645）于营州界内置，为羁縻州，处契丹乙失革部落，隶营州都督。神龙初隶幽州都督。治孤竹县，州陷契丹后，寄治于昌平县之清水店（今北京市昌平区西境）。后废。

带河县　唐贞观五年（631）置，属羁縻玉州。治所在今四川若尔盖县西北境。后废。

带城桥　在今江苏苏州市凤凰街南端，跨十全河上。《清一统志》引《苏州府志》：带城桥“迤逦近府治城南，故名”。

带渡滩　即今南海中中国西沙群岛永兴岛东之西渡滩。1935年命名带渡滩。1947年改名西渡滩。

带溪　即今广西环江毛南族自治县之大环江。《方舆纪要》卷109思恩县：带溪“在县北四十里。源出荔浦县，东流经此旋绕如带，南流入于龙江”。《清一统志·庆远府》：带溪“源出贵州古州苗界，西南流经八万瑶中，二百余里入县界，旋折如围带，故名。又西南暗流山穴下，至县西北界，与荔波水合，为环江之上源”。

带溪砦　北宋置，属思恩县。在今广西环江毛南族自治县北。《宋史·地理志》思恩县：熙宁八年（1075）“徙治带溪砦”。大观元年（1107）于此置溪州。

故山　应是“横山”。即今山东诸城市东南三十里卢山。《汉书·地理志》琅邪郡横县：“故山，久台水所出，东南至东武入淮。”《水经·潍水注》赵一清按：“所谓横故山者，山本名横山，县因山以受氏，亦曰横耳。道元依《班志》以立文，乃曰横县故山，可谓疎卤矣。”

故且兰县　西汉元鼎六年（前111）以故且兰国地置，为牂柯郡治。治所在今贵州黄平市西南。西晋改为且兰县。

故市　①在今河南荥阳市东北。《三国志·魏书·武帝纪》：东汉建安五年（200），曹操烧袁绍军车辎重于故市，即此。

②即今陕西渭南市东北固市镇。《资治通鉴》：唐天复元年（901），“（朱）全忠自故市引兵南渡渭……西南趋赤水”。即此。

③在今陕西大荔县南。《资治通鉴》：唐天复元年（901），朱全忠引兵自河中渡河，下同州，“自故市引兵南渡渭”。

④一名步骘故城。在今湖北宜昌市郊。《三国志·吴书·陆抗传》：凤皇元年（272），“西陵督步阐据城以叛，遣使降晋。抗闻之，日部分诸军，令将军左奕、吾彦、蔡贡等径赴西陵，敕军营更筑严围，自赤谿至故市，内以围阐，外以御寇”。《水经·江水注》：“故城洲上，城周一里，吴西陵督步骘所筑也。”《资治通鉴》：西晋泰始八年（272）十月，“自赤溪至于故市”。胡注：“故市，即步骘故城。所居成市，而阐别筑城，故曰故市。”

故市县　西汉置，为侯国，属河南郡。治所在今河南郑州市西北三十五里。东汉废。

故市镇　①在今山西永济市东北。《清一统志·蒲州府》：故市镇“在虞乡县东十里”。

②即今陕西渭南市东北固市镇。民国时有县佐驻此。

故交村　一名古交城。即今山西古交市。隋开皇十六年（596）曾于此置交城县，取古交城为名。清康熙四十年（1701）设故交村巡司驻此。

故关　①亦作固关。即今山西平定县东九十里旧关，为古井陉口。《水经·浊漳水注》：桃水“东径靖阳亭南，故关城也”。《水经注疏》谓“盖井陉关在井陉县东北，而故关在县西，乃井陉西出之口”。唐杜佑《通典》卷179太原府广阳县：“县东有故关，甚险固。”明置巡司于此。

②即大震关。在今陕西陇县西七十里固关乡。《资治通鉴》：五代汉乾祐元年（948），“新关”下胡三省注：“唐大中六年，陇州防御使薛逵徙筑，谓之安戎关。汧、陇之人谓大震为故关，安戎为新关。”

故关城　在今甘肃临洮县北。《清一统志·兰州府》：故关城“在狄道州北三十里佛儿崖，废址尚存”。

故关镇　金置，属襄陵县。即今山西襄汾县西北二十里古城镇。

故安县　西汉置，属涿郡。治所在今河北易县东南东贯城。三国魏属范阳郡。西晋属范阳国。北魏移治今易县东南西贯城，后改名固安县。

故阳里　在今河南淮阳县北。《资治通鉴》：唐中和四年（884），黄巢围陈州，李克用会许、汴、徐、兖之军于陈州，“黄巢闻之惧，退军故阳里”。胡三省注：“故阳里，在陈州城北。”

故步镇　北宋废霍山县置，属六安县。即今安徽霍山县。

故县城　在今四川新津县东三里五津。为北周时新津县城。《寰宇记》卷75蜀州新津县：“李膺《益州记》云：皁里江津之所，曰新津市。《周地图记》云：闵帝元年于此立新津县。”

故县镇　①宋置，属六安县。即今安徽六安市西北六十五里固镇。

②即今江西鄱阳县东北古县渡镇。汉鄱阳县治此。《清一统志·饶州府二》：鄱阳故城，“《旧志》：鄱阳旧县，在今县东六十里。今名故县镇，民居稠密”。

③即今河南桐柏县东四十四里固县镇。隋、唐桐柏县治此，故名。民国设县佐于此。

④北宋熙宁六年（1073）改硖石县置，属陕县。即今河南陕县东南五十二里硖石乡。

⑤北宋置，属岳池县。即今四川岳池县北四十里顾县镇。岳池县曾治于此。

故邑城　在今浙江平湖市乍浦镇东南海中。以此尝为县治，故曰故邑。《舆地纪胜》卷3引《舆地志》云：故邑山，“山下有城，汉安帝二十年（按：当为永建二年之误）海盐沦陷为湖，移于山傍”。自东汉至晋，海盐县治此。

故驿镇　北宋置，属依政县。即今四川邛崃市东三十里固驿镇。

故城川　即今甘肃合水县东固城川。《清一统志·

庆阳府一》：故城川水“在合水县南五十里，与麻谷大三门相通。源出子午山，南流入宁州界，为谷城川。又流经州西北入大延水。川旁土壤肥润，多产苇荻花药”。

故城水 在今山西长治市西南。《方舆纪要》卷42潞安府长治县：故城水在“府西南十六里。北流二里，合石子河。西流入浊漳水”。

故城县 元初置，属景州。治所在今河北故城县（郑家口）东北故城镇。清属河间府。民国初属直隶津海道，1928年直属河北省。1945年移治郑家口，即今故城县。

故城河 在今江苏淮安市东南五十里。古名寿河，即涧河支流。《方舆纪要》卷22淮安府：故城河“河东入射阳湖，西南连黄浦。明宏治间尝浚之，以达盐城、高邮、宝应、兴化诸处”。

故城砦 北宋改故城镇置，属将利县。在今甘肃陇南市武都区东南三里白龙江北岸。

故城镇 北宋置，属福津县。即今甘肃陇南市武都区东南福津沟。

故宫 在今北京市旧城中心。原称紫金城，为明、清两代的皇宫。始建于明永乐四年（1406），永乐十八年基本建成。虽经明、清多次重修扩建，仍保持原有布局，占地约72万平方米。殿宇九千余间，建筑面积约15万平方米。宫墙周长约为3400米，宫墙外边围绕着宽52米的护城河。故宫是我国也是世界上现存规模最大、保存最完整的皇家宫殿建筑群。明、清两朝约500年间，有24位皇帝居住于此。宫殿布局分为外朝和内廷两大部分，外朝包括中轴线上的太和、中和、保和三大殿及两翼的文华殿、武英殿，是皇帝举行大典、召见群臣和行使权力的主要场所。内廷包括乾清宫、交泰殿、坤宁宫及东、西六宫和御花园等，是皇帝处理日常政务和帝后嫔妃、皇子公主们居住、游玩和祭神之地。全部建筑为黄琉璃瓦顶，金碧辉煌。故宫正门在南称午门，北为神武门，东为东华门，西为西华门。午门内有东西贯穿的金水河，上跨五座汉白玉单拱金水桥。故宫内保存大量珍贵文物，是研究明清史和历代艺术的重要实物资料。1925年设立故宫博物院。故宫博物院是我国的国家级博物馆，常年搜集、修复、整理并展出珍贵文物。现有文物陈列：三大殿及后三宫、西六宫为宫廷历史遗物陈列；斋宫和东六宫是青铜器馆、陶瓷馆、明清工艺美术馆；三大殿的两庑是历史艺术陈列；皇极殿为绘画陈列；养性殿乐寿堂、颐和轩是珍宝馆；奉先殿为钟表陈列室。1961年定为全国重点文物保护单位。1987年北京故宫又被联合国教科文组织世界遗产委员会确定为世界文化遗产。

故郡城 即今河北行唐县北南桥镇东北故郡村。西汉至东晋为南行唐县治。《方舆纪要》卷14行唐县引《城冢记》：“今县北三十里有行唐故城，俗谓之故郡城，以后魏尝置唐郡于此也。”

故垒山 即汉阳山。在今四川剑阁县（下寺镇）西南普安镇北。《寰宇记》卷84普安县：故垒山“在州北。按《益州记》云：姜维拒钟会有故垒，其山峭壁，下临绝涧，即此也”。《舆地纪胜》卷186隆庆府：故垒山“在普安县北二十里”。

故桃关 即今四川汶川县南岷江东岸桃关。《水经·江水注》：都安县“有桃关”。《元和志》卷32汶川县：故桃关“在县南八十二里，远通西域，公私经过，唯此一路。关北当风穴，其一二里中，昼夜起风，飞沙扬石”。

故陵 在今重庆市云阳县东故陵镇（高坪）。《水经·江水注》：“江水又东为落牛滩，径故陵北，江侧有六八坟。庾仲雍曰：楚都丹阳所葬，亦犹枳之巴陵矣，故以故陵为名也，有鱼复尉戍此。”此故陵，据任乃强《华阳国志校补图注》云，为巴国王族陵墓。

故陵溪 亦名永谷水。即今重庆市云阳县东南长滩河。《水经·江水注》：“江水又径鱼复县之故陵，旧郡治故陵溪西二里故陵村，溪即永谷也。”

故埠镇 又作故步镇。即今安徽霍山县。《明史·地理志》六安州霍山县：“本六安州故埠镇巡检司，弘治二年改为县。”

故尉城 在今湖南望城县西北。《元和志》卷29长沙县：“故尉城，在县西北七十里。孙权以程普为长沙县西部都尉，以防关羽，因立此城。”

故道 ①县名。秦置，属陇西郡。治所在今陕西宝鸡市西南大散关东南。汉属武都郡。晋永嘉后废。

②古道路名。亦名陈仓道。自陈仓（今陕西宝鸡市陈仓区东）西南行出散关，沿故道水（今嘉陵江上游）谷道至今凤县，折东南入褒谷，至汉中。公元前206年，刘邦自汉中由故道还定三秦。《史记·河渠书》：“抵蜀从故道，故道多阪，回远。”即此。道路虽迂远，因坡度较平缓，自古以来即为往来秦岭南北的主要通道。自斜谷道废，公私行旅遂出故道，成为北栈道的一部分，长约五百多里。

故道山 在今甘肃两当县东南。《方舆纪要》卷59两当县“天门山”条下：“故道山在县南二十里。相传故道县以此山名。”

故道水 即今嘉陵江之上源。源出今陕西宝鸡市西南，西南流经凤县及甘肃两当、徽县，至陕西略阳县北合西汉水。《水经·漾水注》：两当水“出陈仓县之大散岭，西南流入故道川，谓之故道水”。

故道郡 即固道郡。治所在今甘肃徽县东北。《水经·漾水注》：尚婆水“历两当县之尚婆城南，魏故道郡治也”。

故蜀别苑 在今四川成都市西南。南宋陆游《故蜀别苑》载：“故蜀别苑在成都西南十五六里，梅花至多，有两大树，夭矫若龙，相传谓之梅龙。”明朝改称中园，园中改称梨树千株。张献忠驻军成都时改做御营。

故鄣县 西汉元狩二年（前121）改鄣县置，属丹阳郡。治所在今浙江安吉县北安城镇古城。三国吴宝鼎元年（266）属吴兴郡。南朝陈属陈留郡。隋开皇九年（589）废。

故墅　在今陕西高陵县西十里。《资治通鉴》：唐武德元年（618），“车驾幸周氏陂，过故墅”。胡注：“故墅，在高陵县西十里店，上旧所居也。武德六年，名龙跃宫。”

故漳渠　在今河北清河县南。《寰宇记》卷58清河县：“枯上漳渠者，浊漳渠也。源自上党，《城冢记》云：邺城北有漳水，今邺郡临漳是也。枯下漳渠者，清漳渠也。自邺县界来，非浊漳也。隋大业中，制使姚暹疏决，从上漳渠水入此渠，亦名姚暹河。炀帝征辽回，泛舟于此，谓之回銮河。大业十三年窦建德于广平郡，又疏此水入柳沟，遂与永合流。”《清一统志·广平府一》：故漳渠“在清河县南。……按《旧志》：清河县有漳渠即此。今湮”。

故镇　明置，属静乐县。在今山西静乐县东南五十里固镇村。《明史·地理志》静乐县：“东南有两岭关，置故镇巡检司于此，后移于稍东顺水村。”

故镇城　又名固镇。在今河北武安市西五十里小固镇。《资治通鉴》：唐光启二年（886），李克用将李克修“拔故镇、武安”。即此。

胡　①西周封国，归姓。在今河南漯河市源汇区西南。春秋初灭于郑。《史记·老子韩非列传》：“昔者郑武公欲伐胡，乃以其子妻之。”其后，“郑人袭胡，取之”，即此。

②西周、春秋时国名。在今安徽阜阳市西北二里。《左传》：襄公二十八年（前545），“胡子”朝于晋。杜注：“胡归姓之国，汝阴县西北有胡城。”又定公十五年（前495），“楚子灭胡”。战国时为楚邑。

胡刀县　唐贞观十四年（640）改释燕县置，属播州。治所在今贵州遵义市西南。《寰宇记》卷121播州芙蓉县：废胡刀县“因胡刀水在县南”，故名。开元二十六年（738）废。

胡山　一名湖山。即今福建南靖县东北靖城镇南湖山。《方舆纪要》卷99漳州府南靖县：胡山“在县前双溪之南，山下有湖”，故名。

胡子崖　在今重庆市酉阳土家族苗族自治县北。《方舆纪要》卷73酉阳宣抚司：胡子崖“在司北百里。崖下路通司治，行者过此，有水自崖悬流，可以济渴”。

胡公堰　在今贵州都匀市北一里。《方舆纪要》卷121都匀府：胡公堰“明初指挥胡纲所筑。城西之田，赖以灌溉”。

胡氏古民居建筑　在今甘肃天水市秦城区民主西路，南北宅子隔街对峙。是明代秦州举人、山西按察副使、雁门兵备道来缙的私宅。创建于明嘉靖年间（1522—1566）。南宅子现存建筑八座、垂花门一座、影壁三座。其中主体建筑正厅和书房院为明代原建，其余为清代重修。南宅子一直由胡氏家族世代居住。北宅子亦是胡氏旧居，仅存二层楼房，梁上墨书“大明万历四十三年乙卯夏四月十五日建”。雕花栏板华丽，每块浮雕花饰各异，雕工精细，为明代佳作。南宅子保存完整，集中体现了当地明清邸宅建筑布局与做法特点，具有很高的艺术品位。2001年定为全国重点文物保护单位。

胡世柏镇　即今湖北黄梅县西南五十里胡世柏镇。清余名芳《黄梅兵事续记》云：咸丰八年（1858）二月，清“设陆运局，由新开、胡世柏、孔垅、濯港、县市至停前镇办理”。

胡布山　即今俄罗斯阿穆尔州结雅河（精奇里江）和谢列姆札河（西林穆丹河）之间贾格德山。《北史·室韦传》：“（北室韦）又北行千里至钵室韦，依胡布山而住，人众多。”

胡卢川　即葫芦河。今宁夏南清水河。《宋史·刘昌祚传》：元丰四年（1081），从高遵裕征西夏，“昌祚出胡卢川，次磨齐隘”。

胡卢忽儿河　今内蒙古西乌珠穆沁旗东之巴拉嘎尔郭勒。《元史·特薛禅传》：太祖谕按陈弟册曰：“当以胡卢忽儿河北为邻，按赤台为界。”

胡卢河　①即今河北南部之滏阳河。五代周至宋、金为衡水、宁晋间之漳水的别称。《资治通鉴》：五代周显德二年（955），“契丹自晋、汉以来屡寇河北，轻骑深入，无藩篱之限，郊野之民每困杀掠。言事者称：深、冀之间有胡卢河，横亘数百里，可浚之以限奔突。是月，诏忠武节度使王彦超、彰信节度使韩通，将兵夫浚胡卢河”。胡三省注：“胡卢河，俗谓之葫芦河，即衡漳水。在东光县西三十里。”又《宋史·河渠志》：“淳化二年，从河北转运使请，自深州新砦镇开新河，导胡卢河，分为一派，凡二百里抵常山，以通漕运。”

②唐时别称滏、漳水下游一段（约当今河北宁晋县至武邑县的滏阳河）为长芦水，五代、北宋时始兼有胡卢河之称。元、明以后专称胡卢河。对漳水干流东至馆陶入卫，遂专为滏河下游。明初以后，滹沱河常南决入河，下泄河道狭窄，致使宁晋县至冀州一段河道渐潴为湖泊，称为宁晋泊。清时拓展下游河道，积水渐消。至近代又复河形，而名为滏阳河。

胡卢碛　在今新疆若羌县东北。《新五代史·四夷附录·于阗》：“沙州西曰仲云，其牙帐居胡卢碛。云仲云者，小月支之遗种也，其人勇而好战，瓜、沙之人皆惮之。胡卢碛，汉明帝时征匈奴，屯田于吾卢，盖其地也。”

胡甲山　亦名侯甲山、护甲岭。在今山西武乡县西北九十里。《水经·汾水注》：侯甲水“发源祁县胡甲山，有长坂，谓之胡甲岭，即刘歆《遂初赋》所谓‘越侯甲而长驱’者也”。

胡甲水　亦名侯甲水、护甲水。在今山西武乡县西北百里。西北流径祁县南，折而西南流至平遥县西南入汾水。《水经·汾水注》：侯甲水“发源祁县胡甲山，……西北径中都县故城南，……又西北入邬陂，而归于汾流矣”。

胡乐镇　一作湖乐镇。即今安徽宁国市西南一百一十里胡乐镇。南通绩溪，西通旌德，地当冲要，为县中巨镇。明、清置巡司于此。

胡尔哈鄂伦泊 亦名呼拉喀五郎鄂模、瑚尔哈鄂伦泊。在清外蒙古土谢图汗部西南界。即今蒙古国南戈壁省乌兰湖。张穆《蒙古游牧记》卷7土谢图汗左翼后旗：翁金河“潴于胡尔哈鄂伦诺尔，诺尔直漠南河套八百里许。旧作呼拉喀五郎鄂模，周二十余里”。

胡尔穆山 在今俄罗斯滨海边疆区乌苏里江支流噶尔玛河南岸，穆克图里山西南。清《乾隆内府舆图》：乌苏哩江东支胡尔穆必拉北有“胡尔穆阿林”。

胡市场 即今四川泸州市龙马潭区西北胡市镇。清嘉庆《泸州志》卷2：胡市场“在州西北会文乡”。

胡奴阜 在今甘肃天水市西。《资治通鉴》：东晋太元十一年（386），前秦将苻登，“进攻姚硕德于秦州，后秦主（姚）苌自往救之，登与苌战于胡奴阜，大破之”。

胡皮头 即今陕西甘泉县西北胡皮头。1934年西北革命根据地置甘洛县治此。

胡各庄 即今河北滦南县南二十五里胡各庄镇。清属滦州，设管河州判驻此。民国属滦县，后划归滦南县。

胡庆余（馀）堂 在今浙江杭州市内。是胡雪岩于清同治十三年（1874）创办的国药店。它与北京同仁堂并称为我国南北两家国药老店。现存建筑有二进，一进营业，二进制药。建筑的木构件均选用银杏、樟木，梁枋、隔扇、裙板雕饰精细，有人物、花卉、凤鸟等图案。1988年定为全国重点文物保护单位。

胡阳县 秦置，治所即今河南唐河县西南湖阳镇。西汉属南阳郡。《史记·高祖纪》：高祖引兵西至丹水，“还攻胡阳”。即此。西晋废。

胡阳镇 金置，属泌阳县。在今河南唐河县东南。

胡坑戍 在今甘肃武威市西。《晋书·秃发傉檀载记》：东晋义熙六年（410），“（沮渠）蒙逊进围姑臧，……傉檀遣使求和，蒙逊许之，乃遣司隶校尉敬归及其子他为质，归至胡坑，逃还，他为追兵所执”。《资治通鉴》：东晋隆安五年（401），胡三省注：“胡坑，在姑臧西。”

胡芦河 即今新疆乌什、阿合奇县境之托什干河。《新唐书·地理志七下》：“至小石城，又二十里至于阗境之胡芦河。”

胡芦泉 在今甘肃环县西。《宋史·范仲淹传》：天圣年间，“明珠、灭臧劲兵数万，仲淹闻泾原欲袭讨之，上言曰：‘二族道险，不可攻……若北取细腰、胡芦众泉为堡障，以断贼路，则二族安，而环州、镇戎径道通彻，可无忧矣。’其后遂筑细腰、胡芦诸砦”。

胡芦砦 北宋庆历四年（1044）筑于胡芦泉，属环州。在今甘肃环县西。《宋史·范仲淹传》：为防备明珠、灭臧兵，“遂筑细腰、胡芦诸砦”。

胡苏县 东魏置，属勃海郡。治所在今山东宁津县西南二十二里保店镇。北齐废。隋开皇十六年（596）复置，属德州。大业初属平原郡。唐天宝元年（742）改为临津县。

胡苏河 古九河之一。在今河北东光县东南。《尚书·禹贡》疏：“胡苏，其水下流，故曰胡苏。胡，下也，苏，流也。”《汉书·沟洫志》：“许商以为古说九河之名，有徒骇，胡苏、鬲津，今见在成平、东光、鬲界中。”师古曰：“胡苏在东光。”《清一统志·河间府一》：胡苏河“在东光县东南……《旧志》：在东光县东三里。按，府之南界，沧、景、德、棣之间，本古九河所经之地，今考诸书在府境者，唯胡苏河为有据”。另据元于钦《齐乘》卷2：“沧州之南有大连淀，西逾东光，东至海，此非胡苏河欤？”一说在今山东庆云县北。《寰宇记》卷65饶安县：“古胡苏河，一名赤河。从胡苏县来。”《方舆纪要》卷13庆云县：胡苏河，“《旧志》云：其流经盐山、海丰（今无棣）县境，入于海”。

胡苏亭 在今山东宁津县西南二十二里保店镇。《汉书·地理志》：东光县“有胡苏亭”。《水经·淇水注》：清河“又东至东光县西南，径胡苏亭”。东魏置胡苏县。

胡村 在今河南淅川县西北九十里。《方舆纪要》卷51淅川县：胡村，“《舆程记》：自县西北水门四十里至幞围，四面皆山。又四十里至胡村”。

胡村堡 在今山西垣曲县东南。《清一统志·绛州》：胡村堡“在垣曲县（治古城镇）东十里。……明嘉靖中筑”。

胡县 西汉初置，属内史。治所在今河南灵宝市西北阳平河入黄河处西岸。建元元年（前140）改为湖县。

胡里山炮台（臺） 在今福建厦门市区东南胡里海滨。为清末洋务运动时期的东南海防要塞。清光绪十七年（1891）福建水师提督彭楚汉会同总督题奏筹建炮台，光绪二十二年（1896）建成。仿西洋炮台模式，由炮台、弹药库、兵营等设施组成，总面积为1.2万平方米。东炮座现存德国克虏伯兵工厂制造的精钢主炮一尊，炮身长13.96米，是国内遗留古炮中最大的一尊。整个炮台完整地保存了当时的结构布局，具有重要的历史价值。1996年定为全国重点文物保护单位。

胡里庄 即今山东临清市东胡里庄镇。旧属清平县。民国《清平县志》有胡里庄。并称：“胡里庄在城（今高唐县西南清平镇）西北六十里，接临清界。”

胡里改万户府 元初改胡里改路置，属女直水达达路。治所在胡里改（今黑龙江省依兰县）。辖境相当今黑龙江省牡丹江中下游东岸一带。明改置忽儿海卫。

胡里改江 唐作忽汗河，金亦作活罗海川。即今黑龙江省东南部松花江支流牡丹江。明《寰宇通志》

卷116："胡里改江，源出建州卫东南山下，东北汇为镜泊，又北注混同江。元置（胡里改）万户府于此。"

胡里改路 又作鹘里改路、呼尔哈路。金初置，治所在今黑龙江省依兰县。以河得名。辖境相当今黑龙江省牡丹江流域、通河县以下松花江及俄罗斯境黑龙江下游地区。元改为胡里改万户府。

胡谷水 在今山西太谷县西南。《清一统志·太原府一》：胡谷水"西北入祁县界，合侯谷水"。

胡谷堡 又作朝谷堡。即今甘肃平凉市西北三十五里安国乡。《旧唐书·德宗纪》：贞元七年（791），"泾原帅刘昌复筑平凉城。……刘昌筑胡谷堡，改名彰义堡。堡在平凉西三十五里，亦御戎之要地"。《清一统志·平凉府二》：安国镇，"《府志》，安国即胡谷之讹"。清置递运所于此。

胡良河 一名湖梁河。即古垣水。源于今北京市房山区大安山，流入河北涿州市北，又东南合拒马河。《方舆纪要》卷11涿州："胡良河在州东北二十里。源出房山县大安山东麓，流入州境，又南与挟河合，流入良乡县界，注入琉璃河。"

胡良渡 一作胡梁渡。在今河南滑县东北古黄河畔。《资治通鉴》：唐乾元二年（759）史思明分四路进兵汴州，"周挚自胡良济河"。又，五代晋天福二年（937）六月，"杨光远奏引兵逾胡梁渡"。胡三省注："在滑州北岸。"

胡张镇 即今山西夏县北胡张乡。《清一统志·解州》：胡张镇"在夏县北三十里。有堡，驻防兵弁"。

胡陈站 元置。即今浙江丽水市东北壶镇。

胡陈镇 北宋置，属缙云县。即今浙江缙云县东北五十里壶镇。清末改为壶镇。

胡茂县 唐仪凤二年（677）置，属纳州。治所在今四川叙永县西南境。天宝元年（742）属都宁郡，乾元元年（758）复属纳州。后废。

胡林河口 在今河北乐亭县东南滨海，湖林河入海处。今名湖林口。清于此设经制外委驻此。

胡林站 一作胡怜站。元置。在今俄罗斯境黑龙江下游共青城东格林河口忽林屯。明改为忽林站。

胡岭关 一名虎岭关。在今河南济源市西。《金史·武仙传》：正大七年（1230），"卫州被围，内外不通。诏平章政事合达，枢密副使蒲阿救之，徙仙兵屯胡岭关，扼金州路"。

胡凯山 在今黑龙江省宾县西南，为张广才岭西麓支脉。《金史·欢都传》："至景祖时，石鲁之子劾孙举部来归，居于安出虎水源胡凯山南。胡凯山者，所谓和陵之地是也。"

胡金店 即今湖北云梦县西北十八里胡金店镇。《清一统志·德安府》：胡金店"在云梦县西北，近新庙河。本朝顺治中始立"。

胡怜站 元置，在今俄罗斯哈巴罗夫斯克边疆区黑龙江下游格林河口忽林屯。元《经世大典》：辽阳等处行中书省所辖狗站有"胡怜站"。明改忽林站。

胡空关 在今四川平武县西。《方舆纪要》卷73龙安府平武县：胡空关在"府西北四十里。永乐中置"。

胡空堡 在今陕西彬县西南。《晋书·苻登载记》：东晋太元十二年（387），"苻登进据胡空堡，戎夏归之者十有余万"。《方舆纪要》卷54邠州：胡空堡"空，符秦将也，其西又有徐嵩堡。秦败，二人皆筑垒自守，堡因以名"。

胡实健国 即护时健国。唐西域国名。都城在遏蜜城（今阿富汗喀布尔西北席巴尔甘南）。

胡弩镇 唐置，属安西都护府。在今新疆和田县南。《新唐书·地理志》引贾耽《四夷路程》：于阗"南六百里有胡弩镇"。

胡城 ①在今安徽阜阳市西北。《水经·颍水注》："颍水又东南流，径胡城东，故胡子国也。《春秋·定公十五年》，楚灭胡，以胡子豹归是也。杜预《释地》曰：汝阴县西北有胡城也。"即此。

②在今陕西城固县西。《水经·沔水注》："汉水又东径胡城南。"《水经注疏》引《蜀记》云："汉张骞使匈奴，与胡妻、堂邑父俱还，至汉中筑城居之，即此城也。"

③宫名。即祈年宫。《水经·渭水注》："渭水又东径雍县南，雍水注之，……南流径胡城东，俗名也，盖秦惠公之故居，所谓祈年宫也，孝公又谓之为橐泉宫。"

胡城县 南朝梁置，属颍州西恒农、陈南二郡。治所在今安徽阜阳市西北。北魏以后废。

胡茶辣国 在今印度卡提阿瓦半岛。南宋赵汝适《诸蕃志》卷上："胡茶辣国管百余洲，城有四重。"

胡柳陂 在今河南濮阳市东南五十里。《旧五代史·唐书·庄宗纪》：天祐十五年（918），李存勖进军梁汴京，"次胡柳陂"。即此。

胡亭 ①在今安徽阜阳市西北。《晋书·石季龙载记》：东晋咸康五年（339），以夔安为征讨大都督，统大军南寇，"夔安进据胡亭，晋将军黄冲、历阳太守郑进皆降之"。

②在今湖北安陆市西北。《晋书·石季龙载记》：东晋咸康五年（339），令夔安南侵，"进据胡亭"。即此。

胡洛池 即今内蒙古杭锦旗西北哈日芒乃淖尔。《元和志》卷4夏州长泽县："胡洛盐池，在县北五十里。周回三十里。亦谓之独乐池，声相近也。汉有盐官。"《新唐书·食货志》云：安北都护府之胡洛池，岁得盐万四千斛，以给镇武、天德。

胡桃山 在今安徽和县西北。《资治通鉴》：东晋义熙二年（406），"桓石绥与司马国璠、陈袭聚众胡桃山为寇，刘毅遣司马刘怀肃讨破之"。胡注："胡桃山当在历阳郡界。"

胡桃宫 在东汉雒阳城广阳门外，今河南洛阳市东北汉魏故城西南。《后汉书·南匈奴列传》载：汉安二年（143），"诏太常、大鸿胪与诸国侍子于广阳门外祖会，飨赐作乐，角抵百戏。顺帝幸胡桃宫临观之”。

胡逗洲　相当今江苏南通市一带。本长江口沙洲，后与北岸大陆相连。《资治通鉴》：南朝梁承圣元年(552)，侯景败走，自扈渎下海，欲向蒙山，其下羊鹍谋诛之，因景昼寝，语舟师直向京口，“至胡豆洲，景觉，大惊”，为鹍所杀”。《寰宇记》卷130泰州海陵县：“胡逗洲在县东南二百三十八里海中。东西八十里，南北三十五里，上多流人，煮盐为业。梁太清六年，侯景败走，将北赴此洲，为王僧辩军人所获。”

胡原县　南齐置，属南安郡。治所在今四川剑阁县(下寺镇)西南香沉镇。后废。梁天监十八年（519）复置。西魏属普安郡。隋开皇七年（587）改为临津县。

胡峪堡　即今山西代县东北胡峪乡。《宋史·地理志》：代州雁门县有胡峪寨。即此。

胡峪寨　又作胡谷寨、狐谷寨。在今山西定襄县东北。明初置胡谷寨巡司，后废。

胡润寨　即湖润寨。今广西靖西县东南湖润镇。《明史·地理志》镇安府：“逻水发源府北土山峡中，下流至胡润寨，与归顺州之逻水合。”

胡浪山　在今四川冕宁县东南。《元和志》卷32台登县：胡浪山“下有司马相如定西南夷桥，桥孙水以通邛、筰，即此水也”。

胡家场　即今湖北天门市东北五十二里胡市镇。清光绪《湖北全省分图》：天门县东北有胡家场。

胡家坨　在今河北乐亭县东二十里。《方舆纪要》卷17乐亭县：胡家坨堡为“民堡”。

胡家店　又名胡店、永兴场。即今四川井研县东北集益乡。清光绪《井研县志》卷4：永兴场“旧名胡店。创自乾隆五十年，县东北二十里”。

胡家桥集　即今河南夏邑县东南胡桥乡。明嘉靖《夏邑县志》卷1《集店》：“胡家桥集，县东南二十五里”。

胡家桥镇　即今上海市奉贤区南二十里胡桥镇。清光绪《江苏全省舆图》：奉贤县（今奉城镇）西南有“胡家桥”。

胡家营　即今北京市平谷区西北胡家营。《清一统志·顺天府》：胡家营“在三河县北五十里，与密云县接界”。

胡家堡　明置，属灵州守御千户所。在今宁夏灵武市南二十里。清王定安《湘军记》卷18：同治九年(1876)正月，“陕回自胡家堡窜秦渠，南距石家庄，就废堡修三堡”。

胡家集　①即今江苏海安县西南胡集镇。旧属泰县。清道光《泰州志》卷2：州东有胡家集。

②即今山东商河县西北二十里胡集乡。旧属临邑县。清光绪《山东通志》卷1《舆图志》：临邑县东北有胡家集。

胡家港堡　在今上海市奉贤区西南。《方舆纪要》卷24松江府华亭县：胡家港堡“明初置，有兵戍守，属金山卫”。洪武初，设金山巡司于张堰镇，十九年(1368)徙此。

胡家窝铺　即今辽宁黑山县东北胡家镇。清康熙《广宁县志》卷2：“小黑山铺二十里胡家窝铺。”

胡家窝堡　亦作胡窝棚。即今辽宁盘山县西北胡家镇。清光绪《奉天全省地舆图说图志》广宁县图：东南有胡窝棚。《清史稿·地理志》锦州府盘山厅：锦营铁路有胡家窝棚站

胡陵　①春秋时宋邑。战国属楚。在今山东鱼台县东南。《战国策·秦四》载，春申君谓“魏氏将出兵而攻留、方与、铚、胡陵、砀、萧、相”，胡陵即此。

②即秦、汉湖陵县。在今山东鱼台县东南。《史记·项羽本纪》：秦二世二年（前208），项梁“进兵击秦嘉，秦嘉军败走，追之至胡陵。嘉还战，一日，嘉死，军降，景驹走死梁地。项梁已并秦嘉军，军胡陵”。又《高祖本纪》：汉二年（前205），汉王“劫五诸侯兵，遂入彭城。项羽闻之，乃引兵去齐，从鲁出胡陵”。即此。

胡埭镇　即今江苏无锡市西南胡埭镇。清光绪《江苏全省舆图》无锡县图，西有胡埭镇。民国《江苏六十一县志》：无锡县西南“胡埭距治三十里，皆临阳溪”。

胡勒噶珊　亦作呼拉。在今俄罗斯哈巴罗夫斯克边疆区黑龙江下游南岸锡卡契。清初属宁古塔将军。康熙《皇舆全览图》：黑龙江下游有“呼拉噶山”。后属三姓副都统。光绪《吉林通志》卷17：混同江南岸，东至海滨旧设噶珊有“胡勒”。咸丰年间通过不平等的中俄《北京条约》被俄割占。

胡雪岩旧居　在今浙江杭州市元宝街。始建于清同治十二年（1873），属中式宅院，典型的硬木结构建筑，加强了房屋的防火功能。旧居住宅部分采光很好，厢房多处采用落地大玻璃。防潮层非常科学，最底下一层是沙土，沙土上是倒扑的瓦盆，瓦盆上面才是石板，在保温散热方面，胡宅也有优越之处，如屋顶的椽子上面有蘑菇形的砖头，使房屋冬暖夏凉。旧居原占地约7000平方米，现存古建筑2000多平方米，为杭州规模最大的园林式民居。胡宅分为东西两部分，西部是住宅，分为里七间、外七间。2006年定为全国重点文物，并入胡庆余堂保护单位。

胡崖寨　北宋置，属绥州。在今陕西吴堡县（宋家川）东北，后废。清道光《吴堡县志》卷1：胡崖寨在“县东北六十里。下临黄河，防边要地。宋时戍兵守之”。

胡孰侯国　西汉武帝时置，属丹阳郡。治所在今江苏南京市江宁区东南湖熟镇。东汉改为湖熟县。

胡麻岭　在今甘肃定西市西。《方舆纪要》卷59安定县“双峪岭”条：“又南四十里为胡麻岭，相传张骞自西域还，种胡麻于此而名。”

胡梁渡　即胡良渡。在今河南滑县东北。《资治通鉴》：五代晋天福二年（937），“杨光远奏引兵逾胡梁渡”。胡三省注：“此即史思明所济胡良渡也，在滑州北岸澶州界。”

胡密国 即护密国。唐西域国名。都城在摸达城（今阿富汗喀布尔东北瓦罕）。

胡椒径营 在今广东蕉岭县东。《方舆纪要》卷103镇平县：胡椒径营“在县东三十里”。

胡鲁八兴站 元置，在今俄罗斯哈巴罗夫斯克边疆区黑龙江下游格林河口至库穆苏之间。元《经世大典》：辽阳行处行中书省所辖狗站有“胡鲁八兴站”。明改虎把希站。

胡鲁口 在今吉林大安市西北洮儿河入嫩江口。《元史·世祖纪》：至元二十六年（1289）二月丁卯，“合丹兵寇胡鲁口，开元路治中兀颜牙兀格战连日，破之”。即此。

胡鲁苏台察罕泊 在今蒙古国苏赫巴托省达里甘戛西南。《御制平定朔漠方略》卷22：清康熙三十五年（1696）四月，“己亥，驾次胡鲁苏台察罕诺尔”。

胡裕尔和奇卡伦 又作乌雨勒赫齐、乌雨尔霍齐。清雍正五年（1727）设，在今内蒙古呼伦贝尔市之额尔古纳市西北七卡屯村。

胡雷 即今福建永定县东北胡雷镇。1929年中央革命根据地置永定县治此。

胡雷下保 即今福建永定县东湖雷镇。本龙岩县地，唐大历四年（769）于此置上杭场。五代南唐保大十二年（954）迁秋梓保（今永定县）东北六十里北山村。

胡墅 在今江苏南京市北长江北岸。《陈书·高祖纪》：南朝梁绍泰元年（555），徐嗣徽据石头城，北齐遣翟子崇等诸将“领兵万人，于胡墅渡米粟三万石马千匹，入于石头”。随后，陈霸先“遣侯安都领水军夜袭胡墅，烧齐船千余艘”。《隋书·高祖纪》：开皇元年（581），“陈将周罗睺攻陷胡墅”。次年，“陈遣使请和，归我胡墅”。即此。

胡僧山 在今辽宁葫芦岛市北。《辽史·地理志》锦州：“有大胡僧山、小胡僧山。”

胡瑶县 唐置，属羁縻悦州。治所在今四川兴文县境。后废。

胡镇村 即今广东博罗县西北湖镇。明洪武四年（1371）于此置善政巡司。

胡壁堡 在今山西万荣县西南。《旧五代史·武皇纪下》：唐光化元年（898）王珙引汴兵攻河中府，李克用遣“李嗣昭将兵三千以援之，屯于胡壁堡。汴军万余人来拒战，嗣昭击退之”。金置胡壁镇。

胡壁镇 金置，属万泉县。故址在今山西万荣县西南。

胡襄城 一作胡厢城。即今河南柘城县东北三十四里胡襄镇。《归德闳郡公纪统办归陈团练署太康县祝公事实略》：咸丰三年（1853）六月，“往胡襄城拿大捻头刘凤翥、高凤舞等”。

南、北吉祥寺 在今山西陵川县西。南吉祥寺在今陵川县西四十里，始建于唐贞观年间（627—649），北宋天圣年间（1023—1032）重修。现存两进院落，北部为过殿，亦称中殿，为宋代建筑。南部为圆明殿，即正殿，为明清建筑。北吉祥寺在今陵川县西三十里，始建于唐大历五年（770），现存三进院落，前殿、中殿均为宋代建筑，后殿为明代建筑。1996年南、北吉祥寺被定为全国重点文物保护单位。

南丁河 即今云南耿马傣族佤族自治县西之南汀河。《清史稿·地理志》永昌府孟定土府：“南丁河，自缅宁入，纳无量山水，西南流，纳南卡、南路、南们、南底、南滚诸水，西经府北、折南入阿瓦。”

南八城 即南疆八城。清中期以来对新疆塔里木盆地周边诸城之统称。

南下沙镇 即今上海市浦东新区南汇西二十四里新场镇。《方舆纪要》卷24松江府上海县：新场镇“在下沙南九里。一名南下沙”。

南大树镇 ①金置，属交河县。在今河北泊头市西南三十五里大树阎。

②即今河北邢台县东北二十里南大树乡。清光绪《邢台县志》卷1：东北“南大树，二十里。旧有集。今废”。

南大通堡 明置，在今甘肃永登县东南大同乡。《清一统志·凉州府二》：南大通堡“在平番县南三十里”。清置驿于此。

南弋阳县 北魏析弋阳县置，属弋阳郡。治所即今河南潢川县。北齐改为定城县。

南上洛郡 南朝宋侨置，治所在今陕西白河县南。西魏改名丰利郡。

南口 在今北京市昌平区西北二十五里南口镇。地当居庸关之南，故名。北魏称下口，北齐称夏口，元始称南口。为京北要冲，历为兵家争战之地。《元史·札八儿火者传》：太祖用兵中都，金人持居庸之塞守卫，令札八儿轻骑前导，“日暮入谷，黎明，诸军已在平地，疾趋南口，金鼓之声若自天下，金人犹睡未知也”。1926年奉、直二系与冯玉祥国民军剧战于此。

南口戍 在今湖北麻城市北。《水经·江水注》：垂山水“水之东有南口戍”。

南口堡 即今广东梅县西之南口镇。清光绪《嘉应州志》卷4：南口堡在“城西南三十里。有南口墟，往来大道”。

南口墟 即今福建将乐县西南南口。《清一统志·延平府》“茶坞墟”条下：“南口市，在（将乐）县西南三十里永安铺。”

南山 ①在今河北霸州市东。《方舆纪要》卷11霸州“莫金山”条：“南山在州东七十里。乔林修竹，周匝十数里，为州之胜。”后为河水冲毁，成为平陆。

②即君山。又名荆南山。即今江苏宜兴市西南二十里铜官山。《方舆纪要》卷25常州府宜兴县“君山”条：“北麓则曰南岳，吴孙皓封国山禅于此，取汉武移衡山于灊霍之义，谓之南岳山。”为古阳羡产茶处。

③在今浙江义乌市东。《方舆纪要》卷93义乌县：南山“在县东十五里。蟠折萦纡，广袤数里，上有平土可耕，人都居之”。

④在今浙江金华市南。《方舆纪要》卷93金华府：南山在“府南四十里。高数千仞，周四百余里”。

⑤在今福建宁化县西南。《方舆纪要》卷98汀州府宁化县：“南山在县西南十里。三峰相连，其中一峰特起，为邑之望，流水环绕其下。”

⑥在今福建长汀县南。《舆地纪胜》卷132汀州《景物上》：南山“在州南一里，屹然如屏，其下坦夷，青葱可爱”。

⑦在今江西新建县东北鄱阳湖中。同治《南昌府志》卷2：南山“在（新建）县北二百里，在鄱阳湖中，与康郎山相对。有民家，地产橘”。清时有把总驻防。

⑧在今江西吉水县北。《明一统志》卷56吉安府：南山“山阿有数石屹如人立，号石人峰”。《方舆纪要》卷87吉安府吉水县：南山“在县北六十里。山甚高秀，下有深谷”。

⑨在今江西上犹县南。《方舆纪要》卷88南安府上犹县：南山“在县南二里。高耸插天”。

⑩在今江西修水县南城。《明一统志》卷49南昌府：南山“在宁县。隔溪跨桥穿石窦而入。悬崖峭壁，下瞰修水。有钓矶、玉溜石、积雪石。宋黄庭坚题字。赵崇和为宰日，创一翠亭，何异为记。山巅有冠云亭”。

⑪即嵩山。在今河南登封市西北。北宋欧阳修《雨后独行洛北》诗：“北阙望南山，明岚杂紫烟。”

⑫在今湖北赤壁市南十里。《方舆纪要》卷76蒲圻县：南山在“县南十里。顶方平，谓之太湖坪。其前一峰突出”。

⑬在今湖北房县南。《舆地纪胜》卷86房州：南山“在房陵县南三里。陈苘斋有《房州遇敌奔入南山》诗”。

⑭一名客山。在今湖南沅陵县南三里隔江。《方舆纪要》卷81沅陵县：南山“周十余里。西枕鸦溪，北瞰大江，萦纡峭拔，拱揖郡治。下有石矶，亦名南岸。岩前有篇潭，深不可测。相传马援投矢其中”。

⑮在今湖南武冈市东南十五里。《方舆纪要》卷81武冈州“宝方山”条下：南山“山半有泉，溉田千顷”。

⑯在今湖南华容县南三十里。《方舆纪要》卷77华容县：南山“隔湖对峙，苍翠如屏”。

⑰在今广东英德市南二里。《舆地纪胜》卷95谓之南岩，曰：“在州南鸣弦峰之前，枕真水，石壁上有唐人元杰所刻《涵晖谷铭》。”《清一统志·韶州府》：南山“在州南二里。前枕真水。其背为鸣弦峰。相传虞舜南巡，抚琴于此，因名。峰下为涵晖谷，谷中有飞霞岭、晞阳岛、凌烟嶂、梦弼岩、风穴，潜灵、栖云、桃花三洞。山之阳为莲花峰”。山脚下北江沿岸山崖石刻甚多，有唐元和六年（811）陇西李蕃撰《南岩亭记》和元和十一年（816）元杰的《浈阳果业开东岭渊谷铭》等。最著名的石刻是北宋绍圣元年（1094）苏东坡的《南山》题词和著名书画家米芾的题词。

⑱即今海南省三亚市西崖城镇南之南山岭。《舆地纪胜》卷127吉阳军：南山“在城（今崖城镇）西南一十里，枕海”。《方舆纪要》卷105崖州：南山在“州南十里。壁立枕海，为州屏障。石边一穴，出泉清冷，名万仞泉。元王士熙尝更名为鳌山”。

⑲在今广西宜州市南五里。《舆地纪胜》卷122宜州：南山“其山中有龙隐洞。其石龙亦与北山石龙气象无异，洞门有龙隐山神之祠”。《方舆纪要》卷109宜山县：南山“岩洞轩敞如屋，洞中有石龙，鳞甲宛然，因名龙隐洞。山之左曰白云岩”。

⑳在今广西贵港市南。《舆地纪胜》卷111贵州：南山“在州南十里。群峰秀异，甲于一郡。山中石室有石笋、佛像，周回四门，殆非人力所及。相传葛仙翁于此炼丹”。

㉑在今重庆市大足县南。《舆地纪胜》卷161昌州：南山“在大足县南五里。上有龙洞醮坛，旱祷辄应。淳化二年，供奉官卢斌平蜀余贼任诱等，斌率兵顾昌州南斗山。南山最高，望眼阔远。土人云：他郡有警，则置烽火于此”。今存宋以来摩造像及碑记。

㉒亦名南屏山。在今重庆市万州区长江南岸。《舆地纪胜》卷177万州：南山“即州之对山也。《图经》云：面楫南山，背负都历是也”。《方舆纪要》卷69万县“都历山”条下：“南山在县治南。下瞰大江。”下有岑公岩（岑公洞）。

㉓在今四川冕宁县南。《方舆纪要》卷74宁番卫军民指挥使司：南山在“卫南五里。山势屹然南向。旧产白铜”。

㉔即今四川西昌市东南螺髻山。《汉书·地理志》邛都县：“南山出铜。”东晋常璩《华阳国志·蜀志》：邛都县“南山出铜”。1976年曾在螺髻山东部河谷石嘉乡发现铜器窖藏，今仍有铜矿。

㉕即鹤鸣山。在今四川剑阁县（下寺镇）西南普安镇东南二里。《资治通鉴》：五代唐长兴元年（930），董璋遣前陵州刺史王晖将兵三千会李肇等，“分屯剑州南山”。

㉖在今四川三台县南二里。《舆地纪胜》卷154潼川府：南山寺“南山长寿寺，在南山之阴。寺有刘蜕文冢碑及蜕三诗刻之石。有兜率阁，下瞰平川，一景最盛”。

㉗一名跨鳌山。在今四川南部县南一里。《明史·地理志》南部县：“南有南山，一名跨鳌山。”

㉘即武东山。在今四川射洪县东七里。唐陈子昂

世居之地。

㉙即今陕西、重庆二省市交界之大巴山。《三国志·魏书·张鲁传》：东汉建安二十年（215），鲁为曹操所败，“乃奔南山入巴中”。即此。

㉚在今云南楚雄市。《方舆纪要》卷116楚雄府楚雄县：南山“在府治南。旧名雁塔山，亦名金矿山。其麓有武侯祠，相传孔明会营于此”。

㉛又名终南山、中南山。即今陕西秦岭山脉。《诗经·小雅·节南山》：“节彼南山。”《汉书·东方朔传》：“夫南山，天下之阻也，南有江淮，北有河渭，其地从汧陇以东，商雒以西，厥壤肥饶。”《资治通鉴》卷7胡三省注：“关中有南山、北山：自甘泉连延至嶻嶭、九嵕为北山；自终南、太白连延至商岭为南山。”

㉜即今甘肃祁连山。《汉书·西域传》：“其南山，东出金城，与汉南山属焉。”即此。

㉝在今甘肃文县南。《方舆胜览》卷70文州：南山“过桥而左，则为东墅。右则为南山”。

㉞在今青海共和县西青海湖南。《魏书·吐谷浑传》：北魏两路讨吐谷浑，“拾寅走南山，诸军济河追之……获驼马二十余万”。

㉟一名照碑山。藏族称作阿耶塞迈。在今青海乐都县南六十里。清乾隆《西宁府新志》卷5：南山“冬夏秋雪不消，耸出万山之上，俨若银屏。又谓之雪山，俗称‘南山积雪’，为十二景之一也”。

㊱指今新疆南境之喀喇昆仑山及昆仑山。《汉书·西域传》：“其南山，东出金城，与汉南山属焉。其河有两源：一出葱岭山，一出于阗。于阗在南山下，其河北流，与葱岭河合。”中原通西域之南道是“从鄯善傍南山北，波河西行至莎车”。

南山口卡伦 清置，即今新疆哈密市北南山口。清道光《新疆识略》卷3哈密：南山口卡伦“距城九十里”。清末废。

南山千户所 明洪武二十七年（1394）置，属海南卫。治所即今海南省陵水黎族自治县。正统间陵水县徙治于此。

南山五谷 即今陕西秦岭子午谷、斜谷、骆谷、蓝田谷、衡岭谷的合称。《资治通鉴》：唐广德二年（764），“五谷防御使薛景仙讨南山群盗，连月不克”。即此。

南山寺 ①在今山西五台县东北台怀镇西南龙岗山腰。为祐国寺、极乐寺和善德寺的合称。元元贞二年（1296）创建，明嘉靖二十年（1541）重建，清代增修时合为一寺，改称南山寺。民国初年扩建，遂连成一体。寺依山势建造，错落有致，寺内殿宇各具特色。大雄宝殿内十八罗汉是五台山罗汉中佳品。墙壁上满绘佛教故事，从佛祖释迦牟尼乘象投胎到涅槃八十四幅，笔力流畅，色泽浑厚，为明代原作。五台诸寺中以南山石雕艺术称冠。

②在今福建漳州市南郊九龙江北岸丹霞山下。为闽南著名佛寺。始建于唐开元年间，历代屡经修葺。现存建筑为清光绪年间重修。主体建筑有天王殿、大雄宝殿和藏经殿。大雄宝殿内奉金身坐佛三尊，殿右悬铜钟一口，系元代延祐元年（1319）铸造。藏经殿保存明比丘尼血书《华严经》和清御颁藏经等。

南山县 唐置，属羁縻纡州。治所在今广西忻城县东南。北宋庆历间废。

南山岛 即今南海中中国南沙群岛之马欢岛。1935年命名南山岛。1947年改名马欢岛。

南山陂 在今广西兴业县驻地石南镇北。《方舆纪要》卷108兴业县：南山陂在“县北二里。东北二里又有大陂……灌溉民田，各至数十顷”。

南山城子 即今辽宁清原县东北南山城镇。《清史稿·地理志》柳河县：官商路五，“西由南山城子赴开原”。民国熊知白《东北县治纪要》辽宁柳河县：“县属南山城子，距柳河县市西南一百二十里，北山城子之南八十里。”

南山炮（礮）台 在今广东东莞市南虎门威远岛西南的武山之巅。清康熙五十六年（1717）建。炮台周长为五十二丈五尺，设炮洞十二个。台内还设有神堂、药局、官兵住房等设施。炮台后被英军毁坏，但遗址尚存。

南山站 元置。即今湖南长沙市东南南山铺。明废。

南山堡 北宋熙宁七年（1074）置，属河州。在今甘肃临夏县东南，寻改为南川砦。

南山腊（臘）谷 在今云南嵩明县南。《汉书·地理志》牧靡县：“南山腊谷，涂水所出。”

南山寨 在今贵州正安县西南。《方舆纪要》卷70真安州：南山寨在“州西南七十里。亦谓之石城，即郑昌孙屯据处也”。

南山摩崖造像 在今重庆市大足县城南五里南山上。开凿于南宋绍兴年间（1131—1162），为著名的道教石窟。主要洞窟有三清古洞、三圣母洞、龙洞。明正德年间又凿真武祖师洞。共有造像五百余尊。其中三清洞内刻太上老君及拱卫诸神四百余尊。另有碑刻数十块，载有蒙军定蜀等史料。1996年定为全国重点文物保护单位。

南川 ①南朝都建康（今江苏南京市），今江西省在其南，习称南川，犹言南方之川原。《陈书·宣帝纪》：太建六年（574）三月，诏“去岁南川颇言失稔”，豫章等六郡太建五年田租，可申展半年纳租；南康郡太建四年逋租可免除。

②在今宁夏彭阳县西南。《方舆纪要》卷58固原州：南川“有二：一在州东六十里曰大南川，一在州东南五十里曰小南川”。《清一统志·平凉府一》：南川，“《旧志》：下流皆至平凉县境入泾水”。

南川口 在今青海湟中县东南。《清史稿·年羹尧传》：雍正初，罗卜藏丹津反叛，命羹尧进讨，“罗卜藏丹津攻西宁南川口，师保申中堡”。即此。

南川水 即今山西平定县东南之南川河。《方舆纪要》卷40平定州：“南川水在州南五里，源出七里岭，东流合于洮水。”

南川市 1994年撤销南川县，改设南川市，市人民政府驻隆化镇。属涪陵市。1997年由重庆市直辖。

南川伏羌堡 即伏羌堡。明置，属西宁卫。在今青海湟中县东北南川河东徐家寨。明《西宁卫志》卷2：南川在卫治南，“四十里有毛家寨，又五里为伏羌堡，置守备官”。又卷3：崇祯十七年（1644），“（祁）兴周复击（贺）锦于南川伏羌堡，杀之”。

南川县 ①唐先天元年（712）避李隆基讳改隆阳县置，为南州治。治所在今重庆市綦江县綦江北岸。北宋皇祐五年（1053）属渝州，熙宁七年（1074）废。

②北宋元丰元年（1078）置，为南平军治。治所在今重庆市綦江县南一百二十里赶水镇。一说在东溪镇。嘉熙三年（1239）移军治隆化县。元世祖至元二十二年（1285）南平军废，移南川县于今重庆市南川区。

③元世祖至元二十二年（1285）废南平军置，属重庆路。治所即今重庆市南川区。明曹学佺《名胜志》：“县有南江，发源夷僚之界。……至南江口流入大江。此县名之始也。”明属重庆府。《明史·马孔英传》：万历中讨杨应龙，“分兵八道，孔英道南川，独险远”。民国初属四川东川道。1928年直属四川省。1994年改设南川市。1997年划归重庆市。2006年改设南川区。

南川河 古名牛心川水。在今青海湟中县东。源出湟中县西南西喇苦特山，东北流百余里，至西宁市西北入湟水。《清一统志·西宁府一》：牛心川水，“《旧志》：有南川水在卫城西，自塞外流，东北入西宁河”。

南川郡 唐天宝元年（742）改南州置，治所在南川县（今重庆市綦江县北）。辖境相当今重庆市万盛区及綦江县。乾元元年（758）复为南州。

南川营 在今青海湟中县东北南川河畔。一说在湟中县西南。《清一统地·西宁府二》：南川营“在西宁县南五十里。旧名伏羌堡，明嘉靖十四年筑城，周三里有奇，南去暗门边墙三十里。本朝初设守备，今改都司”。

南川砦 北宋熙宁七年（1074）改南山堡置，属河州。在今甘肃临夏县东南。元废。

南川堡 北宋熙宁六年（1073）置，属熙州。在今甘肃临洮县南三十里。金属康乐县。元废。

南川镇 北宋熙宁七年（1074）降南川县置，属渝州。在今重庆市綦江县綦江北岸。《舆地纪胜》卷180南平军：南川镇“旧怀化军南川县，熙宁九年置南平军后废为镇。绍兴二十六年，准朝旨将本镇移税务在大綦市收税”。

南广口 在今四川宜宾市东南南广镇。《水经·江水注》：符黑水“又北径僰道入江，谓之南广口”。

南广关 今四川宜宾市东长江南岸南广镇。地当南广河注入长江处，地势险要。清光绪《叙州府志》卷13庆符县：南广关在“县东北一百三十里。今设巡役，稽查滇铜、蜀盐”。

南广州 东魏武定中置，治所在襄城郡（治今河南襄城县）。辖境相当今河南襄城县及临颍县西部地。北周建德六年（577）改为汝州。

南广县 ①西汉太初元年（前104）置，属犍为郡。治所在今四川筠连县西南至云南盐津县一带。元光五年（前130）为犍为郡治。始元元年（前86）郡治移僰道，仍属犍为郡。三国蜀属朱提郡。延熙中及西晋怀帝时，两度为南广郡治。后废郡，县属朱提郡。东晋元帝时，曾移朱提郡治南广，太宁三年（325）后移还朱提县。成汉时为南广郡治。南齐后废。

②南朝梁大同十年（544）置，为六同郡治。治所在今四川宜宾市东六十里李庄镇。隋仁寿二年（602）改为南溪县。

③1932年2月中央革命根据地由南丰、广昌二县合置，驻魏家屋（在今江西广昌县北）。取二县首字为名。1933年4月废，恢复南丰、广昌二县。

南广河 古名符黑水、黑水。在今四川宜宾市高县、珙县境，为长江支流。《元和志》卷31：开边县有“南广水”。《舆地纪胜》卷163叙州：南广水，“《图经》云：由均州河西罗计，三支混四江而为一，由怀远下南广，归于蜀江。《寰宇记》载黑水即此水”。

南广郡 三国蜀汉延熙中置，属益州。治所在南广县（今四川筠连县西南）。后省。东晋李汉成汉时复置，领四县。辖境相当今四川筠连、珙县、兴文及云南盐津、彝良等县地。南朝宋属宁州。梁以后废。

南广部 北宋时居住于南广河中上游地区的少数族部落。在今四川高县、珙县、筠连、兴文等县地。《宋史·蛮夷传四》：“南广蛮在叙州庆符县以西，为州十有四。”

南广滩 在今四川宜宾市东南南广河下流。清光绪《庆符县志》卷6：南广滩在“县东北一百三十里。两山壁立，一线中流。明征九丝蛮始开凿运粮。今犹存《转漕起武碑记》。然滩石峻险，舟楫终不能通。至今蜀盐、滇铜上下，仍须盘坝。计两山夹流凡十余里，始出南广口。此符黑水入流之处也”。

南广镇 北宋政和三年（1113）置，属庆符县。即今四川宜宾市东长江南岸南广镇。

南门场 即今重庆市开县西南南门镇。清咸丰《开县志》卷3：南门场“离城一百二十里”。

南门河 即今广东恩平市城南锦江河。《方舆纪要》卷101肇庆府恩平县：南门河在“县南一里。《志》云，县境诸水，其大者曰潦头水，在县西二十里。源出龙鼍山，流经县西十五里之相公潭，为群流汇合之处，又东为南门河”。

南门湖 在今安徽东至县西北东流镇南。《清一统志·池州府一》：南门湖"在东流县南门外。明万历初，知县陈春开浚，引江艘达于南门"。今七里湖为其组成部分。

南丫场 亦作南埡场。即今重庆市开县西南南雅镇。

南义州 唐武德五年（622）置，治所在龙城县（今广西岑溪市东二十里）。辖境相当今广西岑溪县地。贞观元年（627）废。次年（628）复置，改为义州。北宋开宝四年（971）改为南义州，次年废。六年（973）复置。太平兴国二年（977）改为南仪州。

南义阳郡 ①南朝宋泰始五年（469）侨置，属南豫州。治所在孝昌县（今湖北孝昌县北）。后属郢州。南齐属司州。梁天监三年（504）为司州治。七年（508）属南司州。后废。

②南朝宋改义阳郡置，属荆州。治所在今湖南安乡县西南。隋改为安乡县。

南义集 ①即今安徽和县西南南义村。1912年《安徽省全图》：和州西南有南义。

②俗讹为南驿。即今山东宁阳县东北六十里南驿镇。清光绪《宁阳县志》卷6《市集》有南义集。

南卫滩 在南海中中国东沙群岛内，位于东沙岛西北约40海里，在北卫滩之南。是隐没在水下的珊瑚暗滩。1947年中国内务部公布名称为南卫滩。

南子礁 即今南海中中国南沙群岛之南子岛，在北子礁西南1.5海里。中国渔民向称奈罗下峙、奈罗峙仔。1947年命名南子礁。1983年改称南子岛。

南叉干挠 即今吉林镇赉县（镇赉镇）。清宣统二年（1910）置镇东县于此。民国徐曦《东三省纪略》卷2：镇东"县治土名南叉干挠。当乌雅站之南，洮儿河之北"。1947年改为镇赉县治。

南马镇 即今山西陵川县西南南马村。《清一统志·泽州府》：南马镇"在陵川县西。有堡"。

南乡 即今广西横县西南南乡镇。明置巡司于此。

南乡千户所 明万历六年（1578）置，属广东都司。在今广东云浮市云安县西南南乡圩。后废。

南乡县 ①东汉建安中刘备分成固县置，属汉中郡。治所在今陕西西乡县南十五里。西晋太康二年（281）改为西乡县。

②东汉置，属南阳郡。治所在今河南淅川县西南丹江水库内。三国魏为南乡郡治。西晋太康中属顺阳郡。东晋咸康四年（338）为南乡郡治，后为顺阳郡治。南齐为从阳郡治。北魏仍为顺阳郡治。西魏为南乡郡治。隋为淅阳郡治。唐初废。

南乡峡 在今重庆市奉节县西四十五里。《水经·江水注》："江水又东径南乡峡，东径永安宫南。"《方舆胜览》卷57夔州：南乡峡"在奉节县西五十里。《荆州记》：峡西八十里，有巴乡村，善酿酒，村旁有溪，曰龙门，多灵寿木"。

南乡郡 东汉建安十三年（208）析南阳郡置，属荆州。治所在南乡县（今河南淅川县西南丹江水库内）。西晋改顺阳郡。南齐改为从阳郡。北魏复改顺阳郡。西魏析顺阳郡置南乡郡，治所在南乡县（今淅川县南丹江水库内）。隋开皇初废。

南乡塘 即今广西横县西四十里南乡镇。明置南乡巡司于此。

南乡墟 即今广东云浮市云安县西南南乡圩。明为南乡千户所。清光绪《广东舆地全图》：东安县西北有南乡墟。

南乡镇 即今广西贺州市东南一百里信都镇。《宋史·南汉刘氏世家》：北宋开宝三年（970），潘美等围贺州，"（刘）钅长遣大将伍彦柔领兵赴贺，美等以奇兵伏南乡岸"。擒伍彦柔。即此。

南丰（豐）州 ①唐武德四年（618）置，治所在郧乡县（今湖北郧县）、八年（625）废。

②元至元十九年（1282）升南丰县置，直隶江西行省。治所即今江西南丰县。明洪武初仍降为县。

南丰（豐）县 ①三国魏正始元年（240）置，属齐国。治所在今山东寿光市西北二十里丰城村。西晋废。《三国志·魏书·三少帝纪》：正始元年（240），"以辽东汶、北丰县民流徙渡海，规齐郡之西安、临菑、昌国县界为新汶、南丰县，以居流民"。

②三国吴太平二年（257）分南城县置，属临川郡。治所在今江西广昌县东十五里。隋开皇九年（589）并入南城县。唐景云二年（711）复置，先天二年（713）废。开元八年（720）复置，属抚州。徙治今江西南丰县东一里。开成二年（837）徙治今南丰县。北宋淳化二年（991）属建昌军。元至元十九年（1282）升为南丰州。明洪武初复降为南丰县，属建昌府。民国初年属江西豫章道。1926年直属江西省。宋代曾在此烧造瓷器，称为"南丰瓷"。当地还以生产"南丰蜜橘"著名。宋曾巩为此县人，世称曾南丰。

南丰（豐）驿 在今广东海丰县西。《方舆纪要》卷103海丰县：南丰驿"在县治西"。

南丰（豐）城 在今山东寿光市西北二十里。《水经·巨洋水注》："巨洋水又东北径益县故城东……晏谋曰：南去齐城五十里，司马宣王伐公孙渊，北徙丰人住于此城，遂改名为南丰城。"

南王庄 即今河北井陉县南二十二里南王庄乡。清同治《畿辅通志》卷50井陉县图：东南有南王庄。

南王村 即今山西定襄县南南王乡。《清一统志·忻州》"待阳村堡"条下：定襄县东南有南王村山寨。

南井场 即今四川江安县东北四面山镇南井村。因盛产井盐，北宋置南井监于此。元设南井戍。明设南井铺。清嘉庆《江安县志》：南井场“距县五十里。界泸州”。今场西北有旧盐井。

南井监 北宋熙宁八年（1075）以盛产井盐置，属泸州。治所在今四川江安县东北四面山镇南井村。《舆地纪胜》卷153泸州：盐井“南井监岁计四十一万斤，陀鲁井岁计二万八千斤”。元废为戍。

南开学校旧址 在今天津市南开区。南开学校是我国近代教育家严范孙于清光绪三十年（1904）创办的私立中学。旧址占地3.3万平方米，主要建筑有东楼、范孙楼、物理实验楼等，建筑风格为中西结合。南开学校是周恩来的母校，旧址保留了周恩来当年读书、生活的东楼、北楼、西斋等。1996年定为全国重点文物保护单位。

南天门 ①在今北京市密云县东北百十里潮河西岸上甸子村东北。清《日下旧闻考》卷141：潮河“由喀喇河屯入古北口，经柳林曲至南天门，四山环束，波流迅驶，每岁秋狝木兰，乘舆过此，例造正副浮桥以渡。南天门敕建观音寺，寺旁精舍御书额曰揽胜轩”。

②在今天津市蓟县西北盘山盘谷寺东，为清初智朴和尚葬处。

③即今黑龙江省方正县西北天门乡。清光绪《吉林通志》卷16：宾州厅东“二百三十里南天门镇，俗呼万合义集”。

④在今浙江舟山市普陀区普陀山南端。清许琰《普陀纪胜》：“南山海中正南悬山潮落始通（俗名杨梅跳），旧无梵宇，自潮公增创名南天门，巨石错立危踞，潮水洗剥，巉岩刻露，高峦峻壑，布置天然。总镇蓝公理题石曰‘山海大观’。”

⑤在今山东泰安市北泰山上十八盘之尽处。古名天门。《续汉书·祭祀上》注引应劭《汉官》马第伯《封禅仪记》曰：“遂至天门之下。仰视天门，窔辽如从穴中视天。”清聂钦《泰山道里记》：“十八盘尽处为南天门，旧称三天门。”山于此为最危耸，更上即绝顶。天门上有摩空阁，门下西侧有一座自然碑，上刻元代杜仁杰所撰《天门铭》。

⑥在今湖南衡阳市南岳区南岳镇西北衡山上。土人称之为横岭。当冈峦之脊，实中分南岳，其阳曰前山，阴曰后山。自岳庙迤逦上，仰见最高处，即南天门，不能见祝融面。及登南天门，则祝融突现眼前。循山阴下，再折而上，方登祝融峰。光绪《南岳志》卷3载明黄周星《衡岳游记》称：“乃至南天门，此土人所称横岭者也。岭当冈峦之脊，崿嵲绵亘，实中分岳，岭之阳曰前山，岭之阴曰后山，又自山下仰瞩者，高迄岭而止，自峰顶俛瞩者，卑亦迄岭而止，盖登斯岭始获睹祝融云。”

⑦在今重庆市城口县东。清道光《城口厅志》卷4：南天门“距厅北二百二十里。交陕西界。高五十里，皆老林，连秦岭。嘉庆初，教匪倡乱，曾于此山之巅修木城，设卡堵御。今为川陕会哨之所”。

⑧在今陕西华阴市南华山北峰之东侧。下临绝壑。清光绪《华岳志》卷1：南天门“自避诏崖东走雷神洞，一石坊为南天门”。

南天水郡 南朝宋侨置，属雍州。治所在今湖北宜城市东。后废。

南云（雲）州 ①唐武德四年（621）置，治所在攸县（今湖南攸县东北）。辖境相当今湖南攸县、茶陵及株洲市、株洲县等地。贞观元年（627）废。

②唐武德七年（624）置，治所在勃弄县（今云南弥渡县南二十里寅街）。辖境约当今云南弥渡县往西至怒江边。贞观三年（629）改匡州。

南木园 即楠木村。今湖北巴东县西三十四里楠木园镇。清光绪《巴东县志》卷2《里甲》：青坪里有“南木园”。

南木林宗 即今西藏南木林县。原西藏地方政府设南木林宗。1960年与拉布、甲错谿、领噶尔谿合并设南木林县。“南木林”，藏语意为全胜洲。

南木洞长官司 元置，属思州安抚司。治所即今贵州锦屏县。明洪武五年（1372）改为赤溪湳洞长官司。

南木溪 又作楠木溪。在今云南富宁县东三十里。《明一统志》卷87广南府：南木溪“在富州东三十里。源出花架山，其水常温”。

南五台（臺）山 在今陕西西安市长安区南终南山东麓。《清一统志·西安府一》引《旧志》：南五台山“在咸宁县南五十里终南山麓，亦曰南五台，延袤十许里，有奇峰五，南山佳丽之处，惟此为最”。因耀县（今铜川市耀州区）东三里有北五台山（即今药王山），故名此山为南五台山。曾为佛教胜地。原五台山上均建有庙宇，其中以隋代的圣寿寺砖塔和大台顶的圆光寺最为著名。

南五岭镇 即今安徽休宁县南五十里五城镇。元置巡司于此。《方舆纪要》卷28休宁县：五城村“元置五城务及南五岭巡司于此。明初废”。

南五泉县 北魏太和十一年（487）置，属澄城郡。治所即今陕西大荔县东朝邑镇。西魏改名朝邑县。

南五部县 北魏置，属武阶郡。治所在今甘肃文县东北五十里临江乡。西魏改为盘堤县。

南太平郡 北魏世祖置，为东雍州治。治所即今山西新绛县。辖境相当今山西新绛、闻喜、曲沃等县地。神䴥元年（428）改为征平郡。

南太原郡城 即石城县城。在今安徽池州市西南七十里灌口附近石城村。《舆地纪胜》卷22池州：南太原郡城“在贵池西九十里。《舆地志》云，梁大同年置，隋开皇九年废”。

南牙山 在今云南盈江县西南。《清一统志·腾越直隶厅》：南牙山“在南甸司西一百八十里。延袤一百余里。树木阴翳，官道经之。上有石梯，夷人据以为险。又有清泉，下流入南牙江。正统间，王骥再征麓川，遣别将陈用仪开是山，断贼走路”。

南牙关　在今云南盈江县西南。《明史·云南土司三·南甸》：“南百里有关，立木为栅，周一里；曰南牙，甚高，山势延袤一百余里，官道经之。上有石梯，蛮人据以为险。”

南屯　即今内蒙古鄂温克族自治旗驻地巴音托海镇。1934年为索伦旗驻地。1948年命名为巴音托海（蒙古语意为“富饶的河套”）。

南屯河　即今四川南江县东之神潭河。《方舆纪要》卷68南江县：南屯河在“县东二十余里。源出巴山，经两河口入巴江”。

南巨（鉅）鹿郡　北魏太和十一年（487）置，属定州。治所在平乡县（今河北平乡县西南平乡镇）。辖境相当今河北内丘、任县、平乡、巨鹿、隆尧等县地。十八年（494）属相州，后改为南赵郡。

南日山　即今福建莆田市东南海中之南日岛。《方舆纪要》卷96兴化府：南日山在“府东百里大海中，与琉球相望。旧名南匿山，近福清县海坛山。明初设寨于此，后徙于内地。山为会哨之所”。

南日寨　在今福建莆田市东南。《清一统志·兴化府》：南日水寨“在莆田县东南吉了之东，滨海。明洪武初置于南日山下，北遏南交湖井之冲，南阻湄洲岱屿之阨。景泰以后移于此，名仍其旧，而旧寨遂废”。

南日澳　一名南日山。即今福建莆田市东南南日岛。旧属福清县，清有县丞驻此，民国设县佐。

南中　①地区名。相当今四川大渡河以南及云、贵两省。三国蜀汉以巴蜀为根据地，其地在巴蜀之南，故名。《三国志·蜀书·诸葛亮传》：建兴元年（223），“南中诸郡，并皆叛乱”。东晋常璩《华阳国志》中有《南中志》，就是记载这一地区的历史。

②北魏时泛指南方之地。《魏书·李寿传》：“初为（李）雄大将军、封建宁王，以南中十二郡为建宁国，至期，徙封汉王。”

南中府　北魏太和十八年（494）改郢州置。治所在南安县（今河南叶县南）。东魏天平初改为南安郡。

南中堡　即今河北永年县（临洺关）东南五十二里南中堡村。清同治《畿辅通志》卷51永年县图：西南有南中堡。

南中旗　即土尔扈特南中旗。旗府驻地在今青海兴海县西南，后迁今青海海晏县西北。

南内　即唐兴庆宫。在今陕西西安市东兴庆公园一带。宋程大昌《雍录》卷3：兴庆宫“在都城东南角，人主亦于此出政，故又号南内也”。

南冈　①春秋楚邑。在今安徽霍山县东北。《左传》：昭公三十一年（前511），“楚师迁潜于南冈而还”。

②在今湖北省鄂州市东，南湖上。《舆地纪胜》卷81寿昌军：南冈“在武昌县南湖上。晋王敦收郭璞，诣南冈斩之”。即此。

③在今广西来宾市东南石牙乡。《明史·地理志》来宾县：“西有界牌镇巡检司，后迁县南之南冈。”

南冈山　在今安徽全椒县南二里。《方舆纪要》卷29全椒县：南冈山在“县南二里。山势自西来，连亘数十里，至此益高峻，环绕县治，为县形胜”。

南冈集　即今安徽巢湖市北栏杆集镇。清光绪《庐州府志》卷3合肥县：东，“南冈集，与全椒交界”。又光绪《大清直省地舆全图》：巢县北有南冈集。

南冈墟　即今广东广州市东南冈镇。清设外委把总驻此。

南冈镇　即今江苏灌云县西南南岗乡。清嘉庆《海州直隶州志》卷14：南冈镇在“大伊西南四十里”。

南水　即今江西西部之袁河，为赣江支流。《汉书·地理志》豫章郡宜春县：“南水，东至新淦入湖汉。”《清一统志·袁州府》：袁江“古名南水，亦曰牵水，又曰渝水”。

南水关　在今湖南沅陵县城南。《方舆纪要》卷81辰州府沅陵县：南水关在“府城南门外。又城西有西关。为近郊防御处”。

南水军　南宋嘉定元年（1208）改天水县置，治所在天水县（今甘肃天水市西南）。九年（1216）与县同移治今天水市西南天水镇。元初废。

南午山　在今福建邵武市南三十里。明《寰宇通志》卷77邵武府：南午山“在府城南。山前三峰，俱在午位，与邵治相对，故名”。

南午岭　在今浙江东阳市南。《方舆纪要》卷93东阳县：南午岭在“县南十里，温、处、台、闽取途处也。嘉靖三十三年，倭贼自仙居来犯，官军御却之于此”。

南长乐县　东晋太元十五年（390）侨置，为南汉中郡治。治所在今四川德阳市境。南齐属南阴平郡。梁废。

南长营　在今浙江桐乡市东南十八里屠甸镇。《方舆纪要》卷91桐乡县：南长营“在县东南二十五里。其旁有千人坡、范蠡坞。《志》云：即越之北境，时屯营垒于此，以备吴”。

南仁寨　即今山西沁县西南故县镇西南仁村。《清一统志·沁州》“道兴寨”条下：州西南“四十五里有南仁寨”。

南化塘　即今湖北郧县东北六十四里南化塘镇。清光绪《湖北全省分图》：郧县东北有南化塘。

南公旗　喀喇沁左翼旗的俗称。治所在今辽宁喀喇沁左翼蒙古族自治县南公营子。

南风古灶、高灶陶窑　在今广东佛山市石湾镇之东平河畔。是建于明正德年间（1506—1521）的一座龙窑。窑长34.4米，窑室长30.87米，窑面有火眼二十九排。其西侧有高灶陶窑，与南风古灶同年代建成，窑长32.16米，窑室长28.56米，窑面有火眼二十六排。南风古灶与高灶传为“龙凤窑”。五百年来两窑一直窑火不绝，生产不断，虽经多次维修，但窑灶的基本建筑和窑炉结构仍不失原貌，保留原有龙窑特有的烧成工艺和独特的“窑变”、“釉变”的艺术效果，是我国具有南方特色的年代久远而保存完好、沿用至今的唯一并存的古窑，具有很高的科学价值和历史文化价值。2001年定为全国重点文物保护单位。

南丹卫　明洪武二十八年（1395）置，属广西都司。治所即今广西南丹县。正统七年（1512）徙卫治宾州东（今宾阳市东北）。万历八年（1580）迁治今上林县东北三里镇。后废。

南丹州　北宋开宝七年（974）置，为羁縻州，属宜州。治所在今广西南丹县西北月里镇东北巴峨村。大观元年（1107）改为观州，四年（1110）复为南丹州。元世祖至元十三年（1276）升为南丹州溪峒安抚司。治所即今南丹县。明洪武七年（1374）复为南丹州，二十八年（1395）废，改设南丹卫。永乐二年（1404）复置南丹州，属庆远府。民国初属广西柳江道。1924年改为南丹县。

南丹州溪峒安抚司　元世祖至元十三年（1276）升南丹州置，属广西两江道宣慰司。治所即今广西南丹县。大德元年（1297）并入庆远路。

南丹阳郡　南朝梁末置，治所在采石镇（今安徽马鞍山市西南）。陈天嘉五年（564）废。

南丹县　1924年改南丹土州置，属广西柳江道。治所即今广西南丹县。1928年直属广西省。

南凤州　元初置，属巩昌路。治所在河池县（今甘肃徽县）。辖境相当今甘肃徽县、两当二县地。至元元年（1264）改为徽州。

南方州　唐武德四年（621）置，治所在上林县（今广西上林县东南澄泰乡古城村）。辖境相当今广西上林、马山等县地。贞观八年（634）改为澄州。

南尹州　唐武德四年（621）置，治所在郁平县（今广西贵港市）。贞观八年（634）改为贵州。

南巴县　隋开皇九年（589）改南巴郡置，属高州。治所在今广东电白县东。大业初废入连江县。唐武德五年（622）复置，仍属高州。永徽元年（650）改属潘州。北宋开宝五年（972）废入茂名县。

南巴郡　南朝梁置，属高州。治所在今广东电白县东。隋开皇九年（589）平陈后废为南巴县。

南孔庙　即孔氏南宗家庙。在浙今江衢州市城内。

南邓村　在今山东临朐县西南。《北齐书·幼主纪》：周师渐逼，太上皇至青州，即为入陈之计，“与长鸾、淑妃等十数骑至青州南邓村，为周将尉迟纲所获”。即此。

南双庙镇　即今江苏无锡市西北三十六里双庙。因建有祀宋文天祥部将尹玉、麻士龙的双忠庙而得名。

南古寨　北宋置，属同官县。即今陕西宜君县南古寨。《清一统志·西安府三》：南古砦“四面皆山峡，一径仅通，其顶宽平”。

南左镇　即今河北元氏县西北四十里南佐镇。清同治《畿辅通志》卷50元氏县图：西北有南左镇。

南左翼中旗　即和硕特南左翼中旗。在今青海同德县西南黄河以东一带。

南左翼末旗　俗称群科扎萨克旗。即和硕特南左翼末旗。在今青海海晏县东北、大通回族自治县西。

南左翼后（後）旗　俗称阿喀公旗。即和硕特南左翼后旗。在今青海共和县及青海湖西石乃亥乡一带。

南左翼次旗　即和硕特南左翼次旗。在今青海共和县西南。

南右翼中旗　即和硕特南右翼中旗。在今青海泽库县城附近。

南右翼末旗　俗称善力格扎萨克旗。即和硕特南右翼末旗。在今青海共和县西南、兴海县东北。

南右翼后（後）旗　俗称托莫公旗。即和硕特南右翼后旗。在今青海海晏县西北。

南石州　①唐武德三年（620）置，治所在东乡县（今四川宣汉县东北普光镇）。辖境相当今四川宣汉县北境地。八年（625）废。

②唐武德六年（623）置，治所在石龙县（今广东化州市）。辖境相当今广东化州市及广西陆川县部分地。贞观九年（635）改为辩州。

南石窟寺　俗称东方洞。在今甘肃泾川县东十五里泾河北岸。北魏永平三年（510）泾川刺史奚康生创建。现存洞窟五个，保存较好的有北魏建造的第1窟和唐代开凿的第5窟。第1窟高11米，宽18米，深13米。窟内大佛高6米，两侧雕弥勒及胁侍菩萨，四坡浮雕佛传故事，是北魏有纪年的石窟造像。1988年定为全国重点文物保护单位。

南布洲　即今江苏南通市通州区。《舆地纪胜》卷41通州：南布洲“旧是森然大海，其中涨沙，复为布洲场。今为金沙场”。

南龙　即今江西吉安县东南东固镇东南龙。1931年为平赤县治。

南龙山　①在今河北遵化市南八里。《明一统志》卷1顺天府：南龙山“北又有北龙，两山相望，蜿蜒如龙”。

②即今浙江瑞安市东南七十四里处之南龙头、北龙山岛。《方舆纪要》卷94平阳县：南龙山“在县东海中。倭自北洋而来，此为必经之地”。

南龙冈　在今河南正阳县南。《方舆纪要》卷50真阳县：南龙冈“在县南三里。势颇高峻，拱峙如屏”。

南龙州　唐武德七年（624）置，治所在望水县（今云南晋宁县南二十六里大古城）。辖境约当今云南晋宁县西部及易门县地。贞观十一年（637）改钩州。

南龙江　即今海南省东方市南感恩水。《元丰九域志》卷9：感恩县有南龙江。《清一统志·琼州府一》引《旧志》：南龙江"源自小黎母山，西流至（感恩）城西北五里曰感恩水，又名县门港，西入于海"。

南平山 在今云南禄丰县西。《方舆纪要》卷114禄丰县：南平山在"县西十五里。三面陡峻，惟南稍平，因名"。

南平王墓 在今湖北荆州市荆州区故江陵县城西。《清一统志·荆州府》：五代南平高氏三王墓"在江陵县西龙山乡郝泉里。武信王季兴、文献王从诲、正懿王保融也"。

南平长官司 元置。治所在今贵州贵阳市西北。后废。

南平市 1956年析福建省南平县城区及东坑、塔下等五乡设南平市，属南平专区。治所在延平区。1960年撤县设市。1971年属建阳地区（1988年改称南平地区）。1994年南平地区撤销，改设地级南平市；原县级南平市改设延平区。2014年南平市人民政府驻地由延平区八一路439号迁至建阳区南林大街36号。

南平关 ①明置，属南川县。在今重庆市南川区西南四十里南平镇。

②即今云南禄丰县西南南平关。明洪武十六年（1383）置土巡检司于此。

南平州 ①唐武德二年（619）置，治所在义门县（今陕西延川县西）。四年（621）废。

②唐武德五年（622）置，治所在太和县（今江西泰和县西六里）。八年（625）废。

③唐贞观四年（630）分巴县南界置，治所在南平县（今重庆市东南）。辖境相当今重庆市区、南川区及綦江县部分地。八年（634）改为霸州。

④唐置羁縻州，属黔州都督府。治所在今贵州平塘县。南宋后废。

⑤唐置羁縻州，属安南都护府。治所在今越南宣光省宣光附近。后废。

南平江 在今广西恭城瑶族自治县南。《明史·地理志》恭城县："南有南平江。"

南平军 ①北宋开宝八年（975）改雄远军置，治所在今安徽当涂县。太平兴国二年（977）升为太平州。

②北宋熙宁八年（1075）以渝州南川县铜佛坝置，治所在今重庆市綦江县南一百二十里赶水镇。辖境相当今重庆市綦江、南川等地及贵州桐梓县北部地。元丰元年（1078）置南川县为附郭县。嘉熙三年（1239）徙军治隆化县（今重庆市南川区）。元至元二十二年（1285）废。

南平阳县 西汉改平阳县置，属山阳郡。治所即今山东邹城市。晋属高平国。南朝宋改名平阳县。

南平县 ①秦置，属长沙郡。治所在今湖南蓝山县东北五里古城。西汉属桂阳郡。隋省入临武县。唐咸亨二年（671）复置，属郴州。治所在今蓝山县东北十五里。天宝元年（742）改为蓝山县。

②东汉建安元年（196）置，属会稽南部都尉。治所即今福建南平市。三国吴永安后属建安郡。西晋太康初改为延平县。后屡有改废。元大德初复改剑浦县为南平县，为延平路治。明、清为延平府治。1913年为福建北路道治。1914年为建安道治。1928年直属福建省。1956年析南平县城区设市。1960年县撤销并入南平市。1994年撤销南平地区，改设地级南平市。原县级南平市改置延平区。

③唐贞观四年（630）分巴县置，为南平州治。治所在今重庆市巴南区东北。八年（634）为霸州治，十三年（639）州废，属渝州。北宋雍熙五年（988）废。

南平国 亦称荆南国。五代十国之一。后唐同光三年（925），封荆南节度使高季兴为南平王，都江陵府（治今湖北荆州市荆州区故江陵县城）。辖境相当今湖北巴东、荆州市、监利、石首等市县间地。北宋建隆四年（963）并于宋。

南平城 在今新疆吐鲁番市境。《新唐书·地理志》西州："自州西南有南平、安昌两城。"

南平郡 ①西晋太康元年（280）置，属荆州。治所在作唐县（今湖南安乡县北）。后移治江安县（今湖北公安县）。南齐移治孱陵县（今湖北公安县西）。陈废。

②唐天宝元年（742）改渝州置，治所在巴县（今重庆市区）。辖境相当今重庆市江津、璧山等区县地。乾元元年（758）复为渝州。

南平砦 亦作平南砦。北宋咸平中置，属云安县。在今湖北利川市西北南坪镇。宋曾公亮《武经总要前集》卷20云安军：南平砦"在（云安）县南二百里"。后废。

南平集 即今安徽濉溪县南，浍河南岸之南坪镇。《清一统志·凤阳府二》：南平集，"嘉庆八年添设抚民同知，并设照磨驻此。十三年改为凤颍捕盗同知，照磨裁"。

南平溪 今重庆市南川、涪陵二区境内之油江河、黎香溪。《寰宇记》卷136南平县：南平溪"在县东南，流入涪州宾化县界"。《舆地纪胜》卷175重庆府：南平溪"在故南平县东北，流入涪州宾化县界"。

南平綦江等处长官司 亦名綦江长官司。元置，属播州军民安抚司。治所即今重庆市綦江县。元末明玉珍改为綦江县。

南平镇 即今湖北公安县西南南平镇。1930年7月4日，贺龙领导的红四军与邝继勋指挥的红六军在此会师。7日，两军前委在文庙举行会议，决定合编为红二军团。

南东莞县 南齐永明元年（483）以流户置，属东莞琅邪二郡。治所在今江苏连云港市或东海县境。后废。

南东莞郡 东晋太宁中侨置，属南徐州。治所在莒县（今江苏常州市武进区东南）。南齐后省。

南东海郡 南朝宋元嘉八年（431）改东海郡置，属南徐州。治所在郯县（今江苏镇江市）。南齐辖境相当今江苏镇江市等地。梁天监元年（502）改为南兰陵郡。

南卡江　在今云南西南部。为萨尔温江支流。中缅界江。上源为南康河和南锡河，分别源于中、缅境内，在西盟佤族自治县汇合后称南卡江，自北向南流至孟连傣族拉祜族佤族自治县西南端的双相乡，汇合南马河后西南流入缅甸。光绪《皇朝中外一统舆图》：耿马宣抚司北有南卡河。“南卡江”傣语意为金水江，以含有沙金而得名。

南北二青州　南朝梁置，治所在赣榆县（今江苏赣榆县西北）。后废。

南北关　即阳地南、北关的合称。在今山西灵石县境。阳地南关在今灵石县西南五十里南关镇，阳地北关在今灵石县北二十八里冷泉村附近。《清一统志·霍州》：阴地关“《新志》：在县西南五十里，即南关镇。唐宋以来，雄关横亘。唐太宗取霍邑，曾驻于此。今关废，遗址犹存。俗称南关者，因冷泉关在北也”。

南北岭隘　在今广东翁源县境。明嘉靖《翁源县志》：南北岭隘“在长安乡，去县一百八十里，抵龙南、河源二县界”。

南北洋　清咸丰十年（1860）由直隶总督兼北洋大臣、两江总督兼南洋大臣，分掌北洋、南洋海防、关政及中外交涉事宜。北洋指山东以北沿海诸省，南洋指江苏以南沿海诸省。至民国年间罢南、北洋大臣之职，但习俗仍称南北洋，如北洋军阀、南洋大学等。

南北堰　在今广西灵川县东北。《方舆纪要》卷107灵川县：南北堰，“《志》云：去城（今三街镇）皆三里，灌田二千余顷”。

南北寨　在今山西大宁县境。《方舆纪要》卷41大宁县：“南北寨在县南北，去城各一里。元末右丞时公权、院使李子厚置此戍守。”

南由县　北魏孝明帝于南由谷口置，属武都郡。治所在今陕西宝鸡市陈仓区西北一百二十里香泉镇。西魏大统四年（538）废为镇。北周大象二年（580）复置，属安夷郡。移治今陈仓区西北县功镇东南十里。隋属扶风郡。唐武德元年（618）为含州治。四年（621）改属陇州。元和三年（808）并入吴山县。

南田山　在今浙江文成县西北四十里南田镇。《方舆纪要》卷94青田县：南田山“上有沃土，多稻田，岁旱亦稔。唐广德中，袁晁之乱，邑人多避难于此。明初刘基亦家于山中”。

南田厅　清光绪三十二年（1906）置，属宁波府。治所在今浙江象山县南八十里鹤浦镇东南樊岙。1912年与石浦厅合置南田县。

南田县　1912年合南田厅、石浦厅置，属会稽道。治所在今浙江象山县南八十里鹤浦镇东南樊岙。以南田岛得名。1927年直属浙江省。1940年废。

南田站　元置。即今江西赣县（梅林）西北南田。明废。

南田寨　北宋置，属江安县。在今四川泸州市南长江南岸蓝田街道。

南仙洞　在今贵州平坝县东南十五里。明曹学佺《名胜志》：“南仙洞在卫东南十五里。石壁高十丈，入洞二十余武，地势宽平，可容千人。”又郭子章《黔记》卷8：“南仙洞古名南蛇洞，举人陈宪改今名。”

南仪州　北宋太平兴国二年（977）改南义州置，治所在岑溪县（今广西岑溪市）。辖境相当今广西壮族自治区岑溪市地。熙宁四年（1071）废。

南白水县　北魏太和十一年（487）置，属白水郡。治所即今陕西蒲城县。《寰宇记》卷28蒲城县：南白水县“以在白水之南为名”。西魏废帝三年（554）改为蒲城县。

南白水郡　西魏改白水郡置，属沙州。治所在白水县（今四川青川县东北沙州镇）。辖境相当今四川青川县东部及广元市西北地。南朝梁改为平兴郡。

南白渠　在今陕西高陵县北。《水经·渭水注》：“白渠又东，枝渠出焉，东南径高陵县故城北。”即此。《方舆纪要》卷53高陵县：南白渠，“白渠自泾阳县来，分三限。中白渠首受太白渠入县界，南白渠首受中白渠，东南流，亦入县界。……唐宝历初，县令刘仁师更浚古渠水道，渠成，名曰刘公渠，堰曰彭城堰”。

南乐县　五代唐改昌乐县置，属兴唐府。治所即今河南南乐县。后晋属广晋府。后汉属大名府。北宋崇宁四年（1105）属开德府。金属大名府。元属大名路。明属大名府。民国初属河北大名道。1928年直属河北省。1949年改属平原省。1952年划归河南省。

南乐暗沙　在南海中中国南沙群岛东南部，位于指向礁西，在司令礁东北15海里。1935年公布名称为格拉斯哥礁。1947年改名南乐暗沙。

南乐镇　在今河北大名县南旧治乡。北宋政和六年（1116）移大名县于此。金废为镇。明永乐九年（1411）复为大名县治。清乾隆二十三年（1758）废为镇。

南市　①即羊市。为晋代洛阳市场。在洛阳城（今河南洛阳市东北汉魏故城）南。《太平御览》卷191引《洛阳记》曰：“南市在大城南。”

②本隋丰都市。在今河南洛阳市隋唐故城洛河南偏东。唐改为南市。

③即大同市。为隋东都三市之一。在今河南洛阳市隋唐故城西南部。

南市铺　即今贵州台江县西南之南市。清雍正九年（1731）置南市土千总。

南兰陵郡　①南朝宋改兰陵郡置，治所在兰陵县（今江苏常州市新北区西北万绥）。南齐末并入南琅邪郡。

②南朝梁天监元年（502）改南东海郡侨置，属南徐州。治所在郯县（今江苏镇江市）。陈永定二年（558）复改为东海郡。

南汇（匯）县　清雍正二年（1724）析上海县

置，属松江府。治所即今上海市浦东新区南汇。民国初属江苏沪海道。1927年直属江苏省。1958年划归上海市。2001年撤销南汇县，改设上海市南汇区。2009年并入浦东新区。

南汇（匯）镇 民国时置，属嘉兴县。即今浙江嘉兴市东北三十六里南汇镇。

南汇（匯）嘴中后（後）千户所 明洪武二十年（1387）置，属金山卫。治所即今上海市浦东新区南汇。清雍正二年（1724）设南汇县治此。康熙十七年（1678）裁。

南汉 五代时十国之一。五代梁贞明三年（917），南海王刘隐之弟刘涉（龑）称帝，国号大汉，改元乾亨，都于兴王府（今广东广州市）。辖境相当今广东、广西、海南三省区及湖南桂阳、永兴、桂东以南地区。北宋开宝四年（971）为宋所灭。传四主，五十五年。

南汉二陵 在今广东广州市西北皇帝岗。南汉二陵被称为五代十国时期南汉标志性史迹。其一为康陵，南汉高祖刘冰的陵墓，位于小谷围岛北亭村大香山。葬于南汉光天元年（942），墓区为2.5万平方米，1956—1957年起发掘面积近8000平方米，地面建有陵园、陵台，地下筑玄宫。圆丘形陵体周围长方形围墙，南北长96.8米，东西宽57.3米。四隅有角阙，形制奇特。地宫上方筑圆形方座陵台，亦属罕见。保存完整，墓中出土一块完整的、迄今发现年代最早的哀册文石碑。其二为德陵，俗称刘王冢，亦坐落在小谷围岛北亭村青岗，距康陵仅800米。规模与康陵相近。从德陵墓道器物箱中出土一批青瓷罐，这是广州第一次发现如此众多的五代瓷器。当为南汉皇帝宫中用器，属官窑制品无疑。其胎质坚致，釉色晶莹透亮，是五代青瓷的上品，为研究五代十国陶瓷提供了珍贵的实物资料。附近还有五十多座汉唐古墓，大多为小型汉木椁墓，除出土罐、瓮等陶器外，还出土有完整的木船模型。2006年定为全国重点文物保护单位。

南汉中郡 东晋太元十五年（390）以汉中郡流民置，属梁州。治所在南长乐县（在今四川德阳市境）。南朝宋元嘉十六年（439）改属益州。齐废。

南汉县 南朝宋因流寓置，属宋兴郡。治所在今四川成都市北。齐属安兴郡。北周废。

南头村 即今山西古交市西南南头。1941—1945年晋绥边区置交东县治此。

南头城 即今广东深圳市西南头镇。《方舆纪要》卷101南海卫：东莞守御千户所“洪武二十七年置，有砖城，周三里有奇，环城为池。一名南头城，备倭指挥亦驻于此”。其后，先后为新安县、宝安县城。

南头寨 即今广东深圳市西南头镇。唐于此置屯门镇。宋为屯门寨。明置东莞千户所于此。

南宁卫 明洪武二年（1369）置，属广西都司。治所即今广西南宁市。后废。

南宁市 1946年8月核准由邕宁县城区及近郊析置，属广西省。市政府至1949年12月当地解放后始正式成立，由广西省直辖。治所即今广西南宁市。1950年为广西省人民政府驻地。

南宁州 ①西魏改宁州置，治所在建宁郡（今云南陆良县南三里旧城），辖境约当今云南、贵州二省。北周保定二年（562）析置恭州，滇东北不再属南宁州。隋末废。唐武德元年（618）复置，治所在味县（今云南曲靖市北十五里西山街道驻地三岔），辖境仅相当今云南宣威市以南，寻甸、宜良、玉溪以东，弥勒县以北地区。七年（624），西南部析置西宁州，辖境缩小。贞观八年（634）改名郎州。开元五年（717）复名南宁州，辖境仅当今云南曲靖市及陆良、宜良、师宗、弥勒、泸西、寻甸等县。天宝后废。元世祖至元十三年（1276）复置，为曲靖路治。治所即今云南曲靖市。二十一年（1284）降为县。

②北周改宁州置，治所在味县（今云南曲靖市西北十五里西山街道驻地三岔）。隋末废。唐武德元年（618）复置，贞观八年（634）改为郎州。开元五年（717）复改南宁州。辖境相当今云南弥勒县以北、抚仙湖东岸的南盘江上游流域和寻甸回族彝族自治县地。天宝后废。元世祖至元十三年（1276）复置，为曲靖路治。移治今曲靖市。二十一年（1284）降为县。

③北宋置羁縻州，治所在今贵州惠水县南十五里。南宋后废。

南宁州总管府 隋开皇四年（584）置，治所在同乐县（今云南陆良县南三里旧城）。辖境约当今云南大部及贵州西部。大业三年（607）废。

南宁州都督府 唐武德七年（624）置，治所在南宁州（今云南曲靖市北十五里西山街道驻地三岔）。辖境北有滇东北，东有贵州普安、兴义，西至怒江，南抵盘江、曲江。贞观六年（632）废。开元初复置，辖境仅当今滇东及贵州西缘。天宝后废。

南宁军 南宋端平二年（1235）改昌化军置，治所在宜伦县（今海南省儋州市西北中和镇）。辖境相当今海南省海南岛西部地。明洪武元年（1368）改为儋州。

南宁县 ①元世祖至元十二年（1275）置，属定远州。治所在今云南牟定县东南十二里新甸乡。后废入定远县。

②元世祖至元二十一年（1284）改南宁州置，为曲靖路治。治所即今云南曲靖市。明、清为曲靖府治。1913年改曲靖县。

③1913年改宣化县置，为广西省会。治所即今广西南宁市。1914年改为邕宁县。

南宁府 明洪武元年（1368）改南宁路置，后属广西布政使司。治所在宣化县（今广西南宁市）。明郭子章《郡县释名》广西卷：南宁府取“粤南永宁之义”。辖境相当今以广西南宁市为中心，东至今横县，西北至平果，西南至上思。1913年废。

南宁道 1914年由邕南道改置，属广西省。治邕宁县（今广西南宁市）。辖境约当今广西大化、平果、隆安、扶绥、上思以东，都安、马山、上林、宾阳、横县以西地区。1928 年废。

南宁路　元泰定元年（1324）改邕州路置，属岭南广西道。治所在宣化县（今广西南宁市）。辖境相当今广西南宁市及邕宁、武鸣等县地。明洪武元年（1368）改为南宁府。

南司州　①即司州。在今湖北安陆市。《寰宇记》卷 132 安州：“梁天监七年于此置南司州。后废州复为安陆县。”

②东魏武定七年（549）改北司州置，治所在义阳郡平阳县（今河南信阳市）。北周改为申州。

③北齐置，治所在今湖北武汉市黄陂区东。南朝陈改置司州。北周改置黄州。隋废。唐武德初复置。七年（624）又废。

南尼华罗国　一译西天南尼华罗国、华罗。在今印度卡提阿瓦半岛南部，或以为即士胡荼辣国都城所在。南宋周去非《岭外代答》卷 3：“西天南尼华啰国，城有三重，其人早晚必浴，以郁金涂身、面，效佛金色，国人多称婆罗门。”

南召县　明成化十二年（1476）析南阳县北部置，属南阳府。治所在南召堡（今河南南召县东五十六里云阳镇）。清顺治十七年（1660）废。雍正十二年（1734）复置。民国初属河南汝阳道。1927 年直属河南省。1947 年徙治李青店（今南召县治）。

南皮县　①秦置，属巨鹿郡。治所在今河北南皮县东北八里。西汉属勃海郡。文帝时封窦彭祖为南皮侯，即此。东汉为勃海郡治。东魏移治今南皮县。隋属渤海郡。唐属沧州。清属天津府。民国初属直隶津海道。1928 年直属河北省。

②南朝宋侨置，属河间郡。治所在今山东寿光市东北四十里南皮台。北齐废。

南边墟　即今广东佛山市三水区北南边镇。清光绪《广州府志》卷 69 墟市：三水县有“南边墟”。

南台　亦作烟台。即今辽宁海城市东北二十里南台镇。清光绪《奉天全省地舆图说图志》海城县图：东北有烟台。民国徐曦《东三省纪略》卷 8：南满铁路有南台驿（站）。

南台（臺）　即金虎台的别称。在今河北临漳县西南故邺城西北隅，与其北铜雀台、冰井台合称三台。《水经·浊漳水注》王先谦补注：“李善《文选·魏都赋》注云：铜雀园西有三台，中央铜雀台，高十丈，有屋一百一间，亦曰中台；南则金虎台，高八丈，有屋一百九间，亦曰南台；北则冰井台，亦高八丈，亦曰北台。”

南台（臺）山　即台阁山。在今福建大田县西南三十里。《方舆纪要》卷 97 谓南台山在大田县南二百余里，误。

南台（臺）江　又名白龙江。即今福建闽江流经福州市一段。《资治通鉴》：五代周显德三年（956），南唐永安节度使“陈诲败吴越兵于南台江”，即此。

南台县　五代晋天福中改福清县置。治所即今福建福清市。后复名福清县。

南台（臺）潭　在今江西南丰县南。《方舆纪要》卷 86 建昌府南丰县：南台潭“在县南盱水中，深险不测，舟行上下多覆溺之虑”。《清一统志·建昌府一》：南台潭“在南丰县南南台山下。一名塔下潭。水流最为险急”。

南吉祥寺　在今山西陵川县城西四十里平川村。原在宋家川，唐贞观年间（627—649）奉敕建造。北宋天圣年间迁此重建。金至清代屡加修葺。寺宇前后两进院落，有山门（即天王殿）、中殿、后殿、左右配殿及两厢廊庑。中殿历史最古，宋建；后殿金建；山门虽经明代重修，还保存着元代手法；余皆明、清遗构。据碑文记载，宋代“潞城里崔氏寄居平川，年迈乏嗣，自捐资财，创修中央殿三间”，现存中殿确为宋代建筑。

南达堡　吐蕃筑，在今青海循化撒拉族自治县西南。北宋熙宁中收复，崇宁三年（1104）改名通津堡。

南成侯国　西汉置，属东海郡（尹湾汉简作南城）。治所在今山东平邑县南七十里魏庄乡曾子山。武帝封城阳共王子贞为南成侯。东汉改为南城县。

南夷道　为四川盆地通往云贵高原道路之一。西汉开。自四川宜宾市南行，经高县、筠连入云南，东行经镇雄至贵州毕节。《汉书·武帝纪》：元光五年（前 130），“夏，发巴蜀治南夷道”，沿途设置邮亭。东晋常璩《华阳国志·南中志》：“南秦县，自僰道、南广有八亭，道通平夷。”即此道。

南光州　南朝梁置光州，治光城县（今河南光山县）。北齐已置光州于东莱，故此称南光州。

南光城郡　南朝梁置，属光州。治所在光城县（今河南光山县）。北齐改为光城郡。

南当水　亦名紫溪河。即今安徽休宁县西六十里岩坑水库之渠口河。宋淳熙《新安志》卷 4 休宁县《水源》：南当水“出南当山，东流百五十里，溉田三十二顷”。《明一统志》卷 16 徽州府：南当水“在休宁县西六十里。源出南当山”。隋休宁县治此水口山上。

南曲县　西汉置，属广平国。治所在今河北邱县西北古城营。东汉废。《水经·浊漳水注》：“衡漳故渎，东北径南曲县故城西。”

南因镇　即今河北元氏县东北十八里南因镇。清同治《畿辅通志》卷 50 元氏县图：东北有南因镇。

南屿　①即今福建闽侯县东南南屿镇。清雍正十二年（1734）移五县寨巡司于此。

②即今台湾澎湖群岛南端之七美屿。清高拱乾《台湾府志》卷 1：“南屿亦名大屿，先时居民甚多，以波涛不测，移居八罩屿。”

南朱提郡　南齐改朱提郡置，属宁州。治所在朱提县（今云南昭通市境）。辖境约当今云南昭通至东川一带。南朝梁末废。

南华山　①在今广东韶关市曲江区南。《方舆纪要》韶州府曲江县：南华山在“府南六十里。峰峦环抱，如莲花然，曹溪水出其东南”。《清一统志·韶州府》：南华山“溪水回环，峰峦奇秀。产茶及椒。上为象岭。唐仪凤初，僧虚能传法于此。亦名仪凤山”。山麓为南华寺。

②又名天华山。在今云南祥云县东南四十里大坡村。《清一统志·大理府》：南华山“在云南县南四十里。又名天花山”。

南华寺 在今广东韶关市曲江区东南沙溪河（曹溪）东岸。《舆地纪胜》卷90韶州：南华寺“太平兴国塔：梁天监元年，有天竺国僧智药自西土来，泛舶至汉土，寻流上至韶州曹溪水口，闻其香，掬尝其味，曰此水上流有胜地。寻之，遂开山立石，名宝林。乃云：此去一百七十年，当有无上法宝在此演法。今六祖南华寺是也。唐万岁通天初，则天皇后锡赉宣诏。元和间，赐塔曰灵照之塔。柳宗元为记焉。开宝八年准敕赐额，乃六祖大鉴禅师道场，为岭外禅林之冠”。寺始建于南朝梁，唐仪凤间，禅宗六祖慧能主持曹溪，发展禅宗南派，有佛教“祖庭”之称，成为闻名于世的佛教圣地之一。北宋始名南华寺，沿用至今。寺依山而建，占地近1.5万平方米，建筑面积为3400平方米，分前中后三层次，宏伟壮观。寺内有唐、宋、明等朝代著名文物古迹。2001年定为全国重点文物保护单位。

南华县 唐天宝元年（742）改离狐县置，属曹州。治所在今山东菏泽市西北四十五里李村镇东北李庄集。北宋属兴仁府。金时为黄河淹废。

南华礁 在南海中中国南沙群岛内，位于六门礁东南约6海里。为一环礁。退潮时露出。中国渔民向称恶落门。1935年公布名称为南康华里礁。1947年改名南华礁。

南伊支线 又称汤林铁路。从今黑龙江伊春市东南之南岔至伊春。长104.3公里。为绥佳铁路支线。日伪于1940—1945年修筑。

南伊岛 即今南海中中国南沙群岛之鸿庥岛。1935年公布名称为南伊岛。1947年改名鸿庥岛。

南后（後）旗 又名角昂扎萨克旗。即土尔扈特南后旗。旗府驻地在今青海兴海县西北清沟河源一带，后迁今青海海晏县西北、祁连县东南。

南行唐 战国赵邑。在今河北行唐县东北三十里故郡村。《史记·赵世家》：惠文王八年（前291），“城南行唐”。秦置南行唐县。

南行唐县 战国赵置。后入秦，属恒山郡，为都尉治。治所在今河北行唐县东北三十里故郡村。西汉属常山郡。东晋改为行唐县。《晋书·慕容垂载记》：东晋太元十年（385），“翟成长史鲜于得斩成而降，垂入行唐，悉坑其众”。即此。

南会州 唐武德四年（621）改会州置，治所在汶山县（今四川茂县）。辖境相当今四川茂县、汶川、北川等县地。贞观八年（634）改为茂州。

南合州 南朝梁太清元年（547）改合州置，治所在今广东雷州市。辖境相当今广东雷州、湛江、遂溪、徐闻等市县地。隋开皇九年（589）平陈后改为合州。大业初废。唐武德四年（621）复置，治所在海康县（今雷州市）。贞观元年（627）改为东合州。

南庄头遗址 在今河北徐水县北南庄头村东北四里。遗址面积约为2万平方米，已发现的遗迹有五条灰沟、两座灰坑和两处用火遗迹。出土遗物有陶片、石磨盘、石磨棒、骨锥、骨镞、角锥、角针及鼠、狼、鸡、狗、猪、马鹿、麋鹿、鹿等动物骨骼，其中部分骨骼有烧烤、切割的痕迹。经碳十四测定，遗址的年代距今10500—9700年左右，是我国北方迄今所知最早的新石器时代遗址。南庄头遗址的发现，填补了我国北方磁山、裴李岗新石器文化与旧石器晚期文化之间的空白，同时也是为研究我国北方地区全新的气候环境变迁提供了珍贵的地层剖面。该遗址出土遗物为研究北方地区新石器时代早期文化特征及农业、饲养业、制陶业的起源提供了重要资料。2001年定为全国重点文物保护单位。

南刘镇 北宋置，属高唐县。即今山东高唐县南三十里南镇。旧曾置灵县于此。

南交 即交趾。泛指今五岭以南地区。《尚书·尧典》：“申命羲叔，宅南交。”蔡沈注：“南交，南方交阯之地。”

南充市 1950年由南充县县城及近郊析置南充市，属川南行署区。1952年归属四川省。1993年撤销南充地区和县级南充市、南充县，设立地级南充市；原县级南充市和南充县地改置顺庆、高坪、嘉陵三区。南充市人民政府驻顺庆区。

南充县 隋开皇十八年（598）改安汉县置，属隆州。治所在今四川南充市北五里。《寰宇记》卷86南充县：“以古充国为名。”大业初属巴西郡。唐武德四年（621）为果州治，天宝初为南充郡治，乾元初复为果州治，大历六年（771）为充州治，十年（775）复为果州治。南宋宝庆三年（1227）为顺庆府治。元为顺庆路治。明为顺庆府治，徙治今南充市。民国初属四川嘉陵道。1928年直属四川省。1950年析县城及郊区置南充市。南充县迁治龙门镇。1956年县治迁返南充市。1965年迁至南充市河东公社（后改设高坪镇）。1993年撤销南充地区，改设地级南充市。

南充国县 ①东汉初平四年（193）置，属巴郡。治所即今四川南部县。三国蜀属巴西郡。南朝宋改为南国县。

②南朝宋侨置，属巴西侨郡。治所在今四川绵阳市境。梁废。

南充国郡 即南部郡。治所在南部县（今四川南部县）。《旧唐书·地理志》南部县：“后汉分阆中置充国县，属巴郡。又分置南充国郡。梁改为南充郡，隋改为南部也。”

南充郡 ①唐天宝元年（742）改果州置，治所在南充县（今四川南充市北五里）。辖境相当今四川南充、西充、蓬安、营山、岳池等市县地。乾元元年（758）复为果州。

②即南部郡。治所在南部县（今四川南部县）。《旧唐书·地理志》南部县：“南充国郡，梁改为南

充郡，隋改为南部县。”

南并州　唐武德元年（618）置，治所在宣汉县（今四川宣汉县东北）。辖境相当今四川宣汉县东北地。三年（620）移治新安废镇（今宣汉县西北）。贞观元年（627）废。

南关　①即今河北保定市南市区南关街道办事处。明嘉靖《清苑县志》卷2四关：“南关长一里。”

②即今山西武乡县西北南关。《宋史·姚古传》：金粘罕围太原，“内外不相通。古进兵复隆德府、威胜军，扼南、北关，与金人战，互有胜负”。即此。

③即明广顺关。在今辽宁开原市东北貂皮屯。明为与女真互市之所，因在开原老城南，故称南关。

④即阴山关。在今河南新县东北白露河东岸沙窝镇北。《魏书·田益宗传》：景明二年（501），益宗上表伐齐曰：请以“二豫之军直抵南关”。即此。

⑤即阴山关。在今湖北麻城市东北六十里。《资治通鉴》：南朝齐中兴元年（北魏景明二年，501），东豫州刺史田益宗上表伐齐，请以“二豫之军直据南关，对抗延头”。胡三省注称：“南关，谓阴山关。”

⑥即镇南关简称。今广西凭祥市西南四十五里友谊关。《明史·地理志》凭祥州：“南有镇南关，一名大南关。”

⑦在今广西平乐县东南。《方舆纪要》卷107平乐县：南关“在府城东南昭潭江（冈）下”。

⑧在今广西博白县城南。《方舆纪要》卷108博白县：“南关在城南。又有东、西两关，皆在城外。”

南关岛　亦即南关岭。今辽宁大连市甘井子区北前关屯。《方舆纪要》卷37金州卫：南关岛在“卫南二十里。天启中，守将张盘议开河，断南关岛，以守卫城”。即此。

南关岭　一名南关岛。在今辽宁大连市甘井子区北。明《辽东志》卷1：南关岛在“（金州卫）城南二十里”。《清一统志·奉天府一》：南关岛“在宁海县（今大连市金州区）西南二十里。即南关岭”。南满铁路有甘井子支线通此。

南关堡　北宋熙宁六年（1073）置，属熙州。在今甘肃临洮县南二十里。

南关隘　为凭祥州三隘之一。在今广西凭祥市西南四十五里友谊关旁。《方舆纪要》卷111凭祥州“绢隘”条：“又镇南关旁有南关隘，所谓有一关三隘也。”

南关镇　①北宋置，在今山西武乡县西北八十五里南关村。其北十里祁县境内有北关，合称南北关。《宋史·姚古传》：“古进兵复隆德府、威胜军，扼南北关，与金人战。”即此。

②在今河北永清县南关。清乾隆《永清县志》卷1：“由南门南三里至南关镇。”

南州　①北周置，治所万川郡万川县（今重庆市万州区）。辖境相当今重庆市万州区及梁平等县地。隋大业初废。

②唐武德二年（619）置，治所在隆阳县（今重庆市綦江县綦江北岸）。辖境相当今重庆市綦江县及南桐矿区。三年（620）改为僰州，四年（621）复为南州。先天元年（712）改隆阳县为南川县。天宝元年（742）改为南川郡，乾元元年（758）复为南州。北宋皇祐五年（1053）废。

③唐武德四年（621）置，治所在博白县（今广西博白县）。辖境相当今广西博白县及陆川县部分地区。六年（623）改为白州。

④亦作南洲。姑孰城别名，即今安徽当涂县。《世说新语·言语第二》：“宣武（桓温）移镇南州。”《舆地纪胜》卷18太平州“南州”引《晋阳秋》曰：“姑熟，桓玄所出，大筑府第于国南，故曰南州。”

⑤五代南唐保大三年（后晋开运二年，945）改漳州置，治所在龙溪县（今福建漳州市）。《舆地纪胜》卷131漳州《州沿革》：漳州，“《通鉴》：后晋思王开运二年，唐王以董思安为漳州刺史，思安以父名漳，唐主改漳州为南州”。辖境相当今福建九龙江流域及其西南地区。北宋乾德四年（966）复为漳州。

南州津　即采石津。在今安徽马鞍山市西南采石矶江口。《陈书·宣帝纪》：“自今有罢任之徒，许分留部下；其已在江外，亦令迎还，悉住南州津里安置。”

南江　①旧释以为《尚书·禹贡》“三江”之一。《禹贡》本文仅有北江、中江，并无南江，释经家认为既有北江、中江，必有南江。历来各家解释不一：(1)《汉书·地理志》认为在吴县（今江苏苏州市）南，所指即今吴淞江；(2)《初学记》引郑玄《书注》认为右会彭蠡为南江，所指即今赣江；(3)徐锴《说文系传》认为江出岷山至楚都名南江，所指为今湖北荆沙市荆州区附近一段长江干流；(4)《水经·沔水注》说就是《汉书·地理志》中从石城（今安徽池州市）首受江水东至余姚入海的分江水，但实际上这条水道并不存在。

②即今广东西江。《南齐书·州郡志》广州：“西、南二江，川源深远，别置督沪，专征讨之。”《方舆纪要》卷100广东：“西江实兼南江之名。”

③即泷水。今广东罗定、郁南二市县境之泷江、南江。《清一统志·罗定州》：泷水“源出西宁县西南。一名双林水。……一名晋康水，又名南江”。

④即今广西之郁江。清齐召南《水道提纲》卷20：“郁江即广西左江，亦曰南江。”

⑤在今四川西部。《山海经·海内东经》：“岷三江：首大江出汶山，北江出曼山，南江出高山。高山在城（成）都西。”

⑥即綦江。今重庆市綦江县境之綦江。《清一统志·重庆府一》引《元统志》：“南江在南川县。众溪会合，至三溪口可通舟楫，行三十里至綦市，

又至南江口入江。”《方舆纪要》卷69綦江县：綦江“在县南，即夜郎溪也，自南川县流入，亦曰南江”。

⑦亦名难江。在今四川南江县境，为渠江上源巴河。《方舆纪要》卷68南江县“巴江”条下：“南江源出米仓山，亦自县治前而南与巴江合，盖二水即巴江上流也。”

⑧即今重庆市南川区及武隆县境之鸭江（大溪河）。《明史·地理志》南川县：“又东有四十八渡水，流入南江。”

南江州 南朝陈初置，治所新吴县（今江西奉新县西）。后废。

南江县 明正德十一年（1516）于故难江县置，属巴州。治所即今四川南江县。以南江为名。清属保宁府。《清史稿·杨继晓传》：嘉庆初，白莲教义军“破南江”。即此。民国初属四川嘉陵道。1928年直属四川省。

南江河 即今湖北竹溪县南汇湾河北源。《方舆纪要》卷79竹溪县：南江河“在县南七十里。源出陕西平利县，亦名南阳河，至县南三十里水坪河口合于柿河”。

南江营 在今广东郁南县东南。《方舆纪要》卷101罗定州东安县：南江营“在县西北。泷水小江口，近大江。嘉靖十二年设。《志》云，营在德庆州江南岸十五里。防守最切，万历中改今属”。

南江湖 在今湖北监利县西。《方舆纪要》卷78监利县：南江湖在“县西十里……近大江。因名”。

南池 ①亦名乞伏袁池。即今内蒙古察哈尔右翼前旗东北之黄旗海。《水经·㶟水注》：“池水吐纳川流，以成巨沼，东西二里，南北四里。北对凉川城之南池，池方五十里，俗名乞伏袁池。”

②在今山东济宁市南。池水清碧。《方舆纪要》卷33济宁州：南池“在城东南二百步。渟泓数亩，洸水所潴也，亦流入天井闸”。唐杜甫有《与任城许主簿游南池》诗，曰：“秋水通沟洫，城隅进小船。”即此。

③在今河南洛阳市东北汉魏故城东北隅。《水经·谷水注》云：“池水又东流，入洛阳县之南池。池即故翟泉也。南北百一十步，东西七十步。”

④在今湖南永州市东南。唐柳宗元有《陪永州崔使者宴南池序》。明曹学佺《名胜志》：“池当南山之缺，设自神攻，无容工凿，随山周旋，可容巨舰。”

⑤即汉代之彭道将池。在今四川阆中市南十五里七里镇。《方舆胜览》卷67阆州：南池“在高祖庙傍，东西四里，南北八里。《汉志》彭道将池，在今南池也。鱼池在今郭池也。然则此池本彭之所开”。唐杜甫写有《南池》诗。唐末以后逐成平陆。

⑥又称河水。即今云南澄江、江川、华宁三县间之抚仙湖。汉至南朝称南池。《水经·温水注》：桥水“上承俞元之南池，县治龙池洲，周四十七里，一名河水”。

南汝阴郡 东晋时侨置，属南豫州。治所在汝阴县（今安徽合肥市西北）。南朝梁改为汝阴郡。

南汝河 元至正年间分汝水下游为南汝河。以支流㵄水为正源。明嘉靖末，㵄水改道东流注澺水（称洪河），遂以源出泌阳县东北之支流溱水为正源，如今势。

南汝原县 北魏孝昌三年（527）置，属汝北郡。治所在今河南汝州市。后改为汝原县。

南汤山 即汤山。在今江苏南京市江宁区东北汤山镇。《金陵胜迹志》卷3：汤山“今称南汤山，以别燕京之汤山”。

南汤卫 明置，属广西都司。治所在今广西柳城县南，龙江注入柳江南岸。后设南汤堡。

南兴市 即今广东雷州市南三十里南兴镇。清光绪《广东舆地图说》卷8海康县：渡南社“往来大道有南兴墟”。

南兴州 唐武德七年（624）置，治所在义兴县（今江苏宜兴市）。八年（625）废。

南兴县 ①西汉置，属五原郡。治所在今内蒙古准格尔旗东。东汉废。

②东晋永和七年（351）置，属新宁郡。治所在今广东新兴县东北。南朝宋为新宁郡治。南齐属新宁郡。梁以后废。

③南齐置，属南晋寿郡。治所在今四川彭州市西北。北周废。

南安 在今河北蠡县南。《资治通鉴》：东晋永和七年（351），前燕慕容儁遣慕容评攻后赵王午于鲁口，“至南安，王午遣其将郑生拒战，评击斩之”。

南安山 在今甘肃定西市南一里。《清一统志·巩昌府一》：南安山“以地旧属南安郡而名。上有东岳庙，俗呼庙坡，山麓有路通郡城”。

南安千户所 在今江西大余县城。《方舆纪要》卷88南安府：南安守御千户所“在府治西。洪武二十四年建”。

南安市 1993年撤销福建省南安县，改设南安市，市人民政府驻溪美。由泉州市代管。

南安寺塔 在今河北蔚县城内南门西侧。据塔身外观形式推测，始建于辽代。清康熙四十五年（1706）重修。塔为八角实心十三层密檐砖塔，通高32.1米。塔身东侧第一、二、三层檐曾于1926年被炮弹击中，1986年进行修补，其余部分保存基本完好。现塔院内还有正殿三间，为硬山顶。塔西侧有硬山顶碑楼，均为清康熙四十五年增建。2001年定为全国重点文物保护单位。

南安州 ①唐武德四年（621）置，治所在三泉县（今四川广元市东北）。八年（625）废。

②元至元十二年（1275）改摩刍千户置，属威楚路。治所在今云南楚雄市南五十里云龙镇。民国《摩刍县地志》：“摩刍在威楚之南，故名南安。”明、清属楚雄府。1913年废为县。

南安江 即今福建晋江。《元和志》卷29泉州南安县：“晋为晋安县。陈立为南安县，因县南安江取以为名。”《清一统志·泉州府》：晋江“按：晋江古名南安江”。

南安军　北宋淳化元年（990）置，治所在大庾县（今江西大余县）。辖境相当今江西章水、上犹水流域。元至元十四年（1277）升为南安路。

南安阳县　西晋太康元年（280）改安阳侯国置，属汝南郡。治所在今河南正阳县西南陡沟镇。南朝宋改为安阳县。

南安阳郡　即南安郡。治所在今甘肃陇西县东南。《魏书·地理志》渭州：“南安阳郡，领县二：桓道、中陶。”

南安坝　在今四川夹江县西北二十五里木城镇。民国《夹江县志》卷2：南安坝“即南安废县，分上坝、下坝。上自石面渡，下至东田坝”。清费密《荒书》：清顺治十三年（1656），“（刘）文秀驻兵夹江县南安坝”。

南安县　①秦置，属蜀郡。治所即今四川乐山市。西汉属犍为郡。东晋常璩《华阳国志》卷3《蜀志》：南安县在“郡东四百里，治青衣江会。……有柑橘官社。汉有盐井。南安、武阳皆出名茶”。南齐以后废。又，梁有南安县，属齐通郡。治所在今四川夹江县西北二十五里南安乡。北周属平羌郡。后废。

②三国吴分南野县置，属庐陵郡。治所在今江西南康市西南。西晋太康五年（284）改为南康县。

③西晋太康元年（280）置，属南平郡。治所即今湖南华容县东二里赵家湖侧。隋开皇十八年（598）改名华容县。

④南齐置，为南安郡治。治所在今四川剑阁县（下寺镇）西南普安镇。《梁书·始兴忠武王憺传》：“时魏袭巴南，西围南安，南安太守垣季珪坚壁困守，憺遣军救之，魏人退走。”即此。西魏改为普安县。

⑤南齐置，属齐安郡。治所即今湖北武汉市新洲区。隋开皇五年（585）为黄州治。开皇十八年（598）改置黄冈县。

⑥南齐置，为南安侨郡治。治所在今四川荣县西八十里来牟镇。隋初废。

⑦南朝齐置，属宋熙郡。治所在今广东佛山市高明区或鹤山市境。隋平陈，废入平兴县。

⑧南齐置，属高兴郡。治所当在今广东化州、廉江、遂溪等市县地。隋开皇时废。

⑨隋开皇九年（589）平陈后改晋安县置，属泉州。治所即今福建南安市东丰州镇。《元和志》卷29泉州南安县：“因县南安江，取以为名。”大业初属建安郡。唐武德五年（622）为丰州治。贞观元年（627）州废。圣历二年（699）为武荣州治。三年州废。景云二年（711）后属泉州。元属泉州路。明、清属泉州府。1913年属福建南路道。1914年属厦门道。1928年直属福建省。1937年移治溪美镇（即今南安市）。1993年改设南安市。

⑩唐武德元年（618）置，属犍州。治所在今四川夹江县西北二十五里木城镇。二年（619）改属眉州。五年（622）废入洪雅县。开元七年（719）复置，属义州。八年（720）又废入洪雅县。

⑪唐永淳元年（682）又分南康县置南安县，属虔州。治所在今江西信丰县。天宝元年（742）改为信丰县。

⑫南宋嘉定四年（1211）以上犹县改置，属南安军。治所即今江西上犹县。蒙古至元初属南安路，元至元十六年（1279）改为上清县。

⑬1913年改南安州置，属云南省。治所在今云南楚雄市南五十里云龙镇。因与福建南安县重名，1914年改摩刍县。

南安邑　战国时蜀国地。即今四川乐山市。《水经·江水注》：“江水又南径南安县……县治青衣江会，衿带二水矣，即蜀王开明故治也。”秦灭蜀国后置县。

南安邑县　北魏太和十一年（487）置，属河北郡。治所在今山西夏县西北禹王城。北周改为夏县。

南安岩　在今福建武平县南。《方舆纪要》卷98武平县：“南安岩在县南八十里。形如狮子。中有二岩，南岩窈窕虚明，石室天成；东岩差隘，而石龛尤缜密，其中泉石种种奇胜，俗呼龙穿洞。”

南安府　元至正二十五年（1365）朱元璋以南安路置，治所在大庾县（今江西大余县）。辖境相当今江西章水、上犹水流域。1912年废。因地当五岭东端，控大庾岭路，历代为南北交通冲要。

南安城　十六国后赵建，在今河北蠡县南。《晋书·慕容儁载记》：永和七年（351），遣慕容评攻王午于鲁口，“评次南安，王午遣其将郑生距评。评逆击，斩之，侯龛逾城而降”。即此。

南安峡　在今四川乐山市北岷江小三峡。《三国志·蜀书·杨洪传》：汉嘉太守黄元叛，洪曰：“敕（陈）曶、（郑）绰，但于南安峡口遮，即便得矣。”即此。

南安郡　①东汉中平五年（188）分汉阳郡置，治所在豲道县（今甘肃陇西县东南文峰镇东三台）。辖境相当今甘肃陇西县东部及定西、武山二县地。隋开皇三年（583）废。

②南朝宋置，属益州。治所南安县（今四川剑阁县下寺镇西南普安镇）。辖境相当今四川剑阁县地。梁于此置南梁州（后改安州）。西魏改为普安郡。

③南齐侨置，属益州。治所在南安县（今四川荣县西八十里来牟镇）。辖境相当今四川荣县西部地。隋初废。

④东魏天平初改南中府置，治所在安南县（今河南叶县南）。西魏改为定南郡。

⑤南朝陈天嘉五年（564）改梁安郡为南安郡，属扬州。治所在晋安县（今福建南安市东丰州镇）。辖境相当今福建晋江、九龙江、木兰溪三流域及厦门、同安、金门等市县地。晋江古名南安江，郡以江名。隋开皇九年（589）废。

南安湘郡　南朝梁置，治所在安南县（今湖南华容县东二里赵家湖侧)。陈废。

南安路 元世祖至元十四年(1277)升南安军置,治所在大庾县(今江西大余县)。辖境相当今江西章水、上犹水流域。至正二十五年(1365)朱元璋改为南安府。

南安墟 在今广东化州市东南鉴江东岸。清光绪《高州府志》卷10化州:南安墟在"州南三十里"。

南安镇 ①在今福建武平县南。《方舆纪要》卷98武平县:南安镇"在县南。唐置镇,与武平俱属长汀县。五代时,王闽改置武平场,南安遂废"。

②在今四川夹江县西北二十五里木城镇。唐代于此置南安县。《方舆纪要》卷72夹江县:南安废县在"县西北二十五里。……今为南安镇,亦曰南安乡"。清彭遵《蜀碧》卷3:顺治二年(1645),张献忠义军"由青衣江下夹江,攻南安镇"。即此。

南安礁 在南海中中国南沙群岛内,为北康暗沙中一暗礁。水深4—11米,最浅处为2.7米。1935年公布名称为破海马滩。1947年改名南安礁。

南阳 ①在今安徽太湖县西北五十里。明置巡司于此。

② 春秋时属晋。在今河南获嘉县地。《左传》:僖公二十五年(前635),"晋于是始启南阳"。杜注:"在晋山南、河北,故曰南阳。"战国属魏。《史记·秦本纪》:昭襄王三十三年(前274),"魏入南阳以和"。《正义》引《括地志》:"怀获嘉县即古之南阳。"

③ 战国齐地。本春秋鲁平阳邑,即今山东邹城市。《孟子·告子下》:孟子谓鲁慎子,"一战胜齐,遂有南阳"。注:"山南曰阳,岱山之阳,谓之南阳也。"

④指伏牛山、汉水之阳,约当今河南西南部。战国属楚。《战国策·秦策》:"楚败于南阳。"秦昭襄王三十五年(前272)于此置南阳郡。

⑤唐方镇名。至德元年(756)升南阳防御使置,治所在南阳郡(今河南邓州市)。次年废。

南阳水 亦名长沙水。源出今山东青州市西南玲珑山,东北流至城西,又东流入巨洋水。《水经·淄水注》:长沙水"出逢山北阜,世谓之阳水也。东北流径广县故城西……又东北流,石井水注之……又东径东阳城东南,……又北屈径汉城阳景王刘章庙东,东注于巨洋。后人堨断令北注浊水,时人通谓浊水为阳水,故有南阳、北阳水之论"。元于钦《齐乘》卷2:南阳水"古人……堨断使北注浊水,今复东流十五里合建德水入巨洋"。

南阳平郡 北魏改阳平郡置,属徐州。治沛南界(今江苏徐州市铜山区北)。后寄治彭城(今徐州市)。北周并入彭城郡。

南阳务 在今河北肃宁县东北隅。《资治通鉴》:五代晋开运三年(946),天雄节度使杜威帅兵至瀛州,"闻契丹将高谟翰先引兵潜出,威遣梁汉璋将二千骑追之,遇契丹于南阳务"。即此。

南阳市 1948年11月解放后由南阳县城区析置,治所即今河南南阳市。1960年撤销南阳县,并入南阳市。1994年撤销南阳地区,设立地级南阳市。

南阳村 即今山西沁水县西南南阳村。《清一统志·泽州府》:南阳村"在沁水县南五十里。宋岳忠武使将梁兴会两河忠义,与金兵战,胜于此"。1941—1947年晋冀鲁豫边区置沁南县治此。

南阳矶 在今湖北蕲春县西长江江滨,接浠水县界。《水经·江水注》:"江水又东径南阳山南,又曰芍矶,亦曰南阳矶。仲雍谓之南阳圻,一名洛至圻,一名石姥。水势迅急。"

南阳县 ①晋侨置,为南阳侨郡治。治所在今四川什邡市西南泉镇和兴场。南朝宋属北阴平郡。西魏废。

②北魏改阳亭县置,为魏兴郡治。治所在今陕西山阳县西北。隋开皇初废入丰阳县。

③北魏太和三年(479)置,属丹杨郡。治所在今河南淮阳县东三十里。七年(483)废。后复置。北齐废。

④北魏置,为广州南阳郡治。治所在今河南郏县西北。隋开皇十八年(598)改为期城县。

⑤北魏孝昌中侨置,属襄州期城郡。治所在今河南舞钢市附近。后废。

⑥南朝梁侨置,为彭、沛二郡治。治所在今安徽淮南市东南。《魏书·地形志》楚州:"彭、沛二郡,领县三:南阳,有曲阳城、中阳、洛阳。"东魏以后废。

⑦西魏置,属蔡阳郡。治所在今湖北枣阳市东南三十二里。后改为双泉县。

⑧东魏武定中侨置,为南广州南阳侨郡治。治所在今河南襄城县境。北周废。

⑨隋开皇初改上宛县置,属邓州。治所即今河南南阳市。大业初属南阳郡。唐武德三年(620)为宛州治。贞观八年(634)属邓州。金末为申州治。元至元八年(1271)为南阳府治。民国初属河南汝阳道。1927年直属河南省。

⑩即广阳县。治所在今安徽石台县东广阳镇。《隋书·地理志》宣城郡泾县:"平陈省安吴、南阳二县入焉。"

南阳武侯祠 在今河南南阳市区西南的卧龙岗上。魏晋时为祭祀蜀汉丞相诸葛亮而建。现存祠宇为元、明格局,其建筑多为明以来重修、增建。主要建筑有拜殿、茅庐、宁远楼等。祠内保存有"出师表"等历代碑石四百余通,匾额七十余幅。祠宇布局严整,颇富园林情趣。1996年定为全国重点文物保护单位。

南阳国 西晋改南阳郡置,治所在宛县(今河南南阳市)。南朝宋复为南阳郡。

南阳知府衙门 在今河南南阳市民主街100号。坐北朝南,占地3.6万平方米,建筑面积为3167平方米。始建于南宋咸淳七年(1271),明正统五年(1440)修葺并扩建,清代屡有修葺。现中轴线上有照壁、大门、仪门、大堂、二堂、内宅门与三堂。大堂建于清初，硬山顶，后檐墙。二堂硬山顶，构架做法规范，前后四柱，四架梁。其他建筑均为硬山顶，多采用立柱与承重墙相结合的技术，以增强整体建筑的稳固性。该建筑群保留了完整的府衙营造格局，对研究早期知府级官署建筑、衙署文化和官吏制度有较高价值。2001 年定为全国重点文物保护单位。

南阳府 元世祖至元八年（1271）改申州置，治所在南阳县（今河南南阳市）。辖境相当今河南伏牛山及叶县以南，新野、桐柏二县以北，舞阳、泌阳二县以西地。1913 年废。

南阳河 ①在今安徽太湖县西北。《方舆纪要》卷 26 太湖县："南阳河在县西南六十里。源出湖广蕲州之沙河。又有白沙河，在县西南百六十里，流合南阳河，东汇于马路河。"

②即香溪西源。在今湖北神农架林区西南、兴山县西北。《方舆纪要》卷 78 兴山县"香溪"条下：南阳溪"在县北三十五里。自郧阳府房县流经猫儿关，至深渡，又南会香溪"。

南阳城 即宁。又名修武。今河南获嘉县治。《续汉书·郡国志》修武县："有南阳城。"《水经·清水注》："修武，故宁也，亦曰南阳矣。马季长曰：晋地自朝歌以北至中山为东阳，朝歌以南至轵为南阳。"

南阳洲 在今湖南岳阳市东北。《方舆纪要》卷 77 岳州府临湘县：南阳洲"在县（治今陆城镇）西南五里江中。广饶可耕"。

南阳郡 ①战国秦昭襄王三十五年（前 272）置，治所在宛县（今河南南阳市）。《元和志》卷 21："以在中国之南，而有阳地，故曰南阳。"西汉辖境相当今河南桐柏县以西，湖北丹江口市以东，河南鲁山县以南，河南邓州市及湖北广水市以北地。西晋改为南阳国，辖境缩小。南朝宋复为南阳郡。隋开皇初改为邓州。大业初复为南阳郡，移治穰县（今邓州市）。唐武德二年（619）改为邓州，天宝元年（742）复为南阳郡，乾元元年（758）复改邓州。

②晋侨置，属梁州。治所在南阳县（在今四川什邡市西二十三里南泉镇）。西魏废。

③北魏置，属广州。治所在南阳县（今河南郏县西北）。隋开皇三年（583）废。

④南朝梁侨置，治所在今湖北谷城县东南。西魏改为山都郡。

⑤西魏改北随郡置，属顺州。治所在顺义县（今湖北随州市北八十里）。隋开皇初废。

⑥东魏武定中侨置，属南广州。治所在南阳县（今河南襄城县境）。北周废。

⑦南朝梁置，治所在建昌县（陈改辰阳县，今湖南辰溪县西北）。隋开皇初废。

⑧隋大业三年（607）改邓州置，治穰县（今河南邓州市）。辖境相当今河南南阳、邓州、新野、内乡、镇平等市县地。唐初复为邓州。天宝元年（742）又改南阳郡。辖境扩大至今南召、西峡、淅川等县地。乾元元年（758）复改邓州。

南阳堡 在今湖南吉首市西南七十五里。《方舆纪要》卷 81 镇溪千户所：南阳堡"隶辰溪卫，有官兵戍守"。

南阳湖 在今山东微山县西北。《明会典》卷 197 载，南阳湖"在鱼台，即独山坡汇为湖，周围七十六里，引沙河经其中，入新河"。《明史·河渠志》："南旺湖……又南八十里曰南阳，亦曰独山。"《清一统志·兖州府二》："独山湖在滕县南六十里，接鱼台县界，亦名南阳湖。"可见明与清初之南阳湖即独山湖之别称。

南阳湾镇 即今安徽青阳县南陵阳镇西南南阳村。清乾隆《青阳县志》卷 1：东南十三都有南阳湾，当县境最南端喇叭河湾处。

南阳镇 ①北宋置，属流江县。在今四川渠县东北李馥乡北南阳滩处。

②即今山东微山县西北南阳镇。《清一统志·济宁州》：南阳镇"明隆庆初，新运河成，自谷亭移建于此，为往来津要。本朝设守备及管河主簿驻此"。

南阴平县 北周改南阴平郡置，属广汉郡。治所在今四川德阳市西北柏隆镇东北隆兴场。后废。

南阴平郡 西晋永嘉后以阴平流寓置，属梁州。治所阴平县，寄治苌阳县（在今四川德阳市西北柏隆镇东北隆兴场）。南朝宋属益州。北周改为南阴平县。

南牟会新城 西夏筑。即今宁夏海原县（三河镇）西北古西安镇。北宋升为西安州。《宋史·地理志三》西安州："元符二年，以南牟会新城建为西安州。"

南纪门 即江陵城（今湖北荆州市荆州区故江陵县城）南门。《方舆纪要》卷 78 荆州府：江陵城"南纪门在城南"。

南寿山 在今四川兴文县西北兴文镇西。《舆地纪胜》卷 153 泸州：南寿山"在乐共城西南三十五里。名博望砦。山高且秀。晏夷平定，守臣绘画以进，上意悦之，赐名南寿，又名御爱。其林木有禁不采"。光绪《叙州府志》卷 5：南寿山在"县（今兴文镇）西十里。初名博望，讹为八望。四面陡绝，屹如城墉，山下四周无路，惟西关口与插旗山，有隘道可通"。

南寿州 唐贞观三年（629）以南谢蛮首领谢疆地置，属黔州都督府。治所在今贵州贵阳市南青岩镇附近。次年改为庄州。

南运河 今京杭大运河自天津市至山东临清市的一段。系利用原有卫河加以疏浚而成。清以来对天津以北的北运河（白河）而言，称南运河。

南扶州 唐武德四年（621）置，治所在怀德县（今广东信宜市东北）。因僚族起义，侨治泷州（今罗定市南）。后徙治信义县（今信宜市西南镇隆镇）。贞观元年（627）废，二年（628）复置。辖境相当今广东信宜市地。五年（631）又废，六年（632）

复置，八年改为窦州。

南投社　即今台湾省南投县。南投乃高山族社名的音译。清蒋毓英《台湾府志》卷1即有南、北投社之名。1950年于此置南投县。

南把截堡　即今甘肃武威市西南三十里南营。《清一统志·凉州府二》：南把截堡“城周一里有奇，迤南隘口有七，今设把总”。

南坝　在今重庆市合川区南。《元史·赵匣剌传》：中统年间，“钦察攻钓鱼山，遣匣剌以兵千五百人略地至南坝，击败宋军”。即此。

南坝镇　即今四川宣汉县东南坝镇。《清一统志·绥定府二》：南坝镇“在东乡县东。本朝嘉庆七年置主簿驻此”。

南坟驿　即今辽宁本溪市南六十里南芬乡。清初设驿。民国徐曦《东三省纪略》卷8南满铁路：“南坟驿距桥头驿十六里。”

南坑镇　即今江西萍乡市东南三十里南坑镇。清同治《江西全省舆图》卷15：萍乡县有南坑。民国《昭萍志略》卷1：南坑市在县南，“距城三十里”。

南坊前镇　又名南方泉镇。即今江苏无锡市南三十里滨湖镇。清光绪《江苏全省舆图》无锡县图：南有坊前。民国《江苏六十一县志》：无锡县南有“南坊前镇”。

南坊镇　清置，即今陕西礼泉县西北五十二里南坊镇。

南苏水　即今辽宁铁岭县南辽河支流凡河。《汉书·地理志》玄菟郡高句骊：“又有南苏水，西北经塞外。”

南苏州　唐总章元年（668）平高丽后置，属安东都护府。治所在南苏城（今辽宁铁岭县东南催阵堡山城）。《新唐书·薛仁贵传》：乾封二年（667），薛仁贵破高丽，“拔南苏、木底、苍岩三城”。即此。后废。

南苏城　高句丽置，在今辽宁铁岭县东南催阵堡山城。《晋书·慕容皝载记》：东晋咸康七年（341），“慕容恪攻高句丽南苏，克之，置戍而还”。又《新唐书·高丽传》：贞观二十一年（647）三月，征高丽，李勣为辽东道行军大总管。“繇新城道以进，次南苏、木底，虏兵战不胜，焚其郛”。均此。

南村　①即今河北正定县东南二十里南村镇。清同治《畿辅通志》卷50正定县图：东南有南村。

②在今山西方山县南三十五里。战国时为赵之皋狼城。西汉为皋狼县治。北齐为良泉县治。

③即今山东平度市东南六十四里大沽河西岸之南村镇。民国《平度县续志》有南村。1940年山东革命根据地在此置平东县。

④即今河南渑池县东北七十里南村乡。清置巡司于此。

⑤即今广东广州市番禺区东北南村镇。清同治《番禺县志》卷18：墟市有“南村墟”。

南村坡　在今山西吉县西北六十里黄河东岸。西晋时羌人首领姚襄筑城于此。后称姚襄城。1938年抗战期间，山西大部分城镇失陷，阎锡山省府曾退居于此。

南巫里　即蓝无里国。在今印度尼西亚苏门答腊岛西北角亚齐河下游哥打拉夜一带。《明史·外国传七》：“南巫里，在西南海中。永乐三年遣使赍玺书、綵币抚谕其国。六年，郑和复往使。九年，其王遣使贡方物，与急兰丹、加异勒诸国偕来。”

南极县　隋大业元年（605）置，属冲州。治所在今越南广南省派仁附近。三年（607）属林邑郡。后废。

南县　1913年改南洲厅置，属湖南湘江道。治所即今湖南南县。1922年直属湖南省。

南里　①春秋宋邑。在今河南商丘市南。《左传》：昭公二十一年（前521），宋华氏“居卢门，以南里叛”。又《春秋》：昭公二十二年（前520），“宋华亥、向宁、华定自宋南里出奔楚”。

②春秋郑邑。在今河南新郑市南五里。《左传》：襄公二十六年（前547），楚子伐郑，“入南里，堕其城”。

南里乡　在今广西南宁市邕宁区东南。《舆地纪胜》卷113横州：南里乡“在永定县南二十里”。明置巡司于此。

南里河　在今河北新城县东。《方舆纪要》卷12新城县：南里河在“县东北二十里。《志》云：琉璃河支流也，与顺天府良乡县接界”。

南吐京郡　北魏置，治新城县（在今山西交口县东北）。领新城一县。北齐废。

南园　①故址在今江苏苏州市城内，旧府学旁。北宋朱长文《吴郡图经续记》卷上：“南园之兴，自广陵王元璙帅中吴，好治林园。于是酾流以为沼，积土以为山，岛屿峰峦，出于巧思，求致异木，名品甚多，比及积岁，皆为合抱。”南宋范成大《吴郡志》卷14：南园“吴越广陵王元璙之旧圃也。老木皆合抱，流水奇石，参错其间。王禹称为长洲令，常携客醉饮，有诗曰：‘……他年我若功成后，乞与南园作醉乡’”。

②在今浙江杭州市南紫阳山麓。周密《武林旧事》卷5：“南园，中兴后所创。光宗朝赐平原郡王韩侂胄。”陆游《南园记》：“自绍兴以来，王公将相之园林相望，莫能及南园之仿佛者。”后废。

③在今浙江丽水市西。《清一统志·处州府》：南园“在丽水县西二里，为一郡游览之所。宋陆游有诗”。

④在今山东桓台县（索镇）西新城镇南郭外。《清一统志·济南府三》：南园“中有二如亭。明浙江右布政王象晋著《群芳谱》于此”。

⑤在今河南宜阳县西。唐李贺昌谷故居附近之花园。李贺有《南园十三首》诗。

南岐州　北魏孝昌二年（526）置，治所在固道郡梁泉县（今陕西凤县东北凤州镇）。辖境相当今陕西凤县及甘肃徽县、两当二县地。西魏废帝三年（554）改为凤州。

南岚集 即今山东莱西市北三十四里南岚村。旧属莱阳县。清光绪《山东通志》卷2《舆图志》：莱阳县西北有南岚集。

南利城 在今河南商水县南。《汉书·王子侯表》：宣帝本始元年（前73），封广陵厉王子刘昌为南利侯。即此。

南佐遗址 在今甘肃庆城市西南十二里后官寨乡南代村。是单纯的仰韶文化晚期遗址，面积为20万平方米。现存九座夯土台基，已发掘北部一处大型地面建筑基址，长33.5米，宽18.8米，三面有夯筑木骨墙，残高2.6—2.8米。房址中央有东西向隔墙，墙上开有三个1.6米宽的门道，形成前堂后室结构。后室有大灶，直径为3.2米，残高0.3米，墙上抹草拌泥并经烧烤。房址地面为白灰面。房外有散水台，台外还有排水沟，台、沟均经烧烤。该房址周围分布着若干小型房址。南佐遗址发现的大型建筑基址结构宏伟，与秦安大地湾大型建筑基址相近，表明它是泾渭地区又一处高等级的中心遗址，对研究仰韶文化的社会形态具有重要历史价值。2001年定为全国重点文物保护单位。

南住山 在今浙江兰溪市南。《方舆纪要》卷93兰溪市：南住山在“县南十五里。祝穆云：其山自闽中迤逦而来，至此截然而住，因名”。

南谷口 即褒谷南口。在今陕西汉中市西北。《三国志·蜀书·魏延传》：蜀汉建兴十二年（234），魏延先至，“据南谷口”。杨仪等奉武侯之丧还，延迎击仪。延军皆散，仪遣马岱追斩之。

南谷山 在今甘肃渭源县西二十五里。《水经·渭水注》：“渭水出首阳县首阳山渭首亭南谷山，在鸟鼠山西北。”《资治通鉴》：唐大中二年（848），“吐蕃论恐热遣其将莽罗急藏将兵二万略地西鄙，尚婢婢遣其将拓跋怀光击之于南谷，大破之，急藏降”。即此。

南谷（穀）州 唐武德二年（619）改谷熟县置。治所在今河南商丘市南。四年（621）废。

南谷（穀）镇 在今山东东平县西北旧县乡。《清一统志·泰安府一》：“以在谷城之南，故名。”北宋开宝中尝为东阿县治。

南甸土司 明正统八年（1443）置南甸宣抚司，治所在蛮干（今云南梁河县东北四里九保阿昌族乡）。清乾隆四十二年（1777）迁治永安城（今梁河县东北六里）。后迁遮岛（即今梁河县治）。民国废。

南甸州 明永乐十二年（1414）置，属云南布政司。治所在今云南梁河县东北二十里曩宋阿昌族乡。正统三年（1438）改属金齿军民指挥使司。正统八年（1443）升为南甸宣抚司。

南甸县 元世祖至元二十六年（1289）置，属和曲州，为武定路治。治所在今云南武定县东七里旧城。《明一统志》卷87武定府南甸县：“旧名洟陬笼，又名瀼甸，讹曰南甸。”明为武定府治。嘉靖末废。

南甸府 蒙古改南甸路置，元属云南行省。治所在今云南梁河县东北囊宋阿昌族乡。辖境相当今云南梁河县地。明初为南甸宣抚司。

南甸宣抚司 明正统八年（1443）升南甸州置，属云南布政司。治所在蛮干（今云南梁河县东北四里九保街）。辖境约当今云南梁河县，陇川、盈江两县北部及缅甸部分地区。清属腾越厅，乾隆四十二年（1777）迁治永安城（今梁河县东北六里），咸丰年间一度迁罗卜私庄（今梁河县西南三十七里芒东）。旋迁遮岛（即今梁河县治）。民国废。

南甸宣抚司署 在今云南梁河县（遮岛镇）。明清南甸宣抚司署多次迁徙。清咸丰元年（1851），第二十五代土司刀永安迁至田心草创衙署（即今址）。现存司署为1934年扩建，占地1万多平方米。主要建筑有大堂、二堂、三堂、正堂等。主体建筑为大堂，是土司审理重大案件的场所。第四进正堂用栗木，左厢用椿木，右厢用楸木建成，称为“正栗春秋”大殿。1996年定为全国重点文物保护单位。

南甸路 元世祖至元二十六年（1289）置南甸路军民总管府，属云南行省。治所在南宋（今云南梁河县东北二十里曩宋）。辖境约当今云南梁河县地。明初废。

南条荆山 即今湖北沮、漳水发源处荆山。《汉书·地理志》南郡临沮县：“《禹贡》：南条荆山在东北，漳水所出。”

南岛 在南海中中国西沙群岛永兴岛北，位于石岛之北七连屿范围内。1935年和1947年公布名称均为南岛。因在中岛东南方，故名。中国渔民向称三峙，因在北、中、南三岛中，排行第三，故名。

南床（牀）山 在今蒙古国西南南戈壁省南。《魏书·蠕蠕传》：登国六年（391），拓拔珪追破蠕蠕，“及于大碛南床山下，大破之”。

南辛店 即今河南叶县南四十八里辛店乡。清同治《叶县志》卷2：县南有“南辛店”。

南怀州 金天会六年（1128）改怀州置，治所在河内县（今河南沁阳市）。辖境相当今河南沁阳、焦作二市及博爱、修武、武涉等县地。天德三年（1151）复名怀州。

南汪溪 即今云南富宁县之普厅河。《明一统志》卷87广南府：南汪溪“在富州治西。源出麻卯山暨僻令山，流至州南，合南木溪，东行至石洞，伏流十五里，复出，入于右江”。

南沛郡 南朝宋置，治所在沛县（今安徽天长市西三十里石梁镇）。梁改为泾城、东阳二郡，北周改称石梁郡。隋废。

南沔阳县 东晋太元十五年（390）侨置，属南汉中郡。治所在今四川德阳市境。南齐废。

南沙 在今上海市崇明县南。《方舆纪要》卷24太仓州崇明县：南沙“在县南七十里。与竹薄沙相接。《旧志》：沙长八十里，广十余里，多稻菽萑苇之利。明初置南沙巡司于此。嘉靖十九年，南沙土豪王艮等，构党作乱，据南沙，上海境内为之惶惧，寻讨平之。因建南沙守御官军营。三十二年倭登南沙，盘据经年，官军击之，不能克，久之遁去”。

南沙山 在今广东广州市番禺区东南南沙镇境。清宣统《东莞县志》卷5：“南沙西北有小虎山，东北有大虎山，东有上下横档山，东南有龙穴山，皆四面环海。”又同治《广东图说》卷4东莞县：南沙山“粤海门户，夙称天险，西南界香山县”。清嘉庆时于山之西北角建炮台，以资扼守。

南沙军营 在今广东海丰县东南。《方舆纪要》卷103海丰县：南沙军营“在县南。相近有大德港，海寇出没处也”。

南沙县 东晋咸康七年（341）置，属晋陵郡。治所在今江苏常熟市北五十里。隋开皇九年（589）废入常熟县。

南沙河 ①在今北京市海淀区西北。顾炎武《昌平山水记》卷上：南沙河“出昌平州西南五十里龙泉寺，合西山诸泉东流为南沙河”。经昌平区沙河镇东南窦各庄，与北沙河合。

②在今山东济南市长清区南二十里。《方舆纪要》卷31长清县：南沙河“源出隔马山，西北注于大清河。亦谓之沙沟水”。

③一名郭河。在今山东滕州市南。《明史·地理志》兖州府滕县：漷水“一名南沙河，至沛县入运”。

④在今陕西城固县西南。《方舆纪要》卷56城固县：南沙河“在县西南三十五里。今县西南四十里有盘龙堰，引南沙河之水……其下流皆入于汉水”。

南沙河堡 明置，在今辽宁鞍山市东北。《方舆纪要》卷37辽东都司“首山堡”条下：“又南沙河堡，在司西南三十里。”

南沙洲 在南海中中国西沙群岛东北部，位于石岛之北七连屿范围内。1935年公布名称为南滩。1947年称为南沙洲。因洲上多红草，中国渔民称为红草抑或红草岛。

南沙群岛 中国南海诸岛最南的一个群岛，属海南省。主要岛屿有太平岛、南威岛、中业岛、景宏岛、鸿庥岛、费信岛、马欢岛、阳明礁、万安滩、礼乐滩、海马滩等，以太平岛为最大。是南海诸岛中岛、礁、沙滩最多的一个群体。古称万里石塘。抗日战争时期为日本侵占，日本投降后，1946年冬中国派官兵乘军舰接收。1947年命名为南沙群岛。郑资约《南海诸岛地理志略》云：“南沙群岛昔名团沙群岛，为我国南海四群岛最南一群，故更今名。”

南汾州 东魏天平元年（534）置，治所在定阳县（今山西吉县）。辖境相当今山西吉县、蒲县、乡宁等县地。北周改汾州。唐武德五年（622）复置南汾州，贞观八年（634）改慈州。

南沟 在今海南省三亚市西崖城镇南。《方舆纪要》卷105崖州：南沟“在州城（今崖城镇）南。城北又有北沟。明正德十四年，知州事陈尧以州城环溪，分流南北，溪外皆民田，乃凿二沟于溪之上流，南沟延袤十五里，北沟延袤五里。沟成，旁通曲引，亢燥之地，皆成沃壤”。

南宋 北宋靖康二年（1127），徽、钦二帝为金兵所虏，赵构即位于南京（今河南商丘市），是为南宋高宗。绍兴八年（1138）正式定都临安府（今浙江杭州市），称行在所。辖境当今淮河—秦岭—大散关一线以南、大渡河以东的广大地区。祥兴二年（1279）为元所灭。

南宋甸 宋大理置，属腾冲府。在今云南梁河县东北二十里曩宋阿昌族乡。元改南甸路。

南社 在今台湾省云林县西。清康熙年间蒋毓英《台湾府志》卷1：南社“离府治二百四十里”。

南社镇 在今江苏金坛市南之南社村。清光绪《江苏全省舆图》宜兴县图：西北有南社镇。

南诏 原名蒙舍诏，为唐代洱海地区六诏之一，治巄㟍图城（今云南巍山彝族回族自治县西北三十四里）。《旧唐书·南诏传》：“蛮谓王为诏。”唐樊绰《蛮书》卷3：“蒙舍，一诏也。居蒙舍川，在诸部落之南，故称南诏也。姓蒙。”开元中，皮罗阁统一六诏，迁治太和城（今云南大理市北十里太和村）。开元二十六年（738）受唐朝封为云南王。后以阳苴咩城（今云南大理市北二十六里大理古城）为西京，以拓东城（今云南昆明市）为东京。辖境约当今云南全省、四川大渡河以南，贵州西部以及缅甸、泰国、老挝、越南的部分地区。贞元十一年（795）唐置云南安抚司。天复二年（902）为贵族郑买嗣所灭。

南诏千户所 明弘治十八年（1505）置，属漳州卫。治所在福建诏安县治东。正德末废。

南诏场 宋置，属漳浦县。即今福建诏安县治南诏镇。明初为南诏把截所，寻罢。弘治十八年（1505）改置南诏守御千户所。清嘉庆《漳州府志》卷1《建置志》：诏安县“相传唐时有南夷人过此，云：此地风景好似我南诏，故以南诏为名”。

南诏铁柱 又名天尊柱。在今云南弥渡县城西南十二里铁柱庙内。柱残高3.3米。圆周为1.05米，身由五节衔接铸成，题记为“维建极十三年岁次壬辰四月庚午朔十四日癸丑建立”。“建极”为南诏第十一世王世隆之年号。建极十三年相当于唐咸通十三年（872），是研究南诏宗教祭祀及冶炼技术的重要实物资料。1988年定为全国重点文物保护单位。

南诏德化碑 在今云南大理市太和城遗址上。唐大历元年（766），南诏王阁罗凤立此碑于太和城宫门外。碑高3.02米，碑阳正文三千八百余字，叙述南诏初期历史及其与唐王朝的关系，并述及天宝战争的起因和经过。书法遒劲。传为南诏清平官郑回撰，流寓南诏的唐御史杜光庭书。碑阴详列南诏清平官、大将军、大总管等职衔和姓名。此碑于清乾隆五十八年（1793）为金石家王昶访获，嘉庆三年（1798）李亨特就地建亭保护。

南诏潭 在今云南洱源县东南。《方舆纪要》卷117邓川州：南诏潭“在州（今邓川镇）西南二十里。广十余亩，三山环匝，其一面峻壁如石墙，潭深莫测，昔人常避兵其中”。

南灵州 明永乐五年（1407）改明灵州置，属新平府。治所在丹裔县（今越南广治省永灵县一带）。辖境相当今越南中部广治省永灵等县地。宣德二年（1427）以后入安南。

南张村 即今河北井陉县西南十四里南张村。清同治《畿辅通志》卷50井陉县图：东有南张村。正太铁路在此有支线通凤山（称为凤山支线）。

南陆浑县 东魏武定二年（544）置，为伊阳郡治。治所在伏流城（今河南嵩县东北二十四里陆浑村）。西魏属河南郡。隋开皇初改为伏流县。

南陈左县 南齐改南陈左郡置，属南汝阴郡。治所当在今安徽肥西县境。后废。

南陈左郡 南朝宋侨置，属南豫州。治所疑在今安徽肥西县境。南齐改为南陈左县。

南陈馆 在今浙江宁海县西南六十余里。《资治通鉴》：唐咸通元年（860）五月，“裘甫既失宁海，乃帅其徒屯南陈馆下”。即此。

南陉 即今河北井陉县西北三十六里南陉乡。产煤。清同治《畿辅通志》卷50井陉县图：北有南陉。

南武山 在今山东嘉祥县南四十五里。《方舆纪要》卷33嘉祥县“萌山”条下：南武山“其南有曾子墓”。

南武戍 在今四川宜宾市东六十里李庄镇。《旧唐书·地理志》南溪县：“后周废郡置南武戍。”

南武当山 即五雷山。在今湖南慈利县南三十里。

南武阳县 西汉置，属泰山郡。治所即今山东平邑县。以东郡有武阳县，故加南。东汉改为南武阳侯国，后改为县。南朝宋改武阳县。

南武阳侯国 东汉改南武阳县为侯国，属泰山郡。治所即今山东平邑县。后改为南武阳县。《后汉书·窦宪传》：和帝封窦宪为“武阳侯”，即此。

南武城 ①即武城。相传为吴王阖闾所筑，在今江苏昆山市西北武城村。《汉书·地理志》会稽郡娄县：“有南武城。阖闾所起以候越。”

②南越国都城。在今广东广州市。春秋战国时吴建。《初学记》卷24引《吴地记》载：“海渚有吴王阖闾与越结怨相伐筑城，名曰南武城，以御越。”清屈大均《广东新语》卷17“楚庭”条称：“或曰，初吴王子孙避越岭外，亦筑南武城。及越灭吴，遂有南海。其后为楚所灭。越王子孙自皋乡入始兴有鼻天子城，令公师隅修吴故南武城，既不果往，而赵佗遂都之。故佗自称南武王，而宫亦号南武宫。”《寰宇记》卷157广州南海县：“五羊城，按《续南越志》：旧说有五仙人乘五色羊，执六穗秬而至，至今呼五羊城是也。按其城周十里，初尉佗筑之，后为步骘修之。”其范围约当今广州市西自华宁里东至芳草街，北由越华路南至西湖路之地。

南武城县 战国齐置，治所在今山东平邑县南七十里故县。又称南城县。秦属东海郡。西汉置南成侯国、东汉改南城县。西晋复改南武城县，属泰山郡。南朝宋又改为南城县。

南武宫 南越赵佗辟新城后筑。在番禺城北部，今广东广州市新大新公司和儿童公园一带。《羊城古钞》卷7载：“越灭吴，遂有南海，其后为楚所灭。越王子孙自皋乡入始兴，有鼻天子城。令公师隅修吴故南武城。既不果往，而越佗遂都之，故佗自称为‘南武王’，而宫亦曰‘南武宫’。”

南武都县 南齐改武都县置，属南新巴郡。治所在今四川绵竹市西北遵道镇。北周废入晋熙县。

南青州 北魏太和二十二年（498）改东徐州置，治所在团城（今山东沂水县）。辖境相当今山东沂水、沂源、蒙阴、莒县、莒南、日照及江苏赣榆等县市地。北周改为莒州。

南坪 即南坪营。今四川九寨沟县。民国属松潘县，有县佐驻此。

南坪司 清雍正十年（1732）置巡司，属松潘厅。治所即今四川九寨沟县。1915年设县佐。1953年改置南坪县。1997年改置九寨沟县。

南坪关 在今重庆市南岸区南坪镇。《方舆纪要》卷69重庆府巴县“铜锣关”条内：“又城南隔江有南坪关。万历中，奢崇明陷重庆，分兵四出，进攻合州，石砫宣抚女官秦良玉讨之，卷甲疾趋，潜渡重庆，营于南平关，扼贼归路。”

南坪营 清雍正七年（1729）于南坪坝置，属松潘镇。即今四川九寨沟县。设守备驻防。《清一统志·松潘厅》：南坪营“管辖羊峝、芝麻、隆康等各番民”。

南坪堡 即今湖北利川市西北四十里南坪镇。清置巡司于此。

南坡 在今湖北黄冈市东南。北宋《苏轼集》：“古氏南坡，修竹数千竿，盛夏不见日，蝉鸣鸟呼，有山谷气象。”南宋陆游《入蜀记》：“坡西竹林，古氏故物，号南坡。”

南坡店 在今内蒙古正蓝旗东北上都河北岸。《元史·泰定帝纪》：至治三年（1323）八月，“癸亥，英宗南还，驻跸南坡。日夕，铁失等矫杀拜住，英宗遂遇弑于幄殿”。

南苑 ①亦称南园、熙春园。为金代皇家御园。在金中都（今北京市）皇城之南、丰宜门内偏西处。《金史·显宗纪》载：大定二十五年（1185），“九月庚寅，殡于南园熙春殿。己酉，世宗至自上京，未入国门，先至熙春殿致奠，恸哭久之”。

②亦称南海子。为明清北京皇家御苑。在北京城南二十里，今北京市永定门外丰台、大兴、朝阳三区县境。清《日下旧闻考》卷74：“南海子即南苑，在永定门外。元时为飞放泊，明永乐时复增广其地，周垣百二十里。我朝因之，设海户一千六百，人各给地

二十四亩。春蒐冬狩，以时讲武，恭遇大阅，则肃陈兵旅于此。"

③故址在今江苏南京市区西南。《梁书·侯景传》：太清年间，侯景举兵攻台城，司州刺史柳仲礼等赴援，"裴之高营南苑"。《魏书·贺拔胜传》：梁大同二年（536）使贺拔胜还西魏，梁武帝"亲饯于南苑"。即此。

南苑支线 即京苑铁路。为京奉铁路南苑支线。

南苞中县 东晋太元十五年（390）侨置，属南汉中郡。治所在今四川德阳市境。南齐废。

南直 即南直隶的简称。

南直隶 简称南直。明称直隶京师的地区为直隶。自永乐初迁都北京（今北京市）后，称直隶北京的地区为北直隶，直隶南京的地区为南直隶。辖境相当今江苏、安徽二省和上海市及江西婺源县地。清初改为江南省。

南苔市 即今江西进贤县东北四十六里南台乡。清同治《江西全省舆图》：进贤县东北有南台集。

南林桥市 即今湖北通山县西三十二里南林桥镇。清光绪《湖北全省分图》：通山县西有南林桥市。

南奇村 即今河北保定市西北南奇乡。清《畿辅舆地全图》：满城县"东为奇村铺"。

南旺县 1944年晋冀鲁豫革命根据地由汶上县运河以西及郓城县东南部地析置，驻曹庄（今山东嘉祥县西北梁宝寺镇）。1949年改属平原省。1952年复属山东省。1953年撤销，并入嘉祥、梁山二县。

南旺闸 在今山东汶上县西南运河上。有上下二闸，相距九里。上闸在县西南三十里，一名柳林闸。下闸在县西南三十九里，一名十里闸。汶水自东而来，行二闸之中。由分水龙王庙前南北分流入运。

南旺集 即今山东汶上县西南南旺镇。《清史稿·地理志》汶上县：有县丞驻南旺集。

南旺湖 在今山东汶上县西南。约即《水经·汶水注》之茂都淀，为汶水所潴，后渐浅涸。明永乐中重修会通河，筑戴村坝，遏汶水西南流至南旺高地，围堤为湖，称为水脊，分南北流入会通河，规定七分向北，三分向南。湖初置时周围一百五十里，运河贯其中。湖区由运河堤和汶水堤分成三部分：运西为南旺西湖，周九十三里；运东汶南蜀山湖，为南旺东湖，周六十五里；运东汶北马踏湖，为南旺北湖，周三十四里。三湖总名南旺湖。湖周筑堤，设闸坝多处。旱则泄湖入运，潦则减运入湖。与东平州安山湖、济宁州马场湖、沛县昭阳湖（今属山东微山县）合称漕渠四水柜。实际上蜀山、马踏两湖在运东地势较高，可称水柜；南旺西湖在运西，地势低于运河，主于泄以备涝，是为"水壑"。蜀山湖因为汶水入南旺首潴之所，最为重要。明代以后三湖滩地多被垦为田，今南旺西、马踏两湖已堙，唯蜀山湖犹存。

南昆州 唐武德四年（621）改昆州置，治所在马平县（今广西柳州市）。辖境相当今广西柳州市及柳江县地。贞观八年（634）改为柳州。

南昌山 又名西山、散原山、厌原山。在今江西新建县西。《太平御览》卷48引《豫章图经》："南昌山者，吴王濞铸钱之山。时有夜光，遥望如火，以为铜之精光。"《寰宇记》卷106洪州南昌县：南昌山"在县西三十五里，高二千丈，周回三百里，南昌、建昌、新吴三县迤逦相接者"。

南昌水 在今河北徐水县西。《方舆纪要》卷12安肃县"南昌水"引《舆地记》："南昌水东流过梁门，去县西二十里，引为坡塘，以溉民田。"

南昌市 1926年析南昌县城区置，属江西省。治所即今江西南昌市。1932年废。1935年复置。1949年为省辖市（地级），省人民政府驻地。

南昌州 唐武德五年（622）置，治所在建昌县（今江西永修县西北艾城镇）。八年（625）废。

南昌县 ①西汉高帝六年（前201）置，为豫章郡治。治所在今江西南昌市东。南朝陈移治今南昌市西郊红石岗上。隋改名豫章县。唐宝应元年（762）又改名钟陵县，贞元中复名南昌县，为洪州治。治所即今南昌市。五代南唐为南昌府治。北宋太平兴国六年（981）与新建县同为洪州治。专辖今南昌城东南部。后为隆兴府治。元为龙兴路治。明为南昌府治。1912年为江西省治。1926年析置南昌市后，县治与市治同城。1945年迁治莲塘；1946年又迁治谢埠；1949年迁今南昌县（莲塘镇）。

②三国蜀于东汉建安十九年（214）置，属朱提郡，为庲降都督驻地。治所在今云南镇雄县境。西晋太康元年（280）改名南秦县。

③南朝梁置，属合浦郡。治所在今广西博白县东南十五里三滩镇。隋大业初属合浦郡。唐初属潘州。贞观中改属白州，天宝初属南昌郡，乾元初复属白州。北宋开宝五年（972）废。

南昌府 五代南唐交泰二年（959）升洪州置，建为南都。治所在南昌县（今江西南昌市）。宋初改洪州，后升隆兴府。元改为龙兴路。元至正二十二年（1362）朱元璋改为洪都府，至正二十三年（1363）复改为南昌府，治所在南昌、新建二县（今南昌市）。辖境相当今江西南昌、新建、丰城、进贤、奉新、靖安、武宁、修水等市县地。明、清皆为江西省治。1912年废。

南昌亭 在今江苏淮安市淮阴区东南。秦置亭于此。《史记·淮阴侯列传》：信"常数从其下乡南昌亭长寄食"。《索隐》："按《楚汉春秋》作'新昌亭长'。"

南昌郡 唐天宝元年（742）改白州置，治所在博白县（今广西博白县）。辖境相当今广西博白县及陆川县部分地。乾元元年（758）复为白州。

南国 泛指南方。《诗经·小雅·四月》："滔滔江、汉，南国之纪。"指长江流域。唐宋之间《经梧州》诗："南国无霜霰。"指岭南地区。

南国县 南朝宋改南充国县置，属北巴西郡。治所即今四川南部县。梁改为南部县。

南明山　①在今浙江丽水市城区大溪南岸。摩崖有北宋米芾题刻“南明山”三字。《方舆纪要》卷94处州府：南明山“在府南七里。泉石甚胜，山巅旧有千里亭，以高旷得名”。今为省级重点风景名胜区。

②在今浙江新昌县南。《舆地纪胜》卷10绍兴府：南明山在“在新昌县五里。一名石城，一名隐岳”。《方舆纪要》卷92绍兴府新昌县：南明山在“县治南二里。本名石城山，吴越时改名。嵬岩攒簇，石壁千仞，天台之西门也”。南麓有著名的新昌大佛。

南明河　①在今山东滕州市东南十里。《清一统志·兖州府一》：南明河“源出黑风口诸山泉，西径梁山，又西径奚公山，受薛河支流，又西径白山，入微山湖”。

②在今贵州贵阳市南。《方舆经要》卷121贵阳府：南明河“源出定番州（今惠水县）界，东北流经青岩下，至（府城）南门外，中有芳杜洲，广百步，可以种植。其下流为清水江。《志》云，清水江在府东北百二十里，与新添卫分界，水甚清洌。两岸峰岩壁立，崎岖难行，乖西、巴乡诸部苗佬倚此为险。景泰三年，南和侯方瑛将兵济此，平其两岸，以为坦途，至今苗僚夺气。又东北入于乌江”。

③源出今贵州长顺县东北，北经贵阳至开阳县为清水江，注于乌江。明郭子章《黔记》卷8：“南明河源出定番州界，东北流经郡城至巴乡，北流合乌江，通思南府，绕城入蜀江。第万石嶙峋，舟楫阻碍。先是巡抚舒应龙、江东之俱议开未果。”

南明镇　北宋置，属涪城县。在今四川三台县西北八十里永明镇。

南岸江　即今广西钦州市东南钦江。《明史·地理志》灵山县：“北有洪崖山，洪崖江出焉，经县东，与罗阳山水合，为南岸江，南流为钦江。”

南岩　①在今浙江新昌县西。《陈书·钱道戢传》：南朝陈天嘉元年（560），道戢“领剡令，镇于县之南岩”。即此。

②在今四川阆中市东南大佛岩。《方舆胜览》卷67阆州：南岩“在阆中县东南五里，亦曰大像山，乃南唐高士安隐居之所。太平兴国中，陈尧叟兄弟读书于此，亦曰台星岩”。今有摩岩石刻将相堂、捧砚台、读书岩等。

南岩宫　在今湖北丹江口市西南武当山镇西南二十二里，东北距紫霄宫三里。唐以后历代均有营建，元末被毁。明永乐十一年（1413）重建，殿宇六百四十余间，多毁于清末。现存建筑以天乙真庆宫最为完整，有南天门、碑亭等建筑及元君殿、南熏亭等遗址。天乙真庆宫建于元延祐元年（1314），为石砌仿木结构，故又称“南岩石殿”。殿内有“三清”塑像，四壁嵌有铁铸五百灵官。石殿右后侧有皇经堂及藏经阁，左侧有“太子卧龙床”组雕，形象生动。

南罗州　唐武德四年（621）置，治所在罗山县（今河南罗山县）。八年（625）废。

南罗城　即涉夜于城。在今内蒙古辽河上源西拉木伦河或老哈河流域。《资治通鉴》：东晋建元二年（344），慕容皝伐宇文逸豆归，“逸豆归遣南罗大涉夜干将精兵逆战……慕容霸从旁邀击，遂斩涉夜干。宇文士卒见涉夜干死，不战而溃。……更命涉夜干所居城曰威德城。使弟彪戍之而还”。胡三省注：“南罗，城名。大，城大也。慕容既克宇文，改南罗城为威德城。”

南岭　①又称五岭。在今江西、湖南、广东、广西四省区边境。因地处中国的南部而名。自西而东有越城、都庞、萌渚、骑田、大庾等岭。为中国南部最大山脉和重要自然地理界线，长江和珠江的分水岭。

②即今辽宁北票市东南南岭站。民国《东北年鉴》北宁路线图：锦朝支线有南岭站。

③又称忠臣岭。即今广东紫金县东南南岭。《方舆纪要》卷103惠州府永安县：南岭在“县东南八十里，广百余里。四高中衍，惟一路可通。宋景炎二年，文天祥为蒙古将李恒所追，奔循州收散卒屯此，后人呼为忠臣岭。其下为高洋坑水，一名毒水，饮者多死。今泉气如呼吸，随出随没，而水不流”。

南岭阨　在今江西石城县北。《方舆纪要》卷88赣州府石城县：南岭阨“在县北。又有坝口、羊畬二隘，皆通广昌之道，而南岭尤为要阨”。

南岷山　在今四川西充县南十五里。《舆地纪胜》卷156顺庆府：南岷山“距西充县十五里。上有十三小峰，汉何岷者隐其上，遂以名山。是后为贾神仙师道场。今名降真观，山有九泉”。《方舆纪要》卷68西充县：南岷山“上有九井十三峰。元至正间，群盗作乱，主簿马蒙古夕率民筑堡垒于此，邑赖以全”。

南垂镇　清置，属潞城县。在今山西长治市东北十五里南垂村。

南和州　唐仪凤元年（676）以悉州悉唐县置，治所在今四川茂县西北。辖境相当今四川茂县西北与黑水相邻地带。天授二年（691）改为静州。

南和县　西汉置，属广平国。治所在今河北南和县。东汉属巨鹿郡。三国魏属广平郡。西晋废入任县。北魏太和二十年（496）复置。永安中于县置北广平郡，北齐郡废。北周于县置南和郡，隋开皇初郡废。大业初属襄国郡。唐武德元年（618）于县置和州，四年（621）州废，县属邢州。北宋属信德府。金仍属邢州。元世祖至元二年（1265）废入沙河县，后复置，元属顺德路。明属顺德府。民国初属直隶大名道。1928年直属河北省。

南和郡　北周置，属洺州。治所在南和县（今河北南和县）。辖境相当今河北南和县地。隋开皇初废。

南委泉　即今山西黎城县北南委泉乡。1943—1945年晋冀鲁豫边区置黎北县治此。

南岳（嶽） ①即君山。又名荆南山。即今江苏宜兴市西南二十里铜官山。《舆地纪胜》卷6常州：南岳山，“《毗陵志》云：在亭乡，至宜兴县二十里。孙皓以国山之瑞行封禅礼，遂以其山为南岳，立石颂德。昔汉武帝以衡山太远，移祭于霍山，亦名南岳。故孙皓切取此义”。

②即衡山。在今湖南衡阳市南岳区和衡山、衡阳县境。《尚书·舜典》：“南巡守，至于南岳。”《太平御览》卷39引徐灵期《南岳记》曰：“衡山者，五岳之南岳也。”

南岳山 ①即霍山。今安徽霍山县南天柱山。《方舆纪要》卷26霍山县：霍山“本名天柱山，亦曰南岳山，又曰衡山”。

②在今河南潢川县南三十里。《清一统志·光州一》：南岳山“淠水出焉”。（按：淠水出垂山，在今河南新县东。此误）

南岳（嶽）市 ①即今湖南衡阳市北八十里南岳镇。《宋史·向士璧传》：南宋开庆元年（1259），蒙古兀良哈觪围潭州，“士璧极力守御，闻后队且至，遣王辅佑率五百人往觇之，以易正大监其军，遇于南岳市，一战有功，潭州围遂解”。

②亦称南岳镇。在今湖南长沙市西岳麓山南。《方舆纪要》卷80善化县：南岳市“宋开庆元年，蒙古兀良合台围潭州，向士璧坚守，闻其后军且至，遣将王辅祐视之，遇于南岳市，大战，蒙古兵少却”。

南岳（嶽）忠烈祠 在今湖南衡阳市南岳区衡山半山腰。1942年为纪念抗日阵亡将士而建，仿南京中山陵形制。中轴线上依次为牌坊、“七·七”纪念碑、纪念堂、纪念亭、享堂，全长240米。占地面积为1.4万多平方米。建筑布局左右对称，共有花岗岩石阶一百九十六级。享堂中门上有蒋中正题写的“忠烈祠”牌匾。祠宇四周的山峰，分列着抗日阵亡将士墓、塔，安葬有数万壮士忠骨，为国内规模最大的抗日战争烈士纪念地。1996年定为全国重点文物保护单位。

南岳（嶽）庙 在今湖南衡阳市南岳镇北街。又名南岳大庙，圣帝庙。坐北朝南，背山面街，占地9.85万平方米。是中国南方现存规模最大的宫殿古建筑群。始建年代不详。唐开元十三年（725）建南岳真君祠。宋、元、明、清历六次大火，十六次维修扩建。现存建筑有棂星门、盘龙亭、正川门、御碑亭、嘉应门、御书楼、大庙正殿、寝宫、后门、东西便门、四角楼等。规模宏大，与泰山岱庙、登封中岳庙并称于世。现存大殿为清光绪八年（1882）重建，其结构为重檐歇山顶，高22米，正面七间，有石柱七十二根，象征南岳七十二峰。柱头木雕斗拱及檐下镂雕精美。台基四周栏板浮雕花鸟、走兽。嘉应门、御碑亭和寝宫等尚保存宋、明代建筑构件，有较高的历史价值和艺术价值，是研究我国古建筑群总体布局和大群建筑组合的有研究价值的实物资料。2006年定为全国重点文物保护单位。

南径（逕）岭 在今江西安远县南。《方舆纪要》卷88赣州府安远县“打鼓岭”条下：“县南三十里又有南径岭，上有径路长数十里。”《清一统志·赣州府一》：南径岭“径口有石，高三十余丈”。

南径隘 在今江西安远县南。《清一统志·赣州府二》：南径隘“在安远县南三十里，亦名镇远关。四山壁立，中开小径，通广东惠潮诸路。明嘉靖末，筑城于此”。

南金山 一名大金山。在今福建霞浦县南。明嘉靖《福宁州志》卷2《山川》霞浦县：南金山“在王十二都，广袤二十里。相传有客从海道来，宿山下人家，翼日早遗金二大锭而去，主人兄弟知客所在，追十里许还之。客谢曰：得金不取必非常人，异日声价当比南金。后人因称其山曰南金，又曰大金”。

南京 ①唐至德二载（757）收复两京，还都长安，因蜀郡成都为玄宗李隆基避安史之乱入蜀驻地，遂改蜀郡为成都府，建号南京。在今四川成都市。唐诗人李白有《上皇西巡南京》诗十首，其中一首云：“濯锦清江万里流，云帆龙舸下扬州。北地虽夸上林苑，南京还有散花楼。”上元元年（760）撤销京号。

②唐渤海以南海府为南京。即今朝鲜咸兴市。一说在今朝鲜咸镜北道镜城或咸镜南道北青。辽废。

③契丹神册四年（919）于辽阳故城建东平郡。天显三年（928）迁东丹国民居此，升为南京。在今辽宁辽阳市老城。天显十三年（即会同元年，公元938年）改南京为东京。金天会时复改为南京。皇统时又改为东京。

④辽会同元年（938）得幽蓟十六州，升幽州为幽都府（治所在今北京城西南），建号南京。

⑤北宋景德三年（1006），因太祖在后周末曾为宋州节度使，升宋州（治宋城县，今河南商丘市南）为应天府。大中祥符七年（1014）建为南京。建炎元年（1127）高宗即位于南京，即此。

⑥金贞元元年（1153）改汴京为南京，治所在开封府（今河南开封市）。贞祐二年（1214）金宣宗自中都（今北京城西南）南迁，都于此。金亡后废。

⑦即今江苏南京市。明初朱元璋定都于应天府。《明史·太祖本纪》：洪武元年（1368）“以应天为南京，开封为北京”，南京以与北京（开封府）相对而取名。十一年（1378）开封罢称北京，改南京为京师。永乐十九年（1421）迁都北京顺天府，改北京为京师，仍以应天府为南京。明南京城的兴建，始于元至正二十六年（1366），至洪武十九年（1386）建成。全城周长为33.65公里，平均高达19米，共有十三个城门。城内建有规模宏伟的宫城。洪武二十三年（1390）又利用都城外围黄土岗陇有利地形，增筑了外郭土城。外郭周长号称170里，实为120里，其中砖砌部分约40里，共开十八座

城门。成为当时世界上规模最大的城市。清初改应天府为江宁府，废南京称号，但习惯上仍沿称南京。辛亥革命时一度复号南京，次年即罢。1927年国民党政府定都于此，划城郊区域设市，又正式命名为南京。

⑧古省区名。明制两京（京师、南京）附近地区不设布政使司，各府、州直隶两京。永乐元年（1403）迁都北京（今北京市）后，改北京为京师，原京师应天府（今江苏南京市）为南京，直隶南京的地区即称为南京，又称南直隶，辖境相当今江苏、安徽二省和上海市及江西婺源县地。清初顺治二年（1645）改为江南省。

南京人化石地点 在今江苏南京市江宁区东北汤山镇西二里。“南京人”化石出土地点为宁镇山脉中的雷公山石灰岩溶洞——葫芦洞。1990年3月发现。山洞东西长约100米，最宽约30米。洞中发现两具猿人头盖骨化石，还有肿骨鹿、棕熊、貉、中国鬣狗等十多种古动物化石，时代属中更新世，性质与北京猿人和北方的肿骨鹿动物相近。“南京人”的发现对研究当时南方环境、古气候，动物群的迁徙及其与人类的关系等有重要价值。2006年定为全国重点文物保护单位。

南京大屠杀死难同胞丛葬地 全称应为侵华日军南京大屠杀死难同胞丛葬地。在今江苏南京市城西郊，莫愁湖西、江东门一带。

南京万户府 蒙古太宗七年（1235）改东夏国南京置，属开元路。治所在南京城（今吉林延吉市东十五里城子山古城，一说在今朝鲜会宁西云头城）。辖境约当今吉林图们江流域一带。后废。

南京市 1927年定南京为首都，析江宁县治附近地区及江浦县浦口镇置南京特别市，直隶国民政府行政院。1930年改为南京市，仍为院辖市。1949年4月23日南京解放。中华人民共和国成立后由中央人民政府直辖。1952年南京市改为江苏省辖市（地级），省人民政府驻地。

南京城墙 即今江苏南京市古城墙（明应天府城墙）。建于元至正二十六年（1366）至明洪武十九年（1386），历经二十多年。原建的宫城、皇城、外郭已毁，仅剩都城城垣。城垣内侧周长为33公里，雄伟壮观，其周长居世界古城墙之首。现存城垣21公里，其中保存较好的有19公里。最高处达25米，最厚达20米。现存城门八座、水门两座，其中神策门有一道瓮城，石城门有两道瓮城，聚宝门（现称中华门）最雄伟，为明初正南门，前后有三道瓮城，藏兵洞二十七个，全部用砖石砌成。1988年定为全国重点文物保护单位。

南京南朝陵墓石刻 在今江苏南京市周围。南朝宋、齐、梁、陈均建都南京，其帝王、贵族陵墓分布在南京地区，现共有十七处。其中有宋武帝刘裕初宁陵（在南京市紫金山东南麓）、陈武帝陈霸先万安陵（在南京市江宁区南方山西北麓），陈文帝陈蒨永宁陵（在南京市东紫金山东北）。梁萧宏、萧秀、萧憺及萧景等墓（在南京市东北栖霞区甘家巷西南）。每座陵墓的神道上均置若干大型石刻雕像，有天禄、麒麟、碑、柱等，气魄雄伟，纹饰精美，在雕刻艺术上独具一格。1988年定为全国重点文物保护单位。

南京站 元于南京万户府地置，故址在今吉林延吉市东十五里城子山古城。元《析津志》天下站名：“谋丹百一十（里）南京。”清废。

南京堂镇 即今河北饶阳县西南南京堂。清乾隆《饶阳县志》卷上乡村：西有“南京堂”。

南京道 契丹会同元年（938）置，治所在析津府（今北京城西南）。辖境相当今天津市及河北永清、容城、易县以北，昌黎、抚宁二县以西，内长城以南和紫荆关以东地区。金初废。

南京路 金贞元元年（1153）改汴京路置，治所在开封府（今河南开封市）。辖境相当今河南省黄河及原阳、延津、封丘等县以南，淮河以北，河南阌底镇及崤山、熊耳山以东，山东曹县、武城、鱼台、安徽砀山县及涡河以西地区。大定后东南部扩展至安徽濉河以南及江苏洪泽湖西岸。金末废。

南店镇 即今河北平山县西北二十五里南甸镇。清同治《畿辅通志》卷50平山县图：西北有南店镇。

南庙市 即今江西宜春市南南庙乡。清同治《江西全省舆图》卷7：宜春县南有南庙市。民国《宜春县志》卷11：南庙“距城四十里。旧名堵田。……地广人稠，为南部交易市集地”。

南郊坛（壇） 故址在今江苏南京市西南。《宋书·礼志》：三国吴太元元年（251）十一月，“祭南郊，其地今秣陵县南十余里郊中是也。晋氏南迁，立南郊于巳地，非礼所谓阳位之义也。宋孝武大明三年，……乃移郊兆于秣陵牛头山西，正在宫之午地。世祖崩，前废帝即位，以郊旧地为吉祥，移还本处”。

南兖州 ①东晋元帝侨立兖州于京口（今江苏镇江市）。南朝宋永初元年（420）改名南兖州。元嘉八年（431）移治广陵县（今江苏扬州市西北蜀冈上）。辖境相当今江苏淮河以南长江以北及安徽凤阳、滁州以东地。其后略小。北齐改名东广州。南朝陈太建中复为南兖州。北周又改为东广州。

②北魏太和十八年（494）置，治所在涡阳县（今安徽蒙城县东北涡河北岸刘寨村。后移今蒙城县）。辖境相当今安徽蒙城、颍上以东，蕲县集西南，龙亢集以西，淮河以北地。景明中废。

③北魏正始四年（507）侨置，治所在小黄县（今安徽亳州市）。辖境相当今河南鹿邑、睢县以东，安徽涡阳县西北的涡河及西淝河流域。南朝梁中大通四年（532）改为谯州（又名南谯州）。北魏复改南兖州。北周改为亳州。

南闸镇 即南泽镇。今江苏江阴市南之南闸镇。清光绪《江阴县志》卷2：南闸镇“宋明以来，夏港深通，置闸于此，故称南闸”。

南郑 战国时秦邑，在今陕西汉中市东二里。《战国策·韩策二》："请道于南郑、蓝田以入攻楚。"即此。后置为县。

南郑市 1949年由南郑县城区及近郊析置，治所即今陕西汉中市。1953年改由省直辖，改名汉中市。1996年撤销汉中地区，改设地级汉中市。

南郑县 ①战国秦置，为汉中郡治。治所在今陕西汉中市东二里。《史记·项羽本纪》：楚汉之际，"立沛公为汉王，王巴、蜀、汉中，都南郑"。即此。据《水经·沔水注》："《耆旧传》云，南郑之号始于郑桓公。桓公死于犬戎，其民南奔，故以南郑为称。"西魏废帝三年（554）改名光义县。隋开皇三年（583）复名南郑县，为梁州治。大业初为汉中郡治。唐武德元年（618）复为梁州治。天宝元年（742）为汉中郡治。乾元元年（758）复为梁州治。兴元元年（784）为兴元府治。南宋嘉定十二年（1219）移治今汉中市。元为兴元路治。明、清为汉中府治。民国初为陕西汉中道治。1928年直属陕西省。1949年迁驻今汉中市东铺镇。1961年迁治周家坪（今南郑县）。

②东晋太元十五年（390）以汉中郡流民置，属南汉中郡。治所在今四川德阳市境。南齐属南阴平郡。后废。

南单台（臺） 即鹿台。在今河南淇县治。《水经·淇水注》："《竹书纪年》曰：'武王亲禽帝受辛于南单之台，遂分天之明。'南单之台，盖鹿台之异名也。"

南炉（鑪）镇 北宋置，属寿春县。即今安徽定远县西北炉桥镇。《元丰九域志》卷5：寿州寿春县有南炉镇。

南河 ①古称黄河自今潼关以上北南流向一段为西河，潼关以下西东流向一段为南河。《尚书·禹贡》叙荆州贡道作"逾于洛，至于南河"，即指此。

②清以前黄河自今内蒙古磴口县以下，分为南、北两支，南支即今黄河正流，但当时为支流，对北支（相当今乌加河）而言，称南河。

③清雍正七年（1729）改河道总督为江南河道总督，通称南河河道总督或南河总督所管诸河为南河。驻清江浦（今江苏淮安市），专管防治江南（今江苏、安徽两省）境内的黄河与运河（实际上只限于江苏长江以北运河），咸丰五年（1855）黄河北徙，八年（1858）裁南河总督。

④即古筑水。亦名粉青河。源出湖北神农架林区西南，东北流经房县东南、保康县西南，至谷城县东南入汉水。《清一统志·襄阳府一》：筑水"在谷城县南。自郧阳府保康县流入，至县东南入汉，今名南河"。

⑤在今湖南石门县西北。《方舆纪要》卷77添平所：南河"在所（今石门县西北所街乡）西。东流南注，下流亦入于溇水"。

⑥在今甘肃陇西县南。《方舆纪要》卷59巩昌府陇西县：南河在"府南二十里。源出荆谷中，北流入渭"。

南河水 即白水。在今陕西白水县南。《清史稿·地理志》同州府白水县："东南有白水，即南河水，自南境东流注之（洛水）。"

南河东郡 东晋咸康三年（337）侨置，属荆州。治所在松滋县（今湖北松滋市西北）。南齐改名河东郡。

南河县 唐武德五年（622）置，属罗州。治所在今广西陆川县东南古城镇。大历八年（773）改属顺州。北宋开宝五年（972）废。

南河店 即今河南南召县南三十里南河店镇。清乾隆《南召县志》卷1：西南，"南河店，一百里"。

南河城 即今新疆焉耆回族自治县。《后汉书·西域传》："焉耆国王居南河城，北至长史所居八百里。……有海水曲入四山之内，周匝其城三十余里。"

南河渡集 在今湖北汉川市西南。《清一统志·汉阳府一》：南河渡"在汉川县西南六十里龙门山下，宋党仲昇御金人于此"。

南泸 即今与雅砻江合流后至云南巧家县西一段金沙江。唐樊绰《蛮书》卷2："蜀忠武侯诸葛亮伐南蛮，五月渡泸水处，在弄栋城北，今谓之南泸。"唐代总名泸水，但又分为东泸、西泸、南泸。东泸又名诺矣江，即今雅砻江；西泸又名台登水，即今安宁河。

南泊 清时称在直隶任县、巨鹿县（今属河北）境内之大陆泽为南泊，因与其北宁晋泊（称北泊）相对而言。《清一统志·顺德府》：大陆泽"在任县东北，与巨鹿县及赵州隆平县接界。……《通志》：大陆泽，即今南泊也"。

南沱镇 ①在今湖北宜昌市西陵区西北四十里长江北岸莲沱。清置巡司于此。

②即今重庆市涪陵区东北六十里南沱镇。清同治《涪州志》卷1：罗云里有"南沱镇"。

南泥湾 在今陕西延安市东南九十里。1941年至1944年，为粉碎国民党军队对陕甘宁边区的经济封锁，八路军三五九旅在王震的领导下，屯垦南泥湾，把荒无人烟的山沟变成了"陕北小江南"。

南泥湾垦区（县级） 1941年八路军359旅曾在此屯垦。1946年7月陕甘宁边区由原南泥湾垦区及延安县金盆区和固临县临镇区合置县级南泥湾垦区，治南泥湾（今陕西延安市东南南泥湾）。1948年撤销。

南泽州 金天会六年（1128）改泽州置，治所在晋城县（今山西晋城市）。《金史·地理志》："天会六年以与北京泽州同，加'南'字。"辖境相当今山西晋城市及沁水、高平、阳城、陵川等县地。天德三年（1151）复改泽州。

南泽镇 又名蔡泾镇。即今江苏江阴市南之南闸镇。清光绪《江阴县志》卷2：南闸镇"市临运河，两桥环峙，河之东岸较盛"。

南宝山 在今福建上杭县北。《清一统志·汀州府一》：南宝山“在上杭县北七里。据金山之阳，故名。望之如笔插空，南宝溪出焉。近山有宝兴岩”。

南宗堡 北宋置，属乐州。在今青海乐都县北。《宋史·地理志》乐州：南宗堡，“元符二年，与啰吼抹通城同收复，寻弃之，后再收复”。后废。

南定 即今山东淄博市张店区南之南定镇。胶济铁路罗家庄支线经此。

南定州 ①南朝梁改定州置，治所在郁林郡布山县（今广西桂平市西南古城）。隋开皇九年（589）平陈后改为尹州。

②东魏改定州置，治所在蒙笼城（今湖北麻城市东北）。北周改为亭州。

南定县 ①西晋武帝时改武安县置，属交趾郡。治所在今越南南定省南定县东南。隋废。唐武德四年（621）复置，属交州。后废。

②北魏太和十三年（489）置，属郢州。治所在今河南叶县东南。十八年（494）属南中府。东魏天平初属南安郡。西魏废。

③唐武德四年（621）置，属宋州。治所在今越南北宁省顺城县陇城乡。次年属交州。大历五年（770）废。贞元八年（792）复置，唐末废。

南定营 在今海南省临高县西南。《清一统志·琼州府二》：南定营“在临高县西南一百里。明万历十七年置于番豹山，复移居蹄村，更名南略营。本朝仍曰南定，拨把总防守”。

南宕州 唐武德四年（621）置，治所在南昌县（今广西博白县东南），贞观初移定川县（今广西玉林市西南）。辖境相当今广东茂名市及广西电白、高州、吴川等市县地，贞观八年（634）改为潘州。

南宕渠郡 南朝宋侨置，治所在安汉县（今四川南充市北）。以在故宕渠郡西南而得名。梁改为宕渠郡。西魏复为南宕渠郡（亦名宕渠郡），治所在石苟坝（今南充市东北四十里嘉陵江西岸搬罾镇）。辖境相当今四川南充市及蓬安县地。隋开皇三年（583）废。

南建州 ①南朝梁置，治所在高平郡高平县（今河南商城县东）。陈称为建州。隋开皇初废。

②唐武德四年（621）置，治所在安遂县（今广东郁南县东南连滩镇）。辖境相当今广东郁南、罗定及广西岑溪等三县市部分地。贞观八年（634）改为药州。

③元天历二年（1329）升定安县置，属乾宁军民安抚司。治所即今海南省定安县。明洪武元年（1368）降为定安县。

南孟镇 ①即今河北霸州市北十八里南孟镇，北接固安县。为往来孔道。明嘉靖《霸州志·舆地志》市廛：有南孟店。清同治《畿辅通志》卷46霸州图：北有南孟镇。

②即今河北藁城市北二十四里南孟镇。清康熙《藁城县志》图：北有南孟。同治《畿辅通志》卷50藁城县图：西北有南孟村集。

南陕县 北魏宣武帝置，属恒农郡。治所在今河南洛宁县西四十一里长水乡。东魏天平初属金门郡。西魏废帝二年（553）改为长渊县（一作长泉县）。

南始平县 即始平县。三国吴置，在今浙江天台县。《元和志》卷26、《寰宇记》卷98俱作南始平县。

南始新县 北魏侨置，属庐江郡。治所在今安徽六安市或舒城、霍山等县境。后废。

南驿 即南义集。今山东宁阳县东北六十里南驿镇。

南毒蛇滩 即今南海中中国南沙群岛之保卫暗沙。1935年公布名称为南毒蛇滩。1947年改名保卫暗沙。

南垭场 即今重庆市开县西南之南雅镇。清咸丰《开县志》卷3：南垭场“离城一百里”。

南垣州 东魏置，治所在乡县（今山西武乡县东十里故县乡）。后改丰州。

南城 ①又作南武城、武城。战国齐邑。在今山东平邑县南。《史记·田敬仲完世家》：田齐威王二十四年（前333），威王曰：“吾臣有檀子者，使守南城，则楚人不敢为寇东取。”西汉置南成侯国。

②河阳三城之一。东魏元象元年（538）筑，在今河南孟津县东老城。《元和志》卷5河阳县：南城“后魏使高永乐守河南以备西魏。即此也。周、隋为宫。贞观置镇”。《明一统志》卷28怀庆府：“高永乐守南城，今孟津是。”

③即隋唐东都皇城。在今河南洛阳市隋唐故城中。徐松《唐两京城坊考》卷5称：“皇城，傅宫城南，因隋名曰太微城，亦曰南城，又曰宝城。”

④在今湖南城步苗族自治县南。《方舆纪要》卷81城步县：南城，“《志》云，在县治南。相传诸葛武侯曾驻此”。

⑤本西域姑墨国都，即今新疆阿克苏市。《汉书·西域传》：“姑墨国，王治南城，去长安八千一百五十里。”

南城山 ①即今江西黎川县南福山。《寰宇记》卷110建昌军南城县：南城山“在县东南一百四十里。旧名覆船山，天宝六年敕改名南城山”。

②在今山东费县西南八十里。即曾子葬父处。亦名曾子山。又名毓秀山。《寰宇记》卷23费县：南城山“《后汉书》：郑玄汉末遭黄巾之难，客于徐州。今《孝经序》，郑氏所作。其序云：‘仆避难于南城山，栖迟岩石之下，念昔先人，余暇述夫子之志，而注《孝经》。’盖康成彻孙所作。今西上可二里许有石室焉，周回五丈，俗云郑康成注《孝经》于此”。

南城县 ①西汉高帝六年（前201）置，属豫章郡。治所在石下（今江西南城县东南洪门水库内）。以其在郡之南，故名南城。三国吴太平二年（257）

分属临川郡。西晋太康初迁治盱江西岸塌埠街（今县北光塔村）改名新南城县。东晋大兴中复为南城县。南齐为临川郡治。陈属临川郡。隋平陈属抚州，大业初属临川郡。唐属抚州，乾符时移治今南城县治。五代时南唐于此置建武军。北宋太平兴国四年(979）改为建昌军。元为建昌路治。明、清为江西建昌府治。民国初属江西豫章道。1926年直属江西省。

②东汉改南成侯国置，属泰山郡。治所在今山东平邑县南七十里南武城。西晋改名南武城县。南朝宋复改南城县。北齐省。

③北魏置，属晋昌郡。治所在今陕西洋县境。后废。

南城固县 东晋太元十五年（390）侨置，属南汉中郡。治所在今四川德阳市境。南齐属南阴平郡。后废。

南城寨 一作南平寨。在今重庆市奉节县东瞿塘峡长江南岸。《平夏录》：明洪武四年（1371），汤和等伐蜀夏，夏“于铁索外，北倚羊角山，南倚南城寨，凿两岩壁，引缆为飞桥三，平以木板，置炮以拒我师”。

南城镇 即今江苏连云港市东南南城镇。古名东海城，南齐置东海县于此。

南赵扶镇 即今河北大城县东十二里南赵扶镇。清同治《畿辅通志》卷46大城县图：东有南赵扶。

南赵郡 北魏改南巨鹿郡置，属殷州。治所在平乡县（今河北平乡县西南)。辖境相当今河北内丘、任县、平乡、巨鹿、隆尧等县地。隋废。

南荆州 北魏延昌元年（512）置，治所在安昌城(今湖北枣阳市南三十里)。西魏废帝三年（554）改置昌州。

南草湖 在今甘肃山丹县南。《方舆纪要》卷63山丹卫：南草湖“在卫城南，周回九里。又西草湖，在城西十里，周回七里，与南草湖水皆可溉田”。

南荡 在今浙江杭州市余杭区西南七十六里余杭镇南。宋《乾道临安志》卷2：“南荡巡检司寨，在钱塘县界。”《方舆纪要》卷90杭州府：南荡“地近南湖，宋绍兴三年置孳生马监于余杭南荡诸乡，乾道四年废南荡监，以田还民”。

南荡圩 明弘治二年（1489）于丹阳湖筑，在今江苏高淳县西北。

南栈道 即金牛道（石牛道)。自今陕西勉县西南行，越七盘岭入四川境，经广元而至剑阁。《方舆纪要》卷56汉中府：金牛道“今之南栈。自沔县而西南至四川剑州之大剑关口，皆谓之金牛道，即秦惠王入蜀之路也。自秦以后，由汉中至蜀者，必取途于此，所谓蜀之喉嗌也”。

南栋山 在今广东大埔县北。《方舆纪要》卷103大埔县：南栋山“在县（治今茶阳镇）南二十里。山高耸。稍南为积龙山，下有岩，前有盘谷”。

南郦县 北魏析郦县置，属恒农郡。治所在今河南内乡县北十里郦城。北周复名郦县。

南威岛 在南海中中国南沙群岛内，位于日积礁东约12海里。岛近三角形，东北至西南长260米，宽280米，面积约为0.15平方公里。海拔为2.4米。岛上灌木丛茂密，鸟粪丰富。中国渔民向称鸟仔峙。因岛上鸟多，故名。1935年公布名称为斯巴拉脱岛或暴风雨岛。1947年改名南威岛，为纪念1946年接收该岛时广东省政府主席罗卓英（号慈威）而命名。

南殄寇镇 北宋置，属新蔡县。在今河南新蔡县境。

南郢 即郢。春秋、战国时楚国都城。在今湖北荆州市荆州区故江陵县城西北纪南城。因位于楚国南境，故称南郢。

南郢州 ①北魏正光、孝昌间置，治所在今湖北随州市境。西魏废帝三年（554）改为归州。

②南朝梁置，治所在光城郡（治今河南潢川县南)。辖境相当今河南潢川县东部、南部及光山县南部。隋开皇初废。

南星 即今陕西凤县东南南星镇。清属留坝厅，嘉庆十三年（1808）设巡司驻此。

南星桥 在今浙江杭州市南。宋《淳祐临安志》卷7:“朱桥，旧名南星。”明成化中建南新关。

南峤县 1934年改五福县置，直属云南省。治所在今云南勐海县西三十八里勐遮镇。民国《云南省民政厅〈有关各县更改县名〉案卷》：“南峤，城治山名景峤，河名南央。”1953年撤销，并入西双版纳傣族自治州。

南幽州 北魏置，治所在赵兴郡定安县（今甘肃宁县)。西魏废帝三年（554）改为宁州。

南钥岛 在南海中中国南沙群岛内，位于道明群礁南部边缘。南距太平岛约18海里。岛呈圆形，直径近300米，面积约为0.07平方公里。岛高2米，是南沙群岛地势最低的岛。中国渔民向称第三峙，因渔民到南沙捕捞以此岛为第三站，故名。1935年公布名称为罗湾岛。1947年改名南钥岛。

南看河 在今云南云县东。《清一统志·顺宁府》：南看河“在云州东。自顺宁河分流至州境，东入澜沧江”。

南重冈城 即今江苏泗洪县西北重冈村。《寰宇记》卷16临淮县：“南重冈城，亦隋重冈县地也，在旧徐城县西北九十里通济渠南一里平地，大业八年移县于此置，十年筑城，隋末废，缘重冈山为名。”

南竿塘 即上竿塘。今福建连江县东南闽江口东之马祖岛。清光绪《七省沿海要隘全图》作南竿塘。

南修武县 北魏孝昌中改修武县置，属汲郡。治所即今河南获嘉县。隋开皇初改名获嘉县。

南泉山 在今贵州黎平县南郊。《清一统志·黎平府》：南泉山“在府城南。《府志》：上多古松，如虬龙然”。明初在山上建寺，后毁于火。万历三十四年

(1606) 重建。清嘉庆元年 (1796) 扩建。有大佛殿、灵官殿、宝顶庵等建筑。灵官殿内“天香阁”为明末大学士、抗清英雄何腾蛟幼年读书处。

南泉寺 在今河南确山县西。《清一统志·汝宁府》：南泉寺“在确山县西五十里。寺中多植牡丹，俗又呼牡丹寺”。

南泉寨 即今山西沁县西南南泉乡。《清一统志·沁州》“道兴寨”条下：州西南“六十里有南泉寨”。

南剑州 北宋太平兴国四年 (979) 置，治所在剑浦县（今福建南平市）。《寰宇记》卷100南剑州：本剑州，“以西（利州路）有剑州，此故名为南剑州”。辖境相当今福建南平、三明、将乐、顺昌、沙县、尤溪、永安、大田等市县地。元至元十五年(1278) 升为南剑路。以产银和茶著名，宋时有银场十多处及茶焙五处。

南剑路 元世祖至元十五年 (1278) 升南剑州置，属泉州行省，后改属福建行省。二十三年 (1286) 以后属江浙行省。治所在剑浦县（今福建南平市）。辖境相当今福建南平、三明、将乐、顺昌、沙县、尤溪、永安、大田等市县地。大德六年 (1302) 改为延平路。

南胜县 元至治中 (1321—1323) 置，属漳州路。治所即今福建平和县东南南胜镇。后至元三年(1337) 移治今平和县（小溪镇）。至正十六年(1356) 改名南靖县，并徙治双溪之北，即今福建南靖县东北靖城。

南亭 ①在今浙江湖州市城区南。《宋书·孔觊传》：“吴喜军至义乡，伪辅国将军、车骑司马孔璪屯吴兴南亭。”即此。

②唐代通海城路上的要站。即今云南建水县。

南亭川 即今山西武乡县东十里故县乡。北魏太和十五年 (491) 乡县及乡郡徙治于此。隋开皇初郡废。唐武后时改为武乡县。1947年徙今武乡县。

南亭州 唐武德五年 (622) 置，治所在内亭县（今广西灵山县西南陆屋镇）。贞观二年(628) 废。

南阁牌楼群 在今浙江乐清市东北仙溪镇南阁村的中直街上。牌楼群原有七座，现存五座，皆坐南朝北，沿南阁村主街道一字排列，全长150米。牌楼立于明正统至嘉靖年间，高7米左右，面阔5.5—7米，进深4米左右。五座牌楼形制、结构相近，均为木石混合结构，单开间三楼悬山式，进深分心用六柱。用材比较粗壮，收分、侧脚、升起均很明显，同时又出现异形斗拱、异形梁、插栱造等，屋面平缓。南阁牌楼群规模宏大，形制完整，是明代牌楼少见之实例，既保持了一些官式做法，又有浓厚的地方风格。2001年定为全国重点文物保护单位。

南前旗 即土尔扈特南前旗。旗府驻地在今青海河南蒙古族自治县西南黄河东岸多松乡一带。

南洞 又称通灵洞。在今云南开远市南二十里。《方舆纪要》卷115阿迷州：买吾山“有南洞，亦曰通灵洞。邹应龙记云：阿迷州南有岩穴数处，旧为逋薮。即买吾诸山也”。《清一统志·临安府》：通灵洞“在阿迷州东南。中有水泉，灌溉甚溥。以火烛洞中，有声如雷”。今为风景胜地。

南洛州 南朝梁改北上洛郡置，治所在上津县（今湖北郧西县西北上津镇）。西魏废帝三年 (554) 改为上州。

南济 古济水之南支。即荥渎。《水经·济水注》将济水自古荥泽以下之南北二水道称为南济、北济。二水东流，分别流经阳武、封丘、济阳、冤朐、定陶等县之南北，合于古钜野泽。故道约在今河南郑州、原阳、封丘、兰考，山东东明、菏泽、定陶、巨野等市县境。

南济阴郡 北魏置，属徐州。治所在竹邑城（今安徽宿州市北二十里符离镇南老符离集）。辖境相当今安徽宿州市北部地。南朝梁改置睢州。东魏武定五年(547) 复置南济阴郡。后废。

南洋 ①地区名。清末至民国时称江苏、浙江、福建、广东等沿海各省为南洋，称江苏以北沿海各省为北洋。

②指今南中国海及周围一带海域，并包括中南半岛、马来半岛、马来群岛等。郑若曾《海运图说》：“东洋有山可依，有港可泊，非若南洋、西洋一望无际，舟行遇风，不可止也。”

③即东南亚。

南洋水 即洋水。今重庆市武隆县东南、彭水苗族土家族自治县西南之芙蓉江。《舆地纪胜》卷176黔州：南洋水“在彭水县”。

南洋村 即今广东汕头市澄海区东北南洋。明嘉靖十二年 (1533) 移辟望巡司治此。

南洋岸 即今江苏盐城市东北二十五里南洋岸镇。清光绪《江苏全省舆图》：盐城县东北有“南洋”。1948年苏北革命根据地盐东县迁治于此。

南洋河 即古雁门水。今河北洋河上源之一。源于山西阳高县南，东北流至河北怀安县东入洋河。《清一统志·宣化府》：南洋河“在怀安县西。自山西天镇界流入，经柴沟堡西南五里，又东入东洋河”。

南洋群岛 泛指东南亚地区的岛群，北起菲律宾吕宋岛以北的巴坦岛，南至印度尼西亚的罗地岛，西起苏门答腊岛，东至伊里安岛西面。《清史稿·食货志五》：“福州红茶多输至美洲及南洋群岛。”

南洲直隶厅 清光绪二十一年 (1895) 置，属湖南省。治所在今湖南南县东南二十里乌嘴乡。光绪二十三年 (1897) 迁治九都（今南县治）。1913年改为南县。

南津 ①在今广东四会市东南。明置巡司于此。《清一统志·肇庆府》：南津巡司“在四会县东南六十里。明洪武初置，在县东四十里黄冈村。十七年移治于此”。

②红河下游支流。在今越南北宁省境。《宋书·杜慧度传》：东晋义熙七年 (411)，卢循义军进军交

州，“六月庚子，循晨造南津，命三军入城(指交州龙编城）乃食。慧度悉出宗族私财，以充劝赏。弟交阯太守慧期、九真太守章民并督率水步军，慧度自登高舰，合战，放火箭雉尾炬，步军夹两岸射之，循众舰俱然，一时散溃，循中箭赴水死”。

南津口 在今湖北宜昌市夷陵区西北南津关。明置巡司于此。《方舆纪在》卷78夷陵州：南津口“在州北二十里。当三峡之口。相传汉昭烈尝据守此津之南，故名”。

南津关 ①明置，属夷陵州。在今湖北宜昌市西北西陵峡出口处。《方舆纪要》卷78夷陵州：南津关“在州南门外一里”。清徙于今市西北十五里。

②明置，在今湖北钟祥市南。《方舆纪要》卷77钟祥县“塘港关”条下：“府南有南津关，皆有官兵戍守。《志》云：南津关旧有富水递运所。万历中废。”

③明置，属阆中县。在今四川阆中市南江南镇(南津关)。《方舆纪要》卷68阆中县：南津关“在城南，临嘉陵江。有南津渡口，为戍守处。今关下有锦屏浮雕”。

④在今四川万源市东。《清一统志·太平厅》：“嘉庆元年，教匪屯聚南津关。”民国《万源县志》卷2：南津关“在治东七十里。距田家坝所属之碑梁下。四山环阻，形势险要。嘉庆初，黄号贼首龙绍周、徐万富、龚建、唐大信、王国贤等据此作乱，为陕甘总督宜率兵攻破”。

南津驿 即今四川资阳市东南三十里南津镇。《方舆纪要》卷67资阳县：资阳镇，“《志》云：县东三十里有南津驿，镇与驿相连。正德十三年徙镇于今所，有巡司戍守”。

南津城 在今湖南长沙市西南。《水经·湘水注》：“湘水又北径南津城西，西对橘洲。”《资治通鉴》：五代汉乾祐三年（950），“马希广遣刘彦瑫召水军指挥使许可琼帅战舰五百艘屯城北津，属于南津”。

南津港 在今湖南岳阳市南五里。《清一统志·岳州府一》：南津港“西通洞庭，为泊舟之所。旁有堤”。

南津镇 ①北宋置，属阆中县。在今四川阆中市南江南镇（南津关）。

②在今广东四会市东南六十里。明清置巡司于此。

南浔张氏旧宅建筑群 在今浙江湖州市东南浔镇南西街。是国民党元老张静江堂兄张石铭的私家住宅。旧宅建于清光绪二十五年至三十二年（1899—1906），坐西朝东，分南、北、中三部分，前面数进为晚清中式建筑，南、中部后进为西欧巴洛克式风格的建筑群。整座建筑群占地面积为5135平方米，建筑面积6137平方米，各类建筑风格的房间达二百四十四间。该宅将中西建筑形制相互穿插、融会贯通，体现了清末西风东渐的时代特征。宅内各种房屋建筑风格类型俱全，砖、木、石雕极为丰富；中式建筑中的装修部分大量采用西欧的材料及工艺；保存有大量书法名家的手迹，在江南民宅中极为罕见。2001年定为全国重点文物保护单位。

南浔铁路 从今江西南昌市至九江市。因九江简称浔，故名。清光绪三十三年（1907）动工，至1911年修至德安，长52.7公里。1916年全线通车。长约128公里。

南浔镇 即今浙江湖州市东六十里南浔区驻地南浔镇。《方舆纪要》卷91乌程县：南浔镇“以浔溪所经而名。元至正十三年张士诚筑城于此。明初由湖州攻平江，自南浔至吴江守将以城降”。即此。

南室韦 在今内蒙古呼伦贝尔市大兴安岭南段以东、黑龙江省嫩江中游以西地区。《隋书·室韦传》：“南室韦在契丹北三千里，土地卑湿，至夏则移向西北贷勃、欠对二山。……渐分为二十五部，每部有余莫弗瞒咄，犹酋长也。”

南宫 在今河南洛阳市东北汉魏故城内。《史记·高祖本纪》：高祖“置酒雒阳南宫”。《正义》引《舆地志》：“秦时已有南北宫。”

南宫市 1986年撤销河北省南宫县，改设南宫市，市人民政府驻南宫。属邢台地区。1993年划归邢台市代管。

南宫县 西汉置，属信都国。治所在今河北南宫市西北三里旧城。东汉属安平国。北魏属长乐郡。北齐废。隋开皇六年（586）复置，属冀州。大业初属信都郡。唐属冀州。北宋皇祐四年（1052）废入新河县，六年（1054）复置。明成化十六年（1480）移治今南宫市。清初属正定府，雍正初复属冀州。民国初属直隶大名府，1928年直属河北省。1986年改设南宫市。

南宫岭 在今广东高州市南。《方舆纪要》卷104高州府茂名县：南宫岭在“府南一里。山形园秀，下临鉴江”。

南宫亭 在今河北深州市南。《后汉书·冯异传》：更始二年（24），光武自下曲阳驰至滹沱河，“及至南宫，遇大风雨，光武引车入道傍空舍，异抱薪，邓禹爇火，光武对灶燎衣，异复进麦饭菟肩”。即此。

南神岭 在今江西丰城市西北。清同治《南昌府志》卷4丰城山川：南神岭“在县西四十里。原名清潭岭，自荷山分脉，至此耸峙。岭有祠曰南神，因名。乡人迎赛与雷神同”。

南郡 战国秦昭襄王二十九年（前278）置，治所在郢（今湖北荆州市荆州区故江陵县城西北纪南城）。后徙治江陵县（今荆州市荆州区故江陵县城）。楚汉之际为临江国。西汉高帝五年（前202）复为南郡。景帝二年（前155）改临江国。四年又改为郡，七年改国。中元二年（前148）复为南郡。西汉辖境约当今湖北襄阳市、南漳县以南，松滋市、公安县以北，洪湖市以西，利川市及重庆市巫山县以东地。其后辖境缩小。东汉章帝建初四年（79）改为江陵国，至元和二年（85）复为南郡。隋开皇初废。大业初又曾改荆州为南郡，唐复改荆州。

南屏山　①在今内蒙古多伦县西。《元史·刘秉忠传》：至元十一年（1274），“扈从至上都，其地有南屏山，尝筑精舍居之。秋八月，秉忠无疾端坐而卒”。元《揭傒斯全集·诗集》卷8《送毛真人还龙虎山》诗注：“南屏（山）在上都南七十里，岁扈从至上都，夏秋居之。……皆所掌秘祠所在。”《明史·地理志》开平卫：“南有南屏山。”

②在今浙江杭州市南。海拔为129米。宋《淳祐临安志》卷8：“石壁高崖，若屏障然，故谓之南屏。”北麓有净慈寺。“南屏晚钟”为西湖十景之一。

③又名琅邪山。在今江西上饶县东南。《舆地纪胜》卷21信州：南屏山“在上饶县。自广信门绝浮梁以南皆其地。有峰尖耸名琅牙尖。其山由东南以来为波涛起伏之状，及州治前则周环拱护，秀润之气可挹。下有祥符寺、景德寺、大霞宫、草衣寺、灵山阁及跨鹤台”。

南屏设治局　1943年由贵德县析置，驻鲁仓（今青海贵南县北鲁仓寺）。1948年废。

南屏村　旧名沙尾。即今广东珠海市西南南屏镇。清同治《广东图说》卷9：香山县有南屏村。

南屏礁　在南海中中国南沙群岛内，位于北康暗沙最南方，南安礁东南约10海里。低潮时露出。中国渔民向称墨瓜线，因此处出产墨瓜参而名。1947年公布名称为南屏礁。

南绛县　北魏太和十八年（494）置，属正平郡。治所在今山西绛县南八里东南城村附近。建义元年（528）属南绛郡。西魏恭帝时改为绛县。

南绛郡　北魏建义元年（528）置，治所在南绛县（今山西绛县南八里东南城村附近）。辖境相当今山西绛县及曲沃、翼城县部分地区。西魏恭帝时改为绛郡。

南秦州　十六国前秦建元七年（371）平仇池氐杨氏置，治仇池（今甘肃西和县西南洛峪镇）。后秦建初四年（389）地复入杨氏，遂废。北魏太平真君七年（446）置仇池镇。正始初复为南秦州。辖境相当今甘肃西和、礼县、武都、文县、康县等地。西魏废帝二年（553）改为成州。

南秦县　西晋太康元年（280）改南昌县置，属朱提郡。治所在今云南镇雄县境。南齐属南朱提郡。南朝梁末废。

南埕城　即今福建德化县东北南埕镇。《清一统志·永春州》：南埕城“在德化县东六十里。东连永福（今永泰），北接尤溪，东南通仙游。有南埕洞，在悬崖间，肩摩乃得上。下为南埕乡，有田数顷，前阻大溪。上下二山，皆临流凿磴为道。本朝顺治初，林忠临溪筑城，以连上下二山，置隘守之。又于绝顶造天平城，忠受抚后，毁天平城，而南埕城如故，为县险要第一”。

南都　①西汉末称宛（今河南南阳市）为南都。《汉书·食货志》：王莽“遂于长安及五都立五均官。……洛阳称中，余四都各用东西南北为称”。宛在洛阳之南，故称南都。东汉时因南阳郡是光武帝生长之地，在京都洛阳之南，亦称南阳郡治宛为南都。张衡有《南都赋》。

②西晋末鲜卑拓跋猗卢修筑故平城，以为南都（盛乐城为北都）。故址在今山西大同市东。

③唐肃宗上元元年（760）升荆州为江陵府，建号南都。在今湖北荆州市荆州区（故江陵县城）。二年（761）罢。次年又号南都。不久又罢。

④五代南唐交泰元年（958），南唐升洪州为南昌府，建为南都。即今江西南昌市。北宋建隆二年（961），南唐自江宁府（治今江苏南京市）迁都于此，同年还都江宁府。

⑤明人亦称南京为南都。莫应箕著有《南都应试记》。

南都郡　北周武帝初置，属南州。治所在源阴县（今重庆市万州区西南武陵镇）。辖境相当今重庆市万州区西南、忠县东北一带。建德四年（575）改为怀德郡。

南恭州　唐武德五年（622）置，治所在立山县（今广西蒙山县东南二十里蒙江南岸）。辖境相当今广西蒙山县地。贞观八年（634）改为蒙州。

南晋州　①唐武德四年（621）置，治所在宣化县（在今广西南宁市南郁江南岸亭子街）。贞观六年（632）改为邕州。

②唐武德四年（621）置，治所在黄梅县（今湖北黄梅县西北）。八年（625）废。

南晋寿县　南齐改晋寿侨县置，为南晋寿郡治。治所在今四川彭州市西北三十里关口。梁复为晋寿县。

南晋寿郡　南朝宋元嘉十二年（435）以侨流置，属益州。治所在晋寿县（亦作南晋寿县，今四川彭州市西北三十里关口）。梁为东益州治。北周改为九陇郡。

南晋郡　南朝梁置，属并州。治所在东关县（今四川宣汉县东北，一说在今万源市南固军坝）。辖境相当今四川宣汉县东北、万源市南部地。西魏改为永昌郡。

南恶礁　即今南海中中国南沙群岛之美济礁。1935年命名为南恶礁。1947年改名美济礁。

南桥　即今山东苍山县南三十二里南桥镇。旧属临沂。民国《临沂县志》舆图：县西南有南桥。

南桥水　①即今海南省文昌市南迈南溪。《舆地纪胜》卷124琼州：南桥水“在文昌县东”。正德《琼台志》卷5：南桥水“一名文昌江。在县南一里。西厢水源有二，一自迈南山，一从龙塘，各流至县前相合，达青澜入海”。

②即今云南南部之曲江。汉代称桥水，南朝称南桥水。《水经·温水注》：“温水又东南径兴古郡之毋掇县东，与南桥水合。”

南桥关　明洪武十二年（1379）置，属叠溪千户所。在今四川茂县西北叠溪镇南。《方舆纪要》卷73叠溪所：南桥关在“所南五里”。

南桥堡 即今江西寻乌县南南桥镇。清同治《江西全省舆图》卷9：长宁县东南有南桥。光绪《长宁县志》卷1：南桥堡“距县五十里。东至伯公坳平远界，南至阳和山双桥界，西至石峡黄乡界，北至鹅子湖南厢界，领村二十三”。

南桥镇 ①即今上海市奉贤区驻地。明、清置巡司于此。1912年奉贤县徙治于此。

②即今江苏无锡市南十二里南桥。清光绪《江苏全省舆图》无锡县图：西南有南桥。民国《江苏六十一县志》：无锡县南有“南桥镇”。

南桁 即朱雀航。亦作南航。故址在今江苏南京市区南镇淮桥附近秦淮河上。因在都城正南，故名。《晋书·王敦传》：“（王）敦、（沈）充首同日悬于南桁，观者莫不称庆。”即此。

南夏州 西魏置，治所在大安郡长泽县（今内蒙古鄂托克旗东南城川古城）。废帝三年（554）改为长州。

南夏墅镇 即夏墅镇。今江苏常州市武进区南南夏墅镇。因地处县南，为别西夏墅镇，故名。

南原寨 亦作南源寨。在今广西荔浦县西北三十五里。明万历中筑城，设巡司戍守。《明史·广西土司传》：“府江酋长杨公满等掠荔浦、平乐及峰门、南源，执永安知州杨惟执，杀指挥胡翰。”

南顿县 ①战国秦置，属陈郡。治所即今河南项城市西南南顿镇。西汉属汝南郡。《汉书·地理志》注引应劭曰：“顿迫于陈，其后南徙，故号南顿。”西晋惠帝时为南顿郡治。北齐改为和城县。隋大业初复为南顿县，属淮阳郡。唐武德六年（623）废。景云元年（710）复置，属陈州。北宋熙宁六年（1073）废。元祐元年（1086）复置，宣和初属淮宁府。金属陈州。元世祖至元二年（1265）废，后复置。明洪武初废。

②南齐侨置，属南汝阴郡。治所在今安徽合肥附近地。后废。

③南朝梁置，属西恒农、陈南二郡。治所在今安徽阜阳市境。北齐废。

南顿郡 西晋惠帝时置，属豫州。治所在南顿县（今河南项城市西南南顿镇）。东魏属北扬州。北齐废。

南顿集 即今河南项城市西南十四里南顿镇。西汉置南顿县于此。明初废入沈丘县，景泰初设巡司于此。

南柴堡 在今山西襄汾县西南南柴村。《清一统志·平阳府一》：南柴堡“在太平县（今汾城镇）南二十五里。明季筑。周三里八十七步。其北为北柴堡，明成化中筑，周四里一百四十步”。

南恩州 北宋庆历八年（1048）改恩州置，治所在阳江县（今广东阳江市）。《宋史·地理志》南恩州：“以河北路有恩州，乃加‘南’字。”辖境相当今广东恩平、阳江、阳春三市地。元至元十三年（1276）改为南恩路。十九年（1282）复为南恩州。明洪武二年（1369）废。

南恩县 北魏永熙中置，属真兴郡。治所不详（当在今山西北部地）。后废。

南恩路 元世祖至元十三年（1276）改南恩州置，治所在阳江县（今广东阳江市）。辖境相当今广东阳江、阳东、阳西、阳春等市县地。十九年（1282）复改为南恩州。

南峪 即今河北井陉县西四十二里南峪镇。清同治《畿辅通志》卷50井陉县图：西南有南峪。

南峰寺 在今四川广安市西。明曹学佺《蜀中名胜记》卷28广安州：“治有秀屏楼、霄汉阁，皆颜鲁公书。拟岘亭，南峰寺，皆张商英咏。”

南峰寨 在今福建永春县西北。《方舆纪要》卷99永春县：南峰寨在“县西北百五十里。相近有占仔、碧溪等寨”。

南称卓达尔土司 一作南称绰火尔土司。清雍正时置，属西宁办事大臣，为玉树四十族之一。驻牧地在今青海囊谦县东境。清末并入囊谦土司。

南称桑巴尔土司 即桑巴尔土司。驻牧地在今青海囊谦县西北扎曲南岸。

南称隆冬土司 清雍正时置，属西宁办事大臣，为玉树四十族之一。驻牧地在今青海囊谦县东境。清末并入囊谦土司。

南皋桥镇 即今浙江湖州市北十二里白雀乡驻地南皋桥村。村北有新石器时代晚期的丘城遗址。

南徐州 ①南朝宋永初二年（421）改徐州置，治所在京口（今江苏镇江市）。辖境相当今安徽凤阳以东，江苏淮河以南、长江以北地区。元嘉以后，辖境南移，相当今江苏长江以南，南京市东北部及丹阳、宜兴等市县以东，无锡以北地区。隋开皇九年（589）废。西晋永嘉后，北方人口南迁，此州为侨寓最集中之地。

②北魏太和中置，治所在宿预县（今江苏泗阳县西北郑楼镇古城）。南朝梁天监八年（509）改置东徐州。

③唐武德三年（620）置，治所在今安徽泾县西南三十里。辖境相当今安徽泾县地。寻改为猷州。

南留集 即今山东安丘市东北四十四里南流镇。旧属潍县。清光绪《山东通志》卷2《舆图志》：潍县东南有南留集。

南栾县 即南繗县。在今河北巨鹿县北十里夏旧城。《魏书·地形志》、《旧唐书·地理志》、《元和志》均作南栾县。

南高平县 西晋太康元年（280）改高平县置，属邵陵郡。治所在今湖南隆回县东北高平镇石脚村。后复名高平县。

南高县 北魏置，属南梁郡。治所在今安徽肥东县境。后废。

南亳 商三亳之一。在今河南商丘市东南。相传汤曾居此。《太平御览》卷83引皇甫谧《帝王世纪》：“南亳在谷熟。”《史记·殷本纪》：“汤始居亳。”《正义》引《括地志》：“宋州谷熟县西南三十五里南亳故城，即南亳，汤都也。”

南郭郡　西魏改东南阳郡置，治所在今河南泌阳县境。北周废。

南部县　南朝梁天监二年（503）改南国县置，为南部郡治。治所即今四川南部县。《寰宇记》卷86南部县：“以地居阆中之南，故曰南部。”西魏为新安郡治。北周属盘龙郡。隋属巴西郡。唐初属隆州。先天二年（713）属阆州。天宝初属阆中郡，乾元初属阆州。元属保宁府。明洪武十年（1377）废入阆中县，十三年（1380）复置，属保宁府。民国初属四川嘉陵道。1928年直属四川省。

南部郡　南朝梁置，属南梁北巴州。治所在南部县（今四川南部县）。辖境相当今四川南部县地。西魏改为新安郡。

南席店　即今河南长葛市东六十一里南席镇。旧属洧川县。《明史·地理志》开封府洧川县：“东南有南席店，弘治九年，河入栗家口，南行经此。”1954年改属长葛县。

南唐二陵　在今江苏南京市江宁区西南牛首山南祖堂山下。是五代南唐烈祖李昇和中主李璟的陵墓。1950年发掘。李昇陵名钦陵，李璟陵名顺陵。两陵并列，墓室规模和建筑形制相仿，为仿木结构多室的砖石建筑。柱、枋、斗拱表面施绘彩画。钦陵石壁上刻有双龙夺珠和大型武士像浮雕；顺陵在钦陵西北约五十米处，规模略小。后室顶上画有天像图。1988年定为全国重点文物保护单位。

南朔州　①南朝梁置，治齐阪城（地址失考）。南朔州首郡为梁郡，仅领新息一县。至北齐时只领新城、黄川二郡，新城郡治在今潢川县境，黄川郡及当时已废郡县悉数寄治光山县境，可见南朔州辖境就在今河南光山、潢川及息县境内。北周废。

②北齐改汾州置，治所在隰城县（今山西汾阳市）。后寄治并州寿阳县界，又移汾州介休县界。北周改为介州。

南凉　十六国之一。东晋隆安元年（397）河西鲜卑贵族秃发乌孤称西平王，建都西平（今青海西宁市），三年（399）迁都乐都（今青海乐都县），史称南凉。有今甘肃西部和青海一部分地，义熙十年（414）为西秦所灭。

南浦　①亦名大信港。在今安徽芜湖市北东梁山南大信镇。《宋书·南郡王义宣传》：孝建元年（454），“豫州刺史王玄谟舟师顿梁山洲内，东西两岸为郤月城，营栅甚固。……抚军柳元景据姑孰为大统，偏师郑琨、武念戍南浦。（臧）质径入梁山，去玄谟一里许结营，义宣屯芜湖。……质又遣将庞法起数千兵从洲外趋南浦，仍使自后掩玄谟”。《资治通鉴》胡注：“南浦，其地则今之大信港也。”

②在今江西南昌市西南。唐王勃《滕王阁序》：“画栋朝飞南浦云，珠帘暮卷西山雨。”南宋乾道中范成大去岭南，途中停泊于此。

③一名新开港。在今湖北武汉市武昌城区南。李白《江夏行》诗：“适来往南浦，欲问西江船”，指此。《寰宇记》卷112鄂州江夏县：南浦“在县南三里。……其源出景首山，西入江。春冬涸竭，夏秋泛涨。商旅往来皆于浦停泊。以其在郭之南。故曰南浦”。

南浦水　在今广东翁源县东北。清光绪《广东舆地全图》翁源县图表：“罗江水源出东北婆髻山，西南流经翁山，南浦水自东南来注之。”

南浦州　唐武德二年（619）析信州置，治所在南浦县（今重庆市万州区）。八年（625）改为浦州。

南浦县　三国蜀汉建兴八年（230）改羊渠县置，属巴东郡。治所即今重庆市万州区。《寰宇记》卷149万州南浦县：“以浦为名。”北周改为安乡县。隋开皇十八年（598）复改为南浦县。唐为万州治。元至元二十年（1283）废入万州。

南浦驿　明置，属南昌县。在今江西南昌市西南桥步门外。《清一统志·南昌府二》：南浦驿“在南昌县西南广润门外。有驿丞。旧有递运大使，今裁”。

南浦亭　唐建。故址在今江西南昌市西南桥步门外。《舆地纪胜》卷26隆兴府：南浦亭“在广润门外。下瞰南浦，往来舟舣于此。在唐固已有之。王荆公诗云：南浦随花去，回舟路已迷。暗香无觅处，日落画桥西”。明置南浦驿。

南浦郡　唐天宝元年（742）改万州置，治所南浦县（今重庆市万州区）。辖境相当今重庆市万州区及梁平等县地。乾元元年（758）复改为万州。

南浦都　即今广东翁源县东北南浦。明嘉靖八年（1529）移桂山巡司于此。

南浦桥　在今福建浦城县南门外南浦溪上。《方舆纪要》卷97建宁府浦城县：南浦桥“在县城南。旧名县南桥，宋隆兴初建。一名上官桥，盖是时权县事者为上官端仪也。后废置不一，洪武九年，叠石为址，架木为梁，上覆以亭二十三间。成化以后，皆因故址修治”。清嘉庆时圮于水，改为浮桥。

南浦溪　在今福建浦城县南。《清一统志·建宁府》：南浦溪“即建溪之上源也。源出浦城县西北渔梁山，南流经县城东，又绕而南，西南流入瓯宁县界，合建阳县之建溪水，曰双溪口。其下流总曰建溪”。

南浦墟　即今广东翁源县东北南浦墟。清同治《广东图说》卷20翁源县：钟南浦在“城东一百里。……有南浦墟”。明迁桂丫山巡司于此。

南海　①古时南海之名，所指因时而异。先秦古籍或泛指南方各族居地，或指一定海域。《尚书·禹贡》：“入于南海”，其确指未详。《诗经·江汉》：“于疆于理，至于南海。”《史记·秦始皇本纪》：“上会稽，祭大禹，望于南海”，当指今东海而言。秦置南海郡，所临海疆即今南海。西汉以后东海方位既别有定域，南海名称遂专指今南海。

② 又称南中国海。中国三大边缘海之一。以在中国大陆之南而得名。《史记·南越列传》：南海尉任

嚣曰：“番禺负山险，阻南海，东西数千里。”即此。是一个比较完整的深海盆地。北倚中国广东、广西、福建、海南和台湾五省区，南至加里曼丹岛，东南至菲律宾群岛，西南至越南和马来半岛等地。海域中散布着中国的南海诸岛，由东沙群岛、西沙群岛、中沙群岛、南沙群岛组成。海洋资源丰富，盛产多种鱼类及贝、参、海龟等。海底有储藏量丰富的石油矿藏。

南海口关 明置，属抚宁县。在今河北秦皇岛市东北，山海关南十里老龙头。为戍守要地。《方舆纪要》卷17抚宁县：南海口关，“天启二年增设龙武营于此。《志》云：南海口东五里曰老龙头，极冲也”。清称宁海城。

南海卫 明置，属广东都司。治所在今广东东莞市城区南。《方舆纪要》卷101广州府：南海卫“在东莞县治南。洪武十四年建”。

南海子 ①即南苑。在今北京市永定门南三十里。为元、明、清皇家游猎之地。《明史·英宗后记》：天顺二年（1458）“冬，十月甲子，猎南海子”。又《武宗纪》：正德十三年（1518）正月“庚戌，大祀天地于南郊，遂猎于南海子”。皆此。

②即八仙海子。今贵州威宁彝族回族苗族自治县西南草海。明郭子章《黔记》卷8：“环城东南而西有南海子，广袤百里，可耕。”清爱必达《黔南识略》卷26威宁州：南海子“亦名石海，又名草海子，在城南门外，春夏水涨，弥漫数十里，远望若海”。

南海市 1992年改南海县置，治今广东省佛山市南海区桂城，由佛山市代管。2002年撤市改区（南海区）。

南海县 隋开皇十年（590）改番禺县置，为广州治。治所即今广东广州市。仁寿初为番州治，大业初为南海郡治。唐初复为广州治。元为广州路治。明、清为广州府治。1912年移治佛山镇（今佛山市），后属广东粤海道。1920年直属广东省。1988年迁治桂城镇（今佛山市南海区）。1992年改设南海市。2002年撤销南海市，并入佛山市，改设南海区。

南海府 唐渤海国置，号南京。治所在沃州（今朝鲜咸兴。一说镜城北道镜城或咸镜南道北青）。辖境相当今朝鲜清川江上游以东、龙兴江以北、大川江以西一带。辽废。

南海神庙 又名波罗庙。在今广东广州市东南黄埔区庙头村。相传始建于南朝梁武帝大同元年（535），隋开皇十四年（594）重建。为历代中外商船往来停泊之处，我国船舶出海前于此庙祭拜南海神，以祈祷航海平安。历代帝王亦派要员到庙立碑致祭，今庙内存有唐韩愈撰、陈谏书的《南海神广利王庙碑》及宋开宝六年（973）《大宋新修广利王庙之碑》等。庙前镌有“海不扬波”的石碑坊，为清康熙御笔。

南海郡 秦始皇三十三年（前214）置，治所在番禺县（今广东广州市）。秦、汉之际地入南越国，西汉元鼎六年（前111）灭南越国复置。辖境相当今广东滃江、大罗山以南，珠江三角洲及绥江流域以东。其后渐缩小。隋开皇九年（589）废，大业三年（607）改番州复置，属扬州。治所在南海县（今广州市）。唐武德四年（621）改为广州，天宝元年（742）改为南海郡，治所在南海、番禺二县（今广州市）。乾元元年（758）又改为广州。

南海诸岛 南海中中国许多岛礁的总称，属海南省和广东省。包括两百多个岛礁沙滩，分为东沙、西沙、中沙、南沙四大群岛和黄岩岛等。历来为中国沿海渔民捕捞经营之地。清代已有南海诸岛名称。因其散布于南海之中，故名南海诸岛。古代名千里长沙、万里石塘。中国渔民最早发现西沙、南沙等群岛，并在岛上居住。清宣统元年（1909）李准巡海至西沙群岛一带。20世纪30年代，西沙群岛等曾被法国侵占，抗日战争时期又为日本侵占，日本投降后，1946年冬中国派官兵乘军舰接收，对西沙、南沙群岛重新进行勘测绘图，命名立碑。1947年我国政府又划定并宣布了南海诸岛的九段线，彰显了中国的领土和领海主权。

南海礁 在南海中中国南沙群岛，位于光星礁东北17海里。为一完整环礁，无礁门。中国渔民向称铜钟，因其形似钟，故名。1935年公布名称为马立夫礁。1947年改名南海礁。

南流江 ①即今广西武鸣县之香山河及武鸣河。《方舆纪要》卷111武缘县：南流江在“县南二里。源出大明山麓，西流合西江水，南流经宣化县界，会于郁江”。

②亦名合浦江、漳江、晏水、廉江。在今广西合浦县北。《新唐书·地理志》牢州南流县：“以南百步有南流江名之。”源出北流市北大容山，南流经玉林市、博白县，至合浦西南入北部湾。

③即今广西玉林市东南南流江。《舆地纪胜》卷121郁林州：南流江，“《元和郡县志》：在博白县”。《方舆纪要》卷108郁林州：“南流江在州城南。源出容县大容山，经县东而西南流，十余里中，有八叠萦洄，合罗望江至广东廉州入海。旧南流县以此名。”

南流县 ①隋开皇十八年（598）改流南县置，属端州。治所在今广东阳春市西北。大业初废入铜陵县。

②唐武德四年（621）置，属容州。治所即今广西玉林市。《新唐书·地理志》南流县：“以县南百步有南流江名之。”贞观十一年（637）为牢州治。北宋至道二年（996）为郁林州治。明洪武五年（1372）省入郁林州。

南流郡 南朝宋末置，属越州。治所在方度县（今广西玉林市）。南朝梁废。

南涧 ①即死马涧。在今江苏南京市南，下流合于秦淮河。《景定建康志》作“南涧”。

②即今云南南涧彝族自治县。宋大理时称南涧。《元混一方舆胜览》：“定边县，蛮名南涧。”民国时属蒙化县，有县佐驻此。

③在今云南陆良县北。《方舆纪要》卷114陆凉卫：南涧"在卫城西北之芳华乡。《志》云，卫城南北俱有桥，北桥跨于南涧水上"。

南宾县　①隋开皇十八年（598）置，属钦州。治所在今广西灵山县西八十里旧州镇。大业初属宁越郡。唐属钦州，天宝元年（742）改名灵山县。

②唐武德二年（619）置，属临州（后改为忠州）。治所在今重庆市丰都县东南七十里龙河镇。南宋属咸淳府。元复属忠州。明洪武初废入丰都县。

南宾里　明于废南宾县置，属丰都县。在今重庆市丰都县东南七十里龙河镇。《明史·四川土司传》：成化年间，"移忠州临江巡检于丰都南宾里之姜池"。

南宾河　即今重庆市丰都县东南之龙河。《方舆纪要》卷69丰都县：南宾河"在县治南二里。……下流俱入于大江"。

南宾郡　唐天宝元年（742）改忠州置，治所在临江县（今重庆市忠县）。辖境相当今重庆市忠县、丰都、石柱、垫江等县地。乾元元年（758）复为忠州。

南宾砦　北宋置，即今广西灵山县西八十里旧州镇。《宋史·地理志》钦州："天圣元年，徙州治南宾砦。"即此。有古城遗址。

南宾尉司　北宋开宝二年（969）于龙渠镇置，属忠州。治所在今重庆市万州区东南龙驹镇。南宋改为龙渠县。

南陵　又名见子陵。西汉文帝母薄太后的陵墓。在今陕西西安市东南二十里白鹿原上太康村附近。《三辅黄图》卷6：南陵"在霸陵南，故曰南陵"。

南陵山　在今重庆市巫山县南隔江一里。南宋陆游《入蜀记》："隔江南陵山极高大，有路如线，盘曲至绝顶，谓之一百八盘，盖施州正路。黄鲁直诗云：'一百八盘携手上，至今归梦绕羊肠'，即谓此也。"

南陵戍　东晋置，在今安徽繁昌县西北三十里赭圻冲，即赭圻城。《晋书·陶侃传》："侃在军四十一载，雄毅有权，明悟善决断。自南陵迄于白帝数千里中，路不拾遗。"《宋书·王懿传》：东晋义熙中，卢循"留亲党范崇民五千人，高舰百余，城南陵"。

南陵县　①西汉文帝七年（前173）置，属京兆尹。治所在今陕西西安市东南太康村。因其地有文帝刘恒之母薄太后的南陵，故名。西汉元始四年（4）废。

②西晋置，属九德郡。治所在今越南河静省锦川附近。南齐以后废。

③东晋置，属建平郡。治所在今重庆市巫山县南长江南岸南陵村。南朝宋元嘉中废。

④南朝宋元嘉十年（433）置，属宋兴郡。治所在今四川成都市北。北周废。

⑤南朝梁普通六年（525）置，为南陵郡治。治所在赭圻城（今安徽繁昌县西北三十里赭圻岭北麓）。以南陵戍为名。隋属宣城郡。唐属宣州，长安四年（704）移治青阳城，即今南陵县治。南宋属宁国府。元属宁国路。明属宁国府。民国初属安徽芜湖道。1928年直属安徽省。

南陵究　在今越南河静省河静县东。《水经·温水注》："九德浦内径越裳究、九德究、南陵究。按《晋书地道记》：九德郡有南陵县，晋置也。竺枝《扶南记》：山溪濑中谓之究。"

南陵郡　①南朝梁普通六年（525）置，属南豫州。治所在赭圻城（今安徽繁昌县西北三十里）。以南陵戍为名。陈于此置北江州。隋开皇九年（589）废。

②唐天宝元年（742）改春州置，治所在阳春县（今广东阳春市）。辖境相当今广东阳春市地。乾元元年（758）复为春州。

南牂牁郡　亦作南牂轲郡。南齐改牂柯郡置，治所在且兰县（今贵州黄平县西南）。辖境相当今贵州贵阳、瓮安、黄平、独山、惠水等县市一带。梁大宝以后废。

南通市　1949年当地解放后由南通县城郊区析置，隶苏北行署区，治所即今江苏南通市。1950年改由苏北行署直辖（地级）。1952年划归江苏省，由省直辖。

南通州　①唐贞观四年（630）置，治所在石门县（今云南盐津县西南二十六里豆沙关附近）。辖境约当今云南水富、盐津、大关等县地。八年（634）改贤州，旋废。

②即今江苏南通市。因直隶顺天府有通州（今北京市通州区），故称江苏省之通州为南通州。

南通县　1912年改通州置，属江苏苏常道。治所即今江苏南通市。1927年直属江苏省。1949年由南通县城关区及近郊设南通市，南通县迁治金沙镇。1993年改设通州市。2009年撤销通州市，改为南通市通州区。

南通博物苑　在今江苏南通市城东濠河南畔。始建于清光绪三十一年（1905），是中国近代史上第一个由中国人自办的博物馆，创办人系中国近代著名实业家张謇。占地2.3万平方米，由中、南、北三馆等主要建筑，以及谦亭、国秀亭、相禽亭、藤东水榭、花竹平安馆等园林建筑组成。三馆陈列文物标本，南馆室外楼前建有古像亭，四周环置大型石刻、石雕文物。1988年定为全国重点文物保护单位。

南通礁　在南海中中国南沙群岛，位于皇路礁西南42海里，为一完整环礁。低潮时只有部分礁石出水，环礁成节不连续，故中国渔民向称丹积或丹节。1935年公布名称为路易萨礁。1947年改名南通礁。

南绥州　唐武德五年（622）置，治所在四会县（今广东四会市）。辖境相当今广东四会、广宁、怀集等市县地。贞观八年（634）改为浈州。

南琅邪郡　南朝宋以侨置琅邪郡改名，初治江乘之金城（在今江苏南京市东二十五里）。南齐永明六年

(488) 徙治白下（在今江苏南京市金川门外，幕府山南麓）。陈废。

南埠隘 在今江西龙南县东南。《方舆纪要》卷88赣州府龙南县：南埠隘“在县东南上蒙保。密迩浰头、岑冈，旧称阨塞”。

南黄集 即今山东乳山市东北南黄镇。清同治《宁海州志》卷6胜水乡有“南黄社”。民国《牟平县志》卷3：南黄集“在县（治今宁海镇）东南一百二十里”南黄乡。

南营州 ①北魏永熙二年（533）侨置，寄治英雄城（今河北徐水县西遂城镇）。领昌黎、辽东、建德、营丘、乐良五郡。北齐仅领昌黎郡。隋开皇初废。

②唐武德五年（622）改营州置，治所在营道县（今湖南道县西）。辖境相当今湖南道县、宁远、江永及江华瑶族自治县地。贞观八年（634）改为道州。

南曹寨 一作南曹集。即今河南尉氏县南南曹乡。明嘉靖《尉氏县志》卷1《市集》：“南曹寨集，在县南三十里。”

南票煤矿 在今辽宁葫芦岛市北南票镇一带。清代开采时，因领取龙票3张均在朝阳县南，故名南三票。光绪间归京奉铁路局开采，以效益差而停办。

南盛墟 即今广东化州市东北南盛镇。清光绪《高州府志》卷10：南盛墟在“（茂名）县南六十五里”。

南堂 ①在今北京市西城区宣武门内。为北京最古老的天主教堂。明为首善书院，万历三十三年（1605）意大利传教士利马窦在此建经堂传教。清顺治七年（1650）天主教耶稣会德国传教士汤若望在此正式营建南堂。堂前至今保存着顺治十四年《御制天主堂碑记》和康熙三十一年（1692）《徐日昇保卫天主教碑》。除大堂外，相传还建有天文台、仪器室、藏书楼等，清光绪二十六年（1900）义和团运动时被烧毁。现存建筑为光绪三十年（1904）重建。清代曾为天主教北京教区主教座堂。现为北京市天主教爱国会会址，为北京教友宗教活动中心。1996年定为全国重点文物保护单位。

②在今湖北武汉市武昌南。《资治通鉴》：南齐中兴元年（501），萧衍攻张冲于郢州（今武汉市武昌），“使邓元起进据南堂西渚”。胡三省注：“南堂在郢城南，北盖射堂，西近江渚。”

南野（埜） 即南壄县。秦置，属九江郡。治所在今江西南康市西南章水南岸。东汉改作南野县。

南野（埜）水 在今江西南康市西北。《明一统志》卷58南安府：南野水“在南康县治西。一名桃水。下流合莲塘水入章江”。

南野县 即南壄县。秦置，属九江郡。治所在今江西南康市西南章水南岸。西汉属豫章郡。东汉始改作南野县。三国吴属庐陵郡。西晋属南康郡。隋初废入南康县。

南野（壄）县 “壄”又作“埜”或“野”。秦置，属九江郡。治所在今江西南康市西南章水南岸。《淮南子·人间训》：“秦使尉屠睢发卒五十万为五军，一军守南野之界。”即此。西汉属豫章郡。东汉始改“壄”为“野”，作南野县。三国吴属庐陵郡。西晋属南康郡。隋初废入南康县。

南野（埜）驿 在今江西南康市西南章江南岸。《方舆纪要》卷88南安府南康县“九牛驿”条：“南野水马驿在县城东南。旧为王村驿，亦名芙蓉驿，明初改置南野驿。”

南野（埜）镇 北宋置，在今江西南康市西南。《元丰九域志》卷6南安军南康县有“南埜”镇。

南跄浦 约在今上海市杨浦区虬江码头之西。明永乐中，夏原吉疏浚黄浦江，借道范家浜，由外白渡桥向北至南跄浦口入海。《方舆纪要》卷24松江府上海县：南跄浦“永乐中导黄浦由此入江处也，今故址已堙。而县东北有跄港、大跄浜，南近都台浦，相传即南跄旧流”。

南唱支村 即今河北任丘市东二十四里南畅支乡。为通大城县要道。清乾隆《任邱县志》卷2：东议论堡社有南唱支村。

南崖司 在今广东英德市南。《明史·地理志》英德县：“又南有南崖巡检司，废。”

南崎湖 即南湖。在今安徽宣城市东北四十里，东接郎溪县界。《明史·地理志》建平县：“又有南崎湖，亦谓之南湖，与宣城县界，流入丹阳湖。”《清一统志·宁国府一》：南崎湖“在宣城县东北四十里，其北为北崎湖，今总谓之南湖。周四十余里。受广德、建平诸水，由绥溪来。宣之东境诸水，并泻入焉。下流注于句溪”。

南逻口 在今湖北秭归县（茅坪镇）西北新滩镇。《方舆纪要》卷78归州：南逻口“在州东十五里。《志》云：明初设南逻关于古丹阳城。后移于新滩，置巡司。即此处也”。

南移县 南齐置，属武平郡。治所在今越南永福省境。后废。

南笼厅 清康熙二十五年（1686）改安笼千户所置，属安顺府。治所即今贵州安龙县。雍正五年（1727）升为南笼府。

南笼县 1913年改兴义府置，属贵州贵西道。治所即今贵州安龙县。1923年直属贵州省。1931年改名安龙县。

南笼府 清雍正五年（1727）改南笼厅置，属贵州省。治所即今贵州安龙县。辖境相当今贵州南、北盘江之间地。嘉庆二年（1797）改为兴义府。

南盘江 在今云南东部及贵州、广西间。元代以来称南盘江，亦称盘江。《元史·地理志》曲靖路：“沾益州，在本路之东北，据南盘江、北盘江之间。”《明一统志》卷87曲靖军民府：盘江“在沾益州。有二源，北流曰北盘江，南流曰南盘江。环绕诸部，各流千余里，至平伐横山寨合焉”。《清一统志·曲靖府》："按交河、八达河、潇湘江、南盘江，实一水也。在沾益发源之处曰交河，会腊溪诸水注府城东北曰潇湘江，至陆凉州曰八达河，经罗平州西北曰南盘江，盖随地而异名也。"

南龛山　在今四川巴中市南。《舆地纪胜》卷187巴州：南龛"在州南二里。凿石为佛"。《方舆纪要》卷68巴州：南龛山"在州南一里。悬岩绝壁，多奇胜"。有隋、唐、宋摩崖造像及开元、会昌、淳熙等年号题记。

南龛寺　在今四川巴中市南二里南龛山顶。寺以山名。始建于南北朝梁陈间，唐代改为光福寺。《舆地纪胜》卷187巴州：唐古佛龛石刻"在城南二里。有大书石刻载唐乾元三年山南西道严式奏：臣顷牧巴州，其州南一里有古佛龛，旧石镌五百余佛，伏望特赐洪名，敕以光福为额"。今存寺庙为清代建筑。有隋、唐、宋摩岩造像一百七十三窟，二千四百余躯，题记五百余。

南龛摩崖造像　在今四川巴中市城南二里南龛山上。分布在云屏石、山屏石、佛爷湾一带。《清一统志·保宁府》：南龛山"在巴州南二里"。现有窟龛一百三十三个，造像两千一百余躯。佛爷湾又名神仙坡，是南龛造像的主要集中区，主要是唐代雕凿。有唐开元二十三年（735）、天宝十年（751）、乾元二年（759）的造像和碑刻。唐乾元三年（760）肃宗敕旨建"光福寺"。南龛石窟聚集了佛教各教派的造像，有显宗、密宗、净土宗和三阶教。龛窟中雕刻有多种建筑和塔的形象，造型艺术独具特色。1988年定为全国重点文物保护单位（2001年又将水宁寺摩崖造像、西龛北龛摩崖造像并入）。

南馆陶镇　即今河北馆陶县治。汉以来为馆陶县治。金废为镇。明置南馆陶巡司于此。1949年复为馆陶县治。

南康市　1995年改江西省南康县置，属赣州地区。市人民政府驻蓉江镇。1998年由省直辖，委托赣州市代管。2013年撤销南康市，改设赣州市南康区，区政府驻蓉江街道金赣大道1号。

南康州　唐贞观元年（627）置，治所在端溪县（今广东德庆县）。辖境相当今广东德庆、郁南、云浮等市县地。贞观十一年（637）废。

南康军　北宋太平兴国七年（982）分洪、江二州置，治所在星子县（今江西星子县）。其辖境相当今江西星子、永修、都昌等县地。元至元中升为路。

南康县　①西晋太康五年（284）以南安县改置，属南康郡。治所在今江西南康市西南一里，后迁今南康市。隋开皇九年（589）与赣县互易地名，改为赣县。大业初复名南康县。唐属虔州。北宋淳化元年（990）分属南安军。元属南安路。明、清属南安府。民国初属江西赣南道。1926年直属江西省。1995年改设南康市。

②隋开皇九年（589）以赣县改名，属虔州。治所即今江西赣州市。大业三年（607）复名赣县。

南康国　南朝宋永初元年（420）以南康郡改置，治所在葛姥城（今江西赣州市东北）。南齐永明初复为南康郡。

南康府　元至正二十二年（1362）朱元璋改西宁府置，治所在星子县（今江西星子县）。其辖境当今江西星子、永修、都昌等县地。1912年废。

南康郡　西晋太康三年（282）置，治所在雩都县（今江西于都县东北）。东晋永和五年（349）移治赣县（今江西赣州市西南），义熙七年（411）徙治葛姥城（今赣州市东北）。晋时辖境相当今江西南康、赣县、兴国、宁都以南地。南朝宋永初元年（420）改为南康国，南齐永明初复为南康郡。梁承圣元年（552）徙治今赣州市西南。隋开皇九年（589）改置虔州，大业三年（607）复为南康郡。唐武德五年（622）改为虔州，贞观中徙治今赣州市。天宝元年（742）复为南康郡，乾元元年（758）改为虔州。

南康暗沙　在南海中中国南沙群岛南部。包括海宁礁、海安礁、澄平礁、琼台礁、潭门礁、隐波暗沙、欢乐暗沙等。1935年公布名称为南卢康尼亚滩。1947年改名南康暗沙。

南康路　元世祖至元十四年（1277）升南康军置，治所在星子县（今江西星子县）。其辖境相当今江西星子、永修、都昌等县地。明初改为西宁府，不久又改南康府。

南康墟　即今广西合浦县东北四十五里南康镇。清同治《广东图说》卷61合浦县："珠场司巡检一员驻南康墟。"

南商县　北魏景明元年（500）置，为长利郡治。治所在今陕西商南县西皂角铺。后为慎政郡治。隋初废入商县。

南望山　在今贵州开阳县南三十里。《方舆纪要》卷121贵阳府：南望山"崇峰大箐，岚气昼冥，人迹罕至，为郡之镇"。

南清河　即清河。古泗水别名。《水经·泗水注》："清水即泗水之别名也。"宋以后通称清河，一名南清河。熙宁年间曾为黄河所夺。金时黄河长期夺泗入淮。元以后今江苏徐州市以下成为固定的黄河河道。今山东济宁南、鲁桥至徐州一段又成为运河的一部分，清河之名遂废。

南清河郡　西晋分平原郡置，治所在灵县（今山东高唐县南三十里南镇）。辖境相当今山东高唐县附近地。北齐废。

南渑池县　①北魏太和十一年（487）置，属弘农郡。治所在蠡城（今河南洛宁县西二里王范回族镇）。东魏属金门郡。北周改为昌洛县。

②东魏兴和中侨置，属宜阳侨郡。治所在今河南卫辉市附近。北齐废。

南淮安左郡　南齐置，属司州。治所在慕化县（今河南信阳市西北）。辖境相当今河南信阳市西北部。北魏废。

南涪县　三国蜀置，属永昌郡。治所在今云南景洪市境。南朝宋废。产翡翠、孔雀。

南深泽县 西汉置，属涿郡。治所在今河北深泽县东南二十七里故城。东汉属安平国。西晋属博陵国。北魏改为深泽县。

南渠 在今河南洛阳市东北汉魏故城南部。《水经·谷水注》：“渠水又西历庙、社之间，南注南渠。”南渠即谷水南径西明门“门左支渠东派入城者”。

南梁 战国韩邑。在今河南汝州市西南。《战国策·齐策一》：“南梁之难，韩氏请救于齐。”即此。

南梁水 亦名西漷水。即今山东滕州市东北之荆河。《汉书·地理志》鲁国蕃县：“南梁水西至胡陵入沛渠。”《水经·泗水注》：“泗水又左会南梁水。”元于钦《齐乘》卷2：“今按南梁水出滕县荆沟村，西南流至滕州东门外，折而过城北，又西入山阳湖。”

南梁北巴州 南朝梁天监八年（509）置，为双头州。治所在北巴西郡（今四川阆中市）。辖境相当今四川阆中、苍溪、南部、西充等市县地。西魏废帝二年（553）改为隆州。

南梁州 ①南朝梁改北梁州置，治所在西城县（今陕西安康市西北四里汉水北岸）。西魏废帝元年（552）改置东梁州。

②南朝梁天监八年（509）置，与北巴州同置一处，称南梁、北巴州。治所在北巴西郡阆中县（今四川阆中市）。西魏废帝二年（553）改为隆州。

③南朝梁天监中置，治所在南安郡（在今四川剑阁县下寺镇西南普安镇）。《寰宇记》卷84剑州：“以在梁州之南故也。”辖境相当今四川剑阁县地。梁末改为安州。

④唐武德四年（621）置，治所在邵阳县（今湖南邵阳市）。贞观十年（636）改为邵州。

南梁陕甘边苏维埃政府旧址 又称南梁政府旧址。在今甘肃华池县（柔远镇）东六十六里四合台村寨子湾。旧址分三部分：一在东崾岘，一在寨子湾，一在上崾岘。成掎角之势。1934年11月至1935年4月为陕甘边苏维埃政府（又称南梁政府）驻地。

南梁郡 ①东晋太元中侨置，治所在睢阳县（今安徽寿县）。辖境相当今安徽寿县及六安市北部地区。南朝宋大明六年（462）改为淮南郡，八年（464）复为南梁郡。南齐改为梁郡。

②北魏侨置，属合州。治所在慎县（今安徽肥东县东北梁园镇）。后废。

③南朝梁置，属南谯州。治所在阜陵城戍（今安徽全椒县东南）。东魏改为平梁郡。南朝陈复为南梁郡（梁郡）。隋开皇初废。

南隍城岛 在今山东长岛县北。《清一统志·登州府》：南隍城岛“在蓬莱县北四百余里。又北九十里，有北隍城岛。南为山东界，北为辽东界，实诸岛脉络之首”。

南隆州 唐武德六年（623）改隆州置，治所在隆平县（今越南和平省山西）。贞观元年（627）废。

南隆城 即隆城镇。在今四川阆中市。《资治通鉴》：南朝梁中大通元年（529），“（魏）子建奏以隆城镇为南梁州”。胡三省注：“西魏《典略》曰：此州旧有隆城，故又谓之南隆，治古阆中城。”

南巢氏 夏、商部族名。在今安徽桐城市南。一说在今巢湖市一带。《太平御览》卷82引《竹书纪年》：“汤遂灭夏，桀逃南巢氏。”《尚书·仲虺之诰》：“成汤放桀于南巢。”

南斑河 即罗梭江。在今云南省南部。为澜沧江支流。源出宁洱哈尼族彝族自治县东北磨黑镇春木箐，上源称勐先河，至普洱市与江城哈尼族彝族自治县一带称曼脑江，进入勐腊县后称小黑江，经勐仑镇称南斑江或罗梭江，西南流入澜沧江。傣语“南斑”意为凉快舒适的河。

南堰 在今云南南华县南。《方舆纪要》卷116镇南州：南堰“在州南。又州西有西堰，可溉田二千余亩”。

南越 西汉高帝四年（前203），南海龙川令赵佗自立为南越武王，十一年（前196）遣陆贾立佗为南越王，高后时自号为南越武帝，都番禺（今广东广州市）。《史记·南越列传》：“（佗）以兵威边，财物赂遗闽越、西瓯、骆，役属焉，东西万余里。”疆土范围包括今广东、广西、海南三省区及越南北部地区。元鼎六年（前111）为汉所灭，传五世，九十三年。

南越王墓 在今广东广州市区北，今越秀公园西侧象岗山。1983年6月发现。墓在山腹部，墓底距岗顶约20米。墓室南北长10.85米，东西最宽处为12.5米，前部有前室和东西耳室，后部有主室和东西侧室，主室之后有后藏室，墓顶全用大石板覆盖。墓主为第二代南越王赵眜，随葬器物有“文帝行玺”及礼器、兵器、生产工具、生活用具、装饰品和药石等1000多件（套）。这是迄今为止在岭南地区发现的规模最大、随葬品最丰富的一座汉墓，是继河北满城中山王墓、长沙马王堆汉墓之后我国汉代考古的又一重大发现。1996年定为全国重点文物保护单位。

南越武王城 又名越城。在今广东广州市内。《史记·南越列传》：秦二世时，南海尉任嚣死后，即由龙川令赵佗代行南海尉事。“秦已破灭，佗即击并桂林，象郡，自立为南越武王。”《汉书·地理志》南海郡番禺：“尉佗都”。越王宫即在广州市中山四路市文化局内。

南越国宫署遗址 在今广州市中山四路西段广州市文化局和儿童公园内。1975年在试掘秦汉造船工场遗址时，发现在造船台上面覆压着南越宫署砖石走道遗址。在砖石路面下铺垫一层很薄的朱红色土，朱土之上正中铺砌灰白色素面砂岩石板，石路面两侧各砌一行大型印花方砖。在走道的北面发现砖质窗棂，涂朱瓦当，涂朱或绿色的灰塑脊饰等宫室建筑残件。在走道上面及南侧还有大量残瓦、炭屑或覆盖一层红烧土。残瓦中有板瓦、筒瓦和印有“万岁”二字的瓦当，显然是南越国宫署被焚毁的遗迹。1996年定为全国重点文物保护单位。

南彭城郡 东晋明帝时侨置于晋陵郡界内。治所在今江苏常州市武进区西。隋废。

南董镇 即今河北藁城市西北二十四里南董镇。清康熙《藁城县志》图：西有南董村。

南椗 即今福建龙海市东南南椗。见于清《海国闻见录》图。

南棘阳县 北魏改棘阳县置，为汉广郡治。治所在今河南南阳市南。西魏改为百宁县。

南雁荡山 在今浙江平阳县西南。主峰明王峰海拔为1078米。《方舆纪要》卷94平阳县：南雁荡山在“县西南百里。北自穹岭，南至施岩，四、五十里皆雁荡也。中有明王峰。峰顶有池。《志》云：南雁荡有十三峰、三洞、二岩，涧石类皆奇胜”。

南雄千户所 明洪武初置，属清远卫。治所在南雄府（今广东南雄市）。后废。

南雄市 1996年撤销广东省南雄县，改设南雄市，市人民政府驻雄州镇。由韶关市代管。

南雄州 北宋开宝四年（971）改雄州置，治所在保昌县（今广东南雄市）。以河北路有雄州，故名南雄。辖境相当今广东南雄市和始兴县地。元至元十五年（1278）改为南雄路。清嘉庆十一年（1806）改南雄府复置，属广东省。十六年（1881）复升为南雄府，十七年（1882）又改为南雄州。1912年改为南雄县。

南雄县 1912年改南雄州置，后属广东岭南道。治所即今广东南雄市。1920年直属广东省。1996年改设南雄市。

南雄府 明洪武元年（1368）改南雄路置，属广东布政使司。治所在保昌县（今广东南雄市）。辖境相当今广东南雄市和始兴县地。清嘉庆十一年（1806）改为南雄直隶州，十六年（1811）复升为南雄府，十七年（1812）又改为南雄州。

南雄路 元世祖至元十五年（1278）改南雄州置，属海北广东道。治所在保昌县（今广东南雄市）。辖境相当今广东南雄市和始兴县地。明洪武元年（1368）改为南雄府。

南雅口 即今福建建瓯市南南雅镇。《方舆纪要》卷97延平府南平县：南雅口“在府北六十五里。地势高耸，下临溪流，有闽越王庙”。

南雅厅 清光绪二十年（1894）置，属台北府。治所即今台湾省桃园县西南大溪区。二十一年（1895）被日本侵占，厅废。

南掌 指公元857年在今老挝琅勃拉邦建立的国家。即今老挝。《天下郡国利病书》作缆掌。16世纪中叶迁至万象。

南景门 十六国北凉都城姑臧城（今甘肃武威市城）城门。《晋书·沮渠蒙逊载记》：“蒙逊母车氏疾笃，蒙逊升南景门，散钱以赐百姓。”

南嵌社 即今台湾省桃园市西北南嵌。清康熙间蒋毓英《台湾府志》卷1：南嵌社“离府治九百二十里”。

南嵌港 即今台湾省桃园市西北南崁溪。清乾隆间范咸《重修台湾府志》卷1：南嵌港“自竹堑至南嵌，俗云九十九溪，内多一溪十数弯折者，潮过小凤山，至南嵌社，南受查内山水，东受关渡门水，西入海”。

南赕 元世祖至元十五年（1278）置，属云南行省。治所在今云南盈江县北四十四里勐弄乡。明初废。

南智丘 即今河北辛集市南三十四里南智丘镇。明万历《保定府志》卷2束鹿县：里社有知丘。清同治《畿辅通志》卷47束鹿县图：西南有南智丘。

南智州 唐贞观元年（627）改智州置，治所在文谷县（今越南河静省河静以南）。贞观十年（636）以后废。

南策州 明永乐五年（1407）属谅江府。治所在青林县（今越南东北部海阳省之南策）。辖境相当今越南海阳省海阳县以北地区。宣德二年（1427）以后入安南。

南堡镇 即今上海市崇明县东南堡镇南八里。因在堡镇南，故名南堡。现与堡镇相连。

南集 又名南庄集。即今河北元氏县西北南佐镇。《清一统志·正定府二》：南集“在（元氏）县西北四十里，其西北有土堡，明崇祯中筑”。

南皖口 即皖口。今安徽怀宁县（高河镇）南皖水注入长江处。《陈书·高祖纪》：永定三年（559）四月，“遣镇北将军徐度率众城南皖口。……（六月）征临川王蒨纣皖口置城栅，以钱道戢守焉”。

南粤 即南越。西汉初国名。都于南海县（今广东广州市）。

南颍川郡 ①即《魏书·地形志》豫州颍川郡。治所在今河南漯河市郾城区西阴阳赵乡。

②南朝梁侨置，属霍州。治谯县（今安徽霍山县西南）。北齐废。

南就聚 在今河南南阳市南。《续汉书·郡国志》：南阳郡宛县“有南就聚”。《水经·淯水注》：“淯水之南，又有南就聚。”

南翔镇 即今上海市嘉定区东南二十四里南翔镇。南宋范成大《吴郡志》卷46：“昆山临江乡有南翔寺。初，掘地得石，径丈余。常有二鹤飞集其上。僧有齐法师者，即此地作精舍，聚徒居之。……久之，鹤去不返，僧为之号泣。石上忽有题一诗云：‘白鹤南翔去不归，惟留空迹在名基。……’因名寺曰南翔。”镇以寺名。其地有上槎、中槎、下槎三浦，故又名槎溪。《方舆纪要》卷24苏州府嘉定县：南翔镇“为商贾凑集之所，横沥所经也，南去吴淞江十里，至上海县五十里。嘉靖二十三年，倭贼犯南翔、广福镇，未几复犯南翔，由封家浜直抵松江”。清乾隆三十四年（1769）设嘉定县县丞于此。

南普陀寺 又名普照院。在今福建厦门市五老峰麓。《清一统志·泉州府》：普照院“（在）厦门海岛五峰山中。五代时建，初名泗洲。宋治平中改今名。本朝康熙年间重建，改名南普陀”。

南道 古代中国中原地区对西域交通的主要道路之一。《汉书·西域传》：“自玉门、阳关出西域有两道。从鄯善傍南山北，波河西行至莎车，为南道；南道西逾葱岭则出大月氏、安息。”从玉门关和阳关（今甘肃敦煌市西）以西，大体经今新疆南部塔里木河与阿尔金山脉、昆仑山脉之间的通道西行，在莎车（今莎车县）以西越过葱岭，通往大月氏（今中亚阿姆河中、上游一带）和安息（今伊朗一带）等地。《后汉书·西域传》、《魏略·西戎传》、《隋书·裴矩传》和《元和志》所载大体与此相同。唐玄奘由印度回国时，其出印度后的主要行程，以及13世纪后期意大利人马可·波罗东来，其自鸦儿看（今莎车县）以东的行程，亦皆从此道。

南道州 唐武德六年（623）改道州置，治所在平道县（今越南永福省福安东南）。不久改为仙州。

南港镇 即今安徽舒城县东南南港镇。清光绪《舒城县志》卷7：南港镇在“县南二十里”。

南湖 ①在今安徽五河县南。《方舆纪要》卷21凤阳府五河县：“漴河在县治东南二里。县南一里有南湖，汇众流而成，流为漴河，亦东流入于淮。”

②在今安徽潜山县南门外。《舆地纪胜》卷46安庆府：南湖“旧名南园。三面依城，古木参天，湖浸甚广，中有寨茅堂，李师中有记。今在郡治之南”。《方舆纪要》卷26潜山县：南湖“在县治南。一名灵湖，亦曰南园。三面倚城，多古木。渟泓涵浸，宜于植莲”。

③亦名南崎湖、南漪湖。在今安徽宣城市东北。《舆地纪胜》卷24广德军：“南湖去建平县四十里。其水流入丹阳诸湖，入芜湖达大江。”《方舆纪要》卷28宁国府宣城县：南崎湖在“府东北四十里。其北为北崎湖，今总谓之南湖。周四十余里。其东北百里有绥溪，一名白沙溪，广德建平诸水，由此入于南湖。府东境诸川，亦悉汇入焉”。

④在今浙江杭州市余杭区西南七十六里余杭镇南。东汉熹平二年（173），余杭县令陈浑主持修筑南湖以蓄水。后堙。《新唐书·地理志》余杭县：“南五里有上湖，西二里有下湖，宝历中令归珧因汉令陈浑故迹置。”至北宋末，堤堰俱圮。北宋宣和四年（1123）、南宋绍熙末曾两次大修，至明嘉靖时上湖围垦殆尽，下湖淤塞也只剩原湖三分之二。故万历三十七年（1609）重修，上湖没有恢复。《清史稿·河渠志》：咸丰初“余杭南湖骤难浚复”。今为南湖蓄洪区。

⑤即鸳鸯湖。在今浙江嘉兴市南。《方舆纪要》卷91嘉兴县“鸳鸯湖”条：“南湖，长水塘诸水所汇也，宋闻人滋云：槜李，泽国也，东南皆陂湖，而南湖尤大，计百有二十顷。”1921年7月，中国共产党第一次全国代表大会由上海移至此继续召开，宣告了中国共产党的诞生。

⑥在今浙江绍兴市东南。唐白居易有《南湖早春》诗。

⑦一名南塘。在今江西抚州市临川区西南。《方舆纪要》卷86抚州府临川县：南塘“在府西南二里。亦曰南湖。延广数百亩。城三面环河，惟西南为山麓，浚湖于此，受东南诸源之水。霖雨不溢，旱暵可潴。宋天圣中，郡守朱正辞表为放生池，置斗门以均蓄泄，至元末居民堙堑殖利，遂为汙莱。寻复修之，今又湮废”。《清一统志·抚州府一》：南湖“相传南唐亲藩李景达守郡时创”。

⑧在今河南汝南县南。《清一统志·汝宁府一》：南湖“周围千顷，前亘长堤，后倚郡郭，为汝南游览胜地”。

⑨在今河南商丘市南五里。《明一统志》卷26开封府：南湖“在归德州城南五里。宋苏辙有诗”。

⑩在今湖北荆州市西北。《清一统志·荆州府一》：南湖“唐郑审谪江陵，构亭其上”。今淤。

⑪又名五丈湖。在今湖北武汉市武昌城区南郊。《舆地纪胜》卷66鄂州：南湖“在望泽门外，周二十里。旧名赤馴湖，外与江通，长隄为限，长街贯其中，四旁居民蚁附”。

⑫一名五丈湖。在今湖北鄂州市南洋澜湖。《宋书·臧质传》：质兵败，逃奔武昌郡，“无所归，乃入南湖逃窜”。《舆地纪胜》卷81寿昌军：五丈湖“在武昌东八里。旧曰南湖。臧质逃入南湖以荷自蔽。即此”。

⑬在今湖南长沙市南。一名东湖。《清一统志·长沙府一》引《府志》：“南湖引锡潭水通浚以成，其地旧属纳氏，又名纳湖。宋张栻建城南书院时，置听雨舫采菱舟于内。”

⑭在今广西桂平市城西南。《舆地纪胜》卷110浔州：南湖“在州南一里。长三里。俗名结塘湖。上有洲，洲上旧有平波亭，临岸亦有南浦亭，郡官多乘彩舫以游赏”。《方舆纪要》卷108桂平县：南湖“今渐湮塞为民塘”。

南湖嘴镇 即今江西九江市东南湖嘴。《方舆纪要》卷85九江府：南湖嘴镇在“府东四十里，临彭蠡湖口。旁有港曰将军套。明初师扼陈友谅，作浮梁于此以渡兵，且树柳以遏奔冲。洪武初，置巡司于此。嘉靖四十一年，以江湖多盗，增设官兵，置南湖营”。

南湘江 在今海南省东方市南之南港。《明一统志》卷82琼州府：南湘江“在感恩县（治今感城镇）南三十里。源发黎母山，至此西南入于海”。

南渤利 即蓝无里国。在今印度尼西亚苏门答腊岛西北角亚齐河下游哥打拉夜一带。《明史·外国传六》：“南渤利，在苏门答剌之西。……永乐十年，其王马哈麻沙，遣使附苏门答剌使入贡。赐其使袭衣，赐王印诰、锦绮、罗纱、綵币。遣郑和抚谕其国。”

南温泉　又名观音寺温泉。在今重庆市南六十里南温泉镇南花溪河畔。清乾隆《巴县志》卷1：观音寺温泉在“县南五十里介石场西。地名温泉塘。塘后有观音寺。源出建禹山，塘周围五丈，水深四尺，性温，浴可疗疾。男女二塘，有亭翼其上”。因温泉在市南，故名。为重庆市著名风景区。

南渭州　南宋改渭州置，治所在今湖南永顺县西南。元属新添葛蛮安抚司。后废。明洪武二年(1369)复置，属永顺宣慰司。清废。

南湍镇　北宋置，属盘石县。在今四川资中县西七十里。

南湾岭　在今浙江玉环县楚门镇西北。《方舆纪要》卷92太平县：南湾岭在“楚门所西北。有高山万仞，环列海滨，松林如织，鸟道纡回。嘉靖三十九年，戚继光追破倭贼于此”。

南渡　即今广西岑溪市西南南渡镇。明置巡司于此。

南渡市　即今浙江奉化市北十四里南浦乡驻地。光绪《奉化县志》卷3《镇市》：宋《宝庆志》有南渡市。

南渡江　在今海南省海口市琼山区东。《方舆纪要》卷105琼州府琼山县：南渡江在“府东南十里。源发五指山，历临高、澄迈、定安三县界会诸水，至此北流，至白沙入于海”。

南渡镇　①即今江苏溧阳市西南渡镇。清光绪重刊《溧阳县志》卷2：南渡镇在“县西三十六里，东坝孔道”。

②即今广西岑溪市西南四十里南渡镇。明置巡司于此。

南扉暗沙　在南海中中国中沙群岛内，位于中沙大环礁浅湖内东部。北距指掌暗沙3.5海里，东南距武勇暗沙7.5海里。1947年公布名称为南扉暗沙。

南禅山　在今青海西宁市南。上有南山寺。《清一统志·西宁府一》：南禅山“在西宁县西南三里，崖洞有佛像”。

南禅寺　①在今山西五台县城西南四十四里李家庄西侧。寺的创建年代不详。大殿平梁下保存有墨书题记，足证重建于唐建中三年(782)。会昌五年(845)，武宗敕令“灭法”，我国佛寺大都被毁，因南禅寺地处偏僻，幸免于难。是我国现存最古的唐代木构建筑。1961年南禅寺大殿被定为全国重点文物保护单位。

②即今青海西宁市南山寺。清乾隆《西宁府新志》卷15：南禅寺“在南门外二里许。寺成，有孔雀一双来楼上”。

南谢漳　即今河北衡水市东北二十一里南谢漳村。清同治《畿辅通志》卷54衡水县图：东北有南谢章。

南谧州　唐显庆三年(658)于米国置，属安西都护府。治所在钵息德城(今乌兹别克斯坦撒马尔罕东一百四十里喷赤干古城，一说在米马巴札尔)。8世纪后期废。

南隘关　明置，属修仁县。在今广西鹿寨县东南。《方舆纪要》卷107修仁县：南隘关“在县西南。亦曰南隘口”。

南隘镇　北宋置，属修仁县。在今广西鹿寨县东南。《清一统志·平乐府》：南隘关“在修仁县西南四十里。亦曰南隘口。《九域志》：修仁县有南隘镇，即此。《旧志》：内外十排，东界石墙堡，南北界雒容、象州、永福，皆瑶僮所居”。

南塘　①即横塘。三国吴孙权在建业(今江苏南京市)南淮水(今秦淮河)南岸筑，六朝时为都城南面防守重地。《资治通鉴》：东晋义熙六年(410)，卢循攻建康，刘裕守石头城，“出阵于南塘”，即此。

②在今江西南昌市南，北通东湖。《舆地纪胜》卷26隆兴府：东湖“在郡东南，周五里。后汉永平中，太守张躬筑塘，谓之南塘”。《晋书·何无忌传》：东晋义熙六年(410)，卢循遣徐道覆顺赣水而下，邓潜之谏卢循“宜决破南塘，守二城以待之”。即此。《新唐书·地理志》：元和三年(808)，洪州刺史韦丹“开南塘斗门以节江水，开陂塘以溉田”。

③即南湖。在今江西抚州市临川区西南二里。

南塘县　南朝梁置，为高塘郡治。治所即今安徽宿松县。隋开皇初犹存。后废。

南塘墟　即今广东高州市西北南塘镇。清光绪《茂名县志》：县治西“四十五里南塘墟”。

南蓢墟　即今广东中山市东南蓢镇。清光绪《广州府志》卷69墟市：香山县有“南蓢墟”。

南楚　地区名。相当今安徽中部、江西全境及湖南、湖北东部地区。《史记·货殖列传》：“衡山、九江、江南、豫章、长沙，是南楚也。”清钱大昕《十驾斋养新录》引《寰宇记》谓汉“封厉王胥于广陵，是为南楚”。

南槎村　即今福建建阳市西南南槎。清乾隆三十一年(1766)置巡司于此。

南楼　①在今湖北荆州市荆州区(故江陵县城)东南。唐张九龄《登郡城南楼》诗：“闭阁幸无事，登楼聊永日。云霞千里开，洲渚万形出。澹澹澄江漫，飞飞渡鸟疾。”南宋张栻重建，改名曲江楼。

②一名白云楼。在今湖北武汉市武昌城区蛇山顶。《舆地纪胜》卷66鄂州：南楼“在郡治正南黄鹄山顶。中间尝改为白云阁。元祐间，知州方泽重建，复旧名”。

③在今湖北鄂州市城南。南朝宋刘义庆《世说新语·容止》：“庾太尉在武昌，秋夜气佳景清，使吏殷浩、王胡之之徒登南楼理咏。”即此。《舆地纪胜》卷81寿昌军：南楼，“《图经》引《土俗编》云，南楼即今武昌县吴安乐宫之端门也”。

④在今广西宜州市南城上。《舆地纪胜》卷122宜州：南楼“山谷先生旧有祠堂在南楼之东，刻山谷亲札范滂传，其石刻并载于城楼上”。

南楼岭 在今湖北通城县东南，与赣、湘两省交界处。《清一统志·武昌府一》：南楼岭“在通城县东南四十里，接江西南昌府义宁州界”。

南照集 即今安徽颍上县西南五十里南照镇。清乾隆《颍州府志》卷2：颍上县西淮润乡有南照集。

南路旧土尔扈特中旗 清乾隆三十六年（1771）渥巴锡率土尔扈特部由伏尔加河流域回到祖国后设置，属乌讷恩素珠克图盟。驻牧地在今新疆和静县北。

南路旧土尔扈特左旗 清乾隆三十六年（1771）渥巴锡率土尔扈特部由伏尔加河流域回到祖国后设置，属乌讷恩素珠克图盟。驻牧地在今新疆和静县北。

南路旧土尔扈特右旗 清乾隆三十六年（1771）渥巴锡率土尔扈特部由伏尔加河流域回到祖国后设置，属乌讷恩素珠克图盟。驻牧地在今新疆和静县北。

南路旧土尔扈特汗旗 或作旧土尔扈特南路旗。清乾隆三十六年（1771）渥巴锡率土尔扈特部由伏尔加河流域回到祖国后设置，属乌讷恩素珠克图盟。驻牧地在今新疆和静县北。

南路道 1913年置，属福建省。治思明县（今福建厦门市）。辖境约当今福建大田、德化、安溪、同安、厦门以东，德化、仙游、莆田以南地区。1914年改为厦门道。

南锡县 南齐置，属义安郡。治所在今湖北襄阳市襄城区西。后废。

南简州 唐武德六年（623）改简州置，治所在宁浦县（今广西横县西南七里郁江南岸）。辖境相当今广西横县地。贞观八年（634）改为横州。

南解县 北魏太和十一年（487）置，属河东郡。治所在今山西永济市东三十里虞乡镇西。北周废。

南廉水 即今广东廉江市西之九洲口。《舆地纪胜》卷116化州：南廉水“在古廉江县东七十步。水源自容州陆川县龙豪乡，东南流经窖口入海。通廉州合浦县界”。

南麂山 即今浙江平阳县东南海中南麂岛。《方舆纪要》卷94平阳县：南麂山“在县东海中。有平壤数千亩，称饶沃，环海负岛，逋逃之徒易以蓄聚，倭寇每出没于此”。

南靖州 明永乐五年（1407）改日南州置，属七安府。治所在河黄县（今越南中部义安省东南石河一带）。辖境相当今越南义安省东南部地。宣德二年（1427）以后地入安南。

南靖县 元至正十六年（1356）改南胜县为南靖县，属漳州路。治所即今福建南靖县东北靖城。明嘉靖四十五年（1566）移治大帽山麓，南去旧治二里许。万历二十三年（1595）还旧治。1938年移治山城镇（即今南靖县治）。明曹学佺《名胜志》：南靖县“以邑当闽境之南，取安靖之义”。明、清属漳州府。1913年属福建西路道。1914年属汀漳道。1928年直属福建省。

南新丰（豐）县 北魏孝昌三年（527）置，为渭南郡治。治所在今陕西渭南市东南四里。西魏废帝三年（554）改名渭南县。

南新巴郡 南齐永元间侨置，属益州。治所新巴县，寄自阴平县（在今四川德阳市西北柏隆镇东北）。梁废。

南新市县 东汉置南新市侯国，属江夏郡。治所在今湖北京山县东北六十八里。西晋改为县。南朝宋改为新市县。

南新场 北宋乾德五年（967）置，属新城县。在今浙江富阳市西南。淳化五年（994）升为昭德县。六年（995）改名南新县。

南新县 ①西晋改昭明县置，属带方郡。治所在今朝鲜黄海南道信川西湖里。后废。

②北宋淳化六年（995）改昭德县置，属杭州。治所即今浙江富阳市西北七十六里万市镇北南新村。熙宁五年（1072）并入新城县。

南新城郡 南齐改新城郡置，属梁州。治所在房陵县（今湖北房县）。梁复为新城郡。

南新桥镇 在今江苏江阴市南三十余里青阳镇南，实为青阳镇之南端。清光绪《江阴县志》卷2：青旸镇“市廛繁密，大桥跨运河，居市之中，自北新桥至南新桥，街长三里余”。

南新息县 南朝宋改新息县置，属汝南郡。治所即今河南息县。北齐将北新息县废入，复改为新息县。

南新蔡郡 东晋孝武帝侨置，属南豫州。治所在鄡布旧城（今湖北黄梅县西南）。南朝宋属江州。陈废。

南新镇 即今浙江富阳市西北七十六里万市镇北南新村。《元丰九域志》卷5：“熙宁五年，省南新县为镇，入新城。”元至元十三年（1276）置巡司于此。明初废。

南雍州 北魏置，治所在蔡阳郡蔡阳县（今湖北枣阳市西四十里翟家古城）。西魏末改蔡州。

南慈州 唐武德六年（623）改慈州置，治所交趾县（今越南河内市西北）。贞观元年（627）废。

南满支线 即中东铁路南满支线。自今黑龙江哈尔滨经吉林长春、辽宁沈阳至旅顺。长987公里。光绪二十四年（1898）动工修建，二十七年（1901）年建成。今称哈大线。

南满洲 简称南满。清末民国时，东三省南部之称。东北地区称为满洲，满洲之南部称为南满。

南满铁路 即中东铁路南满支线长春以南段。1905年日俄战争后，长春以南段为日本占据，称南满铁路。因地处东北（满洲）南部，故名。今称长大线。

南源口　即今安徽歙县东十二里南源口村。民国《歙县志》附图：县东有南源口。

南源水　在今江西崇义县西南。《方舆纪要》卷88南安府崇义县：南源水在“县西南五十里。出南源山，东流北折合西符水。《志》云，西符水在县东南六十里。源出县西镬山，东流至此会南源水，谓之符江口。又东入南康县境，合豫水，出南野口，入章江。或曰即横水也。一云南源为横水，西符水为左溪。正德中，群盗据此，所谓横水左溪贼也”。

南源幻　在今江西永丰县西北。《方舆纪要》卷87吉安府永丰县：南源幻在“县西北三十里，路出峡江县”。

南源寺　在今安徽歙县南长陔乡。《清一统志·徽州府二》：南源寺“在歙县长陔。唐太和年间建，寺后有五峰，前有三瀑布。朱子尝书‘新安大好山水’六字镌石壁”。

南源州　北宋置羁縻州，属邕州左江道。治所在今广西左江流域。后废。

南源岭　在今江西宜春市东。《方舆纪要》卷87袁州府宜春县：南源岭在“府东四十里。岭凡五，俗称南源五岭”。

南源溪　即今浙江缙云县北、永康市南武义江之上源南溪。《方舆纪要》卷94缙云县：南源溪“源出雪峰山，西北流，县北诸溪水皆流会焉，入永康县界，亦谓之南溪”。

南溪　①古称龙舒水。即今安徽舒城、庐江二县之杭埠河。发源于大别山东麓岳西县境内主簿原，东北流经舒城、庐江二县入巢湖。《方舆纪要》卷26舒城县：南溪“在县城南。发源于县西百五十里之孤井，东南流经七门堰入于巢湖。或谓之欧溪，或谓之龙舒水”。

②一名新溪。即今浙江临安市西南苕溪。《元丰九域志》卷5：杭州临安县有“南溪”。宋《咸淳临安志》卷36临安县：“南溪在县西三里。阔四十丈。源于于潜县天目山东，入本县界四十五里至县郭东南二里五十步，又东二十八里入余杭界。”《方舆纪要》卷90：南溪“即苕溪也，从天目发源，流四十五里，至县东独山下，合于锦溪”。今与锦溪分别流入青山水库。

③金华江支流。即今浙江永康市南永康江。《方舆纪要》卷93永康县：南溪“源出缙云山中，北流入县境，绕县东南合李溪诸水，至城下与华溪合，西折而北合铜川诸水入武义县界，即南港之上源也”。

④在今福建龙海市东南，海澄镇西南。《方舆纪要》卷99海澄县：南溪“在县（治今海澄镇）西南六里。源出平和县三平山，经马口，受渐水、檬浔诸水，下流至浮宫，入于海”。

⑤即今福建漳浦县南之鹿溪。《方舆纪要》卷99漳浦县：南溪“在县城南，即李澳川也。源出盘陀岭，北流为九曲溪，又东北有北溪流合焉。其源引罗山白鹤岭之水，合西湖东门溪而会南溪，至城东南五里为鹿溪，邑中诸水皆会焉。又东由陆鳌所虎头澳而入海”。

⑥即今广东揭阳市南之南河。《清一统志·潮州府》：南溪“在揭阳县城南。源出惠州府海丰、长乐二县界分水垭。……又东至县东南三十里浦湾渡与北溪合，又东经青屿，历潮阳县北界、澄海县西南界，至鲍浦巡司之南，为牛田洋，又东经磊石山北入海”。

⑦即今广西桂林市南五里南溪山河。《寰宇记》卷162临桂县：南溪山“溪水东注于桂江”。《明一统志》卷83桂林府：“南溪在白龙洞前，东流入漓江。”

南溪山　在今广西桂林市南七里南溪公园内。《寰宇记》卷162临桂县：南溪山“其山耸拔千尺，烟翠凌空”。山岩洞壁有唐李渤《留别南溪》诗。

南溪书院　在今福建尤溪县城东南郊水南村公山之麓。原系尤溪进士郑安道的溪南别墅。朱熹之父朱松任尤溪县尉，去官后，馆寓于此。南宋建炎四年（1130）秋，朱熹诞生于此。嘉熙元年（1237）修葺，并建祠三间，祀朱松、朱熹父子，建立“景行”、“传心”二斋，引入士子读朱熹之书。淳祐五年（1245）扩建讲堂于祠右，名“会极堂”，作为书院的讲堂之所。宝祐元年（1253），宋理宗赐额御题“南溪书院”。历代均有修葺扩建。其左有活水亭，为朱熹少时读书之处，亭前有半亩方塘，相传为朱熹写《观书有感》诗之地，诗曰：“半亩方塘一鉴开，天光云影共徘徊。问渠那得清如许，为有源头活水来。”毓秀亭，系朱熹胎衣瘗处；还有韦斋祠、观书第、溯源处、毓秀坊等建筑。西侧古樟二株，为朱熹幼时手植，后人唤作沈郎樟（朱熹幼时号沈郎）。如今两棵樟树已高达30米，一棵树围16米，一棵树围10米，堪称中国的樟树王。

南溪水　在今江西吉水县西北。《方舆纪要》卷87吉安府吉水县：南溪水“出县西北五十里朝元山，东流二十里为罗陂，经柘溪，又五里出柘口江，入赣水”。

南溪池亭　在今陕西大荔县东南。《清一统志·同州府》：南溪池亭“在大荔县东南十五里。唐刺史王龟建，御史中丞蔡曙作记”。

南溪县　隋仁寿二年（602）改南广县置，属戎州。治所在今四川宜宾市东六十里李庄镇。《寰宇记》卷79南溪县：“在僰溪之南，因为县名。”大业三年（607）属犍为郡。唐武德元年（618）为戎州治。贞观中州徙治僰道县（今四川宜宾市）。天宝元年（742）属南溪郡。乾元元年（758）属戎州。长庆中复为戎州治。会昌二年（842）州复徙治僰道县。北宋乾德中移县治旧奋城（今南溪县），政和四年（1114）属叙州。元属叙州路，明属叙州府。民国初属四川永宁道。1928年直属四川省。2011年改为宜宾市南溪区。

南溪郡　唐天宝元年（742）改戎州置，治所在僰道县（今四川宜宾市）。辖境相当今四川宜宾、南溪等市县以南，云南昆明地区以北。乾元元年（758）复为戎州。

南溪镇　即今重庆市云阳县北南溪镇。明嘉靖《云阳县志》卷上：有南溪堡。民国《云阳县志》卷1：南溪乡有南溪场。

南滩　即今南海中中国西沙群岛之南沙洲。1935年命名为南滩。1947年改名南沙洲。

南障城　即今河北井陉县南三十里障城镇。清同治《畿辅通志》卷50井陉县图：东南有南障城。

南静郡　南朝梁置，治所在开建县（今广东封开县东北南丰镇东）。隋开皇十年（590）废。

南嘉堡　即今贵州剑河县（革东）东南清水江南岸南嘉镇。清爱必达《黔南识略》卷13清江通判："乌孟河源于古州之高阳寨，至鲁里入厅境，至南嘉堡会展牙溪水，流至南孟寨入清水江。"

南舞县　北魏太和十三年（489）置，属郢州。治所在今河南叶县南。十八年（494）属南中府。东魏天平初属南安郡。西魏废。

南管头村　即今河北易县西南九十里管头镇。清《畿辅舆地全图》易州图：西南有南管头村。民国有县佐驻此。

南管村　在今海南省琼海市东北烟塘镇福石岭管区泗村。唐、宋为乐会县治。《宋史·地理志》琼州乐会县："唐置，环以黎洞，寄治南管。"《舆地纪胜》卷124乐会县引《琼管志》云："黎人屡攻破县，迁徙不一。今见治南管村。"

南漪湖　亦作南碕湖、南湖。在今安徽郎溪县西四十里，跨宣城市界。《元丰九域志》卷6：建平县有南碕湖。《舆地纪胜》卷24广德军：南漪湖"在建平，即桐水下流"。

南漳县　隋开皇十八年（598）改思安县置，属襄州。治所即今湖北南漳县。清乾隆《襄阳府志》卷4：漳水在"（南漳）县南一百里。……溶镇会沮水，合流入江。县之立名以此"。大业初属襄阳郡。唐贞观八年（634）废。开元十八年（730）复置，属襄州。北宋宣和初属襄阳府。南宋绍兴五年（1135）移治中庐镇（今南漳县东北旧县铺）。元复还旧治，属襄阳路。明属襄阳府。民国初属湖北襄阳道。1932年直属湖北省。

南谯州　南朝梁大同二年（536）侨置，治所在桑根山下（今安徽全椒县西北）。北齐天保三年（552）徙治新昌郡（今安徽滁州市）。北周辖境相当今安徽滁州、全椒、来安及江苏盱眙等地。隋开皇初改为滁州。

南谯城　在今安徽全椒县北二里。《舆地纪胜》卷42滁州：南谯城"在全椒县北二里尹村"。《方舆纪要》卷29全椒县"丰乐城"条下："又县北二里有南谯城，或以为梁南谯州治。"

南谯郡　①东晋太元中侨置，治所在山桑县（今安徽巢湖市南约二十里秀芙村）。南朝梁移治蕲县（今巢湖市）。北齐废。

②东魏武定六年（548）改涡阳郡置，属谯州。治所在涡阳县（今安徽蒙城县）。辖境相当今安徽蒙城等县地。隋开皇初废。

南樊寨　即今山西绛县东北南樊镇。《清一统志·绛州》"范村寨"条下：南樊寨"在县东三十五里。周二十余亩，地甚宽敞"。

南镇　①在今河北文安县西北。清《日下旧闻考》卷121保定县：南镇"在城（今文安县西北新镇）南十八里。按《保定县志》：南镇为南北往来孔道，河流环绕，岸有古柏横接如桥，行者便之。《邑志》谓之柏桥古渡"。

②即今山东高唐县南南镇。清末西捻军在此遭清军阻击。

南镇山　即今浙江绍兴市南会稽山。系古代五镇之一。《新唐书·地理志》越州会稽县："有南镇会稽山。"

南镇寨　①在今福建古田县西。《资治通鉴》：五代晋高祖天福五年（940），王延政据建州，发兵攻南镇，闽王曦福州西鄙戍兵皆溃，即此。

②明置，属福宁卫。即今福建福鼎市东南南镇。清时有把总驻此。

南黎都　在今海南省澄迈县南。《明史·地理志》琼州府澄迈县："南有兔颖巡检司，治曾家东都，后迁南黎都，废。"

南德州　唐武德五年（622）改日南郡置，治所在九德县（今越南义安省荣市）。八年（625）改为德州。

南褒县　1935年2月川陕革命根据地由南郑、褒城二县析置，治新集（今陕西南郑县西新集镇）。取二县首字为名。不久废。

南澳　在今广东南澳县（南澳岛）北海湾。《明史·俞大猷传》：嘉靖四十二年（1563），"福建总兵官戚继光袭（吴）平，平遁保南澳"。

南澳山　在今广东南澳县南澳岛。《方舆纪要》卷103潮州府饶平县：南澳山在"县西南二百里大海中，去福建元钟澳口约三十余里。形如笔架，周二百余里。内三澳，曰青、曰深、曰隆，即长沙海尾。延袤三百里，田地沃饶，几数千亩。洪武二十六年，居民为海倭侵扰，诏令内徙，遂墟其地。其山四面蔽风，大潭居中，可以藏舟。嘉靖初，倭泊于此互市，既而倭自福建之语屿移泊南澳，建屋而居，大为粤东患。其后海寇吴平、许朝光等亦窟穴于此。万历三年增设重兵屯据其地"。

南澳厅　清雍正十年（1732）析饶平县之隆、深二澳，福建诏安县之云、青二澳地，设南澳厅，属潮州府。治所在南澳镇（今广东南澳县东北深澳镇）。1912年改为南澳县。

南澳县　1912年改南澳厅置，后属广东潮循道。治所即今广东南澳县东北深澳镇。1920年直属广东省。1947年移治隆澳（今南澳县治后宅镇）。

南澳溪　又名大南澳溪。在今台湾省宜兰县东南。《清史稿·地理志》台东州："南澳"等溪"并在州东北，入于海”。

南澳镇 即今广东南澳县东北深澳镇。《清一统志·潮州府》：南澳镇“在饶平县东南一百六十里海中南澳山上。明万历四年筑三城，一在深水澳，一在云盖寺，一在龙眼沙，互相联络，设副总兵驻守。本朝康熙十八年改设总兵官，兼辖澄海、海门、达濠三营，控制粤闽两省，为海上重镇。雍正十年增设海防同知驻此”。

南潘郡 唐天宝元年（742）改潘州置，治所在茂名县（今广东高州市）。辖境相当今广东高州、茂名、电白、吴川等市县地。乾元元年（758）复为潘州。

南豫州 ①南朝宋永初三年（422）分豫州淮东置，治所在历阳（即今安徽和县）。辖境相当今江苏南京市六合区和安徽定远、来安、和县等县以西，河南光山县、新县、湖北武湖水以东的江北、淮南地。元嘉七年（430）省。大明元年（457）复置，治所在姑孰（即今安徽当涂县）。五年（461）省。七年（463）复置，齐建元二年（480）省。永明二年（484）割扬州宣城、淮南，豫州历阳、谯、庐江、临江六郡复置，治所在于湖（即今安徽芜湖县西北王旭乡）。隋开皇九年（589）废。唐武德三年（620）以当涂县置，八年（625）废入宣州。

②南朝梁置，治所在寿春县（今安徽寿县）。《隋书·地理志》：“淮南郡，旧曰豫州，后魏曰扬州，梁曰南豫州，东魏曰扬州，陈又曰豫州，后周曰扬州。开皇九年曰寿州。”

③东魏置，治所在今湖北随州市西北。北周改为溳川郡。

南燕 ①即西周初燕国。在今河南延津县东北三十五里。《汉书·地理志》东郡南燕县：“南燕国，姞姓，黄帝后。”《水经·济水注》：“濮渠又东北。径燕城南，故南燕，姞姓国也。”

②东晋十六国之一。公元398年鲜卑族慕容德所建，都滑台（今河南滑县东南八里城关镇）。《晋书·慕容德载记》：“时德始都滑台，介于晋、魏之间，地不过十城，众不过数万。”史称南燕。公元399年北魏军占领滑台。慕容德被迫挥师东向，占领青州诸郡，移都广固（今山东青州市西北）。有今山东中部和东部地。公元410年为东晋刘裕所灭。

南燕县 西汉改燕县置，属东郡。治所在今河南延津县东北三十五里。东汉复为燕县。西晋废。唐武德二年（619）复置，属胙州。四年（621）废。

南薇滩 在南海中中国南沙群岛内，位于奥援暗沙西南约22海里。为一环形暗滩，滩内有蓬勃堡礁、金盾暗沙、奥南暗沙。1935年公布名称为来福门滩。1947年改名南薇滩。

南礌碾 即南壕堑。今河北尚义县治南壕堑镇。

南隰州 金天会六年（1128）改隰州置，治所在隰川县（今山西隰县）。辖境相当今山西隰县、石楼、永和、蒲县、大宁等县地。天德三年（1151）复改隰州。

南壕堑 又名南礌碾。即今河北尚义县治南壕堑镇。民国《张北县志》卷3：南壕堑“在县城西一百四十里。于前清光绪二十六年掘筑壕围”。1944年尚义县迁治于此。

南薰门 北宋东京城（今河南开封市）外城南中门。《宋史·钦宗纪》：靖康二年（1127），钦宗在青城被俘，“金人堑南薰门路，人心大恐”。

南薰桥 俗称哈叭桥。在今北京市通州区城东关外稍南北运河上。《清一统志·顺天府三》：南薰桥“在通州东关外稍南通惠河上，为宝坻、香河大路”。

南薰礁 在南海中中国南沙群岛，位于郑和群礁的西南角，鸿庥岛西。主要由上、下两个珊瑚礁组成，两礁相距约2.5海里。中国渔民向称南乙峙仔、沙仔。1935年公布名称为给予礁。1947年改名南薰礁。

南豳州 西魏文帝大统十四年（548）置，治所在新平郡（今陕西彬县）。以北别有豳，故此为南。辖境相当今陕西彬县、永寿、长武、旬邑等县地。废帝三年（554）废北豳州，遂称此为豳州。

南豳城 在今陕西永寿县北。《寰宇记》卷31永寿县：南豳故城“后魏时所筑。在县北据山，其东、西、南三面险绝，实控御之地”。

南襄州 北魏孝昌中置，治所在襄城郡（今河南唐河县南湖阳镇）。西魏治西淮安郡。废帝三年（554）改为湖州。

南襄阳郡 西魏改南襄郡置，治所在重阳县（北周改思安县，今湖北南漳县）。隋开皇初废。

南襄城 在今湖北远安县西北。《方舆纪要》卷78远安县“潼阳城”条下：“《志》云：南襄城在县北七十五里。相传关羽屯兵之所。南北朝时尝于此置南襄城郡。”

南襄城郡 ①南齐置，属雍州宁蛮府。治所在隔城（今河南桐柏县西北）。后废。

②北周置，治所在叶县（今河南叶县南二十八里旧县）。隋开皇初废。

南襄郡 南齐置，治所即今湖北南漳县。西魏改置南襄阳郡。

南襄堡 即南襄城。在今湖北远安县西北。《方舆纪要》卷78远安县“高鸡砦”条下：“南襄堡，即县北故南襄城。成化中，远安所兵驻守于此。”

南疆八城 指清代新疆天山以南喀喇沙尔（今新疆焉耆回族自治县）、库车（今库车县）、阿克苏（今阿克苏市）、乌什（今乌什县）、喀什噶尔（今喀什市）、英吉沙尔（今英吉沙县）、叶尔羌（今莎车县）、和阗（今和阗市）八城。

南疆西四城 指清代新疆南部喀什噶尔（今新疆喀什市）、叶尔羌（今莎车县）、英吉沙尔（今英吉沙县）、和阗（今和田市）四城。嘉庆二十五年（1820）大小和卓木后裔张格尔利用维吾尔族人民对清政府地方官的不满，由浩罕入侵。道光六年（1826）再次入侵，攻陷西四城。是年清军讨伐，次年收复。《清宣宗实录》：道光七年（1827）五月，“长龄等奏，和阗克复，西四城全经戡定……”即此。

南䜌县　西汉置，属巨鹿郡。治所在今河北巨鹿县北夏旧城。西晋初废，后复置。北魏太平真君六年（445）废入柏人县，太和二十一年（497）复置，属南赵郡。北齐废。隋开皇六年（586）复置，属赵州。大业初改为巨鹿县。

南籍端水　又名冥河。即今甘肃西部疏勒河上游。《汉书·地理志》敦煌郡冥安县：“南籍端水出南羌中，西北入其泽，溉民田。”

南赣巡抚　为巡抚南赣汀韶等处地方提督军务的简称。明弘治十年（1497）置，驻赣州府（治今江西赣州市）。辖境屡有变化。嘉靖四十五年（1566）定制，辖南安、赣州、韶州、汀州、南雄五府及柳州，相当今赣南、粤北、湘南、闽西交界地带。清康熙三年（1664）废。

标竿镇　即今山东济阳县治。《方舆纪要》卷31济南府济阳县：“本章丘县之标竿镇及临邑县地，金天会七年始析置济阳县”。

栈阁　即栈道。《后汉书·隗嚣传》：“白水险阻，栈阁绝败。”李贤注：“栈阁者，山路悬险，栈木为阁道。”

栈道　亦称“栈阁”、“阁道”。我国古代在今陕、甘、川、滇诸省境内山岩险壁上凿孔架桥连阁而成的一种道路，是当时西南地区的交通要道。战国时开始修建。《战国策·秦策》：“栈道千里，通于蜀、汉。”《汉书·张良传》：“汉王之国，良送至褒中。……良因说汉王烧绝栈道，示天下无还心。”颜师古注：“栈道，阁道也。”川陕两省之间，栈道有陈仓道、金牛道、米仓道、左担道四条。

桔木部　明代析教化部置，为教化三部长官司副长官驻地。在今云南文山县南二十四里古木镇。清代废入开化府，设逢春里。

桔木箐　在今云南文山县南二十四里古木镇。《方舆纪要》卷115教化三部长官司“牛羊箐”条：“《志》云，由教化三部而南，地名桔木箐，亦有酋长戍守。”“桔木”为彝语柯莫的谐音，意即大坝子。

桔尔坤山　即今青海境内之昆仑山。《清一统志·青海厄鲁特》：桔尔坤山“在青海西境”。清阎若璩《书经地理通释》：“山在今西番界，有三山：一名阿克坦齐钦，一名巴尔布拉，一名巴颜喀喇，总名桔尔坤，译言昆仑也。在积石之西，河源所出。”

桔枞山　又名肺山、地肺山。在今河南灵宝市西南。《续汉书·郡国志》：弘农郡弘农县“有桔枞山”。又《刘玄传》注引《东观记》曰：“徐宣、樊崇等入至弘农枯纵山下。”即此。

桔河驿　在今云南昌宁县西北桔柯镇。《方舆纪要》卷118顺宁府：“《志》云，府境旧有顺宁观音、水井、牛街、锡铅、右甸、桔河六驿，皆土驿丞司之。”

桔柯赕　宋大理置，属永昌府。在今云南昌宁县西部桔柯坝子。元代属镇康路，后属顺宁府。

桔榕江　在今广西田东县东南。《明史·地理志》向武州：“南有桔榕江，下流入于右江。”

柯　①春秋卫邑。在今河南内黄县北。《春秋》：襄公十九年（前554），“叔孙豹会晋士匄于柯”。杜注：“魏郡内黄县东北有柯城。”

②春秋时齐邑，战国时置为县。在今山东阳谷县东北阿城镇西北。《春秋》：庄公十三年（前681），“冬，公会齐侯盟于柯”。后称阿。秦置东阿县。

柯山　在今浙江绍兴市西北柯桥镇西三里。《清一统志·绍兴府》：柯山“在山阴县西南三十五里。上有石佛，高十余丈。下有水曰柯水”。

柯水　即今浙江东部钱塘江下游支流曹娥江。《汉书·地理志》会稽郡上虞县：“柯水东入海”，即此。

柯巴县　亦作牱巴县。唐仪凤二年（677）置，属羁縻奉州。治所在今四川珙县西南。后废。

柯尔坪　亦作柯坪。即今新疆柯坪县。《清一统志·阿克苏》：阿克苏西南有柯水坪庄。《清史稿·杨芳传》：道光六年（1826）从征张格尔，“十月，会军阿克苏。柯尔坪为要冲，芳先进，一鼓破之，焚回庄，斩贼酋伊瞒及安集延伪帅约勒达什，大军无阻”。

柯尔洛贝子旗　和硕特北左翼旗的俗称。在今青海乌兰县西北。

柯尔洛果札萨克旗　和硕特北右末旗的俗称。在今青海天峻县西北。后迁今德令哈市西。

柯耳鲁　亦作哈喇鲁、匣剌鲁。元《经世大典图》绘其在阿里麻里西北。在今哈萨克斯坦巴尔喀什湖以东地区。《元史·地理志·西北地附录》有“柯耳鲁地”。《元史·太祖纪》：六年（1211），“西域哈喇鲁部主阿昔兰罕来降”。

柯伤　即今伊朗德黑兰南卡尚。《元史·地理志·西北地附录》有“柯伤”。

柯阴县　唐仪凤二年（677）置，属晏州。治所在今四川兴文县西北。后废。

柯拔国　在今印度西南岸柯钦一带。《明史·外国传七》：“柯枝，或言即古盘盘国。宋、梁、隋、唐皆入贡。自小葛兰西北行，顺风一日夜可至。”明永乐间，中官郑和赴西洋各国访问时，曾至此。“帝遣郑和赍印赐其王，因撰碑文，命勒石山上。”

柯坪　即今新疆柯坪县。清光绪二十八年（1902）置柯坪分防县丞，属温宿府。1915年设县佐。1930年改置柯坪县。

柯坪县　1930年置，属新疆阿克苏行政区。治所在柯坪（今新疆柯坪县）。取柯尔坪回庆为名。后直属新疆省。今属新疆维吾尔自治区。

柯柯的贝勒旗　和硕特西后旗的俗称。在今青海都兰县西南宗家镇一带。

柯亭　在今浙江绍兴县西南四十里。《寰宇记》卷96越州山阴县：“《郡国志》云：千秋亭一名柯亭。又《会稽地记》云：汉议郎蔡邕避难，宿于此亭。”

柯盈县　唐贞观元年（627）置，属郎州。治所在今贵州遵义市西北。后废。十三年（639）复置，属播州。十四年（640）改名带水县。

柯桥　在今浙江绍兴县西北二十六里柯桥镇。《方舆纪要》卷92绍兴府：柯桥，“《志》云：其地水流汗漫，陂深坂曲，为境内之险，亦曰柯桥市”。

柯桥镇　即今浙江绍兴县西北二十六里柯桥镇。清设巡司于此。

柯家坪　在今重庆市城口县西南周溪乡。清道光《城口厅志》卷5：柯家坪在“厅西南一百六十里。地势平厂，水田四百余亩。坪后倚大山，高数十里。前三面皆岩崙高二里许”。《明史·张令传》：“崇祯十三年（1640），玛觔山败后，（张）献忠转入柯家坪，其地乱峰错峙，箐深道险。”

柯陵　春秋时郑地。在今河南许昌市南、临颍县北。《春秋》：成公十七年（前574），“公会尹子、单子、晋侯、齐侯、宋公、卫侯、曹伯、邾人伐郑。……同盟于柯陵”。即此。

柯家坦镇　即今安徽庐江县西柯坦镇。清光绪《庐州府志》卷3庐江县：柯家坦镇在“县西二十五里”。

柯陵县　即阿林县。西汉置，治所在今广西桂平市东南。《晋书·地理志》作柯陵。柯为阿之讹。

柯理县　亦作轲里县。唐仪凤二年（677）置，属羁縻奉州。治所在今四川珙县西南。后废。

柯梅岭　在今浙江舟山市定海区东北白泉镇北。《方舆纪要》卷92宁波府定海县：柯梅岭“在海中舟山所东，出浦则为鱼山外洋、乌山门外洋”。

柯提　察合台汗国属地。在今乌兹别克斯坦阿姆河下游东岸比鲁厄一带。

柯散城　即可伞城。察合台汗国辖地。在今乌兹别克斯坦东部纳曼干北卡桑赛。《元史·地理志·西北地附录》有“柯散城”。即此。

柯舜山　即舜山。今江苏无锡市西郊惠山。清光绪《无锡金匮县志》卷2：舜山“其西为柯山，两山连而其峰相望，土人合名之曰舜柯山”。

柸山镇　在今江西新干县西。《方舆纪要》卷87临江府新淦县：柸山镇在“县西十里。有巡司”。

柸溪　即今福建霞浦县西北四十里杯溪。清乾隆四年（1739）改芦门巡司为柸溪巡司。

柘山　在今上海市金山区东北。《清一统志·松江府一》：柘山“在金山县北柘湖中，湖已涸。山在平陆，生柘树，因名”。

柘木场　在今四川天全县西。《方舆纪要》卷73天全六番招讨使司“碉门砦”条下：“又西有柘木场，亦要口也。明初重茶市。洪武五年，命左都督徐增寿曰：碉门拒河西口，道路狭隘，跋涉艰难，市马数少。闻自碉门出柘木场，径抵长河西口，通杂道长官司，道路平坦，尔宜檄所司开拓，以便往来是也。”

柘支国　即石国。都城在今乌兹别克斯坦塔什干。《新唐书·西域传》：“石，或曰柘支。”

柘冈　在今江西金溪县西，与抚州市临川区交界处之灵谷山相接。上有王安石读书堂。王安石《送黄吉父将赴南康官归金溪》诗：“柘冈西路白云深”，指此。

柘东节度　即拓东节度。南诏置，治所在柘东城（今云南昆明市）。

柘东城　即拓东城。南诏筑，在今云南昆明市。

柘州　唐显庆三年（658，或作显庆元年656）置，治所在柘县（今四川理县西北与黑水县接壤地带）。《元和志》卷32柘州：“以山多柘木，因以为名。”天宝元年（742）改为蓬山郡，乾元元年（758）复为柘州。辖境相当今四川红原东南、理县西北与黑水西南接壤地区。广德后没入吐蕃。

柘阳寨　在今江西广丰县东南。《方舆纪要》卷85广信府永丰县：柘阳寨“在县东南五十五里。有巡司。《志》云，司去平洋坑六里，筑寨以守。平洋之险最为要害”。清雍正六年（1728）巡司移驻县西南洋口镇。

柘折国　即石国。都城在柘折城（今乌兹别克斯坦塔什干）。唐玄奘《新唐书·西域传》：“石，或曰柘支，曰柘折。”

柘矶山　一名沙山。在今江西湖口县北四里柘矶。《方舆纪要》卷85九江府湖口县：柘矶山“峰峦高峻，沙滩其下”。

柘县　①战国秦置，属陈郡。治所在今河南柘城县北。《寰宇记》卷12柘城县：“以邑有柘沟，以此名县。”西汉属淮阳国。东汉属陈国。西晋太康中废。

②唐显庆三年（658）置，为柘州治。治所在今四川理县西北与黑水西南接界处。天宝初为蓬山郡治，乾元初复为柘州治。广德后没入吐蕃。

柘汪　即今江苏赣榆县东北柘汪。《清一统志·海州》“海”条下载，县东北“柘汪”为州境海口之一。

柘沟集　即今山东泗水县西北二十六里柘沟镇。清光绪《山东通志》卷1《舆图志》：泗水县西北有柘沟集。

柘林市　即今江西永修县西北柘林镇。清同治《江西全省舆图》卷14：建昌县西北有柘林。

柘林县　北周改柘林郡置，属升平郡。治所在今河南唐河县西南。隋大业三年（607）废入湖阳县。

柘林城　又名柘林堡。在今上海市奉贤区南柘林镇西一里。因附近柘山上柘树成林，故名。北宋曾设袁部盐场于此。明嘉靖时，为防倭寇筑城防守。《方舆纪要》卷24松江府华亭县：柘林镇“城周四里，为防御要冲，南起漴缺墩，北至翁家港，皆其信地”。清设守备防守。同治元年（1862）毁于英、法联军。

柘林郡　西魏改顺阳郡置，属南襄州。治所在今河南唐河县西南。北周废郡为县。

柘林寨　即今广东饶平县东南柘林镇。《方舆纪要》卷103潮州府饶平县：柘林寨“在县南大尖峰西南。有柘林澳，西北去府城百三十里，置寨于此，为戍守要地。《海防考》，柘林波连南澳，跨闽粤之交，海寇恒窥伺于此，往来突犯，盖他寨或山，或礁，或港，皆有险可恃。柘林寨南面平洋，海寇杨帆直指，瞬息可至，且四面孤悬，无附近卫所可以缓急应援。迩者海寇李之奇、刘香，皆突陷柘林，遂入潮阳、揭阳，刘香且直趋会城，后又突入虎头门等澳。既而闽帅邓芝龙破香于柘林寨，患始息，故柘林之备为最切”。

柘林镇　①唐置，为军镇，属嘉州。在今四川乐山市西南七十里沙湾镇。

②即今上海市奉贤区南十八里柘林镇。镇西旧有柘林城。《方舆纪要》卷24松江府华亭县：柘林镇“地连柘山，与青村所、金山卫相应援。嘉靖三十四年，倭贼盘据于此，四出焚掠，久之患息，因建堡置戍，城周四里，为防御要冲”。清设守备防守。

柘林澳　即今广东饶平县南柘林湾。《明史·李锡传》：隆庆元年（1567），“海寇曾一本横行闽、广间。……一本至闽，锡出海御之，与（俞）大猷遇贼柘林澳，三战皆捷”。

柘岭　在今福建浦城县东。《寰宇记》卷101建州浦城县：柘岭“在县东一百六十里。东与处州丽水县分界处”。明《寰宇通志》卷48建宁府《山川》：柘岭“在浦城县东北雁塘里，以地多柘树得名”。

柘城县　隋开皇十六年（596）置，属宋州。治所在今河南柘城县北。大业初属梁郡。唐属宋州，贞观元年（627）废。永淳元年（682）复置。北宋属应天府。金属睢州。元末废。明洪武四年（1371）复置，属开封府。十年（1377）废。十三年（1380）复置，属睢州。嘉靖中徙治今柘城县。清属归德府。民国初属河南开封道。1927年直属河南省。

柘荣县　1945年升柘洋特种区置，属福建省。治所在柘洋（今福建柘荣县）。1956年7月裁入福安县。1961年8月复置。1970年2月又撤。1974年12月再置。

柘洋　即今福建柘荣县。元末有袁天禄兄弟占据，称泰安社，元授以江西行省参政。明初纳款。正统六年（1441）置柘洋巡司，属霞浦县。1938年设柘洋特种区。

柘洋特种区　1938年析霞浦县北部置，属福建省。治所在柘洋（今福建柘荣县）。1945年改置柘荣县。

柘皋河　在今安徽巢湖市西北。源出浮槎山，南流经柘皋镇，于龟山西入巢湖。《明史·地理志》无为州巢县：“巢湖在西，西北有柘皋河流入焉。”

柘皋镇　北宋置，属巢县。在今安徽巢湖市西北柘皋镇。《元丰九域志》卷5无为军：巢县有“柘皋”镇。

柘厥关　唐置，在今新疆库车县西渭干河西。《新唐书·地理志》：“安西西出柘厥关，渡白马河，百八十里西入俱毗罗碛。”

柘湖　在今上海市金山区（山阳镇）西北张堰镇南。《水经·沔水注》：谷水“东出五十里，有武原乡，故越地也。秦于其地置海盐县。《地理志》曰，县故武原乡也，后县沦为柘湖”。《舆地纪胜》卷3嘉兴府：柘湖“在华亭县南，有山生柘，故名”。今已湮塞。

柘塘镇　即今江苏溧水县西北柘塘镇。清光绪《江苏全省舆图》溧水县：“柘塘镇在城西北四十里。”

柘溪洞　在今湖南沅陵县东南九十里。《方舆纪要》卷81沅陵县“七盘岭”条下：柘溪洞“山势连空，悬崖壁立，石穴深邃，池水澄滢”。

栋山　即会稽山。在今浙江绍兴市东南。《水经·浙江水注》：“又有会稽之山，古防山也，亦谓之茅山，又曰栋山。《越绝》云：栋犹镇也。盖《周礼》所谓扬州之镇矣。”

栋鄂城　当在今辽宁新宾县南富尔江流域。明末建州女真栋鄂部居此。

栋铜山　在今广西上思县东。《方舆纪要》卷110上思州：栋铜山“在州东。有三百谷口”。

柤　春秋宋邑，后入楚。在今江苏邳州市西北泇口。《春秋》：襄公十年（前563），公会晋侯、宋公、卫侯等“会吴于柤”。即此。《水经·沭水注》引京相璠曰：“宋地，今彭城偪阳县西北。”在今山东微山县东南。《淮水注》作“鄌”，以为即汉之鄌县，在今河南永城市西。

柤山　在今湖北襄阳市与南漳县之间。《隋书·地理志》：襄阳府义清县有柤山。《元和志》卷21南漳县：柤山“在县东北一百八里。吴将朱然、诸葛瑾从柤中乘山险道北出，柤中去襄阳城一百八十里。按此是地名，非山，盖以地山相近，因名”。或说即南漳县东南之八叠山。

柤中　地区名。一作沮中。在今湖北南漳县西蛮河流域。《三国志·吴书·朱然传》：赤乌五年（242），“征柤中”。裴注引《襄阳记》曰：“柤音如租税之租。柤中在上黄界，去襄阳一百五十里。魏时夷王梅敷兄弟三人，部曲万余家屯此，分布在中庐、宜城西山鄢、沔二谷中，土地平敞，宜桑麻，有水陆良田，沔南之膏腴沃壤，谓之柤中。”一说指今湖北沮河上游地区。

柤浦　即查浦。在今江苏南京市区西清凉山南。《晋书·成帝记》：东晋咸和四年（329），苏峻死，“诸军攻石头，李阳与苏逸战于柤浦，阳军败”。同书《安帝纪》：义熙六年（410），卢循义军败建康，刘裕于“淮口筑柤浦、药园、廷尉三垒以拒之”。皆此。

柤渎　即查渎。一名柤塘。在今浙江杭州市萧山区西南。《水经·浙江水注》："浙江又东径柤塘，谓之柤渎。"

柤塘　即查渎。一名柤塘。在今浙江杭州市萧山区西南。《水经·浙江水注》："浙江又东径柤塘，谓之柤渎。"即此。

相　①春秋属宋，后入于楚。在今安徽淮北市西北相山区。《史记·春申君列传》："魏氏将出而攻留、方与、铚、湖陵、砀、萧、相，故宋必尽。"秦置县。

②春秋时楚邑。在今河南鹿邑县东十五里。《续汉书·郡国志》苦县："春秋时曰相。"《水经·阴沟水注》："涡水又曲东，径相县故城南，其城卑小实中。边韶《老子碑》文云：老子，楚相县人也。"

③一名亶甲城。在今河南安阳市西北。《太平御览》卷83皇王部引《纪年》曰："河亶甲整即位，自嚣迁于相。"《史记·殷本纪》亦载："河亶甲居相。"唐杜佑《通典》卷178："相州，殷王河亶甲居相，即其地也。……后魏道武置相州，取河亶甲居相之义。"

相山　①又名巴山、临川山。在今江西崇仁县西南。清光绪《江西通志》卷52抚州府：相山，本名临川山，南宋"绍兴中，县令孙懋避（栾）巴讳，以巴尝迁沛相，改今名"。

②在今安徽淮北市西北。相传东汉桓谭曾藏书于此。山上有唐永徽初所立相山碑。《寰宇记》卷17符离县载："相山碑在县西北九十里相山南。按碑辞云：晋武帝太康五年，县令有国诸侯祀界内山川。时相山属沛国。令郭卿云：相山主应房心之星，能兴云雨。会天旱祈雨即应，乃建庙刻石记，铭曰：巍巍相山，盘纡穹崇，上应房心，与天灵冲，兴云播雨，稼穑以丰。"

相山县　西魏置，治所在今甘肃礼县境。北周废。

相见堡　在今贵州施秉县东。又名相见坡，黔人谓岭曰坡。《清一统志·镇远府》引《府志》："在偏桥之东。三重迭起，高皆千仞，计途周三十里，起伏偃仰，石垂烟接，陟首坡则尾坡见，至尾坡回瞩则首坡见，立中坡则首尾俱见。"

相见湾　在今江苏泰兴市东。《方舆纪要》卷23泰兴县：相见湾"在城东。俗谓之龙开河。河形委曲，舟行虽有先后，至此则帆樯相望，可呼而应也"。

相公山　在今湖南耒阳市东北四十里。《方舆纪要》卷80耒阳县"马阜山"条下：相公山"相传诸葛武侯曾驻兵于此，因名"。

相公山寨　在今湖南常宁市东北。《方舆纪要》卷80安仁县"潭湖镇"条下："又西有相公山寨，相传诸葛武侯屯兵处。"

相公庄　①原名崔镇。即今山东章丘市东北十里相公庄镇。元散文家张养浩祖居此庄，乡人称之为张相公，遂改名相公庄。1985年设相公庄镇。

②即今山东临沂市东北三十里相公镇。民国《临沂县志》舆图：县东北有相公庄。

相公岭　①在今四川茂县东北十五里。《舆地纪胜》卷149茂州：相公岭"州之主山，自镇羌砦来方稍平夷，至相公岭愈更开展"。《清一统志·茂州》：相公岭，"《旧志》：宋王中立驻师于此，因名"。

②即今四川汉源县北与荥经县分界之大相岭。相传诸葛亮曾屯兵于此，故名。清费密《荒书》：明崇祯十七年（1644），张献忠义军攻占荥经，"（曹）勋自是惟守小关山，此二关（指大小二关）相公岭之险隘处也"。

相公堡　即今湖南衡南县（云集镇）东南相市乡。同治《清泉县志》卷1：相公堡市"相传诸葛武侯督赋临烝，尝舣舟于此"。

相公殿　在今浙江慈溪市北。1941年6月，驻姚北庵东的日军三十余人出扰相公殿，新四军在相公殿以西伏击日军，打死打伤各八人。相公殿战斗揭示了开辟浙东敌后抗日根据地的序幕。

相公溪　在今重庆市奉节县西。《方舆胜览》卷57夔州：相公溪"在瀼东。王龟龄云：以丁公言得名，水可烹茶"。《清一统志·夔州府一》：相公溪"在奉节县西三里"。

相石亭　在今江西永丰县南。《明一统志》卷56吉安府：相石亭"在永丰县南。宋文天祥兵败空坑，过此山时，顾石崖祝曰：天若祚宋，愿以崖石堕塞兵路。言讫，石果堕，元兵不得进。后人因名亭曰相石"。

相田市　在今江西萍乡市西十五里。《清一统志·袁州府》"江西市"条下："又相田市，在（萍乡）县西十五里，路通湖南茶陵州攸县。"

相让台（臺）　在今安徽阜阳市东二里。《清一统志·颍州府一》"相让台"引《楚史拾遗》云："楚庄王立层台于寝邱，谏而死者七十二人，最后纳寝人诸御之言，解层台，罢民役，名其台曰相让。"

相对冈　在今广东四会市东南。《方舆纪要》卷101肇庆府四会县：相对冈在"县东南十里。两山屹峙，为县治噤喉"。

相台山　在今四川邛崃市西八十里。《方舆胜览》卷56邛州：相台山"在火井县东北。唐袁天纲登此山以相县治，故名"。《明史·地理志》邛州："西有相台山，下有火井，又有盐井。"《方舆纪要》卷71邛州：相台山在"州西八十里。即火井令袁天纲登山相视县治处，山之西南即火井也"。

相州　北魏天兴四年（401）分冀州置，治所在邺县（今河北临漳县西南邺镇）。取河亶甲居相之义。东魏天平元年（534）移都于此，改为司州。北周建德六年（577）复改为相州。大象二年（580）移治安阳城（今河南安阳市西南）。隋大业初改为魏郡，移治今安阳市。唐武德元年（618）复为相州。天宝元年（742）改为邺郡。乾元元年（758）复为相州。

辖境相当今河北磁县、成安县以南，河南内黄县以西，汤阴县以北，林州市以东地。金明昌三年(1192)改为彰德府。

相州镇 民国置，即今山东诸城市北四十里相州镇。为通安丘孔道。清道光《诸城县续志》卷2有相州集。

相兴都督府 唐置，为党项羁縻府，属灵州都督府。其地当在今宁夏黄河两岸地。后废。

相安镇 在今江西南康市北一百二十里。明、清置巡司于此。

相如县 南朝梁天监六年（507）置，为梓潼郡治。治所在今四川蓬安县西南利溪镇。《太平御览》卷167引《周地图记》云："相如县有相如坪，相如故宅，因以名县。"北周郡县俱废。武帝复置，属南宕渠郡。隋属巴西郡。唐武德四年（621）属果州，天宝初属南充郡，乾元初复属果州。南宋宝庆三年(1227)属顺庆府，宝祐六年（1258）改属蓬州。元为蓬州治。明洪武中省入蓬州。

相如坪 在今四川蓬安县西南利溪镇。《寰宇记》卷86相如县："汉司马相如故宅在县南二十里。《周地图记》云：其地有相如坪，相传相如别业在此，宅右西滨汉水，蓁薄郁然。其台名相如琴台，高六尺，周四十四步。"

相县 ①战国秦置，为泗水郡治。治所在今安徽淮北市西北相山区。秦封泥中有"相丞之印"可证。西汉属沛郡。东汉属沛国。北齐废。

②北魏延昌中侨置，属沛郡。治所在今河南虞城县境。北齐废。

③南朝梁侨置，属北沛郡。治所在今安徽霍山县东。后废。

④隋开皇十年（590）析安阳县置，属相州。治所在今河南安阳县西十五里。大业初废入安阳县。唐武德元年（618）复置，五年（622）又废。

相里站 元置。在今山西襄汾县西。明废。

相国寺 一名大相国寺。在今河南开封市内。

相岭 指小相公岭。在今四川越西县与冕宁县之间。其支脉亦名相岭。《明史·李应祥传》：万历中，"建昌逆酋曰安守、曰五咱、曰王大咱，与越嶲、邛部、黑骨夷并起为乱。……黑骨与大咱已据相岭，焚三峡桥"。《方舆纪要》卷74越嶲卫：小相公岭关在"卫南五十里。志云：相岭关在小相岭绝顶"。嘉庆《四川通志》卷91引《蛮司合志》：明万历间"阿弓强梁公行相岭间，乃设伏大孤山待阿弓，阿弓至，大战擒斩之"。

相城 在今江苏苏州市东北相城区。《清一统志·苏州府二》：相城"相传子胥初筑城时，先于此相地垒土为城，下湿乃止。其地因以为名"。

相思江 在今广西桂林市南五十里。《新唐书·地理志》："相思棣，长寿元年筑，分相思水使东西流。"《明一统志》卷83桂林府：相思江"源出卧石山下。有相思埭，唐长寿初筑，分相思水使东西流，东流合漓江，西流合白石水"。此系人工开凿的一条河道，东连漓江，西汇白石水而接柳江，起着航运、灌溉两便的作用。

相原县 即胡原县。治所在今四川剑阁县东南香沉镇。《旧唐书·地理志》："南齐置相原县，隋改为临津县。"

相原府 在今陕西蒲城县东二里。为唐所置折冲府。

相渎 又名直渎。在今江苏丹阳市东南六十里。《舆地纪胜》卷7镇江府：相渎，"初王庄定存自杭州归丹阳旧居，惮于重堰，乡人自奔牛开直渎南通鹤溪，以便其行，故号查渎。亦名直渎"。

相隐塘 在今湖北黄冈市东二里。《清一统志·黄州府二》：相隐塘"在黄冈县城东二里。近相隐桥，西为白莲池，即韩琦读书处"。

相景县 唐武德五年（622）置，属骥州。治所在今越南义安省北部。贞观元年（627）属演州，十三年（639）废。

柚山 在今江苏金坛市南长荡湖中。《方舆纪要》卷25常州府宜兴县：柚山"在县西北九十里洮湖上。与湖中大坯山对峙，巨石瞰湖，延袤三四里"。

枳 战国时巴国邑。在今重庆市涪陵区东乌江东岸。东晋常璩《华阳国志·巴志》："巴子时虽都江州，或治垫江，或治平都，后治阆中。其先王陵墓多在枳。"后为楚邑。《战国策·燕策》：苏代约燕王曰："楚得枳而国亡。"秦取得枳邑后于此置枳县。

枳县 ①战国秦于枳邑置，属巴郡。治所在今重庆市涪陵区东乌江东岸。三国蜀移治今涪陵区。东晋常璩《华阳国志·巴志》：枳县在"郡东四百里，治涪陵水会。土地确瘠，时多人士"。东晋永和三年(347)桓温平成汉后移治今重庆市渝北区东洛碛镇。北周废。

②东晋永和三年（347）置，为枳城郡治。治所在今重庆市渝北区东洛碛镇唐草坝。寻属巴郡。北周废入巴县。

③北宋宣和元年（1119）改武龙县置，属涪州。治所在今重庆市武隆县西北土坎镇（旧武隆司）。南宋绍兴元年（1131）复为武龙县。

枳沟镇 民国置，即今山东诸城市西南四十五里枳沟镇。当潍水南岸。为通莒县孔道。清道光《诸城县续志》卷2作"只沟"。

枳城郡 东晋永和三年（347）桓温平蜀置。治所在枳县（今重庆市渝北区东洛碛镇东唐草坝）。寻废。

枳道 即轵道，秦汉亭名。在今陕西西安市东北。《汉书·高帝纪》：高祖元年（前206），"沛公至霸上，秦王子婴素车白马，……降枳道旁"。

柞山 一作柞岭。在今内蒙古土默特左旗北。《魏书·太宗纪》：泰常六年（421）秋七月，"西巡，猎于柞山，亲射虎，获之，遂至于河"。

柞水 一名祚水。即今陕西镇安县东乾祐河。《清一统志·商州》"柞水"条引《县志》：乾祐河

"在（镇安）县东三里，即沣水也。源出咸宁县秦岭，至旧县关入县境，又南至洵阳之两河关，合洵河"。

柞水县 1914年改孝义县置，属陕西关中道。治所即今陕西柞水县。1928年直属陕西省。

柞树冈 即今黑龙江省青冈县。清光绪三十年十二月（1905年1月）于此置青冈县。民国林传甲《黑龙江乡土志》："青冈县治通肯河西，旧名柞树冈。"

柞溪 在今湖北荆州市荆州区（故江陵县）北二十里。《水经·沔水注》：柞溪水"出江陵县北，盖诸池散流，咸所会合，积以成川。东流径鲁宗之垒南，当驿路，水上有大桥，隆安三年，桓玄袭殷仲堪于江陵，仲堪北奔，缢于此桥。柞溪又东注船官湖"。《晋书·桓玄传》：东晋义熙元年（405），"鲁宗之率众于柞溪，破伪武贲中郎温楷，进至纪南"。即此。

柏 西周封国。在今河南西平县西。《左传》：僖公五年（前655），"江、黄、道、柏方睦于齐"。杜注："汝南西平县有柏亭。"《续汉书·郡国志》汝南郡西平县："有柏亭，故柏国。"

柏人 春秋晋邑，战国属赵。在今河北隆尧县西。《左传》：哀公四年（前491），国夏伐晋，"会鲜虞，纳荀寅于柏人"。即此。

柏人县 战国赵置。后入秦，属邯郸郡。治所在今河北隆尧县西北。西汉属赵国。北魏属南赵郡，移治今隆尧县西南尧山乡。东魏改名柏仁县。《史记·张耳传》：汉八年（前199），"上从东垣还，过赵，贯高等乃壁人柏人，要之置厕。上过欲宿，心动，问曰：'县名为何？'曰：'柏人。''柏人者，迫于人也！'不宿而去"。

柏山 ①在今北京市门头沟西北青白口。《明一统志》卷1顺天府：柏山"在府西北清白口社，山四旁多产柏，故名。上有寺，亦以柏山名"。

②在今河北行唐县西北。《方舆纪要》卷14行唐县：柏山在"县西北三十五里。以山有古柏而名。相传窦建德尝屯兵于此"。

③一名烽台山。在今辽宁朝阳县南。《元一统志》："兴中州南三十里，绵亘柏山。"《清一统志·承德府一》：柏山"在朝阳县属土默特右翼东七十里，亦名烽台山。山有十六峰，盘郁四十余里。山顶有辽安德州城废基，断井颓垣，犹可辨识，山半有辽灵岩寺旧址，乾统八年耶律劭碑尚存"。

④在今安徽泾县东北，青弋江北岸。《方舆纪要》卷28泾县：柏山"在县东北三十五里，亦左难当拒辅公祏处，有白龟城，即难当所筑"。

⑤在今河南博爱县东北。清属河内县。《清一统志·怀庆府一》：柏山"在河内县东北五十里。山多松柏"。

柏子山 一名柏子塔山、九龙山。在今湖北麻城市东北三十里。明曹学佺《名胜志》：麻城县东北有柏子山，"《春秋》吴、楚陈于柏举，盖合此山及举水而名"。

柏子塔 在今湖北麻城市东北三十里。相传为唐德宗时虚应禅师所建。其后此山亦名柏子塔山。

柏子镇 ①北宋置，属遂宁县。在今重庆市潼南县西南四十里柏梓镇。

②即今山西沁源县西北柏子镇。《清一统志·沁州》：柏子镇"在沁源县西南丛山中，近岳阳县界"。

柏乡县 隋开皇十六年（596）置，属栾州。治所即今河北柏乡县。《元和志》卷17柏乡县："遥取古柏乡，县以为名。"大业初属赵郡。唐属赵州。北宋熙宁五年（1072）省入高邑县，元祐初复置，属庆源府。金属沃州。元属赵州。民国初属直隶大名道。1928年直属河北省。

柏乡侯国 西汉置，属巨鹿郡。治所在今河北柏乡县西南十七里。东汉废。

柏乡镇 又作柏香镇。金置，属河内县。即今河南沁阳市西三十里柏香镇。

柏井 即百井。今山西阳曲县东北柏井。《旧唐书·李自良传》：大历十三年（778）回纥入寇太原，鲍防令焦伯瑜等迎战，"遇虏于百井，伯瑜等大败而还"。李焘《续资治通鉴长编》卷27：北宋雍熙三年（986），契丹兵薄代州城，潘美"师出并（州），师行四十里至柏井，忽奉密诏"而还。

柏木芦寨 在今云南河口瑶族自治县西北。《方舆纪要》卷118蒙自县：柏木芦寨"在县南据山，绝顶四面，悬崖峭壁，外建墩台，以据水道。又南渡江入交趾界。《滇纪》：县南有雾露结箐，由此抵柏木芦寨"。

柏仁县 东魏改柏人县置，属南赵郡。治所在今河北隆尧县西南尧城。隋属襄国郡。唐属邢州，天宝元年（742）改名尧山县。

柏叶铺 即白箬铺。今湖南望城县西南白箬铺镇。

柏延里 即今河北武安市南十八里伯延镇。明嘉靖《武安县志》卷2：南乡有伯延里。

柏关寨 在今甘肃西和县城内。《方舆纪要》卷59西和县：柏关寨"宋南渡时，置寨于此，以保蜀口"。

柏兴千户所 明洪武二十五年（1392）改柏兴州置，属建昌卫。治所在今四川盐源县东北卫城镇。二十六年（1393）改置盐井卫。

柏兴州 明洪武二十四年（1391）降柏兴府置，属云南布政司。治所在今四川盐源县东北卫城镇。次年改为柏兴千户所。

柏兴府 元世祖至元二十七年（1290）置，属罗罗斯宣慰司。治所在闰盐县（今四川盐源县东北卫城镇）。辖境相当今四川盐源、盐边二县地。明洪武二十四年（1391）降为柏兴州。

柏阳 即柏陵。在今河北保定市南。《史记·建元已来王子侯者年表第九》：西汉元朔五年（前124），封赵敬肃王子终古为"柏阳"侯。即此。

柏坊　即今湖南常宁市东北三十六里柏坊镇。《清一统志·衡州府二》：柏坊“元至正间，红巾寇（按指对农民起义军的侮称）起，县人王汝荣督义兵万人守御”。即此。

柏坊站　元置，为水站。即今湖南常宁市东北柏坊镇。

柏芽镇　即今河北冀州市西五十六里柏芽庄。民国《冀县志》卷7：“乾隆《冀志》：西有柏牙庄。”

柏杨坝　亦作白杨坝。在今湖北利川市北五十二里柏杨场。旧属四川奉节县。清嘉庆《四川通志》卷28：白杨坝“在（奉节）县南三百里，居民稠密，界接施南。有伏水”。清设外委、把总分防。

柏杨岭堡　在今山西偏关县东北六十五里教儿墕乡。《方舆纪要》卷40河曲县：柏杨岭堡“在老营堡西北。万历二年置，周不及一里。沿边破卤营、好汉山等三十一处皆极冲。……《志》云，堡旧设于柏杨镇，后因山高无水，移于窖儿墕，仍存故名”。

柏谷　即今河南灵宝市西南朱阳镇。《国语·晋语二》：“公子重耳出亡，及柏谷，卜适齐、楚。”《水经·河水注》：柏谷水“北流径其亭下，……汉武帝尝微行此亭，见馈亭长妻。故潘岳《西征赋》曰：‘长傲客于柏谷，屯覩貌而献餐’，谓此亭也”。

柏谷山　在今山西长治市东北。《方舆纪要》卷42潞安府长治县：柏谷山在“府东北十三里。山多柏树，一名百谷山。俗传农尝谷处，有百谷泉。《志》云：岩壑绝胜，与太行、王屋相连”。

柏谷水　一名稠桑河。即今河南灵宝市西沙河。《水经·河水注》：柏谷水“出宏农县南石堤山……又北流入于河”。《寰宇记》卷6：“柏谷水，亦名壑涧。”

柏谷坞　一名百谷坞。在今河南偃师市东南四十里。《宋书·王镇恶传》：东晋义熙十二年（416），晋兵伐秦，“破虎牢及柏谷坞”。同书《王康传》：“司马楚之屯柏谷坞。”即此。

柏谷城　北周置，在今河南宜阳县南。《北齐书·段韶传》：“有柏谷城者，乃敌之绝险，石地千仞，诸将莫肯攻围韶……遂鸣鼓而攻之，城溃。”

柏社镇　北宋置，属德阳县。即今四川德阳市西北柏隆镇。

柏孜克里克千佛洞　在今新疆吐鲁番市东北一百余里。“柏孜克里克”，维吾尔语意为雕刻图案装饰的房屋。创建于南北朝末期，迄于元代。现存七十七窟。其特点为有些窟采取了开凿石崖与土坯砌建并用的建筑形式。以横顶直洞为主，亦有中柱式洞、方形双套洞和圆顶方形洞。壁画大部分残缺，残存部分内容有西方净土变（极乐世界）、文殊等，颜色鲜艳。第39号窟中的各国王子举哀图，具有西域各种不同民族的特征。在其他窟也可以看到回鹘和蒙古供养人的形象。在壁画上的佛像、僧侣和供养人像旁，大多有用汉文、回鹘文双行并写的榜书，可以看出高昌回鹘时期回鹘民族与汉族兄弟民族间的亲密关系。是古代高昌地区保存最好、内容最丰富的一处洞窟。1982年定为全国重点文物保护单位。

柏坡州　唐大和以前置羁縻州，属黎州都督府。治所在今四川泸定县境。北宋以后废。

柏茂山　亦名柏庙山。在今四川简阳市北。《方舆纪要》卷67简州“玉女山”条下：“州东北八十里又有柏茂山。峰峦卓立，为群山之首。”

柏茂镇　北宋置，属金水县。在今四川金堂县东南。

柏林山　①在今四川盐源县东卫城镇南。明曹学佺《蜀中广记》卷34《边防记》盐井卫：“《志》云：卫南十里柏林山，山多松柏，其绿参天，柏兴府之名取此。”

②在今甘肃古浪县东南。《清一统志·凉州府一》：柏林山“在古浪县东南七十五里。上多柏”。

柏林寺　①在今北京市东城区戏楼胡同1号。始建于元至正七年（1347）。明、清时多次重修。乾隆年间该寺曾收藏龙藏经版，是我国现存唯一的一部大藏经版，用梨木雕刻而成。共雕经版七万八千二百三十块，每块长18厘米，宽13厘米，两面刻字。1982年移至智化寺内保存。该寺观被国家图书馆旧刊物部占用。2006年定为全国重点文物保护单位。

②在今河北赵县城内北关路西。始建于汉末。唐时名观音院，金大定中改名柏林寺。寺内原有真际禅师宝殿，殿壁有彩色壁画，画上水势奔流，相传为吴道子真迹。今已不存。《清一统志·赵州》“柏林寺”条载：“寺有石甚古，刻虞世南‘攀龙麟附凤翼’六字。殿壁有吴道子画文武水各一。乾隆十五年，高宗纯皇帝圣驾经临，有《御制赵州柏林寺小憩》诗，及《再题吴道子文武水》诗。”现仅存元天历三年（1330）所建砖木塔一座，平面呈八角形，共七级，高约40米。

柏林场　在今四川大竹县北。清属渠县。嘉庆初，白莲教杨开第与总督勒保激战死于此。

柏林村　即今山西闻喜县西南柏林乡。1943—1946年晋冀鲁豫边区置稷麓县治此。

柏林驿　在今陕西宁强县北。《清一统志·汉中府二》：柏林驿“在宁羌州治北”。

柏林堡　①北宋元符二年（1099）置，属绥德军。在今陕西延安市北。

②在今陕西神木县西南六十里。明成化初巡抚卢祥置。《清一统志·榆林府二》：“城在山原，周二里有奇，边垣长四十三里，今有守备分防。”

柏枝山　在今重庆市梁平县南。《舆地纪胜》卷179梁山军引《元和志》：柏枝山“在梁山县南十里”。《寰宇记》卷149梁山军：柏枝山“在县东南十五里。《寻江源记》云：景穴有嘉鱼，其味甘美。景穴出柏枝，即此山是也”。

柏枧山　在今安徽宣城市东南七十里，接宁国县界。《方舆纪要》卷28宣城县：柏枧山在“府东南七十里，与宁国县接境。山之阳，即文脊山也。豁谷邃深，峰崖回曲，飞流界道，跨岫为梁”。《江南通志·山川六》：“昔山僧以柏皮为枧，引水入厨，因名。”

柏畅亭 在今河北临城县西十五里东柏畅。汉元朔五年（前124）封赵敬肃王子终古为“柏畅亭”侯。《寰宇记》卷60临城县：百畅亭，“《水经注》云，泜水东经百畅亭，亭在今县西”。即此。

柏固寨 在今浙江衢州市衢江区东南四十五里上板固村。明置柏固巡司于此。

柏岭 在今广西崇左市东北左州镇南。《方舆纪要》卷110左州：柏岭“在州南三里。一名北（墨）山岩。中虚敞，可容百人”。

柏岭镇 亦名北岭镇。唐开元二十四年（736）置，属恭州。在今四川红原县南。《寰宇记》卷80恭州：“西北至柏岭镇四十里。”

柏庙山 亦名柏茂山。在今四川简阳市北。《新唐书·地理志》阳安县：“有柏庙山。”《清一统志·成都府一》：柏茂山，“《旧志》：（柏庙山）今曰柏茂山，在州东北八十里。峰峦卓立，为群山之首。盖庙茂声近而误也”。

柏驾桥镇 即今安徽青阳县东南十五里百架桥。清乾隆《青阳县志》卷1：“百驾桥即柏家桥，离城十五里，系木桥通徽要路。”

柏树县 北魏太和八年（484）置，治所在今甘肃略阳县西北。北周废。

柏柱洋 又名白鹭洋。在今福建霞浦县西北柏洋乡。1934年为中共闽东特委和闽东苏维埃政府驻地。

柏树铺 即今四川宜宾县（柏树镇）。清嘉庆《四川通志》卷89宜宾县：柏树铺“在县西三十五里”。1965年宜宾县迁治于此。

柏树溪 即今四川宜宾县（柏溪镇）。清光绪《叙州府志》卷8宜宾县：柏树溪在“治西四十里”。1916年滇军团长刘云峰追败川军于柏树溪。即此。

柏香营 清置，在今四川越西县北。《清一统志·宁远府二》：柏香汛“地名柏香坪，为普雄诸番出入之路。本朝雍正六年设都司驻防。筑城周二里，今改为汛”。

柏香镇 即今河南沁阳市西三十里柏香镇。《清一统志·怀庆府》作“柏香镇”。

柏泉山 在今湖北武汉市东西湖区北。《舆地纪胜》卷79汉阳军：柏泉山“在汉阳县西北。山下有景德寺，寺有井，古柏根蟠其中”。

柏亭 即西周春秋时柏国。在今河南西平县西。《汉书·地理志》西平县注引应劭曰：“故柏子国也，今柏亭是。”

柏举 一作柏莒。《春秋》：定公四年（前506），“冬十有一月庚午，蔡侯以吴子及楚人战于柏举。楚师败绩”。《公羊传》作“战于伯莒”。其地说法主要有三：(1) 在今湖北黄冈市团风镇南之举洲。《水经·江水注》：举水“又分为二水，右水南流注于江，谓之举口，南对举洲，《春秋左传》：吴、楚阵于柏举”。(2) 在今湖北麻城市东南。《元和志》卷27麻城县：龟头山“在县东南八十里。举水之所出也。《春秋》：‘吴、楚战于柏举’。即此地也”。(3) 在今湖北麻城市东北。明曹学佺《名胜志》：柏子山，“《春秋》‘吴、楚阵于柏举’，盖合此山及举水而名”。

柏埔墟 即今广东紫金县西百里柏埔镇。清雍正《广东通志》卷18：永安县（今紫金县）有柏埔墟。

柏桥县 东魏武定六年（548）置，属南谯郡。治所在今安徽蒙城县境。后废。

柏海 一作柏梁。指今青海玛多县西扎陵湖、鄂陵湖的总称。《旧唐书·吐蕃传》：贞观十五年（641），“太宗以文成公主妻之，令礼部尚书、江夏郡王道宗主婚，持节送公主于吐蕃。（弃宗）弄赞率其部兵次柏海，亲迎于河源”。即此。

柏家沟镇 即今辽宁法库县东北三十里柏家沟镇。清光绪《奉天全省地舆图说图志》开原县图：西南有柏家沟。

柏家坪市 一作百家坪。即今湖南宁远县北五十六里柏家坪镇。镇西有春陵故城遗址。清光绪《湖南通志》卷1宁远县图：县北有柏家坪市。

柏家垭 在今重庆市城口县西。清道光《城口厅志》卷4：柏家垭“距厅西九十里。地势险要。嘉庆初，征剿教匪。曾设粮台于此。今称其地为粮台”。

柏陵城 在今河北保定市南。《寰宇记》卷68清苑县：柏陵城，“孝武帝封赵敬肃王子终古为柏陵侯。废城在今县（按：今保定市）南”。

柏梓镇 北宋名柏子镇。即今重庆市潼南县西南柏梓镇。民国《潼南县志》卷1：柏梓镇在“县西四十里”。

柏崖山 在今河南济源市西南五十里大峪镇蓼坞西北。东魏侯景筑城于山上。唐咸亨四年（673）置柏崖县及柏崖仓于此。

柏崖仓 唐咸亨四年（673）置，在今河南济源市西南五十里大峪镇蓼坞西北柏崖山上。寻废。开元二十二年（734）复置。《新唐书·食货志》：玄宗乃于“河清置柏崖仓”。即此。

柏崖县 唐咸亨四年（673）置，属怀州。治所在今河南济源市西南五十里大峪镇蓼坞西北。寻废。

柏崖城 东魏将侯景所筑。在今河南济源市西南五十里大峪镇蓼坞西北。唐武德二年（619）怀州侨治于此。四年（621）还治河内县（今沁阳市）。咸亨四年（673）置柏崖仓。

柏梁 一作柏海。即今青海玛多县西扎陵湖、鄂陵湖的合称。《旧唐书·吐谷浑传》：唐贞观九年（635）击吐谷浑，“又达于柏梁，北望积石山，观河源之所也焉”。

柏梁台（臺） 西汉元鼎二年（前115）建。在长安城中北关内（今陕西西安市西北未央乡卢家口村）。《汉书·武帝纪》载：“元鼎二年春，起柏梁台。”

《三辅黄图》卷5引《三辅故事》云："以香柏为梁也。武帝尝置酒其上，诏群臣和诗，能七言者乃得上。太初中台灾。"

柏梁店 一名柏梁桥镇。即今河南鄢陵县西十二里柏梁镇。为通许昌要道。明嘉靖《鄢陵县志》卷2《镇店》：有"柏梁店"。

柏肆坞 西晋置，在今河北藁城市北三十里。《魏书·太祖纪》：皇始二年（397）"二月己巳，帝进幸杨城。丁丑，军于巨鹿之柏肆坞，临呼沱水"。大败慕容宝。即此。

柏肆县 隋开皇十六年（596）置，属廉州。治所在今河北藁城市北三十里。大业初废。义宁初复置，属巨鹿郡。唐武德元年（618）属廉州，四年（621）废。

柏塘墟 即今广东博罗县东北柏塘镇。清乾隆《博罗县志》卷3：墟市有柏塘墟。

柏溪务 在今安徽祁门县东北二十里武亭水北岸。《清一统志·徽州府二》：柏溪务"在祁门县北。宋置，元废"。

柏溪村 即今安徽祁门县东北三十里柏溪乡。明万历《祁门县志》卷4《乡市》有柏溪村。

柏寝台（臺） 在今山东广饶县东北二十八里大桓村。《韩非子》："景公与晏子游于少海，登柏寝台而望其国。"《方舆纪要》卷35乐安县："少海，或曰即渤海，俗谓台曰桓公台。相传桓公曾会盟于此。"

柏墩市 即今湖北咸宁市东南三十八里桂花镇驻地柏墩。清光绪《湖北全省分图》：咸宁县南有"柏墩市"。

柏壁 在今山西新绛县西南二十里柏壁村。《元和志》卷12正平县：柏壁"后魏明帝元年于此置柏壁镇，太武帝废镇，置东雍州及正平郡。……柏壁高二丈五尺，周回八里"。《旧唐书·太宗本纪上》：唐武德二年（619）十一月，"太宗率众趣龙门关，履冰而渡之，进屯柏壁"。

柏露村 即今江西井冈山市西北柏路村。1929年1月4日至6日，毛泽东在此主持召开了红四军前委、湘赣边界特委、红四军和红五军军委、边界各县县委的联席会议，即柏露会议。会议传达了党的"六大"决议，讨论了粉碎敌人第三次"围剿"的作战方针和部署，决定由彭德怀率领的红五军和红四军第三十二团袁文才、王佐部队留守保卫井冈山根据地，由毛泽东、朱德和陈毅率领红四军主力向赣南、闽西进军，开辟新的根据地，从外线调动敌人，消灭敌人的有生力量，以解井冈山之围。会后，1月14日，毛泽东、朱德和陈毅率领红四军主力向赣南、闽西进军。

栎（栎 lì） ①春秋晋邑。当在今山西南部、黄河北岸。《左传》：襄公十一年（前562），"秦、晋战于栎，晋师败绩"。即此。

②春秋楚东鄙。在今河南新蔡县西北。《左传》：昭公四年（前538），"冬，吴伐楚。入棘、栎、麻"。杜注："汝阴新蔡县东北有栎亭。"

③春秋郑别都。即今河南禹州市。《春秋》：桓公十五年（前697）九月，"郑伯突入于栎"。杜注："郑别都也。今河南阳翟县。"

栎山 即今安徽石台县南四十里之大历山。《方舆纪要》卷27石埭县：栎山在"县西百六十里。高五百丈。周九十里。石壁峭挺，阿有龙池，波流甚远，池口河东源出此。其并峙者曰洞山"。

栎头镇 北宋置，属汝阴县。在今安徽阜阳市西。《清一统志·颍州府一》：栎头镇在"州西六十里。今讹为栗头店"。

栎阳（栎 yuè） 一作栎邑。春秋时属晋，在今陕西西安市东北阎良区武屯镇古城村南。战国时入秦。《史记·秦本纪》：献公二年（前383），"徙治栎阳，且欲东伐，复缪公之故地"。后于此置栎阳县。西汉高帝亦曾以此为都。栎阳城作为战国秦及西汉初都城，遗址规模大，保存较好，有较完整的城市布局，是中国城市发展阶段上的重要环节，对研究秦汉都城的规划、中国城市发展史都有重要价值。2001年定为全国重点文物保护单位。

栎阳县（栎 yuè） ①战国秦置，治所在今陕西省西安市东北阎良区武屯镇古城村南。西汉高帝亦曾以此为都。后属左冯翊。东汉省入万年县。

②唐武德元年（618）改万年县置，属雍州。治所即今陕西西安市临潼区北栎阳镇。蒙古至元四年（1267）省入临潼县。

栎亭 即春秋楚栎邑。在今河南新蔡县西北。《水经·汝水注》："汝水又东，径栎亭北。"即此。

枸河 一作狗河。即今辽宁昌图县北二道河。《金史·地理志》韩州柳河县："有狗河、柳河。"狗河即枸河。

栅口 亦称栅江口。古栅水入江口。在今安徽芜湖市西北裕溪口街道。《水经·沔水注》："江水自濡须口又东，左会栅口。"《陈书·侯瑱传》："瑱至梁山，王琳至于栅口，又以瑱为都督，侯安都等并隶焉。瑱与琳相持百余日未决。"即此。

栅山 在今重庆市黔江区西三十五里。《方舆纪要》卷69黔江县：栅山"两山壁立若门，中宽衍，有平陆数顷，可以耕屯"。

栅水 即今安徽由巢湖出口，东至芜湖市东北裕溪口入江的裕溪河。《水经·沔水注》："江水自濡须口又东，左会栅口，水导巢湖，栅水又东南流，注于大江，谓之栅口。"

栅头镇 北宋置，属丹棱县。在今四川丹棱县南。明代为县大镇之一。《方舆纪要》卷71丹棱县：栅头镇在"县南四十里。镇有九龙洞，其中幽胜，上有峰峦。《志》云，镇当嘉、眉、雅往来之冲，人物阜盛，商旅辏集，甲于西南"。

栅城 即今山西文水县东北开栅镇。《方舆纪要》卷40文水县：栅城"后魏宣武时所筑，当文谷口，今名开山村"。

栅城府 即龙原府。在今吉林珲春市西南八边城

(半拉城子)。《新唐书·渤海传》:“貊貊故地为东京,曰龙原府,亦曰栅城府,领庆、盐、穆、贺四州。……龙原东南濒海,日本道也。”

栅城渠 在今山西文水县西北。《新唐书·地理志》文水县:“西北二十里有栅城渠,贞观三年,民相率引文谷水,溉田数百顷。”后涸。

栅浦 即今浙江台州市(椒江区)西十里栅浦乡。《方舆纪要》卷92临海县:栅浦“在海门卫东南(按:应为‘西’之误),嘉靖中倭贼由此入海门港,又由此犯松门卫”。

栅虚岭 在今浙江奉化市南与宁海县界上。《方舆纪要》卷92奉化县:栅虚岭在“县南六十里。南去宁海县亦八十里,宋建炎中亦栅戍守于此,为海道之冲要”。

栅渊县 东魏武定八年(550)分宿预县置,属下邳郡。治所在今江苏宿迁市西南。后废。

栅塘 故址在今江苏南京市区东南,秦淮河上。唐许嵩《建康实录》卷6:东晋太宁二年(324)王敦死,“王含、钱凤乃率余党,自栅塘西置五城造营”。宋《景定建康志》卷19:“栅塘在秦淮河上,通古运渎。”

栅源 在今浙江淳安县(排岭镇)东北四十里栅源坞。《方舆纪要》卷90淳安县:栅源,“吴贺齐与山越战,树栅于此,因名”。

柳下 春秋鲁地。在今山东新泰市柳里(夏家隅)。《国语·鲁语上》:“文仲闻柳下季之言。”韦昭注:“柳下,展禽之邑。”一说在今河南濮阳市柳下屯(柳屯)。

柳下屯镇 亦名柳家屯、柳屯。即今河南濮阳县东四十五里柳屯镇。《清史稿·地理志》大名府开州:有“柳下屯镇”。

柳山 在今江西武宁县西南。《舆地纪胜》卷26隆兴府:柳山“在武宁县西四十里。峰峦峭拔甲于群山。远望如文笔状,为武宁之绝景。旧传(唐)柳浑尝隐于此,故号柳山”。

柳山寨 即今山东临朐县东南柳山镇。明嘉靖《临朐县志》:柳山寨“在县东五十里”。

柳门 俗名大北门。即江陵城(今湖北荆州市荆州区故江陵县城)北门拱极门。《方舆纪要》卷78荆州府:江陵城“大北门旧名柳门,外有城壕”。北宋苏轼《荆州十首》诗云:“柳门京国道,驱马及春阳……北行连许邓,南去极衡湘。”

柳子 在今安徽濉溪县西南柳孜镇。《资治通鉴》:唐咸通九年(868)九月,庞勋据徐州,“康承训军于新兴,贼将姚周屯柳子”。即此。

柳子山 在今湖北襄阳市西。《水经·沔水注》:“沔水又东合檀溪水,水出县西柳子山下。”《舆地纪胜》卷80襄阳府:柳子山“在襄阳县北七里。襄河、檀水出其下。又有柳子水,梁简文为州,日泛舟穷柳子之源”。

柳子庙 在今湖南永州市零陵区柳子街中段愚溪之滨。是纪念唐代文学家柳宗元的祀庙建筑。坐北朝南,建筑面积为2600平方米。始建于北宋至和三年(1056),南宋绍兴十四年(1144)迁今址。清光绪三年(1877)重建。祠庙四周高墙围护,南墙开五门。南北中轴线上依次为戏台、中殿、正殿和享殿,均为清代建筑。庙内建筑外观及结构做法体现了典型的湖南传统建筑风格,门窗、格扇等装修做法讲究,彩绘、泥塑、雕刻工艺精细。庙内存有被誉为“三绝碑”的“荔子碑”及明、清碑刻数方,具有较高的历史价值。2001年定为全国重点文物保护单位。

柳子镇 ①宋置,属临涣县。即今安徽濉溪县西南柳孜镇。《宋史·高宗纪》:南宋绍兴十年(1140)八月,“杨沂中自宿州夜袭柳子镇,军溃,遂自寿春府渡淮归”。

②清置,属华州。即今陕西华县东二十里柳枝镇。

柳中 即今新疆鄯善县西南鲁克沁镇。《后汉书·西域传》:延光二年(123),“乃以班勇为西域长史,将弛刑士五百人,西屯柳中”。即此。

柳中县 唐贞观十四年(640)置,属西州。治所即今新疆鄯善县西南鲁克沁镇。贞元中为吐蕃所据,县废。

柳公权墓 在今陕西铜川市耀州区西北四十里让义村。柳公权(778—865),字诚悬,京兆华原(今陕西铜川市耀州区)人。唐代著名书法家。墓前有“唐太子太师河东郡王柳公权墓”石碑,为清乾隆年间毕沅书。

柳市 汉长安九市之一。在长安城西,今陕西西安市西北。《汉书·游侠传·萬章》:“萬章字子夏,长安人也。长安炽盛,衔闾各有豪侠,章在城西柳市,号曰‘城西萬子夏’。”师古注:“《汉宫阙疏》云细柳仓有柳市。”

柳市镇 北宋置,属乐清县。即今浙江乐清市西南二十里柳市镇。

柳边驿 明置,在今四川南部县西北一百二十里柳驿乡。《方舆纪要》卷68南部县“盘龙水驿”条内:“柳边马驿在县西百二十里。”

柳庄镇 亦名刘庄镇。在今江苏沭阳县东南。《方舆纪要》卷22沭阳县“桑墟镇”条下:“县东四十里有柳庄镇,皆往来要地。”

柳关 在今湖北襄阳市西。《方舆纪要》卷79襄阳府襄阳县:柳关在“府西北七里。以柳子山名”。清改为西柳关。

柳州 唐贞观八年(634)改南昆州置,治所在马平县(今广西柳州市)。《新唐书·地理志》柳州:“以地当柳星更名。”天宝元年(742)改为龙城郡,乾元元年(758)复为柳州。辖境相当今广西柳州市及柳江、柳城、鹿寨等县地。南宋咸淳元年(1265)徙治柳城县龙江(今柳城县西南)。元至元十六年(1279)升为柳州路。唐著名文学家柳宗元曾被贬为柳州刺史,世称柳柳州。

柳州市 1946年8月核准划柳江县城区及近郊设置,市政府至1949年11月当地解放后正式成立。治所即今广西柳州市。1950 年升为地级市。1958 年改为县级市。1961 年复升为地级市。

柳州县 1931 年改马平县置，属广西省。治所在今广西柳州市。1937 年改为柳江县。

柳州府 明洪武元年（1368）改柳州路置，属广西行中书省。治所在马平县（今广西柳州市）。九年（1376）属广西布政使司。辖境相当今广西洛清河、大瑶山以西，大明山以北，罗城、宾阳以东地区。1913 年废。

柳州路 元世祖至元十六年（1279）置，属岭南广西道。治所在柳城县（今广西柳城县南）。辖境相当今广西柳州市，柳江、柳城二县及鹿寨县西南地。明洪武元年（1368）改为柳州府。

柳江 在今广西柳州市南，为西江支流。《元和志》卷 37 柳州：“因柳江为名。”《寰宇记》卷 168 柳州马平县：“浔江在州南三十步，亦名柳江。”柳江上源称榕江（又名都柳江），源于贵州独山之更顶山，东流至三江侗族自治县西南老堡会寻江（古宜河），折向南流，称为融江，至柳州市称柳江。南流至象州县西南石龙三江口与红水河汇合，称为黔江。

柳江县 1937 年改柳州县置，属广西省。治所在今广西柳州市。以柳江为名。1950 年迁治拉堡镇，即今柳江县。

柳江道 1914 年由原柳江道袭置，属广西省。治马平县（今广西柳州市）。辖境约当今广西南丹、河池、宜山以东，三江、融安、鹿寨、象州以西，忻城、合山、来宾以北地区。1928 年废。

柳池驿 在今四川剑阁县（下寺镇）西南柳沟镇。《宋史·王继恩传》：淳化五年（994），镇压李顺义军，“平剑州，进破‘贼’五千于柳池驿”。

柳池镇 北宋置，属武连县。即今四川剑阁县（下寺镇）西南柳沟镇。《宋史·王继恩传》：淳化五年（994）镇压李顺义军，“平剑州，进破贼五千于柳池驿”。即此。清置柳池沟驿。

柳杨铺 清置，在今四川康定县东三十里。乾隆《卫藏通志》卷 4：头道水至柳杨，“一路柳阴密箐，沿沟十五里过沈坑，十五里抵打箭炉”。

柳杨堡 亦名杨柳堡。明置，属宁夏后卫。即今宁夏盐池县北三十里柳杨堡。明嘉靖《宁夏新志》卷 3：柳杨堡“在旧长城之南，今隔于沟垒之外，遂为废城。北虏潜伏，反滋其患。此亦花马池之一累也”。

柳吾豁 一作哩乌。即今西藏堆龙德庆县东南柳梧乡。原西藏地方政府设柳吾豁。“柳吾”，藏语意为山岩角、小山咀。1960 年并入堆龙德庆县。

柳园集 即今河北临漳县南四十里柳园镇。明正德《临漳县志》卷 2 有柳园集。

柳谷 ①在今山西运城市南中条山内。《资治通鉴》：唐贞观十二年（638），“丁卯，至柳谷，观盐池”。即此。

②在今新疆吐鲁番市西北。《新唐书·地理志》交河县：“自县北八十里有龙泉馆，又北入谷百三十里，经柳谷，渡金沙岭。”《方舆纪要》卷 65 土鲁番：柳谷“在土鲁番北二百三十里。自碛而南，为往来要口。《唐志》：交河县有柳谷”。

柳谷水 在今新疆哈密市东南。《元和志》卷 40 柔远县：柳谷水“有东西二源，出县东北天山，南流十五里合”。《寰宇记》卷 153 柔远县：柳谷水“南流入莫贺延碛”。

柳条边 亦名盛京边墙，又名柳墙、条子边。在今辽宁、吉林二省境。清顺治间开始分段修筑，至康熙中陆续建成。南起今辽宁东港市南，东北经新宾满族自治县东折西北至开原市北，折而西南，迄山海关与长城相接，名为“老边”，长 1950 余里；又自开原市东北至吉林省吉林市北，称为“新边”，长 690 余里。禁止居民越此打猎，挖人参和放牧。清杨宾《柳边纪略》：“今辽东皆插柳条为边，高者三四尺，低者一二尺，若中土之竹篱，而掘壕于其外，人呼为柳条边，又曰条子边。”老边自开原以东为盛京兵部管辖，开原以西属奉天将军管辖；新边隶吉林将军管辖。边墙以东为多围场禁地，边墙以西为蒙古部落游牧地。初设边门二十一，后减为二十。每门有官兵驻守，稽察出入。

柳条堡 明置，即今辽宁灯塔市西北柳条寨镇。明《辽东志》卷 1《辽东都司图》：辽阳城北沙河南有柳条寨。《方舆纪要》卷 37 辽东都司：柳条堡“在司北。旧为柳条寨。弘治中，始增置营堡于此”。

柳沟千户所 清康熙五十七年（1718）于柳沟堡置，治所在今甘肃瓜州县东七道沟附近。雍正五年（1727）升为柳沟卫。

柳沟卫 清雍正五年（1727）升柳沟千户所置，属安西厅。治所即今甘肃瓜州县东布隆吉乡。后废。

柳沟营 在今北京市延庆县东二十里井庄镇柳沟。《方舆纪要》卷 17 延庆州引《边防考》：“柳沟城创自隆庆初，周三百十八丈有奇。万历二十四年复增此关。”明于此设兵驻守，为延庆东北沿边一带防御处。

柳沟堡 在今甘肃瓜州县东二百三十里。清康熙五十七年（1718）置柳沟所，筑堡于此。雍正五年（1727）升卫，移治布隆吉尔。后废。

柳陈 即柳中城。今新疆鄯善县西南鲁克沁镇。

柳孜运河码头遗址 在今安徽濉溪县西南四十里百善镇柳孜村。柳孜原是隋唐大运河通济渠上的一个镇，因运河的开通而繁荣。通济渠唐宋时称汴河，流经濉溪县境 40 余公里，历隋、唐、宋三代五百余年，南宋时淤塞废弃。遗址出土了唐宋时期我国南北方十几个窑口的大批瓷器，发现唐代沉船八艘，发掘出土三艘，还发现并清理出一座完整的宋代石筑码头。2001 年定为全国重点文物保护单位。

柳驴城 在今新疆焉耆回族自治县西南。《魏书·唐和传》：世祖遣万度归讨焉耆，唐和“会度归喻下柳驴以东之六城，因共击波居罗城，拔之。后同征龟兹，度归令和镇焉耆。时柳驴戍主乙真伽率诸胡将据城而叛，和领轻骑一百匹入其城，擒乙真伽，斩之，由是诸胡款附”。

柳青渠　在今宁夏中卫市东南一百里。明嘉靖《宁夏新志》卷3宁夏中卫：柳青渠“黄河东。长三十五里，溉田二百八十四顷余”。

柳林　①在今北京市通州区东南。为元游猎之地，并建行宫。《元史·世祖纪》：至元十八年（1281）二月，“辛未，车驾幸柳林”。又《元史·文宗纪》：致和元年（1328）春，“大驾出畋柳林，以疾还宫”。皆此。

②在今山西太原市南四十里。《资治通鉴》：五代晋天福元年（936），“契丹主移帐于柳林”。又，“命敬瑭为大晋皇帝，自解衣冠授之，筑坛于柳林”。均此。

柳林川　即今河北宣化县北盘常河。《明史·常遇春传》：洪武二年（1369），常遇春攻克开平，“师还，次柳河川，暴疾卒”，即此。

柳林关　在今湖北英山县东北。《方舆纪要》卷26英山县：柳林关在“县北四十里……旧皆为控扼之地。今废”。

柳林村　又名柳林集。即今山东冠县东北柳林镇。明嘉靖二十二年（1543）筑有土城。清同治二年（1863），宋景诗领导的黑旗军，大败地主武装柳林团于此。

柳林店　一名柳林镇。即今河南信阳市平桥区南三十八里柳林乡。民国《重修信阳县志》卷18《兵事》：咸丰十一年（1861）七月，太平军入信阳，“由谭家河窜青石桥南，折至柳林”。

柳林铺　即今陕西凤翔县西北柳林镇。清乾隆《重修凤翔府志》卷2《铺舍》：凤翔北十里有柳林铺。

柳林集　即今山东巨野县西南柳林镇。清光绪《山东通志》卷2《舆图志》：巨野县西南有柳林集。

柳林镇　①清置，属永宁州。即今山西柳林县。清于此设柳林镇巡司。1973年于此设柳林县。

②清置，属耀州。即今陕西铜川市耀州区西北柳林镇村。

柳岭县　唐武德四年（621）置，属龙州。治所在今广西柳城县南凤山镇古城村。贞观七年（633）废。

柳沽河　在今天津市宝坻区东北。《方舆纪要》卷11宝坻县：柳沽河在“县东北三十里。玉田之水汇流入县境口柳沽河，下流注于白龙港”。

柳河　①在今河北昌黎县西南。《方舆纪要》卷17昌黎县：柳河在“县西二十里。诸山溪之水所汇流也，有柳河桥跨其上。《志》云：凤凰道者，诸山之水合为棱头湾，流入柳河，径县西南八里，分流为两河，又东至虹桥皆会于饮马河”。

②在今内蒙古乌拉特中旗西南。《清一统志·乌喇特》：柳河“在旗（治所在今包头市西哈德门村）西北三百里。蒙古名布尔哈图。源出阳山东平地，西南流，会敖泉，入黄河”。

③即今辽宁昌图县和吉林梨树县境之条子河。《金史·地理志》韩州柳河县：“有狗河、柳河。”源出梨树县西南胡家店村西，流入昭苏台河。

④在今安徽阜阳市西北。《方舆纪要》卷21太和县：柳河“在县西南七十里。旧黄河支流也。上通项城，下达颍州，入于沙河”。

柳河川　即今河北宣化县东北盘常河。源出今河北崇礼县南，西南流至张家口市东南宣化入洋河。《金史·世宗纪》：大定十年（1170），“五月乙卯，如柳河川”。《明史·常遇春传》：洪武二年（1369），遇春率师北征，克开平，元帝北走，追奔数百里，“师还，次柳河川，暴疾卒”。皆此。

柳河县　①辽置，为韩州治。治所在今辽宁昌图县北八面城镇东南二里许之古城。金王寂《辽东行部志》：“柳河县，旧韩州也。……以其城近柳河，故名。”元废。

②清光绪二十八年（1902）分通化县柳树河县丞置，属海龙府。治所即今吉林柳河县。民国初属奉天省东边道。1929年直属辽宁省。1940年属通化省。1945年属安东省。1949年属辽东省。1954年属吉林省。

柳河馆　馆驿名。辽置，在今河北滦平县东北红旗镇附近。《辽史·地理志》“松山州”后附宋王曾《上契丹事》曰：“又过摸斗岭，一名渡云岭、芹菜岭，七十里至柳河馆。”

柳河集　即今河南宁陵县北三十二里柳河镇。《方舆纪要》卷50宁陵县：“县北三十里又有柳河集。旧设公馆于此。”

柳河镇　一名柳河店。即今河南方城县西北三十八里柳河乡。《金史·武仙传》：金将黄掴三合降元，与元兵夹击武仙军，“败仙于柳河”。即此。

柳城　①在今河南西华县西二十里。《寰宇记》卷10西华县：柳城“在县西二十里。故老传云女娲氏之都。本名娲城。魏邓艾营稻陂时，柳舒为陂长，后人因为柳城”。隋开皇元年（581）于此置柳城县。

②即思乡城。在今陕西蓝田县东南三十三里。宋敏求《长安志》卷16：思乡城“又以城傍多柳，故曰柳城”。

③在今新疆鄯善县西南鲁克沁镇。《明史·西域传》：柳城“一名鲁城，又名柳陈城。即后汉柳中地，西域长史所治。唐置柳中县。……在火山下，有城屹然广二三里，即柳城也。四面皆田园，流水环绕，树木阴翳”。

柳城军　唐永泰元年（765）置，属平州。治所在今河北昌黎县西南靖安镇。后废。

柳城县　①西汉置，属辽西郡，为西部都尉治。治所在今辽宁朝阳县西南十二台营子。十六国前燕改柳城为龙城县，治所即今辽宁朝阳市。北魏太平真君八年（447）废。

②十六国前燕置，属冀阳郡。治所在今辽宁凌源市境。北齐废。

③隋开皇元年（581）置，属陈州。治所在今河南西华县西二十里。大业初属淮阳郡。隋末废。

④隋开皇十八年（598）改龙山县置，为营州（后改置柳城郡）治。治所即今辽宁朝阳市。唐武德元年（618）为营州治，天宝元年（742）复为柳城郡治，乾元元年（758）仍为营州治。唐末废。

⑤北宋景德三年（1006）改龙城县置，属柳州。治所在今广西柳城县南凤山镇西北涂家村。取柳岭和龙城各一字为名。南宋咸淳元年（1265）徙柳州治此。元为柳州路治。明属柳州府，迁治今县南凤山镇。民国初属广西柳江道。1928年直属广西省。1950年移治今柳江县（大埔镇）。

柳城郡 隋大业初置，治所在柳城县（今辽宁朝阳市）。辖境相当今河北山海关以东，辽宁大小凌河流域、锦州、朝阳以西地区。唐武德元年（618）改置营州。天宝元年（742）复改为柳城郡。乾元元年（758）仍改为营州。

柳城墟 即今广东东源县东北柳城镇，东近龙川县界。雍正《广东通志》卷18：河源县东北有柳城墟。清设汛。

柳相山 在今浙江临安市西南。宋《咸淳临安志》卷27昌化县："柳相山在县（今昌化镇）南三十里。高一千八十丈，周回一百三十里。东接紫溪，南入分水县。"

柳树头 在今湖北襄阳市襄州区东北。《方舆纪要》卷79襄阳府襄阳县：樊城"今有樊城关巡检司，在府治西北三里。嘉靖中，移巡司于县东北百二十里之柳树头"。

柳树汊市 即今湖南沅陵县东北一百四十里五强溪镇南柳树汊乡。清光绪《湖南通志》卷1沅陵县图：县东北有柳树汊。

柳树沟村 即今陕西子长县北王家湾镇柳树沟村。1935—1937年西北革命根据地置秀延县治此。

柳树沟岩刻 在今新疆巴里坤哈萨克自治县城西约百里的夹山柳树沟。形态万千的花岗岩下有清泉一泓，汇潴成池。岩刻即集中分布在山泉后的花岗岩壁上。有岩羊、山羊、双鹿相对、人弯弓射猎、高轮车和太阳等形象。图案长10—20厘米。

柳树店 即今山西晋城市泽州县东南柳树口镇。《清一统志·泽州府》：柳树店"在凤台县（今晋城市）东南八十里。一名柳树隘。路通河南怀庆府清华镇。明初置巡司，后裁"。

柳树涧 即今陕西定边县东南柳树涧。《明史·张献忠传》："张献忠者，延安卫柳树涧人也。"即此。

柳树涧堡 在今陕西定边县东南柳树涧井村附近。《清一统志·延安府二》：柳树涧堡"地有柳树涧，因名。明天顺初置，成化中，余子俊移守永济。嘉靖三十七年，巡抚董威修复旧堡，自永济移守于此。城在山上，周三里有奇，门二。为极冲中地。今有守备驻守"。

柳树营 在今俄罗斯滨海边疆区西南沿海波谢特东。清属宁古塔副都统。清聂士成《东省与韩俄交界道路表》："阿利则那即坎椽子沟，又径过六股河二十一里至哥拉特克，即柳树营。"咸丰年间被沙皇俄国通过不平等的中俄《北京条约》割占。

柳树堡 明置，属甘州前卫。在今甘肃临泽县北。《皇明职方地图》甘肃边镇图有柳树堡。

柳树镇 即今四川射洪县南柳树镇。清光绪《射洪县志》卷2：柳树镇在"县南八十里"。

柳泉 ①即今江苏徐州市铜山区东北柳泉镇。为津浦铁路柳贾支线的起点。

②在今山东宁阳县西十里。《方舆纪要》卷32宁阳县：柳泉"南流入洸河"。《清一统志·兖州府二》谓柳泉"俗名柳子沟"。

③在今河南镇平县东十八里柳泉铺。《方舆纪要》卷51镇平县：柳泉"在县东遮山北。广五丈余，溉田甚溥"。

④即今河南宜阳县西柳泉镇。1947年河南革命根据地在此置宜北县。

柳泉驿 在今河南宜阳县西二十四里柳泉镇。唐肃宗上元二年（761）三月史思明死于此。《旧唐书·史思明传》：史朝义及其部将叛，"擒思明赴柳泉驿，……缢杀之"。即此。

柳泉城 东魏置，即今河南宜阳县西二十四里柳泉镇。《周书·司马裔传》：大统十三年（547），"攻拔东魏平齐、柳泉、蓼坞三城"。

柳泉侯国 西汉置，属北海郡。治所在今山东昌乐县南五里。地节四年（前66）封胶东戴王子强为柳泉侯国于此。东汉省。

柳泉集 亦作柳前镇。即今江苏徐州市铜山区北柳泉镇。附近有柳泉自平地涌出，故名。津浦铁路经此。

柳泉镇 ①北宋置，属原州。在今甘肃镇原县西北。《元丰九域志》卷3原州：柳泉镇在"州西北七十里"。金属彭阳县。

②北宋置，属寿安县。即今河南宜阳县西二十四里柳泉镇。

③即今河北固安县南十八里柳泉乡。清同治《畿辅通志》卷46固安县图：南有柳泉。

柳侯国 西汉置，属勃海郡。武帝元朔四年（前124）封齐孝王子刘阳为柳侯国。治所在今河北海兴县境内。东汉废。

柳侯祠 旧名罗池亭、罗池庙。在今广西柳州市文惠路柳侯公园内。唐长庆二年（822）为纪念柳州刺史柳宗元而建。韩愈《柳州罗池庙碑记》称："罗池庙者，故刺史柳侯庙也。"《明一统志》卷83柳州府：柳侯祠"在府城东。旧名罗池庙，祀唐刺史柳宗元"。祠内有《罗池庙碑》（今通称为"荔子碑"）、《柳侯剑铭碑》和柳宗元衣冠冢。2006年柳侯祠碑刻被定为全国重点文物保护单位。

柳追和城　又称柳追和都督城。唐南诏置，属开南节度。即今云南镇沅彝族哈尼族拉祜族自治县。南诏后期属银生节度。宋大理废。

柳前镇　即柳泉集。今江苏徐州市铜山区北柳泉镇。

柳都砦　在今江西玉山县东南。《方舆纪要》卷85广信府玉山县：柳都砦“县东南惠安乡。有巡司”。

柳贾支线　从今江苏徐州市铜山区东北柳泉至贾汪。长1.6公里。为津浦铁路支线。1914年建成。原为一运煤轻便铁路，1940年改建为标准轨距。

柳峰岩　在今湖北阳新县南。《方舆纪要》卷76兴国州：柳峰岩在“州南三十里。元末，土豪黄普福聚众避兵于此”。

柳浦　在今浙江杭州市南凤凰山麓、钱塘江滨。《宋书·孔觊传》：南朝宋泰始二年（466），吴喜“进军柳浦……自柳浦渡，趋西陵”。《南齐书·沈文季传》：“（唐）寓之进柳浦，登岸，焚郭邑。”即此。隋、唐时为杭州治。

柳浦湾　在今江苏淮安市楚州区东北。《方舆纪要》卷22淮安府：柳浦湾在“府东北四十里。万历初，河臣潘季驯筑堤防河处也。《河防考》：柳浦东有高岭巡司，亦河滨要口，季驯自柳浦接筑长堤至此，凡四十里”。

柳浦镇　在今广西全州县东北七十里湘江西岸柳铺。明于此置柳浦巡司。

柳浪桥　在今浙江杭州市。宋时建于清波门外聚景园中。明田汝成《西湖游览志》卷3：“聚景园，孝宗所筑……有柳浪、学士等桥。”“柳浪闻莺”为西湖十景之一。

柳家集　一名柳关。即今湖北监利县东北五十四里柳关村。清光绪《荆州府志》卷4《乡镇》：“柳家集，在（监利）县东北六十里。巡道设税关于此。”

柳冢村　在今河南长垣县东北四十四里。金、元时长垣县治此。《清一统志·大名府一》：长垣故城“金初迁县于柳冢村。明洪武元年以水患，又迁于蒲城，即今县治也。《县志》：旧长垣集即柳冢。在县东北四十里地名鲍堌。今有废城，宽垒深壕，犹然险固”。

柳埠镇　即今山东济南市东南柳埠镇。《清一统志·济南府二》载：柳埠镇“在历城县南、中宫镇东南二十五里，为县巨镇”。

柳营　细柳营的省称，也泛指军营。卢纶《送从叔程归西川幕》诗：“群鹤栖莲府，诸戎拜柳营。”

柳营江　福建九龙江下游的别称。江当梅溪之交，两山插峙，波涛激涌，唐时驻重兵于此。《方舆纪要》卷99漳州府龙溪县：柳营江“《丁氏古谱》云，六朝以来，戍闽者屯兵于龙溪，阻江为界，插柳为营……唐末王潮下泉、福，尝宿重兵以守之，故有柳营之号。元末陈友定攻漳州，度柳营江，败漳人于马岐山，遂下漳州（今福建漳州市）”。

柳营江巡司　在今福建龙海市西北。《方舆纪要》卷99漳州府：柳营江巡司“在府东二十里柳营江之西。洪武三年，设柳营江掣制所，隶福建都转运盐使司。十四年，改批验盐引所。正统九年，改为巡司”。

柳梧宗　原西藏地方政府置，治所在今西藏堆龙德庆县东柳梧。藏语意为山岩角、小山嘴。1960年并入堆龙德庆县。

柳宿城　今河北望都县东南四十五里柳絮村。《史记·建元已来王子侯者年表第九》：元朔五年（前124），封中山靖王子刘盖为“柳宿侯”。即此。

柳舒　即留舒。在今山东省东阿县西南。《水经·济水注》：“马颊水又东北流径鱼山南，山即吾山也。汉武帝《瓠子歌》所谓吾山平者也。山上有柳舒城。”

柳港口　在今湖北监利县东。《方舆纪要》卷78监利县：柳港口在“县东三十五里。其相近者曰上洪口。……皆滨荆江，与柳家港相通”。

柳湖　①在今陕西延安市南五里。《方舆纪要》卷57延安府肤施县：延利渠“在府城南。旧时灌注城市，复穿城而出，溢为柳湖，入于延水”。宋范仲淹《依韵和延安庞龙图柳湖》诗：“种柳穿湖后，延安盛可游。远怀忘泽国，真赏即瀛洲。”

②在今甘肃平凉市北三十里。《方舆纪要》卷58平凉县：柳湖“旧时湖畔栽柳数千株，因名”。

柳湾　在今河北徐水县东北十里。《方舆纪要》卷12安肃县：柳湾，“《志》云：宋与契丹分界二十里，即此。俗名芦草湾，今堙”。

柳湾遗址　在今青海乐都县东三十四里柳湾。为原始社会晚期氏族公共墓地，包括马家窑文化和辛店文化。距今4500—3500年。遗址内发掘各种文化类型的墓葬一千七百余座。有大批贫富分化墓、夫妻合葬墓和殉人墓等。出土文物约四万件。其中陶器一万七千余件，石器、骨器共一千三百余件，装饰品一万八千余件，反映了当时的农业、手工业分工和制陶手工业已达到一定水平。还有大量说明私有制产生和阶级起源的资料，为研究原始社会晚期青海地区文化历史的发展，提供了大量有价值的实物资料。2006年定为全国重点文物保护单位。

柳强镇　即今四川冕宁县。唐樊绰《云南志》卷1：“台登直北去保塞城八十里，吐蕃谓之北谷。天宝以前巂州柳强镇也。”

柳絮泉　在今山东济南市城西趵突泉公园内。元于钦《齐乘》卷2“大明湖”条载历下名泉，有“柳絮”泉。清光绪《山东通志》卷28：“柳絮泉在金线泉东南角，泉沫纷翻，如絮飞舞。”

柳塘　在今浙江湖州市北。《方舆纪要》卷91湖州府：“柳塘在府北三里，孙吴时所开，本名青塘，梁太守柳泽重浚，因易今名。”

柳榆堡　在今陕西子长县安定镇西北四十里。清道光《安定县志》卷2：柳榆堡“在县（治今子长县西北安定镇）西北四十里，宋范仲淹筑”。

柳溪　在今浙江临安市西、昌化溪河桥镇至潜川镇紫溪村一段河道。《方舆纪要》卷90昌化县：柳溪“在柳相山下，县境诸水悉汇于此，上下三十里，巨石参错，屹峙中流，湍激汹涌，东汇于于潜之紫溪”。

柳溪亭　在今安徽宿州市内。《资治通鉴》：唐咸通十年（869）九月，庞勋部“张儒等饮酒于柳溪亭”。即此。

柳滩驿　在今安徽淮南市东北。《方舆纪要》卷21怀远县：柳滩驿“在县南七十里，为南达寿州之中道”。

柳霁镇　即今贵州剑河县东南南加镇北柳霁。清属天柱县，有县丞驻此。民国改置县佐。

柳寨堡　明弘治中置，即今辽宁灯塔市西北柳条寨镇。《方舆纪要》卷37辽东都司：柳寨堡“在司北。旧为柳条寨，宏治中，始增置营堡于此”。

柳疃集　即今山东昌邑市北二十里柳疃镇。清乾隆《昌邑县志》卷2有柳疃集。

枹罕县　秦置，属陇西郡。治所在今甘肃临夏县（韩集镇）东南双城村双城古城。因古城有内外二城，故名。《水经·河水注》：“漓水又东，径枹罕县故城南。应劭曰：故罕羌侯邑也。”即此。西汉改属金城郡。东汉复属陇西郡。西晋废。十六国前凉复置，为河州治。西秦乞伏炽磐迁都于此。北魏移治今甘肃临夏市，仍为河州治。北周为枹罕郡治。唐复置河州，宝应元年（762）入吐蕃。北宋熙宁六年（1073）复置，旋省入河州。金贞元二年（1154）复置，又为河州治。元废。

枹罕郡　北周置，治所在枹罕县（今甘肃临夏市）。辖境相当今甘肃临夏、广河、东乡、永靖等市县地。隋开皇初废。大业初又改河州为枹罕郡。唐初复为河州。

枹罕原　一名广大原，又名万顷原。即今临夏市城关的北原。《水经·河水注》引《秦州记》曰：“枹罕原北有凤林川，川中则黄河东流也。”《河州志》：“北原，一名广大原，在州北二里。四望宽平，居民稠密，东西八十里，南北四十里。又名万顷原。”

枹罕镇　北魏太平真君六年（445）置，即今甘肃临夏市。太和十六年（492）改置河州。

柱子峒　又名大沫峒。在今山东费县西南。《清一统志·沂州府》：柱子峒“在费县西南四十里”。

柱邦站　明置，在今黑龙江省佳木斯市东堆峰屯。明《辽东志》卷9：海西东水陆城站有“柱邦站”。

柿子滩遗址　在今山西吉县东城乡西村南清水河两岸，绵延达10公里。已发现石制品两千多件，包括以燧石为原料采用压制法生产的锥形或船形细石核、细石针及各式精美的小型石器。还有用变质砂岩和石英岩等打制的砍砸器、刮削器、尖状器等形体粗大的石制品。各类哺乳动物、鸟类和软体动物等化石十多种。时代为距今1万—2万年。遗址文化层深厚、连续，并有两种不同文化性质的石器类型在同一剖面上出现，反映了旧石器时代晚期本地区社会文化发展进程。2001年定为全国重点文物保护单位。

柿竹园　即今湖南郴州市东南三十里柿竹园有色金属矿。主产钨、锡、铋、铝、锌等。始采于宋代。

柿陂　在今江西吉水县西北。《方舆纪要》卷87吉安府吉水县：柿陂“在县西北八十里。源出分宜县，溉田千顷，宋绍兴中县令吴明卓修复”。

柿林县　元初置，属鄜州。治所在今陕西眉县东四十里柿林村。至元元年（1264）废。

柿河　即今湖北竹溪县南汇湾河。为堵河上源。《方舆纪要》卷79竹溪县“南江河”条下：“《志》云，柿河在县东南百二十里，流入竹山县界。”

柿源　在今江西丰城市南一百里。明置巡司于此。清乾隆三十年（1765）移驻大江口（今丰城市北）。

柿溪州　元置，属澧州路。治所在今湖南桑植县西南上洞街乡。后废。

栏干山　①即阑干山。在今福建建阳市北四十里。

②在今安徽凤阳县西二十里。《明一统志》卷7凤阳府：栏干山“在旧府城西二十里，相连如栏杆然”。

栏马关　北宋以马栏堡置，在今陕西绥德县西十里张家砭乡高石角北，故关遗址尚存。

栏杆铺　即今河南罗山县西南楠杆镇。清乾隆《罗山县志》卷1《镇店》：“栏杆铺，西三十里。”

栏杆集　即今河南淮滨县北十八里栏杆镇。旧属息县。清尹耕云《豫军纪略》卷7：咸丰七年（1857）四月，“自古陈仓（按：应为固城仓）至栏杆集数十里，贼踪略尽”。

枷板站　亦名塞勒佛特库站。清改札不剌站置，在今黑龙江省宾县东北宾安镇。

柽　①又作筀或生窦。春秋鲁邑。在今山东菏泽市东北。《公羊传》：宣公十八年（前591），鲁公孙归父使于晋，“还自晋，至柽，闻君薨家遣，埠帷，哭君成踊”。即此。

②即荦。在今河南淮阳县西南。《春秋》：僖公元年（前659），“八月，公会齐侯、宋公、郑伯、邾人于柽”。《水经·渠水注》：“柽，小城也。在陈郡西南。”

树仔墟　即今广东电白县东树仔镇。清道光《电白县志》卷8：树子墟“在县（今电城镇）西十五里”。

树佛寺　北齐时建（一说隋时建）。即今河南确山县西十八里秀山与乐山之间北泉寺。唐改名资福地，宋崇宁中改为万寿禅寺，寻改北泉寺。今寺有鲁公祠、大佛殿等建筑。唐建中时，淮西节度使李希烈叛乱，幽禁颜真卿于此，并缢死于银杏树下。

树岛　即今南海中中国西沙群岛东部之赵述岛。

1935 年命名为树岛。1947 年改名赵述岛。

树枝水　亦作计式水。又名首拔河。即今新疆和田、策勒二县境之玉龙喀什河。《魏书·西域传》：于阗“城东二十里有大水北流，号树枝水，即黄河也。一名计式水”。

树敦城　在今青海共和县东南。本吐谷浑旧都。《周书·史宁传》：西魏废帝三年（554），突厥木汗可汗假道凉州袭吐浑，“宁谓木汗曰：‘树敦、贺真二城，是吐浑巢穴。今若拔其本根，余种自然离散，此上策也。’木汗从之，即分为两军：木汗从北道向贺真，宁趣树敦。浑娑周国王率众逆战，宁击斩之。逾山履险，遂至树敦。敦是浑之旧都，多诸珍藏”。1986 年沦入龙羊峡水库中。

树颓河　即今内蒙古清水河县境之清水河，合浑河注入黄河。《水经·河水注》：“河水又南，树颓水注之。”

查山（查 zhā）　俗名大石头。在今上海市金山区东南。《清一统志·松江府一》“查山”条引《新志》云：“相传仙人查玉成曾炼丹于此。今有浴丹井。”

查牙山（查 zhā）　①在今辽宁凌海市东北。《辽史·地理志》：锦州有大查牙山、小查牙山。

②即嵖岈山。在今河南遂平县西南七十里。《资治通鉴》：唐乾符四年（877），“黄巢与尚让合兵保查牙山”。

查布也萨噶盐池　一名扎布扎雅察罕达布逊淖尔。即今西藏仲巴县北扎布耶茶卡。《清一统志·西藏》：查布也萨噶盐池“在打鲁克雨木撮池北二十余里，池广一百五十余里。内产白盐。附近居人，皆食此盐”。

查田市　①即今浙江龙泉市西南查田镇。《方舆纪要》卷 94 龙泉县：查田市在“县南八十里查田岭下。有庆元巡司，明初置”。

②一作奎田市。宋属分宁县，在今江西修水县西。《元丰九域志》卷 6：分宁县有查田市。

查尔喀特湖　即今西藏申扎县西北一百八十里孜桂错。东南距嘉零湖十八里。清末辛亥年版《西藏新志》卷上：嘉零湖“自西北隅流出，而入查尔喀特湖”。

查克津屯　在今俄罗斯哈巴罗夫斯克边疆区黑龙江下游东侧辛达东北江边。清初属宁古塔副都统。《乾隆内府舆图》：整整河口以上有“查克津噶珊”。后属三姓副都统。光绪《吉林通志》卷 17：混同江南岸，东至海滨旧设噶珊有“查克津”。咸丰年间通过不平等的中俄《北京条约》被俄割占。

查村（查 zhā）　在今安徽泾县西南九十里，南接黄山市界。清乾隆五十四年（1789），泾县县丞移驻于此。

查村堰（查 zhā）　在今安徽池州市西南一百五十里。《清一统志·池州府一》：查村堰“在县西南一百余里。受狮龙山泉及北山西岩诸溪水，灌田千三百余亩。明洪武初，知府赵安劄浚淤浅，撤曲防，分上、中、下三段，以次灌溉”。

查灵海（查 zhā）　即今青海玛多县西部之扎陵湖。《清一统志·青海厄鲁特》：查灵海“在黄河源鄂敦他拉之东，广二百余里。东西长，南北狭，黄河亘其中而流，湖水色白而形长”。

查城　即今贵州关岭布依族苗族自治县西南永宁镇。明洪武中置查城站及查城驿。后移永宁州于此。

查济古建筑群　在今安徽泾县西南边缘，三条小河穿村而过，三十余座石桥、四座塔和两百多处古民居，沿河溪建造，纵横街巷以石板铺砌。村自元时始兴，明清时达到鼎盛。明初，查桂中“创构基业，家日饶裕”。其子查图源“志虑宏远，相土拓基”，建桥修路，治庙宇，造凉亭。清代又有续建，使村落渐成规模。现有建筑一百四十四组，总建筑面积为 2.6414 万平方米。祠堂建筑多为三进四厢布局，有五凤楼、明伦堂、寝房。普通民居多为三合院，以三间两厢构成，主建筑为两层。如建于元代的德公厅屋，明代的二甲祠、宝公祠、洪公祠、爱日堂等，均为三进院落。清代的镏公厅屋为两进院落。查济古建筑群被划定的宝公祠、二甲祠、洪公祠、进士门、怀素堂，四米至 50 米内为一级保护范围，村四米至 200 米内为二级保护范围。村内古建筑基本保存完好。古建筑群时间跨度大，建筑类型多，造型、雕刻精美，建筑与环境协调，有很高的历史、艺术和科学价值。2001 年定为全国重点文物保护单位。

查浦　①亦名柤浦。故址在今江苏南京市区西清凉山南。晋左思《吴都赋》：“横塘查下，邑屋隆夸。”刘渊林注曰：“查下，查浦。在横塘西，隔内江，自山头南二十里，至查浦。”《晋书·陶侃传》：“诸将请于查浦筑垒。”即此。

②即查渎。在今浙江杭州市萧山区西南。《水经·浙江水注》：“江边有查浦，浦东行二百余里与句章接界。”

查海遗址　在今辽宁阜新蒙古族自治县东北沙拉乡查海村西北台地上（西南距县城三十里）。是一处距今 7000—8000 年的新石器时代中期兴隆洼文化环壕聚落遗址。总面积约为 1 万平方米。1986—1993 年六次发掘，揭露出半地穴式房址三十余座，出土陶器、石器、玉器等。出土的浮雕龙纹、蟾蜍纹陶片尤为珍贵。在靠近聚落中心一座面积约为 120 平方米的房址南侧发现一条用石块堆塑的龙形遗存，龙身长近 20 米，身宽约 2 米，呈昂首张口、弯身弓背状。这是目前所知最早的龙的形象。龙的南侧还发现有排列紧密的墓葬及祭祀坑。现已建博物馆。1996 年定为全国重点文物保护单位。

查家荡　在今浙江嘉善县东北。《方舆纪要》卷 91 嘉善县：查家荡“在县东三十六里。《志》云：由分湖东出，即查家荡也。又北而东入章练塘”。

查渎　又名查浦、柤渎、柤塘。在今浙江杭州市萧山区西南。《三国志·吴书·孙静传》：“是时太守王朗拒（孙）策于固陵，策数度水战，不能克。静说策曰‘朗负阻城守，难可卒拔。查渎南去此数十里，而道之要径也’……便分军夜投查渎道，袭高迁屯。”即此。

查喜尔图插汉池　即今内蒙古商都县东南察汗泊。《清一统志·牧厂》：查喜尔图插汉池“在（礼部）牧厂东。池南至正黄旗牧厂四十里。希巴尔台河、布敦河二水俱注其中”。

查普奇站　即察布齐勒站。今黑龙江省肇源县东二站镇。《清史稿·地理志》肇州直隶州：“自茂兴站起，东至波尔吉哈台，又东至察布奇尔。”

勃令　西藏古地名。在今琼结县南白日。唐时吐蕃赞普（王）设夏日行宫于跋布川（白日），于牙帐附近置勃令驿。《新唐书·地理志》：“至卒歌驿，乃渡臧河，经佛堂，百八十里至勃令驿鸿胪馆。至赞普牙帐。”

勃令驿　即《通典》之匹播城。在今西藏琼结县。《新唐书·地理志》鄯州鄯城：“乃渡臧河，经佛堂百八十里至勃令驿鸿胪馆，至赞普牙帐。”

勃出岭　在今陕西绥德县东南。《隋书·崔仲方传》：开皇三年（583），“令发丁三万，于朔方、灵武筑长城，东至黄河，西拒绥州，南至勃出岭，绵亘七百里”。

勃达岭　即拔达岭。又名凌山。今新疆乌什县西北别迭里山。唐杜环《经行记》：“从安西西北千余里有勃达岭，岭南是大唐北界，岭北是突骑施南界，西南至葱岭二千余里。其水，岭南流者尽过中国而归东海。”岭北流者尽归胡境而入北海。

勃弄川　即今云南弥渡县西毗雄河。唐代称勃弄川。唐樊绰《蛮书》卷5：蒙舍“川中水东南与勃弄川合流”。

勃弄县　唐武德七年（624）置，为南云州治。治所在今云南弥渡县南二十里寅街镇。贞观三年（629）为匡州治。天宝后废。

勃弄睑　即白厓赕。南诏置。驻地在今云南弥渡县北红岩镇。《新唐书·南蛮传上》：南诏望苴蛮者“有十睑，夷语睑若州，曰云南睑、白厓睑亦曰勃弄睑”。元至元十一年（1274）改置建宁县。

勃利州　唐开元十年（722）于黑水靺鞨地置，后为黑水都督府治。治所在今俄罗斯哈巴罗夫斯克（伯力）。后废。

勃利县　1916年析依兰县置，属吉林省依兰道。治所在勃利（今黑龙江省勃利县）。1928年直属吉林省。1945年划归合江省。1949年划归松江省。1954年划归黑龙江省。

勃伽夷城　在今新疆皮山县东南，藏桂西北。唐玄奘《大唐西域记》卷12：瞿萨旦国“王城西行三百余里，至勃伽夷城，中有佛坐像，高七尺余，相好允备，威肃巍然”。

勃律国　唐代大、小勃律国的合称。在今克什米尔巴基斯坦控制区内。大勃律在巴勒提斯坦，小勃律在吉尔吉特。《新唐书·吐蕃传》：开元十年（722），吐蕃“攻小勃律国，其王没谨忙诒书北庭节度使张孝嵩曰：‘勃律，唐西门。失之，则西方诸国堕吐蕃，都护图之。’孝嵩听许，遣疏勒副使张思礼以步骑四千昼夜驰，与谨忙兵夹击吐蕃，死者数万，多取铠仗、马羊，复九城故地。始勃律王来朝，父事帝。还国，置绥远军以扞吐蕃”。《方舆纪要》卷65：勃律国“在葱岭西南。有大小二国，小勃律在大勃律西北三百里”。

勃突山　又作巴图山。即今内蒙古巴林右旗南巴尔达木哈喇山。《辽史·地理志》庆州：“辽国五代祖勃突……生于勃突山，因以名。没，葬山下，在州（南）二百里。”清张穆《蒙古游牧记》卷3：“（巴林右）旗南三十里有勃突山，蒙古名巴尔当。”据考古调查，该山中有古墓（见闵宣化《东蒙古辽代旧城探考记》）。

勃特山　亦作拔特山、蒲特山。唐时属苑汤州。即今阿富汗东北境巴达克山。

勃海　即渤海。位于今辽东半岛与山东半岛之间。《史记·河渠书》：《夏书》曰：“过降水，至于大陆，播为九河，同为逆河，入于勃海。”《集解》：“武帝元光二年，河徙东郡，更注勃海。禹之时不注勃海也。”又《高祖本纪》：田肯说高祖曰，齐“北有勃海之利”。司马贞《索隐》：“崔浩云：‘勃旁跌也。旁跌出者，横在济北，故《齐都赋》云，海旁出为勃。’”

勃海所　在今北京市怀柔区西北。明弘治中置勃海守御千户所。清设守备驻此。

勃海郡　①又作渤海郡。西汉文帝十五年（前165）析河间国置，治所在浮阳县（今河北沧县东南四十里旧州镇）。以地滨渤海而得名。辖境相当今河北沧州、黄骅二市和沧县、东光、阜城、大城等县及河间市东北部。武帝以后辖境扩大，有今河北廊坊市和青县、南皮、盐山、海兴等县及景县北部，天津市西南部，山东乐陵市和宁津、庆云、无棣等县地。东汉属冀州，徙治南皮县（今河北南皮县东北八里）。其后辖境缩小。北魏初改为沧水郡。太和二十一年（497）复旧，移治东光县（今河北东光县东二十里）。隋开皇初废。大业初又改沧州为勃海郡，治所在阳信县（今山东阳信县西南）。唐武德四年（621）改置棣州。

②南朝宋侨置，属冀州。治所在临济城（今山东高青县东南高城镇）。辖境相当今山东高青县附近地。北齐废。

勃萨罗　在今伊拉克巴士拉之西，为古波斯湾沿岸重要港口。《寰宇记》卷184引唐杜环《经行记》：摩邻国“在勃萨罗国西南，渡大碛，行二千里至其国”。

勃悉野　即悉补野的异译。西藏吐蕃王朝建政前的称号。《新唐书·吐蕃传》：“祖曰鹘提勃悉野。”地在今西藏山南地区乃东、穷结等县境。

勃窣野　即悉补野的异译。西藏吐蕃王朝建政前的称号。《新唐书·吐蕃传》：“故其子孙曰吐蕃，而姓勃窣野。”地在今西藏山南地区乃东、穷结等县境。

勃澥　又作渤澥。即今渤海及东海部分海域。南朝梁萧统《文选》卷7司马相如《子虚赋》："浮渤澥，游孟诸。"《史记·司马相如列传》作勃澥。裴骃《集解》："《汉书音义》曰：海别枝名也。"司马贞《索隐》引《齐都赋》云："海傍曰勃，断水曰澥也。"

要　春秋周邑。在今河南新安县西北。《左传》：昭公二十二年（前520），六月"丁巳，葬景王。王子朝因旧官、百工之丧职秩者与灵、景之族以作乱，帅郊、要、饯之甲，以逐刘子"。

要水　在今北京市密云县东北。《方舆纪要》卷11密云县：要水"在县东北，亦曰清水，源出古北口外，自大、小黄崖口流入境，至县西北又东入于潮河。汉要阳县以此名"。

要龙山　在今广东高州市东北。《舆地纪胜》卷117高州：要龙山"在电白县东六十里"。《方舆纪要》卷104电白县：要龙山"与双甑山相连，皆高耸"。

要册湫　在今甘肃正宁县东南湫头乡。《新唐书·地理志》：真宁县有要册湫。《寰宇记》卷34："太平兴国二年，封贞宁县界要册湫普济王为显圣王。"《清一统志·庆阳府一》：要册湫"《县志》：湫在县东四十里湫头镇麓，俗名圣水泉"。

要关镇　金置，属真宁县。在今甘肃正宁县境。

要冲（衝）城　唐贞元初剑南西川节度使韦皋建，属黎州。在今四川汉源县东南大渡河北岸万工乡境。《资治通鉴》：唐贞元四年（788），"吐蕃耻前日之败，复以众二万寇清溪关，一万攻东蛮，韦皋命韦晋镇要冲城，督诸军以御之"。即此。

要阳县　西汉置，为渔阳都尉治。治所在今河北丰宁满族自治县东兴州河西。东汉废。北魏复置，属密云郡。移治今北京市密云县东南六十里、平谷区北上镇。北齐废。

要如　西藏吐蕃王朝（约629—842）古地区名。或作云如。藏文史籍《五部遗教》及《智者喜筵》载，公元7世纪初吐蕃王朝建立后，将全境划分为乌如、要如、叶如、如拉（亦作藏如拉）四个军政区域，即乌思藏四如。要如是藏文音译，意为"左翼（部）"，其区域东至工域，南至夏伍，西至喀若，北至玛拉，以雅隆昌珠（今西藏乃东县昌珠寺）为中心，大致当今雅鲁藏布江中游南面的山南地区辖各县。吐蕃灭亡后原建制废，要如与乌如合称乌思即前藏。

要孤山　在今河北迁安市东北三里。《方舆纪要》卷17迁安县：要孤山"四无连属，屹然独峙。下有三里河，南流入滦水"。

要涂（塗）山　即合黎山。在今甘肃高台县北。《元和志》卷40张掖县："合黎山，俗名要涂山，在县西北二百里。"

迺州　即延州。治所在今广西南丹县西北芒场镇巴平与六寨镇间。《元史·地理志》有迺州。"迺"当作"延"。

〔一丿〕

咸（鹹）　①春秋卫邑。在今河南濮阳县东南六十里。《春秋》：僖公十三年（前647），"公会齐侯、宋公、陈侯、卫侯、郑伯、许男、曹伯于咸"。杜注："卫地。东郡濮阳县东南有咸城。"《水经·瓠子河注》：瓠子故渎"又东径咸城南"。

②春秋鲁地。在今山东巨野县南。《春秋》：文公十一年（前616），"冬十月甲午，叔孙得臣败狄于咸"。沈钦韩《春秋左传补注》谓即桓七年《经》之咸丘，在今山东巨野县南。而顾栋高《春秋大事表》则谓在今曹县境。

咸（鹹）子关　在今越南河内市东南兴安省快州西北，为海陆要冲。《明史·张辅传》：永乐五年（1407），张辅追击黎季犛军，"至胶水县闷海口，还军。筑城咸子关，令都督柳升守之"。是年夏，陈氏故臣简定复叛，七年（1409）辅又奉命讨之，"遇贼咸子关。贼舟六百余，保江东南岸"。

咸丰（豐）门　北宋东京城外城西面广济河上水门。在今河南开封市。《宋史·地理志》：东京新城"广济河，上曰咸丰，下曰善利"。靖康初，金人犯咸丰门，即此。

咸丰（豐）县　清雍正十三年（1735）置，属施南府。治所即今湖北咸丰县。民国初属湖北荆南道。1921年属施鹤道。1932年直属湖北省。

咸（鹹）水场　元置，属阳江县。在今广东阳西县西南上洋镇南。明万历九年（1581）并入双恩场。

咸（鹹）水沽　又名豆子䴚。在今天津市东南津南区驻地咸水沽镇。《方舆纪要》卷13静海县：咸水沽"在天津卫东六十里，即古豆子䴚也。《括地志》：自勃海至平原，其间滨海煮盐之处，土人多谓之豆子䴚。……罗氏曰，河间之豆子䴚，今咸水沽是也。沽东去海四十里，地斥卤，广数十里。宋时亦置戍于此"。

咸（鹹）水站　元置，属全州路。即今广西全州县西南咸水乡。

咸（鹹）水港　即盐水港。今台湾省台南市北盐水区。

咸（鹹）水湖　在今福建上杭县南。《方舆纪要》卷98上杭县：咸水湖"在县南三层岭之北。有水一泓，味咸不涸"。

咸（鹹）水墟　即今广西全州县西南咸水乡。清光绪《广西舆地全图》全州图：西南有咸水。

咸平卫　即武平卫。在今安徽亳州市城内。明洪武二十二年（1389）建，后废。

咸平寺　北宋建。在今重庆市奉节县西北。《清一统志·夔州府》：咸平寺"在奉节县西北，宋咸平中建，魏了翁有记"。

咸平县　①北宋咸平五年（1002）置，属开封府。

治所即今河南通许县。金大定二十九年（1189）改为通许县。

②辽开泰中置，为咸州治。治所在今辽宁开原市东北老城镇。金大定七年（1167）改为平郭县。元至正二年（1342）降咸平府为咸平县。明初废。

咸平府　金天德二年（1150）升咸州置，属咸平路。治所在平郭县（今辽宁开原市东北老城镇）。辖境相当今辽宁北部开原、铁岭、昌图等市县地。元至正二年（1342）降为咸平县。

咸平路　金天德二年（1150）改咸州路置，治所在咸平府咸平县（后改平郭县，即今辽宁开原市东北老城镇）。辖境相当今辽宁铁岭市以北辽河流域地。金末废。

咸平镇　在今山东乐陵市西南五十里郑店乡。北宋熙宁二年（1069）乐陵县迁治于此。明洪武二年（1369）徙废。

咸丘　春秋时鲁地。在今山东巨野县南。《春秋》：桓公七年（前705），“焚咸丘”。杜注：“高平巨野县南有咸亭。”

咸宁市　1983年撤销湖北省咸宁县，改设咸宁市。1998年撤销咸宁地区和县级咸宁市，设立地级咸宁市；原县级咸宁市改置咸安区。市人民政府驻咸安区。

咸宁县　①隋开皇十八年（598）改太平县置，属丹州。治所在今陕西宜川县东南。唐景龙二年（708）移治今宜川县西南。北宋太平兴国初废。1998年撤销咸宁地区及县级咸宁市，设立地级咸宁市。

②唐天宝七年（748）改万年县置，与长安县同为京兆府治。治所在大兴城（今陕西西安市）。乾元元年（758）复名万年县。北宋宣和七年（1125）改为樊川县。金大定二十一年（1181）复为咸宁县。元为奉元路治。明为西安府治。1914年并入长安县。

③五代南汉析南海县置，属南海郡。治所在今广东广州市西北。北宋开宝五年（972）废入南海县。

④北宋景德四年（1007）改永安县置，属鄂州。治所即今湖北咸宁市。《舆地纪胜》卷66鄂州咸宁县：“《舆地广记》云：国朝景德四年改咸宁，避永安陵名也。”元属武昌路。明属武昌府。民国初属湖北江汉道。1932年直属湖北省。1983年改设咸宁市。1998年撤销咸宁地区及县级咸宁市，设立地级咸宁市。

⑤辽置，属祖州。在今内蒙古巴林左旗西南石房子村。金废。

咸宁驿　明初置，在今湖北咸宁市西。清雍正六年（1728）裁。

咸宁郡　唐天宝元年（742）改丹州置，治所在义川县（今陕西宜川县）。辖境相当今陕西宜川县地。乾元元年（758）复名丹州。

咸同支线　从陕西咸阳向北经三原、富平、耀县（今铜川市耀州区）至同官（今铜川市北城关）。全长138.4公里。为陇海铁路支线。1939年动工兴建，1941年建成。

咸州　辽开泰八年（1019）置，治所在咸平县（今辽宁开原市东北老城镇）。辖境相当今辽宁开原市以北一带。金天德二年（1150）改为咸平府。

咸州路　金初升咸州置，置都统司。治所在咸平县（今辽宁开原市东北老城镇）。天德二年（1150）改为咸平路。

咸（鹹）池海　一作盐池海。在今新疆哈密市南。《新唐书·地理志》伊州伊吾县：“南二里有咸池海。”《元和志》卷40伊吾县：咸池海“在县南三百里，周回百余里。州东北四涧水并南流，至州南七八里合流为一水。侧近皆有良田”。

咸安县　隋开皇十八年（598）改绥安县置，属蓬州。治所在今四川营山县东北五十八里三元乡兴福村。大业三年（607）属宕渠郡。唐武德初复属蓬州，天宝初属咸安郡，至德二年（757）改为蓬山县。

咸安郡　唐天宝元年（742）改蓬州置，治所在大寅县（今四川仪陇县新政镇东仪陇河西岸）。辖境相当今四川仪陇县及营山县大部地。至德二年（757）改为蓬山郡。

咸阳　古都邑名。在今陕西咸阳市东北二十里窑店镇一带。秦孝公十二年（前350）筑城，并将国都自栎阳迁此，因置咸阳县。据《三秦记》：“在九嵕山南、渭水北，山水俱阳。故名。”《史记·秦始皇本纪》：二十六年（前221），秦始皇统一中国后，“收天下兵，聚之咸阳，销以为钟鐻，金人十二，重各千石，置廷宫中。……徙天下豪富于咸阳十二万户”。即此。秦末为项羽焚毁。

咸阳门　秦成都城少城北门之一。在今四川成都市旧城区北。东晋常璩《华阳国志·蜀志》：秦迁葬蜀侯恽于郭内，“丧车至城北门，忽陷入地中。蜀人因名北门曰咸阳门”。《后汉书·公孙述传》：建武十一年（35），“臧宫军至咸门”。即此。

咸阳县　①秦孝公十二年（前350）置，治所在今陕西咸阳市东北窑店镇一带。西汉高帝元年（前206）改名新城县。元鼎三年（前114）又改渭城县，东汉省。隋初复置，属雍州。治所在今咸阳市东十三里。后废。唐武德元年（618）复置，属雍州。移治杜邮亭（今咸阳市东北五里），后属京兆府。元属奉元路。明属西安府，洪武四年（1371）移治今咸阳市。民国初属陕西关中道。1928年直属陕西省。1952年析城区置咸阳市。1958年并县入市。1983年撤销咸阳地区，咸阳市升为地级市。

②西汉置，属云中郡。治所在今内蒙古土默特右翼东苏波盖乡老藏（丈）营子古城。东汉末废。

咸阳城　①在今山西太谷县南。《元和志》卷13太原府太谷县：咸阳故城“在县西南十里。秦伐赵筑之，以咸阳兵戍之，因名”。

②即著名古都邑咸阳，故址在今陕西咸阳市东北二十里窑店镇一带。

咸阳郡　十六国前秦皇始二年（352）置，治所在长陵城（今陕西咸阳市东北三十里怡魏村附近）。北魏太和二十年（496）迁治池阳县（今陕西泾阳县西北二里），属雍州。辖境相当今陕西咸阳市及泾阳、礼泉县地。北周建德中，移治石安县（今咸阳市东北窑店镇北）。隋开皇三年（583）废。

咸阳桥　在今陕西咸阳市南渭河上。本西汉所造便门桥。唐时又名咸阳桥。杜甫《兵车行》："车辚辚，马啸啸，行人弓箭各在腰，妻子爷娘走相送，尘埃不见咸阳桥。"即此。

咸欢（歡）县　即咸驩县。在今越南义安省演州西。《新唐书·地理志》：怀驩"本咸歡"。

咸欢（驩）县　亦作咸懽县。西汉置，属九真郡。治所在今越南义安省演州西。三国吴属九德郡。隋属日南郡。唐武德五年（622）为懽州治，贞观元年（627）为演州治，十六年（642）属懽州，天宝二年（742）改为怀懽县。

咸应渠　在今内蒙古五原县境。《新唐书·地理志》丰州九原县："有咸应、永清二渠，贞元中，刺史李景略开，溉田数百顷。"

咸宜　即今陕西陇县西咸宜关。《资治通鉴》：五代梁贞明六年（920）十一月，蜀将王宗俦等攻岐，"出故关，壁于咸宜"。即此。明正统中，因关山路阻，改设咸宜关，移巡检司驻守。

咸宜关　明置，即今陕西陇县西咸宜关。《清一统志·凤翔府二》：咸宜关"在陇州西四十里……明正统中，因关山路阻，改建咸宜关，移巡司于此，而废故关为镇。今巡司裁"。

咸（鹹）泉镇　亦作盐泉镇。唐置，在今新疆木垒哈萨克自治县东北。《元和志》卷40庭州：盐泉镇"在蒲类县东北二百里。当回鹘路"。《新唐书·地理志》后庭县："有蒲类、郝遮、咸泉三镇。"

咸（鹹）海　又名热海，大清池。即今吉尔吉斯斯坦伊塞克湖。唐为通西域的必经之路。唐玄奘《大唐西域记》卷1："大清池或名热海。又谓咸海，周千余里。"

咸康县　辽置，为川州治。治所在今辽宁北票市西南角。金废为镇。

咸康镇　金初废咸康县置，属宜民县。在今辽宁北票市西南。

咸淳府　南宋咸淳元年（1265），以度宗潜邸升忠州置。治所在临江县（今重庆市忠县，不久迁治县东四十里皇华村）。元复降为忠州。

咸塘河　在今江苏无锡市北五十里。《方舆纪要》卷25常州府无锡县：咸塘河"南通五泻河，北入江阴界"。

咸熙馆　亦作咸宁馆。辽置，在今内蒙古翁牛特旗西北。《辽史·地理志》引薛映记："姚家寨馆五十里至咸宁馆，三十里度潢水石桥。"北宋沈括《熙宁使虏图抄》：会星馆"至咸熙帐。咸熙毡帐东距会星馆七十里稍南。自馆西行，稍西北过大碛，二十余里至黄河"。

威川州　唐置羁縻州，属嶲州都督府。治所当在今四川喜德县西拉克乡。后废。

威川砦　本密多台，北宋政和七年（1117）赐名，属镇戎军。在今宁夏同心县东南。金废。

威化县　①南朝宋置，属郁林郡。治所当在今广西桂平、象州、武宣、来宾等市县境。南齐以后废。

②南朝宋置，属新宁郡。当在今广东新兴县或高要市境。南朝梁以后废。

③唐置，为威州羁縻州治。治所在今北京市房山区西北上石堡。《旧唐书·地理志》威州威化县："契丹陷营州乃南迁，寄治于良乡县石窟堡，为威化县，州治也。"后废。

威正县　南朝梁置，属清远郡。治所在今广东清新县西北。隋开皇十年（590）废。

威龙长官司　明永乐二年（1404）改威隆州置，属建昌卫。治所在今四川德昌县西南大山乡。清属宁远府。后废。

威龙州　元世祖至元十五年（1278）以巴翠部置，属定昌路。治所在今四川德昌县西南大山乡。二十五年（1288）属德昌路。明洪武十五年（1382）改为威隆州。

威平县　南朝宋置，属新宁郡。当在今广东新兴县或高要市境。南朝梁以后废。

威平洞　即今浙江淳安县西北威平洞。《方舆纪要》卷90淳安县：威平洞在"县西七十里，一名青溪洞，一名帮源洞。宋宣和二年，贼方腊据此作乱"。

威平堡　在今山西右玉县西南四十里威坪堡村。《方舆纪要》卷44大同府：威平堡"嘉靖四十五年筑，万历初增修，周一里有奇"。

威平镇　在今浙江淳安县西千岛湖中威坪岛附近。后为浙、皖间重镇。东汉至隋先后为始新县、新安县治所。

威宁州　清雍正七年（1729）改威宁府置，属大定府。治所即今贵州威宁彝族回族苗族自治县。1913年改为威宁县。

威宁县　①南朝宋元嘉间置，属海昌郡。治所当在今广东高州、信宜市境。齐废。

②金承安二年（1197）以新城镇置，属抚州。治所在今内蒙古兴和县西北台基庙村古城。元属兴和路。明废。

③1913年改威宁州置，属贵州贵西道。治所即今贵州威宁彝族回族苗族自治县。1923年直属贵州省。1954年改设威宁彝族回族苗族自治区。1955年改为威宁彝族回族苗族自治县。

威宁府　清康熙五年（1666）改乌撒府置，属贵州省。治所即今贵州威宁彝族回族苗族自治县。雍正七年（1729）改为威宁州。

威宁郡　西魏改新野郡置，属雍州。治所在今湖北宜城市境。北周废。

威宁海子　亦名集宁海子、奇尔泊、希尔泊。即今内蒙古察哈尔右翼前旗东北之黄旗海。《方舆纪要》

卷44大同府大同县：威宁海子“在府北塞下，属部驻牧处也。天顺中，石彪镇大同，请置城于威宁海，不果。成化十六年，王越袭败蒙古于此”。《明史·鞑靼传》：嘉靖二十九年（1550），“春，俺答移驻威宁海子”。

威宁营 明置，即今辽宁本溪市东北威宁营。《方舆纪要》卷37辽东都司“清河堡”条下：“西有白塔佃可按伏，又西有威宁营可屯兵。”明在此置铁场百户所。

威宁堡 北宋置，在今陕西吴起县西，东至铁边城镇西十五里。《宋史·地理志》庆阳府：“威宁堡，本名衡家堡，政和六年赐名。”

威边砦 北宋元符二年（1099）筑，属庆阳府。在今陕西吴起县西南。金废。

威戎川 在今甘肃静宁县南。《明一统志》卷35平凉府：威戎川“在静宁州南四十里。宋于此筑威戎堡，金置威戎县，因名”。

威戎军 ①唐开元二十六年（738）置，属陇左节度使。治所在新城（今青海门源回族自治县）。宝应元年（762）设入吐蕃，废。

②唐文德元年（888），田令孜令杨晟为假威戎军节度使，使守彭州（在今四川彭州市）。辖境相当今四川彭州市、汶川、茂县、平武、青川及甘肃文县、西和、成县地。乾宁元年（894），王建攻占彭州，杀杨晟后废。

③唐置，属茂州。治所即今四川汶川县。后废。北宋熙宁九年（1076）置威戎军使。《舆地纪胜》卷149茂州：汶川县，“《图经》云：威戎军，威茂两江合流其下，自此分为南北两路”。政和六年（1116）改名延宁军。

威戎县 金升威戎堡城置，属德顺州。治所即今甘肃静宁县南四十里威戎镇。后废。

威戎城 ①一名拨换城。即今新疆温宿县东佳木镇喀什艾日克村古城。一说在今阿克苏市。《新唐书·地理志》引贾耽《四夷路程》：拨换城“一曰威戎城，曰姑墨州”。

②北宋置，属延安府。在今陕西子长县北。《宋史·地理志》延安府：威戎城“地本升平塔，绍圣四年赐名”。

③北宋筑，在今陕西子洲县西南。《宋史·地理志》延安府：威戎城“地本昇平塔，绍圣四年赐名”。

威戎堡 北宋置，属德顺军。即今甘肃静宁县南四十里威戎镇。

威成县 ①南齐置，属高兴郡。治所当在今广东化州、廉江、遂溪等市县境。隋开皇时废。

②唐武德五年（622）置，属威州。治所在今广东怀集县境。贞观元年（627）废。

威伊克阿林 即外兴安岭。今俄罗斯阿穆尔州北部之斯塔诺夫山脉。清杨宾《柳边纪略》卷1：“威伊克阿林，极东北大山也。上无树木，惟生青苔，厚常三四尺。康熙庚午与阿罗斯分国界，天子命镶蓝旗固山额真巴海等，分三道往视：一从亨乌喇入，一从格林必拉入，一从北海绕入，所见皆同，遂立碑于山上。碑刻满文、阿罗斯、喀尔喀文。”

威州 ①北周置，治所未详。《隋书·地理志》朗山县下云：“后周又置威州，后又废。”

②唐武德五年（622）置，治所在怀集县（今广东怀集县）。辖境相当今广东怀集县（除西北部分）。贞观元年（627）废。

③唐贞观元年（627）改辽州置，为羁縻州，属幽州都督府。治所在威化县（今北京市房山区西北上石堡）。后废。

④唐贞观四年（630）改云州置，治所在河滨县（今内蒙古准格尔旗东北黄河西岸）。八年（634）废。

⑤唐开元年间升同起县置，治所在曲轭川（今云南嵩明县南二十六里杨林镇）。辖境约当今云南嵩明县地。天宝后废。

⑥唐大中三年（849）改安乐州置，治所在今宁夏同心县东北下马关镇北红城水古城。咸通三年（862）移治鸣沙县（今宁夏中宁县东北鸣沙镇）。宋初废。

⑦五代晋天福四年（939）置，治所在通远县（今甘肃环县）。辖境相当今甘肃环县及庆城县西北部。后周广顺二年（952）以避讳，改名为环州。

⑧北宋景祐三年（1036）改维州置，治所在保宁县（今四川理县东北七十里薛城镇）。《舆地纪胜》卷148威州：“以京递发潍州，误至维州，因改曰威州，谓唐置此州以威制西羌故也。”辖境相当今四川理县地。元属成都路，治所在凤坪里（今理县东北桃坪乡东之古城）。明属成都府。宣德三年（1428）迁于保子冈河西（今汶川县西），十年（1435）迁于保子冈河东（今汶川县）。清雍正五年（1727）废入保县。

⑨辽置，属黄龙府。治所在吉林农安县南新刘家镇附近。辖境约当今吉林农安县南部一带。后废。

⑩金天会七年（1129）置，治所在井陉县（今河北井陉县北威州镇）。蒙古宪宗二年（1252）移治洺水县（今威县北古城），属洺磁路（后改为广平路）。辖境相当今河北威县及井陉县地。至元初又移治今威县。至正中省洺水县入州。明洪武二年（1369）降州为威县。

⑪蒙古宪宗二年（1252）置，治所在洺水县（今河北威县北五十五里古城，元世祖至元初徙今威县）。至正中省洺水县入州，属广平路。明洪武二年（1369）改为威县。

⑫元世祖至元十五年（1278）置，为威楚路治。治所即今云南楚雄市。二十一年（1284）降为威楚县。

威州千户所 明洪武十八年（1385）置，属四川都司。治所在今四川汶川县。《明史·地理志》：明宣德十年（1435）六月，"又迁（威州）于保子冈河东千户所城内"。1952年汶川县迁治于此。

威州铺　即今四川汶川县。清嘉庆《四川通志》卷89汶川县：威州铺"在县（旧治在今绵虒镇）北四十里"。

威州镇　①又名天威城。即今河北井陉县北十六里威州镇。北宋初为天威军治，熙宁中又为井陉县治。金又为威州治。

②即今四川汶川县，西临岷江。西南距汶川旧县（今绵虒镇）四十里，东北距茂州（今茂县）九十里。民国《川西边事辑览》第八编：威州"由汶至此共计四十里。其地为岷、沱两江合流之所，东南北三面皆在汶川境内，故有借土管民之说。理番设有县佐在此。由此北溯岷江而上，为入茂松之路；西沿沱江而行，为入理懋之路"。1952年汶川县迁治于此。

威远卫　明正统三年（1438）置，属山西行都司。治所在今山西右玉县西南二十里威远堡镇。清顺治十年（1653）废。

威远厅　清雍正三年（1725）改威远直隶州置威远直隶厅，属云南省。十三年（1735）降为散厅，属镇沅府。治所在今云南景谷傣族彝族自治县南威远镇（大寨）。乾隆三十五年（1770）改属普洱府。1913年废为县。

威远戍　隋开皇三年（583）置，属资中县。在今四川威远县。《元和志》卷33威远县："本汉资中县地，隋开皇三年于此置威远戍以招抚生僚，十一年改戍为县，属资州。"

威远州　元世祖至元十二年（1275）置，属威楚路。治所在今云南景谷傣族彝族自治县南郊的大寨。明初废。洪武三十五年（1402）复置威远御夷州，属云南布政司。清雍正三年（1725）改威远厅。

威远汛　即今贵州长顺县东长寨镇。旧属定番县（今惠水县），有把总驻守。

威远守捉城　在今内蒙古额济纳旗（达来呼布镇）西南。《新唐书·地理志》肃州酒泉郡："有威远守捉城。"

威远军　①唐置，在荣州（今四川荣县）。《新唐书·地理志》：荣州"有威远军"。后废。

②亦作威远镇。唐置，在威远县（今四川威远县）。《元和志》卷33威远县："威远镇在县城内。"后废。

威远县　①隋开皇十一年（591）改威远戍置，属资州。治所即今四川威远县。明曹学佺《蜀中广记》卷52：威远县"取威抚远人之义"。大业初属资阳郡。唐属荣州。元初废，后复置。明洪武十年（1377）省入荣县。十三年（1380）复置，属嘉定州。清康熙六年（1667）又废入荣县，雍正六年（1728）复置。十二年（1734）属嘉定府。民国初属四川建昌道。1928年直属四川省。

②1913年改威远厅置，治所即今云南景谷傣族彝族自治县。因与四川威远县重名，1914年改景谷县。

威远河　即今四川威远县境之威远河。民国《荣县志》卷5："旭川流百里至公井合威远之水，由富顺入雒水。"

威远驿　又名李陵驿、威虏驿。明初置，属开平卫。即今内蒙古正蓝旗南黑城子。后废。

威远城　①唐南诏置，属开南节度。即今云南景谷傣族彝族自治县。南诏后期属银生节度。宋大理废。

②在今浙江宁波市镇海区东招宝山上。《方舆纪要》卷92定海县：威远城"在城东招宝山上。山耸峙海口，最为冲要……督臣胡宗宪筑城山巅，周二百丈，置兵以扼截海口，与县城（今镇海区）相唇齿，名威远城"。

③在今甘肃金塔县北。唐于此置威远守捉，属肃州。后废。

威远炮（礮）台（臺）　在今广东东莞市南虎门镇西威远岛。清光绪《广州府志》卷73兵防：东莞县有"左哨外委千总，分防威远炮台汛"。炮台遗址尚存。

威远营　①在今湖南凤凰县西南。《清一统志·凤凰厅》：威远营"在厅西南。为黔楚接壤要隘。有千总驻防"。

②明置，在今贵州铜仁市西北。《清一统志·铜仁府》：威远营"在府城西北。明万历十二年因三省苗'贼'出劫乌罗地方，参议金从洋议立，设指挥驻守"。

威远赕　宋大理置，属威楚府。即今云南景谷傣族彝族自治县。元改威远州。

威远堡　①在今山西右玉县西南二十里威远堡镇。《清一统志·朔平府》：威远堡巡司"明正统三年置卫筑城，周四里五步，高三丈五尺"。清雍正七年（1729）设威远堡巡司。民国设县佐。

②明置，属三万卫。即今辽宁开原市东北威远堡镇。《方舆纪要》卷37三万卫：威远堡"在卫东五十里。近堡有郿木川、百峰山，皆为贼冲"。

③明初置，属宁夏右屯卫。在今宁夏银川市西十五里盈北村。万历时改为丰盈堡。

④明置，属西宁县。即今青海互助土族自治县驻地威远镇。《清一统志·西宁府二》：威远堡"在西宁县东北八十里，北至暗门边墙二十里。明嘉靖十四年筑，城周三里有奇。本朝初设守备，今改都司"。1930年改为威远镇，为互助县治。

威远堡门　清建，为柳条边门之一。在今辽宁开原市东北威远堡镇。《清一统志·奉天府二》：威远堡边门"在开原县东北三十里。堡周三里，南门二门。为吉林乌拉等处往来孔道，南至英峨边界七十里"。

威远寨　①北宋大中祥符七年（1014）置，在今甘肃武山县南。熙宁八年（1075）改为威远镇。

②北宋宣和三年（1121）废隆州置，属邕州。在

今广西东兰县南。元初废。

威远镇 北宋熙宁八年（1075）改威远寨置，属通远军。在今甘肃武山县南。后废。

威县 明洪武二年（1369）改威州置，属广平府。治所在今河北威县。民国初属直隶大名道。1928年直属河北省。

威利州 唐置，为羁縻州，属安化州都督府。当在今甘肃庆阳市境。后废。

威羌砦 北宋置，在今陕西子长县西北。《宋史·地理志》延安府：威羌砦“地名白洛猜，元符元年进筑，赐名”。

威武千户所 明崇祯三年（1630）置，属镇西卫。治所在今贵州清镇市西北站街镇。清康熙二十六年（1687）省入清镇县。

威武军 五代方镇名。后汉乾祐元年（948）置。治所在福州（今福建福州市）。后周广顺元年（951）改为彰武军。

威武军城 唐万岁通天元年（696）改渔阳军置，在今北京市密云县。开元十九年（731）废。

威武城 五代梁贞明初蜀王建，在今陕西凤县凤州镇东北六十里。《资治通鉴》：五代梁贞明五年（919），蜀北路行营都招讨、武德节度使王宗播等自散关击岐，“会大雨而还，分兵戍兴元、凤州及威武城”。即此。胡三省注：“威武城在凤州北，蜀所筑也。”

威武堡 ①明万历时置，属宁夏中卫。即今宁夏中宁县东恩和镇。清乾隆十一年（1746）改为恩和堡。

②即今陕西横山县西南四十里威武乡。《清一统志·榆林府二》：威武堡“地名响铃塔。明成化五年，巡抚王锐置堡，城在山阜，周二里八十步，为极冲上地。今有把总分守”。

威虎岭 亦作𫚭𫛢岭。在今吉林蛟河市东南、敦化市西北界上，为张广才岭支脉。清光绪《吉林通志》图：东南有𫚭𫛢岭。

威虎堡 在今山西右玉县西北。《方舆纪要》卷44大同府：威虎堡“嘉靖二十三年筑，万历九年增修，周一里有奇，分边十里零”。

威虏卫 明洪武中置，属陕西行都司。治所在今甘肃金塔县北六十里古城乡（威虏大庙）。永乐三年（1405）废。

威虏军 北宋太平兴国六年（981）改遂城县置，治所在今河北徐水县西二十五里遂城镇。景德元年（1004）改为广信军。

威定县 ①东晋置，属郁林郡。治所当在今广西东北部柳江及红水河中游一带。南朝宋属桂林郡。南齐以后废。

②隋大业五年（609）置，属西海郡。治所在今青海共和县西北青海湖西岸一带。隋末废。

威肃军 五代晋天福七年（942）降警州置，治所在今宁夏平罗县南姚伏镇。北宋废为定远镇。

威城县 ①南齐置，为晋康郡治。治所在今广东郁南县南。隋开皇十二年（592）废。

②北宋宣和四年（1122）改新城县置，属涿州。治所在今河北高碑店市东南新城镇。寻入金，复名新城县。

威信长官司 明嘉靖五年（1526）置，属镇雄军民府。治所在母响寨（今云南镇雄县东北六十八里母享镇），后迁治今云南威信县西北三十里卫靖司。清初废。

威信行政区 1913年析镇雄县北部置威信行政委员，后属云南滇中道。治所在今云南威信县北四十里旧城镇。民国《云南威信地志资料》：“盖取国家宣威立信，与民更始之义，此命名之所由来也。”1921年迁治今威信县城扎西镇。1929年直属云南省。1932年改威信设治局。

威信军 五代方镇名。后晋开运二年（945）置。治所在曹州（今山东曹县西北）。后汉废。后周广顺二年（952）复置。北宋初废。

威信设治局 1932年改威信行政区置，直属云南省。治所即今云南威信县。1934年改威信县。

威信县 1934年改威信设治局置，直属云南省。治所即今云南威信县。

威胜军 ①唐天宝十三年（754）置，属廓州。驻地在宛肃城（一作宛秀城，在今青海贵南县东北黄河南岸）。《新唐书·地理志》廓州：“西八十里宛秀城有威胜军。”乾元元年（758）陷于吐蕃，废。

②唐方镇名。光启三年（887）以义胜军改名，治所在越州（今浙江绍兴市）。乾宁三年（896）改名镇东军。

③唐乾宁元年（894）置，治所在乾州（今陕西乾县）。五代唐同光二年（924）罢军名。

④五代方镇名。后唐改宣化军置，治所在邓州（今河南邓州市）。后周改名武胜军。

⑤北宋太平兴国三年（978）置，治所在铜鞮县（今山西沁县）。辖境相当今山西沁县、武乡、沁源等县地。金天会六年（1128）改沁州。

威峰山 在今四川资阳市东北七十里。《方舆纪要》卷67资阳县“资山”条内：威峰山“高出云表，为一方之镇”。

威海卫 明洪武三十一年（1398）置，属山东都司。治所在今山东威海市。《方舆纪要》卷36：威海卫“领左、右二千户所。卫城周六里有奇”。清雍正十二年（1734）省入文登，移温泉镇巡司驻此。光绪八年（1882）筑炮台，修船坞，为北洋海军重镇。光绪二十四年（1898）被英国强行租占。1930年收回。1945年设威海卫市。

威海卫市 1945年置，属山东省。即今山东威海市。1948年改为威海市。1950年改威海县。1951年复改威海市。1987年升为地级市，改由省直辖。

威海卫行政区 1930年收回威海卫后设置，直隶国民政府行政院。治所即今山东威海市。1938年为日军侵占。

威海卫特别区　1938年威海卫行政被日军侵占后，改设威海卫特别区。治所即今山东威海市。后废。

威清卫　明洪武二十三年（1390）改威清站置，属贵州都司。治所即今贵州清镇市。清康熙二十六年（1687）将镇西卫并入，改为清镇县。

威清驿　明置，在今贵州清镇市南。《清一统志·贵阳府》：威清驿"上通安平，下达省城，为往来要道"。

威清站　明洪武二十一年（1388）置，即今贵州清镇市。二十三年改置威清卫。

威隆州　明洪武十五年（1382）改威龙州置，属建昌卫。治所在今四川德昌县西南大山乡。永乐二年（1404）改为威龙长官司。

威覃县　南朝宋置，属宋康郡。治所当在今广东阳西或电白县境。隋废。

威鲁堡　在今山西左云县北四十里威鲁村。《清一统志·朔平府》：威鲁堡"在县东北。东至边墙三里，北至边墙二里。明嘉靖二十一年筑，周二里有奇。属助马路"。

威蛮州　明永乐五年（1407）改国威州置，属交州府。治所在山定县（今越南和平省应和）。宣德二年（1427）以后入安南。

威楚开南等路宣抚司　元世祖至元年间置，属云南行省。治所在威楚（今云南楚雄市）。领威楚、武安二路。辖境北抵金沙江，南达澜沧江，约当今云南北自武定、南达景谷的狭长地带。明初废。

威楚县　元世祖至元二十一年（1284）降威州置，为威楚路治。治所即今云南楚雄市。明洪武十五年（1382）改楚雄县。

威楚府　宋大理置，治所即今云南楚雄市。《元史·地理志》威楚开南等路："为杂蛮耕牧之地，夷名俄碌，历代无郡邑，后爨酋威楚筑城俄碌赕居之。"威楚原为少数民族首领的名字。郭沫若认为："楚雄原名威楚。据史料上说，在春秋战国时候，楚国的庄蹻远征滇国，来到这个地方，所以就叫做威楚。"（《金沙江文艺》1978年创刊号）辖境约当今云南楚雄彝族自治州大部及其以南直抵思茅、江城。元改威楚路。

威楚路　蒙古宪宗六年（1256）置威楚万户，元世祖至元八年（1271）改威楚路，属云南行省。后置威州（即今云南楚雄市）为路治。辖境约当今云南楚雄彝族自治州南部及南涧、景东、镇沅、景谷等县地。至元二十一年（1284）治威楚县（即今云南楚雄市）。明洪武十五年（1382）废为府。

威塞军　五代方镇名。后唐同光二年（924）置，治所在新州（治今河北涿鹿县）。领新、妫、儒、武四州。天福初地入契丹，废。

威蕃栅　在今四川北川羌族自治县西北治城乡西三十里。《新唐书·王涯传》：穆宗立，出为剑南东川节度使，时吐蕃寇边，上言："蜀有两道直捣贼腹，一由龙州清川以抵松州，一由绵州威蕃栅抵栖鸡城，皆虏险要地。"即此。

威蕃亭　在今四川北川羌族自治县西北治城乡西三十里。《方舆胜览》卷56石泉军：元丰年间"石泉夷人犯边，朝廷命孙羲叟帅蜀，召公（指张上行）问计，公曰：'……今石泉三十里威蕃亭，地名栅底，即唐之威蕃栅，宜先筑堡寨以御其来攻，升石泉为军以重其权。'"

威震关　在今广西崇左市东二里文奎山下。《明史·地理志》崇善县："东有将军山，下有威震关，一名伏波关。"

威镇河　在今贵州毕节市东。《清一统志·大定府》：威镇河"在毕节县东十里。南流入响水河"。

威镇堡　亦作威振堡。明置，属宁夏前卫。即今宁夏平罗县东北威镇堡。《清一统志·宁夏府二》：威镇堡"本朝初设把总，嘉庆十五年改设外委。东北有边墙一道，即北长城也。下有东西二闸门，为汉夷互市处"。

威德军　宋置，在今陕西志丹县北三十里。《宋史·地理志》保安军：威德军"保安军之北，两界上有洑流名藏底河，夏人近是筑城，为要害必争之地。政和三年，贾炎乞进筑，不果。七年，知庆州姚古克之，即威德军"。

威德城　东晋建元二年（344）慕容皝改涉夜城（南罗城）为威德城。在今内蒙古西辽河上源西拉木伦河或老哈河流域。一说在今辽宁朝阳市东北。《晋书·慕容皝传》："改涉奕于城为威德城。"《方舆纪要》卷18大宁卫：威德城"在营州东北。东晋初，改西鲜卑宇文涉夜干之南罗城也。……慕容皝并其地，改为威德城"。

威整铺　即今广东四会市北九十里威整镇。清时有把总驻防。

歪染　即今贵州兴义市东南巴结镇西歪染村。清罗绕典《黔南职方纪略》卷2兴义府："捧鲊营溯红水江而西，直抵黄泥河为界。其间歪染、养马、白云、法岩诸寨，皆系昔日顽苗恃险负隅之处，山高箐深，瘴疠尤甚，实夷脓要隘也。"

研川水　即今甘肃积石山保安族东乡族撒拉族自治县东银川河。"银"即"研"之转音。《水经·河水注》：河水"又东北流历研川，谓之研川水，又东北注于河，谓之野亭口"。野亭口又作野城口，亦即治城口。

研子冈集　即今湖北武汉市黄陂区北三十四里研子冈镇。清光绪《湖北全省分图》：黄陂县北有研子冈集。

研井盐井　亦作井研盐井。在今四川井研县南。《舆地纪胜》卷150隆州：研井，"《元和郡县志》云：在井研县南七里。镇及县皆取名焉"。

研石砦　在今四川剑阁县（下寺镇）南剑门关镇姚箭口一带。《宋史·王继恩传》：淳化五年（994）镇压李顺义军，"继恩由小剑门路入研石砦"。即此。

研和县　元初置研和百户，至元十三年（1276）改县，属新兴州。治所在今云南玉溪市南二十四里研和镇。明洪武十五年（1382）后废。

砖井堡　即今陕西定边县东四十里砖井镇。《清一统志·延安府二》：砖井堡“明正统二年置，……城在平川，周三里二百五十步，门二，为极冲上地。今有守备驻守”。

砖坪厅　清道光二年（1822）置，属兴安府。治所即今陕西岚皋县。1913年改砖坪县。

砖坪县　1913年改砖坪厅置，属陕西汉中道。治所即今陕西岚皋县。1917年改名岚皋县。

砖坪营　在今陕西岚皋县北十里。本安康县地。清乾隆四十七年（1782）设县丞驻此。始建城郭，俗名水围城。

砖庙集　即今山东曹县西北三十五里砖庙镇。清光绪《山东通志》卷2《舆图志》：曹县西北有砖庙集。

砖河镇　清置，属沧州。在今河北沧州市西南二十里西砖河村。后设游击驻防于此。

砖城　三国魏筑，在今安徽界首市南三十八里。《寰宇记》卷11沈丘县：砖城“在县东北四十五里。司马宣王使邓艾于此置屯，种稻以备东南，筑城围仓廪”。

砖桥店　即今河南光山县东南砖桥镇。明嘉靖《光山县志》卷1《里店》：砖桥店“在县东南四十里”。

砖桥镇　①即今安徽庐江县东南砖桥村。清光绪《庐州府志》卷3庐江县：砖桥镇在“县南六十里”。

②即今江苏江都市东北十四里砖桥镇。清光绪《江苏全省舆图》：江都县东北有砖桥。民国《江都县续志》卷1：“县东北境有砖桥（运盐河南岸）。”民国《江都县新志》卷2作砖桥镇。

砖塔冈　在今河南潢川县东南七十里。《方舆纪要》卷50光州“车谷山”条下：彭山“上有古塔，俗名砖塔冈”。

砖路镇　即今河北定州市西北砖路镇。清道光《定州志》卷7市集：砖路镇在“城西北四十里”。

砂山　亦作沙山。在今江苏张家港市西北。《方舆纪要》卷25常州府江阴县“香山”条：“砂山在县东四十七里。相传初本平地，晋宋间，江水泛涨，涌沙石成山。”

砂井县　元置，为砂井总管府治。治所在今内蒙古四子王旗北红格尔苏木希拉莫仁庙西南古城。明初废。

砂井总管府　元置，治砂井县（今内蒙古四子王旗北红格尔苏木希拉莫仁庙西南古城）。辖境相当今四子王旗北部。明初废。

砂坪寨　亦作沙平寨、沙坪寨。即今四川峨边彝族自治县（沙坪镇）。《方舆纪要》卷73黎州守御千户所：砂坪寨“在所东南，接峨眉、犍为之界，苗寨也……明嘉靖末，木瓜番作乱，出砂坪，嘉定、峨眉、犍为皆震扰”。即此。

砂城　又名沙城。即今河北怀来县治。《资治通鉴》：南朝陈至德元年（隋开皇三年，583），突厥寇幽州，隋幽州总管李崇帅步骑三千拒之，“师人多死，遂保砂城”。清于此设沙城堡巡司。

砂巷　在今江苏连云港市西南。《宋史·魏胜传》：南宋绍兴三十一年（1161），金人以十万兵攻海州，“时（李）宝帅海舟水陆并进，抵城北砂巷，胜率众合宝军大破之，斩首不可计，堰水为之不流”。

砂堰　在今江苏连云港市附近。《宋史·魏胜传》：南宋绍兴三十一年（1161），“胜军已入城，金兵径趋城东，欲过砂堰圜城为营。胜先已据堰备之，金军不得过，拒战竟日，终不能近”。

砚山　①在今福建建阳市东北三十五里。《清一统志·建宁府》：砚山，“山有石，端平若案，有微黑点，隐隐若砚，旧名夫子案山。《事林广记》以为第二十八福地”。

②在今浙江兰溪市西四十二里。宋《景定严州续志》卷10寿昌县：砚山“在县东南三十里”。《方舆纪要》卷90寿昌县：砚山“为金、衢、严三郡之界”。康熙《金华府志》卷3：砚山“山头平正，有池如砚，故名”。

③古名龙尾山。在今江西婺源县东北百里，周三十里。产砚。《方舆胜览》卷16徽州：龙尾山“在婺源县东南（按，当为北）百里，西连武溪。开元中，猎人叶氏见石莹洁，镌粗成研，子孙持以献令，令访匠琢，由是世始传。一名罗文山，有石理所似为名”。

砚山设治局　1933年析文山、广南两县地置，直属云南省。治所在江那（即今云南砚山县）。因治所西北郊有山形如砚，故名。1935年改砚山县。

砚山县　1935年改砚山设治区置，直属云南省。治所即今云南砚山县。以西北郊有砚山为名。

砚石山　即今江苏苏州市城西南三十里灵岩山。北宋朱长文《吴郡图经续记》卷中：砚石山“其山出石，可以为砚，盖砚石之名不虚也”。南宋范成大《吴郡志》卷15引《越绝书》云：“吴人于砚石山作馆娃宫。”

砚丘　在今河南淮阳县东南。《寰宇记》卷10宛丘县：“砚丘，在县东南四十里。高五丈。古老传云：楚王灭陈，于此宴会军士，遂名醼丘。后人语讹为砚丘。”

砚池　在今江苏常州市北门外林庄邹浩墓侧。《明一统志》卷10常州府：砚池“在武进县邹浩墓侧，世传浩洗砚于此”。

斫龙川　一作咯罗川。即今甘肃中部黄河支流庄浪河。

斫龙城　在今甘肃永登县境。一说在今青海循化撒拉族自治县境。公元11世纪初，是宋与唃厮啰的交易市场。《宋史·外国传·吐蕃》董毡：元丰年间，“夏人欲与之通好，许割赂斫龙以西地，云如归我，即官爵恩好一如所欲”。即此。

斫汗那　即石汗那。都艳城（今阿富汗东北境斯科扎尔一带；一说即今塔吉克斯坦杜尚别西南迭脑）。

斫花山　在今甘肃宕昌县北。《元和志》卷39宕州怀道县：斫花山“在县东北八十里。出朱砂、雄黄，人常采取之”。按：唐怀道县在今甘肃舟曲西北白龙江北岸。

斫（斮）胫河　又称阳河。即今河南淇县南折胫河。源出今河南淇县西北二里太和泉，东南流入淇水。《尚书·泰誓下》：商王受（纣）“斫朝涉之胫”。《传》：“冬月见朝涉水者，谓其胫耐寒，斩而视之。”《水经·淇水注》：“淇水又东，右合泉源水。水有二源，一水出朝歌城西北，东南流。老人晨将渡水，而沈吟难济，纣问其故。左右曰：老者髓不实，故畏寒也。纣乃于此斫胫而视髓也。”《寰宇记》卷56卫州卫县：“阳河水在县西北平地，即纣斫朝涉之胫处也。”

厘城　即春秋时郑时来邑。在今河南郑州市西北。《春秋》：隐公十一年（前712），“公会郑伯于时来”。杜注：“时来，郲也。荥阳县东有厘城，郑地也。”《水经·济水注》：“济水又东南径厘城东……京相璠曰：今荥阳县东四十里有故厘城也。”

厚子镇　即今陕西蓝田县东北厚镇。清《蓝田县志》卷1有厚子镇。

厚丘县　西汉置，属东海郡。治所在今江苏沭阳县北四十里厚镇。南朝宋废。齐建武二年（495）复置，属北东海郡。寻废。唐武德四年（621）复置，属海州。八年（625）又废。

厚丘镇　北宋置，属沭阳县。即今江苏沭阳县北四十里厚镇村。

厚坡集　即今河南淅川县东南厚坡镇。旧属邓州。清乾隆《邓州志》卷5《集镇》：厚坡集“在州西六十里，有集”。尹耕云《豫军纪略》卷11：同治元年（1862）八月，太平军由淅川马蹬“入邓州之厚坡”。

厚坡镇　即今河南淅川县东南厚坡镇。民国时有县佐驻此。

厚和豪特市　1937年10月日伪改归绥县置，治所即今内蒙古呼和浩特市。为巴彦塔拉盟驻地。1945年8月废。

厚畛子　即今陕西周至县西南厚畛子镇。清属佛坪厅。光绪《陕西全省舆地图》佛坪厅：厚畛子“在城北三十四五（里）”。

厚街　即今广东东莞市西南厚街镇。清宣统《东莞县志》卷21：墟市有“厚街市”。

厚塘营　在今广东仁化县东北扶溪镇东之厚塘村。《方舆纪要》卷102仁化县“高冈堡”条：“盘石营在县东五十里，其相近者又有厚塘营。”《清一统志·韶州府》：厚塘营“在仁化县东四十里”。

厍奚县　即虒奚。西汉置，属渔阳郡。治所在今北京市密云县东北古北口内潮河西岸。《汉书·地理志》：渔阳郡有“厍奚”县。王先谦补注：“王念孙曰厍皆当虒。”东汉改为傂奚县。

耐笼城　即今云南牟定县治。唐蒙氏时，遣爨蛮酋居之，筑城曰耐笼。

耏水　即时水。在今山东境。《左传》：襄公三年（前570），晋士丐适齐，齐侯与“盟于耏外”。《水经·瓠子河注》：“时，即耏水也。音而。”

耏水县　1913年改新城县置，属山东济南道。治所在今山东桓台县西新城镇。因县境乌河即古耏水为名。1914年改名桓台县。

奎山　在今山东日照市南。《方舆纪要》卷35日照县“丝山”条：“又县东南二十里有孤奎山，亦曰圭山。”奎山疑为“圭山”之讹。

奎乡　即今云南彝良县东南奎香苗族彝族乡。元于此置益良州。明于此置归化长官司。

奎屯　亦作奎墩。清置军台。即今新疆奎屯市。清乾隆《西域图志》卷11：奎屯“在库尔喀喇乌苏东五十里。东有长河，当孔道。旧为布尔古特台吉尼吗游牧处”。清乾隆《西域同文志》卷1：奎屯郭勒图“蒙古语，奎屯，冷也。郭勒，河也。谓冷水河。其地有之，故名”。

奎屯卡伦　清乾隆年间置，在今哈萨克斯坦塔尔迪库尔干东南伊滕。清徐松《西域水道记》卷4：“自齐齐罕卡伦傍图尔根河北行，逾河东岸小山梁，凡三十里至奎屯卡伦。”

奎屯河　①在今新疆乌苏市东。旧为库尔喀喇乌苏河上源。清徐松《西域水道记》卷3：“准语，奎屯，谓冷，犹言冷水河。”今库尔喀喇乌苏河通称奎屯河，西流入精河县东北艾比湖。

②在今哈萨克斯坦东南部阿拉木图东北。清祁韵士《西域释地》：伊犁“奎屯河，城西北二百五十里”。《清一统志·伊犁》：奎屯河“在伊犁西北。南流入伊犁河。乾隆二十八年秩于祭典，有岁祭奎屯河文”。

奎台　又作魁台。即今山东乐陵市西南奎台村。旧属德平县。清光绪《德平县志》卷2：魁台街在“城东十五里”。民国间设奎台镇。

奎苏塘　即今新疆巴里坤哈萨克自治县东南奎苏乡。清道光《新疆识略》卷2巴里坤：奎苏塘“东至松树塘八十里”。

奓山　在今湖北武汉市蔡甸区南奓山镇附近。《清一统志·汉阳府》“龙霓山”条下：“又西有奓山。”

奓山集 即今湖北武汉市蔡甸区南奓山镇。明嘉靖《汉阳府志》卷2：古乡有“奓山”。

牵 春秋卫邑。在今河南浚县北。《春秋》：定公十四年（前496），“公会齐侯、卫侯于牵”。杜注：“魏郡黎阳县东北有牵城。”

牵马岭 在今河北迁西县东北五十里，长河之滨。《方舆纪要》卷17迁安县：牵马岭“在县西北八十里。陡峻难越，行者恒牵马而过，因名”。

牵马岭驿 明置，属义州卫。即今辽宁义县东牵马岭。明《辽东志》卷2驿传：牵马岭驿在“义州城东五十里”。《方舆纪要》卷37广宁卫：牵马岭在“卫西北六十里。山脉与医巫闾相接，势极险峻，中通驿路，行者必下马攀援，乃得越，故名。今置驿于此”。

牵屯山 ①亦作牵头山。在今宁夏隆德县东。崔鸿《十六国春秋·西秦录》：乞伏祐邻“晋太始初，率户五万，迁居高平川。鄰卒，子结权立，迁于牵屯”。即此。

②即崆峒山。今宁夏南部、甘肃东南之六盘山。《十六国春秋辑补》卷85西秦录：乞伏结权自高平州“迁于牵屯”。即此。

牵水 即今江西西部之袁河，为赣江支流。《水经·赣水注》：“牵水西出宜春县，牵水又东径吴平县，牵水又东径新淦县，而注于豫章水，湖汉及赣并称也。”《清一统志·袁州府》：袁江“古名南水，亦曰牵水，又曰渝水”。

牵牛山 在今宁夏隆德县东。《周书·贺拔岳传》：“贼行台万俟道洛率众六千，退保牵牛山。岳攻之。”又《文帝纪》：魏永熙三年（534），讨侯莫陈悦，“（宇文）导至牵牛山追及悦，斩之”。

牵牛岛 亦作车牛岛。即今山东长岛县东北车由岛。元于钦《齐乘》卷1：沙门岛，“其相联属则有鼍矶岛、牵牛岛、大竹岛、小竹岛，历历海中，苍秀如画”。

牵招渠 即雁门渠。在今山西代县东南。三国魏雁门太守牵招主持开凿，故名。

虺 春秋时楚邑。在今安徽庐江县境。《左传》：成公十七年（前574），“舒庸人以楚师之败也，道吴人围巢，伐驾，围釐、虺。”即此。

残虎堡 一作残孤堡。在今山西右玉县北六十五里残虎堡村。《方舆纪要》卷44大同府：残虎堡“嘉靖二十三年筑，隆庆六年增修。周一里有奇。嘉靖中尝苦寇掠”。

殄羌砦 北宋置，在今陕西子长县西北。《宋史·地理志》延安府：殄羌砦“地名那娘山，元符元年进筑，赐名”。

殄寇镇 北宋置，属项城县。即今河南项城市南五十二里秣陵镇。金改属南顿县。明宣德三年（1428）徙项城县于此。1953年项城县迁治水寨集，遂称此为老城，后置秣陵镇。

〔一丶〕

郲 即时来。春秋郑邑。在今河南荥阳市东厘城。《左传》：隐公十一年（前712），“公会郑伯于郲”。《春秋》作时来。《公羊传》作祁黎。

〔一㇇〕

轵 战国魏邑。在今河南济源市东南十二里轵城镇。《史记·秦本纪》：昭襄王十六年（前291），“左更错取轵及邓”。《正义》引《括地志》云：“故轵城在怀州济源县东南十三里。”

轵关 在今河南济源市西北十五里。关当轵道之险，故名。当豫北平原入山西高原之要冲，自古为交战双方所必争。《元和志》卷16河内县引郭缘生《述征记》曰：太行山……有八陉，“第一曰轵关陉”。《晋书·慕容垂载记》：慕容垂伐慕容永，“垂顿于邺之西南。月余不进。永谓垂诡道伐之，乃摄诸军还杜太行轵关”。即此。

轵县 战国秦置，属河内郡。治所在今河南济源市东南十二里轵城镇。隋大业初废。唐武德初复置，属怀州。贞观元年（627）废入济源县。

轵城镇 即今河南济源市东南十二里轵城镇。清乾隆《济源县志》卷3《市镇》有轵城镇。汉置轵县于此。

轵道 ①古道路名。在今河南济源市境，为豫北平原进入山西高原孔道。《水经·河水注》引《竹书纪年》：梁惠成王十三年，“我取轵道与郑鹿”。《战国策·赵策》：苏秦说赵王，“秦下轵道则南阳动”。

②亦作枳道。秦、汉亭名。在今陕西西安市东北。《史记·秦本纪》：二世三年（前207），沛公至霸上，“子婴郎系颈以组，白马素车，奉天子玺符，降轵道旁”。苏林曰：“亭名，在长安东十三里。”

轸 春秋时国。在今湖北应城市西。《左传》：桓公十一年（前701），“楚屈瑕将盟贰、轸”。后为楚所灭。

轻水县 唐置，属羁縻庄州。治所在今贵州福泉市西北。后废。

鸦儿河 在今河北深州市南。《方舆纪要》卷14深州：鸦儿河在“州南二十里。自束鹿县东南流入界，下流合于胡卢河。《志》云：河在滹沱、清漳间，盖支流两分，合而为河，因名鸦儿。滹沱南北横决，群川之流皆乱，鸦儿河源流断续不可复辨”。

鸦儿看 押儿牵。元代地名。即今新疆莎车县。《清一统志·叶尔羌》：“旧对音叶尔奇木，或曰叶尔钦。《元史》旧作鸦儿看，亦作押儿牵，今改正。”

鸦儿看河 即葱岭河。今新疆叶尔羌河。元作鸦儿看河，明称牙儿干河，清始称叶尔羌河。

鸦（鵶）口守捉城 唐置，属维州。在今四川理县东北。后废。

鸦（鵶）口桥 在今安徽天长市北十八里。《宋史·高宗纪》：南宋绍兴四年（1134），“韩世忠邀击金人于大仪镇，败之，又遣将董旼败之于天长县鸦口桥”即此。

鸦山 一作鵶山。在今安徽宁国市境。《寰宇记》卷103宁国县：“鵶山出茶，尤为时贵。《茶经》云，味与蕲州同。”《舆地纪胜》卷19宁国府谓鸦山“在宁国县西北三十里”。《旧志》多沿此说，并称接广德界，不确。今宁国县西南五十里方塘乡潘茶村有鸦坑山，西接高峰，产茶有名，当指此山。

鸦山墟 即今广西博白县南亚山镇。清光绪《广西舆地全图》博白县图：南有鸦山墟。

鸦山寨 在今甘肃岷县东南老鸦山村。《明一统志》卷37岷州卫：鸦山寨“在卫城东南三十五里”。

鸦飞不到山 在今四川兴文县境。《宋史·蛮夷传四》：元丰四年（1081），讨晏州乞弟，林广“帅兵深入，会大雨雪，浃旬始次老人山，山形剑立。度黑崖，至鸦飞不到山”。即此。

鸦关 又名老鸦关。明置，在今贵州贵阳市东北。《清一统志·贵阳府》：鸦关“在府城东北五里，鸦关山下。关西为杨柳铺，四川驿道所经”。

鸦红桥镇 亦作雅鸿桥。即今河北玉田县东南三十里鸦鸿桥镇。清时有河主簿驻此。民国时期与窝洛沽、林南仓为县中三大镇。

鸦拉土司 清末析玉树土司置，为玉树四土司之一。驻牧地在今青海曲麻莱县西北境。民国周希武《玉树调查记》卷上：“鸦拉百户驻通天河南当木云地方。”

鸦拉营 一名丫喇营。即今湖南凤凰县西四十二里阿拉营镇。清严如熤《苗疆险要考》谓“即古永宁哨。两面高山，中间羊肠一线”，通生苗寨落。

鸦鸣谷 一名鸦儿谷。在今山西寿阳县东南三十里。《资治通鉴》：唐乾符五年（878），“昭义兵还至代州，士卒剽掠，代州民杀之殆尽，余众自鸦鸣谷走归上党”。《方舆纪要》卷40寿阳县：鸦儿谷“《图经》，谷径幽邃，昔有迷谷中者，见鸦飞鸣得路，因名”。

鸦（鵶）河 即鲁阳关水。在河南鲁山县西南、南召县东。《清一统志·南阳府一》：鲁阳关水“一名鸦河”。

鸦城 在今河北南宫市西北。《资治通鉴》：唐元和十一年（816），“魏博奏败成德兵，拔其固城；乙丑，又奏拔其鸦城”。胡三省注：“固城、鸦城，当在冀州南宫县界。”

鸦刺关 在今湖南麻阳苗族自治县西。《方舆纪要》卷81麻阳县：鸦刺关在“县（治今锦和镇）西北四十里，与贵州叛苗接界，为控扼之所。万历中废”。

鸦（鵶）桥江 亦名绿鸭水。即今广西玉林市西北四十里鸭桥江。为车陂江支流。《方舆纪要》卷108郁林州：鸦桥江“源出绿鸦山，亦名绿鸦水”。

鸦雀水 即今湖北恩施市东北滚龙坝乡。清同治《施南府志》卷6《村集》：“鸦雀水，距（恩施）县百里。”

鸦路镇 在今河南鲁山县西南十四里平高城村。明初置鸦路镇巡司于此。成化十二年（1476）废。

鸦溪 在今湖南吉首市西北。《方舆纪要》卷81镇溪千户所：鸦溪在“所西北十五里。又镇溪在所东南三十里，思麻溪在所东南七十里。《志》云，所西之水，自崇山发源，流为鸦溪，下流与群山溪之水合于武溪，流注沅江”。

鸦溪汛 在今湖南吉首市西南八里。清光绪《湖南通志》卷30有“鸦溪汛”。“鸦溪胜迹”昔为乾州八景之一。

鸦鹘山 在今河北唐山市丰润区西北二十里。《明一统志》卷1顺天府：鸦鹘山“中有二石穴，俗呼孟家洞、赵家洞”。

鸦鹘关 明置，即今辽宁新宾满族自治县西南三道关。《方舆纪要》卷37辽东都司：鸦鹘关“在司东南三百三十里，其东有喜昌口”。《明史·李如柏传》：“杨镐四路出师，令如柏以一军出鸦鹘关。”即此。

鸦髻山 一作丫髻山。在今安徽宁国市东南。《方舆纪要》卷28宁国县“关口山”条下：“其东南曰鸦髻山，有飞燕洞，容百余人，乡人尝避兵于此。”《清一统志·宁国府一》：丫髻山“在宁国县东南八十五里。南唐时，尝作烽燧楼于其上。外有飞燕洞，容百余人”。

匽国 又作郾国。即燕国。西周初封国，姬姓。都蓟（今北京市城区西南）。战国七雄之一。公元前222年为秦所灭。

鸥汀寮 亦作鸥汀背。即今广东汕头市北鸥汀村。《清一统志·广东统部》：澄海协设千总驻守于此。

鸥浦设治局 1928年置，属黑龙江省黑河道。治所在倭西们（今黑龙江省呼玛县西北鸥浦乡鸥浦村）。次年升为鸥浦县。

鸥浦县 1929年改鸥浦设治局置，属黑龙江省。治所在倭西们（今黑龙江省呼玛县西北鸥浦乡北鸥浦村）。1947年并入呼玛县。

鸥浦镇 在今黑龙江省呼玛县西北鸥浦乡鸥浦村。1928年于此置鸥浦设治局。1929年改为县。

崈水 在今河南临颍县西。《方舆纪要》卷47临颍县“小溵水”条：“崈水在县西十里。或曰，小溵水之支流也。唐元和十年，李光颜及吴元济战于临颍，败之于崈水上。”

〔丨一〕

韭山 ①在今安徽定远县西北四十里，与凤阳县交界处。《方舆纪要》卷21定远县：韭山“山暖多韭，因名。上有石城，兵火时保聚处也。山下有涡穴，涧水尝流不竭”。

②即今浙江象山县东韭山列岛。《方舆纪要》卷92象山县：韭山在“县东南百里海中。山多韭，形势巍峨，岛屿深远”。

韭园 在今陕西西安市西北。《晋书·苻坚载记下》：十六国前秦建元二十年（384），苻坚将李辨等“屯于韭园”。即此。

韭河 即今内蒙古阿巴嘎旗南高格斯台郭勒。《清一统志·阿巴噶部》：韭河“在右翼东南四十里。蒙古名郭和苏台，自阿巴哈纳尔流入境，经色几库山，西北入白海子”。

韭菜川 在今河北赤城县北。《方舆纪要》卷18万全都司开平卫：韭菜川“源出东山，流经卫南与毡帽山水合，南流至赤城堡为东河之上源”。

韭菜庄 即今内蒙古清水河县东南韭菜庄乡。民国《绥远通志稿》卷2：清水河县第二区驻韭菜庄。

背牛顶 一名胜水岩。即今河北抚宁县东北四十五里黄牛顶。海拔为895米。《清一统志·永平府一》“箭笴山”条下：“东北为胜水岩，以西其巅尤狭，置木梯以行，俗呼为背牛顶，以山后有石如牛，故名。”

背石山 亦名夹道双山或双山。在今广西柳州市北。唐柳宗元《柳州山水近治可游者记》：“北有双山，夹道崭然，曰背石山。有支川东流入于浔水。”

背江 即今广西融水苗族自治县西北贝江。为融江支流。《方舆纪要》卷109融县：背江在“县西北十里。《志》云：背江之水历石门山，流经罗城县界入柳江，盖即融江支流也”。《清一统志·柳州府》：背江“其源有三：右为思呆江，左为通道江，中为都狼江，合流至揽口东入融江。以江在县城背，故名”。

背阴障堡 一作背隐嶂堡。明置，属广宁前屯卫。即今辽宁绥中县西南大风口水库北背阴障。明《辽东志》卷3：永安堡“堡东背阴障可按伏”。清乾隆《钦定盛京通志》卷30：背阴嶂堡在“（宁远州）城西一百四十八里”。《方舆纪要》卷37广宁前屯卫“铁场堡”条下：“背隐堡在卫西北三十里。《志》云：嘉靖二十五年置。”

背阴寨堡 明置，属盖州卫。在今辽宁盖州市西北。《方舆纪要》卷37盖州卫：背阴寨堡在“卫西北十五里。又西北有平山堡，八角湖堡”。

岁井镇 北宋置，属富顺监。在今四川富顺县东。《元丰九域志》卷7富顺监：岁井在“监东六十三里”。

战井镇 北宋置，属富顺监。在今四川富顺县东。《元丰九域志》卷7富顺监：“战井，监东四十里。”

战鸟山 本名孤圻山。又名磕山、灵山。即今安徽繁昌县西北三十五里长江中板子矶。唐杜佑《通典》卷181宣州南陵县：“有战鸟圻，孤在江中，本名孤圻。昔桓温举兵东下，住此圻，中宵鸟惊，温谓官军围之，既而定。群鸟惊噪，俗因曰战鸟。”《资治通鉴》：南朝梁承圣元年（552），王僧辩等东讨侯景，“侯子鉴还自战鸟，西军奄至，子鉴惊惧，奔还淮南”，即此。

战场桥 在今浙江余姚市南。《方舆纪要》卷92余姚县：战场桥“在县南四里。宋宣和二年睦寇犯境，里民御破之于此，因名”。

战坪墟 亦作展屏墟。即今江西抚州市临川区西北展坪乡。明弘治《抚州府志》卷6：临川县二十八都有战平市。清同治《江西全省舆图》卷2：临川县西有战坪墟。

点灯寨 即今广西贺州市西南沙田。《明史·地理志》贺县：“北有沙田寨巡检司，后迁县（故治在今贺街镇）西点灯寨，寻废。”

点军台遗址 在今河南荥阳市东北二十六里南城村东南二里土岗上。高出地面3米左右，俗称“点军台”。面积为6万平方米，文化堆积层厚4—6米。1951年和1980年中国科学院考古研究所、郑州市博物馆先后在此发掘。文化层可分为四期，包括仰韶文化和龙山文化。出土有房基、瓮棺、陶窑、灶坑、灰坑等。一、二期以红陶为主，手制白衣彩陶较多，纹饰以圆点弧线三角纹、勾叶纹为主。三期以彩陶为主，多为红、黑或红彩，纹饰多网带纹。四期以灰陶为主，多为轮制。是郑州地区较典型的新石器时代遗址。

点苍山 又作玷苍山。在今云南大理市西部。唐代以来称点苍山。唐樊绰《蛮书》卷2：“玷苍山，南自石桥，北抵登川，长一百五十余里，名为玷苍。直南北，亦不甚正。东向洱河，城郭邑居，棋布山底。西面陡绝，下临平川。山顶高数千余丈，石稜青苍，不通人路。夏中有时堕雪。”南诏封该山为中岳。《南诏野史》载段正严时“牛马遍点苍”。《方舆纪要》卷113：“点苍山在大理府城西五里，高千余仞，盘亘百余里，（原注，一云高六十里，盘亘三百里。）介龙首、龙尾两关之间。前襟榆江，碧澜万顷，背环漾水，连络为带。亦曰灵鹫山，有十九峰环列内向，如弛弓然，山椒悬瀑注为十八溪，翠峦条分，青嶂并峙，如大鸟之连翼将翔也。”

点易台（臺） 在今江苏无锡市西惠山麓忠烈祠后。旧听松庵竹园故址。堂前叠石为台，像八卦形，故名点易台。相传为明邵宝研究易理之处。

点易岩 在今贵州贵阳市北一里许。明曹学佺《名胜志》：“郡人易贵校《易》于此。”

虐郎汛 清置，属建昌镇。即今四川西昌市南。

《清一统志·四川统部》：建昌镇设经制外委驻防于此。

〔Ｉ Ｉ〕

临 春秋晋邑。在今河北临城县西十里。《左传》：哀公四年（前492），“赵稷奔临”。即此。

临儿国 亦作论民国、蓝毗尼国、腊伐尼。在今尼泊尔南部的罗美德。《三国志》卷30裴注引《魏略·西戎传》：临儿国，“《浮屠经》云其国王生浮屠。浮屠太子也”。相传释迦牟尼诞生于此，为佛教圣地之一。东晋之法显、唐代之玄奘均曾经此。

临口砦 北宋元丰八年（1085）置，属邵州。即今湖南通道县东北二十七里临口镇。崇宁五年（1106）改为临冈县。明置临口巡司。

临山卫 在今浙江余姚市西北临山镇。《方舆纪要》卷92绍兴府：临山卫“在（余姚）县西北五十里。洪武二十年汤和奏置卫于庙山上”。

临山县 唐置，属羁縻述昆州。治所在今广西东兰县东南、河池市西南境。北宋废。

临山寨 在今安徽铜陵县南。《方舆纪要》卷27铜陵县：临山寨“在县南。元末结砦于此以御寇，陈友谅将赵普胜攻拔之。今废”。

临川山 又名巴山。即今江西崇仁县西南相山。《寰宇记》卷110抚州崇仁县：临川山“在崇仁县南六十一里。旧名巴山，天宝六年敕改为临川山”。

临川水 在今海南省三亚市东。《舆地纪胜》卷127吉阳军：临川水“在吉阳县”。《明一统志》卷82琼州府：临川水“在崖州（治今崖城镇）东一百三十里。唐以此水名县”。《清一统志·琼州府一》引《旧志》：临川水“源出州东北黎峒，流径三亚村，合三亚水入海”。

临川市 1949年5月解放后由临川县城区析置，治所即今江西抚州市临川区。1950年撤销，并入临川县。1954年以临川县的抚州镇设立抚州市，1987年将抚州市与临川县合并为临川市。2000年撤销抚州地区和县级临川市，改设地级抚州市，原县级临川市改置临川区。

临川场 在今海南省三亚市东。《清一统志·琼州府二》：临川盐场“在崖州（治今崖城镇）东八十里，即宋临川镇故址。……明洪武中置。今裁”。

临川县 ①隋开皇九年（589）改临汝县置，为抚州治。治所在今江西抚州市临川区西五里。大业初为临川郡治。唐武德五年（622）复为抚州治。天宝元年（742）仍为临川郡治，乾元元年（758）复为抚州治。宝应中移治今抚州市。元为抚州路治。明、清为抚州府治。民国时属豫章道。1927年直属江西省。1969年迁治上顿渡，即今治。北宋王安石即本县人，世称临川先生。撰有《临川先生文集》。

②隋大业六年（610）置，属临振郡。治所在今海南省三亚市东。五代南汉废。

③唐置，属羁縻悦州。治所在今四川兴文县境。后废。

临川城 北魏时高昌国置，在今新疆鄯善县西南。《梁书·高昌国传》：其国置四十六镇，有临川镇。

临川郡 三国吴太平二年（257）分豫章郡置，治所在临汝县（今江西抚州市临川区西五里）。辖境相当今江西抚州市以南的盱江及宜黄水流域，西至乐安县境。南齐徙治南城县（今江西南城县东南）。南朝陈复徙治临汝县。隋开皇九年（589）改置抚州，大业初复为临川郡。唐武德五年（622）改为抚州，天宝元年复为临川郡，乾元元年（758）改为抚州。

临川堡 北宋置，属怀德军萧关。在今宁夏海原县（三河镇）北高崖乡北红古城。后废。

临川镇 北宋置，属朱崖军。在今海南省三亚市东。

临门寨 在今浙江宁海县东南。《方舆纪要》卷92宁海县：临门寨“在县东二百里海头。宋置，元废”。

临乡 在今湖南常德市西南七十里古城山上。即沅南故城。《后汉书·马援传》：援征五溪蛮，“军至临乡，遇贼攻县，援迎击，破之”。《水经·沅水注》：“（沅南）县在沅水之阴，因以沅南为名。县治故城，昔马援讨临乡所筑也。”

临乡县 西汉置，初为侯国，后为县，属涿郡。治所在今河北固安县西南五十七里。《水经·巨马水注》：巨马水“东南径临乡城南，汉封广阴顷王子云为侯国。《地理风俗记》曰：方城（在今固安县西南十七里方城村）南十里，有临乡城，古县也”。东汉废入方城县。

临元县 即临允县。在今广东新兴县治东。《后汉书·郡国志》作“临元县”。

临屯郡 西汉元封三年（前108）置，治所在东暆县（今韩国江原道江陵）。辖境相当今朝鲜、韩国江原道地区。始元五年（前82）废，并入乐浪郡。

临冈县 北宋崇宁五年（1106）置，属武冈军。治所即今湖南通道侗族自治县东北临口镇。南宋绍兴初废。

临水 ①又名临川水。即今江西抚州市临川区西崇仁河。《寰宇记》卷110临川县：临川水“源出定川，沿流十里与汝水合。本名定水，天宝六年敕改临川水”。《方舆纪要》卷86抚州府临川县：临水“在府西十里。源出崇仁县临川山，东北流，合远近诸山水而入临川界，又东合群川水，至西津与汝水合”。

②即今广西贺州市南贺江。《水经·温水注》：封水“亦谓之临水，东南流经萌渚峤西，又东南，左合峤水。庾仲初云：水出萌渚峤，南流入于临。临水又径临贺县东，又南至郡，左会贺水。……临

水又西南流径郡南，又西南径封阳县东，为封溪水”。

临水县 ①西汉置，属西河郡。治所在今山西临县东北南庄。东汉废。

②东汉建安十六年（211）分余杭县置，属吴郡。治所在今浙江临安市北十八里高虹镇。三国吴属吴兴郡。西晋太康元年（280）因与司州广平郡之临水县重名而改名临安县。隋省。唐武德七年（624）复置临水县，属潜州。次年省入于潜县。

③三国魏黄初三年（222）置，属广平郡。治所即今河北磁县。《元和志》卷15滏阳县：临水县“以城临滏水，故曰临水”。北魏太平真君六年（445）并入邺县。太和二十一年（497）复置，属魏郡。北齐天保元年（550）徙治松谷。北周建德六年（577）移治今涉县西北二里。隋开皇七年（587）移今涉县东北西戍镇。十年（590）移治今邯郸西南峰峰矿区临水镇。大业初属魏郡。唐属磁州，永泰元年（765）改为昭义县。

④南朝梁大通三年（529）改决口戍置，属安丰郡。治所在今安徽霍邱县西北八十里临水乡。后废。

临水堡 明置，属肃州卫。在今甘肃酒泉市东四十里三墩镇东南临水堡。《方舆纪要》卷63肃州卫：临水堡“在卫东四十里，亦曰临水驿”。清设有把总。

临水镇 ①金置，属滏阳县。即今河北邯郸市西南峰峰矿区临水镇。

②即今安徽霍邱县西北九十里临水镇。光绪《大清直省地舆全图》：霍邱县西北有临水镇。

临允县 西汉置，属合浦郡。治所在今广东新兴县治东。三国吴改属苍梧郡。东晋永和七年（351）为新宁郡治。南齐改为临㳄县。

临邛山 亦名邛崃山。在今四川邛崃市西南。《元丰九域志》卷7：临邛县“有临邛山”。嘉庆《邛州志》卷4：邛崃山在“州治南八里。山脉自沉黎延走数百里至州，环抱为镇山”。

临邛县 ①战国时秦置，属蜀郡。治所在今四川邛崃市。秦惠王二十七年（前311）建城。蜀卓氏，程郑被迁至此，以铁冶致富。西汉置盐、铁官。司马相如与卓王孙之女文君私婚于此。王莽改蜀郡太守为导江卒正，治临邛，公孙述以此起家称帝。三国蜀汉建兴元年（223），汉嘉太守黄元叛，烧临邛城。十六国成汉以后废。西魏废帝二年（553）复置，为临邛郡治。隋大业三年（607）属临邛郡。唐武德元年（618）属邛州。显庆二年（657）为邛州治。元至元二十一年（1284）废入邛州。据《旧唐书·地理志》临邛县：“邛水出严道邛崃山，入青衣江，故云临邛。”

②东晋侨置，属蜀郡。治所在今四川新津县西。西魏废。

③十六国成汉玉衡二年（312）置，属汉原郡。治所在今四川崇州市东南三江镇。东晋属晋原郡。南齐属晋康郡。梁属江原郡。西魏废帝二年（553）废。

临邛郡 ①西魏废帝二年（553）置，属邛州。治所在临邛县（今四川邛崃市）。《方舆胜览》卷56邛州：临邛“南接邛崃山，因名临邛”。隋开皇三年（583）废。唐天宝元年（742）改邛州复置，治所仍在临邛县。辖境相当今四川邛崃、大邑、蒲江等市县地。乾元元年（758）复为邛州。

②隋大业三年（607）改雅州置，治所在严道县（今四川雅安市西）。辖境相当今四川雅安、荥经、汉源、天全、卢山、名山、蒲江、邛崃等市县地。唐武德元年（618）复改为雅州。

临石支线 即个碧石铁路临石段。从云南临安（今建水县）至石屏。为个碧石铁路支线。1931年动工修建，1934年建成。

临平山 在今浙江杭州市余杭区西。《寰宇记》卷93盐官县：“（临平）湖在临平山南。”宋《淳祐临安志》卷9：临平山，“《祥符经》云：去仁和县旧治五十四里。山高五十三丈，周围十八里……山上有塔，有龙洞、砺洞，有天井，下有东岳庙、景星观，峙立两旁”。《方舆纪要》卷90仁和县：临平山“府东北六十里。山周十八里。平旷逶迤，无崇冈修阜，其巅一名丘山”。唐张祜有《寓居临平山下》诗。

临平县 西汉置，属巨鹿郡。治所在今河北晋州市东南。东汉废。《后汉书·光武帝纪》：建武四年（28），“进幸临平”。即此。

临平河泊所 在今浙江杭州市余杭区。《方舆纪要》卷90：临平河泊所“在临平镇，属仁和，洪武初置”。

临平驿 唐置，在今浙江杭州市余杭区。《张祜诗集》卷8有《题临平驿亭》。

临平亭 在今河南孟津县东。《后汉书·明帝纪》注引《帝王世纪》：原陵“在临平亭东南”。又，同书《皇后纪》：和帝阴皇后“葬临平亭部”。《水经·河水注》：“河水右径临平亭北。”即此。

临平监 唐置，在今浙江杭州市余杭区。《新唐书·地理志》：杭州“有临平监”。杜牧《樊川文集》卷13《上盐铁裴侍郎书》：“至如睦州百姓，食临平监盐。”即此。

临平湖 在今浙江杭州市余杭区东南。《三国志·吴书·三嗣主传》：天玺元年（276），“吴郡言临平湖自汉末草秽壅塞，今更开通。长老相传：此湖塞，天下乱；此湖开，天下平”。宋《淳祐临安志》卷10临平湖：“《祥符经》云：在（仁和）县东长乐乡，周回十里。湖中有白龙潭。《吴志》：赤乌二年宝鼎见，因呼为鼎湖。”南宋绍定五年（1232）筑永和塘捍湖。元后逐渐堙为桑田鱼池，今全淤为平地。

临平镇 ①即今浙江杭州市余杭区。《晋书·顾众传》：东晋咸和三年（328），表“临平人范明”为“参军”。即此。《资治通鉴》：五代梁太祖开平三年（909），“（高）澧以州叛附于淮南，举兵焚义和临平镇”。北宋道潜有《临平道中》诗。

②清置，属乾州。即今陕西乾县西南四十里临平镇。

临卡石 在今四川巴塘县东北。清雍正七年（1729）置临卡石土百户。

临仙河 在今河南光山县南。《方舆纪要》卷50光山县“淮水”条下：“又有临仙河，在县南二十里。东北流，入于官渡河。”

临乐 战国赵邑，后属燕。在今河北固安县东南。《史记·赵世家》：孝成王十九年（前247），“赵与燕易土：以龙兑、汾门、临乐与燕；燕以葛、武阳、平舒与赵”。《正义》引《括地志》：“临乡故城在幽州固安南十七里。”

临乐山 一名艾山。在今山东蒙阴县东北。《汉书·地理志》泰山郡：盖县有“临乐子山，洙水所出，西北至盖入池（泗）水”。《水经·沂水》：“洙水出泰山盖县临乐山。”即此。

临乐侯国 西汉置，属勃海郡。治所在今河北南皮县东南。东汉废。

临汀驿 南宋淳熙（1174—1189）中置，属长汀县。在今福建长汀县治东。明崇祯二年（1629）废。

临汀郡 唐天宝元年（742）改汀州置。治所在长汀县（今福建长汀县）。辖境相当今福建武夷山以东及三明、永安、漳平、龙岩、永定等市县以西地区。乾元元年（758）复为汀州。

临汉县 唐天宝元年（742）改安养县置，属襄阳郡。治所即今湖北襄阳市樊城区。贞元二十一年（805）改置邓城县。

临戎县 ①西汉置，属朔方郡。治所在今内蒙古磴口县北布隆淖西南五里河拐子村古城。东汉为朔方郡治。东汉末废。《水经·河水注》：“河水东北径三封县故城东，汉武帝元狩三年置。《十三州志》曰：在临戎县西一百四十里。”后赵复置，仍属朔方郡。北魏废。

②北魏置，属定阳郡。治所在今陕西宜川县西北。西魏废。

临机（機）县 唐武德五年（622）置，属崖州。治所在今海南省临高县东北。开元元年（713）改名临高县。

临西县 ①西晋置，属新昌郡。治所在今越南永福省锦溪附近。隋开皇十八年（598）改为安人县。

②元至元十四年（1277）置，属巨津州。治所在罗裒间（今云南维西傈僳族自治县西北七十里小维西）。《元史·地理志》临西县：“以西临吐蕃境故也。”明属丽江府。清顺治十六年（1659）废。

临尘县 秦始皇三十三年（前214）置，为象郡治。治所即今广西崇左市。西汉属郁林郡。东汉后废。

临庆国 南朝宋泰始五年（469）改临贺郡置，属湘州。治所在临贺县（今广西贺州市东南贺街镇）。辖境相当今广西贺州市、钟山、富川等市县地。南齐复为临贺郡。

临关 即灵关。在今四川宝兴县南灵关镇。《明史·地理志》芦山县：“西北有临关，旧曰灵关，正统初更名。有临关巡检司。”

临州 ①西魏废帝二年（553）置，治所在临江郡临江县（今重庆市忠县）。辖境相当今重庆市忠县地。隋大业初废。义宁二年（618）复置，唐贞观八年（634）改为忠州。

②唐开元二十年（732）置，治所在临潭县（今甘肃卓尼县西洮河南岸）。二十七年（739）改为洮州。

③唐乾元元年（758）改狄道郡置，治所在狄道县（今甘肃临洮县）。辖境相当今甘肃临洮、康乐等县地。宝应初废。

④元世祖中统三年（1262）升临泉县置，属太原路总管府。治所即今山西临县。辖境相当今山西临县地。大德九年（1305）属冀宁路。明洪武二年（1369）降为临县。

临江山 即牛头山。在今浙江杭州市萧山区东南。《寰宇记》卷96越州萧山县：牛头山“又云临江山”。《方舆纪要》卷92萧山县：临江山在“县东南二十里。旧名牛头山，与山阴县分界，钱清江萦其西”。

临江市 即今重庆市开县西南六十里临江镇。《明史·洪钟传》：正德间，兰廷瑞求抚，“意在缓师，迁延累月，依山结营，要求营山县或临江市屯其众，遣官为质”。清置外委、把总驻防。清魏源《圣武记》卷9：嘉庆三年（1798），白莲教“白号王三槐、冷天禄踞东乡之前河，与青号徐天德、黄号樊人杰及兰号新附各营连营开县之临江市最强”。

临江台（臺）堡 在今广东江门市新会区东南。《方舆纪要》卷101新会县：临江台堡“在县东南滨海”。

临江寺 在今四川资阳市北临江镇。清光绪《资州志》卷3资阳县：临江寺场“在县四十里”。民国《资阳县志稿》卷1：临江寺“明、清两代俱置塘铺，设寺在元以前”。

临江行政区 又称勐往行政区。1927年置，属云南普洱道。治所在今云南勐海县北九十六里勐往乡（勐往城子）。1929年直属云南省。1932年改临江设治区。

临江关 在今甘肃文县东北临江乡。《清一统志·阶州二》：临江关“本临江砦，其下即临江渡也，为陇蜀通道”。

临江州 清光绪三十二年（1906）置，属吉林省依兰府。治所在拉哈苏苏（今黑龙江省同江市）。据民国魏声龢《吉林地志》：“设治顷以地当松、黑两江之汇口，故名临江。”辖境相当今黑龙江省同江、抚远、富锦、宝清等市县地。宣统元年（1909）升为临江府。

临江军 北宋淳化三年（992）分筠、袁、吉三州地置，治所在清江县（今江西樟树市西南临江镇）。辖境相当今江西新余、樟树二市及新干、峡江等县地。元至元中升为临江路。

临江设治区 1932年改临江行政区置，直属云南省。治所在今云南勐海县北九十六里勐往乡（勐往城子）。民国《云南省民政厅〈有关各地郡县沿革调查〉案卷》："因治所居近澜沧江岸，更名临江。"后因与辽宁、吉林二省临江县重名，1935年改为宁江设治区。

临江县 ①西汉置，属巴郡。治所即今重庆市忠县。《寰宇记》卷149忠州：临江县"本以临川江为名"。王莽改为监江县，东汉复为临江县。东晋常璩《华阳国志·巴志》：临江县"有盐官，在监、涂二溪，一郡所仰；其豪门亦家有盐井"。南朝梁大同六年（540）为临江郡治。西魏废帝二年（553）为临州治。隋大业初属巴东郡，义宁二年（618）复为临州治。唐贞观八年（634）改为忠州治。南宋咸淳元年（1265）升为咸淳府治，迁治今忠县东二十里黄华城。元复为忠州治，迁回今忠县。明洪武初废入忠州。

②西晋太康元年（280）析秣陵县置，属丹阳郡。治所即今江苏南京市江宁区西南江宁镇。二年（281）改名江宁县。

③东晋义熙中置，属山阳郡。治所在今江苏如皋市南。寻属海陵郡。北周省入宁海县。

④西魏置，属淯阳郡。治所在今陕西旬阳县境。北周废入黄土县。

⑤唐贞观十二年（638）置，为瀼州治。治所在今广西上思县西南。贞元后废。

⑥唐置，属武安州。治所在今越南海防市境。后废。

⑦清光绪二十八年（1902）析通化县置，属兴京厅（后升为兴京府）。治所在帽儿山（今吉林临江市）。以临鸭绿江，故名。民国初属奉天省东边道。1929年直属辽宁省。1954年改属吉林省。1960年撤销临江县，改设浑江市，迁治八道江。1985年浑江市升为地级市。1994年改名白山市。

⑧1913年改临江府置，属吉林省依兰道。治所在拉哈苏苏（今黑龙江省同江市）。据民国魏声龢《吉林地志》："以地当松（花江）、黑（龙江）两江之汇口，故名临江。"1914年改名同江县。

临江国 秦亡后项羽于汉元年（前206）封共敖置。都江陵（今湖北荆州市荆州区故江陵县城）。辖有南郡、长沙郡及黔中郡，相当今湖北大部、湖南全境及贵州东北部地区。高帝五年（前202）传至其子共尉时国除，仍改为南郡。景帝二年（前155）又为临江国，封子荣。中元二年（前148）国除，复为南郡。

临江府 ①元至正二十三年（1363）朱元璋改临江路置，治所在清江县（今江西樟树市西南临江镇）。辖境相当今江西新余、樟树二市及新干、峡江等县地。1912年废。

②清宣统元年（1909）改临江州置，属吉林省。治所在拉哈苏苏（今黑龙江省同江市）。同年析出富锦县、绥远州他属，辖境仅相当今同江、宝清二市县地。1913年降为临江县。

临江宫 一名扬子宫。隋大业七年（611）建，在今江苏扬州市邗江区南杨子桥一带。

临江郡 ①东汉建安十三年（208）曹操置，治所在夷道县（今湖北宜都市）。后属刘备，改为宜都郡。

②南朝宋大明五年（461）置，属南兖州。治所在怀德县（今江苏南京市浦口区西）。永光元年（465）废。

③南朝宋大明七年（463）置，属南豫州。治所在乌江县（今安徽和县东北乌江镇）。永光元年（465）废。南齐复置，梁改为江都郡。

④南朝梁大同六年（540）置，属楚州。治所在临江县（今重庆市忠县）。《寰宇记》卷149忠州临江郡："以郡城临于江"为名。辖境相当今重庆市忠县地。北周属临州。隋开皇二年（582）废。

⑤南朝梁太清三年（549）置，属吴州。治所在钱唐县（今浙江杭州市）。《梁书·侯景传》：太清三年（549）十一月，"宋子仙攻钱唐，戴僧易降，（侯）景以钱唐为临江郡"。寻废。

⑥唐天宝元年（742）置，治所在平南县（今广西平南县）。辖境相当今广西平南县地。乾元元年（758）复为龚州。

临江砦 北宋雍熙二年（985）置，属秦州。即今甘肃宕昌县东南临江乡。熙宁六年（1073）改属岷州。

临江铺 即今四川资阳市北临江镇。清嘉庆《四川通志》卷89资阳县：临江铺"在县西四十里"。

临江湖镇 即今江西玉山县西临湖镇。清同治《江西全省舆图》卷11广信府玉山县："西至临江湖六十五里。"

临江路 元至元十四年（1277）改临江军置，治所在清江县（今江西樟树市西南临江镇）。辖境相当今江西新余、樟树二市及新干、峡江等县地。明初改为临江府。

临江溪 在今福建浦江县南三十五里。《方舆纪要》卷97浦江县：临江溪"其上源为查溪，东南流，至临江镇入于大溪"。

临江寨 在今甘肃文县东北临江乡。《方舆纪要》卷59阶州文县"铁炉寨"条下："临江寨在县北百二十里，其下为临江渡。《通志》：今为临江关驿。"

临江镇 ①北宋置，属浦城县。即今福建浦城县西南四十里临江镇。

②北宋置，属富顺监。即今四川自贡市东南沿滩镇。《元丰九域志》卷7富顺监：临江在"监西五十里"。

③元至元中改垫江县置，属丰都县。即今重庆市

垫江县，置临江巡司于此。至正末，明玉珍复置垫江县。

④在今重庆市忠县西。《方舆纪要》卷69忠州：临江镇在“州西一里，有巡司戍守”。

临池泽 即今云南永胜县西南程海。从汉至南朝称临池泽。《汉书·地理志》姑复县：“临池泽在南。”《水经·掩水注》：“掩水径（姑复）县之临池泽。”

临池灢 即今四川雷波县东北马湖。西汉灢街县以此名。《汉书·地理志》越巂郡青蛉：“临池灢在北。”谭其骧《汉书地理志选释》云：临池灢应在灢街县下，临池灢即雷波之龙湖（马湖），龙湖潜通金沙江，与江水消长，正合“灢”字之义，《汉志》错简。

临汝县 ①东汉永元八年（96）分南城县西北境置，属豫章郡。治所在今江西抚州市临川区西五里。三国吴为临川郡治。南齐属临川郡。陈复为临川郡治。隋开皇九年（589）改为临川县。

②南朝宋置，属汝南郡。治所在今河南上蔡县西南十里。北魏神龟三年（520）移治今河南汝南县。北齐废。

③唐先天元年（712）置，属汝州。治所在紫逻川（今河南汝州市东，汝水北岸）。《寰宇记》卷8：“以邑城临汝水，兼郡名为邑之称。”贞元八年（792）移治李城驿（今汝州市西北五十里临汝镇）。五代周显德三年（956）废入梁县。

④1913年改汝州直隶州置，属河南豫西道。治所即今河南汝州市。民国初属河南河洛道。1927年直属河南省。1988年改设汝州市。

临汝郡 唐天宝元年（742）改汝州置，治所在梁县（今河南汝州市）。辖境相当今河南汝州、平顶山二市及汝阳、宝丰、鲁山、叶县、襄城等县地。乾元元年（758）又改为汝州。

临汝镇 五代周显德三年（956）改临汝县为镇，属梁县。即今河南汝州市西北六十里临汝镇。

临安山 一名东山。在今浙江临安市西南十八里。《晋书·郭文传》：郭文自王导西园“逃归临安，结庐舍于山中”。《寰宇记》卷93临安县：“临安山，县取此为名。南有郭文举宅基。”晋谢安亦隐居于此。

临安广西元江等处宣慰司 元初置临安广西道宣抚司，至顺二年（1331）升临安广西元江等处宣慰司兼管军万户府，属云南行省。于建水州（即今云南建水县）置司。领临安路、广西路、元江路及和泥路、彻里路。辖境约当今云南师宗、弥勒、通海、新平诸县以南的广大地区。明初废。

临安卫 明洪武十五年（1382）置，属云南都司。治所即今云南建水县。清康熙七年（1668）废。

临安开广道 清光绪十三年（1887）分迤东道和迤南道置，属云南省。治所在蒙自县（即今云南蒙自市）。领临安、开化、广南三府，辖境约当今云南红河哈尼族彝族自治州及文山壮族苗族自治州的大部，还有通海、峨山、华宁等县。1914年改蒙自道。

临安市 1996年撤销浙江省临安县，改设临安市，市人民政府驻锦城镇。由杭州市代管。

临安吴越国王陵 在今浙江临安市锦城街道和市西南的玲珑镇。陵墓包括吴越国第一代国王钱镠墓、吴越国第二代国王的王后马氏墓及钱镠的父母钱宽、水邱氏墓。钱镠墓位于锦城街道东北面的太庙山南坡，占地面积一百二十亩。墓上有大型封土堆，高约9米，长、宽各约50米，原神道长300米，有华表、石马、石羊、石翁仲和钱王祠。现神道已毁，墓前尚存墓碑。吴越国第二代国王的王后马氏墓——康陵，位于临安市西南玲珑镇祥里村庵基山东北坡。墓葬为砖廊石室券顶，分前、中、后室。墓内后室刻天文图，四壁有石刻浮雕和彩绘的牡丹图案，青龙、白虎、朱雀、玄武四神，十二壁龛内刻十二人俑和十二生肖。前室亦有壁画。该墓是目前吴越钱氏王室墓中保存最完好、内涵丰富的王室墓。钱宽、水邱氏夫妇墓位于临安市锦城街道西墅村明堂山。两墓为同茔异穴，总面积2000余平方米，均为砖砌船形券顶结构，分前、后室，并有耳室和壁龛。后室内均绘有椭圆形天文图，内容为二十八星宿和北斗。墓内出土的越窑褐彩青瓷是青瓷器中的精品。2001年定为全国重点文物保护单位

临安县 ①西晋太康元年（280）改临水县置，属吴兴郡。治所在今浙江临安市北十八里高虹镇。《寰宇记》卷93：“临安山，县取此为名。”隋省。唐垂拱四年（688）复置临安县，属杭州。五代梁开平二年（908）吴越改安国县，北宋太平兴国三年（978）复名临安县。南宋属临安府，景定年间徙治今浙江临安市城西北隅西墅街。元属杭州路。明、清属杭州府，洪武初迁治今临安市。民国初属浙江钱塘道。1927年直属浙江省。1996年改设临安市。

②1913年废临安府，改附郭建水县置，以府名为县名，后属云南蒙自道。治所即今云南建水县。因与浙江临安县重名，1914年复名建水县。

临安府 ①南宋建炎三年（1129）升杭州置，治所在钱塘、仁和二县（今浙江杭州市）。绍兴八年（1138）年正式定都于此。辖境约相当今浙江杭州、海宁、富阳、临安四市地。元至元十五年（1278）改置杭州路。

②明洪武十五年（1382）改临安路置，属云南布政司。治所在建水州（即今云南建水县）。辖境约当今云南红河哈尼族彝族自治州大部，文山壮族苗族自治州大部，通海、华宁、峨山、新平等县及越南部分地方。清代属云南省，治所在建水县（今云南建水县）。辖境约当今红河哈尼族彝族自治州大部，通海、华宁、峨山等县及越南部分地方。1913年废。

临安城遗址 在今浙江杭州市南部凤凰山麓。是宋高宗赵构于建炎三年（1129）定都临安后，在北宋州治旧址修建的宫城禁苑。城址平面呈方形，方圆九里，有三座城门，城内有殿、堂、楼、阁约一百三十

余座。主要宫殿区现均被深埋在距离地表3米以下，基址保存相当完好。尚存的北宫城墙长100多米，东宫城墙长500米。南宋太庙遗址在今杭州紫阳山东麓，绍兴四年（1134）立，大展七楹十三室，后各朝均有营造，供奉自宋太祖以下共十四位宋朝皇帝神位。遗址平面呈正方形，总面积为1万多平方米，由大型夯土台基、石砌围墙、门址等组成。临安城遗址对研究南宋政治、经济及文化，研究南宋皇城的布局，探讨中国古代都城制度的发展和变迁都具有十分重要的意义。2001年定为全国重点文物保护单位。

临安侯国　西汉置，属琅邪郡。当在今山东东部。东汉省。

临安路　元世祖至元十三年（1276）置，属云南行省。治所在通海县（即今云南通海县）。辖境约当今云南华宁、通海、峨山、石屏、建水、开远、个旧、蒙自、屏边、河口、文山、砚山、马关、西畴、麻栗坡等市县地。明洪武十五年（1382）废为府。

临坟（墳）镇　金置，属叶县。即今河南叶县东南二十八里坟台镇。

临杜郡　十六国前凉置临松郡，治所在今甘肃肃南裕固族自治县东南马蹄藏族乡。《魏书·地理志》讹作临杜郡。

临县　明洪武二年（1369）降临州置，属太原府。治所即今山西临县。万历二十三年（1595）改属汾州府。民国初属山西冀宁道。1930年直属山西省。

临邑县　①西汉置，属东郡。治所即今山东东阿县（铜城镇）。三国魏属济北国。北魏属济北郡。北齐废。

②南朝宋孝建二年（455）侨置，属魏郡。治所在今山东济阳县西南三十里孙耿镇。北魏属东魏郡。隋属齐郡。唐属齐州。北宋建隆三年（962）移今治，属济南府。元属河间路。明属济南府。民国初属山东东临道。1925年属德临道。1928年直属山东省。

临羌县　西汉置，属金城郡。治所在今青海湟中县北。《汉书·赵充国传》：西汉神爵初，赵充国经营湟中，欲屯田于此，奏言："计度临羌东至浩亹，羌虏故田及公田，民所未垦，可二千顷以上。"又言："循河湟漕谷至临羌，以视羌虏，扬威武，传世折冲之具。"东汉建初二年（77）曾移护羌校尉治此。魏、晋间治所东移至今湟水北岸多巴镇，属西平郡。北魏废。

临羌砦　北宋元符二年（1099）改秋苇平新砦置，属西安州。在今宁夏海原县（三河镇）西北贾埫乡东。金废。

临羌溪水　即今青海湟中县西北西纳川水（水峡河）。源出海晏县，东南流至湟中县北多巴镇东注入湟水。《水经·河水注》：湟水"左会临羌溪水。水发（临羌）新县西北，东南流，历县北，东南入湟水"。

临汧城　唐大和元年（827）筑，在今陕西陇县西北八十里。城西临汧水，故名。

临沅山　亦名林源山。在今广东韶关市曲江区北。《续汉书·郡国志》曲江县注："《始兴郡记》，县北有临沅山。"

临沅县　战国楚置，后入秦，为黔中郡治。治所即今湖南常德市西。西汉属武陵郡。东汉为武陵郡治。隋改为武陵县。《水经·沅水注》："沅水又东径临沅县南。县南临沅水，因以为名。"

临沛县　隋开皇十八年（598）改龙城县置，属徐州。治所在今安徽萧县西北十里。大业初改为萧县。

临沃县　西汉置，属五原郡。治所在今内蒙古包头市九原区西麻池镇古城。东汉末废。《水经·河水》：河水"屈东过九原县南，又东过临沃县南"。

临沂山　在今江苏南京市东北。宋《景定建康志》卷17：临沂山"在城东北四十里，周回三十里，高四十丈，东北接落星山，西临大江，西南有临沂县城"。

临沂市　1958年改山东省临沂县置，属临沂专区。1963年复改为县，1967年属临沂地区。1983年又改为临沂市。1994年撤销临沂地区及县级临沂市，改设地级临沂市；原县级临沂市，改置兰山、罗庄、河东三区。市人民政府驻兰山区。

临沂县　①西汉置，属东海郡。治所在今山东临沂市东北诸葛城。东汉改属琅邪国。南朝宋省。东魏武定八年（550）复置，属郯郡。北齐省。隋开皇十六年（596）复置，为沂州治。移治今山东临沂市。大业初为琅邪郡治。唐以后为沂州治。明洪武初省入沂州。

②东晋咸康七年（341）侨置，为南琅邪郡治。治所在今江苏南京市东北三十八里，栖霞山之西，北临长江。南齐永明中移治白下城（今南京市金川门外）。陈太建十年（578）改属建兴郡。隋初废。

③1914年改兰山县置，属济宁道。治所即今山东临沂市。1925年为琅玡道治。1928年直属山东省。1958年改设临沂市。1994年撤销临沂地区，改设地级临沂市。

临汾市　1948年5月当地解放后由临汾县析置，治所即今山西临汾市。1949年撤销，并入临汾县。1971年复设临汾市。2000年撤销临汾地区和县级临汾市，改设地级临汾市。原县级临汾市改置尧都区。

临汾县　①西汉置，属河东郡。治所在今山西襄汾县西南五十里晋城村。三国魏属平阳郡。北魏太平真君七年（446）废，太和十一年（487）复置。北齐废。

②东魏置，为汾西郡治。治所即今山西汾西县。隋开皇三年（583）改汾西县。

③隋开皇三年（583）改平河县置，为晋州治。治所即今山西临汾市尧都区。大业初为临汾郡治。移

治今临汾市南一里。隋末为平阳郡治。唐武德元年（618）复为晋州治。三年（620）移治今临汾市。贞观十二年（638）移治今临汾市西南十八里金殿镇。五代移治今临汾市尧都区。北宋政和六年（1116）为平阳府治。元初为平阳路治。大德九年（1305）改为晋宁路治。明为平阳府治。民国初属山西河东道。1928年直属山西省。1983年撤销，并入临汾市。

临汾宫 隋大业年间建，在今山西汾阳市东。《方舆纪要》卷42汾州府：临汾宫在“府东十五里，隋大业四年建以避暑，盖据文湖之胜而为之，亦谓之汾水行宫”。

临汾郡 ①北齐置，治所在临汾县（今山西汾西县）。辖境相当今山西汾西县地。北周属晋州。隋开皇初废。

②隋大业初改晋州置，治所在临汾县（今山西临汾市尧都区）。辖境相当今山西临汾、霍州二市及汾西、洪洞、安泽、浮山等县地。义宁初改为平阳郡。

临沧市 2003年撤销云南省临沧地区和临沧县，改设地级临沧市；原临沧县改置临翔区。市人民政府驻临翔区。

临沧县 1914年改缅宁县置，治今云南省临沧市。2003年撤销，改设临沧市。

临沧观 又名劳劳亭。故址在今江苏南京市西南十五里。宋《景定建康志》卷22引《舆地志》云：“新亭陇上有望远亭，宋元嘉中改名临沧观，又改名劳劳亭。” 《宋书·桂阳王休范传》：元徽二年（474），休范反，萧道成屯新亭筑垒，“休范于新林步上，及新亭垒，自临城南，于临沧观上，以数十人自卫”。

临沇县 南齐改临允县置，属新宁郡。治所在今广东新兴县治东。南朝梁、陈间废。

临武 战国楚邑，为楚考烈王时临武君的封地。在今湖南临武县东南。《战国策·楚策四》：申春君曰“仆欲将临武君”。又《荀子·议兵篇》：“临武君与孙卿子议兵于赵孝成王前。”皆此。

临武县 西汉置，属桂阳郡。治所在今湖南临武县东十五里古城渡。《水经·溱水注》：“县侧临（武）溪东，因曰临武。”唐如意元年（692）改隆武县。神龙元年（705）复改临武县，属郴州。五代晋天福四年（936）废入桂阳监。南宋绍兴十六年（1146）复置，属桂阳军，移治今临武县。元属桂阳路。明属桂阳州。民国初属湖南衡阳道。1922年直属湖南省。

临松山 在今甘肃肃南裕固族自治县东南马蹄藏族乡。《十六国春秋辑补》卷67：西晋永嘉四年（310），“张掖临松山有石如张掖字，掖字渐磨灭，粗可识，而张字分明”。《寰宇记》卷152张掖县：“临松山，一名青松山，一名马蹄山，又云丹岭山。在县南一百二十八里。”

临松县 北魏置，为临松郡治。治所即今甘肃肃南裕固族自治县东南马蹄藏族乡。北周废。

临松郡 东晋太和三年（368）前凉置，治所即今甘肃肃南裕固族自治县东南马蹄藏族乡。北周废。

临松堡 北宋置，属积石军。在今青海尖扎县西北。《宋史·地理志》积石军：临松堡“东至廓州界五十里，西至顺通堡界一十二里，南至把撈公原界约六十里，北至黄河一十五里”。后废。

临枣铁路 从山东临城（今枣庄市西薛城）至枣庄（今枣庄市）。全长28公里。为津浦铁路支线。1911年动工修建，1912年建成。该支线专为运煤而设。今称枣庄西。

临昆山 在今广东汕头市潮阳区西北。《方舆纪要》卷103潮州府潮阳县：临昆山“在县西三十五里。相传旧县置于其下”。

临昆（崑）县 唐置，属羁縻筠州。治所在今四川筠连县境。后废。

临易 春秋燕都。在今河北雄县西北。《世本》：燕“桓侯徙临易”。战国称易。

临沭县 南朝梁置，为临沭郡治。治所在今江苏新沂市境。北齐废。

临沭郡 南朝梁置，治所在临沭县（在今江苏新沂市境）。北齐废。

临河卫 明洪武中置，属陕西都司。治所即今甘肃民勤县。三十年（1397）改为镇番卫。

临河市 1984年改临河县置，治今内蒙古自治区巴彦淖尔市临河区。2003年撤销，改设巴彦淖尔市临河区。

临河设治局 1925年析五原县西境置，属绥远特别区。治所在强油房（今内蒙古临河市）。1928年属绥远省。1929年改为临河县。

临河县 ①秦置，属九原郡。治所在今内蒙古巴彦淖尔市临河区东北古城村（高油房）古城。西汉属朔方郡。东汉废。《水经·河水注》：“河水又屈而东流为北河。东径高阙南。河水又东径临河县故城北。”民国《临河县志》卷下有《高家油房古城考》，所记方位与此合。

②北齐武平元年（570）置，为临河郡治。治所在今山西永和县西南三十五里。隋开皇改属隰州，十八年（598）改为永和县。

③西魏置，为临河郡治。治所在今宁夏平罗县境。隋废。

④隋开皇六年（586）置，属卫州。治所在今河南浚县东北。《寰宇记》卷57：“以南临黄河为名。”大业初属汲郡。唐属相州。北宋属澶州。金废。

⑤唐武德二年（619）置，属西德州。治所在今山西石楼县境。贞观元年（627）废。

⑥唐贞观三年（629）置，属羁縻丛州。治所在今四川松潘县北境。广德后废。

⑦唐置，属羁縻移州。治所在今四川兴文县境。后废。

⑧辽置，属饶州。治所在今内蒙古林西县南。金废。

⑨1929年升临河设治局置，属绥远省。治所在强

油房（今内蒙古巴彦淖尔市临河区）。1954年划归内蒙古自治区。1984年改设临河市。2003年撤销巴彦淖尔盟和县级临河市，设立地级巴彦淖尔市。原县级临河市改置临河区。

临河店 即今河南息县东南四十六里临河乡。清郑元善《宦豫纪事》："《擒徐升记》云，是时，徐升纠集匪徒二千人聚扰临河店。"

临河郡 ①西魏置，属灵州。治所在临河县（今宁夏平罗县境）。隋开皇元年（581）改为新昌郡。

②北齐武平元年（570）置，治所在临河县（今山西永和县西南）。隋开皇三年（583）废。

临河崖 一名阇黎洞。在今河北昌黎县南八十里。《方舆纪要》卷17昌黎县：临河崖"壁立千仞，顶分八字。山腰有洞，逼近深潭，有小径可入，容二百余人。旁又有小穴十余，皆幽胜"。

临河堡 俗名花墙儿。明置，属镇夷千户所。即今甘肃高台县西北花墙子。清废。

临河镇 ①北宋置，在山东邹平县西北，临小清河。《方舆纪要》卷31邹平县："宋明道二年，废淄川临河镇，以避水患。盖是时大河自东平溢入小清河，为东方患也。"

②北宋置，属灵州。在今宁夏平罗县境。

临泷寺 在今广东乐昌市北。唐韩愈有《题临泷寺》诗。

临泷县 唐武德四年（621）置，属番州。治所在今广东韶关市曲江区南。寻属东衡州。贞观元年（627）属韶州，八年（634）废入曲江县。

临沮县 ①西汉置，属南郡。治所在今湖北远安县西北。以临沮水为名。东汉改为临沮侯国，后复为临沮县。西晋永宁后徙治今湖北当阳市西北。东晋咸和中为沮阳郡治。南朝宋属南郡。北周属漳川郡。隋废。

②唐武德九年（626）析冯翊县置，属同州。治所在今陕西大荔县西南。贞观元年（627）废。

临沮侯国 东汉改临沮县置，属南郡。治所在今湖北远安县西北。三国魏复改为临沮县。

临泗驿 在今江苏泗洪县境。《方舆纪要》卷21泗州：临泗驿在"州北百十里。路出宿迁"。

临沟县 唐武德二年（619）置，属玄州。治所在今河北三河市东南。贞观初废。

临泃城 又名临渠城。石赵所置，因临泃水而名。在今河北三河市东南。《水经·鲍丘水注》：泃河"又东南径临泃城北，屈而历其城东，侧城南出"。唐武德二年（619）置临泃县于此。

临泽县 ①西晋改昭武县置，属张掖郡。治所即今甘肃临泽县东北昭武村。唐《初学记》卷8："《十三州志》曰：昭武苏有临泽亭在其东"，县以亭名。《十六国春秋辑补》卷96北凉录：北凉沮渠蒙逊玄始九年（420），"太史令张衍言于蒙逊曰：今岁临泽城西，当有破兵"。即此。北魏废。

②南朝宋泰豫元年（472）置，属海陵郡。治所即今江苏高邮市东北临泽镇。隋开皇初废。

③1928年改抚彝县置，属甘肃省。治所即今甘肃临泽县西北十里蓼泉乡。1952年迁治沙河堡，即今临泽县。

临泽镇 古为临泽县治。北宋属高邮县，即今江苏高邮市东北六十八里临泽镇。

临泾县 ①西汉置，属安定郡。治所在今甘肃镇原县东南五十里屯字镇。东汉为安定郡治。《后汉书·刘玄传》：建武元年（25），方望与安陵人弓林"乃于长安求得（定安公）婴，将至临泾立之，聚党数千人，望为丞相，林为大司马"。东汉移安定郡治此。北周废。

②隋大业十二年（616）改湫谷县置，属安定郡。治所即今镇原县。唐属泾州。元和三年（808）于县权置原州，名曰行原州。五代唐清泰三年（936）始专属原州。元世祖至元七年（1270）废。

临泾镇 在今陕西泾阳县西三十里泾水南岸，与礼泉县接界。宋敏求《长安志》卷17泾阳县：临泾镇"在县西北宜善乡，白渠贯其中"。

临宗砦 北宋崇宁三年（1104）置，属湟州。在今青海乐都县北。后废。

临居县 唐置，属羁縻筠州。治所在今四川筠连县境。后废。

临甾 又作临菑。即临淄。故址在今山东淄博市东北临淄北。

临封郡 唐天宝元年（742）改封州置，治所在封川县（今广东封开县东南封川镇）。辖境相当今广东封开县地。乾元元年（758）复为封州。

临城县 ①三国吴赤乌中分陵阳县置，属丹阳郡。治所在今安徽青阳县南五里青通河东岸。西晋属宣城郡。南朝梁属南陵郡。隋开皇九年（589）废。

②唐天宝元年（742）改房子县置，属赵郡。治所即今河北临城县。《元和志》卷17临城县："以县西南十里有古临城，因改名。"乾元初属赵州。天祐二年（905）复名房子县。五代唐初又改名临城县。北宋属庆源府。金属沃州。元属赵州。民国初属直隶大名道。1928年后直属河北省。

③1944年山东革命根据地由滕县南部和江苏沛县湖东地区析置，治临城（今山东枣庄市西南薛城）。1952年改名薛城县。1956年撤销，并入滕县、微山二县。

临城河 一名双河。即今安徽青阳县东之青河。为青通河支流。源出县南分流岭，北流至县城东入青通河。《明史·地理志》青阳县："南有临城河。"《方舆纪要》卷27青阳县：临城河"在县南。《志》云，大通河之别源，自县南分水岭，流经故临城县为临城河。又经县西南十里之峡山，西会于大通河（今青通河）"。

临城驿 明、清重要驿站。属滕县。在今山东枣庄市西南薛城。《清一统志·兖州府》：临城驿"在滕县东南七十里。南北陆路所经。有驿丞。今裁。本朝乾隆十年移县丞驻此"。

临城煤矿支线　简称临城支线。自今河北临城县东北鸭鸽营站至临城煤矿。长15.2公里。为京汉铁路支线。清光绪三十一年（1905）动工修建，三十四年（1908）通车。1945年被拆除。

临城镇　①在今安徽青阳县南。《清一统志·池州府二》：临城废县“在青阳县南……《县志》：临城镇在今县南五里”。

②即今山东枣庄市西薛城。北魏时曾于此置永兴县，北齐废。向为南北陆路孔道。明、清时为临城驿。清乾隆十年（1745）移县丞驻此。

临南县　1940年晋冀鲁豫边区由临县南部析置，属太行区。治三交镇（今山西临县南三交镇）。1946年撤销，并入临县。

临品　春秋楚地。在今湖北丹江口市南。《左传》：文公十六年（前611），“楚子乘驲，会师于临品”。

临泉县　①隋大业四年（608）改蔚汾县置，属楼烦郡。治所在今山西兴县西北四十里黑峪口村南。唐武德七年（624）改为临津县。

②唐武德三年（620）改太和县置，为北和州治。治所在今山西临县北二十五里故县村。《元和志》卷14临泉县：“临泉水在县北一百步，县因此水为名。”贞观三年（629）属石州。北宋元符二年（1099）改属晋宁军。金属石州。蒙古中统三年（1262）升为临州。

③唐贞观三年（629）置，属羁縻丛州。治所在今四川松潘县北境。广德后废。

④1935年析阜阳县西境置，属安徽省。治所在沈丘集（即今安徽临泉县）。

临朐县　①战国秦置，属临淄郡。治所即今山东临朐县。出土秦封泥中有“临朐丞印”可证。《元和志》卷10临朐县：“东有朐山，因以为名。”西汉属齐郡。三国魏属东莞郡。南朝宋省。隋大业二年（606）改逢山县复置，属北海郡。唐属青州。金属益都府。元世祖至元三年（1266）并入益都县。十五年（1278）复置，属益都路。明、清属青州府。民国初属山东胶东道。1925年改属淄青道。1928年直属山东省。

②西汉置，属东莱郡。治所在今山东莱州市西北二十三里朱旺村。东汉废。

临闾关　即榆关。今河北秦皇岛市东北山海关。唐杜佑《通典》卷178平州卢龙县：“临闾关即今临榆关。”

临闾县　北宋宣和四年（1122）改石城县置，属平州。治所在今河北唐山市东北。金复名石城县。

临洪口　在今江苏连云港市东北海州湾内。为蔷薇河入海之口，亦即今沭河入海之口。口内有新浦镇，清光绪三十一年（1905）自开为商埠。

临洪河　在今江苏东海县东北境。《方舆纪要》卷22海州：“临洪河在州（今连云港市海州镇）北十里。自赣榆县流入境。州南二十里有银山，下为银山坝，临洪水流至此，接于石湫河。”

临洪镇　北宋置，属怀仁县。在今江苏东海县东北五十四里临洪村。金属赣榆县。明置巡司于此。清废。

临泚口市　一作临资口市。即今湖南湘阴县西二十九里湘江西岸之临资镇。清光绪《湖南通志》卷1湘阴县图：湘阴县西有临泚口市。

临洮卫　明洪武三年（1370）置，属陕西都司。治所在临洮府（今甘肃临洮县城内）。《方舆纪要》卷60：临洮卫“在府城内。……辖千户所五”。

临洮军　唐武则天久视元年（700）置，属陇右道。治所在狄道县（今甘肃临洮县）。开元中设陇右节度使，治所即今青海乐都县。临洮军移驻节度使衙。后废。

临洮县　①秦置，属陇西郡。治所即今甘肃岷县。以临洮水得名。《史记·蒙恬传》：始皇二十六年（前221），“秦已并天下，乃使蒙恬……筑长城，……起临洮，至辽东，延袤万余里”。西汉为南部都尉治。晋惠帝分属狄道郡。北魏废。西魏大统中于故治置溢乐县。隋大业初复改临洮县，义宁二年（618）又改名溢乐县。

②北魏置，属顺阳郡。在今河南邓州市西北。西魏废。

③1928年改狄道县置，属甘肃省。治所即今甘肃临洮县。乾隆《甘肃通志》卷3：“因洮水经流城下，故名。”

临洮府　金皇统二年（1142）升熙州置，属临洮路。治所在狄道县（今甘肃临洮县）。辖境相当今甘肃临洮、康乐、渭源三县。元属巩昌路。明属陕西布政使司，辖境扩大，相当今甘肃兰州、榆中、渭源、临洮等市县及临夏回族自治州和青海循化、尖扎、贵德、贵南、同仁等县地。清乾隆三年（1738）移治兰州（今甘肃兰州市），改名兰州府。

临洮郡　①北魏太平真君六年（445）置，属河州。治所即今甘肃岷县。太和十一年（487）移治龙城县（今岷县东北洮河东岸）。辖境相当今甘肃岷县及与渭源、漳县、卓尼等县交界之地。北周废。

②隋大业三年（607）改洮州置，治所在美相县（今甘肃卓尼县西洮河南岸卡车乡录巴寺北羊巴古城）。辖境相当今甘肃临潭县以西、西顷山以东洮河流域。唐武德二年（619）复曰洮州。天宝元年（742）改为临洮郡，治所在临潭县（今甘肃卓尼县西洮河南岸羊巴古城）。乾元元年（758）仍为洮州。

临洮堡　北宋元丰七年（1084）置，属熙州。在今甘肃临洮县西北七十里。金属康乐县。元废。明洪武二年（1369）改筑大城，设都司驻防。

临洮路　金大定二十七年（1187）分熙秦路西部置，治所在临洮府（今甘肃临洮县）。辖境相当今甘肃岷山以北，黄河以南，会宁、通渭、武山等县以西，临夏、夏河、临潭等市县以东地区和青海循化撒拉族自治县。元废。

临洺关　即今河北永年县治。隋于此置临洺县。宋废。《清一统志·广平府二》：临洺关“在永年县西四十五里。宋金以来为镇，明初城址犹存。嘉靖间重筑，南北二百二十丈，东西半之，作六门，内有通判分司公署。本朝初改设巡司，今仍设通判，并有千总驻此”。1949年始为永年县治。

临洺县 隋开皇十年（590）置，属磁州。治所在今河北永年县（临洺关）。《元和志》卷15：“北滨洺水，因以为名。”大业初属武安郡。唐属洺州。北宋熙宁六年（1073）废为镇，元祐二年（1087）复置，仍属洺州，寻废为镇。

临洺站 元置。即今河北永年县（临洺关）。明废。

临洺镇 北宋置，属永平县。即今河北永年县。宋范成大《临洺镇》诗自注：“去洺州三十里，洺酒最佳。”

临济 在今河南封丘县东。《史记·秦始皇本纪》：秦二世二年（前208）冬，章邯“灭魏咎临济”。《续汉书·郡国志》陈留郡平丘：“有临济城。”

临济寺登灵塔 东魏兴和二年（540）创建，原在今河北正定县城东南二里临济村。晚唐时住持僧义玄在此创临济宗，成为中国佛教重要教派之一。唐咸通八年（867）义玄逝世，其弟子建衣钵塔于正定城内东南隅，即今澄灵塔，临济寺也随即迁于城内。寺早毁，塔为金大定年间重修。为八角形实心砖塔，高30.47米。1996年定为全国重点文物保护单位。

临济县 ①东汉永初二年（108）改狄县置，为乐安国治。治所在今山东高青县东南高城镇西北二里。西晋属乐安国。南朝宋徙今县西南刘家镇。北魏属东平原郡。隋大业初并入高苑县。

②隋开皇十六年（596）改朝阳县置，属齐州。治所在今山东章丘市西北临济村。大业初属齐郡。唐属齐州。北宋咸平四年（1001）省入章丘。

临济镇 本临济县，北宋咸平四年（1001）废为镇。在今山东章丘市西北临济村。《金史·地理志》：章丘县有临济镇。

临津关 在今甘肃积石山保安族东乡族撒拉族自治县西北大河家镇关门村东、黄河南岸。因临近黄河渡口，故名。隋置临津关。《隋书·炀帝纪》：大业五年（609），炀帝西击吐谷浑，“出临津关，渡黄河，至西平，陈兵讲武”。即此。

临津县 ①西晋永兴初分阳羡县置，属义兴郡。治所在今江苏宜兴市西北五十里。隋开皇九年（589）废。唐武德七年（624）复置，属南兴州。八年（625）又废。

②十六国前凉置，属晋兴郡。治所即今甘肃积石山保安族东乡族撒拉族自治县西北大河家镇康吊村古城。《水经·河水注》：临津溪水“自南山，北径临津城西，而北流注入河。河水又东径临津城北，白土城南”。北魏废。

③隋开皇七年（587）改胡原县置，属始州。治所在今四川剑阁县（下寺镇）西南香沉镇。《寰宇记》卷84临津县：“以其俯临津水为名。”大业三年（607）属普安郡。唐武德初属始州。先天二年（713）属剑州。天宝初属普安郡。乾元初属剑州。北宋熙宁五年（1072）省为浆池镇。

④唐武德七年（624）改临泉县置，属岚州。治所在今山西兴县西北四十里黑峪口村南。贞观元年（627）改为合河县。

⑤唐贞观三年（629）置，属羁縻洪州（后改彭州）。治所在今四川马尔康县东。后废。

⑥唐天宝元年（742）改胡苏县置，属沧州。治所在今河北东光县东南。北宋熙宁六年（1073）废为临津镇。

⑦金置，为韩州治。治所在今吉林梨树县北八里偏险城。元废。

临津镇 ①北宋置，属中江县。即今四川中江县东南二十里宝严寺。

②北宋熙宁五年（1072）废临津县置，属普安县。即今四川剑阁县（下寺镇）西南香沉镇。

临贺水 又名封溪水、封江。即今广西贺州市南贺江。《元和志》卷37临贺县：“临水东去县十步。又有贺水合，更名临贺水。”

临贺县 西汉置，属苍梧郡。治所在今广西贺州市东南贺街镇。《寰宇记》卷161临贺县：“因县置郡，以邑内临水、贺水为县名。”三国吴为临贺郡治。南朝宋为临庆国治。齐为临贺郡治。隋为贺州治，大业初废。十二年（616）复置，属苍梧郡。唐武德四年（621）为贺州治。天宝初为临贺郡治，乾元初复为贺州治。明洪武二年（1369）废。

临贺岭 即萌渚岭。在今广西富川瑶族自治县东南、贺州市西北、湖南江华瑶族自治县西南。《明史·地理志》富川县：“东北有甿渚岭，即临贺岭。”

临贺故城 在今广西贺州市东南贺街镇，包括四个城址。建于西汉早期的人鸭村城址呈长方形，四周有板筑土城垣，南垣中部有缺口为城门。东、西垣外有宽10米、深2米的护城壕。西汉晚期旧城址废，县城迁于今洲尾城址，现四周残存版筑土城垣，纵横约1000米。东汉又由洲尾迁于今河西城址，城略呈长方形，四面为版筑夯土墙，残高3—6米，宽23—25米，东垣长840米，西垣长569米，南垣长879米，北垣西段已毁，东段残存280米。城外有东汉护城河。五代时将西、北城墙内缩90余米，重新夯筑土城墙630米。南宋德祐二年（1276）曾于夯土城外包砌青砖。宋代临贺城又称主城，以东汉、五代城垣为四垣，用青砖包砌，城上筑城垛，四面辟门建敌楼，周围开护城河。元、明、清均沿用宋临贺城。清同治、光绪及民国初均有修葺。清中叶以后形成河东故城，内有石板街三条及民居街巷和粤东会馆、魁星楼、文庙、八圣庙、观音楼等建筑。城址历史脉络清晰，文物遗存丰富，城郭保存完整，具有较高的历史与科学价值。2001年定为全国重点文物保护单位。

临贺郡 三国吴黄武五年（226）置，属荆州。治所在临贺县（今广西贺州市东南贺街镇）。《水经·温水注》：“贺水又西南流至临贺郡东，右注临水。郡对二水之交，故郡县取名焉。”辖境相当今广西贺州市、钟山县及富川瑶族自治县，湖南江永、江华瑶族自治县等地。西晋属广州。南朝宋改为临庆国。齐复为临贺郡。隋开皇中改为贺州。唐天宝元年（742）复为临贺郡，乾元元年（758）复改为贺州。

临贺塘 故址在今江苏南京市东。宋《景定建康志》卷19：临贺塘“在城东三十里。屈曲一十里，灌田二十顷，梁临贺王萧正德理田于此，因以为名”。

临骁聚 在今河南邓州市西北。《汉书·地理志》：南阳郡冠军县有“宛之临骁聚”。

临振县 西汉元封元年（前110）置，属珠崖郡。治所在今海南省三亚市东北。初元三年（前46）废。

临振郡 隋大业六年（610）置，治所在宁远县（今海南省三亚市西北崖城镇）。辖境相当今海南省海南岛南部地。唐武德五年（622）改为振州。

临都驿 在唐洛阳城（今河南洛阳市瀍河东西、洛河南北）西五里。为长安、陕州至洛阳的南道陆路交通要驿。白居易有《临都驿答梦得六言二首》、《临都驿送崔十八》诗。

临都馆 馆驿名。辽置，在今内蒙古喀喇沁旗东南西桥镇西。宋沈括《熙宁使虏图抄》：“济三肤河到临都馆，皆平川，经小坂，自路曲东出七八里，望之可见，曰恩州。”

临晋 春秋战国时秦所置县，治所在今陕西大荔县东朝邑镇西南二里。《史记·秦本纪》“（厉共公）十六年，堑河旁。以兵二万伐大荔，取其王城。”《史记集解》引徐广曰：“今之临晋也。临晋有王城。”《汉志》左冯翊临晋县下班固自注曰：“故大荔，秦获之，更名。”应劭曰：“临晋水，故曰临晋。”臣瓒曰：“晋水在河之间，此县在河之西，不得云临晋水也。旧说曰，秦筑高垒以临晋，故曰临晋也。”颜师古曰：“瓒说是也。说者或以为魏文侯伐秦始置临晋，非也。文侯重城之耳，岂始置之乎！”

临晋关 又名河关、蒲坂关、蒲津关。战国魏置，故址在今陕西大荔县朝邑镇东黄河西岸。《史记·曹相国世家》：参“以中尉从汉王出临晋关”。即此。

临晋县 ①战国秦置，属内史。治所在今陕西大荔县东朝邑镇西南二里。出土秦封泥中有“临晋丞印”可资佐证。西汉属左冯翊。东汉末移治今大荔县。三国魏为冯翊郡治。西晋改名大荔县。北魏初复名临晋县，太和十一年（487）改为华阴县。

②北魏太安二年（456）置，属定阳郡。治所在真川（今陕西延安市东南固县村）。西魏属神水郡。北周天和元年（567）因稽胡数破县城，遂迁治流川（今延安市东南临镇），改属偏城郡。隋大业十二年（616）又移至曷鸡城（今临镇附近），属延安郡。唐武德三年（620）迁回旧址流川，属东夏州。贞观二年（628）属延州。元世祖至元二年（1265）省入甘泉县。

③清置，属甘泉县。即今陕西延安市东南临镇。唐为临真县治。

临晋县衙 在今山西临猗县西临晋镇西大街文庙西侧。现存大堂、二堂、三堂及银亿库、书房。其中大堂始建于元大德年间（1297—1307），明嘉靖四年（1525）地震，大殿幸存。其余建筑为1912年焚毁后重建。大堂面阔五间，进深六椽，单檐悬山顶。二堂面阔五间，进深三间，单檐硬山顶。三堂面阔三间，进深三间，堂前带廊。银亿库面阔三间，进深二间，单檐硬山顶。书房面阔一间。临晋县衙大堂是山西省现存三座元代大堂之一，对研究衙署文化和官吏制度提供了实例，具有较高价值。2001年定为全国重点文物保护单位。

临真县 北魏太安二年（456）置，属定阳郡。治所在真川（今陕西延安市东南固县村）。西魏属神水郡。北周天和元年（566）因稽胡数破县城，遂迁治流川（今延安市东南临镇），改属偏城郡。隋大业十二年（616）又移至曷鸡城（今临镇附近），属延安郡。唐武德三年（620）迁回旧址流川，属东夏州。贞观二年（628）属延州。蒙古至元二年（1265）省入甘泉县。

临真镇 清置，属甘泉县。即今陕西延安市东南临镇。唐为临真县治。

临桂县 唐贞观八年（634）改始安县置，为桂州治。治所即今广西桂林市。以临近桂江为名。天宝初为始安郡治，至德二年（757）为建陵郡治，乾元初复为桂州治。南宋绍兴三年（1133）为静江府治。元为静江路治。明为广西布政使司及桂林府治。清为广西省和桂林府治。1913年改为桂林县。1936年为广西省会。民国初为广西桂林道治。1928年直属广西省。1940年复为临桂县。1975年迁驻二塘，即今临桂县治。2013年改为桂林市临桂区。

临夏县 1928年改导河县置，属甘肃省。治所即今甘肃临夏市。1950年迁治韩家集，即今治。

临夏砦 北宋置，在今陕西子洲县西南。《宋史·地理志》绥德军：临夏砦“地名啰岩谷岭，元符元年筑城，赐今名”。元废。

临原侯国 西汉置，属琅邪郡。治所在今山东临朐县东。元朔二年（前127）封菑川懿王子始昌为侯国。东汉省。

临顿桥 在今江苏苏州市临顿路北端。《吴地记》云：“吴王亲征夷人，顿军憩歇，宴设军士，因此置桥。”宋朱长文《吴郡图经续记》：“临顿者，亦吴时馆名也。陆鲁望（龟蒙）尝居其旁。”

临虑 战国韩邑。即今河南林州市。《荀子·强国篇》：秦地“在韩者，逾常山乃有临虑”。

临皋驿 在今陕西西安市西郊大土门村西北。《资治通鉴》：唐景福二年（893），李茂贞叛唐，犯京城，“陈于临皋驿”，即此。

临皋亭 在今湖北黄冈市区南长江滨。北宋苏轼《与朱康叔尺牍》：“已迁居江上临皋亭，甚清旷，风晨月夕，杖履野步，酌江水饮之。”南宋陆游

《入蜀记》："泊临皋亭，东坡先生所尝寓，与秦少游书所谓门外数步即大江是也。烟波渺然，气象疏豁。……晚移舟竹园步，盖临皋多风涛，不可夜泊也。"

临皋馆 在今湖北黄冈市南，长江北岸。《舆地纪胜》卷49黄州：临皋馆"在朝宗门外。原名瑞庆堂，以故相秦公桧之父舣舟其下，秦公于是乎生"。

临高县 唐开元元年（713）改临机县置，属崖州。治所在今海南省临高县东北。贞元七年（791）改属琼州。北宋移治今临高县西南。南宋绍兴初移治今临高县。元属乾宁军民安抚司。明初属琼州府。民国初属广东琼崖道。1920年直属广东省。1988年划归海南省。

临高原 在今陕西澄城县南五十里。《宋名臣言行录》："李显忠初仕金，知同州，密图南归，由汉村经临高原奔夏。"即此。

临朔宫 隋代蓟城行宫。在今北京市城西南。《隋书·炀帝纪》：大业七年（611），"至涿郡之临朔宫"。即此。

临资口市 即临泚口市。今湖南湘阴县西二十九里湘江西岸之临资镇。

临浦市 即今浙江杭州市萧山区南二十八里临浦镇。唐元稹《生春》诗："雨移临浦市，晴候过湖风。"即此。

临浦县 ①三国吴改领方县置，属郁林郡。治所在今广西宾阳县东南古城村。西晋复改为领方县。

②南齐置，属桂林郡。治所当在今广西柳州市附近地。后废。

临浯集 即今山东安丘市东南临吾镇。旧属诸城县。光绪《山东通志》卷1诸城县图：县西北有临浯集。

临海 即蒲昌海。今新疆罗布泊。《史记·大宛列传》："（于窴）其东水东流，注盐泽。"《正义》引《括地志》："蒲昌海一名泑泽，一名盐泽，亦名辅日海，亦名牢兰海，亦名临海，在沙州西南。"

临海山 在今浙江临海市东北。《寰宇记》卷98临海县：临海山"在县北二百四十里。山有水，合成溪……即名临海溪。山因溪名"。

临海县 ①三国吴太平二年（257）分章安县置，为临海郡治。治所在今浙江临海市。寻临海郡徙治章安县。隋属永嘉郡。唐武德四年（621）为海州治，五年（622）为台州治。天宝元年（742）为临海郡治，乾元元年（758）复为台州治。元为台州路治。明清为台州府治。民国初属浙江会稽道。1927年直属浙江省。1986年改设临海市。

②南朝梁置，当在今江苏灌云、灌南、涟水三县境。废于北齐、陈、北周之世。

临海郡 三国吴太平二年（257）分会稽郡置，属扬州。治所在临海县（今浙江临海市）。宋《嘉定赤城志》卷1："取郡东北临海山而名。"寻徙治章安县（今浙江台州市椒江区章安镇）。辖境当今浙江灵江、瓯江、飞云江流域全部市县。东晋太宁元年（323）后辖境渐小。南朝梁尝改赤城郡，寻复旧。陈又改章安郡，寻又改临海郡。隋开皇九年（589）废。唐天宝元年（742）改台州为临海郡，治所在临海县（今浙江临海市），乾元元年（758）废。

临海镇 东魏置于郁洲上。在今江苏连云港市东北云台山一带。《北齐书·杜弼传》："显祖发怒，遂徙弼临海镇。时楚州人东方白额谋反，南北响应，临海镇为贼帅张绰、潘天合等所攻，弼率厉城人，终得全固。"

临涂县 唐贞观五年（631）置，属涂州。治所在今四川汶川县西南。后废。

临涣县 北齐改涣北县置，属谯郡。治所在铚县（今安徽濉溪县西南七十里古城村）。以临涣水为名。隋大业十年（614）移治今濉溪县西南临涣镇。唐属亳州，元和九年（814）属宿州。蒙古至元二年（1265）废。

临涣郡 南朝梁普通六年（525）于汉、晋铚县故城置，属睢州。治所在涣北县（今安徽濉溪县西南七十里古城村）。辖境相当今安徽濉溪、涡阳等县地。北齐废。

临涣镇 清置，即今安徽濉溪县西南临涣集。《清一统志·凤阳府二》：临涣镇"在宿州西南。本朝乾隆十九年设州判驻此"。

临牂县 隋开皇十一年（591）置，属东宁州。治所在今广西罗城仫佬族自治县北六十里黄金镇。大业初废。唐武德四年（621）复置，属融州。永徽元年（650）又废。

临烝县 一作临蒸县。三国吴置，属衡阳郡。治所即今湖南衡阳市。东晋为湘东郡治。隋改为衡阳县。

临烝驿 在今湖南衡阳市北。《方舆纪要》卷80衡州府衡阳县："临烝驿在府城北。"

临黄县 北魏初置，属顿丘郡。治所在今河南范县东南二十二里临黄集。太平真君三年（442）并入卫国县。太和十九年（495）复置。北齐废。隋开皇六年（586）复置，属魏州。大业初属武阳郡。唐属澶州。北宋端拱元年（988）废。

临菑 即临淄。故址在今山东淄博市东北临淄区北。

临菑县 汉临淄县，东汉作临菑。治所在今山东淄博市东北临淄区北。

临商观 魏晋时置，在今河南洛阳市东北魏晋洛阳故城内。《寰宇记》卷3引陆机《洛阳记》云："临商、陵云等八观在宫之西，惟绝顶一观在东，是号曰九观。"

临清市 1954年撤销山东省临清县，设立临清市，属聊城专区。1958年撤销临清县，并入临清市。1963年撤销临清市，复设临清县。1967年聊城专区改为聊城地区。1983年撤销临清县，复设临清市，市人民政府驻临清。1997年撤销聊城地区，临清市由聊城市代管。

临清关 ①在今山东临清市运河上。明宣德时设。《清一统志·临清州》：临清关“旧用御史及户部官监收船料商税，今改归巡抚管理”。

②在今河南新乡市东北古黄河北岸。《隋书·炀帝纪》：仁寿四年（604）十一月，“发丁男数十万掘堑，自龙门东接长平、汲郡。抵临清关，度河，至浚仪、襄城，达于上洛，以置关防”。《隋书·杨玄感传》：玄感自黎阳欲袭洛阳，“修武县民相率守临清关，玄感不得济”。

临清州 明弘治二年（1489）升临清县为州，属东昌府。治所即今山东临清市。清乾隆四十一年（1776）升为直隶州。1913年改为临清县。

临清运河钞关 在今山东临清市内大运河旁。始建于明宣德四年（1429），是明清两代中央政府设于运河上督理漕运税收的直属机构，也是目前仅存的一处运河钞关。钞关东西长130米，南北宽96米，现存两进院落，前院为公署办公区，后院为仓储区，保存有仪门、南北穿厅、科房、船料房、钞关官员住宅等。据有关档案记载，明万历年间，临清钞关税收居全国运河钞关之首，税收占全国课税额的四分之一，在运河漕运史和经济史上具有极其重要的意义。2001年定为全国重点文物保护单位。

临清县 ①北魏太和二十一年（497）置，属阳平郡。治所即今河北省临西县（童村）。北齐废。隋开皇六年（586）复置，属贝州。大业初属清河郡。唐属贝州。宋属大名府，熙宁五年（1072）废为镇。旋复置。金属恩州，徙治曹仁镇（今山东临清市西南八里旧县）。元属濮州。明洪武二年（1369）徙今临清市，改属东昌府。弘治二年（1489）升为临清州。清乾隆四十一年（1776）升为直隶州。1913年改临清县，后属山东东临道。1925年属德临道。1928年直属山东省。1983年改设临清市。

②西魏置，属临清郡。治所在今四川宣汉县东草街子。隋开皇三年（583）废入石鼓县。

③东魏武定七年（549）置，属晋宁郡。治所在今江苏宿迁市东南。北齐废。

④北周改文城县置，为淮阳郡治。治所在今江苏泗阳县南李口镇。隋开皇三年（583）废。

临清郡 ①东魏武定八年（550）改盱眙郡置，治所在下相县（今江苏宿迁市西南古城）。寻废。

②西魏恭帝三年（556）改宁巴郡置，为迁州治。治所在石鼓县（今四川宣汉县西南东林乡）。辖境相当今四川宣汉县西南地。北周属通州。隋开皇三年（583）废。

临清递运所 在今山东临清市西南。《方舆纪要》卷34临清州：临清递运所“在州西南二里”。

临淇村 即今河南林州市东南六十六里临淇镇。东魏曾置临淇县于此。民国初设林县县佐驻此。

临淇县 ①东魏天平初置，属林虑郡。治所在今河南林州市东南临淇镇。北齐废。隋开皇十六年（596）复置，属岩州。大业初属魏郡。隋末废。

②蒙古宪宗五年（1255）置，为淇州治。治所在鹿台乡（即今河南淇县）。元世祖至元三年（1266）省入淇州。

临淇镇 在今河南林州市东南临淇镇。东魏曾置临淇县。民国初设县佐驻此。

临淮山 即今安徽明光市东北境之浮山。《寰宇记》卷128濠州：“临淮山在州东九十五里，俯临长淮。山下有穴，去水一丈。淮水泛溢，其穴即上高，水减其穴还低，有似山浮，亦号浮山。”

临淮县 ①北齐改己吾县置，为仁州治。治所在今安徽固镇县东南四十里仁和集乡；一说在今怀远县西北三十里。隋大业初废。

②唐长安四年（704）析徐城县置，属泗州。治所在今江苏泗洪县东南，南对盱眙县（今已沦入洪泽湖中）。开元二十二年（734）移泗州治此。北宋景德二年（1005）移治今洪泽县西临淮乡，属泗州。元初复还旧治，仍为泗州治。明初废。

③金改钟离县置，属泗州。治所即今安徽凤阳县东北临淮关。元改为钟离县，为濠州治。明洪武二年（1369）改为中立县。次年复为临淮县，属凤阳府。清乾隆十九年（1754）废入凤阳县。

临淮府 元世祖至元十五年（1278）改招信路置，治所在盱眙县（今江苏盱眙县）。辖境相当今江苏盱眙县及安徽天长、五河、明光等县市地。后五河县改属泗州。二十七年（1290）府废。

临淮城 在今河南正阳县南。《方舆纪要》卷50真阳县“江城”条下：“《志》云：县南八十里有临淮城，今为朱家店。”

临淮郡 ①西汉元狩六年（前117）置，治所在徐县（今江苏泗洪县南大徐台）。辖境相当今江苏盱眙、泗洪、睢宁、宿迁、淮安、涟水、洪泽、建湖、阜宁、盐城、兴化、东台、泰州、姜堰、泰兴、海安、六合及安徽天长、明光等市县地。东汉永平中并入下邳国。西晋复置，治所在盱眙县（今江苏盱眙县东北）。辖境相当今江苏盱眙、宿迁、六合及泗洪县南部、安徽天长、明光等市县地。东晋废。

②北魏置，属仁州。治所在己吾县（在今安徽固镇县东南四十里仁和集）。辖境相当今安徽固镇、怀远等县地。北齐废。

③唐天宝元年（742）改泗州置，治所在临淮县（今江苏盱眙县西北）。辖境相当今江苏宿迁、邳州、睢宁、泗阳、泗洪、涟水、灌南及安徽泗县、五河、山东郯城等市县地。乾元元年（758）复为泗州。

临淮镇 又称临淮关。即今安徽凤阳县东北二十里临淮镇。清乾隆十九年（1754）置巡司于此。

临淄 亦作临甾、临菑。故址在今山东淄博市临淄区北。西周初封太公望于齐，建都于此。春秋、战国时齐国均都此。战国时手工业有冶铁、制陶、纺织等，商业繁盛。稷门下聚集许多学者讲学，是当时经济、文化中心。《战国策·齐策》：苏秦说齐宣王曰，

“临淄之中七万户，……临淄甚富而实，其民无不吹竽、鼓瑟、击筑、弹琴、斗鸡、走犬、六博、蹋鞠者；临淄之途，车毂击、人肩摩，连衽成帷，举袂成幕，挥汗成雨；家敦而富，志高而扬”。《水经·淄水注》：“淄水又北径其城东，城临淄水，故曰临淄。”子城周十里，大城周四十里。

临淄齐国故城 在今山东淄博市临淄区北部。为周代齐国都城遗址。自齐献公元年（前859）至齐亡，凡六百余年均都此。故城由大小两城组成，大城略呈长方形，东西宽约4公里，南北长约4.5公里；小城在大城西南隅，名营丘城，东西宽约1.4公里，南北长约2.2公里。城西北部有一夯土台基，台北分布大片夯土遗迹，故城有十三座城门（已探明十一座），干道十条。发现排水道及铸铜、铸钱、冶铁、制骨作坊遗址多处，出土遗物有瓦当、封泥、货币、陶器等。古城内还发现两处春秋墓地。1961年定为全国重点文物保护单位。

临淄县 ①战国秦置，为临淄郡治。治所在今山东淄博市临淄区东北齐都镇。出土秦封泥中有“临淄丞印”可资佐证。后项羽封田都为齐王，西汉初封庶长子肥为齐王，皆都临淄。西汉为齐郡治。东汉作临菑，为齐国和青州治。南朝宋和北魏为齐郡治。北齐移齐郡治益都县（今山东青州市），废临淄入益都。隋开皇十六年（596）复置，属青州。大业初属北海郡。唐属青州，徙今淄博市东北临淄镇。金属益都府。元属益都路。明、清属青州府。民国初属山东胶东道。1925年属淄青道。1928年直属山东省。1969年撤销临淄县，并入淄博市。

②南齐侨置，为齐郡治。治所在今江苏南京市六合区东南瓜埠镇。梁废。

临淄国 又名齐王国。秦亡后项羽封田都置。都临淄（今山东淄博市临淄区东北齐都镇）。辖有临淄郡。相当今山东淄博、博兴、高清、利津、寿光、广饶、昌乐、滨州、青州、临朐等县市地。后辖境扩大。最后为汉高祖所灭。

临淄郡 秦始皇二十六年（前221）灭齐国置。治所在临淄县（今山东淄博市临淄区东北齐都镇）。辖境相当今山东淄博、博兴、高青、利津、寿光、广饶、昌乐、滨州、青州、临朐等市县地。西汉改为齐郡。

临渠城 即临沟城。石赵置，在今河北三河市东南。以临沟水而名。《资治通鉴》：东晋永和六年（350），燕慕容霸伐赵，“收安乐、北平兵粮，与（燕王）俊会临渠”。即此。

临颍县 西汉置，属颍川郡。治所在今河南临颍县北十四里固厢乡。隋大业四年（608）移治今临颍县。唐属许州。北宋属颍昌府。金属许州。清属许州直隶州。民国初属河南开封道。1927年直属河南省。

临颍驿 在今河南临颍县西。《方舆纪要》卷47临颍县：“临颍驿，今在县治西。明初置。”

临颍郡 北齐天保七年（556）改颍川郡置，治所在今河南漯河市郾城区南。隋开皇初废。

临湖县 西汉置，属庐江郡。治所在今安徽无为县西南八十里临璧山下。东汉改为临湖侯国，后复为县。三国时荒废。西晋复置，南朝宋废。

临湖侯国 东汉改临湖县置，属庐江郡。治所在今安徽无为县西南八十里临璧山下。后复为县。

临湘市 1992年撤销湖南省临湘县，改设临湘市，市人民政府驻长安。由岳阳市代管。

临湘县 ①战国秦置，为苍梧郡（又称长沙郡）治。治所在今湖南长沙市。《寰宇记》卷114：“以地临湘水为名。”西汉为长沙国治。东汉为长沙郡治。南朝宋为湘州治。隋开皇九年（589）改为长沙县。

②北宋至道二年（996）改王朝县置，属岳州。治所在今湖南岳阳市东北陆城镇。元属岳州路。明属岳州府。民国初属湖南临江道。1922年直属湖南省。1930年徙治长安镇（今临湘市）。1992年改设临湘市。

临渣县 东魏武定七年（549）置，属沭阳郡。治所当在今江苏沭阳县地。南朝陈太建五年（573）省入怀文县。

临渭县 三国魏置，为广魏郡治。治所在今甘肃天水市东北，南临渭水。北魏省入陇城县。

临湍县 西魏改新城县置，属南阳郡。治所在今河南邓州市西北六十六里南古县村。隋开皇初复改为新城县。唐天宝元年（742）又改临湍县，属南阳郡。乾元元年（758）属邓州。五代汉乾祐元年（948）改为临濑县。

临渝山 亦作林榆山、临余山。又名马坡头。在今河北抚宁县东三十里。《寰宇记》卷70卢龙县：“临余山本名临渝山，音讹为余。有关。”《明一统志》卷5永平府：临渝山“在抚宁县境。峰峦崛起，高千余仞，下临渝河”。

临渝关 即榆关。今河北秦皇岛市东北山海关。《隋书·高丽传》：开皇十八年（598），命汉王谅为元帅伐高丽，“师出临渝关”。

临渝县 ①一作临榆县。西汉置，属辽西郡。治所在今辽宁朝阳县东北。东汉移治今河北抚宁县东榆关站（一说在今河北山海关）。西晋废。

②唐武德初置，为平州治。治所在今河北滦县西北。二年（619）移州治卢龙县（今卢龙县）。七年（624）省临渝县。贞观十五年（641）复置，万岁通天二年（697）改名石城县。

临渝宫 隋大业中置，在今河北抚宁县东榆关乡。《隋书·地理志》：北平郡“有临渝宫”，即此。《隋书·炀帝纪下》：大业十年（614），“三月壬子，行幸涿郡。癸亥，次临渝宫”。

临滁郡 ①北齐改北谯郡置，属南谯州。治所在北谯县（今安徽全椒县西北）。北周复改为北谯郡。

②亦作临徐郡。南朝梁末改北谯州置，属南谯州。治所在葛城（今江苏南京市浦口区西北东葛）。寻入东魏。陈废。

临蒸县 即临烝县。治所在今湖南衡阳市。《南齐书·州郡志》作临蒸县。

临榆县 清乾隆二年（1737）改山海卫置，属永平府。治所在今河北秦皇岛市东北山海关。民国初属直隶津海道。1928年直属河北省。1949年移治今抚宁县东北海阳镇。1954年废。

临睢县 东汉建武中改芒县置，属沛国。治所在今河南永城市东北二十六里小城子。西晋废。

临源县 唐武德四年（621）置，属桂州。治所即今广西兴安县。明曹学佺《广西名胜志》卷1："临源者以地临湘、漓二水之源也。"因名。大历三年（768）改为全义县。

临源岭 即越城岭。为五岭之一。在今广西全州、资源二县间。长200公里。唐杜佑《通典》卷184桂州："有越城岭，今谓之临源岭，即五岭之一。"

临溪水 乳溪水别名。在今安徽绩溪县西北。宋淳熙《新安志》卷5绩溪县：临溪水"源出县北三十里。又名乳溪。西南流七十八里合扬之水"。

临溪石 在今安徽绩溪县北乳溪岸边。《寰宇记》卷104绩溪县：临溪石"在县北三里，临溪岸。方圆二丈，其平如砥。溪水甚宜浣纱，数里内妇女悉来浣纱。去家既远，遂于石上绩而守之。每春花始布，花柳交映，多艳妆丽服，群绩于此。虽不浣纱者，亦有从而会绩焉。又曰，其县名绩溪，亦兼取绩之义也"。

临溪村 即今安徽休宁县东南五十里东临溪镇。《方舆纪要》卷28休宁县"五城村"条下：临溪村"在县南九十里。元置临溪务、白际岭巡司于此，明初废"。

临溪县 ①西魏恭帝二年（555）置，属蒲原郡。治所在今四川名山县东晏家坝。隋属临邛郡。唐属邛州。北宋熙宁五年（1072）废入临邛县。

②唐景云二年（711）改武源县置，属湖州。治所在今浙江德清县老县城北五里。以临余不溪，故名。天宝元年（742）因与临郡之临溪县重名而改名德清县。

临溪堡 北宋元丰七年（1084）置，属融州。即今广西三江侗族自治县东北林溪乡。后废。

临溪镇 ①北宋熙宁五年（1072）废临溪县置，属临邛县。在今四川蒲江县北五十里西来镇西。

②即今安徽绩溪县南二十里扬之水东岸临溪镇。明置临溪铺。清嘉庆间置镇，为县南水陆交通要冲。

临溟县 辽置，为海州治。治所即今辽宁海城市。金属澄州。元废。

临滩堡 北宋置，属河州。在今甘肃临夏县北。金属积石州。元废。

临蔡关 在今河南开封县东南。五代周显德中置，以临蔡河而名。《方舆纪要》卷47开封府祥符县：临蔡关在"府东南四十里。五代周显德中，浚闵水入蔡河，沿颍入淮，以伐南唐，曾置关于此"。

临蔡县 隋开皇十六年（596）析武平县置，属陈州。治所在今河南淮阳县东北二十五里临蔡镇。大业二年（606）废。

临嶂山 一名城头山。在今湖北武汉市蔡甸区东，汉水南岸。《元和志》卷27沔州："晋于今州西临嶂山下置沌阳县，江夏郡自上昶城移理焉。"南宋绍兴四年（1134）岳飞曾驻军于此。咸淳中，德安府亦曾迁治于此。

临舞县 东魏改西舞阳县置，为期城郡治。治所在今河南舞钢市西。隋末废。

临潢县 辽天赞初置，为上京、临潢府治。治所在今内蒙古巴林左旗南波罗城（上京城遗址）。《辽史·地理志》临潢县：太祖"南攻燕、蓟，以所俘人户散居潢水之北，县临潢水，故以名"。元废。

临潢府 辽（契丹）天显十三年（938）置，治所在临潢县，即辽上京（今内蒙古巴林左旗南波罗城）。辖境大抵与今巴林左旗相当。金天眷元年（1138），改辽上京为北京，天德二年（1150），改北京为临潢府路。章宗时复改为临潢府，隶北京路。辖境约当今内蒙古巴林左旗、阿鲁科尔沁旗，及巴林右旗南部、翁牛特旗东部地。金末为蒙古所据，府废。

临潢府路 金天德二年（1150）改北京路置，治所在临潢府（治今内蒙古巴林左旗南波罗城）。辖境相当今内蒙古翁牛特旗以北，东乌珠穆沁旗以东，莫力达瓦达斡尔自治旗以南，以及吉林白城市一带。大安后废。

临漳山 一名鸡头山。在今湖北南漳县南。《寰宇记》卷145南漳县：临漳山"在县西一百八十里。本鸡头山，北临漳水"。

临漳台（臺） 在今福建漳州市西北隅登高山巅。《清一统志·漳州府》：临漳台"在龙溪县登高山巅。据溪山最胜处。又半漳台，在登高山半。宋郭祥正诗：'危簷飞赤压层丘，见尽临漳一半州'。宋朱子守漳时，于此地讲学，郡守危稹建龙江书院于此"。

临漳县 西晋建兴元年（313）以避愍帝司马业讳改邺县置，属魏郡。治所在今河北临漳县西南邺镇。寻废。东魏天平初复置，属魏尹。北周建德六年（577）移治今临漳县西南十八里旧县村，属相州。隋属魏郡，唐属相州，金属彰德府。元属彰德路，元末废。明洪武元年（1368）复置，十八年（1385）县城毁于洪水，移治理王店，即今临漳县，属彰德府。民国初属河南河北道。1928年直属河南省。1949年改属河北省。

临漳驿 在今福建漳浦县。《方舆纪要》卷99漳浦县：临漳驿在"县治西北。马驿也。宋置。曰仙云驿。元曰临漳，明朝因之"。

临漳宫 十六国后赵建，在今河北临漳县西南故邺县城西。《水经·浊漳水注》："漳水又对赵氏临漳宫，宫在桑梓苑。"

临漳郡 亦作临瘴郡、临障郡。南朝宋置，属越州。治所在今广西浦北县南旧州村东。《寰宇记》卷169石康县：临瘴郡“以界内瘴江为名”。南齐置漳平县，为临漳郡治。辖境相当今广西合浦、浦北、灵山三县相连地区。梁、陈间废。

临蕃城 唐置，属鄯州。在今青海湟中县东南十二里上新庄乡申中村，东至西宁市六十里。《新唐书·地理志》鄯州鄯城县：“西六十里有临蕃城。”后没于吐蕃。

临镇 即今陕西延安市东南临镇。1935—1937年西北革命根据地置红泉县治此。

临镇县 1948年7月陕甘宁革命根据地由南泥湾垦区及固临、延长二县析置，治临镇（今陕西延安市东南临镇）。1949年4月撤销，并入延安、延长二县。

临潭县 ①隋开皇十一年（591）改汎潭县置，属洮州。治所即今甘肃临潭县（旧城）。大业三年（607）属临洮郡。唐属洮州，贞观五年（631）徙废。

②唐贞观五年（631）改美相县置，属洮州。治所在故洮阳城（今甘肃卓尼县西洮水南岸卡车乡录巴寺北羊巴古城）。《元和志》卷39洮州临潭县：“本隋美相县，周保定元年置。贞观四年移美相县于东北洪和城内，五年于州理改置临潭县。其城东、西、北三面并枕洮水。”即此。八年（634）移洮州治此。广德后陷于吐蕃。

③1913年改洮州厅置，属甘肃兰山道。治所即今甘肃临潭县东新城镇。1927年直属甘肃省。1953年移治今临潭县（旧城）。

临潭郡 唐天宝元年（742）改瀼州置，治所在临江县（今广西上思县西南）。辖境相当今广西上思县及宁明县部分地。乾元元年（758）复改为瀼州。

临潼县 ①北魏置，属临潼郡。治所在今安徽泗县东南。孝昌中废。东魏武定初复置，后废。

②北宋大中祥符八年（1015）改昭应县置，属京兆府。治所即今陕西西安市临潼区。元属奉元路。明属西安府。民国初属陕西关中道。1928年直属陕西省。1997年改设西安市临潼区。

临潼城 在今安徽灵璧县东北潼郡村。东魏置临潼郡于此。《资治通鉴》：南朝梁大通元年（527），“五月，丙寅，成景儁攻魏临潼、竹邑，拔之”。胡三省注：“魏置临潼郡，治临潼城。据《水经》城临潼水，故名。”

临潼郡 北魏置，属睢州。治所在临潼城（今安徽灵璧县东北七十里潼郡村）。辖境相当今安徽灵璧、泗县等地。东魏武定六年（548）复置，北齐改为潼郡。

临濑县 五代汉乾祐元年（948）改临湍县置，属邓州。治所在今河南邓州市西北六十六里南古县村。北宋建隆初废。

临澧县 ①西晋太康四年（283）改充县置，属天门郡。治所即今湖南桑植县。《水经·澧水注》：“临侧澧水，故以为名。”南朝梁以后废。

②1914年改安福县置，属湖南武陵道。治所即今湖南临澧县。1916年属湘江道。1922年直属湖南省。

临濮县 隋开皇十六年（596）析雷泽县置，属郓州。治所即今山东鄄城县西南临濮集。大业初废。唐武德四年（621）复置，属濮州。金贞元二年（1154）废为镇。

临濮镇 今山东鄄城县西南临濮集。隋置临濮县于此。金贞元二年（1154）改为镇。

临濠府 元至元十五年（1278）改濠州置，属河南行省。治所在钟离县（今安徽凤阳县东北临淮关）。以城临濠水得名。辖境相当今安徽蚌埠、凤阳、定远、怀远等市县地。二十八年（1291）复为濠州。至正二十七年（1367）朱元璋又升为临濠府。

临濠郡 即定远郡。治所定远县（今安徽定远县东南）。《隋书·地理志》定远县：“梁置临濠郡，后齐改曰广安。”

临翼郡 唐天宝元年（742）改翼州置，治所在卫山县（今四川茂县西北叠溪镇）。辖境相当今四川茂县中北部地区。乾元元年（758）复改为翼州。

览州 唐贞观二十三年（649）置，治所在今云南禄丰县西北八十九里妥安乡西北琅井。辖境约当今云南禄丰县西隅及楚雄市、牟定县的大部地。天宝后废。

览赕 唐南诏置，属云南节度。治所在今云南禄丰县西北八十九里妥安乡西北琅井。南诏后期属弄栋节度。宋大理废。

竖冈镇 亦作树冈镇。即今河南通许县西二十五里竖冈镇。《方舆纪要》卷47通许县“鹭鸶冈”条下：“县境又有吴召冈、李大冈、青冈、竖冈、砞砂冈、橴子冈、七里等冈。大者绵亘数里，居民避水患，多筑庐于其上。”

竖眼大田溪洞 即今贵州镇远县。《明史·贵州土司传》：“镇远，故为竖眼大田溪洞。”

〔丨丿〕

省冤谷 在今山西高平市西北二十里。《新唐书·地理志》高平县：“有省冤谷。本杀谷，玄宗幸潞州，过之，因更名。”《寰宇记》卷44泽州高平县：“省冤谷东西、南北各六十步，在县西北二十五里。秦垒西面以百步即赵括被杀、余众四十万降白起之处，起惧赵变，尽坑之，露骸千步，积血三尺，地名煞谷。唐开元十年正月，玄宗行幸亲祭，改名省冤谷。”

省章城 在今青海平安县西小峡口。清乾隆《西宁府新志》卷7：省章城“宋筑之以控制要害”。

省嵬山 又名阿罗布斯山。在今宁夏石嘴山市惠农区东南十一里。清戴锡章《西夏纪》卷5：宋天圣二年（1024），“定州省嵬山，在怀远西北百余里，土地膏腴，向为蕃族樵牧地。德明于山之西南麓筑城，以驭诸蕃”。《方舆纪要》卷62宁夏镇：省嵬山“在镇东北百四十里。有省嵬口，为防御要地”。

省嵬城　北宋天圣二年（1024）西夏筑，在今宁夏石嘴山市惠农区东南十一里省嵬村。清戴锡章《西夏纪》卷5：天圣二年“春二月，德明作省嵬城于定州。定州省嵬山，在怀远西北百余里，土地膏腴，向为蕃族樵牧地。德明于山之西南麓筑城，以驭诸蕃”。《清一统志·宁夏府一》：省嵬城“在平罗县东北省嵬山下，去宁夏一百四十里”。古城遗址尚存。

省溪　即今贵州江口县北太平河。南入铜仁江。《明史·地理志》铜仁府省溪司：“西有逋逻江，即省溪。产金。”

省溪长官司　明洪武初改省溪坝场等处长官司置，属思南宣慰司。治所在今贵州江口县北六里省溪司。永乐十二年（1414）改属铜仁府。清光绪六年（1880）迁治大万山（今万山特区）。1913年改置省溪县。

省溪坝场等处长官司　元置，属思州安抚司。治所在今贵州江口县北六里省溪司。明洪武初改为省溪长官司。

省溪县　1913年改省溪长官司置，属贵州镇远道。治所即今贵州万山特区。1923年直属贵州省。1941年废。

〔丨丶〕

尝（嘗）　一作常。春秋鲁邑，后属齐。在今山东枣庄市西薛城区东南之南常乡一带。《诗·鲁颂·閟宫》：“居常与许。”郑玄注：“常或作尝，在薛之旁。春秋鲁庄公三十一年，筑台于薛，是与周公有尝邑许。”又《史记·孟尝君列传》《索隐》：“孟尝袭父封薛，……孟，字也；尝，邑名。”

尝（嘗）州府　明泰昌元年（1620）为避光宗朱常洛讳改常州府置，直隶南京。治所在武进县（今江苏常州市）。辖境相当今江苏常州、无锡、江阴、宜兴等市地。清复名常州府。

尝（嘗）熟县　即常熟县。今江苏常熟市。《明史·地理志》常熟县：“元常熟州。洪武二年降为县。万历末避讳曰尝熟。”

〔丨7〕

是鱼池　即今四川南充市西隅之莲池（嘉湖）。《汉书·地理志》安汉县：“是鱼池在南。”

郢　春秋战国时楚国都城。在今湖北荆州市荆州区（故江陵县城）西北十里纪南城。楚文王定都于此。昭王十年（前506）吴师入郢，即此。后昭王曾迁都鄀（今湖北宜城市东南），惠王初又曾迁都鄢，不久皆迁回。顷襄王二十一年（前278）陷于秦，遂迁都于陈（今河南淮阳县）。考烈王十年（前253）迁都钜阳（今安徽阜阳市北），二十二年（前241）迁都寿春（今安徽寿县西南）。凡迁都所至当时皆称郢。《路史·国名纪》称，“殷商、楚郢，所至以为名”。为全国重点文物保护单位。

郢门山　即荆门山，又名楚门山。在今湖北宜都市西北长江西南，与宜昌市猇亭区西北虎牙山隔江相望。唐李白有《郢门怀古》诗。温庭筠《送人东游》诗：“高风汉阴渡，初日郢门山。”

郢东驿　在今湖北钟祥市东。《方舆纪要》卷77安陆府钟祥县：郢东马驿“在府东七十里”。

郢州　①南朝宋孝建元年（454）置，治所在夏口城（后称郢城。今湖北武汉市武昌城区）。辖境约当今湖北钟祥市以下的汉江流域，监利、阳新间的长江流域和湖南沅江流域以北地区。其后逐渐缩小。隋开皇九年（589）改为鄂州。

②北魏太和十三年（489）置，治所在安南县（今河南叶县南）。十八年（494）改为南中府。

③北魏正始元年（504）改司州置，治所在义阳郡平阳县（今河南信阳市）。辖境相当今河南信阳市及信阳县。南朝梁大通二年（528）改为北司州。

④北魏永安三年（530）侨置，治所在安阳郡（今河南正阳县西南陡沟镇）。东魏天平四年（537）改为义阳郡。

⑤西魏大统十七年（551）置，治所在长寿县（今湖北钟祥市）。隋大业初改为竟陵郡。唐初复为郢州。贞观元年（627）废。十七年（643）复置，移治京山县（今湖北京山县）。天宝初改为富水郡。乾元初复为郢州，治所在长寿县（今钟祥市）。辖境约当今湖北钟祥、京山二市县地。元至元十五年（1278）改为安陆府。

⑥北齐改南司州置，治义阳郡平阳县（今河南信阳市）。北周改为申州。

郢县　战国秦置，属南郡。治所在今湖北荆州市荆州区故江陵县城东北。东汉废。

郢陈　楚国都称郢，战国时楚顷襄王为秦所败，迁都于陈（今河南淮阳县），称郢陈。《史记·秦始皇本纪》：二十三年（前224），秦王召王翦，出荆，“取陈以南至平舆，虏荆王。秦王游至郢陈”。即此。

郢城　三国吴夏口城，南朝宋置郢州于此。在今湖北武昌城区蛇山。《宋书·沈攸之传》：昇明元年（477），沈攸之起兵于江陵，“因攻郢城”。即此。

郧　①一作䢵。西周国名。在今湖北安陆市。《左传》：桓公十一年（前701），“郧人军于蒲骚”。《史记·楚世家》正义引《括地志》云：“安州安陆县城，本春秋时郧国城也。”后为楚所灭。

②春秋卫邑。确址无考。《左传》：哀公十一年（前484），“城鉏人攻大叔疾，卫庄公复之，死焉。殡于郧，葬于少禘”。杜注：“巢、郧、少禘皆卫地。”疑郧在今河南睢县附近。但杨伯峻《春秋左传注》称：“旧说谓巢在今河南睢县，则当为宋邑，不得为卫邑。”

③春秋吴地。确址不详。《春秋》：哀公十二年（前483），“公会卫侯、宋皇瑗于郧”。据杜注：郧当在今江苏如皋市东，《彙纂》且谓即立发坝。但杨伯峻《春秋左传注》依王夫之《稗疏》谓“在今山东莒县南”较可信。

郧山 又名涢山、大洪山，即今湖北随州市西南大洪山。《水经·涢水注》：涢水“（出）东南大洪山，山在随郡之西南，竟陵之东北。磐基所跨，广圆百余里。峰曰悬钩，处平原众阜之中，为诸岭之秀。山下有石门，夹鄣层峻，岩高皆数百许仞。入石门又得钟乳穴……涢水出于其阴，初流浅狭，远乃广厚，可以浮舟筏巨川矣。时人以涢水所导，故亦谓之涢山”。《清一统志·德安府》：大洪山“在随州西南一百二十里，接安陆府京山县界。一名郧山”。

郧山县 1946年8月当地解放后由湖北郧西县及陕西山阳县析置，治龙山七里沟（在今陕西山阳县东南）。取二县首字为名。1947年3月废。

郧乡 亦作员乡。即今湖北郧县。东晋常璩《华阳国志·汉中志》：“郧乡县本名长利县，县有郧乡。”

郧乡县 西晋太康五年（284）置，属魏兴郡。治所即今湖北郧县。南齐为齐兴郡治。梁为兴州治。隋属淅阳郡。唐属均州。元初废。至元十四年（1277）复置，改为郧县。

郧西县 明成化十二年（1476）置，属郧阳府。治所即今湖北郧西县。明曹学佺《名胜志》：“成化中，析郧之武阳里，上浑之浑里置今县，以在郧乡之西，故名。”民国初属湖北襄阳道。1932年直属湖北省。

郧关 西汉置，即今湖北郧县。《史记·货殖列传》：“南阳西通武关、郧关。”《汉书·地理志》汉中郡长利县：“有郧关。”

郧州 一作𨛦州。北周大象初改安州置，治所在安陆郡安陆县（今湖北安陆市）。寻复为安州。

郧阳卫 明成化十二年（1476）置，属湖广行都司。治所在今湖北郧县东一里。后废。

郧阳区 2014年撤销湖北省郧县，设立十堰市郧阳区，区政府驻城关镇金沙路1号。

郧阳巡抚 明成化十二年（1476）置，驻郧阳府（治今湖北郧县）。辖汉中府、西安府商州、河南南阳府、湖广襄阳府和郧阳府、四川夔州府等地。万历二年（1574）加提督军务兼抚治郧阳等处职衔。清康熙六年（1667）废。

郧阳府 明成化十二年（1476）置，属湖广布政司。治所在郧县（今湖北郧县）。辖境约当今湖北郧县、保康县以西地区。清属湖北省。1912年废。2014年改设郧阳区。

郧县 元世祖至元十四年（1277）置，属均州。治所即今湖北郧县。同治《郧阳县志》卷1：“今郧县为汉郧乡，隶郧阳府，其得名则由郧关。”明成化十二年（1476）为郧阳府治。民国初属湖北襄阳道。1932年直属湖北省。

郧城 ①在今湖北安陆市。《晋书·苻坚载记》：东晋太元八年（383），苻坚大举伐晋，慕容垂“攻陷郧城”。即此。

②在今湖北松滋市东南。《舆地纪胜》卷64江陵府：郧城“《皇朝郡县志》：按《旧经》云，在江陵县南二百里。楚昭王时郧公所筑。今松滋楚城，一号郧城”。《方舆纪要》卷78松滋县“河东城”条下：郧城“在县东南五十里。……亦谓之楚城，今为古墙铺”。

郧商县 1946年8月当地解放后，由湖北郧西及陕西商南二县析置，治马家坪（今陕西商南县西南，与湖北郧西县交界处马家坪）。取二县首字为名。1947年2月废。

勋州 ①唐天祐元年（904）改辩州置，治所在石龙县（今广东化州市）。辖境相当今广东化州市及广西陆川县部分地。五代南汉复改为辩州。

②唐置羁縻州，属黔州都督府。治所在今贵州平塘县西南通州镇。南宋后废。

勋掌城 在今河南济源市西北二十四里勋掌村。《资治通鉴》：南朝陈天嘉四年（北齐河清二年，563），“斛律光督步骑二万，筑勋掌城于轵关西”。胡注：“《五代志》：轵关，在河内郡王屋县。”

咭呾丹 即吉兰丹。在今马来西亚马来半岛东北部吉兰丹一带。清谢清高《海录》有专条记述。

咩哩干国 即美利坚的旧译。今美国。清谢清高《海录》：“咩里干国即美国，在英吉利西。由散爹里西少北约二月，由英吉利西行约旬日可到，疆域广袤。原为英吉利所分封，今自为一国，风俗与英吉利同。”

哑出卡 亦名中渡哑出卡。在中渡（今四川雅江县驻地河口镇）。清康熙四十年（1701）置哑出卡百户。宣统三年（1911）改流，于此置河口县。

哑齐 又作亚崎、大亚齐。即今印度尼西亚苏门答腊岛北部亚齐特区一带（一名哥打拉夜）。明张燮《东西洋考》卷4：“哑齐，即苏门答剌国，一名苏文达那，西洋之要会也。”苏门答剌国在15世纪时为亚齐所灭。1615年亚齐国王伊斯干达尔·慕达致英国国王书，列举属国三十，除苏门答剌外，马来半岛彭亨等国亦隶属之，并自称亚齐苏门答剌国王。明张燮《东西洋考》所谓哑齐即苏门答剌国，或由于此。

哑柏镇 清置，属盩厔县。即今陕西周至县西三十里哑柏镇。

哑鲁国　在今印度尼西亚苏门答腊岛东岸巴鲁蒙河口。公元1411年（明永乐九年）曾遣使至中国建立友好关系。《瀛涯胜览》和《西洋番国志》有专条记述。《明史·外国列传》作阿鲁。

哌哒　亦作悒怛。古西域国名。公元5世纪中叶，游牧部族哌哒人击败波斯、贵霜王朝。建都拔底延城(今阿富汗北部伐济腊巴德)。《魏书·西域传》：哌哒国“其人凶悍，能斗战。西域康居、于阗、沙勒、安息及诸小国三十许皆役属之，号为大国”。与中国南朝梁、北魏、西魏、北周有友好往来。6世纪中叶为西突厥所灭。

咽面（麴）州都督府　唐显庆三年（658）置咽面州，属燕然都护府。长安二年（702）为咽面州都督府，属北庭都护府。在今哈萨克斯坦巴尔喀什湖以东。8世纪前期废。

咱曲河　即今青海称多县东之扎曲。为四川鸦砻江上源。民国汪公亮《西北地理》：“咱曲河即鸦砻江上流。”

咱刚　即今内蒙古新巴尔虎左旗西北嵯岗镇。《清史稿·地理志》：胪滨府有“咱刚”站，为中东铁路车站之一。

咱里　亦作咱哩。即今四川泸定县北二十里大渡河西岸咱里。明置安远宣慰司。明、清置咱里土千户。

咱威　在今四川泸定县南德威乡。《清史稿·李𬴊传》：康熙三十九年（1700），昌则集列为乱，“𬴊奉檄移兵渡泸，招安咱威、子牛、烹坝、魁梧四处”。

响山　在今安徽宣城市南二里。下俯宛溪，有响潭。唐权德舆《宣州响山新亭新营纪》称：响山，“两崖耸峙，苍翠对起”。

响井　在今江苏南京市江宁区西南陶吴镇西北二百余步。北宋元祐五年（1090）凿。《明一统志》卷6应天府：响井“在江宁县南六十里。井阑有‘元祐五年’四字。或以纱帛蒙其上，以物击之作鼓声；或以瓦石投其中，则其声如钟磬然。”

响水　在今贵州盘县南。《方舆纪要》卷121普安州：响水在“州（故治在城关镇）南五十里。水入石洞，声闻数里”。

响水口　即今江苏响水县驻地响水镇。《清史稿·河渠志三》：“大通在云梯关下十余里，旧黄河北岸，系嘉庆中漫口，东北流四十余里，至响水口，接连潮河，至灌河口入海。”即此。1966年于此置响水县。

响水关　①即兰谷关。在今云南禄丰县西三十五里。《清一统志·楚雄府》：兰谷关“一名响水关。两山夹水，鸟道最为险隘，接云南府禄丰县之六里箐。《滇程记》：响水关，产兰，绿叶紫茎”。

②明置，在今贵州贵阳市西北。《清一统志·贵阳府》：响水关“在府城西北五里。亦谓之蔡家关。相近有阔水关，明洪武三十年，顾成征水西诸蛮，破阔水关，即此”。

响水河　在今贵州毕节市东二里。《明一统志》卷88毕节卫：响水河“在卫城东。悬崖飞瀑数十仞，有声如雷，下注成河”。《方舆纪要》卷123毕节卫指挥使司：响水河“《志》云，河源有三，合流为一，南入落析水河”。

响水泉　在今四川松潘县北。《方舆纪要》卷73松潘卫：响水泉“在卫北六十里。泉流湍急有声，居民资以灌溉”。

响水桥　在今陕西横山县东响水镇北无定河上。清康熙《延绥镇志》卷1：“昔河广半里，水从崖落。明成化中，有僧从水底凿通二窟，河流其下，人行崖上为石梁，是为下响水桥，其上响桥亦然。今旁两窟崩，惟中一窟存，河水过而伏行。”

响水堡　即今陕西横山县东响水镇。《方舆纪要》卷61榆林镇：响水堡“旧为绥德州属砦，成化二年边臣王復议移黑河山，改名平夷堡。七年，余子俊以平夷水泉枯涸，复还故治”。清初设都司驻守。

响石　在今江西南丰县东。《舆地纪胜》卷35建昌军：响石“在南丰县东五十里。有巨石临路，高逾百仞，其上平坦，可容数百人。往来其旁者，语笑高低，应答如响”。

响石沟堡　明置，属固原州。在今宁夏盐池县西南。《方舆纪要》卷58固原州：响石沟堡“在下马关东。其北为萌城驿，与宁夏境韦州、盐池接界，乃固原东路之门户”。

响地　在今河北邢台市城内。《寰宇记》卷59龙冈县：“响地，《郡国志》云：邢州尚书坊东井地，周百余步，其所鸣响，人马行上，轰作雷声，掘之，即火山。”

响泉　在今贵州施秉县东南。地名巴团。《方舆纪要》卷122施秉县：响泉“在县治内。泉声触石如雷，冬夏不涸，灌溉甚广”。

响涧　在今天津市蓟县西北二十五里盘山中。清《日下旧闻考》卷115引《盘山志》：“响涧自净业庵一带水与矾石相确，鸣声澈昼夜，泻至晾甲石下出山。”晾甲石，相传唐太宗东征时三军晾甲于此。

响堂山石窟　在今河北石家庄市峰峰矿区鼓山之麓，有南、北二处：南响堂山石窟在西纸坊村北鼓山南麓，北响堂山在和村西鼓山之腰，两地相距约三十里。现存十七座洞窟，大小造像四千余尊，为北齐至明代作品。石窟附属殿阁楼亭依山而建。1961年定为全国重点文物保护单位。

响堂铺　在今河北涉县西南。1938年3月31日，八路军第一二九师在此伏击日本侵略军的运输队，取得重大胜利。

响崖山　一名鸣水山。在今四川平武县东南。《元和志》卷33江油县：响崖山“在县东八十二里。出锡”。《方舆胜览》卷70龙州：鸣水山“在江油县东南。上有飞泉”。

响屧廊 故址在今江苏苏州市吴中区西南灵岩山上。北宋朱长文《吴郡图经续记》卷中：砚石山（即灵岩山）“又有响屧廊，或曰鸣屐廊，以楩梓籍其地，西子行则有声，故以名”。宋范成大《吴郡志》卷8：响屧廊“在灵岩山寺。相传吴王令西施辈步屧，廊虚而响，故名。今寺中以圆照塔前小斜廊为之，白乐天亦名响屧廊”。

哈儿分卫 又作合里宾。明永乐十二年（1414）置，属奴儿干都司。治所在今俄罗斯哈巴罗夫斯克边疆区黑龙江下游阿纽依河口。后废。

哈儿分站 明改元哈州（哈里宾）站置，在今俄罗斯哈巴罗夫斯克边疆区黑龙江下游右侧阿纽依河口附近。明《辽东志》卷9：海西东水陆城站有狗站“哈尔分站”。后废。

哈乃过 在今四川普格县东北哈力洛乡。清雍正六年（1728）置阿乃过土目。

哈三千户所 明永乐四年（1406）置，属奴儿干都司。治所在今黑龙江省通河县附近。后废。

哈三城哈思罕站 明初改元哈散（合散）站置，在今黑龙江省通河县附近。明《辽东志》卷9：海西东水陆城站有“哈三城哈思罕站”。

哈马铺 即今贵州晴隆县东哈马村。《清一统志·兴义府》“保甸铺”条下：安南县（今晴隆县）境又有“哈马铺”等，皆戍守处。

哈屯河 今俄罗斯鄂毕河上游支流卡通河。清何秋涛《朔方备乘》卷26：“哈屯河有二源，东曰喀喇河，西曰噶老图河，合为纳尔噶河。东北流鄂依满河入之。又东北流扎尔满河入之。折东流达尔钦图河自西南来会。又东北流始曰哈屯河，又东北流经阿尔泰诺尔乌梁海旗西纳乌赖河、僧玛尔达河，东纳喀达林河，又北流会亨吉河。又北流入唐努乌梁海界，阿尔泰河亦自科布多西北流来会，又西北入俄罗斯界径纳生斯噶珊东，又西北流纳色毕河……又西北流约二百余里曰鄂布河。”清乾隆二十五年（1760）起，派遣官兵定期巡查额尔齐斯河、哈屯河、阿勒坦淖尔等处。

哈升水 在今新疆昭苏县西南。为特克斯河支流。清徐松《西域水道记》卷4：“特克斯河又东十里哈升水自北来入之。哈升水发源于哈升岭，在惠远西南二百里。”

哈什 即今新疆伊宁县东南喀什乡。清乾隆《西域图志》卷12伊犁东路：哈什“在空格斯北，为伊犁东最近要地。与空格斯唇齿相依，形势殊胜。乾隆二十年五月，将军班第、尚书鄂容安驻防伊犁。阿睦尔撒纳叛，从贼宰桑克什木巴桑应之。八月以五千兵进犯，班第等督兵迎剿，至哈什力战陷坚”。

哈什柯楞水 即今哈萨克斯坦阿拉木图西北卡斯克连河。清徐松《西域水道记》卷4：“哈什柯楞水二源并发而汇，东北流七十余里，又北流百六十里入伊犁河。”

哈什郭勒 为伊犁河东北源。即今新疆尼勒克县、伊宁县东南部之喀什河。清乾隆《西域图志》卷26：哈什郭勒“在空格斯郭勒北。源出哈什东一百二十里哈喇古颜鄂拉南麓，其水西南流二百四十里至都尔伯勒津，西会空格斯郭勒、特克斯郭勒，西入伊犁郭勒”。

哈巴山 亦作卡巴山。在今新疆且末县西南。清宣统《新疆图志》卷62：“卡巴山产金。《于阗乡土志》，在县东南一千二百余里枚勒卡恰克勒山西北，即小金厂。谨案：《洪图》作阔帕，或作卡拔。”

哈巴河 额尔齐斯河支流。在今新疆哈巴河县西。清乾隆《西域同文志》卷5：哈尔巴郭勒，“准语（蒙古语），哈尔巴，小鱼名。河出此鱼，故名”。

哈巴河设治局 1914年置，属阿尔泰区域。治所即今新疆哈巴河县。1919年属阿山道。1930年改为哈巴河县。

哈巴河县 1930年改哈巴河设治局置，属新疆省阿山行政区，后直属新疆省。治所即今新疆哈巴河县。以哈巴河而得名。

哈布山 在今新疆巴里坤哈萨克自治县东北，与蒙古国接界。《清一统志·镇西府》：哈布山“在府西北四百里。四围皆沙碛，自此西行为准噶尔旧疆交界处”。

哈布塔克山 一作哈弼察克。在今蒙古国科布多东南。清为新和硕部游牧地。

哈布塔海卡伦 清置，为伊犁北路卡伦之一。在今新疆博乐市东北。乾隆格琫额《伊江汇览·卡伦》：“哈布塔海卡伦西至沁达兰卡伦六十里。”

哈尔巴岭 在今吉林安图县和龙井市西北、敦化市东南界上，为长白山东支。是布尔哈通河与牡丹江的分水岭。清光绪《吉林通志》卷15：敦化县“东南到哈尔巴岭珲春界一百里”。

哈尔巴哈河 在今哈萨克斯坦东部斋桑泊西南阿克苏阿特东。清徐松《西域水道记》卷5：济莫尔色克河“河之西北六七十里有水发自哈尔巴哈卡伦西，东流经卡伦北，德布色格尔河自南经卡伦东来汇，是为哈尔巴哈河”。

哈尔达苏台（臺）河 即今内蒙古林西县南之嘎拉德斯河、汰河，为查干木伦河西支流。《清一统志·克什克腾》：哈尔达苏台河“在旗北一百九十里。源出温泉，东流入巴林界，会黑河”。

哈尔沁口 亦作哈喇克沁口。在今内蒙古呼和浩特市东北哈拉沁村北。清乾隆十九年（1754）于附近设哈喇沁卡伦，为大青山前十一卡伦之一。自古以来为阴山要隘。

哈尔受土司 清雍正时置，属西宁办事大臣。为玉树四十族之一。驻牧地在今青海玉树县西北哈秀村附近。乾隆《西宁府新志》卷19“塞外贡马番族”中有“住牧束勒孙何地方哈尔受族”。清末民初改称哈秀，附属于札武土司。

哈尔济河 即今青海刚察县东哈尔盖河。《清史稿·地理志》青海："哈尔济河，源出青海北岸哈尔济山，东南流入青海。"

哈尔格贝子旗 即绰尔罗斯北中旗。在今青海刚察县西，后迁青海海晏县南。

哈尔套街 即今辽宁彰武县西北九十里哈尔套镇。清光绪二十九年（1903）于此设县丞，民国改县佐。原名哈日陶力盖，蒙古语意为"黑头山"，以镇北低山呈黛色而得名。

哈尔蛮卫 明永乐十年（1412）置，属奴儿干都司。治所在今俄罗斯哈巴罗夫斯克边疆区黑龙江口南波波瓦河口附近。后废。

哈尔满岭 即喀拉玛山。今哈萨克斯坦东北境塞米巴拉金斯克东南卡尔巴山。清何秋涛《朔方备乘》卷23北徼山脉考：中国与俄罗斯交界诸山"哈尔满阿林在布里奈阿林西，其南接中国卡伦界"。

哈尔滨 亦作哈喇宾。即今黑龙江省哈尔滨市。《金史·太祖纪》："穆宗亲迓太祖于阿勒锦村。"哈尔滨系阿勒锦的音转。清《钦定金史语解》卷3：阿勒锦"名誉也"。"阿勒锦"系女真语"荣誉"之意。或说原作哈尔温，女真语意为"天鹅"。初为小村屯，属阿拉楚喀副都统。清光绪二十二年（1896），中东铁路经此，逐渐成为东北一大都会。三十一年（1905）中日《北京条约》辟为商埠。三十二年于此置滨江厅，1913年改置滨江县。

哈尔滨文庙 在今黑龙江省哈尔滨市南岗区文庙街。始建于1926年，1929年建成。面积为4418平方米，为仿古建筑。内有爱国将领张学良撰写的《哈尔滨文庙碑记》。1996年定为全国重点文物保护单位。

哈尔滨市 1932年伪满设哈尔滨市政筹备所。1933年正式成立哈尔滨特别市。由伪满中央直辖。治所即今黑龙江哈尔滨市。1937年降为滨江省辖市，为滨江省会。1945年改为行政院辖市。1946年解放区置哈尔滨特别市。1949年5月降为松江省辖市，为松江省会。1953年升为直辖市，由东北行政委员会代管。1954年再降为黑龙江省辖市，为黑龙江省会。

哈尔滨颐园街一号欧式建筑 在今黑龙江省哈尔滨市南岗区。原为一俄国林业资本家私邸，1919—1923年建。为法式古典复兴建筑风格，砖石混凝土结构。建筑占地3000平方米。建筑分主楼、副楼。主楼二层，设地下室，屋顶有阁楼层。主、副楼间有横向拱形阳台连接，地下有甬道相通。主楼右侧布设花园。1996年定为全国重点文物保护单位。

哈尔噶河 亦作阿尔昂河。即今青海兴海县南大河坝河。源出县西虽根尔岗，北流折而东南入黄河。《清史稿·地理志》青海：穆鲁乌苏河"北来之萨尔哈卜齐海、阿尔昂诸水，东流入黄河"。

哈兰城卫 明永乐五年（1407）置，属奴儿干都司。治所在今吉林和龙县东北海兰河畔。后废。

哈老哥鲁河 今内蒙古科尔沁右翼中旗境之霍林河。《元史·特薛禅传》：太祖谕按陈弟册曰："阿剌忽马乞迤东，蒜吉纳秃山、木儿速拓、哈海斡连直至阿只儿哈温都、哈老哥鲁等地，汝则居之。"

哈老徒行宫 元太祖斡耳朵之一，在今蒙古国中央省克鲁伦河上游西加卢土因拜申格。《元史·太祖纪》：二十二年（1227）七月，"崩于萨里川哈老徒之行宫"。据《史集》，元太祖实死于宁夏六盘山，灵柩运回漠北斡耳朵举丧。明金幼孜《北征录》载：永乐北征，至饮马河（克鲁伦河）上，西行数日至双泉海，"即撒里怯儿，元太祖发迹之所。旧尝有宫殿及郊坛，每岁于此度夏。山川环绕，中阔数十里，前有二海子。……西北山有三关口，通饮马河、土剌河"。撒里怯儿即萨里川，二海子在北者名噶鲁台湖，在南者名衮湖（见《康熙皇舆全图》）。哈老徒行宫即在噶鲁台湖旁。

哈达门 ①元大都城十一门之一。本名文明门，俗称哈达门。《日下旧闻考》卷45引元《析津志》：文明门"即哈达门。哈达大王府在门内，因名之"。明正统四年（1439）改为崇文门。

②即今吉林珲春市东北哈达门乡。《清史稿·地理志》珲春厅："东路三道沟、哈达门，二道沟并达俄。"

哈达城 在今辽宁开原、西丰县境清河流域。明末扈伦四部之一哈达部居此。

哈达铺会议旧址 在今甘肃宕昌县西北哈达铺镇。是中国工农红军长征途中休整的地点。包括毛泽东住室（"义和昌药铺"内）、红一方面军司令部（"同善社"内）、红军干部会议旧址（关帝庙）、红二方面军总指挥部（张家大院）等旧址，分布在哈达铺上、下街。1935年9月18日，红一方面军突破天险腊子口来到哈达铺。22日，中共中央在"义和昌药铺"毛泽东的住室内召开会议，作出"落脚陕北"的重大决策。后在"关帝庙"召开团以上干部会议，宣布了这一决定。1936年8月，红二方面军和红四方面军部分到达哈达铺，将司令部设于哈达铺下街张家大院，贺龙、任弼时、关向应、刘伯承等住在此院。2001年定为全国重点文物保护单位。

哈州 又作哈尔分、合里宾、哈里宾。元改金合里宾忒千户置，在今俄罗斯哈巴罗夫斯克边疆区阿纽依河入黑龙江口附近。后又置兀者吉烈迷万户府治此。明初改置哈尔分站。

哈州站 亦作哈里宾。元置，在今俄罗斯哈巴罗夫斯克边疆区东北黑龙江下游阿纽依河口附近。明改为哈尔分站。

哈玛尔河 即今黑龙江省呼玛县西北呼玛尔河。《清一统志·黑龙江》：哈玛尔河"在黑龙江城西北七百二十里。源出北兴安岭，东南流八百余里，入黑龙江"。

哈玛河 即今黑龙江省宁安市南之蛤蟆河。清光绪《吉林通志》卷22：牡丹江"又东过宁古塔城南，有哈玛河自南来注之。河出城南老松岭，两源岐发，曰二道河，曰三道河，合西北流，折而北，庙儿岭水自西来注之，又北受东来之梳尔绰河，一曰索尔霍绰，又东北东受小水一，又北入瑚尔哈河”。

哈克 即今内蒙古呼伦贝尔市海拉尔区东哈克镇。《清史稿·地理志》：呼伦直隶厅有“哈克车站”，为中东铁路车站之一。哈克，蒙古语意为“碱地”或“地衣”。

哈克里克 一作卡克里克。即今新疆若羌县。清光绪二十八年（1902）于此置婼羌县。

哈沙图 即今内蒙古镶黄旗东南哈夏图村。1916年《最新大中华帝国道县形势全图》兴和道图：苏尼特右翼旗南有哈沙图。

哈沙图卡伦 清雍正十二年（1734）设，在今内蒙古呼伦贝尔市新巴尔虎右旗西南。民国《黑龙江志稿》卷33《武备志·兵事》：“哈沙图卡伦，在伦城西平原中。有干井一座，蒙人谓井乾曰‘哈沙图’，故以是名之。”清何秋涛《朔方备乘》卷10《北徼卡伦考》作“哈萨图”。

哈纳 元察合台汗国属地。在今阿富汗北境昆都士南汗阿巴德。

哈拉木头汛 清置，属赤峰县。在今内蒙古赤峰市东南七十里。清有千总外委驻守。“哈拉木头”，蒙古语意为黑树丛。

哈拉乌苏 在今吉林通榆县东南青龙泡屯。清光三十年（1904）初置开通县于此。民国徐曦《东三省纪略》卷2：“开通县原治哈拉乌苏，是年十月移治七井子。”即此。

哈拉乌苏河 亦作喀喇乌苏河。即今河北张北县北之黑水河。《清一统志·牧厂》：“集宁海子在（正黄等四旗）牧厂东六十里。土人名昂吉里淖尔，哈柳台河、喀喇乌苏数水注其中。”

哈拉巴山 即今吉林双辽市东北哈拉巴山。《清史稿·地理志》辽源州：“东北有东西蛤拉巴山。内兴安岭山脉自乌珠穆沁旗东出，伏行蒙古平原中，至是特起二山。由是山脉行于东辽河外，至源为库呼讷窝集，即长白山脉也。”

哈拉玉尔滚 一作哈喇裕勒衮。清置，在今新疆温宿县东喀拉玉尔滚村。《林则徐日记》：道光二十五年（1845）二月二十五日，“至哈拉玉尔滚军台。回语谓红柳为玉尔滚，谓黑为哈喇，此台有古柳，故以取名也”。

哈拉尔格 在今黑龙江省泰来县东北一百十里江桥蒙古族镇。民国《黑龙江志稿》泰来县图：县东北有哈拉尔格。“哈拉尔格”，蒙古语意为黑色崖子。

哈拉齐河 今内蒙古凉城县南弓坝河，流注岱海。《清一统志·察哈尔》：哈拉齐河“在（镶红旗察哈尔）旗西南七十里。源出镶蓝旗察哈尔界内，东北流入黛哈池”。

哈拉池 亦作哈拉淖尔。又名黑海、沙泉子。在今甘肃敦煌市西北。方圆数十里，为疏勒河、党河所汇。四周皆沙漠。

哈拉苏 即今内蒙古扎兰屯市西北哈拉苏镇。《清史稿·地理志》：布西直隶厅有“哈拉苏”等车站。“哈拉苏”为蒙古语“哈拉乌苏”的音转，意为“黑水”。

哈拉库图尔营 在今青海湟源县西南。《清一统志·西宁府二》：哈拉库图尔营“在西宁县西一百五十里，城周二百二十八丈，本朝乾隆四年筑。其地倚日月山，为商旅要区。旧设守备驻防，今改设千总”。哈拉库图，蒙语意为“高山的牙豁”。

哈拉河 在清外蒙古土谢图汗部境。即今蒙古国中央省哈拉河。《清一统志·喀尔喀》：哈拉河“源出土拉河北，与憨山相对之色尔必岭，名揆河。北流……入鄂尔坤河”。

哈拉河洛 在今青海杂多县西北。为清代西藏拉萨至青海西宁驿站之一。乾隆《卫藏通志》卷4：阿木达河“四十里至哈拉河洛”。

哈拉哈什 即今新疆墨玉县。清乾隆《西域同文志》卷3：哈喇哈什，“回语：哈喇，黑色。河中多产黑玉，故名”。1919年置墨玉县于此。

哈拉哈什河 即今新疆西南部和田河西源喀喇喀什河。源出和田县西南喀喇昆仑山，东北流折西北流，至和田县北与东源玉龙喀什河合，称和田河。清宣统《新疆图志》卷67：和阗河“一源出昌器满达坂北麓，东北流，经和阗城西曰哈拉哈什河”。“喀喇喀什”系突厥语，意为“黑玉”或“墨玉”。

哈拉海城 即今吉林农安县西北哈拉海镇。清光绪《吉林通志》卷16：农安县北“六十里哈啦海城子镇”。

哈拉盖补隆 即今内蒙古乌拉特前旗东白彦花镇。哈拉盖补隆，蒙古语意为“富饶的坡梁”。20世纪30年代乌拉特前旗迁治于此。1958年迁今治西山咀镇。

哈拉淖尔 亦名哈拉池、黑海子。在今甘肃敦煌市西北。清道光《敦煌县志》卷2：黑海子，“《卫志》：在沙州西北大泽，番名哈喇脑儿，即华言黑海子也”。

哈实哈儿 今新疆喀什市。《明史·西域传》：哈实哈儿“亦西域小部落。永乐六年，把太、李达等赍敕往赐，即奉命”。

哈柳图河 ①即今内蒙古乌审旗南海流兔河。《清一统志·鄂尔多斯》：哈柳图河“在右翼前旗西南一百八十里。源出虎喇虎之地，东南流合细河、金河二水，入榆林边。至波罗营，会西来之额图浑河，为无定河”。

②即今陕西榆林市西，无定河上游北支流海流兔河。《清一统志·鄂尔多斯》：哈柳图河“在右翼前旗西南一百八十里。源出虎喇虎之地，东南流合细河、金河二水，入榆林边，至波罗营，会西来之额图浑河，为无定河”。

哈剌丁站 明置，在今俄罗斯哈巴罗夫斯克边疆区黑龙江下游库尔河左侧。明《辽东志》卷9：海西东水陆城站有狗站"哈剌丁站"。后废。

哈剌马古站 明初改元哈剌马苦站置，在今俄罗斯哈巴罗夫斯克边疆区黑龙江下游奇集湖对岸哈兰屯。明《辽东志》卷9：海西东水陆城站有狗站"哈剌马苦站"。后废。

哈剌马苦站 元置，在今俄罗斯哈巴罗夫斯克边疆区黑龙江下游奇集湖对岸哈兰屯。元《经世大典》：辽阳等处行中书省所辖狗站有"哈剌马苦站"。明改哈剌马古站。

哈剌火者 即哈喇火州。在今新疆吐鲁番市东六十余里高昌故城西之三堡（阿斯塔那）。《元史·地理志·西北地附录》有"哈剌火者"。

哈剌别里赤儿 在今青海久治县东。《元史·地理志》河源附录：河经阔即、阔提"又三日，地名哈剌别里赤儿，四达之冲也，多寇盗，有官兵镇之"。

哈剌和林 简称和林。元太宗窝阔台汗七年（1235）建，为大蒙古国都城。故址在今蒙古国西南前杭爱省哈尔和林。元世祖忽必烈即汗位后首都南迁，改置和林宣慰司都元帅府。大德十一年（1307），改和林路总管府，为和林行省治所。皇庆元年（1312），复改和宁路。

哈剌河 今蒙古国色楞格省东南部哈腊河，为鄂尔浑河下游支流。元《圣武亲征录》："上（成吉思汗）发兵于哈剌河，伐篾里乞部主脱脱。"《史集》载源出不儿罕山（今肯特山）西南面的河名为 Qara，即此。

哈剌哈千户所 明永乐四年（1406）置，属奴儿干都司。治所在今蒙古国东方省之哈拉哈河。

哈剌贴乩 在今新疆哈密市西北。顾炎武《天下郡国利病书》卷117《西域土地人物略》："又有和寺城，寺西五十里至哈剌贴乩，其西北为剌木城。剌木城至哈喇帖乩十里。"

哈剌孩卫 明置，属奴儿干都司。治所在今蒙古国东部哈拉哈河。《明英宗实录》：正统三年（1438）四月癸酉，"朵颜卫所属哈剌孩卫指挥捏可来等来朝"。后废。

哈剌莽来 即广武镇。在今蒙古国东南苏赫巴托省南境。金幼孜《北征后录》：明永乐十二年（1414），成祖亲征阿鲁台，五月"次广武镇，即哈剌莽来"。

哈剌章 元初称大理国为哈剌章，又作合剌章。拉施特丁《史集》："契丹之南有国，契丹人名曰大理，或曰大国，蒙古人名之曰哈剌章。"哈剌章亦专指今云南大理市。《马可波罗行纪》："从押赤城首途后，西向骑行十日，至一大城，亦在哈剌章州中，其城即名哈剌章。"《元史·兀良合台传》："合剌章盖乌蛮也。"方国瑜认为"章"为蒙古语区域，合剌章意即黑地。（《中国西南历史地理考释》，第789—790页）

哈剌温山 又作哈剌浑山，哈剌温只敦。即今内蒙古东北部之大兴安岭。《元史·太祖纪》：岁癸亥（1203），"哈撒儿别居哈剌浑山，妻子为汪罕所虏，挟劝子脱虎走，粮绝，探鸟卵为食，来会于（班朱尼河）河上"。《史集》作哈剌温只敦。此指呼伦贝尔盟境之兴安岭。《元朝秘史》第206节：成吉思汗对木华黎云："东边至哈剌温山，你就做左手万户。"即指此。

哈剌察卫 明正统（1436—1449）后置，属奴儿干都司。在今俄罗斯阿穆尔州结雅河中游一带。后废。

哈达铺 即今甘肃宕昌县西北哈达铺镇。清宣统《甘肃新通志》卷9岷州："南有哈答铺寨。"即此。1936年红军长征两次经此，有哈达铺红军干部会议旧址。

哈思罕千户所 元置，治所在今辽宁大连市甘井子区北南关岭。后废。

哈哈里克 即今新疆叶城县。清光绪九年（1883）叶城县徙治于此。哈哈里克，维吾尔语意为"有乌鸦之地"。乾隆《西域同文志》卷3：哈尔噶里克"回语，地多林木，群鸦巢焉，即所有以名其地"。

哈顺站 又作汪清站。清置，在今吉林汪清县西北四里东振村附近大仙屯。光绪《吉林通志》卷57：哈顺站"在瑚珠岭站南六十里，北三里至旺清河口"。宣统元年（1909）置汪清县于此。

哈姜 即今青海玛多县西北扎陵湖乡（哈姜茶卡）。1949年置星川设治局治此。

哈姜盐池设治局 1941年由乌吉哈姜盐池一带原布久（红柯）、多仓、俄仓、白沙、哈秀、朵托、干巴、阿拉麻等部落辖地改置，驻哈姜（今青海玛多县西北哈姜）。1948年裁撤（省府设置，未经中央政府核准）。

哈迷部 宋大理置，属最宁府。在今云南开远市。元改阿迷州。

哈烈 又名也里。即今阿富汗西部赫拉特。《明史·西域传》：哈烈"一名黑鲁。在撒马儿罕西南三千里，去嘉峪关万二千余里。西域大国也。元驸马帖木儿既君撒马儿罕，又遣其子沙哈鲁据哈烈"。

哈流温千户所 明置，属奴儿干都司。在今黑龙江省望奎县西南呼兰河中流与通肯河之间。后废。

哈家嘴 即今甘肃永登县东南树屏镇驻地。其地产盐，有红、白二色，称为哈盐。民国时设哈家嘴产盐局。

哈朗归山 在今新疆和田县南。清乾隆《西域图志》卷23：哈朗归塔克"旧音哈朗圭。在和阗西南境。……和阗郭勒出其北麓"。清徐松《西域水道记》卷1：和阗河西源曰哈喇哈什河，东源玉陇哈什河之西源"出哈朗归山"。即此。

哈桑湖 在今俄罗斯滨海边疆区南、吉林珲春市东南敬信镇防川村张鼓峰东。清光绪《吉林通志》珲春图：东南有哈桑湖。1938年7—8月，日本帝国主义军队与苏联争夺张鼓峰与沙草峰两个高地，发生大规模的军事冲突，苏联将"张鼓峰事件"称为"哈桑湖事件”。

哈绥河 一作哈瑞河。在清外蒙古赛音诺颜部境。即今蒙古国后杭爱省的哈努伊河（或作哈苏依河）。《清一统志·喀尔喀》：哈绥河“源出塔米尔河北山中，东北流五百里许，入色楞格河”。

哈勒哈河 亦名喀尔喀河。即今蒙古国东部东方省哈拉哈河。1939年侵华日军由诺门坎等处入侵蒙古国，渡哈勒哈河至巴莫查冈山。8月苏蒙联军全歼入侵日军，取得战争的胜利。史称“哈勒哈河之战”。

哈勒费延河 即今黑龙江省逊克县东库尔滨河。《清一统志·黑龙江》：哈勒费延河“在黑龙江城西（按，应为东）南四百六十里。源出西南兴安岭，东北流入黑龙江”。

哈勒珲穆克河 即今吉林抚松县东南松花江上源老黑河。清乾隆《钦定盛京通志》卷27：哈勒珲穆克河，“国语（满语），哈勒珲，温暖也；穆克，水也。（吉林）城南八百里”。

哈梅里城 即哈密城。今新疆哈密市。《明史·哈梅里传》：“哈梅里，地近甘肃，元诸王兀纳失里居之。洪武十三年，都督濮英练兵西凉，请出师略地，开哈梅里之路以通商旅。……时西域回纥来贡者，多为哈梅里所遏……（二十三年八月）命都督佥事刘真偕宋晟督兵讨之。真等由凉州西出，乘夜直抵城下，四面围之。……兀纳失里率家属随马后遁去。”永乐时设哈密卫。

哈密力 即今新疆哈密市。《元史·巴尔术阿而忒的斤传》：至元间，火赤哈儿的斤亦都护“还镇火州，屯于州南哈密力之地”。即此。

哈密卫 明永乐四年（1406）置，治所即今新疆哈密市。正德后属吐鲁番，废。

哈密王墓 俗称回王坟。在今新疆哈密市西郊回城沙枣井。哈密王室对哈密地区的统治约当明末清初时期，历经十代，共二百三十二年。现存陵墓三座，最大的一座为7世纪哈密王伯锡尔墓，建于1838—1845年。陵墓四角为瓷砖镶砌的圆柱，环拥中部拱顶。陵内除伯锡尔外，还有其子八世哈密王乌拉米丁·木合买提等人。伯锡尔墓左侧，为九世哈密王沙漠胡索特和末代哈密王乃扎尔宫墓葬。陵内均维吾尔式穹窿形拱拜，外覆汉式木构亭阁，体现了汉式建筑风格的影响。

哈密厅 清乾隆二十四年（1759）置，为直隶厅，属甘肃省。治所即今新疆哈密市。三十八年（1773）降为散厅，属镇西府。咸丰五年（1855）复升为直隶厅。光绪十年（1884）属新疆省。1913年改为哈密县。

哈密市 1961年由哈密县析置哈密市，属新疆哈密专区。1962年撤销哈密市，并入哈密县。1977年复设哈密市，属哈密地区，为地区行署驻地。1983年撤销哈密县，并入哈密市。

哈密回王墓 在今新疆哈密市回城乡阿勒同村。墓葬有清朝封爵的历代哈密回王（即维吾尔王），其中七世回王伯锡尔陵墓最为壮观。高14米、长19米、宽15米。土木结构，圆形拱顶，四周墙壁镶嵌绿琉璃砖，建筑仿喀什阿巴和加麻札，具有民族特色。道光二十年（1840）建成，直至近年屡有维修。2006年定为全国重点文物保护单位。

哈密县 1913年改哈密厅置，属新疆迪化道。治所即今新疆哈密市。清乾隆《西域同文志》卷2：哈密，“回语，哈勒密勒之转音。合勒，瞭望之谓；密勒，墩台也。地有瞭台，故名”。一说“哈密”二字的原意为“太阳伯”，即像太阳一样的统治者。1930年属迪化行政区。后直属新疆省。1961年置哈密市，寻废市。1977年复置哈密市。1983年析置哈密县，并入哈密市。

哈密河 一名喀喇乌苏。在今新疆哈密市东。源出县东北，西南流经县治东，南流入大小南湖，折西潴为大泉海子。清宣统《新疆图志》卷71：“塔勒纳沁之岭，哈密河源出焉。其东为必柳岭水，合塔勒纳沁河，西南流径城西，二水会，西南流为哈密河。”

哈喜尔河 即今内蒙古阿鲁科尔沁旗东之海哈尔河、呼虎尔河。《清一统志·阿噜科尔沁》：哈喜尔河“在旗北二百里。源出萨碧尔汉山，南流经库格图山，折而东流，入扎鲁特界”。

哈散站 又作合散站。元置，在今黑龙江省通河县附近。元《析津志》天下站名：“不牙迷一百（里）撚站。百八十（里）哈散。”明改哈思罕站。

哈斐尔罕站 清置，在今吉林前郭尔罗斯蒙古族自治县西南。清西清《黑龙江外纪》卷2：“由八虎道至盛京道里……齐罕特默，五十里至哈斐尔罕。”

哈喇卜兰河 在今乌兹别克斯坦撒马尔罕东。《方舆纪要》卷65：哈喇卜兰河“在撒马儿罕城东，河浅阔而北流”。

哈喇乌苏 即今西藏那曲县。《清一统志·西藏》载：“卫地东北与青海诸部接界处。哈剌乌苏，设一堪布剌嘛；木鲁乌苏设一蒙古寨桑，以供应往来使者马匹、响导及文移邮递之处。”蒙古语“哈喇”意为黑，“乌苏”意为水。藏语音译为那曲，即黑河或黑水。一名那曲卡。

哈喇乌苏河 即今西藏北部怒江上游。清《乾隆内府舆图》作哈拉乌苏必拉。“哈喇乌苏”系蒙古语，“哈喇”意为黑，“乌苏”意为河。藏语称那曲，汉语意为黑河或黑水。源于今安多县喀隆湖东北，流经安多、那曲县入比如县，为怒江上游。入索县、边坝、洛隆县后则称怒江。

哈喇乌苏湖 亦作伊克阿拉尔淖尔、伊克阿拉克泊、阿拉克泊。在清科布多东境。今蒙古国科布多省哈尔乌苏湖。

哈喇火州 亦作哈剌火者、哈喇和卓、哈喇禾州、合剌和州。在今新疆吐鲁番市东六十余里高昌故城西之三堡（阿斯塔那）。《元史·文宗纪》：至顺元年（1330）三月，“西番哈喇火州来贡蒲萄酒”。

哈喇巴勒图　在今吉尔吉斯斯坦首都比什凯克西卡拉巴尔特。清乾隆《西域图志》卷13伊犁西路：哈喇巴勒图“在吹郭勒南岸，索郭鲁克西三十里支河之间。逾乌兰乌苏至其地”。

哈喇布拉岭　在今吉尔吉斯斯坦塔拉斯西南。《清一统志·伊犁》：哈喇布拉岭“在伊犁西南。库穆什山西二百里。哈喇布拉河发源其地”。

哈喇禾州　即哈喇火州。在今新疆吐鲁番市东六十余里高昌故城。《元史·世祖纪》：至元二十二年(1285)，“都护府言：哈喇禾州民饥，户给牛二头，种二石，更给钞一十一万六千四百锭，籴米六万四百石，为四月粮赈之”。

哈喇池　即今塔吉克斯坦东北部之喀拉湖。清徐松《西域水道记》卷1：“和什库珠克岭东有大池曰哈喇库勒（蒙古语谓黑曰哈喇，回语曰喀喇。蒙古语谓池曰淖尔，回语口库勒）。周数百里。……其地哈卜齐克部布鲁特所牧也。登阿赖山巅以望，银涛一片。”清乾隆二十四年（1759）六月，参赞大臣明瑞追击大小和卓木军经此，激战于和什库珠克岭。

哈喇沁中旗　即喀喇沁中旗。旗府驻地大城子（今内蒙古宁城县西北大城子镇）。

哈喇沁左翼旗　即喀喇沁左翼旗。旗府驻地公营子（今辽宁喀喇沁左翼蒙古族自治县南之南公营子镇）。

哈喇沁右翼旗　即喀喇沁右翼旗。旗府驻地喀喇沁王府（今内蒙古喀喇沁旗西南王爷府镇）。

哈喇和林河　指今蒙古国西南鄂尔浑河上游。《元史·地理志》和宁路：“始名和林，以西有哈剌和林河，因以名城。”蒙古窝阔台汗七年（1235）建都城于河东岸，作万安宫。

哈喇和卓　即哈喇火州。在今新疆吐鲁番市东六十余里高昌故城东北之三堡（阿斯塔那）。清王定安《湘军记》卷19：光绪三年（1877），清军讨伐阿古柏，孙金彪与徐占彪“两军会于哈拉和卓”。即此。

哈喇河　①一名烂蒲河。在今辽宁沈阳市西南。《明神宗实录》卷859：万历四十七年（1619）十二月，“哨探代子河（即太子河）东岸，瞭见哈喇河西岸达子营火”。《清一统志·锦州府一》“三汊河”条下：“哈喇河，在（广宁）县东界，即辽河分流。曲折三百里，入三汊河。”

②即今俄罗斯阿穆尔州黑龙江支流阿布哈拉河。清乾隆《钦定盛京通志》28：哈喇河“（黑龙江）城东三百九十里，源出东兴安岭，西南流入黑龙江”。

哈喇哈什河　即今和田河西源喀喇哈什河。在今新疆和田市西。《清一统志·和阗》：哈喇哈什河“在和阗西。源出皮什雅南尼蟒依山中，北流至哈喇哈什城南，分为二，夹城而流，城西之河，西北流为皂洼勒河而止，城东之河距城二里，东北至喀提里什，入于玉陇哈什河，又北为和阗河。哈喇哈什城东，有河三处，并长三十里，出青玉”。

哈喇洪　在今新疆尉犁县北。清光绪二十四年(1898）于此置新平县。

哈喇塔勒　一作哈喇塔拉。在今哈萨克斯坦塔尔迪库尔干西南，卡拉塔尔河上游北岸。清乾隆《西域图志》卷13伊犁西路：哈喇塔勒“在巴勒喀什淖尔南”。《筹办夷务始末》同治朝卷9：同治元年(1862）七月，伊犁将军常清、叶尔羌参赞大臣景廉奏：“接据派往查勒布什边境之索伦营总管富珠尔泰来禀内称：于四月十七日，由库库乌素地方起程，行至哈喇塔拉。”即此。

哈喇裕勒衮　一作哈拉玉尔滚。清置，在今新疆温宿县东喀拉玉尔滚村。《清一统志·阿克苏》：哈喇裕勒衮台在“札木台东少南八十里”。

哈喇噶阿瞒　一名紫泥泉。在今新疆焉耆回族自治县西南七十里。《清一统志·喀喇沙尔》：哈喇噶阿瞒“在喀喇沙尔城西南九十里，硕尔楚克南五十里”。

哈答山站　明海西陆路驿站之一。在今内蒙古呼伦贝尔市之牙克石市东南。

哈鲁尔镇　亦作合乐镇。即今内蒙古武川县东北哈乐镇。民国《绥远通志稿》卷2：武川县第六区有哈鲁尔镇。“哈鲁尔”，蒙古语意为瞭望台。

哈阑真沙陀　亦作合兰真沙陀。在今内蒙古东乌珠穆沁旗北境。《元史·太祖纪》：岁癸亥(1203)，“汪罕兵至，帝与战于哈阑真沙陀之地，汪罕大败”。

哈普奇该图卡伦　清雍正十二年（1734）设，在今内蒙古呼伦贝尔市之新巴尔虎右旗西北额尔德尼山。何秋涛《朔方备乘》卷10《北徼喀伦考》作“喀卜齐哈图”；西清《黑龙江外纪》卷2作“喀布齐海图”。

哆罔县　亦作多刚县。唐仪凤二年（677）置，属晏州。治所在今四川兴文县西。北宋后废。

哆啰满　即今台湾花莲县。清乾隆间范咸《台湾府志》卷2有“哆啰满社”。连横《台湾通史·开辟纪》：明万历三十二年（1604），“山田长政赴暹罗，途次台湾，于时日本人在台日多，或采金于哆啰满，或寄居小琉球”。

哆楼县　唐仪凤二年（677）置，属巩州。治所在今四川珙县西南高罗村。天宝元年（742）属因忠郡，乾元元年（758）复属巩州。后废。

哝耸古平等处长官司　元置，属新添葛蛮安抚司。治所在今贵州龙里县东十里。明废。

哪吧场　即今贵州遵义县（南白镇）东北喇叭镇。清道光《遵义府志》卷6遵义县：哪吧场在“城东九十里”。

显山　在今广西大新县西南。《方舆纪要》卷110安平州：显山“在州（治今安平）东北”。

显川县　①唐置，为羁縻思明州治。治所在今广西宁明县东明江镇。后废。

②唐贞观四年（630）置，属羁縻嶂州。治所在今四川若尔盖县西北境。后废。

显冈县 隋开皇初改舞阴县置，属淮州。治所在今河南泌阳县西北五十八里古城寨。大业初属淮安郡。唐贞观三年（629）废。

显仁宫 隋建，在今河南宜阳县西南。《隋书·炀帝纪》：大业元年（605）三月，“又于皂涧营显仁宫，采海内奇禽异兽草木之类，以实园苑”。

显节陵 东汉明帝刘庄陵，在今河南洛阳市东北汉魏故城南故开阳门外。《后汉书·章帝纪》：永平十八年（75），“葬孝明皇帝于显节陵”。李贤注引《帝王世纪》曰：“显节陵方三百步，高八丈。其地故富寿亭也，西北去洛阳（今河南洛阳市东北汉魏故城）三十七里。”旧以为即今汉魏故城北之大汉冢，误。

显平县 唐贞观四年（630）置，属羁縻嶂州。治所在今四川若尔盖县西北。后废。

显宁陵 南朝陈宣帝刘顼陵墓。在今江苏南京市西南牛头山西北。《元和志》卷25上元县：宣帝顼显宁陵“在县南四十里牛头山西北”。《清一统志·江宁府二》引《县志》：“其地旧名陵里，亦曰天子陵，石兽尚存，俗呼石马冲。”

显圣镇 北宋置，属真宁县。即今甘肃正宁县（山河镇）东南湫头乡。

显州 ①北魏永安中置，治所在六壁城（今山西孝义市南十五里）。北周废。

②西魏置，治所在阳周县（今甘肃正宁县西南罗川村）。北周废。

③北齐改廓州置，治所在石城县（今山西原平县北崞阳镇）。北周废。

④北周天和三年（568）侨置，治所在陈仓县（今陕西宝鸡市东二十里渭水北岸）。建德三年（574）废。

⑤隋开皇五年（585）改淮州置，治所在阳平县（后改饶良县，即今河南泌阳县）。大业三年（607）改为淮安郡。唐武德四年（621）复为显州，治比阳县（今泌阳县）。贞观九年（635）改为唐州。

⑥唐渤海置，属中京显德府。治所在今吉林敦化市东南敖东城（一说在桦甸市东北苏密城）。大祚荣开国至武艺时期曾为王都。辖境约当今吉林敦化市附近。辽废。

⑦辽置，治所在奉先县（今辽宁北镇市西五里北镇庙）。辖境相当今辽宁北镇市及义县、锦县部分地。金天辅七年（1123）升为广宁府。

显阳苑 东汉雒阳苑囿。在今河南洛阳市东北汉魏故城西。《后汉书·桓帝纪》载：延熹二年（159），“秋七月，初造显阳苑，置丞”。

显阳殿 在今河北临漳县西南邺北城内。为后赵石虎所建九华宫正殿。《邺中记》载：“显阳殿后皇后浴池上作石室，引外沟水注之，室中临池有石床。”

显武县 ①隋大业五年（609）置，属鄯善郡。治所在今新疆若羌县附近地。隋末废。

②唐武德三年（620）析昌隆县置，属绵州。治所在今四川江油市西南。神龙元年（705）改为兴圣县。

显亲县 东汉建武八年（32）置，封窦融弟友为显亲侯，属汉阳郡。治所在今甘肃秦安县西北三十里叶堡乡金城里。后魏属天水郡。北周废。

显美县 西汉置，属张掖郡。治所在今甘肃永昌县东南。东汉改属武威郡。《三国志·魏书·张既传》：黄初中，凉州卢水胡反，既率军讨之，“既扬声军由鹯阴，乃潜由且次出至武威。胡以为神，引还显美”。北周废。

显原陵 十六国后赵石虎之陵墓。在今河北临漳县西南。《晋书·石季龙载记》：“始葬季龙，号其陵为显原陵。”

显陵 ①五代晋高祖石敬瑭陵。在今河南宜阳县西北二十四里石陵村。《旧五代史·晋书·高祖纪》：天福七年（942）八月，“上谥曰圣文章武明德孝皇帝，庙号高祖。以其年十一月十日庚寅葬于显陵”。

②在今辽宁北镇市西医巫闾山中望海山傍。即辽太祖长子人皇王耶律倍墓。世宗时，谥让国皇帝，尊为显陵。《辽史·地理志》显州：“世宗置，以奉显陵。显陵者，东丹人皇王墓也。人皇王性好读书，不喜射猎，购书数万卷，置医巫闾山绝顶，筑堂曰望海。……以人皇王爱医巫闾山水奇秀，因葬焉。山形掩抱六重，于其中作影殿，制度宏丽。”《金史·地理志》广宁县：“有辽世宗显陵。”

③即明显陵。在今湖北钟祥市东北十五里松林山。为明世宗朱厚熜生父兴献王朱祐杬的陵墓。

显陵卫 明置，属兴都留守司。在今湖北钟祥市东北十里。《方舆纪要》卷77安陆府“承天卫”条下：“（嘉靖）十六年调荆州左卫为显陵卫，置于城东北十里，环列十营，巡守护卫。”

显陵县 明嘉靖十年（1531）置，属承天府。治所在今湖北钟祥市东北十里。明末废。

显通寺 在今山西五台县台怀镇北侧灵鹫峰上，为五台山五大禅处之一。据《清凉山志》卷3记载，始建于东汉明帝永平年间，名大孚灵鹫寺。寺以山名。北魏孝文帝时扩建，因寺侧有杂花园，亦名花园寺。唐武则天时，因新译华严经中载此山名，改称大华严寺。明太祖时重修，感通神应，自昔未有，故赐额“大显通寺”。清康熙年间又重修，形成今日的规模。现存观音殿、文殊殿、大佛殿、无量殿、千钵殿、铜殿和后高殿等，均为明清所建。1982年定为全国重点文物保护单位。

显理县 辽世宗时置，属怀州。治所在今内蒙古巴林右旗境。《辽史·地理志》显理县：“本显理府人，太祖伐渤海，俘其王大諲譔，迁民于此。”故名。金废。

显教山 在今江西浮梁县东南。《清一统志·饶州府一》：显教山“在浮梁县南三里。古新昌县治此。

后为显教寺，因名”。

显教寺和雷坛 在今甘肃永登县西南一百三十里连城镇连城村。显教寺建于明永乐九年（1411），为藏传佛教寺院。寺庙坐北朝南，现存大殿一座，僧房五间。大殿为木结构歇山顶，面阔五间，进深三间，檐下施双昂斗拱，檐柱和金柱隆起明显，殿内有天花板藻井，为明代前期典型的殿堂式建筑。雷坛寺建于明嘉靖三十四年（1555），由六世土司鲁经及其子鲁东主持修建。也属藏传佛教寺院。现存大殿一间，过厅三间。2006年显教寺和雷坛均被定为全国重点文物，归入鲁土司衙门旧址保护单位。

显新县 西晋改显亲县置，属天水郡。治所在今甘肃秦安县西北三十里叶堡乡金城里。北周废。

显福宫 隋炀帝离宫，在今江苏扬州市东北。《隋书·宇文化及传》：大业末，杀炀帝，“十余日，夺江都人舟楫，从水路西归。至显福宫，宿公麦孟才、折冲郎将沈光等谋击化及，反为所害”。

显德府 唐渤海国置。建号中京。治所在显州（今吉林敦化市东南敖东城；一说即今桦甸市东北苏密城），曾为大祚荣开国及武艺时期王都。辖境相当今吉林牡丹江上游，松花江上源以东，图们江以北，嘎呀河以西地区。辽废。

冒山 即今安徽萧县西南十八里帽山寨。因冒山得名。《水经·获水注》：“刘澄之云：（萧）县南有冒山。”即此。

星川设治局 1949年初由下果洛达的海、鄂陵湖东岸及野马滩一带析置，驻哈姜（今青海玛多县西北扎陵湖乡哈姜茶卡）。1950年改名曲麻莱设治局。1952年改为曲麻莱区。1953年迁治色吾沟。1954年改曲麻莱县。

星子山 在今陕西镇巴县东南八十里。《清一统志·汉中府一》：星子山“洋水源出此”。

星子县 北宋太平兴国三年（978）升星子镇置，属江州。治所即今江西星子县。《舆地广记》卷24南康军星子县：“昔有星坠水化为石，县镇盖因石为名。”七年（982）于县置南康军。元为南康路治，明清为南康府治。民国初属江西浔阳道。1926年直属江西省。

星子墟 即今广东连州市东北星子镇。《清一统志·连州》：星子墟“在州东北六十里。明洪武二年置巡检司。本朝嘉庆二十一年移于阳山县七巩墟，以州判驻此”。

星子镇 五代杨吴时置，属德化县。即今江西星子县。北宋太平兴国三年（978）升为星子县。

星云（雲）湖 在今云南江川县东北。元代以来称星云湖。《明一统志》卷86澂江府：星云湖“在江川县治南。周八十余里。东流五里入抚仙湖，两湖相通，鱼不往来”。

星石山 在今江西广丰县东。《方舆纪要》卷85广信府永丰县：星石山“在县东二十五里。《志》云，山周回三十里，高百余丈，罗列周布若陨星然。相传黄巢之乱，尝呰其颠”。

星村 即今福建武夷山市西南星村镇。清崇安县丞驻此。

星坐驿 在今山西河曲县东南星佐村。《清一统志·保德州》：星佐驿“在河曲县东一百二十里”。

星岭 即今青海大通回族土族自治县（桥头镇）东的元朔山，又称老爷山，也就是《水经注》中的养女山。《隋书·炀帝纪》：大业五年（609），炀帝西巡，自拔延山入长宁谷，“度星岭”。即此。

星显水 即今吉林延吉市境之布尔哈通河。源出哈尔巴岭，东南流会海兰江、嘎呀河，又南入图们江。《金史·世纪》：三年（1097），“跋忒杀跋葛。使太祖率师伐跋忒，跋忒亡去，追及，杀之星显水”。即此。

星星峡 一作猩猩峡。即今新疆哈密市东南星星峡村一带，与甘肃安西县接界。长约三十余里，曲折如羊肠，为由甘入新之要隘。《清一统志·哈密》：星星峡“在哈密东南四百九十五里，东北行四百五十里为西黄芦冈峡。在沙碛中”。

星星峡驿 清光绪年间置，在今新疆哈密市东南星星峡。清宣统《新疆图志》卷80哈密厅：星星峡驿，“《康熙图》作喀拉岭，两山夹峙，凿石为路。防兵十，旅店四，井水味淡而微。《侍行记》谓水苦咸。盖今昔不同也”。

星峡达坂 即今克什米尔北星峡尔。清宣统《新疆图志》卷9：星峡达坂“通坎巨提后部”。

星津桥 唐洛阳城皇城正南洛水上。在今河南洛阳市旧城西南。《旧唐书·玄宗纪》：开元二十年（732）四月，“改造天津桥，毁星津桥”。清徐松《唐两京城坊考》卷5洛渠：洛水“西自苑内上阳宫之南，流入外郭城。东流经积善坊之北，分三道，当端门之南立桥。南支曰星泽桥，中支曰天津桥，北支曰黄道桥”。

星宿山 亦名昇仙山。即今四川成都市北十里羊子山。《资治通鉴》：唐咸通十一年（870），南诏攻成都，大将宋威“与诸军会战，蛮军大败，死者五千余人，退保星宿山”。即此。

星宿川 ①即今青海曲麻莱县东北黄河上源星宿海。《资治通鉴》：唐贞观九年（635）讨吐谷浑，“侯君集等进逾星宿川，至柏海”。

②在今青海湟源县西北。唐开元七年（719）置安人军于此。

星宿江 在今云南禄丰县西。《清一统志·云南府》：星宿江“源出罗次县北百花山，与河曲分界处，南流经禄丰县北，与金水河合，曰星宿江。又南流至易门县西北，曰九渡河。又南流与易江水合，曰绿汁江”。

星宿海 又名鄂敦他拉、火敦脑儿。在今青海曲麻莱县东北麻多乡境。为黄河散流地面而成浅湖群分布的沙丘，形成一个长二三十公里，宽十几公里的积水盆地。《元史·地理志》河源附录：“河源在土蕃朵甘思西鄙，有泉百余泓，沮洳散涣，弗可逼视，方可七八十里，履高山下瞰，灿若列星，以故名火敦脑儿。火敦译言星宿也。”清齐召南《水道提纲》卷5：黄河“星宿海于群山围绕之中，平地有泉，千余泓并涌，望若列星”。故名。

星殿庙镇 即新殿庙镇。今江苏南京市浦口区西南三十五里星甸镇。

星嘉坡 即今新加坡。《清史稿·邦交志二·英吉利》：光绪三年（1877），“始于英属地星嘉坡设领事”。

曷山 ①即褐山。今安徽芜湖市北临江之四褐山。《新五代史·吴世家》：中和三年（883），“（杨）行密乃引兵攻（赵）锽，战于曷山，大败之”。天复二年（902），“冯弘铎叛，袭宣州，及田頵战于曷山，弘铎败”，即此。

②即吴田山。在今福建长泰县东北。《清一统志·漳州府》：曷山“在长泰县东北五十里。雄峻少树木，高处有四十余顷，流水成渠，可引以灌溉。一名吴田山”。

曷苏馆 亦作合思罕，又称和硕馆、合苏款、合斯罕、曷撒罕。宋徐梦莘《三朝北盟会编》卷3：“阿保机虑女真为患，乃诱其强宗大姓数千户，移置辽阳之南，以分其势，使不得相通。迁入辽阳著籍者名曰合苏款”，编入契丹民籍，即熟女真。其分布区在今辽宁辽阳市以南，大连市金州镇以北，凤城市以西地区。

曷苏馆路 金置，治所初在鹤野县长宜镇（今辽宁辽阳市西南）。天会七年（1129）徙治宁州（今辽宁瓦房店市熊岳城西南七十里永宁镇）。辖境相当今辽宁辽阳市以南，盖州市、大连市金州区及瓦房店市一带。明昌四年（1193）废。

曷利沙帝国 公元7世纪时印度北部坦涅萨尔统治者曷利沙·伐弹那(戒日王）所建。都曲女城（今印度北方邦境内之卡瑙季）。疆域包括当时印度中、北部。唐玄奘《大唐西域记》卷5：“戒日王，今王本吠奢种也，字曷利沙伐弹那。”玄奘至其国，受到接见。唐太宗时先后遣赴印。戒日王死后，帝国逐渐解体。

曷鸡城 在今陕西延安市东南临镇附近。隋大业十二年（616）曾移临真县治此。

曷剌河 今内蒙古呼伦贝尔市西南中蒙交界处哈拉哈河。《辽史·圣宗纪》：开泰四年（1015），于厥叛，“（耶律）世良惩创，既破迪烈得，辄歼其丁壮。勒兵渡曷剌河，进击余党”。即《金史·夹谷清臣传》之合勒河，《元朝秘史》之合勒合河（Qalqa）。

曷董馆 在今内蒙古土默特左旗东境。为辽金之际“河东八馆”之一。金初升为裕民县，皇统元年（1141）罢；大定二十九年（1189）改置云川县。

曷撒罕关 亦作合厮罕、合思罕。即化成关。今辽宁大连市甘井子区北南关岭。《金史·地理志》曷苏馆路：“有化成关，国言曰曷撒罕关。”

曷懒水 即今吉林延吉市南之海兰江。源出长白山东麓，东北流会布尔哈通河、嘎呀河，注入图们江。《金史·世纪》：“（景祖时）曷懒水有率众降者，录其岁月姓名，即遣去，俾复其故。人以此益信服之。”

曷懒甸 即今朝鲜咸镜南道咸兴以北、咸镜北道吉州南大川以西地区。《金史·世纪》：康宗时，“高丽背约，杀二使，筑九城于曷懒甸，以兵数万来攻”。即此。

曷懒路 即合懒路。金置，治所在今朝鲜咸镜南道咸兴城南五里古城。一说在咸镜北道吉州。元改为合兰府。

昱岭 在今浙江临安市西南一百六十里浙、皖二省界上。《明史·胡大海传》：大海“与邓愈、李文忠自昱岭关攻建德”。《方舆纪要》卷89杭州府昌化县：昱岭“地势险阻，右当歙郡之口，东瞰临安之郊，南出建德之背，盖三郡之要会也”。岭上置关。

昱岭关 在今浙江临安市西南一百六十里昱岭上。《元史·董抟霄传》：元至正十二年（1352）“徽、饶贼复自昱岭关寇于潜，行省乃假抟霄为参知政事……既又克复昌化县及昱岭关”。即此。

禺山 在今广东广州市旧城内。《元和志》卷34南海县：禺山“在县西南一里”。五代南汉扩建广州城，曾“凿平禺山以益之”。当在今西湖路广州百货大厦处。

禺水 在今陕西华县西。《山海经·西山经》：英山“禺水出焉，北流注宗招水”。《水经·渭水注》：禺水“出英山，北流与招水相得，乱流西北注于灌”。

禺邗 即吴国。又作句吴、工吴。周太王子太伯、仲雍所建。初都蕃离（一作梅里，在今江苏无锡市东南），后迁都吴（今江苏苏州市）。公元前473年为越所灭。

禺同山 即今云南大姚县东北紫丘山。《汉书·地理志》青蛉县：“禺同山，有金马、碧鸡。”同书《王褒传》：“方士言益州有金马碧鸡之宝，可祭祀致也。宣帝使褒往祀焉。褒于道病死，上闵惜之。”《水经·淹水注》：蜻蛉“县有禺同山，其山神有金马碧鸡，光景倏忽，民多见之”。

禺州 唐总章二年（669）改东峨州置，治所在峨石县（今广西北流市东南一百里）。天宝元年（742）改为温水郡，乾元元年（758）复为禺州。辖境相当今广西北流市东南部、陆川县北部地。北宋开宝五年（972）废。

禺珠州 亦作鱼珠。即今广东广州市东鱼珠。清同治《广东图说》卷2：水师后营有鱼珠汛。宣统《广东舆地全图》番禺县图：东珠江北岸有鱼珠炮台。

眗衍县 战国秦置，属北地郡。治所在今宁夏盐池县西北三十二里张家场古城。出土秦封泥中有“眗衍道丞”可资佐证。《史记·匈奴传》：“岐、梁山、泾、漆之北有义渠、大荔、乌氏、朐衍之戎。”《括地志》：“盐州，古戎狄居之，即朐衍戎之地，秦北地郡也。”东汉废。

昭山　①一名马山。在今湖南湘潭市东北，湘江东岸。《水经·湘水注》：“湘水又北径昭山西，山下有旋泉，深不可测，故言昭潭无底也。”《清一统志·长沙府一》引《寰宇记》：昭山“以周昭王至此，故名”。

②一名西山。在今广西平乐县西漓江与恭城河合流处。《舆地纪胜》卷107昭州：西山“在平乐县西二百步。有巨石径百尺，屹立水中，如神龙戏珠状”。明曹学佺《广西名胜志》卷3平乐府：“西山即昭山也，距城西百步，漓、乐二水汇。有巨石径百尺，屹立水中。其石正方如印，亦名印山。”

昭义关　在今广西灌阳县东北六十里文市镇北昭仪。《方舆纪要》卷107灌阳县：昭义关“旧有昭义驿，亦置于此。今县北百里为昭义公馆，盖仍旧名”。

昭义军　唐方镇名。又名泽潞。至德元年（756）置泽潞沁节度使，治所在潞州（今山西长治市）。辖境屡有变动，较长期领有泽、潞、沁三州，相当今山西霍山以东及河北涉县地。广德元年（763）又置相、卫六州节度使，治所在相州（今河南安阳市）。辖境相当今河南卫河流域以北，河北隆尧、巨鹿、清河以南，以及山东临清、夏津、武城等县地。大历元年（766）号昭义军，十二年（777）与泽潞沁节度使合为一镇。建中初复治潞州，长期领有泽、潞、磁、邢、洺五州，相当今河北内丘、隆尧以南，巨鹿、邱县、肥乡以西，涉县、邯郸市以北，山西浊漳河、丹河流域及沁水、阳城两县地。中和后因李克用据泽、潞二州，昭义军曾分为二：一治邢州（今河北邢台市），一治潞州，天复初又合为一。北宋太平兴国二年（977）废。先后为李抱真、王虔休、卢从史、孟方立、李克修等所割据。

昭义县　①唐永泰元年（765）改临水县置，属磁州（后改名惠州）。治所在今河北邯郸市西南峰峰矿区临水镇。北宋初改名昭德县。

②即义招县。治所即今广东大埔县（湖寮镇）。《隋书·地理志》误作“昭义”。

昭仁寺　①在今湖北浠水县东。《清一统志·黄州府二》：昭化寺“唐咸亨间，五祖宏忍禅师建。本朝顺治中复葺”。

②在今陕西长武县城内东街路北。《元和志》卷3邠州宜禄县：“昭仁寺，在（宜禄）县西十步浅水原上。王师讨平仁杲，诏于此置寺。”寺建于唐贞观年间（627—649），系唐太宗为纪念与薛仁杲作战时的阵亡将士而建。原建筑仅存大雄宝殿，面阔三间，内无立柱，全由四根角梁挑起梁架叠拱结构，是我国古代木构建筑中仅见的一例。寺内有唐碑一通，名“豳州昭仁寺碑”，为朱子奢撰文。整个碑文保存基本完好。昭仁寺大殿1988年定为全国重点文物保护单位。

昭仁殿　在今北京市故宫乾清宫之东。明初为弘德殿，万历十一年（1583）更名昭仁殿。殿内藏宋、元撰刻版本书籍。殿后西室名五经萃室，乾隆藏宋岳珂校刻五经于此。1923年焚于火。

昭化区　原名元坝区，在四川省广元市境南部，区人民政府驻元坝镇。2013年元坝区改名昭化区。

昭化寺　①在今河北怀安县南怀安城镇西大街。始建于明洪武二十五年（1392），后废。明正统元年至八年（1436—1443）修复。寺坐北朝南，现存山门、天王殿、大雄宝殿、三大士殿等，均为明代早期木结构建筑。寺内主体建筑大雄宝殿壁画是明代所绘，有较高的艺术价值。2001年昭化寺定为全国重点文物保护单位。

②在今湖北浠水县东。《清一统志·黄州府二》：昭化寺“唐咸亨间，五祖宏忍禅师建。本朝顺治中复葺”。

昭化县　①五代梁开平三年（909）改鄜城县置，为禧州治。治所在今陕西洛川县东南。后唐同光元年（923）复名鄜城县。

②北宋开宝五年（972）改益昌县置，属利州。治所在今四川广元市西南昭化镇。元属广元路。明洪武十四年（1381）属保宁府。民国初属四川嘉陵道。1928年直属四川省。1959年撤销入广元市。

昭乌达盟　清内蒙古六盟之一。后金崇德至清康熙年间，陆续将蒙古敖汉、奈曼、巴林、扎鲁特、阿鲁科尔沁、翁牛特、克什克腾、喀尔喀左翼八部编成十一旗，共为一盟，会盟地定于翁牛特左旗境内的昭乌达，故名。隶理藩院，并受热河都统节制。盟境相当今内蒙古赤峰市大部及通辽市开鲁县和奈曼旗、扎鲁特旗。清代于其地先后设置乌兰哈达厅（后改赤峰县，又升赤峰州）、开鲁县、林西县、经棚巡检司。1914年本盟隶属热河特别区。1928年隶热河省。伪满时期被撤销。1946年复设昭乌达盟，盟府驻林东镇。1949年改属内蒙古自治区。1955年以原热河省所属赤峰市，宁城、乌丹二县及敖汉、翁牛特、喀喇沁三旗划归本盟，1956年盟府由林东迁至赤峰。1969年改属辽宁省。1979年还属内蒙古自治区。1983年撤销昭乌达盟，原辖旗、县划归赤峰市。

昭文县　清雍正二年（1724）分常熟县置，属苏州府。与常熟县同城而治。治所即今江苏常熟市。1912年并入常熟县。

昭平县　北宋宣和六年（1124）改龙平县置，属昭州。治所即今广西昭平县。《宋史·兵志六》：昭州有昭平砦，县以砦名。南宋淳熙六年（1179）复名龙平县。元属平乐府。明洪武十八年（1385）省入平乐县，万历四年（1576）复置昭平县，属平乐府。民国初属广西桂林道。1928年直属广西省。

昭平峡　指今广西漓江流经昭平县境之江峡。清道光《昭平县志》卷2：漓水“迤演数百里，两岸皆山，多悬岩峭壁，为滩三百六十，经县城合思勤江暨马江诸水，入于梧。谚曰：囊有一百钱，莫上府江船”。

昭平堡 明成化中置，即今广西昭平县。《方舆纪要》卷107昭平县“龙平旧城”条下：昭平堡“正德三年迁堡城于府江东岸，置守备司。万历四年置县，六年于岸旧址建城为治”。

昭丘（邱） 即楚昭王墓。在今湖北当阳市东南七十里。《水经·沮水注》：“沮水又南径楚昭王墓。东对麦城，故王仲宣之赋《登楼》云：西接昭丘是也。”

昭丘（邱）县 隋开皇十八年（598）改安居县置，属荆州。治所在今湖北当阳市东。大业初改为荆台县。

昭台（臺）宫 汉上林苑中的离宫。在今陕西西安市西高窑村一带。《汉书·外戚传·孝宣霍皇后》：“霍后立五年，废处昭台宫。后十二岁，徙云林馆，乃自杀。”

昭西陵 在今河北遵化市马兰峪西清东陵陵区大红门外东侧。是太宗皇太极孝庄皇后博尔济吉特氏的陵寝。孝庄原是太宗之妃，在顺、康两朝参预政事多年，是清初颇有政绩和影响的人物。康熙二十七年（1688）卒，棺椁停放在东陵暂安殿内三十多年。雍正二年（1724）才将暂安殿扩建为昭西陵，次年葬入地宫。太宗皇太极的昭陵远在千里之外的盛京（今沈阳）北陵，为了表明属于昭陵系统，将陵寝建于东陵墙外，并定名为昭西陵。

昭庆县 唐天宝元年（742）改象城县置，属赵郡。治所在今河北隆尧县东十二里旧城村。《旧唐书·地理志》昭庆县：“以有建初、启运二陵故也。”北宋开宝二年（969）改为隆平县。

昭关 春秋楚地。在今安徽含山县北十五里小岘山上。两山对峙，筑关保守，世为兵争之地。《史记·范雎列传》：“伍子胥橐载而出昭关。”即此。

昭关山 一名小岘山。在今安徽含山县北。《舆地纪胜》卷48和州：小岘山“又名昭关山。在含山县北二十里，两山峙立，庐濠往来之冲，其口可守御。隆兴壬年，张魏公因公筑城，置水柜遏敌”。古昭关在西。有明建伍子胥祠。

昭关坝 即今江苏江都市西北六十八里昭关坝。清《乾隆内府舆图》：扬州府江都县北有昭关坝。

昭州 唐贞观八年（634）改乐州置，治所在平乐县（今广西平乐县西南）。《元和志》卷37昭州：“取境内昭潭为名。”天宝元年（742）改为平乐郡，乾元元年（758）复为昭州。辖境相当今广西平乐县及恭城瑶族自治县地。北宋大中祥符元年（1008）移治州城东，后移治今平乐县。元大德中改为平乐府。

昭阳 在今河南浚县东北。《汉书·沟洫志》载贾让治河策：“河从河内北至黎阳为石堤，激使东抵东郡平刚；又为石堤，使西北抵黎阳、观下；又为石堤，使东北抵东郡津北；又为石堤，使西北抵魏郡昭阳；又为石堤，激使东北。百余里间，河再西三东，迫阨如此，不得安息。”

昭阳山 在今江苏兴化市西四里。《舆地纪胜》卷43高邮军：昭阳山，“《寰宇记》云，在兴化县西南四里。有庙号昭阳府君。按《史记》，昭阳为楚怀王令尹，出入将相。注云，昭姓，阳名也”。

昭阳区 2001年撤销云南省昭通地区和县级昭通市，设立地级昭通市。原县级昭通市改置昭阳区，区政府驻爱民路。

昭阳县 三国吴改昭阳侯国为昭阳县，属昭陵郡。治所在今湖南邵东县东。西晋改为邵阳县。

昭阳侯国 西汉元始五年（5）置，属长沙国。治所在今湖南邵东县东。东汉属零陵郡。三国吴改昭阳县。

昭阳湖 即山阳湖。在今山东微山县西北。《方舆纪要》卷29徐州沛县：昭阳湖“县东北八里。即山阳湖。俗称刁阳湖。邹、滕二县之水俱汇于此，周二十九里有奇，下流与薛水合，自金沟口达泗。明永乐中，于湖口建石闸，东西二湖口建板闸。成化中，俱易石闸。宏治中重修，以时蓄泄，为漕渠之利。嘉靖四十四年，大河决入运河，漫入昭阳湖，因改浚运渠，出湖之东，而湖为河流散溢处矣”。

昭阳殿 ①三国魏洛阳宫殿。在今河南洛阳市东北汉魏故城内。魏明帝时修。《三国志·魏书·明帝纪》载：青龙三年（235），“是时大治洛阳宫，起昭阳、太极殿，筑总章观”。

②北魏平城内宫殿。在今山西大同市东北。天兴六年（403）建。《魏书·太祖纪》：天赐元年（404），“秋九月，帝临昭阳殿，分置众职，引朝臣文武，亲自简择，量能叙用；制爵四等，曰王、公、侯、子，除伯、男之号；追录旧臣，加以封爵，各有差”。

昭欢（歡）县 亦作邵欢县。治所在今四川广元市境。《宋书·州郡志》：晋寿太守邵欢令，“永初郡国、何、徐并有，不注置立，疑是蜀立曰昭欢，晋改也”。

昭远县 唐置，属真州。治所在今四川茂县西北。宋废。

昭孝寺 本唐兜率寺，元改名。即今北京市西郊香山卧佛寺。《元史·文宗纪四》：至顺二年（1331）正月，“以寿安山英宗所建寺未成，诏中书省给钞十万锭供其费。……以晋邸部民刘元良等二万四千余户隶寿安山大昭孝寺为永业户”。

昭苏太河 一名招斯太河。即今吉林梨树县和辽宁昌图县之昭苏台河。《清史稿·地理志》昌图府：“北昭苏太河左受条子河、莲花泡河，西南入辽河。”

昭苏圣佑庙 又称喇嘛庙。在今新疆昭苏县城西北三里纳海河畔。坐北朝南。建于清光绪二十年至二十四年（1894—1898），由北京建筑匠师李照福等主持营造。全寺由山门、前殿、钟楼、鼓楼、二配殿、大殿和后殿组成。门额挂“敕建圣佑庙”金匾，是蒙古准噶尔地区仅存的一座比较完整的黄教寺院，也是北疆最大的清代寺院。2001年定为全国重点文物保护单位。

昭苏设治局 1938年由伊宁县析置，驻昭苏城

（今新疆昭苏县）。1942年升为昭苏县。

昭苏县 1942年升昭苏设治局置，属新疆省。治所即今新疆昭苏县。

昭余（馀）祁 古泽薮名。一名大昭泽、昭余泽，又称祁泽、邬泽、邬城泊、昭余池。在今山西祁县、平遥县以西，文水县东南及介休市以北一带。《周礼·职方》："正北曰并州，其山镇曰恒山，其泽薮曰昭余祁。"《尔雅·释地》："燕有昭余祁"，为十薮之一。《水经·汾水注》：侯甲水"径祁县故城南，自县连延，西接邬泽，是为祁薮也，即《尔雅》所谓昭余祁矣"。其水早涸，久已湮为农田。

昭应县 唐天宝七年（748）改会昌县置，属京兆府。治所即今陕西西安市临潼区。北宋大中祥符八年（1015）为避玉清昭应宫名，改名临潼县。

昭君坟 ①即王昭君墓。在今内蒙古呼和浩特市南十八里大青河南。

②即今内蒙古达拉特旗西北昭君镇。清光绪《五原厅志》卷上：东南乡村中有昭君坟。

昭君村 在今湖北兴山县城南郊宝坪村。《寰宇记》卷148兴山县：王昭君宅"汉王嫱即此邑之人，故云昭君之县村连巫峡，是此地"。《舆地纪胜》卷74归州：昭君村"在州东北四十里"。《清一统志·宜昌府》：昭君村"在兴山县南。有昭君院，开宝元年移兴山县治于此。又有昭君台"。今建有昭君纪念馆。

昭君院 在今湖北兴山县西南昭君村。北宋开宝元年（968），兴山县移治于此。

昭武九姓 隋唐时对今中亚锡尔、阿姆两河流域九姓政权的总称。九姓指康、安、曹、石、米、何、火寻、戊地、史。康旧居昭武（今甘肃临泽县境），因被突厥所破，西迁至今中亚，建九姓政权，以昭武为姓，故名。唐永徽中内附，分置康居、大宛等都督府和南谧、佉沙、贵霜、安息等州，属安西都护府。

昭武军 ①唐、五代方镇名。唐乾宁四年（897）改感义军节度使置，治所在凤州（今陕西凤县东北凤州镇）。前蜀移治利州（今四川广元市）。辖区相当今四川广元、旺苍及陕西略阳、宁强等市县地。北宋初废。

②五代方镇名。吴顺义元年（921）置，治所在抚州（今江西抚州市）。北宋开宝四年（971）废。

昭武县 ①西汉置，属张掖郡。治所即今甘肃临泽县东北昭武村。《后汉书·梁慬传》：永初二年（108），"羌诸种万余人攻亭侯，杀略吏人。慬进兵击，大破之，乘胜追至昭武"。即此。西晋改为临泽县。

②三国吴永安三年（260）置，属建安郡。治所在今福建邵武市东三里故县街。西晋太康三年（282）改名邵武县。五代闽通文初（五代晋天福初）复称昭武县。南唐保大六年（948）又改为邵武县。

③唐大历三年（768）置，属羁縻乾州。治所在今四川茂县境。后废。

昭武庙 唐会昌五年（845）建。在今河南荥阳市西北汜水镇西虎牢关内。《清一统志·开封府》：昭武庙，"《县志》，昭武庙祀周穆王、惠王、襄王、汉高祖、昭烈、唐高祖、太宗，其配享者晋文公、悼公等诸侯，知武子、孟献子诸大夫。共一百二十人，皆有事于武（按：当为虎之误）牢者。宋太祖尝谒此庙，祀以太牢。元时额森特穆尔据虎牢，毁之。今遗存犹存"。

昭明县 西汉置，为真番郡治。治所即今朝鲜黄海南道信川郡西湖里。始元五年（前82）属乐浪郡，为南部都尉治。西晋改为南新县。

昭明宫 三国吴宫殿名。又称新宫。故址在建业城太初宫之西（今江苏南京市鱼市街一带）。宝鼎二年（267）孙皓建。《三国志·吴书·三嗣主传》：宝鼎二年"夏六月，起显明宫（即昭明宫），冬十二月，皓移居之"。裴注引《太康三年地记》："昭明宫方五百丈，皓所作也。避晋讳，故曰显明。"后废。

昭明读书台（臺） 故址在今江苏南京市东紫金山北高峰上。宋《景定建康志》卷22：梁昭明书台"在蒋山定林寺后山北高峰上。考证：梁昭明太子尝著书于此，今遗基尚存"。《清一统志·江宁府二》载："昭明读书台"故址有二："一在上元县钟山北高峰上，一在句容县东南四十里。昭明尝从陶隐居学，筑台于此，旧址尚存。"

昭怙釐伽蓝 或作照怙釐伽蓝。在今新疆库车县东北四十六里苏巴什地方铜厂河两岸。为龟兹国著名佛寺。《大唐西域记》卷1载："荒城北四十余里，接山阿隔一河水，有二伽蓝，同名昭怙釐，而东西随称。佛像庄饰，殆越人工。"

昭南县 西汉置，属齐郡。治所当在今山东淄博市及其东北部一带。东汉省。

昭信军 唐方镇。光化元年（898）置，治金州（今陕西安康市）。辖境相当今湖北西北部及陕西东南部。天祐二年（905）移治均州（今湖北丹江口市西），改名戎昭军。辖境仅有湖北西北部。

昭亭山 即敬亭山。在今安徽宣城市北十里。《舆地纪胜》卷19宁国府：昭亭山，"宋《永初山水记》云，宛陵北有昭亭山"。《元丰九域志》卷6：宣城县有昭亭山。

昭觉寺 ①在今河南孟津县境。《资治通鉴》：唐宝应元年（762），仆固怀恩讨史朝义，"朝义悉其精兵十万救之，陈于昭觉寺，官军骤击之，杀伤甚众"，即此。

②唐建。初名建元寺，后改昭觉寺。在今四川成都市北十里。唐、宋以来为成都市四大寺院之一。北宋黄休复《益州名画录》卷下：唐画家张询"中和年随驾到蜀，与昭觉寺休梦长老故交，遂依托焉。……画毕之日，遇僖宗皇帝驾幸兹寺，尽日叹赏"。明末寺毁。清康熙五年（1666）重建。今主要建筑有大雄

殿、天王殿、先觉堂、圆觉殿等。

昭觉县 清宣统二年（1910）置，属宁远府。治所即今四川昭觉县。昭觉为“交脚”谐音，彝语意为“倾斜的坝子”。民国初属四川建昌道。1928年直属四川省。1939年属西康省。1955年属四川省。

昭觉河 即今四川昭觉县境之昭觉河，为西溪河上源，注入金沙江。清宣统《昭觉县志稿》卷2：“昭觉河在县东门外。”

昭莫多 又作昭摩多、召磨多。在今蒙古国乌兰巴托市南宗莫德。《清史稿·圣祖本纪》：康熙三十五年（1696），“抚远大将军伯费扬古大败噶尔丹于昭莫多”，即此。“昭莫多”，蒙古语意为树木。

昭烈祠 亦名先主祠、武侯祠。即今四川成都市南武侯祠。明张瀚《松窗梦语》卷2西游记：成都城“南门曰中和，桥曰万里。正南二里为昭烈祠，坊曰：‘同伸大义’，中记昭烈，而孔明、关、张配之”。

昭陵 ①唐太宗李世民的陵墓。在今陕西礼泉县东北四十里九嵕山。宋敏求《长安志》卷16：太宗昭陵“在白鹿、长乐、瑶台三乡界古逢蒲村。下宫去陵十八里。封内周一百二十里。陪葬诸王七、公主二十一、妃嫔八，宰相一十三、丞郎三品五十三，功臣大将军以下六十四人。所乘六骏石像在陵后”。1961年定为全国重点文物保护单位。

②南汉中宗刘洪熙的陵墓。在今广东广州市东北四十里萝岗区石马村。《南汉书·中宗纪》载：“葬兴王府东北四十里之博大山。谥曰文武光圣明孝皇帝，庙号中宗，陵曰昭陵。”

③为明穆宗朱载垕之陵。在今北京市昌平区北大峪山东。明十三陵之一，在长陵西南二里。

④又称北陵。在今辽宁沈阳市北郊。系清太宗皇太极的陵墓。始建于后金崇德八年（1643），至清顺治八年（1651）竣工。康熙、嘉庆年间都曾修建。是清入关前留下的三座帝陵中最大、最完整的一座。陵地四周有缭墙围绕，正红门内外有碑楼、石牌楼、华表、石马、石狮、石雕像等。方城上建有隆恩门、明楼和四个角楼，城内建隆恩殿，前设焚帛亭，后设石五供。明楼后为月牙城、宝顶和地宫。陵园建筑布局、装饰艺术与明清诸陵不同。中华人民共和国成立后辟为北陵公园。1982年定为全国重点文物保护单位。

昭陵市 在今湖南株洲县南三十五里湘江东岸昭陵。五代楚国君追尊东汉伏波将军马援为昭灵英烈王，滩上建马援祠，因称昭灵滩，后讹为昭陵滩。市以滩名。旧属醴陵县。《清一统志·长沙府二》“普口市”条下：“昭陵市，在县西南九十里。”

昭陵县 西汉置，属长沙国。治所即今湖南邵阳市。东汉属长沙郡。三国吴为昭陵郡治。西晋改邵陵县。

昭陵郡 三国吴置，属荆州。治所在昭陵县（今湖南邵阳市）。辖境相当今湖南冷水江市以南资水流域。西晋太康中改为邵陵郡。

昭通市 1981年由云南省昭通县析置昭通市，1983年撤销昭通县，并入昭通市。2001年撤销昭通地区和县级昭通市，设立地级昭通市；原县级昭通市改置昭阳区，市人民政府驻昭阳区。

昭通县 1913年废昭通府，改附郭恩安县置，以府名为县名，后属云南滇中道。治所即今云南昭通市。1916年直属云南省。1981年析置昭通市。1983年撤县，并入昭通市。2001年撤销昭通地区和县级昭通市，改设地级昭通市。原县级昭通市改置昭阳区。

昭通府 清雍正八年（1730）改乌蒙府置，属云南省。治所在恩安县（即今云南昭通市）。民国《昭通县志稿》载《昭通书院碑记》：“（鄂尔泰）既奏请皇上赐名昭通，举前世之乌暗者，易而昭明，前之蒙蔽者，易而宣通，……此昭通之所由名也。”辖境约当今云南牛栏江东北各县地。1913年废。

昭越县 北魏延兴二年（472）置，属初安郡。治所在今河南泌阳县东北。隋大业三年（607）改为同光县。

昭德县 ①唐天宝元年（742）改识臼县置，属临翼郡。治所在今四川茂县西北。五年（746）属昭德郡。乾元元年（758）属真州。后废。

②唐宝应二年（763）析分水县置，属睦州。治所在今浙江桐庐县西北七十六里合村乡。大历六年（771）废入分水县。宋于此置昭德驿。

③北宋以避太宗讳改昭义县置，属磁州。治所在今河北邯郸市西南峰峰矿区临水镇。熙宁六年（1073）废为镇。

④北宋淳化五年（994）改南新场置，属杭州。治所即今浙江富阳市西北七十六里万市镇西北南新村。次年改为南新县。

昭德郡 唐天宝五载（746）析临翼郡翼置，治所在真符县（今四川茂县西北）。乾元元年（758）改为真州。

昭德镇 北宋熙宁六年（1073）改昭德县置，属滏阳县。在今河北邯郸市西南峰峰矿区临水镇。

昭摩多 即昭莫多。在今蒙古国乌兰巴托市东南土拉河上游南岸。

昭潭 ①在今湖南湘潭市东北昭山下。《水经·湘水注》：“湘水又北径昭山西，山下有旋泉，深不可测，故言昭潭无底也。”《明一统志》卷63长沙府：昭潭“在昭山下，其名与山同义。潭水澄湛如墨，深不可测，州之得名以此”。《清一统志·长沙府一》引《湘中记》：“昭潭其下无底，湘水最深处也。或谓周昭王南征不复，没于此潭，因以为名。”

②在今广西平乐县西。《元和志》卷37平乐县：“平乐溪在县南三里。水之西岸有昭潭，周回一里，其深不测。”《方舆纪要》卷107平乐县：乐川水“至郡城下汇于漓水，二水会处蓄而为潭，渊深莫测，谓之昭潭，亦名回龙潭”。

昭潭驿 明置，在今广西平乐县西。《方舆纪要》

卷 107 平乐县：昭潭驿“在府城西。驿之东为递运所”。

畎戎 即犬戎。殷周时期，游牧于今陕西彬县、岐山县一带。《史记·周本纪》：“穆王将征犬戎。”《集解》徐广曰：“一作畎。”

毗 即庇。本商代都城之一，在今山东郓城县北。

毗山 在今浙江湖州市东六里。《寰宇记》卷 94 乌程县：毗山“在县东北九里”。《方舆纪要》卷 91 湖州府：毗山在“府东北五里。毗，近也，以近府城而名”。《明史·常遇春传》：常遇春伐吴，“败吴军于太湖、于毗山、于三里桥”。即此。南朝梁吴均有《和柳恽毗山亭》诗。有商周至春秋时代的毗山遗址。

毗平县 南齐置，属永平郡。治所当在今广西藤县、昭平、岑溪等县市境。后废。

毗卢寺 在今河北石家庄市西北郊杜北乡上京村东。始建于唐天宝年间，历代多次重修。现仅存释迦殿和毗卢殿。释迦殿在前，面阔、进深均三间。殿中塑释迦坐像一尊，四壁绘有以佛教故事为题材的壁画。毗卢殿在后，是寺内正殿，为元至正二年（1342）重建。殿中塑毗卢佛像，两侧有二石刻香花菩萨，壁上绘二护法金刚，背面绘大幅背座观音像。正殿四壁满绘壁画，上下分三排，绘天堂、地狱、人间、罗汉、菩萨、城隍土地、帝王后妃、忠臣良将、贤妇烈女等佛、儒、道各种人物故事组画五百余组。其中东壁的玄天上帝（真武）一组和南壁元代地方官吏色目人宣读告示一组，具有鲜明的元代特征和高度的艺术价值。1996 年定为全国重点文物保护单位。

毗（昆）卢顶 在今北京市房山区上方山锦绣峰西。下有毗卢庵，为七十二庵之一。清《日下旧闻考》卷 130 引《徐文长集》：“自欢喜台拾级而升，凡九折，尽三百级，始达毗卢顶。”

毗卢洞石刻造像 在今四川安岳县东南九十里石羊镇塔子山。由观音堂、千佛堂、幽居洞、毗卢道场四石窟组成。有五代和北宋造像四百六十五尊和历代碑刻三十二处。这里曾是五代至北宋时期四川佛教密宗的主要道场之一，毗卢洞柳本尊十炼窟内雕刻有“十炼修行图”。观音堂内 3 米高的水月观音（紫竹观音）极为美丽，被誉为东方“阿芙洛蒂”，是全国罕见的北宋石刻珍品。2001 年定为全国重点文物保护单位。

毗沙都督府 唐贞观二十二年（648）置，属安西都督府。治所在今新疆和田市西二十里约特干遗址。贞元中废。

毗沙镇 金置，属高陵县。即今陕西高陵县西南十八里篦沙村。

毗耶山 一名高山。在今海南省临高县西北。《寰宇记》卷 169 儋州洛场县：“毗邪山，山岭有虫似伏虫（蛇），俚人以虫为毗邪也。”《舆地纪胜》卷 124 琼州：毗耶山“在临高县北有毗耶山神，每有黎人叛，则神驱蜂以御之，官军遂大破黎人”。明正德《琼台志》卷 5 谓“毗耶，虫名也。状如飞蝗，大可人拇指，身短头大，有蹓、琭二种，俱淡黑花纹，以股鸣飞则翅张，其色如锦，响作毗耶声，土人谓之毗耶虫，至今俗语犹然。山下多此虫，故名”。

毗舍耶国 即今台湾岛。宋赵汝适《诸蕃志》卷上谓：“流求国（今琉球群岛）当泉州之东，舟行约五六日程。……旁有毗舍耶。”同书“毗舍耶国”条载：“毗舍耶，语言不通，商贩不及，袒裸盱睢，殆畜类也。泉有海岛曰彭湖，隶晋江县，与其国密迩，烟火相望，时至寇掠，其来不测，多罹生噉之害，居民苦之。淳熙间国之酋豪常率数百辈猝至泉之水澳、围头等村，恣行凶暴。”《宋史·流求国传》亦载：流求国“旁有毗舍耶国……”

毗桥 在今四川成都市新都区南十里毗河上，为通成都之要道。《晋书·李特载记》：太安初，李特攻成都，“使李骧与李攀、任回、李恭屯军毗桥，以备罗尚”。《资治通鉴》：唐咸通十一年（870），南诏攻成都，“王昼以兴元、资、简兵三千余人军于毗桥，遇蛮前锋，与战不利，退保汉州”。皆即此。

毗桥河 即今四川成都市新都区南八里毗河。东流至金堂县注入沱江。《元丰九域志》卷 7：新都县有毗桥水。《方舆纪要》卷 67 新都县：毗桥河在“县南八里。出灌县，下流入金堂河。或云湔水之支流也。《旧志》：怀安军有中江，从汉州弥牟水、雒水、毗桥水会为一江，盖即雒江矣”。

毗陵县 西汉置，属会稽郡。治所即今江苏常州市。东汉属吴郡。西晋永嘉五年（311）改为晋陵县。

毗陵典农校尉 三国吴置，属扬州。治所在毗陵县（今江苏常州市）。西晋太康二年（281）改置毗陵郡。

毗陵宫 在今江苏常州市东南十五里。《方舆纪要》卷 25 常州府武进县：毗陵宫，“隋大业十二年，敕郡通守路道德集十郡兵匠，于郡东南起宫苑，周十二里，内为十六离宫，环以清流，荫以嘉木，拟于东都西苑，而奇丽过之。未及临幸。寻以盗起，遂为丘墟。今自府城而东南，冈阜环列，地形高印，即隋离宫故址也”。

毗陵郡 ①西晋太康二年（281）改毗陵典农校尉置，属扬州。治所在丹徒县（今江苏镇江市丹徒区东南丹徒镇）。后徙治毗陵县（今江苏常州市）。辖境相当今江苏镇江、常州、无锡、江阴、武进、丹阳等市县地。永嘉五年（311）改为晋陵郡。

②隋大业三年（607）改常州置，治所在晋陵县（今江苏常州市）。唐武德三年（620）复为常州。

毗善县 隋置，属珠崖郡。治所在今海南省临高县西北。唐武德五年（622）改名富罗县。

畏兀儿把力 在今新疆哈密市西南。顾炎武《天下郡国利病书》卷 117《西域土地人物略》：哈密城“南三十里为畏兀儿把力”。

畏兀儿国 即西州回鹘。12 世纪时自号畏兀儿。都城在和州（一名火州。在今新疆吐鲁番市东四十余里高昌故城）。《新元史·地理志》：畏兀儿地“本高昌地，唐置交河郡。又为回鹘所据，后自号畏兀儿。太祖六年（1211），其亦都护来朝，置达鲁花赤监之”。14世纪20年代后属察合台汗国。

畏吾儿河　在今新疆哈密市东南。《明一统志》卷89哈密卫：畏吾儿河“在哈密城东一百三十余里。沿河沙柳蓊郁”。《清一统志·哈密》：西长流水“在哈密东南一百三十里。源出天山南麓，西南流入沙碛。按《明统志》：辉和尔河在哈密城东一百三十里，与今西长流水里数相合，应即此水，辉和尔旧作畏吾儿”。

畏垒亭　在今上海市嘉定区西南安亭镇。明归有光读书于此，著有《畏垒亭记》。

界山　①在今浙江杭州市余杭区西。《方舆纪要》卷90：界山“一名万松山，东北接武康西界”。故名。

②在今湖北谷城县西北。《方舆纪要》卷79谷城县：界山在“县西北百二十里。或以为即分碛山也”。

界山砦　北宋置，属彭水县。在今重庆市彭水苗族土家族自治县境。《方舆纪要》卷69彭水县：界山砦“在县境”。

界山塘　在今湖北竹山县东南。民国《湖北通志》卷36竹山县：界山塘“《光绪舆地记》：在城东六十里。驻把总”。

界石镇　即今重庆市巴南区东界石镇。清乾隆《巴县志》卷2：界石场“离城六十里”。为南通綦江县孔道。

界头山　在陕西黄龙县南。《方舆纪要》卷57洛川县：界头山在“县东南百五十里，与同州澄城县分界，因名”。

界头练　即今云南腾冲县东北九十六里界头乡。清时永昌府经历驻此。

界头集　即今江苏泗洪县东北四十二里界集镇。清乾隆《淮安府志》卷5：桃源县（有泗阳县）有界头集。

界场　亦作界石场。即今重庆市巴南区东界石镇。清乾隆《巴县志》卷2：界石场“离城六十里”。

界休县　秦置，属太原郡。治所在今山西介休市东南十五里。西晋改为介休县。

界沟站　元置，即今安徽界首市。《析津志辑佚·大都东西馆马步站》：“一百项城，七十界沟，七十太和。”

界沟集　即今河南虞城县南界沟镇。旧属商丘县。清光绪《商丘县志》卷1《市集》：“东南面有界沟镇，离城九十里。”

界沟镇　北宋置，属万寿县。即今安徽界首市。清光绪重修《安徽通志》卷42颍州府太和县：界沟镇“亦名界首集”。

界岭　①在今河南商城县西南。《方舆纪要》卷50商城县：界岭在“县西南九十里。南接湖广麻城县界，因名”。

②在今湖北宜都市北。《方舆纪要》卷76宜都县：界岭“在县北六十里，与夷陵接界而名”。

界岭口关　明置，属昌黎县。为长城隘口之一。在今河北抚宁县北七十里界岭口。《方舆纪要》卷17抚宁县：界岭口关，“嘉靖三十七年，土蛮犯界岭口，官军拒却之。今有关城，为戍守要地”。清设把总驻守。

界岭市　即今湖南邵东县东北四十九里界岭乡。旧属邵阳县。清光绪《湖南通志》卷1邵阳县图：县东有界岭市。

界河　①古名博水。即今河北清苑县南九龙河。源于望都县南，东流至清苑县西南与龙泉河相汇，称青水河，东北入滱水。《宋史·河渠志五》：熙宁五年（1072），赵忠政言：“界河以南至沧州凡二百里，夏秋可徒涉，遇冬则冰合，无异平地。请自沧州东接海，西抵西山，植榆柳、桑枣，数年之间，可限契丹。”即此。

②在今山东滕州市西北。《清一统志·兖州府一》：界河“在邹县南五十里。亦名白水河。源出滕县北龙山，西流入邹县境，过界河驿，仍出滕县界，径染山前，又西南潴为郁郎渊，一名温水湖。又西受圣母池水，入运河”。

③即今湖北省东北部之倒水。《方舆纪要》卷76黄州府黄冈县：界河“在府北。出河南光山县之白沙关，南流至双城镇东流河，直下官渡，至感化河，通樟松湖，至团风口，达于江”。

界河口　在今山西岚县西北七十里界河口镇。明属兴县，置巡司于此。

界河关　明置，在今河南新县南。《方舆纪要》卷50光山县：界河关在“县南百十里。《志》云，三道河源出于此。关南至麻城县九十里。……有巡司戍守”。

界河镇　即今山东滕州市西北界河滨之界河镇。旧为漕渠防汛之所。《方舆纪要》卷32邹县：界河驿在“县东南五十里”。清时有守备驻此。

界亭驿　在今湖南沅陵县东北一百三十里，接桃源县界。《清一统志·辰州府二》：界亭驿“旧有驿丞，今裁”。

界首市　1948年改界首县置，即今安徽界首市。

界首关　即镇南关。今广西凭祥市西南四十五里友谊关。《方舆纪要》卷111凭祥州：镇南关“即界首关也”。

界首村　即今陕西绥德县东南界首。1939年西北革命根据地置河防县治此。

界首县　1946年豫皖苏边区改界首集置，治所即今安徽界首市。1948年改为界首市。

界首河　即今四川叙永县、泸州市纳溪区境之永宁河。《方舆纪要》卷73永宁宣抚司：永宁河“亦曰界首河”。《明史·曹震传》：洪武二十四年（1391），“会永宁宣慰司言：所辖地有百九十滩，其八十余滩道梗不利。诏震疏治之。震至泸州按视，有支河通永宁，乃凿石削崖令深广，以通漕运”。指此。

界首驿　即今安徽含山县西南清溪镇西界石铺。《方舆纪要》卷29含山县：界首驿“在县西南四十里。明洪武十五年设，弘治五年裁，与巢县分界处也”。

界首铺　即今广西兴安县东北湘江西岸界首镇。旧属全州。清光绪《广西舆地全图》全州图：西南有界首。因与兴安县互界，因名。民国《全县志》卷1：“界首市水通湘江，陆通兴、全，干线所经，商务较他市为盛。”

界首集　即今安徽界首市。清光绪《大清帝国全图》：安徽太和县西北有界首集。1946年设界首县于此。

界首街　即今福建建阳市西境界首，接邵武市界。明嘉靖《建阳县志》卷3：界首街“在北洛里”。清《乾隆内府舆图》：建阳县西有界首。

界首湖　在今江苏高邮市北，跨宝应县界。即宝应湖之南部，高邮湖之北部，以介于两县之间而名。《清史稿·地理志》：高邮州在“高邮湖西北，一曰甓社湖，北接界首湖”。湖东有界首镇。

界首渡　在今陕西清涧县东北黄河畔。《清一统志·绥德州》：界首渡“在清涧县东北一百六十里，路通山西汾州府宁乡县”。

界首墟　又作界首市。即今湖南茶陵县西南四十八里界首镇。清同治《茶陵县志》卷4《铺市》：界首市“在六都”。

界首镇　①北宋置，属平阴县。在今山东济南市长清区东南界首。南与泰安市交界，故名界首。

②即今江苏高邮市北五十里界首镇。明置界首驿。清置巡司于此。

界桥　在今河北威县东。《后汉书·献帝纪》：初平三年（192），“袁绍及公孙瓒战于界桥，瓒军大败”。李贤注：“今贝州宗城东有古界城，近枯漳水，则界桥在此也。”《水经·淇水注》：“清河又东北径界城亭东，水上有大梁，谓之界城桥。《英雄记》曰，公孙瓒……屯广宗，袁本初自往征瓒，合战于界桥南二十里。绍将麴义破瓒于界城桥，斩瓒。冀州刺史严纲，又破瓒殿兵于桥上，即此梁也。”

界埠渡　在今江西上高县东南新界埠乡。明正德《瑞州府志》卷2：上高县有界埠墟。清同治《江西全省舆图》卷4：上高县有界埠塘汛。

界牌口　在今湖北随州市北。《方舆纪要》卷77随州“出山店”条下：“万历初，议者以出山、小林、界牌三处，俱离州二百余里，当河南桐柏、信阳等县连界之冲，为流寇必由之地。……请添设州佐于界牌镇，庶几可专事防捍，因移李家坝戍守于界牌镇。”

界牌山　在今四川兴文县西南。清嘉庆《兴文县志》卷1：界牌山在“县南一百二十里，与叙永厅大坝交界。建永往来要道。环山高峻，雨雪先到，每逢隆冬，积雪若银屏”。

界牌场　即明界牌铺。今四川威远县东南界牌镇。清嘉庆《威远县志》卷2：界牌场“在东乡，离城三十里”。

界牌墟　在今广西来宾市东南石牙乡。明、清置界牌镇巡司于此。

界牌镇　①在今江苏南通市通州区（金沙镇）东界牌镇村。清光绪《江苏全省舆图》：通州（今南通市）东北有“界牌”，依范公堤为市。

②即今广西来宾市东南石牙乡。《方舆纪要》卷109来宾县：界牌镇“在县南境。有巡司。《志》云：司旧置于县西，宣德七年迁于南江（冈）石牙村，接贵县界”。

界湖集　即今山东沂南县治界湖镇。清道光《沂水县志》卷2：界湖集“距（沂水县）城七十里”。1940年后为沂南县治。

界溪河　即今陕西平利县东南之冲河。《清一统志·兴安府一》：界溪河“在平利县东南二十里。一名冲河。自湖北郧阳府竹溪县流入，北流至洵阳县界入闾河”。

界藩城　亦作甲板、界凡。后金临时都城。在今辽宁抚顺县东北大伙房水库东南缘浑河与苏子河会流处之东。《清一统志·兴京》：界藩城“在城西北一百二十里，铁背山上。天命三年太祖高皇帝取抚顺，自兴京至此，依山筑城，周一里，东一门。又一小城，周一百八十步，西一门”。古城遗址尚存，人称铁背山山城。

思干县　唐武德四年（621）置，属南方州。治所在今广西宾阳市西南。贞观五年（627）属澄州，十二年（638）废入岭方县。

思口镇　即今江西婺源县西北思口镇。清康熙《徽州府志》卷1婺源县：十九都有思口村。光绪《婺源县志》卷2：十九都思口“离城三十里”。

思山　在今广西上思县北。《清一统志·南宁府》：思山“在上思州北二里。州以之名。一作狮山，以蹲踞若狮也”。

思门山　在今湖南泸溪县（白沙镇）西百余里。《方舆纪要》卷81泸溪县：思门山在“县（旧治武溪镇）西百五十里。二峰对峙，峭壁如门，最为险峻”。

思义县　唐武德四年（621）置，属夷州。治所在今贵州正安县东南。贞观元年（627）改属务州。后废。

思义殿　北魏平城宫殿。在今山西大同市北。《魏书·高祖纪》：太和四年（480）九月，“乙亥，思义殿成”。太和十六年（492）正月“戊辰，帝临思义殿，策问秀孝”。

思子宫　在今河南灵宝市西北阌底东。《汉书·戾太子传》：“上怜太子无辜，乃作思子宫，为归来望思之台于湖。”注引师古曰：“台在今湖城县之西，阌乡之东，基址犹存。”

思乡岭　又名德胜岭。即今河北滦平县南十八盘岭。《辽史·地理志》"松山州"后附宋王曾《上契丹事》曰："又度德胜岭，盘道数层，俗名思乡岭，八十里至新馆。"

思乡城　①又名西乡城。在今河北南皮县东南董村乡。《寰宇记》卷65沧州南皮县：高乐故城"在今县东南三十里。今谓之思乡城，亦曰西乡城"。《清一统志·天津府二》"高乐故城"条引《县志》："即今董镇村。"

②一名柳城。在今陕西蓝田县东南三十三里。《元和志》卷1蓝田县："宋武帝征关中，筑城于此，南人思乡，因以为名。"

思王县　唐武德三年（620）置，属思州。治所在今贵州印江土家族苗族自治县西。据《元和志》卷30思王县："相传云汉时陈丘为牂柯太守，阻兵保据思邛水。汉将夜郎王数万，破丘于此，安抚百胜，时人思慕，遂为县名。"后废。

思毛　即今云南普洱市。明代属车里宣慰司。《明史·云南土司传》：天启间，缅攻车里，宣慰刀韫猛"遁至思毛地，缅追执之以去"。即此。

思邛山　即今贵州印江土家族苗族自治县东南梵净山。《寰宇记》卷122思州思王县："思邛山在县东南，连思邛水。"

思邛水　一名思印江。即今贵州印江土家族苗族自治县南印江河。《方舆纪要》卷122印江县：思印江"源出朗溪司北，流入水德江"。《清史稿·地理志》印江县："思邛江自松桃入，折北流，合一小水入安化（今思南），注乌江。"

思邛江长官司　元置，属思州安抚司。治所即今贵州印江土家族苗族自治县。后讹邛为印，因名思印江长官司。

思邛县　唐开元四年（716）置，属思州。治所即今贵州印江土家族苗族自治县。五代时废。

思龙县　唐贞观中置，属芝州。治所在今广西忻城县东二十五里。北宋废。

思龙驿　亦作思陇驿。即今广西宾阳县西南思陇镇。旧属上林县，明置巡司于此。

思龙镇　即思陇镇。今广西宾阳县西南思陇镇。旧属上林县，明置巡司于此。

思平县　三国吴置，属高凉郡。治所在今广东恩平市北二十里。南朝宋为高凉郡治，南齐改为齐安县。

思归县　南齐置，属安定郡。治所在今湖北南漳县境。后废。

思印江等处长官司　一作思邛江等处长官司。元置，属思州安抚司。治所即今贵州印江土家族苗族自治县。明初属思南宣慰司。永乐中属思南府。弘治七年（1494）改置印江县。

思乐县　1917年改思陵县置，属广西镇南道。治所在今广西宁明县东海渊镇。1928年直属广西省。1953年并入宁明县。

思立砦　北宋置，属龙水县（后改宜山县，在今广西宜州市西北）。熙宁八年（1075）并入龙水县。

思宁县　南齐置，属马门郡。治所疑在今广西博白县境。后废。

思吉港　即苏吉丹。在今印度尼西亚中爪哇锦石一带。《明史·苏吉丹传》："苏吉丹，爪哇属国，后讹为思吉港。国在山中，止数聚落。酋居吉力石。"

思吉寨　明右江十寨之一。在今广西忻城县西南思吉村。明《万历武功录·广西·十寨诸僮列传》："思吉、周安、落洪、古卯、罗墨、古钵、古凭、都者及龙哈、咘咳，右江皆号为十寨。"

思吉镇　在今广西忻城县西南思吉村。明设土巡司戍守。

思达藏　明代西藏地名。明代在乌思藏置都指挥使司，又在全境分封政教领袖五人为王分治辖地。永乐十一年（1413）封萨迦教派高僧为思达藏辅教王。《明史·西域三·辅教王》："辅教王者，思达藏僧也。"辅教王为明代西藏五王之一，其辖地在今西藏日喀则西南部吉隆、定日等县境，其治所在定日县达章村。

思同州　唐置羁縻州，属邕州都督府。治所在广西扶绥县西北思同村。宋属邕州左江道。元属太平路。明属太平府，万历二十八年（1600）废入永康州。

思刚州　唐大历中置羁縻州，属邕州都督府。治所在今广西来宾市西南迁江镇北红水河北岸。北宋天禧四年（1020）改为迁江县。

思问砦　北宋咸平中置，属云安县。在今重庆市云阳县东南。宋曾公亮《武经总要前集》卷20云安军：思问砦"在县南二百里"。

思州　①唐贞观四年（630）改务州置，治所在务川县（今贵州沿河土家族自治县东北）。天宝元年（742）改为安夷郡，乾元元年（758）复改为思州。辖境相当今贵州务川仡佬族苗族自治县、印江土家族苗族自治县、沿河土家族自治县和四川酉阳土家族苗族自治县地。五代废。北宋政和八年（1118）复置，移治今贵州务川仡佬族苗族自治县。宣和中废。南宋绍兴初复置，元至元间改为思州安抚司。

②明永乐十二年（1414）属升华府。治所在持平县（今越南东南部广义省平山县一带）。辖境相当今越南广义省平山及其附近地。宣德二年（1427）以后入安南。

③清雍正九年（1731）置思州土州，属太平府。治所在今广西宁明县东思州村。1916年废。

思州安抚司　元至元中改思州置，属湖广行省。治所在水特姜长官司（今贵州思南县）。明洪武五年（1372）改思南宣慰司。

思州军　南宋绍兴年间置，治所与安夷县同城。即今贵州镇远县。后废。

思州府　明洪武五年（1372）改思州宣慰司置，属贵州布政司。治所即今贵州岑巩县。辖境相当今贵州岑巩、玉屏及铜仁市东南部地。清略有缩小。1913年废。

思州宣抚司 元置，治所在龙泉平长官司（今贵州凤冈县）。不久迁治清江（今岑巩县）。后改置思州宣慰司。

思州宣慰司 元泰定时置，属思州安抚司。治所即今贵州岑巩县。明属湖广行省，洪武五年（1372）改为思州府。

思安县 ①南朝宋置，属晋康郡。治所当在今广西苍梧县、广东封开县境。后属苍梧郡。齐以后废。

②北魏置，属广化郡。治所在今甘肃徽县东南。隋大业初省入河池县。

③北周改重阳县置，为南襄阳郡治。治所即今湖北南漳县。隋开皇十八年（598）改为南漳县。

思安砦 北宋置，属大邑县。在今四川大邑县西五十里。盛产茶，曰思安茶场。元废。

思安塘 在今浙江湖州市西南。《方舆纪要》卷91湖州府：思安塘在“府西南三十里”。

思农州 唐置，为羁縻州，属安南都护府。治所在武郎县（今广西罗城仫佬族自治县西北）。北宋废。

思农县 唐置，属演州。治所在今越南义安省北部。后废。

思农镇 在今广西罗城仫佬族自治县西北。旧属天河县，明置土巡司于此。

思阳县 北宋置，为羁縻文州治。治所在今广西巴马瑶族自治县西北盘阳村。后废。

思远佛寺 又称思远灵图。在今山西大同市北方山上。北魏太和三年（479）建。为北魏皇家寺院。

思吾溪 在今广西罗城仫佬族自治县西南。《方舆纪要》卷109天河县：思吾溪“在县东南二里。下流亦入龙江”。

思来县 唐武德二年（619）置，属通州。治所在今四川达州市北蒲家镇。贞观六年（632）废入通川县。

思助建城 唐西域骨咄国都城。在今塔吉克斯坦库尔干秋别北。

思县 1913年改思州府置，属贵州镇远道。治所即今贵州岑巩县。1923年改为岑巩县。

思良江 在今广西苍梧县北。为桂江支流。《寰宇记》卷164戎城县：“思良江在（梧）州北二十里，一名多盐水。其中鳄鱼状如鼍。”

思良镇 即今广东阳春市东北春湾镇。《明史·地理志》阳春县：“北有思良巡检司，后废。”旧名黄泥湾司，1912年改为春湾圩。

思灵山 亦作思陵山。又名西山。在今广西桂平市西五里。《新定九域志》卷9浔州有“思灵山”。《方舆纪要》卷108桂平县：思陵山“秀峙穹窿，映带府治。上有三清岩。宋淳化初，州守姚嗣宗游此，亦曰姚翁岩。有泉曰乳泉，即思陵水之源”。

思陇镇 即今广西宾阳县西南思陇镇。清乾隆四十三年（1778）置巡司于此。

思陀土司 明洪武中置思陀甸长官司，治所在今云南红河县西南二十八里乐育乡大新寨。清道光元年（1821）迁今红河县西南二十二里乐育。1933年废。

思陀山 在今云南红河县西南。《方舆纪要》卷115思陀甸长官司：思陀山“在司治（今县西南大新寨）东。山顶平夷，有思陀寨遗址”。

思陀甸长官司 明洪武中置，属临安府。治所在今云南红河县西南二十八里乐育乡大新寨。清康熙二十年（1681）改土舍，后属石屏州。道光年间迁治今红河县西南二十二里乐育。1933年废入石屏县。

思陀部 又名官桂思陀部。宋大理置，属秀山郡。在今云南红河县西南二十八里大新寨。元代于此置和泥路。

思茅厅 清雍正十三年（1735）分车里九土司及攸乐地置，属普洱府。治所即今云南普洱市。1913年废为县。

思茅市 1993年撤销云南省思茅县，改设思茅市。2003年撤销思茅地区和县级思茅市，设立地级思茅市；原县级思茅市改置翠云区，市人民政府驻翠云区。2007年思茅市改名普洱市。

思茅县 1913年改思茅厅置，后为云南普洱道驻地。治所即今云南普洱市。1929年直属云南省。1993年改设思茅市。2003年撤销思茅地区和县级思茅市，设立地级思茅市。原县级思茅市改置翠云区。2007年思茅市改名普洱市，翠云区更名思茅区。

思林县 1918年改上林土县置，属广西田南道。治所在驮用（今广西田东县东南思林镇）。1935年改置平治县。

思贤门 北魏平城宫内门阁。在今山西大同市东北。《魏书·高祖纪》载：太和元年（477）七月，“起朱明、思贤门”。

思贤苑 西汉都城长安苑囿。故址不详。《三辅黄图》卷4载：“思贤苑，孝文帝为太子立思贤苑，以招宾客。苑中有堂室六所，客馆皆广庑高轩，屏风帏褥甚丽。”

思贤亭 在今江西南昌市。《水经·赣水注》：“赣水又历白社西。有徐孺子墓。吴嘉禾中，太守长沙徐熙于墓隧种松，太守南阳谢景于墓侧立碑。永安中，太守梁郡夏侯嵩于碑傍立思贤亭。松大合抱。亭世修治，至今谓之聘君亭也。”

思贤铺 在今四川广元市南。清嘉庆《四川通志》卷89广元县：思贤铺在“县南二十里”。

思旺镇 即今广西平南县西北四十里思旺镇。明置秦川巡司于此。清咸丰初，太平军大败清军于此。

思明州 ①唐置羁縻州，属邕州都督府。治所在今广西宁明县东明江镇。北宋属邕州。元世祖至元二十四年（1287）改为思明路。

②北宋开宝四年（971）改思唐州置，治所在武

郎县（今广西平南县北马练瑶族乡）。辖境相当今广西平南县西北及相邻的金秀瑶族自治县部分地。五年（972）废。

③元世祖至元中置，属思明路。治所在今广西宁明县。明郭子章《郡县释名》广西卷：思明州“以明江名也”。明洪武二年（1369）属思明府，万历十六年（1588）改属太平府。清雍正十一年（1733）改为宁明州。

思明县 1913年裁厦门厅改县并易名，为福建南路道治。1914年为厦门道治。治所即今福建厦门市。1928年直属福建省。1935年撤销，原城区及鼓浪屿区并入厦门市，禾山区划归同安县。

思明府 明洪武二年（1369）改思明路置，属广西行中书省。治所在今广西宁明县东明江镇。后属广西布政使司。辖境相当今广西宁明县附近地。清雍正十一年（1733）废。

思明路 元世祖至元二十四年（1287）改思明州置，属岭南广西道。治所在今广西宁明县东明江镇。辖境相当今广西宁明、上思二县，凭祥市及扶绥、崇左二县部分地。明洪武二年（1369）改为思浪府。

思忠砦 北宋政和中置，属观州。治所在今广西东兰县境。宣和三年（1121）废。

思罗 在今广西藤县西南。《方舆纪要》卷108藤县“白石砦”条下：“又思罗巡司在县南百三十里思罗村。洪武中置，旋废。”

思和县 唐长庆三年（823）改平原县置，属思唐州。治所在今广西平南县西北思和镇。北宋开宝五年（972）废入武郎县。

思岳池 在今四川岳池县东北四十里顾县镇。《旧唐书·地理志》岳池县：“初治思岳池，开元二十年移治今所。”

思依山 在今四川阆中市西北七十里思依镇。《舆地纪胜》卷185阆州：思依山“在晋安县北二十里。汉朝罗冲霄张道陵隐居所。其山东西二水，东观今之元封也，有峻仙洞、捣药台、俗丹井、炼丹炉存焉。西观今之延禧也，有平仙洞、捣药臼、卓剑穴，石棋局存焉”。

思依堡 即今四川阆中市西北思依镇。《清一统志·保宁府二》：思依堡“在南部县西北思依山”。

思诚州 ①唐置羁縻州，属邕州都督府。治所在今广西大新县西南恩城乡。宋属邕州左江道。元属太平路。明洪武初改为思城州。

②亦作思城州、恩城州。唐置羁縻州，属邕州都督府。治所在今广西平果县北榜墟镇南。北宋改为思城州。

思隶县 唐贞观元年（627）置，属泸州。治所在今四川江安县南境。十二年（638）废入江安县。

思经百户所 在今四川天全县西南思经乡。《明史·地理志》：天全六番招讨司，有思经百户所。

思城州 ①亦作恩城州。北宋置羁縻州，属邕州右江道。治所在今广西平果县北榜圩镇南。元属田州路。明属田州府。弘治五年（1492）废。

②明洪武初改思诚州置，属太平府。治所在今广西大新县西南恩城乡。清雍正十一年（1733）废。

思政观 北魏平城宫观。在今山西大同市附近。《魏书·汝阴王传》载：汝阴王天赐卒，“高祖哭于思政观”。

思南长官司 明成化以后置，属高罗安抚司。治所在今湖北宣恩县南椒园。清废。

思南县 1913年改思南府置，属贵州镇远道。治所即今贵州思南县。县在思邛水之南，故名。1923年直属贵州省。

思南府 明永乐十一年（1413）改思南宣慰司置，属贵州布政司。治所在水德江长官司（后改安化县，即今贵州思南县）。辖境相当今贵州思南、德江、印江土家族苗族自治县、沿河土家族自治县、务川仡佬族苗族自治县地。1913年废。

思南宣慰司 明洪武五年（1372）置，属湖广。治所在水德江长官司（今贵州思南县）。永乐十一年（1413）改为思南府。

思顺州 唐置羁縻州，属桂州都督府。治所在安宁县（今广西柳江县西南）。北宋庆历四年（1044）废。

思亮州 唐置羁縻州，属嶲州都督府。治所在今四川凉山彝族自治州东境昭觉县东北竹核乡。后废。

思浑河 即今新疆塔里木河支流阿克苏河。《新唐书·地理志》：“拨换城，一曰威戎城，曰姑墨州，南临思浑河。”

思结部 隋、唐铁勒十五部之一。在今蒙古国西南拜达里格河上游以东、杭爱山东麓一带。《新唐书·回鹘传下》：“奚结处同罗北，思结在延陀故牙。”

思恭山 在今四川阆中市东北七十里。极高峻。唐置思恭县于此。《方舆纪要》卷68阆中县“文成山”条内：“又东南三十里曰思恭山……思恭县盖置于山下。”

思恭县 唐武德元年（618）析阆中县置，属隆州。治所在今四川阆中市东北七十里二龙镇。七年（624）省入阆中县。

思晏水 即今四川兴文县之兴文河（红桥河），为长宁河上源。《寰宇记》卷85泸州江安县：思晏江“水从晏州流下，合流至绵水”。

思晏江 即今重庆市大足、荣昌和四川泸县之濑溪河（胡市河）。《清一统志·泸州》：思晏江“在州北六十里。自荣昌县界来，南流四十里，绕玉蟾山下，又南入资江”。

思晏县 唐仪凤二年（677）置，属晏州。治所在今四川兴文县西北。《方舆纪要》卷70兴文县：思晏废县“今县西南有晏峰，思晏县旧置于山下”。后废。

思恩州 唐置羁縻州，属邕州都督府。治所在今广西平果县东北旧城镇。北宋属邕州右江道。元属田州路。明属广西布政使司。正统五年（1440）升为思恩府。

思恩县　唐贞观十二年（638）置，属环州。治所在今广西环江毛南族自治县东。北宋熙宁八年（1075）属宜州。徙治带溪砦（今县北），元丰六年（1083）复徙旧治。南宋属庆远府。元属庆远南丹安抚司，移治今环江县西环江上环江洲。明属庆远府，永乐二十二年（1424）迁清潭村（今县东南清潭村），宣德三年（1428）迁白面山寨，成化八年（1472）迁欧家山（今环江毛南族自治县）。正德元年（1506）改属河池州。清属庆远府，顺治九年（1652）迁治清潭村，十五年（1658）还治今环江毛南族自治县。民国初属广西柳江道。1928年直属广西省。1951年和宜北县合并为环江县。

思恩府　明正统五年（1440）改思恩州置，属广西布政使司。治所在今广西平果县东北旧城镇。辖境相当今广西武鸣、马山、都安瑶族自治县及平果县东北部地。七年（1442）迁治乔利城（今武鸣县北）。嘉靖七年（1528）又迁治今武鸣县北府城镇（旧思恩府）。弘治末改设流官。清属广西省。1912年改为武鸣府。

思峨州　①唐天授二年（691）置羁縻州，属泸州都督府。治所在今四川珙县西北。《舆地纪胜》卷166长宁军：思峨州“去军五十里”。北宋熙宁以后废。

②即思峨洞。在今四川兴文县西北僰王山镇袁家洞。《宋史·赵遹传》：政和五年（1115）讨晏州卜漏，“遹与别驾马觉、张思正分道出，期会于晏州。思峨州近而固，遹遣王育先破之”。即此。

思峨县　唐仪凤二年（677）置，为晏州治。治所在今四川兴文县西北兴文镇。后废。

思峨洞　在今四川兴文县西北僰王山镇。《舆地纪胜》卷153泸州：思峨洞“距州二百里，隶乐共城。初入稍隘，已乃渐阔，石髓凝结，千态万状。前行数丈，豁然宛若堂室，周匝可五七丈。又数十步，深明高广，可容数百客。俗传游人饮于此，肴核狼藉，经夕视之无见焉，竟不可诘”。宋《通鉴长编纪事本末·讨卜漏》：初梅岭知砦高公老，“常携其妻以金玉器与卜漏辈饮思峨洞”。即此。

思逢县　唐贞观元年（627）置，属泸州。治所在今四川江安县南境。十三年（639）废入江安县。

思唐山　在今贵州思南县东北四里。《方舆胜览》作唐山。《明一统志》卷88思南府：思唐山“南连河只水，北枕内江水”。内江即水德江。

思唐州　①唐永隆二年（681）析龚、蒙、象三州置，治所武郎县（今广西平南县北马练瑶族乡）。辖境相当今广西平南县西北及相邻的金秀瑶族自治县部分地。开元二十四年（736）改为羁縻州，建中元年（780）升为正州，北宋开宝四年（971）改为思明州。

②北宋改思浪羁縻州置，属邕州左江道。治所在今越南高平省下琅附近。明分置上、下思朗州。

思浪州　北宋改思浪羁縻州置，属邕州左江道。治所在今越南高平省下琅附近。明分置上、下思朗州。

思陵　①金熙宗陵。在今北京市房山区西北十五里大房山云峰山麓。《清一统志·顺天府四》：“大定二十八年，改葬熙宗于峨眉谷，曰思陵。”

②明思宗朱由检的陵墓。在今北京市昌平区北明十三陵中，位于昭陵西南六里锦屏山下。顾炎武《昌平山水记》卷上：“悼陵之东为鹿马山，有田贵妃之墓。”崇祯十七年（1644）明亡，崇祯皇帝及周皇后自缢，葬于田贵妃墓内，移田妃于崇祯之右，周后之左。清改称思陵。

思陵山　即思灵山。在今广西桂平市西五里。《方舆纪要》卷108桂平县：思陵山“一名西山，亦曰西陵。秀峙穹窿，映带府治。上有三清岩”。

思陵戍　在今河南淮阳县西北二十里。《魏书·王慧龙传》：谢晦起兵江陵，引慧龙为援。“慧龙督司马灵寿等一万人拔其思陵戍。”即此。

思陵州　唐置羁縻州，属安南都护府。治所在今广西宁明县东南思陵河北岸思陵。宋属邕州左江道。元属思明路。明洪武三年（1370）废，二十一年（1388）复置，直隶广西布政司。辖境相当今广西宁明县南部地。清属太平府。1916年废。

思陵县　1916年置，属广西镇南道。治所在今广西宁明县东海渊镇。次年改为思乐县。

思琅州　唐置羁縻州，属邕州都督府。治所在今越南高平省下琅一带。北宋改为思浪州。

思勒　在今广西东兴市东北。明洪武中属如昔巡检司统辖，嘉靖三十年（1551）设营戍守。

思乾井　在今广东高州市东。《寰宇记》卷161茂名县：思乾井“在县东一里。潘真人炼丹之水，味甚香美，煎茶试之，与诸水异。高力士尝奏取其水归朝”。

思常河　在今安徽太湖县南。《方舆纪要》卷26太湖县：思常河“在县南三十里，与宿松县分界”。

思野堡　在今山西万荣县西南。旧属荣河县。《清一统志·蒲州府》：思野堡“在荣河县东”。

思崖泉　在今广西大新县东北。《明一统志》卷85太平府：思崖泉“有二，俱在万承州（治今龙门镇）西五里。灌溉田亩”。

思笼县　唐乾元间置，属邕州。治所在今广西隆安县南。北宋开宝五年（972）废入宣化县。

思麻山　在今湖南吉首市南六十里。《方舆纪要》卷81镇溪千户所：思麻山“两山夹立相向，水流为思麻溪”。

思渠　即今贵州沿河土家族自治县西北思渠镇。明弘治十四年（1501）酉阳蛮侵沿河司地，乃自石阡府迁板桥巡司于此。

思塔节寨　明代西藏地名。即今西藏拉萨市辖达孜县别称。

思答笼剌　元代西藏地名。《元史·百官志三·宣政院》载：乌思藏纳里速古鲁孙等三路宣慰使司都元帅府，其属附见有思答笼剌万户。《汉藏史集》、《增续源流》等藏文史籍载，乌思藏十三万户中，乌思地区（前藏）六个万户中有达隆万户，亦作达万户、达隆巴拉主万户。其治所在今拉萨市达隆境。

思腊（臘）河 即今贵州安顺市及普定县北之三岔河。《方舆纪要》卷123普定卫：思腊河“在卫北境，接水西界。（明）天启初，官军议讨水西，使黔兵由普定渡思腊河径趋贼巢，谓此”。

思善县 三国魏改思善侯国置，属谯郡。治所在今安徽亳州市南八十里古城镇。西晋废。

思善侯国 东汉章和二年（88）析城父县置，属汝南郡。治所在今安徽亳州市南八十里古城集。三国魏改为思善县。

思勤县 唐圣历元年（698）置，属富州。治所在今广西昭平县东北思勤江西岸走马乡陶唐村。二年（699）为武安州治。开元二年（714）仍属富州。天宝初属开江郡。乾元初复属富州。北宋天宝五年（972）废。

思蒙水口 思蒙江注入岷江之口。在今四川青神县南瑞峰镇。《旧唐书·地理志》青神：“本治思蒙水口，武德八年，移于今治。”

思微山 在今广西鹿寨县北。《明一统志》卷83柳州府：思微山“在洛容县治北。顶有泉穴，四时不涸”。

思禀管 在今广西防城港市防城区西南那良镇一带。《宋史·交阯传》：皇祐四年（1052）“寇钦州思禀管”。

思慕部 唐黑水靺鞨十六部之一。分布在今俄罗斯哈巴罗夫斯克边疆区黑龙江下游共青城一带。开元间属黑水都督府。《新唐书·黑水靺鞨传》：“初，黑水西北（按，西应为东之误）又有思慕部。”

思管镇 在今广西融安县南沙子乡北三睦墟。旧属融县。明、清置巡司于此。

思摩部 又作思麽、思麻。宋大理置，属威楚府。即今云南普洱市。元代属元江路。

思寮县 唐置，属羁縻蕃州。治所在今广西宜州市西南。北宋废。

思濛江 亦作思蒙水、斯磨河。即今四川眉山市西之思蒙河。《元和志》卷32丹棱县：思濛水“在县西北二十五里”。《寰宇记》卷74丹棱县：思濛水“在县西二十五里，出蒲州（江）山泉，东流入通义县”。至青神县南入岷江。

思濛铺 即今四川眉山市西南思蒙镇。明正德《四川志》卷20有思濛铺。清嘉庆《四川通志》卷89眉州：思濛铺“在州南四十里”。

思濛镇 北宋置，属眉山县。即今四川眉山市西南四十里思蒙镇。

思壁州 唐贞观中置，属云中都督府。为羁縻州。当在今内蒙古乌兰察布市西部。

思懃江 古名灵溪水。又名富川水。即今广西昭平县东北、钟山县西之思勤江。《方舆纪要》卷107昭平县：思懃江在“县东北百里。《志》云：源出富川县界丹霞洞，流经白藁洞，至思勤废县，与韦峒浊水江合，又西南入于府江（漓江）”。

思曩日安抚司 明正统十一年（1446）置，属松潘卫。治所在今四川松潘县南镇江关。《明史·四川土司传》：洪武二十六年（1393），“西番思曩日等族来归，进马百三十四，命给金铜信符并赐文绮袭衣”。弘治三年（1490），“免思曩日安抚等十六族明年朝觐，以守臣言其地方灾伤也”。

贵 贵州省的简称。以境内有贵山而得名。

贵人山 在今广东五华县西北。《方舆纪要》卷103长乐县：贵人山“在县西南三十里。上有井，常盈不竭”。

贵人村 即今广东丰顺县西南下八镇南贵人村。清有把总驻守。

贵口 一作鳠口。又名贵池口、池口。即今安徽池州市秋浦河入江口。《宋书·张兴世传》：刘胡遣袁𫖮部将沈仲玉领千人取南陵，迎接粮运，“行至贵口，不敢进”。《水经·沔水注》：“江水自石城东入为贵口。”

贵口城 即今安徽池州市西北池口镇。《资治通鉴》：南朝宋泰始二年（466），刘胡将沈仲玉将千人趣南陵迎粮，行至贵口，不敢进。“张兴世遣寿寂之、任农夫等将三千人至贵口击之”，即此。胡注：“《水经注》：江水至石城东入为贵口。今池州贵池县之池口即贵口也。”

贵山 ①在今江西分宜县北四十五里。《方舆纪要》卷87袁州府分宜县：贵山“地产铁。《唐志》，宜春县有铁。宋雍熙初置贵山铁务，盖以此。后废”。

②在今贵州贵阳市北二里。《方舆纪要》卷121贵阳府：贵山“入蜀之道也。一名贵人峰。贵州之名以此”。

贵山城 本西域大宛国都，即今乌兹别克斯坦塔什干东南卡散赛。《汉书·西域传》：“大宛国，王治贵山城，去长安万二千五百五十里。”

贵山镇 北宋属分宜县。在今江西分宜县北贵山下。《元丰九域志》卷6袁州：分宜有“贵山、石分二镇，贵山一铁务”。《方舆纪要》卷87袁州府分宜县：贵山“宋雍熙初置贵山铁务，盖以此。后废”。

贵子墟 即今广东信宜市东北贵子镇。清光绪《高州府志》卷10信宜县：贵子在“县北一百八十里”。

贵乡县 东魏天平二年（535）置，属魏尹。治赵城（今河北大名县西北）。北周移治孔思集寺（今大名县东北大街乡），属昌乐郡。隋为武阳郡治。唐为魏州治。五代晋改名广晋县。

贵长池 一作贵口。又名贵池、池口。即今安徽池州市秋浦河入江口。《水经·沔水注》：“南江又东，与贵长池水合，水出县南郎山，北流为贵长池，池水又北注于南江。"

贵长池水 一作贵池水。即今安徽池州市秋浦河下游。《水经·沔水注》:"南江又东,与贵长池水合。水出县南郎山,北流为贵长池,池水又北注南江。"郎山,即今池州市西南六十里殷家汇琅山岩。

贵平山 在今四川仁寿县东北。唐杜佑《通典》卷175《州郡典》:"贵平,汉广都县地。后周置今县,有贵平山,因以为名。"

贵平县 西魏废帝二年(553)置,为和仁郡治。治所在今四川简阳市西南镇金镇。以贵平山为名。隋属隆山郡。唐属陵州。开元十四年(726)移治禄川(在今仁寿县东北六十里贵坪)。北宋属陵井监,熙宁五年(1072)废入广都县。南宋乾道六年(1170)复置,属隆州。元废。

贵平镇 ①北宋置,属平泉县。在今四川简阳市西南四十里。

②北宋熙宁五年(1072)废贵平县置,属广都县。在今四川仁寿县东北六十里贵坪。南宋乾道六年(1170)复升贵平县。

贵西道 1914年由黔西道改置,属贵州省。治安顺县(今贵州安顺市)。辖境约当今贵州金沙、黔西、清镇、平坝、安顺、紫云、望谟、册亨以西地区及赤水市。1917年徙治毕节县(今贵州毕节市)。1923年废。

贵屿 即今广东汕头市潮阳区西北贵屿镇。《明史·地理志》普宁县:"嘉靖四十二年正月以潮阳县氵戊水都置,析洋乌、黄坑二都地益之,寄治贵山都之贵屿。"

贵屿村 即今广东汕头市潮阳区西北贵屿镇。明初于此置吉安巡司。

贵竹长官司 明洪武五年(1372)置,属贵州宣慰司。治所即今贵州贵阳市。万历十四年(1586)改置新贵县。

贵州 唐贞观八年(634)改南尹州置,治所郁平县(今广西贵港市)。天宝元年(742)改为怀泽郡,乾元元年(758)复为贵州。辖境相当今广西贵港市地。元属广西道肃政廉访司。大德九年(1305)以州治郁林县省入。明洪武三年(1370)降州为贵县。

贵州卫 明洪武四年十二月(1372年1月)置,属四川都司。治所即今贵州贵阳市。永乐间改属贵州都司。清康熙二十六年(1687)废。

贵州巡抚 明正统四年(1439)命都御史出镇,十四年(1449)置总督,镇守贵州、湖北、川东等处。景泰元年(1450)另设贵州巡抚。成化八年(1472)废,十一年(1475)复置。正德二年(1507)废,五年(1510)复置。嘉靖四十二年(1563)裁总督,命巡抚兼理湖北、川东等处提督军务。驻贵阳府(治今贵州贵阳市)。辖贵州所属府州、贵州宣慰司、贵州都司所属卫所,兼制四川乌撒、镇雄军民府,永宁宣抚司,播州宣慰司,湖广都司铜鼓、五开等卫所,广西泗城、南丹等州,云南沾益等州。清初废,顺治十六年(1659)复置贵州巡抚,辖贵州省。民国废。

贵州驿 在今贵州贵阳市北。《方舆纪要》卷121贵阳府:贵州驿"在府城北"。

贵州省 明永乐十一年(1413)分湖广、四川、云南三布政司地置贵州布政司,治所在贵州宣慰司(今贵阳市)。辖境相当今贵州省大部分地区。清为贵州省。治贵阳府(今贵阳市)。康熙四年(1665)将四川的乌撒府改为威宁府(今威宁彝族回族苗族自治县),划归贵州。雍正六年(1728)又将遵义府划归贵州。十年(1732)荔波县由广西划归贵州。至此贵州省辖境大体与今相当。因贵州地古称黔中,故简称"黔"。

贵州前卫 明洪武二十六年(1393)分贵州卫置,属四川都司。治所即今贵州贵阳市。永乐间改属贵州都司。清康熙二十六年(1687)废。

贵州宣慰司 明洪武五年(1372)改八番顺元宣慰司置,属四川行省。治所即今贵州贵阳市。永乐十一年(1413)改属贵州布政司。成化十年(1474)分置程番府(后改置贵阳府),辖境缩小。清初废。

贵州都司 明洪武十五年(1382)置,驻贵州宣慰司(治今贵州贵阳市)。领龙里、新添、安南、威清、平坝、毕节、赤水、普市等实土卫、所及土官龙里卫所属大平伐、新添卫所属新添等长官司,辖境相当今贵州龙里、贵定、晴隆、平坝、清镇、毕节、安龙等市县及四川叙永县南部地。清废。

贵州等处长官司 元置,属顺元路军民安抚司。治所即今贵州贵阳市。明洪武五年(1372)改为贵竹长官司。

贵池 一作贵长池。即贵口。今安徽池州市贵池区秋浦河入江口。《寰宇记》卷105贵池县:贵池,"按顾野王《舆地志》云,梁昭明太子食此水鱼美,遂立名焉"。《元和志》卷28池州:"梁昭太子以其水鱼美,故封其水为贵池。今城西枕此水……。永泰二年,江西观察使李勉奏置池州,因武德四年总管左难当所奏旧名,取贵池以为州号也。"

贵池水 一作贵长池水。即今安徽池州市贵池区秋浦河下游。《元和志》卷28秋浦县:"贵池水在县西七里。"

贵池市 1988年改贵池县置,治今安徽省池州市区。2000年撤销,改设池州市贵池区。

贵池县 五代杨吴顺义六年(926)改秋浦县置,为池州治。治所即今安徽池州市贵池区。以贵池水口为名。元为池州路治。明为池州府治。民国初属安徽芜湖道。1928年直属安徽省。1988年改设贵池市。2000年撤销池州地区和县级贵池市,设立地级池州市。原县级贵池市改置贵池区。

贵阳市 1930年国民党南京政府行政院同意设市。1936年组成市筹备处。1941年正式由贵阳县城区析置贵阳市,由省直辖。治所即今贵州贵阳市。1949年仍置贵阳市（地级），为省人民政府驻地。

贵阳县　1913年改贵阳府置，为贵州省会。治所即今贵州贵阳市。1941年改设贵阳市。

贵阳府　明隆庆三年（1569）改程番府置，属贵州宣慰司。治所在贵竹长官司（后改置新贵县，即今贵州贵阳市）。清康熙二十六年（1687）增置贵筑县，与新贵县同为贵阳府治（后省新贵入贵筑）。辖境相当今贵州贵阳市及开阳、惠水、长顺、修文、息烽、贵定、龙里、罗甸等县地。明、清两代皆为贵州省会所在地。1913年废。

贵县　明洪武三年（1370）降贵州置，属浔州府。治所即今广西贵港市。明郭子章《郡县释名》广西卷：贵县“以宜贵山名也。宜贵山在县北，故又名北山”。民国初属广西苍梧道。1928年直属广西省。1988年改设贵港市。1995年升为地级市。

贵县千户所　明置，属南宁卫。治所即今广西贵港市。

贵林州　唐开元十七年（729）置羁縻州，属黎州都督府。治所在今四川峨山彝族自治县西南大堡乡。北宋以后废。

贵定县　明万历三十六年（1608）析新贵县及定番州地置，属贵阳府。治所在今贵州贵定县西南四十里旧治镇。清康熙二十六年（1687）省新添卫入贵定县，移治卫城（即今贵定县）。据郭子章《郡县释名》贵州卷：贵定县“取贵州底定之义”。

贵南县　1933年8月闽浙赣革命根据地由贵溪县南部设置，驻冷水坑（今江西贵溪市南冷水镇）。1934年1月废。

贵洲　在今江苏镇江市西北长江中。《隋书·郭衍传》：开皇十年（590），衍“领精锐万人先屯京口。于贵洲南，与贼战，败之”。即此。

贵原山　在今江西贵溪市南一百里。东连火烧岭，南通福建光泽县，西连昂山，北接鳜鱼峰。《寰宇记》卷107信州贵溪县：贵源山“广七十余里。内多良田，物产蕃庶”。《方舆纪要》卷85广信府贵溪县：贵源山“民俗淳厚。宋叶梦得常经此，题壁曰新丰，今因有新丰街”。

贵烈河　即今内蒙古科尔沁右翼前旗西归流河，为洮儿河支流。《元史·土土哈传》：败叛王火鲁哈孙于兀鲁灰河（今内蒙古东乌珠穆沁旗乌拉根果勒），“还至哈剌温山，夜渡贵烈河，败叛王哈丹”。即此。

贵勒尔河　亦名贵烈河。即今内蒙古科尔沁右翼前旗西北之归流河，为洮儿河支流。《清一统志·科尔沁》：贵勒尔河“在右翼前旗北八十里。自右翼界鹤五河，东北流会榆河，为贵勒尔河，经魁勒库山，东南流会阿尔达尔河，入洮儿河”。

贵筑县　清康熙二十六年（1687）废贵州、贵前二卫改置，与新贵县同为贵阳府治（后省新贵入贵筑）。治所即今贵州贵阳市。1913年移治息烽城，改名息烽县。1930年复改贵阳县为贵筑县，迁治花溪。1957年并入贵阳市。

贵港市　1988年撤销贵县，改设贵港市，属玉林地区。1995年贵港市升为地级市，改由广西壮族自治区直辖。设立贵港市港北区、港南区。贵港市人民政府驻港北区。

贵溪　今江西信江经贵溪市南名曰贵溪。又名芗溪。《寰宇记》卷107信州贵溪县：贵水“在县南二里。源发于据岭，西流入安仁港”。《方舆纪要》卷85广信府贵溪县：芗溪“在县城南。相传溪旁产郁金香草，因名。一名贵溪。其上流即上饶江也，自弋阳县流入境，会于须溪”。

贵溪务　在今安徽祁门县西南四十里。《清一统志·徽州府二》：贵溪务“在祁门县南七十里，宋置，元废”。

贵溪市　1996年撤销江西省贵溪县，改设贵溪市，市人民政府驻雄石路。由鹰潭市代管。

贵溪县　唐永泰元年（765）分余干、弋阳二县地置，属信州。治所在今江西贵溪市西一里。《元和志》卷28信州：贵溪县“在贵溪口，因以为名”。元属信州路，移治今贵溪市。明属广信府。民国初属江西豫章道。1926年直属江西省。1996年改设贵溪市。

贵端水　即今辽宁沈阳市东北浑河。源出辽宁新宾满族自治县西北滚马岭，西南流经沈阳市南，至辽阳市四十里会入辽河。《旧唐书·程务挺传》：永徽六年（655），程名振“率兵破高丽于贵端水，焚其新城”。即是。

贵端城　在今辽宁抚顺市浑河北岸高尔山前。《新唐书·薛仁贵传》：显庆三年（658），“诏副程名振经略辽东，破高丽于贵端城”。辽为贵德城。

贵德厅　清乾隆五十七年（1792）置，属西宁府。治所即今青海贵德县。1913年改为贵德县。

贵德文庙及玉皇阁　在今青海贵德县（河阴镇）。占地4.07万平方米，建筑面积为4901平方米。是一处集儒释道于一体的古建筑群，包括玉皇阁、文庙、大佛寺、关岳庙、城隍庙、民众教育馆六个院落及贵德古城和古校场。玉皇阁始建于明万历二十年（1592），清道光十七年（1837）扩建，光绪年间重建。为三层楼阁，通高26米，建于高9.9米的砖包土筑台基上。古城筑于明洪武十三年（1380），现东、西、北三面基本完好，城门、敌楼均无存。文庙包括棂星门、泮池、戟门、乡贤祠、大成殿等。大佛寺仅存大雄宝殿，内供三世佛。关岳庙包括山门、戏台、过厅、钟鼓楼、厢房和正殿，供奉关羽、岳飞、马祖。城隍庙包括过厅、正殿、后寝宫等。民众教育馆建于1927年，藏书楼因上层倾斜，20世纪50年代被拆除，现仅存下层。玉皇阁古建筑群兼容儒释道，彼此相依并存，其布局为国内罕见。2001年贵德文庙及玉皇阁被定为全国重点文物保护单位。

贵德州　①辽太宗时置，治所在贵德县（今辽宁抚顺市区浑河北岸高尔山前）。辖境相当今辽宁抚顺市及抚顺县一带。元废。

②元至元中置，属吐蕃等处宣慰司。治所即今青海贵德县。后废。

贵德县　①辽置，为贵德州治。治所在今辽宁抚顺市区浑河北岸高尔山前。元废。

②1913年改贵德厅置，属甘肃西宁道。治所即今青海贵德县。1928年划归青海省。

贵霜王国　中亚古国名。公元前130年前后，大月氏征服大夏，分置五翕侯管辖国内地方。公元1世纪初，贵霜翕侯丘就却兼并四翕侯，建贵霜王国。都蓝氏城（今阿富汗北部巴里黑）。《后汉书·西域传》：丘就却越过兴都库什山“侵安息（指阿富汗南部的安息人），取高附（今阿富汗喀布尔附近）地，又灭濮达、罽宾”，占有喀布尔河流域。3世纪中叶以后受印度笈多王朝及波斯萨珊王朝侵凌，逐渐衰弱，至5世纪中叶为哒所灭。

贵霜州　唐永徽中置，属安西都护府。治所在今乌兹别克斯坦撒马尔罕西北。后废。

贵霜匿国　即何国。国都在今乌兹别克斯坦撒马尔罕西北。《新唐书·西域传》：“何，或曰屈霜你迦，曰贵霜匿，即康居小王附墨城故地。”

虹县　①东汉改虹县置，属沛国。治所在今安徽五河县西五十二里东刘集镇附近。东晋废。

②唐武德四年（621）析夏丘县置，为仁州治。治所在今安徽固镇县东南仁和集乡。贞观八年（634）移治今泗县，属泗州。元和四年（809）属宿州。金属泗州。清乾隆四十二年（1777）废入泗州。

虹星桥镇　即今浙江长兴县西南十八里虹星桥镇。清同治《长兴县志》卷1：虹星桥镇“在县西南二十五里。西引四安，南控梅溪，藩卫县城，溯游郡治。嘉、道之间列肆联廛，颇称繁庶”。

虹桥　①在今北京市通州区东南三十里。《元史·孛罗帖木儿传》：至正二十五年（1365），也速自永平勒兵西讨孛罗帖木儿，孛罗“遣骁将姚伯颜不花统兵出御，至通州，河溢，营虹桥以待，也速出其不意，袭而破之”。即此。

②在今上海市闵行区北十六里虹桥镇。清光绪《江苏全省舆图》：上海县西南有“虹桥”。

③即红桥。在今江苏扬州市北门外。《扬州画舫录》卷10引《扬州府志》称：红桥“一名虹桥。朱阑跨岸，绿杨盈堤，酒帘掩映，为郡城胜游地”。《清一统志·扬州府二》：虹桥“在甘泉县北门外。一名红桥。翼以朱栏，岸多植柳，为郡人游观之地。乾隆十六年有御制虹桥诗”。今桥为1972年重建。

虹桥关　明置，属松潘卫。在今四川松潘县北二十八里。《明史·李祯传》：“虹桥关为松城咽喉。”关因桥名。明曹学佺《蜀中广记》卷31《边防记》：“漳腊下七里为虹桥关，系松城北隘。《志》云：松州北二十里有落虹桥，长二十丈，饷道所必经也。”

虹桥镇　①亦作红桥镇。即今江苏扬州市邗江区东南四十里红桥镇。民国《江都县续志》卷1：虹桥镇“在县城东南，桥跨扬子桥闸下引河，下游东与佛感洲相接”。

②民国时置，即今浙江乐清市东北二十六里虹桥镇。

虹梯关　明嘉靖中置，在今山西平顺县东北二十里虹梯关村。《清一统志·潞安府一》：虹梯关巡司“旧曰洪梯子，千峰壁立，径路峭狭，下临无底之壑，石磴盘回，望若虹霓”。

虹溪镇　即今云南弥勒县西南六十三里虹溪镇。旧名十八寨，清光绪十七年（1891）改今名。

虹螺岘镇　清置，属锦西厅。即今辽宁葫芦岛市北虹螺岘镇。

虾子场　即今贵州遵义县（南白镇）东北虾子镇。清道光《遵义府志》卷6遵义县：虾子场在“城东七十里”。

虾岐山　清属定海县。即今浙江舟山市南海中虾峙岛。

虾港（虾 xiā）　在今上海市崇明县东北部。《方舆纪要》卷24太仓州崇明县“清潭港”条下：虾港“俗传宋高宗南渡至此，有大虾二，涌水挟船出海，因名”。

虾蟆屯　即今山东潍坊市东南车留镇。清光绪《山东通志》卷2《舆图志》：潍县东南有虾蟆屯。民国《潍县志稿》卷6：虾蟆屯“距城四十里”。

虾蟆圩镇　即今江苏泰兴市东南三十二里曲霞镇。清光绪《江苏全省舆图》：泰兴县东南有“虾蟆圩”。1949年改名曲霞镇。

虾蟆岭　在今内蒙古克什克腾旗西南。《清一统志·克什克腾》：虾蟆岭“在旗（旧驻地在今克什克腾旗东南瑞芝乡）西南六十里”。

虾（蝦）蟆泉　在今河南陕县老城西门外。《明一统志》卷29河南府：虾蟆泉“在陕州城西门外，水自石眼流出，内生蝌蚪，祷雨即应”。

虾蟆陵（虾 há）　西汉董仲舒的陵墓。在今陕西西安城东南。李肇《唐国史补》卷下：“旧说董仲舒墓门，人过皆下马，故谓之下马陵。后语讹为虾蟆陵。”白居易诗《琵琶行》曰：“家在虾蟆陵下住。”

虾蟆塘　在今俄罗斯滨海边疆区绥芬河下游东岸双城子南。清属宁古塔副都统。清曹廷杰《西伯利东偏纪要》：“虾蟆塘在双城子东南八十三里强，即俄里三十七里。东南距海参崴俄里五十九里。其处为绥芬河入海门户，扼海参崴陆路咽喉。”清咸丰年间被俄割占。

虾蟆碚　在今湖北宜昌市西陵区西扇子岩下。南宋陆游《入蜀记》：过扇子峡“登虾蟆碚，《水品》所载第四泉是也。虾蟆在山麓临江，头鼻吻颔绝类，而背脊炮处尤逼真。造物之巧有如此者。自背上深入，得一洞穴，石色绿润，泉泠泠有声自洞出，垂虾蟆口鼻间，成水帘入江”。

蚁尖寨　在今河南林州市西北。金末置于蚁尖山。《续资治通鉴》：南宋宝庆三年（1227），蒙古史天泽破金将武仙于真定之高公、抱犊诸寨，仙走入汲县，“天泽复取相、卫、蚁尖、马武等寨”。

蚂延河　又作蚂蜒河、妈言河。即今黑龙江省延寿县东蚂蜓河。《清一统志·吉林一》：玛延河“在阿勒楚喀城东北二百里。源出玛展窝集，北流入混同江”。

蚂蚁屯　清置，在今辽宁凌海市西南。乾隆《钦定盛京通志》卷26义州：小凌河“至锦县蚂蚁屯入海”。即此。

蚂蚁寨　在今贵州台江县西北。清咸丰五年（1855）张秀眉领导苗族起义于此。

蚂蜓河　亦名烧锅甸子。即今黑龙江省延寿县（延寿镇）。因濒蚂蜓河得名。清光绪《吉林通志》卷25：宾州厅“分防巡检署在玛蜓河，亦曰烧锅甸子。光绪六年建”。光绪二十八年（1902）置长寿县。

蚂蜓窝集　在今黑龙江省尚志市东南。清光绪《吉林通志》卷18：玛延窝集“吉林城东北四百五十里”。《清史稿·地理志》长寿县：“蚂蜓窝集岭，蚂蜓河出。”

虽哈河　即今黑龙江省延寿县东蚂蜓河支流东亮珠河。源出张广才岭西麓。北流入蚂蜓河。清齐召南《水道提纲》卷25：妈言河“又北流，有虽哈河来会”。

品甸千户所　蒙古宪宗七年（1257）改品淡赕置，属大理下万户所。治所即今云南祥云县。元世祖至元十一年（1274）改为云南州。

品甸陂　在今云南祥云县东北十里。即品甸湾。元尝置品甸千户。或曰蒙氏尝置品甸县，以县后所分团山坝之水，贮于陂中，以灌城北之田，仍归青龙海。《清一统志·大理府》引《云南通志》：“旧引宝泉山水，蓄于周官、品甸二陂以备农，岁久湮塞。明嘉靖二十二年开复，以时潴蓄为民利。”

品淡赕　唐南诏置，原属云南节度，后为中心区十赕之一。治所即今云南祥云县。辖境约当今云南祥云县西部地。宋大理改品赕。

品赕　又作品甸。宋大理置，属首府大理地区。治所即今云南祥云县。蒙古宪宗七年（1257）改品甸千户所，元废入云南州。

囿　又名笠泽。在今江苏吴江市一带。或说即今太湖。《国语·越语》：“是故败吴于囿，又败之于没。”

囿中　即圃田泽。又名梁囿、原圃、甫田泽。在今河南中牟县西。先秦重要泽薮之一。《元和志》卷4郑州中牟县：圃田泽“一名原圃，县西北七里。其泽东西五十里，南北二十六里，西限长城，东极官渡”。宋以后渐堙废。

峙头　即今福建莆田市东南埭头镇。明洪武二十年（1387）置巡司于此，后废。《明通鉴》：嘉靖四十二年（1563）二月，“福建兴化府倭结寨于峙头，与都指挥欧阳深相距，久之不出”，即此。清时为峙头镇。

峙武岭　在今广西上思县东南十里。《方舆纪要》卷110上思州：峙武岭“在州东南。其东峰高百丈上有土城，相传马伏波所立。山之麓为甘燕岩。其对峙者又有胡峙岭、回车岭，上皆有土城”。

峙滩镇　即今江西浮梁县北五十里峙滩乡。清同治《江西全省舆图》卷14：浮梁县北有乞儿滩汛。民国《江西分县新图》：浮梁县东北有侈滩。

峙璧山　在今广西宁明县东南思陵村东。《明一统志》卷85思陵州：峙璧山“在州治（今思陵村）东六里”。

峡口　①即西陵峡口。在今湖北宜昌市夷陵区西二十五里。《三国志·吴书·吴主传》：东汉建安二十四年（219），孙权得荆州，以陆逊为右护军、镇西将军，陆逊“还屯夷陵，守峡口以备蜀”。

②在今宁夏青铜峡市南黄河东。《方舆纪要》卷62宁夏镇：“黄河，镇东南四十里，自宁夏中卫流入界，过峡口而东，至灵州所北。”清王定安《湘军记》卷18：同治九年（1870）正月，回民义军与清军“战于峡口，韦占彪炮殒。金积回蜂集，扼牛头山阻（黄）鼎归路。雷正绾乘间突围出，峡口遂失”。

峡口山　①在今内蒙古额济纳旗北。《寰宇记》卷152甘州：“北至张掖河，屈曲过同城镇至峡口峰，总三千七十八里。”

②在今福建南靖县东。《方舆纪要》卷99漳州府南靖县：峡口山在“县东十五里。两山相夹如门，双溪出其中”，故名。

③在今湖北宜昌市夷陵区西北。《梁书·萧纪传》：太清间，纪率大军东下江陵，湘东王绎“命护军将军陆法和于硖口夹岸筑二垒，镇江以断之。……将军樊猛获纪及其第三子园满，俱杀之于硖口”。《方舆纪要》卷78夷陵州：峡口山“在州西北二十里。两岸壁立，蜀江西来，旋涡最恶”。

④在今重庆市城口县东南。《方舆纪要》卷69太平县“天马山”条下：“县北有峡口山，相近者曰城口山。”《清一统志·太平厅》：峡口山“在厅东二百三十里。林箐险峻，悬峰相夹，中通鸟道”。

⑤在今云南保山市东南四十里。《方舆纪要》卷118保山县：峡口山“下有石洞，广二丈，高半之，一郡之水俱泄于此。阴流地中，达于施甸枯柯，下澜沧江。洞多鱼，亦名鱼洞”。

⑥即石峡口山。在今甘肃山丹县东南。唐陈子昂《度峡口山赠乔补阙知之王二无竞》诗：“峡口大漠南，横绝界中国。”即此。

⑦在今青海平安县西小峡镇境。《明一统志》卷37：峡口山“在西宁卫城东。地极险阻，为湟鄯往来咽喉地。汉时名湟狭，唐人尝修阁道，宋筑省章城，控制要害”。《清一统志·西宁府一》：“《行都司志》：峡口山在卫东三十里，石山对峙，亦名小石峡，半山有风波岩，每大风，祷之则息，与大石峡、西石峡谓之三峡。”

峡口市　又名峡川。即今浙江衢州市衢江区东北峡川镇。清嘉庆《西安县志》卷9：城北五十里有峡口村。

峡口砦　①一作峡山寨。在今安徽贵池市西。《宋史·曹彬传》：开宝七年（974）伐南唐，“分兵由荆南顺流而东，破峡口砦，进克池州”，即此。

②北宋大观元年（1107）置，属武冈县。在今湖南洞口县西北五里。明、清于此置峡口镇巡司。

峡口堡 ①一名石峡口堡。明置，属山丹卫。即今甘肃山丹县东南八十里峡口村。《清一统志·甘州府》：石峡口堡，“城周二里有奇，高三丈五尺，旧亦置驿。本朝初设守备，今改都司”。

②北宋置，属湟州。在今青海乐都县西三十里。《宋史·地理志》乐州：峡口堡“与通川、南宗堡皆崇宁二年王厚收复”。后废。

峡口集 即今湖北南漳县西南一百一十四里峡口镇。清有把总驻防。

峡口渡 即今浙江江山市西南峡口镇。《方舆纪要》卷93江山县：峡口渡“在县南六十五里。《舆程记》：自清湖渡至峡口渡凡五十里，渡阔三十余丈。泛滥时一望无际，浅涸则磷磷石涧耳”。

峡口隘 在今江西玉山县西北。《方舆纪要》卷85广信府玉山县：峡口隘“在县西北。《闻见录》，自府城东二十里龙溪分路，由牛头岭临江湖出峡口，直抵县之北门，此往来间道也”。

峡口镇 ①北宋置，属内乡县。在今河南西峡县附近。

②北宋置，属临桂县。在今广西桂林市东。

③清置，属江山县。即今浙江江山市西南六十二里峡口镇。

④清置，属略阳县。即今陕西略阳县东一百里峡口驿镇。

峡山 ①在今山东昌邑市南九十里，接安丘市界。《方舆纪要》卷36昌邑县“霍侯山”条下：“又南五十里峡山，状如伏虎，俯临潍水，为邑之胜。”

②又名观峡、观亭山、中宿峡、飞来峡。在今广东清远市东北。《舆地纪胜》卷89广州：峡山“在清远县东三十里。崇山峻峭，如擘太华，中通江流。广庆寺居峡山之中”。《方舆纪要》卷101广州府清远县：峡山“县东三十里。一名中宿峡。崇山挺峙，中通江流。《旧记》：黄帝二庶子，曰禺阳、曰禺号，南采阮俞之竹，为黄钟之管。今山上小竹，节间长九寸，圆径三分，疑此山即阮俞也。亦曰禺山，亦曰二禺。有两峰，穹窿对峙，东隘江流，故曰峡山。道家以为第十九福地，有和光洞，甚深窈。又有幖幡岭，在山顶”。

③在今广东德庆县西二十里。《方舆纪要》卷101德庆州：峡山“高百丈，周九十里。南北岸对峙甚隘，江水中流。春夏多雨，则水竣急，舟不能行”。

④在今广西灌阳县北。《方舆纪要》卷107灌阳县：峡山在“县北五里。夹江峙岸，高耸蔽日，形似三峡”。

峡山埠 即今广东汕头市潮南区驻地西峡山镇。清乾隆元年（1736）移吉安巡司驻此。

峡山寨 在今江西分宜县南。《方舆纪要》卷87袁州府分宜县：峡山寨“在县南。其地山峻水险，高岩峭壁。相传唐李克用曾驻兵于此，遗址尚存”。

峡门桥 在今浙江乐清市西南柳市镇东北峡门村。《方舆纪要》卷94乐清县：峡门桥“在县西南十三里。又西三里有峡门山，桥因以名”。

峡子岭 即今安徽郎溪县西南八十里相子岭。明嘉靖《建平县志》：峡子岭“群岭拥簇，为宣城、建平界”。

峡水 在今广西灌阳县东北。《方舆纪要》卷107灌阳县：峡水“在县东北五十里。源出县北七星、抱子诸山，西南流经峡山，因名。其间有大龙、大埠、三贯诸滩，又南入于灌水”。

峡石 即今宁夏青铜峡市西南黄河岸青铜峡。《资治通鉴》：唐武德九年（626）四月，“安州大都督李靖与突厥颉利可汗战于灵州之硖石”。即此。

峡石市 在今重庆市梁平县东。《舆地纪胜》卷179梁山军：书院峡“距军东五十里，在峡石市之北”。《方舆纪要》卷69梁山县：峡石市“在县东五十里。其北有书院峡，市因以名”。

峡石县 即硖石县。在今河南陕县东南五十二里硖石乡。新、旧《唐书·地理志》作峡石县。

峡石寨 即今浙江江山市西南六十二里峡口镇。清雍正十二年（1734），移衢州府同知驻此。

峡石镇 在今甘肃平凉市西北。《新唐书·王潜传》：元和中，泾原节度使王潜“引师自原州逾硖石，取虏将一人，斥烽侯，筑归化、潘原二垒”。

峡头山 在今广西富川瑶族自治县南。《清一统志·平乐府一》：峡头山“在富川县南二十里。富川经此”。

峡西路 即峡路。因在长江三峡以西而名。

峡州 北宋改硖州置，治所在夷陵县（今湖北宜昌市）。辖境相当今湖北宜昌、宜都、长阳、远安等市县地。建炎中，移治石鼻山（今宜昌市夷陵区西北）；绍兴五年（1135）复还旧治。端平元年（1234）徙治于江南。元复还江北旧治，改为峡州路。明太祖甲辰年（1364）改为峡州府，九月复为峡州。洪武九年（1376）改为夷陵州。

峡州卫 明洪武初置，属湖广都司。治所即今湖北宜昌市。九年（1376）改为夷陵千户所。

峡州府 元至正二十四年（1364）朱元璋改峡州路置，治所在夷陵县（今湖北宜昌市）。同年九月降为峡州。

峡州路 元世祖至元十七年（1280）改硖州置，属河南行省荆湖北道宣慰司。治所在夷陵县（今湖北宜昌市）。辖境相当今湖北宜昌、宜都、长阳、远安等市县地。至正二十四年（1364）朱元璋改为峡州府。

峡江 ①即今江西峡江县之赣江。《方舆纪要》卷87临江府峡江县：峡江“在县治（今巴邱镇）南，即赣江也。自吉水县流入境，经城南而东北出，入新淦县界。江流峻急，势如三峡，故有峡江之名”。

②亦名锁江。指今重庆、湖北间长江三峡河段。两岸高岩峻壁，耸入霄汉，其中如削，秋夏水泛，峡流百里，波涛汹涌，舟人为之恐惧。《宋史·孟氏世家》：乾德三年（965），后蜀主孟昶“乃举族与官属峡江而下，至江陵”。

峡江州长官司　元置，属管番民总管。治所在今贵州罗甸县东。后废。

峡江县　明嘉靖五年（1526）升峡江镇置，属临江府。治所即今江西峡江县西南巴邱镇。民国初属江西庐陵道。1926年直属江西省。1994年迁今县治（水边镇）。

峡江站　元置。即今江西峡江县（巴丘）。明废。

峡江路　即长江三峡水路。《资治通鉴》：唐中和二年（882）十月，“贼帅韩秀昇、屈行从起兵，断峡江路。癸丑，陈敬瑄遣押牙庄梦蝶将两千人讨之”。

峡江镇　隋开皇中置，属新淦县。即今江西峡江县西南巴邱镇。明初置巡检司，嘉靖五年（1526）升为峡江县。

峡阳　即今福建南平市西北峡阳镇。清时南平县丞驻此。民国时设县佐。

峡岭　在今广东惠来县西北。《方舆纪要》卷103惠来县：峡岭“在县西北六十里。盘径纡曲，盗贼出没处也”。

峡径（逕）营　明嘉靖中置，在今广东广宁县东北。《方舆纪要》卷101肇庆府广宁县：峡径营“在县东北。旧属四会县，后改今属”。

峡隆塔　即今西藏江达县西北生达乡北加隆。藏语意为汉人住地。清乾隆《卫藏通志》卷4：“打箭炉由霍耳德尔格草地至察木多”，途经“峡隆塔”。

峡路　亦名峡西路。北宋开宝六年（973）分西川路置，后为至道十五路之一。以在三峡以西而名。治所在夔州（今重庆市奉节县）。辖境相当今四川平武、梓潼、蓬安，重庆市垫江、璧山、江津以东，湖北建始、鹤峰以西，陕西留坝、佛坪、镇巴以南以西及甘肃文县。咸平四年（1001）分置利州、夔州二路。

峡溪隘　在今江西玉山县东北。《方舆纪要》卷85广信府玉山县：峡溪隘“在县东北七十里峡溪岭。《舆程记》，自县北达徽州之道也”。

峣山　在今陕西蓝田县南二十里。宋敏求《长安志》卷16：“峣关盖因此山得名，亦谓之峣岭。”

峣关　即今陕西商洛市西北牧护关镇。《汉书·高帝纪》：秦二世三年（前207），沛公攻武关入秦，“子婴诛灭赵高，遣将将兵距峣关……沛公引兵绕峣关，逾蒉山，击秦军，大破蓝田南”。北周武成元年（559）移置青泥故城（今陕西蓝田县）侧，改名青泥关。建德二年（573）又改为蓝田关。隋大业元年（605）迁回故址。

峣柳城　即今陕西蓝田县治。《晋书·桓温传》：十六国前秦皇始四年（354），“（苻）健又遣子生、弟雄众数万屯峣柳”，即此。北周建德二年（573）蓝田县徙治于此。宋敏求《长安志》卷16：“（蓝田）县城本名峣柳城，以前对峣山，其中多柳，因取为名。”

峣港　即尧港。在今台湾高雄市西北旧港村。见清余文仪《台湾府志》舆图。

峒崎山　在今湖北竹溪县东北。《方舆纪要》卷79竹溪县：峒崎山在“县东北六十里。上有砦，为设险处”。

峤南　指岭南地区。今广东、广西、海南三省区及越南北部。《后汉书·马援传》：建武十九年（43），援率大军攻征侧余部，“自无功至居风，斩获五千余人，峤南悉平”。此指今越南北部。南宋范成大《桂海虞衡志·杂志》：“峤南风土之异，宜录以备博闻，而不可以部居，谓之杂志。”此指今广西地。

峆嵧山　又作蛤嵧山。在今山东烟台市西南。元于钦《齐乘》卷1谓峆嵧山“在福山县南”。《明一统志》卷25登州府：峆嵧山“在福山县南三十里，连栖霞县界。山势嵯峨，草木畅茂，上有峆嵧寺及圣水一泓”。

峥嵘山　在今浙江衢州市西北隅。《方舆纪要》卷93衢州府：峥嵘山在“府治西北。三国吴遣征虏将军郑平，以千人守峥嵘镇，即此。王象之曰，昔有紫宏者，屯兵于此，后讹为峥嵘”。唐孟郊有《峥嵘岭》诗。

峥嵘洲　在今湖北黄冈市西北长江中。《水经·江水注》：“江之右岸有李姥浦。……北对峥嵘洲。冠军将军刘毅破桓玄于此洲。”《方舆纪要》卷76武昌县：峥嵘洲在“县西北六十里江中。……在今黄州、寿昌军之间。今洲半属黄州”。

炭山　①又名陉头、凉陉。在今河北独石口外滦河上游。为辽帝、皇后避暑、狩猎之地。《辽史·地理志》归化州下：“炭山，又谓之陉头。有凉殿，承天皇后纳凉于此。山东北三十里有新凉殿，景宗纳凉于此。唯松棚数陉而已。”《新五代史·四夷附录第一》谓契丹主阿保机“欲自为一部以治汉城”。并称“汉城在炭山东南滦河上，有盐铁之利，乃后魏滑盐县也”。《方舆纪要》卷18万全都司：炭山在“司西南二十里”。又引宋白曰：“汉城在檀城西北五百五十里，城北有龙门山，山北有炭山。炭山西，即契丹、室韦二界相连之地，其地在滦河上源。”或谓即今河北独石口外之黑龙山。

②在今甘肃永昌县东南。《清一统志·凉州府一》：炭山“在永昌县东南二十里。产石炭”。

③在今宁夏中卫市西南三十里。清乾隆《宁夏府志》卷3：炭山“夜有火光”。宣统《甘肃新通志》卷7：“山产石炭，近西一带有火，历年不息，俗呼为火焰山。”

炭山堡　在今甘肃武威市西九十里。《清一统志·凉州府二》：炭山堡“城周一百二十丈，迤南隘口有五，今设把总”。

炭妇镇　北宋置，属建昌县。在今江西永修县西北渣津镇东。《方舆纪要》卷84南康府建昌县“芦潭镇”条下：“县南一里又有炭妇镇，今为妙明观。俗传许旌阳试弟子处。”

炭步墟　即今广东广州市花都区（新华镇）西南炭步镇。清设水西巡司于此。

炭渎　一作炭浦。在今浙江绍兴市东。《吴越春秋·勾践归国外传》：范蠡曰，“吴封地百里于越，东至炭渎”。

崱山　在今山东嘉祥县南四十里。《方舆纪要》卷33“塔山”条下：崱山，“其山崱律高大，横亘数里，因名”。

骨龙龙里清江木楼雍眼等处长官司　元置，属顺元等路军民安抚司。治所在今贵州开阳县南。后废。

骨龙等处长官司　元置，属顺元路安抚司。治所在今贵州龙里县北。明初废。

骨利幹部　隋、唐铁勒十五部之一。在今俄罗斯色楞格河下游以北，贝加尔湖东西地带。《新唐书·回鹘传·骨利幹》：骨利幹“处瀚海北……其地北距，去京师最远，又北度海则昼长夜短，凡入烹羊胛，熟，东方已明”。唐贞观二十二年（648）以其地置玄阙州。龙朔中，改为余吾州。

骨罗山　在今内蒙古乌拉特前旗东北一带。《魏书·太宗纪》：永兴五年（413）六月，“西幸五原，校猎于骨罗山，获兽十万”。

骨咄国　一作珂咄罗国。唐西域国名。都城在思助建城（今塔吉克斯坦库尔干秋别北）。《新唐书·西域传》：骨咄“广长皆千里。王治思助建城。多良马、赤豹。有四大盐山，山出乌盐”。龙朔元年（661）置高附都督府于此。

骨斯讹鲁朵　即虎思斡耳朵。西辽都城。在今吉尔吉斯斯坦楚河南岸托克马克东南二十里布拉纳古城遗址。《金史·粘割韩奴传》：大定中，回纥移习览言：“本国回纥邹括番部。所居城名骨斯讹鲁朵，……先时契丹至不能拒，因臣之。契丹所居屯营，乘马行自旦至日中始周匝。”

骨嵬　又作苦兀、苦夷、库野、库叶、库页。指分布在今俄罗斯萨哈林岛（库页岛）上的民族。《元史·世祖纪》：至元二十一年（1284）八月，“辛亥，征东招讨司聂古带言：‘有旨进讨骨嵬，而阿里海牙、朵剌带、玉典三军皆后期。七月之后，海风方高，粮仗船重，深虞不测，姑宜缓之。’从之。……（十月）辛酉，征东招讨司以兵征骨嵬”。

幽王城　即戏亭。在今陕西西安市临潼区东北三十里。宋敏求《长安志》卷15临潼县：幽王城“一名幽王垒，在县东南戏水上。城方八尺，周二百八十步”。

幽丘　春秋宋邑。在今江苏徐州市铜山区东南废黄河北岸。《左传》：成公十八年（前573），“楚子辛、郑皇辰侵城部，取幽丘”。

幽兰市　即今江西南昌县（莲塘镇）东北幽兰镇。清光绪《南昌县志》卷4：幽兰塘市“距城六十里”。

幽州　①古“九州”之一。在今北京市、河北北部及辽宁一带。《尔雅·释地》：“燕曰幽州。”《周礼·职方》：“东北曰幽州。”

②汉武帝置十三州刺史部之一。东汉治所在蓟县（今北京市西南）。辖境相当今北京市、河北北部、辽宁大部、天津市海河以北及朝鲜大同江流域。西晋移治涿县（今河北涿州市）。北魏还治蓟县。隋大业初改为涿郡。唐武德元年（618）复置，辖境相当今北京市区及所辖通州区、房山区、大兴县和天津市武清区，河北易县、永清及廊坊市安次区。辽会同元年（938）改为幽都府，建号南京。

③十六国时汉置幽州，镇离石县（今山西吕梁市离石区）；前赵置幽州，镇北地郡（今陕西铜川市耀州区）；后燕失中原后东保辽西，复置幽州，镇令支县（今河北迁安市西）；北燕移镇肥如县（今河北卢龙县北）；南燕置幽州，镇琅邪郡之发干戍（今山东临沂市）；夏置幽州，镇大城（今内蒙古杭锦旗东南）。

④东晋侨置，治所在三阿（今江苏金湖县东南平阿西村）。淝水战后复得汉、晋青州之地，改置幽州，镇广固（今山东青州市）。

⑤唐方镇名。先天二年（713）置幽州节度经略镇守使，治所在幽州（今北京市城区西南）。天宝元年（742）改为范阳节度使。宝应元年（762）复名幽州，兼卢龙节度使。唐亡遂建号为燕。913年为晋所并。

幽州城　在今北京市密云县东北。《尚书·尧典》：“流共工于幽州。”《孔传》：“北裔水中可居者曰州。”《孔疏》：“流徙共工于北裔之幽州。”《阮元校勘记》：“《说文》无洲字。水中之地，本只作州，后人加水，相沿已久，惟此句不可作洲。观《孔疏》直以十二州之幽州释之，则孔氏所据之经作州，《孟子》同。若作洲，则似别有一地名为幽洲矣。《孔传》云，水中可居者曰州，此盖泛释州字之义。”《史记·五帝本纪》正义引《括地志》：“故龚城在檀州燕乐县界，故老传云，舜流共工幽州居此城。”《方舆纪要》卷11密云县：共城，“《志》云：在今县东北五十里”。

幽州镇　唐方镇名。开元二年（714）置，治所在幽州（今北京市城西南）。天宝元年（742）改称范阳，为玄宗时边防十节度之一。宝应元年（762）复名幽州，兼领卢龙节度使，为河北三镇之一。辖境屡有变动，较长期领有幽、蓟、平、檀、妫、燕等州，约当今河北怀来、永清、北京市房山区以东和长城以南地区。安禄山即以范阳等三镇节度使起兵反唐。安史之乱后，又先后为李怀仙、朱希彩、朱泚、刘济、张仲武、李全忠等父子兄弟割据之地。仅元和年间，一度听命中央。乾宁二年（895）刘仁恭为幽州节度使，四年，其子刘守光建号称燕，913年为晋王李存勖所灭。五代唐仍置幽州节度使，后晋天福初入辽。

幽谷泉　在今安徽滁州市西南琅琊山。北宋欧阳修《幽谷泉》诗："潺湲无春冬，日夜响山曲。"

幽岭关　在今浙江安吉县（递铺镇）南二十二里。《方舆纪要》卷89浙江总序"独松"条：幽岭关"在安吉州孝丰县（治今孝丰镇）东南三十里幽岭上。其东南亦与余杭县分界，谓之独松三关（之一）。元至正十二年，徐寿辉将项普略等屡犯杭州，攻独松、百丈、幽岭三关"。

幽居寺　①在今河北灵寿县西北山区沙子洞村。《清一统志·正定府》：幽居寺"在灵寿县西北一百二十里。有北齐天保八年赵郡王高睿所立碑"。今寺已不存，仅存方塔一座，共七级，高约20米，保存了唐代古塔简洁秀丽的风貌。2001年幽居寺塔被定为全国重点文物保护单位。

②在今湖北武穴市北。《清一统志·黄州府二》：幽居寺"在广济县（今梅川镇）南。《县志》，相传四祖卓锡于此，夜闻龟声。掘地得云板，上有'灵龟山幽居寺'字，因名。今改曰璎珠寺"。

幽都山　在今北京市昌平区西北三十里。《方舆纪要》卷11昌平州：幽都山，"《志》云：山在州西北，古幽州以此名"。

幽都县　唐建中二年（781）分蓟县地置，治所在今北京市城西南隅。《尚书·尧典》："宅朔方，曰幽都。"孔传："北称幽……都谓所聚也。"因得名。与蓟县同城而治，为幽州治所。辽会同初又为幽都府治。开泰元年（1012）改名宛平县。

幽都府　辽会同元年（938）升幽州置，建号南京。治所在蓟北、幽都县（今北京城西南隅）。辖境相当今北京市及天津市海河以北，河北南拒马河、大清河以北，遵化、玉田、宁河以西，紫荆关以东，内长城以南地区。开泰元年（1012）改为析津府。

幽栖寺　在今江苏南京市江宁区西南东善桥祖堂山南麓，北距中华门五十里。始建于南朝宋，因祖堂山古称幽栖山而得名。唐贞观年间，"南宋第一禅师"法融和尚居此，遂有祖堂山、祖堂寺之名。五代时杨吴大和年间重修，改名延寿院。北宋治平中复名幽栖寺。

幽陵　亦名幽州。相当今北京市、河北北部及辽宁一带。《史记·五帝本纪》："帝颛顼高阳者……北至于幽陵。"《正义》："幽州也。"

幽陵都督府　唐贞观二十一年（647）以铁勒拔野古部置，属燕然都护府。其地在仆骨东，邻靺鞨，当今蒙古国东方省一带。公元8世纪后废。

幽蓟十六州　又称幽云十六州。五代晋石敬瑭割予契丹十六州的总称。即幽、蓟、瀛、莫、涿、檀、顺、新、妫、儒、武、云、应、寰、朔、蔚等州。相当于今北京市和山西大同为中心，西界山西神池县，东至河北遵化市，北迄长城，南至天津市、河北河间与保定市，及山西繁畤县和宁武县一线。幽州旧为燕地，唐后云州即在今大同市，后世俗称幽云十六州。

〔丿一〕

钝恩城　辽建，在今吉林延吉市西南卡兴洞。《金史·世纪》："穆宗自将伐阿踈，撒改以偏师攻钝恩城，拔之。"

钞关　在今江苏扬州市南。《清一统志·扬州府二》：钞关"在江都县南门外。为水陆要冲。有关差驻扎"。

钟（锺）口江　在今江西高安市南。《寰宇记》卷106筠州高安县：钟口江"在城南三十七里。源出荷山，入锦江。梁时，人于此获古钟九乳，形制奇古，因以名江"。

钟（锺）山　①即今内蒙古河套北之阴山。《水经·河水注》："芒干水出塞外，南径钟山，山即阴山，故郎中侯应言于汉曰，阴山东西千余里，单于之苑囿也，自孝武出师攘之于漠北，匈奴失阴山，过之未尝不哭，谓此山也。"

②又名金陵山、蒋山、紫金山。即今江苏南京市区东紫金山。《元和志》卷25"石头城"条记诸葛亮云："钟山龙盘"，即此。同书"钟山"条引《舆地志》云："古金陵山也，邑县之名，皆由此而立。吴大帝蒋子文发神异于此，封之为蒋侯，改山曰蒋山。宋复名钟山。梁武帝于西麓置爱敬寺，江表上已常游于此，为众山之杰。"

③在今浙江开化县城北。《方舆纪要》卷93开化县：钟山在"县治北二里。金溪经其下。一名覆釜山，县之主山也"。

④在今江西分宜县东、新余市西。《寰宇记》卷109袁州宜春县：钟山"在州东九十里。裴子野《宋略》云，永嘉元年，此山因洪水有大钟从山流出，时人得之，送上验铭，云是秦时乐器，因以为名。又按《安成记》云，钟山临水阻峻，春夏则湍洑涌沸，喷上白沙如米，两岸石上各九十余里，名曰米沙。以之候岁，若一岸偏饶，则其方丰穰，民以为准"。《方舆纪要》卷87袁州府分宜县：钟山在"县东十里。山有巨石临江如峡，亦名钟山峡。峡长九十余里，与新喻县接界。峡中之水即宜春江也"。

⑤即伊阙山。在今河南洛阳市南二十五里。《隋书·地理志》：河南郡兴泰县"有钟山"。《史记·周本纪》正义："伊阙山今名钟山。"

⑥在今河南信阳市东南。《隋书·地理志》：钟山县"有钟山"。《清一统志·汝宁府一》：钟山"在信阳州东南十八里。隋以此名县"。

⑦在今湖北襄阳市襄城区境。《隋书·地理志》襄阳郡襄阳县："有钟山。"

⑧一名三钟山。在今湖北随州市东北。《后汉书·王常传》：王莽末"常等与（成）丹、（张）印

收散卒入蒌溪，劫略钟、龙间，众复振”。唐李贤注：“隋州随县东北有三钟山”。

⑨亦名钟留山。在今广东连山壮族瑶族自治县北。《明史·地理志》连山县：“旧治在县（今连山东北太保镇旧城村）西北钟山。”《清一统志·连山厅》：钟留山“在厅西北四十里。其状如钟。旧县治在此”。

⑩在今云南洱源县东南。《方舆纪要》卷117邓川州：钟山在“州（今邓川镇）北十五里。《滇纪》云，唐开元中，邆赕诏酋咩罗皮据大厘，为南诏所攻，率其部据钟山之险以自守，即此山也”。

⑪在今陕西子长县西三十里安定镇东北二里。有著名的钟山石窟。

钟（鐘）山　①即钟台山。在今湖北咸宁市东南六十里。《清一统志·武昌府》：钟台山“一名钟山。……裴子野《宋书》：永嘉元年，钟山洪水，有钟自山流出。因名”。

②在今广西钟山县城中。《方舆纪要》卷107富川县：“钟山在县西南七十里。富川县旧置于此。上有石，叩之如钟，因名。”

钟（锺）山千户所　明置，属广西都司。治所即今广西钟山县。后废。

钟（锺）山石窟　又名石宫寺、普济院、万佛岩。在今陕西子长县西三十里安定镇东北二里钟山南麓。建于北宋治平四年（1067）。清嘉庆《延安府志》卷9：“县城东……二里有钟山（《县志》：即安定砦，其下为石宫寺）。”现有大小石窟五个。主窟平面为长方形，窟中央坛基上下有十六尊大型圆雕，高2—3米，为释迦佛及其弟子、胁侍菩萨。窟壁布满万余尊佛、菩萨、罗汉等，造型生动优美。1988年定为全国重点文物保护单位。

钟（锺）山县　①隋开皇初改齐安县置，属申州。治所在今河南信阳市东中山铺。大业初属义阳郡。唐属申州。北宋开宝九年（976）废入义阳县。

②1917年置，属广西桂林道。治所即今广西钟山县。以钟山为名。1928年直属广西省。1952年与富川县合并为富钟县。1962年复改钟山县。

钟山建筑遗址　在今江苏南京市区东钟山。南朝梁天监十三年（514）在钟山南麓独龙阜，即今明孝陵一带建开善寺及志公塔，唐代称宝公院，北宋大中祥符年间（1008—1016）改名太平兴国寺，明初改称蒋山寺。明洪武十四年（1381）明太祖为建孝陵，把蒋山寺、志公塔及定林寺、宋熙寺等建筑统迁今址，合称灵谷寺。明代灵谷寺规模宏大，殿庑规制如大内宫殿，自山门至梵宫长达2.5公里。无量殿、梅花坞、宝公塔等处殿宇如林。清咸丰年间（1851—1861），钟山建筑毁于战火，现仅存明代无量殿和清代龙神殿（今称灵谷寺）。钟山建筑遗址2006年定为全国重点文物保护单位。

钟（鐘）山镇　明置，属富川县。即今广西钟山县治。《方舆纪要》卷107富川县：钟山镇“在县西南镇山下。故县治也，县东徙，因置镇于此”。1917年始为钟山县治。

钟（鐘）门山　在今福建长乐市东南。明王应山《闽都记》卷26长乐县：钟门山“在二十都，隔大海中。相传自广载巨钟至此而没，潮落或见之者，故名其山云”。《方舆纪要》卷96福州府长乐县“御国山”条：钟门山“在海中，当舟行之道，有小屿如钟”，故名。

钟（鐘）子屿　亦名钟仔岩。在今台湾省澎湖县西南。清蒋毓英《台湾府志》卷3：钟子屿“山石直耸，形如覆钟，故名”。

钟（锺）水　源出今湖南蓝山县南，北流至县东，会岿水。折东北流经嘉禾县东，至桂阳县西，入舂水。《水经·钟水注》：“钟水即峤水也。庾仲初曰：峤水南入始兴溱水，注于海。北入桂阳湘水注于江是也。”

钟（锺）公垒　即钟繇坞。在今河南济源市东南十四里中王村。《水经·济水注》：“湨水又东径钟繇坞北，世谓之钟公垒。”

钟（鐘）石山　在今福建泰宁县北。明嘉靖《邵武府志》卷2山川：钟石山“形如覆钟”，故名。《方舆纪要》卷98泰宁县：“钟石山在县北十五里。形如覆钟。周围壁立，其上坦平，下临清溪，高可百尺，缘崖为径。”

钟（鐘）台（臺）山　又名钟山、桃花尖山。在今湖北咸宁市东南六十里。《寰宇记》卷112永安县：钟台山“在县东南一百里。上有桃花洞，即李邕读书之所，石室见存。上有石台，台上有石钟，或时自鸣，远近皆闻”。

钟（锺）阳　在今四川绵阳市西南三十里新皂镇（皂角铺）。《资治通鉴》：唐景福元年（892）三月“癸亥，西川将李简邀击（杨）守忠于钟阳，斩获三千余人”。即此。《元丰九域志》卷7：巴西县有钟阳镇。

钟（锺）村　①在今安徽广德县境。《宋史·岳飞传》：“兀术趋杭州，飞要击至广德境中，六战皆捷。驻军钟村，军无见粮，将士忍饥，不敢扰民。”今广德县东北六十里新杭镇有将军山，相传以岳飞驻军此山得名。西北四十里赵村乡有岳飞岭、岳飞沟及跑马岗，均为岳飞抗金遗址。

②即今广东广州市番禺区西北钟村镇。民国《番禺县续志》卷5：墟市有“钟村墟”。

钟（锺）吾　春秋时国，在今江苏新沂市南五十里峒峿村。《左传》：昭公二十七年（前515），吴内乱，“公子烛庸奔钟吾”。即此。西汉于此置司吾县。

钟（锺）步　在今江西兴国县北。《方舆纪要》卷88赣州府兴国县：钟步镇“在县北。李恒攻天祥于兴国，天祥遣兵战钟步，不利。即此”。

钟（锺）吴县　南齐置，为马门郡治。治所当在今广西博白县境。后废。

钟（锺）秀山　在今四川富顺县城西北隅。清乾隆

《富顺县志》卷1：钟秀山“一峰独立，左西湖，右少湖，后蹲马脑山，澜岩、北岩互相围护，前对同心塔、翠屏、桂子诸山，垒翠浮岚，釜川萦抱，为众山之宗，山畔有紫云岩，半麓邑人韦蕃立石，上刻‘第一山’三字，系米芾书”。

钟（鐘）秀县 金天会八年（1130）改奉先县置，属广宁府。治所在今辽宁北镇市西五里北镇庙。元废。

钟（鐘）秀城千户所 元置，治所在今辽宁北镇市西南。《明史·地理志》广宁卫：“又西南有钟秀城，元置千户所于此。俱洪武中废。”

钟（锺）武县 ①西汉置，属江夏郡。治所在今河南信阳市东南。东汉建武六年（30）废。南朝宋永初时复置，属义阳郡。南齐属北义阳郡。北魏废。

②西汉置，属零陵郡。治所在今湖南衡阳县（西渡镇）西。东汉改为重安侯国。

钟（锺）英山 在今云南宾川县东。《方舆纪要》卷117宾川州：钟英山“基垂百里。产竹箭，饶毛革之利”。

钟（锺）阜门 明南京城门名。在今江苏南京市城北。因开门即可遥遥望见钟山（今紫金山），故名。此门于20世纪50年代被拆除。

钟（鐘）乳穴 在今广东连州市及阳山县境。唐杜佑《通典》卷183：连州桂阳县“有乳穴三十二”；阳山县“有乳穴十九”。唐柳宗元《连山郡复乳穴记》曰：“石钟乳，饵之最良者也，楚越之山多产焉，于连于韶者独名于世。”

钟（锺）乳岭 在今广东乳源瑶族自治县北。《方舆纪要》卷102乳源县“双峰山”条：“县治北一里有钟乳岭。一名丰冈岭。形如卧象，县之主山也。山腰有岩穴，穴中有水南流。产钟乳充贡。成化初，督臣韩雍奏革。”乳源县以此名。

钟（锺）官城 在今陕西户县东北汉上林苑中。《元和志》卷2鄠：“钟官故城，一名灌钟城，在县东北二十五里。盖始皇收天下兵器销为钟鐻，此或其处。”《资治通鉴》：唐贞观十八年（644），“车驾幸钟官城”。即此。

钟（锺）城 ①在今山东济南市长清区西北境。《后汉书·耿弇传》：建武五年（29），“诏弇进讨张步……张步闻之，乃使其大将军费邑军历下，又分兵屯祝阿。别于泰山钟城列营数十以待弇。弇度河，先击祝阿。自旦攻城，未中而拔之。故开围一角，令其众得奔归钟城。钟城人闻祝阿已溃，大恐惧，遂空壁亡去”。《资治通鉴》：南朝宋景平元年（423），“魏人夷许昌城，毁钟城，以立封疆而还”。即此。

②在今河南尉氏县西北。《元和志》卷7汴州尉氏县：“故钟城，在县西三十五里。魏太傅钟繇故里。”

钟（锺）桥街 在今安徽郎溪县北十里钟桥村。有桥跨北溪（今称钟桥河）上。明嘉靖《建平县志》：钟桥“在县北十里。宋宝庆元年知县张一璧建”。以可闻县城钟声为名。后在桥头形成街市，称钟桥街，又成为钟桥镇。为北通江苏官道所经。

钟（锺）桥镇 即今安徽郎溪县东北钟桥村，道通江苏溧阳市。明嘉靖《建平县志》卷1：钟桥街“在县北一十里”。又载：钟桥“在县北十里。宋宝庆元年知县张一璧建”。

钟（锺）离 春秋时国。嬴姓。在今安徽凤阳县东北临淮关东。《春秋》：成公十五年（前576），“会吴于钟离”即此。后置为县。

钟（锺）离县 ①本春秋楚邑。吴置为县。战国时属楚，后入秦，属九江郡。治所在今安徽凤阳县东北临淮关东。东汉改为钟离侯国。三国魏废。西晋太康二年（281）复置，属淮南郡。东晋安帝时改为燕县，为钟离郡治。北齐复为钟离县。隋开皇初为濠州治，大业初复为钟离郡治。唐移治今安徽凤阳东北临淮关。为濠州治。金改为临淮县，属泗州。元复为钟离县，属濠州。明洪武二年（1369）改为中立县。

②北魏置，为西淮郡治。治所在今河南唐河县东南。西魏为洞川郡治。隋开皇十八年（598）改为洞川县。

钟（锺）离城 ①在今山东苍山县南。元于钦《齐乘》卷4：“沂州西南百余里。《路史》云：‘钟离，徐之别封。’今沂之钟离城，乃晋吴会处。其后徙九江，吴灭之。《郡国志》谓此城楚将钟离昧所筑。”《方舆纪要》卷33沂州：“有钟离城。《志》云：与襄贲城相对。后魏时尝侨置县于此。”

②在今湖北汉川市东五里。《方舆纪要》卷76汉川县“和公城”条下：“其旁有钟离城，……后周时所筑，以主者之姓为名。”《清一统志·汉阳府一》：钟离城“即五里墩，高三丈余”。

钟（锺）离昧城 在今江苏灌云县东北伊芦山附近。《史记·淮阴侯列传》：“项王亡将钟离昧家在伊卢。”《续汉书·郡国志》东海郡朐县：“有伊卢乡。”《元和志》卷11海州朐山县：钟离昧故城“在县南一百里。项羽将钟离昧所筑，昧即此县人”。

钟（锺）离郡 东晋安帝时分淮南郡置，属南兖州。治所在燕县（北齐改为钟离县，在今安徽凤阳县东北临淮关东）。南朝宋泰始以后为徐州治。南齐属北徐州治。东魏属楚州治。北齐、北周为西楚州治。陈废。隋开皇二年（582）改为濠州，大业初复为钟离郡。辖境相当今安徽凤阳、蚌埠、定远、明光等市县地。唐武德三年（620）改为濠州。天宝元年（742）复为钟离郡，乾元元年（758）又改为濠州。

钟（锺）家园堤（隄） 在今江西樟树市西南。《方舆纪要》卷87临江府清江县“固本堤”条下：钟家园堤“在府（今临江镇）东南十余里。《志》云，堤当袁、赣二水之冲，修筑为艰。隆庆三年修城复坏，以沿堤皆沙砾，易于消溃也。万历中复常修筑”。

钟（锺）家湾 即今湖北长阳土家族自治县西南五

十二里大堰乡钟家湾。1956年在此发现古人类化石领骨及臼齿，经鉴定早于丁村人，晚于马坝人，定为长阳人。为长江以南最早的古人类化石。

钟（锺）祥市　1992年撤销湖北省钟祥县，改设钟祥市，市人民政府驻郢中街道办事处。1994年由荆沙市代管。1996年归荆门市代管。

钟（锺）祥场　亦名针匠店。即今四川仁寿县东南六十五里钟祥镇。清同治《仁寿县志》卷1："针匠店更名钟祥场。"

钟（锺）祥县　明嘉靖十年（1531）置，为承天府治。治所即今湖北钟祥市。取"钟祥孕秀"之义。清为安陆府治。民国初属湖北襄阳道。1932年直属湖北省。1992年改设钟祥市。

钟（锺）陵县　①西晋太康初置，属豫章郡。治所在今江西进贤县西北。后废。南朝梁复置，隋初废。唐武德五年（622）复置，属洪州。八年（625）又废。

②唐宝应元年（762）改豫章县置，为洪州治。治所即今江西南昌市。贞元中改为南昌县。

钟（锺）陵桥　元大德中建，在今江西进贤县东北五十五里钟陵乡。

钟（锺）埭镇　清置，属嘉兴县。即今浙江平湖市北十六里钟埭镇。

钟（锺）提城　在今甘肃成县西北。《三国志·蜀书·姜维传》：延熙十八年（255），姜维围狄道城，"魏征西将军陈泰进兵解围，维郤住钟题"。即此。

钟（鐘）落潭城　即今广东广州市北郊钟落潭镇。清同治《广东舆地图说》：番禺县东北田心堡，"往来大道有钟落潭墟"。

钟（鐘）湖　在今福建闽清县东北。《舆地纪胜》卷128福州《景物上》：钟湖"在闽清县，其湖中有钟，故名"。明王应山《闽都记》卷29闽清县：钟湖山"在十五都，大江之西，与侯官县梅埔联界。下有潭，潭蛟龙出没，人不敢近。其东有湖，泥如浦溆，环生芦荻。旧传其水应海潮盈缩，岁旱祷雨于此"。

钟（锺）湾水　在今广西合浦县南。《明一统志》卷82廉州府：钟湾"在府城南七里，有湾接江通海。相传宋政和间，灵觉寺钟一夕飞去，既明，悬空而下，钟犹湿。湾傍居人言：湾中每夜有钟声，谓必与龙战，寺僧凿去顶上龙角乃止"。

钟（鐘）楼　①在今北京市东城区地安门外大街鼓楼北。旧址为元代万宁寺中心阁。明永乐十八年（1420）建，后毁于火。清乾隆十年（1745）重建。高约33米，全部改为砖石结构。楼内悬永乐年间铸的大铜钟一口。1996年北京钟楼与鼓楼被定为全国重点文物保护单位。

②在今广东广州市文明路6号（现文明路215号）原中山大学校园内。清末为科举考试的贡院。1908年改为两广优级师范学堂，辛亥革命后又改为广东高等师范学堂。1924年孙中山在此建立广东大学，1926年改名中山大学。因楼最高处原设有四面时钟，故名钟楼。1927年鲁迅在此任中山大学文学系兼教务主任，并居住于此。1957年辟为鲁迅纪念馆。

③今在陕西西安市内东、西、南、北四条大街的交会处。初建于明洪武十七年（1384）。原址在今西大街广济街口。万历十年（1582）重修。楼上原悬大钟一口，故名。基座为正方形。高8.6米，宽35.5米，用青砖砌筑。四面各有高、宽均为6米的券形门洞。由地面至楼顶，高36米。楼的整体为重檐复屋四角攒尖顶的木质结构。内有楼梯可盘旋而上，供游人登临参观。

钟（锺）溪　在今江苏宜兴市北五十里。明、清置巡司于此。

钟（锺）溪桥镇　在今江苏宜兴市北五十里漕河之滨，与常州市武进区接界。明置巡司于此。

钟（锺）题　在今甘肃临洮县西南。《三国志·蜀书·姜维传》：延熙十八年（255），魏雍州刺史王经"退保狄道城，维围之。魏征西将军陈泰进兵解围，维却住钟题"。

钟（锺）镇仓　在今河南商水县西南三十六里。《清一统志·陈州府一》：钟镇仓"相传魏钟会屯兵于此。明初设仓贮粮。今废"。

钟（锺）寮金场　北宋置，属上杭县。即今福建上杭县北中寮。北宋天圣二年（1024）坑冶大兴，商旅辐辏。天圣五年（1027）至南宋乾道三年（1167）间上杭县治曾徙此。

钟（锺）繇坞　即钟公垒。在今河南济源市东南十四里中王村。《水经·济水注》："湨水又东径钟繇坞北。"《清一统志·怀庆府二》：钟繇坞"在济源县东南钟王村"。

钢窑湖汛　又作冈窑汛。在今江西星子县东北，东濒鄱阳湖。清时有把总驻防。

铊铁镩里　在今蒙古国西南翁金河北。一说在今哈尔和林东北。《元史·太宗纪》：十三年（1241），"十一月丁亥，大猎。庚寅，还至铊铁镩胡兰山，奥都剌合蛮进酒，帝欢饮，极夜乃罢。辛卯迟明，帝崩于行殿"。

铊铁镩胡兰　一作月帖古忽阑、月忒哥忽阑。元汪罕游牧地之一。约在今蒙古国哈剌和林东南。

铊铁镩胡兰山　今蒙古国前杭爱省翁金河源东巴颜乌兰山。为元初诸帝冬季驻地。《元史·太宗纪》：太宗十三年（1241）冬，"至铊铁镩胡兰山"，饮酒过量而死。同书《宪宗纪》作月帖古忽阑。

铃山　又名铃冈。在今江西分宜县东南。《方舆纪要》卷87袁州府分宜县：铃冈"在县南二里、秀江南岸。群峰回合，如列屏障，冈独端秀凝重，正与县对。登其上则四远皆在目前。《志》云，冈延袤数十里而至城南，新泽水出其右，长寿水出其左，而夹于山末，故名曰铃"。明严嵩为分宜人，以铃山名其集。

钦天山　即鸡笼山。今江苏南京市解放门内鸡鸣山。嘉庆《江宁府志》卷7“鸡笼山”条引《旧府志》云：“明初于鸡笼山巅置仪表以测象纬，名观象台，亦名钦天山。”清康熙七年（1668）将仪器移往北京，台亦圮废。

钦化军 唐方镇。中和三年（883）升湖南观察使置，治所在潭州（今湖南长沙市）。领潭、衡、永、邵、道、郴、连七州。相当今湖南南部及广东西北部。光启元年（885）改名武安军。

钦化县 唐置，属羁縻思顺州。治所在今广西柳江县西南。北宋庆历四年（1044）废。

钦风镇 北宋置，属阳信县。在今山东惠民县东南。

钦州 隋开皇十八年（598）改安州置，治所在钦江县（今广西钦州市东北三十里久隆镇）。《元和志》卷38钦州：“取钦江为名。”大业三年（607）改为宁越郡。唐武德四年（621）复为钦州。天宝元年（742）改为宁越郡，乾元元年（758）复为钦州。辖境相当今广西钦州及灵山县等地。北宋天圣元年（1023）移治南宾砦（今灵山县西旧州墟）。南宋移治安远县（今钦州市）。元至元十七年（1280）改为钦州路。明洪武七年（1374）降钦州府为钦州，治所即今钦州市。九年（1376）降为钦县，十四年（1381）复为钦州，属廉州府。清光绪十四年（1888）升为直隶州，属广东省。1912年改为钦县。清光绪年间，抗法援越英雄冯子材为钦州人。

钦州千户所 明洪武四年（1371）置百户所，属廉州卫。治所在州城内（今广西钦州市）。二十八年（1395）升为千户所。后废。

钦州市 1965年撤销广西钦州僮族自治县，改设钦州县。1983年撤销钦州县，改设钦州市，属钦州地区。1994年撤销钦州地区，改设钦州市和钦南区、钦北区。市人民政府驻钦南区。

钦州府 明洪武二年（1369）改钦州路置，属广东行中书省。治所在安远县（今广西钦州市）。辖境相当今广西钦州、防城港二市及灵山县等地。洪武七年（1374）降为钦州。

钦州路 元世祖至元十七年（1280）改钦州置，属海北海南道。治所在安远县（今广西钦州市）。辖境相当今广西钦州、防城港二市及灵山县等地。明洪武二年（1369）改为钦州府。

钦江 在今广西钦州市东南。《元和志》卷38钦州安京县：“钦江水，源出县东北阖博山。”《寰宇记》卷167钦州保京县：“钦江水出来田山，自内亭县东北，由遵化流入。”钦江发源于灵山县东北，西南流，经钦州市龙门港入海。

钦江县 隋开皇十八年（598）改宋寿县置，为钦州治。治所在今广西钦州市东北三十里久隆镇。大业初为宁越郡治。唐武德初复为钦州治。天宝初为宁越郡治。乾元初为钦州治。北宋开宝五年（972）废。

钦县 明洪武九年（1376）降钦州置，属廉州府。治所即今广西钦州市。十四年（1381）复为钦州。1912年改钦州复置钦县，为广东钦廉道治。治所即今广西钦州市。1928年直属广东省。1952年划归广西省。1964年改为钦州壮族自治县，1983年改设钦州市。1996年撤销钦州地区，改设地级钦州市。

钦岛 又作歆岛。即今山东长岛县砣矶岛北大钦岛。《宋会要辑稿》第186册兵29载：北宋政和八年（1118）五月二日臣僚言：熙宁中，巡检每季“下北海驼基岛驻扎，系以驼基石为界。自与北朝通好，不曾根究海上北界，今窃虑与渤海人水路相近缓急作过，则驼基孤外，乞以末岛、呜呼岛为界。为自末岛以南又有钦岛，逐岛各乞添置卓望兵员往来巡逻，如此则缓急不致失事”。《方舆纪要》卷36蓬莱县“沙门岛”条：“又西北七十里为砣矶岛，与砣矶相对者为钦岛，相距三十里。”

钦政县 唐武德五年（622）置，属南恭州。治所在今广西蒙山县西北。贞观十二年（638）废。

钦陵 ①即五代南唐李昇的陵墓。

②北宋三陵之一。宋僖祖赵朓之陵。在今河北保定市东南。

钦廉道 1914年依前廉钦道改置，属广东省。治钦县（今广西钦州市）。辖境约当今广西十万大山以东钦州地区和北海市及其所属各县。1920年废。

钦察汗国 亦作金帐汗国。蒙古四大汗国之一。太祖成吉思汗十八年（1223）封长子术赤于钦察等部旧地，领有咸海及里海以北地。太宗窝阔台七年（1235）术赤次子拔都又远征，扩大辖地至今多瑙河下游。太宗后二年（1243）建都于萨莱城（今俄罗斯伏尔加河下游之阿斯特拉罕）。辖地自也儿的石河（今额尔齐斯河），西至秃纳河（今多瑙河），南至太和岭（今高加索山），北括斡罗思（今俄罗斯保加尔地区）。俄罗斯诸公国为其附庸。后将咸海东北地方分给其兄斡鲁朵，称白帐汗；将咸海以北地方分给其弟昔班，称蓝帐汗。承认蒙古大汗的地位，成为东西方经济、文化交流的枢纽。14世纪末逐渐衰弱，分出许多独立的汗国。明成化十六年（1480）为莫斯科公国所灭。

钦察国 亦作钦叉、乞卜察兀惕、可弗叉。都城在今俄罗斯乌拉尔河与伏尔加河下游之间、里海北岸。公元1237年为蒙古窝阔台所灭。《元史·太宗纪》：九年（1237），“蒙哥征钦察部，破之，擒其酋八赤蛮”。其地划入拔都所建钦察汗国。

钧水 一作均水。即今河南西南部淅水及其所注入的丹江下游。

钧台（臺） 一名夏台。在今河南禹州市南。《左传》：昭公四年（前538），“夏启有钧台之享”。杜注：“河南阳翟县南有钧台。”《续汉书·郡国志》：颍川郡阳翟县“有钧台”。

钧台（臺）钧窑遗址 在今河南禹州市北门里。为宋代五大名窑之一。1974年发掘，占地面积30多万平方米，堆积最厚达2米以上。瓷器产品种类繁多，釉色光亮莹润，主要有月白、紫红、碧蓝等色。钧窑首创用铜的氧化物作为着色剂，为我国陶瓷工艺、陶瓷美术开辟了新境界，对后来的陶瓷业发展有着深刻的影响。1988年定为全国重点文物保护单位。

钩州　①唐贞观十一年（637）改南龙州置，治所在望水县（今云南晋宁县南二十六里宝峰镇大古城）。辖境约当今云南晋宁县西部及易门县地。天宝后废。

②金大定二十四年（1184）改颍顺州置，治所在阳翟县（今河南禹州市）。辖境相当今河南禹州、新郑二市地。明万历三年（1575）以避神宗朱翊钧讳改为禹州。

钩（鉤）弋宫　在今陕西西安市西北。《汉书·外戚传》："拳夫人进为倢伃，居钩弋宫，大有宠，太始三年生昭帝，号钩弋子。"倢伃亦称钩弋夫人。

钩（鉤）州　唐贞观十一年（637）改南龙州置，属戎州都督府。治所在望水县（今云南晋宁县南二十六里宝峰镇大古城）。南诏废。

钩圻邸阁　即钩圻城。在今江西都昌县西南。《水经·赣水注》：赣水径南昌椒丘城下，"又历钩圻邸阁下，度支校尉治。太尉陶侃移置此也"。

钩圻城　又名钩圻邸阁。在今江西都昌县西南。《宋书·臧质传》：臧质之江州，"及至寻阳，刑政庆赏，不复谘禀朝廷。盆口、钩圻米，辄散用之"。《方舆纪要》卷85九江府湖口县：钩圻城"刘宋时南江运米皆积于钩圻是也。今全省运道亦皆达湖口而入大江云"。

钩（钩）陈垒　在今河南孟津县东。《水经·河水注》："河南有钩陈垒。世传武王伐纣，八百诸侯所会处。《尚书》所谓不期同时也。紫微有钩陈之宿，主斗讼兵阵，故遁甲攻取之法，以所攻神与钩陈并气，下制所临之辰，则秩禽敌，是以垒资其名矣。"

钩岩山　在今湖南洪江市（黔城镇）东南五十里。《方舆纪要》卷81黔阳县：钩岩山"削壁悬崖，倒垂如钩。中有泉，世谓之钩崖水"。

钩盘河　为古九河之一。亦作钩般。又作钩股。在今河北东光县之南，山东德州市之北。《汉书·地理志》平原郡般县注："师古曰：'《尔雅》说九河云"钩般"，郭璞以为水曲如钩。'"《清一统志·武定府》：钩盘河"自济南府陵县东南、临邑县西南，分为二：一由德平、商河之间，东流径阳信县南，又东复潴，经沾化县东南刘家道口入海；一由德平县西北，流径乐陵、海丰（今无棣）南，又东北经沾化县，至久山镇入海"。

钩深堂　在今重庆市涪陵区北三里北岩山麓。北宋理学家程颐谪涪州时于此注《易经》。《舆地纪胜》卷174涪州：钩深堂"在普净院之东。伊川先生注《易》之所也，正堂三室，中以奉安伊川先生塑像。其左待制尹公祠，其右为直阁樵公祠。简池刘光祖作记"。其西侧为点易洞。

钩湾镇　又称沟墩镇。即今江苏阜宁县东南沟墩镇。清光绪《江苏全省舆图》阜宁县："钩弯镇在城东南三十里。"

钩镲垒　在今河南偃师市南。《寰宇记》卷5河南府缑氏县："钩镲垒，在今县北七里。按《宋书》武帝西征，营军于柏谷坞西，即此垒也。有三垒相连如锁，故名。"北周曾移缑氏县治此。

钮兀长官司　明宣德八年（1433）以和泥之钮兀、五隆二寨置，属云南布政司。治所在今云南江城哈尼族彝族自治县境。后废。

卸甲岭　一名甲子岭。在今安徽石台县东六十里。《清一统志·池州府一》：卸甲岭"在石埭县（广阳镇）西四十里。相传唐刺史查凿御黄巢，卸甲于此"。

卸敖国　古地名。故址旧说以为在今加里曼丹岛西部杜连河南岸之塞卡道。但对音未合。应在此河北岸之桑高。其地亦称上侯。清谢清高《海录》有专条记述。

牯牛山　在今湖南桃源县南。《方舆纪要》卷80桃源县"桃源山"条下："《志》云，县南二百五十里有牯牛山，与安化县接界。"

牯岭　又名牯牛岭。在今江西庐山北部。明桑乔《庐山纪事》：庐山"九奇峰东北为牯牛岭，雄势如人箕踞而睨。重渊当其东。山之名者，莫高于鸡公石，然岭犹俯视之，如儿孙然。其北，有石如牛，故名"。清光绪年间先后为英、法、美等国强行租占，1935年始收回租借权。中华人民共和国成立后辟为休养胜地，今为庐山镇驻地。

牱支县　唐置，属羁縻宋州。治所在今四川兴文县东境。后废。

牱巴县　唐久视初置，属羁縻高州。治所在今四川筠连县东南。后废。

牱龙县　唐置，属羁縻宋州。治所在今四川兴文县东境。后废。

牱阴县　唐仪凤二年（677）置，属晏州。治所在今四川兴文县西北境。《宋史·熊本传》：熙宁六年（1073），"独牱阴一酋不至。本合晏州十九姓之众，发黔南义军强弩，遣大将王宣、贾昌言率以进讨。贼悉力旅拒，败之黄葛下，追奔深入。牱阴窘乞降"。即此。后废。

牱里县　唐仪凤二年（677）置，属羁縻奉州。治所在今四川珙县西南。后废。

缸瓦窑遗址　在今内蒙古赤峰市西南猴头沟乡。是我国辽代著名窑场之一。创烧于辽代早期。窑址面积为3—5平方公里，堆积层厚达1—4米。以烧制粗白瓷为主，也烧制细白瓷、茶叶末绿釉瓷、黑釉瓷、白釉黑花瓷、三彩釉陶及单色釉陶。出土器具主要发现刻有"官"字铭文，以及带"官"或"新官"字铭文的器物，说明该窑为辽金时代官窑遗址。人们盛赞其为"草原瓷都"。1996年定为全国重点文物保护单位。

缸窑　即今吉林永吉县东北缸窑镇。《吉林乡土志》："清雍正时，以该地土质可做陶器，故曾设陶厂。而厂内尤以制造大缸为著名产品。因名其地曰缸窑。”

缸窑屯 即今辽宁葫芦岛市西北缸窑岭镇。清光绪《奉天全省地舆图说图志》义州图：西南有虹（缸）窑。民国《东北年鉴》有缸窑屯煤矿。

拜升气 即今内蒙古土默特右旗西北板申气村。清范昭逵《从西纪略》三：康熙五十八年（1719）六月，“十七日约行四十里名拜升气”。“拜升气”，蒙古语意为房子。

拜寺口 在今宁夏银川市西北七十二里，与贺兰县交界处。西夏建避暑宫于此。明嘉靖《宁夏新志》卷2：避暑宫“贺兰山拜寺口南山之颠。伪夏元昊建此避暑，遗址尚存”。北则有西夏砖塔二。相距百米。

拜寺口双塔 在今宁夏贺兰县西北九十里贺兰山拜寺口北岗上。建于西夏时期。两塔东西对峙，相距80米，均为砖砌空心八角檐式塔，高40余米。东塔十三层，自二层以上每层每面影塑两个彩绘兽面，兽面之间彩绘日、月、云图案，造型瘦削。西塔十四层，外形比东塔粗壮，自二层以上各层每面正中有浅佛龛，龛内有影塑彩绘罗汉像和护法神像。1988年定为全国重点文物保护单位。

拜纳木 又作巴浪宗。即白朗宗。在今西藏白朗县西北白郎学。

拜纳木城 清康熙年间置，在今西藏白朗县西北白郎学。《清一统志·西藏》藏地诸城：拜纳木城“在日喀则城东南七十里”。

拜的城 一作白地。清康熙年间置，即今西藏浪卡子县北白地乡。《清一统志·西藏》藏地诸城：拜的城“在日喀则城东三百三十二里”。

拜经台（臺） 在今浙江天台县北天台山中。《徐霞客游记·游天台山日记(后)》：崇祯五年（1632）三月十七日，“左转得大悲寺，寺旁有石，为智者拜经台”。即此。

拜城 即今新疆拜城县。清乾隆《西域图志》卷16：拜“地饶水草，城距山岗，周一里三分，高一丈，东西二门”。乾隆《西域同文志》卷2：拜，“回语，富厚之意。居民富厚，多牲畜，故名”。清光绪八年（1882）置拜城县于此。

拜城县 清光绪八年（1882）置，属甘肃省。治所在拜城（今新疆拜城县）。十年（1884）属新疆温宿府。民国初属阿克苏道。1930年属阿克苏行政区。后直属新疆省。

拜星图泉 在今内蒙古固阳县北。《清一统志·茂明安》：拜星图泉“在旗南十五里。源出哈拉海图山，西南流会昆都伦河”。

拜泉县 清光绪三十二年（1906）析依克明安旗地置，属海伦厅。治所在大泡子（今黑龙江省拜泉县）。《清史稿·地理志》拜泉县：“原名巴拜泉即那吉泊，土名大泡子，县以此名。”1912年属黑龙江省龙江道。1928年直属黑龙江省。

拜将台（臺） 在今湖北武汉市武昌阅马台南部。1911年10月辛亥革命武昌起义后，清王朝调动大军南下武汉。10月28日中国同盟会领导人之一的黄兴，由香港经上海来到武昌。11月3日，武昌起义军政府都督黎元洪在此筑拜将台，举行授印典礼，委任黄兴为战时总司令。1928年正式建亭立碑，以作永久纪念。1955年在原址重建一高大红色水磨石纪念碑，正面刻“拜将台”三个大字，其下为“辛亥首义鄂军都督黎任黄兴为司令在此授印”，背面为“中华民国十七年十月十日辛亥首义同志会立”。

拜塔克 即今新疆奇台县东北北塔山。清乾隆《西域图志》卷22：拜塔克（塔克，维吾尔语意为“山”）“在镇西府西北境之哈布塔克西一百十五里。……盖天山分支也”。

拜塔里克河 一作贝德勒克河、拜达里克河。在清外蒙古赛音诺颜部西境。即今蒙古国巴彦洪戈尔省的拜达里格河。《清一统志·喀尔喀》：查克拜达里克河“源出枯库岭南，南流。其西北有查克河。南流二百余里，经库冷白尔齐尔之地，与拜达里克河合流百里。东有察罕特穆尔河自东北来，流二百余里，亦入此河，又流二百里许入察汉泊”。

拜答剌河 今蒙古国巴彦洪果尔省拜达里克河。元《圣武亲征录》载：成吉思汗与汪可罕联兵攻乃蛮，回师至拜答剌边只儿之地，遭乃蛮伏兵截击。拜答剌为河名，“边只儿”意为两河合流处，指今拜达里克河与扎克河汇流点附近地。

拜鲁堡 在今山西朔州市平鲁区北约九十里。《方舆纪要》卷44大同府：拜鲁堡“嘉靖二十三年筑，隆庆六年增修，周一里有奇。……嘉靖中，寇由此入犯朔州一带，为冲要之地”。

拜察山 又名白岔山。或作奔盏山。蒙古语意为神山。在今河北围场满族蒙古族自治县、隆化县与内蒙古喀喇沁旗交界处。为西辽河上游西拉木伦河源地。

看花宫 即今陕西旬邑县北看花宫。1940年陕甘宁边区新正县迁治于此。

看经寺 在今河南洛阳市南龙门东山南部万佛沟北侧。为东山最大的洞窟。大约为武则天时期开凿。看经寺窟形为方形，平顶。进深13.9米，宽11.2米，高8.3米。窟内壁面多无雕饰，南壁仅几排小千佛，北壁除几排小千佛外，还有一些莲花供养菩萨。洞顶有浮雕的莲花和四飞天环绕飞翔。南、东、北三壁下部雕刻了二十九躯高约1.8米的高浮雕罗汉像。按照《历代宝法记》的说法，当为从迦叶到达摩的西土二十九祖的传统法谱系像。

看经楼 又名望湖楼。五代吴越所筑。在今浙江杭州市西湖边。《清一统志·杭州府二》“聚远楼”条：“望湖楼，一名看经楼。乾德五年建。”

看都银场 北宋置，在今江西南丰县东南康都。《元丰九域志》卷6建昌军：南丰县有“看都”银场，后废。

矩州 唐武德四年（621）置，属黔州都督府。治所即今贵州贵阳市。南宋后废。

毡的　在今哈萨克斯坦锡尔河下游克孜勒奥尔达东南岸。《元史·地理志·西北地附录》有“毡的”。即此。

毡（氈）帽山　在今河北赤城县北。《清一统志·宣化府》：毡帽山“在赤城县北，独石城西北十里。圆耸卓立，远望如帽，因名。一名簪缨山”。

部　①西周封国。姬姓。在今山东成武县东南十八里部鼎集。春秋以前为宋国所灭。古城有二：一名北部城，在今山东成武县东南十八里部鼎集。即古部国。《春秋》：隐公十年（前713），“六月壬戌，公败宋师于菅。辛未，取部”。《水经·泗水注》引《十三州志》曰：“今成武县东南有部城，俗谓之北部者也。”一为南部城，在北部城南二里。《水经·泗水注》：泡水“又东径部城县故城南，《地理志》山阳县也，王莽更名之曰告城矣。故世有南部、北部之论也”。西汉置部城县。

②又名禚。春秋齐邑。在今山东济南市长清区西北。《公羊传》：庄公二年（前692），“夫人姜氏会齐侯于部”，即此。

③春秋晋地。在今山西浮山县西南。《左传·成公十三年》：晋侯使吕相绝秦，曰“焚我箕、部”。即此。

部成侯国　西汉置，属山阳郡。治所在今山东成武县东南十八里部鼎集。东汉省入成武县。

部城　在今山西祁县西南七里高城村。《清一统志·太原府一》：部城“在祁县西南七里。一名鹄城。今为高城村。相传晋大夫解狐所居”。

部都城　即高都城。在今河南伊川县东北伊河西岸。《史记·周本纪》正义引《括地志》云：“高都故城，一名部都城，在洛州伊阙县北三十五里。”

部家店　即今辽宁西丰县西部家店镇。伪满康德五年《西丰县志》图：西有部家店。

选　春秋楚地。当在今湖北宜都市南。《左传》：文公十八年（前611），“麇人率百濮聚于选，将伐楚”。即此。

适（適）中驿　明嘉靖十一年（1532）置，属龙岩县。即今福建龙岩市东南六十五里适中镇。清雍正十年（1732）移雁石巡司于此。为县赴龙溪（漳州）、永定适中之地，故名。

香　又译作香巴或湘巴。即乡。今西藏南木林县。藏语意为“全胜州”。元置乡（或香）万户府，为十三万户府之一。

香口河　在今安徽东至县西南香口村。《方舆纪要》卷27东流县：香口河在“县南六十里。源二：一出彭泽山林港，一出陈仓源，交于三汊，激于麻姑，绕于查池，为香口河，以入江”。

香口镇　在今安徽东至县西南五十六里，香口河入长江之口。《方舆纪要》卷27东流县：香口镇在“县西南四十里。西北去安庆府望江县三十里。宋末尝移望江县治此，元复还旧治。今有香口巡司”。

香山　①在今北京市城西北四十里，为西山支脉。清《日下旧闻考》卷87引《长安可游记》：“香山有乳峰石，时嘘云雾，类匡庐香炉峰，故名。”自辽金后，为历代皇家园囿。初为辽中丞阿勒弥私舍。金大定二十六年（1186）香山寺成，赐名大永安寺，又于寺旁建行宫及佛舍，增建会景楼和祭星台。元、明相继扩展。清康熙十六年（1677）建香山行宫，乾隆十年（1745），增建多处台榭亭阁，改名静宜园。1860年英法联军入侵，1900年又八国联军入侵，大部分建筑毁于战火。中华人民共和国成立后辟为香山公园。

②在今江苏苏州市吴中区西南。《寰宇记》卷9引《吴地记》云：“吴王遣美人采香于此，山以为名。”民国《吴县志》卷19：香山“山北有地名上园、下园者，即大晏岭、小晏岭，为吴王艺花处”。

③又名香湾。在今江苏江阴市东。《方舆纪要》卷25常州府江阴县：香山“相传春秋时，吴王尝遣美人采香于此。上有采香径，近大江”。

④在今安徽东至县西五十里，临长江。《方舆纪要》卷27东流县：香山在“县南四十里。香口镇之主山也，上有石洞”。

⑤即今浙江慈溪市东南五十八里大蓬山。《舆地纪胜》卷11庆元府：香山“在慈溪。旧名大蓬山，其岩有三佛迹”。

⑥在今江西信丰县南。《寰宇记》卷108虔州信丰县：香山“在县南七十里。九十九峰，有小溪十八，道出龙湖口。多产药物”。

⑦即嵎山。一作箕山。今山东青州市东五十里香山。元于钦《齐乘》卷1“嵎山”下称：“齐城山势俱带西南，东郊平原百余里，有香山者，童然孤峙，康浪发其南，尧水径其东，即嵎山也。”

⑧在今山东东阿县（铜城镇）南，黄河北岸。山下有镇名香山镇。《方舆纪要》卷33东阿县“鱼山”条下载：“香山在县（按：东阿县旧治，今平阴县西南东阿镇）北十五里大清河西岸。山东北有艾山。两山相对，河出其中。”

⑨在今河南宝丰县东南二十里。清同治《河南通志》卷8：“旧名火珠山。上有二峰，东曰大龙山，西曰小龙山。相传慈云大士证道处。唐时寺塔并存。”

⑩在今河南洛阳市南二十五里龙门山东。因产香葛，故名。唐白居易晚年常游此，饮酒赋诗。《旧唐书·白居易传》：“与香山僧如满结香火社，每肩舆往来，白衣鸠杖，自称香山居士。”大中元年（847）卒。葬于香山如满师塔之侧。

⑪在今广东德庆县北二里。《舆地纪胜》卷101德庆府：香山“即利人山，在端溪。《吴录》云，端溪山有五色石，石上多香草”。《方舆纪要》卷101德庆州：香山“高二百余丈，周四十余里，为州之主山。昔多香木，一名利人山。下有漱玉泉”。

⑫即香炉山。在今广东中山市南六十里。《寰宇记》卷157广州东莞县：香山“地多神仙花卉，故曰香山”。旧香山县以此名。

⑬在今陕西宜君县西北。《方舆纪要》卷57宜君县：香山“在县西北十里”。《清一统志·鄜州》：香山“多产香草”，故名。

⑭在今宁夏中卫市南。《清一统志·宁夏府一》：香山“周环约五百余里，东南接壤灵州，西南与兰州府靖远县连界。明为庆藩牧场。本朝始入县治。地多旱，遇雨乃可收”。

⑮佛经有香山，在雪山之北。雪山即须弥山，今中国西藏自治区和巴基斯坦、印度、尼泊尔、锡金、不丹等国境内之喜马拉雅山。香山盖今地学家所谓脱兰斯喜马拉雅山。《观佛三昧海经》：“雪山有树，名殃伽陀，其果甚大，其核甚小，推其本末，从香山来。以风力故，得至雪山。”

香山千户所　明洪武二十六年（1393）年建，直隶广东都司。在今广东中山市。二十八年（1395）改隶广海卫。

香山司　在今广东中山市西北小榄镇。明置巡司于此。

香山寺　①又名永安寺、甘露寺。在今北京市城西北四十里香山公园内。初为辽中丞阿勒弥私舍，金建香山寺。《金史·世宗纪下》：大定二十六年（1186）三月“癸巳，香山寺成，幸其寺，赐名大永安”。元、明皆曾扩建。清乾隆十年（1745）建静宜园，香山寺为二十八景之一。清《日下旧闻考》卷86引乾隆十一年《御制香山寺诗》序曰：“寺建于金世宗大定间，依岩架壑，为殿五层，金碧辉映。自下望之，层级可数。旧名永安，亦曰甘露。予谓香山在洛中龙门，白居易取以自号，山名既同，即以山名寺，奚为不可？”寺因香山为名。1900年八国联军入侵被焚。今仅存遗址。

②北魏熙平元年（516）建，在今河南洛阳市南香山上。唐武则天常至此宴会文武百官。后，白居易又捐资重修，晚年常至此寺与僧如满饮酒赋诗。

香山场　①元置，在今广东珠海市。元《大德南海志》卷6有香山场。《清一统志·广州府》：香山盐场“在香山县（今中山市）东南一百里香山寨北。《县志》，地名濠潭，明洪武初建，今省”。

②即今四川射洪县西北六十里香山镇。清光绪《射洪县志》卷2：香山场在“县北二十里”。

香山设治局　1941年由中卫县析置，属宁夏省。治所在今宁夏中卫市南香山。1949年废。

香山县　南宋绍兴二十二年（1152）升东莞县香山镇置，属广州。治所即今广东中山市。明郭子章《郡县释名》广东卷：“以城南六十里有香炉山为名。”元属广州路。明属广州府。民国初属广东粤海道。1925年改名中山县。

香山岛　即今广东中山市。《元史·帖木儿不花传》：至元十六年（1279），“追宋将张世杰于香山岛，世杰死，降其众数千人”。

香山崖银场　北宋置，属东莞县。在今广东珠海市东北唐家镇。《元丰九域志》卷9：东莞县有“桂角、香山崖二银场”。

香山港　在今台湾省新竹县西。《清史稿·地理志》台北府：“香山港”等“并在新竹县西北入于海”。

香山镇　①北宋置，属东莞县。即今广东中山市。南宋绍兴二十二年（1152）改置香山县。

②民国置，在今山东东阿县南香山下。因香山为名。

香山澳　在今广东珠海市西南。《方舆纪要》卷100广东：海“浪白澳在香山澳之南，为番舶等候接济之所，则香山所之戍守宜切也”。

香子山馆　馆驿名。辽置，在今内蒙古敖汉旗东北。

香子城　吐蕃置，即今甘肃和政县治。《宋史·苗授传》：“王韶取镇洮，授为先锋，破香子城，拔河府。羌虽败，气尚锐，辄围香子以近归师，……授奋击败之。”又《宋史·兵志》载：“洮西香子城之战，官军贪功，有斩巴毡角部蕃兵以效级者。”北宋崇宁四年（1105）于此置宁河县。

香云（雲）山　在今四川仁寿县东北五十里。《舆地纪胜》卷150隆州：香云山“上有香云山碑。载唐末时有异僧驯虎于此山上，号伏虎禅师”。

香日德　即今青海都兰县西南香日德镇。民国许公武《青海志略》：都兰垦务分局辖有香日得。1951—1958年都兰县曾迁驻于此。香日德，藏语意为“树木之乡”。

香水园　在今北京市延庆县东北。《明一统志》卷5隆庆州：香水园“在州治东。元仁宗诞处。其址尚存”。

香水渡　在今江西萍乡市北六十里。《方舆纪要》卷87萍乡县“萍实桥”条下，香水渡“此为楚昭王渡江得萍实处”。

香水溪　在今江苏苏州市西南。南宋范成大《吴郡志》卷8：“香水溪在吴故宫中，俗云西施浴处，人呼为脂粉塘。吴王宫人濯妆于此溪，上源至今馨香。”《明一统志》卷8苏州府：香水溪“在府城西二十七里。源自光福塘来，东过木渎入横塘”。

香风镇　北宋置，属平阳县。在今湖南桂阳县北一百三十里。

香火地　原名旧堂。即今内蒙古凉城县北厢黄地村。清末，外国传教士先后在此建两座天主教堂，先建者称旧堂。1964年改名厢黄地。

香兰山　又名兰山、石兰山。在今江苏宜兴市东南五十里。宋置巡司于此。《寰宇记》卷92宜兴县：“小兰山在县东南五十里。《舆地志》云：石兰山斗入太湖五里，有两岸，南曰大兰山，北曰小兰山，相连二里。”《方舆纪要》卷25常州府宜兴县：香兰山“产兰。《志》云：兰山周二十五里。一名石兰山，屹峙湖滨，与湖州、安吉、长兴接境。宋置香兰司及香兰砦，以控扼之”。

香台（臺）关　在今河南延津县西北沙门村。《方舆纪要》卷47延津县：香台关“在县北。地名沙门镇，有巡检司”。

香达　即今青海囊谦县驻地。1933年于此置囊谦县。香达，藏语意为“沟口朝东”。

香江　香港的别称。

香坊　亦作香房。在今黑龙江省哈尔滨市区南。清光绪《哈尔滨一带全图》：哈尔滨市有香房。民国熊知白《东北县治纪要》吉林滨江县：“特别区管辖地，分道里、秦家冈、马家沟、香房、新安埠（一名三十六棚）、八站等六区。”民国《东北年鉴》中东路满绥间干线里程表：距哈尔滨七里有香坊站。

香花岭　即桂岭。在今湖南临武县北三十里。有锡矿。

香严寺　在今山西柳林县城内。始建于唐贞元中，金、元、明代多次维修扩建。寺院布局分为三路，中路建筑有山门、大雄宝殿、毗卢殿，左右有钟鼓楼、伽蓝殿、随喜殿、地藏十王殿等。西跨院有藏经殿、崇宁殿、七佛殿等。东跨院原有僧房、禅堂等。大雄宝殿面阔五间，进深六椽，单檐悬山顶，金末元初建造。七佛殿为面阔三间的二层楼阁，明代建筑。香严寺其余大部分建筑为元代建筑，是山西省最集中的一处。遗存瓦件中，有唐代的绳纹砖，宋元时期的勾头、滴水、脊吻及明代的琉璃构件。大殿内一百零八块元代砖雕砌筑佛龛台，雕刻工艺考究，有较高的历史艺术价值。2001年定为全国重点文物保护单位。

香沙宗　即先家城。今西藏申扎县治。

香林寺　①在今天津市蓟县北二里。清《日下旧闻考》卷114引《盘山志》：香林寺“翁同、鹁泉流峙左右，蓟亭之胜概也”。又引明冯有经《重修香林寺碑略》称：香林寺“创自汉，缮于唐，迨明正统尝葺治焉”。

②在今江苏南京市东北隅太平门内。始建于南朝梁，旧址在今江宁县东南湖熟镇。明洪武元年（1368）始迁入南京城内，取名兴善寺。清康熙三十八年（1699）康熙帝南巡，改名香林寺。

③在今云南建水县东北二十里。《清一统志·临安府》：香林寺“元时建。为郡中名胜”。

香岩寺　在今辽宁鞍山市东千山南部、仙人台西侧山中。为千山五大禅林之一。明《辽东志》卷1辽阳：香岩寺“在龙泉南。有仙人台”。寺宇分前后正殿和左右配殿。香岩寺旧为千山名胜之冠，至今寺周尚有名胜多处。千山第一高峰仙人台雄峙于后，金代砖塔耸立其旁。寺前原有元代名僧雪庵塔墓和碑记，塔虽毁而碑尚存。

香岩阁山　在今河北曲阳县北六十里。《方舆纪要》卷14曲阳县：香岩阁山“绝壁千寻，奇峰万状”。

香阜寺　在今江苏扬州市东北黄金坝。旧名五台山。清康熙三十八年（1699）南巡幸其地，改名香阜寺。

香炉山　①在今河北赤城县东南。清光绪《畿辅通志》卷65：香炉山“在独石口东南一百八十里。产铅锡”。

②在今福建连江县北四十里云居山之北。《清一统志·福州府一》：香炉山“道书以为第七十一福地。有峰曰章仙峰。又有童井，深仅尺许，不溢不涸”。

③即今湖北武汉市蔡甸区西南。《元史·世祖纪》：岁己亥年（1259），“登香炉山，俯瞰大江”。《方舆纪要》卷76汉阳府汉阳县：香炉山在“府西九十里。以形似名”。

④即今湖南平江县东九十里道岩山。《岳州风土记》载：“香炉山岩在县东。下有老子祠。上有仙坛丹灶。有池，岁旱祈祷有应。有许旌阳试剑石。”

⑤又名香山。在今广东中山市南六十里。《清一统志·广州府》：香炉山“峰崖幽峻，东界白银水，南接岭山，有瀑布出焉”。

⑥在今广西宜州市西北。《方舆纪要》卷109庆远府宜山县：香炉山“在府西六十里德胜镇。其并峙者曰文笔山、屏风山”。

⑦在今广西灵川县东北。《方舆纪要》卷107灵川县：香炉山在“县东北三十里。高千仞，中分一小山，形若香炉”。

⑧即今重庆市西北北碚区北碚镇西缙云山。《舆地纪胜》卷175重庆府：香炉山“在巴县缙云山”。缙云山有香炉峰，为九峰之一。

⑨在今贵州凯里市西北。明万历《贵州通志》卷13清平卫：香炉山“盘旋三重，壁立万仞，形如香炉。苗蛮据险为乱，正统十四年总督王骥克平之。正德十二年复叛，参议蔡潮克平之”。

香炉屿　在今台湾省澎湖县东，龙门港西南约五里。清蒋毓英《台湾府志》卷3：香炉屿“屿有三层，形如香炉，故俗为香炉屿”。

香炉囤　在今贵州石阡县北十里。《方舆纪要》卷122石阡府：香炉囤“平地高二十丈，可容五百人，避苗‘寇’者，倚此为险”。

香炉岭　又名玉冠山。在今贵州清镇市西。《清一统志·安顺府》：香炉岭“山峰陡峻，形如古鼎，因名”。

香炉峰　①一名石人峰。在今江西九江市南庐山西北部。唐白居易《庐山草堂记》：“匡庐奇秀甲天下山。山北峰曰香炉峰，峰北寺曰遗爱寺。介峰寺间，其境胜绝，又甲庐山。”《寰宇记》卷111江州德化县：香炉峰“在庐山西北，其峰尖圆，烟云聚散如博山香炉之状”，故名。

②在今湖南衡阳市南岳区南岳镇北。《舆地纪胜》卷55衡州：香炉峰“在南岳”。以形似香炉，故名。

香河　在今河北香河县东。《清一统志·顺天府二》：香河“在香河县东里许。俗名长沟。种荧荷多香气，县以此名”。

香河县 辽置，属析津府。治所即今河北香河县。因香河水而名。北宋宣和四年（1122）改为清化县。金复名香河县，属大兴府。元属漷州。明洪武十年（1377）废，十三年（1380）复置，属顺天府。民国初属直隶京兆尹。1928年直属河北省。

香城 在今陕西大荔县朝邑镇东。《资治通鉴》：东晋义熙十三年（417），刘裕伐秦，王镇恶帅水军自河入渭以趋长安，“秦恢武将军姚难自香城引兵而西”。胡三省注：“香城在渭水之北，蒲津之口。”

香城固镇 即今河北邱县东二十二里香城固乡。《方舆纪要》卷15曲周县：香城固堡在“县东北六十里，接威县界”。1939年1月，日军三万余人分多路对冀南抗日根据地进行大规模“扫荡”。2月初，敌侵占了冀南根据地中心所有县城。为打破敌人的“扫荡”计划，八路军在威县以南的香城固地区设伏，而以少数兵力连续袭击威县，诱敌出犯。2月10日香城固一战，敌人除少数逃窜外，其余全部被歼。计毙日军大队长以下二百余人，俘八人，缴炮四门，击毁汽车八辆。此役对巩固冀南抗日根据地，坚持平原游击战争，起到了重要作用。

香城郡 唐南诏国于昆明县置，属剑川节度。治所即今四川盐源县。后废。

香城镇 北宋置，属普成县。即今四川剑阁县（下寺镇）南香沉镇。

香茗山 一名茗山。在今安徽太湖县东南三十八里。《舆地纪胜》卷46安庆府：茗山“在太湖县南五十里。莲花峰东北有梅福炼丹处”。《方舆纪要》卷26太湖县“新寨山”条下：“又县南三十里曰香茗山，上产硃砂。”《清一统志·安庆府一》：香茗山，“《太湖县志》：中一峰曰莲花峰，左曰小茗山，右曰大茗山，尤为高峻，上有丹砂，险不可取。山半有洞，可容数百人，有泉甘洌”。

香柏城 唐南诏置，属镇西节度。在今缅甸北部孟养。南诏后期属丽水节度。

香界寺 在今北京市西山支脉平坡山龙王堂西北。是八大处中第六处。创建于唐代。元名平坡寺。明洪熙元年（1425）重建，改名大圆通寺。清康熙中，僧海岫薰重修于此，十七年（1678）改名圣感寺。乾隆十三年（1748）改名香界寺。是八大处的主寺。寺内有乾隆行宫和花园，寺后有藏经楼。

香咱寨土司 清康熙四十二年（1703）置，属松潘镇漳腊营。在今四川九寨沟县西北大录乡东北香扎。后废。

香泉 在今四川梓潼县北一百里。《舆地纪胜》卷186隆庆府：香水泉“在阴平县（南）二十五里。平地涌出，周回八十步。其水碧色，香闻百步，因以为名”。

香泉市 即今安徽和县西北香泉镇。清光绪《直隶和州志》卷4：香泉镇“旧名平疴镇，州北四十里”。

香泉铺 即今四川乐至县西北香泉村。西接简阳界。清光绪《乐至县志》卷1：光绪九年（1883）设场市，“距城三十八里。……旧名朝阳店”。

香泉镇 ①即今江苏南京市浦口区西北汤泉镇。《方舆纪要》卷20江宁府江浦县“高望镇”条下：“县西三十里有香泉镇，以近汤泉而名。《志》云：泉在镇西南五里。本名汤泉，明初赐名香泉。”

②即今陕西宝鸡市陈仓区西香泉镇。明成化十四年（1478）置巡司于此。清裁。

香洲 原属香山县，即今广东珠海市。清宣统元年（1909）开为商埠。1925年后为中山县地。1961年珠海县迁治于此。1979年设珠海市（地级）。

香盐井 在今云南景谷傣族彝族自治县西南三十里香盐村。《清一统志·普洱府》：香盐井“本朝嘉庆八年，移抱母井大使驻此，改为香盐井大使。十九年兼营抱母井盐务，更名抱香井大使”。

香盐镇 1934年置，属景谷县。即今云南景谷傣族彝族自治县西南三十里香盐村。

香格里拉市 2014年12月撤销香格里拉县，改设香格里拉市（驻建塘镇）。属云南省迪庆藏族自治州，为迪庆藏族自治州驻地。

香格里拉县 2011年12月，将中甸县改名为香格里拉县（驻建塘镇）。香格里拉，藏语意为“天堂”。属云南省迪庆藏族自治州，为迪庆藏族自治州驻地。2014年12月改为香格里拉市。

香桥湖 在今湖北远安县西。《方舆纪要》卷78远安县：香桥湖在“县西六十里。百井山水所汇也”。

香峪寺 在今河南新密市境。《清一统志·开封府》：香峪寺“有三。上香峪寺在密县西北，唐天宝七年建。中香峪寺亦在县西北，宋开宝元年建。下香峪寺在县西，天宝二年建”。

香积山 ①在今四川三台县西北。《寰宇记》卷82涪城县：香积山“在县东南三里，北枕涪江”。山下有香积寺。

②在今甘肃天水市东南麦积区麦积山南。《清一统志·秦州一》“麦积山”条下：“其南为香积山，永川水出。”

香积寺 ①在今广东博罗县西。宋苏轼《游博罗香积寺》诗引：“寺去县七里，三山犬牙，夹道皆美田，麦禾甚茂，寺下溪水可作碓磨。”

② 在今陕西省西安市长安区南香积村。唐永隆二年（681）建，北宋太平兴国三年（978）改名开利寺。院内有一座原为十三级、现存十一级，高33米的砖塔，是唐代为纪念佛教净土宗第二代祖师善导和尚而建。唐王维有《过香积寺》诗。寺院现已毁，仅有清代建的三间佛殿和唐建仿木结构密檐式砖塔尚存。2001年香积寺善导塔被定为全国重点文物保护单位。

香高山 在今辽宁朝阳县西北。《辽史·地理志》：兴中府有香高山。《清一统志·承德府一》：温都尔华山“在朝阳县属土默特右翼西北七十五里。汉名香高山”。

香烟砦　北宋置，属清湘县。在今广西全州县西北。

香雪海　在今江苏苏州市西南，邓尉山支峰吾家山。《清一统志·苏州府一》：吾家山“居民以植梅为生，花时一望如雪，香风度十余里。前抚臣宋荦题‘香雪海’三字镌于石”。

香盖寺　唐建，在今安徽宁国市西。唐韩翊有《留题宁川香盖寺壁》诗。

香雄　古代西藏族部名。即象雄。古译称羊（扬）同，分为大羊同、小羊同二部，大羊同在今西藏阿里地区北部及毗邻克什米尔之拉达克地区，小羊同在今西藏阿里地区南部扎达、普兰等县境。

香港　在今广东珠江口东、深圳市南，包括今香港岛、九龙半岛及附近海域诸岛屿，即香港、九龙和新界。自古以来是中国的领土。东晋至唐属宝安县，明、清属新安县。清道光二十年（1840）英国侵略者发动鸦片战争，次年武装占领香港岛，二十二年（1842）强迫清政府签订《南京条约》（《江宁条约》），割去香港岛（面积为79.77平方公里）。咸丰六年（1856）英、法联军发动第二次鸦片战争，十年（1860）英国迫使清政府签订《北京条约》，又割去九龙半岛尖端九龙司（面积为11.7平方公里）。光绪二十四年（1898），英国乘列强在中国划分势力范围之机，迫使清政府签订《展拓香港界址专条》，次年又签订《香港英新租界合同》，强租深圳河以南九龙半岛及大屿山岛等二百多个岛屿及大鹏湾、深圳湾等大部分海域（后统称新界，面积为984.53平方公里），租期为九十九年，至1997年6月30日期满。至此，香港地区面积由79.77平方公里扩展为1076平方公里。英设殖民总督进行统治，作为继续扩大侵华的基地。1941—1945年日本武装占领香港。日本投降后仍由英国占领。1982年9月中英重开香港问题的谈判，1984年12月中英两国政府首脑在北京正式签订了《关于香港问题的联合声明》，规定：中国政府“决定于1997年7月1日对香港恢复行使主权”；英国政府“于1997年7月1日将香港交还给中华人民共和国”。香港终于回归祖国。

香港村　清属广东新安县，即今香港。康熙《新安县志》卷3有香港村。道光二十二年（1842）被英国割占。1997年7月1日归还我国。

香港岛　又名红香炉。即今香港之香港岛。清同治《广东图说》卷13：香港“旧有居民数十户，东有红香炉汛，东南有赤柱汛”。清道光二十二年（1842）通过不平等的《南京条约》被英国割占。1997年7月1日归还我国。

香楠山　在今江西抚州市临川区城南。《方舆纪要》卷86抚州府临川县：香楠山“在府治前。楠亦作柟，先时山多柟木，因名”。

香零山　在今湖南永州市东一里潇水河中。《清一统志·永州府》引《旧志》：香零山“在县东潇水中。山中所产草木，当春皆有香气”。

香溪　①又名乡溪、昭君溪。在今湖北兴山、秭归二县东。《舆地纪胜》卷74归州兴山县引《元和志》云：“其城南枕江，西带山，东临香溪水。”《寰宇记》卷148兴山县：香溪“在邑界，即王昭君所游处”。《方舆纪要》卷78兴山县：香溪在“县（今高阳镇）东南一里，即县前河也”。香溪有二源：西源出神农架林区西南老君山，名九冲河，东南流入兴山县境，称苍坪河（或称南阳河、白沙河）；东源出神农架林区东南烟墩垭，西南流名龙口河，入兴山县境名深渡河，二源会于兴山县城西北，南流经兴山县城西，称香溪（或称县前河），南流至秭归县东南香溪镇，注入长江。其入江处又名香溪口。

②即今四川江油市西南之通口河。《方舆纪要》卷67彰明县：香溪“在县西。唐贞观七年，醴泉出绵州之香溪，是也。今有香溪堡，入安县界”。

③在今四川安县（花荄镇）西北。《舆地纪胜》卷152石泉军：香溪“在龙安县西二十里香水院门，泉自土窟中流出，分两脉：一清一浊，浊者有硫黄气，洗疮疥立愈”。

香溪口　即今湖北秭归县（茅坪镇）西北香溪镇。《清一统志·宜昌府一》：香溪“在归州东十里。……南流入江，其入江处，谓之香溪口”。

香溪镇　即今浙江兰溪市东北香溪镇。《清一统志·金华府》“平渡镇”条下：“又香溪镇，在县北三十里。元置灵泉乡巡司。”

香德设治局　1943年由都兰县西南香日德、宗家、巴隆等旗辖地析置，驻香德（今青海都兰县）。

香寮山　即今福建漳平市北，与永安市交界之紫云洞山。《清一统志·龙岩州》：香寮山“山极高大，上有紫云洞，可容数万人。明正统中邓茂七据此为乱。绝顶曰天台，去地千百尺。下有龙潭，石窟如釜”。

香霏堂　在今重庆市大足县城内。《舆地纪胜》卷161昌州：香霏堂“在郡圃。取坡仙之诗‘东风袅袅泛崇光，香雾霏霏月转廊’之句名堂”。《静南志》载渊才曰：“海棠患无香，惟昌南者有香，故昌号海棠香园。……土人云：地宜此花易植易蕃，郡治香霏堂一老树，重趺叠萼，每花或二十余叶，花气酴郁，余不能及也。”

种（種）玉山　又名玉田山。在今河北玉田县北十里。《清一统志·遵化州一》：无终山，“按：玉田以无终种玉得名，古为无终县，则取山以名县可知”。

种（種）州　唐置，为羁縻州，属芳池州都督府。在今甘肃华池县西北境。后废。

秭归山　在今湖北秭归县境。《后汉书·和帝纪》：永元十二年（100），“秭归山崩”。李贤注：“《东观记》曰：秭归山高四百余丈，崩填溪水，厌杀百余人。”

秭归县　①西汉置，属南郡。治所即今湖北秭归县（茅坪镇）西北归州镇。《水经·江水注》：“袁山松曰，屈原有贤姊，闻原放逐，亦来归，喻令自宽。全乡人冀其见从，因名曰秭归。”三国吴永安三年（260）属建平郡。北周改为长宁县。隋开皇初复为秭归县，属信州。大业初属巴东郡。唐为归州治。南宋端平三年（1236）徙治归州镇东南。明洪武九年（1376）属夷陵州。十年（1377）改为长宁县。十三年（1380）复改归州。1912年改为秭归县，属湖北荆南道。治所即今治西北归州镇。1921年属湖北荆宜道。1932年直属湖北省。1991年迁治茅坪镇（即今秭归县）。

②三国魏改绥阳县置，属新城郡。治所在今湖北神农架林区东南。西晋太康二年（281）复为绥阳县。

秭归郡 北周置，属信州。治所在长宁县（今湖北秭归县西北归州镇）。辖境相当今湖北秭归、巴东等县地。隋开皇初废。

秋山 又名禾山。即今江西永新县西北秋山。《方舆纪要》卷87永新县：秋山“一名禾山”。

秋乡江 今广东紫金县西南秋香江。《清一统志·惠州府》：秋乡江“在永安县南。有二源：一北出宝峒，一南出官山，合流而西，绕县城折而南流，受牙溪水，又南至马头山受下濑水、官坑水、黄沙水，折而西南，流至凤凰冈北受青溪水，又西南受南山水，又西至归善县界入龙江”。

秋水堤（隄） 在今江西九江市东。《新唐书·地理志》江州浔阳县：“东有秋水堤，大和三年刺史韦珩筑。”

秋风江 在今广西横县西。《舆地纪胜》卷113横州：秋风江在“永定县南二十里。源出钦州灵山县界，流入郁江”。《方舆纪要》卷110永淳县：秋风江“一名马卵江。《邑志》：江有二源：一出广东灵山县界，一出宣化县界，俱流入大江”。

秋风亭 ①北宋寇准建，旧在今湖北巴东县北旧县坪西。南宋陆游《入蜀记》：至巴东县“登秋风亭，下临江山，是日重阴微雪，天气飕飘，复观亭名，使人怅然，始有流落天涯之叹。”后随县城迁至江南，在今县北长江边。

②在今浙江绍兴市。《清一统志·绍兴府》：秋风亭“在观风堂侧（按，观风堂在府治西，卧龙山东麓）。宋汪纲记云，此亭辛幼安赋词，脍炙人口”。

秋丘冶 亦作狄丘冶。唐置，在今江苏徐州市铜山区东北利国镇。《新唐书·地理志》彭城县：“秋丘冶有铁。”北宋改置利国监。

秋兴亭 在今湖北武汉市汉阳城区凤栖山上。《舆地纪胜》卷79汉阳军：秋兴亭“在军治后山巅。唐刺史贾载建。中书舍人贾至诗云，‘诗人之兴秋最高’，故以名。亭后飞阁瞰湖，对大别山，景趣尤胜”。

秋收起义文家市会师旧址 在今湖南浏阳市东南六十二里。1927年中共中央“八七”会议后，毛泽东以中央特派员的身份回到湖南，组织了工农革命军第一军第一师，9月9日发动了湘赣边区秋收起义。受挫后部队于19日集结于此。当晚毛泽东在此主持召开前敌委员会会议，决定向罗霄山脉中段进军。翌日，部队在操坪举行会师大会。会后开始向井冈山进军。旧址原为文华书院，有前殿、文昌阁、后殿、东斋、西斋等建筑。1961年定为全国重点文物保护单位。

秋苇川堡 北宋置，属西安州绥戎堡。在今宁夏海原县（三河镇）北。后废。

秋谷 在今山东淄博市博山区东。清光绪《山东通志》卷37载：“秋谷在荆山麓。宋范仲淹尝寄迹于此。”

秋沟汛 在今湖北竹溪县西六十里竹溪河北岸。清有把总驻防。

秋林驿 在今四川三台县东。《清一统志·潼川府》：秋林驿“在三台县东五十里。……明洪武中置”。

秋林夏馆山 在今河南内乡县北一百五十里。《清一统志·南阳府一》：秋林夏馆山“泉石甚胜，湍水出焉”。

秋林镇 ①北宋于秋林寨置，属郪县。即今四川三台县东五十里秋林镇。

②即今陕西宜川县东秋林镇。《清一统志·延安府二》：秋林镇“在宜川县东三十里。其旁有砦”。

秋爬 一作秋扒。即今河南栾川县北五十五里秋扒乡。清尹耕云《豫军纪略》卷3：咸丰七年（1857）十一月，“萧况率其残败遁至秋爬诸处”。

秋胡 即今河南许昌县东秋胡村。旧属许昌县。清尹耕云《豫军纪略》卷11：同治四年（1865）六月，捻军至“许州之秋胡、栗园诸处”。

秋栅 在今安徽霍邱县北。《资治通鉴》：唐兴元元年（784），孝希烈遣将杜少诚取寿州及江都，寿州刺史张封建“遣其将贺兰元均、邵怡守霍丘秋栅，少诚竟不能过”。即此。

秋浦 本为今秋浦河中游潭泽水浦名。在今安徽池州市西南七十里灌口村。河水流出石城故城，南绕秀山，北汇苍埠潭，山石相映，碧如秋水，得名秋浦。《元和志》卷28秋浦县：“秋浦水在县西八十里”，指此。隋置秋浦县，以此为名。李白酷爱此间山水，流连三年，有《秋浦歌》十七首及其他诗歌多篇。后遂以此为全河通名。

秋浦水 在今安徽明光市东南。《方舆纪要》卷29来安县。秋浦水“在县西三十里。源出泗州盱眙县，会独山水，入于清流河”。

秋浦县 ①隋开皇十九年（599）分南陵县置，属宣州。治所在石城县旧址（即今安徽池州市西南七十里灌口附近石城村）。《寰宇记》卷105贵池县：秋浦县“盖以秋浦之水为其名”。大业初属宣城郡。唐武德四年（621）为池州治。永泰中徙治贵池口（即今贵池市）。五代杨吴顺义六年（926），改名为贵池县。

②1914年改建德县置，属安徽芜湖道。治所在今安徽东至县北梅城镇。1928年直属安徽省。1932年改名至德县。1959年与东流县合并为东至县。

秋家岚隘 在今福建连城县东。《方舆纪要》卷98连城县："秋家岚隘在县东，道出永安县。峰峦层叠，为盗贼薮。"

秋湖 即东湖。在今河南许昌市东。《清一统志·许州一》：秋湖"一名东湖。……元时设官征课于此"。

秋满洞 在今贵州石阡县城南。《方舆纪要》卷122石阡府：秋满洞"在石阡司治南。成化中，郡守余志《记略》曰：府南梭砦隔岸有山，高峻凌空，下有秋满洞，洞门开敞，洞后穿过塘池砦，平茫溪石泉长流，资以灌田。正统间，苗'贼'为乱，民多窜入洞内，贼不敢入，但守洞口，计当困死。民从洞后逸出，皆得免"。

秋溪市 即今江西抚州市临川区西南秋溪镇。清同治《江西全省舆图》卷2：临川县西南有秋溪铺。

秋溪寨 即今江西石城县南六十里秋溪。《清一统志·宁都直隶州》：秋溪寨"在石城县南六十里。一名秋溪隘"。

秋瑾故居 在今浙江绍兴市城南和畅堂23号。原系明代大学士朱赓别墅的一部分，清代重建，秋瑾的祖父秋嘉禾自福建去官返乡后典进此屋。少年时代的秋瑾曾在此研读经史，也是秋瑾密商起义大计的重要场所。故居为木结构民房，共五进，第二进是秋瑾的卧室、客堂和餐室，卧室后壁内有一暗室，是密藏文件和武器的地方。第一进中间为门厅，大门上方悬何香凝手书"秋瑾故居"匾额。1988年定为全国重点文物保护单位。

秋瑾墓 在今浙江杭州市西泠桥畔。秋瑾（1879—1907）字璿卿，号竞雄。浙江山阴（今绍兴）人。中国近代民主革命家。1907年7月在绍兴轩亭口就义。遗体由同善局葬于卧龙山麓，后由其兄秋誉章秘密迁至严家潭暂厝。同年12月秋瑾生前友好徐自华、吴芝瑛遵照烈士遗愿，营葬杭州西泠桥畔。旋遭清政府当局阻难，被迫将灵柩运至湖南秋瑾夫家。辛亥革命后从湖南运回，归葬杭州西泠湖畔。后毁。1981年重建。

科山 即登科山的简称。在今福建惠安县西侧。

科什噶尔 在今吉尔吉斯斯坦伊塞克湖西岸科奇科尔卡。清乾隆《西域图志》卷13伊犁西路：科什噶尔"在图斯库勒西岸"。

科斗店 在今山西晋城市南。《资治通鉴》：唐会昌三年（843），"王茂元遣兵马使马继等将步骑二千军于天井关南科斗店"。即此。

科布尔 即今内蒙古察哈尔右翼中旗驻地科布尔。清属宁远厅，设巡司于此。光绪二十九年（1903）置陶林直隶厅。1912年改为陶林县。1954年为察哈尔右翼中旗驻地。科布尔，蒙古语意为"土地松软"。

科布多 政区名。清乾隆二十六年（1761）设参赞大臣一员，受乌里雅苏台将军节制。治所在科布多城（今蒙古国西部科布多省会科布多）。《清一统志·乌里雅苏台统部》：科布多参赞大臣"管理扎哈沁、厄鲁特、明阿特、阿勒坦乌梁海、阿勒坦淖尔乌梁海地方，统辖杜尔伯特、新土尔扈特、新和硕特三部官兵粮饷驿台牧务蒙古事件"。辖境相当今蒙古国西部科布多、乌布苏、巴颜乌列盖等省，新疆阿勒泰地区及俄罗斯阿尔泰边区地。同治三年（1864）沙皇俄国通过《中俄勘分西北界约纪》及之后续订的《科布多界约》等不平等条约，割占阿尔泰淖尔乌梁海及阿尔泰乌梁海部分地，并开科布多为通商市场。光绪三十二年（1906）将阿尔泰乌梁海、新土尔扈特和新和硕特从科布多辖境分出，划归阿尔泰办事大臣管辖。1912年其地为喀尔喀封建主占领，在沙俄策动下宣布"独立"。

科布多河 在清科布多北，城因河得名。即今蒙古国科布多省科布多河。《嘉庆会典图》卷132科布多图说："科布多河出阿尔泰乌梁海旗，为索果克河。东流，南合瑚尔噶泊、辉汉泊、和通泊水；东南流，西合噶斯河，折而东南流，经辉特下前旗，杜尔伯特右翼旗，南合塔尔巴泊、托尔博泊水，北合乌里雅苏图河、根德克图泊、戴舒泊水，遂名科布多河。"注入阿拉克淖尔。

科布多城 清雍正八年（1730）筑。在今蒙古国科布多省西北科布多河畔。乾隆后为科布多参赞大臣驻地，乾隆二十八年（1763）因水灾移至布杨图河旁，即今蒙古国科布多省省会。

科尔芬河 即今黑龙江省逊克县东南库尔滨河。源出县东南小兴安岭西麓，北流折东北流入黑龙江。民国《黑龙江志稿》卷4：科尔芬河，"《纪略》作扩尔芬。县西北百五十里。上源曰阔尔裴音河，自布伦山北流，……注于黑龙江"。

科尔沁左翼中旗 俗称达尔罕镇。后金崇德元年（1636）置，属内蒙古哲里木盟。驻地在伊克唐噶里克坡（今内蒙古科尔沁左翼中旗西南花吐古拉镇附近）。1914年划归奉天省。1929年属辽宁省。伪满时属兴安南省。1945年划归辽北省。1947年划归内蒙古自治区，旗政府驻巴彦塔拉（今科尔沁左翼中旗南巴彦塔拉镇）。1956年迁今治保康镇。1969年划归吉林省。1979年划回内蒙古自治区。

科尔沁左翼后旗 清顺治七年（1650）置，为科尔沁六旗之一，属内蒙古哲里木盟。扎萨克驻双和尔山（一作济尔哈朗图，今内蒙古科尔沁左翼后旗东北吉尔嘎朗镇）。1914年划归奉天省。1929年属辽宁省。伪满时属兴安南省。1945年划归辽北省。1947年划归内蒙古自治区。1954年迁今治甘旗卡镇。1969年划归吉林省。1979年划回内蒙古自治区。

科尔沁左翼前旗 俗称冰图王旗。后金崇德元年（1636）置，属内蒙古哲里木盟。扎萨克驻伊克岳里泊（在今辽宁彰武县东北后新秋镇西北）。1914年划归奉天省。1929年属辽宁省。伪满时属兴安南省。

1945年划归辽北省。1947年划归内蒙古自治区。1949年撤销，并入彰武县。

科尔沁右翼中旗 俗称土谢图王旗。后金崇德元年（1636）置，属内蒙古哲里木盟。扎萨克驻巴音和硕南塔克禅（今内蒙古科尔沁右翼中旗驻地白音胡硕镇）。1914年划归奉天省。1929年属辽宁省。1945年划归辽北省。1946年旗政府驻今科尔沁右翼中旗东南高力板镇。1947年划归内蒙古自治区，属兴安盟。1954年划归呼伦贝尔盟。1959年迁治突泉镇。1962年迁治白音胡硕镇。1965年划归哲里木盟。1969年划归吉林省。1979年划回内蒙古自治区，仍属兴安盟。

科尔沁右翼后旗 俗称镇国公旗。后金崇德元年（1636）置，属内蒙古哲里木盟。扎萨克驻恩马图坡（今内蒙古科尔沁右翼前旗东北）。20世纪30年代伪满迁治今科尔沁右翼前旗北察尔森镇。1952年并入科尔沁右翼前旗。

科尔沁右翼前旗 俗称扎萨克图旗。后金崇德元年（1636）置，属内蒙古哲里木盟。扎萨克驻席喇布尔哈苏（今内蒙古乌兰浩特市东南）。1914年划归奉天省。1929年属辽宁省。1945年划归辽北省。1947年划归内蒙古自治区，属兴安盟，析置乌兰浩特市。今科尔沁右翼前旗驻乌兰浩特市。2003年迁治科右前旗大坝沟镇。据扎奇斯钦《蒙古黄金史译注》：科尔沁即《蒙古秘史》上的豁儿臣，为“带弓箭的侍卫”之意。

科尔沁河 今哈萨克斯坦东北部斋桑泊北。清徐松《西域水道记》卷5：“科尔沁河发自莫根西里地，西南流经乌哈尔卡伦南，又西南经爱图拜山西北入于额尔齐斯河。东南距哈流图河百余里。”

科尔沁部 明、清蒙古部名，明译“好儿趁”、“尔嗔”。嘉靖年间，成吉思汗弟哈撒儿的十四世孙奎蒙克塔斯哈喇（明译魁猛可）率部由呼伦贝尔移牧嫩江流域，号科尔沁（又称嫩科尔沁）。其后又南下兼并了福余卫。奎蒙克子博弟达喇（明译孛只答儿）生九子，分领各部，长子齐齐克（明译扯赤肯）、次子纳穆赛（明译那木大）领科尔沁本部。天启四年（后金天命九年，1624），科尔沁首领、齐齐克孙奥巴率族属归附后金，封土谢图汗。后金崇德元年（1636），编分科尔沁部为五扎萨克旗，清顺治七年（1650）增设一旗。属哲里木盟。右翼中旗俗称土谢图王旗，旗地在哈古勒河（今呼林河），约当今内蒙古科右中旗大部、突泉县一部分和吉林通榆县西北部、洮南市南部一部分；扎萨克驻巴音和硕南塔克禅（今科右中旗驻地白云胡硕）。右翼前旗俗称扎萨克图旗，旗地在洮儿河、交流河之间至两河会流处南北，约当今内蒙古科右前旗南部（含乌兰浩特市）、吉林洮南市大部、白城市、通榆县一部分；扎萨克驻席喇布尔哈苏（今乌兰浩特市东南）。右翼后旗，俗称镇国公旗，旗地在右翼前旗东和北，约当今科右前旗北部、扎赉特旗南部、吉林镇赉县和大安县一部分；扎萨克驻恩马图坡（今乌兰浩特市东北一百里额木格图）。左翼中旗俗称达尔汉旗，旗地跨东、西辽河，东南至吉林边墙，西北至呼林河源（接锡盟乌珠穆沁部界），长达九百余里，约当今内蒙古科左中旗、通辽市，吉林公主岭、梨树、双辽、四平等市县及辽宁康平县一部分；扎萨克驻伊克唐噶里克坡（在今科左中旗西花吐古拉附近）。左翼前旗，俗称冰图王旗，旗地在养息牧牧场东，约当今辽宁彰武东北部、法库西北部、康平西部及内蒙古科左后旗西部地；扎萨克驻伊克岳里泊（今彰武县后新秋镇西北）。左翼后旗乃顺治七年置，旗地在法库边门北至东、西辽河会流处一带，跨辽河两边，约当今内蒙古科左后旗大部，通辽市一部分，辽宁昌图县、康平县一部分；扎萨克驻双和尔山（一作济尔哈朗图，今内蒙古科左后旗吉尔嘎朗）。

科则 在今四川甘孜县境。清雍正七年（1729）置科则土百户。

科麦县 1912年置，属四川昌都府。治所在今西藏察隅县西北。后改桑昂曲宗。

科图 元代名阔斡秃。在今内蒙古阿巴嘎旗西北那仁宝拉格苏木（查干敖包）境。清温达《亲征平定朔漠方略》卷22：清康熙三十五年（1696），亲征准噶尔噶尔丹。四月，“驾次科图”。魏源《圣武记》卷3：康熙三十五年（1696），亲征噶尔丹，“五月遂由科图进逼贼境”。

科迦寺 在今西藏普兰县东南15公里科迦乡科迦村。公元996年由大译师仁青桑布创建，同时建造的还有芒城的玛尔玛寺、古格的托林寺。早期为阿底峡传承教派，13世纪初改为直贡噶举派，15世纪改归藏传佛教萨迦派管辖。普兰阿滚王下令沿孔雀河筑坝护寺，并添银制文殊菩萨像三尊。1898年释迦佛殿被毁。现存觉康、百柱殿两座建筑。寺内存有早期壁画、木构件及造像，是藏传佛教后宏期的主要寺庙之一。2001年定为全国重点文物保护单位。

科洛尔站 清康熙二十五年（1686）置，在今黑龙江省嫩江县东北科洛镇。《清一统志·黑龙江》“布克依站”条下：“墨尔根城站，又七十六里至科洛尔站。”

科素拉甫 即今新疆阿克陶县东南库斯拉甫乡。清宣统《新疆图志》卷4蒲犁：科素拉堡（庄）在“城南四百四十里”。

科烈站 亦名叙烈站。元置，即今辽宁凤城市西北四十里薛礼站。相传薛仁贵征高丽至此而名。

科部 亦名阔部。在今四川宁南县。《元史·地理志》阔州：“昔仲由蒙之裔孙名科居此，因以名为号，后讹为阔。”元至元九年（1272）设千户，二十六年（1289）改为阔州。

重山 ①在今江西上饶、横峰二县北。《清一统志·广信府一》：重山“在兴安县北八十里。其脉由上饶县灵山来，重峦叠巘，岧峣峻绝。宋谢枋得筑室读书其下，因自号叠山”。

②在今河南辉县市北。《资治通鉴》：南朝宋昇明元年（北魏太和元年，477），“魏怀州民伊祁苟自称

尧后，聚众于重山作乱，洛州刺史冯熙讨灭之"。胡注："重山，即河内重门之山，在共县（今辉县市）北。"

③即厉山。在今湖北随州市北四十里。《续汉书·郡国志》：南阳郡随县注引《荆州记》曰："县北界有重山，山有一穴，云是神农所生。"

重门 在今河南辉县市西北二十里。《三国志·魏书·齐王芳纪》：正始六年（245），"营齐王宫于河内之重门，制度皆如藩国之礼"。《水经·清水注》："重门城，昔齐王芳为司马师废之，宫于此。……城在共县西北二十里。"

重乡 在今山东鱼台县西。《左传》：僖公三十一年（前629），"使臧文仲往，宿于重馆"。杜注："高平方与县西北有重乡城。"《汉书·王子侯表》有重乡侯少柏。《水经·济水注》："菏水东径重乡城南。《左传》所谓臧文仲宿于重馆者也。"

重元寺 南朝梁建。在今江苏苏州市城区西北隅。唐韦应物有《登重元寺阁》诗。《清一统志·苏州府》：承天能仁寺，"梁卫尉卿陆僧瓒舍宅置。初名广德重元寺，宣和中改今额。《府志》：元末张士诚据以为宫，明洪武初复为寺"。后改为能仁寺。

重冈县 隋大业八年（612）置，属下邳郡。治所即今江苏泗洪县西北重冈村。《寰宇记》卷16临淮县："南重冈城，亦隋重冈县地也。……缘重冈山为名。"隋末废。

重石墟 即今江西安远县北七十里重石乡。清同治《江西全省舆图》卷9：安远县北有重石堡。

重石寨 亦名重石子、凌霄寨。在今四川宣汉县西北三十里明月乡东南。清光绪《东乡县志》卷1：凌霄寨"原名重狮寨，亦名小寺坪。在明月场东南二里许。近因培补县城风水，建塔其上，名曰凌霄。其山周围四百丈，三面悬崖，下临绝壑，惟寨西一岭往来有路，曲曲可通。……嘉庆初年，教'匪'王三槐扰乱，常据其地以负固"。

重龙山 亦名四岩山、崇灵山。在今四川资中县城东北隅。《舆地纪胜》卷157资州：重龙山"在州南二里。崗峷盘屈，隐若龙转，飞鹫龙山，亭阁之胜及诸梵列跨其上，江山城市历历可数"。《方舆纪要》卷67资县：重龙山"上有天池，大旱不竭"。今山有隋、唐、五代以来摩崖造像一百四十余龛及题记，明、清州守题书石刻，永庆寺及天池。为资中著名风景旅游区。

重平县 西汉置，属渤海郡。治所在今山东陵县东北。东汉省。北魏孝昌中复置，属安德郡。北齐省。

重丘 ①春秋齐地。在今山东茌平县西南二十五里。《春秋》：襄公二十五年（前548），"诸侯同盟于重丘"。杜注："重丘，齐地。"关于重丘的地望历来众说纷纭：(1)《寰宇记》卷54博州聊城县载："重丘在县东南，即左氏云'诸侯同盟于重丘'。"《方舆纪要》卷34东昌府聊城县谓重丘城"在府城（今山东聊城市）东南五十里"。江永《春秋地理考实》认为其地当在聊城；(2)《方舆纪要》卷34茌平县下则谓重丘城在"县西南二十里"。《清一统志·东昌府一》谓重丘"在茌平县西南二十五里"。

②在今山东菏泽市东北。《左传》：襄公十七年（前556），"卫孙蒯田于曹隧，饮马于重丘"。杜注："重丘，曹邑。"《寰宇记》卷13曹州乘氏县："重丘故城一名廪丘，在县东北三十一里。"

③战国楚邑。在今河南泌阳县东北。《史记·楚世家》：怀王二十八年（前301），"秦乃与齐、韩、魏共攻楚，杀楚将唐昧，取我重丘而去"。

重丘县 西汉置，属平原郡。治所在今山东陵县东北神头镇。东汉省。

重华场 即今四川江油市东北重华镇（重华堰）。魏源《圣武记》卷9：清嘉庆五年（1800），白莲教义军驻此，清将德楞泰进攻"重华堰"。即此。

重华县 南朝梁置，属药山郡。治所在今湖南沅江市东北八十里泗湖山镇附近。隋开皇中废。

重华堰 即今四川江油市东北重华镇。1935年川陕革命根据地在此置江油县。

重华镇 金置，属襄邑县。在今河南睢县境。

重合县 ①西汉置，属渤海郡。治所在今山东乐陵市西北。北魏正平元年（451）并入安陵县。太和十八年（494）复置，熙平中属乐陵郡，后属安德郡。北齐省。

②南朝宋侨置，为渤海郡治。治所在今山东淄博市临淄北。北齐废。

重庆卫 明洪武六年（1373）置，属四川都司。治所在巴县（今重庆市区）。《方舆纪要》卷69重庆府：重庆卫"在府治西。洪武六年建，领左右中前后五千户所，隶四川都司"。

重庆市 1927年由巴县、江北二县析置，属四川省。治所即今重庆市区。1938年中华民国国民政府迁都于此，后定为陪都。次年升为中央直辖市。1945年共产党与国民党在此举行和平谈判，签订了《双十协定》。1946年6月国民政府还都南京。1949年11月30日解放，为中央直辖市、西南军政委员会驻地。1954年降为四川省辖市。1997年重庆市复置中央直辖市，将万县市、涪陵市和黔江地区从四川省划归重庆市管辖。1998年撤销万县市、涪陵市和黔江地区，改置万州区和涪陵区；另设万州移民开发区和黔江开发区。万州移民开发区代管巫山、巫溪、奉节、云阳、开县、忠县6县；黔江开发区代管秀山、酉阳、黔江、彭水、石柱5自治县。2000年撤销万州移民开发区和黔江开发区，代管各县由重庆市直辖。同时撤销黔江土家族苗族自治县设立黔江区。2001年改长寿县为长寿区。2006年江津、合川、永川、南川4市分别改为江津、合川、永川、南川4区。重庆市计辖渝中、大渡口、江北、沙坪坝、九龙坡、南岸、北碚、万盛、双桥、渝北、巴南、万州、涪陵、黔江、长寿、江津、合川、永川、南川等19市辖区，綦江、潼南、铜梁、大足、荣昌、璧山、垫江、武隆、丰都、城口、梁平、开县、巫溪、巫山、奉节、云阳、忠县等17县和石柱土家族自治县、彭水苗族土家族自治县、酉阳土家族苗族自治县、秀山土家族苗族自治县4自治县。

重庆府　南宋淳熙十六年（1189）升恭州置，治所在巴县（今重庆市区）。明曹学佺《蜀中广记》卷53重庆府："以介乎顺（庆）、绍（庆）府二庆之间"为名。实为赵惇于淳熙十六年（1189）于此晋封恭王旋即帝位，自诩"双重喜庆"，故名。元至元十六年（1279）改为重庆路。至正末，明玉珍"蜀夏"建都于此。明洪武四年（1371）复为重庆府，属四川布政使司。清属四川省。辖境相当今重庆市荣昌县以东，四川武胜县以南，重庆市涪陵区以西，綦江县以北地区。1913年废。

重庆路　元至元十六年（1279）改重庆府置，属四川南道宣慰司。治所在巴县（今重庆市区）。辖境相当今四川江安县以东，武胜县以南，重庆市忠县以西，南川区以北地区。元末明玉珍入蜀据此为都，建号夏。明洪武四年（1371）复改为重庆府。

重州　唐武德二年（619）置，治所在今湖北南漳县西。贞观元年（627）废。

重州长官司　元置，属管番民总管。治所即今贵州平塘县西南通州镇。明初改为通州里。

重州蛮夷长官司　元置，属管番民总管。治所在今贵州平塘县西南通州镇。明初改为通州里。

重安长官司　明洪武八年（1375）置，属播州宣慰司。治所即今贵州黄平县南重安镇。《方舆纪要》卷121黄平州：重安废长官司"司近重安江，故名"。万历二十九年（1601）废。

重安关　即今贵州黄平县南重安镇。《方舆纪要》卷121兴隆卫"大石关"条下："卫南二十五里有重安关，关南有重安桥。《志》云，卫西南二十五里有重安巡司，旧属黄平安抚司，今属黄平州。"

重安江　在今贵州黄平县南。为清水江别名。《方舆纪要》卷121兴隆卫：重安江在"卫南三十里。源出苗境，两山夹岸，水深莫测，当滇、贵驿道，维舟为渡。又南入清平县（今凯里市清平镇）界，而为舟溪江。下流入麻哈江"。

重安县　三国吴改重安侯国置，属衡阳郡。治所在今湖南衡阳县（西渡镇）北。隋废。唐武德四年（621）复置，属衡州。七年（624）又废。

重安侯国　东汉改钟武县置，属零陵郡。治所在今湖南衡阳县（西渡镇）北。三国吴改为重安县。

重阳县　①西魏置，为南襄阳郡治。治所即今湖北南漳县。北周改名思安县。

②唐武德二年（619）置，属重州。治所在今湖北南漳县西。贞观元年（627）移县治于废重州城，属迁州。八年（634）废。

重阳宫　在今陕西户县城西二十里祖庵镇北。据传金代道教全真道创始人王重阳在户县遇仙人吕洞宾化身，遂通仙术。后去山东传教，死后归葬咸阳。门人在户县建成道宫，门徒马丹阳手书"祖庭"二字悬于宫内。自此道教门徒称为祖庵，后改称灵虚观。元代改名重阳宫。为关中西部著名道观。《清一统志·西安府》：重阳宫"在盩厔县东六十里。元建"。原来的建筑多已倾圮，仅余一座四合院为清代重修。中华人民共和国成立后为保护原重阳宫遗存的珍贵碑石，又修建了十余间陈列室。

重阳宫祖庵碑林　在今陕西户县西祖庵镇重阳宫。祖庵碑林亦称祖庵石刻，现存石刻文物八十余件，其中碑石五十五通，绝大多数为元碑。许多碑文由赵孟頫、韩冲、姚燧、王重阳、尹志平等名家高手所书。此外，还有少量金代及明清碑石。碑石中以三十一通巨型元碑，最为著名，记载道教全真派的历史、教义和修炼要旨等，内容可分为宗教历史、书法、八思巴文、内丹功法等四种。以"十方重阳万寿宫记碑"、"全真教祖碑"、"大元敕藏御服之碑"、"皇帝玺书碑"等为代表。另有七通元代圣旨碑，其中五通是蒙汉文合刻，对研究元代文献中蒙汉对译及演变有重要价值，也是研究古代蒙古语言的第一手资料。碑铭比较详尽地反映了重阳宫和道教全真派发展起落的轨迹，集中反映全真教派与金、元社会政治发展的紧密关系。所记载的全真教修炼方法，为研究道教文化和我国传统医学提供了翔实的资料。2001年定为全国重点文物保护单位。

重坊集　即今山东郯城县西四十里重坊镇。清乾隆《郯城县志》有重坊集，"由县城经重坊、长城入峄县境赴兖州府，为南路"。

重固镇　本作重固。即今上海市青浦区东北十八里重固镇。清光绪《青浦县志》卷2：重固镇"相传宋韩蕲王掩军士骸骨处，故名。后人去鬼为重固"。

重迦罗　即戎牙路。故地在今印度尼西亚爪哇岛东部苏腊巴亚一带。一说即今印尼松巴哇岛东部之散加尔港。元汪大渊《岛夷志略》有专条记述。明张燮《东西洋考》"西洋针路"条有重迦罗。

重泉　战国秦邑。即今陕西蒲城县东南重泉村。《史记·秦本纪》：简公六年（前409），"城重泉"。《正义》："《括地志》云：重泉故城在同州蒲城县东南四十五里。"后改置重泉县。

重修护国寺感应塔碑　即西夏碑。现保存在甘肃武威市文庙内。

重泉县　战国秦置，属内史。治所即今陕西蒲城县东南五十里重泉村。出土秦封泥中有"重泉丞印"可资佐证。西汉属左冯翊。三国魏属冯翊郡。西晋后废。

重馆　春秋鲁邑。在今山东鱼台县西南。《左传》：僖公三十一年（前629），"取济西田，分曹地也。使臧文仲往，宿于重馆"。即此。

重锦山　在今四川阆中市东。《方舆纪要》卷68保宁府阆中县：重锦山在"府东百三十里。两峰对峙，秀丽如锦"。

重锦镇　北宋置，属奉国县。在今四川阆中市东北老观镇。《舆地纪胜》卷185阆州：奉国县"熙宁八年徙治重锦镇"。

重璧山　一名璧山。在今重庆市璧山县西南十五里。《元和志》卷33璧山县："川中有一孤山，西北二面险峻，东南面稍平，土人号为重璧山，至德二年置县，因山为名。"

复（復）　春秋时国名，在今湖北仙桃市西南沔城回族镇。《姓觿》卷9："《姓考》云，古有复国，嬴姓，灭于夔，因氏。"《路史·后纪》亦有复国。

复（復）土堡　明置，属石泉县。在今四川北川羌族自治县西北。《方舆纪要》卷73石泉县：复土堡在"县西北十里。堡南十里为青冈堡。二堡之间有青泗口，路通坝底，为河东、河西、白草、青片诸番出入处"。

复（復）山　①一名阜岩。即今安徽黟县南四十里岩山。《寰宇记》卷104黟县：复山"在县城南三十六里。山甚孤峻，石壁四绝，亦谓之五砲砾。两边皆石坛，中央有沟才五六尺许，水甚悬峻。扪萝挽葛，时有至者。山翠激流，为群峰之秀。其水东南流，入休宁县界"。《方舆纪要》卷28黟县"鱼亭山"条下：复山"即鱼亭山之支也。一名复岩，又名阜岩，高二百六十仞，周三十里"。

②在今江西永新县西。《寰宇记》卷109吉州永新县："王烈之《安成纪》云，复山有石室，虚间幽深。又一石室水流乎其中，所谓石室相距。"《方舆纪要》卷87吉安府永新县：复山在"县西百二十里，与禾山相接。有甘泉、石室之胜"。

复（復）宁溪　即今四川高县东之南广河。《明史·地理志》高县："东有复宁溪，即黑水之上流。"《明一统志》卷69叙州府：复宁溪"在高县治东。自珙县发源，下抵庆符，可通舟楫"。

复（復）州　①北周置，治所在建兴县（今湖北仙桃市西南沔城回族镇）。《元和志》卷21复州："取州界复池湖为名也。"隋大业初改为沔州。唐武德五年（622）复置，治所在竟陵县（今湖北天门市）。贞观七年（633）还治沔阳县（今仙桃市西南沔城回族镇）。辖境约当今湖北仙桃、天门、洪湖三市和监利县地。天宝元年（742）改为竟陵郡。乾元元年（758）复为复州。宝应二年（763）移治竟陵县（今天门市）。南宋端平三年（1236）还治沔阳镇（今仙桃市西南沔城回族镇）。元至元十二年（1275）改为复州路。十五年（1278）改为沔阳府。

②辽兴宗时置，治所在永宁县（今辽宁瓦房店市西北复州城回族镇）。辖境相当今瓦房店市一带。元废。明洪武五年（1372）复置。二十八年（1395）废。清雍正五年（1327）设复州厅，十二年（1734）改置复州，属奉天府。1913年改为复县。

复（復）州卫　明洪武十四年（1381）于故复州置，属辽东都司。治所在复州城（今辽宁瓦房店市西北复州城镇）。清初废。

复（復）州厅　清雍正四年（1726）分盖平县地置，属奉天府。治所在复州城（今辽宁瓦房店市西北复州城镇）。辖境相当今辽宁瓦房店市和大连市金州区一带。十一年（1733）改为复州。

复（復）州河　旧名沙河。即今辽宁瓦房店市西北复州河。《清一统志·奉天府一》：复州河"在复州城东十五里，旧名沙河。……《通志》：今河源出安博罗山，西南流至北汛口入海，即沙河也"。

复（復）州路　元世祖至元十二年（1275）改复州置，治所在沔阳镇（今湖北仙桃市西南沔城回族镇）。十五年（1278）升为沔阳府。

复（復）池湖　在今湖北仙桃市西。《元和志》卷21复州："取州界复池湖为名也。"

复（復）兴场　①即今四川汉源县北唐家乡。民国《汉源县志》卷2：复兴场"即《旧志》唐家场，俗呼唐家坝。在治（今九襄镇）南三十五里"。

②原为仁怀县治。即今贵州赤水市东南三十里复兴镇。

复（復）兴集　即今安徽全椒县西北复兴乡。民国《全椒县志》卷1：复兴集街"距城六十里，街长一里俱市肆"。

复（復）兴镇　即今安徽宿松县东南长江滨之复兴镇。明、清小孤山巡司于此。

复（復）阳县　西汉置，属清河郡。治所在今河北故城县西南。东汉省。《水经·淇水注》："清河又东北径复阳县故城西。汉高祖七年，封右司马陈胥为侯国。王莽更名之曰乐岁。《地理风俗记》曰：乐武城西北三十里有复阳亭，故县也。世名之曰槛城，非也。"据《寰宇记》卷63枣强县下载：复阳故城"在今县（旧治）西南十八里故城"。

复（復）阳侯国　西汉元康元年（前65）置，属南阳郡。治所在今河南桐柏县西北二十二里固庙。《水经·淮水注》："在桐柏大复山之阳，故曰复阳也。"西晋废。

复（復）县　1913年改复州置，属奉天辽沈道。治所在复州城（今辽宁瓦房店市西北复州城镇）。1929年直属辽宁省。20世纪30年代移治房瓦店（即今瓦房店市）。1985年改设瓦房店市。

复（復）览山　在今安徽霍山县东。《方舆纪要》卷26霍山县"指封山"条下："又复览山在县东二十里，即汉武南巡还，登此顾瞻处也。南宋时，置戍守于此。"

复（復）累县　西汉置，属安定郡。治所在今甘肃平凉市或宁夏南境。东汉废。

复（復）宿山　在今山西山阴县南。《金史·地理志》：应州金城县有"复宿山"。《方舆纪要》卷44山阴县："复宿山在县南三十五里，亦名佛宿山，山下有何家泉。"

复（復）程县　1945年8月晋冀鲁豫革命根据地

由曹县东南部析置，治青堌集（今山东曹县东南青堌集镇）。为纪念晋冀鲁豫边区第二十二专区专员袁复荣及军分区司令员朱程二位烈士而命名。1949 年 8 月改属平原省。1952 年复属山东省。1956 年撤销，并入曹县、单县二县。

竿山　俗称北竿山。又名北干山、竹竿山。在今上海市松江区西北三十六里。《方舆纪要》卷 24 松江府青浦县：干山“昔时土宜美箭，因名”。

竿门港　在今浙江象山县北。《方舆纪要》卷 92 象山县：竿门港“在县西北钱仓所南。倭夷来犯，每栖泊于此”。

竿子坪　即今湖南凤凰县东北五十六里竿子坪乡。古名筸子坪。明初设筸子坪洞元帅府于此。永乐三年（1405）改置筸子坪长官司。

笃马河　①即今山东之马颊河。《汉书·沟洫志》：鸿嘉四年（前 17）河溢，“河堤都尉许商与丞相史孙禁，共行视，图方略。禁以为今河溢之害，数倍于前决平原时。今可决平原金堤间，开通大河，令入故笃马河”。《汉书·地理志》平原郡平原：“有笃马河，东北入海，五百六十里。”《水经·河水注》：“屯氏别河南渎自平原城北首受大河故渎东出，亦通谓之笃马河。”

②在今山东冠县东。《方舆纪要》卷 34 馆陶县：“笃马河在县东南五十里。今涸。”

笃进城　北魏时高昌国置，在今新疆托克逊县。《梁书·高昌国传》：其国置四十六镇，有笃进镇。

笃洼　亦作都洼。即今新疆皮山县东南杜瓦镇。清宣统《新疆图志》卷 4：皮山县“杜瓦，即笃洼，城东南三百里”。

〔丿丨〕

段氏与三十七部会盟碑　在今云南曲靖市第一中学新建碑亭内。《明一统志》卷 87 曲靖府：石城“在府城北二十余里。隋牂牁郡地，唐为庄州石城县，属黔州都督。昔有一碑，乃段氏与三十部诸蛮立誓盟之碑”。清康熙十八年（1679）出土于曲靖城北旧石城遗址。碑立于大理国段素顺明政三年，即北宋开宝四年（971）。碑文叙述大理国主段氏（白族）联合三十七部（蛮族）出战滇东一些部落后，在石城会盟立誓，并颁赐职赏的史实。1961 年定为全国重点文物保护单位。

段庄　在今河北涿鹿县东南。《资治通鉴》：唐乾宁元年（894），李克用攻幽州帅李匡筹，拔武州围新州，“李匡筹遣大将将步骑数万骑救新州，李克用选精兵逆战于段庄，大破之”。即此。

段庄河　在今安徽砀山县西北四十里。《方舆纪要》卷 29 砀山县：段庄河“亦大河支流也。由虞城县流入境，经县西回冈集。明嘉靖二十四年，沙淤坡水漫流，至双沟集南一里，汇流成河。又东三十里，合桑叶河，经萧县境，北流入徐州，而合大河”。

段村　即今山西武乡县治。1947 年武乡县徙治于此。

段谷　在今甘肃天水市东南。《三国志·魏书·邓艾传》：甘露元年（256），姜维“渡渭东行，缘山趣上邽，艾与战于段谷，大破之”。即此。

段谷水　亦名段溪水。在今甘肃天水市东南。《三国志·魏书·邓艾传》：甘露元年（256），“（姜）维与艾争险，不克，其夜，渡渭东行，缘山趣上邽，艾与战于段谷，大破之”。即此。《水经·渭水注》：“藉水又东合段溪水，水出西南马门溪，东北流合藉水。”《元和志》卷 39 秦州上邽县：“段谷水，源出县东南山下。蜀将姜维为邓艾破于段谷，星散流离，即此谷也。”

段店　即今山东济南市西十里段店镇。明刘敕《历乘》卷 5：段店在“城西十八里，长清必由之路”。1984 年设镇。

段炉头集　即今河北南宫市东南段芦头镇。明嘉靖《南宫县志》卷 1 市集：段卢头集在“县东南七十里”。

段家岭镇　即今河北三河市东二十里段甲岭镇，为遵化、玉田等县入京要道。清同治《畿辅通志》卷 46 三河县图：东有段家岭镇。

段寨镇　北宋置，属合肥县。在今安徽肥西县北五十里段冲。

俨马州　唐开元十七年（729）置羁縻州，属黎州都督府。治所在今四川马边、峨边或美姑等县境。北宋以后废。

便门　①指汉长安城的西安门。在今陕西西安市西北马家寨南二里。《三辅黄图》卷 1：“长安城南出第三门曰西安门，北对未央宫，一曰便门，即平门也。”

②指汉长安城的章城门。为长安城西面南头第一门。在今陕西西安市西北雁秋门村东南二里。《三辅黄图》卷 1“章城门”条引《三辅旧事》曰：“章门亦曰光华门，又曰便门。”

③南宋临安城（今浙江杭州市）东门之一。《梦粱录》卷 8《大内》载：“沿寨向南有便门，谓之东便门。”元末张士诚重修杭州城时，向西缩入二里。便门废。

便门桥　亦称西渭桥。西汉筑，在今陕西咸阳市南渭河上。《汉书·武帝纪》：建元三年（前 138），“初作便门桥”。即是。《三辅决录》：“长安城西门曰便门，门北与桥对，因号便门。唐时，长安人送客西行多到此相别，又名咸阳桥。”宋敏求《长安志》卷 13：“渭河浮桥，在汉渭城县南北两城中间，架渭水上，即汉之便桥也。……唐末废。皇朝乾德四年重修，后为暴水所坏。淳化三年徙置孙家滩，至道二年复修于此。”后毁。

便水驿　即今湖南芷江侗族自治县西七十里便水市。明置驿，清改置巡检。

便仓镇　即今江苏盐城市盐都区东南串场河滨便仓镇。清光绪《江苏全省舆图》盐城县:"便仓镇在城东南四十五里。"

便民河　在今江苏宜兴市西。《方舆纪要》卷25常州府宜兴县:便民河"在县城西。自县西二十里湃渊滁,东抵城下,长三十里。成化中开,一名后袁河"。

便县　西汉置,属桂阳郡。治所即今湖南永兴县。以郴水支流便水而得名。东晋省入郴县。陈永定三年(559)复置,隋又废。

便河　①一名白河。在今湖北天门市南。《方舆纪要》卷77景陵县:便河"在县南三十里。元时郡守白景谅以自县至郡,水道迂远,乃丌此河,民以为便。时掘土得石,有文曰白公沟。亦名白河"。

②在今湖北石首市西南。《方舆纪要》卷78石首县:便河在"县西南二里,达洞庭。久塞。正统中,县令盛琦浚通,商民称便"。

③在今湖南常德市北。《方舆纪要》卷80武陵县"汪水"条下:"便河在县北一里。元人所开,南通沅江。"

便桥　即便门桥。在今陕西咸阳市南渭河上。《三辅黄图》卷6桥:"便门桥,武帝建元三年初作此桥,在便门外,跨渭水,通茂陵。"注曰:"长安城西门曰便门,此桥与门对值,因号便桥。"

便溪砦　即今湖南芷江侗族自治县西七十四里便水市。《宋史·地理志》沅州:便溪"崇宁三年,以獎州改"。清置巡司于此。

保儿囤　在今贵州瓮安县东。《明史·陈璘传》:万历二十八年(1600)征播州杨应龙之乱,应龙子朝栋率众二万渡乌江迎战,璘进军龙溪,"把总吴应龙等陷阵,'贼'大溃,退四牌保儿囤",即此。

保大军　唐上元元年(760)分邠宁节度置渭北节度使,属关内道。治所在坊州中部县(今陕西黄陵县东南)。建中四年(783)徙治鄜州(今陕西富县)。领鄜、坊、丹、延四州。相当今陕西子长、延川以南,宜君、黄龙以北,志丹、黄陵以东,黄河以西地。中和二年(882)赐号保大军。天复初属李茂贞。宋、金亦置保大军。元废。

保山　在今辽宁铁岭县西北。《方舆纪要》卷37铁岭卫:保山在"卫西北三十里,辽河西岸"。

保山市　1983年撤销云南省保山县,改设保山市,驻原保山县城。2000年撤销保山地区和县级保山市,设立地级保山市;原县级保山市改置隆阳区,市人民政府驻隆阳区。

保山县　明嘉靖三年(1524)置,为永昌府治。治所即今云南保山市。明谢肇淛《滇略·版略》保山县:"以治西有太保山名。"1913年改永昌县,1914年复名保山县,属云南腾越道。1929年直属云南省。1983年改设保山市。

保川县　金大定二十二年(1182)改敷川县置,为会州治。治所即今甘肃靖远县。二十三年(1183)地入西夏。乃徙治会川城(今靖远县西南一百里),为新会州治。元初废。

保义军　①唐方镇名。建中四年(783)以兴凤陇节度使号为保义军,治所在凤翔府(今陕西凤翔县)。寻废。

②唐、五代方镇名。龙纪元年(889)以陕虢节度使为保义军。治所在陕州(今河南三门峡市陕县老城)。辖境相当今河南三门峡市,陕县、灵宝、卢氏及山西平陆、芮城等县地。五代梁为镇国军。后唐复为保义军。北宋初废。

③五代方镇名。后梁开平二年(908)置,治所在邢州(今河北邢台市)。后唐同光元年(923)改名安国军。

保义集　即今安徽寿县南保义镇。清乾隆《寿州志》卷1南乡《市集》:保义集"离城八十里"。

保卫暗沙　在南海中中国南沙群岛南部,位于榆亚暗沙东南39海里。为一孤立暗沙。1935年公布名称为南毒蛇滩。1947年改名保卫暗沙。

保子冈　在今四川汶川县西北杂谷河注入岷江处姜维城北。《明史·地理志》威州:"旧治在西北凤坪里,宣德三年六月迁于保子冈河西。"保子关置于此。

保子冈河　指今四川汶川县西之岷江。以江西保子冈为名。《明史·地理志》威州:"宣德三年六月迁于保子冈河西,十年六月又迁于保子冈河东千户所城内。"

保子关　在今四川汶川县西北杂谷河注入岷江处保子冈上。《明史·地理志》威州:"西北有保子关。"《清一统志·杂谷厅》:保子关"在厅西北一里,湔、沱二水之中,为汉羌出入要冲"。按厅指旧威州,今汶川县。

保子砦　明置,属纳溪县。在今四川泸州市纳溪区西十里。《方舆纪要》卷72纳溪县:保子砦,"《志》云:在县西十里。相传武侯南征,尝驻兵于此"。

保马水关　一作得马水关。明置,在今山西河曲县南。《方舆纪要》卷40保德州:保马水关"有土城,周一里余。洪武九年置巡司于此"。

保丰(豐)市　即宝丰镇。今湖北竹山县西北保丰镇。清有把总驻防。清魏源《圣武记》卷10:"竹山以保丰为要隘。"

保平堡　在今山西天镇县北四十八里保平堡村。《方舆纪要》卷44大同府:保平堡"嘉靖二十五年设,隆庆六年增修,周一里有奇。……嘉靖三十七年,寇由此入犯,亦备御要地"。

保平港　在今海南省三亚市西崖城镇西保港镇。明正德《琼台志》卷6崖州:保平港"在州(治今崖城镇)西五里。水自五指流经后河,至此会潮入海"。

保宁山　在今河北宣化县南。《方舆纪要》卷17保安州:保宁山"在州西北六十里。旧名白贴山。其中洞穴穹窿,有石如仰盂,泉出其中,仅斗许,群饮不竭。《志》云:元至元初,以地常震,始改名保宁”。

保宁千户所　明洪武四年（1371）置，属四川都司。治所在保宁府（今四川阆中市）。后废。

保宁场　元置，为盐场。治所在今四川南部县北。《方舆纪要》卷68南部县“盘龙水驿”条下：“县北二十五里有保宁茶盐场。今皆废。”

保宁军　①唐方镇名。兴元元年（784）以河东节度使号为保宁军，治所在太原府（今山西太原市西南古城营）。贞元三年（787）复为河东节度使。

②五代方镇名。五代唐天成四年（929）后蜀分东川置，治所在阆州（今四川阆中市）。《新五代史·安重诲传》：“分阆州为保宁军，以李仁矩为节度使，以制（董）璋，且削其地，璋以兵攻杀仁矩。”北宋初废。

保宁县　①唐天宝元年（742）置，属静戎郡。治所在今四川理县东北。一说在今汶川县境。《寰宇记》卷80霸州：保宁县“去州三十里。三乡。在质台村”。乾元元年（758）属霸州。后废。

②唐至德二年（757）改保安县置，属高州。治所在今广东电白县东电城镇东。北宋开宝五年（972）废。

③五代前蜀永平二年（912）改薛城县置，为维州治。治所在今四川理县东北七十里薛城镇。北宋景祐三年（1036）为威州治。元世祖至元十九年（1282）废入威州。明玉珍复置。明洪武二十年（1387）又废入州。

保宁府　元世祖至元十三年（1276）改阆州东川路元帅府置，治所在阆中县（今四川阆中市）。以五代唐保宁军为名。二十年（1283）升为保宁路，不久复降为保宁府，属广元路。明洪武四年（1371）属四川行中书省（后改为四川布政使司）。辖境相当今四川阆中、南部、广元、剑阁、梓潼、巴中、通江、南江等市县地。清属四川省。1913年废。

保宁都护府　唐天宝八年（749）于索磨川置，治所在今四川马尔康县东梭磨乡。后废。

保宁路　元世祖至元二十年（1283）改保宁府置，属四川行中书省。治所在阆中县（今四川阆中市）。辖境相当今四川阆中、苍溪、南部等市县地。不久又改为保宁府。

保宁寨　北宋嘉祐七年（1062）置，属丰州。在今陕西府谷县西北。

保圣寺罗汉塑像　在今江苏苏州市吴中区东南角直镇。寺始建于南朝梁天监二年（503）。唐至清均曾修建。天王殿是寺内保存最古的木结构建筑之一，虽大部分为明代遗物，但还保存有宋代建筑传统的制作手法。寺内原有罗汉塑像十八尊，相传为唐开元时雕塑家吴县杨惠之所作。1927年寺遭大火，大殿半壁坍塌，塑像受损，后经蔡元培、叶恭绰、顾颉刚等筹建古物馆，将残存的九尊移入馆内陈列。塑像附于塑壁之上，构成以山、水、云为背景的罗汉群像。艺术上有较高的造诣，为我国较有代表性的塑像之一。1961年定为全国重点文物保护单位。

保扬河　在今江苏扬州市西。《方舆纪要》卷23扬州府：“保扬河在府西四里。城北三里旧有柴河，东达官河，西接市河入城，而城西一望平原，别无濠堑。崇祯十年，始自柴河口，引城东运河绕西郭，复折而西南，接城南二里之宝带河，仍合运河，延袤十六里。时又于近河东岸缘垒为城，上设敌台，以备流寇侵逼，因名曰保扬。”

保全庄　在今内蒙古丰镇市西二十里，道通凉城县。清时置汛。

保州　①唐乾元元年（758）改天保郡置，治所在定廉县（今四川理县西北）。后又改名古州，其后复为保州。辖境相当今四川理县西北地。北宋为羁縻州，属威州。政和四年（1114）改为祺州。

②北宋太平兴国六年（981）改保塞军置，治所在保塞县（今河北保定市）。元太宗十三年（1241）改为顺天路。

③高丽置，治所在来远县（今朝鲜平安北道义州与新义州之间）。《辽史·地理志》保州：“圣宗以高丽王询擅立；开泰三年，取其保、定二州，于此置榷场。”辖境相当鸭绿江口今辽宁丹东市和朝鲜新义州部分地区。金废。

保江镇　在今广西融安县东北保江村。旧属融县，明置巡司于此。

保安门　俗称小堰门。南宋临安城东门之一。故址在今浙江杭州市候潮门与望江门之间。元末张士诚重修杭州城时拆除。

保安卫　明永乐十三年（1415）置，治所在今河北涿鹿县。景泰二年（1451）移治今怀来县（沙城）西北新保安镇。清废。

保安左卫　明永乐十五年（1417）改天策卫置，属后军都督府。治所在顺圣川（今河北阳原县东北东城镇）。十七年（1419）移治西沙城，二十年（1422）又移治怀安卫城（今怀安县东南旧怀安）。宣德五年（1430）属万全都司。清废。

保安州　①金大定二十二年（1182）升保安县置，治所即今陕西志丹县。元世祖至元六年（1269）改为保安县。

②元后至元三年（1337）改奉圣州置，属上都路。治所在永兴县（今河北涿鹿县）。辖境相当今河北涿鹿县。明洪武初废。永乐十三年（1415）复置，属京师。景泰二年（1451）移治今怀来县西北新保安镇。清还治今涿鹿县，属宣化府。1913年改为保安县。

保安军　北宋太平兴国二年（977）升永康镇置，属永兴路。治所即今陕西志丹县。金大定十一年（1171）改名保安县。

保安村　在今吉林靖宇县（旧濛江县）西南靖宇村。《黑龙江历史大事记》：1940年2月抗联一军杨靖宇将军在保安村西南三道崴子，与日伪军激战，壮烈牺牲于此。

保安县　①唐开元五年（717）改连江县置，属高州。治所在今广东电白县电城镇东。天宝初属高凉郡。至德二年（757）改为保宁县。

②金大定十一年（1171）改保安军置，后属保安州。治所即今陕西志丹县。元世祖至元六年（1269）改州为县，属延安路。明、清属延安府。民国初属陕西榆林道。1928年直属陕西省。1934年改名赤安县。1936年改名志丹县。

③1913年改保安州置，属直隶口北道。治所即今河北涿鹿县。1914年改名涿鹿县。

保安岩　在今浙江淳安县东北。《方舆纪要》卷90淳安县：保安岩"在县东北六十里。五季末里人多避乱于此，因名"。

保安城　明万历二年（1574）建，即今青海同仁县北保安镇。清改为保安营。1931年于此置同仁县。后同仁县迁治隆务镇。

保安革命旧址　在今陕西志丹县城保安镇。刘志丹（1903—1936），陕西保安（今志丹县）人。前中共陕甘边军委和西北军委主席，1932年陕甘红二十六军创始人之一。1934年开辟保安为中心的陕甘边苏区（同年保安县改名为赤安县），1936年红军东征战斗中牺牲（当年赤安县改名志丹县）。原1933年创建于瑞金的中国工农红军大学，在中央红军到达陕北后改名中国抗日红军大学，校址1936年由瓦窑堡迁保安镇（今志丹县驻地）。1937年校名改为抗日军政大学。今保安镇革命遗址有中国抗日军政大学旧址、刘志丹烈士陵园。2006年定为全国重点文物保护单位。

保安营　清道光二十年（1840）置，在今四川越西县北七十里保安藏族乡北。《清史稿·土司传》：同治末，越巂彝族反，"前锋罗应旒出清溪，抚大树堡、左右王岭各土司，进驻保安"。即此。

保安砦　北宋置，属秦州。在今甘肃天水市境。

保安铺　即今浙江江山市西南保安乡。清同治《江山县志》卷2：保安铺在"南九十五里"。

保安堡　①在今山西左云县东北六十里保安村。《方舆纪要》卷44大同府：保安堡"嘉靖二十四年筑，万历初增修。周一里有奇"。

②一作保宁堡。在今陕西榆林市西三十里。《清一统志·榆林府二》：保安堡"旧名古梁城。明嘉靖四十三年巡抚胡志夔增建。城在平川，周二里一百四十步，门一，为极冲要地。本朝初设守备。乾隆三十七年裁，设有把总分防"。

保安寨　在今福建浦城县西北。《方舆纪要》卷97浦城县：保安寨在"县西北四十余里船山上。宋置"。

保安镇　①秦、汉称胡苏亭。即今山东宁津县西南二十五里保店镇。隋初置胡苏县于此。唐改临津县。北宋废临津县，改称保安镇。

②北宋置，属永城县。在今河南永城市东北六十里芒山镇。金尝移砀山县治此。元至元中，复还旧治。

③即今河南叶县南五十八里保安镇。清为县南巨镇，设县丞驻此。有驿。

④即今湖北大冶市西北保安镇。《舆地纪胜》卷33兴国军：沼山"在大冶县西五十里，近保安市"。清为保安堡，有外委驻防。

⑤北宋置，属飞乌县。在今四川中江县东南冯店镇东保安村附近白菊村。

⑥清置，属中部县。在今陕西黄陵县西一百三十里。

保寿寺　在唐长安城翊善坊，今陕西西安市内。段成式《酉阳杂俎·续集》卷6："翊善坊保寿寺，本高力士宅，天宝九年舍为寺。初铸钟成，力士设斋庆之，举朝毕至，一击百千，有窥其意，连击二十杵。经藏阁规构危巧，二塔火珠授十余斛。"

保县　明洪武六年（1373）分保宁县置，属威州。治所在今四川理县东北七十里薛城镇。清雍正五年（1727）废威州入保县，移县治故威州城（今四川汶川县），属茂州。嘉庆六年（1801）废。

保甸　即今云南景东彝族自治县西北六十八里保甸。明、清置巡司于此。

保甸铺　在今贵州盘县（红果镇）东南保田镇。《方舆纪要》卷121普安州"亦资孔驿"条下："保甸铺在州东。（明）宏（弘）治十一年，官军讨普安乱贼，营于保甸铺侧，为贼所袭，死者甚众。"

保牢山　在今湖南怀化市境。《舆地纪胜》卷71沅州：保牢山"昔人保聚其中，以其牢险，因名"。《方舆纪要》卷81沅州"明山"条下："又保牢山，州（治今芷江侗族自治县）东百里。蛮僚据此，资其牢险。"

保国寺　又名灵山寺。在今浙江宁波市西北洪塘镇北灵山山岙。始建于唐，北宋大中祥符六年（1013）重建。在中轴线上有天王殿、大雄宝殿、观音堂、藏经楼，以及两侧僧房、钟鼓楼等，依山势而建。大殿仍保持北宋建筑风格，为浙江现存最早的木结构建筑遗物。佛座上嵌有崇宁元年（1102）建造石佛座碑记、昂上有墨书"甲子元丰"等字。1961年定为全国重点文物保护单位。

保昌县　北宋天圣初改浈昌县置，为南雄州治。治所即今广东南雄市。《舆地纪胜》卷93南雄州："《图经》云：后避仁宗嫌，改名曰保昌。"元为南雄路治。明为南雄府治。清嘉庆十一年（1806）废。十六年（1811）复置，十八年（1813）又废。

保昌郡　北宋宣和二年（1120）赐南雄州为保昌郡。治所在保昌县（今广东南雄市）。

保岩山　在今甘肃灵台县东三十里。《方舆纪要》卷58灵台县：保岩山"山势峭拔，回旋百折，巅有泾台，登之望见百里外。其下尝有云雾。又有温、冷二泉出焉"。

保和县　辽统和八年（990）置，属上京临潢府。治所在今内蒙古巴林右旗东南查干木伦河西。金废。

保和馆 馆驿名。辽置，在今内蒙古巴林右旗东南查干木伦河西。《辽史·地理志》上京道引宋薛映记曰：饶州“唐于契丹曾置饶乐州，今渤海人居之。五十里保和馆”。

保和殿 ①北宋东京（今河南开封市）宫殿。政和三年（1113）建成。《续资治通鉴》卷91载：“（四月）戊子，作保和殿，总为屋七十五间，上饰纯绿，下漆以朱，无文藻、绘画五采；垣墉无粉泽，以浅墨作寒林平远禽竹；左实典谟训诰经史，右藏三代彝器，东序置古今书画，西序收琴阮笔砚。”

②在今北京市故宫中和殿后。为故宫主殿之一。建于明永乐十八年（1420），初名谨身殿，嘉靖时改名建极殿。清顺治年间重建，改名保和殿。乾隆时重修。清《日下旧闻考》卷12：“每岁除夕，皇帝御保和殿筵宴外藩。每科朝考新进士，翰林院引入殿内左右列试。”

保京县 唐至德二载（757）改安京县置，属宁越郡。治所在今广西钦州市北小董西。北宋开宝五年（972）改为安京县。

保店街 亦名包头店。即保安镇。今山东宁津县西南二十五里保店镇。

保定市 1938年日伪由清苑县析置，为河北省会。治所即今河北保定市。1945年废。1948年当地解放后复置保定市。1949年升为地级市，为河北省会。1958年河北省会由保定迁至天津，保定又曾改为县级市。1966年河北省会由天津复迁保定。1968年河北省会迁石家庄市。1983年保定市复升为地级市。2015年撤销保定市北市区、南市区，设立保定市莲池区。

保定军 北宋景德元年（1004）改平戎军置，治所在今河北文安县西北新镇。宣和七年（1125）改为保定县。

保定巡抚 明正统十年（1445）命侍郎巡抚保定等处，但尚未专设。成化八年（1472）从居庸关中分顺天巡抚地为两巡抚，其西巡抚保定等府，驻真定府（今河北正定县）。统辖保定、真定、河间、顺德、大名、广平六府，提督倒马、紫荆、龙泉等关，兼制山西广昌、灵丘、平定州、乐平、五台、繁峙及山东、河南邻境州、县、卫、所。清初废。

保定县 ①唐至德元年（756）改安定县置，为泾州治。治所在今甘肃泾川县北五里。金大定七年（1167）改名泾川县。

②即保宁县。治所在今广东电白县电城镇东。《旧唐书·地理志》作保定县。

③北宋宣和七年（1125）改保定军置，属莫州。治所在今河北文安县西北新镇。寻复为保定军。金又改为保定县，属雄州。元世祖至元二年（1265）废，四年（1267）复置，属霸州。明洪武七年（1374）废，十三年（1380）复置。清属顺天府。1914年改名新镇县。

保定陆军军官学校旧址 在今河北保定市区东北四里。清光绪二十八年（1902）创办，初名保定东关大学堂，民国后改称保定陆军军官学校，设步、炮、马、工、辎重等兵科。共毕业九期学员。毕业生中的历史名人有叶挺、赵博生、董振堂、李济深、陈铭枢、张治中、傅作义、蒋介石、白崇僖、陈诚、商震等。1923年因军阀混战停办。原规模较大，占地100余万平方米。现仅存护校河沟和四通碑石。2006年定为全国重点文物保护单位。

保定府 明洪武元年（1368）改保定路置，属北平行中书省（后直隶京师）。治所在清苑县（今河北保定市）。辖境相当今河北太行山以东，潴龙河、唐河、拒马河之间及高碑店、雄县、深泽、深州、辛集等县市地。1913年废。

保定城 在今甘肃镇原县东。《新唐书·刘昌传》：贞元七年（791），泾原节度使刘昌“又西筑保定，捍青石岭，凡七城二堡，旬日就”。即此。

保定郡 唐至德元年（756）改安定郡置，治所在保定县（今甘肃泾川县北五里）。辖境相当今甘肃泾川、灵台、镇原三县地。乾元元年（758）改为泾州。

保定堡 明万历三十二年（1604）置，在今甘肃景泰县东南。

保定道 1914年由范阳道改置，属直隶省。治清苑县（今河北保定市）。辖境约当今河北雄县、安新、高阳、蠡县、饶阳、武强、深州以西，涞源、易县、涞水、高碑店以南，赞皇、元氏、栾城、藁城、晋州、辛集以北地区。1928年废。

保定路 元世祖至元十二年（1275）改顺天路置，治所在清苑县（今河北保定市）。辖境相当今河北太行山以东，潴龙河、唐河、拒马河之间及定兴、高碑店、雄县、深泽、深州、辛集等县市地。明洪武元年（1368）改为保定府。

保定镇 清置，属丽水县。即今浙江丽水市西南四十六里保定村。《方舆纪要》卷94丽水县：保定镇“明初置税课局于此。今废。西南达云和县之石塘隘四十里，西北达松阳县之石佛镇亦四十里，为两县之要隘”。

保驾楼 即今重庆市彭水苗族土家族自治县东北大河坝乡（保家场）。清同治《酉阳直隶州志》卷4彭水县：东有保家楼场。

保城县 ①南朝宋孝武帝时置，属汝南郡。治所在今河南汝南县南三十里。隋大业初废。

②南齐改宝城县置，属北义阳郡。治所在今河南罗山县西。北魏正始元年（504）属齐安郡。南朝梁大通二年（528）属北义阳郡。东魏武定七年（549）属齐安郡。北齐废。

③唐至德二年（757）改安城县置，属岭方郡。治所在广西宾阳县东黎塘镇。乾元初属宾州。北宋开宝六年（973）废入岭方县。

保要镇 唐代北边七镇之一。在今北京市密云县境。《新唐书·地理志》：檀州密云郡有“保要”镇。唐幽州粮食储贮地之一。

保顺州　北宋置，为羁縻州。在今湖北宣恩县南。元改为忠建军民都元帅府。

保顺军　五代周显德五年（958）置，属沧州。治所在今山东庆云县东北于店村。北宋治平中移无棣县治此。金废。

保信军　五代方镇。后周置。治所在庐州（今安徽合肥市）。北宋初废。

保亭县　1935年置，属广东省。治所即今海南省保亭黎族苗族自治县。1987年改设保亭黎族苗族自治县。1988年划归海南省。

保俶塔　在今浙江杭州市西湖北岸宝石山上。高45米。北宋开宝中吴越宰相吴延爽建。咸平中，僧永保募资重建。明田汝成《西湖游览志》卷8：永保"行人呼师叔，遂称保叔塔"。后叔讹作俶。

保康县　明弘治十一年（1498）置，属郧阳府。治所在潭头坪（今湖北保康县）。《方舆纪要》卷79保康县："以宋尝升房州为保康军因以名县。"民国初属湖北襄阳道。1932年直属湖北省。

保康镇　原名牙莫台。又作衙门台（蒙古语意为坟墓）。即今内蒙古通辽市科尔沁左翼中旗驻地保康镇。1939年改名保康。1956年科尔沁左翼中旗迁治于此。

保善州　唐宝应元年（762）置，为党项部落州，属秦州都督府。在今甘肃泾川及陕西陇县一带。唐末废。

保靖州　元改保静州置，属新添葛蛮安抚司。治所即今湖南保靖县。明初改保靖州安抚司。

保靖州安抚司　明初改保靖州置，属湖广行省。治所即今湖南保靖县。洪武六年（1373）升为保靖州宣慰使司。

保靖州宣慰使司　明洪武六年（1373）升保靖州安抚司置，属湖广行省（寻改属都司）。治所即今湖南保靖县。清雍正七年（1729）改为保靖县。

保靖县　清雍正七年（1729）改保靖州宣慰使司置，属永顺府。治所即今湖南保靖县。民国初属湖南辰沅道。1922年直属湖南省。

保塞州　唐置，为羁縻州，属临州都督府。当在今甘肃康乐县境。后废。

保塞军　①唐方镇名。中和二年（882）置，治所在延州（今陕西延安市东）。光化元年（898）改名宁塞军。

②北宋建隆元年（960）置，治所在清苑县（今河北保定市）。太平兴国六年（981）改为保州。

保塞县　北宋太平兴国六年（981）改清苑县置，为保州治。治所即今河北保定市。金大定十六年（1176）复名清苑县。

保塞城　亦名柳强镇。唐置，属嶲州。在今四川冕宁县。唐樊绰《云南志》卷1："台登直北去保塞城八十里，吐蕃谓之北谷，天宝以前嶲州柳强镇也。"

保塞部　亦作宝塞部。北宋大渡河南少数民族部落之一。在今四川冕宁县境。《宋史·蛮夷传四》：黎州诸蛮"保塞蛮，在州西南三百里"。

保塞砦　北宋崇宁三年（1104）于安儿城置，属西宁州。在今青海互助土族自治县东南。《宋史·地理志》西宁州："东至保塞砦五十七里。"

保障关　明置，在今广西崇左市东北四十里左江北岸叫巷村。

保静州　五代末蛮置，治所即今湖南保靖县。宋为羁縻州。元改为保靖州。

保静县　唐至德元年（756）改安静县置，属灵州。治所在宁夏永宁县南望洪乡附近。后废为镇。

保静镇　唐保静县，后废为镇，在今宁夏永宁县南望洪乡附近。西夏置静州治此。

保德州　金大定二十二年（1182）改保德军置，治所在保德县（今山西保德县）。元属冀宁路。明属太原府，洪武七年（1374）降为县，九年（1376）复升保德州。清雍正二年（1724）升为直隶州。辖境相当今山西保德、河曲、兴县地。1912年改保德县。

保德州千户所　明宣德中置，治所在今山西保德县东关镇东南。后废。

保德军　北宋景德元年（1004）改定羌军置，治所即今山西保德县。金大定二十二年（1182）改保德州。

保德县　金大定十一年（1171）置，为保德军治。治所即今山西保德县。二十二年（1182）为保德州治。蒙古宪宗七年（1257）废入保德州。明洪武七年（1374）又降保德州为县，九年（1376）改县为州。1912年又改保德州为县，属山西雁门道。1928年直属山西省。

保德银场　北宋置，在今福建永泰县西。《元丰九域志》卷9：福州永泰县有"黄洋、保德二银场"。《清一统志·福州府》"银场"条引《府志》："（永福）县西有保德里，又有银矿在其西，地名太原，宋元丰中尝凿取之。"

保儒守捉城　唐置，属维州。在今四川理县东北。后废。

促浸　指大金川（金川）土司。治所主要有二：一在噶拉依寨（今四川金川县南安宁乡），一在勒乌围寨（今金川县东勒乌乡）。《清一统志·懋功屯务厅》："番人称大金川曰促浸……促浸者大河滨之谓。"乾隆《金川琐记》卷1："金川原名促浸，噶拉依为其巢穴，旧官寨在勒乌围。"

俄力思　明代西藏阿里地区的译称。元代译称纳里速，宣政院在西藏地方置乌思藏纳里速宣慰使司。明代撤宣政院建制，置乌思藏都指挥使司以管理前、后藏地区；洪武六年（1373）遣使往阿里招降，八年（1375）置俄力思军民元帅府，隶属乌思藏都司。其地当今西藏阿里地区及毗邻拉达克地区。

俄乐城　在今越南清化省西北境。《方舆纪要》卷112安南清化府：俄乐城"在府西南，即今俄乐县。宣德初，俄乐土官黎利反，官军讨之，遁入老挝。既而复还，官军击走之于清化"。

俄耳县 唐贞观六年（632）置，属羁縻彻州。治所在今四川茂县西北或黑水县境。后废。

俄多里 又作鄂多里。即斡朵邻。元代在今黑龙江依兰一带新建的军民万户府。

俄多勒图站 又作鄂多尔图台、鄂多。清雍正十三年（1735）置，即今黑龙江省肇源县东三站镇。乾隆《盛京通志》卷33：察布齐勒站“一百里至鄂多尔图站”。

俄彻县 唐贞观二年（628）置，属羁縻轨州都督府。治所在今四川阿坝县境。后废。

俄依河 在今哈萨克斯坦东北部斋桑泊东南。清徐松《西域水道记》卷5：额尔齐斯河“又西北潴为宰桑淖尔。俄依河、果莫孙河注其东南”。

俄界会议旧址 在今甘肃迭部县东南四十六里达拉乡高吉村。1935年9月12日，中共中央为了解决张国焘阴谋分裂红军所造成的危局，在俄界召开了政治局扩大会议，听取了毛泽东《关于与四方面军领导者的争论及今后战略方针》的报告。会议点名批判了张国焘的右倾逃跑主义、军阀主义和反党、分裂红军的错误，并作了《关于张国焘同志的错误的决定》，下发至中央委员。史称“俄界会议”。会议决定将一、三军团改编为中国工农红军陕甘支队，由彭德怀任司令员，毛泽东任政委，继续北上。“俄界”系藏语，音译为高吉，意为八个山峰，是一个依山傍水的藏族村寨。2006年定为全国重点文物保护单位。

俄洛 ①即今四川雅江县西西俄洛乡。清雍正年间置俄洛土百户。

②即今四川康定县西东俄洛农场。清康熙四十年（1701）置俄洛土百户。

俄准添馆 亦作俄准岭、俄准添城。唐置，疑在今四川德昌县南永郎镇境。唐贞元十四年（798），刘希昂出使南诏经此。《新唐书·南诏传》：贞元十五年（799），西川节度使韦皋与南诏异牟寻协议防御吐蕃，韦皋“命亢荣朝以万人屯黎州，韦良金以二万五千人屯巂州，约南诏有急，皆进军，过俄准添城者，南诏共馈”。

俄麻甸 宋大理置，属永昌府。在今云南孟连傣族拉祜族佤族自治县西南四十八里勐马镇。元属木连路。

俄博营 亦名察汉俄博营。即今青海祁连县东南俄堡镇。民国《大通县志》第一部：俄博营“去县城西北三百二十里。由扁都口径入内地，为永安城西第一关键”。

徐州 春秋时为齐地。即古薛国。在今山东滕州市南。《史记·齐太公世家》：“田常执简公于徐州”，既而“田常弑简公于徐州”。《集解》：“《春秋》作舒州。”《索隐》：“《说文》作‘郐’。郐在薛县”，一说在今河北大城县界。

俭俭州 亦作谦州、谦谦州、欠欠州。元置，在今俄罗斯图瓦共和国乌鲁克穆河与克穆齐克河会流处之南的鄂依玛克古城。《长春真人西游记》卷下：阿不罕山“西北千余里俭俭州。出铁，多青鼠，亦收穈麦。汉匠千百人居之，织绫罗锦绮”。

俗富郡 唐南诏置，属云南节度。治所在今云南南华县西北三十里沙桥镇。南诏后期属弄栋节度。宋大理废。

信义水 又名窦江。即今广东高州市北之窦江。《九域志》卷9：高州信宜县有信义水。《清一统志·高州府》：窦江，“《九域志》：信宜县有信义水即此”。

信义县 ①南朝梁天监六年（507）改娄县置，属信义郡。治所在今江苏昆山市西二十里正仪镇。隋开皇九年（589）废。

②隋义宁元年（617）置，属九门郡。治所在今河北藁城市西北。唐武德五年（622）废。

③唐武德四年（621）置，属南扶州。治所在今广东信宜市西南镇隆镇。后为南扶州治。贞观八年（634）为窦州治。天宝初为怀德郡治，乾元初复为窦州治。北宋太平兴国元年（976）以避太宗赵匡义讳，改为信宜县。

④唐武德六年（623）置，为云州治。治所在今陕西清涧县境。贞观二年（628）废。

信义郡 南朝梁天监六年（507）置，治所在南沙县（今江苏常熟市西北五十里）。隋开皇九年（589）废。

信义港 在今江西弋阳县东。《寰宇记》卷107信州弋阳县：信义水“源出建州邵武县，从当县太平乡过。其水出矿石，锻者求之”。《方舆纪要》卷85广信府弋阳县：信义港“在县东二十里。源出福建邵武县境，引流而东北至县界，下流入于葛溪。其旁土地高沃，人多信义，因名”。

信义暗沙 即今南海中中国南沙群岛之信义礁，位于仁爱礁南18海里。为一椭圆形环礁，东西长约9公里，南北宽约4.5公里。退潮时露出水面。中国渔民向称双挑或双担。1935年公布名称为汤姆斯第一滩。1947年改名信义暗沙。1983年改为信义礁。

信义镇 即今陕西渭南市东北十五里信义乡。清《乾隆内府舆图》：渭南县东北有信义镇。

信乡侯国 西汉置，属清河郡。治所在今山东夏津县西。东汉省入甘陵县。《水经·河水注》：“屯氏河故渎，自别河东径甘陵之信乡县故城南。《地理志》曰：顺帝更名安平。应劭曰：甘陵西北十七里有信乡故县也。”

信丰（豐）千户所 在今江西信丰县城西北。《方舆纪要》卷88赣州府：信丰守御千户所“在县治西北。洪武十七年建”。

信丰（豐）江 即今江西信丰县东之桃江。《方舆纪要》卷88赣州府信丰县：桃江“在县东……亦谓之信丰江”。

信丰（豐）县 唐天宝元年（742）以南安县改名，属南康郡。治所即今江西信丰县。《寰宇记》卷108虔州信丰县：“以人信物丰为名。”乾元元年（758）属虔州。南宋属赣州。元属赣州路。明属赣州府。民国初属江西赣南道。1926年直属江西省。

信石山 亦名信立山。在今广西玉林市东南二里。《舆地纪胜》卷121郁林州：信立山“在南流县东南二里。一名牢石坡。高数十丈，坡上有平石。又有夹石，形如钟，侧立。《旧经》云：每岁秋日，乡人共候此石，若云气覆之，其岁禾稼必登”。

信平门 即西安门。又名平门、便门。汉长安城南面西头一门。王莽改名信平门。

信宁县 唐武德二年（619）改信安县置，属义州。治所在今重庆市武隆县东南。五年（622）属晋州。贞观四年（630）自故城移治今江口场（旧名信宁场），十一年（637）属黔州。北宋嘉祐八年（1063）省入彭水县。

信宁镇 北宋嘉祐八年（1063）废信宁县置，属彭水县。在今重庆市武隆县东南江口镇。明置巡司于此。

信成县 西汉置，属清河郡。治所在今河北清河县（葛仙庄）西城关西北十二里。东汉废。《水经·淇水注》：“清河又北径信成县故城西。应劭曰，甘陵西北五十里有信成亭，故县也，赵置水东县于此城，故亦曰水东城。”

信州 ①南朝梁普通四年（523）分益州置，治所在鱼复县（西魏改为人复，今重庆市奉节县东十里白帝城）。辖境相当今重庆市万州区以东的长江南北和大宁河流域及湖北巴东以西地区。北周以后缩小。隋大业三年（607）改为巴东郡。唐武德元年（618）复为信州，次年改为夔州。

②北齐改北扬州置，治所在陈郡（今河南淮阳县）。《元和志》卷8：“高齐文宣帝以百姓守信，不附侯景，改北扬州为信州。”北周武帝改为陈州。

③唐武德四年（621）置，治所在汝阴县（今安徽阜阳市）。辖境相当今安徽阜阳、颍上、凤台、临泉等市县地。《寰宇记》卷11颍州信州城：“隋大业十三年郡城为贼房献伯所陷，其年郡民江子建率众于险处作栅。唐武德二年（当为四年）授子建信州刺史，以栅近汝南褒信县，故名信州。”六年（623）改为颍州。

④唐万岁通天元年（696）以乙失活部落置，属幽州都督府。侨治范阳县境（今河北涿州市境）。后废。

⑤唐乾元元年（758）析饶、衢、建、抚四州之地置，治所在上饶县（今江西上饶市西北天津桥）。辖境相当今江西贵溪以东，怀玉山以南地区。元至元十四年（1277）升为信州路。

⑥唐咸亨三年（672）置羁縻州。治所在今云南宣威市城区。天宝后废。

⑦辽开泰七年（1018）置，治所在武昌县（今吉林公主岭市西北秦家屯镇东新集城）。辖境相当今吉林公主岭市一带。元废。古城遗址尚存。

信州站 元置。在今吉林公主岭市西北秦家屯镇东新集城。元《析津志》天下站名：“贾道铺，正东微北一百一十里韩州、信州。”

信州路 元世祖至元十四年（1277）升信州置，治所在上饶县（今江西上饶市西北天津桥）。领上饶、玉山、弋阳、贵溪、永丰五县，辖境相当今江西贵溪以东，怀玉山以南地区。至正二十年（1360）朱元璋改为广信府。

信江 一名上饶江。在今江西东部。《清一统志·广信府一》：上饶江“在府城南。一名信河。源出玉山县怀玉山，西流径上饶、铅山、弋阳、贵溪四县入饶州府安仁县界”。下流入鄱阳湖。

信江书院 即紫阳书院。在今江西上饶市区信江南岸黄金山上。清乾隆四十六年（1781）改紫阳书院为信江书院。

信安山 在今重庆市武隆县东南。《旧唐书·地理志》黔州信宁县：“隋置信安县，取界内山名。”

信安江 即衢江。在今浙江省西部。《方舆纪要》卷93西安县：衢江“亦曰信安江”。《明史·地理志》杭州府钱塘县：“浙江，有三源，曰新安江，曰信安江，曰东阳江。”

信安军 北宋景德二年（1005）改破虏军置，治所在今河北霸州市东五十里信安镇。金大定七年（1167）降为县。

信安县 ①西晋太康元年（280）改新安县置，属东阳郡。治所即今浙江衢州市。唐武德四年（621）为衢州治。天宝、至德间为信安郡治。咸通中更名西安县。

②南朝梁置，属西阳郡。治所在今湖北麻城市东十五里。隋开皇十八年（598）改为麻城县。

③隋大业十年（614）置，属黔安郡。治所在今重庆市武隆县东南。《寰宇记》卷120黔州信宁县：“以地居信安山，遂以信安为名。”唐武德二年（619）改为信宁县。

④北宋太平兴国二年（977）改义宁县置，属广州。治所在今广东江门市新会区西南天台。熙宁五年（1072）废为镇入新兴县，元祐元年（1086）复为县；绍圣元年（1094）又废为镇，后又复为县，属广州。南宋建炎初废。

⑤南宋咸淳三年（1267）改常山县置，属衢州。治所即今浙江常山县。元世祖至元十三年（1276）复改常山。

⑥金大定七年（1167）改信安军置，属霸州。治所在今河北霸州市东信安镇。元光元年（1222）升为镇安府。

信安岭 今浙江常山县、江山市与江西玉山县间山岭之通名。《陈书·留异传》：南朝梁末，“（萧）大连亦趣东阳之信安岭，欲之鄱阳”；陈天嘉初留异“与王琳自鄱阳信安岭潜通信使”。均此。或说为今浙江常山县东之常山。

信安郡 ①南朝陈置，治所在信安县（今浙江衢州市）。辖境相当今浙江衢州、江山二市和常山、开化及江西玉山县地。隋开皇九年（589）平陈时省。唐天宝元年（742）改衢州复置，乾元元年（758）废。

②隋大业三年（607）改端州置，治所在高要县（今广东肇庆市）。辖境相当今广东肇庆、云浮、高要三市、佛山市高明区及德庆、新兴二县地。唐武德四年（621）复为端州。

信安溪　即今浙江衢州市柯城区西常山港。《方舆纪要》卷93西安县：信安溪“在城西南二里，一名西溪，源出开化县东北百际岭，经常山县，东南流，至（衢州）府城西南，合于衢江”。或称衢江为信安溪。《元丰九域志》卷5：衢州信安县有“信安溪”，即是。

信安镇　即今河北霸州市东五十里信安镇。为金信安县治。

信阳市　1949年析信阳县城区置，治所即今河南信阳市。1998年撤销信阳地区和县级信阳市，改设地级信阳市。

信阳州　元世祖至元十五年（1278）改信阳府置，治所在信阳县（今河南信阳市）。辖境相当今河南信阳市及罗山县地。二十年（1283）徙治罗山县（今罗山县）。三十年（1293）属汝宁府。元末废。明洪武元年（1368）复置，属河南省。治信阳城（今河南信阳市）。十年（1377）降为信阳县。成化十一年（1475）复为信阳州。1913年改为信阳县。

信阳军　北宋太平兴国元年（976）改义阳军置，治所在信阳县（今河南信阳市）。辖境相当今河南信阳市及罗山县地。元世祖至元十四年（1277）改为信阳府。

信阳县　北宋太平兴国元年（976）改义阳县置，为信阳军治。因避宋太宗赵光义讳而改名。治所即今河南信阳市。元世祖至元十四年（1277）为信阳府治。十五年（1278）为信阳州治。元末废。明洪武元年（1368）置信阳州于此。十年（1377）降为信阳县，属汝宁府。成化十一年（1475）复升为信阳州。1913年改为信阳县，属河南汝阳道。1927年直属河南省。1949年析城区置信阳市。1961年移治平桥（即今信阳市平桥区）。

信阳府　元世祖至元十四年（1277）改信阳军置，治所在信阳县（今河南信阳市）。辖境相当今河南信阳市及信阳、罗山二县地。十五年（1278）改为信阳州。

信阳镇　北宋置，属诸城县。即今山东胶南市西南信阳镇。

信宜市　1995年撤销广东省信宜县，改设信宜市，市人民政府驻东镇。由茂名市代管。

信宜县　北宋太平兴国元年（976）以避太宗赵匡义讳改信义县置，为窦州治。治所在今广东信宜市西南镇隆镇。熙宁四年（1071）属高州。元属高州路。明属高州府。民国初属广东高雷道。1920年直属广东省。1952年迁治东镇。1995年改设信宜市。

信城　在今山东无棣县北十七里。西汉置阳信县于此。《方舆纪要》卷31海丰县“广武城”条下：信城，“在县北十里。《志》云，韩信下齐时所筑城也。今名信城里”。

信度河　即辛头河。今巴基斯坦境内之印度河。唐玄奘《大唐西域记》卷2：“健驮逻国，东西千余里，南北八百余里。东临信度河。”

信宫　在今河北永年县（临洺关）北。《史记·赵世家》：武灵王元年（前325），“韩宣王与太子仓来朝信宫”。《正义》：“在洺州临洺县。”

信都　又称信宫。即檀台。在今河北永年县（临洺关）北。《寰宇记》卷59邢州龙冈县引北齐李公绪《赵记》云：“赵孝成王造檀台，有宫，为赵别都，以朝诸侯，故曰信都。”

信都乡　即今广西贺州市东南一百里信都镇。《明史·地理志》贺县：“南有信都乡巡检司。”清置信都镇巡司。

信都厅　清光绪三十四年（1908）置，属平乐府。治所在今广西贺州市东南铺门镇。宣统元年（1909）徙治今贺州市东南信都镇。1912年改为信都县。

信都县　①秦置，属巨鹿郡。治所即今河北邢台市。汉高帝元年（前206）项羽改为襄国县。

②西汉置，为信都国治。治所即今河北冀州市。东汉为安平国治。三国魏为冀州治。北魏为长乐郡治。隋大业初废入长乐县。唐初复置，仍为冀州治。天祐二年（905）改为尧都县，寻复为信都县。明洪武二年（1369）废入冀州。

③1912年改信都厅置，属广西苍梧道。治所即今广西贺州市东南信都镇。1928年直属广西省。1952年撤销并入贺县。

信都国　西汉高帝置，治所在信都县（今河北冀州市）。辖境相当今河北冀州、深州、武邑、枣强、衡水、南宫、景县等县市及山东德州市的一部分地。景帝二年（前155）改为广川国。五年（前152）改为信都郡，宣帝甘露三年（前51）复为信都国。东汉明帝永平十五年（72）改为乐成国。

信都郡　西汉景帝五年（前152）改广川国置，治所在信都县（今河北冀州市）。辖境相当今河北冀州、深州、武邑、枣强、衡水、南宫、景县等县市及山东德州市的一部分地区。甘露三年（前51）改为信都国。隋大业及唐天宝、至德间曾改冀州为信都郡。

信陵　战国魏邑。在今河南宁陵县东南。《史记·魏公子传》：魏安釐王封公子无忌“为信陵君”。即此。

信陵坟　战国魏信陵君墓。在今河南开封市南。唐李白《梁园吟》诗：“昔人豪贵信陵君，今人耕种信陵坟。”《寰宇记》卷1开封府浚仪县：“信陵君墓在县南十二里。《史记》魏公子无忌，昭王少子、安釐王弟，封为信陵君。”

信陵县　三国吴永安三年（260）置，为建平郡治。治所在今湖北秭归县（茅坪镇）西北。西晋属建平郡。南朝宋废。

信陵郡 南朝梁置，属信州。治所在归乡县（今湖北巴东县西北长江北岸旧县坪）。北周废。

信康县 1932年3月中央革命根据地由南康、赣县、信丰三县析置，驻韩坊（今江西赣县南韩坊）。后迁牛岭（今江西赣县东南牛岭）、畲岭（今江西于都县西南畲岭）。1934年3月改名登贤县。

信德府 北宋宣和元年（1119）改邢州置，治所在邢台县（今河北邢台市）。辖境相当今河北巨鹿、广宗以西，沙河以北，泜河以南地。金复为邢州。

侵华日军南京大屠杀死难同胞丛葬地 通称南京大屠杀死难同胞丛葬地。在今江苏南京市西郊，莫愁湖西、江东门一带。1937年12月13日侵华日军攻陷南京，在以后的六周内，日军对南京市民、中国士兵进行了惨绝人寰的大屠杀。遇难同胞30多万人。遇难同胞遇难地和丛葬地有江东门、中山陵西洼子村、挹江门、清凉山、煤炭港、北极阁、中山码头、汉中门、草鞋峡、上新河、五台山、南京大学、燕子矶等17处。1937年12月，日军在江东门血腥屠杀中国被俘军人及逃难群众28余万人，其中江东门集市被集体屠杀的军民即达万人之众。为纪念死难同胞、铭记历史，1985年在江东门“万人坑”遗址旁建有“侵华日军南京大屠杀遇难同胞纪念馆”。在煤炭港建有侵华日军南京大屠杀死难同胞遇难处及丛葬地纪念碑。在水西门外上新河亦建有纪念碑。其中，江东门的纪念馆占地2.8万平方米，建筑面积为3000平方米。分外景展区、遗骨陈列、史料陈列三部分，以史料、文物、建筑、雕塑、影视等全面展示南京大屠杀特大惨案的历史。2006年定为全国重点文物保护单位。

侵离水 即今广西西南部左江支流明江。《汉书·地理志》临尘县：“又有侵离水，行七百里。”《水经·温水注》：临尘县“有斤南水、侵离水，并径临尘，东入领方县，流注郁水”。

侯山 在今广西桂林市西十里。《新唐书·地理志》：临桂县“有侯山”。《明一统志》卷83桂林府：侯山“高耸如公侯端冕之状”。

侯马晋国遗址 在今山西侯马市西汾、浍两河交汇地。是春秋时期晋国晚期都城新田旧址。古城已圮，仅存宫殿台基残迹。1956年开始在此进行大规模的探查与发掘，发现两组古城遗址，早期有白店古城址，晚期有平望、牛村、台神、马庄、呈王等古城址。1961年定为全国重点文物保护单位。

侯马镇 清置，属曲沃县。即今山西侯马市。嘉庆中于此设侯马镇巡司。

侯水 即今辽宁北票市东北牤牛河。大凌河支流。《汉书·地理志》临渝县：“有侯水，北入渝。”

侯氏 春秋周邑。在今河南偃师市东南缑氏镇。《左传》：昭公二十二年（前520），“十二月庚戌，晋籍谈、荀跞、贾辛、司马督帅师军于阴、于侯氏、于谿泉”。

侯计山 即今湖南耒阳市东境猴息山。《水经·耒水注》：耒阳“县有溪水，东出侯计山，其水清澈，冬温夏冷，西流谓之肥川”。《方舆纪要》卷80耒阳县：侯计山在“县东七十五里。相传诸葛武侯息此计兵。一名侯息山。盘亘深远，有七十二峰”。

侯甲水 又名侯谷水、胡甲水。即今山西祁县东昌源河。源出山西平遥县东南，向北纵贯祁县境入汾河。《水经·汾水注》：侯甲水“发源祁县胡甲山，……又西北历宜岁郊，径太谷，谓之太谷水。出谷西北流，径祁县故城南，自县连延，西接邬泽，……又西北入邬陂，而归于汾流矣”。

侯兆川 一作侯赵川。在今河南辉县市西北三十里。《宋史·岳飞传》：南宋建炎元年（1127），岳飞击败金兵，“翌日，战侯兆川，身被十余创，士皆死战，又败之”。

侯庄 即今山西高平市东南侯家庄。抗日战争时期晋冀鲁豫边区所置陵高县曾徙治于此。

侯州 ①唐置羁縻州，属邕州都督府。治所在今广西田东县西南作登瑶族乡。北宋改为侯唐州。

②唐置羁縻州，属黔州都督府。治所在今贵州贵定县东北。南宋后废。

侯坊市 即今江西宜黄县南一百里侯坊村。明弘治《抚州府志》卷2：宜黄县有侯坊市。清同治《江西全省舆图》卷2：宜黄县南有侯坊。

侯村镇 即今河北曲周县东南侯村镇。《方舆纪要》卷15曲周县“香城固堡”条下载：侯村堡“在县东南四十五里”。

侯丽 春秋秦邑。在今陕西礼泉县东。《左传》：成公十三年（前578），晋厉公率诸侯伐秦，“师遂济泾，及侯丽而还”。即此。

侯鸡岛 一作猴矶岛。在今山东长岛县北。《清一统志·登州府》“鼍矶岛”条：“西南为高山岛、侯鸡岛，皆与沙门相连络。”今为猴矶岛。

侯昙山 一名侯堂山。在今湖南耒阳市东八十里。《舆地纪胜》卷55衡州：侯昙山“险峻独出，不与众山相连”。

侯固镇 金置，属堂邑县。即今山东聊城市西北堠固村。

侯和 在今甘肃临潭县东南。《三国志·魏书·三少帝纪》：景元三年（262），“蜀大将姜维寇洮阳，镇西将军邓艾拒之，破维于侯和，维遁走”。

侯油榨镇 即今江苏南通市通州区（金沙镇）南十四里金乐乡（油榨镇）。民国《南通县图志》卷1：三乐第十一乡区有侯油榨。

侯官县 ①西汉置，属上郡。方位缺考，当在今陕西省北部或内蒙古境。后废。

②“侯”一作“候”。东汉末置，属建安郡。治所即今福建福州市。西晋为晋安郡治。隋开皇九年（589）改为原丰县，十二年（592）改为闽县。唐武德六年（623）复分闽县置，属泉州，治所在今闽侯县东南侯官镇。八年（625）废。长安三年（703）

复置，仍属泉州。贞元五年（789）移治今福州市，为闽州治。元和三年（808）又废。五年再置，属福州。五代闽龙启元年（后唐长兴四年，933）改为闽兴县，永和元年（后唐清泰二年，935）复旧为长乐府治。五代汉乾祐元年（948）为福州治。元为福州路治。明、清为福州府治。1913年3月和闽县合并为闽侯县。

③东汉置，为张掖属国治。治所约在今甘肃高台县境。后废。

侯城县 北魏太和十三年（489）置，属清河郡。治所在今河北清河县西南。北齐省。《水经·淇水注》："清河又东北径陵乡西。应劭曰：东武城西南七十里有陵乡故县也。后汉封太仆梁松为侯国，故世谓之梁侯城，遂立侯城县治也。"

侯赵川 即侯兆川。在今河南辉县市西北三十里。明置侯赵川巡司。

侯赵川关 在今河南辉县市西北七十里。《清一统志·卫辉府二》：侯赵川关，"《县志》：关北接林虑，西接陵川，重山四障，俨若城郭。明洪武三年设巡司戍守。其西为雁翅坡，连山跨水，关门险隘天成"。

侯唐州 北宋改侯州置，为羁縻州，属邕州右江道。治所在今广西田东县西南作登。元废。

侯家口集 即今河北宁晋县东南六十里侯口乡。清同治《畿辅通志》卷55宁晋县图：东南有侯家口集。

侯家庄 即今山西祁县东南侯家庄。1939—1948年晋绥边区在此成立祁县抗日民主政府。

侯家集 ①即今山东文登市南侯家镇。清光绪《文登县志》卷3《坊市》："城南四十里曰侯家集。"

②即今河南镇平县二十二里侯集镇。清尹耕云《豫军纪略》卷11：同治四年（1865）八月，张曜率军"追抵镇平，至侯家集"。

侯景浦 即三湘浦。在今湖南岳阳市东北城陵矶。《元和志》卷27岳州巴陵县："侯景浦，在县东北十二里。本名三湘浦。"

侯集寨 即今山东菏泽市东北侯集乡。清光绪《山东通志》卷2《舆图志》：菏泽县东北有侯集寨。

侯溪 即今重庆市永川区南之临江河。《元和志》卷33永川县："东西北三面并枕侯溪水。"《寰宇记》卷88永川县：侯溪"在县西南一百八十里（步）"。《方舆纪要》卷69永川县：侯溪"在县北。《志》云：县北枕侯溪，波流阔远，县因以名"。

侯溪镇 北宋置，属永川县。在今重庆市永川区（永昌镇）。

侯镇 即今山东寿光市东北五十里侯镇。清乾隆二十八年（1763）移县丞驻此。民国时设县佐。

侯潮门 南宋临安城（今浙江杭州市）东门之一。吴越国时名竹车门，南宋改名候潮门。故址在今江干区候潮路与候潮路直街相接处附近。1913年拆除。

侯壁寨 即今山西沁源县东北侯壁村。《清一统志·沁州》：侯壁寨"在沁源县东北四十里"。

俊倍洞副长官司 明置，属邑梅洞长官司。在今重庆市秀山土家族苗族自治县北官庄镇南官城。《明史·四川土司传》：弘治十二年（1499），邑梅副长官杨胜刚，"结俊倍洞长杨广震等，号召宋农、后溪诸蛮，聚兵杀掠"。即此。

俊靡县 西汉置，属右北平郡。在今河北遵化市西北。西晋属北平郡。东晋废。《后汉书·耿弇传》：更始间攻尤来、大枪等，"遂穷追于右北平无终、土垠之间，至俊靡而还"。即此。

修口市 在今江西修水县西。《清一统志·南昌府二》：修口市"在义宁州（今修水县）西四十余里修水之口"。

修（脩）云（雲）县 三国蜀置，属建宁郡。治所在今云南弥勒县南新哨附近。南朝宋废。

修水 ①即于延水。今河北西北境之洋河。《山海经·北山经》：梁渠之山"修水出焉，而东流注于雁门"。《水经·㶟水注》："雁门水又东径大宁郡北，有修水注之，即《山海经》所谓修水东流注于雁门水也。"

②一名建昌江。在今江西西北部。《汉书·地理志》豫章郡艾县："修水东北至彭泽入胡汉，行六百六十里。"《水经·赣水注》："修水出艾县西，东北径豫宁县，修水又东北径永修县，修水又东北注赣水。"《明一统志》卷52南康府：修水"在建昌县治南，源出南昌府宁县幕阜山，远而径达于江，故名"。

修水县 1914年以义宁县改置，属江西浔阳道。治所即今江西修水县。1926年直属江西省。县有修水，因名。

修仁山 在今广西荔浦县西南。《舆地纪胜》卷103静江府：修仁山"在修仁县西"。《清一统志·平乐府一》：修仁山"在修仁县西二十八里。县因以名"。

修仁水 即今广东南雄市东南之主田水。《元丰九域志》卷9：始兴县有修仁水。《舆地纪胜》卷93南雄州：修仁水"在城南二十里。齐范云为始兴太守至此赋诗"。

修仁县 唐长庆元年（821）改建陵县置，属桂州。治所在今广西荔浦县西南修仁镇西老县。明郭子章《郡县释名》广西卷：修仁县以修仁山为名。北宋熙宁四年（1071）废。元丰元年（1078）复置，南宋属静江府。元属静江路。明属平乐府，景泰初迁修仁镇南大榕，成化十五年（1479）迁今修仁镇。民国初属广西桂林道。1928年直属广西省。1951年撤销并入荔浦县。

修仁堡 即今广东南雄市西南修仁村。《方舆纪要》卷102南雄府保昌县"叶田口"条：修仁堡"在府南……江防巡哨处也"。

修化县 隋开皇初改窟胡县置，属石州。治所在今山西中阳县西北。大业三年（607）属离石郡。大业末废。

修文千户所　明崇祯三年（1630）置，属敷勇卫。治所在龙场驿（今贵州修文县）。清康熙二十六年（1687）改置修文县。

修文县　①唐武德二年（619）置，属西和州。治所在今陕西延川县境。贞观二年（628）省入安民县。

②清康熙二十六年（1687）置，属贵阳府。治所即今贵州修文县。据1985年版《贵州省志·地理志(上册)》说："修文以王阳明在此传播文化得名。"民国初属贵州黔中道。1920年直属贵州省。

修文殿　北齐时建。在今河北临漳县西南古邺南城宫内。《邺中故事》曰："齐武成高湛，河清中，以后宫嫔妃稍多，椒房既少，遂拓破东宫，更造修文、偃武二殿及圣寿堂。"

修江　①即今广东东源县西北新丰江，为东江支流。《隋书·地理志》：龙川郡河源县"有修江"。《方舆纪要》卷103惠州府河源县：修江"在县北三百五十里。一名新丰江。石碛险峻，东南流五百五十里，入于槎江。刘昫曰，河源水自虔州雩都县流入龙川江，即修江也。一云河源在县东北三角村"。

②即今广西荔浦县西南荔浦河上游。《清一统志·平乐府一》：修江"在修仁县（故治在今荔浦县西南修仁镇）南。源有二：一出大瑶山六定、六噶诸瑶峒，一出永安州之滴水瑶界，东流与黄峒水合，又东北经县东南，至荔浦县界合荔江。向可通小舟。今沙石壅塞"。

修阳县　北魏置，属修阳郡。治所在今河南西峡县北。北周为析州治。隋开皇初废。

修阳郡　北魏置，为析州治。治所在盖阳县（今河南西峡县北）。北周废。

修（脩）县　西汉置，属信都国。治所在今河北景县南十三里。东汉属勃海郡。西晋迁治今景县东九里。隋开皇五年（585）改名蓨县。

修（脩）武　战国赵邑。即今河南获嘉县。《战国策·秦策一》：张仪说秦王，"赵氏，中央之国也，……引军而去，西攻修武，逾羊肠，降代、上党"。修武后属魏。战国时魏国古玺中有"脩武鄢吏"玺，此"脩武鄢吏"当即修武县吏，可证当时修武已置县。

修（脩）武县　①战国秦置，属河内郡。治所即今河南获嘉县。西晋属汲郡。北魏孝昌中改为南修武县。

②北齐天保七年（556）置，属汲郡。治所在西修武城（即今河南修武县）。北周属修武郡。隋属河内郡，大业十年（614）移治永桥（今河南武陟县西南大虹桥乡）。唐武德二年（619）移治浊鹿城（今河南修武县东北二十三里李固村），为陟州治。四年（621）还治西修武城（今修武县），属殷州。贞观元年（627）改属怀州。北宋熙宁六年（1073）废。元祐元年（1086）复置，属怀州。元属怀庆路。明属怀庆府。民国初属河南河北道。1927年直属河南省。

修岭　又名梅岭。俗呼为秀岭。在今江西广昌县西南。《方舆纪要》卷86建昌府广昌县"血木岭"条下：修岭"在县西南六十里，接宁都县界。《旧志》：县西南百二十里有梅岭，与赣州虔化县分界。盖即修岭矣"。

修岭镇　在今江西广昌县西南修岭下。《方舆纪要》卷86建昌府广昌县：修岭镇"在县西南十里，俗谓之秀岭。宋绍圣中置巡司，明因之"。清乾隆三十年（1765）裁。

修鱼　一名修泽。战国韩邑。在今河南原阳县西南。《史记·秦本纪》：惠文王后元七年（前318），"韩、赵、魏、燕、齐帅匈奴共攻秦。秦使庶长疾与战修鱼"。后置修鱼县。

修（脩）泽　即修鱼。春秋郑邑。在今河南原阳县西南。《左传》：成公十年（前581），晋人与郑子然"盟于修泽"。

修定寺塔　在今河南安阳县西北七十里清凉山南麓。修定寺建于北魏太和十八年（494），现已废圮。现存唐塔一座，塔门楣上有"邺县令裴□康古，咸通十一年五月"的题记，塔身平面呈正方形，用模制的菱形、三角形、矩形、平行四边形等图案的浮雕砖五千块嵌砌而成，雕出佛像、菩萨、天王、力士、武士、仕女、飞天、伎乐，以及动物中的龙虎、大象、猛狮、天马、蟒蛇等，形象逼真。塔座为束腰须弥座，其上砌叠涩檐和塔刹，因年久失修，塔刹已不存。该塔在造型艺术上，为唐代亭式塔中的精品。1982年定为全国重点文物保护单位。

修（脩）城县　隋仁寿初改广长县置，属兴州。治所在今甘肃成县东南。大业初属顺政郡。唐废。

修城郡　北魏太和中置，属梁州。治所在广长县（今甘肃成县东南）。北周废。

修（脩）城道　亦作循城道。西汉置，属武都郡。治所在今甘肃成县东南。《水经·漾水注》："汉水东南径修城道南，与修水合。"即此。东汉废。

修觉山　亦名主簿山、宝华山。在今四川新津县南。南宋范成大《吴船录》："修觉者，新津县对江一小山。上有绝胜亭，一望平野可尽。"明曹学佺《蜀中名胜记》卷7新津县："《志》云：南一里修觉山，神秀禅师结庐于此。唐明皇驻跸，为题修觉山三字。"

修都县　西汉置，属朔方郡。治所当在今内蒙古杭锦旗西。东汉废。

修陵　在今江苏丹阳市东二十五里皇业寺前。为南朝梁武帝陵。《元和志》卷25润州丹阳县："武帝衍修陵，在县东三十一里。"里距疑有误。《清一统志》作"在丹阳县东二十五里皇业寺前"。

修善冲（衝）关　一作修善关。在今河南新县西南。《方舆纪要》卷50光山县"白沙关"条：修善冲关"在县西南百二十里"。两山耸峙，关扼山中。

修龄观 魏晋时建。在今河南洛阳市东北魏晋洛阳故城内。《艺文类聚》卷63引陆机《洛阳地记》："宫中有临高（商）、修龄、总章、听讼凡九观，皆高十六七丈。以云母著窗里，日曜之，炜炜有光辉。"

修静寺 在今湖北武汉市武昌城东七里洪山西。明曹学佺《名胜志》："唐李北海宅，在修静寺，即李邕所居。《青莲集》有游修静寺诗。"

修（脩）鲜都督府 唐龙朔元年（661）置，属安西都护府。治所在罽宾国遏纥城（今阿富汗喀布尔以东至巴基斯坦白沙瓦之间的喀布尔河流域）。

修（脩）德县 唐武德四年（621）置，治所在今广西来宾市东南。《新唐书·地理志》寻更名归德曰脩德。

修德寺塔 在今河北曲阳县城小南关，原修德寺旧址内。北宋天禧三年（1019）创建，现存为宋代原物。塔建在巨大的方形石砌高台上，八角六层，通高32米，实心砖塔。塔基挑出双重仰莲瓣以承托塔身。第一层正面拱形券门内供佛像，上部挑出莲瓣三重，上出平台，承托第二层塔身。第二层塔身高相当于全塔五层的总高度，为高大花束状，突出而壮观。此层塔身各面砌出一百二十个小砖塔，围成五圈，每个小塔下均设莲座。第三层至六层为楼阁式塔身，辟有门窗。一、二层塔檐由仰莲瓣组成，三屋至六层为叠涩出檐。塔顶砖雕受花塔刹。修德寺塔造型独特，装饰新颖，集华塔建筑与楼阁式建筑于一体，是国内仅存特例，保存尚好，具有很高的艺术价值。2006年定为全国重点文物保护单位。

修德郡 即循德郡。治所在来宾市（今广西来宾市东北城厢乡）。《旧唐书·地理志》、《通典》、《寰宇记》均作修德郡。

贷勃山 即今内蒙古鄂温克自治旗南境，外兴安岭南段。《隋书·北狄传》："南室韦……土地卑湿，至夏则移向西北贷勃、欠对二山。"

顺山 在今广东连州市东。《舆地纪胜》卷92连州："邑东之望曰顺山。"《方舆纪要》卷101连州：顺山在"州东四里。刘禹锡记：邑东之望曰顺山，由顺以降，无名而相依者以万数，回环郁绕，叠高争秀，西北朝拱于九疑，乃州之第一山也"。

顺山县 唐载初二年（690）置，属羁縻顺州。治所在今贵州习水县西南。后废。

顺义军 五代方镇。后唐改岐静胜军置。治所在耀州（今陕西铜川市耀州区）。北宋初废。

顺义县 ①南朝梁置，为北随郡治。治所在今湖北随州市北八十里。西魏为南阳郡治。隋大业初废。

②隋大业三年（607）改厉城县置，属汉东郡。治所在今湖北随州市北。唐武德五年（622）废。

③明洪武元年（1368）改顺州置，属顺天府。治所即今北京市顺义区。正德元年（1506）属昌平州。清属顺天府。1914年属京兆地方。1928年直属河北省。1958年改属北京市。1998年改设顺义区。

顺义郡 唐天宝元年（742）改羁縻顺州置，治所在宾义县（今北京市城西南）。乾元元年（758）复为顺州。

顺天门 北宋东京城（今河南开封市）外城西墙南门。《宋史·钦宗纪》：靖康元年（1126）春正月，金兵犯京师，"统制官马忠以京西募兵至，击金人于顺天门外，败之"。

顺天寺 原为悯忠寺，唐安史之乱时，史思明改顺天寺。即今北京市西城区法源寺后街法源寺。清《日下旧闻考》卷60引《蓟门纪乱》："史思明僭位于范阳，建元顺天，国号大燕，六月于开元寺造塔，改寺名顺天。"寻仍称悯忠寺。明正统间改为崇福寺。清雍正十一年（1733）改为法源寺。

顺天军 金天会七年（1129）置，治所在保塞县（后改名清苑县，在今河北保定市）。蒙古太宗十三年（1241）改为顺天路。

顺天巡抚 明正统十四年（1449）命都御史提督军务、总督粮储，兼巡抚顺天、永平二府，紫荆、倒马二关，但尚未专设。成化二年（1466）始正式设置，寻兼抚河间、真定、保定凡五府，七年（1471）又兼理顺德、大名、广平等八府。次年，以畿辅地广，从居庸关中分为二巡抚，其东为整饬蓟州等处边备、巡抚顺天、永平二府，驻遵化县（今河北遵化市）。崇祯二年（1629）又于永平府分设巡抚，顺天巡抚仅辖顺天一府。清顺治十八年（1661）并入保定巡抚。

顺天府 明永乐元年（1403）改北平府置，建为北京。十九年（1421）定都于此，改称京师。治所在大兴、宛平二县（即今北京市）。辖境相当今河北长城以南，遵化、丰南以西，拒马河、大清河、海河以北及文安、大城县地。清中叶后东部略小。1914年废。

顺天湖墟 即今广东东源县北顺天镇，北接连平县界。清光绪《广东舆地全图》：河源县北有顺天湖墟。

顺天路 蒙古太宗十三年（1241）改顺天军置，治所在清苑县（今河北保定市）。辖境相当今河北太行山以东，潴龙河、唐河、拒马河之间及定兴、高碑店、雄县、深泽、深州、辛集等县市地。元世祖至元十二年（1275）改名保定路。

顺元路军民安抚司 元世祖至元二十年（1283）置，属八番顺元宣慰司。治所即今贵州贵阳市。明隆庆三年（1569）程番府移治于此，改置贵阳府。

顺水 汉魏时期徐水的俗称。即今河北满城县北漕河。《后汉书·光武帝纪》：建武元年（25），光武北击尤来、大抢、五幡于元氏，"又战于顺水北，乘胜轻进，反为所败"。即此。

顺化州 唐宝应元年（762）置，为党项部落州，属秦州都督府。在今甘肃泾川及陕西陇县一带。唐末废。

顺化军　北宋太平兴国三年（978）改衣锦军置，治所即今浙江临安市城。太平兴国五年（980）废。

顺化县　①唐至德元年（756）改安化县置，为顺化郡治。治所即今甘肃庆城县。乾元初为庆州治。北宋乾德二年（964）复为安化县。

②唐置，属羁縻播朗州。治所在今四川珙县西北。后废。

③清光绪三十二年（1906）改理塘宣抚司置，属川滇边务大臣。治所即今四川理塘县。《清史稿·四川土司传》：赵尔丰攻理塘喇嘛寺，"围之数月，断其水道，普中札娃自缢，诸番皆降，改里塘为顺化县"。三十四年（1908）改为里化厅。

顺化府　明永乐五年（1407）属交趾布政司。治所在利调县（今越南中部广治省广治西北甘露）。辖境相当今越南广治省南部地。宣德二年（1427）以后地入安南。

顺化城　辽开泰三年（1014）置，在今辽宁普兰店市附近。金废。

顺化郡　唐至德元年（756）改安化郡置，治所在顺化县（今甘肃庆城县）。辖境相当今甘肃、庆阳、环县、合水、华池等市县及陕西志丹县西部。乾元元年（758）复名庆州。

顺化营　本辽顺化城。即今辽宁普兰店市。金王寂《鸭江行部志》："自永康次顺化营，中途望西南两山，巍然浮于海上，访诸野老，云此苏州关也。"朱希祖考证云："顺化营即辽之顺化城，与宁州、苏州皆相近，故可望苏州关。"

顺化堡　明置，属甘州右卫。即今甘肃民乐县西顺化乡。《皇明职方舆图》卷中甘肃镇边图有顺化堡。《方舆纪要》卷63甘肃镇"长乐堡"条下："又卫南有大满、顺化二堡。"

顺化镇　①北宋置，属舞阳县。在今河南舞阳县境。

②在今湖南永州市东六十里。《方舆纪要》卷81零陵县"雷石镇"条下：顺化镇"五代时置镇。宋改为顺化县。今废"。

顺宁州　明洪武十五年（1382）降顺宁府置，属大理府。治所即今云南凤庆县。十七年（1384）复升为府。

顺宁县　清乾隆三十五年（1770）置，为顺宁府治。治所即今云南凤庆县。民国初属云南腾越道。1929年直属云南省。1954年改凤庆县。

顺宁府　①元泰定四年（1327）置，属云南行省。治所即今云南凤庆县。辖境约当今云南昌宁、凤庆、云县地。明洪武十五年（1382）降为州，十七年（1384）仍升为府，属云南布政司。清属云南省，置顺宁县为府治。1913年废。

②元后至元三年（1337）改宣德府置，属上都路。治所在宣德县（今河北张家口市东南宣化区）。辖境相当今河北张家口市宣化、万全、阳源、蔚县、涞源及山西广灵、灵丘等县地。明洪武四年（1371）废。

顺宁河　又称北桥河。即今云南凤庆县东凤庆河。《明一统志》卷87顺宁府：顺宁河"在府城东，源出甸头村山箐，流入大侯州孟祐河"。

顺宁砦　北宋置，在今陕西志丹县西北四十里顺宁。《宋史·徽宗本纪》：崇宁四年（1105），"夏人寇顺宁砦，鄜延第二副将刘延庆击破之"。即此。明洪武四年（1371）置巡司于此。后废。

顺圣川　即今河北阳原县东北桑干河支流水沟口河。《清一统志·宣化府二》：顺圣川"延袤二百里，地多美刍，明时牧马于此"。

顺圣川东城　在今河北阳原县东北六十里东城镇。辽、金为顺圣县。明天顺四年（1460）筑城。清初属蔚州卫，为宣府镇南路。康熙中并入西宁县。《方舆纪要》卷18万全都司：顺圣川东城"南临大川，北枕崇冈，原壤辽阔，元时牧场也。今以马房名堡者十余所，号为顺圣马房川。《边防考》：东城近为西城犄角，远为紫荆藩篱"。

顺圣川西城　即今河北阳原县城。明天顺四年（1460）筑城。《方舆纪要》卷18万全都司：顺圣川西城，"《边防考》：成化十九年小王子寇大同诸堡，长驱入顺圣川，散掠蔚、朔诸州，因设南路参将驻顺圣西城，辖东、西城及蔚州境深井、滹沱、黑石、桃花等堡，本路阻山带河，为紫荆、倒马之障蔽"。

顺圣县　辽应历十三年（963）置，属奉圣州。治所在今河北阳原县东北六十里东城镇。统和中属弘州。明初废。

顺庆府　南宋宝庆三年（1227）升果州置，治所在南充县（今四川南充市北）。淳祐九年（1249）徙治青居山（今南充市南青居镇）。后废。元世祖至元十五年（1279）复置。二十年（1283）升为顺庆路。明洪武四年（1371）改为顺庆府，移治今南充市。清辖境相当今四川仪陇、西充以南，岳池、广安、邻水以北地区。1913年废。

顺庆路　元世祖至元二十年（1283）升顺庆府置，属西蜀四川道肃政廉访司。治所在南充县（今四川南充市）。辖境相当今四川仪陇、西充以南，至广安、邻水地区。明洪武四年（1371）改为顺庆府。

顺州　①西魏改冀州置，治所在厉城县（今湖北随州市北一百里）。隋大业初废。

②唐武德五年（622）置，治所在安顺县（今越南清化省清化东南）。辖境相当今越南清化省东南部。贞观元年（627）废。

③唐贞观六年（632）置顺州羁縻州，寄治营州南五柳城（今辽宁朝阳市南）。后移治幽州城（今北京市城西南）。天宝元年（742）改为顺义郡。乾元元年（758）复为顺州。辽时治所在怀柔县（金改为温阳县，在今北京市顺义区）。明初废。

④唐载初二年（690）置羁縻州，属泸州都督府。治所在曲水县（今贵州习水县西南）。北宋属泸州。

后废。

⑤唐大历八年（773）置，治所在龙化县（今广西陆川县南四十里）。辖境相当今广西陆川县南部地区。北宋开宝五年（972）废。

⑥唐建中年间置，治所在今北京市顺义区。明洪武元年（1368）改为顺义县。

⑦北宋置，为羁縻州。治所在今湖北宣恩县东南。元改为湖南镇边宣慰司。

⑧南宋绍兴初置，治所在伊阳县（今河南嵩县西南四十八里旧县镇）。金天德三年（1151）改名嵩州。

⑨西夏置，治所在灵武镇（今宁夏青铜峡市西北邵刚堡西）。元初废。

⑩辽置，治所在今辽宁黑山县东北英城子乡。辖境相当今辽宁阜新蒙古族自治县东、黑山县北部一带。金废。元复置，属东宁路。明废。

⑪元世祖至元十五年（1278）置，属丽江路。治所在今云南永胜县西四十六里顺州乡州城。《元史·地理志》："俗名牛赕，昔顺蛮种……其酋成斗族渐盛，自为一部，迁于牛赕。"于是改牛赕为顺州。明洪武十五年（1382）属北胜府，寻属鹤庆府。清康熙八年废入鹤庆州，三十八年（1699）划原辖境入永北厅。

⑫明永乐五年（1407）属顺化府。治所在巴阆县（今越南中部广治省广治县北赵丰一带）。辖境相当今越南广治省地。宣德二年（1427）以后地入安南。

顺江州 元世祖至元十一年（1274）置，属腾冲府。治所在今云南腾冲县北六十里顺江街。至正七年（1347）改宣抚司，旋废入腾冲府。

顺兴驿 宋建，属顺昌县。在今福建顺昌县。明洪武初改名双峰驿。

顺安州 北宋嘉祐七年（1062）置，属邕州左江道。治所在雷火洞（今广西大新县西北下雷镇）。元丰以后改为下雷州。

顺安军 北宋淳化三年（992）置，治所在唐兴砦（今河北安新县西南关城）。至道三年（997）移治高阳县（今高阳县东二十五里旧城镇）。金废。

顺安县 辽置，属懿州。治所在今辽宁阜新蒙古族自治县东北塔营子乡。金为懿州治。元废。

顺安砦 北宋置，属延州延川县。在今陕西清涧县东北八十里。后废为顺安驿。

顺安镇 北宋置，属铜陵县。即今安徽铜陵县东三十里顺安镇。唐末曾置义安县于此。

顺阳县 ①东汉明帝改博山县置，属南阳郡。治所在今河南淅川县南。应劭曰："在顺水之阳也。"故名。西晋属顺阳郡。南齐改名从阳县。后复为顺阳县。北周废入清乡县。隋开皇初改清乡县复置，属邓州。移治今邓州市西三十里。大业初属南阳郡。唐武德六年（623）废。北宋太平兴国六年（981）复置，属邓州。金废。后复置。元初废。

②北魏太和中置，属襄城郡。治所在今河南郏县东南。十七年（493）升为顺阳郡。

顺阳郡 ①西晋太康中改南乡郡置，属荆州。治所在酂县（今湖北老河口市西北西集街北）。辖境相当今湖北老河口、丹江口二市及谷城县，河南淅川、西峡二县地。东晋咸康四年（338）复名南乡郡。后复为顺阳郡。南朝宋属雍州，治所在南乡县（今河南淅川县南）。南齐改为从阳郡。北魏复为顺阳郡。西魏移治清乡县（今淅川县东南）。隋开皇初废。

②北魏太和十七年（493）升顺阳县置，治所在今河南郏县东南。永安中属广州。隋开皇初废。

③北魏置，治所在今河南唐河县西南。西魏改置柘林郡。

顺阳溪 即今福建顺昌县西北富屯溪。《方舆纪要》卷97顺昌县：顺阳溪"在县西北六十里。顺阳乡、县以此名。源出建宁府建阳县界，东南流，至白芒畲，始通小舟。县西有沙溪，自邵武县流入；西北有密溪，自瓯宁县流入，俱合于顺阳溪……经县前与大溪合流，而东会于沙县之沙溪"。

顺阳镇 金废顺阳县为镇，属穰城县。在今河南邓州市西三十里。后复为县。

顺县 南朝梁侨置，属北沛郡。治所在今安徽霍山县东。后废。

顺利渠 在今河南沁阳市。《方舆纪要》卷49怀庆府河内县：顺利渠"即府城之濠堑。元至元中，总管石抹引济水穿城而入。作二桥：曰利津，曰览胜"。

顺林驿 在今湖南澧县东北六十里双龙乡驻地顺林桥。明置驿。清置顺林巡司。

顺昌县 五代闽龙启元年（后唐长兴四年，933）升永顺场置，属建州。治所即今福建顺昌县。《方舆纪要》卷97延平府顺昌县：顺阳溪"在县西北六十里顺阳乡，县以此名"。明嘉靖《延平府志》卷1："南唐始置县，以其初顺服故名，取顺而昌之意。"南唐保大三年（945）改属剑州。宋属南剑州。元属延平路。明、清属延平府。1913年属福建北路道。1914年属建安道。1928年直属福建省。

顺昌府 北宋政和六年（1116）改颍州置，治所在汝阴县（今安徽阜阳市）。辖境相当今安徽阜阳、太和、颍上、临泉等市县地。《宋史·高宗本纪》："兀术及宋叛将孔彦舟、郦琼、赵荣等帅众十余万攻顺昌府。"即此。金改为颍州。

顺店 即今河南禹州市西北三十里顺店镇。清道光《禹州志》卷6：州西集镇有"顺店"。

顺河堡镇 清置，属清丰县。在今河南清丰县西南三十四里。

顺河集 即今江苏宿迁市东南宿豫区驻地顺河镇。《清一统志·徐州府二》：顺河集"在宿迁县东中河东岸，南接仰化集，北达司吾镇，为往来孔道。本朝于此设有行殿，乾隆二十七年、四十五年、四十九年，有《御制顺河集行馆叠韵》诗、《顺河集行馆咏盆梅叠韵》诗"。

顺城侯邑 在今河北阜城县东北。《汉书·外戚传》：昭帝“追尊外祖赵父为顺成侯”。即此。

顺政县 隋开皇十八年（598）改汉曲县置，为兴州治。治所即今陕西略阳县。大业初为顺政郡治。唐为兴州治。天宝元年（742）为顺政郡治。乾元元年（758）复为兴州治。南宋开禧三年（1207）改名略阳县。

顺政驿 在今陕西勉县西。《方舆纪要》卷56沔县“大安关”条下：“又顺政驿在今县治西。”

顺政郡 西魏改武兴郡置，为兴州治。治所在汉曲县（今陕西略阳县）。辖境相当今陕西略阳县地。隋开皇三年（583）废。大业三年（607）改兴州复置顺政郡，治所在顺政县（今陕西略阳县）。唐武德元年（618）复改兴州，天宝元年（742）又改顺政郡，乾元元年（758）仍改为兴州。

顺荡（盪）井 即今云南云龙县北八十八里顺荡井。《清一统志·大理府》“诺邓盐里”条下：顺荡井“在（云龙）州西北一百八十里”。明洪武中置土巡检司于此。

顺陵 ①在今陕西咸阳市东北三十六里陈家村南（唐称洪渎原）。是武则天母杨氏之墓。武则天改国号为周后，将其母之墓改称顺陵。陵园占地面积110万平方米，略呈长方形，四周有围墙，四面各有一门。陵墓位于内城北半部，现高12.6米，底部为方形。墓周有石人、石羊、石狮、独角兽、石马等大批石刻。其中尤以陵墓南门的一对石狮和独角兽雕刻最为生动有力，是唐代造型艺术中的珍品。1961年定为全国重点文物保护单位。

②唐肃宗子建宁王李倓的陵墓。在今陕西咸阳市东北。倓在代宗时进谥承天皇帝，葬顺陵。

③五代周恭帝柴宗训之陵。在今河南新郑市北。《旧五代史·周书·恭帝纪》：北宋开宝六年（973），后周恭帝柴宗训“归葬于世宗庆陵之侧。……陵曰顺陵”。

④即五代南唐李璟墓，在今江苏南京市南四十六里、江宁区（东山镇）西南东善乡祖堂山南麓。

顺通堡 北宋置，属积石军。在今青海贵德县东黄河南岸。《宋史·地理志》积石军：顺通堡“东至临松堡一十二里，西至本军一十八里，南至临松堡二十五里，北至怀和砦界一十二里”。

顺塔 即新拖国。在今印度尼西亚爪哇岛西部。《明史·外国列传》：爪哇“其国一名莆家龙，又曰下港，曰顺塔”。

顺德市 1992年改顺德县置，治今广东省佛山市顺德区大良，由佛山市代管。2002年撤市改区（顺德区）。

顺德军 五代方镇。后晋改成德军置。治所在镇州（今河北正定县）。后汉复名成德军。

顺德县 明景泰三年（1452）析南海、新会二县置，属广州府。治所在大良堡（今广东佛山市顺德区）。据明郭子章《郡县释名》广东卷：顺德县“曰顺德者，以去逆得名，取顺化归德之义也”。民国初属广东粤海道。1920年直属广东省。1992年改设顺德市。

顺德府 元世祖中统三年（1262）改邢州置，治所在邢台县（今河北邢台市）。辖境相当今河北巨鹿、广宗以西，沙河以北，泜河以南地。至元二年（1265）改为顺德路。明洪武元年（1368）复为顺德府，属河南分省，次年属京师。1913年废。

顺德堡 在今甘肃高台县西南。清梁份《秦边纪略》卷3：高台所“南至顺德堡三十里”。

顺德路 元世祖至元二年（1265）改顺德府置，治所在邢台县（今河北邢台市）。辖境相当今河北巨鹿、广宗以西，沙河以北，泜河以南地。明洪武元年（1368）复为顺德府。

顺潮驿 明置，属陵水县。在今海南陵水黎族自治县西南三才镇。

皇 春秋周邑。在今河南巩义市西南。《春秋》：昭公二十二年（前520），“刘子、单子以王猛居于皇”。杜注：“巩县西南有黄亭。”

皇川 在今山西夏县东南。《寰宇记》卷6夏县：“皇川在县东南五十五里中条山内，耆旧相传夏后离宫避暑之所。”

皇子陂 在今陕西西安市长安区南。《水经·渭水注》：“沈水上承皇子陂于樊川。”《寰宇记》卷25万年县：皇子陂“在启夏门南三十里。陂北原上有秦皇子冢，因以名之。隋文帝改为永安坡。周回九里”。

皇天荡 即黄天荡。在今江苏苏州市东，葑门外六里。《资治通鉴》：唐乾宁三年（896），杨行密救董昌，遣兵与钱镠“战于皇天荡”。又五代梁开平三年（909），淮南兵围苏州，吴越兵内外合击，大破之，“周本夜遁，又追败之于皇天荡”。皆此。

皇天原 一名董杜原。在今河南灵宝市西（鸩水上游与文峪水上游之间）。《水经·河水注》：玉涧水“南出玉溪，北流径皇天原西。……方可里余，三面壁立，高千许仞，汉世祭天于其上，名之为皇天原。上有汉武帝思子台”。

皇化县 隋开皇十一年（591）置，属尹州。治所在今广西桂平市东北大湟江口。《元和志》卷38皇化县：“因县东一里皇化水为名。”大业二年（606）废入桂平县。唐贞观七年（633）复置，属浔州。北宋开宝五年（972）废。

皇史宬 又名表章库。在今北京市东城区南池子南端东侧。明嘉靖十三年（1534）建。明刘若愚《明故宫》：“永泰门再南、街东则皇史宬，珍藏太祖以来御笔实录、要紧典籍、石室金匮之书，此其处也。”为明、清两代保存皇家档案、重要典籍之处。是我国现存最完整的皇家档案库。1982年定为全国重点文物保护单位。

皇母山 即太行山。在今河南、山西、河北三省交界处。《寰宇记》卷52孟州济源县：“太行山，相传皇母山也，或名女娲山。其上有祠，民祈福而岁祷焉。其山起于邑界。”

皇寺　在清盛京外攘门外五里，今辽宁沈阳市小西门外。后金崇德元年（1636）皇太极敕建。两年后寺成，皇太极赐“莲花净土实胜寺”大印一枚，允许收藏努尔哈赤用过的甲胄，故称皇寺。是盛京建立最早、规模最大的喇嘛寺。

皇华江　即今广西岑溪市之义昌江。《舆地纪胜》卷109藤州：皇华江“在镡津县”。《方舆纪要》卷108岑溪县：皇华江“在县城南。有二源：一出县北中西乡；一出连城乡，合流经县北十里皇华山下，因名。南流经县东，折而西，至容县入于绣江”。

皇华驿　①南宋淳熙二年（1175）置，在今安徽滁州市。元改为仁义驿。明初废。

②明置，在今四川三台县城南。《方舆纪要》卷71潼川州：皇华驿“在州治南。马驿也”。

皇华城　亦名王化城。在今重庆市忠县东皇华村。南宋咸淳元年（1265）建。迁咸淳府及临江县于此。《宋史·张珏传》：德祐三年（1277），“达州降将鲜汝忠破咸淳皇华城，执守将马堃，军使包申巷战死”。即此。道光《忠州直隶州志》卷2：“咸淳府故治在州东四十里关溪大江中，一名皇华水，又名黄华城，俗呼王化城，即《水经》之江浦也。宋咸淳元年升忠州为咸淳府治此。故城残堞犹存。”

皇华洲　亦作黄华洲。即今重庆市忠县东二十里皇华村。明曹学佺《蜀中名胜志》卷19忠州：“《志》云，即皇华洲，在东五十里，江浦周回可二十里。”

皇后店　在今北京市昌平区西。古为北京通往居庸关必经之地。《元史·顺帝纪》：至正二十四年（1364）孛罗帖木儿遣其党秃坚帖木儿入居庸关，“知枢密院事也速、詹事不兰奚迎战于皇后店”。即此。

皇后城　在今河南南召县东六十二里皇后村。《水经·淯水注》：鲁阳关水“历雉衡山西南，径皇后城西。建武元年，世祖遣侍中傅俊持节迎光烈皇后于淯阳，俊发兵三余百人宿卫皇后归京师。盖税舍所在，故城得其名矣”。

皇庄镇　即今河北三河市南二十里皇庄镇。清同治《畿辅通志》卷46三河县图：南有皇庄镇。

皇甫山　又名曲亭山。在今安徽滁州市西。《明一统志》卷18滁州：曲亭山“在州城西六十里。俗呼皇甫山。南唐皇甫晖与周兵战，尝屯兵于此”。

皇甫谧墓　在今甘肃灵台县西北十里张鳌坡村。皇甫谧（215—282），幼名静，字士安，晚年自号玄晏先生，安定朝那（今宁夏彭阳县西）人。晋代针灸学家、文学家、史学家。封土高3米。当地称“皇甫谧古冢”。墓前立“皇甫谧之墓”碑。

皇泽寺　在今四川广元市区西嘉陵江西岸乌龙山麓。旧名乌奴寺，亦称川主庙。因武则天出生于广元，后人改名皇泽寺。《新定九域志》卷8利州：皇泽寺“有唐武后真容殿。按：武士彟为利州都督，生皇后于此”。《名胜志》称：“即今之临清门川主庙。”《舆地纪胜》卷184利州：则天顺圣皇后庙“在州西告成门外。旧碑云：其母感溉龙而生后，庙旧号则天金轮皇帝庙。嘉定乙亥运使曹彦约谓理有未安，乃改曰则天顺圣皇后庙”。据传旧名乌奴寺、川主庙，始建于南北朝时代。在唐以后改建为皇泽寺，为祭祀武则天之寺庙。寺出土有五代后蜀广政二十二年（959）《大蜀利州都督府皇泽寺唐则天皇后武氏新庙记》石碑可证。今寺为清代建筑，主要建筑除则天殿外，有小佛楼、小南海、五佛亭、吕祖阁。有南北朝、隋、唐、宋时摩岩造像六窟，一千二百零三躯，宋、明、清时人题记、碑刻三十四处。大佛楼处石窟佛高5.1米。殿门有郭沫若书写《广元皇泽寺》石碑及对联，殿内有则天石雕像，陈列有1963年宋庆龄题词“武则天是中国历史上惟一的女皇帝，封建时代杰出的女政治家”。

皇泽寺摩崖造像　在今四川广元市区西二里皇泽寺后岩壁上。始建于南北朝，隋唐时最盛。现存石窟和摩崖三十四处，造像千余尊。主要石窟有中心柱窟、大佛楼、五佛亭、则天殿等，石壁上大大小小的造像琳琅满目。1961年定为全国重点文物保护单位。

皇穹宇　俗称回音壁。在今北京市天坛公园圜丘坛北。是放置圜丘祭祀神牌位之地。建于明嘉靖九年（1530），初名泰神殿。嘉靖十七年改为今名。清乾隆十七年（1752）重建。有东西配庑各五间，存放圜丘祭祀的神牌。正殿与东西配庑四周有一圆围墙，即回音壁。

皇姑屯　一作黄桂屯。在今辽宁沈阳市皇姑屯区内，为京沈铁路站。初为京沈铁路终点，名沈阳站，后铁路延长至沈阳城西，改名皇姑屯站，亦称为老站，是东北地区铁路重要枢纽。1928年6月东北军阀张作霖被日本关东军炸死于此。

皇城　①在今北京市城中央。清吴长元《宸垣识略》卷3：“皇城在京城中，周十八里有奇。正南曰大清门，少北曰长安左门，曰长安右门，东曰东安门，西曰西安门，正北曰地安门。”皇城包括千步廊、太庙、社稷坛、紫禁城、景山及西苑。相当今天安门两侧东西黄城根街，北至地安门大街，南包括天安门向南凸出部分。皇城有墙，民国时期因有碍交通而拆除，今仅存天安门两侧红墙。

②亦称王府。隋开皇初蜀王秀建，在今四川成都市人民南路北端展览馆一带。五代前蜀扩建。至宋代城颓圮。明初建蜀藩王府，崇祯末农民领袖张献忠建大西政权即位于此。清代改为贡院。民国初改为都督府，1918年城垣全部拆毁。

皇城岛　即今山东长岛县北隍城岛。《明史·河渠四》：“又有沙门、鼍矶、皇城等岛居其中，天设水递，止宿避风。惟皇城至旅顺二百里差远，得便风不半日可度也。”

皇信堂　北魏平城宫殿堂。在今山西大同市北。《魏书·高祖纪》：太和七年（483），“冬十月戊午，皇信堂成”。太和十五年（491）“春正月丁卯，帝始听政于皇信东室”。十六年“五月癸未，诏群臣于皇信堂更定律条，流徒限制，帝亲临决之”。此后即以“皇信堂为中寝”。《水经·㶟水注》：承贤门“门南即皇信堂，堂之四周，图古圣忠臣烈士之容，刊题其侧，是辩章郎彭城张僧达、乐安蒋少游笔”。

皇帝宫 又名云岩宫。在今河南新密市东刘家镇南。相传是轩辕黄帝建筑宫殿、练兵讲武、研创八阵图的地方。

皇觉寺 在今安徽凤阳县西北。《清一统志·凤阳府二》：皇觉寺“在府东南二里。明太祖微时，尝为寺僧。洪武初敕建，改名龙兴寺”（移至今县城北凤凰山日精峰下）。《明史·太祖纪》：“太祖孤无所依，乃入皇觉寺为僧。”

皇都 ①辽太祖神册三年（918）契丹城皇都，会同元年（938）改称上京，故址在今内蒙古巴林左旗（林东镇）南波罗城（上京城遗址）。

②宋大理首府阳苴咩城亦称皇都。见昆明《地藏寺造幢记》、姚安《兴宝寺碑》。在今云南大理寺北二十六里大理古城。蒙古宪宗三年（1253）废。

皇涧 一名支唐川。即今陕西旬邑县北支党河。《诗经·大雅·公刘》：“夹其皇涧，溯其过涧。”

皇陵卫 明洪武二年（1369）置，属中都留守司。治所在今安徽凤阳县西南二十营村南。清废。

皇娘娘台（臺） 在今甘肃武威市西北。1957年以来其地发现新石器晚期至青铜器时代早期齐家文化遗址。在发掘的700平方米内有半地穴式房屋、墓葬、窑穴、石器、玉器、红铜器等。

皇桑峪 一名皇藏峪。在今安徽萧县东南九龙山中。相传楚汉相争时，汉高祖刘邦曾藏匿于此。山顶有瑞云寺，为北宋端拱二年（989）建。寺旁有皇藏洞、拔剑泉、洗钵池、九龙窝、仙人床、观景峰等胜迹。

皇舅寺 在今山西大同市东北平城故城东南。北魏文明太后冯氏兄昌黎王冯熙建。《水经·㶟水注》：如浑水“又南径皇舅寺西，是太师昌黎王冯晋国所造。有五层浮图。其神图像皆合青石为之，加以金银火齐，众彩之上，炜炜有精光”。

皇路礁 在南海中中国南沙群岛，位于弹丸礁西南约25海里。低潮露出，为一长约1海里的完整环礁。东南部有海拔0.6—1.2米之圆形珊瑚礁块。中国渔民向称五百二。1935年公布名称为无劳柴乐礁。1947年改名皇路礁。

泉 春秋戎邑。在今河南洛阳市西南。《左传》：僖公十一年（前649）夏，“扬、拒、泉、皋、伊、雒之戎同伐京师，入王城，焚东门”。杜注：“今伊阙北有泉亭。”

泉上 即今福建宁化县东北泉上镇。民国时有县佐驻此。1933—1934年中央革命根据地置泉上县治此。

泉上县 ①西汉置，属上谷郡。治所在今河北怀来县（沙城）东。东汉废。

②1933年8月中央革命根据地由宁化、清流、归化三县边境析置，治泉上圩（今福建宁化县东北泉上镇）。1934年12月裁撤。

泉上里 清置，属宁化县。即今福建宁化县东北泉上镇。清时有县丞驻此。

泉口市 ①又名萧王庙市。即今浙江奉化市西北十六里萧王庙镇。清光绪《奉化县志》卷3《镇市》有泉口市。

②即今湖北赤壁市东北六十六里泉口镇。清光绪《湖北全省分图》：蒲圻县东北有泉口市。

泉口店 即今湖北广水市西北吴店镇南泉口店。明嘉靖《应山县志》卷2：泉口店“在治北八十里”。

泉山 ①又名白水山。在今辽宁瓦房店市西。《新唐书·高丽传》：唐咸亨二年（671），高丽酋长钳牟岑叛，诏高侃、李谨行讨之，“破叛兵于安市，又败之泉山”。即此。

②一名大罗山。在今浙江温州市东南约三十里瓯江南岸。《汉书·朱买臣传》：“东越数反复，买臣因言：‘故东越王居保泉山，一人守险，千人不得上。’”《寰宇记》卷99永嘉县：泉山，“《永嘉记》：山北有众泉，天旱此泉不干，故以名山”。

③一名清源山、北山、齐云山。即今福建泉州市北清源山。《寰宇记》卷102泉州晋江县：泉山“在州北五里，（州）因此为名”。《方舆胜览》卷12泉州：泉山“郡之主山。又名北山，在州北五里。……山有石乳泉，泓澄清洁，而味绝甘美。其源流衍下达于江。以泉名山及川，以清源名郡，岂亦本于此”。《方舆纪要》卷99泉州府晋江县：泉山在“府城东北八里，一名清源山，一名北山，一名齐云山，……嘉靖三十七年，倭贼掠凤山、清源山，犯南安”，即此。

④一名泉嵩。在今福建浦城县东北。《寰宇记》卷101建州浦城县：泉山“在县东北六十里。《记》云，山顶有泉分为两派，一入处州，一入建溪”。

⑤即冶山。在今福建福州市内。因山上有天泉池，故名。《闽都记》卷8载：“将军山在贡院西南，一名冶山，又名泉山，闽越故城即此。”

⑥又名白水山。在今广东增城市西北。《元和志》卷34增城县：泉山“在县西三十二里。其上多漆树”。

泉子湖 亦作全子湖。在今湖北钟祥市东。《方舆纪要》卷77安陆府钟祥县：泉子湖“在府东。伯颜由藤湖入汉江，趣郢城，郢州将赵文义来追，战于泉子湖，文义败绩”。

泉水 在今陕西商洛市北。《清一统志·商州》“清池水”条下：“又泉水在州北七十里，源出泉村集，径马角锏峪，至上板桥合荆水。”

泉交河市 即今湖南益阳市东南泉交河镇。清光绪《湖南通志》卷1益阳县图：县东南有泉交河。

泉州 ①隋开皇九年（589）改丰州置，治所在原丰县（后改名闽县，即今福建福州市）。大业初改为闽州，寻改为建安郡。唐武德初改为建州，六年（623）复为泉州。辖境相当今福建全省。其后分置建、漳、汀、武荣诸州，辖境缩小为闽江下游地区。景云二年（711）改为闽州。开元十三年（725）易名福州。

②唐武德三年（620）置，治所在石门县（今陕西淳化县北）。因甘泉得名。贞观元年（627）废。

③唐久视元年（700）分泉州置武荣州，景云二年（711）改名泉州。治所即今福建泉州市。开元八年（720）置晋江县为州治。《寰宇记》卷102泉州：泉山“在州北五里，泉州因此为名”。辖境相当今福建晋江和木兰溪两流域、澎湖地区及厦门、同安、金门等市县地。天宝元年（742）改为清源郡，乾元元年（758）复为泉州。五代后西北部包有德化县。北宋太平兴国后东北部木兰溪流域割出，置兴化军。西南部长泰县划属漳州。元至元十五年（1278）升为泉州路。宋元祐二年（1087）于泉州城置市舶司。经南宋至元州城均是全国最繁盛的对外贸易中心，城内有“蕃坊”，为阿拉伯等国商人聚居处。元初意大利旅行家马可·波罗誉为世界最大港口之一。

④天津市宝坻区的别称。因古泉州渠口在县境而得名。

泉州卫 明洪武元年（1368）置，属福建都司。治所在今福建泉州市西。清康熙五年（1666）废。

泉州行中书省 元世祖至元十五年（1278）改泉州宣慰司置，治所在泉州路（今福建泉州市）。辖境相当今福建省。十八年（1281）迁治福州路（今福建福州市），次年还治泉州路。二十年（1283）复迁治福州路。大德元年（1297）改置福建道宣慰司。

泉州县 战国秦置，属渔阳郡。治所在今天津市武清区（杨村镇）西南城上村。出土秦封泥中有“泉州丞印”可证。汉属渔阳郡。西晋属燕国。北魏太平真君七年（446）废。

泉州府 明洪武元年（1368）改泉州路为府，属福建省。治所在晋江县（今福建泉州市）。辖境相当今福建晋江流域、澎湖列岛及厦门、同安、金门、德化等市县地。清辖境缩小，永春、德化二县割出，置永春直隶州；澎湖列岛划属台湾府。1913年废。

泉州府文庙 在今福建泉州市鲤城区中山中路。占地6万平方米。始建于唐开元末年，南宋绍兴七年（1137）重建。左学右庙，规制完整，是包含宋、元、明、清四代建筑形式的孔庙建筑群。主体建筑大成殿仍保存宋代建筑形制，重檐庑殿顶，面阔七间，进深五间，出檐深远。殿身有四十八根石柱，其中八根为石雕盘龙檐柱。殿内保存有明清成套的祭孔器物。大成殿前设月台，下为甬道，直通泮池。池上石拱桥建于元代。大成门与左“金声”门、右“玉振”门连为一体。庙东有明伦堂、育英门等建筑。2001年定为全国重点文物保护单位。

泉州宣慰司 元世祖至元十四年（1277）置，治所在泉州（今福建泉州市）。辖境相当今福建省地。次年改置泉州行中书省。

泉州渠 在今天津市东北。三国曹操为沟通潞河和泃河而凿。渠因在泉州县而名。《三国志·魏书·太祖纪》：“从泃河口凿入潞河，名泉州渠。”《水经·淇水》：“笥沟东南至泉州县与清河合，自下为泒河尾也，又东泉州渠。”泉州县在今天津市武清区西南，故泉州渠南口必在泉州县东南、笥沟与清河（今海河）汇口之东。北口当在泃河入鲍丘水口附近。

泉州湾 东海之海湾。在福建泉州市东南。泉州市旧为泉州府治，湾因以名。

泉州路 元世祖至元十五年（1278）升泉州为路，属福建行省，并曾于路置福建省。二十二年（1285）属江西行省，二十三年属江浙行省。治所在晋江县（今福建泉州市）。辖境相当今福建晋江流域、澎湖列岛及厦门、同安、金门、德化等市县地。明洪武元年（1368）改为泉州府。

泉江水 在今江西萍乡市东三十里，下流通罗霄水。《明一统志》卷57袁州府：泉江水“泉出江中，故名。水产丝花菜，可食”。

泉江县 北宋宣和三年（1121）改龙泉县置，属吉州。治所即今江西遂川县。南宋绍兴初复改龙泉县。

泉县 系南朝宋白水侨县之误。在今四川彭州市西北。

泉鸠水 一名全鸠涧水、全节水，即今河南灵宝市西部之鸠水。《汉书·戾太子传》：“太子之亡也，东至湖，臧匿泉鸠里。”唐颜师古曰：“泉鸠水在今阌乡县东南十五里，见有戾太子冢，冢在涧东也。”《水经·河水注》：“河水又东径阌乡城北，东与全鸠涧水合。水出南山，北径皇天原东。其水又北流注于河。”

泉鸠里 又名全鸠里、全节。在今河南灵宝市西北鸠水西。《汉书·戾太子传》：“太子之亡也，东至湖，臧匿泉鸠里。”

泉沟 本名泉眼沟。简称泉沟。即今辽宁昌图县东北泉沟。附近有大泉眼沟、小泉眼沟及西泉眼沟等村。清光绪《奉天全省地舆图说图志》昌图府图：东北有大泉眼。民国《昌图县志》图：东北有泉眼沟。

泉林寺 在今山东泗水县东五十里陪尾山下。《清一统志·兖州府二》：泉林寺“寺之左右，皆深林茂树，有大泉十数，渟泓澄澈，互相灌输，会而成溪，是为泗水。……以泗泉在东，又多古林，故曰泉林。相传‘子在川上’即此处”。

泉岩河 即今山西五台县西南艮河。《清一统志·代州》：泉岩河“在五台县西三十里。源出县西泉岩堡，东南流至县西南三十五里入滹沱”。

泉岭山　在今浙江衢州市衢江区南百里。唐杜佑《通典》卷182：衢州信安县“有泉岭山，在县南二百里。汉朱买臣云：‘东越王居保泉山，一人守险，千人不得上’。即今建安郡北界也”。或说为今仙霞岭。

泉店渠　在今陕西华阴市东。《方舆纪要》卷54华阴县：泉店渠“在县东二十里”。

泉河　在今河南固始县东。《方舆纪要》卷50固城县“春河”条：“泉河在县东四十里。县境之石梁堰、沿城涧诸水悉汇入焉，亦东北注于淮。”

泉河铺　即今河南固始县东三十三里泉河铺乡。明嘉靖《固始县志》卷3《铺舍》：总铺“东十里曰沙河，又十里曰皮桥，又十里曰茹陂，又十里曰泉河”。

泉宗庙　在今北京市海淀西南万泉庄。清乾隆三十二年（1767）建。其周围多涌泉。清《日下旧闻考》卷79：“庙门之外者凡三：南曰大沙泉、小沙泉；北曰沸泉。庙内东所厅宇对岸曰滮泉，曰屑金泉。曙观楼后曰水壶泉、锦澜泉、规泉。山后度虹桥曰露华泉、鉴空泉、印月泉。观澜亭畔曰藕泉、跃鱼泉、松风泉。扇淳室后为晴碧泉、白榆泉。向绿轩畔曰桃花泉。主善堂之西曰琴脉泉。秀举楼之右曰杏泉、澹泉。再南曰浏泉。枢光阁东配殿南为洗钵泉，西所依绿轩右曰浣花泉，辉渊榭之南曰漱石泉，桥畔曰乳花泉、漪竹泉、柳泉、枫泉、云津泉，乐清馆之南方池曰月泉，西曰贯珠泉，凡二十有八。”众泉汇而北流至海淀镇西，汇聚玉泉山瓮山泊东来之水，东北达于清河。

泉城　今山东济南市的俗称。因多泉而名。自古有七十二泉之胜，其中以趵突泉最为著名。元于钦《汇波楼纪略》云：“济南山水甲齐鲁，泉甲天下。”故济南有“泉城”之名。

泉城郡　北魏置，属凉州。治所在新阳县，当在今甘肃武威市境。隋初废。

泉南　泉州的别称。因宋泉州城南为通商口岸，有“蕃坊”，为阿拉伯等国商人居处而得名。南宋王十朋诗“阅偏泉南旧守臣”。《元史·外夷传》记“自泉南登舟海行”。明陈懋仁著有《泉南杂志》。

泉亭　即春秋时戎人泉邑。在今河南洛阳市西南。《左传·僖公十一年》杜注：“今伊阙北有泉亭。”即此。

泉洞　在今贵州万山特区东南。《方舆纪要》卷122思州府黄道溪长官司：“泉洞在司西七里。崖壁千仞，瀑泉飞泻，下成溪河，以艇从旁入，洞广容百人。”

泉海省　1933年11月由中华共和国（福建人民政府）置，省会在晋江县（今福建泉州市）。辖境相当今福建莆田、仙游、德化、大田、安溪、同安、厦门等县市以南、以东地。同年12月改为兴泉省。

泉陵县　东汉改泉陵侯国为县，为零陵郡治。治所在今湖南永州市北二里。隋改为零陵县。

泉陵侯国　西汉置，属零陵郡。治所在今湖南永州市北二里。汉武帝元朔五年（前124）封长沙定王子刘贤为泉陵侯，即此。东汉改为泉陵县。

泉麻县　唐武德元年（618）置，属南宁州。治所在今云南弥勒县城附近。贞观八年（634）属郎州，开元五年（717）复属南宁州。天宝后废。

泉掌堡　即今山西新绛县西北泉掌镇。《清一统志·绛州》“杨庄堡”条下：“（绛州）西北三十里有泉掌堡。”

泉港墟　即今江西丰城市西泉港镇。清同治《南昌府志》卷4丰城市镇：泉港墟“在县西四十里”。

泉湖市　即今湖南衡南县（驻云集镇）西北泉湖镇。清属清泉县。光绪《湖南通志》卷1清泉县图：衡州府西南有泉湖市。

泉源水　即今河南淇县南折胫河。《诗经·卫风·竹竿》：“泉源在左，淇水在右。”《水经·淇水注》：“淇水又东，右合泉源水。水有二源，一水出朝歌城西北，东南流。其水南流东屈径朝歌城南，又东与左水合，谓之马沟水。……又东南注淇水，为肥泉也。”

泉溪市　即今湖南衡南县（云集镇）东北泉溪镇。《清一统志·衡州府二》：泉溪市“在清泉县（今衡阳市）东三十里，濒耒水”。

泉溪镇　北宋置，属衡阳县。即今湖南衡南县（云集镇）东北泉溪镇。

皈乐墟　在今广西百色市北永乐乡一带。《清一统志·泗城府》：皈乐墟“在凌云县南一百四十里。本朝雍正五年设右江镇驻此，七年改驻百色。有左营守备防汛”。

皈朝　即今云南富宁县东归朝镇。明崇祯中富州尝徙治于此。

鬼门　底柱山三门之一。在今河南三门峡市北黄河三门峡水库中。《清一统志·陕州》“底柱山”条引《陕州志》：“三门：中神门，南鬼门，北人门。惟人门修广可行舟。鬼门尤险，舟筏入者，罕有得脱。”

鬼门关　①在今山西浮山县北。《方舆纪要》卷41浮山县：鬼门关“在县北，出绛州之间道”。

②即今广西北流市西十五里，与玉林市交界处之天门关。《旧唐书·地理志》北流县：“南三十里有两石相对，其间阔三十步，俗号鬼门关。汉伏波将军马援讨林邑蛮，路由于此，立碑石龟尚在。昔时趋交趾，皆由此关。其南尤多瘴疠，去者罕得生还，谚曰：‘鬼门关，十人九不还。’”唐宰相李德裕贬崖州经此关，因赋诗：“崖州在何处，生度鬼门关。”

③即石门关。在今重庆市奉节县东北。《方舆胜览》卷57夔州：鬼门关“在奉节县东北三十里”。黄庭坚《山谷集》卷5《竹枝词》：“浮云一百八盘萦，落日四十九渡明，鬼门关外莫言远，四海一家皆弟兄。”

鬼子窟营　在今广东江门市新会区西八十里。《方舆纪要》卷101广州府新会县：鬼子窟营“在县西，防鬼子窟、良金、云永山贼”。又“金冈山”条：“西北有石洞，曰金山岩，深广皆二丈，岩顶飞瀑如练，有盘石可坐数十人，旧为乡人游尝处，今为盗薮，俗呼鬼子窟。”

鬼王洞　在今贵州贵阳市西南隅。《清一统志·贵阳府》：藏甲岩“在府治。俗名鬼王洞”。

鬼方　古族名。亦称㝅方、魌方。媿氏、鬼方氏、鬼方蛮。殷周时，活动于今陕西省西北部，为殷周的劲敌。周以后不见于记载。

鬼谷　①在今山东淄博市淄川区东梓桐山。元于钦《齐乘》卷1谓梓桐山“后有石垒圆洞，古老相传鬼谷子隐居，名鬼谷洞”。并引《典略》云：“鬼谷弟子苏秦、张仪辈五百余人，鬼谷为作窟，深二丈。曰：有能在窟中说使泣者则能分人主之地矣。秦下说之，鬼谷泣下，即此洞。”

②在今河南登封市东南。《史记·苏秦列传》：“东事师于齐，而习之鬼谷先生。”《集解》徐广曰：“颍川阳城有鬼谷，盖是其人所居，因为号。”

③在今陕西韩城市境。《史记·甘茂传》：苏代说秦王曰：“甘茂，非常士也。其居于秦，累世重矣。自殽塞及至鬼谷，其地形险易皆明知之。”《隋书·地理志》：韩城县有鬼谷。

④亦名清水谷。在今陕西三原县西北，接铜川市耀州区。《续汉书·郡国志》池阳县注引《地道记》：“有鬼谷，生三所氏。”《寰宇记》卷31三原县：清水谷“一名鬼谷。昔苏、张师事鬼谷先生学，即此谷也”。《长安志》卷20：“《晋太康地记》，扶风池阳县有鬼谷先生所居。”

⑤众鬼聚居处。《史记》卷117《司马相如传·大人赋》：“洞山鬼谷之崫礨嵬磈。”《集解》：《汉书音义》曰：“鬼谷在北辰下，众鬼之所聚也。《楚辞》曰‘赘鬼谷于北辰’也。”

鬼谷口避风驿　在今新疆哈密市西北。《宋史·高昌传》：太平兴国六年（981），王延德出使高昌，经纳职城西行，“地无水草，载粮以行，凡三日，至鬼谷口避风驿，用本国法设祭，出诏神御风，风乃息”

鬼谷山　即洞源山。在今江西贵溪市南一百里。《明一统志》卷51广信府：鬼谷山“道家第十五洞天。山有苏秦台、张仪井，世传鬼谷子尝居此”。

鬼谷洞　①在今湖北远安县西南。《方舆纪要》卷78远安县“甘霖洞”条下：“《类要》云，县西南有三洞，一曰金龙，一曰钟乳，一曰仙居，皆鬼谷子游历处，通谓之鬼谷洞。”

②在今湖南张家界市南天门山下。《清一统志·澧州一》：鬼谷洞“石室深邃，下有清流，世传鬼谷子尝游此”。

鬼者汎　一作伟者。即今湖南吉首市西二十八里矮寨镇。清严如熤《苗疆险要考》称“地险苗悍，为由乾（乾州）入永（永绥，今花垣县境）咽喉”。

鬼岩山　在今贵州沿河土家族自治县东十里。《方舆纪要》卷122思南府沿河祐溪长官司：鬼岩山在“司东十里。高百丈，延袤二十余里，为江东诸山之望”。

鬼迷店　在今陕西凤县北三里。南宋陆游《观秋夜感旧》诗：“往者秦蜀间，慷慨事征戍，猿啼鬼迷店，马嘶飞石铺。”《方舆胜览》卷69凤州：“鬼迷店在大散关下。”

鬼哭山　又作鬼窟山。在今缅甸伊洛瓦底江上游杰沙东北。《方舆纪要》卷119孟养军民宣慰司：鬼窟山“极险扼，夷人据为硬寨。或讹为鬼哭山。正统十三年，督臣王骥复征麓川，余孽思机等于孟养败其兵，金沙江贼于鬼哭山立三大栅。骥与总兵张軏亲冒矢石战一日，而栅寨悉拔，即此”。

鬼阎　春秋郑邑。又名阎仓城。在今河南西华县东北三十里。《左传》：昭公二十年（前522）宋公子城、公孙忌出奔郑，“其徒与华氏战于鬼阎”。杜注：“颍川长平县西北有阎亭。”

禹山　①在今河南邓州市西南六十里。上有禹庙。下有龙潭。《元史·睿宗传》：“拖雷既渡汉，金大将合达设伏二十余万于邓州之西，据隘待之。……及金人战于禹山。”即此。

②在今河南禹州市北。《方舆纪要》卷47禹州：禹山“在州城北，颍水之南”。

③在今湖南华容县南四十里。《明一统志》卷62岳州府：禹山“夏禹浚川，尝登其巅。山上今有禹庙”。

禹门口　在今山西河津市西北二十四里黄河峡谷中。原为龙门口。《水经·河水》：“又南出龙门口，汾水从东来注之。”郦道元注：“昔者大禹导河积石，疏决梁山，谓斯处也。即经所谓龙门矣。《魏土地记》曰：‘梁山北有龙门山，大禹所凿通孟津河口，广八十步，岩际镌迹，遗功尚存。’”因相传为大禹开凿，遂称禹门口。

禹门山　①即龙门山。在今山西河津市西北与陕西韩城市东北，夹河对峙。相传大禹所凿，故名。《水经·河水注》：“昔者大禹导河积石，疏决梁山，谓斯处也。即《经》所谓龙门矣。《魏土地记》曰：梁山北有龙门山，大禹所凿，通孟津河口，广八十步，岩际镌迹遗功尚存。”两山间河道狭窄，形势险峻，为秦晋间交通要冲。明、清在河东置禹门渡巡检司。

②在今贵州遵义县（南白镇）东北九十里禹门乡沙滩。明万历初，黎朝邦父子在此修建沙滩寺，清初改名龙兴禅院。顺治年间西蜀高僧破山弟子丈雪避乱来居，增建禅院及藏经阁，改名禹门寺。同治中，黔北农民起义成燎原之势，黎兆祺等在此筑砦自保。光绪十一年（1885）黎庶昌重修梵宇琳宫，名闻遐迩。禅院内有贵州文化名人郑珍、莫友芝、黎应昌的篆、隶、真三体题词摩崖，为书法家所珍重。对面子午山、青田山和渔塘，是郑珍、莫友芝、黎庶昌的坟墓所在地。

禹门河　即今山西汾阳市北之禹门河。源出县西北张家堡西，东南流入文峪河。《方舆纪要》卷42汾阳县：禹门河在“城西十里。西山诸溪之水会流于此，谓之河口，伏流潜注，东入于文湖。相传禹导洪水至此，因名”。

禹门渡　在今山西河津市西北二十五里禹门口村，黄河渡口。《明史·地理志》蒲州河津县：“西北有龙门山，夹河对峙，下有禹门渡巡检司。”

禹王台（臺）　①在今山东郯城县东北十里。《清一统志·沂州府一》：禹王台，“《县志》：世传神禹治水时，凿马陵山，引沭水归海，筑台于此，以镇水势”。明正德间，台渐圮，嗣后沭水泛涨而西，县城屡被冲决。清康熙间，始筑竹络坝于此，以障沭水。

②即今河南开封市东南繁台。明、清在古吹台遗址建禹王庙，因名。

禹王庙　在今陕西韩城市东北禹门。《清一统志·同州府》：神禹庙“在韩城县东北六十里禹门。元至元元年，因旧地重建”。另有大禹庙在今韩城市东北六里周原村，又称大夏禹王庙。始建于元大德五年（1301），明万历七年（1579）重建。正殿正中有明彩绘泥塑禹王坐像。

禹王宫　在今四川南江县西南长赤镇。清嘉庆二年（1797）建，为四合院砖木建筑。大殿正中有禹王坐像。1933年中国工农红军第四方面军长征过南江，在此建立长赤县苏维埃政府。前殿三道石门框上，红军刻的“谁是世界上的创造者，只有我们劳苦工农”；“铲除封建势力，实行土地革命”；“只归生产者所有，哪里容得寄生虫”等标语，至今犹存。

禹王城遗址　在今山西夏县西北鸣条山麓，为春秋战国时期魏国都城安邑，秦汉时的河东郡治。古城分大、中、小城三座，大城周长为15公里，平面近似梯形。城内出土大量东周至汉代遗物。1988年定为全国重点文物保护单位。

禹功矶　亦名吴王矶、吕公矶。在今湖北武汉市汉阳城区东北部龟山东端。《舆地纪胜》卷79汉阳军：吴王矶“在大别山侧”。《清一统志·汉阳府》“禹功矶”条引《府志》：“俗名吕公矶。元世祖尝驻跸黄鹤山，隔江望见此矶，敕改名‘禹功’，立禹祠于上。”

禹穴　①在今浙江绍兴市东南十三里禹陵。《史记·太史公自序》：“游江淮，上会稽，探禹穴。”即此。

②在今陕西旬阳县东一百三十里。《清一统志·兴安府二》：禹穴“高八尺，深九尺，旁镌‘禹穴’二字。穴右有泉，味甚清冽，世传禹决汉水时居此”。

禹会村　又名禹墟、禹村冈。在今安徽怀远县东南淮河南岸涂山下。北宋苏轼《濠州七绝》自注：“下有鲧庙，山前有禹会村。”即此。

禹州　明万历三年（1575）改钧州置，属开封府。治所即今河南禹州市。辖境相当今河南禹州、新密二市地。清雍正十二年（1734）改属许州府，辖境仅有今河南禹州市。乾隆六年（1741）属开封府。1913年改为禹县。

禹州市　1988年撤销河南省禹县，改设禹州市，市人民政府驻南大街。由许昌市代管。

禹县　1913年改禹州置，属河南豫东道。治所即今河南禹州市。1914年属开封道。1927年直属河南省。1988年改设禹州市。

禹杭　即今浙江余杭的别称。相传夏禹治水，会诸侯于会稽，船至此舍航登陆，因名。《元和志》卷25杭州余杭县引《吴兴记》云：“秦始皇三十七年，将上会稽，涂出此地，因立为县，舍舟航于此，仍以为名。”实则余杭乃古越语地名。

禹河　指《尚书·禹贡》所述大河下游河道。与《山经》河水、《汉书·地理志》河水同为先秦时代大河下游河道之一。宋程大昌《禹贡山川地理图》：“今有禹河、汉河对出图。”《禹贡·导水》：“东过洛汭，至于大伾；北过降水，至于大陆；又北播为九河，同为逆河入于海。”大致自今河南荥阳北广武山（今称邙山）北麓东北流，经今浚县大伾山西，北流经今河北成安、曲周、巨鹿等县之东，又东北贯河北平原中部分成多股，干流经青县至天津市东南入海。古今学者或说禹河即大禹治水后的河道；或以为此河是先秦文献记载最早的、唯一的一条大河下游河道，皆非。

禹城市　1993年撤销山东省禹城县，改设禹城市，市人民政府驻市中街道办事处。属德州地区。1994年由德州市代管。

禹城县　唐天宝元年（742）改祝阿县置，属齐州。治所在今山东禹城市西南十七里。乾元二年（759）移驻迁善村（今山东禹城市）。宋属济南府。元属曹州。明属济南府。民国初属山东东临道。1925年属德临道。1928年直属山东省。1993年改设禹城市。

禹迹（跡）山　在今四川南部县东北四十里碑院镇北。《舆地纪胜》卷185阆州：禹迹山“在南部东南三十余里”。《明一统志》卷68保宁府：禹迹山“旧传禹治水至此，故名。山有寺，因崖斲石为巨佛像，层楼覆之。泉出其趾”。寺名大佛寺，明嘉靖重建。摩岩石刻立大佛一尊，高17.5米，为唐代造像。与乐山“坐佛”，大足“卧佛”齐名，称为南部大佛。

禹陵　在今浙江绍兴市东南十三里会稽山麓。始建于南朝梁。《史记·夏本纪》：“或言禹会诸侯江南，计功而崩，因葬焉，命曰会稽。”《正义》引《括地志》云：“禹陵在越州会稽县南十三里，庙在县东南十一里。”

禹域　中国的别称。古代传说禹划分全国为九州，后世遂相沿称中国为禹域。

禹期山　一名禹祈山。又名禹迹山。在今江苏苏州市西南。洞庭山支脉。南宋范成大《吴郡志》卷15：“禹期山在太湖中。旧说禹导吴江，以泄具区，会诸侯于此。”

禹登山　又名龙洞山。在今山东济南市东南。《清一统志·济南府》：龙洞山“在历城县东南三十里。

上有东西二洞。王存《元丰九域志》：此山禹所尝登，亦名禹登山”。

禹墟 俗称禹会村。在今安徽怀远县东南淮河南岸涂山下。《水经·淮水注》：“禹墟在（涂）山西南。”

追邪径 亦作涿邪径。在今蒙古国西南巴彦洪戈尔省南境。《汉书·匈奴传》：征和三年（前90），“御史大夫商丘成将三万余人出西河。……御史大夫军至追邪径，无所见，还”。

〔丿丿〕

待王镇 清置，属修武县。即今河南焦作市东二十里待王镇。《方舆纪要》卷49作“待至镇”。谓“皆以武王伐纣时所经而名之也”。

待补 即歹补。今云南会泽县东南待补镇。彝语“待”为山，“补”为庙，意即山中有庙的地方。

徊洞 亦作罗徊洞。北宋置，属邕州左江道。治所在今广西龙州县西北水口镇东罗回村。元废。

徇忠县 唐万岁通天二年（697）改北平县置，属定州。治所在今河北顺平县东南二十里子城村。《旧唐书·地理志》：“契丹攻之不下，乃改为徇忠县。”神龙元年（705）复为北平县。

衍 一名衍氏。战国魏邑。在今河南郑州市北三十里。《战国策·魏策一》：苏秦说魏襄王曰：“北有卷、衍。”《史记·魏世家》：景湣王五年（前238），“秦拔我垣、蒲阳、衍”。

衍水 即今辽宁辽阳市东北太子河。《史记·刺客列传》：“（燕太子）丹匿衍水中。”《索隐》：“水名，在辽东。”即此。《方舆纪要》卷37辽东都司：太子河“在司东北五里。……或曰，太子河即古衍水，燕太子丹匿于衍水中，后人因名为太子河”。此显系附会。《清一统志·奉天府一》：太子河，“《旧志》：以燕太子丹逃匿于此，因名太子河。乾隆四十八年，銮跸所经，考名正典，指示太子河为国语塔思哈河。塔思哈，虎也，因字相近，讹为太子”。

衍氏 一名衍。战国魏邑。在今河南郑州市北三十里。《战国策·魏策一》：苏秦说魏襄王曰：“北有卷、衍。”《史记·秦始皇本纪》：始皇九年（前238），“杨端和攻衍氏”。

衍仙山 一名演仙山。在今福建南平市东北。《舆地纪胜》卷133南剑州《景物下》：衍仙山“在剑浦县东北十里。衍客避晋乱，结庐炼丹其上，传以为仙去”。

衍州 ①唐末置，治所在定平县（今甘肃宁县南六十里政平村）。五代周显德五年（958）废。

②辽置，治所在宜丰县（今辽宁辽阳市东南弓长岭区安平村）。辖境相当今辽宁辽阳市东南、鞍山市以东一带。金皇统三年（1143）废。

衍敦谷 西汉时西域捐毒国都。在今新疆乌恰县西北。《汉书·西域传》：“捐毒国，王治衍敦谷，去长安九千八百六十里。”

律高县 西汉元封二年（前109）置，属益州郡。治所在今云南弥勒县南一百里朋普村。三国蜀废。西晋咸宁元年（275）析修云、俞元二县复置，为兴古郡治。东晋郡治他移，仍属兴古郡。南朝梁末废。

很山县 即佷山县。汉置，在今湖北长阳土家族自治县西三十六里州衙坪。《续汉书·郡国志》作“很山”。

须 春秋卫邑。在今河南滑县东南。《诗经·邶风·泉水》：“思须与漕，我心悠悠。”

须门那国 一般以为在今印度卡提阿瓦半岛南部之松纳特，一说在今印度孟买以南的乔儿附近。《元史·外夷传》：马八儿等国，“（至元）二十三年，海外诸蕃国以杨庭壁奉诏招谕，至是皆来降”，须门那等国“皆遣使贡方物”。

须水 一名须河。在今河南荥阳市东南、郑州市西。《水经·济水注》：须水“近出京城东北二里榆子沟，亦曰桼榆沟也。又或谓之为小索水，……东北流，于荥阳城西南，北注索”。北宋导索水与须水合，入汴，通漕运。其后又导入金水河，入蔡河口。元以后为贾鲁河上源之一。

须水县 唐武德四年（621）置，属管州。治所即今河南郑州市西三十里须水镇。贞观元年（627）废。

须水镇 北宋置，属荥阳县。即今河南郑州市西三十里须水镇。唐初曾为须水县治。

须句 亦作须朐。周代国名。在今山东东平县西南，梁山县西北小安山东六里张家庄。春秋时为邾所灭。《左传·僖公二十一年》：“任、宿、须句、颛臾，风姓也……邾人灭须句，须句子来奔。”二十二年（前638），“伐邾，取须句，反其君焉”。皆此。

须江县 唐武德四年（621）分信安县置，属衢州。治所即今浙江江山市。《元和志》卷26：“县南有须江溪，因以为名。”武德八年（625）省。永昌元年（689）复置。五代唐长兴二年（931）吴越改为江山县。

须抵池 即今青海德令哈市北与天峻县交界之哈拉湖。《汉书·地理志》金城郡临羌：“西有须抵池，有弱水，昆仑山祠。”

须昌县 秦置，属薛郡。治所在今山东东平县州城镇西北十五里古济水东岸埠子坡西。汉高帝十一年（前196）封功臣赵衍为侯国，后仍为县，属东郡。东汉属东平国。西晋属东平国治。北魏属东平郡。北齐移治无盐城（今山东东平县东南）。隋开皇十六年（596）改宿城县，仍于故城置须昌县，属郓州。大业初属东平郡。唐初属郓州，贞观八年（634）移郓州治此。天宝元年（742）为东平郡治。乾元元年（758）仍为郓州治。五代唐改名须城县。

须弥山 ①在今宁夏固原市西北九十里，与海原县接界。明嘉靖《固原州志》卷1：须弥山在“州北九十里。上有古寺，松柏桃李郁然，即古石门关遗址”。

②佛经亦作修迷楼。意为妙高。亦曰雪山。即今中国西藏自治区和巴基斯坦、印度、尼泊尔、锡金、不丹等国境内之喜马拉雅山。须、修之与喜，弥、迷之与马，楼之与拉，皆一声之转。

须弥山石窟　在今宁夏固原市西北九十里黄铎堡村西南须弥山东麓。北魏至唐之石窟群，长2公里。现保存较完整者有二十窟；还有唐、宋、西夏题记多处。1982年定为全国重点文物保护单位。

须弥岛　即今朝鲜平安北道身弥岛。《明史·朝鲜传》：天启五年（1625），登莱巡抚武之望奏：“毛（文龙）帅自五月以来，营室于须弥，所谓云从岛是也。”

须弥福寿之庙　在今河北承德市避暑山庄之北、普陀宗乘之庙以东。清乾隆四十五年（1780）仿日喀则扎什伦布寺形制建。“须弥福寿”乃扎什伦布之汉译。据《高宗御制须弥福寿之庙碑记》载，乾隆帝七十寿辰，班禅六世远道来此觐见，清帝以一年时间建成此庙，供其居住和讲经。1961年定为全国重点文物保护单位。

须城县　五代唐改须昌县置，为郓州治。治所在今山东东平县州城镇西北十五里古济水东岸埠子坡西。北宋咸平三年（1000）移治今东平县西南州城镇。宣和元年（1119）为东平府治。元为东平路治。明初为东平府治。洪武七年（1374）改为东平州，省须城县入州。

须朐　即须句。在今山东东平县西南，梁山县西北小安山东六里张家庄。《左传》：僖公二十二年（前638），“伐邾，取须句，反其君焉”。《公羊传》作“须朐”。后迁都须（今山东东平县西北、古济水东岸）。《水经·济水注》：“济水又北径须朐城西，城临侧济水，故须朐国也。”

须索河　即今河南郑州市西北索须河。上游为须河、索河。索河出荥阳县南，北流至荥泽县（今郑州市西北古荥镇）南，与源自荥阳县东南之须河相会，是为须索河。又东会京河，东流为贾鲁河。

须溪　即今江西贵溪市城西南西溪。《方舆纪要》卷85贵溪县“芗溪”条下：“《志》云，须溪在县治西南。源出福建光泽县界之太源官山，经火烧山北，又北流历夏南乡，合三十六水，至中坑渡而入芗溪。其合处曰须口，俗呼罗塘港。又西入安仁县界为安仁港。”

舡山　又名五女山。在今四川南江县东北二十里。《方舆纪要》卷68南江县：舡山“四山随拥，咸若海潮，乘风飘泊，而此山宛如巨舟，自北而东。下有井。旧名五女山”。

舣舟亭　在今江苏常州市东南。《清一统志·常州府二》：舣舟亭“在府治东南三里。宋苏轼常系舟于此，后人因以名亭。亭前有池如偃月，相传苏轼洗砚处”。

〔丿丶〕

叙永厅　明崇祯三年（1630）于废永宁宣抚司置同知，属叙州府。治所在今四川叙永县东城。雍正五年（1727）废，八年（1730）复置，乾隆元年（1736）升为叙永直隶厅。辖境相当今四川叙永、古蔺二县及兴文县部分地。光绪三十四年（1908）改为永宁直隶州。

叙永县　1913年改永宁直隶州置，属四川永宁道。治所即今四川叙永县。县取叙州、永宁各一字为名。1928年直属四川省。1916年蔡锷率护国军由黔入蜀，经此北上。1935年红军长征由古蔺县横穿县境西进，均留下不少文物古迹。

叙州　①唐大历五年（770）改巫州置，治所在龙标县（今湖南洪江市黔城镇。一说在今湖南新晃侗族自治县西南凉伞镇）。《元和志》卷30叙州：“以境接叙浦”，故名。辖境相当今湖南怀化、洪江二市及会同、芷江侗族自治县、通道侗族自治县、靖州苗族侗族自治县和贵州省天柱县地。五代时废。

②北宋政和四年（1114）改戎州置，治所在宜宾县（今四川宜宾市西北六里旧州坝）。明正德《四川志》卷16叙州府：“取西戎即叙之义。”辖境相当今四川宜宾、南溪、马边以南，云南东北及贵州西北部地。南宋咸淳三年（1167）移治登高山（今宜宾市东二里东山）。元世祖至元十三年（1276）徙治三江口（今宜宾市）。十八年（1281）改为叙州路。

叙州府　明洪武六年（1373）改叙州路置，属四川行中书省（后改四川布政使司）。治所在宜宾县（今四川宜宾市）。清辖境相当今四川大凉山及雷波以东，富顺以南，隆昌、兴文以西地区。1913年废。

叙州路　元世祖至元十八年（1281）改叙州置，属四川行省叙南等处蛮夷宣抚司。治所在宜宾县（今四川宜宾市）。辖境相当今四川宜宾、自贡、富顺、高县、南溪等市县地。明洪武六年（1373）改为叙州府。

叙昆铁路　亦称川滇铁路。原拟从今云南昆明经曲靖、宣威、威宁、昭通、盐津而至四川叙府（今宜宾）。全长850公里。1938年动工兴建，1941年从昆明修至曲靖（长159公里）。1943年又延筑至沾益，全长177公里。其余未修成。

叙南千户所　明洪武四年（1371）置，属四川都司。治所即今四川宜宾市。十年（1377）升为叙南卫。

叙南卫　明洪武十年（1377）升叙南千户所置，属四川都司。治所即今四川宜宾市。后废。

叙南等处蛮夷宣抚司　元置，属四川行中书省。治所在叙州路宜宾县（今四川宜宾市）。辖境相当今四川大凉山以东，南溪县以西，富顺县以南，筠连县以北地区。明洪武初废。

叙浦县　即溆浦县。治所在今湖南溆浦县。元时溆作叙。

俞山（俞 yú）　一作嵛山。在今湖南永州市南二十里。宋本《寰宇记》卷116零陵县：俞山“一名石室山。山面临潇水，耸峻万峰。古老相传，郡有名人，累朝不绝，因此名”。

俞元县（俞 shù）　西汉元封二年（前109）置，属益州郡。治所在今云南澄江县东南旧城。三国蜀建兴三年（225）属建宁郡。南朝宋属晋宁郡。南朝梁末废。

俞水　亦作渝水。即今四川嘉陵江。《史记·司马相如列传》：“巴俞宋蔡。”《集解》：郭璞曰：“巴西阆中有俞水，獠人居其上，皆刚勇好舞，汉高募取以平三秦。后使乐府习之，因名巴俞舞。”

俞泉　一名愈泉。在今湖南郴州市城内。《舆地纪胜》卷57引《湘中记》云：“清冷甘美，故曰甘泉。人患疾饮之立愈。唐天宝中改为愈泉。”

俞侯国（俞 shù）　西汉置，属清河郡。治所在今山东平原县西南五十里。吕后四年（前184）封吕陀为俞侯。景帝六年（前151）封栾布为俞侯。武帝元狩六年（前117）改为鄃县。

俞随水　一名孝水。在今河南洛阳市西。《山海经·中山经·中次六经》：廆山“俞随之水出于其阴，而北流注于谷水”。《水经·谷水注》：“谷水又东，俞随之水注之。……世谓之孝水也。”

俞源村古建筑群　在今浙江武义县西南四十里。俞源村古建筑群是一个总体布局严谨完整，各类型建筑系统全面完备，个体建筑质量优良，与自然和谐结合，保存情况良好的典型的南方农村聚落。占地3.4万平方米。始建于南宋，至明嘉靖年间文风鼎盛，清乾隆以后因经商而致富，曾出进士、举人六十八名。明代苏仲平为此村撰文四篇，均收入《四库全书》。古建筑群建设史也清楚有证。现存元代石拱桥两座，明代宗祠及住宅十二座，清代宗祠、庙宇、戏台、住宅（大型住宅四座，最大的有二百五十八间）、公益建筑（义仓、养老轩、公厅）、文化教育建筑（私塾、书院、书馆）、商业服务业建筑（日杂商店、药店、客栈、花纸店、香烛店等）和手工业作坊（糟坊、染坊、水碓等）等共四十四座。只有一座大宅被日寇焚毁，两座中型住宅失火，两座作坊被拆除。俞源村古建筑群的建筑类型丰富，个体建筑形制富有创造性，木雕、小木作装修、壁画、卵石工艺等俱都精美，在中国建筑史上占有重要地位。2001年定为全国重点文物保护单位。

弇口　在今湖北武汉市江夏区西，金水河入长江口金口镇。《资治通鉴》：南朝陈永定元年（557），“王琳至弇口，……琳据东岸，安都据西岸，相持数日，乃合战，安都等大败”。胡三省注：“弇口，弇水入江之口，正对北岸大军山。”

弇山　①在今山东莘县北四十里马桥村。《方舆纪要》卷34莘县：弇山“旧有泉曰弇山泉。《志》云：即古弇中聚也”。

②明清时期太仓市的别称。因弇山而得名。

弇山园　在今江苏太仓市隆福寺西。《清一统志·太仓州一》：弇山园“明王世贞筑。中叠三峰。曰上弇、中弇、下弇，极园亭林木之胜”。王世贞所著书有《弇山堂别集》。后人又以“弇山”为太仓别称。

弇中　峡谷名。在今山东淄河中、下游地区。《左传》：襄公二十五年（前548），崔杼弑齐庄公，近臣闾丘婴、申鲜虞亡走，“驾而行，出弇中”，遂驰入鲁国。又哀公十四年（前481），子我“攻宫闱与大门，皆不胜，乃出。陈氏追之，失道于弇中”。即此。《方舆纪要》卷35益都县：弇中峪“在县西南。《志》云，自临淄西南至莱芜，有长峪，界两山间，长三百里，中通淄河”。

弇水　又名金水、涂水。即今湖北咸宁市淦河北流入武汉市南之金水河，经金口镇流入长江。《水经·江水注》：涂水“出江州武昌郡武昌县金山，……涂水历县西，又西北流注于江，江水又东径小军山南”。《寰宇记》卷112鄂州江夏县：“金水在县南九十里，出金山，西注入大江。《旧记》云，有金鸡从鸡翅山南飞，产金于此，故名金水。”又《资治通鉴》：南朝陈永定元年（557），“王琳至弇口”。胡三省注：“弇口，弇水入江之口，正对北岸大军山。”

郗　即绨。周邑。在今河南沁阳市西南。《说文》：“郗，周邑也。在河内。”

郗山　在今山东微山县西南。《方舆纪要》卷33嘉祥县：郗山“相传晋郗鉴居此。下有郗城，即鉴所筑。今为河水垫没，俗谓之登台山”。

郗马镇　即今河北栾城县西北二十二里郗马镇。清同治《畿辅通志》卷50获鹿县图：东南有郗马。

郤　在今山西沁水下游一带。《说文》：“郤，晋大夫叔虎邑也。”

剑山　①又名敛山。在今江西南城县东。《明一统志》卷53建昌府：剑山“在府城东八十里。高数百仞，延袤数十里”。

②即今四川剑阁县（下寺镇）南剑门山。《元和志》卷33普安县：“石新妇东北一里，千人崖之南崖，绝壁高数千丈，即剑山之危峰，见数百里外，旁视众岭，犹平地也。岩下高百许丈，有石壁，红色，方如坐席，即张孟阳勒铭之处。”《旧唐书·地理志》：“剑山东西二百三十一里。”山峰形如利剑。两剑山层峦叠嶂，有七十二峰，锋刃插天，伟雄壮丽。

剑山屯　在今四川茂县西北、黑水县东南。《新唐书·韦皋传》：贞元九年（793），“乃命大将董勔、张芬分出西山、灵关，破峨和、通鹤，定廉城，逾的博岭，遂围维州，搏栖鸡，攻下羊溪等三城，取剑山屯焚之”。

剑川节度　唐贞元十年（794）后南诏改宁北节度

置。治所在剑川城（今云南剑川县南十四里下登）。《方舆纪要》卷117剑川州“剑川湖”条下：“剑川在州南十五里，即剑湖之尾，曲流三折，形如川字。”康熙《剑川州志》：“山镇金体，水列川字，即湖尾曲流为三折，势如剑锋，形如川字，州以此名。”王元辅《剑川县名的由来》：“剑川之本意应为剑人居住的地方。”（载《剑川文化》1983年第1期）。王叔武《关于云南少数民族语地名问题》：“剑是藏语对纳西族的称谓，川地坝子或地方之义，剑川义即纳西人的地方。”（载《地名集刊》1980年第1期）。张笑《剑川县名探析》：“能铸剑的民族居住的地方。”（载《地名集刊》1983年第2期）。辖境约当今云南大理白族自治州北部及怒江傈僳族自治州部分地方。后铁桥节度并入，辖境约当今滇西北的广大地区。宋大理废。

剑川州　明洪武十七年（1384）升剑川县置，属鹤庆府。治所在柳龙充（即今云南剑川县）。清乾隆三十五年（1770）改属丽江府。1913年废为县。

剑川县　①北宋宣和三年（1121）改龙泉县置，属处州。治所即今浙江龙泉市。南宋绍兴元年（1131）复名龙泉县。

②元至元十一年（1274）改义督千户置，属鹤庆路。治所在今云南剑川县南十四里下登附近。明洪武十七年（1384）升为州，1913年废州仍为县。后属云南腾越道。治所即今剑川县。1929年直属云南省。

剑川城　又称罗鲁城。唐南诏后期置，为剑川节度驻地。在今云南剑川县南十四里下登。宋大理废。

剑川湖　即今云南剑川县东南剑湖。元代以来称剑川湖。明《寰宇通志》卷113：剑川湖“在剑川州西北七十里，顶有泉，池宽半亩，下注为此湖，距州之东，周围数十里，绕流罗鲁城，出大理府赵州境”。《清一统志·丽江府》：剑川湖“在剑川州南五里。亦名东湖。周广六十里，尾绕罗鲁城，流为漾濞江，亦曰濞溪江。俗呼为海子，岁办鱼课。《州志》：剑川在州南十五里，即剑湖之尾，曲流三折，形如川字，故名”。

剑门　①即剑门关。

②在今江苏常熟市西北虞山之阳。雄奇秀丽，为全山之冠。崖立如削，故借蜀道之名名之。石壁上镌有“剑门”二字。

剑门山　亦名梁山。即剑山。在今四川剑阁县（下寺镇）南。《元和志》卷33剑门县：“梁山，在县西南二十四里。即剑门山也。”《寰宇记》卷84剑门县：“大剑山至此有隘束之路，故曰剑门。”《明一统志》卷68保宁府：大剑山“其山峭壁中断，两崖相嵌，如门之关，如剑之植，故又名剑门山”。今山东北一西南走向，长达七十余公里。主峰大剑门在剑阁县北。有七十二峰，极为壮观。三国时，蜀将姜维退屯剑门以拒魏将钟会，即此。

剑门关　唐置，属剑门县。在今四川剑阁县（下寺镇）南剑门关镇北大剑山口。大小剑山峰峦连绵，下有隘路如门，故名。地势极为险要，历为蜀之天然门户，皆为戍守处，兵家必争之地。唐李白《蜀道难》诗有“一夫当关，万夫莫开”之句。

剑门县　唐圣历二年（699）置，属始州。治所在今四川剑阁县（下寺镇）南剑门关镇。《元和志》卷33剑门县：“因剑门山为名。”《寰宇记》卷84剑门县：“诸葛武侯相蜀，于此立剑门，以大剑山至此有隘束之路，故曰剑门。”先天二年（713）属剑州。天宝初属普安郡，乾元初复属剑州。北宋乾德三年（965）属剑门关。熙宁五年（1072）又属剑州。元至元二十年（1283）废入普安县。

剑门驿　即今四川剑阁县（下寺镇）南剑门关镇。《清一统志·保宁府》：剑门驿“在剑州东北六十里。本朝乾隆二十七年置驿丞”。民国时有县佐驻此。

剑门站　元置，在今四川剑阁县（下寺镇）南剑门关镇北剑门关。明废。

剑门蜀道遗址　在今四川广元市剑阁县。以剑门关为中心的剑门蜀道，是战国时期开辟的秦蜀古栈道的南段蜀栈道，又称金牛道，历经秦、汉、唐至清代。这条古道沿嘉陵江修筑，山坡为石梯路，峡崖为栈阁（凿孔塞梁，立柱铺板）。现嘉陵江明月峡、清风峡、三滩峡等处古栈道遗痕孔尚存，剑门古蜀道对当时我国西南的政治、军事、经济、文化的发展曾起重要作用。沿途遗存名胜古迹众多，如广元栈道、皇泽寺、千佛崖、古驿道翠云廊、七曲山大庙等。2006年定为全国重点文物保护单位。

剑水　今俄罗斯叶尼塞河上游及乌鲁克穆河。《北史·突厥传》：“突厥之先出于索国，在匈奴之北。其部落大人曰阿谤步，兄弟七十人……其一国于阿辅水、剑水之间，号为契骨。”契骨即结骨、黠戛斯。《新唐书·回鹘传下》：“黠戛斯，古坚昆国也。……有水曰剑河，偶艇以度；水悉东北流，经其国，合而北入于海。”突厥文碑作Käm，元代译为谦河。

剑外　唐人称剑阁以南蜀中地区为剑外。杜甫《闻官军收河南河北》诗云：“剑外忽传收蓟北，初闻涕泪满衣裳”；《恨别》诗云：“草木变衰行剑外，兵戈阻绝老江边。”

剑关　即剑门关。在今四川剑阁县（下寺镇）南。《宋史·王全斌传》：乾德中，自来苏砦“出剑关二十里，至清强店，与大路合”。

剑州　①唐永徽五年（654）以大首领冻就部落置，为羁縻州，属松州都督府。治所在今四川阿坝县东南境或红原县南境。后废。

②唐先天二年（713）改始州置，治所在普安县（今四川剑阁县西南普安镇）。《元和志》卷33剑州：“取剑阁为名。”辖境相当今四川剑阁、梓潼等县地。天宝元年（742）改为普安郡。乾元元年（758）复为剑州。南宋隆兴二年（1164）升为普安军，绍熙元年（1190）又升为隆庆府。元至元二十年（1283）

复为剑州，属广元路。明洪武九年（1376）废，十三年（1380）复置，属保宁府。清不辖县。1913年改为剑阁县。

③五代南唐保大六年（948）升延平军置，治所在剑浦县（今福建南平市）。辖境相当今福建南平、三明、顺昌、沙县、尤溪、永安、大田等市县地。北宋太平兴国四年（979）以利州路有剑州，改为南剑州。

剑江驿　在今江西丰城市北。《清一统志·南昌府二》：剑江驿“在丰城县北门西半里。水程上抵萧滩，下抵市汊，旧置驿丞，今裁”。

剑池　①在今江苏苏州市西北虎丘山上。《吴地记》：“秦始皇东巡至虎丘，求吴王宝剑，其虎当坟而踞，始皇以剑击之，不及，误中于石。其虎西走二十五里忽失，……剑无复获，乃陷成池，故号剑池。”据《越绝书》、《吴越春秋》等典籍记载，吴王阖闾葬于虎丘剑池下，因阖闾爱剑，下葬时以“专诸”、“鱼肠”等剑三千殉葬。相传秦始皇和东吴孙权都曾派人到此凿石求剑，无所得而凿成深池。近年发掘，池底北端有石缝，上锐下宽，内如一穴，穴北石壁以大青石板迭砌，为人工所作，可能是墓门。今池边有唐颜真卿“虎丘剑池”四字石刻。为苏州名胜之一。

②在今江西丰城市西南三十里。《寰宇记》卷106洪州丰城县：剑池“即晋雷焕掘得二剑处”。《明一统志》卷49南昌府《山川》：剑池“池前有石函，长逾六尺，广半之，土瘗其半，俗呼曰石门”。

剑池水　在今江西万载县西。《寰宇记》卷109袁州万载县：剑池水“在县西一百里，广丈余。旧传许旌阳捕蛟洪州时，蛟潜逃池，旌阳捕斩之，因名”。《方舆纪要》卷87袁州府万载县“野猪河”条下：剑池水“在县西九十里。其地有灵栖岩，池水出焉。别有曹家源水流合剑池，下流出沙江桥入金钟湖”。

剑池湖　一名龙渊。在今浙江龙泉市南秦溪漠村。《方舆纪要》卷94龙泉县：剑池湖在“县南五里。周三十亩。相传欧冶子铸剑于此，号为龙渊。唐讳渊，改曰龙泉。宋宣和中改曰剑池湖。邑名本于此”。

剑具县　唐贞观五年（631）置，属羁縻麟州。治所在今四川若尔盖县东境。后废。

剑和山　在今云南剑川县西四里。《方舆纪要》卷117剑川州：剑和山“以卓立如剑而名”。

剑河　即今贵州剑河县北之清水江。民国《剑河县志》卷2：“剑河之水古名清江。”

剑河县　1914年改清江县置，属贵州镇远道。治所即今贵州剑河县。1923年直属贵州省。剑河县城位于沅江支流清水江南岸。清水江亦名剑河，故县以剑河为名。

剑南　①指今四川剑阁以南至云贵高原。以在剑阁之南而名。《周书·文帝下》：西魏废帝二年（553）三月，“遣大将军、魏安公尉迟迥率众伐梁武陵王萧纪于蜀……八月，克成都，剑南平”。唐贞观初设剑南道，开元初设剑南节度使。宋张商英《蜀梼杌》卷上：唐大顺元年（890），王建谓韦昭度曰：“剑南之事，愿以相委，必不负驱策。”

②唐方镇名。开元七年（719）升剑南支度营田处置兵马经略使为节度使，治益州（治今四川成都市）。领昆明军及益、彭、蜀、汉、眉、绵、梓、遂、邛、剑、荣、陵、嘉、普、资、巂、黎、戎、维、茂、简、龙、雅、泸、合二十五州，约当今四川中部一带。其后辖境扩大，先后增领文、扶、姚、奉、坝等州及保宁都护府；并一度兼山南西道采访使，号山剑西道。至德二载（757）分置剑南东川、剑南西川节度使。

剑南长官司　明宣德三年（1428）置，属忠路安抚司。治所在今湖北利川市西北八十二里建南镇。清雍正十三年（1735）废。

剑南东川　简称东川。唐方镇名。至德二年（757）分剑南节度使东部地区置，治所在梓州（今四川三台县）。辖境多有变动，主要领有梓、遂、绵、普、陵、泸、荣、剑、龙、昌、渝、合十二州，约当今四川盆地中部涪江流域以西，沱江下游流域以东，及剑阁、青川等县地。广德二年（764）曾一度合并剑南西川，大历二年（767）复分置东川。唐末为王建所并。五代前蜀改为武德军节度使。

剑南西川　唐方镇名。至德二年（757）分剑南节度使西部地置，简称西川。治成都府（治今四川成都市）。辖境屡有变动，长期领有成都府及彭、蜀、汉、眉、邛、嘉、黎、简、茂、雅以西诸州，约当今四川成都平原及其以北以西和雅砻江以东地区。元和初曾为刘辟所据，唐末王建以此为根据地建立前蜀。

剑南春酒坊遗址　在今四川绵竹市（剑南镇）棋盘街传统酿酒作坊区，分布面积约6.2万平方米，出土大批与白酒酿造有关的遗迹，包括二十六口酒窖、五座炉灶、一口水井、二座晾堂及粮仓、池子、水沟、蒸馏设施。同时，还发现了清代早期的大曲窖，不同窖池生产不同品种的酒类，这在过去的酒坊遗址发掘中从未见过。此外，还发现了宋、元、明、清以至现代的连续堆积地层。从原料浸泡、蒸煮、制曲、拌曲发酵，到蒸馏酿酒、废水排放，中国传统白酒酿造工艺的全过程，从遗址中都可以清晰地看出。这些考古发现，对研究传统的白酒酿造工艺、传统手工业格局与分布，探讨当时社会经济发展状况，具有重要价值。2006年定为全国重点文物保护单位。

剑南道　唐贞观元年（627）置，为全国十五道之一。以在剑阁之南得名。开元二十一年（733）变为政区，为十五道之一，治所在益州（后升为成都府，今四川成都市）。辖境相当今四川涪江流域以西，大渡河流域和雅砻江下游以东；云南澜沧江、哀牢山以东、曲江、南盘江以北；及贵州水城、普安以西和甘肃文县一带。乾元元年（758）废。宋代曾一度恢复道制，如淳化四年（993）分全国为十道，剑南为其一，次年即罢。

剑南镇 唐开元七年（917）升剑南支度营田处置兵马经略使置，为十节度使之一。治所在益州（至德升为成都府，今四川成都市），兼昆明军使，领益、彭、蜀、汉、眉、绵、梓、遂、邛、剑、荣、陵、嘉、普、资、巂、黎、戎、维、茂、简、龙、雅、泸、合二十五州，约当今四川中部地区。其后辖境屡有扩大。至德二年（757）分置剑南东川、剑南西川两节度使。广德二年（764）并东西川为一，大历二年（767）又分为东西两川。

剑泉 在今湖南郴州市西。《方舆胜览》卷25郴州：剑泉“石罅间泉跃而出，世传项羽将英布卓剑处，因成泉”。《明一统志》卷66：“宋张舜民尝刻铭其上。”

剑阁 在今四川剑阁县南剑门关镇剑门关。东晋常璩《华阳国志·汉中志》：汉德县“有剑阁道三十里，至险，有阁尉”。《水经·漾水注》：清水“又东南径小剑戍北，西至大剑三十里，连山绝险，飞阁通衢，故谓之剑阁”。在大剑山口，两崖相对，关置于上，为戍守要地。《晋书·李特载记》：西晋末，“特随流人将入蜀，至剑阁，箕踞太息，顾眄险阻曰：‘刘禅有如此之地，而面缚于人，岂非庸才邪！’”

剑阁县 西晋置，属梓潼郡。治所在今四川剑阁县（下寺镇）南剑门关镇。以剑阁为名。后废。东晋永和三年（347）灭成汉后又置，孝武帝时废。1913年改剑州复置，次年属四川嘉陵道。治所在今四川剑阁县西南普安镇。1928年直属四川省。2002年迁治下寺镇。

剑阁道 古道路名。在今四川剑阁县（下寺镇）南大剑山与小剑山之间，“连山绝险，飞阁通衢”。为石牛道中一段。三国蜀汉诸葛亮重凿剑山架道，以通行旅。东晋常璩《华阳国志·汉中志》：汉德县“有剑阁道三十里，至险”，为川陕间主要通道，自古为戍守重地。《三国志·蜀书·姜维传》：蜀汉末，魏将钟会等率大军灭蜀，蜀将姜维等“皆退保剑阁以拒会”。唐于此设立剑门关。

剑津 在今福建南平市东，建溪、西溪相会入闽江处。《舆地纪胜》卷133南剑州《景物上》：剑津“在剑浦县建州、邵武二水合流之处也”。《晋书·张华传》：“华闻豫章人雷焕妙达纬象，因与讨论，焕曰：斗牛之间颇有异气，乃宝剑之精，上彻于天耳。华即令焕至丰城掘狱屋基，入地四丈余，得一石函，光气非常，中有双剑，并题刻，一曰龙泉，一曰太阿。其夕，斗牛间气不复见焉。遣使以一与华，一留自佩。后华诛，失剑所在。焕卒，子华为州从事，持剑行经延平津，剑忽于腰间跃出坠水。使人没水取之，不见剑，但见两龙各长数丈，时人以为双剑复合。”剑津因以为名。

剑浦县 五代南唐保大六年（948）改龙津县置，为剑州治。治所即今福建南平市。元大德初改名南平县。宋时置银场及茶焙于此。

剑浦驿 明洪武初置，属南平县。在今福建南平市东。清康熙三十八年（1699）废。

剑道 即剑阁道。在今四川剑阁县南大剑山与小剑山之间，为石牛道一段。《梁书·太祖五子传》：鄱阳王恢世子范“出为益州刺史，开通剑道，克复华阳”。

剑溪 ①即今福建南平市东南之建溪。《方舆纪要》卷97延平府南平县：剑溪“在城东南。即建江也。自建宁府南流至此，亦曰剑津，亦曰剑潭。相传晋雷焕之子佩剑渡延平津，剑忽跃入水，化为龙而名。亦曰龙津”。

②指今四川剑阁县南大小剑溪。大剑溪出大剑山，小剑溪出小剑山，二水会流统称剑溪，于大仓坝注入下寺河。

剑潭 在今台湾省台北市西北角，基隆河湾形成的水潭。清乾隆间范咸《重修台湾府志》卷1引《台湾志略》：“剑潭在北淡水大浪泵社二里许，番划艋舺以入，水甚阔。有树名茄冬，高耸障天，大可数抱，峙于潭岸。相传荷兰人插剑于树，生皮合剑在其内，因以为名。”

爰娄 即袁娄。在今山东淄博市临淄西。《左传》作“爰娄”。

爰陵 即宛陵。战国楚邑。在今安徽宣城市。《鄂君启节》铭文：“内入浍江，庚爰陵。”

爰戚县 秦置，属砀郡。治所在今山东嘉祥县西南。《史记·曹相国世家》：秦二世二年（前208），“击章邯车骑，攻爰戚及亢父”。又《史记·绛侯周勃世家》载：周勃“击章邯车骑，殿，定魏地，攻爰戚、东缗”。即此。西汉为侯国。

爰戚侯国 西汉改爰戚县置，属山阳郡。治所在今山东嘉祥县西南。高帝六年（前201）封功臣赵成为爰戚侯。东汉废。

爰得县 西汉置，属安定郡。治所在今甘肃泾川县东南。东汉废。北魏复置，属新平郡。北周省。

盆山县 唐贞观中置，属山州。治所在今广西博白县西南。天宝初属龙池郡，乾元初复属山州。建中年间废。

盆允县 东晋末置，属南海郡。治所在今广东江门市新会区北二十里。元熙二年（420）为新会郡治。隋开皇十年（590）废。

盆奴里国 又作蒲奴里、喷纳。辽五国部之一。在今黑龙江省汤原县西南香河镇北二里古城。《辽史·营卫志下》盆奴里国：“辽圣宗时来附，命居本土，以镇东北境，属黄龙府都部署司。重熙六年（1037），以越里吉国人尚海等诉酋帅浑敞贪污，罢五国酋帅，设节度使以领之。”金改称蒲聂部。元置桃温万户府。

盆多宗 即蓬多城。今西藏林周县北旁多乡。清乾隆《西域同文志》卷18：“西番（藏）语：盆多，总会之处。城为诸路会合之所，故名。”

盆苏克灵城 清康熙年间置，即今西藏拉孜县东北彭错林。《清一统志·西藏》藏地诸城：盆苏克灵城

"在日喀则城西南七百二十三里"。

盆亭镇 即今福建浦城县西北盘亭乡。明置巡司于此。清雍正十年（1732）移于九牧镇。

盆搦岭 即今老爷岭支脉老岭。在吉林汪清县及珲春市境。《金史·世纪》："太祖度盆搦岭，与撒改会，攻破留可城。"即此。

盆源城 亦作盆允城。在今广东江门市新会区北。隋、唐时冈州治于此。《旧唐书·地理志》新会县："冈州旧治盆源城。"即此。

盆溪隘 即今湖南新宁县南盆溪村。《清一统志·宝庆府二》：盆溪隘"在新宁县西南。设千长，统制黄卜峒"。

〔丿㇇〕

胪朐河 又作驴驹河、龙驹河、陆局河。即今源出蒙古国肯特山，东流注入中国呼伦湖的克鲁伦河。《辽史·地理志》：上京道有胪朐河，"沿河董城北东流，合沱漉河入于海"。

胪滨县 1913年改胪滨府置，属黑龙江省。治所即今内蒙古满洲里市。1934年日占期间改设满洲里市。

胪滨府 清光绪三十四年（1908）置，属黑龙江省。治所即今内蒙古满洲里市。以胪朐河（即克鲁伦河）为名。1913年改胪滨县。

胆泉 一名铜泉。在今江西德兴市。有二，一在市东十五里，一在市东三十里。《元史·顺帝纪》：至正十二年（1352），"中书省臣言：'张理献言，饶州德兴三处，胆水浸铁，可以成铜，宜即其地各立铜冶场，直隶宝泉提举司，宜以张理就为铜冶场官。'从之"。后因张理试之，其言不验，于是复废。《方舆纪要》卷85饶州府德兴县：铜山"山麓有胆泉，亦曰铜泉。土人汲以浸铁，数日辄类朽木，刮取其屑，锻炼成铜"。

胜巳山 在今重庆市奉节县南十二里。明曹学佺《蜀中名胜记》卷21："《志》云：白帝城东十五里有胜巳山，以高出众山之上也。王十朋命名龟龄。"《方舆纪要》卷69奉节县"白盐山"条下："胜巳山在府东九里。峰峦叠秀，巍然独出众山之上，因名。宋乾道中，郡守王十朋锡以今名。"

胜乡郡 唐南诏置，属永昌节度。治所即今云南永平县。宋大理属永昌府。元废为永平县。

胜水 亦名孝水、下堡河。在今山西孝义市南。源于狐岐山，东南流入汾水。《水经·文水注》：胜水"西出狐岐之山，东径六壁城南……又东合阳泉水……又东径中阳故城南，又东合文水。文水又东南，入于汾水也"。

胜水关 在今湖北宣恩县南，接湖南龙山县界。《方舆纪要》卷82忠建宣抚司：胜水关在"司东南三百里"。

胜水河 在今四川乐至县东南。《方舆纪要》卷71乐至县：胜水河在"县东六十里。一名倒流河。北流入遂宁县界，入于涪江。亦曰倒流溪"。

胜水河子 即今吉林柳河县东北圣水河子镇。民国熊知白《东北县治纪要》辽宁柳河县："县属胜水河子，距县市东北八十里。""胜水"为满语"胜塞尼马哈"转音，意为"冷水鱼"。指这种鱼多的地方貂多、獭多。

胜水渠 在今宁夏中卫市东六十里胜金关下。明嘉靖《宁夏新志》卷3宁夏中卫：胜水渠"黄河东，长八十五里，溉田一百五十余顷"。

胜邓洲 在今印度尼西亚苏门答腊岛东北的棉兰附近。《新唐书·地理志》附"广州通海夷道"："从葛葛僧祇四五日行，至胜邓洲。又西五日行，至婆露国。"

胜业乡镇 在今江西井冈山市西北古城。《方舆纪要》卷87吉安府永宁县：胜业乡镇在"县（治今新城乡）西十五里。《志》云，司旧置于砦头，洪武五年以其地僻，移驻于此"。清改名升乡寨巡司。

胜归山 在今浙江余姚市北。《方舆纪要》卷92余姚县：胜归山"在县北三里。相传晋刘牢之败孙恩，还屯于此"。

胜母 《史记·邹阳传》："故县名胜母，而曾子不入，邑号朝歌而墨子回车。"《索隐》按："《淮南子》及《盐铁论》并云里名胜母，曾子不入，盖以名不顺故也。《尸子》以为孔子至胜母县，暮乃不宿。则不同也。"又查《全上古三代秦汉三国六朝文》载汉邹阳《狱中上书自明》曰："故里名胜母，曾子不入，邑号朝歌，墨子回车。"

胜因寺 旧名美笃喇麻寺、美都喇嘛寺。在今四川小金县南山坡上。清乾隆四十一年（1776）重建，四十五年（1780）改今名。

胜休县 西汉元封二年（前109）置，属益州郡。治所在今云南江川县北二十六里江城镇龙街。王莽时改名胜僰。三国蜀复名胜休，属建宁郡。西晋武帝时属兴古郡，永嘉五年（311）属梁永郡。南朝梁末废。

胜州 ①隋开皇二十年（600）分云州置，治所在榆林县（今内蒙古准格尔旗东北黄河南岸十二连城古城）。《元和志》卷4胜州："割云州之榆林、富昌、金河三县置胜州，立嘉名也。"辖境相当今内蒙古鄂尔多斯市东胜区、准格尔旗、达拉特旗、伊金霍洛旗及黄河东岸托克托一带。大业三年（607）改为榆林郡。唐贞观三年（629）复为胜州。天宝元年（742）又改为榆林郡，乾元元年（758）复为胜州。辖境缩小，专辖黄河西岸地。五代梁贞明二年（辽神册元年，916）辽破振民军，胜州之民皆趋河东，废。西夏又置，后废。

②亦作塍州。辽置，治所在今吉林公主岭市北怀德镇东北。后废。

胜州墟 即今广西苍梧县东南胜州村。明、清置长行巡司于此。

胜江亭 在今四川达州市西。《方舆胜览》卷59达州：胜江亭在“州西三里。郡守王蕃因读江州司马白居易寄通州司马元稹诗，有‘通州犹似胜江州’之句，因以名亭”。后废。

胜芳镇　即今河北霸州市东南五十里胜芳镇。《清一统志·顺天府》：胜芳镇“在文安县东北七十里。居民万余家，贸易时舳舻千计”。

胜利县　1932年1月中央革命根据地由雩都、兴国两县析置，驻上宝排村（在今江西于都县东北）。为庆祝红军攻克雩都县东北境上宝土围的重大胜利而命名。后迁治银坑（今江西于都县东北银坑镇）。1935年2月废。

胜羌砦　北宋置，属怀德军。在今宁夏海原县（三河镇）西北胡家梁附近。金废。

胜羌堡　北宋置，属庆阳府。在今陕西吴起县西南。《方舆纪要》卷57胜羌砦：“宋时与金汤、柔远诸砦并为控扼要地。”

胜秉　即今贵州施秉县东南九十里施洞镇南胜秉。明于此置施秉长官司，后改施秉县。清康熙二十六年（1687）施秉县移治偏桥卫城，有县丞驻此。民国改置县佐。

胜金口千佛洞　在今新疆吐鲁番市东北约八十里。为唐代佛寺遗址。两处在山腰，两处在山麓，共计洞窟十个。系用土坯砌筑，窟内间有壁画。大多有回鹘文题记。

胜金台　一作森尼木台。清乾隆年间置，即今新疆吐鲁番市东胜金乡。清王定安《湘军记》卷19：光绪三年（1877），清军讨伐阿古柏，“孙金彪与徐占彪已下奇克腾木，进攻辟展，及鲁克沁、连木沁台、胜金台，尽破其城堡”。

胜金关　明弘治六年（1493）筑，属宁夏中卫。即今宁夏中卫市东六十里胜金关。明嘉靖《宁夏新志》卷3宁夏中卫：胜金关“谓其过于金徙、潼关，故云”。

胜备江　在今云南永平县东北百里。《方舆纪要》卷118永平县：胜备江“出罗武山，引流而东南，合九渡、双桥二河，至蒙化府合样备江”。

胜峰山　在今云南曲靖市西里许。《方舆纪要》卷114曲靖军民府：胜峰山“在府城西。嶙峋耸拔，高出群峰。《志》云，山脉来自金马，为群山长。旧名妙高山，明初颍川侯（傅友德）、西平侯（沐英）与元平章达里麻战，胜之，因改今名”。

胜铎谷　在今青海乐都县西北九十里。《宋史·地理志》乐州：德固砦“旧名胜铎谷，崇宁三年筑五百步城，后赐名德固砦”。

胜高山　又名升高山。在今安徽萧县南十二里。《方舆纪要》卷29萧县：胜高山“东接丁公山。山阴有黑坞，约三亩许。夏秋积雨其中，染人衣，即成黑色云”。

胜境关　①俗称界关。在今云南富源县城东十五里滇黔两省交界处胜境关村，为古代由黔入滇的重要关隘。《清一统志·曲靖府》：滇南胜境哨“在平夷县（今富源县）东十五里，接贵州普安州界。有坊题曰‘滇南胜境’，为滇黔分界处”。

②清置，属平彝县。在今云南富源县东南，一说即今贵州盘县西南胜境关。《清一统志·曲靖府》：滇南胜境哨“在平彝县东十五里，接贵州普安州界。有坊题曰：滇南胜境。为滇、黔分界处。设有哨兵。自黔至此，山始平坦”。

胙　西周封国。在今河南延津县东北胙城乡。《左传》：僖公二十四年（前636），富辰谏曰：“凡、蒋、邢、茅、胙、祭，周公之胤也。”杜注：“东郡燕县西南有胙亭。”《水经·济水注》：濮水“又东径胙亭东注，故胙国也”。《续汉书·郡国志》东郡燕县：“有胙城，古胙国也。”

胙州　唐武德二年（619）置，治所在胙城县（今河南延津县东北）。四年（621）废。

胙城县　隋开皇十八年（598）改东燕县置，属滑州。治所在今河南延津县东北三十五里。大业初属东郡。唐属滑州。金属卫州，徙治华里店（今延津县北胙城乡）。贞祐五年（1217）徙治宜村（今延津县胙城西），为卫州倚郭。元属卫辉路，泰定元年（1324）还治今延津县北胙城，属卫辉府。清雍正五年（1727）废入延津县。

腌朘州　亦作腌朘州。唐开元以前置羁縻州，属黎州都督府。治所在今四川峨边彝族自治县城沙坪镇。北宋以后废。

朐　战国齐邑，后入秦。在今山东东平县西南。《史记·货殖列传》：“朐、缯以北，俗则齐。”即此。

朐山　①即今江苏连云港市西南锦屏山。秦于山侧置朐县，北周改名朐山县，皆以此山名。《明一统志》卷13淮安府：朐山“在海州城南四里。上有双峰如削，俗呼马耳峰”。

②一名覆釜山。在今山东临朐县东南二里。《水经·巨洋水注》：巨洋水“径临朐县故城东，……应劭曰：临朐，山名也，故县氏之”。

朐山县　北周建德六年（577）改朐县置，为朐山郡治。治所即今江苏连云港市西南海州区。《元和志》卷11朐山县：“取界内朐山为名。”隋为海州治。大业初为东海郡治。唐初复为海州治。天宝元年（742）为东海郡治，乾元元年（758）复为海州治。南宋景定二年（1261）为西海州治，寻复为海州治。元世祖至元十五年（1278）为海州路治，后改为海宁府治，不久又改为海宁州治。明洪武初省入海州。

朐山城　即今江苏连云港市西南海州区。《梁书·武帝纪》：天监五年（506），“青、冀二州刺史桓和前军克朐山城”。即此。

朐山郡　北周建德六年（577）改琅邪郡置，治所在朐山县（今江苏连云港市西南海州区）。隋开皇初废。

朐县　①秦置，属东海郡。治所在今江苏连云港市海州区西南锦屏山侧。南朝宋废。梁改置招远县，东魏武定七年（549）复名朐县，属琅邪郡。治所即今连云港市西南海州区。北齐为海州治。北周建德六年

(577) 改名朐山县。

②东晋元帝初侨置，属东海郡。永和中寄治于京口（今江苏镇江市）。南齐废。

朐忍　战国秦邑。在今重庆市云阳县东三坝溪。《华阳国志·巴志》：秦昭襄王时，白虎为害，“于是夷朐忍廖仲药、何射虎、秦精等，乃作白竹弩于高楼上，射虎”。秦置县。

朐忍县　秦置，属巴郡。治所在今重庆市云阳县东三坝乡。东汉末属巴东郡。《后汉书·刘焉传》：兴平初，“荆州牧刘表表焉僭拟乘舆器服，(赵) 韪以此遂屯兵朐忍备表”。即此。西晋改为朐䏰县。

朐衍国　春秋西戎国之一。在今宁夏盐池县西北三十二里张家场古城。《史记·匈奴传》：“秦穆公得由余，西戎八国服于秦，……岐、梁山、泾、漆之北有义渠、大荔、乌氏、朐衍之戎。”

朐䏰县　西晋改朐忍县置，属巴东郡。治所在今重庆市云阳县东三坝溪。《寰宇记》卷147云安军：“《十三州志》：朐䏰，地下湿，多朐䏰虫，故以为名。”北周改为云安县。

胖子店　即今四川中江县东南仓山镇。清置巡司于此。民国改设县佐。1932年改仓山镇。

胖色城　亦作榜色城、坊州城。在今吉林梅河口市西南山城镇。清康熙《皇舆全览图·盛京全图》：辉发河上游有“胖色城”。乾隆《盛京吉林黑龙江等处标注战迹图》作邦塞城。

胖镇场　亦名胖子店。即今四川中江县东南仓山镇。民国《中江县志》卷2：胖镇在“治南百八十里”。

脉旺镇　即今湖北汉川市西南五十六里脉旺镇。旧属沔阳县。清有把总驻防。

胎簪山　即今河南桐柏县西北三十里太白顶。《水经·淮水》：“淮水出南阳平氏县胎簪山，东北过桐柏山。”

狭中　在今浙江富阳市西南。《史记·秦始皇本纪》：始皇三十七年（前210），“至钱唐、临浙江，水波恶，乃西百二十里从狭中渡”。《方舆纪要》卷90富阳县“富春江”条：狭中渡“水波恶处，今由钱塘渡西陵是也，狭中渡则在富阳、分水之间”。

狮山　①在今河北平泉县南。《清一统志·承德府》：狮山“在平泉州南六里，山势雄伟。其东峭壁，石色全赭，土人称为紫霞峰”。

②在今山西襄垣县西。《清一统志·潞安府》：狮山“在襄垣县西四十里九龙村东。峰头大石，俨若狮形。一名九龙山”。

③在今浙江宁海县南。《清一统志·台州府》：狮山“在宁海县南九十里。绝顶有巨人迹，世传神仙隐迹。相近有丹邱。孙绰赋：访羽人于丹邱，寻不死之福处，是也”。

④在今广西上思县北。《方舆纪要》卷110上思州：狮山“在州北二里。蹲踞若狮。一名思山，州因以名”。

⑤即狮子山。在今云南武定县西。

狮子山　①即卢龙山。在今江苏南京市北兴中门内。《方舆纪要》卷20江宁府上元县：狮子山在“府西北二十里，亦曰卢龙山，……《志》云：山在城西北隅，周四十二里，西临大江。明初陈友谅趣建康，太祖亲总大军驻狮子山”。

②即岝㟧山。在今江苏苏州市吴中区西南。北宋朱长文《吴郡图经续记》卷中：岝㟧山“在吴县西南一十五里。《图经》云：‘形如师子’，今以此名山也”。

③今江苏徐州市东郊云龙区狮子山村狮子山。1984年12月在山西侧砖瓦厂采土坑内发现汉兵马俑，随即由徐州博物馆发掘。仅一号坑前段即出土陶俑五百余，后段因遭破坏，残存陶俑约五百；二号坑前段放置各式陶俑八百余，后段因遭受破坏，残存四百余件。三号坑尚未发掘。四号坑存俑仅十余件，且多破坏。此兵马俑群应附属于一大型墓葬，墓主人可能是汉楚王之一。1985年建立徐州汉兵马俑博物馆。

④在今浙江武义县西南。《方舆纪要》卷94宣平县：狮子山“在县（治今柳城镇）北四十里。有苦头岭，出武义之便道也”。

⑤在今湖北监利县东南。《清一统志·荆州府》：狮子山“在监利县东南一百十里。上有轩辕井。相传黄帝张乐洞庭。即此”。

⑥在今广东开平市北。《清一统志·肇庆府》“梁金山”条下：“北曰狮子山，以象形得名。东去新会县八十里，左有云虬峰，右为五坑径，前有大神岭，右州冈，其下沃壤，延袤七八十里，南接新宁，止间一水，北出岭西仅数十里，为一方险要之冲。明成化中佥事陶鲁于山径中立营，开堑数百丈，以御西寇。”

⑦在今广东韶关市曲江区（马坝镇）。“马坝人”化石发现于此。

⑧亦名狮山。在今广西靖西县南。《清一统志·镇安府》：狮子山“在归顺州南二里。其形如狮，横卧江心，二水分流其旁，为一州锁水之胜”。

⑨在今四川古蔺县东南独山镇南狮龙村狮子岩。《方舆纪要》卷73永宁安抚司：狮子山“在司东南。天启初，永宁逋贼奢崇明借兵水西，安邦彦遣兵过赤水河到狮子山。山盖在赤水河北也”。

⑩在今贵州贵阳市城西。《方舆纪要》卷121贵阳府：狮子山“在府城西。土山戴石，状如狮子。明初傅友德南征，驻兵于此。又城东亦有狮子山，城南里许亦有之”。

⑪在今贵州石阡县西南河坝场旁。《方舆纪要》卷122石阡府葛彰葛商司：狮子山“在司治（今河坝场）旁。有二山皆高耸”。

⑫在今云南武定县西郊。元代以来称狮子山。《方舆纪要》卷116和曲州：狮子山在“城西五里。高千余仞，顶平旷，有石岩状如狮子。中藏深谷，可容万人。又有泉自山岩喷出，潴为小池。郡郭群山错立，此为最胜”。

狮子石 即今海南省儋州市西北海中大铲礁。《寰宇记》卷169儋州：狮子石“在义伦县西八十里。石在海中，形如狮子”。明正德《琼台志》卷6：狮子石“在州（治今中和镇）西五十里高麻都海中。一石峰状类狮，舟过多祈之。州人祷旱辄应”。

狮子寺 即怀圣寺。又名光塔寺、番塔寺。在今广东广州市光塔路。

狮子场 即今重庆市璧山县南狮子镇。清同治《璧山县志》卷1：狮子场在“县南二十里”。

狮子林 又名五松园。在今江苏苏州市内东北隅。元至正二年（1342）天如禅师为纪念其师中峰禅师而建菩提正宗寺，后改称狮林寺。狮子林即寺后花园。中峰禅师曾结茅天目山狮子岩，园中怪石又多类狮子，故名。明清以来，屡经兴废，清康熙、乾隆二帝屡次来游。2006年定为全国重点文物保护单位。2000年以苏州古典园林被列入联合国世界文化遗产补充项目。

狮子岩 ①在今浙江临安市西北六十二里西天目山半腰。《清一统志·杭州府一》“天目山”条：西天目“其岩有狮子、响水、紫微、芝草”。为元高峰禅师坐化处。

②在今广西全州县西四里。《方舆纪要》卷107全州：狮子岩“即湘山之支峰也。石径窄狭，中高广，可容数百人”。

③在今四川峨眉山市西南峨眉山洗象池附近。本名初喜亭，以游山者历艰险至此，顿觉平适可喜，因名。明王世性《游峨眉山记》：“初欢喜亦称错欢喜也。”

狮子岭 在今广东翁源县西南。《舆地纪胜》卷91：韶州“有狮子岭”。《清一统志·韶州府》：狮子岭“在翁源县（治今翁城镇）东南二十里。山骨嶙岫，形如狮子，为东南要道。旧名猿藤径”。

狮子峰 ①在今安徽铜陵县东五十里，接繁昌县界。《舆地纪胜》卷22池州：狮子峰“在铜陵之贵山，远望有类狮子。远望淮南，皆在极目”。

②在今浙江杭州市西南。《元史·伯颜传》：至元十三年（1276），“伯颜登狮子峰，观临安形势”，即此。民国《西湖新志》卷2：“翊大师经行，忽闻狮吼，故名。”

狮子营 在今广东揭阳市西。《方舆纪要》卷103潮州府揭阳县：狮子营“在县西。亦曰狮头营，防七成径关隘”。

狮子营镇 即今河南获嘉县西狮子营村。清乾隆《获嘉县志》卷2：“狮子营，去城二十里。”

狮子崖 在今北京市房山区西。民国《房山县志》卷3：狮子崖“两峦一脉，南北相通，北高南低，北为大狮作卧形，南为小狮作蹲形，左右相顾，眉目口鼻，宛然通肖”。

狮子堡 在今广东电白县东北。《方舆纪要》卷104电白县“立石关”条内：“狮子堡在县西北七十里。嘉靖五年设，与旧县城并为控御瑶民之要路。”

狮子滩 在今湖南洪江市（黔城镇）西南沅江中。《方舆纪要》卷81黔阳县“黔江”条下：“县（治今黔城镇）南三里有狮子滩，水势深阔，湍流潋滟。”《清一统志·沅州府一》：狮子滩“下有伏石，状如狮子，因名。水流至此沸声如雷”。

狮子滩镇 即今四川富顺县东北狮市镇。清同治《富顺县志》卷3：“县西狮子滩二十里。”

狮岩洞 在今广西扶绥县西北。《方舆纪要》卷110新宁州：狮子岩在“州西北十里。山半有洞，洞口宽数十丈。稍入则邃曲空旷，称为奇胜”。

狮岭墟 ①又名横潭街。即今广东广州市花都区东横潭村。明、清于此设狮岭巡司。

②即今广东广州市花都区西北狮岭镇。清光绪《广东舆地全图》花县图：县西北有狮岭墟。

狮树街镇 即今江苏高淳县西狮树村。民国《江苏六十一县志》：高淳县西有“狮树街镇”。

狮顾山 在今湖南宁乡县东二里。《方舆纪要》卷80宁乡县：狮顾山“蹲踞江滨，玉潭水绕其下”。

狮峰寺 在今福建福安市东南八十里狮头山麓。曾名广化禅寺，始建于唐景福元年（892），明永乐年间（1403—1424）移建山麓，清嘉庆年间（1796—1820）重修。有天王殿、大雄宝殿、藏经楼、观音阁等。其中大雄宝殿为仿唐建筑，有二十四根石柱，斗拱架叠。1933年，闽东红带会总部设于此，1984年建纪念碑。寺之耳房辟作闽东革命文物馆。2006年定为全国重点文物保护单位。

狮球岭 在今台湾省基隆市南，扼基隆通台北咽喉。1884年中法之役，刘铭传曾拒法军于此。1895年抗日，台湾军民又曾据此奋战。距炮台遗址约200米的平安宫（土地庙）前，有1895年日军攻占狮球岭后屠杀积尸处。

狮溪口 即今贵州桐梓县东北狮溪镇。清道光《遵义府志》卷6桐梓县：狮溪口在“城东北四百里”。

狮滩桥镇 即今重庆市合川区市东北狮滩镇。清光绪《合州志》卷4：狮滩桥“距城六十里”。

独山 ①在今辽宁大连市金州区金州镇东北一百五十里。《方舆纪要》卷37金州卫“大黑山”条下：“卫东北百五十里，有独山，以挺然独秀而名。”《新唐书·程务挺传》：太宗征高丽，程名振“攻沙卑城，破独山阵，皆以少击众，号为名将”。即此。

②在今江苏无锡市西南十八里。独峙五里湖、太湖相通之口。《方舆纪要》卷25常州府无锡县：独山，“锡山之脉南来，是中断，梁溪经其间入太湖，曰独山门，一名晋陵门。《志》云，独山之北，与管社山相望，谓之浦岭门；南与充山对峙，谓之独山门，梁溪经五里湖而西，由二门入太湖，为扼束之地，旧有官军戍守”。

③在今安徽凤阳县东数里。《方舆纪要》卷21凤阳县“万岁山”条下：“又有独山，观星台在

其上。”

④在今安徽六安市西南独山镇东。《方舆纪要》卷26六安州“武陟山”条下：“又州西七十里有独山，其地平旷，一峰独峙。相传唐末淮南将唐景仁攻庐、寿，曾战于此。”

⑤在今浙江遂昌县西南。《方舆纪要》卷94遂昌县：独山“在县西（北）八十里。溪流环绕其下。一名天马山，又名赤壁山”。

⑥在今浙江平湖市东北。《清一统志·嘉兴府》：独山“在平湖县东北三十里。上有烽堠。旧置盐场于此。下有独山塘”。

⑦一名独角山。在今江西鄱阳县西北。《寰宇记》卷107饶州鄱阳县：独角山“一名独山，在县西北一百五十里，高二十丈。昔有独角兽居此，故名”。《方舆纪要》卷85作“独山”。

⑧即今山东巨野县东南三十里独山。《方舆纪要》卷33巨野县：独山“在县北（据《清一统志》应为东南）三十里。四野平旷，屹然中起，因名”。

⑨在今河南罗山县南五十里。《方舆纪要》卷50罗山县：独山“以突兀挺峙而名”。

⑩在今河南固始县南七十里。《方舆纪要》卷50固始县：独山“山高五里。岸然独立”。

⑪在今广西昭平县东北一百二十里。《方舆纪要》卷107昭平县：独山“亦曰独山岩。巍然特立，周围峭壁不可跻。其南一穴，深三十步，广二十六步，高千寻，可通山巅。寇起，居民缘梯而上，寇不敢犯”。

⑫在今贵州独山县南二十里。《方舆纪要》卷121独山州：独山“山尖圆高峻，无他山联属，因名”。州以此名。

独山子 即今新疆克拉玛依市南独山子区。是中国石油开采最早的地区之一。石油开采始于清光绪二十三年（1897），1926年开始引进苏联技术设备正式建厂，是新疆石油的发祥地。1954年独山子为新疆省直辖的地方区域，1956年改为自治区直辖镇。1958年由和布克赛尔蒙古自治县、托里、乌苏等县的部分地区设立克拉玛依市（县级），将独山子地区划归克拉玛依市辖区。1982年升为地级市。

独山州 明弘治七年（1494）改九名九姓独山州置，属都匀府。治所即今贵州独山县。州南二十里有独山，据清嘉庆《贵州通志》卷2《都匀府图说》称：“群嶂相联，一峰独峙，州因以名。”1913年改为独山县。

独山州长官司 元置，属新添葛蛮安抚司。治所即今贵州独山县。明洪武十六年（1383）改置九名九姓独山州长官司。

独山江 在今贵州独山县南。《清史稿·地理志》独山州：“独山江，即都江上源。”

独山守捉 唐置，即今新疆木垒哈萨克自治县。《新唐书·地理志》伊州纳职县：“赤谷，又出谷口，经长泉、龙泉，百八十里有独山守捉。”

独山军 唐置。在今青海同德县附近。开元初地入吐蕃。《新唐书·吐蕃传》：开元中，“宰相建言，吐蕃本以河为境，以公主故，乃桥河筑城，置独山、九曲二军，距积石二百里。今既负约，请毁桥”。即此。

独山县 1913年改独山州置，属贵州黔中道。治所即今贵州独山县。1920年直属贵州省。

独山城 ①即今安徽六安市西南独山镇。清咸丰七年（1857）捻军龚得树部击败清军于此。

②在今新疆奇台县，或谓即今奇台县东南古城。《元史·哈喇亦哈赤北鲁》：“从帝（太祖）西征。至别失八里东独山，见城空无人，帝问：‘此何城也?’对曰：‘独山城，往岁大饥，民皆流移之它所。然此地当北来要冲，宜耕种以为备。臣昔在唆里迷国时，有户六十，愿移居此。’帝曰：‘善。’……乃赐月朵失野讷都督印章，兼独山城达鲁花赤。”

独山湖 ①即团亭湖。今安徽桐城市东南白兔湖、菜子湖一带。《清一统志·安庆府一》：团亭湖“亦名独山湖，在桐城县南六十里”。

②在今山东微山县北部。取湖中独山为名。《清一统志·济宁州》：独山“在鱼台县东北黄山前，巍然独秀，故名”。

独山镇 ①即今安徽六安市西南独山镇。明万历《六安州志》卷2《集》：独山湾在“西南六十里”。

②即今湖北黄梅县东独山镇。《清一统志·黄州府二》：独山镇“在黄梅县东二十里”。

独木河 在今黑龙江省虎林市东北，为乌苏里江支流。《清史稿·地理志》虎林厅：乌苏哩江“又北纳七虎林河，合阿布沁、小大木克、独木、外七里星河，入饶河”。

独木镇 北宋置，属黄梅县。即今湖北黄梅县东二十里独山镇。《舆地纪胜》卷47蕲州：“独木渡在独木镇。”

独车汛 在今广西龙胜各族自治县北独车。清有千总驻防。

独水张庄 即今河北南宫市西北二十五里独水张家庄。清同治《畿辅通志》卷54南宫县图：西北有独水张。

独石口 在今河北赤城县北，为外长城要隘。口南有独石口城。《清一统志·宣化府》：独石口“在赤城县东北一百里，府东北三百十里。其南十里为独石城”。

独石口厅 清雍正十二年（1734）置，属直隶省。治所在今河北赤城县北独石口。1913年改为独石县。

独石水 今河北白河之上源。源出今赤城县北独石口外，故名。《水经·沽水注》：大谷水“发（御夷）镇北大谷溪，西南流径独石北界”。即此。

独石县 1913年改独石口厅置，属直隶兴和道。治所在今河北赤城县北独石口。1915年改名沽源县。

独石城 在今河北赤城县北独石口。明宣德中为开平卫治。清雍正十二年（1734）置独石口厅于此。民国初为独石县治。

独龙汪洞 即今云南贡山独龙族怒族自治县西之独龙江。夏瑚《怒俅边隘详情》："查俅江系从藏属擦瓦龙地流入，自色赖汪以上为上江。以下为下江，拉打阁以下为江尾，俅言呼为独龙汪洞。"

独乐山 一名乐山。在今湖北襄阳市襄城区西。《舆地纪胜》卷82襄阳府：独乐山，"盛弘之《荆州记》云：邓城西七里有独乐山，诸葛亮常登此山作《梁父吟》"。

独乐寺 又称大佛寺。唐建。在今天津市蓟县城内。辽统和二年（984）重建。《清一统志·顺天府》：独乐寺"在蓟州城西门内，有唐李白书观音之阁匾"。观音阁上下两层，通高23米。是我国现存最早的木结构高层楼阁建筑。十一面观音，高16米，为我国最大的泥塑之像。1961年定为全国重点文物保护单位。

独乐县 ①西汉置，属上郡。治所在今陕西米脂县西北马湖峪。东汉废。

②北魏置，属赵兴郡。治所在今甘肃宁县东南。北周废。

独乐园 在今河南洛阳市南。北宋司马光宅园。娇小玲珑，别具一趣。宋李格非《洛阳名园记》："司马温公在洛阳自号迂叟，谓其园曰独乐园。园卑小不可与它园班。"

独乐河 ①在今北京市平谷区东北二十里，西南流然后转东南流为洵河。《水经·鲍丘水注》：独乐水"本出抱犊固，南径平谷县故城东，……南流入于洵"。

②即独洛河。今蒙古国土拉河。

独立登滩 即今南海中中国南沙群岛之永登暗沙。1935年公布名称为独立登滩。1947年改名永登暗沙。

独头山 即雷首山。在今山西永济市西南蒲州镇南。《水经·河水注》引阚骃《十三州志》：雷首山"一名独头山，夷齐所隐也"。

独妇山 即蜀阜山。在今浙江绍兴市西北三十五里。《越绝书》卷8："独妇山者，句践将伐吴，徙寡妇致独山上，以为死士示，得专一也。"

独秀山 ①即独秀峰。在今江西南康市东南。《舆地纪胜》卷36南安军：独秀峰"在南康县东。旧名鸡笼，东坡南迁，更名独秀"。《清一统志·南安府》：独秀山"在南康县东南二十五里。旧名鸡笼山，宋苏轼爱其峰峦耸锐，改名。下有龙湫"。

②在今海南省陵水黎族自治县西南。《方舆纪要》卷105陵水县：独秀山在"县西南一里。一峰突起，亦名文笔山"。

③在今广西永福县东南三十里。《方舆纪要》卷107永福县：独秀山"旁无陵阜，亭亭独峙，高百余丈"。

④在今广西武鸣县北。《方舆纪要》卷111思恩府武缘县：独秀山"在县南五十里。平地突起一峰，高数十丈，其相近有高峰岭"。

⑤又名紫金山。即今广西桂林市城区中心独秀峰。唐莫休符《桂林风土记》："独秀山在郭中，居子城正北百余步，高耸直立，周回一里余，迥出郭中，下有岩洞。"刘宋时太守颜延之常于石室中读书赋诗，后人因名读书岩。有"南天一柱"等石刻。

⑥在今广西马山县西南。《方舆纪要》卷111思恩府：独秀山"在旧城东半里。一峰峭立，亦名印笏山"。

⑦在今广西融水苗族自治县西一里。《舆地纪胜》卷114融州：独秀峰"在旧黔南府城北门外。拔地凌空，壁立万仞"。《方舆纪要》卷109融县：独秀山"挺然秀发，上干云霄"。

⑧又名资山。在今四川资阳市西南三里。《寰宇记》卷76资阳县：独秀山"迥然独秀"。《清一统志·资州》：独秀山"在资阳县西南三里。今亦名资山"。

独住营 在今广东封开县东北。《方舆纪要》卷101开建县：独住营在"县（今南丰镇）北三十里。嘉靖十四年设，防贺县深埇、塞山、企墈、磨刀、田源诸山贼"。

独坐山 在今四川射洪县西北二十里。《寰宇记》卷82射洪县：独坐山"在县东南二十五里。周回一里，高一百丈，卓然孤峻，南枕涪、梓二水"。《舆地纪胜》卷154潼川府：独坐山"在射洪县东三十里。江（山）中有陈拾遗墓"。陈子昂墓犹在山下。

独松 即今四川金川县西南五十里独松乡。《清一统志·懋功屯务厅》：独松汛"在绥靖屯西。有大松树生大金川河中，左右距岸各里许，大约十围，枯而不朽"。《清史稿·马彪传》：乾隆年间征大小金川，"师克乃当，至独松，彪与贼战中巴布里、下巴布里及玛雅冈角木，贼皆弃寨遁"。

独松关 在今浙江安吉县（递铺镇）南十六里，接杭州市余杭区界。历史上为江、浙间要隘。南宋李心传《建炎以来系年要录》卷30：建炎三年（1129）十二月癸未，"是日，完颜宗弼自安吉进兵过独松岭，叹曰：'南朝可谓无人，若以羸兵数百守此，吾岂能遽度哉！'"《元史·伯颜传》："参政阿剌罕等为右军，以步骑自建康出四安，趋独松岭。"皆此。明置巡司于此。

独松关和古驿道 在今浙江安吉县（递铺镇）西南十六里，余杭、安吉交界独松岭北。宋代设独松关，分内外两重，原有箭楼和兵营六间，清咸丰年间（1851—1861）毁于战火。现关洞尚存，关南有独松亭。有明、清古驿道经此。2006年定为全国重点文物保护单位。

独松岭 在今浙江杭州市余杭区西北一百余里，与安吉县接界。《旧唐书·王雄诞传》："（李）子通以精兵守独松岭。”《元史·伯颜传》：“参政阿剌罕等为右军，以步骑自建康出四安，趋独松岭。”均此。后置关岭上。

独固门 ①又名龙门峡。在今河北遵化市南十里。《水经·沽河注》：沽水“又南出峡，夹岸有二城，世谓之独固门，以其藉险凭固，易为依据。岩壁升耸，疏通若门，故得是名也”。又《方舆纪要》卷11遵化县：龙门峡“其山上合下开，开处高六丈许，水自悬崖倾泻而下，触石成井，奔溢之声，轰烈若雷。一名独固门，以凭藉险固，绝壁云耸，疏通若门，故名也”。

②即龙门山。在今河北赤城县北云州乡东北五里。《水经·沽水注》：“沽水又南出峡，夹岸有二城，世谓之独固门。”

独径岩 在今贵州万山特区东北。《方舆纪要》卷122思州府施溪长官司：独径岩在“司东北十里。路狭岩险，设隘御苗”。

独店 即今甘肃灵台县北十五里独店镇。清宣统《甘肃新通志》卷3泾州灵台县图：东北有独店镇。

独居寺 北齐天保十年（559）建。在今河南开封市内。北宋开宝三年（970）改名开宝寺。后建灵感塔于寺中，为当时著名的琉璃塔建筑。北宋末，塔、寺皆毁于金兵。

独孤山 在今山东梁山县南。《明一统志》卷23兖州府：独孤山“在郓城县东北五十里。孤峰独立。宋吕本中诗：凄凉单马经行处，况是此山名独孤”。

独孤水 即今四川威远县之新场河、威远河。《寰宇记》卷85威远县：独孤水“自陵州始建县界流入，又南流过公井县界，出泸州富义县界”。

独树头 即今山东临沂市东北独树头。清光绪《山东通志》卷2《舆图志》：兰山县（今临沂市）东北有独树头。

独树堡 在今上海市金山区金山卫西南。《方舆纪要》卷24松江府华亭县：独树堡“明初置营于此，兼设堡戍守”。

独树镇 即龙泉店。今河南方城县东北三十四里独树镇。清尹耕云《豫军纪略》卷1：同治元年（1862）六月，太平军“盘踞旧县、独树、吴城等镇”。

独战山 在今陕西延长县东北六十里。《寰宇记》卷36延州延长县：独战山“言山高险峻，一人独战可以当千”。

独洛河 亦作独逻河、独乐河。今蒙古国土拉河。突厥文碑作Toghla。《隋书·铁勒传》：“独洛河北有仆骨、同罗、韦纥、拔也古、覆罗并号俟斤。”《新唐书·地理志下》：回鹘“乌德鞬山左右嗢昆河、独逻河皆屈曲东北流，至衙帐东北五百里合流”。

独洲山 一名独猪山。即今海南省万宁市东南大洲岛。《舆地纪胜》卷126万安军：独洲山“在城东南五十里。林木茂密，山峰插天”。《清一统志·琼州府一》引《旧志》：“山在海中，风顺半日可到，周六十里。又名榜山。海舟多泊湾于此。南番诸国进贡，每视此山为准的。”

独勇寨山 在今重庆市彭水苗族土家族自治县东三十里。《方舆纪要》卷69彭水县：独勇寨山“山险峻，昔人避乱居此，蛮僚不敢攻”。

独莫水 在今乌兹别克斯坦萨赫里萨布兹及卡尔希一带。《隋书·西域传》：“史国，都独莫水南十里。旧康居之地也。”

独峭山 在今贵州岑巩县东北一里。《方舆纪要》卷122思州府：独峭山“孑然孤峭，卓异群峰”。

独耸山 亦称独耸峰。齐云山主要山峰之一。在今安徽休宁县西。《舆地纪胜》卷20徽州：独耸山“在休宁县西五十里。有洞邃深。唐乾元间，尝投龙”。宋宣和间，方腊起义，曾在此峰据险扎寨，称方腊寨。今遗址犹存。

独流口 即今天津市静海县北独流镇。《资治通鉴》：五代周显德六年（959），世宗北伐契丹，亲率水军自乾宁军沿流而北，“至独流口，溯流而西”，即此。

独流东寨 北宋乾宁军六寨之一。在今天津市静海县北运河东岸。

独流北寨 北宋置，属乾宁军。在今天津市静海县北十八里，南运河西岸独流镇。

独流镇 又名独流口。即今天津市静海县北独流镇。北宋于此设寨。《元丰九域志》卷2：乾宁军有“独流北”寨。清于此设独流镇巡司。清末太平军将领林凤祥、李开芳北伐，与清军激战于此。

独家村 在今湖北武汉市黄陂区北三里。为黄陂县旧治。《旧唐书·地理志》黄陂县：“后周于古黄城西四十里独家村置黄陂县。”

独猪山 即独洲山。今海南省万宁市东南海中大洲岛。《舆地纪胜》卷126万安军：独洲山“在（万宁）城东南五十里。林木茂密，山脉插天”。

独鹿山 在今北京市房山区西南。《汉书·武帝纪》：元封四年（前107），“北出萧关，历独鹿、鸣泽，自代而还”，即此。

独登山 在今甘肃玉门市赤金镇北。《元和志》卷40玉门县：独登山“在县北十里。其山出盐，鲜白甘美，有异常盐，取充贡献”。

独鹤山 在今广东恩平市东北五十三里。《方舆纪要》卷101肇庆府恩平县“天露山”条：独鹤山“在县北百里。一峰耸拔，绵延三十里，亦名独鹤尖。山脉东连曹幕诸山，西北连老香诸山，亦与新兴县分界”。《清一统志·肇庆府一》：独鹤山“相传有一鹤栖鸣峰顶，故名”。

独鹤驿 在今广东开平市西北。《清一统志·肇庆府》：独鹤驿“在开平县（今苍城镇）西四十里，西北去新兴七十里。明洪武初置，今裁”。

独鹤站 元置，在今广东开平市西北。

独鳌洋　在今香港九龙新界东南海上。清嘉庆《新安县志》卷4："独鳌洋在城南二百里，左为佛堂门，右为急水门。"

匑谷　又作葱谷、匆谷。在今甘肃民乐县境。《资治通鉴》：东晋隆安元年（397），"凉王（吕）光遣太原公（吕）纂将兵击沮渠蒙逊于匑谷，破之，蒙逊逃入山中"。胡三省注："匑谷当在删丹县界。"

急水门　①在今广东潮安县东南。《清一统志·潮州府》：急水门"在海阳县南二十里。东通韩江。两山夹峙，中砥大石，水势迅驶奔涌，故名"。

②在今海南省文昌市北。《清一统志·琼州府一》"铺前港"条下："石栏港，一名木栏港。在县北一百四十里。乱石障海，中有三门，甚险峻。"俗呼鬼门关。

急水门海　在今香港西昂船洲附近海面。《方舆纪要》卷101广州府新安县：佛堂门海，"《志》云：胖峒水经官富山西南入海，分为二门，佛堂门海在其左，急水门海在其右。凡潮自东南大洋西流，经官富山而入急水门"。

急水门溪　在今广东潮安县北。《方舆纪要》卷103潮州府海阳县：急水门溪在"府南二十里，韩江之水分流出此，合双溪以入海，两山夹峙，中横大石，水势迅驶奔涌，因名"。

急水河　在今辽宁绥中县西南。《明一统志》卷25辽东都司：急流河"源出万松山，南流经广宁前屯卫五十里入海"。《清一统志·锦州府二》：急流河"在宁远州西南。……《通志》：在州西南一百八十里。源出五指山，东南流入海，俗名老军屯河"。

急水河堡　明置，属广宁前屯卫。即今辽宁绥中县西南五十里前所镇。《方舆纪要》卷37广宁前屯卫：急水河堡在"卫西五十里。宣德三年增置中前千户所于此。堡南有芝麻湾，滨海要地"。

急水湾　在今印度尼西亚苏门答腊岛北部东岸金刚石角西之洛克肖马韦。元汪大渊《岛夷志略》有专条记述。

急水溪　在今台湾省台南市北。源出市东北白河镇东，西南流至市西北学甲区北入台湾海峡。清康熙间蒋毓英《台湾府志》卷3："急水溪从大武笼山北，西过大排竹之南，又过下茄苳，经倒咯嘓之北，西迤而与嘓溪会同入于海。"

急水镇　亦作吉水镇。明置，属望江县。即今安徽望江县南三里吉水。明置巡司于此。

急公铺集　亦名马丘铺、马铺集。即今河南鹿邑县北三十六里马铺镇。清光绪《鹿邑县志》卷2《市集》："急公铺集，去城三十六里。即马邱铺。"

急兰丹　即吉兰丹。在今马来西亚马来半岛东北部吉兰丹一带。《明史·外国列传》："急兰丹，永乐九年，王麻哈剌查苦马儿遣使朝贡。十年命郑和赍敕奖其王，赉以锦绮、纱罗、綵帛。"

急兰亦艄　即吉兰丹。在今马来西亚马来半岛东北部吉兰丹一带。《元史·马八儿等国》：至元二十三年（1286），马八儿、急兰亦艄等国"皆遣使贡方物"。

急多飏遮城　在今乌兹别克斯坦阿姆河下游一带。《新唐书·西域传》：火寻国"其君治急多飏遮城"。

急流河　在今河北昌黎县西门外。《方舆纪要》卷17昌黎县：急流河"一名西沙河。源出龙潭山，下流合饮马河入海"。

訇延都督府　唐显庆二年（657）于西突厥木昆部置，属北庭都护府。治所在今新疆和布克赛尔蒙古自治县境。约8世纪前后废。

逄山　即"逢山"。在今山东临朐县西二十五里。《方舆纪要》卷35临朐县：逄山"其山峭绝，惟一径可通。有泉出岩窦，甘洁异常。相传殷诸侯逄伯陵国也。今山麓有逄伯陵祠"。《清一统志·青州府一》亦作"逢山"。

逄王庄　一作逄旺街。即今山东安丘市东北三十八里逄王。明万历《安丘县志》卷5镇店：县东北"逄王，有市"。

饶　战国赵邑。在今河北饶阳县东北。《史记·赵世家》：悼襄王六年（前239），"封长安君以饶"。西汉置饶阳县。

饶风关　在今陕西石泉县西北饶风岭上。《宋史·吴玠传》：南宋绍兴三年（1133），金人"长驱趋洋、汉，兴元守臣刘子羽急命田晟守饶风关"。即此。

饶风岭　在今陕西石泉县西北。《宋史·吴玠传》：南宋绍兴三年（1133），金萨里罕自商於取金州，"长驱趋洋、汉，兴元守臣刘子羽急命田晟守饶风关，以驿书招玠入援。玠自河池日夜驰三百里……遂大战饶风岭"。

饶平县　明成化十四年（1478）析海阳县置，属潮州府。治所在下饶（今广东饶平县西北三饶镇）。据明郭子章《郡县释名》广东卷："国朝（明）成化十四年，都御史吴琛、朱英以饶界于江漳，地远民顽，请析海阳八县地置县于三饶。三饶者，上饶、中饶、下饶。今县治在下饶也，曰三饶太平矣。"饶平取"三饶太平"之意。民国初属广东潮循道。1920年直属广东省。1952年移今饶平县治黄冈镇。

饶乐水　即今内蒙古西辽河上游西拉木伦河。《后汉书·乌桓鲜卑列传》："（鲜卑）以季春月大会于饶乐水上。"唐以后称潢水、潢河。

饶乐都督府　唐贞观二十二年（648）以奚部置，属营州都督府。治所在今内蒙古宁城县西老哈河北。辖境相当今内蒙古老哈河上游及滦河中上游地区。万岁通天间契丹叛后，废。开元三年（715）复置，唐末其地为契丹兼并。

饶庆镇　金置，属开义县。在今辽宁义县西南四十五里。元废。

饶州　①隋开皇九年（589）以鄱阳郡改名。治所在鄱阳县（今江西鄱阳县）。大业初改为鄱阳郡。唐武德四年（621）复为饶州。天宝元年（742）又改为鄱阳郡。乾元元年（758）复为饶州。唐辖境相当今江西鄱江、信江两流域（婺源、玉山除外）。元至元十四年（1277）升为饶州路。《舆地纪胜》卷23饶州《风俗形胜》下引徐湛《鄱阳记》："饶州北有尧山，尝以尧为号，又以地饶衍遂加食为饶。"

②辽太祖时置，属上京道。治所在长乐县（今内蒙古林西县南一百二十里双井店乡黄土坑村古城）。辖境相当今内蒙古林西县南部、克什克腾旗东部、翁牛特旗西北部地。金废。

饶州千户所 明置，在今江西鄱阳县城西南隅。《方舆纪要》卷85饶州府：饶州守御千户所"在府城西南隅。明洪武初建"。

饶州府 明初以鄱阳府改置，属江西省。治所在鄱阳县（今江西鄱阳县）。其辖境相当今江西景德镇市、鄱阳、余干、余江、万年、德兴、乐平等县地。1912年废。

饶州路 元世祖至元十四年（1277）升饶州置，属江浙行省。治所在鄱阳县（今江西鄱阳县）。其辖境相当今江西景德镇市及鄱阳、余干、万年、德兴、乐平等县地。至正二十一年（1361）朱元璋改为鄱阳府，寻改饶州府。

饶安 战国齐邑，后入赵。即今河北盐山县西南千童镇。《史记·赵世家》：悼襄王四年（前241），"庞煖将赵、楚、魏、燕之锐师攻秦蕞不拔，移攻齐，取饶安"。即此。西汉置千童县。

饶安县 东汉灵帝改千童县置，属勃海郡。治所在今河北盐山县西南千童镇。《元和志》卷18饶安县："以其地丰饶，可以安人"，因名。北魏属沧州。隋属渤海郡。唐属沧州，贞观十二年（638）移治浮水城（今孟村回族自治县南新县镇）。北宋熙宁初因避水患又移治张为村（今盐山县西南西璋壁）。四年（1071）废入清池县。

饶阳 战国赵邑。在今河北饶阳县东南。《史记·赵世家》：悼襄王六年（前239），"封长安君以饶"。《正义》："即饶阳也。瀛州饶阳县东二十里饶阳故城。"西汉置饶阳县。

饶阳水堡 在今陕西定边县南一百三十里。清康熙《延绥镇志》卷1：饶阳水堡"宋夏州地，饶阳水头古萧关。明成化十三年，余子俊置，隶庆阳卫。十五年巡抚丁川改属本镇，城设在腹里，周围凡二里三十步。楼铺八座。万历二年重修，今裁，并入定边营"。

饶阳县 ①西汉置，属涿郡。治所在今河北饶阳县东南二十里。《汉书·地理志》注："应劭曰：在饶河之阳，故名。"东汉属安平国。三国魏属博陵郡。西晋属博陵国。北魏属博陵郡。北齐天保五年（554）移治今饶阳县。隋属河间郡。唐属深州。元属晋州。清属深州。民国初属直隶保定道。1928年直属河北省。

②南朝宋侨置，属高阳郡。治所在今山东淄博市东临淄区地。北齐废。

饶阳河 即今辽宁黑山县东北饶阳河镇。民国徐曦《东三省纪略》卷9京奉铁路车站道里表："绕阳河，黑山县小于家窝铺地方。"

饶阳驿 北宋皇祐中置，在今江西上饶市城西南隅。元至元间迁今上饶市西，改名葛阳驿。

饶阳郡 唐天宝初改深州置，治所在陆泽县（今河北深州市）。辖境相当今河北深州、饶阳、辛集、安平等市县地。乾元初复为深州。

饶阳镇 ①北宋置，在今河北故城县西南饶阳店。《元丰九域志》卷2河北东路恩州武城县有饶阳镇。

②北宋置，属武城县。即今山东武城县西北饶阳店。

饶良县 隋开皇七年（587）改阳平县置，为显州治。治所即今河南泌阳县。大业三年（607）改为比阳县。

饶良镇 清置，属泌阳县。即今河南社旗县东南四十六里饶良镇。

饶河 ①在今河北饶阳县西南。《汉书·地理志》饶阳县："在饶河之阳。"《清一统志·深州一》：古饶河，"《旧志》：在县西南三十里。本滹沱支河，昔时北注入易水，今堙"。

②即今黑龙江省饶河县北之挠力河。《清史稿·地理志》饶河县："西南：饶河自密山缘临江县界，合大索伦、蛤蚂通、宝清、獾子、里七里星、大佳气河，入径城北，又东，右合小佳气、蛤蚂河，径饶力葛山来会。"

饶河县 清宣统元年（1909）置，属密山府。治所在今黑龙江省饶河县西北小佳河镇。以饶力河得名。1914年改属吉林省依兰道。1917年移治挠力河（今黑龙江省饶河县北东安镇）。1925年移治团山子（今黑龙江省饶河县）。1928年直属吉林省。1945年划归合江省。1954年划归黑龙江省。

饶侯国 西汉置，属北海郡。治所疑在今山东寿光市东北斟灌城。东汉省。

饶勉县 唐贞观十二年（638）置，属环州。治所在今广西环江毛南族自治县西北。后废。

饶桥 ①在今江西贵溪市南西溪上，桥东旧有市。《清一统志·广信府二》"江浒山镇"条下："（贵溪）县南又有白田、三马桥、饶桥等处，俱为水陆要冲，今皆有兵戍守。"

②即今江西资溪县东北饶桥镇。清同治《江西全省舆图》卷3：泸溪县东北四十里饶桥。

蚀中 即子午道。秦岭中川谷名。在今陕西西安市长安区南子午谷中。《汉书·高帝纪》：高帝元年（前206）夏四月，"从杜南入蚀中"。颜师古注引如淳曰："蚀，入汉中道川谷名。"

胤山县　唐天宝元年（742）改义清县置，属益昌郡。治所在今四川广元市东南一百三十里。《元和志》卷22胤山县："以县北三十里有可胤山为名。县城置玄白崖山上，武德四年筑，义清县理焉。唯三面有城，皆临绝险，南面因险，不更筑城。"乾元初属利州。北宋乾德三年（965）改为平蜀县。

〔丶一〕

峦冈山　在今云南富源县东八里。《方舆纪要》卷114平夷卫：峦冈山"在卫东八里。山高耸，雄视万山"。

峦州　唐永贞元年（805）改淳州置，治所在永定县（今广西横县西北峦城镇北郁江东岸）。《寰宇记》卷166峦州·"以郡内最多山峦为称。"辖境相当今广西横县、邕宁、宾阳三县间地。北宋开宝五年（972）废。

峦城　①即赤城。在今陕西华县西。《水经·渭水注》："渭水又东径峦都城北，故蕃邑，殷契之所居。《世本》曰：契居蕃。阚骃曰：蕃在郑西。然则今峦城是矣，俗名之赤城。"

②今湖北宜城市南璞河镇一带。《水经·沔水注》："沶水又东历宜城西山，谓之沶溪，东流合于夷水，谓之沶口也。与夷水乱流东出，谓之淇水，径蛮城南，城在宜城南三十里。"即此。

弯头镇　即湾头堰。北宋置，属江都县。即今江苏扬州市东北湾头镇。《元丰九域志》卷5：扬州江都县有弯头镇。南宋绍兴四年（1134），毁湾头港口牐，以遏金兵。《宋史·李全传》：南宋绍定三年（1230），李全"至湾头立砦，据运河之冲。使胡义先将先锋驻平山堂"。

哀戎郡　南朝梁普通六年（525）置，属巴州。治所在其章县（今四川巴中市东北三十里奇章村）。《寰宇记》卷139其章县："哀戎郡以界内哀戎水为名。"隋开皇三年（583）废。

哀江　在今湖南湘阴县南。《方舆纪要》卷80湘阴县"湘江"条下："《志》云，县南三十五里有哀江，亦名哀江浒，旁有大哀，小哀二洲，以舜二妃哀思于此而名也。其水自湘江分流，过敖头，经板滩，至女洲，历县前会三十六湾水。……其水皆仍合于湘江。"

哀牢　古国名。在今云南西部。《后汉书·西南夷传》：哀牢"九隆死，世世相继，乃分置小王，往往邑居，散在溪谷，绝域荒外，山川阻深"。战国、秦、汉时期，哀牢的范围，约东起礼社江边的哀牢山，西至印、缅交界的巴特开山，北抵今西藏与缅甸交界处，南达今云南西双版纳。东西三千里，南北四千六百里，分七十七王。土地肥沃，物产丰富，人口众多，族系繁杂。东汉永平十二年（69）内属，置永昌郡。

哀牢山　①在今云南保山市东，保山坝子东缘。《元混一方舆胜览》永昌府：哀牢山"孤峰状如坐人，有二穴，水出其中，土人以水之盈涸卜岁丰俭"。《明一统志》卷87金齿军民指挥使司：哀牢山"在司城东二十里。本名安乐，夷语讹为哀牢。绝顶有一石如人坐，怀中有二穴名天井，土人于春首，视水之盈涸，以卜岁之丰凶，至者见水溢以为吉兆。穴下相通，取左穴水则右穴水涸，取右亦然"。

②在今云南新平傣族彝族自治县与镇沅彝族哈尼族拉祜族自治县间。清代称原蒙乐山的南段为哀牢山。《清史稿·地理志》新平县："西，哀牢山，高百数十里，广八百里，滇南最高山也。"

哀牢县　东汉永平十二年（69）哀牢内属，以其地置，属永昌郡。治所在今云南盈江县东。《续汉书·郡国志》："哀牢，永平中置，故牢王国。"南齐改西城县。

亭下市　在今浙江奉化市西部亭下水库中。清光绪《奉化县志》卷3《镇市》：《乾隆志》有亭下市。

亭口镇　在今山东平度市西南七十里亭口，近高密市界。明置巡司于此。

亭山　①在今河北涞水县北二里。《方舆纪要》卷12涞水县：亭山"以山形亭亭特峙而名"。

②在今浙江绍兴市南。《方舆纪要》卷92绍兴府：亭山在"府南十里"。

③在今山东章丘市西南鸡山东。隋改卫国县曰亭山县以此。

亭山县　隋开皇六年（586）改卫国县置，属齐州。治所在今山东章丘市西南（绣惠镇西南四十里鸡山东）。《元和志》卷10亭山县："县东南有亭山，因以为名。"大业初属齐郡。唐元和十五年（820）并入章丘县。

亭川　即今湖北东北部长江支流举水。《陈书·周炅传》：太建五年（573），定州刺史田龙升以江北六州七镇叛入于齐，"龙升使弋阳太守田龙琰率众二万阵于亭川"。即此。

亭子山　在今湖北远安县西北十五里。山下为旧县镇，北周至明为远安县治。

亭子关　①明置，属彭水县。在今重庆市彭水苗族土家族自治县西北西泡乡（虎家垭）。《明史·地理志》彭水县："东北有亭子关。"清光绪《彭水县志》卷1：亭子关"在县东北一百五十里，与黔江接壤，形势仿佛二峰。按此即黔江之亭子关也"。

②在今湖南凤凰县西南七十里。山势峻嶒，接贵州铜仁界。清严如熤《苗疆险要考》谓亭子关"明时边墙从此筑起，亦苗疆要地"。按，边墙迤北至喜鹊营止。

亭子坝　即今贵州仁怀市驻地中枢镇。清雍正九年（1731）仁怀县徙治于此。

亭子铺　明置，属达州。在今四川达县东南亭子镇。明正德《夔州府志》卷2：亭子铺在"（达）县东四十五里”。白莲教首领徐添德是亭子铺人，清嘉庆初在此举行反清起义。

亭水　在今江苏句容市东。《方舆纪要》卷20江宁府句容县：“亭水旧在城东。《志》云，源出县北三十里之亭山，绕县城东，又南与赤山湖合，流经百堽堰，下流入于秦淮。”

亭劝县　唐贞观七年（633）置，后属羁縻笮州。治所在今四川红原、马尔康县境。后废。

亭台（臺）山　①在今四川筠连县南。《方舆纪要》卷70筠连县：亭台山在“县南二十五里。山形壁立，状若亭台”。

②又名台山、荆山。在今甘肃灵台县北。《魏书·地形志》泾州赵平郡鹑觚县：“有亭台山。”

亭州　①北周置，治所在资田郡盐水县（今湖北长阳土家族自治县西二百里清江北岸）。王仲荦《北周地理志》卷4引《方舆胜览》：“后周置亭州，取都亭山为名。”隋大业初改为庸州。

②北周改南定州置，治所在蒙笼城（今湖北麻城市东北）。隋开皇初废。唐武德三年（620）复置，治所在麻城县（今湖北麻城市东十五里古城）。八年（625）又废。

亭林镇　亦曰顾亭林。即今上海市金山区（山阳镇）北亭林镇。南朝梁、陈间文字训诂学家顾野王曾在此隐居，呼野王读书堆。南宋乾道九年（1173）修濒海诸堰，因置监堰官于此。又置金山巡司，明废。其北有湖，湖南有林，因呼顾亭湖，亦曰顾亭林。清置亭林巡司。

亭亭山　在今山东泰安市南五十里，泰山之支阜。《史记·封禅书》：“黄帝封泰山，禅亭亭。”

亭前镇　即今湖北黄梅县东北四十里停前镇。清置巡司于此。

亭旁镇　清置，属宁海县。即今浙江三门县南二十里亭旁镇。

亭符城　在今江西安福县南。《方舆纪要》卷87安福县：亭符城“在县南八十里”。

亭禅山　一名高里山。在今山东泰安市西南。《清一统志·泰安府一》：高里山“在府西南三里。又名亭禅山”。

亮山　亦名葛山。即今四川梓潼县西北卧龙镇之卧龙山。《新唐书·地理志》：梓潼县“有亮山”。《舆地纪胜》卷186隆庆府：葛山“旧名亮山。在梓潼县北二十五里”。

亮山镇　北宋置，属梓潼县。即今四川梓潼县西北三十五里卧龙镇。取亮山为名。

亮子河　一名亮中河。在今辽宁昌图县西北。明《全辽志》卷1：亮子河在“（开原）城西五十里。源出城东北枪杆岭，西流入辽河”。

亮马台（臺）　一作晾马台。即今内蒙古丰镇市东北亮马台。清光绪《丰镇县志书》卷1：亮马台“距城一百二十五里”。

亮中桥　即今辽宁昌图县西南二十五里亮中桥镇。清光绪《奉天全省地舆图说图志》昌图府图：西南有亮中桥。

亮州　唐置羁縻州，属黔州都督府。治所在今贵州锦屏县东南。南宋以后废。

亮江铺　即今贵州锦屏县北亮江村。《清一统志·黎平府》“秀洞铺”条下：又有“亮江铺”等皆戍守处。

亮善郡　北周天和年间置，属西宁州。治所在苏祁县（今四川西昌市西北六十里礼州镇）。辖境相当今四川西昌市北部地。隋开皇三年（583）废。

亮寨长官司　元置，属思州安抚司。治所即今贵州锦屏县南敦寨镇西南亮司。明洪武三年（1370）改为八万亮寨长官司。永乐元年（1403）复改亮寨长官司，属贵州卫。后属黎平府。清以后废。

度支步　在今江西南昌市西北。《水经·赣水注》：“赣水北出，际西北历度支步，是晋度支校尉立府处。步即水渚也。”《清一统志·南昌府二》：度支步“在新建县西北……《县志》，度支步在县西北五里”。

度水　又名铎水。即今陕西勉县东旧州河。《水经·沔水注》：度水“出阳平北山，水有二源：一曰清检，出佳鳠。一曰浊检，出好鲋……度水南径阳平县故城东，又南径沔阳县故城东，西南流注于汉水”。

度坚山　西秦国都。在今甘肃靖远县西。《资治通鉴》：东晋义熙五年（409），“乞伏乾归如枹罕，留世子炽磐镇之，收其众得二万，徙都度坚山”。

度周川　即洮河上游一支流，在今青海河南蒙古族自治县东南境。《晋书·乞伏乾归载记》：隆安二年（398），西秦乞伏益州“率骑二万，伐吐谷浑视羆至于度周川，大破之”。即此。

度索原　在今山西介休市东南介山下。《旧唐书·裴寂列传》：唐武德二年（619），裴寂“师次介休，而金刚据城以抗寂，寂保于度索原”。

庭州　①唐贞观十四年（640）置，治所在金满县（今新疆吉木萨尔县北二十五破城子）。《元和志》卷40：庭州“因王庭以为名也”。长安二年（702）改置北庭都护府。

②北宋大观元年（1107）置，治所在怀德县（今广西河池市西河池镇北）。四年（1110）废。

施口　即今安徽肥东县南长临河镇西施口，南淝河入巢湖处。《水经·施水注》：“施水又东径湖口戍，东注巢湖，谓之施口也。”清嘉庆《合肥县志》卷3：施口“俗名西口。在城东南五十五里，肥水入巢湖要口”。

施口市　一作西口。即今安徽肥东县南、南肥河注入巢湖处之施口。1912年《安徽省全图》：庐州（今合肥市）东南有施口。

施王屯　一名施王城。在今湖北恩施市南十五里。《方舆胜览》卷60施州：“东晋末桓诞窜太阳蛮中，筑城临施水，号施王城，子孙袭王。”《方舆纪要》卷82施州卫：施王屯在“卫南十五里。东晋末，桓诞自称施王，屯据于此。因名”。

施水　①即今南肥河。源于安徽肥西县东北将军岭，东南流经鸡鸣山东麓，穿合肥城折而向南流，在施口入巢湖。《水经·施水注》：“施水受肥于广阳乡，东南流径合肥县……又东径湖口戍，东注巢湖。”

②一名施黔水。在今湖南沅陵县西南。《水经·沅水注》：“沅水又东，施水注之。水南出施山。施水北流会于沅。”

施公山　在今浙江慈溪市东南五十余里。《清一统志·宁波府一》：施公山“在镇海县（今宁波市镇海区）西北九十里。北瞰大洋，商舶往来，地极险要。元设巡司于此。明时置烽㟧山上”。

施公山镇　即今浙江慈溪市东五十二里施公山村。元置巡司于此。

施州　①北周建德三年（574）置，治所在沙渠县（今湖北恩施市）。《方舆胜览》卷60施州：“乃施王之余址，故以名焉。”大业初改为清江郡。义宁二年（618）复置，治所在清江县（今恩施市）。唐天宝元年（742）改为清化郡。乾元元年（758）复为施州。辖境相当今湖北西南部五峰、建始等县以西地。元属夔州路。明洪武初废。十四年（1381）复置，属夔州府。二十三年（1390）废入施州卫。

②元世祖至元十五年（1278）因施蛮地置，属丽江路。治所在今云南永胜县北四里大树坪。辖境相当今云南永胜县。十七年（1280）改为北胜州。

施州卫　明洪武十四年（1381）置，属四川都司。治所即今湖北恩施市。寻属湖广都司。清雍正六年（1728）改为恩施县。

施州水　即今重庆市黔江区南之阿蓬江。《清一统志·酉阳州》：阿蓬水“西南至龚滩入黔江，即《旧志》所谓施州江也”。

施州城址　在今湖北恩施市城东南十二里椅子山。南宋开庆元年（1259）州守谢昌元移施州治所于此。习称旧州（后讹传为柳州）城。现存南城墙、东城门、教场坝、点将台等遗迹。还有宋代碑刻。2006年定为全国重点文物保护单位。

施州塘　在今湖北恩施市东清江北岸，接建始县界。清有外委驻防。

施阳县　①唐贞观元年（627）置，属泸州。治所在今四川江安县南境。八年（634）废入江安县。

②唐仪凤二年（677）置，属纳州。治所在今四川叙永县西南境。天宝元年（742）属都宁郡，乾元元年（758）复属纳州。后废。

施甸　即今云南施甸县。民国初设施甸县佐。1962年设施甸县。

施甸长官司　明洪武十七年（1384）改石甸长官司置，属永昌府。治所在今云南施甸县北七里长官司。《方舆纪要》卷118：“元至元十一年置石甸长官司，后讹今名。”洪武二十三年（1390）属金齿军民指挥使司，嘉靖元年（1522）仍属府。清顺治十六年（1659）废入保山县。

施秉长官司　明洪武五年（1372）改施秉前江等处长官司置，属思南宣慰司。治所在今贵州施秉县东南九十里胜秉村。永乐十二年（1414）改属镇远州。正统九年（1444）改设施秉县。

施秉县　明正统九年（1444）改施秉长官司置，属镇远府。治所在今贵州施秉县东南九十里胜秉。天启元年（1621）废。崇祯四年（1631）复置，清康熙二十六年（1687）移治偏桥卫城（今施秉县）。民国初属贵州镇远道。1923年直属贵州省。

施秉前江等处长官司　元置，属思州安抚司。治所在今贵州施秉县东南九十里胜秉村。明洪武五年（1372）改置施秉长官司。

施南土司　清初置，属施州卫。治所即今湖北宣恩县。雍正十三年（1735）改设宣恩县。

施南长官司　明永乐三年（1405）改宣慰司置，属大田军民千户所。治所在今湖北宣恩县西椒园镇水田坝。四年（1406）改为施南宣抚司。

施南府　清雍正十三年（1735）置，属湖北省。治所在恩施县（今湖北恩施市）。辖境约当今湖北西南部建始、宣恩二县以西地。1912年废。

施南宣抚司　元至正十七年（1357），明玉珍改施南道宣慰司置，治所在今湖北利川市南毛坝乡龙孔坝。明初复为宣慰司。永乐三年（1405）改为长官司。四年（1406）又为宣抚司，属施州卫。治所在今宣思县西椒园镇水田坝。清初改为施南土司。

施南道宣慰司　元至正二年（1342）改沿边溪洞招讨司置，属四川行省。治所在今湖北利川市南毛坝乡龙孔坝。十七年（1357），明玉珍改为宣抚司。明洪武四年（1371）复为宣慰司。永乐三年（1405）改为施南长官司。

施洞口　清代名施洞口。又作石硐汛。即今贵州台江县北六十里施洞镇。1932年设清河镇。1939年设友助镇。1953年复名施洞镇。

施洋墓　在今湖北武昌洪山西南麓。施洋（1889—1923）字伯高，湖北竹山县人。律师。1921年参加中国劳动组合书记部工作，次年加入中国共产党。曾先后担任武汉工团联合会和京汉铁路总工会的法律顾问，为“二七”大罢工领导人之一。1923年2月7日被捕，15日被军阀杀害。原葬洪山西麓，1953年迁此。

施浪诏　唐代洱海地区六诏之一。在今云南洱源县东南部。开元中为南诏所败。

施家坝镇　即今四川简阳市东南施家镇。民国《简阳县志》卷2：施家坝，“《采访册》按：《乾隆志》侯家场注云：州东南六十里。《咸丰志》施家坝注云：州东南六十里即侯家场，古儒林镇，与乐至接壤，系至川北通衢”。

施家桥　即今江苏扬州市邗江区南十八里施桥镇。民国《江都县续志》卷1：施家桥“在县城东南，桥跨扬子桥闸下引河。距城陆路十八里，水路二十八里”。

施家渡镇 在今安徽芜湖县西北。民国《芜湖县志》卷4市镇：施家渡“此渡上通徽宁，往来要津”，因设镇。

施琅宅和祠 在今福建晋江市南龙湖衙口村。施琅（1621—1697），年少时因家道中落，弃文学武。清顺治年随郑成功抗清，成为郑军干将，后任福建水师提督。康熙二十二年（1683）率师征台湾，攻克澎湖，招降台湾郑氏集团。台平定后力排众议，上疏阐明台之重要地位而强调不可弃台。清廷终从其议，于台设府置县，以重兵镇守。施对实现祖国统一、台湾开发、东南海防有功，康熙帝封为“靖海侯”。施故里宅、祠明末清初已毁无存。康熙二十六年（1687）冬复建，次年秋告成。祠建东、西、中和都爷衙、小宗、侯府等宅院，以靖海侯府最宏大，位在祠西，朝南，为三落双扩厝大型建筑，穿斗式木结构，硬山顶，三进五开间，有房屋大小六十六间，建筑面积为2175平方米，占地3560平方米。为泉州典型传统明居建筑，俗称宫式大厝，有明代建筑简朴大方之风。2006年与施琅墓一起定为全国重点文物保护单位。

施琅墓 在今福建惠安县西黄塘镇虎窟村。施琅于清康熙三十六年（1697）卒，钦赐祭葬，墓由花岗岩石材建成，与妻王氏、黄氏合茔。坐北朝南，南北长500米，东西宽137米，占地6800平方米。分四级坪台，依次为墓坊、碑亭、石兽、石将军。现存石雕狮、虎、马、羊各一对及十六根蟠龙石柱，钦赐祭葬石刻匾额等。墓前还有墓道碑亭，高4.3米。2006年与施琅宅和祠一起定为全国重点文物保护单位。

施渚镇 北宋置，属归安县。即今浙江湖州市西南五十四里埭溪镇。以临施渚为名。宋设税课局于此，元又置巡司。清后改名埭溪镇。

施翘港 在今上海市崇明县北。《方舆纪要》卷24太仓州崇明县：施翘港“在今县北。经享沙、吴家沙而西，至港口渡，海面至刘河口，不过三十余里。由渡口东抵平洋沙，海面约六十里。旧无此港，隆庆中设法开浚，变斥卤为良田，而行旅复以为便”。

施溪 在今贵州万山特区东。《方舆纪要》卷122思州府施溪长官司：施溪在“司东里许。其上流自铜仁府来，流经司北十里，有龙门滩，滩险损舟。下流达湖广辰州府界”。

施溪长官司 明洪武五年（1372）改施溪漾头长官司置，属湖广沅州卫。治所即今贵州万山特区东北下溪侗族乡。六年（1373）改属思州宣慰司。永乐十二年（1414）改属思州府。清以后废。

施溪漾头长官司 元置，属顺元路安抚司。治所即今贵州万山特区东北下溪侗族乡。明洪武五年（1372）改为施溪长官司。

施溶州 明洪武二年（1369）改会溪施溶等处长官司置，属永顺宣慰司。治所即今湖南永顺县东南王村镇。清废。

施溶峒 在今湖南永顺县东南。明置长官司于此。

施鹤道 1921年由荆南道的恩施、宣恩、建始、利川、来凤、咸丰、鹤峰七县置，属湖北省。治恩施县（今湖北恩施市）。辖境约当今湖北建始、鹤峰以西地区。1932年废。

施黔水 即施水。在今湖南沅陵县西南。

亲邻寨 在今陕西澄城县北二十里。《方舆纪要》卷54澄城县：亲邻寨“元末，李思齐命将筑寨为戍守处”。

音扎哈河 即今内蒙古西乌珠穆沁旗东彦吉嘎高勒。《清一统志·乌珠穆沁部》：音扎哈河“在左翼东南一百五十五里。自阿噜科尔沁界流入境，西北流，入芦水”。

音陈卡伦 清雍正十二年（1734）设，在今内蒙古呼伦贝尔市新巴尔虎右旗西南平原。何秋涛《朔方备乘》卷10《北徼喀伦考》作“音辰”；西清《黑龙江外纪》卷2作“音沁”。

音格绳山 亦作英额伸山。即今俄罗斯萨哈林岛（库页岛）西北部。清康熙《皇舆全览图》：库页岛西北有“英额伸山”。齐召南《水道提纲》卷24：“其山有名者曰英额申山，正居岛中，其水西流入海者有八，东流入海者有九。”

音德尔 即今内蒙古扎赉特旗驻地音德尔镇。1936年日伪统治时，扎赉特旗移治于此。“音德尔”，蒙古语意为台子。

飒秣建国 即康国。国都在今乌兹别克斯坦撒马尔罕北七里。唐玄奘《大唐西域记》卷1：飒秣建国“周千六七百里，东西长，南北狭。国大都城周二十余里，极险固，多居人。异方宝货，多聚此国”。《新唐书·西域传》：“康者，一曰萨末鞬，亦曰飒秣建。”

帝丘 在今河南濮阳县东南二十里。春秋时为卫邑。《春秋》：僖公三十一年（前629），“卫迁于帝丘”。即此。《左传》：昭公十七年（前525），辛慎曰，“卫，颛顼之虚也。故为帝丘”。《太平御览》卷82引《纪年》：“帝相即位，处商丘。”据王应麟《通鉴地理通释》卷4称：“商丘”当作“帝丘”。故《水经·巨洋水注》引皇甫谧《帝王世纪》曰：“夏相徙帝丘。”

帝圣峰 即今江西东乡县东北古圣岭。《方舆纪要》卷86抚州府东乡县“吴岭”条下：帝圣峰“在县东北三十五里。北麓即余干县界”。

帝帝河 即伊列河。今新疆西北部及哈萨克斯坦东北部之伊犁河。《新唐书·地理志》北庭大都护府：“弓月城过思浑川，蛰失蜜城，渡伊丽河，一名帝帝河，至碎叶界。”

帝都岛 即今南海中中国南沙群岛之中业岛。1935年命名帝都岛。1947年改名中业岛。

帝原水 亦名西河、清水河。即今陕西榆林市西榆溪河。源出榆林市北刀兔海子，东南流至榆林市东南入无定河。《汉书·地理志》：上郡肤施县有帝原水。

《水经·河水注》:"帝原水西北出龟兹县，东南流，……又东南注奢延水。"

帝喾陵 在今河南内黄县西南六十五里梁庄镇三杨庄西颛顼陵西。《太平御览》卷80引《帝王世纪》称：帝喾"葬东郡顿丘广阳里"。《水经·淇水注》:淇水"东北径同山东，又东北径帝喾冢西"。《魏书·地形志》:顿丘县"有帝喾冢"。

〔丶丨〕

恒口铺 旧名衡口镇。即今陕西安康市西七十里恒口镇。《清一统志·兴安府二》谓衡口镇"即衡河合月河之口也"。

恒山 ①又名常山、大茂山。五岳之北岳。在今河北曲阳县西北。《尚书·禹贡》:"太行恒山，至于碣石。"《周礼·职方》并州："其山镇曰恒山。"《尔雅·释山》:"恒山为北岳。"皆此。

②在今山西省东北部，西接管涔山，东至河北省边境。跨广灵、灵丘、浑源、繁峙县境，绵延三百里。桑干河与滹沱河分水岭。主峰天峰岭在浑源县东南，海拔为2016米。明始称北岳，清顺治中由今河北曲阳县西北移祀北岳于此。天峰岭与翠屏山间的金龙峡口崖壁上有著名的悬空寺。天峰岭一带苍松翠柏间有朝殿、会仙府、九天宫、飞石窟、桃花洞、北岳寝宫等宫观殿宇。

③即今黑龙江鸡西市南恒山区。虎林铁路有支线(恒山铁路)通此。

恒山郡 ①战国秦置，治所在东垣县(今河北石家庄市东北)。辖境相当今河北满城、阜平二县以南，保定、安国、赵县以西，赞皇以北地区。西汉时避汉文帝讳，改为常山郡。

②隋大业初改恒州置，治所在真定县(今河北石家庄市东北)。辖境相当今河北石家庄市和正定、井陉、平山、行唐、灵寿、阜平等县及辛集市地。唐武德初复改恒州。

恒山铁路 从黑龙江虎林铁路线上的鸡宁车站(今鸡西市)向南至恒山煤矿。长12.4公里。日伪于1939—1941年修筑。

恒丰县 唐武德二年(619)置，属万州。治所在今四川达县西北江陵镇。贞观元年(627)废入永穆县。

恒水 ①即今河北曲阳县北通天河。《尚书·禹贡》:"恒、卫既从。"《汉书·地理志》上曲阳县："恒山北谷在西北，……《禹贡》恒水所出，东入滱。"《清一统志·定州》:恒水，"《旧志》:有横河在(曲阳)县北，源出恒山，东南流入滱。即恒水。恒、横声近而讹也"。

②今印度之恒河。《水经·河水注》:"康泰《扶南传》曰：恒水之源，乃极西北，出昆仑山中，有五大源，诸水分流，皆由此五大源。枝扈黎大江出山，西北流，东南注大海，枝扈黎即恒水也。"东晋法显《佛国记》:"复顺恒水西行十二由延，到迦尸国波罗㮈城。"

恒州 ①北魏太和十七年(493)改司州置，治所在平城(今山西大同市东北八里古城村)，辖境相当今山西北部内长城以北，河北蔚县、阳原县，内蒙古凉城、丰镇、兴和等县及察哈尔右翼前旗等地。孝昌中为六镇起义军所克。东魏天平二年(535)寄治肆州秀容郡城(今忻州原州市西南楼板寨)。北齐天保七年(556)复还故地，移治今大同市。北周大象二年(580)又废。

②东魏天平二年(535)侨置，寄治肆州秀容郡城(今山西忻州原平市西南楼板寨)。北齐废。

③西魏大统元年(535)置，治所在归德县(今甘肃环县北一百里归德堡)。辖境相当今甘肃环县北部地。北周废。

④北周天和二年(567)侨置，治所在周南郡盩厔县(今陕西户县西北三十五里)。建德三年(574)废。

⑤北周宣政元年(578)分定州置，治所在真定县(今河北石家庄市东北)。隋大业初改为恒山郡。唐武德元年(618)复为恒州，移治石邑县(今石家庄市西南镇头)，四年又移治真定县(今正定县)。辖境相当今河北石家庄、藁城二市及正定、灵寿、行唐、井陉、获鹿、平山、阜平等县地。元和十五年(820)避穆宗名讳，改名镇州。五代唐改为真定府，后晋天福七年(942)复名恒州，后汉又改名镇州。

⑥金贞祐四年(1216)置，治所在盩厔县(今陕西周至县)。元初废。

恒安镇 北周废恒州为恒安镇，属朔州。隋属云内县。唐武德六年(623)于此置北恒州，七年(624)州废。

恒农县 ①东汉灵帝改弘农县置，属恒农郡。治所在今河南灵宝市北三十里故函谷关。西晋复为弘农县。北魏又改为恒农县。北周复名弘农县。唐神龙初复为恒农县，开元中又名弘农县。

②南朝梁置，为西恒农、陈南二郡治。治所在今安徽阜阳市境。北魏以后废。

③东魏兴和中侨置，为恒农侨郡治。寄治汲郡陈城(今河南卫辉市)。北齐废。

恒农郡 ①东汉灵帝刘宏避讳改弘农郡置，治所在恒农县(今河南灵宝市北故函谷关城)。西晋复为弘农郡。十六国前秦移治陕城(今河南三门峡市西陕县老城)。北魏拓跋弘天安元年(466)避讳又改为恒农郡。太和十一年(487)为陕州治。辖境约当今三门峡市及陕县和灵宝市。永熙三年(534)析置西恒农郡后，辖境缩小，仅领今三门峡市及陕县地。北周改为崤郡。

②即南朝宋所置弘农侨郡。北魏改为恒农郡，属荆州。治所在五垄(今河南淅川县东南九十四里厚坡镇)。西魏废。

③东魏兴和中侨置，属义州。寄治汲郡陈城(今

河南卫辉市）。北齐废。

恒阳县　隋开皇七年（587）改石邑县置，属定州。治所即今河北曲阳县。唐元和十五年（820）改为曲阳县。

恒河　一名衡河。在今陕西安康市西北。《清一统志·兴安府一》“恒河”条引《旧州志》：“衡河在州西北七十里。源出牛头山，自汉阴界来，曲折南行三百余里入月河。”与月河合处有恒口镇。

恒春县　清光绪元年（1875）置，属台南府。治所在琅玡之猴洞山（今台湾省屏东县南恒春镇）。据连横《台湾通史》卷16：“名曰恒春，以其地为极南，四时皆春也。”光绪二十一年（1895）被日本侵占，县废。

恒香县　北周武成中置，为恒香郡治。治所在今甘肃迭部县东南。隋初省入常芬县。唐贞观二年（628）复置，寄治恒香戍（今迭部县境）。神龙元年（705）废。

恒香郡　北周武成中置，属芳州。治所在恒香县（今甘肃迭部县东南）。隋开皇初废。

恒陵　亦作恒棱。在今四川营山县东北安固镇。《周书·赵文表传》：天和三年（568），“除梁州总管府长史，所管地名恒陵者，方数百里，并生僚所居，恃其险固，常怀不轨。文表率众讨平之”。即此。事平遂置蓬州，以文表为刺史。

恒滚河　即兴衮河。今俄罗斯哈巴罗夫斯克边疆区黑龙江下游支流阿姆贡河。清康熙《平定罗刹方略》卷2：康熙二十三年（1684）正月，“萨布素等奏：牛满罗刹抵恒滚，同来自北海之罗刹与费雅喀战，退居河洲。若不速计剿抚，则赫真、费雅喀、奇勒尔人民必被残害。且恐罗刹复增发前来。宜乘四月冰解时，即遣夸兰大二员，率官兵三百人，并发红衣炮四具，令附近恒滚口费雅喀噶克当阿等响道，抵罗刹所据地，先行招抚，不即归降，则进剿灭”。即此。

恒冀　唐方镇名。宝应元年（762）置成德军节度使。为收抚安、史余众而设河北三镇之一。治所在恒州（今河北正定县），因名恒冀。元和十五年（820）因避穆宗李恒名讳，改恒州为镇州。方镇名亦改称镇冀。辖境屡有变动，长期领有恒、冀、深、赵四州。相当今河北沙河、滹沱河下游以南；献县、阜城、景县以西；临城、柏乡、南宫、枣强等市县以北地。历为李宝臣、王武俊、王庭凑及其子孙割据。公元922年为晋王李存勖所灭。

恒礁　在南海中中国南沙群岛内，位于北恒礁西南14海里。1935年公布名称为干机斯礁。1947年改名恒礁。

恢武城　即喀什噶尔新城。清道光八年（1828）筑，在今新疆疏勒县。光绪八年（1882）于此置疏勒州。二十八年（1902）改置疏勒府，1913年改置疏勒县。

恺安城　清乾隆三十七年（1772）筑，在今新疆吉木萨尔县。光绪二十年（1894）改名孚远城。二十八年（1902）置孚远县于此。

恬风渡　在今江苏连云港市西南。《清一统志·海州》：恬风渡“在州（今海州区）南。旧名黑风口。有碑云：‘舟中人众休争渡，海上风高且暂停。’”

恤品河　又作苏滨水、速平江。即今黑龙江省东宁县北绥芬河。明《寰宇通志》卷116：恤品河“流经建州卫东南千五百里，入于海”。

恤品路　又作速频、苏滨、恤频、苏濒。金天会二年（1124）改耶懒路置，治所在今俄罗斯滨海边疆区乌苏里斯克（双城子）南。因濒苏滨水（今绥芬河）得名。辖境相当今黑龙江省饶河、虎林、密山、鸡西、东宁、绥芬等县市地及乌苏里江以东俄罗斯滨海边疆区。元属开元路。后废。

恰卜恰　即今青海共和县驻地恰卜恰镇。清乾隆《西宁府志》卷21西宁至藏路程：“南路白彦脑儿……五十里至恰不恰，有草无柴，青海蒙古住牧。四十里至西泥脑儿。”民国汪公亮《西北地理》第二十三章：“民国八年宁海镇守使马鳞创设台站，自恰布恰至于都兰。”1943年共和县迁治于此。恰卜恰，蒙古语意为“切断崖”。

恰克图　俗称买卖城。清北境中俄交界通商口岸。其地本属土谢图汗部中左翼末旗。清初设有市街，为中俄商人交易场所，因该处有恰克图小河得名。雍正五年（1727），《中俄恰克图条约》于此草签，划定中俄中段边界，恰克图被定为交界点，旧市街划归俄国，七年清在其南别建新市街，并许俄商来此贸易。由理藩院派遣驻劄恰克图司员监理中俄互市。今俄境恰克图仍旧名，蒙古国境恰克图名阿尔丹布拉克。

恰拉定　在今西藏南部，门隅地区达旺西北三十四里处。原隶属西藏地方政府管辖，为门隅三十二错、定（错、定是当地的一级行政区划）之一。1951年后被印度政府非法占领。

恰哈玛克　在今新疆乌恰县东北。清宣统《新疆图志》卷4：疏勒府布鲁特冲巴噶什部辖境中有“恰哈玛克”。

恨古水　又作亨滚河、恒滚河。即今俄罗斯哈巴罗夫斯克边疆区黑龙江下游左岸支流阿姆贡河。《明宣宗实录》卷69：宣德五年（1430）八月庚午，“敕谕奴尔干、海东、囊阿里、吉列迷、恨古河、黑龙江、松花江、阿速江等处野人头目哥奉阿囊哈奴等，令皆受节制”。即此。

闻义县　即开义县。在今辽宁义县东南四十里开州屯。《辽史·地理志》宜州闻义县：“世宗置。初隶海北州。后来属。”

闻家堰镇　1930年置，属萧山县。即今浙江杭州市萧山区西南二十里闻堰镇。

闻家湖　即今浙江嘉兴市北三十余里梅家荡。《方舆纪要》卷91嘉兴府：闻家湖在“府东北三十三里。湖周千顷。《志》云：鸳鸯湖以此诸水，汇流于府东北二十里间，有天荒、许家、毛头、菜花及祥符诸荡，回环连绕，闻家湖又其委流处也，合于运河”。清光绪《嘉兴府志》卷12：闻家湖“宋闻人氏家焉”。故名。

闻喜县　西汉元鼎六年（前111）置，属河东郡。治所在今山西闻喜县东北二十里。《汉书·武帝纪》：武帝“将幸缑氏，至左邑桐乡，闻南越破，以为闻喜县”。东汉移治左邑（今闻喜县）。北魏属正平郡。北周武帝移治柏壁城（今新绛县西南二十里柏壁村）。隋开皇三年（583）属绛州，十年（590）移治甘泉谷（今闻喜县东北二十五里东镇）。大业初属绛郡。唐武德元年（618）属绛州，元和十年（815）还治今闻喜县东北二十里。五代时又移治今闻喜县。北宋属解州。清属绛州。民国初属山西河东道。1928年直属山西省。

闻溪　即今四川剑阁县（下寺镇）西南普安镇东闻溪河。《舆地纪胜》卷184隆庆府：闻溪“即东园也。治平中，太守王纲有闻溪十二谏。又唐正元中，苏洪之刻闻溪贼”。《清一统志·保宁府一》：闻溪“在剑州东。源出五子、把寨二山，合流东入嘉陵江”。

闻韶镇　即今山东济阳县东北三十里曲堤镇。《方舆纪要》卷31济阳县：闻韶镇“相传孔子闻韶处。有闻韶台”。

闻禀嶂　在今广东紫金县东五十里。《方舆纪要》卷103惠州府永安县：闻禀嶂“本名簾紫嶂。宋末帝昺航海，丞相文天祥收败卒屯此，夜闻黄禀鸣，遂徙南岭。其寨址阶石尚存，相连者曰山谷嶂”。

阏门池　即今吉林安图县西南、抚松县东南与朝鲜交界处之白头山天池。清阮葵生《长白山记》：“山上有潭曰阏门，周八十里。源深流广，鸭绿、混同、爱滹三江出焉。”清张凤台《长白征存录》卷2：“天池。山上有潭曰阏门，时常云雾溟濛，水鸣如鼓，故名龙潭，一曰天池。天池其通称也。”《清史稿·地理志》长白府：“长白山在北。上有天池，旧曰阏门，形椭圆，斜长二十九里，周七十余里，池深莫测，水鸣如鼓，七日一潮，土人谓池与海通。”

闽　福建省简称。本为闽越族所居，秦置闽中郡，汉初为闽越国。东汉许慎《说文解字》：“闽，东南越，蛇种。”福建地处亚热带，自古多蛇，居住境内的古越族先民以蛇作为图腾崇拜，闽因而得名。

闽上省　1933年11月由中华共和国（福建人民政府）置，省会在南平县（今福建南平市）。辖境相当今福建建宁、将乐、沙县、尤溪、南平、建瓯、政和等县市以北、以西地。同年12月改为延建省。

闽山　即今福建福州市西侧乌石山。《寰宇记》卷100福州：“闽山去州一里二百步，周回四里。本名乌石山，天宝六载敕名闽山。”

闽王城　①在今福建武夷山市南兴田镇城村。为汉代闽越国故城。现有城村汉城遗址。

②在今福建建阳市北三十里。《方舆纪要》卷97建阳县：闽王城，“相传王审知所筑，其中殿基犹存。今土阜周回，隐隐如城，外有水田环绕，盖城濠云。今土人呼其地曰王殿村，亦曰城村”。

闽王王审知墓　在今福建福州市北郊莲花峰南麓斗顶山。王审知（862—925）字信通，光州固始（今属河南）人。唐末，随其兄王潮起兵入闽，五代梁封为闽王。后唐同光三年（925）卒，谥忠懿。其墓原在凤池山，后唐长兴三年（932）迁葬于此。陵园内原有享堂、寝殿、牌坊、神道碑及莲花、永兴两院，闽亡后均废。明宣德四年（1429）又遭屯军盗掘，今仅存三层坟台及翁仲、石兽等。台上有两座并列的长方形砖墩，墩后围有半圆形护壁，上为封土，封顶有“唐闽忠懿王墓”碑，系明万历三十年（1602）重修时立。1981年重修，发现坟台的长方形砖墩下为墓室，左室有闽王墓志铭，右室有夫人任氏墓志铭。

闽中　旧时为福州府别称。《舆地纪胜》卷128福州《景物上》：闽中，“南丰《道山亭记》，福于闽为土中，所谓闽中也”。明陈鸣树著《闽中考》，所考皆福州府境内山川、古迹。

闽中郡　战国秦王政二十五年（前222）置。治所在东冶县（今福建福州市）。辖境约当今福建全省和浙江省宁海县及其以南灵江、瓯江、飞云江流域。秦末废。

闽州　南朝陈永定初置，治所在侯官县（今福建福州市）。天嘉五年（564）废。隋大业初改泉州复置闽州，治所在原丰县（今福州市）。大业三年（607）改为建安郡。唐景云二年（711）复改泉州为闽州，治所在闽县（今福州市）。开元十三年（725）改名福州。

闽江　一名建江。福建省最大的河流。长度及流域面积约占全省面积之半。北源建溪出仙霞岭，中源富屯溪和南源沙溪均出武夷山脉。在今南平市附近汇合后始称闽江，东南流到福州淮安附近分南北二支，至马江罗星塔复合，折向东北流入东海。因横穿福建省境，福建简称“闽”，故名闽江。《资治通鉴》：五代汉乾祐三年（950），南唐剑州帅查文徽“遣剑州刺史陈海将水军下闽江……会大雨，水涨，海一夕行七百里至城下，败福州兵，执其将马先进等”，指此。

闽兴县　五代闽龙启元年（后唐长兴四年，933）改侯官县置，为长乐府治。治所即今福建福州市。永和元年（后唐清泰二年，935）复为侯官县。

闽安镇　北宋置，属闽县。即今福建福州市东南马尾区东北闽安。地当海水潮汐与马江相汇处，为省城福州的门户。《元丰九域志》卷9福州闽县有闽安镇。明洪武二年（1369）置巡司于此。嘉靖中，倭寇突犯闽安，参将尹凤击败之；《明通鉴》附编：清顺治五年（1648）春正月，“鲁王自闽安镇移次壶江、琅琦屿”，皆指此。

闽县　隋开皇十二年（592）改原丰县置，为泉州治。治所即今福建福州市。大业三年（607）为建安郡治。唐武德六年（623）仍为泉州治。景云二年（711）改为闽州治。开元十三年（725）改为福州治。天宝元年（742）改为长乐郡治，乾元元年（758）复为福州治。贞元五年（789）与侯官县同为福州治。五代闽龙启元年（后唐长兴四年，933）改为长乐县，永和元年（后唐清泰二年，935）复为闽县。永隆三年（后晋天福六年，941）又改为长乐县，四年复旧。南宋景炎元年（1276）为福安府治。元至元十四年（1277）复为福州治。至元十五年（1278）为福州路治。明、清为福州府治。1913年与侯官县合并为闽侯县。

闽侯县　1913年3月由闽县、侯官两县合并置，取两县首字为名。为福建省会。治所即今福建福州市。其后为闽海道治。1928年直属福建省。1944年改名林森县。1933年11月，国民党十九路军将领蔡廷锴等在福州城内成立“中华共和国人民革命政府”。

闽浙赣革命根据地　位于福建、浙江、江西三省边界地区。1928年1月共产党人方志敏、邵式平、黄道等领导的弋阳、横峰一带农民举行武装起义后，成立了赣东北红军，建立了赣东北革命根据地。同年10月崇安起义后建立了闽北革命根据地。1930年7月，两块革命根据地合并，成立中国工农红军第十军和赣东北工农民主政府。1931年底形成了包括福建崇安（今武夷山市），浙江开化，安徽婺源（今属江西），江西弋阳、横峰、玉山、德兴、乐平、万年、浮梁（今景德镇市）和湖口等二十余县的闽浙赣革命根据地。1934年11月，红十军和以红七军团组成的抗日先遣队合编为红十军团，继续北上抗日，次年1月在国民党优势兵力的围攻下，遭严重损失，剩下的部队退回闽浙赣根据地，和当地人民一起，继续坚持游击战争。

闽浙赣省委机关旧址　在今江西横峰县东北葛源镇枫树村。中国共产党闽浙赣省委机关旧址为“一”字形平房，四周筑有围墙，占地1000平方米。房内设省委各部办公室和方志敏及工作人员的卧室。中华苏维埃共和国闽浙赣省苏维埃政府旧址位于周家。旧址占地880平方米，房舍“工”字形，前有高大的八字形朝门，内设省苏维埃政府办公室和工作人员卧室。此外，还有闽浙赣省军区司令部、红场等旧址以及葛源镇中国工农红军学校第五分校旧址等。1996年定为全国重点文物保护单位。

闽海省　1933年11月由中华共和国（福建人民政府）置，省会在福州市（今福建福州市）。辖境相当今福建福清、平潭、永泰、闽清、古田、屏南、寿宁等县市以北、以东地。1934年1月废。

闽海道　1914年由东路道改置，属福建省。治闽侯县（今福建福州市）。辖境约当今福建寿宁、周宁、屏南、古田、闽清以东，永泰、福清、平潭以北地区。1928年废。

闽清县　五代梁乾化元年（911）改梅溪县置，属福州。治所即今福建闽清县。明《八闽通志》卷2《地理·郡名》：闽清县，“县溪与大江汇，江水浊而溪水清，故名”。元属福州路。明、清属福州府。1913年属福建东路道。1914年属闽海道。1928年直属福建省。

闾山　①即医巫闾山之简称。在今辽宁北镇市西。《辽史·地理志》乾州海北州：“地在闾山之西，南海之北。”

②即今福建霞浦县东南浮膺岛。见于清《海国闻见录》。

闾山县　辽开泰二年（1013）以罗家军改置，隶中京府（后改属兴中府）。治所在今辽宁朝阳县境。金废。

闾川县　又作驴川县。唐武德元年（618）置，属洵州。治所在今陕西旬阳县西南三十里吕河镇。七年（624）改属金州。贞观二年（628）废。

闾川砦　北宋熙宁七年（1074）置，属岷州。即今甘肃岷县东一百二十里闾井镇。

闾井河　即今甘肃岷县东部闾井河。《方舆纪要》卷60岷州卫：闾井河“在卫东南百四十里，源出秦州礼县之没遮拦山，流入马凉河。宋亦置闾川寨于此”。

闾丘　春秋时邾邑。在今山东邹城市东北。《春秋》：襄公二十一年（前552），“邾庶其以漆、闾丘来奔”。《清一统志·兖州府二》：“漆乡在县东北。漆乡东北十里，见有闾丘乡。”一说闾丘在今邹城市南。

闾丘县　隋开皇十六年（596）置，属青州。治所在今山东寿光市南。大业初省入寿光县。

闾关　在今陕西旬阳县东北一百四十里。明置巡司于此。

闾州　辽置，治所在今辽宁阜新蒙古族自治县东十家子镇附近。金废。

闾江山　在今江苏无锡市西南四十里。《方舆纪要》卷25常州府无锡县：闾江山“下有闾江，亦太湖之别浦也。《志》云，闾江山下有阖闾城”。

闾阳县　金天会八年（1130）改奉陵县置，属广宁府。治所在今辽宁北镇市西南五十里闾阳回族满族镇。元初废，后复为县，属广宁府路。明初废，置闾阳驿于此。

闾阳驿　明置，属广宁卫。即今辽宁北镇市西南五十里闾阳回族满族镇。明《辽东志》卷2“驿传”：闾阳驿在“广宁城南五十里，千户潘英重修”。清高士奇《扈从东巡日录》卷上：清康熙二十二年（1683）东巡，“二月丙午过杏山，驻跸闾阳驿”。即此。

闾河　一名洞水。即今陕西旬阳县西南吕河。《寰宇记》卷141金州洵阳县：洞水“在县西二十七里。一名闾谷水，北注于汉。其闾字亦为驴”。

闾河口镇　即今陕西旬阳县西南三十里吕河镇。唐曾置闾川县于此。

闾城寨　金置，属广宁县。在今辽宁北镇市境。

闾峡市　清置，属霞浦县。即今福建霞浦县东南闾峡。

闾峡堡　即今福建霞浦县东南五十五里闾峡。明嘉靖中置巡司于此。清初废。

阏川　西藏古地名。在今那曲县那曲镇，唐时吐蕃曾于此置驿站。《新唐书·地理志》：鄯州"野马驿……四百里至阏川驿"。

阏门州　唐置羁縻州，为吐谷浑州，属凉州都督府。治所当在今青海祁连、门源回族自治县境。后废。

阏门河　又名浩亹河。即今青海、甘肃境内的湟水支流大通河。《汉书·地理志》金城郡："浩亹水出西塞外，东至允吾入湟水。"注引孟康曰："浩亹音合门。"师古曰："浩音诰。浩，水名也。亹者，水流峡山，岸深若门也。……今俗呼此水为阏门河，盖疾言之，浩为阁耳。"《水经·河水注》："湟水又东与阏门河合，即浩亹河也，……阏门河又东径浩亹县故城南，王莽改曰兴武矣。阚骃曰：浩，读门阏也，故亦曰阏门河，两兼其称矣。又东流注于湟水。"

阏皂山　在今江西樟树市东南。《寰宇记》卷109吉州新淦县：阏皂山"在县北六十里淦山南一里，为神仙之攸馆"。《舆地纪胜》卷34临江军：阏皂山"《临江志》云，山形如阏，山色如皂，故以名云。道书第三十三福地，即汉张道陵、丁令威、葛孝先修炼之地。有道宫，今名崇真。其山有峰曰东峰、西峰、西巘，曰凌云潭，曰投龙塘，曰九龙泉，曰漱玉池，曰磨剑石，曰双鲤，曰马迹，曰朝斗，曰石门台，曰鸣水，曰着衣，皆张、葛遗迹。有源曰桃花，曰葛憩，曰石臼坛，曰炼丹，曰礼斗，曰上升庵，曰仙人，曰卧云，曰路公，曰郭老，皆群仙遗迹也"。《清一统志·临江府》：阏皂山"在清江县东六十里。连亘二百余里，跨乐安、新淦、丰城三县地"。

阁口县　南齐侨置，为淮南郡治。治所在今河南桐柏县境。后废。

阁川水　即今甘肃境内泾水支流汭水。在今甘肃泾川县西南。《寰宇记》卷32保定县："阁川水在县西南三里，从潘原县来，入泾水。"《明一统志》卷35平凉府：阁川河"在泾州西南三里，流入泾河"。

阁鸦江　即今贵州大方县西落脚河。《清一统志·大定府》：阁鸦江"在府城西南。《府志》：落浙水自毕节流经阁鸦驿，谓之阁鸦江"。

阁鸦洞　俗名牛鼻子洞。在今贵州大方县西南。清康熙《贵州通志》卷6："悬崖绝壁，下临阁鸦江。舟行洞中，深广不可测。登降以梯乃得上。昔蛮人尝保此以为障蔽。《滇记》：由阁鸦至大定，洞凡三十有四，而阁鸦最险。"

阁院寺　又称阁院禅林。俗称西大寺。在今河北涞源县城内西北隅。《清一统志·易州》：阁院禅林"在广昌县（今涞源县）治北街。俗名大寺。东汉时创建。唐尉迟恭重修。有碑记"。寺内主殿文殊殿又名大雄宝殿，为辽代建筑，面阔、进深各三间，单檐歇山顶。殿内有彩画、壁画。1996年定为全国重点文物保护单位。

阁鸭驿　明置，在今贵州大方县西北十四里大阁雅。《清一统志·大定府》：阁鸭驿"近阁鸭洞。一作鸽鸦。《府志》：自奢香驿而西北，又经金鸡、阁鸭、归化三驿而至毕节驿"。"阁鸦"系彝语音译，意为关口。

阁梯山　在今四川高县南。《方舆纪要》卷70高县：阁梯山在"县南七里。峭壁如阁，有路盘旋如梯"。

阁牌洲站　元置。即今湖北嘉鱼县北簰洲镇。明废。

阁道　即栈道。《水经·沔水注》引诸葛亮《与兄瑾书》云："前赵子龙退军，烧坏赤崖以北阁道。缘谷百余里，其阁梁一头入山腹，其一头立柱于水中，今水大而急，不得安柱，此其穷极，不可强也。"古时亦称复道。《史记·留侯世家》："上在雒阳南宫，从複道望见诸将。"裴骃《集解》："如淳曰：複音復，上、下有道，故谓之復道。韦昭云：阁道。"

〔丶丿〕

养　在今河南沈丘县东南老城之东。《左传》：昭公三十年（前512），楚子"使监马尹大心逆吴公子，使居养，莠尹然、左司马尹戍城之邑"。杜注："养，即所封之邑。"

养土堡　即今辽宁省辽中县北三十里养土堡乡。清光绪《奉天全省地舆图说图志》新民厅图：东南有（养）土堡。民国《辽中县志》卷3：养土堡子"距城三十里"。

养山　在今广西大新县西北三十里。《方舆纪要》卷110养利州：养山在"州西三里。绵亘甚远，苍翠蓊蔚。州盖以此山及利水名"。

养女川　古长宁川的东源。即今青海西宁市大通回族土族自治县境、北川河的支流东峡河。《水经·河水注》："长宁水又东南，养女川水注之。水发养女北山，有二源，皆长湍远发，南总一川，迳养女山，谓之养女川。"即此水。

养女山　即今青海大通回族自治县（桥头镇）东，东峡河流经的元朔山。俗名老爷山。又名养楼山。《法显传》："度养楼山，至张掖镇。"即此。《水经·河水注》：养女山"水发养女北山，有二源，皆长湍远发，南总一川，迳养女山，谓之养女川"。

养女北山　又称浩亹山、养女岭。即今青海大通河谷地和湟水谷地之间的达坂山。《水经·河水注》：养女川"水发养女北山，有二源，皆长湍远发，南总一川，迳养女山，谓之养女川。阚骃曰：长宁亭北有养女岭，即浩亹山，西平之北山也”。又《水经·河水注》：“阁门河又东迳养女北山。”皆指此山。

养马坝 即今云南大关县。清雍正十一年（1733）大关厅由今大关县西翠华镇老城徙治于此。1913年后为大关县治。

养马岛 曾名象岛。即今山东烟台市东养马岛。清《乾隆内府舆图》：宁海州（今宁海镇）北有“养马岛”。

养马河镇 即今四川简阳市北养马镇。民国《简阳县志》卷2：杨马河“一作养马河。采访册按，《乾隆志》作杨马河场，距城二十七里”。

养马城 在今贵州遵义县北。《方舆纪要》卷70遵义府遵义县：养马城在“府北五十里。杨氏据播时所筑城也。万历中，川帅刘綎讨杨应龙，入娄山关，屯白石口，贼党攻围綎，綎击败之，追至养马城”。

养马畈 在今湖北京山县东北六十八里，地处京山、安陆、应城三县市邻界地区。1939年6月，中共鄂中区党委会在此召开，决定整编豫南、鄂中抗日武装力量，成立新四军豫鄂独立游击支队。

养水 即今河南宝丰县北石河。《水经·汝水注》：古养水“出鲁阳县北将孤山北长冈下。东历永仁三堆南。又东径沙川，世谓之沙水，……又东北入东长湖，乱流注汝水也”。《清一统志·汝州》：养水“在宝丰县北十八里。亦名沙水。又曰石河”。

养心殿 在今北京市故宫乾清宫墙外西南。建于明永乐十八年（1420）。清康熙时为皇帝书斋。雍正时重修，此后成为皇帝居住和进行日常政务活动的地方。著名的三希堂即在养心殿的西暖阁。同治、光绪年间慈禧太后在养心殿垂帘听政。辛亥革命后，宣统帝溥仪在此被迫决定退位。1917年张勋在此演出复辟丑剧。

养龙坑 在今贵州息烽县北养龙司乡。《方舆纪要》卷121金筑安抚司：养龙坑“在（养龙坑长官）司旁。两山夹峙，潴流其中，泓渟渊深，龙藏其下。春初牧牝马其侧，多产龙驹”。

养龙坑长官司 明洪武五年（1372）改养龙坑宿征等处长官司置，属贵州宣慰司。治所即今贵州息烽县北养龙司乡。清以后废。

养龙坑宿征（徵）等处长官司 元置，属顺元路军民安抚司。治所即今贵州息烽县北养龙司乡。明洪武五年（1372）改置养龙坑长官司。

养西岭 古岛屿名。马来文意为“极”或“点”，解为“岛”。即今泰国南部之普吉岛。为古代东西方船舶之重要泊所。见清谢清高《海录》“吉德国”条。

养夷 即今哈萨克斯坦江布尔。《明史·西域传》：养夷“在赛兰东三百六十里。城居乱山间”。永乐时，陈诚至其地。

养阴里 在今河南宝丰县北。《续汉书·郡国志》：颍川郡襄县“有养阴里”。《水经·汝水注》：古养水“出鲁阳县北将孤山北长冈下，……又东径沙亭南，故养阴里也”。

养利州 北宋置，属太平砦。治所在今广西大新县北。元属太平路。明属太平府，弘治间迁治今大新县（桃城镇）。1912年改为养利县。

养利县 1912年改养利州置，属广西镇南道。治所即今广西大新县。1928年直属广西省。1951年与万承、雷平二县合并，改设大新县。

养苗溪 在今贵州岑巩县西北八十里。《方舆纪要》卷122思州府：养苗溪“洞出岩洞中，有巨石障流，土人架木槽引以灌田”。

养贤铺 即今安徽宣城市北水阳江西岸养贤乡（仁村湾）。清嘉庆《宁国府志》卷20：东北“安民铺十里至养贤铺”。

养鱼铺 即今湖北汉川市东南养鱼乡。清光绪《湖北全省分图》：汉川县东南有养鱼铺。

养泥城儿 即今新疆英吉沙县。顾炎武《天下郡国利病书》卷117《西域土地人物略》：“（石子）泉南苦把力站，南为店子井，北为养泥城儿。其城东至石城行八程。”

养息牧厂 亦作杨柽木厂。清康熙三十一年（1692）置，属盛京礼部（后改属盛京将军）。驻地在杜尔笔山杜尔笔城（亦作都尔鼻城），今辽宁彰武县。《清一统志·牧厂》：养息牧厂“在盛京锦州府广宁县北二百一十里彰武台边门外。东西距一百五十里，南北距二百五十里”。乾隆间移至大凌河牧厂。

养息牧河 在今辽宁彰武县东、新民县东北。为辽河支流。《清一统志·锦州府一》：养息牧河“在广宁县东北。亦作杨柽木河。源出边外察罕和硕冈，流二百十里，由彰武台边门西入境，东南流分为五道，流三十里，仍合为一，又东南入辽河”。

养息牧城 原名苏鲁克。一作杨柽木厂。在今辽宁彰武县境内。清康熙三十一年（1692）科尔沁宾图郡王、土默特达尔罕王献为“三陵”牧养地，改名养息牧场。光绪二十八年（1902）于境内横道子置彰武县。

养鹅长官司 明置，治所在今贵州麻江县北三十里。清废。

养鹅寨 即今贵州麻江县东养鹅村。《明史·贵州土司传》：万历七年（1579），“者亚阿斗以反诛，乃罢乐平吏目，增设麻哈州州判一员，令居乐平司，以养鹅、者亚、羊肠诸苗属之”。万历《贵州通志》卷20载巡抚舒应龙《者牙善后疏》称：“该司养鹅等寨地方仍应照旧，复属麻哈州管辖。”

养善木河 又作阳石木河、养息牧河。即今辽河西支流柳河及其上游养畜牧河。明后期，东迁之蒙古察罕儿部驻牧于养善木河一带，见《万历武功录》、《三朝辽事实录》。后金天聪八年，皇太极遣兵渡辽河，抵阳石木河立营，见《清太宗实录》。清朝于此置养息牧厂。

美水 即今内蒙古鄂托克旗西黄河支流郁思兔河。《魏书·太祖纪》：登国七年（392），帝拓拔珪灭卫辰，游“北之美水。三月甲子，宴群臣于水滨，还幸河南宫”。

美化村 即今河北藁城市南三十二里梅花镇。清康熙《藁城县志》图：南有美化村。

美龙滩 在今海南省临高县东十里。《方舆纪要》卷105临高县：美龙滩“水自石巅泻下，高数寻，形如曳练。下有潭，深不测。滩上黑石平铺，可容百余人”。

美阳关 在今陕西武功县（普集镇）西北武功镇北七里。《后汉书·梁慬传》：永初二年（108），“慬金城，闻羌转寇三辅，逼近园陵，即引兵赴击之，转战武功美阳关”。即此。

美阳县 战国秦孝公置，治所在今陕西扶风县北二十里法门镇。秦属内史。西汉属右扶风。以在美水之阳得名。晋属扶风郡。北魏太和十一年（487）迁治古漦城（今陕西咸阳市西南杨陵区永安村），为武功郡治。北周天和四年（569）还治法门镇。建德三年（574）废。

美利城 北宋大观三年（1109）置，属纯州。在今四川叙永县北八十里。宣和三年（1121）改为砦。

美利渠 即蜘蛛渠。在今宁夏中卫市黄河北岸。清乾隆《宁夏府志》卷8：美利渠“自元以来名蜘蛛渠。旧由石龙口，尾达胜金关。嗣因岸徙渠淤，口窒不能受水。嘉靖壬戌，抚军毛中丞始命道参文武督本卫丁夫，改浚于旧口之西六里，甫月余而筑成，易今名。至国朝（清）康熙中，渠岸渐高，不能引水……四十五年，西路厅高士铎鸠工开凿，比旧加深三尺，广阔一丈，南岸亦砌石为堢，从斯水利溥焉。前此荒废地，垦复五百余顷，皆成稻田”。

美庐别墅 即河东路180号别墅。在今江西九江市南庐山牯岭东谷长冲河畔。以此别墅为宋美龄所有，门前有蒋介石题“美庐”石刻，故名。

美良川 又名美阳川、秦王涧。在今山西闻喜县南。《新唐书·刘武周传》：武德二年（619），“敬德还浍州，王邀战，破之于美良川”。即此。

美良城 在今越南北部和平省美德县一带。《方舆纪要》卷112安南广威州：美良城“在州东南。永乐中，简定复叛，张辅等讨败之，进兵清化，穷追至演州。又分沐晟兵从磊江南，朱荣舟师抵牛鼻关，辅率骑兵至美良，定窜入吉利深山，擒之”。

美坪峒 在今湖南桑植县西北五十里。旧为桑植安抚司驻地。《清一统志·永顺府》：美坪峒“旧桑植安抚司，领美坪、朝南、那步、人士、黄河、鱼龙、夹石、苦南、杆坪、蚕寮、金藏、拓山、烂洞、黄家、板山、龙潭、书洛等十七峒，皆苗僚聚处”。

美卧沟山 在今四川小金县西北一百二十里，与梦笔山相连，山势峻险。美卧沟发源于此。清魏源《圣武记》卷7《乾隆再定金川土司记》：乾隆三十七年（1772），阿桂攻占美诺，僧格达逃至“泽旺所居之底木达，泽旺闭寨门不纳，遂由美卧沟窜入大金川”。

美岱召 在今内蒙古土默特右旗东。明隆庆年间，由蒙古土默特部首领俺答汗及其妻三娘子主持修建。原名灵觉寺，后改名寿灵寺。万历间，迈达里胡图克图来此传教，故又称迈达里庙、麦大力庙或美岱召。1996年定为全国重点文物保护单位。

美姑河 在今四川美姑县境，为金沙江支流。《清史稿·四川土司传》：宣统元年（1909）用兵凉山，“西南由美姑河至雷波，辟雷宁通道四百余里，驻兵守护，以通商旅”。

美相县 北周保定元年（561）置，为洮州洮阳郡治。治所在今甘肃卓尼县西洮河南岸卡车乡录巴寺北羊巴古城。唐贞观四年（631）移治故洪和城（今甘肃临潭县东新城），寻废。

美俗县 隋开皇十八年（598）改金城县置，属旭州。治所在今甘肃碌曲县东南。大业初改名洮源县。

美洛居 即今印度尼西亚马鲁古群岛。明张燮《东西洋考》卷5：“美洛居，俗讹为米六合，东海中稍蕃富之国也。”

美济礁 在南海中中国南沙群岛内，位于仁爱礁西北14海里。为一椭圆形环礁。退潮时大部分出露，礁湖平均水深25米。南与西南分别有两个礁门，故中国渔民向称双门或双沙。1935年公布名称为南恶礁。1947年改名美济礁。

美都喇嘛寺 在今四川小金县南山坡上。《清史稿·阿桂传》：乾隆三十七年（1772）征金川，“阿桂克美都喇嘛寺，俯瞰美诺”。即此。四十五年（1780）改为胜因寺。

美原县 唐咸亨二年（671）析富平、华原、蒲城三县置，属京兆府。治所在故土门县城（今陕西富平县东北美原镇）。唐天祐三年（906）李茂贞改置鼎州，五代梁改为裕州。后唐复为美原县，属京兆府。北宋属耀州。元至元初废。

美原镇 即今陕西富平县东北美原镇。旧为美原县治。明置美原巡司。清有县丞驻此。

美峪千户所 明景泰二年（1451）置，属万全都司。治所在今河北涿鹿县南。

美峪关 在今河北涿鹿县南。《清一统志·宣化府》：美峪关“在保安州（今涿鹿县）南六十里。西南通蔚州界。旧曰美峪所，本在保安卫西，明景泰二年移置于此”。

美高山 亦名高山。即今宁夏隆德县东南米缸山。《山海经·西山经》：“又西北五十里高山……泾水出焉。”《方舆纪要》卷58隆德县“襟山”条下：“又美高山，在县东南二十里，山形耸秀，底堡水出于此。”

美诺厅 清乾隆四十一年（1776）于美诺寨置，属四川省。治所在今四川小金县。四十八年（1783）改为懋功屯务厅。

美诺屯 清乾隆四十一年（1776）置，为美诺厅附郭屯。即今四川小金县。四十八年（1783）改为懋功屯。

美诺沟 在今四川小金县东，为小金川河支流。《清史稿·四川土司传》：乾隆三十八年（1773），温福率大军征大小金川，土司僧格桑“阴遣小金川头目等由美诺沟出，煽故降番使复叛。诸番见大军久顿，蠭起应之，攻（董）天弼营，遂劫粮台”。民国《川西边事辑览》第八编：懋功县“位于小金河之南美诺沟之两岸”。美诺寨、美诺厅以此名。

美诺寨 清小金土司官寨。在今四川小金县。《清史稿·土司传》：乾隆四十三年（1778）金川土司反，“朝廷调张广泗总督四川，进驻泽旺所居美诺官寨……三十九年，阿桂入自鄂克什，转战五昼夜，直抵美诺，克之”。即此。四十一年（1776）于此置美诺厅。

美榔双塔 又名美榔姐妹塔。在今海南省澄迈县东北美亭工作站美榔村东南隅。始建于南宋。乃陈道叙居士为思念二女（长女出家为尼，法号灵照；次女善长亦出家居庵）而建。姐塔坐东南向西北，平面六角形，层高五级；妹塔坐东向西，平面方形，层高七级。二塔均为仿木结构，以火山岩石修砌，相距20米，因建于同一井泉山池之中，塔的下部均砌有高大台基伸入池水。从塔结构上看，姐塔为单双壁混用空筒楼阁式塔，构造简洁，点缀部分人物，可谓“五层宝塔”；妹塔为单壁空筒楼阁式塔，装饰华丽，满布佛教雕刻，堪称“七级浮图”。工艺精湛，为中华古塔中的珍品。1996年定为全国重点文物保护单位。

美溪暗沙 在南海中中国中沙群岛内，位于中沙大环礁南部边缘。东北距安定连礁15海里，西距布德暗沙1.3海里。1947年公布名称为美溪暗沙。

美滨暗沙 在南海中中国中沙群岛内，位于中沙大环礁北部边缘。东北与鲁班暗沙相距0.7海里，西与本固暗沙相距5.5海里。1947年公布名称为美滨暗礁。

美稷县 西汉置，属西河郡，为属国都尉治。治所在今内蒙古准格尔旗西北纳林镇古城。《后汉书·南匈奴传》：光武“诏（南）单于徙西河美稷，因使中郎将段郴及副校尉王郁留西河拥护之，为设官府，从事、椽史……自后以为常”。东汉末废。

美稷城 在今山西汾阳市西北。东汉中平中，美稷县徙治于此，寻废。《魏书·世祖纪》：北魏延和三年（434），“行幸美稷，遂至隰城”。即此。

美澜 即今福建莆田市东南美槲。清置把总于此。

羑水 在今河南汤阴县北，东流至内黄县入荡河。《汉书·地理志》河内郡荡阴县：“西山，羑水所出，亦至内黄入荡。”

羑里 一名牖里。在今河南汤阴县北九里。《史记·殷本纪》：“纣囚西伯羑里。”《汉书·地理志》河内郡荡阴县：“有羑里城，西伯所拘也。”《水经·荡水注》：羑水“又东流径羑城北，故羑里也”。

羑里城遗址 在今河南汤阴县北九里。位于一处高约5米的土台上，面积约为1.1万平方米，是已知的我国最早的国家监狱所在地之一。遗址文化层厚7米，下层有龙山文化的白灰居住面房址、红烧土等遗迹，发现鼎、瓮、盘、盆、缸等陶器。上层发现商周时期的陶鬲、罐、豆残片。现存明清所建文王庙，有山门、正殿、演易台及明代碑刻两通。1996年定为全国重点文物保护单位。

姜（薑）山村 即今浙江宁波市鄞州区南姜山镇。清光绪《鄞县志》卷2《市镇》引《乾道图经》称：宋代县南有姜山里、姜山村。并载：姜山村“距城二十五里”。

姜山集 即今山东莱西市东南四十里姜山镇。《清一统志·登州府》：姜山集“在莱阳县西南九十里。本朝乾隆三十一年移县丞驻此”。

姜女石遗址 在今辽宁绥中县南，濒临渤海湾。遗址分布在石碑地、黑山头、止锚湾、瓦子地、周家南山和大金丝屯等处。其中石碑地遗址规模最大，南北五百多米，东西为二百六十多米，面积近十五万平方米，四周有宫墙。南端中心为一座多级夯土高台，高8米，台基坐北面海，东西两侧及背面有夯土建筑基址。出土遗物有大型夔纹筒瓦当、菱格纹砖、千秋万岁瓦当等。这里当是秦汉行宫遗址。1988年定为全国重点文物保护单位。

姜太公衣冠冢 在今山东淄博市临淄区辛店镇东。姜太公，名尚，字子牙，号太公望。因祖先封地在吕，尚从其封，故曰吕尚。辅佐武王灭商有功，封于齐。《史记·齐太公世家》《集解》：“《礼记》曰：‘太公封于营丘，比及五世，皆反葬于周。’郑玄曰：‘太公受封，留为太师，死葬于周。五世之后乃葬齐。’《皇览》曰：‘吕尚冢在临菑县城南，去县十里。’”《清一统志·青州府》“齐太公冢”条引《齐记》曰：“太公望葬于周，齐人思其德，葬衣冠于此。”

姜水 即岐水。在今陕西岐山县西，源出岐山，南流合横水入于雍。《水经·渭水注》：“岐水又东径姜氏城南为姜水。按《世本》：炎帝，姜姓。《帝王世纪》曰：炎帝神农氏姜姓，母女登游华阳，感神而生炎帝，长于姜水，是其地也。”

姜水城 即今陕西宝鸡市南羌城堡。《方舆纪要》卷55宝鸡县：羌水城“在县南七里。城南有姜水，相传神农氏妃有乔氏所居”。

姜氏城 在今陕西岐山县东。《水经·渭水注》：“岐水又东径姜氏城南为姜水。按《世本》：炎帝，姜姓。《帝王世纪》曰：炎帝神农氏姜姓，母女登游华阳感神而生炎帝，长于姜水，是其地也。”另据《明一统志》卷34称：姜氏城“在宝鸡县（今陕西宝鸡市）南七里”。与《水经注》异。

姜华镇 一名藤田镇。又名层山镇。即今江西永丰县东南藤田镇。

姜各庄　即今河北乐亭县东四十里姜各庄镇。清光绪年间于此设千总驻守。

姜州　①唐武德五年（622）置，治所在封山县（今广西灵山县南安金村）。辖境相当今广西浦北县及灵山县部分地。贞观十年（636）废。

②唐永徽二年（651）置羁縻州，属茂州都督府。治所在今四川汶川县西南邛崃山附近地区。后废。

③唐置羁縻州，属黔州都督府。治所在今贵州凯里市西北。宋改为蒋州。

④元世祖至元十五年（1278）置，属建昌路。治所在今四川会东县西南姜州乡。明洪武十五年（1382）改属东川府。二十七年（1394）废。

姜州堡　明置，属会川卫。在今四川会东县西南姜州乡。《方舆纪要》卷74会川卫："又四十里为姜州堡，即元所置姜州也。会盐守备驻于此。"清为姜舟汛，设外委驻防。

姜池场　即今重庆市丰都县东龙河西岸江池镇。《明史·四川土司传》：成化年间，"移忠州临江巡检司于丰都南宾里之姜池"。即此。

姜园店　一名姜店。即今河南舞阳县东北二十四里姜店乡。清康熙《南阳府志》卷2《集镇》：舞阳县有姜园店。

姜灶港　即今江苏南通市通州区（金沙镇）南二十二里姜灶镇。清光绪《江苏全省舆图》：通州（今南通市）东南有"姜灶"。

姜岭　在今湖南醴陵市北二里。《清一统志·长沙府一》：姜岭"相传有姜士会者居此。俗讹为姜维岭。数峰屏峙如障"。

姜店镇　北宋置，属襄城县。在今河南襄城县西南十八里。今为姜店村。

姜诗镇　即孝泉镇。今四川德阳市西北孝泉镇。明曹学佺《蜀中名胜记》卷9绵竹县引宋郑少微记："汉州德阳县西北四十里，有镇，东汉姜诗故宅在焉。故号姜诗镇。治平中，知绵竹县事郭震，谓士游行甚高，宜讳其名，白部刺史易之，镇遂号孝泉，然庙犹因俗为呼。"

姜驿　即今云南元谋县北八十二里姜驿乡。明置驿。民国初设县佐。

姜革庄　又称姜家庄。即今山东烟台市东南姜格庄镇。旧属牟平县。民国《牟平县志》卷3：姜革庄集"在县（治今宁海镇）东四十五里"姜革镇。

姜站　元置，在今四川会理县西南金雨乡境。

姜家庄　在今河北清苑县南。清光绪二十六年（1900）义和团领导附近各村民反教堂暴行于此。

姜家畈　即今湖北红安县。旧属麻城县，明嘉靖四十二年（1563）置黄安县于此。

姜家楼　即今山东东阿县西南姜楼镇。清道光《东阿县志》卷2《镇集》："姜家楼在城（今平阴县西南东阿镇）西北三十里。"

姜家嘴　在今江苏镇江市丹徒区东北。明置巡司于此。

姜营　即今云南鹤庆县东南一百二十里黄坪镇北姜营。清有外委千总驻防。

姜维山　在今四川理县东北薛城镇。《元和志》卷32薛城县：姜维山"在县西一里"。《寰宇记》卷78保宁县：姜维山"姜维昔屯军于此"。

姜维岭　即沈岭。在今陕西周至县南。《元和志》卷2盩厔县：姜维岭"本名沈岭，在县南五十里。蜀后主延熙二十年，大将军姜维率众出骆谷，经沈岭"。即此。

姜维城　①在今四川理县东北七十里薛城镇西南。《元和志》卷32维州："本徼外羌冉駹之别种也，初蜀将姜维、马忠北讨北汶山叛羌，此其地也，今名姜维城，即维所筑。"《舆地纪胜》卷148威州：姜维城"自州南一十里，止有一门。唐武德七年置州之所也。州故城在姜维城东一十里高碉山上，垒石为之，唐贞观三年州所治也"。

②亦名羌城。即今四川芦山县城南平襄楼。《寰宇记》卷77卢山县："亦严道县地。《晋书·地理志》：姜维于此置城，隋仁寿元年重开此地，遂于姜维古城置卢山县。"今为芦山县博物馆。

③在今甘肃文县东。《元和志》卷22曲水县：姜维故城"在县东七里。后主令维于此筑城，与邓艾相守"。

姜维镇　唐置，为军镇，属维州。在今四川理县东北薛城镇境。《舆地纪胜》卷148威州：姜维城"自州南一十里，上有一门，唐武德七年置州之所也"。

姜堰　即今江苏姜堰市。《宋史·河渠志七》：南宋绍兴四年（1134），诏毁"泰州姜堰……务要不通敌船"。《方舆纪要》卷23泰州：姜堰"在天目山前，濒运河。北至西溪，通运盐以达上河"。

姜堰市　1994年撤销江苏省泰县后设置，属扬州市。1996年划归泰州市。2012年撤销姜堰市，设立泰州市姜堰区，区政府驻姜堰镇上海路1号。

姜堰镇　即今江苏姜堰市。《清一统志·扬州府二》：姜堰镇"在泰州东四十五里。运盐河所经"。1949年泰县迁治于此。1994年改设姜堰市。

姜畲市　即今湖南湘潭县西姜畲镇。《清一统志·长沙府》"涂田市"条："姜畲市在（湘潭）县西三十五里。路通湘乡。"

姜源岭　在今湖南平江县北。《方舆纪要》卷77平江县：姜源岭在"县北三十里。驿道接通城县界"。

姜磨戍　在今四川西昌市西南三十里佑君镇附近。北周及隋为可泉县治所。《旧唐书·地理志》西泸县："梁置可泉县，隋治姜磨戍。武德七年移于今。天宝末改为西泸。"《元和志》卷32巂州："姜磨戍在西泸县西南三里。"

姜寨遗址　在今陕西西安市临潼区城北，是一处五六千年前的大型新石器聚落遗址。总面积约为5万平方米。1972—1999年发掘出仰韶和龙山文化共五期文化层。出土房址一百三十余座，每一座大房和若干小房构成一组，显示母系部落血缘关系。出土大量石器、陶器、贝饰等生产生活用具。其中两件黄铜制品是我国已知最早的铜器。附近古墓葬中发现石砚及绘画工具也属首次。1996年定为全国重点文物保护单位。

姜疃集　本名姜家疃。即今山东莱阳市南姜疃镇。民国《莱阳县志》乡镇图：县南有姜疃镇。

送驾河　即今山东文登市西之老母猪河。《明一统志》卷25登州府：送驾河“源发文登县东北四十里正棋山，经本县，南入海”。

送鬼岭营　在今广东郁南县东南。《方舆纪要》卷101罗定州东安县：送鬼岭营“在县西。泷水小江东岸。又南三十里有塘底营，又二十里曰三岭营，俱嘉靖二十三年设，属德庆州。万历五年改今属。《志》云，送鬼岭营，在德庆州南一百七十里”。

迷卜哈喇灰　亦作速木哈喇灰。在今新疆哈密市西北。顾炎武《天下郡国利病书》卷117《西域土地人物略》：哈密城“城北三十里为迷卜哈喇灰”。

迷儿军　元代西藏地名。《元史·百官志三·宣政院》载：乌思藏纳里速古鲁孙等三路宣慰使司都元帅府，其属附见有迷儿军万户。藏文史籍《汉藏史集》载乌思藏十三万户中，迷儿军（止贡）为乌思地区（前藏）六个万户之一，其辖地在今墨竹工卡县直孔境。

迷马庄　在今山东沾化县西古城镇西南。《清一统志·武定府》：迷马庄“在沾化县西十五里。《县志》，土腴林茂，地势纡回。相传金海陵乘马行迷于此，故名”。

迷水　又作米水。即今云南马龙县和曲靖市北阿幢河。汉至南朝称迷水。《汉书·地理志》铜濑县：“谈虏山，迷水所出，东至谈稿入温。”

迷花墟　在今广东茂名市东南袂花镇北。清光绪《高州府志》卷10：袂花在“县南九十里。《旧志》：迷花”。

迷昆州　即述昆州。治所在今广西宜州市西南龙头乡。迷为述之讹。

迷昆县　即述昆县。在今广西宜州市西南。迷为述之讹。

迷昆镇　即述昆镇。在今广西宜州市西南。迷为述之讹。

迷易千户所　明洪武十五年（1382）置，属建昌卫。治所即今四川米易县。二十七年（1394），改属会川卫。清乾隆二十五年（1761）改置迷易所巡司。

迷易所　清乾隆二十六年（1761）改迷易千户所置巡检司，属会理州。治所在今四川米易县南撒莲镇。1951年改设迷易县。1952年改为米易县。

迷郎关　明置，属会川卫。在今四川会理县西南。《明一统志》卷73四川行都司：迷郎关“会川卫城南六十里”。《方舆纪要》卷74会川卫“泸津关”条：“《志》云：卫南六十里有迷郎关。一名迷水镇。旧有滇池。今湮。”

迷梯克海　一作米的克池。在今西藏嘉黎县西南。迷梯克藏布江发源于此。

迷梯克藏布江　即米的克藏布河。今西藏嘉黎县西南麦地藏布。源出迷梯克海，屈曲西南流入林周县境称热振项布，为拉萨河上游。

迷渡市　即今云南弥渡县。明属赵州，置巡司于此。1912年于此置弥渡县。

迷渡镇　又称迷渡市。即今云南弥渡县。《方舆纪要》卷118蒙化府：“迷渡镇在府东，与大理府赵州接界。嘉靖初筑城于此，控制白崖等要路。”

迷楼　在今江苏扬州市西北七里。《舆地纪胜》卷37扬州引《广陵志》云：“炀帝时浙人项升进新宫图，帝爱之，令扬州依图营建。既成，帝幸之，曰：‘若使真仙游此，亦自当迷’”，乃名迷楼。

逆水　又名乌亭逆水、丽水。即今甘肃中部庄浪河。源出甘、青两省边境冷龙岭东坡，东南流经天祝藏族自治县和永登县南，至兰州市西河口入黄河。《汉书·地理志》金城郡允吾县：“乌亭逆水出参街谷，东至枝阳入湟。”《水经·河水注》：逆水“出允吾县之参街谷，东南流，径街亭城南，又东南径阳非亭北，又东南径广武城西，……又东径枝阳县故城南，东南入湟水”。按：古逆水入湟水，今庄浪河入黄河，水道微有变迁。

逆流河　在今北京市平谷区东南。《方舆纪要》卷11平谷县：逆流河“一名小碾河。源出县南泉水山，西北流，凡九十九曲而入泃河”。

逆畤　春秋晋邑。在今河北顺平县东南。《左传》：哀公四年（前491），“国夏伐晋，取邢、任、栾、鄗、逆畤、阴人、盂、壶口”。战国改称曲逆。

类水　①即今云南云龙县西之沘江。汉至南朝称类水。《水经·若水注》：类水“出巂唐县，……类水西南流，曲折又北流，东至不韦县注兰仓水”。

②今越南清化省马江。《水经·温水注》：“自九德通类口，水源从西北远荒，径宁州界来也。”

类乌齐　在今西藏类乌齐县西北类乌齐镇。清时设类乌齐宗。乾隆《西藏志·事迹》：雍正三年（1725）升周瑛为四川提督。于次年春，抚插类乌齐一带番民。“类乌齐”，藏语意为大山。

类乌齐宗　原西藏地方政府置，治所在今西藏类乌齐县西北类乌齐镇。1960年改设类乌齐县，后迁驻热扎卡。

类伍齐　又作类乌齐。在今西藏类乌齐县西北类乌齐镇。清乾隆《卫藏通志》卷4：“察木多由类伍齐草地进藏。”即此。

娄　春秋时杞邑。在今山东诸城市西南四十里。《春秋》：隐公四年（前719），“莒人伐杞，取牟、娄”。杜注：“牟、娄，杞邑。城阳诸县东北有娄乡。”

娄山　①又名狗山。在今河北永年县（临洺关）西。《清一统志·广平府二》：狗山“今名娄山”。

②在今山西洪洞县西。《方舆纪要》卷41洪洞县：娄山“在县西三十里，北接赵城县之罗定镇”。

③一名大楼山。在今贵州遵义县北。上有娄山关。《清一统志·遵义府》：大楼山“在府城北九十里。亦名娄山。洪江出此，上有关”。

娄山关 一称娄关、太平关。在今贵州遵义县北大楼山上。为黔北险关。1935年2月中国工农红军长征途中，曾攻克此关，大败国民党军队。

娄门 本名疁门。即今江苏苏州市旧城东门。《越绝书·吴地传》：“从阊门到娄门九里七十二步。”《吴地记》：“吴门本号疁门，东南秦时有古疁县，至汉王莽改为娄县。”《方舆纪要》卷24苏州府长洲县“吴郡城”条：娄门“亦在城东，以道出娄江而名”。

娄子镇 即今河北枣强县西南新屯乡西娄子村。明嘉靖《冀州志》卷1：枣强县有娄子社。民国《枣强县志》卷1：娄子镇在“城南三十五里。区公所分驻所在焉”。

娄水 即今湖南慈利县西北溇水。《水经·澧水注》：娄水“源出巴东界，东径天门郡娄中县北，又东径零阳县注于澧水”。

娄江 ①原太湖尾闾之一，又名下江。晋顾夷《吴地记》、庾阐《扬都赋注》与唐张守节《史记正义》等，皆以此为《尚书·禹贡》三江之一。故道自今江苏苏州市东南三十里古三江口与松江分流，东北大致循今娄江及浏河入海。8世纪后逐渐湮废。北宋至和二年（1055）重新疏浚，更名至和塘，即今娄江。在今苏州市区和吴县、昆山市境内。从苏州娄门起经吴县跨塘、唯亭入昆山市，至青阳港东接浏河入江。

②即今江苏太仓市旧时的别称。因境内娄江得名。

娄县 ①秦置，属会稽郡。治所在今江苏昆山市东北三里。东汉属吴郡，建安二十四年（219）孙权封陆逊为娄侯；三国吴黄龙元年（229）封张昭为娄侯。皆在此。南朝梁天监六年（507）改为信义县。

②清顺治十三年（1656）分华亭县置，与华亭县同为松江府治。治所即今上海市松江区。辖府治西偏。1912年复并入华亭县。

娄林 又名娄亭。春秋徐地。在今江苏泗洪县东北。《春秋》：僖公十五年（前645），“楚人败徐于娄林”。杜注：“娄林，徐地。下邳僮县东南有娄亭。”

娄狗山 即今浙江云和县西北鹿角尖。《方舆纪要》卷94云和县：娄狗山“在县西十里。下有灵泉，黄溪之源出焉”。

娄底市 又作楼底市。即今湖南娄底市。旧属湘乡县。《清一统志·长沙府》关隘“铜钱湾市”条下：“娄底市，在县西北一百二十里。”即此。清乾隆三年（1738）移武障巡司驻此。1934年置娄底镇，1937年撤销。1944年复置娄底镇，为湘乡县战时治所。1945年后撤销。1952年先后划归蓝田县和涟源县。1961年由涟源县析置娄底市（县级），1962年复改为镇。1980年复置娄底市，1982年为娄底地区驻地。1999年撤销娄底地区及县级娄底市，改设地级娄底市。

娄亭 即娄林。在今江苏泗洪县东北。《左传·僖公十四年》：“楚人败徐于娄林。”杜注：“僮县东南有娄亭。”即此。

娄馆 在今陕西兴平市西。《资治通鉴》：唐乾宁三年（896），“（李）茂真引兵逼京畿，覃王与战于娄馆，官军败绩”。即此。

娄博贝监军司 一曰白马强镇监军司。西夏置，治所在今内蒙古阿拉善左旗北吉兰泰盐池附近。元废。

娄湖 在今江苏南京市东南。《元和志》卷25润州上元县：娄湖“在县东南五里。吴张昭所创，溉田数十顷。周回七里。昭封娄侯，故谓之娄湖”。《宋书·沈庆之传》：“又有园舍在娄湖，庆之一夜携子孙徙居之，以宅还官，悉移亲戚中表于娄湖，列门同闬焉。”《南史·齐武帝纪》：齐永明初，“望气者云：新林、娄湖、东府西有天子气。甲子，筑青溪旧宫，作新林、娄湖苑以厌之”。皆此。

娄缕滩 在今四川射洪县西北涪江上。《旧唐书·地理志》射洪县：“娄缕滩东六里，有射江，语讹为洪。”

娄塘镇 又名疁塘、刘塘、娄溪。即今上海市嘉定区西北十二里安塘镇。镇以水名。《方舆纪要》卷24苏州府嘉定县：娄塘镇“旧有娄塘南馆，为往来中顿处。嘉靖中，倭贼每从刘河突犯娄塘，县境及太仓，皆被其患”。

娄睿墓 在今山西太原市南郊晋祠镇王郭村南。《北齐书·娄昭传附娄睿传》记载，睿恃外戚贵幸，封东安王，官至大司马。1979—1981年发掘该墓，出土制作精巧的陶器、瓷器、玉器等八百七十余种，墓壁全部绘有壁画，大部保存完好，现存七十一幅，皆大型长卷，绚丽多彩。

前山 在今湖南桑植县南。《方舆纪要》卷77安福所：前山“在所治（今桑植县）南。登山可以瞭望”。

前山市 即今广东徐闻县东北前山镇。清宣统《徐闻县志》卷1：前山市在“县东九十里”。

前山寨 明天启年间建，属香山县。即今广东珠海市西南前山镇。清乾隆八年（1743）设海防同知驻此，嘉庆十四年（1809）并设游击防守。

前千户所 明洪武二十八年（1395）置，属海门卫。即今浙江台州市（椒江区）椒江北岸前所镇。清改寨，设都司守备。

前门 即正阳门。在今北京市天安门广场南侧。明、清北京内城正南门。

前卫 即今辽宁绥中县西南前卫镇。明为广宁前屯卫。清为前屯卫城。为县西南第一重镇。清杨宾《柳边纪略》卷2:“高梁站十八里至前卫。”

前屯卫城 明置，即今辽宁绥中县西南前卫镇。明《辽东志》卷2：前屯城“洪武己卯年都指挥曹毅因瑞州旧址修土城，周围五里三十步，高三丈五尺。宣德、正统间备御毕恭、邓铎前后包砌，池深一丈，阔二丈，周围六里二百步。城门三：东曰崇礼、南曰迎恩、西曰武宁”。清时城圮。

前仓镇 北宋置，属平阳县。即今浙江苍南县东钱库镇。《清一统志·温州府一》：前仓镇“亦名钱仓”。

前乌兰不浪 即乌兰布拉克。今内蒙古武川县西九十里西乌兰不浪镇。民国《绥远通志稿》卷2：武川县第七区设在乌兰不浪。

前左翼头旗 又称前左翼首旗。俗称默勒王旗。即和硕特前左翼头旗。在今青海刚察县东北。

前头旗 又称前首旗。即和硕特前头旗。在今青海河南蒙古族自治县境。

前江 ①即今浙江宁波市西与鄞州区界上段姚江。《明史·地理志》绍兴府余姚县：姚江“经县南，又东为慈溪之前江”。

②古东关水。即今四川渠江支流东河上源。清道光《城口厅志》卷4：前河“自厅东二百里光头山下二洞穴发源，由笼子河桃花洞入明通井峡，俱西流二百里入东乡县东界，又一百二十里汇中、后二河”。西南流为渠江。

③即今重庆市彭水苗族土家族自治县境之郁江上源。《明史·地理志》湖广施南宣抚司：“西有前江，发源七药山，西南流与后江合，入四川彭水县界。”

④即今贵州施秉县南之清水江。《清一统志·镇远府》：前江“即重安江之下流，又南流数十里为洪江”。

前坎 在今俄罗斯哈巴罗夫斯克边疆区黑龙江下游东岸博果罗得斯科耶。清属三姓副都统。清曹廷杰《西伯利东偏纪要》：“由特林向东南泝流而上，约二百一十里混同江东岸前坎地方，有古城基周三四里，对岸为无底侯温下口，地名乌活图。”清咸丰年间通过不平等的《北京条约》被俄割占。

前岐市 即今福建福鼎市东前岐镇。清嘉庆《福鼎县志》卷1《市集》有前岐市。

前所 ①即今辽宁绥中县西南前所镇。明为广宁中前所。清为中前所城。

②在今四川盐源县西北前所乡。明置前所土千户。

③在今云南宜良县西北。滇越铁路经此。

前所寨 即今浙江临海市东南灵江北岸前所镇。《清一统志·台州府》：前所寨“在临海县东九十里海门卫北。明洪武二十八年建前千户所，筑城周三里有奇。南临椒江，与卫城仅隔一水。本朝改为寨，设都司、守备驻防。今增置巡司”。

前京县 南朝梁置，属信义郡。治所在今上海市金山区东南，杭州湾大金山岛之北。隋废。故址于南宋时已沦入海中。

前河 ①即今安徽东至县境尧渡河。《清一统志·池州府一》：前河“在建德县南。有三源，总汇于步头湾，过县南十五里百步滩，潴为官池，历县南二里尧城渡，亦曰尧城溪，又合茹兰溪，汇石印池，入东流县界为江口河，至县西七里入江”。

②古名东关水。在今四川宣汉县东，为州河支流。《清一统志·绥定府一》：通川江，“《通志》：江之上流有前、中、后三江。……（后江）至东乡县城东，与前江会，为通川江，又六十里入达州界，经城东复曲而西，八十里入渠县界”。前河源出城口县东南光头山，西南流入宣汉县，在县城东江口与后河合，称州河。

前城 春秋周邑。在今河南洛阳市龙门南，伊河东岸。《左传》：昭公二十二年（前520），“司徒丑以王师败绩于前城”。即此。《续汉书·郡国志》：河南尹雒阳县“有前亭”。

前赵 十六国之一。公元304年匈奴贵族刘渊在左国城（今山西吕梁市离石区北）称汉王，308年称帝，309年迁都平阳（今山西临汾市西南）。310年刘聪即位，316年灭西晋。三年后刘渊侄刘曜迁都长安（今陕西西安市），改国号为赵，史称前赵。有今河北、山西、河南、陕西的各一部分。329年为后赵所灭。

前亭 在今山西和顺县西八十里仪城村西。《资治通鉴》：南朝梁大宝元年（550），“（高）洋行至前亭，所乘马忽倒”。《方舆纪要》卷43辽州：前亭“在故平城县西”。

前庭县 唐宝应元年（762）改高昌县置，属西州。治所在高昌城（今新疆吐鲁番市东六十余里高昌故城）。贞元六年（790）陷入吐蕃。

前洲镇 即今江苏无锡市西北四十里前洲镇。此地原为芙蓉湖中洲地，明嘉靖间芙蓉湖围成圩田后，渐成市镇。清光绪《江苏全省舆图》无锡县图：西北有前洲镇。

前秦 十六国之一。公元350年氐族贵族苻洪称三秦王。352年子健据关中称帝，建都长安（今陕西西安市西北），国号秦。史称前秦。357年苻坚即位后，灭前燕、前凉及代国，曾一度统一我国北方。394年为后秦所灭。共历七帝，四十五年。

前莫县 西汉置，属乐浪郡。治所在今朝鲜江原道高城附近。东汉废。

前真州 唐武德五年（622）置，治所在移风县（今越南清化省清化西北）。贞观元年（627）废。

前凉 十六国之一。西晋永宁元年（301），张轨任凉州刺史。西晋灭亡后，从东晋建武元年（317）开始，张寔及其子孙世守凉州，成为割据政权，史称前凉。到永和十年（354）张骏自号假凉王，都姑臧县（今甘肃武威市），有今甘肃西部、宁夏西部和新疆东部地。传九主七十六年，太元元年（376）为前秦所灭。

前浦 在今江苏盱眙县附近。《资治通鉴》：南朝宋元嘉二十七年（450），北魏世祖过淮河至盱眙，臧质将“仆射胡崇之、积弩将军臧澄之营东山，建威将军毛熙祚据前浦，质营于城南……魏燕王谭攻崇之等，三营皆败没”。胡三省注：“东山、前浦皆在盱眙城左右。”

前塘河　在今浙江宁波市鄞州区东。源自今浙江奉化市东与宁波市鄞州区交界处，北流经鄞州区横溪、云龙等镇，于宁波市城区注入甬江。《清史稿·地理志》宁波府鄞县：“其东前塘河，三源汇于横溪，出横石桥，会中塘、北塘河，径和安桥，为三河总渠，注大石碶入江。”

前蜀　五代十国之一。唐大顺元年（891）王建攻取成都。天复三年（903）唐封为蜀王。天复七年（907），蜀王王建称帝于成都（今四川成都市），国号大蜀，年号成武，史称前蜀。辖州六十四，县二百四十九，相当今四川和甘肃东南、陕西南部、湖北西部地。咸康元年（925）为后唐所灭，共二主二十三年。

前溪　①即余英溪。在今浙江德清县西。《寰宇记》卷94武康县：“前溪在县（治今武康镇）西一百步。前溪者，古永安县前之溪也。”《方舆纪要》卷91武康县：前溪“在县治（今武康镇）南。源出铜岘山，流经县西二十一里曰阮公溪，至治前曰前溪”。东流分为二，一“合德清县之北流水”，一“入风渚湖”。

②在今浙江桐庐县西北。宋《景定严州续志》卷9分水县：前溪“在县（今分水镇）南。源出柳柏乡，经分水乡入定安，会于天目溪”。

前燕　东晋十六国之一。西晋元康四年（294）鲜卑慕容廆于大棘城（今辽宁义县西北）建立政权，永嘉初，自称鲜卑大单于。东晋咸康三年（337）其子皝称燕王，都龙城（今辽宁朝阳市）。皝子儁迁都蓟（今天津市蓟县），于永和八年（352）称帝。后又迁都邺（今河北临漳县西南），史称前燕。辖今河北、山东、山西、河南、安徽、江苏、辽宁的一部分。太和五年（370）为前秦所灭。

前薛　又名化南镇。在今福建福清市东南。《清一统志·福州府》：化南镇“在福清县东南六十里，地名前薛。有民城，明嘉靖中筑以御倭”。

前藏　西藏旧分康（喀木）、卫、藏、阿里四部。清雍正年间划康部宁静山以东地归四川省，以西与卫部合称前藏。1914年以前藏太昭（江达）以东旧康部地区划为川边特别区，前藏仅指卫部。

酋水　又作首水。即今陕西渭南市东沈河。源出渭南市南大谷，北流入渭。《水经·渭水注》：“首水南出倒虎山。”即此。戴震改“首”作“酋”。《长安志》亦称酋谷水。

首山　①即首阳山。在今山西永济市西南蒲州老城南。《左传》：宣公二年（前607），“初，宣子田于首山，舍于翳桑”。

②一名手山。又名驻跸山。在今辽宁辽阳市西南十五里。《三国志·魏书·公孙渊传》：景初二年（238），司马懿征辽东，“诸军进至首山，渊复遣（卑）衍等迎军殊死战，复击，大破之”。

③又名首阳山。在今河南偃师市西北，为邙山最高处。《后汉书·桓荣传》：荣卒，明帝“赐冢茔于首山之阳”，即此。

④在今河南襄城县南五里。《史记·孝武本纪》：“天下名山八，而三在蛮夷，五在中国。中国华山、首山、太室、泰山、东莱。此五山，黄帝之所常游。”或以即此首山。《方舆纪要》卷47襄城县：“首山者，县西诸山迤逦直接嵩、华，而实起于此，故名。上有圣泉。”

首山堡　即今辽宁辽阳县治（首山镇）。《方舆纪要》卷37辽东都司：首山堡在“司西十五里，以近首山而名”。

首止　一名首戴。春秋卫邑。在今河南睢县东南。《左传》：桓公十八年（前694）秋，“齐侯师于首止”。杜注：“卫地。陈留襄邑县东南有首乡。”《春秋》：僖公五年（前655）“秋八月，诸侯盟于首止”。即此。

首水　又作酋水。即今陕西渭南市东沈河。源出渭南市南大谷，北流入渭。《水经·渭水注》：“首水南出倒虎山。”即此。

首阳山　①又名阳山。即今河北卢龙县东南二十五里阳山。《史记·伯夷传》正义：“首阳山，《说文》云，首阳山在辽西。”《方舆纪要》卷17卢龙县：阳山“峰峦高耸，下多溪谷，一作崵山。《说文》以为首阳山也。汉李广守北平，俗传曾射虎于此，山之西麓，有射虎石”。

②在今山西和顺县东南四十里。《清一统志·辽州》称，“本阳区山，俗号首阳山”。

③又名首山、雷首山。在今山西永济市西南蒲州镇南。《诗经·唐风》：“采苓采苓，首阳之颠。”《论语·季氏》：“伯夷叔齐饿于首阳之下。”即此。

④在今甘肃渭源县东南莲峰镇享堂沟村。《史记·伯夷传》：“武王已平殷乱，天下宗周，而伯夷、叔齐耻之，义不食周粟，隐于首阳山，采薇而食之。”《清一统志·巩昌府二》“夷齐庙”条按：“夷齐饿于首阳之下。马融以为在蒲坂。曹大家注《通幽赋》云在陇西。《索隐》据庄子北至岐山、西至首阳之交，以为在岐山之西。《说文》以为在辽西。刘延之以为在偃师。《方舆胜览》亦云在陇西。《府志》：今陇西县首阳山麓之左，有二贤冢，故于冢旁立庙。明郡人杨闳著辨以陇西之首阳为是。其说不一。”今渭源县东南莲峰的五台下立有明万历二十二年（1594）“首阳辨碑”。山腰有夷齐墓。山上建有夷齐庙，又名清圣庙。院内立清陕甘总督左宗棠撰文并篆额的《新建首阳清圣庙碑》等碑石。

⑤在今河南偃师市西北，北接孟津县界。即邙山最高处，日出先照故名。《后汉书·孝顺帝纪》：阳嘉元年（132），“遣大夫、谒者诣嵩高、首阳山，并祠河、洛，请雨”。《水经·河水注》：“河

水南对首阳山。春秋所谓首戴。夷之歌所以曰：'登彼西山矣。'上有夷齐庙。……又有周公庙。"《寰宇记》卷5偃师县："首阳山，在县西北二十五里。"

首阳关 即今甘肃陇西县西北首阳镇。《明史·地理志》陇西县："西有首阳山，上有关。"

首阳县 西汉置，属陇西郡。治所在今甘肃渭源县东北渭水北岸。西魏大统十七年（551）改为渭源县。

首阳陵 三国魏文帝曹丕的陵墓。在今河南洛阳市东北汉魏故城北首阳山火车站一带。《三国志·魏书·文帝纪》载：魏文帝曹丕于黄初三年（222）冬十月"表首阳山东为寿陵"，并作《终制》云："寿陵因山为体，无为封树，无立寝殿，造园邑，通神道。"黄初七年（226）夏五月"丁巳，帝崩于嘉福殿，时年四十。六月戊寅，葬首阳陵"。

首拔河 亦名树枝河。即今新疆和田、策勒二县境之玉龙喀什河。《魏书·西域传》："于阗城东三十里有首拔河，中出玉石。"唐杜祐《通典》卷192："首拔河，亦名树枝河。或云即黄河也。北流七百里入计戍水，一名计首水，即葱岭南河，同入盐泽。"

首垣 战国时魏邑。在今河南长垣县东北十四里。《战国策·韩三》：韩侈谓秦王，"进齐、宋之兵至首垣，远薄梁郭"。又《史记·赵世家》：赵肃侯七年（前343），"公子刻攻魏首垣"。即此。后置首垣县。

首溪砦 在今湖南桃江县西南首溪港，为宋平梅山蛮后所立五寨之一。《宋史·地理志》安化县：熙宁六年（1073）"废首溪砦"。

首戴 一名首止。春秋卫邑。在今河南睢县东南。《公羊传》：僖公五年（前655），"秋八月，诸侯盟于首戴"。即此。

兹 春秋时莒邑。在今山东诸城市西北。《春秋》：昭公五年（前537），"夏，莒牟夷以牟娄及防、兹来奔"。杜注："姑幕县东北有兹亭。"战国秦置兹氏县。

兹乡侯国 西汉置，属琅邪郡。治所在今山东诸城市西北。甘露四年（前50）封城阳荒王子弓为兹乡侯，即此。东汉省。

兹水 亦作滋水。关中八川之一。即今陕西灞河。《汉书·地理志》京兆尹南陵县："霸水亦出蓝田谷，北入渭。古曰兹水，秦穆公更名，以显霸功。"

兹氏县 战国赵置，后入秦，属太原郡。治所在今山西汾阳市东南。三国魏移治今汾阳市，为西河郡治。西晋改为隰城县。

总冈山 又名可暮山、长秋山。在今四川洪雅县西北。明嘉靖《洪雅县志》卷1：总冈山"自名山来，逆折而西至雅州与蔡蒙接，横亘百里，诸山多自其山发脉，故称总冈"。

总州 唐咸亨三年（672）置，治浮萍县（今云南盐津县南）。辖境相当今云南盐津县一带。后废。

总举土司 清末析玉树土司置，为玉树四土司之一。驻牧地在今青海曲麻莱县西北境。民国周希武《玉树调查记》卷上："总举百户驻通天河北曲马来云地方，东南距结古十二日程。"民国间废。

总章观 三国魏明帝时建。在今河南洛阳市东北魏晋故城内。陆机《洛阳记》称：洛阳城有三市九观，此其一。

炳灵寺石窟 在今甘肃永靖县西南七十里黄河北岸。十六国西秦依天然岩洞开凿而成。《水经·河水注》："河水又东北，会两川，右合二水，参差夹岸连壤，负险相望。河北有层山，山甚灵秀，山峰之上，立石数百丈，亭亭桀竖，竞势争高，远望嵾嵾，若攒图托霄上。其下层岩峭举，壁岸无阶，悬崖之中，多石室焉。室中若有积卷矣……故《秦州记》曰：'河峡崖傍有二窟，一曰唐述窟，高四十丈。西二里有时亮窟，高百丈，广二十丈，深三十丈，藏古书五卷。亮南安人也。'"现存窟龛一百八十三个，造像近八百身，分石雕、石胎泥塑和泥塑三种，壁画约为九百平方米。炳灵寺是藏语的译音，意为"十万佛"。1961年定为全国重点文物保护单位。

炳辉县 1946年皖东革命根据地改天长县置，属安徽省。治所即今安徽天长市。为纪念新四军副军长罗炳辉将军而命名。1949年隶皖北行署区。1952年划属安徽省。1959年复名天长县。

炼矾务 北宋庆历元年（1041）置，属晋州。在今山西临汾市南。

炼铜山 在今江西乐平市北。《方舆纪要》卷85乐平县：炼铜山"在县北六十里。唐置场冶铜山下，以供永平岁铸。后开凿无度，山倾，其水发为河"。

炼（鍊）铜坪 在今甘肃通渭县东南。《清一统志·巩昌府一》：炼铜坪"在通渭县东南六十里。有洞产煤"。

炼象关 在今云南禄丰县东南二十九里腰站。旧属罗次县，明置巡司于此。

炵道县（炵 líng） 即泠道县。秦置，属长沙郡。治所在今湖南宁远县东南四十里。马王堆出土的《西汉初期长沙国深平防区图》作"炵道县"。

炮（礮）车镇 即今江苏新沂市西南炮车镇。旧属邳县，咸丰《邳州志》卷3有炮车集。1949年划归新安县（后改名新沂县，又改设新沂市）。

炮（礮）台（臺）市 即今广东揭东县东南炮台镇。旧属揭阳县，清设巡司于此。

炮台（臺）营子 即今内蒙古太仆寺旗西南贡宝拉格苏木。1936—1956年为太仆寺左旗驻地。

炮（礮）台（臺）湾 在今上海市宝山区东北吴淞口，东临长江口，为长江第一重门户。清时于此设炮台，故名。

炮（砲）架山 在今宁夏固原市西北。明嘉靖《固原州志》卷1：炮架山"在州西北一百二十里石城之前。四壁削立，极为险峻。成化五年，满四反，据此山”。

烂土长官司　清改合江州陈蒙烂土长官司置，属独山州。治所即今贵州三都水族自治县西南合江镇。后废。

烂泥关　明置，在今贵州黄平县北。《方舆纪要》卷121黄平州“马鬃岭关”条下：“烂泥关在州北。”

烂泥铺　在今湖北鄂州市西。《方舆纪要》卷76武昌县：“烂泥铺在县西。正德中，‘贼’刘六等聚乱处。”

烂泥铺堡　在今辽宁灯塔市南。清乾隆《钦定盛京通志》卷29辽阳州：烂泥铺堡在“城北三十五里”。

烂泥湖　在今湖南益阳市东。《清一统志·长沙府一》：烂泥湖“在益阳县（今益阳市）东五十里。南受宁乡华林港之水，北入乔江”。

烂泥渡镇　又称赖义渡镇。在今上海市浦东新区西部黄浦江滨（延安东路外滩对面）。清光绪《江苏全省舆图》：上海县东有“烂泥渡”。

烂柯山　①一名石宝山。又名石桥山。在今浙江衢州市南二十里。《水经·浙江水注》：“《东阳记》云：信安县有悬室坂。晋中朝时有民王质，伐木至石室中，见童子四人弹琴而歌……俄顷，童子曰其归，承声而去，斧柯漼然烂尽。”故名烂柯山。《方舆胜览》卷7：“烂柯山一名石室，又名石桥山。”

②在今河南新安县西南三十五里。《清一统志·河南府》：烂柯山“群峰秀错，中有王乔洞，下有三石泉，西流入涧。《县志》传语樵子王乔遇仙处”。

③一名斧柯山。即今广东高要市东北栏柯山。《寰宇记》卷159端州高要县：烂柯山“在县东三十六里，一名斧柯山，在硖石南。《郡国志》：昔有道士王质负斧入山采桐为琴，遇赤松子安期先生棋而斧柯烂处”。《清一统志·肇庆府》烂柯山，“《旧志》：在县东南四十六里。高一百余丈。周五十里。其西麓与高峡山相对。中有砚坑，即唐宋采砚处”。

④在今陕西洛川县东。《方舆纪要》卷57洛川县：烂柯山在“县东北七十里。山有黄梁水出焉，西南流入洛”。

烂桥关　明洪武二十三年（1390）建，在今贵州施秉县西南镇阳江西岸长坡上。《方舆纪要》卷122镇远府镇远县：烂桥关“万历中，播酋杨应龙作乱，焚东坡、烂桥，楚黔路梗。即此”。

烂柴山　在今湖北兴山县西南。《方舆纪要》卷78兴山县：烂柴山“在县西四十五里。四面皆崇山峻岭”。

烂溪　①即今江苏吴江市南之烂溪塘水。《方舆纪要》卷24苏州府吴江县：烂溪“在县西南四十里。北接莺脰湖，南受嘉兴、崇德、桐乡诸港之水，经湖州府之乌湖，分为东西二溪，流数里复合，引而东北，汇诸湖荡之水，俱注于莺脰湖。嘉靖中，倭寇往往出没烂溪、乌镇间，为嘉湖患，向设烂溪巡司于县西南九十里之严墓村，今革”。

②约当今浙江桐乡市石门镇以北白马塘和嘉兴市与江苏吴江县间之烂溪塘。《方舆纪要》卷91桐乡县：烂溪在“县北二十里。崇德县车溪之水，合县境康泾、永新溪诸水，绕流于甑山下，又引而北，自青镇以东横亘十余里，东达于秀水，北达莺脰湖”。

〔丶丶〕

将水场　唐贞观三年（629）析将乐县置，属建州。即今福建顺昌县。景福二年（893）改名永顺场。

将乐千户所　明洪武四年（1371）置，属延平卫。治所在福建将乐县南。清顺治十八年（1661）废。

将乐县　三国吴永安三年（260）置，属建安郡。治所即今福建将乐县。明弘治《将乐县志》卷1：“传东越王时将乐西乡有乐野宫，又以邑在将溪之阳，土沃民乐，故曰将乐。”隋开皇九年（589）废。唐武德五年（622）复置，属抚州。七年废。垂拱四年（688）复置，属建州。元和三年（808）又废。五年又置。五代闽天德元年（后晋天福八年，943）王延政升为镛州。南唐保大四年（五代晋开运三年，946）复降为将乐县。宋属南剑州。元属延平路。明、清属延平府。1913年属福建北路道。1914年属建安道。1928年直属福建省。县南古高平苑，相传为东越王无诸校猎之所。唐时地产银、铁。宋置银场于此。

将乐馆　北宋置，在今福建将乐县西南白莲镇。元至元初改为白莲站，明初改为白莲驿。

将台（臺）驿　明置，在今湖北武汉市武昌区东。《方舆纪要》卷76武昌府江夏县：将台驿“在府东八里”。清康熙四十四年（1705）裁。

将台（臺）堡　即今宁夏西吉县东南四十里将台堡。1936年10月22日，中国工农红军一、二方面军在此胜利会师。

将军山　①在今辽宁大连市金州区西南。其地发现“龙山文化”遗址。

②即今福建福州市城内东北隅冶山。《清一统志·福州府一》：冶山，“宋时曰泉山，亦曰将军山”。《方舆纪要》卷96福州府：越王山“其东南麓，唐时有左衙、宣毅、广节诸营，故亦名将军山”。

③在今福建沙县北五十里。明嘉靖《延平府志》卷2《山川》沙县：将军山“在十七都。山势高峻。宋绍定三年山寇聚集其中，招捕使陈韡捣破之，故名”。

④在今福建云霄县西。明《寰宇通志》卷47漳

州府：将军山“在漳浦县西南九十里。唐将军陈元光初征蛮‘寇’筑城于此，有磨剑石、试剑石。土人因以名山”。《方舆纪要》卷99漳州府漳浦县“云霄山”条下：“与大臣（山）相对者曰将军山，山形挺拔，如大将据帏幄中也。宋蔡如松云，古闽越王号力骀等为吞汉将军，使之南据险要以拒汉，因名。《邑志》云，唐戍将陈元光征蛮时据此，因名也。”

⑤在今河南林州市西南三十里。《明一统志》卷28彰德府：将军山，“昔齐侯伐晋，赵胜率东阳之师追之。驻兵于此”。

⑥在今湖北长阳土家族自治县南。《明一统志》卷62荆州府：将军山“在长阳县南，隔江。山势雄峻，岩石如带铠甲状。上有蔺将军庙。因名”。

⑦在今湖南津市市南。《方舆纪要》卷77澧州“大浮山”条下：将军山，“《志》云：高百余丈，周三十里。相传汉纪将军信曾寓于此”。

⑧在今广东饶平县西北三饶镇北三里。《方舆纪要》卷103潮州府饶平县：将军山在“县（今三饶镇）北三里。高五百丈，周十里。巍峨秀拔，一名尊君山”。

⑨在今广西崇左市东二里。《方舆纪要》卷110太平府崇善县：将军山“在府城东。山势耸立，如武士然。或谓之衣甲山。今名文奎山”。明《徐霞客游记·粤西游日记三》：“东即将军山，片岩立峰头迎江，有干城纠纠势，环郡四眺，峰之特耸者此为最。”山下有威震关。

⑩在今广西马山县西南。《方舆纪要》卷111思恩府：将军山“在旧府城西。山势雄伟，状如兜鍪，旁有两峰，峭拔夹峙”。

⑪在今四川内江市北八十里。《舆地纪胜》卷157资州：将军山，“《图经》云：唐初夷獠扰掠，将军薛万彻领兵平之，至内江北八十里，众屯于山，故令号其屯所为将军山”。

⑫在今陕西澄城县北六十里。《方舆纪要》卷54澄城县“壶梯山”条下：将军山“秦封白起武安君于此，因名”。

将军冈　在今广东阳春市东北。《舆地纪胜》卷98南恩州：将军冈“在阳春。《旧经》云：唐李将军屯兵于此，因以为名”。《方舆纪要》卷101阳春县：将军冈“在县东北八十里。高三十余丈，周四十五里。冈峦起伏，宛如波浪，唐姜晦贬州司马，尝提兵陟冈御僚贼，因名”。

将军石关　明置，属密云县。在今北京市平谷区东北四十四里靠山集北将军关。长城关隘之一。《方舆纪要》卷11密云县：峨嵋山寨“其东曰黄松峪关、将军石关，自将军石而北十三里曰夹城岭”。即此。清设把总驻守。

将军屿　①在今福建漳浦县东南海中。《方舆纪要》卷99漳浦县“鱼肠屿”条：将军屿“亦以陈元光驻兵处而名。盘石叠耸，舟艄不通，滨海者多乘筏以取海蛇”。

②又作将军澳屿。在今台湾省澎湖县西南望安岛东侧。清蒋毓英《台湾府志》卷3：将军屿“上有将军庙一座，故名。有港澳可以泊船，周围里余”。连横《雅言》称：“澎湖之将军澳，为隋代陈稜驻师之地。”

将军会堡　在今山西朔州市平鲁区西北六十五里将军会村。《方舆纪要》卷44朔州：将军会堡“在井坪所西北五十里。旧名白草坪，寇往往由此窃掠。万历九年始建土城，二十四年改筑，周一里有奇，分边十七里零”。

将军坟　在今吉林集安市东北十里龙山脚下。是一座雄伟的高句丽王陵，呈金字塔形，有“东方金字塔”之称。墓底边长31.58米，高12.4米，共七级。在第五级中部，有早年打开的甬道，可通墓室。旧县志把将军坟定为高句丽第一代王朱蒙的陵墓，但从墓葬形制和建筑技术考察，应建于5世纪初。因早年已被盗掘，遗物荡然无存。

将军岩　在今江苏连云港市西南郊锦屏山南麓。1979年在此发现新石器中晚期遗址及岩画。

将军岩山　在今重庆市垫江县东南。《方舆纪要》卷69垫江县：将军岩山在“县东南十里。山形陡峻，因名。《志》云：有二石柱，形若将军也”。

将军岭　①即今江西东乡县西北四十五里将军岭。清同治《江西全省舆图》卷2抚州府东乡县：西北有“将军岭”。

②在今河南灵宝市西南。《清一统志·陕州一》：将军岭“在灵宝县（今县东北老城）西南一百二十里。上有窦建德冢。故名”。

将军庙镇　即今安徽青阳县东南四十里将军庙。清光绪《青阳县志》图：南有将军庙。

将军河　即今湖北郧县西南将军河（大回水沟）。《方舆纪要》卷79郧县“赵河”条下：“将军河在府南百五十里。北流与红石河合。……流入汉江。”

将军河汛　即今湖北郧县西一百六里胡家营镇北将军河村。清有外委驻防。

将军洞　在今广西博白县南三十里。《明一统志》卷84梧州府：将军洞“一名飞鼠洞。其洞三重，石室虚明。中有泉水，分温凉而流。岩石上有刻‘南州太首领将军庞孝恭’十字”。

将军桥　在今广西桂林市南。清咸丰二年（1852）三月，太平天国萧朝贵设伏将军桥侧，乌兰泰率数百人追至，为伏兵所败。

将军站　元置，在今广东雷州市南。明改为驿。《方舆纪要》卷104海康县：雷阳驿，“《舆程记》：自驿而南六十里为将军驿，又南七十里为徐闻县之英利驿”。

将军崖岩画　在今江苏连云港市南锦屏山南麓。1979年发现。年代约在新石器时代的中晚期。南北长约22米，宽15米。分三组，内容有人面、鸟兽、星象和农作物等图案和各种符号。在三组岩画的中间，有三块大石，表现了原始东夷民族的生产、生活习俗。1988 年定为全国重点文物保护单位。

将军渡　在今湖南石门县西。《方舆纪要》卷 77 石门县“台直寨”条下：“又县西十五里有将军渡，渡口有石如将军状，因名。路通九溪、添平、麻寮诸处。洪武中，九溪卫拨军把守于此。”

将军墓　即今河北邢台县西北一百里将军墓镇。清同治《畿辅通志》卷 51 邢台县图：西北有将军墓。

将军寨　宋置，属沙县。在今福建沙县北将军山下。因将军山而得名。《明通鉴》附编：清顺治六年（1649）十一月，“大清兵克延平之将军寨，明德化王慈烨死之”，即此。

将坟山　在今江西宜春市西。《方舆纪要》卷 87 袁州府宜春县：将坟山在“府西百里。周四十里，高三里。相传汉武帝时，有将军易洸者，领兵至宜春，卒于此，因葬焉”。

将村　即今福建武夷山市西南星村镇。元至大四年（1311）于此置将村巡司。明初改置星村巡司。

将利县　北周改安育县置，为武都郡治。治所在今甘肃陇南市武都区。五代唐长兴三年（932）东移二百余里，在今甘肃康县西北境。元至元七年（1270）省入阶州。

将阿木凌宗　一作章阿布林城。即今西藏昂仁县。清乾隆《西域同文志》卷 18：“西番（藏）语：将，山阴也。阿木凌，旧地名。城居山北，因地以名其城也。”

将岭　在今江西宜春市西。《方舆纪要》卷 87 袁州府宜春县：将岭“在府西百余里。上有黄王寨”。

将陵县　隋开皇十六年（596）置，属德州。治所在今山东德州市东赵虎镇东南赵宅村。大业初属平原郡。唐属德州。北宋景祐元年（1034）移治长河镇（今德州市）。蒙古宪宗三年（1253）升为陵州。

将梁城　即清凉城。在今河北清苑县东南清凉城村。《汉书·王子侯表》：元朔二年（前 127），封中山靖王子朝平为将梁侯。《水经·滱水注》：堀沟“上承清梁陂，又北径清凉城东，即将梁也”。

将溪　即今福建闽江上源金溪。《元和志》卷 29 建州将乐县：“将乐溪水，源出百丈岭，东北流经县界。”《寰宇记》卷 100 南剑州将乐县：“将溪源从县西南屈曲数百里，合诸山水入邑界。”《清一统志·延平府》引《旧志》：“在县西南八十里义丰都。其地有石牌场，溪源出焉。东北流有滩曰将溪滩，有洲曰鳌洲，又东有桥洲，东北流入大溪。”

将旗岭　在今浙江台州市黄岩区西。《方舆纪要》卷 92 黄岩县：将旗岭“在县西四十里。旧为屯营处”。

将赛土司　清末分玉树土司置，为玉树四土司之一。驻牧地在今青海治多县北境，通天河南。民国周希武《玉树调查记》卷上：“将赛百户驻通天河南登俄陇水之上游，西北距戎模二日程。”

奖中砦　北宋置，属常宁县。在今湖南常宁市东南七十里铜盆岭。熙宁六年（1073）废。

奖州　唐大历五年（770）改业州置，治所在峨山县（今湖南新晃侗族自治县西南凉伞镇）。五代时废。

咨马寨土司　清康熙四十二年（1703）置，属松潘镇漳腊营。在今四川九寨沟县西北大录乡西北芝麻村。后废。

咨官县　隋大业十一年（615）置，属眉山郡。治所在今四川威远县西北。《元和志》卷 33 咨官县：晋治官县“隋后误以治为咨也”。唐改为资官县。

涞阴县　一作耒阴县。隋开皇九年（589）改涞阳县置，属衡州。治所在今湖南耒阳市东北大市乡。大业初属衡山郡。唐武德四年（621）改为耒阳县。

淢河　即古泄水。今安徽霍邱县东南东汲河（汲河）。《清一统志·颍州府一》：“泄水在霍邱县东南……《县志》：有淢河，在县东南二十五里。源自六安州香和岭，分流入东河。”

洼（窪）儿里　即今河北唐山市东北开平区洼里乡。清同治《畿辅通志》卷 49 滦州图：西南有窪儿里。

洼（窪）乌场　即今四川宁南县东南华弹镇。清设巡司于此。民国改设县佐。

洼（窪）里　即今四川盐源县北洼里乡。产沙金。民国杨仲华《西康纪要》第二章：鸦砻江“复南下至盐源县属之窪里名打冲河，折而东流至冕宁界”。

洁山都督府　唐显庆二年（657）析西突厥突骑施阿利施部置，属北庭都护府。在今哈萨克斯坦阿拉木图一带。8 世纪前期废。

涔溪　在今广东普宁市东北洪阳镇东。《方舆纪要》卷 103 普宁县：涔溪“在县（治今洪阳镇）东”。

洱水　①即今弥河。亦即古巨洋水。源出今山东临朐县沂山西麓，北流经临朐县东，又北经青州市东，又东北流经寿光县界，东北入海。《元丰九域志》卷 1：青州临朐有“洱水”。

②在今河南南阳市北。《水经·淯水注》：洱水“出弘农郡卢氏县之熊耳山，东南径郦县北，东南径房阳城北，俗谓之房阳川。又径西鄂县南。洱水又东南流注于淯水”。

洱西驿　明洪武中置，在今云南大理市南。天启间废。

洱海　明代以来西洱河又习称洱海。在今云南大理市东。《明一统志》卷 86 大理府：西洱海“在府城东。古叶榆河也，一名洱海，又名西洱河。源自邓川，合点苍山之十八川而汇于此，形如人耳，周三百余里，中有罗筌、浓禾、赤崖三岛及四洲、九曲之胜，下流合于样备江。浓禾岛形如几案，故又名玉案山”。《清史稿·地理志》太和县：“西洱河，亦名洱海，形如月抱珥，亦曰珥河。”

洱海卫 明洪武二十年（1387）置，属云南都司。治所即今云南祥云县。清康熙七年（1668）废。

洱源县 1913年改浪穹县置，后属云南腾越道。治所即今云南洱源县。《方舆纪要》卷117大理府太和县：西洱河“源出浪穹县罢谷山”。因洱海发源于县境而得名。1929年直属云南省。

洪口 即今四川通江县东北洪口镇。1935年初川陕革命根据地所置城口县迁治于此。

洪口场 即今四川通江县东北洪口镇。清道光《通江县志》卷2：洪口场“离城一百六十里”。1933年川陕省洪口特别区苏维埃政府驻此。

洪口关 即今四川通江县东北洪口镇。清嘉庆《四川通志》卷27通江县：洪口关“在县东北二百里。自紫阳入蜀路”。

洪口堰 在今陕西礼泉县东北六十里北屯镇附近。《方舆纪要》卷53醴泉县：洪口堰“即谷口，方言石阻河流为洪也。堰接泾阳县界，泾水会甘水流经此。元英宗至治初，陕西屯田府言，自秦汉至唐宋，每年例于八月差使水户，自泾阳西仲山下截河筑洪堰，改泾水入白渠，溉田七万余顷”。

洪山 ①在今山西介休市东南。《方舆纪要》卷42介休县：洪山“在县东南二十里。石洞水出其下”。

②在今福建建阳市东南五十余里，与建瓯接界。《清一统志·建宁府》：洪山“插空耸秀，关塞一县水口。其下临溪有洪滩”。

③即今福建霞浦县南三十五里洪山。明嘉靖《福宁州志》卷2《山川》霞浦县：洪山“在四十一都。其绝顶势凌青苍，盖州南第一山也。登高眺远，温、台之境如在目中。相传葛洪至此炼丹，后仙去，因名山”。

④即今福建霞浦县东南尼姑屿。明郑和下西洋经此。

⑤在今山东淄博市淄川区东南。产煤。1904年德国侵略者在此设“黉山炭矿局”，并修筑了专用铁路，建立了“黉山站”。1914年后日本侵略者取代了德国侵略者在山东的一切特权，黉山随之为日本侵略者所控制。据《淄博矿务局志》载：1930年后，“黉山”逐渐以同音演变为“洪山”。称为洪山镇。

⑥在今湖北武汉市武昌城区东。《方舆纪要》卷76武昌府江夏县：洪山在“府东十五里。旧名东山。岩壑秀异。宋大观中改今名。有洪山寺。明初伪汉将张必先引兵援武昌，至洪山。上遣常遇春乘其未集，击擒之”。即此。今洪山西麓有施洋烈士墓。

⑦在今湖南沅陵县西南三十里。《方舆纪要》卷81沅陵县“南山”条下：洪山“有层峦叠障之胜”。

洪山口关 明置，属遵化县。为长城关隘之一。在今河北遵化市东北五十里洪山口村。《方舆纪要》卷11遵化县：洪山口关“有城，其内为松棚营”。

洪山水 在今山西介休市东南。《方舆纪要》卷42介休县：洪山水在“县东南二十里。一名石洞水。源出洪山，或谓之胜水，四泉并发，四时不竭。宋文彦博引为东、中、西三渠，灌自城以东数村之田，凡九十余顷，西北流注于汾”。

洪山县 1949年由随县、枣阳、宜城、钟祥四县析置，治茅茨畈（今湖北随州市西南洪山镇）。1955年撤销，并入随县、枣阳、宜城、钟祥四县。

洪山寨 在今湖北京山县北。《元史·张柔传》：柔“悉下缘山诸堡，攻洪山寨，破之”。即此。

洪山镇 ①金置，属介休县。即今山西介休市东二十里洪山镇。

②即今安徽太和县北八十里洪山镇。明、清置巡司于此。

洪川县 唐贞观三年（629）置，属羁縻洪州（后改彭州）。治所在今四川马尔康县东。后废。

洪广堡 明置，属宁夏右屯卫，在今宁夏贺兰县西北洪广镇东南洪广营。《清一统志·宁夏府二》：洪广营堡“在宁朔县西北六十里。本朝设游击驻防，兼辖镇朔、镇北二堡。城周二里有奇”。

洪门镇 唐置，在今陕西靖边县西南。西夏升为洪州。《新唐书·张献甫传》：贞元四年（788），献甫“请复盐州及洪门、洪原镇屯兵。诏可”。

洪子店 又名红子店。即今河北平山县西洪子店。《清一统志·正定府二》：洪子店巡司“在平山县西北十里，为山西五台、盂县要路。本朝雍正十二年设巡司驻此”。1946年晋察冀边区置建屏县治此。

洪水江 即今广西武鸣县西北武鸣河上源。《明史·地理志》思恩府：“北有红水江，又有驮蒙江，一名清水江，流合焉。”《方舆纪要》卷111思恩府：洪水江在“府西北六十里。一名驮蒙江。源出府西北都阳诸山，经鹰山下，又东会于清水江。或以为即清水江之上源”。

洪水守捉 唐置，属蓟州。在今天津市蓟县东北九十里。后废。

洪水堡 明置，属甘州前卫。故址即今甘肃民乐县治。《方舆纪要》卷63甘肃镇“柳树堡”条下：“镇东南有古城、洪水、东乐三堡，向俱属甘州前卫官军戍守。”《清一统志·甘州府》：洪水堡，“城周三里有奇。当大草滩之口。明嘉靖八年置守备驻防。本朝改设游击。顺治八年开市于此”。

洪化县 西魏置，属白水郡。治所在今甘肃陇南市武都区东。北周省入建威县。

洪本泉 在今云南新平彝族傣族自治县西一里。《方舆纪要》卷115新平县：“洪本泉在县治西。流灌郊郭，为利甚溥。”

洪石岩 在今江西石城县南。《方舆纪要》卷88赣州府石城县：洪石岩在“县南四十里。攀磴而入，石门宽衍如屋，有甘泉涌出。其北曰倒岩，转而南为狮子岩。四面峭壁，路止一线”。

洪平县　即红坪县。1935年川陕革命根据地置，治所即今四川广元市东北朝天区青林乡。

洪田墟　即今福建永安市西南洪田镇。《清一统志·延平府》“西洋墟”条下：“又洪田墟，在县西南六十里。”

洪头　在今安徽怀远县东南淮河上。《方舆纪要》卷21怀远县：淮水“在县东南一里。介在荆、涂两峡间，今名洪头。有巨石横亘若门限，每冬水浅则见。相传即大禹所凿也。亦即萧梁时置堰处矣”。

洪边州　元至元中置，属八甸顺元宣慰司。治所在今贵州贵阳市北八里。明废。

洪边堡　在今贵州贵阳市北。《方舆纪要》卷121贵阳府：洪边堡在“府北十里。土司宋氏所据”。

洪关　亦名鸿关。在今河南灵宝市南。《宋书·柳元景传》：元嘉二十九年（452），北伐“元景至洪关”。即此。《水经·河水注》：门水“东北历峡谓之鸿关水，水东有城，即关亭也。水西有堡，谓之鸿关堡”。

洪州　①隋开皇九年（589）改豫章郡置，治所在豫章县（今江西南昌市西）。《元和志》卷28：洪州“因洪崖井为名”。大业二年（606）复为豫章郡。唐武德五年（622）又改为洪州。贞观中，徙治今南昌市。天宝元年（742）再改为豫章郡，乾元元年（758）复为洪州，为江南西道治。宝应元年（762）州治改名钟陵县，贞元中复改名南昌县。唐时辖境东起今江西永修、南昌、进贤诸县，西有铜鼓、修水等县，南至上高、万载县，北至武宁县。五代南唐升为南昌府。北宋复为洪州。太平兴国六年（981）后，以南昌、新建二县（今江西南昌市）为治所。南宋隆兴三年（1165）升为隆兴府。

②唐贞观三年（629）以处降党项置，为羁縻州，属松州都督府。治所在今四川马尔康县东。七年（633）改为彭州。

③西夏升洪门镇置，治所在今陕西靖边县西南。元废。

④即洪州泊里长官司。在今贵州黎平县东南洪州镇。

洪州江　亦作洪舟江。在今贵州黎平县东南。《方舆纪要》卷121黎平府洪州泊里长官司：洪州江在“司治（今洪州镇）北。流经府东龙见山下，入靖州通道县境入渠阳江。渠阳江盖渠水别名也。……《志》云，洪州司山势险绝，有泉数道，合流成江，深广可以行舟，即洪州江也”。

洪州泊李等洞长官司　元置，属思州安抚司。治所即今贵州黎平县东南洪州镇。明洪武初改为洪州泊里长官司。

洪州泊里蛮夷长官司　明洪武初改洪州泊李等洞长官司置，属思州宣慰司。治所即今贵州黎平县东南洪州镇。后废。永乐元年（1403）复置，属贵州卫。十三年（1415）改属黎平府。清以后废。

洪州驿　明置，在今辽宁彰武县东北。

洪州窑遗址　在今江西丰城市东北曲江罗湖一带。建于东晋，极盛于隋唐，到唐末逐渐衰败荒废。出产青瓷，造型朴素大方，釉汁均匀光润，饰以美丽的图案、花纹，工艺高超。1979年首次发掘，1992年又经调查表明其分布广达五个乡镇十八个村二十余处窑场，并首次发现了隋代龙窑及南朝早期采用匣钵烧瓷的物证，至今出土的九千多件瓷器窑具中，不乏晋代和南朝时期精工制作的珍品。1996年定为全国重点文物保护单位。

洪州镇　即今贵州黎平县东南洪州镇。民国时置县佐于此。

洪江　①即古邪水。在今贵州遵义县东北。《明一统志》卷72播州宣慰司：洪江“在宣慰司（今遵义市）东四十里。源出大楼山，合仁水入乌江”。

②即今贵州施秉县南之清水江。《方舆纪要》卷122镇远府施秉县：洪江“在县治南，即镇阳江之别名也”。

洪江古建筑群　在今湖南洪江市沅江北岸。北宋元祐五年（1090）建洪江寨，元末时已成为湘黔间商镇。明代设洪江驿，清置洪江镇，民国时有“小南京”之称。迄今完好保存有三百多栋古窨子屋，六十余座庙、堂、祠、院及一些旧报社、学堂、钱庄、戏台、作坊、商铺、青石街巷冲等。明清窨子屋和会馆是这里特色的古建筑。窨子屋形似四合院，多为二进二层或三进三层。三层以上南北间有天桥连通，高耸的封火墙内，屋顶从四围适当向内中倾斜，靠方形小天井采光通气。依山傍水，或处于深巷或吊脚于岸边，屋檐高墙接踵，石板巷道与石级码头相连。镇内有山西、常德等十大会馆，大多靠近水码头，伸展到深巷高坡。会馆一般有正殿、偏殿、正厅、客厅，客房、戏台等。太平宫（宝庆会馆）青石门楼浮雕有岳母刺字、八仙过海等历史传说故事。2006年定为全国重点文物保护单位。

洪江砦　北宋元祐五年（1090）置，属黔阳县。即今湖南洪江市。因洪江溪而名。明置洪江驿。清置巡司于此。

洪池　即鸿池坡。在今河南洛阳市东北汉魏故城东二十里（今偃师市西）。《魏书·咸阳王禧传》：景明二年（501），咸阳王谋反不决，“夜宿于洪池（别墅），……将士所在追禧，禧自洪池东南走”。即此。久堙。

洪池岭　在今甘肃天祝藏族自治县西北乌鞘岭。《晋书·苻坚载记》：东晋太元元年（376），苻秦梁熙等伐张天锡于姑臧。“天锡又遣将军掌据率众三万，与马建阵于洪池”。即此。

洪安等处长官司　元置，属思州安抚司。治所在今贵州思南县东南。明洪武二十六年（1393）废。

洪坝龙　在今四川九龙县东北洪坝乡。清置洪坝龙土百户。

洪杜山　在今重庆市酉阳土家族苗族自治县西北乌江东。《元和志》卷30黔州洪杜县：“因县东一里洪杜山为名。”

洪杜县 唐武德二年（619）置，属黔州。治所在今重庆市酉阳土家族苗族自治县西北龚滩镇北十八里。《元和志》卷30洪杜县：“因县东一里洪杜山为名。”贞观三年（629）移治洪杜溪，麟德二年（665）移治龚滩（今龚滩镇）。北宋嘉祐八年（1063）废入彭水县。

洪杜砦 北宋嘉祐八年（1063）废洪杜县置，属彭水县。在今重庆市酉阳土家族苗族自治县西北一百八十里龚滩镇。

洪杜溪 即今重庆市酉阳土家族苗族自治县西北阿蓬江（唐崖河）。《旧唐书·地理志三》洪杜县：“武德二年分（彭水县）置洪杜县，治洪杜溪。”

洪秀全故居 在今广东广州市花都区西北大㘵乡官禄㘵村。洪秀全（1814—1864）是太平天国革命运动的杰出领袖，其故居始建于清代中期，为六间一排的平房，泥砖、瓦顶、木结构建筑。清嘉庆十九年（1814）洪秀全诞生于此，并在这里度过了青少年时代。故居附近有“书房阁”，是洪秀全少年时期读书的地方。故居右侧为“洪氏宗祠”，是洪氏宗亲的祖屋。1988年定为全国重点文物保护单位。

洪谷 在今山西岚县北六十五里鹿径沟。《旧唐书·僖宗纪》：唐乾符五年（878）“十二月，季康与北面行营招讨使李钧，与沙陀李克用战于岢岚军之洪谷”。清代称洪谷堡隘。

洪谷寺 北齐天保年间建。在今河南林州市西南三十里林虑山。寺早毁。现仅存寺塔（高15.4米），千佛洞摩岩石刻及唐开元十九年（731）蔡景撰本的支提龛铭。

洪谷寨 在今山西岚县北六十五里鹿径沟。《宋史·地理志》：岢岚军岚谷县有洪谷寨。

洪沟镇 在今江苏沭阳县西。《方舆纪要》卷22沭阳县：洪沟镇在“县西六十里”。

洪坪堡 即今湖北竹山县西南柳林乡南洪坪村。《方舆纪要》卷79竹山县“吉阳关”条下：“洪坪堡在县南二百里。路通陕西、四川诸境，有官巡戍。”清设千总驻防。

洪范门 十六国后凉都城姑臧城（今甘肃武威市）北门。《晋书·吕光载记》：郭麐“夜烧（吕）光洪范门”，即此。

洪林桥市 即今安徽宣城市东洪林镇。明嘉靖《宁国府志》卷4宣城县：由阳德门达广德县有洪林铺。清嘉庆《宁国府志》卷12宣城县：洪林桥“距城五十里”。

洪厓江 即今广西灵山县东南钦江上游。《方舆纪要》卷104钦州灵山县：洪厓江“在县东北洪崖山下，西南流出县西，其别源出罗阳山，流至县西，合为一。中有四滩：曰羊俭、滑石、鸡冠、大冠，下流入州界，即钦江上源也”。

洪顶山摩崖 在今山东东平县西北旧县乡南屯村铺东。洪顶山摩崖又称洪顶山摩崖刻经。因它解开了史学界名僧“安道一”的隶楷书体转变之谜而闻名国内外。1989年发现。因书法家僧安道一的佛教观念是“般若性空”观，故他在此书刻的主要是“文殊若”经等。洪顶山摩崖刻经东边是“僧安道一”的“文殊若”刻经，全文九十八字，阐释佛家“性空”思想。书写风格隶中带楷，楷中带隶。是我国文字进化从隶到楷的重要见证，极具历史价值。其中“亦”字是草书，而“道”字则带行书韵味。“数”字有书法上罕见的飞白状体。在北齐刻经中出现几种书体在中国是最早的。西边是用篆体书刻的“安公之碑”碑文。是安道一用“安”与“不安”、“一”与“不一”的关系阐述自己的佛教主张。文后佛历纪年“于后六百二十年”推断为北齐河清二年（563）。经碑西“僧安道壹”题名，字高达2米，隶中带楷，并有行书韵味。此外南、北山崖还有几处刻经。洪顶山摩崖是研究中国佛教史、书法艺术史极为珍贵的实物资料。2006年定为全国重点文物保护单位。

洪岩 ①在今江西乐平市东北。《寰宇记》卷107乐平县：洪岩“在县东北九十里。高耸百丈，盘亘四十里，云气泉声四时不绝”。

②在今湖北恩施市南。《清一统志·施南府》：洪岩“在恩施县南三十里。高出群山。上有真武庙。俗呼为小武当”。

洪罗庙市 又名洪市或洪落市。即今湖南衡阳县（西渡镇）西北四十四里洪罗庙镇。清同治《衡阳县志》卷9：“神像乘涨浮至，民俗以水退为洪落，故以名焉。”

洪岭 在今浙江景宁畲族自治县北。《方舆纪要》卷94景宁县：洪岭在“县北十五里。岭高峻，北趋府城为必由之道”。

洪和城 即侯和城。在今甘肃临潭县东南。《水经·河水注》：洮水“又东北流径洮阳曾城北……洮又东径洪和山南，城在四山中，洮水又东径迷和城北，羌名也”。王先谦注：“洪、侯音相转，侯和当即洪和。”

洪和郡 北魏置，属河州。治所在水池县（今甘肃临洮县西南洮水西岸）。辖境相当今甘肃临洮、临潭、康乐等县地。北周移治当夷县（今甘肃临潭县东新城）。武帝时废。

洪河 ①上游为古汝水，下游为古澺水。元末，古汝水改道，明嘉靖末，汝水又改道东入上蔡县，与澺水相接。遂通称汝、澺全流为洪河。

②在今江苏睢宁县东北。《方舆纪要》卷22邳州：“洪河在州（治今古邳镇）东南三十里。又有曲吕河，在州东二十里，自坝头入洪河，合直河而入泗河。”

③在今山东费县北。《方舆纪要》卷33费县：洪河“出县北三十里紫金关三山下，南流三十里入浚河”。

④即今甘肃镇原县之洪川河，为泾水支流。光绪《大清帝国全图》：甘肃镇原县南有洪河。

⑤在今甘肃临夏市南。《方舆纪要》卷60河州：

洪河“在州西南二里”。

洪河屯集 即今河南安阳县西北二十里洪河屯乡。清嘉庆《安阳县志》北乡图：有“洪河屯集”。

洪沾洲 在今湖南常德市东北。《方舆纪要》卷80龙阳县“小江镇”条下：洪沾洲“亦曰洪沾口，自巴陵至常德渡洞庭湖，此为必经之地。有洪沾哨兵巡戍”。

洪波台（臺） 在今河北邯郸县东南三十里。《韩诗外传》卷7：“周舍死，简子如丧子，后与诸大夫饮于洪波之台，酒酣，简子涕泣。”即此。

洪泽 在今江苏洪泽县西北原淮河南岸。《资治通鉴》：唐咸通九年（868），“庞勋以李圆攻泗州久不克，遣其将吴回代之……时敕使郭厚本将淮南兵千五百人救泗州，至洪泽”。即此。北宋置洪泽镇，属淮阴县。明于此置巡司，后为洪泽湖浸没。

洪泽屯 在今江苏淮安市楚州区东。《方舆纪要》卷22淮安府：洪泽屯，“《唐志》：上元中，于射阳湖置洪泽屯，厥田沃壤，大获其利”。

洪泽浦 即今江苏西部洪泽湖。《方舆纪要》卷21盱眙县：洪泽浦在“县北三十里。旧有破釜塘。邓艾立白水塘，与破釜相连，开水门八以溉田。其后炀帝幸江都，道经此，久旱遇雨，因改今名”。

洪泽湖 在今江苏西部。《舆地纪胜》卷44盱眙军：洪泽浦，“《元和郡县志》：在盱眙县北三十里。本破釜涧，炀帝幸江都经此浦宿时亢旱，至是降雨流汛，因改破釜为洪泽”。金明昌五年（1194）河夺淮流，洪泽始大。《明史·地理志》清河县：“南有洪泽湖。”清康熙十九年（1680）旧泗州城陷入湖中。《方舆纪要》卷22清河县：洪泽湖“在县南六十里。湖长八十里。与泗州盱眙县相接”。

洪泽湖大堤 在今江苏淮安市区及市南洪泽县。在洪泽湖东岸，北起淮安码头镇，南至洪泽县二河闸、高良闸、蒋坝、三河闸（达盱眙张大庄）。洪泽湖底高出里下河地区地面5—9米，为一大悬湖。原有大堤古称高家堰，又称捍淮埝。东汉建安五年（200）由陈登始建，史称汉堰。唐大历三年（768）又筑唐堰，与之相连。南宋建炎二年（1128）黄河夺淮，洪泽湖扩大。明代陈瑄、潘季驯等数次大筑高家堰，始成洪泽湖大堤规模。明万历八年（1580）至清乾隆十六年（1751）由北向南修建石工挡浪墙60多公里，在仁、义、礼、智、信五河口建条石滚水坝泄洪。1950年后多次进行全面整治，改建石工护坡，使之成为以防洪为主，兼有行洪、灌溉等多种效益的水利工程。2006年定为全国重点文物保护单位。

洪郎州 唐武德四年（621）置，治所在今云南兰坪白族普米族自治县境。辖境约当今云南兰坪白族普米族自治县地。吐蕃废。

洪�盐泉 在今福建厦门市同安区东。《方舆纪要》卷99同安县：洪莳盐泉“在县东东山浮洋中，海潮所不到。每风日晴明，辄有小泉自沙土中出，乡人取而淋之，可煎成盐”。

洪洞玉皇庙 在今山西洪洞县西北十里马牧乡辛北村。始建于蒙古太宗己丑年（1229），明清时均有修葺。现存正门、仪门、主殿玉皇殿及左右垛殿、二郎殿、关公殿。其中玉皇殿面阔三间，进深六椽，二郎殿和关公殿面阔均为三间，进深均为四椽。三座殿宇并排建于高出地面2.5米的台基上，悬山式琉璃屋顶，举折平缓，出檐深远。殿内均有元代壁画，砖石结构的月台上放置一直径为1.65米的石罗盘，称为八卦台。仪门是两柱一间牌楼形式，悬山两坡顶。正门一间为硬山顶。三座主要殿宇均为元代建筑，有一定建筑历史价值。2001年定为全国重点文物保护单位。

洪洞县（洞 tóng） 隋末改杨县置，属平阳郡。治所即今山西洪洞县。唐属晋州。《元和志》卷12洪洞县：“因县北故洪洞镇为名。”北宋属平阳府。元属晋宁路。明属平阳府。民国初属山西河东道。1928年直属山西省。

洪洞城 东魏、北齐镇城。在今山西洪洞县北。《周书·齐炀王宪传》：建德五年（576）伐齐，“宪进兵走洪洞、永安二城”。

洪济城 北周置，在今青海贵南县北沙沟乡西北、龙羊峡大坝之西黄河南岸。《资治通鉴》：唐天宝二年（743），皇甫惟明“击吐蕃，行千余里，攻洪济城，破之”。胡三省注引杜佑曰：“廓州达化县有洪济镇，周武帝逐吐谷浑所筑，在县西二百七十里。”

洪济院 在今山西武乡县西北东良乡东良侯村。创建年代无考。现存建筑有戏楼、南殿、钟鼓楼、正殿及东西配殿。中轴线西侧还有关公殿和千佛塔。正殿面阔五间，进深六椽，单檐悬山顶。虽然部分梁架元代曾予更换，但仍可断定为金代建筑。殿内绘佛经故事壁画四十八幅，作于明成化六年（1470）。南殿面阔三间，进深六椽，从形制判断也是金代建筑。元皇庆二年（1313）曾予维修并绘壁画十二幅。千佛塔是一座小型佛塔，可能是唐代遗物。洪济院建筑和壁画有较高的历史和艺术价值。2001年定为全国重点文物保护单位。

洪济桥 即洪济梁。在今青海贵南县北沙沟乡西北、龙羊峡大坝之西的峡口上，今已没入龙羊峡水库之中。《元和志》卷39廓州：“金天军，在积石军西南一百四十里洪济桥。”

洪济梁 一作洪济桥。在今青海贵南县北龙羊峡大坝西的峡口上，今已没入龙羊峡水库之中。唐置金天军于此。《新唐书·吐蕃传》：“河之上流，由洪济梁西南行二千里，水益狭，春可涉，秋夏乃胜舟。”

洪济镇 北周武帝置，属洮河县。在今青海贵南县北龙羊峡大坝西黄河南岸，今已没入龙羊峡水库之中。《寰宇记》卷155廓州达化县：“故洪济镇城，后周武帝逐吐谷浑出后筑，在今县正西二百七十里，以为羌界。”

洪洋山 在今河南濮阳市东南。《方舆纪要》卷16开州：洪洋山“山秀丽而隆峻。《志》云：澶渊旧在其下。今山南有浮翠桥，即澶水所经也”。

洪都 为旧江西南昌府（今江西南昌市）的别称。

因南昌为隋、唐、宋三代洪州治所，又是东南都会而得名。唐王勃《滕王阁序》曰：“南昌故郡，洪都新府。”

洪都府　元至正二十二年（1362）朱元璋改龙兴路置，为江西行省治。治所在今江西南昌、新建二县（今江西南昌市）。辖境相当今江西南昌、新建、丰城、进贤、奉新、靖安、武宁、修水等市县地。至正二十三年（1363）改为南昌府。

洪桥市　即今湖南祁东县驻地洪桥镇。旧属祁阳县。清光绪《湖南通志》卷1祁阳县图：县东北有洪桥市。1952年于此置祁东县。

洪桥寨　即东洪桥镇。今河南上蔡县东北二十四里东洪乡。清尹耕云《豫军纪略》卷11：同治四年（1865）七月，赖汶光“乘势攻破上蔡之洙湖里寨、塔桥寨、洪桥寨”。

洪涛山　①在今山西朔州市东北四十里。《清一统志·朔平府》：洪涛山“在朔州马邑乡西北十里，桑干水出焉”。

②在今安徽桐城市东北。《方舆纪要》卷26桐城县：洪涛山在“县东北四十里。山高广，每大雨，则水下流如涛”。

洪宽站　元置，在今朝鲜咸镜南道洪原县。元《析津志》天下站名：“青州百一十（里）洪宽。”后废。

洪家山　即今安徽六安市东南之洪山。《方舆纪要》卷26六安州：洪家山“在州东南七十里。有寨。四周石崖险峻。宋绍兴中，有洪氏率里民保聚于此”。

洪家关　即今湖南桑植县北二十八里洪家关白族乡。《清一统志·永顺府》：洪家关“在桑植县北”。为贺龙元帅故乡。

洪家埠　即今安徽怀宁县（高河镇）南洪铺镇。光绪《大清直省地舆全图》：安庆府怀宁县（今安庆市）西北有洪家埠。

洪家楼　在今山东济南市东。光绪《山东通志》卷34载：“洪家楼在（历城）县东七里。明洪侍御别业，后为尹象贤书楼。”今为洪家楼镇。1958—1987年为历城县驻地。

洪家楼天主教堂　在今山东济南市历城区洪家楼东路。创建于清同治元年（1862）。或说光绪二十七年（1901）动工兴建，光绪三十年（1904）建成。教堂坐东朝西，平面呈“十”字形。主立面一对尖塔夹着中央大厅的山墙。教堂后端也矗立有两个尖塔，与前面两塔相互对应。四塔皆为青砖料石砌垒，垂直挺拔。正面有三个圆拱门，中间主门略大，门上刻浅浮雕花卉纹饰，门框采用精美砖雕而成。大厅顶部为红瓦屋面。底部及券拱、拱壁为花岗岩砌成，局部为灰砖清水墙。教堂内部有两排方形大石立柱，柱头雕有镂空花卉。整体造型为典型的欧洲哥特式教堂风格。该教堂在当时是华北地区规模最大的天主教堂，为近现代具有代表性的建筑。2006年定为全国重点文物保护单位。

洪宾栅　亦作鸿宾栅。即永安城。在今陕西三原县北五十里。宋敏求《长安志》卷20：“永安故城亦名洪宾栅。”又《方舆纪要》卷53三原县：永安城“后魏孝昌二年，萧宝寅作战，关右刺史毛鸿宾立义栅以捍贼，因名”。

洪梅司　亦作红梅。在今广东南雄市东北梅岭镇。明洪武十六年（1383）置于梅关下，后迁于此。

洪崖　在今江西余干县西北。《明一统志》卷50饶州府：洪崖山“在余干县西北六十里，濒鄱阳湖。相传晋张氲炼丹其上。有丹井、仙坛观、拍笑亭遗迹”。

洪崖山　①又名伏龙山。在今江西新建县西。《太平御览》卷48引《豫章记》：洪崖山，“按《旧经》云，古老相传，昔有洪崖先生居此山上，故以为名”。又引梁载言《十道志》：“豫章有铜山，山中有洪井，飞流悬注，其深无底是也。山有洪崖先生炼药之井，亦号洪崖山。”

②在今湖北咸宁市东南。《清一统志·武昌府一》：洪崖山“相传为洪崖先生炼丹处，一名挂榜山”。

③一名红牙山。在今广西灵山县东北。《舆地纪胜》卷119钦州：红牙山“在灵山县北二十五里”。《清一统志·廉州府》：红牙山，“《通志》：在县东北三十里。一名洪崖山，又名分水岭。与横州接界，水流为南岸江。《县志》：山在洪崖都，极高广，大路所经，旁曰大龙江”。

洪崖门　宋代重庆城门之一。在今重庆市旧城临江、千斯二门之间洪崖洞。《元史·汪惟正传》：“西川枢密院合兵围重庆，命益兵助之，惟正夺其洪崖门，获宋将何统制。”即此。

洪崖堡　明置，在今广西灵山县东北。《方舆纪要》卷104灵山县：洪崖堡“在县北三十里”。清改为洪崖营。

洪雅川　指今四川青衣江支流安河溪。《元和志》卷32洪雅县：“县西有洪雅川，以名县。”

洪雅县　①北周武帝时改齐乐县置，属齐通郡。治所在今四川丹棱县。《元和志》卷32洪雅县：“县西有洪雅川，以名县。”隋开皇十三年（593）改为丹棱县。

②隋开皇十三年（593）置，属嘉州。治所即今四川洪雅县。《元和志》卷32洪雅县：“县西有洪雅川，以名县。”大业间属眉山郡。唐武德元年（618）为犍州治。贞观元年（627）州废，县属眉州。开元七年（719）为义州治。八年（720）州废，仍属眉州。北宋淳化四年（993）属嘉州。南宋庆元二年（1196）属嘉定府。元世祖至元二十年（1283）废入夹江县。明成化十八年（1482）复置，属嘉定州。清属嘉定府。民国初属四川建昌道。1928年直属四川省。北宋著名学者田锡为本县人。

洪雅镇　北周天和二年（567）置，属洪雅县。即今四川洪雅县。隋开皇十三年（593）改洪雅县为丹棱县，于洪雅镇置洪雅县。

洪集 亦作洪家集。即今安徽霍邱县南洪集镇。清乾隆《六安州志》卷3：洪家集在“州西南七十里”。

洪番长官司 明洪武六年（1373）改洪番永盛军安抚司置，属贵州卫。治所在今贵州惠水县西南九里。正统三年（1438）改属贵州宣慰司。后属定番州。清雍正七年（1729）裁。

洪番永盛军安抚司 元置，属八番顺元宣慰司。治所在今贵州惠水县西南九里。明洪武六年（1373）改置洪番长官司。

洪善堡 即今河北蠡县东南二十八里洪善堡。明嘉靖《蠡县志》市：有洪善堡。

洪善镇 即今山西平遥县东北洪善镇。《清一统志·汾州府》“上店镇”条下：洪善镇“在县东北二十五里。有堡”。

洪湖革命根据地 在今湖北省南部洪湖周围地区。属第二次国内革命战争时期中国共产党创建的湘鄂西革命根据地。1927年至1930年初，贺龙、周逸群等领导在洪湖地区开展游击战争。1930年春，在监利附近成立中国工农红军第六军，攻占洪湖周围的公安、沔阳、潜江、监利、枝江等县，开辟了以瞿家湾为中心的洪湖革命根据地。成立中央湘鄂西分局、湘鄂西省苏维埃政府、湘鄂西省军事委员会。1932年贺龙率红二军团撤出洪湖根据地，转战鄂北、河南，后又进入湘西、鄂西开展斗争。

洪渡河 一名丰乐河。源出今贵州凤冈县北。《清史稿·地理志》龙泉县：“洪渡河出县西北山，东北流，入安化。”至四川入乌江。

洪塘 即今福建福州市西建新镇。明万历《福州府志》卷3：府城西胜业乡有洪塘。

洪塘浦 在今福建福州市西。《方舆纪要》卷96福州府：洪塘浦在“府西十里。《旧志》云，浦自石岊江东经甓渎，至柳桥以通舟楫。唐贞元中，观察使王翃所开，今浦湮”。

洪塘湖屯田千户所 明洪武四年（1371）置，属中都留守司。治所在今安徽凤阳县东北三十余里。清废。

洪塘镇 即今江西宜春市西北洪塘镇。清同治《江西全省舆图》卷7：宜春县西北有洪塘。

洪蓝埠镇 在今江苏溧水县西南洪蓝镇。《清一统志·江宁府二》：洪蓝埠镇“在溧水县南十五里。亦曰洪蓝埠。其地有河道，北通秦淮，南达石湖，商贾聚集，新粮仓在焉”。

洪椿坪 即今四川峨眉山市西南峨眉山中之洪椿坪。明胡世安《登峨山道里记》：“右一水从九老洞，绕洪椿坪而来。”民国《重修峨眉山志》卷4：“千佛庵即洪椿坪。伏牛山楚山和尚开建，德心大师重修。梵宇精洁，结构弘敞，常有千人。此地曲折幽雅，最为隐僻。”

洪源军 唐开元三年（715）置，在黎州（今四川汉源县北清溪镇）。《新唐书·地理志》黎州洪源郡：“有洪源军。”

洪源谷 在今甘肃武威市东南。《资治通鉴》：唐圣历二年（699），吐蕃论赞婆来降，“以为右卫大将军，使将其众守洪源谷”。胡三省注：“洪源谷在凉州昌松县界。”

洪源郡 唐天宝元年（742）改黎州置，治所在汉源县（今四川汉源县北九襄镇）。辖境相当今四川汉源、石棉、甘洛三县及越西、冕宁二县北部，泸定县南部地。乾元元年（758）复为黎州。

洪福寺 ①在今山西定襄县东北五十里宏道镇北社东村。创建年代不详。宋宣和、金天会间已称古院，明清时屡有大修增建。现存正殿、东配殿，并存金天会十年（1132）经幢一座。正殿面阔五间，进深三间六椽，单檐悬山顶，构架与斗栱明显为宋式营造作法。殿内砖砌佛坛上，塑立“华严三圣”、二弟子、二金刚和胁侍菩萨，比例匀称，面部丰满，神情慈祥，体态飘逸，是宋代塑像中的佳品。殿内两山悬塑，琳琅满目，千姿百态，造型生动，为晚清时期的雕塑作品。2001年定为全国重点文物保护单位。

②东魏武定五年（547）建，在今河南杞县南六十里。

③唐建，在今河南通许县西门外。

④唐建，在今河南中牟县东南二十里。

⑤在今陕西西安市西。《清一统志·西安府四》：洪福寺“在长安县西门外。旧在咸宁县南大赵村，即宏福寺。唐贞观八年建，沙门玄奘译经处。神龙元年改名兴福。金大定四年改额洪福。明洪武二年徙此”。

洪镇山口 在今北京市门头沟区西北。清光绪《昌平州志》：洪镇山“山上有圆城，迤西至断头崖，俱重山叠嶂，不通步骑，边墙止此”。西接沿河口。

洪德砦 北宋置，属通远县。即今甘肃环县北六十里洪德乡。《宋史·真宗纪》：咸平五年（1002）七月，“戎人寇洪德砦，守将击走之”。六年（1003）“四月，李继迁寇洪德砦，蕃官庆香、乩辂庆等击走之”。即此。

洪凝庄 初名洪宁。清属莒州。即今山东五莲县治洪凝镇。滨洪凝河。后以避道光帝旻宁讳，改为洪凝。

洪濑 即今福建南安市东北洪濑镇。濒东溪（洪濑溪）为入永春孔道，清时民居辏集，繁盛倍于县治丰州，有千总驻此。

涡水 一作涡水。即今涡河。沙水（一名蔡水）分流，自今河南太康县北东南流，经柘城、鹿邑、安徽亳州、涡阳、蒙城，至怀远县东入淮。《说文》：“涡水受淮阳扶沟浪汤渠，东入淮。”《水经·阴沟水注》：“涡水受沙水于扶沟县……东注淮。”

洹上村 在今河南安阳市北安阳河上。清末袁世凯隐居于此。村东北有袁林，即袁世凯墓地。

洹山 即临沅山。在今广东韶关市曲江区北。《水经·溱水注》：“林水出县东北洹山。王韶之《始兴记》曰：林水源里有石室。”

洹水 即今河南北部卫河支流安阳河。甲骨文中有洹水，《甲骨文合集》7854正：“洹其作兹邑祸。”《左传》：成公十七年（前574），“初，声伯梦涉洹”。《战国策·赵策二》：苏秦说赵肃侯，“令天下之将相，将会于洹水之上”。《史记·项羽本纪》：“项羽乃与（章邯）期洹水南殷虚上。”皆此。

洹水县 北周建德六年（577）置，属魏郡。治所在今河北魏县西南旧魏县。隋属魏郡，唐属相州。北宋熙宁六年（1073）废为镇。

洒马吉堡 一作萨玛吉堡。明置，即今辽宁凤城市北赛马镇。以河为名。明《辽东志》卷3：洒马吉堡“嘉靖七年添设官军四百六十一员名”。

洒金平 在今青海乐都县西二十里大峡附近。北宋崇宁二年（1103）于此置绥远关。

洒鱼河 在今云南昭通市西四十里。《清一统志·昭通府》：洒鱼河“在恩安县西四十里。发源马鞍山，汇昭通诸水，过大关，入金沙江”。

洒（灑）洞山 在今贵州黎平县东南。《方舆纪要》卷121黎平府洪州泊里长官司：洒洞山“在司（今洪州镇）西南。下有泉，曰洒洞泉，亦名神泉。明初俞通海克蛮贼于此”。

洒戛龙镇 亦作牙拉冲。即今云南文山县西北九十里德厚镇。旧有汛。

洒（灑）溪 在今贵州岑巩县北。《方舆纪要》卷122思州府：洒溪“源出都素司之马口溪，绕城北而东合于架溪，谓之清江”。

洧川县 金兴定二年（1218）置，属开封府。治所在今河南长葛市东北十里铺。元属汴梁路。明洪武二年（1369）移治今尉氏县西南洧川镇，属开封府。民国初属河南开封道。1927年直属河南省。1954年撤销，并入长葛县。

洧水 即今河南双洎河。《左传》：襄公元年（前572），晋伐郑，“入其郛，败其徒兵于洧上”。《汉书·地理志》颍川郡阳城县：“阳城山，洧水所出，东南至长平入颍。”汉、唐故道，源出今河南登封市东阳城山，东流至西华县西入颍水。北宋时通惠民河，遂自长葛市东南引洧水经鄢陵、扶沟县北，东入蔡河（长葛市以下故道遂堙）。元时蔡河为黄河所夺，有水改入贾鲁河。至明改称双洎河。

洧仓 在今河南鄢陵县西北洧水（双洎河）旁。《三国志·魏书·武帝纪》裴注引《献帝起居注》曰：东汉建安十九年（214）二月，“癸酉，二贵人至洧仓中，遣侍中丹将冗从虎贲前后骆驿往迎之”。《晋书·石勒载记》：晋永嘉五年（311），何伦奉东海王子司马毗出自洛阳，“勒逆毗于洧仓，执毗及诸王公卿士，皆害之”。《水经·洧水注》：“洧水又东入汶仓城内，俗以是水为汶水，故有汶仓之名。非也。盖洧水之邸阁耳。”

洧州 ①北齐置，治所未详。《隋书·地理志》西平县下云：有故洧州，后齐置，开皇初废。

②隋开皇十六年（596）置。治所在鄢陵县（今河南鄢陵县西北）。辖境相当今河南鄢陵县地。大业初废。

③唐武德四年（621）置。治所在尉氏县（今河南尉氏县）。辖境相当今河南尉氏、鄢陵、扶沟等县地。贞观元年（627）废。

洧渊 在今河南新郑市南。《左传》：昭公十九年（前523），“郑大水，龙斗于时门之外洧渊”。

洧源县 唐武德三年（620）置，属密州。治所在今河南新密市西。四年（621）废。

洊水县 唐至德二年（757）改洊安县置，属南海郡。治所在今广东怀集县西北。次年属广州。北宋开宝五年（972）废入怀集县。

洊安县 南朝梁、陈间置，属绥建郡。治所在今广东怀集县西北。唐武德五年（622）为齐州治。贞观二年（628）属绥州，八年（634）改属贞州，十三年（639）属广州。至德二年（757）改为洊水县。

洿池（洿 wū） 在今安徽宿松县东南。《清一统志·安庆府一》：洿池“在宿松县东南六十里，众水所汇。其中有山，居民列市，利于鱼盐”。

洿池山（洿 wū） 在今安徽宿松县东南六十里。《清一统志·安庆府一》：洿池山“周十余里，环山皆湖，水涨则宛在中央，中列廛市。明崇祯中，县尝徙治于此”。

洿谷镇（洿 gù） 金置，属朝邑县。在今陕西大荔县东北。《清一统志·同州府二》“新市镇”条：“洿谷镇在（朝邑）县东北六十里。亦曰洿谷堡。三面陡绝，其险足恃。”

洌洲 即烈洲。在今江苏南京市西南长江中。《晋书·桓温传》：东晋兴宁三年（365），“简文帝时辅政，会温于洌洲，议征讨事”。又《刘牢之传》：元兴初（402），司马元显以刘牢之讨桓温，刘牢之“不得已率北府文武屯洌洲”。《资治通鉴》胡三省注：“今舟行自采石东下，未至三山，江中有洌山，即洌洲也。洌、溧声相近，故又为溧洲。张舜民曰：‘过三山十余里至溧洲，自溧洲过白土矶入慈湖夹。’”

浃口 在今浙江宁波市东甬江河口处。《资治通鉴》：东晋隆安四年（400），孙恩起兵，“寇浃口，入馀姚，破上虞”，胡三省注：“浃口，在今明州定海县。”

洭口 在今广东英德市西南连江口镇。即洭水（今连江）合溱水（今北江）之口。《水经·洭水》：洭水“南出洭浦关，为桂水”。郦道元注：“关在中宿县。洭水出关，右合溱水，谓之洭口。”《陈书·章昭达传》：“欧阳纥据有岭南反，诏昭达都督众军讨之。昭达倍道兼行，达于始兴。纥闻昭达奄至，恇扰不知所为，乃出顿洭口，多聚沙石，盛以竹笼，置于水栅之外，用遏舟舰。”

洭口司 即洸口。在今广东英德市西南五十里连江与北江汇口处的江口咀。明置巡司于此。《方舆纪要》卷102英德县“洭浦关”条内：“洭口巡司在县西南五十里。扼大、小罗山，陈、黎二峒之吭。”

洭水　又名湟水、洸水。即今广东英德市西南连江。《汉书·地理志》桂阳郡含洭县注：“应劭曰：洭水所出，东北入沅。”《水经·洭水注》：“洭水又径阳山县南……洭水又径含洭县西……洭水出（洭浦）关右合溱水，谓之洭口。《山海经》谓之湟水。徐广曰：湟水一名洭水，出桂阳，通四会，亦曰洭水也。”

洭州　隋开皇九年（589）改西衡州置，治所在今含洭县（今广东英德市西北浛洸镇）。辖境相当今广东英德市西北部地。开皇二十年（600）废。唐武德五年（622）复置，治所在浛洭县（今英德市西北浛洸镇）。贞观元年（627）又废。

洭浦关　在今广东英德市西南连江口镇。《水经·洭水》：洭水“南出洭浦关为桂水”。《元和志》卷34浈阳县：“洭浦故关，在县西南四十五里。山谷深阻，实禁防之要地也。”

洟札郎水　在今云南富民县东北。《方舆纪要》卷114富民县：洟札郎水在“县东北十里。西入大溪”。

洟笼城　元泸州治。在今四川西昌市西南佑君镇（西河）。《元史·地理志》泸州：“至段氏时，于热水甸立城，名洟笼，隶建昌。宪宗时，建蒂内附，复叛，至元九年平之。十五年改洟笼为泸州。”

洟源城　宋大理置，属善阐府。在今云南易门县南十里南庄。元改易门县。

浇水　即浇洛水。今内蒙古西拉木伦河。《资治通鉴》：东晋太宁三年（325），后赵“（宇文）乞得归据浇水以拒（慕容）皝”。胡三省注：“浇水，即浇洛水。”

浇岭　在今江西浮梁县东。《方舆纪要》卷85浮梁县：浇岭“在县东六十里。高险可凭。与婺源县分界”。

浇岭水　在今江西浮梁县东。《方舆纪要》卷85浮梁县：浇岭水“源出婺源县界之梅岭，西流经浇岭下，有长山水自乐平县入焉。又西北流，至景德镇南入昌江”。

浇河城　东晋末吐谷浑筑，在今青海贵德县驻地河阴城。《晋书·乞伏炽磐载记》：东晋义熙九年（413），“遣其龙骧乞伏智达、平东王松寿讨吐谷浑树洛干于浇河，大破之”。即此。十六国后凉吕光于此置浇河郡。北周置洮河郡、洮河县。

浇河郡　十六国后凉吕光置，治所在浇河城（今青海贵德县驻地河阴城）。寻为南凉秃发乌孤所取。后陷于吐谷浑。北魏废为浇河戍。《水经·河水注》：“河水又东径浇河故城北，有二城东西角倚。东北去西平二百二十里。宋少帝景平中拜吐谷浑阿豺为安西将军浇河公，即此城也。”西魏复置浇河郡，移治广威县（今青海化隆回族自治县南黄河北岸甘都镇）。北周废。隋大业初复置，治所在河津县（今青海贵德县）。辖境相当今青海贵德、同仁二县和甘肃夏河县一带。唐武德二年（619）改为廓州。

浇洛水　又名浇水、饶乐水。即今内蒙古西拉木伦河。《资治通鉴》：东晋隆安二年（398），辽西王农言后燕慕容宝，“宜因成师袭库莫奚，取其牛马以充军资。……庚申，渡浇洛水”。胡三省注：“浇洛水，盖即饶乐水也。贤曰：水在营州北。唐太宗时，奚内附，置饶乐都督府。”

泾南县　即泾南县。治所在今四川泸州市纳溪区东南。《旧唐书·地理志》旧作“泾南县”，标点本据《新唐书》、《通典》改为“泾南县”。

浈山　在今广东英德市西北四十里。《元和志》卷34浈阳县：浈山“在县北四十里，浈水所出。尉佗为城于此山上，名曰万人城”。

浈水　①即今广东翁源县西南之滃江，为北江支流。《汉书·地理志》桂阳郡浈阳县注：“应劭曰：‘浈水出南海龙川，西入秦（溱）。’”《水经·溱水注》：“溱水出（浈阳）峡，左则浈水注之。水出南海龙川县，西径浈阳县南，右注溱水。”

②即今广东南雄、始兴、曲江、韶关等县市境之浈江。《舆地纪胜》卷93南雄州：保水“古贞水也，在州东”。《方舆纪要》卷102始兴县：浈水在“县西十里。自保昌县流入境，又西南流入韶州府境，亦谓之始兴江，县境群川悉汇入焉”。

浈水馆　在今广东韶关市南。《方舆纪要》卷102韶州府曲江县：浈水馆“在府城南。宋州守狄咸建”。

浈石山　即今广东英德市东三十里英山。《水经·溱水注》：浈阳“县东有浈石山，广圆三十里，挺嶀大江之北，盘址长川之际。其阳有石室，渔叟所憩，昔欲于山北开达郡之路，辄有大蛇断道，不果。是以今行者必于石室前泛舟而济也”。

浈州　唐贞观八年（634）改南绥州置，治所在四会县（今广东四会市）。辖境相当今广东四会、广宁、怀集等市县地。贞观十三年（639）废。

浈阳县　西汉置，属桂阳郡。治所在今广东英德市东翁水北。《元和志》卷34浈阳县：“在浈水之阳，因名。”三国吴改属始兴郡。南朝宋泰始三年（467）改为贞阳县，南齐仍称浈阳县。隋开皇十年（590）又改贞阳，十六年（596）废入曲江县。唐贞观元年（627）改贞阳县复置，属广州。移治今英德市。北宋乾兴元年（1022）改真阳县。

浈阳驿　明洪武二年（1369）改旧芙蓉驿置，在今广东英德市西南。

浈阳峡　一名皋石山。在今广东英德市南十五里。《艺文类聚》卷6引王韶之《始兴记》：“梁、鲜二水口下流有浈阳峡，长二十余里。山岭纡郁，丛流曲勃。”《水经·溱水注》：“溱水又西南，历皋口、太尉二山之间，是曰浈阳峡。两岸杰秀，壁立亏天。昔尝凿石架阁，令两岸相接，以拒徐道覆。”

浈昌县　唐光宅元年（684）置，属韶州。治所即今广东南雄市。《寰宇记》卷161南雄州：浈昌县“在庾岭下，以水为名”。《方舆纪要》卷102南雄府“县旧名浈昌，以浈水、昌水合流”而名。北宋天圣初，避仁宗讳改为保昌县。

浉水　在今河南信阳市西南。《水经·淮水注》：“淮水又东，得浉口。水源南出大溃山，东北流翼带三川，乱流北注浉水。又北径贤首山西，……浉水又东径义阳故城北……又东径七井冈南，又东北注于淮。”《太平御览》卷67引《信州图经》：“师溪水源出黄蘗山北面，在弋阳县东南一百一十里。昔有隐士胡超居此，众人师之，故名师溪。”

洸口　在今广东英德市西南五十里连江与北江汇口处的江口咀。明于此置洸口巡司。

洸水　①在今山东省中部，为汶水的分流。《水经·洙水注》：洸水“上承汶水于刚（今宁阳县东北），……洸水又东南流注于洙。洙水又南至高平县（今微山县西北）南入于泗水”。至洙水上段改道，下游不经济宁。蒙古宪宗七年（1257）于堽城作坝，遏汶水南流入洸后，洸水径作入泗。元、明、清时代长期为济州河、会通河或山东运河的重要水源之一。

②即湟水、洭水。今广东北部之连江。为北江支流。《明史·地理志》英德县：“洭水在县西，一名洸水。至县西南合流（指浈水合流），谓之洸口。”

浊水　①即今江西赣水支流锦江。《水经·赣水注》：“（浊）水出康乐县。浊水又东径望蔡县。浊水又东径建成县。浊水又东至南昌县，东流入于赣水。”《清一统志·瑞州府》：蜀江“在府治北。一名浊水，今曰锦江”。

②即北阳水，亦即今山东青州市之北阳河。《汉书·地理志》齐郡广县：“为山，浊水所出，东北至广饶入巨定。”《水经·淄水注》：浊水“东北流径广固城西，……又东北流径东阳城北……又北径益城西，又北流注巨淀”。元于钦《齐乘》、《清一统志》皆谓即今北阳水。

③即今湖北襄阳市襄州区北之白河。《战国策·楚策一》：吴入郢，秦子满、子虎“与吴人战于浊水而大败之”。即此。《水经·淯水注》：浊水“上承白水于朝阳县，东南流径邓县故城南。习凿齿《襄阳记》曰：楚王至邓之浊水，去襄阳二十里，即此水也。浊水又东径邓塞北，……东流注于淯”。

④即垫江水。今重庆市开县南四十里之普里河，为开江（小江）支流。《明史·地理志》开县：“南有垫江，一名浊水，亦合流于开江。”

⑤即今陕西铜川市耀州区西南浊谷河。《水经·沮水注》：“浊水上承云阳县东大黑泉东南流，谓之浊谷水。又东南出原注郑渠，又东历原径曲梁城北，又东径太上陵南原下，北屈径原东与沮水合。”《清一统志·西安府》引《三原县志》：“在县北清谷水之东，自耀州界来，又东入临潼县。其水峻急浑浊，故名。”

⑥即今甘肃徽县西之洛河。源出县西北老爷山，南流入成县，又折而东流复入徽县，又东南流至陕西略阳县入嘉陵江。《水经·漾水注》：“（浊）水出浊城北……又东径武街城南……又东径白石县南，浊水即白水之异名也。……又南注汉水。”《清一统志·阶州一》：浊水“在成县南，东南流入秦州徽县界，亦谓之白水”。

浊水江　思勤江支流。在今广西昭平县东北。《方舆纪要》卷107昭平县：浊水江，“《志》云：源出富川之龙岩，至思勤废县合思勤江”。

浊水城　亦曰浊水戍。在今甘肃成县西南。《水经·漾水注》：“汉水又东南径浊水城南，又东南会平乐水。”《资治通鉴》：南朝宋元嘉十九年（442），“（裴）方明与（符）弘祖战于浊水，大破之，斩弘祖”。二十年，“将军姜道盛与杨文德合众二万攻魏浊水戍，魏皮豹子、河间公齐救之，道盛败死”。

浊水溪　在今台湾省本岛中部。发源于合欢山南麓，横穿西部平原，经西螺溪入台湾海峡。清蒋毓英《台湾府志》卷3：“浊水溪出小岗山之南，山南有大滚水山，出水常浊，故溪之流皆浊，因以为名。”

浊阳　战国赵邑。在今山西黎城县浊漳河北。《史记·魏世家》《索隐》引《竹书纪年》：梁惠成王元年（前369），“惠成王伐赵，围浊阳”。

浊谷　在今陕西咸阳市北。《资治通鉴》：北魏太和十七年（493），“北地民支酉聚众数千附于齐，进至咸阳北浊谷”。即此。

浊谷水　在今陕西省中部。源出铜川市耀州区县西北，东南流经三原县，至富平县南入石川河。《水经·沮水注》：“浊水上承云阳县东大黑泉，东南流谓之浊谷水，又东南出原注郑渠，又东历原经曲梁城北，又东径太上陵南原下，北屈径原东，与沮水合。”《清一统志·西安府一》引《三原县志》：“其水峻急浑浊，故名。”

浊轮川　①即今内蒙古准格尔旗西南、陕西神木县西北之㹀牛河，为窟野河支流。《宋史·党项传》：雍熙二年（985），麟州三族砦羌酋长折御乜降，“愿改图自效，为国讨贼，遂与部下兵入浊轮川……李继迁及三族砦监押折御乜皆遁去”。

②即今陕西省北部屈野河东源。《宋史·夏国传上》：大中祥符八年（1015），“筑堡于石州浊轮谷”。石州即今山西吕梁市离石区，浊轮谷在离石区西。川从谷中流出，南流经神木县入黄河。

浊轮砦　在今内蒙古伊金霍洛旗东南、陕西神木县北界，㹀牛川边。以建在浊轮川而名。《宋史·李重贵传》：至道二年（996），“以重贵为麟府州浊轮砦路都部署”。

浊河　①汉以前大河（河水）的别称。《战国策·燕策》：苏代说燕王：“齐有清济、浊河，可以为固。”《史记·高祖本纪》：齐“西有浊河之限”。皆指黄河。

②在今江苏徐州市铜山区西北。《清一统志·徐州府一》：浊河“在铜山县西北二十里。旧止有小水入泗，明嘉靖末，河流出此入茶城，时谓之中路。隆庆中废”。

浊泽　一名皇陂。在今河南长葛市西。《史记·魏世家》：魏惠王元年（前369），韩、赵“合军并兵以伐魏，战于浊泽，魏氏大败”。《水经·温水注》：“皇陂即古长社县之浊泽也。”《史记正义》谓应是“解县浊水”，在今山西运城市解州西。

浊城　一名蜀城。在今河南禹州市东北。《续汉书·郡国志》颍川郡长社县：“有蜀城。”《水经·溵水注》：皇陂“北对鸡鸣城，即长社县之浊城也”。

浊鹿　战国赵邑。在今河北涞源县北。《水经·滱水注》引《竹书纪年》：“燕人伐赵，围浊鹿，赵武灵王及代人救浊鹿，败燕师于勺梁。”

浊鹿城　一名清阳城。在今河南焦作市东北。《后汉书·献帝纪》：建安二十五年（220），“皇帝逊位，魏王丕称天子。奉帝为山阳公……都山阳之浊鹿城”。李贤注：“浊鹿一名浊城，亦名清阳城，在今怀州修武县东北。”《元和志》卷16修武县：“浊鹿故城，在县界东北二十三里。”按，此有误。据《括地志》：山阴故城“在修武县西北”，应在今焦作市东北。

浊漳水　漳河上游。在今山西省中部。有三源，南源出长子县西发鸠山，西源出沁县西北漳源镇，北源出榆社县北，至襄垣县东与黎城县交界处汇合，东南流至平顺县西北，折而东流入河北省涉县境，合于清漳河。《山海经·北次三经》：“发鸠之山，……漳水出焉，东流注于河。”《汉书·地理志》上党郡长子县：“鹿谷山，浊漳水所出，东至邺入清漳。”

洞口　在今安徽凤阳县东。《资治通鉴》：北周显德四年（957），帝攻濠州，“大破唐兵于洞口，斩首五千余级”。胡三省注：“今濠州东九十里有浮山，山下有穴，名浮山洞，夏潦不能及而冬不加高，故人疑其山为浮洞口，窃意即浮山洞口。”

洞口市　即今湖南洞口县。原为武冈县地，明代已有“洞口”之名。方以智有《游洞口林谷诗》。清乾隆年间戴宗槐《洞口记》谓洞口以地形得名。1952年设洞口县，因洞口为名。

洞口关　明置，在今贵州惠水县东。《方舆纪要》卷121定番州：洞口关在“州东十三里”。

洞口浦　即洞浦。在今安徽和县南长江岸边。《寰宇记》卷124历阳县：“洞口浦，魏将曹休、张辽伐吴至此，吴军相望。《水经注》云：江水左列洞口。”

洞口堡　在今湖南吉首市西南五十里。《方舆纪要》卷81镇溪千户所“阴隆江堡”条下：洞口堡“隶辰溪卫，有官兵戍守”。

洞口墟　即今广东新兴县北十里洞口镇，为东门河与新兴江汇合处。明万历《广东通志》卷46：新兴县有洞口墟。

洞口瀑泉　在今四川理县东北薛城镇西南。《方舆纪要》卷67威州：洞口瀑泉“在州治西南五里。其源极远，自半空直下，喷流数千尺，居民资以灌溉”。

洞山　①即孤竹山。在今河北卢龙县西十五里。《明一统志》卷5永平府：洞山“其山产铁。有冶”。

②在今江西宜丰县东北五十里同安乡西南。是我国佛教禅宗之一曹洞宗的发祥地。唐大中时，高僧良价禅师在洞山兴建普利寺，被尊为“曹洞宗匠”。良价死后，唐懿宗追封他为悟本大师，诏令在普利寺后建墓，后人称价祖塔。寺庙雄伟，僧塔林立，世人称为洞天福地。

洞山寺　在今江西宜丰县东北五十里洞山。本名普利寺，唐大中时良价禅师建，世号洞山宗。元末毁。明重建。清康熙八年（1669）修。

洞川县　隋开皇十八年（598）改钟离县置，属湖州。治所在今河南唐河县东南。大业初废入上马县。

洞川郡　西魏置，为洞州治。治所在钟离县（今河南唐河县东南）。北周属湖州。隋开皇初废。

洞子口　在今重庆市城口县南。清道光《城口厅志》卷3：洞子口“在厅南五里。两山夹溪，为南路总口”。

洞巴土司　清雍正时置，属西宁办事大臣。为玉树四十族之一。驻牧地在今青海囊谦县东南，扎曲东岸。乾隆《西宁府新志》卷19塞外贡马番族：“住牧角木丹莫多地方洞巴族，距格尔吉族三百余里。”

洞头山　即今浙江洞头县洞头岛。清光绪《浙江沿海图说》温州：岛屿有洞头。1953年于此置洞头县。

洞头区　2015年撤销浙江省洞头县，设立温州市洞头区，区政府驻北岙街道县前路12号。

洞头县　1953年析浙江省玉环县洞头、大门区及周围岛屿置，治北岙镇。属温州专区。1958年撤销洞头县，并入玉环县。1960年撤销玉环县，原洞头地划属温州市。1964年复置洞头县，属温州专区。1970年属温州地区。1987年划归温州市。2015年撤销洞头县，改设洞头区。

洞扫堡　明成化四年（1468）置，属泸州卫。在今四川兴文县南。《方舆纪要》卷72泸州卫：洞扫堡在“卫南三十里。本蛮砦。成化四年，官军攻都掌蛮，破其洞扫、海纳、龙背、豹尾等砦。事平，改为堡”。后废。

洞过水　又名洞涡水。俗名小河。在今山西太原市东南。《水经·洞过水》：“洞过水出沾县北山，西过榆次县南，又西到晋阳县南，西入于汾，出晋水下口者也。”郦道元注：“刘琨之为并州也，刘曜引兵邀击之，合战于洞过，即是水也。”《元和志》卷13太原府：洞过水“东自太原县界流入，西入于汾。……今按此水出沾县北山，沾即今乐平县也，水经县西南二十五里入汾水”。《方舆纪要》卷40太原县：洞涡水“在县东南三十里。源出乐平县西陡泉岭，经平定州及寿阳、榆次诸县，下流经此入汾”。

洞州 西魏置，治所在洞川郡钟离县（今河南唐河县东南）。北周废。

洞阳山 在今湖南浏阳市西北六十里。明《寰宇通志》卷55：洞阳山“山有洞向阳，故名。唐孙思邈炼丹于此”。《清一统志·长沙府一》：洞阳山“上有石坛，山涧有潭，湫水流入洞中半里许，石窦引光，沙石朗然，内有龙迹。道书第二十四洞天”。

洞阳湖 即青岚湖。在今江西进贤县西北。

洞沟古墓群 在今吉林集安市东北洞沟河畔，为高句丽时代墓葬，有近万座之多。墓有积石墓和封土墓两种。积石墓年代较早，初以碎石或砾石堆积，稍晚的四周砌筑石条或筑成阶坛式，其中规模宏大的有太王陵、将军坟、千秋墓。太王陵前的好大王碑，建于公元414年。碑身呈角柱形，高6.12米。碑文四面环刻，计一千八百余字，记载“好大王”生平事迹。封土墓用石材砌筑墓室，外用黄土封顶。墓室多近方形，有单室、多室两种。已发现有壁画的墓近二十座，重要的有舞俑墓、角抵墓、三室墓、四神墓、五盔坟4号、五盔坟5号和长川1号墓等。前期壁画多画在墓室的垩壁上，以描写贵族生活为主；晚期壁画则直接画在平整的石面上，四壁以青龙、白虎、朱雀、玄武为主题，藻井绘有伏羲、女娲、日月星辰和各种形象的飞天等。是研究高句丽历史的重要宝库。1961年定为全国重点文物保护单位。2001年将位于集安市北阳岔乡高台村的采石场遗址和位于集安市东北青石镇长川村的长川古墓群归入洞沟古墓群保护单位。2004年联合国教科文组织认定洞沟古墓群为世界文化遗产，列入《世界遗产名录》。

洞灵山 在今湖南汝城县东十七里。《方舆纪要》卷82桂阳县：洞灵山“有岩洞池泉之胜”。

洞灵观 在今江西抚州市临川区西六里。有魏夫人坛。《寰宇记》卷110抚州临川县：魏夫人坛“在县西北六里二百步。……唐睿宗使道士叶法善祭醮，仍于坛西置洞灵观，度女道士七人以奉之。刺史颜真卿撰仙坛碑备详其事”。

洞岩山 即今浙江兰溪市东六洞山。《方舆纪要》卷93兰溪县：洞岩山在“县东二十里。一名灵洞山。高百余丈，灵洞凡六，而著者三”。今为游览风景区。

洞河口 在今陕西紫阳县东南洞河。清光绪《陕西全省舆地图》紫阳县：洞河口“在城东二十一里”。

洞泽 又作荧泽。在今河南浚县西。《春秋经传集解后序》引《纪年》：“卫懿公及赤翟战于洞泽。”《左传》：闵公二年（前660），狄人伐卫，“战于荧泽，卫师败绩，遂灭卫”。

洞房山 在今广西博白县东。明万历《广西通志》卷5博白县：洞房山在“县东十里。广七十里。下有洞乳，缀丹碧，丽若雕房”。

洞城 ①在今辽宁浑河上游。属建州女真哲陈部。《清太祖武皇帝实录》卷1：丁亥年（明万历十五年，1587），“太祖领兵往攻洞城，克之，招降其城主甲海而回”。

②在今黑龙江省黑河市西北白砬子稍南。清乾隆《盛京通志》卷32：洞城在“（黑龙江）城西北九十余里，周围二里”。后废。

洞庭山 ①在今江苏苏州市西南。有东、西二山。东山古称胥母山，又名莫釐山，原系湖中小岛，元、明以后始与陆地相连成半岛。今名洞庭东山或东洞庭山。俗称东山。西山为太湖中最大岛屿，古称包山，一作苞山，又名夫椒山。今名洞庭西山或西洞庭山，俗称西山。清时设太湖厅驻东山，靖湖厅驻西山，民国时废入吴县。今为太湖名胜之地。

②即君山。又名湘山。在今湖南岳阳市西南。原在洞庭湖中，现已与陆地相连。

③又名鸿鹭山、玉石山、碧玉山。即今甘肃嘉峪关市西嘉峪山。《元和志》卷40酒泉县：洞庭山“在县西七十里。四面悬绝，人不能上，遥望焰焰如铸铜色。山中出金”。

洞庭夹 在今湖南汉寿县东北一百二十里洞庭湖滨。《方舆纪要》卷80龙阳县“洞庭湖”条谓“洞庭夹为盗贼渊薮”。《清一统志·常德府一》：洞庭夹“舟楫泊此候风，水大则由洪沾，水小则由夹入湖，其南七十里为沅江县”。

洞庭庙店 在今湖北保康县北。清溪河注入南河处。《清一统志·郧阳府》：洞庭庙店“在保康县东北四十里”。

洞庭郡 战国秦置，见于里耶遗址出土秦简。治所疑在临沅县（今湖南常德市西）。辖有临沅、迁陵、零阳、孱陵、索县等地。后为黔中郡所取代。

洞庭湖 ①我国第二大淡水湖。在今湖南省北部、长江南岸。《山海经·海内东经》：“湘水出舜葬东南陬，西环之，入洞庭下。”屈原《离骚》：“邅吾道兮洞庭。”关于洞庭湖的演变，长期以来地理学界、水利学界根据近百数十年来的湖面日渐填淤，普遍认为整个历史时期湖面都是在不断缩小，不同的是时快时慢而已。《历史地理》创刊号载张修桂《洞庭湖演变的历史过程》一文中，根据历史文献资料，结合湖区地质、地貌、水文、考古调查和卫星照片，对洞庭湖演变的全过程进行了考察，得出了截然相反的结论。他认为，在全新世初至公元3世纪，洞庭湖地区还是一片河网交错的平原地貌景观；4世纪至19世纪中叶，处在沉降扩展时期，唐宋时已沦为“周极八百里”的湖泊景观；19世纪中叶至今处于淤塞萎缩的过程中。整个洞庭湖经历了一个由小到大、由大到小的演变过程。

②即今江苏太湖。晋左思《吴都赋》：“指包山而为期，集洞庭而淹留。”《文选》注引王逸曰：“太

湖在秣陵东。湖中有包山，山中有如石室，俗谓洞庭。”

洞宫山　一名九莲峰。即今福建政和县东南洞宫山。《新定九域志》卷9建州：洞宫山，“《图经》云：洞中有莲花石，又尝有人游之，获石龟、鹤、藤、竹、仙绳”。《方舆纪要》卷97建宁府政和县：洞宫山“在县东南，重叠九峰，状如莲花瓣，名九莲峰”。《清一统志·建宁府》：洞宫山“道书以为第三十福地，相传古有魏、虞二真人炼外成丹，飞升于此，因名魏虞洞天，一名无为洞天。中有谷洋，地平衍若水之洋，广四、五里，产银砂……宋置坑冶司，旧址犹存”。

洞浦　亦名洞口、洞口浦。在今安徽和县南，临长江。《三国志·魏书·曹休传》：“以休为征东大将军，……击权大将吕范等于洞浦，破之。”

洞涡水　又名同戈、铜锅、同过、洞过。即今山西寿阳县南、晋中市榆次区东潇河。源出昔阳县西南陡泉山，西流经寿阳县、榆次区、清徐县、太原市界入汾水。《水经·洞涡水》：“洞过水出沾县北山，西过榆次县南，又西到晋阳县南，西入于汾。”《魏书·地形志》：“同过水出木瓜岭，一出沾岭，一出大廉山，一出原过祠下，五水合道，故曰‘同过’，西南入汾。”

洞涡驿　唐置，在今山西清徐县东三十里同戈站村。《旧唐书·昭宗本纪》：天复元年（901），“（氏）叔琮长驱出围柏，营于洞涡驿”。即此。后讹为同戈驿。

洞清岩　在今广东罗定市东南五十里。《清一统志·罗定州》：洞青岩“旁有小径，曲邃通幽，游者用火引入，每数丈一曲。有一石孔，流光开豁，竟日探寻，无有底止，为一州之绝胜”。

洞源山　一名鬼谷山。在今江西贵溪市南一百里。《寰宇记》卷107信州贵溪县：“（藐姑山）南十里为洞源山，一名鬼谷山。有鬼谷洞，好事者深入其中，约行四里，至洞尽处有小洞可通鬼岩。”《明一统志》卷51广信府：鬼谷山“道家第十五洞天。山有苏秦台、张仪井，世传鬼谷子尝居此”。

洞霄宫　在今浙江杭州市余杭区西南百余里大涤山下。《清一统志·杭州府二》：洞霄宫“汉元封三年，于大涤洞投龙简为祈福所。唐弘道初建天柱观，乾宁二年钱镠重建。宋祥符中改今名。凡宰执大臣去位者咸以提举洞霄宫系衔”。为天下第五洞府，道教七十二福地之一。元末毁。明洪武时重建，后废，今仅存遗址。

洞噶拉山　即今西藏堆龙德庆县东东嘎拉。下临拉萨河。藏语意为白山咀、白山坡。另据清乾隆《卫藏通志》卷3称：“布达拉西三十里，耸峻连霄，高四百余丈。唐古忒语谓海螺曰洞噶，山形似螺，故名。”古时上修碉卡，形势险要。

洞澡水　唐代通海城路上的要站。在今云南个旧市北四十里倘甸村。

涉水　①一名渔水。即今淮河支流浍河。《资治通鉴》：南朝梁天监六年（507），曹景宗攻魏中山王英，“诸军逐北至涉水上，英单骑入梁城”。

②即河南、安徽境内古涣水，亦曰浍水。《战国策·楚策一》：“楚因使景舍起兵救赵。邯郸破，楚取睢、涉之间。”即此。

涉江水　在今江西兴国县北。《清一统志·赣州府一》：涉江水“在兴国县北。源出覆笥山，东南流至方口，合方太水，又合宝石、早溪、鳌源、龙上、池源诸水，又南径县东，合黄田水，又南至东涧口与潋江合”。

涉河　即石臼河。在今河北平山县西北。《寰宇记》卷61平山县：“县西北五十里涉水出焉，亦谓之石臼水，又谓之鹿水，出行唐东入博陵，谓之木刀沟，又谓之袈裟水，从此过石疃山，南流入滹沱河。”

洄水　指今四川广安市境之渠江。《明史·地理志》广安州：“东北有篆江，即巴江，合渠江之下流也。江中有三十六滩，亦名洄水。又北有浓水，南流合于环水，至州南合洄水，并注合州之嘉陵江。”嘉庆《四川通志》卷13广安州：洄水“在州南。以其水萦回为潭，故名，又名清回，即渠水下流也”。

洄曲　一名时曲。在今河南漯河市沙河与澧河汇流处下游一带。《旧唐书·宪宗纪》：元和十年（815），“李光彦大破贼党于洄曲”。《资治通鉴》：唐元和十二年（817），“吴元济闻郾城不守，甚惧。时董重质将骡军守洄曲”。胡三省注：“据《新书·李光颜传》：洄曲即时曲。盖溵水于此回曲，因以为名。”《方舆纪要》卷47：澧河“从裕州舞阳县来，经县南境，至县东漯湾渡，北流合汝河。又东南流，其处谓之洄曲也”。

洄湟镇　在今河北新乐市西南。为唐后期镇、定二镇分界处。《资治通鉴》：唐元和五年（810），“河东将王荣拔王承宗洄湟镇”。即此。

洄溪　在今湖南江华瑶族自治县南黑山口村，合冯水入沱。唐元结有《说洄溪招退者》诗。《方舆胜览》卷24道州：洄溪“在江华县三十三里四山之间，乳窦松膏之所渍，泉甘宜稻，饮之者寿”。

洄溜集　即今安徽阜阳市东南四十里颍河南岸洄溜集。清乾隆《阜阳县志》卷4：洄溜集“即洄窝溜，东乡三十五里”。

洄澜亭　在今湖北浠水县南。《明一统志》卷61黄州府：洄澜亭“在蕲水县南兰溪岸。苏轼游此，见水盘旋，书二字于石壁，后人立亭”。

测水市　即今湖南双峰县东北三十里测水村。《清一统志·长沙府二》“铜钱湾市”条：侧水市“在（湘乡）县西南七十里”。

洙水　据《水经注》，源出今山东新泰东北，西流至泰安东南，折西南至泗水县北与泗水合流，西至曲阜城东北又与泗水分流，西经兖州至济宁合洸水，折南注入泗水。后水道有变迁，上源在泰安东南改道西流与柴汶汇合北入汶水，今为小汶河上游，已与泗水隔绝。曲阜、兖州间故道久湮。自兖州以下，现今的府河和济宁、鲁桥间的运河大致即其故道。今曲阜城北孔林之东有洙水，西南流入沂水，与古洙水无涉。

洙泗 洙、泗二水合称。古时两水自今山东泗水县合流西下，至鲁国都城（今曲阜市）北又分为二水。《水经·泗水注》：泗水“又西南流，经鲁县分为二流，水侧有一城，为二水之分会也。北为洙渎……南则泗水。夫子教于洙泗之间，今于城北二水之中，即夫子领徒之所也”。后世因以洙泗代称鲁国的文化及孔子的教泽。

洙泾镇 又名朱溪。即今上海市金山区（山阳镇）西北朱泾镇。宋置大盈务。元置巡司。明初置税课局。清初置泖桥巡司。乾隆二十四年（1759）金山县徙治于此。

洙洲市 宋为槠洲市。即今湖南株洲市。《清史稿·地理志》长沙府湘潭县：“黄茅巡司，乾隆二十六年置，后迁县东洙洲市，更名。”

洙湖里寨 即潴湖集。今河南上蔡县东南洙湖镇。清尹耕云《豫军纪略》卷11：同治四年（1865）七月，赖汶光军“乘势攻破上蔡之洙湖里寨、塔桥寨、洪桥寨”。

洗马林 元荨麻林，后讹为洗马林。又名西马营。明宣德十年（1435）筑城，属万全右卫。在今河北万全县西南五十里洗马林镇。《方舆纪要》卷18万全右卫：洗马林堡，“其镇河台为最冲，边外大谎堆桂柏山皆部长驻牧。嘉靖四十四年蒙古黄台吉从此突犯。俗称西马营，以近边平坦难守，与东马营相埒也”。清设守备驻此。

洗马岭 在今河北赤城县龙关镇北。《方舆纪要》卷18龙门卫：洗马岭，“太宗北征次龙门，获北寇遗马二十余匹于洗马岭，即此处”。

洗马河 在今贵州惠水县东北。《方舆纪要》卷121定番州：洗马河“在州东。下流南入于都泥江”。

洗马姑 即今四川石棉县南回隆彝族乡。清光绪《越嶲厅志》卷6：同治二年（1863），太平天国石达开率部困于紫打地（安顺场），“石达开至洗马姑”，即此。

洗马畈市 即今湖北浠水县东四十四里洗马镇。民国《湖北通志》卷74引《蕲水团练始末》：清咸丰五年（1855）三月，蕲州周十三“逃洗马畈，复聚众为患”。

洗马湾 在今安徽长丰县南。《方舆纪要》卷26庐州府合肥县：洗马湾“在府北。《志》云：肥水自合肥而北，有洗马湾、黄连门二河，合流而北，入寿州界”。

洗车市 一作洗车河市。即今湖南龙山县东南八十六里洗车河镇。清光绪《湖南通志》卷1龙山县图：县南有洗车市。

洗心泉 在今陕西汉阴县东。《清一统志·兴安府一》引《（兴安）州志》：“县东三里有池龙沟，内有长啸崖，峭壁数十仞。明嘉靖中，有僧辟一洞，曰朝阳洞。洞东一泉，从岩穴流出，名曰洗心泉。”

洗利机（機）台（臺） 在今河北蔚县北。《方舆纪要》卷44蔚州：洗利机台“嘉靖二十三年，敌突犯至此，为烽堠之所”。

洗药（藥）池 ①在今福建福州市北升山上。宋陈襄《和陈大卿游升山》诗有“闻欲引泉添洗药，未应夺我凤凰池”。

②在今广东博罗县西北罗浮山上。东晋葛洪有《洗药池》诗。

洗泊 在今新疆泽普县境。清徐松《西域水道记》卷1：“泽普勒善河又东北流渟为洗泊（在叶尔羌城东南七十里）。水草之交，卢奴所潴，是为黑水。故回人称曰喀喇乌苏。”《清一统志·叶尔羌》：喀喇水“在叶尔羌城南，即泽普善河所渟滀，名为洗泊，亦名黑水”。

洗砚池墓群 在今山东临沂市东北王羲之故居公园东北部。已发掘其中的晋代大型墓葬两座。一号墓为双室墓葬，是山东省迄今发掘汉晋大型砖室墓中最为完整的一座，也是省内已发掘大中型砖室墓葬中唯一未被盗掘的古墓葬。二号墓葬为单室砖室墓，结构保存完整。2006年定为全国重点文物保护单位。

洗笔池 在今湖南湘乡市北。《明一统志》卷63长沙府：洗笔池，“唐褚遂良贬潭州都督，行部至邑，洗笔池上。后人为立祠，宋邑令为榜曰：‘唐大都督褚公洗笔池’。咸淳间，邑宰赵必槐于池中得断碑，上刻褚公《湘潭偶题》诗云：‘远山酋崒翠凝烟，烂熳桐花二月天。游遍九衢灯火夜，归来月挂海棠前。’余皆莫辨”。

洗笔泉 在今湖北浠水县东北。北宋苏轼《东坡志林》：清泉寺“在蕲水郭门外二里许。有王逸少洗笔泉，水极甘，下临兰溪，溪水西流”。

洗象池 又名初喜庵。在今四川峨眉山市西南峨嵋山钻天坡上。清嘉庆《峨眉县志》卷2：洗象池“在峨山钻天坡上。原名初喜亭。寺左有石砌六方小池，即洗象池。因以名寺”。今寺为清康熙年间建。“象池夜月”为峨山十景之一。附近为猴群栖居处，常在路边向游人索食，极为有趣。出寺往上行数里，有古木皮殿（化成寺）遗址。

洗密窝汛 即今四川喜德县西北拉克乡（喜眉窝）。清设外委驻防。

洗溪 即今湖南泸溪县西洗溪镇。隋末于此置卢溪县。

洗鹤湾 在今山东泰安市泰山支峰鹤山间后石坞之下。清聂钦《泰山道里记》：“有乱石沟水，南流过壁尘桥，东折经鹤山北，又东汇为洗鹤湾。夹岸陡险，苍松欹卧如梁。水萦回而东注，达于豁里峪。”

活龙坪 即今湖北咸丰县西北八十六里活龙坪镇。清设把总驻守。

活论水 即今黑龙江省五常市东南呼兰河。源出市东南拉林山，北流入拉林河。《金史·乌春传》：乌春叛，“举兵来战，道斜寸岭，涉活论水、来流水，舍于术虎部阿里矮村”。清称和伦河。

活罗海川　即今黑龙江省东南部松花江支流牡丹江。《金史·世纪》：“苏滨水民不听命，使斡带等至活罗海川，召诸官僚告谕之。”即此。

活剌浑水　又作胡剌浑水。即今黑龙江省哈尔滨市呼兰区西之呼兰河。源出小兴安岭，南流入松花江。《金史·石显传》：“婆诸刊蓄怨未发，会活剌浑水纥石烈部腊醅、麻产起兵，婆诸刊往从之。”即此。明称忽剌温江。

活路城　唐大汗都督府治所。在今阿富汗喀布尔西北马扎里沙里夫一带。《新唐书·地理志下》大汗都督府“以哌哒部落活路城置”。

浀水港店　即今湖北安陆市北十八里浀水镇。清光绪《湖北全省全图》：安陆县北有浀水港店。

浀溪　在今江苏宜兴市东南五里。《寰宇记》卷92宜兴县：浀溪“在县东南五里。源出荆山，北入荆溪”。

洎山　在今江西德兴市东。《清一统志·饶州府一》：洎山“在德兴县东八十里。洎水发源于此”。

洎水　在今江西德兴市南。《明一统志》卷50饶州府：洎水“亦为鄱水之源”。《清一统志·饶州府一》：洎水“在德兴县南。源出洎山下滩里，西流经县南，又二十里入乐安江。下流通名洎川。今乐平县亦名洎阳，以此水为名”。

派河驿　即今安徽肥西县驻地上派镇。《方舆纪要》卷26合肥县：派河驿在“府西四十里。路出舒城”。

派赖　即今缅甸北部糯千卡河（即小江）南侧的派赖。清代属腾越州明光隘土把总。光绪《续云南通志稿》卷99土司：明光隘土把总“北至派赖河一百里野夷界”。

派潭墟　即今广东增城市西北六十里派潭镇。清有千总驻防。

浍山　又名绛高山、浍高山。在今山西翼城县东南。《水经·浍水注》：“浍水东出绛高山，亦曰河南山，又曰浍山。”《史记·魏世家》《正义》引《括地志》：“浍高山又云浍山，在绛州翼城县东南二十五里，浍水出此山也。”

浍川县　唐天祐二年（905）改翼城县置，为汾州治。治所在今山西翼城县。北宋复为翼城县。

浍水　①汾水支流。源出今山西翼城县东南，流经绛县、曲沃、侯马、新绛等县市入汾水。《左传·成公六年》：“新田土厚水深，居之不疾，有汾浍以流其恶。”《水经·浍水》：“浍水出河东绛县东浍交东高山，西过其县南，又西南过虒祁宫南，又西至王泽，注于汾水。”

②即涣水。又名涉水。今安徽五河县西北浍水。《方舆纪要》卷21五河县：浍河“在县西北二里。其上流自河南永城县流经宿州境，又东南入县境，经县治南入于淮。或谓之涣水，盖涣水与浍水合流也”。

浍交　即今山西绛县东北三十四里大交镇。《水经·浍水注》：“浍水又西南与诸水合，谓之浍交。”又《魏书·地形志》南绛郡：“治浍交川。”皆此。

浍交镇　清置，属绛县。即今山西绛县东北三十四里大交镇。

浍州　①北周置，治所在固始县（今河南固始县东北七十里）。辖境相当今河南固始、商城、淮滨一带地。后废。

②唐武德元年（618）改翼城郡置，治所在翼城县（今山西翼城县）。辖境相当今山西翼城、绛县等县地。二年（619）改北浍州。

浍高山　一名浍山。在今山西翼城县东南。《元和志》卷12翼城县：“浍高山在县东南二十五里，浍水出焉。其山出铁，隋于此置平泉冶。”

洽（洽 hé）　水名。一名瀵水。即今陕西合阳县西金水沟。《诗经·大雅·大明》：“在洽之阳。”指此。《清一统志·同州府一》引《县志》：“洽水在今县西北三十里。源出梁山西峪，东南流经县南，注于黄河。汉永平间流绝，其绝处有乾河村。其后复流，土人重之，呼为金水。”

洽水城（洽 qià）　在今广东怀集县东北洽水镇。清设洽水汛。

洽州　五代汉乾祐三年（950）楚马希萼改懿州置，治所在潭阳县（今湖南芷江侗族自治县）。北宋乾德三年（965）复为懿州。

洮（洮 táo）　①春秋时曹邑。在今山东鄄城县西南。《春秋》：僖公八年（前652），“春王正月，公会王人、齐侯、宋公、卫侯、许男、曹伯、陈世子款，盟于洮”。杜注：“洮，曹地。”《左传》：僖公三十一年（前629），“分曹地，自洮以南，东傅于济，尽曹地也”。

②即桃。春秋鲁邑，在今山东汶上县东北四十里南陶村。《春秋》：襄公十七年（前556），“齐侯伐我北鄙，围桃”，即此。《公羊传》作“洮”。

③春秋鲁邑，即今山东泗水县东南桃墟。《春秋》：庄公二十七年（前667），“公会杞伯姬于洮”，即此。

洮儿河　又作太泺河、挞鲁古河、塔儿河等。在今吉林西北部。源出大兴安岭索岳尔济山，东南流入嫩江。明《辽东志》卷1：洮儿河“（开原）城西九百里，在肇州西。源出全宁北山，东北流入松花江”。

洮儿河站　即元塔鲁站。在今吉林大安市西北洮儿河南。明《辽东志》卷9：海西西陆路有“洮儿河”站。后废。

洮大铁路　从吉林洮安（今白城市）至大赉（今大安市）。长119公里。伪满于1935年建成。今为长白线西段。

洮水　①在江淮之间。《史记·高祖本纪》：“汉将别击布军洮水南北，皆大破之，追得斩布鄱阳。”

即此。

②一名桃水。即今山西阳泉市及平定县境内之桃河。《方舆纪要》卷40平定州："洮水在城东。其上源即寿阳县之芹泉也，经州西九十里，谓之洮水。下流注于泽发水。"

③在今山西绛县南。源出横岭山，西北流入涑水河。《左传》：昭公元年（前541），"台骀能业其官，宣汾、洮"。《水经·涑水注》：洮水"水源东出清野山，世人以为清襄山也。其水东径大岭下，西流出谓之唅口，又西合涑水"。

④在今广西全州县北五十里。《水经·湘水注》："洮水出（洮阳）县西南大山，东北径其县南，即洮水以立称矣。……其水东流，注于湘水。"

⑤黄河上游支流。在今甘肃西南部。源出甘、青二省边境西顷山东麓，东流到岷县折向北，经临洮县到永靖县城附近入黄河。《汉书·地理志》陇西郡临洮县："洮水出西羌中，北至枹罕东入河。"

洮平关　即今甘肃礼县西洮坪乡。《方舆纪要》卷59礼县"漩水镇"条下载："《通志》：县有洮平、牛脊、野麻、尖岔、木树等五关。"

洮北县　1946年由洮南县属之庆平、庆远、永平、永安、万宝、宝利、瓦房、新立、富贵、兴隆等十村析置，属嫩江省。治瓦房（今吉林洮南市西北瓦房镇）。1949年撤销，并入洮安县。

洮州　北周保定元年（561）置，治所在美相县（今甘肃卓尼县西洮水南岸卡车乡录巴寺北羊巴古城）。辖境相当今甘肃临潭县以西、西顷山以东洮河流域。隋大业三年（607）改为临洮郡。唐武德二年（619）复为洮州。贞观四年（630）州县移治洪和城（今临潭县东新城）。八年（634）复还旧治。开元十七年（729）废，二十七年（739）复置。天宝元年（742）改为临洮郡。乾元元年（758）复为洮州。广德元年（763）后地入吐蕃。宋大观二年（1108）复置，治所在今临潭县（旧城）。元移治新城乡，属吐蕃等处宣慰司。明洪武四年（1371）改置洮州千户所。州境邻接蕃地，宋由此输入蕃马，金曾置榷场，明置茶马司于此。

洮州千户所　明洪武四年（1371）改洮州置，属河州卫。治所即今甘肃临潭县东新城镇。十二年（1379）升为洮州卫。

洮州卫　明洪武十二年（1379）升洮州千户所置，属陕西都司。治所即今甘肃临潭县东新城镇。清乾隆十三年（1748）改为洮州厅。卫城遗址尚存。

洮州厅　清乾隆十三年（1748）改洮州卫置，属巩昌府。治所即今甘肃临潭县东新城镇。辖境相当今甘肃临潭、卓尼二县地。1913年改为临潭县。

洮州关　明置，属洮州卫。故址即今甘肃临潭县（旧城）。《明一统志》卷37洮州卫：洮州关"在卫城西南三十里"。

洮州堡　明洪武二年（1369）于旧洮州置，属洮州千户所。在今甘肃临潭县（旧城）。隆庆五年（1571）设守备。清改设都司。

洮江　①即沔渡水。今湖南炎陵县东之沔水。《方舆纪要》卷80酃县"洣水"条下：沔渡江"在县西南（按，应为县东）。源出万阳山，流入茶陵州境，谓之洮江"。

②即今越南河内市一带之红河。《元史·安南传》：宪宗七年（1257），兀良合台讨交趾，"乃遣彻彻都等各将千人，分道进兵，抵安南京北洮江上"。《方舆纪要》卷112安南：富良江"亦曰洮江"。

洮江州　明永乐五年（1407）属三江府。治所在山围县（今越南北部富寿省临洮）。辖境相当今越南富寿省西北部地。宣德二年（1427）以后地入安南。

洮安县　1914年改靖安县置，属奉天省洮昌道。治所在白城子（今吉林白城市）。1929年直属辽宁省。1950年改名白城县。1958年改置白城市。1993年撤销白城地区。设立地级白城市。原县级白城市改置洮北区。

洮阳县　①西汉置，属零陵郡。治所在今广西全州县东北三十五里下改洲村。《舆地纪胜》卷60全州：洮水"水北为阳，故汉置县以洮阳为名"。《水经·湘水》：湘水"又东北过洮阳县东"。郦道元注："洮水出县西南大山，东北径其县南，即洮水以立称矣。汉武帝元朔五年，封长沙定王子靖侯狗彘为侯国。"《清一统志·桂林府》引《州志》："洮阳故城，在州北三十五里，地名改州滩。"南朝宋属零陵国。齐复属零陵郡。隋开皇中废。

②晋惠帝于洮阳城置，属狄道郡。后为诸羌所居。治所即今甘肃卓尼县西洮水南岸卡车乡录巴寺北羊巴古城。《水经·河水注》："洮水又东北流径洮阳曾城北。《沙州记》曰：强城东北三百里有曾城，城临洮水者也，建初二年，羌攻南部都尉于临洮上，遣行车骑将军马防与长水校尉耿恭救之，诸羌退聚洮阳，即此城也。"北周保定元年（561）于此置洮州。隋开皇初并入美相县。

③隋大业初改洮河县置，属临洮郡。治所在今甘肃碌曲县东双岔乡。唐废为广恩镇。

洮阳驿　在今甘肃临洮县东北。《清一统志·兰州府》：洮阳驿"在狄道州（治今临洮县）东北一里。明洪武四年置"。

洮阳郡　①北周置，治所在和政县（在今甘肃岷县东北梅川镇东文斗村）。保定元年（561）废。

②北周置，治所在美相县（今甘肃卓尼县西洮水南岸卡车乡录巴寺北羊巴古城）。辖境相当今甘肃临潭、卓尼二县地。隋开皇三年（583）废。

洮杜铁路　从吉林洮安（今白城市）至杜鲁尔（今内蒙古科尔沁右翼前旗西北）。长377.3公里。1934年建成洮安至索伦的洮索铁路。1937年修至阿尔山（今内蒙古阿尔山市）。1941年又延筑至杜鲁尔（1945年伊尔施至杜鲁尔段22.9公里被拆除）。从此称为白阿铁路。

洮沙县　1914年改沙县置，属甘肃兰山道。治所在今甘肃临洮县北九十里太石铺镇。1927年直属甘肃省。1950年并入临洮县。

洮阿铁路　自洮安（今吉林白城市）至阿尔山（今内蒙古阿尔山市）。全长337公里。1929年开工兴建，1934年建成洮安至索伦段（称为洮索铁路）。1937年修至阿尔山，故称洮阿铁路。

洮昌道　1913年由北路道改置，属奉天省。治洮南县（今吉林洮南市）。1917年移治辽源县（今吉林双辽市）。辖境约当今吉林洮南、白城、镇赉、大安西安广、通榆、公主岭、双辽、梨树、四平及辽宁昌图、康平、法库，内蒙古通辽、突泉等市县地。1929年废。

洮昂铁路　亦称齐洮铁路。自奉天洮南县（今吉林洮安县）至黑龙江齐齐哈尔西南昂昂溪附近的三间房。长约220公里。1925年动工修筑，次年建成。今为平齐线的一段。

洮河县　①北周置，为洮河郡治。治所在今青海贵德县南。隋开皇初并入河津县。

②隋仁寿元年（601）改广恩县置，属旭州。治所在今碌曲县东双岔乡。大业初改名洮阳县。

洮河郡　①北周宣政元年（578）置，属岷州。治所在和政县（今甘肃岷县东北文斗乡）。保定元年（561）废。

②北周置，属廓州。治所在洮河县（今青海贵德县驻地河阴城）。辖境相当今青海贵德、尖扎和化隆回族自治县等地。隋开皇初废。

洮城郡　北周宣政元年（578）置，属岷州。治所在和政县（今甘肃岷县东北梅川镇东文斗村）。保定元年（561）废。

洮南县　1913年改洮南府置，属奉天省洮昌道。治所在双流镇（今吉林洮南市）。1929年属辽宁省。1954年改属吉林省。1958年改名洮安县。1987年改设洮南市。

洮南府　清光绪三十年（1904）析科尔沁右翼前旗地置，属盛京将军。治所在双流镇（今吉林洮南市）。辖境约当今黑龙江省嫩江下游以西，吉林省洮儿河、霍林河中下游及松花江流域一带。1913年降为县。

洮索铁路　自吉林洮安（今白城市）西北至索伦（今内蒙古科尔沁右翼前旗西北索伦镇）。长199.8公里。1929年动工修筑，1934年建成。今为白阿线的一段。

洮赉河　即今甘肃西部之陶勒河、北大河。有二源、皆出祁连山：西源名洮赉河，东源名洪水河，东北流至酒泉市东北合流，又会清水河，东北出长城，经金塔县北流，与黑河合而入于居延海。《清史稿·地理志》青海：“洮赉河亦作滔来、陶赖、讨来，在肃州南，下流合张掖河，即古呼蚕水也。”

洮湖（洮 yáo）　一名长塘湖、长荡湖。即今江苏金坛市南长荡湖。《初学记》卷7：“张勃《吴录》：五湖者，太湖之别名，以其周行五百余里，故以五湖为名。或说以太湖、射贵湖、上湖、洮湖（洮湖一名长塘湖，在义兴）、滆湖为五湖。”《寰宇记》卷92宜兴县：长荡湖“在县西一百里。《风土记》云：阳羡县西有洮湖，中大小坯山。《舆地记》云：洮湖即长荡湖也。《江赋》云：‘具区洮、滆’。皆此也”。

洮源县　隋大业初改美俗县置，属临洮郡。治所在今甘肃碌曲县东南。后废。

沧山　一名起龙山。在今湖北松滋市西南。《汉书·地理志》南郡高成县：“沧山，沧水所出。”《清一统志·荆州府一》：起龙山“在松滋县西南八十里。古名沧山，山腰有轿儿岩，山有田宜稻，旁有池曰黑龙，资以灌溉”。

沧水　①即今湖北松滋市、公安县南之沧河。据《水经·油水注》：沧水“出高成县沧山，东径其县下，东至孱陵县入油水”。《清一统志·荆州府一》：沧水“在松滋县南。源出县西南起龙山，南河出山南，北河出山北，合而东流，入王家湖，至公安县界入油河。今名梅溪河”。

②在今湖北当阳市东。《山海经·中山经·中次八经》：宜诸之山“沧水出焉，而南流注于漳，其中多白玉”。《水经·漳水注》：“漳水又南，沧水注之。”《清一统志·荆门州》：沧水“按《水经注》所言沧水，以其地考之，河溶东南洋子港、流花珰、界溪港诸水当是”。

洵水府　在今陕西镇安县南。为唐之折冲府。《新唐书·地理志》：商州有洵水、玉京二府。盖以近洵水而名。

洵州　西魏改巴州置，治所在洵阳县（今陕西旬阳县北洵河北岸）。北周废。唐武德元年（618）复置，七年（624）废。

洵阳坝　即今陕西宁陕县东北旬阳坝镇。《清一统志·西安府三》：洵阳坝汛“在宁陕厅北一百四十里。嘉庆十九年设把总分防”。

洵阳县　西晋太康四年（283）改旬阳县置，属魏兴郡。治所在今陕西旬阳县北洵河北岸。南朝宋复改旬阳县。西魏又改洵阳县，为洵阳郡治。隋属西城郡。唐属金州。元废。明洪武三年（1370）复置，属兴安州。移治今旬阳县。清属兴安府。民国初属陕西汉中道。1928年直属陕西省。1964年复改旬阳县。

洵阳郡　西魏置，属洵州。治所在洵阳县（今陕西旬阳县北洵河北岸）。辖境相当今陕西旬阳县地。隋开皇初废。

洵河　即今陕西旬阳县西北旬河。源出宁陕县东北，东南流经镇安县，至旬阳县东注汉水。《三国志·蜀书·刘封传》：申仪降魏，为魏兴太守，“封员乡侯，屯洵口”。即此。

洵城县　唐武德元年（618）置，属洵州。治所在今陕西旬阳县境。贞观八年（634）废。

洵溪　在今江西黎川县东。《方舆纪要》卷86建昌府新城县：洵溪“在县东五十里。引而西，银岭、东兴岭诸水流合焉。至五福镇，四面群川并汇于此，注为飞猿水”。

浲水 ①古水名。《水经·浊漳水注》称绛渎，《通典》称枯绛渠。故道自今河北广宗县，经南宫、冀州、衡水三市，至武邑县界流入漳水。是古漳水一时的徙流，久湮。或误以为即《尚书·禹贡》的降水。

②即绛水。在今山东龙口市东北。《方舆纪要》卷36黄县“大沽河”条下：浲水“源出县东南二十里之浲山，流合黄水，至马停镇入于海”。

浲河 即今河北泊头市西之清凉河。《方舆纪要》卷13交河县：浲河在“县南五里。亦曰枯浲渠。即阜城县之胡卢河，东北流经此，有南济桥跨其上。又东北五十里为三岔河，滹沱河会流处也。亦曰三汊河”。

洛 ①一作雒。本商邑，在今河南洛阳市东北汉魏故城一带。《史记·周本纪》载：武王灭商后，“营周居于雒邑而后去”。疑即此。

②又作落。西周赤狄所建国名，隗姓。在今山西昔阳县东南皋落。《国语·郑语》：周幽王时史伯曰：“当成周者，北有卫、燕、狄、鲜虞、潞、洛、泉、徐、蒲。”“洛”即此。春秋时称东山皋落氏。

③今西藏定日县。元代八思巴于此置洛万户府。

④河南洛阳市的简称。

洛口 ①即今安徽淮南市东十里，淮河南岸洛河镇。古为洛河入淮之口。《水经·淮水注》：“洛涧北历秦墟，下注淮，谓之洛口。”《梁书·武帝纪》：天监四年（505）二月，“遣卫尉卿杨公则率宿卫兵塞洛口”。即此。

②即今陕西洋县西傥河口。傥河上源一支为洛谷水，故傥河又兼称洛谷水。《资治通鉴》：东晋义熙六年（410），“桓石绥因（卢）循入寇，起兵洛口”。胡三省注：“《水经注》：汉水过魏兴安阳县，又东至傥城南，与洛谷水合，水北出洛谷，谷北通长安，其水南流注汉水，所谓洛口也。”

洛口仓 一名兴洛仓。隋大业二年（606）筑，故址在今河南巩义市东北。因地处洛水入黄河之口而得名。周围二十余里，穿三千窖，每窖可容粮食八千石。十三年（617）瓦岗军攻克此仓，并增筑洛口城，周围四十里。又临洛水筑偃月城，与仓城相应。唐开元二十一年（733）复置洛口仓于此。

洛口戍 在今陕西洋县东。《资治通鉴》：东晋义熙六年（410），“桓石绥因（卢）循入寇，起兵洛口”。胡三省注引《水经注》称：“汉水过魏兴安阳县，又东至傥城南，与洛谷水合，水北出洛谷，谷北通长安，其水南流注汉水，所谓洛口也。”

洛口县 1933年8月中央革命根据地由博生（原宁都）、宜黄、广昌三县析置，驻麻田（今江西宁都县北麻田村）。后迁东山坝小源（今江西宁都县北东山坝镇西北小源）。1934年11月废。

洛口墟 ①即今江西宁都县北八十三里洛口镇。清置汛。

②亦作洛口塘。即今江西会昌县西北六十里庄口镇。明嘉靖《赣州府志》卷5：会昌县有洛口市。

洛川县 ①十六国后秦置，属长城郡。治所在今陕西洛川县东北旧县镇北三十里。《元和志》卷3洛川县：“以县界有洛川水为名。”后废。北魏太平真君中复置，为鄜城郡治。治所在高槐（今洛川县东北十里安宫村）。隋开皇三年（583）移治今县东北旧县镇，属鄜州。大业初属上郡。唐属鄜州。明泰昌初改雒川县，不久复改洛川县。清乾隆三十一年（1766）迁治凤栖堡（即今洛川县治）。民国初属陕西榆林道。1928年直属陕西省。

②唐仪凤二年（677）置，属浙州。治所在今贵州习水县东境。后废。

洛川会议旧址 在今陕西洛川县东北永乡冯家村。1937年8月22日至25日，中共中央政治局扩大会议在此召开。会议确定了全面抗战的路线，提出了中国共产党在统一战线中的独立自主原则。会议旧址现存一座小院，长14米，宽11.5米，内有坐北朝南砖砌窑洞两孔。左侧窑洞为会议会址，右侧窑洞为毛泽东居室。此外还有会议期间张闻天、周恩来、朱德、彭德怀、徐向前、肖劲光等居住过的六个院落，共十一孔窑洞和三间瓦房。2001年定为全国重点文物保护单位。

洛女砦 在今山西灵石县境。《周书·齐炀王宪传》：建德五年（576），“齐人收其余众，复据高壁及洛女砦，高祖命宪攻洛女，破之”。即此。

洛中桥 唐武后时，韦德昭所造。在今河南洛阳市隋唐故城天津桥东。其东有利涉桥。《新唐书·韦弘机传》：弘机“徙洛中桥于长夏门，废利涉桥，人便之”。

洛水 ①又名洛涧。即今安徽淮南市东北之窑河。《明史·地理志》凤阳府怀远县：“又西南有洛水，与寿州分界，径县南新城村入淮。”

②在今山东莒县西北四十里。出檀特山阴，东南流入于沭。元于钦《齐乘》卷2“沭水”条下：“洛水出檀头山，又南经莒州城东，又南沙河水西来入焉。”

③一作雒水。即今河南洛河。黄河支流。《尚书·禹贡》：“导洛自熊耳，东北会于涧、瀍，又东会于伊，又东北入于河。”

④亦作雒水。为今四川沱江诸源之一。即今四川成都平原东北之石亭江。《汉书·地理志》广汉郡雒县：“章山，雒水所出，南至新都谷入湔。”

⑤一名北洛水。即今陕西省洛河。源出定边县东南白于山，东南流经吴起、志丹、甘泉，又南流经富县、洛川等县，至大荔县南合渭水，东入黄河。《周礼·职方》：雍州“浸曰渭、洛”。《山海经》卷2：白於之山“洛水出其阳，而东流注入渭”。《史记·周本纪》：“西伯乃献洛西之地，以请纣去炮烙之刑。”即此。

洛水县 隋开皇十八年（598）改昌洛县置，属熊州。治所在今河南洛宁县西洛水北。大业初省入宜阳县。

洛水桥 在今陕西大荔县西南洛水上。《资治通鉴》：南朝宋元嘉二十二年（445），拓跋焘攻盖吴，“南如汾阴济河，至洛水桥”。即此。

洛水堰 在今四川绵阳市东北魏城镇北。《新唐书·地理志》魏城县：“北五里有洛水堰，贞观六年引安西水入县，民甚利之。”

洛古河卡伦 清末置，属黑龙江副都统。在今黑龙江省漠河县西北黑龙江南岸洛古河村。民国《黑龙江志稿》卷33黑河所属卡伦：“游洛古河距讷钦哈达六十四里，对岸为俄镇巴格罗夫。清光绪三十四年副都统姚福升沿江查勘。抵额尔古讷河口，首设此卡。”

洛龙宗 即洛隆宗。今西藏洛隆县东康沙镇。清王世睿《进藏纪程》作“洛龙宗”。

洛平县 ①西魏置，属上明郡。治所在今湖北随州市东北。隋开皇十八年（598）改为上明县。

②唐贞观四年（630）置，属羁縻嶂州。治所在今四川若尔盖县西北境。后废。

洛北县 1947年河南革命根据地由洛宁县北部析置，治山后（今河南洛宁县西北小界乡）。有时在樊店（今洛宁县东北河底乡）。1949年与洛南县合并，复置洛宁县。

洛甲洛屯等处长官司 元置，治所在今贵州长顺县西北。明废。

洛宁县 1914年改永宁县置，属河南河洛道。治所即今河南洛宁县。1927年直属河南省。

洛加宗 即今西藏贡觉县西南哈加乡。清乾隆《卫藏通志》卷4《程站》：阿足“五十里至歌二塘。经平川二十里，上山三十里，路最险要。至洛加宗，有塘铺”。“洛加”，藏语意为神主、天主。

洛场县 唐乾元后置，属儋州。治所在今海南省儋州市西北。北宋初省入宜伦县。

洛场镇 金置，属谷熟县。即今河南夏邑县西南三十六里济阳镇。

洛回（迴）县 即落回县。在今广西柳江县西北古州村南。《寰宇记》卷168归化州：“洛回，南四十步，二乡。”

洛交县 隋开皇三年（583）置，属鄜州。治所即今陕西富县。《元和志》卷3洛交县：“洛水之交，故曰洛交。”大业三年（607）为鄜城郡治。不久改为上郡治。唐复为鄜州治。元省入鄜州。

洛交郡 唐天宝元年（742）改鄜州置，治所在洛交县（今陕西富县）。乾元元年（758）复为鄜州。

洛州 ①十六国前燕建熙六年（365）置，治所在金墉城（今河南洛阳市东北汉魏故城西北角）。前秦改为豫州。

②十六国前秦初置，治所在宜阳县（今河南宜阳县西）。苻坚时移治陕县（今河南陕县）。灭燕后，又移治丰阳县（今陕西山阳县）。后废。

③北魏泰常八年（423）改豫州置，治所在金墉城（今河南洛阳市东北汉魏故城西北角）。太和十七年（493）移治洛阳城（今河南洛阳市东北汉魏故城），改为司州。东魏天平初复改为洛州。隋大业初移治河南县（今河南洛阳市），改为河南郡。唐武德四年（621）又改为洛州。永淳初，辖境相当今河南济源市、温县以南，嵩县及登封、禹州二市以北，洛宁、渑池等县以东，荥阳市汜水镇及新密市以西地。开元元年（713）改为河南府。

④北魏太和十一年（487）改荆州置，治所在上洛县（今陕西商洛市）。北周宣政元年（578）改为商州。

洛江 亦作雒水。即今四川成都平原东北之石亭江。东晋常璩《华阳国志·蜀志》：秦蜀守李冰“又导洛通山洛水，或出瀑口，经什邡，郫别江，会新都大渡”。《水经注·江水》：“洛水出洛县漳山，亦言出梓潼县柏山。……洛水又南径洛县故城南，广汉郡治也。”

洛安郡 西魏大统中置，为东义州治。治所在卢氏县（即今河南卢氏县）。西魏末改为义川郡。

洛那国 即破洛那国。《魏书·西域传》：洛那国“故大宛国也。都贵山城”。在今乌兹别克斯坦纳曼干北卡桑赛。“洛那”上脱破字。

洛阳 ①古都之一。本名成周，战国时改名洛阳。以在洛水之北而得名。东汉建武元年（25）建都于此。故址即今河南洛阳市东北汉魏故城。三国魏、西晋、北魏（孝文帝以后）亦都此。《续汉书·郡国志》注引《帝王世纪》曰：“城东西六里十一步，南北九里一百步。”隋大业初于汉魏故城西十八里营建东都，隋（炀帝）、武周、五代唐先后定都于此。故城在今河南洛阳市洛水南北、瀍水东西，称为隋唐故城。今洛阳旧城改筑于金哀宗时，仅当隋唐故城洛北瀍西一小部分。

②即今福建惠安县西南洛阳镇。旧属晋江县，清初置洛阳巡司于此。因洛阳江为名。

洛阳大市 北魏洛阳市场。在洛阳城（今河南洛阳市东北汉魏故城）西。杨衒之《洛阳伽蓝记》卷4载：“出西阳门四里，御道南有洛阳大市，周回八里。”市东有通商、达货二里，“里内之人，尽皆工巧，屠贩为生，资财巨万”。市南有调音、乐律二里，“里内之人，丝竹讴歌，天下妙伎出焉”。市西有延酤、治觞二里，“里内之人，多酝酒为业”。市北有慈孝、奉终二里，“里内之人，以卖棺椁为业，赁𫉄车（丧车）为事”。另外还有准财、金肆二里，是富人的住宅区。“凡此十里，多诸工商货殖之民，千金比屋，层楼对出，重门启扇，阁道交通，迭相临望”。

洛阳小市 北魏洛阳市场。在洛阳城（今河南洛阳市东北汉魏故城）东。杨衒之《洛阳伽蓝记》卷2载：“出青阳门外三里御道北，有孝义里……孝义里东即是洛阳小市。……里三千余家，自立巷市，所卖口味，多是水族，时人谓为鱼鳖市也。”

洛阳口镇 北宋置，属沙县。即今福建沙县东南琅口。《元丰九域志》卷9南剑州：沙县有洛阳口镇。元废。

洛阳山 ①在今湖南邵阳市东北。《方舆纪要》卷81宝庆府邵阳县：“洛阳山在府东北五里。资、邵二水合流其下。有石室，深邃莫测，以汉洛阳侯重得名。”

②在今云南安宁市东十里。《方舆纪要》卷114安宁州：洛阳山“在州东十里。山顶平夷，峰峦峭立。下有泉，流经东桥下，入于螳螂川，灌田三千余亩”。

洛阳市 1948年当地解放后由洛阳市城区析置，治所即今河南洛阳市。1954年改为省辖市（地级）。1955年撤销洛阳县，并入洛阳市。1958年由洛阳专区代管。1964年又改为省辖市（地级）。

洛阳江 一名乐洋江。上源河市溪，发源于福建泉州市东北，西南流至河市后始称洛阳江，东南流经泉州市与惠安县间入泉州湾。《舆地纪胜》卷130泉州《景物下》：洛阳江“在州东二十里……又《图经》云，唐宣宗微行览山川胜概，有类吾洛阳之语，因以名之”。江上宋时建有洛阳桥。

洛阳县 ①秦庄襄王元年（前249）置，为三川郡治。治所在今河南洛阳市东北三十里汉魏故城。西汉为河南郡治。东汉、三国魏、西晋、北魏建都于此，并为河南尹治。东魏、北齐、北周为洛州洛阳郡治。隋初为洛州治。大业初移治今洛阳市，为河南郡治。唐初仍为洛州治。开元初为河南府治。五代（梁、唐、晋、汉、周）为河南尹治。北宋为河南府治。金兴定初为金昌府治。元为河南府路治。明为河南府治。民国初为河南河洛道治。1927年直属河南省。1948年析置洛阳市。1955年撤销，并入洛阳市。

②南朝宋侨置，属河南侨郡。治所在今湖北谷城县东。后废。

洛阳店 即今湖北随州市南五十六里洛阳镇。民国《湖北通志》卷73《兵事》：清同治三年（1864）四月，捻军攻随州失败后，“张总愚由马平港渡府河，奔洛阳店”。

洛阳驿 即今福建建宁县东江家店。《方舆纪要》卷98建阳县：洛阳驿“县东南二十五里”。

洛阳宫 ①三国魏修。在今河南洛阳市东北汉魏故城北部。《三国志·魏书·文帝纪》载：黄初元年（220）十二月，“初营洛阳宫，戊午幸洛阳”。裴松之按：“诸书记是时帝居北宫，以建始殿朝群臣，门曰承明，陈思王植曰‘谒帝承明庐’是也。至明帝时，始于汉南宫崇德殿处起太极、昭阳诸殿。”

②唐东都宫城。在今河南洛阳市隋唐故城中。又称紫微城。贞观中称洛阳宫。《资治通鉴》：唐贞观四年（630）六月，“乙卯，发卒修洛阳宫以备巡幸”。即此。

洛阳郡 东魏天平中改河南尹置，治所在洛阳县（今河南洛阳市东北）。隋开皇初废。

洛阳桥 ①一名万安桥。在今福建泉州市东北与惠安县交界的洛阳江上。桥以江为名。旧为万安渡，北宋庆历初郡人李宠始甃石作浮桥。皇祐五年（1053）由郡守蔡襄主持兴建，嘉祐四年（1059）竣工。《方舆胜览》卷12泉州《桥梁》：万安桥“一名洛阳桥。嘉祐间太守蔡君谟劝州民成此桥。蔡君谟《石桥记》曰：累址于渊，酾水为四十七道，梁空以行，其长三千六百尺，广丈有五尺，翼以扶栏，如其数之长而两之，靡金钱一千四百万云”。规模宏大，是我国古代著名的梁架式石桥。其后各代相继修葺，1932年添架钢筋水泥桥面。现桥长834米，宽7米。桥之中亭附近历代碑刻林立，有“万古安澜”等宋代摩崖石刻。桥南有蔡襄祠，蔡襄（字君谟）的《万安桥记》立于祠内，为宋代艺术的珍宝。《续资治通鉴》：宋德祐元年（1275），贾似道谪配途中至泉州洛阳桥，遇叶李自漳州放还，见于客邸。《方舆纪要》卷99泉州府晋江县：洛阳桥“嘉靖三十七年官军败倭于洛阳桥”。皆指此。1988年定为全国重点文物保护单位。

②即天津桥。在今河南洛阳市旧城西南。隋唐皇城正南洛水上。唐张说有《洛桥北亭诏饯诸刺史》诗。又李益《洛桥》诗云：“金谷园中柳，春来似舞腰。那堪好风景，独上洛阳桥。”

洛阳殿 又作乐阳殿。在北魏平城西苑内，今山西大同市西北下皇庄一带。《水经·㶟水注》：武州川水“又东南流出山，《魏土地记》曰：平城西三十里武州塞口者也。自山口枝渠东出入苑，溉诸园池，苑有洛阳殿，殿北有宫馆”。

洛阳镇 ①北宋置，属西充县。在今四川南充市西北五十里双桂镇北洛阳坝。

②即今河北沙河市西北二十五里东户村乡。清乾隆《沙河县志》建置志：市集有洛阳。

③即今江苏常州市武进区东南洛阳镇。清光绪《江苏全省舆图》阳湖县图：东南有洛阳镇。

洛阴水 汾水支流。在今山西太原市北。《水经·汾水注》：洛阴水“出新兴郡，西流径洛阴城北，又西径盂县故城南。洛阴水又西径狼孟县故城南，洛阴水又西南径阳曲城北，其水西南流注于汾水”。《方舆纪要》卷40太原府：洛阴水在“府北三十里。源出忻州南界，南流经废洛阴城，有真谷水流合焉，又南会石桥河，注于汾水”。

洛阴城 在今山西阳曲县东十二里洛阴村。《水经·汾水注》：洛阴水“出新兴郡。西流径洛阴城北”。唐武德七年（624）置罗阴县于此。

洛好市 南宋置，在今广西柳城县西南。《舆地纪胜》卷112柳州：“涌珠泉在柳城县之西七十里洛好市。”即此。明置洛好镇巡司。

洛好镇 在今广西柳城县西南。《明史·地理志》柳城县：“西有洛好镇巡检司。”

洛克伦河 亦作罗克伦河。即今新疆昌吉市西三屯河。清徐松《西域水道记》卷3:“回语谓涌出为罗克伦,言其地有瀑泉上涌也。其河二源亦出孟克图岭之麓。……又北流,分为二支,东支曰三屯河,西支曰御塘河,各北流,径罗克伦军台东、昌吉县治西,……又北流与御塘河会,是为罗克伦河,又西北流百余里,与胡图克拜河会。”

洛邑 一作雒邑。《史记·周本纪》载:武王灭商以后,“营周居于雒邑而后去”。故址疑在今河南洛阳市东北汉魏故城内。周公在平定武庚的叛乱后营建的成周,亦称洛邑,或称新邑洛,故址在今洛阳市附近。

洛邑县 西魏大统十三年(547)置,属武都郡。治所即今陕西宝鸡市陈仓区驻地虢镇。北周移武都郡治此。隋大业三年(607)改名虢县。

洛谷水 即今陕西洋县北铁冶河。《水经·沔水注》:“汉水又东至滢城南,与洛谷水合。水北出洛谷,谷北通长安。其水南流,……南注汉水。”

洛汭 在今河南巩义市东北。《尚书·禹贡》:导河“东过洛汭”。水曲流曰汭。洛汭,洛水入河处。

洛社站 元置。即今江苏无锡市西北惠山区洛社镇。元《析津志》天下站名:信州陆路有“洛社”。

洛社镇 即今江苏无锡市西北惠山区洛社镇。《方舆纪要》卷25常州府无锡县“潘葑镇”条下:“又北十二里曰洛社市。”

洛陂 又名洛女陂。在今陕西西安市东。《清一统志·西安府》:“洛女陂”条引《三辅旧事》:“洛女冢南有洛陂,俗号曰洛女陂。”

洛舍镇 民国时置,属德清县。即今浙江德清县东北三十里洛舍镇。

洛京 ①东汉至北魏,皆都洛阳,故习称洛阳为洛京。《晋书·王导传》:“俄而洛京倾覆,中州士女避乱江左者十六七。”《魏书·任城王澄传》:“驾还洛京,复兼右仆射。”

②唐东京洛阳,时人又称洛京。

③五代唐都洛阳,因当时另有东京兴唐府,故以洛阳为洛京。《旧五代史·唐书·庄宗纪》:同光元年(923)十一月,“幸洛京”。即此。三年(925),改兴唐府为邺都,洛京复称东都。

洛河山 即今安徽淮南市东北,跨淮南、怀远、凤阳边界的上窑山。亦称洛山。《方舆纪要》卷21怀远县:洛河山“在县南六十里,以近洛河而名。山产煤炭”。唐代“寿州瓷”即在山下管咀子一带,今有“寿州瓷”遗址。

洛河镇 即今安徽淮南市东十里洛河镇。明、清置巡司于此。

洛泽汛 即今云南彝良县南洛泽河镇。因洛泽河为名。清有外委总驻守。彝语“洛”或作“倮”,意为石头;“泽”意为伙伴。“洛泽河”即石头多的河。

洛泽河 在今贵州威宁彝族回族苗族自治县西北。《清史稿·地理志》威宁州:“洛泽河出州西北,合数小水东北流,亦入(云南)恩安。”

洛封县 唐乾封三年(668)置,属柳州。治所在今广西宜州市东洛东乡大曹村。元和十三年(818)改为洛曹县。

洛城 ①在今江西金溪县西。《方舆纪要》卷86抚州府金溪县:洛城在“县西四十里。梁末周迪起兵临川时所筑也”。

②在今四川眉山市东北。《方舆纪要》卷71眉州“裴城”条内:“州治东北二里有洛城。相传后汉时筑,三国时废,皆未知所据。”

③即今西藏东南部之珞渝。是藏族对珞巴族居住区的称呼。

洛城门 汉长安城北面东头的一门。在今陕西西安市西北汉城乡高庙村北。《三辅黄图》卷1:“长安城北出东头第一门曰洛城门,又曰高门。……王莽更曰进和门临水亭。”

洛垢墟 即今广西鹿寨县西南洛埠村。《清史稿·地理志》雒容县:西有“洛垢墟”。

洛带镇 北宋置,属灵泉县。在今四川成都市东南洛带镇。

洛南县 ①隋开皇五年(585)改拒阳县置,属商州。治所在今陕西洛南县东南八十里古城镇。《寰宇记》卷141洛南县:“取洛水之南为名。”大业初属上洛郡。大业十一年(615)移治今洛南县东。唐属商州,显庆三年(658)迁今洛南县。明天启初避光宗(朱常洛)讳改为雒南县。1964年复改洛南县。

②1947年河南革命根据地由洛宁县南部析置,治西山村(今河南洛宁县西南西山底乡)。有时在樊村(今洛宁县西南樊村)。1949年与洛北县合并,复置洛宁县。

洛要县 东魏武定七年(549)改高密县置,属武陵郡。治所在今江苏赣榆县东南五十里。隋初废。

洛要镇 在今江苏赣榆县东南。《方舆纪要》卷22赣榆县:洛要镇在“县东南六十里。后魏洛要县盖置于此”。

洛思山 即今浙江杭州市萧山区东二十八里洛思峰。宋《嘉泰会稽志》卷9引《舆地志》:“永兴县洛思山,先是洛下人随朱隽来会稽,三年不得返,乃登山北顾而叹。或云隽遭母丧,止葬此山,请洛下图墓师相地。师去乡既久,目极千里,北望京洛,号呼而绝,因葬山顶,故以为名。”

洛须龙 即今四川石渠县南洛须镇。清末于此置登科府。民国初置邓柯县。洛须龙,藏语意为“传教的地方”。

洛美宗 西藏地方政府设。治所即今西藏林周县北松昌乡北哈母(洛麦)。

洛美营 清乾隆间置,在今西藏林周县北哈母(洛麦)。

洛都水 即乐都水。今青海东部湟水。《清史稿·地理志》青海和硕特部南左翼末旗:“博罗充克克河……即古湟水,一名洛都水者也。”

洛都县　①战国秦置，属上郡。方位缺考，当在今陕西省北部。在内蒙古准格尔旗漆垣城址附近出土的上郡守戈刻铭中有“洛都”二字，说明此县亦属上郡。推测至迟应在秦昭襄王十二年，洛都成为上郡属县。东汉废。

②唐置，属羁縻归化州。治所在今广西柳城县东南融江东岸洛文村。北宋庆历四年（1044）废。

洛都谷　在今青海乐都县北。《后汉书·马武传》：“显宗初，西羌寇陇右……复拜武捕虏将军……合四万人击之。到金城浩亹，与羌战，斩首六百级。又战于洛都谷，为羌所败，死者千余人。”

洛都郡　①即乐都郡。十六国后凉吕光置，治所即今青海乐都县。

②北周天和二年（567）置，属泸州。治所在富世县（今四川富顺县）。辖境相当今四川富顺县、自贡市及隆昌县西境。隋开皇三年（583）废。

洛桥　即天津桥。在今河南洛阳市隋唐故城皇城正南洛水上。唐孟郊有《洛桥晚望》诗：“天津桥下水初结，洛阳陌上行人绝。”储光羲有《洛桥送别》诗。

洛原郡　北周天和二年（567）置，属泸州。治所在富世县（今四川富顺县）。辖境相当今四川富顺县、自贡市及隆昌县西境。隋开皇三年（583）废。

洛浦　①谓洛水之滨。当在今河南洛阳市附近。东汉张衡《思玄赋》：“召洛浦之宓妃。”

②一作洛普。即今新疆洛浦县。清光绪二十八年（1902）置为洛浦县。

洛浦山　在今湖南保靖县西。唐置洛浦县以此名。

洛浦县　①唐天授二年（691）析大乡县置，属溪州。治所在今湖南保靖县西南大妥乡甘溪村。《元和志》卷30洛浦县：“以县西洛浦山为名。”长安四年（704）改属锦州。五代废。

②清光绪二十八年（1902）析于阗县置，属和阗直隶州。治所即今新疆洛浦县。民国初属新疆喀什噶尔道。1920年改属和阗道。1930年属和阗行政区。后直属新疆省。民国《新疆志稿》卷3：洛浦，“回语呼为多乐普，谓肩叉骨也。洛浦二字由此得音”。

洛涧　又名洛水、青洛河。即今安徽淮南市东北之窑河。源出安徽定远县东南，西北流在淮南市东今洛口镇入淮河。《水经·淮水注》：“洛涧北历秦墟，下注淮，谓之洛口。”

洛容县　唐永徽中置，属严州。治所在今广西柳城县东南。天授二年（691）割属柳州。南宋时迁治今鹿寨县北中渡镇附近。元属柳州路。明属柳州府，天顺中徙治朱峒（今鹿寨县北中渡镇）。万历三年（1575）移治灵塘（今鹿寨县西南雒容镇）。清改为雒容县。

洛容驿　明置，在今广西鹿寨县西南雒容镇东。《方舆纪要》卷109洛容县：洛容驿“在县东”。

洛诺州　唐初置，治所即今云南鹤庆县南坪。后废。

洛陵县　北魏置，属中阳郡。治所在今山西乡宁县附近。北齐、北周废。

洛通山　又名章山、章洛山、九岭山、杨林山。在今四川什邡市西北六十里。《汉书·地理志》雒县：“章山，雒水所出，南至新都谷入湔。”东晋常璩《华阳国志·蜀志》：秦蜀守李冰，“又导洛通山洛水，或出瀑口。经什邡，郫别江，会新都大渡”。《元和志》卷31什邡县：“洛通山在县西三十九里。李冰导洛通山，谓此也。”

洛曹县　唐元和十三年（818）改洛封县置，属柳州。治所在今广西宜州市东洛东乡大曹村。《寰宇记》卷168洛曹县：“元（原）置在洛曹山侧”，因名。北宋淳化五年（994）属宜州，嘉祐七年（1062）废。

洛崖镇　亦作落崖墟。即今广西柳城县西北洛崖村。清光绪《广西舆地全图》柳城县图：西北有落崖墟。

洛盘县　唐武德二年（619）置，属永州。治所在今陕西甘泉县西北。贞观四年（630）为永州治。八年（634）并入金城县。

洛清江　在今广西鹿寨县西。柳江支流。《明史·地理志》柳州府洛容县：“城南有洛清江，至马平县入于柳江。”《清一统志·柳州府一》：洛清江“在洛容县东南三十里。上源即白石水，自桂林府永福县流入县界，又西南经江口镇，亦名运江，又南经马平县三江口，合柳江入象州界”。

洛隆宗　又作洛龙宗、罗隆宗。治所即今西藏洛隆县东康沙镇。清乾隆《西藏志·疆圉》：“工布江达、拉里、说板多、洛隆宗、昌都皆为要隘。”“洛隆”，藏语意为南谷。1960年与硕般多宗合并设洛隆县，后迁驻孜托。

洛普　即今新疆洛浦县。清宣统《新疆图志》卷4：“和阗东七十五里为洛浦，回人呼为多乐普，译言肩叉肩。洛浦，和阗回庄。”

洛富县　唐置，属羁縻温州。治所在今广西宜州市南。北宋废。

洛塘河　在今浙江海宁市。《方舆纪要》卷90海宁县：洛塘河，“新江塘河之支流，东入硖石南湖”。

洛源县　隋大业元年（605）改归德县置，属庆州。治所在今陕西吴起县西北。《元和志》卷3洛原县：“因洛水所出为名。”大业初属弘化郡。十三年（617）废。唐贞观二年（628）复置，属庆州。五代时废。

洛源监　在今陕西商洛市东。《新唐书·地理志》商州上洛郡：“有洛源监钱官。”《清一统志·商州》“洛源监”条引《旧志》：“监在州东五十里孝野崖。”

洛溪　在今福建沙县东南。《方舆纪要》卷97沙县：“洛溪在县东南，源出尤溪县。又有洛阳溪，亦出焉。西北流，合诸小溪水，流入大溪。”

洛溪水 相当今广西临桂县南之相思江。《水经·漓水注》：“漓水又南，右会洛溪。溪水出永丰县西北洛溪山，东流径其县北。县本苍梧之北乡，孙皓割以为县。洛溪水又东南径始安县而东注漓水。”《清一统志·桂林府一》：义江“在义宁县北，即古洛溪水也”。

洛溪县 唐置，属羁縻思峨州。治所在今四川珙县西北。后废。

洛漕新潭 在唐东都城中，今河南洛阳市旧城南部。《元河南志》载：漕渠东北流，至立德坊之南，西溢为新潭。“长安中，司农卿宗晋卿开，以通诸州租船。四面植柳，中有租场，积石其下，于上布土。潭立石柱，马吉甫为其文，钟绍京书。后潭水浅，租船不能至”。

洛巍县 即落巍县。在今广西柳江县西北古州村西。《寰宇记》卷168归化州：“洛巍，西二十五里，管一村。”

洺口市 即今江西乐平市东九十里洺口乡。唐为乐平县治。

洺水 在今河北威县西。《方舆纪要》卷15威县：“洺水，旧在县西。自鸡泽、平乡县界，流经县境，合于漳河。故隋以洺水名县。今与漳河俱徙流入平乡县境，旧迹遂湮。”

洺水县 ①隋开皇六年（586）置，属洺州。治所在今河北曲周县东南。《元和志》卷15：“以县西近洺河，改为洺水。”大业初属武安郡。唐属洺州，会昌三年（843）废入曲周县。

②金升洺水镇置，属洺州。治所在今河北威县北五十五里古城。蒙古宪宗二年（1252）移威州治此，至元初随州徙治今威县，元至正中废入威州。

洺水镇 又名北洺水镇。北宋初置，属鸡泽县。在今河北威县北五十五里古城。金改置洺水县。

洺州 北周宣政元年（578）置，治所在永年县（今河北永年县东南城关镇）。以洺水为名。隋大业初改为武安郡。唐武德初复名洺州。辖境相当今河北邯郸、鸡泽、永年、曲周、邱县、肥乡、武安等市县地。天宝元年（742）改为广平郡，乾元元年（758）复为洺州。元至元十五年（1278）改为广平路。

洺磁路 蒙古宪宗二年（1252）改邢洺路置，治所在永年县（今河北永年县东南）。辖境相当今河北邯郸、永年、鸡泽、磁县、曲周、武安、成安、肥乡、广平等市县地。元世祖至元十五年（1278）改为广平路。

浏口戍 又名浏阳口。在今湖南长沙市北湘水东岸。《水经·湘水注》：“湘水又径刘口戍西，北对浏水。”《资治通鉴》：五代梁开平元年（907），楚王马殷“命在城都指挥使秦彦晖将水军三万浮江而下，水军指挥使黄璠帅战舰三百屯浏阳口”。即此。

浏水 即今湖南长沙、浏阳境之浏阳河。源出今湖南浏阳市境之大围山，西流至长沙市北入湘水。《水经·浏水》：“浏水出临湘县东南浏阳县，西北过其县东，北与涝水合。西入于湘。”

浏阳口 又作浏口。在今湖南长沙市北，为浏阳河入湘江之口。《水经·湘水注》：湘水“北过临湘县西，浏水从县西北流注，……湘水又径浏口戍”。《资治通鉴》：五代梁开平元年（907），马殷遣“黄璠帅战艦三百屯浏阳口，……黄璠自浏阳绝江，与（秦）彦晖合击，大破之，执（刘）存及（陈）知新”。

浏阳水 湘江支流。亦曰浏水。在今湖南长沙市湘江以东浏阳、长沙二县市境内。《明一统志》卷63长沙府：浏阳水“在府城北五里。源出大围山，有二源：曰大溪，曰小溪。合流经浏阳县西，名渭水；过县前，名浏水。西流入湘水”。

浏阳市 1993年撤销河南省浏阳县，改设浏阳市，市人民政府驻浏阳。由长沙市代管。

浏阳州 元贞元元年（1295）升浏阳县置，属天临路。治所即今湖南浏阳市东北官渡镇。明洪武二年（1369）复改浏阳县。

浏阳县 亦作刘阳。东汉建安中置，属长沙郡。治所在今湖南浏阳市东北七十五里官渡镇。以浏阳水为名。隋省入长沙县。唐景龙二年（708）复置，属潭州。治所即今浏阳市。元元贞元年（1295）升为浏阳州。明洪武二年（1369）复改浏阳县，属长沙府。民国初属湖南湘江道。1922年直属湖南省。1993年改设浏阳市。

浏河 亦作刘河。即娄江。在今江苏昆山、太仓市境内。元、明时为海运要道。

浏河镇 即刘河镇。清末改“刘”为“浏”，即今江苏太仓市东北浏河镇。

济山县 南齐置，为北随安左郡治。治所在今湖北随州市北八十里。梁废。

济川水 即今青海贵德县河阴镇西高红崖水。《水经·河水注》：河水又东北流，“济川水注之。水西南出滥渎，东北流入大谷，谓之大谷水，北迳浇河城西南，北流注于河”。《隋书·地理志》谓之滥水。

济川桥 ①在今江苏泰州市城南。《清一统志·扬州府二》：济川桥“一名高桥。跨运盐河，达通州如皋孔道”。

②在今安徽宣城市东门外。《明一统志》卷15宁国府：济川桥“在府城东阳德门外。隋开皇中建。旧名永安。本朝正统中重修”。

③在今湖南道县南。《方舆纪要》卷81道州：“济川桥在州南门外。南北跨绝，凡千五百余尺。宋嘉定中，为方舟三十有四，栉比连镤，横渡江面，后废。明初复造浮梁，以济往来，亦谓之大浮桥。”

济川墟 在今山东高青县高城西北五里。《晋书·裴秀传》：三国魏咸熙初，“秀封济川侯，地方六十里，邑千四百户，以高苑县济川墟为侯国”。

济川镇 在今江苏泰兴市东北隅。五代南唐升元二年（938）于此置泰兴县。北宋乾德二年（964）徙治柴墟镇（今泰兴市西北口岸镇）。南宋绍兴十四年（1144）徙治延令村（今泰兴市）。

济木萨 即今新疆吉木萨尔县。清属阜康县。乾隆四十一年（1776）设济木萨县丞。光绪二十年（1894）改名孚远城，二十八年置孚远县。1953年改为济木萨尔县。

济水 ①又作泲水。古四渎之一。包括黄河南、北两部分。《尚书·禹贡》："导沇水，东流为济，入于河。"当指黄河以北部分；又"溢为荥，东出陶丘北，又东至于菏，又东北会于汶，又东北入于海"。指黄河以南部分。河北部分源出今河南济源市西王屋山，下游屡经变迁。《汉书·地理志》河东郡垣县："《禹贡》王屋山在东北，沇水所出，东南至武德入河。"其时济水在今武陟县南入河。《水经·河水篇》："济水出河东垣县王屋山为沇水，又东至温县西北，屈从县东，东南过隤城西，又南当巩县北，南入于河。"这时济水当在今河南温县入河，略与今道同。黄河以南部分本系从黄河分出的一条支派，因分流处与河北济口隔岸相对，古人遂目为济水的下游。据《汉书·地理志》和《水经》记载，其时济水自今河南荥阳市北分黄河东出，流经原阳县南、封丘县北，至山东定陶县西，折东北注入巨野泽，又自巨野泽北经梁山县东，至东阿旧治西，以下至济南市北泺口，略同今黄河河道；自泺口以下至海，略同今小清河河道。至《水经注》时代自今荥阳东北以下至于巨野泽，有南济、北济二派，北济经今封丘县北、菏泽市南，南济经今封丘县南、定陶县北。自出巨野泽会汶水以下，又兼称清水。今上游发源处尚存，而下游为黄河及大、小清河所夺。

②或作泲水。即今河北赞皇、柏乡二县境之泲河。源出今河北赞皇县西南，东流经高邑县南，至宁晋县南，注入泜水。《汉书·地理志》常山郡房子县："济水所出，东至廮陶入泜。"

济东国 西汉景帝中元五年（前145）置，治所在无盐县（今山东东平县东南十里无盐村）。武帝元鼎元年（前116）废为大河郡。

济东镇 金置，属邹平县。在今山东邹平县西北。蒙古宪宗二年（1252）改置济东县。

济北县 ①隋开皇六年（586）分卢县置，属济州。治所在今山东济南市长清区西三十里。大业初废。

②1946年9月山东革命根据地由济宁、汶上二县析置，治戴庄（今山东济宁市北戴庄）。1950年5月撤销，与济宁市合并，改设济宁县。

济北国 西汉高帝元年（前206）项羽封田安置，都博阳（今山东泰安市东南）。辖境相当今山东济南、德州、泰安、莱芜等地。五年国除。文帝二年（前178）以齐之济北郡封东牟侯兴居为济北王，都卢（今山东济南市长清区西南）。三年国除。十六年复以齐悼惠王子安都侯志为济北王，辖境缩小。后元二年（前162）国除。东汉永元二年（90）分泰山郡置济北国，都卢县（今山东济南市长清区西南）。西晋移治卢子城（今山东平阴县旧东阿东北）。南朝宋改为济北郡。

济北郡 ①秦析齐郡置，治所在博阳县（今山东泰安市东南旧县）。辖境南至山东泰安、莱芜，西至德州、平原，东至邹平、信阳，北至河北盐山、海兴等地。秦亡后，项羽封田安为济北王，改置济北国。西汉高帝五年（前202）复改为济北郡。文帝二年（前178）又改为济北国。

②南朝宋改济北国置，属兖州。治所在肥城县（今山东肥城市）。辖境相当今山东肥城、平阴等市县地。北魏徙治卢子城（今平阴县西南旧东阿东北），北齐迁治卢县（今茌平县西南五十里）。隋开皇初废。大业初复置。唐改为东泰州。

③北魏置，属济州。治所在卢子城（今山东平阴县西南）。辖境相当今山东东阿县及茌平县部分地。唐武德四年（621）废。

济生池 在今贵州凯里市西北炉山镇西。《明一统志》卷88清平卫：济生池"在卫城内西。昔苗'贼'来侵，城中无井，赖此水济急，故名"。

济尔玛台河 一作朱尔马台河。在清外蒙古赛音诺颜部。即今蒙古国后杭爱省吉尔马台河，为鄂尔坤河上源之一。在塔米尔河之南。即辽、元时所称金河（按坦河）。

济尔哈朗图 即今内蒙古科尔沁左翼后旗东北吉尔嘎朗镇。清为内蒙古哲里木盟科尔沁左翼后旗驻地。

济尔噶朗河 今新疆乌苏市西济尔哈朗河。《清一统志·库尔喀喇乌苏》：济尔噶朗河"在庆绥城西。源出天山北麓，北经布勒哈尔齐台西，多木达都台东，流二百里，会库尔河"。

济宁市 1946年1月山东革命根据地由济宁县城区及近郊析置，治所即今山东济宁市。同年9月为国民党军队所占。1948年7月重获解放，仍为济宁市。1950年5月撤销，与济北县合并，设立济宁县。同年11月复置济宁市。1983年撤销济宁地区，改设地级济宁市。原县级济宁市改置市中区。2013年撤销市中区，并入任城区。任城区政府驻阜桥街道太白中路4号。

济宁州 明洪武十八年（1385）改济宁府为州，属兖州府。治所即今山东济宁市。辖境包括今山东济宁、嘉祥、巨野、郓城等市县。清雍正二年（1724）升为直隶州。1913年改济宁县。

济宁县 ①1913年改济宁州置，为山东济宁道治。治所即今济宁市。1925年为兖济道治。1928年直属山东省。1948年析置济宁市。1983年撤销并入济宁市。

②1946年山东革命根据地由济宁县南部析置，治马房屯（今山东济宁市西南马房屯）。1949年撤销，并入嘉祥县。

济宁府 元世祖至元八年（1271）升济州置，属济宁路。治所在任城县（今山东济宁市）。旋徙治巨野县（今山东巨野县）。十六年（1279）升为路。明洪武元年（1368）复改为府，治所在任城县（今济宁市）。十八年（1385）降为州。

济宁道 1914年由岱南道改置，属山东省。治济宁县（今山东济宁市）。辖境约当今山东莒县、莒南、临沭以西，菏泽、郓城、嘉祥、汶上、宁阳、泗水、平邑、蒙阴、沂源、沂水以南地区。1925年撤销，分置兖济、琅玡、曹濮3道。

济宁路 元世祖至元十六年（1279）改济宁府置，属中书省。治所在巨野县（今山东巨野县）。至正中移治任城县（今山东济宁市）。辖境包括今山东泗水县以西，肥城市以南，郓城、巨野县以东，河南虞城县和安徽砀山县以北。明洪武元年（1368）改为府。

济民市 在今四川合江县西北大桥镇西。元置合江县于此。《永乐大典》卷2217《泸州志》：合江县"至元十五年，立县于神臂江南济民市"。《明史·地理志》：合江县"旧治在神臂山南，洪武初徙安乐山之麓，即今治也"。济民市在神臂山（崖）之南，长江南岸。

济民场 在今河北滦南县西南五十里柏谷庄。盛产盐。《方舆纪要》卷17滦州：济民盐场，"《志》云：府境有盐场四，俱属于户部分司。一曰济民场，距分司七十里。南滨海，东极潮河，接石碑盐场。西跨运河，连丰润县越支场，亘百三十里"。

济民渡 在今山西垣曲县东南六十里东滩村，黄河渡口。《清一统志·绛州一》：济民渡"在垣曲县南黄河南岸（原文误，应为'北岸'），至渑池县界"。

济众监 北宋置，在今陕西略阳县东。《元丰九域志》卷8兴州：济众监在州东一百七十步，"景德三年置，铸铁钱"。元废。

济州 ①北魏泰常八年（423）置，治所在碻磝城（今山东茌平县西南）。辖境相当今河南范县、山东聊城、东阿、肥城、阳谷、高唐等县市间地。隋开皇初废。唐武德四年（621）复置，辖境缩小。天宝十三载（754）州城为河所陷，遂废入郓州。

②五代周广顺二年（952）分郓州置，治所在巨野县（今山东巨野县南一里）。辖境相当今山东济宁市及巨野、金乡、郓城等县地。金天德二年（1150）移治任城县（今济宁市）。元世祖至元六年（1269）又移治今巨野县。八年（1271）升为济宁府，十二年（1275）又改济州，属济宁府。至正八年（1348）废。

③金天眷三年（1140）改黄龙府置，属会宁府。治所在利涉县（今吉林农安县）。《金史·地理志上》："以太祖来攻城时，大军径涉不假舟楫之祥也。"辖境约当今吉林农安、德惠、双阳县及长春市地。大定二十九年（1189）改名隆州。

济州关 在今山东茌平县西南古黄河南岸碻磝津。《北齐书·高阿那肱传》："后主走度太行后，那肱以数千人投济州关，……及周将军尉迟迥至关，肱遂降。"《寰宇记》卷13郓州卢县："碻磝津在县北一里。后魏于此置关，名济州关。隋末废。"

济州河 元世祖至元十三年（1276）开始在济州（治所在今山东济宁市）境内所开的运河，至二十年（1283）完成。南接泗水，北汇大清河（今黄河），即今山东运河南起鲁桥北至安山一段的前身，唯袁口以北故道在今道之西。河成后，南来漕舟即由淮溯泗，循此北出大清河涉海出直沽（今天津市区）。后六年开会通河，此后济州河遂亦通称会通河。

济阳 战国魏邑。在今河南兰考县东北堌阳镇。《水经·济水注》引《竹书纪年》：梁惠成王三十年（前340），"城济阳"。《史记·苏秦传》："（秦）决白马之口，魏无外黄、济阳。"皆此。秦置县。

济阳县 ①战国秦置，属砀郡。治所在今河南兰考县东北四十里堌阳镇。汉属陈留郡。西晋属陈留国。西晋末及十六国后赵属陈留郡。北魏属阳夏郡。隋属济阴郡。唐初属杞州。贞观元年（627）废。

②南朝宋侨置，属马头郡。治所在今安徽怀远县境。南齐废。

③唐武德四年（621）分冤句县置，属杞州。治所在今山东曹县西南五十里。唐贞观元年（627）废。

④唐景龙元年（707）于梁邹城置，属淄州。治所在今山东邹平县东北。元和十五年（820）并入高苑县。

⑤金天会七年（1129）析临邑、章丘二县地置，属济南府。治所即今山东济阳县。元属济南路。明属济南府。民国初属山东济南道。1928年直属山东省。

济阳城 战国魏地。在今河南兰考县东北四十里堌阳镇。《水经·济水注》引《竹书纪年》："梁惠成王三十年，城济阳。"《史记·苏秦列传》：苏代约燕王曰，"决白马之口，魏无外黄、济阳"。即此。西汉置县。

济阳郡 ①西晋惠帝分陈留国置济阳国，东晋改为济阳郡。治所在济阳县（今河南兰考县东北堌阳镇）。辖境相当今河南兰考县东部、山东东明县南部。北魏废。

②东晋明帝侨置于毗陵郡武进县（今江苏常州市武进区西北）地。南朝齐改为南济阳郡，梁天监中废。

济阳镇 北宋置，属谷熟县。即今河南夏邑县西南三十六里济阳镇。

济阴县 ①隋开皇六年（586）置，为曹州治。治所在今山东曹县西北六十里。大业初为济阴郡治。唐为曹州治。北宋为兴仁府治。金大定八年（1168）城为河水淹没，迁治古乘氏县（今山东菏泽市），为曹州治。明洪武元年（1368）省入曹州。

②隋大业末置，属化州。治所在今安徽明光市境。《新唐书·地理志》濠州招义县："大业末，县民马簿盗据，号化州。后杨益德杀簿，自号刺

史，又置济阴县，是年来降。”唐贞观元年（627）废。

济阴国 西汉景帝中元六年（前144）分梁国置，治所在定陶县（今山东定陶县西北四里）。封孝王子不识为济阴王。辖境相当今山东菏泽市及定陶、东明等县地。建元二年（前139）改为济阴郡。甘露二年（前52）改置定陶国，建平二年（前5）复改济阴郡。东汉永平十五年（72）复改为国，后又改为郡。

济阴郡 ①西汉建元二年（前139）改济阴国置，治所在定陶县（今山东定陶县西北四里）。辖境相当今山东菏泽市及定陶、东明等县地。东汉属兖州。北魏属西兖州，后移治左城（今山东曹县西北）。北齐废。隋大业初改曹州复置济阴郡，治所在济阴县（今山东曹县西北）。辖境相当今山东菏泽市及定陶、东明、成武、金乡、单县等地。唐武德初改为曹州，天宝元年（742）复改济阴郡，乾元元年（758）又改为曹州。

②东晋侨置，治所在睢陵县（今江苏睢宁县）。南朝宋入魏，废。

③南朝宋置，治所在今江苏盱眙县西。北魏改济阳郡，属楚州。寻复故。东魏武定七年（549）改为白水县。

④南朝宋侨置，属徐州。治所在睢陵县（今安徽明光市东北六十里女山湖镇）。南齐属北徐州。北周属西楚州。隋开皇初废。

⑤南朝梁侨置，属睢州。治所在顿丘县（今安徽宿州市北二十里符离镇南老符离集）。辖境相当今安徽宿州市北部地。后废。

济远县 隋大业五年（609）置，属鄯善郡。治所在今新疆若羌县附近之地。隋末废。

济咙 即济隆城。今西藏吉隆县东南吉隆镇。清松筠《西招纪行诗》注：“自宗喀西南行三日，可抵济咙边隘。”

济岷城 在今江苏宿迁市北。东晋尝于此置济岷郡。

济岷郡 东晋置，治所在今江苏宿迁市北。《晋书·石勒载记下》：“济岷太守刘闿、将军张阖等叛，害下邳内史夏侯嘉，以下邳降于石生。”

济南王部 元代诸王封国。元太祖弟哈赤温子按只台（又译按赤台）受封，子孙世袭。其后王封济南王，主其国事。受镇守太祖大斡耳朵的晋王节制。辖境约有今内蒙古东、西乌珠穆沁旗及蒙古国东方省东南部。其驻营地当在兀鲁灰河（今内蒙古东乌珠穆沁旗乌拉根果勒）地区。后废。

济南市 1929年由历城县析置，为山东省会。治所即今山东济南市。1949年为山东省辖市（地级），为省人民政府驻地。

济南县 隋开皇十六年（596）置，属齐州。治所在今山东邹平县北十五里。大业初并入长山县。

济南国 西汉文帝十六年（前164）改济南郡为国，封刘肥之子辟光为济南王，都东平陵（今山东章丘市西）。辖境相当今山东济南、泰安、长清、肥城、章丘、济阳、邹平等市县地。景帝三年（前154）以参与吴楚七国之乱，国除为郡。武帝以后南部划归泰山郡，辖境缩小。东汉建武十五年（39）又改为国。西晋初复改为郡。

济南府 北宋政和六年（1116）升齐州置，治所在历城县（今山东济南市）。元初改为济南路。至正二十七年（1367）朱元璋改为济南府，属山东省。辖境相当今山东新泰、肥城二市以北，德州市和平原、长清县以东，淄博、莱芜二市及桓台、高青、利津等县以西，乐陵市和无棣县以南，东北至海。清代将乐陵、商河、高青等市县以东地划出，辖境缩小。1913年废。

济南郡 西汉初分齐郡置，治所在东平陵县（今山东章丘市西）。辖境约当今山东济南、泰安、肥城、章丘、济阳、邹平等市县地。以治所东平陵在古济水（今黄河）之南，故名济南。文帝十六年（前164）改为济南国。景帝三年（前154）复改为郡。武帝以后将南部划归泰山郡，辖境缩小。东汉建武十五年（39）又改为国。西晋初复改为郡，移治历城（今山东济南市）。隋开皇初废。

济南道 1914年由岱北道改置，属山东省。治历城县（今山东济南市）。辖境约当今山东无棣、阳信、乐陵、商河、济阳、齐河、济南以东，东营、垦利、博兴、桓台、淄博市西部、莱芜以西，肥城、泰安、新泰以北地区。1925年分置泰安、武定等道，辖境仅有今山东济南、章丘、邹平、高青、桓台、济阳、齐河等市县地。1928年废。

济南路 元初改济南府置，属山东东西道肃政廉访司。治所在历城县（今山东济南市）。辖境相当今山东济南、章丘、邹平、济阳、商河、惠民、阳信、无棣、沾化、利津等市县及滨州市部分地。至正二十七年（1367）朱元璋改为济南府。

济浊馆 唐安西都护府属地。在今新疆柯坪县东。《新唐书·地理志》引贾耽《四夷路程》：“自拨换、碎叶西南渡浑河，百八十里有济浊馆，故和平铺也。”

济桥 在今河南荥阳市东。《清一统志·开封府》：济桥“在荥阳县东门外。《旧志》：唐贞观中尉迟敬德监造，制度雄伟。明弘治间废”。

济涉桥 在今河北柏乡县南。《方舆纪要》卷14柏乡县：济涉桥“在南关外，午、槐二水导流经城南，此桥跨其上，以便行旅，因名”。

济桑城 西汉置。在今甘肃庄浪县附近。

济勒河 在今俄罗斯哈巴罗夫斯克边疆区东部沿海，东流入鞑靼海峡。清光绪《吉林通志》卷23：济勒河“在额呼河北，东入海”。

济猛暗沙 在南海中中国中沙群岛内，东北距武勇暗沙10海里，西南距海鸠暗沙13海里。1935年公布名称为利错司滩。1947年改名济猛暗沙。

济渎庙 隋开皇初建，在今河南济源市西北四里庙街。《新唐书·地理志》济源县：“有济渎祠、北海祠。”《明一统志》卷28怀庆府：济渎庙“在北海庙南，祀北渎大济之神。天下有四渎，而济渎最著”。现存殿宇六十余间，以北宋初建的寝宫最重要。清源洞府门为明代牌坊建筑的佳作。临渊门北的小北海和珍珠泉为济水东源。庙内“将军柏”高20余米，粗可四围。现存宋、金、元、明、清碑碣数十通，其中金大定年间的《济源县创建石桥记》、元赵孟頫书《投龙涧记》艺术价值都较高。1996年定为全国重点文物保护单位。

济隆宗 又作济龙宗、吉隆宗。即济隆城。今西藏吉隆县东南吉隆镇。

济隆城 又作济咙。即今西藏吉隆县东南吉隆镇。《清一统志·西藏》藏地诸城：济隆城“在日喀则城西南七百四十里”。

济番河 在今贵州贵阳市西南三十里。《方舆纪要》卷121贵阳府：济番河“俗名花仡佬河，八番路所经。成化初，宣慰使宋昂垒石为桥，其下流合于南明河”。

济源市 1988年撤销济源县，改设济源市，市人民政府驻济源。属焦作市。1997年改由河南省直辖。

济源池 在今河南济源市西北三里。《水经·济水注》：济水有二源，“东源出原城西北，……南流与西源合；西源出原城西”。《元和志》卷5济源县：济水“在县西北三里。平地而出，有二源，其东源周回七百步，深不测；西源周回六百八十五步，深一丈，皆缭之以周墙，源出王屋山”。《清一统志·怀庆府一》：济源池，“明李濂记：济渎祠后有池，是谓东池。西有石桥，桥之西曰西池。……东即东源，周仅百余步，亦不甚深。西即西源，周如东池，深才三四尺耳”。又引刘漪《西源辨》称，此东西二池相距甚近，仅一桥之隔，实皆为东源，“池西二里有一源，旧称为龙潭，时出时没，不关水旱，下流径济庙南，会池水于东北。当为济之西源耳”。

济源县 隋开皇十六年（596）析轵县置，属怀州。治所即今河南济源市。《元和志》卷5：“以济水所出，因名。”大业初属河内郡。唐属孟州。明洪武十年（1377）改属怀庆府。民国初属河南河北道。1927年直属河南省。1988年改设济源市。

济溪 在今山西曲沃县南。《方舆纪要》卷41曲沃县：济溪“在县南七里。源出紫金山麓，澄澈细流，民引以溉园圃，北入浍河”。

济噶苏城 明末清初古城，在今俄罗斯阿穆尔州南康斯坦丁诺夫卡稍西。清西清《黑龙江外记》卷2：“黑龙江城东五十里有济噶苏城。”后废。

洨水 ①即今河北南部洨河。源出河北井陉县东南。东南流至宁晋县南合沙河。《汉书·地理志》常山郡石邑县：“井陉山在西，洨水所出，东南至廮陶入泜。”《清一统志·正定府一》：洨河，“《旧志》：洨水上源有四泉：一出获鹿县南莲花营，一出县南泽北村，二泉相去五六里，东流十余里而合。又十余里至窦妪村，入栾城界，其二泉出窦妪村西北三里，名石牛港，相去六百步，皆乳泉，漫流平地，东行二百余步。又三里许，与前二水合，四水交流，故名洨水”。

②即今安徽固镇县北之沱水。《汉书·地理志》洨侯国注：“应劭曰：洨水所出，南入淮。”自今安徽宿州市北分蕲水东南流，经宿县、固镇，至五河县西北会浍水（今浍水）入淮。

洨县 东汉改洨侯国置，属沛国。治所在今安徽固镇县东濠城镇。《汉书·地理志》洨县注：应劭曰，“洨水所出”，故名。三国魏属沛郡。西晋属沛国。东晋后废。东汉经学家和文学家许慎曾为此县长，故世称许洨长。

洨侯国 西汉置，属沛郡。治所即今安徽固镇县东濠城镇。东汉改为洨县。

浐口水 在今湖北仙桃市西。《水经·沔水注》：浐口水“其水承大浐、马骨诸湖水，周三四百里，及其夏水来同，渺若沧海，洪潭巨浪，萦连江、沔”。

浐水 关中八川之一。源出今陕西蓝田县西南秦岭山中，西北流至西安市东入灞水。《清一统志·西安府一》引《蓝田县志》：“浐水在城东十里，焦戴川自东南来，瀛川自西南来，二川相合，即为浐水”。《水经·浐水》：“浐水出京兆蓝田谷，北入于灞。”郦道元注：“浐水又北历蓝田川，北流注于灞水。《地理志》曰：浐水北至霸陵入霸水。”北魏以来误以长水为浐水。

浐村堡 北宋元丰四年（1081）置，属诚州。当在今湖南靖州苗族侗族自治县境。

浐县 南朝陈置，为汉阳郡治。治所在今湖北孝感市东。后废。

浐溪 即今福建德化县北之浐溪。《方舆纪要》卷99德化县：浐溪“在县北。即戴云山水也。九溪之北流者凡二，合为赤水。西溪东流，迤逦为上涌、下涌、山茶、曾坂、百叶、湖头、李田、涌口等溪，益折而东北，距县百八十里曰九窦溪，又东北七八十里为螺潭，入永福县界。其五溪之东流者，二溪合为龙潭，为左溪，合于九窦溪。其上洋之水，过涵口，至县东北百七十里之石狮渡，上云之水为浆溪，过焦口，亦入石狮渡。中兴坑之水为林翰坑，会于县前溪。其二溪之南流者，合流为白泉、石山、苏溪、涂坂等溪，经城西，为西门溪，折而东流，为县前溪。回环曲折，俗谓之腰带水，总名曰浐溪。又东北为十二翰溪，与上洋、上溪二水会于石狮渡，东北与张岩、卢溪、双芹、马槽四水同入永福界，为大樟溪，即九溪之下流也”。

洋口镇 即今江西广丰县西南洋口镇。《清一统志·广信府二》：洋口镇巡司“在广丰县西南。本朝雍正六年由柘杨砦巡司移驻”。

洋川 即洋水。今陕西西乡县东泾洋河。

洋川县 ①西魏置，属洋州。治所在今陕西西乡县东南。后废。

②唐武德二年（619）置，属牢州。治所在今贵州凤冈县东北。贞观十四年（640）移治今凤冈县北。唐末废。北宋大观中复置，属承州。宣和

中废。

洋川郡 唐天宝元年（742）改洋州置，治所在西乡县（今陕西西乡县）。辖境相当今陕西洋县、西乡、镇巴、佛坪等县地。天宝十五年（756）移治兴道县（今陕西洋县）。乾元元年（758）复为洋州。

洋子江 即扬子江。初指今江苏扬州市与镇江间长江河段，后发展为仪征以下长江，最后通称长江为洋子江。

洋子佃山 在今广东蕉岭县西北。《方舆纪要》卷103镇平县：洋子佃山在“县西北十里。三峰鼎立”。

洋马场 即羊马场。今四川崇州市东北二十里羊马镇。

洋中郡 西魏置，属洋州。治所在今陕西西乡县西南。隋开皇三年（583）废。

洋水 ①即今山东青州市南之南阳河。《汉书·地理志》齐郡临朐县：“石膏山，洋水所出，东北至广饶入巨定。”《水经·巨洋水注》：洋水“西出石膏山西北石涧口，东南径逢山祠西。洋水又东南历逢山下，即石膏山也。……洋水历其阴而东北流，世谓之石沟水，东北流出于委粟山北，而东注于巨洋”。

②即今重庆市彭水苗族土家族自治县西南及贵州东北境之芙蓉江。《元和志》卷30洋水县：“以县西三十里洋水为名。”《寰宇记》卷120洋水县：洋水“在县西五十里，北流入信宁县界”。

③即今陕西西乡县东泾洋河。源出陕西镇巴县南，北流经西乡县会牧马河，入于汉。《水经·沔水注》：“洋水导源巴山，东北流径平阳城……洋川者，汉戚夫人之所生处也。高祖得而宠之，夫人思慕本乡，追求洋川米，帝为驿致长安。蠲复其乡，更名曰县，故又目其地为祥川，用表夫人载诞之休祥也。……洋水又东北流入汉。”

④即今甘肃天水市南藉水。源出甘谷县西南，东流经天水市入渭河。《水经·渭水注》：藉水“又东径上邽城南，得覊泉水，并出南山，北流注于藉。藉水即洋水也”。

洋水县 唐天宝元年（742）改盈川县置，属黔中郡。治所在今重庆市彭水苗族土家族自治县西南龙洋乡（洋水桥）。《元和志》卷30洋水县：“以县西三十里洋水为名。”乾元元年（758）属黔州。北宋嘉祐八年（1063）废为洋水砦。

洋水砦 北宋嘉祐八年（1063）省洋水县置，属彭水县。在今重庆市彭水苗族土家族自治县西南洋水桥。熙宁二年（1069）改为洋水镇。

洋水镇 北宋熙宁二年（1069）改洋水砦置，属彭水县。在今重庆市彭水苗族土家族自治县西南洋水桥。

洋平县 即羊平县。治所当在今广西东北部融江、龙江下游及红水河下游一带。《宋书·州郡》桂林太守阳平令：“按晋武帝太康元年，立桂林之洋平县，疑是。”

洋东淀 在今河北肃宁县东南。《清一统志·河间府一》：洋东淀“在肃宁县东南三十里。旧时铁灯竿诸水所汇，下流入中堡河。今湮”。

洋宁镇 又作阳宁镇。唐武德七年（624）析邵武县置，即今福建光泽县治。五代南唐保大间（后周广顺初）改名财演镇。

洋屿 在今福建泉州市西南。《方舆纪要》卷99泉州府晋江县：洋屿在“府西南十里。四围田畴数百顷，屿特起其中”。

洋州 西魏置，治所在丰宁县（今陕西西乡县西南）。隋大业三年（583）废。唐武德元年（618）复置，治所在西乡县（今陕西西乡县）。《元和志》卷22洋州：“因洋水为名。”辖境相当今陕西洋县、西乡、镇巴、佛坪等县地。天宝元年（742）改为洋川郡，十五年（756）移治兴道县（今陕西洋县）。乾元元年（758）复为洋州。五代时后蜀改为源州，北宋复名洋州。元世祖至元二年（1265）省兴道县入州。明洪武三年（1370）改为洋县。

洋汤河 即今甘肃文县北羊汤河，为白水支流。《水经·羌水注》：羊汤水“出西北阴平北界汤溪，东南径北部城北，又东南径五部城南，东南右合羌水”。《清一统志·阶州》：“《县志》有五渡河，在县北七十里。源出洋汤池，径县北，东入白龙江，即洋汤水也。”

洋县 明洪武三年（1370）改洋州置，属汉中府。治所即今陕西洋县。民国初属陕西汉中道。1928年直属陕西省。

洋坪 即今湖北远安县西北三十八里洋坪镇。清设把总驻防。

洋林寨 在今福建诏安县东南洋林。清有把总驻此。

洋卓雍错 又作洋卓云错海。即今西藏浪卡子县羊卓雍错。清乾隆《卫藏通志》卷4《程站》：曲水至白地，由甘坝山“下山，沿洋卓雍错海岸纡折而行，柴草稀少，沙路平坦，五十里至白地”。

洋河 ①一名东洋河，即古于延水。源出内蒙古兴和县西，南流经河北尚义、怀安、万全、宣化等县至涿鹿县东入桑干河。《清一统志·宣化府二》：洋河，“《旧志》：东洋河在柴沟堡（今怀安县）西北十五里，源出边外，东南流入界至堡西北，合西洋河，因通谓之西洋河。又东至堡东五里，合南洋河，名曰燕尾河。又东径万全左卫北五里，又转东南过镇城南，又东径保安州北鸡鸣驿南，又南流十七里入桑干河”。

②古名拒艾水。出今山东胶州市南。东北流入胶州湾。《水经·胶水注》：拒艾水“出（黔陬）县西南拒艾山……又谓是水为洋水矣”。

③在今河南信阳县东北。《方舆纪要》卷50信阳州：“洋河在州东北七十里。一名盱河。东流入淮。”

洋河口 在今河北抚宁县东南四十里洋河入海处。清时有千总驻守。

洋河店寨　一名洋河店。即今河南信阳市平桥区东北三十四里洋河镇。民国《重修信阳县志》卷6《塞堡》：洋河店寨“明初立市，本无寨，咸丰十一年……建修”。

洋河城　在今河北抚宁县东南。《方舆纪要》卷17抚宁县：洋河城，“《郡志》云：在县东南十五里。方圆六里。……皆唐太宗征辽时所筑”。

洋河镇　①即白洋河镇。今江苏宿迁市宿城区东南洋河镇。以产名酒“洋河大曲”著称。

②又名杨宅。即今江西安福县西洋溪镇。《明史·地理志》吉安府安福县：“西有罗塘巡检司，治洋泽，后迁江背，俱仍故名。”《清一统志·吉安府二》：萝塘巡司“在安福县西九十里洋泽寨。宋初置巡司于时砻镇，乾道三年移驻于此。明嘉靖中设同知驻防，寻复改巡司，万历中移驻江北口，今因之，而洋泽司址仍存”。

洋泽镇　又名杨宅。即今江西安福县西洋溪镇。《明史·地理志》吉安府安福县：“西有罗塘巡检司，治洋泽，后迁江背，俱仍故名。”《清一统志·吉安府二》：萝塘巡司“在安福县西九十里洋泽寨。宋初置巡司于时砻镇，乾道三年移驻于此。明嘉靖中设同知驻防，寻复改巡司，万历中移驻江北口，今因之，而洋泽司址仍存”。

洋泉　在今湖南宁乡县西三里。《方舆纪要》卷80宁乡县：洋泉“有三派分流，溉田三百余亩”。

洋泉市　即今湖南常宁市西南四十里洋泉镇。清光绪《湖南通志》卷1常宁县图：县西南有洋泉。

洋津渡　在今江西新余市西南七里袁江上。清同治《江西全省舆图》卷6临江府：新渝县“西南路出凤凰门，向西行七里至洋津渡”。

洋峰山　在今福建建瓯市北。《方舆纪要》卷97建宁府建安县：洋峰山“在府北七十里，屹然特出众山中，顶甚平旷”。

洋海墓群　在今新疆鄯善县西吐峪沟乡火焰山南麓戈壁滩上。分布在三块条形台地上。总面积为5.4万平方米。古代游牧民族洋海人大约3500年前从新疆北边、西北边迁此定居。他们死后不占用绿洲土地而葬于干旱台地上。目前已出土大批干尸、有穿孔的头骨及不同历史时期的骨器、石器、青铜器、铁器、彩绘陶器、木器、编织物等文物。2003年以来共清理墓葬近六百座，尚有近千座未遭破坏的古墓葬尚未发掘。2006年定为全国重点文物保护单位。

洋萨尔台　清置，即今新疆轮台县东北阳霞镇。清道光《新疆识略》卷3库车：洋萨尔台“八十里至策达雅尔台”。

洋梓镇　即今湖北钟祥市东北洋梓镇。民国《湖北通志》卷33《乡镇》：“洋梓镇，在（钟祥县）城东北二十七里。”

洋望　在今浙江泰顺县东南三魁镇。《明史·地理志》温州泰顺县：“南有三冠巡检司，本洋望，后更名。”即此。

洋港汛　一名清港。即今江西湖口县东北洋港。清时有把总驻防。

洋港湖　在今湖北公安县东南。《方舆纪要》卷78公安县“东湖”条下：“县东南十余里有洋港湖。湖有河泊所。”

洋湖　在今安徽黄山市屯溪南岸。明弘治《徽州府志·休宁县》：洋湖“一名阳湖。在县东南屯溪之南岸，众水会聚之处。滨溪平衍，每春流涨合，汪洋如湖，故名”。

洋湖口　即今山东阳信县西南四十二里洋湖乡。清光绪《山东通志》卷1《舆图志》：阳信县西南有洋湖口。

洋源县　唐武德七年（624）置，属洋州。治所在今陕西镇巴县南。大历元年（766）移治今西乡县南十五里白湍村。宝历元年（825）废。

洋溪　①即今江西安福县西南洋溪镇。清同治《江西全省舆图》卷7：安福县西路“田里又十五里至洋溪，即罗塘司”。1934年2月国民党南京政府为进攻中央革命根据地曾在此设洋溪政治局（县级）。

②在今湖北宜都市东南枝城镇南。《方舆纪要》卷78枝江县：洋溪“在县城南，商贾聚于此”。

③在今湖南新化县西。《清一统志·宝庆府一》：洋溪“在新化县西三十里。源出罗洪山，径三江口，东北入资”。

④在今贵州石阡县北十里。《方舆纪要》卷122石阡府：洋溪“出铜仁府提溪司山中，西南流入界，又西经龙泉（今凤冈）县界，有桶口河流合焉，入于乌江”。

洋溪市　即今湖南新化县西南洋溪镇，临洋溪。《清一统志·宝庆府二》：洋溪市“在新化县西南三十里”。

洋溪政治局（县级）　1934年2月国民党南京政府为进攻中央革命根据地由安福、莲花二县析置，驻洋溪（今江西安福县西南洋溪镇）。1936年裁。

洋溪镇　即今四川射洪县东南七十里洋溪镇。清乾隆二十年（1755）置巡司于此。道光十二年（1832）裁，十六年（1836）设外委驻此。民国初设县佐。

洣水　古名泥水。今湖南湘江支流。《水经·洣水》：“洣水出茶陵县上乡，西北过其县西。”郦道元注：洣水“西北流径茶陵县之南，洣水又屈而过其县西北流注也。《地理志》谓之泥水者”。《方舆纪要》卷80茶陵州：洣江“在州西北。源出衡州府酃县洣泉，合云秋、沔渡二水，北流数十里入州境，又西入攸县界，合于攸水”。

洣泉　在今湖南炎陵县东。为洣水上游。《水经·洣水注》：洣水“西北流径茶陵县之南”。赵一清释曰：“《名胜志》衡州府酃县下云，洣水源出洣泉”。注《水经》云：“泉不常见，遇邑政清明，年谷丰稔，其泉淅然如米泔瀑涌，耆旧相传，疾者饮此多愈。”（见王先谦《合校水经注》）《方舆纪要》卷80鄗县：洣水“在县东。旧有洣泉，洣水发源于此。宋时岸摧，泉遂罕见”。

洲心墟 即今广东清远市东南洲心镇。清光绪《广东舆地全图》：清远县东南洲心墟。

洲头水 即今广东乳源瑶族自治县南之南水。《方舆纪要》卷102乳源县：洲头水“在县城南。源出双峰山，东北流入曲江县境，注于浈水”。

洲头津 即今广东乳源瑶族自治县县治。《明史·地理志》乳源县：“本治虞塘，洪武元年迁于洲头津。”

洲钱市 即今浙江桐乡市西南四十里洲泉镇。《方舆纪要》卷91：洲钱市“地形如钱，周遭皆水，因名”。

浑八升城 在今新疆阿克苏市南浑巴什乡。《元史·耶律希亮传》：中统四年（1263），“希亮又从征，至浑八升城”。

浑三支线 从吉林浑江（今白山市）至三岔子。长23公里。为梅辑铁路支线。日伪于1940—1942年修筑。今为浑湾铁路西段。

浑义河 即今蒙古国西南之翁金河。《新唐书·地理志》：“鷿鹈泉北经公主城、眉间城、怛罗思山、赤崖、盐泊、浑义河、炉斤山、木烛岭，千五百里亦至回鹘衙帐。”

浑水河 亦作洪水河。在今新疆伽师县境。为喀什噶尔河歧流。清宣统《新疆图志》卷68：乌兰乌苏河“又东入伽师县境，出龙口桥，分支为洪水河”。《清史稿·长龄传》：道光七年（1827），平张格尔之乱，战于沙布都尔，“贼溃，追逾浑水河，擒贼万计”。

浑巴什 即今新疆阿克苏市南浑巴什。《清一统志·阿克苏》：浑巴什“在阿克苏城东南九十里”。清于此置军台及驿。

浑州 唐置，为羁縻州。治所在今陕西延安市境内。后废。

浑州川 即今陕西安塞县西南杏子河。《寰宇记》卷36延州金明县：“浑州川水在县西二十里，自阁门府来，至县西前合濯筋水。”

浑怀障 秦蒙恬筑，在今宁夏平罗县西南，黄河东岸。《汉书·地理志》北地郡富平县：“浑怀都尉，治塞外浑怀障。”

浑河 ①即今河北永定河。元、明时称浑河。《元史·河渠志》：“浑河，本卢沟水。”《明史·河渠志五》：桑干河“曰卢沟河，亦曰浑河”。

②即小辽水。古称辽水。今辽宁省东部辽河支流浑河。满语称瑚努呼河。《辽史·地理志》东京辽阳府：“浑河在东梁、范河之间。”浑河发源于辽宁清原满族自治县东北滚马岭，经抚顺、沈阳西南流，至海城市西北三岔河处与太子河汇合，至营口市附近入辽东湾。

③即今吉林西北、内蒙古东北之霍林河。《辽史·圣宗纪》：太平元年（1021）“如浑河”。即此。

浑河州 唐永徽元年（650）以突厥车鼻可汗余众葛逻禄之乌德鞬山左厢部落置，属燕然都护府。其地当在今蒙古国杭爱山西部。总章二年（669）属安北都护府。后废。

浑河堡 即今辽宁沈阳市南十一里浑河站街道。清光绪《奉天全省地舆图说图志》承德县图：南有浑河堡。

浑弥县 西汉置，属乐浪郡。治所在今朝鲜平安南道肃川一带。西晋后废。

浑麻出海 今蒙古国西部科布多省科布多东之哈腊乌斯湖及哈腊湖。《元史·土土哈传·牀兀儿》：“成宗崩，武宗时在浑麻出之海上，牀兀儿请急归定大业，以副天下之望。武宗纳其言，即日南归。”

浑渥城 即今河北安新县。《水经·易水注》：“渥洞口水侧有浑渥城。”即此。

浑楚鄂帕山口 一作红孜纳普达坂。即今新疆塔什库尔干塔吉克自治县南喀喇昆仑山之红其拉甫达坂。清宣统《新疆图志》卷9：“红孜纳普即浑楚鄂帕。”

浑源川 在今山西浑源县西北。《方舆纪要》卷44浑源州：浑源川“在州西北十里。源出州西南叹吐峪，分流至州东北汇为大泽，西流至城北五里之神溪，……西北入于桑干河”。

浑源州 金贞祐二年（1214）升浑源县置，治所在浑源县（今山西浑源县）。元属大同路。明属大同府。1912年改浑源县。

浑源县 唐末置，属云州。治所即今山西浑源县。辽属应州。金贞祐二年（1214）为浑源州治。元世祖至元四年（1267）废。1912年改浑源州置浑源县，属山西雁门道。1928年直属山西省。1949年属察哈尔省，1952年复属山西省。

浑蠢水 即今吉林珲春市东珲春河。源出珲春市东北通肯山，东南折而西南流，入图们江。《金史·世纪》：“统门，浑蠢水之交乌古论部留可、诈都与苏滨水乌古论敌库德，起兵于米里迷石罕城。”

浒山市 即今浙江慈溪市（浒山镇）。旧属余姚县。清乾隆《绍兴府志》卷7《市》引《万历志》：浒山市“在县东北三十五里三山所城东门”。1954年后为慈溪县治。

浒山泺 在今山东邹平县西南长白山下。《方舆纪要》卷31邹平县“长白山”条下：“《志》云，山下有浒山泺，在县西十五里。下流入小清河。”

浒浦镇（浒 xǔ） 又作许浦镇。南宋置，属常熟县。在今江苏常熟市东北碧溪镇西北浒浦。1999年撤销浒浦镇，并入碧溪镇（同年改名新港镇，2008年复名碧溪镇）。

浒黄洲镇 在今湖北武汉市（武昌）东北白浒。《元史·世祖纪》：宪宗九年（1259）攻鄂州，“帝驻浒黄洲”。即此。《方舆纪要》卷76武昌府江夏县：

浒黄洲镇在“府北三十里，为江渚登陟之所，郡北面之要隘也。亦曰白浒镇，有巡检司戍守”。

浒湾镇 又作许湾镇。即今江西金溪县西浒湾镇。

浒墅（浒 xǔ） 又名许市。在今江苏苏州市西北浒墅关镇。《吴地记》“虎丘山”条记：“秦始皇东巡至虎丘，求吴王宝剑，其虎当坟而踞，始皇以剑击之，不及，误中于石，其虎西走二十五里，忽失于今虎疁。唐讳虎，钱氏讳疁，改为浒墅。”元高德基《平江纪事》：“其地曰虎疁，至南唐讳虎，钱氏讳缪，遂改名许市。后人讹旧音，于许字加点水为浒，市讹为墅。”明在此设户部分钞关，改名游墅关，后也名浒关或浒关镇。明置巡司于此，清设把总驻守。

浓水 即今四川广安市西北西溪河。《舆地纪胜》卷165广安军：浓水“出于龙扶速山故县镇，东流入渠江”。《清一统志·顺庆府一》：浓水，“《府志》：浓水即西溪水。源出州北一百二十里蓬州之绵坝，分为二派，南至橡树坝，合流至城南五里，东折入渠江，以水色常浊，故名浓水”。

浓洄镇 即今四川广安市。一说在今广安市东北。《元丰九域志》卷7广安军：“开宝二年以合州浓洄（镇）置。”《舆地纪胜》卷165广安军：“《图经》载：太祖平蜀，以其地图来上，帝指浓洄镇问左右曰：浓何谓也。或告以蜀人谓浊为浓。帝曰：自今当为清州矣。今因得以名之。”

浓湖 即今安徽繁昌县东北四十里大龙窝。一说在今繁昌县西荻港附近。《宋书·邓琬传》：“陶亮闻湖、白二城陷没，大惧，急呼（孙）冲之还鹊尾，留薛常宝代冲之守赭圻。先于姥山及诸冈分立营砦，亦悉败还，共保浓湖，浓湖即在鹊尾。”《资治通鉴》南朝宋泰始二年（466）胡三省注：“浓湖在鹊尾下。”

津 ①春秋楚邑。在今湖北枝江市西。《左传》：庄公十八年（前676），巴人“伐楚”。十九年（前675）“春，楚子御之，大败于津”。即此。

②天津地区的简称。

津门 ①汉洛阳城南城西头第一门。在今河南洛阳市东北。唐骆宾王《和李明府》诗：“津门对小平（按：即小平津，在今河南孟津县东北）。”

②天津市之别称。明永乐二年（1404）筑城，移天津卫于此，为北京门户，故称津门。

津乡 ①在今湖北荆州市西北荆州区故江陵县城东。《后汉书·光武帝》：建武五年（29），“遣征南大将军岑彭率二将军伐田戎于津乡，大破之”。注：“南郡有津乡，故城在今荆州江陵县东。”

②在今湖北枝江市西。《水经·江水注》：“（枝江）县治洲上，故以枝江为称，……县西三里，有津乡。津乡，里名也。《春秋》庄公十九年巴人伐楚，楚子御之，大败于津。……此津乡殆即其地也。”

津石陂 在今湖南常德市北。《新唐书·地理志》武陵县：“又北百一十九里有津石陂，本圣历初，令崔嗣业开，（李）翱、（温）造亦从而增之，溉田九百顷。”

津市 即今湖南津市市。《清一统志·澧州二》：津市，“顺治初，州尝寄治于此，有州判”。1950年于此置津市市。

津州 隋开皇十八年（596）改江州置，治所在宜昌县（今湖北宜昌市夷陵区西北）。大业初废。

津阳门 又名津门。汉魏洛阳城南城西头第一门，在今河南洛阳市东北。本名津门，魏晋改为津阳门。《洛阳伽蓝记》卷3城南：高阳王寺“在津阳门外三里”。西晋永嘉二年（308），曾屯兵于此。

津芦铁路 天津经丰台至卢沟桥。清光绪二十一年（1895）动工修建，二十三年（1897）竣工通车。二十四年（1898）又从丰台引出支线，通至北京右安门外的马家堡。1900年修至北京正阳门（今前门）。全长139.4公里。今为京哈铁路的北京天津段。

津里山 一名秦履山。在今江苏无锡市西南太湖中。《舆地纪胜》卷6常州：津里山“在太湖中，晋陵县东南一百三十里。《四番志》作秦履山，云始皇常登此。今山中有祥符寺，重湖叠嶂之间，颇为幽绝”。《清一统志·常州府一》：津里山，“唐邵偃记曰：山连马迹、夫椒，峰峦回合，波影映带，实有奇观”。

津里镇 ①清置，属绥化府。即今黑龙江省绥化市东北津河镇。《清史稿·地理志》绥化府：官商路“东津河镇赴余庆”。

②即今安徽明光市东北津里镇。清光绪《盱眙县志稿》卷3：津里镇，“《乾隆志》：在县治西七十里，通河道。由旧县小河口通入大淮。今俗呼津泥集”。

津沽 天津的别称。初名直沽。明永乐中移天津卫、天津左卫、天津右卫来治，后世遂称津沽。

津河镇 清置，属绥化府。即今黑龙江省绥化市东北津河镇。《清史稿·地理志》绥化府：官商路“东津河镇赴余庆”。

津浦铁路 清光绪三十四年（1908）动工修建。从天津至江宁（今南京）浦口。全长1009.5公里。1912年黄河铁桥建成，全线通车。

津海道 1914年由渤海道及顺天府宁河、文安、大成、新镇四县置，属直隶省。治天津县（今天津市）。辖境约当今河北迁西、遵化、玉田、文安、任丘、河间、肃宁、献县、泊头、阜城、景县、故城以东，青龙、抚宁、秦皇岛以南地区及天津市区、宁河、静海，山东宁津、庆云等市县地。1928年废。

津梧县 ①西晋分移风县置，属九真郡。治所在今越南清化省清化东北。南朝梁、陈间废。

②唐武德五年（622）置，属积州。治所在今越南清化省清化东北。后废。

津梁镇 在今山西方山县东北津良庄。《清一统志·汾州府》“吴城镇”条下：津梁镇“在（永宁）

州北。有堡”。

津湖 在今江苏宝应县南。《水经·淮水注》:“永和(安)中,患(樊梁)湖道多风,陈敏因穿樊梁湖北口下注津湖径渡,……兴宁中,复以津湖多风,又自湖之南口,沿东岸二十里穿渠入北口,自后行者不复由湖。”《清一统志·扬州府一》:津湖“在宝应县南六十里。东通运河,西接汜光湖,南入高邮州界。或曰即三国魏之精湖”。

津榆铁路 清光绪七年(1881)唐胥铁路通车后,十二年(1886)延伸至芦台,次年修至天津。光绪十六年(1890)自唐山展至古冶,二十年(1894)修至山海关。这条自天津经唐山至山海关的铁路,因山海关古名榆关,故称津榆铁路。

浔中 一作鄩中。在今河南巩义市西南。《左传》:昭公二十三年(前520)春,“二师围郊。癸卯,郊、鄩溃”。杜预注:“河南巩县西南有地名鄩中。”又《水经·洛水注》:洛水“东北历鄩中,……而鄩水注之,水出北山鄩溪,其水南流,世谓之温泉水”。《史记·张仪列传》正义引《括地志》:“温泉水即寻,源出洛州巩县西南四十里。”

浔水 在今山东莒县东南。《水经·沭水注》:浔水“出于巨公之山西南流,旧堨以溉田,东西二十里,南北十五里。浔水又西南流入沭”。

浔水城 在今湖北黄梅县西南。《晋书·陶侃传》:西晋末,杜弢乱,“时周顗为荆州刺史,先镇浔水城,贼掠其良口”。《方舆纪要》卷76蕲州:浔水城“在州东。《浔阳记》谓之兰池城,古浔阳也”。

浔州 唐武德七年(624)置,治所在大宾县(今广西桂平市东北四十里)。《元和志》卷38浔州:“取北浔江为名。”寻废。贞观七年(633)复置,治所在桂平县(今广西桂平市西五里)。十三年(639)废。长寿元年(692)复置。开宝元年(742)改为浔江郡,乾元元年(758)复为浔州。辖境相当今广西桂平市北部地。北宋开宝五年(972)废。六年(973)复置,元至元十六年(1279)改为浔州路。

浔州府 明洪武三年(1370)改浔州路置,属广西布政司。治所在桂平县(今广西桂平市)。辖境相当今广西桂平、贵港、平南等县市地。清属广西省。民国初废。

浔州路 元至元十六年(1279)改浔州置,属广西道。治所在桂平县(今广西桂平市)。辖境相当今广西桂平市和平南县地。明洪武三年(1370)改为浔州府。

浔江 ①指今广西黔江、郁江合流以后之名称。即西江从桂平至梧州市段的别称。《元和志》卷37龚州平南县:“龚江一名浔江,亦名都泥江,在县南五十步。”《舆地纪胜》卷110浔州:浔江“在桂平县北二十步,自贵、融、象、柳、宜而来,合郁江。《图经》云:乃郁、黔二水合流东去,经藤、梧、封、德庆、肇庆,至广州入海”。

②即今广西三江侗族自治县东北之寻江。为融江支流。《寰宇记》卷166融水县:浔水溪“源出叙州西界”。《舆地纪胜》卷114融州:浔江,“《九域志》、《寰宇记》在融水县。源出叙州西界,合邵州、靖州水,注本州,入柳州,东南至广州”。《明史·地理志》怀远县:“又东北有浔江,自湖广靖州流合焉。”《清一统志·柳州府》:浔江“在怀远县东北。自湖广靖州界流入,绕县东,西南流入大江”。

浔江水 在今湖南耒阳市东。《方舆纪要》卷80耒阳县“耒水”条下:“《志》云,县东四十里有浔江水,自安仁县界流入,亦流合于耒水。”

浔江郡 唐天宝元年(742)改浔州置,治所在桂平县(今广西桂平市西五里)。乾元元年(758)复名浔州。

浔江堡 北宋元丰七年(1084)置,属融州。在今广西三江侗族自治县附近。明于此置浔江镇巡司。

浔阳台(臺) 一名钓台。在今安徽黟县南。《方舆胜览》卷16徽州黟县:钓台“在黟县南十八里。亦名浔阳台。相传李白尝钓于此”。

浔阳江 指长江流经古浔阳县境一段。在今江西九江市北。《宋书·州郡志》寻阳太守:“寻阳本县名,因水名县,水南注江。”而江遂得浔阳之名。唐白居易《琵琶行》诗:“浔阳江头夜送客”,指此。《方舆纪要》卷85九江府德化县:浔阳江“在府城北,即大江也。自湖广广济、黄梅县南流,经此,东经湖口、彭蠡二县北而入江南宿松、望江二县界”。

浔阳县 ①唐武德四年(621)改湓城县置,为江州治。治所即今江西九江市。《元和志》卷28江州:浔阳县“以在浔水之阳,故曰浔阳”。天宝元年(742)为浔阳郡治,乾元元年(758)复为江州治。五代南唐改名德化县。

②即寻阳县。在今湖北黄梅县西南。《三国志·吴书·诸葛恪传》:建兴二年(253),恪“出住江渚一月,图起田于浔阳,诏召相衔,徐乃旋师”。

浔阳驿 即寻阳驿。在今江西九江市东北江滨。《清一统志·九江府》:浔阳驿“在德化县东北江滨。宋、元以来皆置城西门外。明万历四十一年改置于此。本朝雍正四年裁”。

浔阳郡 唐天宝元年(742)改江州置,治所在浔阳县(今江西九江市)。辖境相当今江西都昌、德安二县以北地区。乾元元年(758)复为江州。

浔阳道 1914年由赣北道改置,属江西省。治九江县(今江西九江市)。辖境约当今江西铜鼓、奉新、安义、永修、星子、都昌、余干、万年、乐平、德兴以北地区(婺源除外)。1928年废。

浔洄山 在今广东汕头市西南浔洄。《方舆纪要》卷103澄海县:浔洄山在“县西五十里,突起海中,接潮阳县界”。又《清一统志·潮州府》:浔洄山“在潮阳县北十里揭阳水中,一名巡梅山。有林二翁穴,在山后薮泽中,其深无际。《揭阳县志》:

浔洄山，……蜿蜒十余里，中有甘泉奇石，岩穴中可以避乱”。

浔溪 在今浙江湖州市东六十里。《方舆纪要》卷91乌程县：浔溪“即余不溪之支流也。自德清县界分流经南浔镇，入于运河”。

浪水 即今广西东北部柳江、洛清江。《水经·浪水》：“浪水出武陵镡城县北界沅水谷，南至郁林潭中县，与邻水合。又东至苍梧猛陵县为郁溪，又东至高要县为大水。又东至南海番禺县西，分为二：其一，南入于海。其一，又东过县东南，入于海。”

浕口城 又名阳平关、白马城。在今陕西勉县（菜园子）西武侯镇（老城）。《水经·沔水注》：沔水“又东径白马戍南，浕水入焉。水北发武都氐中，南径张鲁城东，……张鲁治东对白马城，一名阳平关。浕水南流入沔，谓之浕口。其城西带浕水，南面沔川，城侧二水之交，故曰浕口城矣”。东晋、南朝宋为晋昌郡治，北魏又为华阳郡治。隋为西县治。《资治通鉴》：东晋义熙三年（407），氐王杨盛“遣军临浕口，（王）敏退屯武兴”。胡三省注：“《郡国县道记》：梁州西县本名白马城，又曰浕口城。”即此。

浕水 ①即今湖北枣阳市东沙河。《水经·沔水注》：浕水“出于襄乡县东北阳中山，西径襄乡县之故城北。浕水又西径蔡阳县故城东，西南流注于白水”。

②即今陕西勉县西白马河。《水经·沔水注》：浕水“北发武都氐中，南径张鲁城东……南流入沔，谓之浕水口”。

洼陶县 一作汪陶县。西汉置，属雁门郡。治所在今山西应县西。《汉书·地理志》雁门郡洼陶县，注引孟康曰：“音汪。”西晋永嘉后废。

泃口 即今北京市平谷区西南错河（古如水）入洵河之口。明嘉靖中，俺答南犯，营于泃口，即此。

洳河 即今北京市平谷区西北错河。《水经·鲍丘水注》：洳水“东南流径平谷县故城西，而东南流注于洵河”。民国《平谷县志》卷1：洳河“俗呼为错河，源出怀柔丫髻山入平谷西北境，下与洵河相合”。

染口溪 即今浙江江山市南跶河溪。《方舆纪要》卷93江山县：染口溪“在县东南十里。自遂昌县流入界，合于大溪”。

举水 即今湖北麻城市东、武汉市新洲区西境之举水。《水经·江水注》：“举水出龟头山……南流注于江。”《方舆纪要》卷76麻城县：举水“在县东。源出龟峰山，西北流，又折而东南入黄冈县界，南流注于江”。

举州 唐永徽二年（651）置羁縻州，属茂州都督府。治所在今四川汶川县西南邛崃山附近地区。后废。

举岭 在今江西上犹县西。《方舆纪要》卷88南安府上犹县：举岭在“县西八十里。高拔与书山竞秀”。

举岭寨 在今安徽休宁县东北。《方舆纪要》卷28休宁县：举岭寨“在县东北十五里天葆岩。《志》云：县东南方山有白际岭寨……皆宋置，元废”。

举善镇 俗名戴埠、戴步。北宋置，属溧阳县。即今江苏溧阳市南戴埠镇。《清一统志·镇江府二》：举善镇“是为入南山路，丹山中所产，载至镇下舟”。

觉山寺 在今山西灵丘县城东南三十里。建于北魏太和七年（483）。《清一统志·大同府》“觉山寺”条引《山西通志》称：“寺有浮图高三十丈，左山冢小浮图高与之埒，塔侧一井深亦三十丈，土人称塔、井三奇。”今仅存一宝塔。现存殿宇、禅房皆清光绪年间重建。塔位于寺院西部，建于辽大安六年（1090），十三层，高43.54米。塔基分三层，下为八角形须弥座，中为平座勾栏，上为莲台。塔身繁素，十三层塔檐逐层收分，最上部为铁刹。此塔为典型辽代密檐塔。第一层塔身中空，有辽代壁画60多平方米，多为冥王和菩萨像，为辽代人物绘画精品。2001年觉山寺塔定为全国重点文物保护单位。

觉木宗 又作觉莫、觉母、足木、角木、朱木。17世纪中叶，甘丹颇章政权建立后，西藏地方政府设觉木宗，治所在今西藏林芝县西北足木。藏语意为“神母”。1960年与则拉、德木二宗合并，改设林芝县。

觉巴拉土司 一作巴彦南称界内住牧喇嘛。清雍正时置，属西宁办事大臣。为玉树四十族之一。驻牧觉拉寺（今青海囊谦县西北觉拉乡）。民国周希武《玉树调查记》卷上：“觉拉寺，属地在杂曲河北，囊谦拉林之间，属民百余户。按觉拉寺即《旧志》所谓南称界内驻牧喇嘛觉巴拉族也。”

觉生寺 在今北京市海淀区北三环西路甲31号。因寺内大钟殿悬有一口明永乐年间铸造的大铜钟，故俗称大钟寺。建于清雍正十一年（1733），规模宏大，自南向北依次为山门、天王殿、大雄宝殿、观音菩萨殿、藏经楼、大钟楼，共六进大殿。此寺曾是皇帝祈雨处。现为古钟博物馆。1996年定为全国重点文物保护单位。

觉华岛 一名菊花岛。即今辽宁兴城市东南海中之菊花岛乡。明《辽东志》卷1：觉华岛在“（宁远卫）城东南二十里海中”。《明史·袁崇焕传》：天启元年（1621），后金“分兵数万略觉华岛，杀参将金冠等及军民数万”。即此。

觉苑寺 在今四川剑阁县（下寺镇）西南武连镇西侧。始建于唐贞观年间，明天顺元年（1457）重建，后多有修建。寺内含古建筑五栋，沿南北中轴线依山势而建，前、中、后三殿分别设于不同等高线的三重平台上，与左右厢房形成院落式格局。中殿（大雄宝殿）为明代所建，单檐歇山顶。殿内现存明代佛传壁画，绘于四壁及佛坛背壁，共二百零九幅。壁画内容为释迦如来佛本生故事，技法独特，为我国现存壁画中所罕见，具有极高的艺术价值。2001年定为全国重点文物保护单位。

觉拉寺　在今青海囊谦县西北觉拉乡。民国周希武《玉树调查记》卷上："觉拉寺，属地在杂曲河北，囊谦拉林之间，属民百余户。按觉拉寺即《旧志》所谓南称界内驻牧喇嘛觉巴拉族也。"

觉林寺　在今重庆市南岸区莲花山麓。据清乾隆《巴县志》：觉林寺"在莲花山下。宋绍兴间建。明末毁于兵。康熙二年僧雪痕重建。乾隆二十二年，僧月江复增修山门、莲池、亭子、桥梁、石塔"。为县南诸寺之冠。

觉洛浣　即今新疆吐鲁番市东南艾丁湖。为托克逊河所潴。清宣统《新疆图志》卷71：觉洛浣"在（吐鲁番）厅南约二百二十里。东西长，西北狭，亦盐湖之一"。

宣大总督　明"总督宣大山西等处军务兼理粮饷"之简称。景泰二年（1451）遣尚书总理宣府镇（今河北宣化县）、大同镇（今山西大同市）军务，成化、弘治间，时遣时止。嘉靖初，设总督兼辖偏头关所（今山西偏关县）、保德州（今山西保德县），初驻朔州（治今山西朔州市），后移驻阳和卫（今山西阳高县）。二十九年（1550）始定设，去偏、保，改为总督宣大、山西等处，三十八年（1559）秋驻宣府镇，四十三年（1564）移驻怀来卫（今河北怀来县东南），隆庆四年（1570）复驻阳和卫。辖宣府、大同、山西巡抚三镇。清顺治十三年（1656）废。

宣山　在今湖南道县北。《方舆纪要》卷81道州："宣山在州北五十里。高峻盘纡。"

宣义军　唐、五代方镇名。唐光启二年（886）以义成军置，治所在滑州（今河南滑县东南八里城关镇）。领滑、郑（今河南郑州市）、陈（今河南淮阳县）三州。五代唐复名义成军。

宣义郡　北魏孝昌中置，为襄州治。治所在北平县（今河南方城县东南）。后改为北南阳郡。

宣王陂　在今河南修武县北十里。《方舆纪要》卷49修武县"吴泽陂"条下：宣王陂，"孔子欲北之赵，尝至此。后人以孔子追封文宣王而名。流合于吴泽陂"。

宣水支线　从河北宣化县经水磨房，至烟筒山铁矿区。长9.1公里。为京绥铁路（今京包路）支线。1918年建成。1922年被拆除。

宣仁门　在今河南洛阳市旧城西南隋、唐洛阳故城皇城东墙门。《资治通鉴》：唐天宝十四年（755），安禄山攻陷东京，"封常清战于都亭驿，兵败；退守宣仁门，又败；乃自苑西坏墙西走"。即此。

宣化屯田万户府　元置，治所在宣化县（今四川宜宾县西北八十六里蕨溪镇北宣化坝）。《元史·地理志》宣化县："元贞二年，于本县置万户府，领军屯田四十余顷。"后废。

宣化市　1949年由宣化县城区析置，治宣化（今河北张家口市宣化区）。1963年撤销，并入张家口市。

宣化辽墓　在今河北张家口市东南宣化区下八里村。为辽检校国子监祭酒兼监察御史张世卿墓。建于辽天庆六年（1116）。由墓道、墓门和前后二室组成，室内壁画分布于墓室四壁和顶部，绘出行、伎乐、宴饮等活动。墓顶绘彩色星像图，以中国古代二十八宿为主，吸取古代巴比伦黄道十二宫之说，组成了中外合璧的星图。为研究我国辽代的社会历史、绘画史、天文科学发展史提供了珍贵资料。

宣化关　即今云南鹤庆县东南宣化关。明洪武中置土巡检司于此。

宣化州　金大定七年（1167）改归化州置，治所在宣德县（今河北张家口市东南宣化区）。辖境相当今河北张家口市、宣化、万全、尚义、张北、崇礼、沽源县及内蒙古察哈尔右翼前旗、镶黄旗、兴和、商都、化德县等地。翌年改名宣德州。

宣化军　①五代方镇名。后梁置，治所在邓州（今河南邓州市）。后唐改名威胜军。

②北宋景德三年（1006）改高苑县置，属京东西路。治所即今山东高青县东南高城镇。熙宁三年（1070）改高苑县。

宣化县　①隋开皇十八年（598）改晋兴县置，属简州。治所在今广西南宁市郁江南岸亭子街。明郭子章《郡县释名》广西卷：宣化县"人性轻悍，宣扬敦化，以平其陋也"。大业三年（607）属郁林郡。唐武德四年（621）为南晋州治。贞观六年（632）为邕州治。天宝初为朗宁郡治。乾元初复为邕州治。咸通三年（862）为岭南西道治。五代晋天福七年（942）为诚州治。南汉为邕州治。北宋为广南西路治。皇祐中移治今南宁市。元为邕宁路治，泰定初为南宁路治。明为南宁府治。1913年改为南宁县。

②北宋宣和元年（1119）升宣宾镇置，属叙州。治所在今四川宜宾县西北蕨溪镇北宣化坝。元属叙州路。明洪武中废入宜宾县。

③辽置，属上京临潢府。治所在今内蒙古巴林左旗西南。《辽史·地理志》宣化县："本辽东神化县民，太祖破鸭渌府，尽徙其民居京之南。统和八年，以诸宫提辖司人户置，隶彰愍宫。户四千。"衙署在上京城西南福先寺西。金废。

④清康熙二十二年（1683）置，为宣化府治。治所即今河北宣化县。民国初为直隶口北道治。1928年属察哈尔省。1952年属河北省。

宣化店　即今湖北大悟县东北宣化店镇。清属河南罗山县。1933年属礼山县。1946年初中原军区司令部设此。1946年5月周恩来在此镇河西的湖北会馆与美蒋代表谈判。至今河西湖北会馆、中原军区司令部等均保存原貌。1952年划属大悟县。

宣化府　①西夏改甘州置，治所即今甘肃张掖市。元初改为甘肃路。

②亦作宣化州。明永乐五年（1407）属交趾布政司。治所旷县（今越南河工省北光州地区）。辖境相当今越南北部河工省地。宣德二年（1427）以后地入

安南。

③清康熙三十二年（1693）改宣府镇置，属直隶。治所在宣化县（今河北宣化县）。辖境相当今河北西北部内外长城之间地区。1913年废。

宣化郡　北周天和三年（568）置，属严州（西宁州）。治所在可泉县（今四川西昌市西南三十里佑君镇西南）。辖境相当今四川西昌市西南地。隋开皇三年（583）废。

宣化站　元置，为水站。在今四川宜宾县西北蕨溪镇北宣化坝。《永乐大典》卷1942站赤：叙州等处蛮夷宣抚司所辖水站有宣化站。

宣化馆　馆驿名。辽置，在今内蒙古巴林左旗西南。《辽史·地理志》上京道引宋薛映记曰："五十里保和馆，度黑水河，七十里宣化馆。"

宣化镇　①北宋置，属六合县。即今江苏南京市北浦口镇。《舆地纪胜》卷38真州："宣化镇在宣化山之阳，为建康往来津渡之要。晋五王南奔渡江于此，至今谓之五马渡。"

②一名宣化店。即今湖北大悟县东北七十六里宣化店镇。清尹耕云《豫军纪略》卷1：同治三年（1864）四月，太平军"至宣化镇，踞大胜关卡"。

③明洪武中废宣化县置，属宜宾县。在今四川宜宾县西北八十六里蕨溪镇北宣化坝。明置驿及巡司于此。清康熙中俱裁。雍正七年（1729）复置巡司，后又裁。

宣化镇南五路军民府　元至正十五年（1355）改毛岭峒置，属四川南道宣抚司。治所在今湖北宣恩县南。后改为湖南镇边毛岭峒宣慰司。

宣风县　唐武德四年（621）置，属桂州。治所在今广西永福县南。贞观十二年（638）废入兴安县。

宣风驿　北宋置，属萍乡县。即今江西萍乡市东宣风镇。明于此设宣风公馆。

宣风镇　北宋置，属萍乡县。即今江西萍乡市东七十里宣风镇。宋时曾于此置宣风驿，后废。明万历十三年（1585）又因废驿旧址置宣风公馆。《方舆纪要》卷87萍乡县：宣风镇"东西凡三里，为水陆之冲"。

宣文堂　北魏平城宫殿堂。在今山西大同市北。《魏书·高祖纪》载：太和十二年（488）九月，"起宣文堂、经武殿"。太和十七年（493），"三月戊戌，改作后宫，帝幸永兴园，徙御宣文堂"。

宣方　商方国。在今山西垣曲县东南。甲骨文中有宣方（《甲骨文合集》28003）。又《逸周书·世俘》："百韦命伐宣方。"陈梦家《殷虚卜辞综述》云宣方即亘方。

宣平门　汉惠帝四年（前191）建。在今陕西西安市西北青口村西侧。《汉书·王莽传》：地皇四年（23）十月，更始帝大兵击王莽，"兵从宣平城门入，民间所谓都门也"。师古注："长安城东出北头第一门。"

宣平县　①金承安二年（1197）置，属宣德州。治所在今河北怀安县东左卫镇西。元移治今怀安县东左卫镇，属宣德府。明洪武四年（1371）废。

②明景泰三年（1452）分丽水县置，属处州府。治所即今浙江武义县西南七十四里柳城镇。《方舆纪要》卷94处州府：宣平县"以剿平宣寇为名"。民国初属浙江瓯海道。1927年直属浙江省。1958年撤销。

宣乐县　①隋开皇十八年（598）改梁乐县置，属连州。治所在今广东阳山县南。大业初属熙平郡。大业末废。

②唐武德五年（622）置，属齐州。治所在今广东怀集县西北。贞观元年（627）废。

宣务山　一名虚无山。又名嶦嵍山。在今河北隆尧县西。《隋书·地理志》：柏乡县"有嶦嵍山"。《寰宇记》卷59尧山县：宣务山"一名虚无山。在县西北四里，高一千五百五十丈。《城冢记》云：尧登此山，东瞻洪水，务访贤人"。《清一统志·顺德府》：宣务山，"《旧志》：在经县北十二里，即尧山之东麓也。亦名嶦嵍山。……柏人城西门内碑是汉桓帝时立，铭云：'上有嶦嵍山，王乔所仙。'……魏收为《赵州庄严寺碑铭》曰：'权务之精'，即用此"。

宣务栅　在今河北隆尧县西尧山东麓。为唐昭义镇所置戍守处。《资治通鉴》：唐会昌三年（843），刘稹以泽潞叛，诏诸道兵进讨，"王元逵奏拔宣务栅，击尧山；刘稹遣兵救尧山，元逵击败之"。

宣汉井场　在今重庆市城口县西南明通镇。《寰宇记》卷137达州：宣汉井场"在州东一百二十里。无乡里，管二百户。地名长腰咸，源出大江龙骨石窟中涌出，滩名羊门，两面山崖峭峻，盐源出于山下，遂煎成盐"。《清一统志·太平厅》：明通井"在厅东，旧名宣汉井"。

宣汉县　①东汉和帝时置，属巴郡。治所即今四川达州市。建安六年（201）属巴西郡。三国蜀汉属宕渠郡，寻属巴西郡。西晋初废。惠帝时复置，属宕渠郡。南朝宋为巴渠郡治。西魏废帝二年（553）改为石城县。

②南朝宋侨置，属南宕渠郡。治所在今四川南充市北。梁废。

③南朝梁大同元年（535）置，为伏虞郡治。治所在今四川仪陇县东。隋开皇十八年（598）改为伏虞县。

④西魏废帝二年（553）置，属南晋郡。治所在今四川宣汉县东北。北周属永昌郡。隋属通川郡。唐武德元年（618）为南并州治。贞观元年（627）移治今宣汉县西北，属通州。天宝初属通川郡，乾元初属通州。北宋乾德五年（967）废。

⑤1915年改东乡县置，属东川道。治所即今四川宣汉县。民国吕式斌《今县释名》卷6：宣汉县，"《寰宇记》：宣汉水源出伏虞县东四十里，宣汉盖以水名"。据《地学杂志》1914年2号《拟改各省重复县名呈文并批》称："该县旧为宣汉县地"，故改名

宣汉。1928年直属四川省。

宣宁县 金大定八年（1168）改宣德县置，属大同府。治所在今内蒙古凉城县东北麦胡图镇淤泥滩村古城。元属大同路。明初废。

宣宁府 元初改宣德州置，治所在宣德县（今河北张家口市东南宣化区）。中统四年（1263）改为宣德府。

宣光 即今越南北部宣光省宣光县。《清史稿·越南》：光绪十年（1884），“唐景崧与刘永福、丁槐军攻宣光，力战大捷”。

宣光江 今越南北部宣光省之泸江（明江）与锦江合流后之河流，以经宣光县而名。《方舆纪要》卷112安南宣化府：宣光江“在府北。源自云南临安府教化长官司流入境，流七百余里以达宣化江。《一统志》：永乐初，沐晟自云南引兵出此”。

宣曲观 在今河南洛阳市东北汉晋洛阳故城内。《太平御览》卷179引华延儁《洛阳记》云：洛阳宫中有宣曲等观。

宣曲宫 汉上林苑中的离宫。在今陕西西安市长安区西北斗门镇一带。《汉书·东方朔传》：建元三年（前138），武帝微行始出，“从宣曲以南十二所，中休更衣，投宿诸宫，长杨、五柞、倍阳、宣曲尤幸”。颜师古曰：“宣曲，宫名，在昆明池西。”

宣华池 即摩诃池。在今四川成都市人民南路北端展览馆一带。北宋张商英《蜀梼杌》卷上：“乾德元年，以龙跃池为宣华池，即摩诃池也。”

宣华苑 在今四川成都市人民南路北端展览馆以西一带。《新五代史·王衍传》：衍年少荒淫，“起宣华苑，有重光、太清、延昌、会真之殿，清和、迎仙之宫，降真、蓬莱、丹霞之亭，飞鸾之阁，瑞兽之门；又作怡神亭，与诸狎客、妇人日夜酣饮其中。尝以九日宴宣华苑”。

宣庄镇 即今河北唐山市丰南区南十二里宣庄镇。清《畿辅舆地全图》丰润县：宣庄镇在“县南八十里”。

宣州 ①隋开皇九年（589）改宣城郡置，治所在宛陵县（大业初改宣城县，今安徽宣城市）。《寰宇记》卷103宣州：“盖取郡号以为州名。”辖境相当今安徽长江以南，郎溪、广德以西，旌德以北，东至以西地。大业初改为宣城郡。唐武德三年（620）复为宣州。天宝元年（748）改为宣城郡。乾元元年（758）复为宣州。南宋乾道二年（1166）升为宁国府。

②辽开泰三年（1014）置，属保州。治所在今朝鲜平安北道义州城。金废。

宣江 即今越南北部明江和锦江合流后由宣光至越池附近注入红河一段。《交趾总志》卷1：“宣江在宣江州，上接宣化州，下通西鹤江。”《明史·张辅传》：“安南有东西二都，依宣、洮、沲、富良四江为险。”

宣江州 明永乐五年（1407）属三江府。治所在东栏县（今越南富寿省北部端雄县）。辖境相当今越南北部富寿省与宣光省相连地区。宣德二年（1427）以后地入安南。

宣阳门 ①又名小苑门、滲门。汉晋洛阳城南城东起第三门。在今河南洛阳市东北。《晋书·刘聪载记》：永嘉五年（311），刘聪令王弥等“遂寇洛阳，攻陷平昌门，焚东阳、宣阳诸门及诸府寺”。

②又称白门。六朝都城建康（今南京市）的南墙正门。约在今江苏南京市中山东路以南的淮海路一带。《晋史·明帝纪》：东晋太宁二年（324），王敦将沈充等“至宣阳门，北中郎将刘遐、苏峻等自南塘横击，大破之”。

宣利渠 在今河南洛宁县南。《方舆纪要》卷48永宁县：宣利渠“在县南三里。又有新兴渠、万箱渠，皆分洛水以灌田”。

宣武门 在今北京市西城区北部。明、清京师内城南墙西门。元为顺承门，明正统四年（1439）改为宣武门。1965年拆除。

宣武场 在今河南洛阳市东北，汉魏洛阳故城北。《晋书·山涛传》：“（武）帝尝讲武于宣武场。”又《惠帝纪》：河间王颙、成都王颖逼京师，“帝旋军于宣武场”。《方舆纪要》卷48河南府洛阳县：宣武场“在故洛城大夏门东北，其南有宣武观”。

宣武军 唐、五代方镇名。唐建中二年（781）置，治所在宋州（今河南商丘市南）。兴元元年（784）徙治汴州（今河南开封市）。辖境屡有变动，长期领有汴、宋、亳、颍四州，相当今河南封丘、开封市、尉氏、柘城、沈丘以东，山东单县及安徽砀山、亳州、涡阳、蒙城、阜阳、颍上等县市地。五代梁还治宋州。后唐同光元年（923）改为归德军。

宣武观 ①在今河北临漳县西南古邺北城外。《晋书·石季龙载记》曰：“建元初，季龙飨群臣于太武前殿，有白雁百余集于马道南。季龙命射之，无所获。既将讨三方，诸州兵至者百余万。太史令赵揽私于季龙曰：‘白雁集殿庭，宫室将空，不宜行也。’季龙纳之，临宣武观大阅而解严。”

②在今河南洛阳市东北汉魏故城北大夏门东侧。《晋书·武帝纪》：泰始十年（274），“帝临宣武观，大阅诸军”。《水经·谷水注》：“其一水，自大夏门，东径宣武观，凭城结构，不更增墉。左右夹列步廊，参差异岐，南望天渊池，北瞩宣武场。”

宣武城 亦称武帐冈。故址在今江苏南京市西北幕府山侧。《寰宇记》卷90升州上元县“宣武城”条引《舆地志》云：“宋大明三年沈庆之所筑。……宋立宣武为城名，帝阅武于其地，亦谓为武帐冈，陈亡废。”

宣和馆 辽置，在今内蒙古巴林左旗西南查干少冷村附近。

宣和堡 又名羚羊堡堡。明置，属宁夏后卫。即今宁夏中卫市东南宣和镇。后废。

宣和殿 北宋东京（今河南开封市）宫殿。绍圣二年（1095）建成。王应麟《玉海》卷160“宣和殿”

载："哲宗以睿思殿先帝所建，不敢燕处，乃即睿思殿之后为宣和殿，绍圣二年四月二日丁卯，宣和殿成。徽宗昼日不居寝殿，以睿思为讲礼进膳之所，就宣和燕息。大观二年再葺。"其后宣和殿就成为徽宗时专门收藏鼎彝礼器、古玉印玺和书法图画等文物之地。宣和元年（1119）改为保和殿。

宣庞支线 从河北宣化县东至庞家堡。长 40.6 公里。为京绥铁路支线。日伪于 1940—1944 年修筑。

宣府卫 明洪武二十六年（1393）为防御蒙古设立宣府左、右、前三卫，属山西行都司。治所在今河北宣化县。为近畿防卫要地。正统十四年（1449）瓦剌也先攻宣府，京师为之震动。

宣府左卫 明洪武二十六年（1393）置，属山西行都司。治所即今河北宣化县。二十八年（1395）改为宣府护卫。建文四年（1402）复置，移治保定（今保定市）。宣德五年（1430）还治今宣化县，属万全都司。清顺治十年（1653）废。

宣府右卫 明洪武二十六年（1393）置，属山西行都司。治所即今河北宣化县。二十八年（1395）改为宣府护卫。建文四年（1402）复置，移治定州（今定州市）。宣德五年（1430）还治今宣化县，属万全都司。清顺治二年（1645）废。

宣府巡抚 明正统元年（1436）设巡抚宣府、大同，景泰二年（1451）另设大同巡抚，后时并时分。成化十四年（1478）始定设巡抚宣府地方，驻宣府镇（今河北宣化县）。辖北直隶延庆、保安两州及万全都司所属卫所。清顺治八年（1651）废。

宣府护卫 明洪武二十八年（1395）改宣府左卫、宣府右卫置，属谷王府。治所即今河北宣化县。建文四年（1402）废。

宣府前卫 明洪武二十六年（1393）置，属山西行都司。治所在今河北宣化县。宣德五年（1430）属万全都司。清康熙三十二年（1693）改为宣化府。

宣府镇 明九边之一。总兵驻所在宣府（今河北宣化县）。辖境相当今河北西北部内外长城一带。

宣泽门 初名大通门，北宋熙宁十年（1077）改为宣泽门。北宋东京城外城西汴河上北水门。在今河南开封市。《宋史·钦宗纪》：靖康元年（1126）金人犯京师（今开封市），"金人攻宣泽门，李纲御之，斩获百余人，至旦始退"。即此。

宣房宫 西汉元封二年（前 109）筑，在今河南濮阳县西南十七里。《史记·河渠书》：汉武帝令汲仁、郭昌发卒数万人塞瓠子决，"卒塞瓠子，筑宫其上，名曰宣房宫"。

宣城市 1949 年 7 月当地解放后由宣城县城区析置，隶皖南行署区。治所即今安徽宣城市。1950 年撤销，并入宣城县。1987 年撤销宣城县，改设宣州市。2000 年撤销宣城地区及县级宣城市。改设地级宣城市。原县级宣城市改置宣州区。

宣城县 ①西汉置，属丹阳郡。治所在今安徽南陵县东三十里青弋江西岸弋江镇，隔江接宣城市界。东汉省。汉末复置。《三国志·吴志·太史慈传》：建安初，"（孙）策已平定宣城以东，惟泾以西六县未服"。又《蒋钦传》："初，钦屯宣城，尝讨豫章贼。"皆指此。西晋属宣城郡。隋开皇九年（589）废。

②隋开皇九年（589）改宛陵县置，为宣州治。治所即今安徽宣城市。以旧郡为名。南宋为宁国府治。元为宁国路治。明为宁国府治。民国初属安徽芜湖道。1928 年直属安徽省。1987 年改设宣州市。2000 年改设宣城市宣州区。

宣城郡 西晋太康二年（281）分丹阳郡置，属扬州。治所在宛陵县（今安徽宣城市）。辖境相当今安徽长江以南、以东，宣城、广德、太平、石台以西以北地区。南齐属南豫州。隋开皇九年（589）改为宣州。大业初改为宣城郡。唐武德三年（620）复为宣州。天宝元年（742）改为宣城郡，乾元元年（758）复为宣州。

宣政殿 ①唐东都宫殿。在今河南洛阳市隋唐故城内。徐松《唐两京城坊考》卷 5 称："其天子常朝之所曰宣政殿，殿门曰光范门。宣政之北曰仁寿殿。"

②唐长安大明宫第二大殿，龙朔二年（662）建。在今陕西西安城北二里龙首原上。《唐两京城坊考》卷 1："含元殿后曰宣政殿，天子常朝所也。"

宣威 即今贵州麻江县东南宣威镇。明万历十二年（1584）置宣威土千总。

宣威市 1994 年撤销云南省宣威县，改设宣威市，市人民政府驻榕城镇。属曲靖地区。1997 年由曲靖市代管。

宣威州 清雍正五年（1727）析沾益州北部新化里至高坡顶置，属曲靖府。治所即今云南宣威市。民国《宣威县志稿》：宣威关"即今西关，明洪武十三年征南大将军傅友德自永宁来，城乌撒，设关于此，以资镇摄，后人因取为州、县之号"。1913 年废为县。

宣威军 ①唐天宝十三载（754）置，驻地在今青海西宁市北五十里。后没于吐蕃。谓之犛牛城。

②五代方镇名。后梁置，治所在安州（今湖北安陆市）。后唐同光元年（923）改名安远军。

宣威县 ①西汉置，属武威郡。治所在今甘肃民勤县西南薛百乡。北魏废。《水经注》卷 40："马城河又东北径宣威故城南。"

②1913 年改宣威州置，后属云南滇中道。治所即今云南宣威市。1916 年直属云南省。1954 年改榕峰县，1959 年复名宣威县。1994 年改设宣威市。

宣威城 北宋崇宁三年（1104）改吐蕃犛牛城（一作牦牛、犛牛）置，属西宁州。在今青海西宁市北五十里。明万历《西宁卫志》谓宣威城乃"宋高永年战死处"。

宣威营 明置，即今贵州麻江县东南宣威镇。《明史·贵州土司传》：万历十四年（1586）"土舍吴楠、王国聘虑阿其叵测祸及己，请以答干、鸡贾、甲多诸寨属蒙诏，立宣威营，岁输赋”。清废。

宣恩县 清雍正十三年（1735）改施南土司置，属施南府。治所即今湖北宣恩县。民国初属湖北荆南道。1921年属施鹤道。1932年直属湖北省。

宣陵 ①东汉桓帝刘志陵。在今河南洛阳市东北汉魏故城南。《后汉书·灵帝纪》：建宁元年（168），“二月辛酉，葬孝桓皇帝于宣陵，庙曰威宗”。同书《礼仪志》注引《帝王世纪》曰：“山方三百步，高十二丈。在雒阳（今洛阳市东北汉魏故城）东南，去雒阳三十里。”

②五代梁太祖朱温陵。在今河南伊川县东南白沙乡朱岭村东。《旧五代史·梁书·太祖纪》：乾化二年（912）五月，“友珪葬太祖于伊阙县，号宣陵”。《洛阳古今谈》说：“今陵在（洛阳）县南五十里龙门东南，地称朱家岭，旧属洛阳，今为伊川县辖境。”

宣堡镇 又称宣家堡。即今江苏泰兴市北二十八里宣堡镇。清光绪《江苏全省舆图》：泰兴县北有宣家堡镇。

宣慈乡 即浙江武义县西南柳城镇。明初属丽水县，置鲍村巡司于此。景泰三年（1452）为宣平县治。

宣溪 在今广东韶关市曲江区南。《舆地纪胜》卷90韶州：宣溪水“在曲江县（今韶关市）南八十里。源出螺坑”。《清一统志·韶州府》：宣溪“源出罗坑。东流六十里与溱水合。唐韩愈诗：韶州南去接宣溪”。

宣德门 ①即清明门。汉长安城东面中门。在今陕西西安市西北南玉女村北。王莽改名宣德门。

②北宋东京（今河南开封市）皇城中南门，为正门。一称宣德楼。《宋史·地理志》：“宋初，依梁、晋之旧，名曰明德，太平兴国三年改丹凤，大中祥符八年改正阳，明道二年改宣德。雍熙元年改今名。”

宣德卫 明洪武二十六年（1393）置，属山西行都司。治所在今内蒙古凉城县东北麦胡图镇淤泥滩村古城。后废。

宣德州 金大定八年（1168）改宣化州置，治所在文德县（后改名宣德县，在今河北宣化县）。辖境相当今河北张家口市、宣化、万全、尚义、张北、崇礼、沽源县及内蒙古察哈尔右翼前旗、镶黄旗、兴和、商都、化德县等地。元初改为宣宁府。

宣德县 ①隋大业五年（609）置，为西海郡治。治所在伏俟城（今青海共和县西北石乃亥镇西北铁卜卡古城）。隋末废。

②辽置，为德州治。治所在今内蒙古凉城县岱海东北淤泥滩古城。金属大同府，大定八年（1168）改为宣宁县。

③金大定二十九年（1189）改文德县置，为宣德州治。治所即今河北宣化县。元为顺宁府治。明洪武四年（1371）废。

宣德府 元世祖中统四年（1263）改宣宁府置，治所在宣德县（今河北宣化县）。辖境相当今河北张家口市宣化、万全、阳原、蔚县、涞源及山西广灵、灵丘等县地。元后至元三年（1337）改为顺宁府。

宣德堂 十六国前凉、后凉、南凉都城姑臧城（今甘肃武威市城）内的殿堂。《晋书·秃发傉檀载记》：“傉檀宴群僚于宣德堂，……此堂之建，年垂百载，十有二主。”

宣德群岛 南海中中国西沙群岛东部岛群，属海南省。有永兴、赵述、和五、北岛、中岛、南岛、石岛等岛屿，以永兴岛为最大。旧称上七岛、东七岛，由七个岛屿组成。1987年扩大范围，包括西沙群岛东部的所有岛、礁。

宣歙 唐方镇名。乾元元年（758）置观察使。治宣州（今安徽宣城市），领宣、歙、饶三州。次年废。大历元年（766）复置，改领宣、歙、池三州及采石军使。元和六年（811）罢领采石军使。景福元年（892）升为宁国军节度使。北宋初废。

宥州 唐开元二十六年（738）置，治所在延恩县（今内蒙古鄂托克前旗东敖勒召其古城）。唐杜佑《通典·州郡三》：宥州“盖以康待宾反于此，亦既克获，赦其余党，遂置此州，以宽宥为名也”。辖境相当今内蒙古鄂托克旗、鄂托克前旗及乌海市地。天宝元年（742）改为宁朔郡，天宝中寄理经略军（今鄂托克旗东北）。至德二年（757）改为怀德郡。乾元元年（758）复为宥州。宝祐后废。元和九年（814）于经略军故城复置，称新宥州，仍置延恩县为治所。元和十五年（820）徙治长泽县（今鄂托克前旗东南城川乡古城），后为吐蕃所破，废。长庆四年（824）复置。宋时属西夏。元废。

宥州路 西夏置，治所在宥州（今内蒙古鄂托克前旗东南城川镇古城）。《宋史·夏国传》：“元昊置十二监军司：左厢宥州路五万人，以备鄜、延、麟、府。”

宦塘河 即今浙江杭州市北及余杭区西之西塘河。南宋淳祐七年（1247）开。宋《淳祐临安志》卷10：宦塘河“在余杭门外板桥之西”。《清一统志·杭州府一》：宦塘河“南接北新、江涨桥河，北达奉口河，北入德清县界”。

室韦 古族名。又作失韦、失围。北魏时始见记载，一说即鲜卑的别译。源出古东胡，与契丹同类，在南为契丹，在北号室韦。初有五部，至隋唐时渐分为三四十部，唐代突厥人统称之为“三十姓达怛”。分布于今大兴安岭北部，东至嫩江流域，西至呼伦湖周围，南至绰尔河，北至黑龙江之北。居住在望建河（今额尔古纳河）一带的蒙兀室韦部，即辽金时蒙古部的先世。从北魏到唐代室韦诸部经常向中原王朝朝贡，唐朝曾授其首领为都督。突厥汗国强盛时，曾统治室韦，置三吐屯领之。自唐后期，有不少室韦部落逐渐向西迁徙，分布到蒙古高原中部及阴山地区，与残留的突厥语部落融合，成为蒙古高原主体居民，并各以不同名称见于记载。10世纪前期，室韦诸部多被契丹征服，一部分被并入契丹。

室韦王府 辽时室韦人政治中心。在今黑龙江省嫩江县附近。《辽史·百官志二》：北面属国官有“室韦国王府”。

室韦县 1920年改吉拉林设治局置，属黑龙江省。治所即今内蒙古额尔古纳市西北室韦镇。1934年改设额尔古纳左翼旗。

室伪山 即今辽宁辽阳县东南、岫岩满族自治县北之千山。《汉书·地理志》辽东郡居就县：“室伪山，室伪水所出，北至襄平入梁也。”

室伪水 即今辽宁辽阳县东南汤河。为太子河支流。《汉书·地理志》辽东郡居就县：“室伪山，室伪水所出，北至襄平入梁也。”

室利佛逝国 梵文意为吉祥胜利。宋、元载籍称为三佛齐。为7世纪至13世纪印度尼西亚苏门答腊岛古国。都城即今巨港。最盛时势力达西爪哇、马来半岛、加里曼丹南部，为印度文化7世纪时之主要根据地，亦是中国、印度、阿拉伯国家间交通贸易之要冲。《新唐书·南蛮下》：“室利佛逝，一曰尸利佛誓。过军徒弄山二千里，地东西千里，南北四千里而远。”

室利察呾罗 即今缅甸仰光北160英里之卑谬附近，为古代骠国（今缅甸中部）的都城，遗址已在离卑谬6英里的摩萨发现。《大唐西域记》卷10所记“室利差呾罗国”和《南海寄归内法传》卷1所记“室利察呾罗国”，是以都城名称呼全国。

宫山 即古新甫山。在今山东新泰市西北四十里，接莱芜市界。《清一统志·泰安府》：宫山，“《县志》：相传汉武封禅于此，见仙人迹。建离宫其上，故改名宫山”。亦名小泰山。

宫市县 在今湖南桂阳县北九十里。《舆地纪胜》卷61桂阳军：宫市县城“在平阳县北九十里”。《方舆纪要》卷80桂阳州“晋宁城”条下：“又宫市城，在州北九十里。《志》云，东晋置县，寻废。今正史不载。或曰，五代时马氏所置。”

宫里集 即今山东新泰市西小汶河南宫里镇。民国《泰安州志》卷2《镇店》有宫里集。

宫城县 北魏太平真君七年（446）置，属澄城郡。治所即今陕西合阳县东宫城村。北周废。

宫亭湖 即古彭蠡湖的别名。后转指今江西星子县、南昌市之间鄱阳湖。《水经·庐水注》：“（庐）山下又有神庙，号曰宫亭庙，故彭湖亦有宫亭之称焉。”《寰宇记》卷106洪州南昌县：宫亭湖“在州北，水路三百四十三里。湖西有宫亭神，能分风上下。是以刘删泛宫亭湖诗云，‘回流乘派水，举帆逐分风，孤石苍波里，匡山若雾中’”。《明一统志》卷52南康府：彭蠡湖“一名宫庭，一名扬澜左里，一名鄱阳。阔四十里，长三百里，巨浸弥漫，中有雁泊小湖。西接南昌，东抵饶州，北流入于江”。

宫家坝 在今山东利津县西南。1922年7月黄河北堤决口，淹毁五百村。经亚洲建业公司承修堵合工程，并于河流湾曲处开挖引河横截贯通，又筑截流坝、挑水坝及甲、乙、丙、丁、戊五项新堤，于1923年4月竣工。为中国用机械新法治河之始。

宪州 唐龙纪元年（889）置，治所在楼烦县（今山西娄烦县）。辖境相当今山西娄烦县及静乐县东南部。北宋咸平五年（1002）移治静乐县（今静乐县），熙宁三年（1070）废，十年（1077）复置宪州。金天德三年（1151）改管州。

宪法暗沙 在南海中中国中沙群岛东部，位于黄岩岛北约90海里。1935年公布名称为特鲁路滩。1947年改名宪法暗沙。

宪陵 东汉顺帝刘保的陵墓。在今河南洛阳市东北汉魏故城西北三十里铺一带。《后汉书·冲帝纪》：建康元年（144），“九月丙午，葬孝顺皇帝于宪陵，庙曰敬宗”。同书《礼仪志》注引《古今注》：顺帝宪陵“山方三百步，高八丈四尺”。又引《帝王世纪》曰：“在雒阳（今洛阳市东北汉魏故城）西北，去雒阳十五里。”

客争容山 又名犁摩㠀山。在今云南宜良县东。《方舆纪要》卷114宜良县：客争容山“在县东十里。县之镇山也”。

客岭山 即骑田岭。在今湖南郴州市南。《续汉书·郡国志》桂阳郡郴县：“有客岭山。”

客省庄 在今陕西西安市长安区西北。其地发现新石器时代及西周文化遗址。

客星山 ①即今浙江慈溪市西南二十里陈山。《方舆纪要》卷92余姚县：陈山在“县东北十里。高千余仞，少石，饶草木。远望卓削，至其巅则正平。相传子陵尝居此，一名客星山”。

②在今湖北恩施市西。《方舆纪要》卷82施州卫：客星山“在卫西十里。复岭重嶂，蜿蜒盘礴。南连猿啼山，山甚奇秀，亦名雪岭，以冬常积雪也”。

客旅店 简称店集。即今山东即墨市东北六十里店集镇。清同治《即墨县志》卷2《市廛》有客旅店。

客馆镇 唐置，属唐兴县。即今四川大英县驻地蓬莱镇。唐诗人杜甫游蜀曾居此，写有《唐兴县客馆记》。北宋属长江县。《清一统志·潼川府二》：客馆镇“在蓬溪县西二百十里。跨鳌山下”。

客寄塘 又作略塘。在今湖南衡阳县（西渡镇）西。《方舆纪要》卷80衡州府衡阳县：“客寄塘在府西百里。《湘中记》：塘周三十里，亦谓之略塘，烝水流合焉。”

客鲁涟河 即今蒙古国东部之克鲁伦河。《元朝秘史》卷2：帖木真“与德薛禅的女儿孛儿帖兀真相离了来，此时与弟别勒古台顺著客鲁涟河寻去”。陈彬龢注：“额尔古讷河的上游叫客鲁涟河，源出大肯特山东南。”

客路市　即今广东雷州市西北五十里客路镇。清光绪《广东舆地图说》卷8海康县：南禄社“往来大道有客路墟”。

客寨副长官司　明置，属平茶洞长官司。治所在今重庆市秀山土家族苗族自治县西南唐坳乡东北司城。后废。

突门岭　即今河北丰宁满族自治县东土门梁。《魏书·太宗纪》：泰常三年（418），“遣征东将军长孙道生、给事黄门侍郎溪观率骑二万袭冯跋，又命骁骑将军延普自幽州北趋辽西为声势，帝自突门岭待之”。即此。

突吕不室韦部　辽太祖以大小黄室韦降户置，属东北路统军司。为太祖十八部之一。在今黑龙江省嫩江以东齐齐哈尔、安达、青冈等市县一带。

突纥利泊　当在今内蒙古乌审旗西北境。《新唐书·地理志》所载边州入四夷道里中的夏州北道，“夏州北渡乌水……又经故阳城泽、横划北门、突纥利泊、石子岭，百余里至阿颓泉”。

突沦川　一作图伦碛。在今新疆南部塔克拉玛干沙漠南缘，或说即塔里木河。《旧唐书·契苾何力传》：契苾何力攻吐谷浑，“自选骁兵千余骑，直入突沦川”。《资治通鉴》：唐贞观九年（635），“李靖征吐谷浑，闻伏允在突沦川，将奔于阗”，皆此。

突宗　即多宗。治所即今西藏洛扎县（嘎波）。

突录济　西藏古地名。约在今那曲县西南桑来一带。唐时吐蕃曾置驿站于此并为赞普（王）迎宾之处。《新唐书·地理志》：“蛤不烂驿，旁有三罗骨山，积雪不消，又六十里至突录济驿，唐使至，赞普每遣使慰劳于此。”

突旻城　在今缅甸中部敏建西南之蒲甘。是从南诏至天竺道上的重要城邑。《新唐书·地理志》附“安南通天竺道”：“又经突旻城至骠国千里。”

突星濑　在今浙江丽水市东北四十里。《寰宇记》卷99丽水县：突星濑，“《永嘉记》云：昔王右军游恶溪，道叹其奇绝，遂书‘突星濑’于石。今犹有墨迹焉”。

突泉县　1914年改醴泉县置，属奉天洮昌道。治所即今内蒙古突泉县。1929年属辽宁省。1945年划归辽北省。1947年划归内蒙古自治区，属兴安盟。1954年划属呼伦贝尔盟。1969年划归吉林省。1979年划回内蒙古自治区，1980年仍属兴安盟。据《地学杂志》1914年第2号载《拟改各省重复县名呈文并批》称：“该县设治于醴泉镇，有马突泉”，故名。又[日]《满洲地名考》载：“县城南三里，一处突出的山麓有清水泉，四季不涸，故名突泉。”县以突泉为名。

突泉镇　清置，属宜君县。即今陕西宜君县南哭泉乡。

突厥　北朝、隋、唐时期的北方游牧民族及其所建政权。4世纪中叶以前，突厥是柔然汗国的属部之一，居于金山（今阿尔泰山）之阳。546年，其酋土门打败铁勒，收其部众五万余，始强盛；552年，击破柔然，遂自立为伊利可汗，建立突厥汗国。其子木杆可汗时，南灭柔然，北并契骨，东逐契丹，西破哌哒，统有辽海（指辽河上游地）以西直到西海（今哈萨克斯坦里海），大漠以北直到北海（今俄罗斯贝加尔湖）的广大地域。大可汗建牙帐于于都斤山（又作郁督军山、乌德鞬山，今蒙古国杭爱山）。土门弟室点密统兵征西域，据“乌孙旧地”，建牙龟兹北鹰娑川（今新疆开都河上游），为西面可汗，实际上已与大可汗分治汗国东、西部。隋开皇三年（583），突厥统治者内讧，大可汗沙钵略攻阿波可汗（木杆子大逻便），阿波率部投西面达头可汗（密点密子玷厥），联兵与沙钵略相攻。从此突厥汗国分裂为二。大可汗所统西不逾金山，史又称东突厥或北突厥。沙钵略为达头所困，臣附隋朝，隋许其度漠南寄居白道川（今内蒙古呼和浩特市西北）。开皇十九年（599），隋封处罗侯子染干为启民可汗，于朔州筑大利城（今内蒙古和林格尔县西北）居之。仁寿间，隋以突厥之众及铁勒诸部尽归启民统领，令居塞北，为隋北藩属。隋末唐初，启民可汗子始毕可汗、处罗可汗、颉利可汗相继统治东突厥。贞观四年（630）为唐所灭，于其地置都督府、州。永淳二年（683），云中都督属下首领骨咄禄聚集亡散，保总材山（今内蒙古阴山地区），势渐盛，复自立为可汗，重建东突厥汗国。其弟默啜可汗继立（691—716），可汗庭仍建于都斤山（今蒙古国杭爱山）。开元末又起内讧。天宝三载（744），被回纥所灭。

穿口　即新穿口。在今四川新津县东北。

穿山　①在今江苏太仓市东北五十里。明王鏊《姑苏志》卷9：穿山“中有石洞，前后通彻，故名。《临海记》曰：海虞县穿山下有洞穴，高十余丈，昔有海行者，举帆经其中。今考其洞，上犹通人往来，其下为地去海已远”。此山原在海中，后随长江三角洲向东延伸扩展，并入大陆。

②即今广西桂林市城区东南五里穿山。《明一统志》卷83桂林府：穿山“山巅有穴，通透，望之如月轮挂空”。《方舆纪要》卷107临桂县：“其山耸身昂首，若与西岸山作斗，亦名斗鸡山。山半有穴，南北横贯，故以穿名。”

③在今四川广元市境。《元和志》卷22绵谷县：穿山“一名胡头山，出好铁，旧置铁官。又有山空鼍，伏于空处，皮可为甲，刀箭所不能入”。

穿山场　在今浙江宁波市东七十六里柴桥镇穿山村。产海盐。《方舆纪要》卷92定海县“管界寨”条下：有“长山、穿山二盐课司”。清并长山入穿山。

穿山后（後）千户所　明洪武二十七年（1394）置，属定海卫。在今浙江宁波市东七十六里穿山村。清置巡司于此。

穿山驿　明置，即今广西柳江县东南穿山镇。《方舆纪要》卷109马平县：穿山驿，“马驿也。有穿山堡”。清置穿山巡司于此。

穿山墟　即今广西柳江县东南穿山镇。清雍正十二年（1734）设巡司于此。

穿石山　在今湖南桃源县西南百二十里。《舆地纪胜》卷68常德府：穿石山“下有大窦，东西洞达，行人往来止息，可容百人”。明《寰宇通志》卷57称：“汉马援尝穿石窍以避暑，今可通水。春夏泛滥则江水自中过。”

穿州　又名上川洲、下川洲。即今广东台山市南海中上川岛、下川岛。《寰宇记》卷157广州新会县：上川洲、下川洲“在县南二百六十里大海中，其洲带山，湾浦极广”。

穿江　在今广西玉林市西北。为鸣水江上源。《方舆纪要》卷108兴业县：穿江在“县西十里。源出葵山，东南流二十里，有石山穹窿，水过其下，东入郁林州境，即定川江之上源”。

穿岩　①在今浙江新昌县西南。《清一统志·绍兴府》：穿岩山“在新昌县西五十里。有十九峰，接嵊县界。其上宽平，有泉有田。中峰有一圆窍东西通，故曰穿岩”。

②即今湖南道县西四十里月岩。《明一统志》卷65永州府：穿岩“在道州西四十里。形如圆廪，中可容数万斛。东西两门，通道其间，望之若城门，又如偃月。岩前有石，如走猊、伏犀，其状不一”。

③在今广西永福县西北龙江乡西北寿城南。《方舆纪要》卷107永宁州：穿崖在“州西三十里。穿成复道，如覆厦屋，坦长二十余丈，人马通行”。《清一统志·桂林府一》：穿崖“又有小崖，梯而下之，怪石参差，下有穿崖营”。

④在今广西恭城瑶族自治县西十五里。《方舆纪要》卷107恭城县：穿岩“岩深邃，有溪从中出，通舟楫，一名太极岩”。

穿空石　在今贵州平坝县东。《清一统志·安顺府》：穿空石“在安平县（今平坝县）东三里。《通志》：山若画屏，中有一孔，直穿山背，晶光四射”。

穿城　即今江苏泗阳县西北穿城镇。《清一统志·淮安府二》：穿城“在桃源县北五十里”。

穿洞遗址　在今贵州普定县城西南八里。是一处年代距今一万年左右的旧石器时代洞穴遗址。1981年和1983年进行多次发掘。出土一个完整头盖骨和下颌骨、胫骨、桡骨、牙齿等近百件，石器一万余件，骨器一千多件。发现多处火堆，大量灰烬和烧骨。石器有刮削器、尖状器、砍砸器以及石核、石砧、石片等。骨器类型多，器形新颖，磨制精致，为国内少见。1988年定为全国重点文物保护单位。

穿崖囤　在今贵州遵义、仁怀两县市间。《明史·吴广传》：万历二十八年（1600）征播之役，“（郭）通绪扼穿崖囤，广督土汉军击破之”。

〔丶フ〕

诫桥　在今河南许昌市西。《晋书·穆帝纪》：东晋永和八年（352），“安西将军谢尚帅姚襄与张遇战于许昌之诫桥，王师败绩”。即此。

语儿　即御儿。一名就李。在今浙江桐乡市西南崇福镇东南。《越绝书》卷8：“女阳亭者，句践入官于吴，夫人从，道产女此亭，养于李乡；句践胜吴，更名李乡，更就李为语儿乡。”

语儿溪　在今浙江桐乡市西南崇福镇东南。《明一统志》卷39嘉兴府：语溪“一名语儿中泾。又名沙渚塘。在吴越时为吴栖兵之地”。下入运河。《清一统志》作“语儿溪”。

语口市　在今福建上杭县东北白砂西。北宋咸平二年（999）上杭县由鳖沙里（今上杭县东北白砂）迁治于此。天圣五年（1027）又迁治钟寮场（今上杭县北中寮）。

说板多　即硕般多。今西藏洛隆县西硕督镇。清《西藏图考》卷3：硕般多“一作说板多，一作设板多，一作苏班多，又作舒班多”。

说话石　即今河北秦皇岛市西南北戴河海滨莲峰山南对语石。民国《临榆县志》卷5：“说话石在联峰山东，有双峰若人立相对语然。”

说城县　即悦城县。治所在今广东德庆县东北。《宋书·州郡志》作“说城”。

冠山　①在今山西平定县西南冠庄脑附近。《方舆纪要》卷40平定州：冠山在“州西南八里。以高冠群山而名”。

②在今山东莱芜市西南五十里。脉起泰山，突峙于此。《汉书·五行志》：元凤三年（前78），“泰山莱芜山南匈匈有数千人声。民视之，有大石自立，高丈五尺，大四十八围，入地深八尺，三石为足。石立处，有白乌数千集其旁”。《方舆纪要》卷31谓“其形似冠，山因以名。盖宣帝起于民间之象也”。

③在今陕西宁强县南。《方舆纪要》卷56宁羌州：冠山“在州城南”。《清一统志·汉中府一》：冠山“在宁羌州南门外，形如纱帽，俗名纱帽山”。

冠子山　在今贵州遵义县北。《明史·刘綎传》：万历二十八年（1600）征播州杨应龙之乱，綎“克后水囤，营于冠子山”，即此。

冠氏　春秋时晋邑。即今河北馆陶县。《左传·哀公十五》年载：子赣曰，“昔晋人伐卫，齐为卫故，伐晋冠氏”。即此。

冠氏县　隋开皇六年（586）置，属魏州。治所即今山东冠县。大业初属武阳郡。唐仍属魏州。宋属大名府。元世祖至元六年（1269）升为冠州。

冠石山　即今山东平邑县东北境与新泰市交界处之太平顶。《汉书·地理志》泰山郡南武阳县：“冠石山，治水所出，南至下邳入泗。”

冠市街　又作冠子街。即罐子街。今湖南衡南县（驻云集镇）东南冠市镇。

冠头岭　在今广西合浦县南。《明一统志》卷82廉州府：冠头岭“在府城南八十里。形势穹窿，山石皆黑如冠”。《方舆纪要》卷104廉州府：冠头岭“亦曰冠山。自此涉海，北风顺利，一二日可抵交之海东府”。

冠头寨　北宋置，属海康县。在今广东徐闻县西。

冠州　元世祖至元六年（1269）升冠氏县置，属中书省。治所即今山东冠县。明洪武三年（1370）改为冠县。

冠军县　西汉元朔六年（前123）置侯国，后为县，属南阳郡。治所在今河南邓州市西北三十八里湍水西岸冠军寨。《汉书·地理志》南阳郡冠军县注引应劭曰：“武帝以封霍去病。去病仍出匈奴，功冠诸军，故曰冠军。”西晋属南阳国。后属南阳郡。唐贞观元年（627）废。

冠县　明洪武三年（1370）降冠州置，属东昌府。治所即今山东冠县。民国初属山东东临道。1925年属东昌道。1928年直属山东省。

冠豸山　旧称东田石。又名莲峰山。在今福建连城县东六里。山腰半山亭西岩壁上有元马周卿刻“冠豸”二字。

冠豸寨　清初改莲花寨为冠豸寨，属连城县。在今福建连城县东冠豸山附近，为县治东障。

冠陇隘　在今广东汕头市澄海区西。《方舆纪要》卷103潮州府澄海县：冠陇隘“在县西十里”。

冠峰　在今广东连州市北五十里。《方舆纪要》卷101连州：冠峰“高耸冠于群山。或曰以山形如冠也”。

冠帻山　一名双峰。在今安徽青阳县西南十五里九华乡。《寰宇记》卷105青阳县：冠帻山“山连接九华，其山层峰若冠帻之状，因名”。《清一统志·池州府一》引《名山志》：“九华真人峰北，有山双髻，如巾帻然。昔顾野王望而爱之，因名冠帻峰。”

冠盖里　在今湖北宜城市南。《水经·沔水注》：“（宜城）县有太山，山下有庙。汉末多士，其中刺史二千石乡长数十人朱轩华盖，同会于庙下。荆州刺史行部见之，雅叹其盛，号为冠盖里，而刻石铭之。”《艺文类聚》卷65南朝梁简文帝《游韦黄门园》诗：“息车冠盖里，停辔仲长园。”

冠朝墟　即今江西泰和县东南三十里冠朝镇。清同治《江西全省舆图》卷7：泰和县东南有冠朝墟。

冠帽山　①在今河北赤城县西北。《方舆纪要》卷18马营堡：冠帽山“在堡城西北隅。《志》云：堡两角枕山，而西面更为险隘，然三间平川，若登山俯瞰，城中患无遁形，守御为艰也。《志》云：堡北二里有纱帽山，即冠帽山矣”。

②在今四川珙县北。《方舆纪要》卷70珙县：冠帽山“在县北一里。峰峦巍峨，形若冠冕”。

扁山　即鳊山。在今湖南岳阳市南。亦即《水经注》之编山。宋范致明《岳阳风土记》：“湘人以吴船为鳊，山形类之，故以名山。上有塔，曰哑女塔。”

扁岛　即今南海中中国南沙群岛之费信岛。1935年命名为扁岛。1947年改名费信岛。

扁都儿山口　古名大斗拔谷。在今甘肃民乐县东南七十里。《明经世文编》卷405郑洛《议修通海紧关隘口以弭虏患疏》：“扁都口者，青海之要冲，虏行之孔道，甘镇之咽喉。”

扁都口　在今青海祁连县东南扁都沟，为由青入甘主要道口之一。民国《大通县志》第一部：扁都口“去县城西北三百九十里。群峰若帐，一口如瓶，为北出甘州之要道”。

扁鹊城　在今陕西城固县西南四十里。《水经·沔水注》：“汉水又东径胡城南……南对扁鹊城，当是越人旧所径涉，故邑流其名耳。”《水经注疏》守敬按：“《名胜志》亦云相传扁鹊所居，但《史记·扁鹊传》云，入咸阳，秦太医令李醯使人刺杀之，不言至汉中。”

扁鹊墓　在今河南汤阴县东南十五里伏道村南岗上。扁鹊姓秦，名越人，齐国勃海郡鄚（今河北任丘市北）人。战国著名医学家。《史记·扁鹊仓公列传》称：“秦太医令李醯自知伎不如扁鹊，使人刺杀之。”扁鹊死后葬此，并于冢前立祠。现存建筑为清乾隆间重修。

袂花墟　在今广东茂名市东南袂花镇北。清光绪《茂名县志》卷2：南之东“九十里袂花墟。《旧志》：迷花”。

祐川县　①唐贞观四年（630）置，属羁縻盖州。治所在今四川若尔盖县西北境。后废。

②唐先天元年（712）改基城县置，属岷州。治所在今甘肃宕昌县西北四十八里理川镇。《元和志》卷39岷州祐川县：“取县西祐川为名也。”后没入吐蕃。北宋崇宁三年（1104）复置，为岷州治。南宋绍兴元年（1131）废。

祐川郡　北周武成元年（559）置，属岷州。治所在基城县（今甘肃宕昌县西北四十八里理川镇）。辖境相当今甘肃宕昌与岷县交界之地。隋开皇初郡县俱废。

祐州　①唐贞观四年（630）以处降羌置，为羁縻州，属松州都督府。治所在今四川若尔盖县西境。后废。

②唐置羁縻州，属嶲州都督府。治所在今四川凉山彝族自治州东境喜德县东南米市镇。后废。

祐甸　宋大理置，属永昌府。即今云南昌宁县。元属顺宁府。明改广邑州。

祐国寺塔（铁塔）　在今河南开封市东北隅。建于北宋皇祐元年（1049），是我国现存最早的一座大型琉璃建筑。塔身用褐色琉璃砖砌成，远望似铁铸，故俗称铁塔。八角十三层，高55.08米，塔内可攀登。塔身细部用琉璃砖雕有飞天、降龙、麒麟、菩萨、力士、狮子、宝相花等图纹装饰五十余种，雕工精细，形象生动。1961年定为全国重点文物保护单位。

祓侯国（祓 fèi） 西汉置，属琅邪郡。治所在今山东胶州市西南七十里里岔镇牧马城。《汉书·地理志》注：颜师古曰“音废”。东汉废。元于钦《齐乘》卷4：“祓城，音废。……俗曰肥城，废音之转也。”《清一统志·莱州府一》：废祓县，“《县志》：亦谓之木马城”。

祖山（祖 zǔ） ①在今内蒙古巴林左旗西南石房子村西北。《辽史·地理志》祖州：“有祖山，山有太祖天皇帝庙，御靴尚存。……太祖陵凿山为殿，曰明殿。殿南岭有膳堂，以备时祭。门曰黑龙。东偏有圣踪殿，立碑述太祖游猎之事。殿东有楼，立碑以纪太祖创业之功。皆在州西五里。”辽太祖耶律阿保机陵墓尚存，有享殿遗址、经幢、石雕及契丹大字的残碑。

②即虎林山。在今浙江杭州市武林门南。《清一统志·杭州府一》：祖山“在仁和县武林门内里许。一名虎林山。土阜陂陀，高可三丈，广不满百步。上有寿圣寺，俗称祖山寺”。

祖山冈营 在今湖南江永县东南。《清一统志·永州府二》：祖山冈营“在永明县东南，接广西富川县长桧村界。设把总戍守”。

祖厉县（祖 jiē） 西汉置，属安定郡。治所在今甘肃靖远县西南平堡乡驻地平滩堡。《汉书·地理志》：“应劭曰：‘祖音罝。’师古曰：‘厉音赖。’”东汉属武威郡。西晋废。后复置，西魏、北周废。

祖厉河 ①一名庲岔河。又名南河。即今甘肃靖远、会宁二县境之祖厉河。源出今会宁县南华家岭，北流至靖远县入黄河。

②指今甘肃靖远县西南平堡乡至靖远县城以西的一段黄河。《汉书·武帝纪》：元鼎五年（前112），“冬十月，行幸雍，祠五畤，遂逾陇，登空同，西临祖厉河而还”。即此。《水经·河水注》祖厉川水“出祖厉南山，北流迳祖厉县而西北流，注于河”。

祖州 辽太祖耶律亿置，属上京道。治所在长霸县（今内蒙古巴林左旗西南石房子村古城）。《辽史·地理志》祖州：“以高祖昭烈皇帝、曾祖庄敬皇帝、祖考简献皇帝、皇考宣简皇帝所生之地，故名。”辖二县一城，相当今内蒙古巴林左旗西南地。金天会八年（1130）改为奉州。古城遗址尚存。

祖庙 在今广东佛山市内。原为供奉北帝之神庙，始建于北宋元丰年间。明洪武五年（1372）重修。其后又多次修缮。因居佛山诸庙之首，故俗称祖庙。现存前殿、正殿、庆真楼、锦香池、万福台等五部分，多是明、清建筑。设计巧妙，工艺精湛，是我国独具特色的建筑群之一。1996年佛山祖庙被定为全国重点文物保护单位。

祖法儿国 亦作佐法儿。在今阿拉伯半岛东南岸阿曼的佐法儿一带。《明史·外国传七》：“祖法儿，自古里西北放舟，顺风十昼夜可至。永乐十九年遣使偕阿丹、剌撒诸国入贡，命郑和赍玺书赐物报之。”

祖居县 北魏置，属陇东郡。治所在今甘肃平凉市附近。后废。

祖家山 在今安徽六安市西南。《方舆纪要》卷26六安州：祖家山“在州西南百三十里。形势高耸。宋绍兴中，民多避兵于此”。

祖陵 ①辽太祖耶律阿保机陵。在今内蒙古巴林左旗西南石房子村西南。《辽史·太祖纪下》：天显二年（927），“葬太祖皇帝于祖陵，置祖州天城军节度使以奉陵寝”。

②即明祖陵。在今江苏盱眙县东北。明洪武二十年（1387）朱元璋迁葬其高祖、曾祖、祖父于此。《方舆纪要》卷21泗州：祖陵“在州东北十二里。于平原中突起高阜，较泗州城址高二丈三尺有奇。沙、陡二湖潴蓄，面黄背淮，合流于东，而龟山在淮河南岸，平出淮中，约束去流，风气完固，真天开胜地也”。

祖堂山 又名幽栖山、花岩山，在今江苏南京市南。宋《景定建康志》卷17：祖堂山“东有水下注平陆。宋大明三年于山南建幽栖寺，因名幽栖山。唐贞观初，法融禅师得道于此，为南宗第一祖师，乃改名祖堂山”。

祖庵镇 即今陕西户县西祖庵镇。清属盩厔县，乾隆十年（1745）移县丞驻此。民国时改为县佐。

祖越寺 在今辽宁鞍山市东千山北沟无量观西阁之下。为千山五大禅林之一。明《辽东志》卷1辽阳：祖越寺在“城南五十里。在龙泉寺东”。现存大殿三间。祖越寺和无量观周围有玉皇阁、罗汉洞、八步紧等二十四景。

祖溪关 在今陕西石泉县西北饶风关北。《宋史·吴玠传》：南宋绍兴三年（1133），玠与金人大战饶风关，“会玠小校有得罪奔金者，导以祖溪间路，出关背，乘高以阚饶风。诸军不支，遂溃，玠退保西县”。《方舆纪要》卷56西乡县“饶风关”条：“关北四十里又有祖溪关，即金人攻饶风之间道也。”

神人山 在今湖北鄂州市西北。《寰宇记》卷112武昌县：神人山，“《历代帝纪》云：吴建衡二年，有神人乘白鹿，从此山出”。《方舆纪要》卷76武昌县：神人山，“在县西七十五里滨江。下有白鹿矶”。

神山 ①在今河北平泉县西南三十余里。《辽史·地理志》泽州神山县：“神山在西南。”清张穆《蒙古游牧记》卷2引《元一统志》：神山“在惠州西南十三里。东西长十里，南北广八里”。

②即翁公山。在今内蒙古呼和浩特市北三十五里。《金史·地理志》：富民县“有神山”。《明一统志》卷21大同府：神山“在府城北四百里”。“翁公”即蒙古语翁衮之音转，意为“神”。

③即细林山。今上海市松江区西北辰山。《舆地纪胜》卷3嘉兴府：细林山“本名神山，唐天宝六年改名”。

④在今安徽东至县西北东流镇旁。《方舆纪要》

卷27东流县：神山在“县西南一里。高仅百尺，而旷远无际”。

⑤即寒同山。在今山东莱州市东南十五里。《明一统志》卷25莱州府：寒同山“一名神山”。

⑥在今湖北浠水县西北二十里。《方舆纪要》卷76蕲水县：神山，“《寰宇记》：孙权进兵赤壁时，屯于此”。

⑦在今湖北云梦县东北四十里。《新唐书·地理志》：云梦县“有神山”。《方舆纪要》卷77云梦县：神山“云覆其上则雨，故名。其相近者曰葛藤山”。

⑧在今广东东莞市东三十里。《方舆纪要》卷101广州府东莞县：神山，“其阳为鼓镇峡，下有龙潭，即龙江所经也。旧有浮桥”。

⑨即长卿山。在今四川梓潼县西南。《新唐书·地理志》：梓潼县有神山。《方舆纪要》卷68梓潼县：长卿山在“县治西南二里。旧名神山。唐玄宗幸蜀，以山有司马相如读书窟，因改名焉”。

⑩古于阗诗作麻札塔克。在今新疆和阗县北一百余里。《新唐书·地理志》：“自拨换南而东，经昆岗，渡赤河，又西南经神山、睢阳、鹹，又南经疏树，九百三十里至于阗镇城。”据《敦煌文书》，此处为吐蕃驻重兵之处。清末，斯坦因在此发掘大量文物文书。

神山市 即今湖北赤壁市东北四十四里神山镇。清光绪《湖北全省分图》：蒲圻县东北有神山市。

神山县 ①唐武德四年（621）改浮山县置，属晋州。治所在今山西浮山县西南十里古县村。《元和志》卷12神山县：“因羊角山神人见，又改为神山县。”五代唐移今治。北宋改属平阳府。金大定七年（1167）改为浮山县。

②辽置，为泽州治。治所在今河北平泉县西南二十里会州城村。以神山为名。金承安二年（1197）为惠州治。泰和四年（1204）属大定府。元废。

神山站 元置。在今四川合江县西北。明废。

神山集 即今山东苍山县东北二十四里神山镇。清乾隆《郯城县志》作神山集。

神山镇 一作神仙镇。唐置，属北庭都护府。在今新疆吉木萨尔县南。

神川 即云南维西傈僳族自治县东北腊普河，北流转东汇入金沙江。“腊普”又作“喇普”，藏语意即神川。《新唐书·南诏传》：“牟寻遽遣兵五千人戍吐蕃。乃自将数万踵其后，昼夜兼行，乘其无备，大破吐蕃于神川，遂断铁桥，遣使告捷。”唐樊绰《蛮书》卷6：“今西城南诏置兵守御，东城至神川以来，半为散地。”

神门 底柱山三门之一。在今河南三门峡市北黄河三门峡水库中。《清一志·陕州》“底柱山”条引《陕州志》：“三门：中神门，南鬼门，北人门。惟人门修广可行舟。”

神女庙 在今重庆市巫山县东南三十里长江南岸飞凤峰麓。《水经·江水注》：巫山“帝女居焉。宋玉所谓天帝之季女，名曰瑶姬，未行而亡，封于巫山之台。所谓巫山之女，高唐之姬，旦为行云，暮为行雨，朝朝暮暮，阳台之下。旦早视之，果如其言，故为立庙，号朝云焉”。此不知建于何处？今庙建于唐仪凤元年（676），北宋宣和四年（1122）改为凝真观。南宋绍兴二十年（1150）封神女为妙用真人，又称妙用真人祠。南宋陆游《入蜀记》：“过巫山凝真观，谒妙用真人祠。真人即世所谓巫山神女也。祠正对巫山峰峦，上入霄汉，山脚直插江中。”

神女庙石 即今南海中中国南沙群岛之福禄寺礁。1935年公布名称为西石或神女庙石。1947年改名福禄寺礁。

神女峰 亦名望霞峰、美人峰。在今重庆市巫山县东长江北岸，为巫山十二峰之一。南宋陆游《入蜀记》：“十二峰者不可悉见，所见八九峰，惟神女峰最为纤丽奇峭，宜为仙真所托。”历代咏神女峰之诗篇甚多，如唐刘禹锡《巫山神女庙》诗：“巫山十二郁苍苍，片石亭亭号女郎。”神女峰顶兀立一人形石柱，高约7米，似婷婷玉立的少女，被视为神女的化身。

神马山 即今湖北远安县西北三十里白马山。《新唐书·地理志》峡州远安县：“有神马山，本白马山，天宝元年更名。”《清一统志·荆门州》：“山有白石如马。”

神乡县 唐渤海国置，属桓州。治所当在今吉林集安市或朝鲜渭源境。辽废。

神乡镇 辽置，属汤池县。在今辽宁大石桥市西北岳州城。金王寂《鸭江行部志》谓：“汤池，本辽时铁州，以其东有铁岭，故名之矣。隶耀州，今神乡镇也。”

神木山 在今四川沐川县西南。《方舆纪要》卷73沐川长官司：神木山在“司西二十里。旧名黄种溪山。永乐四年，伐楠木于此。一夕自移数里。因改今名，而祀其山神”。

神木县 元世祖至元六年（1269）改云州置，属葭州。治所在今陕西神木县东三里。明正统八年（1443）迁治今神木县。清乾隆元年（1736）改属榆林府。民国初属陕西榆林道。1928年直属陕西省。

神木寨 北宋置，属银城县。在今陕西神木县东三里龙眼山后。元初于此置云州，至元六年（1269）改置神木县。

神冈山 亦作城冈山。即今江西吉安市南神冈山。《清一统志·吉安府一》：神冈山“在庐陵县南十里。旧名翠峰。高三百丈，回环数千步，与螺子山对峙。赣江流其下，苍翠相映”。清同治《江西全省舆图》卷7：庐陵县禾、泸二水“至双江口合而为一，至城冈山汇于县境”。“城冈山即神冈山”。

神冈山水 即今江西吉安市南泸水。《方舆纪要》卷87吉安府庐陵县：神冈山水“在府城西南。源有二，一出袁州府萍乡县界泸潇山，百八十里至安福县，东北流八十里，与永新水合；一自永宁县浆山鹅岭，二水通永新江。其间有永新县之抱陂等水，泰和之灉水等水，安福之泸水，诸水皆汇流而合大江”。

神冈村 即今广东从化市西南神岗镇。《明史·地理志》从化县：“东北有流溪巡检司，本治县北石潭村，后迁神冈村。”

神冈墟 即今广东从化市西南神岗镇。清光绪《广州府志》卷69：从化县有“神冈墟”。

神水县 辽开泰二年（1013）置，属大宁府。治所在今辽宁朝阳县西南。金皇统三年（1143）废为镇，大定二十九年（1189）复升为县。

神水峡 在今陕西铜川市北七十里金锁关。《方舆纪要》卷54同官县：神水峡“石崖峻削，道从石峡中行，至为险阻，旧设金锁关巡司。……明嘉靖三十年，抚臣张珩议以鄜州南下省城，金锁关至为冲要，宜筑城戍守，以防套寇突犯，从之”。

神水阁 亦名圣水阁、玉液泉。在今四川峨眉山市西南峨眉山纯阳殿与中峰寺之间。清道光《峨眉山志》卷3：圣水阁“在大峨石后，高僧化机隐此。明巡抚安庆吴用先筑此居之”。明称神水庙，以阁前玉液泉而名。清改今名。泉旁石壁有“大峨”、“神水”等题刻。

神水郡 西魏大统三年（537）置，属延州。治所在真川县（今陕西延安市东南固县村）。辖境相当今陕西延安市东南部。北周保定四年（564）废。

神龙关 亦作神农关。清置，在今四川雷波县西南千万贯乡境。清光绪《雷波厅志》：神龙关“在千万贯山脚下，凉山诸夷出入咽喉，为那比汛、乌角汛门户”。

神龙殿 唐长安城太极宫内，今陕西西安城北部。在甘露殿东，殿北为功臣阁、凌烟阁。唐中宗、玄宗皆崩于此殿。

神电卫 明洪武二十七年（1394）置，属广东都司。治所在今广东电白县东电城镇。成化三年（1467）电白县迁治于此。

神田 在今重庆市城口县北。清道光《城口厅志》卷4：神田在“厅北一百五十里。其山最高，绝顶平旷，纵横宽数十里，皆老林地。产洋芋，荞麦最丰熟”。

神禾原 在今陕西西安市长安区（韦曲镇）东南。唐永隆二年（681）于原上建香积寺。

神仙山 ①在今北京市延庆县东北。《方舆纪要》卷17永宁县“双髻山”条下：“又神仙山在县东北二十五里，径路崎岖，其上平衍。有神仙砦，相传辽、金时所置。”

②在今重庆市开县东二里。《寰宇记》卷137开州开江县：“神仙山在县东清江水东四里。古老传云：昔有仙人衣朱衣，乘白马登此山。本道以闻。天宝二载敕置坛，号神仙宫。”《元史·杨文安传》：至元间，“宋都统弋德复据开州，文安乃筑城神仙山以逼之”。即此。

神仙岭 在今江西定南县北。《方舆纪要》卷88赣州府定南县“太湖山”条下：“县（治今老城镇）北四十五里又有神仙岭，发脉于此，皆耸秀为邑境之望。嘉靖末，抚臣吴百朋破贼于岭下。”

神仙砦 北宋绍圣元年（1094）置，属武冈县。在今湖南城步苗族自治县南。

神仙暗沙 在南海中中国南沙群岛东北部，南距仙后滩20海里。1935年公布名称为沙滩。1947年改名神仙暗沙。

神仙镇 即神山镇。在今新疆吉木萨尔县南。《新唐书·地理志》北庭大都护府：“南有神山镇。”

神外龙雪山 即今玉龙山。在今云南丽江市玉龙纳西族自治县北。唐至元称神外龙雪山。《元一统志》：“神外龙雪山，在通安州，在州北三十里。条冈百里，岿岿千峰，上插云霄，下临丽水。顶颠积雪，冬夏不解。岩崖涧谷，清泉飞流。唐时南诏尝封是山为北岳，庙基尚存。”

神乌县 唐武德三年（620）置，为凉州治。治所即今甘肃武威市。与姑臧同城分治，神乌理西，姑臧理东。贞观元年（627）废。总章元年（668）复置，改名武威县。神龙元年（705）复为神乌县。广德元年（763）陷于吐蕃。

神头村 在今山西潞城市东北。1938年3月，八路军曾在此伏击日本侵略军，给敌人以沉重打击。

神头店 即今山东陵县东北二十里神头镇。汉代置重丘县于此。

神头镇 在今山西潞城市东北神头村。《清一统志·潞安府》：神头镇“在潞城县东二十里”。

神台（臺）宫 在今陕西华县东北三里。《新唐书·地理志》郑县：“东北三里有神台宫，本隋普德宫，咸亨二年更名。”

神台（臺）砦 明置，在今河北阜平县西北八十里。《方舆纪要》卷14阜平县“吴王口”条：“神台砦在县西北吴王口。”

神尖 即大茂山，在今河北唐县西北一百五十里。《方舆纪要》卷14阜平县：大茂山“一名神尖”。今有神仙山，海拔为1870米，当为神尖之巅。

神光山 在今广东兴宁县西南十里。《舆地纪胜》卷91循州：神光山“在兴宁县。尝腾焰烛天”。明嘉靖《兴宁县志》卷1：神光山，“诸《志》：形似展旗。宋罗孟郊读书山下，夜有五色光气，因名”。

神光寺 在今福建福州市内乌石山。清道光三十年（1850）6月，英国一名传教士和一名医生来到福州，由英国代理领事金执尔向城内乌石山神光寺僧人租赁房屋，租期半年。侯官县知县兴廉在租契上盖印批准，开英国人在通商口岸入城之先例，并由此引发福州人民的反入城斗争。神光寺乃当地生童会课之地，绅民对准予英人租房一事十分不满。在籍养病的林则徐联合士绅上书地方官，要求采取强硬态度驱逐英人，还联络在朝闽籍官员上书皇帝以示声援。闽浙总督刘韵珂、福建巡抚徐继畬主张妥协，妄图说服英人自行搬出，受到言官指责，咸丰帝也传旨申饬。神光寺事件以1851年1月英人被迫交出神光寺房屋，迁至城内道山观英国翻译官住地而告终。

神州 ①唐渤海国置，为鸭渌府治。治所在神鹿县（今吉林临江市西南葫芦套村对岸长城里）。辖境约当今吉林白山市东南及朝鲜慈城郡一带。辽改为渌州。

②指京师所在之州。《南齐书·临川献王映传》：太祖践阼，以映为前将军、扬州刺史。"国家初创，映以年少临神州，吏治聪敏，府州曹局，皆重足以奉禁令。"

③中国的别称。即"赤县神州"。

神池口 即今山西神池县。明置巡司于此。

神池县 清雍正三年（1725）升神池堡置，属宁武府。治所即今山西神池县。民国初属山西雁门道。1928年直属山西省。

神池堡 即今山西神池县。《方舆纪要》卷40崞县：神池堡"在宁武关北三十里。嘉靖十八年筑，万历四年增修，周五里有奇。堡东通朔州井坪所，西南通岢岚之三岔、五寨等堡，商贩咸集于此"。

神安司 在今广东佛山市南海区东北盐步镇。《清一统志·广州府》：神安巡司"在南海县（今广州市）西南盐步堡。本名秘冲寨，明洪武三年置"。

神农城 在今山西长子县东南羊头山。《元和志》卷15潞州长子县："神农城，《后魏风土记》曰：'神农城在羊头山上，山下有神农泉，即神农得嘉谷之所。'"

神农洞 在今湖北随州市东北一百二十里厉山。《寰宇记》卷144随州随县："厉山在县北一百里。高一里。《荆州记》云：随地有厉乡村，下有一穴，是神农所生穴也。穴口方一步，容数人立。今穴口石上有神农庙在。"《舆地纪胜》卷83随州：神农生穴，"《荆州记》：厉山下一穴，神农所生。穴口神农庙存。汉东道院赋曰：昔神农氏之神圣兮，顾尝宅于兹土"。

神农郡 南朝梁改广业郡置，治所在高邮县（今江苏高邮市）。隋开皇初废。

神运城 在今江西乐安县南。《明一统志》卷54抚州府：神运城"在乐安县南八十里。相传唐罗仆射领兵逐寇，夜有神助筑城，遗址尚存"。《方舆纪要》卷86抚州府乐安县：神运城"一名铜壶寨"。

神投海 在今越南中部清化省峨山县东海域。《明史·张辅传》：永乐七年（1409）讨简定乱，"自黄江至神投海，会师清化"。十年（1412），讨陈季扩，"八月击贼于神投海"。海域以山名。元黎崱《安南志略》卷1：神投山，"罗城、清化二郡界山也。山连两岸，海潮中流，昔人径凿南岸三峰来往。初李圣王攻占城，欲济海，烟浪不能渡，祷于山神，遂济。军还，即立祀于此，后诸山皆隶清化"。

神投海口 又作神投海、神投海门、神授海口、神符海口，或误作灵符海口。在今越南中部清化省峨山县东。《明史·安南传》：永乐七年（1409），张辅讨简定乱，"由黄江、阿江、大安海口至福成江，转入神投海口，尽去贼所树桩栅"。

神护关 在今云南盈江县北部，苏典东北十二里勐戛山麓。明万历二十二年（1594）云南巡抚陈用宾筑，为腾越八关之一。

神应港 一名白沙口。在今海南省海口市。《舆地纪胜》卷124琼州：神应港"琼州白沙津，蕃舶所聚之地，其港自海岸屈曲，不通大舟，而大舟泊海岸又多风涛之虞。王帅光祖欲直开一港，以便商旅，已开而沙复合，人亦难之。忽飓风作，自冲一港，尤径于所开者，神物所相如此，遂名神应港。时淳熙戊申也"。

神羌堡 在今山西临猗县东北。《清一统志·蒲州府一》：神羌堡"在猗氏县东北十五里峨嵋坡。汉邓禹围安邑，定河东，屯兵于此。上有高密侯庙"。

神沙山 即今甘肃敦煌市南鸣沙山。《隋书·地理志》敦煌县："有神沙山。"《元和志》卷40燉煌县："鸣沙山，一名神沙山。"

神尾山 在今河南巩义市东北。《宋史·河渠志四》：宋元丰初，都水监丞范子渊议，"起巩县神尾山，至士家堤，筑大堤四十七里，以捍大河"。

神武山 一名藏云山。即今安徽当涂县东北二十五里，北接马鞍山市界之十里长山。《新唐书·地理志》当涂县："有神武山。"

神武川 在今山西山阴县东北。《资治通鉴》：唐元和四年（809），河东节度使范希朝，置使领沙陀军，"执宜始保神武川之黄花堆"。

神武门 即今北京市故宫北门。明永乐十八年（1420）建，初名玄武门。清康熙时重修，因避圣祖玄烨讳，改名神武门。明崇祯十七年（1644）李自成率农民起义军进入北京，皇帝朱由检由此门逃到煤山（今景山）自缢。

神武卫 明景泰三年（1452）调置紫荆关城内，属大宁都司。治所在今河北易县西北紫荆关镇。

神武中卫 明建文二年（1400）置，治所在今北京市通州区南。

神武右卫 明宣德五年（1430）置，治所即今河北正定县。

神武军 ①唐调露二年（680）改大武军置，属朔州。治所在今山西朔州市东北三十三里马邑村。天授二年（691）改为平狄军。

②一作天威军。唐天宝八年（749）改振武军置，属陇右节度使。治所在今青海湟源县西南哈喇库图城

附近的石城山。《资治通鉴》：天宝八年（749），“以石堡城为神武军”。后没入吐蕃。

神武县 ①东魏置，为神武郡治。治所在今山西山阴县东南。后废。

②北齐置，为神武郡治。治所在今山西神池县东北。后为太平郡治。北周改属广安郡。隋属马邑郡。唐初废。辽复置，为武州治。移治今山西神池县。金废。

神武郡 北齐置，治所在神武县（今山西神池县东北）。后改太平郡。

神林堡 即今宁夏隆德县西南神林乡。《方舆纪要》卷58隆德县“六盘关”条下：“又神林堡在县西四十里，亦旧时戍守处也。今有神林堡递运所。”

神林湾 在今江西鄱阳湖西北部，星子县西南。《寰宇记》卷111德化县：“神林湾在湖西北湾中，有林木，林下有庙，商旅多于此阻风波，祷庙祈福而获前进，由是名焉。”

神明台（臺） 汉长安建章宫台榭之一。在今陕西西安市西北。《汉书·郊祀志》卷下：汉武帝时“立神明台、井干楼，高五十丈，辇道相属焉”。师古注引《汉宫阁疏》云：“神明台高五十丈，上有九室，恒置九天道士百人。”

神和山 在今河北唐县西北三十五里。《方舆纪要》卷12唐县：神和山“旧名石河山。居民避兵于此得免，因改今名”。

神京 即神都。指京师。南朝宋谢庄《世祖孝武皇帝歌》：“刷定四海，肇构神京。”

神府县 1937年10月西北革命根据地由神木、府谷二县析置，治贺家川（今陕西神木县东南贺家川镇）。取二县首字为名。1939年迁沙峁镇（今神木县东南沙峁乡）。1944年徙治温家川（在今神木县东南贺家川镇境内）。1948年6月又迁高家堡（今神木县西南高家堡镇）。1950年5月撤销，并入神木县。

神定河 在今湖北郧县东南。《清一统志·郧阳府》：神定河“在郧县东南二十里。源出县南六十里十堰店（今十堰市），北流入汉”。

神居山 又名天山。即今江苏高邮市西南六十里天山镇之土山。《寰宇记》卷130高邮县：“土山在县西南。按《南兖州记》云，高邮界有土山，上有土井、石臼，山下之人时见人着朱高冠，徘徊井侧。或云古列仙之宅焉。《图经》云神居山。”《舆地纪胜》卷43高邮军：神居山，“《舆地广记》云，军有神居山”。《清一统志·扬州府一》引秦观曰：“山不甚广，而股趾盘礴甚大，傍占数墟，遂为州境之望。”1979年春，因开采山石发现古墓，发掘了一号、二号大型竖井岩坑木椁汉墓，木椁为楠木“黄肠题凑”，棺内有金缕玉衣，出土近千件文物。

神树 ①在今内蒙古赤峰市西英金河南。明永乐十九年（1421）命边将置逻骑营于神树之地。正统九年（1444）命陈怀出古北口，过神树，破福余、全宁，皆此。

②即今黑龙江铁力市东神树镇。滨黑铁路有支线（绥神线）通此。

神威军 唐天宝七年（748）置，在今青海海晏县西。《新唐书·哥舒翰传》：“筑神威军青海上”，以备吐蕃。至德初，陷于吐蕃。

神泉 在今四川安县（花荄镇）西南塔水镇西。《元和志》卷33神泉县：神泉“在县西平地。冬夏温沸，气如附子，能愈众疾”。《寰宇记》卷83神泉县：神泉“按《郡国志》云：县西三十里有泉十四穴，甘香异常，痼疾饮之即痊，故曰神泉。今有祠”。《舆地纪胜》卷152石泉军：神泉，“《图经》云：俗以上巳日酌饮，可以愈疾。又名五花泉”。隋唐神泉县以此名。

神泉村 即今广东惠来县南神泉镇。《清一统志·潮州府》：神泉巡司“在惠来县南十五里神泉村，近大海”。明置巡司于此。清雍正九年（1731）移巡司于靖海所城内，仍名神泉。

神泉县 ①隋开皇六年（586）改西充国县置，属绵州。治所在今四川安县（花荄镇）西南塔水镇。《元和志》卷33神泉县：“因县西神泉为名。”大业初属金山郡。唐武德初属绵州，天宝初属巴西郡，乾元初属绵州。《资治通鉴》：唐元和元年（806），西川节度使刘辟叛，“严秦败刘辟之众于神泉”。即此。北宋政和七年（1117）属石泉军。蒙古中统五年（1264）废入安州。

②唐武德四年（621）置，属曾州。治所在今云南大理市北六十一里喜洲镇。天宝后废。

神泉河 即今广东大埔县西北汀江，为韩江上源。《方舆纪要》卷103大埔县：神泉河“在县治北。一名大河，即汀江府之鄞江也。经上杭硿头，奔激出丛石中，西流横带县治，会永安、小靖二溪。又西北流三十里，经大河山西达三河，闽、广往来水道之所必经也”。

神泉监 在今浙江建德市东北五十五里。《元丰九域志》卷5：睦州“监一，神泉，州（治今梅城镇）东五里”。《宋史·地理志》建德府神泉监：“熙宁七年置，铸铜钱，寻罢，庆元三年复。”

神泉砦 即今陕西佳县西十五里神泉乡。《宋史·地理志》晋宁军：神泉砦“地名榆林川，在废葭芦砦北。元符元年赐今名”。明代改为神泉堡。

神泉港 在今广东惠来县南神泉镇附近。《方舆纪要》卷103惠来县：光华溪“至县南十五里，合神泉港入海。《志》云：港在文昌山之阳，中有大石，潮没而汐见，俗谓之石龟”。

神泉镇 即今广东惠来县南神泉镇。《方舆纪要》卷103惠来县：神泉镇在“县南十里。有巡司。洪武初置于县之北山村。二十七年改置于此，当神泉澳口。海寇猖獗，兵民难以寄顿。嘉靖三年筑城，周不及二里。有兵戍守”。

神垕镇 即今河南禹州市西南五十里神垕镇。以盛产钧瓷而闻名。据《唐六典》卷14记载：十二月神的星座名称叫“神后”，“神垕镇因此而得名。名胜古迹有伯灵翁庙、花戏楼等。

神亭　在今江苏金坛市西北。《三国志·吴书·太史慈传》：慈战败被执，“策即解缚，捉其手曰：‘宁识神亭时邪?’”裴注：“《吴历》云：慈于神亭战败，为策所执。”《元和志》卷25延陵县：“古神亭，在县西北二十五里。初孙策与太史慈遇于神亭，即此地也。”

神前街　即今江西贵溪市西北神前。明置巡司于此。清乾隆三十一年（1766）巡司移驻鹰潭镇（今鹰潭市）。

神洞　在今江西吉水县南。《方舆纪要》卷87吉安府吉水县“黎洞”条下：神洞“在县南五里。一径如线，依山俯涧，略可容足。不百步即宽平，中有田百亩，甚肥沃。两山含翠，高入云”。

神宣驿　明置，属广元县。在今四川广元市东北朝天区宣河乡。《方舆纪要》卷68广元县：神宣驿，“正德十年并置递运所于此。《志》云：此为秦蜀之要冲，西南朝贡之通道”。清乾隆二十一年（1756）置巡司。民国设县佐。

神都　唐武则天改东都洛阳置。即今河南洛阳市。《资治通鉴》：唐光宅元年（684），“改东都为神都，宫名太初”。神龙元年（705），复称东都。

神桥　在今江西上犹县西南。《明一统志》卷58南安府：神桥“在上犹县治西南。宋咸淳间，邑人建木桥，跨三江上。每春涨多漂溺。后邑令赵明甫开新路避其险，造桥于此，成功之速若有神助，故名”。

神雀台（臺）　在今河南陕县东。《寰宇记》卷6陕州硖石县：“神雀台，在县北四十五里石壕镇东、路北。唐天宝二年，赤雀翔于台上，因名，台高五十丈，周半里。”

神堂　即今山东莱州市西南十八里神堂镇。因村有关帝庙，故名。清光绪《山东通志》卷2《舆图志》：掖县西南有神堂。《四续掖县志》卷1作神堂村，为三合乡驻地。

神堂堡　北宋大观二年（1108）筑，属定边军。在今陕西定边县南。后废。

神堂寨　即今陕西神木县东南六十里大神堂。《宋史·哲宗纪》：绍圣四年（1097），“夏人犯麟州神堂寨，出兵讨之”。金入西夏，废。

神符海口　即神投海口。在今越南中部清化省峨山县东。《方舆纪要》卷112安南建平府：神符海口“在府南境，义兴城南。永乐十年，张辅等讨陈季扩，破之于神投海口。……神投或曰即神符海口是也”。

神皋驿　唐置，在今陕西高陵县北。宋敏求《长安志》：神皋驿在高陵县北百五十步。

神鹿县　唐渤海国置，为神州治。治所在朝鲜慈城郡北鸭绿江南岸土城里；一说在今吉林临江市。后废。

神隐水　即今吉林敦化市东之沙河。源出哈尔巴岭，西南折而西北流入牡丹江。《金史·世纪》：生女直“兵势稍振，前后愿附者众。斡泯水蒲察部、泰神忒保水完颜部、统门水温迪痕部、神隐水完颜部，皆相继来附”。

神提渠　在今河南巩义市东北。《方舆纪要》卷48巩县：“神提渠在县（老城）北三里。中低而四围高，横流为患。永乐十六年，县丞华胥开此渠而水患息。”

神堆　又名黄瓜堆、黄花堆。在今山西山阴县东北。《资治通鉴》：唐景福元年（892），李克用北巡，闻李匡威等将兵八万寇云州，“克用潜入新城，伏兵于神堆，擒吐谷浑逻骑三百，匡威等大惊”。即此。

神鼎山　在今湖南湘阴县东。《清一统志·长沙府》：神鼎山“在湘阴县东六十里。上有古井”。

神景宫　唐置，即今江苏太湖中洞庭西山之灵祐观。宋朱长文《吴郡图经续记》卷中：“灵祐观，在洞庭山，唐之神景宫也，盖明皇时建。内有林屋洞，人间第九洞天也，……唐时投龙于此，因建宫。（宋）天禧五年，诏重修，改赐‘灵祐’之名。”

神策门　明南京城门名。即今江苏南京市城北之和平门。在钟阜门之东。清改名得胜门。1931年改名和平门。

神策军　唐天宝十三年（754）哥舒翰置，在今甘肃卓尼县西洮河南岸。后废。

神溪堡　明置，属茂州。在今四川茂县东北。《方舆纪要》卷67茂州：神溪堡在“州东北四十里”。

神福港市　即今湖南醴陵市西三十二里渌水南岸神福港镇。清光绪《湖南通志》卷1醴陵县图：县西有神福港。

神摩洞　在今云南宾川县西境。明洪武十五年（1382）置土巡检司于此。

神麇山　亦作神囷山。在今河北磁县西四十里。《山海经·北山经》：“神囷之山，其上有文石，……滏水出焉。”《明史·地理志》磁州：“西北有神麇山，滏水出焉。”

神麢村　在今陕西西安市东北。《旧唐书·李晟传》：德宗时，朱泚据京城，李晟自东渭桥移军于光泰门外，使王佖、史万顷“直抵苑墙神麢村”。

神臂山　亦名神臂崖。在今四川合江县西北焦滩乡南长江边。《方舆纪要》卷72泸州：神臂山在“州东八十里。亦曰神臂崖。北临江渚，险固可凭。宋淳祐三年，余玠迁州城于山上，所谓铁泸城也”。

神臂崖　即神臂山。在今四川合江县西北焦滩乡南长江边。《宋史·地理志》泸州：“淳祐三年，又城神臂崖以守。”

神臂崖城　亦名神臂山城、铁泸城。在今四川合江县西北焦滩乡南老泸村。南宋淳祐三年（1243）建在神臂崖，迁泸州于此。为抗蒙元著名山城之一。至景炎二年（1277），争战34年，五易其手。故民谚有“天生重庆，铁打泸州”。元兵最后攻破山城，迁泸州于茜草坝（今泸州市东），城坏。今遗址尚存，方园十余里，东西穿城五里，南北二里，四周环崖，三面临水。有摩崖造像、石刻、蛇盘龟等文物。

祝公桥　即今江西铅山县南祝公桥。《方舆纪要》卷85广信府铅山县：祝公桥“在县西南十五里。《闻见录》，自祝公桥三十里至葫芦岩，又三十里即崇安之桐木关，为入闽之间道”。

祝丘　春秋时鲁邑。在今山东临沂市河东区禹王城。《春秋》：桓公五年（前707），“城祝丘”。即此。西汉置即丘县。

祝阳镇　民国置，即今山东泰安市东祝阳镇。清同治《泰安县志》卷2《里社》：“祝阳距城四十五里。”

祝沟　即今山东平度市东北五十八里祝沟镇。清道光《平度县志》卷9有祝沟。

祝阿　在今山东济南市西南丰齐集北古城。《礼记·乐记》：武王“封帝尧之后于祝”，即此。春秋时为齐地，《春秋》称为“祝柯”，《公羊传》作“祝阿”，《左传》作“督扬”。西汉置祝阿县。

祝阿县　西汉置，属平原郡。治所在今山东济南市西南丰齐集北五里古城。十六国后赵时为祝阿郡治。北魏移治今禹城市西南，属东太原郡。隋属齐郡。唐属齐州，天宝元年（742）改名禹城县。

祝其　即夹谷。在今山东莱芜市西南三十里李条庄南。《左传》：定公十年（前500），“公会齐侯于祝其，实夹谷”。即此。

祝其县　唐武德六年（623）改新乐县置，属海州。治所在今赣榆县西南。八年（625）省入怀仁县。

祝林总　即今湖北随县东北境小林镇西南祝林店。清时有州同驻此。民国设县佐。

祝　又作铸。西周封国。在今山东肥城市东南。《史记·周本纪》：武王追思先圣王，乃封“黄帝之后于祝”。即此。

祝柯　即祝阿。又称督扬。春秋时齐地。在今山东济南市西南。《春秋》：襄公十九年（前554），“诸侯盟于祝柯”。即此。

祝兹侯国　在今山东胶州市西南。《汉书·功臣表》：高后四年（前184）封徐厉为祝兹侯。元封元年（前110）封胶东康王子延年为侯国。《水经·胶水注》：胶水“北径祝兹县故城东”。即此。

祝家矶　在今安徽东至县西北东流镇北。《清一统志·池州府》：祝家矶“在东流县北五里。为县治下流第三关，横江激湍，舟过甚险。昔有祝姓者，施缆于此，以济舟，故名”。

祝塘镇　即今江苏江阴市东南五十里祝塘镇。清光绪《江阴县志》卷2：祝塘市“市跨直塘河，廛肆骰列，颇称繁庶”。

祝融峰　在今湖南衡阳市南岳区西北部。为南岳衡山最高峰。海拔1290米。传以上古祝融氏葬此而得名。《水经·湘水注》：“山下有舜庙，南有祝融峰。”《清一统志·衡州府一》：祝融峰“上有青玉坛，方五丈。湘水环带山下，五折而北去。峰巅有风穴，东有望日台，西有望月台”。

祚鼎城　唐置，属翼州。在今四川茂县西北。《新唐书·地理志》：翼州有祚鼎城。

祇洹寺　在今湖北荆州市荆州区旧江陵县城内。《资治通鉴》：南朝梁承圣三年（554），西魏于谨攻江陵，元帝十一月丁酉，夜宿民家，“己亥移居祇洹寺。于谨令筑长围，中外信命始绝”。

祇洹舍　在今山西大同市东北平城故城。为北魏著名寺庙。《水经·㶟水注》：“东郭外，太和中，阉人宕昌公钳耳庆时立祇洹舍于东皋。椽瓦梁栋，台壁棂陛，尊容圣像，及床坐轩帐，悉青石也。图制可观，所恨唯列壁合石，疏而不密。庭中有祇洹碑，碑题大篆非佳耳。然京邑帝里，佛法丰盛，神图妙塔，桀峙相望，法轮东转，兹为上矣。”王先谦注：“《魏书·阉官传》：王遇字庆时，本名恶地，冯翊李润镇羌也，姓王氏，后改氏钳耳，赐爵宕昌公。”

祇鸿县　即桓鸿县、旋鸿县。在今内蒙古丰镇市东北。《魏书·地形志》桓鸿县诸本下注：“一本作祇鸿。”

祢　在今山东菏泽市牡丹区西南二十里。《诗经·邶风·泉水》：“饮饯于祢。”即此。一名大祢沟。又名冤水，汉冤句县以此名。今湮。

祢衡墓　在今湖北武汉市汉阳鹦鹉洲腰路堤正平祠。祢衡（173—198），字正平，平原般（今山东临邑东北）人。汉末文学家。性刚傲物，终被江夏太守黄祖杀害。原墓在武昌黄鹄矶西面大江中古鹦鹉洲。明成化年间湮没江中。今墓是清光绪二十六年（1900）重修的衣冠冢。

祠山　即横山。在今安徽广德县西北五里。《寰宇记》卷103广德县：祠山“在县西五里。旧为横山。有广德王张公祠，天宝中封为祠山”。

〔フ一〕

郡王旗　即内蒙古伊克昭盟鄂尔多斯左翼中旗。清顺治六年（1649）置，驻地即今内蒙古伊金霍洛旗（阿腾席连镇）。民国间属绥远省，1954年划归内蒙古自治区。1958年与扎萨克旗合并，改设伊金霍洛旗。

郡贝子旗　和硕特北右翼旗的俗称。在今青海刚察县北。

郡利部　唐黑水靺鞨十六部之一。在今俄罗斯哈巴罗夫斯克边疆区黑龙江下游尼古拉耶夫斯克（庙街）一带。开元间属黑水都督府。《新唐书·黑水靺鞨传》：“黑水西北（按，应为东北之误）又有思慕部，益北行十日得郡利部……拂涅、铁利、虞娄、越喜时时通中国，而郡利、屈设、莫曳皆不能自通。”即此。

退抟站　在今吉林蛟河市东北前进乡。元、明、清设驿站于此。

退谷 在今湖北鄂州市西樊山、郎亭之间。唐元结游此，孟士源命之曰退谷。元结作《退谷铭》。

退思园 在今江苏吴江市同里镇中心。始建于清光绪十一年（1885），为伍兰生罢官归里后所建私家园林，园名取“退而思过”之意。采用西宅东园之制。宅居部分为两层楼房，四水归堂，楼间以走廊贯通。园居部分又分前后，前为饮宴宾客之处，后为游憩观赏之所。此园池水面积过半，沿池建筑贴水面，如浮水上，园西南的桂花厅独立成院，为幽静的园中之园。园中主体建筑为“退思草堂”，堂前大月台上可环视各景点。西北角的坐春望月楼上可俯瞰全园景色。2000年以苏州古典园林被列入世界文化遗产的补充项目。2001年定为全国重点文物保护单位。

退前岭 在今广东阳西县南。《方舆纪要》卷101阳江县“斜岭”条内：退前岭“在县西五十里。以两山耸拔，行者难前而名。或作退钱岭。以地广人稀，商贾经此，多被劫掠也”。

既阳县 西晋太康二年（281）置，属毗陵郡。治所在今江苏江阴市东南长寿镇南。南朝宋改名暨阳县。

既济泉 在今贵州镇宁布依族苗族自治县东。《方舆纪要》卷121安顺府：既济泉“在州治东。其地极热，此水独凉”。

屋兰县 西汉置，属张掖郡。治所在今甘肃山丹县西北。北魏废。

屋床山 在今云南保山市南七十里。《方舆纪要》卷118引《滇程记》：“由永昌过蒲骠驿，经屋床山，箐险路狭，马不得并行。过山至潞江之外，为高黎贡山。”

屋岭水 在今湖南汝城县南六十里。《清一统志·郴州一》：屋岭水“源出屋岭山，下流合广东韶州府仁化县大江。又一支西北流，入耒水”。

屋侯泉 在今山西忻州市西北。《魏书·太宗纪》：泰常八年（423），拓跋嗣自南而北巡，“秋七月，幸三会屋侯泉”。即此。

屋楼山 在今山东莒县东二十里。元于钦《齐乘》作“屋漏山”。《方舆纪要》卷35莒州“焦原山”条下：屋楼山“以重叠耸秀而名”。

屋窦城 在今内蒙古土默特左旗南。《魏书·太宗纪》：泰常七年（422），“自云中西行，幸屋窦城”。即此。

屏山 ①又名平山。在今安徽泗县北二十里。《清一统志·泗州》：屏山“列翠环抱，如屏幛然。一名平山，下有屏山湖”。

②在今福建建瓯市西北百里。《清一统志·建宁府》：屏山“横障水口，屹然如屏”。

③又名越王山。即今福建福州市北屏山。《方舆纪要》卷96福州府：越王山“在府城北，半蟠城外。东联冶山。一名屏山，以形似屏扆也”。

④在今福建武夷山市东南。《明一统志》卷76建宁府：屏山“在崇安县东南，以形似名。宋刘子翚世居其下”。学者因称为“屏山先生”。

⑤在今广西柳州市南一里。唐柳宗元《柳州山水近治可游者记》：驾鹤山“南有山，正方而崇类屏者，曰屏山”。

⑥在今陕西延长县南。《方舆纪要》卷57延长县：屏山“在县治南。以形似名”。

屏山县 ①明万历十七年（1589）置，为马湖府治。治所在今四川屏山县西南屏山镇。明曹学佺《蜀中广记》卷52屏山县：“取宝屏山为名。”清雍正五年（1727）废府，县属叙州府。民国初属四川永宁道。1928年直属四川省。2006年迁治新发乡。

②1916年由都阳、安定、兴隆三土司合并设置，属广西南宁道。治所即今广西都安瑶族自治县。寻改为都安县。

屏山墟 又作平山。在今广东广州市番禺区西北屏山村，西与顺德市接界。民国《番禺县续志》卷5：墟市有“屏山墟”。

屏山镇 即今安徽黟县东北七里屏山。清道光《黟县志》图：城东北有屏山。

屏风山 ①亦名屏风岩、程公岩。即今广西桂林市东北屏风山。南宋范成大《桂海虞衡志》：“屏风岩，在平地断山峭壁之下。入洞门，上下左右皆高广百余丈，中有平地，可宴百客。仰视钟乳，森然倒悬者甚多。蹑石磴五十级，有石穴通明。”

②在今广西河池市西河池镇东北。《明一统志》卷84庆远府：屏风山“在河池县东北三里。形如屏风”。明天顺六年（1462）河池县迁治于此。

③又名夏祠山、南山、翠屏山。在今重庆市忠县长江南。《元丰九域志》卷8临江县：“有屏风山。”《方舆胜览》卷61咸淳府：屏风山“即夏祠山”。明曹学佺《蜀中名胜志》卷19忠州：“南山，即翠屏也。在对岸二里。山中有禹庙、陆宣公墓、玉虚观、朝真洞、望夫台、仙履迹诸胜、白傅作楼以望之。”

④在今贵州惠水县西北。《清一统志·贵阳府》：屏风山“在定番州西北废上马桥司南一里”。

屏风屿 又名火焰山。在今福建霞浦县东南。《闽书》：火焰山“在松山东南海中断屿，一名屏风屿”。明嘉靖三十八年（1559）倭寇犯境，参将黎鹏举等击败之于屏风屿。

屏风峡 在今甘肃礼县西。《方舆胜览》卷70西和州：屏风峡“在长道县西四十里。大观间，郭思作《祁山神庙记》，以此为正祁山”。

屏风寨 在今安徽宿松县西北。《方舆纪要》卷26宿松县：屏风寨“在县西三十里西源山中，有山自麓至顶，有九井相贯，层岩峭壁，险固可恃”。

屏东市 1933年日本占领期间置，属高雄州。治所即今台湾屏东县。1945年抗日战争胜利后仍设屏东市，为台湾省辖市。1950年改设屏东县。据《清一统志·台湾府》：半屏山“在凤山县北七里。《通志》：自台湾县大小冈山，迤逦而南，近附于县治者，为半屏山。形如画屏，故名”。屏东以在半屏山之东，故以为名。

屏东线 即台湾铁路屏东线。从高雄至枋寮（今屏东县南枋寮）。长56.7公里。清光绪三十三年（1907）动工修建，1920年修至潮州，1937年建成。

屏边县 1933年改靖边行政区置，直属云南省。治所即今云南屏边苗族自治县。1963年改设屏边苗族自治县。

屏南县 清雍正十二年（1734）割古田县北境双溪地置，属福州府。治所即今福建屏南县东北双溪镇。1913年属福建东路道。1914年属闽海道。1928年直属福建省。1950年迁治今县西南长桥镇。1956年移今治。民国吕式斌《今县释名》：屏南县（旧治双溪镇）“在古田之翠屏山南，故名”。

屏南暗沙 在南海中中国中沙群岛内，位于中沙大环礁浅湖的中部。东北距南扉暗沙3.8海里，西距乐西暗沙7.3海里。1947年公布名称为屏南暗沙。

屏营驿 一作平营驿。清置，属奇台县。在今新疆奇台县东南九十里老奇台镇。宣统《新疆图志》卷79奇台县：屏营驿“即奇台旧治城。注：戈壁平旷，城驻巡检，城外居民百余家”。

屏帷山 一名翠帷山。在今福建尤溪县西。明嘉靖《延平府志》卷2《山川》尤溪县：屏帷山“在县治西。自贵人峰傍出，环县之西市，如屏帷然”。

屏锦铺 即今重庆市梁平县西南屏锦镇。清光绪《梁山县志》卷3：屏锦铺在“县西七十里”。

昼 战国齐邑。在今山东淄博市临淄西北。《孟子·公孙丑下》：“孟子去齐，宿于昼”。赵岐注：“昼，齐西南近邑。”

昼锦堂 在今河南安阳市。《明一统志》卷28彰德府：昼锦堂“在府治北。宋韩琦以宰相判归乡郡，建于居第。欧阳修记，蔡襄书。碑刻尚存”。

弭 ①西周畿内封国。在今陕西蓝田县南。遗物有《弭伯簋》、《弭叔簋》等。郭沫若《弭叔簋及訇簋考释》：“弭叔又称师察或弭伯师察，可知察其名，师其官，伯其爵，弭其封邑。”

②春秋郑邑。在今河南新密市境。《左传》：庄公二十一年（前673），郑伯与虢叔“胥命于弭”。

弭秣贺国 即米国。一作弥末国。都城在钵息德城（今乌兹别克斯坦撒马尔罕东一百四十里喷赤干古城，一说在米马巴札尔）。唐玄奘《大唐西域记》卷1：弭秣贺国“周四五百里。据川中，东西狭，南北长。土宜风俗，同飒秣建国”。

费 ①春秋滑国都。在今河南偃师市东南府店镇北二里。《左传·成公十三年》：“殄灭我费滑。”杜注：“滑国都于费，今缑氏县。”

②春秋时鲁邑。在今山东鱼台县西南（鱼城西南）。《左传》：隐公元年（前722），“夏四月，费伯帅师城郎”。费为鲁大夫费伯食邑。

③春秋时鲁邑。在今山东费县西北二十里古城。《左传》：僖公元年（前659），“公赐季友汶阳之田及费”。即此。

费儿忽站 明置，在今吉林敦化市西南。明《辽东志》卷9：开原东陆路有“费儿忽”站。

费市 即今浙江宁波市西北费市镇。旧属慈溪县。清雍正《慈溪县志》卷1：费市在“县东二十里”。

费州（费 fèi） 北周宣政元年（578）置，治所即今贵州思南县。《寰宇记》卷121费州：“因州界费水以立郡名。”唐贞观十一年（637）移涪川县于此，为费州治。天宝初改为涪川郡，乾元初复为费州。辖境相当今贵州思南、德江县地。后废。

费那克特 属西辽。在今乌兹别克斯坦塔什干西南锡尔河沿岸。

费克图河 亦作斐克图、蜚克图河、弗朵秃河。在今黑龙江省哈尔滨市阿城区东北与宾县交界处。《清一统志·吉林一》：费克图河“在阿勒楚喀城东界。源出扎松阿山，西北流至城东北八十里，入混同江”。

费克图站 亦作蜚克图。在今黑龙江省哈尔滨市阿城区东北蜚克图镇附近。《清一统志·吉林二》：萨库哩站“又东北六十五里至费克图站”。

费县（费 bì） ①西汉置，属东海郡。治所在今山东费县西北二十里古城。东汉属泰山郡，改为侯国，后复为县。西晋属琅邪国。南朝宋属琅邪郡，移治祊城（今费县东北方城镇）。北魏太和二十年（496）移治薛固（今费县东薛庄）。北周移治阳口山南（今费县北四十里）。隋开皇三年（583）还治祊城，属沂州。大业初属琅邪郡。隋末废。唐武德四年（621）复置，属沂州。移治今费县。明属兖州府。清属沂州府。民国初属山东济宁道。1925年改属琅玡道。1928年直属山东省。

②南朝宋初改怀德县侨置，属南琅邪郡。治所在今江苏南京市。元嘉十五年（438）废。

费林州 唐天宝前置羁縻州，属雅州都督府。治所在今四川宝兴县境。后废。

费城 即今安徽涡阳县东北六十里丹城集。《魏书·地形志中》：临涣郡丹城县“治费城”。

费信岛 在南海中中国南沙群岛的北部，位于马欢岛北5海里。东西长约230米，面积约为0.04平方公里。岛上林木茂盛，鸟粪丰富。中国渔民向称罗孔仔。1935年公布名称为扁岛。1947年改名费信岛，以纪念郑和下西洋的随员费信而命名。

费侯国（费 bì） 东汉改费县为侯国，属泰山郡。治所在今山东费县西北二十里古城。后复为县。

费亭 ①在今山东鱼台县西南。《三国志·魏书·武帝纪》：“桓帝世，曹腾为中常侍大长秋，封费亭侯。”即此。《晋书地道记》：“湖陆西有费亭城。”

②在今河南永城市西南。《三国志·魏书·武帝纪》：“曹腾为中常侍大长秋，封费亭侯。”

费滑 即滑。在今河南偃师市东南府店镇北二里。

《左传》：成公十三年（前578），晋吕相绝秦曰："殄灭我费滑。"又，襄公十八年（前555），楚"芳子冯、公子格率锐师侵费滑"。即此。

费德哩山　在今吉林靖宇县南。为松花江与辉发河的分水岭。《清一统志·吉林一》：费德哩山"在（吉林）城南五百里，高二十里，周四百余里"。光绪《吉林通志》卷18："费德哩，倚傍也。"

〔7丨〕

陡山　即斗山。在今江苏盱眙县西南。《资治通鉴》：唐咸通十年（869），辛谠运粮钱船"还至斗山"。胡注："斗山，在盱眙县，亦曰陡山，临淮流。斗山之东，则古盱眙。"《方舆纪要》卷21盱眙县：陡山"下瞰淮流，其势陡峻"。故名。

陡山河　为小潢河支流。在今河南新县、光山二县境。《方舆纪要》卷50光山县"梅林河"条下："县南九十里有陡山河，……东北流入官渡河。"

陡山河店　即今河南新县西北三十一里陡山河乡。清尹耕云《豫军纪略》卷1：同治三年（1864）四月，太平军自向家店等地，退走"陡山河保"。

陡门市　亦作斗门。即今江苏无锡市西北陡门桥。

陡门墟　即今广东台山市西南北陡镇。为海防要地。清有炮台，设把总驻守。

陡冈埠　即今湖北孝感市西北陡冈镇。清光绪《孝感县志》卷2："陡冈埠，在城西四十里。"

陡石关　在今甘肃和政县南吊滩乡。《清一统志·兰州府二》：陡石关"在河州（今甘肃临夏市）南八十里，有堡"。

陡阳关　即斗焰关。在今安徽和县西北四十里。《方舆纪要》卷29和州：斗焰关亦名陡阳关。"明初取和阳，遣张天祐等将奇兵出陡阳关"。

陡沟　又名徙沟。在今安徽灵璧县西南、固镇县东，北接马路沟，南入浍。长为二十余里。《宋史·李显宗传》：南宋隆兴元年（1163），李显宗"自濠梁渡淮，至陡沟"。即此。

陡沟店　即今河南正阳县南陡沟镇。民国《重修正阳县志》卷1："陡沟店，城西南六十里。有集。"

陡沟河　在今湖北老河口市南。《方舆纪要》卷79光化县：陡沟河在"县南三十里，流入汉水"。

陡松岭　在今辽宁盖州市南。《方舆纪要》卷37盖州卫：陡松岭"在城南百里。又南十里为猫儿岭"。

陡岭儿口　在今河北阜平县西北。《方舆纪要》卷14阜平县：陡岭儿口"在吴王口西南二十里，嘉靖二十一年筑城置戍"。

陡河　即今湖北西北汉江支流堵河。《清一统志·郧阳府一》：渚水"一名庸水。一名武陵水。俗名陡河"。

陡泉山　在今山西昔阳县西四十里。《明史·地理志》："（沾岭）又西有陡泉岭，洞涡水所出。"

陡撞沟口　在今河北阜平县西北。《方舆纪要》卷14阜平县：陡撞沟口在"县西北百里。南至龙泉关四十里。嘉靖二十二年置戍于此。《关隘考》：自陡撞沟口以下二十一口，所谓龙泉北路也，皆在县境，口南五里曰坑儿沟口，又南二十里曰黑岩沟、窜道沟等口，又南五里为石湖沟口，俱宏治、嘉靖间筑城置戍处也"。

陟州　唐武德二年（619）置，治所在修武县（今河南辉县市西南）。四年（621）废。

除口戍　在今陕西宁强县西北阳平关一带。《水经·漾水注》："汉水又西南，径关城北，除水出西北除溪，东南流入于汉。"《资治通鉴》：南朝梁天监十四年（515），任太洪"袭破东洛、除口二戍"。除口戍即此。

除口郡　北魏置，治所在今陕西宁强县西北嘉陵江西岸燕子口附近。后废。

险山堡　明嘉靖二十五年（1546）置，在今辽宁宽甸满族自治县西南土城子村。明《全辽志》卷2：险山堡"嘉靖四十二年抚按会题设立参将驻镇本堡，新募并原伍官军三千七十四员名"。民国《奉天通志》卷81宽甸县："新开河又南流经土城子村东，村为明险山堡故址。"

险渎县　西汉置，属辽东郡。治所在今辽宁台安县东南二十里孙城子村东。《汉书·地理志》险渎县注："县以水险，故曰险渎。"东汉改属辽东属国。三国魏废。

院上集　即今山东莱西市西南三十八里院上镇。旧属莱阳县。清光绪《山东通志》卷2《舆图志》：莱阳县西南有院上集。因北齐天保年间曾建靖林禅院于此，故名。

院场坪　即今湖南泸溪县（白沙镇）西北洗溪镇。明置巡司于此。后废。

院西口河　在今河北安平县北。《方舆纪要》卷14安平县：院西口河在"县北二十五里。其西通博野县沙河、滋河、唐河，三水分流经此入饶阳县界，注于滹沱。今废"。

院泽水　在今江西进贤县东南五里。《方舆纪要》卷84进贤县：院泽水"源发临川县界之榭山下，会于臧溪，湾旋九曲，下流东北出，入鄱阳湖"。

院桥市　即县桥市。今浙江黄岩市南二十二里院桥镇。

院堡集　即今河北魏县西南二十里院堡乡。同治《畿辅通志》卷52大名县图：西有院堡集。

逊扎布站　又作孙札保站、五家子站。清置，即今吉林松原市东南五家站镇。《清一统志·吉林二》"金州鄂佛罗站"条下："图赖昭站又西北五十里至逊扎布站，即五家子站。"

逊母口集　亦作顺母口。即今河南太康县西逊母口镇。明嘉靖《太康县志》卷1《集店》："逊母口集，西三十里。"

逊克县 1942年合逊河、奇克二县置，属黑龙江省。治所即今黑龙江省逊克县。由二县各取一字为名。

逊河 在今黑龙江省逊克县南。《清一统志·黑龙江》：逊河“在黑龙江城西南二百二十里。源出西兴安岭，东南流入黑龙江”。乾隆《盛京通志》卷28：逊河“国语（满语），逊，奶浆也”。

逊河设治局 1929年置，属黑龙江省。治所在今黑龙江省逊克县西南逊河镇。民国《黑龙江志稿》卷2：逊河设治局“地濒逊河”，因名。1931年改为逊河县。

逊河县 1931年改逊河设治局置，属黑龙江省。治所在逊河（今黑龙江省逊克县西南逊河镇）。民国《黑龙江志稿》卷2：“地濒逊河。”故名。1942年并入逊克县。

眉山 在今浙江余姚市西北。《方舆纪要》卷92余姚县：眉山在“县北三十五里。海中望之，如修眉然。其北五里有巡司”。

眉山市 2000年撤销四川省眉山地区和眉山县，改设地级眉山市；原眉山县改置东坡区。眉山市人民政府驻东坡区。

眉山县 北宋太平兴国元年（976）改通义县置，为眉州治。治所即今四川眉山市。元至元二十年（1283）省入眉州。1913年降眉州为眉山县，属四川建昌道。1928年直属四川省。北宋著名文学家苏洵、苏轼、苏辙父子为眉山县人。今城南苏氏故居有“三苏祠”。2000年撤销眉山地区和眉山县，设立地级眉山市。原眉山县改置东坡区。

眉山店 在今河南新密市东。《金史·武仙传》：天兴元年（1232），汴京被围，武仙自宛、邓入援，“至密县东，遇大元大将速不艀兵过之，仙即按军眉山店”。即此。

眉山郡 隋大业三年（607）改嘉州置，治所在龙游县（今四川乐山市）。辖境相当今四川乐山、峨眉山、青神、眉山、丹棱、洪雅、夹江、峨边等市县地。唐武德元年（618）改为嘉州。

眉山镇 元置，属余姚县。在今浙江余姚市西北青港村北五里。明洪武二十年（1387）迁至今余姚市北新新村附近桑家村。清康熙三十九年（1700）废。

眉邓州 唐武德四年（621）置，治所在今云南剑川县西六十四里马登镇。辖境约当今云南剑川县西部地。吐蕃废。

眉石北隘 在今浙江瑞安市东南飞云江南岸沙园村东。《方舆纪要》卷94瑞安县：眉石北隘“在县东南沙园所东。东至大海，南会陌城寨，西至平阳所，北会陡门，极为冲要。嘉靖中，倭贼从此登犯”。

眉州 西魏废帝三年（554）改青州置，治所在齐通郡齐通县（今四川眉山市）。《太平御览》卷166引《周地图记》曰：眉州“因峨眉山为名”。北周辖境相当今四川眉山、丹棱、青神等市县地。隋废。唐武德二年（619）复置，治所在通义县（今四川眉山市）。天宝元年（742）改为通义郡，乾元元年（758）复为眉州。辖境扩大，相当今四川眉山、彭山、丹棱、洪雅、青神等市县地。宋以后缩小。元属嘉定路，省眉山县入州。明洪武九年（1376）降州为眉县。十三年（1380）复升为眉州，属四川布政司。清属四川省。1913年改置眉山县。

眉州驿 在今四川眉山市东。《方舆纪要》卷71眉州：眉州驿“在州东七里，水驿也”。

眉州站 元置，在今四川眉山市东七里岷江岸。为成都川江水站之一。明改为眉州水驿。

眉江 即今广西蒙山县南蒙江，为西江支流。《清一统志·平乐府一》：眉江，“《州志》：蒙江一名眉江，在（永安）州南二十里。以湾曲宛若眉状而名”。

眉县 明洪武九年（1376）降眉州置，属嘉定州。治所即今四川眉山市。十三年（1380）复置眉州。

眉亮营 在今湖南麻阳苗族自治县西。《方舆纪要》卷81麻阳县“小坡营”条下：“又眉亮营在县（治今锦和镇）北，亦戍守要地。其相近有爆木、大梢等营。（嘉靖）二十七年，官军分扑诸苗屯鸦剌、眉亮、爆木、大梢四营，剿回保崖峀、毛冈、板栗、昔朗、冷水、红岩、下水、坡搅、略变九砦，皆湖广诸苗砦也。”

胥口 ①又名建德江口。即今浙江建德市东胥溪南流入富春江之口。《梁书·侯景传》：大宝二年（551），侯景将刘神茂等据东阳，又遣其党元頵“下据建德江口”。又《方舆纪要》卷90严州建德县“胥口溪”条：“明初张士诚来侵，至大浪滩，李文忠遣将何世明西出乌龙岭至胥口，破走之。”皆此。

②即今江苏苏州市吴中区木渎镇西南胥口。清设太湖营驻兵设防。

胥口溪 即今浙江建德市东北胥溪。宋《淳熙严州图经》卷2建德县：胥口江“在州东二十五里。地名胥村，故以名水”。《方舆纪要》卷90建德县：胥口溪“自胥岭发源，三十里至胥口，逆流十里达于江，亦谓之胥口江，亦谓之建德江”。

胥口镇 北宋置，属四会县。在今广东江门市三水区北。

胥山 ①又名庙诸山、仆射山。在今江苏苏州市西南四十里，太湖东岸胥口之南。《史记·伍子胥传》：伍子胥死，“吴人怜之，为立祠于江上，因命胥山”。《越绝书·吴地传》：阖庐时，“筑吴越城，城中有小城二，徙治胥山”。可见胥山之名，阖闾时已有之，非祠祀伍胥而得名。

②即今浙江杭州市南之吴山。《史记·伍子胥列传》：“吴王闻之大怒，乃取子胥尸盛以鸱夷革，浮之江中，吴人怜人，为立祠于江上，因命曰胥山。”或说在今江苏南境。

③在今浙江嘉兴市东二十六里胥山村。《元丰九域志》卷5：秀州嘉兴县“有胥山”。《舆地纪胜》卷

3：胥山“在嘉兴县东南。《晏公类要》云：昔子胥经营于此”。故名。

胥门　又名姑胥门。今江苏苏州市旧城西南门。《吴越春秋》卷10：“越王追吴王，欲入胥门，未至六七里，望吴南城。”《吴地记》称：“本伍子胥宅，因名。”

胥女山　即白石山。在今江苏苏州市吴中区西南三十里。《越绝书·吴地传》：“白石山，故为胥女山，春申君初封吴，过，更名为白石山。”

胥台（臺）　即姑苏台。在今江苏苏州市西南姑苏山上。

胥母山　又名莫鳌山。俗称东山。即今江苏苏州市西南洞庭东山。原系太湖中小岛，元、明后始与陆地相连成半岛。《越绝书·吴地传》：阖闾“旦食于纽山，昼游于胥母”。即此。《方舆纪要》卷24苏州府长洲县：莫鳌山“谓子胥尝迎母居此”，故名。

胥各庄　即今河北唐山市丰南区（胥各庄镇）。清《畿辅舆地全图》丰润县：胥各庄镇在“县东南六十里”。是唐胥铁路的终点站，也是京哈线的车站名。1947年后为丰南县治。

胥州　唐武德五年（622）置，治所在胥浦县（今越南清化省清化西北）。贞观元年（627）废。

胥江站　元置，在今广东三水市北芦苞镇。明称胥江街，置巡司于此。

胥江街　即芦苞墟。今广东江门市三水区北芦苞镇。《方舆纪要》卷101广州府三水县：胥江巡司“在县北五十里”。

胥岭　在今浙江建德市东北六十四里。与桐庐县接界。宋《淳熙严州图经》卷2建德县：“北至分水县界六十里，以胥岭为界。”

胥浦县　①西汉置，为九真郡治。治所在今越南清化省东山县阳舍村。南朝宋属九真郡。唐武德五年（622）为胥州治。九年（626）属南陵州，天宝中废。

②南朝梁置，属吴郡。治所在今上海市金山区（山阳镇）西北胥浦塘。寻省。

胥浦桥　在今江苏仪征市西北七里胥浦镇。《宋史·高宗纪九》：南宋绍兴三十一年（1161），“金人犯真州，步军司统制邵宏渊逆战于胥浦桥”，即此。

胥浦塘　在今上海市金山区（山阳镇）西北。《方舆纪要》卷24松江府华亭县：胥浦塘“相传子胥所凿，其源自长泖而东，会诸泾港之水，北流会于潢潦泾”。今西南接浙江嘉善县上海塘，东北流入掘石港，仅十余里长，已不能直入潢潦泾。

胥溪　即今江苏高淳县东之胥河。《方舆纪要》卷20江宁府溧阳县“广通镇”条：“《志》云，春秋时，吴王阖闾伐楚，用伍员计，开河运粮，东通太湖，西入长江，因名胥溪河。其后渐湮。”唐景福元年（892）更作鲁阳五堰，宋初五堰渐废，改建为东、西两坝。明洪武二十五年（1392）复浚胥溪河，建石闸，名广通镇。嘉靖三十五年（1556）更筑下坝，从此高淳诸湖水不复东行。1958年拆东坝引水，拓浚胥河。今西起高淳县固城湖，经东坝、下坝、定埠至溧阳县朱家桥桠溪河口接南河。

胥靡　春秋郑邑。在今河南偃师市东南。《左传》：襄公十八年（前555），楚“芳子冯、公子格率锐师侵费滑、胥靡”。后为周邑。昭公二十六年（前516），“王入于胥靡”。即此。

孩儿庄　又名孩儿馆、车前营。在今河北迁西县北五十里汉儿庄乡。《金史·地理志》大定府神山县：“升孩儿馆为滦阳县。”

孩儿城　在今湖南沅江市北六十里草尾嘴。清光绪《湖南通志》卷41：孩儿城“相传杨幺之子屯兵处”。

孩懒水　即今黑龙江省海林市南海浪河。源出市西南张广才岭，东北流入牡丹江。《金史·世纪》：“是时，邻部虽稍从，孩懒水乌林答部石显尚拒阻不服。攻之，不克。”即此。清作海兰河。

〔フノ〕

姥下河　在今安徽和县南。《宋史·河渠志》：南宋乾道二年（1166），“以和州守臣言，开凿姥下河，东接大江，防捍敌人，检制盗贼”。《方舆纪要》卷29和州：姥下河“在州西南三十里姥下镇。源出麻湖，东南流入大江”。

姥下镇　北宋置，属历阳县。即今安徽和县西南三十里姥桥镇。

姥山　①在今安徽合肥市南巢湖中。《明一统志》卷14庐州府：姥山“在府城东南一百里巢湖中。居合肥、巢、庐江三邑之间。一名圣女山。上有太姥庙”。

②一作老山。在今安徽繁昌县东北三十里，三山镇南。《宋书·沈攸之传》：“大破贼于赭圻城外，追奔至姥山”，即此。

姥乌山　在今安徽巢湖市西南。《清一统志·庐州府一》：姥乌山“在巢县西南五十里。尖峰峭出，北瞰焦湖。下有桃花岭，通无为州路。有泉曰小甘泉”。

姥岭　在今浙江慈溪市南横河镇东南龙南村南。《方舆纪要》卷92余姚县：姥岭“在县东北十五里。东去烛溪湖五里”。

姺　即莘。又作辛或侁。在今山东曹县北十八里莘冢集。《左传·昭公元年》：“商有姺、邳。”

姚力民办事处　1941年由鄂托克、杭锦旗交界的姚力民地区析置（县级），驻姚力民（今内蒙古鄂托克旗东北姚力民）。1950年撤销，并入鄂托克旗。

姚千户屯　即今辽宁沈阳市东南姚千户屯镇。民国徐曦《东三省纪略》卷8南满铁路各线车站道里表：安奉线“姚千户屯驿距陈相屯驿七里五”。

姚市镇　即今四川安岳县东北五十里姚市镇（姚市场），接潼南、遂宁界。清道光《安岳县志》卷11：

嘉庆年间，白莲教张子总“自遂宁东禅寺入安岳境，焚附郭乡通贤场、煅玉带桥，宿姚市镇”。

姚奴堡 在今陕西彬县南。《晋书·苻登载记》：东晋太元十九年（394），登自雍“攻屠各姚奴、帛浦二堡，克之，自甘泉向关中”。又《方舆纪要》卷94邠州：姚奴堡“在胡空堡（今彬县南）东。又有帛浦堡，姚奴、帛浦皆屠格姓名筑堡于此”。

姚刘沙 在今上海市崇明县东北响啊镇一带。《方舆纪要》卷24太仓州崇明县“崇明旧城”条记：“宋天圣三年，续涨一沙，与东沙接，民多徙居之，而姚、刘二姓为盛，因名姚刘沙。”南宋嘉定十五年（1222）置天赐盐场于此。元世祖至元十四年（1277）升为崇明州，设治于此。至正十二年（1352）徙州治于故城北十五里之东沙。

姚关 在今云南施甸县南四十里。《方舆纪要》卷119湾甸州：姚关在“州北七十里，东北接顺宁府界。万历十一年缅陷木邦，湾甸酋景宗真复导缅寇姚关，焚掠顺宁。明年官军进讨，缅酋复合东西诸路兵进寇姚关，参将邓子龙大破之于攀枝花，其地在姚关南也。十三年添设姚关守备于此”。恤忠祠、清平洞、烹象处等遗迹今存。

姚州 ①唐武德四年（621）置，治所在余姚县（今浙江余姚市）。辖境相当今浙江余姚市大部和慈溪市西部地。七年（624）废。

②唐武德四年（621）置，为姚州都督府治。治所在姚城县（今云南姚安县西北光禄镇旧城）。辖境约当今云南姚安县地。《旧唐书·地理志》：“武德四年，安抚大使李英，以此州内人多姓姚，故置姚州。”为唐经营西南边疆的重镇。天宝后废。南诏改弄栋节度。宋大理改姚府。元至元十二年（1275）复置，属大理路。治所在今姚安县西北光禄镇。天历元年（1328）为姚安路治。明为姚安府治，治所迁今姚安县城栋川镇。清乾隆三十五年（1770）改属楚雄府。1913年废为县。

姚州都督府 唐武德四年（621）置，治所在姚州（今云南姚安县西北光禄镇旧城）。辖境约当今云南西北部。麟德以后辖境扩大，东边包有今昆明，南至曲江，西抵怒江。后来滇西北部分地被吐蕃占领。天宝后废。

姚江 ①一名舜江，下游又称前江、慈溪江。甬江支流。源出今浙江上虞市西南，东流经余姚市、宁波市鄞州区，至三江口合奉化江后为甬江。《明史·地理志》绍兴府余姚县：姚江“源自县西南太平山，一名舜江，西北流至上虞县，乃东北出，经县南，又东为慈溪之前江”。

②浙江余姚的别称。明王守仁为余姚人，故称其所学曰姚江学派。

姚江驿 在今浙江余姚市城东。《方舆纪要》卷92余姚县：姚江驿在“县治东一里，江北岸。宋置宁波驿，在城西，明初改置”。清康熙九年（1670）废。

姚安县 1913年废姚州改置，后属云南腾越道。治所即今云南姚安县。1929年直属云南省。

姚安所 明洪武二十一年（1388）置姚安守御千户所，属楚雄卫。治所即今云南姚安县。清康熙二十六年（1687）废。

姚安府 明洪武十五年（1382）改姚安路置，二十七年（1394）升姚安军民府，属云南布政司。治所在姚州（即今云南姚安县）。辖境约当今云南姚安、大姚、永仁等县及四川攀枝花市金沙江以南地。清属云南省。乾隆三十五年（1770）废。

姚安路 元天历元年（1328）置姚安路军民总管府，属云南行省。治所在姚州（今云南姚安县西北光禄镇）。辖境约当今云南姚安、大姚、永仁等县及四川攀枝花市金沙江以南地。明洪武十五年（1382）废为府。

姚村 ①即今河北定兴县西南姚村乡。清同治《畿辅通志》卷47定兴县图：西南有姚村镇。

②即今山东曲阜市西北十五里姚村镇。清乾隆《曲阜县志》卷36：“姚村，有集。”

③即今河南林州市北姚村镇。民国《林县志》卷1《乡镇》：“姚村，距城二十五里。”

姚李庙镇 即今安徽霍邱县南姚李镇。清乾隆《颍州府志》卷2：霍邱县有姚家庙。

姚谷县 北魏置，属白水郡。治所在今陕西白水县东北六十里。隋废。

姚沟 即今安徽无为县南姚沟镇。清乾隆《无为州志》卷4《镇集》：姚家沟“在治东南四十里无为乡”。

姚沟镇 即尧沟店。今山东昌乐县西尧沟镇。

姚武壁 在今陕西合阳县东北。明曹学佺《名胜志》引《水经注》曰：“河水又径刘仲城北，又径姚武壁南。”《寰宇记》卷28夏阳县“姚武壁”条引《十六国春秋》：“姚苌乃僭号于此，盖以武功立，因名姚武壁。”

姚坪市 即今湖北房县西北堵河东岸姚坪乡。清光绪《湖北全省分图》：房县西北有姚坪市。民国《湖北通志》卷34房县：姚坪市“在县西北一百八十里”。

姚岳城 在今山西隰县北。《周书·韦孝宽传》：北周保定初，勋州刺史韦孝宽“遣开府姚岳监筑之”。《方舆纪要》卷41隰州：姚岳“果城之而还，后人因谓之姚岳城”。

姚官屯 即今河北沧县北十八里姚家屯乡。清乾隆《沧州志》卷1村庄：北路褚官屯铺有姚官屯村。

姚城县 唐武德四年（621）置，为姚州治。治所在今云南姚安县西北光禄镇旧城。天宝后废。

姚哥庄 清代称姚哥庄堡。即今山东高密市东十四里姚哥庄镇。

姚家沟镇 即姚沟。今安徽无为县南姚沟镇。清乾隆《无为州志》卷4：姚家沟“在治东南四十里无为乡”。

姚家荡 在今江苏盐城市西北。《方舆纪要》卷22盐城县：姚家荡“商贾辏集，为滨海大镇”。

姚家畈 即今湖北大悟县东北五十八里姚家畈。清尹耕云《豫军纪略》卷1：同治三年（1864）四月，太平军自大新店进军“罗山之姚家畈、宣化镇”。

姚家桥镇 即今江苏镇江市丹徒区东南姚桥镇。清光绪《江苏全省舆图》丹徒县图：东南有姚家桥。民国《江苏六十一县志》：镇江县东有“姚家桥镇”。

姚家砦 在今甘肃武威市东北。《方舆纪要》卷63凉州卫：姚家砦“在卫东北。正德中，边将苏秦等败敌于此”。

姚家集 即今江苏睢宁县西北姚集镇。清光绪《江苏全省舆图》：睢宁县西北有“姚集”。

姚家渡 即今四川成都市东北、青白江区东南姚渡镇。清嘉庆《金堂县志》卷2：姚家渡“在治（今成都市东北城厢镇）南九里兴隆场”。

姚家渡镇 即今四川青川县东北白龙江东岸姚渡镇。清道光《龙州府志》卷2：姚家渡在青川县丞“东二百八十里”。

姚家寨馆 馆驿名。即会星馆。辽置，在今内蒙古翁牛特旗西北四道杖房乡赛乌苏村。《辽史·地理志》上京临潢府引宋大中祥符九年（1016）薛映记：“广宁馆五十里至姚家寨馆，五十里至咸宁馆，三十里度潢水石桥。”

姚湾集 一作窑湾。即今江苏新沂市西南窑湾镇。《清史稿·地理志》邳州：姚湾有汛。

姚源水 在今江西万年县西南。《方舆纪要》卷85饶州府万年县：姚源水“在县西南。自贵溪县北流入县境，又西入余干县，即余水之上源”。

姚源洞 在今江西万年县西南青云镇东。《方舆纪要》卷85饶州府万年县：姚源洞“在县（今青云镇）东里许，深可十五里。两山并峙，林木蓊蔚，土田肥美”。明正德间，邑人王浩八等于此聚众起事。

姚福堡 明置，属宁夏右屯卫。即今宁夏平罗县南姚伏镇。

姚墟 在今山东菏泽市东北。《史记·五帝本纪》《正义》引《括地志》：“《孝经援神契》云：‘舜生于姚墟。’”《水经·瓠子河注》：“雷泽西南十许里有小山，孤立峻上，亭亭杰峙，谓之历山。山北有小阜，南属池泽之东北，有陶墟。”即此。

姚暹渠 又名白沙河、巫咸河、盐水。在今山西南部。源于夏县南中条山，西南流经运城市盐池北，至永济市境入五姓湖。《宋史·河渠志五》：“后魏正始二年都水校尉元清引平坑水西入黄河以运盐，故号永丰渠。周、齐之间，渠遂废绝。隋大业中，都水监姚暹决堰浚渠，自陕郊西入解县，民赖其利。”明隆庆四年（1570）竣渠，改由盐池北向西流，不再注入盐池。

姚鼐墓 在今安徽枞阳县西北五十里义津镇铁门口村。姚鼐（1732—1815）字姬传，一字梦谷。因室名惜抱轩，世称“惜抱先生”。桐城（今属枞阳）人。清代著名散文家，“桐城派”中坚人物。死后葬此。墓圹以条石砌成，墓后有姚氏后裔所立墓碑。

姚襄城 在今山西吉县西北六十里黄河东岸南村坡故城。《北齐书·段韶传》：武平二年（571），“周人于姚襄城南更起城镇”。《元和志》卷12吉昌县称，“本姚襄所筑，其城西临黄河，控带龙门、孟门之险，周、齐交争之地”。

怒江 在今云南西部。唐代以来称怒江。《新唐书·地理志》：永昌故郡“又西渡怒江至诸葛亮城二百里”。顾炎武《肇域志》镇康州：潞江“俗名怒江，出路蛮，经镇康，与大盈江合，入缅中”。《方舆纪要》卷113：潞江“本名怒江，以波涛汹涌而名也”。乾隆《丽江府志》上卷：“怒人，居怒江边，与澜沧江相近。”

怒勒峰 在今云南寻甸回族彝族自治县东。《清一统志·曲靖府》：怒勒峰“在寻甸州东乞曲里。《州志》：中有海，饶渔利，界连沾益州，乾夷居之。有六寨，曰沙必郎、曰折玽、曰则千、曰按羊、曰怒勒、曰纳龟”。

怒谋甸 宋大理置，属永昌府。在今云南芒市。

架子山遗址群 在今内蒙古喀喇沁旗西北，是由架子山、大山前、城子顶三个聚落遗址为主组成的大型聚落遗址群。在30平方公里范围内分布有三十三个典型遗址，其内涵主体是繁荣发展时期的夏家店下层文化。年代距今为4000—3500年。架子山遗址有8万平方米，依山修筑九层平阶和巨大的围壕，遗存大量石圈、石墙。大山前遗址五个地点中，1、4号地点有祭祀性质；2、3、5号地点仅见房址、灰坑和围沟，应为居住址。城子顶遗址群五个地点，其中城子顶遗址本身略呈圆台形，面积近4万平方米，在不同地点先后清理出房址、灰坑、墓葬、祭祀坑数百座，出土陶、石、骨、蚌、铜等遗物七千余件。架子山遗址群处于夏家店下层文化分布区的中心地带，规模大，遗址多，层次清，充分体现了夏家店下层文化繁荣发展时期的社会组织结构、物质生产水平和地域文化风貌。2001年定为全国重点文物保护单位。

架州 在今四川冕宁县西北架州。清康熙四十九年（1710）置架州土百户。

架哈汛 在今云南丘北县西南。旧有外委戍守。

贺山 在今湖北恩施市西。《方舆纪要》卷82施州卫：贺山在“卫西三百余里。明初诸蛮煽乱，胡海讨之。自九溪、大庸渡天水岭六古卑河，大败蛮兵，还次贺山”。

贺川县 隋开皇十九年（599）置，属藤州。治所在今广西岑溪市北。大业初属永平郡。唐武德四年（621）复属藤州。贞观末废。

贺水 ①在今山西翼城县东。《水经·浍水注》：“贺水东出近川，西南至浍交入浍。”

②在今广西上林县东北。《清一统志·思恩府》：贺水“在迁江县西南四十里。源出邑梧山，其北有武绳水……合流东入清水江”。

贺水县 唐武德四年（621）置，属柳州。治所在今广西上林县北周安圩。八年（625）属澄州。北宋开宝五年（972）废。

贺水郡 唐天宝元年（742）改澄州置，治所在上林县（今广西上林县东南澄泰乡古城村）。辖境相当今广西上林、马山等县地。乾元元年（758）复为澄州。

贺龙指挥部旧址 在今江西南昌市子固路85号。原为中华基督教圣公会宏道堂，前面是教堂和宏道中学教室，后面一栋三层楼房是牧师的住室兼办公室。贺龙率领的国民革命军第二十军指挥部就设在后三楼第二层楼内。贺龙、刘伯承的办公室和卧室也分别在二楼、三楼。当年教堂门楼上的弹痕仍清晰可见。1961年定为全国重点文物保护单位。

贺尔洪河 即今内蒙古西乌珠穆沁旗东高力罕郭勒。《清一统志·乌珠穆沁部》：贺尔洪河“在右翼东南一百十五里。源出噶木尔站，西流入芦水”。

贺兰山 ①又名郁孤台。在今江西赣州市西北隅的天螺岭。《寰宇记》卷108虔州赣县：贺兰山“在州西北隅。本名文壁山，即郁孤台是也”。

②古称卑移山。又名阿拉善山。在今宁夏西北部，与内蒙古阿拉善左旗互界。南北走向。长200多公里，宽约30公里。海拔为2000—2500米。《隋书·地理志》：灵武郡弘静县有贺兰山。《元和志》卷4灵州保静县：贺兰山“在县西九十三里。山有树木青白，望如駮马，北人呼驳为贺兰”。故名。

贺兰山岩画 在今宁夏贺兰县西北贺兰山。岩画北起贺兰山北端的麦如井，南至中卫北山的大麦地一带。共有二十余个沟口，其中贺兰县境内分布较为集中，有大、小西峰沟、贺兰口、苏峪口、回回沟等。岩画的主要内容有图腾崇拜、出行狩猎、驯养动物、巫术活动、战争场景、欢庆舞蹈及生殖与自然崇拜等。雕刻年代约始于青铜时代，一直延续到西夏、元时期，是研究我国古代北方民族迁徙史、文化史、艺术史的珍贵资料。1996年定为全国重点文物保护单位。

贺兰县 1941年改宁夏县置，属宁夏省。治所在谢岗堡（今宁夏贺兰县驻地习冈镇）。以县西贺兰山为名。1958年属宁夏回族自治区。

贺兰都督府 唐永徽四年（653）以契苾部置，属燕然都护府。治所在今蒙古国乌兰巴托南中戈壁省一带。总章二年（669）属安北都护府。后废。

贺头甸 即闰盐县。在今四川盐源县。《元史·地理志》闰盐：“夷名为贺头甸，以县境有盐井故名。”

贺台（臺） 当在今浙江绍兴县南部。《水经·浙江水注》：“鼓吹山之西岭有贺台，越入吴还而成之，故号曰贺台矣。”

贺延碛 即莫贺碛。即今新疆哈密市东南之沙碛。唐岑参有《日没贺延碛作》诗。

贺州 隋开皇九年（589）平陈后置，治所在临贺县（今广西贺州市东南贺街镇）。《元和志》卷37贺州：“贺水出州东北界，西流，又注临水，郡对临、贺二水，故取名焉。”大业二年（606）废。唐武德四年（621）复置。天宝元年（742）改为临贺郡，乾元元年（758）复名贺州。辖境相当今广西贺州市及钟山、富川等县地。元属广西路。明洪武二年（1369）省临贺县入州，十年（1377）改为贺县。

贺州市 1997年撤销广西贺县，改设贺州市，属贺州地区。2002年撤销贺州地区和县级贺州市，设立地级贺州市；原县级贺州市改置八步区。贺州市人民政府驻八步区。

贺江 ①又名封溪水、临贺江。即今广西贺州市南之贺水。《舆地纪胜》卷123贺州：贺水“其源出丁富川县，地名石龙冷溪岩，分两派：一自石龙山背北至于道，复西入于昭，东流为贺江，即《九域志》所载龙溪水也，亘郡城合桂岭水，至三江口，三江谓贺江、梧江、封江，南历封康、瑞，达羊城入于海”。《宋史·南汉刘氏世家》：北宋开宝三年（970），潘美等征南汉，“九月美与崇珂围贺州。……美等督战舰，声言顺流趋广州，铱令都统潘崇彻将兵五万屯贺江”。即此。

②即今广西贺州市东北大宁河。《水经·温水注》：贺水“出东北兴安县西北罗山，东南流径兴安县西。……贺水又西南流至临贺郡东，右注临水”。

贺江口 即今广东封开县治江口镇。《明史·地理志》德庆州封川县：“北有文德巡司，初治县西北大洲口，后迁县西贺江口，后又迁于此。”

贺县 明洪武十年（1377）改贺州置，属平乐府。治所在今广西贺州市东南贺街镇。民国初属广西桂林道。1928年直属广西省。1952年迁治八步镇。1997年改设贺州市。2002年撤销贺州地区及县级贺州市，设立地级贺州市和八步区。

贺县千户所 明洪武二十九年（1396）建，属广西都司。治所在今广西贺州市东南贺街镇。后废。

贺钊镇 即今河北威县东北贺钊乡。民国时有县佐驻此。

贺虎溪 在今湖南永顺县东一百二十里。《清一统志·永顺府》：贺虎溪“源出（永顺）县东羊峰山”。

贺城戍 在今陕西周至县西。《晋书·司马勋传》：东晋永和五年（349），梁州刺史司马勋率众出骆谷，“遣部将刘焕攻长安，又拔贺城”。即此。

贺胜桥 即今湖北咸宁市东北三十八里贺胜桥镇。1926年8月底，北伐军叶挺等部大破吴佩孚军于此，史称“贺胜桥战役”。

贺迷寨 在今云南河口瑶族自治县西北田房附近。《方舆纪要》卷115蒙自县：贺谜寨“在县东南。《滇纪》：县有溪楮山，去八寨二十余里，又南至大江。地名安边，由县至底泥，又前渡三岔河，即至贺谜。其地有万山相接，正中地名慢老，左曰磨莫，右曰八洒，俱近安边。自慢老至江底，皆崇山峻岭。旁有黄角榆诸处。江南为笼阴山箐入交趾界”。方国瑜《中国西南历史地理考释》第1187页谓贺谜“盖在今曼来、坝洒稍北之田房寨，清季设坝洒分卡于此”。

贺栾店 在今山东茌平县南二十里。《方舆纪要》卷34茌平县“马庄馆”条下：贺栾店，“石晋时贺栾宅也”。

贺家山 在今湖南衡山县西南三十五里。当湘水右岸。道通衡阳县。1917年湖南护法军与北洋军在此激战，零陵区副司令黄岱牺牲。

贺家川 即今陕西神木县东南贺家川镇。1933年至1943年，陕甘宁边区、晋绥边区神府县所在地在此。

贺家坪市 即今湖北长阳土家族自治县西北七十八里贺家坪镇。清光绪《湖北全省分图》：长阳县西北有贺家坪市。

贺家堡村 即今河北丘县西八里贺宝村。清乾隆《邱县志》卷1：西北有贺家堡村。

贺逻岭 在今吉尔吉斯斯坦伊塞克湖北与哈萨克斯坦阿拉木图南之昆格山。《资治通鉴》：唐开元二十七年（739），“碛西节度使盖嘉运擒突骑施可汗吐火仙。嘉运攻碎叶城，吐火仙出战，败走，擒之于贺逻岭”。《方舆纪要》卷65：贺逻岭“在碎叶城东北”。

贺猎城 唐安西都护府属城。在今吉尔吉斯斯坦伊塞克湖西南岸奥图克附近。《新唐书·地理志》引贾耽《四夷路程》：“冻城又一百一十里至贺猎城。”

贺葛真城 北魏置，属沃野镇。在今内蒙古巴彦淖尔市临河区东北。《元和志》卷4永丰县：“北人又谓之贺葛真城，周武帝保定三年，于此置永丰镇。隋开皇五年废镇，置永丰县。”

贺鲁州 唐贞观二十三年（649）以贺鲁部置，为羁縻州。初隶云中都督府，后改属呼延都督府。当在今内蒙古巴彦淖尔市境。

盈口驿 即今湖南怀化市南盈口乡。《方舆纪要》卷81沅州“沅水驿”条下：“又州（治今芷江侗族自治县）东北八十里有盈口驿。”

盈口站 元置，即今湖南怀化市南盈口乡。

盈川山 在今重庆市彭水苗族土家族自治县西南。《元和志》卷30洋水县：盈川县“以县南有盈川山为名”。

盈川县 ①唐如意元年（692）分龙丘县置，属衢州。治所在今浙江衢州市衢江区东北三十八里盈川村。《旧唐书·地理志》：“县西有刑溪，陈时土人留异恶刑字，改名盈川，因以为县名。”元和七年（812）废。

②唐先天元年（712）以避讳改盈隆县置，属黔州。治所在今重庆市彭水苗族土家族自治县西南龙洋乡（洋水桥）。天宝元年（742）改为洋水县。

③北宋宣和三年（1121）改龙游县置，属衢州。治所即今浙江龙游县。南宋绍兴元年（1131）复名龙游县。

盈州 金承安三年（1198）升宝坻县置，属大兴府。治所即今天津市宝坻区。辖境相当今天津市宝坻区、武宁县及河北香河县地。寻废。

盈江设治局 1932年改干崖行政区置，直属云南省。治所在今云南盈江县东三十里旧城镇。民国《云南行政纪实》：“境内有大盈江，因以命名。”1952年改盈江县。

盈隆县 唐武德二年（619）置，属黔州。治所在今重庆市彭水苗族土家族自治县南。贞观十年（636）移治今县西南龙洋乡（洋木桥）。先天元年（712）改为盈川县。

盈黎吗禄咖国 即今欧洲之挪威。清谢清高《海录》：“盈黎马禄加国，即琏回。在绥亦古西北，与绥亦古同一海岛，陆路相通，而疆域较大，人稍粗壮。风俗土产同。即来广州黄旗船是也。”

〔フ丶〕

勇士川 即苑川。在今甘肃榆中县东北夏官营镇上堡子城。《晋书·乞伏国仁载记》：“司繁遂镇勇士川，甚有威惠。”即此。

勇士县 西汉置，属天水郡。治所在今甘肃榆中县东北夏官营镇上堡子城。东汉永平十七年（74）改属汉阳郡。西晋废。

勇士城 一名苑川城。东晋太元十年（385），十六国西秦乞伏国仁筑，为都城。在今甘肃榆中县东北夏官营镇上堡子城。《晋书·乞伏国仁载记》：“筑勇士城以居之。”即此。

勇士亭 在今山东郯城县。《续汉书·郡国志》东海郡郯县注引《博物记》：“有勇士亭，即勇士菑丘欣。”

勇山县 北魏置，属蒙郡。治所在今安徽蒙城县境。北齐废。

勇田县 北魏改勇田郡置，为武始郡治。治所在今甘肃临洮县北七十里辛店镇康家崖。隋开皇三年（583）废。

勇田郡 北魏太平真君八年（447）置，属河州。治所在勇田县（今甘肃临洮县北七十里辛店镇康家崖）。后改为勇田县。

勇克山 在今云南寻甸回族彝族自治县西八里。《清一统志·曲靖府》：勇克山“在寻甸州西八里。夏有积雪，又呼为雪山。下有泉流，为倘俸溪”。

勇里 在今安徽泾县西北。《三国志·吴书·吕范传》：范又从孙策攻“太史慈于勇里”。即此。

勇都朱砂古坑等处长官司 元置。治所在今贵州长顺县西南。后废。

癸巳湖 在今湖北公安县西，跨松滋县界。清光绪《湖北全省分图》：公安县西与松滋县交界处有“癸巳湖”。

癸水 即今广西桂林市东之漓江。南宋范成大《桂海虞衡志·杂志》："癸水，桂林有古记，父老传诵之。略曰：'癸水绕东城，永不见刀兵。'癸水，漓江也。"

癸辛街 在今浙江杭州市上城区清湖桥附近。明田汝成《西湖游览志》卷13："取癸辛方向，其门巷曰癸辛街。"宋末学者周密居所，著《癸辛杂识》六卷于此。

柔凶坞 在今甘肃天水市西南。《晋书·张轨传》："左督护阴预与（裴）苞战陕西，大败之，苞奔桑（柔）凶坞。"

柔玄镇 北魏北境六镇之一。在今内蒙古兴和县西北。《水经·灅水注》：丁延水"出塞外柔玄镇西，长川城南小山"。《魏书·肃宗纪》：孝昌元年（525）八月，"柔玄镇人杜洛周率众反于上谷，号年真王，攻没郡县，南围燕州"。

柔刚山 在今四川遂宁市西南。《元和志》卷33安居县："柔刚山在县东二十里。"《旧唐书·地理志》安居县："旧治柔刚山。"柔刚县以此为名。

柔刚县 北周建德四年（575）置，为安居郡治。治所在今四川遂宁市西南。《元和志》卷33安居县："本周柔刚县，因山为名。"隋开皇十三年（593）改为安居县。

柔远千户所 明崇祯三年（1630）置，属镇西卫。治所在今贵州平坝县西北三十六里齐伯乡。清康熙二十六年（1687）废。

柔远乡 即今浙江景宁畲族自治县治鹤溪镇。《方舆纪要》卷94处州景宁县："本青田之柔远乡，明初置沐溪巡司于此。景泰三年改置今县。"

柔远寺口 在今宁夏平罗县北。《清一统志·宁夏府二》：柔远寺口"本朝雍正五年设市场于此。筑堡周八十五丈。有威镇堡兵防守"。

柔远州 ①北宋改羁縻富州置，为羁縻州，属辰州。治所即今湖北来凤县。元至元三十年（1293）改为散毛洞蛮夷官。

②元置，属怀德府。治所在今重庆市黔江区及酉阳土家族苗族自治县境。《元史·英宗纪》：至治二年（1322），"绍兴路柔远州洞蛮把者为寇，遣兵捕之"。后废。

柔远县 ①唐贞观四年（630）置，属伊州。治所在今新疆哈密市东南。《元和志》卷49柔远县："县东有柔远故镇，因以为名。"神功元年（697）废。

②唐至德二年（757）改安远县置，为唐林郡治。治所在今越南河静省高尚南。乾元元年（758）为福禄州治。后废。

③金大定十年（1170）置，属宣德州。治所即今河北张北县。明昌中为抚州治。元世祖中统四年（1263）改为高原县。

柔远驿 明初置，属侯官县。在今福建福州市东南隅。《方舆纪要》卷96福州府侯官县：柔远驿"在水部外河口，稍北为进贡厂。明初建，为外国使臣馆寓之所"。

柔远城 在今四川汶川县南。《新唐书·李德裕传》：太和中，李德裕"作柔远城，以扼西山吐蕃"。不久废。

柔远砦 北宋置，属安化县。即今甘肃华池县治。元废。

柔远堡 ①清嘉庆九年（1804）建，在今四川马边彝族自治县西北三河口乡。嘉庆《马边厅志略》卷2：柔远堡"为防护控险扼要，为边境御夷第一形胜之地"。

②在今甘肃武威市西九十里。《方舆纪要》卷63凉州卫"怀安堡"条下："又西四十里有柔远堡，有柔远驿，皆戍守要地。"

③俗称中所营。明置，属宁夏中卫。即今宁夏中卫市东柔远乡。后废。

柔远路 元世祖至元十三年（1276）置，属云南行省。治所在今云南保山市西南怒江坝。辖境约当今云南保山市怒江以西及龙陵县。明洪武十五年（1382）改府，后废。

柔佛国 马来亚封建王国。1511年葡萄牙人侵占满剌加国后，苏丹玛末德被迫撤离。1530年前后其子阿拉乌丁于柔佛重建都城。1819年英人占领新加坡，1914年正式沦为英国保护地。

柔服县 辽置，为云内州治。治所在今内蒙古托克托县东北古城镇白塔村古城。元至元四年（1267）省入云内州。

柔侯国 西汉置，属琅邪郡。当在今山东东部。东汉省。

柔狼山 在今甘肃靖远县北。为北宋会州与西夏西寿保泰军司界山。《宋史·地理志》会州：怀戎堡"北至柔狼山界堠四十里。系与夏国西寿监军地对境。经由枯柴谷至柔狼山，有险隘去处"。

柔然 南北朝时期北方游牧民族及其所建政权。又作蠕蠕、芮芮、茹茹等，皆其同名异译。许多学者认为即拜占庭历史上的阿瓦尔人（Avars）。源出东胡。传说其始祖本拓跋鲜卑之奴，名木骨闾，子孙因以音近的"郁久闾"为氏。4世纪前期，木骨闾子车鹿会始有部众，自号柔然，冬居漠南，夏居漠北，附属于代国。北魏建国初，拓跋珪出兵讨之，其首领社仑退往漠北弱洛水（今土拉河），征服高车诸部，又袭取匈奴余部于额根河（今鄂尔浑河），自立为可汗，仿效北魏制度建立政权，据有"匈奴故地"（一作"匈奴故庭"）。最盛时统治地域东至大兴安岭，与地豆于、奚、契丹为邻；西至天山北，并曾迫服天山南路诸国；北至贝加尔湖；南临大碛，不时攻掠北魏。魏太武帝多次统兵北伐柔然，曾过燕然山（今杭爱山），降其三十余万落，但未能征服，又于河套、阴山北修筑长城、建六镇以备防。双方和平时期，也常通使节，结和亲。正光初（520），柔然内讧，可汗阿那瓌奔投北魏，封"蠕蠕王"，居怀朔镇（今固阳县东北）北塞外；另立之可汗婆罗门被高车所逐，也归降北魏，居西海郡（今内蒙古额济纳旗东南），后叛走呒哒，被北魏擒获。北魏末，阿那呒助讨六镇之乱，势渐盛，遂复国，控有漠南北，东、西魏争与结盟。不久，其属部突厥强大，兼并了部分高车部落，酋领土门求婚阿那呋呒女被拒，552年，攻破柔然，阿那呒自杀。555年，突厥木杆可汗灭柔然。

柔然可汗庭 在今蒙古国鄂尔浑河西岸车车尔勒格。

矜戎堡 北宋置，属庆阳府。在今陕西吴起县西。《宋史·地理志》：矜戎堡“东至怀威堡四十里，西至定边军约二十里”。金废。

垒头堡 即今河北冀州市西北二十八里垒头村。民国《冀县志》卷7引乾隆《冀县志》：北有垒头堡。

垒城 在今湖北襄阳市南。《梁书·武帝纪》：南齐永元三年（501），“高祖发襄阳，留弟伟守襄阳城，总州府事，弟憺守垒城”。《资治通鉴》胡注：“垒城者，筑垒附近大城，犹今堡寨也。”

垒楞池 在今广西隆安县东南四十里。《清一统志·南宁府一》：垒楞池“宽数顷。春水涨时，村田多遭淹没，或十年或数十年一干。干时，池底裂开一孔，水皆注之。人误入者，即陷死”。

〔フ フ〕

绒坝擦 亦作隆坝擦、绒巴擦。在今四川甘孜县西北来马乡（绒坝岔）。清代为打箭炉至西藏北路驿站之一。《清史稿·四川土司传》：光绪三十四年（1908），赵尔丰讨德格土司之乱，经此。

绒峡 即绒辖。又作绒辖尔。即今西藏定日县西南绒辖乡。《清高宗实录》卷1333载：“聂拉木、济咙、绒峡三处，均与巴勒布（今尼泊尔）连界。”

绒辖 即今西藏定日县西南绒辖乡。为边疆要地。清松筠《西招纪行诗》注：定日汛岔路有三，“一南行三日可抵绒辖边隘”，即此。

绒辖尔宗 即绒辖。今西藏定日县西南绒辖。

结公城 北宋置，属德顺军。在今甘肃庄浪县西北。

结古 即今青海玉树藏族自治州和玉树县驻地结古镇。1931年于此置玉树县。“结古”，藏语意为集散地。民国许公武《青海志略》：结古“现设玉树县治于此。一名盖古多，濒结古水北岸……市据北山之麓，南北约二里，东西约七里……商务甚盛，为青海南部之大商场”。

结伦州 亦作佶伦州。元改结伦峒置，属太平路。治所在今广西天等县东北进结镇。明属太平府。1916年改为镇结县。

结伦峒 南宋置，属太平砦。治所在今广西天等县东北进结镇。元升为结伦州。

结安州 元升结安峒置，属太平路。治所在今广西天等县东北结安。明属太平府。1916年废入镇结县。

结安峒 南宋置，属太平砦。治所在今广西天等县东北结安。元升为结安州。

结沟堡 北宋置，属怀德军通峡砦。在今宁夏固原市西北三营乡北赵寺。后废。

结陂市 在今湖南东安县北。明置巡司于此，后废。《清一统志·永州府二》：结陂市“在东安县（治今紫溪市镇）北六十里”。

结河堡 北宋熙宁七年（1074）置，属熙州。在今甘肃临洮县西北六十里。后改为关。

结树边卡 又作嘉须白嘎、甲须奔卡、三树边卡。即今西藏比如县东南白嘎乡。清乾隆《西藏志·程站》：“自察木多由类乌齐草地进藏路程”经由结树边卡。

结党土司 清康熙四十九年（1710）置，属沙骂宣抚司。治所在今四川昭觉县北库依乡南则觉。后废。

结啰城 在今青海化隆回族自治县西。《宋史·地理志》廓州：肤公城“旧名结啰城，崇宁三年收复，后改今名”。

结登宗 清雍正三年（1725）置，治所在今西藏边坝县西北沙丁。后改为沙丁宗。

绕二墩镇 即今江西德兴市东南三十里绕二镇。清同治《江西全省舆图》卷11：德兴县东南有鸟儿墩。丁文江《中华民国新地图》德兴县东南有绕二墩。

绕（遶）江站 元置。在今广西临桂县西南。元《析津志》天下站名有“遶江”。

绕（遶）村沟 在今贵州平塘县西南通州镇西。《方舆纪要》卷121定番州：遶村沟“在（通州）里寨西”。

绕角 春秋郑邑。在今河南鲁山县东南。《左传》：成公六年（前585），“晋栾书救郑，与楚师遇于绕角”。杜注：“绕角，郑地。”

绕（遶）翠江 在今贵州惠水县南十五里。《方舆纪要》卷121定番州：遶翠江“在（卧龙番长官司）司治南。自山洞中绕流而东，亦入都泥江”。

绕雷 在今陕西丹凤县西。《汉书·王莽传》：“命明威侯王级曰：‘绕霤之固，南当荆楚’。”颜师古注：“谓之绕霤者，言四面塞厄，其道屈曲，溪谷之水，回绕而霤也。其处即今商州界七盘十二绕是也。”

绘交镇 金置，属绛县。即今山西绛县东北三十四里大交镇。

给予礁 即今南海中中国南沙群岛之南薰礁。1935年命名给予礁。1947年改名南薰礁。

绛 ①一名翼。春秋晋都，在今山西翼城县东南十五里故城村。晋穆侯自曲沃迁都于此。《左传》：庄公二十六年（前668），“士芀城绛，以深其宫”。即此。晋景公十五年（前585）迁都新田后，改称故绛。

②春秋晋都。在今山西侯马市西。原名新田，晋景公自绛迁都于此，改名新绛，也称绛。《左传》：襄公二十三年（前550），栾盈“以昼入绛”；定公十三

年（前497），“赵鞅入于绛”，皆指此。战国魏置绛县，秦属河东郡。周勃封绛侯，即此。

绛山 ①在今山西绛县西北，与曲沃县接界。《水经·浍水注》：“（绛）水出绛山东。”《方舆纪要》卷41绛县：绛山“山出铁，亦名紫金山。……绛水出其谷内”。

②在今山东龙口市东南。《清一统志·登州府》：绛山“绛水发源于此”。

绛川戍 北周置，在今山西绛县北绛水流域。

绛云（雲）楼 故址在今江苏常熟市。为清初常熟钱谦益藏书楼。谦益早岁科名，交游甚广，尽得刘子威、钱功甫、杨五川、赵汝师四家藏书，更不惜重金，购求古本。晚年建绛云楼于拂水山庄，藏书七十三大柜，内有不少宋刻孤本。未几毁于大火，劫后许多珍本不可复得。有《绛云楼书目》4卷，陈景云作注。

绛云（雲）露山 又作绛云弄山。在今云南会泽县西南。《清一统志·东川府》：绛云露山“在（会泽）县西南二百里，与禄劝县接界。延亘三百里，尽于三江口。上多积雪，一名雪山。又名乌龙山。其顶有惠娴湖。唐兴元中，异牟寻僭封禅，以此山为东岳”。

绛水 ①在今山西曲沃县南。《水经·浍水注》：“（绛）水出绛山东，寒泉奋涌，扬波北注，悬流奔壑，一十许丈。青崖若点黛，素湍如委练，望之极为奇观矣。其水西北流注于浍。”

②在今山西屯留县西南。《水经·浊漳水注》：绛水“西出谷远县东发鸠之谷，谓之为滥水也。东径屯留县故城南，……其水东北流入于漳”。

③一作洚水。在今山东龙口市东北。《清一统志·登州府》“黄水河”条下：“（黄）县东北三里有绛水河。源出县东南二十里绛山，北流经县城东，合黄水河，至马停镇入海。”

④亦名赤水。即今四川简阳市西之绛溪河。《寰宇记》卷76阳安县：“绛水在县南，色赤如绛，故名。《九州要记》云：简州在赤水之北是也。”《明史·地理志》简州：“旧治在绛河北。正德八年徙治河南。”

绛巴林寺 或译作强巴林寺。又称昌都寺。在今西藏昌都县旁。明正统二年（1437）由藏传佛教格鲁派（黄教）创始人宗喀巴的门徒麦·江森喜饶桑布兴建。是格鲁派在昌都地区建立的第一座寺院。麦·江森喜饶桑布的门徒德钦多吉即第一世帕巴拉活佛。

绛州 北周武成二年（560）改东雍州置，治所在龙头城（今山西闻喜县东北二十八里），武帝移治柏壁城（今新绛县西南二十里柏壁村），建德六年（577）又移治玉壁城（今稷山县西南十二里汾河南岸）。辖境相当今山西河津、稷山、新绛、曲沃、绛县、翼城等县地。隋大业三年（607）改为绛郡。唐武德元年（618）改置绛州总管府，三年（620）复置绛州，治所在正平县（今山西新绛县）。金兴定二年（1218）升晋安府，元复改绛州，清雍正初升为直隶州。1912年改为新绛县。

绛州三楼 在今山西新绛县城内。三楼指钟楼、鼓楼、乐楼，都是原绛州州署大堂的组成部分。钟楼创建于北宋乾德元年（963），元明两代皆有修葺。鼓楼建于元至正年间（1341—1368），明清曾多次维修。乐楼建于明洪武年间（1368—1398），后多有修缮。现三楼均为明代建筑，保存基本完好。三楼相距在百米之内，参差错落，各具特色。钟楼方形，四面券门，十字歇山顶，内悬金天德三年（1151）所铸万斤铁钟。鼓楼长方形，基座高大，开东西向拱券门洞，楼身三层，三重檐歇山顶。乐楼向北，二层舞台，悬山顶。2001年定为全国重点文物，归入绛州大堂保护单位。

绛州大堂 在今山西新绛县城内。相传创建于唐，张士贵挂帅寓此，故亦称帅正堂。元代重建，是绛州州衙内的正堂。1996年定为全国重点文物保护单位。2001年又将位于新绛县城内的绛州三楼归入本保护单位。

绛县 ①春秋晋置。战国后入秦，属河东郡。治所在今山西侯马市西新田遗址。东汉改绛邑县。

②西魏恭帝改南绛县置，属绛郡。治所在今山西绛县南十里。隋开皇三年（583）属绛州。大业初属绛郡。唐属绛州，武德元年（618）移治今绛县。民国初属山西河东道。1928年直属山西省。

③唐武德元年（618）置，属南宁州。治所在今云南江川县北二十六里江城镇南龙街。武德七年（624）属西宁州，贞观八年（634）属黎州。天宝后省。

绛邑县 东汉改绛县置，属河东郡。治所在今山西侯马市西新田遗址。北魏改曲沃县。

绛帐台（臺） 在今湖北荆州市荆州区（旧江陵县城内西南隅）。《后汉书·马融传》：桓帝时，融为南郡太守，“融才高博洽，为世通儒，教养诸生，常有千数。……常坐高堂，施绛纱帐，前授生徒，后列女乐”。《方舆胜览》卷27江陵府：“今子城鼓角楼之西绛帐台，是其处也。”

绛帐村 即今陕西扶风县东南二十五里绛帐镇。《清一统志·凤翔府二》：“相传汉马融授徒处。”

绛岩山 又名赭山、丹山。即今江苏句容市西南三十里赤山。《新唐书·地理志》句容县：“绛岩，故赤山，天宝中改名。”《寰宇记》卷90升州句容县：“绛岩山，《图经》云：在绛岩湖侧，山上有龙坑祠，即湖神也。”宋《景定建康志》卷17：绛岩山“山极险峻，临平湖，山之巅颇坦夷，惟只路可通。旧传五季之乱，居民避难于上，往往获免，所劚山者常于其地获铜锭、剑器之属。建炎兵火，乡民又依之以免祸者甚众”。

绛岩湖 又名赤山湖、赤山塘。在今江苏句容市西南三十里。《新唐书·地理志》升州句容县：“县西南三十里有绛岩湖。麟德中，令杨延嘉因梁故堤置，后废。大历十二年，令王昕复置，周百里为塘，立二斗门以节旱暵，开田万顷。”

绛城 又名虹城。北魏改贡城戍置，在今安徽五河县西五十二里东刘集镇附近。《资治通鉴》：南朝陈太建五年（573），“淮北、绛城及谷阳士民，并杀其戍主，以城降”。即此。胡三省注：“绛城盖虹县城，音同而字异。”

绛南县 1945年春晋冀鲁豫边区由新绛县南部和闻喜县北部析置，属太岳区。治所在今山西新绛县南。后撤销。

绛郡 ①西魏恭帝改南绛郡置，属建州。治所在绛县（今山西绛县南八里东南城村附近）。辖境相当今山西翼城、绛县等地。北周属绛州。隋开皇三年（583）废。

②隋大业三年（607）改绛州置，治所在正平县（今山西新绛县）。辖境相当今山西襄汾、翼城、稷山、新绛、曲沃、绛县、闻喜、垣曲等县地。唐武德元年（618）改为绛州。

绛部 大理国置，属会川府。治所在今四川会东县东铅锌镇，一说今会东县。《元混一方舆胜览》卷下：“会通，蛮名昔托，又名绛部。”

绛溪河 又名绛水、赤水、牛鞞水。在今四川简阳市西。源出仁寿县东北龙泉山东麓，东北流，至简阳市城北合赤水河注入沱江。《清史稿·地理志》简州：“绛溪河发源西北月亮沟，东南流，径城北，入江。”

络马河 亦作骆马河、落马河。即今内蒙古赤峰市北英金河及其上游阴河。《元史·特薛禅传》：太祖又谕按陈之子唆鲁大都曰：“以汝父子能输忠于国，可木儿温都儿迤东，络马河至于赤山，涂河迤南与国民为邻，汝则居之。”

络丝潭 在今湖南衡阳市南岳区衡山岳庙之后。明嘉靖《衡州府志》卷2：络丝潭“在岳山，极深”。自山间下泻，曲折随乱石而下，若断若续，如曳匹练，故名。

络缭营 在今海南省陵水黎族自治县西北。《方舆纪要》卷105陵水县：络缭营“在县西北。向设官兵，防桃油、信脉、山涧、打缭、胡缠、凡遐等村黎”。

绝水 即今山西高平市西北丹水上源。源出高平市西北缴盖山，东南入泫水。《汉书·地理志》上党郡泫氏县：“杨谷，绝水所出，南至野王入沁。”《水经·沁水注》：“绝水出泫氏县西北杨谷，……东南流，左会长平水，……又东南流径泫氏县故城北，……东南与泫水会。”

绝尘山 在今浙江永康市东南。《方舆纪要》卷93永康县：绝尘山“在县东南二十九里。以山势崄巇出尘而名”。

绝景亭 在今浙江温州市东南积谷山上。《清一统志·温州府》：绝景亭“在永嘉县东南积谷山上。宋周行已建，有诗云：云横绝尘境，峻堞若绳削”。

绞 ①西周国名。在今湖北郧县西北。《左传》：桓公十一年（前701），“郧人军于蒲骚，将与随、绞、州、蓼伐楚师”。又，桓公十二年（前700），“楚伐绞，军其南门，为城下之盟而还”。后为楚所灭。

②春秋时邾邑。在今山东滕州市北。《左传》：哀公二年（前493），“春，伐邾，将伐绞”。杜注：“绞，邾邑。”顾栋高《春秋舆图》谓在今滕县北。

统万城 在今陕西靖边县北一百里白城子。公元413年，十六国大夏赫连勃勃在此建为都城。乃胡语地名。而《晋书·赫连勃勃载记》则称：“勃勃自言：朕方统一天下，君临万邦，可以统万为名。”公元427年，被北魏攻取，改置统万镇。自太和以后至唐，曾为夏州治所。唐末又为定难军节度使治所。北宋淳化五年（994）城毁。现存统万城遗址。1996年定为全国重点文物保护单位。

统万镇 北魏始光四年（427），改统万城置，在今陕西靖边县北白城子。太和十一年（487）改置夏州。

统门水 又作徒门水。即今吉林东南中朝界河图们江。源出长白山南麓，东北折东南流，入日本海。《金史·留可传》：“留可，统门、浑蠢水合流之地乌古论部人……世祖降附诸部亦皆有离心，惟乌延部斜勤勃堇及统门水温迪痕部阿里保勃堇、撒葛周勃堇等皆使人来告难。”清光绪《吉林通志》卷23：“统门，即图门，音转字耳。”

统矢千户所 蒙古宪宗七年（1257）于姚州（统矢府）置，后属大理路。治所在今云南姚安县西北光禄镇。元世祖至元十二年（1275）罢姚州，天历元年（1328）升为姚安路。

统矢府 又称弄栋府、姚府。宋大理置，治所在统矢逻（今云南姚安县西北光禄镇）。辖境约当今云南姚安、大姚、永仁三县及四川攀枝花市南部地。元改姚安路。

统关城 在今河南宜阳县西。《北齐书·斛律光传》：武平元年（570），光救宜阳，屡破周军，“置筑统关、丰化二城，以通宜阳之路”。

统军川 又名通军水。即今山西洪洞县南汾水东岸支流。《周书·武帝纪》：建德五年（576），武帝伐齐，“郑国公达奚震步骑一万守统军川”。即此。

统幕镇 即统漠镇。在今河北怀来县东南。《明一统志》卷5隆庆州：“相传辽主游幸尝张大幕于此，因名。俗讹为土幕。”《方舆纪要》卷17谓此说荒诞。

统漠镇 又名统幕、土幕、土木。在今河北怀来县东南十五里土木镇。《资治通鉴》：唐武德六年（623），“高开道所部弘阳、统漠二镇来降”。后讹为土木。明永乐初置堡。

统境关 清置，在今重庆市彭水苗族土家族自治县东五里。清同治《酉阳直隶州总志》卷4：“康熙七年设立千总，防关隘路，通郁山、黔、酉，为近城扼要之所。”

骆口驿 唐置，在今陕西周至县西南骆峪乡。元稹有《骆口驿诗》。

骆马河 即落马河。今内蒙古赤峰市北英金河及其上游阴河。宋沈括《熙宁使虏图抄》："过阴凉河，至松山馆。河自西来……至馆东迎小石山，乃折西北与骆马河会。"

骆马湖 亦作落马湖。在今江苏宿迁市西北。《大金国志》卷7：天会九年（1131），"挞懒之众自淮东归淮北，休兵于宿迁县乐马湖"。即骆马湖。《明史·地理志》宿迁县："西北有骆马湖，皆入大河。"《清一统志·徐州府一》：骆马湖"在宿迁县西北十里。本洼田也。明季漫溢成湖，长六十里，周一百五十余里，受山左诸山之水，由董家、陈窑二沟，以入运河"。

骆它守捉城 唐置，属维州。在今四川理县东北。后废。

骆县 西汉置，属定襄郡。治所在今内蒙古清水河县西南窑沟乡下城湾古城。东汉末废。

骆谷 在今陕西周至县西南。谷长四百余里，为关中与汉中之间交通要道。《三国志·魏书·曹爽传》：正始五年（244），"爽乃西至长安，大发卒六七万人，从骆谷入"。《元帝纪》：景元四年（263），"又命镇西将军钟会由骆谷伐蜀"。皆此。唐武德七年（624）重修骆谷道，并置关于此。

骆谷水 在今陕西周至县西南。《方舆纪要》卷53盩厔县：骆谷水"出骆谷，以径长城戍西，又北注于渭"。

骆谷关 唐武德七年（624）置，在今陕西周至县西南十八盘岭南。控扼傥骆道，为秦岭南北交通要隘。《元和志》卷2京兆府盩厔县：骆谷关"在县西南百二十里。武德七年，开骆谷道以通梁州，在今关北九里。贞观四年移于今所"。明移关址于今十八盘岭，并置巡司于此。

骆谷城 西晋永嘉末仇池氐杨茂搜置，即今甘肃西和县西南洛峪镇。《资治通鉴》：南朝宋元嘉四年（427），"氐王杨玄遣将军苻白作围秦梁州刺史出连辅政于赤水；城中粮尽，民执辅政以降，辅政至骆谷，逃还"。《魏书·地形志》："洛谷城，太平真君七年置仇池镇，太和十二年为梁州。正始初置南秦州。"

骆谷道 亦名傥骆道。古代关中与汉中间的交通道路。自今陕西周至县西南，沿骆谷水、傥水河谷，南至洋县。《三国志·魏书·曹爽传》：正始五年（244），"爽乃西至长安，大发卒六、七万人，从骆谷入"。即此。《寰宇记》卷30盩厔县："骆谷道，汉魏旧道也，南通蜀汉，……近代废塞。唐武德七年复开。东北自鄠县界，西南经县界，又西南入骆谷，出骆谷入洋州兴势县界。"《清一统志·西安府一》引《盩厔县志》："骆谷口，明设巡司，隆庆中，盗贼窃发，巡司不能禁，遂塞之。"

骆驼山 ①在今山西偏关县东北。《清一统志·宁武府》：骆驼山"在偏关县东北七十里。相传明李文忠北征，尝憩兵于此"。

②亦名鞍子山。即今内蒙古太仆寺旗东北滦河西之骆驼山。《明太祖实录》：洪武三年（1370），"大将李文忠、赵庸败元太尉蛮子等于白海子之骆驼山，进至开平"。

③在今辽宁瓦房店市西北。明《辽东志》卷1：骆驼山在"（复州卫）城西三十里"。民国《奉天通志》卷83复县：骆驼山"山形突兀如骆驼状，故名"。

④在今山东茌平县西博平镇西北。《方舆纪要》卷34博平县：骆驼山在"县西北十五里。土阜巍然，形似骆驼"。

⑤在今贵州石阡县西三里。《方舆纪要》卷122石阡府：骆驼山，"《志》云，在石阡司西三里。又西为飞马山"。

骆驼水 亦作橐驼水。今广西荔浦县荔浦江上源。《元和志》卷37建陵县："骆驼水在县西七里。"《方舆纪要》卷107修仁县：橐驼水"在县（故治在今荔浦县西南修仁镇）西。源出橐驼山，流经县南……下流俱注于荔江"。

骆驼咀 在今湖南长沙市北十里，湘水东岸。《方舆胜览》卷23潭州：骆驼咀"在浏口。谚云：骆驼咀圆出状元"。

骆驼河 即今内蒙古扎赉特旗西北绰尔河支流吉根河。《清一统志·科尔沁》：骆驼河"在右翼前旗北二百里。蒙古名特门河。源出葛尔济隆山，东流入戳儿河，东入嫩江"。

骆驼城遗址 在今甘肃高台县西南四十里骆驼城乡永胜村戈壁滩上。汉为乐涫县址，十六国前凉时置建康郡，北凉建为都城，唐设建康军，后废。城垣东西长425米，南北宽724米，古城分外廓、宫城、皇城三层，是国内保存最好的汉、十六国前凉、后凉、北凉及唐代古城址。1996年定为全国重点文物保护单位。

骆驼城墓群 在今甘肃高台县城西骆驼城乡。分布于骆驼城遗址南、西、北三面戈壁滩中，地表有明显隆起的封土堆。其中城南墓葬群东西9公里，南北3公里，分布面积达27平方公里，地表可见封土达两千余座，部分墓葬周围有茔圈、门阙遗迹。墓葬有砾岩洞室墓、砖室墓。骆驼城西南的土墩墓群范围为9公里，分布有二十三座大型夯筑土墩墓。2001年定为全国重点文物，归入骆驼城遗址保护单位。

骆驼巷卡伦 清置，即今新疆巴里坤哈萨克自治县北骆驼巷。清道光《新疆识略》卷2巴里坤：骆驼巷卡伦"距城七十里"。清末废。

骆驼桥 在今青海共和县南黄河上。《旧唐书·吐蕃传》：唐开元十六年（728），陇右节度使张忠亮引兵至青海西南渴波谷，与吐蕃接战，"破其大莫门城，……又焚其骆驼桥而还"。即此。

骆驼堰 在今陕西神木县西北百里。《资治通鉴》：唐开元九年（721），"先是，叛胡潜与党项通谋，攻银城、连谷，据其仓庾。张说将步骑万人出合河关掩击，大破之。追至骆驼堰”。即此。

骆驼港 ①又名纳远川。即今内蒙古鄂托克旗西黄河支流都思兔河。

②在今河北香河县北。《方舆纪要》卷11香河县：骆驼港“在县北八里。自三河县之兔儿山流经县界，下流入于白河”。

骆驼湾 在今河北武强县西南二十二里骆驼湾村。《方舆纪要》卷14武强县：骆驼湾“在县（今县西南武强镇）西北五里。滹沱决溢时，此为钟水之处”。

骆驼墩遗址 在今江苏宜兴市西新街镇夏姜村。为新石器时代古遗址。遗址南北两区总面积为25万平方米。20世纪70年代骆驼墩砖厂出土大量精美石器及一些陶、玉器等。1984年普查认定为5000多年前的崧泽文化遗存。2001—2002年对该遗址进行了较大规模发掘，取得重大收获。发现房址三座、灰坑五处，墓葬五十二座，瓮棺葬三十九座，大型螺贝堆积遗迹一处，祭祀遗迹四处。另外还发现崧泽文化、良渚文化墓葬和灰坑多座，其时间跨度从距今7000年前后至今2000多年，前后延续达4000多年。发现石器、陶器、骨器、玉器等四百余件，各类动物骨骸标本二千余件，炭化稻米二千多颗。为当年全国重大考古发现之一。最重要的收获是出现了骆驼墩文化遗存，它代表了太湖西部山地向平原过渡地带的新石器时代考古学文化特点。骆驼墩埋葬习俗与马家浜文化有别，而瓮棺葬则更加独特。骆驼墩文化遗存的发现对于研究太湖西部史前文化，研究马家浜文化、河姆渡文化及跨湖桥、骆驼墩遗存等文化之间的关系，研究长江下游古代文明的进程具有重要意义。2006年定为全国重点文物保护单位。

骆驿 唐置。在今陕西乾县东南。《资治通鉴》：唐建中四年（783），“泾原兵变”，德宗逃往奉天（今乾县），朱泚遣将韩“旻至骆驿”。即此。

骆家场 即今四川营山县东骆市镇。清同治《营山县志》卷4：骆市场在“治东三十里。右通小桥大道，左通黄渡河。嘉庆元年九月内安设驿站”。

骆家店 即今湖北广水市南骆店乡。明嘉靖《应山县志》卷2《坊乡》：“骆家店，在治南二十里。”

骈 即邢。春秋纪地。在今山东临朐县东南三十里。《汉书·地理志》齐郡临朐县注：“应劭曰：‘临朐山有伯氏骈邑。’”

十　画

〔一一〕

耕坛（壇）　故址在今江苏南京市古台城东南八里。《宋书·礼志》：元嘉二十年（443），“司空、大农、京尹、令、尉，度宫之辰地八里之外，整制千亩，开阡陌，立先农坛于中阡西陌南，御耕坛于中阡东陌北。将耕，宿设青幕于耕坛之上”。《陈书·侯安都传》：梁末，北齐入侵，“又战于耕坛南，安都率十二骑，突其阵，破之，生擒齐仪同乞伏无劳”。

耙耧山　在今河南嵩县东北二十五里。《清一统志·河南府一》：耙耧山在“方山之西。下有程伊川故宅”。

艳阳洞　亦作焰阳洞。在今四川仁寿县南。《舆地纪胜》卷150隆州：艳阳洞“在州城至道观之后。昔张天师既誓玉女于井，因藏去其衣，念藏之未固，径取锁之石室，或谓之藏衣洞。洞在重岩之下，嶮岈幽窈晦明，变化千态万状。虽拒阛阓不数武，而若与世相绝，盖真人修炼之所。旁有石鼓，叩之有声。地产何首乌最良，东坡有服食之法”。《方舆纪要》卷67仁寿县：“盐井在治南。西有艳阳洞，亦曰焰阳，即咸泉之源也。亦曰陵井，亦曰仙井，宋置监于此。”

艳城　唐石汗那国都城。在今阿富汗东北境斯科扎尔一带；一说即今塔吉克斯坦杜尚别西南迭脑。龙朔元年（661）为悦般州都督府治所。

泰山　①在今江苏泰州市西。《清一统志·扬州府一》引《旧志》：“宋绍兴时，开东西市河垒土而成，因州为名。”

②在今山东泰安市北。号称东岳。又称岱山、岱岳。古称岱宗。《诗经·鲁颂·闷宫》：“泰山岩岩，鲁邦所瞻。”《史记·货殖列传》称：“泰山之阳则鲁，其阴则齐。”古时帝王常要到泰山去行封禅大礼。如《史记·秦始皇本纪》载：秦始皇二十八年（前219）“上泰山，立石，封祠祀”。又《汉书·郊祀志》：“上因东上泰山，泰山草木未生，乃令人上石，立之泰山巅。”秦、汉、唐、宋、明、清，历代帝王多来此封禅祭祀，游人名士纷纷来此观光题咏，在泰山上下留下众多的文化古迹和大量石刻碑记。1990年泰山被联合国教科文组织世界遗产委员会确定为世界文化与自然遗产。

泰山古建筑群　在今山东泰安市城区北。泰山居中国五岳之首，号称东岳。山上山下遍布文物古迹，有东方文物宝库之称。在古树葱郁、碑石林立之间，寺庙宫观古建多达三十余座。主要有泰安城区岱庙、遥参亭，泰山麓的岱宗坊、红门宫、山腰王母（池）殿、普照寺、斗母宫、中天门，岱顶南天门、天街坊、碧霞祠，玉皇（顶）殿等。其中，岱庙是历代帝王泰山封禅大典之地，创建于秦汉，唐宋金元至明清屡有修建。北宋宣和年间（1119—1125）泰山上下殿、寝、堂、阁、亭、馆、楼、观、廊、庑等有八百十三楹。现有主建筑天贶殿与北京太和殿、曲阜大成殿同称中国三大宫殿建筑。山上碧霞祠始建于宋，明清均有增建，成为规模宏大的高山古建筑。2006年定为全国重点文物保护单位。

泰山石刻　在今山东泰安市北泰山上。包括斗母宫东北约一里的山谷中的经石峪和岱顶大观峰前峭壁上的唐摩崖“纪泰山铭”碑两大部分。经石峪镌刻于北齐（550—580），是中国现存规模最大的佛经摩崖石刻。经文刻于面积2064平方米（南北宽40.8米，北部长60米，南部长32米）的缓坡石坪上，自南而北竖行刻《金刚般若波罗蜜经》四十四行，为经文的上卷。每行多者一百二十五字，少者十字不等，共刻经二千七百九十九字。字径50厘米，以隶为主，兼有楷、行、篆各种书体。书法纵逸遒劲，世人誉之为“大字鼻祖”、“榜书之宗”，为历代书家所崇尚，在书法史上有极其重要的价值。周围还有宋、明、清、民国及现代观经、誉景、题诗石刻二十余处。唐摩崖“纪泰山铭”石刻在玉皇顶南80米处。唐开元十四年（726）刻石。摩崖高12.3米，宽5.3米，碑文二十四行，每行五十一字，现存一千零八字（包括题“纪泰山铭”和“御撰御书”等字）。除“御撰御书”四字和末行年、月、日为正书外，其他均为隶书。字大25厘米，额高3.95米。隶书“纪泰山铭”两行四字，字大45×56厘米。唐摩崖“纪泰山铭”刻石，形制端庄，气势雄伟，后人题“天下大观”四字于其上部，因而此峰又称大观峰。唐摩崖书法遒劲婉润，端严浑厚。碑文为唐玄宗李隆基东封泰山时所撰书，记述了封禅告祭之始末。现铭文已残二十六字，不可辨认者六字。周围还有宋摩崖、清摩崖及明清刻石七十五处。2001 年定为全国重点文物保护单位。

泰山庙镇　即今湖北襄阳市襄州区北黄集镇北泰山庙。明嘉靖十九年（1540）移油坊滩巡司于此。清设把总驻防。

泰山郡　楚汉之际刘邦改博阳郡置，治所在博县（今山东泰安市东南三十里旧县）。因境内泰山得名。后移治奉高县（今泰安市东北）。辖境相当今山东长清、莱芜以南，肥城以东，宁阳、平邑以北，沂源、蒙阴以西地区。东汉以后辖境缩小。北魏移治博平县（今泰安市东南旧县）。辖今山东泰安、新泰、莱芜等市地。北齐改为东平郡。

泰山墩　在今江苏淮安市淮阴区西南，去码头镇二里许。即漂母墓。后人因墩下有东岳祠，名为泰山墩。

泰川县　唐贞观初置，属燕州。治所在今广西平南县东北。七年（633）属龚州。十二年（638）废入平南县。

泰历县　1944 年山东革命根据地由泰安县北部与历城县南部地析置，治泰安（今山东泰安市）。取二县首字为名。1946 年撤销，并入泰安县。

泰日桥镇　俗称坍石桥。即今上海市奉贤区东北二十四里太日镇。清光绪《江苏全省舆图》奉贤县："泰日桥镇在城（今奉城镇）西北二十四里。"

泰平县　北魏太平真君七年（446）置，属平阳郡。治所在今山西襄汾县西北二十二里古城镇。北周改太平县。

泰平里溪　在今福建南平市西南。《方舆纪要》卷97 延平府南平县：泰平里溪"在府南七十里。源出沙县界黄泥坑，流三十余里，经府西南七十里之篔筜山下，又东北流，入于西溪"。

泰东陵　在今河北易县西永宁山下清西陵之泰陵东北三里。是高宗生母孝圣皇后钮祜禄氏的陵寝。

泰宁卫　明兀良哈三卫之一。洪武二十二年（1389）于兀良哈地置，属大宁都司。泰宁卫又称"往流"（Onglighut），意即"王之民"，当即辽王直属部民，其地在元泰宁路境（今吉林洮儿河、绰尔河下游）。永乐间改属奴儿干都司。宣德、正统年间南徙至今辽宁兴城至北镇以东边墙之外。嘉靖后期被察罕儿汗及南迁之哈剌哈部（内喀尔喀）、尔嗔部（嫩科尔沁）役属，并渐被取而代之。明末归附后金。

泰宁军　唐、五代方镇名。唐乾宁四年（897）以沂海节度使号泰宁军，治所在兖州（今山东兖州市）。辖沂、海、兖、密、徐五州，相当今山东胶州湾以西，高密、安丘、莱芜、泰安以南，济宁及江苏丰县以东，南至安徽怀远、江苏沭阳。五代周广顺二年（952）废。

泰宁设治局　1940 年改泰宁实验区置，属西康省。治所在今四川道孚县东南协德乡（街村）。1945 年改为乾宁县。

泰宁县　①东魏兴和中侨置，为泰宁侨郡治。治所在今河南卫辉市附近。北齐废。

②北宋元祐元年（1086）改归化县置，属邵武军。治所即今福建泰宁县。明嘉靖《邵武府志》卷 3 载叶祖洽《泰宁县改邑名记》："泰宁者，阙里之府号也。"按，宋尊兖州为泰宁府，县以此为名。元属邵武路。明、清属邵武府。民国初属福建北路道。1914 年属建安道。1928 年直属福建省。宋时置金、银场于此。

③元置，为泰宁路治。治所在今吉林洮南市东北洮儿河北岸城四家子村。明废。

④清雍正五年（1727）置，属奉天府。治所在宁古塔城（今黑龙江省宁安市）。七年废。

⑤1941 年山东革命根据地由泰安、宁阳二县析置，治楼德镇（今山东新泰市西楼德镇）。1952 年改名徂阳县。1956 年撤销，并入泰安、宁阳、新泰三县。

泰宁尚书第　又称五福堂。在今福建泰宁县城内福堂巷。为明天启间兵部尚书李春烨的宅第。建于明万历末年，坐西朝东，面积达 6000 平方米。院落主体五幢，分五道门一字排列。每幢均为三进，共有房一百二十余间。天井中置各式石雕花柱、水缸、甬道。院舍大门额均嵌有石匾。第二幢"四世一品"门楼最为精致，雕刻人物、飞鸟、卷草、团花等图案。布局严谨，宏伟壮观，为一座保存完好的明代建筑群。现为泰宁县博物馆。1988 年定为全国重点文物保护单位。2001 年公布"世德堂"等与泰宁尚书第合并，并改全国重点文物保护单位名称为"泰宁尚书第建筑群"。合并扩充后的保护单位泰宁尚书第建筑群位于泰宁县城内的尚书街南侧，是以尚书第、世德堂为代表的明清建筑群落，总面积 1.27 万平方米。其中尚书第主体建筑五幢，辅房若干，为明末建筑。2001 年并入的世德堂，六幢，6000 平方米，系明早中期建筑。另有李氏宗祠，一幢，面积 770 平方米，系清中期建筑；梁家、陈家、江家及其他辅房多幢，面积共 1500 平方米，均为明清建筑；其余还有梁家巷、胜利一街、胜利二街，均为宋明古街巷，街巷两侧多为保存完好的明清古建筑。本建筑群落内，除李氏宗祠外，其余厅房均为民宅，辅房包括绣楼、书馆、佛间、仓库、厨房、猪栏等，是典型的闽西民居建筑群落。

泰宁实验区　1937 年析康定、道孚二县地置，属四川省。治所治惠远寺（今四川道孚县东南八美惠远寺）。1939 年属西康省。1940 年改为泰宁设治局。

泰宁城　清雍正九年（1731）建，在今四川道孚县东南协德乡（街村）。因七世达赖喇嘛移居惠远庙，故建土城驻兵保护。

泰宁郡　①北魏孝昌中置，治所在东永安县（今山西沁水县西北二十五里固镇村）。辖境相当今山西沁水县地。永安中属建州。北齐废。

②东魏兴和中侨置，属义州。寄治汲郡陈城（今河南卫辉市）。北齐废。

泰宁营 清雍正七年（1729）置泰宁协，属四川都司。驻地在噶达城（今四川道孚县东南协德乡），十三年（1735）驻地在化林坪（今泸定县东南兴隆镇东北化林村）。乾隆四十三年（1778）改为泰宁营，后移驻阜和（今四川康定县）改为阜和协。

泰宁路 元置，属中书省。治所在泰宁县（今吉林洮南市东北洮儿河北城四家子村）。辖境相当今吉林洮南市、乾安县、前郭尔罗斯蒙古族自治县以北，内蒙古大兴安岭以东地。明废。

泰西 指西方国家。一般指欧、美各国。如明末成书之《火攻挈要》，即题泰西汤若望授。

泰州 ①北魏延和元年（432）改雍州置，治所在蒲坂县（今山西永济市西南二十五里蒲州镇东南）。辖境相当今山西永济、万荣、临猗等市县地。太和中废。东魏天平中复置。北周明帝二年（558）改为蒲州。

②唐武德元年（618）改汾阴郡置，治所在汾阴县（今山西万荣县西南宝井村）。辖境相当今山西河津、万荣等县地。二年（619）移治龙门县（今山西河津市西），贞观十七年（643）废。

③唐贞观七年（633）改燕州置，治所在宁风县（今广西藤县西北太平镇）。八年（634）复改为燕州。

④五代唐天成三年（928）置，治清苑县（今河北保定市）。后废。

⑤五代南唐升元元年（937）置，治所在海陵县（今江苏泰州市）。《舆地纪胜》卷40泰州："相传以为取通泰之义。"辖境相当今江苏泰州、姜堰、如皋、泰兴、兴化等市地。元至元十四年（1277）改为泰州路，二十一年（1284）复为泰州，属扬州路。辖境缩小。明洪武初省海陵县入州，属扬州府。清不辖县。1912年改为泰县。

⑥辽置，属延庆宫。治所在乐康县（今吉林白城市南德顺蒙古族乡城四家子村）。一说辽泰州治所在今黑龙江省泰来县西北塔子城。辖境相当今吉林洮南、白城二市，镇赉县及黑龙江泰来县地。金承安三年（1198）移治长春县（今吉林前郭尔罗斯蒙古族自治县西北塔虎村）。元改为泰宁路。

泰州千户所 明洪武中置，属扬州卫。在今江苏泰州市南。清康熙十七年（1678）废。

泰州市 1949年当地解放后由泰县析置，隶苏北行署区。治泰州城（今江苏泰州市）。1949年4月至1950年苏北行署区驻此。1952年改属江苏省。1996年改设地级泰州市。原县级泰州市改置海陵区。

泰州军 北宋时改泰州置，治所在海陵县（今江苏泰州市）。元世祖至元十四年（1277）改为泰州路。

泰州路 元世祖至元十四年（1277）改泰州军置，治所在海陵县（今江苏泰州市）。辖境相当今江苏泰州、姜堰、如皋等市地。二十一年（1284）改为泰州。

泰兴场 即今四川成都市新都区东南太兴镇。民国《新都县志》卷1：泰兴场"一名新唐子，明为金安镇，清初名复兴场。在县南二十里"。

泰兴县 ①西魏置，为建阳郡治。治所在今四川青川县东北沙州镇北白龙江西岸。一说在今青川县（乔庄镇）。隋开皇三年（583）改为方维县。

②五代南唐升元二年（938）置，属泰州。治所在济川镇（今江苏泰兴市东北隅）。北宋乾德二年（964）徙治柴墟镇（今泰兴市西北口岸镇）。宣和四年（1122）改属扬州。南宋绍兴初复属泰州，十二年（1124）又改属扬州，十四年（1126）徙治延令村（今泰兴市）。元属扬州路。明属扬州府。清雍正三年（1725）改属通州。民国初属江苏苏常道。1927年直属江苏省。1992年改设泰兴市。

泰安市 1958年以山东省泰安县城关镇及郊区设立泰山市，同年撤销泰安县，并入泰山市；旋将泰山市改名为泰安市。1963年撤销泰安市，复设泰安县。1982年复设泰安市。1985年撤销泰安地区和县级泰安市，设立地级泰安市；原县级泰安市改置泰山区。市人民政府驻泰山区。2000年将泰安市郊区改名为岱岳区。

泰安州 金大定二十二年（1182）升泰安军置，属山东西路。治所在奉符县（今山东泰安市）。辖境相当今山东泰安、新泰、莱芜等市地。元属中书省。明初废奉符县入州，属济南府。清雍正二年（1724）升为直隶州，属山东省。十三年（1735）改为府。

泰安军 金初分袭庆府置，治所在奉符县（今山东泰安市）。大定二十二年（1182）升为州。

泰安县 ①清雍正十三年（1735）置，为泰安府治。治所即今山东泰安市。民国初属山东济南道。1925年为泰安道治。1928年直属山东省。1958年改置泰山市，同年改名泰安市。1985年撤销泰安地区及县级泰安市，改设地级泰安市。原县级泰安市改置泰山区。

②1947年改依安县置，属黑龙江省。治所即今黑龙江省依安县。1953年因与山东泰安重名，复名依安县。

泰安府 清雍正十三年（1735）升泰安直隶州为府，属山东省。治所在泰安县（今山东泰安市）。辖境包括今山东泰安、新泰、莱芜、肥城、平阴、东阿、东平等市县地。1913年废。

泰安陵 在今江苏常州市西北，为南齐高帝陵。《南齐书·高帝纪》：建元四年（482）四月"丙午，窆武进泰安陵"。宋《咸淳毗陵志》卷26《陵墓》："泰安陵在武进彭山，南齐高帝所葬。"清光绪《武进阳湖县志》卷29《陵墓》：武进：齐高帝泰安陵"在通江乡"。在今江苏常州市新北区西孟河镇西万绥。

泰安道 1925年由济南道分置，属山东省。治所在泰安县（今山东泰安市）。辖境相当今山东泰安、新泰、莱芜、肥城、东平、梁山等市县地。1925年废。

泰戏山 又名武夫山、平山、戍夫山、派山。在今山西繁峙县东恒山山脉东段。《山海经·北次三经》：

“泰戏之山，……虖沱之水出焉。”即此。

泰来气屯　又作泰来溪。即今黑龙江省泰来县。民国《黑龙江志稿》卷2：泰来县“地当呼尔达河西，土名泰来气屯”。

泰来设治局　1913年析杜尔伯特、扎赉特二旗地置，属黑龙江省龙江道。治所在泰来溪（今黑龙江省泰来县）。1917年改为泰来县。

泰来县　1917年改泰来设治局置，属黑龙江省龙江道。治所在泰来溪（今黑龙江省泰来县）。民国《黑龙江志稿》卷2：泰来县“土名泰来气屯”，故名。1928年直属黑龙江省。1945年划归嫩江省，1949年复属黑龙江省。

泰县　1912年改泰州置。属江苏淮扬道。治所即今江苏泰州市。1927年直属江苏省。1949年析置泰州市，泰县迁治姜堰镇（今姜堰市）。1954年泰州市改为省辖市（地级）。1958年撤销泰州市，与泰县合并设泰州县。1962年复设泰州市。1994年泰县改设姜堰市。1996年泰州市升为地级市。

泰伯庙和墓　在今江苏无锡市东南郊。泰伯，商末周国王长子，为让贤奔吴，居住在梅里（今市东南梅村）。泰伯庙在梅村镇，俗称让王庙。原庙规模较大，清咸丰十年（1860）毁于兵火，仅存大殿，为明弘治十三年（1500）建，面澗五间，单檐歇山顶，翘角飞檐。殿内立楠木柱十四根，石柱二十四根，用月梁。柱础覆盆式。梁檩施彩画，斗拱形制仿宋式。殿前立“至德名邦”石坊。还有香花桥为明代遗物。东西各有庑廊九间，为清末所建。庙内有明清历次重修记碑十多方。泰伯庙在今无锡市东南鸿声镇东，鸿山西南坡。占地2000平方米。泰伯死后葬此，为商代古墓葬。汉代始建墓园，历代屡有重建。墓道前有月牙池，后立“至德墓道”牌坊，雕有云龙。坊后为厅堂和墓碑及两块碑记，再后为两座华表，顶部墓前高踞两只雄狮。墓园呈圆形，石砌罗城，四周砖砌围墙。2006年定为全国重点文物保护单位。

泰伯城　亦作太伯城、梅里村。相传周太王之子泰伯所筑。在今无锡市东南三十里梅村。《吴越春秋》卷1：太伯“还荆蛮，国民君而事之，自号为句吴，……起城周三里二百步”。《史记·吴太伯世家》正义：“太伯居梅里，在常州无锡县东南六十里。至十九世孙寿梦居之，号句吴。寿梦卒，诸樊南徙吴。”《方舆纪要》卷25无锡县“泰伯城”条引《吴地记》云：“泰伯筑城于梅李墟，周三里二百步，外廓周三百余里。今曰梅李乡，亦曰梅李村。”

泰伯渎　在今江苏无锡市东五里。相传泰伯所开，故名。唐时曾疏导。《新唐书·地理志》无锡县：“南五里有泰伯渎，东连蠡湖，亦元和八年孟简所开。”

泰尾墟　亦作派尾墟。即今广东博罗县东北泰美镇。清光绪《广东舆地全图》：博罗县东北有派尾墟。

泰昌县　西晋太康初置，属建平郡。治所即今重庆市巫山县西北一百二十里大昌镇。《水经·江水注》：巫溪水“又南径建平郡泰昌县南”。北周改为建昌县。

泰和县　①隋开皇十一年（591）改西昌县置，属吉州。治所在今江西泰和县西三里。大业间属庐陵郡。大业八年（612）移治今泰和县西六里。唐武德五年（622）为南平州治，八年（625）改太和县，改属吉州。贞观初还旧治，贞元三年（787）移治今泰和县。元元贞初升为太和州。明洪武初复改泰和县，属吉安府。民国初属江西庐陵道。1926年直属江西省。

②北宋宣和中改万寿县置，属顺昌府。治所在今安徽太和县西北八里旧县镇。元世祖至元二年（1265）并入颍州。元大德八年（1304）复置，改为太和县，移治今太和县。

泰和街　即今云南镇沅彝族哈尼族拉祜族自治县西振太乡驻地。原名草皮街。傣语名太和街。“太”为棉花，“和”为箐，意即箐边种过棉花。1916年设草辟县佐。1919年改名泰和县佐。

泰郊镇　清置，属安康县。在今陕西安康市西三十五里。

泰卷　一名大埛。商邑。在今山东定陶县南。《史记·殷本纪》：“汤乃践天子位，平定海内。汤归至于泰卷。”

泰顺县　明景泰三年（1452）分瑞安、平阳二县置，属温州府。治所即今浙江泰顺县。崇祯《泰顺县志》：县名“取国泰而人心效顺也”。民国初属浙江瓯海道。1927年直属浙江省。

泰陵　①在今陕西咸阳市西南隅杨陵区五泉镇东八里王上村（原属扶风县）。是隋文帝杨坚与文献皇后独孤氏合葬陵。陵垣东西长756米，南北宽652米。陵垣基本已毁，四面辟门，四角筑楼，有阙残迹、砖瓦残片。墓冢居于陵园中部偏南，为覆斗状。冢顶东西长48米，南北宽38米，冢底部东西残长166米，南北残宽160米，封土高27.4米。封土前有清乾隆四十一年（1776）陕西巡抚毕沅书“隋文帝泰陵”墓碑。1996年定为全国重点文物保护单位。

②唐玄宗李隆基的陵墓。在今陕西蒲城县东北三十里金粟山上。《新唐书·地理志》奉先县：“泰陵在东北二十里金粟山。”

③为明孝宗朱祐樘之陵。在今北京市昌平区北史家山东。明十三陵之一，在长陵西北二里。

④清世宗雍正之陵。在今河北易县西五十里永宁山下清西陵。

泰康设治局　1927年析安达、林甸、泰来三县地置，属黑龙江省龙江道。泰康县。

泰康县　①即太康县。《金史·地理志》作“泰康”。治所即今河南太康县。

②1933年伪满改泰康设治局置，属黑龙江省。治所即今黑龙江省杜尔伯特蒙古族自治县。1945年并入杜尔伯特旗。1946年复置，属嫩江省。同年又并入杜尔伯特旗。

泰塔　在今陕西旬邑县城旬邑中学内。创建于北宋嘉祐四年（1059），为八角七层楼阁式砖塔，通高53米，底径12米。底层北面辟券门，内设塔心室，二层以上每层设四个券门。每层均叠涩出檐，塔刹为石雕宝瓶式。塔身结构为单壁中空，每层设楼梯，可供登临。2001年定为全国重点文物保护单位。

泰凝　亦名泰宁。在今四川道孚县东南协德乡。民国《西康建省记》：“泰凝一曰泰宁，距打箭炉三日程。清时设把总一员驻其地。有一喇嘛寺，昔为西藏达赖喇嘛降生之所，其寺故归藏属，寺中喇嘛由川中按年给以口食银千余两。”

泰凝寺　即惠远寺。在今四川道孚县东南协德乡西北所龙村。《清史稿·四川土司传》：“泰凝寺产沙金，锡良准商人采办，并派兵弹压。”

秦　①古国名。嬴姓。相传为伯益之后。非子为部落首领时，居于犬丘（今甘肃礼县东北）。善养马，被周孝王封于秦（今甘肃张家川回族自治县东），作为附庸。公元前770年，秦庄公子秦襄公护送周平王东迁雒邑（今河南洛阳市）有功，被封为诸侯。春秋时德公建都于雍（今陕西凤翔县南三里豆腐村）。战国时，孝公又迁都咸阳（今陕西咸阳市东北二十里窑店镇北），成为战国七雄之一。《战国策·秦策》：苏秦曰：秦“西有巴、蜀、汉中之利。北有胡貉、代马之用。南有巫山、黔中之限。东有崤函之固。田肥美，民殷富，战车万乘，奋击百万，沃野千里，蓄积饶多，地势形便，此所谓天下之雄国也”。公元前221年，秦王嬴政统一中国，建立秦朝。

②邑名。在今甘肃张家川回族自治县东。《史记·秦本纪》：“非子居犬丘，……周孝王召使主马于汧渭之间，马大蕃息。孝王欲以为大骆适嗣……分其土为附庸，邑之秦，使复续嬴氏祀，号曰秦嬴。”

③春秋鲁邑。在今河南范县东南旧城。《春秋》：庄公三十一年（前662）秋，“筑台于秦”。杜注：“东平范县（按：在今山东梁山县西北）西北有秦亭。”后称秦城。北魏徙置东平郡及范县于此。

④陕西省的简称。因战国时为秦地得名。

⑤古代中西亚、欧洲、非洲称中国为秦。

秦二世墓　秦二世胡亥的陵墓。在今陕西西安市东南隅曲江东南。《史记·秦始皇本纪》载：“赵高以黔首葬二世杜南宜春苑中。”《括地志》载：二世陵“在雍州万年县南三十四里”。《汉书·元帝纪》注：“师古曰：宜春下苑即今京城东南隅曲江池是。”据考证，今西安市曲江东南的“红孩冢”当是秦二世陵，陵前有清毕沅所竖“秦二世皇帝陵”碑。

秦上州　又作奉上州。治所在今四川乐山市西南、金口河区北永胜乡。

秦口　在今湖北竹山县东南。民国《湖北通志》卷34竹山县：秦口市“在县东南七十里”。

秦山　①一名大斤山。今内蒙古呼和浩特市、武川县、土默特左旗等境之大青山。《资治通鉴》：隋开皇十九年（599），高颎等伐突厥都蓝，“突厥败走，追度白道，逾秦山七百余里而还”。

②在今江西瑞昌市南。《清一统志·九江府一》：泰山“在瑞昌县南三十里。高十余里，登之可望匡庐大江。其上金盆泉，可灌田数百顷。有梅谷甚幽胜”。

③在今河南洛阳市西南二十五里。《明一统志》卷29河南府：秦山“俗云秦头魏尾，因名”。《清一统志·河南府》：秦山“亦名三山。相传即周之三王陵也”。

④在今河南灵宝市西。《元和志》卷6虢州阌乡县：“秦山，一名秦岭，在县南五十里。南入商州，西南入华州，山高二千丈，周回三百余里。”《明一统志》卷29河南府：“谚曰：秦为头，虢为尾，与太华相连。故名。”

⑤在今广西富川瑶族自治县北。《寰宇记》卷161富川县：“秦山在县北三十里。高二千余丈，南接富川，北连道州。吴孙权未立时，此山夜忽闻有雷声，因开六洞，南北可数十里，出水其中，有石鼓、石柱、石坛。”

⑥在今陕西白水县西北五十里，接宜君县界。《方舆纪要》卷54白水县：秦山“连亘绵远，道通鄜、延、环、庆，其断处为暗门，最险隘”。

秦川　①在今广西平南县西北四十里思旺镇。明、清置巡司于此。

②一名清水。即甘肃清水县之汤浴河、牛头河。《水经·渭水注》：“清水上下，咸谓之秦川。”

③古地区名。“川”指平川而言。或泛指今陕西、甘肃二省秦岭以北的平原，因春秋、战国时地属秦国而得名。《三国志·蜀书·诸葛亮传》：“将军（指刘备）身率益州之众，以出秦川”，即此。《方舆纪要》卷52：“陕西谓之秦川，亦曰关中。”或专指今甘肃清水县境内后川河谷地，因川旁有秦国祖先非子的封地秦亭（一作秦城），故名。

秦川水　源出今山西长子县西方山，西南流经沁水县入沁水。《水经·沁水注》：秦川水“出巨骏山东，带引众溪，积以成川。又西南径端氏县故城东。……其水南流，入于沁水”。

秦王岭　①在今山西灵石县东南。《方舆纪要》卷41灵石县：秦王岭“在县东南三十里”。

②在今山西浮山县东北。《方舆纪要》卷41浮山县：秦王岭“在县东北四十里。《旧志》，唐太宗南破宋老生，从霍山潜行至此，以扼前锋，后人因呼为秦王岭”。

秦王城　一名秦城。在今湖北竹山县南一里。《舆地纪胜》卷86房州：秦王城“《晏公类要》云，在竹山县南一里。《旧经》云，秦时筑。唐景龙中掘得石云，‘秦白起伐楚，于此下寨’”。

秦王寨　在今河南郑州市西北古荥镇西。《清一统志·开封府二》：秦王寨，“唐太宗与窦建德相距屯兵处”。

秦中 指今陕西省中部平原地区。因春秋、战国时这里为秦国地而得名。《汉书·娄敬传》有“秦中新破”句，唐白居易有《秦中吟》诗。皆指此。

秦冈山 在今甘肃两当县南。《水经·漾水注》：“故道水又西南入秦冈山，尚婆水注之。山高入云，远望增状，若岭纡曦轩，峰枉月驾矣。悬崖之侧，列壁之上，有神象若图，指状妇人之容，其形上赤下白，世名之曰圣女神。”

秦长城遗址 ①在今宁夏彭阳县、西吉县和固原市境内，为战国秦长城的一部分。城墙为黄土夯筑，残高2—10米，墙基宽6—12米。每200米有一个凸出的敌台，残高5—20米。墙内侧坡度缓，外侧陡。平地筑墙在外侧取土，形成壕沟。河沟地带利用陡崖劈削。长城内侧还有墩台、城障和较大城址，构成完整的军事防御体系。2001年长城—秦长城遗址被定为全国重点文物保护单位。

②纳林塔战国秦长城遗址在今内蒙古伊金霍洛旗东南纳林陶亥乡南山梁上。是秦昭襄王为抵御匈奴入侵而筑的长城的一段。南起陕西神木县，经伊金霍洛旗纳林陶亥乡，向北进入准格尔旗，全长40余公里。其中纳林塔长城遗址是鄂尔多斯市境内保存最好的一段。该段长城是用自然石片垒筑，遗迹高1.7米，宽3米余。纳林塔战国秦长城是内蒙古境内时代最早的长城之一，对研究战国秦早期长城建筑史及其周边地区关系史均有重要价值。2001年这段长城—秦长城遗址被定为全国重点文物保护单位。

秦氏支祠 在今浙江宁波市海曙区马衙街西段。建筑面积2165平方米。1923年动工兴建，1925年竣工。集民间建筑工艺之大成，堪称宁波近代祠堂之代表。现存建筑有照壁、门厅、戏台、正殿、后殿、左右厢房，饰有木雕、石雕、砖雕、堆作等传统工艺。2001年定为全国重点文物，归入天一阁保护单位。

秦水 ①在今湖南江华瑶族自治县南。《舆地纪胜》卷58道州：秦水“在江华县。出吴望山，南流五十里与冬冷水合。水声如秦陇，故名”。《方舆纪要》卷81谓秦水“下流合于贺江”。

②即溱水。在今湖南临武县南。《汉书·地理志》桂阳郡临武县：“秦水东南至浈阳入洭。”

③即今四川乐山市金口河区北之金口河。《寰宇记》卷74嘉州罗目县：秦水“在县西一百二十里。昔秦惠王伐蜀移秦人万家以实蜀中，秦人思秦之泾水，乃呼此水为泾水。唐天宝六年改为秦水”。《方舆纪要》卷72峨眉县：秦水“在县西南（一百）二十里。亦出峨眉山麓，下流汇入阳江”。

④即今甘肃清水县北后川河。《水经·渭水注》：秦水“出东北大陇山秦谷，二源双导，历三泉合成一水，而历秦川，……西径降陇县故城南，……又西南历陇川，径六盘口，过清水城西，南注清水”。

秦东陵 在今陕西西安市临潼区骊山西麓，油王村、地窖村一带。据《史记·秦本记》载，秦国在战国末诸王（昭襄、孝文、庄襄等王）死后葬于此，相对于雍城（今凤翔一带）秦西陵而称秦东陵。1986年2月在临潼韩峪乡范家村，当地农民修水渠时发现秦始皇先祖的陵园，先后发现陵园内有明显暴露的墓葬五处，陪葬坑两处。经探察，其中两座大型墓葬有三十多个陪葬墓，出土大批重要文物。在两座大型墓葬中，北侧的一座呈十字形墓葬，初步推断是秦始皇父母庄襄王与赵姬的合葬陵园。2006年秦东陵定为全国重点文物保护单位。

秦凤路 北宋熙宁五年（1072）分陕西路西部置，为熙宁二十三路之一。治所在秦州（今甘肃天水市）。辖境相当今宁夏苦水沟、云雾山和甘肃蒲河、陕西贾赵河以西，长城以南，秦岭、嶓冢山、岷山以北，青海日月山、达坂山以东地。金皇统二年（1142）废。

秦丘 在今河南项城市西南。《寰宇记》卷9项城县（今沈丘县）：秦丘“在县西南四十七里。故老传云：秦王苻坚将兵南征驻于此丘，故名秦丘。丘侧有故城名为秦丹城，亦名秦王城”。

秦代造船遗址 在今广东广州市古称禺山东西长300米的土岗之下（在中山四路西段今广州市文化局和儿童公园内）。1975年试掘，发现三个造船台和木料加工场遗址。每座船台由两行平行的大木板组成滑道，其下以枕木承垫，滑板上竖置两两相对的木墩架承船体。木料加工场内发现烤弯木料的“弯木地牛”。出土有铁凿、铁锛、铁挣凿、木垂球等造船工具。此造船遗址应建于秦始皇统一岭南时期，至西汉文、景时期废弃。说明两千多年前我国的造船技术已达到较高的水平。1996年定为全国重点文物保护单位。

秦台（臺） 即蒲台。在今山东滨州市滨城街道东北。《方舆纪要》卷31滨州：秦台“高八丈，周二百余步。相传秦始皇东游筑此以望海。亦曰蒲台，以是时尝索蒲系马于台上也”。

秦屿 即今福建福鼎市东南秦屿镇。明属福宁州。嘉靖中移大筼筜巡司驻此，改名秦屿巡司。

秦庄襄王墓 在今陕西西安市临潼区西南韩峪乡。秦庄襄王初名异人，后改名子楚，秦始皇之父。公元前249—前247年在位。《史记·秦始皇本纪》：“庄襄王享国三年，葬茝阳。”正义引《括地志》曰：“秦庄襄王陵在雍州新丰县西南三十五里，俗亦谓为子楚。始皇陵在北，故亦谓为见子陵。”

秦关 即横浦关。今广东南雄市东北大庾岭上之梅关。《舆地纪胜》卷93南雄州：秦关“在城东北四十里。《南康记》云：南康县大庾岭四十里横浦，有秦时关。今怀化驿是也”。

秦州 ①三国魏分陇右置，因秦邑以为名。后省入雍州。西晋泰始五年（269）分雍、凉、梁三州复置，治所在天水郡冀县（今甘肃甘谷县东）。太康三年（282）废。七年（286）复置，徙治上邽县（北魏曾改为上封，今甘肃天水市）。辖境相当今甘肃定西、静宁二县市以南，清水县以西及陕西凤县、略阳和四川平武县及青海黄河以南、贵德以东地。其后逐渐缩小。隋大业初改为天水郡。唐武德初复曰秦州，开元二十二年（734）移治成纪县（今甘肃秦安县西北）。天宝元年（742）还治上邽县，改为天水郡。乾元元年（758）复改为秦州。宝应后陷于吐蕃。大中三年（849）收复，复移治成纪县。北宋又移秦州及成纪县于今天水市。明洪武二年（1369）省成纪县于入州，属巩昌府。清雍正七年（1729）直隶甘肃省。辖境相当今天水市、秦安、清水、两当、西和、礼县、徽县、成县等地。1913年降为天水县。北魏正光五年（524），州境各族人民推羌人莫折大提为帅起义。唐宋时产银、铜、铁。明洪武初设茶马司于此，与各族进行贸易。

②东晋末谯纵侨置于涪城（涪县），在今四川绵阳市涪江东岸。《晋书·谯纵传》："攻（毛）璩弟西夷校尉瑾于涪城，城陷，瑾死之，纵乃自号梁、秦二州刺史。"后废。

③十六国北凉置，治所在张掖县（今甘肃张掖市）。后废。

④南朝梁置，治所在秦县（今江苏南京市六合区西北）。侯景改置西兖州，北齐复曰秦州。陈改为义州，寻废。

秦州卫 明洪武十五年（1382）置，属陕西都司。治所在秦州城（今甘肃天水市）。后废。

秦州都督府 唐武德二年（619）置秦州总管府，治所在上邽县（今甘肃天水市）。领秦、渭、岷、洮、叠、文、武、成、康、兰、宕、扶等州。辖境相当今甘肃境内张家川回族自治县、兰州市以南地区。七年（624）改为秦州都督府，辖境逐渐缩小。贞观十四年（640）仅领秦、成、渭、武四州，辖境西至渭源县，南至武都县和康县地区。开元二十二年（734）徙治成纪县敬亲川（今甘肃秦安县西北）。天宝元年（742）还治上邽县。

秦安县 金正隆二年（1157）置，属秦州。治所在纳甲城（今甘肃秦安县）。明郭子章《郡县释名》陕西卷下：取"秦州安定之义也"。明属巩昌府。清雍正七年（1729）改属秦州。民国初属甘肃渭川道。1927年直属甘肃省。

秦驰道 在今湖南永州市东八十里。《方舆胜览》卷25永州：秦驰道"阔五丈余，类今之河道。两岸如削，夷险一致。始皇命天下修道，以备游幸，即此也"。

秦坝关 明嘉靖六年（1527）建，属宁夏灵州守御千户所。即今宁夏吴忠市西南二十里秦渠乡秦坝关。清同治间，为回民义军据点。

秦村镇 即今河北东光县东南二十八里秦村镇。清同治《畿辅通志》卷49东光县图：东南有秦村。

秦县 东晋侨置，为秦郡治。治所在今江苏六合县西北。南齐属齐郡。后废。

秦邮 即今江苏高邮市。《舆地纪胜》卷43高邮军：秦邮，"《高邮志》曰，一名秦邮"。

秦余（馀）杭山 即阳山。在今江苏苏州市吴中区西北三十里。春秋时，越王栖禽礼葬吴王夫差之地。《越绝书·吴地传》："秦余杭山者，越王栖吴王差山也，去县五十里。山有湖水，近太湖。"《吴越春秋》卷5：越王伐吴，"吴王率群臣遁去，昼驰夜走，三日三夕，达于秦余杭山。……越王乃葬吴王以礼，于秦余杭山卑犹"。

秦沙河 即今四川雷波县西南之西苏角河。《清一统志·叙州府一》：秦沙河"在雷波厅西南七十里。源出蛮界，东流入金沙江。水石相激，声如奏乐"。

秦沟 在今江苏徐州市铜山区东北三十里。《清一统志·徐州府一》：秦沟"明嘉靖四十四年，河溢丰县，分南北股，皆经沛县，漫入于此，溢入运河。隆庆中，遂成大河。时谓之北路"。

秦良玉墓 在今重庆市石柱土家族自治县东十五里三教寺后。《清一统志·石柱厅》：秦良玉墓"在厅东十五里回龙山"。秦良玉（1574或1584—1648），明四川忠州（今忠县）人。石砫宣抚使马千乘妻。马死，代领其职，所部号白杆兵。天启元年（1621）率兵北上御后金（清）。崇祯三年（1630）又入援京师。回蜀后与农民起义军为敌。清顺治五年（1648）病死。墓碑上刻"明上柱国光禄大夫镇守四川等处地方提督汉官兵挂镇东将军印中军都督府左都督太子太保忠贞侯贞素秦太君墓"。

秦直道遗址 秦始皇三十五年（前212）修筑的古驰道遗址。南起云阳（今陕西淳化县），北至九阳（今包头市包钢古城址）。目前全程已发现道路遗迹约750公里。陕西境内已发现直道遗迹498公里。其中富县段长125公里，是直道全程中路段最长、遗存最典型的地区。直道从陕西榆林西北入内蒙古伊金霍洛旗五连寨子乡（台格）毛盖图，经鄂尔多斯市西、达拉特旗西，北至包头。内蒙古境内原长276公里，现仅在鄂尔多斯市（东胜）西南45公里处保存100米长、22米宽的遗迹，两端断陷，显路基高1—1.5米，为红砂岩土垫筑。南、北壑口遥遥相对，成一直线。秦直道是秦始皇派大将蒙恬修筑的驰道。现存遗址是罕见的古代交通遗迹，被誉为人类历史上最早的高速路。2006年定为全国重点文物保护单位。

秦昌县 即泰昌县之讹。治所在今重庆市巫山县西北一百二十里大昌镇。《晋书·地理志》及《南齐书·州郡志下》均作"秦昌"。

秦岭 ①即齐子岭。在今河南济源市西五十里。《清一统志·怀庆府一》：秦岭，"《县志》：高欢、宇文泰争战之界，故齐、秦岭两呼之"。

②亦名南山。在今陕西南部。为渭河、淮河与汉江、嘉陵江水系的分水岭。又名北岭。班固《西都赋》："睎秦岭，睋北阜。"《三秦记》："秦岭东起商雒，西尽汧陇，东西八百里。"

秦岭县 隋开皇中改伯阳县置，属秦州。治所即今甘肃天水市东伯阳镇。大业初属天水郡。唐贞观十七年（643）省入清水县。

秦周 春秋、战国齐邑。在今山东淄博市东北。《左传》：襄公十八年（前555），晋人欲逐归者，鲁、卫请攻险，"十二月戊戌，及秦周，伐雍门之萩"。

秦始皇陵　在今陕西西安市临潼区东十里下河村附近。是秦始皇嬴政的陵墓。冢高76米，周长2000米。《史记·秦始皇本纪》："始皇初即位，穿治郦山，及并天下，天下徒送诣七十余万人，穿三泉，下铜而致椁，宫观百官奇器珍怪徙臧满之。令匠作机弩矢，有所穿近者辄射之。"建筑规模宏伟。宋敏求《长安志》卷15引《两京道里记》曰："陵高一千二百四十尺，内院周五里，外院周十一里，俗呼当陵。"1961年定为全国重点文物保护单位。

秦始皇陵兵马俑丛葬坑　在今陕西西安市临潼区东十里秦始皇陵东侧三里处。1974年春村民打井时发现。据发掘得知，这是一个以战车、步兵相间排列的长方形军阵，武士俑、陶马与真人、马大小相似，总数有六千多个，可谓阵容强大。1976年又在一号坑的东端北侧发现二号坑，经发掘，是以战车和骑兵为主的曲尺形军阵，有战车八十九乘，驾车和骑乘陶马四百余匹，各种武士俑九百余件。后来又在一号坑西端北侧发现三号坑，出土驷马战车一乘，武士俑六十八件。现已在一号坑建起长200多米、宽70米、钢架拱跨度67米的拱形展览厅。1979年建立了秦始皇陵兵马俑博物馆。

秦驻山　即今浙江海盐县南二十里秦山。《方舆纪要》卷91：秦驻山"下有秦驻坞，相传始皇东游登此"。故名。明嘉靖三十四年（1555）败倭寇于此。

秦城　①在今天津市宝坻区南十里。《方舆纪要》卷11宝坻县：秦城，"相传秦始皇并燕，筑城置戍。唐太宗征高丽，常驻跸焉"。乾隆《宝坻县志》卷14：秦城，"金章宗所筑邑，建于金，因袭秦故迹而城焉"。

②即今山西太谷县西南咸阳。《资治通鉴》：唐广明元年（880），河东节度使康传圭"遣前遮虏军使苏弘轸击沙陀于太谷，至秦城，遇沙陀，战不利而还"。

③即秦亭。春秋鲁秦邑。在今河南范县东南四十二里旧城。《魏书·地形志》济州东平郡范县："治秦城。"即此。

④在今广西兴安县西南四十里溶江镇境内。《资治通鉴》：唐光化三年（900），马殷遣将秦彦晖、李琼等伐静江军节度使刘士政，"湖南军至全义，士政又遣指挥使王建武屯秦城"。胡注："范成大《桂海虞衡志》曰：秦城在桂林城北八十里，相传以为始皇发戍五岭之地。城在湘水之南，融、漓二水之间，遗址尚存，石甃亦无恙。"

秦南仓　即今江苏盐城市西南秦南镇。清乾隆《淮安府志》卷5盐城县：秦南仓在"县西南五十里"。

秦南郡　南朝梁侨置，治所在今湖北宜城市北。《清一统志·襄阳府》：秦南废郡"按其地当在黎丘城下，秦州之南，故名"。北周废。

秦栈　又名连云栈。在今陕西汉中市西北。即褒斜栈道。

秦咸阳城遗址　在今陕西咸阳市东北，为战国时代秦国都城。城址东西长6公里，南部因渭河北移而遭破坏，北部宫殿区保存尚好。咸阳原上有大型宫殿基址十多处，宫殿区附近有手工业作坊遗址。1974—1975年发掘的一号宫殿是一座高台建筑，宫室用回廊、坡道连接，结构复杂，布局主次分明，墙壁涂朱绘画，出土大量建筑构件。1988年定为全国重点文物保护单位。

秦皇寺　即今四川双流县东南新秦乡。清嘉庆《华阳县志》卷6：义兴场"即秦皇寺，治东六十里，交仁寿县界"。1917年四川督军戴戡为乱军袭击死此。

秦皇岛市　1949年3月当地解放后置，属河北省。治所即今秦皇岛市。《方舆纪要》卷17抚宁县："秦皇岛在（山海）关西南二十五里。四面皆水，岛居其中。相传秦始皇曾驻跸于此。"同年升为地级市，由省直辖。1958年改为县级市，1983年复升为地级市。

秦皇宫　在今山东荣成市东北。《寰宇记》卷20文登县："秦宫在县东北百八十里。古老相传云，秦始皇所造。东、南两面临海。南有七井水。"

秦亭　①一名秦城。即春秋鲁秦邑。在今河南范县东南四十二里旧城。

②即秦邑。一作秦城。在今甘肃清水县东北、张家川回族自治县东。《续汉书·郡国志》：陇县有秦亭。《水经·渭水注》："（秦）川有故秦亭，秦仲所封也。秦之为号，始自是矣！"

秦郡　①东晋安帝时改堂邑郡置，属南兖州。治所在秦县（今江苏南京市六合区西北）。南齐永明元年（483）罢。梁复置。北周改六合郡。

②西魏恭帝三年（556）改宁夷郡置，属雍州。治所在宁夷县（今陕西礼泉县东北十里）。辖境相当今陕西礼泉县大部分地。北周建德二年（573）废。

秦桧墓　在今江苏南京市江宁区西南铜井乡牧龙村。秦桧（1090—1155），字会之，江宁（今南京）人。北宋政和五年（1115）进士。南宋绍兴年间两任宰相，前后执政十九年，主张投降，得高宗宠信。杀害抗金名将岳飞，遭历代人民的痛恨和唾弃。宋岳珂《桯史》卷2载："金陵牧牛亭，秦氏之丘垅在焉。"

秦原　在今甘肃清水县东。《资治通鉴》：唐大历八年（773）十月，吐蕃入侵，盐州刺史李国臣"引兵趣秦原"。即此。

秦海　指今新疆博湖县东博斯腾湖。《后汉书·西域传》：延光二年（123），敦煌太守张珰上书陈三策，以为"北虏呼衍王常展转蒲类、秦海之间，专制西域，共为寇钞"。

秦家冈　在今黑龙江省哈尔滨市区中。《清史稿·地理志》滨江厅："东：秦家冈。"民国熊知白《东北县治纪要》吉林滨江县："县市沿松花江南岸之合傅家甸，西达八站，南对秦家冈，东接四家子、太平桥、圈子河等处。”

秦家圩 五代南唐置，在今安徽芜湖市东。北宋太平兴国中为大水冲决，嘉祐六年（1061）修复，改名万春圩。

秦家渠 即秦渠。在今宁夏北部黄河东岸，吴忠市与灵武市境。《元史·董文用传》：“至元改元，召为西夏中兴等路行省郎中。……始开唐来、汉延、秦家等渠。”《方舆纪要》卷62宁夏镇：秦家渠“在黄河东南。分河水灌田数百顷”。《清一统志·宁夏府一》：秦家渠“在灵州东。亦曰秦渠，古渠也。黄河经州西，由秦坝堡北分枝，绕州之东，复归于河，长一百二十里”。

秦得力 亦作秦得利。即今黑龙江同江市东北勤得利。民国熊知白《东北县治纪要》吉林抚远县：“县属秦得力，位于黑龙江沿岸山脉之倾斜地。”

秦望山 ①又名秦山、秦皇山。在今上海市金山区西北。《方舆纪要》卷24松江府华亭县：“秦望山在府东南六十里，当张家堰镇之西。相传秦始皇登此山望海，亦曰秦驻山。山南有洞甚深邃；又有坑，产白垩。”

②在今江苏江阴市西南。《舆地纪胜》卷9江阴军：秦望山在“县西南二十七里。《旧经》按，《风土记》：山在蜀川，秦始皇驱之以塞东海，至此不肯前，登山四顾，因号秦望山”。《方舆纪要》卷25常州府江阴县：秦望山“秦始皇尝登此四望，因名。明初遣兵取江阴，张士诚据守此，以拒王师，诸将乘风雨夺其山，进薄城西，遂克之”。

③即今浙江杭州市南将台山。《寰宇记》卷93引《舆地志》：“始皇东游，登此欲渡会稽，故名。”宋《淳祐临安志》卷8引《两朝国史志》云：“钱塘有秦望山。《旧图经》云：在钱塘县旧治之南一十二里一百步，高一百六十丈，周回一十里一百步……后唐同光中，钱氏于秦望山建上清宫，有巨石二十余株，自然成行，名曰金洞门。”唐景福二年(893)，钱镠新筑罗城，自秦望山由夹城东亘江干，即此。

秦渠 ①在今河南沁阳市南。即广济河。其上源为济源市境之枋口水，经孟县、温县，至武陟县南入黄河。《新唐书·崔弘礼传》：长庆初，弘礼“迁河阳节度使，治河内秦渠，溉田千顷，岁收八万斛”。

②又名秦家渠。相传秦开凿。在今宁夏北部黄河东。《清一统志·宁夏府一》：秦家渠“在灵州东，曰秦渠，古渠也”。

秦淮河 古称龙藏浦。又名淮水。在今江苏西南部。东源出句容市北宝华山，称句容河；南源出溧水县东庐山，名溧水河。二水于南京市江宁区方山南汇合，西北流经南京市区注入长江。《寰宇记》卷90升州江宁县“淮水”条引《舆地志》云：“始皇巡会稽，凿断山阜，此淮即所凿也，亦名秦淮。”唐许嵩《建康实录》卷1：“其淮本名龙藏浦，……屈曲不类人功，疑非秦始皇所开。”东晋南朝以来，秦淮河为建康之屏障，西连石头城，东接青溪，设浮航二十四所，每有战事，撤航为备。隋平陈后，浮航始废。六朝时淮青桥至镇淮桥一带秦淮河两岸，皆为繁华商业区，是士大夫聚居地。五代时吴国改筑金陵城，乃贯秦淮于城中。明代以应天府为南京，歌楼画舫环集秦淮两岸。此地历为南京名胜之地。

秦凿渠 即灵渠。在今广西兴安县西，为沟通湘江与漓江之运河。《寰宇记》卷162兴安县：“秦凿渠在县南二十里。本漓水自柘山之阴西北流，至县西南合零渠。五里始分为二水。昔秦命御史监禄自零陵凿渠至桂林。”

秦渡镇 北宋置，属鄠县。即今陕西户县东秦渡镇。《清一统志·西安府三》：秦渡镇“在鄠县东三十里。商贾辐辏，为邑中最盛”。

秦雍城遗址 在今陕西凤翔县南，是春秋至战国中期秦国早期都城遗址。占地11平方公里。考古发现城内道路纵横交错，已发现宫殿区三处。城西南为秦公陵区，有大型墓葬和车马坑四十三座，分为十三座陵园，最大的一座面积为40多万平方米。1988年定为全国重点文物保护单位。

秦溪 在今浙江海盐县西南三十六里。《方舆纪要》卷91海盐县：秦溪，“秦驻山、丰山之水所汇也，下流汇于横塘”。

秦墟 即今安徽淮南市东北上窑镇。《梁书·武帝纪》：普通五年（524）十月，定远将军曹世宗伐魏，“克秦墟”。即此。

秦臧县 西汉元封二年（前109）置，属益州郡。治所即今云南禄丰县。三国蜀建兴三年（225）属建宁郡。西晋太安二年（303）属益州郡。东晋属晋宁郡。南朝梁废。唐武德初复置，属昆州。南诏废。

秦潼镇 即今江苏姜堰市西北三十四里溱潼镇。《方舆纪要》卷23泰州“樊汉镇”条下：“又秦潼镇在州东北六十里。”

秦穆公城 在今陕西富平县东南二十五里。宋敏求《长安志》卷19富平县：“秦穆公城在县南三十里。南面、西面崇一丈五尺，东面、北面无墙。”

珥村镇 即珥陵镇。在今江苏丹阳市南珥陵镇。《方舆纪要》卷25镇江府丹阳县：珥村镇“在县南四十里珥渎河西岸，南接金坛县界”。

珥陵镇 亦作珥村、珥城。即今江苏丹阳市南二十五里珥陵镇。清乾隆二十六年（1761）移丹阳县主簿驻此。

珥渎河 又名七里河。在今江苏丹阳市东南。《方舆纪要》卷25镇江府丹阳县：珥渎河“在县东南七里，与漕渠相接。河口有七里桥，南流入金坛县界”。

珙州 元末明玉珍置，属叙州路。治所即今四川珙县。辖境相当今四川珙县地。明洪武四年（1371）改为珙县。

珙县 明洪武四年（1371）改珙州置，属叙州府。

治所即今四川珙县东南珙泉镇。明曹学佺《蜀中广记》卷52珙县："唐为羁縻萨、巩二州，巩音近珙，故名。或曰：珙，玄玉也，有石似之。"十年（1377）废入高县，十三年（1380）复置。正德十三年（1518）属高州，后又属叙州府。民国初属四川永宁道。1928年直属四川省。2001年迁治巡场镇。

珙溪 即今四川珙县之洛浦河，为长宁河上源之一。明曹学佺《蜀中名胜记》卷15珙县："《志》云：治南北五十步，即珙溪也，多石似玉。"《方舆纪要》卷70珙县：珙溪"在县治南。多石，不通舟楫，民以筒车引水灌田，利泽甚广"。

琊川县 唐初置，属邛州。治所在今贵州遵义县北。后属播州。开元二十六年（738）废。

珰州 即当州。北宋置羁縻州，属茂州。治所在今四川茂县西北境。后废。

珠山县 1945年山东革命根据地由胶县南境及青岛市部分地析置，属山东省。治王哥庄（今山东胶南市）。1946年改名胶南县。

珠子河 即今辽宁黑山县北羊肠河。《方舆纪要》卷37广宁卫：珠子河"在卫东北。源出白云山，南流入辽河"。《清一统志·锦州府一》：珠子河"在广宁县东北四十里。……《通志》：今白土厂东，惟羊肠河从边外来，珠子河故道湮没，询之土人，云山水盛时有河，旱则水涸，或呼为锥子河。《辽史》：辽州有锥子河，疑即此"。

珠玉溪 在今四川蓬溪县西南七十里。《寰宇记》卷87青石县："珠玉溪地有珠玉村，因名。"《方舆纪要》卷71蓬溪县：珠玉溪"在县西北七十里。昔时溪旁有珠玉村"。

珠龙桥镇 即今安徽滁州市西北珠龙镇。《清一统志·滁州》：珠龙桥镇"在州西北三十里"。

珠尔干河卡伦 清雍正五年（1727）设，在今内蒙古额尔古纳市东北额尔古纳河东岸奇乾乡附近。《清史稿·地理志》室韦直隶厅境内"珠尔干河总卡伦"，为"鄂伦春与俄人交易之所"。

珠尔格依城 又作半拉城。故址在今黑龙江省哈尔滨市呼兰区东北公家村附近。清屠寄《黑龙江舆图说·呼兰城》：松花江"次东曰涉溲沟，南流径珠尔格依废城东八十四里，注于松花江"。

珠尔特依卡伦 清雍正五年（1727）设，在今内蒙古额尔古纳市西北之九卡屯村。

珠市 在今广西合浦县旧城西。清屈大均《广东新语》卷15："予尝至合浦，止于城西卖鱼桥，故珠市也。"

珠兰铺 即今江西会昌县西北二十里珠兰乡。明嘉靖《赣州府志》卷6：会昌县有猪栏铺。清同治《江西全省舆图》卷9：会昌县西北有珠兰铺。

珠母海 亦名珠池、珠海。在今广西北海市、合浦县以南海面。《旧唐书·地理志》廉州合浦县："大海在西南一百六十里，有珠母海，郡人采珠之所。"历为采珍珠之地。《方舆纪要》卷104合浦县：珠母海在"府东南六十里巨海中。中有七珠池，曰青莺，曰杨梅，曰乌泥，曰白沙，曰平江，曰断望，曰海渚。后为五池，其东为断望、对达二池，无珠；西为平江、杨梅、青莺三池，有大蚌，剖而有珠，今止以三池名，所谓合浦珠也"。

珠玑巷 在今广东南雄市北十五里珠玑镇珠矶村。初名敬宗巷，唐宝历间改称珠玑巷。南宋末因兵祸，原住居民三次南迁珠江三角洲一带，故被视为珠江三角洲居民祖居。南门旁有元代实心古塔一座，塔下基座刻有"至正庚寅孟冬"年号，是广东省有绝对年代可考的唯一元代石塔。

珠场 在今广西合浦县东南六十里。旧为采珠之所。明、清置巡司于此。

珠场寨 明崇祯中置，在今广西合浦县东南。《清一统志·廉州府》：白龙寨"又西有川江寨、陇村寨、调埠寨、珠场寨，皆南至平江池十余里"。

珠场镇 在今广西合浦县东南六十里。旧为采珠之所。明、清时置巡司。

珠江 ①一称粤江。是我国南方西江、北江、东江的总称。《清一统志·广州府一》"牂牁江"条："《番禺县志》：牂牁江一名珠江，即西、北二江下流也。东过沥滘堡北，谓之东冲，又东合蚬江，至县东南八十里南海庙前，与东江会，亦谓之三江口。又南六十里，至虎头门入海。"珠江因广州市区南江中旧有海珠石而得名。清仇池石《羊城古钞》卷2载：海珠石"在越王台南，广袤数十丈，东西二江水环之，虽巨浸稽天不能没。语云：'南海有沉水之香，亦有浮水之石'谓此也。相传有贾胡持摩尼珠至此，珠飞入水，夜辄有光怪，故此海名曰珠海，浦曰沉珠，其石则曰海珠云"。1931年填筑新堤时，古海珠石已同北岸连为一体。

②四川沱江之别名。指流经今资阳、资中二县间河段。《舆地纪胜》卷157资州：珠江，"《资中记·道释门》曰：资号珠江，其地之灵，能出瑰异。又父老言：尝有舟子，夜见江中有光如灯烛，试即之，见巨蚌没水中。后祥符中，太守邓永世令昆仑奴没水探取，奴告以有一巨蚌，可容一斗五升。里人知其为珠所出者"。《明史·地理志》资县："南有珠江，即雒江也，东流为资江。"

珠江驿 在今四川资中县东。《方舆纪要》卷67资县：珠江驿"在县治东一里。水道所经也"。

珠池 即珠母海。在今广西北海市南涠洲岛一带海域。唐刘恂《岭表录异》卷上：珠池"廉州边海中有洲岛，岛上有大池，谓之珠池。每年刺史修贡，自监珠户入池，采以充贡"。南宋范成大《桂海虞衡志·志虫鱼》："珠出合浦，海中有珠池，蜑户没水探蚌取之。"《舆地纪胜》卷120廉州：珠池，"《郡国志》云：合浦县海曲出珠，号曰珠池。唐贞观五年置珠池县"。

珠池县 唐贞观六年（632）置，属越州。治所在今广西北海市境。八年（634）属廉州，十二年（638）废。

珠克特伊 在今内蒙古兴安盟扎赉特旗东。清光绪《皇朝中外一统舆图》：扎赉特旗（旧治）北有珠克特伊站。

珠环山 在今广东阳东县北。《方舆纪要》卷101阳春县：珠环山“在县东南九十里。群峰相连，如珠累累，高六十丈，周五十余里，与阳江县接界”。

珠金沙 在今安徽繁昌县西三十五里凤凰矶北麓。《方舆纪要》卷27繁昌县：“凤凰山在县西南二十里，下临荻港，有珠金沙。宋末，贾似道与蒙古相距，尝驻珠金沙，走还扬州”，即此。

珠河县 1927年改乌珠河设治局置，属吉林省滨江道。治所在乌吉密河（今黑龙江省尚志市）。1945年划归松江省。1946年改名尚志县。

珠官县 亦作朱官县。三国吴赤乌五年（242）置，属朱崖郡。治所在今广东徐闻县南。南朝宋属合浦郡。南齐废。

珠官郡 三国吴黄武七年（228）改合浦郡置，属交州。治所在合浦县（今广西浦北县南旧州村）。辖境相当今广西容县、玉林、横县以西南地及广东廉江县地。孙亮时复为合浦郡。

珠帘（簾）泉 ①在今江苏无锡市西惠山石壁之中。清光绪《无锡金匮县志》卷3：“珠帘泉在惠山石门水帘洞。”

②在今浙江天台县北天台山中。《徐霞客游记·游天台山日记》：万历四十一年（1613）四月初三日，“闻断桥、珠帘尤胜……又里许，为珠帘水，水倾下处甚平阔，其势散缓，滔滔汩汩”。

珠春河 即今俄罗斯阿穆尔州黑龙江支流乌里河。《清一统志·黑龙江》“哈喇河”条下：“珠春河，在（黑龙江）城东南一千三百五十里。……在黑龙江北，南流入（黑龙）江。”

珠树潭 即今江西万载县西南珠潭镇。清置巡司于此。

珠浦桥 又名安澜索桥。在今四川都江堰市西二里二王庙前。《方舆纪要》卷67灌县：珠浦桥在“县西二里，索桥也。亦谓之绳桥，长百二十丈，阔一丈”。

珠海 即珠母海。指今广西北海市南涠洲岛一带海域。历代为采珠之地。

珠勒都斯山 在今新疆和静县北。清宣统《新疆图志》卷60：珠勒都斯山“其中多黄金。东西珠勒都斯之水出焉，是为海都河之源”。为土尔扈特、和硕特游牧处。

珠勒都斯河 一作朱勒都斯河。即裕勒都斯河。为开都河上游。在今新疆和静县西北。清宣统《新疆图志》卷71：珠勒都斯河“即古鹰娑川。河有二源：一源出珠勒都斯山麓，为小珠勒都斯河；……一源出哈喇库尔山北麓，为大珠勒都斯河，经巴伦阿喇，东流与小珠勒都斯河会。珠勒都斯河二源既汇，东流……合于开都河”。

珠崖驿 明置，属临高县。在今海南省临高县（临城镇）。

珠崖郡 一作朱厓郡。西汉元鼎六年（前111）置，治所在瞫都县（今海南省海口市琼山区东南三十里）。《汉书·武帝纪》注：“应劭曰：‘二郡（指珠厓、儋耳）在大海中崖岸之边，出真珠，故曰珠厓。”辖境相当今海南岛东北部地。初元三年（前46）废。隋大业六年（610）复置，治所在舍城县（今琼山市东南）。唐武德四年（621）改置崖州。天宝元年（742）改名珠崖郡，乾元元年（758）复名崖州。

珠绿县 唐元和后置，属峰州。治所在今越南富寿省白鹤县一带。后废。

珠琳镇 即今江苏金坛市西二十五里朱林镇。清光绪《江苏全省舆图》金坛县记：“珠琳镇在城西二十五里。”

珠街镇 即今上海市青浦区西南朱家角镇。清嘉庆《松江府志》卷2《镇市》青浦县：朱家角“又名珠街镇，西南通泖湖，东北接三分荡……商贸贸易甲于他镇。故移安庄巡检司于此”。

珠敦河 即今内蒙古牙克石市东南扎敦河，为海拉尔河支流。《清一统志·黑龙江》“济尔玛台河”条：“又珠敦河，在呼伦布雨尔东一百三十里……源俱出兴安岭，入开拉哩河。”民国《黑龙江志稿》卷4《地理志·山川》呼伦县：扎敦河“扎敦，蒙古语疾速也。《盛京志》作珠敦河，又作珠济河”。

珠湖 有南北二湖。南珠湖在今江西鄱阳县西南，北珠湖在鄱阳县西北。《方舆纪要》卷85饶州府鄱阳县：珠湖“在府城西南。余干县境之水皆会流于此。又乐平、浮梁之水亦皆来会，绕郡城，由饶河口入鄱阳湖。《志》云，县境诸水会于鄱湖者为大合，会于珠湖者为小合”。《清一统志·饶州府一》：南珠湖“在鄱阳县西南三十里。纳余干古埠、沙港诸水入鄱江……北珠湖在县西北，受老鹳港支水入鄱江”。

珠溪 在今四川资中县西北，为龙水河支流。源出威远县中兴乡南，北流入资中县，经罗泉镇、龙结镇、珠溪镇，于三江口处入龙水河，东流在顺河乡东大河口注入沱江。清光绪《资州志》卷2：珠溪“在州西九十里。源出罗泉井，流绕龙结镇，至小三江口与龙水合流，入中江。俗讹为球溪”。

珠溪场 即球溪场。在今四川资中县西北球溪镇。清嘉庆《资州直隶州志》卷3：“球溪场在州西一百里。龙结镇涧水流经场后三里许至小三江口与四眼桥涧水合，更东流十里入资江，商舶往来，颇称要会。”

珠赫店 一名出河店，在今黑龙江省肇源县西茂兴镇南哈什吐古城。金置肇州于此。《清一统志·吉林二》：“肇州故城在伯都讷城南。旧名珠赫店。”

珠穆朗玛峰 喜马拉雅山主峰。在中国西藏和尼泊尔接界处。“珠穆朗玛”为藏语“女神第三”（珠穆朗桑玛）的音译。1721年版康熙《皇舆全览图》上作朱母郎马阿林。1858年印度测量局在英人主持下，擅将该局前局长额菲尔士（George Everest，1790—1866）的姓氏命名此峰。1952年中国政府将额菲尔士峰正名为珠穆朗玛峰。尼泊尔称萨迦一玛塔。海拔8848.13米。是世界第一高峰。

珩溪 在今福建明溪县东南珩溪。《方舆纪要》卷98归化县："珩溪在县东南。上源接明溪，中有石，沿渚夹峙里许，水从中出，谓之门槛石。"

珞 西藏古地区名。《唐蕃会盟碑·碑阴（藏文）》："东方汉土，威加海之涯岸日之所出之王，彼与珞、（泥）婆罗迥异。"此指吐蕃王朝（约629—842）所辖之珞地区，在今西藏墨脱县以南喜马拉雅山麓之珞域地区。

珞黄山 在今重庆市江津区东北珞璜镇。《方舆纪要》卷69江津县：珞黄山"在县东六十里。下有珞黄镇。《巴中记》谓之东穷峡"。

珞渝 在今西藏东南部，西界门隅，东界下察隅，南邻印度。珞渝是藏族对珞巴族居住区的称呼，藏语意为南域。17世纪末叶珞渝就置于五世达赖的统治之下。19世纪中叶，西藏地方政府曾将珞渝划归波密土王管辖。1944年珞渝南部被印度政府非法占领。

琤琮谷 在今湖南长沙市南妙高峰下。宋张栻建城南书院于此。

班氏县 秦置，属代郡。治所在今山西大同市东南五十五里。东汉末废。

班吉塔 即今辽宁凌海市西北班吉塔镇。清光绪《奉天全省地舆图说图志》义州："班吉塔在州城西南一百十五里。"

班老 即今云南沧源佤族自治县西北六十九里班老乡。1934年"班洪事件"中村民曾英勇抗击英军的侵略。1960年根据《中缅边界条约》由我国收回。傣语"班"为坪，"老"为酒，意即酣酒坪。

班达里 或译作梵答剌亦纳、番答里纳。在今印度西南岸科泽科德附近。元汪大渊《岛夷志略》："班达里，地与鬼屈、波思国为邻。"

班朱尼河 在今内蒙古新巴尔虎右旗呼伦湖西南克鲁伦河下游附近。《元史·太祖纪》：岁癸亥（1203），"帝既遣使于汪罕，遂进兵虏弘吉剌别部溺儿斤以行。至班朱尼河，河水方浑，帝饮之以示众。……凡与饮河水者，谓之饮浑水，言其曾同艰难也"。《元史·哈散纳传》："太祖时，从征王罕有功，命同饮班朱尼河之水，且曰：'与我共饮此水者，世为我用'。"

班州 北魏太和十一年（487）改三县镇置，治所在定安县（今甘肃宁县）。辖境相当今甘肃宁县地。十四年（490）改名邠州。

班妃山 一名班姬山。在今河北徐水县西四十里。《新定九域志》卷2：班妃山，"《图经》云：隋炀帝东征，于山上置班姬庙"。

班别歪夫沟 在今黑龙江省萝北县西北。为嘉荫河支流。民国《黑龙江志稿》卷4：札伊河"东北流七十三里有班别拉歪夫沟东南流四十里来会，沟亦产金"。

班佑寺 亦称巴西寺。清建，在今四川若尔盖县东巴西乡南纳日山。1935年中国工农红军长征经此，8月在此召开中央政治局会议，批判张国焘分裂中央的罪行，决定红军继续北上。史称"巴西会议"。1958年—1961年为巴西乡驻地。

班佑寨 即今四川若尔盖县南班佑乡。清雍正元年（1723）于此置班佑寨土千户。

班鸠崖 在今湖北恩施市东。《方舆纪要》卷82施州卫：班鸠崖"在卫东百八十里。崖长五十里。望之若城郭"。

班固墓 在今陕西扶风县东十八里肖家村。

班卒 古国名。即今印度尼西亚苏门答腊岛西岸的巴鲁斯。一说班卒可能为Panchur的对音，据元汪大渊《岛夷志略》记，当在今马来西亚马来亚西岸。

班洪都司 清光绪十七年（1891）置班洪土都司，属镇边直隶厅。治所在今云南沧源佤族自治县西北五十四里班洪乡。傣语"班"为坪，"洪"为榕树，意即榕树坪。1934年改班洪总管。后废。

班班簇长官司 明洪武十四年（1381）置，属松潘卫。治所在今四川若尔盖县东求吉乡。一说今平武县境。明曹学佺《蜀中广记》卷31《边防记》："《古迹志》……宋时分上、下、中潘三州。今阿失寨即上潘州，班班簇即下潘州，界二州之间则中潘州也。其地愈北，山愈平夷。旧漳腊之设在下潘州。"后废。

班勒纥城 亦作班城、班里城、巴里黑、把力黑、板勒纥、必里罕。即今阿富汗北境巴尔赫。《元史·太祖纪》：十六年（1222），"秋，帝攻班勒纥等城"。后为察合台汗国属地。

班渎 在今江苏南京市北长江南岸。《晋书·刘牢之传》：东晋元兴初，"（刘）敬宣劝牢之袭（桓）玄，犹豫不决，移屯班渎"。《资治通鉴》胡三省注："班渎在新洲西南。"

班禅六世塔 即清净化城塔。在今北京市朝阳区安定门外黄寺路11号。是清乾隆四十七年（1782）为西藏班禅六世修建的衣冠塔。

珲春厅 清宣统元年（1909）置，属延吉府。治所在珲春城（今吉林珲春市）。辖境约当今吉林珲春市一带。1913年降为县。

珲春市 1988年撤销吉林省珲春县，改设珲春市，市人民政府驻西安街。属延边朝鲜族自治州。

珲春县 1913年改珲春厅置，属吉林省延吉道。治所即今吉林珲春市。民国魏声龢《吉林地志》：珲春，满语"边地之义"。1929年直属吉林省。1988年改设珲春市。

珲春河 又作浑蠢河。在今吉林珲春市东。为图们江支流。《清一统志·吉林一》：珲春河"在宁古塔城东南六百里。源出通肯山，会诸水西南流入图们江”。

珲春城 清康熙五十三年（1714）建，置协领，属宁古塔副都统。即今吉林珲春市。光绪《吉林通志》卷12：“珲春城，以水名。”光绪七年（1881）改置珲春副都统。宣统元年（1909）改置珲春厅。1913年改珲春县。

珲春副都统 清光绪七年（1881）置，属吉林将军。治所在珲春城（今吉林珲春市）。辖境相当今吉林珲春、延吉两市相邻地区。宣统元年（1909）裁。

勣州 金元光二年（1223）升阳城县置，治所在今山西阳城县。元废。

敖 即隞。一作嚣。在今河南荥阳市东北古敖山上。《诗经·小雅·车攻》：“搏兽于敖。”《水经·济水注》：“济水又东，径敖山北，《诗》所谓‘薄狩于敖’者也。其山上有城。”

敖山 ①在今山东新泰市东南十五里。《国语·晋语》：“范献子聘于鲁，问具山、敖山”，即此。今俗称青云山。

②在今河南荥阳市北。《尚书·序》：“仲丁迁嚣。”《史记·殷本纪》：“帝中丁迁于隞。”《索隐》：“隞亦作‘嚣’，并音敖字。”《诗经·小雅·车攻》：“搏兽于敖。”《左传》：宣公十二年（前597），“晋师在敖、鄗之间”。《水经·济水》：“济水又东径敖山北……其山上有城，即殷帝仲丁之所迁也。”秦置敖仓于此。

敖水 一作潡河。在今湖北钟祥市北。《水经·沔水注》：敖水“出新市县东北，又西南径大阳山，西南流径新市县北，又西南而右合枝水，……又西南流注于沔”。《清一统志·安陆府》：敖水“在钟祥县北。今名直河。……《县志》：敖水源出县东北黄仙洞山，西流径县北十五里，直注于汉，故名直河。又名池河”。

敖仓 秦置，在今河南荥阳市东北敖山。《史记·项羽本纪》：“筑甬道属之河，以取敖仓粟。”又，《鲸布列传》：布“据敖庾之粟”。《索隐》：“案《太康地记》云：秦建敖仓于成皋。”

敖东城 即今吉林敦化市。清光绪七年十二月（1882）置敦化县于此。民国魏声龢《吉林地志》：“敦化县，土名敖东城，又名阿克敦城。敖东，满语本音作鄂多哩，又称阿克敦。设治时语言附会，因名敦化。”

敖头 一作漖头。在今陕西石泉县东南。《水经·沔水注》：“汉水又东历敖头，旧立仓储之所，傍山通道，水陆险凑。魏兴安康县治，有戍，统领流杂。”

敖汉左翼旗 清宣统三年（1911）分敖汉旗置，属内蒙古昭乌达盟。驻东老府（今内蒙古翁牛特旗东南乌敦套海镇）。1914年划归热河特别区，1928年属热河省。1940年与敖汉右旗等合并为敖汉旗。

敖汉右翼旗 清宣统三年（1911）分敖汉旗置，属内蒙古昭乌达盟。驻海力王府（今内蒙古敖汉旗西北三道湾子）。1914年划归热河特别区，1928年属热河省。1940年与敖汉左翼旗等合并为敖汉旗。

敖汉南旗 1922年析敖汉左旗置，属热河特别区。驻贝子府（今内蒙古敖汉旗东南贝子府镇）。1928年属热河省。1940年与敖汉左、右翼旗等合并为敖汉旗。

敖汉部 清内蒙古昭乌达盟八部之一。明后期，达延汗长子图鲁博罗特后裔岱青杜棱始称所部为敖汉部，属察哈尔汗。其子索诺木杜棱和塞臣卓哩克图于天聪元年（1627）率众归附后金。崇德元年（1636），封塞臣卓哩克图子班第为札萨克、多罗郡王，编为一旗。扎萨克驻鼎足山。清末分置左、右两旗。牧地跨老哈河，约当今内蒙古敖汉旗全境和辽宁建平县大部地。

敖汉旗 后金崇德元年（1636）置，属内蒙古昭乌达盟。驻古尔板图尔噶山（又名鼎足山，在今内蒙古敖汉旗驻地新惠镇内），后迁至今敖汉旗西北公爷府。清光绪间又迁往今翁牛特旗东南乌敦套海（东老府）。宣统三年（1911）分为敖汉左、右翼二旗，左翼旗仍驻东老府，右翼旗驻海力王府（今敖汉旗西北三道湾子）。1914年划归热河特别区，1922年敖汉左旗又析置敖汉南旗，驻今敖汉旗东南贝子府。1928年属热河省。伪满统治时期，于1935年在敖汉三旗境内增设新惠县，1940年撤销新惠县，与敖汉三旗合并为敖汉旗（驻新惠）。1955年划入内蒙古自治区。1969年划归辽宁省，1979年划回内蒙古自治区。

敖伦苏木城遗址 在今内蒙古达尔罕茂明安联合旗东北六十里。“敖伦苏木”，蒙古语意为“众多庙宇”。原为元代皇亲汪古部首领赵王府邸，故称赵王城。曾是汪古部政治、经济、文化中心。又名黑水城、五英雄城。元为德宁路治地。古城址平面呈长方形，东西长960米，南北宽570米，东西南北四门均设瓮城，四隅有圆形角楼遗址，内有二十余处建筑台基址，为官府衙第和佛寺旧址。城东北有许多圆形石墓，城西北也有一处古墓，均为王公贵族墓地。1996年定为全国重点文物保护单位。

敖来密屯 即今黑龙江省绥滨县。民国《黑龙江志稿》卷2：绥滨县“地当松花江北岸，旧名敖来密”。后因县名改绥滨镇。

敖罕 即霍罕。今乌兹别克斯坦浩罕。清魏源《圣武记》卷4：“初回疆惟敖罕骜悍善战。”

敖岭 在今江西上高县北。《寰宇记》卷106筠州高安县：敖岭“在县北三里，敖真人得道之所。有敖真人炼丹之迹在”。《方舆纪要》卷84瑞州府上高县：“县北三里有敖岭，亦曰敖峰。高峻，为近郊之胜。”

敖城 即今江西吉安县西南敖城镇。明置巡司于此。

敖家场 即今四川彭州市东北敖平镇。清光绪《彭县志》卷2：敖家场“在东乡凤楼里，距县北三十里，东距罗家场十五里”。

素化镇 来化镇之讹。即今陕西渭南市东北六十里来化镇村。《金史·地理志》误作“素化镇”。

素玉克 在今吉尔吉斯斯坦伊塞克湖南。清徐松《西域水道记》卷5：巴尔珲岭“逾岭三十余里曰素玉克。人畜之骨纵横于路。昔有布鲁特徙牧经此，一夜风雪，全部皆没，至今种人无敢宿者，瘴气昏蔽，常如阴晦”。

素叶（葉）水 即碎叶水。今吉尔吉斯斯坦及哈萨克斯坦境内之楚河。唐玄奘《大唐西域记》卷1：“清池西北行五百余里，至素叶水城。”城以水名。《新唐书·西域传·石国》：“圆千余里，右涯素叶河。”

素叶（葉）水城 即碎叶城。在今吉尔吉斯斯坦楚河南岸托克马克附近。唐玄奘《大唐西域记》卷1：“清池西北行五百余里，至素叶水城。城周六七里，诸国商胡杂居也。土宜糜、麦、蒲萄，林树稀疏，气序风寒，人衣毡褐。”

素罗汗山 在今甘肃临潭县东。《资治通鉴》：唐武则天万岁通天元年（696）“三月，壬寅，王孝傑、娄师德与吐蕃将论钦陵赞婆战于素罗汗山，唐兵大败”。即此。

素岭山 在今四川九寨沟县西北。《元和志》卷22扶州尚安县：素岭山“在县西北一百六十八里。黑水源出素岭山，经县西北三十步”。《寰宇记》卷134文州曲水县：“素岭山与芳州常芬县分界。其山高耸，冬夏积雪，因名素岭山。”

素衮 在今新疆阿图什市东北。《清一统志·乌什》：素衮“在齐都伯西南四十里”。

素盖提卡 清光绪十五年（1889）置，在今新疆皮山县南喀拉喀什河上游南岸苏盖提。清宣统《新疆图志》卷9：素盖提卡“光绪十五年经莎车州潘署牧、叶城县黄署令禀请设卡于此”。

素馨斜 又名内人斜、花田。在今广东广州市西南珠江西南岸花池，与河南街隔江相对。清屈大均《广东新语》卷19：素馨斜“在广州市城西十里三角市。南汉葬美人之所也。有美人喜簪素馨，死后遂多种素馨于冢上，故曰素馨斜。至今素馨酷烈，胜于他处，以弥望悉是此花，又名曰花田”。

蚕丛城 即瞿上城。在今四川双流县南十八里黄甲镇境与新津县交界之牧马山蚕丛祠九道拐一带。明天启《成都府志》卷3：蚕丛城在“双流县东十八里”。清嘉庆《四川通志》卷49双流县：“瞿上城在县南十八里。……按瞿上城即蚕丛城也。”（按《府志》东当为南之误）。

蚕丛祠 南齐建，为祭祀蜀国先王蚕丛庙宇。在今四川成都市旧城区西南。《方舆胜览》卷51成都府：蚕丛祠“蜀王蚕丛氏祠也。今呼为青衣神，在圣寿寺……《南史》齐永明间，始兴王萧鉴为益州刺史，于州园得古冢，有金为蚕数斗，鉴一无取，复为起冢，且立祠焉”。

蚕台县 西汉置，属乐浪郡。治所在今朝鲜南江原道襄阳北。东汉废。

蚕丝山 在今四川盐亭县东六十里。《舆地纪胜》卷154潼川府：蚕丝山“在永泰县西二十里。《九域志》云：每上春日远近士女游此，以祈蚕丝”。

蚕此城 在今四川成都市东北凤凰山东南。《资治通鉴》：唐光启三年（887），王建“败西川将句惟立于蚕此”。即此。

蚕沙口 又名蚕丛口。在今河北滦南县南六十里。旧为陷河入海处。《方舆纪要》卷17滦州：陷河“源出州西南五十里于家泊，汇大小群川，至蚕丛口入海”。

蚕尾山 在今山东东平县西北。《方舆纪要》卷33东平州：蚕尾山在“州（今州城镇）北三十里。联络望山、卧牛诸山。下有小洞庭湖。又有黄华山、凤山，在其左右，群峰环抱，为州之胜”。

蚕室 即今山东滕州市东三十里蚕母山。《左传》：哀公八年（前487），“吴师克东阳而进，舍于五梧。明日，舍于蚕室”。即此。

蚕陵山 在今四川茂县西北叠溪镇。《旧唐书·地理志》卫山县：“有蚕陵山。”汉蚕陵县以此名。

蚕陵县 西汉元鼎六年（前111）置，属汶川郡。治所在今四川茂县西北一百二十里叠溪镇南迭溪。《寰宇记》卷78卫山县：“县西有蚕陵山”，遂以为名。地节三年（前67）属蜀郡。东汉改为八陵县。《后汉书·桓帝纪》：延熹二年（159），“蜀郡夷寇蚕陵，杀县名”。即此。三国蜀汉复为蚕陵县，属汶山郡。东晋后废。

蚕崖关 北周天和二年（567）置，属汶山县。在今四川汶川县南漩口镇。《元和志》卷31彭州导江县：蚕崖关“在县西北四十七里。其处江山险绝，凿崖通道，有如蚕食，因以为名”。《方舆胜览》卷55永康军：蚕崖关“在导江县西五十里。以振西山之走集”。北宋熙宁七年（1074）重建，元末毁于兵火。明置蚕崖关巡司于此。唐杜甫《西山》诗云：“蚕崖铁马瘦，灌口米船稀。”即此。

盏西练 在今云南盈江县东北盏西镇。清光绪二十年（1894）允英人在盏西、蛮允两路通商。光绪《腾越厅志稿》卷3：盏西练“十二寨。上半练东至芭蕉岭，南至滥泥箐，西至野人山，北至猛崩隘；下半练东南至大小龙塘，西北至野人山”。

盏达土司 明正统中置盏达副宣抚司，治所在今云南盈江县西北莲花山。清属腾越厅。1917年改置盏达行政区，1932年改置莲山设治区。

盏达行政区 1917年以盏达副宣抚司地置，属云南腾越道。治所在今云南盈江县西北八里莲花街。1929年直属云南省。1932年改置莲山设治局。

盏达副宣抚司 明正统中置，属云南布政司。治所在盏达冈（今云南盈江县西北八里莲花山）。清属腾越厅。1917年改置盏达行政区。1932年改置莲花设治区。

〔一丨〕

埔里社 清为埔里社堡，即今台湾省南投县东北埔里镇。光绪十年（1884）中法战争爆发后，福建巡抚刘铭传始设埔里社厅。1920年设埔里街。1945年设埔里镇。

埔里社厅 清光绪八年（1882）置，属台湾府。治所即今台湾省南投县东北埔里镇。二十一年（1895）被日本侵占，厅废。

埔尾堡 即今福建云霄县南莆美镇。《方舆纪要》卷99漳浦县：埔尾堡“在县南，去云霄九里。初为土堡，后稍缘以山石。正德二年，山寇环攻，不能陷。嘉靖三十六年，倭寇力攻旬余，竟败去。因更增拓，砌以砖石”。

埔前墟 即今广东河源市西南埔前镇，南接博罗县界。清光绪《广东舆地全图》：博罗县东北有埔前墟。

埔鲁乌国 普罗士的旧译。即今欧洲之德国。清谢清高《海录》：“埔鲁乌国又名马西葛北，即日耳曼，在单鹰之北。”《海国闻见录》译作普鲁社。

埕口 即今山东无棣县东北埕口镇。民国《无棣县志》卷1：埕口“在县东北境九十里鬲津河东岸”。

垾楼县 亦作垾娄、捍娄。金大定二十九年（1189）改常安县置，属沈州。治所在今辽宁铁岭县西南懿路村。元废。

埒县 战国赵置。后入秦。属雁门郡。治所在今山西宁武县北二十里。东汉后废。

埌岐水 即今四川彭州市西北之湔江及支流白鹿河。《新唐书·地理志》 彭州九陇县：“武后时，长史刘易从决唐昌沲江，凿川派流，合堋口埌岐水溉九陇、唐昌田。”

埇坎地面 在今吉林珲春市北、汪清县东南磨盘山一带。《明孝宗实录》卷197：弘治十六年（1503），“阿速江卫并埇坎、苏分地面野人……俱欲朝贡”。即此。

埇桥 亦作甬桥。在今安徽宿州市城南郊跨古汴水上。《资治通鉴》：唐贞元十六年（800），徐州兵乱，“泗州刺史张伾出兵攻埇桥，大败而还”。元和间置宿州于此。

捕鱼儿海 ①一名鱼儿泺、答儿脑子、答儿海子。即今内蒙古克什克腾旗西达来诺尔。

②今内蒙古呼伦贝尔市西南界与蒙古国东方省交界之贝尔湖。《元朝秘史》卷1：“捕鱼儿海子、阔连海子两个海子中间的河名兀儿失温。”《明史·蓝玉传》：洪武二十一年（1388），率军出大宁，征元顺帝孙脱古思帖木儿，“谍知元主在捕鱼儿海”。即此。

捕喝国 即安国。国都在阿滥谧城（今乌兹别克斯坦布哈拉）。唐玄奘《大唐西域记》卷1：捕喝国“周千六七百里，东西长，南北狭。土宜风俗同飒秣建国”。《新唐书·西域传》：“安者，一曰布豁，又曰捕喝。”

捕獐山 一名抱獐山。在今河南新郑市北。《水经·洧水注》：“捕獐山水注之。水东出捕獐山，西流注于黄水。”

振华县 1945年山东革命根据地以原河北省宁津县改名，治所即今山东宁津县。为纪念牺牲于县境的中共地委书记马振华烈士而命名。1949年复名宁津县，改属山东省。

振州 唐武德五年（622）改临振郡置，治所在宁远县（今海南省三亚市西北崖城镇）。天宝元年（742）改为延德郡，乾元元年（758）复为振州。辖境相当今海南省海南岛西南部地。北宋开宝五年（972）改名崖州。

振武 唐、五代方镇名。唐乾元元年（758）置，治所在单于都护府（今内蒙古和林格尔县西北）。领单于、镇北二都护府及麟、胜二州。辖境相当今内蒙古境内乌加河、黄河以北，清水河、凉城、卓资等县及四子王旗以西，至乌拉特后旗地，黄河南岸准格尔旗及陕西神木、府谷二县地。此后辖境屡有伸缩。广德二年（764）并入朔方节度使。大历十四年（779）复置。元和时，领有单于都护府，麟、胜二州及东受降城。辖境黄河南岸不变，黄河北岸的西界由今乌拉特后旗缩至今达尔罕茂明安联合旗、武川县、土默特左旗、托克托县地。五代梁移治朔州（今山西朔州市）。后晋割入契丹，废。

振武卫 明洪武二十三年（1390）置，治所即今山西代县。后废。

振武军 ①唐景龙二年（708）置，隶朔方军总管（后置朔方节度使）。治所在东受降城（今内蒙古托克托县南）。天宝四年（745）移治单于大都护府所在之古盛乐城（今内蒙古和林格尔县西北盛乐镇），置金河县为理所。乾元元年（758）置节度使，分管单于大都护府、东受降城及麟州、胜州。辖境约当今内蒙古乌兰察布市南部、鄂尔多斯市东北部及陕西神木、府谷二县地。五代梁贞明二年（契丹神州元年，916）被耶律阿保机攻破，遂废。

②一作振威军。唐开元十七年（729）于铁仞城（亦曰石堡城）置，属鄯州。在今青海湟源县西南哈喇库图城附近的石城山。二十一年（733）属陇右节度使，二十九年（741）地入吐蕃。天宝八年（749）收复，改为神武军（一作天威军）。

振武县 辽置，属丰州。治所在今内蒙古和林格尔县西北盛乐镇。金废为振武镇。

振武城 十六国属前凉。在今甘肃天祝藏族自治县境内。《十六国春秋辑补》卷69前凉录：张骏太元三年（东晋咸和二年，即公元327年），前赵刘胤西伐张骏，“乘胜追奔济河，攻陷令居，入据振武，河西大震”。即此。

振武镇 金置，属丰州富民县。在今内蒙古和林格尔县西北盛乐镇。

振威军　①亦曰振武军。在今青海湟源县西南哈喇库图城附近的石城山。《元和志》卷39鄯州："振威军，州西三百里。开元中信安王祎置，管兵千人。"唐天宝八载（749）改为神武军。

②唐天宝十三载（754）置，属河州。治所在雕窠城（今青海同仁县东北）。后废。

振堂县　1947年晋冀鲁豫边区改新河县置，治所即今河北新河县。以此地系宁都起义领导人之一、1937年牺牲的董振堂军团长的故乡而命名。1949年复名新河县。

捍水关　即赶水关。今重庆市綦江县南赶水镇。《清史稿·地理志》綦江县："南三舍溪、捍水二关。"

捍水堤（隄）　在今江西永修县西北。《新唐书·地理志》建昌县（治今艾城）："南一里有捍水堤，会昌六年摄令何易于筑。西二里又有堤，咸通三年令孙永筑。"

捍文砦　亦作捍枝砦。北宋咸平中置，属云安县。在今重庆市云阳县东南。宋曾公亮《武经总要前集》卷20云安军：捍文砦"在（云安）县南一百里"。后废。

捍国城　故址在今江苏南京市南。《南史·侯景传》：南朝梁大宝二年（551），侯景"于大航跨水筑城，名曰捍国"。《梁书·侯景传》：王僧辩攻侯景时，侯景"以卢晖略守石头，纥奚斤守捍国城"。即此。

捍城山　在今四川达县东南。清乾隆《达州志》卷1：捍城山"在州东南五十里。石崖峻峻，环绕如城，周回九里十八步。前宋兵革，迁州县城于此"。

捍胡城　在今山西太原市北。《元和志》卷13晋阳县："捍胡城，一名看胡城，在县北二十三里。"

捍海堰　①在今江苏连云港市南。《寰宇记》卷22海州东海县："西捍海堰在县（今海州镇）北三里，南接谢禄山，北至石城山，南北长六十三里，高五尺。隋开皇九年县令张孝征造"；"东捍海堰在县东北三里，西南接苍梧山，东北至巨平山，长三十九里。隋开皇十五年县令元暖造，外足以捍海潮，内足以贮山水，大获浇溉"。

②即常丰堰。在今江苏盐城市东门外二里，南抵通、泰，北接淮安，长五百余里。唐大历中李承主持修筑。宋范仲淹重修，故又名范公堤。

捍海塘　①自今上海市宝山区东北旧吴淞江口，沿海岸向西南延伸至今杭州湾北岸海宁县一带的海塘前身。始筑年代不详，唐开元元年（713）重筑，故址已难确指。

②在今浙江杭州市南江城路一带。宋《淳祐临安志》卷10引《吴越备史》云："梁开平四年八月，武肃王钱氏始筑捍海塘，在候潮、通江门之外。潮水昼夜冲激，版筑不就，因命强弩数百以射涛头……既而潮水避钱塘，东击西陵，遂造竹器积巨石，植以大木。堤岸既成，久之乃为城邑聚落。"

捏工川　在今青海循化撒拉族自治县西南。一说在贵德县南。《明史·西域传·西番诸卫》：万历十六年（1588），"火落赤移驻捏工川，逼近西宁，日蚕食番族"。

捏诏关　在今云南弥勒县西南一百一十二里巡检司镇。明置巡司于此。清置捏诏关。

捉杀寨　在今江西石城县西。《方舆纪要》卷88赣州府石城县：捉杀寨"在县西。有巡司，明初置，本在县北，嘉靖初移于此"。《清一统志·宁都州》：捉杀寨"在石城县西门外一里。……本朝乾隆四十一年改名赤江巡司"。

捐毒国　汉西域三十六国之一，属西域都护府。都城衍敦谷（在今新疆乌恰县西北）。《汉书·西域传》：捐毒国"南与葱领属，无人民。西上葱领，则林循也"。

损中　亦作桢中、顿中。在今新疆疏勒县或疏附县境。《后汉书·班超传》：元和末，疏勒王忠叛，"忠说康居王借兵，还据损中"。唐李贤注：损中，"《东观汉纪》作顿中，续汉及华峤书并作损中"。

挹江门　在今江苏南京市城西北、中山北路出城处。1921年建，初名海陵门。1931年改称挹江门。

挹娄　本肃慎，汉、晋时称为挹娄。《晋书·四夷传》："肃慎氏一名挹娄，在不咸山北，去夫余可六十日行。东滨大海，西接寇漫汗国，北极弱水。"不咸山即今吉林长白山。时挹娄即分布在长白山北，松花江、黑龙江中下游，东滨大海。自汉以来，臣服于夫余。三国魏黄初中，与魏通贡。北魏时称为勿吉。

挹娄县　即挹楼县。治所在辽宁铁岭县西南懿路村。

换马店　即今河北宁晋县西北二十里换马店镇。明正德《赵州志》卷3宁晋县：换马铺"在县西北二十里"。清同治《畿辅通志》卷55宁晋县图：西北有换马店集。

换骨岩　在今福建武夷山市西南武夷山幔亭峰北壁。明《八闽通志》卷6《地理志·山川》　崇安县：换骨岩"在幔亭峰北。中一岩室，平广可六、七丈。室前路断数尺，旧有黄心木为桥，迄今不坏。室中有四柱楼一所，如世俗庋阁，上列置蜕函，函中仙蜕皆质小而红色。世传方外之士得道尸解者，皆于此换骨云"。

换绦（縧）桥市　即今湖北大冶市西北三十四里还地桥镇。清光绪《湖北全省分图》：大冶县西北有换绦桥市。

换斯干城　即挦思干。今乌兹别克斯坦撒马尔罕。《元史·郭侃传》：戊午岁（公元1258年），征富浪还师，败敌于石罗子，"换斯干阿答毕算滩降"。

捣石村　在今江西永新县北。《清一统志·吉安府二》：捣石村"在永新县北四十里平原村。《安成记》，石广四尺，长倍之，其色莹黛。颜鲁公为吉州司马，行部至此，抚石而憩。叩之，其声清越，谓可捣衣。今更千年，土花不蚀。其子孙有居平原村者，因称为捣石村”。

载　即戴。西周姬姓国。在今河南民权县东北四十五里。《公羊传》、《穀梁传》皆作载。

载阳桥　在今安徽太湖县西。《方舆纪要》卷26太湖县：载阳桥“在县西三里。造舟为梁，南通望江，西通宿松、黄梅”。

载酒堂　在今海南儋州市西北中和镇东南东坡书院内。《舆地纪胜》卷125昌化军：载酒堂“在城外。儋耳人黎氏之居，东坡访之，名其堂曰载酒堂”。《清一统志·琼州府二》：载酒堂“在儋州城（今中和镇）南。儋人黎子云之居，东坡访之，名其屋曰载酒堂”。

赶水镇　即今重庆市綦江县南一百二十里赶水镇。明嘉靖十一年（1532）移东溪巡司于此。

赶牛河　在今江苏沛县东北。《方舆纪要》卷29徐州沛县：“赶牛沟亦在县东北。出滕县五花泉，至县界三河口，与沙、薛二河合。明嘉靖中，开新河，遏之西，合鲇鱼泉，注于新河。”

赶鱼河场　即今四川盐边县北鳡鱼彝族乡。清光绪《盐源县志》卷2：赶鱼河场“距县三百四十里”。

起儿漫　在今乌兹别克斯坦布哈拉东北。公元1124年，耶律大石即皇帝位于此，建立西辽国。《辽史·天祚皇帝纪》：耶律大石率大军“又西至起儿漫，文武百官册立大石为帝，以甲辰岁二月五日即位，年三十八，号葛儿汗。复上汉尊号曰天祐皇帝，改元延庆”。公元1126年，徙都虎思斡耳朵。

起义门　原名中和门，在今湖北武汉市武昌首义路南端。为武昌城南垣三门之一。1911年10月10日晚7时筹划反清起义的革命党人，首先在工程营发难，旋即占领此门附近军械局，截断清军武器供应，并打开城门迎接南湖炮队，使城内外革命力量得以会合，围攻督署，歼灭清军，从而一举占领武昌全城。为纪念起义的胜利，遂将中和门改名起义门。1981年曾予重修。

起州　唐武德元年（618）置，治所在巨鹿县（今河北巨鹿县北夏旧城）。辖境相当今河北巨鹿县地。武德四年（621）废。

起步溪　即今福建罗源县北五里起步溪。《清一统志·福州府一》：起步溪“源出县西北善化里山顶，南流合松崎港”。

起辇谷　元代诸帝安葬地。即元《圣武亲征录》所载“曲隣居山”。当在今蒙古国乌兰巴托东臣赫尔曼达勒之北。《元朝秘史》卷2：“不儿罕山前，有古连勒古名字的山，那山里有桑沽儿河。”古连勒古即曲隣居、起辇谷的异译。桑沽儿河即今蒙古国肯特省臣赫尔河（克鲁伦上游支流）。

盐山　①在今河北盐山县东南八十里。《隋书·地理志》：盐山县“有盐山”。又《晋书·石勒载记》：大兴初，段匹磾据蓟，段末柸遣弟击匹磾，“匹磾率其部众数千，将奔邵续，（石）勒将石越要之于盐山，大败之”。即此。

②在今新疆温宿县东北。清徐松《西域水道记》卷2：“盐山者自麓至巅，赤土壁立，草木不生，土中产冰盐，小者如拳，大者如盘，光明似水晶，已目疾口病，故山有赤沙之号。”

盐山县　隋开皇十八年（598）改高城县置，属棣州。治所在今河北黄骅市西南三十里旧城镇。《寰宇记》卷65盐山县：“以县东南八十里盐山为名。”大业初属渤海郡。唐属沧州。明洪武九年（1376）移治香鱼馆（今盐山县）。清属天津府。民国初属直隶津海道。1928年直属河北省。

盐川城　本盐溪县。在今四川理县北下孟乡境。《资治通鉴》：唐广德二年（764），“严武拔吐蕃盐川城”。胡三省注：“盐川城在当狗城西北。维州旧有盐溪县，永徽初，省入保州定廉县。”

盐川郡　隋大业三年（607）改盐州置，治所在五原县（今陕西定边县）。辖境相当今陕西定边县、宁夏盐池县和内蒙古鄂托克旗以南地。唐初改为盐州。

盐川寨　北宋熙宁六年（1073）置，属通远军。在今甘肃陇西县西南五十里。后改为镇。《宋史·宁宗纪》：南宋嘉定十三年（1220），安丙遣王仕信等伐金，“九月辛丑，王仕克盐川镇”。即此。金属定西县。元废。

盐丰（豐）县　1913年析姚州白盐井地方置，属云南腾越道。治所在白盐井（今云南大姚县西北五十四里石羊镇）。民国《云南盐丰县地志资料稿》：“命名之义，取盐业大盛，源之而不竭，故曰盐丰。”1929年直属云南省。1958年撤销，并入大姚县。

盐井　①在今湖北省荆门市北。《方舆纪要》卷77荆门州：盐井“在州北九十里。产盐味苦”。

②在今湖南澧县北四十五里盐井镇。《方舆纪要》卷77澧州：“盐井在州北八十里。水咸苦，明初立场煎盐，不成而废。”

③亦名临邛盐井、邛崃盐井。在今四川邛崃市西南盐井溪（火井河）一带。东晋常璩《华阳国志·蜀志》：临邛县“（盐）井有二，一燥一火。取井火煮之，一斛水得五斗盐；家火煮之，得无几也”。汉设盐官治理。《方舆纪要》卷71邛州：盐井，“《元史》：邛州有二盐井，宋名金凤、芳池。天历初地震，盐水涌溢，州民侯坤愿作什器煮盐，而输课于官，诏四川盐运司主之。今废”。

④在今四川盐源县。《元和志》卷32巂州昆明县：盐井“在县城中。今按取盐先积柴烧之，以水洒土，即成黑盐”。

盐井卫　明洪武二十六年（1393）改柏兴千户所置，属四川都司。治所在今四川盐源县东卫城镇。次年属四川行都司。辖境相当今四川盐源、盐边等县地。清雍正六年（1728）改为盐源县。

盐井打冲河所　盐井卫所属打冲河守御中左千户所的简称。治所在今四川盐源县东北二百里鸦砻江两岸。《明史·地理志》盐井卫军民指挥使司："打冲河守御中左千户所，卫东北。洪武二十五年置。"

盐井关　元建，在今四川都江堰市西北白沙河注入岷江处东岸。《元史·河渠志》：至元元年（1264）修都江堰，"盐井关限其西北，水西关据其西南"。

盐井州　唐开元后置羁縻州，属雅州都督府。治所在今四川宝兴县境。以产井盐而名。后废。

盐井县　清光绪三十四年（1908）置，属四川省。治所在今西藏芒康县南纳西乡盐井寨。后属西康省，改为盐井宗。1983年复设盐井县。1999年撤销。

盐井河　即今四川盐源县西盐塘河，为鸦砻江支流小金河、卧罗河支流。《清史稿·地理志》盐源县："又南盐井河，合双桥、浪渠二水，与别列河、麦架河西北流来注。"

盐井宗　民国时改盐井县置，属西康省。治所即今西藏芒康县南纳西乡盐井寨。1955年属昌都专区。1960年与宁静宗合并置宁静县。1983年复置盐井县。

盐井驿　明置，在今四川盐源县东卫城镇。《方舆纪要》卷74盐井卫：盐井驿"在卫治东，又东百里为平川驿"。

盐井监　北宋置，属蒲江县。在今四川蒲江县南八里金釜山下。《寰宇记》卷75蒲江县：金釜井，"金釜等八井，见岁出课盐六万三千斤"。

盐井涡　在今四川屏山县（新发乡）西南。《方舆纪要》卷73马湖府屏山县：盐井涡"在府北四里。其水咸卤，可以煎盐"。

盐井砦　北宋置。在今四川蒲江县南金釜山。《宋史·地理志》：蒲江县"有盐井砦。"

盐井湾场　即今四川井研县东北研经镇。清光绪《井研县志》卷4：盐井湾场"旧名苦茨溪，创自雍正十三年。东北三十里"。

盐井渡　在今云南盐津县南郊老街。清属大关厅，于此置巡司。1913年于此置盐井渡行政委员，1917年改设盐津县。1931年迁今盐津县。

盐井渡行政区　1913年析大关县置，后属云南滇中道。治所在盐井渡（今云南盐津县城南郊的老街）。1917年改盐津县。

盐井溪　又名盐溪。即今重庆市忠县东北之干井河。东晋常璩《华阳国志·巴志》：临江县有临（盐）溪，盛产盐。《水经·江水注》："自县（临江县）北入盐井溪。有盐井营户，溪水沿注江。"干井河流出金华山溶洞水，有黄金河、水磨河汇入，于干井口注入长江。

盐井溪镇　即今重庆市合川区东南盐井镇。清光绪《合州志》卷4：盐井溪"距城四十里"。

盐井管民千户　元至元十四年（1277）置，属德平路。在今四川盐源县。十七年（1280）改为闰盐州。

盐井镇　①北宋置，属彭水县。在今重庆市彭水苗族土家族自治县东八十里。

②亦作湆井镇。北宋置，属临江县。在今重庆市忠县东北二十五里湆井镇。

③即今甘肃漳县西南盐井乡。《元和志》卷39鄣县："盐井，在县南二里，远近百姓仰给焉。"

盐中镇　亦名盐中所。清雍正六年（1728）改打冲河中左千户所置，属盐源县。在今四川盐源县西南。有县丞驻此。民国初改设县佐。

盐水　①又名白沙河、巫咸河、姚暹渠。源于今山西夏县南中条山，径盐池北入永济县五姓湖，又西入黄河。《水经·涑水注》：盐水"出（安邑县）东南薄山，西北流径巫咸山北。……其水又径安邑故城南，又西流注于盐池"。

②亦名夷水。即今湖北西南部之清江。《后汉书·南蛮传》：廪君"乃乘土船，从夷水至盐场。盐水有神女，谓廪君曰：此地广大，鱼盐所出，愿留共居"。唐李贤注："今施州清江县水一名盐水，源出清江县西都亭山。"

③即今重庆市东部之大宁河。《水经·江水》：江水"又东过巫县南，盐水从县东南流注之"。郦道元注：巫溪水"又径北井县西，东转历其县北，水南有盐井，井在县北，故县名北井，建平一郡之所资也。盐水下通巫溪，溪水是兼盐水之称矣"。

④即盐泽。今新疆若羌县东北罗布泊。《史记·大宛列传》："于窴之西，则水皆西流，注西海；其东水东流注盐泽。"《索隐》："盐水也。"

⑤在今新疆鄯善县境。《史记·大宛列传》：宛国相与谋曰："汉去我远，而盐水中数败，出其北有胡寇，出其南乏水草。"《正义》引裴矩《西域记》云：盐水"在西州高昌县东，东南去瓜州一千三百里，并沙碛之地，水草难行，四面危，道路不可准记，行人唯以人畜骸骨及驼马粪为标验"。

盐水县　①北周置，为资田郡治。治所在今湖北长阳土家族自治县西二百里清江北岸。隋为清江郡治。唐武德八年（625）废。

②唐贞观五年（631）置，属羁縻肆州。治所在今四川若尔盖县西北境。后废。

③唐置，属羁縻�州。治所在今四川筠连县境。后废。

盐水港　即今台湾省台南市东北盐水区。清雍正九年（1731）移佳里兴巡司于此。

盐水镇　在今四川珙县南。《方舆纪要》卷70珙县：盐水镇在"府南百二十里。《志》云：明初置盐水坝巡司于此。万历初，改为歇马堡巡司"。

盐仓　①即三门仓。在今河南三门峡市西五里黄河北岸下仓村，今已沦入水库中。《资治通鉴》：唐开元二十二年（734），裴耀卿为江淮、河南转运使，于三门"西置盐仓，凿漕渠十八里以避三门之险"。

②在今甘肃泾川县西。《资治通鉴》：唐大历八年

(773) 九月,“甲子,马璘与吐蕃战于盐仓”。即此。《方舆纪要》卷58泾州:“盖是时运盐储此,以供军,故有盐仓之名。”

盐仓山 一名仓前山。即今福建福州市南台岛上仓前山。《清一统志·福州府一》:盐仓山“在闽县南十五里。省会第一案山也。又名挂榜山”。

盐仓岭 在今江西吉水县东。《方舆纪要》卷87吉安府吉水县“白富岭”条下:“《志》云,县东二里有盐仓岭。岭上宽平,南唐时运盐贮岭上以给民,后废。”

盐氏 在今山西运城市。《史记·秦本纪》:昭襄王十一年(前296),“齐、韩、魏、赵、宋、中山五国共攻秦,至盐氏而还”。《正义》:“按掌盐之官,因称氏”。其南有盐池,掌盐之官驻此,故名。

盐札萨克旗 和硕特北左末旗的俗称。在今青海乌兰县北。后迁乌兰县东南。

盐石渊 在今河北安国市境内。《魏书·地形志》:安国县“有盐石渊”。即此。

盐东县 1941年11月苏北革命根据地由盐城县东部析置,属盐阜区。治陈家小店(在今江苏射阳县南)。以地处盐城之东而得名。1948年迁治南洋岸(今江苏盐城市东北南洋岸镇)。1949年11月撤销,并入射阳县。

盐田 即今福建霞浦县西南盐田畲族乡。清《乾隆内府舆图》:霞浦县西南有盐田。

盐田汛 清置,属大鹏营。即今广东深圳市东盐田。清时有把总驻防。

盐田郡 南齐置,属越州。治所在杜同县(今广西北海市东南咸田)。辖境相当今广西合浦县东南福成、营盘二镇一带。后废。

盐边厅 清宣统元年(1909)年改阿所拉场巡司置,属宁远府。治所在今四川盐边县西北健康镇。1913年改为盐边县。

盐边县 1913年改盐边厅置,属四川建昌道。治所在今四川盐边县西北健康镇。1928年直属四川省。1939年改属西康省。1955年仍属四川省。1991年迁治大坪地。

盐场 在今湖北长阳县土家族自治县西。《后汉书·南蛮传》:廪君“乃乘土船,从夷水至盐场”。《水经·夷水注》:温泉,“父老传此泉先出盐,于今水有盐气。夷水有盐水之名,此亦其一也”。

盐场关 在今陕西镇巴县南一百五十里,接四川万源县界。明属西乡县,置巡司于此。清嘉庆七年(1802)裁。

盐场县 五代南汉置,属常乐州。治所在今广西北海市东南咸田处。北宋开宝五年(972)废入石康县。

盐场堡 即今陕西定边县西北盐场堡乡。《清一统志·延安府二》:盐场堡“明成化十三年余子俊置,城在平川,周二里有奇,门二,为极冲中地。旧有县丞,嘉庆二十一年裁。设有把总分防”。

盐关 亦名太平关。在今广东南雄市南城。《方舆纪要》卷102南雄府保昌县:盐关“在府南城。明天顺二年,抚臣叶盛奏置,以榷盐税。成化以后,屡经修葺。《志》云:府南有太平桥,跨浈江上,桥之南,即盐关也”。

盐州 ①西魏废帝三年(554)改西安州置,治所在五原县(今陕西定边县)。《元和志》卷4盐州:“以其北有盐池,故名。”隋大业三年(607)改为盐川郡。唐初复名盐州。天宝元年(742)改名五原郡,乾元元年(758)复为盐州。建中以后属吐蕃,贞元时收复。公元11世纪后属西夏。蒙古废。

②唐渤海国置,属龙原府。治所在龙河县(今俄罗斯滨海边疆区西南库拉斯基诺北下岩杵河)。辖境约当今俄罗斯滨海边疆区西南,波塞图湾北岸一带。后废。

盐州城 即盐川城。在今四川理县北下孟乡境。《新唐书·吐蕃传》:广德二年(764),“严武拔盐州”。即此。

盐池 ①在今山西运城市南。《汉书·地理志》河东郡安邑县:“盐池在西南。”《水经·涑水注》:“今(盐)池水东西七十里,南北十七里,紫色澄渟,潭而不流。水出石盐自然印成,朝取夕复,终无减损。惟山水暴至,雨澍潢潦奔泆,则盐池用耗。”

②在今甘肃敦煌市东四十七里。《元和志》卷40燉煌县:盐池“池中盐常自生,百姓仰给焉”。

③又名允谷盐池。即今青海海晏县西北尕海。《汉书·地理志》金城郡临羌县:“西北至塞外,有西王母石室、僊海、盐池。北则湟水所出,东至允吾入河。”《晋书·沮渠蒙逊载记》:蒙逊“遂循海而西,至盐池,祀西王母寺”。

④即达布逊淖尔。今青海格尔木市北东达布逊湖。《清一统志·青海厄鲁特》:盐池“在青海西海,周一百余里,产青盐”。

盐池县 1913年改花马池分州置,属甘肃宁夏道。治所即今宁夏盐池县。因境内有盐池故名。1928年属宁夏省。

盐池城 明置,属灵州守御千户所。在今宁夏盐池县西南老盐池村。明嘉靖《宁夏新志》卷3:盐池城“北至石沟驿七十里,南至隰宁堡四十五里。旧城周回一里。弘治十三年都御史王珣拓其城二里。正德十四年,都御史王时中奏筑,增至四里许,南、北门各一”。设盐池驿及盐池递运所于此。

盐池堡 即今甘肃高台县西北一百三十里盐池村。明置驿于此。清设把总。产白盐。《元和志》卷40福禄县:“盐池,在县东北八十里,周回百姓仰给焉。”《皇明职方地图》中卷甘肃边镇图有盐池堡。

盐兴县 1913年析广通、定远二县地置,后属云南滇中道。治所在今云南禄丰县西北八十四里黑井镇。民国《盐兴县地志资料细目表》:“盐头一县系合黑、元、永、琅、阿五井而设，然五井皆盛产盐，故名之曰盐兴。”1929年直属云南省。1957年撤销，并入广通县。

盐步堡 即今广东佛山市南海区东北盐步镇。明、清置神安巡司于此。

盐沙铺 即今湖南耒阳市东南三十四里肥水南岸盐沙乡。清光绪《湖南通志》卷1耒阳县图：县东南有盐沙铺。

盐沟河 即古福禄水。一名阎沟河。今北京市房山区东北哑叭河。源于北京市丰台区龙门口，东南流经房山区，于良乡镇东入小清河。《旧五代史·晋书·赵德钧传》：唐长兴三年（932），“于阎沟筑垒，以戍兵守之”。即此。

盐岭径（逕） 在今广东汕头市潮阳区西北。《方舆纪要》卷103潮州府潮阳县：盐岭径“在县西百里，其山与普宁县接界，道通惠来县”。

盐贩泽 即今山西运城市南之盐地。《山海经·北次三经》：“景山，南望盐贩之泽，北望少泽。”

盐河 ①在今江苏盐城市西。《清一统志·淮安府一》：盐河“上流会大踪诸湖之水，东流经县西会串场河，又东出石䃃、天妃二口，汇新洋港入海”。

②一名咸河。在今甘肃环县北部。《寰宇记》卷37通远军通远县：盐河“从土桥、归德州、同家谷三处发源，水盐苦不堪”。

盐泊州都督府 唐显庆二年（657）析胡禄屋阙部置，属北庭都护府。治所在今新疆克拉玛依市。8世纪前期废。

盐泺 在今内蒙古巴林左旗（林东镇）南波罗城（上京遗址）。《辽史·地理志》：上京临潢府有盐泺。《方舆纪要》卷18大宁卫：盐泺“在临潢城外。其相近者有百狗泺、鸳鸯湖、兴国惠民湖、广济湖”。

盐泽 ①即今内蒙古凉城县东北岱海。《汉书·地理志》雁门郡沃阳县：“盐泽在东北，有长丞。”《水经·河水注》：沃水“又东北流注盐池。今盐池西南去沃阳县故城六十五里。池水澄渟，渊而不流，东西三十里，南北二十里”。

②即蒲昌海。今新疆罗布泊。《汉书·西域传》：“蒲昌海，一名盐泽者也。去玉门、阳关三百余里，广袤三百里。”《水经·河水注》：“故蒲昌亦有盐泽之称。”

盐官水 即今甘肃礼县东盐关河。《水经·漾水注》：“（盐官）水北有盐官，在嶓冢西五十许里，相承营煮不辍味与海盐同。故《地理志》云，西县有盐官是也。其水东南径宕备戍西，东南入汉水。”

盐官州 元元贞元年（1295）改盐官县置，属杭州路。治所在今浙江海宁市西南四十里盐官镇。天历二年（1329）改为海宁州。

盐官县 ①西汉置，属西河郡。方位缺考，当在今陕西与山西交界的黄河两岸。东汉废。

②三国吴黄武四年（225）改海昌屯田都尉置，属吴郡。治所在今浙江海宁市盐官镇南杭州湾海中。《旧唐书·地理志》：“汉海盐县地，有盐官，吴遂名县。”南朝陈永定二年（558）为海宁郡治。隋属余杭郡。唐武德七年（624）县废。贞观四年（630）复置，属杭州。永徽六年（655）迁治今浙江海宁市西南四十里盐官镇。五代吴越时仍属杭州。南宋属临安府。元初属杭州路。元贞元年（1295）改为盐官州。

盐官城 亦名盐井城。即今甘肃礼县东北盐关镇。《元和志》卷22长道县：盐官故城“在县东三十里，在嶓冢西四十里。相承营煮，味与海盐同”。

盐官海塘及海神庙 在今浙江海宁市西南盐官镇南门外的盐官海塘。始建年代不可考。现存的海塘大都为清代重修，现存建筑包括天风海涛亭、占鳌塔（现名镇海塔）、中山亭、镇海塘铁牛等。盐官海塘为条石海塘，工程结构复杂，是我国古代三大水利工程之一。海神庙为敕建官式建筑，是海塘的重要组成部分，位于盐官镇春熙路150号，占地2.7万平方米。始建于清雍正七年（1729），1949年至20世纪70年代末部分建筑改拆。尚存中轴线上的建筑有大门、正殿、御碑亭及门前广场、石坊、石狮、庆成桥。海神庙为江南地区最大的敕建官式建筑遗存。2001年盐官海塘及海神庙被定为全国重点文物保护单位。

盐城 ①在今河北遵化市北。《新唐书·地理志》蓟州渔阳郡：洪水守捉，“又东北三十里有盐城守捉”。即此。

②唐建。在今四川盐源县。《资治通鉴》：唐开元十七年（729），“嶲州都督张守素破西南蛮，拔昆明及盐城”。胡三省注：“（昆明）县有盐有铁，筑城以卫之，故又有盐城。”

③即盐溪县。当在今四川理县北下孟境。《旧唐书·地理志》定廉县：“永徽元年，废盐城并入。”《舆地纪胜》卷148威州：盐溪村，“《类要》云：唐正（贞）观中置盐溪县，寻废。此村有盐溪，民得採漉”。

盐城市 1945年苏北革命根据地始置盐城市。治所即今江苏盐城市。不久复改盐城县。1948年改名叶挺县，1949年复名盐城县。1983年改设地级盐城市。

盐城县 东晋义熙中改盐渎县置，属山阳郡。治所即今江苏盐城市。北齐为射阳郡治。陈为盐城郡治。隋属江都郡。隋末改置射州。唐武德七年（624）复置盐城县，属楚州。元属淮安路。明初属淮安府。民国初属江苏淮扬道。1927年直属江苏省。南宋末抗元英雄陆秀夫为本县人。

盐城郡 南朝陈改射阳郡置，治所在盐城县（今江苏盐城市）。隋开皇初废。

盐城监 唐置，在今江苏盐城市南。《新唐书·地理志》盐城县：“有盐亭百二十三，有监。”《寰宇记》卷124楚州：“盐城监，古之盐亭也。历代海岸煎盐之所。元管九场，伪唐（南唐）以为盐监，周显德三年平江淮之后因之不改焉。盐场九所在县南北五十里至三十里，俱临海岸。”

盐茶厅 清乾隆十四年（1749）于海喇都堡置，属固原州。治所即今宁夏海原县（三河镇）西北海城镇。同治十二年（1873）改置海城县。

盐南水 一名佛流水、又名佟佳江。在今辽宁东部、吉林东南部之浑江，为鸭绿江支流。《汉书·地理志》西盖马县：“马訾水西北入盐南水，西南至西安平入海。”

盐砂寨 在今广西兴安县西三十里。明置巡司于此。

盐泉 在今重庆市奉节县东南。《寰宇记》卷148奉节县引《荆州图副》：“八阵图下，东西三里，有一碛，东西一百步，南北广四十步。碛上有盐泉井五口，以木为桶，昔常取盐，即时沙壅，冬出夏没。”《清一统志·夔州府一》：古盐泉井，“《通志》：今县东南三里，江滨沙碛，有井四五口。夏秋水没，春科始见，井水泛沙而出，味咸，俗呼臭盐井”。

盐泉井 在今四川绵阳市东南一百十里玉河镇。《元和志》卷33魏城县：“隋大业十年自盐泉井移魏城县理此，属金山郡。按盐泉井在今县东南四十五里，盐泉县理也。”

盐泉县 ①唐武德元年（618）置，属潾州。治所在今四川大竹县南。《清一统志·绥定府二》：盐泉废县“《旧志》：盖因盐井为名”。八年（625）废。

②唐武德三年（620）析魏城县置，属绵州。治所在今四川绵阳市东南一百十里玉河镇。《寰宇记》卷83盐泉县：“以地有盐井，民得采漉，为四方贾售之地。《蜀都赋》云：‘家有盐泉之井’，取此为名。”天宝初属巴西郡，乾元初复属绵州。元废。

③唐武德四年（621）置，属尹州。治所在今云南禄丰县西北八十四里黑井镇。天宝后废。

④唐武德九年（626）置，属秦州。治所在今甘肃甘谷县西二十里。贞观元年（627）改名夷宾县。

⑤唐贞观五年（631）置，属南通州。治所即今云南盐津县。八年（634）属贤州，旋废入抚夷县。

盐泉城 在今青海循化撒拉族自治县驻地积石镇。《资治通鉴》：唐开元二十六年（738），“杜希望将鄯州之众夺吐蕃河桥，筑盐泉城于河左，吐蕃发兵三万逆战。……希望纵兵乘之，虏遂大败，置镇西军于盐泉”。

盐亭水 即今四川盐亭县东之弥江。《元和志》卷33永泰县：“盐亭溪水经县北，去县十九里。”《寰宇记》卷82盐亭县：“盐亭水，源出阆州西水县，西南流入当县盐井亭，故名盐亭水。去合梓潼江。”

盐亭县 西魏恭帝二年（555）改北宕渠县置，为盐亭郡治。治所即今四川盐亭县。《元和志》卷33盐亭县：“以近盐井，因名。”明郭子章《郡县释名》四川卷下：“梁大同间名，以地多盐井，据盐亭而创县也。”隋属新城郡。唐武德初属梓州，天宝初属梓潼郡，乾元初复属梓州。宋属潼川府。明属潼川州。清属潼川府。民国初属四川嘉陵道。1928年直属四川省。

盐亭郡 西魏恭帝二年（555）改北宕渠郡置，属新州。治所盐亭县（今四川盐亭县）。辖境相当今四川盐亭县地。隋开皇三年（583）废。

盐津县 1917年改盐井渡行政委员置，属云南省。治所在盐井渡（今云南盐津县城南郊的老街）。民国《云南盐津县地志资料》：“按‘盐津’二字即盐井渡三字之义，特简而文雅。”1931年县治稍北移至官田坝（即今盐津县）。2015年盐津县人民政府驻地由盐井镇政通路14号迁至盐井镇通和路7号。

盐院渡镇 金置，属合河县。在今山西兴县境。

盐埕桥 在今台湾台南市。连横《台湾通史》上册卷1《林爽文传》：清乾隆五十一年（1736）十二月，“（林）爽文、（庄）大田合攻府治。……总兵柴大纪拒战于盐埕桥”。

盐铁场 ①明置，在今辽宁瓦房店市西北。《方舆纪要》卷37复州卫：盐铁场，“《志》云：盐场百户所在卫西四十二里，铁场百户所在卫北九十里”。按复州卫治所在今瓦房店市西北复州城镇。

②明置，在今辽宁大连市金州区东北。《方舆纪要》卷37金州卫：盐铁场，“《志》云：卫东北百三十里有盐场百户所。卫东百三十里有铁场百户所”。

盐铁塘 ①又名内河。在今江苏太仓市境内。《方舆纪要》卷24太仓州：盐铁塘“在州城北。旧经城中，南越娄江，流十二里入嘉定县界，又南注吴淞江，北流四十里入常熟县界，又北注白茅塘。昔时每浚此以通娄江淀淤。南北群川，多汇于此”。《清一统志·太仓州一》：盐铁塘，“《州志》云：经州城中，一名内河。在城南者曰南盐铁，又南十二里入嘉定界，注吴淞江；在城北者曰北盐铁，又北四十里入苏州府常熟县界白茆塘，至常州府江阴县注扬子江”。

②在今江苏常熟市东北。《三吴水利录》卷3（元）周文英书：“盐铁塘一带南北相贯，跨涉昆山、嘉定、常熟三州，从东北通连杜漕、横塘、白茅浦塘、茜泾入海，西接芝塘、直塘、昆城湖、华荡、练塘所潴常州界运河诸处之水及娄门官渎，杨城湖所接太湖之水。”《方舆纪要》卷24常熟县：盐铁塘“在县东北五十里。《旧志》云：在白茆之南，亦名内河，西接江阴，东越昆山。唐太和中疏此，缭绕数百里”。

盐海子 又名喀喇塔拉额西柯淖尔。在今新疆精河县北。清徐松《西域水道记》卷3：喀喇塔拉额西柯淖尔“廓水于岸自然成盐，商贾运贩一升数钱，伊犁之境是焉仰给，故又曰盐海”。

盐难水 即今辽、吉两省境鸭绿江支流珲江。《汉书·地理志》西盖马县："马訾水西北入盐难水，西南至西安平入海。"

盐埠店　即今湖南湘潭县西南七十四里盐埠乡。清乾隆《湘潭县志》卷5有盐埠店。

盐渎县　西汉置，属临淮郡。治所即今江苏盐城市。东汉属广陵郡。东晋义熙中改名盐城县。

盐道山　一名坛道山。在今山西永济市东南。《水经·涑水注》："盐道山，其西则石壁千寻，东则磻溪万仞。……路出北巘，势多悬绝，来去者咸援萝腾崟，寻葛降深，于东则连木乃陟，百梯方降岩侧。縻锁之迹，仍今存焉，故亦曰百梯山也。"

盐禄州都督府　唐置，属北庭都护府。在今哈萨克斯坦咸海东北锡尔河下游一带。后废。

盐源场　在今四川盐源县东卫城镇。产井盐。民国初设场知事，后改场长。

盐源县　清雍正六年（1728）改盐井卫置，属宁远府。治所在今四川盐源县东卫城镇。民国初属建昌道。1928年直属四川省。1939年属西康省。1951年县治迁盐井乡（即今盐源县）。1955年属四川省。

盐溪　即凌江。今江西宜丰县南耶溪河。

盐溪县　唐贞观三年（629）析薛城县置，属维州。《元和志》卷32盐溪县："有盐溪村，因为名。"治所在今四川理县北丕孟乡境。永徽元年（650）省入定廉县。

袁口镇　即今山东梁山县东南四十五里袁口村。《清一统志·兖州府二》：袁家口在"袁家口闸旁。本朝设守备驻此"。

袁山　在今江西宜春市东北。《寰宇记》卷109袁州宜春县：袁山"在县东北五里。昔隐士袁京居于此山，死葬其侧，乃名为袁山"。《舆地纪胜》卷28袁州：袁山"周回二十里"。隋置袁州以此。《方舆纪要》卷87袁州府宜春县：袁山"其北曰小袁山，回耸相对"。

袁山松城　即沪渎垒。故址在今上海市青浦区东北旧青浦西。《晋书·孙恩传》：东晋隆安四年（400），"吴国内史袁山松筑扈渎垒"，因名。《寰宇记》卷91苏州吴县：袁山松城"今为陂湖所冲，已半毁于江中"。宋代沦入江中。

袁公水　在今山东莒县东北五十里。《水经·沭水注》："袁公水东出清山，遵坤维而注沭。"

袁世凯墓　俗称袁林。在今河南安阳市北六里洹河北岸。袁世凯（1859—1916）字慰亭，号容庵。河南项城人。北洋军阀首领，曾任清政府内阁总理大臣，后窃取中华民国大总统职位。1915年12月宣布复辟帝制，改次年为洪宪元年。1916年3月被迫取消帝制，仍称大总统。同年6月在全国人民声讨中忧惧而死。北洋军阀政府按其遗嘱在此营造大型茔墓。墓前有望柱、文武石像、石狮、石马、石虎及石雕仪仗分列左右，中间为碑亭，内有赑屃负碑，镌刻徐世昌手书"大总统袁公世凯之墓"。再北为陵院大门，门内为正殿，两侧为配殿。大殿后为墓台，三层高台大墓全用钢筋水泥浇铸。整个陵区松柏成林。

袁术（術）固　东汉末袁术筑。在今河南偃师市西南。《水经·洛水注》：合水注于公路涧，"上有袁术固。四周绝涧，迢递百仞，广四五里"。

袁市镇　北宋置，属渠江县。在今四川广安市东北梭罗乡西三里袁家溪。

袁团镇　北宋置，属慎县。即今安徽肥东县西北元疃镇。

袁州　隋开皇十一年（591）置，治所即今江西宜春市。《元和志》卷28：袁州"因袁山为名"。大业初改为宜春郡。唐武德四年（621）复为袁州，并以宜春县（今宜春市）为州治。天宝元年（742）改为宜春郡，乾元元年（758）复为袁州。辖境相当今江西萍乡市和新余市以西的袁水流域。宋时辖境与唐比较，东面划出新余，而北面包有今万载。元至元中升为袁州路。

袁州卫　明置，治所在今江西宜春市东。《方舆纪要》卷87袁州府：袁州卫"在府治东。洪武元年建"。

袁州府　元至正二十年（1360）朱元璋改袁州路置，治所在宜春县（今江西宜春市）。辖境相当今江西宜春、萍乡二市及万载、分宜县地。1912年废。

袁州路　元至元中改袁州置，治所在宜春县（今江西宜春市）。辖境相当今江西宜春、萍乡二市及分宜、万载县地。至正二十年（1360）朱元璋改为袁州府。

袁江　又名秀江。古名南水、牵水、渝水。在今江西西部，为赣江支流。《寰宇记》卷109袁州新喻县：袁水"在县南五十步。西至一滩，滩长二里，其地险峻，号曰五浪滩。其侧立为五浪馆"。《明一统志》卷55临江府：袁江"源出袁州府萍乡县泸溪（赣江），至新喻县为渝水，至府南十八里入清江"。

袁坝驿　即今重庆市梁平县西北袁驿镇。清光绪《梁山县志》卷3：袁坝驿在"县西九十里"。清彭孙贻《流寇志》卷4：崇祯十三年（1640），过（天星）关索率义军"自李子坎东奔达州，屯袁坝驿"。

袁花镇　清置，属海宁县。即今浙江海宁市（硖石镇）东南二十八里袁花镇。明为袁花市。《方舆纪要》卷90海宁县"尖山"条："嘉靖三十年，倭据尖山，焚掠袁花市。"即此。

袁灶港镇　即今江苏南通市通州区（金沙镇）东南十六里袁灶村。清光绪《江苏全省舆图》：通州（今南通市）东有袁灶。

袁岭　在今江西分宜县西。《方舆纪要》卷87袁州府分宜县：袁岭"在县西北十余里。七峰耸起如列戟然。相传汉袁闳常避地于此。其第三峰之麓有洪阳洞，仙人葛洪、娄阳栖真处也。洞门东向，高数十丈，初入平夷明爽，益西则盘回峻阻，石室深邃，中有流泉，春溢冬涸。又有小洪阳洞，在洞之顶门甚阨，中可容千百人”。

袁娄 在今山东淄博市临淄区西。《春秋》：成公二年（前589），“秋七月，齐侯使国佐如师。己酉，及国佐盟于袁娄”。传作“爰娄”。据《穀梁传》，在临淄西五十里。

袁部场 北宋盐场。在今上海市奉贤区南柘林镇西一里旧柘林城。清时设盐课大使，后设场知事。

袁家汇市 在今浙江湖州市东南二十二里和孚镇。清光绪《归安县志》卷6：袁家汇“面临湖跌漾，沿溪为市，帆樯上下相望，市廛数十家”。

袁家庄 即今陕西佛坪县治。清于此设巡司。1925年佛坪县迁治于此。

袁家渴 在今湖南永州市南。唐柳宗元《袁家渴记》：“由朝阳岩东南水行至芜江，可取者三，莫若袁家渴，皆永中幽丽处也。楚越之间方言，谓水之反流者为渴，音若衣褐之褐。”

袁家渡 即今贵州湄潭县南乌江渡口。《方舆纪要》卷70遵义府遵义县“三度关”条：“万历中贵州帅李应祥讨杨应龙，自平越进兵……直抵疆界河，屯袁家渡。”

袁曹洲 在今湖北谷城县东。《方舆纪要》卷79谷城县：袁曹洲“在县东五里。相传曹操、袁术尝争渡于此，故名。今亦谓之袁曹渡”。

袁崇焕墓和祠 在今北京市东城区广渠门内东花市斜街。袁崇焕（1584—1630），广东东莞人。明万历进士，后任兵部尚书，督师辽、蓟，曾屡次击败后金，保卫北京。后因崇祯帝中敌反间计而被误杀。葬于旧“广东义园”内。墓为元宝顶。清道光年间湖南巡抚题“明袁大将军墓”碑一块。1917年，墓前修祠，现存享堂三间，内嵌石刻多件。2006年定为全国重点文物保护单位。

袁滋题记摩崖石刻 在今云南盐津县城西南四十里豆沙关北崖。古时又称石门关。唐贞元十年（794），袁滋奉命出使南诏，册异牟寻为南诏王，途经石门时，为纪其行，作摩崖题记。全文八行，共一百二十二字，为楷书。末尾“袁滋题”三字为篆书。摩崖题记是唐王朝与南诏改善关系，重新和好的重要标志。是南诏史研究中的重要资料。1988年定为全国重点文物保护单位。

袁溪 即今湖北鄂州市西南之长港。《舆地纪胜》卷81寿昌军：樊溪“亦名樊港，又曰袁溪”。《明史·地理志》武昌县：“又西南有樊港，一名樊溪，又名袁溪，汇县南湖泽凡九十九，北入大江，曰樊口。”

袁溪镇 在今重庆市巫溪县东北二十里。明置巡司于此。清裁。

袁寨店 即今河南正阳县东北袁寨乡。民国《重修正阳县志》图：东北有“袁寨”。

袁谭城 在今河南浚县西。《方舆纪要》卷16浚县：“《述征记》：黎阳城西南七里有袁谭城。城西南三里又有一城，曹公攻谭时所筑。操攻黎阳，败袁谭、袁尚，留其将贾信屯兵守之，因筑城于此。”

都上县 ①隋大业十二年（616）置，属夷州。治所在今贵州凤冈县东南。《元和志》卷30都上县：“其处是酋豪首领都集之所，因以为名。”唐末废。北宋复置，属承州。宣和三年（1121）废。

②唐置，属夷州。治所在今贵州石阡县西南河坝场。宋废。

都山 ①又名孤山。即望都山。在今河北唐县东北。《元和志》卷18唐县：“孤山，盖都山也。”

②亦作乌都山。即今河北青龙满族自治县西北都山。《资治通鉴》：唐开元二十一年（733），“幽州道副总管郭英杰与契丹战于都山，败死”。

③即都庞岭。在今湖南与广西交界处。《水经·钟水注》：“都山即都庞之峤也，五岭之第三岭也。”

都山设治局 1931年置，属热河省。治所在双山子（今河北青龙满族自治县东南双山子镇）。1933年改为青龙县。

都山县 20世纪30年代伪满改都山设治局置，属热河省。治所在大障子（今河北青龙满族自治县）。1945年9月改为青龙县。

都乡 在今河南新野县东南四十里九女城。《汉书·王莽传》：永始元年（前16），“封莽为新都侯，国南阳新野之都乡，千五百户”。东汉改为东乡。

都乡侯国 西汉置，属常山郡。治所在今河北西部。《汉书·地理志》：都乡侯国“有铁官”。东汉属常山国。后废。

都元国 在今印度尼西亚苏门答腊岛东北部。一说在今马来半岛南部。《汉书·地理志》：“自日南障塞、徐闻、合浦船行可五月，有都元国。”

都云（雲）州 五代楚置，治所在今贵州都匀市西南。后废。

都云（雲）军民府 元置，属管番民总管。治所在都云县（今贵州都匀市西南十七里）。明洪武十六年（1383）改置都云安抚司。

都云（雲）县 元置，为都云军民府治。治所在今贵州都匀市西南十七里。明初废。

都云（雲）定云（雲）安抚司 北宋大观二年（1108）置，治所在今贵州都匀市西南。元改置都云军民府。

都云（雲）洞长官司 元置，属新添葛蛮安抚司。治所在今贵州都匀市东南。明弘治六年（1493）废。

都云（雲）桑林独立等处长官司 元置，属管番民总管。治所在今贵州独山县北。明初废。

都历（歷）山 即今重庆市万州区北三里文笔山。《舆地纪胜》卷177万州：都历山“在郡北。一峰突出众山之上，岗施为平阜，气象融结，盖郡之主山”。

都斤山 即于都斤山。今蒙古国西南之杭爱山。《隋书·突厥传》：摄罗“号伊利俱卢设莫何始波罗可汗，一号沙钵略。治都斤山”。《新唐书·突厥传》：“突厥阿史那氏，盖古匈奴北部也。……可汗建廷都斤山，牙门树金狼头纛，坐常东响。”

都匀卫 明洪武二十三年（1390）改都匀安抚司置，属贵州都司。治所即今贵州都匀市。清康熙十一年（1672）废。

都匀长官司 明洪武十六年（1383）改上都云等处长官司置，属都匀安抚司（后改都匀府）。治所在今贵州都匀市南七里。清以后废。

都匀安抚司 明洪武十六年（1383）置，属四川布政司。治所即今贵州都匀市。二十三年（1390）改置都匀卫。

都匀县 清康熙十一年（1672）改都匀卫置，为都匀府治。治所即今贵州都匀市。民国初属贵州黔中道。1920年直属贵州省。1958年析置都匀市。1983年撤销都匀县，并入都匀市。都匀因都云蛮而得名。据徐松石《泰族僮族粤族考》称：僮、侬、黎等土族向称地佬或地老，“都云”乃地佬的异译，意思是指“佬人地”。

都匀府 明弘治七年（1494）置，属贵州布政司。治所即今贵州都匀市。辖境相当今贵州都匀、凯里二市及麻江、平塘、独山三县和三都水族自治县地。1913年废。

都匀河 即今贵州都匀市南清水河上游。《方舆纪要》卷121都匀府都匀司：都匀河在“司治南。即邦水河也。自府城西南流经此，曰都匀江”。

都匀洞 在今贵州都匀市东南（都匀司东十里）。《清一统志·都匀府》引《名山胜概记》：“洞门北向，高广皆一丈五尺。洞中石如象鼻，杂草丛生。”

都古津噶珊 亦作肚古锦。在今俄罗斯哈巴罗夫斯克边疆区黑龙江下游西岸乌得里湖之东。清初属宁古塔将军。康熙《皇舆全览图》：黑龙江下游西岸必占河口南有“肚古锦噶山”。后属三姓副都统。《乾隆内府舆图》作“都古津噶珊”。清咸丰年间被俄割占。

都龙山 一名都笼山。在今广西南宁市西北六十里。《寰宇记》卷166上林县：“都笼山在府西北九十里。周回二百四十里，连大山石壁，内平外险，号为都笼石。”《方舆纪要》卷110宣化县：都龙山“蜿蜒起伏，势若游龙，远近诸山，皆相联带”。

都龙（竜）街 即今云南马关县东南都龙镇。民国《马关县志》卷1：都竜街在县东南六十里。为滇越交通要害。壮语“都”为坝子，“竜”为野芭蕉，意即野芭蕉多的坝子。

都卡 亦作杜喀噶山。清置，属三姓副都统。在今黑龙江省汤原县东北都鲁河口西岸。清齐召南《水道提纲》卷25：松花江纳乌吞河后，“又东有巨洲数十里，中即杜喀噶山”。

都占堡 亦作都粘堡。在今广东佛山市顺德区北，陈村水与大岸水合流处。《明史·地理志》广州府顺德县：“北有宁都巡检司，后迁都粘堡。”即此。

都卢山 即可蓝山。在今宁夏泾源县北蒿店附近。《汉书·地理志》安定郡乌氏县：“都卢山在西。”《元和志》卷3原州百泉县：“可蓝山，一名都卢山，在县西南七十里。”

都卢县 西晋置，属安定郡。治所在今宁夏隆德县东北。后废。

都卢城 在今宁夏固原市东南可兰山下。《清一统志·平凉府二》：都卢城“武王誓师牧野，有曰卢人，即其故国”。

都卢峡 即弹筝峡。在今宁夏泾源县北蒿店西三关口。《寰宇记》卷33百泉县：弹筝峡，“《水经注》云：泾水经都历山，山路之内，常有如弹筝之声，行者闻之歌舞而去”。《新定九域志》卷3渭州：“弹筝硖，即都卢山硖也。《水经》云：都卢山硖之内，常有弹筝之声。”

都乐营 在今广东封开县东南，西江北岸都乐圩。《清一统志·肇庆府》“扶赖营”条：“都乐营，明隆庆五年建。”

都乐墟 在今广西阳朔县南。明置巡司于此。

都尔戛淖尔 又作都尔根泊。在清科布多东界。即今蒙古国扎布汗省西境杜尔格湖。据《乾隆内府舆图》及清代各图，喀拉泊和都尔根泊实为一个湖泊。其北称喀拉泊，即今图哈腊湖；其南称都尔根泊。

都兰寺 在今青海乌兰县东北，为柴达木最大寺院。1931年曾于此置都兰县。民国许公武《青海志略》：“都兰寺在和硕特西前旗界内……现设都兰县治，并置防军于此，为左翼盟各旗互市之所，商务甚盛。”

都兰县 1930年置，属青海省。治所在都兰寺（今青海乌兰县东北）。1932年迁至希里沟（今乌兰县驻地）。1951年迁驻香日德（今都兰县西南）。1959年迁察汗乌苏（今都兰县）。

都兰莽岛 即今南海中中国西沙群岛之晋卿岛，属永乐群岛。1935年公布名称为都兰莽岛。1947年改名晋卿岛。

都头箐 在今重庆市彭水苗族土家族自治县东五十里。清嘉庆《四川通志》卷30彭水县：都头箐，“《县志》：与酉阳、湖北接界。危峰耸峙，高与云齐。路达其顶，两旁崖溜涓滴，盛暑不干，行人彳亍其中，时虞倾跌”。

都宁山 在今广东佛山市顺德区北三十里。为市北屏障。《方舆纪要》卷101广州府顺德县：都宁砦，“《志》云：宋祥兴帝赴海时，有苏由义者夺巷得出，得赵氏后，更名旦，集众千余人图恢复，都于由义所居之西山，逾月旦卒，由义葬之于山北。土人呼其地曰都宁，言赵王所都，冀安宁也”。

都宁司 在今广东佛山市顺德区北陈村镇。《清一统志·广州府》：都宁巡司“在顺德县北四十里都占堡。明洪武三年置，初治西淋堡，后移此”。

都宁县　①唐仪凤二年（677）置，属纳州。治所在今四川叙永县南境。《寰宇记》卷88泸州：“南至土纳州都宁县三百二十里。”天宝元年（742）属都宁郡，乾元元年（758）属纳州。后废。

②唐置，属羁縻连州。治所在今四川筠连县境。后废。

都宁驿　在今四川珙县南。《方舆纪要》卷70珙县：都宁驿“在县南八十里。万历初增置”。

都宁郡　唐天宝元年（742）改纳州置，治所在今四川叙永县西南。辖境相当今四川叙永县西南境。乾元元年（758）改为纳州。

都宁砦　在今广东佛山市顺德区北二十五里。据《清一统志·广州府》“都宁巡司”条引《旧志》：“县北二十五里为都宁砦。宋祥兴末，有南海人苏由义自崖山归，奉赵氏后名旦者都于所居之西山，逾月旦卒，由义葬之山北。”土人呼其地曰“都宁”，言赵王所都冀安宁也。明洪武三年（1370）置巡司于此。后迁都占堡，即今顺德区北都宁。

都台（臺）浦　在今上海市黄浦区南部旧城东南。《方舆纪要》卷24松江府上海县：都台浦“在县东南，旧名曹家沟。天顺四年，抚臣崔恭浚汇塘及新泾诸处，又浚曹家沟深广，以备旱潦，因名曰都台浦”。

都邦县　唐置，属羁縻纡州。治所在今广西上林县北。北宋庆历时废。

都伊县　唐置，属羁縻蕃州。治所在今广西宜州市南。北宋废。

都会市　又名东市。隋大业城（今陕西西安市）两大市场之一。在大业城东部。西接平康、宣阳二坊，东连道政、常乐二坊，北邻宜仁坊，南靠安邑坊。徐松《唐两京城坊考》卷3：胜业坊（隋宜仁坊）“次南东市。隋曰都会市”。

都并县　南齐置，属临漳郡。治所在今广西浦北县境。梁、陈时废。

都关县　秦置，属东郡。治所在今山东郓城县西。《史记·绛侯周勃世家》：周勃击秦军，“追至濮阳，下甄城。攻都关、定陶”。即此。西汉属山阳郡。东汉省。

都江　①即今四川中部之岷江。《后汉书·岑彭传》：建武十一年（35），“自分兵浮江下还江州，泝都江而上，袭击侯丹，大破之。因晨夜倍道兼行二千余里，径拔武阳”。

②即今贵州三都水族自治县南之都柳江。《清史稿·地理志》都江厅：“都江上流曰独山江，自独山东流入，羊乌河合乌沟河来会，又东入古州。”

都江厅　清雍正八年（1730）置，属都匀府。治所在来牛寨（今贵州三都水族自治县东南都江镇）。1913年改为都江县。

都江水　①指古郫江。在今四川成都市西。《寰宇记》卷72华阳县：“都江水在府西四里。一名粉水，以水作粉鲜洁于他处。”

②指今四川岷江及都江堰市西都江堰分水鱼咀之北江（内江）。《舆地纪胜》卷151永康军：都江水“在导江县北二十里离堆之下。《寰宇记》曰：江水至灌口支流入都江口灌五州十二县，即李冰所凿离堆之下江也”。《明史·地理志》灌县：“又西有湔江，亦曰都江，亦曰湔堋江，古离堆也。”

都江县　1913年改都江厅置，属贵州黔中道。治所即今贵州三都水族自治县东都江镇。1920年直属贵州省。1941年与三合县合并置三都县。

都江堰　在今四川都江堰市西岷江中。古名离堆、离碓、湔堰、都安堰、金堤、楗尾堰、侍郎堰，宋始称都江堰。大堰为战国末秦昭王时蜀守李冰创建，历代维修，形成古今闻名的伟大的水利工程。它分渠首枢纽工程与灌溉泄水工程，构成一套科学的完整的排灌结合的系统工程。渠首工程由鱼咀、飞沙堰、宝瓶口三部分组成。由宝瓶口引入岷江水，分支成网络状灌溉系统。使成都平原成为“水旱从人，不知饥馑，沃野千里”，世称“天府”。由于建立了“深淘滩，低作堰”的岁修制度，灌溉面积由初“万顷”至民国时达到三百余万亩以上。1982年定为全国重点文物保护单位。2000年被联合国教科文组织确定为世界文化与自然遗产。

都江堰市　1988年撤销四川省灌县，改设都江堰市，市人民政府驻灌口镇。由成都市代管。

都安县　①三国蜀汉置，属汶山郡。治所在今四川都江堰市东南二十里导江铺。《晋书·李特载记》：惠帝年间，“（罗）尚频为特所败，乃阻长围，缘水作营，自都安至犍为七百里，与特相距”。南朝宋为汶山郡治。北周天和三年（568）废。

②1916年改屏山县置，属广西南宁道。治所即今广西都安瑶族自治县。取都阳、安定二土司各一字为名。1955年改为都安瑶族自治县。

都安堰　即都江堰。在今四川都江堰市西岷江中。《水经·江水注》：“江水又历都安县。……李冰作大堰于此，壅江作堋，堋有左右口，谓之湔堋，江入郫江、检江以行舟。《益州记》曰：江至都安堰其右，检其左，其正流遂东，郫江之右也。……又穿羊摩江、灌江。西于玉女房下白沙邮作三石人，立水中，刻要江神，水竭不至足，盛不没肩。是以蜀人旱则藉以为溉，雨则不遏其流，故《记》曰：水旱从人，不知饥馑，沃野千里，世号陆海，谓之天府也。俗谓之都安大堰，亦曰湔堰，又谓之金隄。”大堰是由分水堤、进水口、泄洪道、灌溉渠道、水则等组成综合性的完整系统的水利工程。

都军城　又名会潭镇、都军铺。唐乾符中筑。在今江西南城县南。

都阳土司　明嘉靖七年（1528）置土巡检司，属思恩军民府。治所在今广西大化瑶族自治县西北都阳镇。清属思恩府。1916年废。

都阳山　在今广西都安瑶族自治县西。《明史·地理志》思恩府："西北有都阳山。"《方舆纪要》卷111思恩府：都阳山在"府西北二百五里。山高广有泉，下注成溪，引流灌田。旧有都阳寨，宏治中，土酋岑濬作乱，甃都阳等寨石城十有八所，即此处也"。

都阳侯国　西汉置，属东海郡。治所在今山东枣庄市峄城南。东汉省。

都巡寨　南宋绍兴中置，属南安县。在今福建南安市东丰州镇东。元至顺间（1330—1332）废。

都护城　唐置，属翼州。治所在今四川茂县北。《新唐书·地理志》：翼州有都护城。

都护暗沙　在南海中中国南沙群岛东南部，位于司令礁东南18海里。实为暗礁。1935年公布名称为北毒蛇滩。1947年改名都护暗沙。

都芦峡　即弹筝峡。在今宁夏泾源县北蒿店西三关口。《寰宇记》卷33原州百泉县：弹筝峡，"《水经注》云：泾水径都庐山，山路之内，常有弹筝之声，行者闻之，歌舞而去"。《新定九域志》卷3渭州："弹筝硖，即都庐山硖也。《水经》云：都庐山硖之内，常有弹筝之声；又云：弦歌之山，硖口水流，风吹岩响，有似音韵也。"

都县　即唐纳州都阙县。治所在今四川叙永县南境。《新唐书·地理志》：纳州都宁郡县八，"都阙"作"都县"。

都里镇　唐置，属积利州。即今辽宁大连市旅顺口区西南端老铁山东石岚子。《新唐书·地理志》载贾耽《入四夷道里记》："登州东北海行，过大谢岛、龟歆岛、末岛、乌湖岛三百里。北渡乌湖海，至马石山东之都里镇二百里。东傍海壖，过青泥浦。"即此。

都利山　亦名都荔山。在今广西阳朔县西南隅。明曹学佺《广西名胜志》卷1阳朔县："县理设在都利山下。《注水经》云：漓水又南径都利山是也。以出香草，故名。"

都谷郎寨长官司　元置，属新添葛蛮安抚司。治所在今贵州龙里县西南。后废。

都含海口营　在今广东佛山市高明区（高明镇）附近。《方舆纪要》卷101肇庆府高明县：都含海口营"在县（治今明城镇）东四十里，近大江，嘉靖二十三年置"。

都陆　即西汉博乡侯国，王莽改为杨陆。故址在今安徽六安市西。《三国志·吴书·孙綝传》："綝大发卒出屯镬里，复遣（朱）异帅将军丁奉、黎斐等五万人攻魏，留辎重于都陆。"胡三省《通鉴》注以为"都陆即杨陆"。

都陇　在今广西北流市西。明于此置巡司。后废。

都陇县　唐置，属羁縻述昆州。治所在今广西宜州市西北。北宋废。

都奉县　即多奉县。唐置，属羁縻琳州。治所在今广西宜州市西。都为多之讹。

都武县　西汉置，属定襄郡。治所似在今内蒙古呼和浩特市与卓资县间，今地无考。东汉废。

都坪峨异溪蛮夷长官司　明洪武六年（1373）改台蓬若洞住溪等处长官司置，属思州安抚司。治所即今贵州岑巩县。二十五年（1392）废。永乐十二年（1414）复置，属思州府。清乾隆间废。

都者　在今广西忻城县境内。明时为八寨之一。

都尚县　唐置，为羁縻应州治。治所在今贵州三都水族自治县东南都江镇。后废。

都昆　在今马来半岛。《太平御览》卷982引《吴时外国传》曰："都昆在扶南，山有霍香。"

都昌　春秋时齐邑。在今山东昌邑市西二里。《方舆纪要》卷36昌邑县：都昌城"齐顷公赏逢丑父之功，食邑都昌"。又引《晏子春秋》："景公封晏子以都昌，辞而不受。"秦置都昌县。

都昌县　①战国秦置，属胶东郡。治所在今山东昌邑市西二里。出土秦封泥中有"都昌丞印"可证。西汉初置都昌侯国，高帝六年（前201）封朱轸为都昌侯，即此。景帝中元年（前149）改为都昌县，属北海郡。西晋属北海国。南朝宋寄治青州东阳城（今山东青州市）。北魏属北海郡，移治今昌乐县东北二十里都昌集。唐武德六年（623）废。

②南齐改郁县置，为北海郡治。治所在今江苏连云港市东南南城镇。东魏武定七年（549）改为安流县。

③唐武德五年（622）置，属浩州。治所在今江西都昌县东北七十五里蔡岭镇西北北炎村洞门口。八年改属江州。《元和志》卷28江州：都昌县"以县北有都村，配以昌字，取嘉名也"。大历间徙治今都昌县。北宋属南康军。元属南康路。明、清属南康府。民国初属江西浔阳道。1926年直属江西省。

都昌侯国　西汉初置，属北海郡。治所在今山东昌邑市西。《汉书·高惠高后文功臣表》云：西汉高帝六年（前201），"封朱轸为都昌侯"。景帝中元元年（前149），国除改为都昌县。

都罗斯河　即多罗斯河。又名曳咥河。即今新疆北部，流入哈萨克斯坦及俄罗斯境之额尔齐斯河。《旧唐书·回纥传》作都罗斯河。

都金州　唐置羁縻州，属安南都护府。治所在温泉县（今越南宣光省咸安）。后废。

都金县　唐置，属都金羁縻州。治所在今越南宣光省咸安一带。后废。

都庞县　西汉置，属九真郡。治所在今越南清化省石城附近。东汉废。三国吴复置。南齐改为吉庞县。

都庞岭　五岭之一。又名永明岭、揭阳岭。在今湖南省与广西交界处。最高峰韭菜岭在湖南江永县西北，海拔2009米。《水经·钟水注》："都山即都庞之峤也，五岭之第三岭也。"

都泥江　①又名乌泥江。即今广西之红水河。《元和志》卷38贺水县：都泥江"在县北一百四十里"。《元丰九域志》卷9：迁江县"有都泥江"。《明史·地理志》迁江县："东北有大江，即都泥江。”

②即今贵州惠水县南之涟江，为南盘江支流。《方舆纪要》卷121定番州：都泥江“在州南。一名牂牁江。源出州西北二十里乱山中，曰濛潭。经州南界，地名破蚕，流入广西南丹州境。《志》云，江有三流，一自金筑东北流绕州城；一自上马桥东流入境，合为一江，而东南注”。

都城乡 即今广东郁南县治都城镇。明置巡司于此。

都城县 南朝宋分端溪县置，属晋康郡。治所即今广东郁南县（都城镇）。隋属苍梧郡。唐属康州。北宋开宝五年（972）废。

都城墟 即今广东郁南县治都城镇，南朝宋至北宋初为都城县治。明设都城乡巡司。清有千总驻此。1950年郁南县迁治于此。

都城镇 北宋开宝五年（972）废都城县为镇，属端溪县。即今广东郁南县（都城镇）。

都茗山 在今广西南宁市邕宁区东。《寰宇记》卷106邕州上林县：“都茗山在（封陵）县西六十里。其山出茶，土人食之，因呼为都茗山。”

都峤山 在今广西容县南二十里。《舆地纪胜》卷104容州：都峤山，“《寰宇记》云：在普宁县。山上有八峰，曰：兜子、马鞍、八叠、云盖、香炉、仙人、中峰、丹灶，而八叠奇秀，视诸峰最高，亦号萧韶山。有南北两洞，俱有石室。南洞宽坦，中刻浮屠大像，仪制甚古。北洞差狭，为星坛者八。二洞虚爽，天造地设，非他处洞穴幽翳之比。中峰绝顶有室曰中宫院”。道书以为第二十洞天。

都亭山 在今湖北恩施市西北。《后汉书·南蛮传》注引盛弘之《荆州记》曰：“昔廪君浮夷水，射盐神于阳石之上。案今施州清江县水一名盐水，源出清江县西都亭山。”北周置亭州。取此山以为名。

都亭驿 唐、宋时设于都城或陪都的馆驿。(1)唐代设于京师长安的馆驿。《续高僧传》卷4《玄奘传》：“从故城之西南至京师朱雀街之都亭驿。”据元人骆天骧《类编长安志》卷4，驿在朱雀街西第一街第二坊，即通化坊（在今陕西西安市内）。(2)唐代设于东都洛阳的馆驿。《旧唐书·封常清传》：天宝十四载（755）十二月，常清在东都洛阳抗击安禄山叛军，不利，“常清退入上东门。……又战于都亭驿。不胜，退守宣仁门”。此驿在宣仁门外清化坊（在今河南洛阳市内）。(3)唐代设于北都太原的馆驿。《全唐文》卷542令狐楚《奏太原府资望及选拔状》云：“伏以太原府龙兴盛业，……官标留守，驿署都亭。”此驿在今山西太原市西南古城营。(4)北宋设于东京开封府接待外蕃使节的馆驿。在今河南开封市内。《宋朝事实》卷12：“真宗景德后，契丹请盟，每使至，……舍于都亭驿。”(5)南宋设于京城临安府接待外蕃使节的馆驿。在今浙江杭州市内。《舆地纪胜》卷1行在所（临安府）馆驿：都亭驿“在候潮门里，国信所附。《朝野杂记》云：‘北使至阙，……入余杭门，至都亭驿’”。

都亭桥 在今江苏苏州市城内西北隅。《吴地记》曰：“都亭桥，寿梦于此置都驿招四方贤客，基址见存。”

都亮县 北宋置，属羁縻环州。治所在今广西环江毛南族自治县东南。后废。

都洼（窪） 亦作笃洼。即今新疆皮山县东南杜瓦镇。《清一统志·叶尔羌》：都洼“在衮得里克东南六十里。有城垣”。

都汶县 西晋置，属九德郡。治所在今越南义安省都良一带。南齐后废。

都结州 元改都结峒置，属太平路。治所在今广西隆安县西都结乡。明属太平府。1916年废入镇结县。

都结峒 南宋置，属邕州太平砦。治所在今广西隆安县西都结乡。元升为都结州。

都素司 即都素蛮夷长官司的简称。在今贵州岑巩县西北七十里都素。

都素蛮夷长官司 明永乐十二年（1414）于马口寨置，属思州府。治所在今贵州岑巩县西北七十里都素。清以后废。

都都砦 在今四川兴文县西南九丝城镇建武南。《方舆纪要》卷70兴文县：都都砦“在县东南，亦蛮据险处。《志》云：砦为九丝左壁，险比凌霄，而广袤过之。万历初，官军攻克凌霄城，进攻都都砦，砦旁有蓝撇坡及洪崖等险，又有阿儿等砦为唇齿，官军进夺其蓝撇坡及阿儿砦，又会兵攻破其高砦、平砦、董木等坝，又仰攻洪崖，至绝巘，寻拔都都砦，进兵搜两河、印坝诸处，斩获甚众。事平，诏改都都砦曰都定砦，印坝山砦曰文印砦，仍置兵戍守”。

都哨关 明置，在今贵州岑巩县东。《方舆纪要》卷122思州府都坪峨异溪蛮夷长官司“盘山关”条：“都哨关，在府东一里。”

都恩县 唐置，属羁縻归思州。治所在今广西忻城县东南。北宋庆历时废。

都狼山 亦名都狼岭。在今广西临桂县西北。《方舆纪要》卷107永宁州：都狼山在“州北六十里。亦曰都狼岭。唐末黄巢寇岭南，溪洞蛮应之，逼桂林城。守将于向引兵与贼战于都狼山，连挫其锋，逐利深入，大战于洛阳陂，后兵不继，日且暮，引还道卒，贼遂陷桂管”。《清一统志·桂林府一》：都狼山“险峻陡险。明万历中，巡道郭宗磐稍凿平之。下有大长泉”。

都斋城 在今越南河内市东海阳省海阳县。《方舆纪要》卷112新安府：都斋城“在府东。其地近海，即海阳城也。交趾倚为重地。嘉靖六年，莫登庸禅位于其子方瀛，退居都斋、海阳，为方瀛外援。即此”。

都唐县 又作都簷。西晋太康二年（281）在原都梦县地置，属兴古郡。治所在今云南文山县境。东晋永和三年（347）后改西安县。

都勒河 又作都尔河。即今俄罗斯哈巴罗夫斯克边疆区东北流入鞑靼海峡之科比河。清光绪《吉林通志》卷23：都尔河“在济勒河北，出嫯嫯窝集，东入海”。

都勒隘 在今广西鹿寨县西北都勒村。《方舆纪要》卷109洛容县“桥邓隘”条：“万历二年，官军平洛斗诸巢，贼败散，乃设兵分屯扼塞……一守都勒隘。”

都梦县 西汉元鼎六年（前111）置，属牂柯郡。治所在今云南文山县境。东汉废。

都救县 唐开元中置，为田州治。治所在今广西田东县西北祥周镇。天宝元年（748）为横山郡治，乾元元年（758）复为田州治。北宋废。

都野泽 即猪野泽。又名休屠泽。在今甘肃民勤县东北境北山村以南一带。《水经》卷40：都野泽“在武威县东北”。郦道元注：“（武威）县在姑臧城北三百里，东北即休屠泽也，《古文》以为猪野泽。”

都铭山 在今广西河池市西南。《方舆纪要》卷109河池州：都铭山“在州东二十里。山高峻。旧名都猛”。

都铭镇 在今广西河池市西南。明置巡司于此。后废。

都盘山 又名罗山。在今广西岑溪市南二十里。《寰宇记》卷163南仪州岑溪县：“罗山，山有冷泉，饮者愈热病。”《清一统志·梧州府》：都盘山“层岚叠嶂，一名马岭山，又名罗山”。

都象县 唐置，属棍州羁縻州。治所在今广西环江毛南族自治县境。后废。

都斛汛 即今广东台山市东南都斛镇。《元丰九域志》卷9广州：新会县有“都斛”盐场。清有把总驻此。

都斛盐场 北宋属新会县，即今广东台山市东南都斛镇。《元丰九域志》卷9：新会县有都斛盐场。

都亳陂 在今广西玉林市西。《方舆纪要》卷108郁林州：都亳陂“在州西三十里。其相近又有林陂、鸦桥陂……潴水溉田，多者至二三百顷”。

都康州 北宋置，属邕州横山寨。治所在今广西天等县西北都康乡东四里。南宋末迁今都康乡。元属田州路。明洪武间废。建文元年（1399）复置，直隶广西布政司。清康熙三年（1664）属思恩府，雍正七年（1729）属镇安府。1917年并入向都县。

都粘堡 一作都占堡。在今广东佛山市顺德区北都宁。明洪武间移都宁巡司于此。

都渎涧 在今甘肃张掖市西。《资治通鉴》：南朝宋永初元年（420）西凉李歆攻北凉，“进入都渎涧。蒙逊引兵击之，战于怀城，歆大败”。

都梁山 ①即今江苏盱眙县城中第一山。《隋书·地理志》：盱眙有都梁山。《寰宇记》卷16泗州盱眙县：都梁山“在县南十六里。《广志》云：都梁山生淮兰草，一名都梁香草，故以为名。在楚州西南二百九里。又《阮升之记》云：都梁山通钟离郡，广袤甚远，出桔梗、芫花等药。伏滔《北征记》云：有都梁香草，因以为名”。

②在今湖南武冈市东北。《水经·资水注》：“（都梁）县西有小山，山上有渟水，既清且浅，其中悉生兰草，绿叶紫茎，芳风藻川，兰馨远馥。俗谓兰为都梁，山因以号，县受名焉。”

都梁水 又名渠水。在今湖南武冈市西南。《方舆纪要》卷81武冈州：都梁水“源出都梁山，东北流，有夫夷水流合焉，经州北入邵阳县界，合于资水”。

都梁县 东汉改都梁侯国置，属零陵郡。治所在今湖南武冈市东七里桥。三国吴宝鼎元年（266）改为武冈县。西晋复置都梁县，属邵陵郡。移治今湖南隆回县。隋废。

都梁驿 在今江苏盱眙县东南莲塘。《寰宇记》卷16泗州盱眙县：“都梁驿宫在县东南十五里。隋开皇六年，炀帝在都梁山避暑，回向扬州，因此路置，向东一百一里入扬州高邮界。”

都梁城 在今江苏盱眙县东南都梁山麓。东晋义熙中至唐初为盱眙县治。《资治通鉴》：唐咸通九年（868），庞勋攻“陷都梁城，……据淮江，漕驿路绝”。

都梁侯国 西汉置，属零陵郡。治所在今湖南武冈市东七里桥。东汉改为都梁县。《水经·资水注》：资水“又径都梁县南。汉武帝元朔五年，以封长沙定王子敬侯定之邑也。县西有小山，山上有渟水，既清且浅，其中悉生兰草，绿叶紫茎，芳风藻川，兰馨远馥。俗谓兰为都梁，山因以号，县受名焉”。

都梁宫 在今江苏盱眙县东南都梁山上。《寰宇记》卷16临淮县：“都梁宫周回二里，在县西南十六里。大业元年炀帝立名。宫在都梁，东据林麓，西枕长淮，南望岩峰，北瞰城郭，其中宫殿三重，长廊周回。”大业十年（614）孟让于此置营，宫遂废。

都尉坝 在今四川南充市南十五里火花镇。《元史·赵匣剌传》：元世祖中统四年（1263），“宋刘雄飞以兵犯青居山旧府，匣剌与战于都尉坝，败之”。即此。

都尉城 在今江西樟树市。汉豫章都尉治此，故名。

都尉楗山 亦作尉都楗山。即于都斤山。今蒙古国西南之杭爱山。《新唐书·回鹘传·薛延陀》：真珠毗伽可汗夷男在“颉利可汗之灭，塞遂空荒，夷男率其部稍东，保都尉楗山独逻水之阴”。

都骑墟 即今广东云浮市东北都骑镇。清置汛。

都堰水 在今广东高要市西北。《方舆纪要》卷101肇庆府高要县：都堰水“在府西七十里。源出德庆州界大朝山，流入境，……注于大江”。

都博塘 在今广西融水苗族自治县西南。《方舆纪要》卷109融县：都博塘“在县西南十五里。大数百亩。……《志》云：县境陂塘凡数十处，而都博山塘为最大”。

都握县　唐武德五年（622）置，属安州。治所在今越南清化省清化县东南。贞观元年（627）废入隆安县。

都棱（稜）镇　唐置，属武缘县。即今广西南宁市邕宁区驻地（蒲庙镇）。《元和志》卷38邕州武缘县：“都棱镇在县西，水路一百里。”

都掌　元、明称今四川兴文县境之苗族为都掌，亦称大坝都掌。所居地区为都掌地。元置戎州，明降为县，后改为兴文县。

都鲁河　金作徒笼古水、秃答水。在今黑龙江省萝北县西。为松花江支流。《清一统志·吉林一》“屯河”条下：都尔河“在（宁古塔）城东北一千一百余里。源出都尔窝集，俱南流入混同江”。

都登　又作多丁。在今西藏东南部珞渝地区，墨脱县治西南一百一十四里处，沿雅鲁藏布江右岸。为珞巴语名。原隶属西藏地方政府管辖，1944年被印度政府非法占领。

都赖水　即今哈萨克斯坦南部之塔拉斯河。《汉书·陈汤传》：“郅支单于自以大国，威名尊重，又乘胜骄，不为康居王礼，怒杀康居王女及贵人、人民数百，或支解投都赖水中。”

都督山　①在今浙江淳安县南千岛湖中。《寰宇记》卷95淳安县：都督山，“《郡国志》云：山极高峻”。宋《淳熙严州图经》卷3淳安县：都督山“在县南，即方僊尝所居也，山因以得名”。

②在今湖南麻阳苗族自治县西。《方舆纪要》卷81麻阳县：都督山“相传唐置都督府于辰州，镇抚溪苗，尝提兵驻此，因名”。

都督岸　古港名。在今加里曼丹岛西北端之达土角。元汪大渊《岛夷志略》有专条记述。

都筰国　即筰都国。治所在筰都（今四川汉源县东北）。《汉书·西南夷传》：“自嶲以东北，君长以十数，徙、筰都最大。”元鼎六年（前111）杀筰侯，以“筰都为沈黎郡”。

都阙县　亦作都县。唐仪凤二年（677）置，属纳州。治所在今四川叙永县西南境。天宝元年（742）属都宁郡，乾元元年（758）复属纳州。后废。

都溪水　即今舂水下游。出今湖南宁远县东北，西流至道县入营水。《水经·湘水注》：都溪水“出舂陵县北二十里仰山，南径其县西……又南径新宁县东，溪水又西径县南，左与五溪俱会。县有五山，山有一溪，五水会于县门，故曰都溪也。都溪水自县又西北流径泠道县北，与泠溪合……又西北入于营水”。

都溶堡　在今湖南吉首市西南六十里。《方舆纪要》卷81镇溪千户所“阴隆江堡”条下：都溶堡“隶辰溪卫，有官兵戍守”。

都寨镇　在今河北抚宁县东南二十八里。清光绪《抚宁县志》卷8：“都寨堡（辖）都寨，距城三十里。”

都播　又作都波，敕勒（铁勒）诸部之一。在今俄罗斯萨彦岭以南、唐努山以北之图瓦省。隋时属东突厥。唐属安北都护府。《新唐书·回鹘传·都播》：都播“亦曰都波，其地北濒小海，西坚昆，南回纥”。

都镇马乃等处长官司　元置，属新添葛蛮安抚司。治所在今贵州都匀市北七十里。明初废。

都镇长官司　元世祖至元十六年（1279）置，隶八番顺元蛮夷官。治所在今贵州麻江县北。后废。

都镇驿　在今贵州麻江县。《方舆纪要》卷121麻哈州：都镇驿“州城内。都匀、平越之交也”。

都镇湾市　即今湖北长阳土家族自治县西四十四里都镇湾镇。清光绪《湖北全省分图》：长阳县西有都镇湾市。

都黎县　北宋置，属羁縻文州。治所在今广西巴马瑶族自治县西北。后废。

都畿道　唐开元二十一年（733）分河东道东都附近地区置，故名。治所在洛阳（今河南洛阳市）。辖境相当今河南获嘉、原阳、中牟、叶县以西，崤山、熊耳山以东，伏牛山以北和山西中条山以南地区。乾元元年（758）废。

都簾县　西晋太康二年（281）置，属兴古郡。治所在今云南文山县境。东晋改为西安县。

都檀县　唐仪凤二年（677）置，属巩州。治所在今四川珙县西南。天宝元年（742）属因忠郡，乾元元年（758）复属巩州。后废。

都濡水　即今重庆市彭水苗族土家族自治县及贵州务川仡佬族苗族自治县境之长溪河。《元和志》卷30都濡县：“以县西北六十里有都濡水为名。”

都濡县　唐贞观二十年（646）析盈隆县置，属黔州。治所即今贵州务川仡佬族苗族自治县治都濡镇。《元和志》卷30都濡县：“以县西北六十里有都濡水为名也。”北宋嘉祐八年（1063）废。

都彝县　北宋置，为羁縻兰州治。治所在今广西东兰县东南大同乡更乐村老圩。后废。

郰　亦作鄹、陬。在今山东曲阜市东南四十余里。春秋前期为邾国都，后为鲁邑。孔子父叔梁纥曾为郰邑大夫。《左传》：襄公十年（前563），“晋荀偃、士匄请伐偪阳……偪阳人启门，诸侯之士门焉。县门发，郰人纥抉之，以出门者”。东汉许慎《说文》：“郰，鲁下邑。孔子之乡。”

郶　在今四川邛崃县。《集韵》：“郶，乡名。在临邛。”

鄀　又作下鄀。春秋时国名。允姓。都商密（今河南淅川县西）。《左传》：僖公二十五年（前635），“秋，秦、晋伐鄀”。即此。此为下鄀，金文作“蠚”、“䖹”。文公五年（前622），“秦人入鄀”。遂南迁至今湖北宜城县东南。史称上鄀。后灭于楚，为楚邑，楚昭王曾迁都于此。

鄀州　①南朝梁侨置，治所在云泽县（今湖北荆州市荆州区东南）。隋废。

②西魏置，治所在武宁郡乐乡县（今湖北钟祥市西北双河乡北乐乡关）。隋大业初废。唐武德四年（621）复置，贞观八年（634）废。

鄀县　①即若县。战国秦置，属南郡。治所在今湖北宜城市东南。东汉改为鄀侯国。

②三国魏改鄀国置，属襄阳郡。治所在今湖北宜城市东南。南朝宋为冯翊侨郡。北周废。隋复置，属襄阳郡。唐初废。

鄀侯国　东汉改若县置，属南郡。治所在今湖北宜城市东南。三国魏复为鄀县。

郴义县　五代唐改义昌县置，属郴州。治所在今湖南汝城县南五里城头寨。北宋太平兴国初改为桂阳县。

郴州　隋开皇九年（589）置，治所在郴县（今湖南郴州市）。大业初改为桂阳郡。唐武德四年（621）复为郴州。天宝初又改桂阳郡，乾元初复为郴州。辖境相当今湖南永兴县以南的耒水流域和蓝山、嘉禾、临武、宜章等县地。五代晋天福初改为敦州，后汉乾祐初复名郴州。元世祖至元中改为郴州路。明洪武初改为郴州府，九年（1376）复降为州，属湖广布政使司。清属湖南省。1913年废。

郴州市　1960年以湖南省郴县城析置郴州市。1963年撤销郴州市，并入郴县。1977年以郴县的郴州镇复置郴州市，属郴州地区。1994年撤销郴州地区和县级郴州市、郴县，设立地级郴州市和北湖区、苏仙区。市人民政府驻北湖区人民东路。

郴州府　明洪武初改郴州路置，属湖广行省。治所在郴阳县（今湖南郴州市）。辖境相当今湖南永兴县以南的耒水流域和宜章县地。洪武九年（1376）降为郴州。

郴州路　元世祖至元十四年（1277）置，属湖广行省。治所在郴阳县（今湖南郴州市）。辖境相当今湖南永兴县以南的耒水流域和宜章县地。明洪武初改为郴州府。

郴江　一名黄水。源出今湖南郴州市南黄岑山，北流入耒水。《太平御览》卷49引盛弘之《荆州记》曰："黄箱山一名黄岑山，在东南三十里。其山郴水所出。"《明史·地理志》郴州："东有郴水，发源黄岑山，流合桂阳县之耒水，下流入于湘水。"

郴阳县　元世祖至元十三年（1276）改郴县置，为郴州治。治所即今湖南郴州市。明洪武九年（1376）省入郴州。

郴县　秦置，属长沙郡。治所即今湖南郴州市。汉为桂阳郡治。隋初为郴州治。大业初为桂阳郡治。唐复为郴州治。五代晋改为敦化县，后汉复改郴县，仍为郴州治。元世祖至元十三年（1276）改为郴阳县。明初并入郴州。1913年复改郴州为郴县，属湖南衡阳道。1922年直属湖南省。1960年析置郴州市。1994年撤销郴州地区，改设地级郴州市。

哲古宗　原西藏地方政府设哲古宗，治所即今西藏措美县东北哲古。"哲古"，藏语意为小刀。1960年与达尔马豁合并设哲古县，驻当许。

哲布尊丹巴呼图克图属乌梁海三佐领　清康熙间置，属唐努乌梁海。治所在今蒙古国库苏古尔省乌鲁克穆河北岸。

哲尔德河　即今内蒙古呼和浩特市东南石人湾沟，为大黑河支流。《清一统志·归化城六厅》：黑河"折而南合东来之哲尔德河，始名伊克土尔根河"。

哲如宗　即比如宗。1916年置，治今西藏比如县。藏文正字读音"哲如"，后正名为比如宗。当地口语读比如。藏语意为母牦牛部落。

哲克得里克　在今新疆和布克赛尔蒙古自治县东查干库勒乡南。清乾隆《西域图志》卷11塔尔巴噶台路：哲克得里克"在塔尔巴噶台南境，南至迪化州三百里，北境有河，合流南下。其东南境沙漠弥望，东西五百里，南北三百里，即唐所谓沙陀者也"。

哲里木盟　清内蒙古六盟之一。崇德至顺治年间，清廷先后将蒙古科尔沁、郭尔罗斯、杜尔伯特、扎赉特四部编分为十扎萨克旗，共为一盟，隶理藩院。会盟地定于科尔沁右翼中旗的哲里木，故名。盟境约当今内蒙古兴安盟、通辽市、吉林省西北部、黑龙江西南部和辽宁省北部。自乾隆年间至清末，在盟境先后设置许多府厅州县，分隶奉天、吉林、黑龙江三省。民国时由蒙藏院（1914）、蒙藏委员会（1928）管辖。伪满洲国统治时期，取消哲里木盟，改置兴安南分省（后改兴安南省），而将郭尔罗斯前、后旗和杜尔伯特旗分别划归吉林省和滨江、龙江省（伪满所置）。1945年解放后复设哲里木盟。1946年析其北境建立兴安盟（后撤销，1980年复置）。哲里木盟辖科尔沁左翼三旗、库伦旗、奈曼旗、通辽县、开鲁县和扎鲁特旗，属兴安省。1947年划归内蒙古自治区。1953年撤销哲里木盟，所属旗县隶自治区东部公署；1954年东部公署撤销，复设哲里木盟。1969年划归吉林省。1979年划回内蒙古自治区。1980年析出科尔沁右翼中旗划归兴安盟。1999年撤销哲里木盟，改设地级通辽市。

哲松站　又作鄂佛罗站。清置，故址在今吉林省吉林市北金珠乡。《清一统志·吉林二》：金州鄂佛罗站"亦名哲松站。在吉林城西北五十里"。

哲格苏台河　即鱼河。今内蒙古达拉特旗东母哈日沟（或译为木呼尔沟）。

哲蚌寺　在今西藏拉萨市西北十里半山坡上。明永乐十四年（1416）由喇嘛教格鲁派（黄教）始祖宗喀巴的弟子嘉央曲结兴建。寺占地面积约二十五万平方米，僧侣最多时曾达万人，为西藏地区规模最大的寺庙。现寺内主要建筑有措钦大殿、洛色林札仓、德芝札仓、葛丹颇章、甲央拉康等，为明清以来陆续修建。寺内收藏的历史文物、佛教经典及工艺美术品十分丰富。1982年定为全国重点文物保护单位。

哲勒肯山　即今俄罗斯哈巴罗夫斯克边疆区黑龙江下游西侧之巴扎尔山。清乾隆《钦定盛京通志》

卷27：哲勒肯山"国语（满语），哲勒肯，香鼠也。(宁古塔）城东二千五百八十五里"。格楞河发源于此。

耆英堂　在今河南洛阳市旧城东旧资圣院。《宋史·文彦博传》：彦博在洛"与富弼、司马光等十三人，用白居易九老会故事，置酒赋诗相乐，序齿不序官，为堂，绘像其中，谓之'洛阳耆英会'"。即在此。

耆国　又作黎国。商代方国。在今山西长治市西北四里。《史记·周本纪》：商纣时西伯"败耆国"。春秋时移于今黎城县东北十八里。

耆阇寺　耆一作祇。故址在今江苏南京市内鸡鸣山西。《陈书·后主纪》：祯明三年（589），隋将贺若弼、韩擒虎等趋建康，陈后主遣"樊毅屯耆阇寺"。即此。

挚　殷商时诸侯国。任姓。曾与周族联姻。在今河南汝南县境。《诗经·大雅·大明》："挚仲氏任，自彼殷商。"即此。

热瓦克佛寺遗址　在今新疆洛浦县城西一百里库拉坎斯曼沙漠中，是一处以佛塔为中心的寺院建筑遗址。塔院建筑遗迹平面呈方形，土坯院墙，每边长约49米，残高约3米，南墙中部为院门。佛塔用土坯砌筑，残高9米，平面为十字形，长50米，宽45米。方形塔基，高5.3米。塔身为圆柱形，直径9.6米，残高3.6米。塔顶为覆钵形，已残。院墙内外两侧塑有精美的佛和菩萨像，以及大量较小的辅像和浮雕饰件，院墙上还有少量壁画。塔院西南角还配置一小塔。热瓦克佛寺遗址的形制及精美塑像在新疆古代佛寺遗址中独具一格，并与犍陀罗艺术有密切关系，某些塑像还具有秣菟艺术风格。2001年定为全国重点文物保护单位。

热水　在今河北蔚县西。《水经·瀔水注》：热水"出绫罗泽，泽际有热水亭，其水东北流注祁夷水"。即此。

热水山　在今青海海晏县西北西川河发源处。《明一统志》卷37：热水山"在西宁卫城南五百里。山南出暖水，流入青海。北有泉，即西宁河源"。

热水江　一名温汤泉。在今广西象州县东北。《清一统志·柳州府》：热水江"在象州东北十五里。其源曰温汤泉，在州东三十里热水村。平地涌出，沸如滚汤，下流渐冷，溉田甚广"。

热水汛　清置，属建昌镇。在今四川喜德县西南热水河北岸红莫镇。《清一统志·宁远府二》：热水汛"在西昌西北热水旁，为大小凉山诸夷出入要路"。清雍正八年（1730）筑城，设都司分驻。

热水河　古名温水。又名热水池。在今四川西昌市北。《明一统志》卷73四川行都司：热水池"在都司北七十里。四时常热，流入溪河，合泸水，接金沙江"。《清一统志·宁远府一》：热水"源出热水塘，西流入安宁河"。

热水墓群　在今青海都兰县东南热水乡扎麻日。为我国唐代早期吐蕃大型墓葬群，共有墓葬三百余座。1982—1996年三次发掘清理约六十座。其中大墓封土内有三周阶梯形的石砌围墙。主墓位于石围墙内，由封石、照壁、棚木、墓道、墓门、回廊、东室、西室、中室、南室组成。热水墓群是青海境内面积最大、保存封土最多的一处吐蕃墓地。1996年定为全国重点文物保护单位。

热正寺　即今西藏林周县东北热振寺。北宋嘉祐元年（1056）由喇嘛教噶当派创始人仲敦巴创建。为噶当派首寺。"热正"藏语意为翘角。15世纪初，格鲁派（黄教）创立后，改宗格鲁派，属色拉寺结巴扎仓。该寺的热振呼图克图，是清代以来西藏四大呼图克图之一，曾于1847年和1934年两度出任西藏地方政府的摄政，为喇嘛教著名古刹。

热务作坝　亦作热务寨。在今四川松潘县西南红土乡热务沟。清康熙四十二年（1703）置热务作坝土百户。

热兰遮　在今台湾省台南市西安平区。1632年荷兰殖民者于此建热兰遮堡，俗称红毛城。

热当寨　即今四川若尔盖县北红星乡（热当坝）。清雍正元年（1723）置热当寨土百户。

热那亥　即今青海天峻县驻地。1955年于此置天峻县。1959年改名新源。

热河　即古武列水。在今河北承德市北。《清一统志·承德府二》：热河"在府东，……三源合而西南流，径黄土坎行宫及钓鱼台行宫之东，又西南流环避暑山庄之东。行宫内有温泉，流出注之，始名热河。南流折而东，复折而南，至下营子入滦河"。

热河厅　清雍正元年（1723）置，属直隶省。治所即今河北承德市。十一年（1733）改为承德州。乾隆七年（1742）复置热河直隶厅，四十三年（1778）改置承德府。

热河省　1914年设热河特别区，1928年改为热河省。治所在承德县（今河北承德市）。辖今河北省东北部、辽宁省西南部、内蒙古自治区东南部。1956年撤销，分别并入今河北、辽宁二省及内蒙古自治区。

热河都统　清乾隆时置热河副都统。嘉庆十五年（1810）改都统。治所在承德府（今河北承德市）。领承德府、内蒙古东二盟十六旗、西勒图库伦喇嘛一旗。辖境相当今河北围场、丰宁二县以东，至内蒙古奈曼、库伦二旗、辽宁阜新、北票、朝阳、建昌等市县地；内蒙古林西县、巴林左旗以南，至河北宽城、兴隆、滦平等县地。1914年改为热河特别区。

热河特别区　1914年置，属直隶省。治所在承德县（今河北承德市）。辖境东至今辽宁松岭山东麓、阜新市及内蒙古开鲁县一带，西抵今内蒙古大兴安岭南段，南起今河北古北口、五指山、喜峰口和都山，北包括今内蒙古克什克腾旗、巴林左、右旗及扎鲁特旗。1928年改为热河省。

热河道 1914年依前热河道置，属热河特别区域。治承德县（今河北承德市）。辖境约当今河北东北部承德市等地，辽宁西南部及内蒙古东南部地。1928年废。

热振寺 又作热正寺。北宋嘉祐元年（1056）建。在今西藏拉萨市林周县东北热振藏布北岸。为藏传佛教噶当派祖寺。

热莫且 西藏古地名。公元7世纪初，松赞干布统一西藏诸小邦，建成吐蕃王朝（约629—842），定都于逻娑（藏文意为"山羊地"），在全境设置四个如（藏文意为"翼"或"部"）的军政区域，其中，乌如（藏文意为"中央翼"）的中心设在热莫且（藏文意为"大牝山羊"）。641年唐文成公主与松赞干布联姻，公主入蕃后在热莫且建一佛堂，即著名的小昭寺，藏族遂径称小昭寺为热莫且。地在今西藏拉萨市中心大昭寺之东北隅。

热海 亦名大清池、亦思宽、亦息渴儿、图斯库勒、特穆尔图淖尔。即今吉尔吉斯斯坦东部之伊塞克湖。唐玄奘《大唐西域记》卷1："山行四百余里至大清池，或名热海，又谓咸海。周千余里，东西长，南北狭。"唐永淳初，王方翼败西突厥于此。

热薄汗山 即康狼山。在今甘肃临洮县北。《元和志》卷39五泉县："康狼山，亦名热薄汗山，在县南一百四十里。西秦乞伏乾归太子炽磐，招结诸部二万七千，筑城于康狼山以据之，即此山也。"

壶口 即壶口关。一名壶关。在今山西黎城县东北东阳关。《左传》：哀公四年（前491）十二月，"国夏伐晋，取……壶口"。

壶口山 ①即壶关山。在今山西长治市东南。《清一统志·潞安府》：壶口关"又名壶关山。……《府志》：两峰夹峙而中虚，状如壶口，故名"。

②一名平山。在今山西临汾市西南。《水经·汾水注》："汾水南与平水合，水出平阳县西壶口山，《尚书》所谓壶口治梁及岐也。"按：《禹贡》之壶口在今山西吉县西南黄河畔，郦说非。

③在今山西吉县西南。《尚书·禹贡》："既载壶口，治梁及岐。"《汉书·地理志》河东郡北屈县："《禹贡》壶口山在东南。"即此。

④在今山西浮山县西南。《水经·汾水注》：平水"出平阳县壶口山"。《清一统志·平阳府一》：壶口山"在浮山县西南四十五里。一名蜀山，延亘数十里，东连龙角山，西接崇山"。

壶口关 ①在今山西长治市东南壶口村。《汉书·地理志》：上党郡有壶口关。《汉书·成帝纪》：西汉阳朔二年（前23），"秋，关东大水，流民欲入函谷、天井、壶口、五阮关者、勿苛留"。

②在今山西黎城县东北二十里东阳关。《金史·地理志》：潞州黎城县有故壶口关。

壶山 ①即壶关山。在今山西长治市东南。唐杜佑《通典》卷179潞州：壶关县"有壶山"。

②在今山东安丘市西南。《汉书·地理志》琅邪郡灵门："壶山，浯水所出，东北入淮。"《方舆纪要》卷35莒州"高枲山"条下："《志》云，高枲山西四十里有壶山，一名巨平山，浯水出此，亦曰浯山。一名台头。"

③即太胡山。在今河南泌阳县东北七十里。《后汉书·樊英传》：樊英"隐于壶山之阳"。

④在今河南鲁山县南二十里。《后汉书·樊英传》：樊英"隐于壶山之阳"。《清一统志·汝州》：壶山"形圆如壶"。

壶井山 在今福建长乐市东南壶井。《方舆纪要》卷96长乐县：壶井山"在县东六十里，滨海。山垂有一井，状如壶，潮至则咸，潮退则淡。上有岩石耸峻，俯临沧海，名百丈岩。其旁峰峦岩屿，名胜不一。迤东则群山错峙"。

壶井江 在今福建长乐市东壶井山下，亦曰壶井澳。《清一统志·福州府一》引《旧志》曰："山突江中，居人渐绕成市。又东北曰磁澳江，中有孤山峙海中，分东、西、南、北四澳，可以避风，海舟常泊于此。按壶井亦即闽江入海处，分岐而名。非有两江也。"

壶水 ①在今山西壶关县西北。《方舆纪要》卷42壶关县：壶水"在县西北二里。《志》云，水出壶关山下，流经此，又西经府北，下流入于浊漳。今涸"。

②即今云南文山县盘龙河。汉代称壶水。《汉书·地理志》都梦县："壶水东南至麋冷入尚龙溪，过郡二，行千一百六十里。"

壶公山 即今福建莆田市南壶公山。《新定九域志》卷9兴化军：壶公山，"昔有人隐于此，遇一老人引于绝顶，见宫阙台殿，云此壶中日月也"，因名。

壶公窑 在今江西景德镇市。明吴十九创建。清蓝滨南《景德镇陶录》卷5：壶公窑"神庙时，烧造者号壶隐道人。其色料精美，诸器皆佳"。

壶丘 春秋陈邑。在今河南新蔡县东南。《左传》：文公九年（前618），"夏，楚侵陈，克壶丘"。杜注："壶丘，陈邑。"

壶头山 ①在今湖北崇阳县北二十五里。《元和志》卷27唐年县：壶头山"在县（旧治）东北六十里"。《寰宇记》卷112崇阳县：壶头山"在县东北，水路六十里。其山幽谷深邃，山下有溪穿入山中，名桃花洞水，入溪合流。山名壶头山，水名壶头滩。三里皆平石石脉，流水才通小舟。若水泛涨，即方可济行，行旅惮之"。

②在今湖南沅陵县东北，沅水南。《后汉书·马援列传》：东汉建武二十五年（49），马援讨武陵蛮，"军次下隽，有两道可入，从壶头则路近而水崄，从充则涂夷而运远，帝初以为疑。及军至，耿舒欲从充道，援以为弃日费粮，不如进壶头，搤其喉咽，充贼自破。以事上之，帝从援策。三月，进营壶头"。注引《武陵记》曰："壶头山边有石窟，即援所穿室

也。"《水经·沅水注》亦载："夷山东接壶头山，山高一百里，广圆三百里。山下水际有新息侯马援征武溪蛮仃军处。"

③亦名大插旗山。在今重庆市彭水苗族土家族自治县西二里。《寰宇记》卷120彭水县：壶头山"山形似壶。马援曾战于此"。

壶关 ①又名吾儿峪。即今山西黎城县东北东阳关镇。《左传》：哀公四年（前491），"国夏伐晋，取邢、任、栾、鄗、逆畤、阴人、盂、壶口"。壶口即壶口关，亦即壶关。《元和志》卷15黎城县："古壶关，在县东二十五里。《春秋》齐国夏伐晋，取八邑，有盂口，盂口即壶口也，声相近，故有二名。"

②明正德三年（1508）置，属崇善县。在今广西崇左市北三里。明《徐霞客游记·粤西游日记三》："壶关在太平郡城北一里余。丽江西自龙州来，抵关之西，折而南绕城南，东转而北，复抵关之东，乃东北流去。关之东西，正当水之束处，若壶之项，相距不及一里。属而垣之，设关于中，为北门锁钥。"清于此设新太营。

壶关山 亦名壶山、壶口山。在今山西长治市东南，跨壶关县界，绵延百余里。《元和志》卷15："山形似壶，于此置关，故名壶关。"

壶关县 秦置，为上党郡治。治所在今山西长治市北三十五里故驿村。《水经·浊漳水注》："县有壶口关，故曰壶关。"北魏太和十三年（489）移治今山西壶关县东南三十里。隋开皇初属潞州，大业初废。唐武德四年（621）复置壶关县，属潞州。治所在高望堡（今壶关县西七里），贞观十七年（643）移治进流川（今壶关县）。北宋属隆德府。金复属潞州。明属潞安府。民国初属山西冀宁道。1930年直属山西省。

壶芦岛 即今辽宁葫芦岛市东南辽东湾边葫芦岛。《清一统志·锦州府一》：壶芦岛"在锦县西南九十里。又有小壶芦岛在县西南六十里"。

壶豆洲 即胡逗洲。本长江口沙洲，相当今江苏南通市一带。《梁书·侯景传》：侯景败走，"乃与腹心数十人单舸走，推堕二子于水，自沪渎入海。至壶豆洲，前太子舍人羊鲲杀之"。即此。

壶河川 古名祁夷水。即今山西广灵县南壶流河。《方舆纪要》卷44广灵县：壶河川"在县西南，即滋水也。自灵丘县流入境，经县西南壶川山，下有神泉流注焉，因名"。东流至河北蔚县入桑干河。

壶城 ①即今广西柳州市。《方舆纪要》卷109马平县：柳州"一名壶城，以三江回合绕城如壶"。

②即今广西崇左县城。《方舆纪要》卷110崇善县：太平城"今府城。一名壶城。以丽江自西北来，经城南，复折而东北，屈曲如壶"，因名。

壶洞墟 即今广东化州市北壶垌墟。清光绪《高州府志》卷10化州：壶洞在"州北一百四十八里"。

壶流河 即古祁夷水。在今山西广灵县南。源出广灵县西三十里，东流入河北蔚县，入桑干河。《清一统志·大同府》：祁夷水"在广灵县南关外。郑康成、颜师古以此为呕夷川。今名壶流河"。

壶梯山 一名石楼山。在今陕西澄城县西北五十里。《方舆纪要》卷54澄城县：壶梯山"阶级层峻，有似悬梯"。

聍隧 今地不详。《国语·周语上》："昔夏之深也，（祝）融降于崇山，其亡也，回禄信于聍隧。"注："聍隧，地名也。"《后汉书·杨震传》："或得神以昌，或得神以亡"。注引《国语》作"黔遂"。汉刘向《说苑·辨物》作"亭隧"。也作"聆隧"。《竹书纪年》帝癸三十年："冬，聆隧灾。"

耿 ①即邢。商代国都。《世本》："祖乙迁于耿。"《史记·殷本纪》作"祖乙迁于邢"。《帝王世纪》以为即"今河东皮氏耿乡是也"，在今山西河津市东南柴家乡山王村；王国维《说耿》以为在邢台（即今河南温县东平皋）；《通典》则认为在邢州治，即今河北邢台市。20世纪70年代在今河北石家庄市元氏县十里发现的西周墓中，出土一组西周青铜器有较长的铭文臣谏簋内底铭文记载了"戎人大举出于軧，邢侯对戎战"的历史事实，证实了邢国的初封地正是在今邢台。而作为商早期都城的邢或耿则在今元氏县南古泜水（今槐河）一带的軧国故址。

②西周封国。姬姓。在今山西河津市东南耿乡城。《左传》：闵公元年（前661），"晋侯作二军，……以灭耿。"即此。

耿马设治局 1939年置，直属云南省。治所即今云南耿马傣族佤族自治县。1952年改置耿马县。

耿马安抚司 明置，即今云南耿马泰族佤族自治县。《方舆纪要》卷119孟定御夷府：耿马安抚司在"府北百里。土氏罕姓。《通考》司与孟定同川隔喳哩江而居。……（万历）十二年，奏设安抚司"。不久，升为宣抚司。

耿马宣抚司 明万历十三年（1585）析孟定地置耿马安抚司，旋升宣抚司，属云南布政司。治所即今云南耿马傣族佤族自治县。傣语"耿"与"勐"同意，即地方，"马"即马，意即跟随马找到的地方。清属永昌府，乾隆二十九年（1764）改属顺宁府。民国废。

耿乡 在今河北藁城市西。《后汉书·耿纯传》：光武"拜纯为前将军，封耿乡侯"。李贤注："郦元注《水经》曰，成郎水北有耿乡，光武封耿纯为侯国，俗谓之宜安城。其故城在今恒州藁城县西南也。"

耿车集 即今江苏宿迁市宿城区西南耿车镇。道通睢宁县。清同治《宿迁县志》卷13：耿车集"在治西南十八里"。

耿当州 元至正七年（1347）置，属耿冻路。治所在今云南景洪市东北。明洪武十五年（1382）废入车里军民府。

耿庄子 原名盖苏屯。亦名耿家庄。即今辽宁海城市西北三十里耿庄镇。清光绪《奉天全省地舆图说图志》海城县图：西北有耿庄子。

耿州 隋开皇十六年（596）置，治所在定阳县（今山西吉县）。辖境相当今山西吉县、乡宁等县地。后改汾州。金天德三年（1151）改慈州复置耿州，治所在吉乡县（今吉县）。明昌元年（1190）改吉州。

耿冻路 元至正七年（1347）置，属云南行省。治所在今云南江城哈尼族彝族自治县西南七十六里整董镇。辖境约当今云南江城、勐腊两县及景洪市之间的部分地区。明洪武十五年（1382）废入车里军民府。

耿泾 在今江苏常熟市东北。《方舆纪要》卷24苏州府常熟县：耿泾“在县东北五十里。南通梅李塘。又北接崔浦，复分流北出，与崔浦并注大江。县境三十六浦，崔浦、耿泾，皆要口也”。

耿济镇 在今山东齐河县（晏城）东南城关镇东一里。《方舆纪要》卷31齐河县：耿济镇，“后汉建武五年，耿弇拔祝阿，遂渡济水向历城，镇因以名”。

耿家庄 即今辽宁清原满族自治县西南耿家堡子。乾隆《钦定盛京通志》卷51：“耿家庄卡路，在英峨边门内。”

耿家桥砦 即今河北宁晋县南五十里耿庄桥镇。清《畿辅舆地全图》宁晋县：耿家桥砦在“县东南五十五里”。

耽石泉 在今广东翁源县西北。明嘉靖《翁源县志》：“耽泉去县（今翁城镇）三十里。山下有巨石，鸣泉泻落，珍木兽禽。唐时有僧杖锡于此，耽玩不舍，因名耽石。宋余襄公（余靖）磨崖大书记刻尚存。”

耽摩栗底国 即多摩梨帝国。唐时译作耽摩栗底或耽摩立底。在今印度西孟加拉邦米德纳普尔的塔姆卢克附近。唐玄奘《大唐西域记》卷10：耽摩栗底国“周千四五百里。国大都城周十余里，滨近海陲，土地卑湿”。

聂北 春秋时邢地。在今山东茌平县西博平镇西洪官屯乡南五里郭摄庄。《春秋》：僖公元年（前659），“春，王正月，齐师、宋师、曹师次于聂北，救邢”。杜注：“聂北，邢地。”清江永《春秋地理考实》以为即《左传》“聊、摄以东”之“摄”。据《元和志》卷16博平县载：故摄城“在县（按博平县故治即今博平镇）西南二十里”。

聂母营 清乾隆年间置，在今西藏尼木县西。清乾隆《卫藏通志》卷12作“聂母”。

聂母宗 即尼木宗。治所在今西藏尼木县西。

聂耳墓 在今云南昆明市西山太华寺与三清阁之间的山坡上。聂耳（1912—1935）原名守信，字子义，一作紫艺，云南玉溪人。生于昆明。1930年到上海后入明月歌舞团。1933年加入中国共产党，积极参加左翼音乐、戏剧、电影等活动，作有《义勇军进行曲》等。1935年7月17日在日本神奈川县藤泽市鹄沼海滨游泳时，不幸溺水逝世。1938年将其骨灰安葬于西山高峣山麓。1980年5月13日迁葬于此。新墓形如一弹拨乐器。1988年定为全国重点文物保护单位。

聂当谿 即日噶努布宗。今西藏曲水县东北聂唐乡。1960年并入曲水县。

聂延城 即乃延城。在今黑龙江省拜泉县东南。为元产珠地和站赤之一。元《经世大典》：“通政院钦奉圣旨，咸平府至聂延立十五站。”即此。

聂阳县 南齐改黾阳县置，属巴东郡。治所在今重庆市巫山县南。后废。

聂拉木 一名尼牙拉木宗城。即今西藏聂拉木县。为尼泊尔与后藏间往来要路，亦尼泊尔入藏之第一镇。清松筠《西招纪行诗》注：定日汛岔路有三，“一西行二日即抵聂拉木边隘”。清乾隆五十六年（1791）廓尔喀由此侵藏。

聂荣宗 一作阿扎白索宗。即今西藏聂荣县。1942年设聂荣宗。“聂荣”，藏语意为悦耳谷。1960年改设聂荣县，驻色贡。

聂都山 在今江西崇义县西南。章水出其下，山南为南源，山北为北源。《山海经·海内东经》：“赣水出聂都山，东北注江。”《明一统志》卷58南安府：聂都山“在府城西南一百二十里。相传昔有聂姓者开都以居民，故名。其山出矾”。《清一统志·南安府》：聂都山“在崇义县西南九十里。……《县志》，高一百六十仞，连亘四十里。西接湖广界。本属大庾县平政乡，明正德中，割属崇义。山之东有双鹤岩”。

聂都隘 即今江西崇义县西南聂都山下聂都乡。明时有巡司驻此。《方舆纪要》卷88南安府崇义县：聂都隘“在县西南聂都山下。为县境之襟要。嘉靖三十一年，岑溪贼李文彪由火径过游仙隘，掠县境之关田。隆庆四年，流贼黄朝祖由南雄黄塘遁入桂阳罗木山为寇，官兵驻聂都扼其冲，贼几困，以防御不密，贼乘间由聂都达游仙、濠头，抵火径，归始兴故穴，势复炽。游仙等隘皆大庾县过岭之捷道也”。

聂索河 在今山东惠民县南。《方舆纪要》卷31武定州：聂索河“今淤为平址。民居其东南，颇擅桑麻之利；居其西北，辄被余流所涨溢。成化十二年，州判王璥筑堤障之，长五十余里，民被其利”。

聂索镇 在今山东惠民县南五十里。即古聂家口。以聂索河而得名。

聂家口 在今山东惠民县南五十里。《宋史·河渠一》：大中祥符四年（1011），“九月，棣州河决聂家口”。即此。

聂家市 即今湖南临湘市北二十二里聂市镇。《清一统志·岳州府二》：聂家市“在临湘县（治今岳阳市东北陆城镇）东南四十五里。有上、下二市”。

聂家河市 即今湖北宜都市西南三十四里聂家河

镇。清设把总驻防。

聂家洼 在今山东商河县西聂家庄。《清一统志·武定府》：聂家洼，“《旧志》：县界有七十二洼，遇丰倍收，遇潦则一苗不遗。故谚有十年九不收，一收胜十秋之语”。

聂家湖 在今安徽太和县西北。《清一统志·颍州府一》：聂家湖“有上、中、下三湖：上湖流通八丈河，中湖、下湖通沙河”。

聂隆 即今四川新龙县。藏语称“聂隆”，意为“有森林为河谷”。

聂塘寺 在今西藏曲水县北。公元1042年阿里三部之古格领主延请天竺摩揭陀国超岩寺上座阿底峡至托丁寺讲经说法，为藏传佛教后弘期盛事。1054年阿底峡东行，去前、后藏传法，行至聂塘圆寂，弟子种敦巴等于其地建聂塘寺以供奉阿底峡之灵塔。

茝阳（茝 chǎi） 一作芷阳。战国秦邑。在今陕西西安市东北。《史记·秦始皇本纪》：“昭襄王享国五十六年。葬茝阳。”又，“庄襄王享国三年，葬茝阳”。皆此。

莆口 在今福建莆田市东南。《陈书·虞寄传》：南朝陈天嘉五年（564），“陈宝应据晋安、建安二郡，章昭达等攻之，宝应大败，逃至莆口被擒”，即此。

莆田县 隋开皇九年（589）分南安县蒲田地置，属泉州。治所在莆口（今福建莆田市东南）。明曹学佺《名胜志》：“旧说邑田多生蒲，故谓之蒲田。其后以邑时有水患，因去水从莆。”开皇十年（590）废。唐武德五年（622）复置，属丰州，移治今莆田市。贞观元年（627）改属泉州。北宋太平兴国八年（983）为兴化军治。元为兴化路治。明、清为兴化府治。1913年属福建南路道。1914年属厦门道。1928年直属福建省。盛产荔枝，宋时誉称“天下第一”。太平兴国三年（978）林居裔起义于此。1983年析置莆田市（地级）。2002年撤销莆田县，并入莆田市。

莆阳驿 在今福建莆田市北。《方舆纪要》卷96兴化府莆田县：莆阳驿“在府治北。元置，明朝因之”。

莆苎营 在今海南省万宁市西北。《方舆纪要》卷105万州：莆苎营“在州西北。防鹧鸪啼等村峒黎，最为襟要”。

莆家龙 在今印度尼西亚中爪哇北岸之北加浪岸。南宋周去非《岭外代答》卷2：“阇婆国，又名莆家龙，在海东南，势下，故曰下岸。广州自十一月十二月发舶，顺风连昏旦，一月可到。”

莆禧千户所 明洪武二十年（1387）置，属平海卫。治所即今福建莆田市东南秀屿区南莆禧。清康熙三年（1664）废。

萸花隘 在今广西龙州县西，接越南界。《清一统志·太平府》：萸花隘“在上冻土州东（‘东’应为‘西’）三十里。……接越南界，有兵防守”。

莽山 在今湖南宜章县西南。《方舆纪要》卷82宜章县：莽山在“县西南百里，接广东韶州府及连州界，延袤六十里。有九十九峰，山形如寒芦在宿莽，因名。宋乾道元年，宜章盗李金作乱，刘珙帅湖南，遣兵讨之，追破之于莽山，其党执金以降，是也”。

莽牛哨 在今辽宁宽甸满族自治县西南，鸭绿江西岸。《清一统志·奉天府二》：莽牛哨“在岫岩厅所辖凤凰城边外，距朝鲜分界一二里”。

莽布支庄 西藏古地名。约在今当雄县当曲卡。唐时吐蕃赞普（王）于此致祭念青唐古拉山及纳木错湖，设赞普祭神所。《新唐书·地理志》：“突录济驿，唐使至，赞普每遣使慰劳于此，又经柳谷、莽布支庄。”

莽吉塔站 明初建，在今黑龙江省抚远县东北黑瞎子岛上木克得赫屯（在城子山）。明《辽东志》卷9：海西东水陆城站有“莽吉塔城”。故城城郭呈不规则状，周长约925米，依山筑墙，东南设门，东、西墙外有护城壕。北面临江峭壁为屏。此故城是明代海西东水陆城站第十城故址，正当黑龙江中下游要冲，是控制江上交通的喉舌要地。莽吉塔站故城于2006年定为全国重点文物保护单位。

莽张店 即今河南罗山县南莽张乡。清乾隆《罗山县志》卷1《镇店》：“莽张店，南四十里。”

莽阿禅噶珊 又作莽阿臣。原为明满泾站。在今俄罗斯哈巴罗夫斯克边疆区阿姆贡河北侧注入黑龙江处。清初属宁古塔将军。康熙《皇舆全览图》：黑龙江下游亨滚河口有“莽阿臣噶山”。后属三姓副都统。光绪《吉林通志》卷17：混同江北岸，东至海滨旧设噶珊有“莽阿禅”。咸丰年间通过不平等的中俄《瑷珲条约》被俄割占。

莽哥河 指黑龙江下游。在今俄罗斯哈巴罗夫斯克边疆区东北。明《寰宇通志》卷116：莽哥河“在开原城东北六千余里，……东流入海”。

莽喀图河 在今内蒙古凉城县东天成河，为岱海东南之小河。《清一统志·察哈尔》：莽喀图河“在（镶红旗察哈尔）旗东南五十里。源出正红旗察哈尔界内，西北流入黛哈池”。

莱 ①商代方国。在今山东龙口市城关镇东南莱子城。《晏子春秋》作“斄”，《齐侯鎛钟》作“𨑓”，《郭伯厨㪿》作“逨”。《春秋》：宣公七年（前602），“夏，公会齐侯伐莱。秋，公至自伐莱”。《传例》曰：“莱国，今东莱黄县。”后为齐所灭。《左传》：襄公六年（前567），“齐侯灭莱，迁莱于郳”。

②春秋时齐邑。在今山东昌邑市东南。《左传》：襄公二十八年（前545），“十月，庆封田于莱”。即此。

莱山 ①一名莱阴山。在今山东龙口市城关镇东南二十里。《史记·封禅书》：齐八祀，“六曰月主，祀之莱山”。又《汉书·郊祀志》：宣帝神爵元年（前61），从方士言，祀“莱山于黄”，皆此。

②在今湖南醴陵市北三十里。《左传》：昭公五年

(前537),“沈尹赤会楚子,次于莱山”。即此。《清一统志·长沙府一》:莱山,“《府志》:莱山旧有莱山书院,宋吕祖谦讲学于此”。一说即今河南光山县南一百五十里之天台山。

莱山集 即今山东烟台市南莱山镇。因该地有一座小土山称为莱山而得名。旧属牟平县。民国《牟平县志》卷3:莱山集“在县(今宁海镇)西偏北四十里”莱山镇。

莱公井 在今广东雷州市。为北宋寇准任雷州司户时所饮。《舆地纪胜》卷118雷州:寇准“尝游英灵村,酌井泉,称其甘洌,郡人后亦珍之,号莱公井”。《清一统志·雷州府》:莱公井“在海康县城外西馆内。相传宋寇准所饮。元祐间重浚,扁曰莱泉”。

莱公泉 在今湖南常德市北六十里甘泉寺中。《舆地纪胜》卷68引《皇朝类苑》云:“鼎州甘泉寺,介官道之侧,始寇莱公南迁日,题于东楹曰:‘平仲酌泉经此,’回望北阙,黯然而去。未几丁晋公又过之,题于西楹曰谓之‘酌泉’,礼佛而去。”淳熙中,南轩张栻榜曰“莱公泉”。

莱东县 1940年2月山东革命根据地由莱阳县东北部析置,治莱阳县城内(今山东莱阳市)。1950年3月撤销,并入莱阳县。

莱西市 1990年撤销山东省莱西县,改设莱西市,市人民政府驻水集街道办事处。由青岛市代管。

莱西县 1940年山东革命根据地由莱阳县西南部析置,治南墅(今山东莱西市西北南墅),后徙南岚(今莱西市西北南岚村)、韶存庄(今莱西市西北梅花山街道)。1949年迁水集镇(即今莱西市)。1950年撤销,并入莱阳县。1960年复设莱西县。1990年改设莱西市。

莱西南县 1942年7月山东革命根据地由莱阳县西南部析置,治夏格庄(今山东莱西市西南夏格庄镇)。1950年3月撤销,并入莱西县。

莱夷 《尚书·禹贡》:“莱夷作牧。”《汉书·地理志》注:“师古曰:‘莱山之夷,地宜畜牧。’”《春秋》:宣公七年(前602),“公会齐侯伐莱”。杜注:“莱国,今东莱黄县。”黄县在今山东龙口市东城关镇。其东南二十里有莱山,今莱阳、莱西、莱芜、蓬莱等市,或因古莱人所居,或因莱山而得名。今山东半岛大都是莱夷故地。

莱州 隋开皇五年(585)改光州置,治所在掖县(今山东莱州市)。大业初改为东莱郡。唐武德四年(621)复为莱州。天宝元年(742)改东莱郡,乾元元年(758)复为莱州。辖境相当今山东莱州、莱阳、即墨、平度、莱西、海阳等市地。元属般阳路。明洪武九年(1376)升为莱州府。

莱州大洋 即今山东莱州市西北莱州湾。《明史·河渠四》:“自岣屺西历三山岛、芙蓉岛、莱州大洋”,即此。

莱州卫 明洪武三年(1370)置,属山东都司。治所在今山东莱州市东。清顺治十六年(1659)裁。

莱州市 1988年撤销掖县,改设莱州市,市人民政府驻莱州城。由烟台市代管。

莱州府 明洪武九年(1376)升莱州置,属山东省。治所在掖县(今山东莱州市)。辖境相当今山东潍坊、莱州、平度、即墨、青岛、胶州、胶南、昌邑、高密等市地。1913年废。

莱阳市 1990年撤销山东省莱阳县,改设莱阳市,市人民政府驻莱阳城。由烟台市代管。

莱阳县 五代唐同光元年(923)改昌阳县置,属莱州。治所即今山东莱阳市。以在莱山之阳为名。明属登州府。民国初属山东胶东道。1925年属东海道。1928年直属山东省。1987年改设莱阳市。

莱阴山 即莱山。在今山东龙口市城关镇东南二十里。

莱芜口子 在今山东莱芜市北三十里口镇。莱芜谷之扼要处。东通博山,西通泰安。县中各镇,清末以此为最盛。

莱芜山 在今广东汕头市澄海区东南莱芜半岛。《清一统志·潮州府》:莱芜山“在澄海县东南海中。有大小二山。小莱芜在县东南十里。一名留子山;大莱芜在县东南二十里,一名双髻山”。

莱芜市 1983年撤销莱芜县,改设莱芜市,属泰安地区。1985年撤销泰安地区,莱芜市由泰安市代管。1992年莱芜市升为地级市,由山东省直辖。设立莱城、钢城二区。莱芜市人民政府驻莱城区。

莱芜县 ①西汉置,属泰山郡。治所在今山东淄博市南博山区东五十五里淄河镇城子村。西晋废。《水经·淄水注》:淄水“东北流径莱芜谷,屈而西北流,径其县故城南。《从征记》曰:城在莱芜谷……旧说云:齐灵公灭莱,莱民播流此谷,邑落荒芜,故曰莱芜”。

②唐长安四年(704)置,属兖州。治所在今山东莱芜市东北八十里文字城。《元和志》卷10莱芜县:“齐灵公灭莱,莱人流播此谷,邑落荒芜,故曰莱芜。”元和十五年(820)省入乾封县。大和元年(827)复置。北宋属袭庆府。金改属泰安州,移治今莱芜市。明洪武初属济南府,二年(1369)改属泰安州。清属泰安府。民国初属山东济南道。1925年改属泰安道。1928年直属山东省。1947年初在此发生歼灭国民党军李仙洲部之莱芜战役。1983年改设莱芜市。1992年莱芜市升为地级市,由省直辖。

莱芜谷 即狼虎谷。在今山东莱芜市西南三十里。

莱芜监 五代周置,治所即今山东莱芜市。《寰宇记》卷21:莱芜监“古冶铁之务也。管一十八冶,县、监不相统”。

莱胶道 1925年由胶东道分置,属山东省。治所在胶县(今山东胶州市)。辖境相当今山东青岛、胶州、胶南、诸城、高密、安丘、昌邑、潍坊、平度、即墨、莱州等市县地。1928年废。

莲山设治局 1932年改盏达行政区置,直属云南省。治所在今云南盈江县西北八里莲花街。民国《云南行政纪实》："治所在莲花山下，因以命名。"1952年改莲山县。

莲勺卤中　又作东卤池。在今陕西蒲城县西南荆姚镇卤阳盐厂一带。《汉书·宣帝纪》：刘询"数上下诸陵，周徧三辅，常困于莲勺卤中"。注引如淳曰："为人所困辱也。莲勺县有盐池，纵广十余里，其乡人名为卤中。"师古曰："如说是也。卤者，碱地也，今在栎阳县东。其乡人谓此中为卤盐池也。"

莲勺县　①一作莲芍县。西汉置，属左冯翊。治所在今陕西渭南市东北来化镇村。三国魏属冯翊郡。隋大业元年（605）废入下邽县。

②南朝宋元嘉六年（429）侨置，属冯翊郡。治所在今湖北钟祥市西北。西魏改为蓝水县。

莲子村　即今河北隆尧县东南十六里莲子镇。清同治《畿辅通志》卷55隆平县图：东南有莲子村。

莲子湖　在今山东济南市城北二里。唐段成式《酉阳杂俎》卷11："历城北二里有莲子湖，周环二十里，湖中多莲花，红绿间明，乍疑濯锦。又渔船掩映，罟罾疏布，远望之者，若蛛网浮杯也。"

莲头港　在今广东电白县东南。《方舆纪要》卷104电白县：莲头港"在县（治今电城镇）南四十里。源出县西北十五里之奇璧山西，名沙尾港，南流经莲头山，二水流合焉。因名莲头港"。

莲头寨　在今广东电白县东电城镇南四十里。《清一统志·高州府》：莲头寨"在电白县南。明万历中置"。

莲头镇　在今海南万宁市东。《方舆纪要》卷105万州：莲头镇在"州东三十里。有巡司"。莲头为莲塘之讹。

莲芍县　即莲勺县。故址在今陕西渭南市东北来化镇村。《水经·渭水注》：白渠"又东南径居陵城北，莲芍城南"。

莲江口　即今黑龙江汤原县东北莲江口镇。为鹤岗铁路的起点站。

莲池县　唐渤海国置，属晴州。治所在今朝鲜咸镜南道莲花山附近。辽徙废。

莲池铺　即今四川资中县东南莲池铺。清嘉庆《四川通志》卷89资州：莲池铺"在州东二十里"。

莲池集　即今河南沈丘县（槐店镇）南十八里莲池乡。明嘉靖《沈丘县志》："莲池集，在治（今县东南五十四里老城镇）西四十里。"

莲阳铺　又作南阳铺。在今广东汕头市澄海区西北十里。清有千总驻防。

莲花山　①即今辽宁北票市东帽子山。民国《朝阳县志》卷12：莲花山"距县百八十余里，位于县治之东北，高可七八里，石峰层立，望若已开之莲花，故名"。山峰之东南面，石壁陡立约三四十丈，下有石洞三：曰乾洞、曰水洞、曰风洞，相传此洞与朝阳洞之洞相通。山西北有石峰数十仞，如人所披风帽，又俗称帽子山。

②在今福建福州市北郊战坂。《方舆纪要》卷96福州府：莲花山"在府北二十里，下圆上锐，形若菡萏（荷花），郡之主山也。五代唐同光三年（925），闽王审知卒，葬凤池山，长兴三年改葬莲花山"，即此。

③即今福建厦门市同安区西北三十里莲花山。明《寰宇通志》卷46泉州府：莲花山"在同安县西北。峰峦高耸，状若莲花。又名金冠山"。

④一名南山。在今福建罗源县南。岩石层叠，下临城市。明王应山《闽都记》卷32罗源县：莲花山"在县西隅。如莲花覆地，故名"。

⑤在今江西宁都县西。《方舆纪要》卷88赣州府宁都县：莲花山"在县西二十五里。峰峦矗峙如莲花。顶有三峰，中有仙女湖，下有龙湫"。同书卷88赣州府兴国县载：莲花山"在县东百四十里。宋末文天祥驻兵山下，累石为城，基址犹存"。

⑥在今江西南康市西北一百七十里。《明一统志》卷58南安府：莲花山"在羊岭山之西。三峰状如莲花。上有仙岩，岩前有仙桥，桥下瀑布千尺，泻于石窦，不知所注"。

⑦在今广东饶平县西。《方舆纪要》潮州府饶平县：莲花山"在县（今三饶镇）西南九十里。一名白石山。五峰并列，形如莲花，东接沧海，西障郡城"。

⑧即今广东汕头市澄海区东北莲花山。《方舆纪要》卷103潮州府澄海县：莲花山"在县北六十里，与龙舟岭相连"。《清一统志·潮州府》：莲花山"东面障海，西瞰府城。山峦五开若莲花，故名"。

⑨即今广东海丰县北莲花山。《清一统志·惠州府》：莲花山"在海丰县北三十里。高千余丈。周五十里。列峰如莲"。

⑩在今广东韶关市东东南五里，与州治相对。《宋史·南汉刘氏世家》：北宋开宝三年（970），潘美伐南汉，"攻韶州，都统李承渥以兵数万阵莲华山下。初，（刘）铩教象为阵，每象载十数人，皆执兵杖，凡战必置阵前，以壮军威。至是与美遇，美尽索军中劲弩布前以射之，象奔踶，乘象者皆坠，反践承渥军，遂大败，承渥仅以身免。韶州陷"。今辟为韶关市森林公园风景区。

⑪在今广西蒙山县西五里。《方舆纪要》卷107永安州：莲花山"诸山联络，状若莲花"。

⑫在今四川名山县北。《方舆纪要》卷72名山县：莲花山"在县北十五里。山有五峰，耸列如莲花"。

⑬在今云南洱源县东北四十里。《方舆纪要》卷117浪穹县：莲花山"形如莲花，二面陡绝，惟一面仅容单马"。

⑭在今云南广南县东北二十里。《方舆纪要》卷115广南府：莲花山"在府东北二十里。五峰连耸，

诸小峰参差旁峙，形如莲花”。

⑮在今甘肃康乐县南一百十里，与临潭县交界处。《清一统志·兰州府一》：莲花山“在狄道州南一百五十里。山有数峰，宛如莲花”。唐诗人王维《新游莲花山》：“狐巢鹤影凌空见，古寺鲸音隔涧闻。”当地风俗每年6月在此举行歌会。

莲花山古采石场　在今广东广州市番禺区东莲花山镇。是岭南地区一处著名的古采石场遗址。开采时间从西汉初年一直延续到清道光年间。西汉南越王墓石料即采自莲花山。古采石场面积30余万平方米，由大小40余座丘陵组成。以切割式凿岩法开采，遗存的采石面平均高度为25米，最高40米，最深处在地面下13米。采石场至今仍保留着古代采石时留下的石柱、石板及大量未能运走的石料。考古资料及文献记载均表明，该采石场历史悠久，规模很大，开采的石料远运至广东各地。2001年定为全国重点文物保护单位。

莲花川　在今甘肃秦安县东北。《方舆纪要》卷59秦州秦安县：莲花川“在县东七十里。亦东流入陇水”。

莲花厅　清乾隆八年（1743）分永新、安福二县地置，属吉安府。治所即今江西莲花县。1912年改为莲花县。

莲花关　在今广西田阳县西南。《方舆纪要》卷111奉议州：莲花关，“《图经》云：在州北，与田州接界处也”。《清一统志·镇安府》：莲花关“在奉议州北莲花山”。

莲花池　①在今河北保定市南。《明一统志》卷2保定府：莲花池“在府治南。元守帅张柔开凿，中有看花亭，又有柳塘、西溪、北潭，皆引鸡水为府中胜概”。

②在今河北沙河市北。《清一统志·顺德府一》：莲花池“在沙河南十里。方数十里，每夏花开，游人甚盛。亦名普通河，下流入沙河”。

③在今河南武陟县驻地木城镇。《明史·河渠志五》：万历十五年（1587），“沁水决武陟东岸莲花池、金屹峭、新乡、获嘉尽淹没”。《方舆纪要》卷49武陟县：莲花池“在县东北，沁河东岸。地名木栾店。其相邻者，地名金屹垱，东去卫河百里”。

④又名莲塘池、小西湖。在今甘肃兰州市西。《明一统志》卷36临洮府：莲荡池“在兰县西七里。周回数十里。本朝肃府令潴神泉水为池，花木畅茂，鱼鳖充牣，人多游赏焉”。

⑤即西湖。在今新疆乌苏市城西北。清宣统《新疆图志》卷7：莲花池“在今（库尔喀喇乌苏）厅治西北，土人呼为西湖者也。惟今湖水北流伏于沙碛而止”。

莲花池铺　即今湖北恩施市东二十五里莲花池乡。清有把总驻此。

莲花村　即今浙江衢州市衢江区东北三十六里莲花镇。民国《衢县志·碑碣志》：“五代时莲开花五色，异香袭人，故称莲花。”

莲花县　1912年以莲花厅改置，属江西庐陵道。治所即今江西莲花县。1926年直属江西省。

莲花岛　在今辽宁大连市金州区（金州镇）东。《方舆纪要》卷37金州卫：莲花岛“在卫东三十里。滨海险要处也”。有兵戍守。

莲花岩　在今江西安远县西。《方舆纪要》卷88赣州府安远县：莲花岩“在县西二十五里，泉石奇胜”。《清一统志·赣州府一》：莲花岩“循岭穿石径而入，两山峭立，中藏一洞，有飞瀑从岩顶悬注入溪涧中”。

莲花泡　在今黑龙江方正县西南莲花村。民国《方正县志》：莲花泡“在县城西南十二里。其泡椭圆形，南北长半里余，东西宽六十丈，水深四五尺。向产莲花，七月间，花红灿锦，叶碧接天，士女赏玩络绎不绝，诚边城之胜景也”。

莲花泡站　亦作四站。清光绪七年（1881）置，在今黑龙江省林口县西北莲花乡。光绪《吉林通志》卷17：“正南距（三姓）城二百五十里四站，即莲花泡站。”

莲花城　①清置汛，在今甘肃秦安县东北莲花镇。《清一统志·秦州二》：莲花城汛“在秦安县境。有千总驻此”。

②又名莲花寨、莲花堡。在今甘肃临夏县东北莲花镇境内的原莲花城。地处大夏河入河口之西，明清时成为河湟之间的重要黄河渡口。1929年为永靖县治所。1962年成为刘家峡水库库区。

莲花洋　即今浙江舟山市舟山岛与普陀山间之莲花洋。往普陀山者必经此。《普陀山志》：“倭人入贡见大士灵异，欲载归。海生铁莲花，舟不能行，惧而还之，得名以此。”

莲花桥　①在今江西莲花县西南莲花水上。清同治《江西全省舆图》卷7吉安府莲花厅：“西路出西门五里至莲花桥。”

②亦作莲花庵。即今湖北蕲春县东北刘河镇东南莲花街。清光绪《湖北全省分图》：蕲州东北有莲花庵市。民国《湖北通志》卷33蕲州：莲花庵“在州东北百里”。

莲花桥和白塔　在今江苏扬州市区西北部瘦西湖。又称五亭桥和莲性寺白塔。莲花桥横跨瘦西湖，在通向莲性寺的堤埂上。清乾隆二十二年（1757）巡盐御史高恒为迎接乾隆帝南巡而建。以青条石砌筑，总长55.3米，两端为石阶，中孔拱圈跨径7.13米，两侧为半拱，两桥墩下共十二孔，桥上建有五亭，桥墩上有四亭，以廊相连，中亭最高，二重檐，黄色琉璃瓦顶。朱红廊柱，桥栏柱顶雕石狮。桥身结构复杂。造型优美，是中国古桥杰作，古城扬州的标志性建筑。莲性寺初建于元，旧称法海寺，清康熙年改今名。寺内白塔建于清乾隆四十九年（1784），仿北京北海白塔形式构筑。塔高30米，塔下方形高台，四周围以石栏、塔基为砖石雕花须弥座，上有塔肚佛龛。塔顶是相轮十三天，上置钢铸葫芦顶。雄中寓秀，亭桥相映。"白塔晴云"为扬州瘦西湖名景之一。2006年定为全国重点文物保护单位。

莲花峰 ①在今江西遂川县南。《舆地纪胜》卷31吉州：莲华峰"在龙泉县南十五里。状如芙蕖，与县治相对"。

②在今江西九江市南三十里，为庐山之一峰。《寰宇记》卷111江州德化县：莲花峰"在（庐）山北，州南。直望如芙蓉。今州城有莲花门"。《舆地纪胜》卷30江州：莲花峰"又云在庐山第三岭，重巘绝崖间有石室，乃（晋）董奉所居，旧号莲花峰"。宋儒周敦颐卜居于此，筑室峰下。

③在今湖南衡阳市南岳区南岳镇西十八里。衡山之一峰。清光绪《南岳志》卷5载：莲花峰"在岳庙西峰，状如莲花。其下即方广寺。如在莲花心"。明季衡阳王夫之有《莲峰志》5卷。

④在今广东东莞市南五十里。《方舆纪要》卷101广州府东莞县：莲花峰，"九峰峻竦，状如莲花。一名三角山，其上有池"。

⑤亦作莲花山。在今广东韶关市东南五里。《舆地纪胜》卷90韶州：莲花山"在州东（南）五里。形似莲花，故名。州治对山也"。北宋开宝三年(970)，潘美与南汉将李承渥激战于此。韶城八景有"莲峰樵唱"。

⑥今陕西华阴市南华山之中峰。《清一统志·同州府一》"太华山"条引《华岳志》："岳顶中峰曰莲华峰。上有宫，宫前有池为玉井，生千叶白莲华，服之令人羽化。亦谓之玉女洗头盆。"唐杜甫《望岳》："安得仙人九节杖，拄到玉女洗头盆。"即此。为峰之最高处。

莲花砦山 在今河北曲阳县西北五十里。《方舆纪要》卷14曲阳县：莲花砦山"大山居中，峰峦九出，状如莲花。周回峻绝，惟一径可通，中为空谷。其下临水，深不可测。昔人于此避兵，因以砦名"。

莲花淀 在今河北雄县西南十里。北宋缘边塘泺之一。《宋史·河渠志五》："东南起保安军，西北雄州，合百世淀、黑羊淀、小莲花淀为一水，……东起雄州，西至顺安军，合大莲花淀……为一水。"又《清一统志·保定府二》：莲花淀"方三十里，新安、高阳诸水所汇也"。

莲花堡 ①宋置，属德顺军。在今宁夏隆德县西南。《宋史·郑戬传》：经略使郑戬"行边，至镇戎军，越莲花堡，天寒，与将佐置酒"。即此。金属德顺州。后废。

②在今贵州龙里县西。《清一统志·贵阳府》：莲花堡"明天启三年，安邦彦党据龙里，巡抚王三善遣别将祁继祖破莲花堡，连烧上、中、下三牌贼砦百余处，龙里之路始通"。

莲花街站 亦作棉花街站。清置，即今辽宁开原市东北莲花镇。《清一统志·吉林二》"尼什哈站"条下："叶赫站又西南五十里至蒙古和罗站，即棉花街站。"

莲花塘 在今广西灵川县东北。《方舆纪要》卷107灵川县：莲花塘在"县（故治在今三街镇）南三里。相接者有蛟精潭，储水以通灌溉"。

莲花滩 ①在今湖北秭归县（茅坪镇）西北归州镇南。《方舆纪要》卷78归州：莲花滩"在州西北二里"。

②在今云南河口瑶族自治县西北六十八里红河中。《方舆纪要》卷115蒙自县：莲花滩"在县南。为入安南之道，即澜沧江下流、交趾洮江之上流也。永乐初，沐晟出蒙自莲花滩，进讨安南。嘉靖中莫登庸作乱，抚臣汪文盛以莲花滩当交广水陆之冲，遣兵据其地，为诸来归人声援，登庸大惧，即此。《舆程记》：由莲花滩达安南之东都，可四五日而至云"。按，"澜沧江"应为"红河"之误。近年为方便航行，对莲花滩进行了整治。

莲花墟 即今广西恭城瑶族自治县东南莲花镇。清光绪《广西舆地全图》恭城县图：东南有莲花墟。

莲花寨 ①在今福建永安市东。明嘉靖《延平府志》卷4永安：莲花寨"在县东五里，山形如莲花。明正统十三年沙、尤寇发，乡民避居，赖以获全"。

②在今江西南康市北二百里。《方舆纪要》卷88南安府南康县：莲花寨"在县北莲花山上。……宋元时旧寨也，今皆废"。

莲花镇 即今黑龙江省望奎县东北莲花镇。民国《黑龙江志稿》望奎县图：东北有莲花镇。

莲青山 在今山东滕州市东北五十里。《方舆纪要》卷32滕县：连青山"形如莲花，亦曰莲峰山。中有泉，南沙河出焉，即漷河也"。《清一统志·兖州府一》：莲青山"在滕县东北五十里。山有二：其一为西莲青，绝顶两峰，插入云汉，名莲花峰。其一为东莲青，上有九十九峰。前有玉女池，后有水帘洞，东有桃花谷，谷多桃花。每春水出洞，浮带落花。邑人谓之小桃源"。

莲河 即今吉林梅河口市东北莲河村。奉海铁路经此，有梅西支线通西安（今辽源）。

莲城县 南宋绍兴三年（1133）升莲城堡置，属汀州。治所即今福建连城县。《舆地纪胜》卷132汀州《县沿革》：莲城县，"《鄞江志》云，四水环绕，簇簇如莲，因以为名"。民国《连城县志》卷3："县治旧为莲城堡，以莲花峰得名。"元至正六年（1346）改名连城县。

莲城堡 北宋元符间（1098—1100）置，属长汀县。即今福建连城县。南宋绍兴三年（1133）升为莲城县。

莲荷山 在今江西鄱阳县西。《方舆纪要》卷85饶州府"马迹山"条下："府西有莲荷山，在彭蠡湖中，望之如荷叶浮水上。"

莲荷岭 一作莲河岭。在今湖北咸宁市西南。《方舆纪要》卷76咸宁县：莲荷岭"在县西五十里，与崇阳县分界"。《清一统志·武昌府一》：莲河岭

"在咸宁县西南五十里，接崇阳县界"。

莲峰 即今云南永善县南九十四里莲峰镇。清雍正八年（1730）永善县由米贴迁治于此。1951年永善县迁井田镇（即今永善县）。

莲峰山 即今福建连城县东冠豸山。宋皇祐中邑人彭孙保聚于此。明《寰宇通志》卷47汀州府：莲峰山"在连城县东七里，高耸状若莲花"，故名。《清一统志·汀州府一》：莲峰山"在连城县东七里，旧名东田石。……又有仓玉峡、冠豸、桃源、芙蓉波、金字泉，皆为奇胜"。

莲峰寨 宋置，属莲城县。在今福建连城县东冠豸山附近，为县治东障。清初改名冠豸寨。

莲冢集 即今河北清河县东北连庄镇。清于此设堡。《清一统志·广平府二》：莲冢堡"在（清河）县（治今清河县西城关乡）东北二十五里。有城"。

莲塘 ①即今江西南昌县驻地莲塘镇。初名齐荣村，明代改名莲塘。1949年南昌县迁治于此。

②在今海南省万宁市东。《明史·地理志》万州："东有莲塘巡检司。后废。"

莲塘汛 即今广西荔浦县西南青山镇莲塘村。清光绪《广西舆地全图》荔浦县图：西南有莲塘汛，把总驻守。

莲塘村 即今广东从化市东北良口镇。清顺治中流溪巡司移驻于此。

莲塘河 即今广东恩平、阳东二市县境之那龙河。《方舆纪要》卷101阳江县：莲塘河在"县东六十里。源出恩平界白马山。一名琨水，曲折流，经县东北百里那龙村，曰那龙河，过莲塘驿曰莲塘河，又经县北六十里合门山，山夹六莲塘水对峙如门也。南流七十里，至县南十五里尖山渡合于漠阳江"。

莲塘堡 明嘉靖三十三年（1554）建，在今广东阳东县东北合山镇北。《方舆纪要》卷101阳江县：莲塘堡"在县西六十里。防阳春、恩平六山浪贼路"。

莲塘街 即今江西南昌县治莲塘镇。清同治《南昌府志》卷6南昌县：莲塘街"距城三十五里"。明万时华有《莲塘道中》诗。1949年南昌县迁治于此。

莲塘墟 即今广东高要市南二十里莲塘镇。明万历《广东通志》卷46：高要县有莲塘墟。

莲塘镇 即今江西定南县西南四十里老城镇。自明隆庆元年（1567）至1928年均为定南县治。

莲蓬山 又名连峰山。亦作联峰山。在今河北秦皇岛市北戴河。海拔153米。为一游览胜地。《清一统志·永平府一》：连峰山"渝水经其西入海"。

莳竹县 北宋元丰四年（1081）置，属邵州。治所在今湖南绥宁县西南莳竹村。崇宁四年（1105）废。

莫力达瓦旗 1934年日伪统治时改布西设治局置，属兴安东省。治所在尼尔基（今莫力达瓦达斡尔族自治旗驻地尼尔基镇）。1945年属兴安省。1947年划归内蒙古自治区，属呼伦贝尔盟。1958年改设莫力达瓦达斡尔族自治旗。以附近有一座名叫"莫力达瓦"的小山命名。达斡尔语称马为"莫力"，称山岭为"达瓦"。"莫力达马"即"马岭"的意思。

莫力庙 即今内蒙古通辽市西莫力庙苏木。以清嘉庆年间所建莫力庙而名。

莫干山 在今浙江德清县西北。主峰塔山海拔719米，为我国四大避暑胜地之一。《方舆纪要》卷91湖州府：莫干山"在府西南百五十里。上有铸剑池，旁有磨石，相传吴王铸剑处，亦曰莫邪山"。

莫土司衙署 在今广西忻城县城内建设街。是我国现存明清时期规模最大、保存最好的土司衙署。始建于明万历十年（1582），延至清光绪三十二年（1906）最后一任土司，历代均有修建。衙署占地面积4万余平方米，中轴线主要建筑有大门、大堂、二堂、三堂、后苑、祠堂、祭堂、代理土司官邸等。另有大夫弟、参军第、官族府第、汉堂邸、三清阁、观戏台、文庙、城隍庙、花婆庙、练武场、碉堡、陵园等，形成一个以衙署为中心的庞大建筑群，现基本保持原貌。1996年定为全国重点文物保护单位。

莫大湖 在今广西横县西北。《方舆纪要》卷110永淳县：莫大湖在"县东二十里"。

莫口县 十六国前凉置，治所在今甘肃古浪县南。《十六国春秋辑补》卷89：南凉太初三年（399），秃发利鹿孤伐凉，"遣其将金树、苏翘率骑五千，屯于昌松、漠口"。即此。北周废。

莫门军 唐仪凤二年（677）置，在洮州城内（今甘肃卓尼县西洮河南岸）。后废。

莫水 即今陕西乾县西漠西河、大北沟、漠峪河。《方舆纪要》卷54乾州：莫水"亦曰漠谷水。源出永寿县界高泉山，流入州西北境，又西南流入武功县界。亦名武水，下流入于渭水"。

莫尔寺遗址 在今新疆喀什市疏附县东北伯什克然木乡境内。寺院坐北朝南，有两座佛塔，殿堂分布于两塔之间。东南面的佛塔为方座，梯形腰座，底四边各长12.63米。座分五层，逐层缩进，覆钵形塔顶，塔总高12.8米。西北面佛塔为覆钵形，底大顶小，底面边长25米，宽23.6米，残高7米，塔身正面和西侧有佛龛痕迹。莫尔寺遗址是中国最西部佛教遗址之一，是罕诺依古城标志性建筑物，对研究佛教初传新疆及唐代喀什地区佛教流行问题均具有重要意义。2001年定为全国重点文物保护单位。

莫西县 北魏太和十一年（487）析好畤县置，属武功郡。治所在今陕西乾县西漠西乡。北周建德三年（574）属右扶风，省好畤县入莫西县。隋开皇十八年（598）改为好畤县，大业初又省入上宜县。

莫邪岛 即今山东荣成市东南镆铘岛。《方舆纪要》卷36蓬莱县：莫邪岛"昔人捕鱼于此，得宝剑，因名”。光绪《登州府志》卷3：“岛旁居人多慕姓，疑是慕家岛之转音也。”

莫曳皆部　又作莫曳靺鞨。唐黑水靺鞨十六部之一。在今俄罗斯哈巴罗夫斯克边疆区黑龙江下游右岸土姆宁河一带。开元间属黑水都督府。《新唐书·黑水靺鞨传》：窟说部“稍东南行十日得莫曳皆部……拂涅、铁利、虞娄、越喜时时通中国，而郡利、屈设、莫曳皆不能自通”。

莫州　①唐改鄚州置，治所在莫县（今河北任丘市北三十里鄚州镇）。辖境相当今河北保定、任丘二市及清苑、文安等县地。《旧唐书·地理志》：“开元十三年以‘鄚’字类‘郑’字，改为莫。”北宋辖境渐缩，并移治任丘县（今任丘市）。金贞祐二年（1214）废。元初复置，移治莫亭县（今任丘市北三十里鄚州镇）。明初废。

②唐置，为羁縻州，属安化州都督府。当在今甘肃庆阳市境。后废。

莫阳县　西晋置，属高兴郡。治所在今广东阳春市西南。后属高凉郡。《寰宇记》云：县以漠阳江为名。南朝梁废。

莫村　即今海南省临高县治。南宋绍兴初临高县迁治于此。《舆地纪胜》卷124琼州：临高县“初治英邱，绍兴初迁于莫村”。

莫县　唐开元十三年（725）改鄚县置，属莫州。治所在今河北任丘市北三十里鄚州镇。北宋熙宁六年（1073）废入任丘县。元祐二年（1087）复置，寻又废为镇。金贞祐二年（1214）改置为莫亭县。

莫里勒克卡伦　清光绪十年（1884）设，在今内蒙古额尔古纳市西北莫尔道河口额尔古纳河东岸。

莫何川　在今青海贵南县北木格滩。《晋书·吐谷浑传》：“洛干十岁便自称世子，年十六嗣立，率所部数千家奔归莫何川，自称大都督、车骑大将军、大单于、吐谷浑王”。《资治通鉴》胡三省注：“莫何川，在西顷山东北。”

莫佛镇　宋置，属蒲江县。在今四川蒲江县南十五里。明曹学佺《蜀中名胜记》卷13蒲江县引《纪胜》：“莫佛镇，相传汉文帝时有莫将军征西南夷归，而学佛于此。”

莫宏库　亦作莫力洪、莫力洪库。在今黑龙江省同江市东北。清曹廷杰《西伯利东偏纪要》：黑龙江入松花江有二口，“上口在徐尔固上六十五里，松花江南岸莫宏库地方西北，俄人轮船俱由此口出入”。

莫枝堰市　唐名木楮堰，北宋天禧间改名莫枝堰。即今浙江宁波市鄞州区东南莫枝镇。清光绪《鄞县志》卷2《市镇》：莫枝堰“距城三十里”。

莫罗营　在今广东封开县东北界莫罗。《清一统志·肇庆府》：莫罗营“在开建县东北一百里，接怀集县界，近连州八排瑶山。本朝康熙九年置”。

莫金口寨　北宋置，属文安县。在今河北文安县西北四十里口头村。《宋史·河渠志五》：塘泺“东北起霸州莫金口，西南保定军父母砦”。《方舆纪要》卷11霸州：莫金山“相传以莫、金二姓居此而名”。

莫金山　在今河北文安县西北四十里。《方舆纪要》卷11霸州：莫金山在“州南十八里。相传以莫、金二姓居此而名。宋设莫金口寨于此。俗名口头村”。后为河水所冲，成为平陆。

莫宜峒　在今湖南城步苗族自治县西南五十七里江头司。《清一统志·宝庆府二》：莫宜峒“在城步县西南。领大猴、大地、茶园等十三砦”。

莫城　在今江苏江阴市东南长寿镇南。《寰宇记》卷92江阴军江阴县：“古既阳城在县东四十里。汉时莫宠所筑，捍海贼翟马，因名莫城。”

莫城镇　即今江苏常熟市西南十二里莫城镇。《方舆纪要》卷24苏州府常熟县：莫城“在县南七里。相传莫邪铸剑处，一名剑城。今曰莫门塘。《寰宇记》云：汉时莫宠所筑，以捍海寇”。

莫亭县　金贞祐二年（1214）置，治所在今河北任丘市北三十里鄚州镇。元世祖至元二年（1265）废入河间县。寻复置，属莫州。明洪武初废。

莫贺延碛　即莫贺碛。今新疆哈密市东南之沙碛。《寰宇记》卷153：柳谷水“南流入莫贺延碛”。

莫贺城　在今新疆阜康市东。唐贞观二十三年（649）曾置瑶池都督府于此。

莫贺碛　亦作莫贺延碛、莫贺延吉、贺延碛。在今新疆哈密市东南之沙碛。《元和志》卷40伊州：“东南取莫贺碛路至瓜州九百里。”

莫高窟　俗名千佛洞。在今甘肃敦煌市东南五十里鸣沙山东麓断崖上。《敦煌录》：“（沙）州南有莫高窟，在州二十五里。”上下五层，高低错落，南北长约1600米。据武周圣历元年(698)《李怀让重修莫高窟佛龛碑》记载，莫高窟建于十六国前秦建元二年(366)，到唐代武则天时，已有窟室千余龛，后不断建造和重修，至今仍保留北魏、西魏、北周、隋、唐、五代、宋、西夏、元等朝代的洞窟四百九十二个，壁画四万五千多平方米，彩色塑像二千四百一十五身，唐、宋木构建筑五座，莲花柱石和铺地花砖数千块，是世界上现存佛教艺术最伟大的宝库。清光绪二十六年（1900）发现藏经洞后，洞内的历史文物和艺术品遭到帝国主义分子斯坦因、伯希和、华尔纳、鄂登堡等人盗窃和破坏。1943年设立敦煌艺术研究所，进行修复、保管和研究工作。中华人民共和国成立后改为敦煌文物研究所，对所有洞窟进行全面维修。1961年定为全国重点文物保护单位。西南六十余里党河北岸的西千佛洞，其壁画题材和艺术风格与莫高窟属同一系统，归莫高窟一并管理。1987年莫高窟被列入世界文化遗产名录。

莫离驿　在今青海共和县东北。为唐代鄯城县（今青海西宁市）至吐蕃逻些城（今西藏拉萨市）交通要道之一。《新唐书·地理志》鄯州鄯城：“自振武经尉迟川、苦拔海、王孝傑米栅，九十里至莫离驿。”

莫离镇 在今广西罗城仫佬族自治县东北五十里。明置巡司于此。

莫浪坡 或作莫浪塘。即今云南元江哈尼族彝族傣族自治县西南莫郎。光绪《大清直省地舆全图》：元江西南有莫浪坡。

莫家寨河 在今云南景谷傣族彝族自治县境。《方舆纪要》卷119威远御夷州："莫家寨河在州境。汲其水浇炭火上炼之，即成盐，居民恃以为利。"

莫勒恩河 亦作摩琳莫勒恩河、摩琳河。即今黑龙江省五常市东拉林河支流牤牛河。《清史稿·地理志》五常府："东南摩琳莫勒恩河出，右合冲河、香水、大小泥，左小黑、取才、条了、藤子河，径五常堡来会，为拉林河。"

莫营关 在今陕西永寿县西北。《方舆纪要》卷54永寿县：莫营关"在县西南。后魏所置，为扼险之所"。

莫博大岭 即的博岭。在今四川理县西北鹧鸪山，大白山。唐杜佑《通典》卷176云山郡（奉州）："北至莫博大岭七十里。"

莫鲁孙站 明初改元末鲁孙站置，在今俄罗斯哈巴罗夫斯克边疆区黑龙江下游右侧库契河口附近。明《辽东志》卷9：海西东水陆城站有狗站"莫鲁孙站"。后废。

莫温河卫 明永乐六年（1408）置，属奴儿干都司。在今俄罗斯滨海边疆区兴凯瑚西南的们河流域。后废。

莫愁村 在今湖北钟祥市西，为古莫愁女故乡。《旧唐书·音乐志二》："《莫愁乐》，出于《石城乐》。石城有女子名莫愁，善歌谣。"《舆地纪胜》卷84郢州：莫愁村，"《古乐府》云：莫愁，石城人也。今莫愁村在汉江之西，旧所居也"。

莫愁湖 在今江苏南京市城西水西门外。《寰宇记》卷90升州江宁县：莫愁湖"在三山门外。昔有妓卢莫愁家此，故名"。明初为中山王徐达花园。

莫端哈沙图卡伦 清雍正十二年（1734）设，在今内蒙古呼伦贝尔市新巴尔虎右旗西南平原。何秋涛《朔方备乘》卷10《北徼喀伦考》作"穆敦哈萨图"；西清《黑龙江外纪》卷2作"墨敦哈沙图"。

莫䵣县 西汉置，属五原郡。治所当在今内蒙古乌拉特前旗或达拉特旗境。东汉废。

莫釐山 又称胥母山。即今江苏苏州市西南洞庭东山。明王鏊《姑苏志》卷9：莫釐山"相传莫釐将军所居。一名胥母。以其在洞庭之东，称东洞庭山"。

莪兰暗沙 在南海中中国南沙群岛东部，位于南方浅滩之东。1935年公布名称为勒奥古林滩。1947年改名莪兰暗沙。

荷山 在今江西高安市南。《寰宇记》卷106筠州高安县：荷山"在城南二十五里。其前为琴岭"。《新定九域志》卷6筠州：荷山，"《豫章记》云：中多红莲"。《舆地纪胜》卷27瑞州：荷山，"《豫章记》云，仙人王子乔常驾白象游此山"。《清一统志·瑞州府》：荷山"山巅有仙坛二，下有栖霞观。前为琴岭，有仙有井，大旱不涸"。

荷节县 即符节县。治所即今四川合江县。《续汉书·郡国志》讹为"荷节县"。

荷叶（葉）铺寨 在今浙江德清县东北。《方舆纪要》卷91德清县："荷叶浦寨在县东北二十七里。宋嘉定间置，设巡司于此。"明初移治今新市镇。

荷包山 即今广东珠海市西南荷包岛。清光绪《广州府志》卷12：荷包山"又名牛角山，在（香山县）土城南七十里，与大芒山列峙汪洋中。高数十丈，广十余里。中有南北二环，商贩渔船住泊日众"。

荷步寨 即今福建云霄县东荷步。清有千总驻此。

荷泽 即菏泽。在今山东定陶县东北。《禹贡》："荥波即潴。通荷泽。"又云："导沇水，东流为洛，入于河，轶为荥，东出于陶丘北，又东至于荷。"

荷泽寺 又名圣善寺。唐建。在今河南洛阳市旧城南定鼎路东。《次柳氏旧闻》载：玄宗尝幸东都，天大旱且暑时，遣高力士疾召天竺僧无畏祈雨。无畏捧水一钵，以小刀搅旋之，顾谓力士云："雨且至。"力士催马疾驰，回视白气如匹练，马及天津之南，风雨骤至。比奏，衣尽沾湿。遂于其地造荷泽寺。

荷浦桥镇 一名河埠桥。即今江西抚州市临川区南五十里河埠乡。清同治《临川县志》卷1下：九十八都有河埠墟。

荷埠市 又名新移市。亦作河埠市。即今江西新干县北二十二里荷浦乡。明嘉靖《临江府志》卷3：新淦县市镇有河埠。清同治《江西全省舆图》卷6：新淦县北有河埠。

荷鲁堡 在今山西左云县东北五十五里。《方舆纪要》卷44大同府：荷鲁堡"嘉靖二十二年筑，万历初增修，周二里有奇。旧为极冲，自增建五堡，称为腹里，土田饶衍，宜于耕植，但地势平旷，难于要截"。

荷湖馆 又名汉口渡。即今江西樟树市西荷湖馆，地近袁、赣二江交汇处。清同治《江西全省舆图》卷4临江府：清江县（临江镇）西有荷湖馆。

荷湖墟 ①即今江西丰城市西南荷湖乡。清同治《南昌府志》卷4丰城市镇：荷湖墟"在县西南六十里"。

②亦作河塘墟。即今广东江门市东北荷塘镇。清康熙《新会县志》卷4有河塘墟。2002年由新会市划归江门市。

荷塘墟 亦作河塘墟。即今广东江门市东北荷塘镇。清康熙《新会县志》卷4有河塘墟。2002年由新会划入江门。

荷溪镇 在今江西万年县青云镇东南。《方舆纪要》卷85饶州府万年县：荷溪镇在“县（今青云镇）东南四十里。又东南去乐平县之仙鹤镇不及十里。正德中筑城于此以御寇冲，寻移仙鹤砦巡司戍焉”。

莋秦县　西汉元鼎六年（前111）置，属越嶲郡。治所在今四川冕宁县西，三国蜀汉时废。

莋都县　即筰都县。治所在今四川汉源县东北。《汉书·西南夷传》：元鼎六年（前111），以“莋都为沈黎郡”。《后汉书·南蛮西南夷列传》：“莋都夷者，武帝所开，以为莋都县。”

莋确山　又名莋粤山、鹤阜山。在今江苏苏州市西南。《越绝书》卷2《越绝外传记吴地传》：“莋碓山，故为鹤阜山，禹游天下，引湖中柯山置之鹤阜，更名莋碓。”

荼王城　即茶王城。在今湖南茶陵县东七十里古城营。

荼陵县　即茶陵县。在今湖南茶陵县东七十里古城营。《汉书·地理志》作“荼陵”。

获（獲）水　获，《说文》作“雔”，《水经》作“獾”。《汉书·地理志》梁国蒙县：“获水首受甾获渠，东北至彭城入泗。”《水经·获水》：“获水出汳水于梁郡蒙县北，又东过萧县南，睢水北流注之，又东至彭城县北，东入于泗。”故道上接汳水于今河南商丘市北，东流经虞城、安徽砀山、萧县北，至江苏徐州市北入泗水。晋以后被认为是汴水的下流，故通称汴水。

获（獲）鹿县　唐至德元年（756）改鹿泉县置，属恒州。治所即今河北鹿泉市。《资治通鉴》唐至德元年（756）胡三省注：“明皇以安禄山反，改常山之鹿泉曰获鹿，饶阳之鹿城曰束鹿，以厌之。”北宋属真定府。金兴定三年（1219）改为镇宁州。蒙元初改为西宁州，太宗七年（1235）复称获鹿县，属真定路。明属真定府。清属正定府。民国初属直隶保定道。1928年直属河北省。1994年改为鹿泉市。

获（獲）湖　在今湖北枝江市南百里洲上。《舆地纪胜》卷64江陵府引《元和志》云：获湖“在枝江县东。沈攸之为荆州刺史堰湖开渎，田多收获，因以为名”。

获（獲）嘉县　①西汉元鼎六年（前111）置，属河内郡。治所在新中乡（今河南新乡县西南）。《汉书·武帝纪》载：元鼎六年，武帝将幸缑氏，“至汲新中乡，得吕嘉首，以为获嘉县”。西晋改属汲郡。后废。北魏太和二十二年（499）复置，治所在新乐城（今河南新乡市）。北齐移治共城（今河南辉县市东）。后废。

②隋开皇初改南修武县置，属怀州。治所即今河南获嘉县。十六年（596）为殷州治。大业初属河内郡。唐属怀州。北宋属卫州。元属卫辉路。明属卫辉府。民国初属河南河北道。1927年直属河南省。

获（獲）嘉城　在今河南新乡县西南。汉为获嘉县治。《魏书·地形志》汲郡获嘉县：“有获嘉城。”

获（獲）麠渡　在今山东嘉祥县东南。《方舆纪要》卷33嘉祥县：获麠渡，“《志》云：在县东南漕河旁。地名大长沟”。

获（獲）麟堆　在今山东巨野县东十二里麒麟镇。《春秋》：哀公十四年（前481），“西狩获麟”。《左传》谓“西狩于大野，叔孙氏之车子钼商获麟”。《史记·孔子世家》《正义》引《括地志》曰：“获麟堆在郓州巨野县东十二里。”并说：“《国都城记》云：巨野故城东十里泽中有土台，广轮四五十步，俗云获麟堆，去鲁城可三百余里。”

荻冈镇　即今浙江湖州市东南荻港村。清同治《湖州府志》卷22：荻冈镇“在（湖州）府城南二十七里。一作荻港。统上、下堡。袤五里、广二里。宋、元时市聚上堡，明嘉靖间倭寇肆焚，居民北徙就下堡”。

荻水口镇　即荻水镇。在今山东日照市西南荻水村。《清一统志·海州》：荻水口镇“在赣榆县东北七十里，接山东安东卫界”。

荻水镇　在今山东日照市西南荻水村。《资治通鉴》：五代汉乾祐二年（949），“密州刺史王万敢击唐海州荻水镇”。即此。明置荻水镇巡司。

荻卢池　在今贵州镇宁布依族苗族自治县北六十里。《方舆纪要》卷123安庄卫：荻卢池“周回八里，中有小岛。居人资以灌溉”。

荻田桥市　即今湖北阳新县西北十六里荻田铺。清光绪《湖北全省分图》：兴国州西北有荻田桥市。

荻田铺　即今湖北阳新县西北荻田镇。民国《湖北通志》卷33《乡镇》：“荻田市在（兴国）州西二十里。”同书卷66《驿递》作“荻田铺”。

荻丘　或作狄丘。在今安徽寿县东南。《水经·肥水注》：“肥水又北径荻城东，又北径荻丘东。”《魏书·李神传》：“转宁远将军、陈留太守，领狄丘戍主。”

荻丘县　东魏置，属新昌郡。治所在今安徽滁州市西北二十里。北齐、北周废。

荻芦山　即今福建连江县东南九龙山。《寰宇记》卷100连江县：荻芦山“在县东南三十里。先名九龙山，山连石鼓山而来。古老传云，秦始皇令掘断山脊，乃见芦根一茎，长数丈，断之有血，因名荻芦山”。

荻芦溪　在今福建莆田市东北四十五里。《方舆纪要》卷96兴化府莆田县：荻芦溪“源出仙游县游洋溪，流入境合诸溪涧之水，分二流，一自汉沧溪合延寿溪，一自龙港会迎仙港入海，曰南荻芦溪；又有北荻芦溪，在府西北百里。又西十余里有澳溪，出澳头山，合苏溪、吉宦、凤搏等溪，东流至荻芦陂为北荻芦溪，亦分二流，左行者历万安溪、迎仙桥，会福清县界蒜溪之水以达江口；右行者过漏头以达新港，俱入于海”。

荻芦寨　南宋淳祐三年（1243）置，属连江县。在今福建连江县东北黄岐半岛北端之北茭。

荻芦镇　即今福建连江县东北黄岐半岛北端之北

茭。元置巡司于此。明洪武二十年（1387）改名北茭镇。

荻苴侯城　在今山东无棣县西北二十里。《汉书·功臣表》：元封三年（前108）韩陶以朝鲜降将封荻苴侯，即此。清光绪《山东通志》卷35谓“今讹为龙且城”。

荻城　或作狄城。在今安徽寿县东南。《水经·肥水注》：“肥水又北径荻城东。”《梁书·武帝纪》：普通五年（524）十月“辛卯，裴邃破狄城”。

荻海墟　在今广东开平市驻地长沙街道南三埠镇。旧属台山县，1949年划入开平县，与新昌埠、长沙埠合并为三埠镇。1952年开平县迁治于此。

荻港县　东魏置，属新昌郡。治所在今安徽滁州市西北。北齐废。

荻港镇　北宋置，属繁昌县。即今安徽繁昌县西三十五里荻港镇。《舆地纪胜》卷18太平州：荻港“在繁昌县西南二十里，与赭圻相属，西对无为军，盖江流险要之地”。明、清置巡司戍守，兼设荻港驿及河泊所于此。

荻塘　亦名荻港。即今浙江省湖州市迤东至江苏省吴江市平望镇之运河。《寰宇记》卷94湖州：“荻塘在州南一里一百步。《吴兴记》云：晋太守殷康所开，傍溉田千顷。杨僩《隋录》云：乌程沈恒居荻塘，家贫好学，每烧荻自照。”故名。《方舆纪要》卷91乌程县“运河”条：荻港“明初攻湖州，张士诚遣其将李伯升赴救，由荻港潜入城，明师围之”。即此。

莽岭　在今浙江富阳市北二十五里。《方舆纪要》卷90富阳县：莽岭，“明初李文忠自严州下桐庐，至富阳，遂北趋余杭，张士诚将潘原明守杭州，以城降，盖道出于此”。

莘　①夏、商、周时国。又作辛、侁或姺。在今山东曹县北十八里莘冢集。《左传·昭公元年》：“商有姺、邳。”《孟子·万章上》：“伊尹耕于有莘之野。”《史记·夏本纪》《索隐》引《系本》：“鲧取有辛氏女。”《左传》：僖公二十八年（前632），城濮之战，“晋侯登有莘之虚以观师”。即此。

②商、西周时国，在今陕西合阳县东南。《诗经·大雅·大明》：“缵女维莘。”即此。

③春秋时卫邑，在今山东莘县北十里。《左传》：桓公十六年（前696），“公使诸齐，使盗待诸莘”。杜注：“阳平县西北有莘亭。”《水经·河水注》：漯水“又北径阳平县（今莘县）故城东……漯水又北绝莘道，城之西北有莘亭。春秋桓公十六年，卫宣公使伋使诸齐，令盗待于莘，伋、寿继殒于此亭。京相璠曰：今平原阳平县北十里有故莘亭，厄限蹊要，自卫适齐之道也”。

④春秋虢邑。北宋名莘原。在今河南陕县东南硖石乡西十五里。《左传》：庄公三十二年（前661），“秋七月，有神降于莘”。杜注：“莘，虢地。”《寰宇记》卷6陕州硖石县：“莘原，在县西十五里。”

⑤春秋蔡地。在今安徽界首市北。《春秋》：庄公十年（前684），“荆败蔡师于莘”。即此。

莘口　即今福建三明市西南莘口镇。民国《沙县志》卷2：二十三都有“莘口，亦名杉口”。

莘仲集（莘 xīn）　在今山东曹县北十八里莘冢集乡。《元和志》卷11曹州济阴县：莘仲故城“在县东南三十里。盖古之莘国也。伊尹耕于莘野，汤闻其贤，聘以为相，即此地”。

莘庄镇　又名莘溪。即今上海市闵行区驻地。清光绪《江苏全省舆图》华亭县：“莘庄镇在城北四十五里。”1960年上海县治由闵行镇迁此。1992年改为闵行区驻地。

莘州（莘 xīn）　隋开皇十六年（596）置，治所在清邑县（今山东莘县）。大业初改为莘县。唐武德五年（622）复置莘州，贞观元年（627）仍改莘县。

莘县（莘 xīn）　隋大业初以清邑县改名，属武阳郡。治所即今山东莘县。唐武德五年（622）为莘州治。贞观六年（627）属魏州。宋属大名府。元属东昌路。明属东昌府。民国初属山东东临道。1925年属东昌道。1928年以直属山东省。

莘城（莘 shēn）　即有莘氏故址。在今陕西合阳县东南。周武王母太姒为莘国女。《诗经·大雅·大明》：“缵女惟莘。”即此。

莘亭县　北周置，属武阳郡。治所在今山东莘县北十里。隋大业初省入莘县。唐武德四年（621）复置，五年（622）并入莘县。

莘塔镇　即今江苏吴江市东南莘塔镇。清光绪《江苏全省舆图》吴江县图：东南有莘塔。民国《江苏六十一县志》：吴江县东南有“莘塔镇”。

莘塍镇　即今浙江瑞安市东北十里莘塍镇。清嘉庆《瑞安县志》卷1：清泉乡十都有莘塍。后设莘塍镇。

莎车县　1913年改莎车府置，属新疆喀什噶尔道。治所在叶尔羌汉城（今新疆莎车县）。1930年属喀什噶尔行政区，后直属新疆省。

莎车直隶州　清光绪八年（1882）置，属甘肃省。治所在叶尔羌汉城（今新疆莎车县）。十年（1884）属新疆省。二十八年（1902）改为莎车府。

莎车国　汉西域三十六国之一，属西域都护府。都城在莎车城（今新疆莎车县）。东汉永建二年（127）属西域长史。南北朝时名渠沙国。

莎车府　清光绪二十八年（1902）改莎车直隶州置，属新疆省。治所即今新疆莎车县。1913年改为莎车县。

莎岭　在今哈萨克斯坦东南部塔尔迪库尔干南。清乾隆《西域图志》卷22：莎达巴“在阿勒坦额墨尔鄂拉西南，滨伊犁郭勒东北岸。自库陇奎鄂拉以下至此，皆在巴勒喀什淖尔南，伊犁郭勒环抱之间”。

莎城镇　即今陕西西安市长安区东南引镇。《资治通鉴》：唐乾宁二年（895），李茂贞进攻长安城，昭宗李晔“出启夏门，趣南山，宿莎城镇”。即此。

莎栅谷　在今河南洛宁县东北。《寰宇记》卷4河南府永宁县：“莎栅谷，在县西三十里。唐有莎栅城。”《资治通鉴》：唐乾元二年（759），李忠臣与李归仁等“战于永宁莎栅之间，屡破之”。即此。

莎栅城　唐置，在今河南洛宁县东北河底乡。《寰宇记》卷4河南府永定县：莎栅谷“在县西三十里。唐有莎栅城”。

莎泉县　北魏初置，属灵丘郡。治所在今山西浑源县东南。北齐废。

莎鼻渡　在今四川南江县西。《方舆纪要》卷68南江县：莎鼻渡“在县西。《剑州志》：剑门山东连莎鼻，西接绵州，凡二百三十一里。盖指此也”。

荪川县　北周置，为漖川郡治。治所在今湖北钟祥市东北。隋属竟陵郡。唐废。

莞渎场　即今江苏灌云县东北莞渎。《清一统志·海州》“板浦镇”条下：莞渎镇“在州东南百四十里。亦有盐场”。《清史稿·地理志》：“海州有莞渎场。”

莞渎镇　即今江苏灌南县东北莞渎。《清一统志·海州》“板浦镇”条下：莞渎镇“在州东南百四十里，亦有盐场”。

莞塘　又名谢塘。在今江苏金坛市东南三十里。《方舆纪要》卷25常州府金坛县：莞塘，“《志》云：梁大同五年，南台侍御史谢贺之壅水为塘，种莞其中，因名。或曰南北谢塘也”。

莨荡渠　即狼汤渠。战国、秦汉间鸿沟。《通典》卷177州郡七引《坤元录》：“（汴渠）一名莨荡渠，今名通济渠，首受黄河，《汉书》有荥阳漕渠，如淳曰今砾溪口是也。自宋武北征之后，复加湮塞。”故道自今河南荥阳市北引黄河东流，经中牟县北、开封市南，折而南流，经通许县东、太康县西，至淮阳县入颍水。魏晋后开封市以上改称汴水，开封市以下改称蔡水。

莺花亭　在今浙江丽水市西。《清一统志·处州府》：莺花亭“在丽水县西二里。宋秦观有《莺花亭千秋岁》词”。

莺脰湖　在今江苏吴江市南。《方舆纪要》卷24苏州府吴江县：莺脰湖“在县南四十里。湖之上流，纳烂溪、荻塘诸水，出平望安德桥，汇流成湖，形如莺脰，故名。亦曰莺斗湖。南达汾湖，北接太湖”。

莺（鸎）脰湖　一作罂脰湖。在今浙江宁波市西。《清一统志·宁波府一》：广德湖“在鄞县西十二里。旧名莺脰湖”。

莼（蓴）湖　在今湖南岳阳市东北。《方舆纪要》卷77岳州府临湘县“港头水”条下：“又县东五里有蓴湖，春夏水涨，皆流入大江。”宋范致明《岳阳风土记》：“岳阳虽水乡，绝难得蓴菜，惟临湘东蓴湖间有之。”

恭门镇　即今甘肃张家川回族自治县东南恭门乡。清乾隆《清水县志》舆地全图：东北有恭门镇。

恭王府及花园　在今北京市西城区前海西街。原是清乾隆时满族大学士和珅的住宅。嘉庆四年（1719）和珅被抄家，府第入官，以后又辗转落入恭亲王奕䜣之手，故称恭王府。府内分府邸和花园两部分。府邸西部为“天香庭院”，中路为“嘉乐堂”。花园在王府之后，曲廊、亭榭、山石、水池、树木布置得体，是北京现存王府园林中艺术价值较高的一处。恭王府及其花园于1982年定为全国重点文物保护单位。

恭水　即共水。今山西芮城县东三十里恭水涧。源于中条山南麓，南流入黄河。《方舆纪要》卷41芮城县：恭水“源出甘枣山，流入大河”。

恭水县　唐贞观九年（635）置，为郎州治。治所即今贵州遵义市。十一年（637）废。十三年（639）复置，为播州治。十四年（640）改名罗蒙县。

恭化县　即慕化县。在今广西鹿寨县北中渡镇北长安村。《新唐书·地理志》、《旧唐书·地理志》均作“恭化县”。

恭化郡　唐天宝元年（742）改恭州置，治所在和集县（今四川红原县南刷经寺镇）。乾元元年（758）复改为恭州。

恭耳县　唐贞观五年（631）置，后属羁縻穹州。治所在今四川黑水、红原县境。后废。

恭州　①北周保定二年（562）析南宁州置，治所在朱提县（今云南昭通市境）。辖境约当今滇东北的大部地。隋大业初废入开边县。唐武德元年（618）复置，治安上县（今云南昭通市境）。辖境约当今云南昭通市及鲁甸县地。七年（624）治朱提县（今云南昭通市境）。八年（625）改名曲州。

②唐开元二十四年（736）于广平县置，治所在今四川马尔康县东。一说在黑水县西沙石多乡西干市坝。辖境相当今四川马尔康县地。天宝元年（742）改为恭化郡，并改广平县为和集县。乾元元年（758）复名恭州。大历五年（770）徙治山险处。后废。

③北宋崇宁元年（1102）改渝州置，治所在巴县（今重庆市区）。辖境相当今重庆市区及江津、璧山、永川等区县地。南宋淳熙十六年（1189）升为重庆府。

④即敬州。治所在程乡县（今广东梅州市）。《宋史·地理志》梅州：“本潮州梅乡县。南汉置恭州。”清吴兰修《南汉地理志》敬州：“避翼祖讳称恭州，非实改也。”

恭城县　唐武德四年（621）置，属乐州（一说隋末萧铣置）。治所在今广西恭城瑶族自治县东三里凤凰山下。贞观八年（634）属昭州。北宋太平兴国元年（976）移治北乡龙渚市。南宋属静江府，景定五年（1264）复还旧治。元属平乐府。

明成化十三年（1477）移治黄牛冈，即今恭城瑶族自治县。民国初属广西桂林道。1928 年直属广西省。

恭顺州 明嘉靖十二年（1533）改他朗寨长官司置，属元江府。治所在今云南墨江哈尼族自治县北十五里碧溪。恭顺系傣语“岗顺”的译音，“岗”指中间，“顺”为沃野，意即沃野中间的寨子。清顺治十八年（1661）废入元江府。

恭洲墟 即弓洲。今广东大埔县西南大麻镇东南恭洲。

恭陵 ①东汉安帝刘祜陵。在今河南洛阳市东北汉魏故城西北三十里铺一带。《后汉书·安帝纪》：延光四年（125）四月，“己酉，葬孝安皇帝于恭陵，庙曰恭宗”。李贤注引伏侯《古今注》曰：“陵山周二百六十丈，高十五丈也。”同书《礼仪志》注引《帝王世纪》曰：“高十一丈。在雒阳（今洛阳市东北汉魏故城）西北，去雒阳十五里。”

②俗称太子冢。又称孝敬陵。为唐高宗太子李弘的陵墓。在今河南偃师市南缑氏镇滹沱村西南景山白云峰之巅。太子李弘字宣慈，是唐高宗李治的第五子、武则天的长子。显庆元年（656）正月，被立为太子。后因与武则天政见不合，遂失宠于“天后”。上元二年（675）四月，24 岁的李弘从幸合璧宫时饮鸩而死，追谥为“孝敬皇帝”。在景山按照埋葬天子的制度修建了此陵，庙号“恭陵”。高宗亲自撰写《睿德记》，并亲为书写，刻石竖于陵侧。2001 年定为全国重点文物保护单位。

③金太宗陵。在今北京市房山区西南大房山支脉云峰山下，与金太祖睿陵相近。

恭溪望城崖岭等处长官司 元置，属新添葛蛮安抚司。治所在今贵州凯里市西南二十四里舟溪镇。明初废。

晋 ①西周封国。姬姓。在今山西西南部。开国君主是周成王弟叔虞，建都于唐（今山西翼城县西）。春秋初期，晋昭侯封叔父成师于曲沃（今山西闻喜县东北），形成分裂局面，后为曲沃武公所统一。晋献公迁都于绛（今山西翼城东南），陆续攻灭周围小国，国力强大，成为霸主。晋景公时迁都新田（今山西侯马市西），亦称新绛。疆域扩大，包括今山西大部、河北西南部、河南北部及陕西一角。公元前 4 世纪中叶为韩、赵、魏三家瓜分。

②山西省的简称。因春秋时晋在此建国而得名。

晋丰（豐）县 东晋安帝时以关陇流民置，属始康郡。寄治成都（今四川成都市）。西魏废。

晋王山 即桃叶山。在今江苏南京市六合区南六十里。《清一统志·江宁府一》：桃叶山，“《府志》：亦谓之晋王山”。

晋王城 故址在今安徽含山县西南二十五里清溪镇北。《舆地纪胜》卷 48 和州：晋王城“在含山县。苻坚侵晋，以姚苌为先锋，筑城于此以御之。又有姚苌城”。苻坚军不至此，不可信。当为晋筑。为龙亢城治所。《方舆纪要》卷 29 含山县：龙亢城，“《志》云：县西三十里有晋王城。晋太元中，苻坚侵晋，以姚苌为先锋，晋筑城于此御之。今清溪东有土城数十丈，其外十余里有姚苌村，即故晋王城矣”。

晋王斜 古道名。在今河南灵宝市西北。《寰宇记》卷 6 灵宝县：“晋王斜路，即《汉书·地理志》函谷关路也。西接湖城县，东至此县界六十一里。已废。开皇九年，晋王自扬州回，复此路，因名晋王斜路。”

晋水 汾水支流。在今山西太原市西南。《山海经·北次二经》：“悬瓮之山，……晋水出焉。”《水经·晋水》：“晋水出晋阳县西悬瓮山，又东过其县南，又东入于汾水。”

晋化县 ①东晋置，属晋康郡。治所在今广东郁南县东南。隋开皇十二年（592）废。

②东晋置，属新昌郡。治所在今越南河内市西北红河、明江流域。南齐后废。

晋平县 西晋太康元年（280）置，属郁林郡。治所当在今广西桂平、武宣、象州等县市一带。南齐以后废。

晋平郡 南朝宋泰始四年（468）改晋安郡置，治所在侯官县（今福建福州市）。七年（471）复名晋安郡。

晋乐县 ①东晋置，属牂牁郡。治所在今贵州贵阳市北境。南齐属南牂牁郡。梁废。

②十六国成汉置，属沈黎郡。治所在今四川汉原县北。东晋永和三年（347）灭成汉后，移治今四川崇州市西北三十里公议场，属晋原郡。南齐属晋康郡。梁属江原郡。西魏废。

晋宁州 ①唐南诏置，属拓东节度。治所在今云南晋宁县东北三十二里晋城镇。宋大理废为阳城堡部。元至元十二年（1275）复为晋宁州，属中庆路。明、清属云南府。1913 年废为晋宁县。

②金大定二十二年（1182）改晋宁军置，治所即今陕西佳县。辖境相当今陕西吴堡、佳县、榆林、神木、府谷等县市地。二十四年（1184）改为葭州。

晋宁军 北宋元符二年（1099）升葭芦寨置，治所即今陕西佳县。金大定二十二年（1182）改设晋宁州。

晋宁县 ①西晋太康元年（280）改阳安县置，属桂阳郡。治所在今湖南资兴市东南旧市（大牛盪）。隋初废。

②唐武德元年（618）置，属昆州。治所即今云南晋宁县东北三十二里晋城镇。《徐霞客游记·滇游日记四》：“晋时，晋宁之地曰宁州，南蛮校尉李毅持节镇此。……至唐武德中，以其为晋时宁州统会之地，置晋宁县。此州名之所由始也。”南诏改晋宁州。

③1913 年改晋宁州置，属云南滇中道。治所即今云南晋宁县东北三十二里晋城镇。1916 年直属

云南省。1958 年昆阳县并入，迁治今晋宁县治昆阳镇。

晋宁郡 ①东晋元帝时改益州郡置，属宁州。治所在滇池县（今云南晋宁县东北三十二里晋城镇）。辖境约当今云南滇池周围及禄丰、双柏、易门、澄江等县地。南朝宋治所在建伶县（今云南晋宁县治昆阳镇）。南齐辖境不包有滇池西北岸。梁末废。

②南朝梁置，治临清县（在今江苏宿迁市东南）。北齐废。

晋宁路 元大德九年（1305）改平阳路置，治所在临汾县（今山西临汾市）。辖境相当今山西石楼、灵石、和顺县以南地区。明洪武元年（1368）改平阳府。

晋宁镇 金置，属平晋县。在今山西太原市南。

晋州 ①十六国前秦置，治所在今甘肃兰州市境内。《资治通鉴》：东晋咸安元年（371）二月，“都督秦、晋、凉、雍州诸军事”。胡注：“前此未有晋州；凉之张氏分西平界置晋兴郡，秦盖于此置晋州也。”后废。

②北魏建义元年（528）改唐州置，治所在白马城（今山西临汾市）。辖境相当今山西临汾、霍州二市及洪洞、浮山、安泽、汾西等县地。隋大业初改临汾郡。义宁初改平阳郡。唐武德元年（618）复置晋州，治所在临汾县（今临汾市。后移治今市西南十八里金殿镇。五代复移治今临汾市）。北宋政和六年（1116）升为平阳府。产矾，唐置矾官，北宋有炼矾务。

③南朝梁大宝元年（550）改豫州（西豫州）置，治所在怀宁县（今安徽潜山县）。北齐天保六年（555）改曰江州，南朝陈太建五年（573）复为晋州。隋开皇初改为熙州。

④北周置，治所在绛县（今山西绛县南八里东南城村附近）。建德五年（576）废。

⑤金兴定四年（1220）置，治所在今山西寿阳县西北四十五里南张芹村西。元废。

⑥蒙古成吉思汗十年（1215）置，元属真定路。治所在鼓城县（今河北晋州市）。辖境相当今河北晋州市及安平、饶阳、武强三县地。明洪武初，省鼓城县入州，属真定府。清属正定府。1913 年改为晋县。

晋江 在今福建省南部。古名南安江。上源东西两溪均出戴云山，在南安市石砻附近双溪口汇合，始称晋江。东南流经泉州市入泉州湾。长 162 公里。水量变化大，含沙量较福建其他河流为多。西晋太康初已改东安县为晋安县。《寰宇记》、《舆地纪胜》、《方舆纪要》、《清一统志》诸书皆云：晋江，因晋南渡衣冠士族避地者多沿江以居，故名。此显系附会之说。

晋江县 唐开元八年（720）分南安县东部置，为泉州治。治所即今福建泉州市。《元和志》卷 29 泉州：“在晋江之北，因名。”天宝元年（742）为清源郡治，乾元元年（758）复为泉州治。元为泉州路治。明、清为泉州府治。1913 年属福建南路道。1914 年属厦门道。1928 年直属福建省。1951 年析城区置泉州市，1985 年改设地级泉州市。晋江县迁治青阳镇。1992 年晋江县改设晋江市。晋江市由泉州市领导。

晋兴县 ①即兴晋县。治所在今湖北郧西县西北。《晋书·地理志》讹为晋兴县。

②西晋永嘉五年（311）前凉张轨置，为晋兴郡治。治所在今青海民和回族土族自治县西北湟水南岸。北魏废。《水经·河水注》：湟水“又东南径小晋兴城北，故都尉治。阚骃曰：允吾县西四十里有小晋兴城”。《清一统志·西宁府二》：晋兴废县“小晋兴城盖即晋兴郡治之晋兴县。其曰小晋兴者，犹沛郡之沛县为小沛也”。

③东晋大兴元年（318）置，为晋兴郡治。治所在今广西南宁市南二里郁江南岸亭子街。隋开皇十八年（598）改为宣化县。

④东晋孝帝时置，属遂宁郡。治所在今重庆市潼南县西北玉溪镇西青石坝。南齐属东遂宁郡。西魏改为始兴县。

⑤东晋侨置，属巴西郡。治所在今四川安县（花荄镇）北。西魏废入益昌县。

⑥南朝宋置，属巴渠郡。治所在今四川达州市、达县或宣汉县境。齐以后废。

⑦南朝宋置，属越嶲郡。治所在今四川西昌市北境。齐废。

⑧隋开皇十一年（591）置，属郴州。治所在今湖南资兴市东南旧市。大业初属桂阳郡。唐贞观八年（634）废。

⑨唐武德五年（622）置，属南晋州。治所在今广西武鸣县南三十里。贞观八年（634）属邕州。北宋开宝五年（972）改为乐昌县。

晋兴郡 ①西晋永嘉五年（311）前凉张轨置，治所在晋兴县（今青海民和回族土族自治县西北湟水南岸）。辖境相当今青海乐都县以东、甘肃兰州市以西黄河湟水两岸地区。北魏废。

②东晋大兴元年（318）分郁林郡置，属广州。治所在晋兴县（广西南宁市南二里郁江南岸亭子街）。辖境相当今广西凌云、百色、凭祥以东左右江流域，南宁、邕宁及越南高平一带。隋开皇初废。

晋安乡 即晋安寨。在今山西太原市南。《资治通鉴》：五代晋天福元年（936），“张敬达将兵三万营于晋安乡”。即此。

晋安县 ①西晋太康初改东安县为晋安县，属晋安郡。治所即今福建南安市东丰州镇。南朝梁天监中为梁安郡治。陈天嘉五年（564）改为南安郡治。隋开皇九年（589）改为南安县。

②东晋安帝时置，属新巴郡。治所在今四川广元市南一百十五里。北周属晋寿郡。隋开皇十八年（598）改为葭萌县。

③北周闵帝置，为金迁郡治。治所在今四川

南部县西北升钟镇。隋开皇三年（583）废入晋城县。

④唐武德四年（621）改晋城县置，属隆州。治所在今四川南部县西北升钟镇。先天二年（713）属阆州，天宝初属阆中郡，乾元初复属阆州。北宋熙宁三年（1070）废入西水县。

晋安府　金兴定二年（1218）改绛州置，治所在正平县（今山西新绛县）。辖境相当今山西新绛、曲沃、稷山、翼城、绛县、垣曲、襄汾等县地。元复改绛州。

晋安驿　在今福建泉州市。《方舆纪要》卷99晋安县：晋安驿在"府治西肃清门内。元曰清源站。明朝洪武九年改置驿，并设递运所于其东，以驿兼领"。

晋安郡　西晋太康三年（282）分建安郡置，属扬州，后属江州。治所在侯官县（今福建福州市）。辖境相当今福建东部及南部地。南朝宋泰始四年（468）改为晋平郡，七年（471）复名晋安郡。南朝梁天监后先后分置梁安郡、南安郡，辖境缩小，仅有今福建东部地区。隋开皇九年（589）废。

晋安寨　一名晋安乡。在今山西太原市晋祠镇南。《资治通鉴》：五代晋天福元年（936），"（石）敬瑭引兵会契丹国晋安寨，置营于晋安之南"。即此。

晋阳　①春秋晋邑。在今山西太原市西南古城营。《春秋》：定公十三年（前497），"晋赵鞅入于晋阳以叛"。即此。公元前453年。知伯挟韩、魏攻赵，围晋阳，久攻不能下，赵说服韩、魏，反攻知伯，灭之，三分其地，奠定了韩、赵、魏三家分晋之局。后曾为赵国都。秦庄襄王二年（前248）为秦所取，置县。

②又作阳晋。战国魏邑。在今山西芮城县西。《史记·六国年表》：魏襄王十六年（前303），"秦拔我蒲坂、晋阳、封陵"。

晋阳古城遗址　在今山西太原市西南晋源镇古城营村附近。晋阳古城始建于春秋中晚期（前497），北宋太平兴国四年（979）毁于战火。古城东西长约4.5公里，面积约20平方公里。1962年发现数段城墙和三座小城遗址。近年还发现建筑基础、砖瓦、琉璃构件和石刻造像。附近还发现有重要的墓葬遗址，如春秋末期的赵卿墓、北齐娄睿墓、隋代虞弘墓等。在城址的西部地区还发现有天龙山石窟、蒙山大佛、圣寿寺、童子寺、开化寺等六朝、隋唐时期的石窟遗存。在古城营村内还保存有隋唐创建、明代重修的惠明寺塔和金代创建、明清重修的九龙庙等。晋阳古城是当时大城之一。唐、五代时期城市风貌较好地保存下来。晋阳古城遗址延续了1400余年，在中国城市建设史上具有重要地位。2001年定为全国重点文物保护单位。

晋阳县　①秦庄襄王二年（前248），取赵晋阳邑置，秦为太原郡治。治所在晋阳城（今山西太原市西南古城营村）。东汉后兼为并州治所。北齐河清四年（565）移治汾水之东。隋开皇十年（590）还治古城营。五代晋及北汉都此。北宋太平兴国四年（979）废。

②南朝梁置，属太原郡。治所在今安徽东至县东北六十里坦埠附近。坦埠乡旧称晋阳乡。隋开皇九年（589）废入彭泽县。

晋寿县　①西晋太康元年（280）改汉寿县置，属梓潼郡。治所在今四川广元市西南四十五里昭化镇（旧昭化县）。东晋常璩《华阳国志》卷2《汉中志》：晋寿县"本葭萌城，刘氏更曰汉寿。水通于巴西，又入汉川。有金银矿，民今岁岁洗取之。蜀亦大将军镇之。漆、药、蜜所出也。大将军费祎葬此"。东晋太元十五年（390）为晋寿郡治。北魏为西晋寿郡治。北周废。

②亦作南晋寿县。南朝宋元嘉十二年（435）侨置，为南晋寿郡治。治所在今四川彭州市西北三十里关口。南齐改南晋寿县。梁复为晋寿县，北周改为九陇县。

晋寿郡　①东晋太元十五年（390）分梓潼郡北部置，属梁州。治所在晋寿县（今四川广元市西南昭化镇。一说广元市南元坝区西南黄龙乡）。北魏改为西晋寿郡。

②北周改东晋寿郡置，为利州治。治所在兴安县（今四川广元市）。辖境相当今四川广元市及旺苍、剑阁二县部分地。隋开皇三年（583）废。

③即南晋寿郡。治所在晋寿县（今四川彭州市西北）。《旧唐书·地理志》　九陇县："宋置晋寿郡，古城在县西北三里。"

晋县　1913年改晋州为县，属直隶保定道。治所即今河北晋州市。1928年直属河北省。

晋昌军　五代方镇名。后晋改永平军置，治所在京兆府（今陕西西安市）。后汉改为永兴军。

晋昌县　①西晋惠帝置，属新兴郡。治所在今山西定襄县西北四十里。北魏太平真君七年（446）并入定襄县。

②唐武德七年（624）改常乐县置，为瓜州治。治所即今甘肃瓜州县东南锁阳城。大历后陷于吐蕃。

晋昌里　一作晋昌坊。为唐长安城内诸坊之一。在今陕西西安市南大雁塔一带。《资治通鉴》：唐建中四年（783）十月，朱泚居长安，姚令言"乃遣数百骑迎（朱）泚于晋昌里第"。即此。

晋昌郡　①西晋元康五年（295）置，属凉州。治所在冥安县（今甘肃瓜州县东南锁阳城）。辖境相当今甘肃瓜州县和肃北蒙古族自治县北部、玉门市西部地。北周改为永兴郡。隋开皇初废。唐天宝初改瓜州为晋昌郡，乾元初复为瓜州。

②西晋元康中改新兴郡置，治所在九原县（今山西忻州市）。后复为新兴郡。

③东晋置，属梁州。治所在吉阳县（今湖北竹溪县西五十里）。南朝宋末改为新兴郡。

④东晋置，治所在长乐县（今陕西西乡县东古城

子)。南朝宋废。齐复置，梁移治长乐县东阳村（今石泉县)。后还治王水口，西魏改名魏昌郡。

⑤北魏置，治所在龙亭县（今陕西洋县东龙亭镇)。辖境相当今陕西洋县地。西魏废帝三年（554）改为傥城郡。

⑥北周初改会稽郡置，属瓜州。治所在会稽县（今甘肃玉门市西北赤金镇稍东)。辖境相当今甘肃玉门市地。后武帝改为永兴郡。

晋岭 在今湖南桂阳县南八十里。《舆地纪胜》卷61桂阳军：晋岭“晋时出银，因以为名”。

晋城 在今河南邓州市东南。《梁书·武帝纪》：普通六年（525)，“司马董当门破魏晋城”。即此。唐初曾置平晋县于此。

晋城县 ①西晋置，属郁林郡。治所在今广西崇左市东北左州镇。南朝宋属晋兴郡。隋废。

②西魏改西充国县置，属金迁郡。治所在今四川南部县西北。隋开皇初属隆州，三年（583）治所西移，亦在南部县西北。大业三年（607）属巴西郡。唐武德四年（621）改为晋安县。

③唐武德三年（620）置，属建州。治所即今山西晋城市。《寰宇记》卷44晋城县：“以三国分晋地后，封晋君于此，故曰晋城。”六年（623）属盖州，贞观元年（627）为泽州治。天祐二年（905）改丹川县。五代唐复名晋城县。明洪武初废。1914年改凤台县复置，属山西冀宁道。治所即今晋城市。1930年直属山西省。1983年改设晋城市。1985年升为地级市。

晋泉县 1943年日伪改太原县置，属雁门道。治晋源（今山西太原市西南晋源镇)。1945年8月抗战胜利后复名太原县。

晋祠 在今山西太原市西南五十里悬瓮山下。原为纪念晋国开国君主唐叔虞而建。《水经·晋水注》：“昔智伯之遏晋水以灌晋阳，其川上溯，后人踵其遗迹蓄以为沼，沼西际山枕水，有唐叔虞祠。”北齐天统五年（569）改为大崇皇寺，唐贞观间仍名晋祠。有圣母殿、唐叔祠、关帝庙、水母楼等建筑，以及周柏、唐槐、难老泉等名胜古迹。圣母殿建于北宋天圣年间，殿内有圣母像及四十二尊宋代泥塑彩装侍女像。1961年定为全国重点文物保护单位。

晋原县 北周改多融县置，属犍为郡。治所在今四川崇州市西北六十里怀远镇。《寰宇记》卷75晋原县：“以县界晋原山为名。”隋属蜀郡，治所在今四川崇州市。唐垂拱二年（686）为蜀州治。南宋为崇庆府治。元为崇庆州治。明洪武初废入崇庆州。

晋原郡 东晋永和三年（347）改成汉之汉原郡置，属益州。治所在江原县（今四川崇州市西北六十里怀远镇)。辖境相当今四川崇州、大邑、新津等市县地。南齐改为晋康郡。

晋卿岛 在南海中中国西沙群岛西部永乐群岛内，位于琛航岛东北1.5海里。清宣统元年（1909）李准巡海时以其随行军舰“伏波”号命名为伏波岛。1935年公布名称为都兰莽岛。1947年改名晋卿岛，以纪念明成祖时三佛齐宣慰使施晋卿而命名。中国渔民向称四江门、四江岛、世江峙。

晋陵县 ①西晋永嘉五年（311）因避东海王越世子毗讳，改毗陵县置，属毗陵郡。治所即今江苏常州市。隋开皇九年（589）为常州治，大业初为毗陵郡治。唐复为常州治。明初并入武进县。

②东魏改睢陵县置，为临潼郡治。治所在今安徽灵璧县东北七十里高楼镇潼郡村。北周废。

③北周改夏丘县置，为夏丘郡治。治所即今安徽泗县。隋开皇十八年（598）复改夏丘县。

晋陵郡 西晋永嘉五年（311）因避东海王越世子毗讳，改毗陵郡置，属扬州。治所在丹徒县（今江苏镇江市丹徒区东南丹徒镇)。东晋太兴初（318）移治京口（今江苏镇江市)，义熙九年（413）移治晋陵县（今江苏常州市)。辖境相当今江苏镇江、常州、无锡、江阴、丹阳、金坛等市地。南朝宋元嘉八年（431）改属南徐州，此后辖境逐渐缩小。隋开皇九年（589）改为常州。唐天宝初复改晋陵郡，乾元元年（758）又改为常州。

晋绥边区政府及军区司令部旧址 在今山西兴县西十五里蔡家崖镇。抗日战争和解放战争时期曾是晋绥边区政治、军事、经济、文化中心。1940年1月晋绥边区行政公署在此成立。1948年3月，毛泽东、周恩来、任弼时等率中央机关赴西柏坡途中曾在此居住。1996年被定为全国重点文物保护单位。

晋绥抗日根据地 亦称晋绥边区。包括山西西北部和绥远（后并入内蒙古自治区）东南部广大地区。东起平绥（今京包铁路)、同蒲铁路，西至黄河，南迄汾（阳）离（石）公路，北达绥远之包头、百灵庙、武川、陶林。1937年10月，八路军第一二〇师进入晋西北地区，创立晋西北根据地。1938年8月，第一二〇师一部和地方武装组成大青山支队，挺进绥远北部，开辟大青山抗日游击根据地。1940年春建立晋西北民主政权。晋绥抗日根据地是阻止日军前进，保卫陕甘宁边区的东部屏障，是支持华北长期进行抗日战争的重要堡垒，具有特殊的战略地位，直接威胁着侵华日军在华北的统治。

晋康乡 即今广东郁南县东南连滩镇。为晋康废县。明属罗定州，置巡司于此。

晋康水 一名南江。即今广东罗定市北罗定江。《舆地纪胜》卷101德庆府：晋康水“在端溪县”。《方舆纪要》卷101罗定州东安县：晋康水“在县西北。源出州界，经晋康废县，因名。一名南江，东流经古蓬洞，又北入于西江”。

晋康县 唐至德元年（756）改安遂县置，属晋康郡。治所在今广东郁南县东南连滩镇。乾元元年（758）改属康州。北宋开宝五年（972）废。

晋康郡 ①东晋永和七年（351）置，属广州。治所在元溪县（今广东德庆县东)。南朝宋初移治龙乡县（今广东罗定市南)，元嘉中移治端溪县（今广东德庆县)。南齐移治威城县（今广东郁南县南)，梁复治端溪县。隋开皇时废。唐天宝元年（742）改康州复置，治所仍在端溪县。辖境相当今广东德庆、郁南、云浮等市县地。乾元元年（758）复改为康州。

②南齐改晋原郡置，属益州，治所在江原县（今四川崇州市西北六十里怀远镇）。辖境相当今四川崇州、新津、大邑等市县地。梁改为江原郡。

晋鄙城　在今河南汤阴县南三十里。《水经·荡水注》：长沙沟水“东流径晋鄙故垒北，谓之晋鄙城，名之为魏将城。昔魏公子无忌矫夺晋鄙军于是处，故班叔皮《游居赋》曰：‘过荡阴而吊晋鄙，责公子之不臣’者也”。东魏置魏德县于此。故又名魏德城。

晋慈　唐方镇名。兴元元年（784）置晋慈隰节度使，治所在晋州（今山西临汾市）。寻罢。贞元四年（788）复置为防御观察使，元和三年（808）又罢，以三州隶河中节度使。长庆二年（822）复置为晋慈都团练观察使，仅领晋、慈二州。后并入河中节度使。

晋源县　1947年改太原县置，治晋源（今山西太原市西南晋源镇）。1949年迁治太原市（今山西太原市）。1951年撤销，并入太原市。

晋熙县　①东晋隆安二年（398）以秦州流民置，为晋熙郡治。治所即今四川绵竹市。南齐属南新巴郡。梁复为晋熙郡治。北周废入阳泉县。隋初复置，属益州。开皇十八年（598）改为孝水县。

②隋开皇三年（583）改太湖县置，属熙州。治所即今安徽太湖县。十八年（598）复为太湖县。

晋熙郡　①东晋隆安二年（398）置，属梁州。治所在晋熙县（今四川绵竹市）。南朝宋属益州。南齐永元初废。梁复置，属潼州。北周移治阳泉县（今四川德阳市西北孝泉镇）。辖境相当今四川绵竹市及德阳市西部地。隋开皇还治晋熙县，寻废。

②东晋义熙中析庐江郡置，属南豫州。治所在怀宁县（今安徽潜山县）。辖境相当今安徽安庆、潜山、怀宁、岳西、桐城、枞阳、望江、太湖、宿松等市县地。隋开皇初废。

晋察冀边区政府及军区司令部旧址　在今河北阜平县城南三十五里城南庄镇东山坡下。晋察冀军区于1937年11月在山西五台县创建后，不久即迁至阜平县南湾等处，1947年10月迁至城南庄。司令员聂荣臻和副司令员萧克等曾在此组织了不少著名战役。1948年4月，毛泽东、周恩来、任弼时等由陕北经山西抵达城南庄，曾在司令部短暂驻留。1948年5月，晋察冀军区迁往平山县，不久即与晋冀鲁豫军区合并为华北军区。1973年在旧址基础上建立了城南庄革命纪念馆。1996年定为全国重点文物保护单位。

晋察冀抗日根据地　又称晋察冀边区。位于同蒲路以东，津浦路以西，正太（今石太）、德石路以北，张家口、承德以南的广大地区，分北岳、冀中、冀热辽三区。1937年10月，八路军第一一五师主力南下，留下的部队以山西五台山为中心，向察南、冀西挺进，创立了北岳根据地。同时，冀中党的地方组织发动群众，组织游击队，开辟了冀中根据地。1938年1月，建立晋察冀边区抗日民主政权。3月，一部分部队挺进平（北平）西，开辟平西根据地。6月，又与第一二〇师一部挺进冀东，配合冀东人民的抗日大起义，开辟冀东根据地。1945年在大反攻作战中，晋察冀边区收复了张家口、宣化、山海关等七十多座城市，解放了热河、察哈尔两省的全部和河北省的大部，山西、绥远、辽宁省的一部，使晋察冀边区与晋绥、晋冀鲁豫、山东根据地和东北解放区联成一片。

晋冀鲁豫抗日根据地　亦称晋冀鲁豫边区。位于同蒲路以东，津浦路以西，陇海路以北，正太（今石太）、德石路以南的广大地区，包括太行、太岳、冀鲁豫、冀南四个区。1937年11月，八路军第一二九师进入太岳和太行山区，开展游击战争，创立晋冀豫抗日根据地。1938年5月，第一二九师主力进入冀南，建立冀南根据地。1939年初，八路军第一一五师一部进入冀鲁豫地区，与当地党组织一起建立冀鲁豫、鲁西、湖（微山湖）西三个抗日根据地。1941年夏建立了晋冀鲁豫边区抗日民主政权。抗日战争胜利后，原晋冀鲁豫抗日根据地的太行、太岳、冀南、冀鲁豫四区已连成一片，地处西北、东北、山东和苏北各解放区的中心地带，是全国最大的解放区。

恶石口　在今河北平山县西。《方舆纪要》卷14平山县：恶石口“在县西北百十里，滹沱河自山西流经此入县界，川原平敞，最为要害。景泰二年筑城置戍于此”。

恶池　读若呼沱。即今山西、河北境内的滹沱河。《礼记·礼器》：“晋人将有事于河，必先有事于恶池。”郑玄注：“恶当为呼声之误也，呼池呕夷并州川。”

恶阳岭　在今山西平鲁县西北。《资治通鉴》：唐贞观四年（630）“正月，李靖帅骁骑三千自马邑进屯恶阳岭”。胡注：“恶阳岭，在定襄古城南。”

恶岩　在今四川彭水苗族土家族自治县西八里。《方舆纪要》卷69彭水县：恶岩“高峻险恶，有小径路出思州”。

恶戾坎　在今四川兴文县东南。《方舆纪要》卷70叙州府兴文县“晏峰”条：“恶戾坎，在县东南五十里。山高路远，宿草荒塞。故名。万历初，官军击败蛮贼于此。”

恶热　在今四川康定县西北。清康熙四十年（1701）置恶热土百户。

恶曹　春秋郑邑。在今河南原阳县东。《春秋》：桓公十一年（前701），“齐人、卫人、郑人盟于恶曹”。

恶道山　在今山西灵丘县东北。《方舆纪要》卷44灵丘县：“恶道山在县东北二十里，山路崎岖，峻险难行，因名。”

恶溪　①即今浙江丽水市、缙云县、磐安县境内之好溪。为瓯江支流。南朝宋谢灵运《与弟书》：“闻恶溪道中九十九里有五十九滩。王右军游此恶道，叹其奇绝。”《新唐书·地理志》处州丽水县：“东十里有恶溪，多水怪，宣宗时刺史段成式有善政，水怪潜去，民谓之好溪。”《寰宇记》卷99丽水县：恶溪“出县东北大麓山，西南二百一十五里至括州城下”。唐李阳冰有《恶溪铭》。

②即鳄溪。今广东潮州市东韩江。《旧唐书·韩愈传》：元和中，愈被贬为潮州刺史。愈至潮阳，上表曰：“过海口，下恶水，涛泷壮猛，难计期程，飓风鳄鱼，患祸不测。”《寰宇记》卷160梅州：恶水“即州前大江，东流之潮州出海，其水险恶，多损舟船。水中鳄鱼，遇江水泛涨之时，随水至州前。《岭表录异》云，能食鹿者即此”。

真川县　西魏分临真县置，为神水郡治。治所在今陕西延安市东南固县村。隋大业元年（605）省入临真县。

真义镇　即今江苏昆山市西正仪镇。南朝梁置信义县于此。南宋范成大《吴郡志》卷48：“今（昆山）县西二十里有村曰信义，疑此古县地也。土人或讹为镇义。”元时尝移巴城巡检司于此，名真义。明、清名真义镇。1958年改为正仪。

真乡川　在今陕西佳县。《方舆纪要》卷57葭州：真乡川“在州东城下。由沙漠界来，下流入葭芦河。城下有渡，曰桃花渡”。

真乡县　隋开皇元年（581）改中乡县置，为真乡郡治。治所在今陕西佳县西北一百里。大业初属雕阴郡。唐属银州。北宋废。

真龙县　隋大业元年（605）置，属农州。治所在今越南承天—顺化省境。三年（607）属海阴郡。后废。

真丘县　隋开皇十六年（596）置，属豫州。治所在今河南正阳县北。大业三年（607）改为真阳县。

真仙观　在今江西贵溪市西南上清镇东端。《明一统志》卷51广信府：上清宫“在龙虎山。汉天师张道陵之后居之。唐名真仙馆。宋大中祥符间改上清观。政和间赐名上清正一宫”。

真仙岩　即灵岩山。在今广西融水苗族自治县东南。《舆地纪胜》卷114融州：真仙岩“在州南五里。洞高二十丈。仰视高远，清白错杂，灵寿溪贯串中出，玲珑清响，有环佩声。中有白石，高四五丈，巍然一天尊像，道服冠髯，伟岸如真。旧传老君南游至融，语人曰：此洞天绝胜，不复西渡流沙，我当隐焉。一夕身化为石，匪雕匪镌，大质兴焉。石狮、丹灶罗列后先，玉柱擎天，龙鳞印地，仙游履迹显然可考。本名灵岩山，又名老君洞，咸平中敕改为真仙岩，颁降太宗御书一百二十轴藏岩内。张孝祥磨岩大书‘天下第一真仙之岩’”。

真宁县　①唐武德五年（622）置，属前真州。治所在今越南清化省清化西北。贞观元年（627）废。

②唐天宝元年（742）改罗川县置，属彭原郡。治所即今甘肃正宁县（山河镇）西南罗川村（旧正宁）。《新唐书·地理志》真宁县：“天宝元年获玉真人像二十七，因更名。”乾元初属宁州。明万历间改属庆阳府。清乾隆初改名正宁县。

真宁堡　亦作真景堡。明置，属永昌卫。在今甘肃永昌县东二十里东寨镇。《方舆纪要》卷63永昌卫“乐善堡”条下：“又真宁堡在卫东二十里。真宁驿亦置于此。”

真庆道院　西晋咸宁二年（276）建，在今江苏苏州市东北隅。唐开元二年（714）更名开元宫。

真州　①唐乾元元年（758）改昭德郡置，治所在真符县（今四川茂县西北）。《旧唐书·地理志》真州：“取真符县为名。”辖境相当今四川茂县西北及黑水县东南一带。后没于吐蕃。

②北宋大中祥符六年（1013）升建安军置，治所在扬子县（今江苏仪征市）。《舆地纪胜》卷38真州：“真宗朝以铸圣像成功，升为真州。”辖境相当今江苏仪征市及南京市六合区地。元至元中升为真州路，二十一年（1284）复为真州，属扬州路。明洪武二年（1369）废。

③元末明玉珍置，治所在今贵州道真仡佬族苗族自治县东南旧城镇。明洪武十七年（1384）改置真州长官司。

真州长官司　明洪武十七年（1384）改真州置，属播州宣慰司。治所在今贵州道真仡佬族苗族自治县东南旧城镇。万历二十九年（1601）改置真安州。

真州路　元世祖至元中升真州置，治所在扬子县（今江苏仪征市）。辖境相当今江苏仪征市及南京市六合区地。至元二十一年（1284）复为真州。

真兴县　北魏永熙中置，属真兴郡。治所不详（当在今山西北部地）。后废。

真兴郡　北魏永熙中置，属云州。治真兴县（今地不详，当在今山西北部地）。后废。

真安州　明万历二十九年（1601）改真州长官司置，属四川遵义府。治所在今贵州道真仡佬族苗族自治县东南旧城镇。后迁古凤山麓（今正安县）。辖境相当今贵州正安、绥阳及道真仡佬族苗族自治县。据明曹学佺《名胜志》：“按平播之后，真州始加安字。”郭子章《郡县释名》四川卷下称：“曰真安者，真州安宁之义也。”清雍正二年（1724）改为正安州。

真阳县　①北魏永安三年（530）置，属郢州。治所在今河南汝南县西南。东魏天平四年（537）属义阳郡。北齐废。

②南朝宋初改慎阳县置，属汝南郡。治所在今河南正阳县北江口集。大明后又为慎阳县。北魏皇兴中复为真阳县。隋开皇十一年（591）废。十六年（596）置真丘县，大业初改为真阳县，属汝南郡。唐

武德四年（621）属豫州。载初元年（689）改为淮阳县，神龙三年（707）复为真阳县。宝应元年（762）属蔡州。元世祖至元三年（1266）省入息州。后复置。明洪武四年（1371）省入汝阳县。弘治十八年（1505）复置，移治今正阳县，属汝宁府。清雍正二年（1723）改为正阳县。

③隋开皇十八年（598）改左阳县置，属随州。治所在今湖北随州市东北五十里。大业三年（607）改为土山县。

④北宋乾兴元年（1022）改浈阳县置，为英州治。治所即今广东英德市。南宋庆元元年（1995）为英德府治。元至大初废。

真阳峡 亦作浈阳峡。在今广东英德市南十五里。《舆地纪胜》卷95英德府：真阳峡“在真阳东南百十五里。昔有樵者见飞仙于此。……元祐间，郡守廖君玉咏峡山。其警句云：‘清水耳目中流水，壮客精神两岸山。’东坡南迁览前人留题大称赏，谓状尽峡中景也”。

真阳郡 北宋宣和二年（1120）赐英州名真阳郡，治所在真阳县（今广东英德市）。南宋庆元元年（1195）升为英德府。

真阳堰 亦作真扬堰。在今江苏仪征市东南。《宋史·河渠志七》：南宋绍兴四年（1134），金兵蹂践淮南，“诏宣抚司毁拆真扬堰闸及真州陈公塘，无令走入运河，以资敌用”。《方舆纪要》卷23仪真县“运河”条下：“县东南二里旧有江口堰，即宋之真阳堰。”

真阳镇 明洪武四年（1371）废真阳县置，即今河南正阳县治。景泰四年（1453）置巡司于此。

真如寺 ①在今上海市普陀区真如镇。原名万寿寺，北宋初建于官场（近今大场）。元延祐七年（1320）移建于此，取《成唯识论》“真谓真实，显非虚妄；如谓如常，表无变易”经义，改名真如寺。明、清屡修葺。1963年重修。现存三间草檐正殿一座，面阔进深各三间。其额枋底部有双钩阴刻墨书移建日期。柱、梁枋、斗拱等主体结构，仍保留初建时原貌，大部分构件亦为元代原物。1996年真如寺大殿被定为全国重点文物保护单位。

②在今浙江嘉兴市南。《清一统志·嘉兴府一》：真如寺“在秀水县南四里。唐建。内有雪峰僧住庵及宋司马光所作《真如院法堂记》石刻”。

③即云居寺。在今江西永修县西云居山顶。

真如镇 即今上海市普陀区西北部真如镇。《方舆纪要》卷24苏州府嘉定县“月浦镇”条：“真如镇，以佛寺名。”

真里富国 在今泰国曼谷湾东岸庄他武里（尖竹汶）。公元12世纪末同中国建立友好关系。见南宋赵汝适《诸蕃志》卷上“真腊国”条。《宋史·外国列传·真腊国》：“其属邑有真里富，在西南隅，东南接波斯兰，西南与登流眉为邻。所部有六十余聚落。庆元六年，其国主立二十年矣，遣使奉表贡方物及驯象二。”

真良水 在今湖南城步苗族自治县东。《方舆纪要》卷81城步县：“真良水在县东三十五里。经县城南，与巫水合。”

真君郡 东魏天平中置，属显州。治所在东多城（今山西孝义市北）。后废。

真武山 ①亦名涂山、黄山。在今重庆市东南七里长江南岸。乾隆《巴县志》卷1：真武山“山势极高，云岩泉涧，鸟道曲盘，绝顶雄视两江，城如浮叶。澄鉴亭侧有万历二十三年铁柱。山左有真武庙。为郡城第一屏障，即涂山之绝顶”。

②又名仙侣山、师来山、书楼山。在今四川宜宾市西北隅，与翠屏山相连。清嘉庆《宜宾县志》卷6：师来山在“治北一里。竹木森列，俯瞰郡城。上有真武祠，俗呼为真武山”。《清史稿·李芳述传》：康熙年间，吴三桂叛军攻叙州，“芳述壁城外真武、翠屏诸山”。即此。

真武山古建筑群 在今四川宜宾市西北隅真武山上。清嘉庆《宜宾县志》卷6：师来山在“治北一里。竹木森列，俯瞰郡城。上有真武祠，俗呼为真武山”。古建筑群始建于明万历二年（1574），后又加扩建。清又增建。为川南著名的道教宫观之一。今仅存玄祖殿、无量殿、祖师殿、斗母宫、文昌宫、地母宫等建筑。1996年被定为全国重点文物保护单位。

真武卫 明景泰三年（1452）置于紫荆关城内，属大宁都司。在今河北易县西北紫荆关镇。

真武场 即今重庆市江津区东南真武乡。清光绪《江津县志》卷2：真武场“距城六十里”。

真武县 即玄武县。在今四川中江县东南二里。《舆地纪胜》卷154潼川府：三隅山，“《寰宇记》云：在真武县即今中江县”。

真武庙 又名涂山寺。在今重庆市南岸区涂山（俗名真武山）上。为重庆著名寺庙。因寺有真武殿，故俗称真武宫。建于唐以前。洪良品《东归录》载：“上已与吴玉峰茂才乘肩舆循山左迤行十余里，至真武山。山左有真武宫，为郡城第一屏障，即涂山绝顶也。”

真武庙镇 即今江苏江都市北真武镇。清光绪《江苏全省舆图》甘泉县：“真武庙镇在城东北六十八里。”

真武洞 即今陕西安塞县治。1942年安塞县迁治于此。

真昌县 隋开皇九年（589）改北平县置，属显州。治所在今河南方城县东南。大业初属淮安郡。唐贞观元年（627）废。

真昌郡 北周改鸿州置，属淮州。治所在比阳县（今河南泌阳县）。隋开皇初废。

真河千户所 明置，属奴儿干都司。在今黑龙江省逊克县西南沾河中下游。后废。

真定县 西汉高祖十一年（前196）改东垣县置，属常山郡。治所在今河北石家庄市东北。武帝元鼎四年（前113）为真定国治。东汉属常山国。三国魏、晋为常山郡治。北魏属常山郡。隋为恒山郡治。唐武德四年（621）移治今正定县，为恒州治。载初元年（689）改名中山县，神龙元年（705）复名真定县。宋、金为真定府治。元为真定路治。明复为真定府治。清雍正元年（1723）改为正定县。

真定国 西汉元鼎四年（前113）分常山郡置，治所在真定县（今河北石家庄市东北）。辖境相当今河北石家庄、藁城、正定等市县地。东汉建武十三年（37）废。

真定府 五代唐改镇州置。治所在真定县（今河北正定县）。后晋天福七年（942）改为恒州，后汉改为镇州，寻复为真定府，后周又改为镇州。北宋复为真定府。辖境相当今河北唐河以西，藁城、元氏以北地区。元改为真定路。明复为真定府。辖境东部扩大至今定州、深州、南宫等市境。清雍正元年（1723）改名正定府。

真定府路 北宋庆历八年（1048）置，为河北四安抚使路之一。治所在真定府（治真定县，今河北正定县）。辖境相当今河北阜平、藁城、巨鹿、邱县、肥乡、临漳以西地区及河南安阳、鹤壁、林州、汤阴等市县地。金废。

真定路 元改真定府置，治所在真定县（今河北正定县）。辖境相当今河北蠡县、定州、阜平以南，饶阳、武强、武邑、枣强以西（安国、深泽、辛集、井陉除外），南宫、隆尧、临城以北地区。明复名真定府。

真觉寺 ①又名五塔寺。在今北京市海淀区白石桥东长河北岸。明永乐时创建。成化九年（1473）又在寺内建成金刚宝座石塔一座。清乾隆二十六年（1761）因避雍正帝胤禛讳，改名大正觉寺。20世纪30年代寺毁。

②在今浙江天台县北二十里天台山中。我国佛教天台宗创始人智者大师圆寂于此。寺中有智者大师肉身塔。

③在今浙江新昌县东沃洲山上。《清一统志·绍兴府》：真觉寺“在新昌县东沃洲山。晋时僧竺潜支遁道场”。唐白居易有《真觉寺记》。

真觉寺金刚宝座（五塔寺塔） 在今北京市海淀区北京动物园后长河北岸。明永乐年间所建寺内殿宇已无，仅存金刚宝座塔一座。塔建成于明成化九年（1473），石包砖结构。外观分为宝座与五塔两部分。宝座平面为长方形，南北长18.6米，东西宽15.73米，高7.7米，分为五层，每层挑出短檐，四周刻佛龛，龛内刻坐佛一尊。宝座顶部用青白石砌成五座方形密檐式小塔。中央一塔十三层，高8米。四角各塔均为十一层，高7米。五塔下面均有须弥座，檐下四周刻有佛龛及佛像，塔顶由仰莲、相轮、华盖、宝珠等组成塔刹。此塔是仿印度佛陀迦耶寺塔的形式而建。1961年定为全国重点文物保护单位。

真珠园 南宋临安名园。在今浙江杭州市西湖畔。陆游《剑南诗藁》卷17有《真珠园雨中作》诗。

真珠河 即今中亚锡尔河上游纳林河（在吉尔吉斯斯坦和乌兹别克斯坦境）。《新唐书·西域传》：石国“西南有药杀水，入中国谓之真珠河，亦曰质河”。

真珠泉 又为珍珠泉。在今江苏镇江市南郊招隐山西。其泉圆溅，若贯珠然。梁昭明所开，唐李迪构亭于上。宋苏轼《同柳子玉游鹤林招隐归呈景纯》诗：“岩头匹练兼天净，泉底真珠溅客忙。”

真珠寨 辽置，在今内蒙古巴林左旗东南。《新五代史·四夷附录》引胡峤记：“自上京东去四十里至真珠寨，始食菜。”

真峰山 在今云南曲靖市西南二十里。《方舆纪要》卷114曲靖军民府：真峰山“山峦秀丽，下有弥陀岩。后又有普贤洞”。

真润县 唐武德五年（622）置，属山州。治所在今越南清化省清化县南境。贞观元年（627）废入建初县。

真娘墓 在今江苏苏州市西北虎丘寺侧、剑池之西。唐范摅《云溪友议》卷中“谭生刺”条云：“真娘者，吴国之佳人也。时人比于苏小小，死葬吴宫之侧。行客感其华丽，竞为诗题于墓树。”唐谭铢题诗曰：“何事世人偏重色，真娘墓上独留诗。”元高德基《平江纪事》云：“真娘唐时名妓也，墓在虎丘剑池之西，往来游士多著篇咏。”

真教寺 又名凤凰寺。元延祐间建。在今浙江杭州市。为中国沿海伊斯兰教三大古寺之一。

真符县 ①唐天宝五年（746）改真符营置，为昭德郡治。治所在今四川茂县西北。乾元元年（758）为真州治。后没入吐蕃，废。

②唐天宝八年（749）改华阳县置，属京兆府。治所在黎园北（今陕西洋县北境）。《新唐书·地理志》真符县：“因开山得玉册，更名。”天宝十一年（752）改属洋州，迁治桑坪店北（今洋县北六十里）。北宋乾德四年（966）移治今洋县东真符村。蒙古至元二年（1265）废。

真符营 在今四川茂县西北。《元和志》卷32真州：“在合江镇西一百二十四里。其地本名真符，天宝三年，节度使章仇兼琼以其地险阻，又当西山要路，奏置真符营，控押一州，仍置兵于其处。”后置昭德郡于此。

真寂寺石窟 在今内蒙古巴林左旗（林东镇）西。俗称召庙，辽代早期佛教圣地。石窟开凿在桃石山陡崖上，分南、中、北三窟。中窟规模最大，又称涅槃洞，深5米，阔6.5米，高3米，中有释迦牟尼石雕卧像，身长3.7米，薄衣赤脚，瞑目，螺髻。头脚旁立菩萨各一尊，十五名弟子肃立身旁，均作哀悼之状。壁面凿刻小佛像一百一十尊，俗称千佛像。南、北窟均阔5米，有天王、释迦牟尼、普贤、文殊菩萨像等，保存完好。真寂寺为我国已知仅存的一座辽代石窟寺，具有重要历史、艺术价值。2006年定为全国重点文物保护单位。

真番郡 西汉元封三年（前108）置，治所在昭明县（今朝鲜黄海南道信川西湖里）。一说在霅县（今朝鲜礼成江、汉江之间)。辖境相当今朝鲜黄海北道大部分,黄海南道及京畿道北部。始元五年(前82)废,部分辖境并入乐浪郡。

真腊(臘) 我国史籍对7世纪至17世纪中南半岛吉蔑王国的通称。真腊一名,始见《隋书》。《大唐西域记》卷10“三摩呾吒”条作伊赏那补罗国,盖为其都城名,并非国名。《新唐书·真腊传》称:“真腊,一曰吉蔑。”元人周达观《真腊风土记》载此国于13世纪时自称甘孛智,《明史·真腊传》则载此国于万历后改称柬埔寨。

真源县 唐乾封元年(666)改谷阳县置,属亳州。治所即今河南鹿邑县。载初元年(689)改为仙源县。神龙元年(705)复为真源县。北宋大中祥符七年(1014)改为卫真县。

真溪站 元置,为水站。在今四川屏山县新发乡驻地真溪镇。

真溪镇 ①北宋置,属富顺监。在今四川富顺县西南二十里。

②今四川屏山县新发乡驻地真溪镇。《清一统志·叙州府一》:真溪“在宜宾县西北。《旧志》:宋黄庭坚云:州西北百二十里有真溪。源出甪山,旧有姓真者居之,故名。……今有真溪驿”。光绪《叙州府志》卷8宜宾县:真溪场在“治西北一百一十里”。

真慧寺 在今湖北蕲春县东南。《清一统志·黄州府二》:真慧寺“唐五祖宏忍禅师卓锡于此”。

桂 今广西壮族自治区的简称。因秦置桂林郡于此,北宋广南西路治桂州,明清时广西省会在桂林府而得名。《旧唐书·地理志》桂州临桂县:“江源多桂,不生杂木,故秦时立为桂林郡也。”南宋范成大《桂海虞衡志·志草木》:“桂,南方奇木,上药也。桂林以桂名地,实不产,而出于宾、宜州。”

桂口桥市 一名桂口镇。即今湖北崇阳县西南桂口村。清置巡司于此。

桂山 ①一名玉台山。在今广东江门市新会区北。《方舆纪要》卷101广州府新会县:桂山在“县北二里。俗呼圭峰,唐僧一行至此,有黄云覆之,因名黄云山。上多松竹,瀑泉出焉”。《清一统志·广州府一》引《寰宇记》云:桂山“在新会县西南三十四里,产翡翠孔雀”。

②亦名桂岭。即桂原山。在今广东韶关市曲江区西北。《寰宇记》卷159曲江县:“桂山多菌桂。”《方舆纪要》卷102韶州府曲江县:桂原山在“府西北四十里。亦曰桂山。宋《李渤记略》云:山之盘礴方广几千百里,峻极崇高几五千仞,青峰碧嶂,云霞所栖,为郡之望。上有温泉三穴,其下桂水出焉”。

③在今广东始兴县西南一百里。《舆地纪胜》卷93南雄州:桂山“在始兴。陵阜屈曲,桂木丛发,清香满谷,人多取以为药”。

④在今广东乐昌市北三里,为县之主山。《清一统志·韶州府》:五指山“在乐昌县北五里,桂山之后”。

⑤又名北山、越王山、四望山、风洞山、叠彩山。即今广西桂林市城区东北漓江西岸叠彩山。南宋范成大《桂海虞衡志》:“桂山之奇,宜为天下第一。”《明一统志》卷83桂林府:桂山“在府治东,三峰连属,城中望之,前峰拔起,如狮子昂首状。有岩桂生其巅。次峰宛转,横亘一坊,俗号北山。从峰宠从郁积,是为叠彩崖。旧号越王山,顶有石坛。世传五代时,马殷所筑”。山腰有贯穿南北的风洞,洞口有元晦《叠彩山记》石刻,洞内有唐宋造像,宋、明、清摩崖诗画题记。

桂川县 唐贞观四年(630)置,属羁縻嶂州。治所在今四川若尔盖县西北境。后废。

桂门关 即鬼门关、天门关。在今广西北流市西十五里。《明一统志》卷84梧州府:天门关,“《舆地纪胜》云:本桂门关,讹称鬼门关。元廉访使月鲁改名魁星关。本朝洪武初改为桂门关,宣德中改天门关”。

桂丫山镇 亦名桂山镇。即今广东翁源县东北南浦镇。《明史·地理志》翁源县:“东有桂丫山巡检司,初治茶园铺,后迁南浦。”

桂水 ①在今湖南桂东县西北五十里。《明史·地理志》郴州桂东县:“西北有小桂山,桂水所出,南有沤江来合焉。”

②在今湖南郴州市西四十里。《方舆胜览》卷25郴州:桂水“在郴县西南。杜甫诗‘飘飘桂水游’”。《明史·地理志》郴州:“又西南有桂水,下流合于耒水。”

③即今湖南蓝山县南毛俊水。源出蓝山县南,东北流经嘉禾县东,至桂阳县西境合舂水入湘。《汉书·地理志》桂阳县注引应劭曰:“桂水所出,东北入湘。”《水经·钟水注》:“桂水出桂阳县北界山,山壁高耸,三面特峻,石泉悬注瀑布而下。北径南平县,而东北流届钟亭,右会钟水,通为桂水也。”

④一名湟水。在今广东连州市北。《方舆纪要》卷101连州:桂水“源出湖广宜章县黄岑山,南流入境。俗名奉化水,流合五溪水。《寰宇记》:五溪者,沧浪水、昆湖水、横溪水、叶腐溪水、相思水也。一云五溪源出方山,五派合流,注于湟水”。

桂文堡 明置,属宁夏右屯卫。即今宁夏贺兰县北桂文村。

桂平县 南朝梁置,为桂平郡治。治所在今广西桂平市西五里。道光《桂平县志》卷4:“县以桂名,桂其土产也。”隋属郁林郡。唐为浔州治。北宋嘉祐间,移治今桂平县。元为浔州路治。明为浔州府治。民国初属广西苍梧道。1928年直属广西省。太平天国著名将领杨秀清、韦昌辉、萧朝贵为本县人。

桂平郡 南朝梁置,属南定州。治所在桂平县

（今广西桂平市西五里）。隋开皇九年（589）平陈后废。

桂东县　南宋嘉定四年（1211）置，属郴州。治所在上犹寨（今湖南桂东县南二十里寨前乡）。明曹学佺《名胜志》："以在桂阳（今汝城）之东而名。"元属郴州路。明洪武元年（1368）迁治今桂东县，属郴州。民国初属湖南衡阳道。1922年直属湖南省。

桂屿　亦作贵屿。即今广东汕头市潮阳区西北贵屿镇。明洪武二十七年（1394）吉安巡司迁此。《清一统志》作"桂屿都"。

桂州　南朝梁天监六年（507）置，治所在武熙县（今广西柳州市西南）。《元和志》卷37桂州："因桂江以为名。"大同六年（540）移治始安县（今广西桂林市）。隋大业元年（605）改为始安郡。唐武德四年（621）复为桂州。天宝元年（742）改为始安郡，至德二年（757）改为建陵郡，乾元元年（758）复为桂州。辖境相当今广西龙胜、永福以东和荔浦以北地区。光化三年（900）置静江军节度使。北宋初仍为桂州，为广南西路治。南宋绍兴三年（1133）升为静江府。

桂州都督府　唐武德四年（621）置桂州总管。七年（623）改为都督府。治所在桂州（今广西桂林市）。领桂、象、静、融、贺、乐、荔、南昆、龙、南尹、钦、南恭、燕、梧十三州。贞观末，督桂、昭、贺、富、梧、藤、容、潘、白、廉、绣、钦、横、邕、融、柳、贵十七州和纡、归思、思顺等七羁縻州。乾元以后，邕州、容州划出，另为都督，仅领桂、昭、富、梧、蒙、龚、浔、郁林、平琴、宾、澄、绣、象、柳、融十五州。

桂江　即今广西东部之漓江。《元和志》卷37桂州临桂县："桂江一名漓水，经县东，去县十步。杨仆平南越，出零陵，下漓水，即谓此也。"

桂阳　即桂陵。在今河南长垣县西北。《水经·济水注》引《竹书纪年》："梁惠成王十七年，齐田期伐我东鄙，战于桂阳，我师败逋。"

桂阳山　①又名铅山。在今江西铅山县南。《寰宇记》卷107信州铅山县：铅山"在县（治今永平镇）西北七里，又名桂阳山"。唐时产铅，贞元元年（785）置永平监，主持开采。

②在今广东连州市西北五十里。《新唐书·地理志》桂阳县："有桂阳山，本灵山，天宝八载更名。"《方舆纪要》卷101连州：桂阳山"上有石洞，广三百一十步，藤萝蔽之，洞内之泉，流出东入于韶州。旧县名桂阳以此"。

桂阳州　①元世祖至元十九年（1282）升桂阳县置，属江西行省广东道。治所即今广东连州市。辖境相当今广东连州市东部及阳山县地。明洪武二年（1369）省入连州。

②明洪武九年（1376）改桂阳府置，属衡州府。治所即今湖南桂阳县。清雍正十年（1732）升为直隶州，属湖南省。辖境相当今湖南桂阳、蓝山、嘉禾、临武等县地。1913年改为桂阳县。

桂阳军　南宋绍兴三年（1133）改桂阳监置，治所在平阳县（今湖南桂阳县）。《舆地纪胜》卷61桂阳军："以其在桂洞之南，故曰桂阳。"辖境相当今湖南桂阳、蓝山、嘉禾、临武等县地。元世祖至元十四年（1277）升为桂阳路。

桂阳县　①西汉置，属桂阳郡。治所即今广东连州市。《寰宇记》卷117桂阳县："在桂水之阳，以为名。"三国吴属始兴郡。南朝梁天监六年（507）为阳山郡治。隋开皇十年（590）为连州治。大业初为熙平郡治。唐武德四年（621）复为连州治。天宝元年（742）为连山郡治，乾元元年（758）为连州治。元世祖至元十七年（1280）为连州路治，十九年（1282）升为桂阳州。

②北宋太平兴国初改郴义县置，属郴州。治所在今湖南汝城县南五里城头寨。太平兴国三年（978）移治今汝城县。元属郴州路。明、清属郴州。1913年改名汝城县。

③1913年改桂阳州置，属湖南衡阳道。治所即今湖南桂阳县。1922年直属湖南省。

桂阳府　明洪武元年（1368）改桂阳路置，属湖广行省。治所在平阳县（今湖南桂阳县）。洪武九年（1376）改为桂阳州。

桂阳南部都尉　三国吴置，治所在曲江县（今广东韶关市东南莲花峰下）。甘露元年（265）改置始兴郡。

桂阳郡　汉高帝置，治所在郴县（今湖南郴州市）。辖境约当今湖南耒阳市以南的耒水、舂陵水流域，北至洣水入湘处附近，南包广东英德县以北的北江流域。三国吴以后缩小。隋开皇九年（589）改为郴州，大业初复为桂阳郡。唐武德四年（621）又改为郴州。天宝元年（742）复为桂阳郡，乾元元年（758）改为郴州。

桂阳监　五代晋天福四年（939）分郴州置。治所在平阳（今湖南桂阳县）。《舆地纪胜》卷61桂阳军："以其在桂洞之南，故曰桂阳。"辖境相当今湖南桂阳、蓝山、嘉禾、临武等县地。南宋绍兴三年（1133）升为桂阳军。

桂阳路　元世祖至元十四年（1277）升桂阳军置，属湖广行省。治所在平阳县（今湖南桂阳县）。辖境相当今湖南桂阳、蓝山、嘉禾、临武等县地。明洪武元年（1368）改为桂阳府。

桂花园镇　即今四川遂宁市西北桂花镇。清光绪《遂宁县志》卷1：桂花场"在县北五十里"。

桂园　在今重庆市渝中区中山四路中段西侧，现为中山路65号（原107号）。因园内有两株桂树而得名。原是国民政府财政部司长关吉玉私邸，陈诚租用后又转给张治中作官邸。1945年8月，毛泽东来重庆与蒋介石会谈，张治中一家迁往他处，供毛泽东使用。是毛泽东同国民党代表谈判之所。1945年10月10日《国共双方代表会谈纪要》在此签字。

桂林　即今安徽歙县东北二十里练河西岸桂林镇。清乾隆《歙县志》卷1《都鄙》有桂林乡。

桂林王城　一名靖江。在今广西桂林市中心，为明太祖朱元璋侄孙朱守谦靖王府城。明洪武五年(1372)始建。有东、南、西、北四城门。城中有独秀峰。清顺治七年(1650)为定南王孔有德王府，九年(1652)焚毁王府。后建贡院。1921年12月至1922年4月，孙中山准备北伐时，设大本营于此。

桂林中卫　明洪武十三年(1380)改桂林左卫置，属广西都司。治所在今广西桂林市。后废。

桂林石刻　在今广西桂林市城郊的普陀山、月牙山、龙隐岩龙隐洞(桂林碑林)、虞山、象鼻山、文庙等三十余处名山洞府。桂林石刻始于东晋，兴于唐，盛于宋，元代偏少，而明、清又趋繁盛。现存唐至清代石刻近两千件，其中唐代石刻二十八件、造像一百四十九龛四百八十四尊，五代石刻一件，宋代石碑四百八十四件、造像二十六龛一百零一尊，元代石刻三十件，明代石刻三百五十二件，清代石刻四百七十八件，年代无考的石刻一百一十七件。是全国摩崖石刻最多的地方，也居全国宋代题刻之最，所谓“唐宋题名之渊薮，以桂林为甲”。文体有题名题记、诗词曲赋、赞颂歌铭、论说评议、序跋书札、诏令散文、告示执照、乡规民约、墓碑墓志、地券契据、楹联榜书、格言吉语、书目医方、经文偈句等。书体篆、隶、行、草俱全。造像均为佛教内容。桂林石刻以内容丰富、种类繁多、形制巨大著称，集中反映了桂林乃至广西地区政治、军事、经济、文化的发展历程，具有重要的历史、科学和艺术价值。2001年定为全国重点文物保护单位。

桂林右卫　明洪武八年(1375)置，属广西都司。治所在今广西桂林市。后废。

桂林市　1940年析临桂县置，为广西省会。治所即今广西桂林市。1949年由广西省直辖(地级)。1958年改为县级市。1961年改为地级市，由自治区直辖。2013年桂林市政府驻地由象山区五美路16号迁至临桂区西城中路69号。

桂林县　①西汉置，属郁林郡。治所在今广西象州县东南上古城村。三国吴属桂林郡。东晋太兴元年(318)属晋兴郡。隋属始安郡。唐属象州，乾封元年(661)废。

②1913年改临桂县置，为广西桂林道治。治所即今广西桂林市。1936年为广西省会。1940年改为临桂县。

桂林苑　在今江苏南京市东北。《寰宇记》卷90上元县：桂林苑“吴立，在县北四十里落星山之阳”。《文选》卷5左思《吴都赋》：“数军实乎桂林之苑，飨戎旅乎落星之楼。”即此。

桂林府　明洪武五年(1372)改静江府置，后为广西布政使司治。治所在临桂县(今广西桂林市)。清为广西省会。辖境相当今广西东北部永福、阳朔以北地区。1913年废。

桂林驿　①三国吴凤皇三年(274)置，属广州。治所在武安县(今广西柳州市东南)。西晋时移治潭中县(今柳州市东南柳江东南岸)。辖境相当今广西柳州、柳江、来宾、柳城、宜山、融水、融安、罗城、三江等市县地。南朝宋移治中溜县(今武宣县西南)。齐又移治武熙县(今柳州市东南)。隋开皇初废。

②南朝宋置，治所中溜县(今广西武宣县西南)。后治所迁徙，隋平陈后废。

③北宋改望秦驿置，在今广西桂林市东北五里。明初改名东江驿。

桂林郡　①秦始皇三十三年(前214)略取陆梁地置，治所在布山县(今广西桂平市西南)。《旧唐书·地理志》：“江源多桂，不生杂木。”故名。辖境相当今广西都阳山、大明山以东，九万大山、越城岭以南地区及广东肇庆市至茂名市一带。西汉元鼎六年(前111)改为郁林郡。

②三国吴凤皇三年(274)置，属广州。治所在武安县(今广西柳州市东南)。西晋时移治潭中县(今柳州市东南柳江东南岸)。辖境相当今广西柳州、柳江、来宾、柳城、宜山、融水、融安、罗城、三江等市县地。南朝宋移治中溜县(今武宣县西南)。齐又移治武熙县(今柳州市东南)。隋开皇初废。

③南朝宋置，治所中溜县(今广西武宣县西南)。后治所迁徙，隋平陈后废。

桂林道　1914年由漓江道改置，属广西省。治桂林县(今广西桂林市)。辖境约当今广西龙胜、临桂、永福、鹿寨、金秀以东，蒙山、昭平、贺县北部以北地区。1928年废。

桂岩　在今河北任丘市西北。《方舆纪要》卷13任丘县：桂岩，“《旧志》云：在县西北，岩多桂，其中深邃，俨如巨室，为邑之胜”。

桂岭　①一名香花岭。在今湖南临武县北三十里。《清一统志·桂阳州》：桂岭“高八百余丈。山势雄博，盘绕县境”。有锡矿。

②即桂原山。在今广东韶关市曲江区西北。《寰宇记》卷159曲江县：“桂山多菌桂。有越岭。”《舆地纪胜》卷90韶州：桂水“源出本县界桂岭下。东流一百里合武水。岭上有桂，因名”。

③又名临贺岭、萌渚岭。即今广西富川瑶族自治县东南、贺州市西北与湖南江华瑶族自治县连界之萌渚岭。《元和志》卷37桂岭县：“桂岭在县东十五里。”县以此为名。《清一统志·平乐府》：桂岭“在富川县东南一百二十里、贺县东北百里，与湖南江华县、广东连县接界。即古临贺岭也。一名萌渚峤”。

桂岭县　隋开皇十八年(598)改兴安县置，属连州。治所在今广西贺州市东北桂岭镇。《元和志》卷37桂岭县：“因界内桂岭为名。”大业三年(607)属熙平郡。唐属贺州。元末废。

桂岭营　明置，即今广西贺州市东北桂岭镇。《清一统志·平乐府二》：桂岭营“在贺县东北。明万历间于桂岭适中要地，建立大营，设守备驻守，分防十三营。今于桂岭、赖村、停歇、龙水、大讷、黄峒、牛瑞、石牛等八营，分兵防守。余废”。

桂岭墟　即今广西贺州市东北桂岭镇。隋置桂岭县于此。清设县丞及千总。

桂洲镇　即今广东佛山市顺德区南桂洲镇。清光绪《广东舆地全图》：顺德县南有桂洲堡。

桂宫　在今陕西西安市西北十三里长安故城中。《三辅黄图》卷2：“桂宫，汉武帝造，周回十余里……《关辅记》云：‘桂宫在未央北，中有明光殿土山，复道从宫中西上城，至建章神明台蓬莱山。’”《西京杂记》卷2：“武帝为七宝床、杂宝桉、厕宝屏风、列宝帐，设于桂宫，时人谓为四宝宫。”

桂原山　亦作桂源山，又名桂山。在今广东韶关市曲江区西北。《寰宇记》卷159曲江县：“桂山多菌桂。有越岭。”《舆地纪胜》卷90韶州：桂山“在曲江县西北四十里”。《方舆纪要》卷102韶州府曲江县：桂原山在“府西北四十里，亦曰桂山”。

桂峰山　在今云南峨山彝族自治县东南。《方舆纪要》卷115嶍峨县：桂峰山在“县南二里。高峰峭拔，上多桂树”。

桂陵　一作桂阳。战国魏地，在今河南长垣县西南。《史记·魏世家》：惠王十八年（前352），“（秦）拔邯郸。赵请救于齐，齐使田忌、孙膑救赵，败魏桂陵”。《史记·田敬仲完世家》《正义》称“在曹州乘氏县东北二十里”，谓今山东菏泽市东北。亦可备一说。

桂湖　①在今江西新干县城南。《方舆纪要》卷87临江府新淦县：桂湖“在县治南。一名仓池。余流亦达于清江”。《清一统志·临江府》：桂湖“在新淦县南门外”。

②在今四川成都市新都区城西南隅。湖面三十余亩。是明代文学家杨升庵的旧居，也是他青少年时代读书之地。因园内遍植桂树，故名，今已不存。现保存道光十九年（1839）于湖中所建“升庵祠”。1937年辟为公园。1980年将新都县城内龙藏寺碑林中的六十四通石碑移入桂湖。

桂源镇　在今江西赣县西北。明置巡司于此。

桂溪　①即今重庆市梁平县西南高滩河，为龙溪河上游。《舆地纪胜》卷179梁山军：“桂溪在桂溪市。《寰宇记》云：旧忠州桂溪县以桂溪为名。县废来属。《图经》云：唐初为桂溪，以两岸多桂木，因以名之。”

②即今重庆市垫江县东之高滩河，一说今垫江县东北之桂溪河。《寰宇记》卷149桂溪县：“以县界桂溪为名。”《舆地纪胜》卷179梁山军：桂溪“在桂溪市……县废来属。《图经》云：唐初为桂溪，以两岸多桂木，因以名之”。

桂溪县　唐天宝元年（742）改清水县置，属南宾郡。治所在今重庆市垫江县东北。《寰宇记》卷149桂溪县：“以陇右有清水县，名同，改为桂溪，以县界桂溪为名。”乾元初属忠州。北宋熙宁五年（1072）废入垫江县。

桂溪桥　在今四川南溪县西。清嘉庆《南溪县志》卷2：桂溪桥“在县西五里。昔年丛桂扶疎，桥因以得名。西达府郡，为陆路通衢”。

桂墟　即今广东郁南县西南桂圩镇。清光绪《广东舆地全图》：西宁县西北有桂墟。

桂管　唐岭南五管之一。为岭南西道桂管经略观察使简称。开耀（681）后置，治所在桂州（今广西桂林市）。《新唐书·地理志》：桂管“领桂、梧、贺、连、柳、富、昭、蒙、环、古、思唐、龚十四州”。辖境相当今广西东部地。光化三年（900）升为静江军节度。

桂馥　又作贵福。即今四川渠县北贵福镇。1933年川陕革命根据地在此置渠县。

桔柏江　亦作吉柏江。指今四川广元市西南昭化镇北之嘉陵江。以桔柏渡（津）为名。《旧唐书·玄宗纪》：天宝十五载（756）七月，“壬戌，（上）次益昌县，渡吉柏江”。《宋史·王全斌传》：乾德中伐蜀，蜀将王昭远遁去，“渡桔柏江，焚梁，退保剑门”。皆此。

桔柏津　在今四川广元市西南昭化镇北白龙江注入嘉陵江处。《舆地纪胜》卷184利州：桔柏津“在昭化县。杜甫诗云：青冥寒江渡，驾竹为长桥。今昭化驿有古柏，土人以桔柏名之”。历为秦入蜀之重要津渡。《资治通鉴》：五代唐同光三年（925）十月，魏王继岌伐前蜀，“蜀王闻王宗勋等败，自利州倍道西走，断桔柏津，命中书令、判六军诸卫事王宗弼将大军守利州。……（十一月）李绍琛至利州，修桔柏浮梁，昭武节度使林思谔先弃城奔阆州”。

桔柏渡　亦名桔柏津、桔柏潭。在今四川广元市西南昭化镇东北白龙江注入嘉陵江处。《方舆胜览》卷66利州：桔柏潭“在昭化县。今昭化驿有古柏，土人呼桔柏，故以名潭。（唐）杜甫《桔柏渡》诗：青冥寒江渡，驾竹为长桥”。唐宋以来，皆造浮梁于此。

栲栳山　①即今山西大同县东北十七里阁老山。《方舆纪要》卷44大同府：栲栳山“景泰初，敌寇大同，镇帅郭登帅兵饵之，行七十里，至水头。……追四十里，至栲栳山，尽夺所掠而还”。

②在今安徽灵璧县北五里。《方舆纪要》卷21宿州灵璧县：栲栳山“以山回环如椅也，黄河经县界，亦有栲栳湾之名”。

③一名黄山。在今湖北随州市西北。《水经·涢水注》：“溠水出（随）县西北黄山。”《方舆纪要》卷77随州：栲栳山“在州西北二百里。《水经注》谓之黄山。州境之大山也。跨河南唐县界”。

栲栳岛　在今山东即墨市东北九十里。岛西有寨。明洪武四年（1371）置巡司于此。

栲栳泺　今内蒙古呼伦贝尔市呼伦湖。金代塔塔儿等部居其地。《金史·夹谷清臣传》：“令宣徽使移剌敏……分领前队，自选精兵一万以当后队，进至合勒河。前队敏等于栲栳泺攻营十四，下之，回迎大军。”

栲栳城　即今陕西志丹县城。《宋史·夏国传上》：庆历四年（1044），元昊请以“栲栳、镰刀、南安、承平故地及他边境蕃汉所居，乞画中为界，于内听筑城堡”。《方舆纪要》卷57保安县“镰刀砦”条谓“栲栳即今县城矣”。

栲栳镇　清置，属永济县。即今山西永济市北十八里栲栳镇。

桓山　亦名魋山。又名圣女山。在今江苏徐州市东北二十七里。《方舆纪要》卷29徐州：桓山“下临泗水。桓魋葬于此，因名”。

桓水　即今四川、甘肃境内之白龙江。《尚书·禹贡》：“西倾因桓是来。”《水经·桓水注》：“《地理志》曰：桓水出蜀郡蜀山西南行羌中者也。《尚书》又曰：西倾因桓是来，马融、王肃云：西治倾山，惟因桓水是来，言无他道也。余按《经》据《书》岷山、西倾，俱有桓水，桓水出西倾山，更无别流，所导者惟斯水耳，浮于潜、汉而达江、沔。”此水发源于甘肃西南西倾山南，屈曲东南流至今舟曲东与古羌水合，又东南至今文县东与古白水（今白水江）合，又东南流入今嘉陵江。其与羌水合流后的一段白龙江，与今白水江合流后的一段白水江，古时也兼称桓水。

桓仁县　1914年以怀仁县改名，属奉天东边道。治所在六道河（今辽宁桓仁满族自治县）。《地学杂志》1914年第2期载《拟改各省重复县名呈文并批》：“该县地古为渤海桓州”，故名。1929年直属辽宁省。1945年改属安东省。1949年改属辽东省，1954年仍属辽宁省。1989年改为桓仁满族自治县。

桓公沟　在今山东西南部。东晋太和四年（369）桓温北伐时所开。据《水经·济水注》载：桓公沟是疏导薛训渚（在今嘉祥县治萌山下）分南北流，北流一支注入巨野泽，南流一支注入黄水，黄水原自巨野泽流出注入菏水。故桓公沟南起菏水，北达巨野泽，全长三百里。《元和志》卷10任城县：桓公沟“源出县理西四十里萌山之下。宋武帝《北征记》曰：桓公宣武，以太和四年率众平赵、魏时，遣冠军将军毛彪生凿此沟，号曰桓公沟”。唐以后不见记载。

桓公城　在今安徽泾县东南四十里乌溪村乌溪岭下。《晋书·桓彝传》：苏峻之乱，“彝以郡无坚城，遂退据广德。寻王师败绩，彝闻而慷慨流涕，进屯泾县”，因筑此城。《清一统志·宁国府二》：桓公城“在泾县东四十里乌溪岭，晋咸和中桓彝所筑”。

桓公泉　在今河北怀来县（沙城）东南。《水经·㶟水注》：“清夷水又西南得桓公泉。盖齐桓公霸世，北伐山戎，过孤竹西征，束马悬车，上卑耳之西极，故水受斯名也。水源出沮阳县东，而西北流入清夷水。”即此。

桓台（臺）县　1914年改新城县置，属山东济南道。治所在今山东桓台县西新城镇。1928年直属山东省。1950年迁治索镇。传说县有桓公系马台，故名。

桓州　①唐渤海国置，属鸭渌府。治所在桓都县（今吉林集安市西南通沟村）。辽属渌州，治所即今集安市。金废。

②金大定二十年（1180）置，属西京路，并为西北路招讨司治所。初治今内蒙古正蓝旗南黑城子。后北迁三十里建新桓州城（即今正蓝旗北四郎城），置清塞县为州治。辖境相当今内蒙古多伦县及正蓝旗、正镶白旗、太仆寺旗等地。大安三年（1211）陷于蒙古，州县俱废。元世祖至元二年（1265）复置，属上都路。明洪武中废。

桓州驿　明初置，属开平卫。在今内蒙古正蓝旗东北闪电河北岸。后废。

桓担山　在今四川喜德县西北。清咸丰《冕宁县志》卷2：桓担山“在县东一百三十里，近浴水塘，那架瓦河发源于此”。产银、铅矿。

桓都县　唐渤海国置，为桓州治。治所在今吉林集安市西南通沟村。辽废。

桓陵县　南齐永元间侨置，属南新巴郡。治所在今四川德阳市境。梁废。

桓道县　①北魏改豲道县置，为南安郡治。治所在今甘肃陇西县东南文峰镇东三台村。后改名内陶县。

②南齐置，属南安郡。治所在今四川剑阁县境。后废。

栖山　①即七山。在今江苏沛县西南三十里。

②在今浙江绍兴县西夏履镇西北。《清一统志·绍兴府》：栖山“在山阴县西南九十里。越王句践于此栖兵。一名越王峥”。

栖山圩　又名大山砦。即今江苏沛县西南三十里七山下栖山镇。清乾隆四十六年（1781）沛县城被冲没，曾迁治于此。

栖云（雲）山　在今江苏连云港市东北。即巨平山之北岭。《南史·明僧绍传》：南朝宋升明中，“僧绍弟庆符为青州，僧绍随之郁洲，住弇榆山，栖云精舍，欣玩水石，竟不一入州城”。《寰宇记》卷22海州东海县：栖云山，“《州旧记》：梁国子祭酒明山宾父僧绍当齐武帝，以国子博士征不就，遁迹于此。此山高眇，故号栖云山”。

栖云（雲）观　在今天津市蓟县西北二十五里盘山紫峰下。本法兴寺，元改名栖云观。清《日下旧闻考》卷115引《云山集》：“盘山紫峰之下，爽垲明秀，号曰中盘。时膺隆兴，崇奉道教，栖霞长春真人应召来燕。门下有栖云子飞舄择地，其徒张志格等搜及此山，遂营卜筑。丙戌春，请长春真人建醮，因题其额曰栖云观。”后改名少林寺。

栖云（雲）洞造像　在今福建罗源县西南凤山南部、莲花山圣水寺侧。洞形如钟，占地36平方米。洞内明亮，绕石壁砌筑的石台上有石雕十八罗汉和观音坐像。石刻制作于南宋淳祐八年（1248），高者84

厘米，低者75厘米，具有五代石刻风韵，是研究我国古代石雕艺术的有价值的实物资料。2006年定为全国重点文物保护单位。

栖止堡铺　在今四川荥经县西南。民国《荥经县志》卷2：栖止堡“城西南三十里安箐坝”。

栖凤山　在今湖北宣恩县西南。《方舆纪要》卷82木册长官司：栖凤山在“司北十五里”。

栖凤水　在今湖南郴州市北。《舆地纪胜》卷57郴州：栖凤水“在郴县北五十里。自桂阳军甘陂出”。《方舆纪要》卷82郴州：栖凤水“源出桂阳州南之龙渡山，东北流入州境，至州北五十里之栖凤渡，因名栖凤水。入永兴县界合白豹水”。入耒江。

栖凤渡　一作西凤渡。即今湖南郴州市北五十里栖凤渡镇。《清一统志·郴州二》：栖凤渡“在州西北。路出永兴县”。

栖东县　1941年3月山东革命根据地由栖霞县东部析置，治马连家（今山东栖霞市东北马陵家）。1953年7月撤销，并入栖霞县。

栖里　即今浙江杭州市余杭区西北塘栖镇。《浙江省立图书馆馆刊》3卷3期《馆藏善本书题识》有《栖里景物略》。夏定域云：“栖里即唐栖，杭州附郭之大镇也。”

栖灵山　在今江西黎川县西北。《方舆纪要》卷86建昌府新城县：栖灵山在“县西北三十里。峰峦耸秀，绵亘数里”。

栖鸡川　在今四川茂县西北。《寰宇记》卷81悉州：“东南至栖鸡川界一百里。”《清一统志·茂州》：废真州，“《旧志》：废真州在叠溪所西南百里，有栖鸡川。《明统志》谓汶山西北有栖鸡老翁城，唐时吐蕃所筑，当即此也”。

栖鸡村　在今四川北川羌族自治县西北。《舆地纪胜》卷149茂州：栖鸡村，“《图经》云：去茂州东北一百七十里。有三路：一通茂州；一通龙州；一通绵州，皆吐蕃险要之地，今隶石泉军”。

栖鸡坪　即今四川峨边彝族自治县西南大堡镇。《方舆纪要》卷72峨眉县“土地关”条下：“永宁墩八里乃至栖鸡坪，今筑平彝堡处，城池、候馆咸备。”

栖鸡城　亦名鸡栖城。唐吐蕃建，在今四川茂县西北。《资治通鉴》：唐贞元十七年（801），韦皋“遣将将兵二万分出九道，攻吐蕃维、保、松州及栖鸡、老翁城”。《新唐书·吐蕃传》：元和十三年（818），“剑南兵拔峨和、栖鸡城”。皆此。

栖贤山　①旧名小天台山。在今江西进贤县东七十里。《明一统志》卷49南昌府：栖贤山“唐抚州刺史戴叔伦携家居此，因名”。

②一名三学山。在今四川金堂县东十二里栖贤乡。《寰宇记》卷76金堂县：栖贤山“在县东北一十三里。阴引道《益州古老传》云：李八百昔游此山，遂有栖贤之号”。

栖贤寺　①南齐参军张希之建，在今江西星子县西北庐山五老峰下。唐李渤尝读书于此。清康熙六年（1667）重修，为庐山五大丛林之一。

②在今安徽寿县西北。《魏书·萧宝夤传》：正始元年（504）三月，“宝夤行达汝阴，东城已陷，遂停寿春之栖贤寺”。即此。

栖贤谷　在今江西星子县西北，庐山含鄱口南。《清一统志·南康府一》：栖贤谷“三峡涧出焉。庐山之谷以三数，栖贤为大。又多奇胜，人乐游之”。

栖真山　即今安徽旌德县西之西山。《寰宇记》卷103旌德县：栖真山“在县西五里。昔窦子明宰邑于池州石埭，上升曾居此山，其坛迹存焉”。《方舆纪要》卷28旌德县“华阳山”条下：“栖真山在县西四里。其西接成子山。栖真而北，为西岭、仙峰、黄龙冈诸山。《旧志》：县四面因山夹徽水为城。是也。”

栖真岩　在今湖南祁阳县北三十里。《方舆纪要》卷81祁阳县：栖真岩“上容千人，内一窍通明出泉，可灌田”。

栖梧山　在今江西樟树市西南。《舆地纪胜》卷34临江军：栖梧山“在军城（今临江镇）之西南三十五里。有观曰玉虚山，有灵茅、丹井”。《清一统地·临江府》栖梧山“在清江县（治今临江镇）西南三十里。绵亘数里。山前濒河，有石曰河皋石，相传周瑜常息此，今呼其处为河皋寨”。

栖隐山　即今安徽含山县西南十五里梅山。《新唐书·地理志》和州历阳县：“有栖隐山，本梅山，皆天宝六年更名。”

栖禅山　在今广东惠州市西。宋唐庚有《登栖禅山》诗。

栖儒桥　明万历年间建。在今湖北大冶市西南十五里。

栖霞山　①又名摄山、伞山。即今江苏南京市东北栖霞山。山分中峰、东峰、西峰三支，中峰最高，名凤翔岭。山中有栖霞寺。还有千佛岩、舍利塔、无量殿等古迹。《南史·明僧绍传》：南齐明僧绍弟庆符罢任，僧绍“遁还摄山，建栖霞寺而居之”。山以寺为名。

②在今山东单县东五里。平原中土山突起。《方舆纪要》卷32单县“大陵山”条下：栖霞山，“相传梁孝王尝游此”。

③亦名栖霞洞。在今广西桂林市东三里七星山。南宋范成大《桂海虞衡志》：“栖霞洞在七星山。”

④又名东山。在今贵州贵阳市东门外。《清一统志·贵阳府一》：栖霞山“在府城东五里。一名东山。翠巘崔嵬，峭壁千仞。《名山胜概记》：山半有洞曰来仙”。

栖霞市　1995年撤销山东省栖霞县，改设栖霞市，市人民政府驻栖霞城翠屏街道办事处。由烟台市代管。

栖霞寺　南齐永明七年（489）建。在今江苏南京市东北栖霞山中峰西麓。为江南著名古刹之一。唐初改为功德寺，增建殿宇、楼阁四十余所，极为壮观。与山东灵岩、荆州玉泉、天台国清，并称为国内“四大丛林”。武宗会昌中废。宣宗大中五年（851）重建，南唐改为妙因寺。北宋太平兴国五年（980）改为普云寺。景德五年（1008）改赐景德栖霞寺。元祐改严因崇报禅院。明洪武仍名栖霞寺。清咸丰年间毁于火，光绪三十四年（1908）以后，又重新修造，形成今日之规模。今寺门前有唐高宗为栖霞寺创始人所立《明征君碑》，寺内有纪念唐高僧鉴真过海的大师堂，寺后有南唐舍利塔，塔后山崖间为齐梁间开凿的千佛岩。

栖霞寺舍利塔 在今江苏南京市东北栖霞山栖霞寺内。建于五代南唐时期（937—975）。塔平面作八角形，密檐式五层，下有塔基和须弥座台基，全部石砌，高19米。塔基座上镌刻鱼虾和海水等纹样，须弥座的束腰上有释迦八相传图。塔身通体密布金刚力士、小佛、檐缘、瓦垄、脊饰和刹上花纹等，雕饰精美生动。1988年定为全国重点文物保护单位。

栖霞县 金天会二年（1124）伪齐刘豫置，属登州。治所即今山东栖霞市。元于钦《齐乘》卷1“艾山”条下：“栖霞县本以山得名。”明、清属登州府。民国初属山东胶东道。1925年改属东海道。1928年直属山东省。1995年改设栖霞市。

栖霞岭 在今浙江杭州市西。宋《淳祐临安志》卷9：栖霞岭“旧多桃花，开时如蒸霞，故以栖霞目之”。岭有紫云、黄龙、栖霞诸洞。下有岳飞墓。

栖霞洞 在今浙江杭州市西栖霞岭上。明田汝成《西湖游览志》卷9：栖霞洞“穹然如夏屋，双石相倚为门阃，风从南来，谽谺而出，蹇骨凄神，不可久伫，故暑游最胜”。

栖霞街 即今江苏南京市东北栖霞镇。南宋《景定建康志》卷16：栖霞市“在上元县长宁乡摄山栖霞寺前，去城四十五里”。清同治《上江两县志》卷5《城厢》：有“栖霞街”。

栖霞楼 旧在今湖北黄冈市郡仪门外西南隅。宋陆游《入蜀记》：栖霞楼“本太守闾邱孝终公显所作。苏公《乐府》云，小舟横截春江，卧看翠壁红楼起，正谓此楼也。下临大江，烟树微茫，远山数点，亦佳处也。楼颇华洁。先是郡有庆瑞堂，谓一故相所生之地，后毁以新此楼”。原楼宋末毁。明重修，后毁。近来移此重建。

桢中 亦作损中、顿中。在今新疆疏勒县或疏附县。《后汉书·西域传》：建宁三年（170），任涉等“讨疏勒，攻桢中城，四十余日不能下，引去”。

桢林县 西汉置，属上郡。治所在今内蒙古准格尔旗西南。东汉末废。

桢陵县 西汉置，属云中郡，为西部都尉治。治所在今内蒙古清水河县西北喇嘛湾镇南拐子上古城。东汉改名箕陵县。东汉末废。

桄榔山 在今湖南宜章县东一里。《舆地纪胜》卷57郴州：桄榔山“旧多桄榔木、奇石”。

桄榔庵 在今海南省儋州市西北中和镇南。《舆地纪胜》卷125昌化军：桄榔庵“东坡谪儋耳无地可居，偃息于桄榔庵，林下摘叶书名以记其处”。《清一统志·琼州府二》：桄榔庵“在儋州城（今中和镇）南。旁有桄榔林。宋苏轼谪儋时，结庵其下，为偃息之所，尝摘叶书铭记之”。

桐 ①商邑，在今河南虞城县东北。《春秋经传集解后序》引《纪年》称：“仲任崩，伊尹放大甲于桐，乃自立也。伊尹即位，放大甲七年，大甲潜出自桐。”

②春秋晋邑。在今山西闻喜县东北。《水经·涑水注》引《竹书纪年》：“翼侯伐曲沃，大捷。武公请成于翼，至桐乃返。”即此。

③西周国名。春秋时楚附庸国。偃姓。在今安徽桐城市北。《左传》：定公二年（前508），“桐叛楚”。杜注：“桐，小国，世属于楚。庐江舒县南有桐乡。”

桐口镇 即今福建闽侯县（甘蔗镇）东南桐口。1919年《江西福建明细图》：福建闽侯县（今福州市）西有桐口。

桐山 ①在今安徽无为县西南。《方舆纪要》卷26无为州：桐山“亦在州西九十里，有水道通白湖，渔人用箔取鱼，亦名上箔山。又有下箔山，在州西南九十里”。《清一统志·庐州府》：桐山“又名上箔山，即《隋志》庐江县上箔山也。又有下箔山相近”。

②在今福建福鼎市城。《方舆纪要》卷96福宁州：“嘉靖三十九年，倭贼自州城流劫至桐山，指挥卢锜等击败之。”即此。《清一统志·福宁府》：桐山“平坡宽广。旧产桐，故名”。

桐山堡 即今福建福鼎市驻地桐山镇。《明史·地理志》福宁州：“有芦门巡检司，后移桐山堡。”《方舆纪要》卷96福宁州：桐山在“州西北百六十里，接浙江平阳县界。其地险厄，可以戍守。嘉靖三十九年，倭贼自州城流劫至桐山，指挥卢锜等击败之。贼还，复击败之于同坑，又追破之于蒲岐。今设营置戍，为浙闽要隘”。

桐山镇 清置，属福鼎县。即今福建福鼎市驻地桐山镇。以镇内有桐山，因名。

桐川 又名桐汭水、桐水。即今安徽郎溪县境郎川河及桐汭水。《元和志》卷28广德县：“桐汭水在县西五十里。春秋楚子期伐吴，至桐汭是也。”《寰宇记》卷103广德县：“桐水在县西北二十五里。源出白石山，北流入宣城县白沙川入丹阳湖。”《明史·地理志》建平县：“西南有桐川。”

桐门 春秋宋国都城北门。在今河南商丘市南。《左传》：襄公十年（前563）六月，楚、郑“围宋，门于桐门”。

桐乡 ①在今山西闻喜县东北二十里。《汉书·武帝纪》：西汉元鼎六年（前111），武帝“将幸缑氏，至左邑桐乡，闻南越破，以为闻喜县”。

②春秋楚附庸桐国地。在今安徽桐城市北。《汉书·朱邑传》："少时为舒桐乡啬夫，廉平不苛。"晋潘岳《河阳县作》诗："齐都无遗声，桐乡有余谣。"

桐乡市　1993年撤销浙江省桐乡县，改设桐乡市，市人民政府驻梧桐镇。由嘉兴市代管。

桐乡县　①唐武德元年（618）置，属虞州。治所在今山西闻喜县东北。贞观十七年（643）废。

②明宣德五年（1430）析崇德县置，属嘉兴府。治所在凤鸣市（今浙江桐乡市）。《清一统志·嘉兴府一》："县治于梧桐乡之凤鸣寺，取乡为名。"民国初属浙江钱塘道。1927年直属浙江省。1993年改设桐乡市。

桐井墟　即今广东江门市新会区北棠下镇西南桐井村。清光绪《广东舆地全图》：新会县北桐水北有桐井墟。

桐木水　即今江西铅山县东南铅山河。《清一统志·广信府一》：桐木水"在铅山县南五十五里。源出福建崇安县界，流入分水关，北合紫溪，又合黄檗水、车盘水，至汭口入上饶江。亦名铅山水"。

桐木市　即今江西萍乡市北桐木镇。《清一统志·袁州府》"江西市"条："桐木市在（萍乡）县北九十里。"

桐木关　①在今福建武夷山市西北，接江西铅山县界。《清一统志·建宁府》：桐木关"在崇安县西一百二十里。南通邵武府光泽县，西通江西铅山县黄柏坂"。

②即今江西铅山县南桐木关，与福建武夷山市接界。《清一统志·广信府二》"分水关"条下：铅山县（治今永平镇）"西南八十里有桐木关"。

桐木岭　在今江西井冈山市（茨坪）东北二十五里。为井冈山五大哨口之一，是通往永新县的要道。1929年1月，国民党反动派对井冈山进行"围剿"时，企图从此突破，进行猛烈的炮击和偷袭，均未能得逞。

桐木墟　即今广西金秀瑶族自治县西北桐木镇。清光绪《广西舆地全图》修仁县图：西南有桐木墟。

桐木镇　在今广西永福县西南三皇乡北桐木村。明属永宁州，置土巡司于此。

桐冈岭　在今福建沙县东南。《方舆纪要》卷97延平府沙县：桐冈岭"在县东南十五里，上多梧桐"，故名。

桐水　①一称桐汭水。在今安徽广德县西。《左传》：哀公十五年（前480）夏，"楚子西、子期伐吴，及桐汭"。杜注："宣城广德县西南有桐水，出白石山，西北入丹阳湖。"《方舆纪要》卷29广德州：桐水在"州西北二十五里。亦曰桐川。桐汭之名因此"。

②在今广东江门市新会区北，东北距棠下镇六里。清道光《新会县志》卷2："桐水一出磨耳坳，绕出大凹村之后，一自小径绕大凹村之前，与大径水合下岑村，兼并溪公坑之分流而汇于桐井，折而至杉荫、罗冈以冲黎海与川水合。"注中都水。

桐丘　春秋郑邑。在今河南扶沟县西二十里。《左传》：庄公二十八年（前666），楚军侵郑，"郑人将奔桐丘"。即此。

桐台（臺）镇　北宋置，属阳山县。在今广东阳山县南。《清一统志·连州》"青龙镇"条引《阳山县志》："桐台镇在县南十里。旧置桐台驿于此。元末废。"

桐扣山　在今浙江杭州市余杭区西南。《水经·浙江水注》："《异苑》曰：晋武时吴郡临平岸崩，出一石鼓，打之无声，以问张华，华曰，可取蜀中桐材，刻作鱼形，扣之则鸣矣。于是如言，声闻数十里。"

桐过县　西汉置，属定襄郡。治所在今内蒙古清水河县西黄河东岸。东汉末废。《水经·河水注》：河水"又南过赤城东，又南过定襄桐过县西"。

桐江　指今浙江钱塘江干流自建德市梅城镇至桐庐县城一段。《方舆纪要》卷90桐庐县：桐江"在县治南。即浙江上源也，经桐君山下，因曰桐江"。

桐江水　在今湖南邵东县西南。《清一统志·宝庆府一》：桐江水"在邵阳县（今邵阳市）东南。源出金仙山，北流至董家湾，合槎水又西北入邵"。

桐江驿　在今浙江桐庐县城。《方舆纪要》卷90桐庐县：桐江驿"在县城东潢港口，旧临江，名州河驿，后移而北，改今名"。

桐村　即今江西分宜县东北洞村乡。清同治《江西全省舆图》卷5袁州府：分宜县东北有桐村。

桐庐山　即桐君山。在今浙江桐庐县东北。《太平御览》卷489："《许迈别传》曰：'迈好养生，遣妾归家，东游采药于桐庐山。'"即此。

桐庐江　即桐溪。今浙江桐庐县西北分水江。《元和志》卷25桐庐县：桐庐江"源出杭州于潜县界天目山，南流至县东一里入浙江"。《寰宇记》卷95分水县："取桐庐江水中分为名。"

桐庐县　三国吴黄武五年（226）分富春县置，属东安郡。治所在今浙江桐庐县西二十五里。《元和志》卷25："以居桐溪地，因名。"七年（228）改属吴郡。隋开皇九年（589）省。仁寿二年（602）复置，属睦州，徙治今县西八里旧县乡。大业初属遂安郡。唐武德四年（621）为严州治。七年州废，仍属睦州。开元二十六年（738）徙今桐庐县治。北宋宣和三年（1121）属严州。南宋咸淳元年（1265）属建德府。元属建德路。明、清属严州府。民国初属浙江金华道。1927年直属浙江省。

桐汭　古地区名。在今安徽郎溪县西北及宣城市东北境，北接江苏高淳县界。《左传》：哀公十五年（前480）夏，"楚子西、子期伐吴，及桐汭"。杜注："宣城广德县西南有桐水，出白石山，西北入丹阳湖。”为古桐水汇入丹阳湖隈曲处，即今南漪湖散流北入水阳江南北的水网地带。

桐牢亭　即春秋郑虫牢邑。在今河南封丘县北。《春秋》：成公五年（前586），会诸侯“同盟于虫牢”。杜注：“陈留封丘县北有桐牢。”《续汉书·郡国志》陈留郡封丘县：“有桐牢亭，或曰古虫牢。”

桐君山　在今浙江桐庐县东北分水江入富春江处北岸。《舆地纪胜》卷8严州：桐君山“在桐庐。有人采药结庐桐木下，人问其姓，指木示之，因名山曰桐君山”。

桐陈县　唐武德三年（620）置，属桃州。治所在今安徽广德、郎溪二县境。七年（624）废入绥安县。

桐林遗址　在今山东淄博市临淄区齐国故城西二十里路山西侧桐林，为新石器时代晚期龙山文化遗址。总面积31万平方米。遗址四面环水，中间地势高达7米，发现一座龙山文化城址。在城址中部发现一处半地穴式窖穴，出土陶礼器几十件，其中有陶鼓、鼎、盆和特大的陶甗（高1.13米）叠次排列。另外，还出土薄如纸的蛋壳高柄杯残片。地层中经常出现没有使用过的石器工具，表明城内有加工石器的场所。以桐林遗址为中心，周围分布着众多遗址。桐林遗址是龙山时代淄瀰河流域的中心遗址，对研究中国文明的起源和早期城市的起源具有重要价值。2001年定为全国重点文物保护单位。

桐岭　在今浙江桐庐县西北三十二里。《方舆纪要》卷90分水县：桐岭在“县（今分水镇）东六十里”。

桐岭墟　在今广西武宣县南四十里桐岭镇。清光绪《广西舆地全图》武宣县图：南有峒岭墟。

桐河镇　即今河南唐河县西北桐河乡。清康熙《南阳府志》卷2《集镇》：“桐河镇，（唐）县西五十里。”

桐油驿　元至元十七年（1280）置，在今广东遂溪县西北三十五里桐油村。明初改建于遂溪县城内。

桐油站　元置，在今广东遂溪县西。

桐城　福建泉州市的别称。因筑城时环城皆植刺桐，故号桐城。

桐城市　1996年撤销安徽省桐城县，改设桐城市，市人民政府驻碧峰街道。由安庆市代管。

桐城县　唐至德二年（757）改同安县置，次年属舒州。治所即今安徽桐城市。《舆地纪胜》卷46安庆府：桐城县，“《元和郡县志》：取桐乡为名”。宋属安庆府。南宋末移治枞阳镇，后又移今贵池市西李阳河。元复还旧治，属安庆路。明属安庆府。民国初属安徽安庆道。1928年直属安徽省。1996年改设桐城市。

桐城镇　北宋置，属建昌县。在今江西安义县西南五里。明属安义县。

桐柏山　①在今浙江天台县西北。《寰宇记》卷98台州宁海县：桐柏山，“《登真隐诀》云：其山八重，四面视之如一，金庭不死之乡，方四十里”。《方舆纪要》卷92天台县：桐柏山在“县西北二十五里。天台之支山也。故天台也兼桐柏之名”。

②又名丹池山、金庭山。在今浙江嵊州市东南七十二里。《隋书·地理志》：会稽郡剡县“有桐柏山”。《寰宇记》卷96越州剡县：桐柏山，“《灵宝经》云：上有桐柏合生，下有丹池、赤水。南岳真人云：越有桐柏之金庭，吴有勾曲之金陵”。《舆地纪胜》卷10绍兴府：桐柏山“天宝六载改为丹池山”。

③在今河南桐柏县西南。《尚书·禹贡》：“导淮自桐柏。”《汉书·地理志》平氏县：“《禹贡》桐柏大复山在东南，淮水所出。”《水经·淮水》：“淮水出南阳平氏县胎簪山，东北过桐柏山。”《禹贡锥指》：“大复、胎簪皆其支峰，《禹贡》则总谓之桐柏也。”

④一名西山。在今湖南临武县西二十里。《水经·溱水注》：“武溪水出临武县西北桐柏山。”《清一统志·桂阳州》引《临武县志》：“桐柏山西界蓝山，直接九疑之麓，山势险绝，雄踞百余里。溪洞深杳，僚民耕猎其间。地近广西，山气严凝，春犹积雪。”

桐柏观　在今浙江天台县西北桐柏山上。《资治通鉴》：唐咸通元年（860）春正月，“浙东军与裘甫战于桐柏观前”，即此。

桐柏县　隋开皇初改淮安县置，属显州。治所即今河南桐柏县东固县镇。《元和志》卷21：“取桐柏山为名也。”大业初属淮安郡。唐属唐州。北宋开宝六年（973）移治今桐柏县。元至元三年（1266）废。明成化十二年（1476）复置，属南阳府。民国初属河南汝阳道。1927年直属河南省。

桐柏镇　①即今河北廊坊市东北二十里桐柏镇。清于此设武清营都司，后改设外委驻防。

②即今河南桐柏县治。元废桐柏县为镇，属唐州。明属唐县，置桐柏镇巡司。成化十二年（1476）复置桐柏县于此。

桐洲　在今浙江富阳市西南。《方舆纪要》卷90富阳县：富春江，“（县）西南五十里有桐洲，以上接桐江而名，尾入孙洲”。《清一统志·杭州府一》：桐洲“有濑，世传为子陵垂钓处”。

桐栖港　在今海南省陵水黎族自治县南。《清一统志·琼州府一》：桐栖港“在陵水县南三十里。一名卤水港。又名南山港。《府志》：明万历十七年，海贼李茂党掠陵水，由桐栖港入，兵备孙秉阳破之”。

桐峪　在今陕西山阳县西。《清一统志·商州》：桐峪“在山阳县西二十里”。

桐梓县　明万历二十九年（1601）置，属四川遵义府。治所在今贵州桐梓县北六十里新站镇。旋移今桐梓县。清雍正六年（1728）随遵义府改属贵州。民国初属贵州黔中道。1920年直属贵州省。

桐梓驿　明洪武六年（1373）置，即今贵州桐梓县北新站镇。万历二十九年（1601）改置桐梓县。

桐源山　又名白石山、太首山。即今安徽广德县西南八十里太山。为桐水发源地。《寰宇记》卷103广德县：桐源山“在县南八十里。按《左传》：鲁哀公十五年夏，楚子西、子期伐吴，及桐汭。杜注云，广德县西南有桐水，出白石山，西北入丹阳湖也”。《元丰九域志》卷6：广德县“有桐源山”，即此。

桐源街　又作同源墟。即今江西抚州市临川区西北四十里桐源乡。清同治《江西全省舆图》卷2：临川县西有桐源墟。

桐溪　①即今安徽桐城市东南龙眠河。《舆地纪胜》卷46安庆府：桐溪“在桐城县北。发源龙眠山”。《方舆纪要》卷26桐城县：桐溪“在县城东。源出龙眠诸山，绕城而南，引流入城，曰桐渠。复南出溉民田，下流入枞阳河”。

②又名桐庐江、天目溪。即今浙江桐庐县西北分水江。《水经·渐江水注》：“紫溪东南流，径桐庐县东为桐溪……桐溪又东北，径新城县入浙江。”《方舆纪要》卷90桐庐县：桐溪“其上流即于潜县之紫溪也，自分水县南流入县界。亦曰天目溪，入县境为桐溪，绕郭而东南，出桐君山下入桐江”。

③在今福建闽侯县（甘蔗镇）东。《方舆纪要》卷96福州府：桐溪“在府西北三十里，俗谓之洞口。其相近有陈塘溪，俱流通大江”。

桐墟　在今安徽宿州市西南。《资治通鉴》：五代晋天福五年（940），晋赴南唐“使者自桐墟济淮，唐主遣战舰拒之”。即此。

桐寨铺　即今河南唐河县西北桐寨铺镇。清乾隆《唐县志》卷1《集镇》：“桐寨铺，县西四十里。”

桐槽　在今四川喜德县西北冕山镇。《明史·李应祥传》：万历年间，“（周）光镐先设疑，以尝相岭贼，贼果退据桐槽。桐槽者，大咱巢穴也。……（边）之垣亦屡破桐槽，大咱亡入山峪中”。

株　春秋陈邑。在今河南柘城县北。《元和志》卷7宁陵县：“故柘城，在县南七十里。陈之株邑。”

株林　春秋陈国大夫夏征舒的封地。在今河南西华县西南。《诗经·陈风·株林》：“胡为乎株林，从夏南。”夏南即夏征舒，征舒字子南。《寰宇记》卷10西华县：“夏亭城在县西南三十里。……今城北五里有株林。即夏氏邑，一名华亭。”

株柳村　即今浙江临安市西株柳村。元末置巡司于此。

株树潭　即今江西万载县西南株潭镇。《清一统志·袁州府》：珠树潭巡司“在万载县。明初置铁山界巡司，本朝乾隆三十年移驻于此”。

株洲市　亦作洙洲市。即今湖南株洲市。旧属湘潭县，清置巡司于此。1951年由湘潭县析置株洲市。1956年升为地级市，由省直辖。

株栗寨　在今湖北长阳土家族自治县西南。民国《湖北通志》卷36长阳县：株栗寨“《县志》：嘉庆二年教匪首领覃家耀等由剪刀山据株栗寨。又同治三年逆首田士珺倡乱，亦负嵎于此。后均为官军所破。案，株栗寨在县西南百一十里之株栗山。光绪《湖北舆地记》谓之株栗汛，有把总戍守”。

株萍铁路　由今湖南株洲市至江西萍乡市。全长83公里。为萍乡煤矿运煤而筑。清光绪二十五年（1899）动工，因受义和团影响，曾停工10个月。二十九年（1903）修通萍乡至醴陵段。二十一年（1905）全线竣工。1937年成为浙赣线的一段。

株潭镇　亦名株树潭镇。即今江西万载县西南株潭镇。《清一统志·袁州府》：珠树潭巡司“在万载县。明初置铁山巡司，本朝乾隆三十年移驻于此”。

桥上桥　原名赤水桥。在今陕西华县西赤水河上。桥身全部以花岗石条砌筑，下桥为七孔拱形石桥，上桥为九孔拱形石桥。据清光绪《三续华州志》载：下桥始建于清顺治十七年（1660），竣工于康熙六年（1667）。后因山洪暴发，河床淤高，桥眼堵塞，遂于道光十二年（1832）又在原桥之上叠建一座九孔石拱桥，从而形成了桥上桥的奇观。

桥口　即今湖南望城县西北三十四里乔口镇。《资治通鉴》：五代后周广顺二年（952）十月，吴越伐南唐，“甲午，（王）逵等克桥口及湘阴”。

桥口市　一作硚口市。即今湖南郴州市东北五十里桥口镇。清光绪《湖南通志》卷1郴州图：州东北有桥口市。

桥口镇　唐置，属长沙县。即今湖南望城县西北三十四里乔口镇。

桥山　①在今河北涿鹿县东南。《水经·㶟水注》：温泉水“上承温泉于桥山下。《魏土地记》曰：下洛城东南四十里有桥山，山下有温泉，泉上有祭堂”。《魏书·太宗纪》：泰常七年（422），如广宁，“幸桥山，遣使者祠黄帝、唐尧庙”。

②即今山西曲沃县东北乔山。《清一统志·平阳府一》：桥山“在襄陵县（今襄陵镇）东南四十里，接曲沃县界。山形峭拔，其东北支岭曰石牛”。又引《曲沃县志》曰：“桥山在县东北四十里。中有石洞，窈然无际，山覆其上如桥然。今省作乔。”

③即今云南江川县西南架雄山。汉至晋称桥山。《晋地道记》：“有桥水，出桥山。”

④在今陕西黄陵县北。《寰宇记》卷35坊州中部县：“按《山海经》云，其山下水流通，故曰桥山。又《史记》云，黄帝葬于其山，今陵冢尚在。大历七年置庙，开宝二年敕修庙祭祀。在州西二里。”

桥水　①即今云南澄江县南抚仙湖东入南盘江的海

口河。汉至南朝称桥水。《汉书·地理志》 俞元县："池在南，桥水所出，东至毋单入温，行千九百里。"（按，原文里距可能有误）。

②即今云南南部之曲江。汉至晋称桥水。《汉书·地理志》 益州郡毋棳县："桥水首受桥山，东至中留入潭。过郡四，行三千一百二十里。"

桥邓隘 亦作桥屯隘。在今广西鹿寨县西北。《方舆纪要》卷109洛容县：桥邓隘"在县北。万历二年，官兵平洛斗诸巢，贼败散，乃设兵分屯扼塞，一守桥屯隘，一守都勒隘，一守平经隘，于三板堡设堡一，屯兵戍守"。

桥东区 在河北省石家庄市区中部。辖9街道办事处、1镇。区人民政府驻长征街。因地处铁路桥东而得名。1947年为三、四区，1955年三区改名东华区，四区改名和平区，同年两区合并称桥东区。2014年撤销石家庄市桥东区。将原桥东区的中山东路、阜康、建安、胜北4个街道和桃园镇划归石家庄市长安区管辖；将原桥东区的东华、休门、彭后、东风、汇东5个街道划归石家庄市桥西区管辖。

桥东墟 即今江西丰城市东南桥东镇。清同治《南昌府志》卷4丰城县：桥东墟"在县南三十里"。

桥头 在今甘肃文县东南白龙江畔。《三国志·魏书·钟会传》：景元四年（263），"乃下诏使邓艾、诸葛绪各统诸军三万余人，艾趣甘松、沓中连缀维，绪趣武街、桥头绝维归路"。

桥头汛 在今云南丽江市玉龙纳西族自治县西北一百零六里中兴村。清设桥头汛。

桥头驿 ①即今辽宁本溪市南桥头镇。民国熊知白《东北县治纪要》辽宁本溪县："桥头，此地一名细河沿，合附近村落，又名白云寨，距今百年前，因细河流急，车马交通不便，居民于此架土桥，始有桥头之称。"清光绪《奉天全省地舆图说图志》辽阳州图：东南有细河沿。

②在今湖南望城县东北二十六里桥驿镇。旧属长沙县，设驿丞。清置巡司于此。

桥头铺 ①即今安徽宁国市西南四十里桥头铺，道通绩溪县。民国《宁国县志》图：西南有桥头铺。

②即今四川荣县东南自贡市西贡井区西南桥头镇（桥头铺）。清道光《荣县志》卷10：桥头铺场在"县南九十里……本铺递名"。

桥头集 ①即今安徽六安市东北五十里东桥镇。清乾隆《六安州志》卷3：桥头集在"州西北二十里"。

②即今安徽肥东县东南桥头集镇。清光绪《续修庐州府志》卷3：桥头集"（距城）七十里"。

桥头墟 即今广西贵港市东南五十里桥圩镇。明置巡司于此。

桥头寨 在今陕西宝鸡市陈仓区东与岐山县交界处。《宋史·高宗纪》：南宋绍兴三十一年（1161）九月，"吴璘遣将彭青至宝鸡渭河，夜劫金人桥头寨，破之"。即此。

桥头镇 ①即今江苏南京市江宁区南桥头村。清《江宁市政司属疆域表》：江宁县有桥头镇。

②即周铁桥镇。今江苏宜兴市东北四十五里周铁镇。清光绪《江苏全省舆图》宜兴县记："周铁桥镇在城东北四十五里。"有巡司。民国《江苏六十一县志》：宜兴县东北有"周铁桥镇"，"周铁桥亦名桥头，距治四十五里，为滨湖要口，旧下邾巡检驻此"。

③在今江苏句容市东北七十里桥头镇村。清光绪《江苏全省舆图》句容县："桥头镇在城东北七十里。"

④即今河南社旗县西二十四里桥头镇。旧属南阳县。清光绪《南阳县志》卷3："桥头，县东北五十里。"

桥州 ①唐贞观六年（632）以处降羌置，为羁縻州，属松州都督府。治所在今四川若尔盖县西境。后废。

②唐贞观六年（632）置，为羁縻州，属安定州都督府。当在今甘肃庆阳市境。后废。

桥江市 即今湖南溆浦县东二十里桥江镇。清光绪《湖南通志》卷1溆浦县图：县东有桥江市。

桥江县 唐乾元中改沅江县置，属岳州。治所即今湖南沅江市。北宋乾德元年（963）复改沅江县。

桥坝河镇 即今重庆市綦江县南桥河乡。民国《綦江县志》卷1：桥坝河场"在遵里，通贵州大道，治南十里，始光绪初期"。

桥丽江 在今广西玉林市西南。《方舆纪要》卷108郁林州：桥丽江"在州南三十里。源出白石洞，又有沙田江，在州南四十里，源出州东南六岑山，俱流汇于南流江"。

桥陵 ①桥山黄帝陵。在今陕西子长县西北梁山。《史记·五帝本纪》："黄帝崩，葬桥山。"《汉书·地理志》 上郡阳周县："桥山在南，有黄帝冢。"《汉书·武帝纪》：元封元年（前110），"祠黄帝于桥山"，即此。自唐以后始移桥山及黄帝陵于今陕西黄陵县北，即今黄帝陵。

②唐睿宗李旦的陵墓。在今陕西蒲城县西北三十里坡头镇丰山上。《元和志》卷1京兆府奉先县："县西北三十里有丰山，于此置睿宗桥陵。"唐云麾将军李思训附葬桥陵。有碑，李邕撰，并书。即世传之云麾将军碑。1988年定为全国重点文物保护单位。

桥湾堡 在今甘肃瓜州县东一百七十里桥湾村。清雍正十年（1732）建，设都司驻守。

桥墟 即今广西贵港市东南六十里桥圩镇。清光绪《广西舆地全图》贵县图：东南有桥墟。民国《贵县志》卷1：桥墟"今桥头乡南岸，最著名墟市，为四大墟之一"。

桥墅镇 即乔墅镇。在今江苏江都市北乔墅镇村。

桥镇 在今上海市崇明县治城桥镇西北二里。清雍正《崇明县志》卷2："普济桥镇、中津桥镇俱在北关处，距城二里。"民国《崇明县志》卷2："邑称四镇为最繁盛。北曰普济桥镇，距城二里。……西曰貊貔庙镇，距城三十里。有周神庙，故名。”民国《江苏六十一县志》：崇明县西北有“桥头镇”，并记：“桥头亦称桥镇，距治二里，商业兴盛，过于县城。”1949年并入城桥镇。

桦山　在今山西广灵县东北。《方舆纪要》卷44广灵县：桦山在“县东北三十五里。山多桦树，上有三分寨”。

桦川县　清宣统元年（1909）置，属吉林省。治所即今黑龙江省佳木斯市。民国魏声龢《吉林地志》：“初拟设治于东境桦皮川，故名。”二年因水灾移治悦来镇（今黑龙江省桦川县）。1914年属吉林省依兰道。1928年直属吉林省。1945年划归合江省。1949年划归松江省。1954年划归黑龙江省。

桦门堡　在今山西天镇县东北约五十里。《方舆纪要》卷44大同府：桦门堡“在新平东二十里，万历九年设，十九年增修，周不及一里”。

桦皮厂　即今吉林永吉县西北桦皮厂镇。《清史稿·地理志》：吉林府吉长铁路有桦皮厂站。《吉林乡土志》：“前清初年，满人重骑射，习弓箭，曾于此地辟设箭场，招致工人，制造弓箭及马鞍等。而所需材料，多为桦皮，故号曰桦皮厂。此土人的传称也。……或谓该镇当年盛产桦树皮，设厂存储，用备供品，故名。”

桦皮甸子　在今吉林蛟河市南。民国魏声龢《鸡林旧闻录》：桦甸县“北有桦皮甸子地名，因以为县”。

桦皮沟　亦作桦皮川。在今黑龙江桦川县南。清拟设桦川县以此名。

桦甸市　1988年撤销吉林省桦甸县，改设桦甸市，市人民政府驻人民路。由吉林市代管。

桦甸县　清光绪三十四年（1908）置，属吉林府。治所在官街（今吉林桦甸市）。民国魏声龢《吉林地志》：“县北有桦皮甸子地名，因以名县。”1913年改属吉林省吉长道。1929年直属吉林省。1988年改设桦甸市。

桦林山　①在今甘肃武山县西北。《清一统志·巩昌府一》：桦林山“在陇西县东南四十里。峰峦秀拔，多产桦林木”。

②在今甘肃兰州市西南。《方舆纪要》卷60兰州：桦林山“在州南三十里。山高耸，与马寒、皋兰二山并峙”。清乾隆四十五年（1780），回族据此山反清。

桦林堡　在今山西偏关县西二十里桦岭堡村。《方舆纪要》卷40河曲县：桦林堡“万历二十年建土堡，二十九年增修，周一里有奇。西去黄河三里，与套寇东西相望”。

桦岭山　在今甘肃华亭县东。《明一统志》卷35平凉府：桦岭山“在华亭县东五十里。山多桦树”。

桦南县　1946年析桦川县南部置，属合江省。治所在湖南营（今黑龙江省桦南县）。以在桦川县以南得名。1949年划归松江省。1954年划归黑龙江省。

桦树林子　即今吉林桦甸市东北桦树林子乡。清宣统元年（1909）桦甸县移治于此。民国魏声龢《吉林地志》：“桦甸县，土名桦树林子。……初设治县西辉发河北官街，翌年移治于此。”

桧　即郐。在今河南新密市东七十里古城角寨村。或说在新郑市附近。《毛诗·国风·桧谱》：郑玄曰，“桧者，古高辛氏火正祝融之墟”。

桧无县　汉会无县。晋作桧无县。治所即今四川会理县。

桧溪　即今云南永善县东北桧溪镇。清康熙三十四年（1695）置桧溪阿兴土千户。

桧溪堡　在今四川屏山县西南。《方舆纪要》卷73蛮夷长官司：桧溪堡“在司南。《志》云：司境有四山，龙源、青冈、黄郎、麻坡等处诸蛮与建昌乌蒙、沙骂连接。万历中设桧溪、烟溪等堡”。

桃　①春秋时鲁邑。在今山东泗水县东南。《左传》：昭公七年（前535），谢息纳季孙之言，以孟氏成邑与晋，而“迁于桃”。即此。

②春秋时鲁地。在今山东汶上县东北四十里南陶。《春秋》：襄公十七年（前556），“齐侯伐我北鄙，围桃”，即此。西汉置桃乡侯国。

③战国魏邑，后属秦。在今河南延津县东北。《史记·春申君列传》：秦攻魏，“拔燕、酸枣、虚、桃”。《续汉书·郡国志》东郡燕县：“有桃城。”

桃人　战国魏邑。在今河南长垣县西北。《战国策·秦策四》：楚人黄歇说昭王曰：“王又举甲兵攻魏，……拔燕、酸枣、虚、桃人。”

桃山　①即桃谷山。在今北京市顺义区西北三十五里。《方舆纪要》卷11顺义县：桃山“山有五峰如桃花瓣，巨石错落，横亘数亩。元致和初，上都兵入古北口，留重兵屯燕乐城，以轻骑进抵桃山，燕特穆尔掩击之于白狼河，追至桃山，降其众”。即此。

②在今河北万全县西北。《清一统志·宣化府》：桃山“在万全县西北新河口堡东北三里。亦名桃山台”。

③在今山东滕州市东南三十里。《太平御览》卷42：“《地理志》曰：桃山即华莱山也。一名义珠山。”

桃山驿　明洪武四年（1371）置，属潮州府揭阳县。在今广东揭阳市东二十里桃山。

桃山侯国　西汉置，属泰山郡。治所在今山东宁阳县东北十八里石集镇。东汉省。

桃川千户所　明洪武二十九年（1396）置，在今湖南江永县西南六十二里桃川镇。

桃川镇　即今湖南江永县西南六十二里桃川镇。明洪武二十九年（1396）置桃川守御千户所，并置巡司于此。

桃子园　即今广东紫金县西南义容镇。《明史·地理志》惠州府永安县：“西南有宽仁里巡检司，治苦竹派，后迁桃子园。”

桃乡侯国　西汉鸿嘉二年（前19）封东平思王子宣为桃乡侯国于此，属泰山郡。治所在今山东汶上县东北四十里南陶。东汉废。

桃支岭 一作桃枝岭。又名桃花岭、冯公岭。在今浙江缙云县西南三十里。《陈书·世祖纪》：天嘉三年（562）三月庚寅，“司空侯安都破留异于桃支岭”。即此。

桃水 ①即涿水。今河北涿州市北拒马河。《水经·圣水注》：“涿水又亦谓之桃水。”

②亦名洮水。在今山西平定县及阳泉市境内。《水经·浊漳水注》：“绵蔓水上承桃水，水出乐平郡之上艾县东流，世谓之曰桃水。……桃水又东南流径绵蔓县故城北，……自下通谓之绵蔓水。”《清一统志·平定州》：绵蔓水“在州东北。源发寿阳县东，有二源：一出鸦儿峪曰南芹泉，一出太平峪曰北芹泉，水色赤浊，合流名太平河，东流至州界曰桃水，亦称桃河。又东入直隶正定府井陉县界冶河”。

桃叶（葉）山 又名晋王山。在今江苏南京市六合区南六十里。《资治通鉴》：隋开皇九年（589），“晋王广帅大军屯六合镇桃叶山”。即此。

桃叶（葉）渡 故址在今江苏南京市南秦淮河与青溪合流处。宋张敦颐《六朝事迹编类》卷5：桃叶渡，“《图经》云：在（江宁）县南一里秦淮口。桃叶者，晋王献之爱妾名也。其妹曰桃根，献之诗曰：‘桃叶复桃叶，渡江不用楫，但渡无所苦，我自迎接汝’。不用楫者，谓横波急也。尝临此渡，歌送之。杨修有诗曰：‘桃叶桃根柳岸头，献之才调颇风流。相看不语横波急，艇子翻成送莫愁’”。

桃丘 春秋时卫邑。在今山东阳谷县东境陶城铺。《春秋》：桓公十年（前702），“秋，公会卫侯于桃丘，弗遇”。杜注：“桃丘，卫地。济北东阿县东南有桃城。”《方舆纪要》卷33载：“汉高封功臣刘襄为桃侯，邑于此。今安平镇东十八里为桃城铺。旁有一丘，高可数仞，即桃丘矣。”

桃仙都 在今广东揭阳县东南。清顺治十年（1653）移北寨巡司于此。

桃仔园 即今台湾省桃园市。清设桃仔园，有把总驻守。据《台湾通志》称：“桃园原名桃仔园，因乾隆初年，境内开发初期，移民遍植桃花，缤纷馥郁，遂以桃仔园为名。”1950年置桃园县。2011年1月，改为桃园市。

桃竹溪 在今贵州沿河土家族自治县北。《方舆纪要》卷122思南府沿河祐溪长官司：“桃竹溪在府北高歇峰下，流合河由江。”

桃庄 即今河北涿州市西桃庄。民国《涿县志》卷1：张桓侯故里在“县西南里许桃庄，为汉张桓侯故里。今废”。

桃关 即今四川汶川县南岷江东岸桃关。《水经·江水注》：都安县“有桃关”。《方舆胜览》卷55茂州：桃关“在汶川县之南八十里。远通西域，公私经过，唯此一路。关北当风穴，其一二里间，昼夜起风，飞沙扬石”。清设汶川县丞分防于此。

桃州 唐武德三年（620）置，治所在绥安县（今安徽广德县）。以西南有桃山为名。辖境相当今安徽广德、郎溪县地。武德七年（624）废。

桃江 在今江西信丰县东。《方舆纪要》卷88赣州府信丰县：桃江“在县东。源出龙南县冬桃山，北流曲折凡五百三十里，经县界北流入于贡水。县境群川汇于此，亦谓之信丰江。《志》云，桃江两岸巉岩险峻，有滩十六，曰乌漾、枯木、三摺、梓木、石濑、龙江、圆潭、上寒、下寒、上智、咽人、三港、下顺、剑门、车轮、断龙诸滩。而乌漾尤峻险，舟楫难通，近年始凿云”。《清一统志·赣州府一》：桃江水“中多滩险，而龙南之龙头，信丰之乌漾，二滩尤甚。明季至今开凿渐平。南雄盐利，由此通焉”。

桃江水 在今江西南部。为贡水支流。源出全南县西南赣、粤边境。东北流经龙南、信丰等县，至赣县茅店东汇入贡水。《清一统志·赣州府一》：桃江水“在新丰县东。源出龙南县西南冬桃山。东北流会诸山所出太平、大龙等水。又东北径县西，至县北宫山下，与渥、廉二水合，曰三江口。又北流三十里，径龙头滩，入信丰县界，与黄田江水合。又东北二十里，合方溪水。又东北四十里，合小河水。又东北五十里，径县东至县东北，与北江水合。又东北十余里至龙湖口，合三江水。又北流二十里至双溪口。又北二十里至乌漾滩，入赣县界。又北五十里至羊乌渡。又北八十里入于贡水。在龙南者名桃水，在信丰者名桃江，入赣县又名信丰江。中多滩险，而龙南之龙头，信丰之乌漾，二滩尤甚。明季至今开凿渐平，南雄盐利，由此通焉”。

桃汕坪寨 在今湖南宜章县西。《方舆纪要》卷82宜章县：桃汕坪寨“宋庆历中，官军讨桂阳蛮唐和等，覆其桃汕坪、熊家原等寨，寻又败贼于银江源，降贼甚众。卢氏曰：其地皆在县境，与广东诸山相连”。

桃花山 ①在今安徽广德县东南境，接浙江安吉县界。《明一统志》卷17广德州：桃花山“在州城东南六十里。山上多桃，开时如锦绣然。山之石上有金牛及牧童足迹。又有金鸡窠。形皆天成”。

②即今浙江舟山市普陀区西南之桃花岛。系舟山群岛最高点。宋《乾道四明图经》卷7昌国县：桃花山“在县东南一百二十里。耆老相传安期先生学道炼丹于此，尝以醉，墨洒于山石上，遂成桃花纹，奇形异状，宛若天然。人多取之以为珍玩，故山号桃花”。

③在今湖南溆浦县城北。《方舆纪要》卷81溆浦县：桃花山“山高耸，可以守望。其北有桃谷，冈峦秀丽，溪流绕其下”。

④一作桃华山。在今甘肃陇西县东北。《方舆纪要》卷59巩昌府陇西县：桃花山“在府东三十里”。《清一统志·巩昌府一》：桃华山“在陇西县东北三十里，山色红润如桃华，故名。有鲁班峡、蟒洞，深不可测。其右有枲麻谷，多种麻枲”。

桃花水 在今四川三台县东。明曹学佺《蜀中名胜记》卷29潼川州引李膺《益州记》：“桃花溪在东三十里，从涪城县南流入涪水也。"《寰宇记》卷82郪县：桃花水"源出涪城县，南流入当县东，又六十里入射洪县"。《方舆纪要》卷71潼川州：桃花水"在州东三十里，流入涪江"。

桃花江市　即今湖南桃江县治。《方舆纪要》卷80益阳县：资江，"《志》云：资水经县南六十里，谓之桃花江，以夹岸多桃也"。1952年置桃江县于此。

桃花坞　①在今江苏苏州市城西北隅。《清一统志·苏州府一》"桃花坞"条引陈沂《南畿志》："桃花坞在阊门内北城下。宋时为枢密章楶别业。后为蔬圃。明唐寅于此地筑桃花庵。"

②在今安徽池州市西。唐李白有《忆秋浦桃花坞旧游》诗。

桃花岛　在今辽宁兴城市东南十五里海中。《金史·地理志》：兴城县有桃花岛。《明一统志》卷25辽东都司：桃花岛"在宁远卫东一十五里。滨孩，每岁海舟漕运皆泊于此"。

桃花坪　即今湖南隆回县治桃洪镇。原为邵阳县地，清设通判驻此。1949年隆回县迁治于此。

桃花岩　又称桃花洞。在今湖北安陆市西三十里白兆山太白峰西麓。唐李白有《安陆白兆山桃花崖寄刘侍御绾》诗。《舆地纪胜》卷77德安府：桃花岩"在白兆山，即太白读书之处。蔡确诗云：闻说桃花岩石畔，读书曾有谪仙人"。

桃花岭　即桃支岭。在今浙江缙云县西南三十里。《方舆纪要》卷94缙云县"冯公岭"条："明初耿再成驻兵黄龙山，处州将石抹宜孙分兵屯桃花岭……再成取间道出桃花岭，后连拔桃花、葛渡二寨。"即此。

桃花驿　唐置，属商州。在今陕西丹凤县（龙驹寨镇）西北棣花镇。清废。

桃花峡　在今甘肃武山县北五里。《明史·地理志》宁远县："北有桃花峡，两山夹峙，渭水经其中。"

桃花洞　①在今湖南永顺县境。《宋史·郭逵传》作桃花州。《方舆纪要》卷77慈利县："桃花洞在县西三百里。宋熙宁中，蛮彭士义反，澧州守郭逵破之于桃花洞，即此。"

②即今湖南吉首市西堂乐洞。《清一统志·乾州直隶厅》：桃花洞"在厅西北十五里。有石室。洞口桃花甚盛"。

③在今重庆市长寿区东北。《方舆纪要》卷69长寿县：桃花溪上有桃花洞。清嘉庆《四川通志》卷11长寿县：桃花溪，"《府志》：溪源出老龙洞，南流三十里至桃花洞，又五里过新桥入江"。

桃花堡　明嘉靖中筑堡。即今河北蔚县东北九十里桃花镇。清于此设把总驻守。

桃花港　一名五斗港。在今江苏常州市武进区东北。《方舆纪要》卷25常州府武进县"澡港"条下：桃花港"在府东北，下流合于网头河。洪武二十八年开浚，弘治六年复浚。《江防考》：港东接江阴界，陆走府城北门。倭寇易于登犯，为防守要地。嘉靖中尝议挑浚。一名五斗港"。

桃花渡　在今浙江宁波市城区姚江之滨桃渡路一带。《方舆纪要》卷92宁波府：桃花渡在"府东北三里，即鄞江渡也。渡北有天成高阜九十有九，独一阜半入于江，谓之江北墩"。自新江桥建成后，渡废。

桃花源　在今湖南桃源县西南三十里桃源山。相传即晋陶潜所记桃花源。

桃花源古建筑群　在今湖南桃源县西南三十里沅江南岸水溪。这一带约5平方公里地区风光秀丽。相传因晋诗人陶渊明作《桃花源记》而著名。自唐代始建寺观，宋时鼎盛，元末又毁于火。清光绪十八年（1892）重修渊明祠，沿山配修亭阁，按陶诗文取名。后屡有修葺。现存集贤祠、桃花观、方竹亭、蹑风亭、探月亭、水源亭、菊圃、千丘田等，还有桃源佳致碑及历代文人题咏碑刻。近年又修复桃花观、秦人硐、高举阁等古建筑。另建特色菜馆，并拓展了桃林。现存最古老的建筑物明代方竹亭，高6米，八面八角，砖石结构，琉璃瓦顶。内有碑石六方。集贤祠一厅四室，内有陶渊明雕像及清代所刻《桃花源记》。2006年定为全国重点文物保护单位。

桃花溪　①在今湖南桃源县西南。《清一统志·常德府》：桃花溪"在桃源县西南二十五里。源出桃花山，北流入沅"。

②即今重庆市长寿区北之桃花溪，为长江支流。《方舆纪要》卷69长寿县：桃花溪"在县治东，上有桃花洞"。《清一统志·重庆府一》：桃花溪"在长寿县东二里。亦自垫江县流入。源出老龙洞，南流三十里至桃花洞，又五里过新桥入江"。

桃花寨　①在今河北文安县西北。《元丰九域志》卷2保定军：桃花寨在"军（按，治所在今文安县西北新镇）北七里"。《清一统志·顺天府四》："《县志》：桃花寨今称旋马，一名结连。相传杨延朗所筑。"

②在今安徽太湖县西北。《方舆纪要》卷26太湖县：桃花寨"在县西八十里，与蕲州接界"。

桃花镇　①在今安徽肥西县东北十里桃花城。《舆地纪胜》卷45庐州：桃花城"在合肥县南四十里"。

②即今湖北红安县东桃花村。《清一统志·黄州府二》：桃花镇"在黄安县东三十里。宋、元时为孔道，旧有烟墩，每舍相望，遗址犹存"。

桃花潭　在今安徽泾县西南七十里青弋江上。唐李白应豪士汪伦之邀，来游于此。写有《赠汪伦》诗："李白乘舟将欲行，忽闻岸上踏歌声。桃花潭水深千尺，不及汪伦送我情。"

桃村　①即今山东栖霞市东南桃村镇。1945—1950年为牙前县治。

②即今广东佛山市顺德区北桃村。明万历《广东通志》卷16：顺德县有"桃村墟"。

桃村市　亦作陶村市。即今浙江武义县西南六十里桃溪镇。明景泰初移鲍村巡司治此，嘉靖中废。民国时置桃溪镇。

桃村集　即今山东栖霞市东南六十里桃村镇。清光绪《山东通志》卷2《舆图志》：栖霞县东南有桃村集。

桃李镇 又名桃林镇。即今江苏东海县西桃林镇。清光绪《江苏全省舆图》：海州西境有“桃李”。

桃县 西汉置，属信都国。治所在今河北深州市西南前磨头镇。东汉废。《深州风土记》卷10桃县故城：“案，明嘉靖时康缙作《磨头村庙碑》谓：磨头为古桃城驿，桃城，后汉已省，而元明时仍以驿名村，故城当在其地。李申耆云：桃，汉县，在今冀州西北四十五里，准其地当是磨头村。”

桃园 ①在今山东平原县西北十五里。明永乐十八年（1420）于此置桃园驿。《方舆纪要》卷31平原县：“桃园马驿，在今县治西南，县当往来通道也。”

②一名桃原。即古桃林塞。在今河南灵宝市西北，城东村以西至陕西潼关以东地区。潘岳《西征赋》：“问休牛之故林，感徵名于桃园。”即此。

桃园场 即今四川洪雅县西南桃源乡。清嘉庆《四川通志》卷29洪雅县：桃源场“在县西南八十里”。

桃园关 在今河南宁陵县北。《方舆纪要》卷50宁陵县：桃园关“在县北四十里。旧尝设关于此。并置巡司，今废”。

桃园县 ①元世祖至元十四年（1277）改淮滨县置，属淮安路。治所即今江苏泗阳县西南六里城厢镇。明洪武初改为桃源县。

②即今台湾省西北部桃园市。治所在桃园。原名桃仔园。因清乾隆初年闽粤沿海移民入垦，后遍植桃树，遂以为名。昔为高山族南崁四社（眩眩社、霄里社、龟仑社、坑子社）聚居地。1662年郑氏治台初属天兴县（后为天兴州）。清康熙二十三年（1684）属诸罗县。雍正元年（1723）属淡水厅淡水堡，后属桃涧堡。光绪五年（1879）废淡水厅，分属淡水、新竹二县。日占初属台北县。1901年废县设桃仔园厅，两年后省作桃园厅。1920年改属新竹州。1945年光复后改属新竹县。1950年9月析置桃园县。2011年1月，改为桃园市。

桃园洞 在今天津市蓟县西北盘山挂月峰下。清道光《蓟州志》卷2：“桃园洞在将军石畔，深丈余。”

桃园镇 北宋置，属宿迁县。即今江苏泗阳县西南城厢镇。金兴定二年（1218）改置桃园县。

桃谷山 又名桃山。在今北京市顺义区西北三十五里。《旧唐书·地理志》燕州：“开元二十五年，移治所于幽州桃谷山。”即此。

桃坪 即陶关。在今四川汶川县南八十二里桃关。《明史·四川土司传》：“其通西域要路，为桃坪，即古桃关也，有绳桥渡江。”

桃坪关 明置，属茂州。在今四川茂县东北东兴乡（桃坪）。《方舆纪要》卷67茂州：桃坪关“在州东北。亦为桃坪堡，即古桃关也”。

桃林 ①即桃原。在今河南灵宝市北老城以西至陕西潼关以东地区。《尚书·武成》：“乃偃武修文，归马于华山之阳，放牛于桃林之野。”《山海经·中山经·中次六经》：“夸父之山，……其北有林焉，名曰桃林，是广员三百里，其中多马。”郭璞注：“桃林，今宏农湖县阌乡南谷中是也；饶野马、山羊、山牛也。”《水经·河水注》：全鸠涧水“北径皇天源西，……其西名桃原，古之桃林，周武王克殷休牛之地矣。……昔《太康地记》曰：‘桃林在阌乡南谷中’”。

②在今湖北襄阳市南。《舆地纪胜》卷82襄阳府：桃林“在襄阳县南六里。《南襄州记》云：桓冲北伐屯军于此。是时食桃，至春其核萌生，遂成茂林，故曰桃林津”。

桃林口关 明置，属卢龙县。在今河北卢龙县东北六十里桃林口。《方舆纪要》卷17卢龙县：桃林口“控临边塞，屹为要地。洪武十三年，故元平章完者不花入桃林口寇永平，官军败却之。其南十里曰桃林营”。

桃林山 在今河北卢龙县东北六十里。《方舆纪要》卷17卢龙县：桃林山“群山参差，盘折险峻，有桃林口关”。

桃林寺 即今湖南汨罗市北三十里桃林寺镇。旧属湘阴县。清光绪《湖南通志》卷1湘阴县图：县东北有桃林。

桃林场 唐长庆二年（822）置，即今福建永春县。五代闽龙启元年（后唐长兴四年，933）升为桃源县。

桃林县 隋开皇十六年（596）置，属陕州。治所在今河南灵宝市东北老城。《寰宇记》卷6：“取古桃林塞为名。”大业初属河南郡。唐初属陕州，天宝元年（742）改为灵宝县。

桃林城 即今湖南临湘市南三十里桃林镇。清乾隆四十一年（1776）移桃林巡司于此。

桃林塞 又作桃林、桃原、桃园。在今河南灵宝市东北老城以西至潼关以东地区。《左传》：文公十三年（前614）春，“晋侯使詹嘉处瑕，以守桃林之塞”。杜注：“詹嘉，晋大夫，赐其瑕邑，令帅众守桃林以备秦。桃林，在弘农华阴县东潼关。”《水经·河水注》：“湖水出桃林塞之夸父山，广圆三百里。武王伐纣，天下既定，王巡岳渎，放马华阳，散牛桃林，即此处也。”《寰宇记》卷6灵宝县：桃林塞“自县以西至潼关皆是也”。《通鉴地理通释》卷11：“自潼关至函谷，历陕、华二州之地，俱谓之桃林塞。”

桃林镇 ①即桃李镇。今江苏东海县西桃林镇。

②即今山东诸城市东南六十里桃林乡。明初置巡司于此。

③一名土门镇。即今湖南临湘市南三十里桃林镇。明、清置巡司于此。

桃枝岭 即桃支岭。在今浙江缙云县西南三十里。《陈书·侯安都传》：天嘉三年（562），“安都乃步由会稽之诸暨，出于永康，（留异）大恐，奔桃枝岭”。即此。

桃枝湖 一名桃坑湖。在今福建长乐市南十余里。

《清一统志·福州府一》：桃枝湖“五代王闽时所凿。宋咸平、熙宁中再浚。周五百余丈，溉田二十九顷”。

桃岩山　在今浙江永康市东三十六里。《方舆纪要》卷93永康县：桃岩山“山有洞，可容千人”。

桃城铺　即古桃丘。今山东东阿县西南陶城铺。

桃城镇　北宋置，属舒城县。即今安徽舒城县北三十里桃溪镇。《舆地纪胜》卷45庐州：桃城镇“在舒城县北二十五里”。

桃树港镇　即今江西修水县西北一百二十四里白岭镇驻地桃树港。清同治《江西全省舆图》卷1：义宁州西北有桃树港。

桃树镇　在今江西浮梁县西北桃墅店。明置巡司于此。《方舆纪要》卷85浮梁县：桃树镇在“县西北百二十里。以桃树岭名”。

桃映铺　明置，属铜仁府。即今贵州江口县东北桃映土家族苗族乡。清严如熤《苗疆险要考》13：“桃映，城北六十里。高山峻岭，中有市场。苗民杂处，极为险要。”

桃侯国　西汉初元元年（前48）改桃县置，属信都国。治所在今河北冀州市西北。新莽废。

桃盆峒　在今湖南新宁县西南。瑶人所居。《清一统志·宝庆府二》有“桃盆峒”。

桃洪坝　亦作陶洪坝。在今四川叙永县南。《明史·侯良柱传》：崇祯二年（1629），“总督朱燮元遣贵州总兵许成名复赤水卫，（奢）崇明、（安）邦彦以十余万众来争。成名还永宁，贼追之锐甚。良柱偕监军副使刘可训出战小却，成名等来援，贼乃据五峰山桃洪坝”。即此。

桃洪镇　即今湖南隆回县治。原为邵阳县地，名桃花坪。1942年设桃洪镇。1949年隆回县迁治于此。

桃原　即古桃林塞。在今河南灵宝市西北城东村以西至陕西潼关以东地区。《水经·河水注》：全鸠涧水“北径皇天原东。……其西名桃原，古之桃林，周武王克殷休牛之地矣”。潘岳《西征赋》曰：“问休牛之故林，感徵名于桃园。”即此。

桃陵　在今河南杞县东南十里。《资治通鉴》：唐至德元年（756），张巡守雍丘，夜袭敌于白沙涡，“还，至桃陵，遇贼救兵四百余人，悉擒之”。即此。

桃渚千户所　明洪武三十年（1397）置，属海门卫。在今浙江临海市东一百里桃渚镇。《方舆纪要》卷92台州府：桃渚千户所，“嘉靖三十九年，倭贼围所城，官军败之”。即此。今有桃渚城遗址。

桃渚城　在今浙江临海市东桃渚镇城里村。是明代千户所所城。城墙为不规则方形，东西宽376米，南北长390米，现存高度4—5米，条石砌筑，周长1366米。城内街巷、建筑保持明清格局。明洪武三十年（1397）置桃渚千户所，筑土城，后内迁至中旧城。正统七年（1442）再次内迁，次年新建桃渚所城，保存至今。嘉靖三十八年（1559）抗倭后增建东西敌台两座。嘉靖四十三年（1564）修桃渚城。现存主体城墙、三个城门（包括瓮城）、敌台、明刻摩崖、清代民宅和寺庙祠堂等。桃渚城是浙江保存最完好的所城，是研究明代卫所制度与沿海防御体系的重要实物资料。2001年定为全国重点文物保护单位。

桃渚寨　即今浙江临海市东桃渚镇。《清一统志·台州府一》：桃渚寨“在临海县东一百里，海门卫东北五十里”。

桃渠源　即今陕西淳化县北秦河乡桃渠塬。1935年西北革命根据地置淳耀县治此。

桃温万户府　元初置，属女直水达达路。治所在今黑龙江省汤原县西南香河镇北二里古城。辖境相当今汤旺河流域。明废。

桃槐国　在今帕米尔北部阿赖谷一带。《汉书·西域传上》：桃槐国“王去长安万一千八十里。户七百，口五千，胜兵千人”。

桃源　在今安徽东至县南。《舆地纪胜》卷22池州：桃源“在建德县。山溪源远，人迹罕到。当五代之际，衣冠士族，避难于此，皆获免焉，故号桃源”。

桃源山　①在今江西靖安县西北。《寰宇记》卷106洪州靖安县：桃源山“在县西北四十里，胜景如武陵。上有仙姑坛及龙须药臼等九洞。其水注下，南与毛竹碟水合。又山上有宝峰院、唐权德舆碑记”。

②在今湖南桃源县西南三十里。有桃源洞。相传即陶潜所记桃花源。宋本《寰宇记》卷118武陵县：“武陵山中有秦避世人居之，寻水号曰桃花源，故陶潜有《桃花源记》。”《方舆纪要》卷80桃源县：桃源山“高五里，周三十二里。西南有桃源洞，一名秦人洞，即白马洞也。道书以为第三十五洞天”。

③在今广东饶平县西北三饶镇西北。《方舆纪要》卷103潮州饶平县：桃源山“在县（今三饶镇）西北十里。上有龙潭”。

桃源州　元元贞元年（1295）升桃源县置，属常德路。治所即湖南桃源县。明洪武二年（1369）复改桃源县。

桃源县　①五代闽龙启元年（后唐长兴四年，933）升桃林场置，属泉州。治所在今福建永春县西南上场。闽永隆四年（后晋天福七年，942）改名永春县。

②北宋乾德元年（963）分武陵县置，属朗州。治所即今湖南桃源县。宋本《寰宇记》卷118桃源县：“以桃源为名。”乾道初属常德府。元元贞元年（1295）升为桃源州。明洪武二年（1369）复改桃源县。民国初属湖南辰沅道。1922年直属湖南省。

③明洪武初改桃园县置，属淮安府。治所即今江苏泗阳县西南六里城厢镇。1914年为避免与湖南桃源县重名，改名泗阳县。

桃源店　即今福建大田县西北桃源镇。明置桃源巡司于此，旧属漳平县，嘉靖十六年（1537）改属大田县。

桃源驿　在今江苏泗阳县北四十余里。《方舆纪要》卷22淮安府桃源县："桃源驿在县北四十里，与崇河桥相近，陆道所必经也。"

桃源洞　①又名刘阮洞。在今浙江天台县西北天台山中。《清一统志·台州府一》：刘阮洞"在天台县西北二十里。又名桃源洞。相传汉永平中有刘晨、阮肇入山采药，遇仙女于此"。

②在今贵州遵义市东南。《明一统志》卷72播州宣慰司：桃源洞"在玄妙观右。其洞高阔，仿佛武陵桃源，因名"。

桃源宫　在今河南灵宝市城内。《新唐书·地理志》灵宝县："有桃源宫，武德元年置。"

桃源集　又作桃园集。即今山东曹县西北七十里桃源集镇。旧属菏泽县。《清一统志·曹州府一》：桃源集"在菏泽县西南六十里。本朝设督捕同知驻此"。

桃源溪　①在今福建建宁县西南。《方舆纪要》卷98建宁县："桃源溪在县西南二十里金铙山下，亦曰西源。众山环秀，溪潴其中，绕流三级，谓之陈家漈，亦曰三级漈。居民百余家，拟于桃源，导流北入于濉江。"

②在今湖南炎陵县西四十里。《舆地纪胜》卷55衡州：桃源溪"出云阳五洞。溪北流至桃源江口，合茶水"。

桃源镇　在今山西吉县东北桃园村。《清一统志·平阳府一》"三垢镇"条下：桃源镇"在州城东北六十里。路通隰州大宁县界"。

桃溪　①瓯江支流。即今浙江武义县西南宣平港上源之桃溪。《方舆纪要》卷94宣平县：桃溪在"县（治今柳城镇）北三十里"。

②一名永春溪。即今福建永春县南桃溪。《方舆纪要》卷99永春县：桃溪在"县治南。其源出县西北六十余里之雪山。山高峻，多积雪，接德化县界。绕流而南出，经群山间，曰仙华、陈岩、埔兜等溪，又东折为洑溪、磁灶等溪，至石鼓溪，始通舟楫，流经县治，为县前溪。后曲折流，为留湾溪。又东南出，历马甲、钟山、山门、南涧、滑石等滩，皆险崖激浪。至县东十五里之西涵滩，则桃溪咽喉也。宋开宝三年，令林滂以马甲诸滩险阻，凿之以通舟楫。自西涵而下，出南安县水江村，合于双溪，即晋江上源也"。

③在今湖南溆浦县西南八里。《方舆纪要》卷81溆浦县：桃溪"源出卢峰山，流绕县治入双龙江，灌溉民田凡千余亩"。

④今广东英德市西北浛光镇北之陶江（坪塘河）。《舆地纪胜》卷95英德府：桃溪"在浛光县东五里。源出县东北重山下，会光水"。

桃溪寺　在今贵州遵义市西南九里忠庄镇桃溪畔。原名桃溪庄，为宋、元、明播州杨氏土司庄园。明万历二十八年（1600）平播毁庄，建延禧寺。崇祯间增建，改名桃溪寺。为庭院式结构，在黔北寺庙建筑中别具一格。山上为杨氏宋、元墓地。

桃溪渡　即今安徽舒城县东北三十里桃溪镇。清光绪《舒城县志》卷5：桃溪渡在"县北三十里，当官道。康熙中，邑人孔、盛二氏捐设义渡，架浮桥其上"。

桃墟　春秋时鲁邑。在今山东泗水县东南。《春秋》：襄公十七年（前556），"齐侯伐我北鄙，围桃"。《水经·泗水注》："水出卞县故城东南桃墟西北。春秋昭公七年，谢息纳季孙之言，以孟氏成邑与晋而迁于桃。杜预曰：鲁国卞县东南有桃墟。世谓之曰陶墟，舜所陶处也。"

桃墟庄　即今山东蒙阴县东南三十里桃墟镇。清宣统《蒙阴县志》卷1有桃墟。

桃虢城　俗称桃虢川。在今陕西太白县东桃川镇。《资治通鉴》：唐广德二年（764），"五谷防御使薛景仙讨南山群盗，连月不克，上命李抱玉讨之。贼帅高玉最强，抱玉遣兵马使李崇客将四百骑自洋州入，袭之于桃虢川，大破之"。《方舆纪要》卷55宝鸡县：桃虢城"今有桃、虢二城，相距十余里"。清于此设虢川镇巡司。

栒邑县　①秦置，属内史。治所在今陕西旬邑县东北二十五里职田镇。汉属右扶风。西晋改名邠邑县。

②1914年改三水县置，属关中道。治所即今陕西旬邑县。1928年直属陕西省。1964年改为旬邑县。

格刀　即今西藏东南部珞渝地区格地。沿雅鲁藏布江左岸。为珞巴语名。现被印度政府非法占领。

格山　在今安徽泾县西北。《方舆纪要》卷28泾县：格山"在县西北七里，高数十丈，周十余里。环抱县治，如郛郭然"。

格子烟墩　在今新疆哈密市东南二百一十五里烟墩。《清一统志·哈密》：格子烟墩"在哈密城东南二百十五里。又东为星星峡半池泉，接安西州界"。宣统《新疆图志》卷80哈密厅：格子烟墩驿，"蒙语称噶顺沙陀，噶顺，苦也。康熙图作喀三延图，音讹为格子烟墩，旅店三四，井水苦咸"。

格布特岛　即今俄罗斯哈巴罗夫斯克边疆区东海岸图古尔河口外之大尚塔尔岛。清康熙《皇舆全览图》：兔呼鲁河口外大海中有"可布特哈达"。

格尔必齐河　今俄罗斯赤塔州东南格尔必齐河，为石勒喀河小支流。清康熙二十八年（1689）中俄《尼布楚条约》划定中俄东段边界："以流入黑龙江之绰尔纳河，即鞑靼语所称乌伦穆河附近之格尔必齐河为两国之界。格尔必齐河发源处为石大兴安岭，此岭直达于海，亦为两国之界。"在格尔必齐河注入石勒喀河处建分界石碑，黑龙江将军每年派官兵巡查边界。咸丰八年（1858）通过不平等的中俄《瑷珲条约》被俄割占。

格尔吉土司　清雍正时置，属西宁办事大臣。为玉树四十族之一。驻牧地在今青海杂多县扎曲流域。乾隆《西宁府新志》卷19塞外贡马番族："住牧登破地方格尔吉三族（分格尔吉、下格尔吉、登坡格尔吉三司)，距白利族四百余里。”三族于清末民初为格吉麦马、格吉班马、格吉得马三族同驻牧杂曲及子曲河上流。

格尔吉匝噶那山　简称格尔吉山。在今青海杂多县西北。《清一统志·西藏》：格尔吉匝噶那山“在诺莫浑乌巴什山东北三百余里。卫之东界、喀木之西北界，即澜沧江发源之山也。山甚高大。《滇志》谓澜沧源出鹿石山，即此”。

格尔吉河　一名扎曲。为澜沧江北源。即今青海杂多、囊谦二县境之扎曲。《清史稿·地理志》青海：“布楚河上源曰格尔吉河，出上格尔司境，东南流，径各司南，至洞巴司西，折南入前藏界，是为澜沧江上源。”

格奴坂　在今甘肃清水县境内。《晋书·苻登载记》：东晋太元十四年（389），后秦姚苌“遣其将军王破虏掠地秦州，杨定及破虏战于清水之格奴坂，大败之”。

格吉麦玛土司　清末置，为玉树等二十五族之一。驻牧地在今青海杂多县东北境子曲上流。民国周希武《玉树调查记》卷上：“格吉麦马、格吉班马、格吉得马三族，同驻牧杂曲及子曲河上流。”

格吉班玛土司　清末置，为玉树等二十五族之一。驻牧地在今青海杂多县西北扎曲上流南岸。民国周希武《玉树调查记》卷上：“格吉麦马、格吉班马、格吉得马三族，同驻牧杂曲及子曲河上流。”后废。

格达　即噶达。在今四川道孚县东南协德乡（街村）。清果亲王允礼《西藏日记》：“泰宁，番名格达。雍正八年迁达赖喇嘛居此，赐今名。”

格州　①唐置羁縻州，属桂州都督府。治所在今广西三江侗族自治县境。宋以后废。

②北宋崇宁四年（1105）置，治所在乐古县（今贵州黎平县南永从乡西）。崇宁五年（1106）改为从州。

格孤山　在今贵州盘县（红果镇）东北。《明一统志》卷88普安州：格孤山“在州城东四百五十里。俗呼故故山”。《方舆纪要》卷121：格孤山“山势雄峻，界连滇、蜀。明朝洪武十四年，傅友德自曲靖帅师循格孤山而南，径捣乌撒，盖循格孤之南而西北出也”。

格咱汛　在今云南香格里拉县东北八十五里。清有外委把总驻防。

格垒　在今湖北谷城县东南格垒咀村。《方舆纪要》卷79谷城县：格垒在“县南十二里冈上。《旧志》：冈东临汉水。汉末刘表将李氏甚富，有奴仆数百，立垒保此”。

格格图布拉纳　在今吉尔吉斯斯坦托克马克西南。清乾隆《西域图志》卷13伊犁西路：格格图布拉纳“在吹郭勒南岸，沙木什西三十里两水之间”。

格根卡伦　清乾隆年间置，在今哈萨克斯坦阿拉木图东格根河南。清徐松《西域水道记》卷4：“盐池口水西流四五十里，经格根卡伦北。格根，明也。见《元史语解》。格根卡伦东南距鄂尔果珠勒卡伦七十里。”

格根河　今哈萨克斯坦东南部阿拉木图东南恰伦河上游。清徐松《西域水道记》卷4：“盐池口水西流四五十里，经格根卡伦北（格根，明也，见《元史语解》。格根卡伦东南距鄂尔果珠勒卡伦七十里），是为格根河……东北流是为察林河。”

格根噶珊　在今俄罗斯哈巴罗夫斯克边疆区黑龙江下游西侧锡来河上游南岸。清属三姓副都统。《乾隆内府舆图》：黑龙江下游有“格根噶珊”。光绪《吉林通志》卷17：混同江北岸，东至海滨旧噶珊有“格根”。清咸丰年间被俄割占。

格萨尔三十大将军灵塔和达那寺　在今青海囊谦县西南吉曲、尕水、吉尼赛三乡交界处达那山腰。始建年代不详。原为苯教寺院，均在南朝宋时期改奉叶巴噶举派。现存石木结构的经堂一座，高22米，占地44平方米，二层，藏平顶式帕摩竹巴灵塔殿一座及叶巴殿、僧舍等建筑。经堂内供奉一尊高约9米的格萨尔及其部将吉本和贾察塑像，还有传为格萨尔的毡帽、盾、头盔、铠甲等。寺内灵塔即为格萨尔三十大将军之灵塔。2006年定为全国重点文物保护单位。

格曼等寨长官司　元置，治所在今贵州都匀县西南。后废。

格登山　在今新疆昭苏县西南特克斯河北。清徐松《西域水道记》卷4：“格登本山名。准语，格登，脑后骨高之象，山形拱起如脑骨然，故名。”《清高宗实录》卷490：乾隆二十年（1755），清军进占伊犁，“达瓦齐拥众万人后负格登山崖，前临泥淖，驻营固守，……阿玉锡等突入贼营冲击，出其不意贼众惊溃，自相蹂躏，达瓦齐仅率二千余人窜去”。即此。二十五年（1760）建“平定准噶尔勒铭格登山之碑”于此。

格楞河　即今俄罗斯哈巴罗夫斯克边疆区东北黑龙江下游支流格林河。《清一统志·吉林一》：格楞河“在宁古塔城东北二千一百二十九里。源出哲勒肯山，东流会数水汇为克音湖，入混同江”。

格楞窝集　又作格连窝集。在今俄罗斯哈巴罗夫斯克边疆区黑龙江下游左岸格林河上游。清齐召南《水道提纲》卷24：“格林河源出格林窝集，在乞母泥窝集之北三百里。”

格德尔古河　即今青海都兰县西北素棱郭勒河。《清史稿·地理志》青海和硕特部西右翼中旗：柴达木河“西北流，格德尔古河、乌兰乌苏河、布隆吉尔河俱自其东注之”。

校书堂　即三鳣堂。在今河南灵宝市西北。东汉杨震之讲堂。

校城　即挍城。在今山东临朐县东南七十里。《寰宇记》卷18青州引《十三州志》云：“朱虚东十三里有校亭县。”《方舆纪要》卷35亦作“校城”。

校尉暗沙　在南海中中国南沙群岛南部，位于司令礁北约7海里。实为珊瑚礁石。1935年公布名称为东北社礁。1947年改名校尉暗沙。

校椅墟 亦作交椅塘、狡椅墟。即今广西横县北五十里校椅镇。明嘉靖《南宁府志》卷2：横州有交椅墟。清光绪《广西舆地全图》横州图：北有狡椅塘墟。

样子哨 即今吉林辉南县东南三统河西岸样子哨镇。清光绪三十二年（1906）置巡司于此。民国初改置县佐。

样田堡 明置，属龙门所。在今河北赤城县东南三十里样田乡。《方舆纪要》卷18龙门所：样田堡"旧名鸡田，民堡也。嘉靖三十七年始改为官堡"。

样头司 清初设施溪漾头关，后置漾头长官司。即今贵州铜仁市东漾头镇。"漾头"系苗语音译，意为汉人寨。

样头关 又作漾头关。即今贵州铜仁县东漾头镇。《清一统志·铜仁府》：样头关"在府城东南三十里。接施溪司界"。"漾头"，系苗语音译，意为汉人寨。

样备江 即今云南漾濞彝族自治县之漾濞江。《方舆纪要》卷118蒙化府：样备江在"府西百五十里。一名神庄江。……经府西北百二十里之样备驿，有样备桥跨其上，为蒙化、永平之界，又南流入顺宁府而会于澜沧江。本名样濞江，讹为样备江"。

样备驿 即今云南漾濞彝族自治县。元明置样备驿。《方舆纪要》卷118蒙化府：样备驿"在府西北百二十里"。

栟角场 民国初并栟茶、角斜二场置，在今江苏海安县东六十二里角斜镇。设场知事。

栟茶场 在今江苏如东县西北七十二里栟茶镇。《方舆纪要》卷23泰州："栟茶场在州东百十里。有寨。"

栟榈山 在今福建永安市东北二十里。《新定九域志》卷9南剑州：栟榈山"上有天柱石，不生群木，有径号走马埒，石上仙人马迹存焉，中多产栟榈木"，故名。

根子墟 即今广东高州市东南根子镇。清光绪《茂名县志》卷2：东之南"六十里根子墟"。

根宁县 西晋置，属武平郡。治所在今越南永福、太原两省境。南齐后废。

根牟 西周时东夷小国。在今山东莒南县西北汀水镇墩后村。《春秋》：宣公九年（前600），"齐侯伐莱。秋，取根牟"。杜注："根牟，东夷国也。今琅邪阳都县东有牟乡。"《左传》：昭公八年（前534），"秋，大蒐于红，自根牟至于商、卫，革车千乘"。杜注："根牟，鲁东界。琅邪阳都县（今山东沂南县南）有牟乡。"一说在今安丘市境。《寰宇记》卷24安丘县载："古根牟国城，汉为安丘县。"又说："隋开皇十六年，分昌安县于牟乡城置牟山县，牟乡城即古根牟国也。"汉安丘县、隋牟山县均在今山东安丘市西南。陈槃《春秋大事表列国爵姓及存灭表譔异》说："根牟初国在安丘，至春秋中叶宣公之世，则已西迁沂水县。"

根河 即今内蒙古额尔古纳市北之根河。源出大兴安岭北麓，西南流入额尔古纳河。民国《黑龙江志稿》卷4《地理志·山川》：根河"根，蒙古语脖颈也"。

索 在今河南荥阳市。《史记·项羽本纪》：汉王二年（前205），楚"与汉战荥阳南京、索间"。《正义》引《括地志》云："荥阳县即大索城。杜预云，成皋东有大索城，又有小索故城，在荥阳县北四里。"

索口溪 即今湖南慈利县西北索水。《方舆纪要》卷77九溪卫：索口溪"在卫治南。《志》云：卫东北有喝堡溪、斗溪、王富溪，卫东有龙馆溪、书院溪、大富溪、大河溪，卫南又有下阑溪，合索口溪为九溪。今索口已堙"。

索口寨 北宋天禧二年（1018）置，属慈利县。在今湖南慈利县西北七十二里江垭镇。

索水 即古旃然水。一名索河。在今河南荥阳市与郑州市北境。《水经·济水注》："济水又东，索水注之。水出京县西南嵩渚山，与东关水同源分流，即古旃然水也。"五代、北宋引索水入汴水通漕运，其后复导入金水河入蔡水。《清一统志·开封府一》：索河"五代唐同光二年诏蔡州刺史朱勍浚索水以通漕。宋建隆二年导索水自旃然与须水合，入于汴。其后复导入金水河。元至元十一年命贾鲁治河，引京、索水通陈、颍入江淮，通名贾鲁河"。遂成为贾鲁河上源之一。

索氏 春秋郑邑。在今河南荥阳市北四里张楼村。《左传》：昭公五年（前537），"晋韩宣子如楚送女，叔向为介。郑子皮、子大叔劳诸索氏"。杜注："河南成皋县东有大索城。"

索乌山 在今四川金川县东一百五十里。《清一统志·懋功厅》：索乌山"乾隆四十一年平定金川，大功告成，奉旨与甲索山、金川河并致祭，列入春秋祭典"。

索古州 唐大和前置羁縻州，属黎州都督府。治所在今四川泸定县城泸桥镇。北宋以后废。

索卢水 在今河北枣强县西北。《方舆纪要》卷14枣强县：索卢水在"县西北三十里。亦曰潢卢河。自故城县境流经县西南，复折而东北出，至河间府阜城县，合于刘麟河。旧有广川长河之名。又故索卢县亦以此名也"。

索卢县 ①东晋置，属广川郡。治所在今河北枣强县东十五里。后废。北魏太和二十二年（498）复置，属长乐郡。北齐废。

②南朝宋侨置，属广川郡。治所即今山东桓台县。北齐废。

③南朝梁、陈间置，属新宁郡。治所在今广东新兴县南六祖镇东南夏卢村。隋大业初废。唐武德四年（621）复置，属新州。乾元后废入新兴县。

索头水 即今河北围场满族蒙古族自治县、隆化县境之伊逊河。《水经·濡水注》：索头水“北出索头川，南流，径广阳侨郡西，又南流注于濡水”。即此。

索头城 在今山东淄博市东南二十里女水之南。元于钦《齐乘》卷4：“后魏慕容白曜围沈文秀于青州，筑此城，因有索头村。”南朝呼辫发为索头，呼魏为索虏，故名索头城。

索西城 在今甘肃岷县东北。《后汉书·西羌传》：建初二年（77），烧当羌寇陇西，马防讨破之，“乃筑索西城，徙陇西都尉戍之”。北魏置赤水县治此。

索廷噶珊 在今俄罗斯境乌苏里江东岸，佩烈亚斯拉夫卡以西。清初属宁古塔将军。康熙《皇舆全览图》：乌苏里江东岸沁河口南有“索亭噶山”。后属三姓副都统。清咸丰年间通过不平等的中俄《北京条约》被俄割占。

索伦设治局 1917年置，属黑龙江省。治所即今内蒙古科尔沁右翼前旗西北索伦镇。1932年日伪改设喜扎嘎尔旗。

索伦河 即今俄罗斯哈巴罗夫斯克边疆区东北托罗穆河，注入鄂霍次克海。清光绪《吉林通志》卷23：索伦河“在阿拉河西北三百余里。自西来，东流入海。康熙中与俄罗斯分界于此，为三姓所属极东北际海之地”。

索伦部 明末清初对居住在今俄罗斯石勒喀河以东，外兴安岭（今斯塔诺夫山）以南，黑龙江中游及精奇里江（今结雅河）流域一带的达斡尔、鄂温克和鄂伦春等族的总称。索伦部著名领袖巴尔达齐、博穆博果尔等于崇德年间归附，四年（1639），博穆博果尔叛乱，萨木什喀等率兵征讨平服。清何秋涛《朔方备乘》卷2：太宗“屡征索伦并取雅克萨、铎陈诸城，于是诸部畏威怀德，来享来王”。后沙皇俄国殖民主义者波雅尔科夫、哈巴罗夫入侵，索伦部英勇抵抗，又参加驱逐沙俄入侵者的雅克萨战争。内迁的索伦部居住今黑龙江省嫩江流域。八旗军之索伦兵为八旗劲旅，屡建奇功。

索伦旗 清雍正十年（1732）设索伦左、右翼八旗，属呼伦贝尔副都统。治所即今内蒙古科尔沁右翼前旗西北索伦镇。1934年日伪统治时置索伦旗，驻南屯（今鄂温克族自治旗驻地巴音托海镇）。1958年改设鄂温克族自治旗。

索兴铁路 自今内蒙古科尔沁右翼前旗西北索伦经西口至南兴安（今五岔沟附近）。长138公里。日伪于1934—1935年修筑。是洮索铁路的延长线。1937年展筑至阿尔山。至此称为白阿铁路。

索克 元代西藏地名。《汉藏史集》（藏文版）载：元朝设宣政院，在乌思（即前藏）置驿站七个，索克为其中之一，在今西藏那曲地区索县境。

索克占旦滚河 即索克楚。今西藏索县境内之索曲。《清一统志·西藏》：索克占旦滚河“源出伊克诺莫浑乌巴什岭，数水合流，绕诺莫浑乌巴什山东南，流二百余里，西南有巴汉诺莫浑乌巴什岭布喀山插汉峰，流出之四水，与此相会，历两山间，入喀木地，又流二百余里，入喀喇乌苏”。

索克宗 又名锁庄子、所宗、索增登寺宗。即今西藏索县。清乾隆《西域同文志》卷18：“西番语：索克，草地也。城旁丰于草，故名。”1960年改设索县，驻赞丹雪。

索克楚 即今西藏索县境之索曲。源于聂荣县北唐古拉山南麓，流经索县，在比如县东注入怒江。清乾隆《西域同文志》卷22：“西番（藏）语：索克，草地也。水滨多草，故名。”

索县 战国秦置，属黔中郡。治所在今湖南常德市东北六十里。里耶遗址出土秦简证实，当时已有索县。西汉属武陵郡。东汉改为汉寿县。

索陀川 在今山西永和县东北。《方舆纪要》卷41永和县：“索陀谷在县东北三十五里。水流曰索陀川，西合仙芝谷水，入于大河。”

索驴堡 在今贵州凯里市西北炉山镇南。《清一统志·都匀府》：索驴堡“明正德三年，官军讨叛苗，由索驴、撒毛进”。

索虏城 即碎叶城。在今吉尔吉斯斯坦北部托克马克西南阿克·贝希姆废墟。

索果尔 在今新疆巩留县西。清道光《新疆识略》卷4：索果尔台“在索果尔达巴罕北二十里，距海努克台九十里”。

索果尔岭 一名莎岭。在今新疆巩留县西南。清宣统《新疆图志》卷62：索果尔岭“索果尔水出焉。其阴产铁”。

索果克卡伦 清代科布多办事大臣辖二十二卡伦之一。在今蒙古国西北巴彦乌列盖省乌列盖西北。《清一统志·科布多》：卡伦“索果克”，以索果克河为名。

索岳尔济山 在今内蒙古科尔沁右翼前旗西北、东乌珠穆沁旗东北与蒙古国东方省交界处。清齐召南《水道提纲》卷27：“芦河土名乌尔虎河。源出索岳尔济山（山甚长大，袤延数百里，其西麓临大漠，其东北枯伦贝舆、齐齐哈尔城相近），南流随山麓曲曲而西南。”为大兴安岭一支，山峰在界上。

索河集 即今湖北武汉市蔡甸区西南索河镇。清光绪《湖北全省分图》：汉阳县（今武汉市汉阳区）西南有索河。

索宗 即索克宗。治所即今西藏索县。

索美村 即今四川得荣县驻地松麦。《中华民国行政区划简表》得荣县：“县治设于索美村。”1958年建团结乡，1984年改为松麦乡。“松麦”即“索美”的异译，藏语意为“开朗清新”。

索恭川 在今甘肃积石山保安族东乡族撒拉族自治县南乩藏镇一带。唐天宝十三年（754）置天成军于此。

索莫汗陉 在今辽宁朝阳县西南。《资治通鉴》：东晋隆安二年（398），慕容宝自石城还龙城，“宝至索莫汗陉，去龙城四十里，城中皆喜”。

索桥关 清乾隆二十五年（1760）置，属汶川县。在今四川汶川县南四十里绵虒镇附近岷江索桥头处。嘉庆《汶川县志》卷2：索桥关在“治北门外索桥头，距城一里。……稽查盐茶，影射及汉羌番民之出入”。

索格狄亚那 在中亚阿姆河、锡尔河之间的泽拉夫善河流域（今乌兹别克斯坦一带）。公元前6至5世纪属波斯帝国行省。其地后来为康居的一部分。

索郭鲁克 在今吉尔吉斯斯坦首都比什凯克市西。清乾隆《西域图志》卷13伊犁西路：索郭鲁克“在吹郭勒南岸库克萨尔西三十里支河之间，其西境支河名察罕乌苏”。

索墅镇 即今江苏南京市江宁区东索墅镇村。宋《景定建康志》卷16：索墅市“市有索墅坊，在上元县清化乡，去城五十里”。

索镇 今山东桓台县治。南朝宋曾于此侨置索卢县，北齐废。《元史·地理志》：太宗置新城县，“以田、索二镇属焉”。是当时已有索镇之名。1950年桓台县迁治于此。

索磨川 即今四川马尔康县梭磨河，为大金川支流。《新唐书·地理志》保宁都护府：“天宝八载以剑南之索磨川置，领牂柯、吐蕃。”

逋宁县 东晋升平五年（361）置，属永平郡。治所当在今广西藤县、昭平、岑溪等县市境。南朝宋大明八年（464）后废。南齐复置。后废。

逋租城 在今四川康定县北。《旧唐书·吐蕃传》：“雅州经略使路惟明与三部落主赵日进等率兵三千进攻逋租、偏松等城。”

速山 亦名龙扶速山。在今四川岳池县东四十里。《舆地纪胜》卷165广安军：速山“在岳池县东四十里。按《唐地理志》：果州南充郡岳池县有龙扶速山，即此山也”。

速为驿 明置，在今云南广南县西。后废。

速为寨 在今云南广南县西六十里。为县西孔道。明置速为驿。

速末水 又作粟末水。即今吉林、黑龙江两省之松花江。《魏书·勿吉国传》：“国有大水，阔三余里，名速末水。”

速平江卫 明永乐四年（1406）置，属奴儿干都司。治所在今黑龙江省东宁县绥芬河一带。后废。

速邪乌燕然山 今蒙古国西南部之杭爱山。《汉书·匈奴传》：武帝时，贰师将军伐匈奴，北至郅居水（今色楞格河），“贰师闻之，斩长史，引兵还至速邪乌燕然山”。注，师古曰：“速邪乌，地名也，燕然山在其中。”

速杞 春秋随邑。在今湖北广水市境。《左传》：桓公八年（前704），楚子伐随，“战于速杞，随师败绩”。

速频路 即恤品路。治所在今俄罗斯滨海边疆区北乌苏里斯克（双城子）南。《金史·地理志》恤品路：“太宗天会二年，以耶懒路都孛堇所居地瘠，遂迁于此。以海陵例罢万户，置节度使，因名速频路节度使。”

遒县 ①西汉置，属涿郡。治所在今河北涞水县北二里。景帝封匈奴降王陆疆为遒侯。东汉仍为遒侯国。移治今涞水县。三国魏为县，属范阳郡。西晋属范阳国。北魏属范阳郡。北周大象二年（580）废。

②隋开皇元年（581）改范阳县置，属易州。治所在今河北定兴县西南固城镇。大业十年（614）移治今易县东南，属上谷郡。唐初移治今容城县北城口村，属易州。天宝元年（742）改容城县。

哥勿州都督府 唐置，治所在哥勿城（今吉林通化县三合堡山城）。后废。

哥布 又作郭布、高普。在今西藏东南部珞渝地区，墨脱县治西南八十九里处，沿雅鲁藏布江右岸。为珞巴语名。原隶属西藏地方政府管辖。1944年被印度政府非法占领。

哥龙峪 在今甘肃临潭县东北境。《方舆纪要》卷60洮州卫：哥龙峪“在卫东北。宋元祐二年，种谊自洮东击鬼章，使岷州番将为前峰，由哥龙峪宵济进至洮州壁青藏峡”。

哥吉河卫 明永乐五年（1407）置，属奴儿干都司。在今俄罗斯哈巴罗夫斯克边疆区黑龙江入海口附近科奇河流域。后废。

哥谷罗国 在今马来半岛西岸之旧吉打。《新唐书·地理志》附“广州通海夷道”：“其北岸则个罗国。个罗西则哥谷罗国。”

哥系（係）州都督府 唐置，属北庭都护府。在今哈萨克斯坦巴尔喀什湖以西地区。后废。

哥罗舍分 一作迦罗舍佛。在今泰国曼谷湾西北之叻丕一带。《新唐书·南蛮列传》：“又有哥罗舍分、修罗分、甘毕三国贡方物。……哥罗舍分者，在南海南，东堕和罗。”

哥疾宁 察合台汗国属地。即今阿富汗喀布尔西南加兹尼。《元史·地理志·西北地附录》有“哥疾宁”。即此。

哥基川 即吐延川。今陕西延川县北秀延河。《方舆纪要》卷57延川县：吐延川“一名哥基川。番语亦谓之濯筋水”。

哥窑 哥窑即龙泉窑之别称。窑址在今浙江龙泉市西南小梅镇大窑村。为宋代著名瓷窑之一。相传南宋时章氏兄弟二人在龙泉县烧造瓷器，其兄所造者佳，故世号为哥窑。弟则仍龙泉之旧号，亦称弟窑。

鬲 夏代诸侯国。在今山东德州市德城区东南抬头寺乡武家庄。《左传·襄公四年》魏绛曰：后羿代夏，又为寒浞所弑，夏臣靡“奔有鬲氏”。“靡自有鬲氏，收二国之烬，以灭浞，而立少康”。

鬲县 ①战国秦置，属济北郡。治所在今山东德州市德城区抬头寺乡武家庄。西汉属平原郡。东汉建武十三年（37）封朱祐为侯国，后复为县。北魏改属安德郡。北齐省。

②东晋置，属平原郡。治所在今山东邹平县东北苑城。北魏属东平原郡，移治临齐城（在今山东陵县东北）。北齐省。

鬲昆 亦作隔昆。秦、汉时北方部落。在今俄罗斯鄂毕河上游与叶尼塞河上游之间。《史记·匈奴列传》：秦末汉初，匈奴冒顿单于时强盛，“后服浑庾、屈射、丁零、鬲昆、薪犁之国”。

鬲侯国 东汉初改鬲县置，属平原郡。治所在今山东德州市东南。《后汉书·朱祐传》：建武十三年(37)，“增邑，定封鬲侯，食邑七千三百户”。永元十四年（102）改为县。永初七年（113）复为鬲侯国。三国魏改为县。

鬲津 《尔雅·释水》谓“鬲津”为古九河之一。《汉书·沟洫志》：许商以为“古说九河之名，有徒骇、胡苏、鬲津，今见在成平、东光、鬲界中”。认为鬲津故道在西汉鬲县（今山东平原县西北）附近，东流入海。胡渭《禹贡锥指》据唐宋以后地志所载，以为鬲津故道系自今山东德州市附近向东流经商河及河北盐山、山东无棣诸县入海的鬲津枯河，约当今冀、鲁交界之漳卫新河，旧称四女寺减河。

鬲津县 隋开皇十六年（596）分乐陵县置，属棣州。治所在今山东乐陵市西北。大业初废。唐武德四年（621）分饶安县复置，属沧州。贞观六年（627）省入乐陵县。

鬲津枯河 在今河北献县西。《方舆纪要》卷13献县：鬲津枯河在“县西二里。《旧志》云：东北流入故饶安县界入海”。今已湮。

栗 即铁。春秋卫邑。在今河南濮阳市西南十里。《公羊传》作“栗”。

栗子关 ①在今安徽金寨县西南境。《方舆纪要》卷50商城县“铜罗关”条下：“又栗子关亦在县东南百四十里，接罗田界。以山多栗而名。”

②在今湖北罗田县北一百八十里。《方舆纪要》卷76罗田县“岐岭关”条下：“又有栗子关，皆抵英山县界。”

③即今湖南芷江侗族自治县西六十六里板栗坪。《方舆纪要》卷81沅州黔阳县：栗子关“在州西。甚陡峻”。

栗乡侯国 西汉置，属山阳郡。当在今山东西南部。东汉省。

栗木桥 即今湖北武穴市北四望镇栗木桥村。清光绪《湖北全省分图》：广济县（治所在今县北梅川镇）西南有“栗木桥”。

栗木街 一作栗木关。即今广西恭城瑶族自治县北八十里栗木镇。清光绪《广西舆地全图》恭城县图：北有栗木街。

栗水 即今蒙古国西南之翁金河。《魏书·蠕蠕传》：神䴥二年（429年），世祖亲征蠕蠕大檀，“五月，次于沙漠南，舍辎重轻袭之，至栗水，大檀众西奔。……世祖缘栗水西行”。

栗传寨 在今江西莲花县西南。明初置巡司于此。清乾隆八年（1743）裁。

栗传镇 北宋置，属永新县。在今江西莲花县西南。

栗江铺 即今湖南衡南县（驻云集镇）西南栗江镇。清属清泉县。光绪《湖南通志》卷1清泉县图：衡州府西南有栗江铺。

栗村镇 在今山西闻喜县西北栗村。《清一统志·绛州》“下东镇”条下：栗村镇“在县北二十五里”。

栗县 秦置，属砀郡。治所即今河南夏邑县。西汉改为栗侯国。

栗里 在今江西九江县西南马回岭。《南史·陶潜传》：东晋义熙末，江州刺史王弘“令潜故人庞通之赍酒具于半道栗里要之”，即此。唐白居易《访陶公旧宅》诗：“柴桑古村落，栗里旧山川。”《寰宇记》卷111江州德化县：“柴桑山近栗里原，陶潜此中人。”

栗园 ①在今北京市丰台区栗园。《辽史·百官志》：南京栗园司“典南京栗园”。即此。

②在今河北固安县界。《方舆纪要》卷11固安县引《括地志》：“固安之栗，天下称之为御栗，因有栗园。”北魏孝昌三年（527），杜洛周遣其党曹纥真掠蓟南，幽州刺史常景运遣将于荣击破之于栗园。即此。

③当在今内蒙古呼和浩特市境。《魏书·蠕蠕传》：始光二年（425），拓跋焘大举伐蠕蠕大檀，“车驾从中道，东平公娥清次西从栗园”。

④亦名栗渚。在今河南汝南县西北汝水之湾。《水经·汝水注》：“（悬瓠）城北名马湾，中有地数顷，上有栗园……平南王肃起高台于小城，建层楼于隅河，下际水湄，降眺栗渚。”

⑤在今河南安阳市东北。《资治通鉴》：南朝梁普通七年（526），“杜洛周遣都督王曹纥真等将兵掠蓟南，秋七月丙午，行台常景遣都督于荣等击之于栗园，大破之，斩曹纥真及将卒三千余级”。

栗邑县 西汉置，属左冯翊。治所在今陕西白水县西北二十八里。三国魏属冯翊郡。北魏太平真君七年(446）废。

栗林寨 在今甘肃岷县南。《明一统志》卷37岷州卫：栗林寨“在卫城南一十五里”。

栗林镇 北宋置，属盘石县。在今四川资阳市东南七十里东峰镇南。

栗河 即今白河支津。在今河南南阳市东南十里。《清一统志·南阳府一》：溧河，“淯水支流。自马渡堰分流，至新野县界，仍入于淯”。

栗河铺 即今河南新野县东二十里溧河铺乡。清尹耕云《豫军纪略》卷12：同治四年（1865）十二月，捻军“设卡于栗河铺、化陂庄、江家庄，裹胁日众，势益张”。

栗侯国 西汉改栗县置，属沛郡。治所即今河南夏邑县。东汉废。

栗亭县　北魏正始中置，属广业郡。治所在今甘肃徽县西北伏家镇。后废为栗亭镇。杜甫《发秦州》诗云："栗亭名更佳，下有良田畴。"五代唐清泰三年（936）复置，属成州。元至元中省入徽州。

栗洲　即烈洲。在今江苏南京市江宁区西南烈山下。宋《景定建康志》卷19：烈洲，"伏滔《北征赋》亦谓之栗洲，上有小山，其形似栗，因名之"。

栗柴坝　在今云南保山市西南。清有外委把总驻守。

栗港　一名烈港。即今浙江舟山市定海区西北沥港。北宋属定海县。《方舆纪要》卷92宁波府定海县：烈港在"县西北五十里。东出海，近金塘山。嘉靖三十一年，贼汪直引倭入定海关，官军击却之，遂移泊于此"。

栗瑟摩　唐属安西都护府。在今阿富汗东北部扎法巴德西南。

栗塘镇　即今江西吉安县西北梅塘乡（栗塘街）。清光绪《庐陵县志》卷3：栗塘市"在县西三十五里"。

贾　西周封国。姬姓。故址当在今山西襄汾县西南。周康王封唐叔虞少子公明于此。《左传》：桓公九年（前703）"秋，虢仲、芮伯、梁伯、荀侯、贾伯伐曲沃"。又庄公二十八年（前666），"晋献公娶于贾"。即此。后灭于晋。

贾令镇　清置，属祁县。即今山西祁县东北十五里贾令镇。《清一统志·太原府一》：贾令镇"在祁县北十五里。以春秋时晋大夫贾辛名。旧置贾令驿，明嘉靖十二年移治城西，因筑堡于此"。

贾市庄　即今河北藁城市东南四十二里贾市庄镇。清康熙《藁城县志》图：东南有贾庄。同治《畿辅通志》卷50藁城县图：东南有贾市庄。

贾市镇　北宋置，属内江县。即今四川隆昌县北界市镇。

贾母山　即夏屋山。在今山西代县东北。《史记·赵世家》：赵襄子元年（前475），"北登夏屋"。《正义》引《括地志》云："夏屋山一名贾屋山，今名贾母山。在代州雁门县东北三十五里。"

贾庄　在今河北石家庄市西北井陉矿区贾庄镇。清同治《畿辅通志》卷50井陉县图：北有贾庄。

贾庄河　在今河北行唐县西北。《方舆纪要》卷14行唐县：贾庄河"在县西北二十里。源出恒山，流入县境，下流入于沙河"。

贾村镇　即今陕西宝鸡市陈仓区西北贾村镇。清乾隆《重修凤翔府志》卷2《市镇》：贾村镇在宝鸡县（今宝鸡市）"东北二十里"。

贾汪　即今江苏徐州市东北贾汪区。津浦铁路有支线通此。

贾宋镇　即今河南镇平县西南三十七里贾宋镇。清康熙《南阳府志》卷2《集镇》：镇平县南有贾宋镇。

贾君祠　在今河南息县。《水经·淮水注》："外城北门内有新息长贾彪庙。庙前有碑。"《元和志》卷9新息县："贾君祠，在县北一里。名彪，字伟节，后汉时为新息长。时小民多不养子，彪严其制，所活数千，佥曰贾父，后为立祠。"

贾岭集　即今河南项城市南七十四里贾岭镇。清宣统《项城县志》卷1：县南有贾岭集。

贾店　在今河南漯河市西南。《资治通鉴》：唐元和十二年（817）八月，"李光颜、乌重胤与淮西战，癸亥，败于贾店"。即此。

贾河　在今河南方城县东。《方舆纪要》卷51裕州方城县：贾河在"州东四十里。源出县东南之牛心山，流入舞阳县界，与沙水合"。

贾城　在今陕西蒲城县西南十八里。《左传》：桓公九年（前703），"虢仲、芮伯、梁伯、荀侯、贾伯伐曲沃"。此即贾伯城。一说贾国在今山西襄汾县东。

贾胡堡　在今山西灵石县西南五十里蛤蟆岭上。《资治通鉴》：隋义宁元年（617），李渊起兵太原，至西河，"入雀鼠谷，壬戌，军贾胡堡"。即此。

贾复（復）城　①即寡妇城。在今河北唐县北五十里。《水经·滱水注》：夏屋城"东侧，因河仍墉筑一城，世谓之寡妇城。贾复从光武追铜马五幡于北平所作也，世俗音转，故有是名"。

②即今河南宝丰县。《水经·汝水注》：桓水"出鲁阳北山，水有二源，奇导于贾复城，合为一渎，径贾复城北，复南击郾所筑也。俗语讹谬谓之寡妇城"。

贾侯渠　在今河南淮阳县西北。三国魏贾逵所开。《三国志·魏书·贾逵传》：贾逵"通运渠二百余里，所谓贾侯渠者也"。《水经·沙水注》："沙水又南与广漕渠合，上承庞官陂，云邓艾所开也。虽水流废兴，沟渎尚夥。昔贾逵为魏豫州刺史，通运渠二百里余，亦所谓贾侯渠也。"

贾屋山　即夏屋山。在今山西代县东北。《汉书·地理志》太原郡广武县："〔句注〕、贾屋在北。"师古曰："贾屋山，即《史记》所云'赵襄子北登夏屋'者。"

贾悦　即今山东诸城市西贾悦镇。1943—1950年初为莒北县治。

贾家场　即今四川简阳市西北贾家镇。民国《简阳县志》卷2：贾家场，"《采访册》按：乾隆、咸丰两志并作在州北，距城五十里。创建（于）清康熙五十八年"。

贾家朱喀渡　即今西藏萨嘎县东南八十里加加竹卡。《清一统志·西藏》藏地诸渡：贾家朱喀渡"在萨噶东南八十里"。藏语"贾家"意为灰白色，"朱喀"意为船渡口。贾家朱喀是后藏重要渡口之一。

贾家庄堡　即今山西朔州市东南贾庄乡。《清一统志·朔平府》"东邵庄堡"条下：贾家庄堡"在州东”。

贾家沟　在今河北武强县境。《方舆纪要》卷14武强县：贾家沟“在县东北。东流合于漳水”。

贾家堡　在今山西偏关县东八十五里贾堡村。《方舆纪要》卷40河曲县：贾家堡“（嘉靖）四十五年因创筑此堡，即大同东长峪地，而堡属偏头”。

贾家湾　在今山西大同市东北。《方舆纪要》卷44大同府：贾家湾“在府东北。正德十一年，蒙古分道寇大同，总兵潘浩与战于贾家湾，败绩，遂犯宣镇”。

贾家疃　即今北京市通州区东南三十里贾后疃村。1900年义和团在此烧毁天主堂。

贾谊故宅　在今湖南长沙市西区福胜街太傅里。贾谊（前200—前168），洛阳人。西汉政治家、文学家。官太中大夫，被贬为长沙王太傅。后为梁怀王太傅。故宅晋代曾为陶侃宅、陶公庙。《水经·湘水注》：“城之内郡廨西有陶侃庙，云旧是贾谊宅地，中有一井，是谊所凿，极小而深，上敛下大，其状似壶。旁有一脚石床，才容一人，坐形。流俗相承云，谊宿所坐床。又有大柑树，亦云贾所植也。”《元和志》卷29长沙县：“贾谊宅，在县南四十步。”宋代称贾谊祠。明万历间增祀屈原，改称屈贾祠。《清一统志·长沙府》引《县志》：“贾太傅故宅，今县西北濯锦坊之屈贾祠也。”

贾堑镇　在今湖北钟祥市南一百二十里汉江边。《资治通鉴》：唐乾符四年（877），王仙芝攻荆南，时汉水浅狭，“自贾堑渡”。胡三省注：“《九域志》：郢州长寿县有贾堑镇。”

贾象镇　即今河北黄骅市东南二十八里大贾象村。清同治《畿辅通志》卷50盐山县图：东北有贾象镇。

贾葛潭　在今河北永年县（临洺关）东南贾葛村。《方舆纪要》卷15广平府永年县：贾葛潭“在府（今永年县东南城关镇）西二十里，受邯郸西山之水，下通滏水”。

贾鲁河　①元世祖至元十一年（1351）贾鲁浚，引黄河南流入淮、入海。故道起自今河南兰考县东北黄陵冈，东经山东曹县西南、河南民权县东北，又经商丘市北、虞城县南，又东南经夏邑县和安徽砀山县之间，东流经萧县北，至今江苏徐州市北与当时的会通河会合。明代前期为黄河下游河道的一段，嘉靖以后，曹县以下河道淤废。

②在今山东曹县西四十里。元至正中，贾鲁所开。《元史·河渠志》载《至正河防记》称：河道自白茅，经黄陵冈、南白茅、刘庄村、专固、黄固、哈只口、张赞店至杨青村。至塞黄陵冈，此河遂淤。

③源出今河南新密市北，绕经郑州市北，东南至商水县颍水。全长246公里。明、清时黄河南决，黄河水常由贾鲁河夺颍入淮。1938年花园口决口，为黄河所夺，河道渐淤。今河道为黄河复故道后重新疏浚而成。

贾道站　元置，属辽阳等处行中书省大宁路。在今辽宁昌图县东北。

贾湖遗址　在今河南舞阳县北舞渡镇西南三里贾湖村东。面积约5万平方米。文化层厚约5米。为保存较好的原始社会聚落遗址。属裴李岗文化。从1983年开始，先后进行六次发掘。出土有陶器、石器、骨器数千件。石器有磨盘、斧、铲、磨棒、锯齿镰；陶器均为红陶，有陶鼎及素面双耳平底壶、尖底壶等。遗物中尤以甲骨契刻符号和骨笛最为重要。其年代为公元前7000—前5800年。为研究裴李岗文化的分布、类型特征提供了重要资料。2001年定为全国重点文物保护单位。

贾嗣桥　即今重庆市江津区东南贾嗣镇。清光绪《江津县志》卷2：贾嗣场“距城九十里”。

贾寨　即今河北丘县南十二里贾寨。清乾隆《邱县志》卷1：北有贾寨村。

贾镇堡　即今山东冠县东北贾镇。清光绪《山东通志》卷36：“贾镇堡在县东。明嘉靖间筑城。”

〔一丿〕

辱水　即今陕西延川县北秀延水。《山海经·西山经》：乌山“辱水出焉，而东流注于河”。《水经·河水注》：“河水又南，右纳辱水……俗谓之秀延水。”

辱孤山　在今内蒙古武川县西北与达尔罕茂明安联合旗东南。《魏书·太宗纪》：泰常四年（419），太宗拓拔嗣“西巡至云中，逾北道，北猎野马于辱孤山”。

厝县　西汉置，属清河郡。治所在今山东临清市东北。东汉改为甘陵县。

原　西周初封国。姬姓。在今河南济源市西北。《左传》：僖公二十四年（前636），富辰曰：“周公吊二叔之不咸，故封建亲戚以蕃屏周。管、蔡……原、酆、郇，文之昭也。”春秋时为周畿内邑。后属晋。《左传》：隐公十一年（前712），“王与郑人苏忿生之田”，有“原”。又僖公二十五年（前635），王赐晋侯“与之阳樊、温、原、攒茅之田”。即此。《续汉书·郡国志》：河内郡轵县“有原乡”。

原山　①又名马耳山。在今山东莱芜市东北七十里。《汉书·地理志》泰山郡莱芜县：“原山，甾水所出。”《水经》：“淄水出泰山莱芜县原山。”郦道元注：“淄水出县西南山下，世谓之原泉。《地理志》曰，原山，淄水所出，故经有原山之论矣。”《明史·地理志》泰安州莱芜县：“东北有原山，其山阳汶水别源出焉。”

②一名琮山。在今河南济源市西北。《水经·济水注》：“湨水出原城西北原山勋掌谷。”

原川镇　金置，属兰州阿干县。在今甘肃兰州市或皋兰县境内。

原乡县 东汉中平二年（185）分故鄣县置，属丹阳郡。治所在今浙江长兴县南。以县在山中高原而名。三国吴属吴兴郡。隋开皇九年（589）废。唐武德四年（621）复置，属绥州。武德七年（624）又废。

原丰（豐）县 ①西晋太康三年（282）省建安典船校尉置，为晋安郡治。治所即今福建福州市。南朝梁废。

②隋开皇九年（589）以侯官县改名，为泉州治。治所即今福建福州市。十二年（592）改名闽县。

原仇山 在今山西盂县北。《元和志》卷13太原府盂县："原仇山在县北三十里，出人参、铁钟。"隋置原仇县以此山为名。

原仇县 隋开皇十六年（596）置，属辽州。治所即今山西盂县。《元和志》卷13盂县："原仇山，在县北三十里，……县取此山为名。"大业二年（606）改为盂县。

原公水 亦名壶溪水、马跑泉。汾水支流。源出今山西汾阳市西北白彪山麓，沿山南注，至谷口转折而东，历城东北数十村，东南注于文湖。《水经·原公水注》："原公水出兹氏县西羊头山，东过其县北，…… 又东入于汾。水注文湖，不至汾也。"

原公镇 清置，属城固县。即今陕西城固县北二十里原公镇。

原平市 1993年撤销山西省原平县，改设原平市，市人民政府驻前进西街。属忻州地区。2000年属忻州市代管。

原平县 西汉置，属太原郡。治所即今山西原平市。东汉属雁门郡。北魏移治今山西代县西。北齐废。

原庄堡 在今河北巨鹿县西南。《方舆纪要》卷15巨鹿县：原庄堡在"县西南十五里。往来所经，商旅辐集。旧有小城，可以守御"。

原州 ①北魏正光五年（524）置，治所在高平郡（西魏改为高平县，即今宁夏固原市）。辖境相当今宁夏固原市至甘肃平凉市一带。隋大业三年（607），州废为平凉郡。唐初复改为原州。天宝元年（742）改为平凉郡，乾元元年（758）复为原州。广德元年（763）没入吐蕃。贞元十九年（803）徙治平凉县（今甘肃平凉市）。元和三年（808）又徙治临泾县（今甘肃镇原县），大中三年（849）仍治平高县。广明后又徙治临泾县（今甘肃镇原县）。元初改名镇原州。

②辽置，为头下军州。治所在今辽宁康平县西北。辖境相当今辽宁法库县西北一带地。金废。

原州都督府 唐贞观五年（631）置，治所在原州（今宁夏固原市）。领原、庆、会、银、达、亭、要七州。十年（636）废亭、达、要三州。后银州还属夏州都督府，庆州又另置都督府。开元四年（716）后，仅领原、会两州。辖境相当今宁夏境内同心县以南，甘肃靖远、会宁、平凉、崇信等市县地。

原阳 战国赵邑。在今内蒙古呼和浩特市东南。

原阳支线 自今山西原平市东北至阳明堡（今代县西南阳明堡镇）。长35.3公里。为同蒲铁路支线。1937年建成。今为京原线的一段。

原阳县 ①西汉置，属云中郡。治所在今内蒙古呼和浩特市东南金河镇古城。东汉末废。《水经·河水注》：荒干水"西南径武皋县，王莽之永武也。又南径原阳县故城西，又西南与武泉水合"。

②即源阳县。在今重庆市万州区西南武陵镇。唐杜佑《通典》卷175，万州武宁县"汉临江县地。后周初置原阳县，又改为武宁县"。

③1949年并阳武、原武二县置，属平原省。治所在阳武城（今河南原阳县）。1952年划属河南省。

原阳镇 隋置，在今内蒙古呼和浩特市东南。

原坑隘 在今福建顺昌县南。《方舆纪要》卷97顺昌县："原坑隘在县南三十里。山溪盘结，至为险隘，南通沙县，西南达汀州之归化县。"

原武县 西汉置，属河南郡。治所即今河南原阳县。西晋废。北魏孝昌中复置，属荥阳郡。东魏天平初属广武郡。北齐天保七年（556）废。隋开皇十六年（596）复置，属管州。治所在阳池城（今原阳县西南原武镇）。大业初属荥阳郡，后改为原陵县。唐属郑州。北宋熙宁五年（1072）废。元祐元年（1086）复置。元属汴梁路。明属开封府。清属怀庆府。民国初属河南河洛道。1927年直属河南省。1949年与阳武县合并，改为原阳县。

原国民政府旧址 在今江苏南京市内。1912年元旦，孙中山在南京就任中华民国临时大总统。1927—1949年国民党政府定都南京，这里成为原国民政府统治中心。旧址包括原国民政府行政院、外交部、交通部、考试院、主席官邸、国民党中央党史史料陈列馆、中央监察委员会、临时政府参议院、最高议院、最高法院等旧址。行政院址在中山北路252、254号，立体建筑为中国传统宫殿式，建于1930年，总建筑面积8503平方米，原为国民政府铁道部址，后于1945—1949年为行政院址。原外交部旧址位于中山北路32号，主体建筑为新民族形式，建于1933—1934年，占地约4900平方米。原交通部旧址在中山北路303、305号，立体建筑亦为中国传统宫殿式，建于1933—1934年，建筑面积1.89万平方米。原大屋顶于1938年被日军烧毁，现为钢筋混凝土平屋顶。原考试院址在北京东路41、43号，为园林式建筑群，始建于明洪武二十七年（1394），占地面积8277平方米，1930年考试院设立并驻此。原国民政府主席官邸旧址在中山门外小红山，俗称美龄宫，中国传统大屋顶宫殿式建筑，1931—1933年建。原史料陈列馆址和原监察委员会分别在中山东路309号和311号，均于1936年分别建在明故宫西宫、东宫址上。两处建筑均为中国传统的重檐歇山顶形式。原参议院旧址在湖南路10号，清宣统元年（1909）建，1912年辟为参议院，为西式箱形建筑，仿法国文艺复兴时建筑式样。原最高法院旧址在中山北路101号，主体建筑建于1932—1933年，无论俯瞰或平视，既呈天平状，又呈“山”字形，寓意执法如山。2001年原国民政府旧址被定为全国重点文物保护单位。

原亭　亦作原高。西汉置，属五原郡成宜县，为中部都尉治。故址在今内蒙古乌拉特旗东南。一说即今堡子湾古城。《水经·河水注》：“河水又东径原亭城南。阚骃《十三州志》曰：中部都尉治。”

原宪城　在今山东平邑县北。《方舆纪要》卷33费县“舆城”条下：“又原宪城，在县西北百十里。或曰原宪所居。”

原起寺　在今山西潞城市东北四十四里下黄乡辛安村凤凰山麓。始建于唐天宝六载（747）。院前竖有八角青石经幢一座，刻陀罗尼经及建幢建寺的铭记。殿西有北宋元祐二年（1087）建造的大圣宝塔，俗称青龙宝塔。2001年定为全国重点文物保护单位。

原圃　即圃田泽。在今河南中牟县西及郑州市东。《左传·僖公三十三年》：“郑之有原圃，犹秦之有具囿也。”杜注：“荥阳中牟县西有圃田泽。”

原陵　东汉光武帝刘秀陵。在今河南孟津县东北铁谢村西刘家井大冢。《后汉书·明帝纪》：中元二年（57），“葬光武皇帝于原陵”。注引《帝王世纪》曰：“原陵，方三百二十步，高六丈，在临平亭东南，去洛阳十五里。”

原陵县　隋大业中改原武县置，属荥阳郡。治所在今河南原阳县西南三十六里原武镇。唐初复改为原武县。

原鹿县　三国魏改原鹿侯国置，属汝南郡。治所在今安徽阜南县西南公桥集东五里。西晋属汝阴郡。南朝宋废。

原鹿侯国　东汉建武十五年（39）置，属汝南郡。治所在今安徽阜南县西南公桥集东五里。三国魏改为原鹿县。

原墙集　明改百尺镇置，属太和县。即今安徽太和县东北四十六里原墙镇。

原疃河　即今山东招远市之界河。《明史·地理志》招远县：“东北有原疃河，北入海。”

夏　①古代汉族自称为“夏”，亦称“诸夏”或“华夏”，常和“蛮夷”对称。《尚书·尧典》：“蛮夷猾夏。”《史记·五帝本纪》集解引郑玄曰：“猾夏，侵乱中国也。”此“中国”与“中原”含义相同。

②战国楚封邑。约在今湖北武汉市武昌一带。《战国策·楚策四》：庄辛谓楚襄王曰，“君王左州侯，右夏侯”。

③东晋十六国之一。义熙三年（407），匈奴铁弗氏首领赫连勃勃于高平（今宁夏固原市）自称天王大单于，国号夏。凤翔元年（413）定都统万城（今陕西靖边县北白城子）。昌武元年（418）攻下长安称帝。辖境有今陕西省北部和内蒙古自治区一部分地。胜光四年（431）为吐谷浑所灭。

④即西夏。北宋宝元元年（1038）党项羌族首领李元昊称帝，国号夏。或称大夏。

夏口　①即南口。在今北京市昌平区西北二十五里南口镇。《北齐书·文宣纪》：天保六年（555），“发夫一百八十万人筑长城，自幽州北夏口至恒州九百余里”。即此。

②又称沔口。为夏水（汉水）入长江之口。三国吴黄武二年（223）在大江东岸今湖北武汉市黄鹄山（俗称蛇山）东北筑城，因名夏口。《梁书·邓元起传》：南齐永元末，“率众与高祖会于夏口”。即此。

夏口厅　清光绪二十四年（1898）析汉阳县汉水以北地置，属汉阳府。治所在今湖北武汉市汉口城区。1912年改为夏口县。

夏口县　1912年改夏口厅置，属湖北江汉道。治所在今湖北武汉市汉口城区。1926年改为汉口市。

夏口城　三国吴黄武二年（223）孙权筑。在今湖北武汉市武昌城区蛇山。《水经·江水注》：“黄鹄山东北对夏口城。”即此。南朝宋为郢州及江夏郡治。

夏口镇　①清置，属灵石县。即今山西灵石县西南十五里夏门镇。

②即今山东临邑县东南夏口镇。清同治《临邑县志》卷2：夏口镇在“城东南，距城四十里”。

夏门　在今河南洛阳市东北汉魏雒阳城北面西头门。《后汉书·灵帝纪》：建宁元年（168）正月，“己亥，帝到夏门亭”。注引《东观记》：“到夏门外万寿亭，群臣谒见。”

夏水　①指今汉水在今湖北丹江口市以下之河段。《左传》：昭公十三年（前529），“（楚）王沿夏，将欲入鄢”。杜注：“夏，汉别名。顺流为沿。”《方舆纪要》卷79襄阳府襄阳县：汉江“其在府境者，亦曰夏水”。

②故道从今湖北荆州市东南分江水东出，流经监利县北，折东北至仙桃市附近入汉水。自此以下之汉水，亦称为夏水。《汉书·地理志》华容县：“夏水首受江，东入沔，行五百里。”《水经·夏水》：“夏水出江津于江陵县东南，又东过华容县南，又东径监利县南，又东至江夏云杜县入于沔。”旧说夏水为今长夏河。今长夏河源出荆州市江陵区西北，东南流入长江，与古夏水经流不同。

夏水池　一作夏池水。在今山西临汾市西南。《寰宇记》卷43临汾县：夏水池，“《郡国志》云，县西南三十里有大池，其水六畜不敢饮。一名翻镬池，即煮眉间赤头处，镬翻因成池，池水上犹有脂润”。

夏丘县　西汉置，属沛郡。治所在今安徽泗县东。东汉属下邳国。三国魏属下邳郡。西晋属下邳国。东晋废。东魏武定六年（548）复置，为临潼郡治。移治今泗县。北齐为夏丘郡治。北周改为晋陵县。隋开皇十八年（598）复为夏丘县，属泗州。唐武德六年（623）废入虹县。

夏丘郡　北齐置，属潼州。治所在夏丘县（北周改晋陵县，在今安徽泗县）。辖境相当今安徽泗县地。隋开皇初废。

夏台（臺）　一名钧台。在今河南禹州市南。《史记·夏本纪》：桀“乃召汤而囚之夏台，已而释之。……桀谓人曰：‘吾悔不遂杀汤于夏台，使至此。’”《索隐》：“狱名。夏曰均台。皇甫谧曰：‘地在阳翟。’是也。”

夏后皋陵　在今河南洛宁县西北崤山侧。《左传·僖公三十二年》：蹇叔哭曰，“殽有二陵焉，其南陵夏后皋之墓也”。

夏各庄　即今北京市平谷区东二十里夏各庄镇。清光绪《顺天府志》卷29平谷县：“东南十里夏各庄。”

夏庄　①即今山东莒县西南六十里夏庄镇。清光绪《山东通志》卷2《舆图志》作下庄集。1931年设镇，后省。1984年复设夏庄镇。

②即今山东高密市东北夏庄镇。1945年山东革命根据地置胶高县治此。

夏庄集　即今山东高密市东北二十里夏庄镇。清光绪《山东通志》卷2《舆图志》：高密县东北有夏庄集。

夏州　①春秋楚地。在今湖北武汉市汉阳城区北。《左传》：宣公十一年（前598），楚庄王伐陈，“乡取一焉以归，谓之夏州”。《史记·苏秦传》：苏秦说楚威王曰：楚“东有夏州”。《集解》：“车胤撰《桓温集》云：‘夏口城上数里有洲，名夏州。’”

②北魏太和十一年（487）升统万镇置，治所在化政郡岩绿县（唐改名朔方，今陕西靖边县北白城子）。隋大业三年（607）改为朔方郡。唐贞观二年（628）复置夏州，辖境相当今陕西靖边县北红柳河流域和内蒙古杭锦旗、乌审旗等地。天宝元年（742）又改为朔方郡，乾元元年（758）仍名夏州。唐末以来，党项族拓跋氏世居其地并建立西夏政权。元废。

夏州都督府　唐贞观二年（628）置，治所在夏州（今陕西靖边县北白城子）。督夏、绥、银三州。四年增督东突厥地定襄、云中两羁縻都督府。永徽后，云中划属单于都护府，又督薛延陀、回纥内迁部族侨寄于夏州境内之达浑、安化州、宁朔州、仆固州等四羁縻都督府。天授后又督有侨寄境内的党项、吐谷浑族诸羁縻府州。圣历元年（698）增督盐州。

夏池水　即夏水池。在今山西临汾市西南。《方舆纪要》卷41平阳府：“夏池水在府西南三十里，流合晋水入汾。”

夏阳　①又作下阳。春秋时北虢邑。在今山西平陆县北。《公羊传》：僖公二年（前658），“虞师、晋师灭夏阳”。即此。

②战国秦地，在今陕西韩城市南二十里西少梁。《史记·秦本纪》：惠文王十一年（前327）“更名少梁曰夏阳”。即此。

③即今山东微山县治夏镇。清属沛县，置夏阳巡司于此。

④在今四川宝兴县南灵关镇西北。《新唐书·韦皋传》：唐贞元十七年（801），韦皋深入吐蕃，“路惟明自灵关、夏阳攻逋租、偏松城”。《新唐书·南蛮传下》：“雅州西有通吐蕃道三：曰夏阳、曰夔松、曰始阳。”

夏阳县　①战国秦置，秦属内史。治所在今陕西韩城市南二十里西少梁。西汉属左冯翊。三国魏属冯翊郡。北魏属华山郡。北周废。

②唐乾元三年（760）改河西县置，属河中府。治所在今陕西合阳县东南四十里夏阳村。后属同州。北宋熙宁四年（1071）废为镇，并入郃阳县。

夏阳路　亦名灵关路。唐、宋雅州通吐蕃三道之一。从今四川雅安市西北行，溯宝兴河而上，经芦山县、宝兴县，一取今东河东北行越邛崃山至今理县；一取西河上越夹金山至小金县。《新唐书·韦皋传》：贞元十七年（801），奉诏九路出兵攻吐蕃。其中一道：“路惟明自灵关、夏阳攻逋租、偏松城。”《寰宇记》卷77：雅州管吐蕃七部落，“吐蕃逋租城首领笼官马东煎等部落，在夏阳路安置”。

夏阳镇　①北宋置，属郃阳县。在今陕西合阳县东南夏阳村。

②即今福建明溪县东夏阳乡。明、清置巡司于此。

夏牟山　在今甘肃康乐县境。《方舆纪要》卷60临洮府狄道县：夏牟山“在府西三十里。《志》云：山下牟麦特盛，因名”。

夏克　元代西藏地名。在今西藏那曲地区比如县境。《汉藏史集》（藏文版）载：元朝设宣政院，在乌思（即前藏）置驿站七个，夏克为乌思七大驿站之一。

夏村　本海阳县地。1941年设牟海县驻此。1945年改名乳山县。1993年改设乳山市。

夏吾拉　又作达马山口。在今西藏阿里地区札达县达巴东南二百一十里。藏语“夏吾”意为嫩肉，“拉”意为山口。是西藏达巴、普兰边民去印度夏吾（米当）地方的山口通道。1954年中印协定规定双方商人、香客可经由此山口互通往来。

夏县　北魏太和十八年（494）改北安邑县置，属河北郡。治所在今山西夏县西北十五里禹王城。《元和志》卷6夏县：“因夏禹所都为名。”北周建德七年（578）移治今夏县，为安邑郡治。隋大业初属河东郡。唐属陕州。金属解州。民国初属山西河东道。1928年直属山西省。

夏园村　在今广东广州市东鹿步。旧属番禺县，后在此设鹿步砦。明、清于此设鹿步巡司。清宣统《广东舆地全图》：番禺县东南有夏园。

夏邑县 明洪武初改下邑县置，属归德府。治所即今河南夏邑县。民国初属河南开封道。1927年直属河南省。

夏邱铺 即今山东莱州市南四十里夏邱镇。清光绪《山东通志》卷2《舆图志》：掖县南有夏邱铺。民国《四续掖县志》卷1作夏邱镇。

夏邱堡 即今山东莱州市南夏邱镇。1941年山东革命根据地置掖南县治此。

夏甸子 亦作下甸子。又名艾苇甸子。朝鲜族名灰幕洞。即今吉林图们市。1933—1935年日寇建长图、牡图两铁路后，成为沟通东北和朝鲜的中转站。称为图们街、图们江。1954年改为图们镇。1965年改设图们市。

夏汭 春秋楚地。《左传》：昭公四年（前538），"吴伐楚，入棘、栎、麻，以报朱方之役。楚沈尹射奔命于夏汭"；五年（前537），楚伐吴，"以报棘、栎、麻之役。薳射以繁扬之师，会于夏汭"。旧从杜预注释夏为汉水，以魏晋之夏口即今湖北武汉市为夏汭，误。春秋吴楚争战常在淮水两岸，棘、栎、麻、沈、繁扬皆在淮北今皖豫接壤地带，此夏汭应为夏肥水（今西淝水）入淮水处，在今安徽凤台县西南。

夏张镇 民国置，即今山东泰安市西南夏张镇。清同治《泰安县志》卷4：夏张驿"在县西四十里，南自宁阳县驿至此九十里，由此北七十里为长清县长城驿"。

夏国 元至正十七年（1357）农民义军领袖明玉珍由鄂入蜀，连破元军，陆续占有川蜀诸州县。二十年（1360）据成都（今四川成都市），自称陇蜀王。二十二年（1362）即帝位于重庆（今重庆市区），国号夏，建元天统，史称蜀夏，势力范围包括今四川、重庆及陕南汉中盆地、甘肃文县一带。死后由其子昇继位。明洪武四年（1371），大将汤和至重庆，明昇降，国亡。历二主，十一年。

夏肥水 古沙水支津，淮水支流。《汉书·地理志》沛郡城父县："夏肥水东南至下蔡入淮。"《水经·淮水注》："淮水又北，夏肥水注之。水上承沙水于城父县，……东注，俱入于淮。"故道自今河南郸城县东南分沙水东南流，经今安徽亳州市南、涡阳、利辛二县之西，至凤台县西南入淮水。明、清时名西肥河，上游已改为源于太康县东南之清水河。

夏店 即今河北大厂回族自治县西北夏垫镇。《明史·地理志》通州三河县："西有泥洼铺巡检司，后移于夏店铺。"即此。

夏店镇 ①即今山西襄垣县西南夏店镇。《清一统志·潞安府》"东周镇"条下：夏店镇"在县西三十里"。

②即今山东昌邑市东北二十里夏店。《方舆纪要》卷36昌邑县有"夏店马驿"。《清一统志·莱州府二》：夏店马驿"明初设，隆庆中裁"。

夏河县 1928年改拉卜楞设治局置，属甘肃省。治所即今甘肃夏河县（拉卜楞镇）。以大夏河为名。

夏河寨千户所 明置，属灵山卫。在今山东胶南市西南琅琊镇（夏河城）。

夏泽 即夏谦泽。在今河北大厂回族自治县西北十五里夏垫镇附近。《水经·鲍丘水注》："鲍丘水又东南入夏泽。泽南纡曲渚一十余里，北佩谦泽，眇望无垠也。"即此。

夏驾桥镇 在今江苏昆山市东南十七里夏驾桥。清光绪《江苏全省舆图》：昆山县东南有"夏驾桥"。

夏驾浦 在今江苏昆山市东南二十里。《方舆纪要》卷24苏州府昆山县：夏驾浦"新洋江南口即夏驾浦。永乐二年，夏原吉以松江自夏驾而东，沙涨猝不可去，江北岸有刘家河入海。乃凿夏驾浦，掣江接浦，汇于刘家河"。后屡有浚治，为宣泄要口。

夏城 在今山西夏县西北十五里禹王城。《方舆纪要》卷41夏县：夏城"相传禹建都时筑，一名禹王城。城内有青台，高百尺，或谓之涂山氏台"。

夏封县 北魏改下邽县置，属延寿郡。治所在今陕西渭南市东北。隋复改下邽县。

夏侯堡 在今陕西铜川市耀州区南二十里。《清一统志·西安府三》：夏侯堡"一名鱼池堡。元末州治毁，尝移治于此。明嘉靖二十五年复筑堡城"。

夏亭城 在今河南郏县东。《史记·夏本纪》："汤封夏之后。"《正义》引《括地志》云："夏亭故城在汝州郏城县东北五十四里，盖夏后所封也。"《水经·汝水注》："汝水又东南流与白沟水合，水出夏亭城西。"即此。

夏阁镇 即今安徽巢湖市西北夏阁镇。传为夏桀奔南巢时憩息处。《清一统志·庐州府二》："铜炀镇"条下："又县西北三十里有夏阁镇。"

夏首 ①战国楚地。在今湖北荆州市东南。战国楚屈原《九章·哀郢》："过夏首而西浮兮，顾龙门而不见。"《水经·夏水注》："江津豫章口东有中夏口，是夏水之首，江之沱也。"

②南朝时，亦称夏口（今汉水入江之口。古时汉水自今湖北沔阳县受夏水后，亦称夏水）为夏首，即今武汉市武昌。《资治通鉴》：南朝宋升明元年（477），萧道成子赜至寻阳郡，以为其地可以"内藩朝廷，外援夏首"，即此。

夏洛豁 原西藏地方政府置，治所即今西藏曲松县西北下洛。

夏津县 ①隋开皇十六年（596）置，属贝州。治所在今山东夏津县北三十里新盛店镇。大业初废。唐武德四年（621）复置，九年（626）又废。

②唐天宝元年（742）改鄃县置，属贝州。治所即今山东夏津县。五代汉改属大名府。元属高唐州，清属临清州。民国初属山东东临道。1925年属德临

道。1928年直属山东省。

夏屋 战国燕地，后属魏。在今河北顺平县西北。《水经·滱水注》引《竹书纪年》曰：“魏殷臣、赵公孙哀伐燕，还，取夏屋，城曲逆。”即此。朱右曾《汲冢纪年存真》列于惠王二十年（前350）。

夏屋山 又名夏壶山、贾屋山、贾母山。即今山西代县东北五十里草垛山。《史记·赵世家》：“简子既葬，未除服，（赵襄子）北登夏屋，请代王。”

夏屋城 在今河北唐县北。《水经·滱水注》引《竹书纪年》：“魏殷臣、赵公孙哀伐燕，还，取夏屋、城曲逆。”

夏壶山 即夏屋山。在今山西代县东北。《尔雅》谓之夏壶山。

夏格庄镇 即今山东莱西市西南四十里夏格庄镇。民国《莱阳县志》乡镇图：西南有夏格庄镇。1942年山东革命根据地置莱西南县治此。

夏晖城 在今山东肥城市南夏辉。《春秋》：桓公三年（前709），“齐侯送姜氏于讙”。《水经·汶水注》：“蛇水又西南径夏晖城南，经书齐侯于下讙是也。今俗谓之夏晖城。”是夏晖乃下讙因音近而讹。

夏峰 在今河南辉县市西北苏门山。清初孙奇逢隐居于此。世称夏峰先生。

夏浦 ①战国楚地。夏水会合大江处，即今湖北武汉市汉江江口段。战国楚屈原《九章·哀郢》：“背夏浦而西思兮，哀故都之日远。”朱熹注：“时未过夏浦也。故背之而回首西乡，以思郢也。”

②即夏港镇。在今江苏江阴市西十里夏港镇。《寰宇记》卷92江阴军江阴县“舰浦”条下：“故老云，陈至德元年，江阴郡守倪启徙江阴县治夏浦，筑此城。”

夏浦涧 在今安徽泾县西。《清一统志·宁国府》：夏浦涧“在泾县西。源出青阳县界，东流经蓝山，至落星潭入赏溪”。

夏家店遗址群 在今内蒙古赤峰市松山区夏家店乡英金河北岸。1961年发现并发掘，文化堆积层分两层，下层距今四千多年，相当于商代早期，出土陶器以夹砂灰陶为多，夹砂褐陶和泥质灰陶次之。还有夹砂红陶、泥质黑陶，以手制、质硬、火候偏高为特点，有鬲、甗、鼎、盆、罐、钵等，还有铲、斧、刀、锛、环等磨制石器和骨蚌器，是中国北方青铜时代有代表性的文化遗存。上层文化相当于西周中后期至战国前期，出土陶器有半球形纺轮和网坠等，还有石刀、臼、斧、锛及铸铜石范、短剑、铜斧、铜饰等，为东胡或山戎族遗存。2006年定为全国重点文物保护单位。

夏家堡子 即今辽宁清原满族治县西北夏家堡镇。清光绪《奉天全省地舆图说图志》开原县图：东南有夏家堡。

夏家渡 即今安徽宣城市东南宛溪东岸孙埠镇夏渡。有桥曰新安桥（阮翁桥）。清嘉庆《宁国府志》卷15宣城县：“新安桥一名阮翁桥。城南十里夏家渡。明弘治中（建）。”

夏绥 唐方镇名。贞元三年（787）置，治所在夏州（今陕西靖边县北白城子）。领夏、绥、银三州。元和九年（814）增领宥州。中和二年（882）号定难军。

夏盖山 即今浙江上虞市东北二十二里夏驾山。宋《嘉泰会稽志》卷9上虞县：夏盖山“在县（治今丰惠镇）北五十里。《旧经》云：山形如盖，因以为名”。明嘉靖三十五年（1556），明军败倭寇于夏盖山，即此。

夏盖湖 在今浙江上虞市东北夏驾山南。宋《嘉泰会稽志》卷10上虞县：夏盖湖“在县（治今丰惠镇）西南（系‘北’之讹）四十里”。《方舆纪要》卷92绍兴府上虞县：夏盖湖，“唐长庆二年开以溉田，湖周一百五里，中有镜潭及九墩十二山，又有三十六沟，为引水灌田之道”。清以来堙废。

夏梁州 唐开元后置羁縻州，属雅州都督府。治所在今四小金县境。后废。

夏琼寺 又称夏群寺。在今青海化隆回族自治县西北查浦藏族乡南。始建于元至正九年（1349），藏传佛教格鲁派（黄教）创始人宗喀巴于至正二十三年（1363）曾在此出家。故该寺被称为格鲁派之源。

夏鲁寺 在今西藏日喀则市东南四十里。北宋元祐二年（1087）创建。藏语意为“新生草芽”或“苗”。元时把持夏鲁寺政的地方势力阶氏家族曾受封为万户长，夏鲁为西藏十三万户之一。14世纪中叶，阶氏家族迎请当时喇嘛教著名僧人布顿·仁钦珠主持寺务，对寺庙又加以重修扩建。后以夏鲁寺为中心，创立了喇嘛教的夏鲁派，又称布顿派。主要建筑为大殿，木架结构和斗拱具有元代风格，是一座藏汉建筑的混合体。寺内还保存有元代壁画和八思巴文文告等珍贵文物。1988年定为全国重点文物保护单位。

夏港 在今江苏江阴市西十里。《舆地纪胜》卷9江阴军：夏港“春申君长子所开”。《方舆纪要》卷25常州府江阴县：夏港在“县西十里。北通大江，东南行出蔡泾闸与黄田闸合流入运河。……《江防考》：县境通潮诸港，黄田、夏港最为津要”。

夏港镇 又名夏浦。在今江苏江阴市西十里夏港镇。宋置夏港寨。清毕沅《续资治通鉴》：南宋建炎三年（1129），“金人攻江阴，至夏港，距城八里而近”。即此。明天顺初，移利港巡司于此。

夏谦泽 又名夏泽。在今河北大厂回族自治县西北十五里夏垫镇附近。《水经·鲍丘水注》：“鲍丘水又东南入夏泽。泽南纡曲渚一十余里，北佩谦泽，眇望无垠也。”《资治通鉴》：东晋隆安元年（397），燕慕容宝“尽徙蓟中府库北趣龙城。魏石河头引兵追之，戊午，及宝于夏谦泽”。顾炎武《日知录》卷31夏谦泽：“今三河县西三十里地名夏店，旧有驿，鲍丘水径其下，而泃河自县南至宝坻入于海。疑夏店之名因古夏泽。其东弥望皆陂泽，与《水经注》

正合。”

夏塘镇　北宋置，属安丰县。即今安徽长丰县南下塘镇。

夏路　道路名。战国时楚国北经方城，通中原华夏诸国之要道。《史记·越王句践世家》：齐使者说越王曰：楚“夏路以左，不足以备秦”。《索隐》引刘氏云：“楚适诸夏，路出方城，人向北行，以西为左，故云夏路以左。”又《汉书·地理志》叶县：“有长城，号曰方城。”此为楚国在其北界沿今伏牛山东北麓所筑之长城。《水经·㶏水注》载：“郭仲产曰：苦菜、于东之间有小城，名方城，东临溪水。”此方城扼伏牛山东北麓长城隘口，在今河南方城县东北保安镇附近，当即夏路所出之方城，正当南阳盆地东北方城县伏牛山缺口隘道。

夏错　又作夏尔错。在今西藏南部，门隅地区达旺东十四里。藏语意为东边部落。原隶属于西藏地方政府管辖，为门隅三十二错、定（错、定是当地的一级行政区划）之一。1951 年被印度政府非法占领。

夏墟　或作夏虚。《左传·定公四年》：“分唐叔以大路、密须之鼓，……命以《唐诰》而封于夏虚。”其地有三说：(1) 在今山西太原市西南。西晋杜预注：“夏虚，大夏。今大原晋阳也。”(2) 在今山西翼城县东南。明顾炎武《日知录》三十一云：“窃疑唐叔之封，……在于翼。”(3) 在今山西夏县东北。近年东下冯遗址考古发掘资料可资印证。

夏墅镇　亦称南夏墅镇。即今江苏常州市武进区南二十里南夏墅镇。清光绪《江苏全省舆图》阳湖县图：南有夏墅。民国《江苏六十一县志》：武进县南有“夏墅镇”，“夏墅跨邵尧港，以别于西夏墅，亦称南夏墅”。

夏镇　明置，属沛县。即今山东微山县治。清咸丰元年（1851）沛县迁治于此，十一年（1861）仍还旧治。1953 年于此置微山县。

砺阜山　即厉阜。在今山东高密市西北五十里。《水经·潍水注》：潍水“西有厉阜”。《方舆纪要》卷 36 高密县：砺阜山“山产砺石，一名刘宗山”。

砥石　商代早期的都城。《尚书序》正义引《世本》云：“昭明居砥石。”又《荀子·成相篇》亦曰：“契玄王，生昭明，居于砥石迁于商。十有四世，乃有天乙是成汤。”旧时不知砥石所在。据丁山、邹衡考证，昭明所居之“砥石”在今河北砥水附近，即今石家庄以南，邢台以北地区。郭沫若考证认为，“砥石”在砥水流域，即今石家庄市元氏县境内。据 20 世纪 70 年代在今河北石家庄市元氏县南十里发现的西周墓中，出土的西周青铜器臣谏簋内底铭文记载了“戎人大举出于軝，邢侯对戎战”的历史事实，证实作为商早期都城的砥石应在今元氏县南古泜水（今槐河）一带的軝国故址。

砥柱山　又名底柱山、三门山。在今河南陕县东北黄河中。《尚书·禹贡》：导河积石，“东至于底柱”。《水经·河水注》：“砥柱，山名也。昔禹治洪水，山陵当水者凿之，故破山以通河，河水分流，包山而过，山见水中，若柱然。故曰砥柱也。三穿既决，水流疏分，指状表目，亦谓之三门矣。”或指今三门峡中之一岛。王翰《游三门记》：“砥柱在陕州东五十里黄河中。循河至三门，中曰神门，南曰鬼门，北曰人门。……三门之广约二十丈。其东百五十步即砥柱。崇约三丈，周数丈。”

硊矶岛　即鼍矶岛。今山东长岛县北硊矶岛。清《乾隆内府舆图》作“硊矶岛”。

破山寺　南朝齐建。即今江苏常熟市北四里兴福寺。唐常建有《题破山寺后禅院》诗。

破车岘　即穆陵关。在今山东沂水县北。《水经·巨洋水注》：“朱虚城西有长坂远峻，名为破车岘。”《元和志》卷 10 临朐县：“破车岘在县东南三十五里。按，岘高七十丈，周回二十里，道径险恶，因名破车岘。”

破冈渎　又名破墩、破墩渎、破冈埭。三国吴赤乌八年（245）开凿。故址在今江苏南部，西起句容市东南，通赤山湖及秦淮河，东至丹阳市西南延陵镇西。从此沟通了都城建邺（后改建康，今南京市）与太湖地区的水运交通。南朝梁避太子讳，改为破墩渎，后废；而在其附近另开上容渎，至陈，上容渎又废；复开破冈渎，隋平陈废。

破石山　在今浙江温州市西北，瓯江南岸。《新定九域志》卷 5 温州：破石山，“《永嘉记》云：永嘉江南岸有枯石，乃尧时神人以破石为椎”。《方舆纪要》卷 94 温州府：破石山在“府西北二十里。临江壁立，如张帆”。

破石峡　在今湖北巴东县东。《方舆纪要》卷 78 巴东县“东奔峡”条下：“又有破石峡，在县东五里，两崖如刀劈状。”

破多吐水　亦作婆多吐水。即今黑龙江省哈尔滨市阿城区东与宾县交界处之蜚克图河。《金史·世纪》：“世祖乃以偏师涉舍很水，……明日，大雾晦冥，失道，至婆多吐水乃觉。”

破羌川　在今青海乐都县东。《水经·河水注》：湟水“东径破羌县故城南……《十三州志》曰：湟水河在南门前东过。六谷水自南，破羌川自北，左右翼注湟水”。

破羌县　西汉神爵二年（前 60）置，属金城郡。治所在今青海乐都县东南湟水北岸。《后汉书·西羌传》：永初三年（109），“当羌、勒姐种攻没破羌县”。西晋废。

破虎堡　一名破孤堡。在今山西右玉县北六十里破虎堡村。《清一统志·朔平府》：破虎堡“东至边墙二里，北至边墙三百步。明嘉靖二十三年（1544）筑，周二里”。

破虏军　北宋太平兴国六年（981）置，治所在今河北霸州市东五十里信安镇。辖境相当今河北霸州市及文安县地。景德二年（1005）改为信安军。

破河站 元置，在今湖北宜城市东璞河镇。

破城子 即汉代居延都尉所属甲渠侯官遗址。在今内蒙古额济纳旗南四十八里，纳林、伊肯河之间的戈壁滩上。1930 年，前西北科学考察团在此掘获汉简五千余枚。1974 年甘肃居延考古队进行了发掘，出土大量汉简及弓箭、铜镞、货币、农具、猎具等。

破洛那国 北魏西域国。国都在贵山城（今乌兹别克斯坦纳曼干州北卡桑赛）。《魏书·西域传》：破洛那国“故大宛国也。都贵山城，……太和三年遣使献汗血马，自此每使朝贡”。

破釜塘 即今江苏西部洪泽湖。《清一统志·扬州府一》引《元和志》：白水陂“在宝应县西八十里。邓艾所作，与安徽破釜塘相连……隋大业末，破釜塘坏，水北入淮，于是白水塘亦坏”。《方舆纪要》卷 21 盱眙县：洪泽浦在“县北三十里。旧有破釜塘。邓艾立白水塘，与破釜塘相连，开水门八以溉田。其后炀帝幸江都，道经此，久旱遇雨，因改今名”。唐始名洪泽湖。

破浪礁 在南海中中国南沙群岛，是安渡滩中一暗礁。位于安渡滩西北侧中段。1935 年公布名称为格老色斯德破礁。1947 年改为破浪礁。

破冢 在今湖北荆州市荆州区（故江陵县城）东南三十里长江东岸。南朝宋刘义庆《世说新语·排调》：“顾长康作殷荆州佐，请假还东。尔时例不给布帆，顾苦求之，乃得。发至破冢，遭风大败。”即此。

破陵 在今河南孟津县东。《资治通鉴》：隋大业九年（613），杨玄感至东都，屈突通奉诏驰救，由河阳“济河，军于破陵”。胡三省注：“破陵当在河阳南岸、洛城东北。”

破逻真谷 在今青海玛多县东北花石峡北一带。《资治通鉴》：唐贞观九年（635），征吐谷浑，“侯君集、任城王道宗引兵行无人之境二千余里，盛夏降霜，经破逻真谷。其地无水，人啮冰，马噉雪”。

破鲁堡 在今山西大同市西北六十里破鲁堡村。《清一统志·朔平府》：破鲁堡“在左云县东六十里，明嘉靖二十二年筑，周三里有奇”。

破墩 即破冈渎。故址在今江苏句容市东南。南朝梁时避太子讳，改为破墩渎。《梁书·武帝纪上》：南齐中兴元年（501），东昏侯使申胄“屯破墩以为东北声援”；后萧衍克建康，遣其弟“恢屯破墩”。即此。

逐度县 即遂度县。治所当在今广东阳西或电白县地。《宋书·州郡志》作“逐度”。

逐象山 在今广西宁明县东。《方舆纪要》卷 110 思明州：逐象山“在州（今明江镇）东。回环甚远，为州屏障”。

砻丛山 即宠嵸山。简称丛山。在今安徽绩溪县东北。《寰宇记》卷 104 绩溪县：砻丛山“在县北二十九里。其山四合交凑，中有大路，向宣州宁国县，路又二郡分界焉”。

砻头砦 即今江西井冈山市西北砻市镇。《清一统志·吉安府二》：砻头砦“在永宁县西南三十里。山川平衍，商民辏集。有间道二，一自东北历三阳寨、七星船，至湖南茶陵州；一自正南至木村，抵黄烟堡，入湖南酃县，俱径路盘错”。

砻岩 在今广西全州县北十五里。《方舆胜览》卷 26 全州：砻岩“在清湘县北十五里。虚明深窈，有飞泉数百丈，萦如飞练”。

烈山 ①在今江苏南京市江宁区西南。宋《景定建康志》卷 17：烈山“近烈洲，临江中流，改曰烈山。其山四面峭绝，下瞰大江，风涛汹涌，商旅常泊舟依山以避风”。《清一统志·江宁府一》“烈山”条引《旧志》云：“今舟行自采石东下，未至三山，江中有山，即烈山也。”

②在今安徽淮北市南。产煤。明末有煤窑七十余处，清末建有大井二十一口，日产煤 700 吨。为安徽重要产煤区。

③ 即厉山。又名重山。在今湖北随州市西北。《水经·溳水注》：赐水“南有重山，即烈山也。山下有一穴，父老相传云，是神农所生处也。故《礼》谓之烈山氏”。

烈山县 唐开元二十四年（736）析广平县置，属恭州。治所在今四川理县西北。广德后废。

烈山墓地 在今西藏朗县东金东乡烈山村之东的山坡上。墓地范围约 50 万平方米，共发现封土墓一百八十四座（东区一百六十二座，西区二十二座），其中封土占地 700 平方米以上的大型墓有二十三座。封土最大的边长 66 米，封土最高达 14 米。封土平面形状有梯形、方形、圆形、“亚”字形和方圆复合形，墓葬构筑技术主要为典型藏式建筑风格的夹石、夹木夯筑方法。在墓葬分布范围内还发现了建筑、祭祀、石碑座等遗迹。烈山墓地的规模和墓葬总数在西藏境内是罕见的，可能是一处赞普级别的陵墓区，为研究吐蕃时期陵寝制度、丧葬礼仪等提供了重要的实物资料。2001 年定为全国重点文物保护单位。

烈屿 即今福建小金门岛。《方舆纪要》卷 99 泉州府同安县“浯州屿”条下：“又有烈屿，广二十里，上有大小山数十，其高者曰吴山、牧山、楼山、湖山，而吴山为最。牧山前有军营，山后有马寨、有草湖，昔尝置场牧马于此。”

烈屿市 即今福建云霄县东南列屿镇。清嘉庆《云霄厅志》卷 1《坊里》有烈屿。

烈面镇 即今四川武胜县西北烈面镇。《清一统志·顺庆府二》：烈面镇“在南充县南一百里。本朝康熙中设驿于此。今裁”。民国《武胜县志》卷 1：烈面溪在“县西五十里……商业繁盛，为河西冠”。

烈洲 又名栗洲、溧洲、冽洲。故址在今江苏南京市江宁区西南烈山下。原在大江中，为六朝都城之江津要地。《寰宇记》卷 90 升州江宁县：“烈洲在县西南八十里，周回六十里。《舆地志》：吴旧津所，内有小水堪泊船，商客多停以避烈风，故以名焉。王濬伐吴宿于此。简文为相时，会桓温于此。”

烈港　在今浙江舟山市定海区金塘岛西北隅之沥港镇。《方舆纪要》卷92宁波府定海县：烈港在“县西北五十里。东出海近金塘山。嘉靖三十一年贼汪直……移泊于此。地形曲折，进剿为难”。

殊奈　又作施耐、尸耐、施蛃皮耐、设比奈。即今越南归仁。《唐会要》卷98：“殊耐昆仑人也，在林邑南，去交趾海行三月余日（疑三月乃三日之误），习俗与婆罗门同，绝远，古未尝朝中国。贞观二年十月，使至朝贡。”又，《新唐书·南蛮传下》：“环王南有殊奈者，泛交趾海三（月）［日］乃至，与婆罗［门］同俗。贞观二年，使者上方物。”皆此。

殊亭　唐建。在今湖北武汉市武昌。唐元结有《殊亭记》。取其才殊、政殊、迹殊、为亭又殊，因名。

殊像寺　①在今河北承德市避暑山庄之北，东邻普陀宗乘之庙。清乾隆三十九年（1774）仿山西五台山殊像寺建造。据《高宗殊像寺落成瞻礼即事成什有序》碑文载：乾隆二十六年，皇太后七十寿辰，乾隆帝奉母上五台山进香。五台为文殊师利道场，有殊像寺传为文殊现身之处。返京后，在北京香山摹像建寺，名曰宝相。乾隆三十九年又在避暑山庄之北建造此寺。1988年定为全国重点文物保护单位。

②在今山西五台县东北台怀镇杨林街西南里许。始建于唐。因寺内供文殊像而得名。今寺为明成化年间重建。文殊阁内塑像完成于明弘治九年（1496），万历时曾局部修补。阁内佛坛宽大，文殊驾于狮背，高约9米。龛背面塑三世佛（药师、释迦、弥陀），两侧为悬塑五百罗汉。全部塑像皆明代作品，工艺精巧。

顾　①夏代方国。在今山东鄄城县东北。《诗经·商颂》：“韦、顾既伐。”“顾”即顾国。后为邑。《左传》：哀公二十一年（前474），“秋八月，公及齐侯、邾子盟于顾”。即此。

②战国中山国都城。在今河北定州市。《史记·赵世家》《索隐》引《世家》：“中山武公居顾。”西汉置卢奴县。

顾山　一名东顾山。又名三界山、香山。在今江苏江阴市东南。《方舆纪要》卷25常州府江阴县：顾山“在县东南七十里，与常熟、无锡分界处也。亦曰香山”。

顾山镇　即今江苏江阴市东南顾山镇。清乾隆三十三年（1768）置巡司于此。

顾水　即今广东广宁县西北古水河，为绥江支流。《舆地纪胜》卷96肇庆府：顾水“在四会县北一百五十里。源出清远县，流至顾水口入于江。水之上流有美材巨木，商人从水口作巨筏而下，货于南海”。《清一统志·肇庆府》：顾水，“《县志》，在（广宁）县北四十里，西流百余里入绥江”。

顾水口　又名古水埠。即今广东广宁县西北古水镇。《舆地纪胜》卷96肇庆府：顾水“源出清远县，流至顾水口入于江”。

顾水埠　又名古水。即今广东广宁县西北古水镇。清光绪《广东舆地全图》：广宁县西北有顾水埠。

顾节墩　在今浙江嘉兴市城区东角里街。《舆地纪胜》卷3：顾野王读书堆，“唐询诗云：平林标大道，曾是野王居，往事将谁语，凄凉六代余”。《清一统志·嘉兴府一》：读书堆“在府城东七里。俗名顾节墩，相传陈顾野王读书处”。

顾龙山　在今江苏金坛市南五里。宋《嘉定镇江志》卷6：顾龙山“下瞰思湖龙荡，高不能五六丈，而巨石盘亘，瞰平湖数千顷，湖之旁山者居民占植芙蕖，界以菰蒲，如错锦绣，暑风至则荷香与偕，若非凡境”。《方舆纪要》卷25常州金坛县：顾龙山“前望白龙荡，因名。一名乌龙山，俗呼上山。明初太祖东征，尝驻跸于此”。

顾市　即今湖南安乡县南陈家咀镇。《方舆纪要》卷77安乡县“石龟市”条下：“又县南三十里有顾市，元时置驿于此。今废。”

顾成庙　西汉文帝四年（前176）建。故址在今陕西西安市东。《汉书·文帝纪》：四年（前176），“作顾成庙”。服虔曰：“还顾见城，故名之。”应劭曰：“文帝自为庙，制度卑狭，若顾望而成，犹文王灵台不日成之，故曰顾成。”

顾会浦　即今上海市青浦区东北老通波塘。《清一统志·松江府一》“顾会浦”条引《水利志》云：“宋乾道二年转运副使姜诜开通波大港，即顾会浦。”《方舆纪要》卷24松江府华亭县：顾会浦“其上源为通波塘，出府城北流为五里塘，又北为祥泽塘，别流为崧子浦，北出凤凰桥，又北经竿山，入青浦县界，又北通新江塘，西接青龙江，东为艾祈等浦，入吴淞江。宋庆历初，县令钱贻范以顾会南通漕渠，下达松江，为往来冲要。自竿山之南，地形中阜，积淤不决，渐与岸等，因建议疏浚，自今县城西北至青浦县青龙镇，凡六十里。……嘉靖以后，顾会、盘龙二浦，俱从府城西绝黄浦，入三泖，非复昔流矣”。

顾县场　北宋为故县镇。即今四川岳池县北四十里顾县镇。光绪《岳池县志》卷3：顾县场“离城四十里”。唐万岁通天二年（697）置岳池县于此。

顾泾港　在今上海市嘉定区东四十里。《方舆纪要》卷24苏州府嘉定县：顾泾港“宋时与茜泾、下张、七鸦、杨林、掘浦共为昆山六大浦”。《清一统志·太仓州一》：顾泾港“西南接练祁，北通川沙港，东入海”。

顾浦　在今江苏太仓市西南五里。《方舆纪要》卷24太仓州：顾浦“自嘉定县引吴淞江水北入吉泾，又东北而折戚虞泾，东曰南盐铁塘，西曰张泾、横沥，并北注于娄江”。

顾家店 即今安徽霍邱县南一百四十里姚李镇西大顾店。清乾隆《颍州府志》卷2：霍邱县有顾家畈。

顾家桥集 即今安徽凤台县西北顾桥乡。清光绪《凤台县志》卷1：顾家桥“距县五十里”。

顾家路镇 即今上海市浦东新区川沙镇西北顾路镇。清光绪《江苏全省舆图》：川沙县西北有“顾家路”。

顾渚山 在今浙江长兴县西北四十七里顾渚村。《茶经·八之出》：“湖州，生长城县顾渚山谷。”李肇《唐国史补》卷下“风俗贵茶”条：“湖州有顾渚之紫笋。”《寰宇记》卷94长兴县：顾渚“昔吴王夫槩顾其渚次，原隰平衍，为都邑之所。今崖谷林薄之中多产茶茗以充岁贡”。自唐贞元以来，顾渚紫笋列为贡茶，至明、清而经久不衰，今仍为全国名茶。

顾渚贡茶院遗址及摩崖 在今浙江长兴县西北水口乡顾渚村、金山村。遗址在顾渚山下虎头岩后，海拔250米，面积1.2万平方米，为三个60×80米梯级状平面，出土唐代石础、瓦当、屋脊及茶具。此处为石英砂岩山地，东临太湖，气候湿润，多云雾，土层肥厚，以出产紫笋茶著名。唐大历五年（770）设贡茶院，为有史可稽的中国历史上首座茶叶加工工场。摩崖题记分别位于顾渚山北侧的悬臼、斫射和东侧的顾山，多为唐宋以来官吏和文人题名记事。2006年定为全国重点文物保护单位。

〔一フ〕

郪口 即郪水注入涪江之口。今四川大英县西北郪口镇。《宋书·刘道济传》：元嘉十三年（436），萧汪之将兵攻程道养义军，“军次郪口，帛氏奴斩伪卫将军司马飞燕归降”。即此。《资治通鉴》南朝宋元嘉十三年胡三省注：“郪江源出今潼川府铜山县，历遂宁府长江县而合于涪水，谓之郪口。”

郪山 在今四川中江县东南。《宋书·刘道济传》：元嘉十一年（434），程道养等“领二千余家逃于郪山”。十三年（430），萧汪之击破道养，“道养还入郪山”。

郪王城 战国时郪国都城。在今四川三台县南郪江镇（千字坟）。《寰宇记》卷82梓州飞乌县：故城“在今县北三十五里故郪王城”。《方舆纪要》卷71潼川州：废郪县，“宋白曰：故郪城在县南九十里，临江，一名郪王城，盖以郪江名也”。西汉于此置郪县。

郪水 即今四川中江、三台、大英三县境之郪江。《隋书·地理志》：蜀郡玄武县有郪江。《元和志》卷33梓州铜山县：“郪江水，经县南五里。”

郪丘 ①春秋时齐邑。在今山东东阿县境。《春秋》：文公十六年（前611），“六月戊辰，公子遂及齐侯盟于郪丘”。郪音西。《公羊传》作“犀丘”，《穀梁传》作“师丘”。郪、犀、师三字古音皆近，可通假。

②又名廪丘、邢丘。战国魏邑。在今安徽太和县北六十里倪丘镇附近。《史记·魏世家》：魏安釐王十一年（前266），“秦拔我郪丘”。即此。西汉改置新郪县。

郪江 在今四川中江县东南。《隋书·地理志》：玄武县有郪江。《元和志》卷33飞乌县：“郪江水，经县北，去县四十里。”《清一统志·潼川府一》：郪江“在中江县南九十里。源出铜山县东南，径三台县南，至蓬溪县入涪江”。

郪江崖墓群 在今四川三台县南郪江镇。古郪县遗址附近有汉代崖墓千座。东北郪江，沿江两旁山坡上，岩墓密如蜂房，有“汉墓之乡”的美誉。墓壁上有各类人兽浮雕，虽粗犷而生动。1996年被定为全国重点文物保护单位。

郪县 ①西汉置，属广汉郡。治所在今四川三台县南九十里郪江镇。因郪江水为名。《三国志·蜀书·李严传》：东汉建安二十二年（217），“盗贼马秦、高胜等起事于郪，合聚部伍数万人”。《三国志·魏书·钟会传》：蜀汉后主降，“（姜）维至广汉郪县，令兵悉放器械”。皆此。南朝梁废。

②隋大业三年（607）改昌城县置，为新城郡治。治所在今四川三台县。唐武德初为梓州治，天宝初为梓潼郡治，乾元初复为梓州治。北宋为梓州、潼川府治。明洪武九年（1376）废入潼川州。

郪城 指唐代郪县城。即今四川三台县。杜甫在梓州郪县，写有《郪城西原送李判官兄弟武判官弟赴成都府》、《九月》等诗。

较场口 在今重庆市区民权路西口。1946年2月10日，重庆市各界在此召开庆祝“政协”成功大会，国民党特务捣乱，打伤郭沫若、李公朴等六十余人，人称“较场口事件”。

匪平川 在今四川黑水县东南。《旧唐书·地理志》：悉州“载初元年移治匪平川”。

顿 西周封国。姬姓。国都原在今河南商水县东南，后迫于陈而南迁，在今河南项城市西南南顿镇，为楚附庸。《左传》：僖公二十三年（前637），“秋，楚成得臣帅师伐陈，遂取焦夷，城顿而还”。杜注：“顿国，今汝阴南顿县。”又僖公二十五年（前635），“秋，楚人围陈，纳顿子于顿”。公元前496年灭于楚。

顿丘 一作敦丘。春秋卫邑。在今河南浚县西。《诗经·卫风·氓》：“送子涉淇，至于顿丘。”

顿丘县 ①战国魏置。后入秦，属东郡。治所在今河南清丰县西南二十五里。西晋为顿丘郡治。北齐废。隋开皇六年（586）复置，属魏州。大业初属武阳郡。唐为澶州治。五代晋天福三年（938）移治德胜城（今河南濮阳县东南五里）。北宋熙宁六年（1073）废。

②东晋侨置，属秦郡。治所即今安徽滁州市。南朝宋为新昌郡治。隋开皇初改为新昌县。

③北魏太和十八年（494）置，属汲郡。治

所在今河南浚县西北。后属黎阳郡。东魏天平中废。

④南朝宋侨置，属魏郡。治所在今山东济南市东顿丘附近。北魏属东魏郡。北齐废。

⑤南朝宋侨置，属阳平郡。治所在今山东兖州市西北。北魏属东阳平郡。北齐废。

⑥南朝梁侨置，为睢州南济阴郡治。治所在今安徽宿州市北二十里老符离集，北齐废。

顿丘郡　①西晋泰始二年（266）置，属司州。治所在顿丘县（今河南清丰县西南）。辖境相当今河南濮阳市及清丰、内黄、南乐、范县等地。北魏天兴四年（401）属相州。东魏天平初属司州。北齐废。

②东晋侨置，属徐州。治所在顿丘县（今安徽滁州市）。南朝宋废。

顿丘镇　五代晋天福三年（938）于旧澶州城置，在今河南清丰县西南。四年（939）改为德清军。

顿多城　唐安西都护府辖城。在今吉尔吉斯斯坦伊塞克湖东南伊什特克附近。《新唐书·地理志》引贾耽《四夷路程》："度拔达岭又五十里至顿多城，乌孙所治赤山城也。"

顿谷江　在今广西博白县西南。《方舆纪要》卷108博白县：顿谷江在"县西南四十里。源出飞云山……入于南流江"。

顿洞寨　即今贵州黎平县南永从乡之南顿洞。明郭子章《黔记》卷5：黎平府"南有一路皆苗出入，汉人罕进，十里至顿洞寨，十里至擒鬼坡，向日皮林戕杀官军于此"。"顿洞"系侗语音译，意为风箱口之地。

顿逊国　亦称典孙或典逊。在今缅甸南端之丹那沙林附近。《太平御览》卷788引竺芝《扶南记》曰："顿逊国属扶南。"《梁书·海南诸国列传·扶南国》："其南界三千余里有顿逊国，在海崎上，地方千里，城去海十里。有五王，并羁属扶南。"

顿家冈　俗呼邓家冈。即今河南新蔡县东二十四里顿岗乡。《陈书·鲁悉达传》：侯景之乱，悉达保新蔡，时兵荒饥馑，众多归之。悉达"分给粮廪，其所济活者众，仍于新蔡置顿以居之"。

顿程帐　辽置，在今内蒙古西乌珠穆沁旗东汗乌拉一带。宋沈括《熙宁使虏图抄》：新添帐"东北行三十里至中顿。过顿，北十里余度陇，复西北数里至顿程帐。顿程帐东南距新添帐六十里。帐西北又二十里至单于庭"。

致一堂　在今广东连州市东。《清一统志·连州》：致一堂"在州东。宋欧阳献可读书之所。张栻有赋"。

貣勃山　又作贷勃山。在今内蒙古呼伦贝尔市鄂温克自治旗南境外兴安岭南段。《新唐书·室韦传》："西保貣勃、次对二山。山多草木鸟兽，然苦飞蚊，则巢居以避。"

〔丨一〕

柴山堡　在今河南新县西南陈店乡北。1928年春中国工农红军第七军由湖北黄陂县木兰山转移到鄂豫边区，在新县柴山堡地区创建了鄂豫边区第一个革命根据地。

柴门关　①在今江西上饶县北。《方舆纪要》卷85广信府上饶县：柴门关"在县北百里，通江南婺源县之要道"。

②在今甘肃文县西北一百里。清光绪《甘肃新通志》卷9："负山临河，峭壁镌'秦蜀咽喉'四字，出关五里即四川南坪界。"

柴历亭　故地或以为在今马来西亚马来半岛东岸之乞拉丁地区。或以为即日罗亭之异译。见南宋赵汝适《诸蕃志》卷上"阇婆国"条。

柴水　一名壑水。即今寨河。淮河支流。源出今河南新县西，东北流经光山县，至潢川县西北入淮河。《水经·淮水注》："淮水又东，右合壑水。水出白沙山，东北径柴亭西，俗谓之柴水。……又东北入于淮。"

柴禾淀　在今河北雄县东南十余里。《清一统志·保定府二》：柴禾淀"长三十里，白沟河诸水皆汇于此"。

柴市　在今北京市东城区府学胡同。元为柴市。《京师坊巷志稿》卷上：府学胡同"其地元之禁市也。……元王恽《中堂事纪》：至元十六年，帅臣张宏范执文天祥至大都囚之，上屡欲赦出相之，不从。十九年十二月初九，戮于燕南城柴市"。一说即明清时代刑场所在菜市口。

柴头港　在今台湾省台南市北。《清史稿·地理志》台南府："柴头港出府治东北山，西北流，经治北，又西合德庆港为安平港，入于海。"

柴达木河　在今青海都兰县西。《清史稿·地理志》青海和硕特部西右翼中旗：柴达木河"出河源北托逊淖尔，西流至西拉珠尔格塔拉，阿拉克淖尔水东来入之，合而西北流，格德尔古河、乌兰乌苏河、布隆吉尔河俱自其东注之，又西入于沙"。

柴达木盆地　在今青海西北部阿尔金山、祁连山、昆仑山间。东西长800公里，南北最宽处350公里，面积约20万平方公里。海拔2600—3000米。"柴达木"，蒙古语意为"辽阔的地方"。乾隆《西域同文志》卷16："蒙古语，柴达木，宽广之谓。滨河境，地宽敞，故名。"

柴关岭　在今陕西留坝县西北五十里，接凤县界。旧属凤县，明尝迁留坝巡司于此。清乾隆间改置留坝厅，即以为厅治。嘉庆十三年（1808）移今治。

柴关站　元置，属陕西行中书省兴元路，即今陕西凤县东南七十二里与留坝县接界之柴关岭。

柴村镇 金置，属曲沃县。在今山西曲沃县北九里。

柴县 西汉置，属泰山郡。治所在今山东新泰市西南境楼德镇柴城。东汉省。

柴里（裏）斗六社 即今台湾省云林县。清康熙间蒋毓英《台湾府志》卷1：柴里斗六社“离府治一百八十里”。

柴沟 在今陕西神木县西。《方舆纪要》卷57神木县：柴沟“天顺中，延绥被寇，神木官军败之于此”。

柴沟堡 即今河北怀安县治。元设柴沟营。明正统初筑堡，嘉靖中设参将于此。清设守备于此，雍正中改置都司。1949年怀安县治由怀安镇迁此。

柴汶水 一名淄水。上源即今新泰市西北羊流河，西南流合今小汶河，西经柴县北，折西北至泰安市南大汶口入大汶河。《水经·汶水注》：“汶水又南，左会淄水。水出泰山梁父县东……淄水又径梁父县故城南，淄水又西南径柴县故城北，世谓之柴汶矣。”

柴河 即今辽宁铁岭市北柴河。《金史·地理志》：新兴县“北有柴河”。明《全辽志》卷1铁岭卫：柴河在“城北二里。源出城东松山之西诸山，西流由北城入辽海”。

柴河堡 明置，即今辽宁开原市东南柴河堡乡。明《全辽志》卷2：中固城有柴河堡。民国《奉天通志》卷74开原县：“柴河自清原境西北流径柴河村南，村为明柴河堡故址。”

柴河寨 即柴河堡。在今辽宁开原市东南柴河堡。《清太祖实录》：明万历二十一年（1593）九月，努尔哈赤追击扈伦叶赫部为首九部兵，“至哈达国柴河寨南渥黑运之处”。

柴城 在今河北巨鹿县东北。《方舆纪要》卷15巨鹿县：柴城“在县东三十里。五代周显德中所筑。《志》云：世宗父柴守礼本尧山人，尝徙于此，筑城以居，因名。今城址犹存”。

柴城镇 金置，属汶上县。在今山东汶上县地。

柴胡店 即今山东宁津县东柴胡店镇。清光绪《宁津县志》卷2：“邑东十六里柴胡店。”

柴桥市 原名芦江。北宋后改柴桥。即今浙江宁波市东八十四里柴桥镇。清乾隆《宁波府志》卷8《村市》：县东泰邱乡有柴桥市。

柴家关 即今陕西宁陕县西北四亩地镇北柴家关。明正德十六年（1521）置巡司于此。后裁。

柴家集 即今安徽阜南县北柴集镇。清乾隆《阜阳县志》卷4：柴家集在“西乡六十里”。

柴桑山 在今江西九江县西南境。《山海经·中山经》：柴桑山“其上多银，其下多碧、多冷石赭”。晋陶潜家于柴桑，即此。

柴桑县 西汉置，属豫章郡。治所在今江西九江县南三十六里马回岭镇东荆林街。《方舆纪要》卷85九江府德化县：柴桑山“汉以此名县”。三国吴属江夏郡。东晋为寻阳及江州治。隋开皇中废。

柴窑 在今河南郑州市一带。清蓝滨南《景德镇陶录》卷7：柴窑，“五代周显德初所烧。出北地河南之郑州。其地本不宜于陶，以世宗姓柴故名。然当时亦称御窑。入宋始以柴窑别之。其瓷青如天，明如镜，薄如纸，声如磬、滋润细媚，有细纹，制精色异，为古来诸窑之冠”。

柴葫寨 明置柴葫寨巡司，属掖县。在今山东莱州市北五十里。清雍正十三年（1735）裁。《清一统志》作“柴胡寨”。

柴棚镇 在今江西都昌县东南周溪镇西柴棚。《方舆纪要》卷84南康府都昌县：柴棚镇在“县东南七十里鄱阳湖中。今有柴棚司。明初与陈友谅相持于鄱阳湖，既而明师自婴子口移泊柴棚是也”。

柴集 即柴家集。今安徽阜南县北柴集镇。清乾隆《阜阳县志》卷4：柴家集在“西乡六十里”。

柴集河 即今青海共和县西沙珠玉河。《清史稿·地理志》青海和硕特部西后旗：“牧地跨柴集河，其水北注盐地。”

柴湾镇 即今江苏如皋市北十三里柴湾镇。清光绪《江苏全省舆图》：如皋县北有“柴弯”。

柴窝堡 一作柴窝铺。即今新疆乌鲁木齐市东南达坂城区柴窝堡。清《林则徐日记》：道光二十五年（1845）正月十六日，“地名柴窝堡，设有昂吉尔图军台”。

柴辟亭 在今浙江桐乡市西南崇福镇东南。《汉书·地理志》会稽郡由拳县：“柴辟，故就李乡，吴、越战地。”《越绝书》卷8：“语儿乡，故越界，名曰就李，吴疆越地以为战地，至于柴辟亭。”《水经·浙江水注》：“浙江又东径柴辟南，旧吴、楚之战地。”

柴墟镇 即今江苏泰兴市西北口岸镇。宋时泰兴县尝徙治于此。《宋史·岳飞传》：南宋建炎四年（1130），诏飞还守通、泰，“飞以泰无险可恃，退保柴墟”。即此。

柴潭 在今河南汝南县南三里。《宋史·孟珙传》：南宋绍定六年（1232），孟珙与元将共攻金蔡州城，“珙进逼柴潭立栅”。即此。

柴壁 即今山西襄汾县南十五里柴庄村。《魏书·长孙肥传》：东晋元兴元年（402），长孙肥击后秦姚平，“平退保柴壁，太祖进攻屠之”。即此。

赀谷 在今河南卢氏县南山之南。《资治通鉴》：南朝宋元嘉二十七年（450）伐魏，后军外兵参军庞季明“乃自赀谷入卢氏”。即此。

桌子山矿区 清为鄂尔多斯右翼中旗地。1955年置鄂尔多斯市桌子山矿区。1958年划归鄂托克旗。1961年撤销桌子山矿区，置海勃湾市，属鄂尔多斯市。1975年与乌达市合并，改设地级乌海市。

鸬鹚陂 在今河北魏县西南。《魏书·地理志》：临漳县有“鸬鹚陂”。《水经·洹水注》：洹水枝津“东经鸬鹚陂，北与台陂水合。陂东西三十里，南北……注白沟河”。

鸬鹚洲 在今江西上高县城东南。《方舆纪要》卷

84 瑞州府上高县：鸬鹚洲在“县治东南，当蜀江水口”。

鸬鹚渡　即今贵州天柱县东鸬鹚。清于此置清江镇。

鸬鹚滩　在今湖南辰溪县南八十里沅水中。《清一统志·辰州府一》：鸬鹚滩“乱石横江，舟航所畏”。

虔化水　即今江西宁都县东梅江。《寰宇记》卷108 虔州：“虔化水源出吟山，接抚州崇仁县，在县北二百四十里。本名雩都水，入雩都县界。”

虔化县　南朝宋大明五年（461）分宁都县置，属南康郡。治所在今江西宁都县西五里。隋初废入宁都县。开皇十八年（598）复改宁都县为虔化县，属虔州。治所即今宁都县。大业初属南康郡。唐属虔州。南宋绍兴二十三年（1153）复为宁都县。

虔州　隋开皇九年（589）以南康郡改置，治所在赣县（今江西赣州市西南）。《元和志》卷28：“取虔化水为名。”大业三年（607）改为南康郡。唐武德五年（622）复为虔州，贞观中州治徙今赣州市。天宝元年（742）改为南康郡，乾元元年（758）复为虔州。唐辖境相当今江西赣县以南的赣江流域。南宋绍兴二十三年（1153）改名赣州。

虔南厅　清光绪二十九年（1903）置，属赣州府。治所即今江西全南县。1912 年改为虔南县。

虔南县　①北宋宣和三年（1121）以龙南县改名，属虔州。治所即今江西龙南县。南宋绍兴二十三年（1153）复改为龙南县。

②1912 年以虔南厅改置，属江西赣南道。治所即今江西全南县。1926 年直属江西省。1957 年改名全南县。

虑县　《汉书·地理志》城阳国有虑县，《水经注》作“卢县”。《水经·沂水注》：“（沂水）又东南，卢川水注之，水出鹿岭山，东南流，左则二川臻凑，右则诸葛泉源斯奔，乱流径城阳之卢县，故盖县之上里也。汉武帝元朔二年，封城阳共王子刘豨为侯国。”依此注文，虑县当作“卢县”，虑、卢因形近而误书。

虑虒水　即今山西五台县东滤滮河。源出山西五台县西北十五里大王村，东南经县南后汇滮阳河、清水河入滹沱河。《元和志》卷14 五台县：“虑虒水在县北十五里。”“汉虑虒县属太原郡，因虑虒水为名也”。

虑虒县　西汉置，属太原郡。治所在今山西五台县东北二里古城。《元和志》卷14：“因虑虒水为名。”三国魏属新兴郡。西晋废。

〔丨丨〕

监山　即鉴山。在今广东高州市东北。《舆地纪胜》卷117 高州：监山“在宝山之北。旧有银坑”。《清一统志·高州府一》：监山“在茂名县东北。……《通志》谓之监山，在县东北四十里，下有澄溪如镜，曰鉴水”。

监军城　在今江西新干县西。《方舆纪要》卷87 临江府新淦县：监军城“在县西十里，地名城口。杨吴置制置院于新淦，又渡江而西，置监军营，因筑此城。宋绍定间废”。

监军镇　即今陕西永寿县城。地当往来冲要。相传唐代宗时，鱼朝恩曾监军于此，故名。

监利县　三国吴置，属南郡。治所在今湖北监利县东北。明郭子章《郡县释名》湖广卷上：“孙吴置监利县，正以地富鱼稻之利，令官监办之，故名监利。”后废。西晋太康四年（283）复置，仍属南郡。南朝宋属巴陵郡。后梁为监利郡治。隋属沔阳郡。唐属复州。五代梁属江陵府，徙治今监利县。南宋端平初徙治鲁洑江口（今监利县西二里）。元还治今监利县，属中兴路。明属荆江府。民国初属湖北荆南道。1932年直属湖北省。

监利郡　南朝后梁萧詧置，属荆州。治监利县（今湖北监利县东北）。北周以后废。

监利镇　北宋置，属监利县。在今湖北监利县东北。

监豪山　亦作蓝豪山。在今广东乐昌市西北。《方舆纪要》卷102 乐昌县：监豪山“在县西六十里。《旧志》：山高圆五百里，接曲江县界。岩岭峻阻，其上交柯云蔚，霾天晦景，谓之泷中，以泷水所经也。泷水悬湍回注，崩浪震山，有新泷、腰泷、垂泷之名，曰三泷水”。监为蓝之讹。

监篦国　在今印度尼西亚苏门答腊岛东北岸兰沙。中世纪时东西方船舶多泊此。见南宋周去非《岭外代答》卷2“故临国”条。南宋赵汝适《诸蕃志》有专条记述。

紧江　即今吉林抚松县东南锦江。源出长白山西麓，流入漫江。民国《抚松县志》卷1：紧江“源出白山前怀西北，流水势湍急，故曰紧江。会桦友河子、梯子河、旱河诸水，至花砬子与漫江相会。由源至口，约百八十里”。

〔丨丶〕

逍水　即消水。今四川仪陇、营山、渠县之消水河（流江河）。《舆地纪胜》卷188 蓬州：逍水“在良山县东二里。源出伏虞县，流入蓬山县及渠州流江县界”。

逍水镇　北宋置，属营山县。在今四川营山县东北七十里消水镇。

逍遥山　①即今江西新建县西之西山。又名南昌山。《明一统志》卷49 南昌府：逍遥山“在府城西南八十里，乃道家第四十福地。南有旌阳玉隆宫”。

②在今江西修水县南六十里。《清一统志·南昌

府一》：逍遥山“高千丈，周七十里，高峻幽僻，人迹罕到”。同治《南昌府志》志2：逍遥山“二峰相连，势如列屏，周回七十余里。中有一峰名大板尖，相传有赵、白二仙人曾结庵于此，修道逍遥其上，因名”。

③在今四川简阳市东北五十七里。《方舆胜览》卷52简州：逍遥山“在元都山，去城三十里。景德间，有杨用晦者隐居此山。其北有层岩，命工发之，得东西二室。西室后刻二灶，若养丹之所。又凿二窟，中可坐五七人，东西二壁又镌二孔雀二神人，有汉安元年四月十八日会仙字。自汉安至景德二年已九百二十余年矣”。《方舆纪要》卷67简州：逍遥山“上有悬崖，岩有东西两室，称为幽胜”。

逍遥山寨　在今广东罗定市西北。《方舆纪要》卷101罗定州“云罗山寨”条：“州西北有逍遥山寨。天顺初，逍遥山瑶作乱，官军讨之，东由阳春，西出岑溪，复分道自鸡骨岭罗旁水口，水陆并进，捣其巢穴。”

逍遥台（臺）　①在今山东枣庄市西薛城南十里。《春秋》：庄公三十一年（前662），“筑台于薛”，即此台。《清一统志·兖州府二》：“《旧志》，孟尝君归薛，乃更筑，名曰逍遥。”

②在今广东韶关市南。《舆地纪胜》卷90韶州：逍遥台“隋薛道衡为刺史创一台，号为逍遥台。今水东城有遗址存”。唐张九龄有《陪王司马登逍遥台》诗。

逍遥园　在今陕西西安市西北。《晋书·刘聪载记》：建兴初，刘聪将赵染夜入长安城，“旦退逍遥园”。《水经·渭水注》：渭水“上承沈水，东北流径邓艾祠南，又东分为二水，一水东入逍遥园”。皆此。

逍遥谷　在今河南登封市北太室山南麓。《旧唐书·高宗纪》：调露二年（680）二月，“又幸逍遥谷，道士潘师正所居”。

逍遥阁　在今江西南昌市西西山。《清一统志·南昌府》：逍遥阁“在新建县西山。宋洪炎有诗”。

逍遥津　在今安徽省合肥市东北隅。古为淝水上的渡口。《三国志·吴书·甘宁传》：东汉建安二十年（215），“从攻合肥，会疫疾，军旅皆已引出，唯车下虎士千余人，并吕蒙、蒋钦、凌统及宁，从权逍遥津北。张辽觇望知之，即将步骑奄至。宁引弓射敌，与统等死战”。即此。《水经·施水注》：“施水又东经合肥县城南，城居四水中，又东有逍遥津，水上旧有梁，孙权之攻合肥也，张辽败之于津北。”现辟为公园。

逍遥郡　南朝陈置，属静州。治所在豪静县（在今广西昭平县南百余里古袍镇）。辖境相当今广西昭平县南境。隋开皇时废。

逍遥楼　十六国后赵石虎建。在今河北临漳县西南古邺北城北部。《邺中记》载：“九华宫北有逍遥楼，南临宫宇。虎每猎，获珍禽奇兽归，大宴邺城楼上。酒酣，北望漳水，极目游戏，谓群臣曰：直逍遥之奇观也。”

逍遥暗沙　在南海中中国南沙群岛内，位于永暑礁西南约24海里。1947年公布名称为逍遥暗沙。

逍遥镇　亦作小窑镇。即今河南西华县西五十里逍遥镇。民国初设县佐驻此。

党兀等处长官司　元置，属八番顺元宣抚司。治所在今贵州惠水县东南。后废。

党子口　在今河南淅川县南。《方舆纪要》卷79光化县：党子口“在县西北八十里。《舆地记》：由县西北水行五十里至均州小江口，易小舟，又三十里至党子口”。

党子口关　明置，属内乡县。在今河南淅川县南。《明史·地理志》邓州内乡县：“又西南，有党子口关。”

党州　①唐永淳元年（682）置，治所在善劳县（今广西兴业县东北党州村）。天宝元年（742）改为宁仁郡，乾元元年（758）复为党州。辖境相当今广西兴业县地。北宋开宝七年（974）废。

②唐置，为羁縻州，属安定州都督府。在今甘肃庆城县境。后废。

党坝长官司　即丹坝长官司。治所在今四川马尔康县西南党坝乡朵兰村。《清史稿·岳钟琪传》：岳钟琪疏言：“党坝为大金川门户。”

党河　即今甘肃敦煌市和肃北蒙古族自治县境内之党河。《清一统志·安西州》：氐置水，“今有党河，亦名锡尔噶勒津河，发源敦煌县东南山中，北流二百余里，折西流百余里，会南来之一水，又折北流达沙州旧城之东，新城之西，流百余里，入苏赖河，溉田甚广，当即古氐置水”。

党项　汉时羌族的一支。南北朝时据有今青海东南部黄河河曲和四川松潘以西山谷一带。唐朝前期，吐蕃征服青藏高原诸族，党项羌大部被迫迁徙到甘肃东部、宁夏和陕西北部。北宋时建立了以党项羌为主体的西夏王朝。元时，蒙古统治者称其为唐古忒、唐兀或唐兀惕。

党城　即今甘肃肃北蒙古族自治县治。《清一统志·安西直隶州》：党城“在敦煌县南一百六十里党河口，建置不知所始。城基尚存”。1953年肃北蒙族自治区（后改肃北蒙古族自治县）迁治于此。

党峪集　即今河北遵化市南四十五里党峪镇。清同治《畿辅通志》卷54遵化州图：南有党峪集。

党家村古建筑群　在今陕西韩城市东北西庄镇。元至顺二年（1331）始建，初名东阳湾，后更名党家湾、党家村。明永乐十二年（1414）起扩建，划出长门、二门、三门住区与发展区，清代扩建。为防御匪盗，筑上寨沁阳堡。居民主要为党、贾二姓族人。全村结构由巷道组成，主巷东西向穿村而过，次巷、端巷与主巷连接，符合地形排水方向。巷道地面一律石墁，断面凹形，交通与排水共用。巷道与院落布局按风水说“盖以街巷作水论”，采用“巷不对巷”、“门不对门”方式，并于村口设一水口。现存民居群由村、堡组成，共有宅院一百二十余座（其中祖祠十二座）、房屋近千间。宅院均为四合院布局。建筑物有文星塔（七级六边形，塔高40米）、碑、楼、巷道、祠堂、宅院等。还有清末建的寨墙和用于守望的看家楼一座。建筑艺术包括大量精巧的木雕、砖雕、石雕及门额题词等。2001年定为全国重点文物保护单位。

党家店　即今河南上蔡县东南五十六里党店镇。清尹耕云《豫军纪略》卷11：同治四年（1865）八月，赖汶光军“由新、项奔汝阳之东冈寺、射桥及上蔡之党家店”。

〔丨7〕

眜　一作蔑、姑蔑。春秋鲁邑。在今山东泗水县东。《春秋公羊传》：隐公元年（前722）三月，“公及邾娄仪父盟于眜”。

眩雷塞　在今内蒙古鄂尔多斯市东胜区西北。《汉书·地理志》西河郡增山县：“有道西出眩雷塞。”《方舆纪要》卷61榆林镇：眩雷塞“在废增山县西北。汉初为匈奴中地，元封初，西置酒泉，通月氏、大夏，结乌孙，分匈奴西方之援，又北益广田至眩雷塞，是也”。

晒书台（臺）　在今山东淄博市淄川城东北黉山后。《清一统志·济南府二》：晒书台“在淄川县东北黉山后。郑康成笺注《诗》《书》于此”。

晒甲山　在今河北迁安市东北二十里。《方舆纪要》卷17迁安县：晒甲山“相传李广守右北平，曾驻师于此”。

晒米城　在今山东苍山县西二里。民国《临沂县志》卷12载：汉“戈蒲盐丞印”，清“光绪九年出土于晒米城，今藏鄫城赵氏家”。1973至1976年相继出土大量文物，证明晒米城原系由商、周到汉代的一处大型高台遗址。今已夷为平地。

晒金塘　在今湖南凤凰县北七十里。清严如熤《苗疆险要考》谓“距龙滚营七里，本生苗大寨，四面峻岭，中有田畴，宽广里许，俗名五马奔槽，象其地形也”。

晒经山　在今四川汉源县（市荣乡）西南晒经乡境。《方舆纪要》卷74越巂卫军民指挥使司：晒经关在“卫东北三百里有晒经山。山岭高峻，置关其上”。

晒经关　明置，属越巂卫。在今四川汉源县西南晒经乡。《明史·地理志》越巂卫：“有晒经关。”明曹学佺《蜀中广记》卷34：晒经关，“《志》云：关在越巂卫东三百里高岭山，关旁广石，即三藏法师晒经处，未详”。

晓天镇　即今安徽舒成县西南一百里晓天镇。清置巡司于此。

晓石山　在今江西彭泽县东。《方舆纪要》卷85九江府彭泽县：晓石山“在县东一里。山势蜿蜒，一峰秀拔，日出先照，因名”。

晓峰山　即今浙江舟山市定海区城关镇西晓峰岭。明嘉靖《宁波府志》谓在“昌国西海中”。《清一统志·宁波府一》：晓峰山“在定海县西南六里。可望日出”。清道光二十一年（1841）十月，总兵王锡朋、郑国鸿、葛云飞在此与英军战斗中先后殉国。

晓爱泸洞赤溪等处长官司　元置，属思州安抚司。治所在今贵州三穗县东南瓦寨镇。后废。

晓隘长官司　明洪武五年（1372）于旧晓爱泸洞赤溪等处长官司置，属思州宣慰司。治所在今贵州三穗县东南瓦寨镇。二十九年（1396）并入邛水十五洞蛮夷长官司。

晖华殿　十六国后赵建。在今河北临漳县西南古邺北城太武殿旁。《晋书·石季龙载记》：石遵僭位后，“太武、晖华殿灾，诸门观阁荡然”。

晖州　唐置羁縻州，属黔州都督府。治所在今贵州织金县北。南宋后废。

晟舍市　即今浙江湖州市东三十里晟舍乡。清同治《湖州府志》卷25：“相传唐李晟领兵舍于此。”故名。

晃州　唐置羁縻州，属黔州都督府。治所在今湖南新晃侗族自治县西南凉伞镇。后废。清置晃州巡司于此。

晃州厅　清嘉庆二十二年（1817）置，属湖南省。治所在今湖南新晃侗族自治县东南老晃城。1913年改为晃县。

晃县　1913年改晃州厅置，属湖南辰沅道。治所在今湖南新晃侗族自治县东南老晃城。1922年直属湖南省。1929年迁治太阳坪（今新晃侗族自治县）。1956年改设新晃侗族自治县。

晁陂铺　即今河南镇平县西二十四里晁陂镇。清康熙《南阳府志》卷2《驿铺》：镇平县西有晁陂铺。

晏　春秋时齐邑。即今山东齐河县治。《左传》：宣公十四年（前595），“公孙归父会齐侯于谷，见晏桓子”。杜注：“桓子，晏婴父。”《春秋地名考略》：“今济南府齐河县北有晏城，《志》云，晏婴采邑也。”

晏山城　唐置，属雅州卢山郡。在今四川芦山县西。《新唐书·地理志》：雅州有晏山城。

晏么堂镇　即今安徽泾县东南十五里潘村。清嘉庆《泾县志》卷2：晏公堂镇“在县东十五里石山铺”。

晏水　即今广西合浦县北南流江。《舆地纪胜》卷120廉州：晏水“在合浦县北。源出容州大容山，今属石康”。《方舆纪要》卷104合浦县：晏水“在府东北二十里。源出废石康县界，西会于廉江，亦谓之晏江”。

晏州　①唐贞观元年（627）置，治所在建陵县（今广西荔浦县西南修仁镇西）。辖境相当今广西荔浦县西部地。贞观十二年（638）废。

②唐仪凤二年（677）置，治所在思峨县（今四川兴文县西北兴文镇）。明曹学佺《蜀中广记》卷52："西南夷有晏山，唐仪凤中拓地，以为州名。"先天二年（713）降为羁縻州，天宝元年（742）改为罗阳郡，乾元元年（758）复为羁縻晏州，属泸州都督府。北宋熙宁以后废。

晏江　即思晏江。在今四川兴文县西北兴文河。《宋史·蛮夷传四》：大中祥符六年（1013），讨晏州多刚县斗望，"（王）怀信夹砦于晏江口，（寇）瑊与符承训侦知贼谍，欲乘夜击晏江，驰报怀信，即自泾滩拔砦赴之。比至晏江北山，夷众万余已自东南合势逼怀信砦"。即此。

晏江设治局　1942年析五原县置，属绥远省。治所在今内蒙古五原县西塔尔湖镇。1946年改为晏江县。

晏江县　1946年改晏江设治局置，属绥远省。治所在今内蒙古五原县西塔尔湖镇。1953年改设达拉特后旗。1958年撤销，并入五原县。

晏陀普国　在今印度洋东北之安达曼群岛。南宋赵汝适《诸蕃志》卷上"海上杂国"条："自蓝无里去细兰国，如风不顺，飘至一所，地名晏陀蛮，海中有一大屿，内有两山。"明《郑和航海图》作安德蛮山。《瀛涯胜览》作桉笃蛮。

晏官县　南朝宋置，属汶山郡。治所在今四川都江堰市。齐改作湲官县。梁废。

晏城　春秋时齐邑。即今山东齐河县治。《方舆纪要》卷31齐河县：晏城，"《志》云：齐晏婴采邑也"。金置为镇。1973年齐河县迁治于此。

晏城县　隋开皇十六年（596）分鹿城县置，属冀州。治所在今河北辛集市东北旧城西。大业初废。

晏峰　在今四川兴文县西北。《方舆纪要》卷70兴文县：晏峰在"县（今兴文镇）西南五里。峰峦峭拔。唐以名州"。

晏婴墓　亦称晏婴冢。在今山东淄博市临淄区辛庄镇北十五里，齐都镇永顺庄东南约700米。为春秋时古墓。晏婴（？—前500）字平仲，夷潍（今山东高密）人。世称晏子，著名政治家。齐灵公、庄公时为卿，景公时任相国。奉命出使楚国，临大节而不辱，传为佳话。墓前有明碑题"齐相晏平仲之墓"。《水经·淄水注》：临淄城"北门外东北二百步，有齐相晏婴冢宅"。《左传》："晏子之宅近市，景公欲易之，而婴弗更，为诫曰：吾生则近市，死岂易志，乃葬故宅，后人名之曰清节里。"《元和志》卷10青州临淄县："晏婴墓在县东北三里。贞观十一年，诏十五步并禁樵苏。"

晏然县　十六国前凉置，为武兴郡治。治所在今甘肃武威市西北七十里。北周废。

鸭儿看　即鸦儿看。一名押儿牵、牙儿干。今新疆莎车县治。

鸭大铁路　从今吉林通化市东鸭园至大栗子。长114公里。日伪于1938—1940年修筑。

鸭山　在今福建惠安县南海滨。《明通鉴》：嘉靖三十七年（1558）五月，"倭攻惠安，知县林咸率兵乘城御之，五日不克，引去。咸乘胜追贼于县境之鸭山，中伏，死之"。即此。

鸭子河　今吉林、黑龙江两省的松花江。辽、金时称为鸭子河。亦称混同江。《辽史·圣宗纪》：太平四年（1024）"诏改鸭子河曰混同江"。《金史·地理志》上京路："水有按出虎水、混同江、来流河、宋瓦江、鸭子河。"一说混同江为松花江总称，其在今吉林陶赖昭镇以下之松花江与嫩江、洮儿河合流以下一段称鸭子河。

鸭子河泺　辽代春夏秋冬四捺钵（意为行营、行在）之一。在今吉林大安市西北六十二里月亮泡镇（即洮儿河流入嫩江处）一带。《辽史·营卫志》："春捺钵：曰鸭子河泺。……东西二十里，南北三十里，在长春州东北三十五里，四面皆沙埚，多榆柳杏林。"鸭儿河泺是辽帝春季弋猎之地。

鸭子湖　在今江苏姜堰市西南。《方舆纪要》卷23泰州："鸭子湖在州南二十里。周二十五里。东通运河，西接济川河。"

鸭子塘镇　即今重庆市武隆县西北鸭江镇。清同治《涪州志》卷1：西里有鸭子塘场。

鸭由砦　一作鸭酉寨。即今湖南花垣县南八十七里雅酉镇。清严如熤《苗疆险要考》谓鸦酉"逼近大腊耳山，箐木插天，道路蟠曲，极为幽险，生苗出入其间，与凤凰、松桃两厅接界，南境第一要区。俗称鸦有寨"。

鸭池汛　清置，在今贵州黔西县东南五十里大关镇鸭池村。为往来通道。旧有外委驻守。

鸭池河　在今贵州省中部。乌江自黔西县南大关镇西南化屋村到息烽县乌江渡段的别称。《明史·地理志》镇西卫："又有鸭池河，即乌江异名。"《清一统志·安顺府》：鸭池河"明天启初，王三善解会城之围，乘胜而前，一军屯陆广，向大方；一军屯鸭池，向安邦彦巢穴。贼纠其党攻陷陆广，乘胜赴鸭池，王师退屯威清。既而官军复振，贼堑鸭池以自守。即此"。

鸭池河铺　即今贵州清镇市西北八十六里鸭池村。《清一统志·大定府》：鸭池河铺"在黔西州境"。后改属清镇县。

鸭酉砦　在今湖南花垣县东南。《清史稿·高宗本纪》：乾隆六十年（1795）石三保苗族义军"陷永绥厅鸦酉寨，镇箪镇总兵明安图等死之"。

鸭园　即今吉林通化市东北鸭园镇。为鸭大铁路的起点站。

鸭岛　即今江苏连云港市东北鸽岛。明《云台山志》作"鸭岛"。清嘉庆《海州直隶州志》卷11引《崔志》：鸭岛"俗呼鸽子岛"。

鸭城　在今江苏无锡市东十二里鸭城桥。《寰宇记》卷92无锡县"鸭城"条引《舆地志》云："鸭城，东吴王牧凫鸭之处，即此也。"

鸭栏矶　在今湖南临湘市西北。《水经·江水注》：

江水“右历鸭兰屼北，江中山也”。宋本《寰宇记》卷113岳州巴陵县：鸭栏矶，“《郡国志》云，巴陵之地有鸭栏矶，即建昌侯孙虑作斗鸭栏于此，陆逊谏止之所，因得名”。

鸭保寨　即今湖南花垣县西南三十九里鸦保山中雅桥乡。清乾隆末年，苗族首领吴陇登起义于此。

鸭鸽营　即今河北临城县东北二十八里鸭鸽营乡。清同治《畿辅通志》卷55临城县图：东北有东鸦鸽。京汉铁路在鸭鸽营站有支线至临城煤矿。

鸭渌水　即今中朝界河鸭绿江。《新唐书·地理志》引贾耽《道里记》：自营州渡辽水，“南至鸭渌水北泊汋城”。《新唐书·高丽传》：“有马訾水出靺鞨之白山，色若鸭头，号鸭渌水，历国内城西，与盐难水合，又西南至安市，入于海。”

鸭渌府　唐渤海国置，建号西京。治所在神州（今朝鲜慈城郡北鸭绿江南岸土城里；一说即今吉林临江市）。辖境约当今吉林通化、白山、临江三市及抚松县南、朝鲜清川江以北地区。后废。

鸭绿江　古名马訾水。一作鸭渌水，又名益州江。在辽宁、吉林东南部，今为中朝两国界河。源出长白山，西南流入黄海。唐杜佑《通典》卷186高句丽：“马訾水，一名鸭绿水。……不色似鸭头，故俗名之。”《隋书·宇文述传》：隋大业八年（612）征高丽，“述与九军至鸭绿水”。《新唐书·高丽传》：贞观十九年（645）征高丽，“程名振攻沙卑城，夜入其西，城溃，虏其口八千，游兵鸭渌上”。《辽史·高丽传》：统和二十八年（1010）伐高丽，“十一月，大军渡鸭渌江，康肇拒战于铜州”。皆此。

鸭堡寨　一作押宝砦。即今湖南凤凰县西北五十八里禾库。地极高寒。清严如熤《苗疆险要考》谓“吴陇登世居其地”，起事时凭以为固。清军征苗时“楚中设粮台于此”。

鸭窝沙　今上海市宝山区东北长江中，长兴岛西北部。民国《宝山县续志》卷1沙州：“长兴沙。此即前志《水利图》所称鸭窝沙，俗以其形如睡鸭，故名。后改长兴。”

鸭溪口铺　即今贵州遵义县西鸭溪镇。清道光《遵义府志》卷6遵义县：鸭子口在“城西六十里”。

哺饥坂　一名哺鸡坡。在今山西新绛县北。《清一统志·绛州一》：“哺饥坂在州北五里，相传赵盾食翳桑饥人处。”

哨子河　在今辽宁岫岩满族自治县东南。清光绪《奉天全省地舆图说图志》岫岩州：东南有哨子河。

哨楼山　即正洲隘。在今四川筠连县东南镇舟镇（正州场）。清同治《高县志》卷6：哨楼山“在正州。突兀高朗，登临四顾，群山在目。曩时镇雄夷猓相侵，居民于此建楼探哨，故名”。

哨溪　即今重庆市秀山土家族苗族自治县西南平江河上源龙凤河。《明一统志》卷73平茶洞长官司：哨溪“在司治西南。发源白岁山涧中，水流激石有声如哨，故名”。

哩乌　即柳吾。今西藏堆龙德庆县南柳梧乡。清乾隆《卫藏通志》卷12作“哩乌”。

哩伽塔　或以为即南宋赵汝适《诸蕃志》载之默伽猎国。当在今非洲摩洛哥。元汪大渊《岛夷志略》：哩伽塔“国居辽西之界，乃国王海之滨”。

唏沙山　在今广西田阳县南。《方舆纪要》卷111奉议州：唏沙山在“州（故治在今田州村）南十里”。

唏显山　在今广西天等县西北。《明一统志》卷85都康州：唏显山“在州治（今都康乡）北”。

呼正寺　即热正寺。在今西藏林周县东北。清乾隆《卫藏通导》卷4《寺庙》：“呼正寺，俗名热正寺。”

呼布什　一作勒布什。在今哈萨克斯坦塔尔迪库尔干东北，勒布什河北岸。《筹办夷务始末》同治朝卷6：同治元年（1862）五月，伊犁将军常清、叶尔羌参赞大臣景廉奏，“伏查伊犁西北一千余里，地名呼布什，为伊犁塔尔巴哈台每年会哨适当之地”。

唅口　亦名含口。在今山西闻喜县东南。《水经·涑水注》：洮水“东径大岭下，西流出谓之唅口，又西合津水”。

唃厮啰　一作嘉勒斯赉。藏语意为“佛子”。11世纪初，吐蕃赞普后裔欺南陵温建立的地方割据政权。首府在青唐城（今青海西宁市）。《青唐录》：“占河湟间二千余里。河湟间有鄯、廓、洮、渭、岷、叠、宕等州。”相当今青海东部和甘肃西南部。其地为宋与高昌间的重要商道。北宋宝元元年（1038）封唃厮啰为保顺军节度使。其子孙历受宋封，政权延续约百年，是宋牵制西夏的重要力量。

唆吉站　又作桑吉站。元置，故址在今吉林敦化市附近。元《析津志》天下站名：“阿剌（东南）一百二十（里）唆吉（站）。”

趵突泉　在今山东济南市城西门外趵突泉公园内。《水经·济水注》：泺水“出历城县故城西南。泉源上奋，水涌若轮”。即指趵突泉。宋曾巩《齐州二堂记》：“历城之西有泉涌出，高或数尺，人名之曰趵突之泉，其注而北，则谓之泺水，达于清河，以入于海。”济南是著名的泉城，旧有名泉七十二，趵突泉最为著名。

蚌（蚌 bàng）　春秋虢地，在今河南渑池县境。《左传》：庄公二十一年（前673），“王巡虢守，虢公为王宫于蚌”。

蚌埠市（蚌 bèng）　1947年由凤阳县析置，治蚌埠集（今安徽蚌埠市城区）。解放后1949年4月由皖北行署区直辖（地级）。1952年复属安徽省，由省直辖。

蚌埠集（蚌 bèng）　即今安徽蚌埠市。《清一统志·凤阳府二》：蚌埠集“在凤阳县西北五十里，界灵宝、怀远两县，水陆交冲。本朝乾隆五十四年，由县城移主簿驻此”。

蚌湖口塘 即今湖北汉川市东南二十六里华严乡。清光绪《湖北全省分图》：汉川县西南有蚌湖口塘。

蚌湖墟 即今广东广州市北郊蚌湖镇。明万历《广东通志》卷16：番禺县有“蚌湖墟”。

蚌湖镇 在今湖北潜江市西北蚌湖村。《方舆纪要》卷77潜江县“白洑驿”条下，“蚌湖、芦洑头亦为巡警处。盖其地皆接通江、汉，盗贼易于出没”。民国置镇。

蚬冈营 即今广东开平市（长沙街道）西南蚬冈镇。《清一统志·肇庆府》：蚬冈营“在开平县（今苍城镇）南三十五里赤水口，后迁于蚬冈。为山寇出没要路，相近有壕坪营”。

蚬壳营 明嘉靖中建，即今广东惠州市惠阳区（淡水镇）西北潼湖镇。《方舆纪要》卷103惠州府归善县：蚬壳营“在府西北，与博罗县接界。有官军戍守”。

蚡泉 一作濆泉。春秋鲁地。在今山东沂南县西南双堠镇西盆泉村。《春秋》：昭公五年（前537），“叔弓帅师败莒师于蚡泉”。即此。

蚊港 又称魍港。即北港。在今台湾云林县西南北港溪下游北港镇一带。

畔城 在今山东聊城市西。《魏书·地形志》：平原郡聊城县有畔城。《资治通鉴》：东晋义熙十三年（417），刘裕伐后秦，“魏兵不能当，一时奔溃，死者相积，临阵斩阿薄干，魏人退还畔城”。即此。

圃田县 隋开皇十八年（598）改内牟县置，属管州。治所在今河南郑州市东。大业初属荥阳郡。唐武德三年（620）改为中牟县。

圃田泽 在今河南中牟县西及郑州东。《周礼·职方》：“河南曰豫州，其山曰华，薮曰圃田。”《尔雅·释地》：“郑有圃田。”《水经·渠水注》：圃田泽“在中牟县西，西限长城，东极官渡，北佩渠水，东西四十许里，南北二十许里。中有沙冈，上下二十四浦，津流径通，渊潭相接，各有名焉”。后渐淤塞。今中牟县西南之丈八沟及附近诸陂湖，皆其遗迹。

圃田镇 北宋置，属中牟县。即今河南郑州市东四十里圃田乡。

圂城 疑为团城之讹。在今山东沂水县城。《资治通鉴》：南朝宋泰始三年（467）八月，“魏东徐州刺史成固公戍圂城”。而《魏书·地形志》南青州：“治团城。显祖置为东徐州，太和二十二年改”可证。

圆山 即今福建南靖县东圆山。《舆地纪胜》卷131漳州《景物上》：圆山“在漳城之西，形势秀丽而崇圆，故号圆山”。《明一统志》卷78漳州府：圆山“秀丽而崇，圆山顶有石池，相传昔有人货药于市，自言姓康，家在琵琶坂，语竟不见。今山麓有康仙祠”。

圆坝场 即今四川安岳县南一百三十里元坝镇。清道光《安岳县志》卷7：圆坝场“在治南一百三十里”。

圆沙古城 又名尤木拉克库木古城。在今新疆于田县北大河沿乡北部，克里雅古河床东岸。地处塔克拉玛干沙漠腹地，几乎全被沙丘覆盖。古城呈不规则四边形，城墙周长约995米，南北最长处330米，东西最宽处270米，高度、顶宽均为3—4米。城墙结构为木骨泥墙，外侧有护墙坡，南墙中部和东墙北部各有一城门，其门道、门柱、门板遗迹尚存。城内暴露于地表的建筑遗迹有六处，所出遗物有陶、石、金属、料器等。该城始建于汉代，社会经济以饲养业、畜牧业为主。2001年定为全国重点文物保护单位。

圆沙坳隘 在今江西新干县西。《清一统志·临江府》：圆沙坳隘“在新淦县西十八里，又西五里为山管峡，俱接新喻县界”。

圆明园遗址 在今北京市西北海淀北。为清代大型皇家御园。初为清世宗藩邸赐园，始建于康熙四十八年（1709），至乾隆年间基本建成，嘉庆、道光、咸丰时屡有修建。圆明园由圆明、万春、长春三园组成。外围周长10公里，占地5200亩，建筑面积达16万平方米。全园有一百四十五处景点。又于长春园建造一组欧洲式宫苑西洋楼。园内汇集各种文物珍宝，堪称文化艺术宝库，有“万园之园”之称。1860年英法联军和1900年八国联军两次入侵北京，将园内文物珍品洗劫一空，焚烧殆尽，仅残存长春园西洋楼的一部分石雕。1985年经局部修整，建成福海景区、万春园景区和长春园“万花阵”迷宫，成为一处遗址公园。1988年定为全国重点文物保护单位。

圆岭 在今广东新兴县东南四十里。《方舆纪要》肇庆府新兴县：圆岭“高百余仞，周五十里。或讹为贤岭”。

圆泉 在今湖南郴州市南十五里。一名除泉。《水经·耒水注》：除泉水“出（郴）县南湘陂村，村有圆水，广圆可二百步，一边暖，一边冷。冷处极清绿，浅则见石，深则见底。暖处水白且浊，玄素既殊，凉暖亦异，厥名除泉，其犹江乘之半汤泉也”。

圆觉寺 在今山西浑源县东。《清一统志·大同府》：圆觉寺“在浑源州治东。金正隆三年建”。今寺宇已毁，而古塔独存。

圆觉洞 在今四川安岳县东南三里云居山。清道光《安岳县志》卷7：真相寺“在治东南三里云居山。宋建。有圆觉洞。前山顶有亭，邑令江伍图建，奉希夷石刻像。乾隆丙申，邑令徐观山迁希夷像于洞，复修其亭”。今有唐、五代、北宋摩岩造像一百零三龛，历代碑记二十五处。

圆通山 或作元通山。即螺山。在今云南昆明市城内东北隅。《清一统志·云南府》引《府志》：“元时山在北郭外一里许。明初扩城，始在城内。其岩曰盘坤、曰补陀罗，曲磴攀跻而上，有石兀然突出，曰明月石。出麓有二洞，曰幽谷，曰潮音，深邃莫测。”

圆通寺 在今云南昆明市。《明一统志》卷86云南府：圆通寺“在螺山下盘谷间，穷幽极阻”。

圆通寺塔 在今甘肃民乐县西北六坝乡六南村。《清一统志·甘州府》：圆通寺“在张掖县东乐堡。始于宋徽宗时，明天启年间重修，内有砖塔。本朝乾隆年间重修，高八丈有奇，较旧址更宽”。今寺已不存在，仅存孤塔。塔因寺名。塔为砖石结构金刚宝座式喇嘛塔，通高23.37米，自下而上由塔座、塔身、相轮、塔顶组成，塔座为三重方形须弥座，第二、三层四角各置一座高2.2米的小型喇嘛塔。塔身为覆钵状，高5.2米，上砌“亞”字形须弥座。相轮十三重，高8.8米，塔顶置流苏宝盖，周悬风铎，中坐1.5米高的黑釉宝瓶。此塔基座造型与整体比例较为独特，反映了明清该地区密宗喇嘛塔的造型特点。2001年定为全国重点文物保护单位。

圆照寺 古称普宁寺。在今山西五台县东北五台山台怀镇北隅显通寺左侧。明永乐初建。宣德年间重建。有山门、天王殿、大佛殿、藏经阁，殿内塑像俱全。寺后塔院有白色喇嘛塔一座，建于宣德九年（1434），为印度高僧宝利沙者舍利塔遗存。

圆疃镇 即今安徽肥东县西北元疃镇。《清一统志·庐州府》：圆疃镇“在合肥县北六十里”。

圁水 一作圜水。即今陕西省北部秃尾河。源出神木县西北公泊海子，东南流径佳县北入黄河。《汉书·地理志》上郡白土县：“圜水出西，东入河。”《水经·河水注》：“圁水出上郡白土县圁谷，东径其县南，……又东径圁阳县南，东流注入河。”

圁阳县 即圜阳县。西汉置，属西河郡。治所在今陕西神木县东南秃尾河北岸。《水经·河水注》：圁水“又东径圁阴县北，汉惠帝五年立……又东径圁阳县南，东流注于河”。东汉末废。

圁阴县 即圜阴县。西汉置，属西河郡。治所在今陕西佳县西北秃尾河南岸。《水经·河水注》：圁水“又东径圁阴县北，汉惠帝五年立，王莽改曰方阴矣”。东汉末废。

戙船澳 即今广东阳江市西南闸坡港。明时为防御倭寇要地。

戙旗冈 在今广东广州市东，南海神庙东侧。《清一统志·广州府》：戙旗冈“在番禺县东南八十里波罗庙东，下临布罗江，高可五六丈，全体皆石”。

戙澳 即戙船澳。在今广东阳江市西南闸坡港。《清一统志·肇庆府》“永安营”条内：“海陵戙澳炮台，本朝康熙五十八年建……城守拨兵分防。”

鄍厄（阨） 即冥厄。在今河南信阳市西南。《史记·苏秦传》：“魏弃与国而合于秦，因以塞鄍厄为楚罪。”即此。

鄍县 西汉置，属江夏郡。治所在今河南罗山县西南狮河北岸。东汉建武初封邓邯为鄍侯，即此。晋属义阳国。南朝宋属义阳郡。南齐属北义阳郡。北魏正始元年（504）名鄳县，属齐安郡。南朝梁大通二年（528）属西汝南郡。东魏武定七年（549）复属齐安郡。北齐改为齐安县。

鄍隘 即冥厄。在今河南信阳市西南。《战国策·燕策二》：“魏弃与国而合于秦，因以塞鄍隘为楚罪。”

恩马图坡 在今内蒙古科尔沁右翼前旗东北。《清一统志·科尔沁》：右翼后旗“驻恩马图坡，在喜峰口东北一千四百五十里”。

恩化县 辽开泰中以渤海户置，为大定府恩州治。治所即今内蒙古喀喇沁旗东西桥镇东土城子古城。金废。

恩化镇 金废恩化县置，属大定县。在今内蒙古喀喇沁旗东坤都伦河北西桥镇东土城子古城。

恩平马驿 在今广东恩平市城东。《方舆纪要》卷101肇庆府恩平县：恩平马驿“宋置于县东三里，今名古站村。成化中徙置于城北，后又数徙，万历初移于城南。八年改为守备司”。

恩平市 1994年撤销广东省恩平县，改设恩平市，市人民政府驻恩城镇。由江门市代管。

恩平江 即今广东恩平市东北之锦江。《寰宇记》卷158恩州阳江县：恩平江“自州界平城山流经县东，下入新会县界”。《元丰九域志》卷9：恩州阳江县有恩平江。《明史·地理志》 恩平县：“县南有恩平江。”

恩平县 唐至德二年（757）改齐安县置，为恩平郡治。治所在今广东恩平市北二十里。明郭子章《郡县释名》广东卷：恩平县“县南一里有恩平江，源出平城山，东流至南门，俗呼南门河水，东流至新会蚬冈入于海。县以江名也”。乾元元年（758）为恩州治。大顺二年（891）移恩州治阳江县，县属恩州。北宋开宝五年（972）废入阳江县。明成化十四年（1478）析阳江、新兴、新会三县复置，属肇庆府。治所即今广东恩平市。民国初属广东粤海道。1920年直属广东省。1994年改设恩平市。

恩平郡 唐天宝元年（742）改恩州置，治所在齐安县（今广东恩平市北二十里）。辖境相当今广东恩平、阳江二市地。乾元元年（758）复为恩州。

恩平站 元置，在今广东恩平市北。

恩平堡 即今广东恩平市。《方舆纪要》卷101肇庆府恩平县“恩平故城”条：“《城邑考》，今县城本恩平堡，成化二年筑砖城，置恩平堡巡司于此，寻升为县。”

恩乐 即今云南镇沅彝族哈尼族拉祜族自治县东北恩乐镇。民国时设县佐。

恩乐县 清雍正五年（1727）置，属镇沅府。治所在今云南镇沅彝族哈尼族拉祜族自治县东北五十四里恩乐镇。乾隆三十五年（1770）属镇沅直隶州，道光二十年（1840）废入镇沅直隶厅。

恩达厅　清宣统三年（1911）置，属四川省。治所在今西藏类乌齐县东南恩达。1912 年改为恩达县。

恩达县　1912 年改思达厅置，属四川昌都府。治所在今西藏类乌齐县东南恩达。后划归川边特别区，1939 年后属西康省，撤销后并入类乌齐县。

恩达寨　即今西藏类乌齐县东南恩达。清乾隆《卫藏通志》卷 4："恩达寨至牛粪沟尖，瓦合寨宿。计程一百五十里。"

恩羊渡　亦作恩阳渡。即今四川巴中市西南六十里恩阳镇。为通仪陇县孔道。清道光《保宁府志》卷 10 巴州：恩阳渡"在州西六十里"。

恩州　①唐贞观二十三年（649）置，治所在齐安县（今广东恩平市北二十里）。辖境相当今广东恩平、阳江二市地。天宝元年（742）改为恩平郡，乾元元年（758）复为恩州，大顺二年（891）移治阳江县（今广东阳江市）。北宋庆历八年（1048）改为南恩州。

②北宋庆历八年（1048）改贝州置，治所在清河县（今河北清河县西城关乡）。辖境相当今河北清河县、山东武城县地。金移治历亭县（今山东武城县）。蒙古至元二年（1265）废历亭县入州。明洪武二年（1369）改为恩县。

③辽置，属大定府。治所在恩化县（今内蒙古喀喇沁旗东西桥镇东土城子古城）。辖境相当今内蒙古喀喇沁旗境。金废。

恩州站　元置，在今内蒙古喀喇沁旗东南西桥镇古城。

恩江　在今江西永丰县南。《明一统志》卷 56 吉安府：恩江"在永丰县治东南。合龙门江，径吉水入赣江"。《清一统志·吉安府一》：恩江"在永丰县南。旧名濑水，亦曰永丰水。源出乐安县及宁都州兴国县界，汇流经此，又合县境诸水，入吉水县界，西经县南，入于赣江"。

恩安县　①唐贞观元年（627）置，属西仁州。治所在今四川松潘县西境。八年（634）属奉州。后废。

②清雍正八年（1730）置，为昭通府治。治所在二木那（即今云南昭通市）。1913 年改昭通县。

恩阳　即今四川巴中市西南恩阳镇。1933 年川陕革命根据地置仪阆县治此。同年改名恩阳县。

恩阳州　清光绪五年（1879）改阳万土州置，属百色厅。治所在今广西田阳县西那坡镇西北百峰村。1913 年改为恩阳县。

恩阳县　①隋开皇十八年（598）改义阳县置，属巴州。治所在今四川巴中市西南六十里恩阳镇。大业初属清化郡。唐武德初复属巴州。贞观十七年（643）废。万岁通天元年（696）复置。天宝初属清化郡。乾元初复属巴州。元至元二十年（1283）废入化成县。

②1913 年改恩阳州置，属广西田南道。治所在今广西田阳县西北百峰乡。1928 年属广西省。1935 年改置敬德县。

③1933 年 8 月川陕革命根据地改仪阆县置，治所在恩阳（今四川巴中市西南恩阳镇）。1935 年 3 月废。

恩村　即今广东仁化县北恩村。明置巡司于此。后迁巡司于城口镇。

恩县　明洪武二年（1369）改恩州置，属高唐州。治所即今山东武城县。七年（1374）移治许官店（今山东平原县西恩城镇）。清属东昌府。民国初属山东东临道。1925 年属德临道。1928 年直属山东省。1956 年撤销，并入平原县。

恩和堡　清乾隆十一年（1764）改威远堡置，属中卫县。在今宁夏中宁县东恩和镇。宣统《甘肃新通志》卷 9：威远堡"明万历间建。国朝乾隆十一年改名恩和堡。道光间倾圮，民皆筑庄以居"。

恩金县　北周置，为恩金郡治。治所在今四川旺苍县东南。隋大业初并入葭萌县。

恩金郡　北周置，治恩金县（今四川旺苍县东南）。隋废。

恩封县　唐调露二年（680）置，属岩州。治所在今广西玉林市境。天宝初属常乐郡，乾元初复属岩州。后废。

恩城州　亦作思城州。在今广西平果县北榜圩镇南。

恩荣坊　在今河南浚县西五十里卫贤镇南大街。明万历四十五年（1617）为明代赐进士第承德郎主事孟楠所建。石构建筑。高、宽皆 10 米，为四柱三间五楼式建筑。图案生动，雕刻精细。

恩施市　1981 年以湖北省恩施县城关镇设立恩施市。1983 年撤销恩施县，并入恩施市。市人民政府驻小渡船。属鄂西土家族苗族自治州。1993 年属恩施土家族苗族自治州。

恩施县　清雍正六年（1728）改施州卫置，属归州。治所即今湖北恩施市。十三年（1735）为施南府治。民国初属湖北荆南道。1921 年为施鹤道治。1932 年直属湖北省。1981 年析城区置恩施市。1983 年撤销恩施县，并入恩施市。

恩洽县　南朝梁置，属清远郡。治所在今广东清新县西北。隋开皇十年（590）废。

恩容山　在今云南师宗县北。《方舆纪要》卷 115 师宗州：思容山在"州北五里。三峰峭拔"。

恩宿　在今甘肃永昌县南。《资治通鉴》：东晋太元元年（376），前秦苻坚将"苟苌之伐凉州也，遣扬武将军马晖、建武将军杜周帅八千骑西出恩宿，邀张天锡走路，期会姑臧"。

恩隆县　清光绪元年（1875）改田州土州置，属百色厅。治所即今广西田阳县。五年（1880）迁治平马圩（今田东县）民国属广西田南道。1935 年改置田东县。1929 年 12 月在此建立右江工农民主政府。

恩溪　即今广东仁化县北城口河。《方舆纪要》卷 102 仁化县：恩溪在"县北百里。《志》云：源出湖广郴州界，入县境，注于溳水”。

恩溪岭　在今广东仁化县北。《清一统志·韶州府》：恩溪岭“在仁化县北一百二十里，接湖南桂阳县界。前为莲花岭，其下为恩溪，其左又有罗带水环流，相连为马岭，亦名马系发岭”。

恩察集　即今河北枣强县南恩察镇。明嘉靖《冀州志》卷3枣强县：恩察集“在县南二十里”。

恩德宏汛　即今云南鲁甸县西南三十八里火德红乡。清设恩德宏汛。1925年改名火德红。

鸯浆泉　在今山西永济市南。《水经·涑水注》：盐道山“西则石壁千寻，东则磻溪万仞，方岭云回，奇峰霞举，孤标秀出，罩络群山之表，翠柏荫峰，清泉灌顶。郭景纯云：世所谓鸯浆也”。

崂山　即劳山。在今山东青岛市崂山区东北。《南史·明僧绍传》：僧绍“隐长广郡崂山，聚徒立学”。即此。

崂山办事处（县级）　1949年由青岛市东北部农村析置，属山东省。治李村（今山东青岛市东北李村镇）。因境内有崂山而得名。1953年改名崂山郊区。1961年置崂山县。

崃山　又名邛崃山。即今四川荥经县与汉源县交界之大相岭山。《山海经·中山经》：“又东北百四十里曰崃山，江水出焉，东流注入大江。”《水经·江水注》：“东北百四十里曰崃山，中江所出，东注于大江。崃山，邛崃山也，在汉嘉严道县。一曰新道，南山有九折坂。”

峿山　在今山东安丘市西南六十里。亦作浯山。一名巨平山。《水经·汶水注》：“伏琛、晏谟并言：（汶）水出（朱虚）县东南峿山，山在小泰山东者也。”

峭石滩　在今湖北襄阳市南汉江中。《元史·史天泽传》：元兵攻襄阳，“宋兵以舟数千陈于峭石滩，天泽挟二舟载死士，直前捣之，覆溺者万计”。

峨山　①即今山东枣庄市东南峄城区峨山镇。清属兰山县。清光绪《山东通志》卷2《舆图志》：兰山县（今临沂市）西南有峨山。

②在今贵州岑巩县南三里。《方舆纪要》卷122思州府：峨山“其山峷嵂而嵬峨，登陟颇艰，下有架溪，跨以木桥，往来者经其上”。

峨（峩）山　一名深峨山、鹅山。在今广西柳州市西三里。唐柳宗元《柳州山水近治可游者记》：“峩山在野中无麓，峩水出焉，东流入于浔水。”

峨山县　①唐天宝元年（742）以夜郎县改名，为夜郎郡治。治所即今湖南新晃侗族自治县西南凉伞镇。乾元初为业州治。大历五年（770）为奖州治。五代时废。

②1929年改嶍峨县置，属云南省。治所即今云南峨山彝族自治县。1951年改设峨山县彝族自治区。1956年改为峨山彝族自治县。

峨公固　在今陕西南郑县东南峨公山。《宋书·萧思话传》：元嘉十年（433）三月，“（萧）承之率众军进据峨公固”。即此。

峨石山　在今广西北流市东南一百里。《寰宇记》卷167陆川县：“峨石山以石嵯峨故也。”《方舆纪要》卷108北流县“扶莱山”条内：“东南有峨石山，罗水出焉。二水（与陵水）俱流入广东化州界。”

鸯浆泉　峨石县　唐总章元年（668）置，为东峨州治。治所在今广西北流市东南一百里。《新唐书·地理志》：峨石县“以南有峨石名之”。二年（669）为禺州治。天宝初为温水郡治，乾元初复为禺州治。北宋开宝五年（972）废。

峨边厅　清嘉庆十三年（1808）置，属嘉定府。治所在今四川峨边彝族自治县南大堡镇。取位于峨眉山之边为名。1914年改为峨边县。

峨边县　1914年改峨边厅置，属四川建昌道。治所在今四川峨边彝族自治县南大堡镇。1928年直属四川省。1950年迁今县治（沙坪镇）。1984年改设峨边彝族自治县。

峨州　唐置，为羁縻州，属黔州都督府。治所在今贵州荔波县东北。南宋后废。

峨林关　明置，在今贵州印江土家族苗族自治县南。《方舆纪要》卷122印江县：峨林关在“县南七里”。

峨岭　又称峨眉山。在今山东淄博市博山城南二里。清乾隆《博山县志》卷1载：峨岭“在县城南。山形秀曲如眉。一名朝阳坡”。

峨和山　在今四川茂县西北太平乡境。《元和志》卷32峨和县：“以县有峨和山”，故名。

峨和县　唐天宝十一年（752）置，属临翼郡。治所在今四川茂县西北一百六十里太平乡南岷江西岸。《元和志》卷32峨和县：“以县有峨和山也。县在石臼戍北大江之西。”后废。

峨和城　本峨和县。在今四川茂县西北太平乡南岷江西岸。《新唐书·韦皋传》：贞元九年（793）攻吐蕃，“乃命大将董勔、张芬分出西山、灵关，破峨和、通鹤、定廉城”。

峨城山　在今四川开江县西北五十里。《方舆纪要》卷69新宁县：峨城山“在县西三十里。相传汉樊哙尝筑城驻兵于上，遗址犹存”。清同治《新宁县志》卷5：嘉庆元年（1796），“十二月（徐）添德合众攻峨城山，千总车云胜战殁”。

峨眉山　①在今山西新绛县南。《方舆纪要》卷41绛州：峨眉山“在州南十里。《志》云，山迤逦连闻喜、夏、猗氏、临晋、荣河诸县界，西抵黄河，东抵曲沃西境，亦曰峨眉坡，亦曰峨眉原，即中条之坡阜也”。

②即峨岭。在今山东淄博市博山城南二里。

③又名牙门山、峨嵋大山、大峨山。在今四川峨眉山市西南十三里。《太平御览》卷166引《益州记》云：“峨眉山，两山相对，望之如峨眉。”左思《蜀都赋》：“抗峨眉之重阻。”东晋常璩《华阳国志·蜀志》：南安县“南有峨眉山，山去县八十里，《孔子地图》言有仙药，汉武帝遣使者祭之，

欲致其药，不能得”。唐、宋以来成为佛教圣地。著名寺院有报国寺、万年寺、洪椿坪寺、洗象池等。山势南北绵延曲绕，巍峨秀丽，主峰万佛顶海拔3098米。群峰叠嶂簇翠，悬崖深壑险峻，飞瀑溪流环旋，素有“峨眉天下秀”之美誉。与浙江普陀山、安徽九华山、山西五台山并称为佛教四大名山。1996年峨眉山被联合国教科文组织确定为世界文化与自然遗产。

峨眉山古建筑群　在今四川峨眉山市西南。寺庙古建筑包括报国寺、伏虎寺、万年寺、清音阁、洪椿坪、华严铜塔、圣积晚钟、无梁砖殿等。主要有报国、万年、伏虎三大殿。在山麓入山门户的报国寺，始建于明万历年间（1573—1620），有清康熙御题匾额，寺内有弥勒、大雄、七佛等殿和藏经楼，建筑面积1.06万平方米，建筑宏伟，内有明初彩釉瓷佛，高达2.4米。狮子峰下的万年寺初名普贤寺。创建于东晋隆安年间（397—401），原殿宇七重，现存二重，系1953年重建。内有无梁砖殿，建于明万历年间（1573—1620），通高16米，为穹隆顶方形无梁殿，内有北宋太平兴国五年（980）铸造的普贤菩萨骑六牙白象铜铸像，通高7.3米，重62吨。伏虎岭下的伏虎寺，始建于唐代（618—907），建筑面积1.3万平方米，寺宇殿堂林立，建筑巍峨。牛心岭下的清音阁有楼、阁、亭、台等建筑群体，建筑面积2000平方米，黑、白龙江在此相会，风景极佳。天池峰下的洪椿坪古称千佛庵，三重殿宇，建筑面积3320平方米，寺内有清代七方千佛莲灯一具。雕工高超。2006年定为全国重点文物保护单位。

峨眉山市　1988年撤销四川省峨眉县，改设峨眉山市，市人民政府驻绥山镇。由乐山市代管。

峨眉县　①北周改龙游县置，治所即今四川峨眉山市。隋开皇九年（589）改名青衣县。

②隋开皇三年（583）改平羌县置，为嘉州治。治所即今四川乐山市。九年（589）改为青衣县。

③隋开皇十三年（593）置，属嘉州。治所在今四川峨眉山市西。《元和志》卷31峨眉县：“枕峨眉山东麓，故以为名。”大业三年（607）属眉山郡。唐武德元年（618）属嘉州，天宝元年（742）属犍为郡，乾元元年（758）复属嘉州，三年（760）徙治今峨眉山市。南宋属嘉定府。元属嘉定府路。明属嘉定州。清属嘉定府。民国初属四川建昌道。1928年直属四川省。1988年改设峨眉山市。

峨眉驿　在今四川峨眉山市西南。《方舆纪要》卷72峨眉县：峨眉驿“在县西南。唐置峨眉镇于此，寻改为驿。明初，傅友德于大渡河造船以达建昌。曹震言：‘建昌驿道经大渡河，多瘴疠，峨眉至建昌有古道，平易可行，乞以时开通，移温江至建昌各驿马置峨眉新驿为便。’从之。寻废”。

峨眉洲　在今江西彭泽县北。《方舆纪要》卷85九江府彭泽县：峨眉洲“洲有港，细曲如眉，其西北有龙船洲”。

峨眉原　在今山西永济市西。《方舆纪要》卷41蒲州：峨眉原“在州东五里。自西而东，绵亘逶迤，跨临晋猗氏之境”。

峨眉峰　即今福建泰宁县西北峨眉峰。《方舆纪要》卷98邵武府泰宁县：峨眉峰“在县北五十里。周围数十里，高数千丈。类蜀之峨眉”，故名。

峨眉喜寨　在今四川红原县南。清雍正四年（1726）置峨眉喜寨土千户。

峨眉镇　唐置，属嘉州。即今四川峨眉山市。

峨峰山　即今江西抚州市临川区西铜山。《寰宇记》卷110抚州临川县：峨峰山“在县西四十里。出铜，因号铜山，天宝六年敕改为峨峰山”。

峨娘溪　在今海南省昌江黎族自治县西南。《方舆纪要》卷105昌化县：“峨娘溪在县东。出九峰山下，西南流，注于昌江。”

峨崃山　在今云南楚雄市西郊。《清一统志·楚雄府》：峨崃山“在楚雄县西门外。《通志》：上有石，形似屏，高八尺，郡之得名以此”。现为峨碌公园。

峨嵋山　①一名小峨嵋山。在今河南郏县西北三十五里。《清一统志·汝州》：小峨眉山“相传宋苏轼在汝州见之，以其形类蜀之峨嵋，故名”。元至正中建三苏祠于山上。

②亦作蛾嵋山。在今广西崇左市东。《清一统志·太平府》：蛾嵋山“在崇善县东三里。屹立云表”。

③亦作峨眉山。即今四川峨眉山市西南峨眉山。西晋左思《蜀都赋》：“抗峨眉之重阻。”

峨嵋山寨　在今北京市平谷区东北二十里南独乐河镇北。《方舆纪要》卷11密云县：峨嵋山寨在“县东北（南）百十里。其东曰黄松峪关、将军石关。……《志》曰，自峨嵋山寨东至蓟州之黄崖谷关，凡五口”。

峨嵋岭　在今山西万荣县南。《清一统志·蒲州府一》：峨嵋岭“一曰峨嵋坡，高四里，蜿蜒曲折，跨永济、临晋、猗氏、万泉四县，接绛州闻喜、河津二县界”。

崄石　在今湖北英山县南莲河水中。清乾隆《英山县志》卷4《山川》：崄石在“县南六十里。崖南蕲水、北罗田中大河、英山诸水俱于此出。巨石长五六丈，高数十丈，横截河中，三孔注水，所以英山不通舟楫”。

崄河　在今山东曲阜市东北五十里。源出九峰山，南流入泗水。《寰宇记》卷21曲阜县：崄水“在县北四十里。源出九龙山，东南流入洙水，其溪涧崄隘”。

峪口市　即今湖北竹山县西南田家坝镇南峪口村。《方舆纪要》卷79竹山县“吉阳关”条下：“县南五十里有峪口市，下有峪口渡。”

峪口镇　即今山西方山县南峪口镇。《清一统志·汾州府》“吴城镇”条下：峪口镇“在（永宁）州北。有堡”。

峪河集 即今河南辉县市西南四十四里峪河镇。清乾隆《卫辉府志》卷8《市集》：辉县“峪河”有集。

峆口 即含口。在今山西闻喜县东南。《宋史·司马池传》：“时议者以蒲坂、窦津、大阳路官运盐回远闻，乃开峆口道，自闻喜逾山而抵垣曲，咸以为便。”

峰上 即今福建金门县东之峰上。明属同安县，置巡司于此。

峰口市 即今湖北洪湖市西北六十六里峰口镇。清光绪《湖北全省分图》：沔阳州（治所在今仙桃市西南沔城镇）东南有峰口市。

峰山 亦名烽火山。在今安徽宿松县东北六十里。《寰宇记》卷125宿松县：烽火山“在县东北六十里。按《郡国志》云：齐、陈二国割江为界，征伐不息，烽候频惊，此山高敞，可以瞻望。齐永明八年，因置烽火于山”。

峰山县 1941年8月山东革命根据地由原长清县析置，治长清（今山东济南市长清区）。1946年3月复名长清县。

峰山城 在今江西大余县北。《清一统志·南安府》：峰山城“在大庾县北小溪城北十五里。《县志》，其人善弓弩。明正德中，王守仁选弩手从征瑶‘寇’，事平，民恐报复，筑城自卫”。

峰山湖 在今江苏宿迁市西北。《方舆纪要》卷22邳州睢宁县：峰山湖在“县东北四十里。周十二里。万历中，河臣潘季驯筑双沟遥堤，恐河涨直至峰山湖，分流旁决，因筑羊山横堤以备之”。

峰山镇 一名峰山矶镇。在今江西彭泽县西南三里。明正统十一年（1446）置巡司于此。

峰门山 在今重庆市梁平县东。《舆地纪胜》卷179梁山军：峰门山“距军东一十五里。其山高大，顶有寒泉，两崖峻险，群峰对峙如门，因以名之”。南宋范成大《峰门岭遇雨·泊梁山》诗云：“行尽峰门千万丈，梁山鼓角极平安。”

峰门站 元置，在今四川青神县西南岷江北岸。明改为驿。《方舆纪要》卷71青神县“犁头湾”条下：“县东南六十里有峰门水驿，接嘉定州界。《舆程记》：峰门驿又南五十里至嘉定州之平羌驿。”

峰门寨 在今广西荔浦县东南二十五里。明万历中筑城，设巡司戍守。后移于中峒。

峰子山 在今陕西米脂县西。《方舆纪要》卷57米脂县：峰子山“在县西十里”。

峰子岭 亦作丰子岭。在今广西灵山县西。《元和志》卷38灵山县：“隋开皇十八年，于州北四十八里置南宾县，贞观十年移于峰子岭南。”《舆地纪胜》卷119钦州：峰子岭“在灵山县，即县之主山也”。

峰市 即今福建永定县西南峰市镇。扼汀江上下游，南与广东大埔县交界。旧属上杭县，清时有县丞驻此。

峰头澳 在今福建莆田市东平海南。《方舆纪要》卷96兴化府莆田县“海”条：“有峰头澳，在府东平海卫南。嘉靖三十八年官军击倭于峰头澳，破之，倭遁去，又追败之于野马外洋。”

峰州 隋开皇十八年（598）改兴州置，治所在嘉宁县（今越南富寿省白鹤县南风州）。大业初废。唐武德四年（621）复置。天宝元年（742）改为承化郡，乾元元年（758）复为峰州。辖境相当今越南富寿省及永福省地。五代晋后废。

峰尾 即今福建惠安县东北峰尾。明洪武二十年（1387）移沙格巡司于此，并改名峰尾巡司。清初废。

峰顶山 ①即今江西宜春市西北丰顶山，与万载县接界。明《寰宇通志》卷39袁州府：峰顶山“在万载县西南三十里。世传为马祖修道之所。山顶旧有上、中、下三塔，今惟中塔存焉。有泉清冽，岁旱祷雨辄应”。

②在今云南鹤庆县东。《明一统志》卷87鹤庆军民府：峰顶山“在府城东七里。峰峦起伏，南接龙珠山，北抵丽江界。下有五泉，可以溉田”。

峰岩铺 清乾隆三年（1738）设，即今贵州凤冈县东南峰岩镇。

峰城场 即今四川宣汉县东北峰城镇。光绪《东乡县志》卷12：清嘉庆元年（1796）九月，县人王三槐、冷天禄白莲教起义，“聚众起莲池沟，与汤文德合众万余人，二十八日据峰城场”。即此。

峰贴峡砦 北宋置，属福津县。即今甘肃舟曲县西北峰迭城，为戍守要地。清时，设把总驻守。

峰峰村 即今河北邯郸市西南峰峰镇。盛产煤。因村西鼓山上有两座最高峰，而得名双峰，后演变为峰峰。清同治《畿辅通志》卷51磁州图：西北有峰峰村。

峰高场 即今重庆市荣昌县东峰高镇。明正德《四川志》卷13：荣昌县有峰高铺。清光绪《荣昌县志》卷2：峰高场“距城三十里，至石盘铺十五里，交永川界”。

峰高驿 在今重庆市荣昌县东。《方舆纪要》卷69荣昌县：峰高驿“在治东，马驿也”。清设峰高铺。

峰崎港 即今福建惠安县东北峰崎。《方舆纪要》卷99惠安县：峰崎港“在县东五十里。县东驿坂诸溪发源大帽以东等山，汇流入峰崎港以达海”。

峰溪 即丰溪镇。在今湖北竹溪县南九十八里。清魏源《圣武记》卷10：“竹溪以峰溪为要隘。”

崀山 即今湖南新宁县西南崀山乡境内之崀山。《名胜志》诸书误作崀山。《清一统志·宝庆府》：崀山“在新宁县西二十里。《名胜志》：顶有三石，如巨人状”。著名景点有将军石、崀笏石、石田蜡炬石及一线天等。境内多珍稀动植物。辟有国家森林公园。

峎峨河 在今云南元江哈尼族彝族傣族自治县西四十里。《清一统志·元江州》：峎峨河“在州城西四十里河南村。源出州西北崀峨山，东南流入礼社江”。

崀峨城　在今云南永胜县南五十里崀峨村。《清一统志·永北厅》：崀峨旧城“蒙氏所筑，遗址犹存”。

峻阳陵　西晋武帝司马炎的陵墓。在今河南偃师市城西十里南蔡庄村北。《晋书·武帝纪》载：太熙元年（290）四月，“己酉，帝崩于含章殿，时年五十五，葬峻阳陵。庙号世祖”。

峻极关　在今河北武安市西北，与山西左权县交界处，位于摩天岭之巅。为晋豫交通要径。清乾隆《武安县志》卷4：“摩天岭在县西北九十里，……岭颠为峻极关。”

峻灵山　一名神山岭。即今海南省昌江黎族自治县西昌化大岭。《寰宇记》卷169儋州洛场县：“浴泊石神在昌化县（治今昌城镇）西北二十里。石形如人帽，其首面南。侧有桔、柚甘香，云不可携，去即黑雾暴风骇人。池中有鱼亦然，土人往往祈祷。”苏轼《峻灵王庙碑记》曰：昌化县“西北二十里，有山秀峙。海上石峰，巉然若巨人冠帽。西南向而坐者，俚人谓其山胳膊”。北宋元丰五年（1082），诏封山神为峻灵王，因名峻灵山。

崀骈隘　在今广西靖西县东南。《清一统志·镇安府》“峨漕隘”条内：“又有崀骈隘，在（归顺）州南八十里。俱有兵防守。”

罢（罷）交县　唐贞观十年（636）置，属延州。治所在今陕西安塞县西北。天宝元年（742）改名延昌县。

罢（罷）谷山　在今云南洱源县北二十里。《清一统志·大理府》引《水经注》：“罷谷之山，洱水出焉。”又引《浪穹县志》曰：“其山崆峒，世传以为澜沧江伏流处。”

罟网溪　即今浙江淳安县西南凤林港。宋《景定严州续志》卷8遂安县：罟网溪“自衢境发源，与邑境诸小涧合，流至于东亭，与双溪诸水合”。《方舆纪要》卷90遂安县：罟网溪“源自衢州，流入县界，又东北入武强溪”。1960年后，径入千岛湖。

罟里村市　即古里村镇。在今江苏常熟市东古里镇。

置口　即今陕西略阳县西北二十四里置口。《宋史·吴曦传》：开禧二年（1206），“金遂陷大散关，曦退屯置口……金遣吴端持诏书、金印至置口，封曦蜀王，曦密受之”。即此。

置口关　在今陕西略阳县西北三十里。《宋史·叛臣·吴曦传》：南宋开禧二年（1206），金人陷大散关，“曦退屯置口”。即此。明置置口巡司。

〔丿一〕

钱山漾遗址　在今浙江湖州市城南十四里钱山漾东岸南头的百廿亩村。遗址原是原始社会晚期的一个村落，距今4700多年，属良渚文化。早在20世纪30年代发现，1956年3月和1958年3月进行两次科学发掘，在河水干涸的浅滩上采获石器数千件，出土了陶质鼎、罐、壶、盆、钵等器皿以及纺轮，网坠等纺织工具残件。出土文物中还有石质刀、斧、锛、犁等生产工具和稻谷、蚕豆、甜瓜、毛桃、花生等植物种子，从而说明湖州当时的农业生产已具相当水平。遗址中出土的丝、麻织品是我国迄今发现年代最早的丝、麻织品，证明了湖州是丝绸文化的发祥地之一。2006年定为全国重点文物保护单位。

钱门塘市　即今上海市嘉定区西二十一里钱门。清光绪《嘉定县志》卷1：钱门塘市“以水名。钱大昕曰，俗所谓小钱塘门者。宋、元以前，此水深通，居民鳞比，商贾辏集。宋时置税务于此”。

钱仓千户所　明洪武十九年（1386）置，属昌国卫。在今浙江象山县东北三十四里钱仓村。清改钱仓寨。

钱仓寨　清改钱仓千户所建，即今浙江象山县东北三十四里钱仓村。

钱仓镇　清置，属平阳县。即今浙江苍南县东钱库镇。

钱石山　在今广东韶关市曲江区东北。《寰宇记》卷159曲江县：钱石山，“按《湘州记》云：曲江县东有钱石山，其状四方有若台，其石三面壁立，上有碎石如钱，故谓之钱石山”。《方舆纪要》卷102韶州府曲江县：钱石山在“府东北六十里”。

钱江县　五代梁龙德二年（922）吴越置，与钱塘县并为杭州治。治所即今浙江杭州市。北宋太平兴国四年（979）改为仁和县。

钱谷（穀）山　在今山东即墨市东北五十里。《方舆纪要》卷36即墨县：钱谷山“山陡险。相传昔尝运钱谷于山上以避兵”。

钱桥镇　即今江苏无锡市西钱桥镇。明洪武《无锡县志》：“西：开原乡二十三都有钱桥。”民国《江苏六十一县志》：无锡县西有“钱桥镇”。

钱唐县　秦置，属会稽郡。治所在今浙江杭州市西灵隐山下。西汉为会稽郡西部都尉治。东汉初省入余杭县。东汉末复置，属吴郡。迁治今杭州市。南朝梁太清三年（549）为临江郡治，寻废郡。南朝陈祯明元年（587）为钱唐郡治。南朝时改为钱塘县。

钱唐郡　南朝陈祯明元年（587）置，属吴州。治所在钱唐县（今浙江杭州市）。辖境相当今浙江杭州、富阳二市及临安县部分地区。隋开皇九年（589）废。

钱家沟镇　又名钱家铺。即今河北玉田县南钱家沟村。濒双城河。清《畿辅舆地全图》玉田县：“钱家沟镇，县南三十五里。”

钱家桥镇　①即今上海市奉贤区东南二十里钱桥镇。清光绪《奉贤县志》卷1：钱家桥“东近海塘。唐氏聚族居此成市”。

②即今安徽枞阳县北钱家桥。旧属桐城县。清道光《桐城续修县志》卷1《乡镇》：北乡有钱家桥镇。

钱家营　即今河北唐山市丰南区东四十里钱营镇。旧称前营，清初营屯军于此。

钱家集　即今江苏沭阳县东南五十四里钱集镇。《清一统志·海州》：钱家集“在沭阳县东南。本朝乾隆二十七年，移县丞驻此”。

钱清场　即今浙江绍兴县西北四十二里钱清镇。产海盐。《明史·杨维桢传》：元泰定四年（1327），维桢“成进士，署天台尹，改钱清场盐司令”。即此。

钱清江　一名西小江。源出今浙江杭州市萧山区南临浦镇麻溪，东北流至今浙江绍兴市西北钱清镇，又东至三江口入海。历史上曾是浦阳江的下游河段。宋《嘉泰会稽志》卷10：浦阳江“在（萧山）县东，源出婺州浦江，北流一百二十里入诸暨县，溪又东北流，由峡山直入临浦湾，以至海，俗名小江，一名钱清江”。《明史·地理志》绍兴府山阴县：钱清江“即浦阳江下流，其上源自浦江县流入，至县西钱清镇，曰钱清江”。明后浦阳江改道西走，钱清江始成今势。

钱清镇　即今浙江绍兴县西北四十二里钱清镇。《元丰九域志》卷5：越州山阴县有“钱清一镇”。《宋史·高宗纪》：南宋建炎三年（1129）十一月己巳，“帝发越州，次钱清镇”。即此。

钱湖门　又称清平门。南宋临安城西城门之一。故址在今浙江杭州市云居山一带。

钱塘　即防海大塘。在今浙江杭州市城区。《水经·浙江水注》引刘道真《钱唐记》：“防海大塘在县东一里许，郡议曹华信家议立此塘以防海水。始开募有能致一斛土者，即与钱一千，旬月之间，来者云集，塘未成而不复取，于是载土石者皆弃而去，塘以之成，故改名钱塘。”《新定九域志》卷5：“州人华信自以私钱作塘捍海，因号钱塘。”

钱塘门　南宋临安城西城门之一。故址在今浙江杭州市湖滨路与庆春路交接处。1913年拆除。

钱塘江　即浙江。在今浙江省西北部。宋《淳祐临安志》卷10引虞喜《志林》：“今钱塘江口，浙山正居江中。”《梦粱录》卷12：浙江“在杭城东南，谓之钱塘江”。

钱塘县　南朝时改钱唐县置，治所即今浙江杭州市。隋开皇十年（590）为杭州治，大业初为余杭郡治，唐初复为杭州治。五代吴越时与钱江县同为杭州治。北宋与仁和县同为杭州治。南宋为临安府治。元为杭州路治。明、清为杭州府治。1912年与仁和县合并为杭县。

钱塘道　1913年依前杭嘉湖道改置，属浙江省。治杭县（今浙江杭州市）。辖境约当今浙江省昱岭、分水江、富春江、钱塘江、杭州湾以北地区及富春江南岸富阳东部地。1927年废。

钱塘港　即杭州湾。在今浙江省东北、钱塘江入海处。明嘉靖《筹海图编》卷5：“杭州居腹里之地，而以钱塘港、海门为分户，南岸为宁绍，北为松嘉，极西尽底为杭州，东临大海。”港湾为典型的喇叭形海湾，钱塘潮即孕育于此。

钱塘湖　即西湖。在今浙江杭州市西。宋《淳祐临安志》卷10：西湖“旧名钱塘湖”。唐白居易有《钱塘湖春行》诗，又有《钱塘湖石记》文。

钱塘镇　即今重庆市合川区北钱塘镇。民国《合川县志》卷2：大磻水“至刘家大桥为钱塘镇，通路有水，食店数家”。

钱溪　即梅根河。今安徽池州市东北九华河。《宋书·张兴世传》：兴世谓沈攸之等曰：“上流唯有钱溪可据，地既险要，江又甚狭。”又《邓琬传》：“刘胡率轻舸四百，由鹊头内路欲攻钱溪。既而……住鹊头不进，遣龙骧将军陈庆领三百舸向钱溪，……陈庆至钱溪，不敢攻。越钱溪，于梅根立砦。”《资治通鉴》：南朝宋泰始二年（466），胡三省注：“《新唐书·地理志》：宣州南陵县有梅根监钱官，下云，陈庆至钱溪，军于梅根，盖今之梅根港也；以有铸钱监，故谓之钱溪。”

钱澳　在今广东汕头市潮阳区南海门镇南海中。港口有礁石甚险阻，澳内海船可以寄碇。或以为即浅湾，宋少帝驻跸处。清设钱澳炮台。

钱镠墓　在今浙江临安市东北安国山南麓，为五代时吴越开国君主武肃王钱镠墓葬。钱镠（852—932），临安人。今存断裂墓碑，上书“唐故天下兵马都元帅尚父守尚书令兼中书令吴越国王谥武肃钱王之墓”。

钳川山　在今四川九寨沟县西一百四十里。《隋书·地理志》钳川县：“有钳川山。”县以山为名。《元和志》卷22钳川县：“钳川神祠去县西北十里。水、旱人祈请焉。”

钳川县　西魏废帝二年（553）置，为钳川郡治。治所在今四川九寨沟县西北一百三十里。《元和志》卷22：钳川县“因山为名”。后属尚安郡。隋属同昌郡。唐属扶州。唐末废。

钳川郡　西魏废帝二年（553）置，属邓州。治所在钳川县（今四川九寨沟县西北一百三十里）。《元和志》卷22钳川县：“因山为名。”隋废。

钳卢陂　一名玉女陂。在今河南邓州市东南五十里。张衡《南都赋》：“其陂泽则有钳卢玉池。”《元和志》卷21穰县：“汉元帝建昭中，召信臣为南阳太守，复于穰县南六十里造钳卢陂，累石为堤，傍开六石门，以节水势，泽中有钳卢陂池，因以为名。用广溉灌，岁岁增多，至三万顷。”后世屡有兴废。元末尽堙。

钳矢州　唐天宝前置羁縻州，属雅州都督府。治所在今四川泸定县境。北宋为钳矣州。后废。

钳耳觜城　在今内蒙古乌拉特前旗东乌拉山北。《辽史·地理志》天德军：“又有牟那山，钳耳觜城在其北。”

钳并州　唐开元后置羁縻州，属雅州都督府。治所在今四川康定县境。北宋属雅州。后废。

钳州 唐代析开边县置，治所约在今云南盐津县北四十二里普洱渡。辖境约当今云南盐津县地。后废。

钳矣州 即钳矢州羁縻州，在今四川泸定县境。

钳泰州 即钳恭州。治所在今四川泸定县境。

钳恭州 唐开元后置羁縻州，属雅州都督府。治所在今四川泸定县境。北宋为钳泰州。后废。

钴𬭁山 在今湖北咸宁市西四里。《寰宇记》卷112江夏县：钴𬭁山“在县东南一百一十七里。山形似钴𬭁”。《清一统志·武昌府》：钴𬭁山“一名熨斗山，俗名风火斗”。

钴𬭁泉 即古𬭁泉。在今湖南资兴市东。

钴𬭁潭 ①在今湖南永州市西三里。中有小泉，经愚溪入潇水。唐柳宗元有《钴𬭁潭记》：“钴𬭁潭在西山西，其始盖冉水自南奔注，抵山石，屈折东流，……旁广而中深……其清而平者，且十亩，有树环焉，有泉悬焉。”

②在今广西全州县西七里。南宋范成大《骖鸾录》：“钴𬭁潭，钴𬭁熨斗也，潭状似也。”

钵池山 在今江苏淮安市淮阴区东南。《方舆纪要》卷22淮安府：钵池山在“府西北四十里。以形似名。冈阜盘旋，凡三四里。今堤此以御河患”。

钵罗州 唐龙朔元年（661）置，属月支都督府。治所在兰城（今阿富汗喀布尔北巴格兰）。8世纪中期废。

钵和州 唐龙朔元年（661）置，属鸟飞州都督府。治所在娑勒色诃城（今阿富汗东北境萨尔哈德）。8世纪中废。

钵和国 南北朝时西域国名。在今阿富汗东北角兴都库什山北瓦罕地区。《魏书·西域传》：钵和国“在渴槃陁西。其土尤寒，人畜同居，穴地而处。又有大雪山，望若银峰。其人畜唯食饼麨，饮麦酒，服毡裘”。北魏熙平年间，宋云等曾至其地。

钵室韦 在今俄罗斯境乌第河源扎格特山一带。《隋书·室韦传》：北室韦“又北行千里，至钵室韦，依胡布山而住，人众多北室韦”。

钵室韦部 北魏至隋室韦五部之一。分布在今俄罗斯阿穆尔州贾格德山附近。《北史·室韦传》：“（北室韦）又北行千里至钵室韦，依胡布山而住，人众多。”

钵息德城 隋、唐时米国都城。在今乌兹别克斯坦撒马尔罕东一百四十里喷赤干古城。

钼 夏代国名。在今河南滑县东。《左传·襄公四年》：魏绛曰，“昔有夏之方衰也。后羿自钼迁于穷石”。杜注：“钼，羿本国名。”《寰宇记》卷57卫南县：“故钼城在县东十五里。”

钼任 春秋许地。在今河南许昌县境。《左传》：成公四年（前587），“郑伯伐许，取钼任、泠敦之田”。

钼钩镇 清置，属宁乡县。在今山西柳林县东南四里锄沟村。《清一统志·汾州府》：钼钩镇“旧多铁工”。

铁 一名铁丘。春秋卫邑。即今河南濮阳市西北十里铁丘。《春秋》：哀公二年（前493）八月，“晋赵鞅帅师及郑罕达战于铁”。杜注：“铁，在戚城南。《旧五代史·晋书·少帝纪》：开运二年（945），“幸铁丘阅马。”

铁厂 亦名二道江。即今吉林通化市东二道江区铁厂镇。清光绪《奉天全省地舆图说图志》通化县图：东有二道江。民国熊知白《东北县治纪要》辽宁通化县：“县属二道江，此地亦名铁厂子。在县市东四十里。”

铁刀城 一作铁仞城。即石堡城。在今青海湟源县西南哈城东石城山。《新唐书·吐蕃传下》：长庆二年（822），刘元鼎赴吐蕃会盟途中，“过石堡城，崖壁峭竖，道回屈，虏曰铁刀城”。《唐会要》及《资治通鉴》胡注均作“铁仞城”，疑“铁刀”为“铁仞”之讹。

铁干里克 在今新疆尉犁县东南。清宣统《新疆图志》卷3新平县：铁干里克（庄）在“城东五百三十里”。

铁干镇 即今河北深泽县东南二十五里铁杆镇。清同治《畿辅通志》卷55深泽县图：东南有铁干镇。

铁口集 即今山东栖霞市东铁口镇。清光绪《山东通志》卷2《舆图志》：栖霞县东有铁口集。

铁山 ①在今河北临城县西南。《明一统志》卷3真定府：铁山“在临城县西南三十五里。其山石色如铁，因名”。

②又称铁建山。在今内蒙古河套北阴山北麓。《资治通鉴》：唐贞观四年（630）二月，“甲辰，李靖破突厥颉利可汗于阴山。先是，颉利既败，窜于铁山……靖军至，虏众遂溃”。胡三省注：“铁山，盖在阴山北。”

③亦名铁山岛。即今辽宁大连市旅顺口西南老铁山。《方舆纪要》卷37金州卫：铁山“在卫西南百五十里，亦曰铁山岛，为滨海要地”。

④在今江苏溧阳市东南五十里。宋《景定建康志》卷17：铁山“古尝出铁，今坑冶遗迹犹存。《唐书·地理志》：溧阳有铁，此即其地”。

⑤在今江苏徐州市铜山区东北利国镇附近。清道光《铜山县志》卷2：铁山“在城东北八十里。旧产铁，百炼成锋，极犀利。出磁石”。

⑥即今福建政和县东北铁山。本铁山营。民国《政和县志》卷7：铁山营“在县东北感化下里四都。唐招讨使张谨屯军之所，故址犹存。按招讨使营在下里风林长埂峡，距铁山近，故名”。

⑦在今福建仙游县东北。清乾隆《仙游县志》卷3山川：铁山“在县东七里。其东为鸡子城。相传越王筑城其地，限以一夜，鸡鸣而成”。

⑧即商山。在今山东淄博市东北（金岭回族镇北）。《寰宇记》卷18临菑县：“崔琰《述征赋》

云，‘涉淄水过相都，登铁山望齐密’即此也。”胶济铁路有支线通此。

⑨在今湖北黄石市西。《方舆纪要》卷76大冶县：铁山在“县北四十里。有铁矿，唐宋时于此置炉烧炼金铁”。

⑩在今湖北当阳市北。《舆地纪胜》卷78荆门军：铁山“接远安县界，山产铁”。《方舆纪要》卷77当阳县“紫盖山”条下：“铁山在县北八十里，接远安县界。旧产铁。湘府曾干此山采矿。”

⑪在今广东汕头市潮阳区西北。《方舆纪要》卷103潮州府潮阳县：铁山“在县西北八十里。山耸秀，为群山之冠，山之西接普宁县界”。

⑫又名大铁山。在今重庆市永川区东南。《寰宇记》卷88永川县：铁山“在县南八十里。其山出铁”。县东亦有铁山。《方舆纪要》卷69永川县：铁山在“县东二十里。旧有铁山铺，今为铁山镇，以山石如铁色而名。隆庆六年，移巴县土沱水驿于此”。

⑬在今四川达州市西。《方舆胜览》卷59达州：铁山“马璘有诗”。明曹学佺《蜀中名胜记》卷23达州：“《志》云，铁山在州西二十里。石色如铁。上有狮子石、和尚崖诸胜。盖迢递自石城来者。山四面绝崖，西有一路登顶。”

⑭在今四川威远县西北。《元和志》卷33荣州旭川县：铁山“在县北四十里”。《寰宇记》卷85资官县：铁山“在州西北一百里。从资州月山县西来。其山出铁”。《舆地纪胜》卷160荣州：铁山，“《图经》：在威远西四里。《旧经》云：地产矿石，煎炼成铁，因名。山南有石佛像，本万松山，基址北有万松观基。复有龙池水，澄碧，不测深浅，祈祷有应”。

⑮在今贵州镇远县东北三里。《方舆纪要》卷122镇远府镇远县：“铁山在府东北三里。石皆铁色。下为铁溪。溪之第一湾有巨石，下瞰如屋；其第二湾有长潭，潭之北岸为铁山绝顶。南岸石委积成洞，有蹊隧通镇阳江，江边群石错立，急湍奔泻，名浮石滩。其东有石侧立，上多树木，名古牛崖，郡之名胜也。”

⑯在今陕西勉县西北五里。《宋史·吴玠传》：“兀术、撒离喝及刘夔率十万骑入侵，自铁山凿崖开道，循岭东下。”即此。《方舆纪要》卷56沔县：铁山“山出铁。《志》云，宋姚仲置寨于此，以拒金人”。

⑰又名巾子山。在今甘肃徽县南三十里。《清一统志·秦州一》：铁山“悬壁万仞，石色如铁，其下二十里即虞关”。《宋史·刘子羽传》：子羽曰：“川口有铁山、栈道之险。”又《吴曦传》：南宋开禧三年(1207)，“曦遣将利吉引金兵入凤州，以四郡付之，表铁山为界”。即此。

⑱即今朝鲜平安北道之铁山。《明史·毛文龙传》：崇祯七年（1634），“三月，大清兵克义州，分兵夜捣文龙于铁山。文龙败，遁归岛中”。

铁山支线 从山东淄川东北金岭镇（今淄博市东）北至铁山。长7.1公里。为胶济铁路支线。1918年动工修建，次年竣工。

铁山包 即今黑龙江省铁力市。清光绪十七年（1891）设铁山包协领，属呼兰城副都统。1915年改铁骊设治局。1931年改置铁骊县。民国林传甲《黑龙江乡土志》：“铁骊县，原名铁山包。”

铁山关 ①明置，属达州。在今四川达州市西北。《明史·地理志》达州：“西有铁山关。”《方舆纪要》卷69达州：铁山关在“州西三十里，以铁山而名。旧为戍守处”。

②在今重庆市巫溪县西南。清嘉庆《四川通志》卷28大宁县：铁山关“在县南一百里。山形似龙，高百余丈。左通奉节，右达巫山，系三县交界险要隘口”。

铁山关堡 明置，属苍溪县。在今四川苍溪县西五十里。《明史·吴景传》：正德间，兰廷瑞义军麻六儿部与官军冯杰战于苍溪县，又战于铁山关，“乘夜冲击，杰死之”。即此。

铁山岛 在今辽宁大连市旅顺口区西南，辽东半岛最南端。一名老铁山角。《明史·地理志》金州卫：“西南有铁山岛。”明《辽东志》卷1：铁山在“（金州卫）城西南一百五十里”。

铁山界 在今江西万载县西北境。明初置巡司于此。

铁山堡 在今山西右玉县西北五十里。《方舆纪要》卷44大同府：铁山堡“嘉靖二十八年筑，万历二年增修，周一里有奇。……嘉靖中为寇残毁，复加修葺，遂以铁山名之”。

铁山障 即今广东梅县西北，与兴宁县接界之铁山障。《方舆纪要》卷103程乡县：铁山障“在县西北九十里。山径荒僻，亦故盗薮也”。

铁山镇 ①宋置，属永川县。在今重庆市永川区东二十里。

②在今江西万载县西境。《方舆纪要》卷87袁州府万载县：铁山镇“在县西铁山下。有铁山界巡司，明初置”。

铁山摩崖石刻 在今山东邹城市城西北二里小铁山之阳。面积1037平方米，刻于北周大象元年（579）。内容为“石颂”、“金刚经文”和题名三部分。书法以隶书为主，间有篆、行、楷。岗山在铁山之北，相距500米，二山紧连。刻石有二十六处，刻于北周大象二年（580），刻字四百多个。自清乾隆末年黄易访碑得之以后，屡见著录，称其“通隶楷，备方圆，高浑简穆”，并选其字编入《楷法溯源》一书。1988年铁山、岗山摩崖石刻被定为全国重点文物保护单位。

铁门 ①在今河南新安县西。清同治元年（1862）陈德才率太平军大败清将杨飞熊于此。

②即今新疆库尔勒市北铁门关。《晋书·四夷传》：张骏遣杨宣讨焉耆，宣部将张植“进屯铁门”。即此。

铁门山 亦名铁峰山、凤凰山。在今四川安岳县北。《舆地纪胜》卷158普州："《图经》云，旧治在铁门山。开宝四年徙于今治。年月得之于城隍庙像幅纸中。"

铁门关 ①明置，属迁安县。长城关口之一。在今河北迁西县北六十里。《方舆纪要》卷17迁安县：铁门关"在县西北百里，距关二里即遵化县界之李家谷口。《郡志》：关南十五里为窟窿山，山多洞穴，高与铁门关齐"。

②在今内蒙古鄂托克前旗东南、陕西定边县东北界上。《宋史·王超传·子德用》：至道二年（996），"分五路出兵击李继迁，超帅兵六万出绥、夏，德用年十七，为先锋，将万人战铁门关"。

③金置，在今山东利津县东北七十里汀罗镇东南前关村。《方舆纪要》卷31利津县："旧置关于此，以控滨海之险。稍东丰国镇也。"

④在今湖北武汉市汉阳城区东北。《明一统志》卷59汉阳府：铁门关"在禹功矶旁。吴、魏相持，用兵沔口，于此设关为险"。

⑤即今新疆库尔勒市北铁门关。《新唐书·地理志》引贾耽《四夷路程》："自焉耆西五十里过铁门关。"即此。唐诗人岑参《题铁门关楼》诗："铁关天西涯，极目少行人。关门一小吏，终日对石壁。桥跨千仞危，路盘两崖窄。试登西楼望，一望头欲白。"

⑥在今乌兹别克斯坦南杰尔宾特西约二十六里。《元史·太祖纪》：十六年（1221）"夏四月，驻跸铁门关"。《明史·西域传》：渴石"又西三百里，大山屹立，中有石峡，两崖如斧劈。行二三里出峡口，有石门，色似铁，路通东西，番人号为铁门关，设兵守之。或言元太祖至东印度铁门关，遇一角兽，能人言，即此地也"。

铁门峡 亦作铁门山、铁门关。在今乌兹别克斯坦南部杰尔宾特西约二十六里。为中亚南北交通所经，左右皆山，形成狭径，唐代为史国与吐火罗之分界。《方舆纪要》卷65：铁门峡"在渴石城之西。悬崖绝壁，高数十仞，径路崎岖，深二三里，番人守此。亦名铁门关"。元太祖成吉思汗曾至此。

铁门镇 北宋初置，即今河南新安县西二十二里铁门镇。景祐四年（1037）改名延禧镇。金废镇，地属新安县。明末，新安县曾移治于此。

铁木山 在今甘肃会宁县西北。《清一统志·巩昌府》：铁木山"在会宁县西北一百里。山色如铁，故名"。

铁木尔忏察 在今新疆霍城县东北。元刘郁《西使记》：海铁山"西南行二十里，有关曰铁木儿忏察，守关者皆汉民，关径崎岖栈道。山关至阿里麻里城"。

铁不得 北宋时西域人对吐蕃西北部藏族地方政权的译称。约在今西藏阿里地区西北部及毗邻克什米尔东部拉达克地区。公元11世纪时曾与辽王朝通好。元时称秃伯歹。

铁冈 即今广东龙门县西铁岗镇。清光绪《广东舆地全图》龙门县图表：铁冈汛有千总驻防。

铁冈驿 明洪武三年（1370）置，为水驿，属广州府东莞县。在今广东东莞市东北铁岗村。

铁牛关 即今福建光泽县西北铁牛关。《方舆纪要》卷98光泽县："铁牛关在县北五十里。相传唐广明中置。《闻见录》：光泽有铁牛、火烧、云际三关。"

铁牛河 又作殿牛河。即今俄罗斯阿穆尔州北，结雅河支流殿吉河。《清一统志·黑龙江》"泞泥河"条下："铁牛河，在（黑龙江）城东北九百八十里。"清屠寄《黑龙江舆图说·黑龙江城》：宁尼河西南流，"有铁牛河，即腾格里，汉言天河，西北流百十有二里来注之，又西折南，再折而西南流，……注精奇哩江"。

铁斤泽 即地斤泽。在今内蒙古伊金霍洛旗西南。《宋史·党项传》：淳化二年（991），李继迁居王庭镇，赵保忠往袭之，继迁奔铁斤泽"。即此。

铁公铺 即铁矿铺。今湖南衡南县（云集镇）西铁市乡。

铁石山 ①在今福建清流县东南沙芜乡西南铁石。明嘉靖《清流县志》卷2：铁石山"在县东南梦溪里，山高多石，坚黑如铁，又此山产铁，因名"。

②即今四川冕宁县东南泸沽镇东矿头山。《华阳国志·蜀志》：台登县"山有砮砮石，火烧成铁，刚利。《禹贡》'厥赋砮'是也"。《元和志》卷32台登县：铁石山"在县东三十五里。山有砮石，火烧成铁，极刚利"。今山仍产铁，为凉山彝族自治州重要矿山。

铁石关 明置，属夹江县。在今四川夹江县西北八里千佛岩附近。《清一统志·嘉定府二》：铁石关"在夹江县西千佛岩侧，孔道也，下临江潭。一径中通，曲折上下，险出天成。明末置关于此"。今铁石关遗址尚存。

铁石矶头 即今福建清流县东南沙芜乡西南铁石。明正统中置铁石矶头巡司于此。

铁石岩 在今江西信丰县南。《寰宇记》卷108虔州信丰县：铁石岩"在县南。岩有二峰相对，空豁奇诡"。《清一统志·赣州府一》：铁石岩"在信丰县南二十里。亦名铁石碛。上有二门，中容百余家，产花果。又有古井，相传昔人多避寇于此"。

铁石镇 即今福建清流县东南沙芜乡西南铁石。明置巡司于此。《方舆纪要》卷98清流县：铁石镇在"县东南九十里。正统六年，议者以梦溪里山势险阻，草寇不时出没，奏置巡司于铁石山下，以为警备"。

铁龙堡 明置，属小河守御千户所。在今四川平武县北铁龙堡。《方舆纪要》卷73小河守御千户所：铁龙堡在"所东七十六里。有两山对峙，峭壁万仞，二水会流，深不可测。上为铁索桥，索凡六条，各长一十五丈，引于河之西岸，系以铁柱，中道板荡，行者戒心焉。嘉靖间，龙州宣抚薛兆乾作乱，斩铁桥以拒官兵，旬日，松州米贵如金矣"。

铁龙隘　在今广东龙川县东北。《方舆纪要》卷103惠州府龙川县：铁龙隘“在县东北，接江西安远县界，或以为铁炉隘。万历初，贼叶楷据此作乱，寻讨平之。今隘废”。

铁北县　一名平介县。1941年晋冀鲁豫边区由平遥县析置，属太岳区。治任庄（在今山西平遥县北）。1948年撤销，并入平遥县。

铁甲山　在今浙江金华县西五十五里。《方舆纪要》卷93汤溪县：铁甲山在“县（治今汤溪镇）西五里。嘉靖中，矿贼作乱，官军讨败之于此”。

铁叶（葉）尔里克叶（葉）克岭　在今吉尔吉斯斯坦奥什东南。清徐松《西域水道记》卷1：冲巴噶什部布鲁特牧地“自铁叶尔里叶克岭北而东尽图舒克塔什卡伦北三日程地”。

铁丘　即铁。在今河南濮阳市西南十里铁丘。《旧五代史·少帝纪》：后晋开运二年（945）二月，“丙戌，幸铁丘阅马”。

铁丘台（臺）　在今河南上蔡县西南五十里。《方舆纪要》卷50上蔡县：铁丘台“相传汉光武曾驻此”。

铁仞城　一作铁刀城，即石堡城的别称。在今青海湟源县西南哈喇库图城附近的石城山。《唐会要》卷78：“吐蕃铁仞城，亦名石堡城。开元十七年三月二十四日，信安王祎拔之置。四月改为振武军。”《资治通鉴》卷213胡三省注：“自鄯州鄯城县河源军西行百二十里至白水军，又西南六十里至定戎城，又南隔涧七里有石堡城，本吐蕃铁仞城也。”

铁边山　在今陕西吴起县西北。《清一统志·庆阳府一》：铁边山“在安化县北三百二十里。顶平麓险，川流萦绕。宋范仲淹尝置寨于上”。

铁场营　在今广东罗定市东南。《方舆纪要》卷101罗定州：铁场营“在州东南百里。又东南十五里有惠鸡营，俱嘉靖二十三年设”。

铁场堡　明置，属广宁前屯卫。即今辽宁绥中县西南铁厂堡。《方舆纪要》卷37广宁前屯卫：铁场堡在“卫西六十里，与山海关接界”。

铁场墟　即今广东龙川县东北铁场镇，东与五华县相邻。清有外委把总驻防。

铁匠房　在今四川德昌县东南金沙傈僳族乡。民国《西昌县志》卷1：铁匠房在“治南一百六十里”。

铁关谷　在今新疆库尔勒市北铁门关哈满沟。《水经·河水注》：敦薨水经尉犁国尉犁城，“其水又西出沙山铁关谷”。

铁州　①南朝梁太清中置，治所在今四川茂县西北一百二十里叠溪镇南古城。《元和志》卷32翼州：“梁太清中，武陵王萧纪于蚕陵旧县置铁州。”寻废。

②唐渤海国置，属中京显德府。治所在位城县（今吉林敦化市西南马号道班）。辖境约当今吉林敦化市南部。为渤海产铁区。辽废。

③辽置，治所在汤池县（今辽宁大石桥市东南汤池镇）。辖境相当今辽宁营口、大石桥、盖州三市及岫岩满族自治县一带。金王寂《鸭江行部志》：“汤池，本辽时铁州，以其东有铁岭，故名。”统和八年（990）废。

④元置，属脱思麻路。治所在今甘肃岷县东北。辖境相当今甘肃岷县东部地区。明初废为铁城千户所。

铁江　在今湖南醴陵市南二十五里。《方舆纪要》卷80醴陵县：铁江“源出攸县境，西北流入渌江。水滨石黑如铁，因名”。

铁池河　即今云南澄江县东之南盘江。《方舆纪要》卷115澂江府：铁池河在“府东二十里。源自曲靖府陆凉州流经宜良县，至铁池铺，入山峡数十里，会抚仙尾闾。又东入路南州，谓之铁赤河。河外竹山五丛，林木深密，伏戎之莽，厄河可守，盖天堑也”。

铁赤河　又作铁池河。即今云南石林彝族自治县西之南盘江。《方舆纪要》卷115澂江府路南州：铁赤河在“州西四十里。自府境流入，过瓦渡、双龙溪，至州西南，又过兴宁溪，下流入于盘江”。

铁坑山　在今广东阳春市东南。《舆地纪胜》卷98南恩州：铁坑山“在阳春县之东。胡铨有诗”。《方舆纪要》卷101阳春县：铁坑山“在县东二十里。高七十余丈，周三十里。山势盘旋，古木森蔽。产铁”。

铁坚古山　今蒙古国巴彦乌列盖省境阿尔泰山之小山。《元史·土土哈传·牀兀儿》：至元五年（1269），“海都兵越金山而南，止于铁坚古山，因高以自保。牀兀儿急引兵败之”。

铁里（裏）门　一作铁裹门。在今山西阳高县东北镇门堡北。《国榷》：嘉靖二十四年（1545）八月，俺答入犯大同中路，“总督翁万达以故总兵张达将右，战铁里门”，俺答败却。

铁岐山　在今内蒙古固阳县西北。《魏书·太祖纪》：登国六年（391），拓跋珪“大破直力鞮军于铁岐山南”。即此。

铁利府　唐渤海国置，治所在德里镇（今黑龙江省依兰县西南马大屯）。辖境约当今黑龙江省木兰县与佳木斯市之间松花江南北地区。辽徙治今辽宁抚顺市北。金废。

铁利部　唐黑水靺鞨十六部之一。开元十四年（726）属黑水都督府。在今黑龙江省依兰县以西双鸭山一带。《新唐书·黑水靺鞨传》：黑水靺鞨“又有拂涅、虞娄、越喜、铁利等部”。唐末并入渤海，置铁利府。

铁佛寺泉　在今山东泰安市东二十五里。《方舆纪要》卷31泰安州：铁佛寺泉在“州东二十五里。又龙湾泉，在州南八里。张家泉在州西南五里。《志》云：州境凡二十八泉，多由平地土石中涌出，俱入汶水，达于运河”。

铁冶厂（廠）　在今河北遵化市东南六十里铁厂镇。元置冶铁于此。明宣德中移至松棚峪。正统三年

(1438) 复置于此，万历中废。

铁冶所　在今云南晋宁县西南。《清一统志·云南府》：铁冶所“在昆阳州南二十里。地产铁，亦为戍守处”。

铁冶河　即漩水。在今陕西洋县北。《清史稿·地理志》洋县：“漩水即铁冶河。”

铁沙礁　即今南海中中国南沙群岛之郑和群礁。1935年命名铁沙礁。1947年改名郑和群礁。

铁坪山　在今重庆市渝北区东。清嘉庆《四川通志》卷11江北厅：铁坪山“在厅东北五十里。高七里。山旧出铁，抵大江铜锣峡，上有梵音寺”。

铁林山　在今河南商城县东北三十里。《方舆纪要》卷50光州商城县：铁林山“上有铁林寨，昔人尝避兵于此”。

铁柜（櫃）山　一名吴君山。在今重庆市涪陵区北（长江北五里）。《舆地纪胜》卷174涪州：铁柜山，“《旧经》云：吴君山一名铁柜山，横亘江北，与涪陵相对，雄亚诸山”。（宋）马提干《涪州五十颜》诗中云：“石鱼占岁稔，铁横验晴天。”《方舆纪要》卷69涪州：铁柜山“俯临长江，屹立如柜。相传诸葛武侯曾屯兵于此。旧城犹存。一名石瓮碛。山下为白岩山”。

铁杷县　隋开皇十年（590）置，属合州。治所在今广东湛江市麻章区西南湖光镇西旧县村。《舆地纪胜》卷118雷州遂溪县引《元和志》：铁杷县“以县西铁把水以为名”。大业三年（607）属合浦郡。唐武德四年（621）属南合州，贞观八年（634）属雷州。天宝元年（742）改为遂溪县。

铁杷溪　即今广东湛江市麻章区西南之旧县河。《寰宇记》卷169海康县：铁杷溪“溪有石似铁杷”。《方舆纪要》卷104遂溪县：铁杷溪“在县东南湖光岩之阳，岩下有湖，俗传为陷湖，溪承其下流，中有石齿如铁杷，隋铁杷县置于溪之东岸，又东入于海”。

铁雨崖　在今云南大理市东北洱海东岸。《清一统志·大理府》引明杨慎《游记》：“由鸡额山而南，至铁雨崖，云是罗刹欲背盟逃逝，大士雨铁以止之，是其迹也。”

铁矿铺　亦名铁公铺、铁冈铺。即今湖南衡南县（云集镇）西铁关铺。唐代即有铁矿铺之名，以在此开采铁矿而得名。

铁岩山　在今浙江义乌市东南。《方舆纪要》卷93义乌县：铁岩山在“县东南二十里。俗名郭公山。极高峻，山半有水帘，下垂数十丈。顶有旷土百亩，三坞一潭”。

铁罗关　明置，属永和县。在今山西永和县西南四十五里黄河东岸铁罗关村。《方舆纪要》卷41永和县：铁罗关“亦黄河渡口也，亦曰铁路关渡，路出陕西宜川县”。

铁岭　①在今河北涞源县东三十里。《方舆纪要》卷44广昌县：铁岭“山石皆铁色，因名。上有铁山堡，或曰即广昌岭也”。

②即今福建明溪县东北铁岭。《方舆纪要》卷98归化县：“铁岭在县东三十里，置隘于此。道通将乐，为县襟要。亦曰铁场岭。”

③即今福建松溪县东南铁岭。明嘉靖八年（1580）移东关巡司驻此，万历中移治峡桥。

④一名车箱谷。在今河南卢氏县北五十里。《宋书·柳元景传》：元嘉二十七年（450），“（庞）法起等度铁岭山，次开方口”。《清一统志·陕州一》：铁岭，“《县志》：山石色如铁，故名”。

铁岭口　即今河北阜平县北铁岭口。《方舆纪要》卷14真定府阜平县“落路口”条：“《关隘考》：落路口以下凡九口皆倒马关南路，为防御要地。自口而西二十余里为夹折腰口，又西十里为铁岭口，……俱正统、弘治及嘉靖中筑城置戍处也。”

铁岭卫　明洪武二十一年（1388）置，属辽东都司。治所在铁岭城（今辽宁沈阳市东南奉集堡）。洪武二十六年（1393）移今辽宁铁岭市。清康熙三年（1644）降为铁岭县。

铁岭屯堡　清置，属盖平县。即今辽宁大石桥市西南铁岭屯。《清一统志·奉天府二》“顶山堡”条下：“铁岭屯堡在（盖平）县北五十余里。”

铁岭市　1937年伪满由铁岭县析置，属奉天省。治所即今辽宁铁岭市。1945年抗战胜利后废。1979年复置铁岭市。1984年升为地级市。

铁岭关　五代晋置，在今山西侯马市西南十三里隘口村。

铁岭县　清康熙三年（1664）改铁岭卫置，属奉天府。治所即今辽宁铁岭市。民国初属奉天辽沈道。1929年属辽宁省。1979年析城区近郊置铁岭市。

铁岭河镇　即今黑龙江省牡丹江市东铁岭河注入牡丹江处之铁岭镇。清光绪《吉林通志》卷17：宁古塔城北“九十五里特林河（即俗呼铁岭河）屯”。

铁岭寨　在今湖北随州市西。《方舆纪要》卷77随州：铁岭寨在“州西八十里”。

铁店窑遗址　在今浙江金华市西南琅琊镇铁店村及其周围的山坡上。现存窑址三处，是婺州窑系具有代表性的窑址之一。其年代上起北宋，下至元代。烧造的瓷器品种有青釉瓷器和乳浊釉瓷器，以乳浊釉瓷器为主。乳浊釉瓷器是铁店窑最具特色的产品，种类不但有碗、盘等日常生活用器，还有三足鼓钉洗、鬲式炉和花盆等。它是二次施釉一次烧成。乳浊釉是一种二液分相釉，烧成后呈天青、天蓝、月白色，均具有荧光般幽雅的蓝色光泽，艺术效果颇佳。铁店窑乳浊釉瓷器与北方同时期的乳浊釉瓷器有明显区别，具有鲜明的地方特色，是外销瓷器之一。2001年定为全国重点文物保护单位。

铁炉山　①在今安徽岳西县北境。原属霍山县，1936年成立岳西县时划入岳西县。《方舆纪要》卷26霍山县：铁炉山在“县东南九十里。俗传仙人铸丹处。鼎炉之址犹存，今居民多于其下为铁冶，铸农具”。

②在今云南昭通市东。《明一统志》卷72乌蒙军民府：铁炉山“在府治东。山形如炉”。

③在今甘肃宕昌县东。清乾隆《甘肃通志》卷6秦州两当县：铁炉山“在州北二百里。明嘉靖十三年，回夷马兴据此作乱，巡抚黄臣讨平之”。

铁炉川营 在今陕西凤县东南。《清一统志·汉中府二》：铁炉川营“在凤县东南一百七十五里。嘉庆二十年，设有守备驻守”。

铁炉关 在今云南玉溪市北。明正统八年（1443）置土巡检司于此。《清一统志·澂江府》：铁炉关“在新兴州北四十九里。峻岭深谷，林木幽邃，号称险阻，岭为昆阳州境，岭下为新兴州地，立碑分界，明置土官巡司。本朝康熙四年省”。

铁炉步 在今湖南永州市北。唐柳宗元《永州铁炉步志》：“江之浒凡舟可縻而上下者曰步。永州北郭有步曰铁炉步……盖尝有锻者居，其人去而炉毁者，不知年矣，独有其号冒而存。”宋吴处厚《青箱杂记》卷3：“岭南谓村市为虚”、“水津为步”。今人改为埠。

铁炉寨 即今甘肃文县西南铁楼乡。《方舆纪要》卷59文县：铁炉寨“在县南四十里……宋置”。

铁官山 在今山东烟台市宁海镇西南四十里。《寰宇记》卷20文登县：“铁官山在县西百四十里。按此山去牟平县百里。锢铁之处犹存。汉置铁官。”

铁建山 即铁山。在今内蒙古河套北阴山北麓。《资治通鉴》：唐开元九年（721），“叛胡潜与党项通谋，攻银城、连谷，据其仓庾，张说将步骑万人出合河关掩击，大破之。追至骆驼堰，党项乃更与胡战，胡众溃，西走入铁建山”。

铁线桥街 在今台湾省台南市东北下营区北。清康熙间高拱乾《台湾府志》卷2：铁线桥“二桥俱在茅港尾保”。乾隆间范咸《重修台湾府志》有“铁线桥街”。

铁城 ①即今河南遂平县西南文城乡。《资治通鉴》：唐元和十一年（816）六月，唐邓节度使高霞寓讨吴元济，“大败于铁城，仅以身免”。胡三省注：“即文城栅，以其坚不可破，故谓之铁城耳。”

②即铁城戍。在今陕西洋县东黄金戍东。《资治通鉴》：南朝宋元嘉十一年（434），杨难当遣魏兴太守薛健据黄金山，萧思话“遣阴平太守萧坦攻铁城戍，拔之”。即此。《水经·沔水注》：“汉水又东径小、大黄金南，山有黄金峭，水北对黄金谷。有黄金戍傍山依峭，险折七里。氐掠汉中，阻此为戍，与铁城相对，一城在山上，容百余人，一城在山下，可置百许人，言其险峻，故以金、铁制名矣。”

铁城山 亦名铁围山。在今广西兴业县南。《舆地纪胜》卷121郁林州：铁城“旧郁林州治。在兴业县”。《方舆纪要》卷108兴业县：铁城山在“县南十里。石壁四周，险固若城，中平衍，容数百家。上多石窦，泉流不竭。有四门，惟东门可通人行。南门山半有土基，相传为古敌楼。西北二门多石艰阻，其石皆铁色。《图经》云：郁林州旧设于此”。

铁城千户所 明洪武四年（1371）置，属河州卫。治所在今甘肃岷县东北。《明史·李文忠传》：洪武十二年（1379），明太祖命“李文忠讨西蕃，从姚州铁城取道南出”。即此。后废。

铁城戍 在今陕西洋县东黄金戍东。城在山上，极险峻。《宋书·萧思话传》：元嘉十年（433），氐王杨难当寇汉中，会薛健据黄金，“薛健副姜宝据铁城，铁城与黄金相对，去一里”。《水经·沔水注》：“有黄金戍傍山依峭，险折七里。氐掠汉中，阻此为戍，与铁城相对。一城在山上，容百余人；一城在山下，可置百许人，言其险峻，故以金、铁制名。”《方舆纪要》卷56洋县“黄金谷”条：“铁城在山上，黄金在山下。”

铁城堡 北宋熙宁十年（1077）置，属岷州。在今甘肃岷县东北八十里。金属洮州。元于此置铁州。

铁南县 1941年晋冀鲁豫边区由平遥县析置，属太岳区。治彭坡头（今山西平遥县东南彭坡头）。1948年撤销，并入平遥县。

铁柱山 在今内蒙古正镶白旗（查干淖尔镇）西北。《清一统志·察哈尔部》：铁柱山“在（镶白旗察哈尔）西北七十里。蒙古名阿尔坦噶达苏。其西北即红盐池”。

铁柱观 在今江西南昌市翠花街西、棋盘街东。始建于晋，祀东晋许逊。《寰宇记》卷106洪州：铁柱观“晋仕（祀）旌阳令。观左有井与江水相消长，中有铁柱，旌阳所铸，与西山铁柱共镇蛟螭之害”。《舆地纪胜》卷26隆兴府：铁柱宫“即延真宫也。旧名铁柱观，政和赐今额”。明嘉靖中改名妙济万寿宫。

铁柱谷 蒙古名哈达马尔。即今内蒙古包头市西哈德门村。清为内蒙古乌拉特前、中、后三旗驻地。

铁柱泉堡 明弘治十三年（1500）置，属宁夏后卫。即今宁夏盐池县西南铁柱泉村。《方舆纪要》卷62宁夏后卫：铁柱泉堡在“卫西南六十里。有泉百步，寇入，必饮马于此。嘉靖十五年，制臣刘天和改筑旧堡，包铁柱泉于堡中，设兵据守。十九年，寇犯固原，自铁柱泉引还，镇将任杰等迎击败之”。

铁背山 即今辽宁抚顺县东北、浑河南铁背山。《清一统志·兴京》：铁背山“在城西北一百二十里。其西为界藩山。上有界藩二城。迤南为吉林崖，我太祖高皇帝以五百人破明兵四路兵数十万众，歼杜松于铁背山”，即此。

铁桥 故址在今云南维西傈僳族自治县东北隅，金沙江西岸的塔城附近。《新唐书·南诏传》：“初，吐蕃与回鹘战，杀伤甚众，调南诏万人。牟寻欲袭吐蕃，阳示寡弱，以三千人行，许之。即自将数万，踵后昼夜行。大破吐蕃于神川，遂断铁桥，溺死以万计，俘其五王。”《元一统志》：铁桥“在巨津州之北。其处有城，亦名铁桥城，吐蕃尝置铁桥节度于此桥。或谓吐蕃所建，或谓隋开皇三年史万岁及苏荣所立，或谓南诏阁罗凤结吐蕃时所作。岁月日远，故无的说。唐南诏异牟寻叛吐蕃，复归唐，合唐兵攻破吐蕃，断铁桥之后。自此桥废，甚址尚存”。《元混一方舆胜览》巨津州：铁桥“在州北，跨金沙江与吐蕃接界。或云隋开皇中立，穴石锢铁为之，唐破吐蕃，斩铁桥路，即此地也”。

铁桥节度　唐贞元十年（794）南诏破吐蕃后置，治所在铁桥城（今云南维西傈僳族自治县东北，金沙江西岸塔城附近）。辖境约当今金沙江上游往东至雅砻江间云南及四川的部分地区。南诏后期废入剑川节度。

铁桥城　本吐蕃十六城之一，分铁桥东城与铁桥西城。唐贞元十年（794）南诏破吐蕃后，斩断铁桥，保留铁桥西城，为铁桥节度驻地。铁桥东城在今云南中甸县西南隅，金沙江东岸春读北十里。铁桥西城在今云南维西傈僳族自治县东北隅，金沙江西岸的塔城附近。唐樊绰《蛮书》卷6：“贞元十年，南诏异牟寻用军破东西两城，斩断铁桥，大笼官以下投水死者以万计。今西城南诏置兵守御，东城自神川以来，半为散地。”后属剑川节度。宋大理废。

铁根隘　在今广西岑溪市东北一百十五里云龙村东。《清一统志·梧州府》“黄陵隘”条：东有铁根隘“路通广东西宁，有兵汛守”。

铁索桥　①在今四川马边彝族自治县北。清嘉庆《马边厅志略》卷2：铁索桥“在上溪乡。溪水陡急，两岸石壁高十余丈，悬铁絙而过，达峨、乐”。

②在今贵州关岭布依族苗族自治县西南北盘江上。清陈鼎《黔游记》：“明天启间监司朱家民始冶铁为絙者三十七，长数十丈，贯两崖巨石间，覆以木板，相类栈道。然絙长力弱，人行其上，升降不已，身随摇撼，不克自持，车骑必下，前者陟岸，后者始登。若接武而行，益增其险。曩毁于道。今则两崖甃以巨石，柱以强材，经以铁絙，纬以平板，上覆木屋，人可骈肩，马可联辔，即鱼贯列武而行，亦不惊矣。”

铁索箐　①即今云南宾川县南三十里铁城。《方舆纪要》卷116大姚县：铁索箐“在县西北。透迤千里，山河水限，谿径深险，夷人每聚于此，恃险出没，剽掠几百余年。万历初，铁索箐力些夷叛，抚臣邹应龙讨之，七十二村悉平，因置戍守此，四境乃安”。

②在今云南大姚县西北一百十四里铁锁乡。透迤千里，山河水限，溪径深险，夷人每聚于此。《明史·云南土司传》：“有铁索箐者，本倮种。依山险，以剽掠为业，旁郡皆受其害。弘治间，稍有归命者，分隶于姚安、姚州。嘉靖中，乃专属姚安。其渠罗思者，有幻术，造伪印称乱。万历元年，巡抚邹应龙与总兵官沐昌祚讨平之”，置屯戍于此。

铁砧山　又名银碇山。在今台湾省台中市西北外埔区北。海拔236米。传说郑成功曾在此驻兵，以剑掘地得泉。清光绪间，乡人在此立碑，称国姓井。山坡原有纪念郑成功的国姓庙，已改建为忠烈祠。后山顶上建有郑成功巨型塑像。有观海亭，可纵览台湾海峡风光。

铁砧屿　在今台湾省澎湖县北，白沙岛之北、姑婆屿东。清蒋毓英《台湾府志》卷3：铁砧屿“山上皆石板，大三四丈，平坦无痕，若铁之砧然，故名”。

铁峰山　又名凤凰山、铁门山、铁凤山。在今四川安岳县北。《方舆纪要》卷71安岳县：铁峰山在“县治北。高耸壁立，一名凤凰山”。

铁铃关　又名枫桥敌楼。在今江苏苏州市阊门外枫桥镇。明嘉靖三十六年（1557）为防御倭寇由巡抚御史尚维持创建。关上原有楼三层，上列孔以发射矢石铳炮。楼已毁，但拱门尚存。

铁豹岭　岷山别称。在今四川松潘县西北。《舆地广记》卷30汶山县：“岷山在西北，俗谓之铁豹岭。”

铁翁城　即镇江府内子城。在今江苏镇江市内。《方舆纪要》卷25镇江府丹徒县“京口”条引《城邑考》：“郡有子城，周六百三十步，即三国吴所筑，内外皆周甃以甓，号铁瓮城。晋郗鉴、王恭镇此，皆更为营缮。南唐末，刺史林仁肇复修之。”《舆地纪胜》卷7镇江府：，铁瓮城，“唐《图经》言，古号铁瓮城者，以其坚固如金城之类”。明洪武元年（1368）改筑砖城，而旧城俱废。

铁浆馆　馆驿名。辽置，在今河北平泉县北洼子店附近。《辽史·地理志》“松山州”后引宋王曾《上契丹事》曰：“过虾蟆岭，九十里至铁浆馆。”

铁容甸部　宋大理置，属秀山郡。在今云南红河县东三十里大寨。元属和泥路。明改亏容甸长官司。

铁骊王府　在今黑龙江铁力市境。辽时为铁骊族的活动中心。

铁骊设治局　1915年置，属黑龙江省。治所在铁山包（今黑龙江省铁力市）。1931年改为铁骊县。

铁骊县　1931年改铁骊设治局置，属黑龙江省。治所在铁山包（今黑龙江省铁力市）。1956年改为铁力县。

铁骊国　辽属国。王府在今黑龙江省铁力市附近。《辽史·营卫志下》：“辽属国可纪者五十有九”，其中有“铁骊”。辖境约当今黑龙江省呼兰河上游南至松花江北岸地区。后废。

铁勒　南北朝隋唐时期北方游牧民族名，亦作狄历、敕勒。因其车轮高大，中原人称之为高车。《魏书·高车传》："盖古赤狄之余种也。初号为狄历，北方以为敕勒，诸夏以为高车、丁零。"丁零、狄历、敕勒、铁勒，同名异译，有学者认为都是Türk（突厥）一名的译音。最早见于汉籍者为丁零（又作丁令、丁灵），秦汉之际被匈奴征服，所居在匈奴北，北海（今俄罗斯贝加尔湖）一带。后常乘匈奴衰乱攻其北面。东汉时，部分丁零人南徙至今甘肃、阴山和黄河中下游地区。十六国纷扰之际，入居内地的丁零人曾在河南建立过短暂的"翟魏"政权（388—392）。其居漠北者，即《魏书》所载高车（敕勒），有狄氏、袁纥氏、斛律氏、解批氏、护骨氏、异奇斤氏等种，"无都统大帅，当种各有君长"。常与柔然为敌，亦不时侵扰北魏。拓跋珪北征高车，度弱洛水（今蒙古国土拉河），西至鹿浑海，破袁纥部，虏其众南来。其解批、斛律等部相继内附于北魏。后拓跋焘又征高车东部于已尼陂（即今贝加尔湖），降其十余万落，皆徙置漠南。漠北高车部落尚有十二姓，役属于柔然。太和十一年（487），其副伏罗部首领阿伏至罗统众十余万落，因不满柔然可汗，率部西迁至高昌西北，自立为王，建高车国（487—541），后为柔然所灭。北朝末以来，其诸部皆被统称为铁勒，分布在东起独洛河（今蒙古国土拉河）以北直到北海、西至西海（今哈萨克斯坦里海）的广大地域。其部落多见于《隋书·铁勒传》（《北史》同）记载者有独洛河以北的仆骨、同罗、韦纥（即袁纥）、拔也古、斯结（一作思结）、浑、斛薛等十姓，伊吾之西、焉耆之北、傍白山（今天山东部）的契弊（一作契苾）等九姓，金山（今阿尔泰山）西南的薛延陀等四姓，康国北、傍阿得水（一说今伏尔加河）的诃咥、曷截（即曷萨）等八姓，得嶷海（一说即今里海）东西的苏路羯等四姓，拂林东的恩屈、阿兰等四姓，加上北海之南的都波，共四十部。突厥汗国兴，铁勒诸部受其统治，隋时分属东、西突厥。唐初，薛延陀部强盛，其首领夷男自立，入贡于唐，贞观三年（629），受唐封为真珠毗伽可汗，建牙郁督军山（今蒙古国杭爱山）北，漠北回纥（即韦纥）、拔野古、阿跌、仆骨、同罗、霫等诸大部皆属之。贞观四年，唐平东突厥后，漠北铁勒诸部共奉唐太宗为"天可汗"，称从漠北入朝之路为"参天可汗道"。二十年，回纥与唐军攻灭薛延陀，铁勒诸部皆归附唐朝，乃置诸都督府、州，各以其酋领为都督、刺史以羁縻之，统于翰海都护府。后突厥复兴，又征服漠北铁勒诸部，部分铁勒部落南迁至河西及河套各地。天宝三年（744），回纥击灭后突厥汗国，建立回纥汗国。此后铁勒一名逐渐消亡。

铁堂山 一名盘龙山。又称铁堂峡。在今甘肃天水市西七十里铁炉坡。《方舆胜览》卷69天水军：铁堂山"有石笋青翠，长者至丈余，小者可以为砺"。

铁堂峡 在今甘肃天水市西铁炉坡。《方舆纪要》卷59秦州："铁堂峡在天水废县东五里。汉姜维世居此峡，有铁堂庄，四山环抱。"

铁蛇关 明永乐中置，属平武县。在今四川平武县东。《方舆纪要》卷73龙安府平武县：铁蛇关"在府东十里。为番彝出入之冲"。

铁崖山 在今浙江诸暨市东北六十里。《明史·杨维桢传》：维桢"父宏，筑楼铁崖山中，绕楼植梅百株，聚书数万卷，去其梯，俾诵读楼上者五年，因自号铁崖"。即此。

铁笼山 在今甘肃礼县西南。民国《礼县县志》卷1："县西南三十里曰铁笼山，昔汉姜维屯兵于此，上有营垒，遗迹旁有竹林沟。相传姜维射司马师处，下为斗底峪，路狭奇险绝伦。"

铁船峰 在今江西庐山牧马场西约二里。《寰宇记》卷111江州德化县：铁船峰"峰顶有石船，色黑，故曰铁船"。《舆地纪胜》卷25南康军："许旌阳传云，旌阳与吴猛乘铁船自金陵还豫章，二龙挟船而行，戒舟人曰，瞑目勿视。至紫霄峰，舟为茂林扰击有声，舟人窃视之，龙即委去，船破橹折，坠于岸下。"

铁猫儿山 在今福建龙岩市东北铁石洋。《方舆纪要》卷99漳州府龙岩县：铁猫儿山"在县东北四十里铁石洋，特起圆阜，如猫内顾，龙川诸水经其下，为县之水口山"。

铁琴铜剑楼 在今江苏常熟市东古里镇西街。原名恬裕斋，清嘉庆年间建。为镇人瞿绍基的藏书楼。其子瞿镛继续广为搜集，使所藏古集益富，兼及金石。瞿镛尤其珍爱所收藏的一台铁琴和一柄铜剑，故取名"铁琴铜剑楼"。为我国清代四大藏书楼之一。

铁塔 又称祐国寺塔。在今河南开封市区内东北隅。明李濂《汴京遗迹志》卷4："宋仁宗庆历中，开宝寺灵感塔毁，乃于上方院建铁色琉璃砖塔。八角十三层，高三百六十尺。俗称铁塔寺。"明《如梦录》："层层俱有铁佛，八面围廊，六面棂窗。向南一门匾曰天下第一塔。"1961年定为全国重点文物保护单位。

铁塔寺 在今山东东阿县南旧城。《方舆纪要》卷33东阿县"清亭"条下载："铁塔寺在县北新桥镇。有浮屠十三级，高十二丈。宋熙宁中建。"

铁锁场 即今重庆市开县西南铁桥镇。清咸丰《开县志》卷3：铁锁桥"离城一百里"。

铁锁关 ①即瞿唐关。在今重庆市奉节县东白帝山下。《方舆纪要》卷69奉节县引"王氏"曰："古之江关即今之瞿唐关，又谓之铁锁关，大都以守峡口之险。"因以铁索断江而名。《资治通鉴》：唐天祐元年（904），忠义节度使赵匡凝遣水军上峡攻王建夔州，"万州刺史张武作铁绠绝江中流，立栅于两端，谓之镁峡"。明正德《夔州府志》卷2：铁锁关"在瞿塘峡口，铁柱二，在北岸，各高六尺四。景定甲子，守将徐宗武立铁索一条，长二十七丈"。

②在今陕西宁强县东铁锁关镇。《清一统志·汉中府二》：铁锁关"在宁羌州东六十里"。

铁锁桥 ①在今四川崇州市西北文井江上。清嘉庆

《四川通志》卷31崇庆州：铁锁桥，“《州志》：桥凡二座，皆跨文井江。一在石柱子，一在鷂子岩。每桥用铁索十余根，上铺一板，左右各有绊索如栏杆，长各有十余丈。……不知制始何代，其有断坏者，匠人负炉就熔续之，名为飞火接”。

②在今四川沐川县西北杨村乡南杨（洋）溪河上。清乾隆《屏山县志》卷2：铁锁桥“在杨村乡杨溪河上，两岸悬岩千丈，絙以铁索，直板其上，以济行人。长二十余丈，阔五尺”。

铁谢镇　在今河南孟津县东北三十里铁谢村。其西有东汉光武帝陵。

铁槎山　即今山东荣成市南槎山。《方舆纪要》卷36文登县：铁槎山在“县南百二十里。山有九顶，南瞰大海，下有水帘洞，为海潮出入处。山之东，又有云光洞”。

铁路头镇　又名铁炉头镇。即今江西丰城市南铁路镇。清同治《南昌府志》卷4丰城县：铁炉头镇“在县西南八十里”。

铁溪　在今贵州镇远县东北三里。南流入镇阳江。《明史·地理志》镇远县：“东北有铁溪，出铁山，下流入镇阳江。”《清一统志·镇远府》：铁溪“首受铁山诸岩壑水，故名”。

铁溪河　今四川蒲江县北临溪河。《方舆纪要》卷71蒲江县：铁溪河在“县北二十里。其上流为百丈河，自雅州名山县流入界，合蒲水，又东北注于邛水，故邛水亦兼铁溪河之名。《唐志》：临溪县有铁官，盖溪旁山中旧产铁也。下流入崇庆州新津县界，注于大江”。

铁嶂山　即今福建上杭县东南铁峰。《方舆纪要》卷98汀州府上杭县：铁嶂山“在县西。石壁峭拔，势若屏嶂。山之西产铁矿”。《清一统志·汀州府》谓铁嶂山“在上杭县东南，接永定县界”。

铁裹门　一作铁里（裹）门。在今山西阳高县东北镇门堡北。《明史·翁万达传》：“寇数万骑犯大同中路，入铁裹门，故总兵官张达力战却之。”

铁幡竿渠　元上都渠名。在今内蒙古正蓝旗东北。《元史·郭守敬传》：大德二年（1298），“召守敬至上都，议开铁幡竿渠”。即此。

铁檠城　南宋末建，在今重庆市云阳县东北云安镇西北。《元史·杨文安传》：至元间，“万州既定，遣使招铁檠、三宝两城守将杨宜、黎拱辰降”。杨侯汤溪摩岩云：杨宜家“本忠南垫江望族，捧檄修筑铁檠城，守卫乡井有年，于兹丙子秋，识顺天时，全城归附”。明置巡司于此。

铁檠镇　本铁檠城。在今重庆市云阳县东北云安镇西北。明置巡司于此。清裁。

铁橛山　即今山东胶南市西铁橛山。《明一统志》卷25莱州府：铁橛山“在胶州西南一百二十里。胶水源发于此。一名胶山”。清光绪《山东通志》卷27认为铁橛山非胶山，而是《水经注》中的拒艾山，亦即《齐记》所谓黔艾山。

铁壁关　①在今湖北麻城市西四十里。《方舆纪要》卷76麻城县“长岭关”条下：“铁壁关在县西四十里。亦设险处。嘉靖中议置戍兵以遏群盗。今为鹅笼山巡司。”

②在今云南陇川县西部境外，洗帕河内的瓦兰岭下。明万历二十二年（1594）云南巡抚陈用宾筑，为腾越八关之一。

铁鞭城　即今陕西吴起县西铁边城镇。宋郑樵《通志·地理略》：铁鞭城“宋时所筑，为榆林之次险”。

铁镰山　在今陕西大荔县北。《方舆纪要》卷54同州大荔县：铁镰山，“《志》云：在州北二十五里沮水岸，土具黄、白、赤三色，其形如镰，因名”。

铁麟县　唐开元七年（719）分新秦县置，属胜州。治所在今陕西神木县境。十四年（726）废。

铅厂　即今江西崇义县南四十五里铅厂镇。明正德十四年（1519）置巡司于此。

铅山（铅 yán）　①在今江西铅山县南。《寰宇记》卷107信州铅山县：铅山“在县（治今永平镇）西北七里，又名桂阳山。《旧经》云，山出铅。先置信州之时铸钱，百姓开采得铅，什而税一。建中元年封禁，贞元间置永平监。其山又出铜及青碌”。铅山县以此名。

②在今江西崇义县西南四十五里。明正德十四年（1519）置铅厂巡司于此。

铅山千户所（铅 yán）　明洪武二年（1369）建，直隶江西都司。故址在今江西铅山县城西。

铅山州（铅 yán）　元世祖至元二十九年（1292）升铅山县置，直隶江浙行省。治所在今江西铅山县东南永平镇北三里。明洪武二年（1369）复改为县。

铅山县（铅 yán）　五代南唐保大中升铅山场置，属信州。治所在今江西铅山县东南永平镇。《方舆纪要》卷85广信府铅山县：铅山“南唐昇元二年置铅场，保大中改立铅山县皆以山名也”。南宋绍定中，迁治今铅山县永平镇北。元至元二十九年（1292）升为铅山州。明洪武二年（1369）复降为县，属广信府。还治今永平镇。民国初属江西豫章道。1926年直属江西省。1949年徙今铅山县（河口镇）。

铅矿坪（铅 qiān）　在今四川兴文县西南。清光绪《泸州九姓乡志》卷1：铅矿坪“在九姓西南三十里。相传山出白鼠黑铅矿。乾隆八年、十一、十五等年开採，俱无效。厂员孙国球、刘承高等，先后详请封闭”。

钹汗国　汉为大宛国。南北朝时为破洛那。隋、唐时又称拔汗那、怖悍、跋贺那。在今乌兹别克斯坦费尔干纳盆地。都城在今乌兹别克斯坦纳曼干北卡桑赛。《隋书·西域传》：钹汗国“都葱岭之西五百余里，古渠搜国也。王姓昭武，字阿利柒。都城方四里。胜兵数千人”。大业中遣使贡方物。

铎山　在今云南凤庆县西南一百八十里。《清一统志·顺宁府》：铎山“山势百盘，林谷深奥，下临绝涧，渡以藤桥，土人呼为阿铎互山。山水迅疾，流为阿铎河”。

铎水县 元世祖至元二十年（1283）置，为沔州治。治所在今陕西勉县东旧州铺。明洪武三年（1370）废。

铎州 唐永徽二年（651）置羁縻州，属茂州都督府。治所在今四川汶川县西南邛崃山附近地区。后废。

铎辰 春秋赤狄地，后入晋国。在今山西长治市境。《左传》：宣公十六年（前593）春，“晋士会帅师灭赤狄甲氏及留吁、铎辰”。

铎陈城 又作铎辰。明末清初索伦部城寨，在今俄罗斯阿穆尔州黑龙江东库兹涅佐沃附近。《清太宗实录》卷51：崇德五年（1640）三月，萨穆什喀等平博穆博果尔乱，攻克兀库尔城，“及至铎陈，力攻一日，至次日复欲进攻。闻各路报博穆博果尔索伦之兵来战，恐伤我兵，遂还”。即此。咸丰八年（1858）通过不平等的中俄《瑷珲条约》被俄割占。

特门库珠卡伦 清乾隆十九年（1754）所设大青山前十一卡伦之一。即今内蒙古武川县西南之铁面苦菊。光绪《归绥识略》：特门库珠卡伦“在归化城西一百四十里，东距黑鲁库四十里。案当在萨拉齐厅东百二十里多尔济之北”。

特木德赫站 清康熙二十五年（1686）置，在今黑龙江省齐齐哈尔市昂昂溪区南头站。清西清《黑龙江外记》卷2：“齐齐哈尔城中卜奎站起，西南五十五里曰特木德赫，七十五里曰温托欢。”

特古斯塔柳 即今新疆巩留县。清祁韵士《西陲要略》卷3：厄鲁特营屯田“曰特古斯塔柳”。

特布克 在今吉尔吉斯斯坦伊塞克湖东岸蒂普。清乾隆《西域图志》卷13伊犁西路：特布克“在图斯库勒东岸支河之间”。

特尔库勒峰 在今内蒙古牙克石市东南。《清一统志·黑龙江》：特尔库呼峰“在齐齐哈尔城西北三百里”。

特尔德尼城 亦作德勒德尼城。在今黑龙江省嘉荫县西北黑龙江岸。乾隆《盛京吉林黑龙江等处标注战迹图》：文苏苏河口北有“德勒德尼城”。清陈仪《陈学士文集》卷10萨布素传：康熙二十二年（1683），“公别以舟师由黑龙江泝流而上，抵特尔德尼城，遇鄂罗斯舟八艘，见我师而遁，公追及之，宣上德意，降七十余人，送京”。

特尼河 即今内蒙古呼伦贝尔市阿荣旗北之格尼河。《清一统志·黑龙江》“诺敏河”条：“特尼河在布特哈西北四百四十里。……流会诺敏河。”

特讷格尔 即今新疆阜康市。清乾隆《西域同文志》卷1：特讷格尔，“准语（蒙古语），谓平地也。地形平坦，故名”。

特进渠 在今宁夏灵武市西。《新唐书·地理志》灵州回乐县：“有特进渠，溉田六百顷，长庆四年诏开。”

特克斯 在今新疆昭苏县西南特克斯河南。清道光《新疆识略》卷4：特克斯台“在特克斯河南岸，距霍诺海台一百里，白霍诺海台西南行，过大霍诺海水……至特克斯河北岸，渡河即特克斯台”。

特克斯色沁卡伦 一作特克斯塞沁卡伦。清乾隆年间置，在今哈萨克斯坦阿拉木图东南特克斯河上游南岸。道光《新疆识略》卷11厄鲁特营领队大臣所辖：特克斯色沁卡伦，“此小卡伦东至敦达哈布哈克卡伦五十里”。

特克斯设治局 1937年析巩留县置，属新疆省。治所即今新疆特克斯县。1944年改为特克斯县。

特克斯县 1944年改特克斯设治局置，属新疆省。治所即今新疆特克斯县。以特克斯河为名。

特克斯河 为伊犁河上源之一。在今新疆特克斯县南。清乾隆《西域图志》卷26：特克斯郭勒“源出汗腾格里鄂拉北麓，东流三百余里，北会空格斯郭勒，又西流四十余里至都尔伯勒津，哈什郭勒东北入之，会入伊犁郭勒”。清徐松《西域水道记》卷4：特克斯，“准语谓野山羊为特克，谓众多为斯，言滨河多此也”。清光绪初崇厚与俄订约，曾以上流沿岸割让与俄人，嗣经曾纪泽力争始索还。但源处却割与俄国。

特甫站 元置，在今吉林德惠市西南。元《析津志》天下站名：西祥州“正南八十（里），特甫”。即此。

特呈山 在今广东湛江市东南特呈岛上。《方舆纪要》卷104吴川县：特呈山“在县南六十里。山势秀拔，竦立海中，与雷州府遂溪县平乐海岭相邻。山北有茂晖场，产盐”。

特伯勒古 即今新疆和硕县。乾隆《西域图志》卷15：特伯勒古“在塔噶尔齐西十五里。逾奇尔归图郭勒至其地，有小城。西逾哈喇沙尔城八十里”。清置军台于此。

特邻城 金置，在今黑龙江省宁安市西南渤海镇西北。《金史·太祖纪》：收国元年（1115）十二月，“婆卢火下特邻城，辞里罕降”。即此。

特肯河 亦作特恳河。在今俄罗斯萨哈林岛（库页岛）西北部。清康熙《皇舆全览图》：库页岛西海岸有“特恳河”，河口为特恳噶山。光绪《吉林通志》卷23：特肯河“出阿当吉山西麓，西流径特肯噶珊北入海。其南为益对河”。

特肯噶珊 在今俄罗斯萨哈林岛（库页岛）西海岸特克河口南。清初属宁古塔将军。康熙《皇舆全览图》：库页岛西海岸有“特恳噶山”。光绪《吉林通志》卷17：海滨东南库页岛、费雅喀、鄂伦春等部旧设噶珊有“特肯”。咸丰年间通过不平等的中俄《北京条约》被俄割占。

特底朗 在今新疆若羌县西。清宣统《新疆图志》卷3婼羌县：特底朗（庄）在“城西十余里”。

特思山 在今广东吴川市西北。《舆地纪胜》卷

116 化州：特思山“在吴川县西北五十里。《旧经》云：以峭然特起为名”。《方舆纪要》卷 104 吴川县：特思山在“县西南（北）七十里。山势特兀，为众山最”。《清一统志·高州府》：特思山，“《通志》：其山高百余丈。云起则雨，每遇旱，邑人特思而望之，故名”。

特亮江 在今广东信宜市西。《舆地纪胜》卷 117 高州：特亮江“在茂名县西一百里。源出宋山下”。《清一统志·高州府一》：特亮江“在信宜县西。……《旧志》：东南流入窦江”。

特亮县 唐武德五年（622）析信义县置，属南扶州。治所在今广东信宜市西北。贞观八年（625）属窦州。北宋开宝七年（974）废入信宜县。

特洞山 在今贵州黎平县东南。《清一统志·黎平府》：特洞山“在府城东洪州司西南五十里”。山上有特洞寨。

特洞寨 在今贵州黎平县东南洪州镇西南五十里。《方舆纪要》卷 121 黎平府：特洞寨“在特洞山上。高数十仞，四面壁立，惟一径仅尺许，曲折而入，上有天池，虽旱不竭。其中平田数百亩，皆腴壤也”。

特凌场 即今四川泸州市东北特兴镇。有桥曰特凌桥，一曰横渡桥。《明一统志》卷 72 泸州：特凌桥“在州东北三十里。宋有女子因母病归省，骤雨水涨，号泣不能渡，俄有一木流至，横凌水上，渡既不见，人以为孝感，寻造桥”。民国《泸县志》卷 1：特凌场“土名德龙铺，距城二十里”。

特勒井 在今新疆若羌县西南。《新唐书·地理志》：弩支城“又西经特勒井，渡且末河，五百里至播仙镇”。

特勒古尔河 即今内蒙古额尔古纳市西北得尔布干河。《清一统志·黑龙江》“金河”条谓“特勒古尔河”等“俱出西北兴安岭，西流入额尔古纳河”。

特勒克卡伦 一作头勒克。清乾隆年间置，在今哈萨克斯坦阿拉木图东北察林河与伊犁河汇合处的三角洲上。清徐松《西域水道记》卷 4：“（格根河）东北流是为察林河，凡四十里至察林渡口，……渡口东北五十里为特勒克卡伦。察林河至卡伦南分为二，东支为伊克喀喇乌苏，西支为察林，经卡伦左右，入伊犁河。”

特勒满川 约当今塔吉克斯坦帕米尔西南之喷赤河。《新唐书·高仙芝传》：天宝间，攻小勃律，“葱岭守捉又行二十余日至播密川，又二十余日至特勒满川，即五识匿国也”。

特番利 地址或以为在今埃及塞得港西之杜姆亚特。元汪大渊《岛夷志略》：“特番里，国居西南角，名为小食。官场深邃，前有石崖当关以守之，后有石洞周匝以居之。”

特默图池 即今内蒙古鄂托克旗东南苏米图敖包。《清一统志·鄂尔多斯》：特默图池“在右翼中旗南一百十里”。

特穆尔里克卡伦 清乾隆年间置，在今哈萨克斯坦阿拉木图东捷米尔利克河上游南岸图龙克附近。清徐松《西域水道记》卷 4：特穆尔里克河“发自察奇尔山阴，西北流，经特穆尔里克卡伦北”。

特穆尔里克渡口卡伦 清置，在今哈萨克斯坦阿拉木图东捷米尔利克河与察林河汇合处南岸。清祁韵士《西陲要略》卷 1：“由锡伯卡伦接连迤西转南而东，大小卡伦十七处：特穆尔里克、特穆尔里克渡口……额鲁特领队大臣专辖。”

特穆尔图淖尔 古名热海。即今吉尔吉斯斯坦东部之伊塞克湖。清徐松《西域水道记》卷 5：特穆尔图淖尔“亦曰图斯库尔河。东西长四百余里，南北广处百二十余里，狭处八十余里”。

特穆图泊 即特默图池。今内蒙古鄂托克旗东南苏米图敖包。

特磨道 南宋置，属广南西路。治所在福州（即今云南广南县）。民国《广南县志》：“特磨道，夷语也。……‘特’为拉，‘磨’为牛，‘道’即回转，盖其义为拉牛回转。”辖境约当今云南广南、富宁两县地。元世祖至元十四年（1277）改广南西路。

牂州 即牂州。治牂柯县（今贵州黄平县西北）。《隋书·地理志》：“牂柯郡，开皇初置牂州。”

牂柯县 即牂柯县。治所在今贵州黄平县西北。《隋书·地理志》牂柯郡：“牂柯县，带郡。”

牂柯郡 即牂柯郡。隋大业初改牂州置，治所在今贵州黄平县西北。

缺口村 在今广东东莞市西南四十里虎门镇西北，东近虎门寨。明置巡司于此。

缺门 在今河南新安县西二十二里缺门山。《资治通鉴》：唐乾元二年（759），郭子仪与史思明战，自相州溃还至河阳，“将谋城守，师人相惊，又奔缺门”，即此。

缺门山 一作阙门山。在今河南新安县西二十二里。《水经·谷水注》：“谷水又东径缺门山，山阜之不接者里余，故得是名矣。二壁争高斗耸相乱，西瞻双阜右望如砥。”《隋书·地理志》河南郡新安县：“有缺门山。”

缺门城 在今河南新安县西缺门山。《资治通鉴》：唐乾元二年（759），郭子仪被史思明战败，“子仪至河阳，将谋城守，师人相惊，又奔缺门”，即此。

造口驿 即皂口驿。在今江西万安县东南皂口。《方舆纪要》卷 87 吉安府万安县“五云驿”条下：造口驿“与造口巡司相近。《舆程记》，自五云驿而南，八十里至造口驿，又百里而历赣州府之攸镇驿，皆溯江之道也”。南宋爱国词人辛弃疾有《菩萨蛮·书江西造口壁》词。

造口站 元置，即今江西万安县东南六十里皂口。

造阳 战国燕邑。在今河北赤城县北独石口附近。《史记·匈奴列传》：“燕亦筑长城，自造阳至襄平。”《集解》引韦昭曰：“地名，在上谷。”

造哈岭 一作木素尔山。即今新疆拜城县北之天山。清徐松《西域水道记》卷2：木素尔山“又曰造哈岭。乾隆二十三年，兆公惠奏：搜捕厄鲁特，自巴尔呼特岭过造哈岭是也”。

造律台（臺） 在今河南永城市西五十里酂城东南隅。1930年在此发现龙山文化遗址。

透堡 明嘉靖四十年（1561）筑，即今福建连江县东北三十八里透堡镇。1931年11月，杨而葛在此领导了透堡暴动。暴动旧址在透堡北街林氏宗祠。

乘氏县 ①西汉置，属济阴郡。治所在今山东巨野县西南五十里。景帝封梁孝王少子买为侯邑。东汉和帝封梁商为乘氏侯。西晋属高平国。南朝宋废。

②北魏太和十二年（488）置，属济阴郡。治所即今山东菏泽市。取汉故乘氏县为名。唐属曹州。宋属兴仁府。金大定六年（1166）废。

乘龙洲 一名十八里滩。在今安徽凤阳县东北四十里淮河中。《资治通鉴》：五代周显德四年（957）十一月，周世宗自镇淮军济淮，“丁亥，至濠州城西。濠城东北十八里有滩，唐人栅于其上，环水自固，谓周兵必不能涉。戊子，帝自攻之，命内殿直康保裔帅甲士数百，乘橐驼涉水，太祖皇帝帅骑兵继之，遂拔之”。《方舆纪要》卷21临淮县：乘龙洲，“《志》云：时周兵夜持炬橐驼渡淮，濠兵惊以为鬼乘龙也，洲因以名”。

乘丘 春秋时鲁地。在今山东兖州市西北三十五里。《春秋》：庄公十年（前684），“公败宋师于乘丘”。《战国策·魏策》：张仪谓魏王曰：“齐遂伐赵，取乘丘。”即此。

乘丘县 隋开皇十六年（596）置，属郓州。治所在今山东巨野县境。大业初并入巨野县。唐武德四年（621）复置，仍属郓州。贞观元年（627）废。

乘丘侯国 亦作桑丘。西汉置，属泰山郡。武帝封中山靖王子将夜为侯国。治所在今山东兖州市西北三十五里故县。东汉省。

乘轩里 战国苏秦故里。在今河南洛阳市东。《战国策·赵策》：“苏秦说李兑曰：‘雒阳乘轩里苏秦，家贫亲老，无罢车驽马。’”《史记·苏秦列传》亦称：“苏秦者，东周雒阳人也。”

敌烈部 又作敌烈得、迪烈得、迭烈底，或称敌烈八部、八部迪烈得。辽北境部族，属乌古敌烈统军司。游牧地在胪朐河（今克鲁伦河）地区。大抵当今内蒙古呼伦贝尔盟西南部和蒙古国东方省大部地。

秣陵关 明置，即今江苏南京市江宁区南秣陵镇。

秣陵县 ①秦始皇三十七年（前210）改金陵邑置，属会稽郡。治所即今江苏南京市江宁区南五十里秣陵镇。《三国志·吴书·张纮传》裴松之注引《江表传》载，张纮谓孙权曰：“秣陵，楚武王所置，名为金陵。地势冈阜连石头，访问故老，云昔秦始皇东巡会稽经此县，望气者云，金陵地形有王者都邑之气，故掘断连冈，改名秣陵。”西汉属丹杨郡。东汉建安十七年（212）孙权自京口（今镇江市）徙治于此，改名建业，移治今南京市。西晋太康元年（280）灭吴，复名秣陵；三年分淮水（今秦淮河）南为秣陵县，北为建邺县。东晋义熙九年（413）移治京邑，在斗场柏社（今南京市武定桥东南）。元熙元年（419）移治扬州府禁防参军署（今南京市中华门外故报恩寺附近）。隋开皇中并入江宁县。

②东魏天平二年（535）置，为丹杨郡治。治所在项城（今河南沈丘县）。隋开皇初改为项城县。

秣陵浦 在今江苏南京市江宁区南。宋《景定建康志》卷19：秣陵浦“在城南五十里。阔一十丈，长一十里，深一丈一尺，溉田四十顷。《舆地志》云：浦以旧县为名”。《方舆纪要》卷20江宁县：秣陵浦，“《志》云：源出府东南七十里之竹堂山，北流八里入葛家湖，又十里入长溪，合于秦淮”。

秣陵镇 即今江苏南京市江宁区南秣陵镇。秦、汉为秣陵县治。宋《景定建康志》卷16：“秣陵镇在江宁县南五十里。”《清一统志·江宁府二》：秣陵镇“元置巡司及税务。明置秣陵关，今仍为镇，有巡司”。

秤沟集 即今河北临漳县东南二十八里称沟集镇。明正德《临漳县志》卷2有秤钩湾集。

秤戞 即今云南泸水县北三十六里称杆乡。清光绪《续云南通志稿》卷99土司：茨竹寨土守备“乾隆十三年从征秤戞，以功授世袭茨竹土把总”。

秧田市 即荫田铺。今湖南常宁市东四十八里荫田镇。

秧田冲 即今云南寻甸回族彝族自治县东北秧田冲。清有外委把总驻守。

积木关 明置，属茂州。在今四川茂县东北七十里。《明史·地理志》茂州：“东有积水关巡检司。”

积水潭 即今北京市西城区德胜门内积水潭、西海一带。《元史·河渠志》：“海子一名积水潭，聚西北诸泉之水，流行入都城而汇于此，汪洋如海，都人因名焉。”元筑大都城，为解决都城漕粮而凿通会河，使运粮由南方直达积水潭。时积水潭水域包括今积水潭和什刹海。明永乐建京师，扩建皇城，东墙推至元皇城东部运河以东，自此舟楫不能直达，积水潭水面也大缩。《清一统志·顺天府二》：“今指近德胜桥者为积水潭，稍东南者为什刹海，又东南者为莲花泡子，其始实皆从积水潭引导成池也。”

积玉山 在今湖北咸丰县北。《方舆纪要》卷82金峒安抚司：积玉山在“司北二里。山高峻，积雪经春不消。其南一里曰十三盘，以登陟盘曲也。《志》云，积玉山旁有黑洞。……其上又一小洞，伐木为阑。洪武间凉国公征蛮尝经此”。

积石山 亦名小积石山。即今甘肃积石山保安族东乡族撒拉族自治县西部与青海省界上的拉脊山。《元和志》卷39河州枹罕县：积石山，“今名小积石山，在县西北七十里”。

积石关 在今甘肃积石山保安族东乡族撒拉族自治县西北，大河家镇西、黄河南岸的关门村。关门依险而建，南倚积石，北临黄河，历史上是甘肃通往青海的重要关隘。《方舆纪要》卷60河州：积石关“明初置茶马司于河州，此为市易之处，有官军戍守，东去积石山五十里”。

积石州 金大定二十二年（1182）升积石军置，治所在今青海贵德县驻地河阴镇。辖境相当今青海循化撒拉族自治县及尖扎、贵德、同仁，甘肃临夏、夏河等市县地。西夏迁治今青海循化撒拉族自治县（积石镇）。《元史·太祖纪》：“二十二年伐西夏，留兵夏王城，自率师渡河攻积石州。”即此。明初废。

积石军 唐仪凤二年（677）置，属陇右节度使。驻地在今青海贵德县驻地河阴镇。后陷于吐蕃。北宋复置，辖境相当今青海贵德县及尖扎、贵南、同仁、共和等县部分地。金大定二十二年（1182）升为积石州。

积石原 亦名北原。在今陕西眉县西北。《方舆纪要》卷57郿县：积石原“在县西渭水北，亦曰北原，南距五丈原二十五里”。

积石镇 在今青海兴海县一带。《资治通鉴》：隋大业五年（609），“命刘权镇河源郡积石镇，大开屯田，捍御吐谷浑，以通西域之路”。即此。

积布山 在今湖北武穴市西北。《水经·江水注》：“江水又东径积布山南，俗谓之积布矶，又曰积布圻，庾仲雍所谓高山也，此即西阳、寻阳二郡界也。”《元和志》卷27广济县：积布山“南临大江，垒石壁立，形如积布，故以为名。俗谓之积布矶”。

积庆镇 金置，属宁河县。在今甘肃和政县境。

积州 唐武德五年（622）置，治所在日南县（今越南清化省清化东北）。九年（626）改为南陵州。贞观十年（636）废。

积利州 唐置，属安东都护府。治所在积利城（今辽宁瓦房店市北得利寺镇）。辖境相当今辽宁瓦房店市、大连市和普兰店市等地。五代时废。

积利城 唐置，属积利州。即今辽宁瓦房店市北得利寺镇。《新唐书·高丽传》：贞观二十一年（647），青丘道行军大总管李进达等，自莱州渡海，“取石城，进攻积利城”。即此。

积金峰 在今江苏句容市东南茅山。宋《景定建康志》卷17：积金峰“在大茅峰、中茅峰之间，二峰相连，其长阿中有连石，古谓之积金峰。陶隐居所住之东，有一横垄与之相对。垄皆是石，石形甚瑰奇，即此峰也”。

积弩堂 故址在今江苏南京市古台城北。《资治通鉴》：东晋隆安五年（401），孙恩窥建康，豫州刺史谯王尚之“帅精锐驰至，经屯积弩堂”。即此。

积草山 在今甘肃徽县北四十里，接成县界。唐杜甫有《积草岭》诗。

积烟山 在今江西余江县西南。《方舆纪要》卷85饶州府安仁县：积烟山“在县（治今锦江镇）西南八十里。宋末邑人陈夆与蒙古兵战于此，兵败死之”。

积雪岭 在今浙江淳安县西南。明万历《严州府志》卷2遂安县：积雪山“在县西八十里。冬春积雪不消，故名”。

积粟山 在今北京市昌平区西二十里。《明一统志》卷1顺天府：积粟山“在昌平县西二十里。下有唐太尉朱怀珪墓”。《清一统志·顺天府一》：“相传元时积粟于此。”

积善县 唐武德五年（622）置，属积州。治所在今越南清化省清化东北。后废。

积翠山 即今山西方山县东北方山。金贞祐四年（1216）移方山县治此。

称山 在今浙江上虞市西北道墟镇北曹娥江口。《越绝书》卷8：“练塘者，句践时采锡山为炭，称炭聚，载从炭渎至练塘，各因事名之，去县五十里。”《嘉泰会稽志》卷9载：“称山在县东北六十里。《旧经》云，越王称炭铸剑于此。”

称心寺 南朝梁大同三年（537）建，在今浙江绍兴市东北。唐宋之间有《游称心寺》诗。

称多土司 清雍正时置，属西宁办事大臣。为玉树四十族之一。驻牧地在今青海称多县。乾隆《西宁新志》卷19塞外贡马番族中有“住牧匣乌地方称多族”。清末为玉树二十五族之一。

称多县 1938年析玉树县置，属青海省。治所在周均（今青海称多县）。以称多部落为名。

称钩驿 即今甘肃定西市西北称钩驿乡。《清一统志·巩昌府二》：称钩驿“在安定县西北六十里称钩湾镇，有驿丞，今裁。有称钩湾递运所”。

称钩湾镇 即今甘肃定西市西北六十里称钩驿镇。清时置驿丞和递运所于此。

称海城 又作镇海八剌哈孙。元太祖时大臣镇海所建，在今蒙古国科布多省哈腊湖西南。为元代漠北西部重镇。大德十一年（1307）于此置称海等处宣慰司都元帅府。至治三年（1323）改立屯田总管府。

称海等处宣慰司 元武宗时置，属岭北等处行中书省。治所在称海城（又名镇海城），在今蒙古国吉尔格朗图（科布多）东南德勒湖西南。辖境相当今蒙古国西部唐努山以南，科布多河、扎布汗河流域。至治三年（1322）废。不久复置，又废。

秘师桥 在今湖北荆州市荆州区（故江陵县）西十二里太湖港上。民国《湖北通志》卷38：秘师桥“旧系木桥。康熙四十七年改建石”。

秘图山 在今浙江余姚市北。《舆地纪胜》卷10绍兴府：秘图山“在余姚县北六十七里。《旧经》云，上有石匮，夏禹藏秘图之所”。

秘魔岩 在今北京市西卢师山腰。明蒋一葵《长安客话》卷3：证果寺“前临青龙潭，后有秘魔岩，中空如室，石如偃芝，于此山岩洞中最胜。云是秘魔祖师所居”。

笄山 在今安徽广德县南二十里。《方舆纪要》卷29广德州：笄山“在州南二十里。一名鸡笼山。俗曰鸡罩山。中峰最高，左右两峰并列，蔚然深秀”。

笄头山 ①在今河北涿鹿县西南。《水经·灅水注》：协阳关水“东北流历笄头山，阚骃曰，笄头山在潘城南，即是山也”。

②即鸡头山。又名崆峒山。在今宁夏隆德县东。《史记·秦始皇本纪》：始皇二十七年（前220），“巡陇西、北地，出鸡头山”。《正义》：“按：原州平高县西百里亦有笄头山，在京西北八百里，黄帝鸡山之所。”又《元和志》卷3原州平高县：笄头山“一名崆峒山，在县西一百里，即黄帝谒广成子学道之处”。

筧水口 在今湖北远安县西北。《方舆纪要》卷78远安县：筧水口“在县西北八十里。其地有鸡头山，水出石孔中，居民以木竹为枧，引水灌田，南流入沮水”。

筧泉 在今云南景东彝族自治县。《方舆纪要》卷116景东府：筧泉“在府北卫城内。洪武中，建卫城，中无井泉，指挥袁贤以竹筧引蒙乐山泉入城，凿池潴之，上覆以亭，取汲于此，因曰筧泉”。

筧桥镇 即今浙江杭州市东北筧桥镇。清翟灏《艮山杂志》卷2：“茧桥一作筧桥，在城东北十里。”光绪《杭州府志》卷81：“乡之男妇，皆治棉布，多出筧桥。”

笔架山 ①在今辽宁凌海市西南有大、小笔架山。明《辽东志》卷1宁远卫：小笔架山“在海中六十八里”。清乾隆《钦定盛京通志》卷26锦县：大笔架山在“城西南六十里，与小笔架山俱峙海中。状如笔架，潮退，见天桥，阔八丈，长四里许，为昔人避兵处。上有朝阳寺”。

②在今浙江云和县南，接景宁畲族自治县界。《方舆纪要》卷94云和县：笔架山在“县南十五里。有三峰并峙”。

③即今福建霞浦县东南海中笔架山。明万历《福宁州志》卷1：州南有笔架山，“三峰如笔架浮海上”，故名。明郑和下西洋经此。

④在今江西抚州市临川区北。《明一统志》卷54抚州府：笔架山“在府城西北五十里，诸峰排立如笔架然”。《清一统志·抚州府一》：笔架山“三峰卓立如笔架，与诸峰连亘互抱，曰金鸡城。东乡、延桥诸水皆经其中，而西入大川”。

⑤在今湖北宣恩县南。《方舆纪要》卷82施南宣抚司：笔架山“在司治南。有五峰高耸”。

⑥在今广东高州市东南。《方舆纪要》卷104高州府茂名县：笔架山“在县东南十里。有三峰并耸”。

⑦在今广东怀集县南。《方舆纪要》卷108梧州府怀集县：笔架山“在县南百二十里。三峰亭亭，竦插天外”。

⑧在今广东中山市南侧。《方舆纪要》卷101广州府香山县：笔架山在“县（今中山市）南一里，三峰屹立”。

⑨在今广西崇左市西南。《明一统志》卷85太平府：笔架山“三峰耸秀，形如笔架”。

⑩古名安乐山、合江山、少岷山。在今四川合江县西。《方舆纪要》卷72合江县：安乐山“俗亦呼之笔架山”。因三峰鼎立，形如笔架，故名。今山顶有隋开皇年间刘珍“今经岩”、“晒丹石”及古今名人题咏岩刻多处，还有南宋嘉熙四年（1240）为抗蒙元而建的安乐山城遗址。

⑪在今四川理县东北薛城镇北。《方舆纪要》卷67保县：笔架山在“县北三里。一名九子龙窝，或谓之玉山”。同治《理番厅志》卷1：笔架山“面厅署之北，下瞰沱江，形如笔架。一名九子山，又谓之玉山”。

⑫在今贵州惠水县南十八里。《方舆纪要》卷121定番州：笔架山在“（卧龙番长官）司南三里。旁有月坡，皆以形似名”。

⑬在今贵州黄平县西北。《方舆纪要》卷121黄平州：“笔架山在州治南。以形似名。”

⑭在今云南姚安县南二十里。《方舆纪要》卷116姚安军民府：笔架山“有三峰并峙，上有井，云出即雨”。

⑮在今陕西清涧县西。《方舆纪要》卷57清涧县“草坞山”条下：“又城西有笔架山，县凭以为固。”

⑯在今甘肃通渭县东北。《方舆纪要》卷59巩昌府通渭县：笔架山“在县东北二百里。《志》云：山连延甚远，几二三百里，有五峰崒嵂，县之主山也”。《清一统志·巩昌府一》：笔架山“在通渭县北三里，山自平凉府界来，延亘二百余里。至此有五峰崒嵂峙城北，为县主山”。

⑰在今甘肃泾川县南。《方舆纪要》卷58泾州：笔峰山“在州南五里。山峰耸秀”。

笔架山潮州窑遗址 在今广东潮州市东笔架山西麓。其年代为北宋，偶见唐、五代常见器形，未见南宋风格瓷器，废弃的时间应在北宋晚期。产品以青白釉瓷器为主，也有青釉、白釉、酱褐釉瓷器等。种类有瓶、壶、罐、碗、盘、盏、杯、灯、炉等日常生活用器和狗、马、狮等动物玩具及人像等，造型工整，胎质纯净细密，釉面光洁。有些器物还以刻花、划花、蓖划等技法做出装饰花纹，纹样以莲瓣纹、蓖划纹最为常见。笔架山潮州窑产品具有明显的特色，曾销往东南亚一些国家。2001年定为全国重点文物保护单位。

笑城 即宵城。在今湖北天门市东。《方舆纪要》卷77景陵县“京山城”条下：“又县东六十里有笑城。相传宋将毕再遇与金兵对垒，夜遁，惟系羊击鼓，金兵既觉，欲追之，知已无及，一笑而已，因名。"《清一统志·安陆府》引《天门县志》："天门县东有笑城，即宵城之讹。"

笋（筍）石 在今江西石城县东。《方舆纪要》卷88赣州府石城县：笋石"在县东十里。高百余丈。其山皆石，望之若丹霞"。

笋里 在今四川成都市旧城北。一说在旧城西。东晋常璩《华阳国志·蜀志》："蜀有五丁力士，能移山，举万钧。每王薨，辄立大石，长三丈，重千钧，为墓志。今石笋是也，号曰笋里。"

笋箮山 在今四川汉源县西北。《方舆胜览》卷56黎州：笋箮山"在州西北五十余里。有前箮山、后箮山，多笋，故名。春时，州人百十为群入山探笋。绍兴间，守臣始立租以赡学，岁收缗钱八十千。山又采林木樵苏者，以为衣食之源"。《明史·地理志》黎州守御军民千户所："西北又有笋箮山。"

笋（筍）箩河 在今甘肃兰州市西南。《方舆纪要》卷60兰州：笋箩河在"州西南六里。东流入黄河"。

笆篱堡 即今湖南宜章县南笆篱乡。《方舆纪要》卷82宜章县"白沙镇"条下："《志》云，县南八十里有笆篱堡，洪武中置。"

〔丿丨〕

俸可汛 即今云南丽江市玉龙纳西族自治县东北一百六十二里奉科乡（营盘）。清设俸可汛。

借景亭 在今四川青神县城内。《方舆胜览》卷53眉州：借景亭，"《黄鲁直文集》：在青神尉厅，下瞰史家园。尝有诗云：当官借景未伤民，恰似凿池取明月"。《明一统志》卷71眉州：借景亭"在青神县治后。旧有亭，下瞰史家园，园多佳景。宋黄庭坚尝游此，扁曰'借景'，因留诗"。

值夏市 即今江西吉安县东南值夏镇。清光绪《庐陵县志》卷3：值夏市"在县东南三十五"。

侪城镇 即今河北滦南县治。清于此置经制外委。民国年间改置县佐。1946年于此置滦南县。

倚子山 在今湖北恩施市东十五里。《方舆纪要》卷82施州卫：倚子山"峰峦环峙。宋开庆初，郡守谢昌元移城治此，以据险要。今亦名州基山"。

倚邦 即明代整董。今云南孟腊县西北一百六十八里象明彝族乡倚邦街。清雍正七年（1729）设土把总驻守。

倚阳山 即爻尖山。在今河南林州市西北三十里。《方舆纪要》卷49林县：倚阳山"山势突耸，而绝顶平坦，可能避兵。俗呼为蚊尖山"。

倚坐山 在今广西天等县东北。《方舆纪要》卷110结伦州：倚坐山"在州治（今进结镇）北。以形似名"。

倚洋铁场 北宋置，属永春县，即今福建大田县东南济阳镇。相近有矿山，产铁。《元丰九域志》卷9泉州永春县有倚洋铁场。

倚亳川 今山西垣曲县东亳清河上源。《水经·河水注》：倚亳川水"出北山矿谷，东南流注于清"。

倚梯城 在今山西乡宁县西南。《元和志》卷12昌宁县：倚梯城，"累石为之，东北两面据岭临谷，西南两面俯眺黄河，悬崖绝壁百余尺，其西南角即龙门之上口也。以城在高岭，非倚梯不得上，因以为名。城中有禹庙。后魏孝文帝西巡，至此立碑，碑今现在"。《清一统志·平阳府》：倚梯城"在乡宁县西南八十里，今名万岁堡"。

倚衡山 在今江西婺源县北。《方舆纪要》卷28徽州府婺源县：倚衡山"在县北百十里。高八十五仞。与县北九十里之朗山俱西连回岭"。

俺不罗 明代西藏羊卓雍的译称。元代分封乌思藏十三万户，以乌思（前藏）、藏（后藏）之间的羊卓雍为一万户。明洪武二年（1369）曾沿元制于乌思藏置十三万户，十八年（1385）设俺不罗行都指挥使司，隶属于乌思藏都指挥使司。其地当今羊卓雍湖西部地区。治所在今西藏浪卡子县。

俺的干 一名安集延。西辽属地。即今乌孜别克斯坦安集延。《明史·西域传》：俺的干"西域小部落。元太祖尽平西城，封子弟为王镇之，其小者则设官置戍，同于内地。元亡，各自割据，不相统属。洪武、永乐间，数遣人招谕，稍稍来贡。而俺的干，则永乐十一年与哈烈并贡者也"。

俺都城 在今阿富汗喀布尔东北。《方舆纪要》卷65：俺都城"在哈烈东。又有淮八剌墨等城皆隶焉"。

俺都淮 即今阿富汗北境之安德胡伊。《明史·西域传》：俺都淮"在哈烈西北千三百里，东南去撒马儿罕亦如之。城居大村，周十余里"。

俺哥川 在今甘肃临夏县东北黄河南。《清一统志·兰州府一》：俺哥川"在河州北五十里黄河南，土脉膏腴，五谷茂盛"。

倾多宗 又称波堆宗。原西藏地方政府设，治所在今西藏波密县西北倾多。藏语意为两河口。为三波宗中的上波宗。1960年并入波密县。

倒马关 ①又名常山关、鸿上关、鸿山关、鸱塞。在今河北唐县西北一百十里倒马关乡。倒马关又与居庸、紫荆关合称内三关。《水经·滱水注》："滱水又东径倒马关，关山险隘，最为深峭势均。诗人高冈之病良马，傅险之困行轩，故关受其名。"明于此设二城，上城建于洪武初，景泰三年（1452）又于其南三里筑下城。并于此设巡司、参将驻守。清改设都司。

②明置，属纳溪县。在今四川泸州市纳溪区南上马镇。《方舆纪要》卷72纳溪县：倒马关在"县南百三十里。明初置，路通云南、交趾。因倒马坎为名"。

③明置，在今贵州铜仁市北。《清一统志·铜仁

府》：倒马关“在府城北。又北有清水塘关，并为守御处”。清严如熤《苗疆险要考》14：“倒马关，城北二十余里。山形幽峻，径路崎岖，征骑往来不啻盘蚁封中。”

倒马关千户所　明景泰三年（1452）置，在今河北唐县西北倒马关乡。

倒马坡　在今越南同登县东北，广西友谊关之南。《明史·安南传》：宣德二年（1427），柳升征安南黎利，“升进薄倒马坡，陷殁”。

倒水　即今湖北麻城市西浮桥河。《水经·江水注》：“举水又西南径齐安郡西，倒水注之，水出黄武山，南流径白沙戍西，……东南合举水。”

倒龙　在今云南勐海县西南一百里打洛镇。元代属车里路军民总管府。《招捕总录》：元贞二年（1296）十一月，“车里蛮浑弄兴兵，占夺甸寨十又三所，结构八百媳妇蛮，欲攻倒龙等。云南省遣兵招捕”。倒龙即打洛，傣语“打”为渡口，“洛”为混合，意为不同民族相居的渡口。

倒回（迴）谷　即蓝田谷。在今陕西蓝田县东南。《旧唐书·吐蕃传》：广德元年（763），王延昌与李萼皆从郭子仪，“延昌与萼恐狭径被追，前后不相救，至倒回口，遂与子仪别行，逾绝涧，登七盘，趋于商州”。此所谓“倒回口”即倒回谷之口。

倒羊江　一名晓羊江。在今贵州务川仡佬族苗族自治县北五里。下流入乌江。《清一统志·思南府》引《贵州通志》：“其水发源不广，由山谷溪流所聚，至隘溪渡，汇丰乐河。或云源出华盖山，东北流入乌江。”

倒安寺寨　在今四川资中县西。清光绪《资州志》卷3：倒安寺寨“在州西一百里。嘉庆五年教匪之乱，土人结寨堵御，楼堞崇墉”。

倒虎山　即玄象山。又作倒兽山。在今陕西渭南市东南，接蓝田县界。《水经·渭水注》：“首山南出倒虎山。”即此。

倒岭隘　在今福建龙岩市东南境。《清一统志·龙岩州》：倒岭隘“在州南八十里。盘曲峻绝，通南靖、平和，州隘凡十余处”。

倒咯啯社　又作哆啰啯社。即今台湾省台南市东北东山区。为高山族泰雅人哆啰啯社。清康熙间蒋毓英《台湾府志》卷1：倒咯啰啯社“离府治六十里”。日本占领期间于1920年设番社庄。光复后1950年置东山乡。

倒流河　在今河北泊头市东北。《方舆纪要》卷13交河县：倒流河在“县（按，今泊头市西南交河镇）东北九十里，县东境之水汇流于此，西流四十里会为三岔河，注于滹沱，故曰倒流。一名蔡河”。

倒流溪　①在今福建霞浦县东。《清一统志·福宁府》：倒流溪“在霞浦县东三十五里四都界乌岩，西流至县东十五里赤岸。以其西流，故名”。

②亦名北流溪。在今四川遂宁市西。《方舆纪要》卷71遂宁县“赤溪”条内：“倒流溪在县西十五里。水流旋绕，北入涪江。即乐至县胜水河之下流。”《清一统志·潼川府一》：北流溪“在遂宁县西。……今名倒流溪”。

倒流镇　即今四川乐至县东南回澜镇。清道光《乐至县志》卷5：倒流镇“距城五十里”。光绪《乐至县志》卷2：咸丰十年（1860），“八月，张逆（指白莲教首领张子总）窜县南倒流镇，知我有备，乃绕过遂宁”。

倒兽山　即玄象山。一名倒虎山。在今陕西渭南市东南，接蓝田县界。《十六国春秋辑补·前秦录》：王嘉“隐于东阳谷，凿崖穴居，弟子受业者数百人，亦皆穴处。石季龙之末，弃其徒众，至长安，潜于终南山，结庵庐而止。门人闻而复随之，乃迁于倒兽山”。《清一统志·西安府》“倒虎山”条引《十六国春秋》作“倒虎山”。并谓“《法苑珠林》：渭南县南山倒豹谷，崖有悬石，文状倒豹，即此。诸志或作倒兽，皆避唐讳耳”。

倒湖　在今安徽祁门县西南。《方舆纪要》卷85浮梁县：倒湖在“县东北百三十里，与祁门县接界。又东北百十里即祁门县也。湖当往来经行之道”。

倒湖村　即今安徽祁门县西南百里倒湖。明万历《祁门县志》卷4《乡市》有倒湖村。

倒湖镇　在今安徽祁门县西南。清同治《江西全省舆图》卷12：浮梁县有倒湖镇。

倒塌岭节度使司　辽置，属西京道。治所在倒塌岭（今内蒙古阴山之大青山）。辖境相当今内蒙古达尔罕茂明安联合旗、四子王旗、镶黄旗、正镶白旗以北地区。《辽史·耶律棠古传》：保大二年（1122），“天祚出奔，棠古谒于倒塌岭，为上流涕”。金废。

絛侯国（絛 tiáo）　又作脩侯国。汉封周亚夫置，后改为县。即脩县。治所在今河北景县西北。《史记·汉兴以来将相名臣年表》有“絛侯周亚夫”。《索隐》：“脩侯周亚夫，脩音絛。”

脩市侯国（脩 tiáo）　西汉置，属勃海郡。治所在今河北景县西北。东汉废。

倘甸　即今云南个旧市北四十一里倘甸村。《方舆纪要》卷115纳楼茶甸长官司：倘甸“在司（今建水县西南官厅）东。道通蒙自，为边境要地。天启二年，增设倘甸守备于此”。彝语“倘”为松树，“甸”为坝子，意为松树坝。

倘迟顿　唐代通海城路上的要站。在今云南蒙自市东南十四里新安所。

倘俸县　元世祖至元二十四年（1287）置，属仁德府。治所在易浪漪龙（今云南寻甸回族彝族自治县西九十二里古城）。次年改归厚县。

倘俸溪　在今云南曲靖市西。《清一统志·曲靖府》：倘俸溪“在南宁县西。其源出涌克山，流经此有九湾，绕城而流”。

倘塘驿　明置，在今云南宣威市北倘塘镇。《方舆纪要》卷114沾益州：倘塘驿“在州北。为乌撒往来要地。天启二年，沾益土妇设科等作乱，焚劫沾益，倘塘、炎方、松林、交水及曲靖白水驿凡六站，官军讨之。明年复收诸站，蜀道始通”。

俱支囊国 即龟兹国。都延城，即今新疆库车县东郊皮朗旧城。

俱六城守捉 唐置，在今新疆阜康市附近。《新唐书·地理志》：北庭大都护府“有俱六城守捉”。《元和志》卷40庭州：“俱六镇在州西二百四十里，当碎叶路。”

俱兰城 ①唐安西都护府属地。在今哈萨克斯坦江布尔东卢戈沃伊附近。《新唐书·地理志》：自碎叶西至阿史不来城，“又七十里至俱兰城”。

②在今阿富汗东北境科克恰河流域。唐龙朔元年（661）置双靡州于此。

俱芦舍寺 东汉建和元年（147）建，即今山西洪洞县东北霍山南麓广胜寺。唐改名广胜寺。

俱利县 ①北魏置，属渑池郡。治所在今河南渑池县西。西魏属河南郡。北周大象中废。

②东魏兴和中侨置，属渑池侨郡。寄治汲郡陈城（今河南卫辉市）。北齐废。

俱利城 在今河南渑池县西。《水经·谷水注》：“谷水又东径秦、赵二城南……世谓之俱利城。耆彦曰：‘昔秦赵之会，各据一城，秦王使赵王鼓瑟，蔺相如令秦王击缶处也。’”《元和志》卷5渑池县：“谷水，南去县二百步。东经秦、赵二城，俗谓之俱利城。东城在县西十三里，西城在县西十四里，昔秦、赵会于渑池之处。”

俱轮泊 今内蒙古呼伦贝尔市呼伦湖。唐代为室韦诸部居地西境。《旧唐书·室韦传》：望建河“源出突厥东北界俱轮泊”。又说，“今室韦最西与回纥接界者，乌素固部落，当俱轮泊之西南”。

俱战提 一作俱振提。唐安西都护府属地。在今塔吉克斯坦列宁纳巴德州（苦盏）附近。

俱毗罗城 唐安西都护府地。在今新疆温宿县东北（一说在今拜城县东赛里木）。《新唐书·地理志》引贾耽《四夷路程》：“安西西出柘厥关渡白马河，百二十里至俱毗罗城。”

俱毗罗碛 在今新疆新和县以西地区。《新唐书·地理志》：“安西西出柘厥关，渡白马河，百八十里西入俱毗罗碛。”

俱振提 即俱战提。唐安西都护府属地。在今塔吉克斯坦列宁纳巴德州（苦盏）附近。

俱鲁河 即今阿富汗东北部阿姆河支流科克恰河。《新唐书·西域传下》俱兰：“南大雾山，北俱鲁河。”

俱鲁城 在今阿富汗东北部阿姆河支流科克恰河流域。唐置双靡州治此。

俱蜜国 唐西域国名。都城在褚瑟城（今塔吉克斯坦苏尔哈布河流域，一说在达尔瓦斯）。《新唐书·西域传》：俱蜜国“治山中。在吐火罗东北，南临黑河。其王突厥延陀种。贞观十六年，遣使者入朝”。龙朔初置至拔州都督府于此。

倮㑩沟 亦作倮洛沟。即今四川昭觉县西南解放村。民国常隆庆《雷马屏峨调查记》：“建昌经倮㑩沟、四块坝等地至昭觉一百九十里。”1950年改设为解放村。

倭尔齐噶珊 亦名窝儿七。在今俄罗斯哈巴罗夫斯克边疆区黑龙江下游东岸切尔内角附近。清初属宁古塔将军。康熙《皇舆全览图》：黑龙江下游东岸有“窝儿七噶山”。后属三姓副都统。光绪《吉林通志》卷17：混同江南岸，东至海滨旧设噶珊“倭尔齐”。咸丰年间通过不平等的中俄《北京条约》被俄割占。

倭西门卡伦 清光绪末置，属瑷珲副都统。在今黑龙江省呼玛县西北鸥浦乡鸥浦村。民国《黑龙江志稿》卷4：“倭西门山即鄂锡们哈达，倭西门水所出。有倭西门卡伦，以河为名。在（鸥浦）县之东边。”后废。

倭西们 亦作鄂锡们。在今黑龙江省呼玛县西北鸥浦乡北鸥浦村。旧为鸥浦县治。民国《黑龙江志稿》卷2：鸥浦县“地当黑龙江右岸，旧名倭西们”。1928年于此置鸥浦设治局。1929年改为鸥浦县。

倭赤 在今新疆乌什县。《元史·地理志·西北地附录》有倭赤。

倭肯河 亦作倭坑河、窝肯河。在今黑龙江省依兰县东。为松花江支流。《三姓山川记》：“窝肯河即倭和江，在三姓城东，河水由东南老岭北发源，曲绕至城东北窝肯哈达西山根，入松花江汇流。”《清史稿·地理志》作倭肯河。

倭海及蕊达坂 一作阿格吉勒岭。在今新疆塔什库尔干塔吉克自治县西南，与阿富汗交界处。清宣统《新疆图志》卷9：“其自克克突聿克达坂以东，所有倭海及蕊、明铁盖两达坂系当日与坎巨提旧有界限，亦即喀什噶尔道旧管。”

倪丘集 又名谷堆集。即今安徽太和县北六十里倪邱镇。清光绪重修《安徽通志》卷42颍州府太和县：倪邱集“倪宽故里”。故名。

倪塘 又作兒塘。故址在今江苏南京市江宁区东。《晋书·王恭传》：东晋隆安二年（398），王恭败，擒送京师，“时桓会等已至石头，惧其有变，即于建康之倪塘斩之”。

俥 即阐。春秋鲁邑。在今山东宁阳县西北。《公羊传》：哀公八年（前487），“齐人取讙及俥”。

健林苍山 在今云南楚雄市东南云龙镇东。《方舆纪要》卷116南安州：健林苍山在“州（治今云龙镇）东五里。今讹为阿姑娘山。山半有泉，昔黑爨祖瓦晟吴立栅居其上，子孙渐盛，不属他郡。至大理时，高氏封威楚始隶焉，盖蛮酋据险处也”。

健锐营演武厅 在今北京市海淀区香山东麓。俗称团城演武厅。外观如城堡，始建于清乾隆朝。为加强对西南少数民族地区的统治，清廷推行改土归流政策。地方势力以石雕楼抵御，清军久攻失利，便在此建演练攻占碉楼的兵营健锐云梯营，终于平定了大、小金川。为庆祝胜利，曾在此建实胜寺（已毁圮）。营城城垣上南北城楼高耸，有城门两座，门额各书“志喻金汤”、“威宣壁垒”。城南有演武厅三间，厅附近为演兵场。当年有碉楼六十七座，现大多塌毁。西侧曹雪芹故居处尚存完好的石碉楼。2006年定为全国重点文物保护单位。

健跳千户所　明洪武二十年（1387）置，属海门卫。在今浙江三门县东南五十二里健跳镇。清顺治十八年（1661）徙近海居民虚其地，后复设守备驻防。

候马亭　在今甘肃永登县西南。《水经·河水注》：广武城“西南二十许里，（逆）水西有马蹄谷。汉武帝闻大宛有天马，遣李广利伐之，始得此马，有角为奇。故汉武帝《天马之歌》曰：‘天马来兮历无草，径千里兮循东道。’胡马感北风之思，遂顿羁绝绊，骧首而驰。晨发京城，夕至敦煌北塞外，马鸣而去。因名其处曰候马亭”。一说在今兰州市西北。《方舆纪要》卷60兰州：候马亭，“《志》云：在州西北十五里。相传汉武遣李广利伐大宛，候龙马于此，因名”。

候井县　西汉置，属河间国。治所在今河北泊头市。东汉废。《寰宇记》卷68定远军东光县：“候井，按《郡国县道记》云：汉县，唐《地理书》并失其所在，以理推之，盖在今弓高县西北三十里房将池侧近。旧传此池每日再增减，不失时候，疑其与海相通。又池侧窄小，有似于井，因于池侧置县，谓之候井。岁月既久，其水不复有增减之候。”

候台（臺）　一名五花台。在今河北易县城西侧。《寰宇记》卷67易州易县：候台“在州子城西南隅，高三层。燕昭王所筑，以候云物”。

候雨山　在今陕西志丹县西一里。《方舆纪要》卷57保安县“九吾山”条下：候雨山“旁有石室，天将雨，则此山烟雾四塞，人以为候”。

候官县　即侯官县。治所即今福建福州市。

候城县　西汉置，属辽东郡。治所在今辽宁沈阳市东南二十里古城子。东汉改属玄菟郡。后废。

候涛山　即招宝山。今浙江宁波市镇海区东北招宝山。《舆地纪胜》卷11庆元府：巾子山“在定海县东北八里，与候涛山形势相望，为潮水入之屏障”。《方舆纪要》卷92宁波府定海县：招宝山“在县城东北，本名候涛山，以诸蕃入贡停泊于此，因改今名。南临港口，屹然耸峙，极为要害。旧设台堠于此。今改设城堡”。

隽水（隽 jùn）　即今湖北东南部之陆河。为长江支流。《舆地纪胜》卷66鄂州：隽水“一名陆水。自巴陵入通城界。《旧经》引《汉书》，隽，永也。又云肥肉曰隽，以此名水，取其味甘美而长”。

隽州（隽 jùn）　南朝梁承圣三年（554）改上隽郡置，治所在下隽县（今湖北通城县西北）。辖境相当今湖北通城、崇阳等县地。陈天嘉四年（563）废。

臭水　即今四川安县（花荄镇）西之秀水河。清嘉庆《安县志》卷5：臭水“在县南五十里。源出黄茅山下平田中，水黑色微臭，自南流而东过童家滩至臭水场而成河，故场以是水名也。又东流过红石堰、踏水场，入于罗江”。

臭水场　亦名安兴场。即今四川安县（花荄镇）西秀水镇。以臭水所经为名。清嘉庆《安县志》卷11：安兴场“即臭水场，城西南五十里”。

臭水沟口　在今河北乐亭县东南四十五里。清于此设把总驻守。

臭池　又名臭湖、臭陂。在今湖北宜城市东楚皇城东。《水经·沔水注》：“夷水又东注于沔。昔白起攻楚，引西山谷水，即是水者也。……水溃城东北角，百姓随水流死于城东者数十万，城东皆臭，因名其陂为臭池。”

臭李子沟　即今吉林敦化市西北秋梨沟镇。清光绪《吉林通志》卷15敦化县《屯镇》：“西北四十里臭李子沟。”吉林至敦化铁路经此，设秋梨沟站。

射子镇　北宋置，属汝阳县。即今河南平舆县北四十四里射桥乡。

射犬　①在今河南博爱县东东金城。《后汉书·光武帝纪》：更始二年（24），“赤眉别帅与大彤、青犊十余万众在射犬”。李贤注：“故城在今怀州武德县北也。”《续汉书·郡国志》野王县：“有射犬聚。”《水经·清水注》：“长明沟水又东径射犬城北。”

②在今河南许昌市。《水经·潩水注》：“潩水又南径射犬城东，即郑公孙射犬城也。”

射水河　在今四川绵竹市西南，为石亭江支流。明曹学佺《蜀中名胜记》卷9绵竹县：三溪河“亦名射水河。相传蜀王秀营军于此，乏水。王乃筑台，望三溪山下，发三矢，有三泉从石窦出，遂成河流”。《清一统志·绵州》：射水河“在绵竹县南。源出三溪山，东南流五十里合马尾河，又东南入石亭水”。

射州　①隋末置，治所在今江苏盐城市。唐武德七年（624）废。

②唐永徽二年（651）置羁縻州，属茂州都督府。治所在今四川汶川县邛崃山附近地区。后废。

射江　即今四川涪江支流梓江（梓潼水）。《元和志》卷33射洪县：“县有梓潼水，与涪水合流，急如箭，奔射涪江口，蜀人谓水口曰洪。”《新定九域志》卷7：射江，“郦道元《水经注》：涪江水东南合射江，故名”。

射江县　西魏恭帝时置，属昌城郡。治所在今四川射洪县西北四十里金华镇。《寰宇记》卷82射洪县：“《益州记》：郪江滩东六里有射江。”因名。北周改为射洪县。

射阳　一名谢阳。在今河南南阳市东南。《后汉书·樊重传》：建武十三年（37），“封弟丹为射阳侯”。李贤注：“在射水之阳。《水经注》曰：‘泚水西南流，射水注之，水出射城北。建武十三年，封樊重少子丹为射阳侯，即其国也。'" 今本《水经·比水注》"射"作"谢"。杨守敬注疏："盖射、谢通用。"

射阳县　西汉置，属临淮郡。治所即今江苏宝应县东北射阳镇。《汉书·地理志》注："应劭曰：在射水之阳"，故名。东汉属广陵郡。三国时废。西晋太康元年（280）复置，东晋义熙九年（413）废。1942年复置，治所即今江苏射阳县。

射阳郡　北齐置，治所在盐城县（今江苏盐城市）。南朝陈改为盐城郡。

射阳湖　古名射陂。在今江苏淮安、宝应、建湖三市县间。《水经·淮水注》韩江："东北通射阳湖。"《旧唐书·地理志》楚州山阳："县东南有射阳湖。"《舆地纪胜》卷39楚州：射阳湖，"《元和郡县志》云：在山阳县东南八十里。汉广陵王胥有罪，其相胜之奏夺王射陂即此也。今谓之射阳湖，与宝应、盐城分湖为界。萦回三百里"。《清一统志·淮安府一》引《县志》：射阳湖"阔三十里，周三百里。其南北浅狭，而东西深广，府境东南积水，皆汇于中，复灌输于淮以入海"。后逐渐湮没，今仅存一些沼泽。

射阳镇　古为射阳县治。即今江苏宝应县东北六十二里射阳镇。

射陂　即今射阳湖。在今江苏淮安、宝应、建湖三市县间。《汉书·广陵厉王胥传》："相胜之奏夺王射陂草田以赋贫民。"注："张晏曰，'射水之陂，在射阳县'。"

射虎川　在今山西五台县东北，下流入清水河。《清一统志·代州》：康熙二十二年（1683），"圣祖仁皇帝西巡还辇，循长城而东，忽有虎伏林莽间，亲挽雕弧射之。……赐名射虎川"。

射虎谷　在今甘肃天水县西。《后汉书·段颎传》：建宁二年（169），段颎讨叛羌于凡亭山，"羌众溃，东奔，复聚射虎谷"。即此。

射的山　即今安徽南陵县西北三十里笔架山。《寰宇记》卷103南陵县：射的山"据古老相传，上有玉在石壁内，南面遥见有白处，曾有人取，上山后遇风雨不果。今遥望颇似射侯，故名射的山"。

射姑山　在今甘肃庆城市西北。《后汉书·顺帝纪》：永和六年（141），"征西将军马贤与且冻羌战于射姑山，贤军败没，安定太守郭璜下狱死。"又《杜笃传》载：建初三年（78），"车骑将军马防击西羌，请笃为从事中郎，战没于射姑山。"皆即此。

射垛山　在今河北井陉县南。《方舆纪要》卷14井陉县：射垛山"在县（今城关镇）东南六十里。《志》云：秦王翦伐赵，下井陉，尝射垛于此"。故名。

射贵湖　又名上湖、芙蓉湖、无锡湖。在今江苏无锡、常州、江阴三市之间。《水经·沔水注》："南江东注于具区，谓之五湖口。五湖谓长塘湖、太湖、射湖、贵湖、滆湖也。"《寰宇记》卷92常州无锡县：上湖"一名射贵湖，一名芙蓉湖，一谓之无锡湖。在晋陵、江阴、无锡三县界，去州五十九里"。明宣德间被围成田。

射洪场　在今四川射洪县西北四十里金华镇。为盐场。民国设场知事。

射洪县　北周改射江县置，属昌城郡。治所在今四川射洪县西北金华镇。《元和志》卷33射洪县："县有梓潼水，与涪江合流，急如箭，奔射涪江口，蜀人谓水口曰洪。因名射洪。"隋属新城郡。唐武德初属梓州。天宝初属梓潼郡，乾元初复属梓州。北宋属潼川府。明洪武十年（1377）废入盐亭县，十三年（1380）复置，属潼川州。清属潼川府。民国初属四川嘉陵道。1928年直属四川省。1950年县治由金华镇迁今治太和镇。唐著名诗人陈子昂为射洪县人。

射桥集　即北宋射子镇。今河南平舆县北四十四里射桥镇。《清一统志·汝宁府二》：射子镇"今有射桥集，在（汝阳）县东五十里，即射子镇"。

射埠市　即今湖南湘潭县西南六十里射埠乡。清乾隆《湘潭县志》卷5有射埠渡。

射戟台（臺）　在今江苏沛县。《方舆纪要》卷29徐州沛县"射箭台"条下：射戟台"在南门内西偏，相传吕布射戟处"。

射箭台（臺）　在今江苏沛县东南五里。《方舆纪要》卷29徐州沛县：射箭台"明成祖驻师时所筑也"。

射箭河　在今四川广元市西南。《方舆纪要》卷68昭化县：射箭河"在县西三十里。或云清水江之支流也。水流湍急，舟行如箭，因名。下流入于嘉陵江"。

射寮溪　在今台湾省屏东县东南车城乡南。《清史稿·地理志》台南府："射寮溪"等"并在恒春县北，西流入于海"。

射襄城　在今浙江嘉兴市北二十六里王江泾镇。《方舆纪要》卷91嘉兴府：射襄城"在府东北三十里。《志》云：古战争地"。

皋　春秋戎邑。在今河南洛阳市南。《左传》：僖公十一年（前649），"扬、拒、泉、皋、伊、雒之戎同伐京师，入王城，焚东门"。杜注："扬、拒、泉、皋皆戎邑，及诸杂戎居伊水、雒水之间者。"

皋门桥　西晋元康初建于谷水上。在今河南洛阳市东北。潘岳《西征赋》："驻马皋门。"《水经·谷水注》："晋惠帝造石梁于水上……谓之皋门桥。"

皋石山　即浈阳峡。在今广东英德市南十五里。《元和志》卷34浈阳县："浈阳峡，一名皋石山，在县南二十五里。崖壁千仞，猿狖所不能游。"

皋兰山　①亦作鹿颈高阑。即今广东珠海市西南高栏岛。旧属香山县。明嘉靖《香山县志》卷1：海洋诸岛有皋兰岛，"其民皆岛夷也"。

②一名五泉山。即今甘肃兰州市南皋兰山。《元和志》卷39兰州："取皋兰山以为名。"《元一统志》（残本）卷585：皋兰山"在州正南五里。隋文帝置

兰州。下有五眼龙泉，祈祷有应”。

③在今甘肃张掖市北。《汉书·武帝纪》：元狩二年（前121），“遣骠骑将军霍去病出陇西，至皋兰，斩首八千余级”。即此山。郦道元《水经注》以为应即兰州之皋兰山，误。古来亦多质疑。《汉书·卫青霍去病传》明明记载，霍去病是出陇西，“转战六日，过焉支山千有余里，合短兵，鏖皋兰下”。早已进入匈奴境内，如何能在兰州境内的皋兰山下？清陶保廉《辛丑侍行记》卷4指出：“霍去病鏖战之皋兰去焉支山千余里，当今甘州北之合黎山。盖合黎即贺兰山之原音。《禹贡》之合黎，霍去病谓之皋兰”。不是没有道理的。

皋兰戍　在今甘肃康县东北三十六里大南峪乡。《资治通鉴》：南朝宋元嘉十九年（442）五月，裴方明等“攻武兴、下辨、白水皆取之。杨难当遣建节将符弘祖守皋兰。萧子显曰：武兴西北有皋兰戍，去仇池二百里”。唐景福元年（892）阶州徙治于此。

皋兰县　清乾隆三年（1738）置，为甘肃省会及兰州府治。治所即今甘肃兰州市。以皋兰山为名。民国初年为甘肃兰山道治。1927年直属甘肃省。1941年析城区置兰州市。1955年皋兰县迁治石洞寺（今皋兰县治）。

皋兰都督府　唐贞观二十一年（647）以铁勒浑部置皋兰州，属燕然都护府。永徽元年（650）升为都督府。其地应在今蒙古国中央省土拉河北岸，乌兰巴托西南。后废。

皋兰堡　北宋元丰四年（1081）置，属兰州。在今甘肃永靖县东境。七年废。《清一统志·兰州府二》：皋兰堡“在皋兰县南九十五里”。

皋兰镇　本兰皋戍，后改为皋兰镇，在今甘肃康县西。《新唐书·地理志》 阶州：“本武州，……景福元年更名，治皋兰镇。”即此。北宋属将利县。

皋舟隘　在今江苏南京市六合区东南一带长江滨。《左传》：襄公十四年（前559）秋，“楚子为庸浦之役故，子囊师于棠，以伐吴。吴人不出而还。子囊殿，以吴为不能而弗儆。吴人自皋舟之隘要而击之。楚人不能相救，吴人败之，获楚公子宜谷”。

皋州　金兴定四年（1220）升乐平县置，治所即今山西昔阳县。元世祖至元二年（1265）废。

皋亭山　在今浙江杭州市东北，与余杭区交界处。《新唐书·地理志》：钱塘县“有皋亭山”。宋《淳祐临安志》卷9引《祥符经》云：皋亭山“高百余丈，出云则雨。宁宗皇帝御书三字匾于华严寺之山腰。有崇善灵慧王之祠，名半山庙。旁有水瓮及桃花坞”。“皋亭积雪”旧为湖墅八景之一，唐时山上有皋亭庙。历代为防守杭州要隘。元至元十三年（1376），伯颜军次皋亭山，南宋遂降；明初李文忠取杭州，遣将茅成驻此。

皋亭县　南齐置，属安定郡。治所在今湖北南漳县境。后废。

皋浒　春秋楚邑。在今湖北襄阳市襄州区西北。《左传》：宣公四年（前605），“楚子若敖氏战于皋浒”。

皋桥　在今江苏苏州市阊门内。《吴地记》：皋桥，“汉议郎皋伯通，字奉卿所居，因名”。梁鸿隐居此。

皋狼　战国时赵邑，在今山西方山县南三十五里南村。《战国策·赵策一》：知伯“使人之赵，请蔡皋狼之地”。《史记·赵世家》：“孟增幸于周成王，是为宅皋狼。”皆此。西汉置皋狼县。

皋狼县　西汉置，属西河郡。治所在今山西方山县南三十五里南村。东汉末废。

皋部市　又作皋埠市。即今浙江绍兴县东皋埠镇。清康熙《会稽县志》卷1《市镇》：皋部市“在县东二十里”。乾隆《绍兴府志》作皋步市。

皋落山　一名乐平山。在今山西昔阳县东南七十里。《左传·闵公二年》：“晋侯使大子申生伐东山皋落氏。”《寰宇记》卷50乐平县：“乐平山在县东七十六里，即古东山皋落氏之地。”

皋落城　春秋时赤狄别种东山皋落氏聚居地。在今山西垣曲县东南八里皋落镇。《左传》：闵公二年（前660），“晋侯使大子申生伐东山皋落氏”。即此。战国时韩置皋落县。

皋虞侯国　西汉置，属琅邪郡。治所在今山东即墨市东北五十里皋虞。元封元年（前110）封胶东康王子建为皋虞侯。东汉废。

皋鼬　春秋郑邑。在今河南临颍县南。《春秋》：定公四年（前506），“公及诸侯盟于皋鼬”。杜注：“繁昌县东南有城皋亭。”《水经·颍水注》：“颍水又东南径泽城北，即古城皋亭矣。《春秋经》书‘公及诸侯盟于皋鼬’者也。”

郳　又作小邾。西周封国。在今山东滕州市东六里。《春秋》：庄公五年（前689），“郳犁来来朝”。杜注：“东海昌虑县东北有郳城。”孔疏：“郳之上世出于邾国。《世本》云：‘邾颜居邾，肥徙郳。’宋仲子注云‘邾颜别封小子肥于郳，为小邾子’。则颜是邾君，肥始封郳。”后为楚所灭。

郫　①一名郫邵。春秋晋邑。在今河南济源市西八十九里邵原镇。《左传》：文公六年（前621），“贾季亦使召公子乐于陈，赵孟使杀诸郫”。

②古蜀国杜宇都城，俗传为杜鹃城。在今四川郫县北一里。《文选》张衡《思玄赋》李善注引《蜀王本纪》：“望帝治汶山下邑曰郫，积百余岁。”东晋常璩《华阳国志·蜀志》：杜宇“移治郫邑，或治瞿上”。皆此。周慎王五年（前316）秦灭蜀国后置郫县。

郫水　即郫江。今四川金堂县和简阳市之间的沱江河段。《资治通鉴》：西晋永宁元年（301）十一月，罗尚因频为李特所败，“乃阻长围，缘郫水作营，连延七百里，与特相距”。

郫江　战国秦蜀守李冰开凿。相当今四川成都平原之柏条河。东晋常璩《华阳国志·蜀志》：“（李）冰乃壅江作堋，穿郫江、检江，别支流双过郡下。”

《史记·河渠书》："穿二江成都之中。"正义引《括地志》："郫江亦名成都江，一名市桥江，亦名中日江，亦曰内江。西北自新繁县界流来。二江并在益州成都县界。"唐乾符中，高骈建成都城，使郫江改道，由绕城南改为绕城北郭，折东南流与检江（流江、锦江）合，是今府河，城西及南之郫江不复存在。郫江东接连今昆河，至今金堂（赵镇）入沱江。

郫县　秦于周慎王五年（前316）灭蜀国后在郫邑置，属蜀郡。治所在今四川郫县北一里。东晋常璩《华阳国志·蜀志》：周赧王四年（前311），张仪张若建"郫城，周回七里，高六丈……造作下仓，上皆有屋，而置观楼射兰"。西晋太安二年（303）李氏成汉建都于此。南朝宋移治今郫县。唐武德元年（618）属益州。至德二年（757）属成都府。元属成都路。明属成都府。民国初属四川西川道。1928年直属四川省。

郫县古城址　在今四川郫县东北古城乡。地处成都平原腹心地带，平面呈长方形，总面积30余万平方米。城址中部发现有面积达550平方米的礼仪性建筑。是成都平原著名史前城址之一。

郫邵　一名郫。春秋晋邑。在今河南济源市西八十九里邵原镇。《左传》：襄公二十三年（前550），齐伐晋，"戍郫邵"。即此。

郫城　即郫县城。在今四川郫县。《晋书·惠帝纪》：太安二年（303）十一月，"李雄自郫城攻益州刺史罗尚，尚委城而遁，雄尽有成都之地"。

息　一作鄎。西周封国。在今河南息县西南十五里。春秋时为楚所灭。《左传》：隐公十一年（前712），"息侯伐郑，郑伯与战于竟，息师大败而还"。又，《左传·庄公十四年》载："楚子如食，以食入享，遂灭息。"

息风山　在今海南省东方市东南。《明一统志》卷82琼州府：息风山"在感恩县东一十里。山下有巨穴，深不可测。每飓风作，黎人祷之则止"。《清一统志·琼州府一》谓息风山"在感恩县东二十五里"。

息龙山　即今云南洱海南岸团山。唐代称息龙山。唐樊绰《蛮书》卷7："傍西洱河诸山皆有鹿。龙尾城东北息龙山，南诏养鹿处，要则取之。"现为洱海公园。

息州　北周宣政元年（578）改东豫州置，治所在广陵城（今河南息县）。隋大业二年（606）废。唐武德四年（621）复置，贞观元年（627）废。金泰和八年（1208）复置，蒙古中统三年（1262）废。四年（1263）复置，属汴梁路。元至元三十年（1293）属汝宁府。明洪武初降为息县。

息安驿　在今广东廉江市西。《清一统志·高州府》：息安驿"旧在石城县西九十里，今移城内"。后省。

息安堡　明嘉靖四十二年（1563）置，属石城县。在今广东廉江市西南青平镇东南息安村。《清一统志·高州府》"横山堡"条内："息安堡在县西九十里。嘉靖四十二年设。本朝康熙初迁置。《县志》：县境诸堡，惟横山、息安二处，接壤雷廉，最为扼要。"

息县　①春秋时楚灭息国后置，治所在今河南息县西南。《左传》：哀公十七年（前478），"彭仲爽，申俘也，（楚）文王以为令尹，实县申、息"。西汉改为新息县。

②明洪武初改息州置，属颍州。治所即今河南息县。七年（1374）改属光州。民国初属河南汝阳道。1927年直属河南省。

息宰河　在今云南弥勒县南息宰。《清一统志·广西州》：息宰河"在弥勒县南九十里。明知府张继孟招降普名声于此"。"息宰"为彝语，"息"为新，"宰"为边上，意即在河边新建的村子。

息烽千户所　明崇祯三年（1630）以贵州前卫故绝六屯并割底寨司地置，属敷勇卫。治所即今贵州息烽县。清康熙二十六年（1687）省入修文县。

息烽县　1914年移贵筑县于息烽城，改名息烽县。属贵州黔中道。治所即今贵州息烽县。1920年直属贵州省。据1985年版《贵州省志》《地理志上册》称：息烽"意为烽火平息"。

息烽集中营旧址　息烽集中营是国民党反动派关押共产党员、革命志士的监狱。初设在贵州息烽县城内，1939年夏起迁至猫洞和玄天洞。猫洞在县城南阳朗坝，为一天然溶洞，洞口宽15米、高4.3米。洞内40余平方米为审讯室，洞深27米处有阴河，曾设水牢。洞右侧30米是监房。玄天洞在县城东北望山，分新、老两洞。老洞状如拱形大厅，面积3500余平方米，洞口上刻有"探玄索妙"四字。新洞又名地母洞，距老洞300多米，洞小而深，内有阴河。1938年秋至1946年，杨虎城将军与夫人谢葆贞、幼子杨拯中被囚于此，先住老洞，后移新洞。息烽集中营旧址于1988年定为全国重点文物保护单位。

息慎　即肃慎。周秦时，生活在我国东北松花江、乌苏里江及黑龙江中下游地区。《史记·五本帝纪》：帝舜时，"北山戎、发、息慎、鸟夷，四海之内，咸戴帝之功"。又《周本纪》："成王既伐东夷，息慎来贺，王赐荣伯作贿息慎之命。"

息壤　①在今湖南永州市西南。唐柳宗元《永州龙兴寺息壤记》曰："龙兴寺东北陬有堂，堂之地隆然负砖甓而起者，广四步，高一尺五寸。始之为堂也，夷之而又高……由是寺之人皆神之，人莫敢夷。……甘茂盟息壤，盖其地有是类也。"

②在今四川双流县东南籍田镇南。《舆地纪胜》卷150隆州：息壤"在籍县南一里。有地亩余，踏之软动。靖康二年，提刑邵公大书'息壤'二字镌之于石"。

〔丿丿〕

徒人城 即三角城。在今山西太原市西北。《元和志》卷13晋阳县："三角城，在县西北十九里，一名徒人城。"

徒门河 又作统门水。即今吉林东南中朝界河图们江。《金史·太宗纪》："命以徒门水以西，浑疃、星显、僝蠢三水以北闲田，给曷懒路诸谋克。"明《寰宇通志》卷116：徒门河"流往建州卫东南千里，入于海"。

徒太山 即今吉林东南部之长白山。《魏书·勿吉国传》：勿吉国"国南有徒太山，魏言'太白'，有虎豹罴狼害人，人不得山上溲汙，行径山者，皆以物盛"。《新唐书·黑水靺鞨传》："其著者曰粟末部，居最南，抵太白山，亦曰徒太山，与高丽接。"

徒西县 唐久视初置，属羁縻高州。治所在今四川高县南。后废。

徒合镇 金置，属秀容县。在今山西忻州市西四十五里冶子岭附近。

徒林 即《竹书纪年》之杜林。西周地名。在今陕西麟游县西北。《国语·晋语八》：叔向见平公曰，"昔吾先君唐叔，射兕于徒林"。

徒河县 西汉置，属辽西郡。治所即今辽宁锦州市。东汉属辽东属国。三国魏废。西晋鲜卑慕容廆复置，属昌黎郡。北魏太平真君八年（447）废入广兴县。

徒河城 一名屠河城。即今辽宁锦州市。《清一统志·锦州府》：徒河旧城"在锦县西北。相传虞夏时已有此城。刘恕《外纪》：周惠王三十三年，齐桓公救燕，破屠河。即徒河也"。

徒思 一作途思。在今伊朗东北部马什哈德北。《元史·太祖纪》：十七年（1222）春，"皇子拖雷克徒思、匿察兀儿等城"。

徒骇河 ①《尚书·禹贡》谓黄河下游"北播为九河"。《尔雅·释水》指为九河之一。据《禹贡》疏："李巡曰：徒骇，禹疏九河以徒众起，故云徒骇。……孙炎曰：徒骇，禹疏九河，用功虽广，众惧不成，故曰徒骇。"《汉书·沟洫志》：成帝时河堤都尉许商"以为古说九河之名，有徒骇、胡苏、鬲津，今见在成平、东光、鬲界中。自鬲以北至徒骇间，相去二百余里，今河虽数移徙，不离此域"。注引师古曰："徒骇在成平。"汉成平县在今沧州市西景城南二十里，近泊头市界。《汉书·地理志》勃海郡成平县境内的"虖池河，或曰徒骇河"。可知西汉时虖池河即《禹贡》时代徒骇河，亦即黄河下游九河中的干流。故道自今深州市南折东北，经青县，至静海县入海。

②今之徒骇河，元、明时称土伤河或土河。自山东聊城分运河之水东出，东北经茌平、高唐、禹城、商河、惠民、滨州，由沾化县北入海。《清一统志·济南府一》谓今之徒骇河即古"漯水下流"。

徒笼古水 即今黑龙江省萝北县西都鲁河。源出小兴安岭，东南流入松花江。《金史·世纪》："会陶温水、徒笼古水纥石烈部阿阁版及石鲁阻五国鹰路，执杀辽捕鹰使者。辽诏穆宗讨之。"

徕宁城 清乾隆二十七年（1763）在喀什噶尔旧城西北建，在今新疆喀什市区西公安处一带。《清一统志·喀什噶尔》："喀什噶尔城曰徕宁，周四里余，东西南北四门，城东有回城。"道光六年（1826）毁于兵燹。

徐 ①即余吾戎。商、周时国，在今山西屯留县西北。

②西周时国。在今江苏泗洪县南大徐台。《左传·昭公元年》："周有徐、奄"，即此。春秋昭公三十年（前512）为吴所灭。西汉置徐县。

徐山 ①在今江苏徐州市铜山区南七十里。《隋书·地理志》：彭城有徐山。

②在今江苏邳州市北。《博物志》卷7：徐偃王"为楚所败，逃走彭城武原县东山下，百姓随之者以万数，后遂名其山为徐山"。《隋书·地理志》下邳郡良城县："有徐山。"

③在今山东胶南市西南。《隋书·地理志》：琅邪县有徐山。《寰宇记》卷24诸城县："《三齐记》：始皇令术士徐福入海求不死药于蓬莱、方丈山，而福将童男童女二千于此山集会而去，因曰徐山。"

徐马寨 即今河北南宫市东南六十六里徐马寨。清同治《畿辅通志》卷54南宫县图：东南有徐马。

徐乡县 西汉置，属东莱郡。治所在今山东龙口市东北三十里徐福镇。以徐福求仙为名。元延元年（前12）成帝封胶东共王子炔为徐乡侯，即此。东汉省。

徐无山 在今河北遵化市东。《三国志·魏书·田畴传》：东汉建安十二年（207），曹操北征乌丸，令田畴"将其众为乡导，上徐无山，出卢龙"。即此。《水经·鲍丘水注》：庚水（今濠河）"出右北平徐无县北塞中，而南流历徐无山得黑牛谷水，又得沙谷水，并西出山，东流注庚水"。

徐无县 战国秦置，属右北平郡。治所在今河北遵化市东。西晋为北平郡治。北魏属渔阳郡。北周废。

徐水 ①即今河北徐水县南漕河。《汉书·地理志》北平县："徐水东至高阳入博。"《水经·滱水注》：徐水"西出广昌县东南大岭下。……徐水又径北平县，……徐水又东径蒲城北，又东径清苑城，……徐水又东左合曹水，……徐水又东南径故城北，徐水又东注博水"。

②即今陕西合阳县北徐水河。《水经·河水注》：徐水"出西北梁山，东南流径汉武帝登仙宫东，东南

流绝强梁原，右径刘仲城北，其水东南径子夏陵北，东入河”。《清一统志·同州府一》引《县志》：“今有桥头河，在县北十五里。发源梁山东峪，东南流径城东北入河，即徐水也。”

徐水区　2015年撤销河北省徐水县，设立保定市徐水区，区政府驻安肃镇永兴中路11号。

徐水县　1914年改安肃县置，属直隶保定道。治所即今河北徐水县。1928年直属河北省。2015年撤销徐水县，改为徐水区。

徐公店　在今山东沂南县西南，近费县、临沂二县界。清置徐公店驿。

徐公桥镇　亦作徐公浦镇。即今江苏昆山市东南四十里徐公桥镇村。北宋郏亶谓古人治水每五里、七里为一纵浦，徐公浦即其一。镇在徐公浦西岸，因河得名。

徐公浦　在今上海市嘉定区原县城西北。《方舆纪要》卷24苏州府嘉定县：徐公浦“南通鸡鸣塘，达顾浦；北通郭泽塘，又北达刘河”。

徐六泾口　在今江苏常熟市东北，介于高浦口与许浦口之间。清时曾有千总驻守。

徐平章城　在今湖北武穴市西北。《清一统志·黄州府》：徐平章城“在广济县西。《县志》：元末，县人徐兴举贤良，官平章，筑城县西，督兵御红巾”。

徐达墓　在今江苏南京市太平门外板仓村。徐达（1332—1385），字天德，濠州（今安徽凤阳县）人。明开国功臣，封魏国公。洪武十八年（1385）二月病卒，死后追封中山王，谥武宁，赐葬钟山之阴。墓前立明太祖朱元璋亲撰碑文的石碑，碑身连额高5.5米，下承龟趺高1.8米。墓冢前有其后裔所立石碑一块，上刻“明封魏国公追封中山王谥武宁徐公夫人谢夫人之墓”。神道两侧立有石马、石羊、石虎、武将、文臣，皆用整块岩石雕成，浑厚朴实，继承了我国汉代石刻艺术风格。

徐光启墓　在今上海市徐汇区光启公园内。徐光启（1562—1633）字子先，上海徐家汇人，明代科学家，终生从事研究天文、历法、水利、测量、数学、农学，并翻译西洋科学著作，介绍先进技术。他编纂的《农政全书》系统地总结我国历代农业科学的理论和经验，是我国近代科学的先驱。崇祯六年（1633）逝于北京，翌年归葬上海今址。1988年定为全国重点文物保护单位。

徐关　在今山东淄博市淄川区西。《左传》：成公二年（前589），齐侯为晋军败于鞌，“遂自徐关入”。又，成公十七年（前574），国佐“杀庆克，以谷叛，齐侯与之盟于徐关而复之”。即此。

徐州　①古九州之一。《尚书·禹贡》：“海、岱及淮惟徐州。”《尔雅·释地》：“济东曰徐州。”海指今黄海，岱即泰山，淮即淮水，济东即古济水以东。

②邑名。(1) 一作平舒。战国齐地，即今河北大城县。《史记·田敬仲完世家》：威王二十四年（前333），“吾吏有黔夫者，使守徐州，则燕人祭北门，赵人祭西门”。(2) 又作舒州。春秋、战国齐地，在今山东滕州市东南。《史记·越王句践世家》：句践“与齐、晋诸侯会于徐州”。即此。

③战国时鲁地。在今山东滕州市南。《史记·越王勾践世家》：“勾践已平吴，乃以兵北渡淮，与齐、晋诸侯会于徐州。”又《鲁周公世家》：顷公十九年（前254），“楚伐我，取徐州”。《集解》：“徐广曰：徐州在鲁东，今薛县。”《续汉书·郡国志》：鲁国薛“本国，六国时曰徐州”。《水经·泗水注》引《竹书纪年》：“梁惠成王三十一年，邳迁于薛，改名徐州。”

④西汉武帝所置十三刺史部之一。辖境相当今山东东南部和江苏长江以北地区。东汉时治所在郯县（今山东郯城县）。三国魏移治彭城县（今江苏徐州市）。东晋时移治京口（今江苏镇江市）。南朝宋永初二年（421）改为南徐州。

⑤十六国后秦置，治所在项城（今河南沈丘县）。后废。

⑥后燕初置于黄巾固（今山东章丘市西北水寨镇）。后徙黎阳（今河南浚县东北）。又徙治鄄城（今山东鄄城县北旧城镇）。《十六国疆域志》卷12：“《后燕录》：建兴二年，垂以翟辽为徐州刺史。”《资治通鉴》：东晋太元十三年（388），“燕青州刺史陈留王绍为平原太守辟闾浑所逼，退屯黄巾固。燕主垂更以绍为徐州刺史”。

⑦南燕置，治莒城（今山东莒县）。《晋书·地理志》：南燕慕容德以“徐州刺史镇莒城”。《寰宇记》卷24：“《南燕录》：慕容德以尚书潘聪为徐州刺史，镇莒城。又以桓遵为徐州刺史，亦理此。”

⑧南朝宋永初二年（421）改北徐州置，治所在彭城县（今江苏徐州市）。隋大业初改为彭城郡，唐武德四年（621）复为徐州。天宝元年（742）又改彭城郡，乾元元年（758）复为徐州。元至元二年（1336）省彭城县入州，属归德府。至正八年（1348）升为徐州路，十二年（1352）降为武安州。明洪武初复名徐州，属凤阳府。十四年（1381）直隶南京。清属江苏省，雍正十一年（1733）升为徐州府。

⑨南朝宋侨置，治所在燕县（今安徽凤阳县东北临淮关东）。辖境相当今安徽淮河以南蚌埠、凤阳、明光、定远、来安、滁州、全椒等市县地。南齐改为北徐州。

⑩北魏延和二年（433）置，治所在济阳县（今河南兰考县东北）。皇兴初废。

⑪金天会七年（1129）改安肃军置，治所在安肃县（今河北徐水县）。天德三年（1151）改名安肃州。

徐州市　1945年析铜山县置，属江苏省。治所即今江苏徐州市。1949—1952年属山东省。1952年划归江苏省后由省直辖（地级）。1958年改为县级市。1983年撤销徐州地区，改设地级徐州市。

徐州府　清雍正十一年（1733）升徐州置，属江苏省。治所在铜山县（今江苏徐州市）。辖境相当今江苏新沂、宿迁以西，及安徽砀山、萧县地。1912年废。

徐州墓群 在今江苏徐州市区及市南铜山区境。徐州汉墓广泛分布于市区南云龙山及东、西、南郊，市南铜山区境内。云龙山北麓的土山汉墓传为楚霸王项羽的谋士范增墓，1968年发现砖石结构，平面呈十字形，包括前、后室及甬道，室内面积25.5平方米，出土银缕玉衣、鎏金兽形砚等珍贵文物。玉衣二千五百块玉片用银丝编缀。1978年在其南面发现主墓，墓主可能为东汉某彭城王。此外有西南郊拉犁山汉墓两座，东西并列。1985年清理一号墓，发现该墓有前室、中室、后室、左右耳室和回廊，顶部有的作叠涩式藻井，异常华丽，显示出高超建筑艺术。从一号墓出土铜缕玉衣的玉块约一千片。徐州西郊卧牛山汉墓为人工洞式墓，曾被盗，仍清理出王莽时期古钱币。徐州南铜山区茅村乡有茅村汉画像石墓、桓山汉墓。其中画像石基为东汉熹平四年（175）墓葬。墓室系大青石砌筑，墓内有画像石二十一块，刻绘车马出行、马戏杂技、宾主宴会、楼阁禽兽等。浮雕艺术高超，内容形象反映当时社会生活状况，是研究我国古代史的重要资料。桓山汉墓为人工开凿崖洞石室墓，自古为徐州名胜，墓道两壁尚存宋至清石刻四十余方。铜山区汉墓还有夹河乡闸口村楚王山汉墓群、潘塘乡段山汉墓、青水泉乡白集汉画像石墓等。公元前201年刘邦的同父异母之弟刘交被封于楚，国都彭城。楚王山汉墓群正是楚元王及其子孙的墓群。是保存最好的汉代侯王级墓群。段山汉墓主墓室为穹顶，墓室内凿有排水系统。该墓为某代楚王、王后合葬墓。白集汉画像石墓壁上共嵌画像石刻二十四块，画面有西王母、女娲、宾主饮宴、杂技表演、奇禽异兽、楼阁建筑等，图像生动、刻艺精湛。此墓曾被盗，但仍清理出五铢钱等。据推断当为东汉某代侯王墓葬。2006年定为全国重点文物保护单位。

徐州路 元至正八年（1348）升徐州置，属河南江北道肃政廉访司。治所在彭城县（今江苏徐州市）。十二年（1352）降为武安州。

徐吾氏 或作余无戎、余吾。在今山西屯留县西北三十里。《左传》：成公元年（前590）春，“遂伐茅戎。三月癸未，败绩于徐吾氏”。

徐县 战国秦置，属泗水郡。治所即今江苏泗洪县南大徐台。西汉为临淮郡治。东汉属下邳国。三国魏属下邳郡。西晋属临淮郡。东晋废。

徐谷 在今四川万源市东北。《汉书·地理志》 宕渠县：“不曹水出东北徐谷，南入灊。”

徐沟县 金大定二十九年（1189）置，属太原府。治所在今山西清徐县东南三十一里徐沟镇。1952年与清源县合并为清徐县。

徐舍镇 即今江苏宜兴市西四十五里徐舍镇。清时有把总驻防。

徐城县 隋开皇十八年（598）改高平县置，属泗州。治所在今江苏泗洪县南大徐台子。大业初属下邳郡。唐属泗州，开元二十五年（737）移治临淮县（今洪泽县西临淮乡）。北宋建隆二年（961）废。

徐闻县 西汉元鼎六年（前111）置，属合浦郡。治所在今广东徐闻县南。梁模《广东壮语地名初探》（载《广东省地名工作通讯》总37期）云：徐闻为壮语，“徐”意为村，闻即“汶”字音（今两广称泉水为汶水），故“徐闻”意为泉水村。三国吴为朱崖郡治。南齐改为齐康县。唐贞观二年（628）改隋康县为徐闻县，属雷州。北宋开宝五年（972）废。南宋乾道七年（1171）复置，仍属雷州。元属雷州路，至元二十八年（1291）迁今徐闻县。明属雷州府，天顺六年（1462）移治今徐闻县东南海安镇，弘治十四年（1501）又移治今徐闻县。民国初属广东高雷道。1920年直属广东省。

徐美人墓 在今河南洛阳市老城北郊邙山下（铁路小学内）。徐美人系晋惠帝皇后（贾南风）乳母，在宫闱中颇受尊宠。大将军杨骏图谋篡权，宫人在面临“倾覆之祸干斯须”之际，徐美人“设作虚辞”使得贾皇后脱险，故其死后殡葬甚隆。1953年洛阳考古发掘队对该墓进行了发掘，出土墓志为石质圭首方趺，正背两面均刻字。字迹佳丽，当为珍品。

徐海道 1914年依前徐州府、海州直隶州辖境置，属江苏省。治铜山县（今江苏徐州市）。辖境约当今江苏丰县、徐州、睢宁、宿迁、沭阳、灌南、响水以北地区及安徽萧县、砀山2县地。1927年废。

徐家 即今黑龙江哈尔滨市呼兰区南徐家村。呼海铁路经此。

徐家汇（匯） 在今上海市徐汇区中部。原是法华泾、肇嘉浜、蒲汇塘汇合处。明徐光启在此建农庄别业，死后葬于农庄之南，其后裔在此定居，遂称徐家汇。近代渐发展成市镇，成为市区通向西南郊的枢纽。现为上海市西南重要商业中心。建有著名的天主教堂、天文台。

徐家汇（匯）天主堂 在今上海市徐汇区漕溪北路。清光绪三十二年（1906）建。为罗马式教堂建筑，名圣依纳爵堂。坐西朝东。前有钟楼二座，高达50余米。在进深70米的大堂内有祭台十九座，可容二千五百人。为上海最大的天主堂。

徐家场 即今四川什邡市西北云西镇。民国《什邡县志》卷2：徐家场在“县西北偏西，距县二十五里。……其场附近产烟甚富，各路烟商麕集，故此场富庶为全县之冠”。

徐家行镇 即今上海市嘉定区东北五里徐行镇。依新泾为市。清光绪《嘉定县志》卷1：徐家行镇，“里人徐晃创市”，故名。

徐家坝 即今重庆市巫溪县北徐家镇。清光绪《大宁县志》卷1：徐家坝“在县东北一百二十里。现设汛卡”。有千总驻防。

徐家咀桥 即今安徽太湖县东南徐桥镇。清乾隆

《太湖县志》卷2：徐家咀桥在“县南四十里。乾隆五年地方绅士捐输重建，名曰高桥。往来便之”。镇以桥名。

徐家店　即今河北乐亭县西北二十五里徐家店。清光绪《乐亭县志》卷2有徐家店集。

徐家埠市　即今江西都昌县东北徐埠镇。清同治《南康府志》卷5都昌县：徐家埠“在治北东六十里。水通左蠡，木行较夥，商贾如林，此北境市之盛者”。

徐家集　即今山东蓬莱市西南三十里徐家集镇。清道光《蓬莱县志》卷1《市廛》有徐家集。

徐家渡　即今江西上高县西北徐家渡镇。清同治《江西全省舆图》卷4：上高县有徐家渡。

徐陵　在今江苏镇江市丹徒区西。《三国志·吴书·吴主传》：黄武元年（222），魏“曹休使臧霸以轻船五百、敢死万人袭攻徐陵”，即此。

徐陵亭　即今江苏镇江市。徐陵为京口的别称。《三国志·吴书·吴主传》：黄武元年（222），魏将臧霸“以轻船五百、敢死万人袭攻徐陵，烧攻城车，杀略数千人”。《寰宇记》卷89润州丹徒县：“《南徐州记》云：京口北为徐陵，其地盖丹徒县之西乡京口里也。”

徐渎浦场　在今江苏连云港市东北。明万历《淮安府志》卷3海州：徐渎浦场盐课司“在东海城北”。

徐渠州　唐天宝前置羁縻州，属雅州都督府。治所在今四川宝兴县境。后废。

徐堨　又名徐塘。在今安徽含山县南。《资治通鉴》：魏甘露二年（257），“因吴人欲向徐堨，（诸葛诞）请十万众以守寿春。”胡三省注：“徐堨，即徐塘，在东关之东。”

徐斌水堡　明置，属固原州。在今宁夏海原县北境。《方舆纪要》卷58固原州：徐斌水堡“在西安所北百余里。旧边在堡西南，新边在堡东北，为固原西路之要”。

徐渭墓　在今浙江绍兴市西南十五里姜婆山。徐渭（1521—1593），初字文清，后改文长。号天池山人，别号青藤道士。山阴（今绍兴）人。明代文学家、书画家。至清末时，其墓已毁圮，《履园丛话》有所记载。中华人民共和国成立后，徐渭墓及其父母、前妻、兄嫂诸墓均被重新发现。2006年青藤书屋及徐渭墓被定为全国重点文物保护单位。

徐塘　亦称徐堨。故址在今安徽含山县南东关镇东。为三国吴诸葛恪所筑。《三国志·吴书·丁奉传》：建衡元年（269），“奉复帅众治徐塘”。即此。

徐嵩堡　在今陕西彬县西南。十六国前秦中垒将军徐嵩，据险筑堡以自固，故名徐嵩堡。《晋书·苻登载记》：东晋太元十二年（387），“姚苌遣其将军姚方成攻陷徐嵩堡，嵩被杀，悉坑戎士”。

徐溪口　即今安徽濉溪县。清乾隆间移宿州州同驻此。

徐墩街　即今福建建瓯市西北三十里徐墩镇。旧属建阳。明嘉靖《建阳县志》卷3：徐墩街“在兴下里”。清《乾隆内府舆图》：建宁府西北有徐墩。

徐墩溪　即今福建建阳市南二十五里徐震溪。《方舆纪要》卷97建阳县：徐墩溪“源出顺昌县接界之五峰山，流至此，可通舟楫。亦流合交溪”。

徐镇堡　清置镇，并设千总驻防，属开州。即今河南濮阳县东南五十七里徐镇。

徐霞客故居及晴山堂石刻　在今江苏江阴市南马镇南旸岐村。徐霞客是明代著名旅行家、地理学家。其故居始建于明代，现存古建筑五栋十七间，建筑面积500平方米，为三进院落式住宅，均为硬山式建筑。第三进为正厅，名崇礼堂，面阔五间19米，中间三间进深10.8米。堂前天井两侧为厢房。故居附近的徐氏宗祠晴山堂内保存徐霞客晚年搜集整理并请名工巧匠镌刻的自元至明石刻七十六块，为书法瑰宝，现嵌砌在1977年重建的仿明建筑晴山堂内壁。2001年定为全国重点文物保护单位。

徐霞客墓　在今江苏江阴市南马镇南旸岐村。徐霞客（1586—1641）名弘祖，字振之。南直隶江阴（今属江苏）人。是我国著名旅行家和地理学家。22岁起游历天下名山，足迹遍及我国十七省区。明崇祯十四年（1641）在家中病故。墓前墓碑上刻“明高士霞客徐公之墓”。现有徐霞客纪念堂。

徐翼县　1947年秋晋冀鲁豫革命根据地由阳谷、东阿二县析置，治阿城（今山东阳谷县东北阿城镇）。1949年9月撤销，并入阳谷县。

虒祁宫　春秋晋平公筑。在今山西侯马市西南十里汾祁村。《左传》：昭公八年（前534），“晋侯方筑虒祁之宫”。《水经·浍水注》：“宫在新田绛县故城西四十里。晋平公之所构也。……其宫地背汾面浍，西则两川之交会也。”

虒阳河　即今山西五台县东滤阳河。《方舆纪要》卷40五台县：虒阳河“在县东北四十里，平地涌出，西南合虑虒水，……注于滹沱”。

虒亭　即今山西襄垣县西虒亭镇。《资治通鉴》：五代周广顺元年（951）冬十月，“潞州巡检陈思让败北汉兵于虒亭”。

虒奚县　西汉置，属渔阳郡。治所在今北京市密云县东北古北口内潮河西岸。《汉书·地理志》渔阳郡作“厗奚”，厗为虒之误。注引孟康曰：“厗音题，字或作蹏。”清汪光孙《〈汉书·地理志〉校本》云：“案，厗，当作虒。《太平御览·州郡八》引作虒溪。《续志》及《水经·鲍丘水注》作傂。……《广韵》、《集韵》皆无傂字。而《集韵》曰：‘虒奚，县名。音田黎切。’然则傂者，伪字。”东汉末废。《水经·鲍丘水注》：“大榆河又东南出峡，径安州旧渔阳郡之滑盐县南……又南径傂奚县故城东，王莽更之曰敦德也。”

殷　商王朝自盘庚至纣的都城。在今河南安阳市西北小屯村。《史记·殷本纪》《正义》引《括地志》：

“《竹书纪年》：自盘庚徙殷，至纣之灭，七百七十三年，更不徙都。”

殷川县　唐置，属羁縻殷州。治所在今四川宜宾县西北。北宋属商州。后废。

殷中宗陵　在今河南内黄县西南亳城乡。《清一统志·彰德府二》：中宗陵“高一丈五六尺。宋开宝间树碑。梁周翰撰文”。

殷达穆　亦作音达穆河、音达穆毕尔罕。在今黑龙江省佳木斯市东北，音达木河口东岸。因濒音达木河得名。清光绪《吉林通志》卷17：音达木河口卡伦在“（三姓）城东北，松花江南岸二百十三里”。

殷行镇　即今上海市杨浦区东北部殷行，与五角场邻近。旧属宝山县。清光绪《江苏全省舆图》宝山县：“殷行镇在城南一十八里。”

殷州　①北魏孝昌二年（526）置，治所在广阿县（今河北隆尧县东十二里旧城村）。辖境相当今河北隆尧、内丘、临城、柏乡、高邑、宁晋、赵县、元氏、赞皇、栾城等县地。北齐天保二年（551）改为赵州。

②北魏置，治所在城阳郡城阳县（今河南泌阳县南）。隋开皇初废。

③南朝梁太清元年（547）改北扬州置，治所在丹杨郡（今河南沈丘县）。东魏武定六年（548）复改为北扬州。

④隋开皇十六年（596）置，治所在获嘉县（今河南获嘉县）。大业初废。唐武德四年（621）复置，辖境相当今河南获嘉、武陟、修武、新乡等县及新乡市地。贞观元年（627）废。

⑤唐咸亨三年（672）析昆明部置羁縻州，属戎州都督府。治所在今四川宜宾县西北商州镇。后废。开元十五年（727）复置，后又废。贞元二年（786）复置，北宋改为商州。

殷村巷镇　即今江苏南京市江宁区南殷巷村。清同治《上江两县志》卷5《城厢》：有“殷巷”。光绪《江苏全省舆图》江宁县记：“殷村巷镇在城南三十里。”

殷国　秦亡后，西楚霸王项羽封司马卬为殷王，都城在朝歌（今河南淇县）。辖河内郡，相当今河南新乡市、滑县以西，黄河以北地区。后为汉王刘邦所灭，仍改为河内郡。

殷河　在今江西万年县西。《清一统志·饶州府一》：殷河“在万年县（今青云镇）北。源出百丈岭，汇东南诸溪入泊江”。

殷城　①亦名亶甲城。在今河南内黄县南。《史记·殷本纪》：“河亶甲居相。”《正义》引《括地志》：“故殷城在相州内黄县东南十三里，即河亶甲所筑都之，故名殷城也。”

②在今河南武陟县东南。《水经·沁水注》：“朱沟自支渠东南径州城南，又东径怀城南，又东径殷城北。郭缘生《述征记》曰：河之北岸河内怀县有殷城。”并引《竹书纪年》曰：“秦师伐郑次于怀，城殷。”即此。《元和志》卷16怀州武陟县：“故殷城，在县东南十里。”

殷城县　隋开皇初改苞信县置，属光州。治所在今河南商城县西。《旧唐书·地理志》：“取县东古殷城为名。”大业初属弋阳郡。唐武德三年为义州治。贞观元年（627）属光州。北宋建隆元年（960）改为商城县。

殷格池　一作英额池。即今青海德令哈市北与天峻县交界的哈拉湖。民国许公武《青海志略》：“英额池在和硕特北右末旗北境，周百五十里。……一作殷格池。”

殷家汇（匯）镇　即今安徽池州市西南六十里秋浦河西岸殷汇镇。清乾隆八年（1743），李阳河镇巡司移驻于此。

殷家庄窝堡　明置，属铁岭卫。在今辽宁铁岭县西北。

殷家店　即今湖北随州市东北百十五里殷店镇。清代置汛，由额外外委驻防。

殷家巷　即今山东商河县北殷巷镇。清道光《商河县志》卷2：殷家巷在“城北二十里”。

殷墟　商代后期都城。在今河南安阳市西北四里小屯村一带。《水经·洹水注》：“洹水出山，东径殷墟北。《竹书纪年》曰：‘盘庚即位，自奄迁于北蒙，曰殷’。”《史记·项羽本纪》：秦二世二年（前208），“章邯使人见项羽，欲约。……项羽乃与期洹水南殷墟上”。《集解》引应劭曰：“殷墟，故殷都。”1899年发现小屯村出土的龟甲、牛骨上的文字，从而确认了文献记载的殷墟。1926—1937年间曾进行过十五次发掘。1950年后又在此进行连续的勘探与发掘。遗址分布情况是：洹河以南小屯村东北为宫殿、宗庙区，其周围分布有手工业作坊、居民区和平民墓地。洹河北岸侯家庄与武官村北一带为王陵区，发现了大量人殉和人牲遗迹。历年发掘出土大量的甲骨文字、精美的铜器以及生产工具、生活用具，其中著名的“司母戊”大方鼎重达875公斤，为世界罕见的重器。这些发现较全面地反映了商代后期的社会面貌。1961年定为全国重点文物保护单位。

殷繁水　即今内蒙古察哈尔右翼后旗西南五德沟。《魏书·太宗纪》：泰常元年（416），“大狝于牛川，登釜山，临殷繁水而南”。

舰长暗沙　即今南海中中国南沙群岛之舰长礁，位于半月礁东北23海里。为一长3.3公里、宽约1.8公里的礁平台。有若干礁石露出，西北角有礁石出水达1.2米。中国渔民向称石龙。1935年公布名称为无劳加比丹礁。1947年改名舰长暗沙。1983年改为舰长礁。

舰浦城　又名万浦城。即今江苏江阴市西十里夏港镇。《寰宇记》卷92江阴县：“舰浦池（城）在县西十八里。古老云：陈至德元年，江阴郡守倪启徙江阴治夏浦，筑此城也。”《清一统志·常州府二》：“《旧志》亦曰夏浦城。隋开皇九年，复还今治而城废。”

舰澳　古水名。在今江苏南京市南。宋《景定建康志》卷19：舰澳“在南城长干里。水出娄湖，下入秦淮，深丈余，冬春不涸”。并引《舆地志》云：“梁武帝所开，在光宅寺东二百五十步，其寺武帝旧宅，帝从城归宅，仪仗舟车骈戢塞路，开以藏船。”

般水　在今山东淄博市淄川区东南。《水经·济水注》：般水“出（般阳）县东南龙山，俗亦谓之为左阜水。西北径其城南。应劭曰：县在般水之阳，故资名焉。其水又南屈西入陇水”。《寰宇记》卷19淄川县：“般水发源去县二十里，经县理南去一百二十步，又西北流入笼水。”

般州山　在今北京市房山区西南。《明一统志》卷1顺天府：般州山“在房山县西南四十里，上有般州山寨”。

般阳县（般 pán）　①战国秦置，属济北郡。治所在今山东淄博市西南淄川城。出土秦封泥中有“般□丞印”可证。据《汉书·地理志》注：“应劭曰：‘在般水之阳。’”故名。西汉属济南郡。东汉属齐国。西晋废。

②南朝宋置，属齐郡。治所在今山东临朐县东南盘阳。北齐废。隋开皇六年（586）复置，属青州。大业初废入临朐县。

般阳府（般 pán）　明洪武初改般阳路置，治所在淄川县（今山东淄博市西南淄川城）。九年（1376）降为淄川州。

般阳府路（般 pán）　即般阳路。治所在今山东淄博市西南淄川城。

般阳路（般 pán）　一作般阳府路。元世祖至元二十四年（1287）改淄莱路置，属中书省。治所在淄川县（今山东淄博市西南淄川城）。取汉般阳县为名。辖境相当今山东淄博市、博兴县西部及高青、邹平以东，黄河以南，鲁山以北地。明洪武初改为般阳府。

般县（般 pán）　①西汉置，属平原郡。治所在今山东乐陵市西南。北魏为安德郡治。北齐天保七年（556）省。隋开皇十六年（596）复置，属德州。治所在今山东临邑县北（德平镇西南三十里）。大业初属平原郡。唐贞观十七年（643）废。

②南朝宋侨置，属平原郡。治所在今山东邹平、高青、章丘等县市境。北魏属东平原郡。北齐省。

般若寺（般 bō）　①在今山西五台县五台山东台楼观谷。明成化中建。有清康熙、乾隆帝书额。

②在今辽宁沈阳市大南街永德里6号。建于清康熙二十三年（1684）。后经多次重修。寺坐北朝南，两进院落。寺前为天王殿。院内为大雄宝殿和藏经楼，显得古朴、典雅。现为群众游览和举办佛事活动的场所。

③在今四川内江市东北三溪口大石山松柏寨东北。清道光《内江县志要》卷1：般若寺“治北二十余里。宋建。万历间重修。国朝丈雪修葺。祝天锡有诗”。寺始建于唐。山腰岩间有唐、宋磨崖造像、石刻题记及明、清诗文题刻。

航头镇　亦作行头。即今上海市浦东新区南汇西二十九里航头镇。明时有盐仓，商业繁盛。

航步镇　①北宋置，属舒城县。即今安徽舒城县东北四十里杭埠镇。

②在今江西抚州市临川区南。《方舆纪要》卷86抚州府临川县：航步镇在“府西南五十里。洪武四年置税课局于此”。清时裁。

航埠市　即今浙江衢州市柯城区西二十里航埠镇。明弘治《衢州府志》卷5驿递：城西有上航埠头驿。清嘉庆《西安县志》卷9：航埠市有“东、西二市”。

航慈溪　东阳江支流。在今浙江义乌市西南。《方舆纪要》卷93金华府：航慈溪“在府东四十里，其上源即义乌县界小双溪也，西南流，入于东溪”。

舥艚寨　即今浙江苍南县东四十八里舥艚镇。《方舆纪要》卷94平阳县：舥艚寨“寨东、北两面皆滨海，嘉靖中，倭屡由此入犯”。

〔丿丶〕

途思　即徒思。在今伊朗东北部马什哈德北。《元史·地理志·西北地附录》有“途思”。

途鲁吉　即今土耳其之转音。元《经世大典图》列途鲁吉于倭赤之西，可失哈耳北，在今吉尔吉斯斯坦纳伦河流域一带。《元史·地理志·西北地附录》有“途鲁吉”。

拿（拏）口站　元改移水口站置，属福建行省邵武路。在今福建邵武市东南五十六里拿口镇。

拿（拏）口寨　宋置，属邵武县。即今福建邵武市东南拿口镇。元置拿口巡司于此。明初废。清复置巡司。民国时称拿口镇。

釜山　①在今河北怀来县东南。《史记·五帝本纪》：黄帝“合符釜山，而邑于涿鹿之阿”。《正义》引《括地志》：“釜山在妫州怀戎县北三里，山上有舜庙。”即此。

②即今河北徐水县西北四十五里釜山。《新定九域志》卷2：釜山，“邢子励《高阳记》云：漕水出釜山”。《方舆纪要》卷12安肃县：釜山“以形似名，西接黑山，东临峭壁，中有谷甚宏敞。初入曰釜阳口，内为釜山村。泉甘土肥，物产鲜美。黄帝朝诸侯合符釜山，或以为即此山”。

③在今内蒙古四子王旗北。《魏书·太宗纪》：泰常元年（416），“秋七月甲申，帝自白鹿陂西行，大狝于牛川，登釜山，临殷繁水”。

④在今河南信阳市南。《方舆纪要》卷50信阳州：釜山“在州南六十里。连环五十余里，势如覆釜。后魏将辛祥夜袭梁将吴武成于釜山，即此”。《魏书》作“金山”。

釜水　一作滏水。即今河北滏阳河。《淮南子·墬形训》：“釜出景。”高诱注：“景山在邯郸西南，釜水所出，南泽入漳，其原浪沸涌，正势如釜中汤，故曰釜，今谓之釜口。”《明史·地理志》：邯郸县“东有滏阳河”。今滏阳河主道在明代成化后形成。

釜丘 即陶丘。在今山东定陶县西南七里。《水经·济水注》：济水“又东径陶丘北。《地理志》曰：《禹贡》定陶西南有陶丘。陶丘亭在南，《墨子》以为釜丘也”。并引《竹书纪年》：“魏襄王十九年，薛侯来会王于釜丘。”即此。

釜溪河 一名盐井河。在今四川自贡市南。西支为旭水河，北支为威远河，在市西北两河口会合后，始称釜溪河，经市中心区西南，东南流至富顺县西南注入沱江，釜溪河既为产盐河，也是运盐河。两河口以下通木船。民国《富顺县志》，富顺县水系图：县西有盐井河。

耸侬洞 在今四川秀山土家族苗族自治县东北宋农。《元史·英宗纪》：延祐七年（1320），“酉阳耸侬洞蛮田谋远为寇，命守臣招捕之”。即此。

耸翠峰 在今贵州清镇市北。《清一统志·安顺府》：耸翠峰，“《（贵州）通志》：相传明建文帝行遁时，曾寄宿于此”。

爱子江 在今越南中部广治省赵丰北。《明史·张辅传》：永乐十一年（1413）辅征安南陈季扩，“与（沐）晟会顺州，战爱子江”。即此。

爱古斯河 即今哈萨克斯坦东部巴尔喀什湖东北之阿亚古兹河，注入巴尔喀什湖。清徐松《西域水道记》卷4：爱古斯河“发自朱尔库朱山（准语：朱尔，母狍也；库朱，脖也。山形似之，故名），西流一百五十余里，有博罗额布克特水、乌兰额布克特水同西南流百余里来汇，爱古斯河又挟以西南流五十里入爱唐苏河。爱古斯河东距塔尔巴哈台城四百余里，与哈萨克以此河为界也”。

爱民县 辽置，为乌州治。治所在今吉林双辽市西北。金废。

爱毕哈河 即今内蒙古达尔罕茂明安联合旗（百灵庙）东北艾不盖河。《清一统志·茂明安》：爱毕哈河“在旗西北七十里。源出刻勒峰，东流经古尔板喀喇山，入喀尔喀界”。清张穆《蒙古游牧记》卷5喀尔喀右翼部：“爱布哈河，旧作爱毕哈，在旗西北六十里，自茂明安界流入境，经旗北三十里白云山及旗东北七十里察罕鄂博之间，东流出卡伦边”，潴为阿勒坦托辉诺尔。

爱州 ①南朝梁普通四年（523）置，治所在移风县（今越南清化省清化北马江南岸）。隋大业三年（607）改为九真郡。唐武德四年（621）复置爱州。治所在九真县（今越南清化省清化）。天宝元年（742）改为九真郡，乾元元年（758）复为爱州。辖境相当今越南清化、义安两省地。五代后废。

②明永乐五年（1407）属清化府。治所在河中县（今越南清化省河忠县）。辖境相当今越南清化省马江下游东南和宋江、峨江流域各县。宣德二年（1427）以后入安南。

爱阳河 在今河北万全县西城西河。《辽史·地理志》：归化州有“爱阳川”。《方舆纪要》卷18万全都司：爱阳河“在炭山西北二十里。深仅尺许，中多浮草，性凉，宜牧马”。

爱直驿 宋置，在今江西萍乡市东三十里。明废。《清一统志·袁州府》：爱直驿“有古树亭亭直上，故名”。

爱荤 即瑷珲。在今黑龙江省黑河市南爱辉镇。清吴榐臣《宁古塔纪略》：“又八百至爱荤。木城，四周皆山。城临乌龙江（即黑龙江），有将军镇守。”

爱哈门 又名爱河门、爱阳门。清置，即今辽宁凤城市东北叆阳镇。《清一统志·奉天府二》：爱哈边门在“凤凰城东北一百二十里”。

爱浑城 亦作瑷珲城。在今俄罗斯阿穆尔州布拉申维斯克（海兰沧）南。清雍正《钦定八旗通志初集》卷153《郎谈传》：康熙二十一年（1682）“十二月，疏上平罗刹之策……从黑龙江顺流回，凡十五日至爱浑城，观水势从爱浑至雅克萨舟楫可通，无险阻之患，两岸俱可牵缆而行”。

爱敬寺 南朝梁武帝建。故址在今江苏南京市东钟山西侧。《梁书·武帝纪》：“及居帝位，即于钟山造大爱敬寺，青溪边造智度寺。”又太清二年（548），侯景攻陷东府城，邵陵王纶率部入援，“顿钟山爱敬寺”。宋张敦颐《六朝事迹类编》卷11：大爱敬寺“梁武帝普通元年造，在蒋山之北高峰上”。

爱敬陂 亦名陈公塘。在今江苏仪征市东北三十里，接邗江县界。《舆地纪胜》卷37扬州引《元和志》云：爱敬陂“在江都县西五十里。魏陈登为太守开陂，民号爱敬陂。亦号陈登塘”。

爱新水 金称按出虎水，清称阿勒楚喀河。即今黑龙江省松花江支流阿什河。《金史·地理志》：“国言金曰按出虎，以按出虎水源于此，故名金源。”金朝以金为爱新，故有此称。

奚 ①春秋鲁地。在今山东枣庄市西薛城区东北陶庄镇奚村。《春秋》：桓公十七年（前695），“及齐师战于奚”，即此。《穀梁传》作“郎”。

②匈奴别种。南北朝时称库莫奚。分布在饶乐水（今内蒙古西拉木伦河）流域。以游牧为生。隋、唐时称奚，开元初奚部首领李大酺被封为饶乐郡王。《新五代史·四夷附录三》：“当唐之末，居阴凉川，在营府之西，幽州之西南，皆数百里。有人马二万骑。分为五部：一曰阿荟部，二曰啜米部，三曰粤质部，四曰奴皆部，五曰黑讫支部。后徙居琵琶川，在幽州东北数百里。……（五代）自去诸徙妫州（治所在今河北怀来县），自别为西奚，而东奚在琵琶川者，亦为契丹所并。”多散居于中京地区。

奚公山 在今山东枣庄市西。《元和志》卷9滕县：奚公山“在县东南六十六里。奚仲初造车于此”。

奚关总管府 元置，属开元路。治所在奚关城（今吉林珲春市西高丽城村）。《明太祖实录》卷175：洪武十八年（1385）九月甲申，“女直高那日、捌秃、秃鲁不花三人诣辽东都指挥使司来归。自言高那日乃故元奚关总管府水银千户所百户，捌秃、秃鲁不花乃失怜千户之部人也”。即此。后废。

奚关站 又作奚官。明于元奚关总管府地置，在今吉林珲春市西高丽城村。明《辽东志》卷9：开原东陆路至朝鲜后门有“奚官”站。

奚望山 在今山西大同县境。一说在今内蒙古丰镇市南十六里。《寰宇记》卷49云州云中县：奚望山“在郡东一百里”。《金史·地理志》：大同县有奚望山。《清一统志·大同府》：奚望山“在大同县东”。

豺山 约在今内蒙古西部大青山。《魏书·蠕蠕传》：天兴五年（402），“社崘闻太祖征姚兴，遂犯塞，入参合陂，南至豺山及善无北泽”。

豹儿寨 在今安徽无为县西。《方舆纪要》卷26无为州：豹儿寨“在州西五十里。南宋时州人结寨避兵处”。

豹子澥市 即今湖北武汉市江夏区（纸坊镇）东北五十二里豹澥镇。清光绪《湖北全省分图》：江夏县（今武汉市武昌区）东有豹子澥市。

豹尾岩 在今湖南东安县北。《方舆纪要》卷81东安县：豹虎岩（当为豹尾岩）“在县（治今紫溪市镇）北四十里，深险可避兵”。

豹林谷 在今陕西西安市长安区南，接宁陕县界。《清一统志·西安府一》引《旧志》：“在长安县南终南山麓，谷内有东蒙峰，亦曰东明峰。”

豹隐堂 在今江苏涟水县城内文庙前。《清一统志·淮安府二》引《县志》：“宋赵槩未遇时，曾游学涟水。及贵，人名其堂曰豹隐。”

豹貔镇 清置，属崇明县。在今上海市崇明县北。乾隆三十三年（1768）置巡司于此。

翁山 ①即翁洲。指今浙江东部舟山岛。宋《乾道四明图经》卷7昌国县：翁山“一名翁洲。在县东二十五里。《十道四蕃志》云：徐堰王居处，城基犹存”。

②亦名灵池山。在今广东翁源县东北。明嘉靖《翁源县志》：翁山在“县东一百六十里。高耸秀拔，顶有灵池，古名灵池山。……《图经》云：昔有二仙翁游息于此。庞眉浩发，樵者或时见之，居民饮其泉多寿，故山名翁山”。

翁山县 唐开元二十六年（738）分鄮县置，属明州。治所在今浙江舟山市定海区城关镇北十二里烦河村。后移治今定海区城关镇。因山得名。大历六年（771）废。

翁水 即今广东翁源县境之翁江。《元和志》卷34翁源县：翁水“出县东北一百四十里”。《舆地纪胜》卷90韶州：翁水“源出本县界灵池山，南流九十里至英州江口合大水入广州”。

翁牛特部 清内蒙古昭乌达盟八部之一。首领为元太祖弟斡赤斤后裔、元末辽王阿札失里（降明后授为泰宁卫指挥使）的子孙。斡赤斤十二世孙巴彦岱洪果尔诺颜称所部为翁牛特（明代汉译罔留或往流，意即“王之部”）。天聪六年（1632），其曾孙逊杜棱与叔栋岱青率部归附后金。崇德元年（1636）皆授扎萨克，编分所部为二旗：翁牛特左翼旗，牧地介西拉木伦河、老哈河之间，约当今内蒙古翁牛特旗地；翁牛特右翼旗，牧地在热河围场东北，英金河流域，约当今内蒙古赤峰市及河北围场县部分地。

翁牛特旗 本翁牛特部，后金崇德元年（1636）建翁牛特左、右翼二旗，属内蒙古昭乌达盟。左翼旗驻绰克温都尔，后迁今翁牛特旗驻地乌丹镇，右翼旗驻哈特呼特朗，后迁今赤峰市西南老府镇（西老府）。1914年划归热河特别区，1928年属热河省。1945年抗战胜利后称翁牛特旗。1946年以原翁牛特左旗置乌丹县，遂以原翁牛特右旗为翁牛特旗。1949年翁牛特旗驻乌敦套海（原名东老府，在今翁牛特旗东南）。1955年划归内蒙古自治区，1956年撤销乌丹县，并入翁牛特旗，翁牛特旗移驻乌丹镇。1969年划归辽宁省，1979年划回内蒙古自治区。

翁公山 又名神山。在今内蒙古呼和浩特市北蜈蚣坝两侧及北面的山岭。吴公、蜈蚣皆蒙古语翁衮之音转。意为“神”。《清一统志·归化城六厅》：翁公山“在归化城北三十五里。有元时建甸城废址。按此即阴山也。西自河套之北，起吴剌忒西境；东至归化城东北，层峦峻岭，连亘五百余里，其间土名不一，自西而东，连绵起伏，至归化城北界，如白云、哲特虎、太白、拜洪戈尔、牛心以东，至蟠羊山及五达苏尔哲、喀朗乌诸谷，皆阴山也，翁公势最高峻”。

翁龙 在今内蒙古杭锦旗东南。汉为西河郡南部都尉治。《汉书·地理志》西河郡：“南部都尉治塞外翁龙、埤是。”师古注：“翁龙、埤是，二障名也。”

翁包长官司 元置，属八番顺元长官司。治所在今贵州麻江县东南。后废。

翁同山 即无终山。在今天津市蓟县北，接玉田县界。《水经·鲍丘水注》：“《阳氏谱叙》言：翁伯是周景王之孙，食采阳樊。春秋之末，爰宅无终，因阳樊而易氏焉。爱仁博施，天祚玉田。其碑文云：居于县北六十里翁同之山，后路徙于西山之下，阳公又迁居焉。”《寰宇记》卷70渔阳县：“无终山一名翁同山，又名阴山，在县西北四里。”一说在今河北玉田县东北三十里。

翁同龢墓 在今江苏常熟市虞山西北部白鸽峰。翁同龢（1830—1904）字声甫，号叔平。江苏常熟人。咸丰状元。光绪帝师傅。支持康有为变法维新。光绪二十四年（1898）慈禧太后将其革职，令回原籍。三十年卒。

翁拉错　又作握拉错。在今西藏南部，门隅地区达旺西南三十里处。原隶属于西藏地方政府管辖，为门隅三十二错、定（错、定是当地的一级行政区划）之一。1951 年被印度政府非法占领。

翁松关　明置，在今贵州长顺县西南。《方舆纪要》卷 121 定番州：翁松关在“（卢山长官司）司西七十里”。

翁金河　一作瓮金河。在清外蒙古土谢图汗部西界，赛音诺颜部东界。即今蒙古国翁金河，流经前杭爱省、中戈壁省和南戈壁省。《清一统志·喀尔喀》：翁金河“源出鄂尔坤河源相近之东南山中，东南流，历平地凡七百余里，止于瑚尔哈鄂伦泊”。

翁洲　又名翁山。即今浙江东部舟山岛。《元和志》卷 26 明州鄮县：翁洲“入海二百里，即《春秋》所谓甬东地也……其洲周环五百里，有良田湖水，多麋鹿”。宋后限指今舟山岛东部一山峰。

翁桂关　在今贵州长顺县北。《方舆纪要》卷 121 金筑安抚司：翁桂关在“司（治今广顺镇）东二十里”。

翁根毛都　在今内蒙古阿鲁科尔沁旗西北坤都镇西。清为阿鲁科尔沁旗驻地。“翁根毛都”，蒙古语意为神圣的大棵树。

翁黄河　在今贵州贵定县南。《方舆纪要》卷 123 新添卫：翁黄河“在翁黄山下（按：山在把平寨长官司北十五里）。……流入瓮城河”。

翁湖　一名滃湖。在今湖南岳阳市南。《水经·湘水注》：洞庭“湖之右岸有山，世谓之笛乌头石。石北右会翁湖口，水上承翁湖”。

翁锦河　又作窝肯河、倭河江、倭坑河。即今松花江支流倭肯河。在黑龙江东部。《清一统志·吉林一》：翁锦河“在宁古塔城东北六百余里。源出阿勒哈窝集，西北流入混同江”。

翁源水　亦名滃溪，泷头水。即今广东翁源、英德二县市境之翁溪。《方舆纪要》卷 102 英德县：泷头水在“县南十里。源出翁源县之翁山，经象冈流至此，亦谓之翁源水，与泷水合。泷水即武水之别名。浈水合于武水，故兼有泷水之称”。

翁源县　南朝梁承圣末置，属清远郡。治所在今广东翁源县西北横江源头处。《元和志》卷 34：翁源县“因县界翁水之源为名”。隋属南海郡。唐武德五年（622）属洭州，贞观元年（627）改属韶州。北宋淳化中迁翁源县西北翁源镇北。景祐五年（1038）迁今广东曲江县南北江东之濛里。南宋建炎三年（1129）移治今翁源县西南翁江北。元初废，大德五年（1301）复置，改属英德州。治所在今翁源县西北新江镇。明洪武初，迁治今县西翁城镇，属韶州府。民国初属广东岭南道。1920 年直属广东省。1940 年迁龙仙镇，即今翁源县。

翁溪　亦作翁水。当今广东英德市西北之波罗河。《水经·洭水注》：“洭水东南，左合翁水。水出东北利山湖，湖水广圆五里，洁逾凡水。西南流注于洭，谓之翁水口。”《舆地纪胜》卷 95 英德府：翁溪“在浛光县西四十里。源出浮云岭，南流入光水”。

翁鞋山　即今广东深圳市宝安区南鞋洲。明《郑和航海图》东莞所南海中有翁鞋山。

翁额河　又作翁厄河。即今俄罗斯阿穆尔州东北谢列姆扎河支流乌尔马河。清乾隆《钦定盛京通志》卷 28：翁额河“国语，翁额，细野葱也。（黑龙江）城东北八百二十里。源出东北苏克都哩奇山，西南流入西林穆丹河”。

翁霾驿　明洪武十六年（1383）置，属黄平安抚司。在今贵州凯里市西北炉山镇南一里。洪武十九年（1386）改为清平驿。

〔丿㇇〕

胭脂井　即景阳井。故址在今江苏南京市鸡鸣寺南古台城内。宋《景定建康志》卷 19：“景阳井一名胭脂井，又名辱井。在台城内。”

胭（臙）脂河　在今江苏溧水县西十里。《方舆纪要》卷 20 江宁府溧水县：胭脂河“其地有胭脂冈，因名。明洪武中，议通苏、浙粮运，命崇山侯李新凿开胭脂冈，引石臼湖水，会于秦淮，以为运河。永乐初废”。

胭脂城站　元置，在今甘肃山丹县东南。明废。

胭脂堡　在今甘肃高台县西北。《方舆纪要》卷 63 肃州卫“威远城”条下：“卫北又有胭脂城，盖西夏时所置。”清梁份《秦边纪略》卷 4 亦称：“胭脂堡，西夏所置胭脂城也。”

脂角镇　北宋置，属厌次县。即今山东惠民县西南四十里淄角镇。

朐䏰县　即朐忍县。治所在今重庆市云阳县东三坝溪。《清一统志·夔州府二》：朐忍故城“在云阳县西。……按：阚骃《十三州志》：朐音蠢，䏰音闰。其地下湿，多朐䏰虫，因以名县。颜师古曰：朐音劬。李焘曰：据阚骃之音，则朐音当作昫，旁从旬”。

胶山　一名五弩山。在今山东胶南市西。《水经·胶水篇》：“胶水出黔陬县胶山，北过其县西。”郦道元注：“《齐记》曰，胶水出五弩山，盖胶山之殊名也。”又《寰宇记》卷 24 密州诸城县：“胶山一名五弩山，胶水之所出。在今郡东南九十里。”

胶水　亦称胶河。即今山东东部胶莱河。源出山东胶南市西铁橛山，北流经高密、平度，至昌邑市东北入海。《梁书·武帝纪中》：“辅国将军刘思效破魏青州刺史元系于胶水。”即此。

胶水江　又作闷江。指今越南红河下游入海口一段。《交阯总志》卷 1：“大黄江，在里仁府，上接泸江，下通奉化府胶水江。”

胶水县　隋仁寿元年（601）改长广县置，属东莱郡。治所即今山东平度市。唐属莱州。明洪武二十二年（1389）省入平度州。

胶水城 即今越南南定省东部红河下游交水县。《安南弃守本末》：明永乐五年（1407），“（张）辅等追贼至胶水县闷海口，贼败而逃。其地下湿，不可驻兵，遂议还师”。

胶东县 ①三国魏改胶东侯国置，属北海国。治所即今山东平度市。西晋属北海郡。北魏移治今潍坊市东四十五里。北齐废。

②南齐置，属北海郡。治所当在今江苏连云港市境。东魏属东海郡。北齐废。

胶东国 秦亡后项羽封田市为胶东王，都即墨县（今山东平度市东南六十里）。辖境相当今山东胶莱河以东地区。后为齐王田荣所灭，其地属齐。西汉文帝十六年（前164）复置胶东国，景帝时为参加叛乱的七国之一。景帝三年（前154）国除为郡。后分胶东置东莱郡，又以新胶东郡复置国。西汉末辖境相当今山东平度、莱阳、莱西等市地。郁秩县置有铁官。东汉并入北海国。

胶东河 又名胶莱河、胶莱新河。即今山东半岛西部之胶莱运河。《元史·世祖纪八》：“用姚演言，开胶东河。”即此。

胶东侯国 东汉改郁秩县置，属北海国。治所即今山东平度市。三国魏改为胶东县。

胶东郡 秦置，治所在即墨县（今山东平度市东南六十里）。辖境相当今山东潍水以东地区。西汉初属齐国，文帝十六年（前164）改置胶东国。景帝三年（前154）国除为郡，后分置东莱郡，辖境缩小，改胶东郡为国。

胶东道 1914年由原胶东道袭置，属山东省。治福山县烟台（今山东烟台市）。辖境约当今山东广饶、淄博市东部、青州、临朐、安丘、诸城、五莲、日照以东地区。1925年撤销，分置莱胶、东海、淄青三道。

胶西县 ①隋开皇十六年（596）置，属密州。治所在今山东高密市西南。大业初属高密郡。唐武德六年（623）废。

②五代晋天福七年（942）改辅唐县置，治所即今山东安丘市。北宋开宝四年（971）改名安丘县。

③北宋元祐三年（1088）以板桥镇置，属密州。治所即今山东胶州市。《宋史·李全传》：“胶西当登、宁海之冲，百货辐辏，全使其兄福守之，为窟宅计。时互市始通，北人尤重南货，价增十倍。全诱商人至山阳，以舟浮其货而中分之，自淮转海，达于胶西。”元为胶州治。明洪武初省入胶州。

胶西国 西汉文帝十六年（前164）置，封齐悼惠王子卬为胶西王。治所在高密县（今山东高密市西南四十里前田庄）。辖境约当今山东胶河以西，高密以北地区。元封三年（前108）改胶西郡。

胶西郡 汉高帝六年（前201）置，治所在高密县（今山东高密市西南四十里前田庄）。文帝十六年（前164）改为国。元封三年（前108）复改郡。辖境约当今山东高密市一带。本始元年（前73）改高密国。

胶州 ①北魏永安二年（529）置，治所在东武县（今山东诸城市）。辖境相当今山东诸城、高密、安丘、胶州、胶南等市县地。隋开皇五年（585）改名密州。

②元至元十二年（1275）置，属益都路。治所在胶西县（今山东胶州市）。辖胶西、即墨、高密三县。明洪武初，以州治胶西县省入。九年（1376）属莱州府。清光绪三十年（1904）升为直隶州，属山东省。1913年改为胶县。

胶州湾 一称胶澳。在山东半岛南岸，湾口为青岛港。清光绪二十四年（1898）德国通过《胶澳租界条约》强行租占。1914年又被日本强占。1922年我国收回。该海湾附近地区古为胶州，故名胶州湾。

胶阳侯国 西汉置，属北海郡。治所在今山东昌邑市东南九十六里高阳。东汉省。

胶县 1913年改胶州置，属山东胶东道。治所即今山东胶州市。1925年为胶莱道治。1928年直属山东省。1987年改设胶州市。

胶河 即胶水。今山东东部胶莱河。

胶河县 1948年山东革命根据地由胶县、高密、诸城三县析置，治铺集（今山东胶州市西南铺集）。因胶河发源于境内，故名。1953年撤销，并入胶南、胶县、诸城三县。

胶南市 1990年撤销山东省胶南县置，治所在胶南镇。由青岛市代管。2012年撤销，并入青岛市市北区。

胶南县 1946年改珠山县置，属山东省。治所即今山东胶南市。1990年改为胶南市。

胶济铁路 又称青济铁路。清光绪二十五至三十年（1899—1904）由德国修筑，自今山东青岛至济南。全长394公里。第一次世界大战爆发后为日本占据，后收归国有。

胶莱河 一称北胶河。在今山东省山东半岛西部。源出胶南市北，北流入莱州湾。南有运河与大沽河相通。此即元世祖至元十七年至二十二年（1280—1285）间，莱州人姚演建议开凿的胶莱新河。南起胶州（今山东胶州市）麻湾（今胶州湾），利用沽河河道上溯至高密县境，向西挖通一段分水岭，接通胶河北至掖县（今莱州市）海仓口入海。全长三百余里，因经胶、莱二州而名。后因功费难成而罢。

胶莱新河 亦名胶莱河、北胶河。即山东半岛西部胶莱运河。《方舆纪要》卷36胶县：“（元）至元十七年，莱人姚演献议开新河，由胶西县东陈村海口，西北达胶河，出海仓口，由海道达直沽以通漕，谓之胶莱新河。”

胶高县 1945年山东革命根据地由胶县、高密二县胶济铁路以北地区析置，治夏庄（今山东高密市东北夏庄镇)。取二县首字为名。1949 年撤销，并入高密、胶县二县。

胶海口 亦作天长海口、闷海口。在今越南北部南定省交水县东红河入海处。《元史·安南传》：世祖至元二十二年（1285）征安南，水陆两路攻陈日烜军，“日烜逃去，追至胶海口，不知所往”。明洪武五年（1372）置胶海口巡司于交水一带。

脑温江 古名难水、那河，又名纳浯江、呼喇温江。即今黑龙江省嫩江。《明史·朵颜、福余、泰宁传》：正统十二年（1447），“瓦剌赛刊王复击杀朵颜乃儿不花，大掠以去。也先继至，朵颜、泰宁皆不支，乞降，福余独走避脑温江”。《龙沙纪略》：“元入中土，沿脑温江、黑龙江置驿，岁与察罕汗通慰问。”

鸱之塞 即倒马关。又名鸿上关。在今河北唐县西北一百十里倒马关乡。《史记·赵世家》：武灵王二十一年（前 305），“攻取丹丘、华阳、鸱之塞”。《集解》引徐广曰：“鸱，一作鸿。”《正义》：“本晋鸿上关。”

玺城 在今河北东光县东二十里。《方舆纪要》卷 13 东光县“顺成城”条下：“又有废玺城，在县东二十里。未详所始。”

狸头桥 即今安徽宣城市北百余里狸桥镇。清光绪《宣城县志》卷 4：狸头桥“在蒋山。里人徐凤建”。

狸头桥镇 即今安徽宣城市北百余里狸桥镇。清光绪《宣城县志》卷 4：狸头桥“在蒋山。里人徐凤建”。丁文江《中华民国新地图》安徽宣城县东北固城湖有狸头桥。

狼儿口镇 在今河北沧县南三十八里狼儿口村。《元史·河渠志》：延祐三年（1316）七月，“沧州言：清池县民告，往年景州吴〔桥〕县诸处御河水溢，冲决堤岸，万户千奴为恐伤〔其〕屯田，差军筑塞旧泄水郎儿口，故水无所泄，浸民庐及已熟田数万顷，乞遣官疏辟，引水入海。及七月四日，决吴桥县柳斜口东岸三十余步，千户移僧又遣军闭塞郎儿口，水壅不得泄”。《清一统志·天津府二》：“《旧志》，郎儿口在州南四十里，去南皮县东北四十五里，今名邱淀，俗呼为蔡家洼。”

狼儿峪 即今北京市昌平区西南高崖口乡妙峰山北麓之狼儿峪。清光绪《顺天府志》卷 28 昌平州：高崖口“五十五里狼儿峪”。

狼山 ①即今内蒙古乌拉特后旗南部之狼山。《魏书·蠕蠕传》：建义初，孝庄诏曰：“蠕蠕主阿那瓌镇卫北藩，御侮朔表，遂使阴山息警，弱水无尘，刊迹狼山。”即此。

②在今江苏南通市东南十八里长江边。《资治通鉴》：五代梁贞明五年（919），吴越钱传瓘帅战舰自东洲击吴，吴遣彭彦章拒之，“战于狼山”，即此。《寰宇记》卷 130 通州静海县：浪山与军山、塔山、马鞍山、刀刃山“并在江海之际”。《舆地纪胜》卷 41 通州：狼山“今在静海南，五山相连属。或云，山形如狼。又云，或有白狼居其上，故名。凡五山元在海中，今居平陆”。

③在今山东平阴县西南。《方舆纪要》卷 33 东阿县：嶅山“稍北有狼山，一名黄崖山。狼溪水发源于此”。杨守敬《水经注疏》按：“（水经）注称水出大槛山，则狼山即大槛之北阜也。”

④在今山东肥城市西南三十余里。《方舆纪要》卷 31 肥城县：“狼山在县（老城）西南五十里。其地亦名狼山屯。”

⑤即朗山。在今重庆市黔江区东二里。

⑥即打狼山。在今宁夏回族自治区同心县东北。《明一统志》卷 37 宁夏卫：狼山“在卫城东南二百九十里。其山多狼”。《清一统志·宁夏府一》：狼山“在灵州东南韦州堡东五里”。

狼山州 唐永徽元年（650）以突厥车鼻可汗属部葛逻禄右厢部落置，为都督府，隶瀚海都护府。显庆三年（658）改为州，改属燕然都护府。地在今蒙古国西境，杭爱山之西，阿尔泰山东北。总章二年（669）属安北都护府。后废。

狼山设治局 1942 年由临河县析置，属绥远省。治所在永安堡（今内蒙古巴彦淖尔市临河区北狼山镇）。1944 年改为狼山县。

狼山县 ①唐渤海国置，属晴州。治所在今朝鲜咸兴市西北狼林山附近。辽徙废。

②1944 年改狼山设治局置，属绥远县。治所在永安堡（今内蒙古巴彦淖尔市临河区北狼山镇）。1954 年划归内蒙古自治区。1958 年撤销，并入杭锦后旗。

狼山府 唐永徽元年（650）封突厥单于置狼山都督府，治所在今河北怀来县东南二十七里狼山乡。显庆三年（658）废。

狼山都督府 唐永徽元年（650）以葛逻禄右厢部落置，属瀚海都督府。治所在今蒙古国西境巴彦乌列盖省一带。显庆三年（658）改为狼山州。

狼山镇 即今江苏南通市东南狼山镇。《舆地纪胜》卷 41 通州：狼山镇，“吴改狼山西为狼山镇。周显德中废”。明初置狼山巡司，嘉靖中设参将。《方舆纪要》卷 23 通州：狼山，“明正德八年，贼（按此为对农民起义军的诬蔑）刘七等大掠江淮，官军败之。贼走狼山，官军扼而歼之江”。清设总兵官镇守。

狼千喀巴布山 即朗卜切喀巴普山。今西藏阿里地区普兰县东北看龙山。《清一统志·西藏》：狼千喀巴布山“在达克喇城东北二百五十里。即冈底斯山南干所始也。为冈底斯相近四大山之一。土人以其形似象，故名。狼楚河发源于此”。

狼井堡 北宋置，属镇戎军熙宁砦。在今宁夏固原市北。后废。

狼牙口 即狼牙岭。今河北涞源县西南狼牙口。《方舆纪要》卷 14 定州：狼牙口“在倒马关西南六十里，三关外墙至此与内墙合为一”。《元史·张柔传》：戊寅（1218），“国军出紫荆口，柔所部逆战于狼牙岭，马蹶被执，遂以众降”。即此。

狼牙山　旧名郎山。在今河北易县西南七十二里。海拔1025米。1941年侵华日军向晋察冀边区发动大扫荡，为保卫一分区司令部，一团七连奉命阻击，最后五壮士跳入万丈悬崖，幸存二人。1942年5月建五壮士纪念碑，1959年改为五勇士纪念塔。

狼牙村　在今山西朔州市西南狼儿村（或说在今朔州市南陈家峪）。《辽史·圣宗纪》：统和四年（986）七月，奏复朔州，擒宋将杨继业，“宋将杨继业初以骁勇自负，号杨无敌，北据云、朔数州。至是，引兵南出朔州三十里，至狼牙村，……伏四起，中流矢”，被俘，三日不食，死。

狼牙岭　亦曰狼牙口。即今河北涞源县西南狼牙口。《元史·张柔传》：太祖十三年（1218），“国兵出紫荆口，柔率部逆战于狼牙岭，马蹶被执，遂以众降”。

狼牙修国　在今泰国南部马来半岛北大年一带。昔为东西往来要冲。《梁书·海南诸国列传》：“狼牙修国，在南海中。其界东西三十日行，南北二十日行，去广州二万四千里。”《隋书·南蛮列传》作狼牙须。《大唐西域求法高僧传》和《南海寄归内法传》作郎迦戍。南宋赵汝适《诸蕃志》作凌牙斯。元汪大渊《岛夷志略》作龙牙犀角。

狼牙须国　即狼牙修国。在今泰国南部马来半岛北大年一带。《隋书·赤土传》：“（师子石）又行二三日，西望见狼牙须国之山，于是南达鸡笼岛，至于赤土之界。”

狼水　即白狼水。今辽宁西南部大凌河上游。《魏书·地形志》：龙城县有狼水。《水经·大辽水注》：“白狼水又东北径龙山西，燕慕容皝以柳城之北、龙山之南，福地也，使阳裕筑龙城，改柳城为龙城县。”

狼心山　①一作琅心山。即今内蒙古额济纳旗南柯柯乌拉山。清乾隆《肃州新志》第2册：狼心山“在州东北七百里”。清张穆《蒙古游牧记》卷16额济纳旧土尔扈特部：“旗东北有狼心山，在金塔寺堡北六百里，南去镇夷所城五百里，为往来要路。”

②在今甘肃高台县西北正义峡北。《方舆纪要》卷63镇彝所：狼心山“在所北。明正统中，王骥出镇彝讨叛部，与总兵蒋贵等约至狼心山，举火为应”。即此。

狼矢沟　在今江苏徐州市东。《方舆纪要》卷29徐州：狼矢沟在“州东二十里。又东十五里有磨脐沟。旧时黄水暴涨，从此溢入，通邳州西北境之赤龙潭及蝘、蛤诸湖，至宿迁北境落马湖，出董、陈二沟，复合于大河。明嘉靖中，大河自狼矢沟东之赤栏村、樊家店，溢入磨脐沟，出沂河口，而徐、邳正河断流。万历十七年，于沟口筑堤防护。又沟地视河口卑数丈，其东有塔山，西有长山，乃建滚水石坝于中间，以蓄泄之，自是冲决之患少杀”。

狼江砦　北宋置，属靖州。即今湖南会同县西北二十八里朗江镇。以朗江（今渠水）一名狼江，故名。明置堡。

狼汤渠　古运河名。或作蒗荡渠、莨汤渠。即战国至秦汉之际的鸿沟。《汉书·地理志》河南郡荥阳县：“有狼汤渠，首受济，东南至陈入颍。”故道自今河南荥阳市北引黄河水东流，经中牟县北，至开封市东南折而南流，经通许县东、太康县西，至淮阳县东南入颍水。自战国以来为中原水道交通的干线。魏晋后，开封以上改称汴水，开封以下改称蔡河。

狼村隘　在今广西象州县西。清乾隆《柳州府志》卷1：狼村隘“在城西四十里狼村塘前。两旁石山，中穿一径，为西乡要隘”。

狼沟河　在今河北南和县南五里。《明一统志》卷4顺德府：狼沟河“两岸多狼，故名”。《方舆纪要》卷15南和县：“狼沟河在县南五里。沙、洺二水合流以后，旁出者为狼沟河，下流仍合于澧河。”

狼尾滩　在今湖北宜昌市西陵区西长江中。《水经·江水注》“江水又东径流头滩，……又东径狼尾滩”。《隋书·杨素传》：伐陈时，素“军至流头滩。陈将戚欣以青龙百余艘、屯兵数千人守狼尾滩，以遏军路”。《清一统志·宜昌府》：狼尾滩“在东湖县西北九十里”。

狼陂　即春秋时之狼渊。在今河南许昌县西。《水经·潩水注》：宣梁陂“上承狼陂于颍阴城西南。陂南北二十里，东西十里”。

狼虎谷　又名莱芜谷。在今山东莱芜市西南三十里。唐中和四年（884）农民起义领袖黄巢失败自杀于此。《新唐书·黄巢传》：“巢众仅千人，走保太山。六月，时溥遣将陈景瑜与尚让追战狼虎谷。巢计蹙……乃自刎。”《方舆纪要》卷31称：“狼虎，盖莱芜之讹音转也。”

狼乳沟　在今陕西彬县南。《方舆纪要》卷54邠州“白土川”条下：“又狼乳沟，在州南二里。相传后稷弃于此，有狼乳之，因名。”

狼河　即今内蒙古巴林左旗、阿鲁科尔沁旗境之乌里吉木伦河。《辽史·地理志》：上京道临潢府有狼河。

狼居胥山　即今蒙古国之肯特山。《史记·匈奴列传》：元狩四年（前119），骠骑将军霍去病讨匈奴，“出代二千余里，与左贤王接战，汉兵得胡首虏凡七万余级，左贤王将皆遁走。骠骑封于狼居胥山，禅姑衍，临翰海而还”。

狼孟　战国赵邑。在今山西阳曲县驻地。《史记·秦本纪》：秦庄襄王三年（前247），蒙骜“攻赵榆次、新城、狼孟，取三十七城”。即此。

狼孟县　战国赵置。后入秦，属太原郡。治所即今山西阳曲县。西晋末废。

狼城　亦名郎城。分里、外二城，里城即今河北永清县东南里澜城，外城即今廊坊市南外澜城。《元丰九域志》卷2信安军：狼城在“军东三十里”。《清一统志·顺天府三》：狼城“即宋信安军之狼城塞也。有里、外二狼城，相距五里，旧有河流经其间。自浑河来者经北岸，其流浊，自边家河来者行南岸，其流清”。

狼洞砦　南宋置，即今贵州黄平县治。明洪武二十二年（1389）置兴隆卫于此。

狼济山　亦作郎济山。在今广西灵山县西南。《舆地纪胜》卷 119 钦州：“宁悌原，钦江人。少好学，入郎济山读书。”《清一统志·廉州府》：狼济山“在灵山县西南一百二十里。脉自管根山来，水流为水车江。山有石壁，外有石人夹峙，名狼济石”。

狼皋山　一名鸣皋山。在今河南汝州市西南六十里。《水经·汝水注》：“汝水自狼皋山东出峡，谓之汝厄也。”又，广成泽水“出狼皋山北泽中”。

狼猛山　在今重庆市綦江县西南。后蜀毛文锡《茶谱》：“南平县有狼㹤山，出茶，黄黑色，渝人事之。”《方舆纪要》卷 69 南川县：狼猛山“在县西一里。一名岩砦，山中人巢树而居。风俗迥别，谓之狼猛乡。旧产茶，黄黑色，渝人重之”。宋南平军在今綦江县西南。

狼渊　又名狼陂。在今河南许昌县西。《左传》：文公九年（前 618），“楚子师于狼渊以伐郑”。杜注：“颍川颍阴县西有狼陂。”

狼窝海口　在今河北乐亭县东南四十里浪窝口。清于此设千总驻守。

狼楚河　一作冈噶江。即今西藏自治区西部象泉河。清《西藏图考》卷 5：冈噶江“源出冈底斯山东南，有狼千喀巴布山，高大如象。山北麓泉出汇为池……自西流出六十里为郎噶池，受东北来一水。从西流出百余里，折向西南曰狼楚河”。西北流入印度境，称萨特里日河。“狼楚河”，藏语称朗钦藏布，意为象咀河。

狼溪　在今山东平阴县西南。出狼山下，西北流注入大清河（即今黄河）。《水经·济水注》：“又有狼水出东南大槛山狼溪，西北径谷城西，又北有西流泉，出城东近山，西北径谷城北，西注狼水。”金赵秉文《滏水集》卷 13《双溪记》：东平“黄山之下曰浪溪，郦道元注《水经》所谓狼溪者是也。狼与浪同声，因以名之”。

猛山　在今山东淄博市临淄区南十五里。《诗经·齐风·还》：“子之还兮，遭我乎猛之间兮。”即此。

猛越河　今内蒙古科尔沁右翼前旗境之洮儿河。《新唐书·室韦传》：室韦“地据黄龙北，傍猛越河”。“猛越河东南亦与那河合”。

卿州　唐贞观十五年（641）置，属黔州都督府。治所在今贵州长顺县西南麻响。南宋后废。

逢　商代方国。在今山东淄博市淄川区西南。《左传·昭公二十年》：“晏子对曰：昔爽鸠氏始居此地，季萴因之，有逢伯陵因之。”杜预注：“逢伯陵，殷诸侯，姜姓。”

逢山　①即逢鹊山。在今河北内丘县西六十二里。《汉书·地理志》中丘县：“逢山，长谷渚水所出，东至张邑入浊。”

②在今山东临朐县西二十五里。其山峭绝，惟一径可通，有泉出岩窦，甘洁异常。相传为殷诸侯逢伯陵之国。《左传·昭公二十年》：晏子曰，“有逢伯陵因之”。杜注：“逢伯陵，殷诸侯，姜姓。”《汉书·郊祀志》：神爵元年（前 61），祠“蓬山石社石鼓于临朐”。又《地理志》：临朐县有逢山祠。《水经·巨洋水注》：“泽水又东南历逢山下，即石膏山也。山麓三成，壁立直上。山上有石鼓，鸣则年凶。郭缘生《续述征记》曰：逢山在广固南三十里，有祠并石鼓，齐地将乱，石人辄打石鼓，声闻数十里。”《清一统志·青州府一》作逢山，谓“是山跨二县界，在临朐县名逢山，在益都者名石膏山，实一山耳”。

逢山县　隋开皇六年（586）改临朐县置，属齐州。治所即今山东临朐县。《元和志》卷 10 临朐县：逢山县“取县西逢山为名”。大业二年（606）复改临朐县。

逢义山　在今宁夏固原市原州区北清水河一带。《后汉书·段颎传》：建宁元年（168）春，“颎将兵万余人，赍十五日粮，从彭阳直指高平，与先零诸种战于逢义山”。即此。

逢龙县　唐置，为慎州羁縻州治。神龙初，契丹陷营州后南迁，寄治良乡之故都乡城（今北京市房山区西南长沟镇东侧土城）。后废。

逢龙城　在今安徽潜山县北。《三国志·魏书·臧霸传》：“（韩）当遣兵逆霸，霸与战于逢龙。”即此。唐置皖城县于此。《寰宇记》卷 125 怀宁县“废皖城，唐武德五年大使王宏让析置，在古逢龙城内”。

逢关陂　在今山东聊城市北。《资治通鉴》：东晋太元十一年（386）十二月乙酉，“燕主垂攻吴深垒，拔之。……垂进屯聊城之逢关陂”。

逢池　即战国魏逢泽。在今河南开封市东南。《汉书·地理志》河南郡开封县：“逢池在东北。”即此。

逢泽　①春秋宋地。在今河南商丘市南，古睢水所积。《左传》：哀公十四年（前 481），宋皇野谏向巢曰：“逢泽有介麇焉。”即此。

②战国魏地。又名逢池、百尺陂。在今河南开封市东南。原为逢忌之薮。《左传·哀公十四年》正义引《汲郡古文》：“梁惠王废逢忌之薮以赐民。”《史记·秦本纪》：孝公二十年（前 342），“秦使公子少官会诸侯逢泽”。即此。《水经·渠水注》称百尺陂上承自今中牟南东流的古鲁沟水，东北流为新沟注入古渠水。唐宋后堙废。

逢春里　在今云南文山县南二十四里古木镇。清代以原枯木司地置，为开化府所辖八里之一。嘉庆二十五年（1820）改属安平厅。后属文山县。

逢衍水　在今广东云浮市北。《方舆纪要》卷 101

罗定州东安县：逢衍水“在县北。源出甘山，下流入于西江”。

逢亭　即今贵州罗甸县西逄亭镇。清爱必达《黔南识略》卷3罗斛州判：“罗悃、床井、沟亭、逢亭、上隆、罗苏、赖石各亭，虽非膏壤，水旱皆可有收。”“逢亭”，又称内逢，系布依语音译，即亭目居住地。

逢洪陂　即逢泽。在今河南商丘市南。《水经·睢水注》：“睢水又东径睢阳县故城南。……睢水于城之阳积而为逢洪陂。”

逢留大河　即今青海贵南县、共和县境内一段黄河的古称。《后汉书·西羌传》：东汉永元五年（93），护羌校尉贯友，“攻迷唐于大小榆谷……遂夹逢留大河筑城坞”。《资治通鉴》：胡三省注：“此大河即黄河。河水至此有逢留之名，在二榆谷北。”

逢留大河城　在今青海贵南县北龙羊峡大坝西。《后汉书·西羌传》：永元五年（93），护羌校尉“（贯）友乃遣兵出塞，攻迷唐于大小榆谷，获首虏八百余人，收麦数万斛，遂夹逢留大河筑城坞，作大航，造河桥，欲度兵击迷唐”。

逢陵县　南朝宋置，属济南郡。治所在今山东淄博市周村区西南王村镇之东南。北齐省。元于钦《齐乘》卷4：“逢伯陵，商之诸侯，封于齐，薄姑氏代之，后太公又代之。逢蒙、逢丑父皆其后。或曰：此即丑父之邑也。”

逢猛镇　在今山东胶南市东北。明洪武八年（1375）于此置巡司，属胶州。清雍正十二年（1734）裁。

逢简堡　在今广东佛山市顺德区西逢简村。《清一统志·广州府》：逢简堡“在顺德县西四十四里，东滨锦鲤海。本朝设兵驻防，有上、下桥市集，商贾辐辏”。

鄡阳县　西汉高帝六年（前201）置，属豫章郡。治所在四望山（今江西都昌县东南周溪镇泗山）。三国吴属鄱阳郡。南齐永初二年（421）废。

鄡县　东汉改鄡县置，属巨鹿郡。治所在今河北辛集市东南新城东北。《后汉书·光武帝纪一》：“光武击铜马于鄡。”即此。北魏移治今深州市西旧州，属巨鹿郡。北齐改为安国县。

枭岭　在今内蒙古喀喇沁旗西南。《金史·世宗纪》：大定二年（1162），“右副元帅布萨忠义大败（移剌）斡于枭岭西陷泉”。

留　①春秋郑邑。在今河南偃师市西南。《公羊传·桓公十一年》：“古者郑国处于留。”即此。后为周大夫刘子采邑，故又名刘。

②春秋郑邑，后为陈邑。在今河南开封县东南陈留镇。《汉书·地理志》陈留郡陈留县注引孟康曰：“留，郑邑也。后为陈所并，故曰陈留。”

③春秋宋邑。在今江苏沛县东南。《左传》：襄公元年（前572），“楚子辛救郑，侵宋吕、留”，即此。

留下镇　即今浙江杭州市西留下镇。明田汝成《西湖游览志》卷10：“宋高宗初至杭时，以其地丰厚，欲都之；后得凤凰山，乃云‘西溪且留下’，后人遂以为名。”

留口镇　北宋置，属石埭县。约在今安徽石台县东六十里七都镇附近。《清一统志·池州府一》：留口镇“在石埭县（广阳镇）西南。《九域志》：石埭县有留口镇，久废”。

留山　一名丹霞山。在今河南南召县东。《金史·武仙传》：天兴元年（1232），金兵败于三峰山，武仙“遂走南阳留山，收溃军得十万人，屯留山及威远寨，立官府，聚粮食，收器械”。即此。

留山店　即今河南南召县东二十四里留山镇。清乾隆《南召县南》卷1：正西，“留山店，四十里”。

留元坝　即今贵州赤水市。明万历二十九年（1601）曾于此置仁怀县。

留车圩　即今江西寻乌县南留车镇。清同治《江西全省舆图》卷9：长宁县南有留车墟。

留中堡　即今河北衡水市东留仲村。《清一统志·冀州》：留中堡“在衡水县东二十里。有集”。

留中镇　在今河北衡水市东二十里留仲村。清于此设堡。

留古镇　清置，即今陕西富平县东二十五里留古镇。

留可城　辽建，为乌古论部留可驻地。即今吉林珲春市。《金史·世纪》：“太祖度盆搦岭，与撒改会，攻破留可城，留可已先往辽矣，尽杀其城中渠长。”即此。

留光镇　即今河南封丘县东留光乡。民国《封丘县续志》卷2《乡镇》：“留光镇，在县东北三十五里。”

留吁　春秋赤狄国。在今山西屯留县南十二里古城村。《春秋》：宣公十六年（前593），“晋人灭赤狄甲氏及留吁”。即此。

留庄隘　在今山西闻喜县东境刘庄治村。《清一统志·绛州一》：留庄隘“在闻喜县东南七十里中条山。南通垣曲县，北接绛县冷口谷，东西二山之间，断壁千仞，激湍横流”。金代于此置刘庄镇。

留守营　即今河北抚宁县东南二十五里留守营镇。清同治《畿辅通志》卷49抚宁县图：南有留守营。

留运桥　在今陕西三原县东南太白渠上。《资治通鉴》：唐至德二载（757），郭子仪“使将兵赴凤翔。庚寅，李归仁以铁骑五千邀之于三原北，子仪使其将仆固怀恩……伏兵击之于白渠留运桥，杀伤略尽，归仁游水而逸”。

留坝厅　清乾隆三十八年（1773）置，属汉中府。治所在今陕西留坝县西北柴关岭。嘉庆十三年（1808）移治太平岭（今留坝县治）。1913年改为留坝县。

留坝县　1913年改留坝厅置，属汉中道。治所即今陕西留坝县。1928年直属陕西省。

留县　秦置，属泗水郡。治所在今江苏沛县东南五十五里。西汉属楚国，高帝六年（前201）封张良为留侯于此。东汉属彭城国。南朝宋属彭城郡。北齐废。隋开皇十六年（596）复置，属徐州。大业初属彭城郡。唐初废。

留园　又名刘园。在今江苏苏州市阊门外。始建于明嘉靖年间，时名东园。清嘉庆年间归刘氏，名寒碧山庄。又名刘园。清光绪初归武进盛氏，改名留园。园内花木楼台，布置闲雅，集园林之大成，被誉为清江南园林代表作之一。1961年定为全国重点文物保护单位。1997年以苏州古典园林被列入联合国世界文化遗产清单。

留谷城　北周天和元年（566）筑，即今陕西宝鸡市。隋大业十年（614）陈仓县移治于此。唐改名宝鸡。

留武寨　在今安徽濉溪县南。《资治通鉴》：唐咸通十年（869）七月，"康承训克临涣，杀获万人，遂拔襄城、留武、小睢等寨"。

留固集　即今河南滑县东南留固镇。民国《重修滑县志》卷6："留固集，距城二十五里。"

留城县　南齐置，属永宁郡。治所在今广东电白县境。陈以后废。

留胄营　在今河南南乐县西。《方舆纪要》卷16南乐县"仓亭"条下："又县西三十里有操刀、留胄二营，相去六里。土人相传周武王伐纣，驻师于此。或曰，非也。宇文周灭齐，遣兵追高纬，此其故垒云。"

留宾场　即今四川南溪县东北三十里留宾乡。清嘉庆《南溪县志》卷3：留宾场"在县东北三十里"。民国《南溪县志》卷1：留宾场"元时明玉珍据蜀，名游兵镇。明永乐时更今名，清雍正二年复设场"。

留陵驿　明置，即今安徽阜阳市东南六十里颍河北岸口孜镇。原西晋刘伶饮酒醉死葬地，故名刘陵，后演为留陵。清名留陵口。又因颍北诸水汇此入颍，又称口孜。

留停山　在今陕西旬阳县南二里。《寰宇记》卷141金州洵阳县：留停山"行人登之，爱其峭拔，多停留纵览，因名之"。

留得人堡　即今陕西府谷县城。五代梁乾化二年（912）府谷县迁治于此。

留翎山　在今陕西华阴市东南三十里。一名朝阳山。又名留翎礅。《清一统志·同州府一》引《华阴县志》："世传杨伯起葬时，大鸟落毛于此。"

留智庙镇　即今河北景县南留智庙镇。《清一统志·河间府二》：留智社"在景州南三十里。元蒋尹吕思城尝行田至此，劝化社民"。

留舒　一作柳舒。春秋时齐邑。在今山东平阴县西南东阿镇西。《左传》：哀公二十七年（前468），齐师救郑，"及留舒，违谷七里，谷人不知"。即此。清光绪《山东通志》卷35谓留舒邑故城"今曰晒书城"。

留楚集　即今河北饶阳县东南二十五里留楚乡。为通武强县孔道。清乾隆《饶阳县志》卷上市廛：东路有"留楚"。

鸳水　在今河北邢台市北。《清一统志·顺德府一》：野狐泉"在邢台县西北十里，下合达活水，二水相交至城北门，名鸳水。……今按：城北门名国士门，旧为鸳水门，鸳水当离城不远"。

鸳鸯口　在今河北蔚州东北七十里。《方舆纪要》卷44蔚州：鸳鸯口"近壶流河。两山相峙，状如鸳鸯。路通保安右卫。永乐十三年置巡司于此"。

鸳鸯白盐池　即今内蒙古阿拉善盟阿拉善右旗东北雅布赖盐池。《清一统志·阿拉善厄鲁特》：鸳鸯白盐池"在旗界。旧鸳鸯白盐池、小白盐池，皆在镇番卫西北二百二十里边外。明初会设鹾司，后因边外商贾不行，故废"。

鸳鸯池　在今甘肃酒泉市东北四十里，今为鸳鸯池水库。《清一统志·肃州》：鸳鸯池"产白盐，边人至秋，每牧于此"。

鸳鸯泊　又称昂吉泺、昂古里脑儿、昂裩闹儿。即今河北张北县西北安固里淖。《辽史·兵卫志》："其南伐点兵，多在幽州北千里鸳鸯泊。"即此。

鸳鸯泺　又名昂吉泺。在今河北张北县西北安固里淖。周八十里，其水停积不流。自辽、金以来为飞放之地。《金史·地理志》抚州柔远县："昂吉泺又名鸳鸯泺。"又《太祖纪》：天辅六年（1122），自泽州"次鸳鸯泺"，次年自儒州至"鸳鸯泺"。明代称集宁海子。

鸳鸯树镇　即今重庆市渝北区西南鸳鸯镇。清道光《江北厅志》卷8：鸳鸯场"去城三十里"。

鸳鸯湖　一名南湖。在今浙江嘉兴市南。《舆地纪胜》卷3：鸳鸯湖"乃郡之南湖也，湖多鸳鸯，故以名之"。或以两湖相连如鸳鸯而得名。湖中有烟雨楼，为一郡之胜。宋苏轼《过秀州赠钱端公安道》诗："鸳鸯湖边月如水，孤舟夜傍鸳鸯起。"即此。

鸳鸯碕　在今四川彭山县东北江口镇西北。《晋书·李势载记》：东晋永和三年（347），桓温伐蜀，"谓温从步道而上，诸将皆欲设伏于江南以待王师，昝坚不从，率诸军从江北鸳鸯碕渡向犍为"。即此。

〔丶一〕

栾　春秋晋邑。在今河北赵县西北南轮城。《左传》：哀公四年（前491），齐"国夏伐晋，取邢、任、栾、鄗、逆畤、阴人、盂、壶口"。杜注："八邑，晋地。栾在赵国平棘县西北。"

栾川县　北宋崇宁三年（1104）置，属虢州。治所在栾川冶镇（今河南栾川县）。金海陵王贞元二年（1154）废。1949年析嵩县、卢氏县复置，属河南省。

栾川冶镇 北宋置，属伊阳县。即今河南栾川县城关镇。熙宁二年（1069）改属卢氏县。崇宁三年（1104）置栾川县于此。金海陵王贞元二年（1154）废县为栾川镇。

栾川镇 金贞元二年（1154）废栾川县为栾川镇，属卢氏县。即今河南栾川县城关镇。明置巡司。民国初设县佐驻此。1949年又置栾川县于此。

栾氏县 唐天祐二年（905）改栾城县置，属镇州。治所在今河北栾城县西二里。五代唐复为栾城县。

栾古关 明置，属复州卫。即今辽宁瓦房店市西南岚崮店。明《辽东志》卷3：栾古关在“（复州）卫南六十五里”。又《方舆纪要》卷37复州卫：栾古关“以近栾古山而名。有官军戍守”。山东麓古城遗址尚存。

栾古堡 清置，属复州。即今辽宁瓦房店市西南岚崮店。乾隆《钦定盛京通志》卷29：峦固堡在“（复州）城南七十里”。

栾村 即蓝村。今山东即墨市西蓝村镇。清同治《即墨县志》卷2有栾村。

栾城 在今河南鹿邑县南十八里。《魏书·地形志》：陈留郡谷阳县“有栾城”。

栾城区 2014年撤销河北省栾城县，设立石家庄市栾城区，区政府驻栾城镇裕泰路9号。

栾城县 东汉章和元年（67）置，属常山国。治所在今河北赵县西北十五里南轮城。三国魏废。北魏太和十一年（487）复置，移治今栾城县西二里，属赵郡。北齐又废。隋开皇十六年（596）复置，属栾州，大业初属赵郡。唐天祐二年（905）改为栾氏县，属镇州。五代唐复名栾城县。宋属真定府。元属真定路。明洪武十年（1377）移治今栾城县，属真定府。清属正定府。民国初属直隶保定道。1928年直属河北省。2014年撤销栾城县，改为栾城区。

栾家濑 在今陕西蓝田县南十里峣山间辋川风景区。唐王维有《栾家濑》诗。

高力板 即今内蒙古科尔沁右翼中旗东南高力板镇。1946年科尔沁右翼中旗迁治于此。“高力板”系蒙古语，是由“高林百兴”演变而来，意为临近河的平房。

高力城 亦作高丽城。在今吉林珲春市西南图们江东岸之古城村。清光绪《珲春境内村屯里数》：“再由东岗屯起，西去高力城屯，至城二十五里，至东冈屯五里。”附近有辽、金温特赫古城和明斐优城。

高力营 亦作高丽营子。在今黑龙江省密山市东南知一镇附近。民国徐曦《东三省纪略》卷6：清光绪三十三年（1907）十月，“始于蜂蜜山北麓之高丽营子附近建设密山府治”。

高士佛社 台湾土著番社名。在今台湾省屏东县东南牡丹乡东高士村。《筹办夷务始末》：清同治十三年（1874）五月壬子，文煜等奏“倭人于（四月）十八日，分三路进攻番社，……倭人即将牡丹社、高士佛社、竹仔社焚烧”。

高士岩 在今湖南宁远县南九疑山。《方舆胜览》卷24道州：高士岩“在舜祠西二里间。旧名野猪岩，丘顺甫钦若改曰高士岩。昔有猎者见群豕，逐入岩不见，因得乐器一部，无为观道士以献之朝，事见唐王维贺表”。宋筑书院于此。

高才坂 即今福建大田县东北高才坂。元置巡司于此。明嘉靖中移治尤溪县西纪板街。

高口戍 在今湖南望城县西北乔口镇。《水经·湘水注》：“湘水自高口戍东，又北，右会鼻洲。”杨守敬《水经注疏》疑“高口戍”即“乔口戍”之讹。

高山 ①在今山东枣庄市北六十里。《明一统志》卷23兖州府：高山“在滕县东六十里。上有赵盾祠遗址”。

②在今山东蓬莱市东八十里。明置巡司于此。

③在今湖南东安县西南。《方舆纪要》卷81东安县：高山在“县（治今紫溪市镇）西一里。上有幽岩深邃”。《清一统志·永州府一》：高山“五峰突出，石上有宋刻尚存。有幽岩，自外达内，凡九门，门隔一洞，极深远”。

④一名负戴山。在今四川盐亭县西一里。《方舆纪要》卷71盐亭县：负戴山，“《寰宇记》：负戴山一名高山，有龙拿虎踞之胜，下瞰梓潼水”。唐杜甫《行次盐亭县》诗云：“马首见盐亭，高山拥县青。”今为高山公园。

⑤在今陕西洛川县北。《清一统志·鄜州》：高山“在洛川县北九十里。一名大乘山。有五峰并峙，亦曰五峰岭”。

高山卫 明洪武二十六年（1393）置，属山西行都司。治所在今山西左云县东北。宣德元年（1426）徙治阳和卫城（今山西阳高县）。清顺治三年（1646）与阳和卫合并，改为阳高卫。

高山市 即今福建福清市东南五十里高山镇。洪宪元年（1916）《最新大中华帝国道县形势全图》：福清县东南有高山市。

高山县 ①西汉置，属临淮郡。治所在今江苏盱眙县南。东汉属下邳国。晋永嘉后废。

②唐贞观元年（627）置，属郎州。治所在今贵州遵义市东南。后废。十三年（639）复置，属播州。十四年（640）改为舍月县。

③亦作嵩山县。唐元和后置，属峰州。治所在今越南富寿省白鹤县一带。后废。

高山坡 即今重庆市万州区西高升镇。清同治《万县志》卷8：“前二甲，高山坡五十里。”

高山铺 即今贵州毕节市东北高山铺乡。清乾隆《毕节县志》卷1：正东有高山铺。

高山溪 即今福建平和县东花山溪。《方舆纪要》卷99平和县：高山溪在“县东北。亦出大峰山，曰高山水，历大小坪，合群溪之水为溪口溪，流入南靖县，会为大溪。土人呼为高坑石神溪，或以为即石膢溪也"。《清一统志·漳州府》"高山溪"条亦认为"高坑石神溪"盖即古"石膢溪"之讹。

高川镇 清置，属交河县。即今河北沧县西南六十里高川乡。有把总驻守。

高广侯国 西汉置，属琅邪郡。治所在今山东莒县南。宣帝封城阳荒王子勋为高广侯，即此。东汉省。

高门 即汉长安城的洛城门。在今陕西西安市西北汉城街道高庙村北。《三辅黄图》卷1："长安城北出东头第一门曰洛城门，又曰高门。"

高门木城 在今河南卢氏县东。《宋书·柳元景传》：元嘉二十七年（450）伐魏，庞季明自赀谷入卢氏，"进达高门木城"。

高门关 唐置，在今河南卢氏县东。《新唐书·地理志》河南府长水县："西有高门关。"明置巡司于此。

高门城 在今河南卢氏县东。《水经·洛水注》："洛水又东经高门城南。即《宋书》所谓后军外兵庞季明入卢氏进达高门木城者也。"《清一统志·河南府》"高门城"条引《永宁县志》谓"即今县西高门关也"。

高门原 在今陕西韩城市西南二十里。《史记·太史公自序》：司马靳葬于华池，孙昌"葬高门"。《水经·河水注》："陶水又南经高门南……又东南经华池南，池方三百六十步，在夏阳城西北四里许。故司马迁碑文云：高门华池，在兹夏阳。今高门东去华池三里。"《史记正义》引《括地志》："高门原俗名马门原，在同州韩城县西南十八里。汉司马迁墓在韩城县南二十二里。夏阳县故城东南有司马迁冢，在高门原上也。"

高乡侯国 西汉置，属琅邪郡。治所即今山东莒南县（十字路镇）。汉宣帝封城阳王子休为高乡侯，即此。东汉省。

高井驿 在今安徽巢湖市西北。《方舆纪要》卷26巢县：高井驿在"县西北六十里。道出合肥。《志》云：县治西有镇巢水马驿，此为高井马驿，陆道所经也"。

高井寨 在今广西武鸣县西。明置巡司于此。

高天山 一名高田山。在今山西吉县东。《清一统志·平阳府一》：高天山"在乡宁县东四十里。峰峦峻绝，高出群山"。

高天砦 在今广西鹿寨县南。《方舆纪要》卷109洛容县：高天砦"在县东。自砦而东百二十里至平乐府修仁县。旧为盗贼出没处"。

高车山 亦名高车岭。在今陕西商洛市南二里。《水经·丹水注》：丹水"又东径高车岭南"。《太平御览》卷43引《高士传》曰："高车山上有四皓碑及祠，皆汉惠帝所立也。汉高后使张良诣南山迎四皓之处，因名高车山也。"

高车县 北魏置，属武都郡。治所在今陕西宝鸡市境内。后废。

高车岭 即高车山。在今陕西商洛市南二里。《水经·丹水注》：丹水"又东径高车岭南，翼带众流，北转入丹水。岭上有四皓庙"。

高屯堡 明置，属松潘卫。在今四川松潘县北二十里。明曹学佺《蜀中广记》卷31《边防记》："高屯堡者，在虹桥之内，御寇之下，谭廓之西，正适中要地，实乃松镇以北之藩屏也。"

高日长官司 亦作春科高日长官司。清雍正六年（1728）置，属雅州府。治所在今四川石渠县西南奔达乡。宣统元年（1909）改流，属登科府。

高冈站 元置，在今江西高安市南。明废。

高冈堡 在今广东仁化县东北。《方舆纪要》卷102仁化县：高冈堡"在县东北十里"。

高升（陞）场 即今四川安岳县东南七十里高升乡。清道光《安岳县志》卷7：高升场"即高桥，在治东七十里"。场东南云龙山有唐石刻大佛三尊，旁两龛为宋代造像。附近之千佛岩、雷神洞、峰门寺、社皇庙等处有唐、宋摩岩造像三百余躯。

高长铺 在今贵州榕江县西南（定威水族乡西）。清爱必达《黔南识略》卷22古州同知："又一百一十里为高长汛，土城周一百五十丈，出朗洞达清江之关隘也。"

高仁镇 即陶乐湖滩。今宁夏平罗县东南高仁乡。1929年于此置陶乐设治局。1941—1952年为陶乐县治。2003年撤销陶乐县，划归平罗县。

高分岭 在今湖南桂东县南六十里。明置巡司于此。

高公岛 在今江苏连云港市东北。《清一统志·海州》"东海营"条：莺游山"其南有高公岛，皆防海要地"。

高公砦 即今河北井陉县南十四里高家庄。《方舆纪要》卷14获鹿县：高公砦"山溪阻隘，金末武仙据守于此，为蒙古将天津所陷"。即此。

高氏 春秋郑邑。在今河南禹州市西南。《左传》：成公十七年（前574），"卫北宫括救晋侵郑，至于高氏"。杜注："在阳翟县西南。"《后汉书·郡国志》阳翟县："有高氏亭。"

高氏山 即高是山。今山西浑源县南七里翠屏山。《水经·滱水》：滱水"出代郡灵丘县高氏山"。

高氏堤 五代时筑，在今湖北潜江市西北。《方舆纪要》卷77潜江县：高氏堤在"县西北五里。五代时高氏所筑。起自荆门州绿麻山，至县南沱埠渊，延亘一百三十里，以障襄、汉二水，后屡经增筑"。

高古城堡 明置，属永昌卫。在今甘肃永昌县西。《皇明职方地图》卷中有"高古城堡"。《方舆纪要》卷63永昌卫"乐善堡"条下谓"高古堡"，明"天启中设守备驻守于此"。清设游击千总。

高石场 即今四川威远县东北高石镇。清嘉庆《威远县志》卷2：高石场"在北乡。离城三十里"。

高龙店 一作高龙镇。即今河南偃师市西南高龙镇。明弘治《偃师县志》卷1："高龙店，在县西南三十里。”

高平 ①原名向。战国改名高平。在今河南济源市西南。《史记·范雎列传》：“秦昭王之四十二年，东伐韩少曲、高平，拔之。”《水经·济水注》引《竹书纪年》：“郑侯使韩辰归晋阳及向。二月，城阳、向。更名阳为河雍。向为高平。”

②战国魏邑。在今河南孟州市西北。《史记·赵世家》：秦“反高平，根柔于魏”。《集解》：“徐广曰：‘《纪年》云，魏哀王四年改阳曰河雍，向曰高平。’”《正义》引《括地志》：“高平故城在怀州河阳县西四十里。”

高平山 在今山东微山县西北。《水经·泗水注》：“泗水南径高平山。山东西十里，南北五里，高四里，与众山相连。其山最高顶上方平，故谓之高平山。”

高平川 即今宁夏南部清水河。《十六国春秋辑补》卷85西秦录：乞伏国仁五世祖有祐鄰者，“晋泰始初率户五万迁于夏缘，部众稍盛，鲜卑鹿结七万余落，屯于高平川”。《水经·河水注》：高平川“即苦水也。水出高平大陇山苦水谷，……东北流经高平县故城东，……又北入于河”。

高平水 即今湖南新邵县西石马江。《水经·资水注》：高平水“出武陵郡沅陵县首望山，西南经高平县南，又东入邵陵县界，南入于邵水”。

高平市 1993年撤销山西省高平县，改设高平市，市人民政府驻北城街。

高平县 ①西汉置，为安定郡治。治所即今宁夏固原市。东汉末废，十六国时复置，前赵为朔州治。北魏太延二年（436）改置高平镇，正光五年（524）复为县，为高平郡治。西魏废帝时改为平高县。

②三国魏改高平侯国置，属山阳郡。治所在今山东微山县西北一百四里两城乡。《晋书·荀晞传》：晋永嘉五年（311）青州刺史苟晞为曹嶷所败，“晞单骑奔高平”。即此。南朝宋移高平郡治此。北齐废。

③三国吴置，属昭陵郡。治所在今湖南隆回县东北高平镇石脚村。西晋太康元年（280）改为南高平县，后复名高平县。南朝梁废。

④北魏永安中置，属长平郡。治所在今山西高平市西北二十里。郭子章《郡县释名》山西卷下：“《方舆胜览》云，四面皆山，而中有平地，故曰高平。”北齐天保元年（550）移治今高平市。北周属高平郡。隋属长平郡。唐武德元年（718）为盖州治，六年（623）属盖州。贞观元年（627）属泽州。清雍正六年（1728）属泽州府。民国初属山西冀宁道。1930年直属山西省。1993年改设高平市。

⑤东魏武定七年（549）置，属高平郡。治所在今江苏盱眙县西北。隋开皇十八年（598）改名徐城县。

⑥南朝梁置，为南建州高平郡治。治所在今河南商城县东。北周改为平高县。

高平苑 在今福建将乐县西南六十里。《寰宇记》卷100南剑州将乐县：“萧子开《建安记》云，越王猎于将乐野宫高平苑，为越王校猎之所，大夫将军校猎谓之大夫校，兵士校猎谓之子校，故将乐有大夫校、子校二村。后汉此邑为建安乡之校乡，则其义也。越王乘象辂曲盖，大夫将军自执平盖，今有平盖村。载鸟其鸣钲铙，故今有鸣铙山也。自乐野至于游台之上，相去九十里，故风俗至今好猎，所尚由此来矣。”

高平国 西晋泰始元年（265）改山阳郡置，属兖州。治所在昌邑县（今山东巨野县南六十里）。辖境相当今山东巨野、金乡、鱼台、邹城等县市地。南朝宋改高平郡。

高平城 亦作告平城。在今陕西华阴市西三十里敷水之西。《晋书·刘沈传》：“（河间王）颙时顿于郑县之高平亭。”即此。《魏书·地形志》：敷西县有“高平城”。

高平侯国 ①西汉置，属临淮郡。治所在今江苏泗洪县东南。东汉废。

②东汉章帝改橐县置，属山阳郡。治所在今山东微山县西北一百四里两城乡。因高平山为名。西汉地节三年（前67）封丞相魏相为高平侯，即此。三国魏改为高平县。

高平郡 ①西晋泰始元年（265）改山阳郡为高平国，治昌邑县（今山东巨野县南）。十六国后赵改为郡。南朝宋移治高平县（今邹城市西南）。北齐天保七年（556）移治任城县（今济宁市）。隋开皇三年（583）废。

②北魏正光五年（524）置，属原州。治所在高平县（今宁夏固原市）。辖境相当今宁夏固原市和彭阳县地。西魏末改为平高郡。

③北周改高都郡置，属建州。治所在高都县（今山西泽州县东北高都镇）。辖境相当今山西泽州县及高平县地。隋开皇初废。唐天宝初改泽州为高平郡，治所在晋城县（今晋城市）。辖境相当今山西晋城市及泽州、沁水、高平、陵川、阳城等县地。乾元元年（758）复改泽州。

④南朝宋改高平国为郡，属兖州。移治高平县（今山东微山县西北平山南）。北齐天保七年（556）移治任城县（今济宁市）。隋开皇初废。

⑤南朝梁置，为南建州治。治所在高平县（今河南商城县东）。北周改为平高郡。

⑥南朝陈太建六年（574）置，治所在大徐城（今江苏泗洪县南）。东魏时治所在高平县（今江苏盱眙县西北）。隋开皇初废。

⑦北周置，属济州。治所在清泽县（今山东郓城县东十六里）。辖境相当今山东郓城、梁山等县地。隋开皇初废。

高平陵 ①亦称高陵。俗称西陵。即曹操陵墓。在今河北临漳县邺镇西南，河南安阳县西北安丰乡西高穴村2号大墓。《三国志·魏书·武帝纪》载：建安二十五年（220）正月“庚子，王崩于洛阳，年六十六。……二月丁卯，葬高陵”。《河朔访古记》谓魏武高平陵“在郏镇西南三十里”。

②三国魏明帝曹叡陵。在今河南汝阳县东北茹店村东南二里霸陵山下。《三国志·魏书·明帝纪》：景初三年（239）一月，“癸丑，葬高平陵”。同书《三少帝纪》裴松之注引孙盛之《魏世谱》曰：“高平陵在洛水南大石山，去洛城九十里。”大石山即霸陵山。

③东晋简文帝司马昱陵墓。在今江苏南京市东紫金山西南麓。《元和志》卷25上元县：简文帝昱高平陵“在县东北二十里蒋山西南”。

高平砦 北宋庆历二年（1042）置，属镇戎军。在今宁夏固原市北二十五里曹洼古城。金废。

高平第一城 即今宁夏固原市城。西汉高平县，因其城险固，号称“第一城”。《续汉书·郡国志》安定郡：“高平有第一城。”《后汉书·窦融传》：建武八年（32），“车驾西征隗嚣，融率五郡太守及羌虏小月氏等步骑数万，辎重五千余两，与大军会高平第一”。即此。

高平渠 唐咸亨三年（672）开，在今河南安阳县境。《新唐书·地理志》安阳县：“西二十里有高平渠。刺史李景引安阳水东流溉田，入广润陂。”北宋至和中改名千金渠。

高平堡 ①清置，属广宁县。即今辽宁盘山县东北五十里高升镇。《清一统志·锦州府二》：高平堡“在广宁县东南九十里”。

②北宋置，属怀德军。在今甘肃平凉市东二里。清于此置高平递运所。

③明置，属宁夏后卫。在今宁夏盐池县西北。《方舆纪要》卷62宁夏后卫“井儿堡”条下：“又高平堡在卫西四十里。”

高平集 即今河南滑县东南高平镇。民国《重修滑县志》卷6：“高平集，距城六十里。”

高平镇 ①清置，属洮南府。在今吉林镇赉县西南到保镇西高平村。《清史稿·地理志》洮南府：“府北德勒顺昭至高平镇赴靖安。”

②即今四川蓬溪县南高坪镇。清嘉庆《四川通志》卷29蓬溪县：高平镇“在县西南一百三十里”。道光《蓬溪县志》卷2：高坪场“上通遂宁，下达定远、合州”。

③北魏太延二年（436）置，治高平城（今宁夏固原市）。《魏书·肃宗纪》：正光五年（524），“高平酋长胡琛反，自称高平王，攻镇以应（破落汗）拔陵。别将卢祖迁击破之”，即此。旋改为原州。

高田 即今江西石城县东北高田镇。1934年中央革命根据地所置广赤县曾迁治于此。

高田山 即今山西吉县东高天山。《清一统志·平阳府一》：高田山“在吉州东，接乡宁县界。极高峻。一名高天山”。

高田谷 在今甘肃陇西县东。《资治通鉴》：南朝宋元嘉七年（430），“秦王慕末为河西所逼，遣其臣王恺、乌讷阗请迎于魏，魏人许以平凉、安定封之。暮末乃焚城邑，毁宝器，帅户万五千，东如上邽。至高田谷，给事黄门侍郎郭恒谋劫沮渠兴国以叛，事觉，暮末杀之”。

高田墟 ①即今广东清新县东北高田镇。清设高田汛。

②即今广西阳朔县西南五十里高田镇。民国《阳朔县志》卷1：“南上区高田墟，旧名军屯墟。”

高田镇 北宋置，属雒县。在今四川广汉市西北二十里高坪镇。

高丘 战国楚邑。在今安徽临泉县南。为战国时代自鄂（今湖北鄂州市）至郢（今安徽寿县西四十里）途中要地。《鄂君启节》铭文云：自鄂往，“庚阳丘，庚邡城，……庚高丘，……庚郢”。疑当在《水经·淮水注》中润水所潴的高塘陂附近。今陂已湮。

高白镇 清置，属清源县。在今山西清徐县西南二十里高白村。《清一统志·太原府一》：高白镇“在（清源）县西南二十里。一名蒿泊镇”。

高乐县 西汉置，属勃海郡。治所在今河北南皮县东南三十里董村。东汉废。

高尔山城 又称贵端城。在今辽宁抚顺市浑河北岸高尔山上。唐为新城州都督府治所。仪凤二年（677）安东都督府徙治于此。

高句丽国 亦作句骊、句丽或高丽。西汉末朱蒙建国，都国内城（今吉林集安市城区）。辖境相当今辽宁浑河上游以东，朝鲜狼林山以西，南到朝鲜清川江一带。东汉建安十四年（209）迁都丸都城（今吉林集安市西北山城子）。4世纪时南占乐浪郡地。南朝宋元嘉四年（427）迁都今朝鲜平壤市。唐总章元年（668）为唐所灭。

高句骊县 西汉置，为玄菟郡治。治所在今辽宁新宾满族自治县西三十里永陵镇城附近。《汉书·地理志》高句骊县应劭注曰：“故句骊胡，县以此名。”东汉安帝时移治今辽宁沈阳市东。十六国后燕时地入高句骊。

高市镇 北宋置，属富顺监。在今四川富顺县北。《元丰九域志》卷7富顺监：“高市，监北七十里。”

高立 即今广西武宣县。《明史·地理志》武宣县：“旧治阴江。宣德六年三月徙于高立。”

高宁陵 南朝宋明帝刘彧陵墓。在今江苏南京市北幕府山东南麓。《元和志》卷25上元县：明帝刘彧高宁陵“在县北十九里幕府山东南”。

高奴山 在今陕西延长县北。《方舆纪要》卷57延长县“九连山”条下：“又高奴山，在县北二十里，上有古砦。”

高奴县 战国时本属魏上郡。秦惠文王十一年（前327）属秦。汉仍属上郡。治所在今陕西延安市城东延河东岸。《史记·项羽本纪》：项羽“立董翳为翟王，王上郡，都高奴”。即此。俗语讹为高楼城。东汉末废。

高台（臺） 在今宁夏银川市东。《方舆纪要》卷

62 宁夏镇：高台“在镇东十五里。地势崇高，登眺极山河之伟观。赵元昊尝建寺于此”。

高台（臺）千户所　明景泰七年（1456）置，属陕西行都司。治所即今甘肃高台县。《方舆纪要》卷63 高台所：“曰高台者，以其地稍高，控扼戎番之要冲也。”清雍正二年（1724）改为高台县。

高台（臺）县　清雍正二年（1724）改高台千户所置，属甘州府。治所即今甘肃高台县。七年（1729）改属肃州。民国初属甘肃安肃道。1927 年直属甘肃省。

高台（臺）堡　明置，属广宁前屯卫。即今辽宁绥中县西北高台镇。明《辽东志》卷3：高台营堡“堡西烧荒口可屯兵，堡北黑土台可按伏”。

高寺场　①即今四川乐至县西三十里高寺镇。清光绪《乐至县志》卷2：咸丰十年（1860），“张逆（指白莲教首领张子总）复夥彭匪犯县西放生铺、高寺场等处”。

②亦作高石场。即今四川威远县东北高石镇。清嘉庆《威远县志》卷2：高石场“在北乡。离城三十里”。

高老山　在今河南桐柏县东十里。《方舆纪要》卷51 桐柏县：高老山“一名栲栳山。一名高乐山，皆高老之讹也。峰峦峻起，高出群山”。

高场　即今四川宜宾县西北高场镇。清光绪《叙州府志》卷8 宜宾县：高家场在“治西北七十里”。

高成县　①西汉置，属勃海郡，为都尉治。治所在今河北盐山县东南二十里故城村。东汉改为高城县。

②西汉置，属南郡。治所在今湖北松滋市南。东汉废。

高邨镇　即今河南荥阳市北二十二里高村乡。《清一统志·开封府二》：高邨镇“在荥泽县境。河阴废县西南十里”。

高尖山　在今广西横县西北。《方舆纪要》卷110 永淳县：高尖山在“县北二十里。高耸接天”。

高尖石　在南海中中国西沙群岛永兴岛东南，位于东岛西南约7 海里。是西沙群岛中唯一露出海面的火山岛。长20 米，宽15 米，海拔7 米多。面积0.04 平方公里。中国渔民向称尖石、双帆。1935 年和1947 年公布名称均为高尖石。

高迁屯　即今浙江杭州市萧山区东北八里高迁桥。《三国志·吴书·孙静传》：孙策“夜投查渎道，袭高迁屯”。裴松之注：“今永兴县有高迁桥。”

高迁村　即今河北鹿泉市东南三十四里高迁村。明嘉靖《获鹿县志》卷2 乡社：有高迁乡。清同治《畿辅通志》卷50 获鹿县图：东南有高迁村。

高迁亭　在今江苏邳州市境。《后汉书·尹勋传》：延熹中，诛大将军梁冀，周永等“并封亭侯”。《资治通鉴》卷54 汉桓帝延熹二年（159），胡注：周永封地在“下邳高迁乡”。

高乔山　在今浙江淳安县（排岭镇）西南百余里。《方舆纪要》卷90 遂安县：高乔山“近开化县界。层峰叠嶂，溪谷迂回，正德八年流寇由开化马金岭突犯，尝筑寨于此，以遏其冲”。

高延县　北魏孝昌中置，属泰宁郡。治所在今山西沁水县西。北齐废。

高华屿　即今台湾岛东北之附属岛屿钓鱼岛。《隋书·流求传》：大业六年（610），陈稜、张镇州率兵自义安（今广东潮安）浮海击流求，“至高华屿”。即此。或指为澎湖列岛之花屿，或指为台湾岛东北之彭佳屿或花瓶屿，均误。

高仰镇　在今广西合浦县西南十里。《明史·地理志》合浦县：“又北有高仰巡检司，治马栏墟，后迁于县西南。”

高各庄　①即今河北滦南县南胡各庄镇西南高庄子。清光绪《滦州志》卷8：高各庄在“城南七十里”。

②即今河北唐山市丰润区西南十五里高各庄镇。清同治《畿辅通志》卷54 丰润县图：西南有高各庄。

高多寨　在今湖南凤凰县西北八十里。清严如熤《苗疆险要考》谓“地势崎岖，与鸭保山径路相通。征苗之时，吴半生逃窜至此，为大兵搜获”。

高州　①南朝梁大同中置，治所在高凉郡高凉县（今广东阳江市西）。辖境相当今广东鉴江及漠阳江流域地区。隋大业二年（606）改为高凉郡。唐武德四年（621）复置，贞观二十三年（649）移治良德县（今广东高州市东北）。天宝元年（742）改为高凉郡，乾元元年（758）复为高州。大历十一年（776）徙治电白县（今广东高州市东北长坡镇旧城村）。辖境缩小，仅为今高州市、电白县部分地。北宋景德元年（1004）废，三年（1006）复置。元至元十七年（1280）改为高州路。

②南朝梁置，治所在巴山县（今江西乐安县东北公溪镇）。领巴山、临川、安成、豫宁四郡地。辖境当今江西南城、崇仁、安福一带。陈天嘉四年（563）废。

③唐武德四年（621）置，治所在望江县（今安徽望江县）。寻改为智州。

④唐久视初置羁縻州，属泸州都督府。治所在今四川筠连县东南镇舟镇（正州场）。北宋属泸州。熙宁以后废入长宁军。元至元十七年（1280）复置，移治怀远砦（今四川高县北）。明洪武五年（1372）改为高县。正德十三年（1518）复置，移治中坝（今高县东南文江镇）。清顺治初改为高县。2001 年迁治庆符镇。

⑤唐渤海国置，属鄚颉府。治所在今黑龙江省宾县。辖境约当今黑龙江省宾县一带。辽废。

⑥北宋开宝六年（973）改珍州羁縻州置，属辰州。治所在今湖北宣恩县南高罗镇。后改为西高州。

⑦辽开泰（1012—1020）中以高丽俘户置，属中京大定府。治所在三韩县（今内蒙古赤峰市东北哈拉木头村西土城子古城）。辖境相当今内蒙古赤峰市东北地。金皇统三年（1143）废。承安三年

(1198) 复置，属北京路。泰和四年 (1204) 又废。元复置，属大宁路。治所仍在今赤峰市东北。明初废。

⑧元世祖至元十七年 (1280) 置，属叙州路。治所在今四川高县北。辖境相当今四川高县地。明洪武五年 (1372) 降为高县，正德十三年 (1518) 升为高州，属叙州府。清顺治初降为高县。

高州所　明洪武十四年 (1381) 置，属神电卫。治所在高州府 (今广东高州市)。后废。

高州府　明洪武元年 (1368) 改高州路置，属广东布政司。治所在茂名县 (今广东高州市)。辖境相当今广东高州、茂名、吴川、电白、化州、廉江、信宜等市县地。清属广东省。1912 年废。

高州路　元世祖至元十七年 (1280) 改高州置，属湖广行中书省。治所在电白县 (今广东高州市东北长坡镇南旧城村)。大德八年 (1308) 移治茂名县 (今高州市)，属海北海南道。辖境相当今广东高州、茂名、电白、信宜等市县地。明洪武元年 (1368) 改为高州府。

高兴场　即今四川华蓥市西南高兴镇。清光绪《岳池县志》卷 3：高兴场“离城九十里，即高店子”。

高兴县　南齐置，为高兴郡治。治所即今广东化州市。隋开皇间废。

高兴亭　在今陕西汉中市城内西北角。南宋陆游曾游此。

高兴郡　①三国吴置，属交州。治所在广化县 (今广东阳西县东北)。西晋属广州。辖境相当今广东茂名、电白、阳西三市县及阳东县部分地。西晋太康中废。

②南齐置，属越州。治所在高兴县 (今广东化州市)。辖境相当今广东化州、廉江、湛江、遂溪等市县地。隋开皇时废。

高兴集　即今江苏睢宁县西北高集。《清一统志·徐州府二》“莹桂集”条下：高兴集“在县西三十里”。

高兴墟　又名上鳌墟。即今江西兴国县西北三十里高兴镇。清同治《江西全省舆图》卷 9：兴国县西北有高兴墟。

高安　今地不详。或疑在今山西临猗县西南。《史记·赵世家》：成侯四年 (前 371)，“与秦战高安，败之”。正义：“盖在河东。”

高安县　①西晋置，属九真郡。治所在今越南清化省清化县东南。隋开皇十八年 (598) 改为隆安县。

②东晋义熙初置，为汶阳郡治。治所在亭子山下 (今湖北远安县西北旧县镇)。北周改为远安县。

③北齐置，属齐安郡。治所在今河南罗山县西南。隋开皇初废。

④唐武德五年 (622) 因避太子讳，改建城县为高安县，为靖州治。治所即今江西高安市。《舆地纪胜》卷 27 瑞州高安县：“《旧经》云，以其地极高平，有盘石自然之固，故名。”武德七年 (624) 改靖州为米州，寻又改筠州，高安均为州治。八年 (625) 筠州废，高安县改属洪州。五代南唐时，复为筠州治。南宋为瑞州治。元为瑞州路治。明、清为瑞州府治。民国初属江西庐陵道。1926 年直属江西省。

高安砦　在今福建华安县西南四十里高安镇。《方舆纪要》卷 99 漳州府：高安砦“在府西北。元至元十八年，州人陈桂龙据此，乘高为险，人莫敢进。元将高兴以计焚其山，桂龙遁入畲洞”。

高阳　①战国时燕邑。在今河北高阳县东二十五里旧县镇。《战国策·赵四》：“燕封宋人荣蚠为高阳君。”即此。

②即今河南杞县西南高阳镇。《史记·高祖纪》：沛公“西过高阳”。《集解》文颖曰：“聚邑名也。”《后汉书·蔡邕传》：初平元年 (190)，“封高阳乡侯”。《水经·睢水注》：睢水“又东径高阳故亭北”。又称高阳城。《魏书·地形志》阳夏郡雍丘县：“有高阳城。”《寰宇记》卷 1 开封府雍邱县：“高阳城在县西南二十九里。颛顼高阳氏佐少昊有功受封此邑。”

高阳山　在今河南襄城县南十五里。《魏书·地形志》汉广郡高阳县：“有高阳山。”《清一统志·许州》：高阳山“山麓多泉，足资灌溉”。

高阳乡　在今河南杞县西南。《史记·郦生陆贾列传》：“郦生食其者，陈留高阳人也。”东汉末，献帝封著名文学家蔡邕为高阳乡侯。

高阳台 (臺)　在今河北河间市东北。《方舆纪要》卷 13 河间县：“城东北有高阳台，与瀛台相望。《志》云：瀛州旧置高阳关，台因以名。”

高阳关　五代周显德六年 (959) 置，在今河北高阳县东二十五里旧城镇。《宋史·地理志》：顺安军“本瀛州高阳关砦”。庆历八年 (1048) 于此置高阳关路安抚使，统瀛、漠、雄、贝、冀、沧、承、静、保定、乾宁十州军，为控扼要地。金废。

高阳关路　北宋庆历八年 (1048) 置，治所在瀛州 (治河间县，今河北河间市)。统赢、莫、雄、恩、冀、沧、永静、保定、乾宁、信安一十州、军。辖境相当今天津市海河与河北霸州、容城等县以南，安新、任丘、肃宁、献县、武邑、新河、南宫、清河等市县以东，山东武城、德州、宁津、乐陵、无棣等市县以北地区。大观二年 (1108) 治所瀛州升为河间府，仍为路治。金废。

高阳池　即习郁池。在今湖北襄阳市南。《晋书·山简传》：“诸习氏，荆土豪族，有佳园池，简每出嬉游，多在池上置酒辄醉，名之曰高阳池。”

高阳县　①战国秦置，属巨鹿郡。治所在今河北高阳县东二十五里旧城镇。出土秦封泥中有“高阳丞印”可证。西汉属涿郡。《汉书·地理志》注：应劭曰，“在高河之阳”。因名。东汉属河间国。晋属高阳国。北魏为高阳郡治。隋属河间郡。唐属瀛州。北宋为顺安军治，熙宁六年 (1073) 废为镇，十年复为高阳县。金属安州。明洪武三年（1370）移治丰家口，即今高阳县，八年并入蠡县，十二年复置，属保定府。民国初属直隶保定道。1928年直属河北省。

②南朝宋侨置，为高阳郡治。治所在今山东淄博市临淄区西北三十里北高阳。隋大业初废入临淄县。

③北魏太和元年（477）置，属襄城郡。治所在今河南平顶山市东。北齐废。

④东魏武定中侨置，为南广州高昌郡治。治所在今河南襄城县境。北周废。

高阳里　①在今河南平顶山市东。北魏曾置高阳县于此。《清一统志·南阳府二》：高阳废县，"《旧志》，县北平顶山侧有高阳里，盖犹以故县得名"。

②在今河南许昌市内。《后汉书·荀淑传》：荀淑"有子八人：俭、绲、靖、焘、汪、爽、肃、专并有名称，时人谓之八龙。初，荀氏旧里名西豪，颍阴令勃海苑康以为昔高阳氏有才子八人，今荀氏亦有八子，故改其里曰高阳里"。

高阳国　西晋泰始元年（265）置，治所在博陆县（今河北蠡县南十五里）。辖境相当今河北蠡县、博野、肃宁、安新、徐水、清苑县及保定市地。北魏改为高阳郡。

高阳城　在今湖北兴山县北丰邑坪。三国吴置兴山县治此。

高阳荡　在今江苏如皋市东南六十里。《清一统志·通州》：高阳荡"西接运盐河，东通海。一名祥符河。久淤"。

高阳侯国　西汉置，属琅邪郡。治所在今山东莒县东南高羊社。东汉省。

高阳郡　①东汉桓帝置，治所在高阳县（今河北高阳县东）。后废。西晋泰始初置高阳国，治所在博陆县（今蠡县南）。北魏改为高阳郡，移治高阳县（今高阳县东）。隋开皇初废。

②南朝宋侨置，属冀州。治所在高阳县（今山东淄博市临淄区西北三十里北高阳）。领安平、饶阳、鄚、高阳、新城等五县。《水经·淄水注》：系水"西径高阳侨郡南"，即此。北齐废。

③北齐改北海郡置，治所在下密县（今山东潍坊市）。隋开皇初废。

高阳集　即今河南杞县西南二十二里高阳镇。清尹耕云《豫军纪略》卷12：同治五年（1866）六月，赖汶光军至杞县，清军"追至小武冈、沙窝、高阳集诸处"。

高阳溪　即阳元水。在今重庆市奉节县西南。《水经·江水注》：阳元水"出阳口县西南高阳山东。东北流径其县南，东北流，丙水注之。……其水北流入高阳溪，又东北流注于江，谓之阳元水口"。熊会贞按："因水出高阳山，故有高阳溪之殊目。"

高阳镇　北宋置，属云安县。即今重庆市云阳县北高阳镇。

高观山　①在今湖北汉川市东南三十里。《方舆纪要》卷76汉川县：高观山"高耸可以望远"。

②在今四川安县（花亥镇）西北。《方舆纪要》卷67安县：高观"县南三十里有一峰突起，其上平台，登临四望，远见百里之上，因名"。

高观场　即今重庆市城口县东高观镇。清道光《城口厅志》卷3：高观寺场"厅东一百二十里。道光二年置，分驻高观场经历"。民国初改设县佐。

高坞岭　在今浙江德清县西七十里。《方舆纪要》卷91武康县：高坞岭在"县（治今武康镇）西七十里，与安吉州分界"。

高坑冲　在今广西桂平市西北。清末洪秀全所创拜上帝会总部在此。

高村　①即今河北南宫市东南二十五里大高村镇。明嘉靖《南宫县志》卷2有高村。

②即今山东省东明县北高村。旧属濮阳县。洪宪元年（1916）《最新大中华帝国道县形势全图》：直隶省濮阳县西南有高村。

③即今湖南麻阳苗族自治县驻地高村镇。清置高村巡司。1953年麻阳县迁治于此。

高村市　即今江西万载县北高村镇。《方舆纪要》卷87袁州府万载县：高村镇"旧有巡司，元末废，洪武四年复置，十二年革"。

高村营　在今广东新兴县东南。《方舆纪要》卷101肇庆府新兴县：高村营"在县东六十里。嘉靖二十五年置。相近又有芦村营，嘉靖二十八年置"。

高村集　即今山东文登市东南高村镇。清光绪《文登县志》卷3《坊市》："东南四十里曰高村集。"

高村镇　在今江西万载县北高村镇。元、明置巡司于此。《清一统志·袁州府》：高村镇"在万载县西七十里。旧有巡司，后裁"。

高吾山　在今湖南常德市西三十里。《明一统志》卷64常德府：高吾山"一名西山。其下即武陵溪，合于沅江。晋渔父费道真隐此"。

高丽山　在今山东莱阳市西南。《寰宇记》卷20莱州莱阳县：高丽山"在县西南九十里。司马懿讨辽东，于此置戍，以高丽为名"。

高丽门　亦作高力门。即今辽宁凤城市南高丽门村。清光绪《大清帝国全图》盛京省：凤凰厅东南有高丽门。民国熊知白《东北县治纪要》辽宁凤城县："县属高丽门，距县市五十四里。……清初建国，曾筑长寨以备朝鲜，是为六边门之一。故又称凤边门。"

高丽屯站　清置，在今辽宁铁岭县东北。《清一统志·奉天府二》"第一站"条下："高丽屯站在铁岭县北十里。"

高丽戍　在今山东莱阳市西南九十里。《寰宇记》卷20莱阳县：高丽山，"司马懿讨辽东，于此置戍，以高丽为名"。元于钦《齐乘》卷1：高丽山"俗讹作嵯峨山"。

高丽庄　在今北京市通州区西十二里。明、清官军巡哨处。《方舆纪要》卷11通州“高丽庄”条引《边防考》：“州境有烟墩五，曰召里店、烟郊、东留村、大黄庄、高丽庄。”

高丽岭　在今吉林珲春市西北。清光绪《吉林通志》卷19：高丽岭在“（珲春）城西北一百二十里”。

高丽营　在今北京市顺义区西北二十四里高丽营镇。清置经制外委驻守。

高连山　在今贵州贵阳市南二里。《寰宇记》卷122建安县有高连山。明曹学佺《名胜志》：“以其势高而连络天马、贵人诸山，故名。”

高吴　即高鱼。在今山东郓城县北。《旧五代史·梁书·太祖纪一》：乾宁二年（895），“遣朱友恭帅师复伐兖，遂堑而围之。未几，朱瑄自郓率步骑援粮入于兖，友恭设伏以败之，尽夺其饷于高吴”。

高吴桥　在今山东兖州市西北三十里。跨洸水。《方舆纪要》卷32嵫阳县：高吴桥“《志》云：泗水经杏林闸，稍北为高吴桥，河即洸水也。汶水经宁阳县之堽城坝，分流为洸水，西南流入界，至高吴桥，又西南历济宁州城东，合泗水，入天井闸。桥为南北津途，宋元符初建”。

高县　明洪武五年（1372）降高州置，属叙州府。治所在怀远寨（今四川高县北）。正德十三年（1518）复升为高州，迁治中坝（今高县）。清顺治初改为高县。民国初属四川永宁道。1928年直属四川省。

高县镇　清置，属曲沃县。即今山西曲沃县西北二十里高显镇。

高里山　又名高禅山。在今山东泰安市西南三里。《汉书·武帝纪》：太初元年（前104），“禮高里”。注：“伏俨曰：山名。在泰山下。”

高里集　即今山东潍坊市寒亭区西北高里镇。清乾隆《潍县志》有高里集。

高里镇　即今河北定兴县西高里乡。明万历《保定府志》卷2定兴县图：西有高里店。清设镇。民国年间为县中五大镇之一。

高邮卫　明洪武中千户所置，属南直隶中军都督府。治所在今江苏高邮市。清康熙十七年（1678）废。

高邮市　1991年撤销江苏省高邮县，改设高邮市，市人民政府驻高邮镇。由扬州市代管。

高邮州　明洪武元年（1368）改高邮府置，属扬州府。治所即今江苏高邮市。辖境相当今江苏高邮、兴化二市及宝应县境。1912年改为高邮县。

高邮军　北宋开宝四年（971）置，治所在高邮县（今江苏高邮市）。熙宁五年（1072）废为县，元祐元年（1086）复为军。南宋建炎四年（1130）升为承州。绍兴五年（1135）废为县。三十一年（1161）复置，辖境包括今江苏高邮及兴化市境。元至元十四年（1277）改为高邮路。

高邮县　西汉置，属广陵国。治所即今江苏高邮市。《寰宇记》卷130高邮县：“是秦之高邮亭，因以立名。”东汉属广陵郡。三国时废。西晋太康元年（280）复置，属临淮郡。南朝宋仍属广陵郡。梁为广业郡治，不久改为神农郡治。隋属江都郡。唐属扬州。北宋开宝四年（971）为高邮军治。南宋建炎四年（1130）为承州治。绍兴三十一年（1161）复为高邮军治。元世祖至元十四年（1277）为高邮路治，二十一年（1284）改为高邮府治。明洪武元年（1368）废。1912年又改高邮州为高邮县，属江苏淮扬道。1927年直属江苏省。1991年改设高邮市。

高邮府　元世祖至元二十一年（1284）改高邮路置，治所在高邮县（今江苏高邮市）。辖境相当今江苏高邮、兴化、金湖、宝应等市县地。明洪武元年（1368）改为高邮州。

高邮亭　秦置，即今江苏高邮市。《寰宇记》卷130秦邮县：“本汉旧县，是秦之高邮亭，因以立名。”

高邮湖　一名新开湖。在今江苏高邮市西北。《清一统志·扬州府一》：高邮湖“在高邮州西北三里。长、阔一百五十里。安徽天长以东之水，皆汇此湖，达于运河。湖中突起一洲，可百余亩。洲去城十里，水虽盛涨，终不能没”。

高邮路　元世祖至元十四年（1277）改高邮军置，治所在高邮县（今江苏高邮市）。辖境相当今江苏高邮、兴化、金湖、宝应等市县地。二十一年（1284）改为高邮府。

高邮镇　即今江西高安市东北高邮村。明正德《瑞州府志》卷2：高安县有高邮市。清同治《江西全省舆图》卷4：高安县东北有高邮市。

高邑　即今河南泌阳县东二十八里高邑乡。清尹耕云《豫军纪略》卷3：咸丰七年（1857）九月，“格绷额抵高邑，与龙泽厚军合”。

高邑县　东汉改鄗县置，属常山国。治所在今河北柏乡县北二十一里固城店镇。《元和志》卷17：“后汉光武帝即位于鄗南千秋亭五成陌，因改曰高邑。”北齐天保七年（556），移治今高邑县，属赵郡。隋初属栾州。大业初属赵郡。唐属赵州。北宋属庆源府。金属沃州。元属赵州。清属正定府。民国初属直隶大名道。1928年直属河北省。

高秀山　在今重庆市秀山土家族苗族自治县西南一百八十里。《明一统志》卷73平茶洞长官司：高秀山“在司治北。高立千丈，丹崖翠壁，秀色如画”。秀山县以此为名。

高邱山　即高都山。在今重庆市巫山县西北。楚宋玉《高唐赋》云：“巫山女曰：‘妾在巫山之阳，高丘之阻，旦为朝云，暮为行雨，朝朝暮暮，阳台之下’。”《寰宇记》卷148巫山县：高都山“高邱盖高都也”。光绪《巫山县志》卷6：高邱山在“县西北里许。宋玉赋‘高邱之阻’即此”。

高作庄　即今江苏建湖县西北高作镇。旧属盐城县。清光绪《盐城县志》卷1：高作庄在“县治西北约百里”。

高作镇　即今江苏睢宁县东高作镇。《方舆纪要》卷22邳州睢宁县：高作镇在“县东十五里……居民商旅萃集之所”。

高灶陶窑　在今广东佛山市石湾镇之东平河畔、南风古灶西侧。是建于明正德年间的一座龙窑。2001年“南风古灶、高灶陶窑”一起被定为全国重点文物保护单位。

高沙市　即今湖南洞口县东南三十一里高沙镇。明杨山松有《雨阻高沙市》诗。清属武冈州，有州同驻此。

高沙宝山　在今江西于都县东北。《舆地纪胜》卷32赣州：高沙宝山“在雩都县东北一百二十里。旧有樵者遇白兔，遂之入地，凿地尺余，银矿溢出，今废”。

高沙湖　在今湖北荆州市西。《水经·江水注》：“其下谓之郏里洲，洲有高沙湖，湖东北有小水通江，名曰曾口。”

高沟　即今江苏涟水县西北高沟镇。1944年4月，新四军三师十旅主力和七旅一部，在地方武装、民兵的配合下，连克高沟、杨口及周围据点十四处，歼灭日伪军二千二百余人，毙伤从灌云县新安镇、大伊山等地来援的日军一百四十余人，缴获大量枪支及大批军用物资。高沟、杨口战役的胜利，使淮海、盐阜两块根据地重新联成一片。

高沟堡　即今甘肃武威市东五十里高沟。《清一统志·凉州府二》：高沟堡“城周二百四十丈，旧设守备，今改设千总”。

高良山　在今广东德庆县北七十里。《舆地纪胜》卷101德庆府：高良山“在端溪”。《方舆纪要》卷101德庆州：高良山“高百余丈，周五十里。山下田高土肥，土产铁笏木”。

高良涧　即今江苏洪泽县。《方舆纪要》卷22淮安府山阳县：“高良涧在府西南九十里。《志》云，由清河涧沙埠桥西入淮。万历二十一年，淮水决于此。”

高灵山　①在今江西南康市东南。《方舆纪要》卷88南安府南康县：高灵山“在县东南三十里，与独秀峰对峙。山势巍峻。蹑磴而上，为三天门，相距各里许。《志》云，山周围十余里有平畴、瀑布，泉水四注”。

②在今四川绵阳市东北。《元和志》卷33魏城县：高灵山“在县北二十四里”。

高陆县　①三国魏黄初元年（220）改高陵县置，属京兆郡。治所在今陕西高陵县城西南一里。北魏迁治今高陵县城，为冯翊郡治。隋大业二年（606）复名高陵县。

②南朝宋大明元年（457）侨置，属冯翊郡。治所在今湖北钟祥市西北。西魏改为漵水县。

高陇市　即今湖南茶陵县东北六十里高陇镇。《徐霞客游记·江右游日记》：“惟黄雩之水最大，俱从东转西，合于小关洲之下，西至芳子树下而胜舟，至高陇而更大云。”清移视渡口巡司于此。

高附都督府　唐龙朔元年（661）于骨咄国置，属安西都护府。治所在沃沙城（今塔吉克斯坦库尔干秋别北）。8世纪中叶废。

高陂　又名高陂水。在今安徽涡阳县西南。《元和志》卷7城父县：“高陂，县南五十六里。周回四十三里，多鱼蚌菱芡之利。”

高陂村　即今广东大埔县南高陂镇。明嘉靖四十一年（1562）移乌槎巡司于此。

高鸡泊　在今河北故城县西南。《资治通鉴》：隋大业七年（611），窦建德“乃集无赖少年数百人，使（孙）安祖将之，入高鸡泊中为群盗”。

高鸡砦　在今湖北远安县西南。《方舆纪要》卷78远安县：高鸡砦“在县西南，与宜都县接境。地险僻，有巡司戍守。《志》云：州东金竹坪官兵移戍于此”。

高鸡寨　在今湖北兴山县东北。明置巡司于此。

高青县　1948年3月山东革命根据地由高苑、青城二县及滨县黄河以南部分地，邹平、长山二县小清河以北地区，蒲台县西南小部分地析置，治田镇（今山东高青县）。

高坪长官司　明洪武中置，治所在今贵州福泉市西北高坪镇。清废。

高坪市　在今江西武宁县西北。清雍正六年（1728）置巡司于此。

高坪镇　即今江西抚州市临川区西南五十里高坪镇。清同治《临川县志》卷1下：三十五都有高坪墟。

高坦市　即今安徽池州市南秋浦河（贵池河）西岸梅村镇高坦村。清光绪《贵池县志》卷6有高田村。谓“吴氏自宋以来居此”。丁文江《中华民国新地图》安徽贵池县南有高坦。

高坡　一名高陂。即今福建永安市东北六十二里高陂。明正统中置太平巡司于此。

高坡营　在今广东英德市北。《清一统志·韶州府》“高桥营”条：高坡营“在县北江东岸……均防江要地”。

高苑县　①三国魏置，属乐安郡。治所在今山东邹平县东北苑城镇。西晋属乐安国。北魏废。

②隋大业三年（607）改会城县置，属齐郡。治所在今山东高青县东南高城镇。唐属淄州。北宋景德三年（1006）改为宣化军，熙宁三年（1070）废军为县，仍属淄州。元改属益都路。明属青州府。民国初属山东济南道。1928年直属山东省。1948年与青城县合并为高青县。

高林山　在今安徽巢湖市西南六十里。《方舆纪要》卷26巢县：高林山在“县南六十里。山盘伏数里，林木高耸。山下有高林市”。

高林村　即今河北徐水县北二十里高林镇。清同治《畿辅通志》卷47安肃县图：北有高林村。

高林桥　即今安徽巢湖市西南高林镇。清光绪《庐州府志》卷3巢县：高林市在“县南六十里”。

高枧　即今湖北崇阳县南高枧乡。1938年12月，国民党崇阳县长郎维汉收买叛徒，里应外合，搞垮了驻高枧的抗日大队，许多干部被杀害。

高板桥镇　即今四川金堂县东南高板镇。清嘉庆《金堂县志》卷2：高板桥场“俗名唐家场，去城（今成都市东北城厢镇）一百一十里”。

高贤镇　一名高贤集。即今河南太康县西北四十四里高贤乡。民国《太康县志》卷2：县北有高贤镇。

高昌　在今新疆吐鲁番市东哈拉和卓堡西南。汉高昌壁，东晋咸和二年（327），前凉设高昌郡。北魏太平真君三年（442），北凉残余沮渠氏入据其地。和平元年（460）柔然灭沮渠氏，立阚伯周为高昌王。唐贞观十四年（640）灭高昌，以其地置西昌州，后改名西州。9世纪40年代初，回鹘之一支西迁于此，称西州回鹘，或高昌回鹘，亦简称高昌。

高昌县　①西汉置，属千乘郡。治所在今山东博兴县西南五里。东汉省。《水经·济水注》：“济水又东北经高昌县故城西。案《地理志》千乘郡有高昌县，汉宣帝地节四年封董忠为侯国。”

②东汉兴平元年（194）以庐陵县改置，属豫章郡。治所在今江西泰和县西北三里。三国吴为庐陵郡治。南朝梁废入石阳县。

③东魏武定六年（548）于谷阳城置，为谷阳郡治。治所即今安徽固镇县。北周后废。

④唐贞观十四年（640）平麹氏高昌以其都城置，为西州治。治所在高昌城（今新疆吐鲁番市东四十余里高昌故城）。宝应元年（762）改为前庭县。

高昌国　①北魏太平真君中，沮渠无讳率北凉余众逐高昌太守阚爽，据有其地，自立为凉王，都城在高昌城（新疆吐鲁番市东四十余里高昌故城）。为高昌地区建国之始。和平元年（460），蠕蠕（柔然）灭沮渠氏，立阚伯周为高昌王，此后遂以高昌为国号。《魏书·高昌传》：“地势高敞，人庶昌盛，因云高昌。亦云其地有汉时高昌垒，故以为国号。”太和五年（481）高车灭阚氏，改立张孟明为王，后为国人所杀，立马儒为王。二十一年（497）杀马儒，立麹嘉为王。全盛时其疆域南接河南（指罗布泊以南的吐谷浑国境），东连敦煌（今甘肃敦煌市），西次龟兹（今新疆库车一带），北邻敕勒（在天山北麓）。唐贞观十四年（640）为唐所灭，以其地置西州。

②公元9世纪中叶，回鹘西迁，其中一支占据古高昌国即唐西州地区，史称西州回鹘或高昌回鹘。都城在古高昌城（今新疆吐鲁番市东四十余里高昌故城）。辖境西包焉耆，东抵哈密东境，北越天山，南至孔雀河、罗布泊一带。13世纪初叶归附蒙元。14世纪20年代后地入察合台汗国。《宋史》有高昌传。

高昌庙　在今上海市浦东新区川沙镇西三十六里六里村。清同治四年（1865）设机器制造局于此，附近又有江南船厂。光绪间住持之女尼又在旧庙对面兴建新庙，由此便称旧庙为老高昌庙。

高昌故城　维语称亦都护城。在今新疆吐鲁番市东一百里哈拉和卓村南。明陈诚《使西域记》：火州“城方十余里，僧寺多而居民少。东有荒城，盖古高昌国地治也。汉西域长史、戊己校尉亦居此”。故城为唐代高昌王国国都，后为西州回鹘都城，至元末明初废圮，历时约1500年。城垣成正方形，周长十里，分内、外城和宫城三部分，面积200万平方米。中华人民共和国成立以前，俄、德、英、日等探险家先后在此盗窃大量珍贵文物。1961年定为全国重点文物保护单位。

高昌郡　①十六国前凉张骏置，属沙州。治所在今新疆吐鲁番市东六十余里高昌故城。北魏时为高昌国。

②东魏武定中侨置，属南广州。治所在高阳县（今河南襄城县境）。北周废。

高昌壁　亦作高昌垒、高昌城。在今新疆吐鲁番市东六十余里高昌故城。东汉置戊己校尉于此。十六国前凉为高昌郡治。北魏为高昌国都。唐为西州及安西都护府治。元、明之际，城废。

高明山　①在今浙江天台县北二十里。有高明市。民国《天台县志稿》卷6引《方外志要》：高明山“在县东北二十里幽溪之上，智者讲经，佛陇风吹经去，寻至此，遂建刹焉”。

②在今湖南怀化市境。《舆地纪胜》卷71沅州：高明山“其地高而寒，多处群山之中，最为高峻”。《明一统志》卷65辰州府：高明山“在沅州城（今芷江侗族自治县）东一百三十里。高峻为诸山之冠”。

高明市　1994年改高明县置，治今广东省佛山市高明区荷城街，由佛山市代管。2002年撤市改区（高明区）。

高明县　明成化十一年（1475）析高要县置，属肇庆府。治所在高明镇（今广东佛山市高明区西明城镇）。明郭子章《郡县释名》广东卷：高明县“从（高明）司名也。南地渐高，如高要、高凉、高明，皆此义也”。民国初属广东粤海道。1920年直属广东省。1959年与鹤山县合并为高鹤县。1981年复置高明县，移今高明区。1994年改设高明市。2002年撤销高明市，改设佛山市高明区。

高明镇　亦名高明砦。即今广东佛山市高明区西南明城镇。《明史·地理志》高明县：“本高要县高明镇巡检司，成化十一年十二月改为县。”

高易支线　即西陵铁路。为京汉铁路支线。由今河北高碑店市至易县梁各庄，故名。

高旻寺　亦作高文寺。相传建于隋。在今江苏扬州市邗江区西南汉河镇。《清一统志·扬州府二》：高文寺“在江都县南三汉河西岸。有塔曰天中。其地为茱萸湾，亦名塔湾”。清康熙二十八年（1689）建行宫于此，为康熙、乾隆驻跸之处。今寺为清同治、光绪年间所建。

高岸河 在今湖北麻城市北，为举河上游。《方舆纪要》卷76黄州府黄冈县：高岸河“在府西北。自河南光山县发源，南流至麻城县东南入长河，注于大江”。

高罗土司 清初改高罗安抚司置，属施州卫。治所在今湖北宣恩县南高罗镇。雍正十三年（1735）废。

高罗汛 即今湖北宣恩县南五十八里高罗镇。清设外委驻守。

高罗安抚司 元末明玉珍改高罗宣抚司置，治所在今湖北宣恩县南高罗镇。明初废。洪武六年（1373）复置，七年（1374）废。永乐四年（1406）复置，属忠建宣抚司。清改为高罗土司。

高罗宣抚司 元改高罗寨长官司置，属四川行省。治所在今湖北宣恩县南高罗镇。元末明玉珍改为安抚司。

高罗寨 即今福建霞浦县东南四十五里长春镇东积石。明洪武二十年（1387）置巡司于此。嘉靖中废。

高罗寨长官司 元改石溪洞长官司置，属四川南道宣慰司。治所在今湖北宣恩县南高罗镇。后升为宣抚司。

高罗镇 清置，属霞浦县。即今福建霞浦县东南长春镇东积石。

高岭 在今广东阳东县北。《方舆纪要》卷101阳江县：高岭在“县北六十里。有石洞，洞门迂曲，仅容一人，内宽广容千人，泉出其下，响如鸣珂。昔人避贼于此，贼不敢犯。其中又有一洞，石壁峭削，不可上下，乡人名铁城”。

高岭山 在今江西景德镇市郊高岭村。明代宋应星《天工开物·陶埏》中记述出糯米土的高梁山，即指此山。公元1712年法国神甫昂特雷柯尔向国外介绍过这里制造瓷器的原料，从此，高岭闻名世界。这里是景德镇著名的瓷用原料产地，也是世界制瓷黏土高岭土的命名地。

高岭瓷土矿遗址 在今江西景德镇市东北八十里、浮梁县鹅湖镇高岭山。元代在高岭山发现瓷土并开采，明清大盛。存有大量元、明、清矿坑、矿井、淘洗矿和尾沙堆积，还保存数块明万历及清康熙、雍正、乾隆朝石碑。在东阜村仍存有当年高岭土水运码头遗迹和清代官府碑碣，村内有清代市街。高岭土是制瓷用土高岭土的命名地点，它对元、明、清景德镇制瓷业的发展起了重要作用。2001年定为全国重点文物，归入湖田古瓷窑址保护单位。

高岭坡遗址 见“百谷和高岭坡遗址。”在今广西田东县东林逢镇檀河村坡算屯东南，右江的四级台地上。为旧石器时代遗址，也发现数量较多的石制品和玻璃陨石等。

高岭镇 即今辽宁绥中县西南高岭镇。明置驿于此。《方舆纪要》卷37广宁前屯卫“沙河驿”条下：“高岭驿在卫西南三十五里。西入山海关之道也。”

高鱼 又作高梧、高吴。春秋时鲁邑。在今山东郓城县西北。《左传》：襄公二十六年（前547），“齐乌余以廪丘奔晋，袭卫羊角，取之；遂袭我高鱼”。即此。

高店子 即今湖北建始县东七十里高店子镇。清同治《建始县志》卷2《场市》：东乡有“高店子”。

高店子营 一名高店堡。明置，属碾伯千户所。在今青海乐都县西高店镇。明《西宁卫志》卷2：城东九十里有高店堡。清康熙《碾伯所志》：“所治西南境，七里堡、深沟堡、高店堡。”

高庙子 即今内蒙古兴和县东南高庙子。清雍正十二年（1734）于此置丰川卫，乾隆十五年（1750）废。三十三年（1768）设守备防守。

高庙子堡 即今青海乐都县东高庙镇。清乾隆《西宁府新志》卷12碾白县：高庙堡在“城东三十里”。民国《甘肃省县总分图》：乐都县东有高庙子。

高炉集 即今安徽涡阳县东南高炉镇。民国《涡阳风土记》卷2：高炉集“属柳桥堡，东偏南二十五里……有弘治寺”。

高河 ①在今河北高阳县东二十五里。《方舆纪要》卷12高阳县：高河“自马家河淀分流，其别出者曰猪龙河，俱引而东，经高阳故城南，又东北经安州界，下流入白洋淀，合雄县之瓦济河。《志》云：高河旧流，自县境东南入，至河间县界，下流注于滹沱，此非故流也”。同书卷13河间县下亦载：高河“在府西南。自高阳县流入境，东南流至交河县入于滹沱。《旧志》云：郡在滹沱、高河之间，故曰河间。今源流断续，非复故迹也”。

②在山西长治县西北高河村。《资治通鉴》：五代梁开平元年（907），“晋周德威壁于高河”。胡三省注：“高河在潞州屯留县东南。”

高河泉 在今云南华宁县西南四里。《方舆纪要》卷115宁州：高河泉“在州西南四里团山顶，外窿中洼，周二百余步，涝不旱，雨不溢”。

高宛 战国齐邑。在今山东邹平县东北苑城镇。《战国策·齐策一》：田忌为齐将，“孙子谓田忌曰：‘重踵高宛’”。指此。

高宛县 西汉置，属千乘郡。治所在今山东邹平县东北苑城镇。《史记·高祖功臣侯者年表》载：汉高帝六年（前201），封丙倩为高宛侯。即此。东汉作“高菀县”，属乐安国。三国魏属乐安郡，作“高苑县”。西晋属乐安国。北魏废。

高郎步 亦作高浪阜、高郎务。即今斯里兰卡首都科伦坡。元汪大渊《岛夷志略》：“高郎步，大佛山之下，湾环中，纵横皆卤股石，其地湿皋田瘠，米谷翔贵，气候暖。”《海录》译作咕噜慕。

高房集 在今江苏沛县西。《清一统志·徐州府二》：“马村集”条下：高房集“在县西二十五里”。

高视河　即今湖北崇阳县南青山河。《方舆纪要》卷76崇阳县：高视河在“县南五十里。汇山溪诸水，下流入于隽水”。

高陌村　在今河北易县东南。该地发现战国时燕国都城遗址。

高陌河　在今河南光山县南四十五里。《方舆纪要》卷50光山县“梅林河”条下：高陌河“源出县南八十里之白压山，东北会临仙河，而入于官渡河”。

高城山　①亦名高城岭。在今广西岑溪市北二十二里。《舆地纪胜》卷109藤州：高城岭“在岑溪县”。《方舆纪要》卷108岑溪县：高城山“蟠结高远。土人以为石城。岭有巨石如人立状”。

②亦名石城山、石矩山。在今四川仁寿县北十里。《新唐书·地理志》：仁寿县有高城山。

高城县　①东汉改高成县置，属勃海郡。治所在今河北盐山县东南二十里故城村。北齐天保七年（556）移治今黄骅市西南二十里旧城镇。隋开皇十八年（598）改为盐山县。

②即高成县。在今湖北松滋市南。《水经·油水注》：洈水“出高城县洈山，东径其县下，东至孱陵县入油水”。

③南齐置，属高兴郡。治所当在今广东化州、廉江、遂溪等市县境。隋开皇时废。

④北齐改稾城县置，为巨鹿郡治。治所在今河北藁城市西南二十八里丘头镇。隋开皇十年（590）于县置廉州，十八年（598）又改为稾城县。

⑤唐武德五年（622）置，属越州。治所在今广西浦北县境。贞观八年（634）属廉州。十二年（638）省入蔡龙县。

⑥唐调露二年（680）置，属岩州。治所在今广西玉林市境。《新唐书·地理志》高城县：“以高城水名。”天宝初属常乐郡，乾元初复属岩州。后废。

高城岭　在今甘肃渭源县西。《三国志·魏书·陈泰传》：姜维围狄道，陈泰往救，“遂进军度高城岭，潜行，夜至狄道东南高山上”。《水经·河水注》：“陇水出鸟鼠山西北高城岭。”《明一统志》卷36临洮府：“分水岭，在渭源县西十五里，其水自此岭分流，东者入渭，西者入洮。”分水岭即高城岭。

高城镇　即今湖北随州市东北五十四里高城镇。清乾隆三十九年（1774）移出山镇巡司于此，改名高城巡司。

高荣堡　明置，属宁夏右屯卫。即今宁夏平罗县西南姚伏镇高荣村。

高标山　今四川乐山市城内之老霄顶。《舆地纪胜》卷146嘉定府：高标山“一名高望山。古备城库之基，即今万景山。府之主山，巍然高峙，万象在前，烟朝月夕，其景无尽”。北宋宣和中建万景楼于上。

高柏山　在今陕西子长县北。《清一统志·延安府一》：高柏山“在安定县（治今子长县西北安定镇）北八十里，怀宁河出此。疑即《汉志》阳周县南之桥山也”。

高栅城　在今江苏宿迁市西南。《陈书·樊毅传》：太建七年（575），毅“进克潼州、下邳、高栅等六城”。《方舆纪要》卷22宿迁县“栅渊城”条下谓“高栅盖即栅渊”。

高柳　战国赵邑。即今山西阳高县。《山海经·海内西经》：雁门山“雁出其间，在高柳北。高柳在代北”。

高柳县　西汉置，属代郡。治所在今山西阳高县西北。东汉为代郡治，东汉末废。晋复置。北魏为高柳郡治。治所即今山西阳高县。后废。

高柳郡　北魏永熙中置，属恒州。治所在高柳县（今山西阳高县）。辖境相当今山西阳高、天镇及河北阳原等县地。后废。

高要市　1993年撤销广东省高要县，改设高要市，市人民政府驻南岸镇。由肇庆市代管。

高要县　西汉置，属苍梧郡。治所即今广东肇庆市。明郭子章《郡县释名》广东卷：“有高要山，一名高要峡。”县以此名。南朝宋改属南海郡。梁为高要郡治。隋平陈废郡，改为端州治。大业初为信安郡治。唐复为端州治。北宋为肇庆府治。元为肇庆路治。明、清为肇庆府治。民国初属广东粤海道。1920年直属广东省。1949年析置肇庆市，1951年并入高要县。1961年复设肇庆市。1986年移治南岸镇（今高要市）。1993年改设高要市。

高要峡　又名羚羊峡、高峡山。即今广东肇庆市东北羚羊峡。《水经·泿水注》：“王氏《交广春秋》曰：步骘杀吴巨、区景，使严舟船合兵二万，下取南海，苍梧人衡毅、钱博，宿（吴）巨部任，兴军逆（步）骘于苍梧高要峡口，两军相逢，于是遂交战。毅与众投水死者千有余人。”又《寰宇记》卷159端州高要县：高要峡，“《南越志》云，郡东有零羊峡，一曰高要峡，山高百丈，江广一里，华翠之树，四时葱蒨”。

高要郡　南朝梁大同中置，属广州。治所在高要县（今广东肇庆市）。隋开皇九年（589）废。唐天宝元年（742）复改端州为高要郡。治所仍在高要县。辖境相当今广东肇庆、高要、高明三市地。乾元元年（758）复为端州。

高桌山　在今山东安丘市南。《汉书·地理志》：琅邪郡灵门县有“高桌山”。注：“师古曰：‘桌即柘字也。’”《方舆纪要》卷35谓“今俗呼为高望山”。

高砂市　即今福建沙县东高砂镇。《清一统志·延平府》：高砂市“在沙县东三十五里”。

高砂镇　即今江西婺源县西高砂村。《方舆纪要》卷28徽州府婺源县：高砂镇“在县西南三十里。元置高砂税务所于此。至正十二年兵毁。明洪武八年裁革。《闻见录》：自乐平县趋太白巡司，德兴县趋吴家湾，会于高砂，进抵城北是也”。

高是山　一名高氏山。即今山西浑源县南七里翠屏山。《山海经·北次三经》："高是之山，滋水出焉，南流注于滹沱。其木多棕，其草多条。滱水出焉，东流注于河。"《水经·滱水》："滱水出代郡灵丘县高氏山。"

高显　在今山西曲沃县西北二十里高显镇。《资治通鉴》：南朝陈太建八年（576），"周主至高显，遣齐王帅所部先向平阳"。即此。

高显县　西汉置，属辽东郡。治所即今辽宁铁岭市。东汉改属玄菟郡。西晋末废。

高贵山　即大龟山。在今湖北广水市东北六十里。峡谷中有三座石潭，也称圣水井。

高贵乡公髦墓　在今河南洛阳市老城北邙山以南。高贵乡公曹髦为魏文帝孙，东海定王霖子。正始五年（244）封郯县高贵乡公。齐王废后，立为皇帝。《三国志·魏书·高贵乡公纪》载：甘露五年（260），"五月己丑，高贵乡公卒，年二十"。裴松之注引《汉晋春秋》曰："葬高贵乡公于洛阳西北三十里瀍涧之滨。"

高峡山　又名高要峡、羚羊峡。即今广东肇庆市东北羚羊峡。《舆地纪胜》卷96肇庆府：高要峡，"《南越志》云：郡东有零羊峡，一曰高峡山。华翠之树，四时葱蒨"。《明一统志》卷81肇庆府：高峡山"在府城东三十五里……相传山有羊化石，因名羚羊峡，又名高要峡"。《清一统志·肇庆府》：高峡山，"《旧志》：延袤二十里，与烂柯山对峙，夹束江流，为郡之镇钥。中有亚婆顶、钓鱼台，皆最湍急处"。

高峣山　在今云南昆明市西南碧鸡山右，与碧鸡山相望。《清一统志·云南府》引《府志》："以山形似秦峣关，故名。"下有明杨慎别业。

高峣关城　在今云南昆明市西南碧鸡镇。《方舆纪要》卷114云南府昆明县：高峣关城"在府城西，云津桥北。为关津总要处。《碧峣精舍记》：滇海西斥舍舟登陆，俗亦曰高桥，稽之古志，桥实曰峣，以山形似秦峣关也。高峣与碧鸡相望，如箭括然"。

高皇埠　一名高黄铺。在今山东邹城市东南。《方舆纪要》卷32邹县"距越山"条下："牙、阳二山间有高皇埠，相传汉高微时，曾潜迹于此。"

高泉　在今福建浦城县东九十里高泉关。明置巡司于此。

高泉山　在今陕西永寿县北。《元和志》卷3永寿县："高泉山，亦曰甘泉山。"《寰宇记》卷31永寿县："莫谷水源出高泉山。"

高泉水　在今山西翼城县东南。《水经·浍水注》："高泉水出东南近川，西北趣浍交注浍。"

高泉宫　在今陕西武功县西北武功镇西七里美阳故城中。《汉书·地理志》美阳县："有高泉宫，秦宣太后起也。"

高泉渠　在今陕西宝鸡市陈仓区（虢镇）东北。《新唐书·地理志》凤翔府虢县："东北十里有高泉渠，如意元年，引渭水入县城。"

高侯原　在今山西运城市东北。《晋书·刘曜载记》：东晋咸和三年（328），刘曜率军追后赵石季龙，"及于高侯，大战，败之"。即此。

高胜镇　在今广东乐昌市东。《方舆纪要》卷102乐昌县：高胜镇在"县东二十里。有巡司。今废"。

高亭　在今安徽寿县南。《三国志·吴书·丁奉传》："魏将文钦来降，以奉为虎威将军，从孙峻至寿春迎之，与敌追军战于高亭。"即此。

高亭山　①在今湖北谷城县南五里。《水经·沔水注》："沔水又南径高亭山东，山有灵焉，士民奉之，所请有验。"

②在今湖南永兴县西三十里。《元和志》卷29高亭县："以县东一百三十步高亭山为名。"

高亭司　即今湖南永兴县西南五十里高亭乡。唐开元十三年（725）于此置安陵县，天宝元年（742）改名高亭县，以高亭山为名。明、清置巡司于此。

高亭县　唐天宝元年（742）改安陵县置，属桂阳郡（后改郴州）。治所在今湖南永兴县西南五十里高亭乡。北宋熙宁六年（1073）改为永兴县。

高前山　在今河南内乡县西南十里。《山海经·中山经·中次十一经》："高前之山，其上有水焉，甚寒而清，帝台之浆也。"《清一统志·南阳府一》：高前山"顶有池，甚清冷。亦名天池山"。

高洪口　即今山西五台县东七十里高洪口乡。明洪武九年（1376）置巡司于此。清乾隆七年（1742）裁。

高洞山　在今贵州惠水县东北。《方舆纪要》卷121上马桥长官司：高洞山"在司北二里"。

高洛村　在今河北涞水县东南。清光绪二十六年（1900）义和团会集于此，烧毁本村教堂。

高冠山　一名高观山。即今湖北武汉市武昌城区蛇山。为黄鹤山支阜。以山形似高冠，故名。《方舆纪要》卷76江夏县"黄鹤山"条下："高冠山在城东南。明初，太祖围武昌，城东有高冠山，俯瞰城中，伪汉兵屯戍于此。傅友德一鼓拔之，武昌遂下。"洪武初江夏侯周德兴扩建武昌府城，将此山包入城内。清末及民国在山上筑炮台，隔江与龟山炮台对峙，为捍卫武昌、汉口、汉阳三镇之要塞。

高祖山　在今山西吉县西北。《清一统志·平阳府一》：高祖山"在吉州西三十里。峰峦奇秀。其上旧有汉高祖庙，因名"。

高眉山　①在今浙江兰溪市东北。《方舆纪要》卷93兰溪县：高眉山"在县东北二十五里。杰出群峰，石壁凌空，松阴盖地"。

②在今四川万源市南。《方舆纪要》卷69太平县：高眉山在"县南百五十里。山高而长，两峰相对，状如列眉"。民国《万源县志》卷1：高眉山"气象光明。一作高明山"。

高骈铺　亦作高坪铺。即今四川广汉市西北高坪镇。清嘉庆《汉州志》卷9：高坪铺场“至州二十里”。

高振岭　在今广西桂平市北。《方舆纪要》卷108桂平县：高振岭“在府北百余里。成化二年，韩雍讨大藤峡，登岭督战处”。

高都　①战国周邑，后为韩邑。在今河南伊川县东北，伊河西岸。《史记·周本纪》：苏代语东周君曰，“臣能使韩毋征甲与粟于周，又能为君得高都”。《水经·伊水注》引《竹书纪年》：梁惠成王十七年（前353），“东周与郑高都”。《续汉书·郡国志》：河南尹新城县“有高都城”。《史记》正义引《括地志》云：“高都故城，一名部都城，在洛州伊阙县北三十五里。”

②战国魏邑。即今山西晋州市。《史记·秦本纪》：庄襄王三年（前247），“蒙骜攻魏高都、汲，拔之”。即此。后置高都县。

高都山　①亦名都梁山。在今重庆市梁平县北。《舆地纪胜》卷179梁山军：高都山“距军北一十五里。山中地黄壤而腴，其民以种姜为业，衣食取给焉。高都驿路，乃天宝贡荔枝之路也”。《方舆纪要》卷69梁山县“高梁山”条下：“都梁山在县北十五里，亦曰高都山。旧有高都驿。”

②在今重庆市巫山县西北。《寰宇记》卷148巫山县：高都山，“《江源记》云：楚辞所谓巫山之阳，高邱之阻，高邱盖高都也”。

高都县　战国魏置。秦庄襄王三年（前248）入秦，属上党郡。治所即今山西晋城市。北魏移治今晋城市东北三十里高都镇，永安中为高都郡治。北周为高平郡治。隋开皇三年（583）为泽州治，十八年（598）改丹川县。

高都郡　北魏永安中置，属建州。治所在高都县（今山西晋城市泽州县东北高都镇）。辖境相当今山西晋城市及泽州县地。北周改为高平郡。

高都镇　在今湖南桃源县西南百二十里。明置高都巡司。

高桐关　在今新疆吐鲁番市西北。《晋书·吕光载记》：东晋太元十年（385），吕光自西域还，“苻坚高昌太守杨翰说其凉州刺史梁熙拒守高桐、伊吾二关。熙不从”。

高桥　①在今江苏南京市东。南朝梁末，徐嗣徽自丹阳至姑孰，陈霸先遣侯安都拒之于此。

②在今江苏无锡市西北。明洪武初置巡司于此。

③在今江苏东海县（牛山镇）东北。明、清置巡司于此。

④即今江苏盱眙县东高桥村。清光绪《盱眙县志稿》卷3：高桥在“县东三十五里”。

⑤即今浙江宁波市鄞州区西高桥镇。宋李心传《建炎以来系年要录》卷31：南宋建炎四年（1130）春正月，“金人再犯明州，浙东制置使张俊御之于高桥”。即此。

⑥在今山东商河县东南四十里。《方舆纪要》卷31商河县：高桥，“旧置驿于此。《志》云：县有高桥、商河二驿及三岔口、归化镇二巡司。今皆革”。

⑦即今湖北咸宁市东高桥镇。清光绪《咸宁县志》卷1《镇市》：高桥“东去县五十里”。

⑧在今广西玉林市西北。《方舆纪要》卷108兴业县：高桥在“县北二十五里。旧有高桥驿”。

高桥儿寨　明置，在今宁夏灵武市境。《方舆纪要》卷62兴武所：高桥儿寨“在所西南。正德初，总制杨一清言：宁夏花马池、兴武营，直抵高桥三百余里，为寇入边门户，诸部多屯牧其处”。

高桥关　即今重庆市开县西北高桥镇。《方舆纪要》卷69东乡县“深溪关”条内：“高桥关在县东四百里。”民国《宣汉县志》卷10：高桥关“在县东南二百里，接夔州开县界，岭路峻绝，为邑要地。按《太平寰宇记》：巴渠县有高桥关即此。今高桥属开县，而关犹存”。

高桥城　明置，属宁远卫。即今辽宁葫芦岛市东北五十里高桥镇。清蒋良骐《东华录》：天聪二年（1628）五月，“命贝勒阿巴泰等略明地，并隳锦州城及杏山、高桥”。清于此置驿站。

高桥站　①元置，即今山东沂水县东北高桥镇。明废。

②元置，属郁林州。在今广西贵港市东南桥圩镇。明改为驿。

③清置，属锦县（后属锦西厅）。即今辽宁葫芦岛市东北高桥镇。《清一统志·锦州府二》“十三山站”条下：“高桥站在（锦）县西南二十五里。有城，周一里有奇。”

高桥营　在今广东英德市东北高桥村。《方舆纪要》卷102英德县“虎尾径营”条内：“《志》云，县境江道上达韶阳，则有高桥、观音坑诸营，弹压上游。”《清一统志·韶州府》：高桥营“在英德县北弹子矶上，接曲江县界”。

高桥淀　在今河北霸州市东。《方舆纪要》卷11霸县：高桥淀在“州东七十里。周回三十里，其西有椤椤圈，众流所聚也。《志》曰：州川原平衍，厥壤卑下，西北诸山之水多汇于州境，然后东流出丁字沽注白河，以入于海。弘治中筑河堤，起涿州东境接固安，至州境之赵村务临津水口，经州南关长三百余里”。

高桥铺　在今四川邛崃市东高埂镇（高桥）。清嘉庆《四川通志》卷89邛州：高桥铺“在州东四十里”。

高桥集　即今山东沂水县北高桥镇。清道光《沂水县志》卷2：高桥集“距城五十里”。

高桥墟　即今福建沙县北高桥镇。《清一统志·延平府》“华岩墟”条下：“高桥墟，在县东北四十里。”

高桥镇　①又名东皋。即今上海市奉贤区东三十二里高桥。清光绪《江苏全省舆图》奉贤县：“高桥在城（今奉城镇）西北隅三里。”

②即今上海市浦东新区川沙镇西北四十里高桥镇。清同治《上海县志》卷1：高桥镇在“县东北三十六里，北半属宝山”。1961年划归川沙县。初名清溪镇，后因溪上建有高大木桥，改称高桥镇。

③即今江苏无锡市惠山区驻地堰桥镇。清置巡司于此。

④在今江苏东海县东北高桥。明属海州，置巡司于此。

⑤即今江苏镇江市丹徒区东高桥镇。清光绪《江苏全省舆图》丹徒县图：东有高桥。民国《江苏六十一县志》：镇江县东有“高桥镇”。

⑥北宋置，属仁寿县。在今四川仁寿县东北五十里。《舆地纪胜》卷150隆州：“百廉溪在高桥镇。”

⑦北宋置，属河池县。即今甘肃徽县北高桥乡。《方舆纪要》卷59秦州：“高桥在县南一百二十里，接成县境，今有巡司戍守。”

高原县 元世祖中统四年（1263）改柔远县置，为隆兴路治。治所即今河北张北县。元为兴和路治。明洪武中废。

高原陵 西晋宣帝司马懿陵。在今河南偃师市北邙首阳山上。《晋书·宣帝纪》：三国魏嘉平三年（251），葬于河阴，“于首阳山为土藏。……武帝受禅，上尊号曰宣皇帝，陵曰高原，庙称高祖”。

高柴镇 北宋置，属太康县。即今河南太康县西北四十四里高贤乡。

高峰山 ①在今浙江建德市东北五十五里。宋《景定严州续志》卷5建德县：高峰山“去县（治今梅城镇）东五里许，仁安山之支也”。《方舆纪要》卷90建德县：高峰山“有双峰峭壁，新安江绕其西南”。

②在今湖北松滋市南。《方舆纪要》卷78松滋县：高峰山“在县南百里。高耸出群山之上，顶有二池”。

③在今贵州平坝县东南二十里。《清一统志·安顺府》引《贵州通志》：高峰山“僧自然有道行，卓锡兹山，爱其峰高云秀，树密泉香，栖息于此。手植柏树数千”。

高峰戍 在今河北丰宁满族自治县（大阁镇）西南四十里。北魏曾于此筑城。

高峰岭 在今广西武鸣县南五十里，与南宁市接界。《方舆纪要》卷111武缘县“独秀山”条下：高峰岭“高二百余丈，长十五里，南接宣化县界”。

高峰砦 北宋置，在今广西南丹县东南大厂镇东高峰村。大观四年（1110）于此置观州，绍兴四年（1134）废观州为高峰砦。

高峰堡 ①明置，属武缘县。在今广西武鸣县南四十里。

②北宋置，属西安州。在今宁夏海原县境。后废。

高郭侯国 西汉地节二年（前68）分鄚县置，属涿郡。治所在今河北任丘市西北十七里。封河间献王子刘膃为高郭侯。东汉废。

高斋 在今湖北襄阳市襄阳城内。《清一统志·襄阳府二》“高斋”引《襄沔记》：“襄阳城内刺史宅有高斋。梁简文为晋安王，镇襄阳，日引刘孝威等于此斋，综核诗集，时号为高斋学士。”

高唐 春秋时齐邑。在今山东禹城市西南四十里伦镇。《左传》：襄公十九年（前554），齐庄公即位，夙沙卫“奔高唐以叛”。又昭公十年（前532），齐陈桓子与鲍氏共灭栾氏、高氏，齐景公“与桓子莒之旁邑，辞。穆孟姬为之请高唐，陈氏始大”。《史记·田敬仲完世家》：齐威王对魏惠王曰：“吾臣有盼子者，使守高唐，则赵人不敢东渔于河。”皆此。战国时置高唐县。

高唐市 即高唐镇。今安徽霍邱县西北五十里高塘集。

高唐州 元世祖至元七年（1270）置，属中书省。治所在高唐县（今山东高唐县）。辖境相当今山东高唐、夏津、武城三县。明洪武初省县入州，属东昌府。1913年改高唐县。

高唐县 ①战国齐置。后入秦，属济北郡。治所在今山东禹城市西南四十里。汉属平原郡。西晋废。

②北魏景明三年（502）置，属南清河郡。治所即今山东高唐县。北齐属平原郡。隋属武阳郡。唐属博州，长寿二年（693）改崇武县，神龙元年（705）复名高唐。五代梁改鱼邱县，后唐复名高唐。后晋又改齐城县，后汉初复名高唐。元置高唐州治此。明洪武初省县入州，属东昌府。1913年改高唐县，属山东东临道。1925年属东昌道。1928年直属山东省。

③北齐天保七年（556）置，属东平原郡。治所在今山东章丘市西北水寨镇。隋开皇十六年（596）改为章丘县。

④唐武德初置，属信州。治所即今安徽临泉县东南高塘乡。六年（623）废。

⑤唐武德三年（620）置，属北温州。治所在今山西交口县东北桃红坡镇。贞观元年（627）废。

高唐驿 在今重庆市巫山县西。《方舆纪要》卷69巫山县：高唐驿“在县治西。水驿也。《舆程记》：江行自高唐驿而东，九十里至万流驿入湖广归州境，又七十里即巴东县矣”。

高唐镇 亦名高唐市、高唐店。即今安徽霍邱县西北五十里高塘集。明置巡司于此。

高资港 即今江苏镇江市丹徒区西四十里高资镇。《明史·恭闵帝纪》：建文四年（1402）“燕兵渡江，盛庸战于高资港，败绩”。即此。

高资镇 亦曰高家镇。明置，属丹徒县。即今江苏镇江市丹徒区西四十里高资镇。明置巡司于此。

高凉山 在今广东高州市东北。《寰宇记》卷161电白县：高凉山“在良德县，去州十里”。《舆地纪胜》卷117高州：高凉山“在郡东四十里。《经》

云：群山森然，盛夏如秋，因名”。《方舆纪要》卷104高州府茂名县：高凉山在“府东北九十里。旧属电白县，后改今属。《志》云：山本名高梁，群峰并耸，盛夏如秋，故改梁为凉。汉建安十六年，卫毅、钱博拒步骘于高要峡。毅死，博与其属亡于高凉，盖即此山云。或云：汉高凉县，盖置于山下”。

高凉县 ①西汉置，属合浦郡。治所在今广东阳东县北。东汉末属高凉郡。东晋废。

②北魏太和十一年（487）置，为高凉郡治。治所在今山西稷山县东南二十里。北周移治玉璧城（今稷山县西南十二里汾河南岸）。隋开皇三年（583）属绛州，十八年（598）改为稷山县。

③南朝梁改安宁县置，为高凉郡治。治所在今广东阳江市西。唐武德五年（622）改为西平县。

高凉河 即今内蒙古克什克腾旗南白岔河。《清一统志·克什克腾》：高凉河“在旗（旧驻地在今克什克腾旗东南瑞芝乡）西南五十里。蒙古名拜查。源出拜查泊，东北流，入潢河（西拉木伦河）”。

高凉郡 ①东汉建安二十五年（220）孙权分合浦郡置，属交州。治所在思平县（今广东恩平市北）。辖境相当今广东阳江、阳东、阳西、阳春、恩平、高州、茂名、电白等市县地。西晋治所移在安宁县（今广东阳江市西）。南朝宋复治思平县。南齐移治安宁县。隋开皇九年（589）平陈后废。大业二年（606）改高州复置，治所在高凉县（今阳江市西）。辖境扩大，又包括今吴川、化州二市地。唐武德四年（621）复改为高州。天宝元年（742）改为高凉郡，乾元元年（758）复为高州。南朝末，保障岭外数州安宁的冼夫人，即本郡的越族首领。

②北魏置，属东雍州。治所在高凉县（今山西稷山县东南三十里）。辖境相当今山西稷山县、河津市地。西魏移治今稷山县西南。隋开皇三年（583）废。

高浦 即今福建厦门市北集美区西高浦。明属同安县，置高浦巡司于此。万历九年（1581）移至白礁，废。

高浦千户所 明洪武二十三年（1390）置，属永宁卫。治所即今福建厦门市北集美区西高浦。清顺治十四年（1657）废。

高流镇 清置，属沭阳县。即今江苏新沂市东南高流镇。清时有县丞驻此。

高家屯 亦名绥东城。即今黑龙江省绥滨县东北绥东镇。民国初置县佐，寻改置绥东设治局于此。

高家场 在今湖北潜江市西六十里。清置巡司于此。

高家行市 亦称高家行镇。即今上海市浦东新区川沙镇西北二十八里东沟村。清同治《上海县志》卷1：高行市在“县东北三十里。分南行、中行、北行。南行属川沙，中行与川沙接境”。

高家沟镇 即今江苏涟水县西北五十六里高沟镇。清嘉庆《海州直隶州志》卷14沭阳县：“高家沟镇去治九十里。”

高家坨 一名高坨子。即今辽宁海城市西北六十里高坨镇。清光绪《奉天全省地舆图说图志》海城县图：西北有高家坨。

高家店 ①即今吉林农安县北高家店镇。清光绪《吉林通志》卷16：农安县东北“六十里高家店镇”。

②即今河南罗山县西北高店乡。清乾隆《罗山县志》卷1《镇店》：“高家店，西南八十里。”（疑为“西北三十里”之讹）。

高家堰 或称高加堰。简称高堰。在今江苏淮安市淮阴区西南、洪泽湖东北。自武家墩南至棠梨树，接盱眙县界，长九十里。东汉陈登始建。明永乐初陈瑄重筑。万历六年（1578）潘季驯再筑。《方舆纪要》卷22淮安府“高家堰”条称：“盖高堰者，黄、淮两河之关键也。”

高家堡 ①即今陕西神木县西南一百里高家堡镇。《清一统志·榆林府二》：高家堡“地名飞鸦川。明正统四年巡抚陈镒建，成化中增修。城在平川，周三里有奇，边垣长四十二里，今有都司驻守”。1948年陕甘宁革命根据地神府县迁治于此。

②即今甘肃静宁县西北高家堡。《方舆纪要》卷58静宁州“得胜砦”条下：“又高家堡在州西四十里，旧为戍守处。”清置递运所于此。

高家港镇 金置，属乐安县。即今山东广饶县东北九十里高港。明置高家港巡司。

高家镇及高家镇遗址 在今重庆市丰都县东北长江东岸。民国《丰都县志》卷3载：高家镇场“离城六十里。户口稠密，生意繁盛”。近年在高家镇桂花村长江右岸的三级台地上，发现一处旧石器时代遗址，遗址面积1万余平方米。已发现各类石制品二千五百余件，包括石核、石片、砍砸器、尖状器与刮削器等，系用当地砾石打制而成。高家镇遗址文化层厚，石制品丰富，是迄今三峡地区发现的时代最早的旧石器时代文化遗存的代表，是研究西南地区早期人类发展的重要材料。2001年高家镇遗址被定为全国重点文物保护单位。

高家嘴 在今上海市金山区金山卫东南。《方舆纪要》卷24松江府华亭县：高家嘴“在府东百余里翁家港口。此港险要，嘉靖三十四年，青（村）、南（汇）二所各募兵守此。三十九年始罢。今属青村所。《海防考》：高家嘴突出海中，与江北料角嘴相对”。

高窍镇 即今湖北安陆市南巡店镇。《方舆纪要》卷77安陆县“大化镇”条下：高窍镇“在县南三十里。向有巡司。今革”。

高冢戍 在今江苏徐州市铜山区西。《水经·获水注》：“获水又东径同孝山北，山阴有楚元王冢，上圆下方，累石为之，高十余丈，广百许步。”魏置戍于此。《资治通鉴》：南朝梁天监五年（506），“张惠绍与假徐州刺史宋黑水陆俱进，趣彭城，围高冢戍”。即此。

高陵　①本西周邑，在今陕西高陵县西南一里。《史记·穰侯列传》：秦“昭王同母弟（显）曰高陵君”，即此。

②又名吴陵。在今江苏丹阳市西十五里。为三国吴孙坚陵。《三国志·吴书·孙破虏讨逆传》裴松之注引《吴录》曰：“尊坚曰始祖，墓曰高陵。”

③又称高平陵。俗称西陵。即曹操陵墓。在今河北临漳县邺县西南，今河南安阳县西北安丰乡西高穴村2号大墓。《三国志·魏书·武帝纪》载：建安二十五年（220）正月“庚子，王崩于洛阳，年六十六。……二月丁卯，葬高陵”。《河朔访古记》谓魏武高平陵“在邺镇西南三十里”。

高陵区　2014年撤销陕西省高陵县，设立西安市高陵区，区政府驻鹿苑街道县门街29号。

高陵县　①战国时秦孝公置，治所在今陕西高陵县城西南一里。秦属内史。西汉属左冯翊，左辅都尉驻此。东汉为左冯翊治。三国魏黄初元年（220）改名高陆县。北魏迁治于今高陵县，为冯翊郡治。隋大业二年（606）复名高陵县，三年改属京兆郡。唐属京兆府。元属奉元路。明属西安府。民国初属陕西关中道。1928年直属陕西省。2014年撤销高陵县，改设高陵区。

②唐武德四年（621）置，属鸢州。治所在今越南兴安省快州一带。贞观元年（627）废入朱鸢县。

高陵城　①在今河北临漳县东南三里岗陵城。《水经·洹水注》：洹水“东北经高陵城南”。即此。

②即今湖北阳新县。《舆地纪胜》卷33兴国军永兴县：隋开皇十八年（598）“改富川曰永兴，居高陵故城。正（贞）元八年移于长乐乡之深口”。《清一统志·武昌府》“永兴故城”条：“按高陵故城，在（兴国）州西一里。深口，即今州治。”

高陵侯国　西汉置，属琅邪郡。当在今山东东部。东汉省。

高骊山　亦曰句骊山。在今江苏句容市东北。《寰宇记》卷89润州丹徒县：高骊山“在县西南七十里。《梁武帝舆驾东行记》云：自覆船山、酒罂山南次高骊山。传云昔高骊国女来此，东海神乘船致酒，礼聘之，女不肯，海神拨船覆酒，流入曲阿湖，故曲阿酒美也”。

高埠　即今江西资溪县北高埠镇。清同治《江西全省舆图》卷3：泸溪县（今资溪县）东北二十里高阜。

高菀县　即高宛县。在今山东邹平县东北苑城。《续汉书·郡国志》作“高菀县”。

高梧　即高鱼。在今山东郓城县北。《资治通鉴》：唐乾宁二年（895），“朱全忠遣其将朱友恭围兖州，朱瑄自郓以兵粮救之，友恭设伏，败之于高梧”。胡三省注：“高梧，即春秋鲁国之高鱼。”

高梧谷　在今新疆吐鲁番市西北。《晋书·苻丕载记》：东晋太元十年（385），吕光自西域还，高昌太守杨翰言于凉州刺史梁熙曰：“高梧谷口，水险之要，宜先守之而夺其水。彼既穷渴，自然投戈。”《方舆纪要》卷65土鲁番：高梧谷“在土鲁番西北。……或曰高梧，交河之讹也”。

高砦　在今广西罗城么佬族自治县西天河镇西二十里。南宋嘉熙元年（1237）天河县迁治于此。

高砦铺　明置，在今贵州龙里县西十里。《清一统志·贵阳府》：高砦“明王三善讨安邦彦，既克龙里，引兵复进，夺高砦及七里冲”。

高眼山　在今广西上林县南四十里。《方舆纪要》卷109上林县：高眼山“山最高，林木深郁”。

高崖口　即今北京市昌平区西南高崖口乡。清光绪《昌平州志》卷4：西南“高崖口。《采访册》：距城五十里”。

高望山　①在今山东莱州市东南十五里。《方舆纪要》卷36掖县：高望山“峰峦秀特，可以望远”。

②一作高望界。在今湖南古丈县东北。《清一统志·永顺府》：茶溪“源出高望山”。

③在今广东广宁县西南五十里。《方舆纪要》卷101肇庆府广宁县：高望山“山高险，俯视群山，林木苍秀，涧泉澄澈”。

高望县　①西汉置，属上郡，为北部都尉治。治所在今内蒙古乌审旗西北圪圪淖古城。东汉废。

②北魏太平真君二年（441）置，属赵兴郡。治所当在今甘肃宁县东境。北周废。

高望苑　东汉永初六年（112）置，在今四川会理县一带。为皇家牧马之地。

高望城　在今江苏南京市浦口区西南三十里高旺村。《晋书·王浑传》：太康初，伐吴，王浑遣“李纯据高望城”。即此。北宋置高望镇，属乌江县。又名高旺镇。

高望堆　在今陕西西安市东南十二里少陵原北。宋敏求《长安志》卷11：高望堆“《长安图》曰：在延兴门南八里”。

高望堡　在今山西壶关县西七里。唐武德四年（621）置壶关县于此。贞观十七年（643）移今壶关县治。

高望镇　北宋置，属和州乌江县。即今江苏南京市浦口区西南三十里高旺村。

高盖山　即今福建永泰县西高盖山。《寰宇记》卷100福州永泰县：高盖山“在县西七十里。常有紫云所盖，因曰高盖山。有水色如金，亦曰金枝山。太守陶夔记云，山有石井，深三丈，石盆广二丈，清净如镜，土人徐登在此得仙，与东阳赵炳斗仙术，即此处也”。《清一统志·福州府一》引《县志》：高盖山“在县西四十里。道书以为第七福地，王闽时尝封为西岳”。

高渚　黄河津渡。在今河南孟津县西。《资治通鉴》：南朝梁大通二年（528）三月，尔朱荣起兵晋阳，至河内，遣王相密入洛阳迎长乐王子攸。子攸“自高渚渡河。丁酉，会荣于河阳”。

高淳县 明弘治四年（1491）以溧水县高淳镇置，属应天府。治所即今江苏高淳县。清属江宁府。民国初属江苏金陵道。1927年直属江苏省。2013年撤销高淳县，改设南京市高淳区。

高淳镇 北宋置，属溧水县。即今江苏高淳县治淳溪镇。明弘治四年（1491）于此置高淳县。

高渠县 北周保定初置，为高渠郡治。治所在今四川盐亭县西十六里。隋大业三年（607）废。

高渠谷 一作高梁谷。在今内蒙古包头市附近。《后汉书·孝安帝纪》：永初三年（109）九月，"雁门乌桓及鲜卑叛，败五原郡兵于高渠谷"。注引《东观记》曰："战九原高梁谷。"

高渠郡 北周保定初置，属新州。治所在高渠县（今四川盐亭县西十六里）。辖境相当今四川盐亭县西部地。隋开皇三年（583）废。

高梁 春秋晋邑。在今山西临汾市东北。或说在今临汾市北高河村。《左传》：僖公二十四年（前636）二月，公子重耳返晋，"使杀怀公于高梁"。

高梁山 ①即高凉山。在今广东高州市东北。《方舆纪要》卷104高州府茂名县：高凉山，"《志》云：山本名高梁，群峰并耸，盛夏如秋，故改梁为凉"。

②即今重庆市梁平县东南与万州区交界之精华山（铁凤山）。《隋书·地理志》：梁山县有高梁山。《寰宇记》卷149万州南浦县："高梁大山在县北四十里。《寻江源记》云：高梁山尾东跨江，西首剑阁，东西数千里。山巅长峻，其峰崔嵬。于蜀市望之，若长云垂天。一日行之，乃极其顶，俯视众山，泯若平原。《剑阁铭》所谓岩岩梁山，积石峨峨，即述此山也。"《舆地纪胜》卷179梁山军：高梁山"距军城四十里"。《方舆纪要》卷69梁山县：高梁山"明正德中，贼方四等作乱西攻重庆府之江津县，官兵击败之，追至高梁山。……贼大败溃走"。

高梁谷 即高渠谷。在今内蒙古包头市一带。

高梁河 ①又称高良河、高梁水、皂河。源出今北京市城西北紫竹院公园，东流经西直门外高梁桥，至德胜门水关转而东南，沿什刹海，折而东南斜穿今北京内、外城，过天坛、龙潭湖，由东南十里河村注入古灅水（今永定河）。《水经·灅水注》：高梁水"出蓟城西北平地，泉流东注，径燕王陵北，又东径蓟城北，又东南流，《魏土地记》曰：'蓟东十里有高梁之水'者也。其水又东南入灅水"。金、元开凿运河，导高梁河水自今北京城中注通县潞河。高梁河上游故道被改造成今长河的一部分，而高梁桥以下的故道因金、元建都而逐渐废弃，今什刹海一带湖泊，即其遗迹。

②三国魏开车箱渠，导灅水（今永定河前身）自今北京市石景山南东接高梁水上源，又自今德胜门外分流东向，至今通县东注入潞河。亦称高梁水或高梁河。北魏后废。

高梁城 ①春秋晋地，在今山西临汾市东北。《左传》：僖公二十四年（前636），晋公子重耳"使杀怀公于高梁"。《水经·汾水注》：潏水"乱流西北径高梁城北"。又引《竹书纪年》：晋出公十三年（前462），"智伯瑶城高梁"，即此。西汉于此置高梁侯国。

②在今重庆市梁平县西聚奎镇（黄土坎）。明曹学佺《蜀中名胜记》卷23梁山县："邑名高梁，又曰都梁，皆因山也。"《方舆纪要》卷69梁山县：高梁城"在县西"。系北周至北宋初梁山县治。

高梁亭 在今山东阳谷县东南张秋镇附近。《宋书·檀道济传》：南朝宋元嘉八年（431），"道济率宁朔将军王仲德、骁骑将军段宏奋击，大破之。转战至高梁亭"，即此。

高梁桥 在今山西临汾市高河村北涝河（一名高梁水）上。《北史·高阿那肱传》：周师陷齐晋州，齐后主自晋阳率大军围之，高阿那肱建议"不如勿战，守高梁桥"。

高密 战国齐邑。在今山东高密市西南。《史记·乐毅传》："而乐氏之族有乐瑕公、乐臣公，赵且为秦所灭，亡之齐高密。"

高密县 ①战国秦置，属胶东郡。治所在今山东高密市西南四十里前田庄。出土秦封泥中有"高密丞印"可证。西汉文帝十六年（前164）封齐悼惠王子卬为胶西王，都高密。本始元年（前73）改置高密国。东汉属北海国。三国魏属城阳郡。北魏属高密郡。北齐废。隋开皇中复置，属密州。移治今市东南二十里故献村。大业初属高密郡。隋末又废。唐武德三年（620）于今市西北一里故义城堡复置，属密州。六年（623）移故夷安城（今高密市）。元改属胶州。明属莱州府。民国初属山东胶东道。1925年改属莱胶道。1928年直属山东省。1994年改设高密市。

②南朝梁置，属齐郡。治所在今江苏赣榆县东南五十里。东魏武定七年（549）改洛要县。

高密国 西汉本始元年（前73）改胶西郡置，治所在高密县（今山东高密市西南四十里前田庄）。西汉末辖境约当今山东高密市一带。东汉建武十三年（37）省入北海国。西晋元康十年（300）复置，南朝宋改为高密郡。

高密店 即今河北高碑店市。《方舆纪要》卷12新城县"三甲店"条下载："高密店在县（今市东南新城镇）西北三十五里。元至治中，尝游畋于此。亦名驻跸店。"

高密河 又称密水。即今山东诸城市东北百尺河。《水经·潍水注》："应劭曰：县有密水，故有高密之名也。"

高密郡 南朝宋改高密国为郡，属青州。治所在桑犊城（今山东潍坊市东南）。北魏属胶州，移治高密县（今山东高密市西南）。北齐移治东武县（今山东诸城市）。隋开皇初废。大业初改密州复置，治所在诸城县（今山东诸城市）。唐武德五年（622）复改密州，天宝元年（742）又改高密郡。乾元元年（758）复改密州。

高颈山 即今江苏苏州市西天平山支阜高景山。《越绝书·吴地传》云："阊门外高颈山东垣石人，古者名石公。"

高堰镇 即今江苏淮安市淮阴区西南高堰。清设把总驻守。

高堤（隄）县 西汉置，属信都国。治所在今河北枣强县东北。东汉废。

高堤镇 在今河南内黄县西四十里卫河东岸。《清一统志·彰德府二》：高堤镇，"河南粮运皆经于此。为津途要隘"。

高越原 在今内蒙古阿拉善右旗东部和甘肃民勤县西北一带。《资始通鉴》：南朝陈至德元年（583）五月，"隋秦州总管窦荣定帅九总管步骑三万出凉州，与突厥阿波可汗相拒于高越原，阿波屡败"。《方舆纪要》卷63凉州卫：高越原"在卫西北塞外"。

高敬仲墓 即高傒墓。在今山东淄博市临淄区东北敬仲镇白兔丘村南。《清一统志·青州府》：高敬仲墓"在临淄县东北二十里。又名白兔冢，即高傒也"。

高椅山 在今广西都安瑶族自治县北板岭乡东。《清一统志·庆远府》：高倚山"在永顺正土司治前，高耸约百余丈"。

高雄市 1924年日本占领期间置，属高雄州。治所即今台湾省高雄市。1945年抗日战争胜利后仍设高雄市，为台湾省辖市。

高雄县 1920年日本占领时期设高雄州，1945年抗日战争胜利后改设高雄县，属台湾省。治所即今台湾高雄市东凤山区。2010年12月，撤销高雄县，并入高雄市。

高傒墓 俗称白兔丘。又称高敬仲墓。在今山东淄博市临淄区东北敬仲镇白兔丘村南。高傒，号白兔，谥敬仲。又称高子。齐正卿。《史记·齐太公世家》："小白自少好善大夫高傒。"小白自莒返国后，"高傒立之，是为桓公"。"桓公既得管仲，与鲍叔、隰朋、高傒修齐国政，连五家之兵，设轻重鱼盐之利，以赡贫穷，禄贤能，齐人皆说"。《清一统志·青州府》：高敬仲墓"在临淄县东北二十里。又名白兔冢，即高傒也"。

高湖 ①在今江苏金坛市西北十里。《寰宇记》卷89金坛县："高湖在县北一十二里。灌田一十二顷。"宋《嘉定镇江志》卷6：高湖"周回百余顷。北受五中渎，南流十二里入大溪"。

②在今浙江海宁市（硖石镇）西南二十三里。宋《咸淳临安志》卷34盐官县：高湖"在县东北十七里。东西二十八里，南北一里三步"。南宋时已湮废。

高湖山 在今江西婺源县东北，与安徽休宁接界。《清一统志·徽州府》：高湖山"在婺源县北一百里，界接休宁，与浙源山相连。前有湖宽六七亩，四时不涸。从山后上，即摩天岭。有水北入浙溪"。

高湖市 又名高湖街。即今江西靖安县西北三十里高湖镇。清同治《江西全省舆图》卷1：靖安县西北有高湖。

高湾镇 又名高家湾。即今河北海兴县南高湾镇。旧属盐山县，盛产盐。《清一统志·天津府一》："阜财场在高家湾。"

高富县 隋大业七年（611）置，属明阳郡。治所在今贵州凤冈县北。唐初属夷州，贞观十一年（637）移治今凤冈县东北。永徽后废。

高登山 在今云南禄丰县西广通镇东。《清一统志·楚雄府》：高登山"在广通县（今广通镇）东三里。元时有盐井，建盐司于此。今废。亦名盐食山"。

高塘市 即今江西吉安县南高塘乡。清光绪《庐陵县志》卷3：高塘市"在县西（南）三十里"。

高塘县 ①北周废高塘郡置，属新昌郡。治所在今安徽来安县东北半塔镇。隋开皇初废。

②隋开皇三年（583）改高塘郡置，属熙州。治所即今安徽宿松县。十八年（598）改为宿松县。

高塘郡 ①南朝梁置，属晋州。治所在高塘县（今安徽宿松县）。隋开皇三年（583）废郡为高塘县。

②南朝梁置，属谯州。治所在高塘县（今安徽来安县东北半塔镇）。辖境相当今安徽来安县地。北周时废。

高蓬镇 即今河北定州市南高蓬镇。清道光《定州志》卷7市集：高蓬镇在"城南四十里"。

高槐 在今陕西洛川县东北十里安宫村。北魏太平真君中于此置洛川县。隋开皇三年（583）洛川县徙治今县东北旧县镇。

高楼山 在今湖北应城市东北。《方舆纪要》卷77应城县：高楼山"在县东北二十里涢水滨，以峰峦层叠而名"。

高楼场 在今四川资中县西北七十里高楼镇。清光绪《资州志》卷3：高楼场"在州西七十里"。

高楼哨 在今湖南凤凰县北三十七里。清严如熤《苗疆险要考》谓"在高山脚下，负山而立，颇为雄峻"。

高楼寨 在今山东菏泽市西北。清同治四年（1865）四月二十四日，僧格林沁部清军追捻军至此，赖汶光、张宗禹、任化邦利用有利地形设伏，大败清军，僧格林沁被杀。

高碑店 又名高密店。即今河北高碑店市。古为燕赵分界处。昔有"燕南赵北"四字高碑，故得名高碑店。1962年新城县迁治于此。1993年改设高碑店市。

高碑店市 1993年撤销河北省新城县，改设高碑店市，市人民政府驻高碑店。属保定地区。1994划归保定市代管。

高碉山 在今四川理县东北薛城镇。《方舆胜览》卷56威州：高碉山"今州县治并据此山，三面悬崖，姜维故城在焉"。《方舆纪要》卷67威州：高碉山在"州北三十里。三面悬崖，大江经其南。刘煦曰，维州治岷山孤峰，即此。上有姜维故城，即唐维州治"。

高雷道 1914年依前高雷阳道改置，属广东省。治茂名县（今广东高州市）。辖境约当今广东信宜、阳春、阳江以西及雷州半岛地区。1920年废。

高颐墓阙及石刻　在今四川雅安市东十五里姚桥场西南汉碑村。《舆地纪胜》卷147雅州：高孝廉墓碑“在严道县东二十里。按其碑年月，乃汉建安十四年，高君兄弟皆孝廉，有二大阙：其一曰：故益州太守武阴令上计吏举孝廉诸部从事高颐字贯方。其一曰：汉故益州太守阴平都尉武阳令北府丞举孝廉高君实字贯光。又一大碑，其首云：故益州太守高君之碑”。今墓阙尚存，东西阙相距13米，系五重石块堆砌而成，高6米。西阙阙身四面有精美浮雕人物、车马、禽兽等。1961年定为全国重点文物保护单位。

高嵩砦　在今浙江乐清市东北南岳镇沙港头村北。《方舆纪要》卷94乐清县：高嵩砦“在县东四十里高嵩山上，临大海，亦近蒲岐所，为所境之锁钥”。

高新铁路　从辽宁新民县（今新民市）北高台山至黑山县北新立屯。全长60.6公里。日伪于1938—1940年修筑。

高阙　战国赵长城西端障塞。即今内蒙古乌拉特中旗西南狼山南麓之石兰计山口。《史记·匈奴列传》：赵武灵王“筑长城，自代并阴山下，至高阙为塞”。西汉时卫青领兵出此，与匈奴右贤王作战。东汉窦固等数路伐匈奴，祭彤军出此。《水经·河水》：河水“屈从（临戎）县北东流，东径高阙南”。郦道元注：“（高阙）山下有长城。长城之际，连山刺天，其山中断，两岸双阙，峨然云举，望若阙焉。即状表目，故有高阙之名也。自阙北出荒中，阙口有城，跨山结局，谓之高阙戍。自古迄今，常置重捍以防塞道。”

高阙州　唐贞观二十一年（647）以铁勒斛薛部置，属燕然都护府。其地当在今蒙古国色楞格省东境哈拉河北。永徽元年（650）废，改置稽落州。

高溪　①一名三十六水。在今湖北蕲春县东。《舆地纪胜》卷47蕲州：三十六水“亦名高溪，在州东北，出白岩山，南入蕲河”。

②在今贵州黄平县西南。《方舆纪要》卷121兴隆卫：高溪“在卫西南。旁有高溪屯。又秀溪在卫东三十五里东坡堡，下流皆入重安江”。

高溪市　即今湖南永州市冷水滩区东北二十一里高溪市镇。旧属零陵县，明曾置巡司于此。

高滩　即今广东连南瑶族自治县东南高滩营，西南近寨岗镇。《清一统志·连州》：高滩营“在阳山县西北六十里，接连山厅界。系八排三坑瑶出入之路。明成化中置，后废。本朝顺治十五年复置”。

高滩市　即今福建将乐县东北高唐镇。《清一统志·延平府》：高滩市“在将乐县东四十里”。

高滩场　即今重庆市垫江县东南高安镇。清光绪《垫江县志》卷2：高滩场在“治东四十里”。雍正七年（1729）设县丞，嘉庆三年（1798）裁。宣统间改置高滩镇。1941年改为高安镇。

高滩营　明成化中置，在今广东阳山县西北。《清一统志·连州》：高滩营“系八排三坑猺出入之路”。

高滩溪　在今重庆市垫江县东，为龙溪河上流。《方舆纪要》卷69垫江县：高滩溪在“县东南五十里。其水险恶，自达州界流入县境，下流入长寿县达龙溪，注于大江”。

高塘城　又名浅水城。即北魏浅水县治。在今陕西长武县北五里浅水村。《资治通鉴》：唐武德元年（618），“薛举进逼高墌”。

高蔡　战国蔡都。在今湖南常德市。《战国策·楚策四》：庄辛对楚王曰，蔡辛侯“左抱幼妾，右拥嬖女，与之驰骋乎高蔡之中，而不以国家为事”。

高僚原寨　在今湖南蓝山县南。《方舆纪要》卷80蓝山县：“高僚原寨在县南百里。其相近者又有紫僚原寨，皆崇山峻崖。崇祯十一年，群‘贼’结聚于此，官兵讨破之。”

高寨　①在今江西黎川县东南。《方舆纪要》卷86建昌府新城县：高寨在“县东南三里。唐末危全讽起兵常屯据于此。今堙”。

②即今青海互助土族自治县东南高寨镇。明《西宁卫志》卷2：卫城“东二十五里有傅家山城，四十里有高寨”。

高寨山　在今广西罗城仫佬族自治县西天河镇西二十里。《方舆纪要》卷109天河县：高寨山在“县西二十里。旧县治在其下，其相近者曰北陵山，麓有水泉”。

高寨镇　在今湖南江华瑶族自治县南。《清一统志·永州府二》：高寨镇“在江华县南，旧称高寨营”。

高镇　在今福建德化县西北。明置高镇巡司于此。万历末废。

高镇山　在今广西灵川县东北三街镇西南二里。《方舆纪要》卷107灵川县：高镇山在“县西南二里。古名大象峰，一名大藏。其下有潭，横浸山腹，名象潭。其形三折，又名之潭。宋宝祐间改名高镇岭。元至正间，大藏山崩，后名其所崩岩为赤壁，因名赤壁岩”。

高黎共山　即今高黎贡山。在今云南西部。唐代至清称高黎共山。唐樊绰《蛮书》卷2：“高黎共山在永昌西，下临怒江。左右平川，谓之穹赕，汤浪加萌所居也。草木不枯，有瘴气。自永昌之越赕，途经此山，一驿在山之半，一驿在山之巅，朝济怒江登山，暮方到山顶。冬中山上积雪苦寒，秋夏又苦穹赕、汤浪毒暑酷热。”高黎共山为景颇语高日䃎的译音，“高日”为景颇族一家支名，汉姓排，“䃎”为山地，意即高日家支的地方。明代又称高良公山、昆仑冈、高仑山、分水岭。《徐霞客游记·滇游日记九》：“其山又称为昆仑冈，以其高大而言，然正昆仑南下正支，则方言亦非无谓也。”《方舆纪要》卷113：“山顶有泉，东入永昌，西入腾越，故又名分水岭。蒙氏封为西岳。”

高镜关 一作高境关、高景关、高径关。明置，属什邡县。在今四川什邡市西北六十里。

高镜溪 在今贵州黎平县南。《方舆纪要》卷121黎平府曹滴洞长官司：“高镜溪在司东。出高镜山，流合新化江。”

高壁岭 一名韩信岭。在今山西灵石县东南二十五里。唐杜佑《通典·州郡九》汾州灵石县：“今县东南有高壁岭。”《资治通鉴》：南朝陈太建八年（576），“高阿那肱所部兵尚一万，守高壁”。胡三省注：“高壁，岭名，在雀鼠谷南。”

高霞山 在今湖南邵阳县南。《方舆纪要》卷81宝庆府邵阳县：高霞山在“府（今邵阳市）南一百八十里。根盘永州东安、祁阳界”。

高疃集 即今山东烟台市福山区西南高疃镇。旧属福山县。清光绪《山东通志》卷2《舆图志》：福山县西南有高疃。民国《福山县志稿》卷1《镇集》：高疃集“在县（治今福山镇）西南三十五里”。

亳 ①商代都城。传有三亳：（1）南亳，在今河南商丘市东南，相传汤曾居此。（2）北亳，在今山东曹县南，相传诸侯于此拥戴商汤为盟主。（3）西亳，在今河南偃师市西尸乡沟一带。《史记·殷本纪》：“自契至汤八迁，汤居亳。”《太平御览》卷155引《帝王世纪》谓即“今河南偃师县西二十里尸乡之阳亭是也”。

②商、周时邑名，在今河北望都县西北。《左传》：昭公九年（前533），王使詹桓伯辞于晋，曰：“及武王克商……肃慎、燕、亳，吾北土也”。

③春秋时西戎之亳国，在今陕西西安市东南。《史记·秦本纪》：宁公三年（前713），“与亳战，亳王奔戎”。

亳州 北周末改南兖州置，治所在谯县（今安徽亳州市谯城区）。据《续通典》称：“遥取古南亳之名以名州。”隋大业三年（607）改为谯郡。唐武德四年（621）复为亳州。天宝元年（742）改为谯郡。乾元元年（758）又曰亳州。辖境相当今安徽亳州、涡阳、蒙城及河南鹿邑、永城等市县地。元属归德府。明洪武初废谯县入亳州，寻降亳州为亳县。弘治九年（1496）复升为亳州，属凤阳府。清属安徽颍州府。1912年改为亳县。元末刘福通起义，立韩林儿为帝，曾建都于此。

亳州古地道 在今安徽亳州市老城区。古地道原为三国曹操连通城内外的地下运兵道。现存大部分为宋代重修，砖结构，券顶为拱形砖券，有齐口和咬口两种砌筑方法。地道壁为单砖跑砌或丁砌。砖墁大部分为平砖交错横铺，也有少量立砖十字纹铺。已发现的古地道长4000余米，以大隅首为中心，分别向东、西、南、北四城门延伸，并通达城外。地道有单行、平行、上下两层、立体交叉四种形式，还有能容纳一人至五六人不等的猫耳洞。道内转弯处为“T”形，道内并设障碍券、障碍墙、陷阱、绊腿板（棍）。指挥中心位于大隅首，平面呈“工”字形，南北长10米，两头各有一间宽2.5米的八边形平顶主室，中间用上宽2米、下宽1.4米的梯形通道连接。古地道中出土有土弹丸、雷石、铁刀、铁剑、箭镞、铁灯、衔枚、铜镜、陶器、瓷器、砚台等汉、唐、宋历代遗物。地下道历史悠久，保存尚好，有重要的历史与科学价值。2001年定为全国重点文物保护单位。

亳县 1912年改亳州置，属淮泗道。治所即今安徽亳州市。1928年直属安徽省。

亳姑 即蒲姑。又作薄姑。在今山东博兴县东南十五里（寨郝镇北七里）。《书序》：“周公在丰将没，欲葬成周。薨，成王葬于毕。告周公，作亳姑。”又说：“成王既践奄，将迁其君于蒲姑。”亳姑即蒲姑，即齐太公所封之地。

亳城 在今河南内黄县西南亳城乡。《方舆纪要》卷16内黄县“戏阳城”条下：“《志》云，县西南二十五里又有亳城。城东有殷中宗陵。今为亳城集。”

亳城市 1948年江淮解放区由亳县城区析置，治所即今安徽亳州市。1949年属皖北行署区。1950年撤销，并入亳县。1986年改设亳州市。2000年设立地级亳州市。以原县级亳州市改置谯城区。

亳城县 北周武成元年（559）改白水县置，为邵郡治。治所在今山西垣曲县东南五十七里古城镇。隋开皇初属邵州，大业三年（607）改为垣县。义宁元年（617）另置亳城县，属绛郡。治所在今山西垣曲县东南四十五里上亳城村。唐武德元年（618）属邵州，五年（622）废。

亳殷 殷都。在今河南安阳市西北小屯村。《尚书·盘庚》：“盘庚五迁，将治亳殷。”郑玄注云：“商家自徙此，而号曰殷。”

勍香 即今山西汾西县西勍香镇。1945年冬晋冀鲁豫边区在此建立汾西县人民政府。

郭公城 在今甘肃文县东。《水经·漾水注》：“白水又东径郭公城南，昔郭淮之攻廖化于阴平也筑之，故因名焉。”

郭丹城 在今河北蠡县东北四十里北郭丹镇。《新定九域志》卷2永宁军：郭丹城，“《图经》云：契丹相持，筑此城，后于此约和，至今名为和城”。

郭布 即今四川巴塘县东北波戈溪乡。清雍正七年（1729）置郭布土百户。

郭尔罗斯后（後）旗 简称郭后旗。清顺治五年（1648）置，属哲里木盟。旗府驻老爷屯（肇东四站，今黑龙江肇东市南四站镇）。1935年伪满迁肇州古城（今黑龙江肇源县驻地肇源镇），改名肇源县。1936年复名郭尔罗斯后旗，仍驻肇州古城。1956年复改肇源县。

郭尔罗斯前旗 亦称前郭旗。清初置，后属哲里木盟。治所在古尔坂插汉（今吉林前郭尔罗斯蒙古族自治县西南）。后驻王府屯（今县南王府站镇）。《清史稿·地理志》郭尔罗斯前旗：“牧地当嫩江与松花江合流之西岸，在吉林伊通河边门外长春厅西。”民国初属吉林省吉长道。治所即今前郭尔罗斯蒙古族自治县（前郭镇）。1929年直属吉林省。1956年改设前郭尔罗斯蒙古族自治县。

郭尔罗斯部 科尔沁别部。博弟达喇第三子乌巴什（明译兀把赛）号所部曰郭尔罗斯。其孙布木巴、固穆先后率部归附后金，分别编为扎萨克旗，属哲里木盟。崇德元年（1636）以固穆所部置郭尔罗斯前旗，旗地在松花江下游至与嫩江合流处以西，约当今吉林前郭尔罗斯蒙古族自治县和长岭、德惠、农安、乾安诸县，以及长春市一部分；清顺治五年（1648）以布木巴所部置郭尔罗斯后旗，旗地在嫩江下游东、松花江北，约当今黑龙江肇源、肇州、肇东三市县地。

郭达山 在今四川康定县东北一里。《清一统志·雅安府一》：郭达山“高七百余丈。相传汉诸葛亮遣将郭达于此造箭，故山与地皆因是得名”。俗称将军山。为县之神山。

郭多城 又作果多城。在今黑龙江省齐齐哈尔市富拉尔基以西十余里。清乾隆《盛京通志》卷32：“国语（满语）郭多，鱼跃也。（齐齐哈尔）城西七十里，周围一里。”

郭庄 即今河北献县东三十里郭庄镇。清乾隆《献县志》卷3市集：有郭庄。

郭池 即彭道鱼池。在今四川阆中市西南十里。《寰宇记》卷86阆州阆中县：“《四夷述记》：州西南十里有郭池，周约五十亩。”唐以后渐成平陆。

郭坊 即今福建上杭县治。南宋乾道三年（1167）上杭县由钟寮场（今上杭县北中寮）徙治于此。

郭苏镇 在今河北平山县西北。《清一统志·正定府二》：郭苏镇“在平山县西北四十里，有土城，明嘉靖二十一年筑。周一里”。

郭村 ①即今江西万载县南郭村。明嘉靖《袁州府志》卷2万载县：郭村铺“南路入宜春”。清同治《江西全省舆图》卷5：万载县南有郭村铺。

②即今陕西旬邑县西郭村。1934—1937年西北革命根据地置永红县治此。

郭村集 即今河南商丘市西南郭村镇。明嘉靖《归德州志》卷1《村镇》：“郭村集，州西南二十里。”清光绪《商丘县志》卷1《市集》：“西南面有郭村集，离城三十里。”

郭村集镇 即今山东单县西南郭村镇。清光绪《山东通志》卷2《舆图志》：单县西南有郭村集镇。

郭村镇 ①即今山西沁县西郭村镇。《清一统志·沁州》：郭村镇“在州西少南二十五里。有寨”。

②即今安徽黄山市黄山区西南六十里郭村。《明史·地理志》太平县：“西南有宏潭巡检司，后移于郭岩前”，即此。

郭里集 即今山东枣庄市东市中区郭里集。旧属峄县。清光绪《山东通志》卷1《舆图志》：峄县东北有郭里集。

郭陆滩集 即今河南固始县南三十二里郭陆滩镇。明嘉靖《固始县志》卷3《集市》：“南有郭陆滩集。”

郭昌县 西汉元封二年（前109）置，属益州郡。治所在今云南昆明市东北。《华阳国志·南中志》：建宁郡谷昌县，“汉武帝派将军郭昌讨夷，平之，因名郭昌”。章帝改为郭昌县。

郭店屯 即今山东阳谷县东北郭店屯乡。清光绪《山东通志》卷下《舆图志》：阳谷县东北有郭店屯。

郭店镇 北宋置，属新郑县。即今河南新郑市北三十四里郭店镇。

郭河 即水磨川。即今甘肃永昌县、金昌市境之金川河。

郭官屯 即今山东郓城县南二十六里郭屯镇。清光绪《郓城县乡土志》：县重镇有郭官屯。

郭城 ①在今山西浮山县西南十里古县村。《魏书·地形志》：平阳郡禽昌县有郭城。唐为神山县治。

②在今山东聊城市东北。《水经·河水注》：“黄沟承聊城郭水，水泛则津注，水耗则辍流，自城东北出，径清河城南。”《寰宇记》卷54聊城县：“郭城，《隋图经》云，郭城即亡国郭氏之墟也。”

郭城驿 即今甘肃会宁县北一百六十里郭城驿镇。《清一统志·巩昌府二》：郭城驿“有郭城递运所，西北去兰州府靖远县一百里。今设把总防守”。

郭栅镇 北宋置，属西河县。在山西汾阳市东北三十里杏花村镇永安村。

郭盆镇 即今山西洪洞县东郭盆村。《清一统志·平阳府一》：郭盆镇“在洪洞县东三十里”。

郭桥 在今河南开封市西北。《资治通鉴》：唐长庆二年（822）宣武军乱，“韩充败宣武兵于郭桥”。即此。北宋于此设镇。

郭桥镇 北宋置，属乐陵县。即今山东乐陵市。后改富平镇，明洪武二年（1369）移乐陵县治此。

郭原村 即今山西平陆县东郭垣村。民国设县佐。

郭狼 又名皋狼。在今山西吕梁市离石区西北。《史记·赵世家》：赵武灵王十九年（前307），王召楼缓谋曰，“我先王因世之变，……又取蔺、郭狼”。

郭海营 即今湖北宜城市东南汉水西岸郭海营村。《清一统志·襄阳府三》：郭海营“在宜城县境。本朝雍正八年设把总分防”。

郭家屯 即今河北隆化县西北一百二十里郭家屯镇。《清史稿·地理志》：承德府隆化县有“郭家屯”。

郭家庄 ①在今河北抚宁县北。明为边路拨。《天下郡国利病书》卷7：郭家庄“西南至台头营大道十里，西北至枯井十里”。

②在今江苏邳州市北。《方舆纪要》卷22邳州“泇口镇”条下：“州北八十里有郭家庄，正统中，

刘六等作乱，官军败之于泇口集，又败之于郭家庄。”

郭家沟　在今山西灵石县南。《明史·聂豹传》：“豹令富民出钱，罪疑者赎，得万余金，修郭家沟、冷泉、灵石诸关隘。”

郭家店　①即今吉林德惠市西南郭家镇。清光绪《吉林通志》卷16：长春府东北“一百四十里郭家屯镇”。

②即今吉林梨树市东北郭家店镇。清光绪《吉林全省地舆图》：奉化县东北有郭家店。民国熊知白《东北县治纪要》辽宁梨树县：“县属郭家店，在县治东方二十三里。为南满路线一驿站。”

③即今山东莱州市东南五十里郭家店镇。清光绪《山东通志》卷2《舆图志》：掖县东南有郭家店集。民国《四续掖县志》卷1作郭家镇。

郭家河市　即今湖北仙桃市西南四十里郭河镇。清光绪《湖北全省分图》：沔阳州（治今沔城镇）东有郭家河市。

郭家河村　在今河南新县西南六十里。1931年2月鄂豫皖苏区在此建立列宁高等学校，培养红军和地方干部。1932年春，学校迁往新集（今新县）。

郭家滩　一名郭滩镇。即今河南唐河县西南郭滩镇。清康熙《南阳府志》卷2《集镇》：“郭家滩，（唐）县西南六十里。”

郭家镇　亦曰郭家堡。即今甘肃秦安县西北郭嘉镇。明嘉靖《秦安县志》卷2作“郭嘉”。清乾隆《直隶秦州新志》卷1：秦安县“西北四十里郭家镇”。

郭勒亨噶珊　亦作郭勒痕、郭勒肯。在今俄罗斯哈巴罗夫斯克边疆区黑龙江下游北岸哈拉恩附近。清初属宁古塔将军。康熙《皇舆全览图》：黑龙江下游有“郭勒痕噶山”。后属三姓副都统。光绪《吉林通志》卷17：混同江北岸，东至海滨旧设噶珊有“郭勒肯”。咸丰年间通过不平等的中俄《瑷珲条约》被俄割占。

郭隆寺　即广慧寺。在今青海大通回族土族自治县东北。明建。《清代七百名人传·年羹尧传》：雍正二年（1724），讨罗卜藏丹津，“时西宁东北郭隆寺喇嘛应贼，羹尧令（岳）钟琪等袭斩六千余，毁其寺”。清雍正元年（1723）毁于兵火。四年重修，赐名佑宁寺。乾隆三十五年（1770）又改为广慧寺。

郭博勒屯　亦作郭薄罗屯。明末清初，达呼尔族屯寨。在今俄罗斯阿穆尔州结雅河（精奇哩江）以东。《清代中俄关系档案史料选编》：顺治十年（1653），礼部尚书胡世安等题奏：“在郭薄罗屯西居往吴加喇姓甫喇等屯，进本年贡貂到京。”

郭道镇　清置，属沁源县。即今山西沁源县北郭道镇。

郭墅　在今江苏南京市六合区东五里。《方舆纪要》卷20江宁府六合县：郭墅，“宋嘉熙中，土人立寨拒守于此”。

郭磊庄　即今河北万全县西南郭磊庄镇。清乾隆《宣化府志》卷10万全县：西路有郭磊庄。

郭璞山　在今江西鄱阳县东。《明一统志》卷50饶州府：郭璞山“在府城东和南乡。根盘五十里，崇高百仞，峰峦峭拔，为鄱阳郡山之冠。世传郭璞尝旅寓于此”，故名。《方舆纪要》卷85饶州府鄱阳县：郭璞山“府东百十里。……或云，山本名鄡阳山”。

郭璞岩　在今四川乐山市东乌尤山西山岩。岩上有尔雅台。相传为郭璞注尔雅处，故名。实为东汉犍为郭舍人注《尔雅》处。《舆地纪胜》卷146嘉定府：郭璞书岩“在乌尤山”。

郭默城　在湖北浠水县东。《北齐书·慕容俨传》：天保十年（559），“将兵卫送萧庄，筑郭默、若邪二城”。《资治通鉴》：南朝陈太建五年（573）十月“甲午，郭默城降”。胡注：“晋氏不競，刘、石强盛，郭默转徙而南，筑城以自保。故有其名。”

郭疃镇　北宋置，属清池县。在今河北沧县东南。

部旧村　即今云南开远市。明置土巡检司于此。

部封山　在今云南陆良县北。《明一统志》卷87曲靖军民府：部封山“在陆凉州（旧州）西四十里。故芳华县近此山，高耸多花木”。

部笼山　一作卜笼。在今云南弥勒县南。《清一统志·广西州》：部笼山“在弥勒县南五里。环绕县治。旧部笼千户所置于此”。

部落岭　在今河北卢龙县东十八里。《方舆纪要》卷17卢龙县：部落岭，“《志》云：唐初居黑水部于此，因名。明建文二年，辽东兵克昌黎，燕将谷祥败辽东兵于定流河，又追败之于部落岭”。即此。

部椿城　在今云南江川县东北江城镇北。《方舆纪要》卷115澂江府江川县：部椿城在“县（今江城镇）北二十里。昔蛮易昌所筑，元置双龙县于此。今为双龙乡”。按双龙县，《元志》不载。

席力图召　在今内蒙古呼和浩特市旧城石头巷。明万历年间，席力图召一世呼图克图希体图噶因深谙佛教经典，并精通蒙、汉、藏三种文字，受到顺义王阿勒坦汗的推崇，召中香火日盛。达赖四世喇嘛幼年从希体图噶学习经典，万历三十年（1602）又由希体图噶护送回藏坐床。据传希体图噶曾坐在达赖喇嘛的法座上，藏语称法座或首席为“席力图”，他从西藏归来后，便称寺庙为席力图召。大殿藏式结构，绚丽多彩。前侧两座碑亭内，有康熙御制平定噶尔丹纪功碑。东南隅建有一座白石雕砌的覆钵式喇嘛塔，高约15米，塔上有彩色图案花纹及梵文六字真言，是内蒙古现存喇嘛塔中第一巨刹。

席伯尔河　即今内蒙古乌审旗东北榆溪河。《清一统志·鄂尔多斯》：席伯尔河“在右翼前旗南九十里。源出蟒喀图虎尔虎之地，南流会西克丑河入边城，为榆林之榆溪，西河上源”。

席郡 南朝梁天监中置，属江州。治所在今四川双流县东南籍田镇。辖境相当今四川双流县东南部地。北周废郡，于此置籍县。

席勒山 又名床山。在今内蒙古乌拉特中旗东。《清一统志·乌喇特》：床山“在旗（治所在今包头市西哈德门村）西北一百八十五里。蒙古名席勒”。

席喇布尔哈苏 在今内蒙古乌兰浩特市东南。《清一统志·科儿沁》：右翼前旗“驻席喇布尔哈苏，在喜峰口东北一千三百五十里”。

席帽山 ①在今江西南城县东。《明一统志》卷53建昌府：席帽山“在府城东五十里。上锐下阔，如席帽。半山有石如人立”。《清一统志·建昌府一》：席帽山，“《通志》云，相传南唐保大间，范越凤择地，于此置帽，因名”。

②在今广东广州市区北部。《方舆纪要》卷101广州府南海县：席帽山“在府城北。有南汉郊坛遗址，山高二十余丈，周六里，下为兰湖。《南越志》，番禺北有芝兰湖，并注南海。今湮”。

席溪堡 亦名席帽溪堡。北宋元丰五年（1082）置，属乐共城。在今四川兴文县西北。《宋史·蛮夷传四》：元丰五年（1082），“筑乐共城、江门砦、梅岭、席帽溪堡，西达淯井，东道纳溪，皆控制要害”。不久废。

庲降都督 东汉建安十九年（214）刘备置，以招徕南部边缘各郡。治所在南昌县（今云南镇雄县境）。三国蜀章武元年（221）移治平夷县（今贵州毕节市）。建兴十一年（233），又移治味县（今云南曲靖市北十四里三岔）。辖境约当今云南、贵州二省及四川大渡河以南地区。《三国志·蜀书·李恢传》裴松之注：“讹之蜀人，云庲降地名，去蜀二千余里。时未有宁州，号为南中，立此职以总摄之。”晋初废。

唐 ①即陶唐氏。在今山西临汾市西南。晋皇甫谧《帝王世纪》：“尧都平阳，于《诗》为唐国。”

②商伐方国。祁姓。相传为尧的后裔。故址在今山西翼城县西二十里唐城村。为周成王所灭，后为其弟叔虞的封地。《史记·晋世家》：“武王崩，成王立，唐有乱，周公诛灭唐。……于是遂封叔虞于唐。唐在河、汾之东，方百里，故曰唐叔虞，姓姬氏，字子于。”春秋后迁都鄂邑（今山西乡宁县）。

③夏、商邑。在今山西太原市西南。《左传·昭公元年》：子产曰：“昔高辛氏有二子，伯曰阏伯，季曰实沈。……迁实沈于大夏，唐人是因，以服事夏、商。其季世曰唐叔虞”，指此。一说在今山西翼城县南。

④周诸侯国。姬姓。在今湖北随州市西北唐县镇。《左传》：宣公十二年（前597），“楚子使唐狡与蔡鸠居告唐惠侯”。杜注：“唐，属楚之小国，义阳安昌县东南有上唐乡。”《史记·楚世家》谓“楚昭王灭唐”。

⑤春秋时鲁地。在今山东鱼台县西北。《春秋》：隐公二年（前721），“公及戎盟于唐”。杜注：“鲁地。高平方与县西有武唐亭。”《清一统志·济宁州》认为，唐或棠即今山东鱼台县旧治（县西旧城集）东北十二里之武唐亭。

⑥春秋周地，在今河南洛阳市东。《左传》：昭公二十三年（前519），“尹辛败刘师于唐”，即此。

⑦一作阳。春秋北燕地。在今河北唐县东北。《左传》：昭公十二年（前530），“齐高偃纳北燕伯款于唐”。即此。经文作“阳”。

唐三营 即今河北隆化县北七十五里唐三营镇。《清一统志·承德府三》：唐三营“在府北一百九十里。有守备驻防，围场总管驻此”。清宣统二年于此置隆化县。1915年隆化县移治黄姑屯。

唐兀 又作唐兀惕。元时蒙古人对党项族及其所建的西夏政权的称号。其地相当今宁夏全境及甘肃西北部、内蒙古西南部和陕西北部一带。

唐兀惕 即唐兀。元时蒙古人对党项族及其所建西夏政权的称号。

唐山 ①在今河北唐县北。《方舆纪要》卷12唐县：唐山在“县北八里。一名唐岩，亦名尧山”。

②在今浙江遂昌县北。《方舆纪要》卷94遂昌县：唐山在“县北十八里。山北有二峰相向”。

③在今浙江临安市西昌化镇。宋《咸淳临安志》卷27昌化县：“唐山在县（今昌化镇）后，高二十丈，为县治主山。”《方舆纪要》卷90昌化县：“神龙初改曰唐山（县），亦因山名以黜武氏也。”

④华侨对祖国的一种习惯称呼。

唐山市 1938年改唐山镇置，属河北省。治所即今唐山市。1949年升为河北省辖市（地级）。1958年改为县级市。1960年复升为地级市。1961年又改为县级市。1978年复升为地级市，改由省直辖。

唐山县 ①唐神龙元年（705）改武崇县置，属杭州。治所在今浙江临安市西九十八里昌化镇。以山得名。大历二年（767）省，长庆初复置。五代梁开平二年（908）改为金昌县，后唐同光初复名唐山县，后晋天福七年（942）改为横山县。

②金改尧山县置，属邢州。治所在今河北隆尧县西南尧城。《清一统志·顺德府一》“柏人故城”条引《旧志》：“金世宗以父名宗尧，改名唐山。”蒙古至元二年（1265）废。后复置，属顺德路。明属顺德府。1928年复名尧山县。

唐山镇 即今河北唐山市。原名广东村，因开滦煤矿的开发和铁路的修筑，清末改为唐山镇。1938年改为唐山市。

唐川县 唐置，属羁縻筠州。治所在今四川筠连县西南。后废。

唐子山 ①在今河南唐河县南百里。《方舆纪要》卷51唐县：唐子山“一名西唐山。唐因以名州。山麓西南有唐子亭，即唐子乡也”。

②在今湖北枣阳市北。《水经·比水注》：“唐子陂在唐子山西南，有唐子亭。”《隋书·地理志》：蔡阳县“有唐子山”。《清一统志·襄阳府一》：唐子山“在枣阳县北五十里，接河南南阳府唐县界”。

唐子乡 ①在今河南唐河县南百里。《后汉书·齐武王縯传》：刘縯“使宗室刘嘉往诱新市、平林兵王匡、陈牧等，合军而进，屠长聚及唐子乡”。即此。

②在今湖北枣阳市北。《后汉书·光武帝纪》：王莽末，光武“进屠唐子乡，又杀湖阳尉”。《水经·比水注》：“唐子山西南有唐子亭，汉光武自新野屠唐子乡，杀湖阳尉于是也。”

唐马寨堡 即今辽宁辽阳县西南唐马寨镇。清乾隆《钦定盛京通志》卷29辽阳州：唐马寨堡在“城西南七十里”。

唐中池 在今陕西西安市西北，汉长安故城西南。《史记·封禅书》：西汉太初元年（前104）作建章宫，“其西则唐中，数十里虎圈”。《三辅黄图》卷4：“唐中池，周回十二里，在建章宫太液池之南。”

唐毛山 在今陕西志丹县西北。《方舆纪要》卷57保安县：“唐毛山在县西北，近榆林之宁塞营。近代官军败贼于此。”

唐公沟 在今山东高唐县东门外。《方舆纪要》卷34高唐州：唐公沟“成化中，屡有水患。知州唐桢因东北地下，浚沟注之，水患遂息，因名”。

唐仓镇 即今陕西凤县北三十里唐藏镇。《资治通鉴》：五代周显德二年（955），王景伐蜀，蜀将李廷珪“分兵出凤州之北唐仓镇及黄花谷，绝周粮道”。即此。

唐古忒 即“土伯特”的异译。指西藏及其附近地区。

唐古拉山 即当拉岭。土名朝午拉山、查午拉山。又称巴萨通拉木山、当沙买拉山。在今青海、西藏之间。为金沙江上源与怒江上源分水岭。“唐古拉”，藏语意为“高原上的山”。为长江发源地。

唐古特 一作唐古忒。清代文献中对青藏地区及当地藏族的称谓。元时蒙古人称党项人及其所建的西夏政权为唐兀或唐兀惕，后渐用以泛称青藏地区及当地藏族诸部。清初曾沿用此称，作唐古特。今蒙古语仍称青藏地区及当地藏族为唐古特。

唐石山 在今福建建阳市西北境。《方舆纪要》卷97建阳县“太平山”条下：“县西有唐石山，一名大林谷。有巨石方广。相传唐时异人游此，因名。宋末，谢枋得自信州败走，入唐石山。”

唐龙镇 即唐隆镇。在今内蒙古准格尔旗东南黄河西二十里。

唐东都明堂 又称通天宫。在今河南洛阳市中州路与定鼎路相交处的东北角。武则天垂拱四年（688）毁乾元殿，改建明堂。据《资治通鉴》载：“明堂成，高二百九十四尺，方三百尺。凡三层：下层法四时，各随方色；中层法十二辰；上为圆盖，九龙捧之，上施铁凤，高一丈，饰以黄金。中有巨木十围，上下通贯，栭栌欂櫨藉以为本。下旋铁渠，为辟雍气象。号曰万象神宫。”天册万岁元年（695）明堂被焚。万岁通天元年（696）又造成新明堂，高二百九十四尺，方三百尺，规模略小于旧。开元二十五年（737）毁明堂，改建为乾元殿。

唐东都避暑宫 唐武则天建。在今河南洛阳市北邙山翠云峰（上清宫附近）。

唐丘 即今河北宁晋县东北二十里唐丘乡。清同治《畿辅通志》卷55宁晋县图：东北有唐丘。

唐代帝陵 在今陕西渭南市的富平、蒲城和咸阳市的三原、礼泉、乾县、泾阳六县境内，包括高祖献陵、中宗定陵、宣宗泰陵、肃宗建陵、代宗元陵、平帝崇陵、穆宗光陵、顺宗丰陵、宪宗景陵、敬宗庄陵、德宗崇陵、文宗章陵、武宗端陵、懿宗简陵、宣宗贞陵、僖宗靖陵十六座帝陵及陪葬墓等，均分布在渭河以北的台塬上。陵园为方形或近方形，四角或设角阙，四面正中各设一门。南门外设神道，旁立人物、动物石雕，南端或筑一对乳台。陵墓或依山为陵，或堆以覆斗形封土。陵外围有臣下的陪葬墓。靖陵陵园平面近方形，南北长471米，东西宽450米，封土底边长48.5米，高8.6米，顶边长8米，为带斜坡阶梯式墓道的单室土洞墓。唐代帝陵是中国封建社会发展高峰时期墓葬制度的代表，是中国陵寝发展史上重要的阶段，是唐王朝兴衰历程的见证。陵园气派宏伟，建筑布局严整，随葬品丰富，有极高的历史、科学价值。2001年定为全国重点文物保护单位。

唐白河 在今湖北襄阳市襄州区东北。《清一统志·襄阳府一》：淯水“在襄阳县东北。自河南南阳府唐县流入县界，名唐河，南流与浊水合，名唐白河，又南入于汉”。

唐市镇 在今湖南宁乡县西南九十里老粮仓镇西南唐市。元置巡司于此。

唐纠山 即路山。在今湖南城步苗族自治县东北。《水经·资水》：“资水出零陵都梁县路山。”郦道元注：“资水出武陵郡无阳县界唐纠山，盖路山之别名也。”

唐场 又名唐家场。即今四川大邑县东南唐场镇。清嘉庆《邛州志》卷3大邑县：唐家场在“县南四十里”。出产腐乳有名。

唐年县 唐天宝二年（743）置，属江夏郡。治所在今湖北崇阳县西南四十里。后属鄂州。五代吴顺义七年（927）改为崇阳县，徙治今崇阳县。南唐又改为唐年县。北宋开宝八年（975）又改为崇阳县。

唐行镇 又名横溪。即今上海市青浦区驻地青浦镇。《方舆纪要》卷24松江府青浦县“青浦旧县”条下记：“今县治即唐行镇。亦曰横溪，以临横泖上也。元初为大姓唐氏所居，商贩竹木，因名唐行。明初置新泾税课局。又上海之水次西仓亦置于此，曰唐行仓。”万历元年（1573）移青浦县治北。1980年改为青浦镇。

唐会庄 在今河北三河市境。《方舆纪要》卷11三河县：唐会庄“在县境。《屯政考》：县多旷土，宜耕屯，有唐会庄，为昔时垦植之址”。

唐州 ①北魏孝昌中置，治所在白马城（今山西临汾市）。辖境相当今山西临汾、霍州二市及洪洞、浮山、安泽、汾西等县地。建义元年（528）改晋州。

②西魏废帝三年（554）改肆州置，治所在下溠县（今湖北随州市西北唐县镇）。北周辖境相当今湖北随州市境。隋废。

③唐武德九年（626）改显州置，治所在比阳县（今河南泌阳县）。天宝元年（742）改为淮安郡，乾元元年（758）复为唐州。辖境相当今河南泌阳、唐河、方城、社旗、桐柏等县地。天祐三年（906）改为泌州，徙治泌阳县（今河南唐河县）。五代唐复改唐州。后晋又改泌州。后汉复名唐州。明洪武二年（1369）省泌阳县入州。十三年（1380）降为唐县。

唐池水 在今河北唐县西南。《汉书·地理志》唐县注引应劭曰：“唐水在西。”《水经·滱水注》：“（唐）城西又有一水，导源县之西北平地，泉涌而出，俗亦谓之为唐水也，东流至唐城西北隅，堨而为湖，俗谓之唐池。”

唐兴州 南宋置，属邕州右江道。治所在今广西百色市西北唐兴。元属来远路。明初废。

唐兴县 ①唐武德元年（618）置，属恭州。治所在州东五里（今云南昭通市坝子内）。八年（625）属曲州。天宝后废。

②唐武德四年（621）改梁兴县置，属道州。治所在湖南宁远县东南。后移今宁远县。天宝元年（742）改名延唐县。

③唐武德四年（621）于废吴兴县置，属建州。治所在今福建浦城县东北后阳。天授二年（691）改名武宁县。神龙元年（705）复名唐兴县。天宝元年（742）改名浦城县。

④唐高宗上元二年（675）改始丰县置，属台州。治所即今浙江天台县。五代梁开平二年（908）吴越改天台县，后唐同光初复名唐兴县，后晋天福七年（942）又改台兴县。

⑤唐永淳元年（682）置，属遂州。治所在今四川蓬溪县南。长寿二年（693）改为武丰县。神龙元年（705）复为唐兴县。先天二年（713）废唐安县入，移治废唐安县（今蓬溪县）。天宝元年（742）改为蓬溪县。

⑥唐神龙元年（705）改武昌县置，属瀛州。治所在今河北安新县南。五代晋改名宜川县，后周显德六年（959）废。

⑦唐至德二年（757）改唐安县置，属蜀州。治所在今四川崇庆市东南三十里江源镇。天宝元年（742）属蜀州。五代唐开平二年（908）改为陶胡县，后唐同光元年（923）复为唐兴县。北宋开宝四年（971）改为江源县。

唐兴砦 北宋太平兴国七年（982）置，在今河北安新县西南。《方舆纪要》卷12安州：唐兴城在“州东南二十里”。疑即今安新县西南之关口。淳化三年（992）升为顺安军。

唐安县 ①唐先天元年（712）改唐隆县置，属益州。治所在今四川崇州市东南三十里江源镇。明曹学佺《蜀中广记》卷51崇庆州：“唐曰唐安，以获安唐室也。”至德二年（757）改为唐兴县。

②唐景龙二年（708）置，属蜀州。治所在今四川蓬溪县。先天二年（713）废。

唐安郡 唐天宝元年（742）改蜀州置，治所在晋原县（今四川崇州市）。辖境相当今四川崇州、新津等市县地。乾元元年（758）复为蜀州。

唐阳镇 即堂阳镇。在今河北新河县西北。《金史·地理志》作唐阳镇。

唐贡山 在今江苏宜兴市东南。《明一统志》卷10常州府：唐贡山“在宜兴县东南三十五里。山产茶。唐时入贡，故名”。

唐芦铁路 由河北唐山至芦台（今宁河县）。清光绪十二至十三年（1886—1887）由唐胥铁路展筑而成，全长45公里。今为京哈线的一段。

唐来渠 即唐徕渠。在今宁夏北部黄河西岸。《宋史·夏国传》：“兴、灵则有古渠曰唐来，曰汉源，皆支引黄河。”

唐县 ①西汉置，属中山国。治所在今河北唐县东北二十里南固城。北魏属中山郡。北齐废入安喜县。隋开皇十六年（598）复置，属定州。移治今唐县西三十里西雹水。大业初属博陵郡。唐属定州，圣历元年（698）移治今唐县西南城子村。五代梁开平三年（909）改名中山县。后唐同光初复为唐县，后晋改为博陵县。后汉复为唐县，属中山府。金移治今唐县。元属保定路。明属保定府。民国初属直隶保定道。1928年直属河北省。

②明洪武十三年（1380）改唐州置，属南阳府。治所即今河南唐河县。民国初属河南汝阳道。1914年改为泚源县。

唐县镇 即今湖北随州市西北七十六里唐县镇。西周及春秋时为唐国都。明、清置巡司于此。

唐位县 唐贞观五年（631）置，属羁縻懿州。治所在今四川若尔盖县东境。后废。

唐岛 在今山东胶南市东北、灵山卫镇南海中。《宋史·李宝传》：南宋绍兴间，“至胶西石臼岛，敌舟已出海口，泊唐岛，相距仅一山”。《方舆纪要》卷36胶州“大珠山”条下：“（灵山）卫东海中有唐岛。相传唐太宗征高丽，驻跸于此。内有饮马池。”《清一统志·莱州府》“唐岛”条载：“宋绍兴三十年，金主亮分遣一军由海道袭海州，舟泊唐岛，宋将李宝击败之。”

唐汪川 即今甘肃东乡族自治县东北唐汪镇。旧名唐家集，后改唐汪川。民国马鹤天《甘肃藏边区考察记》："唐汪川镇中人烟稠密，惟客店甚少，因民国十七八年变乱时，房屋全被焚毁，现在修复者不过十之三四。"

唐沟镇 亦作塘沟。即今安徽当涂县东南塘沟。以唐沟河为名。清乾隆《当涂县志》卷6《镇》：唐沟镇"在县东南一百里湖阳乡"。

唐努山 又作倘鲁山、塘努阿林。即今俄罗斯图瓦共和国南部的唐努乌拉山脉，与蒙古国乌布苏省接壤。《清一统志·乌里雅苏台》：唐努山"在乌里雅苏台城北，近山游牧之乌梁海，为唐努山乌梁海"。

唐努乌梁海 清代乌梁海三部之一。因境内有唐努山，故名。清初归服后，分为五旗四十六佐领，属定边左副将军者二十五，属喀尔喀蒙古扎萨克图汗者五，属赛音诺颜者十三，属哲布尊丹巴胡图克图门徒者三，统于乌里雅苏台定边左副将军。同治三年（1864）沙皇俄国迫清政府签订《中俄勘分西北界约记》，割去其西北十佐领之地，即今俄罗斯哈卡斯自治州和克麦罗沃州南部。1912年，中部二十七佐领又为沙俄侵占，1948年改为苏联图瓦自治州。东部九佐领之地，即今蒙古国库苏古尔省。

唐努乌梁海旗 清康熙间置，属唐努乌梁海部。旗府驻地在今俄罗斯克孜尔—奥尔达州霍尔耶茹一带。

唐奉镇 即今河北深州市北唐奉镇。清《畿辅舆地全图》深州：唐奉镇在"州西北二十五里"。

唐武惠妃敬陵 在今陕西省西安市东南庞留村南。唐玄宗武惠妃（699—737），为武则天从兄子武攸止之女，受到玄宗的宠爱。开元十二年（724）废皇后王氏之后，被封为惠妃。宫中礼秩，一同皇后。开元二十五年薨，被尊为贞顺皇后，葬敬陵。元骆天骧《类编长安志》卷8载：唐明皇贞顺武皇后敬陵"在（万年）县东四十里少陵原长胜坊。明皇御书碑犹在"。后来墓碑早已不知去向。2004年后，其墓被盗掘，石棺及5幅精美壁画被盗卖至美国。2010年4月和次年5月先后被追回，现藏陕西历史博物馆。

唐盂 即盂。春秋宋邑。在今河南睢县西北。《左传》：哀公二十六年（前469），"六子在唐盂，将盟之"。

唐坡 在今河南邓州市西南。清同治三年（1864）捻军在此大败清军僧格林沁部。

唐林州 唐置，治所在唐林县（今越南河静省东南境）。后废。

唐林县 ①唐唐隆元年（710）改武延县置，属代州。治所在今山西原平市南十四里唐林岗村。五代梁开平二年（908）改白鹿县，后唐同光初复为唐林县，后晋改广武县，后复为唐林县。北宋景德二年（1005）废。

②唐置，为唐林州治。治所在今越南河静省东南。总章间属福禄州。后废。

唐林郡 唐至德二年（757）改福禄郡置，治所在柔远县（今越南河静省境）。辖境相当今越南河静省地。乾元元年（758）改为福禄州。

唐述山 在今甘肃永靖县西南杨塔乡境内黄河北岸。炳灵寺开凿于此。《水经·河水注》："黄河北有层山，山甚灵秀，山峰之上立石数百丈，亭亭桀竖，竞势争高，远望嵾嵾，若攒图之托霄上，其下层岩峭举，壁岸无阶，悬岩之中，多石室焉，室中若有积卷矣，而世上罕有津达者，因谓之积书岩，岩堂之内，每时见神人往还矣！盖鸿衣羽裳之士，练精饵食之夫耳。俗人不悟其仙者，乃谓之神鬼。彼羌目鬼曰唐述，复因名之为唐述山。"《元和志》卷39枹罕县：积石山，"今名小积石山，在县西北七十里"。

唐述水 即今甘肃永靖县西南杨塔乡境内，炳灵寺侧流入黄河的大寺沟水。《水经·河水注》："《秦州记》曰，河峡崖傍有二窟，一曰唐述窟，高四十丈。西二里有时亮窟，高百丈，广二十丈，深三十丈。……下封有水，导自是山，溪水南注河，谓之唐述水。"即此。

唐国郡 西晋建武初慕容廆置，统并州流人。今地不详。或疑在今辽宁西南部。后废。

唐固县 唐武德二年（619）改城固县置，属梁州。治所在今陕西城固县西北十八里。贞观二年（628）复名城固县。

唐昌观 唐建，在今陕西西安市南。《清一统志·西安府四》："旧有玉蕊花，世传元和时有仙女降此。刘禹锡、元稹、白居易皆有诗。今废。"

唐昌县 ①唐武德四年（621）改隋昌县置，属定州。治所在今河北定州市东南邢邑。天宝元年（742）改名陉邑县。

②唐仪凤二年（677）置，属益州（后属彭州）。治所在今四川郫县西北唐昌镇。长寿二年（693）改名周昌县。神龙元年（705）复名唐昌县。五代梁开平二年（908）改为归化县，后唐同光初复改唐昌县，后晋天福初改名彭山县，后汉复为唐昌县。北宋开宝四年（971）改为永昌县。

唐明渡 在今四川资中县东南十里。明曹学佺《蜀中名胜记》卷8：资县东岩"去摩岩五里，有唐明渡，以明皇所经矣"。《清一统志·资州》：唐明渡"在州东十里。相传唐明皇幸蜀憩此，故名"。

唐明镇 在今山西太原市西南羊市、大关帝庙附近。北宋太平兴国七年（982）移并州治此。

唐牦 西藏古代族部名。《敦煌吐蕃文书》载：悉补野部落始祖聂墀赞普为"蕃地区六牦牛部首领"。《后汉书·西羌传》 载："发羌、唐牦等绝远，未尝往来。"唐牦当为六牦牛部之一，故地在今西藏山南地区雅隆河谷的乃东、穷结等县境内。

唐金山 在今安徽绩溪县东南。《方舆纪要》卷28绩溪县：唐金山"在县东南九里。其麓宽平，三面临水，周围如城，又有冈阜泉石之胜"。为唐汪华祖居地。

唐店 在今河北广宗县南。《资治通鉴》：五代梁乾化二年（912）十一月，“赵将王德明将兵三万掠武城，……癸丑，杨师厚伏兵唐店，邀击，大破之”。即此。

唐河 ①大清河支流。古称滱水。源出山西浑源县东南，曲折东流入河北中部白洋淀。《方舆纪要》卷44浑源州：滱水“发源州东南五十里枪峰岭，经灵丘、广昌二县境，出倒马关，入直隶唐县界，谓之唐河”。

②上游曰赵河，源出河南方城县西北，南流经唐河县东北，始曰唐河。西南纳泌水，又西南经新野县，至湖北境会白河，称唐白河，至襄樊市入于汉。《清一统志·南阳府一》：泌水“西南流经唐县西北，名曰唐河”。即此。

唐河县 1923年改泌源县置，属河南汝阳道。治所即今河南唐河县。以唐河为名。1927年直属河南省。

唐河堤 在今河北肃宁县南。《方舆纪要》卷13肃宁县：唐河堤“在县南二十里。《志》云：县西接保定府蠡县界二十里，堤起自蠡县之三岔口，东至韩村张王口，回曲五十余里，口岸凡十八处”。

唐官屯 即今天津市静海县南五十里唐官屯镇。清设千总汛于此。同治《静海县志》：“唐官屯千总汛分管卫河东岸。北自陈官屯起，南至青县马厂止，计长四十六里。西岸北自曹家疙疸起，南至青县赵家洼止，计长四十里余。”

唐封川 唐南诏置，属永昌节度。在今云南凤庆县境。

唐封县 唐武德七年（624）置，属南龙州。治所在今云南易门县境。贞观十一年（637）属钩州。天宝后废。

唐城 ①在今山西太原市北。《史记·晋世家》：“唐叔子燮，是为晋侯。”《正义》引《括地志》：“故唐城在并州晋阳县北二里。《城记》云尧筑也。徐才《宗国都城记》云：‘……唐者，即燮父所徙之处，其城南半入州城，中削为坊，城墙北半见在’。”

②在今山西霍州市西。《水经·汾水》：汾水“又南过永安县西，历唐城东”。郦道元注：“薛瓒注《汉书》云：尧所都也，东去彘十里。”

③即今山西安泽县北唐城镇。《清一统志·平阳府一》“安民堡”条下有“唐城”堡。

④在今云南大理市东，凤仪镇南十九里。《方舆纪要》卷117赵州：唐城“唐天宝中，李宓征云南时筑”。

唐城山 在今湖北随州市西北。《元和志》卷21随州唐城县：唐城山“在县北三十二里”。

唐城县 隋开皇十六年（596）改下溠县置，属随州。治所在今湖北随州市西北唐县镇。大业三年（607）属汉东郡。大业末废。唐开元二十四年（736）复置，属随州。五代梁乾化三年（913）改为汉东县。后唐同光元年（923）复为唐城县。后晋天福元年（936）改为汉东县。后汉乾祐元年（948）复为唐城县。南宋绍兴五年（1135）废为镇。

唐胡集 即今河北易县西南塘湖镇。明弘治《易州志》卷5：唐胡集“在城南四十五里”。

唐祖陵 又作隆尧唐祖陵。在今河北隆尧县南魏家庄镇王尹村北。唐祖陵是高祖李渊的第四代祖宣皇帝李熙的“建初陵”和第三代祖光皇帝李天赐的“启运陵”的合称。唐高祖时始建，唐玄宗于开元十三年（725）在陵东500米处建光业寺，为唐陵附属建筑物。唐祖陵区地势优越，东、西、北高，中南部较低，墓葬位于北部高处，墓前多盛唐石雕，有石翁仲两对，其南有石狮一对，石马三对，马夫两人，华表一对，气势壮观。1984年在墓地地下1.5米深处发现大型砖墓室券形墓顶。2006年定为全国重点文物保护单位。

唐胥铁路 清光绪六年（1880）动工修建，次年通车。从唐山至胥各庄。长约10公里。此路是为运开平煤矿的煤而修筑，为中国自办铁路之始。今为京哈线的一段。

唐栖 又作塘栖。即今浙江杭州市余杭区西北塘栖镇。清乾隆《杭州府志》卷6：“曰唐栖者，故老相传有唐人栖止于此，故名。”光绪《唐栖志》卷1：“唐栖以官道所由，风帆梭织，其自杭而往者，至此得少休；自嘉、秀而来者，亦自此而泊宿，水陆辐凑，商货鳞集，临河两岸市肆萃焉。”

唐桥 在今四川成都市东南七里沙河堡附近，跨升仙水（沙河）上。《资治通鉴》：唐大顺元年（890），韦昭度与王建合军讨陈敬瑄，“韦昭度营于唐桥，王建营于东阊门外”。即此。

唐铎堡 明置，属宁夏左屯卫。即今宁夏永宁县西南唐铎堡。

唐徕渠 一作唐来渠，又名唐渠。在今宁夏北部黄河西岸。其前身为汉光禄渠，后废塞。唐元和十五年（820）灵州大都督府长史李昕复开决旧渠，故名。清吴广成《西夏书事》卷20作“唐梁渠”。乾隆《宁夏府志》卷8：“渠口开在宁朔县大坝堡青铜峡，经府城西而北，至平罗县上宝闸堡归入西河，长三百二十里七分一十三丈，大小陡口共四百四十六道，浇灌宁夏、宁朔、平罗三县田五千七百六十三分。”（一分为六十亩）。1960年青铜峡水利枢纽工程建成后，渠首由峡内百八塔下改由正闸引水，长154.6公里，灌溉面积110万亩。

唐浦镇 故址在今江苏苏州市东二十五里。《方舆纪要》卷24苏州府长洲县：唐浦镇“自葑门东十二里为金鸡堰，又六里为斜塘营，又东六里至唐浦，乃吴淞江折而南处，土坝在焉。……唐浦设险，所以遏寇从吴淞江突至之患也”。

唐海县 1982年置，属河北省唐山地区。治所唐海镇。以处唐山与渤海之间得名。1983年划归唐山市。2012年撤销唐海县，设立唐山市曹妃甸区。

唐家 公元第7世纪以后外国人常称中国为唐家。

唐家市 一名唐家铺。即今广西兴安县东北十五里湘江左岸塘市。明于此置唐家铺巡司。

唐家寺 在今四川成都市东北弥牟镇。民国《新都县志》卷1：弥牟镇“一名唐家寺，在县东北十七里。后唐时已有之，明季兵燹，废为邱墟。清康熙二十一年重建”。

唐家行镇 即今上海市嘉定区东北唐行镇。清光绪《嘉定县志》卷1：唐家行在“县治东北十八里”。

唐家会堡 在今山西河曲县东南七里唐家会村。《方舆纪要》卷40河曲县“杨免堡”条：“《边防考》：唐家会堡在县西北六十里，有唐家会渡，为官军往来津要。宣德二年置堡，万历十年增修，周一里有奇，当黄河渡口之冲。”

唐家村 即今广东珠海市北唐家镇。清宣统《广东舆地全图》香山县图：县东南滨海有唐家村。

唐家岭 在今北京市昌平区西南。《明宣宗实录》卷112：宣德九年（1434）九月癸未，“车驾发京师，驻跸唐家岭”。即此。

唐家岭店 即今北京市海淀北唐家岭。位于海淀区与昌平县交界处。明顾炎武《昌平山水记》卷上：“道出（昌平）州城之西南，距州四十五里，有唐家岭店者，亦车驾所驻也。往者车驾北征，徐行则次唐家岭。”

唐家闸 在今江苏南通市西北唐闸镇。《清一统志·通州》：唐家闸“在州西北十五里。明隆庆初筑”。

唐家沱 即今重庆市东北唐家沱镇。清道光《江北厅志》卷2：唐家沱“嘉庆年间于塘房下铜锣峡口增设水卡一所，有武弁镇守”。

唐家房 又作塘坊。即今河北唐山市丰南区西南二十五里唐坊镇。清光绪《丰润县志》卷1：唐家房“距城一百里”。

唐家洋 即今江苏东台市东南唐洋镇。清嘉庆《高邮州志》卷17：东台县有唐家洋桥。

唐家铺 即今广西兴安县东北唐家市。明设巡司于此。

唐家湖 在今江苏吴江市南。《方舆纪要》卷24苏州府吴江县：唐家湖在“县南三十四里。西连盛墩湖及夹马路，为太湖委流，东注于运河。嘉靖三十四年，倭贼从嘉兴转寇县境，至唐家湖，时官兵断塘路，截运河而坝之，以营水寨，贼不得渡”。

唐家湾 在今山东胶州市南。《方舆纪要》卷36胶州“海”条下载：“《志》云，州南门外有唐家湾，宋、元时海舶往来皆由此。”

唐崖土司 清初改唐崖长官司置，属施州卫。治所在今湖北咸丰县西北三十五里唐崖司镇。雍正十三年（1735）废。

唐崖土司城址 在今湖北咸丰县（高乐山镇）西三十四里尖山乡（高崖司镇）境内，唐崖河西岸玄武山麓。原是明万历至天启年间（1573—1627）唐崖土司覃鼎皇城遗址。鼎盛时有三街十二巷三十五院及大小衙署。现遗址面积100多平方米，砖石墙基、条石路面，张王庙、石牌坊、石人、石马、土王墓等保存完好。1983年维修，围墙亦整修一新。2006年定为全国重点文物保护单位。

唐崖千户所 元改唐崖长官司置，属四川南道宣慰司。治所在今湖北咸丰县西北三十五里唐崖司镇。元末明玉珍改为宣抚司。

唐崖长官司 元置，属四川南道宣慰司。治所在湖北咸丰县西北三十五里唐崖司镇。寻改为军民千户所。元末明玉珍改为宣抚司。明洪武六年（1373）复为长官司。后废。永乐四年（1406）复置，属施州卫。清初改为唐崖土司。

唐崖河 即今重庆市黔江区南之阿蓬江。《清一统志·酉阳州》：阿蓬水“此水源出湖北恩施县西南金峒、龙潭诸土司界，曰麻地坝河。南径唐崖土司界曰唐崖河”。

唐崖宣抚司 元末明玉珍改唐崖军民千户所置，治所在今湖北咸丰县西北三十五里唐崖司镇。明洪武六年（1373）复改长官司。

唐渠 即唐徕渠。在今宁夏北部黄河西岸。明嘉靖《宁夏新志》卷1：唐渠“自汉渠口之西凿引黄河流，绕城西逶迤而北，余波亦入于河，延袤四百里。其支流陡口大小八百八处”。

唐寅墓 在今江苏苏州市城西南横塘镇东北一里王家村边。唐寅（1470—1523）字伯虎，吴县人。明代著名画家。初葬城北桃花坞，明嘉靖二十二年（1543）迁葬于此。墓前原有石坊、石碑亭各一座，石坊正面刻“唐伯虎墓”，亭内碑镌“明唐解元之墓”。

唐隆县 唐武德元年（618）置，属益州。治所在今四川崇州市东南三十里江源镇。长寿二年（693）改为武隆县。神龙元年（705）复为唐隆县。先天元年（712）改为唐安县。

唐隆镇 一名唐龙镇。在今内蒙古清水河县西南窑沟乡下城湾古城。辽置宁边州治此。

唐堤 在今河北任丘市西北。《方舆纪要》卷13任丘县：唐堤“高阜绵延凡十余里，以障水患，盖亦以唐河而名”。又《清一统志·河间府二》：唐堤“自赵哥庄抵大务四十余里。宋县令唐介所筑”。

唐帽山 ①在今辽宁岫岩满族自治县北。《清一统志·奉天府一》：唐帽山“在海城县东南界，相近有弟兄山”。咸丰《岫岩志略》卷4：唐帽山在“城北一百二十里。地名阳喇峪，山势北向，岩谷幽邃，山顶高凸如布帻，故名”。又相传唐太宗征高丽时，曾遗帽于此，因而得名。

②在今贵州惠水县北十余里。《明一统志》卷88贵州宣慰司：唐帽山“在宣慰司城南八十里。土人常于此避兵”。《方舆纪要》卷121谓“唐帽山”在小程番长官司治北。

唐就水 即今辽宁锦州市西南小凌河。《汉书·地理志》辽西郡狐苏县：“唐就水至徒河入海。”陈澧《汉书水道图说》谓：“唐就水，今蒙古土默特右翼小凌河，东南流奉天锦县入海。"

唐湾　在今浙江海盐县东北。《方舆纪要》卷 91 海盐县：唐湾"宋嘉熙中增置水军寨，澉浦、唐湾并为要地。或云：海塘自东北折而西南，即塘湾也，讹塘为唐耳"。明嘉靖三十五年指挥使徐行健御倭贼于唐湾，败没。

唐湄店　在今河北唐县西北唐梅村。《清一统志·保定府》：唐湄店"在唐县西北四十里，路通倒马关，南北山路崎岖。本朝康熙三年设兵防守，后移镇关厢"。

唐寓之城　在今浙江桐庐县东二十二里舒湾埠。《方舆纪要》卷 90 桐庐县：唐寓之城"在县东南二十五里。南齐永明中，富阳民唐寓之作乱，尝筑城保据于此，今地名舒湾"。

唐福县　唐置，属陵州。治所在今四川仁寿县北四十五里。后废。

唐福镇　北宋置，属仁寿县。在今四川仁寿县北四十五里。

唐模镇　即今安徽黄山市徽州区北潜口乡东塘模。清道光《徽州府志》卷 2：歙县二十一都有塘模村。民国《歙县志》图：西北较大村镇有唐模。

唐墅　原名尤泾市。即今江苏常熟市东南唐市镇。《方舆纪要》卷 24 苏州府常熟县：唐墅在"县东南三十里。旧名尤泾。以居民唐氏所创聚，因名。道出昆山，此为中顿"。

唐麓岭　今俄罗斯图瓦共和国唐努山。《元史·地理志》："谦州亦以河为名，去大都九千里，在吉利吉思东南，谦河西南，唐麓岭之北。"

疾陵城　在今伊朗东部萨巴里湖附近。《新唐书·波斯传》：龙朔初"以疾陵城为波斯都督府，即拜卑路支为都督"。

斋尔　在今哈萨克斯坦东北部阿拉湖以东。清乾隆《西域图志》卷 11：斋尔"东北距额敏三百里。地广，饶水草。旧为阿克巴、拉布里木、杜尔巴、推素隆、伊克呼拉尔五集赛游牧之所。乾隆二十四年大兵进剿准噶尔，五集赛宰桑达什策凌等以其地内属"。

斋郎水　在今贵州桐梓县北。为桐梓河源之一。《明一统志》卷 72 播州宣慰司：斋郎水"在宣慰司（今遵义市）北二百里。源出蒿芰里楚米坡，经小溪里入泸州合江，会蜀江。古有苗斋郎者居此，因名"。

斋堂　今北京市西门头沟区西北斋堂镇。近年发现辽统和十年（992）经幢，上有"斋堂"铭刻，证明至迟辽已有斋堂之名。元分为东、西斋堂。明万历年间于东斋堂筑城池。清于此置守御城。为京西山区经济、政治、文化中心。北京第一部志书《析津志》由元末熊梦祥在此撰成。盛产煤。

斋堂岛　即今山东胶南市南琅邪山东南海中斋堂岛，去岸五里。《方舆纪要》卷 35 诸城县："琅邪山东南五里海中有斋堂岛。其上平地可千余亩，多土少石，甚肥饶，产紫竹、黄精、海枣。元时海运漕舟经舶处也。"《清一统志·青州府一》：斋堂岛"相传始皇登山，从臣斋戒于此，故名"。

脊现关　即今安徽安庆市北集贤关。《清一统志·安庆府二》：脊现关"在怀宁县北十八里脊现岭上，县北连山迤逦，至此而为狭岭，置关其上，以阨舒庐之要。按，脊现关亦作集贤关"。

脊现岭　大龙山支脉。在今安徽安庆市北十八里，岭上有脊现关。《方舆纪要》卷 26 安庆府怀宁县：大龙山"又南十里为白麟、火炉诸峰，其脉伏而复见，耸起如脊者，曰脊现岭，讹为集贤岭"。

效谷（穀）县　西汉置，属敦煌郡。治所在今甘肃敦煌市东北四十里郭家堡乡墩湾村。《汉书·地理志》师古注："本鱼泽障也。桑钦说，孝武元封六年济南崔不意为鱼泽尉，教力田，以勤效得谷，因立为县名。"西凉王李暠曾为效谷令。北周省入鸣沙县。

效谷（穀）郡　西魏置，治所在效谷县（今甘肃瓜州县西南）。北周并入敦煌郡。

离山　又名茅山。在今安徽宿州市北五十里。《方舆纪要》卷 21 宿州"相山"条下："《志》云，州北五十里有离山，产符离草，《尔雅》所谓莞也。县名符离以此。亦谓之茅山。"

离乡聚　在今湖北京山县东北。《后汉书·刘玄传》：王莽末，新市人王匡、王凤等义军"共攻离乡聚，臧于绿林中，数月间至七八千人"。

离支国　即令支国。在今河北迁安市西。《史记·齐太公世家》：齐桓公曰，"寡人南伐至召陵，望熊山；北伐山戎、离枝、孤竹"。离支即令支之讹。

离水　亦作漓水。即今广西东部之桂江（漓江）。《汉书·地理志》零陵县："又有离水，东南至广信入郁林，行九百八十里。"《史记·南越列传》：元鼎五年（前 112）灭南越，"故归义越侯二人为戈船，下厉将军，出零陵，或下离水，或抵苍梧"。即此。

离水关　亦作漓水关。在今广西梧州市西南。《汉书·地理志》：苍梧郡"有离水关"。

离石　战国赵邑，后为县。治所即今山西吕梁市离石区。《史记·赵世家》：肃侯二十二年（前 328），赵疵与秦战，"秦杀疵河西，取我蔺、离石"。

离石山　①亦名赤洪岭、赤銲岭、赤坚岭。在今山西方山县东北七十里与岚县交界处。《元和志》卷 14 石州离石县："离石山，今名赤洪岭。"

②又名国山。在今江苏宜兴市西南五十里。《三国志·吴书·孙亮传》：五凤二年（255），"阳羡离石山大石自立"。《寰宇记》卷 92 宜兴县：君山"《舆地志》云：本名离石山……归命侯又遣司空董朝、太常周处至阳羡封禅中岳，改名国山"。

离石水　一名赤洪水。即今山西吕梁市离石区和方山县境内之北川河。《水经·河水注》："河水又南得离石水口，水出离石山北，南流径离石县故城西，……又南出西转径隰城县故城南，……其水西流，注于河也。”

离石县 战国秦置，属太原郡。治所即今山西吕梁市离石区。《元和志》卷14离石县：“县东北有离石水，因取名焉。”西汉属西河郡。东汉为西河郡治。西晋为西河国治。永兴初废。北周建德六年（577）改昌化县复置，为离石郡治。隋开皇初为石州治。大业初为离石郡治。唐复为石州治。明洪武初废。1914年改永宁县复置，属山西冀宁道。1930年直属山西省。1996年改设离石市。2003年撤销吕梁地区和县级离石市，改设地级吕梁市。原县级离石市改置离石区。

离石郡 北周建德六年（577）改怀政郡置，属石州。治所在离石县（今山西吕梁市离石区）。辖境相当今山西吕梁、方山、中阳、柳林、临县等市县地。隋开皇初废。大业三年（607）复置，唐武德元年（618）改石州。

离石镇 北魏明帝置，即今山西吕梁市离石区。北齐天保三年（552）于此置西汾州。

离东县 1941年4月晋绥边区由离石县析置，治小东川（今山西吕梁市离石区东）。1946年撤销，并入离石县。

离里山 在今江苏宜兴市西南。《三国志·吴书·三嗣主传》：五凤二年（255）七月，“阳羡离里山大石自立”。即此。天玺元年（276）改名国山。

离枝 即令支。在今河北迁安市西。《管子·轻重甲》：“今寡人欲北举事孤竹、离枝。”同书《轻重戊》：“代之所以弱于离枝者，以无金钱也。”

离狐县 西汉置，属东郡。治所在今河南濮阳县东南。《元和志》卷11曹州南华县：“旧传初置县在濮水南，常为神狐所穿穴，遂移城濮水北，故曰离狐。”东汉属济阴郡。东晋侨治单父县（今山东单县南一里）。北魏徙治今菏泽市西北李庄集。唐天宝元年（742）改南华县。

离娄桥镇 在今江西上高县西七十五里。明置巡司于此。

离堆 ①亦作离碓。在今四川都江堰市西离堆公园内伏龙观。《史记·河渠书》：“于蜀，蜀守冰，凿离碓，辟沫水之害，穿二江成都之中。”西晋刘逵注左思《蜀都赋》：“《地理志》：蜀守李冰凿离堆，穿两江，为人开稻田，百姓飨其利。”皆即此。离堆口为今都江堰枢纽工程渠首之宝瓶口，凿离堆将岷江水引入成都平原，使成都平原成为“水旱从人，不知饥馑，沃野千里，世号陆海，谓之天府”。宋代在离堆建立水则。《宋史·河渠志》：“则盈一尺，至十而止。水及六则，流始足用。过则从侍郎堰减水河泄而归于江。”

②一名白鹤山。在今四川苍溪县城东北。清李元《蜀水经》卷12：“（苍溪）县有离堆山，在汉为宕渠塞，一名白鹤山。山腰有来仙洞，形势突兀，塞大江之流，为城北后阵。”民国《苍溪县志》卷2：白鹤山“临嘉陵江，直上数百尺，不与众山连属，故曰离堆”。

③在今四川南部县东南五十里嘉陵江边。《舆地纪胜》卷185阆州：离堆岩“在新政县东，有山曰离堆，凿腹为岩。唐鲜于仲通与弟叔明潜修于此。有颜鲁公摩岩记”。此山海拔416米。唐颜真卿《离堆记》摩岩石刻云：“有山曰离堆，斗入嘉陵江，直上数百尺，形势缩矗，韵壁峻肃，上峥嵘而下回洑，不与众山相属，是为之离堆……”今仅存三十余字。

④亦作离隼。即乌尤山。在今四川乐山市东三里岷江中。《舆地纪胜》卷146嘉定府：孤山“即离隼山。离隼者，孤山也。诂训云：尔蜀江有离隼，蜀汉亦有离隼。府治孤山当渎江、沫水孔道。曰乌尤者，曰面崭立，乃真隼”。

离渚市 即今浙江绍兴县西南漓渚镇。《方舆纪要》卷92绍兴府：“府南四十里有离渚市，旧设关于此，以临离渚溪而名。”

衮额尔吉庙 今内蒙古准格尔旗西准格尔召镇。清张穆《蒙古游牧记》卷6鄂尔多斯部左翼中旗：“东至衮额尔吉庙六十五里接左翼前旗界。旗东二十五里有紫河……六十二里有鲧额尔吉河。源出鲧尔吉坡南平地，西南流会喀楚尔河。”

旄牛夷 西汉三国时西南少数民族之一。在今四川汉源县大渡河南北。《三国志·蜀书·张嶷传》：“汉嘉郡界旄牛夷种类四千余户……嶷厚加赏待，遣还。旄牛由是辄不为患。”

旄牛县 西汉元鼎六年（前111）置，属沈黎郡。治所在今四川汉源县南大渡河南岸。天汉四年（前97）为蜀郡都尉治。东汉延光元年（122）属蜀郡蜀国都尉。三国蜀汉属汉嘉郡。十六国成汉时属沈黎郡，东晋永和中废。南朝宋复置。南齐废。

旄牛道 古道路名。两汉、三国蜀汉通西南夷道路之一，与灵关道相接。以路经旄牛夷境或旄牛县为名。从今四川成都市西南行，经邛崃、雅安、荥经，越大相岭至汉源县北清溪镇，再南经汉源，渡大渡河，西南至越嶲郡治邛都（今西昌市东南）。东汉中叶荒废，三国蜀汉延熙中修复。《三国志·蜀书·张嶷传》：“郡有旧道，经旄牛中至成都，既平且近；自旄牛绝道已百余年，更由安上，既险且远。……嶷与（狼路）盟誓，开通旧道，千里肃清，复古亭驿。”

旄丘 在今河南濮阳县西南。《诗经·邶风·旄丘》：“旄丘之葛兮，何诞之节兮？”《尔雅·释丘》：“前高，旄丘。”

旅大半岛 在今辽宁省辽东半岛南端、大连市金州区以南地区，伸入渤海、黄海间。因有旅顺、大连二港而得名。与山东半岛隔渤海海峡对峙。

旅顺口 在辽宁辽东半岛南端、大连市西。古为山东人渡海至辽东的顺路，故名旅顺。明置旅顺口关于此。明《辽东志》卷2：旅顺口关在“（金州）卫南一百二十里。海运舟至此登岸”。后金天聪七年（1633）六月，皇太极遣军攻克旅顺口，遂派军驻守。

清光绪六年（1880）为北洋舰队之军港。二十年（1894）中日甲午战争时，被日本侵略军占据。二十四年（1898）又被帝俄强租。三十一年（1905）日俄战后，复为日本侵占。1945 年抗日战争胜利后收复。

旅顺口关　明置，属金州卫。即今辽宁大连市西旅顺口。《明史·地理志》金州卫："旅顺口关在南，海运之舟由此登岸，有南、北二城，其北城有中左千户所。"

旅顺支线　从辽宁大连西北周水子，经长岭子至旅顺。全长 50.8 公里。为南满铁路支线。清光绪二十九至三十三年（1903—1907）由俄、日先后修筑。

旅顺市　1945 年析金县地置，属辽宁省（后属旅大行署区）。治所在旅顺口（今辽宁大连市西南旅顺）1950 年裁入旅大市。

旅顺监狱旧址　在今辽宁大连市旅顺口区向阳街。原名"旅顺刑务所"，为沙皇俄国侵略者 1898 所建，后由日本侵略者扩建，沿用至 1945 年 8 月。建筑面积为一万四千多平方米，包括监房二百五十三间，十五个工厂及一座二层楼的绞刑场。四周围有 3 米余高的围墙，系当年东北地区的第一大监狱。沙俄、日本侵略者先后在这里施用各种刑罚，残酷地镇压和屠杀中国人民，留下了大量的罪恶实物证据。1988 年定为全国重点文物保护单位。

旅獒州都督府　唐龙朔元年（661）置，属安西都护府。治所在乌拉喝国摩竭城（今土库曼斯坦阿什哈巴德东马里至乌奇、阿治一带）。8 世纪中废。

旃然水　即今河南荥阳市与郑州市北境索河。《左传》：襄公十八年（前 555），"楚师伐郑，次于鱼陵，右师城上棘，遂涉颍，次于旃然"。杜注："旃然水出荥阳成皋，东入汴。"《水经·济水注》：索水"出京县西南嵩渚山，与东关水同源分流，即古旃然水也"。

站川水　即露跳水。源出今陕西延川县西南，东北流入秀延水。《水经·河水注》："露跳水出西露溪东流，又东北入延水。"《水经注疏》："会贞按：今有站川水，出延川县西山，东流入清涧河，或疑即此《注》之根水，今以当露跳水为合，以此下别无水可以当露跳水也。"

站面砦　在今广西恭城瑶族自治县东南。《方舆纪要》卷 107 恭城县：站面砦，"《志》云：县有势江原，离县最近，叛瑶横恶，与站面、淘江相匹"。

剖阿里国　又作怕忽。辽五国部之一。在今俄罗斯哈巴罗夫斯克（伯力）。《辽史·圣宗纪》：开泰七年（1018）三月，"命东北越里笃、剖阿里、奥里米、蒲奴里、铁骊等五部，岁贡貂皮六万五千、马三匹"。即此。

旁乌河　又名平库河。即今黑龙江省塔河县西北盘古河。《清史稿·地理志》漠河直隶厅："又南旁乌河，东南流，左受巴达吉察，右受札克达奇，屈东北，右受布尔嗄里河、沽里干河，入黑龙江。"

旁多宗　即蓬多城。又作彭多、盆多宗。即今西藏林周县北旁多乡。

旁卧　在今黑龙江省塔河县西北盘古河注入黑龙江东岸。清康熙《平定罗刹方略》卷 3：康熙二十五年（1686）二月，"命将军萨布素等帅师进攻雅克萨城。先是萨布素奏，骁骑校硕克色等往探罗刹情形。据回言：职至旁卧地方，因人少马疲，未抵雅克萨而还"。

〔丶丨〕

悟真寺　唐置，在今陕西蓝田县东南二十里王顺山。后改名崇法寺。白居易有诗述其灵异。

悔泥溪　在今云南绥江县东，梅尼溪注入金沙江处。明置巡司于此。

悯忠寺　即今北京市西城区法源寺前街法源寺。唐贞观十九年（645）太宗为东征阵亡将士建，武周万岁通天元年（696）建成，赐名悯忠寺。"安史之乱"时，史思明改名顺天寺。明正统二年（1437）改名崇福寺。清雍正十二年（1734）改称法源寺。现为中国佛学院和中国佛教图书文物馆所在地。

悯惠寺　唐贞观十九年（645）建，即今北京市宣武门外法源寺。"安史之乱"时，史思明改名顺天寺。明正统二年（1437）改名崇福寺。清雍正十二年（1734）始名法源寺。

悦水　即今四川兴文县西北兴文河。《寰宇记》卷 88 江安县："悦州江水从戎州部落悦州流下县界。"

悦水县　唐置，属羁縻悦州。治所在今四川兴文县境。后废。

悦乐镇　即今甘肃华池县西南悦乐镇。1934 年于此置华池县。

悦州　唐置羁縻州，属戎州都督府。治所在今四川兴文县南。北宋属泸州。后废。

悦江　即今四川泸县、泸州市境之龙溪河。《清一统志·泸州》：悦江"在州东北二十里。源出荣昌县白马洞，流入州境龙马潭，入大江"。

悦来场　①即今重庆市渝北区西悦峡镇。清道光《江北厅志》卷 2：悦来场"去城六十里"。

②今重庆市石柱土家族自治县东北悦峡镇。道光《石砫厅新志》卷 1："东北为油榨房，东十里经丰都界大沙坝场，又三十里为悦来场，均右数里为旧城坝，宋、元时土司旧治也。今废。"

悦来墟　即今广东梅县东北白渡镇东南之悦来村。清光绪《嘉应州志》卷 1：悦来墟在"城东四十里。道光丙申年建，有铺五十余间"。

悦来镇　亦称悦来岭。即今黑龙江省桦川县。1912 年桦川县移治于此。

悦城乡 即今广东德庆县东南八十里悦城镇。明洪武四年（1371）于此置悦城乡巡司。

悦城龙母祖庙 在今广东德庆县东南八十里悦城镇，为祀奉龙母的纪念性建筑。东南向，宽 19 米，进深 68 米，占地 1300 平方米。始建年代不详，清代重修。有石牌坊、山门、香亭、大殿与后座。山门面濶五间，建于光绪三十二年（1906），前檐石雕龙柱、花柱，山面封火山墙。香亭位居祖庙中心，面阔 7 米，四面开敞，角柱用石质透雕龙柱，重檐歇山顶。大殿面濶五间，殿内装饰融木雕、石雕、砖雕、灰塑、陶塑及壁画、历代名人题刻于一体，可称为一座展示古代雕塑及诗书画艺术的殿堂。2001 年定为全国重点文物保护单位。

悦城县 ①南朝宋置，属晋康郡。治所在今广东德庆县东北。隋开皇十二年（592）废。

②唐天宝元年（742）改乐城县置，属晋康郡。治所即今广东德庆县东南悦城镇。乾元初属康州。北宋开宝五年（972）废。

悦城镇 北宋开宝五年（972）改悦城县置，属端溪县。即今广东德庆县东南八十里悦城镇。

悦般州都督府 唐龙朔元年（661）于石汗那国置，属安西都护府。治所在艳城（今阿富汗东北境斯科扎尔一带，一说即今塔吉克斯坦杜尚别西南的迭脑）。8 世纪中废。

悦般国 南北朝时西域国名。在今哈萨克斯坦巴尔喀什湖以东伊犁河下游一带。《魏书・西域传》："悦般国，在乌孙西北，去代一万九百三十里。……真君九年，遣使朝献。并送幻人。"

悦跋城 晋铁弗匈奴首领居地，又称代来城。当即今内蒙古鄂尔多斯市东胜区西泊尔江海子镇大成梁古城。《魏书・太祖纪》：登国六年（391）十一月，"壬午，大破直力鞮军于铁岐山南……戊子，自五原金津南渡河。辛卯，次其所居悦跋城，卫辰父子奔遁"。

閬岭 即今浙江开化县东北银岭。《方舆纪要》卷 93 开化县：閬岭"在县东北七十里，与遂安县分界"。

阅马厂 又称演武厅。在今湖北武汉市蛇山南麓。原为清军马队操练之处。咸丰三年（1853）太平军曾在此搭台演说。1911 年 10 月 10 日辛亥革命武昌起义军政府设此。"五四"运动以来，这里更成为群众举行反帝、反封建示威游行活动的集会场所。

阅马台（臺） 又名凉马台。在今河北临漳县西。十六国后赵石虎所筑。《太平御览》卷 300 引《邺城故事》：凉马台"一名阅马台，一名戏马台"。《水经・浊漳水注》："漳水自西门豹祠北，径赵阅马台西。……石虎每讲武于其下，升观以望之。虎自台上放鸣镝之矢，以为军骑出入之节矣。"

阅古堂 在今河北定州市东。《清一统志・定州》：阅古堂"宋韩琦帅定州时建。摭前代良守将事实凡十六条，绘于左右壁，琦自为记"。

阅武寨 在今浙江临安市西北约八十里云雾山上。《方舆纪要》卷 90 于潜县：阅武寨"在县（今于潜镇）西北五十里阅武山上。《志》云：山高三百丈，周四十里，吴越置寨于此，以备淮南"。

阆川岭 在今江西泰和县南。《方舆纪要》卷 87 吉安府泰和县：阆川岭在"县南八十里。两旁列峰十一，广袤三十余里"。

阆中 战国时巴国别都，即今四川阆中市。东晋常璩《华阳国志・巴志》："巴子时，虽都江州，或都垫江，或治平都，后治阆中。"周赧王元年（前 314）秦置阆中县。

阆中山 又名锦屏山、宝鞍山。在今四川阆中市南三里嘉陵江南岸。《寰宇记》卷 86 阆州阆中县：阆中山"其山四合于郡，故曰阆中。按《名山志》曰：阆中山多仙圣游集焉"。

阆中水 即今四川嘉陵江。《寰宇记》卷 86 阆中县："嘉陵水又名西汉水，又名阆中水。《周地图》云：水源出秦州嘉陵，因名之，经阆中即为阆中水。"

阆中市 1991 年撤销四川省阆中县，改设阆中市，市人民政府驻保宁镇。属南充地区。1993 年由南充市代管。

阆中县 ①战国秦惠文王于巴国别都阆中置，属巴郡。治所即今四川阆中市。《舆地纪胜》卷 185 引《元和志》云："阆水行曲，经县三面，县居其中，以此为名。"《太平御览》卷 44 引《阆山图经》曰："阆山四合于郡，故曰阆中。"东汉建安六年（201）为巴西郡治。《后汉书・公孙述传》：建武初据蜀，遣"将军任满从阆中下江州"。即此。三国蜀汉大将张飞任巴西太守镇守阆中，被部将杀害于此。东晋末为北巴西郡治。南朝梁天监八年（509）为南梁北巴州治。西魏废帝二年（553）为隆州、盘龙郡治。隋开皇三年（583）为隆州治，改为阆内县。大业三年（607）又为巴西郡治。唐武德元年（618）复改为阆中县，为隆州治。先天二年（713）改为阆州治。天宝元年（742）为阆中郡治，乾元元年（758）又为阆州治。五代唐天成四年（929）为保宁军节度使治。北宋乾德四年（966）为阆州治。南宋淳祐三年（1243）移州县于大获山城（今苍溪县东南王渡镇）。元复还旧治（今阆中市），为保宁路、保宁府治。明为保宁府治。民国初为四川嘉陵道治。1928 年直属四川省。1991 年改为阆中市。

②南朝宋侨置，属巴西侨郡。治所在今四川绵阳市境。梁废。

阆中郡 唐天宝元年（742）改阆州置，治所在阆中县（今四川阆中市）。辖境相当今四川阆中、苍溪、南部等市县地。乾元元年（758）复改为阆州。

阆内县 隋开皇三年（583）避杨忠讳改阆中县置，为隆州治。治所即今四川阆中市。大业三年（607）为巴西郡治。唐武德元年（618）复改为阆中县。

阆水 ①又称阆江、阆中水。今四川嘉陵江流至阆中市一段名称。《三国志・蜀书・霍峻传》：刘备以

“峻守葭萌城……后（刘）璋将扶禁、向存等帅万余人由阆水上，攻围峻”。即此。唐杜甫《阆水歌》：“嘉陵江色何所以？石黛碧玉相思依。”

②指今四川阆中市西白溪浩河。《水经·漾水注》：“阆水出阆阳县，而东径其（阆中）县南，又东注汉水。”

阆风观　魏晋建。在今河南洛阳市东北汉魏洛阳故城内。《艺文类聚》卷63“观”引陆机《洛阳地记》：“宫中有临高、陵云、宣曲、广望、阆风、万世、修龄、总章、听讼凡九观。”

阆石山　在今广西桂平市西北七十五里。《舆地纪胜》卷110浔州：阆石山“在州北。有读书岩。传梁状元于此读书”。《清一统志·浔州府》：阆石山，“《旧志》：一名基石山。平畴突起，高峻插天，周围峭壁，惟一道可达山巅。中有石岩石梯，流水扃若堂奥”。

阆州　唐先天二年（713）避玄宗李隆基讳改隆州置，治所在阆中县（今四川阆中市）。《寰宇记》卷86阆州：“取郡西南阆山为名。”《舆地纪胜》卷185阆州：“取阆水以为名。”天宝元年（742）改为阆中郡，乾元元年（758）复为阆州。辖境相当今四川阆中、南部、苍溪等市县地。南宋淳祐三年（1243）移治大获山城（今四川苍溪县东南王渡镇）。元至元十三年（1276）改为保宁府。

阆阳县　南朝宋置，属新城郡。治所当在湖北旧郧阳府。南齐属南新城郡。后废。

阆英县　唐天宝九年（750）置，属通川郡。治所在今四川宣汉县西北。一说在今达州市北。《寰宇记》卷137石鼓县：废阆英县“以县南五里阆英山为名”。乾元元年（758）属通州。北宋乾德五年（967）废。

阆苑　在今四川阆中市西故城内。《舆地纪胜》卷185阆州：阆苑“唐时鲁王灵夔、滕王元婴以衙宇卑陋，遂修饰宏大之，拟于宫苑，由是谓之隆苑。其后以明皇讳隆基，改谓之阆苑”。

阆南县　1933年9月川陕革命根据地由阆中县析置，治水观音（今四川阆中市东南水观镇）。以在阆中之南而得名。1935年4月废。

〔丶丿〕

瓶形寨　北宋置，属繁畤县。在今山西繁峙县东一百二十里平型关。

瓶形镇　金置，属繁畤县。在今山西繁峙县东一百二十里平型关。

瓶（缾）侯国　西汉置，属琅邪郡。治所在今山东临朐县东南三十里卧龙镇西盘阳。《汉书·高惠帝后文功臣表》：文帝十四年（前166），封孙单为缾侯。景帝前三年（前154），国除。武帝元鼎元年（前116），又封菑川靖王子成为缾侯。王莽时国废。

瓶窑镇　即今浙江杭州市余杭区西六十二里瓶窑镇。清嘉庆《余杭县志》卷3：瓶窑镇居民“自农桑外，多以埏埴为业，故市廛与陶穴相望栉比”，以建窑烧瓶而得名。

拳壮河　在今河北广平县东。《方舆纪要》卷15广平县：“拳壮河在县东十里。本漳河之支流，亦自成安县流入境，至肥乡县复入于漳。今漳水浅涸，此河遂为枯槽矣。”

粉水　①一名粉青河。即今湖北西北部南河及其上游粉青河。源出神农架林区西南，东北流经房县东、保康县西，至谷城县，东注入汉水。《水经·粉水》：“粉水出房陵县，东流过郢邑南，又东过谷邑南，东入于沔。”郦道元注：“取此水以渍粉，则皓耀鲜洁，有异众流故县水皆取名焉。”

②即今重庆市南由龙门浩入长江之清水溪。东晋常璩《华阳国志·巴志》：江州县“县下有清水穴，巴人以此水为粉，则膏晖鲜芳，贡粉京师，因名粉水，故世谓江州堕休粉也”。明曹学佺《蜀中名胜记》卷17重庆府巴县：粉水“今（涂）山下有清水溪，即其处”。

粉壁寨　在今广西容县西南四十里。明、清于此置巡司。

料石冈　即辽石冈。在今北京市房山区（良乡）东。《金史·地理志》：良乡县“有料石冈”。

料角咀　一作蓼角咀。在今江苏启东市东北。旧为大江入海之冲。《方舆胜览》卷45通州：料角，“海门有料角。其中有咸、淡二水，不相混杂，舟人不待汲能辨之，形势控扼。绍兴中，差舟师把隘，其沙脉涨坍不常，潮小则委蛇曲折，水路可见；潮大水则一概漫没，非熟于往来者未易知也。李宝胶西之捷以此”。

料罗　即今福建金门县东料罗。清有把总驻此。

益川郡　即利州。治所在今四川广元市。《舆地纪胜》卷184利州：“前蜀仍为昭武军，后唐平蜀，改郡曰益川，后蜀因之，皇朝平蜀改昭武军为宁武军。”

益门山　在今陕西宝鸡市西南十五里，即秦岭之北谷。《方舆纪要》卷55宝鸡县：益门山“山岩险阻，有事梁益者必取道于此，故曰益门。元末设城屯军，为据守要地”。

益门城　在今陕西宝鸡市西南十五里益门镇。《方舆纪要》卷55宝鸡县：益门城，“元末李思齐筑以备川蜀，城西据益门山，因名。明初徐达取汉中，自长安引兵屯益门，遣傅友德南出褒斜是也。今为益门镇，向设巡司戍守”。

益水　①即今湖南益阳市南资水。《汉书·地理志》长沙国益阳县注：“应劭曰：在益水之阳。”《水经·资水注》：“茱萸江又东径益阳县北，又谓之资水。应劭曰：县在益水之阳。今无益水，亦或资水之殊目矣。”

②即今陕西洋县西溢水河。《水经·沔水注》：“汉水又东会益口，水出北山益谷，东南流注于

汉水。"

益兰州 元世祖至元七年（1270）置，治所在今俄罗斯图瓦共和国克孜尔西南、厄列格斯特河旁顿帖列克古城。益兰本蛇名，见于州境山中，因以为州名。《元史·刘好礼传》："至元七年，迁益兰州等五部断事官，以比古之都护，治益兰。其地距京师九千余里。"后废。

益兰州等处断事府 元置，属岭北等处行中书省。治所在益兰州（今俄罗斯图瓦共和国克孜尔西南）。辖境相当今俄罗斯叶尼塞河流域，北至北海。后废。

益兰县 西汉置，属西河郡。方位缺考，当在今陕西与山西交界的黄河两岸。东汉以后废。

益宁县 南齐置，为平乐郡治。治所在今云南昆明市西山区马街镇。永明五年（487）改郡。隋、唐复为县，为昆州治。天宝后废。

益宁郡 南齐永明五年（487）析平乐郡益宁县置，属宁州。治所在今云南昆明市西山区马街镇。辖境约当今云南昆明市西山区。隋废。

益光县 五代唐同光三年（925）改益昌县置，属利州。治所在今四川广元市西南四十五里昭化镇。北宋初复为益昌县。

益迁水 即今四川宣汉县东北部之中河。《寰宇记》卷137东乡县："益迁水在县东北三十步，从金州来，流入石鼓县界。"

益州 ①西汉元封五年（前106）置，为十三州刺史部之一。东汉刘熙《释名》卷2："益，阨也，所在之地险阨也。"东汉应劭《地理风俗记》云："疆壤益广，故名益州。"辖境相当今四川折多山、云南怒山、哀牢山以东，甘肃陇南市武都区、两当县，陕西秦岭以南，湖北郧县、保康西北，贵州除东边以外地区。王莽改为庸部。公孙述改为司隶校尉。东汉复为益州，治所在雒县（今四川广汉市北）。中平中移治绵竹（今德阳市东北黄许镇），初平中复移治雒县，兴平中移治成都（今成都市）。东汉以后辖境缩小。隋大业三年（607）改为蜀郡。唐武德元年（618）复为益州。天宝元年（742）改为蜀郡，至德二年（757）升为成都府。北宋太平兴国六年（981）降为益州。端拱元年（988）复为成都府，淳化五年（994）又降为益州，嘉祐四年（1059）又改为成都府。州境有成都平原，自秦汉以来为全国经济最发达的地区之一。诸葛亮《隆中对》称："益州险塞，沃野千里，天府之土。"

②十六国西秦置，治所在漒川城（今甘肃迭部县境）。《资治通鉴》：东晋元熙元年（419），"冬十月，以尚书右仆射王松寿为益州刺史，镇漒川"。

③北魏景明初改梁州置，治所在仇池郡洛谷城（今甘肃西和县西南洛峪镇）。辖境相当今甘肃两当、成县、礼县以南和陕西凤县、留坝、略阳三县地。正始初改为南秦州。

④即西益州。北魏正始中置，治所在东晋寿郡（今四川广元市）。辖境相当今四川广元、旺苍等市县及青川县东部地。梁大同中改为黎州，西魏改为西益州，废帝三年（554）改为利州。

⑤唐渤海国置，属率宾府。治所在今俄罗斯滨海边疆区符拉迪沃斯托克（海参崴）附近渤海古城。辖境约当今俄罗斯符拉迪沃斯托克（海参崴）一带。辽废。

⑥辽置，属黄龙府。治所在静远县（今吉林农安县东北万金塔乡东北西小城子古城）。辖境约当今吉林农安县北部。后废。

益州郡 西汉元封二年（前109）武帝开滇置，治所在滇池县（今云南晋宁县东北三十二里晋城镇）。辖境约当今云南怒江以东，洱海以西及姚安、元谋、东川以南，曲靖、宜良、华宁、蒙以西，哀牢山以北地。东汉时，西部划属永昌郡，界线东移至今楚雄彝族自治州的西界，南部达红河。三国蜀建兴三年（225）改建宁郡。西晋太安二年（303）析建宁郡西部复置，属宁州。仍治滇池县（今云南晋宁县东北晋城镇）。辖境约当今云南滇池周围及禄丰、双柏、易门、澄江等县地。东晋改晋宁郡。

益州都督府 唐武德元年（618）置益州总管府，治所在益州（今四川成都市）。三年（620）改置西南道行台。九年（626）改置益州都督府，督益、绵、简、嘉、陵、雅、眉、濛、犍、邛十州及嶲、南宁、会三州都督府。贞观十年（636）督益、绵、简、嘉、陵、雅、眉、邛八州并茂、嶲二都督府。龙朔初升为大都督府。天宝元年（742）督剑南三十八郡。至德二年（757）后，分为剑南东、西川二节度。

益州塘 在今江西宜春市西北。《方舆纪要》卷87袁州府宜春县"李渠"条下：益州塘"在（府）城西北，亦唐元和中李将顺所筑。广三十亩，形象以为塘，于州利益，故名。中有二岛曰卧龙洲。自塘穿渠绕州治，与李渠接，又东流经县南赤板桥，入石塘。今堙"。

益州路 北宋咸平四年（1001）分西川路置，治所在益州（今四川成都市）。辖境相当今四川邛崃山以东，大渡河以北，龙门山西南及沱江以西大部分，以东一小部分地区。嘉祐四年（1059）改为成都府路。

益阳水 在今江西婺源县北。《方舆纪要》卷28徽州府婺源县：益阳水"出浙源山，溉田三十五顷有奇"。

益阳州 元元贞元年（1295）升益阳县置，属天临路。治所即今湖南益阳市。明洪武初改为益阳县。

益阳江 资水在湖南益阳市及益阳县附近之地称益阳江。《水经·湘水注》："湘水左会清水口，资水也，世谓之益阳江。"又《水经·资水》：资水"又东北过益阳县北，又东与沅水合于湖中，东北入于江也"。郦道元注："湖即洞庭湖也，所入之处谓之益阳江口。"

益阳县 战国秦置，属长沙郡。治所在今湖南益阳市东。据里耶遗址出土秦简证实，当时已有此县。西汉属长沙国。《汉书·地理志》注：应劭曰，"在益水之阳"，故名。东汉属长沙郡。三国吴属衡阳郡，移治今益阳市。唐属潭州。元元贞元年（1295）升为益阳州。明洪武初改为益阳县，属长沙府。民国初属湖南湘江道。1922年直属湖南省。1950年析置益阳市。1981年益阳市迁治赫山镇。1994年撤销益阳地区，改设地级益阳市。原县级益阳市和益阳县改置资阳、赫山二区。

益阳城 在今山西平顺县东南。《方舆纪要》卷42平顺县"照城"条："益阳城在县东南四十里，今为城头村，……慕容永所筑。"

益寿县 1945年山东革命根据地由益都县胶济铁路以北地区和寿光县西南部析置，治孙家庄（今山东青州市北高柳镇）。取二县首字为名。1949年迁治孙家集（今山东寿光市西南孙家集镇）。1952年撤销，并入益都、寿光二县。

益寿塞 当在今内蒙古呼和浩特市或包头市境。《汉书·匈奴传》：王莽始建国三年（11），匈奴单于"遣左骨都侯、右伊秩訾王呼卢訾及左贤王乐将兵入云中益寿塞，大杀吏民"。

益县 西汉置，属北海郡。治所在今山东寿光市南十里益城村。东汉为侯国，改属乐安国。后复为县。西晋废。

益良州 元代于易娘部置，属茫部路。治所在今云南彝良县东南七十里奎香苗族彝族乡。明洪武十七年（1384）后废入芒部府。

益林镇 即今江苏阜宁县西南益林镇。清光绪《江苏全省舆图》阜宁县："益林镇在城西南六十四里。"

益昌县 ①东晋孝武帝时侨置，属巴西郡。治所即今四川安县驻地花荄镇。隋开皇三年（583）废。唐永淳元年（682）复置，寻改为西昌县。

②南朝宋置，属白水郡。治所在今四川广元市西南四十五里昭化镇。北魏改为京兆县。北周复为益昌县。隋大业初属义城郡。唐武德初属利州。五代唐同光三年（925）改为益光县。北宋初复改为益昌县，开宝五年（972）改为昭化县。

益昌侯国 西汉置，属涿郡。治所在今河北永清县东南。东汉废。《水经·巨马河注》："巨马水东径益昌县故城南，汉封广阳顷王子婴为侯国，王莽之有秩也。《地理风俗记》曰：方城县（治所在今固安县西南方城）东八十里有益昌城，故县也。"

益昌郡 唐天宝元年（748）改利州置，治所在绵谷县（今四川广元市）。辖境相当今四川广元、旺苍二市县，青川县东部及陕西宁强县地。乾元元年（758）复改为利州。

益图 即迤都。在今蒙古国苏赫巴托省达里干嘎南。元世祖至元十四年（1277）刘国杰奉旨率汉军北征叛王过此。

益实卫 明永乐六年（1408）置，属奴儿干都司。治所在今吉林蛟河市北伊什河畔。后废。

益临县 1948年7月山东革命根据地由益都、临朐二县析置，治郑母村（今山东青州市东南郑母镇）。取二县首字为名。1952年撤销，并入益都、临朐、昌乐三县。

益侯国 东汉改益县置，属北海郡。治所在今山东寿光县南八里益城村。后改属乐安国。东汉末复为县。

益将镇 即今湖南汝城县东三十五里益将乡。明、清置巡司于此。

益津关 唐置，属永清县。即今河北霸州市。《旧五代史·世宗纪》：五代周显德六年（959）四月，帝自乾宁军"驾御龙舟，率舟师顺流而北，首尾数十里。辛丑，至益津关……以益津关为霸州"。即此。

益津县 金大定二十九年（1189）置，为霸州治。治所即今河北霸州市。元世祖中统四年（1263）废，至元二年（1265）复置。明洪武初废入霸州。

益都县 三国魏改益县置，属齐国。治所在今山东寿光市南十里。南朝宋及北魏属齐郡。北齐天保七年（556）移治今山东青州市，为青州及齐郡治。隋为北海郡治。唐为青州治。金为益都府治。元为益都路治。明、清为青州府治。1913年废府，为益都县，属山东胶东道。1928年直属山东省。1986年改设青州市。

益都府 金改青州置，为山东东路治。治所在益都县（今山东青州市）。辖境包括今山东青州、临朐、寿光、广饶、博兴等市县及淄博市的临淄附近地。元改为益都路。

益都城 在今新疆哈密市西北。《宋史·高昌传》：太平兴国六年（981），王延德出使高昌，从伊州（今哈密市）"次历益都，次历纳职城"。

益都侯国 西汉置，属北海郡。治所在今山东寿光市北二十里古城街道。《汉书·王子侯表》"益都敬侯胡，菑川懿王子"，元朔二年（前127）封。后并入益县。

益都路 元改益都府置，属中书省。治所在益都县（今山东青州市）。辖境相当今山东博兴、蒙阴、滕州以东，枣庄、郯城以北，昌邑、胶州、即墨以西、以南地区。明洪武初改青州府。

益都路堤（隄） 在今山东临沂市东二十里。《方舆纪要》卷33沂州"小河堤"条下：益都路堤"元时州属益都路也"。堤以路名。

益浆水 即今江西上犹县南上犹江。《寰宇记》卷108虔州南康县：益浆水"源出聂都山，在县西五百九十一里，东流入贡水，合西符水，至南野口合良热水"。《清一统志·南安府》：上犹江"旧名益浆水。源出湖南桂阳县，东流经崇义县北，又东经上犹县南，亦名县前水，又东至南康县东北界会章江"。

益离城 即亦八里城。见刘郁《北使记》。为西辽属地。在今新疆伊宁市附近。

益登镇　唐置，属翼州。在今四川茂县西北。

益褪河　即今吉林辉南、海龙等县境之一统河，为辉发河支流。《金史·阿徒罕传》："后与乌论石準援照散城，阿徒罕请乘不备急击之，遂夜过益褪水，诘朝，大败之。"

兼山　①在今四川剑阁县（下寺镇）南。《清一统志·保宁府一》：兼山"在剑州（旧治在今县西南普安镇）东南一百二十里。宋学士黄裳居此，宅址遗基，俱在山下"。

②在今甘肃泾川县北五里。《明一统志》卷35平凉府：兼山"在灵台县西九十里，乃泾州主山也"。《方舆纪要》卷58灵台县：兼山，"其山两重，因名"。下有共池。相传密康公曾从周共王游于此。

朔水　①即今内蒙古乌审旗南，陕西横山、米脂、绥德等境之无定河。《元和志》卷4朔方县："无定河一名朔水，一名奢延水。"

②即今广东始兴县东南罗坝河。《舆地纪胜》卷93南雄州：朔水"在始兴县东三十五里。出赣州信丰县界甜菜岭界。遇月朔即涨，晦即减，因此为名。西流入斜阶水"。

③即今陕西省北部无定河。《元和志》卷4朔方县："无定河一名朔水，一名奢延水，源出县南百步，赫连勃勃于此水之北、黑水之南，改筑大城，名统万城。"

朔方　唐方镇名。又称灵盐、灵武、灵州。唐开元九年（721）置，为玄宗时边防十节度使之一。治所在灵州（今宁夏吴忠市北）。《旧唐书·地理志》："朔方节度使，捍御北狄，统经略、丰安、定远、西受降城、东受降城、安北都护、振武等七军府。"初期辖境较广，其后逐渐减缩，长期领有今宁夏地（不含盐池县）。光启三年（887）后为韩遵、韩逊等割据。五代后唐天成四年（929），为后唐所并。

朔方水　亦名朔水。即奢延水。今内蒙古乌审旗南境，陕西靖边、榆林等境之无定河。《水经·河水注》：奢延水"西出奢延县西南赤沙阜……又谓之朔方水矣"。

朔方县　①西汉元朔二年（前127）置，为朔方郡治。治所在今内蒙古杭锦旗北黄河南岸什拉召附近。《汉书·匈奴传》："匈奴右贤王怨汉夺之河南地而筑朔方，数寇盗边，及入河南，侵扰朔方。"即此。东汉末废。《水经·河水注》："河水又东南径朔方县故城东北，《诗》所谓城彼朔方也。"《新唐书·地理志》所载夏州塞外道中之"十贲故城"即古朔方城。

②北魏置，属朔方郡。治所在今陕西清涧县西北折家坪镇附近。北魏末年废。

③唐贞观二年（628）改岩绿县置，为夏州治。治所在今陕西靖边县北白城子。唐末以后，党项族拓跋氏世居其地，遂为西夏所有。元废。

朔方刺史部　西汉元封五年（前106）置，为十三刺史部之一。辖境相当今宁夏青铜峡市以下至晋、陕间壶口之黄河两岸地区，北括阴山南北，南迄陕西宜川、至甘肃宁县一线。东汉建武十一年（35）省入并州。

朔方经略军　唐开元时置，属朔方节度使。治所在灵州城（今宁夏吴忠市北）。北周废。

朔方郡　①西汉元朔二年（前127）置，治所在朔方县（今内蒙古杭锦旗北什拉召一带）。辖境相当今内蒙古鄂尔多斯市西北部及巴彦淖尔盟后套地区。东汉时移治临戎县（今内蒙古磴口县东北布隆淖乡河拐子村古城）。永和五年（140）徙治五原县（今乌拉特前旗东南）。东汉时，匈奴南单于分部众屯牧于此。建安二十年（215）废。后赵于朔方故城复置朔州朔方郡。前秦以后废。

②北魏置，属东夏州。治所在魏平县（今陕西子长县东）。辖境相当今陕西子长、米脂、清涧、吴堡、绥德等县及子洲县大部地。北周废。

③隋大业三年（607）改夏州置，治所在岩禄县（今陕西靖边县北白城子古城）。辖境相当今内蒙古乌审旗、鄂托克前旗大部及陕西靖边县、横山县部分地。隋末为梁师都所据。唐贞观二年（628）复为夏州。天宝元年（742）复改为朔方郡，乾元元年（758）仍改为夏州。

朔方道　民国初改宁夏道置，属甘肃省。治所在宁夏县（今宁夏银川市）。辖境相当今宁夏西北部黄河沿岸地区。民国《朔方道志》卷2：朔方道"民国建元改府为道，以宁夏字与首县同，且古为朔方，改为朔方道"。1928年废。

朔龙山　即化龙山。在今四川内江市西二里。《方舆纪要》卷67内江县：化龙山，"《志》云：在县西二里。山极幽胜。一名朔龙山"。

朔平县　金改玄德县置，为庆州治。治所在今内蒙古巴林右旗北境索博日嘎镇白塔子古城。元废。

朔平府　清雍正三年（1725）置，治所在右玉县（今山西右玉县）。辖境相当今山西朔州市与左云、右玉以及内蒙古凉城、卓资县地。1912年废。

朔宁府　北宋宣和五年（1123）改朔州置，治所在鄯阳县（今山西朔州市）。金仍改为朔州。

朔州　①北魏置，治所在云中郡盛乐县（今内蒙古和林格尔县西北盛乐镇）。辖境相当今内蒙古呼和浩特、和林格尔、清水河、准格尔等市县旗地及山西偏关、河曲二县一带。永熙中改为云州。

②东魏侨置，初寄治并州寿阳县（今山西文水县北）。后又寄治汾州介休县（今山西介休市界）。

③北齐天保六年（555）置，治所在新城县（今山西朔州市西南四十七里梵王寺），八年（557）移治招远县（隋改善阳县，即今朔州市）。隋大业三年（607）改为马邑郡。唐武德四年（621）复改朔州，天宝元年（742）改马邑郡，乾元元年（758）仍改朔州。辖境相当今山西朔州市及应县、山阴、神池、五寨、偏关、河曲等县地。建中初移治马邑县（今朔

州市东北三十三里马邑村），寻复还故治。元属大同路，辖境缩减到相当今朔州市地。明洪武二年（1369）属大同府。清雍正三年（1725）改属朔平府。1912年改为朔县。

④西魏大统十一年（545）置，治所即今甘肃庆城县。辖境相当今甘肃庆城县一带。北周保定元年（561）废为周武防。

⑤北周天和中侨置，治所在洛邑县（今陕西宝鸡市陈仓区驻地虢镇）。建德中废。

朔州卫　明洪武十年（1377）置，属山西行都司。治所在今山西朔州市东。辖左、右、中、前、后五千户所。后废。

朔州市　1988年以山西省朔县、平鲁二县地改设朔州市（地级）和朔城、平鲁二区。朔州市人民政府驻朔城区。

朔县　1912年改朔州置，属山西雁门道。治所即今山西朔州市。1928年直属山西省。1949年属察哈尔省，1952年复属山西省。1988年撤销朔县，设立地级朔州市。原朔县改置朔州区。

朔果克湖　亦作索廓克鄂模。即今内蒙古额济纳旗西北之嘎顺诺尔（居延海）。清齐召南《水道提纲》卷5：山丹水“又西北有昆都伦水自东北来注之，又北为二巨泽：西北曰索廓克鄂模，池周九十里；其东北曰索博鄂模，池周六十余里。即古居延海也”。

朔易　指北方易水之地。《后汉书·南匈奴传》：“南面而朝单于，朔易无复匹马之踪。”借指北方地区。苏东坡《谢赐衣袄表》：“朔易早寒，特轸圣神之念。”

朔都门　即汉长安城的横门。在今陕西西安市西北六村堡乡关庙村与相家巷一带。《三辅黄图》卷1：“长安城北出西头第一门曰横门。……（王）莽更名朔都门左幽亭。”

朔调　郡名。治所在今河北怀来县东南。《后汉书·耿弇列传》：“耿弇字伯昭，扶风茂陵人也。……父况，字侠游，以明经为郎，与王莽从弟伋共学《老子》于安丘先生，后为朔调连率。”注：“王莽改上谷郡曰朔调，守曰连率。”

朔博湖　亦作索博鄂模。即今内蒙古额济纳旗（达来呼布镇）北之苏泊淖尔。清齐召南《水道提纲》卷5：山丹水“又西北有昆都伦水自东北来注之。又北为二巨泽：西北曰索廓克鄂模，池周九十里；其东北曰索博鄂模，池周六十余里。即古居延海也”。

郸县　①西汉置，属沛郡。治所在今安徽涡阳县东北。西晋废。

②隋开皇六年（586）置，属陈州。治所即今河南郸城县。大业初属淮阳郡。唐初废。

郸城镇　北宋置，属鹿邑县。即今河南郸城县。民国初置县佐于此。1952年置郸城县。

郯　①西周封国。在今山东郯城县北。战国初灭于越。《左传》：宣公四年（前605），“公及齐侯平莒及郯”。又，昭公十七年（前525），“郯子来朝”。皆此。

②一作虚。在今河南封丘县北。《公羊传》：桓公十二年（前700），“公会宋公于郯”。即此。

郯县　①战国秦置，为东海郡治。治所在今山东郯城县北门外。三国魏改为侯国。西晋复为县，仍为东海郡治。南朝宋及北魏属东海郡。东魏武定八年（550）为郯郡治。北齐废。北周大象元年（579）复置，仍为郯郡治。隋开皇初郡废，县属泗州。大业初属下邳郡。唐武德四年（621）属邳州，贞观元年（627）省入下邳县。秦末秦嘉等起义，围东海太守于此。

②东晋元帝初侨置，为东海郡治。初治今江苏常熟市北境。永和中郯县寄治京口（今江苏镇江市），为南东海郡治。至隋开皇九年（589）废。

郯国故城　在今山东郯城县城北侧。春秋时为郯国故城。秦汉至南北朝历为县、郡（国）治所。后废圮。元代在其南侧另建新城。故城址轮廓清晰可辨，呈不规则四边形，周长4696米。城垣为黄土夯筑，基宽40米，顶宽15米，高40米，四面设门，为青石砌筑。今仅存西、北面局部城墙。古城东北隆起部分相传为古帅军台址。郯国故城址2006年定为全国重点文物保护单位。

郯城戍　北齐置，在今山东郯城县北。王仲荦《北周地理志》卷8引《严□顺兄弟造像记》：“前尚书严□顺兄弟仰为亡考宁远将军东海太守当郡都督带郯城戍主敬造龙华四面龛像，天统元年五月十五日。”

郯城县　唐元和中置，属徐州。治所在今山东郯城县北。寻省入临沂县。元末复置，属沂州。移治今山东郯城县。清属沂州府。民国初属山东济宁道。1925年属琅玡道。1928年直属山东省。

郯侯国　三国魏改郯县置，为东海国治。治所在今山东郯城县北门外。西晋复改为郯县。

郯郡　楚、汉之际称东海郡为郯郡，治所在郯县（今山东郯城县北）。西汉复为东海郡。东魏武定八年（550）复为郯郡，属东徐州。隋开皇初废。

烘郭尔鄂笼　一作空郭尔额隆。在今吉尔吉斯斯坦伊塞克湖西南岸。清乾隆《西域图志》卷13伊犁西路：烘郭尔鄂笼“在图斯库勒南岸，阿克赛西二十里”。

烧车水　在今河南叶县南。《水经·汝水注》：烧车水“西出苦菜山，东流侧叶城南，而下注醴水”。《元和志》卷6叶县：“烧车水，在县南二十四里。世祖（东汉光武）破王寻，烧其辎重于此水滨，因以为名。”

烧酒房　即安富场。今重庆市荣昌县西四十里安富镇。人物繁富，产陶器颇著名，土人谓之泥金陶。

烧梁关　在今河北内丘县西。《晋书地道记》：中丘县有烧梁关。《方舆纪要》卷15内丘县：烧梁关“在县西。旧为控扼之处”。

烧锅甸子 即今黑龙江延寿县。清光绪《吉林通志》卷12宾州厅：光绪八年（1882）“设分防巡检，驻厅东南二百四十里烧锅甸子”。二十八年（1902）改置长寿县。

烧锅店 即今吉林农安县西南烧锅镇。旧属长春。清光绪《吉林通志》卷16：长春府西北“七十五里烧锅甸镇”。

烛 春秋郑邑。在今河南新郑市东北。《左传》：僖公三十年（前629）九月，“晋侯、秦伯围郑，……佚之狐言于郑伯曰：‘国围矣，若使烛之武见秦君，师必还’”。《水经·洧水注》：七里沟水“又南历烛城西，即郑大夫烛之武邑也”。

烛龙州 ①唐贞观二十二年（648）析瀚海都督之掘罗勿部置，为回纥羁縻州，属灵州都督府。侨治温池县（今宁夏盐池县西南惠安堡镇附近）。后废。

②唐贞观二十二年（648）以俱罗勃部置，属燕然都护府。在今俄罗斯石勒喀河上游赤塔州一带。总章二年（699）属安北都护府。后废。

烛龙军 唐长安二年（702）置，治所在北庭都护府（今新疆吉木萨尔县北二十五里破城子）。三年（703）改为翰海军。

烛溪湖 在今浙江慈溪市南横河镇龙南村。宋《嘉泰会稽志》卷10引《旧经》云：“昔人迷失道，忽有二人执烛夹溪而行，因得路，故名烛溪。”南宋时湖周一百五十里，明时减至周二十余里。《方舆纪要》卷92余姚县：烛溪湖在“县东北十八里。三面界山，东为湖塘。有东西水门湖中。又有明塘溪，一名明塘湖，又名淡水海。周二十余里，溉境内十三都之田。湖西南一曲，又名梅澳，亦曰湖洼，俗谓之西湖。成化中，以乡民争水盗决，乃筑塘分湖为二”。今已堙废。

炯汤镇 亦作铜汤、桐阳。即今安徽巢湖市西北炯汤镇。清光绪《庐州府志》卷3巢县：桐阳镇在“县西五十里。《康熙志》作铜炀镇，中设有防兵”。

烟山 在今江苏宜兴市西南。《明一统志》卷10常州府：烟山“在宜兴县西南三十里。诸峰环峙，西曰碧云，南曰罗汉，北曰鸡笼，西北曰紫云。上有渔矶临深谷。旧传孙权尝钓于此”。

烟水亭 北宋熙宁间理学家周敦颐之子筑，在今江西九江市甘棠湖上。《舆地纪胜》卷30江州：烟水亭“在南门外李渤、甘棠两湖上长堤之间”。亭久废，清康熙间重建。

烟台（臺） ①今辽宁灯塔市。清光绪《奉天全省地舆图说图志》辽阳州图：北有烟台。产煤。有烟台车站，南满铁路经此，有支线由此分出，东南达炭坑。后因与山东烟台同名，改名为灯塔。1980年设灯塔县。

②本山东福山县地。明代设烽堠防海于此，故名。清咸丰八年（1858）《中英天津条约》签订，开作通商港。1945年设烟台市。

烟台（臺）山 ①一名藤山。即今福建福州市仓山区藤峰。《藤山志》：“藤山，一名烟台山。”元时曾在藤峰顶设立烽烟台，作为报警之用，烟台山以此得名。明王应山《闽都记》卷14：“藤山其脉一起一伏，如瓜引藤，亘五、六里，故名。山多梅花，开时郡人载酒出游。”

② 在今山东烟台市北海洋岛上。民国《福山县志稿》卷一之二山川：“海洋山在县东北二十八里，北枕海滨，东入大洋，一名海岛，即今烟台之南山。其山迤北入海处一小山，今呼为烟台山。”

烟台山近代建筑群 在今山东烟台市芝罘区烟台山一带。明洪武三十一年（1398）为防备倭寇，把狼烟墩台（即烽火台）设置于山巅，故名烟台山。鸦片战争后，英、美、法、德、日等16个国家在此建领事馆建筑群，其建筑风格各不相同。英国领事馆为“外廊式”建筑；美国领事馆为砖木混筑结构，四坡屋顶的中间为玻璃平顶；丹麦领事馆为石结构二层城堡式建筑；日本领事馆采用最简单的几何体组合手法设计建造而成。烟台外国领事馆旧址是中国半殖民地半封建社会的历史见证，保存较完整，具有重要研究价值。2006年定为全国重点文物保护单位。

烟台（臺）市 1938年日军占领后始设烟台市。1946年正式由福山、牟平等县析置烟台市，1949年由胶东行署区直辖。1950年升为地级市，改由省直辖。1958年改为县级市。1983年撤销烟台地区，改设地级烟台市。原县级烟台市改置芝罘区。

烟台（臺）煤矿 在今辽宁灯塔市东南铧子镇北山。矿区包括华子岭、尾明山、华家洼、田家沟、张家沟、大榆沟、盘道岭、尖山子、老虎岭、磨箕山（亦称磨脐山）等十矿。绵亘二三十里。清乾、嘉间有商人申请开采。光绪二十六年（1900）始有俄商租采华家洼、盘道岭、尖山子、田家沟、磨箕山5矿。三十一年（1905）日俄战后，曾为日本所据，并将华商开采的尾明山、张家沟、大榆沟三矿侵占。民国《奉天通志》卷116：烟台煤矿“西南距辽阳县六十五里，西距南满铁路烟台站二十五里，有支线通矿区”。

烟台（臺）煤矿线 从辽宁辽阳东北烟台车站（今灯塔市）至烟台煤矿。长15.2公里。清光绪二十九年（1903）修建。为运输烟台煤矿所产煤而铺设。1946年被拆除。后重建。

烟台福建会馆 在今山东烟台市中心（芝罘区毓岚街）。清光绪十年（1884）动工，光绪三十二年（1906）建成。为福建商贾在原籍募款所建。占地面积3500平方米，两进庭院，坐南朝北，依次为大门、戏楼、山门、大殿。会馆重要建筑均雕刻装饰，技法有浮雕、透雕等。烟台福建会馆是我国北方地区现存唯一的闽南风格古建筑群。1996年定为全国重点文物保护单位。

烟竹堡 在今湖南桂东县北。《方舆纪要》卷82桂东县：烟竹堡在“县北五十里”。

烟竹湖市 一作烟洲市。即今湖南常宁市东北烟洲镇。《清一统志·衡州府二》“客铺市”条下：烟竹湖市“在（常宁）县东五十里”。

烟雨楼 ①在今浙江嘉兴市南南湖中湖心岛上。《清一统志·嘉兴府一》：烟雨楼，“吴越钱元璙建，嗣后相继修葺”。初在湖滨，明嘉靖二十八年（1549）移建于湖心岛，为城南最胜之景。

②在今广东英德市。《舆地纪胜》卷95英德府：烟雨楼“在府治之东垒，千岩万壑罗列远近，为一郡登临之胜”。

烟郊店 又作燕郊店。即今河北三河市西燕郊镇。清于此建烟郊行宫。为京东交通要道。清光绪《通州志》卷1：烟郊店“其地居民稠密，车马辐辏如城市”。

烟波湾 在今湖北武汉市汉口城区东北。《舆地纪胜》卷79汉阳军：烟波湾“在汉阳县东北三十里。唐崔颢《题黄鹤楼》诗云：‘日暮乡关何处是，烟波江上使人愁’。旁有里曰烟波里”。《方舆纪要》卷76汉阳县：江水“自大别山而合于汉江，转烟波湾。……今土人谓之白沙湾”。

烟草峰 即今四川马边彝族自治县西南七十里烟峰乡。《方舆纪要》卷73马湖府屏山县“新乡镇”条内：“又于烟草峰设守备司，以资弹压。”

烟（煙）洞山 又名烟筒山。在今河北宣化县北。民国《宣化县新志》卷1：烟洞山在“城北十里。龙烟铁矿即从此开采”。旧有京绥铁路宣水支线通此。

烟洲市 即烟竹湖市。今湖南常宁市东北八十里春水西岸烟洲镇。

烟峰城 即今四川马边彝族自治县西南七十里烟峰乡。明设守备司。清设千总驻防。嘉庆《马边厅志略》卷2：烟峰城“一名烟草峰城。在边城南七十里。周二百二十丈，东西南北城楼四座”。

烟狼寨 清置，属辽阳州。在今辽宁辽阳县西南。《清一统志·奉天府二》：烟狼寨“在辽阳州西三十七里”。

烟浦埭 旧址在今福建泉州市东南。《方舆纪要》卷99泉州府晋江县：烟浦埭在“府东南二十里。《志》云，堰水曰埭。埭九十有四，烟浦最大。上承九十九溪之水，广袤五、六里，襟带南乡之境。出溜石六斗门入于晋江。宋时筑捍三万丈，斗门四，与陈埭斗门共为尾闾泄水。治平二年以后，屡坏屡修。绍兴六年，大加修治。今犹存故址”。

烟筒山 ①亦名灶突山。满语谓呼兰呼达。在今辽宁新宾满族自治县西永陵镇南。《清一统志·兴京》：烟筒山“在城西南五里”。

②即今吉林磐石县北烟筒山镇。清光绪《吉林通志》卷15吉林府《屯镇》：西南“二百里烟筒山街”。民国熊知白《东北县治纪要》吉林磐石县：“县属烟筒山，距县市九十里。为通行双阳、永吉两县之大道。”沈阳至吉林之铁路有烟筒山站。

③在今黑龙江省黑河市西北。民国《黑龙江志稿》卷4：达彦山：“今称烟筒山，（爱辉）县北百四十里，位克鲁伦河南达彦河北，产钻石。”

烟筒屯 亦作烟土屯。即今黑龙江省杜尔伯特蒙古族自治县西北烟筒屯镇。《清史稿·地理志》安达直隶厅：“有烟土屯、小河子、喇嘛甸、萨勒图、安过五车站。”

烟集冈 亦名延吉冈。即今吉林延吉市。民国郭熙楞《吉林汇征》：延吉县“地名延吉冈，又名南冈”。

烟港街 即今江西武宁县西烟港。清同治《南昌府志》卷6武宁县市镇：烟港街“距县四十里”。

烟溪场 即今四川通江县北烟溪乡。清道光《通江县志》卷2：烟溪场“离城一百里”。1933年川陕省烟溪市苏维埃驻此。

烟墩山 在今江苏镇江市丹徒区东。该地发现西周墓，出土西周铜器《宜侯夨簋》，有长达一百二十六字的铭文。

烟墩岗 在今安徽庐江县西北七十里。1858年太平军主将陈玉成与清军李续宾部激战于此，消灭清军六千余人，击毙李续宾、曾国华等，是“三河大捷”的主战场。

烟墩墟 即今广西灵山县西北七十里烟墩镇。清同治《广东图说》：灵山县西北有烟墩墟。

烟霞山 在今湖南保靖县西北。《清一统志·永顺府》：烟霞山“在保靖县西二十里”。

烟霞洞 在今浙江杭州市西南烟霞岭上。洞深约20米，广约四五米。宋《淳祐临安志》卷9：烟霞洞“其洞极大，乃诸洞之首”。洞壁有五代至宋石窟造像。

剡山（剡 shàn） 即今浙江嵊州市西北隅城隍山南支。《舆地纪胜》卷10绍兴府：剡山“在嵊县北一里。昔秦始皇东游，使人凿此山以泄王气”。《方舆纪要》卷92绍兴府嵊县：剡山“山巅为星子峰，稍下为白塔冈……水流山下，为剡溪”。

剡县（剡 shàn） 西汉置，属会稽郡。治所在今浙江嵊州市西南十二里。东汉末徙治今嵊州市。唐武德四年（621）属嵊州，八年（625）属越州。五代吴越时改赡县。北宋初复为剡县，宣和三年（1121）更名嵊县。

剡城县（剡 shàn） 唐武德四年（621）析剡县置，为嵊州治。治所在今浙江嵊州市西南十五里。八年（625）废。

剡溪（剡 shàn） 即曹娥江之上游。《元和志》卷26越州剡县：剡溪“出县西南，北流入上虞县界为上虞江”。《寰宇记》卷96越州剡县：剡溪“在县南一百五十步……即王子猷雪夜访戴逵之所也，亦名戴溪”。因水质宜制纸，以产藤纸、竹纸著名。该溪在北宋以前在剡县境内，故称“剡纸”。南朝梁元帝《咏纸》诗称其“皎白犹霜雪，方正若布棋”。唐皮日休《二游》诗：“宣毫利若风，剡纸光于月。”

递坊镇 在今山东东平县西州城镇南。《新五代史·唐庄宗本纪》：后唐同光元年（923），“李嗣源及王彦章战于递坊"。即此。《清一统志·泰安府》：递坊镇"在东平州南"。

递铺镇 即今浙江安吉县治。明置巡司于此。清同治《安吉县志》卷2："独松关为南宋驿传要路，铺基尚存，递铺之名盖由此始。"1958年安吉县治由梅溪镇迁此。

〔丶丶〕

凌山 即拔达岭。今新疆乌什县西北别迭里山口。唐时通往西域的重要山隘。唐玄奘《大唐西域记》卷1：跋禄迦国"西北行三百余里，度石碛，至凌山。此则葱岭北原，水多东流矣。山谷积雪，春夏合冻，虽时消泮，寻复结冰"。

凌山驿 明置，在今广西扶绥县城西。《方舆纪要》卷110新宁州：凌山驿"在州西。旧在宣化县西五十里。万历三年改属州，移于州治南，复徙治于西门外"。

凌云（雲）口水 在今山西浑源县西南。《清一统志·大同府》：凌云口水"在浑源州西南三十里。北流入浑河"。

凌云（雲）山 ①又名平山。在今江西宁都县北。《寰宇记》卷108虔州虔化县：平山"在县北二百三十里。山顶侵云，天宝六年敕改为临（凌）云山。遥见抚、吉二州"。《方舆纪要》卷88赣州府宁都县：凌云山在"县北二百里。高数百丈，迤逦而上，临川、庐陵诸峰列列皆见。左右有石峰插峙，下有龙湫"。

②在今广西凌云县北半里。《方舆纪要》卷111泗城州：凌云山在"州治北。极高峻"。

③在今广西容县东北。《方舆纪要》卷108容县：凌云山，"《志》云：在县北十里。以山势凌云而名。上多班竹"。

④在今四川富顺县西一里。《舆地纪胜》卷167富顺监：凌云山"在监西养秀山西北，大江前横，一峰突兀。旧有亭其上，邦人为登临之地"。清嘉庆《四川通志》卷13：凌云山，"《县志》：峰峦巀嶪，雒水横前，山顶落日独迟，夕照可爱。产青紫石，可以为砚"。

⑤又名九顶山（为九顶山之栖鸾峰）、大佛寺山、南山。在今四川乐山市东二里，岷江东岸。唐于此建凌云寺。历为全国著名的风景名胜区，来此之文人墨客无不写下咏山寺诗文。著名的有唐岑参《凌云寺》、北宋苏轼《送张嘉州》、南宋范成大《凌云九顶》等诗篇。今山除凌云寺外，并有东坡楼、藏经楼及石刻弥勒大佛坐像。

凌云（雲）台（臺） 魏文帝黄初二年（221）筑，在今河南洛阳市汉魏故城中部偏西。《三国志·魏书·文帝纪》：黄初二年（221），"是岁筑凌云台"。同书《夏侯玄传》注引《世语》：李丰"若知谋泄，以众挟轮，长戟自卫，径入云龙门，挟天子登凌云台，台上有三千人仗，鸣鼓会众，如此，（王）兼所不及也"。又《水经·谷水注》引《洛阳记》曰："陵云台西有金市，金市北对洛阳垒者也。"《艺文类聚》卷62引杨龙骧《洛阳记》曰："凌云台高二十三丈，登之见孟津。"

凌云（雲）寺 在今四川乐山市东二里凌云山。寺以山名。因寺左侧有世界最大的弥勒石刻像乐山大佛，亦名大佛寺。寺始建于唐，元代寺毁。明洪武八年（1375）重建，明末又遭兵燹。清康熙六年（1667）重建。此后又多次修葺增建。有山门、天王殿、大雄殿、菩萨楼、藏经楼等建筑。自唐以来，凌云寺为佛教圣地，誉为"西南第一"。山水与寺、佛融为一体，历为著名的旅游胜地。北宋苏轼《送张嘉州》诗中云："少年不愿身为万户侯，亦不愿识韩荆州。顾愿身为汉嘉守，载酒时作凌云游。"南宋诗人邵博云"天下山水之胜在蜀，蜀之胜曰嘉州，州之胜在凌云寺"。

凌云（雲）县 清乾隆三年（1738）置，为泗城府治。治所即今广西凌云县。《清一统志·泗城府》：凌云山"在凌云县北半里。极高峻"。县以山名。民国初属广西田南道。1928年直属广西省。

凌云（雲）驿 在今四川乐山市东。《方舆纪要》卷72嘉定州：凌云驿在"州治东，水驿也"。驿以凌云山寺为名。

凌云（雲）阁 亦名大佛阁、大像阁。在今四川乐山市东二里凌云山乐山大佛处。唐凿弥勒大佛后，建七层楼阁护之。明末阁毁。北宋苏轼《送吕昌朝知嘉州》诗云："卧看古佛凌云阁，敕赐诗人明月诗。"

凌云（雲）峰 在今江西庐山五老峰南。《舆地纪胜》卷25南康军：凌云峰"上插空碧，下吞江湖，飞湍激濑，连接绝壑"。

凌云（雲）梯 在今四川峨眉山市西南峨眉山洗象池西南。石级陡峻。又名阎王扁。清张邦伸《锦里新编》卷16《峨眉纪游》："过梅子坡阎王匾为白云殿。"

凌江 又名盐溪、若耶溪。即今江西宜丰县南耶溪河。《舆地纪胜》卷27瑞州：若耶溪"在新昌县。一名盐溪。自分宁县界发源，出零江，入上高，东流入蜀江"。《清一统志·瑞州府》：凌江"在新昌县南。一名盐溪，又名若耶溪。源出县西北义宁州界八叠山，东流经县西会藤江，又东至县南三十里凌江口入上高县界，折而南，入蜀江"。

凌江口镇 即今江西宜丰县东南凌江，近上高县界。清同治《江西全省舆图》卷4：上高县西北"城下又五里至凌江口，交新昌界"。

凌江水 即今广东南雄市西北之凌江。《舆地纪胜》卷93南雄州：凌江水"在城西北百步。湫泺交会，清冷弥漫，为州襟带。耆旧云：天禧中，凌皓知保昌县，兴水利，农感德不忘，因号凌江水"。《方舆纪要》卷102南雄府保昌县：凌江水"在城西北。源出府西北百余里百丈山。南流绕巾山西麓而南出，至城西，合于祯水”。

凌江驿 在今广东南雄市城南。《方舆纪要》卷102南雄府保昌县：凌江驿“在府城南。《志》云：宋置寄梅驿，取江淹‘庾岭折梅逢驿使’之语。明改曰凌江驿”。

凌时镇 在今广西田阳或田东县境。《方舆纪要》卷111田州：凌时镇“在州境。嘉靖七年，王守仁抚定田州，土目卢苏等因分州地置十八巡司”。其中有“凌时”。

凌县 秦置，属东海郡。治所在今江苏泗阳县西北。西汉属泗水国。东汉属广陵郡。西晋属下邳国。南朝宋废。《水经·淮水注》：凌水“出凌县东，流径其县故城东，而东南流注于淮”。县以凌水为名。

凌河 即灵河。今辽宁西南之大凌河。《辽史·地理志》宜州：“凌河，累石为堤。”《金史·地理志》兴中府兴中县：“南有凌河。”

凌河镇 民国置，即今山东安丘市西南凌河镇。明万历《安丘县志》卷5镇店：“城西二十五里曰凌河，有市。”

凌城集 亦称凌城庙。即今江苏睢宁县东南凌城镇。清光绪《江苏全省舆图》：睢宁县东南有“凌城庙圩”。

凌南县 1931年由朝阳、凌源二县析置，治牤牛营子（今辽宁建昌县南牤牛营子）。当地解放后1945年9月改名建昌县。

凌亭镇 在今江苏兴化市南三十里老阁。《资治通鉴》：唐大顺元年（890），朱全忠将庞师古略淮南，“与孙儒战于凌亭，师古兵败而还”。即此。

凌烟阁 唐长安城太极宫楼阁。在太极宫东北隅，今陕西西安城北部。贞观十七年（643）由唐太宗亲题赞词，褚遂良题额，阎立本画像，共绘画开国功臣二十四人像于阁上。

凌消村 又名危渡口。在今河北深州市东北四十里，古滹沱河南岸，今名西凌霄。《后汉书·光武帝纪》：光武自蓟南驰“至呼沱河，无船，适遇冰合得过，未毕数车而陷”。李贤注：“即光武所渡处，今俗谓之危渡口。”《寰宇记》卷60深泽县：危渡口，“比至冰合，军渡既毕，其冰遂泮”。

凌海市 1993年撤销辽宁省锦县，改设凌海市，市人民政府驻大凌河国庆路。由朝阳市代管。

凌家场 即今四川内江市西南凌家镇，接自贡市界。道光《内江县志要》卷1：凌家场在“西南六十里”。

凌家滩遗址 在今安徽含山县南铜闸镇凌家滩村。为规模较大的新石器时代晚期聚落遗址。面积约100万平方米。1987年开始发掘。发现新石器时代晚期祭坛一处、墓葬四十四座、大面积红烧土遗迹一处、红烧土房屋一座，出土精美玉礼器、石器、陶器等一千二百件，其中不少珍品为我国首次发现。其中玉器数量品种多，琢磨精致，神秘的刻图纹饰及造型构思、工艺技术等方面风格独特，表明凌家滩遗址是中国史前玉文化发展中心之一。凌家滩祭坛及大批高规格的玉礼器、玉人的发现，标志着氏族社会由神权向王权过渡，表明凌家滩遗址是巢湖流域最高层次的中心遗址，在我国新石器时代考古中占有重要地位。2001年定为全国重点文物保护单位。

凌源市 1991年撤销辽宁省凌源县，改设凌源市，市人民政府驻城关镇。由朝阳市代管。

凌源县 1914年改建昌县置，属热河热河道。治所在塔子沟（即今辽宁凌源市）。民国《凌源县志》：“以大凌河源出要路沟土金塔，谨援沁源、桃源之例，呈请转咨准改凌源县，此定名之理由也。”即以地处大凌河之源为名。1928年属热河省。1955年划归辽宁省。1991年改设凌源市。

凌歊台（臺） 南朝宋置，在今安徽当涂县城北黄山上。《寰宇记》卷105太平州当涂县：“黄山，在县西北五里。上有宋凌歊台，周回五里一百步，高四十丈，石碑见存。”

凌霄观 十六国后赵石虎时建。在今河北临漳县西南古邺北城后宫内。《邺城故事》载：“凌霄观成。按石虎永和三年，命其子石宣祈于山川，因而游猎，乘大辂，羽葆华盖，建天子旌旗，十有六军，戍卒十八万，出自金明门。虎从后宫升观望之，笑曰：‘我家父子如此，自非天崩地陷，当复何愁！但抱子弄孙，是为乐耳。’”

凌霄城 南宋宝祐三年（1255）为抗蒙元建，属长宁军。在今四川兴文县西桐风园附近的凌霄山上。今四十八道拐石岩上有《宋代建城纪事石刻》。明代属戎县，为都掌族重要山城要塞。《方舆纪要》卷70兴文县：凌霄城，“成化四年，枢臣程信督兵讨叛蛮，别将李鑛破凌霄城。城三面峭壁不可登，其南则深箐，连亘数十里。贼縋藤架木而巢其上。鑛循南崖而北，梯岩架壑以进，贼不意官军蹑其后。后山高，自高攻下，贼多坠岩死，遂破之。隆庆中，蛮复据险叛。万历初，抚臣曾省吾复督兵进讨，帅臣刘显攻凌霄城，遣别将先下落豹诸砦，遂拔凌霄。……事平，诏改凌霄曰拱极城”。古城遗址尚存。

凌霄洞 在今福建尤溪县西。《方舆纪要》卷97尤溪县：“凌霄洞在县西五十里。山崖壁立，惟一窦可跻。宋绍兴三十年，寇乱，乡人赖以免难。”

凌霄峰 ①在今江西星子县北四十三里庐山。《舆地纪胜》卷25南康军：凌霄峰“在庐山昭德观之北。岩石玲珑，周回道左，巉岩万状，乔木干霄。前对五老峰如宾客。此山之绝致也。有朋真尼院，依岩而居”。

②即凌霄山。在今四川兴文县西桐风园西南。《明史·刘显传》：九丝山“东北则鸡冠岭、都都寨、凌霄峰三冈，峻壁数千仞。有阿苟者，居凌霄峰”。南宋宝祐三年（1255）建凌霄城于其上，有《宋代建城纪事石刻》。明代都掌人又建城其上，作为抗拒官军之据点。此山四面悬崖陡绝，惟一线与山南仙峰五斗坝相接。凌霄城遗址尚存。

凌霄塔 又称天宁寺木塔。在今河北正定县东大街天宁寺内。始建于唐代。宋、金、明、清均曾修缮。寺内殿宇已毁，仅存此塔。塔八角九层，高41米，为楼阁式砖木结构。根据地宫石函铭文和现存建筑风格，塔基为唐代所建，一至三层具有宋代特征，四至六层为金代遗物。二至四层塔体间出砖筑冰盘沿一层的做法，在现存宋代砖塔中已属孤例。1988年定为全国重点文物保护单位。

准格尔旗 即今内蒙古鄂尔多斯左翼前旗。旧属绥远省。原驻地在今准格尔旗西之西营子乡。1948年迁驻沙圪堵。1954年划归内蒙古自治区。据民国《绥远通志稿》说："蒙语左翼曰郡格尔，今多译作准格尔。"故鄂尔多斯左翼（前旗）称为准格尔旗。1996年迁治薛家湾镇。

准（準）裕勒都斯河 即今新疆和静县西北开都河上游。《清一统志·喀喇沙尔》：准裕勒都斯河"在喀喇沙尔西北。源出裕勒都斯地东北十里，西流会布拉图泉、扎噶苏台泉、格纳特泉、乌里雅图泉、乌尔图泉，出额勒伯克山谷口，与巴伦裕勒都斯河合流而东南"。

准（準）噶尔部 一名绰罗斯部。额鲁特四部之一。17世纪20年代后，准噶尔部首领哈喇忽喇及其子巴图尔珲台吉在与和硕特部托辉特斗争中渐占优势，成为厄鲁特四部实际上的盟主。明崇祯十三年（1640）厄鲁特和喀尔喀蒙古王公会盟于塔尔巴哈台，制定了"1640年蒙古—卫拉特法典"。17世纪70年代，噶尔丹称汗后，伊犁成为准噶尔政治中心和各部会盟地。除统治天山南北外，其势力曾远及塔什干、费尔干纳、撒马尔罕等地。清乾隆二十年至二十二年（1755—1757）清政府出兵平定达瓦齐和阿睦尔撒纳割据势力，统一西北。三十六年（1771）土尔扈特渥巴锡率众从俄罗斯伏尔加河流域返归祖国。清廷在厄鲁特蒙古族聚居区先后实行盟旗制度。

凉山 即今四川西南部之大小凉山。《明一统志》卷73四川行都司：凉山"在都司城东一百三十里。群峰嵯峨，四时多寒"，因名。《清一统志·宁远府一》："凉山亘数百里，跨马湖，建昌界，为诸夷所居。"

凉山大石墓群 在今四川德昌县、喜德县。大石墓葬为战国至西汉时期西南地区邛都人的文化遗存，当地人称越鲁坟。其构造是在地面上用巨石砌成墓室，有的在墓室上加封土，墓内埋葬人数甚多，年龄、性别各有不同，系多次葬入。王所大石墓群呈三角形分布，墓室基本在地表以下，表面用巨石盖顶。东墓长7.4米。宽3.5米，地表部分高1.4米，墓室盖顶石不全；南墓距东墓50余米，长9米，宽2.8米，地表部分高1.2米，除墓门一块盖顶石移位滚在墓门前外，基本完好，现存盖顶石九块；西墓距南墓60余米，长10.8米，宽3米，地表部分高1米，有盖顶石六块，整齐地排列在一起。大石墓顶巨石重达数吨、十几吨，当时如何搬运，至今还是谜团。2006年定为全国重点文物保护单位。

凉山等处土百户 清康熙四十二年（1703）置，属叙州府。治所在今四川峨边、马边之小凉山一带。《清一统志·叙州府二》：凉山等处土百户"皆在屏山县西界凉山之地，曰挖黑、曰腻乃窠、曰旁阿孤、曰明州乐、曰油石洞、曰大羊肠噜喀、曰田坝、曰麻柳坝、曰阿昭、曰撕栗坪，各辖所部蛮民"。

凉川州 唐开元后置羁縻州，属雅州都督府。治所在今四川宝兴县境。后废。

凉川县 ①隋大业二年（606）改会宁县置，属原州。治所即今甘肃白银市东北平川区陡城乡。后为会宁郡治。唐武德二年（619）又改为会宁县。

②唐开元四年（716）析会宁县置，属会州。治所在今甘肃靖远县境内。九年（721）省入会宁县。

凉马台（臺） ①又名阅马台。在今河北临漳县西。十六国后赵石虎所筑。《邺中记》："凉马台高三十尺，周回五百步，后赵石虎所筑。建武六年，虎都邺，洗马于洹水，筑此台以凉马，故以名云。"

②在今河南西华县西南。《寰宇记》卷10西华县：凉马台"在县西三十里。相传陈灵公凉马台。东南去陈灵公陵五百七十步"。

③在今河南偃师市北黄河南岸。《资治通鉴》：东晋太元八年（383），慕容垂离苻坚北还，"权翼密遣壮士邀垂于河桥南空仓中，垂疑之，自凉马台结草筏以渡"，即此。

凉水井 在今湖南保靖县西南，接花垣县界。清严如熤《苗疆险要考》谓"崇山复冈，径崎岖，中有小坪，颇为平坦"。

凉水井铺 在今贵州安龙县西。《清一统志·兴义府》"在城铺"条下：又有"凉水井铺"等，皆戍守处。

凉水河 ①即今辽宁绥中县西南狗河。《清一统志·锦州府一》：凉水河"在宁远州西南一百二十里。源出官帽山，绕凉水河站，东南流入海"。

②即今辽宁北票市南之凉水河。《清一统志·承德府一》：凉水河"在朝阳县西北。自小八沟平地出泉，东南流渐成河，行四十里伏入地，又二十五里仍涌出，东南流十五里入大凌河"。

凉水河站 清置，属宁远州。即今辽宁绥中县西南凉水河。《清一统志·锦州府二》"十三山站"条下："又六十三里至凉水河站，在州西南一百二十三里。"

凉水泉子 ①即今辽宁西丰县南凉泉镇。伪满康德五年《西丰县志》卷4：凉泉（镇）在"（县）南五十里"。

②即今吉林珲春市西北图们江北岸凉水镇，隔江与朝鲜对境。清光绪《珲春境内村屯里数》：西"凉水泉子至城九十里"。

③在今吉林集安市西南凉水朝鲜族乡。民国徐曦

《东三省纪略》卷10奉天省矿产表：辑安县“凉水泉子，银（矿）”。

凉水盐井 在今重庆市万州区东凉水井。清乾隆九年（1744）开。

凉水铺 在今贵州印江土家族苗族自治县北。《清一统志·思南府》：缠溪铺“在印江县境。……又有凉水铺”。

凉风门 十六国南凉都城姑臧城（今甘肃武威市城）城门。《晋书·秃发傉檀载记》：姚显“遣射将孟钦等五人挑战于凉风门”，即此。

凉风殿 在今河北临漳县西南古邺南城宫内。《邺中记》载：昭阳殿“西有长廊，通西阁，阁内有凉风殿”。

凉宁郡 ①西晋置，属凉州。治所在今甘肃玉门市西北玉门镇附近。《十六国春秋辑补》卷72前凉录：公元353年，前凉张祚“废曜为凉宁侯”。辖境相当今甘肃玉门市北部及肃北蒙古族自治县马宗山地区。北周废。

②十六国后凉置，属凉州。治所在今甘肃酒泉地区。《晋书·沮渠蒙逊载记》：东晋隆安五年（401），“蒙逊以吕隆既降于（姚）兴，酒泉，凉宁二郡叛降李玄盛”。北魏作梁宁郡，治园池县。西魏郡县俱废。

凉伞山 在今广东仁化县南。《方舆纪要》卷102仁化县：凉伞山“在县南十五里。山形园耸。《志》云：县南十里有书台岩，壁立千仞，岩窦隐见，无路可攀。又南五里即凉伞山也”。

凉伞（繖）冈 在今广东阳春市北。《方舆纪要》卷101阳春县：凉伞冈“在县北十里。高五十丈，周数十里。盘旋宛曲，为县主山”。

凉伞坪 即今湖南新晃侗族自治县西南凉伞镇。唐于此置羁縻晃州。清移晃州巡司驻此。

凉伞铺 在今四川叙永县西北三十里。《明史·朱燮元传》：天启三年（1623），讨奢崇明之乱，“与（秦）良玉兵会，进攻永宁，击败奢寅于土地坎，追至老军营、凉伞铺，尽焚其营。寅被二铊通，樊虎亦中铊死”。即此。

凉州 ①西汉元封五年（前106）置，为十三州刺史部之一。东汉时治所在陇县（今甘肃张家川回族自治县）。辖境相当今甘肃、宁夏，青海湟水流域，陕西定边、吴旗、凤县、略阳和内蒙古额济纳旗一带。三国魏黄初中移治姑臧县（今甘肃武威市）。魏、晋以后辖境缩小，只限于今甘肃黄河以西地区。十六国前凉、后凉、北凉皆在此建国。隋大业初改为武威郡。唐武德二年（619）复曰凉州，辖境仅及今甘肃永昌县以东、天祝藏族自治县以西一带。天宝元年（742）又改为武威郡，乾元元年（758）复改凉州。广德二年（764）陷于吐蕃。五代及西夏时改称西凉府。《元和志》卷40凉州：“州城本匈奴所筑，汉置为县。城不方，有头尾两翅，名为鸟城。南北七里，东南三里，地有龙形，亦名卧龙城。”

②十六国后赵侨置，治金城县（今甘肃兰州市西北西固城）。后废。

③十六国前秦置，治所在枹罕县（今甘肃临夏市）。寻移治金城县（今甘肃兰州市西北黄河南岸）。太元初又移治姑臧县（今甘肃武威市）。后废。

④十六国西秦置，治所在西平（今青海西宁市）。《晋书·秃发乌孤载记》：西秦太初十二年（399），南凉秃发乌孤“以利鹿孤为凉州牧，镇西平”。

凉州卫 明洪武九年（1376）改西凉州置，属陕西行都司。治所即今甘肃武威市。辖境相当今甘肃武威市地。清雍正二年（1724）改为凉州府。

凉州府 清雍正二年（1724）改凉州卫置，属甘肃省。治所在武威县（今甘肃武威市）。辖境相当今甘肃武威、永昌、民勤、天祝、古浪、永登等市县地。1913年废。

凉兴县 ①十六国北凉置，为凉兴郡治。治所在今甘肃瓜州县西南，北周并入冥安县。

②北周改冥安县置，为常乐郡治。治所即今甘肃瓜州县东南锁阳城。隋开皇四年（584）改为常乐县。

凉兴郡 十六国北凉段业分敦煌之凉兴、乌泽，晋昌之宜禾三县置，治所在凉兴县（今甘肃瓜州县西南）。隋初废。

凉陉 在今河北沽源县西南闪电河上源处。《金史·地理志》桓州：“景明宫，避暑宫也，在凉陉，有殿，杨武殿，皆大定二十年命名。”《元史·太祖纪》：十年（1216）五月，“避暑桓州凉陉”。《世祖纪》：至元二十四年（1284）三月，“乙卯，幸凉陉”。皆即此。

凉泽 古名猪野泽、休屠泽。在今甘肃民勤县东北境北山村南一带。《晋书·秃发利鹿孤载记》：东晋元兴初，秃发傉檀攻后凉，“至昌松而（沮渠）蒙逊已退，傉檀徙凉泽、段冢五百余家而归”。

凉封县 即梁封县。治所在今广东电白县境。

凉城县 ①北魏天兴中置，属东郡。治所在今河南滑县东北。北齐废。

②1914年改宁远县置，属察哈尔特别区兴和道。治所在今内蒙古凉城县西南永兴镇。以北魏凉城郡取名。1928年属绥远省。1937年迁治新堂（今凉城县）。1954年属内蒙古自治区。

凉城郡 亦作梁城郡。北魏置，属恒州。治所在今内蒙古凉城县东北岱海北。《水经·河水注》：盐池（今岱海）“池北七里即凉城郡治。池西有旧城，俗谓之凉城也，郡取名焉”。

凉泉 在今陕西凤县东。《方舆纪要》卷56凤县：凉泉“在县（今凤州镇）西二十里，西流与嘉陵江合。后魏以此名县。寻改梁泉。凉与梁古通用也”。

凉泉铺 即今安徽望江县西北凉泉乡。明万历《望江县志》井泉：凉泉“在县西北二十里官道西，冬夏不涸，甘洌可嗜，济数里之汲”。铺以泉名。

凉亭河市 即今安徽宿松县东北四十里凉亭镇。光绪《大清直省地舆全图》：宿松县东北有凉亭河。

凉亭驿 在今河北沽源县东。《方舆纪要》卷18万全都司开平卫：凉亭驿“明初置八驿之一也，太宗北征尝驻跸于此。宣德中朵颜入犯独石，守将杨洪遮击之于凉亭驿”。即此。

凉热山 即大庾岭。在今江西大余县、广东南雄市之间。《水经·溱水注》：连水“出南康县凉热山，山即大庾岭”。

凉热水 又作良热水。在今江西大余县西。《寰宇记》卷108虔州南康县：良热水“出聂都山。《南康记》云，盖谓泉之源也。又云，热水昔名豫水，汉置豫章郡，因此源以为名也”。《明一统志》卷58南安府：凉热水“在府城西一百五十里。水源一温一冷。热水池围二丈余，深尺余，流四步合凉水东流”。《清一统志·南安府》：凉热水“在大庾县西一百三十里，东流合平政水”。

凉淀 亦作凉陉、凉泾山。在今内蒙古巴林右旗北境。《辽史·地理志》上京临潢府：“临潢西北二百余里号凉淀，在馒头山南，避暑之处。多丰草，掘地丈余即有坚冰。”

凉殿 在辽南京皇城的西南角，今北京市城西南部。《辽史·地理志》南京析津府载：“大内在西南隅。皇城……西城巅有凉殿，东北隅有燕角楼。”

浆山 在今江西井冈山市西北。《明一统志》卷56吉安府：浆山“在永宁县（治今新城镇）西三十里。峰峦峻峭，松林蓊郁，有泉味甚甘。上有蜀先生行祠”。

浆山水 在今江西井冈山市北。《方舆纪要》卷87吉安府永宁县：浆山水“在县（治今新城镇）西。来自湖广茶陵州界，东流与拐湖山水、鹅岭水俱汇于双江口，经小江山，萦回百八十里，下接永新江”。

浆水口 即今福建顺昌县治双溪镇。《资治通鉴》：唐乾宁元年（894），“黄连洞蛮围汀州，福建观察使王潮遣其将李承烈击之，蛮解之。承烈追击之，至浆水口”，即此。

浆水镇 即今河北邢台县西北一百里浆水镇。清同治《畿辅通志》卷51邢台县图：西有浆水镇。

浆池镇 又名临津镇。即今四川剑阁县（下寺镇）南香沉镇。《舆地纪胜》卷168隆庆府：废临津县在“府东一百三里……南齐置胡原郡，隋改临津县。本朝熙宁五年废为浆池镇”。

瓷窑峡 在今山西浑源县东南恒山下。峡中有始建于北魏后期的悬空寺。《清一统志·大同府》：悬空寺“在浑源州南瓷窑峡口”。

瓷器口镇 亦名磁器口。即今重庆市西北沙坪坝磁器口。

资山 ①在今湖北枣阳市东南。《舆地纪胜》卷88枣阳军：资山“其上深邃阔远，居于其间者可以耕种。修竹大木，环山之民皆资焉，故以为名”。

②又名独秀山。在今四川资阳市西南三里。《方舆胜览》卷63资州：资山“在资阳县。范淳甫诗：资山岩谷多神仙，鸾车凤马随风烟”。《方舆纪要》卷67资阳县：资山在“县西南三里。迥然秀拔，一名独秀山”。

资山店 即今湖北枣阳市东南七十里资山店。民国《湖北通志》卷73《兵事》：清同治三年（1864）十月，捻军“由资山、平林店等处西犯襄阳”。

资川县 北宋宣和二年（1120）改龙水县置，属资州。治所在今四川资中县西北一百二十里发轮镇南。不久复改为龙水县。

资中场 在今四川资中县。为盐场。井盐分为两区，罗泉厂为一区，金李厂为二区。民国设场知事。

资中县 ①西汉置，属犍为郡。治所即今四川资阳市。《三国志·蜀书·李严传》：东汉建安二十三年(218)，“盗贼马秦、高胜等起事于郪，合聚部伍数万人，到资中县”。即此。南朝梁废。

②1913年废资州置，属四川永宁道。治所即今四川资中县。《元和志》卷31资州：“取资水为名。”资中亦以资水为名。1928年直属四川省。

资中郡 北周置，属资州。治所在磐石县（今四川资中县北三里）。辖境相当今四川资中、内江等市县地。隋开皇初废。

资水 ①即今河北磁水。《寰宇记》卷60无极县：资河“从镇州九门县东北界，资河水入无极界，东南入滹沱河”。即此。

②在今湖南省中部。南源夫夷水出广西资源县南，西源赦水出城步苗族自治县北，在邵阳县汇合后，北流经新化、安化等县折向东，经益阳市到湘阴县临资口入洞庭湖。长674公里。《汉书·地理志》零陵郡都梁侯国：“路山，资水所出，东北至益阳入沅。”《水经》：“资水出零陵郡都梁县路山，东北过夫夷县，东北过邵陵县之北，又东北过益阳县北，又东与沅水合于湖中，东北入于江也。”郦道元注：“资水出武陵郡无阳县界唐纠山，盖路山之别名也，谓之大溪水，东北径邵陵郡武冈县南。大溪径建兴县南，又径都梁县南……（邵陵）县治郡下，南临大溪，水径其北，谓之邵陵水……自下东北出益阳县，其间经流山峡，名之为茱萸江，盖水变名也。茱萸江又东径益阳县北，又谓之资水……所入（洞庭湖）之处，谓之益阳江口。”

资田郡 北周置，为亭州治。治所在盐水县（今湖北长阳土家族自治县西二百里清江北岸）。隋开皇初废。

资圣寺 ①在今山西高平市西南四十里大周纂村。《清一统志·泽州府》：资圣寺“在凤台县（今晋城市）西北四十里。北齐建，号永建寺。宋真宗天禧四年改赐资圣寺，周二百六十三步”。

②在唐长安城崇仁坊东南隅，今陕西西安市内。宋敏求《长安志》卷8：资圣寺“本太尉赵国公长孙无忌宅。龙朔三年，为文德皇后追福，立为尼寺。咸亨四年改为僧寺。长安三年七月，火焚之，灰中得经数部，不损一字，百姓施舍，数日之间所获巨万，遂营造如故”。据段成式《寺塔记》载：资圣寺有吴道子和卢楞伽所绘壁画，奇妙绝伦。

资州 西魏置，治所在阳安县（今四川简阳市西北）。《元和志》卷31：资州“取资水为名”。北周武成二年（560）徙治资阳县（今资阳市）。隋开皇七年（587）又徙治盘石县（今资中县北三里）。大业三年（607）改为资阳郡。唐武德元年（618）复为资州。天宝元年（742）改为资阳郡，乾元元年（758）复为资州。咸通六年（865）徙治内江县（今内江市西），次年徙治盘石县。辖境相当今四川资阳市以南，内江市以北沱江流域。元至元二十年（1283）废入简州。至正时明玉珍复置，治所即今四川资中市。明洪武四年（1371）降州为资县。清雍正六年（1728）升为资州直隶州，辖境扩大包括仁寿、井研二县。1913年废，改本州为资中县。

资江 四川沱江别称。指今流经资阳、资中、内江等市县之河段。《寰宇记》卷76内江县：“资江，按《郡国志》云：内江县有水，深百丈，实群川总会之所。”《明史·地理志》资县：“南有珠江，即雒江也，东流为资江。”

资兴水 又名清溪水、乙陂江。为东江水支流。在今湖南省资兴市东。《方舆纪要》卷82郴州兴宁县：资兴水“发源州东百余里之古铒泉，其泉方广十余里，四旁石壁峭立，西北流五十余里至旧县前，横流十里合泸渡江（今沤江）”。

资兴市 1984年撤销资兴县，改设资兴市，属郴州地区。1989年资兴市人民政府由兴宁镇迁驻晋宁路。1994年资兴市由湖南省直辖，委托郴州市代管。

资兴县 ①唐咸亨三年（672）置，属郴州。治所在今湖南资兴市东南旧市。北宋太平兴国后废。南宋嘉定二年（1209）复置，绍定初改为兴宁县。

②1914年改兴宁县置，属湖南衡阳道。治所即今湖南资兴市东兴宁镇。1922年直属湖南省。1985年改设资兴市。1988年迁今治。

资阳市 1993年撤销四川省资阳县，改设资阳市，属内江市管辖。1998年划归资阳地区。2000年撤销资阳地区和县级资阳市，设立地级资阳市；原县级资阳市改置雁江区。资阳市人民政府驻雁江区。

资阳县 北周武成二年（560）于资中县故城置，为资州资阳郡治。治所即今四川资阳市。《元和志》卷31资阳县：“因资水为名。”隋开皇三年（583）为资州治。大业初属资阳郡。唐属资州。元省入简州。明洪武六年（1373）复置，属成都府。十年（1377）省入简县，成化元年（1465）复置，正德中改属简州。清属资州。民国初属四川永宁道。1928年直属四川省。1993年改设资阳市。

资阳郡 ①北周置，属资州。治所在资阳县（今四川资阳市）。辖境相当今四川资阳市地。隋开皇三年（583）废。

②隋大业三年（607）改资州置，治所在盘石县（今四川资中县北三里）。辖境相当今北起资阳市，南至内江县，西至荣县，东至遂宁市及潼南西部地。唐武德元年（618）复为资州。天宝元年（742）又改为资阳郡。乾元元年（758）复为资州。

资阳镇 明置，属资阳县。在今四川资阳市南三十里南津镇。明置巡司于此。

资寿寺 在今山西灵石县城东十四里静升镇苏溪村。创建于唐咸通十一年（870），历代多次修缮，清道光二十二年（1842）再次重修。现在建筑、壁画、塑像保存完好。该寺坐北朝南，依山坡而建，两进院落，殿堂十五座。中轴线上有三座山门，渐次升高。头道山门为清代建的尊天阁，其后为明代建的第二道山门，再后为面阔三门、硬山琉璃瓦顶的第三道山门，形成了资寿寺总体布局的独特之处。资寿寺内的殿堂建筑多采用带前廊的悬山顶建筑，如大雄宝殿、药师佛殿、弥陀佛殿等。殿堂内壁画、彩塑多为明代作品，共有壁画248.34平方米，主要彩塑一百零一尊，其中十八罗汉头像被盗海外，后如数回归。2001年定为全国重点文物保护单位。

资县 明洪武四年（1371）降资州置，属成都府。治所即今四川资中县。清雍正六年（1728）升为资州。

资坵镇塘 在今湖北长阳土家族自治县西一百一十四里资丘镇东。清光绪《湖北全省分图》：长阳县西有资坵镇。1980年滑坡，徙于桃山今址。

资国镇 即今四川荣县西南新桥镇。清嘉庆《四川通志》卷29：资国镇“在（荣）县西南四十里，或曰即故资官县也”。

资官县 唐改咨官县置，属嘉州。治所在今四川威远县西北。《方舆纪要》卷72荣县：资官废县“县有盐有铁，故曰资官”。武德六年（623）改属荣州。元废。

资哩山 在今四川小金县东九十里。《清史稿·阿桂传》：乾隆三十七年（1772）征金川，“克资哩山，进克阿喀木雅”。即此。

资哩寨 在今四川小金县东九十里。《清史稿·额森特传》：乾隆三十六年（1771）征金川，“至资哩，合师夺北山。……额木特中枪，力击败之，遂克资哩”。即此。乾隆间设塘汛于此。

资源县 1936年置，属广西省。治所即今广西资源县。以据处资水之源而得名。

资溪 即今四川资阳市西之九曲河。《寰宇记》卷76资阳县：资溪水“在县西。从简州平泉县界流入当县，合中江”。

资福寺 ①在今河南确山县西北。《清一统志·汝宁府》：北泉寺“在确山县西北十里。隋时建。唐名资福寺。宋崇宁中改为万寿禅寺。寻改今名”。

②在今广东东莞市城区西南。《舆地纪胜》卷89广州：资福寺“在东莞县一百六十步。

有罗汉阁，比丘祖堂建阁成，走惠州，求记于苏轼”。《清一统志·广州府》：资福寺，“南汉邵廷琄建。四围以四井为界。寺南有镇象塔，塔旁有再生柏。……《县志》：柏为祖堂禅师所植，师去柏枯，师回复荣，因名。宋苏轼有广州资福寺罗汉阁记”。

资福村 即今浙江丽水市西南碧湖镇北资福村。《清一统志·处州府》：丽水故城“在今丽水县西三十五里资福村”。唐武德四年至八年（621—625）丽水县治此。

涛城铺 即今安徽郎溪县东南涛城镇。明嘉靖《建平县志》卷3：涛城铺“在县东二十里”。

涛洛镇 亦作涛雒镇。金置，属日照县。即今山东日照市西南岚山区北涛雒镇。

涛静暗沙 在南海中中国中沙群岛内，位于中沙大环礁西部边缘。西南距排洪滩9.7海里，北距控拜暗沙4.8海里。1947年公布名称为涛静暗沙。

涛墟市 即今湖南江华瑶自治县南八十里涛圩镇。明置巡司于此。

浙 浙江省的简称。以境内钱塘江旧称浙江而得名。

浙山 即定山。在今浙江杭州市西南周浦乡境。《寰宇记》卷93钱塘县引虞喜《志林》：“今钱塘江口浙山，正居江中，潮水投山下，折而曲。”

浙东 ①唐方镇名。浙江东道的简称。

②南宋两浙东路的简称。

浙东运河 在今浙江东部。始建于春秋战国时期，至北宋前期已全线建成。西起钱塘江南岸，经西兴镇至今萧山市，东越钱清江而至今绍兴市，又向东过曹娥江而至今上虞市，又东南经丰惠镇东通明坝连接姚江，下通甬江。南宋时因在近畿，运输能力显著提高，运输繁忙。南宋以降，代有修整，至今仍是省内骨干水运线之一。

浙东道宣慰司 元世祖至元十三年（1276）置，治所在临安（今浙江杭州市）。十九年（1282）徙治温州（今浙江温州市），后徙婺州（今浙江金华市）。大德六年（1301）徙治庆元（今浙江宁波市）。元末并入浙江等处行中书省。

浙西 ①唐方镇名。浙江西道的简称。

②南宋两浙西路的简称。

浙西运河 即江南河。隋大业六年（610）开凿。自京口（今江苏镇江市）至余杭（今浙江杭州）。为今江南运河的前身。

浙西路 南宋两浙西路的简称。

浙州 唐仪凤二年（677）置，为羁縻州，属泸州都督府。治所在今贵州习水县东北。北宋属泸州。后废。

浙江 亦名浙江水、渐水、之江。即今钱塘江。位于今浙江省西北部。源出安徽省休宁县西南六股尖，向东北流到浙江省海盐县澉浦镇至余姚市西三闸连线处入杭州湾。全长605公里。干流有新安江、桐江、富春江诸名。《山海经·海内东经》：“浙江出三天子都。”《水经·浙江水注》：“浙江又东北流，至钱唐县。”《元和志》卷25钱塘县：浙江“在县南一十二里……江源自歙州界，东北流经界石山，又东北经州理北，又东北流入于海”。浙江省即取此以为名。

浙江东道 唐方镇名。乾元元年（758）置，治所在越州（今浙江绍兴市）。长期领有越、衢、婺、温、台、明、处七州，相当今浙江省衢江流域、浦阳江流域以东地区。中和以后，先后建号义胜军、威胜军、镇东军。乾宁中，为浙西钱镠所并。

浙江市 南宋置，在今浙江杭州市南钱塘江北岸。咸淳《临安志》卷19《市》：“浙江市，去（钱塘）县十一里。”

浙江西道 唐方镇名。乾元元年（758）置，建中二年（781）建号镇海军。初治昇州（今江苏南京市），寻徙治苏州（今江苏苏州市），后移治宣州（今安徽宣州市）；贞元后定治润州（今江苏镇江市）。景福二年（893）又移治杭州（今浙江杭州市）。贞元后长期稳定的辖境相当今江苏省长江以南、茅山以东及浙江省新安江以北地区和上海市。五代时废。

浙江行省 浙江等处行中书省的简称。元至正二十六年（1366）朱元璋置，洪武九年（1376）改浙江承宣布政使司。

浙江承宣布政使司 明洪武九年（1376）改浙江等处行中书省置，治所在杭州府（今浙江杭州市）。洪武十四年（1381），嘉兴、湖州二府自直隶来属，辖境遂当今除嵊泗县以外的浙江全省。清初改为浙江省。

浙江驿 在今浙江杭州市南白塔岭下钱塘江滨。明田汝成《西湖游览志》卷19：“浙江驿在龙山闸，洪武三年建。”为官吏送往迎来之所。清乾隆中废。

浙江省 清初改浙江承宣布政使司置，为内地十八省之一。治所在杭州府（今浙江杭州市）。辖境相当今除嵊泗县外的浙江全省。1953年嵊泗县由江苏划入，遂成今浙江省境。

浙江亭 在今浙江杭州市南白塔岭下钱塘江滨。原名樟亭驿，为观潮胜地。宋《淳祐临安志》卷7引《舆地志》：“樟亭驿在钱塘县旧治之南五里，今为浙江亭。”吴自牧《梦粱录》卷10馆驿：樟亭驿“即浙江亭也，在跨浦桥南、江岸。凡宰执辞免名，出居此驿待报矣”。明初改置浙江驿。

浙江等处行中书省 简称浙江行省。元至正二十六年（1366）朱元璋改中书分省置，治所在杭州府（今浙江杭州市）。辖境相当今除嘉兴市、湖州市、嵊泗县以外的浙江全省。洪武九年（1376）改浙江承宣布政使司。

浙岭 一名浙源山。即今安徽休宁县西南一百六十里的率山。《寰宇记》卷104休宁县于率山后，又云：“浙溪水出浙岭下，至县西一百一十里。《汉书·地理志》云，浙江北经黟县下，东入海，即此溪也。”

此为误证《汉志》，以率水为浙江正源，称为浙溪水；于率山之外，别列一浙岭。《方舆胜览》卷16徽州袭此，所记新安江四源，于“自休宁者出率山”外，又云“自婺源者出浙山”，即《舆地纪胜》卷20徽州所云“在婺源北七十里”的浙源山。明、清《一统志》均沿用此说，致使浙溪与率水混淆不清。实则浙岭即率山，并非率山之外别有浙岭成浙源山。

浙南石棚墓群　在今浙江瑞安市西南篁社镇棋盘山、平阳县西南钱仓镇龙头山和苍南县东钱库镇桐桥等三地。已确定十三处。主要有两类墓葬，一类是四角或四面各立1米高的支石，上盖长数米、宽0.5米左右的巨型整石，有较大的地面；另一类是在大盖石下反垫支若干小石，十分低矮，几乎无地面空间。随葬品有印纹硬陶罐、豆、鼎、纺轮、原始黑瓷尊、豆、原始青瓷、簋、碟、盂、碗、豆、鼎、青铜矛、戈、锛、凿、箭镞、短剑、小编钟等。此类墓葬中都出有各种礼器。浙南石棚墓群是目前已知的我国南方地区唯一的石棚分布区，是世界巨石文化的重要组成部分，对研究商周时期我国沿海地区社会性质、经济状况、对外交流和文化面貌提供了宝贵的实物资料，有较高的历史、科学和艺术价值。2001年定为全国重点文物保护单位。

浙源山　在今江西婺源县北。《方舆纪要》卷28徽州府婺源县：浙源山“在县北七十一里。一名浙岭。高三百余仞，周二十五里。婺源诸水多西入鄱阳，惟此山之水东会休宁、祁门、黟县诸水，至歙浦，又会织溪、歙县之水，赴浙江。山有戴公三岭、泥源九湾。自县入郡，此为捷径”。

浙源县　唐仪凤二年（677）置，属浙州。治所在今贵州习水县东北。后废。

浙溪水　①即率水。在今安徽休宁县西南。《元和志》卷28休宁县：浙江“一名浙江，源出县东南横鄣山，东流经歙县，又东南入睦州界”。此以率水为浙江正源，混称此水为《汉书·地理志》之浙江及《山海经》之浙江，并误以率山为横鄣山。《寰宇记》袭此，在卷104休宁县，于率水之外，又别列：浙溪水“出浙岭下，至县西一百一十里。《汉书·地理志》云，浙江北经黟县下，东入海，即此溪也”。《方舆胜览》继其后，于卷16徽州新安江所述四源，以“自休宁者出率山”与“自婺源者出浙山”并列，误分率水与浙溪为二水，致使二水混淆不清，实不可取。

②即浙江。在今浙江省西北部。《寰宇记》卷104休宁县：浙溪水“出浙岭下，至县西一百一十里。《汉书·地理志》云，浙江北经黟县下东入海，即此溪也”。

浙赣铁路　从今浙江杭州经金华、江西上饶、南昌（向西）至湖南株洲。全长947公里。1929年动工，1934年修通杭州至江西玉山段。1936年延至南昌。1937年又修通南昌至萍乡段，与1905年建成的株萍线相衔接。至此，浙赣铁路全线贯通。

沩溪　即今湖南益阳市西南志溪河。《清一统志·长沙府一》：沩溪“在益阳县西南五十里。《名胜志》：沩溪多滩，惟通小舟。由锡山经石笋，皆至险处。《县志》：沩溪源出宁乡县分水坳，西北流经石笋山西，亦名七里江，又东北入资”。

涝水　①一名劳水、黑水。在今山西临汾市北。《寰宇记》卷43临汾县：“涝水源出乌岭山，俗名长寿水。”《清一统志·平阳府一》：涝水“在临汾县北，源出浮山县黑山，西流合潏水，至临汾县北，入于汾”。

②即古潦水。关中八川之一。源出今陕西户县南牛首山涝谷，北流至咸阳市西南入渭河。《山海经·中山经》：牛首之山“涝水出焉，而西流注潏水”。司马相如《上林赋》：“酆、镐、潦、潏，纡馀委蛇，经营乎其内。”李善注：“潦，即涝水也。”

涝池　亦作潦池。在今新疆库车县东。顾炎武《天下郡国利病书》卷117《西域土地人物略》：“榻子河西十里为古克兀城。城北有雅斯雅河，城南有潦池。”

涝店镇　即今陕西户县西北涝店镇。《清一统志·西安府三》：涝店镇“在鄠县北十五里”。

涝峪口　即今陕西户县西南涝峪镇。清光绪《陕西全省舆地图》鄠县图：城西南有涝峪口。

涝淄河　在今山东桓台县南。《方舆纪要》卷31新城县：涝淄河“在县东南。源出铁山，自张店至索镇店，西南入乌河”。

涝塘河市　即今湖南望城县东南捞刀河。《方舆纪要》卷80长沙府“新康河”条下：涝塘河“在府北十五里。亦湘水支流也。商舟泊焉”。河北岸即涝塘河市。

浡泥国王墓　在今江苏南京市安德门外、石子岗东向花村乌龟山。浡泥国即今文莱苏丹国。明永乐六年（1408）浡泥国王麻那惹加那来中国访问，于当年十月病故于南京会同馆，后葬于此。陵前有龟碑背负“浡泥国王恭顺王墓碑”，并有神道。神道两侧分列石象生，自墓冢以南是武将、石虎、石羊、石马夫、石马和石柱各二。浡泥国王墓是中国与文莱友好交往的历史见证，具有重要的历史价值。2001年定为全国重点文物保护单位。

浦口　①浦子口简称。即今江苏南京市西北浦口镇。

②即涌口。在今湖北洪湖市境长江北岸。《宋书·刘道规传》：东晋义熙六年（410），讨桓谦，“水陆齐进，谦大败，单舸走，欲下就（荀）林，追斩之。还至浦口，林又奔散”。即此。《明史·地理志》监利县：“又西有涌水，南入江谓之涌口。”

浦口市　①即普口市。今湖南醴陵市东北三十六里浦口镇。

②一作堡口市。即今湖南新宁县东北五十四里堡口村。清光绪《湖南通志》卷1新宁县图：县东北有

浦口。

浦口镇 一作浦市镇。即今湖南泸溪县（白沙镇）西浦市镇。《宋史·蛮夷二》：南宋乾道七年（1171），前知辰州章才邵言："沅陵之浦口，地平衍膏腴，多水田…其地当沅、靖二州水陆之冲，一有蛮隙，则为害不细。"即此。

浦子口 即今江苏南京市西北浦口镇。明洪武元年（1368）设巡司于此。九年（1376）为江浦县治。后县治徙旷口山之阳（今江苏江浦县），仍设巡司于此。宣德年间设千户所。清设浦口营都司，康熙中改设守备驻防。

浦子口河 在今江苏南京市西北。《方舆纪要》卷20江宁府江浦县：浦子口河"在县东二十里。源出定山，由浦子口西入江。《志》云：浦子口有左右二水环抱萦回，名东西沟"。

浦东 黄浦江将上海地区分隔成浦西和浦东两部分。其名称在明代中叶已见记载，清代已普遍使用。广义上指今上海市黄浦江以东地区；狭义上仅指高桥至周家渡一线的上海市杨浦、黄浦、南市三区在黄浦江以东的部分。1992年已将这部分地区与上海县的三林乡及原川沙县地合并设立浦东新区。

浦东场 北宋盐场，属华亭县。在今上海市金山区西南，金山卫城北三里旧北仓镇。清时设盐课大使，后与横浦场合并为两浦场。

浦市镇 即浦口镇。今湖南泸溪县（白沙镇）西南浦市镇。清《乾隆内府舆图》作浦市。

浦头山寨 在今广东信宜市北。《方舆纪要》卷104信宜县：浦头山寨"在县北，瑶寨也。《志》云：县北境瑶山接广西岑溪县、郁林州界，凡四十一"。

浦庄市 即今江苏苏州市吴中区西南浦庄镇。清同治《苏州府志》卷29《乡都图圩村镇》：七都十二图中有"浦庄镇"。光绪《江苏全省舆图》吴县记："城西南有……浦庄、黄芦、大村等市。"

浦州 唐武德八年（625）置，治所在南浦县（今重庆市万州区）。辖境相当今重庆市万州区及梁平等县地。贞观八年（634）改为万州。

浦江 即今上海市黄浦江之简称。

浦江关 亦作蒲江关。即今四川松潘县南一百二十里镇江关乡。《明史·四川土司传》：正统四年（1439），"小商巴复据浦江、新塘等关，据险劫掠"。即此。

浦江县 五代梁开平四年（910）吴越改浦阳县置，属婺州。治所即今浙江浦江县。元属婺州路。明、清属金华府。民国初属浙江金华道。1927年直属浙江省。

浦阳江 在今浙江杭州市萧山区东。源出浦江县西井亢岭，东北流经浦江县南、诸暨市东，故道自今萧山市南临浦镇东折，经钱清镇而至三江口入海。《水经·浙江水注》："（柯水）东北径永兴县东，与浙江合，谓之浦阳江。"《元和志》卷26婺州浦阳县：浦阳江"在县西北四十里，出双溪山岭，东入越州诸暨县"。明后始改今道，自今临浦镇西北流，至闻堰镇入钱塘江。

浦阳县 ①西晋置，属九德郡。治所在今越南义安省荣市东南。南朝宋为九德郡治。齐属九德郡。隋属日南郡。唐属驩州。唐末废。

②唐天宝十三年（754）分义乌、兰溪、富阳三县置，属东阳郡（后改婺州）。治所即今浙江浦江县。五代梁开平四年（910），吴越改名浦江县。

浦阳驿 在今浙江浦江县治（浦阳镇）。《方舆纪要》卷93浦江县：浦阳驿"在县治东。宋绍定二年置，明初废"。

浦里塘 在今安徽当涂县东南大官圩南部一带。《三国志·吴书·濮阳兴传》：永安三年（260），丹阳都尉严密"建丹杨湖田，作浦里塘"。

浦河 即蒲河。今辽宁沈阳市东北浑河支流蒲河。《方舆纪要》卷37沈阳中卫：浦河在"卫北三十里。源出辉山，西流入浑河"。

浦城千户所 明成化十年（1474）置，属建阳右卫。治所在今福建浦城县西。清顺治十八年（1661）废。

浦城县 唐天宝元年（742）改唐兴县置，属建州。治所即今福建浦城县。《寰宇记》卷101浦城县："以城临浦"，故名。宋属建宁府。元属建宁路。明、清属建宁府。1913年属福建北路道。1914年属建安道。1928年直属福建省。宋时置银场于此。

浦南 即今福建漳州市北浦南镇。清有把总驻此。

浦信铁路 自今江苏南京市对岸之浦口至河南信阳。原拟从津浦线之乌衣镇，横穿安徽中部，经庐州府（今合肥）、六安、正阳关、霍丘，入河南境后经固始、光州（今潢川）、罗山，至京汉线之信阳（今信阳市）。长约525公里。1914年刚动工，即因第一次世界大战爆发而中辍。

浦洛河 古名安乐川。又名溥乐河、灵州河。即今宁夏灵武市西南苦水河。北流入黄河。《宋史·夏国传》：至道二年（996），洛苑使白守荣护刍粮赴灵州，"（李）继迁邀击于浦洛河"。即此。

浦峪路万户府 元世祖至元二十九年（1292）改蒲峪路置，属辽阳行省。治所在今黑龙江省克东县东北金城乡古城村。辖境相当今黑龙江省乌裕尔河及呼兰河流域。后废。

浦峰寺 在今湖南泸溪县（白沙镇）西武溪东。《清一统志·辰州府》：浦峰寺"在泸溪县（旧治在今县西北武溪镇）西武溪东。一名石林精舍"。唐郎士元有《题精舍寺》，曰："石林精舍武溪东。"指此。

浦溪山 一名瑶冈岭。在今湖南资兴市东南。《寰宇通志》卷60郴州：浦溪山"在兴宁县（今兴宁镇）东南六十里。顶有天鹅池、龙须带、刘江仙祠"。《方舆纪要》卷82：浦溪山"高万丈，周二百里。顶有雁池，俗名天鹅池"。

浦镇 即浦子口。今江苏南京市西北浦口镇。

浭水 又名庚水。即今河北遵化市南之濠河，为蓟运河上游。《汉书·地理志》右北平郡无终县（今天津蓟县）：“浭水西至雍奴入海。”即此。《水经·鲍丘水注》谓之庚水。

浭阳县 1946年4月晋察冀革命根据地由丰润县南部析置，治胥各庄（今河北唐山市丰南区）。后裁撤。

涑川 又称涑水。黄河支流。即今山西西南部涑水河。《左传·成公十三年》：“入我河曲，伐我涑川。”杜预注：“涑水出河东闻喜县，西南至蒲坂县入河。”

涑水 ①又称涑川。即今山西绛县、闻喜、运城、临猗、永济等县市境内之涑水河。《水经·河水注》：“涑水又西南流注于河。”

②在今山东临沂市西二十里。《方舆纪要》卷33沂州：涑水“源出费县南天井汪，流经（沂）州境，又东入于沂水”。

涑水城 在今山西永济市北。《寰宇记》卷46河东县：“涑水故城在县东北二十六里。”

涑州 唐渤海国置，治所在今吉林吉林市北土城子满族朝鲜族乡。《新唐书·渤海传》：“涑州以其近涑沫江”，故名。辖境约当今吉林省吉林市及永吉、舒兰等县市地。辽废。

涑沫江 又作粟末水、速末水。即今吉林之松花江。《新唐书·渤海传》：“涑州以其近涑沫江，盖所谓粟末水也。”

浯口市 即今湖南平江县西四十七里浯口镇。清光绪《湖南通志》卷1平江县图：县西有浯口市。

浯山 ①即峿山。在今山东安丘市西南六十里。今名壶山。《水经·潍水注》：浯水“出浯山，世谓之巨平山也”。

②即三浯山。在今湖南慈利县西北六十里。

浯水 又名浯汶。在今山东安丘市西南。《水经·潍水注》：“（浯）水出浯山……东北入潍。”

浯水堰 在今山东安丘市东南。《元和志》卷11密州辅唐县：浯水堰“《三齐记》曰：‘昔者堰浯水南入荆水，灌田数万顷’。今尚有余堰，而稻田畦畛存焉”。

浯屿 即今福建龙海市东南浯屿岛。《明通鉴》：嘉靖二十八年（1549），“是时浙江通番出入于宁波定海间，闽人通番出于漳州浯屿间”。《明史·和兰传》：天启中，和兰“出没浯屿、白坑、东椗……甲洲间，要求互市”，皆指此。

浯屿寨 明洪武初置，属同安县。即今福建金门岛西南金门旧城。外扼大、小担二屿之险，内绝海门、月港，为泉郡咽喉。明成化中或言孤岛无援，迁入厦门内港。

浯州场 在今福建金门县东。元置巡检司于此。明洪武二十五年（1392）在此设盐课司。

浯州屿 一名浯洲屿。即今福建金门岛。北宋初年的《寰宇记》中已提到该地区有四所岛屿。浯州屿之名始见于南宋后期的《舆地纪胜》（书中作涪州屿，“涪”字当“浯”字之误），地属泉州同安县，有居民千余家，为海防要地。明洪武时置浯屿水寨及金门千户所于岛上，以御倭寇。清初金门镇总兵官驻此。此后渐以金门作为岛名，浯洲屿之名遂湮。

浯汶 即浯水。在今山东安丘市南。《水经·潍水注》：“（浯）水出浯山，世亦谓之巨平山也。《地理志》曰：灵门县有高枲山、壶山，浯水所出，东北入潍。今是山西接浯山，许慎《说文》言，水出灵门山，世谓之浯汶矣。”

浯剌江 亦作乌拉江。即今吉、黑两省境之松花江。《元朝秘史·征伐金国》：成吉思汗“命合撒儿领右手军沿海自大宁经过女真，若便归附，即缘彼中边郡，经浯剌、纳语二江泝讨浯儿河回营”。

浯勒扎水 即斡里扎河。今蒙古国东方省乌尔扎河。《元朝秘史》卷4：金国皇帝因塔塔儿部不从命，遣王京丞相（即完颜襄）征讨，将塔塔儿人逆着浯勒扎水追来。

浯勒扎河 亦作斡里扎河。即今蒙古国东方省北部之乌勒吉河（乌尔扎河）。《元朝秘史》卷4：金命王京丞相（即完颜襄）征塔塔儿（即阻轐），将塔塔儿人逆着浯勒扎水追来。

浯溪 在今湖南祁阳县西南五里。唐元结《浯溪铭序》：“浯溪在湘水之南，北汇于湘，爱其胜异，遂家溪畔。溪世无名称者也，为自爱之，故命浯溪。”

浯溪摩崖石刻 在今湖南祁阳县西南四里湘江南岸浯溪。唐代诗人元结作铭，季康、瞿令问、袁滋用不同篆体书写刻石。大历六年（771），颜真卿将元结作的《大唐中兴颂》写成楷书大字刻于崖壁。高3米，宽3.2米，共二十二行，全碑序、颂、题名，计三百三十二字。宋人称文奇、字奇、石奇，为摩崖“三绝”。自唐以来，历代著名文学家、诗人、书画家以至名将、僧、道，游此多留题刻。1988年定为全国重点文物保护单位。

浢水 今山西芮城县东浢水涧。源出中条山麓，南流入黄河。《水经·河水注》：“河北县有浢水，南入于河。”

浢津 一作郖津。在今河南灵宝市东北老城西北三里。《三国志·魏书·杜畿传》：畿为河东太守，叛者绝陕津，畿“遂诡道从郖津度”。《水经·河水注》：门水“北径弘农县故城东，其水侧城北流而注于河。河水于此有浢津之名。余案河之南畔夹侧，水渍有津，谓之浢津”。《元和志》卷6灵宝县：“浢津，在县（今县东北老城）西北三里。隋义宁元年置关，贞观元年废关置津。”

浢津关 一作郖津关。隋义宁元年（617）置，在今河南灵宝市东北三十八里老城西北。唐贞观元年（627）废。

酒务泉 在今河北邯郸县西酒务楼村。《清一统志·广平府一》：酒务泉“在邯郸县西十里。其水冽且甘。俗传赵王常酿酒于此。今其地亦名酒务头”。

酒场垭镇 在今重庆市涪陵区西酒店乡。清同治《涪州志》卷1：长滩里有“酒场垭场”。

酒店冶金遗址 在今河南西平县西南七十四里酒店镇杨庄西。为东周重要冶铁遗址，汉代建冶炉城并置铁官。遗址南北长2.5公里，东西宽1.5公里，文化层1.5米。1987年发掘，揭露战国时期冶铁炉一座，是我国迄今发现时代最早、保存最完整的冶铁炉。此地当年以产棠溪宝剑著称，冶铁城遗址附近有淬龙渊的龙泉河、棠溪河及矿石产地铁山。该遗址的发现对研究我国冶金史有着无可替代的作用。1996年定为全国重点文物保护单位。

酒店城 在今甘肃漳县西南酒店子。《方舆纪要》卷60岷州卫“铁城”条下：“酒店城在卫东北四十里。今为酒店子寨，并置驿于此。”

酒店镇 即陈酒店。今江苏南通市通州区（金沙镇）西北二十八里四安镇。旧属南通县，为石港盐场入县孔道。

酒官水 即酿醁水。在今湖南资兴市东北。《舆地纪胜》卷57郴州：酒官水，“《吴录》并《郡国志》俱云，郴程水乡出美酒”。《方舆纪要》卷82兴宁县：酿醁泉“昔置官酿于此，名曰酒官水”。

酒房 即今云南澜沧拉祜族自治县东南二十六里酒井哈尼族乡。清代此地善煮酒，酒业兴旺，故名。

酒城 即陌城。在今江苏吴江市北。南宋范成大《吴郡志》卷8：“酒城，在坛城边，夫差祭子胥处。临祭劝酒，因名焉。”

酒香山 即今湖南岳阳市西南之君山。宋范致明《岳阳风土记》引《湘州记》：“君山上有美酒数斗，得饮之即不死，为神仙。汉武帝闻之，斋居七日，遣栾巴将童男女数十人来求之，果得酒。进御未饮，东方朔在旁窃之，帝大怒，将杀之。朔曰：‘使酒有验，杀臣亦不死，无验安用酒为?’帝笑而释之。寺僧云，春时往往闻酒香，寻之莫知其处。”

酒泉 ①春秋周邑。《左传》：庄公二十一年（前673），“王与之酒泉”。今地不详。顾栋高《春秋大事表》以今陕西省大荔县之酒泉庄当之，不确。江永《春秋地理考实》认为：“周既东迁，关中之地非周有，此酒泉疑别一地。”

②在今甘肃酒泉市东关酒泉公园内。《汉书·地理志》注：“应劭曰，‘其水若酒，故曰酒泉也’。师古曰，‘旧俗传云，城下有金泉，泉味如酒。’”

酒泉市 1958年撤销甘肃省酒泉县，改设酒泉市，属酒泉地区。2002年撤销酒泉地区和县级酒泉市，设立地级酒泉市；原县级酒泉市改置肃州区。酒泉市人民政府驻肃州区。

酒泉县 ①隋开皇十七年（597）改永平县置，属甘州。治所在今甘肃张掖市西北四十里。大业二年（606）移治今张掖市，改名张掖县。

②隋义宁初改福禄县置，为肃州治。治所即今甘肃酒泉市。《元和志》卷40肃州：“以城下有泉，其味若酒，故名酒泉。”天宝初为酒泉郡治。乾元初复为肃州治。唐末废。1913年改肃州复置，1914年为甘肃安肃道治。1927年直属甘肃省。1958年改设酒泉市。2002年以酒泉地区和县级酒泉市改设地级酒泉市。原县级酒泉市改置肃州区。

酒泉郡 西汉元狩二年（前121）置，治所在禄福县（西晋改曰福禄，今甘肃酒泉市）。辖境相当今甘肃疏勒河以东、高台县以西地区。《汉书·地理志》酒泉郡注引应劭曰：“其水若酒，故曰酒泉。”师古曰：“旧俗传云城下有金泉，泉味如酒。”十六国时西凉李暠建初元年（405）自敦煌迁都于此。北魏太武帝时废，孝昌中复置。隋开皇三年（583）废。唐天宝元年（742）复置，乾元元年（758）改为肃州。

酒埠江市 即酒铺江。今湖南攸县东北六十二里酒埠江镇。

酒铺江 一作酒埠江市。即今湖南攸县东北六十二里酒埠江镇。清光绪《湖南通志》卷1攸县图：县东北有酒铺江。

滝水 在今河南济源市境。《清一统志·怀庆府一》：滝水“源出济源县西北四十里，绕城北而东合溴河。……按：刘漪《滝水论》云，滝水出莽山，经勋掌村东里许，分为二，……其一东流抵北石村西，又东南至石露头东，腾涌而出，抵县城西垣下北绕转东三里，南入于溴。土人称为莽河。盖以出于莽山而名，又讹为蟒河，今通称为滝河”。

涞水 ①又名巨马河，即今河北拒马河。《汉书·地理志》代郡广昌：“涞水东南至容城入河（按，当指滱水）。”《水经·巨马水》：“巨马河出代郡广昌县涞山，东过遒县北，又东南过容城县北，又东过勃海东平舒县北，东入于海。”郦道元注：巨马河“即涞水”。北宋以此与辽分界，南岸紧靠雄州（瓦桥关）、霸州（益津关）、信安镇（淤口关），故又称界河，又名白沟河。至明时，涞水上源自广昌县东一小水，下游合拒马河后，互为通称，合易水后又称白沟河。永乐末，河自白沟镇改道，南出与易水合而东注，拒马河故道遂淤。

②在今山东金乡县北。从单县入金乡。《方舆纪要》卷32金乡县：涞水“石晋时所开。首受汴水，北抵济河，南通徐、沛。元以后渐堙”。《清一统志·济宁州》谓“涞河”即宋之漕河。

涞水县 隋开皇十八年（598）改永阳县置，属易州。治所即今河北涞水县。《元和志》卷18涞水县：“近涞水为名。”大业初属上谷郡。唐属易州。北宋太平兴国六年（981）废入易县。辽复置，仍属易州。民国初属直隶保定道。1928年直属河北省。

涞河 在今山东单县东门外。《方舆纪要》卷32曹县：涞河“又东入金乡县界，北抵济宁。《志》以为宋之运河也。今堙”。

涞流河　①亦作来流水。即今内蒙古巴林左旗、阿鲁科尔沁旗境之乌力吉木伦河。《辽史·地理志》上京临潢府：“涞流河自西北南流，绕京三面，东入于曲江，其北东流为按出河。”《方舆纪要》卷18大宁卫：涞流水“在临潢西北。源出马盂山，南流绕临潢三面，谓之曲江，至城北，又东入福余界”。

②亦作来流水。即今黑龙江省与吉林省交界之拉林河。《金史·地理志》：上京会宁府有涞流河。

涞源县　1914年改广昌县置，属直隶保定道。当以涞水之源，故名。治所即今河北涞源县。1928年直属河北省。

涞滩二佛寺摩崖造像　在今重庆市合川区东北涞滩镇渠江边。寺中摩崖石佛曾居四川省第二，故名。又称鹫峰寺。始建于唐广明二年（881）之前，历经多次扩建修葺。依山建寺，宫殿式建筑，覆金色琉璃瓦，全盛时有楼殿九百九十间，僧众近千，寺垣环绕，宛若城阙。寺内南、北、西三面石壁全为宋代造像，北面正中摩崖主佛趺坐，高12.6米，手掌宽2.13米，足趾共宽1.47米，当时仅次于乐山大佛。此外，尚存神态各异的佛像一千六百七十尊。殿旁洞泉清澈。寺旁有清咸丰、同治年间所建小城，习称瓮城。2006年定为全国重点文物保护单位。

涟口　又作连口。即今江苏涟水县。《南齐书·魏虏传》：“虏遣军袭涟口，东海太守郑延祉弃西城走，东城犹固守。”

涟水　①即古游水。在今江苏涟水县北。《元和志》卷9涟水县：“沭水，俗名涟水。”元于钦《齐乘》卷2：沭水“又南至沭阳县入桑坻湖，由湖东出入于海。沭水至此正名涟水，故县氏焉”。

②湘水支流。源出今湖南新邵县观音山西南麓，流经涟源、娄底、双峰、湘乡、湘潭等市县，在湘河口入湘江。《方舆纪要》卷80湘乡县：涟水在“县东南四十里。水有二源：一出龙山，一出珍琏山，合流九十里，有侧水流会焉。绕县南三十里破石冈下，转至县南，汇而为潭。又东过石潭百余里，入于湘江”。

③亦作连水、鲢水。即今广东南雄市西北之凌江。《水经·溱水注》：“涟水南流注于东溪，谓之涟口，庾仲初谓之大庾峤水也。”

涟水军　北宋太平兴国三年（978）置，治所在涟水县（今江苏涟水县）。熙宁五年（1072）废。元祐二年（1087）复置，南宋绍兴五年（1135）又废。三十二年（1162）复置，后又废。端平元年（1234）复置，景定元年（1260）升为安东州。

涟水坝　在今江苏涟水县城东南。《清一统志·淮安府二》：坝上镇“在安东县治东南，即涟水坝。为淮滨之要津。明置巡司，后废”。

涟水县　隋开皇五年（585）改襄贲县置，属海州。治所即今江苏涟水县。《元和志》卷9涟水县：“因县界有涟水，故名。”大业初属东海郡。唐武德四年（621）为涟州治。贞观元年（627）改属泗州。五代周显德三年（956）复为涟州治。北宋太平兴国三年（978）为涟水军治。景定元年（1260）为安东州治。元废。1914年又改安东县为涟水县，属江苏淮扬道。1927年直属江苏省。

涟东县　1941年苏北革命根据地由涟水县盐河以东地析置，属盐阜区。治所在大程集（今江苏涟水县东北二十六里大东镇）。因在涟水县东而得名。1949年4月属苏北行署区。1950年撤销，并入涟水县。

涟州　唐武德四年（621）置，治所在涟水县（今江苏涟水县）。辖境相当今江苏涟水县地。贞观元年（627）废。五代周显德三年（956）复置，北宋太平兴国三年（978）升为涟水军。

涟江　在今贵州惠水县北。《方舆纪要》卷121定番州：涟江“在（小程番长官司）司治东”。

涟河　在今江苏连云港市西南。《方舆纪要》卷22海州：涟河“在州（今海州镇）西南。上引沂、沭及桑墟湖之水，经石湫镇及县东南三十里之黑土湾渡入海”。

涟源市　1987年撤销湖南省涟源县，改设涟源市，市人民政府驻人民路。属娄底地区。1999年属娄底市。

涉　战国时韩邑。在今河北涉县西北。《战国策·赵策一》：“韩欲有宜阳，必以路、涉、端氏赂赵。”后置涉县。

涉水渠　一名疏水渠。明弘治中开凿，在今河北清河县东。《方舆纪要》卷15清河县：涉水渠“在县东。《志》云：渠自莲花池达永济渠。先是，卫河数决，故凿此渠，广丈余，长四十里，遇泛滥为灾，赖此泄之。今涸”。

涉邛州　唐天宝前置羁縻州，属雅州都督府。治所在今四川宝兴县境。后废。

涉县　战国韩置。后入秦，属邯郸郡。治所在今河北涉县西北二里。《元和志》卷15涉县：“因涉河水为名。”西汉属魏郡。东汉为侯国，后复为县。三国魏属广平郡。北魏废。隋开皇十八年（598）复置，属潞州。大业初属上党郡。唐初属韩州，贞观十三年（639）迁治今涉县。后属潞州。北宋属隆德府。元至元二年（1265）废，后复置，属真定路。明属磁州。清属彰德府。民国初属河南河北道。1928年直属河南省。1949年划归河北省。

涉奕于城　在今内蒙古西辽河上源西拉木伦河或老哈河流域一带。一说在今辽宁朝阳市东北。《晋书·慕容皝传》：东晋建元二年（344）伐宇文逸豆归，斩涉奕于，豆归远遁漠北，“改涉奕于城为威德城”。

涉都城　在今湖北谷城县西北，汉水南岸。西汉武帝平南越，封南海守降侯子嘉为侯国。《水经·沔水》：沔水“又东南径涉都城东北”。即此。

消水　一作逍水。即今四川仪陇、营山、渠县之消水河。《寰宇记》卷139良山县：消水“北自县界南流，经县西一十里，又西南流入蓬山县界”。南流至渠州渠江县（今渠县）入渠江。

消陂尾隘 在今广东兴宁市东南。《方舆纪要》卷103兴宁县：消陂尾隘在“县南七十里。亦路出程乡，为水口之外卫”。

消暑楼 在今浙江湖州市城区。《清一统志·湖州府一》：镇雪楼“旧名消暑楼，唐贞元中节度使李词建。杜牧有诗。宋淳祐中知州高衡孙改名镇雪”。

消瘴堡 在今四川汉源县西南、大渡河北。《方舆纪要》卷73黎州守御千户所：消瘴堡“在司南，与避瘴山相近。《志》云：司南抵大渡河，旧有文武、消瘴、香树、黑石、流沙等堡，为戍守处”。

涅 战国魏邑，即今山西武乡县西北故城镇。《水经·浊漳水注》引《竹书纪年》：梁惠成王十二年（前359），“郑取屯留、尚子、涅”。

涅水 ①即今河南镇平县西、邓县东赵河。《资治通鉴》：东晋咸和七年（332），后赵郭敬南掠江西，陶斌、桓宣等“乘虚攻樊城，悉俘其众。敬旋救樊，宣与战于涅水，破之”。即此。

②在今山西武乡县西。源出护甲山，东南流经县南，注入浊漳水。《汉书·地理志》：上党郡涅氏县有涅水。《水经·浊漳水注》：“涅水西出覆甑山，而东流与西汤溪水合，……涅水又东南流，注于漳水。”

③即今广东之东江。《水经·泿水注》：“其余水又东至龙川县为涅水。”清全祖望曰：“龙川殆即涅水也。”

涅氏县 西汉置，属上党郡。治所在今山西武乡县西北四十二里故城镇。东汉改涅县。

涅刚洞 在今青海循化撒拉族自治县境。《清一统志·青海厄鲁特》：涅刚洞“在河州老鸦关边外西南八十里。土人云，入其中行七八日，尚未尽。洞内有池，洞外有一泉，即药水也”。

涅阳县 西汉高帝七年（前200）置涅阳侯国，后置县，属南阳郡。治所即今河南邓州市东北五十四里穰东镇。《汉书·地理志》南阳郡涅阳县注引应劭曰：“在涅水之阳。”故名。《晋书·王如传》：永嘉中，王如领导流人起义，“杜蕤悉众击如，战于涅阳，蕤军大败”。即此。隋开皇初改为课阳县。

涅县 东汉改涅氏县置，属上党郡。治所在今山西武乡县西北四十二里故城镇。北魏永安二年（529）改为阳城县。

涅剌拏（拏）古部 辽太祖时以大小二黄室韦降户置，为太祖十八部之一。在今黑龙江省安达市南。

涠洲山 在今广西北海市南大海中之涠洲岛。《方舆纪要》卷104遂溪县“螺冈山”条内：“县西南二百里海中有涠洲山，中有三池。旧产珠。《志》云：山团围皆海，周七十余里，内有八村，人多田少，皆以产珠为生。一名大蓬莱。旧为海防要隘。万历十七年，以珠贼为患，增兵戍守。”

涠洲镇 在今广西北海市南涠洲岛上。《明史·地理志》遂溪县：“又西南有涠洲巡检司，治海岛中博里村，后迁蚕村。”清废巡司。

涓水 ①在今山东诸城市西。《水经·潍水注》：“潍水又东北涓水注之，水出马耳山，……又北注于潍水。”

②在今湖南湘潭县西。一名易俗水。《方舆纪要》卷80湘潭县：涓水“源自南岳山，北合数溪流入县界，经龙口东流入湘江”。

涡口（涡 guō） 涡水入淮处。在今安徽怀远县东北。《晋书·武帝纪》：泰始六年（270），“吴将丁奉入涡口，扬州刺史牵弘击走之”。即此。

涡山 在今山西寿阳县南。《明一统志》卷19太原府：涡山“在寿阳县南八十里。《旧经》谓之过山，以其高过群山。又因涡水经其下，故又名涡山”。

涡水（涡 guō） 一作涡水。古狼汤渠支津。即今淮水支流涡河。《汉书·地理志》淮阳国扶沟县：“涡水首受狼汤渠，东至向入淮。”向县故址在今安徽怀远县西北。故道自今河南扶沟县东分狼汤渠（魏晋以后称蔡水），东流经太康县北、鹿邑县南，以下循今涡河至怀远县东入淮。为中原地区水运航道之一。东汉建安十四年（209）、三国魏黄初六年（225）曹操、曹丕向东南用兵，均由此道。唐宋时代如逢汴河运道受阻，亦赖此河沟通南北。元代以后，黄河屡南决，夺蔡、涡入淮。蔡河淤断，太康以上涡河上源时有变迁。清代以后始成今状。

涡州（涡 guō） ①北魏置，治所在涡阳城（今安徽蒙城县东北涡河北岸刘寨村。后移今蒙城县）。景明中改为涡阳郡。

②唐武德四年（621）置，治所在下蔡县（今安徽凤台县）。辖境相当今安徽凤台县地。八年（625）废。

涡阳县（涡 guō） ①北魏置，为谯州南谯郡治。治所在今安徽蒙城县东北涡河北岸刘寨村，后移今蒙城县。隋开皇十六年（596）改为肥水县。

②清同治三年（1864）置，属颍州府。治雉河集（即今安徽涡阳县）。民国初属安徽淮泗道。1928年直属安徽省。清咸丰间捻军领袖张乐行为本县人，有捻军起义旧址、张乐行故居。

涡阳郡（涡 guō） 北魏景明中置，治所在涡阳县（今安徽蒙城县东北涡河北岸刘寨村，后移今蒙城县）。辖境相当今安徽蒙城、怀远、宿县、固镇、颍上、濉溪、涡阳、利辛等县地。南朝梁改西徐州。

涢口 ①即今湖北汉川市东北涢口。《资治通鉴》：西晋建兴三年（315），荆州将郑攀“帅其徒三千人屯涢口，西迎杜曾”，即此。

②古称清发水。在今湖北中部偏东。源出随州市西南大洪册，屈曲东南流，经安陆、云梦、应城、汉川而注入沔。《水经·涢水》谓“即《春秋·左传》定公四年吴败楚于柏举，从之及于清发，盖涢水兼清

水之目矣"。是涢水亦有清水之名。

涢山 即今湖北随州市西南一百二十里大洪山。《水经·涢水注》：涢水出大洪山，"山在随郡之西南。……时人以涢水所导，故亦谓之涢山矣"。《宋书·沈庆之传》：元嘉年间，"涢山蛮最强盛，鲁宗之屡讨不能克，庆之剪定之，禽三万余口"。

涢水 ①在今湖北中部偏东。为汉水支流。源出随州市西南大洪山，北流折而东南流，经随州市南，安陆、云梦县之东，至武汉市西新沟入汉江。《水经·涢水注》："涢水出（蔡阳）县东南大洪山，……东南径随县故城西，……又径随县南、随城山北……又南分为二水，东通溠水，西入于沔。"

②古称清发水。在今湖北中部偏东。源出随州西南大洪山，屈曲东南流，经安陆、云梦、应城、汉川而注入沔。《水经·涢水》谓"即《春秋·左传》定公四年吴败楚于柏举，从之及于清发，盖涢水兼清水之目矣"。是涢水亦有清水之名。

涢水郡 北周改䣕州置，属唐州。治所在安贵县（今湖北随州市西北）。隋开皇初废。

涢州 建置不详。在今湖北随州市西南涢水流域。北周天和二年（567）废入唐州。

涔水 ①在今湖南澧县北。为九澧之一。《楚辞·九歌》："望涔阳兮极浦。"即此。《水经·澧水注》：涔水"出西北天门郡界，南流径涔坪屯，屯堨涔水，溉田数千顷，又东南流注于澧水"。

②在今陕西南郑县南。《水经·沔水注》："涔水出自旱山，北注之……东北入汉。"

涔水铜场 南宋建，在今广东翁源县西北小宝山南麓。张端义《贵耳集》卷下载："韶州涔水场以滷水浸铜之地，会百万斤铁，浸炼二十万铜，且二广三十八郡皆有所输，或供铅场，或供银，或供钱，岁计四五万缗。"

涔阳 ①战国楚地。在今湖南澧县东北。《楚辞·九歌·湘君》有"望涔阳兮极浦"句。

②在今湖北公安县南一百里。以在涔水之阳而名。《资治通鉴》：五代梁开平元年（907）九月，"雷彦恭攻涔阳、公安，高季昌击败之"。北宋置涔阳镇。

涔阳镇 在今湖南安乡县东北。《方舆纪要》卷77安乡县"澧江"条下："涔水之北曰涔阳，有涔阳镇。"

浩口市 即浩子口。今湖北潜江市西四十六里浩口镇。

浩山 在今江西彭泽县东九十里。《寰宇记》卷111江州彭泽县：浩山"北临大湖，扬波浩荡"。《明一统志》卷52九江府：浩山"唐李大亮择彭泽山之高者莫若此，因名浩山，而立浩州焉"。

浩门岭 在今河北赤城县南十五里蒿门岭。《方舆纪要》卷18雕鹗堡：浩门岭在"堡北二十五里。明初以此名驿。上有松数百株，郁然苍秀"。

浩子口 一名浩口市。即今湖北潜江市西四十六里浩口镇。《方舆纪要》卷77潜江县"白洑驿"条下："《志》云，县境要险，有班家湾、浩子口，防御最切。"

浩齐特左翼旗 清顺治三年（1646）置，属内蒙古锡林郭勒盟。驻地在今内蒙古西乌珠穆沁旗西北赛汗诺尔。1950年并入东部联合旗。

浩齐特右翼旗 清顺治十年（1653）置，属内蒙古锡林郭勒盟。驻地在今内蒙古锡林浩特市北乌尤特。本世纪40年代移驻阿由勒哈庙（今锡林浩特市西北阿优勒海）。1949年并入西部联合旗。

浩齐特部 亦作蒿齐忒、好齐特、好陈察罕儿。明、清蒙古部名。内蒙古锡林郭勒盟五部之一。明中后期属大汗（亦克罕）直辖之察哈尔（察罕儿）万户，达延汗封授第八子阿尔博罗特台吉统领，后为其长子达赉逊库登汗（打来孙）所取并自领之，号所部曰浩齐特。达赉逊曾孙噶尔玛色旺、博罗特不堪林丹汗压迫，率部投依漠北喀尔喀车臣汗部。崇德二年（1637）博罗特率部归附后金，清顺治三年（1646）授为扎萨克多罗贝勒（后进封郡王），编所部为浩齐特左翼旗，旗地在大、小吉里河（今伊和吉仁郭勒）。约当今内蒙古西乌珠穆沁旗西部。清顺治八年（1651）噶尔玛色旺率部归附，十年（1653）授扎萨克多罗郡王，编所部为浩齐特右翼旗，旗地在锡林河下游，约当今内蒙古锡林浩特市北部和东乌珠穆沁旗西部一部分。

浩州（浩 hào） ①唐武德元年（618）改西河郡置，治所在隰城县（今山西汾阳市）。辖境相当今山西汾阳、孝义、平遥、介休、灵石等市县地。武德三年（620）改汾州。

②唐武德五年（622）置，治所在今江西彭泽县东四十里浩山下。《寰宇记》卷111江州彭泽县："浩州以浩山取名。"州境约当今江西波阳县北、都昌县东北、彭泽县东南一带。八年（625）废。

③唐永徽二年（651）置羁縻州，属茂州都督府。治所在今四川汶川县西南邛崃山附近地区。后废。

浩罕 即霍罕。今乌兹别克斯坦浩罕。

浩然堂 在今湖北崇阳县东。《清一统志·武昌府二》：黄庭坚读书堂"在崇阳县东金城山麓。扁曰浩然"。

浩溪驿 在今江西泰和县西。为滨江水驿。《清一统志·吉安府二》"白下驿"条下："又（泰和）县西五十里有浩溪驿。俱宋绍兴中置，明嘉靖二十一年废。"

浩溪站 元置，在今江西泰和县西南浩溪。

浩亹水（浩 gé） 亦曰阁门河。即今青海东部大通河。《汉书·地理志》浩亹县："浩亹水出西塞外，东至允吾入湟水。"孟康曰："浩亹音合门。"师古曰："浩音诰。浩，水名也。亹者，水流峡山，岸深若门也。……今俗呼此水为阁门河，盖疾言之，浩为阁耳。"《水经·河水注》："阁门河即浩亹河也。"

浩亹县 西汉置，属金城郡。治所在今甘肃永登县西南河桥镇。《汉书·赵充国传》：昭帝时，“（义渠）安国以骑都尉将骑三千屯备羌，至浩亹，为虏所击”。《后汉书，马援传》：李贤注：“浩水名也，亹者，水流峡山间，两岸深若门也。”北周废。

浩亹河 即今甘肃兰州市和榆中县境之大通河。《方舆纪要》卷60金县：浩亹河“源出马寒山峡中，东流入黄河，亦曰阁门河。有阁门河桥，在县南门外。按《汉志》，浩亹水出塞外，东至允吾入湟水，盖名同而实非也”。

浩亹隘 在今甘肃永登县西南。《后汉书·马援传》：建武十一年（35），马援率师讨先零羌，羌人“拒浩亹隘。援与扬武将军马成击之”。

涐水 ①即今四川西部之大渡河。东汉许慎《说文解字》：“涐水出蜀汶江徼外，东南入江。”《水经·江水注》：“吕忱曰：渽水出蜀，许慎以为涐水也，从水我声。南至南安，入大渡水。大渡水又东入江。”

②即青衣江。在今四川西部。《水经·江水注》：南安“有濛水，即大渡水也。水发濛溪，东南流与濛水合。水出徼外，径汶江道”。

涮头山 在今广东和平县西北。《方舆纪要》卷103惠州府和平县：涮头山在“县北八十里，亦曰和平峒。绵亘深远，接江西龙南县境。其最近龙南者为上涮，在岭冈者为中涮，和平峒谓之下涮。涮溪水出焉，旁多奇石，巉岩险仄。正德中，贼党池仲容者巢穴于此，十二年赣抚王守仁讨之，先以计擒其魁，遂举兵由龙南冷水径直捣下涮大巢，又发诸路兵入三涮，贼惊惧，据险设伏于龙子岭，官军追击之，克其三涮大巢，余贼走聚九连山。事平，以和平峒巡司改为县，而移巡司于涮头”。

涮头水 即今广东和平县西北之和平河。《方舆纪要》卷103和平县：涮头水在“县北九十五里。有巡司”。

涮头镇 即今广东和平县西北涮源镇。明于此置涮头巡司。

涮洲 在今湖北枝江市南。《方舆纪要》卷78枝江县“芦洲”条下：“涮洲在县东二十里江中。……广十余里，民耕其上。”

海口 ①即今海南省海口市。清康熙二十三年（1684）置营，设都司防守。嘉庆十六年（1811）改设副将。

②即今云南昆明市西南海口镇。《清一统志·云南府》“滇池”条引《云南通志》：“去府城西南八十里。曰海口，与昆阳州接界，即螳螂川之口也。”

海口千户所 明洪武二十年（1387）置，属海南卫。治所即今海南省海口市。清设琼山县丞驻此。

海口市 ①即今江西德兴市东北海口镇。隔安乐水与婺源县接界。明正德《饶州府志》卷1德兴县：“海口市，北路通达。”清同治《江西全省舆图》卷12：德兴县东北有海口。

② 1926年由琼山县析置海口市政厅，治所即今海南省海口市。1930年裁。1949年析琼山县设海口市。1950年海口市解放，升为地级市，由海南军政委员会代管。1958年改为县级市。1986年复改地级市。1988年为海南省人民政府驻地。

海口村 在今广东佛山市顺德区西海口村。西临南海市界。清咸丰《顺德县志》卷5：墟市有“海口村”。

海口营 清置，驻大沽。在今天津市东南海河入海口南岸。为重要海防之地，设守备驻守。光绪《畿辅通志》卷93：“咸丰八年（1858）添设海口六营。”

海口港 在今海南省海口市。明正德《琼台志》卷5：海口港“在（琼山）县北十里海口都，水自南渡大江至此，会潮成港。今官渡自此达海北”。

海口湖 即今湖北阳新县东北海口湖。《方舆纪要》卷76兴国州：海口湖“在州东北六十里。州北诸山谿之水汇流所成也，东注于大江”。《清一统志·武昌府一》：海口湖“即《水经注》海口水也”。

海口隘 即今江西德兴县东北海口镇。地近婺源县界。《方舆纪要》卷28徽州府婺源县：海口隘“在县南九十里，接德兴县界。往来要口也”。

海口暗沙 即今南海中中国南沙群岛之海口礁，位于信义礁东约20海里。为一完整的环礁，长约2.6公里，宽约1.8公里。礁湖水深。低潮时整个礁盘露出。1935年公布名称为东北调查礁。1947年改名海口暗沙。1983年改为海口礁。

海口镇 ①北宋置，属龙溪县。即今福建龙海市驻地石码镇。《元丰九域志》卷9漳州龙溪县有海口镇。宋时为收取海道商税之所。明季改置石码镇。

②北宋置，属福清县。即今福建福清市东南海口镇。《元丰九域志》卷9：福州福清县有海口镇。元时置海口务。明初改为海口税课局，并置河泊所。清初废。《明通鉴》：嘉靖三十四年（1555），“倭复犯福清海口”，即此。镇内的龙江桥，创建于北宋政和三年（1113），全长746米，是福建省现存结构最完整的古代石梁桥。

③北宋置，属潮阳县。在今广东汕头市东南濠江区。

海山场 在今广东饶平县西南海山镇。产海盐。清宣统《广东舆地全图》：饶平县东南有海山盐场。

海山庄 即今台湾新北市西南树林区。清乾隆《台湾府志》卷5《坊里》：淡水海防厅淡水保管下，有“海山庄”。廖汉臣《台北县的开发》（见民国《台湾省台北县文献丛辑》）引张福寿《树林乡土志》云：“康熙五十二年，郑珍、王谟、赖科、朱焜侯四人共议请垦淡水堡、海山庄。”

海山县 金大定七年（1167）改望都县置，属平州。治所在今河北卢龙县南。元世祖至元二年（1265）废。次年复置，属平滦路。四年（1267）

又废。

海山堡 明置，属广宁前屯卫。在今辽宁绥中县西南。《方舆纪要》卷37广宁前屯卫：海山堡“在卫西南四十里”。

海门 ①指长江入海处。《资治通鉴》：五代梁贞明五年（919），吴越王镠攻吴常州，徐温拒之，“陈璋以水军下海门出其后”，即此。

②一作鳖子门。系春秋至明代的钱塘江入海口，在今浙江杭州市萧山区东北坎山镇与赭山镇之间。宋《淳祐临安志》卷10：江潮“夹岸有山，南曰龛，北曰赭，谓之海门”。清康熙、乾隆时淤为平陆。

③在今福建龙海市东海门岛。明正统六年（1441）设巡司于此。

海门千户所 明洪武二十七年（1394）置，属潮州卫。治所即今广东汕头市潮阳区南海门镇。清改海门营，设参将驻守。

海门卫 明洪武二十年（1387）置，治所即今浙江台州市。为浙东门户。清顺治十八年（1661）裁。

海门厅 清乾隆三十三年（1768）置，直隶江苏省。治所在茅家镇（今江苏海门市）。1912年改为海门县。

海门公馆 明嘉靖六年（1527）设，属合浦县。即今广西合浦县东北公馆镇。清于此设把总驻防。

海门市 1994年撤销江苏省海门县，改设海门市，市人民政府驻海门镇。由南通市代管。

海门县 ①五代周显德五年（958）置，属通州。治所在今江苏启东市东北南阳村附近。《明一统志》卷12扬州府海门县：“以僻在海隅，因名。”元末以水患徙治礼安乡（今南通市通州区东）。明正德七年（1512）徙治余中场（今海门市东北）。嘉靖二十四年（1545）又迁治金沙场（今南通市通州区）。清康熙十一年（1672）并入通州。

②1912年改海门厅置，属江苏沪海道。治所即今海门市。1927年直属江苏省。1994年改设海门市。

海门岛 在今江苏海门市境。南宋李焘《续资治通鉴长编》卷21太平兴国五年（980），“国初以来，犯死获贷者，配隶登州沙门岛、通州海门岛，皆有屯兵使者领护。而通州岛中凡两处，豪强难制者隶崇明镇，懦弱者隶东北洲（《方舆纪要》卷23引《长编》作东布洲），两处悉官煮盐。是岁，始令配役者分隶盐亭役使之，而沙门如故”。

海门桥 在今云南江川县东北。《方舆纪要》卷115江川县：海门桥在“县（今江城镇）东南五里，临安要路也。星云湖水经其下，由此入抚仙湖”。今有海门桥、界鱼石、船闸等，为风景胜地。

海门寨 北宋置，属潮阳县。即今广东汕头市潮阳区南海门镇。

海门镇 ①清康熙十九年（1680）置，属临海县。即今浙江台州市（椒江区）驻地。

②在今福建龙海市东南海门岛上。旧属海澄县，明置巡司于此。

③即今广西合浦县。唐咸通四年（863），安南为南诏所陷，置行交州于此，寻复置安南都护治此。《旧唐书·懿宗纪》：咸通六年（865），“高骈自海门进军破蛮军，收复安南府”。即此。《宋史·地理志》廉州：“太平兴国八年，改太平军，移治海门镇。咸平元年复。”

海子 ①在今山西怀仁县东南十五里上海子村与下海子村附近。《方舆纪要》卷44怀仁县：海子在“县东十五里。周三十里。其西北有泉源不可测，居民资以灌溉”。清代称镇子海，水渐涸，皆为禾黍之地。

②即今四川西昌市东南之邛海。《方舆纪要》卷74建昌卫军民指挥使司：海子在“司东十五里。其水澄澈，浩阔如海，多产嘉鱼”。

海子河 在今宁夏固原市西南。《方舆纪要》卷58固原州：海子河“在州西南三十里”。

海子湖 即积水潭。在今北京市西城区德胜门内。《元史·河渠志》：“海子一名积水潭，聚西北诸泉之水，流行入都城而汇于此，汪洋如海，都人因名焉。”

海子潭 在今福建南靖县西。《方舆纪要》卷99南靖县：海子潭在“县西三里。深渡、涌口二溪汇流于此，磨石、宝珠两峰对峙如壁，潭潴其间，渊深不测，引流东出，水口若门。《志》云，涌口溪自县北金山南流，经海子潭”。

海马姑 即今贵州赫章县东北海马姑。清同治六年（1867），陶三春率苗民起义军据海马姑。即此。

海马滩 在南海中中国南沙群岛东端，西南距仙后滩7海里。海马滩东北至西南长约15公里，宽约8.3公里。最浅处水深8.2米。1935年和1947年公布名称均为海马滩。

海丰（豐）千户所 明洪武二十七年（1394）置，属碣石卫。治所在今广东海丰县。

海丰（豐）场 在今河北黄骅市东南羊二庄回族乡。《清一统志·天津府二》：盐场，“海丰场，在杨二庄”。清于此设盐大使，隶长芦盐运司，民国年间废。

海丰（豐）红场 在今广东海丰县红宫旁。清代称东仓埔，是海丰县旧体育场。1927年12月1日在此举行庆祝海丰县苏维埃政府成立大会，建有红台和大门，遂命名红场。为全国重点文物保护单位。

海丰（豐）红宫 在今广东海丰县人民南路。原为孔庙，由棂星门、泮池、大成殿和东西庑组成。1927年10月在彭湃领导的中共东江特委和八一南昌起义部队红二师的帮助下，海丰人民继4月、9月两次武装暴动后，举行第三次武装起义，夺取了政权。同年11月18日至21日，在此召开海丰县工农兵代表大会，成立海丰县苏维埃政府。从此称为红宫。1961年定为全国重点文物保护单位。

海丰（豐）县 ①东晋置，属东官郡。治所即今广东海丰县。以海产丰盛而名。隋改属龙川郡。唐属循州。五代南汉属祯州。宋属惠州。元属惠州路。明属惠州府。民国初属广东潮循道。1920 年直属广东省。

②明永乐初改东无棣县置，属武定州。治所即今山东无棣县。清属武定府。1914 年复名无棣县。

海丰（豐）郡 唐天宝元年（742）改循州置，治所在归善县（今广东惠州市东北五里）。辖境相当今广东罗浮山以东东江流域及螺河水流域以西、九连山以南至沿海地区。乾元元年（758）复为循州。

海丰（豐）镇 金置，属盐山县。在今河北黄骅市东南。

海王村 今北京市西城区和平门外琉璃厂。辽名海王村。清乾隆年间在琉璃厂发现辽墓。清《日下旧闻考》卷 61 引《辽御史大夫李内贞墓志》："葬于京东燕下乡海王村。"即此。元、明于此设琉璃窑厂，以专制宫殿、庙宇琉璃瓦件而闻名，改称琉璃厂。

海天堤（隄） 在今江西九江市西五里。《方舆纪要》卷 85 九江府：海天堤"一名海船窝。元时海运造船处也。路通瑞昌，旧为湖泽，行者必资舟楫以济。正德初始募筑堤，长五六里，植杨柳千株，以防崩溃，行者便之。以春夏水涨，若海之连天而名。近为水圮，乃移置于东关禅寺之侧"。清时废。

海云（雲）山 即今福建漳浦县东岩山。《方舆纪要》卷 99 漳州府漳浦县：海云山"在县东二十里，壁立端重，上有沃田、清泉"。《清一统志·漳州府》：海云山"在漳浦县东二十里，上有清泉不涸，山半有海云岩，一名岩山"。

海云（雲）寺 亦名海云山鸿庆寺。始建于唐。在今四川成都市东郊。唐宋时为成都著名寺院，有摸石求子之风俗。南宋《岁华纪丽谱》：三月"二十一日，出大东门，宴海云山鸿庆寺，登众春阁，观摸石。盖开元二十三年灵智禅师以是日归寂，邦人敬之，入山游礼，因而成俗。山有小池，士女采石其中，以占求子之祥"。

海牙里 即海押立。元属察哈台汗国。在今哈萨克斯坦巴尔喀什湖东南塔尔迪库尔干附近。黄溍《太傅文安忠宪王家传》作"海牙里"。

海东市 2013 年撤销青海省海东地区和乐都县，设立地级海东市。海东市人民政府驻新设立的乐都区海东大道 10 号。海东市设立乐都区，区政府驻碾伯镇古城大街 50 号。

海牛岛 在今山东荣成市北。《寰宇记》卷 20 文登县："《郡国志》云，不夜城北有海牛岛。无角紫色，足似龟，长丈余，尾若鲇鱼，性捷疾，见人则飞赴水。皮堪弓鞬，脂可燃灯。"

海仓口镇 即海仓镇。明置海仓巡司。在今山东莱州市西南九十里土山镇海仓村。清乾隆七年（1742）裁，并归掖县。《明史·河渠五》：胶莱河"起胶西县东陈村海口，西北达胶河，出海仓口，谓之胶莱新河"。《方舆纪要》卷 36 作"海仓口镇"。

海仓镇 北宋置，属掖县。在今山东莱州市西南九十里土山镇海仓村，即胶莱河入海之口。亦称海沧口镇。

海古水 又作海古勒水、海姑水、海沽水、海勾河。即今黑龙江省哈尔滨市阿城区东，阿什河支流海沟河。源出市东南大青山北，西北流入阿什河。《金史·世纪》："献祖乃徙居海古水，耕垦树艺，始筑室，有栋宇之制，人呼其地为纳葛里。纳葛里者，汉语居室也。自此遂定居于按出虎水之侧矣。"

海右 泛指黄海、东海的近海地区。以在大海之右（西），故名。元置浙东海右道肃政廉访司，治婺州路（今浙江金华市）。明置海右道，治济南府（治今山东济南市）。

海龙厅 清光绪五年（1879）置，属奉天府。治所在今吉林梅河口市东北海龙镇。二十八年（1902）升为海龙府。

海龙县 1913 年改海龙府置，属奉天省东边道。治所即今吉林海河口市东北海龙镇。1929 年直属辽宁省。1945 年属安东省。1954 年属吉林省，1956 年迁梅河口镇（今梅河口市）。1985 年改设梅河口市。

海龙囤 又称龙岩囤。在今贵州遵义市汇川区北高坪镇西龙岩山东。《方舆纪要》卷 70 遵义府遵义县：海龙囤在"府北三十里。四面斗绝，后有侧径，仅容一线。杨应龙倚为天险，于囤前筑九关以拒官军。万历二十七年，官军克播州，进围海龙囤"。海龙屯四面陡绝，尚存料石砌筑的城门九座及城墙 6000 米。屯分为内城、外城。东南、西北两端为外城。东南端有铜柱、铁柱、飞虎、飞龙、朝天、飞凤六座关隘及城门，上有城楼建筑遗址。沿关城筑有崖上栈道、马道、歇马台。西北端有万安、西关、后关三座关隘及城门。另有望台等建筑。内城东西两侧城墙建于绝壁上，总长 4000 余米，仅有飞凤、万安两关城可与之通。唐乾符二年（876）在龙岩山东侧建养马城。南宋时为抗元而建"龙岩新城"，后为播州土司据为军事设施。明万历年间播州杨氏第二十九代孙杨应龙进行大规模整修，加固九关及城墙，并改名海龙屯。万历二十八年（1600）明廷经过大规模的平播战争后，城被废弃。海龙屯围墙、敌楼、关卡、碑刻等保存完好，是研究西南土司制度和关隘设施的重要实物资料。2001 年定为全国重点文物保护单位。

海龙府 清光绪二十八年（1902）升海龙厅置，属盛京将军（后改奉天省）。治所在今吉林梅河口市东北海龙镇。辖境相当今吉林梅河口、东丰、东辽、辽源、柳河等市县及辽宁西丰县地。1913 年改为海龙县。

海平县 ①西晋武帝时改军平县置，属交趾郡。治所在今越南广宁省先安县附近。隋废。

②南朝梁置，属宁海郡。治所在今广西东兴市西南。隋大业初废。唐武德四年（621）复置，属玉山州。贞观十二年（796）废。

海北场　在今广西合浦县东南，产海盐。明置盐课司。《明一统志》卷82廉州府：海北盐课提举司“旧在雷州府。洪武初迁于石康县西，领白沙等十五盐课司”。后废。

海北州　辽置，治所在开义县（今辽宁义县东南四十里开州屯）。辖境相当今辽宁义县与锦县间大凌河流域。金皇统三年（1143）废。

海北海南道宣慰司　元世祖至元十七年（1280）置，属湖广行中书省。治所在雷州路（今广东雷州市）。辖境相当今广东信宜、廉江以南雷州半岛、广西浦北、灵山、防城港以南以东地区及海南省。明洪武二年（1369）废。

海目山　在今广东佛山市南海区西南九江镇南西江中。《清一统志·广州府》：海目山“在南海县西南一百四十里九江海中，两岸并立，其形如目，麓多奇石”。

海甲场　清设，在今广东陆丰市东南甲子镇。为盐场。民国设场知事。

海印池　一名莲花池。在今浙江舟山市普陀区普陀山普济寺前。清许琰《普陀纪胜》：“海印池在普济寺前……广十余亩。东西各有桥，筑桥成堤，故分三池，中涵清波，湛泓如镜。四山林石倒影。窥之如画。”

海兰河　①金作曷懒水、明作合兰河。即今吉林延吉市南海兰河，为布尔哈通河支流。《清一统志·吉林一》：海兰河“在宁古塔城南四百十里。源有三，俱出西南五百余里无名山，东流入布尔哈图河”。

②又作骇浪河。即今黑龙江省海林市西南海浪河。为牡丹江支流。《清一统志·吉林一》：海兰河“在（宁古塔）城西北四十里，源出海兰窝集，东流入瑚尔哈河”。据清《钦定金史语解》卷3：“海兰，榆树也。”

海兰河屯　即今黑龙江省海林市。1947年于此置新海县。1948年改为海林县。

海兰泡　即今黑龙江北岸结雅河（精奇里江）口西之俄罗斯阿穆尔州布拉戈维申斯克。民国白眉初《满洲三省志》卷3：“黑河屯，故黑河府治，亦有海兰泡之名，其对岸之海兰泡，俄人称布拉郭威什臣斯克。”清咸丰八年（1858），沙皇俄国通过不平等的《中俄瑷珲条约》割占此地。光绪二十六年（1900），沙皇俄国屠杀当地华人，并驱入黑龙江中淹死，制造了震惊中外的海兰泡大惨案。

海兰窝集　即今黑龙江省海林市西张广才岭。《清一统志·吉林一》：海兰窝集“在宁古塔城西北二百里，西接毕尔罕窝集，东接玛展窝集。绵亘数百里”。海兰河源于此。

海兰路　即合懒路。治所在今朝鲜咸镜南道咸兴城南五里古城。一说在咸镜北道吉州。

海头市　①即今广东湛江市东南霞山区海头镇。明万历《雷州府志》卷4：遂溪县有海头墟。清道光《遂溪县志》卷4：海头市在“县东南六十里”。

②即今海南省儋州市西海头镇。清宣统《广东舆地全图》儋州图：西南有海头汛。

海头城　在今新疆若羌县东北罗布泊西海头古城。魏、晋时置西域长史府于此。

海宁卫　在今浙江海盐县治。《方舆纪要》卷91：海宁卫“在海盐县治西，洪武十七年建，辖左、右、中、前四所及澉（浦）、乍（浦）二所”。

海宁市　1986年撤销浙江省海宁县，改设海宁市，市人民政府驻硖石镇。由嘉兴市代管。

海宁州　①元天历二年（1329）改盐官州置，属杭州路。治所在今浙江海宁市西南四十里盐官镇。《元史·地理志》海宁州：“东南皆滨巨海，自唐、宋常有水患，大德、延祐间亦尝被其害……文宗即位，水势始平，乃罢役，故改曰海宁。”明洪武二年（1369）改为海宁县。清乾隆三十八年（1773）复改为海宁州，属杭州府。1912年又改为县。

②元改海宁府置，属淮安路。治所在朐山县（今江苏连云港市西南海州镇）。明洪武初改为海州。

海宁县　①西晋太康元年（280）改海阳县置，属新安郡。治所在万岁山（即今安徽休宁县东十里万安镇）。南朝梁承圣中置新宁郡治此。陈仍属新安郡。隋开皇九年（589）为歙州治。十八年（598）改名休宁县。

②东晋义熙九年（413）置，属义安郡。在今广东惠来县西。唐武德初废。

③明洪武二年（1369）改海宁州置，属杭州府。治所在今浙江海宁市（硖石镇）西南四十里盐官镇。清乾隆三十八年（1773）复改为州。民国元年（1912）改为县，后属浙江钱塘道。1927年直属浙江省。1949年迁治今海宁市。1986年改设海宁市。

海宁岭　一名龙溪山。在今广东惠来县西。《元和志》卷34潮阳县：龙溪山“今名海宁岭，在县西南一百七十里”。

海宁府　元改海州路置，治所在朐山县（今江苏连云港市西南海州区）。辖境相当今江苏连云港市及赣榆、东海、沭阳、灌云等县地。不久降为海宁州。

海宁郡　南朝陈永定二年（558）析吴郡置，属扬州。治所在盐官县（今浙江海宁市盐官镇南海中）。辖境相当今浙江海宁市、海盐县、平湖市、上海市金山县及王盘山以北杭州湾洋面（时为陆地）。寻废。

海宁礁　在南海中中国南沙群岛南部，位于琼台礁西南。为一直径约740米的环礁。1947年公布名称为海宁礁。据郑资约《南海诸岛地理志略》说：“礁上水深不出三寻，礁湖亦在三十寻以内，但礁之四周，则急深莫测。”

海西 元明时泛指牡丹江、松花江会合处以西松花江流域。明代海西女真居此。

海西头 今江苏扬州市附近一带。隋炀帝《泛龙舟歌》：“借问扬州在何处，淮南江北海西头。”

海西县 西汉置，属东海郡。治所在今江苏灌南县东南。东汉属广陵郡。西晋废。东魏武定七年（549）复置，属海西郡。北齐又废。

海西郡 又作海安郡。东魏武定七年（549）改东海郡置，治涟口（今江苏涟水县）。隋开皇初废。

海西宾州站 明改滨州站置，在今吉林农安县东北红石垒村。明《辽东志》卷9：开原北陆路有“海西宾州站”。后废。

海光寺 在今天津市和平区西部。清康熙四十四年（1705）建普陀寺。五十八年（1719）易名海光寺。1900年八国联军入侵，海光寺毁于炮火。

海曲县 战国秦置，属琅邪郡。治所在今山东日照市西十里。县有盐官。出土秦封泥中有“海□盐□”可资佐证。《后汉书·刘玄刘盆子列传》：王莽天凤元年（17），海曲吕母起义，“自称将军，引兵还攻破海曲”。即此。东汉改名西海县。

海伦山 在今黑龙江省海伦市东北。民国《黑龙江志稿》卷4海伦县：海伦山“在县北二十里。海伦河北岸”。

海伦厅 清光绪三十年十二月（1905年1月）置，属黑龙江将军。治所在通肯城（即今黑龙江省海伦市）。三十四年（1908）升为府。

海伦县 1913年改海伦府置，属黑龙江省绥兰道。治所在通肯城（今黑龙江省海伦市）。民国《黑龙江志稿》卷2：“地当海伦河北”，故名。1928年直属黑龙江省。1989年改设海伦市。

海伦府 清光绪三十四年（1908）改海伦厅置，属黑龙江省。治所在通肯城（今黑龙江省海伦市）。辖境相当今黑龙江省海伦、青冈、拜泉、望奎等市县地。1913年降为海伦县。

海伦河 在今黑龙江省海伦市南。发源于县东北海伦山，西南流注入通肯河。《清史稿·地理志》海伦府：“南：海伦河自东来注（通肯河）。”

海会寺 ①即今北京市丰台东二十二里海慧寺。明嘉靖十四年（1535）建。清《日下旧闻考》卷90：“海会寺，穆宗受釐之地。万历增修，极其宏丽，今则零落无存矣。”

②在今山西阳城县东三十里大桥村。《清一统志·泽州府》：海会寺“在阳城县东三十里。初曰龙泉寺，唐乾宁中敕建”。金大定二十七年（1187）寺僧宗祐重修，改今名。

海庄 在今云南昆明市西南高峣山下。明杨慎谪滇，侨居于此。

海刘支线 又称刘顶支线。从江苏海州（今连云港市西南海州区）南至刘顶煤矿。为陇海铁路支线。1940年建成。1945年拆除。

海州 ①东魏武定七年（549）改青、冀二州置，治所在龙沮县（今江苏灌云县西南龙且镇）。北齐移治朐县（北周改朐山县，在今连云港市西南海州区）。隋大业初改为东海郡，唐武德四年（621）复改海州，天宝元年（742）改为东海郡，乾元元年（758）复为海州。辖境相当今江苏连云港市及赣榆、东海、沭阳、灌云等县地。南宋端平二年（1235）徙治东海县（今连云港市东南南城镇），淳祐十二年（1252）还治朐山县。景定二年（1261）改置西海州，寻复改海州。元至元十五年（1278）升为海州路，后改海宁府，不久改为海宁州。明洪武初复改海州，省朐山县入州。清雍正二年（1724）升为直隶州。1912年改为东海县。

②唐武德四年（621）置，治所在临海县（今浙江临海市）。辖境相当今浙江临海、台州、天台、仙居、宁海、三门、温岭诸市县地。武德五年（622）改名台州。

③辽置，治所在临海县（今辽宁海城市）。辖境相当今辽宁辽河下游三角洲地区。金天德三年（1151）改为澄州。元废。明洪武初复置，二十八年（1395）又废。

海州卫 明洪武九年（1376）置，属辽东都司。治所在今辽宁海城市。清顺治十年（1653）改为海城县。

海州区 1948年江苏省海州地区与新浦地区共称新海市，属新海连特区。1949年撤销新海市，此地称海州办事处，隶属新海连市。1951年改锦屏区为海州县，1952年改置海州区。1983年新浦、海州二区及锦屏、新坝二乡合置新海区。1986年从新海区析出，复称海州区。2014年撤销新浦区和海州区，设立新的连云港市海州区，区政府驻浦东街道民主中路177号。

海州市 1944年12月日伪由东海县析置，隶淮海省。治海州城（今江苏连云港市西南海州区）。1945年8月抗战胜利后废。

海州路 元世祖至元十五年（1278）升海州置，治所在朐山县（今江苏连云港市西南海州区）。辖境相当今江苏连云港市及赣榆、东海、沭阳、灌云等县地。后改为海宁府。

海安千户所 ①明洪武二十年（1387）置，属温州卫。在今浙江瑞安市东北塘下镇海安村。清废。

②明洪武二十七年（1394）置，属雷州卫。治所在今广东徐闻县东南二十里海安镇。天顺中徐闻县尝迁治于此。清改为海安营。

海安坝 在今江苏海安县。《明史·常遇春传》：“从徐达克泰州，败（张）士诚援兵，督水军壁海安坝以遏之。”《清一统志·扬州府二》：海安坝“在泰州东海安县北。有东、中、西三坝，限河水不南入运盐河，以资东北诸场运河”。

海安县 ①西晋置，属高兴郡。治所在今广东台山市西南。后废。

②南朝宋泰始七年（471）置，属新平郡。治所即今江苏海安县。南齐属海陵郡。后废。唐景龙二年

(708) 复置，属扬州。开元十年（722）又废。

③南朝梁置，属琅邪郡。治所当在今江苏连云港市附近。北齐废。

④隋开皇十八年（598）改齐安县置，属高州。治所在今广东恩平市北二十里。唐武德五年（622）复名齐安县。

⑤隋大业初改安平县置，属宁越郡。治所即今越南广宁省芒街东南玉山。唐改为安海县。

⑥1943年苏中解放区由泰县、如皋、东台三县析置紫石县，驻海安镇（即今江苏海安县）。1948年改名海安县。

海安城 即今江苏海安县。《资治通鉴》：南朝陈太建五年（573）攻北齐，“戎昭将军徐敬辩克海安城”。即此。

海安郡 东魏武定七年（549）改北东海郡置，治所在襄贲县（今江苏涟水县）。隋开皇初废。

海安营 清改海安千户所置，属雷州府。在今广东徐闻县东南二十里海安镇。《清一统志·雷州府》：海安所“改海安营，拨水师游击及中军守备驻扎，并设同知驻此”。

海安港 在今广东徐闻县东南海安镇南。《清一统志·雷州府》“麻□港”条：“又博涨港，一名海安港，在县南少东二十里。”

海安镇 本海安县，后废为镇。北宋属海陵县，即今江苏海安县。明、清置巡司于此。1943年为紫石县治。1948年复改海安县。

海安礁 在南海中中国南沙群岛南部，位于隐波暗沙西南约3海里。为一马蹄形环礁，长17公里。礁湖水深4—11米，西北端有水深5米的礁滩。1947年公布名称为海安礁。

海阳山 ①在今广东潮州市西北韩江西。《舆地纪胜》卷100潮州：海阳山“在海阳县”。《清一统志·潮州府》引《广东通志》：海阳山“在县北一十里”。

②古名阳海山、阳朔山。即今广西东北部兴安、灌阳、灵川、恭城等县境内之海洋山。东北—西南走向，为湘江上源海洋河及支流灌江发源处。《方舆纪要》卷107兴安县：海阳山在“县南九十里，西南去灵川县九十里，盖境相接也。本名阳海山，俗曰海阳，湘、漓二水皆出于此山”。

海阳千户所 明成化中置，属大嵩卫。即今山东乳山市东南海阳所镇。

海阳市 1996年撤销山东省海阳县，改设海阳市，市人民政府驻方圆街道办事处。由烟台市代管。

海阳县 ①西汉置，属辽西郡。治所在今河北滦县西南。北齐废。

②三国吴永安元年（258）改休阳县置，属新都郡。治所在万岁山（即今安徽休宁县东十里万安镇）。《寰宇记》卷104休宁县：“吴避孙休之名，改为海阳县。”西晋太康元年（280）改为海宁县。

③东晋咸和中置，属东官郡。治所在今广东潮州市东北。隋开皇初废。十一年（591）复置，移今潮州市，为潮州治。据《元和志》卷34潮州海阳县：“南滨大海，故曰海阳。”元为潮州路治。明、清为潮州府治。1914年改名潮安县。

④南齐置，属晋陵郡。治所在今江苏常熟市东北。梁改属信义郡。隋开皇九年（589）废入常熟县。

⑤辽圣宗时置，属润州。治所在今河北抚宁县东北五十里海阳镇。金属瑞州。元废。

⑥金置，属瑞州。治所在今河北秦皇岛市东北。元废。

⑦清雍正十三年（1735）改大嵩卫置，属登州府。治所在今山东海阳市东南凤城街道。清光绪《登州府志》卷2：“以其地在海之阳，故名。”民国初属山东胶东道。1925年改属东海道。1928年直属山东省。1945年移治东村。1996年改设海阳市。

海阳镇 即今河北抚宁县东北五十里海阳镇。辽为海阳县治。清于此设千总驻守。

海阴郡 隋大业三年（607）改农州置，治所在新容县（今越南承天—顺化省广田县东香江与蒲江合流处）。辖境相当今越南承天—顺化省地。后废。

海防营 明置，属静海县。在今天津市东南，海河南葛沽镇。《方舆纪要》卷13静海县：海防营“在县东北。《志》云：其地名葛沽，去天津卫城六十里，又天津之外护也”。明万历年间设副总兵驻防。清设守备驻此。

海观楼 在今四川泸州市东沱江注入长江处。《舆地纪胜》卷153泸州：海观“在州治南定楼之右，即城东隅两江合流处。旧为来风亭，丞相赵公敞而大之，易今名。夏潦高涨，两江环合，弥漫浩渺，真海观也。阎侍郎苍舒诗云：云（泸）南之阴大江东，二水奔腾如海冲。谁定具此壮观眼，南定楼中今卧龙”。楼毁于明末。清咸丰间重建，光绪间圮。

海坛（壇）山 一作海澶山，又名东岚山。即今福建平潭县海坛岛。《明一统志》卷74福州府《山川》：海坛山“在福清县东南，海上远望如坛，因名”。《方舆纪要》卷96福州府福清县：海坛山“上多云气，亦名东岚山”。唐时周回三百里，为牧马地，属长乐县。后渐有寺宇。宋初置牧监，仍隶长乐县，南宋淳熙中有三千余户。元季改属福清县，民户曾满四万，多以渔为业。明时周七百里，洪武二十年（1387）诏徙其民，空其地。隆庆、万历间先后添设海坛游击和水寨。清初海坛镇总兵官驻此，嘉庆四年（1799）置平潭厅。

海克铁路 自今黑龙江海伦市经北安市至克山县。全长162.2公里。日伪于1932—1933年修筑。今为滨北线与齐北线的一段。

海里站 又作海里温站。元置，在今黑龙江省嫩江县东北喀尔它里鸡驿。元《析津志》天下站名：“和伦百一十（里）海里。”明废。

海员亭 在今广东广州市越秀山镇海楼的山坡上。1922年1月，在香港的中国海员举行大罢工。罢工海员自13日起，分批回到广州。经过56天的斗争，香港当局及外国轮船资本家被迫同意海员工会提出的增加工资、恢复海员工会等条件，罢工取得胜利。1932年建立海员亭以为纪念。

海岙（嶴）镇 即梅岙镇。今浙江三门县东南梅岙。《清一统志·台州府》：海岙镇“在宁海县南百里。旧置铁场于此，今有兵防守”。

海邻县 南朝宋置，属宋康郡。治所无考，当在今广东阳西或电白县境。隋废。

海角亭 在今广西合浦县西南隅。北宋景德年间为纪念汉代合浦太守孟尝建。元代海南海北肃政廉访使范椁《重修海角亭记》云：“钦廉僻在百粤，距中国万里而远。郡南皆岸大洋，而廉又居其折，故曰海角也。”亭内悬苏轼题写“万里瞻天”匾。《舆地纪胜》卷120廉州：海角亭“钦州有天涯亭，廉州有海角亭”。《明一统志》卷82廉州府：海角亭“在府城南。昔人诗：骑马客来惊路断，采鱼人去喜帆轻”。《清一统志·廉州府》：海角亭“旧在合浦县西南半里。明隆庆中，迁于廉江西”。

海鸠暗沙 在南海中中国中沙群岛内，位于中沙大环礁南部边缘。西距安定连礁2.4海里。1947年公布名称为海鸠暗沙。

海沙场 在今浙江海盐县东北十七里西塘桥镇场前村。《元丰九域志》卷5海盐县：有“海盐、沙要（腰）、芦沥三盐场”。《方舆纪要》卷91海盐县：“县城西旧有海沙场盐课司，本宋、元时置，明正统元年移置沙腰村，仍旧名。”

海沟河 在今江苏兴化市东北。《方舆纪要》卷23兴化县：海沟河在“县东北二十五里。西接吴公湖……东通串场河”。

海驴岛 在今山东荣成市东北渤海中。《寰宇记》卷20文登县：“岛上多海驴，常以八九月于此岛上乳产。皮毛可长二分，其皮水不能润，可以御雨。”

海押立 一作海牙立。在今哈萨克斯坦巴尔喀什湖东南萨尔坎德附近。《元史·宪宗纪》：二年（1252），迁“海都于海押立地”。即此。后为察合台汗国地。

海拉尔市 1940年伪满洲国置，为兴安北省省会。治所即今内蒙古呼伦贝尔市海拉尔区。因海拉尔河得名。1945年划归兴安省。1947年划归内蒙古自治区，属呼伦贝尔盟，为盟政府驻地。1969年划归黑龙江省。1979年划回内蒙古自治区。“海拉尔”，蒙古语和鄂温克语均为“野韭菜”之意。2001年与呼伦贝尔盟合并，改设地级呼伦贝尔市。原县级海拉尔市改置海拉尔区。

海林支线 从黑龙江省牡丹江附近的敖头经火龙沟（今海林市西南）至长汀。长44公里。为中东铁路支线。日伪于1935—1942年修筑。今称火龙沟支线。

海林市 1992年撤销黑龙江省海林县，改设海林市，市人民政府驻海林镇。由牡丹江市代管。

海林县 1948年改新海县置，属松江省。治所即今黑龙江省海林市。1954年划归黑龙江省。1992年改设海林市。

海林站 即今黑龙江省海林市。民国《宁安县志》卷3：“正北六十里至海林站。”

海奇山 在今新疆乌什县西北，为天山支脉。清徐松《西域水道记》卷2：毕底尔河“河之北岸二百里为大山，自西而东绵亘不绝，自毕底尔卡伦北曰海奇山，又东曰色勒克塔什山……又东曰哈沙拉伊山，与阿克苏界，统名曰贡古鲁克山，皆喀克善支脉也”。

海昌 东汉建安五年（200）分由拳、海盐县置海昌屯田都尉，属吴郡。治所在今浙江海宁市盐官镇南二十里（已沦于杭州湾海中）。三国吴黄武四年（225）改置盐官县。

海昌屯田都尉 三国吴置，治所在今浙江海宁市（硖石镇）西南四十里盐官镇南。《三国志·吴书·陆逊传》：“出为海昌屯田都尉，并领县事。”

海昌县 南朝梁置，属海昌郡。治所在今广东高州市东北。隋开皇时废。

海昌郡 南朝宋元嘉十六年（439）置，属广州。治所在宁化县（今广东高州市东北）。辖境相当今广东高州、信宜等市县地。隋开皇九年（589）平陈后废。

海昏县 西汉置，属豫章郡。治所在今江西永修县西北艾城镇东三里。后为昌邑王贺封国。东汉亦为侯国，后移治今永修县西北艾城。建安中，孙策以太史慈为建昌都尉，治海昏。晋仍属豫章郡。南朝宋废。

海郑 即今山东莱州市西南海郑街。为海口要地。清乾隆《掖县志》卷1《乡社》有海郑。

海河 ①古沠河尾。由今北运河、永定河、大清河、子牙河、南运河于天津市附近汇合而成，东南流至大沽口入渤海。干流长69公里。海河之名原为民间的称呼，首见于明代徐光启《壅娄规则》：“天津海河上人云：灰上田惹咸……”至明末清初，官书也采用海河之称。民国以来，水利部门把南、北运河、子牙、大清、永定诸河统称为海河水系，流经之地则名之为海河流域。

②即今云南通海县东北杞麓湖。唐代称海河。《新唐书·地理志》：从曲江“又经通海镇百六十里，渡海河、利水至绛县”。

海宝塔 亦称赫宝塔、黑宝塔。俗称北塔。在今宁夏银川市北郊。相传十六国时赫连勃勃（5世纪初）重修。明万历《朔方新志》载：“黑宝塔，赫连勃勃重修。”清康熙四十八年（1709）和乾隆三年十二月（1739年1月）两次地震破坏。今塔为乾隆四十三年（1778）重建，九层十一级，每层十二龛，共一百零八龛。连同塔座和九层之上未开券门的一层共十一层，通高53.9米。1961年定为全国重点文物保护单位。

海弩克 清置，即今新疆察布查尔锡伯自治县东南海努克乡。清道光《新疆识略》卷4：海弩克台“在伊犁河南岸，距巴图蒙柯台九十里”。

海参崴 即今俄罗斯符拉迪沃斯托克。清属宁古塔副都统。清曹廷杰《西伯利东偏纪要》：“海参崴在双城子东南二百一十三里强。……俄名那吉窪斯托克，坐东北向西南，海口形如撮箕，长约十里，宽约六七里，出口处宽四里。”清咸丰年间被俄割占。

海城市 1985年撤销辽宁省海城县，改设海城市，市人民政府驻环城西路。由鞍山市代管。

海城县 ①清顺治十年（1653）改海州卫置，初隶辽阳府，后改属奉天府。治所即今辽宁海城市。民国初属奉天辽沈道。1929年属辽宁省。1985年改设海城市。

②清同治十二年（1873）改盐茶厅置，属固原州。治所即今宁夏海原县西北海城镇。因与奉天省海城县重名，1914年改为海原县。

海城仙人洞遗址 在今辽宁海城市东南孤山镇孤山村东青云山脚，系一石灰岩洞穴。已发现石制品近两万件，包括大量的石核、石片和残片。石器主要是石英石加工成的各类中小型刮削器、尖状器、钻具及雕刻器等。精制的骨角器，包括骨制矛头、骨针及双排倒刺的骨鱼镖等。装饰品类有穿孔兽牙与贝壳等。还有晚期智人牙齿化石，二十七种哺乳动物以及鱼、鳖、蚌、鸟类等化石。地层内厚层灰烬及大量烧土与烧骨是早期人类长期居住的结果。时代距今为4万—万年。丰富的旧石器文化遗存、保存完好的洞穴以及周围的自然环境，为复原当时人类生活提供了直接证据，也是认识旧石器时代晚期人类在东北地区发展历史的重要材料。2001年定为全国重点文物保护单位。

海胡站 明改海吴（亦作海哥）站置，在今黑龙江省哈尔滨市阿城区东北海沟。明《辽东志》卷9：“海西东水陆城站：底失卜站、阿木河站、海胡站……。”

海南卫 明洪武五年（1372）置，治所即今海南省海口市琼山区。

海南岛 我国第二大岛。海南省辖境本部，隔海与广东省雷州半岛相望。南宋范成大《桂海虞衡志》云：“黎，海南四郡岛上蛮也。”苏轼寄子由诗：“他年谁与作地志，海南万里真吾乡。”可见海南岛之名始于宋代。因其地处琼州海峡之南，故曰海南。

海南盐栅 北宋置，属东莞县。在今香港西大屿山岛上。《元丰九域志》卷9：广州东莞县有“海南、黄田、归德三盐栅”。《清一统志·广州府二》“归德盐场”条：“海南场在大奚山。今废。”

海剌儿千户所 明永乐三年（1405）置，在今内蒙古呼伦贝尔市海拉尔区。《明太宗实录》：永乐三年十月，“设海剌儿千户所，以来朝野人头目把秃等为千百户”。后废。

海剌儿河 今内蒙古呼伦贝尔市海拉尔河。《元史·伯帖木儿传》：至元二十五年（1288），“败乃颜兵于忽尔阿剌河，追至海剌儿河”。

海剌都营 即海剌都堡。今宁夏海原县（三河镇）西北海城镇。《方舆纪要》卷58固原州：海剌都堡在“州北二百十里。亦曰海剌都营。……今有海剌都营仓”。

海剌都堡 明成化四年（1468）于天都砦建城，属固原州。即今宁夏海原县（三河镇）西北海城镇。清乾隆十四年（1749）移盐茶同知驻此。同治十二年（1873）改置海城县。

海界县 唐贞观九年（635）置，属林州。寄治驩州之南境（今越南义安省境）。后废。

海复（復）镇 即今江苏启东市北四十里海复镇。民国《海门县图志》：第六区有海复镇。

海洋岛 即今辽宁长海县东南海洋岛，岛上有海洋乡。明《辽东志》卷1：海洋岛“去（金州卫）城四百五十里”。

海洋站 明改元迭甫站置，在今朝鲜咸镜北道吉州。明《辽东志》卷9：开原东陆路至朝鲜后门有“海洋”站。后废。

海津镇 本名直沽，元延祐三年（1316）改名海津镇。在今天津市狮子林桥西端旧三汊口附近。至正九年（1349）设镇抚司。明永乐初于此置天津卫和天津左、右卫，自此遂称天津。《清一统志·天津府二》“海津镇”条下载：“《旧志》，天津本边口关名，在良乡县北百余里，自永乐改置三卫，天津之名，遂移直沽矣。”

海珠 在今广东广州市区南珠江中。清仇池石《羊城古钞》卷2：海珠石“在越王台南，广袤数十丈，东西二江水环之，虽巨浸稽天不能没。语云：‘南海有沉水之香，亦有浮水之石’谓此也。相传有贾胡持摩尼珠至此，珠飞入水，夜辄有光怪，故此海名曰珠海，浦曰沉珠，其石则曰海珠云”。1931年填筑新堤时，古海珠石已同北岸连为一体。

海盐州 元元贞元年（1295）改海盐县置，属嘉兴路。治所即今浙江海盐县。明洪武二年（1369）复改海盐县。

海盐县 秦置，属会稽郡。治所在今上海市金山区（山阳镇）西北张堰镇南。西汉末县城沦于柘湖，徙治武原乡（今浙江平湖市东）。东汉永建二年（127）又陷为当湖，徙治故邑城（今平湖市乍浦镇东南海中）。永建四年（129）改属吴郡。东晋咸康七年（341）移治马嗥城（今浙江海盐县城东南隅）。南朝梁太清三年（549）于此置武原郡。陈废，仍属吴郡。永定二年（558）分属海宁郡，寻省入盐官县。唐景云二年（711）复置，先天元年（712）省，开元五年（717）再置，属苏州，徙治吴御城（即今海盐县）。五代唐初改属杭州，后晋天福五年（940）吴越改属秀州。南宋庆元元年（1195）属嘉兴府。元元贞元年（1295）升为海盐州。明洪武二年（1369）复为海盐县，仍属嘉兴府。民国初属浙江钱塘道。1927年直属浙江省。

海都山 即古敦薨山。在今新疆和静县北。《清一统志·喀喇沙尔》：海都山“在喀喇沙尔北，哈布齐垓南，楚辉山西二百五十里。山脉自西九百里之汗腾格里山分支东南行至此，为喀喇沙尔北屏，哈布齐垓河、裕勒都斯河咸会而南行，出此山之口，为海都河”。

海都河　即今新疆和静县、焉耆回族自治县及博湖县境之开都河。清乾隆《西域图志》卷27：海都郭勒“在哈喇沙尔城西十里。源出天山中，合三哈布齐垓郭勒、东西裕勒都斯郭勒，旁挟众水，东南流出海都塔克口，名海都郭勒，迂曲而南二百五十里许，始抵哈喇沙尔城北，环其西南，稍折而东，汇入博斯腾淖尔”。清徐松《西域水道记》卷2：海都河，“回语，海都，曲折之谓”。

海哥站　又作海姑、海吴或上京海哥站。元置，在今黑龙江省哈尔滨市阿城区东北海沟。元《析津志》天下站名：“斡木火百一十（里）上京海哥。”明改海胡站。

海原县　1914年改海城县置，属甘肃泾原道。因县境有海都原，故名。治所即今宁夏海原县（三河镇）西北海城镇。1928年直属甘肃省。1958年改属宁夏回族自治区。2008年迁治黑城镇（即三河镇）。

海晏设治局　1940年析祁连设治局置，属青海省。治所在三角城（今青海海晏县）。1943年改为海晏县。

海晏县　1943年改海晏设治局置，属青海省。治所在三角城（今青海海晏县）。1952年改为海晏藏族自治区。1953年复改为海晏县。

海留站　明置，在今黑龙江省宾县东北四十里海狸红河口。明《辽东志》卷9：海西东水陆城站有“海留站”。

海浮山　在今山东临朐县西南。《清一统志·青州府一》：海浮山“在临朐县西南二十里。下临熏冶泉”。

海润镇　金置，属盐山县。在今河北海兴县东南，近山东无棣县界。民国《盐山新志》卷3：海润镇，“《金史》盐山四镇之一也。镇废后，其地为村落曰板塘，与海丰（今无棣县）接境，旁多营垒遗址，据康熙志此村尚在，乾隆后村旋为墟，昔辽金设盐场于此曰海润场。《金史》所载四镇，利丰未详，其三皆居海滨，繁盛之由殆皆以盐业而致，然海润场于康熙十年并入阜财，板塘之废去并场时当不远也”。

海宴村　即今广东台山市西南海宴中镇。《方舆纪要》卷101新宁县“上川山”条：“下川相近者曰海宴村。洪武四年，海寇钟福泉等挟倭船寇海宴，下洲官兵追讨，至阳江平之。”

海宴盐场　即今广东台山市西南海宴中镇（海宴街）。《元丰九域志》卷9广州：新会县有海宴盐场。《清一统志·广州府》引《新宁县志》：“海宴场在今县西南。”

海朗千户所　简称海朗所。明洪武二十七年（1394）置，属广海卫。在今广东阳东县东南。《方舆纪要》卷101海朗所：“在阳江县东南五十里。……有城，周四里有奇。城据海朗山上，因名。下临海，亦曰镇海山，与双鱼所并为海防襟要。”清顺治十八年（1661）并入双鱼所。

海冥县　西汉置，属乐浪郡。治所在今朝鲜黄海南道海州附近。东汉末属带方郡。西晋后废。

海陵山　在今广东阳江市南海陵岛。《方舆纪要》卷101阳江县：海陵山在“县西南七十里大海中。周三百里，列为数峰，高三百余丈。旧名罗洲，又名罗岛。其中峰名草黄山，其东为平章山。……明洪武四年，官兵追败海寇钟福全于海陵山，即此”。

海陵县　西汉置，属临淮郡。治所即今江苏泰州市。《舆地纪胜》卷40泰州海陵“以其地并海而高，故名”。东汉属广陵郡。东晋义熙七年（411）为海陵郡治。隋属江都郡。唐武德三年（620）改名吴陵县。七年（624）复名海陵县，属扬州。五代吴乾贞中置海陵制置院。五代南唐升元元年（937）复为县，为泰州治。宋为泰州军治。元为泰州路治，后改为泰州治。明洪武初省入泰州。

海陵制置院　五代吴乾贞中以海陵县改置。监理制盐。治所在今江苏泰州市。南唐升元元年（937）废。

海陵洲　又名罗洲。即今广东阳江市南海陵岛。《舆地纪胜》卷98南恩州：罗洲“一名海陵。在阳江县西南”。

海陵郡　东晋义熙七年（411）置，属徐州。治所在海陵县（今江苏泰州市）。南朝宋徙治建陵县（今江苏新沂市南）。梁复移治海陵县。隋开皇初废。

海陵监　唐置，在今江苏泰州市。《寰宇记》卷130：海陵监“煮盐之务也。唐开元元年置海陵县为监，于海陵县置泰州，以辖其监。皇朝开宝七年，移监于如皋县置，从盐场之近便也”。

海陵港　在今广东阳江市南海陵岛附近。《元史·张弘范传》：至元十六年（1279），弘范攻占崖山，“（张）世杰走交趾，风坏舟，死海陵港”。即此。

海陵溪　在今江苏兴化市西。《方舆纪要》卷23兴化县：“海陵溪在县西十五里。自泰州北浦汀河流经县西，又西北经宝应县界，入射阳湖。”

海陵寨　在今广东阳江市南海陵岛海陵镇西。《宋史·地理志》南恩州阳江县：“有海口、海陵、博腊、遂训等四砦。”

海陵镇　在今广东阳江市南海陵岛海陵镇西。本宋海陵寨。明洪武间置巡司于此。《方舆纪要》卷101阳江县：海陵镇在“县西南七十里海陵山西北。有巡司”。

海勒水　今内蒙古呼伦贝尔市之海拉尔河。《辽史·营卫志》：太祖五院部“瓯昆石烈。太宗会同二年，以乌古之地水草丰美，命居之。三年，益以海勒水之地为农田”。

海眼　在今黑龙江省宁安市西南。《清一统志·吉林一》：海眼“在宁古塔城西石头甸子西十余里万山中。有池周八十余里，每日三潮，与海水相应。仲夏日初出时，恒有巨鱼涌出，高三丈许，长十余丈，飞鸟不敢过其上，至巳午时始没。其出时，众鱼随之，皆浮水面，渔者因其出而网焉，必大获之”。

海康千户所 明洪武二十七年（1394）置，属雷州卫。治所在今广东雷州市西南海滨康港圩。清康熙初裁，八年（1669）改设把总防守。

海康县 隋开皇十年（590）置，为合州治。治所在今广东雷州市。《舆地纪胜》卷118雷州：“海康郡，濒海之东郊也。”清嘉庆《海康县志》序：“粤东以海名县者四，而此独以康名。康者康也，言近海而迪吉康也。”是取“海疆康宁之意”。唐为雷州治。天宝元年（742）为海康郡治，乾元元年（758）复为雷州治。元为雷州路治。明为雷州府治。民国初属广东高雷道。1920年直属广东省。1994年改设雷州市。

海康郡 唐天宝元年（742）改雷州置，治所在海康县（今广东雷州市）。辖境相当今广东遂溪、湛江以南雷州半岛。乾元元年（758）复为雷州。

海清砦 北宋政和三年（1113）改苍孤砦置，属沧州。在今河北青县东。为沿边戍守处。

海渊墟 即今广西宁明县东海渊镇。清光绪《广西舆地全图》宁明县图：东有海渊墟。民国间置思乐县于此。

海淀 亦名海甸。在今北京市西北海淀区。最早见于元王恽《中堂事记》，曰海店。明蒋一葵《长安客话》卷4：“水所聚曰淀。高梁桥西北十里，平地有泉，滮洒四出，淙汩草木之间，潴为小溪，凡数十处。北为北海淀，南为南海淀。远树参差，高下攒簇，间以水田，町塍相接，盖神皋之佳丽，郊居之选胜也。”园林云集，明代以李伟清华园与米万钟的勺园为最盛。清则圆明园、畅春园、静明园、清漪园、长春园、万春园、淑春园等名园皆创建于此。

海隅 古泽薮名。《吕氏春秋·有始览》、《淮南子·墬形训》列为九薮之一。《尔雅·释地》列为十薮之一。郭璞以“海滨广斥”为解。清郝懿行《尔雅义疏》谓今山东蓬莱市、莱州市以西，历寿光、广饶至沾化、无棣等县市以北，延袤千余里间，即古代齐地海隅薮的范围。其实并非泽薮，不过是指海滨一带的低洼盐碱地。

海隅山 亦作海虞山。即今江苏常熟市（虞山镇）西北虞山。《吴地记》：“（常熟）县北二里有海隅山，仲雍、周章并葬山东岭上……山有二洞穴，穴侧有石坛，周回六十丈。山东二里有石室，太公吕望避纣之处。”

海棠山摩崖造像 俗称喇嘛洞。在今辽宁阜新蒙古族自治县阿金镇南三十里。据《阜新县志》：清康熙二十二年（1683）章嘉活佛带领徒弟云游到此，见山景幽胜，遂在山下创建喇嘛庙。道光二十八年（1848）赐名普安寺。光绪年间利用海棠山上峭壁石崖，镌刻了五百余尊神态各异的浮雕佛像，具有较高的艺术价值。

海棠关 明置，属越嶲卫。在今四川甘洛县西北海棠镇。

海棠桥 在今广西横县西一里。宋刘受祖《海棠桥记》：横州“西北有溪曰香稻，南会于郁江，跨溪有桥，南北旧多海棠。绍圣间，秦淮海先生以御史刘拯论其增损实录，谪柳移横。是时常醉于桥畔书生祝氏家。明日题一词，有‘瘴雨过，海棠开’之句，州人因以‘海棠’名桥”。（《粤西文载》卷34）。明洪武中建海棠桥递运所。

海矬场 在今广东台山市西南海宴中镇。即海宴、矬洞二场。清雍正中合并为海矬场。嘉庆年间又改设上川盐巡司。民国改为上川场。

海湾堡 在今广西永福县南。清时设兵戍守。

海游岭 在今浙江三门县北。《方舆纪要》卷92宁海县：海游岭在“县南六十里，下有镇”。

海游溪 即今浙江三门县北珠游溪。由西向东单独入海。《方舆纪要》卷92宁海县：海游溪“源出海游岭，东流五十里入海”。1981年更名珠游溪。

海游镇 即今浙江三门县治海游镇。唐武德四年（621）至七年（624），为宁海县治。《资治通鉴》：唐咸通元年（860）五月庚申，“南路军大破贼（按：指裘甫起义）于海游镇”，即此。1940年以来为三门县治。

海窝子镇 即今四川彭州市西北四十里新兴镇。清光绪《彭县志》卷2：新兴场“旧名海窝子。在西乡梯云鹿坪二里。距县西北四十里，南距通镇场十里。乾隆五十五年设”。

海瑞墓 在今海南省海口市南滨涯村。《清一统志·琼州府》：海瑞墓“在琼山县西滨涯”。海瑞（1514—1587）生于海南琼山市朱桔里村，是明代中叶著名政治家，以刚正不阿和敢于直谏而著称于世，有“海青天”之誉。原墓为石砌，前立神道碑、石供器和石人、石狮、石羊、石马、功臣坊及亭园等建筑和文物。现存石碑及石狮、石羊、石马等石雕文物。墓侧建有海瑞陈列馆。1996年定为全国重点文物保护单位。

海虞县 西晋太康四年（283）置，属吴郡。治所即今江苏常熟市。隋开皇九年（589）废入常熟县。

海源阁 在今山东聊城市万寿观前街东首北杨宅。为著名藏书楼。清道光二十年（1840）全国四大藏书家之一杨以增建。为三楹两层传统式楼房。其下为家祠，其上为宋、元珍本秘藏处。上悬“海源阁”匾额，取《学记》“先河后海”语意。阁前有书亭两座，阁后四合院藏明、清版本。后世屡遭兵燹，损失颇重。其宋元珍本大部归北京图书馆，藏于善本书库，明清版本大部归山东省图书馆，辟有海源阁专室。

海源洞 在今云南昆明市西。《方舆纪要》卷114云南府昆明县：海源洞“在城西二十里。中容数百人。四崖削立，石乳奇幻，下有龙湫，其水清浅，四时不竭，流入鸳鸯池，又注为黑龙潭”。

海滨县 ①辽置，为隰州治。治所在今辽宁兴城市西南。《辽史·地理志》海滨县：“濒海，地多碱卤，置盐场于此。”

②1948年山东革命根据地由无棣县东部析置，治北集村（在今山东无棣县东北）。1950年1月撤销，并入无棣县。

海漫山 在今四川叙永县北、古蔺县西。《方舆纪要》卷73永宁宣抚司：海漫山在“司城北。《志》云：山延袤八十余里，如海水之汗漫”。

海潮江 在今越南北部兴安省西境。《方舆纪要》卷112安南建昌府：海潮江“在快州境。自阿鲁江分流，下通玉珠江。昔陈氏破占城军处”。

海澄县 明嘉靖四十四年（1565）以龙溪县之靖海馆及漳浦部分县地置，属漳州府。治所即今福建龙海市东南海澄镇。1913年属福建西路道。1914年属汀漳道。1928年直属福建省。1960年与龙溪县合并，为龙海县。明后期曾是我国重要的对外贸易港口之一，成弘之际（1465—1505）有“小苏杭”之称。

海澶山 即海坛山。今福建平潭县海坛岛。《元和志》卷29福州长乐县：海澶山在“县东一百二十里。山在大海中，周回三百里”。《元丰九域志》、《方舆纪要》等均作海坛山。

海藏寺 在今甘肃武威市西北四里。始建于晋，后经历代重修。现存主要建筑牌楼、山门、大雄宝殿为清代所建。后院灵均台高约20米，上有无量殿，为明代建筑。成化二十三年（1487）立“重修古刹海藏禅寺劝缘信官檀越记”碑。相传灵均台原为水中小岛，寺建于台上，故名海藏。清初际善和尚拄杖募化，步行到京，请赐藏经，修藏经阁。寺坐北朝南，牌楼前额书“海藏禅林”四字。

海螺山 在今河北鹿泉市西。《方舆纪要》卷14获鹿县：海螺山“在县西南四十里。山绵延耸秀，下有白鹿泉，隋因以名县。山之阳，岩洞深邃，相接如门屋，曰连珠洞”。

海瀛山 即今云南江川县东北抚仙湖中之孤山。《方舆纪要》卷115澂江府江川县：海瀛山“在府东南。特起湖中，四壁如削，凭虚视下，竞秀争流，一名孤山”。为游览胜地。

浜镇 即今上海市崇明县东北浜镇村。清属崇明县。光绪《江苏全省舆图》崇明县：“浜镇在城东北二十里。”

涂（塗）下铺 旧作杜渎镇市。即今浙江临海市东南七十六里杜桥镇。清康熙《临海县志》卷2：城东北有涂下铺。

涂（塗）口 一名金口。在今湖北武汉市江夏区西金口镇。为涂水入江之口。《水经·江水注》：咸和中置汝南郡，“治于涂口”。即此。

涂（塗）口市 在今湖北武汉市江夏区西金口镇。《方舆纪要》卷76江夏县：涂口市在“府南六十里，即汝南故县治也。隋开皇中自涂口移治于焦度楼下，改置江夏县。市西南为金口镇”。

涂（塗）山 ①相传为禹会诸侯处，又传说为禹娶涂山氏处。其地说法不一：(1) 又名当涂山。在今安徽怀远县东南八里，淮河东岸。《左传·哀公七年》：子服景伯曰：“禹合诸侯于涂山，执玉帛者万国。”杜注：“涂山，在寿春东北。”指此。(2) 在今浙江绍兴县西北。《越绝书》卷8：“涂山者，禹所取妻之山也。去县五十里。”(3) 亦名真武山、黄山。在今重庆市东南南山风景区内。东晋常璩《华阳国志·巴志》：“禹娶于涂山……今江州涂山是也。”又说：“涂山有禹王祠及涂后祠。”《水经·江水注》：“江之北岸有涂山，南有夏禹庙、涂君祠，庙铭存焉。常璩、庾仲雍并言禹娶于此。”《清一统志·重庆府一》：涂山“按禹娶在寿春当涂，不于此也”。

②在今重庆市忠县东南。《方舆纪要》卷69忠州：涂山在“州东南八十里。亦曰方斗山，以形似名也。山有龙洞，亦曰蟠龙洞”。道光《忠州直隶州志》卷1：涂山“形势磅礴，峰峦青翠。以下多涂姓得名”。

涂山寺 即真武庙。在今重庆市南岸区涂山（俗名真武山）上。为重庆著名寺庙。唐白居易有《涂山寺独游》诗。

涂（塗）山县 隋开皇初改马头县置，属濠州。治所在今安徽怀远县南马头城。唐武德四年（621）废。

涂（塗）井镇 北宋置，属临江县。产盐。在今重庆市忠县东北八十里涂井乡。《宋史·哲宗纪》：元祐三年（1088），“忠州言临江涂井镇雨黑黍”。即此。清设州判驻此。

涂中 指今江苏、安徽境内长江支流涂河流域。《资治通鉴》：西晋咸宁五年（279）冬十一月，“大举伐吴，遣镇军将军琅邪王伷出涂中”。即此。又，东晋太和四年（369）十一月，“丞相昱与大司马温会涂中”。胡注：“杨正衡曰：涂音除。涂中，今滁州全椒县、真州六合县地。”

涂水 ①即今山西晋中市榆次区东南涂河。《水经·洞过水注》：涂水“出阳邑东北大嵰山涂谷，西南经萝蘑亭南，与蒋谷水合，……蒋溪又西合涂水乱流西北入洞过泽”。《方舆纪要》卷40榆次县：涂水“有二，一曰大涂水，发源县东南百二十里八缚岭下，西北流，至县东十五里合流郇入洞过水；一曰小涂水，源出鹰山，西流入大涂水”。

②即今安徽、江苏境内长江北岸支流滁河。三国吴赤乌十三年（250）遣军十万于堂邑（今江苏六合县）堰涂水为塘，以防魏军南下。即《三国志·吴书·吴主传》所说“作堂邑涂塘以淹北道”。

③即今云南东北部之牛栏江。《汉书·地理志》牧靡县：“南山腊谷，涂水所出，西北至越巂入绳，过郡二，行千二十里。”

涂（塗）水 ①春秋晋邑，在今山西晋中市榆次区西南二十里。后置为县。《左传》：昭公二十八年（前514），“魏献子为政，分祁氏之田以为七县，……知徐吾为涂水大夫”。

②即今湖北咸宁市淦河及武昌县金水。《水经·江水注》：“涂水出江州武昌郡武昌县金山，西北流径汝南侨郡故城，历县西，又西北流注于江。”《明一统志》卷59武昌府：涂水“一名金水。其入江夏县谓之涂口。……亦名金口”。

涂（塗）水县　春秋时晋置，在今山西晋中市榆次区西南二十里。《左传》：昭公二十八年（前514），“知徐吾为涂水大夫”。西汉为涂水乡。

涂田市　即今湖南株洲县（渌口镇）南四十四里涂田镇。《清一统志·长沙府》：涂田市“在湘潭县南五十里”。

涂（塗）乍汛　即今湖南保靖县东南三十里涂乍乡。清光绪《湖南通志》卷30有“涂乍汛堡”。严如熤《苗疆险要考》谓涂乍河“傍山临涧，径路崎岖，永（顺）、保（靖）接壤要隘”。清乾隆征苗时设台站于此。

涂（塗）州　唐武德元年（618）以临涂羌内附置羁縻州，属茂州都督府。治所在今四川汶川县西南。贞观元年（627）废。次年复置。《宋史·蛮夷传》：政和七年（1117），“涂、静、时、飞等州蛮复反茂州，杀掠千余人”。后废。

涂坊　即今福建长汀县南涂坊镇。1930年中央革命根据地置汀连县治此。

涂（塗）松镇　又名杜松。即今江苏太仓市东北三十五里沙溪镇涂松村。《方舆纪要》卷24太仓州：涂松镇“镇有涂松冈，因名。《志》云：镇西达沙头，东连龙市，东北为横泾及甘草泾。东南为七鸦浦及茜泾，盖水陆交会处也。自唐以来，皆置镇于此。宋元丰中，改镇为市”。元末，张士诚尝筑城营于此，以备海寇。

涂轮镇　北宋置，属难江县。在今四川南江县东北八十里，与樗林关对峙。

涂（塗）岭　即今福建惠安县北涂岭镇。元元统二年（1334）置涂岭巡司于此。明洪武二十年（1387）废。明嘉靖《惠安县志》卷2：涂岭山“在观音山北。昔有涂姓者居之，兄弟三人既没而为神。今郡城东湖滨有昭惠庙即其祠，宋淳祐间赐额”。

涂（塗）河　一作土河。即今内蒙古西辽河支流老哈河。《金史·地理志》：三韩县“有涂河”。《元史·特薛禅传》：太祖又谕火忽曰：“哈老温迤东，涂河、潢河之间，火儿赤纳庆州之地，与亦乞列思为邻，汝则居之。”

涂家埠镇　即今江西永修县治（涂家埠镇）。清同治《江西全省舆图》卷14：建昌县东南有涂家埠。1948年永修县自艾城迁驻于此。

涂塘　在今江苏南京市六合区西五十五里。《三国志·吴书·吴主传》：赤乌十三年（250），孙权“遣军十万，作堂邑涂塘以淹北道”。《舆地纪胜》卷38真州：瓦梁堰“即滁塘也。……群山回环，东南相望，底若大陆，如壶之口，丸泥可封，是滁塘堰之形势。其曰作滁塘，是塞滁水以为塘堰也”。

涂溪　又名涂井河。即今重庆市忠县东北五十五里之汝溪河。东晋常璩《华阳国志·巴志》：临江县“有盐官，在监、涂二溪，一郡所仰”。《清一统志·忠州》：“涂溪源出梁山县蟠龙山，亦曰蟠龙溪，东南流入州界，经涂井至石宝寨入江。”唐白居易有《九日题涂溪七绝》诗。

涂（塗）涻监　唐置为盐监。在今重庆市忠县东北。《新唐书·食货志四》：顺宗时，“增云安、涣阳、涂涻三监”。据东晋常璩《华阳国志·巴志》临江县：“有盐官，有监（盐）、涂二溪，一郡所仰。”盐溪即今忠县东北干井河。涂溪即今汝溪河，均为注入长江之小河。北宋临江县有涂井镇（今涂井乡）、㴩井镇（今涻井镇）。

浠水　即希水。在今湖北浠水县东南。浠水县以此名。《舆地纪胜》卷74蕲州：“浠水源出云山。”《方舆纪要》卷76蕲水县：浠水“在县治南。亦名南门河。源出江南英山县之英山下，流经罗田县，入县境，环绕县南合众流。西南至南溪口入江”。

浠水县　南朝梁改希水左县置，为永安郡治。治所即今湖北浠水县。以浠水为名。隋初属蕲州。大业初属蕲春郡。唐武德四年（621）改名兰溪县。天宝元年（742）改名蕲水县。1933年复名浠水县。闻一多为本县人。

浴日亭　在今广东广州市东南黄埔区庙头村南海庙西侧黄木湾水边章丘岗上。《舆地纪胜》卷89广州：浴日亭“在扶胥镇南海王庙之右，小丘屹立，亭冠其巅，前瞰大海，茫然无际”。今有苏东坡《南海浴日亭》诗碑云：“剑气峥嵘夜插天，瑞光明灭到黄湾。坐看旸谷浮金晕，遥想钱塘涌雪山。”苏东坡诗碑之后，有明陈献章《浴日亭和东坡韵》诗。

浴河　在今河北新乐市东。《方舆纪要》卷14新乐县：浴河“在县（按：今新乐市东北承安镇）西十五里，自中同村东流，经县南五里，又东入于沙河，溉田数千顷”。

浮山　①在今山西晋城市东南。《方舆纪要》卷43泽州：“浮山在州东南三十五里，以高近浮云而名。”

②一名浮化山。即今山西平定县东南东浮山。《元和志》卷13太原府广阳县：“浮山在县东南三十五里。”

③在今山西临汾市东南。《水经·汾水注》：“（潏）水源东南出巢山东谷，北径浮山东。”《清一统志·平阳府一》：浮山“相传洪水横流，此山随水消长，故名”。

④亦名浮度山或符度山。在今安徽枞阳县东北。《方舆纪要》卷26桐城县：浮山在“县东九十里。亦名浮渡山。有三百五十岩，七十二峰。岩之最著

者三十有六，皆可居可游。其中泉石参差，种种奇胜。西南有独山峰，直上千仞，大江环绕，望之若浮。山半又有大通岩，回出诸岩之上，悬崖飞瀑，凡数百仞”。自古为游览和佛教圣地。北麓有方以智墓。

⑤在今安徽明光市北八十里浮山集西。北临淮水。一名临淮山。《水经·淮水注》：“淮水又东径浮山，山北对巉石山。梁氏天监中，立堰于二山之间。”《寰宇记》卷16招信县：“浮山在县西七十里。下有石穴，每淮波泛溢，不能没其穴。”

⑥在今浙江绍兴县北三江村。《方舆纪要》卷92绍兴府：浮山“在府东北三十五里浮海口，与三江所城相对”。

⑦在今福建莆田市北十里。《清一统志·兴化府》：浮山，“山侧悬崖挂瀑，兼有智泉钟潭之胜，而幽深莹洁险绝过之”。

⑧在今福建南靖县东北。《方舆纪要》卷99漳州府南靖县：浮山在“县北八十里，接龙岩县界。山当往来之路，与上下山不相连属，如浮空然。亦曰浮丘”。

⑨在今山东平阴县西南。《隋书·地理志》：济北郡东阿县有“浮山”。《寰宇记》卷13东阿县：“浮山，故老相传云：尧时大水，此山浮于水上。时有人缆船于岩石间，今犹有断铁锁存焉。”《方舆纪要》卷33谓浮山即䃰山。光绪《山东通志》卷23已辨其非。

⑩又名浮烟山。即今山东潍坊市西南二十里之符山。《魏书·地形志》北海郡平寿县：“有浮山。”即此。

⑪在今山东淄博市西南淄川区西北二十五里。《方舆纪要》卷31淄川县：“浮山在县北二十里。山势特立如浮。”另据《清一统志·济南府一》谓浮山“丰水薄其下，远望之，如浮水上”。故名。

⑫一名浮峰山。在今山东青岛市东。《清一统志·莱州府一》：浮峰山，“《县志》：其山高峻，有云气上浮”。

⑬在今河南淇县北。《清一统志·卫辉府一》：浮山“在淇县北三十里。山势耸削，高出云表”。

⑭在今湖北枣阳市北。《隋书·地理志》：顺义县有浮山。《舆地纪胜》卷83随州：浮山“在枣阳县北九十里”。

⑮在今广东博罗县西北。《元和志》卷34循州博罗县：“罗山之西有浮山，盖蓬莱之一阜，浮海而至，与罗山并体。”《寰宇记》卷157广州南海县引裴渊《广州记》：“罗、浮二山隐天，唯石楼一路可登。”又卷160博罗县引《南越志》云：“博罗县去浮山接境于罗山，故曰博罗。”

⑯又名云浮山。即今广东云浮市西南大云雾山。《舆地纪胜》卷98南恩州：浮山“一名泉山，在阳春县北七十里。《旧经》云：陈霸先居此，旧基存焉”。《清一统志·罗定州》：云浮山“在东安县西南五十里。极高峻，接肇庆府阳春县界。四时云雾不散，亦名云雾山”。

⑰在今广东电白县东北。《寰宇记》卷161茂名县：“浮山，其山高七百尺。尧时洪水泛溢，此山独浮。人居山上得免沉垫，人呼为浮山。”

⑱在今广西贺州市东南贺街镇东。《方舆纪要》卷107贺县：浮山“县（故治在今贺街镇）东十里。挺出江中，障县水口。一名玉印山”。上有历代名人题刻。

⑲即今四川安县（花荄镇）西罗浮山。《舆地纪胜》卷152石泉军：浮山“在龙安县南二十里。突出平野，有十二峰，峭拔如屏。梁杨孚真人上升于此”。为安县著名风景区。

浮山千户所　明洪武中置，属鳌山卫。在今山东青岛市市南区浮山所。清雍正十二年（1734）裁。

浮山县　唐武德二年（619）置，属晋州。治所在今山西浮山县西南十里古县村。《元和志》卷12神山县：浮山县“因山为名”。武德四年（621）改为神山县。金大定七年（1167）复改浮山县，属平阳府，治所即今浮山县。兴定四年（1220）改忠孝县。元复改浮山县，属平阳路。大德九年（1305）改属晋宁路。明属平阳府。民国初属山西河东道。1928年直属山西省。

浮山堰　一名淮堰。南朝梁武帝时筑。在今安徽明光市北八十里，浮山村北淮河上（今属江苏泗洪县南泗河乡）。《水经·淮水注》：“淮水又东径浮山，山北对巉石山。梁氏天监中，立堰于二山之间。”《元和志》卷9濠州招义县：“浮山堰，在县西北六十里。梁天监十三年与荆山堰同时修筑。”

浮山墟　即今广东饶平县西北浮山镇。《清一统志·潮州府》：浮山墟“在饶平县（今三饶镇）东南三十里东洋屯。一名百丈埔。宋张世杰妻许氏会陈弔眼之师，出黄冈与元兵战亡于此”。

浮山寨　在今安徽枞阳县东北浮山下。《方舆纪要》卷26桐城县：浮山寨“明初，徐达攻安庆，自无为州登陆，夜至浮山寨，击败敌兵”。即此。

浮云（雲）楼　在今湖北安陆市西北隅。唐杜牧有《安州浮云楼，寄怀张郎中》诗。

浮中山　在今四川德阳市北三十里。《寰宇记》卷73德阳县：浮中山，“《益州记》云：南阴平乡东有浮中山，每芳春游人登赏，谓之迎春冈。四面断绝”。《方舆纪要》卷67德阳县：浮中山，“亦在县北三十里。山有岩壑之胜者多至此。一名迎春冈”。

浮水　在今河北沧县东南，东入盐山县界。《水经·淇水注》：浮水“首受清河于（浮阳）县界，东北径高成县之苑乡城北，又东径章武县之故城北……浮渎又东北径柳县故城南……浮渎又东北径汉武帝望海台，又东注于海。应劭曰，浮阳县，浮水所出，入海，潮汐往来日再。今沟无复有水也”。即此。

浮水县　隋开皇十六年（596）置，属棣州。治所在今河北孟村回族自治县南十八里新县镇。大业初废。唐武德五年（622）复置，属东盐州。贞观元年（627）废。

浮化山 一名浮山。即今山西平定县东南三十五里东浮山。《清一统志·平定州》：浮化山“《州志》称东浮化山”。

浮玉山 ①即今江苏镇江市西北隅金山。唐时又名金山。《清一统志·镇江府》“金山”条引周必大《杂志》：“此山大江环绕，每风四起，势欲飞动，故南朝谓之浮玉。”

②即天目山。在今浙江临安市西北。《山海经·南山经》：“浮玉之山，北望具区，东望诸𣶃……苕水出于其阴。”《方舆纪要》卷89浙江总叙：“天目山一名浮玉山，其山连亘于杭、宣、湖、徽四州之界。”

浮石山 亦名确山。在今河南确山县东南二里。《魏书·地形志》初安郡怀德县：“有浮石山。”

浮石湖 在今湖北鄂州市西南。《寰宇记》卷112鄂州武昌县：浮石湖“阔七十里。在州西一百八十里。春冬干涸，中有一石独立，周回二十步，形状极下，纵水泛涨而不能没”。《清一统志·武昌府一》：浮石湖“在武昌县南一百二十里。一名浮瓢渚”。

浮石墟 即今广西融安县南浮石镇。清乾隆《柳州府志》卷6融县：“浮石墟在浮石塘。”

浮石潭 在今浙江衢州市北衢江中。《方舆纪要》卷93西安县：浮石潭“在县东北五里信安溪中。有石高丈余，水大至亦不没。潭下有帝王滩，相传明太祖自江右旋师过此，尝驻跸焉，士民荣之，因以为号”。1968年于此建成浮石桥。

浮龙镇 在今江西上犹县西北百里。《方舆纪要》卷88南安府上犹县：浮龙镇在“县西百里。有巡司。《志》云，元至元中置于县西一里浮龙镇，后移于太傅村，即今所也”。

浮丘山 ①在今河北肥乡县南四里。《方舆纪要》卷15肥乡县：浮丘山在“县南四里。土阜隆起，高于平地，仅数尺许。或以为古堤遗址”。

② 即今安徽繁昌县东北浮山。《清一统志·太平府一》：浮丘山“在繁昌县东十里。一名隐玉山。周四十里，高二百仞。产茶最佳。山有二峰，第二峰有石坛、仙洞、丹井、龙池。其南为千军岭”。

③在今河南浚县西南隅。《清一统志·卫辉府一》：浮丘山“在浚县西南隅，半在城内，高三十余丈，盘踞六里，有峰岩三层，县治正跨其上。山颠平峰突起，下有洞二，闳邃如室”。

④在今湖南桃江县西南。《隋书·地理志》：益阳有“浮丘山”。《新唐书·地理志》益阳县：“永泰元年，都督翟灌自望浮驿开新道，经浮丘至湘乡。”即此。《明一统志》卷63长沙府：浮丘山“在益阳县西一百里。峰峦倚伏，亚于南岳。山顶有石亭，相传刘宋时浮丘子炼丹处”。

⑤在今广东广州市区西。《舆地纪胜》卷89广州：浮丘山“在州西四里。有朱明观，浮丘道人得道于此”。《明一统志》卷79引《罗浮记》云：“浮丘即罗山，朱明之门户。先在水中，若浮丘然，四面篙痕宛然。”

浮光山 即弋阳山。在今河南光山县西北八十里。《水经·淮水注》：“淮水又东径浮光山北，亦曰扶光山，即弋阳山也。出名玉及黑石，堪为棋。其山俯映长淮，每有光辉。”

浮休泉 在今湖南郴州市南十五里。亦名圆泉。宋张舜民爱其清冷而甘，因以己号名之。《方舆胜览》卷25郴州：圆泉“张浮休《永庆寺记》云：‘世传陆羽著《茶经》，定水品’。张又新益水品为二十，而圆泉第十八”。

浮舟山 在今湖南吉首市东北。《方舆纪要》卷81镇溪千户所“镇溪山”条下：“《名胜志》：所东北有浮舟山。山形横亘如舟。下有岩洞，水流成溪。”

浮阳县 战国秦置，属巨鹿郡。治所在今河北沧县东南四十里旧州镇。在浮水之阳，故名。西汉为勃海郡治。北魏太和十一年（487）为浮阳郡治。隋开皇十八年（598）改名清池县。

浮阳郡 北魏太和十一年（487）置，属瀛州。治所在浮阳县（今河北沧县东南旧州镇）。辖境相当今河北沧州、沧县、黄骅、海兴、盐山等市县地。隋开皇初废。

浮戏山 一名方山。在今河南荥阳市西南（汜水镇东南三十二里）。《山海经·中山经·中次七经》：浮戏之山“汜水出焉，而北流注于河”。《水经·河水注》：“河水又东合汜水，水南出浮戏山，世谓之曰方山也。”《元和志》卷5汜水县：“汜水出县东南三十二里浮戏山。”

浮护县 南朝梁置，属清远郡。治所在今广东清新县西北。隋开皇十年（590）废。

浮来 春秋时纪邑。在今山东莒县西。《春秋》：隐公八年（前715），“公及莒人盟于浮来”。杜注：“浮来，纪邑。东莞县北有邳乡，邳乡西有公来山，号曰邳来间。”《方舆纪要》卷35谓在蒙阴县西北三十里。《清一统志·沂州府一》谓即莒县西三十里浮丘山。

浮来山 在今山东莒县西。《春秋》：隐公八年（前715），“公及莒人盟于浮来”。《水经·沂水注》：“沂水又东径浮来之山。《春秋》经书‘公及莒人盟于浮来’者也，即公来山也，在邳乡西，故号曰邳来之间也。”《方舆纪要》卷35谓在蒙阴县西北三十里。《清一统志·沂州府一》谓即莒县西三十里浮丘山。

浮岣山 在今广西阳朔县东南。《方舆纪要》卷107阳朔县：浮岣山“在县东南十五里。高出众山”。

浮邱山 又名隐玉山。即今安徽繁昌县东北十五里浮山。旧以产茶著名。《方舆纪要》卷27繁昌县：“县东有浮邱山，有二峰及浮邱洞，又有龙池诸胜。

一名隐玉山。相传浮邱翁隐于此。”

浮沧山　在今四川剑阁县（下寺镇）西南。《新唐书·地理志》：阴平县东有浮沧山。《舆地纪胜》卷186隆庆府：浮沧山“在阴平县东十五里。世传尧遭洪水，湮没殆尽，而此山独存，因名”。

浮图川　今新疆乌鲁木齐市以东之平原。一说指今吉木萨尔县北庭故址附近河流。《旧唐书·回纥传》：贞元六年（790），“葛禄乘胜取回纥之浮图川”。即此。

浮图水　即今四川宝兴县北宝兴河，为青衣江上源。《元和志》卷32卢山县：浮图水“一名车卢水，经县西南五里”。《寰宇记》卷77卢山县：浮图水“在县五里。从生羌界来，水中有孤崖，状如浮图。出贡金”。

浮图关　亦作浮屠关、佛图关。即今重庆市渝中区西佛图关。因上有石佛像，故名。为重庆市西重要关隘。《元史·李进传》：己未年（1259）八月，与宋军“又战浮图关”。即此。

浮图店　即今河北鸡泽县西南十八里浮图店乡。《清一统志·广平府二》：浮图店堡“周三里”。

浮图城　即可汗浮图城。在今新疆吉木萨尔县北二十五里破城子。《旧唐书·地理志》北庭都护府：“贞观十四年，侯君集讨高昌，西突厥屯兵于浮图城，与高昌相响应。”

浮图峪　在今河北涞源县东三十里铁岭下。路出紫荆关。明景泰二年（1451）建城，设守备。清设把总于此。《方舆纪要》卷44广昌县：浮图峪，“嘉靖中，俺答突犯，游击陈风、朱玉率宁夏、固原兵来援，乃却，追过浮图峪，及之于三家村，败走之”。即此。

浮图镇　北齐置，属大宁县。即今山西大宁县城。《元和志》卷12大宁县：“浮图镇，齐河清四年筑，隋移大宁县理此，即今县理是也。”

浮金堂　在今广西藤县城北流河畔。宋初建于东山山麓，后迁今址。《舆地纪胜》卷109藤州：浮金堂“在镡津县（今藤县）衙东山”。宋苏轼被贬儋州（治今海南儋州市西北中和镇），获赦北归，从北流乘木筏至镡津县（今藤县），曾与知州徐畴父子同游登临浮金堂，作《浮金戏作》长诗。

浮泥山　在今湖南安化县东。《明一统志》卷63长沙府：浮泥山“在安化县（治今梅城镇）东北七十里。崖壁峭绝，浮壤沃饶，土人攀援而上，开畬种谷”。

浮城　一名涨埠。在今安徽郎溪县西北十五里江浦。《明一统志》卷17广德州：浮城“在建平县西一十里。广数亩。其上有木，莫能名，斧之则淋漓如血。地至洼下，每夏潦暴涨，诸圩尽没，惟此岿然独存，故名”。

浮城县　西魏置，属城阳郡。治所在今湖北应城市西北三十五里。隋废。

浮洋市　即今广东潮安县西北浮洋镇。清属海阳县。置巡司于此。

浮浓岭　又名附农山、芙蓉山。在今安徽无为县北六十里。为巢湖市、无为县界岭。《水经·沔水注》：“江水自濡须口又东，左会栅口，水导巢湖，东径乌上城北，又东径南谯侨郡城南，又东绝塘径附农山北。”《方舆纪要》卷26无为州：浮浓岭在“州北六十里。亦名芙蓉岭，西北去巢县二十里，两境分界于此。高耸为群山之冠，其上怪石交峙，地势险阻，往来者艰于登陟。正统三年知州王仕锡开凿，行者便焉”。

浮桥　在今安徽芜湖县北黄池镇。清嘉庆《宁国府志》卷15：“黄池渡，一名玉溪。城北一百一十里。旧设浮桥，宣城当涂两县分造。今改为渡。”

浮桥关　在今浙江桐庐县城分水江对岸浮桥埠。《方舆纪要》卷90桐庐县：浮桥关“在县北五里桐溪上”。

浮桥河　在今湖北麻城市西。源出市西北分水岭，东南流注于举水。《清一统志·黄州府一》以浮桥河为《水经注》之倒水。

浮桥镇　在今江苏太仓市东北浮桥镇。清光绪《江苏全省舆图》太仓州：“浮桥镇在城东北七十里。”相传明嘉靖三十五年（1556）抗倭时，因七浦塘水势湍急，曾搭建浮桥，镇以桥名。

浮烟山　即浮山。今山东潍坊市西南二十里之符山。《元丰九域志》卷1：潍州北海县“有浮烟山”。

浮流寨　北宋元祐五年（1090）建，属沙县。即今福建永安市。明置巡司于此。景泰三年（1452）置永安县后，为县治。

浮绥山　在今安徽萧县南。《方舆纪要》卷29萧县：浮绥山“在今县南三十里。东接蕉子山”。

浮虚山　又名浮石山。在今广东中山市东北海中。《方舆纪要》卷101广州府香山县：浮虚山“相传山尝与波上下。《山海经》，南海有浮石山，疑即此”。宋邓光荐有《浮虚山记略》。

浮梁州　元元贞元年（1295）升浮梁县置，属饶州路。治所即今江西浮梁县。明洪武初复降为县。

浮梁县　唐天宝元年（742）改新昌县置，属饶州。治所即今江西浮梁县。《方舆纪要》卷85浮梁县：“天宝元年以溪水时泛，伐木为梁，因名浮梁。”元元贞元年（1295）升为浮梁州。明洪武初复降为县，属饶州府。民国初江西属浔阳道。1916年移治景德镇。1926年直属江西省。1960年并入景德镇市。1988年复置浮梁县，治所即今浮梁县。

浮湖　在今安徽宿松县东南。《方舆纪要》卷26宿松县：浮湖“在县东南六十里，又东十里曰黄湖”。

浮渝府　即扶余府。治所在今吉林四平市西一面城。《宋史·渤海国传》：太平兴国六年（981），“赐乌舍城浮渝府渤海琰王”。

浮渡山　即浮山。在今安徽枞阳县东北。《隋书·地理志》：同安郡同安县“有浮度山”。《舆地纪胜》

卷46安庆府：浮渡山“在桐城东九十里。上有五十三岩。其可居可游者三十六。西南有独山，直上千仞，大江环绕，望之若浮”。

浮游岛 一作蜉蝣岛。即今山东莱州市西北海中芙蓉岛。《元和志》卷11掖县：浮游岛“在县西北四十里。遥望岛中海中，若蜉蝣然，故名”。

浮槎山 又名浮阇山、浮巢山。在今安徽肥东县东，与巢湖市接界。《寰宇记》卷126慎县：“浮阇山亦名浮槎山，在东南四十五里。”《方舆胜览》卷48庐州：浮槎山“在梁县东南三十五里。按《隋志》云，有浮阇山。俗传自海上来，昔有梵僧过而指曰：此耆阇一峰也。梁天监间，帝女总持大师于此建道林寺……欧阳公水记，浮槎山与龙穴山皆在庐州界中，较其水味不及浮槎远甚”。

浮溪 指今浙江临安市西、天目溪在于潜镇附近的一段。宋《咸淳临安志》卷36：“父老相传，大历中具视道者过此，适溪流泛溢，以净中浮渡，故曰浮溪。”《方舆纪要》卷90于潜县：浮溪在“县治（今于潜镇）西二里。源出天目山，一名锦江，阔五十二丈，深五尺，经县南，合众流为紫溪”。

浮膺山 一名浮瀛山。即今福建霞浦县东南浮鹰岛。上有四溪，下临溟海，控扼海道。宋、元时居民蕃庶。明洪武二十一年（1388）徙其民于大金山，地遂荒废。明《郑和航海图》及清《海国闻见录》均作芙蓉山。

浮瀛山 即浮膺山。在今福建霞浦县西南。

浛光县 北宋开宝五年（972）以浛洭县改名，属连州。治所在今广东英德市西北浛洸镇。六年（973）改属英州。元省入英德州。

浛洭县 唐改含洭县置，武德五年（622）为洭州治。治所在今广东英德市西北浛洸镇。贞观初属广州。北宋开宝四年（971）改属连州，五年（972）以避太祖讳改为浛光县。

浛洸司 即含洸。在今广东英德市西北浛光镇。明置巡司于此。《方舆纪要》卷102英德县“洭浦关”条内：“县西有浛洸巡司，即旧含光县也。扼五山径、大小枫林之冲，皆为要害。”

涣水 又名浍水、涉水。自今河南开封县东分狼汤渠水东南流经杞县、睢县、柘城，南入安徽境，经亳州市东北、河南永城市南、安徽宿州市、固镇县，至五河县南入淮水。今上流已湮。下流在安徽境内者即今之浍河。《战国策·楚策一》：魏拔赵邯郸，楚救赵，“邯郸拔，楚取睢、涉之间”。唐咸通十年（869），庞勋为唐军击败于涣水，“勋溺水而死”，皆此。

涣北县 北魏改铚县置，为临涣郡治。治所在今安徽濉溪县西南七十里古城村。北齐改为临涣县。

流川 即今陕西延安市东南临镇。北周天和元年（566）曾移临真县治此。

流井堡 北宋置，属环州。在今甘肃环县西北。金废。

流水沟 一名隆山。即今湖北宜城市东南四十八里流水镇。清光绪《湖北全省分图》：宜城县东南有流水沟。清置流水沟汛，有外委驻防。

流水堡 明置，属广宁左屯卫。在今辽宁锦州市东北二十里。明《辽东志》卷3：大茂堡“堡南流水堡可屯兵”。

流头滩 在今湖北宜昌市西陵区西。《水经·江水注》：“江水又东径流头滩，其水并峻激奔暴，鱼鳖所不能游。行者常苦之，其歌曰：‘滩头白勃坚相持，倏忽沦没别无期。’袁山松曰：‘自蜀至此，五千余里，下水五日，上水百日也。’”《隋书·杨素传》：“及大举伐陈，以素为行军元帅，引舟师趣三硖，军至流头滩。”即此。

流曲镇 即今陕西富平县北流曲镇。北魏置北地郡于此。《清一统志·西安府三》“美原堡”条下：“流曲堡，在县北三十里，即故通川城处。”万历《富平县志》、雍正《陕西通志》均为镇。

流江 亦名检江。相当今四川成都平原之走马河。《史记·河渠书》 秦蜀郡守李冰：“穿二江成都之中。”《正义》引《括地志》：“大江一名汶江，一名管（笮）桥水，一名清（流）江，一名外江，西南自温江县界流来。”

流江水 即今四川仪陇、营山县境之仪陇河。《寰宇记》卷139蓬池县：“验江水一名流江水。西来自仪陇县界，东流经县理北，又东南流入良山县。”流至渠州流江县（今渠县）注入渠江。

流江县 北周武成元年（559）置，为渠州及流江郡治。治所即今四川渠县。隋为宕渠郡治。唐武德初为渠州治。天宝初为潾山郡治。乾元初为渠州治。元至元二十六年（1284）省入渠州。

流江郡 北周武成元年（559）改北宕渠郡置，为渠州治。治所在流江县（今四川渠县）。辖境相当今四川渠县、大竹、广安等县地。隋开皇三年（583）废。

流江镇 北宋置，属仪陇县。在今四川仪陇县（新政镇）东北。

流坑村古建筑群 在今江西乐安县西南七十六里牛安镇东南。是董氏单姓聚族而居的村落。五代时建村。宋时以董氏科第而兴，成为大家族聚居地。元代遭毁。明清时，绍继祖业，兴教办学，修谱建祠，并发展竹木贸易。明中叶渐次形成七横一竖八条街巷，族人按房派宗支分巷分区居住。巷口设门及望楼，门楼间以墙连接围合。巷内卵石铺路，下有良好的排水系统。住宅、宗祠临巷而建，占地361万平方米。村中现存五百余幢建筑中，明清古建筑及遗址二百六十处。建筑均为砖木结构楼房，高一层半，二至三进格局。建筑装饰有木、砖、石雕及彩绘、书法艺术，并有匾额一百八十八方、楹联七十二副、门头墙壁题榜三百六十二方。重要建筑群十八组，戏台、书屋等文化建筑六处，牌坊五座，宗祠四十八处，庙宇八处。另有古水井、风雨亭、码头、古桥、古塔、古村门及古墓葬三十二处。古民居基本保存完好，组群完整，街巷仍为传统风貌，有很高的历史、科学及艺术价值。2001年定为全国重点文物保护单位。

流坊墟　即今江西抚州市临川区东南二十里流坊。明弘治《抚州府志》卷6：临川县六都有刘坊市。清同治《江西全省舆图》卷2：临州县东南有流坊墟。

流求　亦作琉求、留求、瑠求、琉球。即今琉球群岛。《隋书·流求国传》："流求国，居海岛之东，当建安郡东，水行五日而至。"大业六年（610），炀帝遣陈稜、张镇州率兵自义安（今广东潮安）浮海击之，"至高华屿，又东行二日至鼊鼊屿，又一日便至流求"，即此。梁嘉彬在《琉球及东南诸海岛与中国》一书中认为，《隋书》中之流求指今琉球群岛，但他仍指出：《宋史·流求传》、《元史·瑠求传》确是误指台湾为流求，观《宋史·流求传》："流求国，在泉州之东，有海岛曰澎湖，烟火相望"及《元史·瑠求传》："瑠求在南海之东，漳泉福兴四州界内。"数语已可瞭然。

流冷河　在今河北阜城县北。《方舆纪要》卷13阜城县：流冷河在"县北七里，本胡卢河之支流也。又有滹卢河，自冀州、枣强县来，东北流注之，入交河界，注于滹沱。俗作刘麟河，刘豫阜城人也，其子麟尝渡此而名，今涸"。

流沙　①泛指我国西北方之沙漠地区而言。《尚书·禹贡》："导弱水，至于合黎，余波入于流沙。"《汉书·地理志》张掖郡居延县："居延泽在东北，故以为流沙。"

②又称今新疆境内白龙堆沙漠一带为流沙，为中西交通路线必经之地。《晋书·张骏传》：张骏"又使其将杨宣率众越流沙，伐龟兹、鄯善，于是西域并降"。《魏书·世祖纪》：太平真君三年（442），沮渠无讳"走渡流沙，据鄯善"。《周书·异域传》：鄯善"北即白龙堆路。……西北有流沙数百里，夏日有热风，为行旅之患"。《新唐书·西域传》：吐谷浑"西北有流沙数百里，夏有热风，伤行人"。即此。

流沙关　明置，属松潘卫。在今四川松潘县西北十四里。《方舆纪要》卷73松潘卫：流沙关"敌骑经由地也。万历二十八年以后，遇秋防尝以重兵驻此"。

流沙河　①即今河北唐山市丰润区西还乡河支流沙流河。《元史·文宗纪》：致和元年（1328），上都诸王也先帖木儿、平章秃满迭儿自辽东入，撤敦拒于"蓟州东流沙河"，即此。

②古名汉水、汉川水。即今四川汉源县西北之流沙河。《明史·地理志》黎州守御千户所："西南有汉水，源出飞越山之仙人洞，亦曰流沙河，下流至试剑山入大渡河。"

流沙泽　亦曰居延海。在今内蒙古额济纳旗东。一说在今额济纳旗北。《汉书·地理志》张掖郡居延县："居延泽在东北，古文以为流沙。"《寰宇记》卷152甘州张掖县："居延海在县东北一千六百里。即古之流沙泽也。"

流沙城　即今广东雷州市西南一百零四里流沙村。《清一统志·广东》：海安营"千总二员，一驻本营，一防流沙汛"。

流沙营　在今广东连州市东流沙村。《清一统志·连州》"东营"条下：流沙营"在州东十五里"。

流沂　即沂。在今湖北黄石市。《资治通鉴》：东汉建安四年（199），刘勋为孙策所破，"勋走保流沂"。即此。

流杯池　①三国魏洛阳池沼。在今河南洛阳市东北汉魏故城内。《元河南志》引郭缘生《述征记》曰："广阳门北，明帝流杯池犹有处所。"

②在今四川宜宾市北二里天柱山下。清嘉庆《宜宾县志》卷6：流杯池在"治北隔江一里。巨石中劈。黄庭坚于其中甃池九曲，为流觞之乐"。流杯池位于两巨石之间，两壁布满宋至民国名人石刻百余处。

流杯亭　①故址在今江苏苏州市吴中区西北。《吴地记》："流杯亭在女坟湖西百五十步，阖闾三月三日泛舟游之。"

②在今湖南长沙市内。《清一统志·长沙府二》：流杯亭"马氏修禊之所。亭下有池。文天祥有诗"。

流杯殿　隋唐东都宫殿。在今河南洛阳市隋唐故城内。《元河南志》载：流杯殿"在丽春台北，殿上漆渠九曲，从陶光园引水注庄敬院。隋炀帝与宫人为曲水之饮"。

流店站　元置，为水站。在今湖北枝江市东南松滋河北。

流河镇　即今河北青县东北三十里流河镇。《清一统志·天津府二》：流河镇在"卫河西岸，有管主簿驻此"。

流波务　即今山东阳信县西二十五里流波坞。《清一统志·武定府》：流波务，"《旧志》：县界共有十八务，而流波为最大"。

流波矶　一作刘婆矶。在今安徽池州市东北十里长江滨。明嘉靖《池州府志》贵池四境图：东北长江岸有刘婆矶。清光绪《贵池县志》卷4：刘婆矶，"《府志》：一名流波。在城东十里"。清有汛。

流波礶镇　在今安徽金寨县东南。旧属六安县。今为响洪甸水库淹没。清同治《六安州志》卷5：流波礶在"州西南一百四十里"。

流南县　南朝梁置，属阳春郡。治所在今广东阳春市西北三十五里。隋开皇十八年（598）改为南流县。唐武德四年（621）复置，属春州。后废。

流鬼国　在今俄罗斯境西伯利亚东北堪察加半岛。《新唐书·流鬼传》：流鬼"去京师万五千里，直黑水靺鞨东北，少海之北。三面皆阻海，其北莫知所穷。人依屿散居，多沮泽，有鱼盐之利。……南与莫曳靺鞨邻，东南航海十五日行，乃至。贞观十四年，其王遣子可也余莫贡貂皮更三译来朝，授骑都尉"。

流亭庄　即今山东青岛市东北城阳区流亭镇。清同治《即墨县志》卷2《市廛》有流亭。

流常镇　即今河北枣强县东北二十五里流常乡。清于此设流常堡。

流渠城　一作流梁城。在今河南兰考县东南八里。明嘉靖《兰阳县志》卷9：流渠城“在县东南八里宋养马圈，原有城池，俗呼为流渠圈子。弘治四年为黄河水淤平”。《方舆纪要》卷47兰阳县：流渠城“旧亦为县治。以渠水所径而名”。

流梁城　即流渠城。在今河南兰考县东南八里。《清一统志·开封府二》“韩陵城”条：流梁城“旧亦为县治，以渠所经而名”。

流堰河　即今河南西平、上蔡二县境之柳堰河。《方舆纪要》卷50西平县“潕阳河”条下：“又县西五十里为流堰河，经县南，今县南二十里之双义河，东流入汝。”

流觞亭　在今浙江绍兴县西南二十八里兰亭之东。即晋王羲之《兰亭集序》所谓“引以为流觞曲水”者。

流溪　①即今广东从化市南流溪河。《方舆纪要》卷101从化县：流溪“在县南。源出韶州府乳源县流溪山，流经县前，合于曲水。又西流至南海县石门山，入于北江”。

②即西溪河。今四川西充县、南充市境之西充河。《明史·地理志》西充县：“西有西溪，即流溪也。”

流溪水　即今四川南充市西南吉安河。《寰宇记》卷86流溪县：流溪水“在县东北四十步。源出遂州方义县界，下至当州北流，向东迤逦入嘉陵江”。《方舆纪要》卷68顺庆府南充县：流溪水在“府西八十里。源出潼川州遂宁县界，平流三十里，无滩险，东南入嘉陵江。唐流溪县以此名”。

流溪司　在今广东从化市西南石潭村。明洪武三年(1370)置巡司于此。后迁神冈村（今从化市西南神冈镇）。清顺治中移莲塘村（今从化市东北良口镇）。

流溪县　唐开耀元年（681）置，属果州。治所在今四川南充市西南九十里金凤镇。北宋熙宁六年(1073)省入南充县。南宋绍兴二十七年（1157）复置。宝庆三年（1227）属顺庆府。元至元二十年(1283)省入西充县。

流溪墟　即今广东从化市东北五十里良口镇。旧名莲塘村，清顺治中迁流溪巡司于此。

流溪镇　北宋置，属南充县。在今四川南充市西南九十里金凤镇。

流鞍河　在今河南沈丘县东南。《方舆纪要》卷47沈丘县：“流鞍河在县东北二十里。《志》云：自项城县西接百尺沟，经县境，至江南颍州西二十里而入于颍河。”

流澌桥镇　又名流泗桥镇。即今江西湖口县东北三十里流泗镇。清同治《江西全省舆图》卷13九江府湖口县：东北有流澌桥。

润山堡　在今广西平果县东北。《方舆纪要》卷110归德州：润山堡，“《图经》云：在州（故治在今归德）东”。

润水　又名闰水。汝水支流。自今安徽临泉县西南，流经阜南县东北境，折向东南至颍上县润河镇入淮。《水经·淮水注》：“淮水又东北，左会润水。”

润州　①隋开皇十五年（595）置，治所在延陵县(今江苏镇江市)。《元和志》卷25润州：“城东有润浦口，因以为名。”大业三年（607）废。唐武德三年(620)复置，治所在丹徒县（今江苏镇江市）。天宝元年（742）改为丹阳郡。乾元元年（758）复为润州。辖境相当今江苏南京、句容、镇江、丹徒、丹阳、金坛等市县地。建中三年（782）置镇海军，宋初仍为润州。开宝八年（975）又置镇江军，政和三年（1113）改为镇江府。

②辽圣宗时置。治所在海阳县（今河北抚宁县东北海阳镇）。金皇统三年（1143）废。

润州塘　在今湖北英山县北。《明一统志》卷14庐州府：润州塘“在英山县北，延袤数丈。相传谓润州水涨则塘水满而不流，消则浅而不竭”。

润陂　在今江西进贤县东北。明置巡司于此。

润陂水　又名润溪水。在今江西进贤县东北。《清一统志·南昌府一》：润陂水“在进贤县东七十里。源出雄岚峰，北流汇为阳方湖，又东北入余干县界瑞洪镇，入鄱湖”。水旁为润陂市。

润陂市　在今江西进贤县东北。清同治《进贤县志》卷25艺文诗有朱子《过润陂市》诗。

润陂镇　又作润陂市。北宋置，属进贤县。在今江西进贤县东北七十里。明洪武初置巡司于此。

润河集　即今安徽颍上县西南润河镇。清顺治《颍上县志》卷2：淮润乡有润河村。光绪《颍上县志》卷2：有润河集。

润城堡　即今山西阳城县东润城镇。《清一统志·泽州府》“刘善堡”条下：润城堡“明末乡人所立，以捍‘流寇’”。

润浦　又名东浦。在今江苏镇江市东。《元和志》卷25润州丹徒县：“东浦，亦谓之润浦，在县东二里，北流入江。隋置润州，取此浦为名也。”

涧于水　在今河北唐山市丰润区东北。为还乡河支流。《水经·鲍丘水注》：“梁河又南，涧于水注之。水出东北山，西南流，径土垠县故城东，西南流，入巨梁水。”即此。

涧水　①在今山西洪洞县南。《水经·汾水注》：“涧水东出谷远县西山，西南径霍山南，又西径杨县故城北。……其水西流入于汾水。”《清一统志·平阳府一》：涧水“有二源，一出岳阳县安吉岭，一出岳阳县堆金里，合而西流，至洪洞县南入于汾”。

②即今河南西北部涧河。与谷水会合后，二水互为通称，或称谷水，或称涧水。《尚书·洛诰》：“我乃卜涧水东、瀍水西。”《禹贡》：“伊、洛、瀍、

涧，既入于河。”涧水下游即今河南洛阳市西涧河，但对涧水上游河段诸家说法不一：(1)《汉书·地理志》弘农郡新安县：“《禹贡》涧水在东，南入洛。”《水经·涧水》：“涧水出新安县南白石山，东南入于洛。”指源出今河南新安县南东北流至洛阳西注入涧水之王祥河。(2) 伪孔传曰：“涧出沔（应为渑）池山。”《水经·谷水注》：“谷水又东，左会北溪，溪水北出渑池山，东南流注于谷，疑即孔安国所谓涧水也。”即指源出今河南渑池县西之涧水，东南流会谷水。(3)《水经·涧水注》：“又按河南有离山水，谓之为涧水。水西北出离山，东南流历郏山于谷城东，而南流注于谷。”水源出今河南新安县东北，东南流至洛阳市西北与古谷水（今涧河）合流入洛。

③在今广西大新县西北。《明史·地理志》茗盈州：“南有观音岩，涧水出焉，下流入于丽江。”《清一统志·太平府》：涧水“在茗盈土州南。源出观音岩，过岩穿洞，直抵州南。又有三小涧水出山谷间，亦至州前合流，入养利州界。其水狭小，石岩层叠，不通舟楫”。

涧布镇　即今江西宜春市东南六十里涧富村。《方舆纪要》卷 87 袁州府宜春县：涧布镇“在府南涧布岭。有巡司”。

涧头集　即今山东枣庄市南涧头集镇。旧属峄县。清光绪《山东通志》卷 2《舆图志》：峄县南有涧头集。

涧池铺　即今陕西汉阴县东南涧池镇。清《乾隆内府舆图》：汉阴县东有涧池铺。光绪《陕西全省舆地图》汉阴县：涧池铺“距城三十里”。

涧池堡　清嘉庆初建。即今陕西汉阴县东南二十里涧池镇。

涧阳县　南朝宋改简阳县置，为宁浦郡治。治所在今广西横县西飞龙村附近江口村。南齐复改为简阳县。

涧河　①在今北京市延庆县南。《方舆纪要》卷 17 延庆州：涧河在“州南三十里，源出八达岭，岭东四里有青龙桥，涧河经其下，东南流入居庸关，达昌平州界，入于榆河”。

②在今山西晋中市榆次区南。《清一统志·太原府一》：涧河“在太原县南，源出寿阳县李家山，亦名赤坑河。西南径榆次县，会芹谷、蒜谷、白龙诸水，至太原县界，入汾”。

③在今江苏淮安市楚州区东南。《方舆纪要》卷 22 淮安府“泾河”条下：“涧河在府东南五十里。旧为盐城运道，府东境小水，多会于此，下流入射阳湖。”《清一统志·淮安府一》：涧河“在府城东门外，上流自运河灌城中市河，出东门直达射阳湖。旧为盐城运河。《淮南水利考》：洪武三年，知府姚斌开淮安城东北菊花沟，以通海运道。菊花沟一名涧河”。

④即古涧水。在今河南洛阳市西。涧水与谷水二水互为通称。

涧桥镇　清置，属清河县。即今江苏淮安市淮阴区西北三十五里涧桥。清置巡检于此。《清一统志·淮安府二》：涧桥镇“西有汤家涧。旧引涟、沭二水，以通南北舟楫。今久堙塞”。

涧富岭　又名涧布岭。即今江西宜春市东南六十里涧富。明置巡司于此。

涧溪镇　即今安徽明光市东北涧溪镇。清《乾隆内府舆图》：盱眙县南有涧溪镇。

涧磁村定窑遗址　在今河北曲阳县北涧磁村。创烧于唐。是宋代五大名窑之一。定窑以烧白瓷为主，兼烧黑釉、酱釉、绿釉及白釉剔花器。它的白瓷对后代瓷器有很大影响。装饰有刻花、划花与印花三种，其中印花瓷器在宋代印花白瓷中最有代表性。1988 年定为全国重点文物保护单位。

涧壁镇　即谏壁镇。今江苏镇江市东南谏壁镇。宋马令《南唐书·卢绛传》：绛“入金陵，诣后主上书，陈京口至涧壁要冲之地，宜立栅屯戍”。

浣衣里　在今河南汤阴县西南七里。西晋侍中嵇绍葬处。《寰宇记》卷 55 汤阴县浣衣里引《邺中记》：“惠帝师败汤阴，千官皆走，独绍端冕帝侧，以身捍主，遂至见害，血溅御衣。及事宁，左右欲浣之，帝曰：‘此嵇侍中血，勿去也’。诏葬县南，因名此地为浣衣里。”

浣江　①又名浣浦、浣沙溪。浦阳江流经今浙江诸暨市南苎萝山附近江道的称谓。宋《嘉泰会稽志》卷 10 诸暨县：浣江“在县东南一里，俗传西子浣纱之所”。

②在今云南华宁县西南。《方舆纪要》卷 115 宁州：“浣江在州（今华宁县）西南三里。水从州北晴龙潭流下，夹岸林树阴森，为行客饯别之所。经州南，又东南会于婆兮江。”

浣花里　唐成都县坊里。在今四川成都市西南五里杜甫草堂一带。《旧唐书·杜甫传》：“甫于成都浣花里，种竹植树，结庐枕江。”即此。

浣花草堂　即杜甫草堂的别称。在今四川成都市西郊浣花溪畔。以位在浣花溪旁，故名。唐杜甫《相从歌赠严二别驾》诗云：“我行入东川，十步一回首。成都乱罢气萧飒，浣花草堂亦何有?”

浣花溪　在今四川成都市西郊草堂寺一带，为南河支流。《方舆胜览》卷 51 成都府：浣花溪“在城西五里。一名百花潭”。溪北为唐诗人杜甫故居。号浣花草堂。唐女诗人薛涛亦家于溪旁，以溪水造十色笺，名浣花笺。自唐以来，为成都著名的游览地。

浣沙溪　即浣江。今浙江浦阳江流经诸暨市南苎萝山附近河段。

浣溪河　亦名共琦河。即今新疆尉犁县境之孔雀河，为塔里木河下游支流。清宣统《新疆图志》卷 71：“孔雀河又折东南流为共琦河，下游与渭干北河会。”孔雀河“又南流注于河，即下流之共琦河，东南流会渭干北河，同入塔里木大河也。孔雀、共琦一音之转”。

浤芝驿　明置，属安邑县。即今山西运城市西北泓芝驿镇。《清一统志·解州》：浤芝驿“在安邑县西北四十五里，西接猗氏县界。旧有驿丞，今裁”。

浪川州　亦作浪州。唐贞元十三年（797）置，属戎州都督府。治所在今四川金阳县西南。北宋属叙州。后废。

浪子山站　即今辽宁辽阳县东南浪子山。清置驿站。乾隆《钦定盛京通志》卷33：奉天南至朝鲜站道二百里“至浪子山站”。即此。

浪井　在今江西九江市内。《寰宇记》卷111德化县：浪井，“《州图经》云，汉高祖六年，颍阴侯灌婴所开，年深堙塞。孙权经此自标井地，命使凿之，正得此井，有石函。其铭曰：汉高祖六年，颍阴侯开。又云不满三百年，当为应运者所开。权见而悦，以为己瑞。江有风浪，此水辄自漂动，土人呼为浪井”。

浪水　在今湖北随州市南。《舆地纪胜》卷83随州：浪水“在州南四十五里。源出大獬山，流入涢河”。

浪石镇　北宋置，属临桂县。即今广西阳朔县北漓江东岸浪石。

浪卡子宗　即浪噶子。原西藏地方政府设，治所即今西藏浪卡子县。“浪卡子”，藏语意为白鼻尖、鼻形白山梁。1960年改设浪卡子县。

浪白　在今广东珠海市西南。《明史·佛郎机传》：万历三十五年（1607），“番禺举人卢廷龙会试入朝，请尽逐澳中诸番，出居浪白外海，还我壕镜故地，当事不能用”。清乾隆《澳门纪略》上卷：“外有岛广百余里，是为浪白滘，明初诸蕃互市于此。嘉靖中始移濠镜。”

浪白澳　在今广东珠海市西南三灶岛之西。《方舆纪要》卷101香山县“井澳”条内：“《志》云，县有浪白澳，为海道戍守处。”

浪庄寺　亦作浪藏寺。在今四川得荣县。《清史稿·宣统本纪》：宣统三年（1911），赵尔丰奏：“浪庄寺喇嘛千余人许还俗。”

浪州　①唐永徽二年（651）置羁縻州，属茂州都督府。治所在今四川汶川县西南邛崃山附近地区。后废。

②即浪川州。唐置，属戎州都督府。治所在今四川金阳县西南。后废。

浪汤渠　即狼汤渠。《说文》“涠”字：“涠水，受淮阳扶沟浪汤渠，东入淮。”段注：“《前志》作狼汤……《水经注》作蒗荡渠，《集韵》作蒗荡渠，皆音同字异。”

浪花礁　在南海中中国西沙群岛永兴岛东南，位于滨湄滩南13海里。东西长10海里，南北宽3.6海里。低潮时有部分礁石露出海面。中国渔民向称三筐或三匡。1910年《东方杂志》载《广东西沙群岛志》称为浪花礁。1935年公布名称为傍俾礁。1947年改称蓬勃礁。1983年仍名浪花礁。

浪沧　即今云南南涧彝族自治县西南浪沧乡（公郎）。旧属蒙化县，民国时设县佐。

浪沧江　即今云南南涧彝族自治县西南浪沧。明洪武十七年（1384）置土巡检司于此。

浪沧江铺　即澜沧江。今云南南涧彝族自治县西南浪沧乡。

浪河　在今湖北丹江口市西南。《方舆纪要》卷79均州“曾河”条下：“又有浪河，在州东南七十里，亦出太和山，东流入汉。”

浪泊　今越南河内市西北，东英县西南之西湖。《后汉书·马援传》：建武十八年（42），援由海道讨征侧，“军至浪泊上，与贼战，破之。……（十九年，马援）谓官属曰：……当吾在浪泊、西里间，虏未灭之时，下潦上雾，毒气重蒸，仰视飞鸢跕跕堕水中”。《方舆纪要》卷112安南交州府：浪泊在“东关县西北。一名西湖”。

浪穹州　唐代在浪穹诏地置，治所即今云南洱源县。辖境约当今云南洱源县大部地。天宝后废。

浪穹县　元世祖至元十一年（1274）改浪穹千户置，属邓川州。治所即今云南洱源县。清属大理府。1913年改洱源县。

浪穹诏　唐代洱海地区六诏之一。在今云南洱源县。开元中为南诏所败。

浪弥州　①唐开元十七年（729）置羁縻州，属黎州都督府。治所在今四川喜德县东尼波镇。北宋又作浪猕州。后废。

②唐置羁縻州，属嶲州都督府。治所在今四川凉山彝族自治州境。后废。

浪荡营　清乾隆年间置，在今西藏林周县西南朗塘。藏语意为“朗日塘巴”（西藏从前有名的格西）的驻地。

浪峤　即琅峤。今台湾省本岛南部恒春半岛。《明史·鸡笼传》：“其地北自鸡笼，南至浪峤，可一千余里。”

浪峤南屿　又名琅琦山。即琅峤。今台湾省南部屏东县恒春半岛。《清一统志·台湾府》：浪峤南屿“在凤山县南二百四十里。一名琅峤山。《旧志》：自沙马矶头，一潮水可至，远视微茫，舟人罕至，土番所居，地宜羊。去下淡水三百余里，多瘴气”。17世纪时郑成功曾驻军于此。

浪琦社　即郎娇社。在今台湾省屏东县南恒春镇。

浪猕州　即浪弥州。在今四川泸定或石棉、汉源等县境。

浪港山　即今浙江舟山群岛东部海中浪岗山列岛。《清一统志·宁波府》：浪港山“在慈谿县西北七十里。观海卫城负焉。山南有矿穴，明嘉靖间立厂开取岩石，压死者无算，御史王绅奏止之”。今属岱山县。

浪溪河　即今广西融安县东北浪溪河。融江支流。《舆地纪胜》卷114融州：浪溪“在融县东北”。《清一统志·柳州府》：浪溪江“在融县东北六十里。

一发源永宁州高望山；一发源义宁县大罗山，西流至县界。又宝江源出怀远县，南流入县界，折而西，与浪溪江并入融江。居民多设木障为陂，以溉田亩”。

浪滩　在今广西桂平市西北九十里黔江中。《方舆纪要》卷108桂平县“浪滩”引《郡志》云：“万历初，议者以弩滩、浪滩两处瑶‘贼’远徙，旧穴辽旷，恐为他贼所乘，宜于滩碕各立营堡，戍以官兵。”

浪噶子　亦作朗噶孜、那噶尔孜、拉噶孜、纳噶尔宗、浪卡子宗。即今西藏浪卡子县。清乾隆《卫藏通志》卷4《程站》：“白地至亚喜尖，或挞鲁尖，浪噶子宿，计程一百五里。”

浪藏寺　亦作浪庄寺。在今四川得荣县。《清史稿·土司传》：宣统三年（1911）二月，“（赵）尔丰以巴塘所属之得荣浪藏寺数年不服，派兵攻克之，设得荣委员”。

浪醴江　在今广西贵港市东南。明万历《广西通志》卷5博白县：浪醴江在“县西六十里。源出尚流乡，西流经贵县”。入于郁江。

浸美场　在今福建晋江市东南。《方舆纪要》卷99晋江县：浸美场“在县（旧治即今泉州市）东南六十里。产盐。元置管勾司，后改司令司。明洪武初，改为场。二十五年，又改设盐课司”。

浸潭墟　即今广东清新县西北浸潭镇。清设浸潭汛，有守备驻防。

涨海　指今南海东部。为自大食至中国航行所经七海之最后一海。《初学记》卷6引谢承《后汉书》曰：“交阯七郡贡献，皆从涨海出人。”

涨渡湖　即今湖北武汉市新洲区南涨渡湖。清光绪《湖北全省分图》：黄冈县西北有涨渡湖。民国《湖北通志》卷10黄冈县：涨渡湖“在县西北九十里”。

涩水　即瑟水。亦即今河南罗山县东潢河。《寰宇记》卷132信阳县：“涩水出县南霸山七十五里山石之间，波流塞涩，因以为名。”

涩（澁）港店　亦作塞冈店。即今河南罗山县西南六十八里涩港镇。民国《重修信阳县志》卷18《兵事》：同治元年（1862）六月，“周凤山击败涩港踞贼”。

涩（澀）滩　在今安徽泾县西南九十五里青弋江上。唐李白有《下泾县陵阳溪至涩滩》诗：“涩滩鸣嘈嘈，两山足猿猱。白波若卷雪，侧石不容舠。渔人与舟人，撑折万张篙。”《清一统志·宁国府》：涩滩“在泾县西九十五里。怪石峻列，如虎伏龙蟠”。现没入陈村水库。

涌口　亦作浦口。古涌水入江处。在今湖北洪湖市西境长江北岸。《水经·江水注》：“（涌）水自夏水南通于江，谓之涌口。”《资治通鉴》：东晋义熙六年（410），刘道规讨桓谦，“檀道济先进陷陈，谦等大败。谦等单舸奔苟林，道规追斩之，还至涌口”。即此。

涌山　亦名涌泉山、通泉山。在今四川射洪县东南三十里。《元和志》卷33通泉县：“宋于此置西宕渠郡，后魏恭帝移于涌山，改名涌泉郡。”

涌水　长江北枝津。自今湖北荆州市沙市区南分长江水东流，至洪湖市西境复入长江。《左传》：庄公十八年（前676），“阎敖游涌而逸”。即此涌水。

涌（湧）月亭　在今湖北武汉市汉阳城区凤栖山上。《明一统志》卷59汉阳府：涌月亭“宋黄清老建。今巨石上有‘涌月’二字”。亭早废，石亦不存。隔江黄鹤楼侧有涌月台。

涌兴场　亦作太平场、永兴场。即今四川渠县东北涌河西岸涌兴镇。清同治《渠县志》卷4：太平场在“县北一百二十里，即永兴场”。

涌拔山　即今云南澄江县西南抚仙湖西岸之尖山。元、明称涌拔山。《元混一方舆胜览》澂江路：涌拔山“不与群山接，高峰独秀，类秦之华”。

涌（湧）金门　为五代吴越国杭州城的西门，因门内有涌金池而得名。南宋绍兴二十八年（1158）增筑杭城，改名丰豫门。明初复名涌金门。1913年拆除，改建南山路。涌金门原有水门、旱门各一，旱门故址在今浙江杭州市涌金门直街与南山路交接处。水门故址在旱门稍北。

涌（湧）金泉　在今山西夏县西南。《方舆纪要》卷41夏县：涌金泉在“县西南十五里，西入安邑之黑龙潭。相传盐池得此水始凝结”。

涌（湧）泉　①在今上海市静安寺前。因昼夜沸腾，故又名沸井。俗称海眼。清末围以石栏，题为“天下第六泉”。中华人民共和国成立后因妨碍交通，拆去石栏，加盖于井上，铺为路面。

②在今河南内乡县西。《方舆纪要》卷51内乡县：涌泉“广八尺，水极清澈，自下涌出，的皪如珠，溉田甚广”。

③在今广东韶关市东南二十里。涌出石罅中，西流十里入溱水。宋余靖有《涌泉亭记》。

④在今四川遂宁市西北。《方舆纪要》卷71遂宁县：涌泉“在县西北。至（玉）垒镇之曲，有清泉涌出，灌溉垒旁之田”。《清一统志·潼川府一》：涌泉“在遂宁县西北玉垒镇。其地有泉涌出，灌溉镇旁之田”。

涌（湧）泉市　即今浙江临海市东南灵江北岸涌泉镇。民国《临海县志》卷4：涌泉市“在县东南六十里”。

涌（湧）泉寺　在今福建福州市城东十五里鼓山半山腰。原为积水潭，五代梁开平二年（908）闽王王审知填潭建寺，请名僧神晏国师主持，号国师馆。其后，宋真宗赐额“涌泉禅院”。明永乐五年（1407）改称寺。嘉靖二十一年（1542）毁于火。天启七年（1627）重建。现存主要建筑有天王殿、大雄宝殿、法堂、钟鼓楼、藏经殿、白云堂、明月楼、回龙阁等，均为清及近代重建。寺前两座千佛陶塔，建于北宋元丰五年（1082）。以陶烧造的大型宝塔，为国内罕见，对研究宋代建筑艺术有重要意义。

涌（湧）泉村 即今山东潍坊市东涌泉乡。1945—1950年为潍南县治。

涌（湧）泉县 ①西魏改宕渠县置，为通泉郡治。治所即今四川射洪县东南洋溪镇。《舆地纪胜》卷154潼川府通泉县："《图经》云：县东五里定惠寺，有泉出于崇山之顶，经夏江涨，其泉亦涌，县得名因于此。"北周明帝时改为通井县。

②唐武德四年（621）置，属尹州。治所在今云南禄丰县西北四十七里高峰乡南元永井。天宝后废。

涌（湧）泉河 在今河北遵化市西南。《方舆纪要》卷11遵化县：涌泉河"湖不甚广，而泉水澄渟不竭。徐贞明曰：县西南平安城及沙河铺、涌泉湖、韭菜沟、上素河、下素河，皆利于耕屯处也"。

涌（湧）泉郡 西魏恭帝改西宕渠郡置，属新州。治所在涌泉县（北周改为通井县。今四川射洪县东南洋溪镇附近）。《元和志》卷33通泉县："宋于此置西宕渠郡。后魏恭帝移于涌山，改名涌泉郡。"辖境相当今四川射洪县地。隋开皇三年（583）废。

涌（湧）泉湖 在今浙江富阳市西。《方舆纪要》卷90富阳县：涌泉湖"在县西二十五里。溉田可四百余亩"。

涌（湧）泉镇 北宋置，属阳安县。在今四川简阳市东九十里涌泉镇。

涌（湧）翠山 又作拥翠山。在今云南南涧彝族自治县北十里。《方舆纪要》卷116定边县：涌翠山"在治北十里。有刀思郎遗垒"。

浚（浚 xùn） 春秋卫邑。在今河南濮阳县南。《诗经·鄘风·干旄》："孑孑干旄，在浚之城。"即此。

浚水 ①在今河南开封市北。《诗经·邶风·凯风》："爰有寒泉，在浚之下。"《水经·渠水注》引《竹书纪年》："梁惠成王三十一年三月，为大沟于北郛，以行圃田之水。"又引《陈留风俗传》曰："县北有浚水，像而仪之，故曰浚仪。"《方舆纪要》卷47开封府祥符县：浚水，"《志》云：今城西三十里有寒泉陂，即《诗》所称者。浚水为汴水所夺，故汴水经大梁北，亦兼浚水之名。汉明帝时，王景作浚仪渠，盖即汴渠也"。

②即黎水。在今河南浚县东北。《明史·地理志》浚县："黎水，亦谓之浚水。"

浚仪县 ①西汉文帝时置，属梁国。治所在今河南开封市。《水经·渠水注》引《陈留风俗传》曰："县北有浚水，像而仪之，故曰浚仪。"建元初属陈留郡。三国魏、西晋属陈留国。后废。北魏孝昌二年（526）复置，为陈留郡治。隋开皇初为汴州治。大业初属荥阳郡。唐为汴州治。五代（梁、晋、汉、周）及北宋定都于此，与开封县同为开封府治。大中祥符三年（1010）改为祥符县。

②东晋义熙十二年（416）侨置，为陈留侨郡治。治所在今安徽寿县西南。隋开皇三年（583）废。

③南朝宋改城父县置，属陈留郡。治所在今安徽亳州市东南城父镇。隋开皇十八年（598）复为城父县。

浚仪渠 狼汤渠分黄河水东流至浚仪县（今河南开封市）境一段的别称。《后汉书·王景传》：东汉明帝命王景"与将作谒者王吴共修作浚仪渠"。《水经·济水注》："渠流东注浚仪，故复谓之浚仪渠也。"

浚州 北宋政和五年（1115）升通利军置，治所在黎阳县（今河南浚县东）。金皇统八年（1148）改为通州。天德三年（1151）复为浚州。元初省黎阳县入州，属大名路。明洪武三年（1370）降为浚县。

浚县 ①北宋政和五年（1115）置，治所在黎阳县（今河南浚县东）。金皇统八年（1148）改为通州。天德三年（1151）复为浚州。元初省黎阳县入浚州，属真定府。至元二年（1265）属大名府。明洪武二年（1369）降为浚县。

②明洪武二年（1369）改浚州置，属大名府。治所即今河南浚县。清雍正三年（1725）改属卫辉府。民国初属河南河北道。1930年直属河南省。

浚河 在今山东费县西北三十里。《方舆纪要》卷33费县：浚河"源出聪山，东南流，合于祊水"。

浚遒县（浚 jùn） 即逡遒县。治所在今安徽肥东县东二十里龙城村。

浚道县（浚 jùn） 即逡遒县、浚遒县。治所在今安徽肥东县东二十里龙城村。道为遒之讹。

浚（濬）源山 在今江西婺源县西南。《方舆纪要》卷28徽州府婺源县：浚源山"在县西南百里，高二百十仞。亦名游山。接乐平及浮梁县界。有浚源水，溉田三十余顷，南流合杭溪水，入乐平界"。

浚稽山（浚 jùn） 今蒙古国巴彦洪戈尔省推河、塔楚河之南的古尔班博克多山。在杭爱山之南。一说即推河上源地杭爱山。《史记·匈奴列传》：太初二年（前103），赵破奴"将二万余骑出朔方西北二千余里，期至浚稽山而还"。《汉书·李陵传》：天汉二年（前99），"将步卒五千人出居延，北行三十日，至浚稽山止营"。据《李陵传》，有东、西浚稽山，今古尔班博克多山有大博克多、小博克多。

浚稽州 唐置，隶安北大都护府。在浚稽山，故名。当今蒙古国西南图音河、塔楚河南，古尔班博克多山一带。后废。

娑夷水 在今巴基斯坦控制下之克什米尔的吉尔吉特西北，为印度河支流。《新唐书·西域传》：小勃律国"王居孽多城，临娑夷水"。

娑奚水 亦作娑夷水。今巴基斯坦控制之克什米尔的吉尔吉特西北，为印度河支流。《旧唐书·高仙芝传》：天宝年间，讨小勃律，越坦驹岭，至"娑夷水，即古之弱水也"。《方舆纪要》卷65：娑奚水"即弱水，在小勃律国境内"。

娑奚桥 亦名娑夷桥。在今巴基斯坦控制之克什米尔西北部印度河支流吉尔吉特河上。《旧唐书·高仙芝传》：天宝间讨小勃律，仙芝“急令（席）元庆斫（娑夷河）藤桥，去勃律犹六十里。及暮，才斫了，吐蕃兵马大至，已无及矣。藤桥阔一箭道，修之一年方成。勃律先为吐蕃所诈借路，遂成此桥”。《方舆纪要》卷65：娑奚桥“在小勃律国都城南娑奚水上，有藤桥，路通吐蕃”。

娑陵水　又作仙俄河，仙萼河。突厥文碑作Sälängä。即今蒙古国境之色楞格河。《新唐书·回鹘传上》：“回纥姓药罗葛氏，居薛延陀娑陵水上，距京师七千余里。”

娑勒川　今塔吉克斯坦喷赤河上源瓦罕河。《旧唐书·高仙芝传》：天宝年间，攻吐蕃连云堡，“堡中有兵千人，又城南十五里因山为栅，有兵八九千人。城下有娑勒川，水涨不可渡。……天宝六载八月，仙芝虏勃律王及公主趣赤佛堂路班师。九月，复至娑勒川连云堡”。

娑勒色诃城　一名娑勒城。在今阿富汗东北境萨尔哈德。唐置钵和州于此。

娑勒城　即娑勒色诃城。今阿富汗东北萨尔哈德。《新唐书·西域传》小勃律：“北五百里当护密之娑勒城。”

娑婆岭隘　在今山西静乐县东北五十里娑婆乡。明置娑婆岭巡司。

宽仁门　五代梁东都、晋汉周东京城（今河南开封市）内宫城东一门。《资治通鉴》：五代晋开运三年(946)，“帝于宫中起火，自携剑驱后宫十余人将赴火，为亲军将薛超所持。俄而（张）彦泽自宽仁门传契丹主与太后书慰抚之”。

宽仁里　本名桃子园。即今广东紫金县西南义容镇。明、清置巡司于此。

宽田吉思海　一作宽定吉思海。即今哈萨克斯坦、土库曼斯坦西之里海。《元史·速不台传》：乙未年(1235)，速不台“遂虏八赤蛮妻子于宽田吉思海”。即此。

宽台（臺）山　即今甘肃玉门市北宽滩山。《清一统志·安西州》：宽台山“在玉门县赤金所东南，嘉峪关西。山宽如台，故名”。

宽佃峪关　明置，属蓟州。为长城关隘之一。在今天津市蓟县东北长城边。《方舆纪要》卷11蓟州：宽佃峪关，“《志》云：黄崖峪东第六关也。自黄崖峪以东，至遵化县之马兰关，凡十口，而宽田峪为要路”。

宽甸县　清光绪三年（1877）析岫岩厅东部地区置，属奉天凤凰厅。治所即今辽宁宽甸满族自治县(宽甸镇)。以宽甸堡为名。民国初属奉天东边道。1929年属辽宁省。1945年改属安东省。1949年属辽东省。1954年仍属辽宁省。1985年改设宽甸满族自治县。

宽河　①在今天津市西郊。初为河流，清末淤塞，今仅存地名大宽河。同治《静海县志》丑集：“宽河在县东三十五里，今淤塞，略有形迹。”

②又名豹河。即今河北宽城满族自治县之瀑河。《明史·地理志》北平都司宽河所：“东南有宽河，一名豹河，下游经迁安县西北，又东合于滦河。”

③城名。即今河北宽城满族自治县。明洪武二十年（1387），冯胜北征纳哈出筑城，二十二年(1389）设宽河千户所，永乐元年（1403）撤废。《明通鉴》：宣德三年（1428），乌梁海万众侵边，宣宗北出喜峰口，抵宽河，大败乌梁海，即此。

④在今黑龙江省呼玛县南。民国《黑龙江志稿》卷4：“滚河，蒙古语深也。亦作宽河，在（瑷珲）县北，会口距县二百十里。二源合而东流百里，注于黑龙江。河南产金。”

宽河千户所　明洪武二十二年（1389）置，属大宁都司。治所在宽城（今河北宽城满族自治县）。永乐元年（1403）徙治遵化县（今河北遵化市），后又徙治京师（今北京市）。寻废。

宽河镇　①北宋置，属商河县。在今山东商河县东北宽河街。

②今山东茌平县西博平镇。北宋景祐四年(1037）徙博平县治此。1956年撤销博平县，并入茌平县，改为博平镇。

宽定吉思海　一作宽田吉思海。即今哈萨克斯坦、土库曼斯坦西之里海。《元史·速不台传》：癸未年(1223)，速不台讨钦察，“遂引兵绕宽定吉思海”。即此。

宽帮镇　即今辽宁绥中县西北宽帮镇。清光绪《奉天全省地舆图说图志》宁远州：“宽帮在州城西南一百一十里。”

宽城子　在今吉林长春市。清道光五年（1825）长春厅移治于此。光绪十四年（1888）为长春府治。三十一年中日《北京条约》订定开为商埠。1913年为长春县治。民国魏声龢《吉林地志》：“长春县，土名宽城子。”

宽阔场　即今贵州绥阳县西北宽阔镇。清道光《遵义府志》卷6绥阳县：宽阔场在“城北九十里”。

宽奠堡　一作宽甸堡。明置，即今辽宁宽甸满族自治县（宽甸镇）。《方舆纪要》卷37辽东都司：宽奠堡在“司东南五百里。万历六年筑”。

家计寨　即杨家砦。在今甘肃陇南市武都区北一百里。《方舆胜览》卷70阶州：杨家崖，“《郡县志》即阶州家计寨，控白江月掌山路。建炎、绍兴间，吴玠兄弟继为大将，保蜀口，时四州未有城，命逐州各择地为寨，而家计寨最控扼险阻，又素有积粟水泉之类，寇至常不能破”。

家谷　春秋晋地。在今山西绛县东北。《水经·浍水注》引《竹书纪年》：“庄伯以曲沃叛，伐翼。公子万救翼，荀叔轸追之至于家谷。”

宵城　亦名笑城。在今湖北天门市东。《清一统志·安陆府》：宵城，“《县志》：天门县东有笑城，即宵城之讹”。

宵城县　亦作霄城县。西晋末置，属竟陵郡。治所在今湖北天门市东北。北周改竟陵县。

宴（醼）友台（臺）　亦名射雉台。在今河北南皮县东。《寰宇记》卷65沧州南皮县："醼友台在县东二十五里。《魏志》云：文帝为五官中郎将，与吴质重游南皮，筑此台宴友，故名焉。又名射雉台。"

宴石山　在今广西博白县西南六十里。《寰宇记》卷167博白县："宴石，西越王宴处。"《舆地纪胜》卷121郁林州：宴石山"其山皆盘石，壁立峭绝，北临大江。中有流泉喷激，有二石"。今顿谷镇东，南流江边有唐建宴石寺，南汉号果觉禅院，有大宝二年（959）重建寺碑。临江岸上有望江大佛。

宴喜亭　又名宴喜台、燕喜台。在今安徽砀山县东郊。唐李白有《秋夜与刘砀山泛宴喜亭池》诗。

宴嘉池　在今四川井研县北。《舆地纪胜》卷150隆州：宴嘉池"在井研县北一百六十步。池分为两支，郡人多游宴于上"。《方舆纪要》卷67井研县：宴嘉池"在县北五里。井镬诸山之水汇流于此。分为二支，萦带县北。邑人多游宴其上，因名"。

宾川州　明弘治七年（1494）析赵州及太和、云南二县地置，属大理府。治所在今云南宾川县南二十里州城镇。1913年废为县。

宾川县　①唐置，属羁縻殷州。治所在今四川宜宾县西北。北宋属商州。后废。

②1913年改宾川州置，后属云南腾越道。治所在今云南宾川县南二十里州城镇。1929年直属云南省。1961年迁今宾川县治牛井镇。

宾义县　唐置，为羁縻顺州治。治所在幽州城内（今北京市城西南）。建中年间，顺州迁治今北京市顺义县时废。

宾水　即今广西宾阳县南之沙河。《元丰九域志》卷9：岭方县有宾水。《清一统志·思恩府》：宾水"在（宾）州南三十里。源出州南上清里，北流经州东入思览江"。

宾化县　①南齐置，属广熙郡。治所在今广东罗定市境。隋废。

②隋置，属牂牁郡。治所即今贵州贵定县西南平伐镇。唐属牂州。后废。

③唐先天元年（712）以避明皇讳改隆化县置，属涪州。治所即今重庆市南川区。北宋熙宁三年（1070）改为宾化砦。

宾化砦　北宋改宾化县置，属涪州。即今重庆市南川区。《宋史·蛮夷传》：熙宁三年（1070），转运使孙固攻南平僚，"复宾化砦，平荡三族。以其地赋民，凡得租三万五千石、丝绵一万六千两"。次年改为隆化县。

宾从县　唐置，为鲜州羁縻州治所。初置在营州界。神龙初寄治潞县之古潞城（今北京市通州区东古城）。后废。

宾丹　即今印度尼西亚之宾坦岛。《元史·英宗本纪》：至治三年（1323）二月，"天寿节，宾丹、爪哇等国遣使来贡"。

宾巴　即边坝。在今西藏边坝县东南。清乾隆《卫藏通志》卷15："边坝即达隆宗，又名宾巴。"

宾平县　南朝宋置，属郁林郡。治所当在今广西桂平、武宣、象州、来宾等市县境。南齐以后废。

宾头狼山　在今越南东南部藩朗南之嘎那角。一说指加里曼丹岛西岸之坤甸。《宋史·外国列传·注辇国》："（三佛齐国）又行十八昼夜，度蛮山水口，历天竺山，至宾头狼山。"

宾同陇国　即宾瞳龙国。在今越南东南部之藩朗。《宋史·大食传》：至道三年（997）二月，"与宾同陇国使来朝"。

宾多龙　即宾瞳龙。在今越南东南部之藩朗。《元史·占城传》："官军获谍者曰：'国主实在鸦候山立寨，聚兵约二万余，遣使交趾、真腊、阇婆等国借兵，及征宾多龙、旧州等军未至'。"

宾州　①唐贞观五年（631）置，治所在岭方县（今广西宾阳县东南古城村）。《舆地纪胜》卷115宾州："《郡国志》：宾州以宾水得名。"辖境相当今广西宾阳县地。天宝元年（742）改为安城郡，至德二载（757）改为领方郡，乾元元年（758）改为宾州。北宋开宝五年（972）废。次年复置，移治今宾阳县北十里新宾镇。元初升为宾州路，后复降为宾州。明洪武二年（1369）以州治岭方县省入。清雍正三年（1725）升为直隶州。辖境相当今广西宾阳、来宾、上林、武宣等市县地。十二年（1734）降为散州，属思恩府。1912年改为宾县，寻改宾阳县。

②辽统和十七年（999）置，属辽阳府。治所在今吉林农安县东北红石垒（在伊通河注入松花江处西南）。辖境约当今吉林伊通河与松花江合流处一带。后废。元、明置驿站于此。

宾州厅　清光绪六年（1880）置，属吉林将军。治所在苇子沟（今黑龙江省宾县）。二十八年（1902）升为直隶厅。辖境相当今黑龙江省哈尔滨、宾县、延寿等市县地。宣统元年（1909）升为宾州府。

宾州府　清宣统元年（1909）改宾州厅置，属吉林省。治所在苇子沟（今黑龙江省宾县）。辖境相当今黑龙江省哈尔滨、宾县、阿城、延寿等市县地。1913年降为宾县。

宾州路　元初改宾州置，属岭南广西道。治所在岭方县（今广西宾阳县北新宾镇）。辖境相当今广西宾阳、上林及来宾县西南迁江镇一带。后复降为宾州。

宾江县　南朝宋置，属晋康郡。治所在今广东德庆县东。以宾江为名。南齐后废。

宾安县　唐置，属羁縻纡州。治所在今广西忻城县东南红水河滨。北宋庆历时废。

宾阳县　①唐置，属羁縻新安州。治所在今越南广宁省先安一带。后废。

②1912年改宾县置，属广西南宁道。治所在

广西宾阳县东北十里新宾镇。1928年直属广西省。1950年迁治今宾阳县（旧名芦圩镇，今名宾州镇）。

宾县 ①1912年改宾州置，属广西南宁道。治所在今广西宾阳县北新宾镇。同年改为宾阳县。

②1913年改宾州府置，属吉林省滨江道。治所即今黑龙江省宾县。1928年直属吉林省。1954年划归黑龙江省。

宾陀罗国 亦作宾同陇、宾头狼、宾童龙。今越南东南部之藩朗。《宋史·外国五》："占城国在中国之西南。……泛海南去三佛齐五日程。陆行至宾陀罗国一月程，其国隶占城焉。"

宾郎洞 在今湖南张家界市西北。《舆地纪胜》卷77澧州"桃花洞"条下：宾郎洞"在慈利县茆（茅）冈寨之南。群蛮往来之径，一穴而入，后有大门，过此即为瑶界。昔瑶人侵扰邀击，而后屈伏，与之盟，画此为界。镌石象人，立于道左。今尚存焉"。

宾居寨 即今云南宾川县西南三十五里宾居乡。明置巡司于此。

宾徒县 西汉置，属辽西郡。治所在今辽宁锦州市北。东汉属辽东属国。三国魏属昌黎郡。西晋后废。

宾宰驿 明置，在今海南省海口市琼山区东南大致坡镇。《方舆纪要》卷105文昌县：宾宰驿在"县西北六十里"。

宾瞳龙国 亦作奔陁浪、宾陀罗、宾头狼、宾同陇、宾瞳胧、宾陁陵、宾童龙。故址在今越南东南部之藩朗。为古代中西海上交通之要地。南宋赵汝适《诸蕃志》卷上："宾瞳龙国，地主首饰衣服与占城同。以葵盖屋，木作栅护，岁贡方物于占城。……雍熙四年，同大食国来贡方物。"

案山岭 在今江西萍乡市北。《方舆纪要》卷87萍乡县：案山岭"在县北五十里。左右两山相峙，中平如案，因名。有亭曰高安，为往来休息之所"。

案板山 在今云南镇沅彝族哈尼族拉祜族自治县城北。《方舆纪要》卷116镇沅府：案板山"在府治北。高百余仞，形如几案。元以此名寨"。

窄溪 即今浙江桐庐县东北甘溪。宋《景定严州续志》卷7桐庐县：窄溪"隶水滨乡，与新城港口相对"。

窄溪埠 在今浙江桐庐县东北窄溪镇。明隆庆三年（1569）移桐江巡司于此。

窄溪镇 即今浙江桐庐县东北二十二里窄溪镇。《明史·地理志》严州府桐庐县："有桐江巡检司，后迁桐君山，又迁窄溪埠"，即此。

宬里国 古地名。即今缅甸南部之丹老。为古代横越马来半岛交通线所经。南宋周去非《岭外代答》卷2真腊国："其旁有宬里国。"

容山 ①即大容山。在今广西容县、北流市西北。《旧唐书·地理志》容州："以容山为名。"《寰宇记》卷167陆川县："容山，其山迴阔，无所不容，故曰容山。"

②亦名榕山、容子山。在今四川合江县东南。《永乐大典》卷2218《泸州志》：容山"在合江县东十五里。其形如屏，四时树木，苍翠不改，因名容山"。

容山长官司 元置，属播州安抚司。治所在今贵州湄潭县东。明属播州宣慰司。万历二十九年（1601）省入湄潭县。

容山县 ①西魏置，属容山郡。治所在今重庆市垫江县西南。隋开皇初废。

②唐至德二载（757）改安仁县置，为平琴州治。治所在今广西玉林市西北八十里。建中二年（781）属党州。北宋开宝七年（974）废。

容山郡 或作容川郡。西魏恭帝三年（556）置，属容州。治所在垫江县（今重庆市垫江县）。辖境相当今重庆市垫江县地。隋开皇初废。

容子山 亦名榕山、容山。在今四川合江县东南。《明史·地理志》合江县："又南有榕山，俗名容子山。"

容丘侯国 西汉置，属东海郡。据《水经·泗水注》："又有桐水出西北，东海容丘县东南，至下邳入泗。"容丘地望在下邳西北，即今江苏睢宁县古邳镇西北，当在今邳州市南境。

容米洞 即容美洞。在今湖北鹤峰县。《元史·泰定帝纪》：泰定元年（1324）十二月，"夔路容米洞蛮田先什用等九洞为寇，四川行省遣使谕降五洞，余发兵捕之"。即此。

容州 ①西魏置，治所容山郡（今重庆市垫江县）。辖境相当今重庆市垫江县。《周书·陆腾传》："天和初，涪陵郡守蔺休祖又据楚、向、临、容、开、信等州地方二千里。"即此。隋废。

②唐贞观八年（634）改铜州置，治所在北流县（今广西北流市）。《旧唐书·地理志》容州："以容山为名。"天宝元年（742）改为普宁郡，乾元元年（758）复为容州。辖境相当今广西北流市、容县地。元和中徙州治普宁县（今容县）。元初升为容州路，后复为容州，属岭南广西道。明洪武十年（1377）省普宁县入州，寻改容州为容县。

容州都督府 唐开元中升容州为都督府，治容州（治今广西北流市）。督容、辩、白、牢、钦、禺、瀼、岩、古、汤十州。为岭南五管之一。

容州路 元世祖至元十六年（1279）升容州置，属湖广行省。治所在普宁县（今广西容县）。辖境相当今广西容县、北流、陆川三县地。后复为容州。

容江 ①亦名绣江。即今广西浔江支流北流江。《元一统志》："绣江亦名容江。在普宁县。其源自北流县峨石乡思贺山出，经北流，入于普宁县界，与会龙水合。胜七十石舟，东会于郡，又东过藤、梧，至番禺，入于海。"

②在今贵州黎平县西南。《明一统志》卷88黎平府：容江"在曹滴洞长官司西南。源出苗地，北入福

禄江”。

容江巴黄长官司　南宋置，治所在今贵州从江县北。明初废入曹滴洞长官司。

容县　明洪武十年（1377）降容州置，属梧州府。治所即今广西容县。民国初属广西苍梧道，1928年直属广西省。

容县千户所　明洪武二十三年（1390）置，属广西都司。治所在今广西容县。后废。

容奇乡　即今广东佛山市顺德区南十七里容奇镇。清雍正十一年（1733）移顺德县丞驻此。

容奇墟　即今广东佛山市顺德区南容奇镇。清咸丰《顺德县志》卷2《图经》：容奇堡“以容山、奇山为一镇之秀，两村中隔一海，故以为名”。有县丞及把总驻此。

容岭　一名密岭。在今安徽休宁县东。《南史·任昉传》：梁天监六年（507），昉出为新安太守，“郡有密岭及杨梅，旧为太守所采，昉以冒险多物故，即时停绝，郡人咸以百余年未之有也”。《寰宇记》卷104休宁县：容岭“在县东。有木石糖出空树石罅中，百姓每采得”。

容城　春秋许邑。在今河南鲁山县东南。《春秋》：定公四年（前506）“许迁于容城”。

容城县　①西汉置，属涿郡。治所在今河北容城县北十五里城子村。东汉废。西晋复置，属范阳国，寻废。北魏太和中复置，属范阳郡。北齐天保七年（556）废入范阳县。唐武德五年（622）复置，为北义州治。贞观元年州废，县属易州。圣历二年（699）改名全忠县，神龙二年（706）改名遒县，天宝元年复名容城县。五代周显德六年（959）侨置容城县于雄州（今河北雄县），寻废。北宋建隆四年（963）复置，属雄州，治所在今雄县西南。辽又侨置容城县于拒马河北新城县界。自此容城县南、北并置。金初省南容城入北容城。明洪武七年（1374）省入雄州，十三年复置，属保定府，景泰二年（1451）迁今容城县。民国初属直隶保定道。1928年直属河北省。

②南齐置，属临漳郡。治所在今广西浦北县境。梁、陈时废。

容美土司　清初改容美洞宣抚司置，属施州卫。治所即今湖北鹤峰县。雍正十三年（1735）改置鹤峰州。

容美土司遗址　在今湖北鹤峰县驻地容美镇。容美土司始设于元，隶属于四川。明初改置长官司，至清初雍正年“改土归流”止。容美土司司署遗址在容美镇屏山村，面积1.5万平方米，残存建筑台基、方块石平铺街道，石天牢残墙，散见较多的石柱础等。容美土司爵府遗址亦在屏山村，是容美土司田氏重要活动场所，“改土归流”后废弃，面积约50万平方米，依山建府，东南入口处以巨石为屏，其上阴刻楷书“山高水长”，字径0.5米见方。南侧残存地牢遗迹，用巨石垒成1米见方的空间，石板盖顶，东北部有石砌寨墙，残长1500米，高5—7米，宽1.3米。中心区域残布大量砖、瓦、石等建筑材料。容美土司水寨遗址亦在容美村，面积约1万平方米，四周环以河渠形成水寨。现存一段护城河，长约80米，宽约9米，寨内残留石狮和大量砖石瓦砾。附近还有美容土司署所在地中府、南府遗址，前者面积5平方公里，残存南墙长200米，墙高5米，以规整石块垒砌，城内残存大量石础、砖瓦等建筑材料。后者原是元土司麻王寨，后为容美土司南府，面积5000平方米，残存多处房址，地表散布石框、础、鼓及大量砖石瓦砾。2006年定为全国重点文物保护单位。

容美洞总管府　元至正十一年（1351）置，属四川行省。治所即今湖北鹤峰县。后改为宣抚司。

容美洞宣抚司　元末改容美洞军民总管府置，属四川行省。治所即今湖北鹤峰县。明洪武五年（1372）改为长官司，七年（1374）升为宣慰司。后废。永乐四年（1406）复置，属施州卫。清初改为容美土司。

容洞寨　在今贵州从江县西北十里大融村附近。《方舆纪要》卷121黎平府潭溪蛮夷长官司“顿洞寨”条：“又有容洞、铜锣二砦，俱在司南七十里。司境之砦凡二十有五，此其最著者。”

容家峒　在今湖南宜章县东南一百十里。《清一统志·郴州二》：容家峒“在宜章县东南。……皆瑶峒也”。

容陵县　西汉置，属长沙国。治所在今湖南攸县西南永乐江附近。东汉属长沙郡。三国吴废。

容琼县　唐贞观十三年（639）析琼山县置，属琼州。治所在今海南省琼海市西。贞元七年（791）废。

容裘水　俗名洛水。即今陕西勉县东南养家河。北入汉水。《水经·沔水注》：容裘溪水“南导巴岭山，东北流……又北径西乐城东，而北流注于汉”。

容溪　即今重庆市垫江县东之高滩河。《舆地纪胜》卷179梁山军：容溪水，“《元和郡县志》：在忠州之故桂溪县”。《寰宇记》卷149桂溪县：容溪水“在县南三里，西流入垫江（县）界”。

容溪水　亦作溶溪水、榕溪水。即今重庆市长寿区东北之龙溪河。《元丰九域志》卷8：乐温县有容溪。嘉庆《四川通志》卷11长寿县：溶溪水“在县东。自垫江县流入，又西南入江。一名龙溪，古名容溪”。

容管　唐方镇名。容州管内经略使的简称。天宝十四载（755）置，治容州（治今广西北流市，元和中徙治今广西容县）。领容、辩、白、牢、绣、禺、汤、义、岩、党、窦、廉、郁林、平琴等十四州。辖境相当今广西岑溪、容、北流、玉林、陆川、博白、浦北、合浦、北海等市县及广东化州市地。乾元二年（759）兼领都防御使。上元元年（760）升为观察使。乾宁四年（897）升为宁远军节度使。北宋初废。

穹源水　在今江西龙南县西北。《方舆纪要》卷88

赣州府龙南县：鸾源水“在县西北二十里。《通志》云，源出峰门犁壁山，合上坪岭、鹞岭、窑坑诸水，至鸾口溪入三江口水（今桃江）”。

〔丶𠃍〕

朗卜切喀巴普山 亦作狼千喀巴布山或朗沁喀巴布冈里。即今西藏阿里地区普兰县东北看龙山。为冈底斯山南干所始。狼楚河发源于此。清乾隆《卫藏通志》卷3：“唐古忒（藏）语：朗卜切，象也。山形似象，口有泉流出，故名。”

朗山 ①一名乐山。在今河南确山县西北四十里。《方舆纪要》卷50确山县：乐山“本名朗山。隋县以此名。宋避讳，改曰乐山。山顶有皓月池及双龙泉，又有紫花涧，练水出于此山之麓。多军营石垒。唐时淮西拒命所置，以御官军处也”。

②亦作狼山。在今重庆市黔江区东二里。《舆地纪胜》卷176黔州：浪溪，“《寰宇记》云：汉县名也。有朗山，出野狐，眼在背上，能食数兽，见《郡国志》”。

朗山县 隋开皇十八年（598）改安昌县置，属豫州。治所即今河南确山县。大业初属汝南郡。唐属蔡州。北宋大中祥符五年（1012）改为确山县。

朗中县 建置不详。北周为梁安郡治。治所在今河南息县东北。

朗公山 一名朗公谷。在今山东济南市长清区东南九十里。《水经·济水注》：玉水“导源太山朗公谷，旧名琨瑞溪。有沙门竺僧朗，少事佛图澄，硕学渊通，尤明气纬，隐于此谷，因谓之朗公谷”。

朗平县 唐武德四年（621）置，属南州。治所在今广西博白县西北十五里浪平乡。六年（623）属白州。贞观十二年（638）废。

朗宁县 唐武德五年（622）置，属南晋州。治所在今广西南宁市西北那龙镇。贞观六年（629）属邕州。北宋开宝五年（972）废。

朗宁郡 唐天宝元年（742）改邕州置，治所在宣化县（今广西南宁市南郁江南岸亭子街）。辖境相当今广西南宁市及邕宁、武鸣、隆安、大新、崇左、上思、扶绥等县地。乾元元年（758）复为邕州。

朗色林庄园 在今西藏扎囊县东朗色林乡。建造于明代（西藏地方的帕竹王朝时期），由围墙、护墙壕、主楼、马厩、经堂、仓库、神殿及花园组成。1959年因叛乱分子占据而受损，附属建筑及花园已毁，但主楼建筑保存较好。主楼建筑高七层，是西藏现存最古老的高层楼阁建筑之一。朗色林庄园是一处西藏早期农奴制庄园建筑的典型实例，有很高的历史与建筑艺术价值。2001年定为全国重点文物保护单位。

朗州 隋开皇十六年（596）改嵩州置，治所在武陵县（今湖南常德市）。大业初改武陵郡。唐初复为朗州。天宝初又改为武陵郡，乾元初复为朗州。辖境相当今湖南常德市及汉寿、桃源县地。北宋大中祥符五年（1012）改为鼎州。

朗池县 唐武德四年（621）置，属果州。治所在今四川营山县北。《寰宇记》卷139朗池县：“以临古朗池为名。”天宝初属南充郡，乾元初复属果州。宝应元年（762）属蓬州，贞元元年（785）移于歇马堡（今营山县）。宝历元年（825）废，开成二年（837）复置。北宋大中祥符五年（1012）改为营山县。

朗如宗 即囊如宗。治所在今西藏班戈县。

朗村隘 即今福建连城县南庙前镇。明曾移北团寨巡司于此。

朗库里 亦作让库尔。即帕米尔东境之郎库里。今属塔吉克斯坦。清宣统《新疆图志》卷8：喀什噶尔道李宗宾禀牍云：“查中俄界图内，有乌仔别里山口数字，在郎库里之旁，朗库里即让库尔，为黑孜吉牙克附近之处。……俄人将我现设卡伦全行侵占。”

朗沁喀巴布冈里 即朗卜切喀巴普山。在今西藏阿里地区普兰县东北。清乾隆《西域同文志》卷20载：“西番（藏）语：朗沁谓象，喀巴布，水口也。雪山涧水下流，如出象口，故名。”

朗岭宗 即南木林宗。今西藏南木林县。

朗宗 又作朗营、囊。17世纪中叶，甘丹颇章政权建立后，西藏地方政府设朗宗，治所即今西藏朗县。“朗”，藏语意为想象。传说这里是朗巴夏仲想象出来的地方。清仍设朗宗。1960年与金东谿、古如朗木杰谿合并设朗县。

朗洞铺 即今贵州榕江县北朗洞镇。清时有开泰县县丞驻此。民国改置县佐。“朗洞”系侗语音译，意为地势开阔平坦的地方。

朗勇城 在今海南省三亚市西北崖城镇东北。《清一统志·琼州府二》：朗勇城“在崖州（治今崖城镇）东北八里。黎人出没之冲。明正德中，知州陈尧恩筑城，募兵防守。今圮”。

朗格里噶珊 在今俄罗斯萨哈林岛（库页岛）北部西海岸朗格里。清初属宁古塔将军，后属三姓副都统。咸丰年间通过不平等的中俄《北京条约》被俄割占。

朗陵 一名乐陵。在今河南确山县南十八里任店镇。《魏书·蛮传》：延兴中大阳蛮酋桓诞内属，拜征南将军、东荆州刺史、襄阳王，“治于朗陵”。即此。

朗陵山 ①在今安徽南陵县西，东接大工山主峰。《清一统志·宁国府一》：朗陵山“在南陵县西三十里。《名胜志》：工山南有朗陵，以晋朗陵侯何琦隐其上，故名”。

②在今河南确山县南。《汉书·地理志》朗陵县注引应劭曰：“朗陵山在西南。”《方舆纪要》卷50确山县“确山”条下：“朗陵山在县南四十里。汉以名县。”

朗陵县 西汉置，属汝南郡。治所在今河南确山县西南三十五里任店镇。南朝宋末废。《水经·汝水注》："溱水东南径朗陵县故城西。应劭曰：西南有朗陵山，县以氏焉。"

朗营 即朗宗。今西藏朗县。清乾隆《卫藏通志》卷12作"朗"。

朗溪 在今湖南洪江市（黔城镇）西南。自会同县流入县界，在托口入沅水。《元和志》卷30朗溪县："在朗溪之侧，因为名。"

朗溪蛮夷长官司 明洪武七年（1374）置，属思南宣慰司。治所在今贵州印江土家族苗族自治县东朗溪。永乐十二年（1414）属乌罗府。正统三年（1438）改属思南府。后废。

朗噶孜 即浪噶子。今西藏浪卡子县。清松筠《丁巳秋阅吟·朗噶孜》诗注："朗噶孜本名那噶尔孜。"

诸 春秋时鲁邑。在今山东诸城市西南三十里乔庄。《春秋》：庄公二十九年（前665），"城诸及防"。杜注："诸、防皆鲁邑。"西汉置诸县于此。

诸马集 亦作朱马。即今山东莱州市西南朱马村。清光绪《山东通志》卷2《舆图志》：掖县西南有诸马集。

诸石山 在今河南西平县西南百里。《方舆纪要》卷50西平县：诸石山"势甚高峻。其南曰云庄山。近志云，汝水源出二山间，盖汝水故流变易，后世即以二山谿谷之水，且为汝水源耳"。

诸由观集 即今山东龙口市东北四十九里诸由观镇。清同治《黄县志》有诸由铺。1984年设镇。

诸仙背 在今云南昭通市南。道通贵州威宁。清有把总驻守。

诸市店 即今河南遂平县西南二十六里诸市乡。清嘉庆《汝宁府志》卷4《村市》：遂平县"诸市店，县西南"。

诸民噶珊 在今俄罗斯哈巴罗夫斯克边疆区黑龙江下游西岸共青城东北德捷姆吉。清初属宁古塔将军。康熙《皇舆全览图》：黑龙江下游有"诸民噶山"。后属三姓副都统。咸丰年间通过不平等的中俄《瑷珲条约》被俄割占。

诸全州 元至正十九年（1359）朱元璋改诸暨州置，属绍兴路。治所即今浙江诸暨市。至正二十六年（1366）改名诸暨县。

诸次水 当今陕西佳县北之佳芦水。《山海经·南山经》："诸次之山，诸次之水出焉，而东注于河。"《水经·河水注》："河水又南，诸次之水入焉。水出上郡诸次山……又东入于河。"《注疏》会贞按："《元和志》真乡县茄芦水，源出县理西北。《水道提纲》谓之沙河，即诸次水也。"

诸阳山 亦名睢阳山。在今安徽宿州市西北二十里。《金史·地理志》符离县："有诸阳山。"

诸阳县 唐武德四年（621）析符离县置，属徐州。治所在今安徽宿州市西北。贞观元年（627）废。

诸县 西汉置，属琅邪郡。治所在今山东诸城市西南三十里乔庄。东汉属琅邪国。三国魏属城阳郡。南朝宋属东莞郡。北齐天保七年（556）并入东武县。

诸罗山社 即今台湾省嘉义县。本高山族平埔人聚居地。清康熙间蒋毓英《台湾府志》卷1：诸罗山社"离府治一百二十里"。康熙四十三年（1704）移诸罗县于此。乾隆五十一年（1786）改名嘉义县。

诸罗县 清康熙二十三年（1684）置，属台湾府。治所在佳里兴堡（今台湾省台南市北佳里区）。四十三年（1704）移治今台湾嘉义市。乾隆五十二年（1787）改名嘉义市。

诸鱼溪 即今湖南沅陵县东北七十里朱红溪。《水经·沅水注》："沅水又东，与诸鱼溪水合。水北出诸鱼山。"故名。

诸城市 1987年撤销山东省诸城县，改设诸城市，市人民政府驻人民东路。由潍坊市代管。

诸城县 隋开皇十八年（598）改东武县置，为密州治。治所即今山东诸城市。大业初为高密郡治。唐复为密州治。明洪武初废密州，县属青州府。民国初属山东胶东道。1925年改属莱胶道。1928年直属山东省。1987年改设诸城市。

诸闻泽 即今内蒙古察哈尔右旗前旗东北之黄旗海。《汉书·地理志》雁门郡强阴县："诸闻泽在东北。"

诸桥 在今浙江杭州市西南。《方舆纪要》卷90杭州府：诸桥，"富阳诸山之水，由此入江"。清雍正五年（1727），改建木桥为石桥。

诸葛、长乐村民居 在今浙江兰溪市西北三十六里诸葛镇。诸葛镇是三国名臣诸葛亮后裔的聚居地。南宋末年，诸葛亮第二十五世孙迁徙于此，至明清两代兴建了三十余座厅堂及大批居住建筑，形成了所谓"九宫八卦阵"的村落布局。现村内仍保存了丞相祠堂、大公堂等厅堂及众多的明清民居建筑。长乐村是宋元之际浙东学派中坚金履祥后裔的聚居地。自明以降，长乐科甲不断，陆续建起了许多祠堂和雕饰精美的住宅。村中现仍保留了几十座明清民居建筑。1996年定为全国重点文物保护单位。

诸葛山 ①在今云南通海县东南。《方舆纪要》卷115通海县："诸葛山在县东南三里。相传武侯南征屯兵于此，因名。"

②在今贵州铜仁市西十里。明曹学佺《名胜志》："形势突兀，俯瞰诸垤，上有武侯屯营故址。"

诸葛屯 在今贵州福泉市南十六里马场坪镇。《黔记》："相传汉诸葛亮南征，屯兵于此山中，有遗锅半入土内，人不能取"。

诸葛市 即今浙江兰溪市西北三十八里诸葛镇。清光绪《兰溪县志》卷1《乡镇》有诸葛市。

诸葛池 在今云南剑川县北四里。《方舆纪要》卷117剑川州：诸葛池"相传武侯饮马处"。

诸葛村 在今浙江兰溪市西三十六里诸葛镇。是全国最大的诸葛亮后裔聚居地。据传南宋末诸葛亮第二十八世孙诸葛大狮迁此居住。诸葛村民居均建于明清，现存二百余幢，包括丞相祠堂、大公堂及大量民居，古朴雅典。

诸葛岭 在今湖南东安县西南。《方舆纪要》卷81东安县：诸葛岭，“《志》云：先主牧荆州，遣武侯督长沙、桂阳、零陵三郡赋，曾屯驻于此，因名”。《清一统志·永州府一》谓在“东安县（旧治紫溪市）南半里”。

诸葛城 ①在今安徽郎溪县西十里。《明一统志》卷17广德军：诸葛城“在建平县西一十里。其中可容数千人。旁有驴城、马城，相去一二里。有井数十。世传以为昔人屯驻之地”。

②在今山东临沂市东北三十里。《方舆纪要》卷33沂州：中丘城“或谓之诸葛城。诸葛武侯琅邪人，相传曾居此”。

③在今重庆市城口县北。《清一统志·太平厅》：诸葛城“在太平城北城口山下。《旧志》：有前、中、后三城，左抵紫阳，右通平利。相传蜀汉诸葛武侯屯兵于此。其地有三冈八坪，形势雄峻”。

④在今四川冕宁县南泸沽镇东南。《元和志》卷32台登县：“诸葛亮故城在县东南三里。亮南征至此所筑。”

⑤在今云南武定县东二里。《方舆纪要》卷116武定军民府：诸葛城“在府东二里。《志》云，武侯初过大渡河，驻节于此。今故城遗址犹存”。

⑥在今云南宾川县西二里。《方舆纪要》卷117宾川州：诸葛城“在州西二里，虎踞山上。相传为武侯驻兵处”。

诸葛草庐 又名忠武祠。元建。在今河南南阳市西卧龙冈。《明一统志》卷30南阳府：诸葛草庐“在府城西南七里卧龙冈上，即孔明所居，旧为祠，以奉之……宣德中有司复新其庐，塑其像，春秋祭祀，前代碑文俱存”。

诸葛泉 在今云南鹤庆县南。《方舆纪要》卷117鹤庆军民府：诸葛泉“在府南百四十里罗陋村。相传武侯驻师之地。泉均二流，甚为民利”。

诸葛亮城 唐南诏置，属永昌节度。在今云南保山市西隅，高黎贡山东坡。

诸葛洞 ①在今重庆市秀山土家族苗族自治县西南。《方舆纪要》卷73平茶洞长官司：诸葛洞“在司治南。石崖屹立，旁有石洞数丈。相传武侯征九溪蛮时，留宿于此”。

②在今云南富民县南。《清一统志·云南府》：诸葛洞“在富民县南小石岭。《府志》：诸葛亮南征时，尝置营于此。亦名诸葛营”。

诸葛垒 ①在今云南姚安县东十五里。《方舆纪要》卷116姚安军民府：诸葛垒“在府东十五里。又府北十二里有孔明遗垒。盖武侯渡泸南征，道出于此”。

②在今甘肃天水市东。《元和志》卷39秦州上邽县：诸葛亮垒“俗名下募城，在县东二里。初亮出，议者或欲自芰上邽左右麦以夺贼食，帝不从，又敕令护麦。及宣王与亮相持，赖此麦以为军粮”。

诸葛营 ①在今湖南洪江市（黔城镇）境。《方舆纪要》卷81黔阳县“镡城废县”条下：“《志》云，县有诸葛古城二：一在城（今黔城镇）南四十里，其地有卧龙岭；一即城东九十里之安江堡（今黔阳县治），俗亦谓之诸葛营。相传武侯抚绥溪洞诸蛮，尝驻于此。”

②在今湖南靖州苗族侗族自治县西。《方舆纪要》卷82靖州：诸葛营，“《志》云：诸葛武侯抚溪峒诸蛮驻军处也”。

③在今云南牟定县西十里。《方舆纪要》卷116定远县：诸葛营“在县西十里。相传武侯讨南中，过日直赕北，傍山下筑营，夷称望子洞，基址尚存”。

④在今云南保山市南十里。《清一统志·永昌府》：诸葛营“相传诸葛亮南征屯兵之所。《旧志》：地名诸葛村。孔明既旋师，汉人有遗于此者，聚庐世居，至今称为旧汉人。又营前小海子内，有土阜一区，周遭三十六丈，随水高下，虽巨潦不能浸，俗传为孔明旗台”。

诸葛寨 ①在今四川南江县西南一百里沙河场西。《方舆纪要》卷68南江县：诸葛寨在“县西百里。高五十余丈，四壁峻拔，惟一面有鸟道可上。顶有泉，四时不竭。相传孔明曾驻兵于此，可容万人”。

②在今重庆市城口县北。清道光《城口厅志》卷4：诸葛寨“距厅北三里。寨居赤龙山之第一重山上，俯视厅城。相传武侯屯兵时分扎此寨，以为巡视烽烟之所”。

③在今云南永平县北三里。《方舆纪要》卷118永平县：诸葛寨“相传武侯驻兵处”。

④亦作诸葛亮寨。在今贵州锦屏县南。《方舆纪要》卷121黎平府亮寨司：“诸葛寨亦在司西。《志》云，府北八十五里有诸葛营，即此寨也。司因以名。”

诸葛瞻父子墓 在今四川绵竹市大西门外。蜀汉后主炎兴元年（263）冬，诸葛亮长子诸葛瞻及其孙诸葛尚，与魏将邓艾大战于绵竹关，均战败殉国，就地安葬。《清一统志·绵州》：诸葛瞻墓“在绵竹县西门外”。墓前石碑正中阴刻“后汉行都护卫将军平尚书事诸葛瞻子尚之墓”。边款刻“康熙六十一年绵竹县令罗箕永立”。碑后刻光绪七年（1881）僧纯一重立墓碑记。

诸暨市 1989年撤销浙江省诸暨县，改设诸暨市，市人民政府驻城关镇。由绍兴市代管。

诸暨州 元元贞元年（1295）升诸暨县置，属绍兴路。治所即今浙江诸暨市。明太祖己亥年（1359）改名诸全州。

诸暨县 秦置，属会稽郡。治所即今浙江诸暨市。《元和志》卷26越州诸暨县：“界有暨浦、诸山，因以为名。”唐属越州，光启中钱镠更名暨阳县。五代梁开平二年（908）复名诸暨县。南宋初属绍兴府。元属绍兴路。元贞元年（1295）升为诸暨州。公元1366年朱元璋复改诸暨县，属绍兴府。民国初属浙江会稽道。1927年直属浙江省。1989年改设诸暨市。

诸翟镇　原名白鹤村。又名紫堤村。即今上海市闵行区西北二十六里诸翟镇。昔有诸、翟二姓居此，故名。清乾隆三十四年（1769）置巡司于此。

诺川县　唐贞观五年（631）置，为羁縻诺州治。治所在今四川松潘县西北。后废。

诺门罕　全称诺门罕布尔德。在今内蒙古呼伦贝尔市新巴尔虎左旗东南。对面与蒙古国哈拉哈河相望。1939年5月11日日本帝国主义由此越河进入蒙古，发动了入侵蒙古国的战争。在苏蒙联军奋击下，日军终于以失败而告终。9月15日，日苏签订停战协议，史称诺门罕战役或哈拉哈河战役。

诺门罕布尔都卡伦　清雍正十二年（1734）设，即今内蒙古新巴尔虎左旗东南诺门罕布日德。“诺门罕布尔都”，蒙古语意为“精通佛经”。

诺木罕河　即今青海都兰县西诺木洪河。为柴达木河支流。《清史稿·地理志》青海和硕特部西右翼中旗：“牧地跨柴达木河。东至诺木罕河，南至诺木罕木鲁，西至滔赉，北至希勒沿。”“诺木罕”，蒙古语意为“太平”。

诺水　①今内蒙古达尔罕茂明安联合旗东北艾不盖河。《汉书·匈奴传》：元帝时，“（韩）昌、（张）猛与（呼韩邪）单于及大臣俱登匈奴诺水东山，刑白马，单于以径路刀金留犁挠酒，以老上单于所破月氏王头为饮器者共饮血盟”。注，师古曰：“诺水即今突厥地诺真水也。”

②即今四川通江县西北小通江。《寰宇记》卷140通江县：“诺水县以县南诺水为名。”《明史·地理志》：通江县“宕水，在县西壁山下，亦曰诺水，流入巴江”。

诺水县　西魏大统中置，属遂宁郡。治所即今四川通江县。《寰宇记》卷140通江县：诺水县“因县南诺水为名”。隋开皇三年（583）废。唐武德八年（625）复置，为壁州治。天宝元年（742）改为通江县。

诺邓井　即今云南云龙县北七里诺邓。《清一统志·大理府》：诺邓盐井“在云龙州东北四十五里。明置盐课大使于此”。

诺尼木伦河　亦作诺尼江。即今黑龙江省西部之嫩江。清方式济《龙沙纪略》：“诺尼江即脑温江。乾隆《盛京通志》作诺尼。蒙古语谓脑温为碧，诺尼意同。今呼嫩江。”

诺州　唐贞观五年（631）置，为羁縻州。属松州都督府。治所在诺川县（在今四川松潘县西北）。后废。

诺矣江　即今四川雅龙砻江。《蛮书·山川江源》：古诺水，“源出吐蕃中节度北，谓之诺矣江，南郎部落，又东折流至寻传部落，与磨些江合”。

诺荐州　即诺柞州。治所在今四川泸定县南得妥乡。

诺罗卡伦　亦作诺罗河口或挠力河口卡伦。清咸丰九年（1859）置，属三姓副都统。在今黑龙江省饶河县北东安镇。光绪《吉林通志》卷17：“诺罗河即挠力河口卡伦，（富克锦）城正东乌苏里江西岸七百余里，东岸俄罗斯界。”1917年饶河县移治于此。

诺罗河　即今黑龙江省饶河县北之挠力河。为乌苏里江支流。清齐召南《水道提纲》卷25：乌苏里江“又西北经诺罗噶山之东有诺罗河，自西南合数水，西北流六百余里来注之”。

诺罗窝集　在今黑龙江省宝清县西南，属完达山脉。《清一统志·吉林一》：诺罗窝集“在（宁古塔）城东北四百里”。挠力河发源于此。

诺柞州　亦作诺荐州或诺祚州。唐太和以前置羁縻州，属黎州都督府。治所在今四川泸定县南得妥乡。北宋属雅州。后废。

诺济城　唐建，在今四川木里藏族自治县境。《新唐书·南诏传》：贞元十五年（799），吐蕃以“一军自诺济城攻巂州”。又同书《韦皋传》载：贞元十七年（801），韦皋使巂州将“陈孝阳率蛮苴那时等道西泸攻昆明、诺济”。后没于南诏。清光绪《盐源县志》卷2：诺济城“城在木里与云南丽江交界处，即今诺济河是也。惟址犹存”。

诺祚州　即诺柞州。治所在今四川泸定县境。

诺垒河　又作诺罗河、挠力河。即今乌苏里江支流挠力河。在黑龙江省饶河县北。《清一统志·吉林一》：诺垒河“在宁古塔城东五百里。源出城东四百里无名山。东南会数水入乌苏里江”。

诺真水　当今内蒙古达尔罕茂明安联合旗（百灵庙镇）北之艾不盖河。《新唐书·地理志》夏州塞外道：“二百三十里至帝割达城，又东北至诺真水汊。”

诺真水汊　相当今内蒙古自治区达尔罕茂明安联合旗。《新唐书·地理志》：帝割达城“又东北至诺真水汊”。

诺特津冈藏拉　一名驽金冈苍山。即今西藏江孜县东之宁金岗桑。清乾隆《西域同文志》卷19载：“西番（藏）语：诺特津，罗刹也。冈藏，净雪也。山形险恶多雪，故名。”年楚河源于此。

诺敏河　即今内蒙古莫力达瓦达斡尔族自治旗西北之诺敏河，为嫩江支流。《清一统志·黑龙江》：诺敏河“在布特哈西北四百六十里。源出北兴安岭，东南流五百余里，入嫩江”。

诺睑川　在今四川米易县境。唐樊绰《云南志》卷7：“诺睑川有锡山，出锡。”

诺赕　南诏置，属会川都督府。治所在今四川米易县。

读山　长山主峰。在今安徽青阳县东二十里。《清一统志·池州府一》：读山“相传宋范仲淹读书于此。上有读山、秀岩二洞，其北为长山”。

读书岩 ①在今江西南丰县南郊鳌山。是“唐宋八大家”之一曾巩和他弟弟曾牟、曾布读书之地。岩壁有朱熹手书“书岩”二字。

②在今广西桂林市区独秀峰下。南宋范成大《桂海虞衡志》：读书岩“峰趾石屋，有便房、石榻、石牖，如环堵之室。颜延年守郡时，读书其中”。

课阳县 隋开皇初改涅阳县置，属邓州。治所在今河南邓州市东北五十四里穰东镇。隋大业初属南阳郡。唐初属邓州，贞观元年（627）废入穰县。

课里（裏） 在今云南景谷傣族彝族自治县东南三十里课里。清有外委把总戍守。

调风市 即今广东雷州市东南八十二里调风镇。明万历《雷州府志》卷4海康县：调风墟在“县东”。清光绪《广东舆地图说》卷8海康县：调禩社“往来大道有调风墟”。

调兵山 在今辽宁调兵山市北部。因金兀术曾在此调兵而得名。《奉天通志》卷76法库县：调兵山“城东南二十五里，形势险要，与兀术街北山毗连，金兀术曾驻兵于此”。

调河头镇 亦作挑河头。即今河北廊坊市南五十二里调和头乡。清乾隆《东安县志》卷2乡镇市集：挑河头“在县西南二十五里”。同治《畿辅通志》卷46东安县图：南有调河头镇。

调弦（絃）口镇 即今湖北石首市东调关镇。《方舆纪要》卷78石首县：调弦口镇在“县东六十里江北岸。江水溢则由此泄入监利县境，汇入潜沔。隆庆中，复开浚深广，以防水害。有调弦驿，并置巡司于此”。

调弦（絃）穴口 在今湖北石首市东调关镇（调弦口）。《清一统志·荆州府》：调弦穴口“在石首县东六十里。岸上有调弦亭。水溢则泄入监利界”。

调查礁 即今南海中中国南沙群岛之榆亚暗沙。1935年公布名称为调查礁。1947年改名榆林暗沙。

调埠寨 明崇祯中置，在今广西合浦县东南。《清一统志·廉州府》：白龙寨“又西有川江寨、陇村寨、调埠寨、珠场寨，皆南至平江池十余里”。

调濑村 在今海南省琼海市东福田镇凤头管区新潮村。元至元二十四年（1287）乐会县徙治于此。《清一统志·琼州府二》“乐会故城”条：“元至元二十四年徙调濑村，在今会同县东南。”

调嚣镇 在今海南省琼海市东北。《方舆纪要》卷105琼州府会同县：调嚣镇在“县东南十五里。有巡司，洪武中置”。

谅山 即今越南北部谅山。《清史稿·越南》：光绪十年（1884），法国侵略者进占谅山，次年攻镇南关，冯子材大败法军，“诸军三路攻谅山，（王）孝棋、（王）德榜战尤力，连战皆捷。二月十三日，遂克谅山，法悉众遁”。

谅山府 明永乐五年（1407）属交趾布政司。治所在今越南谅山县一带。辖境相当今越南谅山、高平二省地。宣德二年（1427）以后地入安南。

谅州 唐置羁縻州，属安南都护府。治所在武兴县（今越南谅山省谅山）。北宋后废。

谅江州 明永乐五年（1407）属谅江府。治所在清安县（今越南北部北江省西北部安势县）。辖境相当今越南北江省与谅山省相连地。宣德二年（1427）以后地入安南。

谅江府 明永乐五年（1407）属交趾布政司。治所在清远县（今越南北部北江省凤眼）。辖境相当今越南北江省部分地。宣德二年（1427）以后地入安南。

谈州 唐置羁縻州，属邕州都督府。治所在今广西大新县东南。北宋改为谭州。

谈县 东晋安帝时以关陇流民置，属始康郡。寄治成都（今四川成都市）。西魏废。

谈虏山 又作铜虏山。在今云南马龙县北。《汉书·地理志》铜濑县：“谈虏山，迷水所出。”

谈指县 西汉置，属牂柯郡。治所在今贵州贞丰县西北。南朝宋以后废。

谈家洲 在今江苏镇江市西北长江中。《方舆纪要》卷25镇江府丹徒县：谈家洲在“府西北六里江中。近时新积沙洲也。横列大江，为京口扼束之地。《江行记》：大江东下，金山扼其中流，江水两分，自山而东，中流稍缓，沙土渐积，遂成此洲”。

谈稿（稾）县 西汉元鼎六年（前111）置，属牂柯郡。治所在今云南富源与贵州盘县间。三国蜀废。西晋复置，属建宁郡。南朝梁末废。

扆山 在今福建福安市北。明嘉靖《福宁州志》卷2《山川》福安：扆山“在县治后，为县主山，形如负扆，故名”。

扇子峡 即明月峡。今长江三峡西陵峡东段。在今湖北宜昌市西陵区西。南宋陆游《入蜀记》：“过扇子峡，重山相掩，状如屏风扇，疑以此得名。”范成大《吴船录》：“黄牛峡尽，则扇子峡。”

扇沙县 南朝梁置，属合浦郡。治所在今广东遂溪县西北六十里西边村。隋属合州。唐武德初废。

冢冈 在今河南新蔡县西四里。《方舆纪要》卷50新蔡县：冢冈“冈势耸峙，上多古冢，因名”。

冢（塚）头店 即今河南郏县东二十八里冢头镇。明正德《汝州志》卷1《村店》：郏县有冢头店。

冢（塚）头集 即今河南南阳市西南三十四里冢头村。清尹耕云《豫军纪略》卷11：清同治四年（1865）七月，捻军“至冢头集”与清军激战。

冢岭山 在今陕西洛南县西北，与商州市、蓝田县交界处。《汉书·地理志》弘农郡丹水县：“水出上雒冢领山。”又上雒县：“《禹贡》雒水出冢领山。”《水经·丹水注》：“丹水出京兆上洛县西北冢岭山，一名高猪山也。”

冥　春秋越邑。在今江西万年县东。《左传》：哀公十九年（前476），“夏，楚公子庆、公孙宽追越师至冥”，即此。《方舆纪要》谓冥在苦岭关（在今安徽广德县东南七十里）与泗安镇（即今浙江长兴县西南之泗安镇）之间。

冥山　一名石城山。在今河南信阳市东南。《庄子·天运》：“南行者至于郢，北面而不见冥山。”《战国策·韩策一》：苏秦说韩王曰，“韩卒之剑戟，皆出于冥山”。

冥水　即南籍端水。今甘肃西部疏勒河。《汉书·地理志》敦煌郡：“冥安，南籍端水出南羌中，西北入其泽，溉民田。”《元和志》卷40晋昌县：“冥水，自吐谷浑界流入大泽，东西二百六十里，南北六十里。丰水草，宜畜牧。”

冥安县　西汉置，属敦煌郡。治所即今甘肃瓜州县东南锁阳城。因县界冥水为名。西晋元康五年（295）改属晋昌郡。北周废。

冥泽　又称大泽。汉唐时期籍端水（冥水）下游注入之湖泽。《汉书·地理志》敦煌郡冥安县：“籍端水出南羌中，西北入泽，溉民田。”《元和志》卷40瓜州晋昌县：“冥水，自吐谷浑界流入大泽，东西二百六十里，南北六十里。丰水草，宜畜牧。”《寰宇记》卷153瓜州晋昌县：“籍端水一名冥水，《地理志》云：冥安县南籍端水出南羌中，西北入冥泽是也。”

冥厄（阨）　亦作黾厄、鄳厄、渑厄、黾隘、鄳隘、黾塞。春秋时淮、汉之间重要隘道。即今河南信阳市西南平靖关。《左传》：定公四年（前506）冬，吴伐楚，楚司马戌献策于令尹子常曰：“还塞大隧、直辕、冥厄。”即此。《吕氏春秋·有始览》列为九塞之一。

冥海　即七里海。在今河北昌黎县东南三十里。《明史·地理志》昌黎县：“东南有冥海，亦曰七里海。”

冤水　即祢水。在今山东菏泽市西南二十里。一名大祢沟。《清一统志·曹州府一》：“《州志》：大祢沟，亦名冤水。汉冤句县以此名。”

冤句县　亦作宛朐或宛句。秦置，属东郡。治所在今山东曹县西北。西汉属济阴郡。景帝封楚元王子执为宛朐侯。即此。唐属曹州。北宋元祐元年（1086）改宛亭县。金时因城为黄河冲毁，县废。唐乾符二年（875）王仙芝起义军攻克曹州，县人黄巢起而响应，爆发了全国性的农民大起义。

祛丕山　在今云南富宁县西。《明一统志》卷87广南府：祛丕山“在富州治西。形如石狮。昔土人结屋以避兵，名狮头寨”。

祓侯国　西汉置，属琅邪郡。治所在今山东胶州市西南。东汉废。

袖州　唐武德四年（621）置。治所在今云南丽江坝子。辖境约当今云南丽江市玉龙纳西族自治县。吐蕃废。

被阳侯国（被pì）　西汉置，属千乘郡。元朔四年（前125）封齐孝王子燕为被阳侯。治所在今山东高青县东南高城镇。东汉世祖时封欧阳歙为侯。后省。

祯州　①五代南汉乾亨元年（917）置，治所在归善县（今广东惠州市）。辖境相当今广东罗浮山以东，东江流域和螺河流域以西，九连山以南至沿海地区。北宋天禧五年（1021）改为惠州。

②金贞祐三年（1215）升韩城县置，治所在今陕西韩城市东南二里城古村。辖境相当今陕西韩城市及合阳县地。元世祖至元初废。二年（1265）复置，六年（1269）又废。

祯贻溪　在今山西永济市东南四十五里王官峪村南。《旧唐书·司空图传》：“司空氏祯贻溪之休休亭，本名濯缨亭，为陕军所焚。”即此。

祯祥镇　即今黑龙江省青冈县西北祯祥镇。民国《黑龙江志稿》青冈县图：西北有祯祥镇。

祥云（雲）县　1918年改云南县置，属云南腾越道。治所即今云南祥云县。《祥云县地名志》：“因历史上彩云南现，人以为祥，故名祥云。”1929年直属云南省。

祥云（雲）岛　在今河北乐亭县西南四十里。《方舆纪要》卷17乐亭县：祥云岛“迫近海滨，岛中时有瑞云涌出，因名”。

祥云（雲）洞　在今安徽绩溪县西新岭南麓谷口九里坑。《清一统志·徽州府一》：祥云洞“在绩溪县西十里。上、下二洞，盘曲相通。其上洞奥旷如厦，可坐百人。顶有牖，螺旋而上”。

祥芝　即今福建石狮市东祥芝镇。明洪武二十年（1387）移祥芝巡司于此。

祥州　①北宋政和三年（1113）置，治所在庆符县（今四川高县西北庆符镇）。《方舆纪要》卷70庆符县：迎祥山“宋置祥州以此名”。辖境相当今四川高县西北地。宣和三年（1121）废。

②辽兴宗时以铁骊户置，属黄龙府。治所在怀德县（今吉林农安县东北万金塔乡东北苏家店）。辖境约当今吉林农安县东北部。后废。元置祥州站于此。

祥州站　又作西祥州。元置，故址在今吉林农安县东北苏家店。元《析津志》天下站名：“西祥州正东（北）宾州。”

祥兴府　南宋祥兴元年（1278）升广州置，治所在南海县（今广东广州市）。旋改为翔龙府。

祥府湖　在今浙江嘉兴市东北。《方舆纪要》卷91嘉兴府：祥符湖“在府东北二十里，周二十余里，与嘉善县接境”。

祥顺山　即今黑龙江省通河县东北祥顺乡。民国熊知白《东北县治纪要》黑龙江通河县：“县属祥顺山，距县市七十五里。”

祥符观市　即今江西高安市东北十五里祥符镇。清同治《江西全省舆图》卷4：高安县东北有祥符观。

祥符区　2014年撤销河南省开封县，设立开封市祥符区，区政府驻城关镇县府东街18号。

祥符县　北宋大中祥符三年（1010）改浚仪县

置，与开封县同为开封府治。治所在今河南开封市。金以此为汴京，贞元初改为南京。元为汴梁路治。明为开封府治，以开封县省入。1913年改为开封县。

祥集弄民宅　在今江西景德镇市中心祥集弄内。是一条保存较完整的明代巷道，内有明代民宅多处。其中3号、11号两宅建于明成化六年（1470）。3号宅占地300平方米，建筑面积179平方米。11号宅占地500平方米，建筑面积350平方米。均为砖木结构。平面布局分上堂与下堂，四正两厢加后房，中间有天井。门皆设于侧面。正厅明间为单层，堂屋高大轩昂。梁柱粗大，柱础、地脚饰以精美的石雕，古朴典雅。1988年定为全国重点文物保护单位。

雀山　在今河北赤城县西北马营乡东二里。《方舆纪要》卷18马营堡：雀山“在堡东二里。上多桧柏，一望森然。俗名东山”。

〔刁一〕

剥丁　在今广西忻城县南。明时为广西八寨之一。

剥重州　唐开元十七年（729）置羁縻州，属黎州都督府。治所在今四川马边、峨边或美姑县境。北宋以后废。

剥勘隘　在今广西那坡县西南一百八十五里，为中越边境要隘之一。《清一统志·镇安府》“平孟隘”条：“又有剥勘隘、上下盖隘，在城西。俱外连越南，有兵防汛。”

剥淰隘　在今广西那坡县南一百八十里。为中越边境要隘之一。《清一统志·镇安府》：平孟隘“在小镇安西南。相近有剥淰隘”。

剥隘　即今云南富宁县东北剥隘镇。《清一统志·广南府》：剥隘“在（宝宁）县东南三百九十里，与广西田州之喇村及归顺州之送那邨接界”。民国时设县佐。

剧　战国时齐邑。在今山东寿光市南三十里纪台村。《水经·巨洋水注》引《鲁连子》曰：“胸剧之人辩者也。”《寰宇记》卷18潍州昌乐县“废剧县”下引《鲁连子》作：“孟子，剧之辩者。”

剧川州　唐开元前置羁縻州，属黎州都督府。治所在今四川峨边彝族自治县西南杨村乡。宋以后废。

剧头岭　一名大剧岭。在今福建永春县西北，与德化县接界。《清一统志·永春州》：大剧岭“在州西北三十里小尖山之西，有大剧、小剧二岭，亦名剧头岭。高十里，接德化县界。朱子以事往德化，夜宿于此。有诗”。

剧阳县　西汉置，属雁门郡。治所在今山西应县东北二十里。西晋废。

剧县　西汉置，为菑川国都。治所在今山东寿光市南三十里纪台村。东汉省。

剧侯国　西汉置，属北海郡。治所在今山东昌乐县西十里。又名剧南城。武帝封菑川懿王子错为侯邑。东汉改为县，为北海国治。晋改属东莞郡。南朝宋属北海郡。北齐省。

剧魁侯国　西汉置，属北海郡。治所在今山东昌乐县西十里。元朔元年（前128），封菑川王子黑为剧魁侯国于此。东汉省。

展陂　春秋许地。在今河南许昌县西北。《左传》：成公四年（前587），“冬十一月，郑公孙申帅师疆许田，许人败诸展陂”。杜注：“展陂，亦许地。”

展屏墟镇　即战坪墟。今江西抚州市临川区西二十一里展屏乡。

弱水　①在古代，凡水道水浅，或不通舟者，人们往往认为是弱水不能胜舟，名为“弱水”。古籍中所载弱水甚多：(1)《尚书·禹贡》雍州：“弱水既西。”“导弱水至于合黎，余波入于流沙”。上源指今甘肃山丹河，下游既今山丹河与甘州河合流后的黑河，入内蒙古境后，称额济纳河。(2)《山海经·西山经》：劳山“弱水出焉，而西流注于洛”。指今陕西北部洛水上游一条支流。(3)《山海经·大荒西经》：昆仑之丘“其下有弱水之渊”。《史记·大宛列传》：“安息长老传闻条支有弱水西王母。”《后汉书·西域传》：大秦国“西有弱水流沙，近西王母所居处。”所指皆在西方绝远处。(4)《汉书·地理志》金城郡临羌县：“西有须抵池，有弱水、昆仑山祠。”《晋书·乞伏炽磐载记》：东晋义熙末，“讨吐谷浑觅地于弱水南，大破之。觅地率众六千降于炽磐，署为弱水护军”。当在今青海省东部。(5)《后汉书·东夷传》：夫余国“北有弱水”。《晋书·四夷传》：肃慎氏“北极弱水”。当指今黑龙江。(6)《魏书·太祖纪》：泰常三年（418），“帝自长川诏护高车中郎将薛繁率高车、丁零十二部大会众北略，至弱水”。《资治通鉴》：南朝宋元嘉六年（429），“柔然纥升盖可汗既走……魏主循栗河西行，至菟园水，分军搜讨。……魏主循弱水西行，至涿邪山”。当指今蒙古国西部鄂尔浑河支流土拉河。(7)《新唐书·西域传》：东女国“有弱水南流”。当在今青海或西藏境。

②古代小说也有弱水传说。东方朔著《十洲记》：“凤麟州在西海之中央，地方一千五百里。洲四面有弱水绕之。鸿毛不浮，不可越也。”

弱水县　西魏改永宁县置，属张掖郡。治所在今甘肃永昌县西北定羌庙东十里。北周省入删丹县。

弱洛水　今蒙古国土拉河。《魏书·蠕蠕传》：“社仑远遁漠北，侵高车，深入其地，遂并诸部。凶势益振，北徙弱洛水，始立军法。”

弱落水　或作饶乐水、浇水、浇落水。即今内蒙古西拉木伦河。《魏书·太祖纪》：登国三年（388），“五月癸亥，北征库莫奚。六月，大破之，获其四部杂畜十余万，渡弱落水”。即此。

弱漹镇　北宋置，属夹江县。在今四川夹江县东南二十里甘露村（在甘江镇西南）。西临青衣江，津渡曰弱溤渡。

〔7丨〕

陵口 在今安徽马鞍山市西北金家庄港口。《晋书·苏峻传》：东晋咸和三年（328），“峻自率（祖）涣、（许）柳众万人，乘风济自横江，次于陵口”。《资治通鉴》晋咸和三年（328）胡三省注：“陵口当在牛渚山东北，即东陵口也。”

陵口镇 即今江苏丹阳市东南十五里陵口镇。南朝齐、梁诸陵，多在金牛山旁，此为入陵之口，故名。又名武进口，因南朝萧氏为武进人。《南齐书·王敬则传》：永泰元年（498）王敬则反，“武进陵口，恸哭乘肩舆而前”。即此。

陵山 ①在今河北曲阳县西北。《方舆纪要》卷14定州：“陵山在州西六十里。上多古帝王陵冢，因名。其相峙者曰庐山、飞山。”

②在今河北满城县西南三里。《方舆纪要》卷12满城县：陵山“山不甚高，相传古帝王陵墓因名。元至元二年改曰灵山”。1968年于此发掘出西汉中山靖王刘胜及其妻窦馆之墓，称为满城汉墓。

③在今越南平定省东南岸归仁附近。是古代中西海上交通要冲。《新唐书·地理志》 广州通海夷道：占不劳山“又南二日行至陵山，又一日行至门毒国”。

陵川县 隋开皇十六年（596）置，属泽州。治所即今山西陵川县。《元和志》卷15：“因川为名。”大业初属长平郡。唐属泽州。元世祖至元三年（1266）废，后复置陵川县。清雍正六年（1728）属泽州府。民国初属山西冀宁道。1930年直属山西省。

陵子市 又作临资口或临沘口。即今湖南湘阴县西二十九里湘江西岸之临资镇。清光绪《湖南通志》卷29：“陵子市在（湘阴）县西，即林子口县丞驻此。”

陵井 亦名仙井。相传东汉末张道陵所开。在今四川仁寿县南。《元和志》卷33陵州：“陵井者，本沛国张道陵所开，故以陵为号。晋太元中，刺史毛璩乃于东西两山筑城，置主将防卫之。后废陵井，更开狼毒井，今之煮井是也，居人承旧名，犹曰陵井，其实非也。”《寰宇记》卷85陵井监：陵井“在州（监）南一百九里。唐时官私日收盐五斗五升。龙朔元年坏。上元元年重开。伪蜀井塞。至皇朝太平兴国三年重开，日收盐三十觔一十两”。

陵井关 即今山西太原市西北西关口。《宋使·高继宣传》：西夏元昊攻宋麟、府二州，“继宣帅兵营陵井，抵天门关”。《清一统志》引《太原府志》：“天门、陵井一道相连，互为首尾，山之东尽为天门，山之西尽为陵井，山势险阻，旁有深沟。”按：天门关，当为今太原市西北东关口。

陵井驿镇 金置，属阳曲县。在今山西阳曲县西北四十五里西陵井村。

陵井监 北宋熙宁五年（1072）改陵州置，为盐监。治所在仁寿县（今四川仁寿县）。《寰宇记》卷85陵井监：“按《图经》：汉时有山神号十二玉女，为道人张道陵指陵上开盐井，因此陵上有井名陵井。”监以陵井名。辖境相当今四川仁寿、井研二县地。宣和四年（1122）改为仙井监。

陵云（雲）寺 亦作凌云寺。在今四川乐山市东二里凌云山。《资治通鉴》：唐咸通十年（869）南诏骠信酋龙寇蜀，攻占犍为“后数日，蛮军大集于陵云寺，与嘉州对岸”。胡三者注：“陵云寺在嘉州南山，开元中，僧海通于渎江、沫水、濛水三江之会，悍流怒浪之滨，凿山为弥勒大像，高逾三百六十步，建七层阁以覆之。”

陵云（雲）栅 一作凌云栅。在今河南商水县西南。《资治通鉴》：唐元和十一年（816）九月，“李光颜、乌重胤奏拔吴元济陵云栅”。

陵水 ①即今山西临县湫水河。《水经·河水注》：“河水又南，陵水注之。水出陵川北溪，南径其川，西转入河。”

②亦作菱水、溧水。即古之中江。在今江苏溧阳市。《史记·范雎列传》：“伍子胥橐载而出昭关，夜行昼伏，至于陵水。”《索隐》：“刘氏云，陵水即栗水也。”

③在今广东化州市北，为罗江东支流。《寰宇记》卷167化州石龙县：陵水“从禺州扶莱县界流入，会罗水，二水相合为罗陵水”。《方舆纪要》卷104化州：陵水在“州北九十里。源出广西北流县扶来山下，西南流七十里与罗水合”。

陵水县 隋大业六年（610）置，属临振郡。治所在今海南省陵水黎族自治县东北。唐初属振州，后改属万安州。北宋熙宁七年（1074）省入万安县。元丰三年（1080）复置，属万安军。明属万州，正统间迁治南山所（今陵水黎族自治县）。清属崖州。民国初属广东琼崖道。1920年直属广东省。1987年改设陵水黎族自治县。1988年划归海南省。

陵水驿 在今广东化州市南。《方舆纪要》卷104化州：陵水驿“在州治南”。

陵水郡 唐天宝元年（742）改辩州置，治所在石龙县（今广东化州市）。辖境相当今广东化州市及广西陆川县部分地。乾元元年（758）复为辩州。

陵州 ①北周闵帝元年（557）置，治所在普宁县（今四川仁寿县东二里）。《元和志》卷33陵州：“因陵井以为名。陵井者，本沛国张道陵所开，故以陵为号。”辖境相当今四川仁寿、井研二县及简阳市、双流县部分地。隋大业三年（607）改为隆山郡。唐武德元年（618）复为陵州，治所在仁寿县（今仁寿县东二里）。贞观元年（627）徙治今仁寿县。天宝元年（742）改为仁寿郡，乾元元年（758）复为陵州。北宋熙宁五年（1072）改为陵井监。

②蒙古宪宗三年（1253）升将陵县置，属济南路。治所即今山东德州市。元世祖至元二年（1265）降为陵县，次年复为州，属河间路。明洪武元年（1368）改为陵县。

陵江县 唐贞观七年（633）置，属燕州。治所在今广西桂平市东北思宜村。十二年（638）废入桂平县。

陵阳 古地域名。指东陵之阳，即今安徽九华山东南麓，包括今青阳、石台青通河、陵阳河、青弋江上游及其以北贵池、铜陵间沿江地带。《楚辞·九章·哀郢》："凌（陵）阳侯之氾滥兮，忽翱翔之焉薄。""当陵阳之焉至兮，淼南渡之焉如"。屈原在此定居"九年而不复"。

陵阳山 ①在今安徽宣城市。《方舆胜览》卷15宁国府：陵阳山"在宣城。一峰为叠嶂楼，一峰为谯楼，一峰为景德寺"。《明一统志》卷15宁国府：陵阳山"在府城内。冈峦盘屈，孤峰秀拔，为一郡之镇。宋郭祥正诗：陵阳三峰压千里，百尺危楼势相倚"。

②在今安徽黄山市西北太平湖镇西广阳村北。《水经·沔水注》：旋溪水"出陵阳山下，径陵阳县西为旋溪水，昔县人阳子明钓得白龙处。后三年，龙迎子明上陵阳山，山去地千余丈"。《元和志》卷28石埭县：陵阳山"在县北三十里。窦子明于此得仙"。

③即今安徽青阳县西南九华山。陵阳建县后，山因县名。《水经·沔水注》：旋溪水出陵阳山下，"昔铚县人陵阳子明钓得白龙处。后三年，龙迎子明上陵阳山，山去地千余丈"，即此。为古道教圣地之一。

陵阳县 西汉置，初属鄣郡。元封二年（前109）属丹阳郡。治所在今安徽青阳县南五十里陵阳镇。三国吴移治今安徽黄山市黄山区西北广阳镇（故址现已没入太平湖）。西晋属宣城郡。东晋咸康四年（338）改名广阳县。

陵阳渠 在今内蒙古五原县境。引黄河水溉田。《新唐书·地理志》丰州九原县："有陵阳渠，建中三年浚之以溉田，置屯，寻弃之。"

陵阳镇 即今安徽青阳县南六十里陵阳镇。汉陵阳县城故址。《清史稿·地理志》青阳县："东南：陵阳镇，有废司。"

陵县 元世祖至元二年（1265）改陵州为县，治所即今山东德州市。三年（1266）复为陵州。明洪武元年（1368）降为陵县，属济南府。永乐七年（1409）移治德州故城，即今山东陵县。民国初属山东东临道。1925年改属德临道。1928年直属山东省。2014年撤销陵县，改为陵城区。

陵伽钵拔多洲 即今越南岘港东南之大占岛。《隋书·赤土传》：大业三年（607），常骏等"自南海郡乘舟，昼夜二旬，每值便风。至焦石山而过，东南泊陵伽钵拔多洲，西与林邑相对，上有神祠焉"。

陵岩寺 隋建。在今安徽泾县西，唐李白曾游此。作有《与谢良辅游泾川陵岩寺》诗。

陵罗水 即今广东化州市北之罗江。《寰宇记》卷167石龙县："陵水从禺州扶莱县界流入，会罗水，二水相合为罗陵水。"《舆地纪胜》卷116化州："二水乃陵水、罗水也。……昔有陵、罗二姓居二水之滨，因名之。陵、罗二水合流七十里，经州城东，下合三江水。"

陵罗县 唐武德五年（622）置，属罗州。治所在今广东化州市北一百二十里。《方舆纪要》卷104化州：陵罗废县，"宋白曰：县在陵、罗二水间，因名"。贞观九年（635）属辩州，北宋开宝五年（972）废入石龙县。

陵波塘 在今浙江湖州市东南菱湖镇。《新唐书·地理志》乌程县："东南二十五里有陵波塘，宝历中刺史崔玄亮开。"

陵拱水 又名陵楠水。即今海南省陵水黎族自治县北陵水河。《元丰九域志》卷9：陵水县有陵拱水。

陵城区 2014年撤销山东省陵县，设立德州市陵城区，区政府驻临齐街道中兴路155号。

陵城县 唐武德四年（621）置，属铜州。治所在今广西北流市东南。贞观八年（634）属容州。北宋开宝五年（972）废入北流县。

陵柟水 即今海南省陵水黎族自治县北陵水河。《舆地纪胜》卷126万安军：陵柟水，"《寰宇记》云，在陵水县东北十五里"。《明一统志》卷82琼州府：陵柟水"在陵水县东北一十五里，又名陵栅水"。《清一统志·琼州府一》引《旧志》：陵柟水"在县北十里。一名大寨沟。源自南迈岭南明塘东流入海"。

陵树乡 在今河南尉氏县东北。《水经·渠水注》：康沟"东径平陆县故城北。……建武元年以户不满三千，罢为尉氏县之陵树乡"。《续汉书·郡国志》陈留郡尉氏县注引《陈留志》曰："有陵树乡。"即此。

陵树亭 在今河南尉氏县东北三十五里。《三国志·魏书·荀攸传》：建安十年（205），冀州平，荀攸"封陵树亭侯"。

陵亭 在今江苏兴化市南三十里老阁村。《资治通鉴》：唐大顺二年（890）汴将庞师古引兵深入淮南，"与孙儒战于陵亭"。

陵亭镇 北宋置，属兴化县。在今江苏兴化市南三十里老阁村。

陵高县 1943年晋冀鲁豫边区由陵川、高平二县析置，属太行区。治大槲树（今山西陵川县西南大槲树）。后迁侯庄（今山西高平县东南侯家庄）。1945年10月撤销，并入陵川、高平二县。

陵街 即永陵街。今辽宁新宾满族自治县西永陵镇。以地为清永陵所在，故名。民国《兴京县志》卷1：陵街"距城四十里"。

陵湖 亦作艾陵湖。在今江苏江都市北邵伯镇东。《隋书·地理志》：江都郡江阳县有陵湖。《明史·地理志》扬州府江都县："东北有艾陵湖。"

陵溪关　在今贵州黎平县东。《方舆纪要》卷121黎平府：陵溪关在“府东九十里”。

陬　即郰。在今山东曲阜市东南四十余里。《史记·孔子世家》：“孔子生鲁昌平乡陬邑。”《集解》引孔安国曰：“陬，孔子父叔梁纥所治邑。”

陬山　在今江苏灌云县东北。《清一统志·海州》：陬山“有东、西二山，俱在州东南百里。一在海隅，一在海中，东西对峙”。今东陬山滨海，其西有西陬山，已在陆地之中。

陬市塘　即今湖南桃源县东北三十四里陬市镇。清光绪《湖南通志》卷1桃源县图：县东北有陬市塘。

陬溪　即西溪。在今湖南衡山县西二里。《新唐书·邓处讷传》：“陬溪人周岳与（雷）满狎，因猎，宰肉不平而斗，欲杀满，不克。见满已据州，悉众趋衡州。”《方舆纪要》卷80作“鲰溪”。

陭氏县（陭 yì）　西汉置，属上党郡。治所在今山西安泽县东南。西晋废。十六国刘聪复置，北魏废。

陶　在今山东定陶县西北四里。相传尧初居此，故曰陶唐。西周为曹国都。春秋末属宋，战国属齐。地当经济、交通中心，为春秋、战国时著名的商业城市。《史记·范蠡传》载：范蠡“之陶，为朱公”。世称陶朱公。又，《货殖列传》载：“朱公以为陶天下之中，诸侯四通，货物所交易也。乃治产积居与时逐……遂至巨万。”秦置定陶县。

陶山　①在今浙江瑞安市西北陶峰镇。《方舆纪要》卷94温州府瑞安县：陶山在“县西三十里。陶弘景尝居此，因名。山周仅二里。前江后湖，道书以为第七福地。宋末元兵至此，邑人王小观募兵迎斗，力竭而死。元末盗起，邑人张文贞于此筑城拒守”。即此。

②在今山东肥城市（新城镇）西北三十四里。《史记·越王勾践世家》：“范蠡浮海出齐，变姓名，自谓鸱夷子皮，耕于海畔，苦身戮力，父子治产。居无几何，致产数十万。……尽散其财，以分与知友乡党，而怀其重宝，间行以去，止于陶，以为此天下之中，交易有无之路通，为生可以致富矣。于是自谓陶朱公。”对于陶，《集解》引徐广曰：“今之济阴定陶。”而《正义》称：“《括地志》云：‘陶山在济州平阴县东三十五里。’止此山之阳也，今山南五里犹有朱公冢。”今其地仍有范蠡墓及墓碑刻石。

陶中湖　又名陶种胡。在今安徽阜阳市西北，与太和县接界。周广十里。旧为黄河水道。淤隔成湖。《清一统志·颍州府一》：陶中湖“润溉土田，居民利之”。

陶水　①即今山西长治县南淘清河。《水经·浊漳水注》：“陶水南出陶乡，北流径长子城东，西转径其城北，东注于漳水。”《魏书·地形志》上党郡长子县：“有泉北流至陶乡，名陶水，合羊头山水，北流入浊漳。”

②在今广东江门市三水区南。《水经·洭水注》：陶水“东出尧山，陶水西径（含洭）县北右注洭水”。《方舆纪要》卷101广州府三水县：陶水“在县南。源出尧山，西北流注于洭水”。

③一作桃水。即今广东英德市西北浛光镇北之陶江（坪塘河）。《水经·洭水注》：“洭水又东南，左合陶水。水出尧山。……陶水西经（含洭）县北，右注洭水。”

陶公山　在今湖南湘潭市西。《清一统志·长沙府》：陶公山“在湘潭县西七里。旧多古木。晋陶侃镇潭州，卜筑于此，因以为名。《县志》：山下临深潭，曰锦石湾。潭畔有石，踞江拥沙而起，色赤如锦，因名”。今山上有陶侃衣冠冢。冢前有“晋都督陶桓公墓”碑。

陶公山镇　即今浙江宁波市鄞州区东南莫枝镇之陶公村。清光绪《鄞县志》卷2《市镇》：陶公山“距城三十五里”。

陶丘　一名釜丘。在今山东定陶县西南七里。《尚书·禹贡》：济“入于河，溢为荥，东出于陶丘北”。即此。

陶乐设治局　1929年置，属宁夏省。治所在陶乐湖滩（今宁夏平罗县东南高仁镇）。1930年改沃野设治局。1937年复名陶乐设治局。1941年改为陶乐县。

陶乐县　1941年改陶乐设治局置，属宁夏省。治所在今宁夏平罗县东南高仁镇（陶乐湖滩）。1953年迁治马太沟（今平罗县东南马太沟镇）。2003年撤销陶乐县，分别并入平罗县和银川市兴庆区。

陶乐湖滩　即今宁夏平罗县南高仁镇。1929年于此置陶乐设治局（后改陶乐县）。

陶寺遗址　在今山西襄汾县（史村）东北约十五里，塔儿山西麓。分布在陶寺、李庄、中梁、东坡四村之间，东西长约2000米，南北宽约1500米，总面积达300万平方米。自1950年以来就陆续发现有龙山文化时期聚落遗址及大面积墓葬区，出土有红铜铃与砷青铜齿轮形器、朱书文字以及土鼓、鼍鼓、特磬等礼乐重器。至21世纪初又发现有大规模的城墙遗迹。被认为是上古时代的尧的都城。1985年底即确认为中原地区迄今所知规模最大的龙山文化遗址，年代大致在公元前26—前20世纪。1988年定为全国重点文物保护单位。

陶成埠　一作桃城铺。即古桃丘。在今山东阳谷县东。

陶行知墓　在今江苏南京市中央门外晓庄劳山南麓。陶行知（1891—1946），原名文濬，后改知行，又改行知。安徽歙县人。中国著名教育家。长期从事平民教育，最早注意到乡村教育问题。1927年创办晓庄师范学校。一二·九运动后，积极宣传抗日，参加民主运动。1946年7月因脑溢血病逝于上海，同年12月将其遗体归葬南京晓庄。牌坊横额刻陶行知手迹“爱满天下”四字，坊柱上刻郭沫若题陶行知遗教“千教万教教人求真”、“千学万学学做真人”。墓碑正面刻“陶行知先生之墓”，为沈钧儒题字。

陶庄 在今江苏溧阳市西北八十里陶庄。《方舆纪要》卷20江宁府溧阳县：陶庄“有公馆，为溧阳、句容之通道”。

陶庄镇 即今浙江嘉善县治西北三十四里陶庄镇。《方舆纪要》卷91：陶庄“本名柳溪。宋绍兴中易今名，因陶姓者居此也”。元、明置巡司于此，后废。

陶关 ①在今湖南长沙市西南。《元和志》卷29长沙县：“故陶关，在县西南五里。晋杜弢据湘州反，陶侃讨之，因置此城。”

②即今四川汶川县南八十二里桃关。《明史·土司传》：洪武十一年（1378），“四川都司遣兵修灌县桥梁至陶关，汶川土司孟道贵疑之，集部落阻陶关道。都司遣指挥胡渊、童胜等统兵分二道击之。……进次陶关”。即此。

陶州 金贞祐三年（1215）七月，改孟津县置，治所在今河南孟津县东。同年十二月废，仍为孟津县。

陶冲驿 即今安徽桐城市西南陶冲镇。《清一统志·安庆府二》：陶冲驿“在桐城县西南四十里。地名三安坂，道出潜山县”。

陶宅镇 即今上海市奉贤区东二十二里陶宅。《清一统志·松江府二》：陶宅镇“在奉贤县（今奉城镇）西北十八里。明设巡司及税课局于此。今裁”。

陶阳镇 金置，属滕县。在今山东滕州市东南六十里。

陶村堡 在今山西运城市东北陶村镇。《清一统志·解州》“霍赵堡”条下：“陶村堡，在（安邑）县东南。”

陶吴镇 即今江苏南京市江宁区南陶吴镇。北宋景德二年（1005）改为金陵镇。民国后改名陶吴镇。

陶邑乡 即陶城。今山西永济市西北陶城。《方舆纪要》卷41蒲州：陶邑乡在“州（今蒲州镇）北三十里”。

陶辛圩 北宋大观二年（1108）筑。即今安徽芜湖县（湾沚镇）西陶辛镇。

陶沙墟 即今江西丰城市东南陶沙镇，近临川市界。清同治《江西全省舆图》卷1：丰城县东南有陶沙墟。

陶环溪 亦名玉溪。在今安徽旌德县西。《清一统志·宁国府一》“抱麟溪”条下：“陶环溪在县西三十里。源出黄高峰，亦名玉溪，北流入抱麟溪。”

陶林县 ①西汉置，属云中郡，为东部都尉治。治所在今内蒙古呼和浩特市东陶卜齐东城卜子古城。东汉废。

②1912年改陶林厅置，后属察哈尔特别区。治所即今内蒙古察哈尔右翼中旗（科布尔镇）。1928年属绥远省。1954年撤销，改设察哈尔右翼中旗。

陶林直隶厅 清光绪二十九年（1903）以宁远厅之科布尔巡司置，属山西省。治所即今内蒙古察哈尔右翼中旗驻地科布尔镇。1912年改为陶林县。

陶侃城 在今湖南岳阳市东。《方舆纪要》卷77岳州府巴陵县“刘备城”条下：“又陶侃城，在府东八里。侃镇巴陵时所筑也。”

陶河 又作陶渚。今河南孟州市南一段古黄河的别称。《三国志·魏书·杜畿传》：畿“受诏作御楼船，于陶河试船，遇风没”。《水经·河水注》：孟津“亦曰盟津，《尚书》所谓东至于孟津者也。又曰富平津，所谓造舟为梁也。又谓之曰陶河”。

陶城 ①又名陶邑乡。即今山西永济市西北陶城。《水经·河水注》：“陶城在蒲坂城北，城即舜所都也。”《旧唐书·马燧传》：贞元元年（785），“军次宝鼎，败贼骑兵于陶城”。即此。

②在今河南鄢陵县南。《水经·溟水注》：“溟水又西南流，径陶城西。”《元和志》卷8鄢陵县：“故陶城，县南五十里。相传晋陶侃征杜弢所筑。”

陶城县 隋开皇十六年（598）置，属许州。治所在今河南临颍县东。大业初改名滍强县。

陶胡县 五代梁开平二年（908）改唐兴县置，属蜀州。治所在今四川崇州市东南江源镇。后唐同光元年（923）复为唐兴县。

陶洪坝 亦作桃洪坝。在今四川叙永县南。清嘉庆《泸州志》卷11：陶洪坝，“《明史》作桃红坝。治南二十里。古蔺州地。明侯良柱等擒斩奢崇明、安邦彦于此”。

陶洪寨 一作桃江。在今贵州仁怀市境。《明史·吴广传》：万历二十八年（1600）征播州，“广屯二郎坝，大行招徕，贼骁将郭通绪迎战，将士袭走之。陶洪、安村、罗村三砦土官各出降”。

陶唐口镇 北宋置，属长山县。在今山东高青县西南小清河北岸陶唐口。

陶唐氏 传说中远古部落名。居于平阳（今山西临汾市西南）。尧为其部落领袖。

陶唐谷 又名陶城。在今山西霍州市东。《清一统志·霍州》：陶唐谷“在州东三十里，有泉飞流如玉，曰玉泉，西流灌田百余顷。……《旧志》：尧尝游此”。

陶家厂 即今安徽含山县南陶厂镇。光绪《大清直省地舆全图》：含山县南有陶家厂。

陶家市山寨 在今湖南澧县东南。《宋史·地理志》澧州：“建炎四年，寓治陶家市山砦，随复旧。”疑即澧县东南之竹城。

陶家场 即今安徽含山县南陶厂镇。光绪《大清直省地舆全图》：含山县南有陶家场。

陶家桥镇 即今江苏昆山市南四十里陶家桥。清光绪《江苏全省舆图》：昆山县南有“陶家桥”。

陶章河 亦作陶张河。即今山东栖霞市东南、莱阳市东北之清水河，为五龙河上源。《清一统志·登州府》：陶章河“源出栖霞县东南十五里唐山，西南流经莱阳县（今莱阳市）东，又西南会县河西大河，合流南入海”。

陶渚　即陶河。今河南孟州市南一段古黄河的别称。《魏书·孝庄纪》：武泰元年（528）四月，“车驾巡河，西至陶渚”。

陶渊明墓　原在今江西九江县西南马回岭。《清一统志·九江府》：陶潜墓“在德化县西南楚城乡，面阳山麓。有祠”。1982年迁建于九江县城沙河街东北纂家洼。陶渊明（365或372或376—427），东晋大诗人。字元亮，后更名潜。浔阳柴桑（治今九江县南）人。曾任江州祭酒、镇军参军、彭泽令等职，以“不为五斗米折腰”，挂冠归隐。后征著作郎，不就。去世后，亲友送谥号“靖节”。墓碑直刻“晋征士陶公靖节先生之墓”。

陶渠水　即今陕西韩城市南芝川河。《水经·河水注》：陶渠水“出西北梁山……南径高门南，又东南径华池南，溪水又东南径夏阳县故城南，又历高阳宫北，又东南径司马子长墓北，溪水东南流入河”。《水经注疏》：“会贞按，今曰芝川河。”

陶然亭　又名慈悲庵、观音庵、江亭。在今北京市西城区西。元于此建寺庙，名观音庵，亦名慈悲庵。明清辟为窑厂。清康熙年间建陶然亭。清《日下旧闻考》卷61引《拓坡居士集》：“陶然亭，康熙乙亥江郎中藻所建。取白居易‘更待菊黄家酿熟，共君一醉一陶然。’”内有辽金石幢，清后期已为南城游览之地。今为陶然亭公园。

陶温水　又作土温、桃温、屯河。即今黑龙江省伊春市东汤旺河，为松花江支流。源出小兴安岭，东南流入松花江。《金史·世纪》：“太祖别军取麻产家属，……陶温水民来附。”

陶湾　即今河南滦川县西北三十里陶湾镇。清尹耕云《豫军纪略》卷10：同治三年（1864）二月，“宋庆驻陶湾，顾西路；张曜驻三川，策应各路”。

陷河　①在今河北滦南县西。《方舆纪要》卷17滦州：陷河“源出州西南五十里于家泊，汇大小群川至蚕丛口入海”。

②即今山东庆云县南献河。元于钦《齐乘》卷2：“东无棣县北有陷河，阔数里，西通德棣，东至海。”《方舆纪要》卷13庆云县：献河“或谓之陷河。县西北境之水，多汇于此。经海丰县（今无棣县），引流东注于海”。

③即今四川西昌市东南之邛海及邛海河。《后汉书·西南夷传》：“邛池，南人以为邛河。”李贤注引李膺《益州记》云：“四十里与城俱陷为湖，土人谓之为陷河。”《元和志》卷32越巂县：陷河“在县东南一十里。初，武帝置邛都县，无几陷为汙泽，因名邛河”。

④即今新疆且末县境之车尔臣河。《新五代史·四夷附录·于阗》引高居诲《使于阗记》：“自仲云界西，始涉醾碛，无水，掘地得湿沙，人置之胸以止渴。又西，渡陷河，伐柽置水中乃渡，不然则陷。又西至绀州。”

陷塘　在今广西宾阳县东。《方舆纪要》卷109宾州：陷塘在“州东二十里。相传岭陷成塘，周五六里许”。

陪尾山　《尚书·禹贡》：“熊耳、外方、桐柏至于陪尾。”《史记·夏本纪》作负尾；《汉书·地理志》作倍尾、横尾。一说在今湖北安陆北，《汉书·地理志》江夏郡安陆县（今湖北云梦县）：“横尾山在东北，古文以为陪尾山。”其后《水经》、《括地志》、《元和志》、《寰宇记》等，都从此说。一说即今山东泗水县东泗水所出的陪尾山，晋张华《博物志》：“泗出陪尾。”其后《隋书·地理志》、《唐书·地理志》、胡渭《禹贡锥指》及近代学者多从此说。

勐（猛）丁　在今云南金平苗族瑶族傣族自治县西北六十四里老衙门。清代为建水州辖十五勐之一，设掌寨。

勐（猛）丁行政区　1917年析建水县勐丁等土掌寨置，属云南蒙自道。治所在今云南金平苗族瑶族傣族自治县西北六十四里老衙门。1929年直属云南省。1932年改平河设治局。

勐（猛）丁寨　即今云南金平苗族瑶族傣族自治县西北老勐乡。清康熙三十三年（1694）置猛丁寨土寨长。

勐（猛）马　宋大理时为俄麻甸。即今云南孟连傣族拉祜族佤族自治县西南四十八里勐马镇。洪宪元年（1916）《最新大中华帝国道县形势全图》：澜沧西南有勐马。傣语“勐”为地方，“马”为来，意即从他乡迁来的村。

勐（猛）乌　在今老挝北部孟乌怒。版纳勐乌、乌得为明代车里宣慰司所辖十二版纳之一。清雍正三年（1725）置勐乌土把总，属宁洱县。光绪二十一年（1895）被法国割占。

勐（猛）卯行政区　1916年改勐陇行政区置，属云南腾越道。包括勐卯安抚司和腊撒长官司地，又称勐撒行政区。行政委员夏秋驻今云南陇川县（章凤镇）北腊撒，冬春驻今云南瑞丽市西郊勐卯。1929年直属云南省。1932年改瑞丽设治局。

勐（猛）卯安抚司　清顺治十六年（1659）改蛮莫安抚司置，属腾越厅。治所在今云南瑞丽市东十里姐勒。乾隆五十二年（1787）迁治勐卯城（今瑞丽市西郊）。傣语“勐”为地方，“卯”为雾濛濛，意即雾濛濛的地方。民国废。

勐（猛）半　明代属车里宣慰司。即今云南勐腊县北五十八里勐伴镇。清雍正十三年（1735）设勐伴土便委。后亦称勐帕。傣语“勐”为地方，“半”为巨人脚印，意即有巨人脚印的地方。

勐（猛）托　即今云南临沧市西南勐托村。清有把总额外外委驻防。

勐（猛）老　宋大理置，属景咙。治所在今老挝琅勃拉邦。元改老告总管府。

勐（猛）列村　在今云南景谷傣族彝族自治县东

八十里。《方舆纪要》卷119威远御夷州：猛列村，"《滇纪》：威远之地，东八十里至猛列村界"。

勐（猛）交 宋大理置，属景昽。治所在今缅甸景栋南部孟皎。

勐（猛）陇行政区 1915年置，属云南腾越道。治所在今云南瑞丽市西郊勐卯村。包括勐卯安抚司和陇川宣抚司两部分，各取一字得名。1916年改勐卯行政区。

勐（猛）弄寨 在今云南元阳县南二十五里攀枝花。清代为建水州辖十五勐之一，雍正十三年（1735）设掌寨。

勐（猛）住 即今云南景谷傣族彝族自治县西南一百零八里碧安乡（勐主街）。清有把总、外委把总驻防。

勐（猛）角董 即今云南沧源佤族自治县城勐董镇。清代置勐角董土千总，属镇边直隶厅。光绪《续云南通志稿》卷首载光绪十七年（1891）七月上谕："土目罕荣高被罕荣先围攻，未敢挟忿寻仇，听候官军处治，尚属安分守法，着给予土千总，管理勐角、勐董、准其世袭，以昭激励。"包括勐角、勐董两部分，因名。

勐（猛）沧 或作猛仑。即今云南勐腊县西北勐仑镇。清《乾隆内府舆图》：普洱府宁洱县南有猛沧。

勐（猛）泐 宋大理置，属景昽。治所在景兰（今云南景洪市东南郊曼景兰）。元改车里宣慰司。

勐（猛）宋 即猛省。今云南沧源佤族自治县东北勐省镇。

勐（猛）罕 又称橄榄坝。明代属车里宣慰司，即今云南景洪市东南勐罕镇。傣语"勐"为坝子，"罕"即"费罕"，为梭缨布。以盛产棉花、善织土布得名。一说乡民用梭缨布铺路迎接佛主，故名。

勐（猛）阿 ①明代属车里宣慰司。即今云南勐海县北勐阿镇。清雍正七年（1729）置猛阿土把总。

②即今云南孟连傣族拉祜族佤族自治县西南八十八里勐阿镇。洪宪元年（1916）《最新大中华帝国道县形势全图》：澜沧西南有勐阿。

勐（猛）拉 即今云南普洱市。版纳勐拉、勐往为明代车里宣慰司所辖十二版纳之一。

勐（猛）板 ①明代属车里宣慰司。即今云南勐海县西南勐板。

②即今云南永德县西北勐板乡。清置猛板土千总。

勐（猛）旺 又称勐邦。明代属车里宣慰司，即今云南景洪市东北一百四十八里勐旺乡。清雍正六年（1728）设土把总。傣语"勐"为坝子，"旺"或"邦"为飞貉（鼯鼠），意即鼯鼠坝。

勐（猛）昂 明代属车里宣慰司。即今云南勐海县南八十四里勐昂，为布朗山布朗族乡驻地。傣语"勐"为平坝，"昂"为漂亮，意即漂亮的平坝。

勐（猛）帕 明代称勐半。即今云南勐腊县北五十八里勐伴镇。清雍正十三年（1735）设勐帕土便委。

勐（猛）岭 又作普藤。即今云南景洪市东北一百二十四里普文镇。版纳勐岭、勐旺为明代车里宣慰司所辖十二版纳之一。

勐（猛）往 明属车里宣慰司。即今云南勐海县北九十六里勐往乡。清设勐往土便委。1932年宁江设治局治此。傣语称景勐往，意即勐往土司的城，俗称勐往城子。

勐（猛）昏 又作勐混。即今云南勐海县南三十里勐混镇。版纳勐昏、勐板为明代车里宣慰司所辖十二版纳之一。

勐（猛）郎 即今云南云县东北茂兰镇。清《乾隆内府舆图》：云州东北有勐郎。

勐（猛）省镇 即今云南沧源佤族自治县东北勐省镇。1945年沧源设治局曾迁治于此。傣语"勐"为地方，"省"为萼麻，意即萼麻多的地方。

勐（猛）统 即大勐统。今云南昌宁县南六十八里勐统街，为勐统镇驻地。清有经制外委驻此。

勐（猛）统汛 即今云南镇沅彝族哈尼族拉祜族自治县西北四十二里勐大镇（勐统街）。清时有巡检驻防。傣语"勐"为地方，"统"为口袋，意即口袋形的地方。

勐（猛）班 即今云南景谷傣族彝族自治县西南一百十二里勐班乡。清雍正三年（1725）于此置巡司。乾隆三十年（1765）改设土把总。

勐（猛）莽 明代属车里宣慰司。即今云南勐腊县西南六十八里勐满镇。傣语"勐"为地方，"莽"为不像样子，意即不像样子的地方。因佛教传说得名。

勐（猛）烈 ①即今云南江城哈尼族彝族自治县。清代属元江州。傣语"勐"为坝子，"烈"为河流，意即河边的平坝。

②即今云南景谷县东南正兴镇南勐烈。《清一统志·普洱府》：猛烈村"在威远东八十里。《滇纪》：威远之地，东八十里至猛烈村界"。

勐（猛）蚌 在今越南莱州省黑河以北的勐蚌。清代为建水州辖十五勐之一，雍正四年（1726）设掌寨。

勐（猛）翁 明代属车里宣慰司。即今云南勐海县西勐翁。

勐（猛）海 即今云南勐海县。明、清为版纳勐海驻地。1927年为佛海县治。1953年复为版纳勐海驻地。1958年为勐海县治。傣语"勐海"意为厉害之人居住、管辖的平坝。

勐（猛）润 明代属车里宣慰司。即今云南勐腊县西七十五里勐润哈尼族乡。傣语"勐"为平坝，"润"为跨越，意即跨越的坝子。传说佛祖从塔庄匡一步跨越勐捧，落脚到此坝，故名。

勐（猛）朗坝 即今云南澜沧拉祜族自治县驻地勐朗镇。清光绪十八年（1892）至三十四年（1908）为镇边厅治。1954年澜沧拉祜族自治区（后改澜沧拉祜族自治县）迁治于此。1959年设勐朗镇。

勐（猛）绢路 元至顺二年（1331）置孟绢路军民总管府，属云南行省。治所在今泰国北部。明洪武十五年（1382）改府，后废。

勐（猛）捧 即今云南勐腊县西五十四里勐捧镇。明设版纳勐捧。傣语“勐”为地方，“捧”为会发光的妖精，意即传说有会发光妖精的地方。清代作勐弇。民国初有县佐驻此。1940年设勐捧镇。

勐（猛）梭 ①即今云南西盟佤族自治县驻地勐梭镇。宋大理时名木索甸。后改勐梭。傣语“勐”为地方，“梭”为美丽，意即美丽的地方。

②在今越南莱州省东北部封土。清代为建水州辖十五勐之一，设掌寨。

勐（猛）戛 ①即今云南芒市西南四十六里勐戛镇。清代设卡。1915年为芒遮板行政委员驻地。傣语“勐”为地方，“戛”为贵重，意为贵重的地方。

②即今云南景谷傣族彝族自治县西南永平镇（勐戛）。清乾隆二十八年（1763）设土把总。民国改为县佐。

勐（猛）笼 即今云南景洪市西南九十八里勐龙镇。明、清时为版纳勐笼的驻地。雍正七年（1729）置猛笼土把总。

勐（猛）脸 即孟琏。今云南孟连傣族拉祜族佤族自治县。《明史·云南土司三》：“嘉靖中，孟琏与孟养、孟密诸部仇杀数十年，司废。至万历十三年，陇川平，复设，称猛脸云。”

勐（猛）弇 即明代勐捧。今云南勐腊县西五十四里勐捧镇。清光绪《皇朝中外一统舆图》：普洱府宁洱县东南有勐弇。

勐（猛）腊 即今云南勐腊县城。清雍正七年（1729）置猛腊土千总，后改为土把总。

勐（猛）麻 即大勐麻。今云南云县东南大寨镇。明、清时设土巡司于此。

勐（猛）康 明代属车里宣慰司。即今云南勐海县北勐阿镇东北勐康村。

勐（猛）淋寨 在今云南龙陵县东北三十六里镇安镇。《方舆纪要》卷118顺宁府：勐淋寨“在府境。万历十一年，湾甸酋景宗真导缅入姚关，寇施甸，焚掠顺宁，破猛淋寨，即此”。傣语“猛淋”意为栗树坝。

勐（猛）混 即勐昏。今云南勐海县南三十里勐混镇。明、清为版纳勐混驻地。傣语“勐”为平坝，“混”为倒流，意即河水倒流的坝子。

勐（猛）董 即今云南沧源佤族自治县城勐董镇。清代属镇边厅，后于此置勐角董土千总。傣语“勐”为地方，“董”为集中，意即集中的地方。

勐（猛）喇 即今云南金平苗族瑶族傣族自治县西南四十里勐拉乡。清代为建水州辖十五勐之一，设掌寨。光绪《大清直省地舆全图》：金平西南有猛喇砦长。

勐（猛）赖 在今越南莱州省黑河北岸的勐赖。清代为建水州辖十五勐之一，雍正四年（1726）设掌寨。

勐（猛）满 明代属车里宣慰司。即今云南勐海县西北八十里勐满拉祜族哈尼族布朗族镇。傣语“勐”为平坝，“满”为模糊，意即雾障视线的平坝街。

勐（猛）遮 即今云南勐海县西三十八里勐遮镇。明、清为版纳勐遮驻地。清雍正时设土千总。1927年为五福县治。1934年为南峤县治。傣语“勐”为平坝，“遮”为浸泡，意即被水浸泡过的平坝中的街子。

牂州 又作牂州。隋开皇初置，治所在牂柯县（今贵州黄平县西北）。辖境相当今贵州金沙、平坝及紫云苗族布依族自治县以东，余庆、施秉、岑巩县以南，三穗、从江县以西地区及道真、正安、遵义市一带。大业初改为牂柯郡。唐武德三年（620）复为牂州。治所即今贵州瓮安县东北草塘镇。开元中降为羁縻州，属黔州都督府。北宋属黔州。后废。

牂柯 亦作牂牁或牂牱。先秦西南夷国名。在今贵州省东境。《管子·小匡篇》：“桓公曰：乘车之会三，兵车之会六，九合诸侯，一匡天下……南至吴、越、巴、牂柯、瓜、大庾、雕题、黑齿、荆夷之国。”后臣属夜郎。一说战国楚倾襄王时，庄蹻伐夜郎，军至且兰，椓船于岸而步战。以且兰有椓船牂柯处，因名且兰为牂柯。西汉置牂柯郡。

牂柯县 又作牂柯或牂牁。隋开皇初置，为牂柯郡治。治所在今贵州黄平县西北。唐武德二年（619）改为建安县。

牂柯郡 ①亦作牂牱郡。西汉元鼎六年（前111）置，治所在故且兰县（今贵州黄平县西南，一说在今贵阳附近）。辖境约当今贵州大部、广西西北部和云南东部。三国蜀汉以后逐渐缩小。西晋时治所在万寿县（今贵州瓮安县东北）。辖境相当今贵州毕节、遵义、册亨、荔波、黄平及广西南丹县之间地。南齐改为南牂牁郡。

②又作牂牱郡。隋大业三年（607）改牂州置，治所在牂柯县（今贵州黄平县西北）。辖境相当今贵州金沙、平坝及紫云苗族布依族自治县以东，余庆、施秉、岑巩县以南，三穗、从江县以西地区及道真、正安、遵义市一带。唐武德初复改牂州。永徽后废。

牂牁江 一作牂柯江。即今云南、贵州两省境内之北盘江及广西之红水河。或说即今都江。《史记·西南夷列传》：“夜郎者，临牂牁江，江广百余步，足以行船。”又《南越列传》：元鼎五年（前112）灭南越，“使驰义侯因巴蜀罪人，发夜郎兵，下牂牁江，咸会番禺”。

蚩尤城 ①在今北京市延庆县西南。唐杜佑《通典》卷178州郡：妫川郡怀戎县有“蚩尤城”。《方舆纪要》卷17延庆州：蚩尤城，“《志》云：西北去怀来县六十里”。

②在今河北涿鹿县东南。《水经·㶟水注》：“涿水出涿鹿山，世谓之张公泉，东北流径涿鹿县故

城南……泉水东北流与蚩尤泉会，水出蚩尤城，城无东面。《魏土地记》曰，涿鹿城东南六里有蚩尤城。”

蚩尤冢 在今山东梁山县东南韩垓镇南开河村西南一里。《水经·济水注》：济水“又北径阚乡城西……《皇览》曰：蚩尤冢在东郡寿张县阚乡城中。冢高七尺，常十月祠之，有赤气出如绛，民名为蚩尤旗”。又有蚩尤“肩髀冢”，在今山东巨野县东北九里。据《元和志》卷10郓州巨野县：“蚩尤墓，在县东北九里。今山阳巨野县有蚩尤肩髀冢。按黄帝杀蚩尤于涿鹿之野，身首异处，故别葬焉。”

湬题山 即今北京市房山区西南石经山。清雍正《畿辅通志》卷17：石经山“房山县西南有山曰白带山，生湬题草，又曰湬题山，藏石经者千年矣，故曰石经山”。

湬题县（湬 suō） 西汉置，属清河郡。治所在今河北枣强县西南。东汉废。《汉书·地理志》注：“师古曰：湬，古莎字。”《寰宇记》卷63枣强县：莎题“汉为县，后汉省。旧地理书并失所在。按《郡国县道记》云：今在贝、冀、德三州之界，即枣强地也。”

烝水 古作承水。即今湖南衡阳市及衡阳县境之蒸水。《方舆纪要》卷80衡州府衡阳县：烝水“在城北。源出宝庆府东界邪薑山，东北流入境……又东流至府城北，会于湘水”。

烝阳县 三国吴改烝阳侯国置，属衡阳郡。治所在今湖南邵东县东南。东晋废。

烝阳侯国 东汉改承阳县置，属零陵郡。治所在今湖南邵东县东南。三国吴改为烝阳县。

烝野 春秋楚邑。即今河南新野县。《左传》：宣公四年（前605）子越“乃以若敖氏之族，圄伯嬴于轑阳而杀之。遂处烝野，将攻王”。

〔ㄱ丿〕

姬氏民居 在今山西高平市东北三十六里陈堀镇中庄村。始建于元世祖至元三十一年（1294）。坐北朝南，建筑在一个高42厘米的台基上。面濶三间，进深六椽，悬山式屋顶。青石门墩，木质门框，有木雕花边图案。右门墩石上刻有“大元国至元三十一年岁次甲午仲□□□姬宅置□石匠天党郡冯□□”等字样，是迄今发现的我国年代最早的民居建筑。1996年定为全国重点文物保护单位。

姬村湖 在今安徽萧县东十五里。《方舆纪要》卷29萧县：姬村湖“又东五里曰姬村泊。明万历中，议引运艘自灵璧双沟，由睢水历永固、姬村诸湖，至徐州九里沟，出小浮桥”。

娉婷镇 北宋置，属建昌县。在今江西安义县东三十里。明属安义县。《明一统志》卷52南康府：娉婷镇“唐仙女吴彩鸾曾舞鹤于此，故名”。

娲城 一名柳城。在今河南西华县北十五里思都岗村。《寰宇记》卷10西华县：柳城“在县西二十里。古老传云女娲氏之都。本名娲城”。

娲皇宫及石刻 在今河北涉县西北二十九里凤凰山（古名中皇山）西坡。北齐晚期晋昌王唐邕在此开凿石窟，镌刻佛经。现存洞窟两个，南北毗邻，为一组双窟。洞内及窟外的两侧崖面现存大面积的北齐刻经，使洞窟与刻经浑然一体。现存窟内北齐造像是雕成后移入窟内的。可知娲皇宫石窟是纯粹的刻经洞窟。北齐刻经主要有《十地经论》、《深密解脱经》、《佛说思益梵天所问经》、《佛说盂兰盆经》、《教戒经》和《法华经·观世音菩萨普门品》。计13.74万字。是国内现存文字最多的北齐石刻佛经。1996年定为全国重点文物保护单位。

娲皇陵 一名女娲墓。在今山西洪洞县北赵城镇东八里侯村。《寰宇记》卷43赵城县：“女娲墓在县（治今赵城镇）东南五里，高二丈。按《城冢记》：女娲墓有五。其一在赵简子城东五里。”

娘子关 又名苇泽关。在今山西平定县东北八十里与河北交界处。《元丰九城志》卷2真定府：“建隆元年以娘子关地建承天军。”《方舆纪要》卷40平定州：苇泽关“即唐之承天军，俗曰娘子关，以妒女祠而名”。妒女祠建于唐大历年间。据《州志》称，唐太宗之妹平阳公主奉命率兵驻此，创建城关，故名娘子关。

娘子泉 ①在今河北赤城县龙关镇西。《方舆纪要》卷18龙门卫：娘子泉“在娘子山下，泉水溢出，势甚浩瀚，可资灌溉。正统十四年竭，后渐溢出，为民利”。

②在今新疆哈密市东南。《方舆纪要》卷65哈密卫：娘子泉“在畏吾儿河东。土人呼为可敦卜剌”。

娘当山 即智勇山。在今云南易门县城北。《方舆纪要》卷114易门县：娘当山“在县治北。旧名戈晟智桶山。三峰耸秀。《县志》：山一名智勇山。又名娘当山”。

娘妈宫 在今台湾岛西澎湖岛上。清蒋毓英《台湾府志》卷3：娘妈宫澳“其澳可抛南北风戈船二十只，今水师镇防汛在此”。

娘若香堡 西藏古代族部名。地在今西藏年楚河流域的江孜等地。藏文史籍《敦煌吐蕃文书》载：在娘若香堡地区，首领是隆玛的仲察。娘若香堡在隋、唐以前曾杀死悉补野部落首领并占据其地，后为吐蕃所灭。

娘娘庙 又称东凉镇。即今陕西陇县东南东风镇。清乾隆《陇州续志》卷2：东凉镇在“州东三十里。为陕省西南入甘孔道。旧有娘娘庙。旁为税厅，榷税于此”。

娘娘庙镇 即今安徽和县西南娘娘庙村。清光绪《直隶和州志》卷5：娘娘庙在“西九都”。丁文江《中华民国新地图》：安徽和县西南有娘娘庙。

娘娘宫　在今辽宁瓦房店市西南三台满族乡境。对岸为长兴岛，为赴岛之通道。清光绪《奉天全省地舆图说图志》复州图：西南有娘娘宫，“娘娘宫海口镇，在州城西南五十里”。

娘堡　西藏古代族部名。《西藏王统记》载：悉补野部落之裔聂赤，占据娘堡为首领。娘堡在隋、唐以前，为西藏最早的十余小邦之一，后被吐蕃兼并。地在今西藏林芝与波密县境娘曲河（尼洋河）流域。

娘磋土司　清末改尼雅木错土司置，为玉树二十五族之一。驻牧地在下年错（今青海曲麻莱县东南）。民国周希武《玉树调查记》卷上：“娘磋，驻牧地横跨巴颜哈拉山，北濒星宿海及扎陵、鄂陵二海，与柴达木相接，南至通天河与固察、安冲为界；东与加迭喀桑及果狢（洛）为界；西南与玉树为界。”

恕州　唐永徽二年（651）置羁縻州，属茂州都督府。治所在今四川汶川县西南邛崃山附近地区。后废。

〔フ丶〕

畲岭　即今江西于都县西南畲岭。1934年为中央根据地登贤县驻地。

通　在今吉尔吉斯斯坦伊塞克湖南岸。清乾隆《西域图志》卷13伊犁西路：通“在图斯库勒南岸，托萨尔西十五里”。

通口场　即今四川北川羌族自治县（安昌镇）东北通口镇。民国《北川县志》卷1：“通口设场于清雍正年间，为东路繁盛乡场。其河可通舟楫，往来甚便。”

通山县　五代周显德六年（959）南唐李璟置，治所在羊山镇（今湖北通山县）。明郭子章《郡县释名》湖广卷上：“五代时杨行密起铁冶置羊山镇，南唐始置为通山县，取青山、通羊二镇摘二字义名也。”北宋属兴国军。元属兴国路。明属兴国州。清属武昌府。民国初属湖北江汉道。1932年直属湖北省。

通川江　即今四川达州市南之州河（前河），为渠江支流。《明史·地理志》达州：“东有渠江，通川江之下流，西南入渠县界，合于巴江。”《清一统志·绥定府一》：通川江“在府城南门外。即渠江，一名东关水。自太平厅发源，西南流径东乡县城东，又径府城南，又西南入渠县界为宕渠江”。

通川县　①隋开皇十八年（598）改石城县置，为通州治。治所即今四川达州市。《寰宇记》卷137通川县：“以地带四达，故曰通川。”大业初为通川郡治。唐武德初复为通州治，天宝初为通川郡治，乾元初为通州治。北宋为达州治。明洪武九年（1376）废入达州。

②唐贞观二年（628）置，属羁縻轨州都督府。治所在今四川阿坝县境。后废。

通川郡　隋大业三年（607）改通州置，治所在通川县（今四川达州市）。辖境相当今四川达州、达县、宣汉、开江、万源及重庆市城口等市县地。唐武德元年（618）改为通州，天宝元年（742）又改为通川郡，乾元元年（758）复改为通州。

通义县　①西魏恭帝二年（555）置，属齐通郡。治所即今四川眉山市东北二十里太和镇。北周改为安乐县。

②隋仁寿元年（601）改广通县置，属嘉州。治所即今四川眉山市。大业三年（607）属眉山郡。唐武德元年（618）属嘉州。二年（619）为眉州治。天宝元年（742）为通义郡治，乾元元年（758）复为眉州治。北宋太平兴国元年（976）改为眉山县。

通义郡　①北周置，属旭州。治所在金城县（今甘肃碌曲县东）。隋开皇初废。

②唐天宝元年（742）改眉州置，治所在通义县（今四川眉山市）。辖境相当今四川眉山、彭山、丹棱、洪雅、青神等市县地。乾元元年（758）复为眉州。

通井县　北周明帝改涌泉县置，为涌泉郡治。治所在今四川射洪县东南洋溪镇附近。隋开皇三年（583）改为通泉县。

通天山　即今山西石楼县东南石楼山。《资治通鉴》：东汉永和六年（141），“使匈奴中郎将张耽、度辽将军马续率鲜卑到谷城，击乌桓于通天山，大破之”。胡三省注：“通天山，盖即土军县之石楼山，以其高绝，故曰通天。”

通天台（臺）　在今陕西淳化县西北甘泉山故甘泉宫中。《史记·封禅书》：公孙卿言仙人好楼居，“乃作通天茎台”。《三辅黄图》卷5：“《汉旧仪》云：‘通天者，言此台高通于天也。’《汉武故事》：筑通天台于甘泉，去地百余丈，望云雨悉在其下，望见长安城。”

通天岩　①在今江西赣州市西北水西镇通天岩村石壁塘。《舆地纪胜》卷32赣州：通天岩“有广福院。院后嵌石如房。有石穴，上彻山顶。王奇诗曰，地静无尘到，天高有穴通。元祐中，郡人阳行先栖遁岩中。岩下有赵清献公题名，张无尽又琢石佛，迨今赏胜”。《清一统志·赣州府一》：通天岩“在赣县西二十里。空洞如屋，有穴透其巅。怪石环列，有石檐滴水，日夜如雨注。其半壁曰忘归岩，以其地幽胜，游者坐而忘归，故名”。

②在今广西柳江县东南新兴农场东。1958年在此发现古人类化石，被称为“柳江人”。

通天岩石窟　在今江西赣州市西北二十里。由通天岩、忘归岩、同心岩和翠微岩组成。全岩有石龛二百七十九座，造像三百四十八尊，题刻九十七品，为我国南方石窟造像比较集中的一处。石龛造像多为宋代雕刻，内容均为佛教神祇。部分造像雕刻精致，刀法柔和，风格与隋唐相近。题刻有记载赣南农民起义和地方历史的内容。通天岩石窟于1988年定为全国重点文物保护单位。

通天河 ①在今青海西南部，为长江上源木鲁乌苏河和楚玛尔河在得列楚拉勃登汇合后，东南流至玉树县直门达一段的别称。清吴廷伟《定藏纪程》："木鲁乌苏东滩，汉名通天河。"

②海都河之俗称。在今新疆和静县、焉耆回族自治县及博湖县境。清徐松《西域水道记》卷2：海都河"河广三里，澄平弥漫，帆樯出没，宛如泽国，谚曰通天河，极言河广也"。

通天砦 即通天岩。在今江西石城县南。《方舆纪要》卷88赣州府石城县"洪石岩"条下：通天岩"在县南十五里。石壁峻峋，深若巨石（室），登其巅方平若原"。《清一统志·宁都州》：通天岩"深若巨室。洞中惟一窍，上通鸟道，盘旋而上。其巅乃方若平原，前后石数十丈，皆似龙鳞，虽雕绘不及。又有泉，味极清洌"。

通天馆 馆驿名。亦名长兴馆。在今内蒙古宁城县西南一肯中乡一带。《辽史·地理志》引宋王曾《上契丹事》曰："七十里至富谷馆，八十里至通天馆，二十里至中京大定府。"

通元驿 明置，在今江西九江市南通远街。

通元溪 东阳江支流。在今浙江金华市东。《方舆纪要》卷93金华府：通元溪在"府北十五里。源出金华山巅徐公湖，经山桥下，又南经府北十五里之东紫岩，环郡后，至城东南之宏济桥入于南溪"。

通元镇 1932年置，即今浙江海盐县西南三十四里通元镇。镇以寺得名。明天启《海盐县图经》卷3：法喜寺"旧名通元寺，吴大帝孙权夫人舍宅置"。

通化门 唐长安外郭城东面偏北的一门。隋初建。故址在今陕西西安市东郊长乐西路陕西省火电公司东南角。《资治通鉴》：唐建中四年（783）十月，赴援襄城的泾原军路过京师，兵变，德宗"又命中使宣慰，贼已至通化门外"。唐至德三年（758）改名达礼门。后复名通化门。

通化市 1942年伪满析通化县城区置，为通化省会。治所即今吉林通化市。1945年属安东省。1949年属辽东省。1954年属吉林省。1985年撤销通化地区，通化市改为地级市。

通化军 ①唐置，治所在今四川理县东北。《新唐书·地理志》：维州"有通化军"。

②北宋治平三年（1066）置，治所在今四川理县东北一百二十里通化乡。《宋史·地理志》威州："通化军熙宁间所建，在保、霸二州之间。"政和三年（1113）重筑军城。宣和三年（1121）省军使为监押，属威州。后废。

③南宋改光化军置，治所在光化县（今湖北老河口市西北）。《舆地纪胜》卷87光化军："高宗绍兴十一年复置为光化军，领光化县。又以光化军为通化军，绍兴二十八年（1158）避伪太子瑛讳，改光化军为通化军。"三十年（1160）复为光化军。

通化县 ①隋开皇十八年（598）改金川县置，属会州。治所在今四川理县东北一百二十里通化乡。大业初属汶山郡。唐武德初复属会州。贞观八年（634）属茂州。天宝初属通化郡。乾元初复属茂州。后废。五代时，移小封县于此，仍改为通化，属威州。北宋天圣元年（1023）改为金川县，景祐四年（1037）复为通化县，属威州。明洪武三年（1370）废。

②清光绪三年（1877）置，属兴京厅。治所在头道江（即今吉林通化市）。宣统初属兴京府。民国初属奉天省东边道。1929年直属辽宁省。1940年为伪满通化省会。1942年析城区置通化市。1945年属安东省，1949年属辽东省。1954年划归吉林省。1969年迁快大茂镇。

通化省 1940年伪满置，省会通化县（今吉林通化市）。辖境相当今吉林通化、临江、长白、抚松、集安、辉南、柳河、靖宇等市县地。1945年日军投降后废。

通化郡 唐天宝元年（742）改茂州置，治所在汶山县（在今四川茂县）。辖境相当今四川茂县、汶川、北川等县地。乾元元年（758）复改为茂州。

通化堡 北宋置，属定边军。在今陕西吴起县西铁边城镇北二十里。《宋史·地理志》：通化堡"东至通祖岭平界约三十里，西至绥远砦二十里，南至定边军二十里"。

通计县 五代前蜀永平元年（911）改什邡市置，属汉州。治所在今四川什邡市。宋复改什邡县。

通古铁路 又称北古铁路。从北京双桥经顺义、怀柔、密云，至古北口。全长125公里。日伪于1937—1938年修筑。今为京承线的一部分。

通平县 唐永泰元年（765）改地平县置，属集州。治所在今四川旺苍县东北普济镇大营坝。北宋乾德五年（967）废入嘉川县。

通北设治局 1915年析海伦县置，属黑龙江省绥兰道。治所在通北镇（今黑龙江省北安市东南通北镇）。1917年改为通北县。

通北县 1917年改通北设治局置，属黑龙江省绥兰道。治所在今黑龙江省北安市东南通北镇。地当通肯河之北，因名。1928年直属黑龙江省。1956年并入北安县（今黑龙江省北安市）。

通北镇 在今黑龙江省北安市东南通北镇。1917年设通北县于此。

通归堡 北宋置，属环州。在今甘肃环县东北七十里。金废。

通仙渡 在今浙江武义县西南八十里三港乡。《方舆纪要》卷94处州府宣平县：通仙渡"出三港渡，路出郡城"。

通宁郡 南朝陈天嘉元年（560）置，治所在沅陵县（今湖南沅陵县南）。太建七年（575）废。

通辽市 1985年由通辽县析置通辽市，属哲里木盟，盟府驻通辽市。1953年通辽市升为地级市，由内蒙古自治区直辖。1954年通辽市改为县级市，属哲里木盟。1958年撤销通辽县，并入通辽市。1964年恢复通辽县。1986年撤销通辽县，并入通辽市。1999年撤销哲里木盟和县级通辽市，设立地级通辽市；原县级通辽市改置科尔沁区。通辽市人民政府驻科尔沁区。

通辽县 1918年升通辽镇置，属奉天省洮昌道。治所即今内蒙古通辽市。据《内蒙古自治区概况》：因地处西辽河沿岸，故称通辽。1929年直属辽宁省。1945年划归辽北省。1947年划归内蒙古自治区。1951年析置通辽市。1958年撤销通辽县，并入通辽市。

通辽镇 土名白音泰来。1914年置通辽镇，属辽源县。即今内蒙古通辽市。1918年升为通辽县。

通边县 金升通边砦置，属德顺州。治所即今甘肃庄浪县东北境通化乡通边村。元初废。

通边砦 北宋庆历八年（1048）置，属德顺军。即今甘肃庄浪县东北境通化乡通边村。金升为通边县。

通耳守捉城 唐置，属维州。在今四川理县东北。后废。

通西县 金初升通西砦置，属巩州。治所在今甘肃陇西县北八十里。贞祐四年（1216）属定西州。元世祖至元三年（1266）废。

通西府 元大德元年（1297）于蒙阳甸置通西军民总管府，属云南行省。治所在今缅甸掸邦北部孟音。明洪武十五年（1382）后废。

通西砦 北宋置，属通远军。在今甘肃陇西县北八十里。金初升为通西县。

通达砦 明初废通达等路五处蛮夷洞长官司置，属酉阳宣慰司。治所无考，当在今重庆市秀山土家族苗族自治县东北境。《方舆纪要》卷73酉阳宣慰司：通达砦在"司东南二百五十里。《志》云：元置通达等处五路蛮夷洞长官司于此。明初废为通达砦"。后废。

通达等处五路蛮夷洞长官司 元置，属酉阳州。治所无考，当在今重庆市秀山土家族苗族自治县东北境。明初废为通达寨。

通轨县 北周天和元年（566）置，为同昌郡及覃州治。治所在今四川黑水县北。隋大业初属汶山郡。后废。唐贞观三年（629）复置，属松州。治所在今黑水县东。二十一年（647）为当州治。仪凤二年（677）徙治逢臼桥（今黑水县）。天宝元年（742）为江源郡治。乾元元年（758）复为当州治。大历五年（770）后废。

通曲山 在今云南建水县西南。《方舆纪要》卷115纳楼茶甸长官司：通曲山在"司（治今县西南官厅）西南八里山下。有泉两派，一流入禄丰县，一流入司东北五十里之仙人洞，亦谓之石洞"。

通会关 ①北宋熙宁七年（1074）置，属河州。在今甘肃和政县南。金升为通会关寨。元废。

②北宋元符元年（1098）筑，属会州。在今甘肃榆中县东北。《宋史·地理志》会州：会宁关，"旧名颠耳关，元符元年建筑，赐名通会。未几改今名"。

通会桥 在今湖北荆州市荆州区（故江陵县）西。《方舆纪要》卷78江陵县：通会桥"在府城西。众水之所会也。下有铁窗大渠"。

通会堡 北宋元符元年（1098）于祭厮坚谷口置，属西安州。在今宁夏海原县西北。后废。

通庆城 北宋置，属鄜延路。在今陕西吴起县西北。

通羊港 在今湖北通山县南。《元丰九域志》卷6：通山县有"通羊水"。《清一统志·武昌府一》：通羊港"在通山县南五里。源出灵泉山，北流经县西南十里名犀港。又东北至兴国州臼鸡口港，为富水之源"。

通关山 在今陕西城固县北三十里。《水经·沔水注》："壻水南历壻乡溪，出山东南流，径通关势南。山高百余丈，上有匈奴城，方五里，浚堑三重。高祖北定三秦，萧何守汉中，欲修北道，通关中，故名为通关势。"《舆地纪胜》卷183兴元府：通关山"在城固县北壻水之南"。

通关哨 即今云南墨江哈尼族自治县西南七十里通关镇。清时普洱府经历驻此，又有把总外委协防。同治二年（1863）李文学遣王泰阶率彝族起义军进军至此。民国改设县佐。

通关堡 北宋置，属怀德军萧关。在今宁夏海原县（三河镇）北境。后废。

通州 ①西魏废帝二年（553）改万州置，治所在石城县（隋改通川县，即今四川达州市）。唐杜佑《通典》：通州"以居四达之路，故名"。隋大业三年（607）改为通川郡治。唐武德元年（618）复改为通州，天宝元年（742）改为通川郡，乾元元年（758）复为通州。辖境相当今四川达州市及达县、宣汉、万源及重庆市城口等县地。北宋乾德三年（965）改为达州。唐诗人元稹在元和间任通州司马，写下歌颂通州的诗篇。

②五代周显德五年（958）改静海军置，治所在静海县（今江苏南通市）。北宋天圣元年（1023）改为崇州，明道二年（1033）复改通州。元至元十五年（1278）改为通州路，二十一年（1284）复为通州，属扬州路。明洪武初省静海县入州，属扬州府。清雍正二年（1724）升为直隶州。辖境相当今江苏长江以北泰兴、如皋以东地区。因直隶顺天府有通州，俗称此为南通州。1912年废。

③辽圣宗时改龙州置，属辽阳府。治所在通远县（今吉林四平市西一面城）。辖境相当今吉林四平、梨树、辽源及辽宁昌图、西丰等市县地。金废。

④金皇统八年（1148）改浚州置，治所在黎阳县（今河南浚县东）。天德三年（1151）复改为

浚州。

⑤俗称北通州。金天德三年（1151）置，属大兴府。治所在潞县（今北京市通州区）。《元史·地理志》：通州“取漕运通济之义，有丰备、通济、太仓以供京师”。辖境相当今北京市通州区、河北三河市及大厂回族自治县地。元属大都路。明洪武初省潞县入州，属顺天府。为明、清漕粮仓储转运的京畿重镇。清设总督仓场侍郎驻此。1913年改为通县。

通州千户所 明洪武中置，属扬州卫。治所在今江苏南通市。后废

通州关 明置，在今贵州平塘县西南通州镇。《方舆纪要》卷121定番州：通州关，“《志》云：在定番州东南百七十里”。

通州里 即今贵州平塘县西南通州镇。元置重州蛮夷长官司。明初改为通州里。清属定番州，于此设大塘州判。1913年析置大塘县。1942年废。

通州路 元世祖至元十五年（1278）改通州置，治所在静海县（今江苏南通市）。领静海、海门二县。辖地相当今南通、海门、启东等市及如东县地。二十一年（1284）废通州路，仍为通州。

通江 即今黑龙江省抚远县东之抚远水道。清光绪《吉林通志》卷22：混同江“又北而东受乌苏里江支渠之水，所谓通江也，又东北百里许乌苏里江自南来会”。民国《依兰县志》卷1：耶字碑“后又被俄人私移于通江东口之南岸，查此江系混、乌两江通水之支流。此江与黑龙江主流间形成黑瞎子岛，今抚远三角洲”。

通江口 亦作通江地方，或称黑瞎子岛。在今黑龙江省抚远县东抚远三角洲。民国魏声龢《鸡林旧闻录》：“混同江东行，乌苏里江自南来，汇为曲尺形。而两江汇口之西、混同江南岸，又歧出一流，斜向东南，入于乌苏里之正流，中间一地乃成三角形，土名通江口。”为边境要地。

通江千佛崖石窟 在今四川通江县（诺江镇）西北千佛村。石崖上的石佛造像清末民初建有保护性建筑遮盖。该建筑系双重檐穿斗式结构，面阔五间、25米，进深一间、10米，青瓦屋面，四角微翘。千佛岩造像开龛以唐龙朔三年（663），开元七年（720）建成，历时五十七年。共造像五十四龛，三千余身，题记六幅，碑二通。分布在高10米、宽53米的白砂岩崖壁上。正面二十八龛多为盛唐刻造，左侧二十六龛为初唐刻造，风化严重。造像群由净土变、天龙八部、说法图、七级佛塔、千佛屏等龛窟组成。有拱形龛、方形龛、外方内圆龛等，最大龛窟宽3.7米，高3.3米，深2.2米。造像大如真人，小如手指，有释迦牟尼、观世音、大势至、三世佛、药师佛、护法力士、乐伎、供养人等，雕艺精细，既有初唐时的简约，又有盛唐时的丰韵，是研究唐代服饰、美术、彩绘、雕刻、建筑的珍贵资料，尤其仿西安大雁塔的七级佛塔龛，四佛跏趺并坐龛，十分罕见。2006年定为全国重点文物保护单位。

通江子 即同江口。又名通江口。即今辽宁昌图县西南四十五里通江口乡。为水陆交通枢纽。清光绪三十二年（1906）按《中日北京条约》，开为商埠。

通江县 唐天宝元年（742）改诺水县置，为始宁郡治。治所即今四川通江县。《寰宇记》卷140通江县：“以邑枕巴江，故为通江县。”乾元元年（758）为璧州治。北宋熙宁五年（1072）属巴州。南宋末分为上通江县、下通江县。元世祖至元二十年（1283）废。至正四年（1344）复置通江县，属巴州。治所在赵口坪（今通江县东北）。明洪武中徙治今通江县。《明史·林俊传》：正德五年（1510），兰廷端义军“攻陷通江”。即此。清属保宁府。民国初属四川嘉陵道。1928年属四川省。

通江桥 在今浙江杭州市城南中河上。宋《淳祐临安志》卷10谓盐桥运河经由“通江桥”。《方舆纪要》卷90杭州府：通江桥“在城南。宋淳熙二年漕臣赵磻老议于此置版闸，以节宣江水”。

通江埠 即今黑龙江省望奎县南通江镇。民国熊知白《东北县治纪要》黑龙江望奎县：“县属通江埠，距县市四十五里，兰西一百里，在呼兰河右岸。”

通江溪 即今四川兴文县东境之古宋河。《方舆纪要》卷73九姓长官司：通江溪在“司南十五里。源出贵州界，流入境，东北出，会于江门峡。一名落卜姑溪”。

通安州 ①元置，属会川路。治所在今四川会理县东南通安镇。清康熙四十九年（1710）置通安州土百户。

②元世祖至元十四年（1277）于三赕置，属丽江路。治所即今云南丽江市玉龙纳西族自治县。明为丽江府治。清顺治十六年（1659）废。

通安驿 在今甘肃陇西县北九十里通安驿镇，为往来交通要道。《方舆纪要》卷59巩昌府安定县“诸水驿”条下：“南七十里有通安驿。”即此。

通安桥镇 俗名桥头。即今江苏苏州市西北二十八里通安镇。明崇祯《吴县志》卷16有通安桥。清光绪《江苏全省舆图》长洲县图：西北有通安桥。民国《江苏六十一县志》：吴县西北有“通安桥镇”。

通安砦 北宋崇宁五年（1106）改乌鸡三岔新砦置，属西安州。在今甘肃会宁县东北。金属新会州。元初属会州。至元七年（1270）省入会州。

通许县 金大定二十九年（1189）改咸平县置，属开封府。治所即今河南通许县。元属汴梁路。明属开封府。民国初属河南开封道。1927年直属河南省。

通许镇 北宋置，属陈留县。即今河南通许县治。咸平五年（1002）升为咸平县。

通阳县 1934年伪满由伊通、双阳二县合并置，属吉林省。治所即今吉林伊通满族自治县。1945年9月复为伊通县。

通远市 又称北市。隋东都三市之一。在今河南洛阳市隋唐故城洛水之北。《大业杂记》载：通远市“东合漕渠，周六里。其内郡国舟船舳舻万计”。

通远军 ①五代周显德四年（957）降环州为通远军，治所在通远县（今甘肃环县）。辖境相当今甘肃环县及庆阳县西北部。北宋淳化五年（994）复升为环州。

②北宋熙宁五年（1072）置，治所在古渭砦（今甘肃陇西县）。辖境相当今甘肃陇西、武山、漳县、定西、通渭等县市地。崇宁三年（1104）升为巩州。金皇统二年（1142）复置通远军。正大中改为巩昌府。

通远坊 明置，即今陕西高陵县西通远镇。

通远县 ①五代晋天福四年（939）置，为威州治。治所即今甘肃环县。后周显德二年（955）为环州治。四年（957）改为通远军治，北宋淳化五年（994）复为环州治。天圣元年（1023）改名方渠县。景祐元年（1034）复曰通远县。元世祖至元七年（1270）省入环州。

②辽改扶余县置，为通州治。治所即今吉林四平市西一面城。金废。

③北宋大观元年（1107）置，为延德军治。治所在今海南省乐东黎族自治县西南黄流、白沙间。政和元年（1111）废为通远镇。

通远砦 北宋置，属怀德军。在今宁夏固原市西北七营镇海埫附近。金废。

通远堡 ①明置，即今辽宁凤城市西北一百二十里通远堡镇。清光绪二十年（1894）中日甲午战争，清军曾在此与日军激战。

②即今甘肃永登县西南通远乡。《清一统志·凉州府二》：通远堡“在平番县西南四十里。城周二里有奇”。

通远镇 ①即今江西九江市西南六十里通远街。旧为往来孔道。明、清均置驿丞于此。

②北宋政和元年（1111）废通远县置，属朱崖军。在今海南省乐东黎族自治县西南黄流、白沙间。政和六年（1116）改为通远砦。

通县 1913年改通州置，属京兆尹。治所即今北京市通州区。1928年属河北省。1958年划入北京市。1997年改设通州区。

通利江 在今广西大新县西南之桃城河。《明史·地理志》养利州：“北有通利江，至崇善县注于丽江。”《方舆纪要》卷110养利州：通利江“在州北。自龙英州流入境，又西南入崇善县界，合崇善江”。

通利军 北宋端拱元年（988）置，治所在黎阳县（今河南浚县东）。天圣元年（1023）改为安利军。明道中复为通利军。熙宁三年（1070）废。元祐初复置，政和五年（1115）升为浚州。

通利渠 ①在今河北涉县西。《方舆纪要》卷49涉县：通利渠在“县西一里。下流入于涉河，居民资以灌溉”。

②又名鱼君陂。在今河北任丘市南。《新唐书·地理志》任丘县：“有通利渠。开元四年，令鱼思贤开，以泄陂淀，自县南五里至城西北入滱，得地二百余顷。”

通谷 ①在今河南洛阳市南。曹植《洛神赋》有“经通谷”句。

②在今陕西潼关县东北。《水经·河水注》：湲水“出松果之山，北流径通谷，世亦谓之通谷水，东北注于河”。

③在今甘肃康乐县境。《方舆纪要》卷60临洮府狄道县：通谷在“府西六十里。其谷东西出入，中容千百人，往来不逾数十步，上有大窍可见天日，宋熙宁中置堡于谷口，曰通谷堡”。

通谷水 即灌水。今陕西潼关县东北潼水。《水经·河水注》：灌水“出松果之山，北流径通谷，世亦谓之通谷水，东北注于河”。

通谷堡 一名寸金城。北宋熙宁五年（1072）置，属熙州。在今甘肃临洮县东二十二里。元废。

通甸汛 即今云南兰坪白族普米族自治县东北六十里通甸镇。清有把总外委驻防。

通沟口 即今吉林集安市。当鸭绿江北岸，隔江即朝鲜境。原属怀仁县。清光绪二十八年（1902）于此置辑安县。1965年改为集安县。1988年改为集安市。

通沟镇 在今吉林敦化市东北。清光绪《吉林通志》卷15敦化县：东北“六十五里通沟镇，有沙河子渡口”。光绪《大清帝国全图》：吉林敦化县东北有通沟镇站。

通灵陂 在今陕西大荔县东北。《新唐书·地理志》同州朝邑县：“北四里有通灵陂，开元七年，刺史姜师度引洛堰河以溉田百余顷。”

通灵峰 在今安徽宁国市东北二十五里，北接宣州市界。《方舆纪要》卷28宁国县“旗鼓山”条下：通灵峰“南去县二十五里。上有鸡冠石，绝顶宽平，泉出龙湫，下为溪流环绕，与旗鼓诸山，并为县北屏障”。

通拉大山 在今西藏日喀则市西南。藏语意为眺望山。清乾隆《卫藏通志》卷3：“峰峦峻峭，积雪不消，由定日通聂拉木大道经此。”

通林错 在今西藏南部，门隅地区达旺西南十八里处。原隶属于西藏地方政府管辖，为门隅三十二错、定（错、定是当地的一级行政区划）之一。“通林”，门巴语意为最先看到的田地。1951年后被印度政府非法占领。

通肯山 在今吉林珲春市东北。清光绪《吉林通志》卷19：通肯山在“（珲春）城东北二百七十里。……珲春河发源于此”。“通肯”，满语意为鼓。

通肯河 在今黑龙江省青冈县东。源出小兴安岭，南流入呼兰河。《清一统志·黑龙江》“呼伦河”条下：“通肯河，在（齐齐哈尔）城东四百五十里，东南流入呼伦河。”

通肯城 即今黑龙江省海伦市。清光绪二十五年（1899）筑城，为通肯副都统驻地。光绪三十年十二月（1905年1月）改置海伦厅。

通肯副都统 清光绪二十五年（1899）置，属黑龙江将军。治所在今黑龙江省海伦市。辖境相当今黑龙江省海伦、青冈、拜泉等市县地。三十一年（1905）裁。

通贤 即今福建上杭县北通贤乡。1934年中央革命根据地置新杭县治此。

通贤场 又名国清寺场。即今四川安岳县北四十里通贤镇。清道光《安岳县志》卷7："有场曰通贤，盖以溪名之也。"

通贤铺 在今四川安岳县北通贤镇。清嘉庆《四川通志》卷89：通贤铺"在（安岳）县北四十里"。

通贤镇 北宋置，属安岳县。即今四川安岳县北四十里通贤镇。

通明山 在今辽宁辽阳县南。《方舆纪要》卷37辽东都司"平顶山"条下："通明山在司南九十里。山多洞穴，俗名窟龙山。"民国《辽阳县志》卷2：通明山在"城南七十里千山南。俗谷窟巄山"。

通明江 姚江上源。在今浙江上虞市东南。宋《嘉泰会稽志》卷10上虞县：通明江"在县（治今丰惠镇）东十里。源出余姚江，其西自运河入于江"。《方舆纪要》卷92绍兴府上虞县：通明江"在县（治今丰惠镇）东十里，即姚江之上流。以通明坝当其上，因名"。

通明汛 在今广东湛江市西南通明河入海处之通明村。清光绪《广东舆地全图》遂溪县图：通明港陆上有通明汛。

通明县 亦作明通县。南宋绍兴中改通明院置，属达州。治所在今重庆市城口县西南一百四十里明通镇。一说在今四川万源市东南一百二十里旧院镇。元至元二十二年（1285）废。

通明院 亦作明通院。五代后蜀置，属璧州。为催科赋之地。治所在今重庆市城口县西南一百四十里明通镇。一说在今四川万源市东南一百二十里旧院镇。北宋属达州。南宋绍兴中升为通明县。

通明堰 南宋嘉泰元年（1201）修筑，系浙东运河沟通姚江之工程。在今浙江上虞市东南丰惠镇东钱家村。宋《嘉泰会稽志》卷10：通明江"有堰曰通明堰。蔡舍人肇《明州谢到任表》云：三江重复，百怪垂涎，七堰相望，万牛回首"。

通明港 即今广东湛江市西南通明港。《清一统志·雷州府》"石门港"条内："通明港在（遂溪）县东南一百四十里。"

通岩 在今江西于都县南。《方舆纪要》卷88雩都县：通岩"在县南十里，山腰前后洞彻，中通人行"。

通岷砦 北宋置，属洮州。在今甘肃临潭县东新城镇东四十里。金废。

通和桥 在今浙江衢州市西衢江上。《方舆纪要》卷93西安县：通和桥"在城西朝京门外，万历三十九年创置浮桥，长八十余丈"。

通河县 1914年改大通县置，属黑龙江省绥兰道。治所在岔林河口（今黑龙江省通河县）。以大通河为名。1928年直属黑龙江省。1945年划归合江省。1949年划归松江省。1954年划回黑龙江省。

通泽县 隋大业七年（611）置，属涿郡。治所在今河北永清县西北五里通泽村。隋末废。

通泽泉 在今山西芮城县东。《方舆纪要》卷41芮城县：通泽泉"在县东八里，流合县西北十三里之地皇泉，……有灌溉之利"。

通宝山 在今甘肃礼县西界。《方舆纪要》卷59巩昌府西和县：通宝山，"《志》云：在县西百四十里。四山环合，二水萦流，有清泉自岩窦飞落，如玉绳云"。

通定镇 隋置，为辽东郡治。治所在今辽宁新民市东北辽滨塔村。《资治通鉴》：隋大业八年（612）征高丽，"唯于辽水西拔高丽武厉逻，置辽东郡及通定镇而已"；唐贞观十九年（645）伐高丽，"（李）世勣自通定济辽水至玄菟"。皆此。

通城山 在今重庆市巫山县西北一百六十里。清道光《夔州府志》卷6：通城山"在县西一百六十里。明末大宁令岳震垓为谭文所陷死之，绅士率民兵千余报仇，与贼战于此"。

通城县 北宋熙宁五年（1072）升通城镇置，属鄂州。治所即今湖北通城县。南宋绍兴五年（1135）废。十七年（1147）复置。元属武昌路。明属武昌府。民国初属湖北江汉道。1932年直属湖北省。

通城镇 唐元和五年（810）改锡山镇置，属唐年县。即今湖北通城县。北宋熙宁五年（1072）改置通城县。南宋绍兴五年（1135）复为镇，属崇阳县。十七年（1147）复为通城县。

通相堡 又名小哨。明置，属越巂卫。在今四川越西县南五十里南菁乡南。明曹学佺《蜀中广记》卷34《边防记》越巂卫："通相堡一名小哨，十五里为长老坪。"

通鸦（鵶）城 即今河南宝丰县。《元和志》卷6龙兴县："县城本通鸦城，即后汉贾复城也，复南击郾所筑。后魏太和二十三年，孝文帝亲征马圈，行至此城，昏雾，得三鸦引路，遂过南山。故号通鸦城。"

通星山 在今广西苍梧县东北。《元和志》卷37苍梧县："通星山在县北六十二里。汉刘曜为太守，常登此山，仰观星历，因号通星山。"

通峡砦 故没烟前峡。北宋元符元年（1098）建筑，赐名。属怀德军。在今宁夏固原市西北黑城镇北苋麻河谷口。金属镇戎州。后废。

通泉山 亦名涌泉山。在今四川射洪县东南三十里。《元和志》卷33梓州通泉县：通泉山"在县（旧治在今洋溪镇）南二里。山前有石虾蟆，高七八尺”。《寰宇记》卷82通泉县：通泉山“在县西北二十里。东临涪江，绝壁二百余丈。水从山顶涌出，下注涪江。涌泉郡故城在此”。

通泉县　①隋开皇三年（583）改通井县置，属新州。治所在今四川射洪县东南洋溪镇。大业初属新城郡。唐武德初属梓州。大历二年（767）属遂州。宋属潼川府。元世祖至元二十年（1283）废入射洪县。

②元世祖至元十三年（1276）置，属马龙州。治所在今云南马龙县西南四十里旧县镇。明永乐初废。

通泉驿　唐置，在今四川射洪县南。唐诗人杜甫《通泉驿南去通泉县十五里山水作》诗云：“驿楼衰柳侧，县郭轻烟畔。一川何绮丽，尽目穷壮观。”光绪《射洪县志》卷2：通泉驿，“《旧县志》：在旧通泉县西。昔设巡检。明洪武十四年裁。今遗址犹存”。

通洛防　即函谷关城。在今河南新安县。《周书·武帝纪》：保定五年（565），“冬十月辛亥，改函谷关城为通洛防”。又《隋书·李穆传》：“奉诏筑通洛城。”唐贞观元年（627）新安县移治于此。

通济门　明南京城（今江苏南京市）城门名。在正阳门之西。“文化大革命”中被拆除。

通济闸　在今江苏淮安市淮阴区西南。《清一统志·淮安府二》：通济闸“即浊水入淮处。明永乐中陈瑄筑，名新庄闸。嘉靖中废，改置通济闸于三里沟。隆庆六年，河臣潘季驯迁于甘罗城南，后因之”。

通济河　在今河北霸州市东。《清一统志·顺天府二》：通济河“在霸州东。由苑家口逆流达榜栳圈，经关王堂、山川坛转北入护城河。每秋霖河泛，舟楫直抵城下，商贾辐辏”。

通济桥　①又名九龙桥。在今江苏南京市通济门外秦淮河上。建于明初。《明一统志》卷6南京：通济桥“在上方桥东。以上三桥（即上方桥、中和桥、通济桥）俱跨濠水（秦淮河）”。

②在今浙江金华市城区南金华江上。原系浮桥，元元统二年（1334）始建木梁桥，清嘉庆十四年（1809）改建为十三孔石拱桥。《方舆纪要》卷93金华府：通济桥“在府城西南。长七十余丈。临双溪，与间津桥相望”。

③在今福建连江县治南。《方舆纪要》卷96福州府连江县：通济桥“在县治南，跨鳌江上。宋政和四年累石为梁，凡一十六间，长五十六丈有奇。淳祐间改修。明朝因旧址修葺”。《清一统志·福州府二》：通济桥“俗呼为江南桥，宋政和中建。本朝康熙、雍正、乾隆年间屡修，嘉庆六年重修”。

④在今云南昆明市东跨金稜河支流上。元末梁王杀段功于此。

通济渠　隋大业元年（605）开凿。为沟通黄、淮二大河的运河。《隋书·炀帝纪》：“发河南诸郡男女百余万，开通济渠，自西苑引谷、洛水达于河，自板渚引河通于淮。”西段起自今河南洛阳市西，引谷水和洛水贯洛阳城东出循阳渠故道至偃师入洛，由洛水入黄河。东段自板渚（今河南荥阳市北）引黄河水东流，循汴水故道，经开封市折而东南流，经杞县、睢县、宁陵至商丘东南行蕲水故道，又经夏邑、永城、安徽宿州、灵璧、泗县、江苏泗洪至盱眙对岸入淮河。因为炀帝巡游所用，俗称御河。唐改名广济渠。这条运河的开凿促进了中原和江淮地区之间经济和文化的交流与发展。唐、宋时通称西段为漕渠和洛水，东段为汴河或汴渠。

通济堰　①在今浙江丽水市西南四十八里堰头村。为大型水利工程。南朝萧梁天监年间詹、南二司马始创此堰，此后历代多次续建整修。此工程筑拱形大坝横截松荫溪，建通济闸引水入渠，架石函从干渠上方引走泉坑水以消除沙石冲积，开叶穴直通瓯江以排淤泄洪。干渠长22.5公里，分支渠四十八条，毛渠三百二十一条，大小概闸七十二座，并多处开挖湖塘以储水，形成以引灌为主、兼顾储泄的竹枝状水利灌溉系统。现存历代碑刻十八通，主要集中在大坝北岸的司马庙中。其中有南宋乾道五年（1169）范成大“重修通济堰规碑”。另有明洪武三年（1370）重刊宋碑两通，其中北宋元祐八年（1093）“丽水县通济堰詹南二司马庙记碑”是现存最早的通济堰史料。2001年定为全国重点文物保护单位。

②亦名远济堰。唐开元中，益州长史章仇兼琼开。在今四川新津、彭山、眉山三县市境内。自新津东南二里宝子山引岷江水，南流至眉山市，溉岷江以西农田。《新唐书·地理志》彭山县：“有通济大堰一，小堰十，自新津邛江口引渠南下，百二十里至州西南入江，溉田千六百顷。”

通津门　北宋东京城（今河南开封市）外城东面汴河北水门。太平兴国四年（979）赐名。天圣初改为广津门，熙宁十年（1077）复名通津门。

通津关　在今河南开封市东北。《方舆纪要》卷47开封府祥符县：“通津关在府东北。五代周显德中，疏汴水入五丈河，以通齐鲁，置关于此。”

通津岩　在今广西北流市南十五里。《方舆纪要》卷108北流县：通津岩“在县之南坝乡。石山叠峙，有二门，南北相对，高敞如阙，水流环绕，石室虚明，为县之胜”。

通津渠　在今河南洛阳市南。《元和志》卷5河南府河南县：通津渠“在县南三里。隋大业元年，分洛水西北，名千步碛渠，又东北流入洛水，谓之洛口”。

通津堡　①北宋置，属银城县。在今陕西神木县南。金改属葭州。后废。

②北宋崇宁三年（1104）改南达堡置，属河州。在今青海循化撒拉族自治县西南。《宋史·地理志》河州：通津堡“东至安疆砦四十五里，西至大通城界二十五里，南至循化城一百三十里，北至大通城界二

十里”。后废。

③在今甘肃夏河县东北。《宋史·地理志》河州：通津堡“旧名南达堡，崇宁三年赐今名”。

通祐堡 金置，属洮州。在今甘肃临潭县或卓尼县境。

通秦县 金正大三年（1226）升通秦寨置，属葭州。治所即今陕西佳县西北通镇。元世祖至元六年（1269）废。

通秦砦 北宋置，属晋宁军。即今陕西佳县西北五十里通镇。《宋史·地理志》晋宁军：通秦砦“地名昇啰岭，元符二年赐今名”。金正大三年（1226）升为通秦县。

通真岩 在今广西灌阳县南二里。《清一统志·桂林府一》：通真岩“一名灵岩。前后洞门敞朗，约深十余丈，广二十余步，如大厦焉”。

通涟河 即今江苏涟水县东北官河。《宋史·河渠志六》：元符元年（1098），“工部言：‘淮南开河所开修楚州支家河，导涟水与淮通’。赐名通涟河”。

通海口北市 一名通海口市。即今湖北仙桃市西南六十四里通海口镇。清光绪《湖北全省分图》：沔阳州（治今沔城镇）西有通海口北市。

通海县 元初置通海千户，世祖至元十三年（1276）改通海县，属宁州，为临安路治。治所即今云南通海县。明郭子章《郡县释名》云南卷上：“县北三里有通海湖，县以湖名。”明、清属临安府。民国初属云南蒙自道。1929年直属云南省。1956年与河西县合并置杞麓县。1958年复名通海县。

通海所 明洪武十五年（1382）置通海守御千户所，属临安卫。治所即今云南通海县。清康熙七年（1668）废。

通海河 即今广东兴宁市西兴宁河。《方舆纪要》卷103兴宁县：通海河“在县城西。合吴田溪、西溪、东溪、许陂溪、凉溪、洋步溪、远安溪、通海桥溪、黄田溪、笃陂溪、汤口溪、淡坑溪十二溪之水，汇于城西，是为水口。又合长乐溪、上保溪、中保溪、博溪四溪之水共十六溪，东南流达潮州，入于海”。

通海城 唐南诏置，为通海都督驻地。即今云南通海县。为当时安南通天竺道上的重镇。这一段交通线又称“通海城路”。

通海城路 唐代安南通天竺道的一部分。唐樊绰《蛮书》卷6：“夷人不解舟船，多取通海城路贾勇步入真、登州林西原，取峰州路行。”通海城路的路线，《蛮书》卷1有详细记载。从安南都护府城取峰州路，往西北至古涌步（今云南河口瑶族自治县境）上岸，再经屏边新现、蒙自、建水，渡海河（今杞麓湖）、利水（今星云湖），经绛县（今云南江川县）、晋宁驿（今云南晋宁县晋城镇）至拓东城（今云南昆明市）。因该路经过通海城（今云南通海县），故名。

通海故关 在今山东惠民县西南四十里。《元和志》卷17厌次县：通海故关“在县西南四十里”。

通海都督府 唐南诏置，治所在通海城（即今云南通海县）。辖境约当今云南通海县以南，红河哈尼族彝族自治州、文山壮族苗族自治州大部及越南部分地区。宋大理废。

通海湖 杞麓湖的别称。在今云南通海县东北部。《元混一方舆胜览》：通海湖“秀山临其上”。《明一统志》卷86临安府：通海湖“在通海县北三里。源自河西县，流注为湖，周八十里。相传昔水涝不通，有僧于县治东北石笋丛立处，以杖穿穴泄其水，因名通海”。《方舆纪要》卷115通海县：通海湖“周八十里。似环而缺，一名杞麓湖，俗名海子”。

通海镇 ①唐置，即今云南通海县。为控制今滇南一带的重地。南诏于此置通海城。

②北宋置，属虹县。在今安徽泗县东二十六里通海店。据传有一泉眼，曾流出海螺、海鳝化石，以为泉通东海，故名通海。为唐宋汴河沿岸重镇。

③即今江苏南通市通州区（金沙镇）南通海镇村。清光绪《通州直隶州志》卷1：东南“五十五里曰通海镇”。

④在今四川金堂县东南。《方舆纪要》卷67金堂县：通海镇“在县东五十里。有盐课司”。

通梢关 明初置，属平凉县。在今甘肃平凉市东五里。《明史·地理志》平凉县：“东有通梢关。”

通望山 在今四川汉源县大渡河南。《寰宇记》卷77通望县：通望山“自大渡河南与众山相连入嶲州”。《方舆纪要》卷73黎州守御千户所“试剑山”条下：“通望山在大渡河南三十里。与众山相连，入嶲州界。唐以此山名县。”

通望县 唐天宝元年（742）改阳山县置，属洪源郡。治所在今四川汉源县南大树镇。乾元元年（758）属黎州。后迁治今汉源县。北宋庆历六年（1046）废入汉源县。

通惠河 元世祖至元二十九年至三十年（1291—1292）郭守敬主持开凿，在今北京市城东。源于今昌平区白浮诸泉，导使循西山山麓折南瓮山泊（今昆明湖），东南流经大都城（今北京城），东出入通县注入北运河。《元史·河渠志》：至元二十八年（1291），都水监郭守敬建言：“上自昌平县白浮村引神山泉，西折南转，过双塔、榆河、一亩、玉泉诸水，至西水门入都城，南汇为积水潭，东南出文明门，东至通州高丽庄入白河。总长一百六十四里。”三十年（1293），渠成，赐名“通惠”。漕运可直达积水潭（今什刹海）。明初淤废，后经成化、正德、嘉靖及清康熙、乾隆年间修浚，但其水源仅导西山诸泉，水量锐减，故河时通时塞。明清又名大通河。因城内故道已被圈入皇城之内，漕运只能以城东南大通桥为终点，故名。

通惠镇 北宋政和中改青龙镇为通惠镇。即今上海市青浦区东北旧青浦。寻复为青龙镇。

通智驿 唐置，在今陕西蒲城县西北。北宋废。

通道县　北宋崇宁二年（1103）改罗蒙县置，属靖州。治所即今湖南通道侗族自治县西北四十七里县溪镇。元属靖州路。明属靖州。民国初属湖南辰沅道。1922年直属湖南省。1954年改设通道侗族自治县。1958年迁治双江镇，即今通道侗族自治县。

通道镇　即今广西融水苗族自治县西北三防镇。明于此置通道镇巡司。清乾隆五十一年（1786）设三防主簿驻此。

通渭县　北宋元丰中升通渭砦为县，属巩州。治所在今甘肃通渭县西南。明郭子章《郡县释名》陕西卷下：通渭县"渭水在府北，前陷于吐蕃，至此始通也"。崇宁五年（1106）废为砦。金复置，移今治。元属巩昌路。明属巩昌府。清雍正八年（1730）以旧城久圮，移于东北六十里故安定监城。乾隆十三年（1748）复移今通渭县，仍属巩昌府。民国初属甘肃渭川道。1927年直属甘肃省。

通渭砦　北宋熙宁五年（1072）改通渭堡置，属通远军。在今甘肃通渭县西南什川乡古城。元丰中升为通渭县。崇宁五年（1106）复为砦。金又升为通渭县。

通渭堡　北宋熙宁元年（1068）改擦珠堡置，属秦州。在今甘肃通渭县西南什川乡古城。熙宁五年（1072）割隶通远军，改为通渭砦。

通湟砦　北宋元符三年（1100）于啰吒抹通城置，属湟州（后改乐州）。在今青海乐都县东三十五里湟水北岸。《宋史·地理志》乐州：通湟砦，"故啰吒抹通城，元符二年收复，三年赐名。东至通川堡四十里，西至湟州三十五里"。后废。

通裕支线　从辽宁锦州市西南的女儿河至大窑沟。全长55公里。为京奉路支线。1915年动工修筑，次年建成，是专为运煤的轻便铁路。1925年被拆除。中华人民共和国成立后重修，今为南票铁路的一段。

通裕场　即今四川泸州市西南安富镇（永宁河西部分）。清嘉庆《泸州志》卷2：通裕场"距（纳溪）县不一里，即古纳溪递运所，俗呼所街。知县石峰更名安富街"。

通蜀驿　即过蜀驿。唐宝历二年（826）置，在今陕西眉县北。

通蜀桥　在今重庆市秀山土家族苗族自治县西南。《方舆纪要》卷73平茶洞长官司：通蜀桥在"司治南。跨哨溪上，以路通蜀境而名"。

通新设治局　1939年由可鲁德令哈地方设置，驻可鲁沟（今青海德令哈市西南可鲁沟）。1946年撤销，并入乌兰县。

通漠道　在今山西大同市南。《新唐书·太宗纪》：贞观三年（629），"并州都督李世勣为通漠道行军总管，……以伐突厥"。

通塞堡　北宋元符元年（1098）筑，属庆州。在今甘肃华池县西北。

通塞镇　唐置，在今陕西彬县北。《资治通鉴》：唐中和元年（881），"黄巢以其将王玫为邠宁节度使，邠州通塞镇将朱玫起兵诛之"。即此。

通潮驿　明置，属澄迈县。在今海南省澄迈县东北老城镇。

通潮阁　在今海南省澄迈县东北。《明一统志》卷82琼州府：通潮阁"在澄迈县治（今老城镇）西。宋苏轼尝憩其上。有诗云：倦客愁闻归路遥，眼明飞阁俯长桥。贪看白鹭横秋浦，不觉青林没晚潮。其后胡铨和韵、李光书扁"。

通鹤军　唐置，属维州。治所在今四川理县东北。垂拱二年（686）没入吐蕃。《旧唐书·韦皋传》：贞元九年（793）攻吐蕃，皋"乃命大将董勔、张芬出西山及南道，破峨和城、通鹤军"。即此。

通衢镇　即今广东龙川县东通衢镇。明、清置巡司于此。

逡遒县　①西汉置，属九江郡。治所在今安徽肥东县东二十里龙城。东汉作浚遒县。西晋属淮南郡。《晋书·石勒载记》："石聪攻寿春，不克，遂寇逡遒、阜陵，杀掠五千余人，京师大震。"即此。东晋咸和初废。

②东晋咸和初侨置，属淮南郡。治所在今安徽宣城市东北六十里。隋开皇九年（589）并入宣城县。

逡道县　即东晋侨置逡遒县。治所在今安徽宣城市东北六十里。《宋书·州郡志》："逡道令，汉作逡遒，晋作逡道，后分芜湖为境。"

能仁寺　①在今浙江绍兴市南。《清一统志·绍兴府一》：能仁寺"在府南二里。晋许询舍宅建，号祇园寺。吴越时重建。宋改名。府西北二里尚有小能仁寺，故郡人谓此寺为大能仁寺"。

②在今江西九江市东。《清一统志·九江府》：能仁寺"在府治东。梁建。旧名承天院，明弘治中改今名"。现存建筑多为清同治九年（1870）重建。

能州　唐大足元年（701）置，为羁縻州，属泸州都督。治所在今贵州赤水市东。后废。

能图河　又作能兔河。在今俄罗斯滨海边疆区乌苏里江上游，为乌拉河的支流。清《乾隆内府舆图》作"能图必拉"。光绪《吉林通志》卷22：乌苏哩江"又西北径能图山东受能图河。河出东南窝集中，三泉齐发，西北流，径朱尔格伊城南，西入乌苏里江"。

能高山　在今台湾省南投县东北，与花莲县交界处。为中央山脉中段高峰。海拔3261米。《清史稿·地理志》台东州：北有"能高山"。

能站　明初改元撚站置，在今黑龙江省木兰县东浓河镇。明《辽东志》卷9：海西东水陆城站有"能站"。

难水　又作难河、那河。指今黑龙江省之嫩江及嫩江流注之松花江。《魏书·勿吉传》："初发其国，乘船溯难河西上，至太沵河。"同书《乌洛侯传》："其国西北有完水，东北流合于难水。其地小水皆注于难，东入于海。”

难江　①即今四川南江县之南江。《寰宇记》卷140难江县：“因江水难涉，故以难江为名。”难江县以此名。《明史·地理志》南江县：“南有难江，源出南郑县米仓山，下流入巴江。”

②即今四川夹江县东金牛河。《明史·地理志》眉州：“西南有金流江，一名难江，下流俱入大江。”

难江县　①南朝梁普通六年（525）置，属北水郡。治所在今四川南江县南八庙场。西魏恭帝三年（556）改为盘道县。

②北周天和五年（570）置，为集州、平桑郡治。治所即今四川南江县。《寰宇记》卷140集州难江县：“因江水难涉，故以难江为名。”隋属汉川郡。唐武德初为集州治。天宝初为符阳郡治。乾元初复为集州治。北宋熙宁五年（1072）属巴州。元世祖至元二十年（1283）废。

难留山　即武落钟离山。在今湖北长阳土家族自治县西北七十八里。《水经注·夷水》：夷水“东径难留城南，城即山也。……东北面又有石室，可容数百人。每乱，民入室避贼，无可攻理，因名难留城也”。

难溪砦　北宋置，属彭水县。在今重庆市彭水苗族土家族自治县南七十里朗溪乡（朗溪场）。

预山　一作豫山。即今独山。在今河南南阳市东北十六里。《水经·淯水注》卷31：“淯水又南径预山东，山上有神庙，俗名之为独山也。”

预河　在今河南修武县南五里。《方舆纪要》卷49修武县：预河“积涝而成，东注于卫辉府之卫河”。

桑　在今西藏阿里地区札达县西南一百五十里。“桑”，藏语意为红铜。原属札布兰宗管辖。1919年以来英印开始入侵该地。

桑丁寺　即多尔吉拔姆宫。在今西藏浪卡子县羊卓雍错西岸。

桑干（乾）县　①西汉置，属代郡。治所在今河北蔚县东北。三国魏废。

②北魏置，为桑干郡治。治所在今山西山阴县东南。北齐改为广宁郡治。北周废。

桑干（乾）河　又名卢沟水。即三国、两晋之㶟水。隋、唐称桑干河。《资治通鉴》：隋大业八年（612），“四方兵皆集涿郡（按，治蓟县，今北京城西南），……宜社于南桑干水上，类上帝于临朔宫南，祭马祖于蓟城北”。即此。

桑干（乾）郡　北魏置，治所在桑干县（今山西山阴县东南）。辖境相当今山阴县及怀仁县部分地区。北齐改广宁郡。北周废。

桑干都督府　唐羁縻都督府。龙朔三年（663）分定襄都督府置，属云中都护府。后侨治朔方县（今陕西靖边县北白城子）界。开元初属单于都护府。

桑山　在今安徽含山县西南。《方舆纪要》卷29含山县：“桑山在县西南二十里，麻湖之源出于此。山多野桑，因名。或曰秦始皇设仓于此，亦名仓山，又讹为苍山。山势峻拔，延袤十余里，中有龙池。南宋时有双山寨，居民保聚于此。”

桑木关　在今贵州绥阳县东北十五里桑木坝乡。《方舆纪要》卷70遵义府遵义县：桑木关“（明）万历中，川帅讨杨应龙，别将麻孔英自南川进破桑木关”，即此。

桑木垭　即今贵州习水县东桑木镇。明万历二十八年（1600）征播州杨氏，永宁土官率兵二千扼守于此。清代为桑木丫场。1932年设镇。

桑日宗　又作桑里。明洪武十八年（1385）“阐化王”扎巴坚赞置桑日宗，治所即今西藏桑日县。藏语意为红铜山。1960年与沃卡宗合并设桑日县。

桑中　在今河南淇县南。《诗经·鄘风·桑中》：“爰采唐矣，沬之乡矣。云谁之思，美孟姜矣。期我乎桑中，要我乎上宫，送我乎淇之上。”朱传：“桑中、上宫，又沬乡之小地也。”

桑中侯国　西汉宣帝封赵顷王于广汉为桑中侯，属常山郡。治所在今河北平山县东南。东汉废。《水经·浊漳水注》：桃水“南径蒲吾县故城西，又东南流径桑中县故城北，世谓之石勒城。盖赵氏增城之，故擅其目，俗又谓之高功城”。

桑巴尔土司　一作南称桑巴尔土司。驻牧地在今青海囊谦县西北扎曲南。清末并入囊谦土司。

桑札宗　即先家城。今西藏申扎县治。民国《西康西藏详图》作桑札宗。

桑龙错　又作桑隆错。在今西藏南部，门隅地区达旺西南三十六里处。藏语意为善谷、优谷。原隶属于西藏地方政府管辖，为门隅三十二错、定（错、定是当地的一级行政区划）之一。1951年后被印度政府非法占领。

桑卡古托寺　在今西藏洛扎县南。公元1077年至1084年间由噶举派祖师玛尔巴的弟子米拉日巴创建。“桑卡古托”，藏语意为九层少爷堡，寺内珍藏有古代藏文手抄佛教经典。

桑叶宗　即桑伊宗。今西藏扎囊县东北桑伊。

桑田　①春秋虢邑，后属晋。在今河南灵宝市北二十二里稠桑村西一里。《左传》：僖公二年（前658），“虢公败戎于桑田”。即此。

②即今广东汕头市潮阳区西北三十里桑田。明正统十三年（1448）置巡司于此。

桑丘　①战国燕邑。在今河北徐水县西南。《史记·魏世家》：武侯七年（前389），“伐齐，至桑丘”。又《六国年表三》：齐康公二十五年（前380）“伐燕，取桑丘”。即此。

②战国时齐邑。在今山东平原县西。《史记·韩世家》：文侯七年（前380），“伐齐，至桑丘”。即此。

③在今山东兖州市西南。《史记·赵世家》：肃侯二十三年（前327），“朝举与齐、魏战，死于桑丘”，即此。

桑丘县　即乘丘。西汉置，属泰山郡。治所在今山东兖州市西北三十五里故县。东汉废。

桑台（臺）湖 即今湖北武汉市汉口西北郊月牙湖。《方舆纪要》卷76汉阳县：桑台湖“在府西北三十里”。

桑地错 又作桑迪、桑提错。在今西藏南部，门隅地区达旺东南八十里处。原隶属于西藏地方政府管辖，为门隅地区三十二错、定（错、定是当地的一级行政区划）之一。1951年被印度政府非法占领。

桑达本贡 即三大偏关。今西藏比如县东南山扎区普宗乡驻地桑达本贡。地处康、藏分界处。

桑伊宗 又作桑那宗。原西藏地方政府设，治所即今西藏扎囊县东北桑伊。原西藏地方政府设桑伊宗。1960年并入扎囊县。“桑伊”，藏语意为无边无际、存想。

桑庄 即今河南邓州市东南三十里桑庄乡。清尹耕云《豫军纪略》卷1：同治三年（1864）三月，太平军“后股尚在邓州桑庄、腰店”。

桑州 元置，属定远府。治所在今贵州罗甸县北。后废。

桑州郎寨长官司 元置，属新添葛蛮安抚司。治所即今贵州望谟县东桑郎镇。后废。

桑江口 ①在今广西临桂县西北。旧属义宁县，明置巡司于此。

②在今广西龙胜各族自治县东南和平乡。明置巡司于此。

桑江寨 北宋置，在今广西龙胜各族自治县东南和平乡。

桑那宗 即桑伊宗。今西藏扎囊县东北桑伊。

桑坑镇 即今安徽泾县东北五里双坑。《方舆纪要》卷28泾县：桑坑镇“县东北五里有桑坑山，元置巡司于此，寻改置于县东三十里之巧坑。明洪武中，改建茹麻口巡司于茹麻岭下”。

桑村集 即今河南滑县东南桑村乡。民国《重修滑县志》卷6：“桑村集，距城七十五里。”

桑里 ①即春秋时之桑隧。在今河南确山县东。《左传》：成公六年（前585）冬，“晋师遂侵蔡，楚公子申、公子成以申、息之师救蔡。御诸桑隧”。杜注：“汝南朗陵县东有桑里，在上蔡西南。”

②在今江苏扬州市邗江区西南二十里。《资治通鉴》：南朝宋大明三年（459），“上命沈庆之为三烽于桑里，若克外城，举一烽，克内城，举两烽，擒刘诞，举三烽”。胡三省注：“桑里，在广陵城西南。”

桑里宗 即今西藏桑日县。《清一统志·西藏》：桑里城“在喇萨东南二百五十一里”。乾隆《西域同文志》卷18：“西番语，桑，红铜也；里，山也。城旁有山，旧产红铜，故名。”1960年与沃卡宗、温宗等合并设桑日县。

桑园 在今河南原阳县。班昭《东征赋》有“宿阳武之桑园”句。

桑园子 在今甘肃兰州市东南。即明肃藩种桑处。宣统《甘肃新通志》卷3兰州府皋兰县图：东南有桑园子。

桑园围 在今广东佛山市南海区南，跨顺德市地，以防御西、北二江之水患。清光绪《广州府志》卷69江防：桑园围“捍卫十四堡，包络西樵山，东西基形如箕，西、北两江左右环绕，北为箕腹，东南为箕口。最北界三水县飞鹅山，自山而东丘阜数十，迤逦连属，至𠼐窖墩接筑吉赞横基，以障江潦上流。其障西边江潦者名西围，自南海、三水交界马蹄围起，至顺德县甘竹堡、甘竹滩、牛山止。障东边江潦者名东围，自吉赞横基旁仙莱乡起，至顺德县龙江堡河澎围尾止”。清屡决屡修。

桑园沟口 即今河北平山县西北蛟潭庄镇北桑园口。《方舆纪要》卷14平山县：桑园沟口“在县西北百二十里，北至龙泉关二百二十八里。弘治元年置戍。其南为牛圈沟、神堂岭、石槽沟等口，俱弘治嘉靖间戍守处”。

桑园河 在今云南永胜县西南一百五十里。《清一统志·永北厅》引《云南通志》：桑园河“自蒙番来，名五浪河，会走马河、西卜河、西番河、站河、大松河、清水河，入金沙江”。

桑园驿 清光绪年间置，即今新疆托克逊县南桑树园子。宣统《新疆图志》卷80吐鲁番县：“自托克逊驿偏南九十里苏巴什驿，八十里阿哈克拉克驿，六十里桑园驿。”

桑园堡 即今河北怀来县南二十五里桑园镇。清乾隆《宣化府志》卷10怀来县：南路有桑园。

桑园镇 又名桑儿园。即今河北吴桥县治。旧属山东德州。《清一统志·济南府》“桑园镇”条谓：“明正德中马申锡驻桑儿园招流贼刘六等即此。良店水驿置于此。有水次仓。”1958年吴桥县迁治于此。

桑岛 在今山东龙口市东北海中。《明史·河渠四》：“自福山之罘岛至登州城北新海口沙门等岛，西历桑岛、㟃岣岛。”即此。《清一统志·登州府》：桑岛“其中多山桑，有石田可耕”。

桑间 ①一名桑园。即今河南原阳县。《文选》卷9曹大家（班昭）《东征赋》：“食原武之息足，宿阳武之桑间。”即此。

②在今河南濮阳市南。《礼记·乐记》：“桑间濮上之音，亡国之音也。”郑氏注：“濮水之上，地有桑间者，亡国之音于此之水出也。昔殷纣使师延作靡靡之乐，已而自沈于濮水。后师涓过焉，夜闻而定之，为晋平公鼓之，是之谓也。桑间在濮阳南。”

桑沟湾 一作桑沟澳或桑沟口。即今山东荣成市东南桑沟湾。清《乾隆内府舆图》作桑沟口。洪宪元年（1916）《大中华帝国道县形势全图》作桑沟湾。

桑阿镇 即今山东冠县东桑阿镇。北宋于此置桑桥镇。清道光《冠县志》卷2《镇堡》：“桑阿镇在县东三十五里。”

桑坡集 亦称桑家坡。在今河南孟州市东十四里。

相传为五代晋桑维翰故里。民国《孟县志》卷10："桑维翰为河阳书记，因家河阳，今桑家坡是。"

桑披寺 亦名萨木配林寺、中厢城桑披寺。清康熙八年（1669）建，在今四川乡城县西南。系里塘安抚司境内较大剌嘛教寺院。《清史稿·锡良传》：光绪三十二年（1906），赵尔丰讨理瑭土司，进攻桑披寺，"尔丰以长围困守六阅月，断其汲道，始克攻破。桑寺既平，诸番惧服"。"桑披"，藏语意为"如意"，即"如意的宫殿"。

桑耶寺 又译为桑伊寺、桑鸢寺。藏语意为"无边无际"、"存想"。在今西藏扎囊县东北三十八里桑耶镇南，雅鲁藏布江北岸。建于唐大历十四年（779）。是西藏第一座剃度僧人出家的寺院。10世纪后成为喇嘛教宁玛派（红教）的中心寺院。寺前有方柱形石碑，立于赤松德赞（742—797）时期。寺内有钟，为赤松德赞王妃与王子赤德松赞（赛那累）所铸，镌有藏文铭文。寺遭破坏，1986年全面修复。1996年定为全国重点文物保护单位。

桑林 在今河北威县北。《资治通鉴》：唐兴元元年（784），朱滔攻贝州，成德帅王武浚、昭义帅李抱真合兵进救，距贝州三十里，"武俊遣其兵马使赵琳将五百骑伏于桑林"。胡三省注："桑林之地在经城（今威县北五十里经镇）西南。"

桑林门 春秋宋国都城的外城门。在今河南商丘市南。《左传》：昭公二十一年（前521），"宋城旧鄘及桑林之门而守之"。杜注："旧鄘，故城也。桑林，城门名。"

桑林戍 在今陕西略阳县南。《方舆纪要》卷56略阳县：桑林戍，"《志》云：五代唐末，兴州所领有三泉、西县、金牛、桑林等戍。清泰初，兴州刺史刘遂请悉集戍兵还洛，于是散关以南城镇，无复守御，悉为蜀人所有"。

桑林坪 在今湖北兴山县东南。明置巡司于此。后废。

桑林镇 即今江西分宜县东北双林镇。清同治《江西全省舆图》卷5袁州府：分宜县东北有桑林墟。

桑枣园 即今四川安县（花荄镇）西北桑枣镇。清嘉庆《安县志》卷11：桑枣园在"城西二十里"。

桑鸢寺 亦称桑伊寺、萨木秧寺。即今西藏扎囊县东北雅鲁藏布江北岸桑耶寺。建于唐大历十四年（779），是西藏第一座剃度僧人出家的寺院。

桑昂曲宗 17世纪中叶，甘丹颇章政权建立后，西藏地方政府设桑昂曲宗，治所即今西藏察隅县西北科麦。宣统三年（1911）改设桑昂委员。1912年改设科麦县。后复改桑昂曲宗。1960年改设桑昂曲县，驻吉公。

桑周寺 在今青海省玉树县北仲达乡西40公里的通天河南岸。建于15世纪初。现存藏娘佛塔及大、小经堂和护法殿。2001年藏娘佛塔及桑周寺被定为全国重点文物保护单位。

桑沽儿河 今蒙古国乌兰巴托东南，克鲁伦河上源。《元朝秘史》卷2：古连勒古山"那山里有桑沽儿河"。陈彬龢注："克鲁连河下有桑沽儿河，即僧库尔河。"

桑郎场 即今贵州望谟县东桑郎镇。清爱必达《黔南识略》卷3定番州："由罗斛之桑郎八达，可通贞丰、归化之王母、者香。"

桑城 在今甘肃临洮县南洮河西岸。《晋书·刘曜载记》：东晋太兴三年（320），刘曜"进陷安定。（南阳王）保惧，迁于桑城，氐羌悉从之"。即此。

桑泉 春秋晋邑。在今山西临猗县西南临晋镇东北。《左传》：僖公二十四年（前636），晋公子重耳"济河，围令狐，入桑泉"。即此。

桑泉水 今名东汶河。出今山东蒙阴县西五女山，北流折东流至沂南县界入大沂河。《水经·沂水注》："桑泉水北出五女山，……又东南径蒙阴县故城北……东南入沂。"

桑泉县 ①西魏恭帝二年（555）改猗氏县置，属汾阴郡。治所在今山西临猗县南。北周复为猗氏县。

②隋开皇十六年（596）置，属蒲州。治所在今山西临猗县西南四十里临晋镇。《元和志》卷12临晋县：桑泉县"因县东桑泉故城以为名"。大业初属河东郡。唐属蒲州。天宝十二年（753）改临晋县。

桑洲岭 在今浙江宁海县西南桑洲镇。《方舆纪要》卷92宁海县：桑洲岭在"县西六十里。有桑洲驿"。

桑觉拉山口 一作桑久拉。在今西藏阿里地区札达县西南一百二十里。"桑觉"，藏语意为铜勺。"拉"意为山口。原属札布让宗，是自波林通往桑、葱莎、波林三多地区的山口通道。

桑株山 一名萨纳珠山。在今新疆皮山县东南。清宣统《新疆图志》卷62：桑株山"桑株水出其北麓。厥产黑土，其树多梨，小而味甘"。

桑株庄 即今新疆皮山县东南桑株乡。清宣统《新疆图志》卷82皮山县：桑株庄"一名哈拉哈尔庄"。

桑桥镇 北宋置，属冠氏县。即今山东冠县东三十里桑阿镇。

桑根山 在今安徽全椒县西北四十里。《寰宇记》卷128滁州："梁大同二年割北徐州之新昌、南豫州之南谯、豫州之北谯凡三郡立为南谯州。居桑根山之西。今州西南八十里全椒县界，南谯故城是也。"《舆地纪胜》卷42滁州县：桑根山"在全椒县西北十里"。《宋史·高宗纪》：绍兴四年（1134），"刘光世遣统制王德击金人于滁州之桑根，败之"。

桑原县 唐武德二年（619）置，属西和州。治所在今陕西延川县境。贞观二年（628）省入安民县。

桑家坝 在今四川叙永县南。清嘉庆《叙永厅志》卷11：桑家坝在"治南二十里。地多石炭"。

桑家镇　清置，属兴平县。即今陕西兴平市西南四十里桑镇。

桑乾都督府　唐龙朔三年（663）分定襄都督府置，属单于都护府。侨治朔方县（今陕西靖边县北之白城子）。领郁射州、艺失州、卑失州、叱略州等。辖境相当今内蒙古乌兰察布市东境、锡林郭勒盟南境及克什克腾旗达里诺尔一带。后废。

桑萨营　又作桑叶、桑伊、桑耶。清乾隆间置，在今西藏扎囊县东北桑伊。乾隆《卫藏通志》卷12作"桑萨"。藏语意为无边无际、不可想象。

桑梓苑　十六国后赵邺都御苑。在今河北临漳县西南古邺城西。《邺中记》载："邺城西三里桑梓苑，有宫临漳水。凡此诸宫，皆有夫人侍婢。又并有苑囿，养獐、鹿、雉、兔，（石）虎数游宴于其中。"

桑梓店　即今山东齐河县东桑梓店镇。清光绪《山东通志》卷1《舆图志》：齐河县东有桑梓店。民国《齐河县志》卷10：桑梓店在"县东北三十里"。

桑梓镇　在今山西长治县南。《清一统志·潞安府》"韩店镇"条下：桑梓镇"在县（今长治市）南六十里"。

桑盖　一作伞盖。即今内蒙古托克托县北伞盖村。清范昭逵《从西纪略》十一：康熙五十九年（1720），二月二十七日"起行，五十里至桑盖下营，往晤常驿道，共话站务"。即此。

桑落洲　在今江西九江市东北长江中。《晋书·安帝纪》：东晋义熙六年（410），"卫将军刘毅及卢循战于桑落洲，王师败绩"。即此。《宋书·武帝纪上》：东晋元兴三年（404），刘裕遣何无忌、刘道规"破（桓）玄大将郭铨等于桑落洲，众军进据寻阳"。《明一统志》卷52九江府：桑落洲"昔江水泛涨，流一桑于此，因名"。

桑落墅　即今山东惠民县东四十里桑落墅镇。西汉为富平县治。元置巡司于此。俗名大桑落墅。明嘉靖《武定州志》卷2："相传始皇东巡，驻跸于此，桑偶落枝，因名。"

桑植安抚司　元置，治所在今湖南桑植县西北五十里美坪峒。至正末废。明永乐四年（1406）复置，属九溪卫。清雍正七年（1729）废。

桑植县　清雍正七年（1729）改桑植安抚司置，属永顺府。治所即今湖南桑植县。民国初属湖南辰沅道。1922年直属湖南省。

桑植峒　在今湖南桑植县境。《方舆纪要》卷77桑植安抚司：桑植峒"在司境。《志》云：司自上、下峒以外，所辖凡十八洞：桑植、美坪、朝南、那步、人士、黄河、鱼龙、夹石、若南、杆坪、蚕辽、全藏、柘山、栏岩、黄家、板山、龙潭、书洛是也，皆苗僚出没处"。

桑犊县　西汉置，属北海郡。治所在今山东潍坊市东南三十里。东汉省。

桑蒲山　亦作桑浦山。即今广东揭东县东南大桑浦山。《舆地纪胜》卷100潮州：桑浦山，"《潮州图经》云：山与州相对。名花异禽，毕产其中"。《方舆纪要》卷103潮州府海阳县：桑蒲山在"府西南四十里。高二百丈，周围五十五里。崔嵬蜿蜒，跨海丰、揭阳二县，为东南巨镇。有桃源洞及宝云、白云等岩，产茶。其北麓多桑，因名"。

桑溪　在今湖南辰溪县东二十里。《方舆纪要》卷81辰溪县：桑溪，"《志》云：自辰溪分流，合于沅江"。

桑墟湖　在今江苏沭阳县北四十里。上承沭水，下流入海。《明史·地理志》沭阳县："又北有桑墟湖。"《方舆纪要》卷22沭阳县"硕项湖"条下："桑墟湖在硕项湖西北入海州境内。"《清一统志·海州》谓即青伊湖。

桑墟镇　即今江苏沭阳县北桑墟镇。《方舆纪要》卷22沭阳县：桑墟镇"在县北四十里。以近桑墟湖而名"。

桑隧　又名桑里。春秋蔡邑。在今河南确山县东。《左传》：成公六年（前585），"晋师遂侵蔡。楚公子申、公子成以申、息之师救蔡，御诸桑隧"。杜注："汝南朗陵县东有桑里，在上蔡西南。"

桑噶尔斋堡　在今辽宁凌海市西南。后金崇德六年（1641）八月松山之役，皇太极命贝子博洛率兵设伏于此，俟杏山军出，扼险掩杀，即此。

桑稽晋大来泊　又作桑金达赖泊。在清外蒙古扎萨克图汗部东北境。即今蒙古国库苏古尔省桑根达来湖。《清一统志·喀尔喀》：桑稽晋大来泊"在色楞格河源西，鄂勒白稽山旁，周围百里许，其水停而不流"。

桑壁镇　即今山西永和县东南桑壁镇。《清一统志·隰州》：桑壁镇"在永和县东"。

〔77〕

骊山（骊 lí）　亦名丽山、丽戎之山。在今陕西西安市临潼区东南。周幽王死于山下。秦始皇亦葬此。其麓有温泉，唐明皇屡幸之，置温泉宫，后改名华清宫。《唐书·地理志》："天宝元年，更骊山曰会昌。七载更会昌山曰昭应山，后复名骊山。"

骊戎　周国名。姬姓。在今陕西西安市临潼区东。《左传》：庄公二十八年（前666），"晋伐骊戎，骊戎男女以骊姬"。即此。秦始皇于此置骊邑。

骊成县　西汉置，属右北平郡。治所在今河北乐亭县西南三十里。东汉废。

骊邑县　秦始皇十六年（前231）骊邑。汉高帝七年（前200）改县，治所在今陕西西安市临潼区东北十四里阴盘城。十年（前197）改名新丰县。

骊靬县（骊 chí）　西汉置，属张掖郡。治所在今甘肃永昌县西南二十里焦家庄乡者来坝。《汉书·地理志》颜师古注："骊音力迟反。靬音虔是也。今其土俗人呼骊靬，疾言之曰力虔。"西晋改属武威郡。《晋书·张祚传》：东晋永和十年（354）祚僭帝位，改建兴四十二年为和平元年，"遣其将和昊率众伐骊靬戎于南山，大败而还"。即此。北魏废。

骋州　唐置羁縻州，属戎州都督府。治所在今四川金阳县东北。北宋属叙州。后废。

骍马县　西晋置，属酒泉郡。治所即今甘肃玉门市东北骍马城。《十六国春秋辑补》卷81后凉录：吕光太安二年（387），"率步骑二万攻酒泉，克之，进次凉兴。穆引师东还，路中众散，穆单骑奔骍马，骍马令郭文斩首送之"。《寰宇记》卷152甘州张掖县：骍马戍，"传云：昔有骍马二匹，为匈奴掠去，数载自归，以其地为边防，因此以立戍名"。北魏废。

骏马河　即今四川会理县境之会川河、城河。《水经·若水注》："若水又经会无县，县有骏马河，水出县东高山，山有天马径。……河中有贝子、胎铜，以羊祠之，则可取也。"

绢隘　亦名绢村隘。为凭祥州三隘之一。在今广西凭祥市西二十里。《方舆纪要》卷111凭祥州：绢隘，"《图经》云：在州西。其南又有岌口隘，又镇南关旁有南关隘，所谓州有一关三隘也"。

绣川湖　即今浙江义乌市西绣湖。《方舆纪要》卷93义乌县：绣川湖"在县治西。周九里有奇，灌民田百余顷。群峰环列，粲如组绣，因名。自宋至今，筑堤修闸，为游览之胜"。

绣水　①一名秀水。在今浙江嘉兴市北。《清一统志·嘉兴府》：秀水"在秀水县（今嘉兴市）北。即南湖之下流，北入运河。相传水浮五色，见者获庆，亦称绣水。邑名因此"。

②在今江西婺源县城北。《方舆纪要》卷28徽州府婺源县：绣水"旧名大溪。县境群出之水，出自县东及县东北者，会流于县东北二十余里之汪口，又西而为北港。其出自县北者，至清华合流而西，为西港，至县北二十里，曰武口，与北港水合。又南至城北，绕城而西，又西南。而远近诸山水，悉附入焉，流入德兴县，下流注于鄱阳。《志》云，绣水合二港十一源之水，汇流城下，绕城三面而西，波纹如绣，又南益合众流，至德兴谓之大溪，至乐平县谓之乐安江云"。

绣州　唐武德六年（623）改林州置，治所在常林县（今广西桂平市西南下湾镇）。天宝元年（742）改为常林郡，乾元元年（758）复为绣州。辖境相当今广西桂平市、平南县南部地。北宋开宝六年（973）废。

绣江　①即今山东章丘市之淯河，北注小清河。其源为百脉水。元于钦《齐乘》卷2：百脉水"即绣江源也"。

②一名罗越水。即今广西桂平市西南五十里大洋河。《寰宇记》卷167容州陆川县："罗越水亦名灵溪水，在邑界。"《舆地纪胜》卷110浔州：绣江水"在桂平县西三十里入江"。《清一统志·浔州府》："《旧志》，绣江湛碧如绣。即唐置绣州处。"

③即今广西北流市东北之北流江。《元丰九域志》卷9：容州普宁县有"绣江"。《清一统志·梧州府一》：绣江"自郁林州北流县流经容县南，名容江，又东北径藤县东南为绣江"。北流注入浔江。

绣江亭　在今山东章丘市北二十五里绣惠镇绣江东岸。《明一统志》卷22济南府：绣江亭"在章丘县绣江之滨。金元好问游济，与府参佐张子钧、张飞卿觞于绣江亭，漾舟荷花中。即此"。

绣谷（縠）山　在今江西靖安县北。《寰宇记》卷106洪州靖安县：绣谷山"一名幽谷山，山半瀑布如练"。《方舆纪要》卷84南昌府靖安县：绣谷山"在县北五里"。

绣林山　一名阳岐山。在今湖北石首市内。《寰宇记》卷146石首县：绣林山"在楚望山前，汉照烈娶孙夫人于此，锦绣如林"。

绣峰山　在今浙江衢州市衢江区东南。明嘉靖《衢州府志》卷2：绣峰山，"数十里远望见之，号绣峰"。《方舆纪要》卷93衢州府西安县：绣峰山"在府东五十里。一名鹅笼山，有三坞一池，称为奥区"。

绣毬山　①在今江西抚州市临川区南八十里。《方舆纪要》卷86抚州府临川县：绣毬山"在府南八十里。蜿蜒盘礴，北为高田山，南为洞原岭，西跨宜黄县界，以形似名"。

②在今云南澄江县东七里。《清一统志·澂江府》：绣球山"在河阳县东七里，金莲山之南"。

绣墩山　在今重庆市巫溪县东北。《方舆纪要》卷69大宁县：绣墩山"在县东北四十里。山形如墩，顶平旁峻，惟一径可通。昔人尝避兵其上"。据光绪《大宁县志》卷1载：县北徐家坝亦有绣墩山，"上有石城曰绣墩城，距今县城一百二十里"。

绨　一作郗。西周畿内邑，在今河南沁阳市西南。春秋初属郑。《左传》：隐公十一年（前712），周王"与郑人苏忿生之田"，有"温、原、绨"等十二邑。杜注："在野王县西南。"

绥山　一名覆蓬山、中峨山。在今四川峨眉山市南。晋干宝《搜神记》卷1："前周葛由，蜀羌人也。周成王时，好刻木作羊卖之。一旦乘木羊入蜀中。蜀中王侯贵人追之，上绥山。绥山多桃，在峨眉山西南，高无极也。随之者不复返，皆得仙道。故里谚云：'得绥山一桃，虽不能仙，亦足以豪'。"《元和志》卷31峨眉县：绥山"在县西南一百一十九里。在峨眉山西南，其高无极"。《舆地纪胜》以中峨为绥山，误。

绥山县　隋大业十一年（615）招慰生僚置，属眉山郡。治所在今四川峨眉山市东南四十里。《元和志》卷31绥山县："招慰生僚，立以为县，因山为名。"唐武德元年（618）属嘉州，天宝元年（742）属犍为郡，乾元元年（758）复属嘉州。北宋乾德四年（966）废入罗目县。

绥山镇　北宋于废绥山县置，属峨眉县。在今四川峨眉山市东南四十里。

绥中县　清光绪二十八年（1902）置，属锦州府。治所在中后所城（即今辽宁绥中县）。民国初属奉天辽沈道。1929年直属辽宁省。

绥化厅　清光绪十一年（1885）析呼兰厅北境置，属黑龙江将军。治所在北团林子（今黑龙江省绥化市）。三十年十二月（1905.1）升为绥化府。

绥化市　1982年撤销黑龙江省绥化县，改设绥化市，属绥化地区。1999年撤销绥化地区和县级绥化市，设立地级绥化市；原县级绥化市改置北林区。绥化市人民政府驻北林区。

绥化县　①东魏武定七年（549）置，属淮阳郡。治所在今江苏泗洪县境。北周改名淮阳县。

②北周置，属河东郡。治所在今山西永济市东北二十里古城村。保定元年（561）改为虞乡县。

③1913年降绥化府置，属黑龙江省绥兰道。治所在北团林子（今黑龙江省绥化市）。1928年直属黑龙江省。1945年属合江省。1982年改设绥化市。

绥化府　清光绪三十年十二月（1905年1月）改绥化厅置，属黑龙江将军（后改黑龙江省）。治所即今黑龙江省绥化市。辖境相当今黑龙江省绥化、庆安、铁力等市县地。1913年降为绥化县。

绥化郡　西魏置，治所在绥化县（今山西永济市虞乡镇西北）。《寰宇记》卷46蒲州虞乡县："绥化故城，后魏绥化郡及绥化县所理也。在县西北三十里。周废。"王仲荦《北周地理志》云："按：《寰宇记》之后魏实指西魏言之也。""周"，即北周。

绥平县　金正大三年（1226）升绥平砦置，属绥德军。治所在今陕西子洲县西南淮宁河畔。元初废。

绥平砦　北宋置，属延川县。在今陕西子洲县西南淮宁河畔。元符二年（1099）改属绥德军。金正大三年（1226）升为绥平县。

绥平堡　北宋崇宁三年（1104）以保敦谷置，属廓州。在今青海化隆回族自治县西北。《宋史·地理志》廓州：绥平堡"南至肤公城界二十里，北至保塞砦界一十七里"。后废。

绥东设治局　1917年置，属黑龙江省黑河道。治所即今黑龙江省绥滨县东北绥东镇。1926年迁敖来密屯（今绥滨镇）。1929年改为绥滨县。

绥东县　清光绪三十四年（1908）由锡埒图库伦喇嘛旗及奈曼旗等地置，属奉天省朝阳府。治所在小库伦（今库伦旗驻地库伦镇）。为清时著名马市。1914年属热河特别区。1928年属热河省。1931年迁今奈曼旗东北八仙筒镇。伪满时改为库伦旗。

绥兰道　1914年依旧绥兰海道的呼兰、绥化、海伦、巴彦、兰西、木兰、庆城、汤原、通河等县、龙门镇设治局及铁山包、东兴镇二协领所辖地区置，属黑龙江省。治绥化县（今黑龙江绥化市）。辖境约当今黑龙江省通肯河、呼兰河以东，德都、北安、伊春、鹤岗、汤原以南，松花江以北及兰西县地。1929年废。

绥宁县　①南朝宋文帝时置，属南海郡。治所在今广东增城市西南四十里。南朝梁废。

②南朝宋置，属郁林郡。治所在今广西宾阳县东黎塘镇。梁改为安成县。

③南齐置，属南牂牁郡。治所当在今贵州独山县南。后废。

④南齐置，属宋平郡。治所在今越南和平省一带。隋开皇初废。

⑤北宋崇宁五年（1106）置，属武冈军。治所即今湖南绥宁县西南二十八里寨市镇。南宋绍兴十一年（1141）移治武阳砦（今绥宁县东北苏洲村）。二十五年（1155）复还故治。元属武冈路。明属靖州。民国初属湖南辰沅道。1922年直属湖南省。1954年迁今治（长铺镇）。

绥宁城　清乾隆四十二年（1777）筑。今新疆玛纳斯县。同时建康吉城于其北，两城间筑墙连之，设靖远关。四十四年（1779）置绥来县于康吉城。光绪十年（1884）合为一城，移治绥宁城。

绥宁铁路　从中东路的绥阳站（今黑龙江东宁县西北绥阳镇）经城子沟至东宁。全长91公里。日伪于1938—1939年修筑。1945年被苏联拆除。

绥宁砦　北宋庆历五年（1045）置，属原州。在今甘肃镇原县西北一百三十里。《元丰九域志》卷3原州：绥宁砦"领羌城、南山、颠倒三堡"。金属彭阳县。元废。

绥宁寨　北宋庆历四年（1044）置，属原州。在今宁夏彭阳县东北孟塬乡。后废。

绥边砦　北宋置，属西宁州。在今青海互助土族自治县西南。《宋史·地理志》西宁州：绥边砦"旧名宗谷，崇宁三年建筑，后改今名。……南至西宁州界三十二里"。

绥戎城　唐置，属鄯城县。在今青海湟源县西南湟水南岸。《新唐书·地理志》鄯州鄯城县：临蕃城"又西六十里有白水军、绥戎城"。后没入吐蕃。

绥戎郡　西魏改白水郡置，属武州。治所在白水县（今甘肃陇南市武都区东北龙坝乡）。北周废。

绥戎堡　北宋置，属西安州。在今宁夏海原县（三河镇）西北关桥乡附近。后废。

绥亦古国　今欧洲瑞典的旧译。清谢清高《海录》："绥亦古国即瑞国，一在英吉利西少北，疆域与西洋略同。…来广贸易，其船用蓝旗画白十字。"

绥亦咕国　即今瑞典。清谢清高《海录》有专条记述。

绥州　①西魏废帝元年（552）置，治所在安宁郡安宁县（今陕西绥德县东南五十里）。辖境相当今陕西绥德、清涧、子长、子洲、米脂、佳县、吴堡等县及横山县东部、榆林市南部地。隋大业元年（605）改为上州，三年改置雕阴郡。唐武德三年（620）复置绥州。后治所屡变，至贞观二年（628）始移治上县（今绥德县）。辖境缩小，约相当今绥德、吴堡、清涧三县和子长、子洲二县部分地。天宝元年（742）

改为上郡，乾元元年（758）复为绥州。北宋初为西夏所据。治平四年（1067）收复，熙宁二年（1069）废为绥德城。

②西魏置，治所在绥阳县（今湖北神农架林区东南）。隋开皇初废。

③唐武德四年（621）改长州置，治所在今浙江长兴县南古城。《新唐书·地理志》："因古绥安县名之。"寻改雉州。

绥江　①又名滑水、绥建江。即今广东南部北江支流绥江。《元和志》广州化蒙县：滑水"一名绥建江，经县南，去县三十步"。《寰宇记》卷157广州四会县：绥建水"在县西二百步。源发洊水县下，昔置绥建郡于此"。《舆地纪胜》卷96肇庆府：滑水，"《图经》云：在四会县西南二百五十步。源出康州悦城界，合新招之水注于江"。《方舆纪要》卷101肇庆府四会县：绥江在"县南一里。一名滑水，又名绥建水。其上源即广西怀集县怀溪诸水也，流三百余里入县界，从峡中回绕而下，漫流至县前，江面空阔。古绥建郡以此名。环绕而东，十五里至陶冶山下，分为二派，一由高步出清溪入西江，一由金钗湾出南津入北江，是为三江之会"。

②亦作涹江。即石亭江。在今四川什邡市西北。《寰宇记》卷73什邡县："涹江水在县东北一十八里。源出县北洛通山。李膺以此水为洛水，云涹江即石亭水，盖是洛水支流也。"

绥江县　1914年改靖江县置，属云南滇中道。治所即今云南绥江县。民国《绥江县地志资料细目册》："因边连蛮地，取绥靖边疆之义。"1916年直属云南省。

绥安县　①西晋改绥安郡置，属南郡。治所在今湖北仙桃市西南。南朝宋泰始四年（468）废。

②东晋义熙九年（413）置，属义安郡。治所在福建云霄县北西林。南齐为义安郡治。梁仍属义安郡。隋初属建安郡，开皇十二年（592）废。

③南朝宋永初三年（422）分广德、故鄣、长城、阳羡、义乡五县地置，属义兴郡。治所在今江苏宜兴市西南八十里。隋开皇九年（589）废。

④南朝梁大同中置，属景阳郡。治所在今四川营山县东北五十八里三元乡兴福村。隋开皇三年（583）属蓬州，十八年（598）改为咸安县。

⑤隋开皇九年（589）改石封县置，属宣州。治所即今安徽广德县。大业初属宣城郡。唐武德三年（620）于此置桃州，七年（624）复属宣州。至德二年（757）改名为广德县。

绥安郡　①西晋置，治所在今湖北仙桃市西南。寻改为县。南朝宋废。

②东晋隆安五年（401）桓玄桥置，属荆州。治所在绥安县（今湖北荆门市西）。后徙治今湖北洪湖市西北（原沔阳县西南）。《资治通鉴》：东晋隆安五年，桓玄"更招集流民，立绥安郡"。《晋书·地理志》卷15：荆州"旧江州督荆州之竟陵郡。及何无忌为刺史表以荆州所立绥安郡人户入境，欲资此郡助江滨防"。义熙初降为县。

绥安堡　即宁安堡。即今宁夏中宁县。《清一统志·宁夏府二》：绥安堡"在中卫县东南一百三里。明嘉靖七年建。本朝乾隆二十四年设巡检"。1933年，于此置中宁县。

绥安溪　在今福建漳浦县南。《方舆纪要》卷99漳浦县：绥安溪"在县南四十里，东流合李澳川入海"。

绥阳小谷　在今陕西宝鸡市东南五十里。《水经·渭水注》："渭水又东与绥阳溪水合，其水上承斜水。水自斜谷分注绥阳溪，北屈陈仓，入渭。故诸葛亮《与兄谨书》云，'有绥阳小谷，虽山崖绝险，溪水纵横，难用行军。昔逻候往来，要道通入。今使前军斫治此道，以向陈仓。'"

绥阳山　在今贵州凤冈县西北三十里。《元和志》卷30绥阳县：绥阳山"在县北二十九里。县以为名"。

绥阳县　①三国魏置，属新城郡。治所在今湖北神农架林区东南。后改秭归县。西晋太康二年（281）复为绥阳县。西魏为绥州治。隋开皇初废。

②隋大业七年（611）置，属明阳郡。治所在今贵州凤冈县北绥阳镇。《元和志》卷30绥阳县："绥阳山，在县北二十九里。县以为名。"唐贞观十二年（638）移治今凤冈县，为夷州治。唐末废。北宋大观中复置，为承州治。宣和三年（1121）州废，以县属珍州。南宋咸淳末废。明万历二十九年（1601）复置，属四川遵义府。治所即今绥阳县。清雍正六年（1728）遵义府改属贵州。民国初属贵州黔中道。1920年直属贵州省。

绥阳站　即今黑龙江东宁县西北绥阳镇。中东铁路经此，也是绥宁铁路的起点站。

绥阳溪　即今陕西宝鸡市陈仓区西马尾河。《水经·渭水注》：绥阳溪水"上承斜水，水自斜谷分注绥阳溪，北屈陈仓入渭"。

绥远关　北宋崇宁二年（1103）于洒金平置，属湟州。在今青海乐都县西二十里大峡附近。后废。

绥远州　清宣统元年（1909）置，属临江府。治所在伊力嘎（今黑龙江省抚远县）。民国魏声龢《吉林地志》：因"地当东三省东北之极边，故名"。1913年降为绥远县。

绥远军　唐开元初于小勃律国置，属安西都护府。治所在孽多城（今巴基斯坦控制下的克什米尔之吉尔吉特）。后废。

绥远县　①北周置，属达化郡。治所在今青海同仁县境。隋开皇初并入达化县。

②1912年改绥远城厅置，属山西省。治所即今内蒙古呼和浩特市东北隅新城。1913年撤销，并入归化县。

③1913年改绥远州置，属吉林省依兰道。治所在伊力嘎（今黑龙江省抚远县）。1929年改为抚远县。

绥远城　清乾隆四年（1739）建，在归化城东北五里，即今内蒙古呼和浩特市新城。为绥远将军驻地。1912年改设绥远县。1913年和归化县合并，改名归绥县（后设归绥市）1928年为绥远省会。1954年改为呼和浩特市。

绥远城厅 清乾隆四年（1739）置，属山西省。治所在今内蒙古呼和浩特市东北隅新城。1912年改绥远县。

绥远城墙和将军衙署 在今内蒙古呼和浩特市新城区中心。绥远城为清满洲八旗军驻防城池，绥远将军驻地。历为府或省区驻地。俗称新城。清雍正十三年（1735）钦差通智奉旨督建，乾隆二年（1737）始建，四年（1739）建成。正方形城池，四边各长1620米，墙垣高9.8米，堞高1.9米，顶宽8.3米，基宽13.3米。四面各设一城门及瓮城、箭楼，四隅设角楼。城内棋盘式街道，中有鼓楼。特点是四门不正，鼓楼不居中。城垣防御功能齐全，结构完整。现仅存东北角城墙671米，其余均于20世纪50年代拆除。原绥远将军衙署尚存，居绥远古城正中。原驻一品封疆大臣，历为将军、都统及后来省、区驻所。清乾隆四年（1739）建成，占地3万平方米。有房厍一百三十二间，五进四合套院，正北为府门，有大堂，二、三、四堂，后堂，东西两侧有厢房。门前为八字墙，有石狮一对，南为影壁，刻“屏藩朔漠”四字。从乾隆四年（1739）至民国三年（1914），任将军七十五人。1912年更名将军府。1914年改名绥远都统公署。1949年董其武将军率部起义于此。1949—1954年绥远省人民政府驻此。2006年定为全国重点文物保护单位。

绥远省 1928年改绥远特别区置，省会在归绥（今内蒙古呼和浩特市）。辖乌兰察布盟、鄂尔多斯市、土默特旗及归绥、包头、和林格尔、萨拉齐、清水河、托克托、武川、五原、东胜、固阳、丰镇、兴和、陶林、凉城、集宁、临河十六县及大佘太设治局（1942年升安北县）。1936年以原属察哈尔省的察哈尔右翼四旗来属。日本侵华期间，省境大部分沦陷，省府迁至临河县陕坝镇（今杭锦后旗驻地），抗战胜利后迁回归绥。1949年全境解放，成立绥远省人民政府。1952年内蒙古自治区人民政府由张家口迁驻归绥市，与省府合署。1954年撤销绥远省建制，原辖区均属内蒙古自治区。

绥远特别区 1914年置，行政长官绥远将军改为特别区都统，驻归绥县（今内蒙古呼和浩特市）。辖绥远道归绥、萨拉齐、清水河、托克托、和林格尔、五原、武川、东胜8县，乌兰察布盟六旗，鄂尔多斯市七旗和归化城土默特二旗；后增置固阳、包头二县（先置设治局，1926年改为县），临河、大佘太二设治局。1928年改设绥远省。

绥远砦 北宋置，属庆阳府。在今陕西吴起县西。《宋史·地理志》：绥远砦“地本骆驼巷，元符二年进筑，赐名”。

绥远道 1914年由原归绥道的归绥、萨拉齐、清水河、托克托、和林格尔、五原、武川、东胜八县置，属绥远特别区域。治归绥县（今内蒙古呼和浩特市）。辖境约当今内蒙古杭锦后旗、临河以东，武川、呼和浩特、和林格尔以西，狼山、阴山、大青山以南，山西河曲至杀虎口一线外长城以北和黄河北岸地区及河南岸东胜市地。1928年废。

绥芬厅 清光绪二十九年（1903）置，属吉林将军。治所初在三岔口（今黑龙江省东宁县东南三岔口朝鲜族镇），后因裁宁古塔副都统移厅治宁古塔城（今黑龙江省宁安市）。宣统元年（1909）升为绥芬府。

绥芬府 清宣统元年（1909）升绥芬厅置，属吉林省。治所在宁古塔城（今黑龙江省宁安市）。辖境相当今黑龙江省宁安、牡丹江、海林三市及穆棱、东宁二县地。二年（1910）改名宁安府。

绥芬河 辽、金作苏滨水。明作恤品河、速平江。即今黑龙江省东宁县北绥芬河。《清一统志·吉林一》：绥芬河“在宁古塔城东南四百四十里。源出穆棱窝集，东南流，会十余水入海”。

绥芬河关 清置，属东宁厅。在今黑龙江省绥芬河市。《清史稿·地理志》：东宁厅有“绥芬河税关”。

绥来县 清乾隆四十四年（1779）置，属迪化州。治所即今新疆玛纳斯县。光绪十二年（1886）属迪化府。民国初属新疆迪化道。1930年属迪化行政区，后直属新疆省。1953年改名玛纳斯县。

绥怀县 南齐永明三年（485）置，为齐兴郡治。治所在今湖北黄冈市北。北周废。

绥和守捉城 唐开元二年（714）置，属鄯州。在今青海湟中县西南。《新唐书·地理志》 鄯州：“西南二百五十里有绥和守捉城。”至德以后废。

绥佳铁路 从今黑龙江绥化经神树至佳木斯。全长381.8公里。日伪于1937—1941年修筑。今为哈佳线的一段。

绥定县 ①南朝宋置，属宋康郡。治所无考，当在今广东阳西或电白县境。隋废。

②清光绪十四年（1888）置，为伊犁府治。治所即今新疆霍城县。民国初属新疆伊犁道。1930年属伊犁行政区，后直属新疆省。1965年改名水定县。1966年撤销，并入霍城县。

绥定府 清嘉庆七年（1802）改达州置，属四川省。治所在达县（今四川达州市）。辖境相当今四川达州、宣汉、开江、大竹、渠县等地。1913年废。

绥定城 一名乌哈尔里。清乾隆二十七年（1762）建。为伊犁九城之一。即今新疆霍城县。光绪十四年（1888）于此置绥定县，为伊犁将军治所。1965年改名水定县。1966年撤销水定县，徙霍城县于此。

绥建水 一名绥江、滑水。即今广东广宁县、四会市南之绥江。《元和志》卷34化蒙县：滑水“一名绥建江，经县南，去县三十步”。《寰宇记》卷147四会县：绥建水“在县西二百步。源出溶水县下。昔置绥建郡于此”。

绥建郡　南朝宋元嘉十三年（436）置，治所在新招县（今广东广宁县南）。辖境相当今广东四会、广宁、怀集等市县地。隋开皇十年（590）废。

绥弥县　西汉置，属酒泉郡。治所在今甘肃酒泉市东南六十里下河清乡。东汉改为安弥县。

绥城县　一作绥成县。东晋义熙中（405—418）置，属建安郡。治所在今福建建宁县西里心镇。隋开皇中废。唐武德四年（621）复置，移治今县西南三里。贞观三年（629）又废。

绥城郡　南朝宋初置，属豫州。治所在安昌县（今河南确山县西南）。大明间废。

绥南寨　北宋大观元年（1107）废文州置，属观州。在今广西巴马瑶族自治县西北盘阳。南宋绍兴四年（1134）废。

绥养县　唐武德四年（621）置，属夷州。治所在今贵州绥阳县北。后属牢州。贞观十六年（642）废。

绥神线　从滨黑线的绥化车站（今黑龙江绥化市）至神树（今铁力市东）。长135.8公里。日伪于1937—1938年修筑。1941年修至佳木斯，称为绥佳线。

绥原山　即今江西永新县西南绥原山。《明一统志》卷56吉安府：绥原山“在永新县南四十里，势连鹅岭，其址六十里许。上有阿育王塔”。《清一统志·吉安府一》：绥原山“其顶石峰如塔，上耸绝崖，下瞰重渊。其麓为洛阳峡，去县三十里。峻绝难行，过者以比洛阳之伊阙”。

绥渌县　1916年改忠县置，属广西南宁道。治所在今广西扶绥县西南东门镇西南旧城。1928年直属广西省。1951年与扶南、同正二县合并为扶绥县。

绥越县　南朝陈置，为绥越郡治。治所在今广西富川瑶族自治县南。隋大业初废。唐武德四年（621）复置，属贺州。贞观十二年（638）又废。

绥越郡　南朝陈置，治所在绥越县（今广西富川瑶族自治县南）。辖境相当今广西富川瑶族自治县南境。隋废。

绥棱县　1921年改绥楞县置，属黑龙江省。治所即今黑龙江省绥棱县。绥棱系满语“马蜂”之意。

绥楞设治局　1915年析绥化县置，属黑龙江省绥兰道。治所在今黑龙江省绥棱县东南上集镇。1917年改为绥楞县。

绥楞县　1917年改绥楞设治局置，属黑龙江省绥兰道。治所在上集厂（今黑龙江省绥棱县东南上集镇）。1921年改为绥棱县，移治兴农镇（今绥棱县治）。民国《黑龙江志稿》卷2：“境北有绥棱山。故名。”

绥靖屯　清乾隆四十四年（1779）改阿尔古屯置，属美诺厅。即今四川金川县。后废。1936年于此置靖化县。

绥靖城　清乾隆三十一年（1766）建，即今新疆塔城市。光绪十四年（1888）于此置塔尔巴哈台直隶厅。1913年改为塔城县。1984年改设塔城市。

绥靖营　清乾隆四十五年（1780）于绥靖屯置，属四川提督。在今四川金川县。

绥溪　即今福建建宁县南之宁溪。《清一统志·邵武府》：绥溪“在建宁县南。一名绥江，以故绥城为名。俗名濉溪，绥讹为濉也。又名大溪，源出宁化县界中顺山，是为顺溪。流经县南六十里，有峡如门，由高泻下，如悬瀑然。又东北与都溪水合。又东与蓝溪水合。……又东入泰宁县界至梅口，与邵武大溪水合”。

绥滨县　1929年改绥东设治局置，属黑龙江省。治所在敖来密屯（今黑龙江省绥滨县）。

绥舆山　在今安徽萧县东北二十里。《元和志》卷9萧县：绥舆山“在县东二十五里。宋高祖（刘裕）绥舆里人，盖因里以名山”。

绥舆里　在今安徽萧县东北。《宋书·武帝纪上》：“高祖武皇帝讳裕，字德舆，小名寄奴，彭城县绥舆里人。”《方舆纪要》卷29萧县“丁公山”条下：绥舆山“在今县东北二十里。刘裕为绥舆里人。里盖因山以名”。

绥端县　南齐置，属临漳郡。治所在今广西浦北县境。梁、陈时废。

绥德州　金大定二十二年（1182）升绥德军置，治所在绥德城（今陕西绥德县）。辖境相当今陕西绥德、清涧、米脂、子洲等县地。元属延安路。明属延安府。清雍正三年（1725）升为直隶州。1913年改为绥德县。

绥德军　北宋元符二年（1099）改绥德城置，治所即今陕西绥德县。辖境相当今陕西绥德、清涧、米脂、子洲、子长等县地。金大定二十二年（1182）升为绥德州。

绥德县　①西魏大统十二年（546）于邱宁谷置，为绥德郡治。治所在今陕西清涧县西北清涧河南岸。北周属安宁郡。隋属雕阴郡，隋末废。唐武德二年（619）复置，移治清涧河北岸，即今清涧县。后属绥州。五代末年废。

②1913年改绥德州置，属陕西榆林道。治所即今陕西绥德县。1928年直属陕西省。

绥德城　北宋熙宁二年（1069）置，属延州。即今陕西绥德县。元符二年（1099）改置绥德军。

绥德郡　西魏大统十二年（546）置，属绥州。治绥德县（今陕西清涧县西北）。北周废。

继贤桥　在今福建武夷山市南。《方舆纪要》卷97崇安县：继贤桥“在县城南。宋建，跨崇溪上。本名昼锦桥，又名忠精桥，亦曰青云桥。后圮，屡经改置”。

邕宁县　1914年改南宁县置，为广西省会及南宁道治。治所即今广西南宁市。1946年划城区置南宁市。1951年迁治今邕宁区东北五塘镇。1953年迁今治蒲庙镇。2004年改设南宁市邕宁区。

邕奴　即雍奴泽。邕，通雍。在今河北霸州市、永清、文安、大城及天津市静海县之间。《说文解字段注》：“《水经注》释渔阳郡雍奴曰：四方有水为雍，不流为奴。皆邕字之假借也。”清时渐淤成陆。

邕州 唐贞观六年（632）改南晋州置，治所在宣化县（今广西南宁市郁江南岸亭子街）。《元和志》卷38 邕州：“因州西南邕溪水为名。”天宝元年（742）改为朗宁郡。乾元元年（758）复为邕州。辖境相当今广西南宁市及邕宁、武鸣、隆安、大新、崇左、上思、扶绥等县地。五代晋天福七年（942）改为诚州。南汉复为邕州。北宋皇祐中移治今南宁市。元至元十六年（1279）升为邕州路，泰定元年（1324）改名南宁路。唐代曾为邕管经略使、岭南西道节度使治所，五代曾为建武军节度使治所。

邕州路 元世祖至元十六年（1279）改邕州置，属岭南广西道。治所在宣化县（今广西南宁市）。辖境相当今广西南宁市邕宁区及武鸣等县地。泰定元年（1324）改为南宁路。

邕江 即今广西南宁市南良凤江。《元和志》卷38 邕州：“因州西南邕溪水为名。”《舆地纪胜》卷106 邕州：“《寰宇记》云：贞观改邕州，近邕溪因名。源出钦州。”《清一统志·南宁府》：邕江“在宣化县西南六十里。源出如禾山。又名如禾水。北流入大江”。

邕溪 在今广西南宁市北十里。《舆地纪胜》卷106 邕州“邕溪”条引《寰宇记》云：“邕州近邕溪，因名。源出钦州。”《清一统志·南宁府》：邕溪“在宣化县北十里。源出马退山……南流夹府治入大江”。

十　一　画

〔一一〕

春水　一名春陵水。源出今湖南新田县西北春陵山，东南流折东北，经桂阳县北入耒阳、常宁二县市间，入湘江。《汉书·地理志》桂阳郡耒阳县："春山，春水所出，北至酃入湖。"《水经·湘水注》：春水"上承营阳春陵县西北潭山，又北径新宁县东，又西北流注于湘水也"。《方舆纪要》卷81宁远县：春水"源出春陵山，东流入桂阳州蓝山县界，下流至衡州府常宁县，入于湘水"。

春陵山　在今湖南宁远县东北七十里，接新田县界。《方舆胜览》卷24道州：春陵山"五山相接，山势峭秀，春陵水所出"。

春陵水　古名春水。在今湖南桂阳县北。《方舆纪要》卷80桂阳州：春陵水在"州北三十里。自蓝山县东北流入界。一名衡塘。一曰锺水。又名春水。经宁冈山下，曰黄田滩水，俗所谓十八滩也。有流渡水，自岩塘山下流入焉，北入常宁县界，注于湘"。

春陵县　①秦置，属长沙郡。治所即今湖南宁远县东北五十里。西汉高帝五年（前202）属长沙国。元朔五年（前124）属零陵郡。武帝封长沙定王子买为春陵侯。即此。《水经·湘水注》：春陵县"本冷道县之春陵乡，盖因春溪为名矣"。初元四年（前45）徙废。三国吴复置，仍属零陵郡。移治今宁远县西。东晋改属营阳郡。南朝梁属永阳郡。隋开皇九年（589）废入营道县。

②西魏置，为安昌郡治。治所在安昌城（今湖北枣阳市南三十里）。隋大业初属春陵郡。唐贞观元年（627）废。

春陵侯国　西汉初元四年（前45），改封春陵侯仁于蔡阳县白水乡置，属南阳郡。治所在今湖北枣阳市南。东汉建武六年（30）改为章陵县。

春陵郡　隋大业三年（607）改昌州置，治所在枣阳县（今湖北枣阳市）。辖境约当今湖北枣阳市及河南唐河县地。唐武德三年（620）改为昌州。

球川　即今浙江常山县西球川溪。源于常山县西北紫坑岭，南至江西玉山县入信江。《方舆纪要》卷93常山县：球川在"县西五十里。四山环抱，川经其间，险僻处也"。

球牟山　在今云南腾冲县东五里。《方舆纪要》卷118腾越州：球牟山"下峻上平，可居以避寇。山顶有池，池旁有穴，下注为伽和池。正统间，麓川贼寇边，守御官军据此立寨。军民潜避其上。亦名梗寨山"。

球溪场　即今四川资中县西北球溪镇。民国《资中县续修资州志》卷2：球溪镇"旧名球溪场。在县西一百里龙结乡。涧水流绕场后，三里许至小三江口与四眼桥涧水合，更东流二十里至大三江口入资江。商舶往来，颇称繁盛"。

琏市镇　即今浙江湖州市东南六十六里练市镇。《方舆纪要》卷91"凌波塘"条："今（练）溪上有琏市镇。"《清一统志·湖州府一》：琏市镇"元设巡司，后废，明洪武中复置，今因之"。

琐　①即沙。春秋卫邑。在今河北大名县东南。《左传》：定公七年（前503），卫、齐"乃盟于琐"。经文作沙。杜注："琐即沙。"《清一统志·大名府二》"沙亭"条引《晋地道记》："（元城）县（在今大名县东北）南有琐阳城。"即此。

②春秋楚邑。在今安徽霍邱县东。《左传》：昭公五年（前537），"越大夫常寿过帅师会楚子于琐"。即此。

③春秋郑邑。在今河南新郑市北。《左传》：襄公十一年（前562），诸侯伐郑，"次于琐"。杜注："荥阳宛陵县西有琐侯亭。"

琐泽　又作沙泽。春秋晋地。在今河北大名县东。《春秋》：成公十二年（前579），"公会晋侯、卫侯于琐泽"。《公羊传》作沙泽。

琐侯亭　即春秋郑琐邑。在今河南新郑市北。《续汉书·郡国志》河南菀陵县："有琐侯亭。"

理化县　1913年改里化厅置，属川边道。治所即今四川理塘县。1914年属川边特别区。1939年属西康省。1951年改为理塘县。1955年属四川省。

理公岩　在今浙江杭州市西。宋《淳祐临安志》卷8：理公岩，"陆羽记云：晋慧理宴息于下"，故名。明田汝成《西湖游览志》卷10："青林洞一名理公岩。岩扉深杳，寒栗侵肌，暑游最快。"

理州　元世祖至元十二年（1275）置，属大理路。治所在今云南大理市北二十六里大理古城。至元二十一年（1284）废。

理安寺　在今浙江杭州市西南理安山。《清一统志·杭州府二》：理安寺"在钱塘县西。吴越建古涌泉禅院，亦名法雨寺，宋理宗改今名"。

理县　1945年改理番县置，属四川省。治所在今四川理县东北七十里薛城镇。1953年迁今治杂谷脑，1958年迁治刷经寺，1959年又移治哈拉玛。1960年撤销。1963年复置，驻杂谷脑镇。

理定县　①北周置，为深泉郡治。治所在今甘肃迭部县东南。隋开皇初省入封德县。

②唐至德二年（757）改兴安县置，属始安郡。治所在今广西永福县南土城，乾元初属桂州。南宋绍兴间属静江府，迁治上清驿（今永福县西北）。元属静江路，迁治上横塘驿（今鹿寨县东北里定村）。明属桂林府，正统五年（1440）废。

理定堡　在今广西鹿寨县东北理定村。明嘉靖二十二年（1543）筑城置戍于此。

理番厅　清嘉庆六年（1801）改杂谷脑厅置，隶属四川省。治所在今四川理县东北七十里薛城镇。统梭磨宣慰司和从噶克、卓克采、丹坝三长官司，辖境相当今四川理县、马尔康等县地。1914年改为理番县。

理番县　1914年改理番直隶厅置，属四川西川道。治所在今四川理县东北薛城镇。取"治理蕃民"之意。1928年直属四川省。1945年改为理县。

理塘寺　又名长吉春科儿寺。在今四川理塘县北二里脱洛拉卡山南麓。始建于明万历间。为理塘最大的黄教寺院之一。第七世和第十一世达赖转世于此。后毁。近年重建。《清史稿·四川土司传》：光绪三十二年（1906），赵尔丰率军攻理塘，"大小数十战，匪退喇嘛寺死守。尔丰围之数月，断其水道，（喇嘛）普中札娃自缢"。即此。

理塘宣抚司　亦作里塘。明置，后废。清雍正六年（1728）复置，属雅州府。治所即今四川理塘县。乾隆《西域同文志》卷18："里塘，西番语，里谓铜也。地为广甸，旧曾产铜，故名。"光绪三十二年（1906）改土归流，改为顺化县。三十四年（1908）改为里化厅。

琉华山　在今浙江龙泉市南。海拔1543米。《方舆纪要》卷94龙泉县"豫章山"条："县南七十里又有琉华山，山顶宽平，有长湖，深不可测，山下即琉田，居民以陶为业。"《清一统志·处州府》：琉华山"亦名仙山……昔有章氏兄弟主琉田窑，其兄所造者佳，世号为哥窑"。

琉求　又作琉球、瑠球。即今台湾省台湾岛。元汪大渊《岛夷志略》："琉求……自彭湖望之甚近。"

琉璃厂　在今北京市西城区和平门外。辽名海王村，金称海王庄。元、明设琉璃窑厂，以专供宫殿、庙宇琉璃瓦件而闻名，改称琉璃厂。清初古董、书商在此经营，乾隆年间因修四库全书，学者文人群集于京城，琉璃厂古籍碑帖、字画、金石及文房四宝等店铺大盛，从此琉璃厂以文化街而闻名于世。清潘荣陛《帝京岁时纪胜》正月：琉璃厂店"每于新正元旦至十六日，百货云集，灯屏琉璃，万盏棚悬，玉轴牙签，千门联络，图书充栋，宝玩填街"。

琉璃山　在今云南通海县西北。《方舆纪要》卷115河西县：琉璃山"在县治（今河西镇）北。元时土酋建城寨于其上。凡三层。其西为普应山"。

琉璃井　在今安徽来安县城内。《清一统志·滁州》：琉璃井"在来安县治后。泉极甘洁，虽旱不竭，以琉璃甃砌，水光夺目，投以瓦砾，声若笙簧，久之乃止"。

琉璃寺　在今山东高唐县东南琉璃寺镇。清光绪年间义和拳首领朱红灯曾在此设立拳场。

琉璃关　明置，属南江县。在今四川南江县东十里。《方舆纪要》卷68南江县：琉璃关"关口有石磴，巉岩为险"。

琉璃陂　在今河北邢台县南三十余里。《资治通鉴》：唐龙纪元年（889），李克用攻孟方立，"拔磁、洺二州。方立遣大将马溉、袁奉韬将兵数万拒之，战于琉璃陂，方立兵大败，二将皆为所擒，克用乘胜进攻邢州"。即此。

琉璃河　①又作琉璃河集。亦名燕谷店。即今北京市房山区西南琉璃河镇。元延祐四年（1317）置琉璃河巡司。清于此驻把总。

②即今北京市房山区西南大石河。明万历《顺天府志·山川》："琉璃河，良乡县南四十里，即古圣水，自房山县龙泉峪流至入拒马河。"

琉璃河遗址　在今北京市房山区琉璃河镇东北董家林、黄土坡等村的台地上。是我国较重要的一处西周文化遗址，面积52万平方米。1972年起勘探并多次发掘。遗址中部有古城址一座，城东部有墓葬区，城内及西部为居住区。从墓葬出土大批青铜器，其中有"匽侯"铭文的青铜器，证实周初燕国封地就在北京。1988年定为全国重点文物保护单位。

琉璃桥　即玉夺三巴桥。在今西藏拉萨市中心。清《西藏图考》卷5：琉璃桥"在西藏堡外上布达拉山大道"。

琉璃镇　北宋置，属南充县。在今四川南充市西龙蟠镇西北。

琅川县　北宋大观二年（1108）置，属播州。治所在今贵州遵义县东北泗渡镇北。宣和三年（1121）废。

琅井　在今云南禄丰县西北八十九里妥安乡西北琅井。明初置琅井盐课司，分属安宁、黑井二提举。寻裁。移云南安宁州之安宁提举于此，改为琅井提举司，属云南楚雄府。清康熙时改直隶提举。民国于黑盐井置盐兴县，以琅井属之。

琅邪　又作瑯琊。春秋末越国都城。在今山东胶南市西南琅琊镇（夏河城）。《吴越春秋·勾践伐吴外传》：勾践二十五年（前472）徙都瑯邪。约于公元前379年越王翳始从琅邪迁都于吴（今江苏苏州市）。秦于此置琅邪县。

琅邪山　一作瑯邪，又作瑯琊。在今山东胶南市琅琊镇（夏河城）东南十里。《管子》："齐桓公将东游，南至琅邪。"《孟子·梁惠王》："昔者齐景公问于晏子曰：吾欲观于转附朝儛，遵海而南，放于琅邪。" 《史记·秦始皇本纪》：始皇二十八年(前219)"南登琅邪，大乐之，留三月。乃徙黔首三万户琅邪台下，复十二岁。作琅邪台，立石刻，颂秦德，明得意"。又，三十七年（前210），"还过吴，从江乘渡。并海上，北至琅邪"。即此。西汉置琅邪郡以此名。

琅（瑯）邪山 又作琅琊山、瑯琊山。即今安徽滁州市西南十里琅邪山。《寰宇记》卷128滁州清流县：琅邪山"其山始因东晋元帝为琅邪王避地此山，因名之"。《方舆纪要》卷29滁州：琅邪山在"州南十里。晋伐吴，命琅邪王伷出涂中时尝驻此，因名。山谷深七、八里，下有琅邪溪"。北宋欧阳修有记。最高峰海拔317米。山中有唐建琅邪寺，宋建醉翁亭，及唐宋以来摩岩、碑刻数百处。为全国重点风景名胜区。

琅邪台（臺） 在今山东胶南市琅琊镇（夏河城）东南十里琅琊山上，可望大海。《山海经》："琅邪台在渤海间，琅邪之东。"郭璞注："今琅邪在海边，有山嶕峣特起，状如高台，此即琅邪台也。"《史记·秦始皇本纪》："二十八年，始皇东行郡县。……南登琅邪，大乐之，留三月。……作琅邪台，立石刻，颂秦德，明得意。"《水经·潍水注》："台在（琅邪）城东南十里，孤立特显，出于众山，上下周二十里余，傍滨巨海。"

琅邪县 ①亦作瑯邪县。战国秦置，为琅邪郡治。治所在今山东胶南市西南琅琊镇（夏河城）。西汉属琅邪郡。东汉属琅邪国。西晋废。隋开皇十六年(596）改置丰泉县。大业初复改琅邪县，属高密郡。唐武德初省。

②北齐置，属高密郡。治所在今山东安丘市西南六十里。隋大业初改名郚城县。

③唐武德四年（621）置，属南方州。治所即今广西宾阳县东北新宾镇。贞观五年（631）属宾州。北宋开宝六年（973）废。

琅邪国 东汉建初五年（80）改琅邪郡置，治所在开阳县（今山东临沂市北十五里）。东晋后复为郡。

琅邪郡 ①亦作瑯邪郡。秦置，治所在琅邪县（今山东胶南市西南琅琊镇）。西汉移治东武县（今山东诸城市）。辖境相当今山东青岛、胶州、胶南、即墨、诸城、日照诸市及沂水、五莲、海阳、莒南及江苏赣榆县等地。东汉建初五年（80）改琅邪国，移治开阳（今临沂市北）。西南部辖境略有扩大。三国时辖境缩小。东晋以后复改为郡。北魏移治即丘县（今山东临沂市西二十里）。隋开皇中废，大业初复改沂州为琅邪郡。治所在临沂县（今山东临沂市）。唐初复为沂州，天宝初改为琅邪郡。乾元初废。

②东晋大兴三年（320）侨置，初无实土，寄居今江苏句容市境。咸康元年（335)，始割丹阳郡之江乘县地为实土，治蒲州金城（在今江苏句容市西北）。南朝宋改为南琅邪郡。

③南朝梁置，治所在朐县（今江苏连云港市西南海州区）。北周建德六年（577）改为朐山郡。

琅岐山 亦名两岐山。在今四川彭州市西北。《寰宇记》卷73九陇县：两岐山"在县西北二十七里。李膺记：此山出木，堪为船。本琅岐山，语讹为两岐山也"。琅岐水因以而名。

琅玡道 1925年由济宁道分置，属山东省。治所在临沂县（今山东临沂市）。辖境相当今山东临沂、莒县、莒南、日照、五莲、郯城、蒙阴、沂水、沂源、沂南、平邑、费县、苍山、临沭等市县地。1928年废。

琅峤山 即郎娇山。在今台湾省本岛南恒春半岛。

琅峤社 即郎娇社。在今台湾省屏东县南恒春镇。清乾隆间范咸《重修台湾府志》卷2作"琅峤社"。

琅琊山 即琅邪山。在今安徽滁州市西南十里。《清一统志·滁州》"瑯玡山"条引《无和志》："晋瑯琊王伷出滁中，即此地"（今本无）。

琅琊溪 在今安徽滁州市西南琅琊山下。北宋欧阳修《瑯琊山六题》诗中有《琅琊溪》诗："空山雪消溪水涨，游客渡溪横古槎。"

琅珰驿 即上亭驿。在今四川梓潼县东北五十里上亭铺。《舆地纪胜》卷186隆庆府：上亭驿"又名琅珰驿"。

琅㤮 又名琅㤮山、浪峤南屿。即今台湾省本岛南部恒春半岛。连横《台湾通史·抚垦志》："琅㤮在台之极南，或作郎娇，番语也，归化之番凡十八社。"清光绪元年（1875）置恒春县。

琅峨海 在今云南永胜县南四十里莨峨村东北崀峨水库。《纪要》卷117北胜州"陈海"条："州东南三十五里曰崀峨海，下流俱入金沙江"。

琅琦山 即今福建福州市东闽江口之琅岐岛。《方舆纪要》卷96福州府"五虎山"条：琅琦山"亦在府东海中。一名罗崎山"。

琅琦屿 即今福建福州市东琅岐岛。《明通鉴》附编：清顺治五年（1648）春正月，"鲁王自闽安镇移次壶江、琅琦屿"，即此。

琅塘市 即郎塘市。今湖南新化县西北百里琅塘镇。

琅槐县 西汉置，属千乘郡。治所在今山东广饶县东北丁庄镇北王署埠。东汉省。《水经·济水注》：济水"东历琅槐县故城北。《地理风俗记》曰：博昌东北八十里有琅槐乡，故县也"。

〔一丨〕

捧鲊营 即今贵州兴义市西南一百四十里捧鲊镇。清置捧鲊巡司。民国时改置县佐。

掫城　即蕞城。在今陕西西安市临潼区东北。《续汉书·郡国志》：新丰县有“掫城”。又《后汉书·刘玄传》：更始三年（25）赤眉起义，更始使“李松军掫，以拒之”。即此。

措尔机寺　在今四川阿坝藏族羌族自治州壤塘县东北中壤塘乡。藏传佛教觉囊派寺院。明洪武二十年（1387）建中壤塘寺院。措尔机寺是其主体（另有赤不机寺、时藏娃寺），1950年有寺僧五百多人。总建筑面积1.2万平方米，木石结构，中部经堂可容五百人诵经。两侧为僧舍、厨房，有大铜锅可供一千多人饮食。寺内珍藏经籍5.3万卷，转经库四百二十个。2006年定为全国重点文物保护单位。

捺水　即今黑龙江省嫩江。《北史·室韦传》：“有大水从北而来，广四里余，名捺水。”

捺龙川　①在今宁夏隆德县东南，下流入苦水川（今葫芦河）。《宋史·任福传》：庆历元年（1041），“福引轻骑数千，趋怀远城捺龙川，遇镇戎军西路巡检常鼎、刘肃，与敌战于张家堡南”。

②一作抛龙川。在今甘肃静宁县西四十五里。《宋史·任福传》：康定二年（1041）西讨夏国，“福引轻骑数千，趋怀远城捺龙川”。即此。

捺禄山　当在今辽宁朝阳市境。《资治通鉴》：唐开元十八年（730），契丹“可突干寇平卢，先锋使张掖乌承玼破之于捺禄山”。胡三省注：“开元初，置平卢军于营州。”营州今辽宁朝阳市。

掩山　在今湖南江永县西北。宋本《寰宇记》卷116永明县：“掩山在县西北三十里，接营山。又西连青山。有一岩，穴口有石掩塞，因为名。”

掩水　在今湖南江永县南。《明一统志》卷65永州府：掩水“源出大掩山下，有石掩穴口，故名。东流与沲水合，经三江口与潇水、舜源水合”。

捷地镇　清置，属沧县。即今河北沧县南二十里捷地回族乡。为捷地减河入南运河入口处，减河因镇而名。清有把总驻守。

捷枝国　汉西域国名。在今新疆轮台县东境。《汉书·西域传》：桑弘羊奏言，“故轮台东捷枝、渠犁皆故国”。

捷胜千户所　明洪武二十八年（1395）置，属碣石卫。即今广东汕尾市东南捷胜镇。

排山　在今江西广丰县东。《方舆纪要》卷85广信府永丰县：排山在“县东十五里。高数百仞，周十余里。群峰巑岏，如列戟然”。

排山驿　在今湖南祁东县东二十里。《明史·地理志》永州府祁阳县：“东北有湘江市巡检司，后移于县东北之排山。”即此。《方舆纪要》卷81祁阳县“白水市”条下：“《会典》：县有排山驿。嘉靖十七年，以道州之潇南驿移改于此。”

排云（雲）隘　在今江西宁都县西南。《方舆纪要》卷88赣州府宁都县：排云隘“在县西南三十里”。

排市塘　即今湖北阳新县西南三十八里排市镇北富水北岸河北街。清光绪《湖北全省分图》：兴国州西南有排市塘。

排成山　在今湖南祁阳县西北七里。《方舆纪要》卷81祁阳县：排城山“岩壁如城”。

排补砦　在今湖南花垣县东。清置巡司于此，设守备把总领兵驻防。

排波暗沙　在我国南海诸岛的中沙群岛内，位于中沙大环礁西南部边缘。东距波洑暗沙7.5海里，西距果淀暗沙3.5海里。1947年公布名称为排波暗沙。

排栅山　在今四川茂县西北叠溪镇南。《明一统志》卷73叠溪千户所：排栅山“在所城南五里。本朝洪武十一年，大军至此屯驻，立栅为营，故名”。

排养汛　清置，属清平县。即今贵州台江县西南排羊乡。旧有把总驻防。

排洪滩　在南海中中国中沙群岛内，位于中沙大环礁西部边缘。东南距果淀暗沙4.3海里，东北距涛静暗沙9.7海里。1947年公布名称为排洪滩。

排调长官司　清置，治所在今贵州丹寨县东排调镇。后废。

排埠塘　在今江西铜鼓县西南排埠乡。清属义宁州，雍正六年（1728）置巡司于此。

排略铺　在今贵州台江县东北。《清一统志·镇远府》“宛溪铺”条下：又有“排略铺”等，“皆台拱同知管理”。清爱必达《黔南识略》卷13台拱同知：“排略寨在城西（按，应为北）十五里，为厅境咽喉。雍正十年官兵保据排略，副将曾长治领兵往救，大破贼，火其寨，拔营归。”

推邪县　西汉置，属上郡。方位缺考，当在今陕西省北部。东汉废。

推河　即今蒙古国巴彦洪戈尔省图音河。《清一统志·喀尔喀》：推河“发源杭爱山南，两旁会六小水，南流三百余里，注于鄂罗克泊”。

推河城　清雍正九年（1731）建，在今蒙古国西南巴彦洪戈尔省推河西岸。龚之钥《后出塞录》：“推河昔为元氏苑囿，其地甚煖，土性宜于耕种，今建城设戍，且以刺配之徒，入伍开垦，每岁收获颇丰。”

推梅州　即椎梅州。治所在今四川康定县境。

掖山（掖 yè）　即今山东莱州市东二十里之大基山，为掖水所出之山。《魏书·地形志》东莱郡掖县：“有掖山祠。”清光绪《山东通志》卷27谓大基山西岩之先天观即古掖祠。可证大基山即古掖山。

掖水（掖 yè）　在今山东莱州市南一里。《隋书·地理志》：东莱郡掖县有掖水。《元和志》卷11掖县：“掖水出县南三十五里寒同山，故县取为名。”

掖县（掖 yè）　战国秦置，属胶东郡。治所即今山东莱州市。汉为东莱郡治。东汉改为掖侯国。后复为县。西晋为东莱国治。北魏皇兴四年（470）为光州治。隋复为东莱郡治。唐为莱州治。明、清为莱州府治。民国初属山东胶东道。1925年改属胶莱道。

1928年直属山东省。1988年改设莱州市。

掖邑（掖 yè） 即夜邑，在今山东莱州市。汉刘向《说苑·指武》：鲁仲连子对田单曰："今将军东有掖邑之封，西有淄上之宝。"古掖、夜字相通。

掖南县 1941年山东革命根据地由掖县南部析置，治夏邱堡（今山东莱州市南夏邱镇）。1949年迁湾头村（在今莱州市西南）。1956年撤销，并入掖县。

掖侯国（掖 yè） 亦作夜侯国。东汉改掖县为侯国，属东莱郡。治所即今山东莱州市。后复为县。

掖庭宫 在今陕西西安市北，唐太极宫西。宋敏求《长安志》卷6："宫城东西四里，南即皇城，北抵苑掖庭西门，贞观二年勑左丞戴胄于掖庭西门简宫人出之。按：掖庭宫盖高祖所起，宫人教艺之所也。"

接龙场 即今重庆市璧山县北保家镇。清同治《璧山县志》卷1：接龙场在"县北三十里"。

接竹渡 在今江西乐平市东南乐安江北滨。清同治《江西全省舆图》卷12：乐平县东南有接竹渡。

接兴汛 清置，属泸宁营。在今四川冕宁县西南新兴乡东北接兴。有把总分防。

接官厅铺 即今湖北安陆市东北四十二里接官乡。清光绪《湖北全省分图》：安陆县东北有接官厅铺。

接莆岭 在今浙江乐清市北。《方舆纪要》卷94乐清县：接莆岭在"县北六十里，道出太平县"。

接笋峰 在今福建武夷山市西南武夷山仙掌峰之南。高齐仙掌，而险怪特甚。明《八闽通志》卷6《地理志·山川》崇安县：接笋峰"一名仙接石，状如笋立，其半有痕，如断面复续"。

接舆山 在今山东邹城市东南五里。《方舆纪要》卷32邹县"距越山"条下：接舆山"以山形如两车相接也"。

掷甲山 在今湖北荆州市荆州区（故江陵县城）西。《方舆纪要》卷78江陵县"龙山"条下："掷甲山，在府城西龙山门西北隅。相传关壮缪还救南郡，闻麋方已降，愤而掷甲于此。"

掷钵峰 在今湖南衡阳市南岳区南岳镇西北，为衡山七十二峰之一。世传恩大和尚掷钵于此，赴陈主之召，故名。《清一统志·衡州府一》：掷钵峰"在衡山县西北十七里。下有隐身岩、卓锡泉；又有船石，其状如船，人经其下，造讲经台，因呼为飞来船。本（清）朝顺治七年，兵备副使彭而述过之，因题其上曰：'此物飞来，会当飞去'。次年，忽失此石所在，时人传为异焉"。

掷笔峰 在今江西九江市西南庐山。《寰宇记》卷111江州德化县：掷笔峰"在大林寺北。相传晋慧远制涅盘经成，掷笔于此"。《明一统志》卷52九江府：掷笔峰"有泻油定心石，上有文殊岩，下有十八贤台。慧远与同社诸贤尝息于此"。

掸国 在今上缅甸（今缅甸东北隅尚为掸族居住区）。《后汉书·和帝纪》：永元九年（97）春正月，"永昌徼外蛮夷及掸国重译奉贡"。同书《西南夷列传》载：永宁元年（120），"掸国王雍由调复遣使者诣阙朝贺，献乐及幻人，能变化吐火，自支解，易牛马头"。

控卡山 即空卡山。在今四川金川县东南。清乾隆《金川琐记》卷2：控卡山"绝顶为崇化、懋功两屯分界处，高出云表，虽盛夏积雪逾尺，午后率多大风，人马不能行立，必择五鼓或黎明时过之"。此山旧为大小金川两土司界山，往来极险。

控夷关 明万历中置，属平武县。在今四川青川县西北。

控尾寨 即今云南镇康县治凤尾镇。《方舆纪要》卷119镇康州：控尾寨"在州西南。万历三十三年木邦酋罕思礼诱镇康酋闷枳归缅，枳不从，遂令其党海庆袭控尾据之"。佤语"控"为河，"尾"系汉语，意即河尾，因处赛米河尾部的空阔地而得名。

控拜暗沙 在南海中中国中沙群岛内，位于中沙大环礁西部边缘。南距涛静暗沙4.8海里，东北距华夏暗沙6.4海里。1947年公布名称为控拜暗沙。

探石寨 在今江西石城县西南。《清一统志·宁都州》：探石寨"在石城县西南十里。两寨相对，各有石磴绝处，用木梯相接，顶开石门"。

探沂庄 即今山东费县东南三十里探沂镇。清光绪《费县志》：南尹社"大探沂，有集"。

据史德城 在今新疆巴楚县东北。《新唐书·地理志》引贾耽《四夷路程》："谒者馆又六十里至据史德城，龟兹境也，一曰郁头州。"

据老寨 在今湖南溆浦县南。《方舆纪要》卷81溆浦县："据老寨在县南四十里……皆设险处。"

掘山 在今河南罗山县南八十里。《清一统志·汝宁府一》：掘山"一名窟笼山。竹竿河、月儿湾河皆出于此"。

掘城湖 在今江苏吴江市西南七十里。《方舆纪要》卷24苏州府吴江县：掘城湖"在县西南七十里。周三十里。分流为诸泾港，以入荻塘"。

掘峒 在今广东罗定县西。明万历五年（1577）设中路守备驻此。

掘港 在今江苏如东县。《方舆纪要》卷23如皋县：掘港"在县东百三十里。西通运盐河，东抵海。有掘港营堡，并置巡司于此"。

掘港镇 即今江苏如东县驻地。本为盐场。旧属如皋县，明置掘港巡司。清有主簿驻此。1945年于此设立如东县。

掘鲤淀 在今河北任丘市北。左太冲《魏都赋》云："掘鲤之淀，盖节之渊。"唐李善注："掘鲤淀在河间莫县之西。"又《方舆纪要》卷13任丘县：掘鲤淀"铁灯竿口之水自河间县引流，东北出入县境，汇而为淀，遇霖潦则洪波东注，溢入于五官淀而入海。《唐志》：莫州有九十九淀。今县境以淀名者不一处，掘鲤淀其一也"。

掖县　即掖县。在今山东龙口市东南。《宋书·州郡志》作掖县。

掺八里　即彰八里。即今新疆昌吉市。《元史·李进传》：至元二十三年（1286），"海都及笃娃等领军至洪水山，进与力战，众寡不敌，军溃，进被擒。从至掺八里，遁还"。

掇旗滩　在今四川泸州市西南安富镇北长江中。《方舆纪要》卷72纳溪县"大江"条下："掇旗滩在县东二里江滨。相传亦以武侯名。"

堵口　又作猪口。在今湖北仙桃市东。为古夏水入沔水（今汉江）之口。《水经·沔水注》：堵水"北经堵阳县南，北流注于汉，谓之堵口"。

堵山（堵 dǔ）　在今河北邯郸县西。《汉书·地理志》邯郸县："堵山，牛首水所出。"《水经·浊漳水注》：牛首水"出邯郸西堵山"。《清一统志·广平府一》：堵山"在邯郸县西三十里紫山南。山势如堵墙，故名"。

堵乡　一名赭乡。即今河南方城县治。《后汉书·岑彭传》：建武二年（26），董䜣起堵乡，岑彭等"先击堵乡"。即此。

堵水（堵 zhě）　在今湖北省西北部。为汉水支流。有西、南两源：南源名官渡河，源出川、鄂、陕三省交界之阴条岭，东北流；西源名汇湾河，源出陕西镇坪县东北，至余药铺折向湖北竹溪县境，至竹山县两河口与官渡河汇流后，始名堵河。北流至郧县西入汉江。《水经·沔水注》："堵水出建平郡界故亭谷，东历新城郡，……又东北径上庸郡，……又东经方城亭西，东北历嵺山下，而北径堵阳县南，北流注于汉，谓之堵口。"

堵阳县（堵 zhǔ）　①一名赭阳县。西汉改阳城县置，属南阳郡。治所在今河南方城县东六里。《元和志》卷21："在堵水之阳，故名。"西晋属南阳国。东晋属南阳郡。南朝宋废。

②南朝梁置，属魏兴郡。治所在今湖北郧县西南。寻废。唐武德初复置，属南丰州。贞观元年（627）废。

埈地平堡　北宋置，属镇戎军。在今宁夏固原市境。后废。

域谷水　即今山西永和县西仙芝河。《水经·河水注》："域谷水东启荒原，西历长溪，西南入于河。"

域林　春秋许邑。在今河南叶县东。《左传》：襄公十六年（前557），晋伐许，"次于域林"。

堆龙德庆县　1960年撤销西藏自治区堆龙德庆、东嘎2宗和列乌谿，合并设立堆龙德庆县（驻朗嘎），属拉萨市。2015年撤销堆龙德庆县，设立拉萨市堆龙德庆区，区政府驻东嘎镇团结路1号。

堆龙德庆宗　属西藏地方政府设，治所在今西藏堆龙德庆县西北德庆乡。"堆龙德庆"，藏语意为上谷极乐地。1960年与东噶宗、柳吾谿合并设堆龙德庆县。

堆河　今蒙古国巴彦洪戈尔省图音河。《史集》（第1卷）记载，金代时克烈部首领撒里黑汗居斡儿寒（鄂尔浑）河，在与塔塔儿部战争中，曾移驻 Tui-Tagachu 之地。其地应在鄂尔浑河源杭爱山之南，清代图籍称为推河（今图音河）、塔出河（今塔沁河）地区。《明英宗实录》：正统九年（1444）九月，"得蒙古降人言，也先住于堆·塔出晃忽槐地，拟分兵南侵"。晃忽槐意为"低地"，当指两河下游地区。

堆涌（湧）山　在今云南曲靖市东。《方舆纪要》卷114沾益州：堆涌山在"州东南二百余里。延袤二百余里。峰峦堆突，如涌出然"。

堆琼　即今西藏白朗县南三十里杜琼乡。清光绪《西藏图考》附图7作堆琼。原西藏地方政府设堆穷谿。"堆琼"，藏语意为会集。

堆噶尔　即噶大克。今西藏阿里地区噶尔县东南噶尔雅沙。清《西藏图考》卷2："阿里宗城一名堆噶尔，今为边商总汇之区。"

堆噶尔木营　清乾隆后置，在今西藏阿里地区噶尔县东南噶尔雅沙。

堆噶尔宗　即噶大克。西藏地方政府设，治所在今西藏阿里地区噶尔县东南噶尔雅沙。

埤中　古地名。在今浙江诸暨县东北。《水经·渐江水注》："允常卒，句践称王，都于会稽，《吴越春秋》所谓越王都埤中，在诸暨北界，山阴康乐里有地名邑中者是。"按：今本《吴越春秋》无此文。埤中亦不能确指。

埤头　即今台湾省高雄市东凤山区。清乾隆五十三年（1788）凤山县自左营迁此。光绪二十一年（1895）被日本侵占后，县废。1945年抗日战争胜利后于此设高雄县。

埤城镇　即今江苏镇江市丹徒区东北埤城镇。清乾隆《镇江府志》卷1丹阳县："埤城镇在县东北五十里。"

埤南　一作卑南。为台湾土著番社名。即今台湾台东县西北卑南乡。清光绪元年（1875）于此置卑南厅。

埤是　在今内蒙古杭锦旗东南。汉为西河郡南部都尉治。《汉书·地理志》西河郡："南部都尉治塞外翁龙、埤是。"师古曰："翁龙、埤是，二障名也。"

埠子集　即今江苏宿迁市宿城区南埠子镇。路通安徽泗县。清同治《宿迁县志》卷13：埠子集"在治西南三十五里"。

埠头镇　即湟里镇。今江苏常州市武进区西南七十里湟里镇。

埠场墟　亦作埠阳墟。即今广东阳江市西南埠场镇。清道光《阳江县志》卷1有埠场墟。

埠村　即今山东章丘市西南二十二里埠村镇。清光绪《章丘县乡土志》有埠村镇。1948—1953年为章丘县驻地。

埠柳村　即今山东荣成市北埠柳镇。清道光《荣成县志》卷2：埠柳村集在"城西南二十五里"。

堋口县　北宋熙宁二年（1069）置，属彭州。治所在今四川彭州市西北三十里丹景山镇。四年（1071）废入九陇县。

堋口堰 亦名湔堰。在今四川彭州市西北三十里丹景山镇。清光绪《彭县志》卷3："县境水利以湔堰为最大。旧于堋口之皂角崖下分为两河。东河河口计十四丈，经里余，分为四：曰鸭子河、小石河、马牧河、濛阳河。西河河口计七丈，经半里，分为三：曰新润河、新开河、清白江。"

堋口镇 北宋熙宁四年（1071）废堋口县置，属九陇县。在今四川彭州市西北三十里丹景山镇。

培石镇 即今重庆市巫山县东南长江南岸培石乡。清道光《夔州府志》卷12：培石镇"在县东六十里"。

埭沟河 在今安徽望江县东北。《方舆纪要》卷26望江县：埭沟河"在县北六十里，受漳湖诸流，连怀宁县境之沙滩，又东经石库渡至皖口入江"。

埭溪市 即今浙江湖州市西南吴兴区棣溪镇。清乾隆三十九年（1774）设巡司于此。

焉支山 亦名燕支山、删丹山。即今甘肃山丹县南大黄山。《汉书·霍去病传》：元狩二年（前121），"去病将万骑出陇西，……过焉支山千有余里"。《寰宇记》卷151引《西河旧事》云："焉支山东西百余里，南北二十里，亦有松柏五木，其水草茂美，宜畜牧，与祁连同。匈奴失祁连、焉支二山，乃歌曰：亡我祁连山，使我六畜不繁息。失我焉支山，使我妇女无颜色。"

焉支县 十六国前凉置，属武兴郡。治所在今甘肃永昌县西红山窑乡高古城。北魏改名燕支县。

焉不拉克古墓群 在今新疆哈密市西北柳树泉农场焉不拉克村。面积8000平方米。墓群分布在两条土岗上，地表无明显痕迹。墓葬形制主要有竖穴土坑墓、竖穴生土二层台墓，葬式为屈肢、直肢两种，随葬品主要有陶器、石器、木器、铜器、铁器、金器、骨器和毛纺织品等。彩陶纹饰与甘肃地区四坝文化和辛店文化彩陶纹饰相似，对研究新疆与内地的文化联系有重要意义。2001年定为全国重点文物保护单位。

焉氏县 即乌氏县。治所在今宁夏固原市东南。《史记·郦商列传》：楚汉之际，汉陇西都尉郦商"别将定北地、上郡，破雍将军焉氏"。《索隐》："县名，属安定。《汉书》云破章邯别将。"《正义》："县在泾州安定县东四十里。"

焉氏塞 战国秦地。在今宁夏固原市东南。《吕氏春秋·当赏篇》：秦"公子连去，入翟，从焉氏塞"。即位称秦献公。

焉耆县 1913年改焉耆府置，为焉耆道治。治所即今新疆焉耆回族自治县。1930年为焉耆行政区治。后直属新疆省。1954年改为焉耆回族自治区。1955年改为焉耆回族自治县。

焉耆国 又名乌耆国、乌缠国、乌夷国、阿耆尼国。汉西域三十六国之一。属西域都护府。都城在员渠城（今新疆焉耆回族自治县）。北魏万度归率兵破其国，屠其城。后，焉耆国当徙都于今焉耆回族自治县西南四十里城子旧城。唐置焉耆都督府。唐末为西州回鹘所并。

焉耆府 清光绪二十四年（1898）升为喀喇沙尔厅置，属新疆省。治所在喀喇沙尔城（今新疆焉耆回族自治县）。辖境约当今新疆库尔勒市及焉耆、和静、和硕、博湖、轮台、尉犁、若羌等县地。1913年改为焉耆县。

焉耆都督府 唐贞观十八年（644）灭焉耆后置，属安西都护府。治所在今新疆焉耆回族自治县西南四十里城子旧城。开元七年（719）为安西四镇之一。贞元六年（790）后废。

焉耆道 1920年由阿克苏道的焉耆、轮台、尉犁、婼羌、且末和迪化道的鄯善、吐鲁番置，属新疆省。治焉耆县（今新疆焉耆回族自治县）。辖境约当今新疆吐鲁番地区及巴音郭楞蒙古自治州。1928年废。

焉耆镇 北魏太平真君九年（448）灭焉耆国置，治所在今新疆焉耆回族自治县西南四十里城子镇。《魏书·唐和传》：与万度归讨焉耆，"后同征龟兹，度归令和镇焉耆"。即此。唐代为安西四镇之一，唐末陷于吐蕃。

觇岘 即今吉林集安市西二十余里小板岔。《北史·高句丽传》：三国魏正始五年（244）讨高句丽，"幽州刺史毋丘俭将万人出玄菟讨位宫，大战于沸流。败走，俭追至觇岘，悬车束马登丸都山，屠其所都。位宫单将妻息远窜"。1904年毋丘俭纪功碑残石出土于此。

逵泉 春秋时鲁地。在今山东曲阜市东南三里。水中石如伏鼋怒鼍。《左传》：庄公三十二年（前662），季友以公命酖叔牙，"饮之，归及逵泉而卒"。

教山 又名历山。亦作穀山。在今山西绛县东南与垣曲县交界处。《山海经·北次三经》：教山"其上多玉而无石，教水出焉，西流注入河"。《寰宇记》卷47绛县："教山今名效山，亦名罩山，在县东南八十五里。"

教山县 唐武德五年（622）置，属安州。治所在今越南清化省清化县东南一带。贞观元年（627）废入隆安县。

教水 ①黄河支流。在今山西垣曲县东。源于山西绛县东南教山，南流至垣曲古城附近入黄河。《山海经·北次三经》："教山，其上多玉而无石，教水出焉，西流注于河。是水冬干而夏流，实惟干河。"

②在今广西大新县西南。《明史·地理志》思城州："南有教水，下流合于陇水。"《清一统志·太平府》：教水"在废思城州南，今崇善县境。源出养利州，西流入境，绕州治前，分为二水，至州西南入安平土州界，合陇水。中有石滩"。

教化三部长官司 又作教合三部长官司。明洪武中置，属临安府。治所在今云南文山县西南六里旧城。

清初废入开化府，以其地为开化里。

教化山部　宋大理置，为教合三部之一，属最宁府。在今云南文山县西南六里旧城。元代属临安等处宣慰司。明代置教化三部长官司。

教合三部　亦作教化三部、强现三部。在今云南文山县西四十里波些山下。元《招捕总录·云南》："至大元年，教合三部来龙砦大头渐恐等反。"

教弩台（臺）　在今安徽合肥市东明教寺内。为魏武帝曹操所筑，俗称曹操点将台。《舆地纪胜》卷45庐州：教弩台"在左厢明教院，即魏武帝教弩台。旧注云：魏武所筑，教强弩五百人，御孙权棹船"。

聃　西周国名。姬姓。在今河南平舆县北。《左传》：僖公二十四年（前636），富辰曰，"管、蔡、郕、霍、鲁、卫、毛、聃……文之昭也"。春秋为蔡所灭。

聃村　在今河南修武县西。《清一统志·怀庆府二》：聃村"在修武县西二十里。周老聃所居。孔子与南宫敬叔适周，问礼于此。亦名孔庄"。

职田镇　即今陕西旬邑县东北职田镇。秦、汉栒邑县，晋之郇邑县曾设治于此。

聊　春秋齐邑。在今山东聊城市西北。《左传》：昭公二十年（前522），"聊、摄以东，姑尤以南"。晋杜预注："聊、摄，齐西界也。"

聊阳县　1947年晋冀鲁豫革命根据地由聊城县南部和阳谷县北部析置，治沙镇（今山东聊城市西南沙镇）。取二县首字为名。1949年9月撤销，并入聊城县。

聊邑县　唐天祐三年（906）改聊城县置，属博州。治所在今山东聊城市东北。五代唐同光初复为聊城县。

聊屈山　在今湖北钟祥市东。《水经·沔水注》：臼水"出竟陵县东北聊屈山。一名卢屈山"。《方舆纪要》卷77安陆府钟祥县：聊屈山"在府东五十里，接京山县界，山势突起，绵亘数十里。上有白鹿池"。

聊城　春秋时齐邑。在今山东聊城市西北二十二里阎觉寺镇附近聊古庙。《左传》：昭公二十年（前522），晏子曰："聊、摄以东，姑、尤以西，其为人多矣。"又《战国策·齐策》："燕将攻下聊城"，即此。

聊城市　1958年撤销山东省聊城县，改设聊城市，属聊城专区，为专署驻地。1963年撤销聊城市，复设聊城县。1983年撤销聊城县，改设聊城市，属聊城地区。1997年撤销聊城地区和县级聊城市，设立地级聊城市；原县级聊城市改置东昌府区，聊城市人民政府驻东昌府区。

聊城县　①战国齐置。治所在今山东聊城市西北二十二里阎觉寺镇附近聊古庙。《史记·燕召公世家》：召王二十八年（前284）伐齐，"齐城之不下者，独唯聊、莒、即墨"。后入秦，属东郡。三国魏属平原郡。西晋属平原国。北魏太和二十三年（499）徙今聊城市东北二十五里王城，为平原郡治。隋属武阳郡。唐属博州。天祐三年（906）改为聊邑县。五代唐同光初复为聊城县，后晋开运二年（945）移治巢陵城（今聊城市东十五里）。北宋淳化三年（992）移治孝武渡西，即今聊城市。元为东昌路治。明、清为东昌府治。1913年废府，为聊城县。后为山东东临道治。1925年为东昌道治。1928年直属山东省。1958年改设聊城市。

②南朝宋侨置，属魏郡。治所在历城县（今山东济南市）。北魏属东魏郡，徙治台城（今济南市城东北三十里）。北齐省。

基长汛　即今贵州独山县东南四十里基长镇。旧有外委戍守。"基长"为鸡场谐音。昔以"酉"日赶场，故名。

基州　①西魏置，治所在丰乡县（今湖北沙洋县北马良镇）。隋大业初废。唐武德四年（621）复置，治所在章山县（今沙洋县北马良镇）。七年（624）废。

②唐武德二年（619）置，治所在延川县（今陕西延川县）。《寰宇记》卷36延川县："以废城南哥基川，遂置基州。哥基者，胡语云濯筋川是也。"五年（622）改为北基州。

基城县　北周武成元年（559）置，为祐川郡治。治所在今甘肃宕昌县西北四十八里理川镇。隋开皇九年（589）废。义宁二年（618）复置。唐属岷州，先天元年（712）改名祐川县。

基隆厅　清光绪九年（1883）改鸡笼厅置，属台北府。治所即今台湾基隆市。光绪二十一年（1895）被日本侵占，于1924年设基隆市。1945年抗日战争胜利后仍设基隆市。

基隆市　1945年抗日战争胜利后置，属台湾省。治所即今基隆市。以鸡笼为名。

勘州　北宋置羁縻州，属邕州右江道。治所即今广西田阳县西南古美。元废。

菁口驿　①唐置，在今四川米易县东北。《新唐书·地理志》：俄准添馆"又经菁口、会川四百三十里至河子镇城"。

②在今四川越西县附近。《新唐书·地理志》：达仕城"西南经菁口百二十里至永安城"。唐樊绰《云南志》卷1：达士驿"至新安城三十里，至菁口驿六十里"。

菁山　一名望风山。在今湖北阳新县西南。《舆地纪胜》卷33兴国军：菁山"《舆地志》云：上有望夫石，石上生芜青"。《清一统志·武昌府一》：菁山"在兴国州西南八十里。一名望夫山。《武昌记》：昔有妇人送夫出征，至此化为石，双履之迹犹存"。

菁莲墟　一作青莲墟。即今广东阳山县东青莲镇。明置巡司于此。清乾隆二十八年（1763）移驻淇潭堡。

著县　战国秦置，属济北郡。治所在今山东济阳县西二十里郭城。出土秦封泥中有"著丞之印"可证。《史记·曹相国世家》：曹参"还定济北郡，攻著、漯阴、平原、鬲、卢"。著即此。西汉属济南郡。东汉属济南国。西晋属济南郡。北齐省。

菱（蔆）水 亦作陵水、溧水。即古之中江。在今江苏溧阳市。《战国策·秦策三》："伍子胥橐载而出昭关，夜行昼伏，至于蔆水。"

菱托铺 在今湖南洪江市（黔城镇）东。《舆地纪胜》卷71沅州：菱托铺"在黔阳郡"。《方舆纪要》卷81黔阳县："菱托铺在县（治今黔城镇）东百六十里。《志》云，自安江至菱托铺，皆溪洞瑶贼出没要道。宋置寨铺，以为捍御。今多因旧址。"

菱花池 在今河南省镇平县西南。《方舆纪要》卷51镇平县："菱花池在县西南。俗名天池。广五丈余。有菱芡、蒲鱼之利。"

菱湖 在今湖南湘阴县西南六十里。《清一统志·长沙府一》：菱湖"西接乔江，下达湘水，互为吐纳"。

菱湖岭 ①在今浙江常山县西北。《方舆纪要》卷93常山县：菱湖岭在"县北二十五里。《志》云：自县至开化凡八十里，岭为往来之冲"。

②在今浙江安吉县东南。《方舆纪要》卷91孝丰县：菱湖岭"在县（治今孝丰镇）东三十里。路达武康县"。

菱湖镇 即今浙江湖州市东南三十六里南浔区菱湖镇。《清一统志·湖州府一》：菱湖镇"以近菱湖而名。商贾四集，谓之水市"。1949年至1954年吴兴县治此。

菱塘岭 在今浙江开化县西南。《方舆纪要》卷93开化县：菱塘岭在"县西南八十里，与江西玉山县分界"。

菱溪 一名荇溪。在今安徽滁州市东。为清流河支流。《舆地纪胜》卷42滁州："菱溪在清流县。出永阳岭西，经皇道山下。欧阳修有《菱溪石记》。本名荇溪，避杨行密嫌名改曰菱溪。"《方舆纪要》卷29滁州：菱溪在"州东七里。源出永阳岭，经皇道山，又东南则琅邪溪亦流合焉，至三汊河，注于滁河"。

蒨莱主山 在今台湾省南投县东北，与花莲县交界处。中央山脉北段高峰。海拔3559米。为浊水溪上源蒨莱溪与花莲溪支流木瓜溪上源分水岭。蒨莱，泰雅语原义为"覆雪山头"。

菲生噶珊 清于福山卫置。属宁古塔将军，后属三姓副都统。在今俄罗斯哈巴罗夫斯克边疆区黑龙江下游西岸普耳萨西北。康熙《皇舆全览图》：黑龙江下游西岸有"菲申噶山"。光绪《吉林通志》卷17：混同江北岸，东至海滨旧噶珊有"菲生"。咸丰年间通过不平等的中俄《瑷珲条约》被俄割占。

菽庄花园 在今福建厦门市鼓浪屿日光岩南麓濒海处。园主林尔嘉，字菽臧，原系台湾富商，清光绪二十一年（1895）日本侵占台湾后，携眷避居鼓浪屿。1913年秋始建此园，为厦门名园之最。全园利用天然地形，分藏海、补山两部分。园门有一短墙挡住视线，入门始见波涛起伏，故称藏海。内有谈瀛轩、花圃、壬秋阁；再前有四十四桥横跨海上，蜿蜒可抵山麓，其上即补山园，有熙春亭、茅亭、十二洞天等。1950年园主献作公园。

菖蒲涧 一名甘溪。在今广东广州市东北。《寰宇记》卷157广州南海县：菖蒲涧"一名甘溪。裴氏《广州记》：菖蒲生盘石上，水从上过，味甘冷，异于常流。《南越志》：昔交州刺史陆允之所开也，至今重之。每旦辄倾州连汲，以充日用，虽有井泉不足食。太元中襄阳罗支累石涧侧，容百许人坐游之者，以为洗心之域。咸平中姚成甫尝采菊涧侧，遇一大夫谓成甫曰，此涧菖蒲昔安期生所饵，可以忘老"。《舆地纪胜》卷89广州：菖蒲涧"在州东北二十里"。

菖蒲桶 在今云南贡山独龙族怒族自治县北五十六里打拉。清代属维西厅。打拉藏语称为菖蒲桶，"菖蒲"为一层层，"桶"为平地，意即层层平地，当地因有三个缓坡台地延伸到怒江边，故名。

菖蒲桶行政区 1916年析维西县置，属云南腾越道。治所在菖蒲桶（今云南贡山独龙族怒族自治县北五十六里打拉）。1919年迁治茨开（即今云南贡山独龙族怒族自治县）。1929年直属云南省。1932年改贡山设治局。

萌山 在今山东嘉祥县城东北隅。《方舆纪要》卷33嘉祥县：萌山"峰峦峭拔，高百余仞，出城横亘四五里，亦名横山"。

萌水 即今山东淄博市境内之明水。《水经·济水注》：萌水"出西南甲山。东北径萌山西，东北入于陇水"。

萌城堡 明置，属灵州守御千户所。在今宁夏盐池县西南境萌城。《方舆纪要》卷62灵州守御千户所：萌城堡"在所东南二百二十里。《舆程记》……又东南四十里为隰宁堡，又四十里曰萌城堡，亦曰萌城驿，与庆阳府环县接境，皆出入襟喉，守御要地"。

萌诸岭 即萌渚岭。五岭之一，在今湖南南部江华瑶族自治县与广西东部贺县之间。

萌渚岭 五岭之一。亦名萌诸岭、甿渚岭。又名临贺岭、白芒岭、桂岭。在今广西富川瑶族自治县东南、贺县西北、湖南江华瑶族自治县西南。南北走向。为湘江支流潇水和西江支流贺水的分水岭。《水经·湘水注》：萌渚之水"南出于萌渚之峤，五岭之第四岭也，其山多锡，亦谓之锡方矣"。《元和志》卷37冯乘县：萌渚峤"在县北一百二十里。即五岭之第四岭也。按今县与道州江华县分界于此峤之上"。

萝冈墟 即今广东广州市东北五十里萝岗镇。明宣德中于此建铺百余，清于此设萝岗营汛。

萝北设治局 1912年置，属黑龙江省黑河道。即今黑龙江省萝北县兴东村。1916年改为萝北县。

萝北县 1916年改萝北设治局置，属黑龙江省黑河道。治所在今黑龙江省萝北县北兴东村。因治托萝山北，故有是名。1928年直属黑龙江省。1932年迁今萝北县东北肇兴镇。1945年划归合江省，1949年划归松江省。1954年划回黑龙江省，迁今萝北县（凤翔镇）。

萝田墟　即今广西玉林市西南罗田。清光绪《广西舆地全图》郁林州图：西南有萝田墟。

萝塘　在今江西安福县西南。清置巡司于此。

萝摩亭　一名萝蘼亭、萝蘑亭、落漠城。在今山西太谷县西北。《水经·洞过水注》："（涂）水出阳邑东北大嵰山涂谷，西南径萝蘑亭南，与蒋谷水合。"《元和志》卷13太谷县："萝摩亭，俗名落漠城，在县西北十九里。"

萑谷　东周属邑。在今河南洛阳市东南。《左传》：昭公二十六年（前516），"（周敬）王次于萑谷"。

萑苻泽　一作萑蒲。春秋郑地。在今河南中牟县东北。《左传》：昭公二十年（前522），"郑国多盗，取人于萑苻之泽"。

萆山　即抱犊山。在今河北鹿泉市西八里。《寰宇记》卷61获鹿县："萆山，今名抱犊山。韩信伐赵，使轻骑二千人持赤帜，从间道萆山而望，遂呼为萆山。"《金史·地理志》：获鹿县"有萆山"。

菜玉山　在今云南石屏县东十五里。《清一统志·临安府》：菜玉山"产石碧润如玉，谓之菜玉。下有石碧涧"。

菜市门　即东青门。南宋临安城东门之一。

菜市桥　唐置。在今河南洛阳市东。《宋史·河渠志四》："开宝九年，郊祀西京，诏发卒五千，自洛城菜市桥凿渠抵漕口三十五里，馈运便之。其后导以通汴。"

菜屿　在今福建漳浦县东南海中。《方舆纪要》卷99漳浦县"鱼肠屿"条：石城屿"在县东南四十余里海中，乱石丛杂，望若城壁。傍曰菜屿，生紫菜"。

菜花坪　在今云南澄江县北梁王山东。《清一统志·澂江府》：菜花坪"在河阳县罗藏山东。野菜遍生，可为齑。相传元梁王游宴之所，耕者往往得其遗物"。

菜园沟　在今山西河曲县西北。《方舆纪要》卷40河曲县：菜园沟"近时贼王嘉允渡河掠菜园沟，即此"。

菜园渡镇　即今陕西勉县治。1935年沔县（今勉县）由县西旧城（今武侯镇）迁治于此。

菜荠山　即今浙江平湖市东南三十里海中之彩旗山岛和大孟山岛。清光绪《嘉兴府志》卷13："两山如门，中有菜荠港，海舟出入，于此最险。乍浦三关，此其一也。"

菜树岭　在今河北赤城县东南。清光绪《畿辅通志》卷65：菜树岭"在独石口东南一百八十里。山有二十洞，封禁开采"。

菜湖　在今云南昆明市内。《清一统志·云南府一》：九龙池"在昆明县城内。其地蔬圃居半，故又曰菜海子"。《清史稿·地理志》作翠湖。今为翠湖公园。

菟氏　春秋郑邑。在今河南尉氏县西北。《左传》：昭公五年（前537），楚莫敖屈生赴晋，过郑，郑伯"劳屈生于菟氏"。即此。

菟头山　即今山东淄博市临淄东南十五里之鼎足山。《汉书·地理志》甾川国东安平："菟头山，女水出，东北至临甾入巨定。"《水经·淄水注》："（女）水出东安平县之菟头山。"

菟园水　即今蒙古国巴彦洪戈尔省图音河。《资治通鉴》：南朝宋元嘉六年（429），北魏拓跋焘击柔然，"循栗水西行，至菟园水"。即此。

菟和山　即今陕西丹凤县东南十里资峪岭。《左传》：哀公四年（前491），楚军临上雒，"左师军于菟和，右师军于仓野"。杜注："菟和山，在上雒东也。"《清一统志·商州》"菟和山"条引《州志》："亦名资峪岭或曰资峪。"

菟裘　春秋鲁地。在今山东新泰市西楼德镇。《左传》：隐公十一年（前712），"羽父请杀桓公，将以求大宰。公曰：'为其少故也，吾将授之矣。使营菟裘，吾将老焉'"。杜注："菟裘，鲁邑。在泰山梁父县南。"后世因称士大夫告老退隐处为菟裘。

菊冈寺　一作菊噶木寺。在今西藏拉萨市内。清乾隆《卫藏通志》卷6：菊噶木寺俗名菊冈寺，"毗连经园，楼高三层，为蒙古僧人学经之所"。

菊水　又名鞠水、菊潭。即今河南内乡县西北丹水河。源出河南西峡县东铁佛寺北，南流至内乡县赵店东入湍河。《续汉书·郡国志》南阳郡郦侯国注引《荆州记》曰："县北八里有菊水，其源旁悉芳菊，水极甘馨。又中有三十家，不复穿井，仰饮此水，上寿百二十三十，中寿百余，七十者犹以为夭。"《水经·湍水注》：菊水"源出西北石涧山芳菊溪，亦言出析谷，盖溪涧之异名也。源旁悉生菊草，潭涧滋液，极成甘美"。隋置菊潭县即以此水为名。

菊花山　在今广东广州市花都区东北花城东北三里。山石天然结构成菊花形，故名。清宣统《广东舆地全图》花县图：花城东北有菊花山。

菊花渠　唐咸亨四年（673）开，在今河北临漳县东南四十里。《新唐书·地理志》临漳县："南有菊花渠，自邺引天平渠水溉田，屈曲经三十里。"久废。

菊坡亭　在今广东增城市凤凰山。宋理宗御书"菊坡"二字赐崔舆之，因构此亭。《清一统志·广州府》：菊坡祠"增城凤凰山阳，亦有崔清献祠"。

菊海　亦作北海、小海。即今俄罗斯之贝加尔湖。《元史·刘好礼传》：至元十七年（1280），北方诸王叛执好礼，"遂以衣服赂叛王千户，始获东出铁壁山口……七月，至菊海，始与戍兵接"。

菊潭　即菊水。今河南内乡县西北丹水河。《汉书·地理志》弘农郡析县颜师古注："鞠水即今所谓菊潭也。"

菊潭县　隋开皇三年（583）改郦县置，属邓州。治所在今河南内乡县北十里郦城。《元和志》卷21："因县界内菊水为名。"大业初属南阳郡。唐初废。开元二十四年（736）复置，移治今内乡县北六十里。五代周显德五年（958）废。

菊潭镇　北宋置，属内乡县。在今河南西峡县东古菊水西岸。

菩萨劳城　在今克什米尔中部附近。《资治通鉴》：唐天宝十二年（753），"安西节度使封常清击大勃律，至菩萨劳城"。

菩萨泉　在今湖北鄂州市西樊山。《舆地纪胜》卷81寿昌军：菩萨泉"在武昌西山嵌窦中。东坡有铭"。明曹学佺《名胜志》："西山即樊山也。有泉曰菩萨水。晋时书'滴滴泉'三字刻于崖顶。"

菩萨溪　即今四川荥经县南经河。《明一统志》卷72雅州：菩萨溪"在荣经县南六十里。源自瓦屋山来，东注平羌江。傍有石佛像，因名"。

菩提岭　在今浙江宁波市鄞州区东南。《方舆纪要》卷92宁波府鄞县：菩提岭"在府东南七十里，路通奉化"。

菏山　在今山东菏泽市东南三十里。《方舆纪要》卷33曹州：菏山"以近菏泽而名。《旧志》云，菏水源出于此"。

菏水　即济水分流。《禹贡》："浮于淮、泗，达于菏。"据《水经·泗水注》：菏水自菏泽分流，东南经今山东巨野、金乡、济宁入于泗水。其水今湮。

菏泽　在今山东定陶县东北。《尚书·禹贡》："导菏泽"；又说：济"溢为荥，东出陶丘北，又东至于菏"。即此。古济水所汇，东出为菏水。唐时名龙池，亦称九卿陂。金、元以后遂堙。

菏泽市　1960年撤销山东省菏泽县，改设菏泽市，属荷泽专区，为专署驻地。1963年撤销菏泽市，复设菏泽县。1983年撤销菏泽县，复设菏泽市，属菏泽地区。2000年撤销菏泽地区和县级菏泽市，设立地级菏泽市；原县级菏泽市改置牡丹区，菏泽市人民政府驻牡丹区。

菏泽县　清雍正十三年（1735）置，为曹州府治。治所即今山东菏泽市。民国初属山东济宁道。1925年属曹濮道。1928年直属山东省。1960年改设菏泽市。

萍乡州　元元贞元年（1295）升萍乡县置，属袁州路。治所即今江西萍乡市。明洪武二年复降为萍乡县。

萍乡县　三国吴宝鼎二年（267）析宜春县置，属安成郡。治所在今江西萍乡市东四十里芦溪镇西南古岗。《元和志》卷28：萍乡县"以地多生萍草，因以为名"。隋属宜春郡，徙治今萍乡市。唐属袁州。元元贞元年（1295）升为萍乡州。明洪武二年（1369）复为县，属袁州府。民国初属江西庐陵道。1926年直属江西省。县境盛产煤。1960年改设萍乡市。1970年升为地级市，由省直辖。

萍乡煤矿　即今安源煤矿。为我国著名煤矿之一。主要矿区在今江西萍乡市东南安源山。清光绪二十四年（1898），盛宣怀筹设"萍乡煤矿局"开采，产煤主要供应汉阳铁厂。光绪三十四年（1908）与汉阳铁厂、大冶铁矿合并成立汉冶萍煤铁厂矿公司。这里是我国工人运动发源地之一，1922年著名的安源工人大罢工就发生在此。

萍安支线　又称安源支线。自江西萍乡至安源煤矿。长7.2公里。为株萍铁路（后改浙赣路）支线。清光绪二十五年（1899）动工修筑，二十九年（1903）建成。

萍实里　在今江西萍乡市北。《寰宇记》卷109袁州萍乡县："楚昭王渡江，获萍实于此。今县北有萍实里、楚王台，因以名县。"

萍实桥　在今江西萍乡市北城关镇南门外。五代时杨吴置。《方舆纪要》卷87萍乡县：萍实桥"以楚昭王得萍实而名"。桥跨县前江上，后圮。明初复建。

菠萝镇　即抱罗市。今海南省文昌市北抱罗镇。

菅　春秋时宋地。在今山东单县北。《春秋》：隐公十年（前713），"公败宋师于菅"。即此。

菅县　西汉置，属济南郡。治所在今山东章丘市西北。文帝四年（前176）封齐悼惠王子罢军为菅侯，后为县。《晋书·慕容德载记》："晋南阳太守闾邱羡、宁朔将军邓启方率众二万来伐，师次菅城。"即此。南朝宋省。

菀水　一作宛水。在今河南浚县西。《水经·淇水注》："菀水上承淇水于元甫城西北，自石堰东菀城西，屈径其城南，又东南流历土军东北……菀水东南入淇水。"

萤苑　在今江苏扬州市北。明曹学佺《名胜志》：西苑"又南三里为萤苑"。据《隋书·炀帝纪》：大业十二年（616），"上于景华宫征求萤火，得数斛，夜出游山，放之，光遍岩谷"。

营厂坪　在今重庆市城口县南。清道光《城口厅志》卷4：营厂坪"距厅南二百里，交开县界。坪居高山，顶上地皆龙头野竹，广出笋。每采笋时，其地如场市，人口聚焉"。

营口支线　又称大营支线。从大石桥（今辽宁大石桥市）至营口市东牛家屯。长21.4公里。清光绪二十二年（1896）由牛家屯延至营口（1公里）。

营口厅　清宣统元年（1909）析海城、盖平二县地置，属奉天省。治所即今辽宁营口市。1913年改为营口县。

营口市　1938年由营口县析置，属辽宁省。治所即今营口市。为辽宁重要港口之一。1949年属辽东省，由省直辖（地级）。1954年改为辽宁省辖市。

营口县　1913年改营口厅置，属奉天辽沈道。治所即今辽宁营口市。1929年属辽宁省。1938年改设营口市。1949年复置营口县，移治大石桥镇（今大石桥市）。1992年改设大石桥市。

营山 ①在今湖南道县西四十里，接广西灌阳县界。《清一统志·永州府一》：营山“层峦叠嶂，绵亘数十里，实为州之西屏。其中峰最高，营水出此”。

②在今四川营山县西。《寰宇记》卷139蓬州朗池县：营山“在县西南一里”。《舆地纪胜》卷188蓬州：“《图经》云，营山产冬青，蜡冬青叶，上生白粉，掇其粉聚甑上炊蒸之，少选粉落蜡，浮水上为块，取块再熔，即成蜡矣。”唐贞元间迁朗池县于其附近。北宋改为营山县，以此名。

营山县 北宋大中祥符五年（1012）改朗池县置，属蓬州。治所即今四川营山县。明曹学佺《蜀中广记》卷54营山县：“宋祥符避讳改今名，治有山如营垒也。”是以山为名。明洪武十年（1377）废入蓬州，十三年（1380）复置。清属顺庆府。民国初属四川嘉陵道。1928年直属四川省。

营水 即今湖南湘江支流潇水。《水经·湘水注》：“营水出营阳泠道县南山，西流径九疑山下……又西径营道县，冯水注之。……又西北屈而径营道县西，营水又东北径营浦县南。营水又北都溪水注之……又北流入营阳峡，又北至观阳县而出于峡。营水又西北径泉陵县西，营水又北流注于湘水。”《清一统志·永州府一》：营水“源出宁远县南，西流径江华县东，又北流径道州（今道县）东，又北流至零陵县（今永州市）西，入湘水。自道州（今道县）以上，今谓之沲水。自道州（今道县）以下，今谓之潇水”。

营平城 在今山东济南市城东三十里。《汉书·赵充国传》：本始元年（前73），赵充国“与大将军霍光定册尊立宣帝，封营平侯”。即此。

营田 即今湖南汨罗市西三十一里营田村。旧属湘阴县，明置巡司于此。

营田堡 ①在今山西洪洞县东北。《清一统志·霍州》“梗壁堡”条下：“营田堡，在（赵城）县东南三十里。”

②即今陕西清涧县南营田村。《清一统志·绥德州》：营田堡“在清涧县南三十里。《县志》：旧传宋种世衡营田处”。

营丘 亦名营城。在今山东淄博市临淄区西北临淄故城。周武王封吕尚于齐，建都于此。后改名临淄。《汉书·地理志》齐郡临淄注引臣瓒曰：“临淄即营丘也。”《晋书·慕容德载记》：“德如齐城，登营丘。”《水经·淄水注》：“今临淄城中有丘，在小城内，周回三百步，高九丈，北降丈五。淄水出其前，故有营丘之名。”一说在今昌乐县东南，春秋时名缘陵，西汉置营陵县。

营丘县 ①隋开皇十六年（596）置，属潍州。治所在今山东昌乐县东南五十里古城。大业八年（612）废。唐武德二年（619）复置，仍属潍州。八年（625）并入北海县。

②辽析霸城县置，属兴中府。治所在今辽宁朝阳县境。金废。

营丘郡 ①西晋末慕容廆以青州人置，治所在武宁县（今辽宁凌海市东大凌河东岸）。后废。不久复置。《水经·大辽水注》：渝水“又东南径一故城东，俗曰女罗城。又南径营丘城西。营丘在齐，而名之于辽、燕之间者，盖燕齐辽迥，侨分所在。其水东南入海”。北魏延和初郡县俱废。正光末复置，属营州。治所在富平县（今辽宁凌海市东境）。后废。

②东魏天平四年（537）置，寄治英雄城（今河北徐水县西遂城）。北齐废。

营头街 即今福建建阳市东水吉镇西营头。明、清置巡司于此。《方舆纪要》卷97建宁府瓯宁县“筹岭镇”条下：“又营头巡司在府西北百十里。正统四年设于水吉镇之营头街，因名。”

营州 ①古十二州之一。《尚书·尧典》：“肇十有二州”，无州名。东汉马融、郑玄皆云舜十二州有营州。《孔传》云：“禹治水之后，舜分冀州为幽州、并州，分青州为营州，始置十二州。”相当今河北、辽宁及朝鲜等地。

②十六国后赵置，治所在令支城（今河北迁安市西）。前燕废。后燕复置，移治宿军（今辽宁北镇市）。北燕废。

③北魏太平真君五年（444）置，治所在龙城县（今辽宁朝阳市）。辖境相当今辽宁西南部大、小凌河、六股河、女儿河流域一带。永安末废。东魏天平初复置。其后辖境逐渐缩小。隋大业初废。唐初复置。万岁通天元年（696）为契丹所陷。圣历二年（699）侨治渔阳县（今天津市蓟县）。开元五年（717）还治柳城（即龙城）。天宝元年（742）改为柳城郡。乾元元年（758）复为营州。后废。

④唐武德四年（621）置，治所在营道县（今湖南道县西）。辖境相当今湖南道县、宁远、江永及江华瑶族自治县地。五年（622）改为南营州。

⑤唐侨置。治所在广宁县（今河北昌黎县）。金皇统二年（1142）废。

⑥辽置，属南京析津府。治所在广宁县（今河北昌黎县）。辖境相当今河北昌黎县附近地。金废。

营州卫 明置营州左、右、前、中屯卫，属大宁都司。皆在今河北省东北部。左屯卫治顺义县（今北京市顺义区），右屯卫治蓟州（今天津市蓟县），中屯卫治平谷县（今北京市平谷区西），前屯卫治三河（今河北三河市）。清废。

营州中屯卫 明洪武二十六（1393）置，属北平都司。治所在龙山县（今辽宁喀喇沁蒙古族自治县西南白塔子）。永乐元年（1403）徙治平谷县（今北京市平谷区）西，属大宁都司。后废。

营州左屯卫 明洪武二十六年（1393）置，属大宁都司。永乐元年（1403）徙治顺义县（今北京市顺义区）。《明一统志》卷1顺天府：营州左屯卫“在顺义县治东”。

营州右屯卫 ①明置，属大宁都司。治所在今天津市蓟县北。《方舆纪要》卷 11 蓟州：营州右屯卫“在州治北。本在大宁卫境，永乐二年移建于此”。

②明洪武二十六年（1393）置，属北平都司。治所在旧建州（今辽宁朝阳县西南黄河滩喀喇城）。永乐元年（1403）徙蓟州（今天津市蓟县），属大宁都司。后废。

营州后（後）屯卫 明洪武二十五年（1392）置，属北平都司。治所在今辽宁朝阳市。永乐元年（1403）徙治三河县（今河北三河市），属大宁都司。后废。

营州前屯卫 明洪武二十六年（1393）置，属北平都司。治所在今辽宁朝阳市。永乐元年（1403）徙治香河县（今河北香河县），属大宁都司。后废。

营阳郡 ①三国吴甘露元年（265）分零陵郡置。《元和志》卷 29：“以郡在营水之南（阳），因为名。”寻废。东晋复置，治所在营浦县（今湖南道县东北）。辖境相当今湖南道县、宁远等县地。南朝梁移治今道县西四十里营山下，天监十四年（515）改为永阳郡。

②南朝梁置，治所在今湖北仙桃市境。北周废入建兴县。

营里集 即今山东巨野县南营里镇。民国《续修巨野县志》图：南有营里集。

营里（裏）镇 即今山西乡宁县东北营里村。《清一统志·平阳府一》：营里镇“在乡宁县东十里”。

营疙瘩 即今河北宁晋县东四十六里营台村。清同治《畿辅通志》卷 55 宁晋县图：县东有营疙瘩。

营城 即营丘城。在今山东淄博市临淄区西北二里临淄故城。《汉书·王子侯表上》有“营平侯信都。齐悼惠王子”。《水经·淄水注》：渑水“出营城东，世谓之汉溱水也。西北流径营城北。汉景帝四年，封齐悼惠王子刘信都为侯国”。

营城子 即今吉林伊通满族自治县东南营城子镇。《清史稿·地理志》：伊通州官商路，“东南营城子达磐石”。

营城子站 即今吉林九台市东营城镇。《清史稿·地理志》：吉林府吉长铁路有“营城子”站。

营城子壁画墓 在今辽宁大连市北甘井子区营城子镇前牧城驿村。为东汉时期砖室墓。1931 年发现，曾遭到日本帝国主义分子的破坏。墓室规模宏大，中间为主室，外罩一高大套室。套室外还有前室、后室和东侧室，各室相通，南面有墓道。彩色壁画绘于主室东、南、北三壁，北壁画墓主人升天图，东、南两壁画有流云、朱雀、怪兽、门卒。各种形象都用墨线勾勒，并加朱粉、赭红彩色，各尽其态，颇为生动。对研究当时贵族的生活状况和我国古代的绘画艺术都有重要价值。

营城县 隋开皇十六年（596）置，属齐州。治所在今山东济南市东。大业二年（606）废入章丘县。唐武德二年（619）复置，属谭州。八年（625）废入平陵县。《寰宇记》卷 19 历城县下引《述征记》：“历城到营城三十里。”

营前市 即今福建长乐市西营前镇。清时闽县县丞驻此。民国初改置县佐。

营前沙 在今上海市崇明县北。《方舆纪要》卷 24 太仓州崇明县：营前沙“为大江入海之砥柱。嘉靖三十六年倭寇登营前沙，官军败却之。其相接者曰山前沙。《海防考》：倭寇至营前而西，则江北淮阳，江南常镇，皆有冲突之虑。盖营前沙与海门县廖角嘴相对，海面约阔百五十里。倭寇入江，此为第一重门户。与狼、福互为声援”。

营前墟 即今江西兴国县东九十五里古龙冈镇南营前村。清同治《江西全省舆图》卷 9：赣州府兴国县东有营前汛。

营前镇 即今江西上犹县西北营前镇。清时有县丞驻此。

营浦县 秦置，属长沙郡。治所在今湖南道县东北东门乡。以在营水（今濂溪水）之浦得名。西汉属零陵郡。东晋为营阳郡治。南朝梁天监十四年（515）移治今道县西四十里营山下，为永阳郡治。隋开皇九年（589）改为永阳县。

营陵县 西汉置，为北海郡治。治所在今山东昌乐县东南五十里古城。东汉属北海国。晋属东莞郡，后属高密郡。北齐省。

营盘 即今陕西柞水县西北营盘镇。清光绪《皇朝中外一统舆图》：孝义厅（今柞水县）西北有营盘。

营盘镇 ①即今辽宁抚顺县东北五十五里营盘村。清光绪《奉天全省地舆图说图志》兴京图：东北有营盘。民国熊知白《东北县治纪要》辽宁省抚顺县：“县属营盘，距县市东八十里，新宾县西北七十里，位于苏子河与浑河之合流点。”

②在今辽宁葫芦岛市附近。民国《东北年鉴》北宁铁路图：连山站北有营盘站。

营盖场 清初置，为盐场。在今辽宁营口市东南二道沟。盐滩跨盖平、营口二县境，故名。初隶奉天府尹，光绪末始就场设局，民国设场知事。

营道山 在今湖南道县西北五十里。《方舆胜览》卷 24 道州：营道山“其始名曰营阳，又曰南营，又曰洪道”。《明一统志》卷 65 永州府：营道山“亦名龙山。状似蟠龙。……唐改曰弘道，至宋始改今名”。

营道县 西汉置，属零陵郡。治所在今湖南宁远县东南三十余里莽、巢两水口。东晋改属营阳郡。隋移治宁远县东南四十里泠道故城，属零陵郡。唐武德四年（621）移治今道县西四十里营山下，为营州治。五年（622）为南营州治。贞观八年（634）为道州治。天宝元年（742）改为弘道县，移治今道县。宋复名营道县，仍为道州治。元为道州路治。明洪武九年（1376）废入道州。

萦山 在今广西平乐县南。《元和志》卷37平乐县："萦山在县南一十里。山有木客。"《寰宇记》卷163平乐县："木客，郭仲产《湘州记》：平乐县萦山多曲竹，有木客形似小儿，歌哭行坐衣服不异于人，而能隐形。"《明一统志》卷84平乐府：萦山"山势萦回曲折，上有九峰，曰：高岩、羊栏、月岩、兜鍪、马鞍、跨镫、石旗、石剑、丫髻。险不可陟"。

萦溪水 即今广东乳源瑶族自治县北境之杨溪河。《方舆纪要》卷102乐昌县：萦溪水"在县南三十里。源出乳源县北境，东流四十里入于武水"。

萧 古国名。春秋时为宋国附庸。在今安徽萧县西北。《左传》：庄公十二年（前682），宋万弑闵公，"群公子奔萧"。鲁宣公十二年（前597）灭于楚。后迭为楚、宋之邑。《战国策·秦策四》："秦楚之构而不离，魏氏将出兵而攻留、方与、铚、胡陵、砀、萧、相，故宋必尽。"

萧山 ①在今浙江杭州市萧山区西。《汉书·地理志》会稽郡余暨县："萧山，潘水所出，东入海。"萧山县以此得名。

②在今河南内乡县东。《方舆纪要》卷51内乡县"熊耳山"条下："萧山在县东二十五里。上有萧王庙。光武初封萧王，因以名山。刁水所出。"

萧山市 1987年改萧山县置，治今浙江省杭州市萧山区城厢镇。2001年撤销，改设杭州市萧山区。

萧山县 唐天宝元年（742）改永兴县置，属会稽郡。治所即今浙江杭州市萧山区。《元和志》卷26萧山县："以县西一里萧山为名。"乾元元年（758）属越州。南宋属绍兴府。元属绍兴路。明、清时复属绍兴府。民国初属浙江会稽道。1927年直属浙江省。1987年改设萧山市。

萧马庄河 在今山东蒙阴县西。《方舆纪要》卷35蒙阴县：萧马庄河，"《志》云：河北流二十里，入莱芜县界合淄水"。

萧王庙市 即泉口市。今浙江奉化市西北十六里萧王庙镇。北宋庆历二年（1042）建萧王庙，祀县令萧世显，故名。

萧王寨 即今河南信阳市东北六十里萧王乡。清尹耕云《豫军纪略》卷4：同治元年（1862）九月，"进攻萧王寨"。

萧水 即今江西樟树市西南萧江。《方舆纪要》卷87临江府清江县：萧水"在府（治今临江镇）西五十里。源出栖梧山及府西之乌塘，合流而为萧水，绕城西北复东北流，经清江镇而入大江。中有萧滩，亦曰萧洲。今城西四里有萧洲桥城，东有萧滩驿，皆以此水名也"。

萧公城 在今湖北武汉市汉阳城区西。《舆地纪胜》卷79汉阳军：萧公城"在军城西五里。梁武帝所屯处"。

萧田镇 即今江西宁都县北萧田乡。明嘉靖《赣州府志》卷5宁都县有萧田市。清设萧田汛。道光《宁都直隶州志》卷4有萧田墟。

萧仙潭 在今江西萍乡市西八十里。《明一统志》卷57袁州府：萧仙潭"汇五溪之水。岸有石平坦，石下有泉。相传昔萧史尝休息于此"。

萧关 ①在今宁夏固原市东南。关中四关之一。襟带西凉，咽喉灵武，北面之险要。《汉书·匈奴传》：文帝十四年（前166），"匈奴单于十四万骑入朝那萧关，……烧回中宫，侯骑至雍甘泉"。又《武帝纪》：元封四年（前107），"通回中道，遂北出萧关，历独鹿，鸣泽，自代而归还"。魏晋南北朝时期，关中多故，萧关仍为南北交通要道。关于萧关的位置，《元和志》、《寰宇记》都说在固原东南三十里，但一说到具体的地点，向来是众说纷纭，莫衷一是。自鲁大勇等《宁夏历史地理考》提出萧关在瓦亭说在当地影响较大。近年兰州大学刘满教授又提出萧关在固原市东南彭阳县古城镇北任山河村一说，亦颇引人注意。1949年8月，中国人民解放军19兵团向固原进军，当地守军在任山河发生激战。《解放固原》一书记述了任山河一带的山川道路：黄峁山脉是固原东南部的天然屏障，山脉直向东南方向延伸、分支，在古城一带形成一条长达二十余里的山峡，山峡脚下有一条小河，山峡中间夹有一条自镇原通往固原的公路，任山河就在山峡的出口，它的东南面是一座1821米高的鹦哥嘴山峰，它的西北面是一座高1858米的罗家山，这两峰大山仿佛两座大铁门，又宛如一座张口的巨钳卡住了公路。自古以来这里形势险要，易守难攻，是兵家必争之地。这里才应是萧关之所在。司马迁《史记·匈奴列传》既有"朝那萧关"之说，说明萧关在秦汉时属朝那县，而秦汉时朝那县的治所正是在彭阳县的古城镇。任山河村在古城镇之北，与古城镇近在咫尺，这里当时属朝那县自然没有疑义。而瓦亭在秦汉时属乌氏县，并不属朝那县。再就与固原的里距而言，古城镇的任山河正是在固原东南三十里；而瓦城却偏处固原之南，距固原六十八里之遥，未免失之过远。刘满先生还就古代交通和地形进行了详细的考察，认为这里也地处交通要道，并以汉代班彪《北征赋》中所言，地理形势加以比对。《北征赋》所记，就是自萧关往高平（今固原）的一段道路由低向高爬升的山路。赋中在"吊尉印于朝那兮"之后。所言"隮高平而周览兮，望山谷之嵯峨"，正是与当地的地形地貌完全相符。所有这些都足以证明，萧关在彭阳县古城镇任山河一说，要比瓦亭说更加可信。

② 宋萧关。据《宋史·地理志》载：为北宋崇宁四年（1105）建，属怀德军。在葫芦河西十五里（即今宁夏海原县三河镇北清水河西高崖乡草场古城遗址）。而据《宋史·食货志》和《宋会要辑稿》，都说是元丰四年（1081）张大宁奏筑，宋神宗批付"早图之"。筑萧关城，是为了元丰四年的五路大军征西夏的军运，必在当年筑毕，绝不会拖至崇宁年间。

萧关县 唐神龙元年（705）改他楼县置，属原州。治所在今宁夏海原县（三河镇）北李旺镇北侧。《元和志》卷3：萧关县"因取萧关为名"。至德后设于吐蕃，大中间收复，置武州治此。后废。中和四年（884）侨治潘原县（今甘肃平凉市东南），为武州治。五代周显德五年（958）废入潘原县。

萧县　①秦置，属泗水郡。在今安徽萧县西北十里。西汉属沛郡。东汉属沛国。三国魏属谯郡。西晋又属沛国。南朝宋为沛郡治。北齐天保七年（556）改为承高县。隋开皇六年（586）更名龙城县，十八年（598）改为临沛县。大业初复名萧县，属彭城郡。唐属徐州。宋移故治南半里。明万历五年（1577）没于水，迁治于三台山之南，即今萧县。清属徐州府。民国初属江苏徐海道。1928年直属江苏省。1955年划归安徽省。

②北魏侨置，属汴郡。治所在今安徽怀远县西藕塘村。后废。

③北魏延昌中侨置，属沛郡。治所在虞城（今河南虞城县北二十二里李老家乡附近）。北齐废。

萧垅　即今台湾省台南市东北大内乡东北之头社村。原为高山族平埔人萧垅社。连横《台湾通史·开辟纪》：南明弘光元年（1645），“台湾领事集归化土番之长老，设评议会”，其时归化番社中有“萧垅社”。同书《经营纪》又载：清康熙五十四年（1715），“诸罗县之熟番萧垅等三十四社，数十余年，仰邀圣泽，俱各民安物阜，俗易风移”。

萧旺庄寨　即今山东青岛市崂山区东北晓望。《方舆纪要》卷36即墨县：萧旺庄寨“在县东南五十里。与金家岭寨俱筑戍守”。

萧金镇　即今甘肃庆阳市西峰区南萧金镇。北宋置萧镇于此。

萧鱼　春秋郑邑。在今河南原阳县西南。《春秋》：襄公十一年（前562），公会晋侯等伐郑，“会于萧鱼”。即此。

萧店　即今河南信阳市东北七十八里萧店乡。清尹耕云《豫军纪略》卷1：咸丰三年（1853）六月，太平军与清军“战于萧店”。

萧城　①在今安徽萧县西北。《魏书·地形志》：萧“有萧城”。《梁书·兰钦传》：大通元年（527），“攻魏萧城，拔之”。即此。

②在今山东冠县北馆陶东南五里。《清一统志·东昌府二》：萧城“宋景德元年，辽萧后兵至澶渊，筑城于此。亦谓之歇马城”。

萧帝岩　在今江西会昌县南。《舆地纪胜》卷32赣州：萧帝岩，“《图经》云：昔梁武帝读书于此；又云，齐武帝为赣县令，非读书于此也”。《清一统志·赣州府一》：萧帝岩“在会昌县南一百里。一名佛图岩。状如狮伏而张口，中虚可容百余人。相传齐武帝为赣令时，尝避难于此”。

萧峰　又称紫霄峰，亦称萧史峰。在今江西新建县与南昌市湾里区梅峰之间。相传春秋时秦穆公婿萧史与秦女弄玉在此吹箫引凤处。《水经·赣水注》：洪崖“西有鸾冈，洪崖先生乘鸾所憩泊也。冈西有鹄岭，云王子乔控鹄所径处也。有二崖，号曰大萧、小萧，言萧史所游萃处也”。

萧家场　即今重庆市合川区东北萧家镇。清光绪《岳池县志》卷3：萧家场“离城九十里”。清魏源《圣武记》卷10：清嘉庆五年（1800），清军又败白莲教义军于“岳池之萧家场”。

萧家岛关　明置，属金州卫。即今辽宁庄河市西南后萧家泊子。《明史·地理志》金州卫：“东北有萧家岛，有关。”即此。《方舆纪要》卷37金州卫：萧家岛“在卫东北百五十里，有萧家岛关，驻兵戍守”。

萧家堰集　即今湖北南漳县南六十六里萧堰镇。清光绪《湖北全省分图》：南漳县南有萧家堰集。

萧家溪场　即今四川广安市东北萧溪镇。清宣统《广安州新志》卷9：萧家溪场“旧名龙凤，州东北百二十里。地面渠江，北界渠县。近市十里隋唐之冲相寺在焉”。

萧婆镇　清置，属湘阴县。在今湖南湘阴县北五十里。北濒洞庭湖。

萧绩墓　在今江苏句容市西石狮村西北十里。萧绩是南朝梁武帝萧衍第四子，死于中大通元年（529）。墓前遗存石兽和石柱各一对。石兽凶猛健美。二石柱高6米余，柱础刻二龙衔珠图案，上立二十四道瓜棱形的神道石柱，瓜柱尽处上刻蟠螭图案，再上是石额，上刻“梁故侍中将军开府仪同三司南康简王之神道”，是六朝陵墓最大的石刻之一。1996年定为全国重点文物保护单位。

萧然山　在今山东莱芜市西北六十里，为泰山东麓。《史记·孝武本纪》：汉武帝封泰山，下阴道，“禅泰山下阯东北肃然山”。《集解》：“服虔曰：‘萧然，山名，在梁父。’”《元丰九域志》卷1：莱芜县有“萧然山”。今讹为宿岩山。

萧塘镇　即今上海市奉贤区北十里萧塘镇。清光绪《奉贤县志》卷1：“萧塘旧名秦塘，距治（今奉城镇）四十里，后有萧姓居此，渐成市集，遂改今名。”清末太平军曾于此抗击洋枪队。

萧滩驿　在今江西樟树市西南。明《寰宇通志》卷37临江府：萧滩驿“在府治（今临江镇）东。旧名临江驿，洪武间改今名”。《方舆纪要》卷87临江府清江县：萧滩驿“旧在府城（今临江镇）东南万胜门外，万历中，迁于城东北广济门外”。清时裁。

萧镇　北宋置，属彭原县。即今甘肃庆阳市西峰区南萧金镇。金属彭阳县。

萧憺墓　在今江苏南京市东北栖霞区甘家巷西南。萧憺（478—522）字僧达，南朝梁文帝第十一子，封始兴忠武王。墓前现有石辟邪二、石碑一、龟趺一。石辟邪是用整块巨石雕成，昂首挺胸，矫健有力，造型生动。石碑身高4.45米，龟趺高1.16米，通高5.16米。碑额题“梁故侍中司徒骠骑将军始兴忠武王之碑”。碑文长二千八百余字，多能通读，是唯一可以辨识碑文的一块南朝陵墓碑。萧憺墓附近还有萧秀、萧恢、萧景等萧梁皇族墓。南京南朝陵墓石刻1988年定为全国重点文物保护单位。

菉葭浜镇 又名陆家浜镇。即今江苏昆山市东南二十四里陆家镇。清时有千总驻守。据清诸世器著《菉溪志》载："菉葭浜一名陆家浜，一说以（陆）平原后裔居此得名；一说以地产葭苇，其色绝绿，可充箫管之用得名。"

菰城 在今浙江湖州市南十五里下菰城。《寰宇记》卷94引《吴兴记》："春申君黄歇于吴墟西南立菰城县"，以泽多菰草而得名。秦灭楚，改为乌程县。东晋义熙元年（405）移治今湖州市。北宋太平兴国七年（982）分置归安县。故又为归安县或乌程县的别称。清归安县人慎朝正号菰城居士。

菰首桥 又名走马桥。故址在今江苏南京市东青溪上。为青溪七桥之一。《资治通鉴》：南朝梁太清三年（549），高州刺史李迁仕等援台城，"众军营于青溪之东，迁仕、文皎帅锐卒五千独进深入，所向披靡。至菰首桥东，景将宋子仙伏兵击之，文皎残死，迁仕遁还"。即此。

萨木达博木关 即三大偏关。今西藏比如县东南桑达本贡。清乾隆《西域同文志》卷18载："西番（藏）语：萨木，谓地。达，边也。博木，道士也。关，观也。地居边境，有道观，故名。"

萨木坦冈札山 又作塔空巴日。即今西藏那曲县西南一百八十里桑丹康桑。《清一统志·西藏》载：萨木坦冈札山"在蓬多城东北一百八十里"。

萨木秧寺 一作桑鸢寺。即今西藏扎囊县东北桑伊寺。清乾隆《卫藏通志》卷6："萨木秧寺俗称桑鸢寺。"

萨历萨莱 元察合台汗国属地。在今塔吉克斯坦杜尚别东南喷赤河北岸。

萨比泽 即今新疆若羌县东南阿牙克库木湖。《隋书·地理志》：且末郡有萨毗泽。

萨瓦布齐山 在今新疆温宿县北。清乾隆《西域图志》卷21：萨瓦布齐鄂拉在"图斯库勒南，阿克苏北。库克墨尔根郭勒发源南麓"。

萨末鞬国 即康国。都城在今乌兹别克斯坦撒马尔罕北七里。《新唐书·西域传》：康国"一曰萨末鞬，亦曰飒秣建"。

萨末鞬城 即今乌兹别克斯坦撒马尔罕城。唐永徽间置康居都督府治此。

萨尔布屯 清初于明撒儿忽卫置，属宁古塔将军。在今俄罗斯哈巴罗夫斯克边疆区黑龙江下游撒儿布湖畔。康熙《皇舆全览图》：黑龙江下游巴拉儿河口附近有"萨拉库噶山"。后属三姓副都统。光绪《吉林通志》卷17：混同江南岸，东至海滨旧设噶珊有"萨尔布"。清咸丰年间被俄割占。

萨尔哈布齐海河 即今青海兴海县南曲石安河。《清史稿·地理志》青海：穆鲁乌苏河"源出索诺木达什岭，北流四十余里，折东北，合南来之密喇河，北来之萨尔哈卜齐海、阿尔昂诸水，东流入黄河"。

萨尔浒山 在今辽宁抚顺市东三十余里大伙房水库东南隅。明万历四十七年（1619）后金与明军大战于此，努尔哈赤大败杜松等三路大军，史称萨尔浒大战。《清一统志·兴京》：萨尔浒山"在城西一百二十里。天命四年，太祖高皇帝大破明师于此山之下。乾隆四十八年，敬镌御制萨尔浒山事，勒石山上"。

萨尔浒城 后金努尔哈赤筑。在今辽宁抚顺县东萨尔浒山下。《清史稿·太祖纪》：天命五年（1620），"自界凡迁于萨尔浒"。

萨伊河 亦作萨衣河。即今俄罗斯萨哈林岛（库页岛）东北流入海之阿斯卡赛河。清康熙《皇舆全览图》：库页岛北部东海岸有"萨衣河"。光绪《吉林通志》卷23库页岛之水："萨依河，出图克苏呼山东南麓，两源合，径萨伊噶珊南，东流入海。"

萨伊噶珊 亦作萨衣。在今俄罗斯萨哈林岛（库页岛）上阿斯卡赛河口北岸。清初属宁古塔将军。康熙《皇舆全览图》：库页岛东岸有"萨衣噶山"。光绪《吉林通志》卷17：库页岛上旧设噶珊有"萨伊"。咸丰年间通过不平等的中俄《北京条约》被俄割占。

萨州 亦作薛州。唐仪凤二年（677）置，治所在今四川珙县（巡场镇）南下罗乡（老堡场）。辖境相当今四川珙县南部地。先天二年（713）降为羁縻州。天宝元年（742）改为黄池郡，乾元元年（758）复为萨州，属泸州都督府。北宋属泸州，熙宁后废。

萨玛吉河 即今辽宁凤城市东北八道河。为叆河支流。《清一统志·奉天府一》"叆河"条下："又凤凰城北三十里，有萨玛吉河，源出黄波罗峪，……东流入叆河。"

萨里山 在今哈萨克斯坦东北境斋桑东南。《清一统志·塔尔巴哈台》：萨里山"在塔尔巴哈台东南，鄂尔和楚克山东一百里，南临沙碛"。清徐松《西域水道记》卷5："俄依河发自萨里山阴。"

萨里川 地区名。金代蒙古部居地，元太祖初兴的重要营盘。在今蒙古国克鲁伦河上游之西、肯特山之南。《元史·太祖纪》：太祖"崩于萨里川哈老徒之行宫"。同书四见此名，皆误作"萨里河"。按《元朝秘史》作撒阿里·客额儿。"客额儿"意为"原野"、"平川"，非河。《元史·明宗纪》、明金幼孜《后北征录》、罗洪先《广舆图》均作撒里怯儿。

萨里克河 即今内蒙古克什克腾旗西南萨岭河。《清一统志·克什克腾》：萨里克河"在旗（旧驻地在今克什克腾旗东南瑞芝乡）西四十里。源出乌素图杜尔宾山，东北流，入潢河（西拉木伦河）"。

萨里河 亦作萨里川、萨阿里客额儿。在今蒙古国乌兰巴托东南，克鲁伦河上游之西。《元史·太祖纪》："时帝麾下搠只别居萨里河。札木合部人秃台察儿居玉律哥泉，时欲相侵凌，掠萨里河牧马以去。"

萨库里站 亦作沙克哩。俗名二道河子站。清吉林将军境内北路驿站之一。在今黑龙江省哈尔滨市阿城区南二十二里。光绪《吉林通志》卷57：萨库哩"在拉林多欢站东七十里，北二十二里至阿勒楚喀城"。

萨纳珠山 在今新疆皮山县东南。《清一统志·叶尔羌》：萨纳珠山"在叶尔羌东南，萨纳珠东南，自英额齐盘至此，东西延亘，为叶尔羌南境诸山，皆由葱岭分支，东南行六百余里，接和阗南境"。

萨拉乌苏河 又名红柳河、无定河。即今内蒙古乌审旗南之无定河。20世纪20年代初，在大湾沟发现古人类化石，距今三万五千年，称为"河套人"。50—80年代又在此地区发现人骨化石，定为"萨拉乌苏文化"。

萨拉乌苏遗址 在今内蒙古鄂尔多斯市乌审旗南萨拉乌苏河两岸，北起曲家沟湾南到清水河湾，绵延20余公里，有九个地点。先后出土四百余件石制品，人类化石二十余件。最早于1922年发现的一枚小孩门齿，被称为河套人。还出土脊椎动物化石包括哺乳类及鸟类等四十五种。时代距今3.5万年左右。萨拉乌苏遗址丰富的石制品与人类化石为研究中国及东亚地区晚期智人及其文化的发展提供了非常珍贵的资料，连续的地层剖面与丰富的脊椎动物化石已成为复原当时人类生存环境的重要依据。2001年定为全国重点文物保护单位。

萨拉吉克乌梁海旗 清康熙间置，属唐努乌梁海部。旗府驻地在今哈萨克斯坦克孜尔—奥尔达州巴耳加津一带。

萨拉齐厅 清乾隆二十五年（1760）置，属山西省。治所即今内蒙古土默特右旗。1912年改萨拉齐县。"萨拉齐"，蒙古语意为"务奶食者"。因曾为美岱召的奶食供应地，故名。

萨拉齐县 1912年改萨拉齐厅置，属山西省。治所即今内蒙古土默特右旗（萨拉齐镇）。1914年属绥远特别区绥远道。1928年属绥远省。1954年属内蒙古自治区。1958年撤销，并入土默特旗及包头市。

萨迦 即今西藏萨迦县。以萨迦寺而得名。元代设萨迦宗。《汉藏史集》上册208页载元代"当桑哥受命管宣政院之时，上师前往萨迦"。即此。原西藏地方政府设萨迦宗，1960年与色仁孜合并设萨迦县。

萨迦寺 在今西藏萨迦县北仲曲河两岸。"萨迦"，藏语意为灰白土。因城北山上有一片灰色的岩石，风化为土状。"萨"藏语意为土。"迦"意为灰色，故名。寺庙具有元代建筑风格，寺内存有大量文物、图书，被誉为第二敦煌。北宋熙宁六年（1073）由藏传佛教萨迦派（花教）创始人衮却杰布创建，后屡经增建。分南北两寺，北寺已毁，南寺保存较完整，富有元代建筑风格。主体建筑为大经堂，面积约5700余平方米。还有大殿、萨迦地方政权办公楼和萨迦法王居室殿堂，均为元代建筑。1961年定为全国重点文物保护单位。

萨哈连山 在今俄罗斯滨海边疆区乌苏里江支流伊曼河与瓦库河会流处之北。清齐召南《水道提纲》卷25："泥满河西经萨哈连山之南，又西北经噶山南，而阿库里自东南来会，又西入乌苏里江。"

萨哈连乌喇 即黑龙江。在今黑龙江省北及俄罗斯境内。清何秋涛《朔方备乘》卷24："黑龙江，满洲语曰萨哈连乌喇。萨哈连谓黑，乌喇谓江也。"

萨哈连窝集 在今俄罗斯滨海边疆区东北萨尔马加河上游。《清一统志·吉林一》"岳塞河"条下："鄂伦河，在（宁古塔）城东二千五十八里。源出萨哈连窝集。"即此。

萨哈亮山 即今吉林东辽县东、东丰县西北界山萨哈岭。为松花江支流辉发河与辽河上游东辽河（克尔素河）之分水岭。

萨贺水 一作薛贺水。即今辽宁丹东市西南赵家沟河。《新唐书·高丽传》：总章元年（668），"（泉）男建以兵五万袭扶余，（李）勣破之萨贺水上"。即此。

萨勒图 或作萨尔图。即今黑龙江省大庆市。《清史稿·地理志》安达直隶厅："有烟土屯、小河子、喇嘛甸、萨勒图、安达五车站。"1965年安达市迁治于此，改名大庆市。

萨斯迦 元代对萨迦的异称，在今西藏萨迦县。《元史·释老传》称："帝师八思巴者，土番萨斯迦人。"其地有萨迦北寺，为藏传佛教萨迦教派（花教）祖寺。

萨噶宗 即萨噶。原西藏地方政府设，治所即今西藏萨嘎县。1960年始设萨噶县。1976年改为萨嘎县。

萨噶部 在今西藏萨嘎县境。《清一统志·西藏》附属部落：萨噶部落"在日喀则城西南八百三里"。为日喀则通往阿里的必经之路。"萨嘎"，藏语意为可爱之地。后设萨噶宗。

萨噶藏布河 即今西藏萨嘎县西之加塔藏布。源出拉布池，西南流，折而南流，入于雅鲁藏布江。清乾隆《卫藏通志》卷3《山川》：萨噶藏布河"水在萨噶部落东南，源出东北拉布池，池水泛滥伏流复出西南曲曲流……折东南流，曰萨噶藏布河。又东，入藏布江"。

萨摩陂 在今河北沧县北。《元和志》卷18沧州长芦县：萨摩陂"在县北十五里。周回五十里。有蒲鱼之利"。

萨穆尼河 在今俄罗斯哈巴罗夫斯克边疆区黑龙江下游西侧。为阿姆贡河的支流。《清一统志·吉林一》"兴衮河"条下："萨穆尼河，在（宁古塔）城东北三千余里。源出九文山，俱南流入兴衮河。"

菑川国 即甾川国。西汉文帝十六年（前164）分临淄郡东部置，封齐悼王子贤为菑川王，都剧县（今山东寿光市南三十里)。封域较大，北濒勃海，南至今临朐县。景帝三年（前154）因参加七国叛乱，贤被诛，徙济北王志为菑川王。封域缩小，至元延中，仅辖今山东青州市东北部及昌乐县、寿光市西部地。东汉建武十三年（37）并入北海国。

菑水　即淄水。在今山东中北部。《周礼·职方》幽州："其浸菑、时。"《史记·河渠书》云：禹治水之后，"于齐，则通菑、济之间"。

菑丘县　东汉改甾丘县置，属彭城国。治所在今安徽宿州市东北六十六里支（甾）河乡城孜集。三国魏废。

董阴　春秋晋地。在今山西临猗县东。《左传》：文公七年（前620），晋御秦，"赵盾为中将，先克佐之；荀林父佐上军；先蔑将下军，先都佐之。步招御戎，戎津为右。及董阴"。又八年，"先克夺蒯得田于董阴"。皆此。

勒上市　即今江西浮梁县北勒功乡。《明史·地理志》浮梁县："西北有桃树镇巡检司，后迁县东北勒上市。"

勒马山　①即今河北迁西县西北四十里烈马峪。《方舆纪要》卷17迁安县：勒马山"在县北百七十里滦河之阴。万历中，帅臣戚继光改名寿星山。东有五老台、莲花峰，西有平台，昔人避兵寨也"。

②一名文笔山。在今广西柳城县南。《明一统志》卷83柳州府：勒马山"在柳城县（今凤山镇）北五里。其形曲转如勒马状"。《方舆纪要》卷109柳城县："《志》云，县旧治在山下。一名文笔山。"

勒马集　即今河南商丘市西南勒马乡。明嘉靖《归德州志》卷1《村镇》：勒马集在"州西南五十里"。

勒马寨　在今广西桂平市西北一百里。《方舆纪要》卷108桂平县：勒马寨，"成化二年，韩雍平大藤峡，议移周冲巡检司于勒马滩，即此"。

勒乌围　在今四川金川县东勒乌乡。为清代金川土司重要根据地。清乾隆四十年（1775），征金川，攻破勒乌围，莎罗奔遁噶尔崖。事定。有御制平定金川勒铭勒乌围之碑。设重兵驻防于此。

勒巴沟摩崖　在今青海玉树县（结古镇）东南巴塘乡勒巴沟口，贝大日如来佛石窟寺东北。岩刻画有佛、菩萨、飞天、瑞兽等。主佛释迦牟尼，身着圆领袈身衣，庄重安详。菩萨身饰瓔珞，结跏趺坐。飞天身披帛巾，翩翩起舞。从凿雕风格、人物衣着分析，应为唐代作品，保存完好。2006年与贝大日如来佛石窟寺（即俗称的文成公主庙）一起定为全国重点文物保护单位。

勒布什河　即今哈萨克斯坦塔尔迪库尔干东北，巴尔喀什湖东南列普瑟河。清徐松《西域水道记》卷4：勒布什河"河出萨尔巴克图河北岸库克托木岭之阴，其阳即库克托木水所发也。勒布什河西北流……入（巴勒喀什）淖尔"。

勒且溪水　今青海平安县南沙沟河。东汉时为勒姐羌居处。《水经·河水注》："湟水又东，勒且溪水注之。水出县东南勒且溪，北流径安夷城东，而北入湟水。湟水有勒且之名，疑即此号也。"

勒达克　在今西藏巴青县西北仓来一带。为藏北三十九族之一。见清乾隆《西藏志·外番》。

勒竹镇　亦作簕竹。即今广西苍梧县西北勒竹村。接昭平县界。清光绪《广西舆地全图》苍梧县图：西北有簕竹汛

勒汲河　在今云南宁蒗彝族自治县西北永宁乡北。《明一统志》卷87永宁府：勒汲河"源出西番，流经府治（今永宁乡）北，东入盐井卫界"。

勒舍长官司　元置，属思州安抚司。治所在今贵州万山特区东。寻废入大万山司。

勒河　又作沁河。在今俄罗斯哈巴罗夫斯克边疆区乌苏里江下游。清《乾隆内府舆图》作"勒必拉"河齐召南《水道提纲》卷25：乌苏里江与和洛河相会后，"又西北流百余里，经噶山三，又有沁河自东南来注之"。即此。

勒姐岭　一作勒且岭。在今青海乐都县西。《晋书·沮渠蒙逊载记》：东晋义熙十一年（415），乞伏炽磐"遣将王衡、折斐、麴景等率骑一万据勒姐岭，蒙逊且战且前，大破之"。即此。

勒科尔乌兰托布逊山　在今青海、新疆二省区界上，为昆仑山脉之中支。北脉东延为巴颜哈拉得里奔山、巴颜喀喇山。南达西藏与唐古拉山相连。山上四季积雪。《清史稿·地理志》：青海有"勒科尔乌兰达布逊山"。

勒都簇长官司　明洪武十四年（1381）置，属松潘卫。治所在今四川松潘县境。《明史·陈怀传》："宣德六年，松潘勒都、北定诸族暨空郎、龙溪诸寨番复叛。怀遣兵战败，指挥安宁等死者三百余人。"后废。

勒流墟　一作勒楼堡。即今广东佛山市顺德区西北勒流镇。清咸丰《顺德县志》卷5：墟市有"勒流堡"。

勒得山　当今内蒙古扎鲁特旗西北之罕山。《辽史·地理志》头下军州："宁州，本大贺氏勒得山。"大贺氏勒得王墓在此。

勒富岛　即今俄罗斯滨海边疆区海参崴南大彼得湾中之鲁斯基岛。清光绪《吉林通志》卷19：勒富岛在"珲春东南，距吉林城二千一百里，宁古塔城八百八十四里"。

勒富河　在今俄罗斯滨海边疆区兴凯湖南。《清一统志·吉林一》：勒富河"在宁古塔城东南七百九十里。源出扎哈哩冈，西北流，折东北，入兴凯湖"。

勒富善河　在吉林敦化市境，即今牡丹江上源。《清一统志·吉林一》：勒富善河"在（吉林）城东南五百八十里，源出勒富善冈，东北流径宁古塔境，入毕尔腾湖"。

黄　①西周封国，嬴姓。在今河南潢川县西北十二

里隆古乡。《左传》：桓公八年（前704）夏，“楚子合诸侯于沈鹿，黄、随不会，使薳章让黄”。又，僖公十二年（前648），“黄人恃诸侯之睦于齐也，不共楚职，曰：‘自郢及我九百里，焉能害我？’夏，楚灭黄”。《水经·淮水注》：“柴水又东径黄城西，故弋阳县也。”今故城遗址尚存。

②春秋时齐邑。《春秋》：桓公十七年（前695），“公会齐侯、纪侯盟于黄”。又，宣公八年（前601），“公子遂如齐，至黄乃复”。可见，此黄为由鲁至齐所经之地。《水经·瓠子河注》：昌国县有黄山、黄阜。或即《春秋》黄之故地。其地当在今山东淄博市淄川城东北。

③春秋宋邑。在今河南民权县东六十二里孔梁寺村。《左传》：隐公元年（前722），“惠公之季年，败宋师于黄”。杜注：“黄，宋邑。陈留外黄县东有黄城。”战国时为魏邑。

④战国魏邑。在今山东冠县南十里。《史记·赵世家》：赵肃侯十七年（前333），“围魏黄，不克”。即此。

黄卜峒　在今湖南新宁县西南。《清一统志·宝庆府二》载：麻林峒、深冲峒、罗绕峒、黄卜峒、桃盆峒、茶冲峒、圳源洞、大绢峒等“八峒皆瑶峒，以熟瑶为峒长，约束诸瑶”。清道光二十七年（1847）天地会首领瑶民雷再浩组织八峒汉瑶贫苦农民在黄卜峒起义。

黄三坑砦　在今广东新兴县西。《方舆纪要》卷101肇庆府新兴县：黄三坑砦“在县西。瑶巢也。《志》云，县境诸瑶山，凡数十处，而黄三坑、铁场、石人背等山巢，皆在县西。嘉靖三十七年，督臣王钫以德庆、泷水、阳春、高要、高明、新兴、恩平连界，黄三坑、铁场、石人背、山枣坪诸贼巢盘踞万山中，岩谷险峻，林箐丛密。贼首盘永贤等恃险肆恶，乃议征剿”。

黄土山　在今河北满城县北十里。《方舆纪要》卷12满城县：黄土山，“山顶平旷可居。石中有泉。昔人避兵于此，亦名黄土寨”。

黄土冈　在今江苏盱眙县西北。《新唐书·地理志》泗州盱眙县：“有直河，太极元年，敕使魏景清引淮水至黄土冈，以通扬州。”《寰宇记》卷16泗州盱眙县：“新开直河在县城西北六十步县郭内。其淮河决开至黄土冈。”

黄土冈镇　即今湖北麻城市北四十六里黄土岗镇。民国《湖北通志》卷73《兵事》：清同治二年（1863）二月，“参将王允昌御贼阴山畈，军败，退黄土冈”。

黄土场　即今四川安县（花荄镇）西北黄土镇。清嘉庆《安县志》卷11：黄土场在“城东二十里”。

黄土关　①又称黄土隘、黄土寨。即今福建邵武市西南黄土关。《清一统志·邵武府》：黄土隘“在邵武县西南一百二十里黄土岭。亦曰黄土关。即古黄土银场也”。

②一作黄土岭关。在今河南新县南。《金史·仆散安贞传》：兴定五年（1221）伐宋，“宋黄统制团兵五千保黄土关。关绝险，素有备，坚壁不出。安贞遣轻兵分为左右军潜登，别以兵三千直逼关门。翌日，左右军会于山颠，俯瞰关内，宋人守关者望之，骇愕不能立。中军急攻，宋兵溃，遂夺黄土关”。

③在今河南信阳市西南。《方舆纪要》卷50信阳州：黄土关“东接三关，为首尾相顾之地”。

④在今湖北广水市北。《方舆纪要》卷77应山县：黄土关在“县北百里，东北至信阳州六十里”。

⑤在今湖北麻城市北。《明史·地理志》：麻城县“北有黄土关”。《清一统志·黄州府》：黄土关“在麻城县北九十里。接河南光州光山县界”。

黄土坎　在今河北围场满族蒙古族自治县南四十里黄土坎乡。清于此建行宫。《清一统志·承德府一》：黄土坎行宫“在承德府治北，钓鱼台北十七里。康熙五十六年建。……宫之北有赛音河，会入固都尔呼河”。

黄土坎镇　即今辽宁东港市西黄土坎镇。清光绪《奉天全省地舆图说图志》凤凰直隶厅图：西南有黄土坎。

黄土坑营　在今广东英德市西南。《清一统志·韶州府》“高桥营”条：黄土坑营“在县西南江东南岸，均防江要地”。

黄土县　西魏置，属淯阳郡。治所在今陕西旬阳县东汉江南岸。北周保定三年（563）移治今旬阳县东北蜀河镇，属甲郡。唐属金州。天宝元年（742）改名淯阳县。

黄土坡　①在今北京市房山区西南琉璃镇黄土坡村。1981—1986年在此发掘西周时期燕国墓葬二百余座，车马坑三十余座，共出土各类器物数千件。其中青铜礼器一百余件，多有铭文。铜罍、铜盉有长篇铭文，属于西周初期一代“匽侯”之重器。原始青瓷器、象牙梳、漆罍等都是工艺高超的珍品。

②在今湖南凤凰县北十一里。清严如熤《苗疆险要考》：黄土坡“两山夹峙，下临田垅……左行里许即花苟田，为旧时汛地”。

③在今贵州都匀市南。《方舆纪要》卷121都匀府、都匀司：“黄土坡在司境。苗砦也。（明）弘治三年，黄土坡夷王和等作乱，官军讨平之。”

黄土岸桥　在今江苏常州市武进区西南。《方舆纪要》卷25常州府武进县：黄土岸桥“在府西南八十里，西蠡河支流西出处。其地南通溧阳市，西接金坛。元置黄土巡司，寻又建桥于此，亦控守处也”。

黄土岭　①在今河北易县西南九十里。《方舆纪要》卷12易州：黄土岭“路达山西广昌县。今置城设兵于此，防御要害”。

②在今河北涞源县东南。1939年11月，日军阿部规秀中将亲率一千五百余人，出动数百辆卡车，侵占黄土岭地区。八路军在黄土岭、司各庄一带设伏，

将日军团团围住，经一昼夜激战，歼灭日军九百余人，击毙阿部规秀，取得了反“扫荡”的重大胜利。日本东京一家报纸以《名将之花，凋谢在太行山上》为标题，报道这一消息时说：“自从皇军成立以来，中将级将官牺牲，是没有先例的。”

③在今江西遂川县西南二十五里。《方舆纪要》卷87吉安府龙泉县“峨岭”条下：黄土岭“峻峭回环，土色皆黄。由麓至岭九折而上”。《清一统志·吉安府一》：黄土岭“元季常于隘处置关，遗址尚存”。

④在今江西宜黄县南。《方舆纪要》卷86抚州府宜黄县：黄土岭在“县南九十五里。又南接宁都县界，黄水源出于此”。

⑤在今广东兴宁市西南。《方舆纪要》卷103兴宁县：黄土岭在“县西十五里。高五十丈，与长乐县分界。《志》云：黄土岭地名麻头，过此即长乐县之董源车塘隘”。

黄土岭关　即黄土关。在今河南新县南。旧属光山县。《方舆纪要》卷50光山县“白沙关”条：黄土岭关“在县西南百二十里”。《明史·地理志》光山县：“西南又有白沙、土门、斗木岭、黄土岭、修善冲等五关。与湖广麻城县界。”

黄土岭隘　在今广东乐昌市东。《方舆纪要》卷102乐昌县：黄土岭隘“在县东三十里，路通仁化县”。《清一统志·韶州府》：黄土岭隘，“明初置高胜巡司防守，万历中裁”。

黄土郡　北周保定二年（562）置，治所在黄土县（今陕西旬阳县东汉江南岸）。三年（563）废。

黄土银场　北宋置，属邵武县。在今福建邵武市西南黄土关。《清一统志·邵武府》：黄土隘“在邵武县西南一百二十里黄土岭。亦曰黄土关。即古黄土银场也。元置黄土寨巡司”。

黄土梁镇　即今河北平泉县北五十里黄土梁子镇。清道光《承德府志》卷7平泉州：南境“黄土梁，在会州城南六里”。

黄土铺　在今四川茂县境。《方舆纪要》卷67威州：黄土铺“在州东北百里。宣德二年，松潘蛮攻围城堡，官军讨之，至黄土铺失利，松茂之道遂绝。即此”。

黄土铺口　在今河北阜平县西。《方舆纪要》卷14阜平县：黄土铺口“在龙泉西南三里，其北有印钞、石湖、入沟等口。其南有簥竿岭、盘道岭、旧路岭、新路沟等口，皆宏治、嘉靖间建城置戍”。

黄土堡　在今山西右玉县北二十里黄土坡村。《方舆纪要》卷44大同府：黄土堡“嘉靖三十七年筑，万历十六年增修，周一里有奇。堡地势平衍，寇骑易于蹂躏”。

黄土街　又名黄冈铺。即今江西樟树市西南黄土岗镇。《方舆纪要》卷87临江府清江县“太平市”条下：黄土市“今为戍守处”。

黄土塘镇　即今江苏无锡市锡山区东北东清河畔黄土塘村。明弘治《无锡县志》卷2：“东：六十都有黄土。”民国《江苏六十一县志》：无锡县东北有“黄土塘镇”。

黄土寨　①南宋庆元二年（1196）置，属将乐县。在今福建将乐县南。元废。明洪武元年（1368）复置，十三年（1380）又废。

②一名黄土关、黄土隘。即今福建邵武市西南黄土关。路通江西广昌、南丰二县，为戍守要地。《明史·陈友定传》：元至正十九年（1359），“陈友谅遣其将邓克明攻邵武，陈友定大破之于黄土”，即此。

黄大岙山　在今浙江洞头县北大门岛黄岙镇东北。海拔392米。清光绪《玉环厅志》卷1：黄大岙山“夏秋时海蜇旺生，商贩云集于环山诸埠”。

黄口滩　在今安徽寿县西南淮河中。《宋史·宁宗纪》：南宋嘉定十一年（1218），“十一月壬申，金人攻安丰军之黄口滩”。即此。

黄巾固城　在今山东章丘市西北水寨镇。《水经·济水注》：百脉水“北径黄巾固，盖贼所屯，故固得名焉”。《资治通鉴》：东晋太元十三年（388），“燕青州刺史陈留王绍为平原太守辟闾浑所逼，退屯黄巾固”。胡三省注：“汉末黄巾保聚于其地，因以为名。齐人谓垒堡为固。”

黄巾寨　在今山东阳信县东南二十五里。《方舆纪要》卷31阳信县“桑落墅”条下：黄巾寨，“相传汉末黄巾屯聚处”。

黄山　①在今河北迁西县东南二十里。横亘十余里，峻险可避兵。《魏书·地形志》：辽西郡肥如县有“黄山”。又《高宗纪》：太安三年（457），将东巡，诏“起行宫于辽西黄山”。明年，“行幸广宁温泉宫，遂东巡平州。庚午，至于辽西黄山宫”。

②在今河北卢龙县东北六十里。《方舆纪要》卷17卢龙县“桃林山”条下载：“《志》云，桃林关城东百余步，有山高三里许，悬岩耸峙，日照之色黄如金，或以为黄山也。自此以东，斥堠相次，皆依山为险。”

③在今内蒙古阿鲁科尔沁旗西北。《清一统志·阿噜科尔沁》：黄山“在旗西北九十里。蒙古名西喇温都尔”。

④在今辽宁开原市东北。明《全辽志》卷1：黄山在“城（开原老城）东北十五里”。

⑤在今辽宁铁岭县西南。《方舆纪要》卷37铁岭卫：黄山“在卫西南五十里”。

⑥在今江苏苏州市西南。《隋书·地理志》：吴郡吴县有黄山。《隋书·刘元进传》：隋大业九年（613），刘元进作乱，为吐万绪所败，“保于黄山”。明王鏊《姑苏志》卷8：黄山“诸峰高下相连，俗称笔格山”。

⑦在今江苏江阴市东北六里。《舆地纪胜》卷9江阴军：黄山在“县北六里。以春申之姓而名之。其峰为席帽。《舆地志》云：上有石室，吴时烽火之所”。

⑧在今江苏常州市武进区西北七十里孟河东。

《方舆纪要》卷25常州府金坛县：黄山“俯瞰大江，山东北有小山入江，谓之吴尾，以群山皆自西来，至此而尽也。《志》云，江北六里，亦有黄山，俱因春申君而名。上有石室，杨吴时置烽火之所，今曰黄山门，为江防津要”。

⑨在今江苏徐州市铜山区南。《魏书·地形志中》：彭城郡彭城县有黄山。《清一统志·徐州府一》：黄山“在铜山县南二十里。每岁此山之麦先黄，土人称为黄焦山”。

⑩在今浙江杭州市余杭区西南八十八里。《方舆纪要》卷90余杭县：黄山“在县（今余杭镇）西南二十五里，与大涤、天柱冈脉相连。《图经》：黄山亦名余杭山”。上有伏虎岩，即郭文举为虎探骨处。

⑪在今浙江义乌市西北。《清一统志·金华府一》：黄山“在义乌县西北四十五里。甚高广，下有断坑，深数十丈，岩石如劈。相传邑人拒黄巢于此。宋元丰中，改曰黄山洞”。

⑫一名东黄山。即今安徽肥东县东南龙泉山。《方舆纪要》卷26庐州府合肥县：黄山“在府东百二十里，接巢及和州含山界。山有三百六十峰。周回二百余里。四时泉出不竭，俗呼为龙泉山。亦曰金庭山，一名紫微山”。

⑬一名浮邱山。在今安徽当涂县西北五里。《寰宇记》卷105当涂县：黄山“在县西北五里。上有宋凌歊台，周回五里一百步，高四十丈，石碑见存”。山顶有塔，亦始建于南朝宋。《清一统志·太平府一》：黄山，“《府志》亦名浮邱山，一名黄江山。旧时江水直至山下，今去江几二十余里”。

⑭在今安徽黄山市北黄山风景区。《元和志》卷28太平县：黄山“在县西南四十里。上有泉水，泉侧多黄连”。《舆地纪胜》卷19宁国府引《旧经》云：“山以黄帝栖真之地，故名。”黄山集华山之峻峭、泰山之雄伟、衡山之烟云、庐山之飞瀑、峨眉山之清秀于一山。风景区面积154平方公里，有温泉、玉屏楼、北海三重点景区及云谷寺、松谷庵等处景点，有光明顶（1841米）、天都峰（1810米）、莲花峰（1873米）三大主峰及九龙瀑、人字瀑、百丈瀑三瀑。奇松、怪石、云海、温泉被称为黄山“四绝”。明代地理学家徐霞客曾盛赞“五岳归来不看山，黄山归来不看岳”。1990年联合国教科文组织确定为世界文化与自然遗产。

⑮在今江西宜黄县南。《方舆纪要》卷86抚州府宜黄县：黄山在“县南四十里。其山四面黄茅无际。上有雷公岭，下有龙潭，导流为九曲溪，入黄水。《志》云，黄山，县之镇山也”。

⑯即谷城山，在今山东平阴县西南。《史记·留侯世家》：黄石公与张良约，“十三年孺子见我济北，谷城山下黄石即我矣”。《正义》引《括地志》：“谷城山一名黄山，在济州东阿县东。”《水经·济水注》：“谷有黄山台，黄石公与张子房期处也。”

⑰在今山东济南市城西南六十里。元于钦《齐乘》卷1：黄山“山周如城，岱阴诸谷之水，奔流至山西，汇为池，围数亩，不溢而伏，山即渴马崖也。伏流至府城之西而出，即趵突泉也”。

⑱在今山东邹平县东南三里。《方舆纪要》卷31邹平县“大峪山”条下载：“《志》云，县东南曰黄山，上有虎头岩。土色多黄，因名。”

⑲在今山东日照市西北。《清一统志·沂州府一》：黄山“在日照县西二十里，大庄河发源于此”。

⑳即今山东淄博市西南淄川区东北十里黉山。《水经·瓠子河注》：德会水“出昌国县黄山”，即此。

㉑在今山东莱州市南四十里。《清一统志·莱州府一》：黄山“在掖县南四十里。《府志》：产白石如玉”。

㉒在今河南卫辉市西北四十里。明曹学佺《名胜志》：黄山“土皆黄色”。

㉓在今湖南安乡县北六十里，接湖北石首县界。《隋书·地理志》：安乡县有黄山。《方舆纪要》卷77安乡县：黄山“土石皆黄，一名金峰。又北有小黄山，昔人保障其上，城址犹存”。

㉔古名涂山。在今重庆市东南长江南岸，与汪山、袁山、蒋山、戴山等统称南山。风景优美，为消夏胜地。1939—1945年抗日战争时期，重庆为陪都，蒋介石及美、英、法等使节建别墅于此。

㉕一名黄麓山。即始平西原。在今陕西兴平市北一里。张衡《西京赋》：“绕黄山而款牛首。”唐王维诗：“渭水自萦秦塞曲，黄山旧绕汉宫斜。”

黄山八面厅　在今浙江义乌市西上溪镇黄山五村。占地2500平方米。始建于清嘉庆元年（1796），咸丰十一年（1861）花厅及门厅正六面部分石雕被毁，1942年南拱门被毁。现存花厅遗址、门厅、大厅、堂楼及中轴线两侧的三合院。八面厅的主体建筑和附属建筑是由一条中轴线和两条横轴线构成。建筑用材硕大，雕刻工艺精湛，布局章法得当，为东阳木雕发展到顶峰时期的杰出代表。黄山八面厅是宗祠和居住相结合的典型浙中民居，又是一座古代雕刻艺术的博物馆。2001年定为全国重点文物保护单位。

黄山门　在今江苏常州市武进区西北七十里孟河东黄山。《方舆纪要》卷25常州府金坛县：黄山，“《江防考》：黄山门在包港江心，水流湍捍，盗贼出没之地，又当镇、常郡之交，上下瞭望，几及百里，实京口之门户也”。

黄山店口　在今北京市房山区西南黄山店。《方舆纪要》卷11良乡县：黄山店口在“县北三十里”。

黄山宫　在今陕西兴平市西南三十里。《汉书·地理志》槐里县：“有黄山宫，孝惠二年起。”《汉书·元后传》：王莽令太后四时车驾巡狩四郊，“秋历东馆，望昆明，集黄山宫”。皆此。

黄山浦　在今浙江杭州市萧山区南二十八里临浦镇。《宋书·孔觊传》：南朝宋泰始二年（466），吴喜等率军“向黄山浦”。即此。

黄山馆　在今山东龙口市西南二十四里黄山馆镇。西滨渤海。《方舆纪要》卷36黄县“马停镇”条下：“县西六十里有黄山馆驿，旧兼置递运所于此。今驿存而所革。”清置黄山馆驿巡司。

黄山湖　在今江苏溧阳市西南。宋《景定建康志》卷18：黄山湖“在溧阳县西南三十七里黄山下，周回五里”。

黄川郡　①北魏置，属南朔州。治所在安定县（今河南潢川县西南）。梁废。

②南朝梁置，属南朔州。治安定县（寄治光山县，在今河南光山县境）。北周废。

黄川镇　北宋置，属上洛县。在今陕西商洛市西七十里。

黄子矶　在今湖北鄂州市西三十里。《舆地纪胜》卷81寿昌军：黄子矶“在县西与逻洲相接，世传黄巢置砦于此”。《清一统志》谓“在武昌县西三十里”。

黄子湖　在今江苏扬州市邗江区西北。《清一统志·扬州府一》：黄子湖“在甘泉县西北六十里。东通官河，西至宋口”。

黄马关　在今河南荥阳市西汜水镇西十五里。《水经·河水注》：“河水右径黄马坂北，谓之黄马关。”《晋书·载记·刘曜》：刘曜攻金墉，“闻（石）季龙进据石门，续知（石）勒自率大众已济，始议增荥阳戍，杜黄马关”。关在黄马坂，因名。

黄马河　在今安徽怀宁县（高河镇）东北境，为枞阳河上源。《方舆纪要》卷26安庆府怀宁县：黄马河在“府北九十里。自潜水分流。又府北八十里有高河，流合于黄马河。又有井田河，在府西六十里，与黄马诸川俱达于桐城之练潭，合枞阳河入江”。

黄乡堡　明置，属长宁县。在今江西寻乌县西北八十里。明嘉靖中置巡司于此。清乾隆三十年（1765）裁。

黄天荡　①指今江苏南京市东北长江段。《宋史·韩世忠传》：南宋建炎四年（1130），世忠与兀术“相持黄天荡者四十八日”。《资治通鉴》：唐乾宁三年（896），胡三省注：“大江过升州界，浸以深广，自老鹳嘴度白沙，横阔三十余里，俗呼为皇天荡。”

②一名皇天荡。在今江苏苏州市东，葑门外六里。《资治通鉴》：唐乾宁三年（896），杨行密救董昌，遣兵与钱镠“战于皇天荡”。胡三省注：“宋熙宁三年，昆山人郏亶上疏言水利，谓长洲县界有长荡、黄天荡，其水上承湖，下通海，正淮、浙兵战处也。”

黄云（雲）山　在今山西石楼县东。《清一统志·汾州府》：黄云山“在石楼县东六十里，与隰州接界”。

黄云（雲）镇　即今湖北郧西县西北五十里黄云铺乡。清有外委驻防。

黄木厂　又名万盛场。即今四川汉源县（市荣乡）东皇木镇。清光绪三十四年（1908）于此设巡司。民国改设县佐。

黄屯　又作皇屯、黄墩。在今安徽池州市东南五十里墩上街道。《明一统志》卷16池州：黄屯“在府城东南五十里。唐乾符中，黄巢屯兵于此。稍东二里有石冈，名铁券山，相传唐赐巢铁券处”。清光绪《重修安徽通志》卷47：“一说元文宗尝驻跸于此，故谓之皇屯。”

黄屯镇　即今安徽庐江县东南六十里龙桥镇东南黄屯。《清一统志·庐州府二》“沙溪市”条下：“又东南六十里为黄屯市。”

黄冈山　①在今江西宜丰县西北。明《寰宇通志》卷36瑞州府：黄冈山“在新昌县西八十里。山势磅礴耸秀，为新昌诸山之祖”。山东南有洞，险要异常。

②在今湖南临湘市北。《方舆纪要》卷77岳州府临湘县：“黄冈山在县东三十里。峰峦耸拔，林木葱蒨。”

③在今湖北黄冈市东。《清一统志·黄州府一》：黄冈山“即苏轼《赤壁赋》所云黄泥之坂也”。

④在今广东惠来县东。《方舆纪要》卷103惠来县：黄冈山在“县东六十里。山势巉峻，有峰隆然，雄峙海表”。宋杨万里有《登黄冈望海》诗。

黄冈县　隋开皇十八年（598）置，为黄州治。治所即今湖北武汉市新洲区。《元和志》卷27黄冈县：“以县东黄冈为名。”大业初为永安郡治。唐为黄州治。中和五年（885）移治邾县故城南（今湖北黄冈市）。元为黄州路治。明为黄州府治。民国初属湖北江汉道。1932年直属湖北省。1990年改设黄州市。1995年撤销黄冈地区及县级黄州市，改设地级黄冈市。原县级黄州市改置黄州区。

黄冈洞　在今江西宜丰县西北六十里黄岗镇。明、清置巡司于此。

黄冈郡　西魏改汉广郡置，属荆州。治所在百宁县（今河南新野县东北）。北周废。

黄冈堡　在今广东惠来县东。《清一统志·潮州府》：黄冈堡“在惠来县东。……《县志》：黄冈有市，在县东六十里”。

黄冈集　即黄堽集。今山东单县西南黄岗镇。

黄冈溪　即今广东饶平县西黄冈河。《清一统志·潮州府》：黄冈溪“有三源，合流入海。《通志》：一自九峻山发源曰东溪，南流五十里，至县（今三饶镇）东北河门山；一自桃源山发源曰北溪，东流二十里，绕县北城隍山下，又东至河门，与东溪合；一自梅峰发源曰南山溪，东流二十里，经县南天马山下，又东北至河门，合流西南十五里，为大石溪，势始停潴。又十里为汤溪。溪多盘石，中流有一石窍，涌泉甚温。又经东洋屯十五里为灯塔溪，会大榕、小榕、潘段三溪，又流二十五里为黄冈溪，分为三溪，入于海”。

黄冈墟　在今广东四会市东南大沙镇黄岗圩。明洪武初于此置巡司，十七年（1384）移南津水口。

黄冈寨　即今河南禹州市东南三十六里黄岗店。清尹耕云《豫军纪略》卷12：同治五年（1866）七月，清军“至禹州黄冈寨”。

黄冈镇 ①北宋置，属海阳县。即今广东饶平县。明置巡司于此。《方舆纪要》卷103饶平县：黄冈镇“（嘉靖）三十七年，倭贼自漳州寇饶平，攻黄冈镇，据其城，官军败却之。三十八年复从平和突犯，入分水关至黄冈，既又自福建云霄所突入黄冈，皆败走”。清顺治时设副将驻守，属潮州镇。康熙五十七年（1718）增设潮防同知驻此。1952年饶平县迁治于此。

②北宋置，属潮阳县。在今广东惠来县东六十里黄冈村。

黄水 ①即潢河。今内蒙古西辽河支流西拉木伦河。《新五代史·四夷附录·契丹》：先世“其居曰枭罗箇没里。没里者河也。是谓黄水之南，黄龙之北，得鲜卑之故地，故又以为鲜卑之遗种”。《金史·地理志》：全州安丰县“有黄河”。

②指今辽宁辽河下游。《资治通鉴》：东晋咸和八年（333），慕容仁举兵平郭袭慕容皝于棘城，“仁兵已至黄水，知事露，杀使者，还据平郭”。胡三省注：“据《载记》，黄水当在汉辽东郡险渎县。”《方舆纪要》卷37海州卫：辽河“亦谓之辽泽，或谓之黄水。……盖即辽渎之异名”。

③即今河南之潢河。淮河支流。《水经·淮水注》：黄水“出黄武山，东北流，……径晋西阳城南，又东径光城南……又东北入于淮，谓之黄口”。即自今河南新县南，北流经光山、潢川二县，东北入淮。

④在今河南新郑市境。《左传》：襄公二十八年（前545），“公过郑，郑伯不在，伯有廷劳于黄崖”。杜注：“荥阳宛陵县西有黄水。西南至新郑城西。入洧。”

⑤即郴江。源出今湖南郴州市南黄岑山，北流入耒水。《水经·耒水注》：黄水“出（郴）县西黄岑山，……东北径其县东……黄水又北流注于耒水”。

⑥一名黄石溪。在今湖南石门县西。为九澧之一。《水经·澧水注》：“黄水出零阳县西北连巫山……北流注于渫水。”《清一统志·澧州一》：黄水“源出慈利县黄石山，东北流至石门县，入渫水”。

黄水口上下落骨 元置，属四十六囤蛮夷千户所。在今四川高县西北筠连河注入南广河处。

黄水县 ①南朝梁置，为黄水郡治。治所在今广西罗城仫佬族自治县西北。隋大业初废。唐武德四年（621）复置，属融州。天宝初又废。

②北魏太和十四年（490）置，属朱阳郡。治所在今河南卢氏县南。北周废。

黄水河 ①桑干河支流。源于今山西朔州市东南部。东北流，经山阴县东南，至应县西北入桑干河。《清一统志·大同府》：黄水河“在应州西南。自朔平府马邑县东北流入山阴县界，又东北流入州西北八里入桑干河。即古湿水也”。

②即今内蒙古杭锦旗西北之摩仁（林）河。《清一统志·鄂尔多斯》：黄水河“在右翼后旗西南一百四十里。蒙古名西喇木伦。源出马阴山北平地，东北流入古尔板泊”。

③即今内蒙古西拉木伦河。《清一统志·四子部落》：黄水河“在旗西北五十里。蒙古名西喇木伦。自喀尔喀右翼流入境，东北流出喀伦边”。

④在今山东龙口市东十里。源出今山东栖霞市西北蚕山，北流经龙口市旧黄县东，又西北入海。《元丰九域志》卷1：黄县有“黄水”，即此。《明史·地理志》 黄县：“又东有黄水，东南有泽水，合流入海。”

⑤古名黄崖水。在今河南新郑市西北。发源于新密市东曲梁牛庵村，东南流至新郑市境入双洎河。《水经·洧水注》：“黄水出太山南黄泉，东南流径华城西。黄水东南流，又与一水合，……其水西南流注入黄水。黄即春秋之所谓黄崖也……又南流注于洧水也。”

⑥即杨柳河。在今四川双流县西南。《清一统志·成都府一》“杨柳河”条下：石鱼河“一支南流名杨柳河，流二十里入双流县界名黄水河”。

黄水河镇 即今四川双流县西南黄水镇。清嘉庆《双流县志》卷2《驿传》：黄水河站“在治南十五里”。

黄水郡 南朝梁置，属东宁州。治所在黄水县（今广西罗城仫佬族自治县西北）。隋开皇九年（589）平陈后废。

黄水桥 一名黄林桥、柳南桥。在今四川双流县西南。明天启《成都府志》卷3：黄水桥在“双流西南十里”。为省南冲衢。

黄水塘 即今四川西昌市南六十里黄水乡。清嘉庆《四川通志》卷89西昌县：“黄水铺在县南七十里。”

黄牛山 ①一名黄牛峡。在今湖北宜昌市西陵区西长江西陵峡中段南岸。《水经·江水注》：“江水又东径黄牛山。……南岸重岭叠起，最外高崖间有石色如人负刀牵牛，人黑牛黄，成就分明，既人迹所绝，莫能究焉。此岩既高，加以江湍纡回，虽途径信宿，犹望见此物，故行者谣曰：‘朝发黄牛，暮宿黄牛，三朝三暮，黄牛如故’。言水路纡深，回望如一矣。”

②在今四川筠连县东南三十五里。明曹学佺《蜀中名胜记》卷15筠连县：“《志》云，旧州黄牛山，距县南三十里，高山石壁，有人作驱牛状，因呼为黄牛山。”《方舆纪要》卷70筠连县：亭台山在“县南二十五里……又南五里为黄牛山，山高耸，亦以形峙名”。

③在今陕西南郑县西南。《寰宇记》卷133南郑县：“黄牛山在县西南五十里。山有石黄色，远望如牛，故曰黄牛山。山下有黄牛川。《十道记》云，黄牛川有再熟之稻，土人重之。”

黄牛川 ①在今陕西勉县西。《南齐书·魏虏传》：

“伪安南将军、梁州刺史魏郡王元英十万余人通斜谷，寇南郑……（萧）懿先遣军主韩嵩等征僚，回军援州城，至黄牛川，为虏所破。”

②在今陕西南郑县西南。《寰宇记》卷133兴元府南郑县：黄牛山“在县西南五十里……山下有黄牛川。《十道记》云，黄牛川有再熟之稻，土人重之”。

黄牛庙　一名黄陵庙。在今湖北宜昌市西陵区西北三斗坪镇东北黄陵庙。南宋陆游《入蜀记》：“晚次黄牛庙。”《舆地纪胜》卷73峡州：黄牛灵应庙“在黄牛峡。相传佐禹治水有功。蜀后主建兴初，诸葛武侯建祠兹土。按三国时西陵、建平皆非蜀土，恐传者之误”。

黄牛庙站　元置，在今湖北宜昌市西陵区西北三斗坪镇东北。明初废。

黄牛洑山　一名射蛟浦。在今江西湖口县东南十里。《寰宇记》卷111江州湖口县：射蛟浦“或云汉武帝自浔阳浮江射蛟获之，疑此地”。《方舆纪要》卷85九江府湖口县：黄牛洑山“一名射蛟浦。相传晋永嘉中许逊射蛟于此。……又云武帝伐南越，教楼船于浦上”。

黄牛堡　又作黄牛寨。即今陕西凤县东北黄牛铺。《资治通鉴》：五代周显德二年（955），王景攻蜀，入散关，“拔黄牛等八寨”。《宋史·吴璘传》：南宋绍兴三十一年（1161），金人“以兵扼大散关，游骑攻黄牛堡”。皆此。

黄牛滩　在今湖北宜昌市西陵区西北，西陵峡中段江中。《水经·江水注》：“江水又东径黄牛山，下有滩，名曰黄牛滩。”

黄牛寨　即今陕西凤县东北黄牛铺。《资治通鉴》：五代周显德二年（955），王景伐蜀，“拔黄牛等八寨”。

黄毛屿　即今台湾东北大海中之黄尾屿。明陈侃《使琉球录》中“过黄毛屿”，即此。

黄升镇　即今山东沾化县西南三十二里黄升乡。清光绪《沾化县志》卷3有黄升镇。

黄父　一名黑壤。春秋晋地，即今山西翼城县东北六十五里乌岭，接沁水县界。《左传》：文公十七年（前610），“晋侯蒐于黄父”。即此。

黄公山　一名百渎山。在今江苏常州市武进区南。《方舆纪要》卷25常州府武进县：黄公山“在府南七十里。一名百渎山。去太湖十五里。《志》云：黄歇所封故墟也”。

黄公岭　即今福建武平县东北黄峰岭。《方舆纪要》卷98武平县：黄公岭在“县北百五十里，接长汀县界。修阻二十余里。上有泉，自石中迸出，仅杯勺许，而群饮不竭。俗呼圣公泉”。

黄公望墓　在今江苏常熟市虞山西麓。黄公望（1269—1354），本姓陆，名坚。平江常熟（今属江苏）人；出继永嘉（今属浙江）黄氏为义子，因改姓名，字子久，号一峰、大痴道人等。善画山水，师董源、巨然。晚年自成一家，笔墨高雅，与王蒙、倪瓒、吴镇同为元四大画家。嘉庆墓碑上刻“元高士黄一峰公之墓”。

黄火镇　北宋置，属繁昌县。即今安徽繁昌县西南三十里黄浒镇。后改作黄浒镇。

黄石山　①在今河南方城县东北五十里。《方舆纪要》卷51方城县“七峰山”条下：黄石山“亦奇胜”。《清一统志·南阳府一》：黄石山“耸然高出诸山。一名小武当山。下有青龙潭，西有白虎峰，南有火精岭，北有真龟洞。其西有牛心山，贾河出焉”。

②一名连巫山。在今湖南石门县西北。《舆地纪胜》卷70澧州：黄石山，“《元和郡县志》云，黄石山在石门县西北二百一十里。有溪出雄黄，颇神异”。

黄石市　即今福建莆田市东南黄石镇。《方舆纪要》卷96兴化府莆田县：黄石市“在府东南二十五里。民居环聚。旧有黄石税课局，本宋之黄石务，其后徙置不一。元至正中，改建于此。明初改为税课局”。

黄石矶　①在今安徽东至县西北长江东岸。《方舆纪要》卷27东流县：“黄石矶在县东北五十里，亦滨大江。明正德十四年，宸濠犯安庆，泊舟于此。问矶名，左右曰：王失矶也。濠大恶之。未几果败。旁有黄石港，其处皆黄土巨石相绵亘云。”

②在今湖北黄石市北黄石港区。《水经·江水注》：“江之右岸有黄石山，水径其北，即黄石矶也。一名石茨圻。”

黄石县　北魏正光五年（524）置，为长城郡治。治所在今甘肃平凉市西北十里。西魏废帝二年（553）改名长城县。

黄石固　在今宁夏固原市东南。《晋书·赫连勃勃传》：东晋义熙五年（409），“勃勃又攻（姚）兴将金洛生于黄石固”。即此。北魏置黄石县。

黄石城　又名流沂垒、沂垒。在今湖北黄石市。《寰宇记》卷112鄂州武昌县：黄石城“在州西北二百九十里。《江表传》云：刘勋败于彭泽，走入楚江……为孙权所破，遂奔曹公。即此城也”。

黄石砦　北宋置，在今湖南桃源县西北一百三十里。《宋史·地理志》常德府：“元丰三年，废白砖、黄石二砦。”

黄石堡　明嘉靖中置，属绥宁县。即今湖南绥宁县驻地长铺镇。

黄石港市　即今湖北黄石市黄石港区。《水经·江水注》谓之黄石矶。民国《湖北通志》卷33大冶县：黄石港市“在县东北五十里”。1948年与石灰窑、道士洑合置石黄镇。1950年属黄石市。本湖北大冶县地，后称黄石港镇。1948年与石灰窑合称石黄镇。1949年改置石黄工矿特区。1950年改设黄石市（地级），由省直辖。

黄石溪　在今湖南桃源县北。即今白洋河上游。《方舆纪要》卷80桃园县“苏溪”条下：“又黄石溪，在县北百二十里。出香山村，下流合苏溪入沅江。”

黄石滩 在今重庆市涪陵区北长江中。《水经·江水注》：江水“屈于黄石，东为铜柱滩”。《后汉书·光武帝纪》：东汉建武十一年（35），“岑彭破公孙述将侯丹于黄石”。李贤注谓即涪州涪陵县之黄石滩。

黄石罐墟 即今江西宁都县南六十里黄石镇。清道光《宁都直隶州志》卷4有黄石灌墟。

黄龙 边塞名。在今辽宁开原市西北。《新唐书·契丹传》：“魏青龙中，部酋比能稍桀骜，为幽州刺史王雄所杀，众遂微，逃潢水之南、黄龙之北。”即此。

黄龙山 ①在今浙江缙云县北十二里黄龙村。《明史·耿再成传》：“从取金华，为前峰，屯缙云之黄龙山以遏敌冲。”即此。

②在今安徽池州市北五里。《方舆纪要》卷27贵池县：黄龙山在“府北五里，滨大江，有望江亭”。

③一名辅山。在今江西修水县西，与湖北通城县接界处。海拔1511米。《明一统志》卷49南昌府：黄龙山“在宁县西一百八十里。相传吴黄武中，黄龙见此。或云山顶湫中有黄鱼能致风雨，岁旱祷之辄应”。

④在今湖北通城县东南五十里，与江西修水县接界。《舆地纪胜》卷66鄂州：黄龙山“在通城幕阜山之东。顶有湫池，中有黄鱼二，能致雨，有瀑泉”。

⑤在今湖北武汉市武昌区。《明史·地理志》江夏县：“洪武三年四月，建楚王府于城内黄龙山。”

⑥在今陕西洛川县东南。《方舆纪要》卷57洛川县“雄儿山”条下：“又有黄龙山，在县南百三十里。”

黄龙山设治局 1941年置，属陕西省。治所在石堡（今陕西黄龙县）。1947年改为黄龙县。

黄龙冈 在今辽宁开原市东北。《清一统志·奉天府一》：黄龙冈“在开原县北三里。山形延亘委蛇起伏，东连巨岭，西抵边河，俨如卧龙之状。今冈插柳为边，以限内外，谓之新边”。

黄龙寺 ①一名雪山寺、白鹿寺。明建，在今四川松潘县东北七十里黄龙乡西玉翠山麓。民国《松潘县志》卷5：“相传黄龙真人养道于此，故名。有前、中、后三寺，殿阁相望，各距五里。”今仅存后寺。在前后寺间，有水池千数，水色班澜，极为壮观。后寺之黄龙洞，供有三尊石佛。为著名旅游胜地。

②在今陕西洛南县西北四十五里燕子山。《清一统志·商州》：黄龙寺“相传唐黄龙禅师驻锡处”。

黄龙江 即今福建南安市东之晋江。《方舆纪要》卷99南安县：黄龙江“在城（旧县城即今丰州镇）南。亦曰黄龙溪。源自永春、安溪二县，汇诸溪之水，一东南流，一东流，同达于县西双溪口，并流而东，至九日山下为金溪，又东绕县治（旧治丰州镇）南，为黄龙江，远近诸水皆流合焉，折而南，汇为笱江，即晋江上源也”。

黄龙县 ①唐置，属信州羁縻州。寄治范阳境，在今河北涿州市境。

②辽置，为黄龙府治。治所即今吉林农安县。金改名利涉县。

③1947年改黄龙设治局置，属陕西省。治所在石堡（今陕西黄龙县）。

黄龙国 指十六国北燕，都黄龙城（今辽宁朝阳市）。《资治通鉴》：南朝宋元嘉十二年（435）春正月，“燕王数为魏所攻，遣使诣建康称藩奉贡。癸酉，诏封为燕王，江南谓之黄龙国”。胡注：“以其都和龙也。”

黄龙庙镇 在今江西鄱阳县东南五里鄱江北岸。同治《江西全省舆图》卷12饶州府鄱阳县：“东路出东门，过板桥，七里至黄龙庙。”清设黄龙庙汛。

黄龙府 ①辽天显元年（926）改渤海国扶余府置，治所在黄龙县（今吉林农安县）。《辽史·地理志》：“太祖平渤海还，至此崩，有黄龙见，更名。”保宁七年（975）废。开泰九年（1020）复置。辖境约当今吉林西部及黑龙江省松花江以南地区。金天眷三年（1140）改为济州。《宋史·岳飞传》：“飞大喜，语其下曰：直抵黄龙府，与诸君痛饮尔！”当指金国大本营，而非专指此府。

②元改隆安府置，属开元路。治所即今吉林农安县。辖境约当今吉林农安县一带。后废。明为龙安站。

黄龙府部 亦黄龙府都部署司简称。辽置，治所在黄龙府（今吉林农安县）。后废。

黄龙城 一名和龙城。又称龙城、龙都。即今辽宁朝阳市。《十六国春秋辑补·慕容皝传》：东晋咸康七年（341），“皝以柳城之北、龙城之南，福德之地也，使阳裕等筑龙城”。即此。咸康八年（342）自棘城迁都于此。前燕建国迁都蓟后，于此建留后。隆安元年（397）后燕慕容宝复以此为都。义熙五年（409）冯跋于此建立北燕，号黄龙国。北魏太延二年（436）攻克此城后，改置营州。

黄龙垱 即黄龙荡。今湖北襄阳市襄州区（驻张湾镇）东南黄龙镇（黄龙垱）。民国《湖北通志》卷73《兵事》：清同治三年（1864）二月，“苗景开、陈大禧犯襄阳，屯双沟、黄龙垱、公羊峪诸要隘”。

黄龙荡 即今湖北襄阳市襄州区（驻张湾镇）东南黄龙镇。清设把总驻防。

黄龙洞 ①在今浙江湖州市西北十八里。《方舆纪要》卷91湖州府：卞山“下有金井洞。吴越时黄龙见此，改曰黄龙洞”。

②在今浙江杭州市西栖霞岭之后山。《清一

统志·杭州府一》：黄龙洞“在钱塘县栖霞岭后。宋淳祐间有僧慧开字无门，说法吴兴之黄龙山，后栖宝宁寺，偶卓锡于此……人以为龙随锡至，故名”。

黄龙堆 一名紫金堆。在今四川泸州市东长江中。东晋常璩《华阳国志·蜀志》：江阳县“江中有大阙、小阙，季春黄龙堆没，阙即平”。《方舆纪要》卷72泸州：泸江，“《志》云：泸江中有大石阙，亦曰黄龙堆，春水涨则堆没阙平，水涸时，常为舟楫患”。

黄龙铺 即今江西大余县东北二十里黄龙镇。明嘉靖《南安府志》卷18：大庾县有黄龙铺。

黄龙堡 即今陕西洛川县东南黄龙山村。《清一统志·鄜州》：黄龙堡“在洛川县东南一百二十里黄龙山。有城，周二里有奇。明初置鄜城巡司。后移于此。嘉靖十八年，又移韩城县紫金关于堡内。天启中置西延同知。本朝康熙二十四年裁同知。乾隆十八年裁巡司，移本州州同驻此”。

黄龙湾 在今山东无棣县北。《方舆纪要》卷31海丰县：“黄龙湾在县北七十里。其水虽旱不涸，下流入海。”

黄龙溪 又名赤水、兰溪水。即今四川双流县东南鹿溪河。《清一统志·资州》：兰溪“俗名黄龙溪”。源出成都市东南龙泉驿区长松乡，西南流入双流县，至黄龙溪镇注入府河。

黄龙溪场 即今四川双流县南黄龙溪镇。清同治《仁寿县志》卷1：东北顺河乡二甲有黄龙溪场。

黄龙滩 即龙脊滩。在今重庆市奉节县东长江中。《清一统志·夔州府一》：黄龙滩“在奉节县。……《旧志》：每岁人日，邑人游于上，以鸡子卜岁丰歉。古谣云：龙状如拭，济舟必吉。龙状彷佛，济舟必没”。

黄龙滩镇 即今湖北十堰市西黄龙镇。清属郧县，设巡司于此。魏源《圣武记》卷10：清嘉庆五年（1800），白莲教义军“夜渡陡河之黄龙滩，由郧县窜陕”。

黄龙镇 ①在今河北永年县（临洺关）东南。《资治通鉴》：唐光化三年（900），李克用将李嗣昭拔洺州，朱全忠遣其将蕾从周“自邺县渡漳水，营于黄龙镇”。即此。

②即今湖北赤壁市北黄龙镇。清道光《蒲圻县志》卷4《乡里》：北乡，“黄龙团，距城十五里。……有镇在黄龙山下”。

③北宋置，属彭山县。即今四川双流县南黄龙溪镇。

黄龙潭 在今河南清丰县东南三十五里。《方舆纪要》卷16清丰县：黄龙潭“约二十余顷，在断堤之间。盖皆决河之余浸矣”。

黄平千户所 明洪武八年（1375）置，属四川都司。治所即今贵州黄平县西北旧州镇。十五年（1382）改属贵州都司。万历中并入黄平州。

黄平州 明万历二十九年（1601）改黄平安抚司置，属平越府。治所即今贵州黄平县西北四十里旧州镇。辖境相当今贵州黄平、余庆、瓮安、湄潭等县及凯里市地。清不辖县。康熙二十六年（1687）移治兴隆卫城（今黄平县）。嘉庆三年（1798）改属镇远府。1913年改为黄平县。

黄平安抚司 明洪武七年（1374）改黄平府置，属播州宣慰司。治所即今贵州黄平县西北四十里旧州镇。万历二十九年（1601）改为黄平州。

黄平县 1913年改黄平州置，属贵州镇远道。治所即今贵州黄平县。1923年直属贵州省。

黄平府 宋置羁縻黄平府，治所在今贵州黄平县西北四十里旧州镇。元属播州安抚司。明洪武七年（1374）改为黄平安抚司。

黄田江 在今江西全南县东北。《清一统志·赣州府一》：黄田江水“在信丰县西南一百六十里。源出始兴、保昌、龙南三县界，流入县界黄田务，始通舟楫，共流二百里许，东入桃江”。

黄田岭 在今福建永安市南。《方舆纪要》卷97永安县：黄田岭在“县南六十里，接漳州府龙岩县界”。

黄田驿 元置，即今福建古田县西南黄田镇。《方舆纪要》卷96福州府古田县“水口驿”条下：“又西南五十五里为黄田驿，宋时曰使华亭，元改今名，明初因之。”

黄田盐栅 北宋置，属东莞县。在今广东深圳市宝安区西北。《元丰九域志》卷9：广州东莞县有“海南、黄田、归德三盐栅”。

黄田铺 在今广东始兴县东北。《明史·地理志》始兴县：“又东北有黄塘巡检司，本治璎珞铺，后迁黄塘江口，又迁黄田铺。”

黄田港 即今江苏江阴市北二里黄田港。《舆地纪胜》卷9江阴军：黄田港在“县北三里。黄歇所开”。《方舆纪要》卷25常州府江阴县：黄田港“相传春申君所开，导江水溉田，因名。邑人于江口置闸，号上闸；于县西南十里蔡泾口置闸，曰下闸。旧有支港数十处，今多为潮沙所湮，其南接于运河”。

黄田隘 在今广东始兴县东北。《方舆纪要》卷102始兴县：黄田隘“在县东北”。

黄田溪 在今福建永春县西北。《方舆纪要》卷99永春县：黄田溪在“县西北百五十里。有岱山，北接德化县界，溪源出焉。南流有碧溪诸水，出群山中，先后来会，入安溪县界……下流合于蓝溪”。

黄田墟 即今广东河源市东北黄田镇。清同治《广东图说》卷30河源县：“黄田约，城东北一百里。”宣统《广东舆地全图》：河源县东北有黄田约。

黄丘 ①在今河北辛集市南。《魏书·地形志》：巨鹿郡鄡县有“黄丘”。《十六国春秋辑补》卷20后赵：东晋永和七年（351），石琨自信都救石祗于襄国，冉闵遣将“孙威候琨于黄丘，皆为敌所败”。即此。《方舆纪要》卷12束鹿县：“县有青丘、牛丘、驰丘、灵丘与黄丘，共为五丘。”

②在今陕西泾阳县西北。《资治通鉴》：西晋永嘉五年（311），前赵中山王刘曜与安定太守、平西将军贾疋等“战于黄丘，曜大败”，即此。

黄白城　在今陕西三原县东北十里。《后汉书·董卓传》：兴平二年（195），李傕“欲徙帝于池阳黄白城”。即此。

黄瓜县　北魏太平真君八年（447）置，为汉阳郡治。治所在今甘肃天水市南七十里。《水经·渭水注》：“藉水又东黄瓜水注之。其水发源黄瓜西谷，东流径黄瓜县北。”即此。隋废。

黄瓜堆　一名黄花堆。即今山西山阴县北四十里永静城（又称黄花城）。《魏书·序纪》：西晋建兴元年（313），拓跋猗卢“登平城西山，观望地势，乃更南百里，于灅水之阳黄瓜堆筑新平城，晋人谓之小平城”。《北齐书·文宣帝纪》：天保五年（554），柔然侵肆州，“帝自晋阳讨之，到恒州黄瓜堆”。皆此。

黄瓜寨　在今湖南花垣县西南。清宣统《永绥厅志》：“黄瓜寨，在县南一百二十里，在腊耳山之南。寨当山河，形似黄瓜。”清乾隆六十年（1795）苗族首领石三保在此起义。

黄市井　在今四川内江市西南白马镇附近。《方舆纪要》卷67内江县：黄市井“在县西南二十里。产盐。宋志云：内江有六十六盐井，此其一也。今有黄市井盐课司”。古盐井遗址尚存。

黄头部　唐北室韦九部之一。分布在今吉林乾安、农安、长岭县一带。《新唐书·北狄传》：室韦“分部凡二十余，曰岭西部、山北部、黄头部，强部也”。

黄台（臺）　在今山东济南市东北，为胶济铁路黄台车站。有津浦铁路支线通此。

黄台（臺）山　在今河北迁安市西南三里。《方舆纪要》卷17迁安县：黄台山“山多黄土，其状如台，滦水径其下”。

黄台（臺）县　东魏兴和元年（539）析阳翟县置，属阳翟郡。治所在今河南禹州市东。隋大业初废入颍川县。唐武德四年（621）复置，属许州。贞观元年（627）废。

黄台（臺）桥　在今山东济南市城北，为小清河之船码头。转运货物，最为扼要。津浦铁路旧有支线自泺口至此，专为运盐而设。

黄丝驿　清康熙十年（1671）置，即今贵州福泉市西南三十里黄丝镇。《清一统志·平越州》：黄丝驿“上走新添，下走都匀，为往来要道”。

黄寺　在今北京市安定门外黄寺大街。分东、西二黄寺，二寺相连。清《日下旧闻考》卷107：“东黄寺，顺治八年奉敕就普静禅林兴建。”“西黄寺与东黄寺接连，雍正元年建”。《御制重修黄寺碑文》：“达赖喇嘛在国初导诸藩倾心归命，其功最巨。至顺治九年来朝京师，特颁册印，综理黄教，并肇建斯寺，俾为驻锡之所。”乾隆四十八年（1783），为纪念班禅额尔德尼六世在京圆寂，在他生前居住的西黄寺建造衣冠石塔，取名清净化城塔。今寺已废。

黄寺堡　即今河北邢台县西北四十里皇寺镇。《清一统志·顺德府》：黄寺堡，“明时大名兵备道防秋处”。

黄老门镇　又名王道门市。即今江西九江县西南岷山乡。清同治《江西全省舆图》卷13：德化县西南有黄老门。

黄夹镇　旧称黄家店。即今山东乐陵市西北二十里黄夹镇。清光绪《山东通志》卷1《舆图志》：乐陵县西有黄夹镇。

黄尖山　即黄崄山。在今山西岚县西北。《清一统志·太原府一》：黄崄山“在岚县（旧治）西南二十五里。一名黄芊山。又名黄尖山”。

黄团驿　在今贵州黎平县东。《方舆纪要》卷121黎平府：黄团驿在“府东一里”。

黄团镇　金置，属符离县。即今安徽宿州市北五十里黄疃。

黄竹山　一名黄竹岭。在今湖北竹山县北。《元和志》卷21竹山县：黄竹山“在县北一百里。山上竹色皆黄，因以为名”。

黄竹岐墟　即今广东佛山市南海区东北黄岐镇。明万历《广东通志》卷16：南海县有黄竹岐墟。

黄竹岭　①在今安徽休宁县西南百余里。《明史·地理志》休宁县：“西南有黄竹岭巡检司。”《清一统志·徽州府一》：黄竹岭“在休宁县西，张公山西支也。与江西浮梁县接界，地当厄塞”。

②在今江西瑞金市东北。《清一统志·宁都州》：黄竹岭“在瑞金县东北八十里。一名黄竹隘，路通长汀”。

③即黄竹山。在今湖北竹山县北。《元和志》卷21竹山县：“因黄竹岭以为名。”

黄竹岭镇　在今安徽休宁县西七十里江潭乡。明置巡司于此。《清一统志·徽州府二》：汰夏巡司“在休宁县东南三十里屯溪。明初置黄竹巡司于县西南百余里之黄竹岭，嘉靖四十四年移驻县东南五十余里白际岭之汰夏，后又移驻屯溪”。

黄竹塘隘　即今广东兴宁市西北黄竹塘。《方舆纪要》卷103兴宁县：黄竹塘隘“在县西三十里。路通龙川县”。

黄华山　①一名黄花山。在今福建建瓯市东北隅。《寰宇记》卷101建州建安县：黄花山，“《郡图》云，在郡东。元嘉元年徙郡于黄花山西是也”。明洪武十九年（1386）改拓郡城，山遂包在城中。五代时王延政建太和殿于山下。南宋建炎初，韩世忠与范汝为战，尝屯兵其上。元至正二十年（1360）陈友谅亦列营于此。

②即隆虑山。在今河南林州市西北二十里。《方舆纪要》卷49林县：隆虑山“一名黄华山，

有黄华谷。其北崖出瀑布，曰黄华水。……《志》云：黄花山有三峰：名仙人楼、玉女台、鲁般门。又有抱犊固、马鞍峰、栖霞谷诸胜。洹水源出于此"。

③一名猎山。在今广西全州县东北六十里。《隋书·地理志》零陵郡湘源县："有黄华山。"

黄华水　①在今山东莒县西。亦名沙河水。元于钦《齐乘》卷2"沭水"条下："沙河首受西湖水，湖受黄华诸水，皆莒城西北群山泉潴为湖。"《清一统志·沂州府一》谓"下流亦称坝水，南流入沭"。

②在今重庆市忠县东，为长江歧道。《水经·江水注一》："江水又东得黄华水口，江浦也。庾仲雍曰：临江至石城黄华口一百里。"《清一统志·忠州》：黄华水"在州东。……《旧志》：黄华洲在洲东五十里，江浦周回可二十里"。

黄华水寨　即今浙江乐清市南三十里黄华镇。《方舆纪要》卷94乐清县：黄华水寨"在县西南盘石卫东三十里。东接大海、大小门、霓奥，南枕港口，乃温州之咽喉也"。

黄华江　在今广西藤县、岑溪市境，为北流江支流。《方舆纪要》卷108藤县：黄华江"在县西南百二十里。源出广东信宜县，至县境恩泽村入绣江"。

黄华岭　即今湖南永州市西南一百余里黄花岭，与广西全州县接界。《清一统志·永州府一》：黄华岭"湘水绕其足。下有小溪，流至东安石期市入湘"。

黄华驿　在今湖南衡东县东北。《方舆纪要》卷80衡山县："黄华驿在县东五十五里。"

黄华城　在今湖北荆州市荆州区（故江陵县）东北。《资治通鉴》：南朝梁承圣三年（554）十一月，西魏于谨率军伐梁，"魏军至黄华，去江陵四十里"。

黄华洲　亦名皇华洲。在今重庆市忠县东二十里皇华村。《水经·江水注》："江水又东得黄华水口，江浦也。"清陶澍《蜀辅日记》："自忠州东下五十里有黄华洲，一曰皇华城，在大江中，周遭十余里，四面悬绝。汉临江县治也。《水经》言：江水又东得黄华水口，左径石城南，即此。李雄之乱，巴西郡亦寄理于此。今残堞犹隐隐可辨，居民无杂姓，惟陶氏一族居之。自云：明千户陶章之后。"

黄伞崖墓群　在今四川宜宾县西北高场镇拥护村，岷江左岸黄伞石以西长约1500米石壁上。有崖墓一百七十三座。两边延伸10多公里岩壁上还有四百二十六座，均为东汉晚期崖墓。典型的印子坡一号墓朝向南，离附近平地高5米；墓门高2.2米，宽12米，中间有两根石柱，两侧有墓阙，尚存阙盖。门上方檐口仿木结构，浮雕筒瓦、瓦当、檩格、檐缘。檐下有巨型斗拱、棂窗、楼台、人物、走兽等，雕工精细。门内享堂进深4.6米，宽12.2米，高2.5米。堂后殿及两侧壁上方仿木结构，浮雕有瓦沟、瓦当、斗拱、穿枋等。三方檐口，庭院格局。享堂后壁有三甬道通三墓室。室内有石棺、石灶、壁龛。崖墓群现大多保存完好，为研究汉代墓葬、雕刻艺术和岷江流域文化提供了宝贵资料。2006年定为全国重点文物保护单位。

黄后（後）店　亦名黄花店。即今天津市武清区西黄花店镇。清乾隆《武清县志》卷1：皇后店集"在县南四十里"。同治《畿辅通志》卷46武清县图：南有黄花店，驻外委。

黄庄　①在今山东巨野县东南。清光绪二十五年（1899）韩姑娘率领大刀会于此攻占教堂。

②即今河南嵩县东南三十六里黄庄乡。清尹耕云《豫军纪略》卷3：咸丰七年（1857）闰五月，"贼聚黄庄"。

黄庄镇　即今天津市宝坻区东南七十里黄庄乡。道通宁河县芦台。清乾隆《宝坻县志》卷6：东南"著名者则有黄庄"。

黄羊川山　在今甘肃古浪县东南。《清一统志·凉州府一》：黄羊川山"在古浪县东南五十里。群山环峙，中夹平川"。

黄羊木头　即今内蒙古巴彦淖尔市临河区西南黄羊村。清光绪《五原厅志》卷上：西乡村中有黄羊木头。此地原有两棵树，蒙古语称"哈业毛都"，汉语转音为黄羊木头。1901年《辛丑条约》签订后，此地沦为比利时的传教地。

黄羊岭　在陕西定边县东南。《清一统志·延安府一》：黄羊岭"在定边县南九十里砖井堡南，为要地。其西又有镌天岭"。

黄州　①南朝梁大同中置，治所在安平县（今广西东兴市东南）。辖境相当今广西防城港市、东兴市、钦州市部分地及越南芒街一带。隋开皇十八年（598）改为玉州。

②北周大象元年（579）改南司州（司州）置，治所在黄城（今湖北武汉市黄陂区东）。隋开皇初废。

③隋开皇五年（585）置，治所在南安县（开皇十八年改名黄冈县，即今湖北武汉市新洲区）。《元和志》卷27黄州："因古黄国为名也。"大业初改为永安郡。唐初复为黄州。天宝初改为齐安郡。乾元初复为黄州。中和五年（885）徙治郏县故城南（今湖北黄冈市）。元改为黄州路。

黄州卫　明洪武元年（1368）置，属湖广都司。治所在黄州（今湖北黄冈市黄州区）。后改为所。十二年（1379）复为卫。清废。

黄州市　1990年由黄冈县改置，治今湖北省黄冈市。1995年撤销黄州市，设立黄州区和团风县。

黄州府　元至正二十四年（1364）朱元璋改黄州路置，属湖广布政使司。治所在黄冈县（今湖北黄冈市）。辖境相当今湖北黄冈、武穴、麻城三市及黄陂、红安、大悟、罗田、新洲、浠水、蕲春、黄梅等地。清属湖北省。雍正七年（1729）属县黄陂划归汉阳府，辖境缩小。1912年废。

黄州路　元置，属河南行省。治所在黄冈县（今湖北黄冈市)。辖境相当今湖北黄冈、麻城二市及红安、黄陂、新洲三区县地。明改为黄州府。

黄江 亦作大黄江。指今越南红河下游,南定省北面之红河。《明史·安南传》:永乐七年(1409),张辅等讨简定,“由黄江、阿江、大安海口至福成江,转入神投海口,尽去贼所树桩栅”。

黄江陂 亦作黄岗陂。在今广西北流市南。《方舆纪要》卷108北流县:黄江陂“在县南。《志》云:县境有坑塘、大陂、都莫等陂,俱有灌溉之利”。

黄池 又名黄亭。在今河南封丘县西南二十二里三姓庄北。《春秋》:哀公十三年(前482),“公会晋侯及吴子于黄池”。杜注:“陈留封丘南有黄亭,近济水。”《国语·吴语》:“阙为深沟,通于商、鲁之间,北属之沂,西属之济,以会晋公午于黄池。”

黄池县 唐仪凤二年(677)置,属萨州。治所在今四川珙县西南。天宝元年(742)属黄池郡,乾元元年(758)属羁縻萨州。后废。

黄池河 水阳江下游别名。在今安徽当涂县与宣城市、芜湖县间。《方舆纪要》卷27当涂县:黄池河“在府南六十里,东接固城湖,南至黄池镇,与宣城县分中流为界,西接芜湖县河入于大江”。

黄池郡 唐天宝元年(742)改萨州(薛州)置,治所在今四川珙县(巡场镇)南下罗乡(老堡场)。辖境相当今四川珙县南部地。乾元元年(758)改为萨州(薛州)。

黄池镇 在今安徽当涂县东南六十里,跨水阳江南接芜湖县界。《资治通鉴》:唐大顺二年(891),“杨行密遣其将刘威、朱延寿将兵三万击孙儒于黄池,威等大败”。胡注:“《九域志》:宣州当涂县有黄池镇”,即此。北宋置镇。《舆地纪胜》卷18太平州:“此地为诸路往来之冲,官不征税,商旅便于贸易,四方货物尽萃于此。”

黄汉河 在今河北大城县东北。《方舆纪要》卷11大城县:黄汉河在“县东北八十里,即易水下流,自文安县分流入境,又东北入武清县之三角淀”。

黄兴故居 在今湖南长沙县东南黄兴镇凉塘。黄兴原名轸,字廑午,别字克强,湖南善化(今长沙)人。辛亥革命重要领导人。1874年10月25日在此诞生并度过青少年时代。故居为泥砖木结构青瓦平房,四合院形式,有房屋四十八间。1916年10月31日黄兴于上海病故,次年移柩长沙,葬于岳麓山主峰之顶。1988年定为全国重点文物保护单位。

黄兴墓 在今湖南长沙市岳麓山主峰之顶。黄兴(1874—1916),原名轸,字廑午,号杞园,又号克强,湖南善化(今长沙)人。辛亥革命重要领导人。1904年组织华兴会,翌年8月与孙中山、章太炎等人组织中国同盟会,曾策动并领导钦州、廉州(治今广西合浦)、镇南关(今友谊关)、河口、广州等地区反清战役和武昌起义,任民军战时总司令。南京临时政府成立,任陆军总长。袁世凯称帝后,任讨袁军总司令。1914年赴美医病,1916年病重回国,10月31日在上海病故,时年43岁。次年移柩长沙,国葬于岳麓山。墓前矗立高约10米塔形碑柱,镌刻“黄公克强之墓”。1988年定为全国重点文物保护单位。

黄安县 ①西魏改华阳县置,为华原郡治。治所在今四川剑阁县下寺镇西南王河镇。隋属普安郡。唐武德初属始州,先天二年(713)改属剑州,天宝初又属普安郡,乾元初复属剑州。唐末改为普成县。

②明嘉靖四十二年(1563)析黄冈、麻城、黄陂三县置,属黄州府。治所即今湖北红安县。明郭子章《郡县释名》湖广卷上:黄安县“割麻城太平、仙居二乡,黄冈中和乡,黄陂滠源乡,建县于姜家畈,黄民始安,故名黄安”。民国初属湖北江汉道。1932年直属湖北省。1952年改名红安县。

黄安岭口 即今河北平山县西北治乡西南黄安村。《清一统志·正定府二》:黄安岭口“在平山县西南一百四十里,南黑山南。……明正统十年筑城置戍”。

黄军浦 在今湖北武汉市城区西南。《水经·江水注》:“江之右岸有船官浦,历黄鹄矶西而南矣,直鹦鹉洲之下尾,江水溠洄洑浦,是曰黄军浦。昔吴将黄盖军师所屯,故浦得其名,亦商舟之所会矣。”《元和志》卷27鄂州江夏县:“江水,西南自蒲圻县界流入。又北对峥嵘洲,刘毅破桓玄于此。又北流经黄军浦,相传吴将黄盖屯军处。”

黄军营 在今江苏沭阳县西南。《方舆纪要》卷22沭阳县:“黄军营在县西南五里,县东南十五里有南营,东十五里有浮营。《志》云,元至元中,达如真所筑。”

黄许镇 即今四川德阳市北黄许镇。清同治《绵州志》卷12:黄许镇,“《(德阳)县志》:治北二十里。即古绵阳镇。《省志》误作黄鹿镇”。

黄孙寨 宋置,属建安县。即今福建建瓯市西南房村。《方舆纪要》卷97建宁府:黄孙寨在“府西南九十里。《志》云,即今房村上里也”。

黄阳司 即黄阳堡。今湖南永州市冷水滩区东北四十里黄阳司镇。明设黄杨堡巡司于此。

黄阳关 亦作黄羊关。明永乐中置,属平武县。在今四川平武县西北一百二十里黄羊关藏族乡。后废。

黄阳县 即莫阳县。治所在今广东阳春市西南。《晋书·地理志》作黄阳。

黄阶岭 在今甘肃陇南市武都区北。《资治通鉴》:五代晋开运元年(944),“秦州兵救阶州,出黄阶岭,败蜀兵于西平”。即此。

黄坝驿 即今陕西宁强县西南黄坝驿乡。《清一统志·汉中府二》:黄坝驿“在宁羌州西南八十里。有驿丞。南至四川保宁府广元县神山驿四十里。今有把总分防”。

黄坂 在今福建永春县西北一都镇。清雍正十二年(1734)设巡司于此。

黄坑　即今广东普宁市东北洪阳镇。《明史·地理志》普宁县："万历十（三）年移治黄坑，以洋乌、泚水二都还潮阳。"

黄坑银场　北宋置，属乐昌县。即今广东乐昌市东北横坑。

黄花台（臺）　在今河北馆陶县境。《方舆纪要》卷34馆陶县："黄花台在县西南二十里。相传汉馆陶公主所筑。"

黄花关　在今浙江临安市西一百零八里黄花岭上。《清一统志·杭州府二》：黄花关"在昌化县（今昌化镇）北六十里，与宁国县接界，最称险要"。

黄花县　唐武德元年（618）析梁泉县置，属凤州。治所在今陕西凤县凤州镇东北六十里。宝历元年（825）废。

黄花岗七十二烈士墓　在今广东广州市区东北，先烈中路西侧。初名三望岗，俗称红花岗。1911年4月27日（农历辛亥年三月二十九日），孙中山领导的同盟会在广州发动起义，与敌人激战一昼夜后失败，战死和被捕牺牲的有一百多人。起义失败后，革命党人潘达微将能收殓到的烈士遗骸七十二具，营葬于此，并易名黄花岗。1912年在原墓地建烈士陵园。1918年建墓园，布局庄严雄伟。墓门为一座有三个拱门的仿凯旋门式建筑，门额镌刻孙中山题写的"浩气长存"四个鎏金大字。门内是宽阔的墓道，长230米。墓道尽头为七十二烈士陵墓。墓后是"缔结民国七十二烈士纪功坊"，由著名革命党人章炳麟篆额。坊后立有《广州辛亥三月二十九日革命记》石碑。墓园占地3万平方米。解放后辟为公园。1961年定为全国重点文物保护单位。

黄花谷　①在今湖北安陆市南。《资治通鉴》：五代晋天福五年（940），马全节收复安州，"安审晖追败唐兵于黄花谷"。即此。

②在今陕西凤县东北。《资治通鉴》：五代周显德二年（955），王景伐蜀，蜀李廷珪"分兵出凤州之北唐仓镇及黄花谷，绝周粮道"。

黄花甸子　即今辽宁岫岩满族自治县东北黄花甸镇。清咸丰《岫岩志略》卷3凤凰城：黄花甸在"城西一百五十里"。

黄花岭堡　在今山西宁武县北。《方舆纪要》卷40崞县：黄花岭堡"在宁武关北二十里，……嘉靖中置"。

黄花店　亦名黄后店。即今天津市武清区西黄花店镇。清同治《畿辅通志》卷46武清县图：南有黄花店，驻外委。

黄花城　在今陕西凤县东北。《资治通鉴》：五代周显德二年（955），王景伐蜀，"遣裨将张建雄将兵二千抵黄花"。即此。

黄花涝市　即今湖北武汉市黄陂区西南六十五里黄花涝村。清同治《黄陂县志》卷2《乡会》：有"黄花涝"。

黄花堆　即黄瓜堆。今山西应县西北三十里黄花岭。《资治通鉴》：唐垂拱三年（687），燕然道大总管黑齿常之"大破突厥于黄花堆"。又，元和四年（809），沙陀酋长朱邪执宜"始保神武川之黄花堆"。

黄花馆　在今安徽东至县西北东流镇。《清一统志·池州府》：黄花驿"在东流县治之北。本名黄花馆，后置驿，今裁。宋杨发有《宿黄花馆》诗"。

黄花路城　即勃海所。在今北京市怀柔区西北。《清一统志·顺天府四》：黄花路城"在昌平州东北一百里。旧名勃海所。明弘治中置千户所于此。万历初移置于慕田峪，四年复还旧治。本朝顺治初改设黄花路参将驻守，后改都司，今又改守备"。

黄花镇　①即今北京市怀柔区西北五十二里黄花城。《方舆纪要》卷11昌平州：黄花镇在"州北八十里。有城。元置千户所于此。当居庸、古北二关之中，北连四海冶，拥护陵寝，为京师后户"。

②北宋于故黄花县置，属梁泉县。在今陕西凤县凤州镇东北六十里。

黄花镇川河　又名九渡河、七渡河。在今北京市怀柔区西怀柔河上游。《明一统志》卷1顺天府：黄花镇川河"源自塞外流入黄花镇口，经昌平至怀柔入白河"。

黄芦冈　清置台站。即今新疆哈密市东南黄芦冈。道光《新疆识略》卷3哈密：黄芦冈台"西至哈密底台七十里"。清祁韵士《万里行程记》：黄芦冈"民居渐多，田草亦茂。路近哈密，则有种谷麦者矣，大半皆回民为之"。

黄芦岭关　在今山西汾阳市西北六十里。置关岭上，凭高为险。明宣德中置巡司于此。清乾隆二十一年（1756）裁。

黄芦泉　在今山西闻喜县东。《方舆纪要》卷41闻喜县：黄芦泉在"县东三十里，南流溉田入浮水"。

黄材市　即今湖南宁乡县西南沩水北岸黄材镇。《清一统志·长沙府二》"茶园市"条下："黄材市在（宁乡）县西南一百十里。"

黄村　①即今北京市大兴县治黄村镇。清设南路厅同知、千总于此。1928年移大兴县于此。

②即今河北定兴县治。金属范阳县，大定六年（1166）于此置定兴县。

③即今广西蒙山县东南黄村镇。清末太平军进攻永安城，于此打败清军。

黄村口　即今浙江遂昌县西南王村口镇驻地王村口。《方舆纪要》卷94遂昌县：黄村口在"县西南六十里……闽浙相通之间道也"。

黄杨山　在今福建建阳市东南五十里洪山之北。峰峦雄踞一方。朱熹诗："闻道黄杨山上头，千峰环抱百泉幽。"

黄杨古囤　在今贵州凤冈县东三十里。《方舆纪要》卷122龙泉县：黄杨古囤"巉岩绝壁，有大河环绕其上，可容百万人”。南宋绍兴间，任正隆据之以叛，都监安文平之，营栅堑洫犹存。

黄杨岩　在今福建三明市西岩前镇。《方舆纪要》卷97延平府永安县：黄杨岩“在县北六十里，与汀州府归化县接界。上多小黄杨，因以名岩。后亦名万寿岩。又名鳞峰岩”。

黄杨废县　在今湖南衡阳县（云集镇）西。《方舆纪要》卷80衡州府衡阳县“承阳城”条下：“《志》云，府西百四十里有黄杨废县，或以为萧梁时所置。”

黄杨砦　即今福建三明市西岩前镇。《方舆纪要》卷97永安县：黄杨砦“在县北黄杨岩下。旧名岩前砦，宋嘉定十七年，以其地险远，置砦守御。绍定四年，增兵戍守。元至元中，设巡司。明朝洪武初，改为黄杨砦巡司。十四年废”。

黄杨堡　即今湖南永州市冷水滩区东北四十里黄阳司镇。明置巡司于此。

黄甫川堡　又作黄甫营。明天顺中置，属清水营。即今陕西府谷县东北七十里黄甫镇。弘治年间添设关城。《明史·鞑靼传》：成化元年（1465），兀良哈“复渡河，围黄甫川堡”。即此。清设游击驻守。

黄甫河　即今内蒙古准格尔旗南、陕西府谷县西北之纳林川、黄甫川，为黄河小支流。《清一统志·榆林府一》：黄甫川“在府谷县东北六十里。自塞外牛武城南，流径黄甫堡东，至县东杨家川口入河”。

黄甫营　即黄甫川堡。今陕西府谷县东北黄甫镇。《清一统志·榆林府》：黄甫营“在府谷县东北七十里，……明天顺中置，属清水营。宏治中添设关城”。清设游击驻守。

黄酉河　在今河南确山县北三十里。《方舆纪要》卷50确山县：黄酉河“源出乐山，即练河之上流也”。

黄连大垩山　在今重庆市黔江区东北。《舆地纪胜》卷176黔州：黄连大亚山“在黔江县东北四十二里”。相近为黄连小垩山。

黄连山　在今广东连山壮族瑶族自治县南。《隋书·地理志》：连山县“有黄连山”。《元和志》卷29桂阳县：黄连岭“在县西南一百五十里”。《清一统志·连山厅》：黄连山，“《旧志》：在县南四十里。产黄连”。

黄连县　唐开元二十四年（736）置，属汀州。治所在黄连镇（今福建宁化县东五里）。天宝元年（742）改名宁化县。《寰宇记》卷102汀州：宁化县“武德初为黄连，以地有黄连洞以为名”。

黄连沙头　在今江苏启东市东黄海中。元代漕粮自刘家港出发，经此北航。《元史·食货一》：“海运之道，自平江刘家港入海，经扬州路通州海门县黄连沙头。”

黄连坡关　在今云南梁河县东南三十五里。《方舆纪要》卷119南甸安抚司：黄连坡关，“《志》云：自腾越西南行二百里，逾黄连关，即至干崖境”。

黄连坡镇　即今四川西昌市南黄联关镇。民国《西昌县志》卷1：黄连坡“距县五十五里”。

黄连岭　在今浙江淳安县南。宋《淳熙严州图经》卷首《遂安县境图》：遂安县南与西安县界上有黄连岭。《方舆纪要》卷90遂安县：黄连岭在“县南八十里。岩石峻险，路达西安”。

黄连河　又名黄梁河。在今陕西洛川县东南。《清一统志·鄜州》：黄梁水“在洛川县东南六十里。源出黄梁谷，一名黄连河，西南流入洛”。

黄连垭　在今湖北郧西县南汉水北岸。《方舆纪要》卷79郧西县“金花砦”条下：“黄连垭，在县南四十里。舟行自此入汉之埠口也。”

黄连洞　本名连城洞，在今福建宁化县东。《舆地纪胜》卷132汀州《景物下》：黄连洞“在宁化县，县旧以此名”。《资治通鉴》：唐乾元元年（894），“黄连洞蛮二万围汀州，福建观察使王潮遣其将李承勋将万人击之”，即此。

黄连埠　在今安徽肥东县北境。《宋史·刘锜传》：南宋绍兴十一年（1141），刘锜率兵抗金，收复庐州，而濠州告急，“锜趋黄连埠援之”。即此。

黄连堡　在今云南永平县东北黄连街。《清一统志·永昌府》：黄连堡“在永平县东一百里”。

黄连溪　①在今湖南新化县北。《方舆纪要》卷81新化县：黄连溪在“县北二十里”。

②即今湖北恩施市南芭蕉河。《方舆纪要》卷82施州卫：黄连溪在“卫南三十里。一名芭蕉溪。卫西南二十里又有朱砂溪合焉，经天成山石桥下，又东北流二里，入于清江”。

黄连墟　在今广东佛山市顺德区西北四十六里黄连村。明万历《广东通志》卷16：顺德县有“黄连墟”。

黄连镇　①唐乾封二年（667）置，属沙县。在今福建宁化县东五里。开元二十四年（736）升为黄连县。

②唐乾符二年（875）以故绥成县治为黄连镇，在今福建建宁县西南三里。五代南唐改为永安镇。

黄县　①战国秦置，属胶东郡。治所即今山东龙口市城关镇东南二十五里黄城集。出土秦封泥中有“黄丞之印”可证。《汉书·主父偃传》：秦欲攻匈奴，“使天下飞刍挽粟，起于黄、腄、琅邪负海之郡，转输北河，率三十钟而致一石”。黄即黄县。西汉属东莱郡。东汉为东莱郡治。西晋属东莱国。北魏属东牟郡。北齐属长广郡，天保七年（556）移今山东龙口市东城关镇。隋属东莱郡。唐属莱州，神龙三年（707）并入蓬莱县。先天元年（712）复置，属登州。明属登州府。民国初属山东胶东道。1925年属东海道。1928年直属山东省。1986年迁治龙口，改设龙口市。

②北魏置，属东晋寿郡。治所在今四川广元市

境。后废。

③隋开皇六年（586）分济阴县置，属曹州。治所在今山东曹县西十里。十八年（598）改蒙泽县。

黄邮水　古棘水在今河南新野县东一段，称为黄邮水。《后汉书·吴汉传》：吴汉“与秦丰战黄邮水上，败之”。《水经·淯水注》：“棘水又南径新野县，历黄邮聚。世祖建武三年，傅俊、岑彭进击秦丰，先拔黄邮者也。谓之黄邮水。”

黄邮蛮　在今河南新野县东。《水经·淯水注》：“棘水又南径新野县，历黄邮聚，谓之黄邮水。大司马吴汉破秦丰于斯水之上。其聚落悉为蛮居，犹名之为黄邮蛮。”

黄邮聚　在今河南新野县东。《汉书·王莽传》哀帝下诏曰：“以黄邮聚户三百五十益封莽。”《后汉书·岑彭传》：“令彭率傅俊、臧宫、刘宏等三万余人南击秦丰，拔黄邮。”

黄岐　即今福建连江县东北黄岐镇。清福建闽安协水师把总驻此。

黄岐山　在今广东揭阳市北。《方舆纪要》卷103潮州揭阳县：黄岐山在“县北十里。上有石湖，四时不竭，绝顶又有石浮图，下有二岩，东曰竹冈，西曰松冈，皆有洞壑之胜”。

黄岐埠　又作黄旗埠。即今山东安丘市东北四十二里黄旗埠镇。清光绪《山东通志》卷2《舆图志》：安丘县东北有黄岐埠。

黄岘关　义阳三关之一。一作广岘关。在今河南罗山县西南。《魏书·地形志》：南司州东随县“有黄岘关”。《魏书·中山王英传》：永平二年（509），“进击黄岘”。即此。《舆地纪胜》卷80作“九里关”。

黄岑山　即骑田岭。又名上岭山、客岭山、黄箱山。在今湖南郴州市南六十里，接宜章县界。《水经·耒水注》：黄水“出（郴）县西黄岑山，山则骑田之峤，五岭之第二岭也”。《方舆纪要》卷82郴州：黄岑山“岭高千余丈，绝顶一望，郴、桂皆在目中。宋庆历七年，桂阳蛮遁入郴州黄岑山”。

黄谷　当在今甘肃永登县南。《晋书·沮渠蒙逊载记》：南朝宋永初元年（420）欲伐西凉，引兵攻西秦浩亹，潜还，“乃露布西境，称得浩亹、将进军黄谷”。即此。

黄谷畈村　在今河南新县西南三十六里。1930年中国工农红军第一军司令部设此。

黄角井　又名四望关。在今四川乐山市东南五通桥区。《清一统志·嘉定府二》：黄角井“在乐山县东南四十里。旧名四望关。盐捕通判驻此”。

黄岛　在今山东青岛市西南黄岛镇。《方舆纪要》卷36胶州“石臼岛”条下：“黄岛在州东南六十里海中。旧有居民，后因倭寇，其地遂墟。”

黄岛区　2012年撤销山东省青岛市黄岛区、县级胶南市，设立新的青岛市黄岛区，区政府驻隐珠街道深圳路181号。

黄沙　①在今广东广州市区西。为广州南站，粤汉铁路发端于此。对岸为石围塘，与广三铁路相望。

②在今广东大埔县东北西河镇北。《明史·地理志》大埔县：“南有大产巡检司，后迁黄沙。”

③即黄沙城。今陕西勉县东南黄沙镇。《三国志·蜀书·后主传》：建兴十年（232），“亮休士劝农于黄沙，作流马木牛毕，教兵讲武”。《水经·沔水注》：黄沙水“北出远山，山谷邃险，人迹罕交，溪曰五丈溪。水侧有黄沙屯，诸葛亮所开也”。

黄沙五渡河　即淅水上源。在今河南卢氏县南及西峡县境。《清史稿·地理志》南阳府内乡县：“淅水自卢氏入，径修阳故城，一曰汤河，俗名黄沙五渡。”

黄沙水　在今陕西勉县东。《水经·沔水注》：黄沙水“北出远山，山谷邃险，人迹罕交……其水南注汉水”。

黄沙戍　唐置，在今青海尖扎县西。《元和志》卷39达化县：黄沙戍“在县东六十里”。后废。

黄沙关　在今广西全州县东北七十五里。《方舆纪要》卷107全州：黄沙关“道出永州府。关下有黄沙渡”。

黄沙江　即今四川广元市西之白龙江。《方舆纪要》卷68剑州：黄沙江“在州北百五十里，即白水江也。自青川所流入州界，经黄沙坝，因名。又折而东，至昭化县，入嘉陵江”。

黄沙村　即今广东陆丰县北大安镇。清雍正七年（1729）置巡司于此。

黄沙县　唐武德元年（618）置，属南丰州。治所在今湖北郧西县东。八年（625）废。

黄沙岭　①在今山西昔阳县东八十里，与河北赞皇县交界处。《北齐书·李密传》：“尔朱兆至广阿，高祖令密募段、定二州兵五千人镇黄沙、井陉二道。”

②在今安徽泾县东南六十里。《清一统志·宁国府一》：黄沙岭“广数十里，高十余丈，下有水，流经旵山入于丁溪”。其下有黄沙镇。

③在今江西上饶市南。南宋词人辛弃疾曾过此，作有《西江月·夜行黄沙道中》。

黄沙岭口　在今河北赞皇县西四十六里黄沙岭村。西与山西昔阳县接界。《方舆纪要》卷14赞皇县：黄沙岭口在“县北黄沙岭下，北去故关百里。正统四年置戍，嘉靖二十一年增兵防守”。

黄沙河　①即今湖北广水市东部之广水河，为澴水上源之一。《清一统志·德安府》：黄沙河“在应山县东，南流入汉阳府孝感县界。一名环水。……《县志》：黄沙水东南流，广港、月港水注之，至七里冈会东河”。

②集镇名。即今广西全州县东北七十五里黄沙河镇。元置黄沙站，明置黄沙关。《清一统志·广西统部》：全州营经制外委“分防黄沙河”。即此。

黄沙驿　即今陕西勉县东黄沙镇。《清一统志·汉中府二》：黄沙驿“明置。本朝初设驿丞，乾隆五十五年裁”。

黄沙城 即今陕西勉县东黄沙镇。《三国志·蜀书·后主传》：建兴十年（232），“亮休士劝农于黄沙，作流马木牛毕，教兵讲武”。《魏书·地形志》：沔阳县有黄沙城。

黄沙站 元置，属全州路。即今广西全州县东北黄沙河镇。

黄沙营 在广东广宁县东北一百二十里。《清一统志·肇庆府》：黄沙营“明嘉靖十二年置。一名南绥营。当大罗山之襟喉，各峒瑶出入由此”。

黄沙堡 即今湖南宜章县西南黄沙镇。《方舆纪要》卷82宜章县“白沙镇”条下：“又县西南九十里为黄沙堡，俱洪武二十七年置。”

黄沙港市 即今江西弋阳县东南黄沙港。为弋阳、铅山、横峰三县交界冲要。清同治《江西全省舆图》卷11：弋阳县有黄沙港汛。

黄沙渡 在今贵州金沙县东南鸭池河北岸。明置巡司于此。

黄沙隘 即大黄沙隘。在今江西瑞金市东南。《方舆纪要》卷88赣州府瑞金县：黄沙隘“在县东南。路通汀州，平坦可以据守”。

黄沙溪 在今福建罗源县西北。《清一统志·福州府一》“起步溪”条：“又黄沙溪在县西北，流入九龙溪。”

黄沙嶂 ①在今广东梅州市东南。《清一统志·嘉应州》：黄沙嶂“在州东南十五里。其北面曰清凉山”。

②在今广东兴宁市南。《方舆纪要》卷103兴宁县：黄沙嶂“在县南三十里。高百余丈，周百里”。

黄沙镇 即今安徽泾县东南六十里黄沙坑。《资治通鉴》：唐武德六年（623）十一月甲申，“舒州总管张镇周等击辅公祏将陈当世于猷州之黄沙，大破之”。即此。

黄沟 春秋吴王夫差十四年（前482），为北上称霸中原而凿。《国语·吴语》：“起师北征，阙为深沟，通于商、鲁之间，北属之沂，西属之济，以会晋公午于黄池（今河南封丘县西南）。”东自今江苏沛县，经山东单县、曹县及河南兰考、封丘等县，西达济水。史称黄沟。

黄沟泉 在今山东滕州市东南八十里。《方舆纪要》卷32滕县：黄沟泉“与温水、龙湾诸泉，旧俱经沛县留城闸入漕河”。

黄冶三彩窑址 在今河南巩义市东北十二里站街镇大、小黄冶村，分布在黄冶河两岸，总面积约23万平方米。该窑始烧于唐代早期，至唐代中期达到鼎盛，唐代晚期仍在生产。三彩制品以瓶、壶、罐、碗、盘、灯等器皿为多，另有一些马、象、狮、小儿骑马等动物和人形玩具及俑、建筑构件等。器皿造型端庄秀丽，玩具传神逼真。胎质细白，多施黄、褐、蓝、绿、白色釉，晶莹光洁，色彩斑斓。黄冶三彩窑址是唐三彩窑址中时代最早、产品质量较好的窑址。该窑烧制的三彩器常出土于洛阳、西安等地的唐代城址和墓葬中，并远传到日本、朝鲜半岛、东南亚、中亚、西亚和埃及等地，在当地曾产生较大的影响。2001年定为全国重点文物保护单位。

黄罕岭 在今浙江新昌县东北。《资治通鉴》：唐咸通元年（860）五月，“（王）式曰：‘贼（按：指裘甫起义）无所逃矣，惟黄罕岭可入剡’。……贼果自黄罕岭遁去”。即此。

黄陂 在今安徽凤台县西北。《水经·淮水注》：“（鸡）水出鸡陂，东流为黄陂。”《新唐书·地理志》颍州下蔡县：“西北六十里有黄陂。”

黄陂水 在今广西柳州市西。《明一统志》卷83柳州府：黄陂水“在府城西三十里，流入柳江”。

黄陂县 北周大象元年（579）置，属齐安郡。治所在今湖北武汉市黄陂区北三里。隋属永安郡。唐属黄州。南宋端平三年（1236）寄治青山矶（今湖北武汉市青山区北）。元还旧治，后徙治于今武汉市黄陂区，属黄州路。明属黄州府。清改属汉阳府。民国初属湖北江汉道。1932年直属湖北省。民国初副总统黎元洪为黄陂县人。1998年改设武汉市黄陂区。

黄陂站 即今湖北大悟县东七十里黄站镇。清置巡司于此。光绪《黄安县志》卷10《兵事》：同治六年（1867）正月，捻军“由黄陂站、吕旺城至西南乡”。

黄陂湖 在今安徽庐江县东南十五里。《方舆纪要》卷26庐江县：黄陂湖在“县东南十五里。周八里许”。《清一统志·庐州府一》：黄陂湖“径八里，西连沙湖，受县河及四山之水，东出缺口”。

黄陂溪 即今广东兴宁市北之黄陂河。为兴宁河支流。《方舆纪要》卷103兴宁县：黄陂溪“在县东。发源德马砦，……入于通海河”。

黄陂墟 ①即今江西宜黄县西南五十六里黄陂镇。清同治《江西全省舆图》卷2抚州府宜黄县：西南有“黄陂”。

②即今广东兴宁市东北六十里黄陂镇。清光绪《广东舆地全图》兴宁县图：东北有黄坡墟。

黄陂镇 又作王陂镇。即今江西宁都县西北七十里黄陂镇。清时设汛。

黄武山 在今河南新县南。为小潢河发源处。《水经·淮水注》：黄水“出黄武山，……东北入于淮”。

黄坵埠镇 即今江西余干县东南黄金埠镇。《清一统志·饶州府二》：黄坵镇“在余干县东南五十里。元置巡司，明初废。隆庆中移康山巡司驻此。今裁”。

黄坡墟 即今广东吴川市西南黄坡镇。清光绪《吴川县志》卷1：黄坡在“城西二十里。旧名丁当，又名顿当”。1938—1951年吴川县迁治于此。

黄茆镇 在今江西安福县南。《方舆纪要》卷87吉安府安福县：黄茆镇在“县南七十里。有巡司，万历三年徙于县西时砦旧址，以防草寇猖獗”。

黄范站 元置，属邕州路。在今广西南宁市邕宁区东北邕江岸。明改为驿。

黄茅山 ①一作黄梅山。即今浙江宁波市东北海中大黄毛岛。明嘉靖《定海县志》卷5：黄茅山“近七里屿”。

②在今湖南岳阳市东南三十里。《方舆纪要》卷77岳州府巴陵县：黄茅山“盘亘数里，壁立干霄”。

黄茅市 即今江西万载县西黄茅镇。清同治《江西全省舆图》卷5：万载县西“仙人塘又五里至黄茅”。

黄茅尖顶砦 在今广东兴宁市西北。《方舆纪要》卷103兴宁县：黄茅尖顶砦“在县西四十余里。山顶旁有天然湖，四时不竭，俗呼野猪湖”。

黄茅关 明置，在今湖北竹山县西。《方舆纪要》卷79竹山县：黄茅关山“昔置关于此，并置巡司。今皆废”。

黄茅关山 在今湖北竹山县西。《方舆纪要》卷79竹山县：黄茅关山在“县西十五里。山险峻，昔置关于此”。

黄茅坡 在今湖南凤凰县西北五十里。山势陡峻。清严如熤《苗疆险要考》谓为由县至永绥（今花垣县）“第一扼要之区”。

黄茅岭 在今湖北大悟县北。《方舆纪要》卷77孝感县：黄茅岭“在县北二百五十里。为县境之险阻。其相近者又有白杨岭。《险要说》：孝感之黄茅岭与应山之高贵山、随州之楞枨山，皆与信阳三关形势联络。上接襄、邓，下连光、黄，《图经》所谓天下之中络，楚北之要害也”。

黄茅埂 在今四川雷波县与美姑县之间，为大小凉山分界山。海拔3960米。民国常隆庆《雷马峨屏调查记》：“黄茅埂附近及西溪河以东之地乃称大凉山。”

黄松甸 亦名黄花松甸子。即今吉林蛟河市东南黄松甸镇。清光绪《吉林通志》卷15敦化县《屯镇》：西北“一百三十里黄花松甸子屯”。吉林至敦化铁路经此，并设黄松甸站。

黄松峪关 明置，属平谷县。在今北京市平谷区东北三十二里黄松峪乡。《明史·地理志》平谷县：“又东有黄松峪关，与密云县将军石关相接。”

黄虎川 亦名黄浒水。即今四川射洪县东南洋溪河。《寰宇记》卷82通泉县：“黄浒水，源从盐亭县，东南流入当县合涪江。”《宋书·朱龄石传》：东晋义熙九年（413）伐蜀，高祖与龄石密谋进取，曰：“刘敬宣往年出黄虎，无功而退。”遂“使羸弱乘高舰十余，由内水向黄虎”。即此。

黄虎城 在今四川射洪县东南洋溪镇。《宋书·刘敬宣传》：东晋义熙四年（408）伐蜀，“由垫江而进，敬宣率先士卒，转战而前，达遂宁郡之黄虎，去成都五百里”。宋郭允蹈《蜀鉴》卷5：“黄虎在今潼川府通泉县。”《寰宇记》卷82通泉县：“地名黄浒川。”黄浒即黄虎之讹。

黄国故城 在今河南潢川县城西北十二里淮河与潢河之间。又名隆古城、西古城。西周时所封黄国于公元前648年被楚国所灭。黄国故城是保存较为完整的春秋诸侯国都。城垣系夯土筑成，略呈正方形。墙基宽39米，垣高3—5米，东西长1550米，南北宽1350米，占地2平方公里。古城内遍布春秋时文化遗物。城内偏南部有宫殿遗址，出土有陶鼎腿、陶鬲腿、铜箭镞等。城南200米处有铜作坊遗址，出土有铜块和炉渣等。城西为密集的古墓葬区。2006年定为全国重点文物保护单位。

黄岩山 ①在今浙江台州市黄岩区西南。《元和志》卷26台州黄岩县：黄岩山“在县西南二百三十里”。《寰宇记》卷98黄岩县：“以其山顶有黄石，故以名之。”县以山名。

②在今江西上饶县东。《清一统志·广信府一》：黄岩山“在上饶县东五十里。山半一岩，宽敞如室，中有泉水，自石窦中出，味极甘美。其巅高圆如甑，俗亦呼为饭甑山”。

黄岩市 1989年由浙江省黄岩县改置。1994年撤销，改设台州市黄岩区、路桥区。

黄岩场 在今浙江台州市黄岩区东南。《方舆纪要》卷92黄岩县：黄岩场“在县东南六十里。宋曰迂浦盐场，元曰黄岩场监，元贞初升盐司，明初改今名”。

黄岩江 在今湖南凤凰县北二十三里。清严如熤《苗疆险要考》谓“两山雄峙，一径盘纡，东西隘口数处，……为民间御苗之地”。

黄岩县 唐武后天授元年（690）改永宁县置，属台州。治所即今浙江台州市西之黄岩区。《寰宇记》卷98：“以其山顶有黄石，故以名之。”元属台州路，元贞元年（1295）改黄岩州。明洪武二年（1369）复为黄岩县，属台州府。民国初属浙江会稽道。1927年直属浙江省。1989年撤销，改置黄岩市。1994年撤销台州地区，改设地级台州市（驻椒江区）。原县级黄岩市改置黄岩区。

黄罗山 在今湖南安化县南。《方舆纪要》卷80安化县“辰山”条：“又黄罗山，在县（梅城镇）西北百二十里。四面悬崖壁立，仅有小径，可缘而上。宋元之季，民多避兵于此。”

黄罗寨 在今湖南凤凰县南三十里。峰峦环抱。清为前营生苗出麻阳要路。

黄岭 在今广西玉林市西北。《方舆纪要》卷108兴业县：黄岭在“县东南十里。重峦迴合，下多居民”。

黄岭山 在今广东东莞市南。《新唐书·地理志》广州：东莞县“有黄岭山”。《清一统志·广州府》：黄岭山“在东莞县南。唐十道志，岭南名山之一。《县志》，在县南三十五里，县治朝山也。峰峦秀拔，状如卓笔，迤逦而西，作展旗状，俗名黄旗岭。下有泉出石罅，味甘美，宋绍兴间，邑宰张勋筑亭甃石，扁曰廉泉”。

黄岭墟　即今广东电白县东北黄岭镇。清道光《电白县志》卷8：黄岭墟“在县北一百里”。

黄岭镇　即今浙江杭州市萧山区西南黄岭村。《资治通鉴》：唐中和三年（883），“刘汉宏分兵屯黄岭、岩下、贞女三镇，钱镠将八都兵自富春击之，破黄岭”。即此。《方舆纪要》卷92萧山县：黄岭镇“在县西南四十八里之黄岭，亦曰黄岩镇”。

黄阜山　在今山西潞城市西北。《隋书·地理志》上党郡潞城县：“有黄阜山。”《元和志》卷15潞城县：“黄阜山在县西北二十五里。刘聪将綦毋劉败晋将崔恕于黄阜。”

黄金口市　即今湖北公安县西十八里黄金口。清同治《公安县志》卷2《乡市》：“黄金口市，在大光里。”

黄金山　①古为金山。在今辽宁大连市旅顺口东。《清一统志·奉天府一》：黄金山“在宁海县（今大连市金州区）西南界，唐书作金山”。

②在今江西都昌县东北，接鄱阳县界。《舆地纪胜》卷25南康军：黄金山“在都昌。《旧图经》云，有道士炼金丹于此山，因以得仙，故名”。《清一统志·南康府一》：黄金山“在都昌县东北一百二十里。山顶有龙湫，祷雨多应。有巨石广数十丈，飞泉喷出石间，名飘水岩，迂回而入，忽登爽垲。有田常丰，产煤炭石灰”。

黄金水　①即今江西峡江县西南黄金江。《舆地纪胜》卷34临江军：黄金水“在新淦县西南百三十里。自新喻县界东流入断金乡，九十里达于赣江”。《清一统志·临江府》：黄金水“在峡江县（治今巴邱镇）南三十里”。

②古名蘧蒢水。即今陕西洋县东金水河。《元和志》卷22洋州黄金县：黄金水“出县西北百亩山黄金谷，南流经县西，去县九里”。《清一统志·汉中府一》引《县志》：“金水河，在东百里。源出秦岭，南流至黄金峡之金潭入汉。”

黄金台（臺）　①又称金台、燕台。在今河北易县东南北易水南。《文选》卷28《乐府·放歌行》：“将起黄金台。”李善注引王隐《晋书》曰：“段匹磾讨石勒，进屯故安县故太子丹金台。”《清一统志·顺天府三》引《上谷郡图经》：“黄金台在易水东南。燕昭王置千金台上，以延天下士。”《晋书》：段匹磾讨石勒，屯故燕太子丹黄金台，即此。

②在今北京市城东南。清孙承泽《天府广记》卷37引梁任昉《述异记》：“燕王为郭隗筑台，今在幽州燕王故城中，土人呼为贤士台，亦曰招贤台。”《清一统志·顺天府三》：黄金台，“按《史记》：昭王为郭隗改筑宫而师事之，不言筑台。后汉孔融论盛宪书，始云昭王筑台以事郭隗，然亦无所谓黄金台也。至《水经注》及《文选》李善注引王隐《晋书》、隋《上谷图经》，始有黄金台之名。然皆在今易州，惟《述异记》谓台在幽州，后人缘此以筑耳”。

黄金戍　汉置，在今陕西洋县东八十五里。《三国志·蜀书·王平传》：蜀汉延熙七年（244），曹爽侵汉中，王平议先遣军据兴势，“若贼分向黄金，平率千人下自临之”。《水经·沔水注》：“有黄金戍傍山依峭，险折七里。氐掠汉中，阻此为戍，与铁城相对。一城在山上，容百余人；一城在山下，可置百许人，言其险峻，故以金、铁制名。”

黄金庄　即今河北清河县东北十里黄金庄乡。清同治《畿辅通志》卷51清河县图：东北有黄金庄。

黄金坝　在今四川广元市南嘉陵江东岸黄龙乡。《舆地纪胜》卷184利州：黄金坝，“《图经》云：益昌县东南沿江有平田号黄金坝。故老相传谓州城基在此，即古晋寿城也”。

黄金县　西晋置，属汉中郡。治所在今陕西洋县东。《元和志》卷22黄金县：“因黄金水而名。”南朝宋、齐时废。北魏大统十二年（546）复置，属晋昌郡。隋大业十一年（615）移治巴岭镇（在今洋县东北），属汉川郡。唐贞观三年（629）移治今洋县东真符村，属洋州。广德后移治今西乡县北汉水北岸。元和后还治今真符村。北宋乾德四年（966）废。

黄金谷　在今陕西洋县东北。《水经·沔水注》：“汉水又东径小、大黄金南，山有黄金峭，水北对黄金谷。”《元和志》卷22洋州黄金县：“黄金水，出县西北百亩山黄金谷，南流经县西，去县九里。其谷水陆艰险，语曰：‘山水艰阻，黄金、子午’。”

黄金岛　在今重庆市万州区南三里长江中。《舆地纪胜》卷177万州：黄金岛“在州南三里，近南岸。屹立江心，高数丈，土人淘金于此”。

黄金固　即今山东章丘市西北水寨镇。《资治通鉴》：东晋太元十三年（388），“（后）燕青州刺史陈留王（慕容）绍为平原太守辟闾浑所逼，退屯黄金固”。即此。

黄金采　西汉鄱阳县地。在今江西鄱阳湖区南山附近。《汉书·地理志》豫章郡鄱阳县：“武阳乡右十余里有黄金采。”颜师古注：“采者，谓采取金之处。”

黄金洞　即今湖南平江县东八十九里黄金洞金矿。宋以后为产金之地。

黄金浦　一名黄军浦。在今湖北武汉市武昌区西南。《宋书·沈攸之传》：升明元年（477），攸之攻郢城，“至沌口，云：‘当问讯安西，暂泊黄金浦’”。《水经·江水注》：“直鹦鹉洲之下尾，江水溠迴洑浦，是曰黄军浦，昔吴将黄盖军师所屯，故浦得其名，亦商舟之所会矣。”

黄金埠　即今江西余干县东南黄金埠。清同治《江西全省舆图》卷12：余干县东南“霞山又十里至黄埠镇”。

黄金堤堡　在今河北大名县北五十里。《方舆纪要》

卷16元城县：黄金堤堡“在府（今大街乡）东北三十里。皆商民辏集处”。

黄金税课局　即今江西赣州市西南黄金。《方舆纪要》卷87赣州府赣县：黄金税课局“在府西。相近曰大壶税课局。府东又有社富税课局，俱明初置”。

黄金镇　在今江西赣州市西南十里。《明史·地理志》赣州府赣县：“南有长洛巡检司，后迁县西黄金镇。”

黄金嘴山　在今江西都昌县东南黄金嘴旁，滨鄱阳湖。清时有千总驻防。

黄金濑　在今湖南岳阳市东北。《水经·江水注》：“江之南畔名黄金濑，濑东有黄金浦。”《艺文类聚》卷83引《幽明录》曰：“巴丘县自金冈以上二十里，名黄金潭，莫测其深。上有濑，亦名黄金濑。古有钓于此潭，获一金锁，引之，遂满一舡。有金牛出，身莽壮。钓人被骇，牛因奋勇，跃而还潭。锁将乃尽，钓人以刀斫得数尺。潭濑因此取名。”

黄昏城　在今山西山阴县北二十五里永静城。《方舆纪要》卷44山阴县：黄昏城“在县北。亦曰日没城，……后魏孝文所筑”。

黄昏荡　在今江苏宝应县东。《方舆纪要》卷23宝应县：“黄昏荡在县东七里。东南接望直港，东北达县东八十里之凌溪。《志》云，望直港在县东十五里。宋嘉定八年所浚，西接宋泾河。宋泾即城中市河也，引流而东，接望直港，亦北达于黄昏荡。”

黄鱼硚铺　即今贵州绥阳县西北黄鱼村。《清一统志·遵义府》“中堡铺”条下：又有“黄鱼硚铺”等，皆戍守处。

黄卷坂　亦作黄巷坂。在今陕西潼关县东北，旧潼关东北黄河南岸。晋潘岳《西征赋》：“发阌乡而警策，溯黄卷以济潼。”即此。

黄河　即今中国著名大河黄河。最早称为“河水”。黄河之名首见于《汉书·高惠高后文功臣表》：“封爵之誓曰：使黄河如带，泰山如厉，国之永存，爰及苗裔。”《三国志·魏书·袁绍传》裴注引《献帝传》：“悠悠黄河。”《水经·河水注》：“自黄河泛舟而渡者皆为河津也。”唐以后为大河的正名。黄河发源于今青海省巴颜喀喇山北麓。全长5494公里。由于黄河易淤易决，上游在宁夏、内蒙古河套平原，中游在山西、陕西二省的龙门、潼关间，下游自河南武陟、荥阳以下，河道时有变迁。据历史记载统计，决口约一千五六百次之多。清康熙时，胡渭《禹贡锥指》提出五大徙之说，后人加上清咸丰六年（1855）河决铜瓦厢，改由今道入海后，遂成六大徙之说。近年又有学者提出较大改道二十六次之说。其分期如下：(1）战国或战国以前。①据《尚书·禹贡》：故道自今河南武陟县东北流至浚县西折北至河北平乡北，东北流分为“九河”，最北一支为干流，北流至深州市南折东北至静海东南入海。②据《山海经·北山经》：故道自今河北深州市南（以上同《禹贡》），以下东北流经霸州市南，东流至天津市区入海。(2）西汉。据《汉书·地理志》与《水经注》里的“大河故道”。故道自今河南浚县西南，东北流经滑县南、濮阳市西、河北大名东、山东高唐南，折北经德州市东、河北南皮西，又东北至沧县东北入海。(3）东汉至北宋初。自东汉永平十三年（70）王景治河成功至唐景福二年（893），河道长期基本不变，即《水经注》、《元和志》所载当时大河。故道自今河南濮阳市南，东北流经山东聊城、茌平南，折北经禹城西，又东北经滨州市南入海。(4）北宋庆历后。庆历八年（1048）河决商胡埽（今河南濮阳市东北），至次年形成一新道，自今河南濮阳市东北折西北经内黄东，北流经河北大名西、南宫东，枣强、武邑西，献县东，至青县南由今南运河经天津市由海河入海。宋人称此道为北流。至嘉祐五年（1060）又在今大名县西南东决，东北经今山东冠县、夏津，略循今马颊河至冀鲁交界处入海。时称此道为东流。熙宁二年（1069）导东流，闭北流，元丰四年（1081）又决入北流。绍圣元年（1094）又导东闭北，元符二年（1099）又决入北流。(5）金、元至明万历初。南宋建炎二年（1128）东京留守杜充于滑县西南人为决河，遂使河道东决夺泗入淮。自后河道极为混乱。总的情况是重要决口西移，正流不再经过河南浚县、滑县间。经常数道并行，彼此迭为主、副。东流则或由马颊河，或由徒骇河，或由北清河（今山东东平以下黄河）入海，南流则夺泗、汴、睢、涡、颍等水由淮入海。初以南流为主，东流为副，终于尽断东流。南流诸道中又以自今河南原阳乱汴、睢故道东出徐州由泗入淮为主。(6）明万历初至清咸丰五年（1855）。万历初潘季驯治河功成，才尽断旁出诸道，把金、元以来黄河东出徐州由泗夺淮的主流固定下来成为下游唯一的河道，大致即今地图上的淤黄河。(7）1855年至1947年前。1855年河决今河南兰考境内铜瓦厢（时属兰阳，今已坍入河中），改道东流。至1875年形成今道。1938年国民党政府挖开郑州花园口大堤，河水乱颍、涡入淮。至1947年才恢复故道。

黄河屯　亦名海兰泡。即今俄罗斯精奇里江（结雅河）入黑龙江口处之布拉戈维申斯克。清西清《黑龙江外记》卷1：精奇里江“水黄，俗称黄河”。屯因水名。咸丰八年（1858）通过不平等的中俄《瑷珲条约》被俄割占。

黄河关　在今河南孟州市南。《方舆纪要》卷49孟县：黄河关“在县南，黄河北岸”。

黄河沿　在今青海玛多县西南。民国汪公亮《西北地理》青海湟源至结古路：豆云“一百十里药沟，西行至黄河滩，番名玛云，即黄河沿，路通鄂陵湖”。1957年于此置玛多县。1974年玛多县迁治玛查里。

黄河栈道遗址　在今山西平陆县、三门峡水库大坝下游黄河崖壁上，是紧靠河水冲击处开凿的狭窄石路，上下两股道，石路断开处凿出一排排四方洞（大约有八百至九百个)，塞上木桩搭成小道，昔日船夫们在小道上拉纤。石壁间有供纤夫系绳索攀援或系船的牛鼻孔。栈道上现存最早的石刻年代为东汉桓帝和平元年（150），栈道实际开凿时间更早。栈道上还有魏、隋、唐、宋、明、清各代石刻。黄河古栈道是昔日船工艰辛生活的见证，也是研究我国古代东西交通史、黄河漕运史的珍贵文物。2006年定为全国重点文物保护单位。

黄河涯　即今山东德州市东南二十三里黄河涯镇。旧为黄河所经，故名。津浦铁路经此。

黄河寨　在今山东龙口市东北海口。《清一统志·登州府》：黄河寨“在黄县东北二十里海口。宋筑寨。明崇祯十年建石城”。

黄泗浦　①在今江苏张家港市东。唐天宝十二年（753），高僧鉴真第六次东渡日本时在此启航。

②北宋宣和二年（1120）修。在今江苏常熟市西北五十里。南宋范成大《吴郡志》卷19：“黄泗浦连小山浦，开修至湖口，长七十里有畸。”

黄泥冈集　即今安徽滁州市北黄泥冈镇。清康熙《滁州志》卷4有黄泥冈集。

黄泥市　即今安徽庐江县南黄泥镇。清光绪《庐州府志》卷3庐江县：黄泥河镇在“县南三十五里”。

黄泥关　在今湖南靖州苗族侗族自治县西。《清一统志·靖州》：黄泥关“西接贵州黎平府锦屏县界，北接贵州镇远府天柱县界。有把总分防”。

黄泥垅　在今湖北通山县东三十里。明初设巡司于此。清废。

黄泥河　即今吉林敦化市西北黄泥河镇。清光绪《吉林通志》敦化县图：西北有黄泥河。民国《东北年鉴》：吉敦铁路有黄泥河站。

黄泥巷镇　即今江西大余县南黄泥巷。明、清皆有巡检驻防。

黄泥洼堡　明置，即今辽宁辽阳县西北黄泥洼镇。明《辽东志》卷3：长安堡下有“黄泥洼台大墩”。即此。

黄泥堡　在今四川荥经县西南四十里凤仪乡（黄泥铺）。清乾隆《卫藏通志》卷4：“大通桥十里过安乐坝、清溪县境，十里过黄泥铺，上山，十里至小关山。”

黄泥港　在今安徽潜山县西南。《方舆纪要》卷26潜山县：黄泥港在“县西北二十里。太湖县境之水汇流于此，合于潜水”。

黄泥港镇　在今江苏仪征市东黄泥港。清时有把总驻此。

黄泥湾　①即今广东阳春市东北春湾镇。清置巡司于此。同治《广东图说》卷45阳春县：黄泥湾司“驻黄泥湾墟。其属大乡十”。

②在今重庆市城口县南。清道光《城口厅志》卷4：黄泥湾在“厅南七十里。嘉庆元年，白莲教首黄富才等聚众倡乱于此”。

黄波罗峪　即今辽宁本溪东南黄波香峪。清乾隆《钦定盛京通志》卷25：黄波罗峪在“（凤凰）城北一百八十七里。一名分水岭”。

黄泽　①又作黄泽岭。在今山西左权县东南八十五里。《资治通鉴》唐光化三年（900），朱全忠击刘仁恭，刘仁恭“求援于河东，李克用遣周德威将五千骑出黄泽，攻邢、洺以救之”。胡三省注：“黄泽关，在辽州辽山县黄泽岭。”

②在今河南内黄县西。《汉书·地理志》内黄县注引应劭曰：“今黄泽在西。”《水经·淇水注》：“白沟又东北流，径内黄县故城南，县右对黄泽。”《清一统志·彰德府一》：黄泽“今湮废。《县志》：有孟家潭，在县西北二十里。其水无源，夏潦，则硝河汇于此，溢入卫河。或以为即故黄泽也”。

黄泽市　即王泽市。今浙江嵊州市东黄泽镇。清道光《嵊县志》称：《旧志》作黄泽。

黄泽岭　即黄泽。在今山西左权县东南八十五里。《魏书·地形志》：乐平郡辽阳县有黄泽岭。《资治通鉴》：五代梁乾化五年（915），“晋王引大军自黄泽岭东下，与存审会于临清”。

黄宗羲墓　在今浙江余姚市东南陆埠镇西十五里岙村化安山。黄宗羲（1610—1695），字太冲，号南雷。浙江余姚人。学者称梨洲先生。明清之际思想家、史学家。墓建于清初，1966年被毁。1981年按原貌修复。2006年与宁波市白云庄和万斯同墓及市南郊的全祖望墓一起定为全国重点文物保护单位。

黄官岭　一作黄关岭。即今陕西南郑县西南岭镇。清设巡司于此。民国改为县佐。

黄姑山　一名黄牯山。在今湖北阳新县西。《方舆纪要》卷76兴国州“银山”条下：“《志》云，州西二里有黄姑山，亦产银，旧有银场。”

黄姑屯　即今河北隆化县治。清属丰宁县，并设黄姑屯巡司。宣统初属隆化县，1915年隆化县迁治于此。

黄姑岭　在今浙江金华市东北。《方舆纪要》卷93金华县：黄姑岭“在县东北五十里。宋宣和中，方腊寇婺，邀败官兵于此”。

黄姑闸市　即今安徽无为县西南黄姑乡。清乾隆《无为州志》卷4《镇集》：黄姑闸“在治西南九十里北乡”。

黄练墟　即今广西贵港市西北九十里黄练镇。清光绪《广西舆地全图》贵县图：西北有黄练墟。

黄珏桥镇　即今江苏扬州市邗江区北二十六里黄珏镇。清嘉庆《扬州府志》卷16《都里》引《雍正志》：“黄珏镇即黄珏桥，在城北四十里白茆湖北、黄子湖南，地多高阜，最为偏远。相传宋、元之季，士大夫避地多居于此。今居人稠密，廛市鳞次，与江都东诸镇相等。”

黄城　①俗称黄牛城。故址在今江苏无锡市西十二里，与斗城（范蠡城）相近。《史记·春申君传》：黄歇请封江东，楚考烈王许之。“春申君因城故吴墟，以自为都邑”。

②本赵邑，后属魏。在今山东冠县南十里。《史

记·田敬仲世家》：齐宣公四十三年（前413），“伐晋，毁黄城”。又，《史记·赵世家》：敬侯八年（前379），“拔魏黄城”。肃侯十七年（前333），“围魏黄，不克”。《战国策·齐五》：苏秦建议齐、赵两军集魏之河北，“烧棘蒲，队黄城”。即此。

③春秋黄国都城。在今河南潢川县西北十二里隆古乡。《汉书·地理志》弋阳县注应劭曰：“故黄国，今黄城是。”《水经·淮水注》：“柴水又东径黄城西。故弋阳县也，城内有二城，西即黄城也。”

④战国魏邑。在今河南内黄县西北。《史记·赵世家》：敬侯八年（前379），“拔魏黄城”。

⑤东汉末建。在今湖北武汉市黄陂区东。《元和志》卷27黄陂县：“三国时刘表为荆州刺史，以此地当江汉之口，惧吴侵轶，建安中使黄祖于此筑城镇遏。因名黄城镇。”北齐于此置南司州。南朝陈改置司州。北周改置黄州。

⑥在今广西兴安县西南。《方舆纪要》卷107兴安县“全义城”条下：“《通志》：县西五十里又有黄城。相传黄巢寇桂州，尝营垒于此。”

黄城山　①又名苦菜山、长城山。在今河南叶县北十里。《新唐书·地理志》汝州叶县：“有黄城山。”《方舆纪要》卷51叶县：“《冢墓记》：黄城山，即长沮、桀溺耦耕处。下有东流水，子路问津于此。”

②在今四川大竹县东北八十里。《方舆纪要》卷68大竹县：黄城山“绝顶宽平，四围石壁苍然，望之如城。宋所筑荣城盖在此”。

黄城关　明置，属巴州。在今四川平昌县境。《方舆纪要》卷68巴州：黄城关“在州东南万山中。崭岩四绝，箐莽结曲，郁为贼薮。嘉靖中，议者以黄城关界巴、达二州间，达州既筑龙船关，戍守其东偏，西偏即巴州长乐，太平二乡之冲，不可不为障塞，因相视云城，漏明二区，皆属要隘，可拓垒壁。又相距才十里，柝闻燧及，声援甚便，因关梁其上，与龙船鼎峙为犄角”。

黄城县　东魏武定六年（548）改黄城戍置，为下蔡郡治。治所在今安徽颍上县西南三十五里。北齐废。

黄城岛　即今山东长岛县北隍城岛。《方舆纪要》卷36蓬莱县“沙门岛”条：“黄城岛，《志》云：在鼍矶东北。或曰黄城、鼍矶，本一岛也，为入渤海要口。”

黄城砦　即今湖南汉寿县西黄城港。南宋绍兴五年（1135）尝移龙阳县治此。

黄荆港　在今湖南临湘市北。《方舆纪要》卷77岳州府临湘县：黄荆港在“县（治今岳阳市东北陆城镇）南五十五里。源出县南百里之浆山，北流经县东聂家市，会清江口入大江”。

黄莽山　在今湖南郴州市南。《续资治通鉴》：北宋庆历六年（1046），瑶民“遁入郴州黄莽山，由赵峒转入英、韶州界，依山自保，时出抄掠”。

黄巷坂　即黄卷坂。在今陕西潼关县东北，旧潼关东北黄河南岸。其坂隆起，下望关城。潘岳《西征赋》：“溯黄巷以济潼。”《水经·河水注》：“河水自潼关北东流，水侧有长坂，谓之黄巷坂，傍绝涧，涉此坂以升潼关。”

黄草山　①在今湖北省孝昌县东北。《方舆纪要》卷77孝感县“九嵕山”条下：“其东曰黄草山。险峻孤峭。《志》云，上有镇阳城，垒石为固，周围数里，四面陡绝，一径仅通，亦昔时守御处。”《清一统志·汉阳府》：黄草山“在孝感县东北九十里。与双峰对峙，险峻孤峭，人迹罕至，春夏多雾，咫尺莫辨。上有龙池寺，盛夏亦寒”。

②在今陕西留坝县南青桥驿。《方舆纪要》卷56褒城县：黄草山“有黄草坪，即连云栈诸山也。青桥驿设焉”。

黄草市　即今湖南资兴市东南黄草镇。清光绪《湖南通志》卷1兴宁县（今资兴市）图：县东南有黄草市。

黄草关　①在今山东昌乐县东南。《清一统志·青州府二》：“昌乐县东南方山之东，亦有黄草关。今名……小岩口。”

②在今山东五莲县东，九仙山西北。《方舆纪要》卷35诸城县“九仙山”条：“今山西北兀子山南有大路，东出信阳场，西走沂莒，为奸徒亡命出入之处。有黄草关，亦邑之要害也。”

③即今山东新泰市西北七十里旧关乡。清属新泰县，置黄草关巡司于此。

黄草坝　①即今四川盐源县西南黄草镇。清于此设黄草坝汛，有外委驻守。

②即今贵州兴义市。旧属普安州。《清一统志·兴义府》：附唐废县“即今兴义县治。……地名黄草坝”。清雍正五年（1727）于黄草坝设州判，嘉庆三年（1798）裁州判，改设兴义县。据咸丰《兴义府志》卷2：兴义县治“名黄草坝者，以其地场坝，产金钗石斛，色黄如金钗，土人呼为黄草，遂即以名坝”。

黄草岭　在今云南澜沧拉祜族自治县东北。清嘉庆间设土千总驻守。

黄草泊　即今新疆精河县北之艾比湖。《新唐书·地理志》北庭大都护府：“西林守捉，又经黄草泊。”

黄草峡　又名黄葛峡。在今重庆市涪陵区西长江岸。《资治通鉴》：唐大历四年（769），泸州刺史杨子琳叛，率兵东下，“涪州守捉使王守仙伏兵黄草峡，子琳悉擒之，击守仙于忠州，守仙仅以身免”。即此。唐杜甫《黄草》诗：“黄草峡西船不归，赤甲山下行人稀。”

黄胡店　即今河南淮滨县西北五十八里防胡镇。清尹耕云《豫军纪略》卷3：咸丰五年（1855）五月，清军进至包信集，材其贤走“集东三十里之黄胡店”。

黄栌岭　在今山西汾阳市西北五十里。《北齐书·

文宣帝纪》：天保三年（552），“冬十月乙未，至黄栌岭，仍起长城，北至社干戍四百余里，立三十六戍”。明置巡司于此。

黄栌城 一作黄芦城。北周置，在今河南洛宁县东北。唐杜佑《通典》卷177河南府永宁县：“后周置黄栌、同轨、永昌三城以备齐。”

黄柏山 在今湖北长阳土家族自治县西资丘镇南。民国《湖北通志》卷36长阳县：黄柏山，“《县志》：在城西百三十里。高千余仞，广百数十里，南连四方台，亦高千仞，与本山相倚角。嘉庆元年，贼首林之华、覃家耀盘踞其间，官兵攻之六阅月，贼粮绝遁入施南苞叶山”。

黄柏尖 即今浙江宁海县西北四十四里望海岗。《方舆纪要》卷92新昌县：黄柏尖“在县东百里，高二千五百丈，周八十里，登之可见东海，一名望海岗，接宁海县界”。

黄柏甸子 即今吉林集安市东北黄柏乡。民国《辑安县志》卷1：“黄柏甸在城东五十五里，临鸭绿江，运输便利，商铺二十余户，极称兴盛。”

黄柏岭 在今内蒙古敖汉旗南。《辽史·地理志》：武安州有黄柏岭。乾隆《热河志》卷62引《元一统志》：惠和县（故址即今辽宁建平县建平镇北马圈子村博罗科古城）“东至武平县界黄柏岭七十里”。

黄柏界山 在今湖南安化县东南。《清一统志·长沙府一》：黄柏界山“在安化县（治今梅城镇）西南三十里浮青山南，伊水源出焉。一名丰乐岭。接宝庆府新化县界”。

黄柏洋 即今福建清流县东北黄柏洋。《方舆纪要》卷98清流县“九龙滩”条下：“又黄柏洋，在县东五十里。宋文天祥尝引兵驻此。”

黄柏原 即今陕西太白县东南黄柏塬乡。清属佛坪厅。光绪《陕西全省舆地图》佛坪厅：黄柏原“在城西四十六里”。

黄柏墟 即今江西瑞金市北二十里黄柏乡。明嘉靖《赣州府志》卷5瑞金县：“黄柏（墟），县北。”清道光《宁都直隶州志》卷4：瑞金县有黄柏墟。

黄背崖 在今河北沙河市西。旧有边墙，为沙河县内兵防要地。《清一统志·顺德府二》：大岭口，“旧与黄背、数道二崖皆置戍”。

黄峒 在今广东新丰县北黄礤镇附近。明置巡司于此。《清一统志·惠州府》“迮坪巡司”条：“旧有黄峒巡司，在（长宁）县北二十里。”

黄峒山 在今广西荔浦县西南。《方舆纪要》卷107修仁县：黄峒山“在县南二十里。山深险”。

黄峒砦 明置，在今广西贺州市东大宁河西岸黄洞村。《方舆纪要》卷107贺县“石牛营”条下：“《志》云：县西南有黄峒砦，叛瑶巢穴也。嘉靖末作乱，抚臣张岳讨平之。”

黄峒镇 即今广东新丰市北黄磜镇。《方舆纪要》卷102翁源县“桂丫山镇”条：“县东百四十里有黄峒巡司。旧为贼巢。弘治十四年设，后改入兴宁县，万历中革。”

黄钟（鐘）堡 即今四川万源市西南九十里黄钟镇。清设巡司于此。民国改设县佐。

黄钦山 一作黄嵚山。在今陕西铜川市西北。《资治通鉴》：唐武德元年（618）四月，稽胡“寇立君，相国府谘议参军窦轨将兵讨之，战于黄钦山”。即此。

黄种溪 即今四川马边、屏山县境之中都河上源。《方舆纪要》卷73沐川长官司“芭蕉溪”条下：“黄种溪在司西二十里。源出神木山，下流皆入于马湖江。”《清一统志·叙州府一》：黄种溪“在屏山县西北，雷波厅东北，沐川司西南。源出神木山，东流会夷都溪，至蛮溪口，入马湖江”。

黄保坪 在今湖北省保康县东南三十里黄堡镇。清置汛，有外委驻防。

黄须水 即今山西黎城县东南小东河。《水经·浊漳水注》：黄须水“出台壁西张讳岩下，……其水南流，径台壁西，又南入于漳”。

黄胜场 在今四川松潘县西北七十里黄胜关。《明史·李祯传》：万历中，四川被寇，祯言“……守阿玉岭，则不能越咂际而窥堡。守黄胜场，则不敢逾塞墩而寇关”。《方舆纪要》卷73松潘卫：虹桥关，“《志》云：虹桥西北十五里为绝塞墩，北界黄山尖、杀鹿塘、黄胜草场等处，路通洮、岷。宣德三年，蛮族作乱，陈怀奉诏趣救，由此道入解松围”。

黄胜关 清置，属松潘厅。在今四川松潘县西北七十里。《清一统志·松潘厅》：黄胜关“在厅西北。漳腊营西北四十里，关外即西夷地。大江由此流入。今有官兵戍守”。

黄狮渡 即今江西金溪县西南黄狮边。《清一统志·抚州府》：黄狮渡“在金溪县西南四十里”。

黄亭 ①一名黄池亭。即春秋时黄池邑。在今河南封丘县西南二十二里三姓庄北。《春秋》：哀公十三年（前482），“公会晋侯及吴子于黄池”。杜注：“陈留封丘南有黄亭，近济水。”《续汉书·郡国志》：平丘“有黄池亭”。注引《陈留志》云：“黄亭在封丘。”

②即春秋时周皇邑。在今河南巩义市西南。《春秋》：昭公二十二年（前520），“刘子、单子以王猛居于皇”。杜注：“河南巩县西南有黄亭。”

黄亭涧 在今江苏苏州市西南。《隋书·刘元进传》：大业九年（613）刘元进作乱，王世充败元进于吴，“坑之于黄亭涧，死者三万人”。《方舆纪要》卷24苏州府长洲县“横山”下：“黄亭涧长数里，深阔数丈。”

黄亭镇 即今福建武夷山市南七十里兴田镇。元置黄亭巡司。清于此置兴田驿，因名兴田镇。

黄庭观 在今湖南衡阳市南岳区南岳镇西三里集贤峰下。为魏元君修道处。北宋景祐中赐名紫虚元君之阁，政和五年（1115）改为黄庭观。今存建筑为清乾隆年间建。

黄庭坚墓 在今江西修水县西二十五里杭口镇双井村。黄庭坚（1045—1105），字鲁直，号山谷道人、涪翁，分宁（今江西修水）人。北宋治平进士，曾任校书郎、起居舍人。开创了江西诗派，与苏轼、米芾、蔡襄齐名，为“四大家”之一。晚年屡遭贬谪。崇宁四年（1105）卒于宜州（今广西宜州市）。三年后归葬故里。

黄帝陵 ①在今陕西子长县西北梁山。《史记·五帝本纪》：“黄帝崩，葬桥山。”《封禅书》载：汉武帝“北巡朔方，勒兵十余万。还，祭黄帝冢桥山……上曰：‘吾闻黄帝不死，今有冢，何也?’或对曰：‘黄帝已仙上天，群臣葬其衣冠’”。据《汉书·地理志》上郡阳周县：“桥山在南，有黄帝冢。”

②在今陕西黄陵县西北。《元和志》卷3宁州真宁县：“子午山，亦曰桥山，在县东八十里，黄帝陵在山上，即群臣葬衣冠之处。”《寰宇记》卷35坊州中部县：桥山“按《山海经》云，其山下水流通，故曰桥山。又《史记》云，黄帝葬于其山，今陵冢尚在。大历七年置庙，开宝二年敕修庙祭祀，在州西二里”。即今黄帝陵。1961年定为全国重点文物保护单位。

③在今北京市平谷区东北山东庄西。明曹学佺《名胜志》：渔子山“在（平谷）县东北十里。上有大冢，旧传黄帝陵也。其上有轩辕台，下有轩辕庙”。明蒋一葵《长安客话》卷5：“世传黄帝陵在渔子山。今平谷县东北十五里，冈阜窿然，形如大冢，即渔子山也。其下旧有轩辕庙云。”清《日下旧闻考》卷142“黄帝陵”下朱彝尊按：“《史记》：‘黄帝崩，葬桥山。’魏王象、缪袭等撰《皇览》，云在上郡。《地理志》谓是上郡阳周县。《括地志》谓在宁州罗川县东八十里子午山。今平谷之陵，人多疑流传之误。然帝既都涿鹿，则葬于此，理亦有之。抑衣冠之葬，或者非一处也。”

黄姜峒 即今广东云浮市。《明史·地理志》东安县：“万历五年十一月以泷水县东山黄姜峒置。”1914年改名云浮县。1992年改设云浮市。

黄洞 又作黄峒，一名黄橙峒。唐置，在今广西扶绥县西。《新唐书·西原蛮传》：贞元十年（794），“黄洞首领黄少卿者，攻邕管，围经略使孙公器，请发岭南兵穷讨之，德宗不许，命中人招谕，不从，俄陷钦、横、浔、贵四州”。又《资治通鉴》：唐长庆二年（822），邕州刺史李元宗惧获罪，“将兵百人并州印奔黄洞”，皆此。

黄洞山 在今广东惠州市西。《方舆纪要》卷103惠州府归善县：黄洞山在“府西三十里。山深远，旧为贼巢。弘治十一年，御史万祥言，惠州有黄洞山贼即此。山脉蜿蜒而东，至府西十里为新村岭，郡邑之屏障也”。

黄洛河 亦名黄落河。在今安徽无为县北。《清一统志·庐州府》：黄洛河“在无为州北四十里。源出巢湖，东流合栅港入江”。

黄洛城 即今河北滦县治。《辽史·地理志》滦州义丰县：“本黄洛故城。黄洛水北出卢龙山，南流入于濡水。”故名。又《方舆纪要》卷17滦州义丰废县：“《县志》：黄洛故城，殷时诸侯国，古史武丁析孤竹之地封功臣黄洛为侯国。”

黄洋河 在今陕西安康市东。《寰宇记》卷141金州平利县：唐武德间移平利县于“黄羊水北”，即此。《清一统志·兴安府一》引《旧州志》，谓黄洋河“在州东五里。源出平利县化龙山，北流入汉”。

黄洋界 在今江西井冈山市北，距茨坪三十四里。是江西宁冈和湖南炎陵县向井冈山的要隘，为井冈山五大哨口之一。形势最为险要。1928年8月30日，湘、赣二省敌人以四个团兵力会攻井冈山，守山红军在黄洋界以不足一营的兵力，击溃了敌人，取得了保卫战的胜利。毛泽东有《西江月·井冈山》词记黄洋界保卫战的胜利。

黄洲桥 在今江西崇仁县城东南。《方舆纪要》卷86抚州府崇仁县：黄洲桥“在县治东南。宋嘉祐中，建浮梁，名正政桥，后易曰巨济。淳祐中，改创石桥，计九墩，长数十丈。咸淳间，文天祥改名曰黄洲桥。自元及明朝屡经葺治，为郡西往来之通道”。

黄浒溪 亦名黄浒水、黄虎川。即今四川射洪县东南之洋溪河。《寰宇记》卷82通泉县：黄浒水“源从盐亭县东南，流入通泉县合涪江”。

黄浒镇 原名黄火镇。即今安徽繁昌县西南三十里黄浒镇。有黄浒河，北至荻港入江，隔河对岸为铜陵县界。《方舆纪要》卷27繁昌县：黄浒镇“浒一作火。有黄火河，汇于荻港”。

黄举林山 在今广东普宁市东北。《方舆纪要》卷103普宁县：黄峰林山“在县（治今洪阳镇）东十里。其北有洪山”。

黄神山 在今河南罗山县西南九十里。《方舆纪要》卷50罗山县：黄神山，“《志》云：下有唐南罗州遗址”。

黄屋屯墟 即今广西钦州市西北三十里黄屋屯镇。清同治《广东图说》卷62：钦州西北有黄屋屯墟。

黄姚港 故址在今上海市宝山区西北。宋时因煮盐和烧窑而兴起的沿海港口。《方舆纪要》卷24苏州府嘉定县：黄姚港“西接新泾，东北合五岳塘入海。嘉靖三十二年，倭贼自黄姚入刘家河，……盖其地迫近海滨，与太仓州接界，北去刘河咫尺，南接吴淞江，向有陆兵戍守”。明末黄姚镇已坍入长江，黄姚港亦湮废。

黄姚镇 ①在今上海市宝山区西北盛桥镇北。南宋置盐场于此。明为黄姚港。

②即今广西昭平县东北一百五十里黄姚镇。明嘉靖间开拓。素有“小桂林”之称。建有文明阁、魁星楼、步云亭、古戏台等亭台楼阁；有宝珠观、兴宁庙、带龙祠等祠观；有石拱桥、石跳桥等桥梁。为旅

游胜地。

黄垒河 即今山东烟台、乳山二市之黄垒河。《清一统志·登州府》：黄垒河“在宁海州南一百里。发源姑余山，东南流入海”。

黄骅县 1945年改新海县置，属河北省。治所即今河北黄骅市。为纪念在此与日本侵略军作战中牺牲的黄骅同志而命名。

黄埔支线 从广州西站至黄埔港。长24公里。为粤汉铁路黄埔支线。1937年修筑。1939年被拆除。

黄埔区 1973年从广东省广州市郊区罗岗公社及黄埔公社各划出七乡设立黄埔区。2014年撤销广州市黄埔区、萝岗区，设立新的广州市黄埔区，区政府驻萝岗街道香雪三路1号。

黄埔军校旧址 在今广东广州市东南四十里黄埔长洲岛上。1924年由孙中山创办，初名陆军军官学校。孙中山兼任校总理，蒋介石任校长，廖仲恺任中国国民党代表。中国共产党人周恩来任政治部主任，为革命培养了大量军事和政治人才。1926年改名中央军事政治学校。1927年国民党清党，军校性质起了变化，1930年迁往南京。今存军校校门、孙中山故居、孙中山纪念碑、俱乐部、东江阵亡烈士墓、游泳池等。1988年定为全国重点文物保护单位。

黄埔岛 即今广东广州市东南四十里黄埔长洲岛。1924年孙中山在苏联和中国共产党帮助下于此创办陆军军官学校（即黄埔军校）。

黄埇江 在今广西藤县东。《方舆纪要》卷108藤县：黄埇江“在县东五里。……北流入于郁江”。

黄莲池 在今云南牟定县东南五里。《清一统志·楚雄府》：黄莲池“相传有黄莲产其中”。

黄桐驿 明置，在今广西武鸣县东北六十里。《方舆纪要》卷111武缘县：黄桐驿在“县东六十里，马驿也”。

黄桥 ①即今江苏泰兴市东黄桥镇。1940年10月，国民党顽固派以“苏鲁战区”的部队由海安、曲塘、泰州分三路向黄桥地区的新四军进攻，企图消灭新四军苏北部队，遭到新四军的痛击。黄桥战役的胜利，奠定了苏北抗战的局面，对进一步发展华中人民抗日力量，开展华中战局具有重要意义。

②在今河南淇县西。《晋书·惠帝纪》：永宁元年（301），成都王颖等讨赵王伦，“孙会、士猗、许超出黄桥以距颖”。

黄桥镇 ①即今江苏泰兴市东北四十二里黄桥镇。明、清置巡司于此。1940年新四军在此取得黄桥战役的巨大胜利。

②即今江苏江阴市西南黄桥村。清道光《江阴县志》卷2：“黄桥镇五保，县西南二十五里。”民国《江苏六十一县志》：江阴县西南有“黄桥镇”。

黄原郡 西魏置，属始州。治所在黄安县（今四川剑阁县下寺镇西南王河镇）。北周辖境相当今四川剑阁县东部及南部地。隋开皇三年（583）废。

黄圃司 在今广东佛山市顺德区东南小黄圃村。旧属香山县，明、清置黄圃巡司于此。

黄圃墟 即今广东佛山市顺德区东南小黄圃村。明弘治九年（1496）置巡司于此。清康熙六年（1662）裁，寻复置，小黄圃之东南为大黄圃，即今中山市北之黄圃镇。清设黄圃汛，有外委把总驻防，并建炮台于此。

黄圃镇 ①在今江西宜春市西北黄圃山南麓。《清一统志·袁州府》：黄圃镇巡司“在宜春县西一百里。明洪武初置巡司，今因之”。镇南有太平关。

②即今广东乐昌市西北罗圃镇。洪武初置巡司于此。清顺治十四年（1657）裁。

黄峣山 在今安徽泾县东南。主峰海拔1174.8米，为全县最高峰。《清一统志·宁国府一》：黄峣山“在泾县东南六十里。高五百丈，亘十余里。群峦叠嶂，雄镇一方，县治祖山也”。

黄特镇 北宋置，属确山县。在今河南确山县东南三十里。

黄郭戍 北魏置，即今江苏赣榆县西北十里城里（旧赣榆）。《资治通鉴》：南齐建武四年（497），“将军王昙纷以万余人攻魏南青州黄郭戍，魏戍主崔僧渊破之，举军皆没”。即此。东魏改置义塘郡。

黄唐山 在今江西赣县北。《寰宇记》卷108虔州赣县：黄唐山“在县北一百六十三里。《舆地志》云，山右行六里有石室，口方八尺，如数十间屋，上通天窗，下有方榻，二石人巾栉而坐。旁有小石室七所相通，悉有石人。室前时有车马迹。春夏草不生，无诸毒虫。林木繁茂，水石幽绝，盖灵仙窟宅也”。《方舆胜览》卷20赣州赣县：黄唐山“在赣县北六十里。……即东坡诗所谓石楼山”。

黄悦岭 在今江苏南京市浦口区西北十五里。《清一统志·江宁府一》：黄悦岭，“明初凿通江淮东葛驿路，为南北孔道”。

黄烟洞 在今山西黎城县北。1941年11月，日本侵略军四千余人围攻黎城县北黄烟洞八路军修械所。八路军一二九师特务团和该所职工千余人，与敌人展开了激烈的“黄烟洞保护战”。在敌人猛烈的炮火下，凭借山险，以刺刀、手榴弹与敌进行了多次肉搏战，连续打退敌人数十次冲击，血战八昼夜，杀伤大量敌人，然后撤出。数日后又在外围部队和民兵配合下，收复该地。

黄烟堡 明置，在今湖南炎陵县东三十里。《方舆纪要》卷80酃县：黄烟堡“有衡州卫官兵戍守”。后裁。

黄浦 ①即黄浦江。今上海市境内黄浦江。南宋绍兴间高子凤《南积善寺记》作黄浦塘。元至元年间称为黄浦港。《明史·地理志》 松江府华亭县：“东南有黄浦。”

②在今浙江湖州市西南十八里。南朝宋鲍照有《黄浦桥送别》诗。唐颜真卿《杼山妙喜寺碑铭》：

“其水自杍山西南五里黄蘗山出，故号黄浦，俗亦名黄蘗涧。”

黄浦口　在今江苏宝应县西北黄浦村。《明史·河渠志二》：万历六年（1578），潘季驯言：“淮决高家堰、黄浦口，水多东溃，堤弗固也。”

黄浦江　在今上海市境内。旧误传为战国时春申君黄歇所疏导，故别称黄歇浦、春申江。黄浦之名始见于南宋绍兴二十八年（1158）高子凤《南积善寺记》，《宋会要·食货八之二九》作黄浦塘。元至元年间称黄浦港。《明史》作大黄浦。本吴淞江支流。《明史·河渠志》：永乐元年（1403）夏原吉言：“松江大黄浦乃通吴淞江要道，今下流遏塞难浚。”遂用叶宗行的建议，浚江通范家浜，导入黄浦以入海。此后黄浦江取代吴淞江而为太湖下游入海干流，即今黄浦江。清以后通称黄浦江。

黄浦溪　①在今江苏宝应县西北黄浦村。《方舆纪要》卷23宝应县：黄浦溪，“县北二十里有黄浦镇，南通运河，东接凌溪，又东北入射阳湖”。

②即今广东五华县西北潭下河，为五华河支流。《方舆纪要》卷103长乐县：黄浦溪“在县南三里。有二源，一出�木嶂，一出县西南百洋潭，合流而东，又东北入于清溪河”。

黄海　我国三大边缘海之一。北起鸭绿江口，南至长江口北岸到朝鲜济州岛一线同东海分界，西以渤海海峡与渤海相连。近岸海水呈黄色，故名。

黄涌头营　在今广东佛山市顺德区西南。《方舆纪要》卷101顺德县：黄涌头营“亦在县南。四面环海，设兵戍守。所辖有仰舡冈、三沥沙等哨，接新会县界”。

黄家口村　即今安徽萧县西北六十里黄口镇。清咸丰（1851—1861）时筑寨。驻额外外委一员。

黄家山驿　明洪武三年（1370）置，属广州府东莞县。在今广东东莞市东北黄家山。

黄家屯　即今山东东阿县南黄屯。清道光《东阿县志》卷2《镇集》：“黄家屯在城北二十五里。”

黄家穴镇　在今湖南华容县东北九十里。明、清置巡司于此。

黄家场　即今四川隆昌县西北黄家镇。清咸丰《隆昌县志》卷10：黄家场“县西北六十里”。

黄家庵（菴）街　即今安徽全椒县西南六镇西黄庵村。民国《全椒县志》卷1：黄家菴街“距城六十里，长百余步”。

黄家堰　即今浙江上虞市西北黄家堰。明初置巡司于此。

黄家集　即今江苏洪泽县东北二十八里黄集镇。《清一统志·淮安府二》：黄家集“在山阳县（今淮安市）西四十五里”。

黄家湾堡　在今湖北省钟祥市南三十里。《元史·伯颜传》：宋人筑新郢城，“下流黄家湾堡亦设守御之具。堡之西有沟，南通藤湖，至江仅数里。乃遣总管李庭、刘国傑攻黄家湾堡，拔之”。

黄家渡　又名黄溪渡。在今江西南昌市东三十里。《明史·宸濠传》：正德十四年（1519），“宸濠方攻安庆不克，闻南昌破，大恐，解围还，守仁遂击之。乙卯，遇于黄家渡”。即此。

黄家滩集　即今湖北应城市南十二里黄滩镇。清光绪《德安府志》卷8《兵事》：同治三年（1864）十月，捻军“游骑至应城黄家滩、巡检司、杨家河”。

黄家滩镇　民国时置，属嘉善县。即今浙江嘉善县西北二十四里洪溪镇驻地洪家滩。

黄陵山　一名湘山。在今湖南湘阴县北四十五里。上有舜二妃墓。山下有黄陵亭。《水经·湘水注》：“湘水又北径黄陵亭西，右合黄陵水口。其水上承大湖，湖水西流径二妃庙南，世谓之黄陵庙也。”《方舆纪要》卷80湘阴县：黄陵山“上有舜二妃墓。《括地志》谓之青草山，孔颖达以为湘山也”。

黄陵冈　又作黄陵渡。在今河南兰考县东北黄陵冈，与山东曹县相近。《元史·木华黎传》：金兴定四年（1220），“金兵屯黄陵冈，号二十万，遣步兵二万袭济南。木华黎以轻兵五百击走之。遂会大军，薄黄陵冈。金兵阵河南，示以死战。木华黎……令骑下马，引满齐发，亦下马督战，果大败，溺死者众”。元、明时黄河多次于此北决。元至正中贾鲁、明弘治中刘大夏治河，皆以堵塞黄陵冈决口为重点工程。

黄陵矶镇　即今湖北武汉市蔡甸区南四十里黄陵镇。清设把总驻防。

黄陵庙　①一名黄牛庙。即今湖北宜昌市西陵区西北三斗坪镇东北黄陵庙。《清一统志·宜昌府》：黄陵庙“在东湖县西黄牛峡。一名黄牛庙。三国蜀汉建，庙有祖龟及金莲花。相传诸葛亮有庙碑记”。黄陵庙在宜昌市西北长江西陵峡三斗坪东南岸的黄牛岩。为长江三峡中最大古建筑。相传始建于汉代，后毁，唐大中元年（847）重建，名黄牛祠，北宋景祐三年（1036）祀禹王，改今名。历代名人李白、白居易、欧阳修、黄庭坚、陆游等均曾游此并留有名篇。现存庙宇建筑为明万历四十六年（1618）重建，清光绪十二年（1886）重修。有山门、禹王殿、武侯祠等。占地300多平方米。其中禹王殿面阔、进深各五间，重檐九脊，青瓦丹墙，体态庄重。檐下悬“玄功万古”匾额，传为明藩惠王朱常润所题，边框浮雕游龙，飞金走彩。另有清代慈禧所题“砥定江澜”匾额。殿前有清光绪十二年（1886）建戏台。庙后黄牛泉后有白骨塔。武侯祠殿内有圭形石碑，所刊《黄牛庙记》传为三国诸葛亮所撰。2006年定为全国重点文物保护单位。

②在今湖南湘阴县北四十里。《水经·湘水注》：“湘水又北经黄陵亭西，右合黄陵水口，其水上承大湖，湖水西流径二妃庙南，世谓之黄陵庙也。言大舜之陟方也，二妃从征，溺于湘江……故民为立祠于水侧焉。”韩愈有《黄陵庙记》。

黄陵城 在今重庆市开县东六里丰乐镇黄陵村。五代时土人黄、侯二家所筑，因名黄侯城，后衍为今名。明崇祯十四年（1641），张献忠义军大败官军于此。《明史·张献忠传》："总兵猛如虎、参将刘士杰追之开县之黄陵城，贼还战，官军大败，士杰及游击郭开等皆战死。"今尚存遗址，出土有箭、镞等物。

黄陵渡 即黄陵冈。在今河南兰考县东北黄陵冈，与山东曹县相近。《元史·察罕帖木儿传》：至正十九年（1359），察罕帖木儿"略曹南，据黄陵渡"。即此。

黄陵隘 在今广西岑溪市东境黄陵村。《清一统志·梧州府》：黄陵隘"在岑溪县东一百二十里……有兵汛守"。

黄陵寨 在今湖北广水市东二十五里。《方舆纪要》卷77应山县：黄陵寨在"县东二十五里。其相近者曰平康寨"。

黄通市 即今江西金溪县东黄通乡。明弘治《抚州府志》卷2：金溪县四十三都有黄通墟。清同治《江西全省舆图》卷2：金溪县东南三十里有黄通墟。

黄桑坪 即今湖南绥宁县南三十九里黄桑坪苗族乡。明嘉靖时设江口堡。清称绥靖营，有游击守备千总驻此。

黄理镇 清置，属汧阳县。在今陕西千阳县东南二十里。

黄堆山 ①在今安徽黟县北。《方舆纪要》卷28黟县：黄堆山"在县北三十里。高十余里。绝顶平坦"。

②在今陕西大荔县西。《新唐书·代宗纪》：广德元年（763），"党项羌寇同州，郭子仪败之于黄堆山"。即此。

黄埠 即今江西余干县东南黄金埠镇。《明史·地理志》余干县："有康山巡检司，旧在康郎山上，后迁黄埠。"

黄埠湾市 即今江西星子县西南土牛嘴。清同治《江西全省舆图》卷14南康府：星子县西南六十五里有黄埠湾。

黄埠墩 在今江苏无锡市西北，北塘运河中流。原名小金山。相传为吴王夫差楼船鼓吹游宴之所。清高宗曾驻跸于此。墩圆而小，周约半亩，墩上有屋数楹，颇为幽雅。

黄埠镇 即今河南上蔡县西南黄埠镇。清康熙《上蔡县志》卷2《集镇》："黄埠镇，城西南二十五里。"

黄埭镇 即今江苏苏州市吴中区西北约三十里黄埭镇。相传埭为黄歇所筑，故名黄埭，镇以埭名。清时有把总驻守。

黄菓树镇 即今贵州镇宁布依族苗族自治县西南三十里黄果树镇。其东有著名的黄果树大瀑布。清李宗昉《黔记》称："黔中多黄菓树，即柑也。"镇以此名。

黄梅山 ①在今湖北黄梅县西北四十里。《隋书·地理志》：黄梅县"有黄梅山"。《方舆纪要》卷76黄梅县"漏头山"条下：黄梅山"山多黄梅，隋以此名县"。

②又作黄蟒山。即今浙江宁波市东北海中大黄毛岛。清光绪《皇朝中外一统舆图》作"黄茅山"。

黄梅县 隋开皇十八年（598）改新蔡县置，属蕲州。治所在今湖北黄梅县西北大河镇东一里白花坂。《元和志》卷27黄梅县："因县北黄梅山为名。"大业初属蕲春郡。唐属蕲州。元属蕲州路，徙治今黄梅县。明属蕲州。清属黄州府。民国初属湖北江汉道。1932年直属湖北省。驰名中外的黄梅戏发源于此。

黄桷树镇 在今重庆市西北东阳镇南，西临嘉陵江，清道光《江北厅志》卷2：黄葛树"去城九十五里"。

黄堂 故址在今江苏苏州市城内。南宋范成大《吴郡志》卷6：黄堂，"《郡国志》：在鸡陂之侧，春申君子假君之殿也。后太守居之，以数失火，涂以雌黄，遂名黄堂，即今太守正厅是也。今天下郡治，皆名黄堂，昉此"。

黄冕墟 在今广西鹿寨县东北黄冕乡。旧属永福县。清光绪《广西舆地全图》永福县图：西南有黄冕墟。

黄略墟 即今广东遂溪县东南黄略镇。清光绪《广东舆地全图》遂溪图：县东南有黄略。

黄蛇岭 在今山西晋中市榆次区北。《资治通鉴》：唐武德二年（619），"刘武周引突厥之众，军于黄蛇岭"，即此。

黄蛇镇 在今山西晋中市榆次区北。《旧唐书·刘武周传》：唐武德二年（619），"武周授金刚西南道大行台，令率兵二万人侵并州，军黄蛇镇"。

黄崖 ①春秋郑地。即今河南新郑市西北黄水市。《左传》：襄公二十八年（前545），"公及宋公、陈侯、郑伯、许男如楚。公过郑，郑伯不在，伯有廷劳于黄崖"。杜注："荥阳宛陵县西有黄水，西南至新郑城西注洧。"

②在今四川茂县西北十五里。《新唐书·韦皋传》：贞元间，诸路攻吐蕃，"邢玼出黄崖，略栖鸡、老翁城"。即此。宋于此置黄崖关。

黄崖口关 在今北京市密云县北。《清一统志·顺天府》：黄崖口关"在密云县西北八十里，石塘路西北"。后金崇德七年（1642），阿巴泰伐明，自墙子岭入此，克长城。

黄崖山 ①在今河北抚宁县东北五十里。《方舆纪要》卷17抚宁县：黄崖山"高十里，陡峻崎岖。山半有舍身崖，深三四十丈，石径仅可容足"。

②在今山东济南市长清区南五十里。清咸丰十一年（1861）江苏仪征人张积中为避兵乱而来此筑寨讲学，遂更名为黄崖寨。

黄崖冲山 在今贵州万山特区东南。《方舆纪要》

卷122思州府黄道溪长官司："黄崖冲在司西南五里。山势险固，其中平广，有据险避苗固。"

黄崖关　①即黄崖峪关。在今天津市蓟县北四十里。

②北宋置，属茂州。在今四川茂县西北十五里。《元丰九域志》卷7茂州："西北至黄崖关一十五里。"

黄崖峪关　明置，属蓟州。为长城关隘之一。在今天津市蓟县北四十里。明、清守卫要地。清道光《蓟州志》卷6："黄崖关，险难行，故明时特设守备隶马兰路。国朝裁汰守备改设把总。……嘉庆十三年以后，廷议以斯地形扼要，改设千总，以资保御。"

黄崖堡　在今河北滦平县南。《清一统志·承德府》"黄崖堡"条引《方舆纪要》曰："水出古北口外，自大、小黄崖流入密云县境"；又引《畿辅志》曰："墙子岭关，北为大黄崖，又稍北为小黄崖，皆有堡"。

黄崖寨　在今山东济南市长清区南五十里黄崖山。清咸丰十一年（1861）太谷学派学者、江苏仪征人张积中为避兵乱而来此筑寨讲学，逃难入山者有八千余户。同治五年（1866）山寨被清军攻破，全寨数千民众被杀。

黄崎　在今福建惠安县东。明洪武二十年（1387）置黄崎巡司于此。清初废，有把总驻此。

黄崎山　一名扬旗山。在今福建惠安县东。《方舆纪要》卷99惠安县"獭窟山"条下："《志》云，黄崎山在县东南三十里，三面环海，卤气吹荡，不生草木。宋时产铁矿，置炉煮炼于此。今废。"《清一统志·泉州府》：黄崎山"在惠安县东四十里。与圭峰对峙于海门。土色微黄"。故名。

黄崎寨　明置，属长乐县。在今福建长乐市东北，为沿海要地。《方舆纪要》卷96福州府长乐县：黄崎寨在"县东北四十余里。《志》云，县有仙崎寨、广石寨、东山寨，与黄崎为把截四寨"。

黄崎镇　北宋置，属长溪县。即今福建福安市东南下白石镇。明徙白石巡司于此。

黄银坑　在今山东栖霞市东二十里岠嵎山，一名金山。《元和志》卷11莱州昌阳县（今莱阳市）：黄银坑"在县东一百四十里。隋开皇十八年，牟州刺史辛公义于此坑冶铸，得黄银献之"。

黄龛滩　亦名黄龙滩。在今重庆市奉节县东长江瞿塘峡内。《水经·江水注》："峡中有瞿塘、黄龛二滩，夏水回复，沿泝所忌。"《寰宇记》卷148夔州奉节县：黄龙滩，"《荆州记》曰：三峡之首，北岸有白盐峰，下有黄龙滩，水最急，沿泝所忌"。

黄麻陂墟　即今广东博罗县东北麻陂镇，道通河源市。清乾隆《博罗县志》卷3："墟市"有黄麻陂墟。

黄鹿谷　在今陕西汉中市西北。《寰宇记》卷133褒城县："黄鹿谷在县东二十里。以山多鹿，故土人名之为黄鹿山。"《舆地纪胜》卷183兴元府：黄鹿谷"一名玉堂谷。在南郑县（北）三十里"。

黄鹿镇　北宋属中江县。即今四川中江县北黄鹿镇。《清一统志·潼川府二》：黄鹿镇"在中江县西北五十里。旧名卡市。相传五代王蜀初，有女仙马爱娘跨黄鹿飞升于此，因名"。

黄盖峰　在今河南登封市东八里。为太室之东南支。峰下为中岳庙，规制宏壮，庙中多宋、辽以来碑石。原在嵩山，唐中叶时徙至此。今庙为清代重修。

黄盖湖　即今湖北赤壁市西南黄盖湖。《清一统志·武昌府一》：黄盖湖"在嘉鱼县西南八十里，分属蒲圻县及湖南岳州府临湘县，由石头、清江二口入江。《县志》：相传孙权论赤壁战功，以此湖赐黄盖，故名。明洪武初以赐武臣汪清。一名黄冈湖"。

黄兽城　即黄虎城。在今四川射洪县东南洋溪镇。一说在今四川绵阳市东南涪江畔。《晋书·刘敬宣传》：义熙四年（408），以"谯纵反，以敬宣督征蜀诸军事、假节，与宁朔将军臧熹西伐。敬宣入白帝，所攻皆克。军次黄兽，与伪将谯道福相持六十余日，遇疠疫，又以食尽，班师"。即此。

黄渚关　即今甘肃成县北黄渚镇。明置巡司于此。

黄淳水　又作潢淳水。在今河南新野县东。为赭水支流。《水经·淯水注》：赭水支分，结为二湖，"二湖流注，合为黄水，惟所受焉。又南径棘阳县之黄淳聚，又谓之为黄淳水者也"。《后汉书·齐武王縯传》：光武击甄阜、梁丘赐，阜、赐军溃，"汉兵急追之，却迫黄淳水，斩首溺死者二万余人，遂斩阜、赐"。

黄渠桥镇　即今宁夏平罗县东北三十里黄渠桥镇。《中华民国新地图》宁夏平罗县东北有黄渠桥（乡）。1954年惠农县曾移治于此。

黄渠站　元置，在今湖北襄阳市襄州区北黄渠河村，接河南新野县。

黄梁都　又作黄梁村。在今广东珠海市斗门区（井岸镇）西北斗门镇。清雍正十年（1732）置巡司于此。

黄巢山　在今湖南双峰县东北四十里。《方舆纪要》卷80湘乡县"龙山"条下："《志》云，县南九十里有黄巢山。相传黄巢尝驻兵跃马于此。"

黄巢岭　在今湖南衡阳市东。《方舆纪要》卷80衡州府衡阳县"分水冈"条下："又府东有黄巢岭。崇祯十一年，临武、蓝山群贼攻衡阳，自焦源河联舟蔽江，踞黄巢岭。官军击破之。"

黄喜冲（衝）　在今辽宁绥中县西。《方舆纪要》卷37广宁前屯卫：黄喜冲在"卫东北三十里。又东北四十里为塔儿冲"。

黄葛山　①在今湖北赤壁市东。《清一统志·武昌府一》：黄葛山"在蒲圻县东三十五里。上有黄柘湖，盈涸无定。《县志》：葛洪遍游名山，至蒲圻丫髻山，距山十余里，复有山对峙，因栖其上。昔有黄真人居此，人遂称为黄山。上有剑池丹灶，其水清洌，饮之能愈宿疾。复因朝者络绎，遂塞井平灶去。空山日暝，却时闻棋声，或即此山”。

②在今四川兴文县境。《宋史·熊本传》：熙宁六年（1073），讨柯阴县酋长“败之黄葛下，追奔深入，柯阴窘乞降”。《方舆纪要》卷72江安县“柯阴废县”条下：“黄葛或曰山名也，在县南。”

黄葛峡　①指今重庆市东北二十里之铜锣峡。《水经·江水注》：“江水径阳关……又东径黄葛峡，山高险，全无人居。”《清一统志·重庆府一》：黄葛峡，“《旧志》：涂山足有古黄葛树，下有黄葛渡，即黄葛峡也”。道光《重庆府志》以为即长寿县东之黄草峡。

②即黄草峡。在今重庆市涪陵区西长江岸。清杨伦《杜诗镜铨》卷13《黄草》注引《益州记》：“涪州黄葛峡有相思崖，今名黄草峡。山草多黄，故名。”

黄菩原　在今陕西长武县北，接甘肃宁县界。《资治通鉴》：唐大历八年（773），“吐蕃众十万寇泾、邠，郭子仪遣朔方兵马使浑瑊将步骑五千拒之。庚申，战于宜禄。瑊登黄菩原，望虏”。即此。《方舆纪要》卷54长武县：“菩音倍，黄菩，草名也，以草名原。”

黄落河镇　亦作黄雒河镇。即今安徽无为县北三十里黄雒村。明置巡司于此。

黄落镇　亦名黄堡镇。即今陕西铜川市耀州区西北黄堡镇。《资治通鉴》：东晋升平元年（357），姚襄将图关中，“自北屈进屯杏城，……引兵进据黄落”。即此。北魏永安元年（528）于此置黄堡县。宋、金时成为重镇。

黄棘　战国楚邑。在今河南新野县东北。《史记·楚世家》：怀王二十五年（前304），“怀王入与秦昭王盟，约于黄棘”。即此。

黄颊山　在今山西河津市东北。唐初王绩《黄颊山》诗，即指此。《清一统志·绛州一》：黄颊山“在河津县东北四十里，上有文中子洞”。

黄鼎司　明洪武三年（1370）置，在今广东佛山市南海区西北黄鼎村。

黄帽山　在今四川峨眉山市西南峨眉山大峨寺后。清嘉庆《峨眉县志》卷1：黄帽山在“县西南三十里”。

黄嵚山　即黄钦山。在今陕西铜川市西北。

黄嵬　在今山西原平市西北五十五里。《宋史·沈括传》：“辽萧禧来理河东黄嵬地，……帝遣括往聘。……凡六会，契丹知不可夺，遂舍黄嵬而以天池请。”

黄鹄山　①即黄鹤山。在今江苏镇江市南三里。《宋书·戴颙传》：“衡阳王义季镇京口，长史张邵与颙姻通，迎来止黄鹄山。”即此。

②一名黄鹤山。即今湖北武汉市武昌城区蛇山。《南齐书·州郡志》郢州：“夏口城据黄鹄矶，世传仙人子安乘黄鹄过此山也。”

黄鹄矶　亦名黄鹤矶。在今湖北武汉市武昌区蛇山。《水经·江水注》：江水“历黄鹄矶西而南矣”。清杨守敬《水经注疏》：“《御览》六十九引《荆州记》，江夏郡城西临江，有黄鹄矶。”《明史·地理志》江夏县：“东有黄鹄山，下有黄鹄矶，临大江。”

黄堡　在今辽宁辽阳市灯塔市东。民国《奉天通志》卷116辽阳县：黄堡在“县东北六十里”。产煤。

黄堡县　北魏永安元年（528）置，属宜君郡。治所即今陕西铜川市耀州区西北黄堡镇。西魏末年废。

黄堡镇　北宋熙宁初置，属同官县。即今陕西铜川市耀州区西北黄堡镇。此地有唐宋时著名瓷窑耀州窑遗址。

黄堡镇耀州窑遗址　在今陕西铜川市东北黄堡镇和陈炉镇等处，以黄堡镇最集中，为耀州窑代表。创烧于唐代，北宋时最盛，废于金元之间。耀州窑以青瓷为主，唐代烧制大量三彩器物及建筑构件、琉璃瓦等。宋代烧制器皿繁多，技艺纯熟，纹饰富丽，具有浓厚的生活气息和民间艺术风格，居宋代同类装饰之冠。1988年定为全国重点文物保护单位。

黄道山　亦作皇道山。即今安徽滁州市东北黄土山。《舆地纪胜》卷42滁州：黄道山“在清流县东北十七里。李渍《荇溪记》云：秦始皇途经是山，以名焉。下有秦王塘”。

黄道周墓　在今福建漳浦县北一里北山。黄道周（1585—1646），字幼平（又作幼玄），号石斋，漳浦人。明天启进士。南明弘光帝任为礼部尚书。南京失守，与郑芝龙等在福建拥立隆武帝，往江西募兵抗敌，为清兵所俘。清顺治三年（1646）在南京被杀，四年后归葬于此。《清一统志·漳州府》：黄道周墓“在漳浦县北一里北山演武亭后。墓侧又有道周门人别驾毛玉洁，六合人；兵部主事赵士超，闽县人；中书蔡春溶，龙溪人；中书赖继谨，和平人，皆从道周死于金陵，邑人赵之璧等收其首领归，合葬于此，称四君子墓”。

黄道桥　隋、唐东京洛阳皇城南洛水上，在今河南洛阳市旧城西南。洛水经皇城端门外分为三道，上各有桥：南为星津桥，中为天津桥，北即黄道桥。

黄道婆墓　在今上海市徐汇区龙华镇东湾村。古称乌泥泾。黄道婆（约1245—？）宋末至元代人。年轻时流落海南岛，向黎族人民学会了先进的纺织技术，年老回到故乡，将技术传授给家乡农民，并改革弹棉、纺车等工具。元时松江府所属各县农户，从事纺织者日多，所产之布驰名南北，有“衣被天下”之称。黄道婆去世时，当地人为之举行公葬，江南很多地方为之立祠。墓于1956年重修，1981年新建墓碑。

黄道溪　在今贵州万山特区西南。《方舆纪要》卷122思州府黄道溪长官司：黄道溪在“司西南八十里。……诸溪下流皆附平溪大河入于沅江”。

黄道溪长官司　元置，属思州安抚司。治所在今贵州万山特区西。明洪武五年（1372）改置于茅坡寨。二十五年（1392）迁治武陵坪（今贵州万山特区东南黄道侗族乡）。永乐十二年（1414）属思州府。清以后废。

黄道溪野鸡坪等处长官司 元置，属思州军民安抚司。治所在今贵州万山特区西。明洪武五年（1372）改为黄道溪长官司。

黄道镇 金置，属郏城县。即今河南郏县西北二十五里黄道镇。

黄湮溪 在今浙江金华市西。《清一统志·金华府》：黄湮溪“在金华县西。源出北山徐公湖，径双龙洞，至仙溪，亦曰盘溪，合九龙洞水，又西南注入婺港”。

黄湖镇 即今浙江杭州市余杭区西九十六里黄湖镇。清嘉庆《余杭县志》卷3《市镇》引万历《府志》：黄湖镇“去县（旧治余杭镇）北四十里，在黄湖界”。

黄溢河 在今安徽池州市西南。《方舆纪要》卷27池州府贵池县：黄溢河“在府西九十里。其源出府西百里之西溪，一出建德县境内之良禾、乌沙岭，合于双河，播于东流境内之张家滩，沿于坦埠。一出县西南百二十里之祖山，绕于唐田，注于石龙潭，会于沙山，达大江”。

黄湾山 在今浙江海宁市（硖石镇）东南黄湾镇境。《方舆纪要》卷90海宁县：黄湾山“一名盈山。周九里，旁近大海。有黄湾浦，与海盐县澉浦所接界，北通硖石、袁花诸处”。南宋设黄湾巡检司寨，明改筑土城戍守。

黄湾场 在今浙江海宁市（硖石镇）东南四十里黄湾镇。清乾隆初由西路盐场分设。《两浙盐法志》卷1疆域：黄湾场“在海宁州（治今盐官镇）东二十七都十四庄旧仓地方”。

黄渡河 在今四川营山县东北六十里黄渡镇。清魏源《圣武记》卷9：嘉庆二年（1797），白莲教义军“退屯营山之黄渡河，为巴、达、渠水路要地，与官兵相持不退”。

黄渡浦 在今上海市嘉定区原县城西南。《方舆纪要》卷24苏州府嘉定县：黄渡浦“南通吴淞江，对岸即大盈浦也。黄渡之北曰吴塘，北出练祁塘，达于刘家河”。今黄渡浦已湮。

黄渡镇 ①即今上海市嘉定区西南三十里黄渡镇。《方舆纪要》卷24苏州府嘉定县：黄渡镇“元置镇，因水而名。寻又置吴塘巡司于此，明因之。洪武中，市舶提举司亦置于此”。

②即今安徽宣城市东南黄渡乡。明嘉靖《宁国府志》卷4宣城县：由泰和门达宁国县有黄渡铺。

黄堽集 一作黄冈集。即今山东单县西南黄岗镇。清嘉庆四年（1799）移曹州府粮河通判驻此。

黄塘 在今广东封开县东北。《清一统志·肇庆府》“大峒寨”条：“西村、黄塘……八寨，皆在（封川）县北文德乡。”

黄塘泉 即董塘陂。在今河北曲周、鸡泽、广宗、威县一带。《初学记》引《水经注》曰：“洺水东北径广平县故城东，水积于大泽之中，为澄泉，南北四十里，东西二十里。亦谓之黄塘泉。”久堙。

黄塘站 元置，在今广东始兴县东北。

黄塘墟 在今广东高州市东北大潮镇。清光绪《茂名县志》卷2：县治北“九十里黄塘墟”。

黄塘镇 ①亦作皇塘镇。即今江苏丹阳市东南皇塘镇。清光绪《江苏全省舆图》丹阳县图：东南有黄塘。民国《江苏六十一县志》：丹阳县东南有“黄塘镇”。

②在今广东始兴县东北五十里。《方舆纪要》卷102始兴县：黄塘镇“有巡司，洪武二年设。《志》云：旧置于东北四十里瓔珞铺，寻移于黄田铺，即今司也”。

黄墓渡 在今安徽繁昌县西南。《清一统志·太平府二》：“黄盖墓，在繁昌县西南四十里。有渡曰黄墓渡。”

黄蓬山 在今湖北洪湖市东北四十里。《方舆纪要》卷77沔阳州：黄蓬山在“州南二百里大江之旁。其山延绵环结，上有城，亦曰却月城。城外有台。相传鲁肃屯兵于此。山下有湖，为黄蓬湖。元末徐寿辉陷沔阳，陈友谅起兵于黄蓬以应之。友谅，沔阳人。其父黄蓬渔子也”。《清一统志·汉阳府一》：黄蓬山“本朝雍正七年，府同知移驻于此。《州志》：山有石灵峰，为山之最高顶，其右为黄蓬湖”。

黄蓬阱（穽） 在今云南牟定县东南新甸村。《方舆纪要》卷116楚雄府定远县“南宁城”条引《滇志》：“宋绍圣中，段氏臣高升泰专国政，命云南些么酋徙民三百户于黄蓬穽。元初立黄蓬穽百户。至元十二年，改为南宁县，寻省入定远。今为南宁乡。”

黄蓬湖 在今湖北洪湖市东北。《方舆纪要》卷77沔阳州：黄蓬山“山下有湖为黄蓬湖。元末徐寿辉陷沔阳，陈友谅起兵于黄蓬以应之。友谅，沔阳人。其父黄蓬渔子也”。《清一统志·汉阳府》：黄蓬湖“在沔阳州东南一百四十里黄蓬山下，纳茅埠口、许家池诸水，连大舍、白螺、上洪等湖，趋复车河，达新滩入江”。

黄榆关 明置，属邢台县。在今河北邢台县西北一百二十里黄峪岭。《方舆纪要》卷15顺德府邢台县：黄榆关“在府西北黄榆岭上。据险作堡，为戍守处。《志》云：黄榆岭口有腰水寨，最高峻。其上平阔，惟一径可通。腰半有水，因名”。

黄榆谷 在今辽宁建昌县境。《晋书·慕容宝载记》：东晋隆安元年（397），北魏军来伐，宝自蓟北趣龙城，“（慕容）会闻之弥惧，奔于广都黄榆谷”。即此。

黄榆岭 即今河北邢台市西北黄峪岭。西接山西和顺县。《方舆纪要》卷15顺德府邢台县：黄榆岭在“府西百二十里。亦设险处也”。《清一统志·顺德府一》：黄榆岭“石径盘旋，形险道冲，有边墙一道”。

黄榆岭关 一名黄榆关。明置，即今山西和顺县东六十里马岭关。《方舆纪要》卷43和顺县：黄榆岭关在“县东八十里太行山顶，路通直隶邢台县。洪武三年置巡司戍守”。

黄榆店　在今河南禹州市南。《金史·移剌蒲阿传》：“至黄榆店，望钧州二十五里，雨雪不能进，盘营三日。”

黄楼　在今江苏徐州市旧城东门。北宋郡守苏轼建。弟苏辙作赋。《清一统志·徐州府二》：黄楼“垩以黄土，故名”。

黄歇浦　即今上海市黄浦江的别称。旧误传此江为战国时楚春申君黄歇所疏导，故名。

黄歇冢　在今湖北沙洋县西南后港镇西南十二里黄歇村。黄歇（？—前238），郢人。战国时楚国贵族。顷襄王时任左徒，考烈王时任令尹，封给淮北十二县。考烈王十五年（前248）改封于吴（今江苏苏州），号春申君。曾派兵救赵攻秦，后又灭鲁。考烈王死后，在内讧中被杀。传葬于此。墓前原有祠宇、碑刻、祭台等。抗日战争时期被日军炸毁，唯墓冢尚存。

黄路店　亦名皇路店。即今河南南召县东南六十六里皇路店镇。清乾隆《南召县志》卷1：正南，“黄路店，五十五里”。

黄路河　在今河北南宫市南八十里。《方舆纪要》卷14南宫县：黄路河，“《志》云：上流自清河县城北流入境，疑即故清河矣。今湮废。其地斥卤，潦水数集”。

黄源水　即今广西永福县西北之西河。《舆地纪胜》卷103静江府：黄源水“源出涌水，东流入临桂县界，名黄源水，永福县界名常宁水，合白石流”。

黄溪　①在今浙江云和县南。《方舆纪要》卷94云和县：黄溪“在县南。自娄狗山下流经县东三里象山之麓，又东南汇于白龙山之浮云溪”。

②在今湖南永州市东七十里。唐柳宗元《游黄溪记》曰：“环永之治百里，北至于浯溪，西至于湘之源，南至于泷泉，东至于黄溪东屯，其间名山水而村者以百数，黄溪最善。”《清一统志·永州府一》引《府志》：黄溪“源出阳明山，流径福田山东，又北至祁阳县，合白江水入湘”。

黄溪口镇　即今湖南辰溪县东南七十六里黄溪口镇。清置巡司于此。

黄滩关　明置，在今贵州瓮安县西十五里。《方舆纪要》卷121瓮安县：黄滩关，“（明）万历中，李应祥自平越进攻播‘贼’，破四牌、乾溪等砦，直抵黄滩关，是也”。

黄粱梦村　即今河北邯郸县北二十里黄粱梦镇。有吕祖祠，为县中名胜。据唐沈既济《枕中记》载，唐开元间，此处是邯郸道中的旅店，卢生在店中遇吕翁，吕翁给他一个枕头，卢生即入睡。其店主人正做黄粱米饭，卢生在梦中，觉得自己“崇盛赫奕五十余年”，及至一觉醒来，黄粱米饭还没做熟。由此“黄粱梦”成为一个典故。此地在明代曾称黄粱店。清称黄粱梦，为王化堡的一部分。1966年废王化堡之名，以黄粱梦为名。

黄碧村　即今浙江缙云县北二十四里新碧镇驻地黄碧村。清光绪《缙云县志》都图：县北有黄碧村。

黄墟　在今河南开封市东。《资治通鉴》：东晋太和四年（369），桓温北伐，前燕下邳王慕容厉“帅步骑二万逆战于黄墟，厉兵大败，单马奔还”。即此。一说在今河南兰考县东南。

黄墟镇　即今江苏镇江市丹徒区东北黄墟村。民国《江苏六十一县志》：丹阳县东北有“黄墟镇”。

黄蜡洞　在今贵州铜仁市东。《方舆纪要》卷122铜仁府铜仁县：“黄蜡洞在府东五里。”

黄螂　亦作黄琅。即今四川雷波县东北黄琅镇。明万历十七年（1589）置巡司于此。

黄螂千户所　清雍正六年（1728）置，属雷波卫。在今四川雷波县东北一百二十里黄琅镇。后废。

黄罴岭　即熊罴岭。在今湖南祁阳县北三十里。《舆地纪胜》卷56永州：黄罴岭“岩壑深邃，熊罴居之”。

黄罴镇　明置，属祁阳县。在今湖南祁阳县北。《明史·地理志》祁阳县：“北有祁山，上有黄罴镇。”

黄僚寨　即今广东信宜市。《明史·地理志》信宜县：“东北有中道巡检司，治在怀德乡黄僚寨之左，废。后复置于罗马村，寻又迁于三桥。”

黄獐谷　在今河北卢龙县东南，与碣石山西麓相近。《新唐书·契丹传》：唐武后万岁登封初，契丹李尽忠杀营州都督。檀州将曹仁师等，“诸将战于西硖石黄獐谷，王师败绩”。即此。

黄雒河镇　亦作黄落河镇。即今安徽无为县东北黄雒村。清乾隆《无为州志》卷4《镇集》：黄洛河“在治北三十五里太平乡”。设巡司于此。

黄旗埠　即黄岐埠。今山东安丘市东北黄旗埠镇。

黄旗堡　清置，在今辽宁岫岩满族自治县东南。乾隆《钦定盛京通志》卷29：黄旗堡在“岫岩城东六十里”。

黄旗寨　即今辽宁开原市东南一百三十九里黄旗寨满族乡。民国《开原县志》图：东南有黄旗寨。

黄漂港　在今河南息县东。《方舆纪要》卷50息县：黄漂港“在县东八十里。……下流俱入于淮”。

黄熊山　一名文旗山。在今福建政和县北。明嘉靖《建宁府志》卷3《山川》政和县：黄熊山“在县治之北，县主山也。相传山尝有黄熊见，故名。堪舆家谓此山形如展旗，而无剑戟森布，非武也，特文人之旗耳，故又名曰文旗山”。

黄墩　即今安徽黄山市屯溪区东北十五里篁墩乡。《江南通志·山川五·徽州府》：黄墩“在府西三十里。晋新安太守黄积卒于官，子孙家此，故名。至今有墓存。明程敏政易为篁墩，以地多修篁，其说无据。梁程灵洗、唐朱师古皆居此。程为河南二程子之祖，朱为婺源朱子之祖，明歙令刘伸、邑人赵滂修墓而建三夫子祠，曰程朱阙里”。

黄墩山　亦作篁墩山。在今重庆市城口县东南。

《清一统志·太平厅》：黄墩山“在厅东北。距厅极远，北连秦地，南接大宁。北江发源于此”。北江即今任河。《明史·杨嗣昌传》：崇祯末，张献忠入川，“四川将张令、方国安败之千江河……川、陕、湖广诸将毕集，复连败之黄墩，木瓜溪，军声大振”。

黄墩关隘　宋置，属剑浦县。即今福建南平市西北黄墩。明废。

黄墩堡　在今甘肃敦煌市东北六十三里。《清一统志·安西州》：黄墩堡“城周二里有奇。本朝雍正五年筑。旧设守备，十年改设都司，乾隆二十七年，改设千总，四十二年，改设把总”。

黄墩湖　①在今江苏宿迁市西北黄墩镇东。《方舆纪要》卷22宿迁县：落马湖在“县西北四十里。又西即黄墩湖”。

②义名蛟潭、蛟滩，为新安江深潭险滩之一。在今安徽黄山市屯溪区东十五里篁墩乡。《舆地纪胜》卷20徽州：黄墩湖“在歙县西南，亦名蛟潭，即程灵洗梦蜃求助之地也”。

黄飘　即今贵州黄平县东南黄飘乡。清同治八年(1869)，张秀眉领导的苗族起义军在此设伏，经过五昼夜激战，清军一万八千余名全部被歼。史称“黄飘大捷”。

黄碾　在今山西长治市北四十里黄碾村。《资治通鉴》：五代梁开平二年（908），“晋王军于黄碾，距上党四十五里”。胡三省注：“黄碾村在潞州潞城县。”

黄碾镇　清置，属潞城县。在今山西长治市北四十里黄碾村。

黄稻山　在今广西合浦县东北。《明一统志》卷83廉州府：黄稻山“在府城北九十里。州人多于山下种稻”。

黄箱山　即骑田岭。在今湖南郴州市、宜章县间。《太平御览》卷49引盛弘之《荆州记》曰：“黄箱山一名黄岑山，在（郴县）东南三十里。其山郴水所出，即是五岭之一，从东第二骑田岭是也。”

黄德集　即今河南封丘县北三十四里黄德镇。旧属滑县。清尹耕云《豫军纪略》卷2：咸丰十一年(1861)五月，会匪“东窜滑县黄德集一股”。

黄潭堤　在今湖北荆州市荆州区（故江陵县）东南。《宋史·河渠七》：南宋绍兴二十八年（1158），“监察御史都民望言：荆南江陵县东三十里，沿江北岸古堤一处，地名黄潭。建炎间邑官开决，放入江水，设以为险阻以御盗。既而夏潦涨溢，荆南复州千余里，皆被其害。去年因民诉，始塞之。乞令知县遇农隙随力修补，勿致损坏，从之”。

黄鹤山　①本名黄鹄山，俗名鸿鹤山。在今江苏镇江市南三里。《寰宇记》卷89润州丹徒县：黄鹤山，“宋高祖丹徒人，潜龙时，常游竹林寺，每息于此山，常有黄鹤飞舞，轩名黄鹤山，后改竹林寺为鹤林寺”。

②一名黄鹄山。即今湖北武汉市武昌城区蛇山。唐李白《望黄鹤山》诗云：“东望黄鹤山，雄雄半空出。”即此。《太平御览》卷48黄鹤山：“《江夏图经》云：旧传云，昔有仙人控黄鹤于此山。故以为名。”

黄鹤楼　在今湖北武汉市武昌蛇山西部山巅。三国吴黄武二年（223）建。为夏口城防御之瞭望楼。《南齐书·州郡志》：“夏口城据黄鹄矶。世传仙人子安乘黄鹤过此上也。边江峻险，楼橹高危，俯临沔、汉。”《元和志》卷27鄂州：“吴黄武二年城江夏，以安屯戍地也。城西临大江，西南角因矶为楼，名黄鹤楼。”崔颢《黄鹤楼》诗云：“昔人已乘黄鹤去，此地空余黄鹤楼。黄鹤一去不复返，白云千载空悠悠。”《方舆胜览》卷28鄂州：黄鹤楼“在子城西南隅黄鹤山上。此楼因山得名，盖自南朝已著矣”。历代屡有兴废。今楼兴建于1981年，现已辟为黄鹤楼公园。

黄橙洞　即黄峒。在今广西大新县西北。《新唐书·西原蛮传》：“又有黄氏，居黄橙洞。”

黄颡口镇　即今湖北阳新县东北四十四里黄颡口镇。明、清置巡司于此。

黄檗山　又作黄蘖山。在今江西新干县西。《寰宇记》卷109吉州新淦县：黄檗山“在县南（西）二十里。唐权载之有《黄檗馆遇雨》诗”。《方舆纪要》卷87临江府新淦县：黄蘖山“在县西二十里，临江。县西南八十里有黄蘖馆，盖因山以名”。

黄檗水　即今江西铅山县西南陈坊河。《清一统志·广信府》：黄檗水“在铅山县西南。源自云际岭东北流，循鸢山会葛水为双溪，又东北达桐木水”。

黄藤桥镇　即今江西横峰县东黄藤桥。《清一统志·广信府一》：黄藤港“在兴安县东十里，亦溪涧诸水会流处，南流入信河。其水汹涌，每漂没民田。明万历中，知县郎文焕缘港筑坝，潴水溉田，民受其利”。

黄麓山　在今陕西兴平市北。《清一统志·西安府一》：黄麓山“在兴平县北一里。亦名黄山，即始平西原也”。

黄簳银场　在今湖南衡山县西。《宋史·地理志》潭州衡山县：“有黄簳银场。”元废。

黄麖山　在今广东佛山市南海区北，东距广州市五十里。《方舆纪要》卷101广州府南海县：黄麖山“在府西五十里，其东南有二岩，后有石室通明，可容数十人。元末居民尝避寇于此”。

黄蘖山　①在今浙江湖州市西南。《寰宇记》卷94乌程县：“黄蘖山在县西南三十五里。梁光禄卿江淹赋诗之所。”

②在今浙江义乌市北。《方舆纪要》卷93义乌县：黄蘖山在“县北二十里。本名黄栌尖，后改今名”。

③即今福建安溪县南五峰山。《方舆纪要》卷99泉州府安溪县：黄蘖山“在县南十五里。一名午山，亦曰南山，为邑中众山之宗。深林邃谷，饶筍蕨稜稻。山半有五峰岩，亦曰头陀岩”。

④即今福建福清市西南黄蘖山。《方舆纪要》卷96福州府福清县“灵石山”条下：黄蘖山“在县西南三十里，上多蘖木”，故名。山上万福寺，创建于唐贞元五年（789），是我国佛教黄蘖宗的发源地。清顺治十一年（1654）寺僧隐元东渡日本传教，成为日本黄蘖宗的祖师，此后万福寺亦成为日本国黄蘖宗各寺院的祖庙。

⑤在今江西宜丰县西。《舆地纪胜》卷27瑞州：黄蘖山“在新昌县西一百里广贤乡。一名鹫峰山。旧传昔一僧自西土来，谓此山似吾佛国灵鹫山，故以名。唐宣宗微时，以武宗忌之，遁迹为僧，游方至黄蘖，与黄蘖禅师同行观瀑布”。山有黄蘖寺。

⑥在今江西余干县东南。《清一统志·饶州府一》：黄蘖山“在余干县东南八十里。亦名小庐山。后有龙泉，岁旱祷之。有梁僧曹晞坐禅石”。

⑦在今湖北麻城市东北。《清一统志·黄州府一》：黄蘖山“在麻城县东北九十里，接河南光州商城县界”。

⑧在今湖南蓝山县南九十里，接广东连县界。宋本《寰宇记》卷117郴州：黄蘖山“今谓之都庞山，……即五岭从东第三都庞岭是也”。《方舆纪要》卷80蓝山县：黄蘖山“山出黄蘖，因名”。

黄鳝溪 在今四川资阳市西九曲河铁路桥一号墩。1951年在此发现古人类头骨化石，被称为“资阳人”。

黄舣湾站 元置，为泸州所辖十站之一。在今四川泸县东南弥陀镇。《方舆纪要》卷72泸州：泸川水驿“在州治东。又东六十里有黄舣水驿”。

乾元寺（乾 qián） 北魏时建。在今河南洛阳市南龙门东山巅。为唐代龙门十寺之一。唐白居易有《春日题乾元寺上方最高峰亭》诗。明嘉靖三十九年（1560），僧人道连迁于今伊川县草店村西北山麓下。1944年洛阳沦陷时，因日军修工事被拆毁。

乾元观 在今山东泰安市城西一里许。《清一统志·泰安府一》：“《省志》：宋真宗东封，得天书于此，故又名天书观。”

乾元县 唐乾元元年（758）改安业县置，属京兆府。治所即今陕西柞水县。寻改属商州。五代汉乾祐二年（949）改名乾祐县。

乾元殿 在今河南洛阳市中州路与定鼎路交界处的东北角。本隋乾阳殿旧址，唐麟德二年（665）命司农少卿田仁汪因旧址造乾元殿成，高一百二十尺，东西三百四十尺，南北一百七十六尺。武则天垂拱四年（688）毁乾元殿，改建明堂。玄宗开元二十五年（737）命毁明堂，改为乾元殿。后又改为含元殿。

乾龙洞 在今重庆市巫溪县西。清道光《夔州府志》卷6：乾龙洞“在县西一百里。两洞上下错列，高十余丈。上洞内极宽敞，可容数百人，一孔自天而下，明澈洞内。自洞中小穴持火而入，行二三里，洞穴错出，不敢复进。下洞狭而长。水从洞出，溉田数百亩。嘉庆三四年间，（白莲）教滋扰，土人避居洞内。知县钟莲于此设粮台。下洞即屯粮之所”。

乾归城 在今陕西凤翔县西。《元和志》卷2凤翔府天兴县：乾归故城“在县西四十三里，乞伏乾归据苑川，自号西秦，因筑此城”。

乾宁军 唐乾宁中置，以年号为名。治所即今河北青县。五代晋天福初入契丹，改置宁州。周显德六年（959）收复，仍称乾宁军。治所在永安县（今河北青县）。北宋初军废，并改永安县为乾宁县。太平兴国七年（982）复置，大观二年（1108）改为清州。本控临御河，庆历八年（1048），河决澶州商胡埽（今河南濮阳市东昌湖集），北注乾宁军合御河入海，遂为黄河北流所经。

乾宁军民安抚司 元天历二年（1329）改琼州置，属海北海南道肃政廉访司。治所在琼山县（今海南省海口市琼山区）。辖境相当今海南省海口市、琼山市、琼海市及定安、文昌、澄迈、临高等县市地。元统二年（1334）改为乾宁安抚司。明洪武元年（1368）改为琼州府。

乾宁县 ①北宋太平兴国七年（982）改永安县置，为乾宁军治。治所即今河北青县。熙宁六年（1073）废为镇，元符二年（1099）复置，崇宁三年（1104）再省。政和五年（1115）又复为县。金贞元元年（1153）改为会川县。

②1945年改泰宁设治局置，属西康省。治所在今四川道孚县东南协德乡。1957年迁治今道孚县东南八美镇。1978年撤销。分属道孚、雅江二县。

乾齐县 西汉置，属酒泉郡。治所在今甘肃玉门市西北玉门镇附近。《三国志·魏书·张恭传》：黄初元年（220），“恭即遣从弟华攻酒泉沙头、乾齐二县”。晋改属敦煌郡。北魏废。

乾州 ①唐大历三年（768）置，属茂州都督府。治所在招武县（今四川茂县西）。辖境相当今四川茂县西部地。后废。

②唐乾宁元年（894）置，治所在奉天县（今陕西乾县）。辖境相当今陕西乾县、武功、周至、礼泉等县地。其后渐小。北宋熙宁五年（1072）废。政和七年（1117）改置醴州。金天德三年（1151）复名乾州。元属奉元路。明属西安府。清雍正三年（1725）升为直隶州。辖境相当今陕西乾县、武功、永寿三县地。1913年降为乾县。

③辽乾亨四年（982）置，治所在奉陵县（今辽宁北镇市西南十二里观音洞附近）。《辽史·地理志》乾州：“以奉景宗乾陵”，故名。辖境相当今辽宁北镇市西南部、盘山县以北一带。金天会八年（1130）废。

④清康熙三十九年（1700）改镇溪军民千户所置，属辰州府。治所即今湖南吉首市西南十五里乾州。四十七年（1708）改为乾州厅。

乾州厅 清康熙四十七年（1708）改乾州置，属辰州府。治所即今湖南吉首市西南乾州。嘉庆元年（1796）升为直隶厅，属湖南省。1913年废。

乾江（乾 gān） 在今湖南宁乡县西。滂水的支流。《方舆纪要》卷80宁乡县：乾江“江有三峰，秀耸山下，二江一流入县界，一流入湘乡县界。春秋水皆归宁而江溢，冬夏则水归湘而江乾，故名”。

乾汉河 在今湖北谷城县西南。《方舆纪要》卷79谷城县：乾汉河在“县西南三里。或以为即汎水也。……今故流渐堙。汉江水涨，则乾汉河与古洋河相通，水落则乾，因名”。

乾汉河镇 即今安徽舒城县西南干汊河镇。清光绪《舒城县志》卷7：乾汉河镇在“县西南十五里”。

乾兴砦 北宋乾兴元年（1022）置，属镇戎军。在今宁夏固原市东北九十里。金改为乾兴堡，后废。

乾安设治局 1928年2月析郭尔罗斯前旗置，属哲里木盟。治所在常发屯（今吉林前郭尔罗斯蒙古族自治县西南长发屯）。1933年改为乾安县。

乾安县 1933年伪满改乾安设治局置，属吉林省。治所即今吉林乾安县。1948年改属嫩江省。1949年复属吉林省。

乾安镇 清置，属洮南府。在今内蒙古突泉县北。《清史稿·地理志》洮南府：“西北：乾安镇，西与右翼中旗毘连，亦系乌珠穆沁往来大道。有照磨，光绪三十三年置。”

乾阳山 在今云南石屏县北。《方舆纪要》卷115石屏州：乾阳山在“州北五里。高五百丈。上有石洞，林木郁葱”。

乾坑（阬）（乾 gān） 在今陕西大荔县西南四十里。《资治通鉴》：唐中和三年（883），“李克用进军乾阬，与河中、易定、忠武军合，黄巢义军尚让等将十五万众屯于梁田陂”。明日大战，义军大败。

乾坑关（乾 gān） 在今湖南资兴市东南，与宜章县延溪交界。《方舆纪要》卷82兴宁县：乾坑关“为溪峒出没之处，防守最切”。

乾坝镇 在今湖北宣恩县南白水河西岸。清置巡司于此。后废。

乾时 指临淄西北以下时水支津。《春秋》：庄公九年（前685），“八月，庚申，及齐师战于乾时，我师败绩”。杜注：“乾时，齐地。时水在乐安界歧流，旱则竭涸，故曰乾时。”《水经·瓠子河注》：“时水又西径西高苑县故城南……其水侧城西注。京相璠曰：今乐安博昌县南界有时水西通济，其源上出盘阳，北至高苑，下有死时，中无水……为《春秋》之乾时也。”

乾县 ①1913年降乾州置，属陕西关中道。治所即今陕西乾县。1928年直属陕西省。

②1913年改乾州厅置，属湖南省。治所即今湖南吉首市西南乾州。1914年改为乾城县。

乾体营 在今广西合浦县南二十里。《清一统志·廉州府》：乾体营“在合浦县南二十里乾体海口。本朝康熙元年迁界，将珠场八寨改为水师营，设游击镇此。十九年裁，止设千总防守”。

乾沟 即今河北青龙满族自治县东北干沟。旧属临榆县，民国时有县佐驻此。

乾沟关 在今贵州安顺市东。《方舆纪要》卷121金筑安抚司“翁桂关”条下：“乾沟关在司（今广顺镇）西四十里。”

乾沟河 在今山东邹平县南。《方舆纪要》卷31长山县：乾沟河“出长白山，东流入孝妇河”。

乾沟塘 亦作干沟铺塘。即今湖北宣恩县南十里干沟塘。清同治《施南府志》卷6《村集》：“乾沟塘，（宣恩县）治南十五里。”

乾沟镇 即今甘肃会宁县北八十里甘沟驿镇。清于此置驿及乾沟递运所。为通往靖远县孔道。

乾坪 在今贵州瓮安县境。《明史·李应祥传》：万历二十八年（1600）征杨应龙之役，贵州将“蔡兆吉又自乾坪抵箐冈，过四牌”。即此。

乾坡砦 北宋置，属江油县。在今四川平武县东南。

乾明寺 ①即今江西九江市南庐山西麓西林寺。宋太宗赐名“太平兴国乾明禅寺”。为庐山著名寺庙之一。

②在今湖北黄冈市东。北宋苏轼有《雪后到乾明寺遂宿》诗。

乾明寺塔 在今河南鄢陵县城（安陵镇）西北隅龙形岗上，乾明寺前。隋仁寿四年（604）始建，明嘉靖元年（1522）塔刹毁于地震。嘉靖二十八年（1549）重修时，铁刹改为风磨铜刹。造型结构为北宋中晚期建筑风格，为六角十三层38米高的楼阁式砖塔。青砖砌筑基座，塔身呈浅橙色，每层都有斗拱装饰，瓦檐挑角。各层塔身均有佛室一个，佛龛十四个，拱形门洞十个，组合巧妙，布局错落有序。塔内螺旋形阶梯通塔顶。塔刹为三层仰莲，承檐上置金属平盘托一宝珠。2006年定为全国重点文物保护单位。

乾河 在今山西翼城县南。《史记·白起传》：秦昭王十四年（前293），“起迁为国尉，涉河取韩安邑以东，到乾河”。《水经·浍水注》：乾河“西与田川水合，水出东溪，西北至浍交入浍”。

乾河口 在今河北涞水县北四十里。《明史·地理志》：涞水县北有乾河口巡司。

乾封州 唐宝应元年（762）置，为党项部落州，属秦州都督府。在今甘肃泾川与陕西陇县一带。唐末废。

乾封县 ①唐乾封元年（666）改博城县置，属兖州。治所即今山东泰安市东南三十里旧县。总章元年（668）复改博城县，神龙元年（705）又改乾封县。北宋开宝五年（972）徙治岱岳镇（今泰安市）。大中祥符元年（1008）改奉符县。

②唐乾封元年（666）分长安县置，属雍州。治所在长安城内怀真坊（今陕西西安市南吉祥村西）。长安三年（703）废。

乾封驿 在今江西广丰县南。《方舆纪要》卷85广信府永丰县：乾封驿“在县南。《志》云，永丰路通闽、川、越，客担荷者群至，因设驿于此。今废”。

乾封镇　北宋置，属平泉县。在今四川简阳市西南八十里同福场。

乾城县　1914年改乾县置，属湖南辰沅道。治所即今湖南吉首市西南乾州。1922年直属湖南省。1953年迁驻所里（吉首镇），改名吉首县。1982年改为吉首市。

乾柏树　即今四川宜宾县西北古柏乡。清光绪《叙州府志》卷8宜宾县：乾柏树在“治北一百六十里”。

乾侯　春秋晋邑。在今河北成安县东南。《春秋》：昭公二十八年（前514），“公如晋，次于乾侯”。杜注：“乾侯在魏郡斥丘县，晋境内邑。”

乾祐县　五代汉乾祐二年（949）改乾元县置，属京兆府。治所即今陕西柞水县。金废为乾祐镇。元至元二十九年（1292）复置，属奉元路。三十一年（1294）又废。

乾祐河　又名柞水。在今陕西镇安县东。《清一统志·商州》“柞水”条引《镇安县志》：乾祐河“在县东三里，即柞水也。源出咸宁县秦岭，至旧县关入县境，又南至洵阳之两河关，合洵河”。

乾祐镇　又名旧县。金废乾祐县为镇，属咸宁县。即今陕西柞水县治。元至元十三年（1276）设乾祐巡司，二十九年（1292）复设乾祐县，后又废。明洪武八年（1375）复设乾祐巡司，又称旧县巡司，后又废。清嘉庆七年（1802）移孝义厅治此。1913年改为孝义县。1914年改名柞水县。

乾盐池堡　明置，属固原州。在今宁夏海原县（三河镇）西北盐池村东南老城。《方舆纪要》固原州：乾盐池堡“在西安所西北，接靖远卫界，为州境设险处”。清以后废。

乾海子　①在今云南武定县西北。明置土巡检司于此。

②在今贵州安顺市东南。《方舆纪要》卷121安顺府：乾海子在“（宁谷长官）司东南四十里。水泛成湖，波面甚阔。《志》云，云南值旱，此水必泛溢，境内常丰；云南雨潦，此水必涸，境内多旱，盖地脉相通，互为盈缩云”。

乾陵　①唐高宗李治与女皇武则天的合葬墓。在今陕西乾县西北十八里梁山。宋敏求《长安志》卷19：乾陵“周八十里。有于阗国所进无字碑，陪葬太子诸王五，公主一”。陵前排列大型石人、石兽、华表等石刻，是唐代造型艺术的代表作品。1961年定为全国重点文物保护单位。

②辽景宗耶律贤墓。在今辽宁北镇市西医巫闾山龙岗子。统和元年（983）葬，号乾陵。《辽史·地理志》乾州：“圣宗统和三年置，以奉景宗乾陵。”

乾符县　唐乾符二年（875）改鲁城县置，属沧州。治所在今河北黄骅市西北乾符村。《寰宇记》卷65沧州清池县“废乾符县”条：“乾符元年（鲁城）县东北有野稻水谷连接二千余顷，东西七十里，南北五十里。北至燕，南及魏，悉来扫拾，俗称圣米，甚救济民，至二年敕改为乾符县。”五代周显德二年（955）废。

乾象六合殿　北魏平城宫殿。在今山西大同市北。《魏书·高祖纪》：太和三年（479）二月，“壬寅，乾象六合殿成”。

乾祭　周王城北门。在今河南洛阳市王城公园一带。《左传》：昭公二十四年（前518），“晋侯使士景伯涖问周故，士伯立于乾祭，而问于介众”。杜预注：“乾祭，王城北门。”

乾清门　明建，在今北京市故宫保和殿后。清《日下旧闻考》卷13：乾清门“广宇五楹，中门三陛三出，各九级，前列金狮二。皇帝御门听政，……内阁面承谕旨于此”。

乾清宫　在今北京市故宫乾清门内。明永乐十八年（1420）建，为宫中内廷正殿之一，曾多次焚于火。清重建。为明代及清初皇帝居住并处理政务之处。雍正后移居养心殿，但仍于此处理政务。清《日下旧闻考》卷13：“乾清门之内为乾清宫，皇帝召对臣工，引见庶寮皆御焉。宫广九楹，深五楹，正中设宝座，左右列图史璇衡彝器。”

乾渠渡　在今陕西略阳县北。《宋史·王全斌传》：乾德二年（964），“率兵拔乾渠渡，万仞、燕子二砦，遂下兴州”。

乾隆花园　亦称宁寿宫花园。在今北京市故宫外东路宁寿宫西侧。建于清乾隆后期。是乾隆帝兴建太上皇宫宁寿宫时在近旁营建的花园。供自己退位后在此养老休憩。园地面积为5920平方米，南北长160米，东西宽37米。前后四进院落。著名建筑有古华轩、遂初堂、禊赏亭、旭辉亭、萃赏楼、延趣楼、符望阁、倦勤斋、竹香馆等。是故宫中著名的园林。

乾满江　亦名市桥江。即今越南北部北宁省之求江。《元史·唆都传》：至元二十一年（1284），镇南王脱欢征交趾，唆都先伐占城，诏会师，班师时“交趾遮之于乾满江，唆都战死”。

乾溪　①在今重庆市开县东北满月乡。《明通鉴》卷87：崇祯十三年（1640）九月，“张献忠义军败官军于上马渡，（万）元吉急檄诸将击邀之于谭家岭、七箐坝、乾溪等处”。

②在今四川都江堰市东北。《宋史·河渠志》：“石渠之水，则自离堆别而东，与上下马骑乾溪合，凡为堰九。”《方舆纪要》卷67灌县：乾溪“在县东北。湔江所经也。……又东北至彭县界，会于王村河”。

③即今四川大邑县东、崇州市西南干溪河。《资治通鉴》：唐中和二年（882）六月，阡能与官军“大战于乾溪，官军大败”。即此。

④在今贵州长顺县北。《方舆纪要》卷121金筑安抚司“麻线河”条下：“乾溪在司南五里，雨集成溪，雨止溪涸。”《清一统志·贵阳府》：乾溪“在

贵定县西十里，流合瓮城河”。

⑤在今贵州贵定县西十里。《方舆纪要》卷123新添卫“瓮城河”条下：“乾溪在卫西十里。流合瓮城河。”

乾溪山　在今安徽广德县东南三十里。《清一统志·广德州》：乾溪山“在州东南三十五里。一名帘幕山。峰峦叠出，一水绕其下，水涸时，白石灿然”。今县南卢村乡有甘溪沟，在山谷片村中，有全县规模最大的竹海。

乾溪镇　即今湖南蓝山县北五十二里甘溪村。明置巡司于此。

乾滩镇　亦名乾镇。即今湖北天门市东南乾驿镇。《清一统志·安陆府》：乾滩镇巡司“在天门县东南。明成化十三年置，本朝因之”。

乾溪（谿）　春秋楚邑。在今安徽亳州市东南。《左传》：昭公六年（前536），楚伐吴，“师于豫章，而次于乾溪”。十二年（前530），“楚使荡侯等帅师围徐以惧吴。楚子次于乾溪，以为之援”。

乾溪守捉城　唐置，属维州。在今四川理县东北通化乡西甘溪。后废。

乾溪吴地等处长官司　元置，属新添葛蛮安抚司。治所在今贵州瓮安县南。明初废。

乾溪堡　明置，属威州。在今四川理县东北通化乡西甘溪。唐于此置乾溪守捉城。《方舆纪要》卷67威州：乾溪堡在“州西北五十里。即唐时乾溪守捉城也。……乾溪犹设堡，置仓，为戍守处”。

乾溪寨　在今贵州瓮安县东。《方舆纪要》卷121瓮安县：乾溪寨“或云元所置乾溪吴地等处长官司也，明初废为砦”。

乾溪（谿）镇　唐置，属大邑县。在今四川崇州市西南二十里乾溪河东。一说今大邑县东。《资治通鉴》：唐中和二年（882），杨行迁讨邛州阡能，“大战于乾谿，官军大败”。即此。

乾德县　①北宋乾德二年（964）分谷城县遵教、翔鸾、汉均三乡置，为光化军治。治所在今湖北老河口市西北西集街。《寰宇记》卷145：“以年号名县。”熙宁五年（1072）改为光化县。

②1928年置，属新疆迪化道。治所即今新疆乌鲁木齐市米东区驻地古牧地。1930年属迪化行政区，后直属新疆省。1953年改为米泉县。1996年改米泉市。2007年撤销米泉市和乌鲁木齐市东山区，改设乌鲁木齐市米东区。

乾壁　在今山西襄汾县东北。《魏书·太祖记》：北魏天兴五年（402），“诏并州诸军积谷于平阳之乾壁”，以备后秦。“姚兴遣其弟安北将军、义阳公平率众四万来侵，平阳乾壁为平所陷”。

乾壕　在今河南陕县东南。《资治通鉴》：五代唐清泰元年（934）潞王反，闵帝遣康义诚御之，“义诚至乾壕”，请降于潞王，即此。

乾壕镇　北宋置，属陕县。在今河南陕县东南。《元丰九域志》卷3：陕州陕县有乾壕镇。

乾谿台（臺）　在今河南商水县北三里。陆贾《新语·怀虑》：楚灵王“作乾谿之台，立百仞之高，欲登浮云窥天文”。

彬江市　即今江西宜春市东彬江镇。明嘉靖《袁州府志》卷2：宜春县东有彬江市。民国《宜春县志》卷11：彬江“距城四十里。市集环列，东部货物集合之区，出产富饶，水陆便利，商业颇称繁盛”。

彬县开元寺塔　在今陕西彬县城内。俗称“雷峰塔”。创建于北宋皇祐五年（1053），为八角七层楼阁式砖塔，底层每层边长5.6米，通高47.84米，单壁中空。底层辟南北二券门，二层以上每层设四个券门，上下位置逐层相错，每层均叠涩出檐，塔顶为砖砌攒尖顶，上置铁质塔刹。2001年定为全国重点文物保护单位。

梦　一称云。为云梦的简称。地跨今湖北武汉市新洲区、安陆、钟祥、云梦、荆州、枝江、松滋、监利、洪湖等县市长江南北地区。《左传》：宣公四年（前605），子文初生，其母“使弃诸梦中”。昭公三年（前539），楚子与郑伯，“田江南之梦”，皆此。

梦江水　亦作梦港水、梦水。在今江西抚州市临川区南。《隋书·地理志》：临川郡临川县有梦水。《明一统志》卷54抚州府：梦江水“在府南三十里，源出佛客山，下注汝水”。

梦谷山　在今陕西镇安县东北三十里。《清一统志·商州》：梦谷山“其山崇峻，常有云起”。

梦觉寺　又名白茅寺。唐始建，在今河南辉县市西五十里太行山麓。明洪武二十四年（1391）重修，改名白云寺。

梦哥山　亦作蒙可山。今内蒙古呼伦贝尔市东大兴安岭北段。《元史·伯帖木儿传》：至元二十四年（1287），平叛王乃颜，“追至梦哥山，并擒金家奴”。

梦笔山　①一名孤山。在今福建浦城县西北。《寰宇记》卷101建州浦城县：孤山“在县西北五里。萧子开《建安记》云，孤山在环障之间，其地坦平，悉是沟塍阡陌，以此山挺然孤立，因名焉。梁江淹为吴兴令，云此地有碧水、丹山、珍木、灵草，为邑人胜境”。《新定九域志》卷9建州梦笔山：“俗云，江淹梦笔之所。”

②亦名梦拜山。在今四川小金县北。《清一统志·懋功屯务厅》：孟拜山“在抚边屯北二百二十里。一名梦笔山”。今为小金县与马尔康县分界山。

梦溪　在今江苏镇江市旧城朱方门外。北宋《梦溪笔谈》作者沈括故宅。《舆地纪胜》卷7镇江府：梦溪，“沈括宅，在朱方门外。括尝梦至一处小山，花如覆锦，乔木覆其上，梦中乐之，后于京口得地，恍然梦中所游也。因名曰梦溪”。

梵王渡　在今上海市静安区西万航渡路。原为吴淞江上津渡处。初名法华渡，俗名梵王渡。近代改建成路。1964年以谐音改为万航渡路。

梵天寺经幢　在今浙江杭州市上城区凤凰山东麓梵天寺路。梵天寺为五代吴越王钱镠建，后屡建屡毁，清咸丰年间废圮。现仅存北宋乾德三年（965）所立双幢。双幢形式、结构基本相同，南北对峙，相距13米，幢高15.76米，由基座、幢身、腰檐、短柱层及幢顶五部分组成。基座为须弥座形式，雕有覆莲、盘龙、菩萨像等。其上是八角形幢身，南幢身刻“大随求即得大自在陀罗尼经”，北幢身刻“大佛顶陀罗尼经”，两幢皆雕“建幢记”。顶部安花苞形幢顶。梵天寺经幢为现存五代和北宋艺术中的珍品。2001年定为全国重点文物保护单位。

梵安寺　亦名草堂寺。在今四川成都市西南五里。隋名桃花寺。唐大历中，崔宁镇蜀，以冀国夫人任氏本浣花女，遂重修之，改名浣花寺。北宋改为梵安寺。《方舆胜览》卷51成都府：梵安寺“在成都县南，与杜甫草堂相接。每岁四月中浣前一日，太守宴集于此”。明末毁。清康熙四年（1665）重建。

梵净山　古名三山谷。又名辰山、思邛山、九龙山。土名饭甑山。在今贵州印江土家族苗族自治县东南，与江口县和松桃苗族自治县交界处。海拔2494米。《黔记》：贵州山，以梵净山为第一。《清一统志·松桃厅》引《九龙山志》：“群山耸拔，分为九支。中涌一峰，周围仅数丈，突兀陡绝，其高千仞。中如斧划，麓断而巅连，划处隔五六尺许，名金刀峡。峡有飞桥相接，左右皆梵宇，广阔可容数十人。寺侧有石名说法台，陟者攀铁絙上下。山傍石出如笋，穹窿峭拔，有拜佛台、香炉峰、棉絮崖、炼丹台、藏经崖。井曰定心水。山后有池曰九龙池。又有辟支佛遗迹。山下九十九溪，环绕纡折而通楚蜀，黔中胜概，无逾于此。”是西南的佛教名山。产有金丝猴、珙桐等珍稀动植物，为国家重点自然保护区。

梵宗寺　①俗称北大庙。在今内蒙古翁牛特旗（乌丹镇）北八里。始建于清乾隆八年（1743），乾隆二十年（1755）竣工。为汉式建筑的藏传佛教寺院。由山门、正殿、东西配殿、关帝殿和经卷殿组成。殿内多彩绘图案、壁画。寺院规模较大，保存完好。

②即塔尔寺。在今青海湟中县西南隅塔山中。《清一统志·西宁府二》：梵宗寺“旧名塔尔寺，为喇嘛所居。本朝康熙间赐净土津梁匾额，乾隆十四年敕重建，赐名法海寺，又赐今名”。

梵衍那国　即帆延国。唐西域国名。都城在罗烂城（今阿富汗喀布尔市西巴米安）。《新唐书·西域传》：“帆延者，或曰望衍，曰梵衍那。”

梵音水　在今四川汉源县北。《明一统志》卷73黎州安抚司：梵音水“在司城南一十五里。俗传唐僧三藏至此，持梵音而泉涌出，故名。色如米沈，味甘。宋政和间，太守宇文俣过而饮之，曰佳泉也，易名粲玉泉。泉南数十步有二巨石，一号袈裟石，五色相间，一号晒经石，皆三藏遗迹”。

梵音洞　在今浙江舟山市普陀区普陀山最东端。清许琰《普陀纪胜》：“梵音洞山在正东境，面大洋……此山名青鼓磊，至洞口峭壁危峻，石色青黝，高三四十丈，徒劈两岩如门洞然，深广百余丈。海潮入洞激荡有声，如龙虎啸吼，雷霆怒兴，听者悚栗。”康熙三十八年（1699）御书“梵音洞”悬洞额。

梵觉寺　在今江苏扬州市东琼花观之南。即古兴教寺。北宋淳化间（990—994）建。清康熙四十四年（1705）改今名。

婪凤　即今广西田东县东南林逢镇。明设婪凤土巡司于此。

婪凤州　北宋置，属邕州右江道。治所在今广西田东县东南林逢镇。元废。

梗阳乡　春秋晋之梗阳县，西汉降为梗阳乡。故址即今山西清徐县治。

梗阳县　春秋晋置，治所即今山西清徐县。《左传》：昭公二十八年（前514），“魏献子为政，分祁氏之田以为七县，……魏戊为梗阳大夫”。即此。西汉废。

梗阳城　春秋晋邑。在今山西清徐县。《左传·襄公十八年》：中行献子梦中“见梗阳之巫皋”。昭公二十八年（前514），“魏戊为梗阳大夫”。皆此。

梧　春秋郑地，后为晋邑。在今河南荥阳市西南。《左传》：襄公十年（前563），“晋师城梧及制，士鲂、魏绛戍之”。

梧台（臺）　在今山东淄博市临淄区西北。汉刘向《说苑·奉使》：“楚使使聘于齐，齐王饗之梧宫。”《水经·淄水注》：“系水又北径临淄城西门北，而西流径梧宫南。昔楚使聘齐，齐王饗之梧宫，即是宫矣。其地犹名梧台里。台基层秀，东西百余步，南北如减，即古梧宫之台。台东即阙子所谓宋愚人得燕石处。”

梧成县　西汉置，属琅邪郡。治所在今山东安丘市西南六十里峿山之北。东汉省。

梧州　唐武德四年（621）置，治所在苍梧县（今广西梧州市）。天宝元年（742）改为苍梧郡。乾元元年（758）复为梧州。辖境相当今广西梧州市、苍梧县地。元世祖至元十六年（1279）改为梧州路。

梧州市　1927年析苍梧县城区及近郊置，属广西省。治所即今广西梧州市。1932年废入苍梧县。1949年11月复置梧州市。1950年升为地级市，改由省直辖。1958年降为县级市，1961年复升为地级市。

梧州府　明洪武元年（1368）改梧州路置，属广西布政司。治所在苍梧县（今广西梧州市）。辖境相当今广西梧州市、苍梧、藤县、岑溪、容县、北流、玉林、陆川、博白等市县及广东怀集县地。清属广西省，辖境缩小。1913年废。

梧州路　元至元十六年（1279）改梧州置，属广西道。治所在苍梧县（今广西梧州市）。辖境相当今广西梧州市及苍梧县地。明洪武元年（1368）改为梧州府。

梧县　西汉置，属楚国。治所在今安徽淮北市东北梧桐村。东汉属彭城国。东晋废。

梧栖　即今台湾省台中市西北梧栖区。连横《台湾通史·疆域志》台湾县："梧栖在县西，商舶至市之口，亦海隅之一都会也。"

梧桐山　①在今安徽淮北市东北梧桐村附近。《水经·睢水注》："睢水又左合白沟水，水上承梧桐陂，陂侧有梧桐山。"

②在今湖南平江县北。《清一统志·岳州府》：梧桐山"在平江县北十五里。旧多梧桐。上有龙泉"。

③即今广东深圳市东北梧桐山。《方舆纪要》卷101广州府新安县：梧桐山"山势峭拔，多产梧桐，因名"。

④在今广东河源市东南。《方舆纪要》卷103惠州府河源县：梧桐山在"县东南十里。形势峻耸，多梧桐"。

梧桐川　即今浙江龙泉市北大贵溪。《方舆纪要》卷94龙泉县：梧桐川"在县东十五里。自梧桐口引流而西南，下流入于大溪"。

梧桐村　即今黑龙江省萝北县西南尚志村。1942年东北抗联三军军长赵尚志殉难于此。中华人民共和国成立后改为尚志村。

梧桐陂　又名梧桐湖。在今安徽淮北市东北梧桐村附近。《水经·睢水注》："睢水又左合白沟水，水上承梧桐陂，陂侧有梧桐山。"会贞按："梧桐陂在梧桐山侧，则陂盖取山为名。"

梧桐岭　在今福建福州市北。《资治通鉴》：五代晋天福四年（939），闽王昶"出北关，至梧桐岭"，为众所杀。即此。

梧桐溪　在今浙江遂昌县西。《方舆纪要》卷94遂昌县：梧桐溪"在县西二十里曾山下。亦曰梧桐川，流合于双溪"。

梢云（雲）山　即今安徽休宁县东北二十五里椰原山，接黄山市黄山区界。《舆地纪胜》卷20徽州：梢云山"在休宁县西二十余里。旧名郎山。天宝中改今名"。

椇林州　唐开元后置羁縻州，属雅州都督府。治所在今四川康定县境。北宋作祸林州。后废。

椇眉州　唐开元后置羁縻州，治所在今四川康定县境。北宋作椇眉州。后废。

梅厂村　即今天津市武清区东二十一里梅厂镇。清乾隆《武清县志》卷1里社：崔二里有梅厂村。

梅口寨　北宋置，即今福建泰宁县西南梅口镇。《方舆纪要》卷98泰宁县：梅口寨"在县西梅口保。宋绍定五年，统领刘纯分忠武军于此，以镇罗源筋竹之寇。后废"。《宋史·兵志六》福建路邵武军十砦有梅口砦。后为梅口市。清为梅口墟。

梅口镇　即今广东梅县东北松口镇。《资治通鉴》：五代梁龙德二年（922），"汉主（刘）岩用术者言，游梅口镇避灾。其地近闽之西鄙。闽将王延美将兵袭之，未至数十里，侦者告之，岩遁逃仅免"。胡三省注："梅州程乡县有梅口镇，与闽之汀州接境。"《元丰九域志》卷9广南路梅州：程乡县有"梅口"镇。

梅山　①即今浙江宁波市东海中梅山岛。《方舆纪要》卷92定海县"管界寨"条下："又大嵩巡司，旧置于县东南大嵩港。洪武十七年移置县南梅山。"即此。

②一名栖隐山。在今安徽含山县东南十五里。《舆地纪胜》卷48和州：梅山"在历阳县南五十里。昔曹操指山上梅林，军士渴遂止，盖此山也"。

③在今安徽庐江县东南。《方舆纪要》卷26庐江县：梅山"在县东南四十里。俗传曹操率兵，望梅止渴，即此山"。

④在今安徽舒城县西南。《清一统志·庐州府》：梅山"在舒城县西五十里，上有梅仙洞。汉南昌尉梅福弃官后隐此。亦名梅福山"。

⑤在今河南郑州市西南三十五里，与新郑市接界。《左传》：襄公十八年（前555），楚芀子冯、公子格率锐师"右回梅山。侵郑东北"。

⑥在今湖南安化及新化县界。《宋史·蛮夷二·梅山峒蛮》："于是遂檄谕开梅山，蛮瑶争辟道路，以待得其地。"《方舆纪要》卷80安化县：梅山"在县（治今梅城镇）西南。山盘纡甚远，蛮恃为险，今县（梅城镇）南八十里梅山岭上有泉，即其地"。《清一统志·长沙府一》：梅山"在安化县（治今梅山镇）西南，接宝庆府新化县界。宋熙宁中，章惇发兵开梅山道即此。新化为上梅山，安化为下梅山，其山俱相通"。

梅山港　即今浙江宁波市东梅山岛与穿山半岛间之梅山港。《方舆纪要》卷92定海县"庐江河"条下："又梅山港，在霩䨮所西十里，亦自崎头海洋西北流，经大嵩所，通于海。港口有梅山隘，为戍守处。"

梅川　即今湖北武穴市北梅川河。《方舆纪要》卷76广济县：梅川"源出县北横冈山，流入于武山湖"。

梅川砦　即今甘肃岷县东北梅川镇。《明一统志》卷37岷州卫：梅川寨"在卫城东北三十里"。

梅子八关　元代在今湖北长阳、五峰二土家族自治县境清江两岸八个关的总称。《方舆纪要》卷78长阳县"渔洋关"条下："《志》云，县境旧有梅子八关，四临江南，四临江北。元时置以备峒蛮。明改为二巡司。"

梅子口寨　在今湖南安化县东南百里。《清一统志·长沙府二》"七星寨"条："宋太平兴国中，平梅山蛮，因立五寨，以为防御，曰梅子口、七星、首溪、白沙、蜉蝣……按梅子口寨，今名镇安寨。"

梅子山　在今湖北武汉市汉阳城区西。《清一统志·汉阳府》：梅子山"在汉阳县西三里。旧多梅”。

梅子关 ①清置，属黔江县。在今重庆市黔江区西四十里册山村西北梅子关。

②在今安徽霍山县东二十里。《方舆纪要》卷26霍山县：梅子关“在县东梅子岭上”。

梅子坡 在今重庆市彭水苗族土家族自治县东南。《方舆纪要》卷69彭水县“恶岩”条下：“县东百七十里又有梅子坡，路通湖广之散毛、盘顺、思南诸土司，为襟要处。”

梅子岭 在今安徽霍山县东。《方舆纪要》卷26霍山县：梅子岭在“县东五十里。多产梅，上可容数十万众”。

梅子岭桥 在今四川越西县南。《方舆纪要》卷74越嶲卫军民指挥使司：梅子岭桥“在卫南五十里。路出宁番往来通道也”。

梅冈 ①又作梅陵、梅岭冈。在今江苏南京市南，聚宝山麓。《陈书·高祖纪》：梁绍泰二年（556），“自去冬至是，甘露频降于钟山、梅岗、南涧及京口、江宁县境”。唐李白有《登梅岗望金陵赠族侄高座寺僧中孚》诗。宋《景定建康志》卷17“梅冈”条引《图经》云：“东豫章太守梅颐家于冈下，因名之。”

②在今广东揭东县东北云路镇一带。《清一统志·潮州府》“狮子营”条：“长市营在县东北梅冈都，皆明初置。久废。”清光绪《广东舆地全图》：揭阳县东北有梅冈都。

梅公亭 在今广西平乐县城东北凤凰山。《明一统志》卷84平乐府：梅公亭“在府治东。宋梅挚建，以昭州所为诗及五瘴说刻石嵌于壁”。

梅文鼎墓 在今安徽宣城市东南八十里柏枧村。梅文鼎（1633—1721）字定九，号勿庵。宣城（今宣州市）人。清代著名天文学家、数学家。墓前原有石坊、翁仲、祭台等，毁于清咸丰年间。现存墓冢高2.5米，直径21.4米。冢前有碑，碑文详记其生平。墓东有梅氏家族墓葬。墓南七里三家渡村为梅文鼎故里。

梅丘镇 在今湖北随州市西北九十里。《舆地纪胜》卷83随州：“有东、西二梅丘。”清有巡司驻此。

梅仙山 又名梅君山。在今福建建瓯市南二里。《寰宇记》卷101建州建安县：梅君山“在郡东南，云梅福炼药于此山上升，因名之”。《清一统志·建宁府》引《新志》：“又名梅仙山。山顶丹井、坛灶犹存。”

梅头堡 明筑，在今浙江温州市东南龙湾区海城街道。《方舆纪要》卷94瑞安县：梅头堡“在海安所之后冈。嘉靖三十八年筑，以御倭”。

梅头寨 在今浙江温州市东南龙湾区海城街道东梅头镇。《方舆纪要》卷94瑞安县：梅头寨在“县东五里。有海口，为戍守要地。明初置巡司于此”。

梅西支线 由吉林梅河口市东北的莲河经东丰至西安（今辽源）。全长66.7公里。为奉海铁路支线。1927年修筑。

梅尧臣墓 在今安徽宣城市南郊双羊山麓。梅尧臣（1002—1060）字圣俞。宣城（今宣城市）人。世称“宛陵先生”。北宋著名诗人。嘉庆五年（1060）卒于京师汴京（今河南开封），次年归葬于此。有墓碑、墓祠，欧阳修为之作墓志铭。

梅回（迴）寨 北宋置，属繁畤县。在今山西繁峙县东北一百里迷回村。《宋史·地理志》：代州繁畤县有“梅回”寨，即此。

梅回（迴）镇 金改梅回寨置，属繁畤县。在今山西繁峙县东北一百零五里迷回村。

梅庄市 即今江西进贤县东北六十里梅庄镇。清有巡司驻此。

梅关 古名横浦关、秦关。在今广东南雄市北、江西大余县南大庾岭上。《舆地纪胜》卷36南安军：梅关“植柱揭名于庾岭，以分江、广之境”。《方舆纪要》卷102南雄府保昌县：梅关“在大庾岭上。两岩壁立，道出其中，最为高险。或以为即秦之横浦关也。……唐、宋以来谓之梅关。明成化中，好事者更为岭南第一关”。

梅关和古驿道 在今江西大余县与广东南雄市接界处。梅关即梅岭关。汉武帝时庾胜将军在此筑关城镇守，故梅岭又称大庾岭。唐代首创商道，仅宽五尺，为鹅卵石铺筑。北宋时扩修驿道，并在岭上设关楼，匾额“南粤雄关”、“岭南第一关”。清初于楼侧立“梅岭”碑，高2.75米。自古多题咏梅关诗作，如明代汤显祖的“秋发庾岭”、现代有陈毅的《梅岭三章》等。2006年定为全国重点文物保护单位。

梅州 北宋开宝四年（971）避翼祖讳改敬州置，治所在程乡县（今广东梅州市）。熙宁六年（1073）废，元丰五年（1082）复置。辖境相当今广东梅州、平远、蕉岭等市县地。南宋绍兴六年（1136）废，十四年（1144）复置。元世祖至元十六年（1279）升为梅州路，二十三年（1286）复降为梅州。明洪武二年（1369）废。

梅州市 1978年由广东省梅县析置梅州市。1983年梅县与梅州市合并，改设梅县市。1988年撤销梅县地区及梅县市，改设地级梅州市。原梅县市改置梅江市。2013年撤销梅县，改设梅州市梅县区，区政府驻程江镇宪梓南路13号。

梅州路 元世祖至元十六年（1279）升梅州置，治所在程乡县（今广东梅州市）。辖境相当今广东梅州、梅县、平远、蕉岭等市县地。二十三年（1286）复为梅州。

梅江 ①亦名宁都水。又称虔化水。即今江西宁都县东梅江。《方舆纪要》卷88赣州府宁都县：梅川“在县东北梅岭下，经麻源、丁坡、梅口，东南会白沙、白鹿水，东会鳌溪、小溪水，为东江。西北会龙溪、桃溪，为西江。流经雩都县，为宁都水。《志》云，梅川流至雩都有十八滩，水石岐峋，舟行绝险”。《清一统志·宁都州》：宁都水“在州东南。源出州东北梅岭，名梅川，南流径麻源、丁坡、梅口，合黄土岭诸水，又南至洛口合安乐、新吉、蜜石诸水，又南合清音水曰三江口，又折西南流合白河、白鹿二水，又西南入雩都县界合曲阳、佛婆、银坑、池田诸水，东南入贡水”。

②在今广东梅州市和梅县、五华县境，为韩江上游。源于紫金、陆丰两县市交界的乌突山七星岽，东北流至大埔县西北三河坝与汀江汇合后始称韩江。清光绪《嘉应州志》称：梅州“以梅溪水为名”。江以梅名，因其地多梅花，故称。

梅坊镇　即今江西宜黄县东北四十里梅坊。清同治《宜黄县志》卷2：北曰待贤乡，八都有梅坊村。

梅花　①即今福建长乐市东北梅花镇。宋、元设梅花巡司，明改为梅花守御千户所。因濒临梅花江而得名。

②即今广东乐昌市西北梅花镇。清设把总驻守。

梅花山　在今江苏南京市中山门外钟山南，处于明孝陵神道环抱中。旧名孙陵冈，三国时吴帝孙权与步夫人葬此。明孝陵营建后，孙陵冈改称梅花山。

梅花千户所　明洪武二十年（1387）置，属镇东卫。治所即今福建长乐市东北梅花镇。清康熙三年（1664）废。

梅花门　在今浙江金华市城区，系旧金华府城之东门。《明史·太祖纪》：元至正十八年（1358）冬，太祖“命胡德济迎战于梅花门，大破之，婺州降”，即此。

梅花水　在今广东中山市南五十里。《方舆纪要》卷101广州府香山县：北台山“梅花水出焉，下流入海。宋端宗太后全氏崩，葬于梅花坡上，亦即此水旁矣”。《清一统志·广州府》：梅花水“源出寿星塘，合乌岩、香炉、白银等水，西为横坑水，入北台海”。

梅花屿　即今台湾基隆市东北棉花屿。清汪楫《疏抄》：“辰巽三更取梅花屿，单卯十更取钓鱼台北边过。”

梅花江　即今福建长乐市东北梅花镇附近的闽江，为闽江下游入海之南口，通往省城福州之海上门户。《方舆纪要》卷96福州府长乐县“马头江”条下：梅花江“在府东北五十里，近梅花所城，亦曰梅江，亦曰梅花澳。嘉靖二十八年倭贼犯会城，旋自洪塘江出洋，参将尹凤追败之于梅花外洋，即此”。清光绪十年（1884）“马江战役”，法人由梅花暗渡，直窥马江，长门炮台遂至不守。

梅花岭　①在今江苏扬州市广储门外。《清一统志·扬州府一》引《江都县志》：“明万历中，州守吴秀浚河积土而成，因树以梅，故名。”史可法殉国后，人葬其衣冠于此。

②在今广东紫金山西百里。《方舆纪要》卷103惠州府永安县：梅花岭，“五岭攒聚，状如梅花，故名。有岩高十寻，路甚狭隘，累足而入，宏邃高旷，远望无际”。

梅花洞　在今贵州三都水族自治县南。《方舆纪要》卷121独山州“丙王山”条下：梅花洞“在（烂土）司东南三十里。宣德九年，叛苗据此为变，都指挥顾勇讨破之”。

梅花隘　在今广东翁源县东。《方舆纪要》卷102翁源县：梅花隘“在县东南百二十里，亦接河源县境”。

梅花镇　即今河北藁城市南梅花镇。1937年10月，国民党五十三军六九一团由地下党员、团长吕正操率领，在此阻击南犯日军，歼敌数百。当夜，六九一团拒绝执行南撤命令，挥戈北上，挺进敌后。此后，日军侵占藁城县，在梅花镇制造了骇人听闻的“九九惨案”（农历九月九日）。全镇有一千五百四十七人被杀，四十六户被杀绝，六百余间房屋、店铺被烧毁。

梅李　即梅里。旧称泰伯城。相传周太王长子泰伯居此，因名。在今无锡市东南三十里梅村镇。《方舆纪要》卷25无锡县“泰伯城”条引《吴地记》云：“泰伯筑城于梅李墟，周三里二百步，外廓周三百余里。今曰梅李乡，亦曰梅李村。”

梅李镇　又作梅里。北宋置，属常熟县。即今江苏常熟市东北梅李镇。宋宝祐《重修琴川志》卷1：梅李镇“在县东三十里。《庆元志》云：吴越钱氏时遣二将梅世忠、李开山戍此。以防江北南唐之兵。居民依军成市，因取二将之姓以名其地，故云梅李市。元丰间始为镇”。

梅县　1912年改嘉应州置，后属广东潮循道。治所即今广东梅州市。1920年直属广东省。2013年撤销梅县，改设梅州市梅县区。

梅里　又作梅李、蕃离。在今江苏无锡市滨湖区东南梅村镇。相传周太王长子泰伯筑城，自号句吴。故又称泰伯城。自泰伯至寿梦皆都于此。公元前560年诸樊迁都于吴（今苏州市）。

梅里急部　又作密儿纪部。辽北境部族，属西北路招讨司。即蒙元史料所载之篾里乞（篾儿乞）部。居地在今蒙古国色楞格河和鄂尔浑河下游一带。辽道宗大安八年（1092）北阻卜酋长磨古斯举兵反辽，梅里急部亦从之叛，至寿昌三年（1097），其酋长忽鲁八向西北路招讨使耶律斡特剌归降，“请复故地，仍贡方物”。辽亡，耶律大石走西北路，集诸属部图复国，梅里急部亦从之。金代，此部屡与蒙古部争战，1204年被蒙古部铁木真击灭，余部西奔金山（阿勒占山，即今阿尔泰山）之西，后亡。

梅里镇　即梅李镇。北宋元丰间置，属常熟县。即今江苏常熟市东北梅李镇。地当浒浦上游，为江防要地。明设兵戍守。

梅园　①在今江苏无锡市西南浒山上。以园内遍植梅树，故名。民国初为荣氏别墅。依山面湖，风景绝佳。

②在今湖南长沙市东。宋张栻有《梅园分韵得林字》诗。

梅园新村 在今江苏南京市区汉府街。1946 年—1947 年为“中国共产党代表团办事处旧址”。

梅岑山 即今浙江舟山市普陀区东北莲花洋中之普陀山。《舆地纪胜》卷 11 庆元府：梅岑山“在昌国县。四面环海，高丽、日本、新罗、渤海诸国，皆由此取道，守候风信”。《方舆纪要》卷 92 定海县：补陀落迦山“一名梅岑山，相传以梅福名”。

梅岑峰 在今浙江舟山市普陀区普陀山西南部。清许琰《普陀纪胜》：“梅岑峰在达摩峰右，南山最高处。相传汉梅子真隐修此山，林石幽秀，下有丹井，清波泓然，大旱不竭。”

梅岙（嶴）镇 又名海岙镇。明置，属宁海县。即今浙江三门县东南六十三里梅岙村。《明史·地理志》台州府宁海县：“又有梅岙镇，旧有铁场。”《方舆纪要》卷 92 宁海县：梅岙镇在“县南百里。旧有铁场，亦戍守处也。嘉靖中，倭贼寇县，由梅岙突入乐清县界”。

梅谷堡 北宋置，属镇戎军熙宁砦。在今宁夏固原市北。后废。

梅龟岭 在今广西隆安县东南五十里。《方舆纪要》卷 110 隆安县：梅龟岭“广三十里。树木丛蔚，鸟兽繁殖，盗贼常窃据于此”。

梅龟堡 明隆庆四年（1570）置，属隆安县。在今广西隆安县东南。《方舆纪要》卷 110 隆安县“驮演寨”条下：梅龟堡“在县东南五十里，有戍兵以扼梅龟岭之险”。

梅君山 即梅仙山。在今福建建瓯市南二里。

梅陇墟 即今广东海丰县西南梅陇镇。清光绪《惠州府志》卷 8：海丰县有梅陇墟。

梅陇镇 即今上海市闵行区东北十里梅陇镇。民国《江苏六十一县志》：上海县南有“梅陇镇”。

梅陂 在今江西万安县西北。《方舆纪要》卷 87 吉安府万安县：梅陂“在县西北。《纪胜》云，和蜀镇有天井湖，今谓之梅陂。阔三百余顷。旧隶龙泉，宋何嗣昌为宰，疏蜀江水，伐石立趾，以捍啮堤之害，百姓至今利赖之”。

梅坪洞 在今湖北松滋市西北。《方舆纪要》卷 78 松滋县：梅坪洞“在县（今老城镇）西八十里。石壁高耸，中可容数百人”。

梅茂县 1947 年改梅菉管理局置，属广东省。治所即今广东吴川市。1952 年与吴川县合并为吴梅县，1953 年改为吴川县。

梅林关 在今湖北麻城市北。《金史·仆散安贞传》：兴定五年（1221）伐宋，安贞“夺黄土关。遂入梅林关”。

梅林河 即今晏家河。在今河南新县和光山县境。《方舆纪要》卷 50 光山县：梅林河“在县东南三十里。源出县南百里之金泉山，东北流，会官渡水入淮”。

梅林渡 在今江西吉安市东。清光绪《吉安府志》卷 4 庐陵县：“梅林渡在县东三里。”

梅林墟 即今广东五华县西南梅林镇。清同治《广东图说》卷 90：长乐县有梅林墟。

梅岩 ①在今福建永泰县东南四十里。《清一统志·福州府一》：梅岩“高出众峰，登之可望三江口”。

②在今江西余干县城西藏山之上。《明一统志》卷 50 饶州府：藏山“在余干县治西。虽不甚高，而悬崖峭壁为特胜。上有梅岩，宋赵汝愚读书其下，理宗为书‘梅岩’二字”。

③在今广东翁源县西北新江镇上坝村。岩洞旁有古屋墙基遗迹，是宋代翁源县籍进士梅鼎臣世居。

梅岭 ①在今浙江建德市西南五十六里，与衢州市接界。宋《淳熙严州图经》卷首《寿昌县境图》上，寿昌县南与龙游县交界有梅岭。《景定严州续志》卷 10 寿昌县：梅峰“在县（今寿昌镇）西南三十里”。《方舆纪要》卷 90 寿昌县：梅岭，“宋建都临安时，此岭最为要道，凡闽、蜀、江西、荆湖、二广、云南、八番、海外诸国来者，皆经其下，亦曰梅峰。元时尚为戍守处”。

②即今福建诏安县东南滨海之梅岭镇。《方舆纪要》卷 99 诏安县“渐山”条下：“又有梅岭，为戍守处。嘉靖四十四年，戚继光败‘贼’吴平于此。”

③在今福建武夷山市东南。岭极高峻，上多梅，故名。朱熹有“去路霜威劲，归程雪意深。玉梅疎半落，犹足慰幽寻”的诗句。《史记·东越列传》：汉元鼎六年（前 111），“东越反，发兵入梅岭，杀汉校尉”，即此。

④在今江西南昌市西湾里区，为西山最高峰。《史记·东越列传》：西汉元鼎五年（前 112），“楼船将军杨仆使使上书，愿便引兵击东越。上曰士卒劳倦，不许，罢兵，令诸校屯豫章梅岭待命”。《索隐》：“豫章三十里有梅岭，在洪崖山足，当古驿道。”《舆地纪胜》卷 26 隆兴府：梅岭“在西山极崇峻处。下有梅仙观，今号阳灵观，旧说梅仙弃南昌尉学道于此”。《方舆纪要》卷 84 南昌府：梅岭“以梅福得名”。

⑤在今江西宁都县东北。《史记·东越列传》：西汉元鼎五年（前 112），闽越反。六年，武帝将伐闽越，“命诸校屯豫章梅岭待命”。《正义》引《括地志》：“梅岭在虔化县东北百二十八里。”《清一统志·宁都州》：梅岭“在州东北。……古多梅树，故名。今谓之修岭”。

⑥即大庾岭。在今江西大余县和广东南雄市之间。《舆地纪胜》卷 36 南安军：梅岭“大庾岭上多梅，亦名梅岭”。《方舆纪要》卷 83 大庾岭“自九龄凿开新路后，两壁峭立，中途坦夷，上多植梅，因又名梅岭。一云，本汉初梅鋗将兵至此，故有梅岭之名”。

⑦又名修岭。在今江西广昌县西南六十里。《舆地纪胜》卷 35 建昌军：梅岭“在广昌。有梅岭水出

焉”。

梅岭山 又名补陀洛迦山。即今浙江舟山市东普陀山。《舆地纪胜》卷11庆元府：梅岭山“在昌国县。四面环海，高丽、日本、新罗、渤海诸国，皆由此取道，守候风信”。《清一统志·宁波府》：补陀洛迦山“在定海县（今舟山市）东一百五十里海中，一潮可到，为海岸孤绝处。梵名补陀洛迦，华言小白华也。亦曰普陀山，又名梅岭山。相传以梅福名。往时日本、高丽、新罗诸国皆由此取道，以候风信”。

梅岭堡 北宋元丰四年（1081）置，属乐共城。在今四川江安县南一百二十里梅花镇。《宋史·赵遹传》：政和五年（1115），“晏州夷酋卜漏反，陷梅岭堡，知砦高公老遁”。即此。

梅岭隘 在今江西大余县南。《方舆纪要》卷88南安府大庾县：梅岭隘“在府南二十里，与保昌县火径隘相接。为防御要区”。

梅岭墟 即今广东南雄市东北梅岭镇。清同治《广东图说》卷86：南雄州有梅岭汛。

梅城 即今福建闽清县治梅城镇。县城有梅溪，故闽清县别号梅城。

梅城山 在今安徽凤阳县东南七十里。《方舆纪要》卷21临淮县：梅城山在“县东四十里。以山岩如城而名”。

梅城县 ①隋开皇十六年（596）分小黄县置，属亳州。治所在今安徽亳州市西南梅城。大业三年（607）废入谯县。

②唐武德五年（622）置，属舒州。治所在今安徽潜山县北七十里古龙鸣城内。七年（624）废。

梅树关 明正德中置，在今四川广元市南元坝区西南梅树乡。《方舆纪要》卷68广元县：梅树关“在梅树岭”。《清一统志·保宁府二》：梅树关“在昭化县东南四十里梅树岭大路”。

梅树岭 在今四川广元市南元坝区西南梅树乡境。《方舆纪要》卷68昭化县：梅树岭“在县东南四十里。丛林深菁，中多猛兽，有梅树关”。

梅亭山 在今湖北武汉市武昌城区南。《方舆纪要》卷76江夏县“黄鹄山”条下：“城南五里有梅亭山。太祖征楚尝驻跸其上。”

梅洞砦 北宋政和五年（1115）置，属长宁军。在今四川长宁县东南梅硐镇。元废。明于旧址置梅洞堡。

梅洞堡 明置，属长宁县。在今四川长宁县东南梅硐镇。《方舆纪要》卷70长宁县：梅洞堡“在县东五十里。宋政和五年置梅洞砦。……明因旧址设堡于此，并置梅洞巡司”。

梅洲城 明正德三年（1508）置，属诏安县。即今福建诏安县东北梅洲乡。明时为戍守要地。

梅桥场 在今四川江安县南梅花镇。清嘉庆《江安县志》卷1：梅桥镇场“距县一百二十五里”。

梅根山 在今安徽池州市东北四十里梅龙镇梅根河口。宋属铜陵县。《寰宇记》卷105铜陵县：梅根山，“《吴录地理志》云，晋立梅塘冶，今作铁冶于临城。又《太康地志》云，梅根铁冶出空青，其色特妙于广州”。《元丰九域志》卷6：铜陵县“有梅根山”。

梅根冶 即梅根监。在今安徽池州市东北四十五里梅龙镇。《寰宇记》卷105铜陵县：梅根山，“《吴录地理志》云，晋立梅塘冶，今作铁冶于临城。又《太康地志》云，梅根铁冶出空青，其色特妙于广州”。唐置梅根监。

梅根河 一名钱溪。即今安徽池州市东北九华河。《方舆纪要》卷27贵池县：梅根河在“府东四十五里。其源一出九华山，泻于五溪桥，过黄屯，至府东四十里之斗龙山，沿流至府东五十五里之五埠河口，出太婆山，泻马衙桥，绕龙潭，与九华之流合，交于双河，又北达大江，亦曰梅根港。港东五里，即梅根监，历代铸钱之所”。

梅根监 又称梅根冶。唐置，属南陵县。在今安徽池州市东北四十五里梅龙镇，梅根河口东侧。《新唐书·地理志》南陵县：“有梅根、宛陵二监钱官。”《元和志》卷28南陵县：梅根监“在县西一百三十五里。梅根监并宛陵县，每岁共铸钱五万贯”。

梅根渚 梅根河口江中旋流萦绕的洲渚。在今安徽池州市东北四十里梅龙镇。齐武帝诗：“昔经樊邓役，阻潮梅根渚。”指此。

梅根港 一作梅根。梅根河入江口。即今安徽池州市东北四十里梅龙镇。《宋书·邓琬传》：“陈庆至钱溪，不敢攻，越钱溪，于梅根立砦。”《资治通鉴》：南朝宋泰始二年（466）胡三省注：“陈庆至钱溪，军于梅根，盖今之梅根港是也。”又引张舜民曰：“自铜陵舟行六十里至梅根港，又五十许里至贵池口。”《明史·地理志》贵池县：“东有梅根港。”

梅峰 在今广东梅州市西。《方舆纪要》卷103程乡县：梅峰在“县西二里。平地突起，形如覆钟。一名马蹄峰。其相近者曰高峰”。

梅家堡 即今湖北郧县东北梅家铺镇。《清一统志·郧阳府》：梅家堡“在郧县东北一百三十里”。

梅家畲堤（隄） 在今江西樟树市西南。《方舆纪要》卷87临江府清江县“固本堤”条下：梅家畲堤“在府（治今临江镇）东十五里。旧有堤，成化以后为洪水所坏，垂修垂圮，民不能田，嘉靖初悉力修筑，始不为患。崇祯十一年复决，寻修塞之。相近有黄家园、郭陀堆、龙潭口等堤，崇祯十二年以后相继崩坏，旋复修治”。

梅埠桥市 在今湖南常宁市东南。《清一统志·衡州府二》“客铺市”条下：梅埠桥市“在（常宁）县东三十里”。

梅营银场 北宋置，属尤溪县。即今福建尤溪县东北梅营。《元丰九域志》卷9南剑州尤溪县有梅营银场。

梅菉　即今广东吴川市。《清一统志·广东统郡》：高州镇千总一员驻梅菉汛。

梅菉市　1926年置，属广东省。治所即今广东吴川市（梅录镇）。1947年改置梅茂县。

梅菉墟　即今广东吴川市（梅菉镇）。清光绪《高州府志》卷10：梅菉镇在"（茂名）县南百四十里。茂地三之二原名龙滘，亦名铺脚。考《长寿寺碑记》：墟旧在今梅菉墟东北一里许，曰梅菉头，明天启间乃迁龙滘，即今市场地也。梅姓、陆姓创始，故曰梅陆墟，后更为梅禄、为梅录，近又更录为菉、为麓"。1953年吴川县迁治于此。

梅菉管理局　1932年由茂名、吴川二市接壤的梅菉地方析置，驻梅菉市（今广东吴川市）。1947年改置梅茂县。

梅庵　在今广东肇庆市西四里梅庵岗。明万历十二年（1584）《梅庵田舍记》提及此庵建于五代。另一说始建于北宋至道二年（996）。相传唐代佛教禅宗六祖慧能喜爱梅花，所经之地常插梅为记。此处亦因六祖慧能曾在此插梅而得名。其弟子智远为纪念先师，遂于插梅处建庵，故名梅庵。庵屡有兴废，现存山门、大雄宝殿、祖师殿三部分。其中大雄宝殿至今仍保存宋代木构建筑的艺术风格。山门前有六祖井，泉水清冽。1979年修葺后，现辟为肇庆市博物馆。1996年定为全国重点文物保护单位。

梅康萨豁　原西藏地方政府设，治所在今西藏昂仁县东北亚木乡西梅康萨。藏语意为"梅"地方的新屋。1960年并入昂仁县。

梅渚镇　北宋置，属建平县。即今安徽郎溪县北三十里梅渚镇。《舆地纪胜》卷24广德军：梅渚镇"在建平县东（应为北）三十五里"。明置梅渚巡司。

梅堰市　即今江苏吴江市南梅堰镇。《方舆纪要》卷24苏州府吴江县：梅堰市"在县西南六十里。嘉靖三十四年倭贼由浙江崇德及南浔镇转掠梅堰，趋平望，为官军所败"。

梅铺　在今湖北郧县城东北四十八里梅铺。1975年在石灰岩溶洞（又称龙骨洞）中发掘出三颗猿人牙齿化石，齿冠完好。时代早于北京猿人，为我国第五个猿人化石发现地点。

梅铜城　在今安徽祁门县西十五里。《史记·项羽本纪》：项羽"立诸将为侯王，番君将梅鋗功多，故封十万户侯"。《舆地纪胜》卷20徽州：梅鋗城"在祁门县西十五里。吴芮之将。项羽立诸将为侯王，鋗功多，封十万户，即此地也"。

梅窖隘　在今江西兴国县东梅窖镇。《方舆纪要》卷88赣州府兴国县"衣锦寨"条下：梅窖隘"在县东。亦曰梅窖关。路通宁都、雩都二县。正德中，闽粤流寇犯县，由此突入，最为要害"。

梅窖墟　即今江西兴国县东北梅窖镇。清同治《赣州府志》卷3：兴国县有"梅窖"墟。

梅塘市　即今江西吉安县北梅塘乡西北梅塘。清同治《江西全省舆图》卷7：庐陵县西有梅塘。

梅塘堡　在今广东梅州市西南十余里梅江东岸梅塘。《明史·地理志》程乡县："西有太平乡巡检司，治梅塘堡，后迁县西北石镇村旁。"

梅槐桥　在今湖北荆州市荆州区（故江陵县）西三十二里梅槐桥村。民国《湖北通志》卷38：梅槐桥"旧系木桥。康熙中易以石。同治中重修"。

梅赖堡　北宋政和五年（1115）置，属长宁军。在今四川长宁县南。不久改为石笋堡。

梅辑铁路　从吉林梅河口市经通化至辑安（今集安市）。全长251.7公里。日伪于1935—1938年修筑。今称梅集线。

梅源山　在今江西婺源县西。《舆地纪胜》卷20徽州：梅源山"在婺源县西一百二十里。产杨梅。任约为太守，罢不复采"。《方舆纪要》卷28徽州府婺源县：梅源山"高三百余仞，周四十余里。本名梅山，产杨梅充贡。梁任昉为郡守，奏罢之。唐天宝中，始曰梅源山。西北接浮梁县界。一名翀山"。

梅源水　在今江西婺源县西。《方舆纪要》卷28徽州府婺源县：梅源水"出梅源山，东流合浙源水，溉田八十顷有奇"。

梅源市　亦作梅园。在今上海市闸北区西南部梅园路。《清一统志·松江府二》：梅源市"地名王庵。其地方幅十余里，土人俱植梅，花时香闻数里"。

梅溪　①南溪支流。在今浙江缙云县西部。《方舆纪要》卷94缙云县：梅溪"在县西十里……汇流于南源溪"。

②武义江支流。在今浙江金华市南。《方舆纪要》卷93金华府：梅溪在"府南十五里。源出武义县大家山，东北流，合南山之箬阳、上干、下干及下坂之水，又北会于南溪"。

③即今安徽旌德县东之俞村河。《明一统志》卷15宁国府：梅溪"在旌德县东三十里。源出凫山，北流二十余里入宁国县界"，流入西津河。

④又名闽清水。在今福建闽清县西五里。《方舆纪要》卷96闽清县：梅溪"源出永福县（今永泰县）山中。东北流，经县西，又北入建江。江水浊而溪水独清，故县以闽清为名"。

⑤即今福建泰宁县南之泰宁溪。《舆地广记》卷34泰宁县"有梅溪"。

⑥即今广东梅州之梅江，为韩江之上源。《方舆纪要》卷103程乡县：梅江"在县城南。惠州府兴宁、长乐诸山之水，流入县境，东会于程江。……《志》云：梅溪南有老溪，即梅溪故道。后水势直下，故道淤塞，今县西南二里老溪角，约长一里，广二十余丈，折而东为新溪。正德十一年，梅溪泛涨，渐啮城址，凿此以分水势，别流过城东，复会梅溪。嘉靖二十五年复筑陂绝流，仍自县南合于程江"。

⑦即今重庆市东北、渝北区东之御临河。《清一统志·重庆府一》：梅溪"在长寿县西北七十里。即

邻水。自顺庆府邻水县流入县境，名玉溪。又西南流七十里至巴县界，名交龙溪，以溪侧旧有古木盘曲如交龙，因名。又南流七十里入大江”。

梅溪口　在今广西资源县西北、资江西岸梅溪乡。清光绪《广西舆地全图》全州图：西北有梅溪口。

梅溪山　在今浙江安吉县（递铺镇）北三十六里梅溪镇。《寰宇记》卷94长兴县：“《隋图经》云：吴兴故鄣东三十里有梅溪山。”《方舆纪要》卷91安吉州：梅溪山“立石高百余丈，四面斗绝，不可登陟。下有梅溪水”。

梅溪水　在今河南南阳市西。《水经·淯水注》：梅溪水“出（宛）县北紫山，南径百里奚故宅。梅溪又径宛西吕城东，梅溪又南径杜衍县东……梅溪又南谓之石桥水，又谓之汝溪，南流而左注淯水”。

梅溪场　①唐贞元元年（785）析侯官县西乡置，属福州。故址即今福建闽清县，寻升为梅溪县。因境内梅溪而得名。

②即今重庆市渝北区东梅溪场。清道光《江北厅志》卷2：梅溪场“去城一百五十里”。

梅溪汛　在今江西余干县西北鄱阳湖滨梅溪嘴。清置梅溪汛。

梅溪县　唐贞元元年（785）升梅溪场置，属福州。治所即今福建闽清县。五代梁乾化元年（911）改名闽清县。

梅溪砦　在今福建上杭县东。《方舆纪要》卷98上杭县：梅溪砦“在县东梅溪口。宋置，今废”。

梅溪镇　清置，属安吉县。即今浙江安吉县北梅溪镇。《吴兴掌故集》卷13：“安吉之梅溪以梅得名。”1951年至1958年安吉县治此。

梅墟　即今浙江宁波市鄞州区东北梅墟镇。清光绪《鄞县志》卷2《市镇》：梅墟“距城三十里”。

梅蔚山　今香港南大屿山梅窝。元至元十四年（1277）南宋端宗赵昰避元兵曾驻此。《方舆纪要》卷101广州新安县“梧桐山”条内：“梅蔚山在县内百里大海中。《行朝录》：景炎二年正月，南狩幸此。今有石殿遗址。”

梅寨　即今广西三江侗族自治县西南梅林村。旧属怀远县，清雍正九年（1731）置巡司于此。

棆山嶂　即稌山嶂。在今福建永定县北八十里。《清一统志·汀州府》作“棆山嶂”。

检江　一名汶江、笮桥水、流江、外水江。相当今四川成都平原之走马河。东晋常璩《华阳国志·蜀志》：“（李）冰乃壅江作堋，穿郫江、检江，别支流双过郡下。”

梓山墟　即今江西于都县东二十里梓山镇。清同治《江西全省舆图》卷9：雩都县东有梓山墟。

梓州　隋开皇十八年（598）改新州置，治所在昌城县（今四川三台县）。《元和志》卷33梓州：“因梓潼水为名。”大业三年（607）改为新城郡。唐武德元年（618）复为梓州。天宝元年（742）改为梓潼郡。乾元元年（758）又复为梓州。辖境相当今四川三台、中江、盐亭、射洪等县地。乾元后分蜀为东、西川，梓州常为东川节度使治。北宋重和元年（1118）改为潼川府。

梓州路　北宋咸平四年（1001）分西川路置，治所在梓州（今四川三台县）。辖境相当今四川中江、盐亭、西充、渠县以南，金堂、资阳、荣县、屏山、筠连以东，和大竹、邻水、合川、永川、合江以南地区。重和元年（1118）改为潼川府路。

梓里渡　即今云南永胜县西七十二里梓里。

梓亭砦　在今福建松溪县北境。《方舆纪要》卷97松溪县：梓亭砦“在县北七十里，界庆元、龙泉、政和、松溪四县之交。宋置砦，元改隶龙泉县，后废”。

梓亭寨　宋置，在今浙江庆元县西平岭岗村。《方舆纪要》卷94庆元县：梓亭寨“在县西。宋置梓亭巡司。元因之。后废”。

梓姜县　唐置，属羁縻充州。治所在今贵州镇远县东北。后废。

梓桐山　亦作梓潼山。在今山东淄博市西南淄川区东十里。元于钦《齐乘》卷1：梓桐山“般阳府城东十余里，后有石垒圜洞，古老相传鬼谷子隐居，名鬼谷洞”。

梓奥山　在今浙江温州市瓯海区南丽岙镇东南辛田村。《方舆纪要》卷94瑞安县：梓奥山“在县东北四十余里，有二十四盘岭”。

梓潭湖　在今湖北咸宁市北。《方舆纪要》卷76咸宁县：梓潭湖“在县北十五里。一名咸宁湖，为邑境泉流之汇。东北流过斧头湖，至江夏之金口，入于大江。今掌于河泊所”。

梓潼　战国蜀邑，后入秦。即今四川梓潼县。东晋常璩《华阳国志·蜀志》：“周显王二十二年，蜀侯使朝秦，秦惠王数以美女进，蜀王感之，故朝焉。惠王知蜀王好色，许嫁五女于蜀，蜀遣五丁迎之。还到梓潼，见一大蛇入穴中。一人揽其尾掣之，不禁，至五人相助，大呼拽蛇，山崩。”西汉元鼎元年（前116）置梓潼县。

梓潼山　即梓桐山。在今山东淄博市西南淄川区东十里。《方舆纪要》作“梓潼山”。

梓潼水　即今四川梓潼、盐亭、射洪等县境之潼江、梓江。《水经·梓潼水》：“梓潼水出其县北界，西南入于涪，又西南至小广魏南入于垫江。”

梓潼县　西汉元鼎元年（前116）置，为广汉郡治。治所即今四川梓潼县。《寰宇记》卷84梓潼县：“以县东倚梓林，西枕潼水，以此为名。”东汉属广汉郡。建安二十二年（217）为梓潼郡治。西晋永嘉后徙郡治涪县，以梓潼为属县，孝武时仍移郡来治。南朝宋属梓潼郡。西魏于此置潼川郡，移梓潼县于郡南三十里，改为安寿县。隋开皇三年（583）郡废，移安寿县于旧梓潼城。大业三年（607）复名梓潼县，属普安郡。唐属剑州。南宋属隆庆府。元属剑州。清初属保宁府，雍正五年（1727）属绵州。民国初属四川西川道。1928年直属四川省。

梓潼庙　古名善板祠、济顺王庙，灵应庙。即今四川梓潼县东北二十里七曲山大庙。祭祀晋人“文昌帝君”张亚子（张育）。《寰宇记》卷84梓潼县：“济顺王，本张恶子，晋人，战死，而庙存。《郡国志》云：恶子昔至长安见姚苌，谓曰：却后九年君当入蜀，若至梓潼七曲山，幸当见。寻至建元十二年，随杨安南伐，未至七曲山迷路，游骑贾君蒙忽见一鹿驰逐至庙门，鹿自死，追骑共剥之。有顷，苌至，悟曰：此是张君为我设主客之礼，烹食而去。”《舆地纪胜》卷186隆庆府：灵应庙“即梓潼庙，在梓潼县北十八里七曲山”。唐、宋以后，封张亚子为“广济王”、“英显王”、“文昌司禄帝君”，所建庙宇不断扩大。明末农民义军领袖张献忠至此，奉神灵张亚子为宗，改为太庙。清避讳改为大庙。今庙宇为元、明、清三代建筑，殿宇楼阁亭台宫堂二十三幢，占地一万多平方米。其中明建天尊殿宏伟壮丽，有明铸铁神像十二尊。

梓潼帝君神祠　即梓潼庙。今四川梓潼县东北二十里七曲山大庙。《明史·礼志四》：“梓潼帝君者，记云：神姓张名亚子，居蜀七曲山。仕晋战没，人为立庙。唐、宋屡封至英显王。道家谓帝命梓潼掌文昌府事及人间禄籍，故元加号为帝君，而天下学校亦有祠祀者……。”

梓潼郡　①东汉建安二十二年（217）刘备置，属益州。治所梓潼县（今四川梓潼县）。辖境相当今四川江油、安县以东，绵阳、盐亭以北，剑阁以西，陕西宁强、四川青川以南地区。西晋属梁州，永嘉后移治涪县（今四川绵阳市涪江东岸），与巴西侨郡同治，合称为巴西、梓潼郡。孝武时仍移郡治梓潼县。南朝宋复治涪县，属益州。西魏废帝二年（553）又移治梓潼故城，改为潼川郡。

②南朝梁天监六年（507）置，属巴州。治所在相如县（今四川蓬安县西五里锦屏镇，一说在县西南三十里利溪镇）。辖境相当今四川蓬安县及营山县西部地。西魏废。

③北魏置，属东益州。治所在关城（今陕西宁强县西北平阳关）。后废。

④唐天宝元年（742）改梓州置，治所郪县（今四川三台县）。辖境相当今四川三台、射洪、盐亭、中江等县地。乾元元年（758）复改为梓州。

梓潼镇　即今重庆市潼南县。《清一统志·潼川府二》：梓潼镇“在遂宁县界。县丞兼批验所大使驻此”。1912年于此置东安县，1914年改为潼南县。

梳头山　在今云南临沧市西南。《清一统志·顺宁府》：梳头山“在缅宁西南。高六十里”。

梳妆楼元墓　在今河北沽源县东南南沟村。墓上享堂俗传为辽代萧太后的“梳妆楼”，坐北朝南，为青砖拱券无梁结构，通高9.1米。建筑平面呈正方形，南、东、西三墙辟拱券门，楼顶为拱券穹隆顶。楼内中央发现一座蒙古贵族墓葬，清理出具有元代蒙古族特色的衣物、金饰等珍贵文物。2001年定为全国重点文物保护单位。

梳洗河　古名环水。亦称石汶。在今山东泰安市东一里。《方舆纪要》卷31泰安州：梳洗河“出岳南黄岘岭，合诸水为中溪，东南流，会于泮水”。

梯下长官司　元置，属湖广行省八番顺元宣慰司管番民总管。治所在今贵州长顺县北。后废。

梯口关　明置，属永宁宣抚司。在今四川叙永县北。《方舆纪要》卷73永宁宣抚司“镇远关”条下：“梯口关在司北九十里。”清属叙永厅。后废。

梯子山　在今贵州黄平县西北。《方舆纪要》卷121黄平州：梯子山在“州西北五十里。山最高，中有一径至山之巅，屈曲陡峻，梯石为磴而上”。

梯云（雲）岭　在今广东平远县北仁居镇南。《清一统志·嘉应州》：梯云岭“在平远县东南五里。两山夹峙，中通径路，云级峻峭，若梯阶然，为县东南要区”。

梯岭　在今贵州贵阳市南三里。《方舆纪要》卷121贵阳府：梯岭“有石级如梯，中曹司路经其上”。

桶口河　在今贵州凤冈县北。《方舆纪要》卷122龙泉县：桶口河“流合洋溪，西入乌江”。

桶口铺　明置，在今贵州思南县西南桶口。

桶冈　在今江西崇义县西北。《方舆纪要》卷88南安府崇义县：桶冈在“县西二百余里，接湖广郴州界。山深谷广。正德初，广东、湖广旱饥，流民逋逃其间，后遂为盗，号曰崒贼。抚臣王守仁既破横木左溪贼，进攻桶关。贼闻官军屡胜，惧，请降。守仁期于锁匙笼出降，贼党犹豫。守仁分遣兵，一入茶坑，一入西山界，一入十八磊，一入葫芦洞。贼方于锁匙笼聚议，闻官军入险，急奔内隘，阻水为阵。官军四面进击，贼大溃，别将复由锁匙笼入，合军破桶关大巢，于是贼众略尽”。

桶谷郡　北魏置，治所在今陕西宁强县西北嘉陵江东岸。后废。

桶盘屿　①在今台湾省澎湖县西南。清康熙间蒋毓英《台湾府志》卷3：桶盘屿“屿上一石大三丈余，周围皆圆如桶盘，故名”。

②在今台湾省基隆市基隆港东岸北侧。清康熙间蒋毓英《台湾府志》卷2：桶盘屿“在鸡笼屿西。其屿平坦方正，故名桶盘”。

桶溪隘　在今湖南溆浦县南五十里。《方舆纪要》卷81溆浦县：“据老寨在县南四十里。又南十里有桶溪隘……皆设险处。”

梭磨长官司　清康熙六十年（1721）置，属杂谷安抚司。治所即今四川马尔康县东梭磨乡。乾隆十四年（1749）升为宣抚司，四十年（1775）升为宣慰司。

梭磨宣慰司　清乾隆四十年（1775）改宣抚司置，属杂谷直隶厅。治所即今四川马尔康县东梭磨乡。后废。

曹　①西周封国。姬姓。都陶（今山东定陶县西北四里）。周武王封其弟振铎于此。公元前487年为宋所灭。《春秋》：哀公八年（前487），“宋公入曹，以曹伯阳归”。

②一作漕。春秋卫邑。在今河南滑县东二十八里。《左传》：闵公二年（前660），狄灭卫，“卫之遗民男女七百有三十人，益之共、滕之民为五千人，立戴公以庐于曹”。即此。秦置白马县。

曹山　在今江西宜黄县北。《明一统志》卷54抚州府：曹山“在宜黄县北三十里。旧名荷玉山，山巅曰罗汉峰。昔本寂禅师因礼曹溪六祖回此，遂易名曹山。山前有回龙亭，其下有泉，昔白眉禅师结庵山中时，其水一日三潮”。山有宝积寺，为唐僧本寂驻锡处。本寂受传于良价，良价住洞山，故世称其派曰“曹洞宗”。

曹门村　在今河南新县西南七十里。有吴焕先烈士故居，也是他创办的三堂革命红学旧址。

曹马城　在今安徽萧县西北。《方舆纪要》萧县“龙城”条下：“又曹马城，在县西北七十里。相传曹操尝盘马其中，因名。中有古塔。”

曹马集　即今山东单县东北四十里曹马集镇。明万历年间碑文称，此即“古兴元镇也，曹魏公屯军驻马之所”。故易名曹马集。

曹王市　即今江苏江都市东南三十二里曹王林园场驻地。民国《江都县续志》卷1：县东北境有曹王市，在“张纲镇东北”。

曹王寨山　在今湖南郴州市北三十里郴江口。《方舆纪要》卷82郴州：曹王寨山“山势壁立，可以避兵”。

曹水　一名好阳河。即今河南灵宝市东北好阳河。《水经·河水注》：曹水“出南山，北径曹阳亭西。其水西北流入于河”。《史记·陈涉世家》：“周文败，走出关，止次曹阳。”《索隐》：“小颜云，曹水之阳也。其水出陕县西南岘头山，北流入河。魏武帝谓之好阳也。”

曹仁镇　在今山东临清市南八里。《清一统志·临清州》引《州志》说：“宋时尝移临清县治曹仁镇。今会通渠南宋旧城是。”

曹公固　在今河北南皮县东南。《寰宇记》卷65沧州南皮县：“曹公固即汉京兆尹隽不疑葬所。魏太祖因冢为固，以攻袁氏，因名曹公固。”

曹公城　①在今江苏徐州市铜山区东南。《元和志》卷9徐州彭城县：“曹公故城，在县东南六十五里，在吕梁东岸。或言曹公筑此，以守吕布。西岸有城临水，是布之所固也，号曰吕布固。”

②在今山东莒南县北。《寰宇记》卷24莒县：故曹公城“在县南七十二里。昔魏太祖（曹操）攻陶谦，拔五城，略地东海，于此筑城”。

③在今湖北武汉市武昌城区东北。《元和志》卷27江夏县：曹公城“在县东北二里。梁武帝起义，遣将曹景宗所筑”。

曹公洲　在今湖南岳阳市西南。《元和志》卷27岳州巴陵县：洞庭湖“湖口有一洲，名曹公洲”。唐杜佑《通典》卷183引《地志》云：“巴丘湖中有曹田洲，即曹公为孙权所败烧舡处，在今县南四十里。”

曹公垒　在今陕西潼关县东北。《水经·河水注》引郭缘生记曰：“汉末之乱，魏武征韩遂、马超，连兵此地。今际河之西有曹公垒……义熙十三年，王师曾据此垒。”《晋书·赫连勃勃载记》：“赫连昌攻畛石及龙骧将军王敬于潼关之曹公故垒，克之。”即此。

曹氏家族墓群　在今安徽亳州市南郊。主要包括董园汉墓群、曹四孤堆、薛家孤堆、张园孤堆、马园汉墓群、袁牌坊汉墓群、刘园孤堆、观音山孤堆、元宝坑孤堆、姜家孤堆等。占地约10平方公里。该墓地是东汉后期费廷侯曹腾（曹操祖父）家族墓群，总共五六十座。墓葬多为砖室结构，规格较高，有前、中、后室及耳室、偏室。墓内出土有银缕玉衣、铜缕玉衣、玉枕、玉猪、象牙尺、青瓷罐等珍贵文物。曹氏家族墓群对研究东汉后期的墓葬形制和丧葬习俗具有重要学术价值。这里发现八百多块带文字的墓砖，对研究东汉时期的书法、文字和社会历史也有重要意义。2001年定为全国重点文物保护单位。

曹市集　即今安徽涡阳县东曹市镇。民国《涡阳风土记》卷2：曹市集“属曹市堡，正东五十里”。

曹老集　又名曹营。即今安徽蚌埠市北曹老集镇。清光绪《安徽通志》卷50凤阳府：曹营“相传曹操立营于此”。

曹庄　①在今山东巨野县东南。清光绪二十七年（1901）大刀会反抗教会欺压，火烧当地教堂。

②即今山东嘉祥县西北梁宝寺镇。1945—1953年为南旺县驻地。

曹庄驿　明置，属宁远卫。即今辽宁兴城市南曹庄镇。明《辽东志》卷2：曹庄驿在“卫西南一十三里”。

曹州　北周改西兖州置，治所在左城县（隋改济阴县，在今山东曹县西北六十里）。隋大业初改济阴郡。唐武德初复为曹州。天宝元年（742）又改为济阴郡，乾元元年（758）复为曹州。辖境相当今山东菏泽市及定陶、成武、东明和河南民权等县地。北宋崇宁初升为兴仁府。金天会八年（1130）复为曹州，大定八年（1168）移治古乘氏县（今山东菏泽市）。明洪武元年（1368）移治安陵镇（今菏泽市西南）。洪武二年（1369）又徙治盘石镇（今山东曹县）。四年（1371）降为曹县。正统十一年（1446）于今山东菏泽市复置曹州，属兖州府。清雍正十三年（1735）升为曹州府。

曹州府　清雍正十三年（1735）升曹州置，属山东省。治所在菏泽县（今山东菏泽市）。辖境包括今山东菏泽市及定陶、曹县、成武、单县、巨野、郓城、鄄城及河南范县等地。1913年废。

曹江墟 即今广东高州市东北曹江镇。清光绪《茂名县志》：卷2："县治北十八里曹江墟。"

曹阳 俗名七里涧。又名曹阳墟、曹阳坑、曹阳亭。在今河南灵宝市东北。《史记·秦始皇本纪》：二世二年（前208），陈胜起义，遣周章击秦，秦章邯"击破周章军而走，遂杀章曹阳"。正义引《括地志》云：曹阳"即章邯杀周文处"。又《后汉书·董卓列传》：献帝东归，张济合李傕、郭汜与杨奉、董承战，奉、承军败，"天子遂露次曹阳"。

曹阳坑 又名曹阳墟、七里涧。即曹阳。在今河南灵宝市东北。《水经·河水注》："河水又东得七里涧，涧在陕城西七里，故因名焉。亦谓之南山通河。亦谓之曹阳坑。"即此。

曹阳亭 一名好阳亭。即曹阳。在今河南灵宝市东北。《水经·河水注》：曹水"出南山，北径曹阳亭西。陈涉遣周章入秦，少府章邯斩之于此。魏氏以为好阳"。

曹妃甸 又名沙留汀、沙滔甸、沙垒浅滩、曹妃殿。即今河北滦南县南渤海中曹妃甸。附近有数滩时隐时显于水面。清光绪《滦州志》卷7：曹妃甸"在海中，距北岸四十里。上有曹妃殿，故名。……甸系沙坨，东西长七里余，南北宽四里余。绕甸海水皆咸，惟曹妃殿前一井甚甘美"。

曹妃甸区 2012年撤销河北省唐海县，改设唐山市曹妃甸区，区政府驻唐海镇垦丰大街23号。

曹均桥市 即今江西湖口县东南二十五里曹均桥。清同治《江西全省舆图》卷13九江府湖口县：东南有曹均桥。

曹村 ①即今安徽宿州市东北曹村镇。旧属萧县。清同治《徐州府志》萧县境图：东南有曹家村圩，为往来要冲。

②在今山东德州市东北十五里。即明之曹得墓。《清一统志·济南府三》："得本山西怀仁县人，永乐中以都督镇德州，七载而卒，敕葬于此。其部曲环居墓所，至今犹称曹村。"

③在今河南滑县东北。宋时大河要口。《宋史·河渠志二》：熙宁四年（1071），"八月，河溢澶州曹村"。即此。

曹村埽 在今河南滑县东北曹村。后改灵平埽。《宋史·河渠志二》："元丰元年四月丙寅，决口塞，诏改曹村埽曰灵平。"

曹县 明洪武四年（1371）改曹州置，属济宁府。治所即今山东曹县。十八年（1385）改属兖州府。正统十年（1445）县属曹州，仍隶兖州府。清属曹州府。民国初属山东济宁道。1925年属曹濮道。1928年直属山东省。

曹甸镇 即今江苏宝应县东北三十二里曹甸镇。民国殷惟龢《江苏六十一县志》：宝应县"东北有崔家堡、曹甸二镇，曹甸亦跨淮安县界"。1940年12月，新四军发动曹甸战役，给国民党顽固派以沉重打击。

曹奂墓 在今河北临漳县西南古邺城南彭城村。《三国志·魏书·三少帝纪》载：魏甘露三年（258）封曹奂为常道乡公。五年高贵乡公曹髦卒，曹奂即皇帝位。在位五年禅于晋，封陈留郡王。晋太安元年（302）卒，葬于邺。

曹张镇 北宋置，属夏县。在今山西夏县西北三十五里曹张村。

曹武市 即今湖北京山县东曹武镇。《舆地纪胜》卷84郢州：曹武市"在京山县东四十五里。旧传魏武征孙权过此"。

曹武镇 北宋初置，属京山县。在今湖北京山县东四十五曹武镇。

曹国 古昭武诸国之一。都城在今乌兹别克斯坦撒马尔罕西北伊什特汉。《隋书·西域传》：曹国"都那密水南数里。……都城方三里。胜兵千余人。国中有得悉神，自西海以东诸国并敬事之"。唐改名西曹。

曹河 即今河北徐水县南三十里漕河。《水经·滱水注》：曹水"出西北朔宁县曹河泽，……东南径新城县故城南，曹水又东入于徐水"。

曹泊店 在今河北乐亭县西南五十五里。《方舆纪要》卷17乐亭县：曹泊店在"县西南五十里海中。海水咸苦，店有泉独甘冽，渔海者资焉"。

曹泾 在今上海市金山区（山阳镇）东北漕泾附近，为通海支渠。《方舆纪要》卷24松江府华亭县：曹泾"介柘林、金山间。贼犯柘林，必由此趋金山。嘉靖中常破倭寇于此"。

曹泾镇 即今上海市金山区（山阳镇）东北漕泾镇。旧属华亭县，清时有县丞驻此。

曹城 ①即今安徽肥东县东二十里龙城。汉为逡遒县治所。《寰宇记》卷126慎县："逡遒故城在县南二十五里。《春秋》：哀公十二年夏，公会吴于橐皋。注云：橐皋在逡遒县东南是也。魏武伐吴修此城以屯守，呼曰曹城。"《舆地纪胜》卷45庐州：曹城"在今梁县。《元和郡县志》曰：魏武伐吴，顿重兵于此，重更修筑，故曰曹城。又名浚遒城"。

②在今河南偃师市南。《元和志》卷5河南府缑氏县：曹城"在县东一里。曹操与袁术相拒，筑城于此"。

③在今河南信阳市东南。《元和志》卷9申州义阳县：故曹城"在县东三十八里。梁将曹景宗将兵侵魏所筑"。

曹南山 在今山东曹县南八里。《春秋》：僖公十九年（前641）："夏六月，宋公、曹人、邾人盟于曹南。"亦称南山。《诗经·曹风·候人》："荟兮蔚兮，南山朝隮。"毛传："南山，曹南山也。"

曹桥镇 一作漕桥镇。在今江苏常州市武进区南漕桥镇。清光绪《江苏全省舆图》阳湖县图：南有曹桥。民国《江苏六十一县志》：武进县南有“曹桥镇”，“距治六十里”。

曹家桥市　即今上海市闵行区东南十四里曹行镇。为明副使曹闵故宅，因以为名。

曹家堡　在今江苏如皋市北。《方舆纪要》卷23如皋县：“曹家堡在县北。又东北有潘庄，皆嘉靖中官军败倭贼处。”

曹家渡　在今上海市市区中部，吴淞江南岸。地跨静安、普陀、长宁三区。相传明隆庆、万历间，有曹姓在此聚居，于吴淞江上设义渡，故称曹家渡。

曹家路镇　即今上海市浦东新区川沙镇北二十里曹路镇。清时有把总驻守。光绪《江苏全省舆图》：川沙县北有“曹家路”。

曹家寨　①在今北京市密云县东北一百四十里新城子镇曹家路。《清一统志·顺天府四》：曹家寨关“西去潮河川营六十里，有城，周六里有奇。为古北口东第十三关口，明设参将。本朝改设都司。《县志》，曹家寨关，东自小台儿寨，西至将军台寨，延袤一百三十五里，辖关寨二十二。《册说》，曹家寨路兼领寨堡十”。

②即今甘肃岷县西曹家庄。《明一统志》卷37岷州卫：曹家寨“在卫城西一十五里”。

曹娥场　在今浙江上虞市治百官镇西曹娥江西岸。《方舆纪要》卷92绍兴府“曹娥堰”条下：“又西岸为东关驿，驿南有曹娥场，旧设寨于此。”

曹娥江　古称柯水，又名上虞江，别称东小江。钱塘江下游最大支流。上游澄潭江源出今浙江磐安县北大盘山，北流经新昌、嵊州、上虞三市县，到上虞、绍兴二市边境注入钱塘江，长192公里。宋《嘉泰会稽志》卷10引《会稽典录》云：“曹娥，上虞人。父盱，汉安二年迎伍君神，溯涛而上，为水所溺。娥年十四，自投江而死，江因娥得名也。”

曹娥埭　在今浙江上虞市治百官镇西曹娥江西岸。《资治通鉴》：唐光启二年（886），钱镠“凿山开道五百里，出曹娥埭”。即此。

曹娥堰　在今浙江上虞市治百官镇西曹娥江西岸。《方舆纪要》卷92绍兴府：曹娥堰“在府东九十里。水流湍急，两岸逼江，其地有曹娥渡及曹娥埭”。

曹娥墓　在今浙江上虞市治百官镇西曹娥江西岸。《清一统志·绍兴府一》：曹娥墓“在会稽县东九十二里”。

曹娥镇　北宋置，属会稽县。在今浙江上虞市西曹娥江西岸之曹娥村。

曹雪芹旧居　在今北京市海淀区四季青乡正白旗村。是清代现实主义作家曹雪芹晚年居住地。1983年4月开馆。溥杰题写匾额“曹雪芹纪念馆”。纪念馆位于香山地区，坐北朝南，东邻金山，北邻卧佛寺，西望香炉峰，南与北京植物园相邻，风景秀丽，环境幽雅，馆内建筑主要以曹雪芹当年居住的12间清代制式营房为中心，分东西两部分共五个展室。第一、二展室为曹雪芹居住和写作的4间北房，书房内遗有不少当年的题壁诗。第三至第五展室，是曹雪芹在西山生活、创作环境及与之有关的辅助展览。纪念馆院内陈列有一批碑刻，其中“曹茔碑”记述了曹氏家族墓地在香山一带的史实。

曹婆山寨　在今湖南安仁县西南五十里。《方舆纪要》卷80安仁县“月岭寨”条下：曹婆山寨“山势险峨，径路深僻。旧有寨，今为山寇窟穴”。

曹植墓　在今山东东阿县城南四十里鱼山西麓。曹植（192—232），字子建，曹操第三子，曹丕之弟。为“建安七子”之一。三国魏太和三年（229）封东阿王，六年又徙封陈王。曹丕素忌其才，屡加迫害。曹植郁郁寡欢，死时年仅41岁，谥“思”，世称陈思王。《三国志·魏书·陈思王植传》：“初，植登鱼山，临东阿，喟然有终焉之心，遂营为墓。”《水经·济水注》：“马颊水又东北流经鱼山西……魏东阿王曹子建每登之有终焉之志，及其终也，葬山西，西去东阿城四十里。”碑为隋开皇十三年（593）肆，高1.7米，有额无题字。碑文二十二行，行四十三字。正书兼用篆隶，表现出我国书法由隶向楷过渡的特征。

曹塘　在今广东梅县北城东镇东南。清光绪《广东舆地全图》嘉应州图：州东北有曹塘。

曹幕山　即今广东鹤山市西之皂幕山。《清一统志·肇庆府》：曹幕山“在鹤山县西北十六里，接开平、高明二县界。脉自昆仑山来，高千余丈，延袤百余里，左右冈陇如张幕然。一名皂幕山。前有狮子冈，大石嶙峋百余丈，乡民结寨其上”。

曹溪　①永安溪支流。即今浙江仙居县西南曹店港。《方舆纪要》卷92仙居县：曹溪“在县西南九十里。源出括苍岭南，流四十里，合诸溪水，入大溪”。

②即今安徽泾县东漕溪河。为琴溪河上源之一。《清一统志·宁国府一》“琴溪”条：“又曹溪在县东六十里，入琴溪。”

③即今广东韶关市曲江区东南沙溪河。《舆地纪胜》卷90韶州：曹溪水“在曲江县东南三十五里。源出本县界牛岭下，西流五十里合大江，真水南流下英州界。昔有僧智药尝此水味甘，乃云：堪充沙斤所居之地，后土人曹叔良舍宅为寺，因名曹溪。东坡诗云：‘又试曹溪一勺甘’，即此水也”。《方舆纪要》卷102韶州府曲江县：曹溪在“府东南三十里。源出南华山之狗耳岭，西流三十五里入浈水”。

曹溪寺　在今云南安宁市西北十五里龙山山腰。《清一统志·云南府》：曹溪寺“在安宁州西北葱山。南宋时建。中有优昙花树。本朝康熙中，总督范承勋建护花房于寺左。又有圣水塔，一名清禅塔，在寺之右”。

曹滴洞蛮夷长官司　明洪武初改曹滴等洞军民长官

司置，属思州安抚司。治所在今贵州从江县西北。后废。永乐元年（1403）复置，属贵州卫。十二年（1414）改属黎平府。《清一统志·黎平府》“容江巴黄废司”条：顺治十七年（1660），“曹滴司土官杨如华谋乱，黎靖兵讨平之。司废”。

曹滴等洞长官司　元置，属思州安抚司。治所在今贵州从江县西北。明洪武初改为曹滴洞蛮夷长官司。

曹镇　清置，属宝丰县。即今河南平顶山市西南二十四里曹镇乡。

曹操城　在今陕西汉中市北十七里。《舆地纪胜》卷183兴元府：古曹操城，“《魏志》：建安二十四年，王自长安斜谷军遮要以临汉中，后留夏侯渊等守汉中，即此”。

曹操墓　又称高陵，亦称西陵。即今河南安阳市西北安阳县安丰乡西高穴村2号大墓。曹操，字孟德，小名阿瞒，沛国谯县（今安徽亳州市）人。三国时政治家、军事家、诗人。东汉末，在镇压黄巾起义中，逐步扩充军事力量。初平三年（192）占据兖州，接着又收降了青州黄巾。建安元年（196），迎献帝都许（今河南许昌市东），后挟天子以令诸侯，先后削平吕布等割据势力。官渡之战大破世族军阀袁绍后，逐渐统一了北方。建安十三年（208）进位为丞相，率军南下，赤壁一战被孙权和刘备的联军击败。建安二十一年（216）夏五月，天子进公爵为魏王。曹魏的都城就在邺（今河北临漳县西南邺镇）。《三国志·魏书·武帝纪》所载：建安二十五年春正月，“庚子，王崩于洛阳，年六十六”。其子曹丕继位，追尊为武王，“二月丁卯，葬高陵”。曹操墓正是地处河北临漳县西南邺镇之西。《三国志·魏书·武帝纪》载：建安二十三年六月令曰：“古之葬者，必居瘠薄之地，其规西门豹祠西原上为寿陵，因高为基，不封不树”，此墓出土的情况也正好相符。《元和志》卷16相州邺县下记载的“魏武帝西陵，在县西三十里”，与曹操墓的实际位置完全一致。由于近年来该墓不断被盗掘，故河南省文物考古研究所于2008年12月至2009年对曹操墓进行抢救性发掘。墓平面为甲字形，坐西朝东，是一座带斜坡墓道的双室砖墓。主要由墓道前后室和四个侧室构成。斜坡墓道长39.5米，宽9.8米，最深处距离地表15米。墓圹平面东边宽22米，西边宽19.5米，东西长18米，大墓占地面积740多平方米。出土随葬物品有刻有铭文的“魏武王常所用挌虎大戟”、“魏武王常所用挌虎短矛”等，还有被盗掘出土的一件刻有“魏武王常所用慰项石”铭文的石枕，极为珍贵，为确定墓主身份提供了重要历史依据。在墓室清理当中发现有人头骨、肢骨等部分遗骨，专家初步鉴定为一男二女三个个体，其中墓主人为男性，专家认为年龄在六十岁左右，疑即曹操遗骨。

曹魏洛阳宫殿　在今河南洛阳市东北汉魏故城。东汉建安二十五年（220），魏文帝曹丕在许昌篡汉自立，改元黄初。是年十二月，营洛阳宫，并迁都洛阳。此时文帝居北宫，以建始殿朝群臣。到明帝青龙三年（235）大修洛阳宫殿，始于汉南宫崇德殿处起太极、昭阳诸殿。

曹濮道　1925年由济宁道分置，属山东省。治所在菏泽县（今山东菏泽市）。辖境相当今山东菏泽、曹县、定陶、成武、单县、巨野、郓城、鄄城等市县及河南范县地。1928年废。

敕（勅）木山　在今浙江景宁畲族自治县南。《方舆纪要》卷94景宁县：敕木山在“县南八里。山高数千仞，积雪经旬不消”。

敕（勅）奇堡　在今甘肃平凉市西北。《晋书·赫连勃勃载纪》：东晋义熙五年（409），“（姚）兴将王奚聚羌胡三千余户于敕奇堡，勃勃进攻之”。即此。

敕（勅）勒川　公元5世纪敕勒族主要聚居平川，约在今内蒙古呼和浩特市大黑河流域一带（即今呼和浩特平原）。《乐府诗集·敕勒歌》云：“敕勒川，阴山下，天似穹庐，笼盖四野。天苍苍，野茫茫，风吹草低见牛羊。”《北齐书·神武纪下》：东魏武定四年（546），高欢使“斛律金敕勒歌，神武自和之，哀感流涕”。

敕（勑）雩山　在今云南嵩明县东四十里。《清一统志·云南府》：敕雩山“在嵩明州东四十里。世传蒙世隆征乌蒙，得四女归，至此山，四女望乡叹息，忽山巅雾起，结为三峰。蛮谓三为勑，峰为雩。《州志》：其山独峻，又名峻葱”。

副州　元置，属鹤庆路。治所在今云南鹤庆县境。明洪武十五年（1302）废。

副官村　即今云南绥江县。旧为永善县境，有县丞驻此。清光绪三十四年（1908）于此置靖江县。1914年改名绥江县。

鄄　春秋时卫邑。在今山东鄄城县北旧城镇。《春秋》：庄公十四年（前680），“冬，单伯会齐侯、宋公、卫侯、郑伯于鄄”。杜注：“鄄，卫地。今东郡鄄城也。”战国属齐。《史记·田敬仲完世家》：威王九年（前348），“赵伐我，取鄄”。秦置鄄城县。

鄄城县　战国秦置，属东郡。治所在今山东鄄城县北旧城镇。汉属济阴郡。三国魏属东郡。西晋属濮阳国。北魏为濮阳郡治。隋属东平郡。唐、宋为濮州治。明洪武二年（1369）废入濮州。1931年析濮阳县黄河以东地复置，属山东省。徙治王堌堆，即今鄄城县治。

〔一丿〕

厢（廂）口镇　亦作庙口镇。宋置，在今安徽黟县西。淳熙《新安志》卷5黟县《镇场》：厢口镇“在西北二十里。县今无西武，只有厢口镇在县内”。

厢西河　即今陕西洛川县北厢寺河。《方舆纪要》卷57洛川县“仙宫河”条下：“西北有厢西河，俱由宜川县界来，注于洛。”

戚　一作宿。春秋卫邑。在今河南濮阳市北十里。《春秋》：文公元年（前626）秋，“公孙敖会晋侯于戚”。杜注：“卫邑，在顿丘卫县西。”又《左传》：哀公二年（前493）六月，“晋赵鞅纳卫大子于戚”。《水经·河水注》：“故渎东北径戚城西。”五代时梁、晋两军争夺德胜城时，数次交战于此。《旧五代史·唐书·庄宗纪》：“梁将戴思远攻德胜北城，帝命李嗣源设伏于戚城。”即此。

戚县　①秦置，属东海郡。治所在今山东临沂市西南。《史记·高祖本纪》《正义》引《括地志》说：“沂州临沂县有汉戚县故城。”《续山东考古录》卷20谓疑即县西南四十里之舜歌城。三国魏属东海国。西晋以后废。

②秦置，属泗水郡。治所在今山东微山县（夏镇）。《汉书·高帝纪》：秦二世二年（前208），“秦泗川守壮兵败于薛，走至戚”，即此。楚汉之际属砀郡。汉初改为广戚县

戚城　春秋卫邑。后又称孔悝城。在今河南濮阳市北戚城。《资治通鉴》：五代梁贞明五年（919），“王瓒引兵至戚城，与李嗣源战”。即此。

戚城遗址　在今河南濮阳市城北十里。戚城系周代卫国重要城邑，春秋时期诸侯曾在此七次会盟。古城平面呈长方形，面积约16万平方米，夯土城垣最高处尚存8米余。现城门址仍可辨认。汉代以后毁圮。该城对研究周代卫国及其邻近诸侯国的关系具有重要意义。1996年定为全国重点文物保护单位。

戚桥镇　即今安徽和县西南戚镇村。明万历《和州志》卷1：戚家桥在“州西十二里”。

戚姬村　在今山东定陶县北。《清一统志·曹州府》：戚姬村“在定陶县北十五里。汉戚夫人之故里也。……县今有戚堌村”。

戚继光牌坊　俗称戚家牌坊。在今山东蓬莱市城内戚家祠堂南侧。建于明嘉靖四十四年（1565），为纪念戚继光祖母和戚继光父子而立，牌坊有东西两座，东牌坊名“母子节孝坊”，西牌坊名“父子总督坊”。两坊形制相同，四柱五楼，花岗石仿木构。高9.5米，宽8.3米，雕镂精细。戚继光（1528—1587）是山东蓬莱人，继其父戚景通伟业，抗倭戍边，功勋卓著。1996年戚继光牌坊定为全国重点文物，归入蓬莱水城和蓬莱阁保护单位。

戚墅庙镇　即今江苏江都市西北四十二里昭关镇（戚墅庙）。民国殷惟龢《江苏六十一县志》：江都县有戚墅庙镇。

戚墅堰镇　一作戚墅港，又名南戚氏、北戚氏。即今江苏常州市东南戚墅堰区。《宋史·河渠志七》：常州境内，漕渠两旁有“南戚氏、北戚氏”诸港。《方舆纪要》卷25常州府武进县：戚墅港在“府东三十里。北枕运河，有戚墅堰，其下流东南入太湖”。

戚墅港　宋名南戚氏、北戚氏。在今江苏常州市东南戚墅堰。《宋史·河渠志七》：“漕渠两旁，曰白鹤溪、西蠡河、南戚氏、北戚氏，直湖州港，通于二湖。”《方舆纪要》卷25常州府武进县：戚墅港在“府东三十里。北枕运河，有戚墅堰，其下流东南入太湖”。

戛云（雲）亭　在今四川达州市南二里翠屏山。《方舆胜览》卷59达州：戛云亭“在南山。元稹为司马时立。下瞰江流，周览城邑”。今亭清嘉庆间重建于山之西岭，为三层八角形，高12.5米。

戛色　即戛洒。在今云南新平彝族傣族自治县西。清咸丰九年（1859）李文学领导彝族起义，曾攻占此地。

戛鲁第卡伦　亦名大西沟。清乾隆十九年（1754）所设大青山前十一卡伦之一。即今内蒙古土默特右旗东北大西沟。光绪《山西通志》卷44：戛鲁第卡伦“在（归化）城西二百里。……当在（萨拉齐）厅东北大西沟”。民国张鼎彝《绥乘》卷7：萨拉齐东北路卡伦，“戛鲁第，距城五十里”。

戛赖驿　在今云南陇川县东北。明正德《云南志》卷14陇川宣抚司：有戛赖驿。

戛赛　或作戛洒、戛色。即今云南新平彝族傣族自治县西八十四里戛洒镇。光绪《大清直省地舆全图》：新平县西有戛赛。傣语“戛”为街子，“洒”为沙滩，意即沙滩上的街子。

硕古里山　即今四川甘孜藏族自治州金沙江与雅砻江间之沙鲁里山脉。民国杨仲华《西康纪要》：沙鲁里山脉，“硕古里山，在瞻化县西北”。

硕龙镇　亦作石陇墟。即今广西大新县西硕龙镇。清光绪《广西舆地全图》下雷州图：东南有石陇墟。

硕尔浑河　即今青海贵南县茫拉河。清齐召南《水道提纲》卷5：黄河“又东北流有硕尔浑河自东南来注之。亦曰苏勒古儿河”。

硕板多　即硕般多。今西藏洛隆县西硕督镇。清乾隆《卫藏通志》卷3作“硕板多”。

硕项湖　又名硕濩湖、大湖。在今江苏涟水、沭阳、灌南等县间。《方舆纪要》卷22安东县：硕项湖在“县西北百二十里。湖东西四十里，南北八十里，与海州沭阳、赣榆接境。亦曰太湖。又谓之石濩湖，一名硕灌湖。其西接桑墟湖，为涟水之上源”。今已淤为农田。

硕津乌苏河　在今哈萨克斯坦东南部塔尔迪库尔干西南。清徐松《西域水道记》卷4：“硕津乌苏（河），发源伊犁河北岸山，北流经阿勒坦额、墨勒都图山西，东汇古尔班胡苏图水，又北流经塔兰胡图克境，东与库克乌苏河汇。”

硕般多　亦作舒班多、说板多、硕板多。即今西藏洛隆县西硕督镇。原系喀木地。清宣统二年（1910）于硕般多设理事官管辖，翌年设硕督县。

硕勒图郭勒山　在今新疆且末县西北沙漠中。《清一统志·和阗》：硕勒图郭勒山“在和阗东境外，沙图图岭东北三百余里沙碛中”。

硕督县　清宣统三年（1911）置，属四川省。治所

在今西藏洛隆县西硕督镇。后属西康省川边道。“硕督”，藏语意为险岔口、税官岔口。

硕督宗 即硕般多。原西藏地方政府设，治所在今西藏洛隆县西硕督镇。1960年并入洛隆县。

硕噶城 在今西藏工布江达县东北雪卡。《清一统志·西藏》卫地诸城：硕噶城“在喇萨东南六百四十里”。藏语意为白山咀，酸奶色山咀。

硕濩湖 即硕项湖。在今江苏涟水、沭阳、灌南等县间。《元和志》卷9涟水县：“硕濩湖，在县北一百十六里，与海州朐山县中分为界。”早已成陆。

硖口 即今甘肃古浪县治。《资治通鉴》：唐长安元年（701），凉州都督陇右诸军大使“（郭）元振始于南境硖口置和戎城”。即此。

硖口山 又名上河峡、青山峡、峡石山、大石山、青铜峡。在今宁夏青铜峡市南。《明一统志》卷37宁夏卫：峡口山“在卫城西南一百四十里。两山相夹，黄河经其中。一名青铜峡。上有古塔一百八座”。

硖口堡 北宋置，属怀德军通峡砦。在今宁夏固原市西北。后废。

硖口寨 ①即今浙江江山市南硖口镇。为浙、闽交通要道。清雍正十二年（1734）移衢州府同知驻此。

②北宋大观元年（1107）置，属武冈军。在今湖南洞口县西。清于此置硖口巡司。

③北宋置，属清湘县。在今广西全州县北。

硖口镇 一名峡口镇。在今湖南洞口县西北五里。《清一统志·宝庆府二》作“硖口”。

硖川县 唐贞观五年（631）置，属羁縻麟州。治所在今四川若尔盖县东境。后废。

硖石 ①在今河南孟津县东北。《晋书·魏浚传》：“永嘉末，与流人数百家东保河阴之硖石。”《魏书·孝庄纪》：永安二年（529），“秋七月戊辰，都督尒朱兆、贺拔胜从硖石夜济，破颢子冠受及安丰延明军，元颢败走”。

②即今宁夏青铜峡市南青铜峡。《资治通鉴》：唐武德九年（626）四月，“戊寅，安州大都督李靖与突厥颉利可汗战于灵州之硖石，自旦至申，突厥乃退”。即此。

硖石山 ①在今山西晋城市东南。《寰宇记》卷44晋城县：“硖石山在县东南三十里，上有青莲寺，西有掷笔台，即远大师置涅槃经疏藏之所。”《方舆纪要》卷43泽州“浮山条”：硖石山“以两山拱峙壁立若门”。故名。

②一名紫微山。在今浙江海宁市。明万历《杭州府志》卷23：硖石山“两中通河流，因名硖石山”。

③在今安徽凤台县西南淮河两岸。六朝时淮水为南北争战地，两岸山上各筑有城。《晋书·苻坚载记》：晋太元八年（383），苻融攻陷寿春，“龙骧将军胡彬先保硖石”。即此。

硖石关 明置，即今河南陕县东南五十二里硖石乡。《明一统志》卷29河南府：硖石关“在陕州城东旧硖石县。即古崤陵关。路东通渑池，西通函关。今建巡检司”。

硖石县 一作峡石县。唐贞观十四年（640）改崤县置，属陕州。治所在硖石坞（今河南陕县东南五十二里硖石乡）。北宋熙宁六年（1073）废入陕县。

硖石谷 又作狭石谷。在今河北抚宁县东榆关附近。《资治通鉴》：唐万岁通天元年（696），契丹松漠都督李尽忠举兵反，攻陷营州，遣曹仁师等二十八将讨之，“曹仁师、张玄遇、麻仁节与契丹战于硖石谷，唐兵大败”，即此。

硖石岭 在今安徽怀宁县（高河真）南。《方舆纪要》卷26安庆府怀宁县：峡石岭在“府西四十里。高数里，有深林环涧”。

硖石城 在今安徽凤台县西南淮河两岸硖石山上。《水经·淮水注》：“淮水又北径山硖中，谓之硖石。对岸山上结二城，以防津要。”即此。

硖石泉 在今江西德安县东北。《方舆纪要》卷87九江府德安县：硖石泉“在县东北二十里。地名峡石岭。泉水下流，灌田三百余亩”。

硖石湖 在今浙江海宁市。《方舆纪要》卷90海宁县：硖石山“一名紫微山，其并峙者曰赞山，两山相夹，中通河流，曰硖石湖”。明嘉靖三十四年（1555）、三十五年（1556）倭寇两次侵犯硖石，均停泊于此。

硖石镇 即今浙江海宁市。明嘉靖《嘉兴府图记》卷3：“唐置硖石镇，镇西紫微山与镇东东山相峙，因名。”南宋初设巡检司，元至正时设税课务，明初改税课局，兼置河泊所。明嘉靖三十四年（1555）、三十五年（1556）倭寇两犯硖石。1949年海宁县迁治于此。

硖头镇 北宋置，属大庾县。在今江西大余县东北。

硖州 一作峡州。北周改拓州置，治所在夷陵县（今湖北宜昌市西北）。隋大业初改为夷陵郡。唐初复为峡州。贞观九年（635）移治步阐垒（今宜昌市）。天宝元年（742）改为夷陵郡。乾元元年（758）复为硖州。辖境相当今湖北宜昌、宜都、长阳、远安等市县地。北宋改为峡州。

硖州府 元至正二十四年（1364）朱元璋改硖州路置，治所在夷陵县（今湖北宜昌市）。洪武九年（1376）改为夷陵州。

硖州路 亦作峡州路。元世祖至元十七年（1280）改峡州置，属湖广行省。治所在夷陵县（今湖北宜昌市）。辖境相当今湖北宜阳、长阳、宜都等县市地。至正二十四年（1364）朱元璋改为硖州府。

硖源县 唐贞观五年（631）置，属羁縻麟州。治所在今四川若尔盖县东境。后废。

硗碛 即今四川宝兴县北一百六十里硗碛藏族乡。1935年6月，中国工农红军长征至此，与川军激战后翻越夹金大雪山，拉开“爬雪山，过草地”的悲壮一幕。

硃砂岗镇　即今河南通许县东北十八里硃砂镇。《方舆纪要》卷47通许县“鹭鸶冈”条下：“县境又有吴召冈、李大冈、青冈、竖冈、硃砂冈、榇子冈、七里等冈，大者绵亘数里，居民避水患，多筑庐于其上。”

硃窝村　即今北京市门头沟区西北雁翅镇硃窝村。明万历中李庸率矿工起义于此。

斫口市　即桥口市。今湖南郴州市东北五十里斫口镇。地当塘溪入东江之口。

硇什达尔乌兰达布逊山　在今新疆且末县北沙漠中。《清一统志·和阗》：硇什达尔乌兰达布逊山“在和阗东境外，硕勒图郭勒山东南二百五十里沙碛中”。清徐松《西域水道记》卷2：硇什达尔乌兰达布逊山“回语，硇砂曰硇什达尔，盐曰达布逊，山产硇砂红盐”。

硇洲　即硇洲。今广东湛江市东南硇洲岛。《宋史·瀛国公传》：南宋景炎三年（1278），“（帝）昰殂于硇洲，其臣号之曰端宗”，即此。又《清一统志·高州府》：硇洲镇巡司，“硇一作硇，在吴川县南一百里硇洲上。明初置巡检司于海滨，正统中移此。后废。本朝雍正八年复置”。

硇洲灯塔　在今广东湛江市东南海上硇洲岛。1899年广州法国公使署建造，抗日战争胜利后收归中国管理。灯塔用花岗石构筑，通高21.95米。塔内有八十多级台阶盘旋通至顶端。灯塔用一百六十多块三棱水晶镜片组成蚌形凸透镜，塔上灯光在26海里内可见。此塔是世界上现存两个水晶磨镜灯塔之一。1996年定为全国重点文物保护单位。

碜山　在今湖南宁乡县西南九十里。《方舆纪要》卷80宁乡县：礁山（据《清一统志》应为碜山）“石径十里，不通车马，人缘石扳树而行。成化间，始凿石成路”。

砹硗津　古黄河津渡。在今河南延津县北胙城镇北侧。《资治通鉴》：西晋永嘉六年（312），汉安北将军赵固等“恐为石勒所并，欲引兵归平阳，军中乏粮，士卒相食，乃自砹硗津西渡”。即此。

瓠口　即谷口。在今陕西礼泉县东北五十里泾水出山之口。《史记·河渠书》：韩“使水工郑国间说秦，令凿泾水自中山西邸瓠口为渠，并北山东注洛”。《索隐》：“瓠口即谷口。”

瓠山　在今山东东平县西北（州城镇北二十里）。山圆而长，故名。《汉书·宣元六王传》：哀帝时“瓠山石转立”。注：“晋灼曰：汉注作报山。山胁石一枚，转侧起立，高九尺六寸，旁行一丈，广四尺也。师古曰：报山，山名也。古作瓠字，为其形似瓠耳。”上有汉东平思王墓。

瓠子　在今河南濮阳县西南。《史记·河渠书》：汉元光中，“河决于瓠子”。即此。

瓠子角　在今江苏兴化市东南。《方舆纪要》卷23兴化县：“瓠子角在县东南。明初徐达等攻兴化，太祖曰：瓠子角，兴化要害，寇所必经。达奉命以兵扼其地，兴化遂下，是也。”

瓠子河　古黄河支流。自今河南濮阳南分黄河水东出经山东鄄城、郓城南，折北经梁山西、阳谷东南，至阿城镇折东北经茌平县南，东注济水。《汉书·沟洫志》：元光三年（前132），“河决于瓠子（今濮阳市西南），东南注巨野，通于淮、泗”。梁、楚一带连年被灾。初决时，瓠子河主流东入巨野，南夺泗入淮；另有分支北流入济。至元封二年（前109）始发卒数万人筑塞，武帝亲临，作《瓠子之歌》二首。工成，建宣房宫于堰上。东汉王景治水后，上游自宣房以下为河堤所隔，仅存沟渎，不复有水；下游自今梁山以下，以将渠为源，北流至今茌平南注入黄河。宋时故道有残存，后堙。

瓠中　又称焦获泽、焦护泽。在今陕西泾阳县西北仲山西麓。《史记·匈奴传》正义引《括地志》：“焦获亦名瓠口，亦曰瓠中。”

瓠丘　又名壶丘。春秋时晋邑。在今山西垣曲县东南六十余里东滩村。《左传》：襄公元年（前572），“晋人以宋五大夫在彭城者归，置诸瓠丘”。杜注：“河东东垣县东南有壶丘。”

瓠芦泊　在今内蒙古鄂尔多斯市境。《资治通鉴》：唐开耀元年（681），“曹怀舜与裨将窦义昭将前军击突厥。或告‘阿史那伏念与阿史德温傅在黑沙’，左右才二十骑以下，可径往取也。怀舜等信之，留老弱于瓠芦泊，帅轻锐倍道进，至黑沙，无所见，人马疲顿，乃引兵还”。

瓠河城　在今山东鄄城县东南。《资治通鉴》：唐景福元年（892），朱全忠出击朱瑄，败于斗门，“全忠退军瓠河”，即此。宋置瓠河镇。

瓠𤬴河　又名胡芦河。即今甘肃瓜州县东南，源于锁阳城东北十余里东坝滩乱泉，屈曲流向西北，最终散入沙碛的古河道。据《大慈恩寺三藏法师传》卷1载：唐贞观三年（629），玄奘西行求法，至瓜州，访西路，“或有报云：从此北行五十余里有瓠𤬴河，下广上狭，洄波甚急，深不可渡。上置玉门关，路必由之，即西境之襟喉也。……于是装束，与少胡夜发。三更许到河，遥见玉门关。去关上流十里许，两岸可阔丈余，傍有梧桐树丛。胡人乃斩木为桥，布草填沙，驱马而过”。《沙州都督府图经》载：武周时此河改名苦水。元代以后河流荒废。

奢延川　一名大延川。即今甘肃宁县东湘乐川。《方舆纪要》卷57宁州：奢延川在“州东百里。一名大延川。自横岭流至襄乐故城，又西流至城南，合九龙川”。

奢延水　即今陕西省北部黄河支流无定河。《水经·河水注》：奢延水“西出奢延县西南赤沙阜……俗因县土，谓之奢延水，又谓之朔方水矣。……奢延水又东注于河”。

奢延县　西汉置，属上郡。治所在今内蒙古乌审旗西南无定河南岸。东汉末废。《水经·河水注》：奢延水“西出奢延县西南赤沙阜……东北流，径其县故城南。王莽之奢节也”。

奢延泽　在今内蒙古鄂托克前旗东南城川乡一带。《后汉书·段颎传》：建宁元年（168），“夏，颎复追羌出桥门，至走马水上。寻闻虏在奢延泽，乃将轻兵兼行一日一夜二百余里，晨及贼，击破之”。唐李贤注：“即上郡奢延县界也。”《水经·河水注》：奢延水“西出奢延县西南赤沙阜。……汉破羌将军段颎破羌于奢延泽，虏走洛川。洛川在南，俗因县土，谓之奢延水，又谓之朔方水矣”。

奢岭口镇　清置，属双阳县。即今吉林长春市双阳区西北奢岭街道。《清史稿·地理志》双阳县官商路：“北：奢岭口达长春。”

奢香坟　在今贵州大方县城北边雾笼坡上。奢香，彝族人，为贵州水西女土司。明洪武初，代夫霭翠袭贵州宣慰使职。洪武十七年（1384）入朝。在其统治时期，开辟龙场等九驿，对沟通内地与边疆经济、文化交流起过一定的作用。二十九年（1896）奢香死，朝廷遣使参加了葬礼。雾笼坡的坟墓是她的后代为了祭祀而修建的。1988年定为全国重点文物保护单位。

奢香驿　明置，在今贵州黔西县西林泉镇。《方舆纪要》卷121贵阳府：奢香驿在“府西北二百六十里。奢香者，明初水西酋霭翠之妻也。霭翠死，香为贵州都督马烨所辱，香诉于朝，明太祖为诛烨，而封香为顺德夫人。香归，开贵州东北赤水、乌撒道以通蜀乌蒙，立龙场九驿，世办马匹廪饩以报德，故驿因以名”。

盔山　在今贵州凯里市西北炉山镇西三里。《方舆纪要》卷121清平县：“盔山在县（今炉山镇）西三里。形如覆釜。一名锅底山。”

爽坨　即今河北唐山市丰南区东南五十里爽坨村。清《畿辅舆地全图》丰润县：爽坨镇在“县东南九十里”。光绪《丰润县志》卷1：爽坨镇“距城九十里”。

龚公山　在今江西赣县东北。《寰宇记》卷108虔州赣县：龚公山“在县东北一百八十里。其上奇峰翠巘前后连延，萝木泉池左右襟带。昔有隐士龚毫栖舍于此，因以名焉”。《清一统志·赣州府一》：龚公山“在赣县东北一百三十里”。

龚丘县　隋开皇十六年（596）以平原县改置，属兖州。治所在今山东宁阳县东南。《元和志》卷10龚丘县：“以县东南二十里有龚丘城。”故名。大业初属鲁郡。北宋大观四年（1110）改为龚县。

龚市镇　北宋置，属飞乌县。即今四川中江县西南兴隆镇。清光绪《潼川府志》卷4：龚市镇“在县南六十里。乾隆时改名兴隆场”。

龚州　唐贞观七年（633）改鷰州置，治所在平南县（今广西平南县）。《元和志》卷37龚州：“因龚江为名。”辖境相当今广西平南县地。天宝元年（742）改为临江郡，乾元元年（758）复为龚州。北宋政和元年（1111）废。三年（1113）复置，南宋绍兴六年（1136）又废。

龚江　即浔江。指今广西平南县一段江流。《元和志》卷37平南县：“龚江一名浔江，亦名都泥江，在县南五十步。”《舆地纪胜》卷110浔州：龚江，“《图经》云：在平南县南，西通邕、宜二江，东流藤、梧州，会诸川入海”。《明史·地理志》平南县：“东南有龚江，即浔江也。”

龚县　北宋大观四年（1110）改龚丘县置，属兖州。治所即今山东宁阳县。金大定二十九年（1189）改为宁阳县。

龚垭　今四川德格县南龚垭村。民国《德格县图志》：“本县以龚垭为门户。旧时建有重碉，镇守渡口，遇事撤渡，垄断东西，诚为西南之锁钥。”

龚家路镇　即今上海市浦东新区川沙镇西北龚路村。清光绪《江苏全省舆图》：川沙县西北有“龚家路”。

龚湍　今重庆市酉阳土家族苗族自治县西北一百八十里龚滩镇。《旧唐书·地理志》洪杜县：“麟德二年移治龚湍。”

龚溪　在今湖南麻阳苗族自治县南。《方舆纪要》卷81麻阳县：龚溪“源出西晃山，东北流入辰溪县界……流入锦水”。

龚溪砦　在今湖南麻阳苗族自治县西南。《方舆纪要》卷81麻阳县“岩门砦”条下：“又龚溪砦，在县（治今锦和镇）南。宋熙宁六年置砦，寻废为铺。”

龚滩　在今重庆市酉阳土家族苗族自治县西北一百八十里龚滩镇西乌江中。为乌江中险滩之一。清同治《酉阳直隶州志》卷2：龚滩“黔江滩也，大江之中，横排巨石，大者如屋，小者如牛，激水雷鸣，惊涛雪喷，舟楫不能上下，为涪陵江第一险滩”。为川盐入黔要隘，滩东为龚滩镇。

龚滩镇　即今重庆市酉阳土家族苗族自治县西北龚滩镇。清同治《酉阳直隶州志》卷4：龚滩镇，“《州志》：州西南一百八十里，水德江经其前，濯水河绕其左，四面阻山，滩声如吼，黔蜀要路”。雍正十三年（1735）设巡司于此。民国初改设县佐。镇东有古迹铁围城。

袭庆府　北宋政和八年（1118）升兖州置，治所在瑕县（今山东兖州市）。辖境相当今山东泰安、兖州、曲阜、邹城、泗水、宁阳、莱芜等县市地。金复改为兖州。

袭邑　在今河北大名县东二十五里石家寨。《春秋》僖公十四年（前646），“秋八月辛卯，沙鹿崩”。《公羊传》：“沙鹿者何？河上之邑也。此邑也，其言崩何？袭邑也。”《水经·河水注》：“故渎又东北经平邑郭西。……又东北径元氏县故城西北而至沙丘堰。《史记》曰：魏武侯公子元食邑于此，故县氏焉。郭东有五鹿墟，墟之左右多陷城。《公羊》曰袭邑也。说曰：袭，陷也。”

殑伽河　指今印度之恒河。唐玄奘《大唐西域记》卷4：“窣禄勤那国，周六千余里，东临殑伽河，北背大山。……阎牟那河东行八百余里，至殑伽河源，广三四里，东南流入海处广十余里，水色沧浪，波涛浩汗。”

盛山 在今重庆市开县北。《寰宇记》卷137开州开江县：盛山“在州西北三里。山上有宿云亭、隐月岫、流盃渠、琵琶台、绣衣石”。《方舆纪要》卷69开县：盛山在“县北三里。突兀高耸，为县主山。隋以此名县”。唐元和间，开州刺史韦处厚尝游此，作《盛山》十二诗，韩愈为之序。

盛山县 隋开皇十八年（598）改永宁县置，属开州。治所在今重庆市开县南二里。《旧唐书·地理志》：盛山县“以山为名”。义宁二年（618）为万州治。唐武德元年（618）为开州治，移治今开县。广德元年（763）改为开江县。

盛山郡 唐天宝元年（742）改开州置，治所在开江县（今重庆市开县）。辖境相当今重庆市开县地。乾元元年（758）复为开州。

盛乡 盛即郕。或作成。在今山东宁阳县东北九十里。一说在汶上县西北二十里。《春秋》：隐公五年（前718），“卫师入郕”。《公羊》作“盛”。《穆天子传》卷6有“盛姬”。《水经·洙水注》：“洸水西南流径盛乡城西。京相璠曰：刚县西南有盛乡城者也。”即此。

盛乐县 ①即西汉之成乐县。治所在今内蒙古和林格尔县西北盛乐镇古城。《元和志》卷4：“单于大都护府，今为振武节度使理所。……本汉定襄郡之盛乐县也，后魏都盛乐亦谓此城。”胡三省《通鉴注》：“按盛乐，《前汉书》作成乐，属定襄。《后汉书》作盛乐，属云中。疑定襄之成乐，即云中之盛乐也。然《魏书》什翼犍三年，移都于云中之盛乐。明年筑盛乐于故城南八里，则非后汉之盛乐。疑定襄之盛乐，乃前汉之成乐城；云中之盛乐，乃后汉之故城耳。”

②北魏置，为朔州、云中郡治。治所在旧都盛乐城（今内蒙古和林格尔县西北盛乐镇古城）。北魏末废。

盛乐城 即西汉定襄郡治成东县故城。故址在今内蒙古和林格尔县西北盛乐镇古城。为鲜卑拓跋部及所建代国和北魏初年国都。《魏书·序纪》：始祖力微三十九年（三国魏甘露三年，258）“迁于定襄之盛乐”。始祖之子昭皇帝禄官分国为三部，“以桓帝之弟穆皇帝讳猗卢统一部，居定襄之盛乐故城”。东晋咸康六年（代建国三年，340）代王拓跋什翼犍定都盛乐。太元元年（代建国三十九年，376），前秦苻坚灭代，据其地。太元十一年（魏登国元年，386）拓跋珪复国，改国号为魏，仍都盛乐。魏天兴元年（398）迁都平城（今山西大同市）。

盛乐郡 北魏永熙中侨置，属云州。治所在归顺县（今内蒙古和林格尔县西北盛乐镇古城）。后废。

盛吉县 ①唐渤海国置，为兴州治。治所在今吉林桦甸市东南白山镇附近。辽内徙，后废。

②辽置，为黔州治。治所在今辽宁北票市东南。金废。

盛京 ①清入关前都城。即今辽宁沈阳市。后金天命十年（1625）自东京（今辽阳市）迁都沈阳，天聪八年（1634）尊为盛京。顺治元年（1644）定都京师顺天府（今北京市）后，以此为留都，亦称陪都。后为盛京将军（奉天将军）、东三省总督治所。为东北政治、经济、军事、文化的重心。

②清奉天省的别称。奉天建省前奉天将军和建省后巡抚驻所均在盛京（今辽宁沈阳市）。故奉天省别称盛京。

③清政区名。清代东北地区建省前皆属盛京统部。辖地东到日本海、鄂霍茨克海、库页岛，西迄山海关、内蒙古以东，南至渤海、黄海及朝鲜，北到外兴安岭（今俄罗斯斯塔诺夫山）及额尔古纳河，统有奉天府尹及盛京（奉天）、吉林、黑龙江三将军所属地区。光绪三十三年（1807）始改设东三省总督和奉天、吉林、黑龙江三省。

盛京三陵 指辽宁省清福陵（即东陵，在今辽宁沈阳城东二十里天柱山。清太祖努尔哈赤葬此）、清昭陵（即北陵，在今沈阳城北郊北陵公园。清太宗皇太极葬此）、清永陵（在今辽宁新宾满族自治县西四十里永陵镇西北启运山南麓，为清帝先世祖陵。清太祖努尔哈赤的远祖孟特木、曾祖福满、祖父觉昌安、父塔克世的陵寝均在此）三陵。2004年联合国教科文组织定为世界文化遗产，列入《世界遗产名录》。

盛京省 即奉天省。治所奉天府（今辽宁沈阳市）。清光绪三十四年（1908）版《大清帝国全图》作盛京省。

盛京统部 政区名。清代谓我国东北地区为盛京统部。统辖山海关以外，内、外蒙古以东，外兴安岭（今俄罗斯斯塔诺夫山）以南，奉天府尹及奉天、吉林、黑龙江三将军所属地区。光绪三十三年（1907）改设东三省总督及奉天、吉林、黑龙江三省区。

盛泽镇 即今江苏吴江市南六十里盛泽镇。盛产绸绫。清乾隆五年（1740）移县丞驻此。

盛唐山 ①在今安徽桐城市南。《汉书·武帝纪》：元封五年（前106）冬，“行南巡狩，至于盛唐”。即此。

②即武陟山。在今安徽六安市西三十里。《寰宇记》卷129：六安县“西二十五里有盛唐山”。

盛唐县 唐开元二十七年（739）改霍山县置，属寿州。治所在驺虞城（即今安徽六安市）。《寰宇记》卷129六安县：“县西二十五里有盛唐山，因为名。”北宋开宝四年（971）改为六安县。

盛唐郡 唐至德二年（757）改同安郡置，治所在怀宁县（今安徽潜山县）。辖境相当今安徽天柱山、三官山以南，长江以北地区。乾元元年（758）改为舒州。

盛家桥镇 即今安徽庐江县东北盛桥镇。清道光《安徽通志》卷28庐江县：盛家桥镇在“县东北五十里”。

盛家糠 即今湖北谷城县西南二十六里盛糠镇。清有把总驻守。

〔一、〕

雩 即盂。又作“霍”。春秋宋地，在今河南睢县西北。《春秋》：僖公二十一年（前639），“宋公、楚子、陈侯、蔡侯、郑伯、许男、曹伯会于盂”。《穀梁传》作雩。

雩山 在今江西于都县北。《寰宇记》卷108虔州雩都县：雩山，“耆老相传云，昔有人于此山下祈雨，往往感应，故曰雩山”。《清一统志·赣州府一》：雩山“在雩都县北三十五里。高可摩霄，雩水出其下，为邑望山”。

雩水 ①在今江西于都县北。《寰宇记》卷108虔州雩都县：雩水“源出雩山，在县东北四十二里，西南（流）五十里，经县前，合贡水”。《清一统志·赣州府一》：雩水，“《省志》，在（雩都）县北三十二里。源出跌烂水，绕东流，经双桥，入贡水”。

②在今山东曲阜市南二里。《方舆纪要》卷32曲阜县：雩水“源出县治西南马跑泉，亦曰泮水”。

雩坛（壇） 亦称舞雩坛。在今山东曲阜市南。《水经·泗水注》：“（雩）门南隔水有雩坛，坛高三丈，曾点所欲风舞处也。”《礼记·郊特牲》疏引《论语》郑注：“沂水在鲁城南，雩坛在其上。”《寰宇记》卷21兖州曲阜县：“舞雩坛在沂水之南，当县南六里，临沂水。”

雩泉 在今山东诸城市南常山。上有雩泉。宋苏轼《雩泉记》：“熙宁八年春夏旱，轼再祷焉，皆应如响。……乃凿石为井，其深七尺，广三之二。作亭于其上，而名之曰雩泉。”

雩娄 春秋吴邑，后属楚。在今河南固始县东南。《左传》：襄公二十六年（前547），“楚子、秦人侵吴，及雩娄，闻吴有备而还”。又《淮南子·人间训》：“孙叔敖决期思之水，而灌雩娄之野。”西汉置雩娄县。

雩娄山 一名雾露山。在今河南固始县西四十里。《清一统志·光州一》：雩娄山“大灌水出焉，俗讹为雾露山”。

雩娄县 西汉置，属庐江郡。治所在今河南固始县东南。三国魏属边城郡。东晋时废。南朝宋元嘉二十五年（448）复置，属弋阳郡，南齐属安丰郡。南齐末废。

雩叚侯国 西汉置，属琅邪郡。当在今山东东部。东汉省。

雩都县 西汉高帝六年（前201）置，属豫章郡。治所在古田坪（今江西于都县东北四里）。三国吴置庐陵南部都尉治此。西晋太康三年（282）为南康郡治。东晋永和五年（349）移南康郡治赣县，以雩都为属县。南朝陈废。隋开皇中复置，属虔州。大业初属南康郡。大业中徙治今于都县。唐属虔州，武德初徙治今于都县东南梓山乡固院，贞观中复还治今于都县。南宋属赣州。元属赣州路。明属赣州府。民国初属江西赣南道。1926年直属江西省。1957年改为于都县。

雩都峡 在今江西于都县西北。《方舆纪要》卷87赣州府雩都县：雩都峡在“县西北五十里。峡长而险，前临大江，岩壁陡绝，约二十余里，为县之噤喉。《志》云，峡中有米沙洲，长二百余丈，其沙三角，与常沙异，色最白，人视其厚薄以占米价”。

雪山 ①在今山西岢岚县东北。《寰宇记》卷50岚谷县：“雪山在县东北四十里。高三十里，长六十里，岚、朔二州分界。”

②在今福建永春县西北，与德化县交界。《方舆纪要》卷99永春县“桃溪”条：雪山“山高峻，多积雪”。《清一统志·永春州》：雪山“在州西北六十里，德化县西北四十里接界处。山势博衍，回环盘亘四十里。隆冬积雪，经月不消。其阳之水为桃源溪，下流入永春；其阴丁水出焉，下流入浐水”。

③即今山东莒县西北七十里雪山。清光绪《山东通志》卷25：雪山“介在沂、沭间”。据1984年版《莒县地名志》称：“山西南坡有大片白色原始土，远望如雪，故名雪山。”

④在今四川叙永县东南海螺堡南。《明史·地理志》赤水卫：“北有雪山，上有关。”明曹学佺《贵州名胜志》卷1：雪山“在（赤水）卫北二十里。巉岩高峻，峻亘数十里，方冬积雪，春尽始消。（明）杨慎《度雪山》诗：羊肠蛭雪凸，乌毳邂风凹”。

⑤在今四川松潘县东。《隋书·地理志》：嘉诚县“有雪山”。《元和志》卷32嘉诚县：雪山“在县东八十里。春夏常有积雪，故名”。

⑥亦名雪岭、大雪山、西山。即今四川理县西南之邛崃山。《舆地纪胜》卷148威州：雪山，“《图经》云：在保宁县西南，连乳川白苟岭。《九域志》云：山有九峰，上有积雪，春夏不消”。《方舆纪要》卷67威州：雪山“在州西南百里。与乳川、白苟岭相连”。

⑦即今云南丽江市玉龙纳西族自治县西北玉龙雪山。《明一统志》卷87丽江军民府：雪山“在府西北二十余里。一名玉龙山。条冈百里，岀巍千峰，上插霄汉，下临丽水。山颠积雪经春不消，岩崖涧谷，清泉飞流。蒙氏异牟寻封为北岳”。

⑧即露骨山。今甘肃临夏县南、夏河县北之太子山。《方舆纪要》卷60河州：雪山在“州西南百五十里，接洮州番界。四时皆有积雪，一名雪岭。又山石如骨露，一名露骨山”。

⑨即祁连山。今甘肃祁连山。因山顶常年积雪，故名。

⑩即今甘肃靖远县西北哈思山。《明一统志》卷37靖虏卫：雪山“在卫城北一百二十里。山势高峻，

积雪不消”。

⑪即今青海门源回族自治县北祁连山。《隋书·炀帝纪》：大业五年（609），隋炀帝西巡，命“兵部尚书段文振北屯雪山”，围攻吐谷浑。即此。

⑫佛经称喜马拉雅山为雪山。亦曰大雪山。

⑬古代印度人和中亚南部人称喜马拉雅山、兴都库什山等为雪山，又名大雪山。唐玄奘《大唐西域记》卷1：“迦毕试国，周四千余里，北背雪山。”

雪山门关　在今云南维西傈僳族自治县东北其宗东南五里。《明一统志》卷87丽江军民府：雪山门“在巨津州（今巨甸镇）东北。旧名越灭根关，当吐蕃么些之界，极为险峻”。

雪山关　明置，属赤水卫。在今四川叙永县东南海螺堡南雪山上。为蜀通滇黔要路。被誉为“南来第一关”。《清一统志·叙永厅》：雪山关“在厅东一百里”。后废。今有古关遗址，呈长方形，南北寨门均题额“雪山关”。

雪山村遗址　在今北京市昌平县西北南口镇雪山村。1961—1981年在此发现新石器时代中晚期及早期铜器文化遗存：第一期属新石器时代中期文化遗存，与中原仰韶文化有密切关系，距今约六千年；第二期属新石器晚期文化遗址，与中原龙山文化有密切关系，距今约五千多年；第三期青铜文化遗存，相当夏商时期，距今四千多年。三期文化层次叠压关系清楚，为研究北方地区新石器文化与青铜文化的关系与发展提供了重要实物资料。

雪王台泉　又作薛王台泉。在今山东沂水县西高庄镇马兰村南。《清一统志·沂州府一》：雪王台泉“在沂水县西南八十里。《县志》：台不知其所自始。或曰，故薛国之台也。泉出台前，南入桑泉水，入于沂”。

雪卡宗　即雪喀宗。治所在今西藏工布江达县西北雪卡。

雪竹峰　在今福建永定县南。《方舆纪要》卷98永定县：“雪竹峰在县南。陡岭插天，为邑之胜。”

雪里（裏）山　即今福建将乐县东南雪峰山。明弘治《将乐县志》卷1：雪里山“在三溪都。由山麓辟径，盘折二十余里，其土膏沙砾，绚如白雪”，故名。

雪里站　清置，即今辽宁凤城市西北薛礼站。《清一统志·奉天府二》：凤凰城通远堡“东南六十里至雪里站”。即此。

雪坡　在今四川洪雅县东南，接夹江县界。《资治通鉴》：唐咸通十年（869），南诏酋龙倾国入寇，定边都头“安再荣退屯大渡河北，与之隔水相射九日八夜。蛮密分军开道，逾雪坡，奄至沐源川”。即此。

雪枫县　1945年淮北革命根据地由永城县改名，治所即今河南永城市。为纪念1944年牺牲的新四军第四师师长兼政委彭雪枫而命名。1946年复名永城县。

雪栏山　即今四川松潘县东三十里雪宝顶。《明一统志》卷73松潘等处指挥使司：雪栏山“山势蟠蜒，四时积雪”。《方舆纪要》卷73松潘卫：雪栏山“俗呼宝顶山，亦名雪岭，巉崖路险，有雪栏关”。此为岷山中段极高山，主峰大雪宝顶海拔5588米。

雪栏关　明置，属松潘卫。在今四川松潘县东三十里雪栏山上。《明史·地理志》：松潘卫东有雪栏关。

雪洞山　在今广东新丰县北六十里。《方舆纪要》卷103惠州府长宁县：雪洞山“中有大雪、小雪二峰。其南又有雪山，俱以冬春积雪而名。岭南地暖，独此三峰有雪，故为奇也”。

雪宫　在今山东淄博市临淄区东北。《孟子·梁惠王》：“齐宣王见孟子于雪宫。”《元和志》卷10青州临淄县：“齐雪宫故址在县东北六里。《晏子春秋》所谓齐侯见晏子于雪宫也。”

雪峰山　①在今福建闽侯县西北，盘踞闽侯、闽清、古田、罗源四县境。旧名象骨律，五代王闽改今名。《舆地纪胜》卷128福州《景物上》：雪峰“在侯官。暑月犹有积雪，王审知曰，可名曰雪峰”。《方舆胜览》卷10福州佛寺：雪峰寺“在侯官县西百余里，唐咸通中真觉禅师义存游吴楚，至武陵，传法于五祖德山。乃归闽，居芙蓉山石室，其徒蚓集，于是得象骨峰诛茅为庵。一日登巅遇雪，留宿其上，因名雪山”。山上枯木庵，枯木腹内留存唐朝以来题刻甚多，为我国唯一的“树腹碑”。《资治通鉴》：五代晋开运二年（945），光州人李仁达作乱。据福州，迎雪峰寺僧卓严称帝，即此。

②在今湖北赤壁市南。《清一统志·武昌府一》：雪峰山“在蒲圻县南二十里。有雪峰寺，唐咸通二年建”。

③在今湖南会同县东北四十里。《清一统志·靖州》：雪峰山“冬后积雪不断。（南宋）魏了翁诗：‘雪峰高大冲霄汉’”，即此。

雪峰寺　在今福建南安市北三十二里杨梅山东南麓。宋建。有山门、大雄宝殿等。有洗心泉、缓步径、芭蕉阪、山月楼四景和晴窗晓日、花坞晚霁、薜萝凝烟、北牖凉风、苔阶浥露、山楼夜月、石窦鸣泉、空庭蕉雨八趣。民国间福建省佛教会曾设此。

雪浪斋　在今河北定州市文庙内。《清一统志·定州》：雪浪斋，“宋苏轼得石于恒山，状如雪浪，凿石为芙蓉盆盛之，置于学中，因以名斋”。

雪堂　在今湖北黄冈市东。北宋苏轼建于东坡。南宋陆游《入蜀记》：居士亭“下面南一堂颇雄，四壁皆画雪，堂中有苏公像，乌帽紫裘，横按筇杖，是为雪堂”。《舆地纪胜》卷49黄州“东坡”条：“（元丰）七年移汝州。去黄之日，遂以雪堂付潘大临兄弟居焉。崇宁壬午党禁既兴，堂遂毁焉。其后邦人属神霄宫道士李斯立重建。”明初，展筑县城，旧址遂在城内。

雪野村　即今山东莱芜市北雪野乡。1939 年 8 月，国民党顽固派袭击驻在此地的八路军山东纵队四支队后方机关，打死打伤二十余人。

雪盘山　在今云南兰坪白族普米族自治县（金顶镇）南。《方舆纪要》卷 117 兰州：雪盘山在“州（今金顶镇）南十里。四时常积雪，下有白石溪”。

雪塔集　即今河北威县东北雪塔村。明嘉靖《威县志》卷 2：雪塔集“在县东北六十里”。

雪堰桥镇　在今江苏常州市武进区东南雪堰镇。清时移马迹山巡司驻此。

雪喀宗　又作雪卡、索喀、索卡、索克、硕喀。17 世纪中叶，甘丹颇章政权建立后，西藏地方政府设雪喀宗，治所在今西藏工布江达县西北雪卡。藏语意为白山嘴、酸奶白山嘴。1960 年与三东宗及足木宗西部合并置雪巴县。1964 年撤销，并入工布江达、林芝、嘉黎三县。

雪窦山　在今浙江奉化市西北四十里。《舆地纪胜》卷 11 庆元府：雪窦山“在奉化县西，上下有亭三，曰飞雪、曰妙峰、曰漱玉。丹碧照烂，飞檐鳞鳞，蔚在青嶂间，晨霞暮霭，遮露万状，尤为胜概”。南宋理宗时曾改名应梦山。山麓有佛教禅宗十刹之一雪窦寺。

〔一 ㇇〕

辄兴县　西汉置，属沛郡。治所当在今江苏睢宁县境。东汉废。

辄荣州　唐开元前置羁縻州，属黎州都督府。治所在今四川汉源县东皇木镇。北宋以后废。

辅日海　即盐泽。今新疆罗布泊。《史记·大宛列传》：“其水东流注盐泽”。《正义》引《括地志》：“蒲昌海一名泑泽，一名盐泽，亦名辅日海，亦名牢兰海，亦名临海，在沙州西南。”《清一统志·吐鲁番》：罗布池“在吐鲁番西南。即古蒲昌海。一名泑泽，一名盐泽，又名辅日海、临海、捕鱼儿海。又名牢兰……”。

辅公祏城　唐初建，在今江苏南京市东。《元和志》卷 25 润州上元县：“辅公祏城，在县东七里。其地本齐文惠太子苑地也，公祏拘乱，筑以为城。其年（按指武德七年，即公元 624 年）公祏平，城遂毁废。”

辅氏　春秋晋地，后属秦。在今陕西大荔县东。《左传》：宣公十五年（前 594），“秦桓公伐晋，次于辅氏”。《清一统志·同州府二》　引《朝邑县志》：“辅氏城，在县西北十三里。”

辅州　西魏置，治所在淮阳郡（今河南桐柏县境）。北周废。

辅岩县　金兴定三年（1219）置，属林州。治所在水冶村（今河南安阳县西四十里水冶镇）。元世祖至元二年（1265）废入林县。四年（1267）复置。六年（1269）废入安阳县。

辅城县　隋开皇十八年（598）改汝南县置，属广州。治所在今河南郏县东南。大业二年（606）移治今郏县西北五里，属汝州。三年（607）属襄城郡。四年改为郏城县。

辅剑郡　南朝梁改扶风郡置，属安州。治所在武功县（今四川剑阁县西南武连镇南五里）。辖境相当今四川剑阁县西南地。西魏改为安都郡。

辅唐县　唐乾元二年（759）改安丘县置，属密州。治所即今山东安丘市。五代梁开平二年（908）复名安丘县。后唐同光初又改辅唐县，后晋天福七年（942）改为胶西县。

郾　①即燕。西周初封国。都城在今北京市房山区琉璃河镇附近。

②即鄢邑。在今河南漯河市郾城区西南五里古城。《史记·韩世家》：宣惠王十四年（前 319），“秦伐败我鄢”，即此。

郾县　西汉置，属颍川郡。治所在今河南漯河市郾城区西南五里古城。东晋废。

郾城县　隋开皇五年（585）置，属豫州。治所在今河南漯河市郾城区西南五里古城。十六年（596）为道州治。大业初属颍川郡。唐武德四年（621）为道州治。贞观元年（627）属豫州。开元十一年（723）移治今郾城区。后属许州。北宋属颍昌府。金属许州。清属许州直隶州。民国初属河南开封道。1927 年直属河南省。2004 年撤销，改设漯河市郾城区、召陵区。

〔丨一〕

乾道县　秦或西汉初置，属长沙郡或长沙国。治所在今湖南蓝山县西南大麻营附近锺水东岸（见马王堆出土的《西汉初期长沙国深平防区图》）。后废，改置营道县。

砦林村　即今广西田阳县西南右江南岸旧城村。《明史·地理志》　奉议州：“东有旧城。今治本砦林村也，洪武初迁于此。”

砦前塘　一作砦前圩。即今湖南桂东县南二十里寨前乡。清光绪《湖南通志》卷 1 桂东县图：县西南有砦前塘。

砦桑　在今广西田东县北。明置砦桑土巡司于此。

訾鹭树镇　即今辽宁昌图县北訾鹭树镇。清光绪《奉天全省地舆图说图志》昌图府：訾鹭树“在府城东北六十里”。民国《昌图县志》卷 1：“訾鹭树，每日成市。”

虚　春秋宋邑。在今河南延津县东。《春秋》：桓公十二年（前 700），“公会宋公于虚”。战国属魏。《史记·秦始皇本纪》：五年（前 242），“将军骜攻魏，定酸枣、燕、虚”。此时应已置为县。

虚水侯国　西汉置，属琅邪郡。当在今山东东部。东汉省。

虚仁驿　在今云南武定县西北。《方舆纪要》卷116武定军民府：虚仁驿“在府北。《图经》：府北有勒站及虚仁、环川、姜驿等站，达于四川会川卫境，自昔往来通道也”。

虚丘　春秋郑地，战国属魏。在今山东费县西南。《左传》：僖公元年（前659），“公败邾师于偃，虚丘之戍将归者也”。《史记·秦始皇本纪》：五年（前242），将军蒙骜攻魏，“定酸枣、燕、虚”等。

虚白堂　在今浙江杭州市。《清一统志·杭州府》：虚白堂“在府城内旧治。唐白居易有诗，刻石堂上，后为钱氏都会堂”。

虚朾　春秋时宋地。在今山东泗水县。《春秋》：成公十八年（前573），“仲孙蔑会晋侯、宋公、卫侯、邾子、齐崔杼同盟于虚朾”。一说虚朾即虚，应在今河南延津县东。

虚沟城　一作墟沟镇。即今江苏连云港市东北墟沟镇。清《乾隆内府舆图》作虚沟城。

虚沟营　即今江苏连云港市东北墟沟镇。《方舆纪要》卷22海州：墟沟营“在州东北。《舆程记》：州东北六十里至塔儿湾，又北三十里为南城，又北三十里为大村，又东北三十里即虚沟营也。又三十里渡海岛，为海州北出山东之水道”。

虚郎沟　约在今四川西昌市境。明万历中，有安四儿者据此。《明史·李应祥传》：“土木安四儿者，居连昌城中，潜剽掠于外。至是知祸及，率党数百人走据虚郎沟”，为明军所获。

虚阁栈道　在今四川都江堰市西。《方舆纪要》卷67灌县：虚阁栈道在“县西十里。《古今集记》：县西十余里有虚阁栈道，二十五里有石笋阁道，三十里有龙洞阁道”。

虚恨部　古代少数民族。宋时为乌蛮的一部。南宋李心传《建炎以来系年要录》卷124：“虚恨乃乌蛮别种，所居高山之后，夷人以高为虚，以后为恨，故名。”其地东接马湖（今四川雷波县），南抵邛部川（今四川越西县），北毗中镇（今四川峨边县），大体分布于今四川峨边、马边、甘洛、雷波一带。

虚恨蛮　宋代大渡河南之少数民族部落之一。在今四川峨边彝族自治县南。《宋史·高宗纪》：南宋绍兴八年（1138），“虚恨蛮犯嘉州忠镇砦”。

虚粮冢　①在今河北无极县西。《方舆纪要》卷14无极县：“虚粮冢在县西二十五里，有阜数十，俱高丈余。相传昔时为虚粮诳敌处。”

②在今山东济南市长清区西南。民国《山东通志》卷34济南府《古迹》：虚粮冢“在卢县故城东门外。相传檀道济唱筹量沙之所”。

③在今河南汤阴县南。光绪《河南通志》卷51彰德府《古迹》：虚粮冢“在汤阴县南门外。晋惠帝北征，屯兵于此，筑冢千余，周围以席覆之，以示军食不乏，故名”。

虖池　即滹沱河古称。在今山西、河北二省境内。《周礼·职方》：“正北曰并州，其川虖池。”其下游屡有变迁，南至今滏阳河，北至大清河，两河间南北摆动。时而合流，时而分成数股南北同时分流。今下游河道为晚清以后逐渐形成。

彪湖　亦名滮湖。在今浙江嘉兴市东南。《方舆纪要》卷91嘉兴县“鸳鸯湖”条：“鸳（鸯）湖之水与其支流至城东南二里，会于彪湖，亦名马肠湖。又循城而北，与秀水合，会于运河。”

彪溪　即今浙江景宁畲族自治县西之小溪。《方舆纪要》卷94景宁县：彪溪在“县西五十里。《志》云：县境之水自庆元界来，又自龙泉县大澤诸水分流入境，回环曲折，合县境诸溪流，经县北，东注青田之大溪”。

〔丨丿〕

雀儿山　在今四川德格县东南。山麓为新路海，为四川最大的冰川湖。民国《德格县图志》：“由邓柯县之朗吉岭，沿金沙江，绵亘南伸龚峰，叠巘高入云霄，至龚垭转向东北行，各里穆山起伏，环绕至麻绒南行，名雀儿山，南至赠科转入瞻化、白玉两县。”

雀儿沟　亦作鹊儿沟、雅儿沟。即今新疆呼图壁县西南雀儿沟镇。清宣统《新疆图志》卷1绥来县：“东南一百二十里至西凉户，接呼图壁之雀儿沟。”

雀子冈关　明置，属南川县。在今重庆市南川区东南。《方舆纪要》卷69南川县“马颈关条下：“又有雀子冈关。正德中，贼方四等攻南川马颈、雀子冈等关。”

雀桑　在今陕西泾阳县西北。《资治通鉴》：东晋太元十年（385），秦王苻坚与西燕主慕容冲“战于雀桑，又破之”。

雀鼠谷　在今山西介休市西南、霍州市以北的汾河河谷。《水经·汾水注》：“汾津名也，在界休县之西南，俗谓之雀鼠谷。数十里间道险隘，水在右悉结偏梁阁道，累石就路，萦带岩侧，或去水一丈，或高五六尺，上戴山阜，下临绝涧，俗谓之为鲁般桥，盖通古之津隘矣，亦在今之地险也。”《周书·齐炀王宪传》：北周建德五年（576），“大举东讨，宪率精骑二万，复为前锋，守雀鼠谷”。

〔丨丶〕

堂　一作棠。春秋楚邑，后入吴。在今江苏南京市六合区北。《史记·刺客列传》：“专诸者，吴堂邑人也”，即此。

堂二里　即今河北霸州市东五十四里堂二里镇。明嘉靖《霸州志·舆地志》里屯："堂二里在城东北七十三里宣文乡第二图。"清同治《畿辅通志》卷46霸州图：东有堂二铺镇。

堂子 在今北京市天安门东。清《日下旧闻考》卷49："堂子在长安左门外玉河桥东，每年元旦亲祭。凡国家有征讨大事，必亲祭告。"旧址相当今天安门东南东西长安街上。1911年辛亥革命后，因开辟东西长安街而拆毁。

堂子街太平天国壁画 在今江苏南京市汉西门堂子街74号内。此地为太平天国东王杨秀清属官衙署。共五进：正中大厅，后面是三厅和后檐房，右边是花厅，厅之间是天井。在大厅和二进的墙壁和板壁上有太平天国壁画十八幅。大厅八幅壁画皆水墨淡彩画，内容有防江望楼、山亭瀑布、柳阴骏马、孔雀牡丹、云带环山、江天亭立、双鹿灵芝、鹤寿图等。大厅中屏门上还绘有金龙，又称金龙屏门。第二进穿堂板壁上绘画十幅，从第五进移来保护，除两幅已看不清楚外，其他八幅中颜色比较鲜艳的有绶带蟠桃、鹿鹤同春、鸳鸯荷花、太狮图等，保存较完好。画上都没有题款、画名和印章。1988年定为全国重点文物保护单位。

堂乐洞 古名桃花洞。在今湖南吉首市西二十里，寨阳西南二里。《清一统志·乾州直隶厅》：桃花洞"在厅西北十五里。有石室。洞口桃花甚盛"。相传清乾嘉间，湘黔苗民起义军杨鼎元部曾在洞内打造兵器，俗称"打铁洞"。1986年整修，并依苗族语义定名堂乐洞。

堂阳县 西汉高帝十一年（前196）封孙赤为堂阳侯，景帝中六年（前144）改为县，属巨鹿郡。治所在今河北新河县西北滏阳河北。《汉书·地理志》注："应劭曰：在堂水之阳。"故名。东汉属安平国。北魏属长乐郡。北齐废。隋开皇十六年（596）复置，属冀州。大业初属信都郡。唐属冀州。五代晋改名蒲泽县。后汉复名堂阳县，属镇州。后周还属冀州。北宋皇祐四年（1052）废为镇。

堂阳渠 在今河北新河县西南。《新唐书·地理志》堂阳县："西南三十里有渠，自钜鹿入县境，下入南宫，景龙元年开。"

堂阳镇 北宋皇祐四年（1052）改堂阳县置，属南宫县。在今河北新河县西北。

堂邑县 ①战国秦置，属东海郡。治所在今江苏南京市六合区北。西汉初为侯国，后仍为县，属临淮郡。东汉属广陵郡。西晋为堂邑郡治。东晋安帝时废。南朝梁复置。隋开皇四年（584）废入六合县。

②隋开皇六年（586）置，属屯州。治所在今山东冠县东千户营。大业初属武阳郡。唐属博州。五代晋改名河清县，不久复为堂邑县。北宋熙宁初徙今聊城市西北堂邑。元属东昌路。明属东昌府。民国初属山东东临道。1925年属东昌道。1928年直属山东省。1956年撤销，并入聊城、冠县二县。

堂邑郡 西晋永兴元年（304）置，属徐州。治所在堂邑县（今江苏南京市六合区北）。辖境相当今江苏六合县、安徽天长市西部地。东晋安帝时改为秦郡。

堂阜 春秋时齐邑。在今山东蒙阴县西北二十四里常路镇北。《左传》：庄公九年（前685），鲍叔帅齐师入鲁，鲁被迫杀公子纠，"管仲请囚，鲍叔受之，及堂阜而税之"。又，文公十五年（前612），齐人为孟氏谋，"饰棺置诸堂阜"。即此。

堂阜水 在今山东蒙阴县东南。《水经·沂水注》：堂阜水"导源堂阜……东南注桑泉水"。

堂城 即沙随城。在今河南宁陵县西北。《方舆纪要》卷50宁陵县：沙随城"亦曰沙阳亭。或谓之棠阳城，俗谓之堂城"。

堂狼山 在今云南巧家县东部。《续汉书·郡国志》注引《南中志》：朱提县"西南二里有堂狼山，多毒草，盛夏之月，飞鸟过之，不能得去"。按，据《水经·若水注》，堂狼山当在朱提西南二百里。

堂琅县 又作堂狼、堂螂、螗螂。西汉建元六年（前135）置，属犍为郡。治所在今云南巧家县东七十里老店子。《华阳国志·南中志》："堂螂县，因山名也。出银、铅、白铜、杂药，有堂螂附子。"东汉废入朱提县。三国蜀建兴三年（225）复置，属朱提郡。南齐属南朱提郡。南朝梁末废。

堂溪 即棠谿。春秋楚地。在今河南西平县西。《左传》：定公五年（前505），吴王阖闾之弟夫槩"奔楚，为堂溪氏"。战国属韩。以产剑戟而称著。《战国策·韩策一》："韩卒之剑戟皆出于冥山、棠谿、墨阳、合伯膊。邓师、宛冯、龙渊、大阿，皆陆断马牛，水击鹄雁。"

常 ①春秋鲁邑，在今山东枣庄市西南薛城南。《诗经·鲁颂·閟宫》："居常与许。"郑笺："常，或作尝，在薛之旁。……六国时，齐有孟尝君食邑于薛。"《方舆纪要》卷32："今薛城南十里有孟尝集，或以为即古尝邑。"

②战国齐邑。在今江苏邳州市东。《史记·越王勾践世家》："愿齐之试兵南阳莒地，以聚常、郯之境。"《索隐》："常，邑名。盖田文所封邑。"西汉置良成县。

常山 ①即恒山。在今河北唐县西北。《史记·赵世家》："简子乃告诸子曰：吾藏宝符于常山上，先得者赏。"即此。西汉因避文帝刘恒讳，北宋又避真宗赵恒讳，改恒山为常山。东汉初平四年（193）张燕领导的黑山起义军，与袁绍大战于此。

②在今浙江常山县东。《元和志》卷26常山县："因县南有常山为名。"

③在今山东诸城市南二十里。《水经·潍水注》：扶淇水"出（东武县）西南常山"。《寰宇记》卷24诸城县：常山"晏氏《齐记》云：祈雨常应，故曰常山"。

常山屯 即今吉林桦甸市北常山镇。旧在松花江西岸。因松花江湖迁此。《清史稿·地理志》桦甸县："侧有常山屯，扼珲春、敦化西至奉天孔道。”

常山关 又名鸿上关。即今河北唐县西北一百十里倒马关。《汉书·地理志》：代郡有“常山关”。为古代河北平原通向北方边陲地区要隘。

常山县 ①隋开皇十六年（596）置，属恒州。治所在今河北石家庄市东北。大业初废。

②唐咸亨五年（674）分信安县置，属婺州。治所在今浙江常山县治东三十二里招贤镇。《元和志》卷26：“因县南有常山为名。”垂拱二年（686）改属衢州。广德二年（764）徙治今常山县。南宋咸淳三年（1267）改为信安县。元至元十三年（1276）复名常山，属衢州路。明、清属衢州府。民国初属浙江金华道。1927年直属浙江省。

常山国 ①又称赵王国。秦亡后项羽封张耳置，治所在襄国（今河北邢台市）。辖常山、邯郸、钜鹿三郡，相当今河北南部及山东平原、高唐县以西地区。后张耳降刘邦，改封赵王歇，寻为刘邦所灭。

②西汉景帝五年（前152）改常山郡置，治所在真定县（今河北石家庄市东北）。辖境相当今河北阜平以南，曲阳、正定、藁城、赵县以西，内丘以北地区。元鼎三年（前114）复为常山郡。东汉永平十五年（72）又改为常山国，治所在元氏县（今元氏县西北）。建安十一年（206）又改为常山郡。

常山郡 西汉文帝元年（前179），为避文帝刘恒讳，改恒山郡为常山郡。治所在真定县（今河北石家庄市东北）。景帝五年（前152）改为国。武帝元鼎三年（前114）复改为郡。四年移治元氏县（今河北元氏县西北殷村镇）。辖境相当今河北唐河以南，曲阳、栾城、赵县以西（正定、石家庄除外），内丘以北地。东汉改为常山国，辖境略大。三国魏复为郡，还治真定县。其后辖境缩小。北魏又移治九门县安乐垒（今藁城市西北）。隋初废。唐天宝、至德时又改恒州为常山郡，治真定县（今正定县）。

常山峪 即今河北滦平县东南二十里长山峪镇。清置常山峪行宫。

常丰（豐）县 ①唐天宝元年（742）改万安县置，属卢阳郡。治所在今贵州铜仁市西南五里。北宋废。

②北宋乾德三年（965）升常丰场置，属潭州。治所在今湖南长沙县东一百里上杉市。开宝中省入长沙县。

常丰（豐）闸 在今浙江海盐县西南。《宋史·河渠志七》：南宋淳熙九年（1182），“命守臣赵善悉发一万工，修治海盐县常丰闸及八十一堰坝，务令高牢，以固护水势，遇旱可以潴积”。明末清初淤废。

常丰（豐）堰 在今江苏盐城市至阜宁县间串场河东岸，为捍海堰的一段。《新唐书·地理志》 山阳县：“有常丰堰，大历中，黜陟使李承置以溉田。”今为范公堤北段。

常水 即今安徽绩溪县西北之大源河。宋淳熙《新安志》卷5绩溪县：常水“出黄蘖山，南流五十里合扬之水入歙县界。溉田一顷三十亩”。《方舆纪要》卷28绩溪县“扬之水”条下：“常水在县西北。源出歙县界蘖水，南流合扬之水。”

常风洞 在今浙江临海市西。《方舆纪要》卷92台州府：常风洞“在府西五十里常风岭上。中幽邃，旧有石栏护之。宋宣和中尝驻兵于此”。

常平关帝庙 又称关帝祖祠或关帝家庙。在今山西运城市南二十里常平村。三国蜀将关羽，山西解州常平里人，后乡人于故居建祠奉祀。创建于隋，金代始成庙宇。现存建筑多为清代遗构，有山门、午门、享殿、关帝殿、娘娘殿、圣祖殿等六座殿宇，圣祖殿内供关羽始祖忠谏公、曾祖先昭公、祖父裕昌公、父成忠公及其三祖夫人像，为其他武庙中所未见。庙南为关氏祖坟。2006年定为全国重点文物保护单位。

常平县 ①北周末改义安县置，为长湖郡治。治所在今湖北襄阳市襄城区西汉水南岸。隋大业三年（607）属襄阳郡。唐贞观八年（634）废。

②唐贞观五年（631）置，属羁縻蛾州。治所在今四川阿坝县东南境或红原县南境。后废。

常平堡 即今湖北南漳县西长坪镇。《方舆纪要》卷79保康县：常平堡在“县东南九十里，东南去南漳县亦九十里。《会典》作长坪店。为控扼要地。成化中，拨荆州右卫官兵戍守。嘉靖十九年，移七里头巡司置于此”。

常平墟 即今广东东莞市东南常平镇，广九镇路经此。清光绪《广州府志》卷69：东莞县“墟市”有常平墟。

常旧山 在今四川黑水县西南。《新唐书·地理志》：谷和县“有常旧山”。

常乐州 五代南汉置，治所在石康县（今广西合浦县东北三十里石康镇）。辖境相当今广西合浦县东部及广东廉江县部分地。北宋开宝五年（972）废。

常乐县 ①三国吴末置，属九真郡。治所在今越南清化省清化东南。隋开皇十年（590）属爱州，十六年（596）改为安顺县。

②隋开皇四年（584）改凉兴县置，属瓜州。治所即今甘肃瓜州县东南锁阳城。唐武德四年（621）改名晋昌县。

③唐武德五年（622）于隋常乐镇置，属瓜州。治所在今甘肃瓜州县西南。后陷于吐蕃。

④唐至德二年（757）改安乐县置，为常乐郡治。治所在今广西玉林市西北。乾元初为岩州治。后废。

常乐郡 ①北魏以晋昌郡改名，属瓜州。治所在冥安县（今甘肃瓜州县东南锁阳城）。辖境相当今甘肃瓜州县地，北周改名永兴郡。

②唐天宝元年（742）改岩州置，治所在安乐县（后改常乐县，今广西玉林市西北）。辖境相当今广西玉林市西、南及贵港市南部地。乾元元年（758）复改岩州。

常乐站 驿站名。元置，在今内蒙古丰镇市西南马家库联附近的三泉村。

常乐堡 ①明置，属宁夏中卫。即今宁夏中卫市西南常乐镇。后废。

②一作长乐堡。即今陕西榆林市东常乐堡。《清一统志·榆林府二》：常乐堡，“明成化初，巡抚卢祥于今堡南二十里创筑。弘治二年，巡抚刘忠因其地沙积无水，徙建于此。城在平川，周三里五十步，门三，为极冲中地。本朝初设守备。雍正十年改设都司。乾隆二十九年裁，设有把总分防”。

常乐溪 在今浙江建德市南部。《明史·地理志》严州府寿昌县：“南有常乐溪，东南流至兰溪县，入东阳江。”

常乐镇 ①隋开皇初废凉兴县置，在今甘肃瓜州县西南。唐武德五年（622）改置常乐县。

②即今山西平陆县西南常乐镇。《清一统志·解州》“张店镇”条下：平陆县西有“常乐镇”。

常宁市 1996年撤销湖南省常宁县，改设常宁市，市人民政府驻宜阳镇。由衡阳市代管。

常宁州 元世祖至元十九年（1282）升常宁县置，属湖广行省。治所在今湖南常宁市西北三里。辖境相当今湖南常宁市地。元末移治今常宁市。明洪武三年（1370）复改常宁县。

常宁县 ①唐初改开阳县置，属马邑郡。治所在今山西神池县境。武德四年（621）属朔州，同年即废。

②唐天宝元年（742）改新宁县置，属衡阳郡（后改衡州）。治所在今湖南常宁市西北三里。元至元十九年（1282）升为常宁州。明洪武三年（1370）复改常宁县，属衡州府。治所即今常宁市。民国初属湖南衡阳道。1922年直属湖南省。1996年改设常宁市。

③北宋天禧四年（1020）改句容县置，属江宁府。治所即今江苏句容市。寻复为句容县。

常宁寨 北宋置，属永寿县。即今陕西永寿县东北常宁镇。清改为镇。

常宁镇 北宋置，属句容县。在今江苏句容市东南四十里南镇街村。明弘治《句容县志》卷1：常宁镇“在县治东南四十里茅山乡崇禧宫西，又有北镇相去十里许玉晨观西。天禧元年以镇置寨。有巡检司税课局。今废”。

常迁县 东晋李氏成汉时置，属南广郡。当在今四川珙县境。南齐以后废。

常州 隋开皇九年（589）改晋陵郡置，治所在常熟县（今江苏常熟市西北）。《元和志》卷25常州：“（隋）于常熟县置常州，因县为名。”后移治晋陵县（今江苏常州市）。大业初改为毗陵郡。唐武德三年（620）复为常州。垂拱二年（686）又分晋陵县西界置武进县，同为州治。天宝初改为晋陵郡，乾元初复为常州。辖境相当今江苏常州、无锡、江阴、武进、宜兴等市县地。元至元十四年（1277）升为常州路。

常州市 1949年当地解放后由武进县城及近郊析置，属苏南行署区。治所即今江苏常州市。1952年改属江苏省。1953年改由省直辖（地级）。1958年改为县级市。1962年仍改由省直辖（地级）。

常州府 元至正十七年（1357）朱元璋改常州路置，属江南行中书省。治所在武进县（今江苏常州市）。明洪武中直隶京师（永乐后直隶南京）。辖境相当今江苏常州、无锡、江阴、武进、宜兴等市县地。泰昌初避光宗朱常洛讳改名尝州府。清初复为常州府，属江南省。康熙后属江苏省。雍正二年（1724）分武进县东境置阳湖县，同为府治。1912年废。

常州路 元世祖至元十四年（1277）升常州为路，属江浙行省。治所在武进、晋陵二县（同治今江苏常州市）。辖境相当今江苏常州、无锡、江阴、宜兴等市县地。至正十七年（1357）朱元璋改为常州府。

常安汛 在今广西鹿寨县北中渡镇北长安村。清设永宁营经制外委驻守。

常安县 ①三国蜀汉（一说东汉末）置，属巴郡。治所不详。任乃强《华阳国志校补图注》卷1：“故城在今（重庆市东北）洛碛附近，或即今长寿县治。”延熙十七年（254）废入江州县。

②西晋太康元年（280）置，属始安郡。治所在今广西鹿寨县北中渡镇北长安村。南朝宋废。

③东晋孝武帝时置，属西江阳郡。治所在今四川彭山县东境。南朝梁废。

④唐武德二年（619）置，属昌州。治所在今山西蒲县西南四十里。贞观元年（627）废。

⑤辽置，为兴州治。治所即今辽宁铁岭县西南懿路村。金大定二十九年（1189）更名挹娄县。

常安原 在今山西蒲县西南。《元和志》卷12蒲县：常安原“在县西南四十里。东西广四十里，南北长二十里”。

常安镇 在今广西鹿寨县北中渡镇北长安村。旧属永宁州。明置巡司于此。清置长安汛。

常农县 北宋建隆元年（960）改弘农县置，为虢州治。治所即今河南灵宝市。至道三年（997）改为虢略县。

常芬县 亦作常芳县。北周建德元年（572）改三川县置，属恒香郡。治所在今甘肃迭部县东南达拉乡加阿卡古城址。《寰宇记》卷155叠州常芬县：“取其地多甘松芳草为名。”隋属同昌郡。唐神龙元年（705）移治今迭部县东南约一百二十里白龙江北岸，为芳州治。唐末废。

常社镇 在今河南商水县西北。旧属西华县。明初置巡司于此。

常林县 唐武德四年（621）置，为林州治。治所在今广西桂平市西南下湾镇。六年（623）为绣州治。天宝初为常宁郡治，乾元初属复为绣州治。北宋开宝六年（973）废。

常林郡 唐天宝元年（742）改绣州置，治所常林县（今广西桂平市西南下湾镇）。辖境相当今广西桂平县南部地。乾元元年（758）复为绣州。

常河镇 即今河北平乡县南二十二里常河镇。《清一统志·顺德府二》：常河镇，"明嘉靖二十一年筑堡"。

常思岭 在今福建闽侯县东南，接福清市界。《方舆纪要》卷96福州府：常思岭"在府东南百二十里。高数百仞，袤三里许。一名相思岭，闽县东南尽处也"。

常信堡 明置，属宁夏右屯卫。即今宁夏贺兰县北常信堡。后废。

常峪城 亦作长峪城。明正德十年（1515）筑，在今北京市昌平区西八十里长峪城村。设守御千户所驻此。

常郭镇 又名常葛镇。即今河北黄骅市西南二十五里常郭乡。清于此设阜民盐场。

常家山 在今甘肃临洮县西南六十里。汪藻《青唐录》云，北宋元祐二年（1087）三月，"阿里骨举兵洮州，虏赵醇忠及杀属户大首领，皇城使经斡穆等数千人，驻兵常家山，分筑洮州为两城以居"。

常康县 五代南汉析南海县置，属南海郡。治所在今广东广州市西北。北宋开宝五年（972）废入南海县。

常渠 在今山西文水县东。《新唐书·地理志》：文水县"西十里有常渠。武德二年，汾州刺史萧颢引文水（今文峪河）南流入汾州"。

常遇春墓 在今江苏南京市太平门外紫金山西麓白马村。常遇春（1330—1369），字伯仁，怀远（今属安徽）人。明初名将。洪武二年（1369）病卒，追封开平王，谥忠武，赐葬于此。墓碑系清同治十年（1871）由其后裔所立，上刻"明故世祖开平王遇春常公之墓"。

常道观 在今四川都江堰市西南青城山。一名延庆宫。《方舆胜览》卷55永康军：延庆宫"自会庆宫西行一二里，有观曰常道，乃古黄帝祠。观乃隋时建，有张天师遗迹及唐明皇御札碑，其南有六时水，六时洒水以代晷漏"。

常道城 又名苌道城。即今河北廊坊市西九州镇（旧州）西北五里北常道村。《三国志·魏书·三少帝纪》：甘露三年（258），陈留王奂"封安次县常道乡公"。即此。

常裕堡 明置，属铁岭卫。在今辽宁铁岭县南。《方舆纪要》卷37铁岭卫：常裕堡"在卫南三十五里"。

常德市 1950年由湖南省常德县析置常德市。1988年撤销常德地区和县级常德市，设立地级常德市。

常德县 1913年改武陵县置，为武陵道治。治所即今湖南常德市。1916年属湘江道。1922年直属湖南省。1950年析置常德市。1988年撤销常德地区，改设地级常德市。

常德府 南宋乾道元年（1165）升鼎州置，治所在武陵县（今湖南常德市）。辖境相当今湖南常德、汉寿、桃源、沅江等县市地。元至元十四年（1277）改为常德路。至正二十四年（1364）朱元璋复改常德府，属湖广省。清属湖南省。1913年废。

常德铁幢 在今湖南常德市武陵区北部滨湖公园。原在德山山麓，位于乾明寺故址左侧。1979年迁此。建在1.42米高的石幢座上。铁经幢乃北宋遗物，系用白口铁铸成，幢高4.33米，作圆柱形。由二十节构成，其底部直径0.9米，重1520.8公斤。幢体表面铸造《般若波罗蜜多心经》及献幢人姓名。下层铸以半身力士像及佛像浮雕，饰以花纹及龙、虎等图像。为研究我国佛教史和古代冶炼技术、铸铁工艺提供了珍贵资料。1982年定为全国重点文物保护单位。

常德路 元世祖至元十四年（1277）改常德府置，属湖广行省。治所在武陵县（今湖南常德市）。辖境相当今湖南常德、汉寿、桃源、沅江等县市地。至正二十四年（1364）朱元璋复改为常德府。

常熟山 在今江苏常熟市北。宋宝祐《重修琴川志》卷4：常熟山"在县北三十七里，高一百五丈，周七里。本名铜官山，唐天宝六载，改今名"。

常熟市 1983年撤销常熟县，改设常熟市，市人民政府驻虞山镇。由苏州市代管。

常熟州 元元贞元年（1295）升常熟县置，属平江路。治所即今江苏常熟市。明洪武二年（1369）复为常熟县。

常熟县 南朝梁大同六年（540）析海虞县置，属信义郡。治所在今江苏常熟市南。隋开皇九年（589）移治原南沙县城（今常熟市西北五十里）。大业初属吴郡。唐武德七年（624）又移治海虞城（今常熟市），属苏州。宋属平江府。元属平江路，元贞元年（1295）升为常熟州。明洪武二年（1369）复为常熟县，属苏州府。民国初属江苏苏常道。1927年直属江苏省。1983年改设常熟市。

常熟塘 在今江苏常熟市西南。南宋范成大《吴郡志》卷19："常熟塘，自苏州齐门，北至常熟县一百余里，东岸有泾二十一条，西岸有泾十二条，是亦七里、十里而为一横塘之迹。"

〔丨㇕〕

畦城渡 在今陕西泾阳县（泾干镇）西南十里修石村北的泾河上。宋敏求《长安志》卷17泾阳县：泾水渡有"畦城渡"。渡口位于汉长平阪即唐畦城阪北的泾河上，路通咸阳，为汉唐通津。

朐卷县 西汉置，属安定郡。治所在今宁夏中宁县南古城子。东汉废。《水经·河水注》："河水又东北径朐卷县故城西。"

眺山 在今河北满城县东北三里。《方舆纪要》卷12满城县：眺山"巍然特立，可以眺远，因名。山北有五马、黄金二洞，容数百人"。

郠氏 又作垂葭。春秋时卫邑。在今山东巨野县西南。《左传》：定公十三年（前497），“春，齐侯、卫侯次于垂葭，实郹氏”。杜注：“垂葭改名郹氏。高平巨野县西南有郹亭。”

郹阳　春秋蔡邑。当在今河南新蔡县境。《左传》：昭公十九年（前523），“楚子之在蔡也，郹阳封人之女奔之”。

鄡县　又作郻县。西汉置，属巨鹿郡。治所在今河北辛集市东南。《汉书·外戚恩泽侯表》：文帝封齐王舅驷钧为郻侯。东汉改为鄡县。

鄂　①即邘。商、周封国。金文作噩。在今河南沁阳市西北。《史记·殷本纪》：“以西伯昌、九侯、鄂侯为三公。”裴骃《集解》引徐广曰：“一作邘，音于。野王县有邘城。”周武王灭殷，封子邘叔于此。

②西周初为唐叔虞都邑，故址在今山西乡宁县南一里。《史记·晋世家》集解引《世本》曰：唐叔虞“居鄂”，即此。《左传·隐公六年》：“翼九宗五正顷父之子嘉父逆晋侯于随，纳诸鄂，晋人谓之鄂侯。”

③西周时楚地，即今湖北鄂州市。《史记·楚世家》：周夷王时，楚熊渠“伐庸、杨粤，至于鄂”。乃立“中子红为鄂王”。战国时为楚之封邑。《说苑·善说》：楚庄辛谓襄成君曰，“君独不闻夫鄂君子皙之泛舟于新波之中也”。鄂，即子皙之封邑。近年发现楚怀王时鄂君启节遗物。秦置鄂县。

④湖北省简称。清康熙三年（1664）置湖北省，省会在武昌（今湖北武汉市武昌城区）。因武昌自隋以后为鄂州治所，故名。

鄂山　即崿山。在今山西乡宁县东。

鄂王城　在今湖北大冶市西南金牛镇南西畈村西。《史记·楚世家》载：“当周夷王之时，王室微，诸侯或不朝，相伐。熊渠甚得江汉间民和，乃兴兵伐庸、杨粤，至于鄂。……乃立中子红为鄂王。”《水经·江水注》引《世本》亦称：“熊渠封其中子红为鄂王。”今有鄂王城遗址。

鄂王城城址　在今湖北大冶市西南西畈村西胡彦贵村，北距高河村四里。城垣依岗地而筑，南高北低，高出附近地面5—10米，面积11万平方米。城垣保存较好，发现有缺口七处，其中两处疑为城门遗迹。城外有护城河。城内南部有夯土台基，面积达2000平方米，发现椭圆形窑址两处，出土大量金器、铜器、铁器及建筑用瓦等。在鄂王城西部及西南、西北岗地上发现有成群的封土堆，据初步统计，共一百一十七座，其中较大的封土有十八座，高约2.5—3.5米。墓向为南北向，墓内有填白膏泥、木炭、卵石的现象。鄂王城城址对东周楚城的研究有重要意义。2001年定为全国重点文物保护单位。

鄂木伦河　又作鄂穆楞河、傲穆楞河。即今辽宁西部之大凌河。清《满洲源流考》卷15：大凌河“蒙古名鄂木伦”。《清一统志·锦州府一》：大凌河，“《通志》：在县东四十里。源出边外喀喇沁威苏图山，名鄂穆楞河”。

鄂水　即今山西乡宁县东鄂河。源于山西乡宁县东北，西流至乡宁与吉县交界处入黄河。《方舆纪要》卷41乡宁县：鄂水“出县东北五十里之宋家沟，引为四渠溉田，西流入于黄河”。

鄂什　一作鄂斯。即今吉尔吉斯斯坦奥什。清乾隆《西域图志》卷45：西布鲁特“在喀什噶尔西北三百里。道由鄂什逾葱岭而至”。

鄂公旗　即科尔沁右翼后旗。旗府驻地苏鄂公爷府（今内蒙古科尔沁右翼前旗东北）。

鄂尔土坂　在今内蒙古奈曼旗东南。清光绪二十九年（1903）曾于此置阜新县。

鄂尔多古城　在今甘肃永昌县东南一百二十里。《清一统志·凉州府一》：鄂尔多古城“俗传为元永昌王牧马城。地名黄城儿，有永昌王避暑宫。遗址尚存。……鄂尔多，旧作斡耳朵（蒙古语意为‘宫殿’）。今改”。

鄂尔多斯左翼中旗　俗称郡王旗。清顺治六年（1649）置，属内蒙古伊克昭盟。驻地即今内蒙古伊金霍洛旗驻地阿腾席连镇。1914年划归绥远特别区，1928年属绥远省。1949年依俗称改名郡王旗。

鄂尔多斯左翼后旗　俗称达拉特旗。清顺治六年（1649）置，属内蒙古伊克昭盟。驻地在今内蒙古达拉特旗西北大树湾村一带。1914年划归绥远特别区，1928年属绥远省。20世纪40年代迁今达拉特旗驻地树林召镇。1949年依俗称改名达拉特旗。

鄂尔多斯左翼前旗　俗称准格尔旗。清顺治六年（1649）置，属内蒙古伊克昭盟。驻地在今内蒙古准格尔旗西之西营子。1914年划归绥远特别区。1928年属绥远省。1948年迁今准格尔旗驻地沙圪堵镇。1949年依俗称改为准格尔旗。

鄂尔多斯右翼中旗　俗称鄂托克旗。清顺治六年（1649）置，属内蒙古伊克昭盟。驻地在今内蒙古鄂托克旗东北达拉图鲁。1914年划归绥远特别区，1928年属绥远省。1949年依俗称改名鄂托克旗。

鄂尔多斯右翼后旗　俗称杭锦旗。清顺治六年（1649）置，属内蒙古伊克昭盟。驻地在今内蒙古杭锦旗北境沙日召苏木。1914年划归绥远特别区，1928年属绥远省。1939年迁今治锡尼镇。1949年依俗称改名杭锦旗。

鄂尔多斯右翼前末旗　俗称扎萨克旗。清雍正九年（1731）置，属内蒙古伊克昭盟。驻地即今内蒙古伊金霍洛旗南新街镇。1914年划归绥远特别区，1928年属绥远省。1949年依俗称改名扎萨克旗。

鄂尔多斯右翼前旗　俗称乌审旗。清顺治六年（1649）置，属内蒙古伊克昭盟。驻地在今内蒙古乌审旗东北阿都亥村。1914年划归绥远特别区。1928年属绥远省。1949年依俗称改名乌审旗。

鄂尔多斯部　明、清蒙古诸部之一。明成化间

(1465—1487)，一些蒙古部落入居河套，达延汗置为右翼三万户之一的鄂尔多斯万户，称“鄂尔多斯者，为汗守御八白室之人”（传成吉思汗死后于其地建陵，立白屋八间）。即以蒙古语Ordos（汗之宫帐）为名，明译阿尔秃斯或袄儿都司。正德四年（1509），达延汗平定鄂尔多斯酋领叛乱之后，封第三子巴尔斯博罗特为统领右翼三万户的济农（亲王），驻镇其地。巴尔斯博罗特长子衮必里克袭封济农，领鄂尔多斯万户，乃尽封诸子于其境，形成多个小领主。其后济农势衰，受制于土默特部顺义王，明末又被察哈尔林丹汗役属。崇祯七年（1634）林丹汗败亡后，鄂尔多斯济农额璘臣及诸台吉率部归附后金，获准仍驻牧故地。清顺治六年（1649）分编鄂尔多斯部为六旗，曰左翼中旗（又称郡王旗）、左翼前旗（又称准格尔旗）、左翼后旗（又称达拉特旗）、右翼中旗（又称鄂托克旗）、右翼前旗（又称乌审旗）、右翼后旗（又称杭锦旗）；乾隆元年（1736）增置一旗，曰右翼前末旗（又称扎萨克旗）。七旗并属伊克昭盟。1958年扎萨克旗与郡王旗合并为伊金霍洛旗。

鄂尔多穆逊站　一作鄂尔国木索站。清乾隆二十七年（1762）置，为吉林将军境内北路驿站之一。在今黑龙江省通河县东北清河镇。《清一统志·吉林二》：“崇古尔库站又东北七十二里至鄂尔多穆逊站。”

鄂尔坤河　一名阿鲁浑河。即今蒙古国鄂尔浑河。《清一统志·喀尔喀》：鄂尔坤河“旧名阿鲁浑河。源有二：一出杭爱山南，名姑洛河。一出鄂尔吉图都兰喀喇山，名乌里雅思他河。东南流百余里，合为一。又东流两山中百里许，折而东北，经额尔德尔招西，凡二百余里，出山流一百五十里复转西北，会西来之朱尔马台河、塔米尔河，二百余里，乃正北流，一百余里，乃转东北流，一百余里，南有温泉流入此。又三百里许，土拉河来自东南汇入焉。又流经喀里雅尔山之西，二百余里，有哈拉河来自东南流入此。又百余里，转西北流，遂入色楞格河。此河大于土拉，小于色楞格”。

鄂尔果珠勒卡伦　清乾隆年间置，在今哈萨克斯坦阿拉木图东。清徐松《西域水道记》卷4：沙喇雅斯水“又北流，经鄂尔果珠勒山东，山有水来汇，山之西置卡伦（鄂尔果珠勒卡伦，东南距沙喇雅斯卡伦六十里）”。

鄂尔昆城　清雍正十三年（1735）建，在今蒙古国前杭爱省哈拉和林东北。为清在外蒙古地区主要屯田区，亦为主要驿站之一。

鄂尔和楚克山　亦作鄂尔霍楚尔山、鄂勒霍楚尔山。在今新疆额敏县东北。清乾隆《西域图志》卷22：鄂尔和楚克鄂拉“在巴尔鲁克鄂拉东北四百里，绰尔郭南，纳林和博克北”。

鄂尔追图博木　亦作鄂勒著衣图博木。又名三台。在今新疆博乐市西南赛里木湖东岸。《清一统志·伊犁》：鄂尔追图博木台在“博尔齐台东北八十里”。

鄂尔谟拉库河　又作敖儿莫儿科河。即今俄罗斯阿穆尔州东北，谢列姆扎河支流敖儿吉贡河。《清一统志·黑龙江》：鄂尔谟拉库河“在黑龙江城东北一千八十里。源出东北兴安岭，西南流会西林穆丹河”。

鄂吉岱城　故址在今黑龙江省拜泉县西南。清西清《黑龙江外记》卷2：齐齐哈尔城“东北三百里之鄂吉岱城也，……鄂吉岱城方一里，甲辰年抚降之”。

鄂托克旗　即内蒙古伊克昭盟鄂尔多斯右翼中旗。旧属绥远省，1949年迁驻乌兰哈拉嘎苏镇（简称乌兰镇）。1954年划归内蒙古自治区。“鄂托克”，蒙古语意为“营”或“部”，是元、明两代蒙古“万户”下设行政建制的名称，即“千户”。

鄂托克赛里河　即今新疆温泉县西南之沃托格赛尔河，为博尔塔拉河支流。《清一统志·伊犁》：鄂拓克赛里河“在伊犁北。源出博罗和洛山，西北行一百里。又西北一河，源出罕哈尔察海山，东南流。二河汇而东流三十里为博罗塔拉河”。

鄂毕淖尔　即喀喇塔拉额西柯泊。今新疆精河县北艾比湖。

鄂伦布拉克　在今新疆托里县东南。清道光《新疆识略》卷2库尔喀喇乌苏：鄂伦布拉克“北至塔尔巴哈台所属之乌尔克图布拉克台九十里”。

鄂伦布拉克卡伦　清乾隆年间置，在今哈萨克斯坦斋桑泊东岸。清《塔尔巴哈台事宜》卷3：鄂伦布拉克卡伦“在乌里雅苏图北稍东八十里”。

鄂伦春部　亦作鄂尔吞、俄伦春、俄尔吞、俄乐春、俄罗春。清初亦称使鹿部、使马部。明末清初，分布于今黑龙江以北，外兴安岭（今俄罗斯斯塔诺夫山）以南地区，与达呼尔、鄂温克同被称为索伦部。17世纪中叶，因沙皇俄国入侵，一部分南迁今内蒙古自治区、黑龙江省境内大小兴安岭一带。清西清《黑龙江外纪》卷3：“俄伦春，索伦、达呼尔类也。亦有姓都喇尔者，似与索伦为近。其隶布特哈八旗为官兵者，谓之摩凌阿俄伦春；其散处山野，仅以纳貂为役者，谓之雅发罕俄伦春。摩凌阿、雅发罕，犹言马上、步下，此国语也。”

鄂多哩城　又作斡朵怜。即今吉林敦化市。《清一统志·吉林一》“吉林城”条下：“今城之东南五百八十里，勒富善河西岸，有鄂多理城。……本朝初定三姓之乱，国号满洲，即肇居于此。”光绪八年（1882）于城西二里处筑新城，置敦化县。

鄂多站　即俄多勒图站。今黑龙江省肇源县东三站镇。

鄂州　隋开皇九年（589）改郢州置，治所在江夏县（今湖北武汉市武昌城区）。《寰宇记》卷112鄂州：“取鄂渚以为州名。”大业三年（607）改为江夏郡。唐武德四年（621）复为鄂州。辖境约当今湖北蒲圻市以东，阳新县以西，武汉市长江以南，幕阜山以北地。天宝元年（742）改为江夏郡。乾元元年

(758) 复为鄂州。永泰之后为鄂岳观察使、武昌军治所。北宋为荆湖北路治所。元为湖广行中书省省会。至元十四年(1277)改为鄂州路。湖北省简称鄂,盖以此为名。

鄂州市 1983年撤销鄂城县,改立地级鄂州市,属湖北省直辖。辖鄂城、华容、梁子湖三区和国营长港农场。

鄂州行中书省 即荆湖等路行中书省。以治所在鄂州(今湖北武汉市武昌)而名。《元史·地理志》:至元十一年(1274)"立荆湖等路行中书省……十四年立湖北宣慰司,改安抚司为鄂州路总管府,并鄂州行省入潭州行省"。

鄂州路 元世祖至元十四年(1277)改鄂州置,治所在江夏县(今湖北武汉市武昌城区)。辖境约当今湖北蒲圻市、通城县以东,长江以南,鄂城市、崇阳县以西地。大德五年(1301)改为武昌路。

鄂克什安抚司 亦名沃日土司。清乾隆十五年(1750)改沃日土司置,后属懋功屯务厅。治所即今四川小金县东沃日河南岸沃日乡(官寨)。宣统三年(1911)改流。民国《懋功县志》:"距县四十五有官寨,即鄂克什土司寨落。逆酋僧格桑曾占据之,以为巢穴。"

鄂县 ①秦置,属江夏郡。治所即今湖北鄂州市。三国魏黄初二年(221)孙权自公安迁都于此。改名武昌县。

②西晋太康元年(280)析武昌县置,属武昌郡。治所在今湖北鄂州市西南。隋开皇九年(587)废。

鄂里米 亦作敖里米噶山、敖来密屯。清属三姓副都统。在今黑龙江省绥滨县西十八里奥里米古城。

鄂灵海 即今青海玛多县西鄂陵湖。《清一统志·青海厄鲁特》:鄂灵海"在查灵海东五十余里。周三百余里,其形自东北趋西南,东北狭、西南广,黄河经其中,自东北流出,湖水色青而形长"。

鄂奇特谷 在今内蒙古呼和浩特市东北罗家营乡古路(楼)板村。清乾隆十九年(1754)设鄂奇特卡伦于此。光绪《归绥识略》:鄂奇特卡伦"在城东北四十里,距哈喇沁二十里"。

鄂罗克泊 在清外蒙古赛音诺颜部境,推河所注。即今蒙古国巴彦洪戈尔省的鄂罗克湖。《清一统志·喀尔喀》:鄂罗克泊"在库冷白尔齐尔地之东南,推河南流入此"。

鄂罗斯 亦称老羌、老掐、罗车、罗刹、逻车、罗禅。即沙皇俄国。清康熙《平定罗刹方略》卷1:"罗刹者,鄂罗斯国人也。鄂罗斯僻处西北绝域,自古不通中国。其人率皆犷悍贪鄙,冥顽无知。所属有居界上者,与黑龙江诸处密迩。我达呼尔、索伦之人,因呼之为罗刹。每横肆杀掠,纳我逋逃,为边境害。"

鄂岭坂 又作崿岭、鄂坂、崿岅。在今河南偃师市东南,为洛阳东南门户。《元和志》卷5缑氏县:"鄂岭坂,在县东南三十七里。《晋八王故事》曰:'范阳王保于鄂坂。'后于其上置关。"

鄂岳 唐方镇名。乾元二年(759)置鄂、岳、沔三州都团练守捉使,大历八年(773)后改设鄂岳观察使。治所在鄂州(今湖北武汉市武昌)。辖境时有变化,较长期领有鄂、岳、蕲、黄、安、申等州,相当今湖北广水、应城、汉川、赤壁等市县以东,河南淮河以南,湖南洞庭湖、汨罗江以北地。永贞、元和间,宝历、太和间,大中初期,文德、天祐间曾改为武昌军节度使。

鄂宜楚藏布河 即今西藏昂仁县东北之美曲藏布。《清一统志·西藏》:鄂宜楚藏布河"源出章阿布林城西北一百八十里扎木楚克池,南流百余里,入龙冈浦池。又有三水西来,会流为达克楚河。又东流一百八十余里,至穆克布查克萨木马桥北,受北来之鄂宜楚河,为鄂宜楚藏布河。又东南流六十余里,入雅鲁藏布江"。

鄂城市 1960年以鄂城县改置,治今湖北省鄂州市。1961年撤销,复设鄂城县。1979年由县城析置鄂城市。1983年鄂城县、鄂城市同时撤销,改设鄂州市。

鄂城县 1914年改寿昌县置,属湖北江汉道。治所即今湖北鄂州市。1932年直属湖北省。1960年改设鄂城市。1961年复改鄂城县。1979年由鄂城县城区复置鄂城市。1983年撤销县级鄂城市及鄂城县,设立地级鄂州市。

鄂垒扎拉图 在今新疆精河县东。清徐松《西域水道记》卷3:鄂垒扎拉图,"准语,鄂垒,高耸之象;扎拉,冠上缨也。相传准夷击服回人,于此加服冠缨,故名"。乾隆《西域图志》卷11:鄂垒扎拉图,"乾隆二十一年冬,阿睦尔撒纳之叛,……将军兆惠自济尔噶朗以偏师往守伊犁,甫至鄂垒扎拉图突与达什策凌等贼遇,乘夜出去,歼贼千人"。即此。

鄂根河 一名乌恰特达里雅。即今新疆库车县西与新和县交界之渭干河。清乾隆《西域图志》卷27:乌恰特达里雅(达里雅,回语,大河也),"旧音鄂根,或名渭甘,皆音之讹也。在库车西南一百里,即赫色勒郭勒下流,东南行,经库克布叶之北,又经沙雅尔城北,名沙雅尔郭勒"。清乾隆二十三年(1758)霍集占援库车,清兵败之于此。

鄂朗奇河 亦作鄂勒希河、鄂勒喜河。即今俄罗斯哈巴罗夫斯克边疆区,为布列亚河上源之一。清乾隆《钦定盛京通志》卷28:鄂朗奇河"蒙古语,鄂朗奇,多也。(黑龙江)城东北一千四百五十里。源出东兴安岭,南流入纽勒们河"。

鄂诺河 亦作鄂嫩、敖嫩、俄侬。在清外蒙古车臣汗部北境。即今蒙古国肯特省流入俄罗斯境内的鄂嫩河。

鄂陵湖 一作鄂灵海。又名阿剌诺尔。在今青海玛多县西、扎陵湖以东。是黄河上源一大湖。黄河自西流入，从东北面流出。清齐召南《水道提纲》卷5：鄂灵海“在查灵海东五十余里。周三百余里。形如匏瓜，西南广而东北狭。蒙古以青为鄂，言水色青也”。

鄂勒欢绥芬河　即今黑龙江省东宁县西北绥芬河支流小绥芬河。《清一统志·吉林一》“绥芬河”条下：“鄂勒欢绥芬河，在（宁古塔）城东南三百六十里。源出城东五百里小山。东南流入绥芬河。”

鄂勒希河　即鄂朗希河。今俄罗斯哈巴罗夫斯克边疆区西北布列亚河上源。《清高宗实录》卷743：乾隆三十年（1765）八月癸酉，黑龙江将军富僧阿等奏：“嗣后请饬打牲总管每年派章京骁骑校兵丁，六月由水路与捕貂人同至托克，英肯两河口及鄂勒希，西里木第两河间遍查，回报总管转报将军。”

鄂渚　在今湖北武汉市武昌城区西长江中。《楚辞·九章·涉江》：“乘鄂渚而返顾。”汉刘向《说苑》：“昔鄂君乘青翰之舟，下鄂渚，浮洞庭。”《舆地纪胜》卷66鄂州：鄂渚“在江夏县西黄鹤矶上三百步……《晏公类要》云：隋平陈立鄂州，以鄂渚为名”。

鄂斯　一作鄂什。即今吉尔吉斯斯坦奥什。《清高宗实录》：乾隆二十七年（1762）七月乙亥，谕曰：“永贵等奏称，额德格讷阿济比所属鄂斯等处，为额尔德尼占据。”即此。

鄂敦他拉　一作鄂端诺尔、火敦脑儿。蒙古语谓星为鄂敦，水滩曰他拉，诺尔意为池，即星宿海。在今青海曲麻莱县东北麻多乡境。《清一统志·青海厄鲁特》：黄河源“名阿尔坦河，流入鄂敦他腊”。

鄂锡们卡伦　亦作倭西门。清光绪十二年（1886）置，属黑龙江副都统。在今黑龙江省呼玛县西北鸥浦乡北鸥浦村。民国《黑龙江志稿》卷33黑河所属卡伦：“倭西们，距安干一百十六里，多平原可垦之地。”1929年于此置鸥浦县。

鄂锡克特山　又作鄂锡克塔山。在今俄罗斯哈巴罗夫斯克边疆区布列亚山北。清乾隆《钦定盛京通志》卷27：鄂锡克塔山“国语，鄂锡克塔，星也。（宁古塔）城东北三千六百十七里”。《清一统志·吉林一》“额密勒河”条下：“噶勒毕河，在（宁古塔）城东北界，源出鄂锡克塔山。”即此。

鄂嫩河　亦作斡难、兀难、阿难、敖嫩、鄂伦、鄂诺、俄侬。即今蒙古国、俄罗斯境内之鄂嫩河，为黑龙江石勒喀河上源。《清一统志·黑龙江》：黑龙江“亦名斡难河。源出喀尔喀北界垦特山，土人谓之鄂伦河，会诸小水东北流，经尼布楚城南入内地”。为蒙古族成吉思汗始兴之地。沙皇俄国未东扩以前，全流域为中国蒙古族等游牧之地。《平定罗刹方略》卷4：“索额图等以鄂嫩、尼布楚系我国所属茂明安诸部落旧址，雅克萨系我国人阿尔巴西等故居，后为所窃据，细述其原委，开示之，因直斥其侵犯之非。”

鄂摩和索罗站　又作俄莫和索洛站、鄂摩和站。清置，在今吉林敦化市西北额穆镇。《清一统志·吉林二》“额赫茂站”条下：“伊克苏小站，又东南四十里至鄂摩和索罗站。”

鄂摩宗　在今西藏拉孜县东北百六十余里俄模钟村。清乾隆《西域同文志》卷18：“西番（藏）语：鄂摩，兰也。城墙土色近之，故名。”

鄂豫皖边区工农民主政府旧址　在今河南新县南三十四里杨家畈村。1930年6月鄂豫皖边区工农民主政府成立，机关设此。边区政府驻此一年，为鄂豫皖革命根据地的发展和建设奠定了基础。1988年定为全国重点文物保护单位。

鄂豫皖革命根据地　位于湖北、河南、安徽三省边界地区。第一次国内革命战争失败后，1927年11月，共产党人潘忠汝、吴光浩、戴克敏、曹学楷等领导黄安（今红安）、麻城农民起义，建立革命武装，开展游击战争。1928年至1929年先后建立了鄂豫边、豫东南、皖西三个革命根据地。1930年4月，三个根据地连成一片，成为鄂豫皖革命根据地，成立了鄂豫皖特区工农民主政府和中国工农红军第一军。先后粉碎国民党军的三次“围剿”，根据地扩大到包括黄安、麻城、商城、光山、六安、霍山、英山等二十六个县，并于1931年5月成立了中共中央鄂豫皖分局，张国焘任书记。11月，在黄安七里坪成立了中国工农红军第四方面军，徐向前任总指挥。1932年10月，由于王明“左”倾冒险主义和张国焘的错误领导，未能粉碎敌人的第四次“围剿”，红四方面军主力撤出根据地，向川陕地区转移。留下的红二十五军和当地人民一起继续坚持游击战争。

鄂豫皖革命根据地旧址　鄂豫皖革命根据地旧址地处大别山区，主要集中在河南新县县城。包括中共中央鄂豫皖分局、革命军事委员会、省委、省苏维埃政府、军委航空局等处。中共中央鄂豫皖分局旧址在县城中原路6号，为一座包括五进、七栋旧式楼房的大宅院。1988年定为全国重点文物保护单位。

鄂穆楚河　亦名鄂穆曲河。为澜沧江南源。即今青海杂多、囊谦二县境之解曲（昂曲）。《清史稿·地理志》西藏：澜沧江有二源，“一源发于匝坐里冈城西北巴喇克拉丹苏克山，名鄂穆楚河，俱东南流，至匝坐里冈城东北察木多庙前，二水合流，名拉楚河”。

晤欲领喀尔　即乌雨克灵喀城。今西藏南木林县东乌郁。

晦发（發）川　即今吉林松花江支流辉发河。《金史·纥石烈胡剌传》：“纥石烈胡剌，晦发川唵敦河人。”

晦庵　在今福建建阳市西北云谷山傍。为南宋乾道中大理学家朱熹所筑，为讲道之所。后人称朱熹为“晦庵先生”。

晚香亭　在今河北大名县东北大街乡（旧府城）。《清一统志·大名府二》：晚香亭“在旧府治。宋韩琦为留守，重九日，宴请盐司于后圃，有诗云：

‘莫嫌老圃秋容澹，且看黄花晚节香。’后人因以名亭”。

晚洲　在今湖南湘潭县南一百十里石洲之北。唐杜甫有诗《次晚洲》。

晚霞山　在今山西天镇县东南。《方舆纪要》卷44大同府：晚霞山“山势高耸，日落返照成霞，因名。又形似莲花，一名莲花山”。

悬山岙（嶴）　在今浙江象山县南。清顺治十七年（1660），张煌言抗清失败，结茆悬山岙，康熙三年（1664）被俘。

悬羊砬子　即今辽宁宽甸满族自治县西南一百二十里，蒲石河西之玄羊砬。《清史稿·地理志》：宽甸有悬羊砬子。

悬步河　又作县步河。在今安徽望江县南。《方舆纪要》卷26望江县：悬步河“在城南。其西南六里有白涧，流经城南二里，会于龙潭，合上流诸水，汇为悬步河。又东南合于扬溪河入江”。

悬谷山　又称窄涧谷。在今河南沁阳市西北。《清一统志·怀庆府》载：悬谷山“在河内县（今沁阳市）西北四十里。俗名真谷。岩壑幽邃，山腰有灵泉迸出，多唐宋人遗迹”。

悬瓮山　又名龙山、汲瓮山、结绌山。在今山西太原市西南。《山海经·北次二经》：“悬瓮之山，……晋水出焉。”《北齐书·杨愔传》：“正光中，随父之并州。性既恬默，又好山水，遂入晋阳西悬瓮山读书。”即此。

悬空寺　在今山西浑源县东南十里恒山金龙峡口。《清一统志·大同府》：悬空寺“在浑源州南磁窑峡口。石壁巉岩，悬空结构，飞阁相望，下临无地。寺创自后魏，盛于元时，近增三殿，称奇观焉”。现存为明清建筑。1982年定为全国重点文物保护单位。

悬钟千户所　明洪武二十年（1384）置，属福建都司。治所即今福建诏安县东南玄钟。清顺治十四年（1657）废。

悬钟（鐘）城　即玄钟千户所城。在今福建南诏县东南玄钟。

悬泉水　又名贰师泉。即今甘肃敦煌市东一百三十里吊吊水。《续汉书·郡国志》敦煌郡下李贤注引《耆旧记》曰：敦煌“国当乾位，地列艮墟，水有县泉之神，山有鸣沙之异，川无蛇虺，泽无兕虎，华戎之交，一都会也。”县泉即悬泉。敦煌唐人写卷《沙州都督府图经》载：“悬泉水，右在州东一百三十里。出于石崖腹中，其泉傍出细流，一里许即绝。人马多至，水即多；人马少至，水出即少。《西凉录·异物志》云：汉贰师将军李广利西伐大宛，回至此山，兵士众渴乏，广（利）乃以掌拓山，仰天悲誓，以佩剑刺山，飞泉涌出，以济三军。人多皆足，不少不盈。侧出悬崖，故曰悬泉。”《元和志》卷40燉煌县：“悬泉水，在县东一百三十里。出悬泉山，汉将李广利伐大宛还，士众渴乏，引佩刀刺山，飞泉涌出，即此也。”

悬泉置　驿站名（置，驿站）。西汉武帝时置，属敦煌郡效谷县，在今甘肃敦煌市东一百二十里。因东南侧山谷间的悬泉得名。近年在此发现遗址，出土大量的简牍与其他实物，对研究古代丝绸之路及汉代的政治、经济、文化、军事等具有重大价值。2001年定为全国重点文物保护单位。

悬度州　唐龙朔元年（661）置，属修鲜都督府。治所在布路犍城（今巴基斯坦白沙瓦地区）。8世纪中废。

悬壶城　即悬瓠城。今河南汝南县治。《寰宇记》卷11汝阳县：“悬瓠城亦名悬壶城。”

悬钩（鉤）　在今陕西周至县西南骆谷北口。《资治通鉴》：东晋永和五年（349），梁州刺史司马勋“出骆谷，破赵长城戍，壁于悬钩”。

悬瓠城　一作悬壶城。即今河南汝南县治。《水经·汝水注》：“汝水又东径悬瓠城北。……形如垂瓠。”故名。东晋、南北朝时，为南北军事要地。东晋为汝南郡治。南朝宋又为上蔡县治。隋、唐置豫州及蔡州于此。大历八年（773）为淮西节度治所。李希烈、吴元济等相继割据于此。《新唐书·李愬传》：元和十二年（817），李愬雪夜袭蔡州，入“悬瓠城”，生擒吴元济。即此。

悬脚岭　在今浙江长兴县西北四十四里，接江苏宜兴市。《茶经·八之出》：湖州“生山桑、儒师二寺，白茅山悬脚岭，与襄州、荆南、义阳郡同”。清光绪《长兴县志》卷12：悬脚岭“以其岭脚下垂，故名”。

悬鼓山　一名庸城山。在今湖北竹山县西五里。《隋书·地理志》竹山县：“有悬鼓山。”

悬鼓砦　宋置，属溆浦县。即今湖南溆浦县东北六十里镇宁司。元改名镇宁堡。

悬纛桥　在今江苏句容市西十五里。《方舆纪要》卷20江宁府句容县：悬纛桥“相传周瑜驻军处”。

野人原寨　元置，即今安徽潜山县西北十五里天柱山镇（野寨）。《方舆纪要》卷26潜山县：野人原寨“宋景炎二年，刘源等于此起义兴复，克黄州及寿昌军。元置寨。《志》云：县有旧寨二：野人原及天堂寨也”。

野人堡　在今陕西蒲城县西北。《晋书·苻登传》：东晋太元十八年（393），苻登将窦冲叛登称秦王，“登攻之于野人堡”。即此。

野三关　即野山关。今湖北巴东县南野三关镇。民国时设县佐。

野山关　一名野厢关、野三关。明嘉靖年间置，在今湖北巴东县西南野三河东岸。《明史·地理志》巴东县：“南有野山关巡检司，本治石柱，隆庆四年更名。”

野川镇　即今山西高平市西野川镇。《清一统志·泽州府》：野川镇“在高平县西南二十里”。

野马　西藏古地名。约在今安多县安多买马区。唐时吐蕃曾于此置驿站。《新唐书·地理志》：“鹘莽驿……百里至野马驿。”

野马儿站　明置，在今俄罗斯哈巴罗夫斯克（伯力）东北伊斯克里附近。明《辽东志》卷9：海西东水陆城站有狗站“野马儿站”。后废。

野马川场　明天启初置野马川百户所，即今贵州赫章县东二十二里野马川镇。1932年设镇，后废。1984年复设野马川镇。

野马冈　在今河南安阳县北三十三里。《北齐书·神武纪》：北魏永熙元年（532），尒朱兆败于韩陵，“高季式以七骑追奔，度野马冈”。即此。

野马驿　在今西藏安多县北。唐时青、藏交通要道。《新唐书·地理志》鄯州鄯城县：“又经鹘莽峡十余里，两山相嵚，上有小桥，三瀑水注如泻缶，其下如烟雾，百里至野马驿。”

野马涧　在今陕西定边县东安边镇东北。《方舆纪要》卷61榆林镇：野马涧“在镇西安边旧营东北。天顺中，寇犯安边，官军败之于野马涧”。

野王　春秋晋邑。即今河南沁阳市。《左传》：宣公十七年（前592），“晋人执晏弱于野王”。战国属韩。《史记·白起传》：秦昭王四十五年（前262），“伐韩之野王，野王降秦”。

野王县　战国韩置。后入秦，属河内郡。治所在今河南沁阳市。西晋为河内郡治。隋开皇初为怀州治。十六年（596）改为河内县。

野王郡　三国魏咸熙元年（264）改野王典农置，属司州。治所在野王县（今河南沁阳市）。西晋改河内郡。十六国赵复置。《晋书·石勒载记下》：东晋咸和三年（328），刘曜围洛阳，“勒荥阳太守尹矩，野王太守张进等皆降之，襄国大震”。即此。后废。

野井　春秋时齐地。在今山东齐河县东南黄河东岸。《春秋》：昭公二十五年（前517），鲁昭公奔齐，“齐侯唁公于野井”。即此。《汉书·地理志》祝阿县有“野井亭”。

野木河卫　明永乐五年（1407）置，属奴儿干都司。在今俄罗斯哈巴罗夫斯克边疆区黑龙江入海口附近岳米河流域。后废。

野车河墟　即今广西南丹县东南车河镇。清光绪《广西舆地全图》南丹土州图：东南有野车河墟。

野水渡　即野戍渡。在今河南济源市与孟津县之间的黄河上。《资治通鉴》：唐乾元二年（759），“段秀实帅将士妻子及公私辎重，自野戍渡河待命于河清之南岸。（史）思明见兵于河清，欲绝（李）光弼粮道，光弼军于野水渡，以备之”。胡三省注：“野戍即野水渡，置戍守之，因谓之野戍。”

野毛关　在今湖南永顺县东南。《清一统志·永顺府》：野毛关“在永顺县东一百三十里野毛坪”。

野父山　即冶父山。在今安徽庐江县东北二十里。《魏书·地形志》：合州庐江郡潜县“有野父山”。

野尔古城　在今西藏曲松县东南加瓦乡（野尔古城）。《清一统志·西藏》：野而古城“在喇萨东南三百十里”。

野尔浑河　又作夜勒浑河。即今黑龙江省密山市东北裴德河。源出市西北完达山，东南流折而东北入穆棱河。清齐召南《水道提纲》卷25：穆棱河会巴彦河，“又东北百余里，有夜勒浑河西北自查库兰岭东南流，合西来哈而哈山之水，东流二百余里来会”。

野台（臺）　亦名望台、义台。战国赵武灵王筑。在今河北新乐市东北。《史记·赵世家》：武灵王十七年（前309），“王出九门，为野台，以望齐、中山之境”。即此。

野共州　唐武德四年（621）置，治所在今云南鹤庆坝子。辖境约当今云南鹤庆县大部地。吐蕃废。

野吏亭　在今广东惠州市城东北隅。《舆地纪胜》卷99惠州：野吏亭“在州厅，陈文惠所建”。《清一统志·惠州府》：野吏亭“在府治东北隅。宋咸平初，州守陈尧佐建，苏轼有记，后人于此祀尧佐，亦名陈文惠祠”。

野戍　又名野水渡。在今河南济源市与孟津县之间的黄河上。《资治通鉴》：唐乾元二年（759），郭子仪被史思明战败于安阳河，“段秀实帅将士妻子及公私辎重自野戍渡河，待命于河清之南岸”。胡三省注：“野戍即野水渡，置戍守之，因谓之野戍。”

野坂戍　亦作治坂。在今河南孟州市西南三十五里。《宋书·王康传》：“索虏野坂戍主黑矟公游骑在芒上。”即此。

野里庄　又名野林庄。即今河北景县南二十四里野林庄。清同治《畿辅通志》卷49景州图：南有野里庄。

野里麻里　亦作阿里麻里。在今新疆霍城县西北。《元史·世祖纪》：至元二十一年（1284），三月“丁巳，皇子北平王南木合至自北边。王以至元八年建幕庭于和林北野里麻里之地，留七年，至是始归”。

野利州　唐置，为羁縻州，属安定州都督府。当在今甘肃庆阳市境。后废。

野鸡冈集　即今河南民权县西北二十二里野冈乡。旧属睢州。清光绪《睢州志》卷1《集镇》：“野鸡冈集，在州北，离城六十里。”1928年划属民权县。

野鸡坪长官司　元置，属思州安抚司。治所在今贵州玉屏侗族自治县西南六里野鸡坪。明洪武五年（1372）废。

野鸡河　即今内蒙古巴林右旗东古日古勒台河。《清一统志·巴林部》：野鸡河“在旗北一百里。蒙古名戈尔戈台。源出葱山，东南流，入黑河”。

野狐岭　①在今河北万全县北三十里。地势高峻，风力猛烈，雁飞遇风辄坠地。为北方一重险。《辽史·兴宗纪》：重熙六年（1037），“夏四月，猎野狐岭”。《元史·太祖纪》：太祖六年（1211），“帝自将南伐，败金将定薛于野狐岭”。《明史·李文忠传》：洪武三年（1370），“拜征虏左副将军，与大将军分道北征，以十万人出野狐岭，至兴和，降其守将”。

②在今山西大同市西北二十里。《辽史·兴宗纪》：辽重熙六年（1037）“夏四月，猎野狐岭”。《元史·木华黎传》：“金兵号四十万，阵野狐岭北。”均此。

野狐城 在今河北涞水县西。《寰宇记》卷67易县：古野狐城“在县东三十里。耆老云：昔有狐于九荆岭食五粒松子后得仙，谓之飞狐。其狐尝来此城，时人呼为野狐城”。

野狐峡 ①在今四川若尔盖县境，一说在今松潘县西北境。《资治通鉴》：唐贞观九年（635），“赤水道行军总管李道彦行至阔水，见赤辞无备，袭之，获牛羊数千头。于是群羌怨怒，屯野狐峡，道彦不得进；赤辞击之，道彦大败，死者数万，退保松州”。

②亦作狼道峡。在今甘肃迭部县东南拉达（罗达）。一说在今甘肃岷县西五十里野狐桥。《旧唐书·道彦传》：贞观九年（635）讨吐谷浑，“道彦既至阔水，见（党项首领拓拔）赤辞无备，遂袭之，虏牛羊数千头。于是诸羌怨怒，屯兵野狐峡。道彦不能进，为赤辞所乘，军大败，死者数万人”。

野狐泉 ①在今河北邢台市西北。《清一统志·顺德府一》：野狐泉“在邢台县西北十里，下合达活水，二水相交至城北门，名鸳水。明万历中涸，时有时无，出隐不定。本朝乾隆十二年以后，达活既开，野狐亦瀵涌复出”。

②在今河北赞皇县西南。《清一统志·正定府一》：野狐泉“在赞皇县西南五十里。泉水涌出，遂成大河，下通槐水”。

③在今陕西潼关县东北旧潼关之西。《资治通鉴》：唐广明元年（880），黄巢攻潼关，张承范“变服帅余众脱走，至野狐泉”。即此。

野狐桥寨 在今甘肃岷县西四十里。《明一统志》卷37岷州卫“曹家寨”条下：“自是而西又有中寨、野狐桥、冷地峪三寨。”

野狐堡 在今甘肃永登县南苦水镇北。《方舆纪要》卷63庄浪卫：野狐堡“在卫东南”。为戍守要地。

野庞河 在今甘肃西南境。《方舆纪要》卷60洮州卫：野庞河“在卫西。源出西倾山，经西番东境，北流五百余里，入黄河”。

野店遗址 在今山东邹城市南十二里野店村南。是一处东西长约1000米、南北宽约800米的高台地，属大汶口文化遗址。1971—1973年进行三次发掘，出土大量文物。文化堆积层厚1米余，上层含大量新石器明代红色陶片和陶器，中层有大量红烧土碎块和新石器时代墓葬，下层有少量陶片。遗址的发掘对研究人类发展史具有重要意义。

野河 一名槐水。在今河北赞皇、元氏、高邑、赵县、宁晋县境。上源曰槐河，下游曰沙河。下游历代屡有变化，唐代流径赵县南东入洨河，五代又改径高邑东南、柏乡北五里，东注入洨河。今除上源外，早已淤塞。《资治通鉴》：五代梁开平四年（910），晋王李存勗军进逼梁将王景仁军，“距柏乡五里，营于野河之北”。次年，大战“梁之龙骧、神捷，精兵殆尽，自野河至柏乡，僵尸蔽地，王景仁、韩勍、李思安以数十骑走”。即此。

野城口 又作冶城峡口。在今甘肃临夏县东北莲花镇原唵哥集之北、银川河入河口的寺沟峡下峡口，现已没入刘家峡水库中。《水经·河水注》：“河水又东得野亭南，又东北流历研川，谓之研川水。又东北注于河，谓之野城口。”《宋书·氐胡传》：元嘉八年（431）五月，赫连定“率部曲至治城峡口渡河”。《水经·河水注》熊会贞按：“治乃冶之误，冶、野音同，冶城即野城，亦即野亭也，在今河州西北。”

野草湾 在今河北赞皇县西南野草湾村。清光绪《畿辅通志》卷68《关隘二》：野草湾汛“在（赞皇）县西三十里。旧设千总外委驻守”。

野亭口 即野城口。在今甘肃临夏县东北莲花镇原唵哥集之北、银川河入河口的寺沟峡下峡口。《水经·河水注》：河水“又东北流历研川，谓之研川水，又东北注于河，谓之野亭口”。即此。

野桥箐 在今四川双流县西南。《资治通鉴》：唐中和二年（882），“阡能闻（高）仁厚将至，遣罗浑擎立五寨于双流之西，伏兵千人于野桥箐以邀官军”。即此。

野特库斯 在今吉尔吉斯斯坦伊塞克湖东杰特奥古兹附近。清乾隆《西域图志》卷13伊犁西路：野特库斯“在阿尔沙图西三十里，东为哈喇郭勒，西为大小乌兰乌苏”。

野翁亭 在今浙江临安市於潜镇西。《清一统志·杭州府二》：野翁亭“在於潜县（今临安县西於潜镇）西一里。宋熙宁中县令刁琇建。苏轼有《野翁亭》诗”。

野容山 亦作野客山。在今四川荣县、自贡市南。《元和志》卷33公井县：“野客山，在县南六十里。”《寰宇记》卷85公井县：野容山“从当县界至嘉州犍为县界，东西长三百余里，南北七十里。唯此山大在邑界”。

野猪口 在今河北乐亭县南三十五里，老米河入海处。清光绪《畿辅通志》卷68引《永平府志》：野猪口“今名老米沟，……滦流昔时从北入海，今虽闭塞，潮汐逆流浸淫尚十余里，深六七尺，距口十里，有拦江沙二道，明永乐时倭夷自此入犯，旧有防兵炮台”。

野猪冈 在今河南汝南县南。民国《汝南县志》卷1大事记：咸丰十年（1860）八月，“官军与匪（按：指刘玉渊、雷彦领导的捻军）战于野猪冈，失利”。

野猪坪　在今陕西柞水县南十五里。明景泰三年（1452）于此置镇安县，天顺七年（1463）移治谢家湾。

野猪拉场　在今四川盐边县北金河乡（野猪拉）。清光绪《盐源县志》卷2：野猪拉场“距县七百二十里”。

野猪河　在今江西万载县西。《方舆纪要》卷87袁州府万载县：野猪河“在县西三十里。源出金钟湖，北流过鱼鳞滩为深潭，会竹洞水而合龙河。其水迂回旋绕，奔腾峻急，舟行者患之”。

野猪峡　在今陕西甘泉县北四十五里。山峡险窄，为戍守重地。《旧唐书·梁师都传》：武德二年（619），“梁师都与突厥数千骑来寇延州，营于野猪岭”。即此。

野猫关　在今湖北来凤县西南。《方舆纪要》卷82大旺安抚司：野猫关，“《志》云：在司境剌若洞路口”。

野猫洞汛　在今湖北保康县南，歇马河西岸。清有把总驻防。民国《湖北通志》卷36保康县：野猫洞“《光绪舆地记》：在城西南一百四十里”。

野猫溪镇　即今重庆市潼南县东涪江北岸上和镇。民国《潼南县志》卷1：太和场在“县东三十里。俗呼野猫溪”。

野麻湾堡　在今甘肃嘉峪关市东北野麻湾。《清一统志·肃州》：野麻湾堡“在州西北七十里。西南至嘉峪关五十里，北近边墙。城周一百四十丈。今有把总”。

野鹊河　即今黑龙江省通河县东哈哈泡。《金史·乌春传》：“纥石烈、腊醅、麻产与世祖战于野鹊水，世祖中四创，军败。”即此。

野鹊窝铺　俗名野里。在今山东齐河县西南。清道光《长清县志》卷2《市集》有野鹊窝铺。

野蒲隘　在今越南北部富寿省或宣光省境。《明史·沐晟传》：永乐四年（1406），“大发兵讨交阯，拜晟征夷左副将军……遂由蒙自径野蒲斩木通道，夺猛烈、栅华诸关隘。舁舟夜出洮水，渡富良江”。《方舆纪要》卷112安南宣化府：野蒲隘“在府西北”。

野雉关　又称野鸡关。在今湖南张家界市西北。《清一统志·永顺府》：野雉关“在桑植县西南五十里。一名野鸡关。路通澧州永定县”。

曼飞龙塔　又称飞龙白塔。在今云南景洪市西南勐龙镇北四里曼飞龙山上。建于清乾隆时期，系小乘佛教建筑，砖石结构，为八角金刚宝座塔，由大小九塔组成。主塔居中，挺立峭拔，通高16.29米；八个小塔分列八角，通高9.1米。塔形呈葫芦状，塔身洁白，有各种精美的浮雕、塑饰和彩画，造型优美。1988年定为全国重点文物保护单位。

曼允　即今云南盈江县西南五十里芒允街。傣语“芒”为村，“允”为城，意即似城一样的大村。清光绪元年（1875）正月十七日，边民击杀英国侵略军翻译官马嘉理于此。

曼头山　①即馒头山。在今内蒙古巴林右旗北境。《武经总要前集》卷16：曼头山“南距潢水契丹之地，辽主避暑之地，今更名大（永）安山”。

②在今青海共和县西南。《魏书·吐谷浑传》：“显祖复诏上党王长孙观等率州郡兵讨拾寅。军至曼头山，拾寅来逆战，观等纵兵击败之。”《资治通鉴》：唐贞观九年（635），“薛孤儿败吐谷浑于曼头山，斩其名王”。皆此。

曼头城　在今青海共和县西南。《隋书·宇文述传》：大业三年（607），“帝令述以兵屯西平之临羌城，抚纳降附。吐谷浑见述拥强兵，惧不敢降，遂西遁。述领鹰扬郎将梁元礼、张峻、崔师等追之，至曼头城，攻拔之”。大业五年（609）于此置远化县。

曼陀罗山（曼 màn）　在今内蒙古克什克腾旗西岗更诺尔东。明金幼孜《北征录》：“晚次通川甸，即应昌东二海子间。上登山遥望，指海边石山曰：‘此即三石山也’。营之西南，曼陀罗山下有寺基，元公主造寺，出家于此。国初废。”

曼陀郎　故地在今印度卡奇湾北岸蒙德拉一带。元汪大渊《岛夷志略》：“曼陀郎，国界西北隔，与波宁接壤。壤瘠，宜种麦。”

曼柏县（曼 wàn）　西汉置，属五原郡。治所在今内蒙古准格尔旗西北榆树壕古城。《后汉书·南匈奴传》：永平八年（65）设度辽营于此，以防南、北匈奴交通。东汉末废。

曼哒喇萨　即今印度东南沿海之马德拉斯。清谢清高《海录》：“曼达剌萨在明牙剌西少南，由葛支里沿海陆行二十余日，水路顺风约五六日，俱英吉利所辖地。至此别为一都会，在城郭，英吉利居此者亦有万人。”

曼彝长官司　亦作蛮夷长官司。元至元中置，属马湖府。治所在今四川屏山县（新发乡）西南新市镇。明属马湖府。清属叙州府。后废。

冕山　①在今江西余干县东。《明一统志》卷50饶州府：冕山“在余干县东五里。相传隋末林士弘退保余干，敌至，市民避居此山得免于难，遂名免山。后人以邑有冠山，又因有吴楚冠冕之名，改曰冕山”。

②在今四川喜德县西北冕山镇东。《明一统志》卷73四川行都司：冕山“在冕山桥千户所东三里。其山高耸，状如冠冕”。

冕山关　明置，属宁番卫。在今四川喜德县西北冕山镇北。明曹学佺《蜀中广记》卷34《边防记》宁番卫：“《土夷考》云：冕山桥去冕山关五里，在孙水之浒。”清于此设县丞，民国改设县佐。

冕山桥后千户所　明正统七年（1442）改冕山堡置，属宁番卫。治所在今四川喜德县西北冕山镇。清改为冕山营。

冕山营　清康熙中改冕山千户所置，属建昌道。即今四川喜德县西北冕山镇。设游击驻防。

冕山堡　明置，属宁番卫。即今四川喜德县西北冕山镇。正统七年（1442）改为冕山桥后千户所。

冕宁县　清雍正六年（1728）改宁番卫置，属宁远府。治所即今四川冕宁县。取冕山与宁番卫各一字为名。民国初属四川建昌道。1928年直属四川省。1939年属西康省。1955年属四川省。

啀婆镇　北宋置，属邹平县。在今山东邹平县西北崖镇。

唵闷国　即今印度尼西亚马鲁古群岛中之安汶岛。以丁香贸易闻名于世。公元16世纪初期被葡萄牙侵占，17世纪初英、荷两国在此竞争贸易。其后曾一再易手。据《海录》记载之唵闷和唵门两国，前者为荷兰所据，后者为英国所夺，可说明当时的情况。

唵哥城　在今甘肃临夏县东北，现已没入刘家峡水库。北朝时之凤林津、凤林县均在此。其后又置凤林关。20世纪50年代冯国瑞《炳灵寺石窟勘察记》指出："唵哥集是个富有历史意义的集市，河边巨石上刻'凤林关'三字。在古代河上是有桥梁的。"并说："唵哥城跨河南北，遗迹犹存。"

啮（齧）桑　①又作采桑。春秋晋地。在今山西吉县西黄河岸。《史记·晋世家》：献公二十五年（前652），"晋伐翟，翟以重耳故，亦击晋于啮桑"。《索隐》："裴氏云《左传》作'采桑'。按，今平阳曲南七十里河水有采桑津。"

②战国楚地。在今江苏沛县西南。《史记·魏世家》：襄王十二年（前307），"诸侯执政与秦相张仪会啮桑"。《汉书·沟洫志》载汉武帝《瓠子歌》称"啮桑浮兮淮泗满"。注："啮桑，邑名，为水所浮漂。"《后汉书·王梁传》：梁"进与骠骑大将军杜茂击佼彊、苏茂于楚、沛间，拔大梁、啮桑"。即此。

啮（齧）桑亭　在今江苏沛县西南。《方舆纪要》卷29徐州沛县：啮桑亭，"徐广曰：梁与彭城间有啮桑（见《史记·魏世家》集解），谓此也"。

唱车山　在今四川仁寿县东北六十里。《元和志》卷33贵平县：唱车山"在县西南九里"。《寰宇记》卷85贵平县：唱车庙"以其山近盐井，闻推车唱歌之声为名。今盐井推辘轳皆唱为号令"。

唱凯墟　即今江西抚州市临川区西北二十五里唱凯镇。清同治《江西全省舆图》卷2：临川县北有唱凯墟。

啯玛台（臺）　亦作固璃、啯吗。清置，即今新疆皮山县。清道光《新疆识略》卷3和阗：啯玛台"九十里至绰洛克腰台"。光绪二十八年（1902）移泽普县于此，改名皮山县。宣统《新疆图志》卷4：皮山县"啯吗八栅即县治"。

啰兀城　在今陕西米脂县西北古城山上。宋沈括《梦溪笔谈》卷13：北宋淳化中，李继隆迁抚宁县于滴水崖，"皆石崖，峭拔十余丈，下临无定河。今谓之啰兀城"。

啰叽抹通城　在今青海乐都县东三十里湟水北岸。《宋史·地理志》乐州：通湟砦，"故啰叽抹通城，元符二年收复，三年赐名"。

啰没宁堡　北宋置，属西安州。在今宁夏海原县（三河镇）西北蒿川乡东。金废。

啰庞岭　在今宁夏灵武市西。《金史·西夏传》：夏相任得敬胁其主仁孝欲分夏国，大定十年（1170）"乃分西南路及灵州啰庞岭地与得敬"。即此。

唯亭镇　即夷亭镇。即今江苏苏州市吴中区东三十里唯亭镇。清光绪《江苏全省舆图》元和县："唯亭镇在城东三十六里。"

啸台（臺）　在今四川荣县东南一里大佛山北。《舆地纪胜》卷160荣州：啸台"在富义门外一里。号孙登啸台"。为荣州游宴胜地。南宋陆游《别荣州》诗："啸台载酒云生屦，仙穴寻梅雨垫巾。"李焘有《啸台摩岩记》。

啸轩　在今湖北黄冈市东南。《清一统志·黄州府》：啸轩"在黄冈县东南定惠院。宋苏轼有诗"。

啸喷　即今林加群岛中之塞班加岛。岛西岸有港名塞班，即啸喷之对音。或以为在今印度尼西亚苏门答腊岛东岸新邦河口一带。元汪大渊《岛夷志略》有专条记述。

啜水　即今蒙古国东方省之哈拉哈河。一说即今内蒙古扎兰屯市、扎赉特旗境内的嫩江支流绰尔河。《北史·室韦传》：契丹国"又北行十日至啜水"，即此。

啜河　即今蒙古国东方省之哈拉哈河。《魏书·失韦传》："路出和龙北千余里入契丹国，又北行十日至啜水。"《新唐书·室韦传》：塞曷支部"居啜河之阴，亦曰燕支河"。

畦畤　春秋秦献公置。在今陕西西安市临潼区东北。《史记·封禅书》："栎阳雨金，秦献公自以为得金瑞，故作畦畤栎阳而祀白帝。"《集解》晋灼曰："形如种韭畦，畦各一土封。"

略马东错　又作女马东、努点马东。在今西藏南部，门隅地区达旺东南六十四里处。原隶属于西藏地方政府管辖，为门隅地区三十二错、定（错、定是当地的一级行政区划）之一。1951年被印度政府非法占领。

略平镇　北宋置，属德阳县。即今四川罗江县西北略坪镇。

略阳　氐王杨飞龙之都。在今甘肃秦安县东北九十里陇城镇。《宋书·氐胡传》："（杨）驹后有名千万者，魏拜为百顷氐王。千万子孙名飞龙，渐强盛，晋武假征西将军，还居略阳。"即此。

略阳川水　即今甘肃张家川回族自治县之北河和秦安县之五营河。《水经·渭水注》：略阳川水"出陇山香谷西，……又西径略阳道故城北，……又西南得水洛口，……又西北流入瓦亭水"。

略阳县　①东汉改略阳道置，属天水郡。治所即今甘肃秦安县东北九十里陇城镇。西晋属略阳郡。东晋废。西魏改陇城县复置，为略阳郡治。治所即今甘肃秦安县东北九十里陇城镇。隋开皇二年（582）改名河阳县。

②南朝宋侨置，属南天水侨郡。治所在今湖北宜城市东。梁为德广郡治。西魏改为上洪县。

③南朝宋侨置，属武都郡。治所在今四川绵竹市西北。后废。

④南宋开禧三年（1207）改顺政县置，为沔州治。治所即今陕西略阳县。元属沔州。明初属汉中府，成化二十二年（1486）改属宁羌州。清属汉中府。民国初属陕西汉中道。1928年直属陕西省。

略阳郡 西晋泰始中改广魏郡置，属秦州。治所在临渭县（今甘肃天水市东北渭水北岸）。辖境相当今甘肃静宁、庄浪、张家川、清水等县地及天水市、通渭县部分地区。北魏移治陇城县（今秦安县东北陇城镇）。隋开皇三年（583）废。

略阳道 战国秦置，属陇西郡。治所即今甘肃秦安县东北陇城镇。西汉属天水郡。《后汉书·隗嚣传》：建武八年（32）春，“来歙从山道袭得略阳城，……嚣自悉其大众围来歙。公孙述亦遣其将李育、田弇助嚣攻略阳，连月不下”。即此。东汉改为略阳县。

略城 在今四川盐亭县西南。《晋书·毛璩传》：东晋末益州刺史毛璩东讨桓振于江陵，会参军谯纵作乱，“璩时在略城，去成都四百里，遣参军王琼讨反者，相距于广汉”。

略畔道 西汉置，属北地郡。治所在今甘肃合水县（西华池镇）北五里。东汉废。

略塘 一作客寄塘。在今湖南衡阳县（西渡镇）西。《水经·湘水注》：承水“又东合略塘，相传云此塘中有铜神，今犹时闻铜声于水，水辄变绿，作铜腥，鱼为之死”。

距越山 在今山东邹城市东北七十里，与尼山相接。《方舆纪要》卷32邹县：距越山“山高大，冠于群峰，上有龙井”。

跃溪水 在今广东始兴县东。《方舆纪要》卷102始兴县：跃溪水“在县东四十里。源出江西龙南县界入境”。《清一统志·南雄州》：跃溪“在始兴县东八十里。……西北流七十里至杜家村，又名杜家水，与东江合”。

蚶江 即今福建石狮市北蚶江镇。清乾隆四十九年（1784）置泉州府通判于此。

蚵蚾矶 在今江苏南京市西南。马令《南唐书》卷14：“（汪）台符上书陈民间利病十余条，大率以富国阜民为务，列祖善之。而宋齐邱疾其才高，因使亲信诱台符乘舟痛饮，推沉石城蚵蚾矶下。”

蛎山 在今江苏灌云县境。《寰宇记》卷22海州朐山县：“蛎山在县东南二百里。其山在海中，四面平坦，潮上半没，潮落方见，故其上多蛎，即螺蚌之类也。”《方舆纪要》卷22以为蛎山在（海）“州东南百里海中”。

蛇山（蛇 shé） ①在今辽宁新民市东北。《辽史·地理志》：辽州有蛇山。民国《奉天通志》卷76新民县：蛇山在“城东少北九十里，分为二，东西对峙。因蛇类繁殖，故名”。

②在今辽宁黑山县西南二十五里。《辽史·地理志》：辽州始平军有蛇山。《方舆纪要》卷37广宁卫：蛇山“在卫东三十里。岩障稠叠，径路崎岖”。民国《奉天县志》卷77黑山县：蛇山“三峰鼎峙，素产蛇，因名”。

③又名茶山、长山。即今上海市崇明县东南长江口外之佘山。《方舆纪要》卷24太仓州崇明县：蛇山“在县东海中，相距约二百余里，一名长山，上有泉石之胜”。

④即黄鹤山。今湖北武汉市武昌城区之蛇山。《方舆纪要》卷76江夏县：黄鹄山“一名黄鹤山。在城西南，峭峙江口，与大别对。……今山起城东而达于西南隅，山形蜿蜒，俗名蛇山”。

蛇山务 在今辽宁兴城市西南蛇山。《明史·地理志》广宁前屯卫：“东北有六州河，下流至蛇山务入海。”

蛇门 春秋时吴都（今江苏苏州市）南门。《吴地记》：“蛇门，南面有陆无水，春申君造以御越军。在巳地，以属蛇，因号蛇门。”

蛇子径水 在今江西永修县西。《方舆纪要》卷84南康府：蛇子径水在“县（治今艾城）南二十里。旧晋吴猛杀大蛇，蛇子穿地成穴，流水灌通。唐仪凤中始通小舟。今水势屈曲如蛇形”。

蛇水 即今山东肥城市南之肥河。《水经·汶水注》：蛇水“出（刚）县东北泰山，西南流径汶阳之田，……又西南径夏晖城南，……又西南入汶”。

蛇龙县 西魏废帝二年（553）置，为东关郡治。治所在今四川开江县西北五十里。隋开皇三年（583）废。

蛇（虵）丘县（蛇 yí） 西汉置，属泰山郡。治所在今山东肥城市东南。东汉属济北国。《水经·汶水》：“汶水又西南过蛇丘县南。”郦道元注：“汶水又西洸水出焉。又西径蛇丘县南，县治铸乡故城……杜预曰：济北蛇丘县所治铸乡城者也。”南朝宋为济北郡治。北魏属东济北郡。北周属肥城郡。隋开皇中废。

蛇头湾 即今广东东莞市虎门镇西北蛇头湾。扼虎门之口，为海防要地。清光绪《广州府志》卷73兵防：东莞县有“左哨头司额外外委一员，分防蛇头湾炮台汛”。

蛇花口 在今云南开远市北。《方舆纪要》卷115阿迷州：蛇花口“在州北。为州境之险”。

蛇（虵）城 在今安徽凤台县西北四十余里。《水经·淮水注》：“（椒）水上承淮水，东北流径蛇城南。”即此。

蛇骨塔 原名佛图寺塔。又名灵塔。在今云南大理市（下关）北六里，点苍山斜阳峰东麓阳平村旁。为正方形十三层密檐式砖塔，高 30.7 米，底层每边宽 4.5 米，顶有青铜塔刹。为南诏古塔。据《南诏野史》载：“唐时洱海中妖蛇薄劫，……部民有段赤诚者，愿灭巨蛇，为民除害，缚刃入水，蛇吞之，人与蛇皆亡……王令人剖蛇腹取赤诚尸葬之，建塔其上，焚蛇骨灰砌塔。”故民间称为蛇骨塔。

蛇洋洲 今广西北海市南大海中之斜阳岛。与涠洲斜对，周四十里。《方舆纪要》卷 104 遂溪县“螺冈山”条下：“蛇洋洲亦名小蓬莱，特起海中，如蛇形。周四十里，与涠洲山相对。”

蛇浴岭 在今四川理县西北。《方舆纪要》卷 67 保县：“蛇浴岭在县西北。宋乾道四年，风流部蛮作乱，保宁令张文礼闭绝蛇浴岭路，番从岭后斫生路入境攘劫，寻讨降之。”

蛇黄岭 亦作蛇黄岗。在今广西平南县北。《舆地纪胜》卷 110 浔州：蛇黄岗“在平南县北五里。出蛇黄，其岗势盘行数里，每九月，邑人掘深七八尺，始得之。大者若鸡子，小者类弹子，其色紫。磨之可付肿毒，尤治小儿惊痫”。

蛇渊囿 在今山东肥城市东南。《春秋》：定公十三年（前 497），“夏，筑蛇渊囿。”《水经·汶水注》：“蛇水又西南径铸城西，《左传》所谓蛇渊囿也。故京相璠曰，今济北有蛇丘城，城下有水，鲁囿也。”

蛇窝泊 在今山东栖霞市东南三十里。清光绪《山东通志》卷 33：蛇窝泊“有三源：一出钜齿山西南经跳鱼台转黄条，一出玉皇顶转初家疃经河崖村，一出唐山后经朱留村，总会于蛇窝泊，入莱阳五龙泊”。

蛇溪 即今江西樟树市西南永泰镇北五里至袁江会口段之赣江。《舆地纪胜》卷 34 临江军：蛇溪水“在清江县东。其源自临江镇之下五里，分江水为溪，五十里至蛇溪复与江流合”。《方舆纪要》卷 87 临江府清江县：蛇溪在“府（治今临江镇）东十里。源自永泰市北五里，分江水为溪流，三十里复合于江。成化末，赣水暴至，北冲蛇溪遂成大川，滨溪田土被浸者千百亩，俗呼为铜锣江”。

蛭浦 即今浙江上虞市西北三十二里蛭浦村。《方舆纪要》卷 92 绍兴府“邢浦”条下：“今府东北四十五里有蛭浦，隔岸对海宁县石墩山，为戍守要地。嘉靖三十五年，倭贼经府东北六十里之西汇渚入犯，官军却之于此。”

圉 春秋郑邑。即今河南杞县西南五十里圉镇。《左传》：昭公五年（前 537），“晋韩宣子如楚送女，……反，郑伯劳诸圉”。即此。战国魏地。《史记·楚世家》：顷襄王十八年（前 281），楚人以弋说襄王曰，“王朝张弓而射魏之大梁之南，……还射圉之东”。

圉乡 在今河南偃师市西南。《续汉书·郡国志》：河南尹雒阳县“有圉乡”。《左传·昭公二十二年》杜注：“洛阳东南有圉乡。”

圉阳 春秋时楚地。在今安徽巢湖市南。《左传》：昭公二十四年（前 518），“仓及寿梦帅师从王，王及圉阳而还”。即此。

圉县 ①西汉置，属淮阳国。治所即今河南杞县西南五十里圉镇。《寰宇记》卷 1 开封府雍丘县：圉城，“《风俗传》云，‘旧陈地，苦楚之难，修干戈于境，以虞其患，故曰圉’”。东汉属陈留郡。西晋属陈留国，后废。北魏景明元年（500）复置。后改为圉城县。

②南朝宋明帝末年侨置，属雍州弘农侨郡。治所在今河南淅川县东南丹江水库东。北魏属恒农郡。西魏废。

圉泽 春秋周地。在今河南偃师市西南。《左传》：昭公二十六年（前 516），召伯逆王于尸，“遂军圉泽”。即此。

圉城县 ①北魏景明后改圉县置，属陈留郡。治所即今河南杞县西南五十里圉镇。孝昌四年（528）属阳夏郡，北齐废。隋开皇六年（586）复置，属汴州。大业初属梁郡。唐初属杞州，贞观元年（627）废。

②南朝梁置，东魏属北陈留、颍川郡。治所在今安徽阜阳市东。北齐废。

圉城镇 即今河南杞县西南五十里圉镇。《资治通鉴》：五代周显德三年（956），征淮南，“上至圉城镇”。即此。

圈儿河 在今吉林珲春市东南。清光绪《吉林通志》卷 23：图们江“复折东南流径云台山，圈儿河自北来入之。圈儿河出沙坨子北，自西而东而南潴为池者八，径圈儿河屯西，西南流由云台山北麓西入图们江”。

圈子堡 清建城堡。在今河北枣强县西南二十五里北卷子。

圈头镇 即今河北武邑县西北十八里圈头乡。明嘉靖《冀州志》武邑县地理图：西北有圈头集。清同治《畿辅通志》卷 54 武邑县：西北有圈头镇。

圈国 即麇国。春秋国名。都锡穴（今陕西白河县东）。后为楚所灭。《公羊传》作圈国。

圈糯 即今云南澜沧拉祜族自治县东北九十里谦六彝族乡驻地谦糯。清嘉庆时置圈糯土千总。光绪十三年（1887）于此置镇边厅，十八年（1892）迁勐朗坝（今澜沧拉祜族自治县）。

帻山 一名嵿山。在今山西祁县东南。《元和志》卷 13 祁县：“帻山在县东南六十里。”

幓县 又作惤县、㨛县。西汉置，属东莱郡。治所在今山东龙口市东南北马镇。据许慎《说文》：“幓，布也，出东莱。”县以幓布得名。东汉为侯国。三国魏复为县。《晋书·惠帝纪》：光熙元年（306），“东莱幓令刘柏根反，自称幓公”。即此。北魏改属东牟郡。北齐天保七年（556）并入黄县。《续汉书·郡国志》作惤县，《宋书·州郡志》作㨛县。

幓侯国 东汉改幓县置，属东莱郡。治所在今山东龙口市东南北马镇。三国魏复为惤县。

崱山 一作箕山。又名香山。即今山东青州市东五十里香山。《水经·巨洋水注》："巨洋水又东北合康浪水，水发（剧）县西南崱山。无事树木，而圆峭孤峙，巑岏分立。左思《齐都赋》：崱岭镇其左是也。"

㟙山 ①一作蜡山。又名雀山。在今山东烟台市南㟙山。清光绪《登州府志》卷3：㟙山"山麓有温泉"。

②即鹊山。今山东济南市北鹊山。

崎山 在今湖北应城市西北二十五里。《方舆纪要》卷77应城县：崎山"蜿蜒迤逦，来自京山县界"。

崎山镇 即今湖北应城市西北巡检镇。《方舆纪要》卷77应城县：崎山镇在"县北二十五里。以在崎山下而名"。明置巡司于此。

崎石港 在今广东陆丰市东南碣石镇西。清光绪《广东舆地全图》陆丰县图表："屈西北过田尾汛、奇石港口，暗沙礁石甚多，最为险阻。"

崎头 在今浙江宁波市东北北仑区崎头。为海防要地。明于此设兵戍守。

崎头城 在今江西大余县东章江曲流处。《陈书·高祖纪》：南朝梁大宝元年（550）高祖伐路养，进顿南康，"修崎头古城"，即此。

崎头镇 在今福建莆田市东南埭头镇。《方舆纪要》卷96兴化府莆田县：崎头镇"在府东八十里。初置巡司，后改为城堡。嘉靖中倭贼陷兴化府，官军击之，倭贼走平海卫，欲掠舟泛海，乃结巢崎头城，官军击之，败绩"。

崎沙澳 即今广东陆丰市南之碣石湾。《明史·俞大猷传》：嘉靖四十二年（1563），剿倭寇，"又大破之海丰，倭悉奔崎沙、甲子诸澳，夺渔舟入海"。

崎岫宫 唐显庆三年（658）建，在今河南洛宁县西。《新唐书·地理志》河南府永宁县："西五里有崎岫宫。"

崎城 在今山西繁峙县东大营镇东北齐城。《魏书·灵征志》：延兴四年（474）五月，"雁门崎城有声如雷，自上西引十余声，声止地震"。

崦嵫山 在今甘肃天水市西五十里。《山海经·西山经》：鸟鼠同穴山"西南三百六十里曰崦嵫之山。其上多丹木"。《楚辞·离骚》："望崦嵫而勿迫。"

崤山 ①在今浙江桐庐县西。《方舆纪要》卷90分水县：崤山"在县（今分水镇）东四十里。其最高处曰赤岩尖，登之可见数百里"。

②即殽山。在今河南洛宁县西北。

崤县 ①北魏太和十一年（487）置，属恒农郡。治所在冶垆（今河南陕县东南约九十里）。《寰宇记》卷6硖石县：崤县"取崤山为名"。北周属崤郡。隋开皇初属陕州，大业初废。义宁元年（617）复置，属弘农郡。移治硖石坞（今陕县东南五十二里硖石乡）。二年（618）废。唐武德元年（618）复置，属陕州。三年（620）移治鸭桥。八年（625）移治安阳城（今陕县东南硖石村西四十里），十四年（640）移治硖石坞，改为硖石县。

②东魏兴和中侨置，属恒农侨郡。寄治汲郡陈城（今河南卫辉市）。北齐废。

崤店镇 清置，属渑池县。在今河南渑池县东崤店。

崤底 在今河南洛宁县西北。《后汉书·光武帝纪》：建武三年（27），"冯异与赤眉战于崤底，大破之"。李贤注："崤，山名；底，阪也。一名嵚岑山，在今洛州永宁县西北。"

崤底关 在今河南洛宁县西北。旧属永宁县。明、清置巡司于此。

崤郡 北周明帝二年（558）改恒农郡置，为陕州治。治所在陕县（今河南三门峡市西陕县老城）。隋开皇初废。

崤渑 即二崤。又作崤塞、殽塞。在今河南陕县东南、渑池县西。为崤山、渑池间东西交通要隘。《资治通鉴》：西汉景帝三年（前154），吴、楚反，赵涉遮说周亚夫曰："吴王素富，怀辑死士久矣。此知将军且行，必置间人于殽渑陒陿之间。"即此。

崤塞 即殽塞。又作二崤、殽渑。在今河南陕县东南、渑池县西。

崞口 在今河南安阳市西（一说在今河北邯郸市西）。《资治通鉴》：至德元年（756），清河郡李萼为讨安史之乱献计曰，"闻朝廷遣程千里将精兵十万出崞口讨贼，贼据险拒之，不得前，今当引兵先击魏郡"。

崞山 在今山西浑源县西北二十里。《魏书·世祖纪》：北魏太平真君二年（441），"葬惠太后于崞山"。

崞山县 北魏改崞县置，属繁畤郡。治所在今山西浑源县西十五里麻庄。北周废。

崞川水 即今山西浑源县西北之浑河。《水经·㶟水注》：崞川水"南出崞县故城南，……北流径繁畤县故城东，……又东注于㶟水"。

崞州 蒙古太祖十四年（1219）改崞县置，属太原路。治所在今山西原平市北三十五里崞阳镇。元大德九年（1305）属冀宁路。明洪武二年（1369）降为崞县。

崞村堡 即今河北宣化县南三十里崞村镇。清同治《畿辅通志》卷5宣化县图：南有崞村。

崞县 ①西汉置，属雁门郡。治所在今山西浑源县西十五里麻庄。因崞山而得名。东汉末废。西晋初复置，永嘉后入魏，改名崞山县。

②隋大业二年（606）改平寇县置，属代州。治所在今山西原平市北三十五里崞阳镇。三年（607）属雁门郡。唐属代州。蒙古太祖十四年（1219）升为崞州。明洪武二年（1369）降为崞县，属太原府。八年（1375）改属代州。民国初属山西雁门道。1928年直属山西省。1958年改为原平县，驻原崞县城，

1959 年迁治原平镇（今原平市）。1993 年改为原平市。

崆吉斯河　又名空格斯郭勒。为伊犁河东源。即今新疆和静县西北，新源县、尼勒克县西南之巩乃斯河。清乾隆《西域图志》卷 26：空格斯郭勒“源出空格斯东额通古里达巴西麓，其水西北流三百余里，至都尔伯勒津西南，会特克斯郭勒，又西流三十里，东北会哈什郭勒，入伊犁郭勒”。

崆峒山　①在今天津市蓟县东北五里。《明史·地理志》蓟州：“东北有崆峒山。”又《方舆纪要》卷 11 蓟州：崆峒山，“相传黄帝问道处”。

②又名空山。在今江西赣县南。《寰宇记》卷 108 虔州赣县：崆峒山“古名仁空山，在县南六十里。自南康蜿蜒而来，章、贡二水夹以北驰。山麓周回几百里，盖州之望山也”。

③在今河南汝州市西南六十里。《庄子·在宥》：“黄帝闻道广成子在于空同之上，故往见之。”《清一统志·汝州直隶州一》：崆峒山，“唐《汝州刺史卢贞碑》：山名崆峒者有三：一在临洮，一在安定。而庄子述黄帝问道崆峒，遂言游襄城，登具茨，访大隗，皆与此山接壤，则此为近是”。

④在今四川平武县西北。《寰宇记》卷 84 龙州江油县：崆峒山“在州西二百五十一里。高二千五百丈，西接松州交川县界。土人谓之崆峒山”。《方舆胜览》卷 70 龙州：崆峒山“在州西二百五十里，接蕃部。山谷深险。不通行人”。《清一统志·龙安府》：崆峒山，“《旧志》：在府西北一百十里，似平凉之崆峒山，故名”。

⑤在今甘肃高台县西南。《隋书·地理志》：福禄县有崆峒山。《元和志》卷 40 福禄县：崆峒山“在县东南六十里。黄帝西见广成子于崆峒，汉武帝行幸雍，祠五畤，遂登崆峒，并为此山也”。

⑥在今甘肃岷县西。《隋书·地理志》：临洮县有崆峒山。《元和志》卷 39 岷州溢乐县（今岷县）：“崆峒山，在县西二十里。”

⑦亦作空桐山、空同山。又名笄头山、开头山、鸡头山、薄落山。即今宁夏南部、甘肃东南之六盘山。《史记·五帝本纪》：黄帝“西至于空桐，登鸡头”。《正义》引《括地志》：“笄头山一名崆峒山，在原州平高县西百里。《禹贡》泾水所出。”《寰宇记》引《水经》云：崆峒山“盖大陇山之异名”。而《明一统志》卷 35 平凉府载：崆峒山“在府西三十里，上有问道宫”。《府志》又谓在府西南，疑皆后人所名。

崆峒岛　即今山东烟台市东北海中崆峒岛。《清一统志·登州府》：崆峒岛“相近有栲栳岛、浮山岛、双岛”。

崆峒岩　①在今广东阳春市西南。《舆地纪胜》98 南恩州：崆峒岩“生石乳，有石钟鼓，扣之有声。《郡国志》云：岩穴中有金膏银液、灵芝、玉髓”。《方舆纪要》卷 101 阳春县：崆峒岩在“县西南十五里。石壁穹窿，深广数十丈”。

②在今广西横县东三十里。《方舆纪要》卷 110 横州：崆峒岩“石洞玲珑，一名五星岩”。

崆郭罗鄂伦卡伦　一作烘和罗鄂笼。清乾隆年间置，在今哈萨克斯坦东南部塔尔迪库尔干东南内罗连。清徐松《西域水道记》卷 4：博罗呼济尔卡伦“又西南行，经都兰哈喇山阴，一百二十里至山之西麓，为崆郭罗鄂伦卡伦（卡伦南距伊犁河八十里）”。

崌州　唐贞观元年（627）置，为羁縻州，属松州都督府。治所在今四川松潘县西北。开元中废。

崌谷水　即今陕西韩城市西南濂水。《水经·河水注》：崌谷水“出（夏阳）县西北梁山……东南流注于河”。

崌岭隘　在今江西南康市东南。《方舆纪要》卷 88 南安府南康县：崌岭隘在“县东南五十里。龙南、信丰之寇每由此山，设防御为切”。

崌崍山　在今四川彭山县东北。东晋郭璞《江赋》：“流二江于崌崍。”《寰宇记》卷 74 彭山县：崌崍山“在县东北十二里，导江从山南合流下”。

崛崓山　在今山西太原市西北。《清一统志·太原府一》：崛崓山“山形峭拔，多林木”。上有唐贞元二年（786）建崛崓寺。

崛崓寺　唐建，在今山西太原市西北呼延村附近。《清一统志·太原府》：崛崓寺“在府城西北四十里。唐贞元中建，有李克用父子题名刻石”。后改名多福寺。宋末毁于兵火。明洪武间重建。现存大雄宝殿、文殊阁、藏经楼等及殿内塑像、壁画为明代遗物。寺前山巅有宋代砖塔。

崧子浦　旧名崧塘。即今上海市青浦区东北崧泽塘。《方舆纪要》卷 24 松江府华亭县：崧子浦“自顾会浦分流，至县东北五十里入吴淞江。《志》云，今入江处为嘉定县之高家浜”。

崧台（臺）驿　在今广东肇庆市城西。《方舆纪要》卷 101 肇庆府高要县：崧台驿“在城西”。

崧泽古文化遗址　在今上海青浦区东十里崧泽村。1958 年发现，1960 年后先后进行了三次发掘。文化遗存分三层：上层是晚期几何纹陶文化，时代相当于西周；中层是新石器时代墓葬群，由于在太湖流域同类型文化中，是一处典型遗存，故被称为“崧泽文化”。下层为马家浜文化，属母系氏族公社时期，是上海目前发现最早的文化遗存，距今六千年左右。出土的籼稻和粳稻谷粒，对研究我国古代水稻种植有重要意义。

崧泽市　亦作松泽。在今上海市青浦区东十里崧泽村。近年在此发现古文化遗存，被命名为“崧泽文化”。为上海市已知最早的古文化遗存。

崧高　又作崇高。即今河南登封市西北嵩山。《诗经·大雅·崧高》：“崧高维岳，峻极于天。”郑玄笺：“崧，高皃。山大而高曰崧。”

崧厦镇　即嵩城市。今浙江上虞市西北二十里崧厦镇。

崖儿口山　在今河北唐山市丰润区东北八十里岩口。《明一统志》卷1顺天府：崖儿口山“其山连列，东断为崖儿口，西为白霤口，有水自崖而入，故名”。山下有崖儿口巡司，明洪武中裁。

崖儿城　亦名交河故城。在今新疆吐鲁番市西二十里亚尔乡（雅儿湖）。明陈诚《西域番国志》（使西域记）：“崖儿城在土尔番之西二十里，二水交流，断崖居中，因崖为城，故曰崖儿。广不二里。居民百家。旧多寺宇，有石刻存。古为车师国王所居。后立交河县治。”

崖口　即三涂山，又名水门。在今河南嵩县西南伊水之北。《水经·伊水注》：伊水“历崖口，山峡也，翼崖深高，壁立若阙。崖上有坞，伊水径其下，历峡北流，即古三涂山”。又《清一统志·河南府一》：三涂山，“《旧志》，在今（嵩）县西南十里伊水北，俗呼为崖口，又曰水门”。

崖山　即厓山。在今广东江门市新会区南崖门。《寰宇记》卷157广州新会县：崖山“在县南八十里，临大海，出龙眼子、木威、橄榄之树”。

崖山县　①唐贞观九年（635）置，属柳州。治所在今广西柳江县境。十二年（638）废。

②唐置，属粤州。治所在今广西宜州市西南三十里矮山附近。乾封中属宜州。北宋景祐三年（1036）废。

崖门　即今广东江门市新会区南崖门。在崖山与汤瓶嘴山间，形如门，故名。元《宋季三朝政要》卷6：“戊寅六月，祥兴帝迁于崖山。崖山在海中，两山相对，势颇宽广，中有一港，其口如门，可以藏舟。（张）世杰以为形胜之地，乃屯驻于此。”

崖门山　①在今贵州石阡县城西南。明曹学佺《名胜志》：“两山高下相并曰崖门，崖下水流合平茫水入大溪。崖门西上有洞悬空朝北，高峻莫能窥其深广。”清爱必达《黔南识略》卷17石阡府：崖门山“在城西南五里，两山如门”。

②在今贵州思南县西。明曹学佺《名胜志》：“两山对峙，崖壁险峻，官道出其中。左曰大崖门，右曰小崖门，永胜、武胜二关依崖而立，郡之门户也。”

崖门关　在今贵州遵义市西北。《方舆纪要》卷70遵义府遵义县：崖门关在“府西北五十里。（明）万历中，川帅讨杨应龙，别将吴广自合江进兵入崖门关”。

崖门海　即今广东台山市与珠海市斗门区之间黄茅海。以在新会县崖门之南，故名。《清一统志·广州府一》：海，“《旧志》：新宁县西南二百里为寨门海。……大金门海迤北为铜鼓海，又东北即厓门海”。

崖石山　在今江西兴国县东。《清一统志·赣州府一》：崖石山“在兴国县东八十五里。峰峦峭绝，巨石连亘，宋文天祥屯兵其上。今有崖石寨”。

崖头集　即今山东荣成市驻地崖头镇。清道光《荣成县志》卷2：崖头集在“城南六十里”。1948年始为荣成县治。

崖州　①南朝梁置，治所在义伦县（今海南省儋州市西北新州镇）。隋废。唐武德四年（621）复置，治所在舍城县（今海口市琼山区东南）。辖境相当今海南省海口市及琼山区和琼海、文昌、澄迈、定安等市县地。天宝元年（742）改为珠崖郡，乾元元年（758）复为崖州。北宋开宝五年（972）并入琼州。

②北宋开宝五年（972）改振州置，治所在宁远县（今海南省三亚市西北崖城镇）。辖境相当今海南三亚市和保亭、乐东两县部分地区。熙宁六年（1073）改为朱崖军。明洪武元年（1368）改吉阳军为崖州，属琼州府。清光绪三十一年（1905）升为直隶州，属广东省。1912年改为崖县。

崖州千户所　明洪武二十七年（1394）置，属南海卫。治所在今海南省三亚市西北崖城镇。

崖县　1912年改崖州置，属广东琼崖道。治所即今海南省三亚市西北崖城镇。1952年迁治三亚镇（今三亚市）。1984年改设三亚市。

崖城河　亦捱城河。即今甘肃礼县东北燕子河。《方舆纪要》卷59礼县“平泉河”条下：“县城东二里为捱城河，以近城而名也。”光绪《甘肃新通志》卷7：“源出固城镇野猪山之西，南流经崖城镇合湫山河，至县合小河入西汉水。近城园圃碓磨咸资此水，一方之民利赖之。”

崖城镇　清置，属礼县。即今甘肃礼县北三十里崖城乡。

崖鲁藏博楚　即今西藏岗巴县叶如藏布。北源出岗巴县哈金桑惹雪山，上游叫苦曲藏布；南源出亚东县喜马拉雅山北麓。二水在岗巴县汇流后称叶如藏布，流经定结县境，入萨迦县境注入朋曲。清乾隆《西藏同文志》卷21：“西番（藏）语：崖鲁谓西境。藏在卫西，与卫属之藏博楚本一河，此其西流也。”

崮山驿　在今山东济南市长清区东南三十里崮山镇。《清一统志·济南府二》载：崮山驿“明洪武初置于县东北关外，成化中移此。本朝康熙初改置长城、崮山二驿，一丞主之。今裁”。

崔　邑名。春秋时齐地。在今山东章丘市西北黄河乡崔氏城。《左传》：襄公二十七年（前546），崔成“请老于崔”。即此。《新唐书·宰相世系表》：“崔氏出自姜姓。齐丁公伋嫡子季子让国叔乙，食采于崔，遂为崔氏。”

崔公窑　明代著名瓷窑之一，窑址在今江西景德镇市。

崔氏庄　在今陕西蓝田县东南玉山下。唐博陵崔兴宗宅，亦曰东山草堂。杜甫有《九日蓝田崔氏庄》诗。

崔尔庄　即今河北沧县西五十六里崔尔庄镇。清同治《畿辅通志》卷49献县图：东北有崔尔庄。

崔芬墓　在今山东临朐县南冶源镇红新村海浮山南坡。1986年发现古墓地并进行了清理。墓室呈“甲”

字形，由方形墓室、甬道及竖井式墓道组成。墓室边长3.5米，高3.3米，内有石棺床，四壁壁画流光溢彩。大批陶俑已毁，残存墓志盒及青瓷八系罐、鸡首壶，豆、碗及铜镜、五铢钱等。墓志石刻六百六十七字，是典型的魏碑体。墓主崔芬为东魏末威烈将军，卒于北齐天保元年（550），次年葬此崔氏家族墓地。甬道壁彩绘挂剑武士，墓室南壁绘有朱雀，上方绘星辰，其他三壁和墓室顶绘日、月、星辰及青龙、白虎、朱雀、玄武四方之神。壁画还绘有主人出行图、竹林七贤、舞蹈、山水等，色彩鲜艳，线条流畅，堪称北朝绘画佳品。2006年定为全国重点文物保护单位。

崔陂　在今湖南常德市东北八十里。《方舆纪要》卷80武陵县“津石陂”条下：崔陂“本名放鹤陂，后堙塞。（唐）崔嗣业复开之，因名”。

崔庙镇　即今河南荥阳市南二十六里崔庙镇。民国《续荥阳县志》卷1：县城南有崔庙镇。

崔府君庙　在今山西陵川县西四十里礼义镇。据光绪《长治县志》载：府君姓崔，名珏，字元靖，乐平（今昔阳）人，唐贞观进士，为长子县令，有功德于潞地，因而建庙祀之。庙始建于唐，金大定二十四年（1148）重修。明洪武年间和清末、民国时期均有修葺。庙内主要建筑有金代山门，明清增建掖门、倒座戏楼、献亭、正殿、垛殿、禅房、后院廊房、前院厢房等。石砌高台，须弥座壶门雕刻形制古老。山门面阔三间，进深六架椽，宋代青石门框雕刻精美。上覆重檐歇山顶。梁架六椽栿，屋面举折平缓。是金代高台建筑的唯一实例。2001年定为全国重点文物保护单位

崔桥镇　北宋置，属太康县。即今河南扶沟县东北四十八里崔桥镇。民国初置县佐于此。

崔家口镇　即今山东庆云县东北境之崔口镇。《清一统志·天津府二》：盐场“富民场在崔家口”。

崔家庄　①在今天津市宝坻区西二十里。《方舆纪要》卷11宝坻县“朱家庄”条：“又西十里有崖家庄，皆当往来通道。”

②即今河北徐水县东南十五里崔庄镇。清同治《畿辅通志》卷47安肃县图：东有崔家庄。

崔家坝　即今湖北恩施市东北八十八里崔坝镇。清置巡司于此。

崔家砦　在今湖北竹山县北。民国《湖北通志》卷36竹山县：崔家砦“《光绪舆地记》：在城北四十里。驻把总”。

崔家集　即今山东平度市西南五十四里崔家集镇。清道光《平度县志》有崔家集。

崔黄口　即今天津市武清区东北四十一里崔黄口镇。道通宝坻县。清康熙年间设汛守备于此，后又设把总驻此。

崔模镇　一作催木镇。北宋置，属麟游县。即今陕西麟游县北四十里崔木镇。

崔镇　在今江苏泗阳县西北。《清一统志·淮安府二》：崔镇“在桃源县西北三十里。《河防考》：桃源县黄河北岸千总驻扎崔镇”。

崟原丘　一作岑原丘。在今河南巩义市北。《水经·河水注》：“（巩）县北有山，临河，谓之崟原丘。其下有穴，谓之巩穴，言潜通淮浦，北达于河。”

崇　①相传唐虞之际，为鲧的封国。在今河南嵩县北。

②商代方国。在今陕西西安市长安区西北沣河西岸。到商代末年崇侯虎时，为周文王所灭。《诗经·大雅·文王有声》：“既伐于崇，作邑于丰。”一说崇国居于崇伯鲧的旧都，在今河南嵩县北。

③春秋时为秦的与国。在今陕西渭水北。《春秋》：宣公元年（前608），“晋赵穿帅师侵崇”。王夫之《稗疏》云：“此崇国必在渭北河湄，虽与秦，而地则近晋。”

崇山　①在今河北涉县东南三十里。《明一统志》卷28彰德府：崇山，“金升涉县为崇州，以此山名。山头青翠，形如螺髻，又名青头山”。

②在今山西襄汾县东三十里。《方舆纪要》卷41襄陵县：崇山“一名卧龙山。顶有塔，俗名大尖山。山之西峤，亦曰卧龙冈。东南接曲沃、翼城，北接临汾、浮山，皆谓之分水岭。南北连亘，长二十余里”。

③在今江西崇义县北。《方舆纪要》卷88南安府崇义县：崇山在“城北半里。旧名岐山，耸拔特立。王守仁改为独秀峰，后又改今名。地多产茶及水竹”。

④即今河南登封市西北嵩山。《国语·周语上》：“昔夏之兴也，融降于崇山。”韦昭注：“融，祝融也；崇，崇高山也。夏居阳城，崇高所近。”《太平御览》卷39“嵩山”条引韦昭注曰：“崇、嵩字古通用，夏都阳城，嵩山在焉。”

⑤在今湖南张家界市西南。《大戴礼记·五帝德》：舜“放驩兜于崇山，以变南蛮”。唐杜佑《通典》卷183澧阳县：“有崇山，即放驩兜之所。”《清一统志》谓崇山“在永定县（今张家界市）西南”。

⑥在今湖南吉首市西。《方舆纪要》卷81镇溪军民千户所：崇山在“所（今吉首市）西六十里。蜿蜒高峻，山顶瀑布，声闻若雷。《志》以为即舜放驩兜处。元置崇山卫于山下，明初改置崇山守御千户所，寻废”。

崇山卫　明洪武二十八年（1395）置，属湖广都司。治所在今湖南花垣县南吉卫镇东南侧老卫城。后废。

崇山县　①唐渤海国置，为崇州治。治所在今吉林敦化市东北大山咀子镇。辽废。

②即隆山县。今四川彭山县。《唐会要》卷71：隆山作崇山，避玄宗李隆基讳。

崇义场　即今四川都江堰市东南崇义镇。民国《灌县志》卷2：崇义场“一名崇义铺，距治三十里。当

成、灌、崇宁之冲，为邑东门户。清乾隆末新开河有钟出土，载大明万历四十七年灌县崇义乡朱家观铸，此场名所由仿也”。

崇义县　①南朝宋侨置，属南梁郡。治所在今安徽寿县东南。《寰宇记》卷129寿州寿阳县，“废崇义县在县东南三里。《宋略》云：太初元年迁金镛人于寿阳，号为崇义县”。北魏为梁郡治所。隋废。

②隋开皇中置，为衡州治。治所即今湖南桑植县。大业初属澧阳郡。后废。唐武德中复置，属澧州。麟德元年（664）省入慈利县。

③明正德十二年（1517）由大庾、南康、上犹三县析置，属南安府。治所即今江西崇义县。《方舆纪要》卷88南安府崇义县：“治近上犹之崇义乡，因名。”民国初属江西赣南道。1926年直属江西省。

崇义郡　南朝梁置，属司州。治所在梁安县（今湖北随州市西南）。北周废。

崇义桥　即今四川成都市新都区西大丰镇。同治《成都县志》卷1：崇义桥“距城三十五里”。

崇义镇　即今河南沁阳市西南二十四里崇义镇。唐初曾置忠义县于此。

崇仁山　①即今江西崇仁县西北罗山。《寰宇记》卷110抚州崇仁县：崇仁山“在县西四十一里。旧名罗山，天宝六年敕改为崇仁山”。

②在今广西荔浦县西南。《清一统志·平乐府一》：崇仁山“在修仁县南五里。高数百丈，云兴即雨，亦曰崇仁岩，因古崇仁县为名”。

崇仁县　①隋开皇九年（589）置，属抚州。治所即今江西崇仁县。大业初属临川郡。唐复属抚州。元属抚州路。明属抚州府。民国初属江西豫章道。1926年直属江西省。明吴与弼为崇仁人，传其学者称崇仁学派。

②唐武德四年（621）置，属荔州。治所在今广西荔浦县西南。贞观十二年（638）属桂州。后废。

崇仁里　十六国后赵置，在今河北邢台市。《资治通鉴》：东晋太兴三年（320），后赵石勒“徙士族三百家置襄国崇仁里”。即此。

崇化屯　清乾隆四十四年（1779）改噶拉依屯置，属美诺厅。即今四川金川县南九十里安宁乡。民国《川西边事辑览》第八编：崇化屯“由懋功至此共计二百五十里。屯治在大金河之东，有人百余家，多以耕稼为业，与抚边情形大致相同”。

崇化坊　即今福建建阳市西书坊。南宋时与麻沙镇并为印书业中心，号称“图书之府”（祝穆《方舆胜览》前言）。明代仍“比屋皆鬻书籍，天下客商贩者如织”（嘉靖《建阳县志》）。清以后衰落。

崇化县　南朝宋置，属宋熙郡。治所在今广东佛山市高明区或鹤山市境。隋平陈，废入平兴县。

崇化营　清乾隆四十五年（1780）置，属四川提督。在今四川金川县南安宁乡（旧名噶喇依）。

崇爻　即花莲港。今台湾省花莲县花莲市。连横《台湾通史·抚垦志》：清康熙三十四年（1695），“赖科亦自鸡笼越山而至崇爻，于是台东之野，渐有汉人足迹矣”。

崇丹山　亦名丹山、丹神山。在今四川资中县西北五里。《元和志》卷31：丹山县“取界内崇丹山为名”。

崇文门　俗称哈达门。在今北京市东城区南部东单南。明、清京师城门之一，为南墙东门。明初名文明门，正统四年（1439）改为崇文门。明、清均在此设关税衙门。1965年拆除城楼及城墙。

崇文观　三国魏置。在今河南洛阳市东魏晋洛阳故城中。《三国志·魏书·明帝纪》：青龙四年（236），“夏四月，置崇文观，征善属文者以充之”。

崇文塔　在今陕西泾阳县东南。明建。《清一统志·西安府》：文塔寺“在泾阳县东南二十里。塔甚高。明刑部尚书李世达建”。

崇正镇　清置，属扶风县。即今陕西扶风县北法门镇。

崇古尔库站　清乾隆二十七年（1762）置，为吉林将军境内北路驿站之一。在今黑龙江省通河县东北三站乡。光绪《吉林通志》卷17三姓城：“西北距城一百五十五里崇古尔库站屯。”光绪三十一年（1905）置大通县于此。

崇左市　2002年撤销广西南宁地区和崇左县，设立地级崇左市；原崇左县改置江州区。崇区市人民政府驻江州区。

崇平县　①隋开皇十年（590）改武定县置，属交趾郡。治所在今越南永福省永福县东南平州。唐武德四年（621）改为武平县。

②唐至德二年（757）改崇安县置，属九真郡。治所在今越南清化省清化东南。寻属爱州，唐末废。

崇平陵　东晋康帝司马岳陵墓。在今江苏南京市东紫金山西南麓。《元和志》卷25上元县：康帝岳崇平陵“在县东北二十里蒋山西南”。

崇业宫　在今陕西渭南市东。《元和志》卷1京兆府渭南县：“隋崇业宫，在县东十五里。”

崇业郡　建置不详。北周属隋州。治所在今湖北随州市境内。隋初废。

崇仙铺　又名界埠市。即今江西新干县西北界埠乡。南宋至明嘉靖中曾置金川驿于此。

崇仙镇　即今河北青县西南四十八里崇仙镇。清属河间县，为驻防要地，于此设外委驻守。

崇宁县　北宋崇宁元年（1102）改永昌县置，属彭州。治所在今四川郫县西北唐昌镇。明洪武四年（1371）属成都府，十年（1377）省入灌县，十三年（1380）复置。清康熙七年（1668）废入郫县，雍正七年（1729）复置。民国初属四川西川道。1928年直属四川省。1958年撤销并入郫县。

崇礼设治局　1934年置，属察哈尔省。治所在今河北崇礼县东北太平庄。1936年改设崇礼县。

崇礼县 1936年改崇礼设治局置，属察哈尔省。治所在西湾子（今河北崇礼县）。1952年属河北省。1958年撤销。1961年复置崇礼县。

崇礼住宅 在今北京市东城区东四六条63—65号。为清光绪年间大学士崇礼的住宅。是较典型的清代四合院建筑。整个院落分主院、跨院和花园三部分，布局宽敞，屋宇华贵。主院正房内部装修尚保留完整木槅扇及崇礼所题刻字。1988年定为全国重点文物保护单位。

崇圣寺三塔 在今云南大理市西北。三塔鼎立，气势雄伟。大塔居中，又称千寻塔，方形，中空，与西安小雁塔相似，建于南诏（唐代）时期。塔为十七层密檐式，通高69.13米。南、北两座小塔，建于五代，实心，八角，各十层，均高42.19米。在云南大理市西北二十六里，大理古城西北郊。《明一统志》卷86大理府：崇圣寺"在点苍山十峰之下，唐开元中建。中有三塔，制极精巧，今名三塔寺"。三塔今存。1961年定为全国重点文物保护单位。

崇光宫 北魏离宫。献文帝拓跋弘于平城北苑中建。在今山西大同市城北白马城村、马站村一带。《魏书·显祖（献文帝）纪》：皇兴五年（471）禅位于太子，群臣上尊号太上皇帝，"徙御崇光宫，彩椽不斫，土阶而已"。又《高祖（孝文帝）纪》：延兴三年（473），"改崇光宫为宁光宫"。

崇因寺 又名长安寺。在今重庆市渝中区重庆第二十六中后山。北宋熙宁初建。

崇庆寺 在今山西长子县东南四十四里紫云山麓。始建于北宋大中祥符九年（1016）。坐北朝南，四合院式布局。有千佛殿、天王殿、大士殿、关帝殿、地藏殿、给孤长者殿等。千佛殿为宋代原构，面阔三间，进深六椽。大士殿基本构架仍保留宋代遗物。寺内保存了一大批极为珍贵的宋代彩塑，有佛、菩萨、罗汉及弟子等，造型生动，技艺精湛。1996年定为全国重点文物保护单位。

崇庆州 元世祖至元二十年（1283）改崇庆府置，属成都路。治所在晋原县（今四川崇州市）。辖境相当今四川崇州、新津等市县地。明洪武初省晋原县入州，属成都府。清不辖县。1913年改为崇庆县。

崇庆军 南宋绍兴十四年（1144）以高宗潜藩升蜀州置，治所在晋源县（今四川崇州市）。辖境相当今四川崇州、新津等市县地。淳熙四年（1177）升为崇庆府。

崇庆县 1913年改崇庆州置，属四川西川道。治所即今四川崇州市。1928年直属四川省。1994年改设崇州市。

崇庆府 南宋淳熙四年（1177）升崇庆军置，治所在晋源县（今四川崇州市）。辖境相当今四川崇州、新津等市县地。元至元二十年（1283）改为崇庆州。

崇庆路 元至元十二年（1275）改崇庆府置。治所在晋原县（今四川崇州市）。辖境相当今四川崇州市、新津县地。二十年（1283）改为崇庆州。

崇州 ①即隆州。西魏置，治所在阆中县（今四川阆中市）。

②隋开皇十八年（598）改衡州置，治所在崇义县（今湖南桑植县）。大业初废。

③唐武德五年（622）分饶乐郡都督府置，为羁縻州，处奚可汗部落，属营州都督。治所昌黎县（今河北昌黎县）。契丹陷营州后，徙治于潞县之古潞城（今北京市通州区东古城）。后废。

④唐渤海国置，属中京显德府。治所在崇山县（今吉林敦化市东北大山咀子镇）。辖境约当今吉林敦化市东北牡丹江流域一带。辽废。

⑤五代梁贞明元年（915）改耀州置，治所在华原县（今陕西铜川市耀州区）。后唐同光元年（923）复为耀州。

⑥北宋天圣元年（1023）改通州置，治所在静海县（今江苏南通市）。明道二年（1033）复为通州。

⑦金贞祐三年（1215）置，治所在涉县（今河北涉县）。辖境相当今河北涉县及山西黎城县地。四年（1216）废，兴定五年（1221）复升为州。元初废。

崇州市 1994年撤销四川省崇庆县，改设崇州市，市人民政府驻崇阳镇。由成都市代管。

崇兴寺双塔 在今辽宁北宁市城内东北角。《辽东志》卷1：崇兴寺在"（广宁）城东北隅"。建于辽代。元、明、清历经维修，至今保存完好。两塔东西对峙，相距43米，均为砖筑，八角十三层实心密檐式。东塔高43.85米，西塔高42.63米。塔座上有砖雕斗拱、曲水万字栏板和仰莲等，每角刻一力士，作负重状。塔身每面中间都有拱龛，内有坐佛，龛外两旁各立一胁侍。塔顶上有莲座、宝瓶及刹杆、宝珠。双塔北是崇兴寺，为清代重建，现仅存大殿。1988年定为全国重点文物保护单位。

崇安场 五代南唐保大九年（951）置，属建阳县。即今福建武夷山市（崇城镇）。北宋淳化五年（994）升为崇安县。

崇安县 ①唐先天元年（712）改隆安县置，属爱州。治所在今越南清化省清化东南。至德二年（757）改为崇平县。

②北宋淳化五年（994）升崇安场置，属建州。治所即今福建武夷山市（崇阳镇）。元属建宁路。明、清属建宁府。1913年属福建北路道。1914年属建安道。1928年直属福建省。1989年改设武夷山市，因境内有武夷山以为名。

崇安驿 元置，属崇安县。在今福建武夷山市旧南门外。明初改为长平驿。

崇阳县 五代吴顺义七年（927）改唐年县置，属鄂州。治所即今湖北崇阳县。明曹学佺《名胜志》："《志》云：大集山在县北五里。自通城龙窖山发源，历方山大石岭而东，至此诸山崇聚，故名县曰崇阳以此。"南唐复改唐年县。北宋开宝八年（975）又改为崇阳县。元属武昌路。明属武昌府。民国初属湖北江汉道。1932年直属湖北省。

崇阳洪 在今湖北崇阳县北二十五里。《方舆纪要》

卷76崇阳县：崇阳洪“在县北二十五里。自通城县汇诸山溪之水入县境，经壶头山下亦曰崇阳港，两山相夹，水中多石，中为大洪，东西为小洪，行者不下徐州吕梁之险，下流亦合于隽水。《志》云，崇阳河源自隽水及宁州修水，合桃溪水流出至壶头山下是也”。

崇阳陵 为晋文帝司马昭的陵墓。在今河南偃师市南潘屯、杜楼二村以北枕头山墓地。《晋书·文帝纪》载：咸熙二年（265），“秋八月辛卯，帝崩于露寝，时年五十五。九月癸酉，葬崇阳陵”。

崇阳镇 明置，属永宁县。在今河南洛宁县西南七十一里崇阳村。明置巡司于此。

崇阳镇关 即古松阳关。一作崇阳关。在今河南洛宁县西南七十一里崇阳村。明置巡司于此。《方舆纪要》卷48永宁县：“县西八十里有崇阳镇关。皆有巡检司。”《清一统志·河南府》：“崇阳即松阳之讹也。”

崇妃园寝 在今河北易县西清西陵内崇陵东一里。是光绪帝的贵妃珍妃和瑾妃的园寝。崇陵和崇妃园寝在1938年均被盗掘。

崇孝镇 北宋置，属武陵县。在今湖南常德市东北。《元丰九域志》卷6：鼎州武陵县有崇孝镇。《清一统志·常德府》：崇孝镇“在武陵县（今常德市）东北八十里。一名崇孝街。……《府志》，崇孝街，相传孝子傅罗卜居此”。

崇岗镇 在今甘肃合水县西北。《资治通鉴》：唐武德五年（622）八月，突厥寇原州，陷大震关。九月，“宇文歆邀突厥于崇岗镇，大破之，斩首千余级”。即此。

崇灵山 即重龙山。在今四川资中县城东北隅。《新唐书·地理志》：盘石县“有崇灵山”。

崇妙保圣坚牢塔 在今福建福州市区乌石山东麓。唐贞元十五年（799）始建，原名无垢净光塔。唐末毁。五代闽永隆三年（941）闽王王延曦在遗址上重建，改今名。俗称乌塔。明天启元年（1621）大修，在底层转角处镶嵌八大金刚。清康熙三十五年（1696）重修，并重铸塔刹。该塔为八角形石构塔，塔基没入地下，现地上部分高32.86米。塔身七层，自下而上逐层收分，层高递减。底层东面辟门，内设曲尺状阶梯上至二层外回廊。其上石雕阑额，叠涩出檐，石雕瓦檐、屋面、脊头镇塔佛等。塔身每层龛像统一，但各层不同，第四、五、七层塔身分嵌塔名碑、建塔碑文及祈福题名碑。塔侧现存唐贞元十五年（799）“敕贞元无垢净光塔铭”碑。此塔为福建省现存年代最早的石塔。2001年定为全国重点文物保护单位。

崇武 即今福建惠安县东南崇武镇。清有把总驻此。又见清《海国闻见录》上卷《天下沿海形势录》。

崇武山 在今广西马山县南。《方舆纪要》卷111思恩府：崇武山“在旧城西北十里。高峻为一方之巨镇”。

崇武千户所 明洪武二十年（1387）置，属永宁卫。治所即今福建惠安县东南崇武镇。清顺治十四年（1657）废。

崇武县 唐长寿二年（693）改高唐县置，属博州。治所即今山东高唐县。神龙元年（705）复名高唐县。

崇武驿 在今山东聊城市城东门外运河西岸。《方舆纪要》卷34谓“为往来孔道，置水马驿于此”。

崇武城墙 在今福建惠安县东南崇武镇。明洪武二十年（1387），江夏侯周德兴为防御倭寇入侵而建，是一座保存较完整的石构古城。城墙用花岗岩石砌筑，周长2567米，高8米，设四门，并建城楼。东、西、北门加筑月城，东、南、北三道城上各设烽火台一座，城墙里侧筑二跑或三跑跑马道。龙庆元年（1567），抗倭名将戚继光曾在此督师操练。清顺治八年（1651）郑成功亦在此抗清。1988年定全国重点文物保护单位。

崇贤堡 在今山西壶关县东南。《清一统志·潞安府》：崇贤堡“在壶关县东二十里。周三百二十五丈有奇。四面崖壁，高深十丈，有东、西门”。

崇贤墟 即今江西兴国县北五十里崇贤乡。明嘉靖《赣州府志》卷5：兴国县有崇贤市。清同治《江西全省舆图》卷9：兴国县北有崇贤墟。

崇国寺 在今北京市西城区护国寺街。元至元朝就丞相托克托故宅改建，初名崇国寺（北寺）。明宣德四年（1429）改名大隆善寺，成化八年（1472）改称大隆善护国寺。清康熙六十一年（1722）修缮后，改名护国寺，又称西寺。大部殿宇及元、明、清碑刻皆毁于“文化大革命”。今仅存一座旁殿即金刚殿及部分廊房殿堂。

崇明寺 俗称狼谷寺。在今山西高平市南三十里圣佛山南麓。南向。始建于北宋初年，元、明两代续修。现存山门、中佛殿、后殿及配殿等。中佛殿建于北宋开宝四年（971），面阔三间，进深六椽，单檐歇山顶，出檐深远，是我国现存最早的北宋时期木构建筑实例。脊饰琉璃构件为元代遗物。后殿建于元代，东西配殿为元代遗构。寺内现存碑刻及后殿内石柱题记是研究该寺历史的重要资料。2001年定为全国重点文物保护单位

崇明州 元至元十四年（1277）置，属扬州路。治所在姚刘沙（今上海市崇明县东北响啊镇一带）。至正十二年（1352）徙州治于故城东北十五里之东沙。明洪武二年（1369）降为县。

崇明县 明洪武二年（1369）改崇明州置，属扬州府。治所在东沙（今上海市崇明县东北）。八年（1375）改属苏州府。永乐十九年（1421）迁县治于故城北十里秦家符。弘治十年（1497）改属太仓州。嘉靖八年（1529）迁治三沙之马家浜（今崇明县东北三沙洪一带）西南。二十九年（1550）又迁治于平洋沙（今崇明县西北三星镇一带）。万历十三年

(1585) 迁于长沙，即今治城桥镇。1914年属江苏沪海道。1927年直属江苏省。1958年划归上海市。

崇明沙千户所　明洪武二十年（1387）置，属镇海卫。治所在今上海市崇明县东北东沙。嘉靖中移治新城内（今崇明县西北三星镇）。后废。

崇明镇　五代时吴国置于长江口西沙，在今上海市崇明县东北响哃镇附近。南宋嘉定十五年（1222）置天赐盐场于此。元世祖至元十四年（1277）升为崇明州。

崇河　在今江苏泗阳县北。《方舆纪要》卷22淮安府桃源县：崇河在"县北四十里。上有崇河桥。相传晋石崇尝立仓于此，因开河以通舟楫，西自宿迁县界，接仓基诸湖之水，东入沭阳县界，下流注于涟水"。

崇宝沙　在今上海市宝山区北，崇明岛南长江中。将崇明岛南之江水分为南、北二水道。清光绪《江苏全省舆图》：崇明县东南长江中有崇宝沙。后坍没江中。

崇官山　在今广西崇左市西北五十余里。《方舆纪要》卷110崇善县：崇官山在"旧县北二里。县因以名"。

崇城山　即隆城山。在今四川仪陇县（新政镇）东北金城镇城内北隅。唐杜佑《通典》卷175仪陇县："今县城在崇城山上，凭险为理，即梁崇城郡城也。"

崇顺里　在今广西灌阳县西南八十里。宋名吉宁砦。明、清置巡司于此。

崇信县　北宋建隆四年（963）置，属凤翔府。治所即今甘肃崇信县。明郭子章《郡县释名》陕西卷下：取唐崇信镇名。淳化中改属仪州，熙宁五年（1072）属渭州。金属平凉府。清乾隆四十二年（1777）改属泾州。民国初属甘肃泾原道。1927年直属甘肃省。

崇信馆　馆驿名。辽置，在今内蒙古赤峰市西北四道沟梁附近。《辽史·地理志》上京道引宋薛映记曰：松山馆"七十里至崇信馆"。

崇洛市　即今福建建阳市东北四十里崇洛乡。明嘉靖《建阳县志》卷3：崇洛市"在洛田里"。

崇济寺　本在唐长安城昭国坊西南隅，今陕西西安市。宋敏求《长安志》卷8：崇济寺"本隋慈恩寺，开皇三年鲁郡夫人孙氏立"。贞观二十三年（649）敕以慈恩寺与弘济寺换所居，移胜业坊。神龙中改为崇济寺。

崇觉寺铁塔　在今山东济宁市内。崇觉寺建于北齐皇建元年（560）。北宋崇宁四年（1105）建铁塔。原为八角七层，铁壳砖心无顶塔。明万历九年（1581）增建两层及钢顶，高九层。下部为砖砌八角形基座。通高23.8米。一二层塔身铸有"大宋崇宁乙酉常氏还夫徐永安愿"和"皇帝万岁"、"众臣千秋"字样。顶层八角各悬风铎，极顶为铜质鎏金宝瓶塔刹。仿木结构建筑特点浓厚，造型美观，是我国珍贵的范铁艺术遗产。1988年定为全国重点文物保护单位。

崇峰岭　在今江西金溪县西。《方舆纪要》卷86抚州府金溪县：崇峰岭在"县西三十里。相接者曰百岁峰"。

崇高县　即西汉之崈高县。西汉武帝置，属颍川郡。治所即今河南登封市。《方舆纪要》卷84登封县："汉置崇高县于此，属颍川郡。东汉省入阳城县。"

崇海镇　在今江苏海门市东南长江滨崇海镇村。清光绪《海门厅图志》卷9有崇海镇。

崇陵　①唐德宗李适的陵墓。在今陕西泾阳县北安吴村附近。《新唐书·地理志》云阳县："崇陵在北十五里嵯峨山。"

②清德宗光绪之陵。在今河北易县西五十里永宁山下。

崇教寺　在今山西长治市北二十里马厂乡故驿村。原名庄楼寺，北宋太平兴国年间，太宗降旨修建殿宇五十间，造佛像十五躯。后奉敕改名崇教禅院。

崇龛山　亦名隆龛山、明月山。在今重庆市潼南县西南光辉镇境。《元和志》卷33崇龛县："崇龛山，在县西三里。"崇龛县以此名。

崇龛县　唐先天元年（712）以避李隆基讳改隆龛县置，属普州。治所在今重庆市潼南县西南光辉镇瓦子堡。天宝初属安岳郡，乾元初属普州。北宋乾德五年（967）废入安居县。

崇龛镇　北宋乾德五年（967）废崇龛县置，属安居县。在今重庆市潼南县西南光辉镇瓦子堡。民国《潼南县志》卷2：崇龛镇在"县西南六十里。一名漏孔场"。

崇善寺　①在今山西太原市东南隅。创建于唐。初名白马寺，后改名延寿寺。明代又改名崇善寺。原在旧城外，明洪武初扩建太原城，寺地划入城内。洪武十四年（1381）朱元璋三子晋恭王朱棡为荐其高皇后，就该寺旧址大事扩建，建大雄宝殿、大悲殿等。清同治三年（1864）大部建筑毁于火灾。现存崇善寺的局部，包括山门、钟楼、东西两厢和大悲殿，亦自成格局。殿宇和塑像皆明初遗物。

②亦名贝尔庙。在今内蒙古锡林浩特市内。清乾隆八年（1743）由阿巴哈纳尔旗（俗称贝子旗）巴拉吉日道吉贝子和巴拉朱尔伦德布一世活佛主持修建，因名贝子庙。又因活佛曾得"班智达"，意即总明的布教者称号，又名"班智达葛根庙"，乾隆赐今名。历有兴建，有朝克钦等七大殿、五活佛殿、五佛塔、三十多个庙仓及两千多住宅，殿内有大量的壁画，为清代内蒙古四大庙宇之一。

崇善县　北宋置，属邕州羁縻。治所在今广西崇左市西北六十里新和镇新村岜关山东南二里。元属太平路。明属太平府，嘉靖十七年（1538）移治府郭，即今崇左县治（太平镇）。民国初属广西镇南道。

1928年直属广西省。1951年与左县合并改为崇左县。2002年以南宁地区和崇左县改设地级崇左市。原崇左县改置江州区。

崇新门　俗称荐桥门。南宋临安城东城门之一。故址在今浙江杭州市清泰街与城头巷相交处附近。元末张士诚重修杭州城，将城门东移三里改建新门，改名清泰门。

崇溪　即今福建武夷山市搏南崇阳溪。《方舆纪要》卷97崇安县：崇溪“在县治东南。有二源：一出县东北岑阳山，承诸山溪壑之水西南流，绕城北一里，而为东溪；一出分水岭，东南流，汇诸溪之水，经县西北十里大富桥下，支分为陈湾陂，其正流亦至城北一里会于东溪，是为西溪。陈湾陂之水则由治西贯于中城，达于南郊，委蛇十里，支分广溉，谓之清献渠，宋赵抃所凿以溉田者也。西溪会于东溪，绕县城东而南下，是为崇溪，俗名大溪。又南经赤石渡，又南纳武夷九曲诸水，经黄亭而南入建阳县界”，为建溪。

崇福寺　在今山西朔州市城内东街。创建于唐麟德二年（665）。辽时曾作为林太师衙署，亦称林衙院。辽统和年间改名林衙寺。金天德二年（1150）题额“崇福禅寺”，清乾隆间改今名。现存山门及天王、弥陀、观音、地藏、文殊诸佛殿，并有藏经阁、钟鼓楼等。弥陀殿为主殿，建于高台之上，面阔七间，单檐歇山顶，是规模较大的金代建筑。殿内金代塑像和壁画保存完好。1988年定为全国重点文物保护单位。

崇德州　元元贞元年（1295）改崇德县置，属嘉兴路。治所在义和市（今浙江桐乡市西南三十二里崇福镇）。明洪武二年（1369）复改崇德县。

崇德汛　清置，属懋功屯务厅。在今四川小金县北崇德街。《清一统志·懋功屯务厅》：崇德汛“在懋功屯务厅北六十里。现设塘汛”。六当为衍文。

崇德县　①南朝宋元嘉中置，属宋熙郡。治所在今广东佛山市高明区或鹤山市境。隋平陈，废入平兴县。

②五代晋天福三年（938）吴越分嘉兴县置，属秀州。治所在义和市（今浙江桐乡市西南三十二里崇福镇）。《寰宇记》卷95：崇德县“置（秀）州之时析嘉兴县之崇德等九乡于义和市置县，以乡为县名”。南宋属嘉兴府。元元贞元年（1295）改为崇德州。明洪武二年（1369）改为崇德县，仍属嘉兴府。清康熙元年（1662）因与太宗年号重名而改为石门县。1914年因与湖南省石门县重名，复改崇德县，属浙江钱塘道。1927年直属浙江省。1958年撤销，并入桐乡县。

崇德庙　即二王庙。在今四川都江堰市西北二里岷江东岸玉垒山麓。南宋范成大《吴船录》：“出玉垒关，登山谒崇德庙。新作庙前门楼甚壮，下临大江。……李太守疏江驱龙，有大功于西蜀。祠祭甚盛，岁刲羊五万。”

崇禧宫　在今江苏金坛市西茅山之阳。《清一统志·镇江府二》：崇禧宫“即陶隐居华阳下馆，唐贞观时建太平观，宋更今名”。

罘圭苑　东汉雒阳苑囿。在今河南洛阳市东北汉魏故城南。《后汉书·灵帝纪》载：光和三年（180），“是岁作罘圭、灵昆苑”。李贤注：“罘圭苑有二，东罘圭苑周一千五百步，中有鱼梁台，西罘圭苑周三千三百步，并在洛阳宣平门外也。”

逻冈集　即今河南宁陵县西北三十四里逻冈镇。清光绪《归德府志》卷首《宁陵县境图》：西北有逻冈集。

逻水　在今广西靖西县东南。《明史·地理志》镇安府：“又有逻水，发源府北土山峡中，下流至胡润寨，与归顺州之逻水合。”

逻西塘墟　即今广西乐业县东北逻西乡。清光绪《广西舆地全图》凌云县图：北有逻西塘墟。

逻回（迴）洞　北宋置，在今广西龙州县西北罗回。《方舆纪要》卷111龙州：逻迴洞“在州西。元泰定中，安南广源贼闭覆寇龙州罗回洞。又嘉靖中讨交趾，分道出兵，以罗回洞为左哨”。

逻村　在今广西百色市西北右江南岸罗村口村，接云南富宁县。《清史稿·地理志》百色厅恩阳州判：“西北逻村、渌丰墟有汛。”清有右江镇外委驻防。

逻里墟　即今广西田林县（乐里镇）。清时为逻里汛，有右江镇外委驻防。1953年田林县迁治于此。

逻些　即逻娑。今西藏拉萨。《旧唐书·吐蕃传》：“其国都城号为逻些城。”

逻娑　一作逻些、逻娑川、喇萨。藏语为“圣地”之意。唐时吐蕃之都城，即今西藏拉萨市。《旧唐书·崔宁传》：“（吐蕃）戎酋诫其众曰：‘吾要蜀川为东府，凡伎巧之工皆送逻娑，平岁赋一缣而已’。”

逻娑川　即今西藏拉萨。《新唐书·吐蕃传》：“其赞普居跋布川，或逻娑川。”又《册府元龟》卷963《外臣部》“才智仲琮”条云：“吐蕃土风寒苦，物产贫薄。所部逻婆（当作娑）川，唯有杨柳，人以为资。”

逻游（遊）县　唐置，属羁縻连州。治所在今四川筠连县境。后废。

逻蓬县　唐仪凤二年（677）置，属羁縻奉州。治所在今四川珙县西南。后废。

逻楼墟　即今广西凌云县东北逻楼镇。《清史稿·地理志》：泗城府凌云县东有逻楼墟汛。

婴山　在今山西太原市西北。《清一统志·太原府一》：“婴山在太原县西北三里。《隋图经》云：婴山，并州之主山。”

婴子谷　在今河南荥阳市西。《资治通鉴》：五代唐同光四年（926），李嗣源入汴，庄宗自汜水关西还，“还过婴子谷”。即此。

婴侯水　一名中都水。即今山西平遥县东南之惠济河。《山海经·北次三经》：“谒戾之山，……婴侯之水出焉，北流注于祀水。”《水经·汾水注》：“婴侯之水乱流径中都县南。俗又谓之中都水。”

赊旗店 一名赊旗镇。即今河南社旗县治社旗镇。清属南阳县，置赊旗店巡司。光绪《南阳县志》卷3："夫淯水以东，唐、泌之间赊旗店，亦豫南巨镇也，在县东北九十里。或曰元分旗屯田军主氏佘而讹也。地濒赭水，北走汴、洛，南船北马总集百货，尤多秦、晋盐茶。"民国初置县佐驻此。1965年置社旗县于此。

〔丿一〕

铚 春秋宋邑，后入于楚。即今安徽濉溪县西南临涣镇。《史记·春申君列传》："魏氏将出而攻留、方与、铚、湖陵、砀、萧、相，故宋必尽。"

铚县 ①秦置，属泗水郡。在今安徽濉溪县西南临涣镇。《史记·陈涉世家》：陈胜"乃令符离人葛婴将兵徇蕲以东。攻铚、酂、苦、柘、谯皆下之"。即此。西汉属沛郡。东汉属沛国。西晋属谯国。南朝宋废。

②东晋侨置，属南谯郡。治所在今安徽巢湖市附近地。后废。

铜人大小江等处长官司 元置，属思州安抚司。治所即今贵州铜仁市。明洪武五年（1372）改为铜仁长官司。

铜人原 在今陕西西安市东北新筑镇一带。《关中记》："秦为金人十二，董卓坏以为钱，余二枚，魏明帝欲徙诣洛阳，到霸城重不可致，今在霸城大道南。"金人即铜人，故名铜人原。

铜山 ①在今江苏南京市江宁区南。宋《景定建康志》卷17：铜山"在江宁县东南七十里，周回一十九里，高一百丈。昔人采铜于此，故名。《旧志》：陈轩《金陵集》载：鲍昭过铜山，掘黄精诗云：铜山昼深沉，乳窦夜涓滴。即此也"。

②即铜冶山。在今江苏句容市北。宋《景定建康志》卷17：铜山"在句容县北六十里，周回二十里，高八十七丈，以旧出铜，故名"。

③在今江苏溧水县西南四十里。宋《景定建康志》卷17引《旧经》云："昔尝采铜于此，今炉旧址犹存。"

④在今江苏徐州市铜山区东北，与利国驿连境。《清一统志·徐州府一》：铜山"旧常产铜，故名"。

⑤在今江苏仪征市西北铜山村。《寰宇记》卷130建安军永贞县："铜山及小铜山并在县西北八十里。"

⑥在今浙江湖州市西南，与德清、安吉二县接界处。《寰宇记》卷94安吉县：铜山"高一千三百尺，在县东三十里。《括地志》云：'吴采鄣山之铜'，即此"。

⑦在今浙江衢州市柯城区西北。《方舆纪要》卷93衢州府西安县"叠石山"条下："又有铜山，在县西北百里。宋时山出铜、锡、铅。明朝产矿，徽、处二郡民，群聚取矿于此。嘉靖中，官兵荡平之，因设兵戍守。"

⑧在今浙江金华市南。《寰宇记》卷97金华县：铜山"在县南三十里。《东阳记》云：山下有泉，水色鲜白，号曰铜泉"。《方舆纪要》卷93金华县：铜山"下临南溪。一名白沙山，旧产铜"。

⑨在今浙江永康市东南四十里。《明史·地理志》金华府永康县："东南有铜山，旧产铜。"即此。

⑩即铜官山。在今安徽铜陵市南铜官山矿区。《寰宇记》卷105铜陵县：铜山"在县南十里。其山出铜，以供梅根监。兼出绿矾矿，逐年取掘送纳"。

⑪在今安徽泾县西南。《方舆纪要》卷28泾县"黄悦山"条下：黄象山"西北曰铜山，旧尝冶铜于此"。

⑫在今安徽池州市西南八十里。三国以来，历为铜冶基地。李白《秋浦歌》之十四："炉火照天地，红星乱紫烟。赧郎明月夜，歌曲动寒川。"即指此之盛况。现为铜陵市属中型矿山。

⑬又名峨峰山。在今江西抚州市临川区西。《隋书·地理志》：临川县有"铜山"。《清一统志·抚州府一》：铜山，"《县志》，铜山在（临川）县西三十里。或谓之铜陵"。

⑭在今江西德兴市北。唐置铜场于此。《方舆纪要》卷85饶州府德兴县：铜山"在县北三十里。唐置铜场处。山麓有胆泉"。

⑮在今河南泌阳县东六十里。《清一统志·南阳府一》：铜山"大胡之支山。旧产铜。俗传邓通鼓铸其下，下有邓庄村"。

⑯在今河南安阳县西北四十里。《明一统志》卷28彰德府：铜山"旧产铜"。

⑰在今湖南澧县西南四十里。《方舆纪要》卷77澧州"大浮山"条下：铜山"相传山产铜。永乐间置冶于此"。

⑱亦名峒石山、铜石山。在今广东阳春县东北。《旧唐书·地理志》铜陵县："以界内有铜山也。"《舆地纪胜》卷98南恩州：铜山"昔越王赵佗于此山铸铜"。

⑲在今四川通江县南。《方舆纪要》卷68通江县：铜山"在县南十五里。旧产铜"。

⑳在今四川荥经县东北三十里。《史记·佞幸列传》：文帝"赐邓通严道铜山，得自铸钱，邓氏钱布天下"。《正义》："《括地志》云：雅州荣经县北三里有铜山，即邓通得赐铜山铸钱者。"《元和志》卷32荣经县：铜山"在县北三里。即文帝赐邓通铸钱之所，后以山假与卓王孙，取布千疋。其山今出铜矿"。

㉑即铜官山。在今四川中江县西南九十八里。《元和志》卷33梓州铜山县："有铜山，汉文帝赐邓通蜀铜山铸钱，此盖其余峰也，历代采铜。"《清一统志·潼川府一》：铜官山"在中江县西南，接简州及

金堂县界”。

铜山千户所 明洪武二十年（1387）置，属镇海卫。治所即今福建东山县东铜陵镇（旧东山）。清顺治十四年（1657）废，改为铜山营。

铜山县 ①唐武德四年（621）置，属西濮州。治所在今云南祥云县东北。贞观十一年（637）属檕州。天宝后废。

②唐调露元年（679）于废铜山监置，属梓州。治所在今四川中江县东南九十里广福镇（俗名铜山寺）。《寰宇记》卷 82 铜山县：“以铜山为名。”北宋属潼川府。元至元二十年（1283）废入中江县。

③金大定二十九年（1189）改东平县置，属咸平府。治所在今辽宁开原市南中固镇。元废。

④清雍正十一年（1733）置，为徐州府治。治所即今江苏徐州市。民国初为江苏徐海道治。1927 年直属江苏省。

铜山城 唐贞元初剑南西川节度使韦皋建，属黎州。在今四川汉源县西北。《元和志》卷 32 黎州汉源县：“铜山城在县西北五十里。”《资治通鉴》：唐贞元四年（788），吐蕃分兵入寇，“五千寇铜山”。即此。

铜山监 唐贞观二十三年（649）置，属梓州。治所在今四川中江县东南五十里广福镇（旧名铜山寺）。《新唐书·地理志》梓州铜山县：“南可象山，西北私镕山，皆产铜，贞观二十三年置铸钱官。”上元三年（676）废。调露元年（679）于此置铜山县。

铜山营 清顺治十四年（1657）改铜山守御千户所置，属诏安县，设参将驻守。即今福建东山县东铜陵镇（旧东山），为福建东南门户。明清之际为郑成功反清根据地之一。1916 年东山设县，为县治所在地。1956 年迁西埔（即今东山县治）。

铜山寨 在今四川峨眉山市西。《续资治通鉴长编》熙宁八年（1075）八月条引宋如愚《剑南须知·云南买马记》：“嘉州峨眉县西十里有铜山寨，与西南生蕃相接界，户不满千，俗呼为小道虚恨姓。县尉例以十月一日上寨守护，谓之防秋，至四月一日罢归。……铜山为蕃、汉贸易之场。”

铜山镇 ①唐置，为军镇，属嘉州。在今四川乐山市西南峨边彝族自治县北新场乡。

②北宋置，属桐城县。即今安徽桐城市东北铜镇村。

铜川县 ①隋开皇初置，属新兴郡。治所在今山西忻州市西。大业初废。

② 1946 年改同官县置，属陕西省。治所即今陕西铜川市耀州区北之城关乡。1956 年迁治十里铺（今铜川市北王益区）。1958 年改设铜川市。1979 年升为地级市，渭南地区的耀县划归铜川市。2003 年耀县改为耀州区，铜川市迁治耀州区正阳路。

铜马祠 在今河北巨鹿县北七里。《水经·浊漳水注》：浊漳水“又径铜马祠东，汉光武庙也。更始三年秋，光武追铜马于馆陶，大破之，遂降之……。故关西号世祖曰铜马帝也，祠取名焉”。

铜井山 ①在今安徽铜陵市狮子山矿区。《元和志》卷 28 南陵县：铜井山“在县西南八十五里。出铜”。李白《答杜秀山五松山见赠》：“铜井炎炉歊九天，赫如铸鼎荆山前”，指此。

②一名铜官山。在今安徽全椒县西。《寰宇记》卷128 全椒县：“铜井山在县西七十里，上有铜井。”

③在今河南商城县东北四十里。《方舆纪要》卷 50 商城县“铁林山”条下：铜井山“上有古井，以铜作口，引流西南出，为考溪十八道河”。

铜井镇 即今江苏南京市江宁区西南铜井镇。旧为铜井市。宋《景定建康志》卷 16：铜井市“在城西南八十里”。

铜牙城 即铜瓦厢。在今河南兰考县西北二十四里东坝头乡西铜瓦厢集。明嘉靖《兰阳县志》卷 9：铜牙城“在县治西北二十五里。俗呼铜瓦厢”。《文选》注：“天子出，建大牙。又古有牙旗、牙门、牙城之称。今此牙城之制，出丘氏疑出诸此。”

铜瓦厢 一名铜牙城。在今河南兰考县西北二十四里东坝头乡西。明嘉靖《兰阳县志》卷 1：铜瓦厢“人民丛聚，税课渐多，可当一镇”。《清一统志·开封府二》：铜瓦厢“初名铜牙城。元尝置县。明正德六年设管河主簿于此。寻废。本朝乾隆四十九年设兰阳县丞驻此”。清咸丰五年（1855）六月十九日黄河决口于此，东北流，分三股横穿张秋运河，夺大清河，在山东利津县附近入渤海。而金元以来夺淮入海，故道遂湮。

铜仁大江 在今贵州铜仁市西南。《方舆纪要》卷 122 铜仁府铜仁县：铜仁大江“源出乌罗司（今贵州松桃苗族自治县西南乌罗镇）西九龙山，东流经城南，又东入湖广麻阳县界，谓之锦水，下流入于沅江”。

铜仁小江 在今贵州铜仁市西。《方舆纪要》卷 122 铜仁府铜仁县：“铜仁小江在府城西。源出府西北瓮济洞，东南流，至府治西北，合于铜仁大江。”

铜仁长官司 明洪武五年（1372）改铜人大小江等处长官司置，属思南宣慰司。治所即今贵州铜仁市。万历二十六年（1598）改为铜仁县。

铜仁市 1987 年改贵州省铜仁县置，属铜仁地区。2011 年撤销铜仁地区和县级铜仁市，设立地级铜仁市。市人民政府驻新设立的碧江区花果山中路 20 号。铜仁市设立碧江区，区政府驻市中街道环西路 93 号。

铜仁县 明万历二十六年（1598）置，为铜仁府治。治所即今贵州铜仁市。清光绪六年（1880）移治江口汛（今江口县）。1913 年改名江口县。同年改铜仁府为县，属贵州镇远道。1923 年直属贵州省。1987 年改设铜仁市。

铜仁府 明永乐十一年（1413）置，属贵州布政司。治所在铜仁长官司（后改铜仁县，即今贵州铜仁市)。辖境相当今贵州铜仁市、江口县及万山特区北部地。清属贵州省。1913年废。

铜斗山 在今江西金溪县西南。《舆地纪胜》卷29抚州金溪县：铜斗山，"曾文昭公《铜斗院记》云，在金溪县南二十里。山能出云雨，弭灾害，为一州七县之望"。《方舆纪要》卷86抚州府金溪县：铜斗山在"县西南二十五里。岩壁高峻"。

铜石山 ①亦名峒石山。在今广东阳春市北。《舆地纪胜》卷98南恩州：峒石山"在阳春。岩石幽邃，内有古佛像。咸平二年诏赐太宗皇帝御书，藏于石室。胡铨有诗"。《清一统志·肇庆府》：铜石山"在阳春县北七十里。……《旧唐志》：铜陵县有铜山，盖即此"。

②在今广西北流市东十五里。《寰宇记》卷167陆川县："铜石山，上有铜湖，出硃砂水银。"《方舆纪要》卷108北流县：铜石山"峰峦秀丽，山顶宽平。旧产水银硃砂"。铜石岭海拔421.9米。1966年于此发现汉至唐代的冶铜遗址。

铜北县 1948年当地解放后由铜山县北部及沛县南部析置，属山东省。1952年划属江苏省。1953年撤销，恢复铜山县（驻徐州市）。

铜台（臺）驿 在魏州城（今河北大名县东北大街乡）内。《资治通鉴》：五代梁乾化二年（912），宣义节度使杨师厚军于魏州，"馆于铜台驿"。胡三省注："因铜雀台以名驿。"

铜场七峰 在今福建建瓯市东二十五里。《方舆纪要》卷97建宁府：铜场七峰"有七峰连属"。

铜关 在今河南卫辉市南。《晋书·地理志》：汲县"有铜关"。

铜关铁寨山 在今贵州黎平县南。《方舆纪要》卷121黎平府潭溪司：铜关铁寨山在"司东二十里。山高峻，其上平广，可容千人。三面险绝，惟南有径可登"。

铜州 ①唐武德四年（621）置，治所在北流县（今广西北流市）。辖境相当今广西北流、容县二市县地。贞观八年（634）改为容州。

②渤海国置，治所在今黑龙江宁安市南哈尔巴岭附近。辖境相当今黑龙江宁安、吉林汪清两县市部分地。辽废。

③辽置，治所在析木县（今辽宁海城市东南四十里析木镇）。辖境相当今辽宁海城市东南一带。金皇统三年（1143）废。

铜江河 即今四川宝兴县西南宝兴河。清咸丰《天全州志》卷1：铜江河"一名沫水。源从木坪尧碛而来，入州北灵鹫山，下过金波崖，至三江口合流，总汇于多功峡，合和夷二水"。

铜安砦 北宋置，属辰溪县。即今湖南怀化市东六十四里铜湾镇。后改属沅州。

铜坑山 ①一名铜井山。在今江苏苏州市西南。明王鏊《姑苏志》卷8：铜坑山"在邓尉山西南。一名铜井。晋宋间凿坑取沙土煎之，皆成铜，故名"。

②在今浙江临安市西南一百十六里，与淳安县接界。宋《咸淳临安志》卷27昌化县："铜坑山在县（今昌化镇）南五十里，东接分水，南带淳安，西亘绩溪。"《方舆纪要》卷90昌化县：福泉山"最高峰曰铜坑，亦名铜坑山"。

铜坑泉 在今湖南郴州市北二十里。《方舆纪要》卷82郴州"北湖"条下：铜坑泉"两旁岩壁如束，迅流斗折，合于温泉。相传泉旁产铜，因名"。

铜坑铜场 在今广东阳山县西南。《宋史·地理志》阳山县："有铜坑铜场。"

铜佛寺 即今吉林龙井市西北铜佛寺镇。旧属延吉县。为入吉林省会吉林市大道，天图铁路经此。《清史稿·地理志》延吉府：官商路，"西铜佛寺达敦化"。

铜佛坝 在今重庆市綦江县南一百二十里赶水镇西。《舆地纪胜》卷180南平军：铜佛坝"在金城西门外，地有金铜二佛像"。故名。《宋史·熊本传》："渝州南川獠米斗叛，招本安抚。本进营铜佛坝。"即此。熙宁七年（1074）于此置南平军。

铜炀镇 即今安徽巢湖市西炯炀镇。《清一统志·庐州府二》：铜炀镇"在巢县西五十里"。

铜冶山 ①即今江苏句容市北六十五里铜山。《元和志》卷25润州句容县："铜冶山在县北六十五里。出铜铅，历代采铸。"

②即今山东莱芜市北三十里阴凉山。《魏书·地形志》：泰山郡嬴县有铜冶山，即此。

铜矿山 在今重庆市涪陵区东。清同治《涪州志》卷1：铜矿山在"治东百里，崒嵂嵯硠五十里，有开采炉冶遗迹。……其上有雨台、鸡石诸峰，若庐山之金阙、香炉也，各有碣字漶漫不辨"。

铜岭 ①在今江西瑞昌市西北三十五里。清同治《九江府志》卷4瑞昌县：铜岭"曾产铜，故名"。

②在今广东东莞市东。《方舆纪要》卷101广州府东莞县：铜岭"在县东二十里榴花村。宋末邑人熊飞结集义勇与元将姚文虎力战斩之，遂与新会令曾逢龙复广州"。

铜岭铜矿遗址 在今江西瑞昌市西北夏畈镇铜岭村。遗址分采矿区和冶炼区。其中采矿区约7万平方米，冶炼区古炼渣堆积18万平方米。采矿区发掘古竖井一百零三口、巷道十九条、露天采坑七处、工棚五处、选矿场一处，出土石、木、铜、陶、原始瓷等生产工具和生活用具约五百件。在冶炼区揭露春秋时代炼炉二座。遗址最早开采年代为商代中期，是我国最早的采铜冶铜遗址。西周时期用流水冲洗选矿的木溜槽为世界仅见之物。出土有商、西周、春秋各代的提升工具木滑车，是世界上最早的木制机械之一。铜岭铜矿遗址是继湖北大冶铜绿山矿冶遗址后的又一重大发现，它证明我国大规模开采铜矿至少已有三千余年的历史，是我国年代最早、保存最完整、内涵最丰富的一处大型铜矿遗址，是中国青铜文明的象征之一。2001年定为全国重点文物保护单位。

铜宝山　在今江西铅山县南。《寰宇记》卷107信州铅山县："又有铜宝山，连桂阳山，出铜。"《清一统志·广信府一》：铜宝山"在铅山县西南七里。旧名杨梅山，一名七宝山。下有银平坑，石窍中胆泉涌出，浸铁成铜。天久晴，有矾可拾。宋建隆三年置铜场，久废"。

铜官山　①即君山。今江苏宜兴市西南二十里铜官山。清光绪《宜兴荆溪县新志》卷1：君山，一名铜官山，"秦以来设官采铜，故名"。

②一名武康山。在今浙江德清县西十六里莫干山南。《寰宇记》卷94武康县："铜官山下有两坎，深数丈，方圆百丈，古采铜所。"清雍正《浙江通志》卷12："昔吴王濞采铜于此。"故名。

③在今浙江建德市西十四里千岛湖旁。宋《淳熙严州图经》卷2建德县：铜官山"在县（治今梅城镇）西八十里。《旧经》载《新安记》云：秦时于此置官采铜，因以为名"。

④一名利国山，又名铜山。在今安徽铜陵市铜官山区。南朝齐、梁以来，置铜官场于此，故名。李白《铜官山醉后绝句》："我爱铜官乐，千年未拟还；要须回袖舞，拂尽五松山。"即此。

⑤即铜井山。在今安徽全椒县西。《隋书·地理志》：江都郡全椒县"有铜官山"。《明一统志·滁州》：铜井山"在全椒县西七十里。一名铜官山。上有铜井，旧尝出铜"。

⑥又名云田山。在今湖南望城县北二十里铜官镇。《水经·湘水注》："湘水又北径铜官山，西临湘水，山土紫色，内含云母，故亦谓之云母山也。"《寰宇记》卷114引甄烈《湘川记》云："盖楚之铸钱处，故曰铜官山。"

⑦在今四川邛崃市东南。《元和志》卷31邛州临邛县：铜官山"在县南二里。邓通所封，后卓王孙买为陶铸之所"。《明史·地理志》邛州："东南有铜官山，产铜。"《方舆纪要》卷71邛州：铜官山，"《旧志》在州东南八里。《史记》卓氏之先赵人，秦破赵，迁卓氏……致之临邛，即山铸钱，即此山也。汉文帝尝以此山赐邓通。今州南五里有卓王孙宅基，方十里。耕者往往得古钱"。

⑧在今四川金堂县东。《隋书·地理志》：金泉县有铜官山。《元和志》卷31金水县：铜官山，"在县北四十九里"。《舆地纪胜》卷164怀安军：铜官山，"《图经》云：在金水县北十里。出铜。唐天宝六载改为金水山"。

⑨在今四川中江县西南。《元和志》卷33铜山县："有铜山，汉文帝赐邓通蜀铜山铸钱，此盖其余峰也，历代采铸。"《寰宇记》卷82铜山县：铜官山"在县西南六十八里。长二里。《蜀记》云：县西南有铜官山，阔八丈，高出众峰。邓通、卓王孙冶铸之所也。景龙二年，采铜利害使西台侍御史奏称：梓州玄武县，简州金水县竞铜官坑。按两县《图经》，其铜官山合属，玄武县请徙铜官于山南二里"。《方舆纪要》卷71中江县：铜官山在"县西南九十八里。产铜。《志》云：为卓王孙、邓通冶铸之所"。

⑩在今四川广汉市东。《寰宇记》卷73汉州：铜官山，"昔邓通铸钱于此"。《方舆纪要》卷67汉州：铜官山在"州东二十里。前代铸钱处也"。

铜官川　即今陕西沮河支流漆水河。《水经·沮水注》："铜官水又西南流径祋祤县东，西南流径其城南原下，而西南注宜君水。"《清一统志·西安府》"铜官川"条引《县志》："同官川亦谓之同水，源出哭泉，自（同官）县北五十里，南流至县城东北与漆水合。"

铜官市　在今湖南望城县北二十里铜官山下。铜官山又作铜山。《元和志》卷29长沙县：铜山"在县北一百里。楚铸铜处"。明置铜官驿。

铜官县　北魏太平真君七年（446）置，属北地郡。治所在今陕西铜川市（耀州区）北王益区。北周建德四年（575）移治今铜川市北城关乡，改名同官县。

铜官城　在今安徽铜陵县东三十里顺安镇。《资治通鉴》：唐景福元年（892），杨行密谓诸将曰："孙儒之众十倍于我，吾战数不利，欲退保铜官。"即此。

铜官浦　一作铜官渚。即今湖南望城县北二十里铜官山下铜官镇。《水经·湘水注》："湘水右岸铜官浦出焉。"即此。

铜官渚　①在今安徽铜陵市西长江滨。《资治通鉴》：唐文德元年（888），袁袭说杨行密曰："赵锽新得宣州，怙乱残暴，众心不附。公宜卑辞厚币，说和州孙端、上元张雄，使自采石济江侵其境，彼必来逆战，公自铜官济江会之，破锽必矣。"胡三省注："今池州东北一百四十里铜陵县有铜官渚。"

②即铜官浦。今湖南望城县北二十里铜官山下铜官镇。《方舆胜览》卷23潭州：铜官渚，"《旧志》：楚铸钱处"。唐杜甫有《铜官渚守风》诗。

铜官窑遗址　在今湖南望城县北铜官镇至石渚湖一带，以瓦渣坪为中心方圆数里。古窑依山构筑，遗址清晰。1959年以来多次出土唐宋古窑制品百余种数千件，以釉下彩为特征，对研究我国陶瓷发展史有重要意义。1988年定为全国重点文物保护单位。

铜驼街　在今河南洛阳市东北汉魏故城中。《水经·谷水注》："渠水又枝分，夹路南出，径太尉、司徒两坊间，谓之铜驼街。旧魏明帝置铜驼诸兽于阊阖南街。陆机云：驼高九尺，脊出太尉坊者也。"《太平御览》卷168引陆机《洛阳记》："洛阳有铜驼街，汉铸铜驼二枚在宫南。"

铜城　在今甘肃崇信县西四十里。《魏书·地形志》：安定县有铜城。《清一统志·泾州一》：铜城，"《旧志》，黄巢之乱，土人筑以御寇，北枕高山，南面平原，距汭水峡口，故址尚存"。

铜城山　在今甘肃崇信县西铜城村西。《寰宇记》卷151渭州潘原县："铜城山在县西南三十五里。”

铜城闸 三国吴赤乌中筑，在今安徽含山县东南五十四里铜闸镇。《清一统志·和州》：铜城闸“在含山县东南八十里。上受黄洛诸水，每江湖泛溢，牛屯河隘急不易泄，辄冲没田亩。吴赤乌中筑此以捍水患，涝则启之。明屡修”。

铜城闸河 在今安徽含山县南铜闸镇境。《方舆纪要》卷29和州：铜城堰，“《志》云：铜城闸河在含山县南铜城乡之六都，受天河、黄洛河支流，东至闸口分流为牛屯河，其南一支为三叉河。每江湖水泛，牛屯河溢不易泄，辄冲溢田亩。吴赤乌中筑堰设闸，以捍水患，遇旱则积，遇涝则启，遂成膏腴。其后以时修筑。明初，太祖率巢湖舟师出湖口，至铜城闸，已脱敌险”。

铜城堰 在今安徽和县西南、含山县南。《舆地纪胜》卷48和州：铜城堰“在历阳县西南六十里，分属历阳、含山两县。周回几一百里，散注田三千顷，皆膏腴，赋入当本州十之三”。

铜城镇 ①北宋置，属天长县。即今安徽天长市北四十八里铜城镇。西汉吴王刘濞在此冶铜铸币，并筑土城。《舆地纪胜》卷44盱眙军：铜城镇“在天长县西北四十五里。汉吴王濞有大铜山，即山铸钱，后因名镇”。

②北宋置，属东阿县。即今山东东阿县治。

铜柱 在今湖南永顺县东南。《旧五代史·晋书·高祖纪第五》：天福六年（941）四月，“湖南奏，溪州刺史彭士愁、五溪酋长等乞降，已立铜柱于溪州，铸誓状于其上，以《五溪铜柱图》上之”。《资治通鉴》：五代晋天福五年（940），“楚王希范徙溪州于便地，表彭士愁为溪州刺史，以刘勍为锦州刺史，自是群蛮服于楚。希范自谓伏波之后，以铜五千斤铸柱，高丈二尺，入地六尺，铭誓状于上，立之溪州”。胡三省注：“今辰州会溪城西南一里有铜柱，即马希范所立也。”

铜柱滩 在今重庆市涪陵区东乌江注入长江处。《水经·江水注》：江水“屈于黄石，东为铜柱滩”。《寰宇记》卷120涪陵县：铜柱滩，“《周地图记》云：涪陵江中有铜柱滩，昔人于此维舟，见水底有铜柱，故名为铜柱滩。滩最峻急，一云马援铸柱于此”。

铜钟（鐘）店 即今河南正阳县东南四十八里铜钟镇。元、明置巡司于此。

铜钟（鐘）河镇 即今四川资阳市东南铜钟河村。民国《资阳县志稿》卷1：铜钟河“一名白佛场。距城七十里。创建光绪二十九年”。

铜泉山 在今广西宾阳县东北。《方舆纪要》卷109宾州：铜泉山“在州（治今新宾镇）东北十七里。下有泉，尝出铜”。

铜钱关 ①在今湖北竹溪县西北一百五里。民国《湖北通志》卷36竹溪县：铜钱关“嘉庆间总兵王凯、参将林泰带兵驻守”。

②在今陕西旬阳县东南一百八十里。地处鄂陕交界，为古代交通要冲。

铜钱坝 即今陕西勉县西铜钱坝。左涧右山，扼要路之要。北魏至北周为嶓冢县治。

铜钱湾市 一作铜钿湾市。即今湖南湘乡市东北五里铜钿湾。《清一统志·长沙府二》：湘乡县有“铜钱湾市”。

铜钵山 ①在今福建漳州市北。明嘉靖《龙溪县志》卷1：铜钵山“在县北二十一都。山势蜿蜒数里，内一峰中洼而外圆，其形如钵”，故名。

②在今江西瑞金市西北。《舆地广记》卷25虔州：瑞金县“有铜钵山”。《方舆纪要》卷88赣州府瑞金县：铜钵山在“县西北五十里。巉岩高耸，虽天气晴朗而烟雾常幕其顶。举目千里。下有井曰龙井”。

铜钿湾市 即铜钱湾市。在今湖南湘乡市东北五里。

铜釜山 在今浙江武义县西。《方舆纪要》卷93武义县：铜釜山在“县西三十里。群山环列，至为阻险。正统间，括寇起，居民结寨于其上，曰铜釜寨”。

铜陵市 1956年以铜陵县铜官山矿区、黄港乡和谢垅乡的部分地区设立铜官山市（地级），由安徽省直辖。1958年市、县合并，改名铜陵市。1960年市、县分设。1961年复改为省辖市。1964年改市为铜陵特区。1971年撤销特区，复为铜陵市。1974年划铜陵县为市辖县。1980年铜陵市向阳区和红星区分别改名为铜官山区和狮子山区。1987年撤销铜陵市铜山区，并入郊区。铜陵市辖铜官山区、狮子山区、郊区3区和铜陵县。2015年撤销铜陵市铜官山区、狮子山区，设立铜陵市铜官区，区政府驻乌木山社区木鱼山大道666号。

铜陵县 ①隋开皇九年（589）改龙潭县置，属端州。治所在今广东阳春市东北。《寰宇记》卷158春州铜陵县：“以界内有铜山”为名。大业初属信安郡。唐武德四年（621）为勤州治，五年（622）州废。万岁通天二年（697）复为勤州治，长安中又废。开元十八年（730）复置，属勤州。乾元元年（758）为勤州治。北宋属春州，熙宁六年（1073）废入阳春县。

②五代十国南唐保大九年（951）置，属昇州。治所即今安徽铜陵市。北宋开宝八年（975）改属池州。元属池州路。明属池州府。民国初属芜湖道，1928年直属安徽省。1956年改设铜官山市（地级）。1958年改名铜陵市。1964年改为铜陵特区。1971年复改铜陵市（地级）。

铜埠镇 即今安徽青阳县北二十里童埠镇。《清一统志·池州府二》“吴潭镇”条下：“又铜埠镇在县北二十里。”

铜雀台（臺） 在今河北临漳县西南邺镇北古邺城北城西北隅。东汉末曹操所筑，为邺都三台之一。《三国志·魏书·武帝纪》：建安十五年（210），“作铜雀台”。《水经·浊漳水注》：“中曰铜雀台，高十丈，有屋百余间……石虎更增二丈，立一屋，连栋接榱，弥覆其上，盘回隔之，名曰命子窟。又于屋上起五层楼，高十五丈，去地二十七丈。又作铜雀于楼巅，舒翼若飞。”北周毁，今仅土阜。

铜崖山　在今贵州铜仁市西南。《方舆纪要》卷122铜仁府铜仁县“铜崖山在府城西南。高十仞，屹立铜仁大、小二江间”。

铜锋城　在今四川绵阳市东。《资治通鉴》：唐昭宗景福元年（892）三月，西川将李简邀击杨守忠于钟阳，“夏四月，简又破（杨）守厚于铜锋，斩获三千余人，降万五千人，（杨）守忠、守厚皆走”。

铜盘山　①在今福建政和县东。《方舆纪要》卷97政和县“筹坑山”条内：“铜盘山在县东三十里。高数千仞，为邑境之望。”《清一统志·建宁府》：铜盘山“在政和县东二十里。高插天际，非攀萝扪葛不可上。七星溪水出此”。

②在今湖南慈利县东四十里。铜盘水所出，下注为滩。宋本《寰宇记》卷118慈利县：铜盘滩，“《郡国志》云，连钱、铜盘、石马，此澧阳之滩险也”。

铜盘堤　在今湖北咸宁市南。《方舆纪要》卷76咸宁县：铜盘堤“在县南六十里。有四门，各广二丈。蛮僚尝保聚于此”。

铜梁山　①指小铜梁山。在今重庆市铜梁县西北。《寰宇记》卷136铜梁县：“以铜梁山为名。”《清一统志·重庆府一》：小铜梁山“在铜梁县西北六十里。《元和志》：铜梁县取山为名”。

②在今重庆市合川区南。西晋左思《蜀都赋》：“外负铜梁而宕渠。”《元和志》卷33合州石镜县：铜梁山“在县南九里。《蜀都赋》‘外负铜梁于宕渠’是也。山出铜及桃枝竹”。明万历《合州志》卷1：铜梁山“山有石梁横亘，其色如铜，故名。岩有‘铜梁山’三字”。

铜梁区　2014年撤销铜梁县，设立重庆市铜梁区，区政府驻巴川街道龙都路50号。

铜梁县　唐长安四年（704）置，属合州。治所在奴仑山列宿坝（在今重庆市潼南县东南）。《元和志》卷33铜梁县：“取小铜梁山为名。”开元三年（715）移就涪江南岸（在今重庆市合川区西北）。十六年（728）移于东流溪（今潼南县南集乡戴场坝。一说今铜梁县西北）。天宝初属巴川郡，乾元初属合州。元移治今铜梁县。清康熙元年（1662）废入合州，六十年（1721）复置，属重庆府。民国初属四川东川道。1928年直属四川省。今属重庆市。

铜绿山　在今湖北大冶市西南五里。《方舆纪要》卷76大冶县“铁山”条下：“县治西南有铜绿山，亦古出铜冶铸之所。县名大冶，盖以此。”1973年在此发现古矿冶遗址，测定为西周至西汉时铜矿址，面积8平方公里。1988年定为全国重点文物保护单位。

铜绿山古铜矿遗址　在今湖北大冶市西，包括铜绿山、大岩阴山、小岩阴山、螺蛳塘、乌鸦扑林塘等处，范围南北长2公里，东西宽约1公里。在遗址中发现多处面积大的古矿井和炼炉。古矿井深达50余米，延伸不规则，内有大量木构井巷支护及各种采矿工具，如木铲、木槌、铜斧、铜锛、铁斧、铁锄等。许多古矿井都在地下水位下十几米，说明当时已积累了井下支护、排水、通风、提升等丰富的采矿经验。遗址散布大量周至汉的陶片、炉渣和炼铜遗物，并有铜饼状铜锭出土。1982年定为全国重点文物保护单位。

铜期镇　北宋置，属石照县。即今重庆市合川区西三十里铜溪镇。

铜湾市　即今湖南怀化市东六十四里铜湾镇。宋置铜安砦。清时有把总驻防。

铜鼓山　①在今山西岚县南。《方舆纪要》卷40岚县：铜鼓山在“县南四十里，山险峻”。

②即今福建永定县东北铜鼓山。《舆地纪胜》卷132汀州《景物下》：铜鼓山“在上杭县东南百里。（山有铜鼓），声闻则岁大稔”。《方舆纪要》卷98永定县：“铜鼓山在县东北六十里，接上杭县界。拔地突起，高百仞，广数里，民居其下。左右有二湖，皆广袤数丈。其一虽旱不涸，名铜鼓湖。”

③在今广东高要市南。《舆地纪胜》卷96肇庆府：铜鼓山“在南岸，府治（今肇庆市）之对山”。《方舆纪要》卷101肇庆府高要县：铜鼓山在“府南二十里。高千仞，周三十余里。府治之案山也。山有赤石如鼓，叩之有声，因名”。

④在今广东丰顺县东北铜鼓嶂。《方舆纪要》卷103程乡县：铜鼓山在“县东南八十里。高千丈，周百里。山势峻阻，盗贼多窟穴其中，亦曰铜鼓嶂。其相近者有阴那山”。

⑤在今广西武宣县南。《寰宇记》卷165武仙县：“铜鼓濑又有铜鼓山，俱在郡界。”《舆地纪胜》卷105象州：铜鼓山“在武仙县西十里。下有铜鼓濑。昔马援南征，获骆越铜鼓。《广化记》曰：俚僚铸铜为鼓，惟以广大为贵，面阔丈余。初成，挂于庭，克晨置酒，招置同类，来者盈门”。

⑥又作铜鼓岭。在今海南省文昌市东六十里近海处铜鼓角。《舆地纪胜》卷124琼州：铜鼓岭“在文昌县。俗传民得铜鼓者验之，乃诸葛武侯征蛮之钲，因以名之”。《清一统志·琼州府》“铜鼓山”条引《旧志》：“铜鼓山，盘亘海岸，半入海中。上有龙神，春秋祀之。出水晶石燕。”

⑦在今重庆市荣昌县北。《元和志》卷33静南县：铜鼓山“在县北八十里”。《舆地纪胜》卷161昌州：铜鼓山，“《图经》：在昌元县东十里。其山顶脚皆平，中心狭，状如铜鼓。绝顶有祠号铜鼓大王”。《方舆纪要》卷69荣昌县“宝盖山”条内：“县北百里有铜鼓山，皆高耸。”

⑧在今贵州清镇市西四十五里。《清一统志·安顺府》：铜鼓山“相传汉诸葛亮南征，获铜鼓于此。山半有洞，每阴雨，闻洞中有声”。

铜鼓千户所　明洪武二十一年（1388）置，属五开卫。治所即今贵州锦屏县东南铜鼓镇。三十年（1397）改为铜鼓卫。

铜鼓卫 明洪武三十年（1397）改铜鼓千户所置，属湖广都司。治所即今贵州锦屏县东南铜鼓镇。二年后废。建文四年（1402）复置，清雍正五年（1727）改置锦屏县。

铜鼓厅 清宣统元年（1909）改铜鼓营置，属南昌府。治所即今江西铜鼓县。1912年改置铜鼓县。

铜鼓市 在今广西永福县东北四十里。明置巡司于此。

铜鼓团 北宋置，属诚州。在今贵州锦屏县东南铜鼓镇。《宋史·蛮夷传》：元丰三年（1080），湖南转运判官赵扬"言上江、多星、铜鼓、羊镇、潭溪、上和、上诚、天村、大田等团并至诚州城下贸易，可渐招抚"。即此。

铜鼓关 明置，在今贵州石阡县西北。《方舆纪要》卷122石阡府：铜鼓关"在府西北。《志》云，石阡司与思南府蛮夷司接界处"。

铜鼓县 1912年改铜鼓厅置，后属江西浔阳道。治所即今江西铜鼓县。1926年直属江西省。

铜鼓岭 ①在今广西荔浦县东四十五里。《明史·地理志》荔浦县："东有铜鼓岭，一名火焰山。"

②在今广西贵港市南五十里。《方舆纪要》卷108贵县：铜鼓岭"平地突起，层冈环列，可以避寇"。

铜鼓营 即今江西铜鼓县。《清一统志·南昌府二》：铜鼓营"在义宁州西南一百五十里。明万历四年建，设守备驻此。有城，周一里有奇。本朝雍正二年，移瑞州府同知，南瑞镇后营游击及千把总驻此"。清宣统元年（1909）改置铜鼓厅。

铜鼓滩 在今广西桂平市东一里。《明一统志》卷85浔州府：铜鼓滩"在浔江中。滩有五，曰碧滩、弩滩、思傍滩、斫石滩，并铜鼓为五，水石险隘，有声如鼓"。《方舆纪要》卷108桂平县"浔江"条："《志》云，今州东一里有铜鼓滩，当黔、郁二水合流处，春夏水涨，响如铜鼓。"

铜鼓墟 在今广东台山市东南赤溪镇西南海滨。清光绪《广东舆地全图》：赤溪厅西南有铜鼓汛。

铜鼓嶂 在今广东龙川县北。《方舆纪要》卷103惠州府龙川县：铜鼓嶂"在县北，又有葫芦峒诸险，皆贼出没处。嘉靖四十五年，抚臣吴百朋遣将破贼赖清规于此"。

铜鼓镇 明置，属荣昌县。即今重庆市荣昌县西北铜鼓场镇。

铜鼓潭 即今重庆市酉阳土家族苗族自治县西南铜鼓乡（铜鼓潭场）。清同治《酉阳直隶州志》卷3记载："宋元间土官治所也。"

铜塘山 又名封禁山。即今江西上饶县南与江西铅山县和福建省境接界处之五府山。《清一统志·广信府》：铜塘山"在上饶县南一百里。险塞危峻，为郡要害。广长各三四百里，其南则属福建浦城等县界。中产铜铁。《县志》：明景泰中，福建沙县寇邓茂七聚众盗冶，永丰知县邓禺追捕遇害。后官军讨平之。遂严冶禁，设隘戍守。亦名封禁山"。

铜零口 即泠口。在今湖北蕲春县西南蕲州镇东南。《水经·江水注》："江水又东，得铜零口，江浦也。"《资治通鉴》：晋建兴元年（313），杜弢"退保泠口"。胡三省注谓泠口应为铜零口。

铜锣关 ①一名同罗关。明置，在今湖北罗田县西北百四十里。《方舆纪要》卷76罗田县"岐岭关"条下：凤凰关"其相近者曰铜锣关"。

②亦名铜锣峡关。在今重庆市东二十里长江铜锣峡口北岸。《明史·地理志》巴县："东有铜锣关。"清嘉庆《巴县志》卷2：铜锣关"铁山左旋，涂山右扼，俱陡立江岸，石崖攒锁，一水中穿，乃渝州水陆门户"。

铜锣江 又名蛇溪。即今江西樟树市西南永泰镇北五里至袁江会口段之赣江。《方舆纪要》卷87临江府清江县：蛇溪"俗呼为铜锣江"。

铜锣峡 又名石洞峡、黄葛峡。在今重庆市东北。《元史·步鲁合答传》：至元十一年（1274）"进攻重庆，宋军突围出走铜锣峡"。《方舆纪要》卷69重庆府巴县：铜锣峡在"府东二十里。悬崖临江，下有园石，如铜锣之状。明初平蜀，廖永忠引舟师至铜锣峡。明昇出降处也"。

铜锣峡关 即铜锣关。在今重庆市东铜锣峡口北岸。《清史稿·地理志》江北厅："东：铜锣峡关，为水路门户。"

铜锣洲 在今湖南耒阳市北十里骜山水口。《清一统志·衡州府一》：铜锣洲"周十里。耒水直流，此为之障"。

铜源坊 唐铸钱地。在今山西翼城县北。《新唐书·地理志》：绛州翼城县有铜源钱坊。《清一统志·平阳府》：蜀山"在翼城北三十里，相传旧铸钱处，唐铜源监置此"。

铜蔡县 唐置，属长州。治所在今越南太平省南部或南定省境。后废。

铜濑县 西汉元封二年（前109）置，属益州郡。治所在今云南马龙县境。东汉改同濑县。

铜壁 在今山西太原市西南。《晋书·苻坚载记上》："坚至铜壁，（张）平尽众拒战，为（邓）羌所败。"《资治通鉴》晋升平二年（358）胡三省注："河、汾之间有铜川，其民遇乱，筑铜壁以自守，因曰铜壁。"

铜壁关 在今云南盈江县西南部，铜壁关乡老官坡雪梨寨旁。明万历二十二年（1594）云南巡抚陈用宾筑，为腾越八关之一。

铜爵园 又称西园。曹魏邺都御园。在今河北临漳县西南古邺北城。晋左思《魏都赋》曰："右则疏圃曲池，下畹高堂，兰渚莓莓，石濑汤汤，弱蔓系实，轻叶振芳，奔龟跃鱼，有䐛吕梁。驰道周曲于果下，延阁胤宇以经营。"李贤注："文昌殿西有铜爵园，园中有鱼池堂皇……铜爵园西有三台，中央有铜爵（雀）台，南则金虎台，北则冰井台。”

铜鞮　春秋晋邑，即今山西沁县南三十五里古城。《左传·成公九年》：“晋伯如晋，晋人讨其贰于楚也，执诸铜鞮。”即此。后置铜鞮县。

铜鞮山　一名紫金山。在今山西沁县西南四十里。《魏书·献文六王传》：“后幸代都，次于上党之铜鞮。”即此。县西三十里尧山，唐亦曾改名铜鞮山。

铜鞮水　又名西漳河、小漳水。即今山西沁县西之西河。《水经·浊漳水注》：铜鞮水“出铜鞮县西北石隥山，东流与专池水合，……铜鞮水又东径铜鞮县故城北，……又东径襄垣县，入于漳”。

铜鞮县　春秋晋顷公十二年（前514）置，治所在今山西沁县南三十五里古城。秦属上党郡。北魏移治今沁县西南故县镇，属乡郡。隋属上党郡，唐属潞州。北宋太平兴国三年（978）移治今沁县，为威胜军治。金天会六年（1128）为沁州治。明洪武初废。

铜鞮宫　春秋晋离宫。在今山西沁县南。《左传·襄公三十一年》：“今铜鞮之宫数里。”《元和志》卷15铜鞮县：“晋铜鞮宫，在县东十五里。”

银厂沟　在今四川雷波县北罗溪乡西北。产银、铅矿。清光绪《雷波厅志》卷50：银厂沟“在黑角汛”。

银山　①在今北京市昌平区东六十里。《方舆纪要》卷11：银山“峰峦高峻，冰雪层积，色白如银，因名。麓有石崖，皆成黑色，谓之银山铁壁。顶为中峰，石梯而上，约五六里迥出云霄”。

②旧名土山。俗名竖土山，又名植土山。即今江苏镇江市西北之云台山。《寰宇记》卷89润州丹徒县：银山“在城西。旧名竖土山，以与金山对峙，改名银山”。

③在今浙江德清县西五里。《方舆纪要》卷91武康县“石城山”条：永安山“在县（治今武康镇）西五里。孙吴以此名县，亦名银山”。

④在今浙江绍兴县东。《明史·地理志》绍兴府会稽县：“有银山、锡山，旧产银砂及锡。”

⑤即邓公山。在今江西德兴市东。《元和志》卷28饶州乐平县：银山“在县东一百四十里。每岁出银十余万两，收税山银七千两”。

⑥在今江西金溪县东。《方舆纪要》卷86金溪县“金窟山”条内：“东二里有银山。唐时出银矿。宋初废。”《清一统志·抚州府》：银山“在金溪县东二里。唐时尝出银矿，故名。一名宝山。其西里许有白面坞，盖南唐时凿山采银之所。上有银坑碑记”。

⑦在今山东招远市南五十里。《清一统志·登州府》：银山，“《县志》：顶有澄潭，深不可测，相传与海潮相应”。

⑧一名锡山。在今湖北通城县南。《方舆纪要》卷76通城县：锡山“在县南七里。旧产银，曰银山，又产锡”。“银山积翠”为县八景之冠。

⑨一名大银山。在今湖北阳新县北。《舆地纪胜》卷33兴国军：银山“在永兴。四环皆山而多产银，因名。有寺曰银山院”。《方舆纪要》卷76兴国州：银山在“州北十五里。四面皆山，多产银矿。亦名大银山。元时曾采银于此”。

⑩在今湖北恩施市东。《方舆胜览》卷60施州：银山“在州东七十余里”。《方舆纪要》卷82施州卫：银山“顶有峰，高数十丈。昔人于此避兵”。

⑪在今四川资中县东南四十里。《元和志》卷31银山县：“因县界银山为名。”《清一统志·资州》：银山“在州东南三十里。山形如锭。《古今集记》：唐田游岩入蜀，居于银山，聚弟子歌雅诗以为乐。今山有雅歌台。蜀时曾以名县”。

⑫在今新疆托克逊县西南。《资治通鉴》：唐贞观十八年（644），诏以郭孝恪为西州道行军总管，帅步骑出银山道击焉耆，破焉耆，“留栗婆准摄国事而还。孝恪去三日，（西突厥大臣）屈利啜引兵救焉耆，不及，执栗婆准，以劲骑五千追孝恪至银山，孝恪还击，破之，追奔数十里”。

银山县　隋义宁二年（618）置，属资阳郡。治所在今四川资中县南四十里银山镇。《元和志》卷31银山县：“因县界银山为名。”唐属资州。北宋乾德五年（867）废入盘石县。

银山塔林　在今北京市昌平区东北银山南麓古延寿寺遗址上。是该寺中高僧的墓塔。共有砖塔七座，其中金代五座，元代两座。有六角和八角形两种。金塔均为八角密檐式，高20米。须弥座及第一层塔身均有精美雕饰，塔檐向上逐层微减，外廓秀丽挺拔，砖雕手法精细。一座无塔为密檐式与覆钵式相组合，独具特色。1988年定为全国重点文物保护单位。

银山碛　又名库木什阿克玛山。唐安西都护府属地。在今新疆托克逊县西南库米什镇一带。《新唐书·地理志》西州交河郡：“自州西南……经礌石碛，二百二十里至银山碛。”

银山镇　北宋乾德五年（867）废银山县为镇，属盘石县。即今四川资中县南四十里银山镇。明置巡司于此。

银川　即今甘肃积石山保安族东乡族撒拉族自治县东南银川河。源出小积石山东麓，东北流入黄河。《宋史·吐蕃传》：“（董毡）子木征居河州，母弟瞎吴叱居银川。”即此。

银川水　在今陕西宜川县西南。《方舆纪要》卷57宜川县：银川水“在县西南十里。流绕县城，又东注于黄河”。

银川市　1945年于旧宁夏城置，为宁夏省会。治所即今宁夏银川市。取流经市境之黄河（银川）为名。1957年升为地级市。1958年为宁夏回族自治区首府。

银川驿　即今甘肃积石山保安族东乡族撒拉族自治县东银川乡。《方舆纪要》卷60河州：银川驿“在州西六十里。《旧志》云：踏白城东有银川站，黄河所经，驿盖因旧名也”。

银川城　即永乐城。又名银川砦。在今陕西米脂县西北六十里马湖峪。北宋崇宁五年（1106）改为银川城。

银川郡　唐天宝元年（742）改银州置，治所在儒林县（今陕西横山县东党岔镇）。辖境相当今陕西米脂、佳县和榆林市东南部、横山县东部地。乾元元年（758）复为银州。

银川砦　即永乐城。在今陕西米脂县西北六十里马湖峪。北宋元丰五年（1082）筑，为银州治。崇宁五年（1106）改为银川城。

银龙江　一名太平江。在今云南永平县东。《方舆纪要》卷118永平县：银龙江“在县治东半里，守御城跨城上。源自县西上甸里，合木里场河，又南合曲洞河，又东南过萨祐河、花桥河，又东南入澜沧江。《志》云，银龙江每孟春时，近晓有白气横江，盘旋如龙，因名”。

银田寺镇　即今湖南韶山市东南银田镇。明天顺三年（1459）于此建银田寺。镇因寺为名。

银生节度　唐南诏置，治所在银生城（今云南澜沧拉祜族自治县北一百十里上允镇）。辖境约当今云南西南部澜沧江以西、小黑江以南至境外部分地区。南诏后期开南节度并入。辖境增加今云南景东彝族自治县往南包括西双版纳及境外部分地区。宋大理废。

银生城　唐南诏置，为银生节度驻地。在今云南澜沧拉祜族自治县北一百十里上允镇。为南诏对婆罗门、波斯、阇婆、勃尼、昆仑等处贸易之所。

银场　在今江西德兴市东。《方舆纪要》卷85饶州府德兴县：银场“在县东六十里。唐冶银处”。

银州　①北周保定三年（563）置，治所在骢马城（今陕西横山县东党岔镇大寨梁）。《元和志》卷4银州：“因谷为名，旧有人牧骢马于此谷，虏语骢马为乞银。”辖境相当今陕西横山、米脂、佳县以北地。隋开皇三年（583）置儒林县为州治。大业二年（606）废。唐贞观二年（628）复置，治所在儒林县（今横山县东党岔镇大寨梁）。天宝元年（742）改为银川郡，乾元元年（758）复为银州。五代时沦为西夏所有。北宋元丰四年（1081）收复，次年移治永乐城（今陕西米脂县西北马湖峪）。崇宁五年（1106）废。

②辽置，治所在延津县（今辽宁铁岭市）。《辽史·地理志》银州：“本渤海富州，太祖以银冶更名。”辖境相当今辽宁铁岭市一带。金皇统三年（1143）废。

银州关　在今陕西横山县东。《方舆纪要》卷57米脂县：银州关在“县西九十里。上有古城，亦曰银城关。成化七年，余子俊言，延绥西路旧守土门、太兔鹘等堡，并未守铁鞭、锁地、五谷、黑城子、银城关等城，俱宋时防守夏人所筑，山势险，水泉便”。

银江　在今广西蒙山县东。《方舆纪要》卷107永安州：银江“在州东。源出州东北之平峒，过三昧巢，又南会于西江”。

银观峪　明、清时银、铜、铁铸冶地。在今甘肃武山县南。《清一统志·巩昌府》：银观峪“在宁远县南三十里。旧有银、铜、铁冶，酒井盐池”。

银坑　即今江西于都县东北银坑镇。明嘉靖《赣州府志》卷5：雩都县有银坑隘。清同治《雩都县志》卷6：银坑隘“在县东北安富里。明弘治间张琎设”。1932年中央革命根据地所置胜利县后徙治于此。

银坑坪山　在今广东广宁县东北。《方舆纪要》卷101广宁县：银坑坪山“在县东北六十里。山险僻，旧为‘贼’巢”。

银花河　在今陕西山阳县东。东流至丹凤县南入丹水。《方舆纪要》卷54山阳县：两河“至县界竹林关，有银花河流合焉，因称两河。《志》云，银花河在县东八十里”。

银邑　今湖北通城县之别称，以县南有银山为名。

银岗书院　在今辽宁铁岭市红旗街。初为清顺治十五年（1658）湖广道御史郝裕谪戍铁岭时所建，有学舍三楹，为其讲学之地。后经重建和扩建，成为铁岭地区有名学府。扩建后的银岗书院为四合院建筑，有正厅、后堂、东西厢房、门房各三楹，后堂后改为郝公祠。院门前影壁上镌刻“银岗书院”四个大字。1910年春周恩来曾在此书院读书。

银帐山　亦名银殿山。即今广西恭城瑶族自治县东北四十二里银锭山。《新唐书·地理志》恭城县：“有钟乳穴十二，在银帐山。”

银财岛　即今南海中中国西沙群岛西部之金银岛，属永乐群岛。1935年命名为银财岛。1947年改名金银岛。

银冶山　在今浙江诸暨市北三十里。《方舆纪要》卷92诸暨县“句乘山”条下：银冶山“相传山有银矿”。

银冶岭　又名银冶山。在今北京市密云县东南十五里。民国《密云县志》卷1：银冶岭“曾产银，山下犹有开采洞址，近产石棉”。

银沙罗甸　又作银沙逻、银砂罗。宋大理置，属永昌府。在今云南澜沧拉祜族自治县北一百十里上允镇。元升为银沙罗甸宣慰司。

银沙罗甸军民府　元至顺二年（1331）改银沙罗甸宣慰司置，属云南行省。治所在今云南澜沧拉祜族自治县北一百十里上允镇。辖境约当今澜沧江以西、萨尔温江以东、小黑江以南地区。明初废。

银沙罗甸宣慰司　元天历二年（1329）置银沙罗甸等处宣慰司都元帅府，属云南行省。治所在今云南澜沧拉祜族自治县北一百十里上允镇。辖境约当今澜沧江以西、萨尔温江以东，小黑江以南地区。至顺二年（1331）改银沙罗甸军民府。

银林堰　又名银淋堰。唐景福初筑，在今江苏高淳县东东坝镇。《舆地纪胜》卷 17 建康府：银淋堰，“《续志》云，苏、常承中江下流，常病漂没，故筑银淋五堰以窒之，自是中江不复东，而宣、歙皆自芜湖以达于大江。又以石窒五堰路，又液铁以固石，故曰银淋，今讹为林”。

银矿山　一名箐山。在今湖北恩施市南。《方舆纪要》卷 82 施州卫“银山”条下：银矿山“在卫南三十里。一名青山菁。相传旧出银，西有铁冶”。

银岭　在今浙江金华市西南九十二里。《方舆纪要》卷 93 汤溪县：银岭在“县（治今汤溪镇）南六十里，与遂昌县接界。旧有银岭寨，亦要隘处也”。

银钗岭　在今山西灵丘县东。《方舆纪要》卷 44 灵丘县：银钗岭在“县东二十五里，接广昌县界。西旁高山，卓峙如立钗然”，故名。

银瓮（甕）峡　在今甘肃两当县东二十里。杜甫《洗兵马》诗：“复道诸山得银瓮。”指此。

银河桥　在今重庆市梁平县东南。清光绪《梁山县志》卷 3：银河桥在“县东四十五里，接蟠龙溪，水迤逦南流，月夜望之如银河，故名”。

银城　一名铜鱼城。即今福建厦门市同安区驻地大同镇。《方舆纪要》卷 99 泉州府同安县：银城“即今县。……其制东西广，而南北隘，如银锭然，故曰银城。又城南溪有二石，状如鱼，色若铜鼓，亦名铜鱼城”。

银城县　①南朝陈置，属鄱阳郡。治所在今江西德兴市东北新建乡银城坂。隋废入鄱阳县。

②西魏改石城县置，属绥州。治所在今陕西神木县境。北周保定二年（562）迁至石龟镇（今陕西神木县南四十里）。隋属雕阴郡，大业末年废。唐贞观二年（628）复置，后属麟州。北宋政和四年（1114）省入新秦县。

银树东坝　又名广通镇。在今江苏高淳县东东坝镇。为唐五堰之一。《宋史·瀛国公传》：德祐元年（1275），元兵迫近临安（今浙江杭州市），“起赵淮为太府寺丞，成银树东坝”。《元史·阿剌罕传》：至元十二年（1275），“由西道趋溧水、溧阳，攻拔银树东坝”。皆此。

银树镇　亦作银淋（林）镇。北宋置，属溧水县。在今江苏高淳县东。《宋史·赵淮传》：“德祐中（初），成银树坝，兵败，与其妻俱被执。”

银峒峪　在今河北昌黎县北。《方舆纪要》卷 17 抚宁县：银峒峪“旧出银矿，因名”。

银洞　在今河北唐县西北。《方舆纪要》卷 12 唐县“神和山”条下引《县志》云：“县西北高尖峪、空间窑诸处，旧尝产银，谓之银洞。明初尝采矿炼银，力多利少，闭不复采。”

银洞水　在今广西永福县西。《方舆纪要》卷 107 永福县：银洞水“在县西十五里。有二源：一名石城隘，一出茶山，并流为银洞水，东至城西，谓之西江，有西江渡，下流入长宁水”。

银砾滩　在南海中中国西沙群岛永兴岛西南 7 海里。水深约 10 米。长约 6.5 公里，宽约 4 公里，为珊瑚砾石滩。1935 年公布名称为伊尔迪斯滩。1947 年改名银砾滩。

银峰驿　宋置，在今江西德兴市西南四十里。元废。

银瓶山　①即今安徽巢湖市西南三十里银屏山。《方舆胜览》卷 48 无为州：银瓶山“在军城之西，时有云气，以形得名”。

②在今福建漳平市东。明嘉靖《漳平县志》卷 2：银瓶山“在县东十里。层峰错列，清翠可爱，状若瓶然，故名”。

③在今福建大田县东。明嘉靖《延平府志》卷 2《山川》大田县：银瓶山“在三十一都。其状如瓶，旧于此闸办银课。瓶或作屏，字误”。《方舆纪要》卷 97 延平府大田县：银瓶山在“县东三十里。瓶亦作屏，旧于此闸办银课。其山兼多银铁，明初亦置银冶鼓铸，渐逋聚为盗。景泰后罢冶，惟铁冶尚存”。

④在今广东海丰县北。《方舆纪要》卷 103 海丰县：银瓶山“在县北三十里。山高而锐，瀑布悬流，县之镇山也”。

银瓶浪盏山　在今福建明溪县西南。《方舆纪要》卷 98 汀州府归化县：银瓶浪盏山“在县西南三十里。四峰连属，中一峰园尖如瓶，余三峰圆小如盏，故名”。

银雀山　在今山东临沂市东南，与金雀山相对。1972 年银雀山一号汉墓出土大量竹简，其中有失传一千七百多年的《孙膑兵法》及《孙子兵法》、《六韬》、《尉缭子》等。

银雀山金雀山汉墓群　在今山东临沂市东南，东临沂河，北拱城垣，两山东西对峙。墓葬大部分属西汉前期。1972 年银雀山 1 号汉墓出土竹简及残简四千九百四十二枚，多为兵书，其中有失传 1700 多年的《孙膑兵法》及《孙子兵法》、《六韬》、《尉缭子》、《管子》、《晏子》、《墨子》等先秦古籍。历史上有无孙武其人、孙武是否即孙膑及《孙子兵法》的真伪问题，长期以来争论不休，悬而未决。《孙子兵法》与《孙膑兵法》同时出土，得以释此千年之疑。2 号墓出土的汉元光二年（前 134）历谱竹简三十二枚，是迄今发现的我国最早历谱。着一重大发现，丰富了我国古代军事学的宝库，对古文字学、校勘学和古历法研究也有重要意义。1976 年金雀山 9 号墓又出土一幅附着于棺盖上的彩绘帛画，长 200 厘米，宽 42 厘米，画面内容分天上、人间、地下三部分，画面中央部分主要描绘墓主人的生活情景，这是继湖南长沙马王堆汉墓帛画之后，在长江以北首次发现。

银葫芦山　在今河南汝阳县西南。《宋史·孟珙传》：南宋绍定六年（1233），孟珙追金将武仙，“战于银葫芦山，军又败，仙与五六骑奔”。

银窝沟　即今河北围场满族蒙古族自治县东南四十五里银窝沟乡。民国熊知白《东北县治纪要》热河省围场县："县属银窝沟，距县市三十里。户数一百，人口七百五十，内商家二十户。有公安分局，邮政局，小学校。"

银塘岭隘 在今江西吉安县北。《清一统志·吉安府》：银塘岭隘"在庐陵县（今吉安市）北一百二十里。四山峭拔，路通一线。与袁州府分宜县接界。旧尝置营于此"。

银赖山 在今贵州从江县西北。《方舆纪要》卷121黎平府曹滴洞长官司：银赖山在"司南十里。旧有银赖洞砦，明初俞通海讨古州诸蛮洞，首克银赖洞"，即此。

银锭桥 在今北京市西城区后海与前海联结处。明、清为北城中观西山胜地。清《日下旧闻考》卷54引《燕都游览志》："银锭桥在北安门海子三座桥之北，此城中水际看西山第一绝胜处也。桥东西皆水，荷芰菰蒲，不掩沦漪之色。南望宫阙，北望琳宫碧落，西望城外千万峰，远体毕露。"

银殿山 即今广西恭城瑶族自治县东北银锭山。《元和志》卷37恭城县："银殿山，其下有钟乳穴十二所，在县东二十八里。"《方舆纪要》卷107恭城县：银殿山在"县东北八十里。常有白云覆其上，望之如宫阙"。《清一统志·平乐府一》：银殿山，"《旧志》：一名兼山。常有白云缭绕，远方见如宫殿，故名"。

银嶂山 在今江西樟树市东北。明《寰宇通志》卷37临江府：银嶂山"在府（治今临江镇）东北七十里。其势峙立如屏嶂，且多白石，色如银，故名"。《方舆纪要》卷87临江府清江县：银嶂山"或曰旧常产银，官收其利，今否"。

甜水沟遗址 在今陕西大荔县西北段家乡解放村东的甜水沟内。1978年发现早期人类头骨化石，命名为"大荔人"，属旧石器时代，距今20万年左右。大荔人头骨化石粗壮，眉脊发达，前额后倾，带有明显的从直立人向早期智人过渡的体质特征。已发现石制品八百多件，主要是形体较小的石片、石器，多用当地河滩的石英岩或燧石、砾石打制成，有刮削器、尖状器、石锥、雕刻器等。还有古菱齿象、三门马、犀牛等多种哺乳动物化石。古人类化石保存完好，在中国及东亚地区早期人类演化史的研究中具有重要地位。2001年定为全国重点文物保护单位。

甜水河 ①在今河北昌黎县南，滦河支流由此入海。《方舆纪要》卷17昌黎县："《志》云，县南三十里又有甜水河，亦流入于七里滩。"

②在今甘肃通渭县西北。《方舆纪要》卷36巩昌府通渭县：甜水河在"城西北七里，出甘谷，引流入城，藉以取汲"。

③即今宁夏隆德县之渝河。为葫芦河支流。《清一统志·平凉府一》：陇水，"《旧志》：陇水二源：一为甜水河，源出隆德县六盘山，亦名六盘水，西南流径县北半里，又西过神林堡，入静宁州界，径州南一里，至州西南与苦水会。宋时谓之好水"。

甜水站堡 明置，即今辽阳县东南甜水满族乡。《方舆纪要》卷37辽东都司：甜水堡在"司东南九十里。亦曰甜水站。辽海卫铁场百户所置于此"。

甜河 在今甘肃环县西。《方舆纪要》卷57环县"咸河"条下："又有甜河，在城西三里。从蕃部鼻家族北界来，供人饮食。亦曰甜水沟，流注环河。"

甜草冈 又作满沟。即今黑龙江肇东市。民国熊知白《东北县治纪要》："（肇东）县属满沟，别名甜草冈。为东省铁路西部线之重要驿站。"1938年迁肇东县于此，改名肇东镇。

梨山 即今福建建瓯市东十五里梨山。《寰宇记》卷101建州建安县：梨山"在郡东南，其山为郡胜概之地"。《明一统志》卷76建宁府：梨山"在府城东南一十五里。唐刺史李频雅好此山。既卒，郡人思之，立祠其下。宋郡守卢干为立碑"。

梨花江 即今红河在云南个旧市南一段。《方舆纪要》卷115蒙自县：梨花江"在县东南。源自纳楼茶甸境，流入县界，其上源即礼社江也"。

梨园 ①即今陕西淳化县城。宋敏求《长安志》卷20引王褒《云阳宫记》："车箱坂下有黎园一顷，汉武筑之。"大一顷。树数百株，青翠繁密，望之如车盖。《资治通鉴》：唐乾宁二年（895），"（李）克用进梨园"，即此。

②在唐都长安禁苑内。故址在今陕西西安市西白家口村。《明皇杂录》："天宝中，命宫女数百人为梨园子弟，皆居宜春北苑。"宋敏求《长安志》："梨园在通化门外正北禁院南。"《资治通鉴》：唐景龙四年（710）正月，"庚戌，上御梨园毬场"。开元二年（714），玄宗"自教法曲于梨园"，即此。

梨园屯 在今河北威县东梨园屯乡。为清末山东冠县、河北威县一带义和拳活动中心。民国《威县志》卷20：光绪二十四年（1898），"山东冠县梨园屯村义和拳民与天主教民因庙地起争端，激起事变"。

梨园堡 明置，即今甘肃临泽县西南梨园堡。《皇明职方地图》中卷甘肃边镇图有梨园堡。清初设守备，后改都司。

梨园寨 即今陕西淳化县治。本汉梨园，后为寨。《资治通鉴》：唐乾宁二年（895），"遣李存信、李存审会保大节度使李思孝攻王行瑜梨园寨，擒其将王令陶等，献于行在"。后改为梨园镇。

梨园镇 即今陕西淳化县治。《宋史·地理志》淳化县："淳化四年，升耀州云阳梨园镇为县。"宋敏求《长安志》卷20引《云阳宫记》："车箱坂下有梨园，汉武筑之，大一顷。树数百株，青翠繁密，望之如车盖。"

梨岭 在今福建浦城县西北。明嘉靖《建宁府志》卷3《山川》浦城县：梨岭，"路通衢之江山，厥土宜梨，故名"。《方舆纪要》卷97建宁府浦城县"枫岭”条下：“又梨岭，在县北六十里。危峰仄涧，飞阁悬崖，至为峻阻，亦曰梨园岭，以其地宜梨也。俗谓之五显岭，以上有五显庙也。”

梨岭关　一曰梨关。明洪武初建，在今福建浦城县西北七十里梨岭上。

梨河　即今河北遵化县南濠河。《明史·地理志》遵化县：“西南有梨河。”《清一统志·遵化直隶州一》：梨河“在州南十里。源出迁安县界芦儿岭（今迁西县西），经州界西南流七十里与诸水合，名曰合河，一名张子河，入蓟州界名沽河，即蓟州运河之上流也”。

梨树县　1914年改奉化县置，属奉天省洮昌道。治所即今吉林梨树县。民国《梨树县志》卷1：“《旧志》言，以古有梨树而得名，此臆说也。父老或言，此地原属高句丽，以苏姓得名。故地有赫尔苏、昭苏河、苏龙起等号。此地本名列苏城，一说城在苏河之里，故曰里苏，偏脸城在河之表，故又曰昭苏。所言梨树者，盖转音耳，斯说较为近是。”1929年直属辽宁省。1941年属四平省。1945年属辽北省。1949年属辽西省。1954年属吉林省。

梨树沟　即今辽宁本溪市西北梨树沟。盛产煤。清光绪末始开采。

梨树沟门　清柳条边门之一。在今辽宁兴城市西北。《清一统志·锦州府二》：梨树沟边门“在宁远州西北一百里。旧有碾盘沟门，在州西北七十里。本朝康熙三十六年展边移此。乾隆五年改章京驻防”。

梨树坪铺　即今贵州毕节市东南梨树镇。《清一统志·大定府》“阁鸦铺”条：府城西南又有“梨树坪铺”等皆戍守处。

梨树城　即今吉林梨树县。《清史稿·地理志》奉化县：“原名梨树城，道光元年设昌图厅照磨，光绪三年改置县。”

梨树镇　即今黑龙江鸡西市西南梨树区。为穆棱铁路的终点站。

犁　又作黎。春秋时卫邑。在今山东郓城县西三十四里陈坡。《毛诗·邶风·式微》序：“黎侯寓于卫。”《左传》：哀公十一年（前484），卫大叔疾“使侍人诱其初妻之娣寘于犁”，即此。

犁丘　春秋时齐犁邑。在今山东齐河县东北。《左传》：哀公十年（前485），晋赵鞅攻齐，“取犁及辕”。又哀公二十三年（前472），晋荀瑶伐齐，“战于犁丘，齐师败绩”。即此。

犁头湾　在今四川青神县东。《方舆纪要》卷71青神县：“犁头湾巡司在县境。”《清一统志·眉州》：犁头湾“在青神县东六十里。旧有巡司。久裁”。

犁阳县　三国吴置，属新都郡。治所在今安徽黄山市屯溪区西。西晋改为黎阳县。

犁步头墟　即今广东韶关市曲江区西北犁市镇。清同治《韶州府志》卷11曲江县有犁步墟。

犁靬　亦作黎轩、犁鞬，又名大秦。即罗马帝国。都城在罗马（今意大利罗马市）。《汉书·西域传》：安息国以“犁靬眩人献于汉”。

犁塘水　在今广东从化市西。《方舆纪要》卷101从化县：犁塘水“在城西。源出县东（西）三十里狮子岭，有石磕水流会焉，曲折流五十里，至县西三里之风门岭，合于流溪”。

犁壁山　即今江西万年县西南崎壁峰。《方舆纪要》卷85饶州府万年县：犁壁山“在县（今青云镇）南。四围突起，盘旋如壁，一名挂榜山。正德中，参政吴廷举平姚源贼驻师于此”。

犁鞬　亦作黎轩、犁靬，又名大秦。即罗马帝国。都城在罗马（今意大利罗马市）。《后汉书·西域传》：大秦国“一名犁鞬。以在海西，亦云海西国”。

移支国　东汉时西域国名。都城在今新疆巴里坤哈萨克自治县西北。《后汉书·西域传》：“移支国居蒲类地。户千余，口三千余，胜兵千余人。”

移风山　在今湖南安化县东南。《明一统志》卷63长沙府：移风山“梅山瑶人于此从化，名取移风易俗之义”。

移风县　三国吴改居风县置，属九真郡。治所在今越南清化省清化北马江南岸。南朝宋为九真郡治。隋属九真郡。唐属南陵州。天宝中废。

移当县　唐置，属羁縻移州。治所在今四川兴文县境。后废。

移米河　今内蒙古鄂温克族自治旗南之伊敏河。为海拉尔河支流。《金史·宗浩传》载，金军于忒里葛山击走山只昆所部后，进至呼遏水（今辉河），山只昆部长等降，因言“所部迪列土近在移米河，不肯偕降，乞讨之”。即此。

移州　唐析悦州羁縻州置，属戎州都督府。治所在今四川兴文县境。后废。

移甫县　唐久视初置，属羁縻高州。治所在今四川高县东南六十里龙背山。后废。

移里闵河　又作一迷河、亦迷河、伊勤们河。即今吉林中部松花江支流饮马河。《金史·温敦蒲剌传》：“温敦蒲剌始居长白山阿不辛河，徙隆州移里闵河。”

移里迷站　元驿站。在今内蒙古呼伦贝尔市海拉尔区伊敏河上游。元《析津志》“天下站名”吉答（今黑龙江省龙江附近）正西第九站。

移塞没部　唐室韦部落之一。在今内蒙古呼伦贝尔市新巴尔虎左旗境。《新唐书·室韦传》：“自（俱伦）泊而东有移塞没部。”俱伦泊即今呼伦湖。

移懒路　即耶懒路。治所在今俄罗斯滨海边疆区东北塔乌黑河流域。《金史·太宗纪》：天会十一年（1133），“十一月丙辰，赈移懒路”。

秺县（秺 dù）　西汉置，属济阴郡。治所在今山东成武县西北二十九里。武帝征和二年（前91）封商丘成为侯国。又昭帝始元二年（前85）封金日磾为秺侯。东汉省。

秺城 即垞城。在今江苏徐州市铜山区北。《魏书·显祖献文帝纪》：天安元年（466），诏尉元救彭城，“尉元军次于秺”。即此。

秾华园 五代吴越国御园。在今浙江杭州市区南部。钱镠诗“秾华园里万株梅，含蕊经霜待雪催”，指此。

筇竹寺 在今云南昆明市西北二十四里玉案山上。《元混一方舆胜览》：玉案山“在滇池西北，佛刹多，筇竹为最。寺僧修行极清苦，有终身不下山者”。《明一统志》卷86云南府：筇竹寺“在玉案山。唐贞观初建。其寺深邃，花木竹石幽雅可掇”。主体建筑沿中轴线有山门、天王殿、大雄宝殿、华严阁，依山势层层上升。高踞台基之上的大雄宝殿前为“回”字形天井，天井南侧为天台来阁，北为梵音阁，三殿阁中供奉著名的五百罗汉。罗汉为清代泥塑大师黎广修塑造，以其富于动感和变化的神态而著称，被誉为东方雕塑艺术宝库中的一颗明珠。2001年定为全国重点文物保护单位。

筌港 即北港。在今台湾省云林县西南北港溪下游北港镇附近。清康熙六十一年（1722）移佳里兴巡司于此。

笼山城 唐建，属维州。在今四川理县东北。唐广德元年（763），吐蕃陷维州笼山城。《清一统志·杂谷直隶志》：笼山城“在厅北。唐置戍于此。今为笼山番寨”。

笼水 即今山东之孝妇水。《寰宇记》卷19淄川县引《舆地志》说：“齐有孝妇颜文姜事姑孝养，远道取水不以寒暑易心，感得灵泉生于室内。文姜尝以缉笼盖之，姑怪其须水即得非意相供，值姜不在，私入姜室，去笼观之，水即喷涌坏其居宅，故俗亦呼为笼水。”

笼火城 在今北京市城西南二十五里。西汉为阴乡县治。《旧唐书·窦建德传》：唐武德三年（620），“遣士兴进围幽州，攻之不克，退军于笼火城，为（罗）艺所袭，士兴大溃”。又《方舆纪要》卷11顺天府：“汉置阴乡县……其遗址俗谓之笼火城。”

笼丛山 即砻丛山。在今安徽绩溪县东北。《方舆纪要》卷28宁国县：笼丛山在“县西南百五十里。其南属绩溪县界。峻壁崇关，宣、歙阨塞处也。明正德间，姚源盗起，官军于此防戍，丛山关在焉”。

笼羊州 唐开元后置羁縻州，属雅州都督府。治所在今四川泸定县境。北宋属雅州。后废。

笼州 唐贞观十二年（638）置，治所在武勤县（今广西扶绥县）。天宝元年（742）改为扶南郡，乾元元年（758）复为笼州。辖境相当今广西扶绥县大部，崇左、上思二县部分地。唐末废。

笼瓮城 在今四川越西县境。《宋史·蛮夷传四》：淳熙二年（1175），“两林蛮王弟笼畏及酋长崖来率部义等攻邛部川之笼瓮城，不克，大掠而去”。

笼泥 大理国会川府。在今四川会理县南十里。《元混一方舆胜览》卷下：会川路“蛮名笼泥，汉语黄土城也，又名五川店，开会同府，蒙氏置会川逻”。

笼竿城 北宋置，即今宁夏隆德县。庆历三年（1043）为德顺军治。北宋、金于此置陇干县。

笼盖山 在今陕西南郑县西南。《舆地纪胜》卷183兴元府：笼盖山“在南郑县西南八十里，与巴山相接”。《方舆纪要》卷56汉中府南郑县：笼盖山“老渚河源出于此”。

笼么城 在今四川西昌市西北六十里礼州镇。《元史·地理志》礼州：“在路西北，泸沽水东，所治曰笼么城。”

笪桥 即今广东化州市西南笪桥镇。清光绪《高州府志》卷10化州：笪桥在“州西南四十六里”。

笙 春秋鲁邑。在今山东菏泽市北。《春秋》：宣公十八年（前591），“归父还自晋，至笙”。《公羊传》、《穀梁传》作柽。

笙竹岐 在今湖南湘阴县南。《方舆纪要》卷80湘阴县“锡江砦”条下：笙竹岐“世传舜采笙竹于此。今为笙竹驿”。

笙渎 即生窦。春秋时鲁地。在今山东菏泽市北二十里。《史记·齐太公世家》：“杀子纠于笙渎。”《集解》：“贾逵曰：鲁地句渎也。”

笮关 亦作苻关、符关。西汉置，即今四川合江县。《史记·西南夷列传》：建元六年（前135），“乃拜（唐）蒙为郎中将，将千人，食重万余人，从巴蜀笮关入，遂见夜郎侯多同”。即此。

笮州 唐贞观八年（634）改西恭州置羁縻州，属茂州都督府。治所在今四川红原、马尔康县境。后废。

笮都县 即筰都县。在今四川汉源县东北。《汉书·武帝纪》注：“臣瓒曰：《茂陵书》沈黎治笮都，去长安三千三百三十五里。”

笮桥 ①又名夷星桥、夷里桥、笃桥。战国时秦建。在今四川成都市西南南河上。《寰宇记》卷72华阳县：笮桥“以竹索为之，因名”。《晋书·桓温传》：永和三年（348），桓温灭李氏成汉，“（李）势于是悉众与温战于笮桥，……势众大溃”。即此。

②在今四川茂县西北太平乡境。《元和志》卷32卫山县：笮桥“在县北三十七里。以竹篾为索，架北江水”。

符水 在今四川通江县西北。《寰宇记》卷140符阳县：符水“源出县东南三百步，西流经县南九十步，又西流入思公水”。符阳县以此名。清道光《通江县志》卷2：符水“在县西北，今小江也”。

符文河 即今四川峨眉山市南之峨眉河。《舆地纪胜》卷146嘉定府：符文水“出峨眉山。有二水，北则白水，南则黑水”。《方舆纪要》卷72峨眉县：符文水“在县西三十里。出峨眉山洞中，北则白水，南则黑水，过双飞桥下，而汇流为一，下流亦注于阳江”。

符文镇　北宋置，属龙游县。在今四川乐山市西南五十里。南宋范成大《吴船录》卷上："壬辰早发苏稽，午过符文镇。两镇市井繁逻类壮县。符文出布，村妇聚观于道。皆行而绩麻，无索手者。"

符节县　亦作荷节县。东汉改符县置，属犍为郡。治所即今四川合江县。建安十八年（213）属江阳郡。西晋复为符县。《晋书·杜弢传》：杜弢"祖植，有名蜀土，武帝时为符节令"。

符关　亦作苻关、筰关。西汉置，即今四川合江县。《水经·江水注》："又武帝建元六年，以唐蒙为中郎将，从万人出巴符关者也。"《水经·江水》："鳛部水从符关东北注之。"

符关道　汉代四川盆地通往贵州的道路之　。自今四川合江县，溯赤水河而上入贵州，经赤水、遵义、贵阳、安顺至关岭。《史记·西南夷列传》：建元六年（前135），以唐蒙为中郎将，"将千人，食重万余人，从巴蜀筰（符）关入，遂见夜郎侯多同"。

符阳县　北魏正始中置，为其章郡治。初寄治梁州（今陕西汉中市）。北周天和五年（570），移郡县于通江县北七十里涪阳镇。《方舆纪要》卷68通江县：符阳废县"以在符水之阳而名"。隋属清化郡。唐属集州，天宝元年（742）属符阳郡，乾元元年（758）属集州。永泰元年（765）属璧州。北宋熙宁五年（1072）废。

符阳郡　唐天宝元年（742）改集州置，治所在难江县（今四川南江县）。辖境相当今四川南江县及旺苍县东部地。乾元元年（758）复为集州。

符县　西汉元鼎二年（前115）置，属犍为郡。治所即今四川合江县。东汉改为符节县。建安中属江阳郡。西晋复改符县。永嘉以后废。

符里（裏）窑（窯）镇　一作符复镇，又称符里镇。北宋置，属宣城县。在今安徽芜湖县东裘公河西岸东门渡。《清一统志·宁国府二》："符里镇在县东北五十里。盖即宋之符复镇也。"嘉庆《宁国府志》卷12：符里镇在"城北五十里，即今东门渡。相传许旌阳游山南，于窑傍置铁符，断自符以东可陶，今陶皆出铁符之东。有许真君祠。宋建中靖国元年监宣州酒税左殿直洛阳柴巽建真符观。镇之东为东门渡，旧为焦村市，有屯师濠堑"。

符禺山　在今陕西华县西南四十里。《山海经·西山经》：小华山"西八十里曰符禺之山，其阳多铜，其阴多铁，符禺之水出焉"。《清一统志·同州府一》引《华州志》："符禺山，即今之涧谷，在州西南四十里。"

符度山　即浮山、浮度山。在今安徽枞阳县东北。《寰宇记》卷125桐城县："符度山在县东九十里。其山岭三岩下，约容三五十人，及天井一所。泉常如霡霂，下通深潭。"

符垒县　北魏太和中置，属襄城郡。治所在今河南宝丰县西北三十四里大营镇。永安元年为汝南郡治。北齐废。

符特山　即今四川渠县东北龙骧山。《汉书·地理志》宕渠县："符特山在西南。"《寰宇记》卷138渠州："符特山在宕渠县西南，今县则有龙骧山，盖古符特山也。"

符离　①在今内蒙古河套北巴彦淖尔市境。《史记·卫将军骠骑列传》：汉元朔二年（前127），"车骑将军青度西河至高阙……破符离"。《索隐》："崔浩云：'漠北塞名'。"

②战国楚关隘。在今安徽宿州市北。《战国策·秦策三》：楚"南有符离之塞"。即此。

符离县　亦作苻离县。战国秦置，属泗水郡。治所在今安徽宿州市东北灰古集。《元和志》卷9符离县：《尔雅·释草》曰："莞，苻离也。"以地多此草，故名。西汉属沛郡。东汉属沛国。三国魏属谯郡。西晋属沛国。东晋后废。北齐天保七年（556）移解城县于古符离城，复为符离县，为睢南郡治。隋大业二年（606）移于朝斛城（在今安徽宿州市东北八十二里解集），属彭城郡。唐为宿州治。贞观元年（627）移治竹邑城（今安徽宿州市北二十里老符离集）。元和时移治今宿州市。元世祖至元二年（1265）废。

符离桥　在今安徽宿州市北二十五里。《方舆纪要》卷21宿州：埇桥在"州北二十五里。亦名符离桥，今名永济桥，跨汴水上。《舆地记》：隋氏凿汴以来，徐州南控埇桥，经扼汴路，故其镇尤重"。埇桥在今宿州市。

符离镇　金置，属符离县。即今安徽宿州市北符离镇南老符离集。集东有唐白居易少年时期寓所"东林草堂"遗址。

符黑水　即今四川宜宾市和高县、珙县境之南广河，为长江支流。《汉书·地理志》南广县："汾关山，符黑水所出，北至僰道入江。"《水经·江水注》："江水又与符黑水合，水出宁州南广郡南广县。……导源汾关山，北流有大涉水注之，水出南广县，北流注符黑水，又北径山道入江。"

笠泽　古水名。《左传》：哀公十七年（前478），"越子伐吴，吴子御之笠泽，夹水而陈"。一说即今江苏太湖；一说系太湖东岸一小湖，在今江苏吴江市境；一说即今吴淞江（古名松江）。《吴地记》："松江，一名松陵，又名笠泽。"唐陆龟蒙隐居松江甫里（今江苏吴县甪里），著有《笠泽丛书》。后人一般用作吴江县或吴淞江的别称。

第一山　即今江苏盱眙县城中天台山。为县治主山。旧名慈氏山。《舆地纪胜》卷44盱眙县：第一山"在郡之东，普济院后山也。米元章诗有云：莫论衡霍冲星斗，且看东南第一山"。《明一统志》卷7凤阳府：第一山"其下有石刻宋米芾书'第一山'三大字"。山以此名。

第一水　在今海南省海口市琼山区西三里。《方舆纪要》卷105琼州府琼山县："第一水在府西三里。绕流经县西北一里之下田村，又北入海。于城西涧流为首派，因名。”

第一河　即今山西蒲县南之昕水河。源于县东北，南流至乔家湾西折入黄河。《方舆纪要》卷41蒲县：第一河“在县城西。源出赵城县之七佛峡，流经此，又西至大宁县界，入于大河。以山溪众水所宗，因名”。

第一桥　即镇远桥。在今甘肃兰州市西北白塔山下黄河上。清光绪三十三年（1907）改建为铁桥。宣统《甘肃新通志》卷9皋兰县：镇远桥，“《国朝齐世武天下第一桥记》：皋兰有桥绵亘黄河上游，其称为天下第一桥无疑”。

第一殖边督办公署　1929年11月设置，属云南殖边督办公署。驻腾冲县（今云南腾冲县）。辖十二县、十行政区（设治局），辖境相当今云南西部丽江、永平、凤庆、永德等县以西地。1938年撤销。

第二次全国工农兵代表大会礼堂　在今江西瑞金市西北沙洲坝老茶亭。1933年建，上下两层。后面建有防空洞。1934年1月21日至2月1日，中华苏维埃第二次全国工农兵代表大会在此召开，通过了修正的宪法大纲及各项决议、决定，选举了毛泽东为首的新的中华苏维埃共和国中央执行委员会。1934年10月红军北上后，礼堂被毁。1956年按原貌修复，陈列当年大会的珍贵文物资料。1961年作为瑞金革命遗址，被定为全国重点文物保护单位。

第二将山　在今甘肃华池县东。《清一统志·庆阳府一》：第二将山“在安化县东北一百二十里。峰峦高耸，林木茂盛，其地居民富庶”。

第二殖边督办公署　1929年11月设置，属云南殖边督办公署。驻宁洱县（今云南宁洱哈尼族彝族自治县）。辖十三县、二行政区（设治局）。辖境相当今云南南部金平苗族瑶族傣族自治县以西，景东、临沧、双江等县市以南地。1938年撤销。

第八村墟　即今广东阳东县西北大八镇。清道光《阳江县志》卷1有第八墟。

第三堡　在今山西朔州市平鲁区北。《方舆纪要》卷44朔州：第三堡“在井坪所北三十里。嘉靖三十三年筑，万历初增修，周一里有奇，分边十三里零。……隆庆中，设小市于此”。

第木宗城　又作第穆、底穆宗、德母、德莫、德摩宗、德木宗。清康熙间置，在今西藏林芝县东南德木。因传说“贡尊德木”神在此而得名。

第五山　在今甘肃武威市西一百三十里，炭山堡西南。《隋书·地理志》：姑臧县有第五山。《寰宇记》卷152凉州姑臧县：“第五山夏函霜雪，有清泉茂竹，悬崖修竹，自古多为隐士所居，尤多窟室。”

第五桥　在今陕西西安市长安区（韦曲镇）西。唐杜甫《随郑广文游何将军山诗》曰：“不识南塘路，今知第五桥。”

第巴达克匝城　又作打孜、打则、打者、得巴达克则宗、达孜宗。清康熙间置，在今西藏达孜县东北达孜。《清一统志·西藏》：第巴达克匝城“在喇萨东北九十二里”。

第四门市　即今浙江余姚市西北三十四里泗门镇。清光绪《余姚县志》卷1《市肆》有第四门市。

第四铺站　元置，在今黑龙江省双城市西南金城乡西半拉子古城。元《析津志》天下站名：“西祥州正东宾州，一百一十韦口（第四）铺。”明改底失卜站。

第城驿　唐置，属符离县。在今安徽宿州市西。《资治通鉴》：唐咸通十年（869），庞勋“使其将张实分诸寨兵屯第城驿”。即此。

敏州　五代晋天福中楚改邵州置，治所在敏政县（今湖南邵阳市）。后汉复改邵州。

敏珠林寺　在今西藏贡嘎县雅鲁藏布江南岸。17世纪中叶由喇嘛教宁玛派（红教）僧人居美多吉主持兴建。为宁玛派在西藏的重要寺院之一。“敏珠林”，藏语意为成熟解脱洲。2006年定为全国重点文物保护单位。

〔丿丨〕

偰山　一名契山。又名元玉山。在今云南凤庆县西南十五里。《明一统志》卷87顺宁府：偰山“在府北一十五里。重冈叠巘，苍翠如画”。

偰家池　在今江西南昌市西北。《明史·姜日广传》：明末，左良玉部将金声桓降清，“既而反江西，迎日广以资号召。声桓败，日广投偰家池死”。

偪阳（偪 fú）　又作傅阳。西周春秋东夷小国。妘姓。在今山东枣庄市台儿庄西南侯孟。《春秋》：襄公十年（前563），晋侯会诸侯及吴子寿梦于柤，“遂灭偪阳”。《穀梁传》作傅阳。秦置傅阳县。

偪阳故城　在今山东枣庄市台儿庄西南侯孟乡境内鸵山、土山北麓。为西周至晋代古城遗址。城中有米山。周代诸侯国偪阳为妘姓偪阳君封地，曾以“城小而固”著称。鲁襄公十年（前563）晋悼公会诸侯，灭偪阳，其地归宋国。偪阳故城周长3293米，南北长，城墙高4—5米，底宽20余米，顶宽8—10米。现城基轮廓可见。2006年定为全国重点文物保护单位。

偃　春秋时邾地。在今山东费县南。《春秋》：僖公元年（前659），“九月，公败邾师于偃”。《公羊传》作缨。

偃月坞　即濡须坞。在今安徽含山县西南六十里。清光绪《含山县志》：濡须坞在“县西南七十里。一名偃月坞。汉建安十六年孙权所筑。今名天河，即栅江也”。

偃月城　亦名偃月坞。即濡须坞、濡须城。在今安徽含山县西南裕溪河东岸濡须山上。《方舆胜览》卷48无为军：“濡须坞亦名偃月城。在巢县东南四十里接巢湖，西北至合肥界。”《方舆纪要》卷26无为州：

偃月城在“州东北五十里，与巢县接界，即濡须坞也。有东西二关，其地峻险，亦曰东关口，亦曰东兴堤，为吴魏相持之所”。

偃月垒　即却月城。在今湖北武汉市汉口城区西南。《水经·汉水注》：“沔左有却月城，亦曰偃月垒，戴监军筑。”

偃师　春秋时周邑，在今河南偃师市。《元和志》卷5：“武王伐纣，于此筑城，息偃戎师，因以名焉。”战国时置偃师县。

偃师市　1993年撤销河南省偃师县，改设偃师市，市人民政府驻城关镇。由洛阳市代管。

偃师县　战国时周置。秦昭襄王五十二年（前255）入秦，属三川郡。治所即今河南偃师市。《元和志》卷5：“武王伐纣，于此筑城，息偃戎师，因以名焉。”汉属河南郡。西晋废。隋开皇十六年（596）复置，属洛州。治所在今偃师市东南五里老城。大业初属河南郡。唐属洛州。开元初属河南府。北宋熙宁五年（1072）废入缑氏县。八年（1075）复置。金兴定元年（1217）属金昌府。元属河南府路。明属河南府。民国初属河南河洛道。1927年直属河南省。1961年徙治槐庙镇（今偃师市）。1993年改为偃师市。

偃朱城　在今河南范县南，西距濮城镇二十五里。《孟子·万章》：“尧崩，三年之丧毕，舜避尧之子于南河之南。”《史记·五帝本纪》《正义》引《括地志》云：“又有郾朱故城，在（鄄城）县西北十五里。”即“舜避尧之子（丹朱）于南河之南”处。

偃虬堤　在今湖南岳阳市西北。《方舆纪要》卷77岳州府巴陵县：“偃虬堤在府治西北。城下瞰洞庭。每至夏秋，风涛昼夜漱啮，宋郡守滕宗谅因筑此堤捍之。嘉靖三十九年，江湖俱溢，堤圮。隆庆初，郡守李时渐缮城筑堤，民赖其利。”

偃武县　唐武德三年（620）置，属榆州。治所在今山西榆社县南三十二里魏城村。六年（623）废。

偃武殿　北齐时建。在今河北临漳县西南古邺南城宫内。

偃松亭　在今江西高安市城内。《方舆胜览》卷20瑞州：偃松亭“在州（治高安县）宅。陆务观诗：巨松偃翠盖，阅世归独存，颇疑古仙翁，藏丹在其根”。

偃城　在今湖北襄阳市北。《三国志·魏书·徐晃传》：遣晃助曹仁讨关羽，“贼屯偃城。晃到，诡道作都堑，示欲截其后，贼烧屯走。晃得偃城”。即此。

偃泉障　在今甘肃金塔县东北。《汉书·地理志》酒泉郡会水县：“北部都尉治偃泉障。”

偶园　在今山东青州市益都镇民主南街东侧。原系清初文华殿大学士冯溥的私人花园，俗称冯家花园。有假山、佳山堂、近樵亭、松风阁、大石桥、方池等。

傀儡山　在今台湾省屏东县东南。《清一统志·台湾府》：傀儡山“在凤山县东南六十里。土番所居，呼为加唠。《通志》：在县治东。冲霄耸起，常带云雾。舟行至澎湖，天气晴霁，即见此山。重冈复岫，皆人迹所不到，总呼为傀儡山。野番出没于此”。

停口镇　一作亭口镇。金置，属宜禄县。即今陕西长武县东南四十里亭口乡。

停云（雲）岩　在今四川南部县北。《清一统志·保宁府一》：停云岩“在南部县北二里。宋李焘有诗”。

停洞铺　即今贵州从江县西北停洞乡。《清一统志·黎平府》“朗洞铺”条下：又有“停洞铺”等皆戍守处。“停洞”系侗语音译，意为岩边的寨子。

停船山　在今四川剑阁县（下寺镇）南普安镇东南六十里。《新唐书·地理志》：永归县有停船山。《舆地纪胜》卷186隆庆府：停船山“在剑阁县八十里。……有石刻，乃皇朝乾德僧怀义撰云：大禹治水，船泊峰峦，故名”。

偏刀水　即今贵州凤冈县西南琊川镇。明置巡司于此。清置偏刀水汛。1932年改设琊川镇。

偏头山　即今云南罗平县西南偏山。清有外委千总驻防。

偏头千户所　明成化十一年（1475）置，治所即今山西偏关县。清雍正三年（1725）改置偏关县。

偏头关　元置，即今山西偏关县。《方舆纪要》卷40河曲县：偏头关“东连鸦角山，西逼黄河，其地东仰西伏，因名偏头。宋置偏头寨，金因之，元升为关。明初属镇西卫守备，洪武二十二年始建土城。……万历二年复改筑关城，周五里余”。清于此置偏关县。

偏关县　清雍正三年（1725）置，属宁武府。治所即今山西偏关县。民国初属山西雁门道。1928年直属山西省。

偏沅巡抚　明万历二十七年（1599）用兵播州时分湖广地置，寻废。天启二年（1622）后置废无常，崇祯二年（1629）定设。治所在偏桥镇（今贵州施秉县东北）、沅州（今湖南芷江县），故名。为黔、楚重镇。清康熙三年（1664）移治长沙府（今湖南长沙市），雍正二年（1724）改为湖南巡抚。

偏顶山　在今河北抚宁县东北二十五里。《方舆纪要》卷17抚宁县：偏顶山“高插云霄。山半平漫半顷，可耕植，号平台。隆庆初，居民避兵于此，亦得免”。

偏林　金建为行宫，在今河北玉田县境。大定二十年（1180）改为御林。

偏松城　唐吐蕃军镇。在今四川小金县东境。《旧唐书·吐蕃传》：“雅州经略使路惟明与三部落主赵日进等率兵三千进攻逋租、偏松城。”即此。

偏枪（槍）岭　又作偏厢岭。即今河北滦平县南偏岭。宋王曾《行程录》："又度德胜岭，盘道数层，俗名思乡岭，盘八十里至新馆，过雕窠岭、偏枪岭，四十里至卧如来馆。"路振《乘轺录》作偏厢岭。清高士奇《塞北小钞》谓即鞍匠屯（今滦平县城）南八里之偏岭。

偏岭　①又名天岭。在今河北沽源县南。《新五代史·四夷附录第二》：胡峤云，归化州"又三日登天岭，岭东西连亘，有路北下，四顾冥然，黄云白草，不可穷极。契丹谓峤曰：此辞乡岭也，……"。盖讹"偏"为"天"。《方舆纪要》卷18万全都司开平卫：偏岭"成祖北征，自独石度偏岭，至开平之隰宁驿是也"。

②即今辽宁岫岩满族自治县西北偏岭镇。《清史稿·地理志》：岫岩州"北偏岭、搒沟，接海城"。

偏岭口　在今山西山阴县北五十里偏岭村。《方舆纪要》卷44怀仁县：偏岭口在"县西南五十里。其北又有大峪、小峪、芦子、阿毛四口，并为戍守要地"。

偏店关　在今河北涉县东北三十里偏店乡。明洪武中置偏店巡司。嘉靖中废。

偏城县　1939年冀鲁豫边区由黎城县析置，属太行区。治偏城镇（今河北涉县北偏城）。1949年撤销，并入涉县。

偏城郡　即徧城郡。北魏置，治所在广武县（今陕西延安市东北甘谷驿镇附近）。后废。

偏城镇　即今河北涉县北偏城。1939—1949年晋冀鲁豫边区置偏城县治此。

偏桥　在今贵州施秉县东。《明史·地理志》镇远府镇远县："又西有偏桥，偏桥卫在焉。"《方舆纪要》卷122偏桥长官司：偏桥"在司东十里。左倚高崖，右临溪水，断石架木，以通往来"。

偏桥卫　明洪武二十三年（1390）置，属湖广都司。治所即今贵州施秉县。万历间改属贵州都司。清康熙二十六年（1687）废。

偏桥中寨蛮夷长官司　元置，属思州安抚司。治所在今贵州施秉县城偏北。明洪武五年（1372）改置偏桥长官司。

偏桥长官司　明洪武五年（1372）改偏桥中寨蛮夷长官司置，属思南宣慰司。治所在今贵州施秉县城偏北。永乐十二年（1414）改属镇远府。清以后废。

偏桥镇　清置，属宜君县。即今陕西宜君县北三十里偏桥村。

偏凉汀　在今河北滦县北四里滦河岸。《方舆纪要》卷17滦县"横山"条："东麓临滦河，石立水激，有潭极深，号偏凉汀。正德十三年车驾东巡，观渔于此。《志》云：偏凉汀，旧漕运泊舟处也。悬崖有径，亦正德中所凿，后浚旧渠，置闸潴水，以通漕运，北合滦河达于府城。自府城而北以达于滦阳营，寻废。"

偏脸城　又名招苏城。在今吉林梨树县北八里招苏台河右岸。为金天德二年（1150）以后韩州城遗址。城周长4318米，略呈方形，城墙高5—6米，用土夯筑，东、西、北三面城墙保存尚好。四面开门。门外有马蹄形瓮城。城墙四隅有角楼，残基呈圆形台面，直径约8米，北面角楼高8.6米，设在山上。城墙外设壕沟，城内有水沟、道路和建筑物遗迹。出土有石磨盘、杵臼、铁锹、镐头、马镫、铜铃、铜钱、瓷器等，多为金代遗物。有红烧土层，表明此城毁于大火。2006年偏脸城城址被定为全国重点文物保护单位。

偏路　即自今陕西蓝田县东南行，过秦岭，沿丹水，至今河南西峡县之道路。沿途设驿站。《新唐书·地理志》：商州"贞元七年，刺史李西华自蓝田至内乡开新道七百余里，回山取途，人不病涉，谓之偏路，行旅便之"。《舆程记》云："自武关（今丹凤县东南武关）西北行五十里至桃花铺（今丹凤县东南桃花铺），又八十里至白杨店子（今商州市东南白杨店），又八十里至麻涧（今商州市西北麻街），又百里至新店子（今蓝田县东南新店子），又百里至蓝田县。"

假江　在今吉林龙井市东开山屯镇北船口村图们江边。民国魏声龢《鸡林旧闻录》："图们江自茂山以下，江滩延亘，以光霁峪前一片之滩地略大，华人名为假江，亦名江通，横里许，纵约数里，本连接左岸我界。光绪七年韩人往垦，乃私掘一沟，此滩遂宛在江中，仍岁纳租银于我垦局。二十九年，韩官李范允行文妄指假江为间岛，混称韩领，垦局拒斥。"即此。

假里马打　即今印度尼西亚加里曼丹岛西南之卡里马塔岛。元汪大渊《岛夷志略》：假里马打"山列翠屏，阛阓临溪，田下，谷不收。……采蕉实为食。煮海为盐，以适他国易米"。

假密亭　在今山东诸城市东北（一说在高密市境）。《史记·曹相国世家》：曹参"从韩信击龙且于上假密，大破之"。即此。

偺山　即灵鸟山。在今安徽休宁县西二里凤凰山。三国吴置休阳县，即取在此山之阳为名。

偺鹛山　在今山东文登市东南二十里。《寰宇记》卷20文登县：偺鹛山"此山常有偺鹛栖止"。

郰瞒　又名长狄。春秋时夷国。在今山东境内。《左传·文公十一年》："初，宋武公之世，郰瞒伐宋，司徒皇父帅师御之。……以败狄于长丘，获长狄缘斯。……齐襄公之二年，郰瞒伐齐，齐王子成获其弟荣如，埋其首于周首（今山东东阿县东）之北门，卫人获其季弟简如，郰瞒由是遂亡。"《说文》作郰："北方长狄国也，在夏为防风氏，殷为汪芒氏。"《史记·陈涉世家》："周市北徇地至狄。"《集解》："徐广曰，今之临济。"按，临济为东汉改狄县置，在今山东高青县东南高城镇。《方舆纪要》卷1：郰瞒"在山东济南府北境，亦曰长狄"。又说："或曰，今青州府高苑县有废临济城，古狄邑，即长狄所居。”

郪 西周、春秋小国，妘姓。在今山东临沂市北十五里郪古城。《春秋》：昭公十八年（前524），“六月，邾人入郪”。杜注：“郪国，今琅邪开阳县。”

郹 即郹田。春秋周邑。在今河南武陟县西南。《左传》：成公十一年（前580），“晋郤至与周争郹田”。杜注：“郹，温别邑。今河内怀县西南有郹人亭。”

郹人亭 即春秋时郹邑。在今河南武陟县西南。《左传·成公十一年》杜注：“郹，温别邑。今河内怀县西南有郹人亭。”

郹田 又作郹。春秋周地。在今河南武陟县西南。《左传》：成公十一年（前580），“晋郤至与周争郹田”。

兜子山 在今四川富顺县西南。《舆地纪胜》卷167富顺监：兜子山“在监西三十五里。耸拔高峻，上有巨石若兜轿之形”。

兜牟山 在今湖北郧县东。《寰宇记》卷143郧乡县：兜牟山“在县东十里。即汉中郡与南阳郡分界处”。

兜茅山寨 在今湖北蕲春县南。《方舆纪要》卷76蕲州：兜矛山寨在“州东北十里。元末兵乱，土人立寨于此”。

兜率寺 ①又名上方寺。在今北京市房山区西南上方山锦绣峰下。取佛教所说六欲第四天宫之名。梵文义为知足、喜足、妙足、上足等。兜率寺为“七十二寺”之魁。寺创自隋、唐，明万历初太监冯保重建。

②隋开皇中建，在今四川三台县南二里兜率山下。《舆地纪胜》卷154潼川府：兜率阁“在南山兜率寺，前瞰郡城，拱揖如画”。唐王勃有《梓州郪县兜率寺浮图碑记》。杜甫有《上兜率寺》、《望兜率寺》诗。

兜率岩 一名灵岩。在今湖南资兴市东。《方舆胜览》卷25郴州：兜率山在“资兴寨旁，有石像如僧十八”。明《寰宇通志》卷60：兜率岩“在兴宁县（今兴宁镇）西二十五里旧治西南。岩内空阔，有石观音罗汉像，又有石幢、石钟、石鼓，击之有声。行数百步又有石厅。以其地似释氏居，故名兜率岩”。

兜訾城 在今新疆吉木萨尔县境。《汉书·郑吉传》：地节三年（前67），“击破车师兜訾城”。

皎乐墟 即皈乐墟。在今广西百色市北永乐乡一带。清光绪《广西舆地全图》凌云县图：南有皎乐墟汛，有把总驻防。

皎城县 南朝梁置，属城阳郡。治所在今河南信阳市境内。北齐废。

〔丿丿〕

借溪山 亦作借溪山。即今安徽绩溪县东北荆磡岭。宋淳熙《新安志》卷5绩溪县：借溪山“在县东北八十里。高五百五十仞，周百四十里。西连宠嵸山，有水流入县界”。

徘徊岭 一名徊村岭、亨龙岭。在今福建顺昌县南十里。《寰宇记》卷100南剑州顺昌县“七台山”条下：“有徊村岭，高五十丈，险峻鸟道，至岭头坦平，路寻小溪而入，其山徘徊掩映，谓之徊村。”

徘徊镇 即今河北武安市西南徘徊镇。明嘉靖《武安县志》卷2有徘徊镇。

徙（徙 sī） 亦称斯、斯叟、斯榆、斯都。为古羌族的一支。在今四川天全县东南始阳镇。《史记·西南夷列传》：“自嶲以东北，君长以什数，徙、筰都最大……其俗或土著，或移徙，在蜀之西。”分布于今四川雅安、汉源、西昌及以西地区。西汉武帝时在徙地置徙县（今四川天全县东南始阳镇）。历代居于今四川西昌一带之徙人，曾多次起义。

徙多河 亦作徒多河。即今新疆西南部叶尔羌河。《新唐书·西域传》：喝盘陀“治葱岭中，都城负徙多河”。此河在佛经中有私陀、私多、私他、斯陀、死多诸译。

徙阳县 ①西晋改徙县置，属汉嘉郡。治所在今四川天全县东南始阳镇。永嘉以后废。

②东晋侨置，属晋原郡。治所在今四川崇庆县境。南齐改为枞阳县。

徙县 西汉元鼎六年（前111）徙国内属置，属沈黎郡。治所在今四川天全县东南二十五里始阳镇。后属蜀郡。东汉延光元年（122）属蜀郡属国都尉。三国蜀汉属汉嘉郡。西晋改为徙阳县。

徙国 又名斯榆国。秦、西汉时小国，都徙（今四川天全县东南二十五里始阳镇）。《史记·西南夷列传》：“自嶲以东北，君长以什数，徙、嶲都最大。”西汉元鼎六年（前111）于此置徙县。

得马水关 又作保马水关。明置，属保德州。在今山西河曲县南。有得马水巡司驻此。后废。

得仁务 在今北京市东通州区东南永乐店镇德仁务村。《方舆纪要》卷11通州漷县：得仁务在“县南二十五里”。

得巴达克则宗 即今西藏达孜县东德庆镇。清乾隆《西域同文志》卷18载：“西番（藏）语，得巴，头目之谓；达克，谓虎；则，谓峰。山峰如虎也。城后峰上，为头目所居，故名。”原设达孜宗，1960年与邦堆谿、德庆宗合并设达孜县。

得石峰 在今内蒙古准格尔旗西北。《清一统志·鄂尔多斯》：得石峰“在左翼前旗西北六十里”。

得汉山 在今四川通江县东北永安镇西北。《方舆纪要》卷68通江县：得汉城山在“县东百二十里万山中。崛起崖堑，峭壁千仞，上设城郭，有三门，出泉，冬夏不竭，独西南二径凌险，转折而上，有一夫当关之势。顶平数里，可以耕蓺。相传汉高据此，以通饷馈。宋淳祐中，余玠临视形势，命统制张实因险筑垒，储粮建邑，为恢复旧疆之规。今其上石壁如城，中平，尚可屯数百人”。

得汉城　南宋淳祐间建，以抗御蒙元。在今四川通江县东北永安乡西北得汉山（得汉城山）上。《元史·杨大渊传》：至元元年（1264），“大渊谍知宋总统祁昌由间道运粮入得汉城，并欲迁其郡守向良及官吏亲属于内地……二年，大渊遣文安，以向良等家人往招得汉城，未下”。即此。

得民长官司　明洪武五年（1372）于旧德明洞长官司置，属思州宣慰司。治所在今贵州三穗县西南德明村。二十九年（1396）并入邛水十五洞蛮夷长官司。

得民堡　在今贵州三穗县西南德明村。《方舆纪要》卷122镇远府邛水司“荡洞堡”条下：“又司东南有得民等堡，为戍守要地。”

得州　唐置羁縻州，属邕州都督府。治所当在今广西西南部左江流域一带。后废。

得利寺　即得利嬴城。今辽宁瓦房店市北三十里得利寺镇。民国徐曦《东三省纪略》卷8：南满铁路有得利寺站。

得利嬴城　明置，属复州卫。即今辽宁瓦房店市北得利寺镇。《明史·地理志》复州卫：“东有得利嬴城，元季土人筑，洪武四年二月置辽东卫于此，寻徙。”

得其黎溪　即今台湾省花莲县北立雾溪。连横《台湾通史·疆域志》：台东州“其地自苏澳以南，至得其黎百四十里，峭壁峻嶒，难通舆马，且少可耕之壤”。

得荣县　即德荣县。1913年改得荣委员置，属川边道。治所即今四川得荣县。次年属川边特别区。1939年属西康省。1955年改属四川省。

得荣委员　即德荣委员。清宣统三年（1911）置，治所即今四川得荣县。1913年改为得荣县。

得胜口　亦作香胜口。即今河北廊坊市东南七十六里得胜口村。清乾隆《东安县志》卷2村庄：西南路“得胜口离城四十五里”。

得胜山　①在今江苏扬州市邗江区西北。《方舆纪要》卷23扬州府：得胜山“在府西北三十里。宋绍兴初，韩世忠败金人于大仪，还军至此，因名”。

②在今安徽宿松县南四十里。《方舆纪要》卷26宿松县：得胜山在“县南四十里。元末余阙守安庆，尝败贼（陈友谅）于此”。

得胜关　在今贵州思南县南。《清一统志·思南府》：得胜关“在府城南三里。明嘉靖二年修”。

得胜陀　即今吉林扶余县西北徐家店南石碑崴子。《金史·地理志》会宁县：“有得胜陀，国言忽土皑葛蛮，太祖誓师之地也。”大定二十四年（1184），世宗春猎于此，为追记太祖誓师伐辽之地，次年立《大金得胜陀碑》于此。今碑尚存。

得胜坡　在今贵州威宁彝族回族苗族自治县西北七十里观风海镇。清置巡司于此。民国时改为县佐。

得胜河　①俗名新河。旧名烈塘河。在今江苏常州市武进区西北。南枕运河，北流四十三里入江。《宋史·河渠志七》：南宋淳熙九年（1182），知常州章冲奏：“其西曰灶子港、孟渎、秦伯渎、烈塘，……皆古人开导以为溉田，无穷之利也；今所在堙塞，不能灌溉。”后屡经修治。明改名得胜河。

②在今江苏泰兴市西北。《清一统志·通州》：得胜河“在泰兴县西北四十五里。下流经县西南三十里入大江。旧名盛大港。明初败张士诚于此，改名”。

③在今安徽天长市北。《方舆纪要》卷21天长县：得胜河在“县北七里。涧谷诸水汇流于此。上有破城，城下为破城渡”。

得胜洲　在今江西彭泽县西。《方舆纪要》卷85彭泽县：得胜洲“在县西，明初克陈友谅，始捷于此，因名”。

得胜营　①明置，属沈阳中卫。即今辽宁沈阳市西南五十里得胜营子村。

②即今湖南凤凰县北三十五里吉信镇。清严如熤《苗疆险要考》谓得胜营“背负高山，面临深涧，地势逼仄。堡外山高，可俯瞰城中。山梁添设石硐一座，为堡中声援。此处乃赤兰庙坳各生苗总隘”。

③在今广东广宁县西。《清一统志·肇庆府》：黄沙营“又（广宁）县西一百里有得胜营，明万历四年置”。

④在今四川兴文县西南。《方舆纪要》卷70建武守御千户所：得胜营“在所西北。《经略志》：建武道路可以通行者，西则由歇马汉村，达黑帽尖山，入得胜营”。

得胜砦　北宋天圣六年（1028）置，属德顺军。在今宁夏西吉县东南硝河乡附近。《宋史·任福传》：康定二年（1041），赵元昊谋寇渭州，“（韩）琦戒福等併兵，自怀远城趋得胜砦，至羊牧隆城，出敌之后”。即此。元以后废。

得胜铺　即今湖北竹山县西北得胜铺镇。民国《湖北通志》卷36竹山县：得胜铺“《光绪舆地记》：在城西北一百六十里。驻外委”。

得胜堡　在今山西大同市北六十五里得胜堡村。《方舆纪要》卷44大同府：得胜堡在“府北五十里。嘉靖二十年置，万历二年增修，周三里有奇”。

得胜港镇　原名塘口。即今上海市松江区东南十六里，地处盐铁塘入黄浦江之口。《方舆纪要》卷24松江府娄县“陶宅镇”条下：“其相近又有得胜港，亦官军御倭处。”明嘉靖三十三年（1554）曾在此击败倭寇。

得胜湖 在今江苏兴化市东十里。旧名率头湖。一作缩头湖。《舆地纪胜》卷43高邮军：得胜湖“张荣、贾虎率山东强壮号义军，由梁山泊与金人转战至于承楚，师皆舟舰。时虏监军挞辣在泰州，义军劫之，虏浸苦之。荣等亲统精甲万人，设伏掩击于率头湖，出虏不意，只舸匹马无还者，湖水为之变色，杀获虏驸马芦巴等万余人，生擒万户、千户并挞辣亲弟破辣叔等，湖因改名得胜”。《明史·地理志》兴化县：“东有得胜湖。”

得胜新河 即今江苏常州市武进区西北德胜河。《明史·地理志》武进县：“西有孟渎，又有得胜新河，俱北入江。”

得胜墩 在今甘肃瓜州县北五里。《清一统志·安西州》：得胜墩“旧无水泉，本朝乾隆二十二年，大兵讨准噶尔，师出其地，涌甘泉数十处，敕建龙神庙于此”。

得秦城 即得巴达克则宗。在今西藏达孜县东德庆镇。《清一统志·西藏》卫地诸城：得秦城“在喇萨东南三十八里”。

得都山 在今贵州盘县（红果镇）东。《明一统志》卷88普安州：得都山“一名白崖，产雄黄、水银”。

得党 即德党。今云南永德县驻地德党镇。清光绪三十四年（1908）镇康州迁治于此。1914年为镇康县治。1964年为永德县治。

得趣书室 在今广东海丰县城内。原是彭湃读书处。1922年夏彭湃开展农民运动，在此与赤山、龙山的张妈安、李思贤等青年农民首先成立海丰“六人农会”，常在书室接待来访的农民群众，研究农会工作。1925年3月，第一次东征胜利后，周恩来在此帮助建立了中共海陆丰特别支部。年底，中共海陆丰地委成立后也在此办公，不久迁往鉴湖。1928年3月海丰苏维埃失败后，此室被国民党烧毁。1953年重建。

得嶷海 即今哈萨克斯坦境之巴尔喀什湖（或说即里海）。《隋书·铁勒传》：“得嶷海东西有苏路羯、三索咽、蔑促、隆忽等诸姓八千余。”

盘口河 即今黑河下游。在今甘肃泾川县和陕西长武县境。《清一统志·平凉府一》：赤城川水“源出华亭县东南界，东流径泾州崇信县南四十里，为赤城川。又东北流至泾州南三十里，灵台县北四十里，为盘口河，亦名后川河。其水清甘，邑人资之。又东流至陕西邠州长武县入泾”。

盘口镇 即今甘肃泾川县南三十里盘口村。《清一统志·泾州二》：盘口镇“有市”。

盘山 ①又名田盘山、盘龙山、东五台山、四正山。在今天津市蓟县西北二十五里。《水经·鲍丘水注》：盘山水“出（盘）山上，其山峻险，人迹罕交”。清《日下旧闻考》卷115引《盘山志》称：“魏田畴隐居于此，故名田盘山。”又引释智朴《四正山居志》：“盘山一名东五台。自来峰，北台也。先师台，南台也。紫盖峰，中台也。九华峰，东台也。午剑台，西台也。晾甲石为下盘，古中盘为中盘，云罩寺为上盘。上盘之胜以松，中盘以石，下盘以水。”

②在今浙江温岭市西北与台州市交界处。《方舆纪要》卷92太平县：盘山“在县西北四十里。以山岭盘屈而名”。

③在今浙江兰溪市北。《方舆纪要》卷93兰溪县：盘山在“县北五十里。顶平如盘，四围垒石如城，相传昔人避兵处”。

盘山厅 清光绪三十二年（1902）析盘蛇驿牧厂地置，属锦州府。治所在双台子（今辽宁盘锦市双台子区）。辖境相当今辽宁盘锦市一带。1913年改为盘山县。

盘山水 在今天津市蓟县西北盘山。《水经·鲍丘水注》：盘山水“水出山上，其山峻险，人踪罕交，去山三十许里。望山上水，可高二十余里，素湍皓然，颓波历溪，沿流而下，自西北转注于洵水”。《清一统志·顺天府二》：盘山水，“《旧志》：今有沙河在州西二十五里，源出盘山，流经沙岭之麓，东南会五里河入沽河。盖明成化间盘山水发，始溃流而东南入沽河也”。

盘山场 清初置，为海盐场，直隶奉天府尹。在今辽宁大洼县西南常家屯。光绪中始设局于田庄台（大洼县东南田庄台镇）。民国移至常家屯。

盘山关 明置，在今贵州岑巩县北。《方舆纪要》卷122思州府：“盘山关在府城北。《志》云，关倚城临水，一径盘回。”

盘山县 1913年改盘山厅置，属奉天辽沈道。治所在双台子（今盘锦市双台子区）。1929年直属辽宁省。1984年撤销，改设盘锦市（地级）。

盘山驿 明置，属广宁卫。即今辽宁北镇市东南盘蛇驿。明《辽东志》卷2“驿传”：盘山驿在“广宁城东四十五里”。

盘门 又名蟠门。即今江苏苏州市旧城西南门。《吴地记》：“古作蟠门，尝刻木作蟠龙以镇此厌越。又云：水陆相半，沿洄屈曲，故名盘门。”传为吴都八门之一。现存城门为元至正十一年（1351）重建，瓮城是张士诚于元至正十六年（1356）增建。盘门是中国唯一保存较完整的古代水陆城门。水门由两重城门和其间的水闉组成，纵深24米多，石拱券矢高近3米，有闸槽。水闉为长方形，横宽15米，纵深4米多。南北砌泊岸，东南角城内辟洞，可登城台。陆门亦两重，其间为方形瓮城，内周长177米，城墙高8米，砖石垒砌，内、外门错开，门洞纵深13米，宽约4米，门外加砌梯形护墙，门拱上方开品字形小井和闸槽。登城墁道设在城墙北侧，可以登上城台。城楼为新近重建。2006年定为全国重点文物保护单位。

盘马山 在今江苏徐州市铜山区东北九十里。《方舆纪要》卷29徐州：盘马山“相传汉高尝盘马于此。山产铁，汉置铁官，宋置利国驿于山下”。

盘水县 唐武德中置，属西平州。治所即今贵州普安县。以盘江得名。贞观八年（634）属盘州。后废。

盘水河市 在今湖北神农架林区（松柏镇）西十里盘水村。旧属房县。民国《湖北通志》卷 34 房县：盘水河市“在县西一百八十里”。

盘水镇 金置，属历城县。即今山东章丘市西龙山镇。清光绪《山东通志》卷 34：“巨合城在（历城）县东七十五里。汉巨里聚。耿弇讨张步守巨里，即此城也。金为盘水镇。今为龙山镇。”

盘古山 ①亦名盘固山。即今江西会昌县西南盘古嶂。《舆地纪胜》卷 32 赣州：盘古山“在会昌县西南一百里。山形如世俗所画盘古，故名”。

②即盘石。在今河南泌阳县南。《方舆纪要》卷 51 泌阳县“铜山”条下：“又盘石山，在县南四十里。今讹为盘古山。”

③在今陕西宜川县东南。《方舆纪要》卷 57 宜川县：“盘古山在县东南百二十里。山势纡回，翼带河滨。”

盘古沟 在今河北青县南大盘古村附近。《新定九域志》卷 2 乾宁军：“盘古沟，水深三丈，天旱不涸。”并有“盘古墓”。《方舆纪要》卷 13 青县“卫河”条下：“又有盘古沟，在县南十五里。东流入御河。虽旱不竭。县南七里有盘古冢，沟因以名。”

盘石 唐安西都护府属地。当在今新疆和硕县东榆树沟附近。

盘石口 在今河北易县西七十里大盘石村。《方舆纪要》卷 12 易州：盘石口在“紫荆关西十里，地名玉峰社”。

盘石山 ①即盘秀山。在今山西屯留县西南。《方舆纪要》卷 42 屯留县：盘秀山“岩岫盘曲，孤峰秀挺，亦名盘石山”。

②在今四川资中县西北二里。《寰宇记》卷 76 盘石县：盘石山“在县西北”。《舆地纪胜》卷 157 资州：盘石“在州城北二里。状若盘陁，因以名县”。清光绪《资州志》卷 2：盘石山，“《旧志》：在县西北二里。状若盘陀。后周以之名县。其西为灵岩”。

盘石卫 明置，在今浙江乐清市西南盘石镇。《方舆纪要》卷 94 温州府：盘石卫在“乐清县西南五十里……洪武二十年城周九里，嘉靖中增修，领所三”。清顺治十七年（1660）废。

盘石屿 在南海中中国西沙群岛永兴岛西南，位于中建岛东北 30 余海里。中国渔民向称白树仔、白峙仔、白礁。1928 年广东西沙考察团乘“海瑞号”舰到此，曾命名海瑞岛。1935 年公布名称为巴徐崎。1947 年改名盘石屿。郑资约《南海诸岛地理志略》载：盘石屿“亦为一砂岛，立于一有峭边珊瑚礁之西端。礁东西长五浬”。

盘石后（後）千户所 明置，属盘石卫。在今浙江乐清市东后所村。《方舆纪要》卷 94 温州府：盘石守御后千户所在“乐清县东三里。成化五年自盘石卫城移置此，仍隶盘石卫”。清初废。

盘石关 在今山西平定县东北。《元和志》卷 13 广阳县：“盘石故关在县东北七十里。”《方舆纪要》卷 40 平定州：盘石关“与苇泽关相接，并为设险处”。

盘石县 亦作磐石县。北周保定二年（562）置，属资中郡。治所在今四川资中县北三里。以盘石山为名。《周书·陆腾传》：保定二年（562），“资中盘石民反，杀郡守，据险自守，州郡不能制”。即此。隋开皇七年（587）为资州治，大业三年（607）为资阳郡治。唐武德初复为资州治。元至元二十年（1283）废入简州。

盘石岭 在今湖北省钟祥市东。《方舆纪要》卷 77 安陆府钟祥县“城子山”条下：“盘石岭在府东四十里。有上盘、中盘、下盘三岭。以石路盘曲而名。”

盘石城 南宋末余玠建十五城之一。在今重庆市云阳县附近双江镇（磨盘砦）。民国《云阳县志》卷 6：双江镇“磨盘寨，一曰磐石城。四壁悬崖，近为大姓涂氏所有”。现前后寨门犹存。

盘石营 ①即今浙江乐清市西南盘石镇。明置盘石卫于此。

②明置，即今贵州松桃苗族自治县东北盘石镇。《清一统志·铜仁府》：盘石营“明万历八年参议毕天能立，设指挥驻守”。

盘石镇 元置，即今山东曹县治。《明史·地理志》曹州：洪武二年（1369），“州治自北徙于盘石镇”，即此。

盘龙山 ①在今广西横县北。《方舆纪要》卷 110 永淳县：盘龙山在“县东北七十里。山形蟠绕”。

②在今四川简阳市西北六十里。《方舆纪要》卷 67 简州“逍遥山”条下：“盘龙山在县北八十里。相传先主尝立寨于此。其下有普济泉。”

③在今四川阆中市北三里。《寰宇记》卷 86 阆中县：盘龙山，“《益州记》曰：阆中盘龙山南有一石，长四十丈，高五尺。当中有户及扇，若人之掩户，故老以为玉女房”。《舆地纪胜》卷 185 阆州：蟠龙山“其势如龙，故名”。

④在今四川眉山市北。《方舆纪要》卷 71 眉州：盘龙山在“州北四十里。状若盘龙。一名走马山。下有腊鱼堰水。《志》云：州西北十里有回龙冈，自盘龙山南来，或起或伏，至此冈阜高出，遇双河口水，折而西旋，状若回龙”。

⑤在今陕西略阳县西五里。《方舆纪要》卷 56 略阳县：盘龙山“下有泉水，湾环如盘龙，上有砖浮图。或以此为龙门山”。

⑥在今甘肃庄浪县西。《方舆纪要》卷 58 庄浪县：盘龙山“在县南四十里。山势回伏，状如盘龙”。庄浪县旧治在今县西北南湖镇。

盘龙山古建筑群 又称李自成行宫。在今陕西米脂县城北 100 米处。盘龙山原名马鞍山。明嘉靖年间（1522—1566）为真武庙。明末农民起义军领袖李自成在大顺永昌二年（1645）派遣其侄李过回家乡米脂县修筑行宫和祖坟。李过将真武庙扩建成行宫。行宫依山踞险，布局严谨，构筑奇巧。主体建筑由乐楼、梅花楼、捧圣楼、二天门、玉皇阁、启祥殿、北庆宫七处重要建筑组成。乐楼两厢原为看台，一高一低。捧圣楼三层，高约17米，梨形楼顶，高耸入云。第二层上存有圣像残迹，还有依稀可见的壁画。拾级而上，可见一石刻牌楼，上书“治世玄武”四篆字。上为二天门，过二天门达启祥殿。殿两廊陈列有记叙真武祖师庙修建历史等碑石数通。整个行宫建筑群，楼台叠峙，亭殿交错，如巨龙卷卧，雄奇挺拔，为陕西地区少见的一组木构古建筑群。2006年定为全国重点文物保护单位。

盘龙水驿　明置，在今四川南部县东南盘龙镇。《方舆纪要》卷68南部县：盘龙水驿“在县东二十五里。今属广安州”。

盘龙场　在今重庆市荣昌县西北盘龙镇。清光绪《荣昌县志》卷2：盘龙场“距城九十里”。

盘龙江　在今云南昆明市，从北往南流入滇池。《明一统志》卷86云南府：盘龙江“一名滇池河。源自嵩盟州故邵甸县之东山、西山凡九十九泉，合流经府城东，又南入滇池”。

盘龙坝　即今四川平武县。《明史·地理志》龙安府平武县：龙州“洪武六年徙于青川所。二十二年又徙于盘龙坝箭楼山之麓，即今治也”。

盘龙县　唐武德元年（618）置，属益州。治所在灌口镇（今四川都江堰市）。明曹学佺《蜀中名胜记》卷6灌县：“李膺记云：山土色黄，盘回有龙形，故曰盘龙。”寻改为灌宁县。

盘龙驿　明置，在今四川广安市南。《方舆纪要》卷68广安州：盘龙驿“在州南。本属南部县，嘉靖三十六年移置于此”。

盘龙城遗址　在今湖北武汉市黄陂区西南叶店南盘龙湖畔，三面临湖，一面连陆。1974年开始多次发掘，为商代前期遗址。城址面积近8万平方米，四周有土筑城垣。城内东北隅有大片宫殿建筑基址，城内外有房屋、作坊遗址和墓葬区，出土一批精美青铜器，年代距今约3500多年，文化特点和黄河流域一带基本一致，是国内迄今发现的第二座商代古城址。1988年定为全国重点文物保护单位。

盘龙郡　西魏废帝二年（553）改北巴西郡置，属隆州。治所在阆中县（今四川阆中市）。《寰宇记》卷86阆州：“以郡中有盘龙冈为名。”北周辖境相当今四川阆中、南部、苍溪等市县境。隋开皇三年（583）废。

盘龙浦　又名盘龙汇。或作蟠龙汇。在今上海市青浦区东北，蟠龙之东。《方舆纪要》卷24松江府华亭县：盘龙浦“在崧子浦东，其上流曰盘龙塘。自府东三里北流，绝俞塘及上海、青浦境内之六磊、泗泾、横塘、浦汇诸塘而北，入于吴淞江，长八十里。其入江处曰盘龙汇，介华亭、昆山间，径十余里，而洄洑纡缓逾四十里，如龙之蟠，阻塞江流，雨潦则为田庐患，相传盘龙为松江一曲，浚之，则出水尤利”。宋、元时，赵屯、大盈、顾会、崧子、盘龙为吴淞江五大浦。今多湮塞。

盘龙镇　①又名攀龙镇。清置，属武乡县。即今山西武乡县东五十里蟠龙镇。

②即今上海市青浦区东北三十二里蟠龙。北宋朱长文《吴郡图经续记》卷下：“有盘龙汇者，介于华亭、昆山之间，步其径才十里，而洄穴迂缓逾四十里，江流为之阻遏。”《清一统志·松江府二》：盘龙镇“在青浦县东北盘龙汇”。

盘辽洞　在今广东罗定市南。《资治通鉴》：唐开元十六年（728）正月，“春、泷等州獠陈行范、广州獠冯璘、何遊鲁反……杨思勖讨陈行范，至泷州，破之，擒何遊鲁、冯璘。行范逃于云际、盘辽二洞，思勖追捕，竟生擒，斩之”。

盘夷戍　在今青海湟中县境。《资治通鉴》：南朝宋元嘉五年（428），“河西王蒙逊伐秦，至盘夷，秦相国元基等将骑万五千拒之。蒙逊还攻西平”。

盘屿　在今浙江乐清市西南三十八里磐石镇。谢灵运《行田登海口盘屿山诗》：“邀游碧沙渚，游衍丹山峰。”《明史·朱亮祖传》：“徇下瑞安，复败（方）明善于盘屿，追至楚门。”即此。

盘羊山　亦作蟠羊山。在今内蒙古丰镇市东北。一说在今呼和浩特市东北。《魏书·太祖纪》：天赐四年（407），“五月，北巡，自参合陂东过蟠羊山”。《太宗纪》：泰常六年（421），六月“北巡，至蟠羊山”。乾隆《大同府志》卷4：蟠羊山即盘羊山。

盘州　唐贞观八年（634）改西平州置，属戎州都督府。治所在附唐县（今贵州兴义市）。以盘江为名。后废。

盘州厅　清光绪三十四年（1908）改普安厅置，属兴义府。治所在今贵州盘县（红果镇）东北城关镇。1913年改为盘县。

盘江　①即今广西隆安县北之右江。《明史·地理志》隆安县：“城北有盘江，亦曰右江。”

②即今南盘江云南弥勒县东南皈依底山以下部分，在云南东部及贵州、广西间。三国至唐称盘江。《三国志·蜀书·李恢传》：“追奔逐北，南至盘江。”《水经·叶榆河注》：“盘水出律高县东南盬町山，东径梁水郡北贲古县南。水广百余步，深处十丈，甚有瘴气。朱褒之反，李恢追至盘江者也。”自元代，整个南盘江皆称盘江。

③分南盘江和北盘江。在今贵州望谟县蔗香附近汇合后称红水河。《方舆纪要》卷121永宁州：盘江在“州西三十里。自普安州流经顶营司西，又南流径北江之西岸，即慕役长官司境。亦谓之北盘江，以别于南盘江也”。

盘江十一城　在今贵州晴隆县境。《清一统志·兴义府》：盘江十一城“在安南县盘江坡、板桥、海子、马场诸要寨地。明天启中，监司朱家民建以御苗，曰连云、曰有嘉、曰靖氛、曰恬波、曰奏肤、曰龙新、曰资孔、曰项新、曰定边、曰维藩、曰石基，共十有一城”。

盘江山　①即今飯依底山。在云南弥勒县东南隅，南盘江边。明《寰宇通志》卷113：盘江山“在弥勒州东南百二十里。东西两山相峙，东抵师宗州界，南抵阿迷州界，盘江流其中。东山下有石窍。深阔可丈余，浊水涌出，入盘江”。

②在今贵州晴隆县东三十七里。《方舆纪要》卷123安南卫：盘江山在“卫东三十七里，东北与安庄卫为界。石路屈曲，降陟峻险，西南至普安州百八十里。山盖诸州之望也”。

盘江桥　在今贵州关岭布依族苗族自治县西南永宁镇西三十里盘江上。《清一统志·安顺府》：盘江桥“《（贵州）通志》：旧为滇黔孔道，波涛汹涌，不能舟渡，明崇祯间建桥”。

盘阳站　元置，在今山东临朐县东南。明废。

盘豆　又作槃豆。在今河南灵宝市西北枣乡河入黄河处东岸。《周书·于谨传》：西魏大统元年(535)，“大军东伐，谨为前锋。至盘豆，东魏将高叔礼守险不下，攻破之”。《隋书·杨玄感传》：“玄感西至阌乡，上槃豆，布阵亘五十里。”

盘县　1913年改盘州厅置，属贵州贵西道。治所在今贵州盘县（红果镇）东北城关镇。1923年直属贵州省。1966年置盘县特区。1970年撤销盘县，并入盘县特区。1999年撤销盘县特区，复设盘县，迁治红果镇。

盘利关　在今广西南丹县西南。《方舆纪要》卷109那地州：盘利关，“《图经》云：在州东北”。

盘秀山　在今山西屯留县西南与安泽县接界处。《金史·地理志》潞州屯留县：“有盘秀山。”《方舆纪要》卷42屯留县：盘秀山“在县西南八十里，岩岫盘曲，孤峰秀挺，亦名盘石山，蓝、绛二水，皆出于此”。

盘谷　在今河南济源市北二十里。唐李愿隐居处。韩愈《送李愿归盘谷序》曰：“太行之阳有盘谷。盘谷之间，泉甘而土肥，草木繁茂，居民鲜少。或曰，谓其环两山之间，故曰盘。或曰，是谷也，宅幽而势阻，隐者之所盘旋。”

盘谷寺　①在今天津市蓟县西北二十五里盘山中。寺在青沟，初名青沟禅院，清康熙十年（1671）由僧人智朴建。十七年（1678）康熙赐今名。智朴原为明末名将，清军入关后削发为僧，隐居于寺内，著有《盘山志》一书，死后葬于南天门。今寺已废，现存石顶、方亭，俗称进士坟。寺内多杏树。寺外有玉乳泉、石舫石、象石、天井石、洗心石、捧日石及文殊洞等胜景。

②南齐建元元年（479）建。在今河南济源市北。《清一统志·怀庆府》：盘谷寺“在济源县盘谷山北。齐建元元年建”。明于寺后建砖塔。清重建山门、佛殿等，在茶壶龛上刻有乾隆御制盘谷考证。

盘谷堡　明置，属复州卫。在今辽宁瓦房店市西北。《方舆纪要》卷37复州卫：盘谷堡在“卫东二十里”。

盘谷镇　即隰宁驿。今河北沽源县南小厂镇。后废。

盘沟村　即今山东郓城县。《金史·地理志》济州郓城县：“大定六年五月徙治盘沟村以避河决。”

盘陀　①在今山西祁县东南四十里盘陀村。《宋史·姚古传》：靖康元年（1126），“金人进兵迎古，遇于盘陀”。即此。

②即今福建漳浦县西南盘陀镇。明置巡司于此。《方舆纪要》卷99漳浦县“古雷镇”条内：“盘陀巡司正统六年置，以地接湖广，山林深邃，为草寇出没之冲也。亦有城。”

盘陀岭　一名葵冈岭。即今福建漳浦县西南盘陀岭，为闽入潮、广要隘。《方舆纪要》卷99漳州府漳浦县：盘陀岭“唐仪凤中，戍将陈元光开拓柳营江以西地，追‘蛮寇’于盘陀之下，尽歼之。永隆二年，元光移镇漳浦以拒‘潮贼’，阻盘陀诸山为塞，渐开西北诸山洞，拓地千里”。明正统六年（1441）置盘陀岭巡司于岭下。清康熙三十五年（1696）废。乾隆元年（1736）复置，嘉庆三年（1798）又废。

盘陀寨　南宋置，属汉源县。在今四川汉源县北盘陀山下。《方舆胜览》卷56黎州：“王已《盘陀寨记》：蜀为今日之重地，而沈黎为蜀之西门。”

盘陀镇　清置，属祁县。在今山西祁县东南四十里盘陀村。

盘陂县　西魏置，属梁宁郡。治所在今湖北京山县西。隋大业初废。

盘固山　亦名盘古山。即今江西会昌县西南盘古嶂。海拔1184米。为会昌、安远二县界山。《新唐书·地理志》：虔州雩都县有盘固山。《寰宇记》卷108虔州雩都县：盘固山，“《南康记》云，其山有石井，井侧有大铜人常守之。按，此石井五百年水一涌起，高数丈，铜人以手掩之，其水即止。其山盘纡巉峻，因号为盘固山焉”。

盘河镇　北宋置，属安德县。在今山东临邑县西北。

盘沿港　在今广东惠东县东南黄埠镇南盘沿。清康熙时建炮台于此。

盘沱　在今重庆市云阳县西长江滨。民国《云阳县志》卷5：江水“又东过盘沱，四溪口水自梨子坪北流注之。沱旁有市曰盘沱镇”。

盘肩岭　在今福建光泽县东北。《方舆纪要》卷98光泽县：“盘肩岭在县东北百里，东抵江西弋阳县，西抵贵溪县。山高径险，盘曲而登。”《清一统志》作“肩盘岭”。

盘顺军民安抚司　元至正十五年（1355）改盘顺府置，属四川行省。治所在今湖北鹤峰县境。明洪武五年（1372）改为长官司，成化末复为安抚司，属容美宣抚司。清初废。

盘顺府　元元统二年（1334）置，属四川行省。治所在今湖北鹤峰县境。后废。至正十二年（1352）复置。十五年（1355）改为盘顺军民安抚司。

盘岔河　在今安徽砀山县附近。《方舆纪要》卷25砀山县"龙扒沟"条："又有盘岔河，万历二十五年河臣杨一魁议，空砀山之地，北导李吉口下浊河，南存徐溪口下符离，中存盘岔河下小浮桥，三河并存，南北相去五十里，任水游荡，以不治治之。"

盘涧泉　在今福建南平市西南十余里。《方舆纪要》卷97延平府南平县：槃涧泉"在府治前。源出山巅，萦回石涧，泓深清洁。《郡志》云，郡居山椒，清泉自石崖奔逆而下，用巨竹引之，绵亘数里，遍及郡城"。

盘容洞　在今湖南道县南。《资治通鉴》：五代周广顺三年（953），"道州盘容洞蛮酋盘崇聚众自称盘容州都统，屡寇郴、道州"。《方舆纪要》卷81谓"盘容洞"或曰即蒋居山深阻处。

盘崖山　在今河北阳原县北十五里。《方舆纪要》卷18万全都司：盘崖山"在顺圣西城北十五里。山高险"。

盘盘国　古国名。一译槃槃。故地一般以为在今泰国南部万伦湾沿岸一带。或以为在今华欣至佛丕一带。《梁书·海南诸国列传》："盘盘国，宋文帝元嘉、孝武、孝建、大明中，并遣使贡献。"《通典》卷188、《旧唐书》和《新唐书》等均有专条记述。

盘堤（隄）山　在今甘肃陇南市武都区南七十里。《元和志》卷39：盘堤县东南有盘堤山。《寰宇记》卷154阶州将利县：西魏置盘堤县，"因山名也"。

盘堤（隄）县　西魏改南五部县置，属武阳郡。治所即今甘肃文县东北五十里临江乡。北周移治葭芦城（今甘肃陇南市武都区东南七十里白龙江东岸）。隋属武都郡。唐属武州，大历后废。

盘道县　西魏恭帝三年（556）改难江县置，为北水郡治。治所在今四川南江县南八庙场。《寰宇记》卷139清化县：废盘道县"因龙腹山道路盘曲为名"。隋属清化郡。唐武德初属巴州。贞观十一年（637）其治所东北移十里。宝历元年（825）废。后复置。北宋乾德四年（966）废为镇。

盘道岭　在今辽宁灯塔市东南。民国徐曦《东三省纪略》卷8：烟台煤矿有盘道岭。清光绪二十六年（1900），俄商"租采华家洼、盘道岭、田家沟、尖山子、磨箕山等五矿。日俄战后，日人既将俄商所租之矿，悉行占据"。

盘道梁堡　在今山西宁武县东五十里盘道梁村。《方舆纪要》卷40崞县：盘道梁堡"在宁武关东百里，有新旧二城，旧城创筑于嘉靖三十二年，万历十三年增修。二十三年以旧城地势低洼，又改筑新城于边内，周一里有奇"。

盘湖岭　在今江西南丰县南。《清一统志·建昌军一》：盘湖岭"在南丰县南八十里。亦江西福建之分界。一名盘湖隘，有湖若盘。一名大岭，以径宽广，故名"。

盘湖隘　即盘湖岭。在今江西南丰县南，接福建建宁县界。《清一统志·建昌府二》"茱萸隘"条下："又盘湖隘，在（广昌）县东北八十里。"

盘塘镇　在今湖北武穴市西盘塘乡。《方舆纪要》卷76广济县"大江"条下："《舆程记》，盘塘在县西三十里，对江即兴国州之富池也。"明代捍江长堤自此起，下抵黄梅县之杨家穴。

盘锦市　1984年撤销辽宁省盘山县，改设盘锦市（地级），辖盘山、兴隆台、郊区三区；将营口市的大洼县划归盘锦市管辖。1986年盘锦市盘山区改名为双台子区；撤销盘锦市郊区，恢复盘山县。盘锦市辖双台子、兴隆台二区及盘山、大洼二县。盘锦市人民政府驻双台子区。

船兰礁　在南海中中国南沙群岛内，位于敦谦沙洲东北5.4海里，在郑和群礁的北端。中国渔民向称高佛。1935年公布名称为彼得来礁。1947年改名舶兰礁。

船厂　即吉林乌拉、吉林城。在今吉林省吉林市。清萨英额《吉林外纪》卷2：顺治十五年（1658），"因防俄罗斯造战船于此，名曰船厂。后置省会，移驻将军，改名吉林乌拉"。

船山　又作石船山。即今湖南衡阳县西北石船山。明、清之际思想家衡阳王夫之晚年隐居之处，学者称为"船山先生"。今存湘西草堂，建于清康熙十四年（1675）。

船司空县　西汉置，属京兆尹。治所在今陕西潼关县东北港口镇附近。《汉书·地理志》注："师古曰，本主船之官，遂以为县。"东汉废。

船帆屿　在今台湾省澎湖县南，将军澳屿东端。清高拱乾《台湾府志》卷1：船帆屿"形如船帆"。

船步街　即今广东罗定市东南五十里船步水北岸船步镇。清光绪《广东舆地全图》：罗定州东南有船步街。

船官浦　在今湖北武汉市武昌城区西。《水经·江水注》："江之右岸有船官浦。……船官浦东即黄鹄山。"《方舆纪要》卷76武昌府江夏县"黄金浦"条下："船官浦在黄鹄矶西，自昔为泊舟之所。有船官司之，因名。"

船官湖　在今安徽寿县北。《水经·肥水注》："肥水又西分为二水，右即肥之故渎，遏为船官湖。"会贞按："今凤台县（寿县）城北盛家湖，即船官湖。"

船城　即今辽宁辽阳县西山川城。《清一统志·奉天府二》：船城"在辽阳州西六十里。周一里有奇，俗传元时养鹰处"。

船套子　在今黑龙江省齐齐哈尔市西南。民国《黑龙江志稿》卷3：船套子在"（龙江）城西南七里。嫩江东溢之水也，下游仍入嫩江。清时水师营驻泊处”。

船窝镇　在今山西河津市西北船窝村。《清一统志·平阳府一》“营里镇”条下：船窝镇“在县西一百里”。

船溪　即今湖南辰溪县东北船溪乡。旧属沅陵县。明洪武中置船溪驿，清乾隆二十六年（1761）改设船溪巡司。

船澳　在今广东惠东县南沿海。《宋史·文天祥传》：南宋祥兴元年（1278），文天祥率军“三月进屯丽江浦，六月，入船澳”。

舵艎洲　在今湖南洞庭湖中。《清一统志·岳州府一》：舵艎洲“向为行旅泊舟之所。本朝雍正九年，特发帑金二十万两，于洲上建造石台，址广三十丈，袤九十六丈，高六丈，顶二十丈，北如弓背，浪至易分，南如偃月堤，以备行舟遇风栖宿。乾隆九年，督臣履勘石台不便泊舟，奏停每月修筑”。

〔丿丶〕

斜寸水　即今吉林蛟河市东北蛟河，为松花江支流。《金史·乌春传》：“斜列至斜寸水，用郭赦计，取先在乌春军者二十二人。”即此。

斜寸岭　即今吉林敦化市西北张广才岭支脉拉林山（老爷岭）。《金史·乌春传》：“乌春举兵来战，道斜寸岭，涉活论、来流水，舍于术虎部阿里矮村滓布乃勃堇家。”

斜口水　即今江西上高县西南之南港河。《舆地广记》卷25瑞州：上高县有斜口水。《方舆纪要》卷84瑞州府上高县：斜口水“在县西十里。源发蒙山，入于蜀江”。

斜口镇　即今陕西西安市临潼区西斜口镇。《清一统志·西安府三》“零口镇”条下：斜口镇“在（临潼）县西四十里”。

斜山　①在今江西婺源县东北。《方舆纪要》卷28徽州府婺源县：斜山在“县东北七十里。高二百仞，周八十里。斜水出焉，溉田四十顷，下流合于绣水”。

②在今四川会理县西。《资治通鉴》：唐永徽六年（655），“巂州道行军总管曹继叔破胡丛、显养、车鲁等蛮于斜山，拔十余城”。即此。

斜川　在今江西都昌县附近。晋陶渊明有《游斜川》诗并序。

斜水　亦名斜谷水。即今陕西岐山县南渭水南岸支流桃川河、石头河。源出太白县南太白山，东北流至岐山县南入渭河。《史记·河渠书》：“斜水通渭。”《清一统志·凤翔府一》：斜水“在岐山县南。自汉中府褒城县流径县南，又东北径郿县西入渭。今曰斜谷河，其上游名桃川”。

斜江　今四川邛崃市东境之斜江河。《元和志》卷31安仁县：斜江水“经县南五里”。《寰宇记》卷75安仁县：斜江水“在县南五里。大邑县鹤鸣山来，斜流过县，又东流蜀州新津县”。《方舆纪要》卷71邛州：斜江在“县东七十里。源出大邑县鹤鸣山东，斜曲，流经废安仁县，又东南流至州东，亦入于邛水”。

斜阶水　亦名邪阶水。即今广东始兴县南清化河。《舆地纪胜》卷93南雄州：斜阶水“在始兴县南一百三十五里。源出韶州翁源县西北丹桂岭，流入县西一十五里与保水合”。《方舆纪要》卷102始兴县：斜阶水“在县南百三十里。源出曲江县东南界丹桂岭，北流至县西与浈水合”。

斜谷　在今陕西眉县西南。即褒斜道之东口。《续汉书·郡国志》：武功县有斜谷。《三国志·蜀书·诸葛亮传》：建兴六年（228）春，“杨声由斜谷道取郿”。十二年（234）春，“亮悉大众由斜谷出”。皆此。《清一统志·凤翔府一》引《郿县志》：“斜谷在县西南三十里，入谷口二百二十里抵凤县界，出连云栈，复百五十里出谷，抵褒城，长四百七十里。”谷口有斜谷关。

斜谷关　在今陕西眉县西南三十里斜谷口。《三国志·蜀书·后主传》：建兴十一年（233）冬，“亮使诸军运米，集于斜谷口，治斜谷邸阁”。后置关。

斜谷道　又作斜谷。褒斜道之斜谷段。在今陕西眉县西南。《后汉书·刘焉传》：刘焉据益州，“任（张）鲁以为督义司马，分别部司马张修将兵掩杀汉中太守苏固，断绝斜谷”。《三国志·蜀书·诸葛亮传》：建兴六年（228），亮率师北伐，“杨声由斜谷道取郿”，十二年“亮悉大众由斜谷出，以流马运……”。北魏正始中，开斜谷旧道以达梁州。五代以后废。

斜岩　即紫霞岩。在今湖南宁远县南九疑瑶族乡境内。

斜岩山　在今重庆市合川区东北。《舆地纪胜》卷159合州：斜岩“在石照县东北八十里，高十余里。有石横亘，岩腹如拖修帛，迤长四五里，岩以此得名。环左右百里，望之如积雪，与日相射。下有穴，俗谓之龙洞。水由洞中出。洞中有垣有宇，周以乳石，如笋如楠，有双石柱。龙潭石壁如削，水绕壁以出，流为大江”。《方舆纪要》卷69合州：斜岩山“岩石奇胜，岩下有洞，内有龙湫”。

斜罗斯川　即邪罗斯川。今新疆北境之额尔齐斯河。

斜岭　在今广东阳东县东北。《方舆纪要》卷101阳江县：斜岭“在县东九十里。昔为官道所经，蹊径险恶，盗贼藏聚。正德九年，改营通道，避险就平，人以为便”。

斜城　又名斜谷城。即今陕西眉县。《元和志》卷2郿县：“斜谷城，城南当斜谷，因以为名。”《方舆纪要》卷55郿县：斜城“城北去渭水里许。宇文周保定中筑，置云州于此，建德中废”。

斜恭州　唐开元后置，属雅州都督府。治所在今四川泸定县境。北宋改为隶恭州。

斜桥镇　①又名陈阜镇、善因镇。即今江苏靖江市东北斜桥镇。清光绪《江苏全省舆图》靖江县："斜桥镇在城东二十五里。亦即善因镇。"

②民国初置，属海宁县。即今浙江海宁市（硖石镇）西南二十六里斜桥镇。

斜离岭　在今广东遂溪县南。《方舆纪要》卷104遂溪县：斜离岭在"县南五十里。高十仞，周二十里，突起二峰，势皆斜列。一名雷公岭"。

斜堆　即今吉林蛟河市与新站、退博之间的三角地。《金史·世纪》："欢都大破乌春等于斜堆，故石、拔石皆就擒。世祖自将与欢都合兵岭东，诸军皆至。"

斜堆甸　即今吉林蛟河市与退博、新站之间的三角地。《金史·太祖纪》："土人欲执漫都诃以与敌，使来告急，遇太祖于斜堆甸。太祖曰：'国兵尽在此矣，使敌先得志于漫都河，后虽种诛之，何益也。'乃分甲士四十与之。……夜急攻之，迟明破其众。"即此。

斜塘　在今上海市松江区西。《方舆纪要》卷24松江府华亭县：斜塘"在府西二十里。大泖东出为黄桥门水，又东为斜塘水，波流湍悍。东汇为横潦泾，即黄浦上流也"。

斜塘镇　①即今江苏苏州市吴中区东斜塘。清光绪《江苏全省舆图》元和县记："城东有外跨塘、斜塘等镇。"

②即今浙江嘉善县北二十二里西塘镇。明正德《嘉善县志》卷5："以地势言则曰斜塘，以地言则曰西塘。"《方舆纪要》卷91：斜塘镇"一名西塘，又名平川，县西北诸川皆汇流于此。正统十二年徙陶庄税课局于斜塘，寻废"。清时县丞驻此。

斜满墟　亦作志满墟。即今广东湛江市麻章区西南湖光农场志满村。清光绪《广东舆地全图》：遂溪县南有斜满墟。清光绪二十五年（1899）划为法广州湾租界地。

斜滩镇　即今福建寿宁县东南斜滩镇。明弘治中移渔溪巡司治此。

斜潭堡　在今广东始兴县东北。《方舆纪要》卷102始兴县"黄田隘"条："又有界滩、斜潭、江口、水口诸哨堡，则江防所系也。"

鄃县　①西汉置，属清河郡。治所在今山东平原县西南五十里。亦作俞。《汉书·沟洫志》：武帝元光中，"武安侯田蚡为丞相，其奉邑食鄃。鄃居河北，河决而南则鄃无水灾"。东汉属清河国。三国魏属清河郡。西晋又属清河国。北魏属平原郡。北齐省。

②东晋时侨置，南朝宋属清河郡。治所疑在今山东淄博市淄川区东南城子村。北魏属东清河郡。北齐废。

③隋开皇十六年（596）置，属贝州。治所即今山东夏津县。大业初属清河郡。唐属贝州。天宝元年（742）改夏津县。

龛山　①在今浙江杭州市萧山区东二十八里坎山镇。宋《淳祐临安志》卷10"江潮"引姚宽《西溪丛语》："或云：（浙江）夹岸有山，南曰龛，北曰赭，谓之海门。"即此。《方舆纪要》卷92萧山县：龛山在"县东北……嘉靖三十二年参将汤克宽大破倭夷于龛山，三十四年督臣胡宗宪又败倭于此"。

②在今甘肃榆中县南二十里。《明一统志》卷36临洮府：龛山"在金县南二十里。宋元丰四年置寨于此"。

龛山镇　1930年置，属萧山县。即今浙江杭州市萧山区东二十八里坎山镇。

龛谷县　金大定二十二年（1182）升龛谷堡置，属兰州。治所在今甘肃榆中县南二十里小康营乡。正大三年（1226）为金州治。蒙古至元七年（1270）省入金州。

龛谷砦　北宋元丰四年（1081）置，属兰州。在今甘肃榆中县南二十里小康营乡。《宋史·夏国下》：元祐三年（1088），"夏人遂攻龛谷砦，砦兵及东关堡巡检等战不利，死者几百人"。七年（1092）废。绍圣三年（1096）置龛谷堡，金大定二十二年（1182）升为龛谷县。

鸽子山　在今重庆市城口县东南。清道光《城口厅志》卷4：鸽子山在"厅东一百一十里。山极险要。嘉庆元年，白莲教首殷成富、冯升、萧汉章等聚众数千人居其上"。

鸽湖山　在今江西安福县北。《舆地纪胜》卷31吉州：鸽湖山"在安福县北六十里。有雁峰、白鹤峰、石人峰、三渡桥、桃花洞，景物幽绝，有唐人留题"。

敛州　唐永徽二年（651）置羁縻州，属茂州都督府。治所在今四川汶川县西南邛崃山附近地区。后废。

敛寻城　唐南诏置，属剑川节度。在今云南维西傈僳族自治县境。宋大理废。

敛材溪　在今贵州黎平县北五里。《方舆纪要》卷121黎平府：敛材溪"出府东北六十里之敛材山，西流经太湖山北而入于宝带江"。《清一统志》作"敛村溪"。

敛盂　春秋卫邑。在今河南濮阳市东南。《左传》：僖公二十八年（前632），"晋侯、齐侯盟于敛盂"。杜注："卫地。"

悉万斤国　在今乌兹别克斯坦撒马尔罕北七里。《魏书·西域传》：悉万斤国"都悉万斤城，在迷密西。……其国南有山，名伽色那，山出师子。每使朝贡"。《新唐书·西域传》："康者，一曰萨末鞬，亦曰飒秣建，元魏所谓悉万斤者。"

悉计蜜悉帝城　唐双泉州治所。在今阿富汗喀布尔北昆都士东南伊什卡姆希。

悉立　西藏古代王国名。《敦煌吐蕃文书》载：在悉立地区，首领为章首领，名叫诺那。《新唐书·西域传》："悉立当吐蕃西南。"又《章求拔传》：章求拔"居悉立西南四山中，后徙山西，与东天竺接"。悉立为西藏最早的十余小邦之一，地在今西藏日喀则地区西南之喜马拉雅山中。

悉州 唐显庆元年（656）置，治所在悉唐县（今四川茂县西北维城乡）。《元和志》卷32悉州："在悉唐川，因以为名。"咸亨元年（670）徙治左封县（今四川黑水县东南）。仪凤二年（677）羌叛，侨治当州。寻徙治左封县。辖境相当今四川黑水县东南地。天宝元年（742）改为归诚郡。乾元元年（758）复为悉州。广德后地入吐蕃。

悉利砦 北宋筑，在今陕西横山县东。《宋史·太宗纪》：雍熙二年（985），"夏州行营破西蕃息利族"。《方舆纪要》卷57：悉利砦"在废银州北。宋雍熙二年，王侁等讨李继迁，出银州北，破悉利诸砦，入独论川，又败之"。即此。

悉利移城 亦作悉利城。故址在今缅甸中部抹谷附近。相传为缅甸最古都城。《新唐书·南蛮列传下》载，悉利移为骠国九城之一。

悉邻（隣）县 唐贞观二年（628）置，属羁縻涂州。治所在今四川汶川县西南。后废。

悉补野 西藏古代族部名。即窣勃野、宝髻、不夜、弗夜，亦作勃悉野、勃窣野。故地在今西藏山南地区雅隆河谷，包括乃东、穷结等县境。唐杜佑《通典·边防》："（吐蕃）始祖赞普，自言天神所生，号'鹘堤悉补野'。"《敦煌吐蕃文书》、《吐蕃工布摩崖碑》及藏文史籍中，也对吐蕃王室始祖有此称号。"鹘堤"意为光明天，"悉补野"意为悉补之王。吐蕃始祖聂墀赞普时，西藏地方有十余小邦，悉补野部落最强。

悉宜厂 又名悉宜大寨。清设悉宜厂。在今云南耿马傣族佤族自治县北四十二里大寨。佤语"悉宜"意为迷失或糊涂的地方。过去野芭蕉多，迁徙的人多在此迷路，因名。

悉居半国 即朱居槃。在今新疆叶城县西南棋盘乡。《魏书·西域传》：悉居半国"故西夜国也，一名子合。其王号子，治呼犍。……太延初遣使来献，自后贡使不绝"。

悉唐川 今四川茂县西北赤不苏河，为黑水支流。《旧唐书·地理志》 悉州悉唐县："县置在悉唐川。"

悉唐县 唐置，属当州。治所在今四川茂县西北。《寰宇记》卷81悉唐县："置在悉唐川"，因名。显庆元年（656）为悉州治。咸亨元年（670）移州治左封县。三年（672）于县侨置翼州，仪凤元年（676）于县置南和州。天授二年（691）为静州治。广德后废。

悉诺罗驿 在今青海格尔木市西南唐古拉山镇（沱沱河）附近（一说在今杂多县西北当曲以北加力曲一带）。为唐代鄯城县（今青海西宁市）至吐蕃逻些城（今西藏拉萨市）交通要道之一。《新唐书·地理志》 鄯城县："大月河罗桥，经潭池、鱼池，五百三十里至悉诺罗驿。"

悉蜜言城 又作悉没言城。唐迟散州治所。在今阿富汗喀布尔北巴格兰西萨曼甘附近。

谾山隘 在今江西广丰县南。《方舆纪要》卷85广信府永丰县：谾山隘在"县西南三十里，谾山之阳。西北五里接上饶县之高洲寨，西四十里由锄狗洋达封禁山，最为要害"。

欲儿陌哥都 即月儿灭怯土。在今蒙古国哈剌和林东南山区。为元太宗窝阔台夏季驻地。

彩（綵）衣堂 在今江苏常熟市虞山镇翁家巷。是一处规模较大的古代宅第。始建于明弘治年间（1488—1505），初名"森桂"。清道光年间（1821—1850）归体仁阁大学士翁心存（翁同龢之父），改名"綵衣堂"。堂面阔15米，进深14米，高大轩敞，作工规整，为典型的明代厅堂建筑。堂内梁、枋、柱、檩等木构件表面均绘苏式包袱锦彩画，绘图技法属"上五彩"，为最高等级的彩画作，是江南地区现存最完整的明代包袱建筑彩画。翁同龢曾为清同治、光绪两朝帝师，官至户部尚书、军机大臣等职，为晚清著名的政治家。1996年綵衣堂被定为全国重点文物保护单位。

彩烟镇 在今浙江新昌县南彩烟山下。《方舆纪要》卷92绍兴府新昌县：彩烟镇"在县南彩烟山下。宋置巡司。明初因之，后废"。

彩（綵）绹港 故址在今上海市宝山区北，月浦镇东。《方舆纪要》卷24苏州府嘉定县：彩绹港"在县东南吴淞所北，其西四里为月浦，又四十八里曰罗店镇。嘉靖中，贼避吴淞守兵，往往出没于此"。

彩塘 在今湖南邵阳市东。《方舆纪要》卷81邵阳县：彩塘"在城东。溉田三千余亩"。

彩塘市 即今广东潮安县北彩塘镇。清光绪《潮州府志》卷14：海阳县"墟市"有彩塘墟。

领方山 在今广西宾阳县西南。《清一统志·思恩府》：领方山"在宾州南三十五里。古郡县皆以此名"。

领方县 西汉置，属郁林郡，为都尉治。治所在今广西宾阳县东南古城村。三国吴改为临浦县。西晋复改为领方县。南朝梁为领方郡治。隋属郁林郡。唐武德间改为岭方县。

领方郡 南朝梁置，属南定州。治所在领方县（今广西宾阳县东南古城村）。辖境相当今广西宾阳县地。隋开皇九年（589）废。

领外 即岭外。指今广东、广西、海南三省区及越南北部地区。

领司奔寨 即林奔城。明代西藏地名。其地即今西藏仁布县西北仁布乡。元末，大司徒伯木古鲁（帕主）万户长在乌思藏置十三个宗，领司奔为十三宗之一。

领表 即岭表。指今广东、广西、海南三省区及越南北部地区。《后汉书·南蛮传》：建武十九年（43），马援破交趾，进击九真，破降之，"于是领表悉平"。

领南　即岭南。又称领表、领外。指五岭以南地区。

领噶尔豁　即乌雨克灵喀城。今西藏南木林县东乌郁。原西藏地方政府设领噶尔豁。1960 年并入南木林县。

〔丿乛〕

脚川州　唐开元十七年（729）置羁縻州，属黎州都督府。治所在今四川马边、峨边或美姑县境。北宋以后废。

脚东港　即今湖北当阳市东脚东乡。清同治《当阳县志》卷 1《市镇》："脚东港，即古葛藤。在治东四十里。"

豚水　又作遯水。即今北盘江。源于云南宣威市北部，流经贵州西境。汉至南朝称豚水。《汉书·地理志》："夜郎，豚水东至广郁。"《水经·温水注》："郁水即夜郎豚水也，……东北流径谈藁县，东径牂柯郡且兰县，谓之牂柯水。"

脱木河卫　明永乐四年（1406）置，属奴儿干都司。在今俄罗斯阿穆尔州结雅河（精奇里江）支流托姆河流域。后废。

脱伦卫　明永乐四年（1406）置，属奴儿干都司。治所在今黑龙江省汤原县东北都鲁河注入松花江处附近（一说在今黑龙江齐齐哈尔市东多隆武噶山）。后废。

脱思麻路　亦作图沙玛路。元置，属陕西行中书省。治所当在岷州（今甘肃岷县）。《元史·地理志》：脱思麻路辖岷州、铁州、碉门鱼通黎雅长河西宁远等处宣抚司、礼店文州蒙古汉儿军民元帅府。辖境相当今甘肃岷县、礼县、文县以南至四川天全、康定、丹巴一带。后废。

脱斡怜万户府　元初置，属女直水达达路。治所在脱斡怜（今黑龙江省桦川县东北万里通和）。后废。

脱豁改原　即今黑龙江省宾县南，南祖岭一带平原。《金史·世纪》："世祖戒辞不失曰：'汝先阵于脱豁改原，待吾三扬旗，三鸣鼓，即弃旗决战。'"

彫阳城　在今河南邓州市东。《资治通鉴》：南朝梁普通六年（525），雍州刺史晋安王纲遣"司马董当门破魏晋城，又破马圈、彫阳二城"。

彫黄岭　又作刁黄岭。在今山西长子县西五十里。《资治通鉴》：唐武宗会昌三年（843），刘稹以泽、潞反，使其将"李佐尧守彫黄岭"。即此。

匐延都督府　唐显庆三年（658）以西突厥处木昆部置，属北庭都护府。治所在今新疆和布克赛尔蒙古自治县境。8 世纪前期废。

象山　①一名石公山。在今江苏镇江市东北八里，与焦山对峙。《清一统志·镇江府一》：石公山"一名象山，形如双象。《府志》：焦山两狮形，象山两象形，狮象截水之下流，郡之门户在焉。岩有洞曰象山洞"。

②在今浙江象山县西北十里。县以此得名。《舆地纪胜》卷 11 庆元府象山县："《图经》云，县有一山如象形。"故名。

③在今福建大田县西南。《清一统志·永春州》：象山"在大田县西南台阁山西。高千仞，群峰矗立，林木深茂。上有望军洋杨家寨，明嘉靖初，贼首郑新等巢其上，郡守陈能剿平之"。

④在今福建闽侯县南。《清一统志·福州府一》：象山"在侯官县旗山之西。山形外抱中平，如蹲象然。上有观音泉"。

⑤原名应天山。在今江西贵溪市西南七十里。《寰宇记》卷 107 信州贵溪县：应天山"连冈叠阜，自闽而来，为诸山之宗"。《明一统志》卷 51 广信府：象山"初名应天山，宋儒陆九渊尝读书于此，以山形如象更今名"。陆九渊自号象山翁，学者称为象山先生。所著后人辑为《象山先生全集》。又贵溪县南之三峰山亦名象山。因尝移象山书院于此，俗亦呼为象山。

⑥原名蒙山。在今湖北荆门市西郊。《清一统志·荆门州》：蒙山"在荆门州西一里。一名象山。一名硖石山。又名泉子山"。

⑦又名象头山。即今广东博罗县东北象头山。《方舆纪要》卷 103 惠州府博罗县：象山在"县北二十里。山高大，形如象，俗呼象头山"。

⑧在今广西象州县西隔江。《元和志》卷 37 象州阳寿县："象山在县西北三里。"《寰宇记》卷 165 象州武仙县："象山在州城西岸，去城五里。高四十丈，其形如象，山因得名。"

⑨在今贵州惠水县北。《方舆纪要》卷 121 卢番长官司：象山在"司南一里"。

⑩在今云南丽江市玉龙纳西族自治县西北。《方舆纪要》卷 117 丽江军民府：象山在"府西北五里。形如伏象，山下有泉曰象泉"。

⑪ 在今陕西潼关县东北、老潼关西南隅。《清一统志·同州府》：象山"在潼关厅治西南。旧卫志：俗名蝎子山，上有田曰黎家坪"。

⑫在今越南东北部广宁省东潮县境。元黎崱《安南志略》卷 1："鞍子山一名安山，或曰象山。高出云雨之上。"《方舆纪要》卷 112 安南新安府：象山"在府东东潮州。一名安子山。相传安期生得道处。宋海岳《名山图》以此为第四福地"。

象山县　唐神龙元年（705）析鄮县、宁海二县置，属台州。治所在彭姥村（今浙江象山县治）。以山得名。广德二年（764）改属明州。南宋属庆元府。元属庆元路。明、清属宁波府。民国初属浙江会稽道。1927 年直属浙江省。

象山郡　唐天宝元年（742）改象州置，治所在武化县（今广西象州县东北）。辖境相当今广西象州、武宣等县地。乾元元年（758）复改为象州。

象山港　一名鄞港。在今浙江象山县北。清光绪

《新编沿海险要图说》卷7：象山港“南岸有象山县城，故名”。

象川州　亦作粟川州。唐开元前置羁縻州，属黎州都督府。治所在今四川美姑县西牛牛坝乡。北宋以后废。

象牙庄　即今福建漳浦县西北象牙庄。清嘉庆二年（1797）后福建漳浦县丞驻此。

象牙峰　在今福建光泽县西南，与邵武市接界处。明嘉靖《邵武府志》卷2山川光泽县：象牙峰“一峰屹立，旁有二十四峰，立森如象牙”，故名。

象牙潭　在今江西丰城市北象牙村。《陈书·周文育传》：永定三年（559），周文育讨余公飏、余孝劢，“自率众军入象牙江，城于金口”。《资治通鉴》：五代梁开平三年（909），“抚州刺史危全讽自称镇南节度使，帅抚、信、袁、吉之兵号十万攻洪州，淮南守兵才千人，将吏皆惧，节度使刘威密遣使告急于广陵，日召僚佐宴饮。全讽闻之，屯象牙潭，不敢进，请兵于楚”。皆此。清同治《南昌府志》卷4：象牙潭“潭中有洲状类象牙，故名”。

象冈　在今广东英德市东百里。明置巡司于此。

象氏侯国　西汉置，属巨鹿郡。治所在今河北隆尧县北二十五里固城镇。东汉废。

象禾　战国楚邑。即今河南泌阳县北象河关。《鄂君启节》铭文：“自鄂往：庚阳丘，庚方城，庚象禾。”

象台（臺）山　在今广西象州县西北三十里。《舆地纪胜》卷105象州：象台山“近柳州界，去州三十里。平地突起，岿然一台，四望平远，盖古州之治也。唐武德始迁治阳寿，今犹相承谓州为象台云”。

象台（臺）驿　明置，在今广西象州县城南。《方舆纪要》卷109象州：“《舆程记》：自象台驿沿江而北，江中有金滩、麻子滩，皆峭险，分道出洛容县之江口驿，凡七十里。”

象耳山　在今四川彭山县东北二十五里。《方舆胜览》卷53眉州：象耳山“在彭山县。有杨祐甫十事记”。《方舆纪要》卷71彭山县：象耳山在“县东北二十五里。山形耸秀，连峰接岭，南至蟆颐山下，有宝研、磨针二溪，龙池、蟹泉诸胜”。今山上有李白读书台、象耳寺遗址及唐宋以来摩崖造像及题刻。

象达集　即今云南龙陵县南三十二里象达乡（象达街），为象达乡驻地。清有把总驻防。傣语“象达”意为要塞。

象庄　在今河南孟津县东南。民国《河南通志》卷52象庄：“俗传汉时西僧以象驮经来洛阳。后化为石。今尚存。”

象州　隋开皇十一年（591）置，治所在桂林县（今广西象州县东南上古城村）。《新唐书·地理志》象州：“以象山为州名。”大业二年（606）废。唐武德四年（621）复置，治所在武德县（今象州县西北三十里），贞观十三年（639）徙治武化县（在象州县东北）。天宝元年（742）改为象山郡，乾元元年（758）复为象州。辖境相当今广西象州、武宣等县地。大历十一年（776）移治阳寿县（今象州县）。南宋景定三年（1262）徙治来宾县蓬莱镇（今来宾县东南蓬莱洲）。元至元十五年（1278）升为象州路，治所还治阳寿县（今象州县）。大德后复降为象州，属广西路。明洪武二年（1369）省阳寿县入州，属柳州府。1912年改为象县。

象州路　元至元十五年（1278）升象州置，属广西两江道。治所在阳寿县（今广西象州县）。辖境相当今广西象州、来宾、武宣等县地。大德后复降为象州。

象江　①在今江西新干县南。《舆地纪胜》卷34临江军：象江“在新淦县南五十里”。《方舆纪要》卷87临江府新淦县：象江“源出新喻县界，东流三十里，合于清江”。

②即今广西象州县西之柳江。《方舆纪要》卷109象州：象江“在州城西。即柳江也。自府城南流经州北，自城西而南，入武宣县界。又南入浔州府界”。

象县　①隋开皇九年（589）改象郡置，属桂州。治所在今广西鹿寨县西南雒容镇南。大业初属始安郡。唐贞观八年（634）属柳州，龙朔三年（663）废。乾封二年（667）复置，移治今柳州市东北。北宋嘉祐六年（1061）废入洛容县。

②1912年改象州置，属广西柳江道。治所即今广西象州县。1928年直属广西省。1952年撤销，与武宣县合并，改为石龙县。

象谷水　一名蒋谷水。即今山西太谷县东北像峪河。《元和志》卷13太原府太谷县：“蒋谷水，今名象谷水，源出县东南象谷，经县北四里，北入清源县界。”入洞过水。

象谷渠　在今山西清徐县东南徐沟镇。《方舆纪要》卷40徐沟县：象谷渠“在县城下，流分三道，环绕东西，分灌民田，盖居民引象谷水为渠也”。

象角头营　在今广东中山市西南十四里。《方舆纪要》卷101广州府香山县：象角头营“在县（今中山市）西。《志》云，县有镇头角、南禅佛、县港口及浮虚、大埔洋等营，俱有官军戍守”。

象林县　西汉置，属日南郡。治所在今越南广南省维川县南茶荞。东汉废。《后汉书·南蛮西南夷传》：永和二年（137），“日南象林徼外蛮夷区怜等数千人攻象林县，烧城寺，杀长史”。又《水经·温水注》：“九真太守任延始教耕犁，俗化交土，风行象林。”皆此。西晋太康三年（282）复置，寄治卢容县（今越南承天—顺化省顺化附近）。东晋后地入林邑国，废。

象明县　1927年由普思沿边行政总局第6区析置，属云南普洱道。治倚邦（今云南勐腊县西北一百六十八里倚邦街）。1929年撤销，并入镇越县。

象兔山　在今云南呈贡县南。《清一统志·云南府》：象兔山“在呈贡县南十五里。旧有蛮寨”。

象河山　在今湖北省荆门市北。《舆地纪胜》卷78荆门军：象河山“在长林县北七十里。有普安寺。有泉，是为象河”。《方舆纪要》卷77荆门州：象河山“上有城垒，势极险峻”。

象河关　即今河南泌阳县北八十八里象河乡。明置巡司于此。

象城县　隋仁寿元年（601）改广阿县置，属赵州。治所在今河北隆尧县东十二里旧城。大业二年（606）改为大陆县。唐武德四年（621）复名象城县，属赵州。《元和志》卷17：“取县西北古象城为名。”天宝元年（742）改名昭庆县。

象骨山　在今湖南岳阳市东北。《舆地纪胜》卷69岳州：象骨山，“《山海经》云，巴蛇吞象，暴其骨于此。山旁有湖，谓之象湖”。

象骨港市　即今湖南岳阳市东北象骨港，为松杨湖农场场部所在地。《方舆纪要》卷77岳州府临湘县“马鞍山”条下：象骨山“山下有港，亦以象骨名”。市因象骨港为名。

象泉　又称象鼻水。即今云南丽江市玉龙纳西族自治县北郊象山下之黑龙潭。《徐霞客游记·滇游日记七》：象鼻水“从坝下穴中西出，穴小而不一，遂溢为大溪，折而南去”。现为著名风景区。

象泉河　在今西藏阿里地区。源出冈底斯山，流经普兰、噶尔、札达等县境，西北流入印度境，称为萨特莱杰河，注入印度河。藏语称朗钦藏布，意为象嘴河。清乾隆《卫藏通志》卷3《山川》：朗卜切喀巴普山“唐古忒语（藏语），朗卜切，象也。山形似象，口有泉流出，故名”。

象洞寨　即今福建武平县东南象洞。《方舆纪要》卷98武平县：象洞寨在“县东南百里，其地与潮、惠接界。相传尝产象于此。宋政和中置砦。嘉熙中，改为南尉司。元废。明初复置，改为巡司”。

象郡　①秦始皇三十三年（前214）置，治所在临尘县（今广西崇左市境）。辖境相当今广西西部、广东西南部及贵州南部。西汉元凤五年（前76）废。《山海经·海内东经》：“沅水出象郡镡城西，……郁水出象郡，而西南注南海。”《汉书·昭帝纪》：“罢象郡，分属郁林、牂柯”，注：“臣瓒引《茂陵书》：象郡，治临尘。”即此。另说象郡治所在今越南广南省维川县南茶荞。辖境约包括今越南北中部地区。《汉书·地理志》：“日南郡，故秦象郡。”又《水经·温水注》：“寿冷水自（区粟）城南，东与卢容水合，东注郎究，究水所积下潭为湖，谓之狼湖。浦口有秦时象郡，墟城犹存。”即此。

②南朝陈置，属龙州。治所在今广西鹿寨县西南雒容镇南。隋开皇九年（589）改为象县。

③即象山郡。治所在武化县（今广西象州县东北）。《新唐书·地理志》、《通典》均作象郡。

象眠山　在今云南鹤庆县南二十五里。《方舆纪要》卷117鹤庆军民府“龙珠山”条下：象眠山“山势逶迤，如象眠然，因名”。

象浦县　隋大业元年（605）置，为冲州治。治所在今越南广南省维川县南茶荞。三年（607）为林邑郡治。后废。

象浦驿　在今浙江温州市城区北。《方舆纪要》卷94温州府永嘉县：象浦驿“在城北，明初置”。清康熙三十九年（1700）废。

象棋墟　即今广西藤县西南九十里象棋镇。清光绪《广西舆地全图》藤县图：西南有象棋墟。

象雄　西藏古代族部名。古译称为羊（扬）同，分大羊同、小羊同二部，大羊同在今西藏阿里地区北部及毗邻克什米尔拉达克地区，小羊同在今阿里地区南部、噶尔、扎达、普兰等县境。都城在噶尔县冈底斯山南75公里的穹窿银城，意为“神鸟的山谷”。藏文史籍《敦煌吐蕃文书》载：在象雄地区，其主名叫李密佳。还记载有李密佳娶松赞干布之姐妹，于644年被吐蕃王朝所灭。此象雄所指为小羊同，地在今西藏阿里地区南部、噶尔、扎达、普兰等县境。

象雄如　西藏吐蕃王朝（约629—842）古地区名。吐蕃在全境划分为乌如、要如、叶如、如拉等四个军政区域，即乌思藏四如，每个如各置“东岱”（千户）十个。藏文史籍《智者喜筵》则称：在乌思藏四如之外，吐蕃还以苏毗为一个如，并称在象雄也置“东岱”十个。象雄如约在今西藏阿里地区及其西部毗邻之拉达克地区。

象湖山　即今福建漳平市东南象湖山。明嘉靖《漳平县志》卷2：象湖“在感化里。薮泽半亩许，泉混，泥深无底，视若田然。相传昔有象奔过此，遂沉不起，因名”。《明通鉴》：正德十二年（1517），“詹师富等据长富村为巢，（南赣抚臣）王守仁督副使胡琏等破之，逼之象湖山”，即此。

象雷县　辽开泰二年（1013）置，属中京府（后属兴中府）。治所在麦务川（疑在今辽宁朝阳县境）。金废。

象鼻山　又名漓山、沈水山、象山。即今广西桂林市区南漓江与桃花江汇流处象鼻山。《方舆纪要》卷107临桂县：漓山“山魁然拔起，横障江上，郡人名为象鼻山。以山突起水滨，形如象鼻也。明初围静江，别将朱亮祖屯于东门象鼻山下。即此”。

象鼻岭　在今贵州关岭布依族苗族自治县西南。《清一统志·安顺府》：象鼻岭“在永宁州（治今永宁镇）西废慕役司（今花江镇）西北四十里。路出滇黔，必经其下，险峻难登”。清陈鼎《黔游记》：“象鼻岭两峰壁立，相夹一岭，如象鼻然。阔三丈，长百余丈。登其西畔高峰，黔东诸山如培塿矣。”

象鼻营铺　在今四川喜德县西北深沟村东北。清嘉庆《四川通志》卷89冕宁县：象鼻营铺“在县北一百八十里”。

欵州　西魏改北郢州置，治所在安贵县（今湖北随州市西北)。北周废为涢水郡。

猪龙河　①即今河北大清河南支潴龙河。沙、滋二水在安国市南汇合后称猪龙河。经安平、博野、蠡县、高阳等县,至安新县入白洋淀,东流为大清河。《清一统志·保定府二》:猪龙河,"《旧志》:猪龙河在高阳旧城东三里,相传古有猪龙化而成河。旧南纳高河,后高河堙塞,独此为水潦所归"。

②在今山东费县南。《方舆纪要》卷33费县"蒙阳河"条下:"猪龙河在县南六十里。出费县马陵山,东北流,入于祊河。"

③即沇水。在今河南济源、沁阳二市及孟县境。

猪龙泉　在今四川眉山市南。《方舆胜览》卷53眉州有猪龙泉。《明一统志》卷71眉州:猪龙泉"在州南石佛镇苏轼别业。轼尝云:'百年前有牝猪伏于此,化为二鲤,盖猪龙也'"。

猪仔峡　在今广西武宣县东双髻山附近。《清史稿·向荣传》:咸丰元年(1851),太平军据守紫荆山,"荣偕乌兰泰等迭夺猪仔峡、双髻山要隘"。

猪头铺　在今重庆市奉节县东。《宋史·张廷翰传》:乾德二年(964)伐后蜀,"师次夔州,(刘)廷让顿兵白帝庙西,俄而夔州监军武守谦率所部来拒战,廷翰引兵逆去,败之于猪头铺,乘胜拔其城"。

猪母洞　应为母猪洞。又名牟珠洞、凭虚洞。在今贵州贵定县西。《方舆纪要》卷123新添卫:猪母洞,"(明)天启初,安邦彦围贵阳,抚臣王三善自平越赴援,至猪母洞,明日次新添"。即此。

猪母营　在今海南省琼海市南。《方舆纪要》卷105琼州府乐会县:猪母营"在县西南。防守加略、中心等村生熟黎"。《清一统志·琼州府二》:猪母营"乃纵横峒及定安思河光螺咽喉之所,明初置营防守"。

猪拱箐　在今贵州赫章县东北。地当川、滇、黔三省之交,群山环合,地势险要。清咸丰、同治年间苗民首领陶新春据此。清王定安《湘军记》卷14《平黔篇》:"陶新春者,踞毕节之猪拱箐,有众数万,时掠川滇边地,而苗夷、土匪、散勇、游民杂处其中,亦贵西巨寇也。"同治二年(1863)二月,太平军石达开自镇雄掠毕节,猪拱箐苗民曾加以响应。

猪堂店　一名朱堂店。即今河南罗山县西南朱堂店村。清乾隆《罗山县志》卷1《镇店》:"猪堂店,西南八十二里。"

猪野泽　在今甘肃民勤县东北中渠白马岗、白疙瘩等村间。《尚书·禹贡》　雍州:"原隰底绩,至于猪野。"《汉书·地理志》　武威郡武威县:"休屠泽在东北,古文以为猪野泽。"因泽在匈奴休屠王地,故名。至北魏时,因谷水下流变动,分为两泽,均谓都(猪)野泽。《水经注》卷40:"《(汉书)地理志》曰:谷水出姑臧南山,北至武威入海。届此水流两分,一水北入休屠泽,俗谓之为西海;一水又东径一百五十里入猪野,世谓之东海,通谓之都野矣。"西海休屠泽在今甘肃民勤县中渠乡白马岗、白疙瘩一带。东海名猪野泽在今民勤县东北,与内蒙古自治区西北界。此即唐《括地志》猪野泽在姑臧县东北,一百八十里。唐代又名白亭海。清代以来,逐渐成为沼泽地,即今白碱湖。

猪婆山　即今江西都昌县东南鄱阳湖中珠盘山。《清史稿·地理志》　南康府都昌县:有猪婆山汛。

猪街　在今云南元江哈尼族彝族傣族自治县东南百里。清有把总驻防。

猪蛮　又作打板、杜并足、杜瓶、杜板。即今印度尼西亚东爪哇北岸之厨闽。《明史·外国列传·苏吉丹》:"其与国有思鲁瓦及猪蛮。猪蛮多盗,华人鲜至。"

猪塘保　即今河南罗山县西南七十四里朱堂店。北齐于此置高安县。

猪楼门　在今湖南凤凰县东北五十余里。地势幽险,为苗巢门户。清严如熤《苗疆险要考》谓清乾隆征苗时,"设立重卡防守"。

猪嘴山　在今甘肃榆中县西北四十里。金于此置猪嘴镇。

猪嘴镇　金置,属河干县。在今甘肃榆中县西北四十里。后废。

猎山　在今山东济南市长清区东北四十里。《水经·济水注》:"玉水又西北径猎山东。"即此。今讹作腊山。

猎屿铳城　在今广东南澳县东北十八里猎屿上。明天启三年(1623)建。清代继续修筑。有协守潮漳等处地方副总兵黎清源的《猎屿铳城碑记》一方,写明筑城目的为"备红夷"。有上下铳城及营房和上下炮台等。《南澳志》载:"上炮台围宽数十丈,营房十八间,大炮八门,山顶上有烟墩一座;下炮台围宽一十八丈二尺,营房四间,大炮十二门。"

猎岭　在今山西代县东北近山阴县界。《晋书·慕容垂载记》:东晋太元二十一年(396),"自率大众出参合,凿山开道,次于猎岭"。《方舆纪要》卷40代州:猎岭"《志》云,山本名腊岭,后魏都平城,常猎于此,故名"。

猎径(逕)营　当在今广东开平市境。《方舆纪要》卷101肇庆府恩平县:猎径营"在县东北百二十里,嘉靖十四年设"。

猎闾村　在今山西平定县东。《颜氏家训·勉学》:"自井陉关入上艾县东数十里,有猎闾村。……及检字林韵集,乃知猎闾是旧䜌馀聚。"

猎德汛　在今广东广州市东郊天河区珠江北岸猎德村。《方舆纪要》卷101广州府南海县"茅滘埠"条:"番禺县有波罗、石冈、猎德、乌涌、车陂等埠,向设水兵巡守江路。"清为汛,有守备驻防。嘉庆年间于此设炮台，咸丰时毁。

猎德镇　北宋置，属番禺县。在今广东广州市东猎德村。

猫儿庄　①在今内蒙古丰镇市东北。《方舆纪要》卷44大同府：猫儿庄在“府北百二十里。正统十四年，也先寇大同，至猫儿庄，偏将吴法战死。既而也先挟上皇出宣府塞，过猫儿庄、九十海子，历苏武庙、李陵碑，至黑松林，入也先营，是也”。

②即猫儿窝。亦作猫窝。在今江苏邳州市南。《清一统志·徐州府二》：猫儿庄“在邳州南运河东岸，亦名猫儿窝。有州同驻此”。

猫儿关　①在今湖北南漳县西。《方舆纪要》卷79南漳县：猫儿关在“县西四十里”。

②即今湖北神农架林区东南龙口河畔猫儿观。《方舆纪要》卷78兴山县：猫儿关“在县北百里。山路险峻，可达郧、襄”。

猫儿峡　原名大茅峡。在今重庆市巴南区铜罐驿下游。为长江小三峡之一。王士正《蜀道驿程记》云：“过猫儿峡，连峰叠崿，亏蔽云日，一山突起，石棱刻露，其色青碧，曰青石尾。”

猫儿峪堡　明嘉靖中筑，属开平卫。即今河北赤城县北五十里猫峪村。《方舆纪要》卷18万全都司开平卫：猫儿峪堡“东北控大川，当清泉口之冲。正统以前敌往往由此长驱，北困独石，南陷云州，此堡设而东栅口恃此障蔽，兵氛稍息”。《清一统志·宣化府三》：云州堡“在赤城县北三十里。……其北二十里为猫儿峪堡”。

猫儿堡　在今广西蒙山县西北五十里貌仪村。《明史·地理志》永安州：“北有群峰寨土巡检司，后迁州西北杜莫寨，又迁州北猫儿堡。”

猫儿窝　又作猫儿庄。在今江苏邳州市南运河东岸。《明史·河渠志五》：万历三十年（1602），议“浚猫儿窝等处之浅”，以终泇河未就之功。即此。清时邳州州同驻此。

猫儿寨　在今山西忻州市北四十五里，与原平县接界处。《方舆纪要》卷40忻州：猫儿寨“在州北忻水东，亦曰猫寨，元时戍守处也。明朝正统末，北寇深入，官军拒守于寨口，寇不能陷”。

猫屿　在今台湾省澎湖县西南。包括大猫屿与小猫屿。清蒋毓英《台湾府志》卷3载大猫屿、小猫屿，谓“土人呼为大猫、小猫”。

猫里务　即今菲律宾吕宋岛南之布里亚斯岛。明张燮《东西洋考》卷5谓“猫里务即合猫里国也”。但猫里务与合猫里并非一地，合猫里乃吕宋岛南部之甘马怜。《东西洋考》所载可能因两地相邻，或有从属关系所致。

猫里社　又作猫里庄、苗栗街。台湾土著番社名。即今台湾苗栗县。清光绪十三年（1887）于此设苗栗县。

猫洞集中营遗址　在今贵州息烽县南十二里阳朗村猫洞附近地。1937年国民党军统局将“上饶集中营”从湖南益阳迁此，利用天然溶洞猫洞作审讯室，改名为“中美合作所特种技术训练班”。集中营自迁此至1945年迁往重庆渣滓洞，历时八年，先后关押共产党和爱国志士一千二百余人，杀害六百余人。共产党员罗世文、车耀先、宋绮云、张露萍及爱国将领杨虎城等曾被关押在此。

猫猫洞　在今贵州兴义市东北顶效镇境。1975年在此发现的大量人类化石，属于“新人”阶段。这是贵州的一处时代很晚的旧石器时代文化遗址。

猫雾拺　在今台湾台中市西南屯区。为高山族平埔人村社名。连横《台湾通史·疆域志》台湾县：“夫台中固土番之地，所谓猫雾拺者也。”清康熙五十五年（1716）由岸里社阿穆请准开垦，为台中市最早开发处。

猫鼻头　在今台湾省恒春半岛西南端，与鹅銮鼻东西相对。猫鼻头半岛为台湾海峡和巴士海峡分界处。地势西高东低，最高点为西北之关山，高153米。西坡颇陡，猫鼻头在小半岛之东南角，因海边一巨石似猫状而得名。

猗氏　春秋晋地，战国属魏。在今山西临猗县南铁匠营村。有盐池。《孔丛子·陈士义篇》云鲁人猗顿在此以盐致富之术，“乃适西河，大畜牛羊于猗氏之南，十年之间，其滋息不可计，资拟王公，驰名天下”。西汉置猗氏县。

猗氏县　西汉置，属河东郡。治所在今山西临猗县南二十里铁匠营村。西魏恭帝二年（555）改为桑泉县。北周复改猗氏县，属汾阴郡。隋属河东郡，大业九年（613）移治今临猗县。唐属河中府。明属蒲州。清属蒲州府。民国初属山西河东道。1928年直属山西省。1954年与临晋县合并为临猗县。

猗朵山　在今云南武定县西北。《清一统志·武定州》：猗朵山“在州西北。有泉下流为南甸河”。

虢侯国　西汉置，属济南郡。治所在今山东章丘市西北三十八里旧军（旧清平军）。武帝征和元年（前92）封赵肃王子起为虢侯。即此。东汉省。

虢亭　在今湖北宜昌市东南长江北岸虢亭镇，为虢亭区驻地。《三国志·蜀书·先主传》：章武二年（222）二月，“先主自秭归率诸将进军，缘山截岭，于夷道虢亭驻营”。六月，“陆议（即陆逊）大破先主军于虢亭”。即此。

猚水　即获水。在今河南东部，安徽、江苏北部。晋以后被认为是汴水的下流，通称汴水。《水经》作猚水。

猊山　在今广东增城市东。《元和志》卷34广州增城县：猊山“在县东南二十三里。多婆娑摩竹，围三、四尺，至坚，里人以为弓。弓形如弩”。

猛虎寨　南宋绍兴中置猛虎巡司，属南丰县。在今江西南丰县南五十里。元初改为猛虎寨，元末废。

猛洞河　在今湖南永顺县东。《清一统志·永顺府》：猛洞河“源出县东北，西南流入酉水。雍正九年开浚，始通舟楫”。

猛语岗　在今云南盈江县西南芒允街。《方舆纪要》卷119干崖宣抚司“雷弄”条引《滇纪》：“司有蛮洒冈，旧为同知刘氏所居，其雷弄洞则经历廖氏所居，后即其地为回龙营。又知事管氏居猛语冈，三姓皆华人，以功授。”

猛烈行政区　1916年析元江县置，属云南普洱道。治所在猛烈（即今云南江城哈尼族彝族自治县）。1929年改江城县。

猛蚌寨　在今越南北部孟崩境。清初置猛蚌寨土寨长，由猛丁分管。

猛陵县　西汉置，属苍梧郡。治所在今广西苍梧县西北五十里人和镇孟陵。隋大业初废。唐武德四年（621）复置，属藤州。贞观八年（634）改为孟陵县，属梧州。北宋开宝四年（971）并入苍梧县。

猛猛　即今云南双江拉祜族佤族布朗族傣族自治县。明、清时与猛缅、猛撒合称“三猛”，设土巡检司，属孟缅长官司。明谢肇淛《滇略》卷9：“州境有三猛蛮，即猛缅、猛猛、猛撒也。猛猛最强，部落万人，时与二猛为难。其地田少箐多，射猎为生。”该区域南猛河东名猛允养，河西名猛景庄，合称猛猛。

猛喇　即今云南金平苗族瑶族傣族自治县西南猛拉乡。清设掌寨。

猛缅　即孟缅。今云南临沧市。《明史·云南土司一》：“顺宁附境有猛猛、猛撒、猛缅，所谓三猛也。”

猛缅长官司　明初置，直属云南布政使司。治所即今云南临沧市。清乾隆十二年（1747）改为缅宁厅。

猛撒　即今耿马傣族佤族自治县东北六十二里勐撒镇。明、清时与猛缅、猛猛合称“三猛”，设土巡检司，属孟缅长官司。《方舆纪要》卷119孟缅长官司：“猛撒最弱，近折而入耿马矣。”傣语“猛”为地方，“撒”为争议，意即有争议的地方。

斛木县　唐置，属羁縻骋州。治所在今四川金阳县东北。后废。

斛石山　即学射山。今四川成都市北十八里凤凰山。《梁书·邓元起传》：天监年间，攻益州，“众进屯西平。（刘）季连始婴城自守。（齐）晚盛又破元起将鲁方达于斛石，士卒死者千余人”。即此。

斛城县　东魏武定六年（548）改淮阳县置，为睢南郡治。治所即今安徽宿州市东北八十二里解集。北齐天保七年（556）废。

斛盐城　在今河北滦平县南。《魏书·常景传》：孝昌二年（526）杜洛周反于燕州，“俄而安州石离、冗城、斛盐三戍兵反，结洛周，有众二万余落”。又《水经·鲍丘水注》：大榆河“径安州旧渔阳郡之滑盐县南，……汉明帝改曰盐田。右承治，世谓之斛盐城”。

斛僰和山　在今四川盐源县西。《明史·地理志》盐井卫：“西有斛僰和山，产金。”《清一统志·宁远府一》：斛僰和山“在盐源县西。……《旧志》：山在盐井卫西三十里”。

馗纛营　明万历四十二年（1614）置，在今广西宁明县西。清改设都司。

祭　①西周封国。姬姓。在今河南荥阳市东北。《春秋》：隐公元年（前722），“冬十有二月，祭伯来”。《左传》：僖公二十四年（前636），富辰谏云：“凡、蒋、邢、茅、胙、祭，周公之胤也。”

②春秋郑祭仲封邑。在今河南郑州市东北十六里祭城镇。《春秋》：桓公十一年（前701），“宋人执郑祭仲”。《左传》：“祭封人仲足。”即此。

祭天台（臺）　又名画卦台。在今云南大理市北，大理古城西。《方舆纪要》卷117大理府太和县：“祭天台在府城（今大理古城）西。其地有武侯祠，后有山冈，台在其下。今坛壝之址犹存。相传武侯祭天画卦处也。一名画卦台。”

祭天坝　在今四川高县东北胜天镇。清光绪《叙州府志》卷13庆符县：祭天坝在“县东北一百四十里。隘口扼要，上通沙河驿，下通南邑李庄，土民祭天祷雨处”。

祭城　在今河南长垣县东北。《续汉书·郡国志》：长垣县“有祭城”。

鄮山　在今浙江宁波市鄞州区东三十里阿育王寺附近。《寰宇记》卷98明州鄮县：“汉旧县，居鄮山之阴。”《舆地纪胜》卷11庆元府引《十道四蕃志》云：“以海人持货贸易于此，故以名山。”

鄮县　秦置，属会稽郡。治所在今浙江宁波市鄞州区东三十里阿育王寺附近。因贸山得名。隋开皇九年（589）省。唐武德八年（625）复置，属越州，移治今鄞州区西南四十二里鄞江镇。开元二十六年（738）为明州治。大历六年（771）迁治今浙江宁波市。五代梁开平二年（908）钱镠避梁太祖曾祖茂琳讳，改名鄞县。

馆仙洞　在今浙江桐庐县西北。《清一统志·严州府》：赤洲岭“在桐庐县西北四十五里。其岭萦回曲折，凡三里余。有赤洲洞，自洞门梯级而下三丈余，有石壁，自壁八十余步，洞屋高敞，萦回曲折而入，莫知所穷。唐贞元中，侍御史李士举游此，改名馆仙洞”。

馆头江　在今浙江乐清市东南。《方舆纪要》卷94乐清县：馆头江在“县西南六十里，与瓯江接，经盘石卫，至县东五里白沙岭，又南入于海”。

馆头镇　在今浙江乐清市西南琯头村。《方舆纪要》卷94乐清县：馆头镇在“县西南五十里馆头江口。元置巡司，明朝洪武二十年徙于岐头，嘉靖中复设于此”。

馆驿前汛　在今江西鄱阳县西鄱江北岸。同治《江西全省舆图》卷12饶州府鄱阳县：“路出月波门，五里至馆驿前。"《清史稿·地理志》　饶州鄱阳县：有馆驿前汛。

馆前村　即今福建长汀县东北馆前镇。1931 年中央革命根据地置汀东县治此。

馆前驿　即今福建长汀县东北馆前镇。元置馆前站。明洪武初改为驿。

馆前站　元置，在今福建长汀县东北七十里馆前镇。明洪武初改为馆前驿。

馆觉　明代西藏地区名。《明史·西域三·护教王》　载：护教王为馆觉僧。永乐五年（1407）受封，赐金印、诰命，准世袭。为明代乌思藏五王之一。其辖地在今西藏昌都东部各县，治所在贡觉县东南。

馆娃宫　在今江苏苏州市西南灵岩山上，今灵岩寺即其故址。《吴地记》：馆娃宫，"吴人呼西施作娃，夫差置，今灵岩山是也"。南宋范成大《吴郡志》卷15 引《越绝书》云："吴人于砚石山作馆娃宫。"《文选》卷 5 左思《吴都赋》云："幸于馆娃之宫。"刘逵注曰："吴俗谓好女为娃。扬雄《方言》曰：'吴有馆娃宫。'"

馆陶县　①西汉置，属魏郡。治所即今河北馆陶县（南馆陶镇）。《元和志》卷 16 馆陶县："陶丘在县西北七里。……赵时置馆于其侧，因为县名。"三国魏为阳平郡治。北周为屯州治。隋属武阳郡。唐属魏州。宋属大名府。金移治今山东冠县西北北馆陶镇。元属濮州。明属临清州。清属东昌府。民国初属山东东临道。1928 年直属山东省。1949 年划归河北省，移治今馆陶县。

②南朝宋侨置，属阳平郡。寄治无盐县（今山东东平县东南）。北魏移今宁阳县境。

馆陶城　即今河北馆陶县（南馆陶镇）。汉以来为馆陶县治。金废为镇。明置南馆陶巡司于此。

〔丶一〕

訲邯县　亦作讲邯县。西汉置，属乐浪郡。治所在今朝鲜平安南道顺安以西。《汉书·地理志》　注：孟康曰："訲音男。"师古曰："訲音乃甘反，邯音酣。"东汉末废。

鸾山　在今湖南攸县东北七十二里，与司空山相对。《明一统志》卷 63 长沙府：鸾山"以形似名"。元元贞初邑人谭渊创鸾山书院于此。

鸾川亭　在今河南栾川县东，伊水南岸。《水经·伊水注》："伊水自熊耳东北，径鸾川亭北。蓌女水出蓌山，北流，际其城东，而北入伊水，世人谓伊水为鸾水，蓌水为交水，故名斯川为鸾川也。"

鸾鸟县　西汉置，属武威郡。治所即今甘肃武威市南古城。《后汉书·段颎传》：永康元年（167），"当煎诸种复反，合四千余人，欲攻武威，颎复追击于鸾鸟，大破之"。即此。西晋废。

鸾州　亦作蛮州、銮州。唐置，为羁縻州，属黔州都督府。治所在今广西南丹县西北二十里。北宋废。元复置，属庆远南丹安抚司。明洪武初废。

鸾峰山　在今福建松溪县东北六十里。明嘉靖《建宁府志》卷 3《山川》松溪县：鸾峰山"在永和里。山势峻拔，南接龙泉，北连南浦，延袤二百余里。故老相传有仙人乘白鸾翔游其间，故名。……东有龙井，祷雨即应"。

烹坝　在今四川泸定县北三十五里烹坝乡。《清史稿·唐希顺传》：康熙三十九年（1700），营官喋巴昌则集列为乱，"复攻围烹坝、冷竹关"。

章山　①在今江苏宜兴市西南六十里。唐杜佑《通典·州郡十二》：义兴县"有章山"。《方舆纪要》卷 25 常州府宜兴县：章山在"县西南六十里。一名黄山，亦曰芳岩。周广六十八里。相接曰佛泉山、武花山，连亘入宁国县界"。

②即今浙江北部临安市西北天目山。《吴越春秋·夫差内传》：越灭吴，"悉士将逾章山，济三江而伐之"。

③即今浙江安吉县西北九龙山。《史记·货殖列传》："夫吴自阖庐、春申、王濞三人招致天下之喜游子弟，东有海盐之饶，章山之铜。"即此。

④即今安徽黟县西北之方家岭。《方舆纪要》卷28 黟县"牛泉山"条下：章山"在县西北二十里，章水出焉"。

⑤在今江西南城县东北。《舆地纪胜》卷 35 建昌军：章山"在南城县东北五里。乔松修竹，森列交荫。山中有永寿寺"。《清一统志·建昌府一》：章山"为郡水口。相近为乌江山，路险而隘，下有乌江潭口"。

⑥在今江西樟树市西南。《舆地纪胜》卷 34 临江军：章山"在郡城（今临江镇）内西偏，郡之来山也。宣和中，太守汪师心修郡圃，得碑石于地中，始知冈名富寿"。《清一统志·临江府》：章山"晋时有章昉隐此，因名。南连瑞筠，北接白牛诸山。郡城之西，皆枕山麓，盖郡之镇山也。一名富寿冈"。

⑦一名障山。在今湖北安陆市东。《舆地纪胜》卷 77 德安府：章山"在府东四十里"。

⑧即内方山。在今湖北钟祥市南，邻接天门市界。《汉书·地理志》　江夏郡竟陵县："章山在东北，古文以为内方山。"

⑨亦作漳山。即洛通山。在今四川什邡市西北六十里。《汉书·地理志》　雒县："章山，雒水所出，南至新都谷入湔。"《方舆胜览》卷 54 汉州：章山"在什邡县。又名洛通山"。《明史·地理志》　什邡县："西北有章山，雒水出此，亦曰雒通山。"

章山县　隋大业初改绿麻县置，属竟陵郡。治所即今湖北沙洋县。后废。唐武德四年（621）复置，为基州治。治所在今沙洋县北马良镇。后属荆州，八年

(625) 废入长林县。

章山郡　西魏置，为基州治。治所在丰乡县（今湖北沙洋县北马良镇）。隋开皇七年（587）废。

章山寨　在今湖北英山县西北。明末曾为县治。《清一统志·六安州》：章山寨“明崇祯十二年，知县高在岂以旧县焚毁，立寨作新城于此”。

章川堡　北宋置，属德顺军。在今甘肃静宁县东南。

章广平山寨　在今四川广安市南。《元史·李忽兰吉传》：至元六年（1269），“授昭勇大将军，夔东路招讨使，以军三千，立章广平山寨，置屯田，出兵以绝大梁平山两道”。

章门　即汉长安城章城门。在今陕西西安市西北雁秋门村东南二里。《水经·渭水注》：“西出南头第一门，本名章门。”

章义县　金皇统三年（1143）改昌义县置，属沈州。治所在今辽宁沈阳市西南七十里彰驿站镇。元废。

章乡　一作漳乡。在今湖北当阳市东北漳水北岸。《三国志·吴书·吴主传》：东汉建安二十四年(219) 十二月，潘璋司马马忠“获羽及其子平、都督赵累等于章乡”。《水经·漳水注》：“漳水又南历临沮县之漳乡南。昔关羽保麦城，诈降而遁，潘璋斩之于此。”

章乡侯国　本作童乡。西汉置，属勃海郡。治所在今山东乐陵市西北。东汉废。《寰宇记》卷65饶安县“章乡”条下引《十三州志》云：“童即章字相类。章乡盖在饶安县东南二十里童乡亭。”

章太炎墓　在今浙江杭州市南屏山北麓。章太炎(1869—1936) 名炳麟，字枚叔。浙江余杭人。中国近代民主革命家、思想家、著名学者。1936年6月病逝于苏州，葬于旧寓后园。章氏生前仰慕张煌言，曾说“生不同辰，死当邻穴”。1956年4月迁葬杭州南屏山北麓。今墓为1981年重修，其后又建有章太炎纪念馆。

章历县　1945年8月山东革命根据地由章丘县胶济铁路以北地区与历城县东北部析置，治章丘城(今山东章丘市西北绣惠镇)。1953年撤销，并入章丘县。

章水　①一名黟水。即今安徽黟县之漳河。宋淳熙《新安志》卷5黟县《水源》：章水“出县北十八里章山。东南流二十七里至县界，又东南流五里合横江水。溉田十一顷”。

②又名漳水、漳头水、欠水。在今安徽亳州市南，东南流至涡阳县西北入涡。《水经·渠水注》：“沙水东南径城父县西南，枝津出焉，俗谓之章水。”

③又名古豫章水、南江。在今江西西南部。即今江西赣江西源。源出赣、粤边境崇义县之聂都山，有南北二源。南源自山南东流，经大余县南，东入南康县境，折而北流入赣县境；北源自山北东北流至崇义县北，折东南流经上犹县至赣县境，与南源汇合。再东流与贡水合为赣江。《山海经·海内东经》：“赣水出聂都山，东北注江”，盖以此为赣江正源。《寰宇记》卷108虔州赣县：章水“源出大庾县界聂都山，从南康县东北流，合西扶、良热等水，流三十里入县郭，与贡水合焉”。

④一名土山水。即今湖北安陆市西南、应城市东北之漳水。《水经·涢水注》：土山水“世谓之章水。水出土山，南径随郡平林县故城西。又南流，右入富水。富水又东入于涢”。《清一统志·德安府》：“按，章水本合富水始入涢，自明宏（弘）治中，涢水直决而南，遂与章水合流，自此章水不复入富，富水亦不复入涢，而径于汉。”

⑤在今湖南宜章县北。《舆地纪胜》卷57郴州：大章、小章水“出王禽山之东，流至县北二十五里合流，至灵石合白清水，至三沌合辽水、长乐水、武水”。《清一统志·郴州一》引《县志》：“章水二源，俱出黄岑山，北曰大章水，南曰小章水，东流径县北白石渡，又东南合流而南少东，入广东韶州府乐昌县界。”

章凤街　即今云南陇川县治章凤镇。民国间为陇川设治局春冬二季驻地。傣语“章”为大象，“凤”系“荒”的音变，为吼叫，意即象吼叫的地方。

章古台　即今内蒙古奈曼旗东北章古台。清时为奈曼旗驻地。“章古台”，蒙古语意为苍耳。

章龙州　元置，属定远府。治所在今贵州贵阳市北二十里。明初废。

章龙县　元置，属定远府。治所在今贵州贵阳市北二十里。明初废。

章卢山　亦作车灵山。在今四川宝兴县南灵关镇处。《旧唐书·地理志》卢山县：“卢山（关）在县西北六十里章卢山下，有山硖，口开三丈，长二百步，俗呼卢关。关外即生僚也。”

章丘山　即女郎山。今山东章丘市北绣惠镇北章丘山。《方舆纪要》卷31章丘县“龙盘山”条下：女郎山，“《志》云：在县北一里。顶有三阳洞，甚深邃。《三齐记》：章亥妾溺死葬此，谓之章丘。县因以名”。

章丘市　1992年撤销山东省章丘县，改设章丘市，市人民政府驻明水。由济南市代管。

章丘县　隋开皇十六年（596）改高唐县置，属齐州。治所在今山东章丘市西北水寨镇。大业初属齐郡。唐属齐州。《元和志》卷10章丘县：“取县南章丘山为名。”北宋景德三年（1006）置清平军，移今章丘县北章丘县旧城（绣惠镇）。熙宁三年（1070）军废，仍为章丘县，属济南府。元属济南路。明属济南府。民国初属山东济南道。1928年直属山东省。1958年迁今县治明水镇。1992年改设章丘市。

章仙山　在今湖南醴陵市北五十里。一名章龙山。又名彰龙山。《明一统志》卷63长沙府：章仙山“《道书》七十二福地之一。世传臧真人得道之所。后讹臧为章”。

章台（臺） 战国时筑，在今陕西西安市西北长安故城西南隅。《史记·楚世家》：怀王三十年（前299），楚王“西至咸阳，朝章台”。又《蔺相如传》：“秦王坐章台见相如，相如奉璧奏秦王。”或谓章台，战国时诸侯宫室之通称。

章台（臺）宫 战国秦筑，在今陕西西安市西北高低堡子村一带。为秦咸阳宫殿之一。《史记·樗里子甘茂列传》载：秦昭王七年（前300），“樗里子卒，葬于渭南章台之东”。又，同书《廉颇蔺相如列传》：“秦王坐章台见相如，相如奉璧奏秦王。”皆此。

章华台（臺） ①楚灵王所筑。在今湖北潜江市西南五十四里龙湾镇马长村。《左传》：昭公七年（前535），“楚子成章华之台，愿与诸侯落之”。杜注：“台在华容城内。”《水经·沔水注》：离湖“侧有章华台，台高十丈，基广十五丈。左丘明曰：‘楚筑台于章华之上’”。即此。

②楚离宫名。在今安徽亳州市东南乾溪侧。楚灵王建。《史记·楚世家》载：楚灵王十一年（前530），楚“伐徐以恐吴，灵王次于乾溪以待之”。即此。《续汉书·郡国志》：城父县有章华台。《元和志》卷7城父县：“章华台，县南九里。”杨守敬《水经注疏》以为楚灵王可能先建于华容（今湖北潜江市西南），后因乐乾溪风物而筑此，仍袭用旧名。

③相传战国时楚襄王筑。在今河南商水县西北三里。《寰宇记》卷10商水县“章华台”条引《春秋后语》：“楚襄王二十年为秦将白起所逼，北保于陈，更筑此台。”

④在今湖北荆州市沙市区。《方舆纪要》卷78江陵县：章华台“在今沙市。《荆州志》：故楚离宫也，楚灵王筑，亦曰豫章台。今为章台寺”。《魏书·地形志》：汝阳郡汝阳县（今商水县西南）“有章华台”。又《水经·江水注》：江水“又东得豫章口，西北有豫章冈，盖因冈得名矣。或言因楚王豫章台名，所未详也”。盖此非章华台，后人附会为楚灵王所筑。

章安县 东汉初改回浦县置，属会稽郡，并为会稽东部都尉治。治所在今浙江台州市椒江北岸之章安镇。三国吴为临海郡治。隋开皇九年（589）废。唐武德四年（621）复置，属台州。八年废。

章安郡 南朝陈改临海郡置，属东扬州。治所在章安县（今浙江台州市西北章安镇）。寻复为临海郡。

章安镇 北宋置，属临海县。即今浙江台州市椒江北岸之章安镇。自西汉至唐初，历为回浦县、章安县治。《宋史·高宗纪》：南宋建炎四年（1130）正月丙午，“帝次台州章安镇”，即此。

章贡台（臺） 在今江西赣州市城西北。《舆地纪胜》卷32赣州：章贡台“在州城西北，据章、贡二水之会。凭高瞰远，城北水容山色，尽出乎几席履舄之间。形胜与郁孤对峙，而甲乙称雄”。《清一统志·赣州府二》：章贡台“在府治西北。宋郡守赵抃建”。

章村街 即今浙江宁波市鄞州区西南四十八里章水镇。清光绪《鄞县志》卷2《市镇》：县西南有章村街。

章求拔 西藏古代族部名。亦作章揭拔。约在今西藏日喀则地区西南、阿里地区东南部的喜马拉雅山中。《敦煌吐蕃文书》载：在悉立地区，首领为章首领，名叫诺那。《新唐书·西域传》：“章求拔国，或曰章揭拔，本西羌种，居悉立西南四山中，后徙山西，与东天竺接。”章求拔为西藏最早的十余小邦之一，地处悉立之西南山中。

章县 西汉置，属东平国。治所在今山东东平县东鄣城集。西晋省。

章谷土司 霍耳章谷安抚司的简称。治所在今四川炉霍县西南下街（旧炉霍县）。《清史稿·四川土司传》：霍耳章谷安抚司“光绪二十年，瞻对欲夺其地，鹿传霖派兵灭瞻对，同倬倭一并改流。后发还，而章谷无人承领，改为炉霍屯”。

章谷屯 清乾隆四十八年（1783）置，属懋功厅。在今四川丹巴县。1914年改置丹巴县。

章谷委员 1911年改炉霍屯置，属登科府。治所在今四川炉霍县西南下街（旧炉霍城）。1912年改为炉霍县。

章怀太子墓 在今陕西乾县北六里、乾陵东南。是唐高宗六子李贤之墓。先后被封为潞王、雍王。上元二年（675）立为太子。调露二年（680）废为庶人。后迁于巴州（今四川巴中市），被迫自杀。时年32岁。神龙二年（706）迁陕陪葬乾陵。1972年发掘，出土壁画有《出行图》、《马球图》、《演奏图》、《侍女图》、《观鸟捕蝉图》、《迎宾图》等五十多幅及陶俑、三彩器具六百余件，为研究唐代社会制度和贵族生活提供了珍贵资料。

章阿布林城 又作昂忍、昂木仁、将阿木凌宗。清康熙间置，即今西藏昂仁县治。《清一统志·西藏》藏地诸城：章阿布林城“在日喀则城西北九百七里”。

章武县 ①西汉文帝后元七年（前157）封窦广国为章武侯，元狩元年（前122）改为县。属勃海郡。治所在今河北黄骅市西南故县村。东汉建安末年改属章武郡。西晋属章武国。北魏属浮阳郡。北齐废。

②南朝宋侨置，属河间郡。治所在今山东寿光市东北境。北齐废。

③唐长寿二年（693）改行唐县置，属恒州。治所即今河北行唐县。神龙元年（705）复为行唐县。五代梁开平二年（908）又改为章武县，后唐同光初复为行唐县。

章武国 西晋泰始元年（265）置，治所在东平舒县（今河北大城县）。辖境相当今大清河、海河以南，文安、大城县以东，沧州市、海兴县以北地区。北魏改为章武郡。

章武郡 北魏改章武国置，治所在成平县（今河北沧州市西），后迁治平舒县（今大城县）。辖境相当今河北省大清河、海河以南，文安、大城县以东，沧州市、海兴县以北地区。隋开皇初废。

章拉则城　即拉孜。今西藏拉孜县东北拉孜镇。《清一统志·西藏》藏地诸城：章拉则城“在日喀则城西北八百十里”。

章固雅　即今新疆皮山县东南藏桂乡。《清一统志·叶尔羌》：章固雅“在叶尔羌城东南三百九十里”。

章练塘　①在今江苏苏州市吴中区东南四十八里。《方舆纪要》卷24苏州府长洲县：章练塘，“《志》云：陈湖之东为阖闾浦，为章练塘，又并即角直浦，其相近者曰金泾渰，渰南为麋渎，北为龙溇，与诸湖渎互相灌注，以达于吴淞江”。

②在今浙江嘉善县东北四十五里。上承三白荡，东流入上海市青浦县泖湖。《方舆纪要》卷91引《寰宇记》云：“吴主权造战舰，于此张帆，以练水军，后讹张为章也。”

章城门　又名章门、光华门、便门。汉长安城西面南头第一门。在今陕西西安市西北雁秋门村东南二里。《汉书·五行志》：成帝元延元年（前12）正月，“长安章城门门牡自亡”。注引晋灼曰：“西出南头第一门也。”《三辅黄图》卷1：“长安城西出南头第一门曰章城门……王莽改曰万秋门亿年亭。”

章思荡　在今江苏宝应县东南。《方舆纪要》卷23宝应县：章思荡在“县东南四十里。西接城子河，南通广洋湖。《志》云，城子河在县东南十八里，其西北接望直港，南通章思荡”。

章洛山　即洛通山。在今四川什邡市西北六十里。《方舆纪要》卷67什邡县：章山“又名章洛山，亦曰杨村山。上有风火二洞。《志》云：县北六十里有高境关，关外即章洛山也”。

章洛镇　在今广西鹿寨县西南。旧属雒容县，明置巡司于此。

章浦亭　在今江苏宜兴市西二十五里章浦侧。《晋书·周札传》：周处之子周札，“以讨钱琀功，赐爵漳浦亭侯”。

章家埠市　即今浙江上虞市南四十六里章家镇。清光绪《上虞县志》卷18引《万历志》：章家埠市“在县（旧治丰惠镇）西南四十里”。

章家渡镇　即今安徽泾县西南青弋江西岸章渡镇。清嘉庆《泾县志》卷2：章家渡镇“在县西四十五里漆林渡西岸，为石、太二邑水陆要道”。

章陵　①在今湖北枣阳市南三十里。《后汉书·城阳恭王祉传》：“初，建武二年，以皇祖、皇考墓为昌陵，置陵令守视；后改为章陵。”

②唐文宗李昂的陵墓。在今陕西富平县西北天乳山下。《寰宇记》卷31富平县：“唐文帝章陵，在县西北二十里。”宋敏求《长安志》卷19富平县：“文宗章陵，在县西北二十里天乳山永闰乡洪波。封内四十五里，下宫去陵三里。陪葬杨贤妃。”

章陵县　东汉建武六年（30）改春陵侯国置，属南阳郡。治所在今湖北枣阳市南三十里。三国魏黄初二年（221）改为安昌县。

章堰镇　即今上海市青浦区东北二十里章堰。相传宋司理盐务的章楶筑堰于此，故名。清光绪时移新泾巡司于此。

章揭拔　西藏古代族部名。即章求拔。约当今西藏西南部喜马拉雅山中。《新唐书·西域传》：“章求拔国，或曰章揭拔。”地当吐蕃西南之悉立部落之西南。

章敬寺　在今陕西西安市东，唐通化门外。《资治通鉴》：唐大历二年（767），“鱼朝恩奏以先所赐庄为章敬寺，以资章敬太后冥福。于是穷壮极丽，尽都市之财不足用，奏毁曲江及华清宫馆以给之，费逾万亿”。

章辉集　即今安徽全椒县西南章辉镇。民国《全椒县志》卷1：“距城九十里有章辉集，长半里，俱市肆。”

章奥寨　在今浙江乐清市东南盐盆镇前村北。《方舆纪要》卷94乐清县：章奥寨“在县西章奥山，旁近海口，‘贼’船易登，颇称险要”。

章溪　在今江苏宜兴市西南。《寰宇记》卷92宜兴县：章溪“在县西南三十五里。源出章山，北入荆溪”。

章溪水　在今陕西南郑县西北。《方舆纪要》卷56褒城县“华阳水”条下：“又有章溪水，出南郑县境仙台山，亦北流入汉水。今县西南九十里有龙河堰，即章溪引流处。”

竟陵　战国楚地。在今湖北潜江市西北。《战国策·中山策》：“（武安）君前率数万之众入楚，拔鄢、郢，焚其庙，东至竟陵。”即此。秦于此置竟陵县。

竟陵县　①战国楚置。后入秦，属南郡。治所在今湖北潜江市西北。西汉元狩二年（前121）改属江夏郡。西晋属竟陵郡。南齐为竟陵郡治。南朝梁废。

②北周改霄城县置，为竟陵郡治。治所即今湖北天门市。隋属沔阳郡。唐为复州治。五代晋天福初改为景陵县。《茶经》作者陆羽为竟陵县人。

竟陵郡　①东汉末（至迟初平元年，190）置，属荆州。治所在石城（今湖北钟祥市）。南朝宋孝建元年（454）属郢州，治苌寿县（今钟祥市）。南齐后治所屡徙。北周改治竟陵县（今天门市东）。隋大业三年（607）改郢州复置，治所在长寿县（今钟祥市）。辖境约当今湖北钟祥市及京山县、安陆市、荆门市部分地。唐初改为郢州。

②唐天宝元年（742）改复州置，治所在沔阳县（今湖北仙桃市西南）。辖境约当今湖北仙桃、天门、洪湖三市及监利县地。乾元元年（758）改为复州。

商　①古地名。《史记·殷本纪》：商始祖契“封于商”，其所在地长期以来众说纷纭：一说在今陕西商洛县。《集解》引郑玄曰：“商国在太华之阳。”皇甫谧曰：“今上洛商是也。”《正义》引《括地志》云：“商州东八十里商洛县，本商邑，古之商国，帝喾之子卨所封也。”即此。另一说在今河南商丘市西南。《左传》：襄公九年（前564），“陶唐氏之火正阏伯居商丘，……相土因之”。《史记·殷本纪》：“相土立”，《正义》引《括地志》：“宋州宋城县，古之阏伯之墟，即商丘也。”近代学者王国维《说商》（《观堂集林》卷12）引杜预《春秋释地》：商丘为梁国睢阳（今河南商丘市西南），宋、商、商丘三名一地。后商族、商国因此而得名。但通过近数十年的考古发掘，以上诸说基本上都被否定，当代史学家多认为商族起源于太行山东麓（今河北南部石家庄、邢台、邯郸一带）是可信的。东汉人贾逵曾说：“商丘在漳南”，其说近似。

②春秋楚邑，后入秦。在今陕西丹凤县西五里古城。《左传》：文公十年（前617），楚使子西“为商公”。《史记·秦本纪》：孝公二十二年（前340），“封（卫）鞅为列侯，号商君”。即此。秦于此置商县。

商山　①在今山东淄博市东北。亦名铁山。《晋书·慕容德载记》：“立冶于商山，置盐官于乌帝泽，以广军国之用。”元于钦《齐乘》卷1引《齐记补》云：“南燕建平三年立冶，逮今鼓铸不绝。”

②又名商阪、商洛山、地肺山、楚山。在今陕西丹凤县西商镇南一里。秦末东园公等四老人隐居于此，号为“商山四皓”。

③约在今四川西昌市一带。明万历中商山四堡番降，即此。

商山县　1946年8月当地解放后由商南、山阳二县析置，治耀岭河（今陕西商南县南耀岭河街）。取二县首字为名。1947年2月废。

商山蓝行政办事处（县级）　1946年9月由陕西商县、蓝田二县析置，治杨家斜（今陕西商洛市西杨斜镇）。1947年3月废。

商中宗陵　中宗指商代第九王太戊。其陵在今河南内黄县西南亳城集东二里的刘次范村东头。《清一统志·彰德府》：殷中宗陵“在内黄县西南二十五里。高一丈五六尺。宋开宝间竖碑。梁周翰撰文”。

商水县　北宋建隆元年（960）改溵水县置，属陈州。治所即今河南商水县。明洪武初废。四年（1371）复置。清属陈州府。民国初属河南开封道。1927年直属河南省。

商巴寨　在今四川松潘县北山巴乡（山巴寺）。清康熙四十二年（1703）置商巴寨土千户。

商丘　春秋宋地。在今河南商丘市西南。《左传》：襄公九年（前564），“士弱曰：‘陶唐氏之火正阏伯居商丘”。杜注：“商丘在宋地。”《清一统志·归德府一》：商丘“在商丘县西南三里。周三百步。相传即阏伯所居”。秦置睢阳县。

商丘市　1950年由河南省商丘县城关镇设立商丘市，属商丘专区。1951年商丘市迁驻朱集。1958年改属开封专区。1960年撤销商丘县，并入商丘市。1961年恢复商丘县。商丘市划归商丘专区。1997年撤销商丘地区和县级商丘市、商丘县，设立地级商丘市和梁园区、睢阳区。商丘市人民政府驻梁园区凯旋中路。

商丘县　明嘉靖二十四年（1545）置，为归德府治。治所在今河南商丘市西南。民国初属河南商丘道。1927年直属河南省。1950年析置商丘市。1951年撤销朱集市，并入商丘市。商丘市迁治朱集。1997年撤销商丘地区，改设地级商丘市。

商任　春秋晋邑。在今河北任县东南。《春秋》：襄公二十一年（前552），“公会晋侯、齐侯、宋公、卫侯、郑伯、曹伯、莒子、邾子于商任”。顾栋高《大事表》谓今安阳县（今安阳市）有卫商任地。

商州　①东晋永和十年（354）十六国前凉改敦煌郡置，治所在今甘肃敦煌市西。隆和元年（362）复为敦煌郡。

②北周宣政元年（578）改洛州置，治所在上洛县（今陕西商洛市）。《寰宇记》卷141商州：“取古商于之地而名。”隋大业三年（607）废。唐武德元年（618）复置，天宝元年（742）改为上洛郡，乾元元年（758）复为商州。辖境相当今陕西秦岭以南、洵河以东及湖北郧西县上津镇地。其后渐小。元属奉元路。明洪武七年（1374）改为商县。成化十三年（1477）复升为州，属西安府。清雍正三年（1725）升为直隶州，属陕西省。1913年改为商县。

③北宋改殷州羁縻州置，属戎州（后改叙州）。治所在今四川宜宾县西北商州镇。后废。

商州市　1988年改商县置，治今陕西省商洛市商州区城关镇。2001年撤销商州市，改设商洛市商州区。

商州寨　南宋置于废商州，属叙州。在今四川宜宾县西北商州镇。

商阪　即商山。在今陕西丹凤县西商镇南一里。《史记·苏秦列传》：苏秦说韩宣王曰：韩“西有宜阳、商阪之塞”。《正义》：“商阪即商山也。”

商县　①战国秦置，属内史。治所在今陕西丹凤县西五里古城。西汉属弘农郡。东汉属京兆郡。西晋属上洛郡。北魏属上庸郡。隋开皇四年（584）改为商洛县。

②明洪武七年（1374）降商州置，属华州。治所即今陕西商县。成化十三年（1477）复升为商州。

③1913年改商州置，属陕西关中道。治所即今陕西商洛市。1928年直属陕西省。1988年改设商州市。2001年撤销商洛地区和县级商州市，设立地级商洛市。原县级商州市改置商州区。

商胡埽　在今河南濮阳县东。《宋史·河渠志一》：北宋庆历八年（1048），“河决商胡埽，决口广五百五十七步”。

商於 古地区名。又名于中。在今河南淅川县西南。《史记·楚世家》：怀王十六年（前313）张仪谓楚王曰："王为仪闭关而绝齐，今使使者从仪西取故秦所分楚商于之地方六百里。"《集解》："商于之地在顺阳郡南乡、丹水二县，有商城在于中，故谓之商于。"或说商于之地系指商（今陕西商洛市东南）、于（今河南内乡县东）两邑及两邑间的地区，即今丹江中、下游地区。

商於驿 唐置。在今陕西商洛市西。《方舆纪要》卷54商州"安山驿"条下："又商于驿在州西五里。"

商河 在今山东境内。《水经·河水》：河水"又东北，过杨虚县东，商河出焉"。郦道元注："商河首受河水……北径平原县东，又径安德县故城南，又东北径平昌县故城南，……商河又东北径富平县故城北……东流注于海。"大致由今山东茌平县东北，经临邑、商河等县，至滨州市东北入海。

商河县 北宋改滴河县为商河县，属棣州。治所即今山东商河县。明属济南府武定州。清属武定府。民国初属山东济南道。1928年直属山东省。

商城县 北宋建隆元年（960）改殷城县置，属光州。治所在今河南商城县西。至道三年（997）废入固始县。明成化十一年（1475）复置，移治今商城县。清雍正二年（1724）属光州直隶州。民国初属河南汝阳道。1927年直属河南省。

商南县 ①明成化十三年（1477）置，属商州。治所在层峰驿（今陕西商南县西皂角铺）。郭子章《郡县释名》陕西卷上："曰商南者，在商州之南也。"十七年（1481）徙今商南县。民国初属陕西汉中道。1928年直属陕西省。

②1946年革命根据地由商雒县东部和卢雒县西南部析置，治峦庄（今陕西丹凤县东北峦庄）。1947年3月裁撤。同年10月复置，移治沙坪"今陕西商南县西北沙坪）。1948年5月徙赵川镇（今商南县西南赵川镇）。7月收复商南城，县府迁入城内。

商洛山 ①即商山。在今陕西丹凤县西商镇南一里。《晋书·董景道传》："永平中，知天下将乱，隐于商洛山。"即此。

②在今陕西商南县南一里。《方舆纪要》卷54商州商南县：商洛山"盖州境之山，多以商洛名"。

商洛市 2001年撤销陕西省商洛地区和县级商州市，改设地级商洛市；原县级商州市改置商州区。商洛市人民政府驻商州区。

商洛县 隋开皇四年（584）改商县置，属商州。治所在今陕西丹凤县西五里古城。大业初属上洛郡。唐武德二年（628）移治今丹凤县西商镇，属商州。金贞元二年（1154）废。

商洛镇 即今陕西丹凤县西商镇。唐武德二年（628）商洛县移治于此。金贞元二年（1154）废为商洛镇。

商都设治局 1917年由商都牧厂及张北、兴和、陶林等县部分地区设置，属察哈尔特别区。治所在原兴和县七台（今内蒙古商都县）。1918年改设商都县。以商都河为名。

商都县 1918年改商都设治局置，属察哈尔特别区兴和道。治所在原兴和县七台（今内蒙古商都县）。1928年属察哈尔省。1952年划归河北省。1958年并入张北县。1960年复置，1962年划归内蒙古自治区乌兰察布盟。

商都河 又作上都河。即今滦河上游闪电河。因其流经元上都故城（今内蒙古锡林郭勒盟正蓝旗东北）之南而得名，明代译音讹为商都。明《蓟镇边防》谓蒙古人以河水清绿急流，呼为商都，实是误解。又谓古北哨夜以滦河上头名为商都，蒙古人不论远近，将滦河全流通称为商都，汉人则通称为滦河。

商都旗 1936年由商都牧群改建，驻哈印海尔巴庙（今内蒙古镶黄旗驻地新宝力格镇北哈音海尔瓦）。1949年与镶黄旗合并，改设商都镶黄联合旗。

商都镶黄联合旗 1949年当地解放后将商都旗与察哈尔左翼镶黄旗合并，设立商都镶黄联合旗。驻哈印海尔巴庙（今内蒙古镶黄旗驻地新宝力格镇北哈音海尔瓦）。1956年改称商都镶黄旗。1960年改为镶黄旗。

商原 即古商颜。在今陕西大荔县北二十余里。《寰宇记》卷28引《水经注》云："洛水南经商原西，俗谓许原也。"唐杜佑《通典·州郡三》：冯翊县"有洛水商原。商原，所谓商颜"。

商高宗陵 即商朝第二十三位国王武丁之墓。商自第二十位国王盘庚迁都于殷（今河南安阳市西小屯村）后，诸王皆葬于小屯村附近的侯家庄西北岗。1934—1935年考古工作者已在此发现盘庚后十二位国王坟墓，高宗武丁墓即在此。《清一统志·陈州府一》：商高宗陵"在西华县北二十里。今载祀典。陵前有宋王汾碑记"。此说误。

商家林 即今河北献县北二十八里商林乡。清于此设把总驻守。

商密 春秋鄀国都城，后入楚。在今河南淅川县西。《左传》：僖公二十五年（前635），"秦、晋伐鄀。楚斗克、屈御寇以申、息之师戍商密"。即此。《汉书·地理志》弘农郡丹水县："密阳乡，故商密也。"

商榻镇 又名双塔。即今上海市青浦区西三十六里商榻镇。清光绪《青浦县志》卷2：商榻镇，"商人往来苏松，为适中之地，至夕住此停榻。故名"。1977年划归青浦县。

商雒县 1946年8月陕甘宁边区由商县、雒南二县析置，治北宽坪唐渠（今陕西商洛市东北宽坪）。取二县首字为名。1947年撤销。

商颜 又作商原。在今陕西大荔县北二十余里。《史记·河渠书》："自征引洛水至商颜山下。"唐杜佑《通典·州郡三》：冯翊县"有洛水商原。商原，所谓商颜"。

商飚馆　在今江苏南京市东，钟山南麓。《南齐书·武帝纪》：天监五年（506），“九月己丑，诏曰：‘九日出商飚馆登高宴臣’。辛卯，车驾幸商飚馆。馆，上所立，在孙陵冈，世呼为‘九日台’者也”。即此。

率山　又名张公山、大障山。在今江西婺源县西北鄣公山。为黟山支脉。鄱阳湖水系与钱塘江水系分水岭。《寰宇记》卷104休宁县：率山“在县东南四十里，率水出焉。《山海经》：三天子都在率东，盖此山也”。此以率水为浙江正源，遂误证此山为《山海经》三天子都，所指地理方位及里程亦误。

率水　新安江上源之一。源出今安徽休宁县西南一百六十里率山六股尖，东北至屯溪率口与横江合流，是为南港。《寰宇记》卷104休宁县：“率山在县东南四十里，率水出焉。”宋淳熙《新安志》卷4休宁县《水源》：“率水出率山，北流百七十里合吉阳水，溉田三十顷。”《方舆纪要》卷28休宁县：率水“在县西南，即张公山水也。自山巅流而下，分为三源，下流俱北会于浙溪，而为新安江之上源，或谓之大溪”。

率头湖　又名得胜湖。在今江苏兴化市东。《舆地纪胜》卷43高邮军：得胜湖，“张荣贾虎率山东强壮号义军，由梁山泊与金人转战至于承、楚，师皆舟艦。时敌监军挞辣在泰州，义军劫之，敌浸苦之。荣等亲统精甲万人设伏掩击于率头湖，出敌不意，只舸、匹马无还者，湖水为之变色，杀获敌驸马芦巴等万余人，生擒万户、千户并挞辣亲弟，破辣叔等，湖因改名得胜湖”。

率芒溪　即今台湾省屏东县东南枋寮乡南士文溪。连横《台湾通史·疆域志》凤山县：“率芒溪为凤（山）、恒（春）之界。”《清史稿·地理志》台南府恒春县：“率芒溪出恒春县北武吉山，合一水，西流入于海。”

率都沙那　即东曹国。都城在今塔吉克斯坦杜尚别北乌拉秋别。《新唐书·西域传》：“东曹或曰率都沙那。”

率宾府　唐渤海国置，治所在华州（今俄罗斯滨海边疆区乌苏里斯克，即双城子）南。以境内率宾水（今绥芬河）得名。辖境约当今俄罗斯滨海边疆区兴凯湖以南绥芬河下游一带。辽时治所在今俄罗斯乌苏里斯克（双城子）；一说在黑龙江省东宁县大城子古城。金改恤品路。蒲鲜万奴建东夏国时（1215—1233）仍称率宾路。东夏国亡，废。

率道县　南朝梁置，属华山郡。治所在今湖北宜城市北。北周属武泉郡。隋属襄阳郡。唐属襄州，贞观八年（634）移治废汉南县城（今宜城市）。天宝七年（748）改为宜城县。

率督畔窟之地　在今黑龙江省海伦市西南。《金史·世宗纪》：二十五年（1185）四月甲子，“诏于速频、胡里改两路猛安下，选三十谋克为三猛安，移置于率督畔窟之地，以实上京”。即此。

庱亭　即庱亭垒。在今江苏常州市武进区西北五十里，与丹阳市接界处。《三国志·吴志·孙权传》：东汉建安二十三年（218），“权将如吴，亲乘马射虎于庱亭”。即此。东晋咸和三年（328）苏峻之乱，郗鉴于此筑堡，以分其兵势。

庱亭垒　又作庱亭。在今江苏常州市武进区西北五十里，与丹阳市接界处。《三国志·吴书·吴主传》：建安二十三年（218），“权将如吴，亲乘马射虎于庱亭”。《晋书·苏峻传》：东晋咸和三年（328）苏峻作乱，峻将“管商及弘徽进攻庱亭垒”。皆此。

麻　楚邑名。在今安徽砀山县东北二十五里。《左传》：昭公四年（前538）冬，“吴伐楚，入棘、栎、麻”。杜注：“棘、栎、麻，皆楚东鄙邑。”

麻儿匝安抚司　明宣德二年（1427）以阿乐地区置，属松潘卫。治所即今四川马尔康县。《明史·四川土司传》：“宣德二年，麻儿匝顺化，喇嘛著八让卜来归，置麻儿匝安抚司，以喇嘛著八让卜为安抚。麻儿匝在阿乐地，去松潘七百余里。”后废。

麻大泊　在今山东桓台县北，接博兴、高青二县界。《方舆纪要》卷31新城县“鱼龙湾”条下：“又有麻大泊，在县东北五十里，为钟水之区。”《清一统志·济南府二》：麻大泊“俗名官湖，又名锦秋湖。周五六十里。蒲苇丛生，芙蕖如锦。其中有鱼龙湾，水流旋转不定，相传有龙窟。其水溢而北流，至博兴南入乌河”。

麻山　又名巴山。在今湖北松滋市西南。《晋书·杜预传》：太康元年（280），遣将率奇兵八百夜渡袭乐乡，“起火巴山，出于要害之地，以夺贼心”。《清一统志·荆州府》：巴山“一名麻山”。

麻山关　在今甘肃康乐县西南。《清一统志·兰州府二》：麻山关“在河州东南一百四十里，接巩昌府洮州厅界”。

麻川　青弋江上源之一。在今安徽黄山市黄山区东二十里。源出黄山东麓，北至麻口与舒溪合流。《明史·地理志》太平县：“南有麻川，与舒溪合流入泾县，为赏溪。”现为太平湖东口巨流。

麻子峪　在今辽宁绥中县西南。《明史·地理志》广宁前屯卫：“西有麻子峪，有铁场。”《方舆纪要》卷37广宁前屯卫：麻子峪“在卫西四十里。铁场百户所置于此”。

麻子铺　明置，即今贵州龙里县东麻芝乡。《清一统志·贵阳府》“谷觉铺”条下称：麻子铺等“旧皆戍守处”。

麻乡　在今安徽砀山县东北二十五里。《后汉书·盖銮延列传》：建武二年（26），盖延伐刘永，“先攻拔襄邑，进取麻乡”。唐李贤注：“麻乡，县名，故城在今宋州砀山县东北。”

麻夫站　在今陕西麟游县西北。清乾隆《重修凤翔府志》卷2：麻夫镇在“县西北一百五十里”。

麻车山　又名凤凰山。在今浙江开化县城南。

《元丰九域志》卷5：衢州开化县“有麻车山”。《清一统志·衢州府》：凤凰山“在开化县南一里……旧有置麻车其下而去者，故西南一带一名麻车山”。

麻车头　即今浙江永康市南十里麻车头。明置义丰乡巡司于此。清废。

麻屯口　在今湖北嘉鱼县南。《水经·江水注》江水：“又东得白沙口，一名沙屯，即麻屯口也。本名蔑默口，江浦矣。南直蒲圻洲，水北入百余里，吴所屯也。”

麻六甲　古国名。即满加剌国。今马来西亚马来亚之马六甲。在新加坡未开埠前，为马来半岛最重要商埠，海舶往返东西洋，经马来半岛，必于此停泊。郑和下西洋，亦以此为根据地，设立官厂。明张燮《东西洋考》卷4有专条记述。《海国闻见录》作麻喇甲。《海录》作麻六呷。

麻书汛　清置，属阜和协。在今四川甘孜县。《清一统志·四川统部》：麻书有把总驻防。

麻龙州　元至元十七年（1280）改麻龙千户置，属会川路。治所在今四川会理县东五十里。一说在米易县西麻陇彝族乡。明洪武十五年（1382）改属东川府。二十七年（1394）废。

麻龙县　明洪武十七年（1384）置，为麻龙州治。治所在今四川会理县东五十里。二十七年（1394）后废。

麻叶瓮　古国名。在今印度尼西亚勿里洞岛。《明史·外国列传》：“麻叶瓮，在西南海中。永乐三年十月遣使赍玺书赐物，招谕其国。”

麻田　①在今河南洛阳市东。《晋书·姚襄载记》：东晋永和八年（352），姚襄与前秦将高昌、李历“战于麻田”。

②即今江西宁都县北麻田。1933年中央革命根据地置洛口县治此。

麻田镇　即今山西左权县东南麻田镇。《清一统志·辽州》“长城镇”条下：麻田镇“在州南”。为1937—1942年间八路军总部所在地。

麻丘市　即今江西南昌县（莲塘）东北麻丘镇。清同治《南昌府志》卷6：麻丘市“距（南昌）城四十里”。

麻尔江营　又称麻将、麻江宗。清乾隆间置，在今西藏尼木县北麻江乡。清乾隆《卫藏通志》卷12作“麻尔江”。

麻尔岳木岭　即今西藏仲巴县西境之马牧木拉。《清一统志·西藏》麻尔岳木岭：“在卓书特部落西二百八十九里，即冈底斯山向南之支干，岭南为藏之西界，岭北为阿里之东界。”

麻地沟　即今陕西府谷县东北麻镇。清置巡司于此。民国初改为县佐。

麻耳亦囊　察合台汗国属地。在今乌兹别克斯坦费尔干纳北马尔吉兰。《元史·地理志·西北地附录》有“麻耳亦囊”。

麻伊洑寨　即今湖南沅陵县东北一百四十二里麻伊洑镇。《方舆纪要》卷81沅陵县“南水关”条下：“（池蓬砦）相近有麻伊洑寨，宋置。元亦置巡司于此。”

麻州　①即今湖南常宁市西北麻洲。《旧唐书·地理志》衡州常宁县：“吴分耒阳立新宁县，属湘东郡。旧治三洞，神龙二年移治麻州。”即此。

②唐贞观二十二年（648）析郎州地置，治所在今云南宣威市境。辖境约当今云南宣威市地。天宝后废。

麻江县　1930年改麻哈县置，属贵州省。治所即今贵州麻江县。

麻江宗　原西藏地方政府设，治所在今西藏尼木县北麻江。藏语意为纯酥油、只产酥油。1960年并入尼木县。

麻那里　或即麻林的异译。故地在今非洲东岸肯尼亚的马林迪一带。元汪大渊《岛夷志略》：“麻那里，界迷黎之东南，居垣角之绝岛。”

麻阳县　唐武德三年（620）置，属辰州。治所在今湖南麻阳苗族自治县东黄桑乡旧县。北宋熙宁中移治今麻阳苗族自治县西南锦和镇，属沅州。元属沅州路。明属沅州。清属沅州府。民国初属湖南辰沅道。1922年直属湖南省。1953年迁今麻阳县（高村镇）。

麻阳城　在今湖北麻城市境。《资治通鉴》：南朝梁天监三年（504），“遣马仙琕筑竹敦、麻阳二城于三关南”。

麻坝寨　在今四川通江县东唱歌乡。清道光《通江县志》卷5：嘉庆四年（1800）“惠龄、额勒登保、德楞泰歼通江兰号‘贼’冉文俦于麻坝寨，文俦与罗其清同聚众起事，屯据其地”。

麻坑　即今广东韶关市曲江区东北周田镇西麻坑村。《清一统志·韶州府》“白土营”条内：崇祯八年又增九营，其中有麻坑。

麻步山　在今安徽金寨县东南。《魏书·地形志》：“边城郡治麻步山。”《水经·泄水注》：“博安县，《地理志》之博乡县也，王莽以为扬陆矣。泄水自县上承沘水于麻步川西北出。”

麻步镇　亦作麻埠镇。北宋置，属六安县。在今安徽金寨县东南。明于此置巡司。《清一统志·六安州》：麻埠镇，“《州志》：麻步镇，明初有巡司，万历二年改设把总，以防矿，今裁”。1956年因修建响洪甸水库，被水淹没。

麻里兀　又名木鹿城、马鲁。即今土库曼斯坦马雷。《元史·地理志·西北地附录》有“麻里兀”。

麻岚镇　即麻栾集。今山东平度市东三十里麻兰镇。

麻谷寨　北宋置，属繁畤县。在今山西繁峙县东北一百一十里。

麻谷镇　金置，属繁畤县。故址在今山西繁峙县东北一百里。

麻沙密记　非洲东岸莫桑比克的旧译。清谢清高

《海录》：吉德国“海马出麻沙密记，即鬈毛乌鬼国也”。

麻沙墟 在今广东新丰县西南沙田镇。清光绪《广东舆地全图》：长宁县西有麻沙墟。明、清时柞坪巡司驻此。

麻沙镇 北宋宣和初置，属建阳县。即今福建建阳市西北麻沙镇。元废。当地盛产竹、楠、樟、梨、楮、松等，皆为雕版与造纸的优质原料。南宋书籍刻印业最为发达。祝穆《方舆胜览》云：“麻沙、崇化两坊产书，号为图书之府。”麻沙刻本世称“麻沙本”，行销全国，远及朝鲜、日本。麻沙书坊毁于元季，明代又屡遭大火，刻书业遂衰落。清初建阳县丞驻此。

麻张新寨 在今湖北随州市东北。《方舆纪要》卷77随州：麻张新寨“在州东北。明初邓愈克随州，讨平麻张新寨”。即此。

麻陇 亦作麻通。即今四川白玉县。“麻通”，藏语意为“坝子下端”。民国《白玉县图志》：“白玉县原名麻陇。历为德格土司所辖之地。”

麻陇千户 亦作麻通。明洪武六年（1373）置，即今四川白玉县。清宣统元年（1909）改流设白玉州。1913年改为白玉县。

麻陈水 亦名麻逢水。在今广东阳春市西南。《舆地纪胜》卷98南恩州：麻逢水“源出阳春县西南乱冈，东流入罗水”。《方舆纪要》卷101阳春县：麻陈水在“县西南百五十里。源出高州电白县东岭诸山，下流百余里合罗水”。

麻坪 在今四川乐山市东。《元史·速哥传》：至元十二年（1275），“遣兵败宋将昝万寿于麻平”。即此。

麻林山 在今浙江绍兴市西南。《越绝书·越地传》：“麻林山一名多山，勾践欲伐吴，种麻以为弓弦，使齐人守之。”

麻林国 故地在今非洲东岸肯尼亚之马林迪一带。《明史·外国传七》：“麻林，去中国绝远。永乐十三年遣使贡麒麟。”《郑和航海图》译作麻林地。

麻林峒 即今湖南新宁县西北四十二里麻林瑶族乡。清光绪《湖南通志》卷1新宁县图：县西北有麻林峒。

麻林桥市 即今湖南长沙县东北麻林河西岸麻林村。《清一统志·长沙府二》“榔梨市”条下：“麻林市在县东北八十里。”

麻岭 ①在今安徽泾县西南七十里，南接黄山市界。《方舆纪要》卷28泾县“黄岘山”条下：“黄象山之南曰麻岭，峰崖卓绝，跨旌德、太平之间，为往来通道。”

②在今福建宁德县北。元置巡检司于此。

麻岭镇 在今福建宁德市北。明置巡司于此。

麻兔洞长官司 明洪武八年（1375）置，属酉阳宣抚司。治所在今重庆市秀山土家族苗族自治县西南。后废。

麻（蔴）河口 即麻濠口。今湖南省南县西南三十三里麻河口镇。

麻河驿 在今湖南常德市东北一百二十里。王夫之《永历实录》载，明永历二年（即清顺治五年，公元1648年），明将马进忠大破清兵于此。

麻河铺 明置，即今辽宁瓦房店市西南后三十里堡。明《辽东志》卷1“复州卫山川地理图”：复州东南有麻河铺。

麻姑山 ①一名花姑山。在今安徽宣城市东三十里。《舆地纪胜》卷19宁国府：麻姑山“在宣城县三十五里。高袤与敬亭山等。麻姑修道于此飙举，有仙坛、丹灶存焉。《九域志》云，亦曰花姑山”。

②在今江西南城县西南。《寰宇记》卷110建昌军南城县：麻姑山“在县西南二十二里。山顶有古坛，相传麻姑得道于此”。《清一统志·建昌府一》：麻姑山，“《旧志》：山在（南城）县西南十里。有仙羊、五老、万寿、秦人、葛仙、逍遥等峰。道书以为第二十八洞天”。

麻姑城 在今河北黄骅市西北麻沽村。《寰宇记》卷65沧州清池县：“麻姑城，《郡国志》云，即汉武东巡至此祀麻姑，故有此名。”

麻线岭 在今陕西韩城市西北一百二十里。《清一统志·同州府一》：麻线岭“明成化八年，参议严宪凿山开道，以通馈饷”。

麻线河 在今贵州长顺县北。《方舆纪要》卷121金筑安抚司：麻线河在“司（治今广顺镇）北十里。流延如线。下流入于都泥江”。

麻城 在今安徽砀山县东北二十五里麻城。《魏书·地形志》砀郡安阳县：“孝昌二年置，治麻城。”即此。

麻城市 1986年撤销湖北省麻城县，改设麻城市，市人民政府驻金桥大道。属黄冈地区。1995年由黄冈市代管。

麻城县 隋开皇十八年（598）改信安县置，属黄州。治所在今湖北麻城市东十五里。《方舆纪要》卷76麻城县：“《志》云，城本石勒将麻秋所筑，因名。”大业初属永安郡。唐属黄州，元和三年（808）废。大中三年（849）复置。南宋端平三年（1236）移治什子山（今麻城市东八十里）。元至元中复还旧治，属黄州路。元末徙治今麻城市。明属黄州府。民国初属湖北江汉道。1932年直属湖北省。1986年改设麻城市。

麻垛镇 即今江苏涟水县西北麻垛村。清光绪《江苏全省舆图》安东县：“麻垛镇在城西北四十里。”

麻柳场 ①即今四川达县东南麻柳镇。《清一统志·绥定府二》：麻柳场巡司“在达县南九十里。本朝雍正八年置，属达州。嘉庆七年改属”。嘉庆初，白莲教徐添德在此起义。民国设县佐。

②即今重庆市梁平县西南荫平镇。清光绪《梁山县志》卷3：麻柳场在“县南八十里”。

③即今四川犍为县东南新民镇。清嘉庆《犍为县志》卷2：麻柳场在"县南九十里。通宜宾"。

麻响长官司 明洪武七年（1374）置，属贵州卫。治所在今贵州长顺县西南麻响。后属定番州。清以后废。

麻哈长官司 明洪武十六年（1383）置，属平越卫。治所在今贵州麻江县北二里。弘治七年（1494）升为麻哈州。

麻哈州 明弘治七年（1494）置，属都匀府。治所在今贵州麻江县北二里。万历十六年（1588）迁今麻江县。1913年改为麻哈县。

麻哈江 源出贵州都匀市北境，北流经麻江县西，至福泉县东南合鱼梁河，东流为重安江。《明史·地理志》麻哈州："南有麻哈江，即邦水河之上源。"《清史稿·地理志》都匀府麻哈州："麻哈河，有二源，经城西合为一水，又名两岔江，北流入平越（今福泉县）。"

麻哈县 1913年改麻哈州置，属贵州黔中道。治所即今贵州麻江县。1920年直属贵州省。1930年改为麻江县。

麻峡县 元世祖至元中置，属定远府。治所在今贵州麻江县北二里。明洪武十六年（1383）改置麻哈长官司。

麻亭 即今陕西永寿县西北永平镇。《资治通鉴》：唐广德二年（764），"仆固怀恩与回纥、吐蕃进逼奉天，……子仪使裨将李怀光等将五千骑追虏，至麻亭而还"。即此。元至元十五年（1278）永寿县移治于此。

麻亭岭 在今陕西永寿县西北。漠谷水所出。《资治通鉴》：唐广德二年（764），"仆固怀恩与回纥、吐蕃进逼奉天，……子仪使裨将李怀光等将五千骑追虏，至麻亭而还"。即此。

麻洲墟 即今江西会昌县南麻州镇。明嘉靖《赣州府志》卷5：会昌县有麻洲市。清同治《江西全省舆图》卷9：会昌县南有蔴洲墟。

麻（蔴）荳社 即今台湾省台南市东北麻豆区。连横《台湾通史·开辟纪》：南明弘光元年（1645），"台湾领事集归化土番之长老，设评议会"，其时归化番社中有"蔴荳社"。清康熙间蒋毓英《台湾府志》卷1作"麻豆社"。乾隆间已成麻豆街。1945年设麻豆镇。

麻桥镇 即今安徽南陵县西北家发镇（麻桥）。清光绪《南陵小志》卷1：麻桥镇在"县西北二十五里"。

麻栗坡对汛督办区 清光绪二十二年（1896）置麻栗坡副督办，属临安开广道。1914年改为麻栗坡对汛督办，后直属云南省。治所在新草房街（即今云南麻栗坡县）。民国《云南麻栗坡对汛特别区地志资料细表册》："麻栗坡，以附近出产麻栗树，而街市适建于山坡得名。"辖茅坪、玉皇阁、攀枝花、天保、董干、田蓬6汛。1950年撤销，设麻栗坡市。

麻峪口堡 明洪武二十五年（1392）置，属保安州。在今河北涿鹿县南。《方舆纪要》卷17保安州：麻峪口堡"当龙门南口，傍有红站口诸险，……虽近内地，而守御最切"。

麻栾集 又作麻岚。即今山东平度市东三十里麻兰镇。清道光《平度县志》有麻栾。

麻离拔国 在今印度马拉巴尔海岸。南宋周去非《岭外代答》卷3大食诸国："有麻离拔国，广州自中冬以后发船，乘北风行约四十日，到地名蓝里，博买苏木、白锡、长白藤，住至次冬，再乘东北风六十日顺风方到此国。……哲宗元祐三年十一月，大食麻啰拔国遣使入贡，即此麻离拔也。"

麻浩崖墓 在今四川乐山市东二里凌云寺与乌龙寺之间麻浩湾。开凿于东汉时期，共有二百余座墓穴，墓室类型多样，大小不一，其中1号墓规模最大。墓内浮雕题材丰富多样，有停车话别、孙叔敖故事、老莱子娱亲、荆轲刺秦王、牧马、车骑等图像，雕刻精细，古朴劲健。内刻"阳嘉三年"（134）等题记，还有仿木结构建筑的柱、梁、枋、斗拱、瓦当、藻井等雕刻。1988年定为全国重点文物保护单位。

麻涌村 即今广东东莞市西麻涌镇。明置巡司于此。

麻家渡 在今河南范县西南濮城镇东北。五代时为黄河渡口。《资治通鉴》：五代梁贞明四年（918），"晋王（李存勖）自魏州如杨刘，引兵略郓、濮而还，循河而上，军于麻家渡"。胡三省注："麻家渡盖在濮州界。"

麻冢集 在今河南永城市西南六十里，南与安徽涡阳县接壤。1939年春至1941年春抗日军政大学四分校旧址在此。

麻域 藏语译称异名，又名芒域。今西藏阿里地区西北部及毗邻克什米尔东部拉达克地区。古为羊同国属，公元7世纪前期属吐蕃。10世纪时吐蕃王室后裔于此建立政权，治所在今列城，为阿里三部之一。

麻埠港 在今湖北汉川市东南五里。《清一统志·汉阳府一》：麻埠港"一名麻布港，自汉水分流而东北，左会县西南二十里之道观湖水，至县东南一里搬载口，仍入汉水。夏秋水涨，可通舟楫"。

麻埠镇 即麻步镇。在今安徽金寨县东南约四十里。1956年因修建响洪甸水库，被水淹没。《方舆纪要》卷26六安州：麻埠镇，"州西南九十里有麻埠河，置巡司于此，万历二年添设把总，以防矿贼，而巡司遂革"。

麻喏巴歇国 公元1293—1451年印度尼西亚东爪哇的王国。都城名麻喏巴歇，在今惹班，乃以都城为国名。《元史·外国列传》"爪哇"条作"麻喏巴歇"。《史弼传》作"麻喏八歇"。《岛夷志略》作"门遮把逸"。《瀛涯胜览》作"满者伯夷"。

麻逸国 一译摩逸国。故地或以为在今菲律宾群岛的民都洛岛，或以为兼指吕宋岛等地。据元马端临《文献通考》卷332“阇婆”条记载：“又有摩逸国，太平兴国七年载宝货至广州海岸。”《诸蕃志》、《岛夷志略》和《星槎胜览》均有专条记述。

麻（蔴）章墟 亦作麻漳墟。即今广东湛江市西麻章镇。明万历《雷州府志》卷4：遂溪县有蔴漳墟。清道光《遂溪县志》卷4：蔴章墟在“县东南四十里”。

麻答嘴寨 在今四川松潘县南境。《方舆纪要》卷73叠溪所：麻答嘴寨“在所北五十余里。本番寨也。路入松潘。正统中，抚臣寇深议讨松潘叛蛮，欲于麻答崖、青岗嘴、画佛崖、海螺洞、万江崖沿山凿石，架木悬栈是也”。

麻鲁 在今西藏巴青县东玛荣。为藏北三十九族之一。见清乾隆《西藏志·外番》。

麻湖 一作濂湖。又称沥湖、历阳湖。在今安徽和县西，接含山县界。《寰宇记》卷124历阳县：“麻湖亦古历阳城之地，在县西三十里。源出桑山。《淮南子》云，历阳之都一夕反而为湖。”《明史·地理志》和州：“西有麻湖，亦曰历湖，永乐中堙。”

麻（蔴）湾 在今湖北神农架林区北。旧属房县。民国《湖北通志》卷36房县：蔴湾“《县志》：在城南百二十里。设外委”。

麻湾坨 即今河北滦县西北六十五里麻湾坨村。光绪《滦州志》全图：县西北有麻湾坨。

麻塘 ①在今江西上高县西南。明置巡司于此。

②即今四川珙县（巡场镇）南一百余里洛表镇麻塘坝。此地沿螃蟹溪两岸的山崖上有著名的僰人悬棺，约有一百多具。距地表低者十数米，高者数十米，乃至上百米。棺为木质，形如长匣。或依岩凿孔置棺，或利用天然石穴置放，或凿孔椽木置放。

麻（蔴）塘 即今湖南岳阳县（荣家湾）北二十五里麻塘镇。明隆庆《岳州府志》有蔴塘。

麻塘坎 在今四川兴文县西北久庆村附近。《明史·朱燮元传》：天启三年（1623），讨奢崇明叛军，“乃尽掣诸军会长宁，连破麻塘坎、观音庵、青山崖、天蓬洞诸砦”。即此。

麻解城 在今河南伊川县西南。《水经·汝水注》：汝水“东历麻解城北。故鄤乡城也，谓之蛮中”。

麻溪 ①在今江苏吴江市南。《方舆纪要》卷24苏州府吴江县：麻溪“在县南六十里。其南汇诸漾荡之水东流，合于烂溪，复东南行，至王江泾闻店桥而入运河”。

②在今湖南长沙市北。《水经·湘水注》：湘水“右合麻溪水口，湘浦也”。《梁书·世祖二子·方等传》：太清三年（549），方等“至麻溪，河东王率军逆战，方等击之，军败，遂溺死”。

③在今湖南新化县东南。《清一统志·宝庆府一》：麻溪“在新化县东南六十里。西流入资”。

④在今湖南沅陵县西南。《清一统志·辰州府一》：麻溪“在沅陵县西南四十里。源出溆浦县穿云峰，西北流入沅”。

麻溪镇 在今湖南桃源县东北一百里。元置巡司于此。明废。《清一统志·常德府二》引《府志》：“麻溪、盘塘诸处，介于澧州石门、慈利二县间，通永定诸蛮，路小而僻，防守最切。”

麻溢湖 在今湖南安乡县北。《清一统志·澧州》：麻溢湖“在安乡县北四十里文田村。相近有大滋、北伯、黄容等湖”。

麻墟水 即今广东德庆县东之马圩河。《清一统志·肇庆府》“端溪水”条：“麻墟水一名马墟水，在州东二十里。源出封川县界，东流经金钗山，又东南入西江。盖端溪之别源也。”

麻嘉国 亦作默伽国、天方国、天堂。即今沙特阿拉伯之麦加。为伊斯兰教创始人穆罕默德出生地。南宋赵汝适《诸蕃志》卷上：“麻嘉国，自麻啰拔国西去，陆行八十余程方到，乃佛麻霞勿所生之处，佛居用五色玉甃成，每岁遇佛忌辰，大食诸国皆至瞻礼，争持金银珍宝以施，仍用锦绮衜其居，后有佛墓。”

麻赫穆德·喀什噶里墓 在今新疆疏附县西南乌帕尔乡艾孜热提毛拉木塔格山南麓，海拔1600米的坡地上。墓主人是维吾尔族语言学家、《突厥语大词典》作者。墓地33万平方米，建筑面积1.2万平方米，由门楼、墓院、墓室组成。原为土木结构，1983年改为砖木结构，富有维吾尔族建筑特色。墓东有清真寺，墓西北有墓葬群。2006年定为全国重点文物保护单位。

麻寨冈 在今广东英德市西十三里。《方舆纪要》卷102英德县：麻寨冈“唐末黄巢犯境，有虞夫人者，率兄弟及乡人拒巢于此”。

麻隧 春秋秦邑。在今陕西泾阳县北。《左传》：成公十三年（前578），“五月丁亥，晋师以诸侯之师及秦师战于麻隧”。即此。

麻镇 即今陕西府谷县北府镇。1937—1949年陕甘宁革命根据地在此置河府县。

麻黎国 故地或以为在今印度尼西亚爪哇岛以东的巴厘岛。清谢清高《海录》有专条记述。

麻潭 在今福建长汀县东南十里。《方舆纪要》卷98汀州府长汀县：“麻潭在府东南，众流皆汇于此。山势盘亘，过此折为九曲。”

麻濛水 在今广东阳西县东北。《方舆纪要》卷101阳江县：麻濛水在“县西三十里。出罗琴山，流经县西南四十里丰头港入海”。

麻濠口 ①即今湖北公安县东南二十四里麻豪口镇。清光绪《湖北全省分图》：公安县（治所在今县西南南平镇）东北有“麻濠口”。

②一作麻河口。即今湖南省南县西南三十三里麻河口镇。洪宪元年（1916）《最新大中华帝国道县形势全图》：湖南省南县西南有麻濠口。

庵上镇 清置，属晋江县。即今福建晋江市北庵上。

庵山 即今福建建阳市东南庵山。明《寰宇通志》

卷48建宁府：庵山“在建阳县东南。后唐时有处士石湖结庵此山，故名”。

庵东市　即今浙江慈溪市西北二十二里庵东镇。地处万嵩庵东。清光绪《余姚县志》卷1《市肆》有庵东市。

庵后（後）镇　清置，属平和县。即今福建平和县西南安厚圩。因圩场设在文殊庵后而得名。清时有把总驻守。

庵埠镇　即今广东潮安县治庵埠镇。《清一统志·潮州府》：庵埠镇“在海阳县东南六十里。康熙五十七年设县丞，乾隆十五年并移通判驻此”。1992年为潮安县治。

庬县　即秅县。西汉改庬侯国置，属济阴郡。治所在今山东成武县西北。东汉省入成武县。

庬侯国　即秅侯国。西汉置，治所在今山东成武县西北。后改为县。《说文》：“庬，开张屋也。从广，秅声。济阴有庬县。”实则庬为秅字之讹。

庾岭　①一名长林岭。在今江西东乡县南。《方舆纪要》卷86抚州府东乡县：庾岭在“县南三里。一名长林岭。俯临通衢。又南数里曰金峰，亦高耸。《志》云，县治在庾岭北，大夫冈之左，三港之口是也”。

②即大庾岭。五岭之一。在今江西大余县和广东南雄市之间。《方舆纪要》卷83江西：大庾岭“以形如廪庾，故谓之庾岭”。

庾亮楼　在今江西九江市区北部长江之滨。相传晋庾亮建。唐白居易诗句：“浔阳欲到思无穷，庾亮楼南湓口东。”

庾楼　即庾亮楼。在今江西九江市区北部长江之滨。其矶石突出江岸百许步。相传晋庾亮镇江州时所建。按《晋书·庾亮传》有秋夜登南楼事，然亮时江州镇武昌，不在湓城。李白诗云，“清景南楼夜，风流在武昌”，亦未尝言在湓城。自白居易诗云，“寻阳欲到思无穷，庾亮楼南湓口东”，后遂因之传讹。

廊下市　亦作廊厦市。即今浙江余姚市西北朗霞镇。清光绪《余姚县志》卷1《市肆》有廊下市。

廊下镇　又名姚家廊下。即今上海市金山区（山阳镇）西北廊下镇。清光绪《江苏全省舆图》金山县：“廊下镇在治南二十四里。”

廊坊市　1948年安次县迁驻廊坊。1949年划归河北省，名天津专区。1968年改天津地区。1973年改名廊坊地区。1981年析安次县廊坊镇设廊坊市。1983年安次县并入廊坊市，属廊坊地区。1988年撤销廊坊地区，廊坊市升为省辖市（地级）。

廊坊镇　又作郎坊镇。即今河北廊坊市。清属安次县，商业颇盛。光绪二十六年（1900）义和团于此痛击英西摩所统八国联军。1948年安次县迁治于此。1981年析置廊坊市。1983年撤销安次县并入廊坊市。1988年廊坊市升为地级市。

廊家寨　在今湖南凤凰县北百余里。地势幽险。清乾隆末征苗时，吴陇登等诱执吴八月于此。

康　①西周封国。在今河南禹州市西北康城。《史记·卫康叔世家》《索隐》曰：“康，畿内国名。宋忠曰：‘康叔从康徙封卫。’”王应麟《诗地理考》以为康叔初封即阳翟县西北康城。

②西康省简称。“康”一译喀木。西藏四部中最东一部，指今西藏昌都地区。清乾隆《卫藏通志》卷4：“察木多古名康，又名喀木。”今四川甘孜藏族自治州亦称康。通称为康区。清末拟建西康省，包括今四川甘孜藏族自治州、西藏昌都地区。1939年正式建西康省。

康二城镇　即今河北武安市东南二十八里康二城镇。清乾隆《武安县志》卷3里社：卢里有康二城。

康大营　即今吉林梅河口市北康大营镇。《清史稿·地理志》海龙府：“东北马家船户至康大营入吉林伊通。”

康山　①在今江苏扬州市东南隅。《清一统志·扬州府一》引《江南通志》曰：“相传浚河时积土而成。”又引《扬州府志》曰：“其上构堂，董其昌题曰康山草堂，为康海与客燕饮弹琵琶处。”

②又名东山。在今江西乐平市东。《寰宇记》卷107饶州乐平县：康山“在县东五里。昔康氏居此”。故名。

③即康郎山。在今江西余干县西北鄱阳湖中。

④又名戴天山、大匡山。在今四川江油县西。唐诗人李白曾读书于此。杜甫《寄李白》诗：“康山读书处，头白早归来。”即此。

康山镇　即今江西余干县西北鄱阳湖中康山乡。《方舆纪要》卷85饶州府余干县：康山镇“在县西康郎山上。有巡司，隆庆中废”。

康王台（臺）　在今山东东明县南五十里。《方舆纪要》卷16东明县：康王台“宋高宗为康王时，募兵入援，筑台于此”。

康王谷　在今江西星子县北三十五里庐山中。清光绪《江西通志》卷54南康府：康王谷“一作钊城，盖周康王名也。或作康阳。梁刘孝绰酬陆倕诗，‘乍观秦帝石，复憩周王城’。即指此。《旧志》作楚王谷”。有谷帘泉。

康王城　在今山东临沂市东五十里。《方舆纪要》卷33沂州：康王城“前有沙阜墩，谓之康王射箭台。俗名故县城”。

康巴区　亦称康区。指今四川甘孜藏族自治州。藏语康人之意。

康巴宗　即岗巴宗。治所在今西藏岗巴县岗巴镇。

康平县　清光绪六年（1880）析科尔沁左翼前、中、后三旗地置，属昌图府。治所在康家屯（今辽宁康平县）。取康家屯平安之义。民国初属奉天洮昌道。1929年直属辽宁省。

康乐设治局　①1932年改上帕行政区置，直属云南省。治所即今云南福贡县。因与甘肃康乐县重名，1935年改福贡设治局。

②1933年析临洮县置，属甘肃省。治所即今甘肃

康乐县。1940年改为康乐县。

康乐县　①西晋太康元年（280）改阳乐县置，属豫章郡。治所在今江西万载县东北四十里罗城镇。隋废。《寰宇记》卷109袁州万载县：康乐故城“宋武帝封临川内史谢灵运为康乐侯，以侯就第即此地也。其城周回山水，谢公无日不宴游。有谢公书堂，石砚犹存”。

②金升康乐砦置，属临洮府。治所在今甘肃康乐县。元废。

③1933年析置康乐设治局。1940年改设康乐县。

康乐砦　北宋熙宁六年（1073）置，属熙州。在今甘肃康乐县。金升为县。元废。1933年析置康乐设治局。1940年复改为县。

康台（臺）驿　在今河北曲周县东南。《魏书·地形志》：平恩县“有康台驿”。《资治通鉴》：东晋太元九年（384），燕慕容农起兵，“自将攻破馆陶，收其军资器械，遣兰汗、段谠、赵秋、慕舆悕略取康台牧马数千匹”。即此。

康吉城　清乾隆四十二年（1777）筑，即今新疆玛纳斯县城北。四十四年（1779）置绥来县于此。

康百万庄园　在今河南巩义市西北四里康店镇。占地6万平方米，分十大部分：寨上区、寨下区、南大院（含书院）、祠堂区、栈房区、作坊区、龙窝沟区、金谷寨、饲养区和花园区，辅以牌楼、庙宇、碑林等。有三十三个庭院、五十三座楼屋、九十七间平房、七十三孔窑洞，总计五百七十一间房屋，建筑面积6.43万平方米。庭院多为两进四合院，院落之间既相互独立，又彼此联系。房屋大部为砖木结构，窑洞全部为青砖券砌，饰以各类木雕、砖雕、石雕图案。康氏祠堂为坐北朝南三进院落，依次为前厅、牌楼、过厅（祭堂）、享堂及东西廊庑。康家始祖康守信为山西洪洞人，明初迁巩，以农蚕为业。清康熙、雍正时逐渐兴盛，历乾隆、嘉庆、道光、咸丰时期，家道鼎盛。赈饥捐庙，影响一方，曾受道光赐匾“义周仁里”。庄园建筑主要是这一时期建造的。清同治、光绪时期渐衰，民国时康家彻底衰败。现存建筑保存较完整，具有较高经济史与建筑史研究价值。2001年定为全国重点文物保护单位。

康有为故居　在今广东佛山市南海区西丹灶镇西南苏村。康有为（1858—1927），原名祖诒，字广厦，号长素。广东南海人。人称“南海先生”。是清末“公车上书”、“戊戌变法”的主要领导者。故居名“涎香老屋”，砖木结构，硬山顶。面积81平方米。为清代南粤常见的“三间两廊”式民宅，是康有为出生和早年生活、读书的地方。1996年定为全国重点文物保护单位。

康有为墓　在今山东青岛市崂山区中韩镇西南浮山南麓。康有为（1858—1927）字广厦，号长素，广东南海人。清光绪进士，戊戌变法领导人。其墓原在崂山区李村镇南三里枣儿山（又名象耳山）西北麓，1985年迁此。墓碑正面镌刻刘海粟撰“康有为先生之墓”，背面记其生平。

康华里礁　在南海中中国南沙群岛，位于九章群礁之北，景宏岛东北6.5海里。1935年公布名称为康华里礁。1983年改名康乐礁。

康庄　即今北京市延庆县西南二十里康庄镇。清同治《畿辅通志》卷53延庆州图：西南有康姬（集）。光绪《延庆州志》疆域图作康庄。

康庄驿　在今山东汶上县南三十六里康驿镇。《方舆纪要》卷33济宁州“鲁桥镇”条下：“旧置城东、康庄二驿，今俱废。”

康庄镇　即今山东临清市东康庄镇。民国《清平县志》有康庄镇。1940年清平县迁治于此。

康州　①北周明帝二年（558）置，治所在广业郡同谷县（今甘肃成县）。辖境相当今甘肃成、康二县地。隋大业初废。

②唐武德四年（621）置，治所在端溪县（今广东德庆县）。辖境相当今广东德庆、郁南、云浮等市县地。武德九年（626）废。贞观十二年（638）复置，天宝元年（742）改为晋康郡，乾元元年（758）复改为康州。北宋开宝五年（972）废，后复置。南宋绍兴元年（1131）改为德庆府。

康安道　清光绪三十四年（1908）置，属川滇边务大臣。治所在巴安府（今四川巴塘县）。辖境相当今四川大渡河以西，雅砻江中游，至金沙江，甘孜藏族自治州中南部地区。1913年改为边东道。

康阴县　唐武德四年（621）置，属洧州。治所在今河南尉氏县东南四十里。《寰宇记》卷1开封府尉氏县：废康阴县“在康沟南，因名”。贞观元年（627）废。

康村　在今河北望都县东北。《续资治通鉴长编》卷54：宋真宗咸平六年（1003），定州行营都部署王超发兵千五百人战于望都县，副部署“王继忠常以契遇深厚，思戮力自効，与敌战康村”。即此。

康县　1929年析武都县置，属甘肃省。治所在白马关（今甘肃康县东北云台镇）。1944年迁今县东南岸门口镇。1961年迁今治咀台镇。

康佐长官司　元置康佐砦。明洪武十九年（1386）改置康佐长官司，属普定府。治所在今贵州紫云苗族布依族自治县西南。后属镇宁州。清乾隆年间废。

康佐寨　元置，在今贵州紫云苗族布依族自治县西南。明洪武十九年（1386）改为康佐副长官司。

康杰县　1945年春晋冀鲁豫边区由闻喜、夏县、垣曲三县析置，属太岳区。治所在今山西夏县境。为纪念晋豫边区抗日游击队领导人嘉康杰而命名。同年12月撤销。

康国　又名萨末鞬、飒秣建。国都阿禄迪城（今乌兹别克斯坦撒马尔罕北七里）。《魏书·西域传》：康国“其王本姓温，月氏人也。旧居祁连山北昭武城，因被匈奴所破，西逾葱岭，遂有其国。枝庶各分王，故康国左右诸国，并以昭武为姓”。唐永徽中置康居都督府。

康店驿　南宋嘉定中（1208—1224）改大盈驿为康店驿，属南安县。即今福建南安市南康龙农场。清雍正十二年（1734）置康店巡司于此，并兼理驿事。境内复船山有郑成功墓。

康定市　1939年升康定县置，为西康省省会。即今四川康定县。1950年改市为县。1955年属四川省。2015年复设康定市，市人民政府驻炉城镇茶马路1号。康定市由甘孜藏族自治州管辖。

康定府　清宣统三年（1911）改打箭炉厅置，属四川省。治所即今四川康定县。辖境相当今四川康定、泸定、雅江、理塘、稻城等县地。1913年降为康定县。

康郎山　又名康山。在今江西余干县西北鄱阳湖中。《寰宇记》卷107饶州余干县：康郎山"在县西北八十里鄱阳湖中。云康氏所居。又名抗浪山，谓能抗风涛也"。《明一统志》卷50饶州府：康郎山"国初大兵与陈友谅战于山下，有死事者，故建忠臣庙于上"。

康郎湖　在今江西余干县西。明《寰宇通志》卷41饶州府：康郎湖"在余干县西七十里。即鄱阳湖南涯"。《方舆纪要》卷85饶州府余干县：康郎湖"因康郎山名"。

康居　汉西域国名。在今哈萨克斯坦巴尔喀什湖和咸海之间。东界乌孙，西达奄蔡，南接大月氏，东南临大宛。王都卑阗城（今乌兹别克斯坦塔什干一带）。西汉永光元年（前43），康居迎匈奴郅至单于居康居东部合力抗乌孙。建昭三年（前36），西域都护甘延寿、副校尉陈汤率军入康居，诛灭郅支单于。东汉时，粟弋、严、奄蔡均为康居属国。晋泰始中，遣使献好马。南北朝时役属于𠹭哒。

康居都督府　唐羁縻都督府。永徽中以康国置，属安西都护府。治所在今乌兹别克斯坦撒马尔罕北七里。8世纪后期因大食势力东进而废。

康城　①在今河北无极县北。《方舆纪要》卷14无极县：康城"在县北五里。相传慕容燕所筑。一名康王台"。

②在今河南禹州市西北三十五里康城村。《寰宇记》卷7阳翟县引《洛阳记》云："夏少康故邑也。"《三国志·魏书·卫臻传》："明帝即位，进封康乡侯。"《水经·颍水注》：颍水"历康城南"。即此。

康城县　北魏孝昌中析阳城县置，属洛州阳城郡。治所在今河南禹州市西北三十五里康城村。隋仁寿四年（604）废。唐武德四年（621）复置，属嵩州。贞观三年（629）废。

康挖克　一名坡塔什、佛塔什。在今新疆皮山县东南苏盖提东一百六十里喀拉喀什河南岸。清宣统《新疆图志》卷9：康挖克"又名波塔什。洪图，佛塔什。柴草俱蕃茂"。

康哈里该　在今蒙古国乌兰巴托东，克鲁伦河上源以西。明金幼孜《北征后录》：永乐十二年（1414）成祖北征，至饮马河（今克鲁伦河）。六月"初五日午发双泉海，暮至西北三峡口，即康哈里该，无水"。

康保县　1922年由张北、商都二县析置康保设治局，1925年置县，属察哈尔兴和道。治所即今河北康保县。以附近有康保泊，故名。1928年属察哈尔省。1952年划归河北省。

康保招垦设治局　1922年由张北、商都两县析置，驻康保（康巴尔，今河北康保县）。1925年升为康保县。

康济寺塔　在今宁夏同心县东北一百三十里韦州古城东南隅。西夏始建。塔身九级。明嘉靖六年（1527）增筑四级，四十年所增四级被震毁。万历九年（1581）重修，复于九级之上增筑四级。为八角密檐式砖塔。塔前有明成化元年（1465）和万历九年（1581）重建寺、塔石碑二通。

康都镇　亦作刊都、看都。即今江西南丰县东南康都。《元丰九域志》卷6建昌军：南丰县有"看都"银场。明尝置巡司于此。

康晋县　南齐侨置，属始康郡。寄治成都（今四川成都市）。西魏废。

康脑山　在今重庆市万州区西南九十余里。同治《万县志》卷4：康脑山"上接马鬃岭，下连黑洞沟，东扼龙门砦，西望佛印山，亦奇景也"。清嘉庆四年（1799）白莲教义军与清德楞军激战于此。

康狼山　①在今湖北南漳县西八十里。《水经·沔水注》："夷水导源中庐县界康狼山，山与荆山相邻。"

②在今甘肃临洮县北。《晋书·乞伏乾归载记》："炽盘以长安兵乱将始，乃招结诸部二万七千，筑城于康狼山以据之。"《元和志》卷39五泉县："康狼山，亦名热薄汗山，在县南一百四十里。"

康浪水　今山东青州市东康河。《水经·巨洋水注》："巨洋水又东北合康浪水。水发（剧）县西南峿山……康浪水北流，注于巨洋。"《寰宇记》卷18引《三齐记》云："宁戚《叩牛角歌》曰：'康浪之水白石粲，中有鲤鱼长尺半，'即此也。元于钦《齐乘》卷2谓"即今香山南狗王河。《三齐略》曰，康浪水在齐城西南十五里康衢侧，宁戚叩牛角歌于此。今临淄西南泥河澅水皆微细。且歌云，中有鲤鱼长尺半，此水岂足当之。《寰宇记》又谓康浪水在淄州，皆不可信，当从《水经》云"。

康家井　即今黑龙江哈尔滨市呼兰区东北康金镇。民国《呼兰府志》卷1："康家井，（距府）七十里。"《清史稿·地理志》呼兰府："有康家井。"

康家屯　即今辽宁康平县（康平镇）。《清史稿·地理志》康平县："旧名康家屯，光绪三年移八家镇经历治此。六年析科尔沁左翼中、后二旗南境，前宾图王旗东境，改置县。"

康家东沟　在今辽宁辽阳县东南。民国《奉天通志》卷116：康家东沟在辽阳县"东南九十里"。产金。

康家庄　清代称康家庄堡。即今山东高密市西北十五里康庄镇。

康家遗址　在今陕西西安市临潼区东北相桥镇康家村北。面积19万平方米。主要属龙山时代的客省庄文化遗存。房址有二百三十余座，多为东北—西南向成行排列，个别为东西方向，行距6—9米。每排分数组，一组两三间或五六间。单个房址为半地穴式，圆角长方形，个别为吕字形。房屋前檐墙用土坯和草拌泥砌筑，其余三面墙夯筑。房内白灰地面，多设有灶，灶坑内有一两件陶器。墓葬为单人葬，葬式有仰身直肢、侧身屈肢和俯身。另发现陶窑、窖穴和灰坑等遗迹。康家遗址是文化内涵丰富、聚落布局清晰的客省庄文化遗址，是剖析中国原始社会晚期社会组织结构的典型遗址。2001年定为全国重点文物保护单位。

康家堡　在今山西汾阳市东二十里康宁堡村。《方舆纪要》卷42汾州府："康家堡在府东二十里，临汾水上，有康家堡渡，路通平遥县。"

康家渡　即今四川蓬溪县西南九十里红江镇。《清一统志·潼川府二》：康家渡盐课司"在蓬溪县。本朝乾隆元年置"。民国改设县佐。1985年改置红江镇。

康家寨　在今青海尖扎县西北黄河南岸。《清一统志·西宁府二》：康家寨"在贵德厅东一百七十里，逼近番夷。本朝雍正五年设千总防守。城周一百二十丈，乾隆五年筑"。

康陵　①西汉平帝刘衎的陵墓。在今陕西咸阳市西北大王村附近。《汉书·平帝纪》：元始五年（公元5），"葬康陵"。臣瓒注曰："在长安北六十里。"

②东汉殇帝刘隆陵。在今河南洛阳市东北汉魏故城南。《后汉书·安帝纪》：延平元年（106）"葬孝殇皇帝于康陵"。同书《礼仪志》注引《帝王世纪》曰："去雒阳（今河南洛阳市东北汉魏故城）四十八里。"

③南汉高祖刘龑墓。在今广东广州市河南海珠区官洲街道北亭。《南汉书·高祖纪》载："葬兴王府城东二十里北亭。熔铁锢其外，使不可启。谥天皇大帝，庙号高祖，陵曰康陵。"《舆地纪胜》卷89广州：刘王墓"在郡东北二十里，漫山皆荔枝树，龟趺石兽历历具存。昔有发其墓者，其中皆铁铸之"。

④明武宗朱厚照的陵墓。在今北京市昌平区北金岭山东。明十三陵之一，在泰陵西南二里金仙山下。

康奥依　即罕诺依古城。在今新疆喀什市东北六十里、疏附县伯什克然木乡罕诺依村附近。

康普　即今云南维西傈僳族自治县西北一百零六里康普乡。清为康普土千总女禾娘驻地。纳西语"康普"意为沟梁上面。因村建于两条山沟间的坡地，故名。

庸　①殷、周国名。在今湖北竹山县西南。《尚书·牧誓》："庸、蜀、羌、髳、微、卢、彭、濮人。"孔传："庸在汉江之南。"公元前611年灭于楚，于此置上庸县。

②即鄘。在今河南新乡县西南。《汉书·地理志》："河内本殷之旧都。周既灭殷，分其畿内为三国，《诗·风》邶、庸、卫国是也。……庸，管叔尹之。"注引师古曰：纣城"南谓之庸"。

庸州　①隋开皇五年（585）置，治所在石城县（今重庆市黔江区东二十五里县坝场）。辖境相当今四川黔江区地。大业二年（606）废。

②隋大业初改亭州置，治所在盐水县（今湖北长阳土家族自治县西二百里清江北岸）。大业三年（607）改为清江郡。

庸城　在今安徽宿州市南蕲县镇西。《汉书·黥布传》：黥布与上"遇于蕲西……上乃壁庸城"。即此。

庸城山　即悬鼓山。在今湖北竹山县西。《寰宇记》卷143竹山县：庸城山"在县西五里。旧名悬鼓山。庸人居此山置鼓"。

庸部　西汉末王莽改益州置，治所在成都县（今四川成都市）。东汉初公孙述改为司隶。《后汉书·公孙述传》："及更始立，豪杰各起其县以应汉……商人王岑亦起兵于雒县，自称定汉将军，杀王莽庸部牧以应（宗）成，众合数万人。"

庸浦　春秋楚地。在今安徽无为县西南长江北岸。《左传》：襄公十三年（前560），吴侵楚，养由基及子庚诱敌，"战于庸浦，大败吴师"。

鹿　战国魏邑。在今河南滑县东北。《水经·河水注》引《竹书纪年》：梁惠成王十三年（前357），"与郑鹿"。即此。

鹿儿岭　在今河北遵化市北。《方舆纪要》卷11遵化县：鹿儿岭"在县北塞外。明初常遇春讨元余孽，出遵化度鹿路岭，至会州。即此。《志》云：岭一名鹿路，或讹为路儿岭"。

鹿儿峡馆　馆驿名。又作鹿儿馆。辽置，在今河北平泉县西南七沟镇附近。《辽史·地理志》"松山州"后引宋王曾《上契丹事》曰："松亭岭甚险峻，七十里至打造部落馆。东南行五十里至牛山馆，八十里至鹿儿峡馆。"

鹿上　春秋宋地。在今安徽阜阳市南。《春秋》：僖公二十一年（前639），"宋人、齐人、楚人盟于鹿上"。即此。一说在今山东曹县东北。

鹿山　在今湖南常德市西三十里高吾山后。明《寰宇通志》卷57常德府：鹿山"古有鹿穴，宋武陵溪人射鹿，逐入石穴。见有梯，因上。豁然开朗，桑果蔼茂，乃以桃树记之。其后寻访，莫知所在"。

鹿门　在今山西盂县西北三十五里。《史记·赵世家》：赵肃侯十六年（前334），"肃侯游大陵，出于鹿门"。《正义》："并州盂县西有白鹿泓，源出白鹿山南渚，盖鹿门在北山水之侧也。"

鹿门山　又名苏岭山。在今湖北襄阳市襄州区东南。《清一统志·襄阳府一》引《襄阳记》："鹿门山，旧名苏岭山。建武中，襄阳侯习郁立神祠于山，刻二石鹿夹神道口，俗因谓之鹿门庙，遂以庙名山也。"《新唐书·孟浩然传》：浩然"隐鹿门山"，并作有《夜归鹿门歌》诗。

鹿门堡　元世祖至元五年（1268）围攻南宋襄阳城时建。在今湖北襄阳市襄州区东南鹿门山附近。《元史·张弘范传》：至元六年（1269），弘范"戍鹿门堡，以断宋饷道，且绝郢之救兵"。

鹿马山　在今北京市昌平区北。顾炎武《昌平山水记》卷上："悼陵之东为鹿马山，有田贵妃之墓。"明亡，崇祯皇帝朱由检及周皇后自缢，亦葬于田贵妃墓内。清改称思陵。

鹿井砦　北宋置，属合浦县。在今广西合浦县西南。《寰宇记》卷169太平军："西南至鹿井与钦州乌土镇接界。"《清一统志·廉州府》"鹿井寨"条引《府志》："鹿井寨在合浦县西南接钦州界，控象鼻沙大水口，入海通交州水路。"

鹿玉山　在今甘肃成县东十里。《方舆胜览》卷70同庆府"八景楼"条：八景有"鹿玉山"。《方舆纪要》卷59：鹿玉山"蹊洞幽绝，或谓之鹿台山"。

鹿仔港　即今台湾省彰化县西南鹿港镇。清乾隆四十九年（1784）开为商埠。日本占领期间于1897年改名鹿港。

鹿仔港厅　又称鹿港厅。清乾隆五十一年（1786）析彰化县置，属台湾府。治所在鹿仔港（今台湾彰化县西南鹿港镇）。光绪十三年（1887）废入彰化县。

鹿头山　①亦名鹿首山。在今辽宁喀喇沁左翼蒙古自治县南六十里。《魏书·地形志》：定荒县"有鹿头山"。

②一名鹿峰山。在今湖南桂阳县东三里。《舆地纪胜》卷61桂阳军：鹿头山"在东门。山有石如鹿。有七层塔"。

③在今四川德阳市东北三十八里。《寰宇记》卷73德阳县：鹿头山"自绵州罗江县界迤逦入县界。古老云：昔有张鹿头于此造宅。山因以为名"。《新唐书·高崇文传》：元和初，因"鹿头山南距成都百五十里，扼二川之要，（刘）辟城之，旁连八屯，以拒东兵"。诗人杜甫《鹿头山》诗云："鹿头何亭亭，是日慰饥渴。连山西南断，俯见千里豁。游子出京华，剑门不可越。及兹险阻尽，始喜原野阔。"

鹿头戍　即鹿头关。在今四川德阳市东北三十八里鹿头山上。《元和志》卷31德阳县：鹿头戍"在县北三十八里"。《资治通鉴》：唐建中四年（783），"剑南西山兵马使张朏以所部兵作乱，入成都，西川节度使张延赏弃城奔汉州，鹿头戍将叱干遂等讨之，斩朏及其党"。胡三省注："鹿头关在汉州德阳县。刘昫曰：成都北一百五十里，有鹿头山，扼两川之要。"

鹿头关　唐置，在今四川德阳市东北三十八里鹿头山，与白马关相对。《新唐书·地理志》德阳县："有鹿头关。"《资治通鉴》：唐元和元年（806），"高崇文又败刘阀之众于鹿头关"。又五代唐同光三年（925），魏王继笈率军灭前蜀，李绍琛与李严乘马渡涪江，"遂入鹿头关"。皆此。

鹿头店　即今湖北枣阳市东北四十里鹿头镇。明置巡司于此。

鹿头栅　在今四川德阳市东北鹿头山。《新唐书·宪宗纪》：元和元年（806），"高崇文及刘辟战于鹿头栅，败之"。即此。

鹿台（臺）　一名南单台。即今河南淇县治。殷纣王筑。后纣王死于此。《尚书·武成》："散鹿台之财。"《水经·淇水注》引《竹书纪年》："武王亲禽帝受辛于南单之台。"《史记·殷本纪》：帝纣"厚赋税以实鹿台之钱"。《集解》：如淳曰，"《新序》云：'鹿台，其大三里，高千尺。'瓒曰：'鹿台，台名，今在朝歌城中'"。周武王率诸侯之师伐纣，战于牧野，"纣兵败，纣走入登鹿台，衣其宝衣赴火而死"。

鹿台（臺）山　①在今山西襄垣县南。《水经·浊漳水注》："漳水历鹿台山与铜鞮水合。"《方舆纪要》卷42襄垣县：鹿台山"在县南二十里，下临浊漳水，高耸如台，因名"。

②在今河南汝州市北二十里。《方舆纪要》卷51汝州：鹿台山"有台，状如蹲鹿"。唐李白《题元丹丘颍阳山居》序："其地北倚马岭，连峰嵩丘，南瞻鹿台，极目汝海。"即此。

鹿耳门　在今台湾省台南市安平港北。为旧日海道入口。清蒋毓英《台湾府志》卷2：鹿耳门"在台湾港口。形如鹿耳，镇锁水口"。1661年，郑成功率大军由此入台，驱逐荷兰侵略者。

鹿耳溪　在今四川彭州市北四十五里石洞堰西小河。《方舆纪要》卷67彭县：鹿耳溪"源出县西北曲尺山，东流入新繁县之清白江"。

鹿回（迴）头岭　在今海南省三亚市西南。明正德《琼台志》卷6崖州：鹿回头岭"在州（治今崖城镇）东一百四十里海滨临川之南，状如鹿至海回头，海为所障。宋临川里土贼陈明甫据其地为宅基。昔人尝于此掘得所埋金银"。

鹿危山　在今四川理县东北。《新唐书·代宗纪》：贞元十七年（801），"韦皋及吐蕃战于鹿危山，败之"。即此。

鹿步堡　在今广东广州市东鹿步。旧属番禺县，明、清置巡司于此。

鹿园　又名蓝靛厂。在今北京市东便门东。明蒋一葵《长安客话》卷4："大通桥东有鹿园，方广十余里。地平如掌，古树偃仰，与高冢相错。……相传是金章宗时故址。"明《帝京景物略》卷2：鹿园"金章宗故园也，今曰蓝靛厂"。清《日下旧闻考》以为在东直门外，误。

鹿邑县　隋开皇十八年（588）改武平县置，属陈州。治所在今河南鹿邑县西五十八里鹿邑城。大业初属淮阳郡。唐属亳州。元徙治今鹿邑县。明属归德府。民国初属河南开封道。1927年直属河南省。

鹿肠山 在今河南淇县西。《后汉书·袁绍传》：初平四年（193），“绍乃出军，入朝歌鹿肠山苍岩谷口，讨于毒”。

鹿角山 ①在今江西乐安县南。《方舆纪要》卷86抚州府乐安县：鹿角山“在县南二十五里。群峰高耸，参差并峙，形如鹿角”。

②在今贵州平坝县南十里。《明一统志》卷88平坝卫：鹿角山“石峰耸立，形如鹿角”。

鹿角场 即今重庆市巴南区东北鹿角镇。清乾隆《巴县志》卷2：鹿角场“离城四十里”。

鹿角关 在今山东临邑县北十五里，接陵县界。古大河所经。唐于此设关。《元和志》卷10临邑县：“鹿角关，在县西北七十里。隋大业三年废。”元于钦《齐乘》卷1平原岭：“德州东南七十里有望远台、寿公庵。岭上鹿角关。”《清一统志·济南府二》：鹿角关“以鹿角津为名”。

鹿角沱镇 即今重庆市彭水苗族土家族自治县东南鹿角镇（鹿角场）。清光绪《彭水县志》卷4：鹿角故砦“在县南九十里鹿角沱”。

鹿角砦 ①北宋置，属文安县（后隶信安军）。在今河北霸州市东南六十里。

②北宋置，属黔江县。在今重庆市彭水苗族土家族自治县东南九十里鹿角镇。

鹿角堰 元时建，在今四川成都市温江区西。《元史·河渠志》：“南江东至鹿角，又东至金马口，又东过大安桥入于成都，俗称大皂江。”

鹿角镇 即今湖南岳阳县（荣家湾）西十二里鹿角镇。《资治通鉴》：五代梁开平元年（907），高季昌遣将倪可福攻朗州，淮南将泠业救之，进屯朗口，楚将许德勋“以大军进击，大破之，追至鹿角镇，擒业”。即此。明于此置巡司。《方舆纪要》卷77巴陵县：鹿角镇“以山为名”。

鹿岛 即今辽宁东港市西南之大鹿岛。东北有小鹿岛。《全边略纪》卷9：“石城距鹿岛二百里。”清光绪二十年（1894）中日甲午之战，北洋海军与日海军激战于此。

鹿苑 北魏天兴二年（399）建。在今山西大同市北大沙沟南侧。《魏书·太祖纪》载：天兴二年二月，“以所获高车众起鹿苑，南因台阴，北距长城，东包白登，属之西山，广轮数十里，凿渠引武川水注之苑中，疏为三沟，分流宫城内外”。后改称北苑。

鹿苑台（臺） 在北魏平城宫内，今山西大同市城北。《魏书·太祖纪》载：天兴四年（401）五月，“起紫极殿、玄武楼、凉风观、石池、鹿苑台”。

鹿苑县 唐武德元年（618）分高陵县置，属雍州。治所在今陕西高陵县西南。贞观元年（627）省入高陵县。

鹿苑原 在今陕西高陵县西南。宋敏求《长安志》卷17高陵县：鹿苑原“在县西南三十里。东西长一十五里，南北阔一里”。

鹿苑镇 即今江苏张家港市东鹿苑镇。清光绪《常昭合志稿》卷5：鹿苑镇“临鹿苑港，相传为吴王夫差豢鹿处，故名”。清时有把总驻守。镇西有古黄泗浦口，唐天宝十二年（753）秋，鉴真和尚第六次东渡日本时，由此出航。1963年纪念鉴真逝世1200周年时，于此建石幢。

鹿鸣垭 在今重庆市万州区东南老鸦塘，与湖北利川县接界。危岩峭壁，险峻可守。清咸丰十一年（1861），石达开率太平军攻占利川，乡绅团勇拒之于此。

鹿鸣城 即战国魏鹿邑。在今河南滑县东北。为黄河重要渡口。《水经·河水注》：“东岸有故城，险带长河，……今城内有故台，尚谓之鹿鸣台，又谓之鹿鸣城。”又《资治通鉴》：东晋太元十一年（386），翟辽奔黎阳，黎阳太守滕恬深信之，“恬之南攻鹿鸣城，辽于后闭门拒之”。皆此。

鹿鸣津 即白马津。在今河南滑县东北古黄河东岸。为黄河重要渡口。《水经·河水注》：黎阳县天桥津，“东岸有故城，险带长河，今城内有故台，尚谓之鹿鸣台，又谓之鹿鸣城。王玄谟自滑台走鹿鸣者也，济取名焉，故亦曰鹿鸣津，又曰白马济。津之东南有白马城”。

鹿径岭 在今山西岚县北鹿径沟村附近。《清一统志·太原府一》：鹿径岭“在岚县北六十里”。

鹿径岭隘 在今山西岚县北六十五里鹿径沟村。明置鹿径岭巡司。

鹿城乡 在今山东曹县东北。《续汉书·郡国志》济阴郡乘氏侯国：“有鹿城乡。”《水经·济水注》：“濮水又东北径鹿城南。”并谓“《春秋》僖公二十一年‘盟于鹿上’”即此。

鹿城关 在今湖北武汉市黄陂区北。南朝梁及东魏置北江州于此。

鹿城县 隋开皇十八年（598）改安定县置，属冀州。治所在今河北辛集市东北旧城镇。《元和志》卷17鹿城县：“取县东故鹿城为名。”大业初属信都郡。唐属深州，至德元年（756）改名束鹿县。

鹿峡馆 馆驿名。亦作鹿儿峡馆。辽置，在今河北承德县（下板城）东北六沟镇东之东山咀。宋沈括《熙宁使虏图抄》：松子岭“东有夷路，回屈数里，车之所由也，逾岭三所，至鹿峡馆”。苏颂有《和宿鹿儿馆》诗。

鹿峒山 在今广东佛山市高明区西南。《方舆纪要》卷101高明县：鹿峒山“在县（治今明城镇）西南二十里。高二百余丈，延袤四十余里，拱向县治（今明城镇），罗列如屏。赵佗尝获白鹿于此，名白鹿台”。

鹿泉市 1994年撤销河北省鹿泉县，改设鹿泉市，市人民政府驻获鹿镇。由石家庄市代管。2014年撤销鹿泉市，设立石家庄市鹿泉区，区政府驻获鹿镇镇宁路6号。

鹿泉县 隋开皇十六年（596）置，属井州。治所即河北鹿泉市。《元和志》卷17获鹿县："以鹿泉在汉县南，因为县。"大业初废。义宁初复置，属恒山郡。唐属恒州，至德元年（756）改名获鹿县。

鹿胎山 即今浙江嵊州市西北隅城隍山北支。《清一统志·绍兴府一》"剡山"条下："其南二里为之鹿胎山，县治跨其麓，宋朱子登眺其上。题曰'溪山第一'。"

鹿洞堡 在今重庆市南川区南。《方舆纪要》卷69南川县：鹿洞堡在"县南四十里"。

鹿洲 即今广东徐闻县东北新寮镇岛。《舆地纪胜》卷118雷州：鹿洲"在海康县东南百八十里海中"。《清一统志·雷州府》：鹿洲，"《通志》谓之漉洲，周五十余里。上有田地腴沃。洲旁有新苪岛"。

鹿浑谷 在今蒙古国西南鄂尔浑河上游杭爱山东麓支脉。《魏书·蠕蠕传》：北魏太平真君四年（443），世祖远征蠕蠕，"车驾至鹿浑谷，与贼将遇，吴提遁走，追至頞根河，击破之"。《北史》谓"鹿浑海之谷"。

鹿浑海 在今蒙古国西南鄂尔浑河上源哈尔和林北。《魏书·高车传》："后徙于鹿浑海西北百余里，部落强大，常与蠕蠕为敌，亦每侵盗于国家。……后太祖复度弱洛水，西行至鹿浑海。"

鹿屏山 清属玉环厅。即今浙江玉环县东海中大鹿山。

鹿起山 在今安徽舒城县南三十里。《舆地纪胜》卷45庐州：鹿起山"在舒城县东南三十里。《岳山图》跋云：昔有名僧过其下，一鹿自山出，僧因此即其地以化"。《清一统志·庐州府一》：鹿起山"上有试心台、洗剑池"。

鹿桥驿 即今河南洛宁县北旧县。《资治通鉴》：唐肃宗上元二年（761）三月，史思明被叛将执于"鹿桥驿"。胡三省注："鹿桥驿，永宁传舍也。贞观十七年尝徙永宁县于此。"

鹿柴 又作鹿寨。在今陕西蓝田县西南古辋谷。唐王维有《鹿柴》诗。《清一统志·西安府》：辋谷"在兰田县西南二十里。……唐右丞王维庄在焉"。

鹿堂山 在今四川绵竹市西北三十里。《隋书·地理志》：绵竹县有鹿堂山。《寰宇记》卷73绵竹县："鹿堂山，《李膺益州记》云：岸有隙出神泉。若诣者精志，则泉流奔涌，其信道者不笃，便清源顿竭也。"

鹿野佛图 又称鹿野苑石窟群。在今山西大同市东北平城故城西。北魏孝文帝承明元年（471）建。《魏书·释老传》载："高祖践位，显祖移御北苑崇光宫，览习玄籍。建鹿野佛图于苑中之西山，去崇光右十里，岩房禅堂，禅僧居其中焉。"《资治通鉴》卷133胡三省注："尸迦国波罗奈城东北十里许有鹿野苑，本辟支佛住此，常有野鹿，故以名苑。今……盖因代都鹿苑之旧名，附合西国鹿野之事而建此浮（佛）图也。"

鹿鲁站 又作鹿鲁吉站。元置，在今黑龙江省哈尔滨市阿城区东北蜚克图镇附近。元《析津志》天下站名："上京海哥七十（里）鹿鲁。"明改鲁路吉站。

鹿港 即今台湾省彰化县西南鹿港镇。原名鹿仔港，日本占领期间于1897年改名鹿港。清有县丞驻此。1945年抗日战争胜利后设鹿港镇。

鹿港镇 即今台湾省彰化县西南鹿港镇。原名鹿仔港。清乾隆四十九年（1784）开为商埠。日本占领期间于1897年改名鹿港。1945年抗日战争胜利后设鹿港镇。

鹿塘 在今河南永城市东南。《新唐书·康承训传》：唐咸通十年（869），康承训攻庞勋义军，庞勋将"王弘立度睢，围新兴、鹿塘"。即此。《方舆纪要》卷50永城县：鹿塘寨"在县东南"。

鹿源山 在今江西修水县西八里。《寰宇记》卷106洪州分宁县：鹿源山"与瀑布水相去一里。源上有九峰，高耸峭直，宛转回顾，势若相揖。古老相传，昔有仙人尝乘白鹿出入其间，故以为名"。

鹿溪山 在今湖北远安县西北。《舆地纪胜》卷73峡州：鹿溪山"在远安县西六里鹿苑寺之侧。山皆鹿疃。梁居士陆法和云：'着脚名山多矣，未有如鹿溪者也'，遂栖隐焉。石龛犹存"。《方舆纪要》卷78远安县"亭子山"条下："西北十里有鹿溪山，以山之奇胜得名。"

鹿寨村 即今广西鹿寨县。《清史稿·地理志》永福县：西南"鹿寨有汛。县丞驻鹿寨"。1952年于此设鹿寨县。

鹿蹄山 在今河南宜阳县东南。《山海经·中山经·中次四经》："厘山之首曰鹿蹄之山，其上多玉，其下多金。甘水出焉，而北流注于洛。"《水经·洛水注》：鹿蹄之山，"其山阴则峻绝百仞，阳则原阜隆平，甘水发于东麓，北流注于洛水也"。《隋书·地理志》：兴泰县"有鹿蹄山"。即此。

旌介遗址 在今山西灵石县东北三十里绵山南麓旌介村以西。遗址面积约20万平方米。遗址内发现仰韶、龙山文化和东周遗存，并广泛分布商至汉代墓葬。1985年发掘清理晚商墓四座，西周粮仓二座，汉墓一座。有两座商墓为少见的一椁多棺，出土铜、玉、陶、骨器一百三十八件，其中青铜礼器四十多件，多铸有"亚羌"铭文。该遗址中商墓铜器的铭文可能是一种族徽符号，反映了商代晚期与商王朝共存的北方方国的文化面貌。1996年定为全国重点文物保护单位。

旌阳山 在今江西修水县东。《寰宇记》卷106洪州分宁县：旌阳山"在县东一里。独立峻秀，烟云回泊。旌阳许君曾游，故以为名"。

旌阳县 ①三国吴置，属宜都郡。治所在今湖北枝江市北。西晋属南郡。南朝宋元嘉十八年（441）废。

②南朝梁置，属武宁郡。治所在今湖北荆门市北。后改为惠怀县。

旌阳驿　在今四川德阳市。德阳有旌阳之称。明曹学佺《蜀中名胜记》卷9德阳县：“县一名旌阳。”故以名驿。

旌孝寺　北宋皇祐元年（1049）建。在今河南伊川县西三里白虎山下。寺旁有二程（程颢、程颐）墓。

旌旗山　即今山东莱阳市北旌旗山。《方舆纪要》卷36莱阳县“七子山”条下：“旌旗山在县北三十里。形势罗列，状若旌旗。”

旌德县　唐宝应二年（763）置，属宣州。治所即今安徽旌德县（旌阳镇）。《寰宇记》卷103旌德县：“冀其邑人从此被化，故以旌德为县名。”南宋属宁国府。元属宁国路。明属宁国府。民国初属安徽芜湖道。1928年直属安徽省。

族亭湖　在今江西余干县西。《寰宇记》卷107饶州余干县：族亭湖“在县西，水路八十里。湖中流分当县及南昌县二界。按，《鄱阳记》云，后汉张遐封族亭侯，因此为名”。

旋门关　在今河南荥阳市西北汜水镇西南十里。班昭《东征赋》：“望河洛之交流兮，看成皋之旋门。”《后汉书·孝灵帝纪》：中平元年（184）三月，“置八关都尉官”，以镇压黄巾起义军。旋门为八关之一。

旋鸿池　在今内蒙古丰镇市东北东、西海子村一带。《水经·㶟水注》：旋鸿池水“水出旋鸿县东山下，水积成池，北引鱼水，水出鱼溪，南流注池。池水吐纳川流，以成巨沼，东西二里，南北四里。北对凉川城之南池”。《魏书·高宗纪》：和平三年（462）二月，“畋于崞山，遂观渔于旋鸿池”。即此。

旋鸿县　北魏置，属凉城郡。治所在今内蒙古丰镇市东北。《水经·㶟水注》：如浑水“出凉城旋鸿县西南五十余里，东流径故城南，北俗谓之独谷孤城，水亦即名焉。东合旋鸿池水”。

旋溪水　即今安徽黄山市黄山区西北青弋江上游舒溪。《水经·沔水注》：南江“又东，旋溪水注之。水出陵阳山下，径陵阳县西为旋溪水”。即此。

旋螺殿　在今四川宜宾市东北李庄镇南五里石牛山上。山石地貌造型若旋螺。殿宇屹立在巨石之上。殿高25米，进深、面阔均约8米，呈八角形，二层三檐，外围石柱八根，梁架采用抬梁支柱法，斗拱三檐各有不同，同檐各式亦大有区别。殿内顶部饰以藻井，八面均用斗拱叠架成网目状花纹，向左侧旋转，形如螺旋。此殿建于明万历二十四年（1596）。建筑结构之精，运用力学之巧，曾得到建筑学家梁思成及中外学者的高度评价，对研究我国古建筑有重要价值。2006年定为全国重点文物保护单位。

望儿原　在今甘肃灵台县西北。《方舆纪要》卷58灵台县：望儿原“在废良原县东三十里”。

望山关　明置，属松潘卫。在今四川松潘县东十里。《明史·地理志》：松潘卫东有望山关。

望川原　即今四川双流县东北之江安河。《续汉书·郡国志》广都县注引任豫《益州记》曰：“县有望川源，凿石二十里，引取郫江水灌广都田，云后汉所穿凿者。”

望子山　一名子仙山。在今四川广安市西二十五里。《舆地纪胜》卷165广安军：望子山“在军治西，即秀屏山来冈。旧传冯将军之子修炼于岳门山，一旦辞父母谓当仙去，以来晨白鹤飞翔为候。将军登此山以望之，已而果然，故得名”。《方舆纪要》卷68广安州：子仙山“一名望子山”。

望乡台（臺）　在今四川广元市南三十里。《新定九域志》卷8：利州有望乡台。唐武元衡《送柳郎中》诗：“望乡台下秦人去，学射山中杜魄哀。”即此。

望乡崖　在今贵州石阡县西百六十里。《方舆纪要》卷122石阡府：望乡崖“下亦有泉，曰望乡泉”。

望夫山　①在今江西德安县西北。《水经·江水注》：“江水东径琵琶山南，山下有琵琶湾，又东径望夫山南。”《寰宇记》卷111江州德安县：望夫山“在县西北二十里”。《舆地纪胜》卷30江州：望夫山“高一百丈。按，《方舆记》云，夫行役未回，其妻登山而望，每登山辄以藤箱盛土，积日累功，渐益高峻，故以名焉”。

②在今湖北保康县西南。《舆地纪胜》卷86房州：望夫山“在房陵县东南渡口”。《清一统志·郧阳府一》：望夫山“在房县东南二百里，接保康县界”。

③在今广东电白县东北，接阳西县界。《舆地纪胜》卷98南恩州：望夫山“在古杜陵县之西南”。《方舆纪要》卷101阳江县：望夫山“在县西百六十里。周四百余里，接电白县界。稍南为铁帽山”。《清一统志·高州府一》：望夫山“在电白县东北七十里，接肇庆府阳江县界。一名界山。山上有二峰，翠若双鬟，名丫髻石”。

④在今陕西紫阳县西南。《清一统志·兴安府一》：望夫山“在紫阳县南少西九十里，任水之滨。上有望夫石”。

望夫山堡　在今湖北保康县西南。《方舆纪要》卷79保康县：望夫山堡“在县西一百二十里。以在望夫山上而名。嘉靖中，抚臣叶照议置堡于此。……从之”。

望夫石　在今河北秦皇岛市山海关东南。《方舆纪要》卷17抚宁县“孤山”条载：“（山海）关东八里海中有望夫石，俗名姜女坟。”

望夫台（臺）　在今重庆市忠县南长江南岸。北宋苏轼《忠州望夫台》诗云：“山头孤石远亭亭，江转船回似石屏。”明曹学佺《蜀中名胜记》卷19忠州：“《通志》云：忠州南十里，有望夫台。”

望云（雲）山　在今湖南隆回县北。《清一统志·宝庆府一》：望云山“在邵阳县（今邵阳市）西北一百八十里，接新化县界。《府志》：横亘数十里，高二十里。顶有天池”。

望云（雲）关　明置，在今四川广元市北。《方舆纪要》卷68广元县：望云关“在县北五十五里。山势高耸，与云霞相望”。

望云（雲）县　辽置，属奉圣州。治所在今河北赤城县北云州乡。金属德兴府。元世祖中统四年（1263）为云州治，至元二年（1265）废。元至元二十八年（1291）复置，移治龙门镇（今赤城县西南龙关镇）。明初废。

望云（雲）岭　在今广东龙门县南三十里。《方舆纪要》卷101广州府增城县：望云岭“下有九淋水，虽天时晴霁，亦有云气覆其上”。

望水县　唐武德七年（624）置，为南龙州治。治所在今云南晋宁县南二十六里大古城。贞观十一年（637）为钩州治。天宝后废。

望气台（臺）　①亦名尹喜台。相传即尹喜故宅。在今河南灵宝市东北老城南。《史记·老子传》《索隐》引《列仙传》：“老子西游，关令尹喜望见有紫气浮关，而老子果乘青牛而过也。”后人即其处立台。《寰宇记》卷6灵宝县：尹喜台“在县南十二里”。

②在今河南延津县西南十五里。《寰宇记》卷2酸枣县：“《舆地志》云：酸枣县西，有韩王望气台。”

望龙庵　在今安徽枞阳县北二里金鸡山下。清康熙三年（1664）建。有佛殿、经房数十间。咸丰八年（1858）八月，太平天国枞阳会议在此召开。太平军著名将领忠王李秀成、吴王陈玉成等为解天京（今南京）之围，在此召开军事会议。

望平县　①西汉置，属辽东郡。治所在今辽宁新民市东南大古城子。三国魏改属玄菟郡。《水经·大辽水注》：辽水“自塞外东流，直辽东之望平县西，王莽之长说也。屈而西南流，径襄平县故城西”。西晋后废。

②北燕侨置，属建德郡。治所疑在今辽宁喀喇沁左翼蒙古自治县境。北魏太平真君八年（447）废入广都县。

③金大定二十九年（1189）升梁渔务置，属广宁府。治所在今辽宁黑山县东北古城子村。元改为望平千户所，后复为县，属广宁府路。明初废。

望田店　即今河南鄢陵县西南望田镇。明嘉靖《鄢陵县志》卷2《镇店》：“望田店，在县西南四十里。”

望仙　即今江西乐安县南望仙村。明初置巡司于此。

望仙召　唐筑。在唐长安城（今陕西西安市）中。《资治通鉴》：唐会昌三年（843）五月，“筑望仙召于禁中”。

望仙台（臺）　①西汉筑，在今河南陕县西南。《寰宇记》卷6陕州陕县：望仙台“在县西南十三里。汉文帝亲谒河上公，公即上升，故筑此台以望祭之”。

②在唐长安城（今陕西西安市）南。《资治通鉴》：唐会昌五年（845），“筑望仙台于南郊”。

望仙坡　在今广西南宁市东。《舆地纪胜》卷106邕州：望仙坡“在州东，与罗秀山对。昔有罗秀隐于此，后升仙，遂目曰望仙坡。皇祐间，狄青、余靖、孙沔平侬贼营于上。后知州陶弼即其地建堂”。

望仙泽　在今陕西周至县东南。《元和志》卷2盩厔县：望仙泽“在县东南三十五里，中有龙尾堆”。宋敏求《长安志》卷18引《周地图记》：“望仙宫南泽中有石盘龙两所，鳞甲动有云气，声如鸣钟。”

望仙桥　在今四川宜宾市东仙人场南。清嘉庆《南溪县志》卷2：望仙桥“在县南隔江七十里。以北岸有古仙人场，故名”。

望丛祠墓　在今四川郫县南。为古蜀国望帝杜宇、丛帝开明（鳖灵）的墓祠。《方舆胜览》卷51成都府：望帝祠“有墓在郫县南一里，与鳖灵墓相对”。相传杜宇“教民务农”；开明善治水，“决玉垒山以除水害”，皆有功于蜀，为后人称颂，二帝死葬于此。今陵墓高数十米，状若丘山。祠始建于北宋。清道光间重建祠宇及培修二陵，护以城垣。今祠墓内有听鹃楼、高低船坊、博浪轩等。楼亭池殿错落起伏，幽静典雅。

望汉城　唐吐蕃筑。在今四川马尔康县东部或小金县东境。《资治通鉴》：唐大历十二年（777），“西川节度使崔宁奏大破吐蕃于望汉城”。胡三省注：“吐蕃筑城于西山以望蜀，因名望汉城。”

望台（臺）　在今河北赵县。《方舆纪要》卷14赵州：“望台在州治东南，一名望汉台。《志》云：东汉初，耿纯筑此，以望光武。高七寻，延袤二百八十尺，台西有占井，即筑台时所留。”

望母台（台）　在今河南新郑市南洧水南岸。《水经·洧水注》：“（洧）水南有郑庄公望母台。庄姜恶公寤生，与段京居。段不弟，姜氏无训。庄公居夫人于城颍，誓曰：不及黄泉，无相见也。故成台以望母。”

望考亭　又作考亭。在今福建建阳市西南考亭村。《方舆胜览》卷11建宁府：“沧州精舍，朱元晦筑于考亭，以馆四方之学者。”《清一统志·建宁府》：考亭“在建阳县西南。南唐侍御史黄子稜构亭，以望其父墓，因名望考亭。宋绍熙中，朱子筑室于此。复建精舍于东，匾曰竹林，后更匾曰沧州。淳祐四年，改为考亭书院”。

望夷宫　战国秦筑，在今陕西泾阳县东南、泾水南岸余家堡东。《史记·秦始皇本纪》：二世三年（前207），“二世梦白虎啮其左骖马，杀之，心不乐，怪问占梦。卜曰：‘泾水为祟’。二世乃斋于望夷之宫，欲祠泾，沈四白马。使使责让（赵）高以盗贼事”，赵高乃使人逼令“二世自杀”。《集解》：“张晏曰：望夷宫在长陵西北长平观道东故亭处是也。临泾水作之，以望北夷。”

望曲谷 在今甘肃岷县西南。《后汉书·马防传》：建初二年（77），马防击破烧当羌于临洮，“唯布桥等二万余人在临洮西南望曲谷”。即此。

望州 唐贞观二十三年（649）置，治所在今云南禄丰县西六十六里广通镇。辖境约当今云南禄丰县西部地。天宝后废。

望州山 ①在今江苏盱眙县南。《舆地纪胜》卷44盱眙军：望州山“在盱眙县南五里五道港，此自南而望，见泗州城，因名望州山”。

②在今湖北宜都市西南。《水经·夷水注》：丹水“出西南望州山，山形竦峻，峰秀甚高。东北白岩壁立，西南小演通行。登其顶，平可有三亩许，上有故城，城中有水，登城望见一州之境，故名望州山。俗语讹，今名武钟山”。

③在今广西上思县北。《方舆纪要》卷110上思州：望州山“在州北十里。官路所经，俯瞰州治”。

望州关 明置，属涪州。在今重庆市涪陵区南十里。清彭遵泗《蜀碧》卷2：崇祯十七年（1644），张献忠义军向涪州进军，参将曾英“接战而败，退至五里望州关”。即此。

望州岭 ①在今江西南城县东。《舆地纪胜》卷35建昌军：望州岭“在南城县东二十余里。峨嵯高出岭巅，有巨石可登陟，望见临川，下瞰郡城如指掌”。

②在今广东新兴县东五里。《方舆纪要》卷101肇庆府新兴县：望州岭“高七十余仞，周十余里。登其巅，恩平、阳江、高雷之境皆见”。

望江山 在今湖北罗田县南。《方舆纪要》卷76罗田县“塔山”条下：“南十五里曰望江山。山高耸，黄州大江相去百六十里，登望如在目前。”

望江关 明置，属涪州。在今重庆市涪陵区西北长江滨。

望江县 ①隋开皇十八年（598）改义乡县置，属熙州，大业初属同安郡。治所即今安徽望江县。取举目可望江流为名。唐武德四年（621）于县置高州，寻改智州。七年（624）属严州，后属舒州。南宋属安庆府。宋末曾迁治东流县香口镇（今东至县西香口乡）。元初还旧治，属安庆路。明属安庆府。民国初属安徽安庆道。1928年直属安徽省。

②唐贞观四年（630）置，属羁縻琰州。治所在今贵州镇宁布依族苗族自治县东北。后废。

望江亭 在今江西南昌市东湖百花洲上。《新唐书·地理志》 南昌县：“南有东湖。元和三年，刺史韦丹开南塘斗门以节江水，开陂塘以溉田。”《明一统志》卷49南昌府：望江亭“在东湖。唐刺史韦丹筑南塘堤以捍潦水，因建亭”。

望江楼 清光绪十五年（1889）间建。在今四川成都市东南五里望江公园内。本名崇丽阁，取西晋左思《蜀都赋》“既丽且崇，实号成都”之义。因位在锦江西岸，俗称望江楼（相传唐女诗人薛涛旧居在此）。民国《华阳县志》卷28：崇丽阁“阁凡五级，碧瓦髹栏，觚棱壁当井干，六角塔铃四响，登高眺望，江天风物一览在目”。2006年定为全国重点文物保护单位。

望军山 在今江西广昌县西南。《方舆纪要》卷86建昌府广昌县：望军山“突兀万仞，以俯视南丰之军山而名”。《清一统志·建昌府一》：望军山“在广昌县西南四十五里。……中有石佛、狮、龟等，皆天然形肖”。

望花山镇 即今湖北麻城市南四十二里望花山村。民国《湖北通志》卷73《兵事》：清同治二年（1863）三月，捻军“屯白杲，穆正春屯望花山”。

望苍坝 亦作旺苍坝。即今四川旺苍县。1941年于此设旺苍设治局，1945年改为旺苍县。

望君楼山 在今福建建宁县西四十里。明嘉靖《邵武府志》卷2《山川》建宁县：望君楼山“峰峦秀丽，层叠如楼阁，又若人凝立而跂望者，又名圣峰山”。

望松县 西汉置，属上郡，为北部尉治。治所在今陕西延安市境内。东汉废。

望贤宫 唐开元中建。在今陕西咸阳市东五里。《资治通鉴》：唐至德元载（756），安禄山反，肃宗西幸“望贤宫”。即此。

望京馆 辽置，即今北京市城东北朝阳区孙河乡。清孙承泽《春明梦余录》卷64：“望京馆在城东北五十里孙侯村，辽建，为南北使臣宿息饯饮之所。宋王曾《上契丹事》曰，出燕京北门至望京馆。”《日下旧闻考》卷88：“今其地名孙河屯，或孙侯村之转音也，为古北口孔道。”

望建河 又名室建河、完水。指今内蒙古自治区东北之额尔古纳河及黑龙江省之黑龙江。《旧唐书·室韦传》：望建河“源出突厥东北界俱轮泊，屈曲东流，……又东流与那河、忽汗河合，又东经南黑水靺鞨之北，北黑水靺鞨之南，东流注于海”。

望春宫 隋开皇中建，在今陕西西安市东。大业初改为长乐宫。唐复曰望春宫。《新唐书·地理志》 万年县：“有南望春宫，临浐水，西岸有北望春宫，宫东有广运潭。”

望垣县 西汉置，属天水郡。治所在今甘肃天水市麦积区西北渭河南岸新阳镇。东汉属汉阳郡。西晋废。

望城山 ①在今湖南岳阳市东北。《方舆纪要》卷77岳州府临湘县：望城山在“县（治今陆城镇）南三十五里。下有泉，溉田千顷。山高峻，登之可望郡城”。

②在今贵州凯里市西北。《方舆纪要》卷121清平县：望城山在“县（今炉山镇）东二十五里”。

望城冈　①在今安徽天长市西。《方舆纪要》卷21天长县：望城冈在“县西十里。……昔时营垒处”。

②在今河南唐河县东。《清一统志·南阳府》：望城冈“在唐县（今唐河县）东二里。行者至此，城郭了然”。

望城县　1951年析湖南省长沙县西北部置，驻望城坡。因以为名。属长沙专区。1952年属湘潭专区。1959年并入长沙县。1977年复置，驻高塘岭。属长沙市。2011年撤销望城县，改为长沙市望城区，区政府驻高塘岭镇。

望树镇　即今河北盐山县东南三十里望树镇。西南有甘罗城。民国《盐山新志》卷3：甘罗城“故址在望树镇西南，傍有台云甘罗读书处。甘罗本齐人，高城本齐地”。

望奎设治局　1913年析海伦县置，属黑龙江省绥兰道。治所在双龙镇（今黑龙江省望奎县）。1917年改为望奎县。

望奎县　1917年改望奎设治局置，属黑龙江省绥兰道。治所在双龙城（今黑龙江省望奎县）。1928年直属黑龙江省。

望星关　即今四川茂县西南四十五里七星关。《新唐书·南诏传》：西川节度使高骈“戍望星、清溪等关”。

望星驿　在今四川汉源县西南晒经乡。唐樊绰《蛮书》卷1：“自西川成都府至云南蛮王府州县馆驿江岭关塞，并里程计二千七百二十里……至通望县木筤驿四十里，至望星驿四十五里，至清溪关五十里。”

望哈达卡伦　清光绪末置，属瑷珲副都统。在今黑龙江省呼玛县西北金山乡旺哈达村。后废。

望衍国　即帆延国。唐西域国名。都城在罗烂城（今阿富汗喀布尔市西巴米安）。《新唐书·西域传》：“帆延者，或曰望衍，曰梵衍那。”

望亭堰　在今江苏无锡市东南。《清一统志·常州府》：望亭堰“在无锡县东南四十里。以御常州之水，使入太湖，不为苏害”。

望亭镇　原名御亭驿，唐改为望亭。即今江苏苏州市西北望亭镇。《资治通鉴》：唐大顺元年（890），孙儒作乱，“遣刘建锋攻拔常州，杀行周，遂围苏州”。《通鉴考异》引《吴录》：“十一月，孙儒攻破望亭、无锡诸屯，遂至苏州。”又光化元年（898），钱镠将顾全武“克苏州，追败周本等于望亭”。皆此。明、清于此设巡司。

望恒县　汉望垣县，在今甘肃天水市麦积区西北渭河南岸新阳镇。《续汉书·郡国志》讹作“望恒”。

望秦驿　唐置，在今广西桂林市东北五里。唐柳宗元《桂林北望秦驿手开竹径至钓矶留待徐容州》诗云：“幽径为谁开，美人城北来。王程傥余暇，一上子陵台。”北宋改为桂林驿。

望都山　亦名孤山、都山。在今河北唐县东北十八里。《汉书·地理志》望都县注引张晏曰：“尧山在北，尧母庆都山在南，登尧山见都山，故以为名。”《续汉书·郡国志》注引《帝王世纪》：“尧封唐，尧山在北，唐水西入河，南有望都山，即尧母庆都所居，相去五十里。”

望都县　①西汉置，属中山国。治所在今河北唐县东北十四里高昌店。《水经·滱水注》：“《帝王世纪》曰：尧母庆都所居，故县目曰望都。”北魏属北平郡。北齐废隋开皇六年（586）复置，属定州，大业初废。

②唐武德四年（621）分安喜、北平二县置，属定州。初治在安险故城（在今定州市东），贞观八年（634）移治今河北望都县。北宋属中山府。金改名庆都县。清乾隆十一年（1746）复名望都县，属保定府。民国初属直隶保定道。1928年直属河北省。

③辽以定州望都县俘户置，属平州。治所在今河北卢龙县南。金大定七年（1167）改为海山县。

望恩山　在今广东廉江市南。《方舆纪要》卷104石城县：望恩山在“县南五十里。驿路绕其麓，突起三峰，形如笔架，回绕县治”。

望贼关　即今甘肃康县西北望关乡。为戍守要地。《方舆纪要》卷59阶州：望贼关“在州北百八十里，有阶州所兵戍守”。

望高山　在今山东安丘市西北二十里。《方舆纪要》卷35安丘县：望高山“山形突兀，远视高耸”。

望部　唐南诏的部名，属永昌节度。在今云南沧源佤族自治县一带。

望浙山　在今福建政和县西三十里。《方舆纪要》卷97政和县：望浙山“一名浙江。拔地摩天，常有云气蒙其上。宋绍兴初，范汝为作乱，居民多避其上。元季红巾为患，避此全活者甚众”。

望海山　①古名熊岳山。在今辽宁盖州市西南滨海处。明《辽东志》卷1：望海山在“（盖州卫）城西南三十五里”。《方舆纪要》卷37盖州卫：望海山“在卫西南三十五里，登山可以望海”。

②在今辽宁凌海市西南。明《辽东志》卷1：望海山在“（锦州）城东南十五里，可望到沧海”，故而得名。

③在今福建霞浦县西北七十里。山极高峻，上有石池，四时不涸。明嘉靖《福宁州志》卷2《山川》霞浦县：望海山，“每岁重九日，乡人多登高于此山”。

望海冈　在今广东阳江市南。《寰宇记》卷158阳江县：望海冈“在州南二里。其上见海。冈北有甘泉，风俗谓之神井”。《舆地纪胜》卷98南恩州：望海冈，“《类要》云：在州南二里。其山见海”。《方舆纪要》卷101阳江县：望海冈在“县南六里。高百仞，周四五里。为县治之案山”。

望海台（臺）　①又名武帝台。西汉武帝时置，在今河北海兴县东近海处。《水经·淇水注》：清河枝渎“浮渎又东北，径汉武帝望海台，又东注于海”。《清一统志·天津府二》“望海台”条引《旧志》称：武帝台“在盐山县东北七十里。《水经注》浮水所经，盖南台也”。

②在今山东荣成市东北。《寰宇记》卷20文登县：“望海台在县东北一百八十里。古老相传始皇在成山垒石造此望海。伏琛《齐记》云：‘始皇欲渡海，立石标之为记。’”

③南宋绍兴三年（1133）建，在今广东阳江市南。南宋胡铨《望海台》诗：“未上凌烟阁，先登望海台。”即此。《清一统志·肇庆府》：望海台“在阳江县南六里”。

望海县 ①东汉建武十九年（43）置，属交趾郡。治所在今越南北宁省北宁西北求河北岸。隋废。

②五代梁开平三年（909）吴越置，属明州。治所即今浙江宁波市东北镇海区。北宋改名定海县。

望海岭 在今广西钦州市北。《舆地纪胜》卷119钦州：望海岭“在安远县北”。《明一统志》卷82廉州府：望山岭“在钦州北一十五里，可登以望海”。

望海埚 明置，属金州卫。即今辽宁大连市东北七十里望海子。《明史·地理志》金州卫：“东南有望海埚石城，永乐七年置。”《明史·成祖纪》：永乐十七年（1419）六月，“刘江歼倭寇于望海埚”。即此。

望海顿 亦作临海镇。在今辽宁凌海市南。《资治通鉴》：隋大业八年（622）征高丽，“八月，敕运黎阳、洛阳、洛口、太原等仓谷，向望海顿”。胡注：“望海顿，当在辽西界。”

望海楼 ①宋置。在今江苏镇江市内。沈括有《望海楼》诗，米芾有《中秋登望海楼》诗。《清一统志·镇江府》：望海楼“在府治后，宋蔡襄题曰望海。后改为连沧观，米芾有诗”。

②在今浙江杭州市旧城南凤凰山上。唐白居易《杭州春望》诗：“望海楼明照晚霞，护江堤白踏晴沙。涛声夜入伍员庙，柳色春藏苏小家。”北宋苏轼亦有《望海楼晚景》诗。

望海楼教堂 亦称圣母得胜堂。在今天津市河北区狮子林桥旁。清同治八年（1869）法国天主教会建，次年6月因发生“天津教案”被群众烧毁。1897年帝国主义分子用清政府赔款重建，1900年义和团运动中又被烧毁。现存建筑为光绪三十年（1904）第三次重建，1983年重修。1988年定为全国重点文物保护单位。

望海墩 在今江苏常熟市西北虞山最高处。其巅有石柱并列，相传有齐女墓在此。《吴越春秋》卷4：吴王太子娶齐女，女少思齐，日夜号泣，并曰：“令死者有知，必葬我于虞山之巅，以望齐国。”阖闾伤之，正如其言，乃葬虞山之巅。

望海镇 唐元和十四年（819）置，即今浙江宁波市东北镇海区。《资治通鉴》：唐咸通元年（860），“（郑）祗德遣子将沈君纵、副将张公署、望海镇将李珪将新卒五百击裘甫”。五代时吴越改名静海镇。

望诸 泽薮名，即孟诸。在今河南商丘市东北、虞城县西北。春秋属宋。战国属齐。《史记·乐毅列传》：“赵封乐毅于观津，号曰望诸君。”《索隐》：“望诸，泽名，在齐。盖赵有之，故号焉。”唐时泽面周五十里。金、元后堙废。

望陵台（臺） 又名铜雀台。在今河北临漳县西南三台村。东汉建安十五年（210）曹操筑。唐岑参《登古邺城》诗：“城隅南对望陵台，漳水东流不复回。”

望喜镇 北宋置，属昭化县。在今四川广元市西南昭化镇南五里。唐于此置望喜驿。唐元稹有《望喜驿》诗。

望厦村 在今澳门。《清一统志·广州府》：望厦村“在香山县东南一百四十六里澳门地方。夷人聚居，为海洋扼要之区。本朝乾隆八年移县丞驻此”。1844年美国专使顾顿强迫清两广总督耆英在此签订《望厦条约》（即《中美五口贸易章程》）。

望鲁镇 清置，属曹县。即今山东曹县东南望鲁集。

望湖亭 在今江西永修县东北吴城镇。《清史稿·地理志》：新建县有“望湖亭”。

望湖楼 又名看经楼。五代吴越王钱镠建，在今浙江杭州市钱塘门外西湖边。北宋苏轼有《六月二十七日望湖楼醉书》诗。

望楚山 又名马鞍山、楚山。在今湖北襄阳市襄城区西南。《水经·沔水注》：鸭湖“在马鞍山东北，武陵王爱其峰秀，改曰望楚山”。《寰宇记》卷145襄阳县：望楚山“在县南三里。鲍至《南雍州记》：凡三名，一名马鞍山，又名灾山。宋元嘉中，武陵王骏为刺史，屡登陟焉。因其旧名以望见鄢城，改为望楚山”。

望楼港 在今海南省乐东黎族自治县西南望楼河口望楼港。明正德《琼台志》卷6崖州：望楼港“在州（治今崖城镇）西八十里。水自抱里村岭下，流经望楼村入海。番国贡船泊此”。

望嵩楼 在今河南汝州市城内。唐刘禹锡《送廖参谋东游》诗：“望嵩楼上勿相见，看过花开花落村。”

望溪镇 北宋置，属渠江县。在今四川渠县南七十里望溪场。

望瑶堡 北宋置，属延安府。即今陕西子长县驻地瓦窑堡镇。

望蔡县 西晋太康元年（280）改上蔡县置，属豫章郡。治所即今江西上高县。《寰宇记》卷106引顾野王《舆地志》：“太康元年，以上蔡人思本土，改为望蔡县。”隋开皇九年（589）省入建城县。唐武德五年（622）复置，属靖州。八年复废，并入高安县。

望韶亭 在今广东韶关市东。北宋向子湮有《减字木兰花·登望韶亭》词。

望德城　在今云南剑川县南三里向湖村。《方舆纪要》卷117剑川州：望德城“在州南三里。周五百丈，段氏所筑。今为民居，名水寨村”。

〔丶丨〕

惜溪砦　北宋置，属新化县。即今湖南新化县西南七十里水车镇西北锡溪村。

㥦山　亦作狭山。在今河北大名县北十五里。《元和志》卷16贵乡县：“成帝时河决金堤，河堤使者王延世募人塞之，盖运土塞河之处，以其㥦当人情，故谓之㥦山。”又《资治通鉴》：唐建中三年（782），朱滔、王武俊拒朝命，救田悦于魏州，引兵“营于㥦山”。朔方节度使李怀光“遂击滔于㥦山之西”。即此。

惟水　即潍水，亦即今山东境内潍河。在今潍坊、昌邑二市东。《汉书·地理志》引《禹贡》作“惟、甾其道”。“惟”即潍水，“甾”即淄水。

惟扬　即维扬。又作维阳。今江苏扬州市或扬州府的别称。取《尚书·禹贡》：“淮海惟扬州”中之二字为名。唐岑参《万里桥》诗：“成都与维阳，相去万里地。”宋费兖《梁溪漫志》：“古今称扬州为惟扬。”南宋宝祐《惟扬志》、明嘉靖《惟扬志》，均为扬州地方志。“惟”通“维”，故又作维扬。

惟塔噶珊　亦作惟他。在今俄罗斯哈巴罗夫斯克边疆区黑龙江下游西岸。清初属宁古塔将军。康熙《皇舆全览图》：黑龙江下游有“惟他噶山”。后属三姓副都统。咸丰年间通过不平等的中俄《瑷珲条约》被俄割占。

惊川州　唐开元后置羁縻州，属雅州都督府。治所在今四川康定县境。北宋属雅州。后废。

惊矶山　在今湖北武汉市武昌区东。《寰宇记》卷112江夏县：惊矶山“在县东九十里，西南俯临大江，下有石矶，波涛迅急，商旅惊骇，故以为名”。

惊雷山　即擎雷山。在今广东雷州市南。《寰宇记》卷169雷州海康县：惊雷山“在县南八里。雷震破成山”。

㦎县　即㠣县。在今山东龙口市东南。《续汉书·郡国志》、《魏书·地形志》皆作㦎县。

阇员县　唐武德五年（622）置，属智州。治所在今越南河静省河静以南。贞观元年（627）废。

阇婆国　古国名。在今印度尼西亚爪哇岛或苏门答腊岛，或兼称此二岛。首见于《太平御览》卷787引《元嘉起居注》，作阇婆洲。《宋书·夷蛮传》作阇婆婆达。《高僧传·求那跋摩传》作阇婆。公元5世纪中期以后，同中国有经济、文化交流关系。

阇黎江　亦作阇梨江。即今越南中部广平省之日丽河。《隋书·刘方传》：方任驩州道行军总管，经略林邑，“大业元年正月，军至海口。林邑王梵志遣兵守险，方击走之。师次阇黎江，贼据南岸立栅，方盛陈旗帜，击金鼓，贼惧而溃”。即此。

阇鄽驿　元世祖至元二十三年（1286）置，在今新疆且末县西南。《元史·世祖纪》：“立罗不、怯台、阇鄽、斡端等驿。”

阊门　又名破楚门。春秋阖闾时吴国都城门名。即今江苏苏州市旧城西北门。《吴越春秋》卷4：“阊门者，以象天门通阊阖风也。……阖闾欲西破楚，楚在西北，故立阊门以通天气，因复名之破楚门。”

阊门县　即昌门县。在今安徽祁门县西。《寰宇记》卷104祁门县：“本名阊门，著于秦汉之代。县有巨石夹流水两相对，其状如门，故号阊门焉。东北又有涌流，其山左右云峰削成，其中坦陆周回数顷。唐永泰元年，土人方清作乱，屯石埭城，故取其城置邑，因权立阊门县，其城拒险作固，以为守备。”

阊门滩　在今安徽祁门县西南南宁河上。《新唐书·地理志》祁门县：“西南十三里有阊门滩，善覆舟。旻开斗门以平其隘，号路公溪。后斗门废。”《寰宇记》卷104祁门县：阊门滩“在县西南一十里。夹滩两岸有大坛石，连至中流，对涌相向，号为阊门。怪石丛峙，迅川奔注，溪险石蹙，跳波激射，摧舻碎舳，商旅经此，十败七八”。

阊吾陆谷　在今新疆吉木萨尔县西北。《后汉书·西域传》：“阳嘉三年夏，车师后部司马率加特奴等千五百人，掩击北匈奴于阊吾陆谷，坏其庐落，斩数百级，获单于母、季母及妇女数百人，牛羊十余万头，车千余辆，兵器什物甚众。”

阊阖门　汉晋洛阳城西北门，在今河南洛阳市东北。《晋书·石勒载记下》：咸和三年（328），石勒率军攻刘曜，“勒躬贯甲胄，出自阊阖，夹击之。曜军大溃，石堪执曜”。

阌山　一作闅山。在今河南灵宝市西。《明一统志》卷29河南府：阌山“在阌乡县西南六十里。县以是得名”。

阌乡　在今河南灵宝市西北文底。《汉书·戾太子传》：“以湖阌乡邪里聚为戾园。”注：“孟康曰：阌，古闅字，从门中旻。建安中，正作阌。”《续汉·郡国志》：湖县“有闅乡”。《水经·河水注》：“玉涧水又北径阌乡城西……魏尚书仆射阌乡侯河东卫伯儒之故邑也。”

阌乡水　又名玉涧水。即今河南灵宝市西双桥河。《水经·河水注》：玉涧水“南出玉溪，北流径皇天原西，……又北径阌乡城西，……世谓之阌乡水也”。

阌乡县　隋开皇十六年（596）置，属陕州。治所在今河南灵宝市西北双桥河入黄河口处东岸文底。大业三年（607）属河南郡。唐属虢州。北宋太平兴国三年（978）属陕州。明初移治故湖城县城（今灵宝市西北阳平河东岸）。清属陕州直隶州。民国初属河南河洛道。1927 年直属河南省。1954 年并入灵宝县。

阌乡郡　北周明帝二年（558）置，治所在湖县阌乡（今河南灵宝市西北双桥河入黄河处东岸文底）。隋开皇三年（583）废。

阌底镇　在今河南灵宝市西北，双桥河入黄河处东岸。隋至元阌乡县治此。

阎水　在今江西安福县东。《明一统志》卷 56 吉安府：阎水“在安福县东三十里。源出阎岭，流入王江口”。

阎公城　在今湖北麻城市东。《清一统志·黄州府一》：阎公城“在麻城县东阎家河畔。相传为阎伯瑱故里”。

阎仓城　在今河南西华县东北。《寰宇记》卷 10 西华县：“阎仓城在县东北三十里。”魏筑城置仓于此，因名。

阎各庄　即今河北乐亭县西南三十里阎各庄镇。《方舆纪要》卷 17 乐亭县：阎各庄堡为“民堡”。

阎村店　在今河北成安县东北十八里阎村，北临肥乡县。清设堡。《清一统志·广平府二》“郭方堡”条下：阎村堡“在（成安）县东北十八里”。

阎村遗址　在今河南汝州市东南二十五里阎村东，黄涧河西岸台地上。南北长 250 米，东西宽 100 米。文化层厚 1—3 米。为仰韶文化村落遗址。出土遗物有陶缸、尖底器、罐、红陶钵、三足盆、釜形鼎、陶碗及打制石斧、石铲、骨针等。东部为墓葬区，葬具多为陶缸。其中有一件彩绘陶缸高 47 厘米，口径 32.7 厘米，底径 19.5 厘米，腹部一侧绘原始彩画“鹳鱼石斧图”。图高 37 厘米，宽 44 厘米，为我国迄今最大的原始彩陶画，是绘画史上罕见的珍品。

阎良镇　即阎梁镇。今为陕西西安市东北阎良区。

阎浆水　又称神断水、豪水。即今安徽寿县南陡涧河。《水经·肥水注》：“肥水又北，右合阎涧水。……洛水出焉。阎浆水注之。”

阎家口寨　北宋置，属牟平县。在今山东乳山市西北阎家夼。

阎家务　在今山东庆云县东北三十六里。《清一统志·天津府三》谓此地有冶剑营，“相传元海运时冶铁处，亦曰铁匠营”。

阎家河　①在今湖北麻城市东。《方舆纪要》卷 76 麻城县：阎家河“在县东五里。源出河南固始县石门山，下流亦入县前河”。

②即今湖北麻城市东北十八里阎家河镇。民国《湖北通志》卷 73《兵事》：清同治二年（1863）七月，苏克金击捻军于“阎家河”。

阎家河市　即今湖北麻城市东阎家河镇。《清一统志·黄州府二》：阎家河市“在麻城县东十五里。相传唐阎伯玙故里”。

阎家堡　在今河北宣化县西南阎家村。《方舆纪要》卷 18 万全都司：“阎家堡在（宣府）卫西南四十五里，亦戍守处。”

阎梁镇　亦作阎良镇。即今陕西西安市东北阎良区。旧属临潼县。《清一统志·西安府三》“栎阳镇”条下：“又阎梁镇，在（临潼）县北七十里清水北岸。”

阎韩镇　东、西魏、北周军镇。在今河南渑池县境。《周书·梁椿传》：西魏大统十三年（547），“别攻阎韩镇，斩其镇城徐卫。城主卜贵洛率军士千人降”。

阎精堡　一名阔精堡。北宋熙宁八年（1075）置，属河州。在今甘肃临夏市西南十五里。金废。

阎寨　在今河南襄城县北。《方舆纪要》卷 47 襄城县：“《志》曰，县北四十里有阎寨。即古阎乡。旧传周襄王屯戍之所。”

阎摩那洲国　或即耶婆提之异译。指今印度尼西亚爪哇岛或苏门答腊岛，或兼指此二岛。见《大唐西域记》卷 10“三摩呾吒”条。

阎疃镇　即今河北巨鹿县东北二十六里阎疃镇。清同治《畿辅通志》卷 51 巨鹿县图：东北有阎疃。光绪《巨鹿县志》卷 2 寨堡：东有阎疃镇。

阏与　战国韩邑，后属赵。在今山西和顺县西北。一说在今河北武安市西南五十里。《史记·赵世家》：赵惠文王二十九年（前 270），“秦韩相攻，而围阏与。赵使赵奢将，击秦，大破秦军阏与下”。《水经·清漳水注》：梁榆城，“即阏与故城也。秦伐赵阏与，惠文王使赵奢救之，奢纳许历之说，破秦于阏与，谓此也”。

阐　春秋时鲁邑。在今山东宁阳县西北。《春秋》：哀公八年（前 487），“齐人取讙及阐”。杜注：“阐在东平刚县北。”《汉书·地理志》泰山郡刚县下注：“故阐。莽曰柔。应劭曰：《春秋》‘秋取鄆及阐’，今阐亭是也。”《公羊传》作僤。

阐县　即阑县。治所在今四川越西县北新民镇古城。《续汉书·郡国志》作阐县。东晋常璩《华阳国志·蜀志》：阐县“故邛人邑，治邛部城”。阐为阑之讹。

阐熙郡　北魏太和十二年（488）置，属夏州。治所在山鹿县（今陕西靖边县西南）。辖境相当今陕西靖边、定边、吴旗三县地。隋开皇三年（583）废。

〔丶丿〕

着泥寨　明置，属洮州卫。即今甘肃卓尼县。

着紫山　在今湖北宜都市东南枝城镇南。《方舆纪要》卷 78 枝江县：着紫山“在县南五里。下有饮马池。先主初入蜀于此息马更衣，爱其林木秀丽，建景帝祠于山。《志》云，山下有县治故址。宋迁县于下沱市，即其地也”。

羚羊峡　一作零羊峡。又名高要峡、高峡山。在今广东肇庆市东北。《元和志》卷34端州高要县：羚羊峡“在县东。水行三十里。吴步骘为交州刺史，兴军取南海，衡毅、钱博等领兵逆之，战于峡口，毅、博等军败，投水死者千余人，即此处也”。《明一统志·肇庆府》：高峡山“相传山有羊化石，因名羚羊峡”。

羚羊洞 在今云南建水县西南。《方舆纪要》卷115纳楼茶甸长官司：“羚羊洞在司（治今县西南官厅）北。中产矿炼银。其高耸处，有羚羊飞石层积，人不可到。”

羚羊渠 在今宁夏中卫市南。《明一统志》卷37宁夏中卫：羚羊渠“在卫城南40里，溉田三百八十余顷”。

羚羊堡 即宣和堡。今宁夏中卫市东南宣和镇。《方舆纪要》卷62宁夏中卫“五百户堡”条下：“又羚羊堡，在卫南六十里。正统元年建。”

羚羊礁 在南海中中国西沙群岛西部，金银岛东3.5海里。为永乐环礁中一近三角形的环形小珊瑚礁。中国渔民向称筐仔、筐仔峙。1935年和1947年公布名称为羚羊礁。郑资约《南海诸岛地理志略》载：羚羊礁“礁之北端距甘泉岛半浬，礁南北长达三浬，宽二浬。在其东南极端，一部已干露出水面，且有一砂岛”。

盖 战国时齐邑。在今山东沂源县东南盖冶。《孟子·公孙丑下》：“王使盖大夫王驩为辅行。”注：“盖，齐下邑也。”当时应为盖县。

盖山 在今安徽黄山市黄山区西五十里，舒溪西岸，西接石台县界。《隋书·地理志》：泾县“有盖山”。《元和志》卷28泾县：盖山“在县西南八十里（《舆地纪胜》引作二百八十里）。下有舒姑泉，昔舒氏女化为鱼于此泉，闻弦歌声，则有双鲤涌出”。《舆地纪胜》卷22池州：盖山“在石埭，远望如盖”。

盖马大山 即今朝鲜东北部的狼林山脉。《三国志·魏书·东沃沮传》：“东沃沮在高句丽盖马大山之东，滨大海而居。”

盖水 今内蒙古呼伦贝尔市海拉尔区和鄂温克族自治旗南之伊敏河，为海拉尔河支流。《魏书·失室传》：“路出和龙北千余里。……又北行十日至啜水，又北行三日有盖水。”

盖玉 即今四川白玉县南盖玉乡。民国《白玉县志》路道：“南路出城，沿白玉河路道平坦，经盖玉大吉七十里至沙玛宿，地方沃野。”

盖平县 清康熙三年（1664）置，属奉天府。治所即今辽宁盖州市。民国属奉天辽沈道，1929年直属辽宁省。1965年改名盖县。1992年改设盖州市。

盖仙山 即今福建浦城县北浮盖山。《舆地纪胜》卷129建州《景物下》：盖仙山“一名浮盖山。在浦城县北九十里，上有仙坛、石洞，可以窥天”。

盖朱城 又作该朱城、讲朱城。西夏置，属卓啰和南军司。在今甘肃永登县南庄浪河畔。

盖竹 即今福建建阳县东盖竹。《三国志·吴书·贺齐传》：建安八年（203），“吴五六千户别屯大潭，邹临六千户别屯盖竹，同出馀干”。《资治通鉴》：五代晋齐王开运元年（944），南唐将查文徽击建州，“自建阳进屯盖竹”，皆指此。

盖竹山 在今浙江临海市东南。《寰宇记》卷98临海县：盖竹山“在县东三十一里。高九百丈，周回一百里。《抱朴子》云：余山不可合神丹、金液，有山精木魅，多坏入药，唯有大小台华山、少室、盖竹等山，一作可成”。

盖竹水 松溪支流。在今浙江庆元县西。《方舆纪要》卷94庆元县“松源水”条：“又有盖竹水，出县西七十里凤山，有交剑水流合焉，又东经石壁山西，下流入闽之松溪。”

盖州 ①唐武德元年（618）置，治所在高平县（今山西高平市）。六年（623）移治晋城县（今山西晋城市）。辖境相当今山西晋城市、高平市及陵川县地。贞观元年（627）废。

②唐贞观八年（634）改西唐州置，属松州都督府。治所在今四川若尔盖县西北境。宋徙治茂州（在今茂县境）。后废。

③金明昌六年（1195）改辰州置，属辽阳府。治所在建安县（今辽宁盖州市）。《金史·地理志》盖州：“取盖葛牟为名。”辖境相当今辽宁大石桥市以南瓦房店市以北及盖州市和岫岩满族自治县一带地。蒙古升为盖州路，至元六年（1269）复降为州，属辽阳路。辖境较金略大。明洪武二十八年（1395）废。

盖州卫 明洪武九年（1376）置，属辽东都司。治所即今辽宁盖州市。清初废。

盖州市 1992年撤销辽宁省盖县，改设盖州市，市人民政府驻长征街。由营口市代管。

盖州路 蒙古升盖州置，治所在建安县（今辽宁盖州市）。元世祖至元六年（1269）复为盖州。

盖阳县 一名葛阳县。北魏置，为修阳郡治。在今河南西峡县北。北周废。

盖牟州 唐置羁縻州，属安东都护府。治所在盖牟城（今辽宁抚顺市劳动公园内古城）。后废。

盖牟城 高句丽置，在今辽宁抚顺市劳动公园内古城。《旧唐书·韦挺传》：贞观十九年（645）征高丽，唐军“破盖牟城，诏挺统兵士镇盖牟”。即此。

盖苏屯 即今辽宁海城市西北耿庄镇。相传唐时高丽大将盖苏文曾居此，故名。

盖县 战国时置，属齐国。治所在今山东沂源县东南盖冶。西汉属泰山郡。东汉永平二年（59）割属琅邪国。章帝时仍属泰山郡。西晋属东莞郡，元康元年（291）析置东安郡治此。北齐废。

盖里泊 又作界里泺。即今内蒙古太仆寺旗南巴彦查干诺尔。《金史·地理志》抚州丰利县有盖里泊。《长春真人西游记》：“（十一日）北度野狐岭，……北过抚州（今河北张北县）；十五日，东北过盖里泊，尽丘垤咸卤地。"

盖城县 唐武德元年（618）置，属盖州。治所在今山西陵川县西南附城镇盖城村。贞观九年（635）废入晋城县。

盖野沟 在今山东桓台县西北。《水经·瓠子河注》：盖野沟"源导延乡城东北，平地出泉，西北径延乡城北……西北流世谓之盖野沟"。

盖藏城 即姑臧城。今甘肃武威市。《旧唐书·地理志》凉州姑臧县："所理，秦月氏戎所处。匈奴本名盖藏城，语讹为姑臧城。"

蒹阳（蒹 xī） 在今河南内黄县西南。《后汉书·光武纪》：建武二年（26）八月，"幸内黄，大破五校于蒹阳"。《续汉书·郡国志》魏郡内黄县："有蒹阳聚。"

粘八葛部 又作粘拔恩部。辽北境部族，属西北路招讨司。当即蒙元史料所载之乃蛮部。其地在杭爱山以西至阿尔泰山地区。辽道宗大安八年（1092）北阻卜起兵反辽，粘八葛部亦从叛，至寿昌三年（1097），其酋长秃骨撒向西北路招讨使耶律斡特剌归降，"请复故地，仍贡方物"。辽亡，耶律大石走避西北路招讨司，集诸属图兴复，此部亦从之。其后服属西辽，至金大定中（1161—1189），始脱离西辽，归附金朝，金封其酋长为大王。后分裂为二，东部太阳罕（即大王罕之讹）于1204年被蒙古部铁木真击灭，西部不欲鲁罕也于1206年亡于蒙古，太阳罕子屈出律率余部奔西辽，篡夺了西辽帝位，1218年被蒙古攻灭。

粘拔恩 一作粘八葛。即乃蛮。金属国。在今阿尔泰山一带，西至鄂毕河上源及额尔齐斯河上游。《金史·世宗纪》：大定十五年（1175）七月，"粘拔恩与所部康里孛古等内附"。

粗朴寺 亦作楚布寺、磋朴寺。南宋淳熙十四年（1187）建。在今西藏堆龙德庆县南郊。为藏传佛教噶举噶派玛噶举支派之祖寺。

粗鲁海图河 即楚尔海图河。在今俄罗斯境多萨图伊东南注入额尔古纳河处。清西清《黑龙江外纪》卷5：每岁黑龙江成协领率官兵巡查中俄边界，至"楚尔海图……案楚尔海图即粗鲁海图，有墨河，山出金矿"。

苠冷县 即麊泠县。西汉占领瓯雒地区后置，属交趾，为都尉治（一说为交州及交趾郡初置时治所）。治所在今越南永福省安朗县西夏雷村。东汉建武十六年（40），其县雒将之女徵侧、徵贰姊妹自立为王，建都于此。三国吴孙皓后，为新昌郡治。南朝宋、齐时废。《水经·叶榆水》作"苠冷县"。

断山泉 在今湖南临湘市南。《方舆纪要》卷77岳州府临湘县：断山泉在"县（治今岳阳市东北陆城镇）南八十里。泉泻断崖之间，灌田百余顷"。

断冈口 在今湖北石首市东。《方舆纪要》卷78石首县：断冈口"在县东三十里。《志》云，宋杨么作乱，凿断山冈，以通舟楫"。

断石村 在今安徽休宁县西夹源水入横江口。宋淳熙《新安志》卷4休宁县《古迹》："断石村在县西三里。旧名吴口村。西南有石壁下临深溪。《祥符经》云：昔两舟泊此潭，一祭一否，夜半有神人徙祭者之舟于北岸，有石五丈自壁而坠，碎其一舟。其坠处，今为石室。因名断石村。"《清一统志·徽州府一》：断石村"悬崖绝壁，巨石坠下如台状。宋治平中，知县事吕大防书'断石'二字于上，今称落星台"。

断机（機）堂 在今山东邹城市南门外，为孟子故居。元元贞初建堂。孟母断机教子即此处。

断杉汛 即今贵州惠水县西南八十一里断杉镇。清有千总驻防。

断洪堤（隄） 在今江西九江市西。《新唐书·地理志》江州浔阳县："西有断洪堤，会昌二年刺史张又新筑，以窒水害。"

断桥 在今浙江杭州市西湖白堤东端。周密《武林旧事》卷5：断桥"又名段家桥。万柳如云，望如裙带"。明田汝成《西湖游览志》卷2："本名宝祐桥，唐时呼为断桥。"唐张祜《题杭州孤山寺》："断桥荒鲜涩"，即此。"断桥残雪"为西湖十景之一。

断蛇丘 在今湖北随州市西北。《续汉书·郡国志》：南阳郡随县"西有断蛇丘"。《水经·涢水注》：溠水"侧有断蛇丘。随侯出而见大蛇中断，因举而药之，故谓之断蛇丘。后蛇衔明珠报德，世谓之随侯珠"。

断梁城 又名断道。在今山西沁县东南四十里虒亭岭村。《水经·浊漳水注》：铜鞮水"又东径故城北，城在山阜之上，下临岫壑，东、西、北三面，阻袤二里，世谓之断梁城，即故县之上虒亭也"。

断密涧 在今河南灵宝市东南。相传盛彦师斩李密于此。故名。然据新、旧《唐书·李密传》，李密被斩处当在今河南嵩县南邢公岘。

断道 春秋晋地。即断梁城。故址在今山西沁县东南四十里虒亭岭村。《春秋》：宣公十七年（前592），"公会晋侯、卫侯、曹伯、邾子，同盟于断道"。或以为断道当在今河南济源市西南。

断藤峡 即今广西桂平市西北大藤峡。《明史·王守仁传》：嘉靖年间，率军镇压断藤峡瑶民起义，"断藤峡瑶'贼'，上连八寨，下通仙台、花相诸洞蛮，盘亘三百余里。……伺'贼'不备，进破牛肠、六寺等十余寨，峡'贼'悉平"。

剪刀峰 在今重庆市巫溪县北二十四里前河乡大宁河岸。《舆地纪胜》卷181大宁监：石柱山"所望剪刀峰与道士峰相连，皆奇观也"。《方舆纪要》卷69大宁县"石柱山"条下："北八里曰剪刀峰，以两峰对峙，形如剪刀也。"剪刀峰为大宁河所切割，形成长9公里，宽100米，高800米之剪刀峡。景点有九层楼、金菩萨、牛肝马肺、青狮白象等，兼有"黄山、桂林秀色"之誉。

在今四川雅江县西尖子湾山附近。为打箭炉（今康定县）入藏南路驿站之一。清乾隆《卫藏通志》卷4：麻盖中“四十里上大雪山，至剪子湾，有塘铺。山颇陡险，亦有瘴气。下山，复盘折登山，四十里过波浪工塘汛”。

兽窟山　在今江苏镇江市南郊。《元和志》卷25润州丹徒县：“兽窟山，一名招隐山，在县西南九里。即隐士戴颙之所居也。”《寰宇记》卷89丹徒县：“招隐山在县西南七里。梁昭明太子曾游此山读书，因名招隐山。今石案古迹犹存，见有虎跑泉及玉芯树，唐李德裕在任作记碑存。”现为市南郊著名风景区。

剪子湾　**烽火**　即今福建霞浦县东北烽火岛。见于清《海国闻见录》。

烽火山　在今湖北武汉市青山区东部。《隋书·地理志》江夏郡江夏县：“有烽火山。”《舆地纪胜》卷66郢州：烽火山“在江夏东北四十里。高十五丈。《梁典》云：武帝征齐，顿军于此，举烽火相应，故名”。

烽火门水寨　即今福建霞浦县东松山。明正统九年（1444）由三沙堡移此。清设烽火镇市。

烽火台（臺）　在今河南内黄县北四里。《方舆纪要》卷16内黄县：烽火台“高二丈许。宋咸平中，契丹入寇大名。杨延朗军内黄以御之，筑台于此”。

烽火角　即今广东台山市南，大同河入海处。《清一统志·广州府一》：泥涌河（今大同河）“源出百峰山，西南至广海卫烽火角入海”。

烽火镇市　清置，属霞浦县。即今福建霞浦县东松山。

烽台（臺）山　亦名柏山。在今辽宁朝阳县南。《清一统志·承德府一》：柏山“亦名烽台山。山有十六峰，盘郁四十余里。山顶有辽安州城废基，断井颓垣，犹可辨识，山半有辽买岩寺旧址，乾统八年耶律劭碑尚存”。

烽燧山　在今陕西勉县西。《方舆纪要》卷56沔县：烽燧山“昔尝置烽燧于山上”。

〔丶丶〕

减水河　①在今河北沧县南。《方舆纪要》卷13沧州：减水河在“州南十五里。西接卫河，东达于海。宏治中开，以备卫河之泛滥。既以去海尚远，涨水往往由此决入田间，大为民患，乃复塞之”。

②在今山东邹平县西北。《明史·地理志》济南府齐东县：“东有减水河，成化元年开浚，泄小清河涨溢入大清河。”《方舆纪要》卷31齐东县：“减水河在县东二里。明朝成化间开浚，自西南引白云湖流经薛家渡口，由马家洼入大清河。《志》云：马家洼近小清河，与白云湖相接，一遇水潦，湖水即通小清河，而弥漫于马家洼，民田多被其患，因凿渠以泄之大清河，而洿池变为膏腴矣。”俗名干河。

盗泉　在今山东泗水县东北。《文选·乐府下·猛虎行》注引《尸子》曰：孔子“过于盗泉，渴矣而不饮，恶其名也”。《水经·洙水注》：盗泉“出卞城东北卞山之阴”。《清一统志·兖州府二》引《县志》曰：“县境之泉凡八十有七，惟盗泉不流，余皆汇为泗河。”

清　①又名清原。春秋时晋地。在今山西稷山县东南。《左传》：宣公十三年（前596），“秋，赤狄伐晋，及清”。杜预注：“清，一名清原。”

②春秋时齐地。在今山东济南市长清区东南。《左传》：哀公十一年（前484），“国书、高无邳帅师伐我，及清”。杜注：“齐地，济北卢县东有清亭。”《方舆纪要》卷31称“以清水所经而名”。

③春秋时卫地。在今山东东阿县西南。《春秋》：隐公四年（前719），“夏，公及宋公遇于清”。杜注“清，卫邑。济北东阿县有清亭”。

④春秋时齐邑。在今山东聊城市西。《左传》：成公十七年（前574），齐“使国胜告难于晋，待命于清”。即此。

⑤春秋时郑邑。在今河南中牟县西。《诗经·郑风·清人》：“清人在彭。”即此。

清人城　一名清阳亭。在今河南中牟县西。《水经·渠水注》：清池水“出清阳亭西南平地，东北流径清阳亭南，东流即故清人城也”。唐曾置清池县于此。

清弋江　即今安徽南部长江支流青弋江。《明史·地理志》宣城县：“西有清弋江，西北至芜湖县入江。”

清口　①即泗口。又名淮泗口、清河口。古泗水入淮之口。《汉书·地理志》、《水经·济水》云：泗水至睢陵县（今江苏盱眙县西北）南入淮。郦注以为在角城（今江苏淮安市淮阴区西南）入淮。因泗水一名清水，故名。泗水为中原水运要道，清口扼南北交通咽喉，为历代战争要地。《陈书·吴明彻传》：太建九年（577）北伐，至吕梁，“周遣上大将军王轨将兵救之。轨轻行自清水入淮口，横流竖木，以铁锁贯车轮，遏断船路……明彻仍自决其堰，乘水势以退军，冀其获济。及至清口，水势渐微，舟舰并不得渡，众军皆溃，明彻穷蹙，乃就执”。又《资治通鉴》：唐乾宁四年（897），朱全忠举兵击杨行密，遣将庞师古领徐、宿、宋、滑七万之兵“营于清口”，皆此。金、元后，黄河夺淮入泗，清口遂为河防要地。明、清时成为黄河、淮水交会之处。

②即古汶水入济之口，在今山东梁山县东南。以下济水即通称清水。《水经·济水篇》：济水“又东北过寿张县西界安民亭南，汶水从东北来注入”。郦道元注：“济水又北，汶水注之，戴延之所谓清口也。”《资治通鉴》：南朝宋元嘉二十七年（450），萧斌“使王玄谟戍碻磝，申坦、垣护之据清口”。即

此。

③明清时指淮水入黄河之口为清口。在今江苏淮安市淮阴区西南马头镇西北。因淮水经洪泽湖沉淀后水流较黄河之水清而得名。后因黄淮交会处变迁，清口亦随之移位。明万历以前清口只起冲刷黄流的作用，万历后江淮运河北口先与淮河相会，然后经清口与黄河相会，清口不仅为黄淮交会之所，也是粮运咽喉之地，为南北漕运重地。

清川千户所 即青川守御千户所。明洪武四年（1371）置，治所即今四川青川县西南青溪镇。

清川县 唐天宝元年（742）改马盘县置，属江油郡。治所在今四川青川县西南青溪镇。乾元初属龙州。南宋端平三年（1236）废。元初复置，至元二十二年（1285）废入龙州。明洪武四年（1371）改为青川守御千户所。

清川堡 金置，属葭州。在今陕西佳县北七十里。后废。

清乡县 西魏改郑县置，属顺阳郡。治所在今河南淅川县东南。隋开皇初改为顺阳县。

清丰（豐）县 唐大历七年（772）析顿丘、昌乐二县地置，属澶州。治所在清丰店（今河南清丰县西）。《旧唐书·地理志》：“以县界有孝子张清丰门阙，魏州田承嗣请为县名。”北宋庆历四年（1044）徙治德清军（今清丰县西北十八里古城乡）。元丰时徙今清丰县。金属开州。明属大名府。民国初属河北大名道。1928 年直属河北省。1949 年改属平原省。1952 年划归河南省。

清水 ①即今山西中阳县东南川河。《方舆纪要》卷 42 永宁州宁乡县：清水在“县南三十五里。北流经州西南十里，合东川水入黄河”。

②黄河支流。即今山西垣曲县南亳清河。源于今山西闻喜县东，东南流经垣曲县南入黄河。《水经·河水注》：“清水出清廉山之西岭，世亦谓之清营山。其水东南流，……径阳壶城东，即垣县之壶丘亭。……清水又东南流注于河。”

③即流经今江苏徐州市铜山区东南之古泗水。《陈书·吴明彻传》：太建十年（578）“明彻军至吕梁，周徐州总管梁士彦率众拒战，明彻频破之，因退兵守城，不敢复出。明彻仍迮清水以灌其城，环列舟舰于城下，攻之甚急。周遣上大将军王轨将兵救之。轨轻行自清水入淮口，横流竖木，以铁锁贯车轮，遏断船路”。

④今安徽长江南岸支流青弋江。《汉书·地理志》丹阳郡宛陵县：“清水，西北至芜湖入江。”

⑤泗水的别名。一作清泗。源于今山东泗水县东蒙山南麓。《水经·泗水注》：“清水即泗水之别名。”《宋书·索虏传》：南朝宋元嘉二十七年（450），魏师南下，“遣楚王树洛真（拓跋建）、南康侯杜道儁进军清西，至萧城，步尼公进军清东，至留城”。“清”即清水。又《资治通鉴》：南朝宋泰始三年（467），“遣中领军沈攸之等击彭城（今江苏徐州市），攸之以为清泗方涸，粮运不继，固执以为不可”。皆此。宋以后称清河，一名南清河。

⑥济水自巨野泽北纳汶水以下的别称。《资治通鉴》：东晋太和四年（369），桓温伐燕，“温使冠军将军毛虎生凿巨野三百里，引汶水会于清水”。胡注引杜佑曰：“济水，因王莽末渠涸不复截河过，今东平、济南、淄川、北海界中有水流入海，谓之清河，实菏泽、汶水合流，亦曰济河。”宋后通称清河，一名北清河。

⑦上游即今河南卫辉市以上的卫河。《水经·清水》：“出河内修武县（今河南获嘉县）之北。”汉、魏前在今淇县（朝歌镇）南入黄河。《后汉书·袁绍传》注引《英雄记》：“绍在朝歌清水口”，即此水入河口。西晋后改道东会淇水入白沟。隋后自今新乡市以下成为永济渠的一部分，清水之名渐废。

⑧又名牛饮水。即今四川双流县北十里之江安河。《寰宇记》卷 72 双流县：“清水在县北十里。改名牛饮水。”

⑨亦作清水江。即今四川巴中市西恩阳河。《隋书·地理志》：清化县有“清水”。《寰宇记》卷 139 清化县：清水“北自地平县来，南流经木门城东，又南经县理”。《方舆纪要》卷 68 巴州：清水江“在州西九十里。《志》云：源出广元南境通平镇。历废清化县，又东经废恩阳县，至州南合于巴江”。

⑩亦名叠江、清江河。即今重庆市开县东北之东河，为小江（开江）东支流。《水经·江水注》：清水“源出西北巴渠县东北巴岭南僚中，即巴渠水也。西南流至其县，又西入峡，檀井溪水出焉。又西出峡，至汉丰县东，而西注彭溪，谓之清水口”。《寰宇记》卷 137 开州万岁县：清水“源出县东北石塔山，西南流经石门山，又西南流经巴渠故城东，又西南流经县东二里，又西南入开江县界”。《清一统志·夔州府一》：清水，“《旧志》：清水在开县东北五十里。源出界顶山，南流五十里至县东南，入开江”。

⑪今四川旺苍县东之白水河、恩阳河。为渠江支流巴河上源之一。《隋书·地理志》：清水县有清水。《寰宇记》卷 139 清化县：清水“北自地平县来，南流经木门城东，又南经县理”。

⑫一名去斤水。北魏以来称今陕西省北部延河为清水。源出安塞县西北芦关岭，东南流经延安市东，又东径延长县东南入黄河。《水经·河水注》：“《山海经》西次四经之首曰阴山……北百七十里，曰申山……区水出焉，而东流注于河。世谓之清水。”《元和志》卷 3 肤施县：“清水，俗名去斤水，北自金明县界流入。《地理志》谓之清水。”明以后改称延河。

⑬一名秦川。即今甘肃清水县之汤浴河、牛头河。源出张家川回族自治县东汤峪，西南流至清水县城北，又西南流纳后川河（古名秦水），至天水市东入渭水。《水经·渭水注》：“（清）水导源东北陇

山，二源俱发西南，出陇口合成一水，西南流历细野峡，径清池谷，又径清水县故城东，……其水西南合东亭川，自下亦通谓之清水矣。”

清水山 ①即今陕西商洛市北安山。《水经·丹水注》：清池水“水源东北出清池山，西南流入于丹水”。《水经注疏》：“会贞按：今商州北五十五里有安山，此水所出，谓之荆水。”

②在今贵州开阳县东清水江旁。《方舆纪要》卷121贵阳府“石门山”条下：清水山“下临清水江。两岸壁立，水深莫测”。

清水川 ①即今内蒙古准格尔旗西南、陕西府谷县西北之清水川，为黄河小支流。《清一统志·榆林府一》：清水川“在府谷县北五十里。自西北沙漠界流入，径清水堡，过欢喜梁，折而东流，又东南注于河。边方士骑，赖以汲饮”。

②在今陕西府谷县北。《方舆纪要》卷57府谷县：清水川在“县北十五里。自沙漠界来，东流注于河。边方骑士赖以给饮。成化中，王复请称府谷堡于芭州旧城，边城卢祥言芭州城水泉枯涸，清水川正当冲要，水草可资，可立城堡，即此”。

清水川戍 南北朝时吐谷浑置，当在今青海循化撒拉族自治县东清水河注入黄河处附近。《水经·河水注》：“段国《沙州记》：吐谷浑于河上作桥，谓之河厉……甚严饰。桥在清水川东也。”

清水关 ①在今陕西延川县东南黄河西岸。《清一统志·延安府二》“永临关”条下：清水关“在（延川）县东南一百二十里清水口，皆东临黄河，路通山西隰州永和县”。

②在今云南保山市西北。明置巡司于此。清废。

清水江 ①即今广西武鸣县中部武鸣河。源出马山县古零乡，南流经武鸣县，西流入隆安县境，注入右江。《方舆纪要》卷111思恩府：清水江“在府北。东南流，城中有通津水、桥利水俱流合焉，下流会于大榄江”。

②即今广西上林县之清水河。《清一统志·思恩府》：清水江“一名北江。源出古零土司界，东流入上林县，至章光岭与南江合，经县北，又东入迁江县界，为清水江，经县南折北，流至县东北入红水江”。

③亦名清水、黄沙江、青川江。即今四川广元市西南白龙江支流下寺河。《水经·漾水注》：小剑水“东北流径其（小剑）戍下入清水，清水又东南注白水”。《方舆纪要》卷68昭化县：清水江“在县西北二十里。自青川千户所东流入县境，至县北合白水江。又东南流合嘉陵江。其水清涟滢碧，因名”。

④在今贵州锦屏县南。《方舆纪要》卷121五开卫：清水江“在卫西南。即新化江也。江水清深，旁皆乱石丛箐，为生苗巢穴，可通竹木牌筏，至靖州之远口堡”。至湖南黔阳县西南黔城与沅水合，东流为沅江。

⑤上游为南明河，出贵州长顺县东北境，北流径贵阳至开阳县东北合乌江。明郭子章《黔记》卷8：“（贵阳）东一百五十里有清江水（《清一统志》引作‘清水江’），其水甚清洌，岸峰壁立，崎岖难行，乖西、巴乡诸部苗佬倚此为险。”明天启二年（1622）水西安邦彦反，围贵阳，抚臣王三善分兵由此驰救。

清水县 ①西汉置，属天水郡。治所在今甘肃清水县西北十五里。明郭子章《郡县释名》陕西卷下：清水县“以清水在县境”为名。东汉废。西晋复置，属略阳郡。北魏为清水郡治。隋大业初属天水郡。唐属秦州。宝应元年（762）地入吐蕃。建中四年（783）唐与吐蕃会盟于此，史称“清水之盟”。大中二年收复故地。五代唐长兴元年（930）移治上邽（今甘肃天水市）。北宋初复还旧治，后又移治今清水县。清初属巩昌府，雍正七年（1729）还属秦州。民国初属甘肃渭川道。1927年直属甘肃省。

②唐武德二年（619）置，属临州。治所在今重庆市垫江县东北三十余里。天宝元年（742）改为桂溪县。

③北宋改万岁县置，属开州。治所在今重庆市开县东北温泉镇北县坝。《元丰九域志》卷8：万岁县有“清水”，县以此名。元废。古县遗址尚存。

清水谷 即鬼谷。在今陕西三原县西北。《寰宇记》卷31三原县：清水谷“一名鬼谷。昔苏、张师事鬼谷先生学，即此谷也”。

清水沟 ①在今贵州长顺县南代化镇。《方舆纪要》卷121金筑安抚司：清水沟在“（大华长官）司西一里。相近又有龙塘”。

②在今甘肃合水县东北。《方舆纪要》卷57合水县：清水沟“在县治（今老城镇）南。源出县西田家里，南流入合水”。

清水陂 在今陕西西安市临潼区西南十里。《方舆纪要》卷53临潼县：清水陂“多水族之利”。

清水坪 一作青树坪。即今湖南双峰县西南三十八里青树坪镇。旧属湘乡县。清光绪《湖南通志》卷1湘乡县图：县西南有清水坪。

清水岩 ①原名张岩。在今福建安溪县西北二十里蓬莱山上。寺建于北宋元丰六年（1083），相传是清水祖师陈普足圆寂前所建。此后多次维修、重建。现有岩宇依山面壑，作楼阁式，外观呈“帝”字形。分昊天口、祖师殿、释迦楼三层。东西两侧有檀樾厅、观音厅、芳名厅等，均为元明清构筑。殿后宋建真空塔，为清水祖师埋骨地。

②在今江西修水县东北二十里。《明一统志》卷49南昌府：清水岩“南岩有石室，北岩多兰蕙。黄庭坚云，清水岩号为天下胜处”。

清水河 ①亦名清河。在今北京市门头沟区西北，为永定河支流。源于门头沟西江水河村之泉，东南经齐家庄，折东经清水、斋堂，东北于青白口注入永定河。明沈榜《宛署杂记》：清水河“在县西一百一十里大台村，入浑河”。

②即古宁川水。源出今河北崇礼县北，西南流至张家口市南入洋河。《清一统志·宣化府二》：清水河“发源张家口外，二派分流，其东北有水，自独石口外西南流合焉，南流入边，经张家口堡东北五里，又南至宣化县西界入洋河”。

③在今山西岚县东。《方舆纪要》卷40岚县：“清水河在县东。源出县北四十里双松山，流经过静乐县之楼烦镇，入于汾水。”

④即燕完水。在今山西吉县南。《方舆纪要》卷41吉州“黄河”条下：“清水河在州北，流入大河。”

⑤在今山西五台县东北。《明史·地理志》：五台县东北“有清水河，东北流，合虒阳河，南入于滹沱”。

⑥古名树颓水。即今内蒙古清水河县南之清水河。

⑦源出今河南太康县东南，东南流经鹿邑县西，至安徽亳州市西南，绝宋塘河复东，为十字河，又东注入涡。《清一统志·颍州府》：清水河“在亳州西南十五里。东北流入涡河”。今清水河为西肥河上源。

⑧在今河南鹿邑县西南。《清一统志·归德府一》：清水河“在鹿邑县西南二十里。《县志》：清水河上受涡水之津于太康之马厂，东经鹿邑故城北，又东入于九龙口。……自九龙口屈而南流，径凤凰岭西，……东经横岭店北，又东南径汲水集北，又东南至半坡堌堆，入江南淝河”。

⑨在今云南保山市北二十里。《方舆纪要》卷118永昌府保山县：清水河，“《志》云：河有二源，一出府北阿隆村，一出甘松坡下，合流至潞江城，东北折而东合凤溪、郎义河，又经府城东南，合沙河诸水入峡口洞”。

⑩即今甘肃榆中县东之清水河（苑川河）。《方舆纪要》卷60金县“小龛河”条下：“又有清水河，在县东三十五里。”《清一统志·兰州府一》谓清水河“北流合浩河入河”。

⑪古名高平川、苦水、蔚茹水、葫芦河。即今宁夏南部清水河。源出六盘山北麓，西北流至中宁县西入黄河。长303公里。《宋史·夏国传》：崇宁五年（1106），秦凤经略刘仲武将兵五万出会州，会刘法军讨西夏，“仲武至清水河，筑城屯守而还”。《明一统志》卷37宁夏卫：清水河“在卫城南三百五十里故鸣沙州城南，即古葫芦河也。河流甚狭，自平凉界来，注入黄河”。

清水河子　一名特伯尔古。即今新疆和硕县。《清一统志·喀喇沙尔》：特伯勒古“在喀喇沙尔城东八十里、塔噶尔齐西十五里，逾奇尔归图河至其地，有小城。东自乌沙克塔勒，察罕通格、楚辉至此，得四城，皆居喀喇沙尔城东”。民国《新疆大记补编》卷3焉耆县：“清水河，城东九十里。”1950年和硕县迁治于此。

清水河县　1912年改清水河直隶厅置，属山西省。治所即今内蒙古清水河县。1914年划归绥远特别区绥远道。1928年属绥远省。1954年划归内蒙古自治区。

清水河直隶厅　清乾隆二十五年（1760）置，属山西省。治所即今内蒙古清水河县。1912年改清水河县。

清水河城　即瞻德城。在今新疆霍城县西北清水河镇。清祁韵士《西陲要略》卷2：瞻德城“在惠远城西北七十里。地名察罕乌苏，俗呼清水河”。

清水河段明长城遗址　在今内蒙古清水河县与山西偏关县和朔州市平鲁区交界处。全长150公里。始建于明洪武二十九年（1396），直至明末。现存主要建筑包括长城主体、敌楼、火墩台、烽火台、烽燧等。清水河长城以砖石包芯结构为主，重要的关险、隘口、城墙、敌楼均为砖石砌筑。这段长城在建筑设计和修筑上体现了明代的建筑技艺，反映了这一时期政治、军事、地理历史状况。2001年长城清水河段被定为全国重点文物保护单位。

清水河镇　即今安徽芜湖县西北四十里清水镇。民国《芜湖县志》云：清水河镇“即《旧志》杨青市，在县东二十里清水河口。自万顷湖开垦后，逐渐繁盛”。《芜湖县地名录》：清水镇“因地处青弋江、水阳江汇合口，清浊分明，故名”。为古中江转折点。

清水泊　在今山东广饶县东北四十里，接寿光县界。淄水、女水、北阳水俱汇于此，即古巨定湖。元于钦《齐乘》卷2：巨淀“水泽名，县因氏焉，即今乐安（广饶）东北清水泊也”。

清水驿　①明置，属北胜州。在今云南永胜县南清水。

②明置，即今甘肃榆中县东三十里清水驿乡。

清水郡　北魏和平五年（464）置，属秦州。治所在清水县（今甘肃清水县西北十五里）。辖境相当今甘肃清水县及天水市东部地。隋开皇初废。

清水营　即今陕西府谷县北六十里清水乡。《方舆纪要》卷61榆林镇：清水营“明成化五年，立营屯兵，为镇境东路要口”。

清水营堡　明正统七年（1442）筑，属灵州守御千户所。即今宁夏灵武市东北清水营。《方舆纪要》卷62灵州守御千户所：清水营“在所东八十里。……《五边考》：套寇犯灵州，必由清水营入。清水营者，灵州之咽喉也，特设重兵戍守。隆庆五年，以西番顺命，设马市于此”。后废。

清水铺　即今贵州毕节市东北清水铺镇。清乾隆《毕节县志》卷1：正东有清水铺。

清水铺场　即今四川仁寿县西北七十里清水镇。清光绪《补纂仁寿县志》卷1：东北顺河乡五甲有清水铺。

清水堡　①在今湖南沅陵县西二百五十里。《方舆纪要》卷81沅陵县：清水堡“永乐初建，有营垒房屋，设官兵戍守”。

②即今陕西府谷县北六十里清水乡。《清一统志·榆林府二》：清水堡“明成化中置，城在山坡，周三里有奇，边垣长三十二里。今设把总分防”。《方舆纪要》卷61作清水营。

③明初置，属肃州卫。即今甘肃酒泉市东南清水镇。万历中改属镇夷所。清初设守备，后改都司。

清水港　即今河南正阳县南清水河。《方舆纪要》卷50真阳县：清水港在“县南四十里。源出确山县之横山。县南二十五里有闾河，亦出确山县界。县南诸小水，俱附二河东流入于淮”。

清水湾　在今安徽黄山市黄山区西北广阳村南。《元史·吉星传》：至正十二年（1352），吉星“复石埭诸县，贼复来攻，命王惟恭列陈当之，锋始交，出小舰从旁横击，大破走之，进据清水弯”。即此。

清水塘　在今贵州惠水县南五里。《方舆纪要》卷121定番州：清水塘“水清不涸，溉田数百亩”。

清水源　亦名马塔儿海子。在今内蒙古苏尼特左旗东南廷克木音高毕（泊）一带。明金幼孜《北征录》：永乐八年（1410），朱棣北征，三月“二十九日午次清水源，有盐池，盐色或青或白，军士皆采食。三十日驻跸清水源，去营六七里，地忽出泉。予与光大往观，至则泉溢数亩，人马饮之俱足”。

清水溪　①即今四川南充市东北螺溪河。《方舆纪要》卷68顺庆府南充县：清水溪“在府城东，居民借以灌溉”。《清一统志·顺庆府一》：清水溪“在南充县东。源出请雨山，西北流十五里，至县东北入嘉陵江”。

②即今四川马边、沐川、犍为县境之马边河。《方舆纪要》卷72犍为县：沐源川，“今县南有清水溪，源出马湖界，流入境，下流至孝女渡入江，曰清溪口，即故沐源川矣”。

清水溪镇　即清溪场。今四川犍为县西南二十里清溪镇。

清水滩　在今湖北巴东县西长江中。《方舆纪要》卷78巴东县“横梁滩”条下：清水滩“在县西十里。江中迅急，触而为旋，舟行不戒，必至覆溺。县境诸滩，此其险者”。

清水墟　即今广东连州市西北清水镇。清光绪《广东舆地全图》：连州西北有清水墟。

清水镇　①北宋置，属慎县。在今安徽肥东县北八十里清水桥。《舆地纪胜》卷45庐州：清水镇“在梁县北六十里。自镇至州九十里。开禧用兵濠州，寄治于此，统制周用实兼知州事”。

②北宋置，属冠氏县。即今山东冠县东北四十里清水镇。唐置清水县于此。

③在今河南南乐县东。《方舆纪要》卷16南乐县：清水镇“宋人引河出此，入于二股渠，所谓清水镇河也。其后河流涨溢，镇亦堙废”。

④即今甘肃榆中县东清水驿乡。《清一统志·兰州府二》：清水驿“在金县东三十里清水镇。其地有城堡，明置驿于此”。

清水潭　在今江苏高邮市北运河之东。《方舆纪要》卷23高邮州：“清水潭在州北二十里。其地低洼，当下流之冲。”

清水潭镇　在今江苏高邮市北。清嘉庆《高邮州志》卷1：清水潭“在州治北二十里运河堤旁，地势低洼，当河、淮下流之中，屡筑屡决。康熙三十五年改建石工，始为完固”。镇在清水潭口。

清化水　①即今广东始兴县南清化河。《方舆纪要》卷102始兴县：清化水“在县南百二十里。源出翁源县界，东北流，至县东合于朔水”。

②即今陕西延安市潘龙川。《寰宇记》卷36延州丰林县：“清化水在县东北四十五里，出自嘉泉，东流入濯筋河。”嘉庆《延安府志》卷16：“清化河在肤施县东四十里，上流即潘陵川，在安定县南八十里。发源鸦鸽岭，南流为清化河入延水。”

清化州　明永乐五年（1407）属清化府。治所在俄乐县（今越南清化省寿春县一带。一说即今峨山县）。辖境相当今越南清化省寿春、玉乐县地。宣德二年（1427）以后入安南。

清化县　①隋开皇七年（587）改伏强县置，属巴州。治所在今四川旺苍县东南木门镇。大业初属清化郡。唐武德元年（618）于县置静州。六年（623）移州治地平县。贞观元年（627）县治南移二十里。在今南江县西南。十七年（643）属巴州。天宝初属清化郡。乾元初复属巴州。北宋咸平二年（999）属集州。熙宁五年（1072）废入化成县。

②唐贞观四年（630）置，属羁縻可州。治所在今四川若尔盖县东境。后废。

清化径（逕）　即今广东始兴县南司前镇。明洪武十五年（1382）置巡司于此。

清化府　明永乐五年（1407）属交趾布政司。治所在古藤县（今越南清化省弘化）。辖境相当今越南中部清化省地。宣德二年（1427）以后地入安南。

清化郡　①隋大业三年（607）改巴州置，治所在化成县（今四川巴中市）。辖境相当今四川巴中、平昌、通江等县地。唐武德元年（618）复为巴州。天宝元年（742）复改清化郡。乾元元年（758）又改为巴州。

②唐天宝元年（742）改施州置，治所在清江县（今湖北恩施市）。辖境相当今湖北西南部五峰、建始等县以西地。乾元元年（758）复改施州。

清化镇　①又名清华镇。唐置，即今江西婺源县西北清华镇。开元间曾为婺源县治。天祐中婺源县徙治弦高镇（今婺源县），此地为清化镇。

②北宋置，属光泽县。在今福建光泽县西六十里。《元丰九域志》卷9邵武军光泽县有清化镇。

③北宋置，属河内县。即今河南博爱县（清化

镇）。明设税大使。清设通判。1913 年属沁阳县，设县佐。1927 年为博爱县治所。

④北宋置，属澧阳县。在今湖南津市市南。明洪武十五年（1382）置清化驿。清改置巡司。

清风台（臺） 在今陕西宝鸡市南六十里。《清一统志·凤翔府一》：清风台，“元邱处机所筑，西倚飞云壁，南临潄玉溪，为一邑最胜处”。

清风关 ①即今陕西镇安县南青铜关。《舆地纪胜》卷 189 金州：洵阳县有青风关。《清一统志·兴安府二》引《旧志》：“清风关在洵阳县北一百五十里，接镇安县界，即青风之讹也。俗又名青铜关。”

②亦名清风阁。即今陕西凤县东北凤州镇北星村。《清一统志·汉中府》：清风阁“在凤县东一百里。今一名北星。唐僖宗曾驻跸于此。山险林密，盗贼出没。明嘉靖八年设巡司，今裁”。

清风岭 在今浙江嵊州市北。《方舆纪要》卷 92 绍兴府嵊县：清风岭在“县北四十里。岩石峻险，下瞰剡溪。旧多枫木，名青枫岭，后易枫曰风”。

清风店 ①即今河北定州市北三十里清风店镇。明于此设巡司。1947 年 10 月 21 日，晋察冀野战军将国民党第三军主力包围在此，激战至 22 日，将敌军全部歼灭。清风店战役共歼敌二万一千余人。

②在今河北易县西南。《方舆纪要》卷 12 易州：清风店，“（明）正统十四年瓦剌也先薄都城，败遁。伯颜帖木儿复奉上皇出紫荆关，石亨蹑之于清风店，大败之”。即此。

清风泾 在今浙江嘉善县东北二十四里。《明史·地理志》嘉善县：“东北有清风泾。”《方舆纪要》卷 91：“清风泾亦曰白牛塘。”

清风亭 在今安徽当涂县城北。唐李白有《陪族叔当涂宰游化城寺升公清风亭》诗。

清风阁 在今陕西凤县东北。明于此设巡司戍守。清废。

清风桥 在今云南大理市（下关）南。《清一统志·云南府》：清风桥“跨海尾，长十五丈。一名黑龙桥。郡境桥梁，此为第一”。

清风铺 即今福建南平市东南下清风。《方舆纪要》卷 97 延平府南平县：清风铺“在府东南九十里。又十里为武步铺。正统末，官军追败邓茂七余党于武步及清风铺，复截其舟二百于水口驿，通福州道是也”。

清世县 隋开皇十六年（596）置，属介州。治所在今山西平遥县东南二十里东青村。大业初废。

清石洞 在今湖南桂东县南七十里。《方舆纪要》卷 82 桂东县：清石洞“有石桥长百余丈，非人力所创，名曰仙女桥”。

清石津 在今甘肃兰州市西固区河口乡附近的黄河上。《资治通鉴》：东晋太元元年（376），前秦灭前凉，遣梁熙“济自清石津，攻凉骁烈将军梁济于河会城”。

清平山 亦作青平山。又名青山。在今江苏盱眙县西南八十五里。《舆地纪胜》卷 44 盱眙军：青平山“在招信县东南二十五里。绍兴三十一年刘泽保聚于此，敌不敢近。其后嘉定末年，武统制败敌于此”。

清平卫 明洪武二十三年（1390）置，属贵州都司。治所即今贵州凯里市西北炉山镇。清康熙十一年（1672）废。

清平长官司 明洪武二十二年（1389）置，属平越卫。治所即今贵州凯里市西北炉山镇。弘治七年（1494）改为清平县。

清平关 ①北宋元符二年（1099）于之字平筑关，属环州。在今甘肃环县西北六十五里。金废。

②在今四川高县东北。《明史·四川土司二》：洪武六年（1373），成都卫指挥袁洪讨筠连州滕大寨蛮编张，“引兵至叙州庆符县，攻破清平关，擒伪千户李文质等”。即此。

清平军 ①北宋景德三年（1006）以章丘县置，属济南府。治所在今山东章丘市北章丘旧城（绣惠镇）。熙宁三年（1070）废。

②北宋大观元年（1107）置，治所在终南县（今陕西周至县东终南镇）。金废。

清平县 ①隋开皇十六年（596）改贝丘县置，属清河郡。治所在今山东临清市东南康庄南。隋大业末废。唐武德四年（621）复置，属博州。北宋初属大名府。元丰中河决，徙治明灵砦（今高唐县西南清平）。元属德州。明属东昌府。民国初属山东东临道。1925 年属德临道。1928 年直属山东省。1956 年撤销，并入高唐、临清二县。

②明弘治七年（1494）改清平长官司置，属麻哈州。治所即今贵州凯里市西北炉山镇。后改属独山州。清康熙七年（1668）省入麻哈州。十一年（1672）复置，属都匀府。1914 年改名炉山县。

清平驿 明洪武十九年（1386）改翁霾驿置，属平越卫。在今贵州凯里市西北炉山镇南一里。

清平砦 ①北宋政和二年（1112）置，属祥州。在今四川高县东北。宣和三年（1121）属长宁军。元废。

②北宋崇宁三年（1104）改溪兰宗堡置，属西宁州。在今青海湟中县东南。后废。

清平堡 ①明于宋清平关故址置，在今甘肃环县西北六十五里。《清一统志·庆阳府二》：清平关“明置清平堡，嘉靖中移庆阳中路游击驻此”。

②在今陕西靖边县东北。《清一统志·榆林府二》：清平堡“旧名砖营儿。明成化初，巡抚王锐置，城在山原，周三里八十步，门二，为极冲中地。本朝初设守备。乾隆四十六年裁，有经制外委分防”。

③在今陕西横山县西南。1934—1937 年西北革命根据地置横山县治此。

清平墟 即今广东廉江市西青平镇。明万历《高州府志》卷 1：石城县有青平墟。清光绪《高州府志》

卷10石城县：青平墟在“县西百一十里”。

清平镇 ①北宋初置，属盩厔县。即今陕西周至县东终南镇。大观元年（1107）升为清平军。

②元应昌县。在今内蒙古克什克腾旗西达里诺尔西南四里。明杨荣《北征记》：永乐二十二年（1424）五月，“丙申次清平镇，即元之应昌路”。

③即今重庆市江津区南一百五十里笋溪河东岸清平镇。明置巡司于此。

清东陵 在今河北遵化市马兰峪西。是清廷定都北京后在京东的皇室陵墓群，因称东陵。有孝陵（顺治）、景陵（康熙）、裕陵（乾隆）、定陵（咸丰）、惠陵（同治）五座帝陵以及慈禧等后妃、公主陵。是我国现存规模最大、建筑体系完整的皇室陵寝。1961年定为全国重点文物保护单位。2000年定为世界文化遗产，列入《世界遗产名录》

清丘 ①春秋卫地。在今河南濮阳县东南。《春秋》：宣公十二年（前597），“晋人、宋人、卫人、曹人同盟于清丘”。杜注：“清丘，卫地。在今濮阳县东南。”

②在今河南淮阳县东北。《寰宇记》卷10宛丘县：“清丘在县东北五十里。高二丈五尺。古老传云：汉淮阳王常登此丘游望，闻汉中有清丘，故遥取为名。”

清丘县 ①即清阴县。北魏置，在今河南正阳县南。

②隋开皇十八年（598）改许昌县置，属汝阴郡。治所在今安徽阜阳市东南口孜镇北古城孜。《方舆纪要》卷21颍州：清丘城，“《志》云：城在颍水北岸，旁有清丘，因名”。唐贞观元年（627）废。

清白江 在今四川成都平原北部。《明一统志》卷67成都府：清白江“在新繁县北一十里。宋赵抃过此，尝曰：吾志如此江清白，虽万类混淆，其中不少浊也，因名”。《清一统志·成都府一》：清白江“自灌县南分沱江东流，径崇宁县北，又东经彭县南、新繁县北，又东径新都、金堂二县北，至汉州东南，折南流，与雒水、沱水合，入简州界。自彭县以西，俗名渡船河；彭县以东，曰清白江。自金堂县以下曰中江，即古湔水也”。

清宁郡 即南诏会川都督府。治所在今四川会理县。《元史·地理志》会川路：“天宝末没于南诏，立会川都督府，又号清宁郡。”

清宁都督府 唐置，为党项羁縻府，属灵州都督府。其地当在今宁夏黄河两岸地。后废。

清边县 唐置，属茂州。治所在今四川茂县西北。开元后废。

清边城 唐建，属静州。在今四川茂县西北。开元时为静州治。《寰宇记》卷81静州：“开元时理在清边县，在今郡南六十里清边故城是也。”

清边寨 北宋置，属绥德军。在今陕西米脂县东北。元废。

清发（發）水 在今湖北安陆市境。《左传》：定公四年（前506），吴败楚于柏举，“吴从楚师，及清发”。杜预注：“清发，水名。”《水经·涢水》在引《春秋·左传》定公四年的记载之后称：“盖涢水兼清水之目矣。”杨守敬《水经注疏》按：“《元和志》、《寰宇记》并云，涢水故清发水。”

清台（臺） 即灵台。西汉成帝时筑。在今陕西西安市西阿房宫南。本名清台，后改名灵台。《三辅黄图》卷5：“汉灵台，在长安西北八里。汉始曰清台，本为候者观阴阳天文之变，更名曰灵台。郭延生《述征记》曰：‘长安宫南有灵台，高十五仞，上有浑仪，张衡所制。……又有铜表，高八尺，长一丈三尺，广尺二寸，题云太初四年造。’”

清西陵 在今河北易县西三十里永宁山下，是继清东陵之后在京城附近修建的另一皇室陵墓群。雍正八年（1730）选定易州（今易县）永宁山下太平峪为陵址，翌年兴建泰陵。乾隆朝诏定父子不葬一地之制，相间在上述二陵分葬，自此，清皇室陵墓遂有东西陵之分。西陵有泰陵（雍正）、昌陵（嘉庆）、慕陵（道光）、崇陵（光绪）四帝陵及后妃、王公、公主陵寝等。泰陵是西陵的中心，其余诸陵分别在东西两侧，建筑形制除慕陵、崇陵无圣德神功碑、石像生、石雕等外，大体相同，唯慕陵无明楼、宝城等建筑，形制特殊。1961年定为全国重点文物保护单位。2000年定为世界文化遗产，列入《世界遗产名录》。

清夷水 即今北京市延庆县之妫河。《水经·㶟水注》：清夷水“亦谓之沧河也。水出长亭南，西径北城村故城北……又西北径阴莫亭，在居庸县南十里”。又云，“又西径沮阳故城北……又屈径其城西南注于㶟水”。

清夷军 唐垂拱中置，在今河北怀来县东南旧怀来（已没入官厅水库）。以城南有清夷水而名。长安二年（702）为妫州怀来县治。后废。

清尘河 亦作清澄河。即兀古儿扎河。今蒙古国东方省之乌勒吉河。《明太宗实录》：永乐八年（1410）征鞑靼，五月“戊寅，车驾至兀古儿扎，虏果先遁，乃驻兵河上，赐兀古儿扎河名清尘河。夜倍道追虏”。

清华大学早期建筑 在今北京市海淀区清华大学校园内。始建于1909年，1936年竣工。1911年竣工的新校门是仿文艺复兴券柱式大门，一院为德国古典式大楼，二院为前附木柱廊行列式平房；1914年竣工的图书馆、科学馆、体育馆和大礼堂均采用当时美国流行的校园建筑风格；1936年建筑与前期建筑风格一致，采用美国近代折中式的校园建筑风格，其特点是砖混结构，外形对称，比例适度，立面三段式划分，利用清水砖墙面砌出线脚。建筑整体保存较好，使主校园区仍保留近代校园的典雅风格。2001年定为全国重点文物保护单位。

清华园 ①在今北京市城西北清华大学内。清初名熙春园，咸丰年间改名清华园。1908年为游美学务处。1911年改名清华学堂，后又扩建圈入万春园和长春园的西南隅。1928 年改名清华大学。

②在今北京市城西北海淀。明武清侯李伟所建。又名李园。清《日下旧闻考》卷 79 引《燕都游览志》："武清侯别业额曰清华园，广十里，园中牡丹多异种，以绿蝴蝶为最，开时足称花海。西北水中起高楼五楹，楼上复起一台，俯瞰玉泉诸山。"清康熙年间改建为畅春园。故址在今海淀大街北口低地。

清州　①唐置，为羁縻州。治所在今贵州清镇市西南。宋以后废。

②北宋置，治所在今河北玉田县境。寻废。《三朝北盟会编》卷 23 载蔡絛《北征纪实》曰："本朝与辽人文移皆在两界对境，谓之关报。金人灭辽，河东代州如故事，而燕山府即玉田县筑一州，曰清州，以对平州，相与通使人之正路也。"即此。

③北宋大观二年（1108）改乾宁军置，治所在乾宁县（金改名会川县，即今河北青县）。辖境相当今河北青县、天津市静海县等地。蒙古太宗二年（1230）改为清宁府，七年（1235）复称清州。明洪武八年（1375）改为青县。

④辽置，属东京道黄龙府。治所在今吉林农安县东。金废。

清江　①即今江西樟树市南之赣江。《舆地纪胜》卷 34 临江军：清江"发源于清江县"。《方舆纪要》卷 87 临江府清江县：清江"在府城（今临江镇）南，即赣、袁二江之合流也。赣水自吉安府吉水县流经峡江、新淦二县，而北至府南十里万石洲南，西会于袁水"。

②又名夷水、盐水。在今湖北省西南部。为长江支流。源出湖北利川市西部齐岳山东麓，东流至枝城市北注入长江。《水经·夷水注》："夷水即佷山清江也。水色清照十丈分沙石。蜀人见其澄清，因名清江。"《明一统志》卷 62 荆州府：清江"在长阳县南。一名夷水。源出旧施州开蛮界，经建始县境流入本县，至宜都县入大江，以其流独清而不混，因名清江"。

③在今广西横县东十里。《舆地纪胜》卷 113 横州：清江"在宁浦东十五里。有嘉鱼穴"。《方舆纪要》卷 110 横州：清江"源出州北，经六幺山下。又南有从化水流合焉，注入郁江"。

④在今广西玉林市西北。《方舆纪要》卷 108 兴业县：清江"在县西南九里。亦在葵山"。

⑤即㵲水。在今贵州岑巩县东。《方舆纪要》卷 122 思州府：清江"经镇远府境，曰镇阳江。流至府西三十里，曰住溪，以众水所潴也。又东经城南，曰架溪。至府东三十里，曰平溪。流入湖广沅州境，注于沅江"。

清江口镇　一名清江嘴。在今湖北宜都市北清江入长江处。明置巡司于此。

清江厅　清雍正八年（1730）置，属镇远府。治在即今贵州剑河县（革东镇）东南柳川镇。在清水江南，故名。1913 年改为清江县。

清江水　①即今江西金溪县西南芦河。《明一统志》卷 54 抚州府：清江水"在金溪县南三十里。其水清洌，宜沤楮，故士人造纸以清江著名"。《清一统志·抚州府一》：清江水"源出泸溪县界，凡数小港，合流出明山港口，西北流合福水入盱水"。

②即古之余溪。今湖南祁东县南归阳河。

清江市　1945 年当地解放后由淮阴县城区析置，为苏皖边区政府驻地。治所即今淮安市淮阴区。1946 年废。1948 年第二次解放后设立两淮市，旋废，复称淮阴县。1950 年再置清江市。1958 年改淮阴市，1964 年复名清江市。1983 年改设淮阴市。2000 年改名淮安市。

清江县　①隋开皇初置，为江州治。治所在今湖北宜昌市境。大业初废。

②隋开皇三年（583）改龙求县置，属翼州。治所在今四川茂县西北六十六里岷江东岸两河口。十八年（598）改为翼水县。

③隋开皇五年（585）改沙渠县置，为施州治。治所即今湖北恩施市。《元和志》卷 30 清江县："置在清江之西，因以为名。"大业初属清江郡。义宁二年（618）为施州治。唐天宝元年（742）为清化郡治。乾元元年（758）复为施州治。北宋开庆元年（1259）徙治今恩施市东十五里倚子山。元至元十三年（1276）还旧治。二十二年（1285）并入施州。

④五代南唐升元元年（937）置，属洪州。治所即今江西樟树市西南临江镇。保大十年（952）改属筠州。《寰宇记》卷 106 筠州：清江县"以大江清流为名"。北宋淳化三年（992）于县置临江军。元为临江路治。明为临江府治。民国初属江西庐陵道。1926 年直属江西省。1949 年移治樟树镇（今江西樟树市）。1988 年改设樟树市。

⑤1913 年改清江厅置，属贵州镇远道。治所即今贵州剑河县（革东镇）东南柳川镇。1914 年为避免与江西清江县重名，改名剑河县。

清江河　即清水。在今重庆市开县东北之东河，为小江（开江）支流。《明史·地理志》开县："南有开江，彭溪之上流，有清江自县东流合焉。"

清江郡　①北周置，属翼州。治所在龙求县（今四川茂县西北六十六里岷江东岸两河口）。辖境相当今四川茂县中部地区。隋开皇三年（583）废。

②北周建德三年（574）置，为施州治。治所即今湖北恩施市。隋开皇初废。

③隋大业三年（607）改庸州置，治所在盐水县（今湖北长阳土家族自治县西二百里清江北岸）。辖境相当今湖北长阳土家族自治县西部、巴东县南部和五峰土家族自治县以西地区。唐初废。

清江浦　①运河名。今江苏淮安市北一段里运河的前身。《清一统志·淮安府一》：清江浦"旧为沙河。土名乌沙河。古运道，自郡城东北入淮。《旧志》，宋转运使乔维岳开此，直达清口。明永乐初，陈瑄重浚置闸，更今名。为水陆之孔道”。

②集镇名。即今江苏淮安市清江区。明中叶后清江浦运口常为黄河所淤，不通舟楫。成化年间于清江闸置两坝，运船由此车盘过坝入河，清江闸南岸渐成集镇。清康熙时河道总督驻此，雍正七年（1729）又为南河总督驻所。乾隆时移清河县治此。《清一统志·淮安府》：清江浦镇“今为清河县治。……《府志》：运河由此出清口，为水陆孔途”。后又为淮阴县、市治所。

清江渡　即今四川巴中市东清江镇。1933年2月川陕革命根据地在此置巴中县。

清江镇　①又名樟树镇。北宋属清江县。即今江西樟树市。明洪武三年（1370）于此置巡司。清乾隆三十年（1765）裁，移临江府通判驻此。1949年为清江县治。1988年改为樟树市。

②一名清江嘴镇，又作靖江嘴镇。即今湖北黄梅县南七十二里小池镇。明置巡司。清改设县丞于此。

清池水　即今陕西商洛市北大荆川。《水经·丹水注》：清池水“水源东北出清池山，西南流入于丹水”。

清池县　①隋开皇十八年（598）改浮阳县置，属棣州。治所在今河北沧县东南四十里旧州镇。《寰宇记》卷65清池县：“因县东有仵清池，因以为名。”大业初属渤海郡。唐为沧州治。明洪武元年（1368）废入沧州。

②唐武德四年（621）置，属管州。治所在今河南中牟县西。贞观元年（627）废。

清安寺　在今辽宁辽阳市白塔公园处。金世宗之母贞懿皇太后曾在此出家为尼。后改建为垂庆寺。明、清时称广佑寺。又称白塔寺。

清安县　辽置，为肃州治。治所即今辽宁昌图县。金属咸平府。元废。

清安湖　一作清宁湖。即今湖北武汉市武昌西南青菱湖。《清一统志·武昌府》：清安湖“在江夏县西南十五里。东北通黄家湖，又东南通汤孙湖，又东通赛湖。赛湖汇诸湖之水折而西北流，俗呼为里河，出鲇鱼口入江”。

清阳门　十六国南凉都城姑臧城（今甘肃武威市城）城门。《晋书·秃发傉檀载记》：义熙二年（406），后秦拜傉檀为凉州刺史，镇姑臧，原刺史王尚“出自清阳门”前往迎接。《晋书·秃发利鹿孤载记》记姑臧有“青阳门”，疑与清阳门为一门。

清阳县　①西汉高帝置，为清河郡治。治所在今河北清河县（葛仙庄）东南。东汉废。西晋复置，属清河国。北魏移治今山东临清市东北。隋属清河郡。唐属贝州，永昌元年（689）移治永济渠东孔桥（今清河县西南），开元二十三年（735）又移治今清河县西北。北宋熙宁四年（1071）废入清河县。

②唐武德六年（623）置，属登州。治所在今山东烟台市西南福山镇。贞观元年（627）废入文登县。

清阳河　亦名大河、声洋水。即今山东烟台市西内甲河。《清一统志·登州府》：清阳河“发源栖霞县翠屏山东，绕城北流，折而东，经福山县（今福山镇）东北入海”。

清阳城　①在今河北馆陶县西北。汉代清渊县治此。

②即浊鹿城。在今河南修武县东北。《魏书·地形志》汲郡北修武县：“治清阳城。”即此。

清阳亭　即春秋郑清邑。在今河南中牟县西。《水经·渠水注》：清池水“出清阳亭西南平地，东北流径清阳亭南，东流，即故清人城也”。

清阳堡　明置，属三万卫。即今辽宁昌图县东北青阳堡。《方舆纪要》卷37三万卫：清阳堡在“卫北二十里”。

清阴县　一作清丘县。北魏永安三年（530）置，属安阳郡。治所在今河南正阳县南。东魏属义阳郡。北齐废。

清远卫　明置，属广东都司。治所在今广东清远市。《方舆纪要》卷101广州府：清远卫“在县治东，洪武二十二年建”。

清远市　1988年撤销广东省清远县，改设清远市（地级），原清远县境分清城、清郊（后改清新县）二市辖区。市人民政府驻清城区清城镇。

清远江　即今四川成都市北府河。北宋黄休复《茅亭客话》卷8：“伪蜀王宗裕亦于北门清远江东，创一亭台榭池塘，骈植花竹泉石，萦绕流杯九曲，为当时之甲。”《宋史·雷有终传》：咸平三年（1000），王均自升仙之败，彻桥塞门，“官军进至清远江”即此。

清远军　北宋初清远镇，后改为军。治所在今宁夏同心县东。一说在今同心县东南预旺镇附近。《寰宇记》卷36：灵州有“清远”镇。在群山之口，当环州、灵武间要冲。咸平四年（1001）地入西夏。元丰四年（1081）收复，后又被西夏攻占。

清远县　隋开皇十年（590）置，属广州。治所即今广东清远市。据民国《清远县志》称：因县内江河清洌，故名。大业初属南海郡。唐属广州。元属广州路。明、清属广州府。民国初属广东粤海道。1920年直属广东省。1988年改设清远市（地级），由省直辖。

清远河　即今广东大埔县东南之梅潭河。《清一统志·潮州府》：清远河“在大埔县南。《通志》：在县南一百五十里。源出福建漳州府平和县象湖山，受诸涧水，流经大产、白堠；至湖寮汇梅子潭，注为小溪”。

清远驿　北宋置，在今江西抚州市临川区北六十里。后废。

清远峡营　在今广东清远市东三十里。《方舆纪要》卷101广州府清远县：清远峡营“在县东峡山下，亦曰峡口营”。

清远郡　南朝梁武帝置，属西衡州。治所即今广东清远市。南朝陈移治翁源县（今广东翁源县西北）。隋开皇十年（590）废。

清远桥　又名迎恩桥、大安桥。在今四川成都市旧城北门外府河上。《资治通鉴》：唐光启三年（887），王建攻成都，“田令孜登楼慰谕之，建与诸将于清远桥上髡发罗拜”。即此。

清远站　元置，在今江西抚州市临川区西北。

清远楼　在今河北张家口市宣化区城内正中。《清一统志·宣化府》载：清远楼“在宣化县治东。明成化中都御史秦纮建。上置钟以司昏晓”。始建于明成化十八年（1482）。楼三层，高17米，建于高7.5米的砖砌墩台上。面阔五间，进深七间，平面布局呈十字形，三重檐，一、二层为布瓦顶，三层为琉璃瓦歇山顶。楼的四面皆出抱厦，周围有游廊。因楼内悬明嘉靖年间铸造的铜钟一口，故又名钟楼。1988年定为全国重点文物保护单位（1996年又将清远楼南的镇朔楼并入本保护单位）。

清坎县　唐置，属羁縻连州。治所在今四川筠连县境。后废。

清杨铁路　从江苏清江浦（今淮安市清江区）西至杨庄。长17.3公里。清宣统元年（1909）动工修建，1911年建成。次年被拆除。

清县　①西汉置，属东郡。治所在今山东聊城市西南。汉封功臣室中同为侯邑。东汉章帝时改为乐平侯国。

②南朝梁置，属溳川郡。治所在今湖北钟祥市东北。西魏改为溳陂县。

清邑县　隋开皇八年（588）改阳平县置，属魏州。治所即今山东莘县。开皇十六年（596）为莘州治。大业初改为莘县。

清秀岩　一名清秀山。在今广西桂林市西北隅。明曹学佺《广西名胜志》卷1临桂县：“清秀山从西清门下濠石道，上西皋入夹山口，缘山行，又里许，有塘曰清岩出其上，环桂诸山本以孤峭标秀，而是山则冈连陇凑，盘纡茀郁，长可一里许，独以岩门下瞰塘水。山泽通气，清彩映发如其名焉。”

清谷水　在今陕西省中部。源出铜川市耀州区西北界，东南流经三原县西与冶谷河合，又东流至西安市临潼区入渭河。《水经·渭水注》：五丈渠水“出云阳县石门山，谓之清水。东南流径黄嵚山西，又南入祋祤县，历原南出，谓之清水口”。《清一统志·西安府一》：清谷水“在耀州西。自邠州淳化县流入，又南径泾阳、三原二县北，又东南至临潼县东北，合漆沮水入渭，亦曰清水”。

清谷县　唐贞观四年（630）置，属南平州。治所在今重庆市东南，巴南区东鱼池坝。八年（634）属霸州。十三年（639）废入南平县。

清冷山　即今浙江桐庐县西南境之钟山。《方舆纪要》卷90桐庐县：清冷山“在县西北三十里。四面出泉，干旱不竭，溉田五十余顷。《志》云：山高五十仞，周七十里。本名钟山，唐天宝间改今名”。

清冷之渊　一名清冷泉。在今河南南阳市东北丰山下。《山海经·中山经·中次十一经》：“丰山，……神耕父处之，常游清冷之渊。”张衡《南都赋》：“耕父扬光于清冷之渊。”唐李白有《游南阳清冷泉》诗。

清冷泉　或即清冷之渊。在今河南南阳市东北丰山下。唐李白有《游南阳清冷泉》诗。

清冷溪　即今四川高县东之南广河。《方舆纪要》卷70高县：清冷溪“在县治东。出珙县九砦，流入县界。又东北经庆符、南溪县境，注于大江。溪多石，舟楫难行。昔人凿去险阻，方可通筏。一名复宁溪”。

清沥江　在今江西宜春市西南。《方舆纪要》卷87袁州府宜春县：清沥江“在府西南六十里。源出老山，经府西三十里之巩溪，又经府西十五里之丫山，分二派，一为府西南十里之官陂水，一为古江。官陂江又分二派：一为府西南五里之司溪江，亦名沙陂江；一为府西五里之新江。又会为麟桥江，以入于秀江。麟桥江亦在府西六里。古江则旧傍山流，今涸为田矣”。

清沙泊　在今山东桓台县西北境。《清一统志·济南府二》：清沙泊“在新城县西北二十五里。《县志》：岔河之委，溢而成湖。又名落雁湖。中有界石，北为高苑，南为新城（桓台）”。

清沟　即清渠。在今陕西武功县东北。《方舆纪要》卷54武功县：清沟“在县（今武功县西北武功镇）东五十里。唐至德初，郭子仪进复西京，与（安禄山）贼战于清沟，败绩，退保武功。时肃宗驻凤翔。武功，凤翔之蔽也”。

清沟河　在今安徽怀远县北二十里。《清一统志·凤阳府一》：清沟河，“《旧志》：源出宿州之龙山湖，东南流合十湖诸水，旧自灵璧县南，至凤阳县沫河口入淮。岁久下流淤塞，遂于县北合肥河，遇淫雨，漫溢为患”。

清沟镇　明置，属盐城县。即今江苏阜宁县西南青沟镇村。明置巡司于此。

清陂湖　在今湖南会同县南。《方舆纪要》卷82会同县：清陂湖在“县南十里。周十余里。又南有玉山潭，其水皆会于渠河，入于郎江”。

清陂塘　在今安徽阜南县南。《方舆纪要》卷21颍州：清陂塘在“州南百二十里，引淮水灌田，为利甚溥”。

清苑区　2015年撤销河北省清苑县，设立保定市清苑区，区政府驻清苑镇迎宾中街301号。

清苑县　北魏太和元年（477）置，属高阳郡。治所在今河北保定市东北七里。《寰宇记》卷681清苑县：“因县界清苑河为名。”北齐废。隋开皇十八年（598）复置，移治今保定市，属河间郡。唐属莫州。五代唐为泰州治。北宋初为保塞军治，太平兴国六年（981）改名保塞县，为保州治。金大定十六年（1176）复为清苑县。元为保定路治。明为保定府治。

民国初为直隶保定道治。1928 年直属河北省。1961 年迁治南大冉，即今清苑县。2015 年撤销清苑县，改设清苑区。

清苑河　亦名沈水。即古卢水。源于河北满城县东一亩泉，东南流绕保定市城，东入大清河。《明一统志》卷 2 保定府：清苑河“在府西二里，源自鸡距泉，至此分流绕城南北，至东合流入黄狗窳”。

清明门　汉长安城东面中门。在今陕西西安市西北南玉女村北。为汉惠帝四年（前 191）建。《三辅黄图》卷 1：“长安城东出第二门曰清明门，一曰籍田门，以门内有籍田仓。一曰凯门。……（王）莽更名曰宣德门布恩亭。”

清净化域塔　在今北京市朝阳区安定门外黄市大街。清顺治九年（1652）为西藏达赖五世建驻锡之所，称西黄寺。乾隆四十七年（1782）为纪念在此圆寂的六世班禅，在西黄寺西侧建造衣冠塔，称为清净化域塔。该塔仿印度佛陀迦耶式塔样式，用汉白玉砌筑。中间主塔高 16 米，建于 3 米多高的台基上。主塔四隅有高 7 米的塔幢，组成金刚宝座式塔。西黄寺现已不存，而清净化域塔院呈南北向长方形，保存有山门殿、正殿，殿后为清净化域塔。塔前左右各有碑亭一座，前后各有一座四柱三楼汉白玉石牌坊。2001 年定为全国重点文物保护单位。

清净寺　在今福建泉州市涂门街。据寺内现存古阿拉伯文石碑记载，该寺始建于回历四百年，即北宋大中祥符二年（1009）。元明两代曾重修。现存主要建筑有大门、奉天坛和明善堂。大门高 20 米，宽 4.5 米，用青、白花岗岩砌筑，分外、中、内三重，皆圆形穹顶尖拱门，顶部作平台，是伊斯兰教徒望月决定斋月起离日期之处。奉天坛仅存四面石墙，南壁内外嵌有阿拉伯文《古兰经》石刻。寺内还有明成祖永乐五年（1407）颁发保护清净寺的石刻“上谕”一方。该寺是我国现存最早的伊斯兰教清真寺之一，也是我国与阿拉伯各国友好往来和泉州海外交往的重要史迹。1961 年定为全国重点文物保护单位。

清沽港　在今天津市武清区西南。《方舆纪要》卷 11 武清县：清沽港“西接安沽港，东合丁字沽入于海”。

清河　①见于《禹贡》的先秦河水（黄河）自宿胥口（今河南浚县西南）东行，宿胥口以北河水故道内黄县以南一段，受黎阳县诸山泉流汇注，由原来的浊流变成清流，因称之为清河。战国时期清河在内黄县受洹水后折东北流经今河北馆陶县、清河县一带至山东平原县东注河水，成为齐、赵间一巨川。《战国策·齐策一》：苏秦为赵合从说齐宣王，“齐南有太山，东有琅邪，西有清河，北有渤海”。又《赵策二》：苏秦从燕之赵，始合从说赵王，“（赵）西有常山，南有河漳，东有清河，北有燕国”。汉初于清河下游地区设清河郡（治青阳县，在今河北清河县东）。汉武帝元封后，馆陶县以下河水屡次北决为屯氏、鸣犊、屯氏别、张甲河等，清河下游亦为诸决河所截割，故道遂废。唯有上游内黄县境内一段仍称清河。《汉书·地理志》魏郡内黄县：“清河水出南”，即此。王莽时河水自今濮阳县东决，改由今山东入海，此即《水经》中的河水道。旧时河北诸决水旋堙塞，而清、洹之水乃由清渊县（今馆陶县北）溢出东北流，穿清河郡境入渤海郡行屯氏故渎、大河故渎至南皮县北北皮亭会合漳水，此为《水经》中的清河。东汉建安中，曹操筑枋堰（在今河南浚县西南淇门渡），遏淇水入清河的上游白沟以增加清河的流量，又凿平虏渠，使清、漳合口下流参户亭（今河北青县西南木门店）的滹沱河北入泒水，形成一条上起枋堰之侧的枋头，经由白沟、清河、北皮亭以下的漳水，参户亭以下的平虏渠，及平虏渠与泒相会合后的泒水直至海口的水运通道，在《水经·淇水注》称自清渊县以下这条水道为清河。相当南起今河北威县南，东北流经清河县、故城县北、景县南，至东光县西，略循今卫河、海河入海。隋后东光县以下被导为永济渠，东光县以上则渐堙废。

②在今北京市昌平区西南。清孙承泽《天府广记》卷 36：清河“距昌平州五十里，以水清冽故名。源自州境一亩泉，经燕丹村东南，合榆河下流为沙河，经顺义会白河。跨清河有桥，永乐间造，桥因河以名”。

③在今河北迁西县东。源出宽城满族自治县东南。南流至迁西县东入滦河。《清一统志·承德府二》：清河“在平泉州西南。一名称儿河，亦名白马川。汇近山涧水，入迁安县界清河口入滦河”。

④一名西清河。即今河北乐亭县西三十五里清河。《方舆纪要》卷 17 乐亭县：清河“源发（滦）州南八里之暖泉，阔二丈许，分流为新砦、狼河、介马诸河抵新桥海口猫儿港入海”。

⑤即今河北泊头市西北老盐河。《方舆纪要》卷 13 交河县：清河在“县西二十五里。旧为浲河支流。自富庄驿引而东，至县东北三十五里，经刘解镇，又经县东北六十里之张家桥，又东五里散流入于诸村镇。俗名清河头，一名盐河，亦曰赵王运粮河。或云五代梁时，赵王镕曾运粮于此，以响晋师”。

⑥即今辽宁辽河支流清河。《方舆纪要》卷 37 三万卫：清河在“卫东五十里，谓之大清河。源出分水岭，流经城东南，有小清，自卫东流合焉，经城南，西流入于辽河”。

⑦又名清沙河、南大河。即今辽宁盖州市南大清河。《明史·地理志》盖州卫：“南有清河，东南有毕里河，下流皆入于海。”《方舆纪要》卷 37 盖州卫：清河在“卫南五里。源出卫东分水岭，西南流经此，一名州南河，又西流合于泥河”。

⑧古泗水别名清水。《水经·泗水注》：“清水即泗水别名也。”宋以后通称清河，一名南清河。《舆地纪胜》卷 39 楚州：清河“在淮阴县北十里”。熙

宁年间曾为黄河所夺。金时黄河长期夺泗入淮。元以后今江苏徐州市以下成为固定的黄河河道。今山东济宁南、鲁桥至徐州一段又成为运河的一部分，清河之名遂废。惟下游自今江苏泗阳以下，岔分为大小清河两派入淮，明时犹沿用旧称。黄河初行北派大清河，中叶以后改行南派小清河，未几大清河遂堙。

⑨亦名通商渠。在今安徽阜阳市南，润水支流。明正德《颍州志》卷1：清河“相传楚灵王自水台西开通商渠，自淮而北转而西，又折而北，直抵胡子城。历世变迁，陵谷易位。五代时王祚为颍州刺史，疏导古通商渠，更名曰清河。舟楫复通，南境无水患”。

⑩古济水自巨野泽以下，据《水经·济水注》载：“因水色清深”，别名清水。《战国策·燕策一》：“齐有清济、浊河，可以为固。”又《水经·济水注》引何承天曰：“钜野湖泽广大，南通洙泗，北连清济。”皆指此。宋以后遂通称清河，一名北清河。熙宁年间曾一度为黄河所夺。金元后又称大清河。钜野泽（以后演变为梁山泊）堙废后，以大汶河为源，下游改道形成今黄河。1855年自东阿旧治西鱼山以下为黄河所夺，清河之名遂废。今惟东平境内汶河分为南北两支，犹有大小清河之名，西北流注东平湖，又自湖北出为大清河，至鱼山下入黄河。

⑪在今湖北襄阳市襄州区东北。上游名排子河。源出河南邓州市西部山区，东南流入湖北境，经老河口市至襄阳县西北，折东流，始称清河。东南流至襄樊市东北入唐白河。《清一统志·襄阳府一》：清河“在襄阳县东北十里。南流入唐白河”。

清河口 ①即大清河口。在今河北乐亭县南五十里老滦河底入海口处。今地名大清河。

②在今江苏淮安市清河区西南。《元史·地理志》淮安路清河县：“本泗州之清河口，宋立清河军，至元十五年为县。”

清河门 清置，在今辽宁阜新市西南清河门镇。《清一统志·锦州府二》：清河边门“在义州城东北五十六里，东至白土厂边门八十三里，西至九官台边界六十五里，有章京驻防”。民国《奉天通志》卷78义县：“因地近清河，命名为清河门。”

清河头集 即今河南濮阳县东二十里清河头乡。清光绪《开州志》卷1：“清河头庄，至州二十里。”

清河关 明置，属三万卫。即今辽宁开原市西南后施家堡。明《辽东志》卷2开原：清河关在“城西南六十里”。

清河军 南宋咸淳九年（1273）置，治所在清河县（今江苏淮安市清河区）。元至元十五年（1278）废。

清河县 ①三国魏置，为清河郡治。治所在今山东临清市东北。西晋为清河国治。北魏为东清河郡治。北齐改贝丘县。

②隋开皇六年（586）改武城县置，属贝州。治所在今河北清河县城关西北十二里。唐咸通元年（860）移治今清河县城关乡。北宋端拱元年（988）移治永宁镇，淳化五年（994）复还治今清河县西城关乡。金属恩州。元属大名路。明属广平府。民国初属直隶大名道。1928年直属河北省。1949年移今清河县（葛仙庄）。

③南宋咸淳九年（1273）分淮阴县置，为清河军治。治所在清河口（今江苏淮安市清河区）。元属淮安路，泰定元年（1324）河决城圮，迁治今淮阴区西南甘罗城。天历元年（1328）又以地僻水恶，再迁小清河西北，即今淮阴区西南旧县。明属淮安府，崇祯末复迁甘罗城。清初又迁淮阴区西南旧县。乾隆二十六年（1761）移治清江浦（今清江区）。1914年改名淮阴县。1945年解放后析置清江市，后被撤销。1950年复设清江市。1958年清江市与淮阴县合并，改名淮阴市。1964年恢复淮阴县，复改淮阴市为清江市。1971年淮阴县迁治王营镇。1983年复名淮阴市（地级）。2000年淮阴市改名淮安市，改淮阴县为淮阴区。

清河沟 在今陕西吴堡县西北。《方舆纪要》卷57吴堡县：清河沟在“县西二十里。黄河水浑，而此水独清，因名。有清河沟桥跨其上。东流入黄河”。

清河国 东汉改清河郡置，治所在甘陵县（今山东临清市东北）。辖境相当今河北清河及枣强、南宫各一部分，山东临清、夏津武城及高唐、平原各一部分地。建和二年（148）改为甘陵国。东汉建安十一年（206）改为清河郡。西晋复为清河国，治所在清河县（今临清市东北）。北魏改为清河郡。

清河城 在今山东高唐县西南。《水经·河水注》：“黄沟承聊城郭水，水泛则津注，水耗则辍流。自城东北出，径清河城南。”《清一统志·东昌府》：清河城“在清平县（今高唐县西南）南”。

清河郡 西汉高帝置，治所在清阳县（今河北清河县东南）。辖境相当今河北清河及枣强、南宫各一部分，山东临清、夏津、武城及高唐、平原各一部分地。东汉桓帝时改为清河国，移治甘陵县（今山东临清市东北）。建和二年（148）改为甘陵国。建安十一年（206）复为清河郡。西晋为清河国，治所在清河县（今临清市东）。其后辖境缩小。北魏仍改为郡。北齐移治武城县（隋改名清河县，在今清河县西城关乡西北十二里）。隋开皇初废。大业及唐天宝、至德时曾改贝州为清河郡。

清河堰 在今浙江杭州市城区北部武林门外。《宋史·方腊传》：宣和三年（1121）二月，“（童）贯、（谭）稹前锋至清河堰”，即此。

清河堡 明置，即今辽宁本溪满族自治县东北清河城镇。《方舆纪要》卷37辽东都司：清河堡在“司东南三百里，南临太子河，堡西有白塔佃可按伏，又西有威宁营可屯兵”。明时此处为战略要地。《明史·杨镐传》：万历四十六年（1618），“七月，大清兵由鸦鹘关克清河，副将邹储贤战死”。即此。

清河镇　①北宋置，属千乘县。即今山东广饶县治。金属乐安县，后改名乐安镇。

②金置，属厌次县。即今山东惠民县东南七十里清河镇。明置巡司于此。

③在今北京市海淀区东北十二里清河街道。为京北要地。《元史·顺帝纪》：至元二十四年（1364）四月，“秃坚帖木儿兵至清河列营”。七月，“孛罗帖木儿前锋军入居庸关，皇太子亲率军御于清河”。即此。

清泷镇　亦作青龙镇。北宋置，属阳山县。在今广东阳山县东。《清一统志·连州》：青龙镇，“《县志》：青龙镇在（阳山）县东三十五里”。

清泗　即泗水。别名清水。《宋书·沈攸之传》：泰始三年（467），宋明帝遣沈攸之图淮北，“攸之以清泗既干，粮运不继，固执以为非宜，往反者七”。即此。

清波门　俗称暗门。南宋临安城西城门之一。故址在今浙江杭州市河坊街与南山路相交处以南。1913年拆除。

清泠池　在今河南商丘市东。《元和志》卷7宋城县：清泠池“在县东二里”。《寰宇记》卷12宋城县：“梁孝王故宫有钓台，谓之清泠台，今号清泠池。”

清泥河　亦作青泥河。即今湖北襄阳市襄城区西北之清河。《陈书·章昭达传》：南朝陈太建二年（570），“萧岿与周军大蓄舟舰于青泥中，昭达……乘轻舟袭之，焚其舟舰”。又《宋史·张顺传》：“襄阳受围五年，宋阃知其西北一水曰清泥河，源于均、房，即其地造轻舟百艘。”

清泽县　北周置，为高平郡治。治所在今山东郓城县东十六里。隋开皇四年（584）改万安县。

清居山　亦作青居山。在今四川南充市南青居镇西嘉陵江东岸。《舆地纪胜》卷156顺庆府：慈云寺“在州南四十里清居山。……山有三峰，下瞰四水，古迹二十四处”。清居郡、清居县以此名。《方舆纪要》卷68顺庆府南充县：清居山在“府南三十五里。山势高耸，其上宽平，嘉陵水绕其下。宋淳祐中兵乱，余玠帅蜀筑清居城，徙府治于此。……《志》云：山凭高据险，形胜甲于一郡”。

清居县　西魏恭帝二年（555）置，为清居郡治。治所在今四川南充市南青居镇。《寰宇记》卷136汉初县：“以地爽垲，故以清居称邑。”隋开皇十六年（596）废入汉初县。

清居城　亦作青居城。南宋淳祐中余玠筑，在今四川南充市南青居镇西青居山。《宋史·余玠传》：“移沔戎于青居……共备内水。”顺庆府、南充县迁此。

清居郡　西魏改新兴郡置，属合州。治所在清居县（今四川南充市南青居镇）。辖境相当今四川南充市南部及武胜县西北地。隋开皇初废。

清孟铁路　又称道清铁路清孟支线。原拟从河南沁阳县清化镇（今博爱县治）修至孟县。长44公里。1925年修至陈庄（约13公里）而中止。1945年被拆除。

清城县　①北周改齐基县置，属犍为郡。治所在今四川都江堰市东南四十五里徐渡场附近杜家墩子。《寰宇记》卷73青城县：“因（青城）山为名。”隋大业初属蜀郡。唐属蜀州，开元十八年（730）改为青城县。

②明属交州府。在今越南北部和平省境内（今河内市西南）。《明史·安南传》：宣德元年（1426）王通等讨黎利，“马瑛败贼清威，至石室与通会”。《方舆纪要》卷112安南交州府：清威县“在城西南一百五十里。又西南五十里有石室县”。

清幽溪　在今湖北松滋市东。《方舆纪要》卷78松滋县：清幽溪“在县东南四十里。自澧州慈利县之添坪、麻寮二所流经此，分为二支，一至公安县西六十里之孙黄渡入江，一至江陵县之虎渡口入江”。

清修山　在今江西龙南县南。《方舆纪要》卷88赣州府龙南县：清修山“在县南四十里。高千仞。上平坦。登高四顾，迥出尘俗，泉石林竹，俨若洞天，因名”。

清泉　在今贵州锦屏县东南。《明一统志》卷88黎平府：清泉“在湖耳长官司治西南。两石相向，中有泉穴深不可测”。

清泉山　①在今辽宁瓦房店市西南。民国《复县志略》卷5：清泉山在“城南五十里”。

②在今福建福州市西十里。其西为祭酒岭。《清一统志·福州府一》：清泉山，“五代闽时光州湛温，事王延翰为国子祭酒，建州刺史王延禀遣使来觇虚实，延翰命温饯，且酰之。温恐延禀兄弟生隙，遂自饮以死。闽人哀之，葬此。遂以名山。又曰洪山，亦曰洪塘山”。

③在今江西万载县东北。明《寰宇通志》卷39袁州府：清泉山“在万载县东北四十里。有瀑布泉自山顶流下，甚清冽”。

④在今湖南衡阳市东。《方舆纪要》卷80衡州府衡阳县：清泉山在“府东四十里。山有清泉，灌田数千顷”。

清泉水　在今北京市城西南。《晋书·王浚传》：西晋末，王浚都督幽州，成都王颖使和演密杀王浚，“演与乌丸单于审登谋之，于是与浚期游蓟城南清泉水上……不果而还”。即此。

清泉寺　唐贞元初建，在今湖北浠水县东北二里。《东坡志林》：清泉寺“有王逸少洗笔泉，水极甘，下临兰溪，溪水西流”。

清泉场　在今浙江宁波市东北北仑区西衙前。产海盐。宋《宝庆四明志》卷6盐课有“清泉场”。《方舆纪要》卷92定海县“管界寨”条下：“又清泉场盐课司，在县（今镇海区）南十里。”

清泉县　①即清渊县。西汉置，属魏郡。治所在今河北馆陶县西北清阳城。北魏移治今山东冠县东北清水镇。《晋书·地理志》、《隋书·地理志》中作

“清泉县”。

②清乾隆二十一年（1756）分衡阳县置，与衡阳县同为衡州府治。治所即今湖南衡阳市。1912年并入衡阳县。

清泉岭　在今安徽青阳县西十里。《方舆纪要》卷27青阳县：五溪山“其相近者曰清泉岭。泉涌石窟间，相传岳武穆饮马于此”。

清泉堡　明景泰四年（1453）置，属开平卫。在今河北赤城县北青泉堡村。《方舆纪要》卷18万全都司开平卫：清泉堡“有清泉涌出，绕堡东，因名。……地虽孤悬，四塞颇险，正北至栅口不过三里”。

清泉溪　即今福建松溪县东北之渭田溪。《方舆纪要》卷97松溪县：清泉溪“出县西北五十里筋竹山，东北流，经县北，下流合于松溪”。

清泉镇　金置，属三水县。在今陕西旬邑县东南。

清亭　在今山东东阿县西南。《水经·济水注》：“济水自鱼山北，径清亭东。《春秋》：隐公四年，‘公及宋公遇于清’。京相璠云：今济北东阿东北四十里有故清亭，即《春秋》所谓清者也。”

清音水　在今江西宁都县北。《方舆纪要》卷88赣州府宁都县：清音水“源出东北天株山，过径步、钓峰、绵口、陈池、城口、崔坊，会王观渡诸处而入西江”。《清一统志·宁都州》：清音水“在州北二十里。源出天株山，东流与潭水合，是为西江。又东经州北，合梅川。以流径清音里而名”。

清音阁　即今四川峨眉山市西南峨眉山中之清音阁。明胡世安《登峨山道里纪》：“当两桥间有清音阁。其上小阜一亭，旧名接王亭。……亭于合溪之上曰琉璃水亭。后数武创一大楼名洗心台，白衣阁左少进湾内为广福寺。”民国《重修峨眉山志》卷3：“（双飞）桥有清音阁，桥下有石，状如牛心，名牛心石。与二水交冲处，其光如镜，照人眉目。此处景物最美。”

清洁湾　在今江西鄱阳县东南。《寰宇记》卷107饶州鄱阳县：清洁湾“在县东南七里。《鄱阳记》云：隋开皇中，太守梁文谦莅官清洁，取此湾水以自供。后人思其德，号为清洁”。

清洋陂　在今福建晋江市北。《方舆纪要》卷99泉州府晋江县：清洋陂“在府南。陂八十有二，洋陂最大，邑南诸洋俱受溉焉。自烟浦而西，水之小者为溪，大者为浦，溪浦分流之际，则筑土为陂，以溉溪旁之田。自南安县之九溪，至府西南之高溪，凡三十六水，合流数百里而为陂。自陂而下，为拱塘、苏塘，萦回复十余里，所溉田千有八百顷。宋熙宁初筑。淳熙七年，累石为埕，以防霖溢，且为三垛以泄水，长一百八十丈，广二丈有咫，修小陂于支流者五，为斗门于下流者七。陂之南北，增筑长埕各三，倍其长之数焉，凡诸港、浦、埭、塘，皆古人填海而成之，所谓闽在岐海中也”。

清泰门　俗称螺蛳门。元末杭州城东门之一。清光绪三十三年（1907）拆除。

清泰水　即今广东佛山市高明区（高明镇）西南杨梅河。《方舆纪要》卷101肇庆府高明县：清泰水在“县（治今明城镇）东南十五里。源出皂幕山，东流三十里合黄沙、罗汉诸水，又北流十余里合仓步水。旧以此名县。一名狮子水，以水中有石如狮也，俗谓之杨梅水”。

清泰县　隋开皇十年（590）改梁泰县置，属端州。治所在今广东佛山市高明区西南人和镇南清泰村。《方舆纪要》卷101高明县：清泰水“旧以此名县”。大业初废入平兴县。唐武德七年（624）复置，属端州。贞观十三年（639）废。

清泰里　在今福建德化县东北五十里。元置清泰里巡司于此。明洪武二十年（1387）废。

清真先贤墓　俗称回回坟。在今广东广州市区中部，解放北路西侧，东临兰圃。始建于唐贞观三年（629），据传为伊斯兰教创始人穆罕默德的母舅艾比·宛葛士之墓。墓室上圆下方，内成洞形，在内诵经或讲话，有回声相应，故又称“响坟”。是广州著名的伊斯兰教古迹。

清原　一名清。春秋晋地，在今山西稷山县东南。《左传》：僖公三十一年（前629），“秋，晋蒐于清原，作五军以御狄”。又，成公十八年（前573），晋栾书、中行偃“使荀罃、士魴逆周子于京师而立之，生十四年矣。大夫逆于清原”。

清原县　1928年改清源县置，属奉天省辽沈道。治所在八家子（今辽宁清原满族自治县）。1929年属辽宁省。1945年改属安东省，1949年属辽东省。1954年仍属辽宁省。1989年改设清原满族自治县。

清晖园　在今广东佛山市顺德区城内。是在明万历丁未（1607）状元黄士俊“天章阁”和“灵阿之阁”旧址上，由清乾隆丁未（1787）进士龙廷槐修建的。园内亭台楼阁、石山水池、奇花异木相映成趣，号称广东四大名园之一。

清晖楼　唐建。在今浙江杭州市。白居易有诗。

清凉山　①即今山西怀仁县西清凉山。《金史·地理志》：大同府怀仁县有清凉山。《方舆纪要》卷44怀仁县：清凉山在“县西二十里。旧有砖塔及利国冶铁”。

②古称石头山，又名石城山。在今江苏南京市汉中门内。南唐时山半建有清凉道场，故改今名。六朝以来，皆守此为固。山中有清凉寺、扫叶楼、乌龙潭及六朝、南唐古井等许多名人遗迹，是南京市名胜之地。

③在今陕西延安市东北。《方舆纪要》卷57延安府肤施县“嘉岭山”条下：“城东北有清凉山，上有尸毗岩及万佛、仙石等洞。”

清凉川　在今陕西西乡县北五里。自洋县流入。《寰宇记》卷138洋州西乡县：“清凉川在县北。《唐书》：德宗皇帝以朱泚之难，幸梁、洋。中书舍人齐映从驾至此川。”

清凉门　明南京城门名。在今江苏南京市石城门西北。因背靠清凉山而得名。此门自明代封死后一直不通。

清凉台（臺）　①在今山东滕州市东南四十里。《方舆纪要》卷32滕县“临城驿”条下：清凉台，“相传汉武东巡，置宫于此，复筑台曰清凉。今其地名汉宫村”。

②又名清源台。在今河南洛阳市东白马寺后部。长42.80米，宽32.40米，高约6米。青砖围砌，雄伟壮观。台上的中心建筑为毗卢阁，周围环绕以配殿、僧房等，布局整齐，自成院落。相传清凉台原是汉明帝乘凉、读书之处。摄摩腾、竺法兰二位印度高僧来到洛阳后，禅居清凉台上译经传教，中国最早的汉文佛经《四十二章经》，就是在这里翻译出来的。

清凉寺　①在今山西五台县东北八十里清凉谷中。北魏孝文帝建，元至正二年（1342）重修。下有雪浪亭，为登山必由之径。寺有清凉石。

②在今山西芮城县东北五十里西陌镇寺里村。创建于元大德七年（1303），明清时期多次重修。现仅存大雄宝殿一座。大殿面阔五间，进深三间八椽，悬山顶。殿身木构架为创建时原构。1993年对大殿梁架下沉进行了修缮。寺内尚存古代碑刻十通，内有元碑四通。其中大德七年“创修清凉院碑”保存完好。2001年定为全国重点文物保护单位。

③在今江苏南京市城西隅清凉山南麓。五代杨吴顺义三年（923）在此建兴教寺。南唐李昪于昇元元年（937）在此建清凉道场，相传为李氏避暑宫，李后主（李煜）常留宿宫中。明初改名清凉寺。

清凉寺汝官窑遗址　在今河南宝丰县西北大营镇清凉寺村内及村南台地上，是宋元时期规模较大的窑场。面积101.5万平方米。因在宋代汝州境内，故称“汝窑”。该窑北宋晚期曾为宫廷烧造御用瓷器，故又为“汝官窑”所在地。汝官窑遗址的中心区域在村内的中北部，烧造的御用瓷器以天青色釉为主，种类既有碗、盘等日常生活用具，又有尊、瓶等艺术陈设器具。造型庄重大方，胎质细腻致密，釉色莹润美观，裹足支烧，制作工艺精湛，是当时青釉瓷器的代表作品，位列宋代五大名窑之首，对当时和后来的制瓷手工业均有深远影响。2001年定为全国重点文物保护单位。

清凉河　在今湖北南漳县东。《清一统志·襄阳府一》：清凉河“源出西溪洞，东流入蛮河”。

清凉城　又名将梁城、清梁城。在今河北清苑县东南清凉城村。《水经·滱水注》：堀沟“上承清梁陂，又北径清凉城东，即将梁也”。《魏书·地形志》蠡吾县有“清凉城”。

清涟寺　在今浙州杭州市西。五代晋天福三年（938）吴越国建净空禅院，宋理宗时改名玉泉寺，清康熙中改为清涟寺。寺内有玉泉。

清海军　①唐、五代方镇。唐乾宁二年（895）以岭南东道节度使改名，治所在广州（今广东广州市）。辖境相当今广东省（除连州、连南瑶族自治县、连山壮族瑶族自治县外）及海南省。北宋初废。

②唐置，属恩州。在今广东恩平市北。《新唐书·地理志》恩州恩平郡：“有清海军。”《寰宇记》卷158恩州：“州内有清海军，管戍兵三千人。”

③唐天宝中于清海镇置，在今新疆沙湾县东玛纳斯河西。《新唐书·地理志》北庭大都护府：“西七百里有清海军，本清海镇。”

清海镇　唐置，属庭州。在今新疆沙湾县东玛纳斯河西。天宝中于此置清海军。《资治通鉴》：唐咸通七年（866）胡三省注：“北庭都护府西七百里有清海镇。”

清浮坝　在今四川江安县西北之中坝。一说在今泸州市纳溪区西。《宋史·蛮夷传四》：大中祥符六年（1013），“晏州多刚县夷人斗望、行牌率众劫淯井监，杀驻泊借职平言。……转运使寇瑊即令诸州巡检会江安县，集公私船百余艘，载粮甲，张旗帜，击铜锣，鼓吹，自蜀江下抵清浮坝”。即此。

清流山　即今安徽滁州市西关山。《寰宇记》卷128滁州：“清流关山在县西二十二里。多野生牡丹。”《方舆纪要》卷29滁州：清流山在“州西北二十二里。亦曰清流关山”。山中段山口有清流关。

清流关　南唐置，在今安徽滁州市西二十五里关山中段山口处。《资治通鉴》：五代周显德三年（956），帝下诏亲征淮南，“皇甫晖、姚凤退保清流关”。《明史·地理志》滁州：“西南有清流山，清流关在其南，清流水出焉。合于滁水。”

清流县　①隋开皇十八年（598）改新昌县置，为滁州治。治所即今安徽滁州市。《寰宇记》卷128滁州：清流县“因县东清流水为名”。大业初属江都郡。唐复为滁州治。明洪武初废入滁州。

②北宋元符元年（1098）析宁化、长汀两县地置，属汀州。治所在清流驿（今福建清流县）。《元一统志》：清流县“以溪流清泚，因取清流为名”。嘉靖《汀州府志》卷1《邑名》：清流“旧驿名，以溪流如环，清莹可爱，故名”。南宋绍定中（1228—1233）废。元复置，属汀州路，仍治今清流县。明、清属汀州府。1913年属福建西路道。1914年属汀漳道。1928年直属福建省。

清流河　①在今安徽滁州市东。《寰宇记》卷128滁州清流县：“因县东清流水为名。”有二源，一为二道河，源于来安县龙王山；一为小沙河，源于定远县岱山。在沙河集汇合后东南流，于来安县汉河集东汇入滁河。

②古名清溪、白沙河。在今四川内江市东南。清道光《内江县志要》卷1：清流河“俗呼大清流河。源出安岳，绕荣昌界，经钓鱼台、一缌滩，下合中江”。

清流驿　北宋置，属宁化县。即今福建清流县治。

元符元年（1098）于此置清流县。

清流镇　①北宋置，属安岳县。在今四川安岳县南六十里清流场。《舆地纪胜》卷158普州：艮岩“在安岳之清流镇，有泉石佳致，杜孝严有记”。在场南有宋代摩崖造像。

②北宋置，属新繁县。在今四川成都市新都区西北清流镇。

③在今广西融安县南大良镇境。旧属融县，明置巡司于此。

清涧水　即古辱水。亦名秀延水。在今陕西延川县北。《方舆纪要》卷57延川县：青涧水“在县东城下。自清涧县流入，又东北流入于吐延川”。

清涧县　金大定二十二年（1182）升清涧城置，属绥德州。治所即今陕西清涧县。明弘治九年（1496）属延安府。清雍正三年（1725）仍属绥德州。民国初属陕西榆林道。1928年直属陕西省。

清涧河　亦作青涧河。在今陕西省北部。源出安塞县北界，东流经子长、清涧二县，又折而东南流经延川县东入黄河。《寰宇记》卷38绥州废城平县有“清涧川水”。《清一统志·绥德州》：秀延水，“《县志》，清涧水自安定县流入，至县北官山，折而南过城西迤东绕城南，又东南流入延川县界，即秀延水也。亦名吐延水、又曰辱河”。北宋康定元年（1040）于此置清涧城。以其地有清涧河，故名。

清涧城　又名宽州城。在今陕西清涧县北二百步的后山寨。《宋史·种世衡传》：康定元年（1040），“世衡为鄜州判官，建言延安东北二百五十里有故宽州，请因其废垒而兴之，右可固延安之势，左可致河东之粟，北可图银、夏之旧，朝廷从之。城成，赐名清涧”。金大定二十二年（1182）升为清涧县。

清浪卫　明洪武二十三年（1390）置，属湖广都司。治所即今贵州镇远县东北清溪镇。清雍正五年（1727）改为青谿县。

清浪关　明洪武二十三年（1390）建，在今贵州镇远县东北七十五里清溪镇。明清浪卫治此。

清浪滩　在今湖南沅陵县东北百二十里。《方舆纪要》卷81沅陵县“沅江”条下：清浪滩“滩口又有三门滩、闪电洲”。

清营山　即清廉山。在今山西垣曲县西北。《水经·河水注》：“清水出清廉山西岭，世亦谓之清营山。”

清虚山　在今四川剑阁县（下寺镇）西南沉香镇北。《舆地纪胜》卷192剑门关：清虚山“在故临津县（旧治在沉香镇）北三十里。有寺号华藏，岩峦奇秀，有洞穴”。

清虚观　在今山西平遥县城东大街东口路北。创建于唐显庆二年（657），初名太平观，北宋治平六年（1064）改今名。宋至清代多有修葺。寺观占地6052平方米，十几座殿宇保存完好。建筑规制完整，现存山门、龙虎殿、纯阳宫、三清殿及东西配殿等。后院玉皇阁20世纪30年代已毁。观内龙虎殿面阔五间，进深四椽，单檐九脊顶，建于元代。观内存道教人物造像二十余尊，历代碑碣五十余通，收藏文物四万余件。道教木雕人物为宋、元作品。造像碑有很高价值。“纱阁”戏剧人物是清光绪年间（1875—1908）老艺人许立庭的代表作，近三十阁传统戏剧文物保护完好，为国内所罕见。2006年定为全国重点文物保护单位。

清渚港　即今浙江桐庐县西南清渚溪。宋《景定严州续志》卷7桐庐县：清渚港“隶孝泉乡”。《方舆纪要》卷90桐庐县：清渚港“在县西三十里。源出府东北四十里之云岫山，东流十五里曰社息溪，东南绕富春山北，又东流二十里，入于桐江”。

清淇县　隋开皇十六年（596）置，属卫州。治所在今河南浚县西。大业初废。唐武德四年（621）复置，贞观十七年（643）废。长安三年（703）复置，神龙元年（705）又废。

清淮楼　在今安徽凤阳县东北临淮关镇一带。《明一统志》卷7凤阳府：清淮楼“在府旧濠州治后子城上。唐建。张頔诗：观鱼惠子台芜没，梦蝶庄生冢木秋，惟清淮（楼）供四望，年年依旧背城流”。

清渊县　西汉置，属魏郡。治所在今河北馆陶县西北清阳城。三国魏属阳平郡。《资治通鉴》：西晋永嘉元年（307），“苟晞击汲桑于东武阳，大破之。桑退保清渊”，即此。北魏移今山东冠县东北清水镇。北齐属清河郡。隋初属贝州，大业初属清河郡。唐废。唐人避高祖李渊讳，在修《晋书·地理志》、《隋书·地理志》皆作清泉县。

清渠　①在今陕西西安市长安区西。宋敏求《长安志》卷12：清渠“在（长安）县西五十里，自鄠县界来，经县界十八里入于渭”。《资治通鉴》：唐至德二年（757），郭子仪图复西京，“进屯潏西。安守惠、李归仁军于京城西清渠”。即此。

②即大清渠。在今宁夏北部黄河西岸，唐徕渠与汉延渠之间。

清梁城　即清凉城。在今河北清苑县东南清凉城村。《资治通鉴》：东晋永和六年（350），前燕慕容儁伐后赵，“击邓恒于鲁口，军至清梁”，即此。

清寇镇　唐置，属邛部县。在今四川越西县北。《元和志》卷32邛部县：“清寇镇在县西北五十八里。”

清储镇　在今山西襄汾县西南。《清一统志·平阳府一》：清储镇“在太平县（今汾城镇）南十里。有堡。长五百三十步，高一丈三尺，为二门，各甃以石。中有义仓。明梁纲纪云，汾阳山旁多溪壑，藏奸盗，万历己丑，知县侯于鲁即其巅为镇”。

清颖驿　在今河南禹州市东。《方舆纪要》卷47禹州：“清颖古驿在州城东。”

清道场　即今四川绵竹市南清道镇。清道光《绵竹县志》卷12：清道场在“城南十五里，系石桥滩故址，道光二年监生徐名英倡首开设”。

清道县　唐显庆元年（656）置，属悉州。治所在今四川茂县西北。天授二年（691）属静州。天宝元年（742）属静州郡。乾元元年（758）属静州。后废。

清道隘　在今广东雷州市西南。《方舆纪要》卷104雷州府海康县：清道隘，“《志》云：在府西百八十里，滨海。又府西南有黑石隘，皆戍守要地”。

清道镇　即今广东雷州市西南北和镇。明洪武二十七年（1394）置巡司于此。

清湖　在今江西高安市东。《明一统志》卷57瑞州府：清湖“在府城东一十五里。其水四时清莹”。下流入蜀江。

清湖城　在今广西合浦县西北。清廉州营设把总驻防于此。

清湖渡　在今浙江江山市南清湖镇。《方舆纪要》卷93江山县：清湖渡在“县南十五里。官置浮梁以济行旅”。

清湖镇　即今浙江江山市南十四里清湖镇。《方舆纪要》卷93江山县：清湖渡“有清湖镇，为闽、浙要会。闽行者自此舍舟而陆，浙行者自此舍陆而舟矣”。清置巡司于此。

清湘县　五代晋天福四年（939）改湘源县置，为全州治。治所在今广西全州县西七里柘桥村。后周显德三年（956）迁治今全州县。元为全州路治。明洪武九年（1376）废入全州。

清渭水　在今湖南浏阳市西。《方舆纪要》卷80浏阳县“龙津水”条下：清渭水“在县西五十里。流入长沙县，从浦子口入湘江。其水澄澈，因名”。

清湫河　在今陕西眉县东二十五里。《方舆纪要》卷55郿县：清湫水“在县东二十五里。出太白山，北流入渭”。

清湫镇　在今陕西眉县东。《方舆纪要》卷55郿县：清湫镇“在县东二十里。元置镇于此，以近清湫水而名”。

清湓山　在今江西瑞昌市西七十里。《舆地纪胜》卷30江州：清盆山“高三百四十丈，周回三十里，正盆水水源也”。《明一统志》卷52九江府：清湓山“巍然为群山之表，湓水源此”。《清一统志·九江府一》：清湓山“其西有书堂山，相传为王乔读书处”。

清湓市　在今江西瑞昌市西南横港镇东。《清一统志·九江府二》：清湓市“在瑞昌县南四十里”。

清湾镇　①在今福建霞浦县东北五十里。明洪武二十年（1387）置巡司于此，嘉靖中废。

②即今广西北流市东南清湾镇。明置巡司于此。

清强店　在今四川剑阁县（下寺镇）南剑门关镇之青树子。《宋史·王全斌传》：乾德三年（963），王全斌伐蜀，命史延德由来苏狭径“至清强店”。即此。

清塘　在今江西抚州市临川区西北七十里。《方舆纪要》卷86抚州府临川县“文昌堰”条下：清塘“在城北七十里，曾氏所居。环群山而汇众水，灌溉甚广”。

清腾山　在今湖北随州市西南。《隋书·地理志》：清腾县有清腾山。

清腾县　隋开皇七年（587）改梁安县置，属郢州。治所在今湖北随州市西南。大业三年（607）属竟陵郡。大业末废。

清新县　1992年广东省清远市清郊区改设清新县，治太和镇，属清远市。2012年撤销清新县，设立清远市清新区，区政府驻太和镇府前路3号。

清廉山　又名清襄山、清营山。即横岭。在今山西垣曲县西北。《魏书·地形志》：清廉县有清廉山。《水经·河水注》：“清水出清廉山西岭，世亦谓之清营山。”

清廉乡　即今四川江油市西南清莲镇。《寰宇记》卷83彰明县：“西魏昌隆县地，初在清廉乡，大同四年移于让水（乡）。”《方舆胜览》卷54绵州：李白为清廉乡人。“（李白）读书堂在清廉乡，后废为陇西院，盖以太白得名，院后有太白像”。

清廉县　北魏置，属邵郡。治所在今山西垣曲县东南十六里前、后青廉村。隋开皇初属邵州，大业二年（606）废，义宁元年（617）复置，属绛郡。唐贞观元年（627）又废。

清源山　又名泉山。在今福建泉州市东北八里。《寰宇记》卷102泉州：“泉山在州北五里，因以为名。”《方舆胜览》卷12泉州：泉山，“郡之主山，又名北山。在州北五里，周环四十里，横跨十余里，高数千仞。……山有石乳泉，泓澄清洁而味绝甘美，其源流衍下达于江，以泉名山及州，以清源名郡，岂亦本于此”。《清一统志·泉州府》：清源山“旧名泉山，一名北山，又以高顶常云，名齐云山”。唐宋间泉州曾改名清源军，即由此而得名。

清源乡　即今山西清徐县。明置巡司于此。

清源水　在今山西清徐县西北。《元和志》卷13清源县：隋开皇十六年（596）置，“因县西清源水为名”。《方舆纪要》卷40清源县：清源水“自平地涌起，亦曰平泉，一名不老池，引流溉田，水溢则东南注于汾”。

清源水马驿　在今山东临清市。《方舆纪要》卷34临清州：清源水马驿“在州城西南隅”。

清源寺　在今陕西蓝田县南辋谷口。《新唐书·王维传》：王维、王缙“兄弟皆笃志奉佛，食不荤，衣不文綵。别墅在辋川，地奇胜。……母亡，表辋川为寺”。李肇《唐国史补》卷上：王维“得宋之问辋川别业，山水胜绝，今清源寺是也”。

清源军　五代方镇名。五代南唐保大七年（949）置清源节度使，治所在泉州（今福建泉州市）。领泉、南两州。辖境相当今福建龙岩、漳平、永春、德化、莆田、仙游等市县以南地区（上杭县除外）。先后为留从效、陈洪武所割据。北宋乾德二年（964）陈洪进归宋，改为平海军节度使，太平兴国三年（978）废。

清源县　①隋开皇十六年（596）置，属并州。治所即今山西清徐县。大业二年（606）省入晋阳县。唐武德元年（618）复置，后属太原府。清乾隆二十八年（1763）废。1912年复置，属山西冀宁道。1930年直属山西省。1952年与徐沟县合并，改设清徐县。

②唐圣历二年（699）置，属武荣州。治所在今福建仙游县西北。后属泉州。天宝元年（742）改名仙游县，并移治今仙游县。

③1925年由开原、铁岭、新宾、海龙、柳河、东丰、西丰等县部分地区析置，属奉天省东边道。治所在八家子（今辽宁清原满族自治县）。1928年改为清原县。

清源店　元置，属晋江县。在今福建泉州市旧城西肃清门。明洪武九年（1376）改为晋安驿。

清源河　即今甘肃渭源县西南清河。《方舆纪要》卷60临洮府渭源县：清源河“出县西南之五竹山，东流入渭。其水甚清，因名”。

清源驿　在今江西抚州市临川区北。《方舆纪要》卷86抚州府临川县：清源驿“在府东北六十里。又东北接饶州府安仁县界。《舆程记》，清源驿北六十里即谢家埠，又四十里为柘林，又三十里为八字脑，又六十里即康山也。今驿废”。

清源栅　在今河北任丘市西南。《资治通鉴》：唐长庆元年（821），义武帅陈楚奏：破卢龙朱克融“莫州清源等三栅，斩获千余人”。即此。

清源郡　唐天宝元年（742）改泉州置，治所在晋江县（今福建泉州市）。以泉山孔泉清源为名。《方舆胜览》卷12：泉山“山有石乳泉，泓澄清洁而味绝甘美，其源流衍下达于江，以泉名山及州，以清源名郡”。辖境相当今福建晋江和木兰溪流域、澎湖地区及厦门、金门等市地。乾元元年（758）复改为泉州。

清源站　在今福建泉州市。《方舆纪要》卷99晋江县：晋安驿在“府治西肃清门内。元曰清源站，明朝洪武九年改置驿”。

清溪　①即今福建清流县之九龙溪。《方舆纪要》卷98清流县：清溪“在县城北。其上源即宁化县之大溪也。流经县西北高地岭，萦回五十里，澄清如练，南至县治西南，绕城环抱三折，经渔沧潭，下九龙滩入延平府永安县界”。

②又名大阳江。在今湖南东安县南。《方舆纪要》卷81东安县：清溪“源出县（治今紫溪市镇）西二十里之舜岭，经县西北，又绕流至县南，东流四十里入湘水”。

③在今广东英德市北。《舆地纪胜》卷95英德府：清溪“在真阳县北六十里。岑水、曲江合流，至此而洑，盖山有三湾，水环山而潴，澄清可鉴。元祐间广帅蒋之奇作三湾亭诗”。

④在今重庆市巫山县东。南宋陆游《入蜀记》：“泊清水洞，洞极深，后门自山后出，但黮闇，水流其中，鲜能入者。”《方舆纪要》卷69巫山县：清溪“在县东十里。陆游曰：县有清水洞，极深幽，即此溪矣”。

⑤即今四川蓬安县南河舒河支流清溪河。《寰宇记》卷139朗池县：披衣山“清溪水出焉”。《清一统志·顺庆府一》引《元一统志》：“在营山县西南五十里。源出披衣山，地名石洞，下至相如县瑞兴镇入嘉陵江。”

⑥亦名清水溪、沐源川。即今四川马边、沐川、犍为县境之马边河，为岷江支流。《舆地纪胜》卷146嘉定府：孝女碑“在犍为清溪口杨洪山下”。

⑦在今四川长宁县南。《舆地纪胜》卷166长宁军：清溪“出宁远砦泾滩之下，中多水族如蛟鲩之类”。《方舆纪要》卷70长宁县：清溪在“县东七十里。其地有泾滩，山顶出泉，悬流为瀑布，高数丈。下有深潭，流为清溪。又东合于淯溪”。

⑧在今云南丽江市玉龙纳西族自治县东南。《清一统志·丽江府》：清溪“即漾共江之上源也。有二源：一出东山，一出雪山，至县东东圆里合流，绕县治南，灌溉甚溥”。

清溪口　即清溪关。在今四川崇州市西北八十里怀远镇西西山附近。明置巡司于此。

清溪山　①在今湖北南漳县西南五十里。《寰宇记》卷145南漳县：清溪山“其山高峻。庾仲雍《荆州记》云：临沮县清溪山，山东有泉。晋郭璞为临沮长，常游此，赋《游仙诗》云：清溪千余仞，中有一道士，即此也”。

②一名青山。在今湖北远安县西南。《隋书·地理志》：当阳县“有清溪山”。

清溪水　①即今湖南资兴市东资兴水。为东江水支流。《水经·耒水注》：清溪“出（晋宁）县东黄皮山，西南流历县南，又西北注于耒水”。《清一统志·郴州一》引《州志》：清溪水“源出钴铒泉，至水口合平石、杭溪二水，过旧县前，横流十里，会泸渡江，合耒水”。

②在今四川华蓥市西。《舆地纪胜》卷165广安军：清溪水，“《皇朝郡县志》云：在新明县东五十里。源出邻水县界，流入渠江”。

③即今四川蓬安县南河舒河支流清溪河。《寰宇记》卷139朗池县：披衣山“清溪水出焉”。《清一统志·顺庆府一》引《元一统志》：“在营山县西南五十里。源出披衣山，地名石洞，下至相如县瑞兴镇入嘉陵江。”

清溪市　即今湖南湘乡市西南七十八里毛田镇东清溪街。清光绪《湖南通志》卷1湘乡县图：县西南有清溪市。

清溪场　①即今四川宣汉县东北清溪镇。清嘉庆

《东乡县志》：清溪场“去县治三十里”。

②即今重庆市涪陵区东北三十里长江南岸清溪镇。清同治《涪州志》卷1：罗云里有“清溪场”。

③亦名清水溪场。即今四川犍为县西南清溪镇。清嘉庆《犍为县志》卷2：清水溪场在“县西南二十里。通屏山”。

清溪关　①唐置，属巂州。在今四川汉源县西南河南乡光荣村（由此向西南，至甘洛县西北交界处桦槁林山一带）。其地连山带谷，夹涧临溪，倚险接关，恃为控御。《新唐书·南诏传》：“安禄山反，罗凤因之取巂州，会同军据清溪关。”《资治通鉴》：唐贞元四年（788），吐蕃“七千寇清溪关，五千寇铜山，（韦）皋遣黎州刺史韦晋等与东蛮连兵御之，破吐蕃于清溪关外”。皆即此。太和中，节度使李德裕徙于中城（今晒经乡）。

②北宋置，属蜀州永康县。在今四川崇州市西北八十里怀远镇西西山附近。《方舆纪要》卷67崇庆州：清溪关“其旁两山峙立，上合下开，名曰百家门。门内二里曰天生桥，以两山相接如桥也”。

③明置，即今重庆市涪陵区东北三十里长江南岸清溪镇。唐开成四年（839），牂柯蛮攻涪州之清溪关，即此。

清溪县　①唐天宝元年（742）改牛鞞县置，属资阳郡。治所在今四川内江市东北八十里。乾元元年（758）属资州。北宋乾德五年（967）废入内江县。

②一作青溪县。唐永贞元年（805）改还淳县置，属睦州。治所在今浙江淳安县西千岛湖南山岛附近。北宋宣和三年（1121）改为淳化县。

③五代南唐保大十三年（955）升小溪场置，属泉州。治所即今福建安溪县。明《八闽通志》卷2《地理·郡名》　安溪县：“旧名清溪，以县治前有溪清莹环绕，故名。”北宋宣和三年（1121）改名安溪县。

④清雍正八年（1730）改黎大千户所置，属雅州府。治所在今四川汉源县北清溪镇。1914年改为汉源县。

⑤即青谿县。清置，治所在今贵州镇远县东北清溪镇。

清溪河　①在今安徽含山县西南。源出含山县与巢湖市交界的青龙尖，东南流经含山县清溪镇，又西南流入裕溪河。《水经·沔水注》：栅水“又东左会清溪水，水出东北马子岘之清溪也。东径清溪城南，屈而西南，历山西南流，注栅水，谓之清溪口”。《宋史·刘锜传》：南宋绍兴十一年（1141），金兀术南侵，攻庐、和二州，“锜据东关之险以遏其冲，引兵出清溪，两战皆胜”。即此。

②即今安徽池州市南白洋河。《方舆纪要》卷27贵池县：清溪河“在城南。源出西南之涔溪及石岭，与棠溪峡川之水，交于白洋，汇于江祖潭，注于上清溪，沿流与上洛岭水会，绕于平天湖，涌于黄沙滩，过济山湖，泻于济川桥，激于响水滩。又一源出县东南二十里太仆山，俗名太婆山，注于北沙河，折于虾河，绕于东塘湖，合三水下流，至下清溪达江，亦曰清溪口”。

③即今广东五华县西北五华河。《方舆纪要》卷103长乐县：清溪河在“县西三十里。一源发于龙川，一源出县西广信都，有竹溪、黄浦、董源诸水，皆流合焉。东流经兴宁县界，合通海河，又东南入程乡县境，下流入海”。

清溪洞　在今云南富源县西三里。《方舆纪要》卷114平夷卫：清溪洞“在卫西三里。洞内石笋林立，外则溪流环绕”。

清溪桥镇　亦作清溪场。即今四川岳池县西北秦溪镇。清光绪《岳池县志》卷3：清溪场“离城七十里”。

清溪道　古道路名。亦作清溪关路。唐自四川西部通向云南的重要道路。系在汉灵关道的基础上不断展筑而成。起自黎州（今四川汉源县北清溪镇）渡大渡河南行，出清溪峡（今四川汉源县西南），沿越巂河谷，越小相公岭，转安宁河，经西昌、会理，渡金沙江，南抵云南之大姚、姚安、祥云，西通大理。乾元中置关于清溪峡，为控扼南诏重地。《新唐书·韦皋传》：“由黎州出邛部，直云南，置清溪关，号曰南路。”

清溪源　在今湖南江永县西。《清一统志·永州府二》：清溪源，“《县志》：县界凡十有二源，皆瑶所居。如清溪、古凋，在县西七十里；扶灵、勾蓝，在县西南四十里；埠陵，在县西北四十里；高泽，在县西三十五里。俱有户籍，输税粮，为熟瑶。如顶板瑶、砍山瑶，则为生瑶，藏山伏涧，迁徙无常，椎髻跣足，射猎为生，自食其力”。

清溪墟　①即今广东英德市北七十里北江东岸之清溪村。北宋置清溪镇。明置巡司于此。

②即今广东东莞市东南清溪镇。清宣统《东莞县志》卷7：东江“又北屈东北过长山旧围，清溪墟水合上官仓水自东南来注之。上官仓水……又西南过清溪墟，注清溪墟水”。

清溪镇　①唐置，属翼州。在今四川松潘县南。《新唐书·韦皋传》：贞元十三年（797），“高倜、王英俊由峨和、清溪道薄故松州”。即此。

②唐置，属涪陵县。即今重庆市涪陵区东北三十里长江南岸清溪镇。《资治通鉴》：唐开成三年（838），“三月，牂柯寇涪州清溪镇，镇兵击却之”。

③北宋置，属含山县。即今安徽含山县西南二十五里清溪镇。

④北宋置，属贵池县。在今安徽池州市东南。

⑤北宋置，属真阳县。在今广东英德市北七十里清溪村。明置巡司于此。

⑥即今广东五华县西北岐岭镇东南青溪村。明洪武五年（1372）置巡司于此。万历六年（1578）废。

⑦即今重庆市秀山土家族苗族自治县西南清溪场镇。清光绪《秀山县志》卷1：清溪场在“县西三十

里”。

清漓石壁 在今广西阳朔县北五十里漓江边画山。清阮元多次来此，作“清漓石壁图歌”，在山壁上刻“清漓石壁图”。

清滩镇 北宋置，属昌元县。在今重庆市荣昌县北青滩场。

清塞军 唐贞元十五年（799）改清塞守捉城置，属蔚州。治所即今山西阳高县。后废。

清塞县 金明昌四年（1193）置，为桓州治。治所在今内蒙古正蓝旗北四郎城。元废。

清塞城 在今甘肃武威市东南。一说在今古浪县境。《晋书·苻坚载记上》：东晋太元元年（376），前秦将苟苌、梁熙等攻前凉，前凉将“马建惧，自杨非退还清塞”。即此。

清嘉县 北周置，为溳川郡治。治所在今湖北随州市西北。隋大业初废。

清漪园 在今北京市城西北，颐和园前身。此地山青水秀，是历代皇家园囿之地。金贞元元年（1153）完颜亮建行宫于此。元时称为瓮山，湖名瓮山泊。水利科学家郭守敬引瓮山诸泉注入大都（今北京）。明时已逐渐形成西湖风景区，弘治七年（1494）在瓮山下修建圆静寺，正德年间又建好山园。清乾隆十五年（1750）改名清漪园。光绪十四年（1888）改名颐和园。

清漳水 在今山西省东南部。东源出昔阳县西部，西源出和顺县西八赋岭，在左权县泽城附近汇合后，东南流到河北涉县合漳镇，与浊漳水汇合为漳河。《山海经·北次三经》：“少山，其上有金玉，其下有铜。清漳之水出焉，东流于浊漳之水。”《水经·清漳水》：“清漳水出上党沾县西北少山大要谷，南过县西，又从县南屈，东过涉县西，屈从县南，东至武安县南黍窖邑，入于浊漳。”

清漳县 隋开皇十六年（596）置，属洺州。治所在今河北广平县东北南阳堡乡北清漳。《元和志》卷15清漳县：“南滨漳水，因以为名。”唐会昌三年（843）废。

清镇市 1992年撤销贵州省清镇县，改设表镇市，市人民政府驻红枫湖镇。属安顺地区。1995年由贵阳市代管。

清镇军城 一作清海镇城。在今新疆沙湾县东。《新唐书·地理志》北庭大都护府：“又渡白杨河，七十里有清镇军城。”即此。

清镇县 清康熙二十六年（1687）以威清、镇西二卫合并设置，属安顺府。治所即今贵州清镇市。由二卫各取一字为名。民国初属贵州贵西道。1923年直属贵州省。1992年改设清镇市。

清镇城 即清海镇、清海军城。在今新疆沙湾县东。《资治通鉴》：唐咸通七年（866）二月，“归义节度张义潮奏：北庭回鹘固俊克西州、北庭、轮台、清镇等城”。胡三省注：“北庭都护府西七百里有清海镇。”

清潭村 即今广西环江毛南族自治县东南清潭村。《明史·地理志》思恩县：“旧治在环江洲。永乐末，迁于清潭村。”

清潭县 西魏置，属舂陵郡。治所在今湖北枣阳市南七十八里清潭镇。唐武德五年（622）废。

清潭港 在今上海市崇明县东南。《方舆纪要》卷24太仓州崇明县：清潭港“在旧县东南。其相近有张家等港”。

清澜千户所 明洪武二十七年（1394）置，属海南卫。治所在今海南省文昌市东北。万历九年（1581）移今文昌县东南清澜镇。

清澜港 即今海南省文昌市东南清澜港。《方舆纪要》卷105文昌县：清澜港“在县东南三十里。源出县东下场溪西，二处合流，至此与海潮相会而成港”。明置千户所于此。

清澜镇 在今海南省海口市琼山区南。《方舆纪要》卷105琼州府琼山县：清澜镇“在府南。有巡司。洪武中置”。

添平千户所 明洪武二年（1369）置，属九溪卫。治所即今湖南石门县西北一百十里所街乡。清属石门县，后废。

添州 唐置羁縻州，属黔州都督府。治所即今广西百色市。元改为天州。

添桥 即今辽宁凌海市西南天桥街道。明《辽东志》卷1《广宁左中屯卫山川地理图》：锦州城西南有添桥盐场。即此。

添等墟 亦作天灯墟。即今广西天等县。《徐霞客游记·粤西游日记三》：“左、右江之分，以鹅槽岭为界，其水始分为南北流。盖山脊西北自富州来，径归顺、镇安而东过都康，过龙英之天灯虚。”即此。

添楼乡 在今湖北英山县北。明末曾为英山县治。《明史·地理志》英山县：“崇祯十二年徙于西北之章山，十六年又迁于北境之添楼乡。”

渚水驿 在今甘肃榆中县东北清水驿一带。《方舆纪要》卷59安定县：渚水驿在“县西北百二十里。《舆程纪》：自县西北六十里至秤钩湾驿，又六十里至渚水驿”。

渚冬河卫 明永乐十三年（1415）置，属奴儿干都司。治所在今吉林梅河口市西南辉发河上流柳河流域。后废。

渚阳城 即张城。在今河北邢台市东。西汉为张县治。《元和志》卷15任县：张城“一名渚阳城，在县西南二十七里。汉张县也”。《晋书·石勒载记》：晋将王浚遣督护王昌及鲜卑段就六眷等部众五万余以讨勒，“就六眷屯于渚阳”。即此。

渚阳镇 北宋置，属内乡县。即今河南内乡县治。金徙内乡县于此。

渚矶 在今江西星子县南七十里。《方舆纪要》卷84南康府星子县：渚矶“当鄱阳湖之西渚。明初与陈友谅相持于鄱阳湖，既而明师泊左蠡，友谅亦移泊渚矶，即此”。《清一统志·南康府一》：渚矶“北去都昌县之左蠡，南距吴城镇，俱六十里。为湖中津要”。

渚河 在今河北邯郸市南。《水经·浊漳水注》：牛首水“又东出城，又合成一川也。又东澄而为渚，清水东南流注拘涧水，又东入白渠”。《清一统志·广平府一》“渚、沁二河”条下：“《旧志》，渚河在邯郸县南，其源有二：一出县西南二十五里曰蔺家河；一出县西南三十里曰阎家河。合流径县南五里，东入滏阳河。”

渚宫 春秋楚国别宫，为成王所建。在今湖北荆州市荆州区故江陵县城西南隅。《左传》：文公十年（前617），子西“沿汉泝江，将入郢。王在渚宫下见之”。《水经·江水注》：“江水又东经江陵县故城南，……今城，楚船官地，春秋之渚宫矣。”后世以渚宫为江陵之别称。南朝梁元帝即位于此，扩建宫苑，规模宏伟。唐金知古记楚事，著有《渚宫旧事》。

渚溪镇 在今江西星子县南三十里，地当鄱阳湖之滨。明置巡司于此。

渚碧礁 在中国南海诸岛的南沙群岛内，位于中业群礁西南约15海里。为长约6.5公里，宽约3.7公里的环礁。中国渔民向称丑未。1935年公布名称为沙比礁。1947年改名渚碧礁。

淩县 秦置。西汉初属东海郡。治所在今江苏泗阳县西北。《汉书·地理志》注引应劭曰：“淩水所出”，因名。元鼎四年（前113）改为泗水国，封常山宪王子商为王，都此。东汉复为淩县，属广陵郡。西晋属下邳国。永嘉后废。

鸿上水 在今河北唐县西北，唐河支流。《史记·赵世家》《正义》：“鸿上水，源出唐县北葛洪山，接北岳恒山。”又《水经·滱水注》：鸿上水“出（唐县）西北近溪，东南流注于滱水也”。

鸿上关 即常山关。在今河北唐县西北一百十里倒马关乡。《水经·滱水注》：“滱水又东历鸿山，世谓是处为鸿头，疑即《晋书地道记》所谓鸿上关者也。”

鸿口 春秋宋地。在今河南商丘市睢阳区东。《左传》：昭公二十一年（前521），“齐师、宋师败吴师于鸿口”。杜注：“梁国睢阳县东有鸿口亭。”

鸿山关 即倒马关。又名常山关、鸿上关。在今河北唐县西北一百十里倒马关乡。《水经·滱水注》：“滱水又东流历鸿山，世谓是处为鸿头，疑即《晋书地道记》所谓鸿上关。”又《寰宇记》卷62唐县“鸿山关”引《九州要记》：“中山有鸿山关者，昔项羽于此关见群鸿。”因名。

鸿山墓群 在今江苏无锡市东三十里。为春秋战国时期越国贵族墓葬群。有小、中、大、特大型墓，代表了越国贵族的五个等级；七座墓葬共出土二千件随葬品。其中一座长57米的“中”字形大型越国贵族墓葬是仅次于绍兴印山越王墓的越国第二大墓，分为墓道、主室、后室三部分，主室还用木板隔成南北侧室。该墓随葬各类器物一千一百余件，大多为精美绝伦的成组成套的青瓷礼器、乐器和玉器，展示了迄今为止江浙一带所发现的最高等级的越国随葬品的风采。五百余件青瓷和硬陶乐器堪称庞大的地下乐器库，既有中原式甬钟、磬，也有越式的铎、铃形器，还有以往从未确认的缶，乐器的数量和品类，可与曾侯乙墓媲美；玉器中既有葬玉、剑饰，亦有佩玉，成双成对的“五璜佩”，当为春秋战国时期最高等级的配饰；尤其是具有特殊意义的玻璃釉玲珑球形器，是研究玻璃起源与中外文化交流的珍贵资料。鸿山贵族墓地的时代是越国最强盛的越王勾践时期。出土文物丰富，等级差别明显，是继印山大墓之后越文化考古的重大突破，对越文化及越国史的研究具有重要意义。2006年定为全国重点文物保护单位。

鸿门 在今陕西西安市临潼区东十七里，附近有鸿门堡。《史记·项羽本纪》：“项羽兵四十万，在新丰鸿门，沛公兵十万，在霸上。……沛公旦日从百余骑来见项王，至鸿门，……项王即日因留沛公与饮。”即历史上有名的“鸿门宴”。

鸿门县 ①西汉置，属上郡。治所在今陕西榆林市东北。东汉废。

②唐天授二年（691）析庆山、渭南二县置，为鸿州治。治所即今陕西西安市临潼区东三十六里零口镇。大足元年（701）省入渭南县。

鸿化堰 古青神渠。在今四川青神县北。《元史·河渠志》：“嘉定之青神，有堰曰鸿化，则授成其长吏，应期而功毕。”即建于唐太和中，为僚族张武所开，历代维修，扩大灌溉面积。明嘉靖间复开截江水，“直灌田四十余里”。清乾隆间，“自九老桥至中兴庵四十余里，灌田一万四千余亩”。为青神陂堰中最大的水利灌溉工程。1949年中华人民共和国成立后又扩大面积至三万六千亩。

鸿台（臺）冈 在今河南尉氏县洧川镇西。《战国策·韩策一》：张仪说韩王曰：“大王不事秦，秦下甲据宜阳，断绝韩之上地，东取成皋、宜阳，则鸿台之宫，桑林之苑，非大王之有已。”《清一统志·开封府一》：鸿台冈“在洧川县西半里。高十余仞，南北长十余里，首踞洧城，为邑之巨镇。上有鸿台二，各高数丈”。

鸿庆寺石窟 在今河南义马市东南二十八里常村镇石佛村。原有白鹿寺，武周圣历元年（698）改名鸿庆寺。石窟始凿于北魏中晚期，唐代续凿。现存六窟，五、六两窟没入土中。其中四窟半埋土中。第一窟平面近方形，有中心塔柱，柱上雕刻多已剥蚀。后壁浮雕降魔变图，东西两壁浮雕佛传故事。雕刻精致，为北魏佛教石雕艺术佳作。北壁所雕五角形城门楼构思独特，为国内现存最早的实例，是研究北魏建筑的重要资料。第二窟为正方形，圆顶。龛内坐佛等头手均有损坏。第三窟为正方形，前部坍塌，后壁尚存一佛、二弟子、二菩萨，左壁大龛和右壁三龛造像皆有损坏。第四窟刻一佛二弟子二菩萨，左右壁均刻一佛二弟子，多已残损。2001年定为全国重点文物保护单位。

鸿关 又作洪关。在今河南灵宝市西南。《水经·

河水注》：门水“东北历峡谓之鸿关水。水东有城，即关亭也；水西有堡谓之鸿关堡。……余按，上洛有鸿胪围池，是水津渠沿注，故谓斯川为鸿胪涧，鸿关之名乃起是矣”。

鸿州 ①西魏废帝三年（554）改西郢州置，治所在比阳县（今河南泌阳县）。北周改为真昌郡。

②唐天授二年（691）置，治所在鸿门县（今陕西西安市临潼区东零口镇）。辖境相当今陕西临潼、高陵、渭南等县市地。大足元年（701）废入雍州。

鸿池 ①即旋鸿池。在今内蒙古丰镇市东北东、西海子村一带。《方舆纪要》卷44大同府大同县：鸿池“亦曰旋鸿池。在府东（北）”。

②又名鸿池陂、洪池。在今河南洛阳市东汉晋故城东二十里，今偃师市西。《后汉书·百官志三》本注：“鸿池，池名。在雒阳东二十里。”《安帝纪》：永初三年（109），“诏以鸿池假与贫民”。

鸿池陂 又作洪池、鸿池。在今河南洛阳市东汉晋故城东二十里，今偃师市西。《水经·谷水注》：谷水自洛阳城东南，“又东注鸿池陂。池东西千步，南北千一百步，四周有塘，池中又有东西横塘，水流径通”。北魏亦作洪池。久湮。

鸿声里镇 即今江苏无锡市锡山区东南鸿声镇。清光绪《江苏全省舆图》金匮县图：东南有鸿声里。民国《江苏六十一县志》：无锡县东南有“鸿声里镇”。

鸿却陂 即鸿隙陂。在今河南正阳县、息县境，汝、淮两水之间。《后汉书·邓晨传》：“晨兴鸿却陂数千顷田，汝土以殷，鱼稻之饶，流衍它郡。”后废。

鸿沟 ①古运河名。《水经·渠水注》引《竹书纪年》作大沟。战国魏惠王十年（前360）开凿。《史记·河渠书》：“荥阳下引河东南为鸿沟，以通宋、郑、陈、蔡、曹、卫，与济、汝、淮、泗会。”故道自今河南荥阳市北引黄河水东流，经中牟县北、开封市东南，南流经通许县东、太康县西，至淮阳县东南入颍水。联结濮、济、丹、睢、颍、蒗、泗等水，形成了黄、淮平原上庞大的水道交通网。对战国时期各国之间经济、文化的交流与发展，起了促进作用。楚、汉相争时曾划鸿沟为界，以东为楚，以西为汉。汉代改称狼汤渠。唐以后或因楚、汉曾对垒于荥阳县东北广武山上的东、西广武城，遂指两城之间的广武涧为鸿沟，误。

②又名洪沟。在今安徽萧县西北。《方舆纪要》卷29萧县：鸿沟“在旧县西北四十里……水患时导流分泄处也。今堙废”。

鸿沟县 隋开皇十八年（598）改长平县置，属陈州。治所即今河南西华县。大业三年（607）改为西华县。

鸿沟河 在今江苏沛县东。《方舆纪要》卷29徐州沛县：“鸿沟河在县东十五里。旧自滕县界，引昭阳湖入薛水，后废。嘉靖末，河臣朱衡开新河。隆庆二年，衡复以昭阳湖受黄河之水，而赶牛沟复会鲇鱼泉及南阳减水闸南出诸水，胥注于湖，溢则坏民田，乃自湖东南开县东二十里回回墓支河，上通昭阳湖，湖陵城河口。既而河臣翁大立奏开鸿沟废渠，自昭阳湖达鸿沟，自鸿沟达李家口，自李家口达回回墓，东出留城，开河长六十余里，引水济运，并灌民田数千顷，滕、沛间利之。袁氏云，鸿沟在新河西、昭阳湖东，旧引沙、薛二水从此入旧河，旧河废，而此沟亦淤其半。鸿沟开，而新旧二河俱得宣泄。”

鸿沟亭 在今安徽萧县西。《水经·渠水注》：“今萧县西有鸿沟亭。”即《春秋》鲁国之“红”。

鸿固原 亦名少陵原、杜陵原。即今陕西西安市长安区东南潏、灞两河间之高地。宋敏求《长安志》卷11：少陵原“在（长安）县南四十里，南接终南，北至浐水，西屈曲六十里入长安县界，即汉鸿固原也。宣帝许后葬于此，俗号少陵原”。

鸿咀山营 在今广东恩平市北红咀山，北与开平市交界。《方舆纪要》卷101肇庆府恩平县：鸿咀山营“在县西北百里。嘉靖十九年设”。

鸿胪井 在今辽宁大连市旅顺口区黄金山北麓。系唐开元二年（714）鸿胪卿崔忻奉敕赴靺鞨封大祚荣为左骁骑卫员外大将军、渤海郡王，归程所凿，故以鸿胪井名之。明《辽东志》卷1：鸿胪井二“在金州旅顺口黄山之麓，井上石刻有‘敕持节宣劳靺鞨使鸿胪卿崔忻凿井两口永为记验。开元二年五月十八日造’”。井上石刻，在清光绪二十年（1894）甲午之战时被日军劫往日本。

鸿胪馆 唐置，在今陕西高陵县南十八里。北宋废。

鸿庥岛 在南海中中国南沙群岛内，位于郑和群礁的南部边缘，北距太平岛11.25海里。为椭圆形小岛，面积约0.08平方公里。岛上林木茂盛。中国渔民向称南乙或南密。1935年公布名称为南伊岛。1947年改名鸿庥岛，为纪念1946年中国政府派往接收南沙群岛的中业舰副舰长杨鸿庥而命名。

鸿唐寨 在今山西文水县南。北汉据河东时所置戍守处。《宋史·太祖纪二》：乾德五年（967），“北汉鸿唐寨招收指挥使樊晖以寨来降”。即此。

鸿陵山 在今湖南靖州苗族侗族自治县东四十里。《清一统志·靖州》：鸿陵山“自金紫岭迤逦而南，峻拔凌云，冬春雪凝，玉立天表”。

鸿宿洲 在今湖北蕲春县西南蕲州镇西。《方舆纪要》卷76蕲州：鸿宿洲“在州西二里。《旧志》，县西一里江中有隆矶。……隆矶西里许为鸿宿洲。秋冬鸿雁多集于此。一名金沙洲”。

鸿雁池 即旋鸿池。在今内蒙古丰镇市东北东、西海子村一带。《魏书·太祖纪二》：天兴二年（399）二月，“又穿鸿雁池”。

鸿雁洲 即今广东新丰县东三里大营村。《明史·地理志》长宁县：“隆庆三年正月以归善县鸿雁洲置。……万历元年徙治君子峰下。”

鸿隙陂 又名鸿却陂、鸿郄陂。西汉武帝时开凿，引淮水入陂灌田。在今河南正阳县与息县间。成帝时罢。《汉书·翟方进传》："初，汝南旧有鸿隙大陂，郡以为饶。成帝时，关东数水，陂溢为害。方进为相……遂奏罢之。"东汉初复建。《后汉书·邓晨传》：晨为汝南太守，"兴鸿郤陂数千顷田，汝土以殷，鱼稻之饶，流衍它郡"。安帝后废。

鸿德苑 东汉雒阳苑囿。在今河南洛阳市东北汉魏故城南津城门外。《后汉书·桓帝纪》载：永寿元年（155）六月，"洛水溢，坏鸿德苑"。即此。

淇山 即沮洳山。在今河南辉县市西北。《清一统志·卫辉府一》：淇山"淇水所出"。

淇门 即今河南浚县西南六十里淇门。当卫河与淇河交汇处。《旧五代史·梁书·太祖纪》：唐大顺元年（890），朱全忠"令庞师古、霍存下淇门、卫县"。北宋置淇门镇。

淇门镇 北宋置，属汲县。即今河南浚县西南六十里淇门。元为漕运重要转运站。《元史·食货志》："运粮则自浙西涉江入淮，由黄河逆水至中滦旱站，陆运至淇门，入运河，以达于京师。"

淇水 古黄河支流。即今河南淇河，南流至今卫辉市东北淇门镇南入河。《诗经·卫风·竹竿》："泉源在左，淇水在右。"《汉书·地理志》河内郡共县："北山，淇水所出，东至黎阳入河。"东汉建安时，曹操在淇水口筑枋堰，遏淇水使东北流，注入白沟（今卫河）。此后遂成为卫河支流。《三国志·魏书·武帝纪》：建安九年（204），"遏淇水入白沟以通粮道"。即此。

淇水县 唐渤海国置，属桓州。治所在今朝鲜慈江道江界。辽废。

淇州 蒙古宪宗五年（1255）置，治所在临淇县（今河南淇县）。元世祖至元三年（1266）属卫辉路，省临淇县入州。元末废。明洪武元年（1368）复置，属卫辉府。寻降为淇县。

淇江水 在今湖南桂东县西南。《方舆纪要》卷82桂东县：淇江水在"县南八十里。出三峰山，流入桂阳县（今汝城县）界"。至资兴市东南入耒水。

淇阳县 隋开皇初置，属相州。治所在今河南林州市南七十二里淇阳城。大业初废。

淇县 明洪武元年（1368）改淇州置，属卫辉府。治所即今河南淇县。民国初属河南河北道。1927年直属河南省。

淇园 在今河南淇县西北。《诗经·卫风·淇奥》："瞻彼淇奥，绿竹猗猗。"《汉书·沟洫志》：汉武帝发卒数万人塞瓠子决河，"而下淇园之竹以为楗"。《后汉书·寇恂传》：恂任河内太守，"移书属县，讲兵肄射，伐淇园之竹，为矢百万"。

淇河 在今安徽萧县西五十里。《方舆纪要》卷29萧县"睢水"条下：淇河"东北流经杨家集，又经旧县西南，而东北会于两河口"。

淇潭堡 在今广东连南瑶族自治县东南淇潭湾。《清一统志·连州》：淇潭堡巡司"在阳山县西北淇潭堡"。

淇澳 在今广东珠海市北淇澳岛淇澳村。清乾隆三十四年（1769）置巡司于此。

渃水 亦作诺水。即今四川通江县西北小通江河。《方舆纪要》卷68通江县：渃水"在县治西，源出陕西南郑县之青石关，经众山中，流入县界，南流而东，折注于达州之渠江。亦曰宕水。亦曰诺水"。

淋山河镇 即今湖北黄冈市北六十六里淋山河镇。清光绪《黄冈县志》卷24《兵事》：同治三年（1864）五月，陈得才、张总愚、赖文光等众数十万入县境，自道规河、淋山河、回龙山、孙家嘴等处，纵横二百里间，垒、馆"密如比栉"。

淅川厅 清道光十二年（1832）改淅川县置，属南阳府。治所在今河南淅川县西南老城。1913年改为淅川县。1961年移治今淅川县（城关镇）。

淅川县 ①北魏置，属淅川郡。治所在马蹬城（今河南淅川县南丹江口水库中）。北周废。唐初复置，属淅州。贞观八年（634）废。五代梁复置，属邓州。元初废。明成化六年（1470）复置，属邓州。徙治今淅川县西南三十四里老城镇。清初属南阳府，道光十二年（1832）改为淅川厅。1913年改为淅川县，属河南汝阳道。1927年直属河南省。1961年徙治上集（今淅川县）。

②唐武德元年（618）置，属迁州。治所在今湖北房县境。五年（622）废。

淅水 一名析水。即今老鹳河。源出今河南卢氏县南。上游名黄沙五渡河。南流经西峡县西，至淅川县南入丹江。《隋书·地理志》：析阳郡内乡县"有淅水"。

淅地港 亦作察地港、撒地港、彻第缸。即今孟加拉国之吉大港。明费信《星槎胜览》卷4：榜葛剌国，"其国海口有港曰察地港，立抽分之所。其王知我中国宝船到彼，遣部领赍衣服等物，人马千数迎接"。清谢清高《海录》译作彻第缸。

淅州 ①亦作析州。北魏永安初置，治所在修阳县（今河南西峡县北）。北周辖境相当今河南西峡、淅川等县地。隋开皇初废。

②唐武德二年（619）改淅阳郡置，治所在西乡县（今河南西峡县南）。贞观八年（634）废。

淅阳郡 ①亦作析阳郡。北魏置，属析州（淅州）。治所在西析阳县（今河南西峡县）。北周改西析阳县为中乡县。辖境相当今河南西峡县地。隋开皇初废。

②隋大业初改淅州置，治所在南乡县（今河南淅川县南丹江水库内）。辖境相当今河南西峡、淅川二县及湖北十堰、丹江口二市和郧县、郧西二县地。唐初废。

淅河店 即今湖北随州市东南二十里淅河镇。清光绪《湖北全省分图》：随州东南有淅河店。

浙源县　唐置，属浙州。治所在今贵州习水县东北。后废。

淞沪铁路　清光绪二十四年（1898）修筑，北起上海吴淞炮台湾（上海市吴淞镇北），南至上海闸北老靶子路（今上海市北站附近）。长16.1公里。沪宁线建成后，成为沪宁线的支线。

渎山　即今四川岷山。《史记·封禅书》："自华以西，名山七。……渎山，蜀之汶山。"又《水经·江水注》："岷山，即渎山也，水曰渎水矣。"

渎江　即今四川中部之岷江。《水经·江水注》："岷山即渎山也，水曰渎水矣。"《舆地纪胜》卷146嘉定府：渎江"岷江也。《禹贡》：岷山导江入于海。凡以入海，《书》者惟渎为然"。

淹水　即今与雅砻江合流以上的金沙江。在四川、云南间。东汉至南朝称淹水。许慎《说文解字》："淹水出越嶲徼外，东入若水。"《水经·淹水》："淹水出越嶲遂久县徼外，东南至青蛉县，又东过姑复县南，东入于若水。"

淹城遗址　春秋吴邑。在今江苏常州市武进区南湖塘镇西南六里。《越绝书·吴地传》："毗陵县南城，故奄君地也。"《清一统志·常州府二》：淹城，"《旧志》：其城三重，周广十五里，濠堑深阔。今外城多圮，内濠亦堙，惟内城、中城屹然。中濠、外濠，广可十五丈，深亦不減三丈"。今遗址尚存。1957年以来发掘，出土铜器、陶器、独木舟等，经鉴定为西周、春秋时遗物。1988年定为全国重点文物保护单位。

淹浦　在今浙江慈溪市东南淹浦。《方舆纪要》卷92慈溪县：淹浦"浦东即古窑港也。宋庆历间置古窑、淹浦二闸，以蓄泄鸣鹤一乡之水。元至元中修复之。今盐丁载卤出入，闸制遂废"。

涿　战国燕邑，以涿水得名。即今河北涿州市。《韩非子·有度篇》："燕襄王以河为境，以蓟为国，袭涿、方城，残齐，平中山。有燕者重，无燕者轻。"即此。秦置涿县。

涿乡　在今湖北宜昌市西。《三国志·吴书·韩当传》："宜都之役，与陆逊、朱然等共攻蜀军于涿乡，大破之。"

涿水　在今河北涿州市西南。《水经·圣水注》：涿水"又亦谓之桃水。出涿县故城西南奇沟东八里大坎下，数泉同发，东径桃仁墟北……又东北与乐堆泉合……又东北径涿县故城西，注于桃"。《寰宇记》卷70涿州范阳县："涿水源出县西土山下，东北经县北五里，又东注圣水。"由于水流迁徙，今河已非旧迹。

涿邪山　今蒙古国南戈壁省古尔班赛汗山，一说即巴里坤之东沙漠中的尼赤金山。《汉书·匈奴传》：天汉二年（前99），"汉又使因杅将军出西河，与强弩都尉（路博德，时在居延）会涿邪山"。《后汉书·南匈奴传》：永平十六年（73），汉使祭肜与南匈奴左贤王信出朔方、高阙，击北匈奴，"攻皋林温禺犊王于涿邪山，虏闻汉兵来，悉度漠去"。信出高阙塞九百余里，得小山，妄言以为涿邪山，肜到，不见北匈奴而还，遂坐不至涿邪山免职。据此知涿邪山应在大漠南缘，距高阙西北九百余里以上，近居延。

涿邪径　即追邪径。在今蒙古国西南巴彦洪戈尔省南境戈壁阿尔泰山脉。为古涿邪山之径。

涿州　唐大历四年（769）置，治所在范阳县（今河北涿州市）。辖境相当今河北涿州市、雄县及固安县地。蒙古太宗八年（1236）改为涿州路，中统四年（1263）复为涿州，属大都路。明洪武初废范阳县入州，属顺天府。清不辖县。1913年改为涿县。

涿州双塔　在今河北涿州市老城内东北隅。双塔南北对峙。南塔称智度寺塔，建于辽太平十一年（1031），高44米，五层；北塔称云居寺塔，建于辽大安八年（1092），高55.69米，六层。两塔均为舍利塔，原寺均已不存。智度寺塔1927年遭炮击，东面部分坍塌。1976年唐山大地震，塔顶坍塌。双塔相距约300米，皆为八角形仿木楼阁式砖塔。塔的整体结构为套筒式，外墙与内墙之间为走廊。塔心柱内设有旋转式踏垛，从底层可拾阶而上至塔顶。2001年定为全国重点文物保护单位。

涿州路　蒙古太宗八年（1236）升涿州置，治所在范阳县（今河北涿州市）。辖境相当今河北涿州市及北京市房山区地。元世祖中统四年（1263）复为涿州。

涿县　①秦置，属广阳郡。治所即今河北涿州市。西汉为涿郡治。三国魏为范阳郡治。西晋为范阳国治。隋属涿郡。唐武德七年（624）改名范阳县。

②1913年改涿州置，属京兆尹。治所即今河北涿州市。1928年直属河北省。

涿郡　①西汉高帝置。治所在涿县（今河北涿州市）。《寰宇记》卷70：涿郡"取涿水以为名"。汉成帝末辖境相当今北京市房山以南，河北易县、清苑以东，安平、河间以北，霸州、任丘以西地区。三国魏黄初七年（226）改名范阳郡。

②隋大业三年（583）改幽州置，治所在蓟县（今北京市城西南隅）。辖境相当今北京市及河北霸州市和天津市海河以北，蓟运河以西，河北赤城、涿鹿以东地区。唐武德三年（620）复为幽州。

涿涂山　亦作涿邪山。在今蒙古国西南古尔班赛汗山。《史记·匈奴列传》：西汉天汉二年（前99），"汉复使因杅将军（公孙）敖出西河，与强弩都尉（路博德）会涿涂山，毋所得"。

涿鹿　在今河北涿鹿县东南四十里矾山镇附近古城。《史记·五帝本纪》：黄帝"邑于涿鹿之阿"。即此。

涿鹿山　又作浊鹿山。在今河北涿鹿县东南四十里。《史记·五帝本纪》：黄帝"与蚩尤战于涿鹿之野"。《集解》引服虔曰："涿鹿，山名。"张晏曰："涿鹿在上谷。"即此。

涿鹿卫　明永乐七年（1409）置，直隶后军都督府。治所即今河北涿州市。后废。

涿鹿中卫　明永乐十一年（1413）置，直隶后军都督府。治所即今河北涿州市。后废。

涿鹿左卫　明永乐八年（1410）置，直隶后军都督府。治所即今河北涿州市。后废。

涿鹿县　①西汉置，属上谷郡。治所在今河北涿鹿县东南四十里矾山镇附近古城。西晋属广宁郡。《资治通鉴》：东晋义熙十一年（415），“魏王嗣行如濡源，遂至上谷涿鹿、广宁”，即此。北魏末废。

②1914年改保安县置，属直隶口北道。治所即今河北涿鹿县。1928年属察哈尔省。1952年属河北省。

渐山　①俗名尖山。在今江西南昌县（莲塘镇）东南。《方舆纪要》卷84南昌府：渐山“在府东南六十八里。耸如卓笔，南接近进贤县界”。

②即今福建龙海市西南浙山。《方舆纪要》卷99海澄县：渐山“在县（今海澄镇）西。耸起高峰，雄大尖秀，鸡笼、南岐诸山拥峙水口。山下人民辐辏”。

渐水　①即浙江水。在今浙江省西北部。《说文解字》：“渐水出丹阳黟南蛮中，东入海。从水，斩声。”

②一名澹水。又名鼎江。在今湖南常德市北，流入汉寿县西北入沅。《汉书·地理志》武陵郡索县：“渐水东入沅。”《水经·沅水注》：“澹水出汉寿县西杨山，……又东历诸湖，方南注沅，亦曰渐水也。水所入处，谓之鼎口。”

渐台（臺）　①在今湖北荆州市江陵区东北。西汉刘向《列女传》：“贞姜，齐侯女，楚昭王之夫人也。王出游，留夫人渐台之上而去。”即此。

②汉长安城的宫殿建筑。有二。（1）汉未央宫渐台，在今陕西西安市西北汉长安城内未央宫未央宫西部沧池之中。《汉书·佞幸传》：“邓通，蜀郡南安人也，以濯船为黄头郎。文帝尝梦欲上天，不能，有一黄头郎推上天，顾见其衣尻带后穿。觉而之渐台。”颜师古注：“未央宫西南有苍池，池中有渐台。”又，地皇四年（23），王莽至渐台，被斩于“室中西北陬间”。（2）在今西安市西北汉长安城西建章宫太液池内。《汉书·扬雄传》：“武帝广开上林……穿昆明池象滇河，营建章、凤阙、神明、驱娑，渐台、泰液象海水周流方丈、瀛洲、蓬莱。”又同书《郊祀志》：建章宫“北治大池，渐台高二十余丈，名曰泰液”。师古曰：“渐，浸也，台在池中，为水所浸，故曰渐台。”《水经·渭水注》：“泬水又径渐台东。”

渐江水　古浙江的别名。《汉书·地理志》丹阳郡黝县：“渐江水出南蛮夷中，东入海。”《说文》作渐水，释同《汉志》。《水经》有“渐江水”专条，云：“渐江水出三天子都，北过余杭，东入于海。”郦注：“《山海经》谓之浙江也。”即《山海经·海内东经》所谓“浙江出三天子都，在其（蛮）东，在闽西北入海，余暨南”。以源出今安徽黟县古黟山南坡的章水、吉阳水等水为正源，南至渔亭称横江水，东会率水为屯溪，再东合练江所汇诸水为新安江。桐庐以下，东过钱塘，称钱塘江，再东连余杭等山阴之地，统称浙江，即今钱塘江流域的干流。

渐泽　在今河南尉氏县南。《穆天子传》卷5：“天子饮于洧上……钓于渐台。”《清一统志·开封府一》：渐泽“在洧川县北二十里。广四里。……今名指泽陂”。

渐离城　在今河北易县西南。《水经·易水注》：“易水又东历燕之长城，又东径渐离城南，盖太子丹馆高渐离处也。”

淑村　即今河北武安市东南淑村镇。清乾隆《武安县志》卷2里社有淑村。

淖毛湖　即今新疆伊吾县东北淖毛湖乡。清光绪《哈密直隶厅乡土志》：“沁城东去百余里名东山，皆回部缠种居于此。又东去四站名淖光湖，是回部畜牧大草厂。”

滮池　即滤池。又名圣女泉、水池。在今陕西西安市西北。《魏书·地形志》：京兆郡长安县有“滮池水”，即此。

混元河　即今黑龙江省哈尔滨市阿城区东南三道河子，为阿什河支流。由头道、二道、三道、四道诸河总汇而成，故名。《清史稿·地理志》双城府：“东：阿什河自宾州缘界，合混元河。”

混夷　即绲戎。在今甘肃陇山以西。《诗经·大雅·绵》：“混夷駾矣。”

混同江　古今所指不一。①指今吉、黑二省之松花江。《辽史·圣宗纪》：太平四年（1024），“诏改鸭子河曰混同江”。《金史·世纪》：“生女直地有混同江、长白山，混同江亦号黑龙江。”

②指今黑龙江省东部之牡丹江。《明一统志》卷25辽东都司：混同江“源出长白山，北流经五国城，又北合松花江，东注于海”。

③指今黑龙江省之黑龙江。明《寰宇通志》卷116：松花江“合混同江东流入海”。明《辽东志》卷1：混同江在“（开原）城北一千五百里。源出北山，南流合松花江入海”。

④民国通行地志以松花江会黑龙江以下为混同江。

混同县　辽清宁中（1055—1064）置，为宁江州治。治所在今吉林扶余县（三岔河镇）东北石头城子。金初废。

混沌大洋　即今越南南部海上之昆仑岛。《元史·史弼传》：至元三十年（1293），弼“至东董、西董山，牛崎屿，入混沌大洋、橄榄屿、假里马答、勾阑等山”。

混桥　在今河北临漳县西南故邺城东北。《晋书·姚弋仲载记》：十六国后赵青龙元年（350），“冉闵之乱，弋仲率众讨闵，次于混桥”。一说即故邺城东五里之石桥，桥跨漳水，长十余丈。

淠水 ①一名白沙河。淮河支流。《水经注》称沘水。上源有二，均发源于大别山北麓。源于今安徽岳西县的称东淠河，源于金寨县的称西淠河，二河分别北流，至六安市两河口汇合后始称淠河。北流经霍邱县，至寿县正阳关入淮河。《方舆纪要》卷26六安州：淠水，"万历十七年，湖广黄梅贼曾由此犯六安"。即此。

②一作滍水。俗名白鹭水。即今白露河。源出今河南新县东南小界岭，北流经光山、潢川，至淮滨县东南入淮河。《水经·淮水注》：淠水"出弋阳县南垂山，西北流历阴山关……又东北流径新城戍东，……又东北注淮。俗曰白鹭水"。

淠水县 隋开皇初改新蔡县置，属庐州。治所在今安徽霍山县东北。以淠水为名。大业初属庐江郡。唐初废。

涸河镇 即固河镇。今山东高唐县东北固河镇。

渑水（渑 shéng） ①一作绳水。即今山东淄博市北裙带河。源出淄博市东北临淄东，西北流至博兴东南入时水（今小清河）。此下时水亦通称渑水。《左传·昭公十二年》："有酒如渑，有肉如陵"，指此。久堙。一说渑、绳有别，此水系渑水，不应作"绳"，不足据。

②即浊水的别名。《水经·淄水注》：东阳城南阳水流注浊水，"亦或通名之为渑水"。浊水即今北阳河，阳水即今南阳河，并在今山东青州市北。古谚"瘦马不渡渑"，指此。一说渑、绳有别，此水系绳水，不应作"渑"，不足据。

渑池（渑 miǎn） ①战国初属郑，后入韩、秦。在今河南渑池县西十三里朱城村。《史记·蔺相如传》："秦王使使者告赵王，欲与王为好会于西河外渑池。……王许之，遂与秦王会渑池。"即此。秦置渑池县。

②池名。在今河南渑池县北。《明一统志》卷29河南府：黾池"在渑池县治北。黾似蛙而腹大，池有此。因名"。

渑池山 即白石山。又名广阳山。在今河南渑池县东北二十里。《寰宇记》卷5渑池县：广阳山"亦名渑池山"。

渑池水 一名西渡水。在今河南宜阳县西。《汉书·地理志》弘农郡宜阳县："在黾池有铁官也。"《水经·洛水注》：熊耳山"山际有池，池水东南流，水侧有一池，世谓之渑池矣。又东南径宜阳故城西，谓之西度水，又东南流入洛"。

渑池县（渑 shéng） 一作黾池县。秦置，属三川郡。治所在今河南渑池县西十三里朱城村。西汉景帝中元二年（前148）徙治今渑池县西十六里，属弘农郡。东汉建安中移治蠡城（今河南洛宁县西）。北魏太和十一年（487）改为北渑池县，还治今渑池县西十三里，为渑池郡治。隋开皇初复为渑池县，属熊州。大业元年（605）移治新安驿（今渑池县东二十五里）。三年（607）属河南郡。十二年（616）移治大坞城（今渑池县北十五里）。唐属谷州，贞观三年（629）移治双桥（即今渑池县）。显庆二年（657）属洛州（后改河南府）。金末升为韶州。元复为渑池县，属河南府路。明属河南府。民国初属河南河洛道。1927年直属河南省。

渑池郡 ①北魏太和十一年（487）置，治所在渑池县（今河南渑池县西十三里）。辖境相当今河南渑池、洛宁二县一部分。西魏大统十一年（545）废。

②东魏兴和中侨置，属义州。寄治汲郡陈城（今河南卫辉市）。北齐废。

渑厄（阨） 即冥厄。在今河南信阳市西南平靖关。《淮南子·坠形训》："渑阨"为九塞之一。

渑坂 在今河南渑池县西北二十里。《清一统志·河南府一》：渑坂"有南坂、北坂"。

渑河 源出今河南渑池县东北广阳山，南流入谷水。《水经·谷水注》："谷水又东，左会北溪，溪水北出黾池山，东南流注于谷。疑即孔安国所谓涧水也。"

渑隘 即冥阨。又作渑阨。即今河南信阳市西南平靖关。《战国策·韩策一》：观鞅谓春中曰，"今秦欲逾兵于渑隘之塞，不便"。即此。

涭河 在今山东宁阳县东南五里。《清一统志·兖州府一》：涭河"汇东北蛇眼诸泉，环城而流，即今城河也。南流至滋阳（今兖州县）入漕。西流同古城泉，由高吴桥南入洸"。

淛江 即制江。淛与制同。又名浙江、渐江水。今浙江钱塘江、富春江。上游即源自皖南之新安江。

淮土 即今福建宁化县西南淮土乡。1931年中央革命根据地置宁化县治此。

淮上 指今安徽淮水之北。当在今安徽凤台县境。《左传》：襄公三年（前570），"晋侯使荀会逆吴子于淮上"。即此。

淮口镇 亦作怀口镇。即淮州镇。今四川金堂县东南淮口镇。民国《四川省乡镇概况图》：金堂县东南沱江东岸有淮口镇。

淮山 亦作维山。在今湖北南漳县东北。《汉书·地理志》汉中郡房陵县："淮山，淮水所出，东至中庐入沔。"

淮川县 隋开皇初改白狗县置，属豫州。治所在今河南正阳县东南。大业初省入真阳县。唐武德四年（621）复置，属息州。贞观元年（627）废入真阳县。

淮川郡 南朝梁置，为西淮州治。治所在白苟堆（今河南正阳县东南）。北齐废。

淮井 一名淮源井。在今河南桐柏县西北二十二里固庙村。《清一统志·南阳府一》"淮水"条："《旧志》，伏流数里涌三泉，因浚为井，曰淮井。又六七里成河。"

淮水 ①即今淮河。《禹贡》："海岱及淮惟徐州，淮沂其乂……浮于淮泗达于河。"《汉书·地理志》南阳郡平氏县："《禹贡》桐柏大复山在东南，淮水所出，东南至淮浦入海，过郡四，行三千二百四十里。”源出河南桐柏山，东流经河南、安徽，原在江苏北部独流入海。金代以后下游为黄河所夺，现由洪泽湖，经宝应湖、高邮湖，在今江苏江都县入长江。

②古水域名。《汉书·地理志》丹阳郡陵阳县：“桑钦言淮水出东南，北入大江。”又庐江郡：“金兰西北有东陵乡，淮水出。”此淮水出于陵阳东南，金兰（古泾县的变音）西北，北入大江，当在今安徽青阳县与黄山市、石台县相接处，为今青通河与陵阳河的混称，并上接于今青弋江上游太平湖，构成一条水陆相接的南北交通路线。《水经》以金兰为县，在大别山区；《水经注》以淮水为灌水之误，均不确。

③即今江苏南京市之秦淮河，为长江支流。六朝时建康（今南京市）城南淮水阔达数十丈，夹淮立栅。西则顺流而下出大江，东则溯流而上径破冈渎通三吴。《元和志》卷25上元县：淮水“源出县南华山，在丹阳、湖孰两县界，西北流经秣陵、建康二县之间入于江。初，王敦构乱，王导忧将覆族，使郭璞筮之，曰：‘淮水绝，王氏灭。’即此淮也”。唐以后因旧传秦始皇通此河，改称秦淮河。

④即潍水，亦即今山东境内潍河。上源为久台水和浯水，北流经高密市东。至潍坊市东南接纳汶水，北流经昌邑市东，北流入海。《汉书·地理志》琅邪郡朱虚县：“东泰山，汶水所出，东至安丘入维。”又，灵门县下：“壶山，浯水所出，东北入淮。”又，横县下：“故山，久台水所出，东南至东武入淮。”“淮”皆指潍水。

⑤亦作维水。即今湖北襄阳市襄城区西南维水。《汉书·地理志》房陵县：“淮山，淮水所出，东至中庐入沔。”《水经·沔水》：沔水“又东过中庐县东，淮水自房陵县淮山东流注之”。

⑥即今广东汕头市惠阳区北淡水，为东江支流。《方舆纪要》卷103惠州府归善县：淮水在“府南百里，亦曰上下淮水。源出府西南梧桐山，东流受李溪水、米塘水，至鼓角山折而北流，有麻溪水来合焉，北流注于西江”。

淮左 即“淮东”。

淮右 即“淮西”。

淮平县 南宋绍兴二十一年（1151）析临淮县置，属泗州。治所在今江苏盱眙县西。金明昌六年（1195）与盱眙县合并，并移治今盱眙县西北（淮水北岸，今已沦入洪泽湖中）。元至元二十一年（1284）废入临淮县。

淮东 地区名。亦称淮左。隋唐以前，从中原地区通往长江下游一般都在今安徽寿县附近渡淮，这段淮水的流向为自南而北，所以习称今安徽淮河南岸一带为淮东。有时也兼指包括长江下游一带。《汉书·荆燕吴传》：“立刘贾为荆王，王淮东五十二城。”

淮东道宣慰司 元世祖至元十三年（1276）置淮东道宣抚司。十五年（1278）改置宣慰司，治淮安路（治今江苏淮安市楚州区）。十九年（1282）罢。二十一年（1284）复置，迁治扬州路（治今扬州市）。二十三年（1286）罢，二十六年（1289）又复置。大德三年（1299）与淮西道宣慰司并作淮东淮西道宣慰司。皇庆后长期领有扬州、淮安、高邮等两路一府。至正二十六年（1366）废。

淮东路 即淮南东路。

淮北 地区名。淮水北岸地。即今安徽凤台县至亳州市东南一带。《左传》：昭公九年（前533），“楚公子弃疾迁许于夷，实城父。取州来、淮北之田以益之”。即此。

淮宁军 唐方镇名。即淮南西道。大历十四年（779）淮西节度使赐号淮宁军，治所在蔡州（今河南汝南县）。同年改为申光蔡节度。

淮宁县 清雍正十二年（1734）置，为陈州府治。治所即今河南省淮阳县。1913年改为淮阳县。

淮宁府 北宋宣和初升陈州置，属京西北路。治所在宛丘县（今河南淮阳县）。辖境相当今河南周口、项城二市及淮阳、商水、西华、沈丘等县地。金改为陈州。

淮扬道 1914年依前淮安、扬州两府辖境置，属江苏省。治淮阴县（今江苏淮安市清河区）。辖境约当今江苏泗阳、洪泽、金湖、高邮、仪征以东，淮安、涟水、滨海等市县以南，扬州、江都、泰州、姜堰、海安等市县以北地区。1927年废。

淮西 ①地区名。亦称淮右。隋唐以前，从中原地区通往长江下游一般都在今安徽寿县附近渡淮，这段淮水的流向为自南而北，所以习称今皖北、豫西淮河北岸一带为淮西。《史记·荆燕世家》：汉高帝六年（前201），立“高祖弟交为楚王，王淮西三十六城”。

②唐方镇名。为淮南西道简称。

淮西道 元世祖至元十三年（1276）置淮西道宣抚司，十四年（1277）改为淮西道宣慰司。治所在庐州路（今安徽合肥市）。大德三年（1299）与淮东道宣慰司合并为淮东淮西道宣慰司，徙治扬州路（今江苏扬州市）。

淮州 ①南朝梁太清元年（547）改西豫州置，治所在广陵城（今河南息县）。东魏武定七年（549）改名东豫州。

②西魏改东荆州置，治所在比阳城（今河南泌阳县西）。隋开皇五年（585）改为显州。

③西魏废帝元年（552）改华州置，治所在淮安郡（今河南桐柏县东固县镇）。三年（554）改为纯州。

④东魏改北兖州置，治所在怀恩县（北周改寿张县，在今江苏淮安市淮阴区西南码头镇）。隋开皇初废。

淮州镇 亦作怀州镇、淮口镇。即今四川金堂县东南淮口镇。民国《金堂县志》卷1：怀口镇“俗名淮州，清初设，距城八十里”。

淮安卫　明洪武初建，属南京中军都督府。治所在山阳县（今江苏淮安市楚州区）。清废。

淮安市　1987年改江苏省淮安县置，属淮阴市。治所在淮城镇。2000年淮阴市改名淮安市。撤销县级淮安市，设立淮安市楚州区。2011年楚州区改名淮安区。

淮安州　南宋端平元年（1234）改淮安军置，治所在淮安县（今江苏淮安市楚州区）。辖境相当今江苏淮安、宝应、盐城、建湖等市县地。元至元二十年（1283）升为淮安路。

淮安军　①南宋绍定元年（1228）改楚州置，治所在淮安县（今江苏淮安市楚州区）。端平元年（1234）改为淮安州。

②南宋咸淳七年（1271）置，属淮南东路。治所在五河县（今安徽五河县北浍河南岸旧县湾）。辖境相当今安徽五河县地。元初废。

淮安县　①南朝梁大同元年（535）置，为上川郡治。治所即今河南桐柏县东固县镇。西魏为淮州治。隋开皇初改为桐柏县。

②南宋绍定元年（1228）改山阳县置，为淮安军治。治所即今江苏淮安市楚州区。端平元年（1234）改为淮安州治。元至元二十年（1283）复改山阳县。1914年又改为淮安县，属江苏淮扬道。1927年直属江苏省。1987年改设淮安市。2000年改设淮安市楚州区。2011年改楚州区为淮安区。

淮安府　元至正二十六年（1366）朱元璋改淮安路置，后属南京。治所在山阳县（今江苏淮安市楚州区）。辖境相当今江苏盐城、淮安、洪泽等县市以北，睢宁、邳州以东，赣榆以南，东至海。清属江苏省，辖境缩小。1912年废。

淮安府衙　在今江苏淮安市楚州区淮安总督漕运部院北侧。又称淮安府署。南宋时为五通庙，元代为沂郯万户府，明洪武三年（1370）淮安知府姚斌改建府署衙，五进院落。两侧有数十间厢房，占地约1.3万平方米。现存主要建筑有府衙、大堂、二堂。大堂七间，面阔26米，进深18.5米，高10余米，气势宏伟。为清咸丰十一年（1861）重修，梁枋上存有题记。二堂规模略小，面澗五间，进深三间。是江苏省唯一保存下来的清代州府署衙。2006年定为全国重点文物保护单位。

淮安郡　①北齐置，属郢州。治所在慕化县（今河南信阳市西北）。北周属申州。隋开皇初废。

②隋大业三年（607）改显州置，治所在比阳县（今河南泌阳县）。辖境相当今河南泌阳、桐柏、社旗三县。唐改为唐州。天宝元年（742）改淮安郡。乾元元年（758）复为唐州。

淮安路　元世祖至元二十年（1283）升淮安州置，属淮东道宣慰司。治所在山阳县（今江苏淮安市楚州区）。辖境相当今江苏盐城、淮安、盱眙及安徽天长、五河等县市以北，泗县及江苏泗阳、沭阳以东，赣榆以南，东至海。至正二十六年（1366）朱元璋改为淮安府。

淮安镇　北宋置，属安化县。即今甘肃华池县西北怀安乡。金改为怀安镇。

淮阳军　北宋太平兴国七年（982）置，属京东东路。治所在下邳县（今江苏睢宁县西北古邳镇东三里）。辖境相当今江苏邳州、睢宁、宿迁、泗阳、新沂等市县地。金属山东西路，贞祐三年（1215）改为邳州。

淮阳县　①战国秦置，属陈郡。治所即今河南淮阳县。西汉为淮阳国治。北宋改为淮宁府治。清置淮宁县，为陈州府治。1913年复改为淮阳县，属河南豫东道。治所即今河南淮阳县。1914年属开封道。1927年直属河南省。

②南朝梁置，属韶阳郡。治所在今广西象州县西南。隋开皇十八年（598）改为阳宁县。

③南朝梁侨置，为沛郡治。治所在今安徽宿州市东北八十二里解集乡。东魏武定六年（548）改名斛城县。

④北周改绥化县置，属淮阳郡。治所在今江苏泗洪县境。隋属下邳郡。唐贞观元年（627）废。

淮阳国　西汉高帝十一年（前196），立子友为淮阳王，为同姓九国之一。都陈县（今河南淮阳县）。惠帝元年（前194）改为郡。此后或国、或郡。成帝元延末，辖境相当今河南淮阳、柘城、太康、扶沟、鹿邑等县地。东汉章和二年（88）改为陈国。

淮阳城　①在今江苏泗阳县西废黄河南岸。《水经·淮水注》载：“淮水又东径广陵淮阳城南，城北临泗水，阻于二水之间。《述征记》：淮阳太守治。自后置戍，县亦有时废兴也。”为南北战守要地。《资治通鉴》：南朝梁天监五年（506），将军萧昞“击魏徐州，围淮阳”，败还。即此。

②即今河南淮阳县城。西汉初为淮阳王封国，都于此。东汉改为陈国。《寰宇记》卷10引《晋地道记》：“陈城西南角有淮阳城。汉淮阳国城也。”

淮阳郡　①东晋义熙中土断置，属徐州。治所在角城县（北齐改文城县，北周改临清县，在今江苏淮安市淮阴区西南古淮水与泗水交会处）。其后移治淮阳城（在角城的西北，泗水西岸）。隋开皇初废。

②西魏置，为辅州治。治所在今河南桐柏县境。北周废。

③北齐置，治阳夏县（今河南太康县）。隋开皇初废。

④隋大业三年（607）改陈州置，治所在宛丘县（今河南淮阳县）。辖境相当今河南西华县以东，郸城县以西，太康县以南，安徽临泉县西部以北地。唐武德元年（618）改为陈州。天宝元年（742）复为淮阳郡。乾元元年（758）又改为陈州。

淮阴市　1958年清江市改名为淮阴市，治今江苏省淮河安市清河区。为淮阴专区专员公署驻地。同年撤销淮阴县，并入淮阴市。1964年淮阴市复名清江市；原淮阴县析出复置。1970年为淮阴地区行政公署驻地。1983年清江市复名淮阴市，撤销淮阴地区，淮阴市升为地级市。2000年淮阴市改名淮安市（原县级淮安市改置楚州区；原淮阴县改设淮阴区）。

淮阴县　①秦置，属东海郡。治所即今江苏淮安市淮阴区西南码头镇。汉高帝六年（前201）封韩信为淮阴侯于此，后改为县，属临淮郡。东汉属下邳国。三国魏为广陵郡治。南朝宋泰始二年（466）侨置兖州治此，南齐改为北兖州，梁为淮州治。东魏改怀恩县，为淮州、淮阴郡治。北周改寿张县。隋开皇初复改淮阴县，属楚州，大业初废。唐初复置，武德七年（624）省。乾封二年（667）复置。元至元二十年（1283）省入山阳县。

②北魏时侨置，属城阳郡。在今河南正阳县附近。

③1914年改清河县置，为江苏淮扬道治。治所即今江苏淮安市清河区。1927年直属江苏省。1971年迁治王营镇（今淮阴区）。2000年撤销淮阴县，改设淮安市淮阴区。

淮阴郡　①东魏置，属淮州。治所在怀恩县（北周改寿张县，隋改名淮阴县，在今江苏淮安市淮阴区西南码头镇）。辖境相当今江苏淮安市及洪泽、盱眙二县。南朝陈改为东平郡。隋开皇元年（581）复改为淮阴郡，旋废。

②唐天宝元年（742）改楚州置，治所在山阳县（今江苏淮安市楚州区）。辖境相当今江苏淮安、盱眙、盐城、建湖、金湖、洪泽等县市地。乾元元年（758）复改楚州。至德时复改楚州为淮阴郡。

淮泗道　1914年6月由凤颍六泗道改置，属安徽省。治凤阳县（今安徽凤阳县）。辖境约当今安徽霍丘、寿县、长丰、定远、明光、天长以北地区（萧县、砀山除外）及金寨、六安、霍山和湖北英山，江苏盱眙、泗洪等县地。同年10月，今滁州、全椒、来安由安庆道改隶本道，金寨、六安、霍山及湖北英山划归安庆道。1928年废。

淮宝县　1941年苏北革命根据地由淮安、宝应二县运河以西部分地析置，属盐阜区。治所在岔河镇（今江苏洪泽县东岔河镇）。取淮安、宝应二县首字为名。1949年4月属苏北行署区。1950年撤销，并入淮阴、淮安、宝应三县。

淮南　唐方镇名。至德元年（756）置淮南节度使，治所在扬州（今江苏扬州市）。辖境屡有变动，长期领有扬、楚、滁、和、寿、庐、舒等州，一度领有泗、濠、宿等州。相当今江苏、安徽两省江北、淮南地区的大部分。景福元年（892）杨行密为节度使，天复二年（902）封为吴王，建立五代吴国。

淮南东路　简称淮东路。北宋太平兴国元年（976）分淮南路东部置，至道三年（997）复与淮南西路合为淮南路，熙宁五年（1072）又分淮南路东部置，治所在扬州（今江苏扬州市）。辖境相当今江苏北部（徐州、铜山、邳州、沛县、丰县除外）、安徽全椒、明光、蒙城、涡阳以东，北及河南永城、鹿邑等县市。元丰元年（1078）又与淮南西路合并为淮南路，八年（1085）复分置淮南东路。元祐元年（1086）又并为淮南路。南宋初又分置淮南东路，宿、亳两州入金，辖境缩小。元废。

淮南西道　唐方镇名，简称淮西。至德元年（756）置淮南西道节度使，治所在颍川郡（今河南许昌市）。乾元元年（758）移治郑州（今河南郑州市），次年移治寿州（今安徽寿县），上元二年（761）移治安州（今湖北安陆市），大历八年（773）移治蔡州（今河南汝南县）。十一年（776）移治汴州（今河南开封市），十四年（779）还治蔡州，建号淮宁军。较长期领有申、光、蔡三州，约当今河南漯河市郾城区及上蔡、新蔡以西，西平、遂平、确山、信阳以东地，辖境曾一度扩大。大历后相继为李希烈、吴少诚、吴少阳、吴元济等割据。至元和十二年（817）始为中央政府平定。十三年（818）废。

淮南西路　简称淮西路。北宋太平兴国元年（976）分淮南路西部置，至道三年（997）复与淮南东路合为淮南路，熙宁五年（1072）又分淮南路西部置，治所在寿州（今安徽凤台县）。辖境相当今安徽凤阳、和县以西，河南光山县与湖北武汉市黄陂区以东的江北淮南地区。元丰元年（1078）又与淮南东路合并为淮南路。八年（1085）复分置淮南西路。元祐元年（1086）又并为淮南路。南宋初又分置淮南西路，因寿州入金，移治安丰军（今安徽寿县）。元废。

淮南县　南朝梁置，为油州治。治所在今河南桐柏县境。北周天和二年（567）属纯州。隋开皇末，改为油水县。

淮南矿区　1949年7月改淮南特区置淮南矿区（地级），隶皖北行署区。治田家庵（今安徽淮南市田家庵）。同年11月改置淮南矿区办事处。1951年改设淮南市（地级）。

淮南国　西汉高祖五年（前202）以九江、衡山、庐江、豫章四郡置，治所在六县（今安徽六安市北十里城北乡），十一年（前196）徙治寿春县（今寿县）。文帝七年（前173）废。十六年（前164）以故淮南国九江郡复置。辖境相当今安徽霍山、潜山以东的淮南（除天长县外）地区，河南东南角、湖北东部一小部分及江西省。元狩初国除为九江郡。三国魏黄初二年（221）复为淮南国，四年（223）改为淮南郡。太和六年（232）为楚国，嘉平元年（249）复改为淮南郡。

淮南郡　①三国魏黄初四年（223）改淮南国置，治所在寿春县（今安徽寿县）。辖境相当今安徽淮河以南，巢湖、肥西以北，塘河以东，凤阳、滁州市以西地区。太和六年（232）为楚国，嘉平元年（249）复为淮南郡。西晋辖境扩大，东南至大江。东晋太元中改为南梁郡。隋大业初又改寿州为淮南郡。唐武德三年（620）复为寿州。

②东晋成帝咸和初侨置，东晋末割丹阳郡之于湖、芜湖两县为境。属扬州，治于湖县（在今安徽芜湖市北鸠江区东王旭村）。南朝宋属南豫州，旋属扬州。南齐复属南豫州。隋开皇九年（589）废。

③南齐侨置，属司州。治所在阁口县（今河南桐

柏县东南)。后废。

④西魏析南阳郡置，属顺州。治所在安化县(今湖北随州市西北)。隋开皇初废。

⑤北周置，属南郢州。治所在东新蔡县(今河南潢川县东北)。隋开皇初废。

淮南铁路　自安徽田家庵(今淮南市)东南九龙岗起，经合肥至芜湖北裕溪口。全长215公里。1934年动工修筑，次年建成。

淮南特区　1949年1月革命根据地由田家庵、大通、九龙岗、八公山四镇及周围农村析置淮南特区(地级)，属江淮解放区。治田家庵(今安徽淮南市田家庵)。同年7月改设淮南矿区。

淮南道　唐贞观十道、开元十五道之一。贞观元年(627)置，辖境相当今淮河以南、长江以北，东至海，西至湖北广水、应城、汉川等市县一带。开元二十一年(733)置淮南道采访处置使，治所在扬州(今江苏扬州市)。乾元元年(758)废。但作为地理区划直至五代仍被沿用。

淮南路　北宋初置，治所在楚州(今江苏淮安市楚州区)。太平兴国元年(976)析为东西两路。至道三年(997)复合为淮南路。治平中移治扬州(今扬州市)。辖境南至长江，东至海，西至今湖北黄陂、河南光山等县，北逾淮河，包有今江苏、安徽淮北地区各一部分及河南永城、鹿邑等县。熙宁五年(1072)分为东、西二路。

淮原驿　在今江苏盱眙县西南。《方舆纪要》卷21盱眙县："淮原驿在县西南三十里，为往来濠、庐之通道。"

淮恩县　亦作怀恩县。东魏改淮阴县置，为淮阴郡治。治所在今江苏淮安市淮阴区西南码头镇。北周改为寿张县。

淮浦县　①西汉置，属临淮郡。《水经·淮水注》引应劭曰："浦，岸也。盖临淮渍，故受此名。"治所在今江苏涟水县西。东汉改属下邳国。晋属广陵郡。南朝宋属临淮郡，后废。

②东魏武定七年(549)置，属安远郡。治所在今江苏盱眙县西北。北齐废。

淮涉水　在今山东即墨市南。有二源：一出莲花山，一出石城山。合流西南入胶州湾。《新唐书·地理志》即墨县："东南有堰，贞观十年，令仇源筑，以防淮涉水。"

淮海　地区名。原指古扬州。《禹贡》有"淮、海惟扬州"之说。今指以江苏徐州市为中心，东起连云港(旧称海州)，西讫河南商丘，北起山东薛城(旧称临城)，南达淮河，跨苏、鲁、豫、皖四省。解放战争时期，淮海战役在此举行。

淮海府　明太祖丁酉年(1357)改扬州路置，治所在江都县(今江苏扬州市)。辖境相当今江苏长江以北，宝应以南、仪征以东地。公元1361年改为维扬府。

淮海战役总前委旧址　在今安徽濉溪县西南68里临涣镇文昌宫和临涣镇东南十里小李家庄。1948年11月16日，中共中央革命军事委员会决定由刘伯承、陈毅、邓小平、粟裕、谭震林组成的淮海战役总前委驻临涣镇文昌宫，邓小平任书记，统一领导中原野战军和华东野战军开展淮海战役。11月23日淮海战役第二阶段(即全歼敌黄维兵团)战斗一打响，总前委即迁至小李家庄，直至1949年元旦前夕迁驻河南商丘张菜园为止。文昌宫始建于唐，近年来已按总前委旧址恢复原貌，供人参观。

淮海省　1944年1月日伪由苏淮特别区行政公署(简称苏淮特区)改置，省会驻徐州市(今江苏徐州市)。辖徐州市及铜山、东海、砀山、萧县、沛县、邳县、睢宁、宿迁、沭阳、赣榆、丰县、泗阳、淮阴、淮安、涟水、阜宁、灌云、宿县、泗县、灵璧、亳县等二十一县。1945年8月废。

淮陵县　西汉置，属临淮郡。治所在今安徽明光市东北六十里紫阳乡附近。东汉属下邳国。西晋复属临淮郡，永嘉后废。

淮陵郡　西晋元康七年(297)分临淮郡置，属徐州。治所在淮陵县(今安徽明光市东北)。永嘉后废。

淮渎庙　即淮源庙。在今河南桐柏县城关镇东关。《元和志》卷21桐柏县："淮渎庙，在县西六十里桐柏山东北。"

淮源县　隋大业三年(607)改慕化县置，属义阳郡。治所在今河南信阳市西北。唐废。

淮源庙　一名淮渎庙。或称淮渎祠。初建于今河南桐柏县西北二十二里固庙村。东汉延熹六年(163)移建于今桐柏县城关镇东关。《续汉书·郡国志》平氏县注引《荆州记》："(大复)山南有淮源庙。"《元和志》卷21桐柏县："淮渎庙，在县西六十里桐柏山东北。"

淮滨县　金兴定二年(1218)置，属泗州。治所在桃园镇(今江苏泗阳县西南六里城厢镇)。元至元十四年(1277)改置桃园县。

淮镇　淮口镇、淮州镇的简称。即今四川金堂县东南淮口镇。

滭陂　又名滭湖、牌湖。在今安徽宿州市东北九十里。《水经·睢水注》："睢水又东与泎湖水合，水上承甾丘县之滭陂，南北百余里，东西四十里。""泎"为"滭"之讹。

淦水　①即今江西樟树市西南淦水。《汉书·地理志》豫章郡新淦注："应劭曰：淦水所出，西入湖汉也。"《寰宇记》卷109吉州新淦县：淦水"在县北一百里，西流达于赣水"。《清一统志·临江府》：淦水"在清江县(治今临江镇)东南三十里。源出县东南离岭，经紫淦山，出洋湖，至清江镇，会蛇溪水入赣江。汉新淦县以此名"。

②即今湖北咸宁、武昌二市县西之淦河、斧头湖、金水。《明史·地理志》咸宁县："西有淦水，即金水之别名。"

淦田塘　一作淦田市。即今湖南株洲县(渌口镇)南四十四里淦田镇。原属湘潭县。清光绪《湖南通志》卷1湘潭县图：县东南有淦田塘。

渊子崖 即今山东莒南县西二十四里渊子崖村。1941年12月，日伪军进犯渊子崖，全村群众奋勇抗击，毙敌一百余名。滨海军区授予“抗日楷模村”称号，村北建有抗日烈士纪念塔。

渊泉县 ①西汉置，属敦煌郡。治所在今甘肃瓜州县东三道沟附近。《汉书·地理志》颜师古注：“阚骃云，地多泉水，故以为名。”元康五年（295）属晋昌郡。北周省入凉兴县。《续汉书·郡国志》讹作拼泉，《晋书·地理志》讹作深泉。

②清乾隆二十四年（1759），以安西、柳沟二卫地置，为安西府治。治所即今甘肃瓜州县。三十九年（1774）废。

淰削水 即今广西宁明县东南之思陵河。西北流注入明江。《方舆纪要》卷111思陵州：淰削水“在州治（今思陵村）南，流入思明府，入于明江”。

淝河 指今安徽北部之北淝河。《方舆纪要》卷21怀远县：淝河“在县东北二十里。源出宿州龙山湖，东南流，经县之双墩村，入于淮。……《志》云：县北十五里又有淝河，自蒙城县流入境，与宿州之淝河合流入淮”。《明史·恭闵帝纪》：建文四年（1402）“三月，燕兵攻宿州，平安追及于淝河，斩其将王真，遇伏败绩，宿州陷”。即此。

淝桥 在今安徽寿县肥河上。《资治通鉴》：五代周显德三年（956），世宗征淮南至寿春城下，营于淝水之阳，“上行视水寨，至淝桥，自取一石，马上持之至寨以供砲，从官过桥者人赍一石。太祖皇帝乘皮船入寿春濠中，城上发连弩射之，矢大如屋椽”。胡三省注：“淝桥，于淝水上为桥也。”

渔山 在今天津市蓟县西北。《方舆纪要》卷13蓟州：渔山，“《图经》：州西北三里有渔山，高百余丈，周五里。郡在此山之阳，故曰渔阳。下有渔水，即今州城南之龙池河也”。又清《日下旧闻考》卷114引《四正山居志》：“渔山多泉，冬夏喷涌成湖，土人因之开为稻田，菰蒲荇藻，宛似江南也。”

渔山埠 在今浙江富阳市东渔山乡。《清一统志·杭州府》：渔山埠“在富阳县东三十里。明初设税课局于观山东，成化间移此。总富阳新城商税”。

渔子山 在今北京市平谷区北十里。《方舆纪要》卷11“瑞屏山”条下载：“渔子山上有大冢，相传为黄帝陵也。其北有渔子山堡，与密云县熊儿峪相接。”

渔水 在今北京市密云县西南，南流入白河。《水经·沽水注》：“沽水又南，渔水注之。水出（渔阳）县东南平地，泉流西径渔阳故城南。应劭曰，在渔水之阳也。考诸地说则无闻，脉水寻川则有自，今城在斯水之阳。”按《水经注》时渔水已无法确定，今已无遗迹可寻。

渔阳 唐人习称幽州范阳郡为渔阳。李德裕《幽州记圣功碑铭》：“渔阳突骑，燕歌壮气。”杜甫《渔阳》：“渔阳突骑犹精锐，赫赫雍王都节制。”

渔阳军城 唐初置，在今北京市密云县。万岁通天元年（696）改为威武军。

渔阳县 ①战国燕置，为渔阳郡治。治所在今北京市密云县西南三十里。燕王喜二十九年（前226）属秦，仍为渔阳郡治。《史记·陈涉世家》：秦二世“发闾左适戍渔阳”，《正义》引《括地志》：“在渔水之阳”，因名。西晋废，后复置。北魏属渔阳郡。北齐废。

②隋大业末改无终县置，为渔阳郡治。治所即今天津市蓟县。唐初属幽州。开元十八年（730）为蓟州治。明洪武初省入蓟州。

渔阳岭 在今内蒙古武川县东南。《辽史·天祚皇帝纪》：保大四年（1124），“上遂率诸军出夹山，下渔阳岭，取天德、东胜、宁边、云内等州”。

渔阳郡 ①战国燕置。《史记·匈奴传》：“燕亦筑长城，自造阳至襄平，置上谷、渔阳、右北平、辽西、辽东郡以拒胡。”秦汉治渔阳县（今北京市密云县西南三十里）。西汉辖境相当今河北滦河上游以南，蓟运河以西，天津市海河以北，北京市怀柔、通州2区以东地区。《陈涉世家》：秦二世元年（前209），“发闾左适戍渔阳”。即此。西晋废入燕国。十六国后赵石勒时复置。北魏移治雍奴县（今天津市武清区西北旧县）。北齐移治潞县（今北京市通州区东城子）。隋开皇初废。

②隋大业初改玄州置，治所在无终县（大业末改为渔阳县，即今天津市蓟县）。郡在渔山之阳，故名。辖境相当今河北蓟运河以北，北京市平谷区、河北兴隆、遵化县以南，三河、蓟县以东，陡河流域以西。唐改为蓟州。天宝元年（742）复为渔阳郡。乾元元年（758）又改名蓟州。白居易《长恨歌》：“渔阳鼙鼓动地来。”即指此。

渔谷县 ①唐渤海国置，属仙州。治所当在今辽宁西丰县境。辽属通州。金废。

②辽置，属通州。治所在今辽宁昌图县境。后废。

渔沧隔山 在今福建清流县西南。明嘉靖《清流县志》卷2：渔沧隔山“在县西南罗村里，其峰峭绝”。

渔沟湖 在今山东苍山县境。《方舆纪要》卷33沂州：渔沟湖“源出宝山，东南流汇而为湖，其下流复西南出，合于东、西二泇水”。

渔沟镇 亦作鱼沟镇。宋置，属宿迁县。即今江苏淮安市淮阴区西北渔沟镇。为往来通道。清有把总驻守。唐皇甫冉《渔子沟寄赵员外裴补阙》诗：“欲逐淮潮上，暂停渔子沟。”即此。

渔洪江 古名如洪江。即今广西钦州市西北茅岭江。《清一统志·廉州府》：如洪江，“《府志》谓之渔洪江。在州西二十里。亦曰东江。源出灵山县古豆山，南流合大寺、涌沧、凤皇三江，又南合钦江，出龙门入海”。

渔洪镇　即宋之如洪镇。在今广西钦州市西二十里。《方舆纪要》卷104钦州“千金镇”条内：“如洪，或曰即渔洪之讹也。明永乐七年，交阯贼船劫掠钦州鱼洪村，官军追至交阯万宁县海上，遇贼舟，尽擒之。”

渔洞溪　即今重庆市巴南区南之箭滩河。《舆地纪胜》卷175重庆府：鱼洞溪“在江津县东南”。

渔洋　在今福建福安市北。元置巡司于此。明景泰六年（1455）废。

渔洋关　即今湖北五峰土家族自治县东七十六里渔洋关镇。明置巡司于此。

渔翁岛　又名西屿。在今台湾省澎湖县西。为澎湖群岛第二大岛。连横《台湾通史·开辟纪》：明天启二年（1622），荷兰船舰至澎湖，“复于风柜尾、金龟头、跱里白沙、渔翁诸岛，各造炮台，以防守海道”。

渔涝　即今广东封开县东北渔涝镇。清道光《封川县志》卷2：墟市有渔涝墟。

渔浦　在今浙江杭州市萧山区西北。《宋书·孔觊传》：南朝宋泰始二年（466），任农夫“自定山进向渔浦，戍主孔叡率千余人据垒拒战”。即此。《方舆纪要》卷92绍兴府萧山县：渔浦“当西陵之上游，其对岸即钱塘之六和塔，旧为戍守处”。

渔浦镇　北宋置，属萧山县。在今浙江杭州市萧山区西南二十四里渔浦街。《方舆纪要》卷92萧山县：渔浦镇“在县治西南渔浦上，宋置渔浦寨，明朝改巡司，并设税课局于此，后局废而司如故”。

渔梁山　在今福建浦城县西北鱼梁。《方舆纪要》卷97建宁府浦城县引《旧志》云，“天下十大名山，鱼梁其一也。其水南流为建溪，北流为信溪。里人多堰水养鱼，故名。地甚寒，谚云：‘无衣无裳，莫过鱼梁’”。

渔梁坝　在今安徽歙县东南三里练江上。《方舆纪要》卷28徽州府歙县：渔梁“府南三里有石梁。旧以扬之水及黄山诸水，凡四溪会流城西，陡泻而下，无复停蓄，故为津梁，以缓水势。宋绍兴中废，嘉定中复修，凿山取石，为永久计。后复圮，明弘治中，凡再修葺，称为完固”。渔梁坝为唐代以来兴修的滚水坝水利工程，北起渔梁水埠，南接紫阳山麓。用料石砌筑，面石用花岗岩条石，用石银锭榫、石键等联结，竖向每隔1.5米左右立石柱，坝趾砌水平石条，坝长143米，底宽27米，顶宽6米，坝高约5米，坝表面积4719平方米，断面呈不等腰梯形。坝面设二道泄水门，从北向南依次渐低，用于常水位时过水，洪水季节水流则从整个坝面泻下，体现了我国古代滚水坝的技术成就。坝东北有崇报祠（亦称坝祠），建于清代，三进三开间，有享堂、寝堂和廊庑等，专祀宋以来修坝人士。2001年定为全国重点文物保护单位。

渔梁务　亦作梁渔务。辽置，属辽阳府。在今辽宁黑山县东。金大定二十九年（1189）改为望平县。

渔梁驿　北宋置，属浦城县。即今福建浦城县西北渔梁。因渔梁山而得名。《续资治通鉴》：南宋建炎三年（1129），“韩世忠与苗傅交战，自衢、信进至渔梁驿”。即此。

渔湖城　在今湖北武汉市东长江边。《梁书·武帝纪》：南朝齐中兴元年（501），“吴子阳等进军武口，高祖乃命军主梁天惠、蔡道祐据渔湖城，唐脩期、刘道曼屯白阳垒，夹两岸而待之”。

渔梁洲　即鱼梁洲。在今湖北襄阳市襄阳城南岘首山东北侧。

渔渡坝　即今陕西镇巴县南九十里渔渡镇。《清一统志·汉中府二》：渔渡坝巡司“四面崇山，中开田坝，接四川通江县界。明隆庆中，移本府通判驻此。崇祯中改设守备”。清置巡司于此。

渔新河市　即今湖北天门市西三十六里渔薪镇。清光绪《湖北全省分图》：天门县西有渔新河市。

渔溪　①即今福建福清市西南渔溪。《方舆纪要》卷96福清县：渔溪在“县西南四十五里。源出黄蘖山，流合苏溪……汇于径江。……出江口入海”。

②在今福建建瓯市东北五十里。《方舆纪要》卷97建宁府：渔溪“出政和县界，流入东溪”。

渔溪渡　在今四川万源市北，与陕西交界处。《明史·左良玉传》：崇祯十三年（1640），“良玉已于二月朔，涉蜀界之渔溪渡矣。……时（张）献忠营太平县大竹河，良玉驻渔溪渡”。

渔溪寨　即今福建福清市西南四十五里渔溪镇。以临渔溪而名。清《乾隆内府舆图》：福清县西南有渔溪寨。

淘金山　在今福建沙县西。《方舆纪要》卷97沙县：淘金山“在县西六里。上多奇石，顶平旷，可容千人。相传邑未城时，尝屯军于此。一名屯军山”。

淘麓　亦作淘鹿。即今辽宁西丰县（西丰镇）。清光绪二十八年（1902）于此置西丰县。

淴淴　在今河北平山县西北。《方舆纪要》卷14平山县：淴淴水在“县西北百二十里，自半山涌出，达于平地，灌田数十顷。又有淴淴水口，正德二年建城，置戍于此”。

淳人县　即淳民县。治所在今广西藤县西北一百二十里。《隋书·地理志》：“淳人，开皇十九年置。”因避唐太宗李世民讳，改民为人。

淳于　①西周封国。在今山东安丘市东北三十五里杞城。《水经·汶水》：“又北过淳于县西。”郦注：“故夏后氏之斟灌国也。周武王以封淳于公，号曰淳于国。《春秋·桓公五年》，冬，州公如曹。《传》曰：淳于公如曹，度其国危，遂不复也。其城东北，则两川交会也。”

②都邑名，春秋州国都。在今山东安丘市东北三十五里杞城。《春秋》：桓公五年（前707），“冬，州公如曹”。《左传》作“淳于公如曹”。杜注：“淳于，州国所都。”后入于杞，亦名杞城。

淳于县 西汉置，属北海郡。治所在今山东安丘市东北三十五里杞城。东汉属北海国。西晋属城阳郡。北魏属平昌郡。北齐废。

淳义县 唐武德六年（623）置，属云州。治所在今陕西清涧县境。贞观二年（628）废。

淳化寺 在今山西平顺县东北阳高乡。创建年代不详。现建筑仅存正殿一座，坐北朝南。面阔三间，进深六椽，单檐歇山顶。梁架制作规整，用材规范。从形制判断为金代遗构。殿堂左侧留有宋代石经幢两座，高3米余，幢身高1.8米，平面呈八角形，径0.5米，有北宋开宝三年（970）所刻阴文楷书佛经，字迹清晰。2001年定为全国重点文物保护单位。

淳化县 ①北宋淳化四年（993）置，属耀州。治所即今陕西淳化县。宣和元年（1119）改属邠州。民国初属陕西关中道。1928年直属陕西省。

②北宋宣和三年（1121）改清溪县置，属严州。治所在今浙江淳安县西千岛湖南山岛附近。南宋绍兴元年（1131）改为淳安县。

淳化阁 北宋禁中阁名。在今河南开封市区内。北宋淳化年间建，故名。太宗赵匡义选三馆书，及汉、晋、唐诸人墨迹藏其中。诏翰林侍书王著以阁中所藏墨迹及南唐建业帖，摹刻禁中，名《淳化秘阁法帖》。

淳化镇 ①北宋淳化五年（994）置，属上元县。即今江苏南京市江宁区东淳化镇。明清设巡司于此。

②金置，属博兴县。在今山东博兴县东北四十里纯化镇。

淳风县 唐武德四年（621）置，属简州。治所在今广西横县东北七十里镇龙江东岸古城村。贞观八年（634）属横州。永贞元年（805）改为从化县。

淳民县 一作淳人县。隋开皇十九年（599）置，属藤州。治所在今广西藤县西北一百二十里。大业初属永平郡。唐武德七年（624）改为感义县。

淳州 ①唐武德四年（621）置，治所在永定县（今广西横县西北峦城镇北郁江东岸）。辖境相当今广西横县、邕宁、宾阳三县间地。天宝元年（742）改为永定郡。乾元元年（758）复为淳州，永贞元年（805）改为峦州。

②唐贞观五年（631）置，治所在临潭县（今甘肃卓尼县西北洮河南岸）。八年（634）废。

淳安县 南宋绍兴元年（1131）改淳化县置，属严州。治所在今浙江淳安县西千岛湖南山岛附近。咸淳元年（1265）属建德府。元属建德路。明、清属严州府。民国初属浙江金华道。1927年直属浙江省。1958年迁今治排岭镇。

淳良县 唐武德四年（621）置，属南州。治所在今广西博白县东南百里英桥镇。六年（623）属白州。贞观十二年（638）废。

淳河 在今湖北襄阳市襄州区东南。《方舆纪要》卷79襄阳县：淳河"在府东三十里，南流入汉江"。《宋史·食货志四》：咸平中"襄阳县淳河，旧作堤截水入官渠，溉民田三千顷"。

淳耀县 1935年10月西北革命根据地由赤淳县东部及耀县西北部析置，治桃渠源（今陕西淳化县北秦河乡桃渠塬）。取二县首字为名。后徙安社村（今淳化县东北南村乡安社村）。1940年还治桃渠源。1943年移治庙湾（今陕西铜川市耀州区西北庙湾镇）。1949年4月撤销，并入淳化、耀县二县。

浇水 在今福建明溪县东。《方舆纪要》卷98归化县：浇水在"县东十里。出滴水岩，分流并注，入于明溪"。

淤口关 唐置，在今河北霸州市东五十里信安镇。五代晋入契丹，周世宗六年（959）收复，复置淤口寨，与益津、瓦桥合称三关。北宋太平兴国六年（981）于此置破虏军。

淤泥湖 即今湖北公安县西南之淤泥湖。《清一统志·荆州府一》"重白湖"条下："又县南六十里有乌泥湖。"

淤祈湖 在今江苏姜堰市西北。《清一统志·扬州府一》"鸡雀湖"条引《江南通志》："有于祈湖，在州东北三十里。亦曰于溪，以村得名。其下流入鸡雀湖。"

淤黄河 明至清中叶黄河故道。南宋建炎二年（1128）东京留守杜充借口抗金，在李固渡（今河南滑县西南）以西，扒堤决河东流，至今山东巨野、嘉祥一带夺泗入淮。此后，河道不断南移，自开封、商丘、徐州由泗入淮，明万历初，潘季驯治河，功成，遂将金元以来黄河东出徐州由泗夺淮的主流固定下来。故道自今河南开封市北，东南流经商丘市、江苏徐州市、淮安市，东至淮滨县西北入海。清咸丰五年（1855）河决铜瓦厢（今河南兰考县境，已坍入河中）改道东流，此河遂淤，人称淤黄河。

涪川县 随开皇五年（585）置，属黔州。治所在今贵州思南县北。《元和志》卷30涪川县："取涪水为名。"大业初属黔安郡。唐初属务州，贞观十一年（637）移治今思南县，为费州治。五代时废。

涪川郡 唐天宝元年（742）改费州置，治所在涪川县（今贵州思南县）。辖境相当今贵州思南、德江县地。乾元元年（758）复改为费州。

涪水 又作涪陵江。即今重庆市、贵州两省市境之乌江。东晋常璩《华阳国志·巴志》："涪陵郡，巴之南鄙，从枳南入，泝舟涪水。"《元和志》卷30黔州："西有延江水，一名涪陵江。自牂柯北历播、费、思、黔等州北注岷江。"

涪水关 唐置，属江油县。在今四川平武县东南南坝镇东。《新唐书·地理志》江油县："有涪水关。"《方舆胜览》卷70龙州："十二关"中涪水关"距城一里"。

涪州 ①隋开皇末改合州置，治所在石镜县（今重庆市合川区）。辖境相当今重庆市合川区、铜梁、大足、四川武胜等市县地。大业三年（607）改为涪陵郡。

②唐武德元年（618）置，治所在涪陵县（今重庆市涪陵区）。《元和志》卷30涪州："在蜀江之南，涪江之西，故为名。"天宝元年（742）改为涪陵郡，乾元元年（758）复为涪州。辖境相当今重庆市涪陵、长寿、南川区及武隆县地。南宋咸淳三年（1267）移治今涪陵区东北之三台山。元复还旧治。至元二十年（1283）废涪陵县入州，属重庆路。明属重庆府。清不辖县。1913年废，改置涪陵县。

涪江　亦名涪水、内水、垫江水。在今四川省和重庆市境，为嘉陵江主要支流。《汉书·地理志》刚氐道："涪水出徼外，南至垫江入汉，过郡二，行千六十九里。"源出四川松潘县东北之岷山，东南流经平武、江油、绵阳、三台、射洪、蓬溪、遂宁等县市及重庆市潼南县，于重庆市合川区南注入嘉陵江。

涪江水　即乌江。《方舆纪要》卷70绥阳县：涪陵水"即乌江别名也"。

涪阳坝场　即今四川通江县西北涪阳镇。清道光《通江县志》卷2：涪阳坝"离城九十里"。北周符阳县治此。1933年川陕革命根据地红江县苏维埃驻此。

涪县　西汉高帝六年（前201）置，属广汉郡。治所在今四川绵阳市涪江东岸。《寰宇记》卷83绵州：涪县以"涪水之所经"而名。元初二年（115）曾为广汉郡治。三国蜀汉改属梓潼郡。《三国志·蜀书·法正传》：东汉建安十六年（211），刘备"溯（涪）江而西，与（刘）璋会涪"。即此。西晋改为涪城县。永嘉后为梓潼郡治。南朝宋复改为涪县，为梓潼郡治。梁又于此置潼州。西魏改为巴西县。地当成都东北要冲，为"蜀道咽喉"。

涪城　指涪县城。治所在今四川绵阳市东涪江东岸。《后汉书·臧宫传》：建武十二年（36），灭蜀，臧宫沿涪水而上，"进拔绵竹，破涪城，斩公孙述弟恢"。即此。

涪城县　①西晋改涪县置，属梓潼郡。治所在今四川绵阳市东涪江东岸。《晋书·孝怀帝纪》：永嘉五年（311），"李雄攻陷涪城，梓潼太守谯登遇害"。即此。东晋移梓潼郡于此。南朝宋复为涪县。

②南朝梁置，为始平郡治。治所在今四川三台县西北六十里花园镇。西魏为平城郡治，后又为安城郡治。隋开皇初改为安城县，十六年（596）复改为涪城县，属绵州，大业初属金山郡。唐武德初复属绵州，大历十三年（778）改属梓州。《新唐书·高仁厚传》：中和四年（884），东川节度使杨师立"杀监军田绘，屯涪城"即此。宋属潼川府。元至元二十年（1283）废入郪县。

涪城郡　西魏废帝二年（553）改始平郡置，属潼州。治所在涪城县（今四川三台县西北花园镇）。辖境相当今四川三台县西北地。北周改为安城郡。

涪陵水　即涪水。今重庆市、贵州两省市境之乌江。东晋常璩《华阳国志·巴志》："枳县郡东四百里，治涪陵水会。"《水经·江水注》："水乃延江之枝津，分水北注，径涪陵入江，故亦云涪陵水。"

涪陵市　1983年改涪陵县置，治今重庆市涪陵区。原属四川省，1997年划归重庆市后撤销，改设重庆市涪陵区。

涪陵县　①西汉置，属巴郡。治所即今重庆市彭水苗族土家族自治县。东汉建安六年（201）为巴东属国都尉治。三国蜀为涪陵郡治。《三国志·蜀书·张翼传》：建安末"为江阳长，徙涪陵令"。即此。西晋永嘉后废。

②即涪城县。治所在今四川绵阳市东涪江东岸。《资治通鉴》：西晋太安二年（303），荆州刺史孙阜"破德阳，获（李特）将骞硕，任臧退屯涪陵"。胡三省注："此涪陵乃汉广汉郡之涪县，晋梓潼郡之涪城县，非涪陵郡之涪陵。广汉梓潼之涪，今绵州，今人犹谓绵州为涪陵。涪陵郡之涪陵，则今涪州涪陵县也。"

③隋开皇十三年（593）改汉平县置，属渝州。治所即今重庆市涪陵区。以涪陵江为名。大业初属巴郡。唐武德元年（618）为涪州治。天宝元年（742）为涪陵郡治，乾元元年（758）复为涪州治。南宋咸淳二年（1266），与州同移于今涪陵区东北之三台山。元还今涪陵区，至元二十年（1283）废入涪州。1913年改涪州复置，次年属四川东川道。1928年直属四川省。1983年改置涪陵市。1997年划归重庆市，改设涪陵区。

④南齐置，属涪陵郡。治所在今四川彭水苗族土家族自治县。后废。

涪陵驿　在今重庆市涪陵区。《方舆纪要》卷69涪州：涪陵驿"在州治东滨江，水驿也"。

涪陵郡　①东汉建安二十一年（216）刘备改巴东属国置，属益州。治所在涪陵县（今重庆市彭水苗族土家族自治县）。辖境相当今重庆市黔江区及彭水、武隆、石柱、酉阳等县地。西晋移治汉复县（今酉阳土家族苗族自治县西北龚滩镇，一说今贵州务川县东北洪渡）。永嘉后废。东晋永和中复置，移治枳县，后又废。南朝齐复置，属巴州。治所在汉平县（今重庆市武隆县西北大溪河注入乌江处）。隋开皇三年（583）废。

②隋大业三年（607）改涪州置，治所在石镜县（今重庆市合川区）。辖境相当今四川合川区及铜梁、武胜、大足等县地。唐武德元年（618）改为合州。

③唐天宝元年（742）改涪州置，治所在涪陵县（今重庆市涪陵区）。辖境相当今重庆市涪陵、长寿、南川区及武隆县等地。乾元元年（758）改为涪州。

涪陵属国　即涪陵郡。治所在涪陵县（今重庆市彭水苗族土家族自治县）。《三国志·蜀书·邓芝传》：延熙十一年（248），"涪陵国人杀都尉反叛，芝率军征讨，即枭其渠帅，百姓安堵"。

涪陵镇　北周置，即今重庆市涪陵区。《寰宇记》卷120涪州："周武保定四年，涪陵首领田思鹤归化，于故枳城又立涪陵镇。开皇三年，移汉平县于镇城。"《新唐书·地理志》涪州："武德元年以渝州之涪陵镇置。"

涪溪　在今四川宜宾市北十里。《舆地纪胜》卷163叙州：涪溪"李嘉谋记云：黄太史，绍圣初章蔡用事，以前史官得罪，谪安置黔州，二年移戎州，方公之迁以涪州别驾，因自号为涪翁。放浪山水间。初不知有迁谪困侮之意。城南秋夏间水集，迅驶漱石，声振如雷，水反壑，则溪石离列可爱，声泫然流其间，公游而乐之，命之曰涪翁溪。其后溪山洞谷泉岭庵祠亭堂之属，悉以涪翁名，曰涪翁山、曰涪翁溪、曰涪翁亭、曰涪翁洞、曰涪翁泉、曰涪翁桥、曰涪翁庵、曰涪翁岭"。

淯川县　唐武后久视元年（700）置，属羁縻淯州。治所在今四川长宁县南境。后废。

淯井　亦名雌雄水。为盐井。在今四川长宁县南七十里双河镇。为盐泉井，唐名淯井。《舆地纪胜》卷166长宁军：盐井"在监城北。井之咸脉有二：一自对溪报恩山趾度溪而入，尝夜有光如虹，乱流而济，直至井所。一自宝屏随山而入，谓之雌雄水"。《方舆纪要》卷70长宁县：淯井"在县治北，泉有二脉，一咸一淡，取以煎盐，塞其一，则皆不流，又谓之雌雄井"。五代前蜀置淯井镇、淯井刺史。北宋置淯井监，以收盐利。《宋史·高定子传》："长宁地近夷獠，公家百需皆仰淯井盐利。"即此。元设长宁场。明、清以后盐业稍衰。

淯井监　北宋改淯井镇置，为盐监，属江安县。治所在今四川长宁县南七十里双河镇。以淯井为名。《宋史·蛮夷传》：大中祥符六年（1013），"晏州多刚县夷人斗望、行牌率众劫淯井监，杀驻泊借职平言"。即此。政和四年（1114）改置长宁军。

淯井镇　五代前蜀置，在今四川长宁县南七十里双河镇。《舆地纪胜》卷166长宁军：伪蜀王建时曰淯井镇，有淯井刺史。北宋改为淯井监。

淯水　①一作育水。即今河南白河。《山海经·中山经·中次十一经》："攻离之山，淯水出焉。"《汉书·地理志》南阳郡郦县："育水出西北，南入汉。"源出今河南嵩县西南，南流经南召、南阳、新野等县市，至湖北襄樊市东北入汉水。《水经·淯水》："淯水出弘农卢氏县攻离山，东南过南阳西鄂县西北，又东过宛县南。又屈南过淯阳县东，又南过新野县西，南入于沔。"《后汉书·刘玄传》：新莽地皇四年（23），新市、平林诸将"设坛场于淯水上沙中"，立刘玄为帝，建元更始，即此。

②即均水。今河南卢氏、西峡、淅川等县淅川。《汉书·地理志》弘农郡卢氏县："育水，南至顺阳入沔。"《水经·均水注》："均水发源弘农郡之卢氏县熊耳山……东南流径其县下，南越南乡县，又南流与丹水合。……又南流注于沔水，谓之沟口者也。故《地理志》谓之淯水。"

③又作育水。即今陕西旬阳县东北汉水北岸支流浊河。《水经·沔水注》："汉水又东左得育溪。"《唐六典》：山南道大川有淯水。《元丰九域志》卷1金州：洵阳县有"淯水"。《清一统志·兴安府》：淯水"在洵阳县东，亦名蜀河。……《县志》：蜀河在县东百四十里，源出秦岭，南流径闾关入汉，即古淯水也"。

淯州　①隋仁寿中改蒙州置，治所在武川县（在今河南南召县东南）。大业初改为淯阳郡。

②唐武后久视元年（700）置羁縻州，属泸州都督府。治所在新定县（今四川长宁县南七十里双河镇）。以淯井为名。北宋属泸州。后废。

淯阳县　①即育阳县。在今河南南阳市南六十里。《后汉书·光武帝纪》：更始元年（23），"伯升又破王莽纳言将军严尤、秩宗将军陈茂于淯阳，进围宛城"。

②唐天宝元年（742）改黄土县置，属安康郡。治所即今陕西旬阳县东北蜀河镇。大历六年（771）省入洵阳县。长庆初复置，属金州。北宋乾德四年（966）废。

淯阳郡　①西魏大统十七年（551）置，治所即今陕西旬阳县东北蜀河镇。北周保定二年（562）改为长冈郡。

②隋大业初改淯州置，治所在武川县（在今河南南召县东南）。辖境相当今河南方城、南召二县境。隋末废。

淯河　亦名绣江。在今山东章丘市境。北流注入小清河。《方舆纪要》卷31章丘县：淯河在"县东一里。即绣江也。亦出长白山，合百脉泉及东、西二麻湾泉，西北流，汇为白云湖，北流入小清河"。

淯溪　亦作淯水、淯江。即今四川长宁县东之长宁河。《宋史·蛮夷传四》有所谓"淯水夷"。《方舆纪要》卷70长宁县：淯溪"在县东。《志》云：县治东有东溪，发源县东白崖山；县治西有西溪，发源县南二十里之越王山，合流而为淯溪……下流为武宁溪，东北流入泸州江安县界，注于大江"。

淯溪镇　即今湖北当阳市东北三十四里淯溪镇。清设外委驻防。

淡马锡　即单马锡。今新加坡。《郑和航海图》作淡马锡。

淡水　即今台湾省新北市北淡水区。此港湾在明万历间已有"淡水"之称。《东西洋考》：倭侵扰鸡笼、淡水。崇祯元年（1628）曾为西班牙人所据，筑圣多明哥城。14年后又为荷兰人取代。清称为沪尾，雍正二年（1724）为沪尾营水师驻所。日本占领期间设淡水街。1945年抗日战争胜利后设淡水镇。2010年改设淡水区。

淡水厅　清雍正元年（1723）置，属台湾府。寄治彰化县城。九年（1731）移治竹堑（今台湾省新竹县）。辖境相当今台湾新竹、宜兰以北地区。光绪元年（1875）裁厅，改设新竹县。

淡水场 ①即今广东汕头市惠阳区（淡水镇）。产海盐，清设盐课大使。

②在今广东惠东县东南平海镇东。为盐场。《元丰九域志》卷9：归善县有“淡水盐场”。明正统八年（1443）于此置碧甲巡司。

淡水县 清光绪元年（1875）置，为台北府治。治所在艋舺（今台湾台北市万华区）。二十一年（1895）被日本侵占后改置台北县。

淡水线 即台湾铁路淡水线。从台北至淡水。全长21.2公里。清光绪二十六年（1900）动工修建，次年通车。

淡水洋 明以今台湾北部淡水河口以北的海域称为淡水洋。明张燮《东西洋考》卷5：“鸡笼淡水洋在彭湖屿之东北，故名北港，又名东番。”

淡水盐场 在今广东惠东县东南平海。《宋史·地理志》惠州归善县：有淡水盐场。

淡水港 即今台湾省本岛北部淡水河。清乾隆间范咸《重修台湾府志》卷1：淡水港“在（淡水）厅治北二百里海口。水程十里至关渡门，内有大澳，分为二港，西南至摆接社止，东北至峰紫峙止，番民往来俱用蟒甲，墺内可泊大舟数百，内地商船间亦到此”。

淡水湾 在今广西钦州市东南。《方舆纪要》卷104钦州：淡水湾“在州南百三十里。《志》云：湾在龙门之前，旁有巨石，淡水出焉，舟楫往来，恒取汲于此。正德八年，安南入寇，官军败之于此”。

淡水溪 又名上淡水溪。在今台湾省本岛北部。源出大霸尖山东侧，曲折北流，经台北市区，至淡水港入海。《清一统志·台湾府》：上淡水溪“在彰化县东北上淡城西。《旧志》：源出东北界大山中，深十余寻，缘岸皆古梅，舟行数日不穷。中产红心鱼，长竟大。其水西流北折，会巴浪泉水，北入于海”。

淡水寨 在今广东雷州市东南。《清一统志·雷州府》：淡水寨“在海康县东南五十里淡水港口，为县咽喉要地。明崇祯十年知府朱敬衡置”。旧有外委把总驻防。

淡巴 又作淡邦、澹巴。在今马来西亚马来半岛之丹帕湖一带。一说指今印度尼西亚苏门答腊岛的甘巴河流域。《明史·外国列传》：“淡巴，亦西南海中国。洪武十年，其王佛喝思罗遣使上表，贡方物，赐赉有差。”

淡竹厄（阨） 在今江西上犹县东。《方舆纪要》卷88南安府上犹县：淡竹阨“在县东。相近有南北村隘”。

淡岩 即古澹岩。在今湖南永州市南二十五里潇水畔。

淡河 一名奇尔归图河。即今新疆和静县东北及和硕县境之清水河。《新唐书·地理志》西州：自州西南“经新城馆，渡淡河，至焉耆镇城”。

淡洋 在今印度尼西亚苏门答腊岛塔米昂一带。元汪大渊《岛夷志略》：淡洋“港口通官场有百余里，洋其外海也。内有大溪之水，源二千余里，奔流冲合于海。其海面一流之水清淡，舶人经过，往往乏水，则必由此汲之，故名曰淡洋”。

淡洋隘 在今浙江文成县西北二十四里朱阳村。《方舆纪要》卷94青田县：淡洋隘“明初刘基言，温、处之间有地名淡洋，僻绝岩险，民多负贩私盐，萃逋逃为梗，宜设巡司涖之是也。今有淡洋巡司，洪武五年建”。

淡港渡 在今浙江象山县西北。《方舆纪要》卷92象山县：淡港渡“在县西北四十里，与奉化县接界”。

淡塘河 在今浙江海宁市（硖石镇）西南盐官镇西北。南宋嘉定十五年（1222）为捍咸潮筑。《宋史·河渠志》：“在县（治今盐官镇）西近南亦曰咸塘，近北则为淡塘。”至清初已堙塞过半，今废。

淡邈 又作杜怀、打歪、打回。即今缅甸南部之土瓦。为古代从今泰国西通大海的重要港口。元汪大渊《岛夷志略》有专条记述。

淀（澱）山 在今上海市青浦区西二十五里，东距朱家角镇约六里。《方舆纪要》卷24松江府华亭县：淀山“旧在薛淀湖中。山形四出如鳌，上建浮图，下有龙洞，俗传与太湖通。旁有小山，初为小洲，后渐高大，并湖而北，中为一澳，曰山门溜。其后湖沙淤淀，山在平田，去湖曰远”。

淀（澱）山湖 又名薛淀湖。在今上海市青浦区西与江苏昆山市间。昔时淀山在湖中，故名。《宋史·河渠志》：淀山湖为秀州境内四湖之一，“自芦沥浦入于海”。《方舆纪要》卷24松江府华亭县：淀山湖“吴淞江水汇流处也。唐宋以来，淀湖深阔，境内无水灾。宋南渡以后，渐至堙废。……淀山湖东西三十六里，南北十八里，旁通太湖，汇苏、湖、秀三州之水，上承下泄，不容壅遏。湖水自西南趋东北”。后因北部出水口被人工堵塞，甚至围湖作田，至使水泄不畅，时有水患。现为上海市最大湖泊。

淀河 即今河北唐山市丰南区东之陡河。《方舆纪要》卷17滦州：淀河“其上源曰馆河（今管河），自迁安县流入界，经偏山南流合众水，又西入丰润县界，合于庚水。……成化十七年，管粮郎中郑廉请自丰润还乡河通漕永平，说者谓由榆水、还乡河东导陡河抵沙河，通陷河，而及清滦，即运道所经也。庚水非滦所通，沙河淤、烂、溢、涸不时，所以随行随止”。

淀流河集 亦名汀流河镇。即今河北乐亭县西北二十五里汀流河镇。《清一统志·永平府二》：淀流河集“即古新安镇”。

涴水（涴 yuǎn） 又作溳水。今地不详。《山海经·西山经》：英鞮之山“涴水出焉，而北流注于陵羊之泽，是多冉遗之鱼”。郭璞注：“涴或作溳，音冤枉之冤。”

涴市镇（涴 wò） 即今湖北松滋市东北四十八里长江南岸涴市镇。《清一统志·荆州府二》：涴市镇“在松滋县东”。

涴市驿（涴 wò） 即今湖北松滋市东北四十八里涴市镇。清光绪《湖北全省分图》：松滋县东有涴市驿。

深井 确址未详，当在今山西北部山阴县以西地区。《魏书·尒朱荣传》：正光中，“敕勒斛律洛阳作逆桑乾西，与费也头牧子迭相犄角，荣率骑破洛阳于深井，逐牧子于河西”。

深井里 战国聂政故居。在今河南济源市南十二里轵城镇附近。《史记·刺客列传》：“聂政者，轵深井里人也。”

深井堡 在今河北宣化县西南六十里深井。明正德五年（1510）筑城，设守备把总。清亦于此设把总。

深井墟 即今广东台山市西南深井镇。清光绪《广东舆地全图》：新宁县（今台山市）西南有深井墟。

深井墩 明置，属盖州卫。即今辽宁盖州市西南神井子。明《辽东志》卷1《盖州卫图》：卫西南有深井墩。

深水 即今湘水上游大支流潇水及其沱水。见马王堆出土的《西汉初期长沙国深平防区图》。《说文》：深“深水，出桂阳南平，西入营道”。《水经注》有深水篇，曰：“深水出桂阳卢聚，西北过零陵营道县南，又西北过营浦县南，又西北过泉陵县，西北七里至燕室邪入于湘。”唐柳宗元谪居永州，始将流经永州城下的这条水称为潇水。

深水埗汛 清置，属大鹏营。在今香港九龙西深水埗。有把总驻防。

深末怛水 即今俄罗斯阿穆尔州结雅河（精奇里江）支流谢列姆札河。源出外兴安岭，西南流注入结雅河。《北史·室韦传》：“从钵室韦西南四日行，至深末怛室韦，因水为号也。”

深末怛室韦 在今俄罗斯境结雅河支流谢烈姆扎河一带。《隋书·室韦传》：“从钵室韦西南四日行，至深末怛室韦，因水为号也。冬月穴居，以避太阴之气。”

深末怛室韦部 北魏至隋室韦五部之一。分布在今俄罗斯阿穆尔州结雅河（精奇里江）支流谢列姆扎河流域。《北史·室韦传》：“从钵室韦西南四日行，至深末怛室韦，因水为号也。”

深平 即今湖南江华瑶族自治县驻地沱江镇。见马王堆出土的《西汉初期长沙国深平防区图》。此地应是防区大本营。

深田山 在今广东廉江市西北八十里。《清一统志·高州府》：深田山“在石城县西北八十里。连亘一百余里。古木参天，千峰万壑，人迹罕到”。

深市井 一名瀑布井。在今四川西昌市南。《方舆纪要》卷74建昌卫军民指挥使司：深市井“在司南三十里。自山顶流下，如白练然”。

深圳河 即今广东深圳市南之深圳河。源出深圳市西北，西南流入深圳湾。光绪二十五年（1899）英国强迫清政府签订《香港英租界合同》规定：“沿深圳河北岸下至深圳湾界线之南，河地均归英界。”遂成为新安县（后改宝安县）与香港租界之界河。

深圳湾 即今广东深圳市西南，九龙半岛西北之深圳湾。旧属新安县。清光绪二十四年（1898）英国强迫清政府签订《展拓香港界址专条》，深圳湾被划入租界范围。

深圳墟 即今广东深圳市。清乾隆《广东通志》卷18：新安县有“深圳墟”。有把总驻守。1953年宝安县曾迁治于此。1979年改设深圳市（地级），由省直辖。

深州 隋开皇十六年（596）置，治所在安平县（今河北安平县）。《元和志》卷17深州：“以州西故深城为名。”大业初废。唐武德四年（621）复置，仍治安平县，同年移治饶阳县（今饶阳县）。贞观十七年（643）废。先天二年（713）复置，治所在陆泽县（今深州市西旧州村）。辖境相当今河北深州、安平、饶阳、辛集等县市地。天宝元年（742）改为饶阳郡。乾元元年（759）复为深州。北宋雍熙四年（987）迁治静安县（今深州市南）。元属真定路，辖境缩小。明初省静安县入州。永乐十年（1412）移治今深州市，属真定府。清升为直隶州。辖境相当今深州、安平、饶阳、武强等县市地。1913年改为深县。

深州市 1994年撤销河北省深县，改设深州市，市人民政府驻深州镇。属衡水地区。1996年划归衡水市代管。

深冲峒 即今湖南新宁县西南深冲。瑶人所居。《清一统志·宝庆府二》：深冲峒“在新宁县西南。相近有罗绕峒”。

深江站 即今湖北仙桃市西八十里深江站村。明设驿。《方舆纪要》卷77沔阳州“汉津驿”条：“《志》云，州有深江、郢河两驿。今俱革。”清属潜江县。光绪《潜江县志》卷4《市镇》：深江站“在县东十五里”。

深坑 又作深杭。在今四川剑阁县（下寺镇）西南普安镇北。《魏书·邢峦传》：正始二年（505），“萧衍遣其冠军将军孔陵等率众二万屯据深坑……，（邢）峦统军王足所在击破之”。

深坑山寨 在今广东四会市北。《方舆纪要》卷101肇庆府四会县：深坑山寨“在县北。瑶寨也。《志》云，自县而北接清远县界，西北接怀集县界，远近瑶山，以数十计”。

深坑（阬）镇 在今福建浦城县北九十里。其北为枫岭隘。1919年《江西福建明细图》：福建浦城县北有深阬。

深县 1913年改深州置，属直隶保定道。治所即今河北深州市。1928年直属河北省。1994年改为深州市。

深利县　唐武德四年（621）置，为西利州治。治所即今云南永仁县。贞观十一年（637）为微州治。天宝后废。

深沟堡　明置，在今甘肃高台县西北。《皇明职方地图》中卷甘肃镇边图有深沟堡。清有把总。《清一统志·肃州》：深沟堡“在高台县镇夷城南二十里黑河南，西至盐池堡四十里”。

深沪　即今福建晋江市东南深户镇。《清一统志·泉州府》“洛阳巡司”条：“《旧志》，深沪司在（晋江）县南八十里。元置于县南五十五里二十部港边。明洪武二十年移此。有城周一百五十丈，二门。”

深青站　元改鱼浮驿置，在今福建厦门市西北。

深杭　又作深坑。在今四川剑阁县（下寺镇）西南普安镇北。《资治通鉴》：南朝梁天监四年（505），“将军孔陵等将兵二万戍深杭，……（魏）邢峦遣统军王足将兵击之，所至皆捷，遂入剑阁”。

深泽县　①西汉置，属中山国。治所即今河北深泽县。《资治通鉴》东晋隆安元年（397），胡三省注：“宋白曰：深泽县以界内水泽深广为名。”东汉废。

②北魏改南深泽县置，属博陵郡。治所在今河北深泽县东南二十七里故城。北齐废。隋开皇六年（586）复置，属定州。移治今深泽县。大业初属博陵郡。唐初属定州，景福二年（893）改属祁州。北宋熙宁六年（1073）废为镇，元祐元年（1086）复置，属祁州。元世祖至元二年（1265）并入束鹿县，三年复置，仍属祁州。清属定州。民国初属直隶保定道。1928年直属河北省。

深泉县　汉晋之渊泉县。在今甘肃瓜州县东三道沟镇附近。《晋书·地理志》讹为深泉县。

深泉郡　北周置，属芳州。治所在理定县（今甘肃迭部县东南）。隋开皇初废。

深桥　在今河南唐河县东。《南齐书·戴僧静传》：永明五年（487），陈显达命僧静等讨桓天生，“未至比阳四十里，顿深桥。天生引虏步骑十万奄至，僧静合战大破之”。即此。

深袅山　在今浙江浦江县西五十里。《元丰九域志》卷5：婺州浦江县“有深袅山”。《方舆纪要》卷93金华府浦江县：深袅山“重峦复嶂，峭拔千仞，溪流清澈，即浦阳江之源也”。

深浦　在今广东揭东县西北。为北江支流。《方舆纪要》卷103潮州府揭阳县：深浦溪“在县西北。源出西山，流至北寨，入于北溪”。《清一统志·潮州府》“北溪”条内：“深浦溪，在县西三十里。源出霖田都西山诸涧，东北流入北溪。”

深渡　①即今安徽歙县东四十五里深渡镇。以新安江深潭渡口为名。宋置深渡寨。《寰宇记》卷104歙县：深渡“在县东一百一十里，与睦州分界。从新安江上，崇山峻流，爽气尤异。欲到州界，峰峦掩映，状若云屏，实百城之襟带”。明初置巡司于此。

②在今四川广元市东北三十五里大小漫山间之嘉陵江。《资治通鉴》：五代唐同光三年（925），前蜀后主王衍将游秦州，至利州，闻唐兵将至，“以随驾清道指挥使王宗勋、王宗俨、兼侍中王宗昱为三招讨，将兵三万逆战。从驾兵自绵、汉至深渡千里相属，皆怨愤”。胡三省注：“深渡在利州绵谷县北大漫天、小漫天之间。”

深渡河　即香溪之东源。在今湖北神农架林区东南、兴山县东北。《清一统志·宜昌府》：深渡河“在兴山县北。西南流入南阳河”。

深渡溪　在今福建南靖县西北。《方舆纪要》卷99南靖县：深渡溪“在县西北五十里。自龙岩县界历龟洋入小溪”。

深溪　①在今浙江安吉县西南。《方舆纪要》卷91孝丰县：“深溪在县（治今安城镇）西南四十里。于潜山之水流出此，合苕溪。”

②在今浙江德清县东南。《方舆纪要》卷91德清县：深溪“在县西南三十五里。杭州府于潜县东北境之水，流出于此，又东注于余不溪”。

③浦阳江支流。在今浙江义乌市北。《方舆纪要》卷93义乌县：深溪“在县北五十里。出县北四十八里之龙祈山……西北流，入于浦阳江”。

深溪关　①在今湖北咸丰县西南七十里，接四川酉阳土家族苗族自治县界。《方舆纪要》卷82大田军民千户所：深溪关在“所南百五十里。当酉阳路口”。

②俗呼贺关。明洪武五年（1372）置，属达州。在今四川万源市东北庙坡乡。《明史·地理志》达州：“东北有深溪关。”民国《万源县志》卷2：深溪关“在治北一百二十里庙坡场。南去十里即深硐子，旧有石卡，今圮”。

③清置，属黔江县。在今重庆市黔江区东南邻鄂乡东，与湖北咸丰县接界处。

深溪砦　北宋置，属新化县。在今湖南隆回县北。

深澳　即今广东南澳县东北深澳镇。明于此设南澳镇。清雍正十年（1732）改设南澳厅。1912年改为南澳县。

涟水　亦作建水。即今湖北荆门市南之新埠河。《周书·萧詧传》：梁太清三年（549），詧举兵由襄阳攻江陵，元帝大惧。其将杜岸等降属江陵，“詧众大骇，其夜遁归襄阳，器械辎重多没于涟水”。

渌口　即今湖南株洲县治渌口镇。《梁书·王僧辩传》：承圣元年（552），“湘江贼陆纳等攻破衡州刺史丁道贵于渌口”。即此。唐置渌口戍。明、清置巡司于此。

渌口戍　即今湖南株洲县治渌口镇。《新唐书·地理志》：长沙有渌口戍，即此。

渌丰（豐）墟　在今广西百色市西南右江南岸六丰村。《清史稿·地理志》百色厅恩阳州判：“西北逻村、渌丰墟有汛。”

渌水　①湘江支流。源出今江西萍乡市境，经湖南醴陵市，于株洲县渌口镇入湘江。《水经·漉水注》：

“（醴陵）县南临渌水，水东出安城乡翁陵山。余谓漉、渌声相近，后人藉便以渌为称。”《方舆纪要》卷80醴陵县：渌江“在县城西南。本名漉水。出县东之漉山，西流经县南，又屈经县西，西北流，而注于湘水”。

②在今广西平南县南。《舆地纪胜》卷110浔州：渌水“在平南县南十五里。旷野之中，天然怪石甃其榜，泉水深碧而清澄，中有巨鱼，人不敢取”。北流注入郁江。

渌田市 一作碌田市。即今湖南攸县西南四十里渌田镇。清《乾隆内府舆图》：攸县西南有渌田市。北伐战争中，叶挺部曾在此击溃吴佩孚军。

渌州 辽改渤海国西京鸭绿府置，属辽阳府。治所在弘闻县（今吉林临江市）。因鸭渌水而名。辖境约当今吉林临江、白山二市，抚松县及朝鲜慈城郡一带。末年废。

渌峒 北宋置，属归化州。即今广西靖西县西禄峒乡。

渌洋湖 亦作绿洋湖。在今江苏江都市西北艾陵湖东北，半入高邮界。《舆地纪胜》卷43高邮军：绿杨湖“在军东南，离城三十里”。

渌埠镇 清置，属东安县。即今湖南东安县南二十二里渌埠头村。

渌涳山 在今广西崇左市东北一百三十里驮卢村。《明一统志》卷85太平府：渌涳山“在陀陵县治东。山下有水，可引溉田”。

渌溪峒（峝） 在今广西武鸣县东北。《方舆纪要》卷111思恩府：渌溪峒“在府东。本上林县地，宣德中改今属”。

渌境堡 明置，即今广西横县西北郁江东岸六景镇。《方舆纪要》卷110永淳县：渌境堡“在县西十五里江滨”。

涵山 在今浙江湖州市东南六十四里。《方舆纪要》卷91嘉兴府：涵山“为嘉（兴）、湖（州）两府分界处”。

涵水湖 在今福建永定县西。《方舆纪要》卷98永定县：“涵水湖在县西。今名龙安砦。湖水澄澈，萦回环绕，中有土阜。”

涵头镇 即今福建莆田市东北涵江镇。《方舆纪要》卷96兴化府莆田县：涵头镇“亦曰涵头市。路通永福、尤溪诸径。洪武初置莆田税课局于此。莆田河泊所亦置焉。《盐鹾考》：元至元十六年，于涵头市设管勾司董鹾事。延祐二年，改为司令司。明朝洪武二年，改为福建都转运盐使司，分司分统上里等场盐课司”。清置巡检及盐大使。

涵江司 在今福建莆田市东北涵江镇。清顺治年间移嵌头司驻此。

涵辉阁 在今湖北蕲春县北蕲水南岸旧城。《方舆胜览》卷49蕲州：涵辉阁“在郡治子城之上。苏子瞻在黄，客有道其胜而诵所赋‘雰容天在水，春态柳藏桥’之句。先生欣然谓以‘态’易‘色’字。此盖赋涵辉阁也。自是涵辉之名益著”。

涵碧楼 在今广东潮州市西湖公园内。1922年建，原为西湖游人宴集之所。1925年国民革命军东征期间，周恩来曾到此进行革命活动。1927年“八一”南昌起义部队到达潮州时，周恩来、贺龙、叶挺、彭湃、郭沫若等也驻此指挥战斗。抗日战争时期，此楼被日本侵略军毁平。1964年重建。

淄川支线 即黉山支线。自山东淄川（今淄博市西南）至黉山（今洪山）。

淄川州 明洪武九年（1376）改般阳府置，属济南府。治所即淄川县（今山东淄博市西南淄川区）。十二年（1379）废州为县。

淄川县 隋开皇十八年（598）改贝丘县置，为淄州治。治所在今山东淄博市西南淄川区。明洪武九年（1376）省入淄川州，十二年（1379）废州为县，属济南府。民国初属山东济南道。1925年属淄青道。1928年直属山东省。1955年撤销淄川县，并入淄博市。

淄川国 即甾川国。东汉建武二年（26）封刘终为淄川王，置淄川国。治所不详。建武十三年（37）并入北海。

淄川郡 唐天宝元年（742）改淄州置，治所在淄川县（今山东淄博市西南淄川区）。辖境相当今山东淄博、高青、邹平、桓台等市县地。乾元元年（758）改为淄州。

淄川路 元世祖中统五年（1264）升淄州置，属中书省。治所在淄川县（今山东淄博市西南淄川区）。辖境相当今山东淄博市、博兴县西部及高青、邹平以东，黄河以南，鲁山以北地。至元二年（1265）改为淄莱路。

淄乡镇 北宋置，属邹平县。当在今山东邹平县地。

淄水 ①又名柴汶。即今山东新泰市西北之小汶河，西流至泰安市南大汶口入汶河。《左传》：昭公二十六年（前516），“齐师围成。成人伐齐师之饮马于淄者”。杜注：“淄水出泰山梁父县西，北入汶。”《水经·汶水注》：“汶水又南，左会淄水，水出泰山梁父县东……淄水又径梁父县故城南，淄水又西南径柴县故城北，世谓之柴汶矣。”

②又作菑水或甾水。即今山东中北部淄河。下游古今有变化。《尚书·禹贡》青州：“潍、淄其道。”《汉书·地理志》泰山郡莱芜县：“原山，甾水所出，东至博昌（今博兴县东南）入泲。”《水经·淄水注》：“淄水东北合时水入海。”按《史记·河渠书》：“于齐，则通菑、济之间。”其事当在战国时，则战国前淄水本单独入海。沟通菑、济之初，盖分菑入济，菑水正流仍当入海。《史记·夏本纪》正义引《括地志》：“淄州淄川县东北七十里原山，淄水所出。俗传云，禹理水功毕，土石黑，数里之中波若漆，故谓之淄水也。”未知何时入济之流转盛，而入海之菑遂绝，至西汉后期

犹然，此即《汉书·地理志》所载状况。东汉又还复入海故道，即《水经》、郦注所载。金、元以前大致走今小青河下游入海。金、元后又改入青水泊。清代以来清水泊淤塞，淄水改合小清河入海。

淄州　隋开皇十六年（596）置，治所在贝丘县（开皇十八年改名淄川县，即今山东淄博市西南淄川区）。大业初废。唐武德元年（618）复置，治所在淄川县。天宝元年（742）改淄川郡，乾元元年（758）又改淄州。辖境相当今山东淄博、高青、邹平、桓台等市县地。蒙古中统五年（1264）升为淄川路。

淄州路　元世祖中统五年（1264）改淄州置，治所在淄川县（今山东淄博市西南淄川区）。辖境相当今山东淄博市及博兴县西南部、高青、邹平两县东部地。至元二年（1265）改为淄莱路。

淄角镇　即脂角镇。今山东惠民县西南四十里淄角镇。《金史·地理志》：厌次县有脂角镇。淄角乃脂角之讹。

淄青　唐、五代方镇名。又作平卢、平卢淄青。宝应元年（762）置。同年，平卢节度使侯希逸为史朝义及奚族所逼，率部南保青州，即授为淄青节度使，而平卢旧号不废，此后或称淄青，或称淄青平卢，或称平卢。治所在青州（今山东青州市）。大历、元和间李正己、李纳、李师道割据时曾移治郓州（今山东东平县西北）。辖境屡有变动，大历末占地至十五州，今山东全省除临清、聊城附近数县外悉在境内，西至河南濮阳，南至安徽萧县、江苏铜山、沭阳，为当时最强大的方镇之一。元和十四年（819）被唐平定后，辖境缩小。咸通后领有淄、青、登、莱、齐、棣六州，约当今山东东北部半省之地。天祐初为朱全忠所并，仍置淄青节度使。五代晋废，后汉又复置。北宋初废。

淄青平卢　唐、五代方镇名。即淄青。治所在青州（今山东青州市）。

淄青道　1925年由胶东道分置，属山东省。治所在益都县（今山东青州市）。辖境相当今山东青州、淄博市东部及广饶、博兴、昌乐、临朐、寿光等市县地。1928年废。

淄河店　明置淄河店巡司，属临淄县。即今山东淄博市临淄区东齐陵街道。

淄莱路　元世祖至元二年（1265）改淄川路置，属中书省。治所在淄川县（今山东淄博市西南淄川城）。辖境相当今山东淄博市、博兴县西部及高青、邹平以东，黄河以南，鲁山以北地。元至元二十四年（1287）改为般阳路。

淄博市　1950年由原博山市、淄川县及洪山矿区合并设淄博市，驻博山城（今山东淄博市驻地张店区西南博山区），属淄博专区，为专署驻地。1954年撤销淄博工矿区及所辖张周、淄博二市和淄川县，改设地级淄博市。1958年原由省直辖的淄博市划归淄博专区，专署驻淄博市（张店区）。1961年淄博市升为地级市，改由省直辖。分设张店、周村、博山、淄川4区。1969年撤销潍坊专区的临淄县，设立淄博市临淄区（1972年临淄区驻地由临淄城迁至辛店）。

淄博特区　1945年8月淄川、博山两城解放后置，属鲁中行政区。驻博山城（今山东淄博市西南博山区）。辖淄川、博山两县及博山市。因战争几经废置。1948年复设，属鲁中南行政区。辖淄川、博山两县，张店、周村两市和博城、黑山、原山三区。1949年7月与华东财政经济办事处工矿部合并，成立淄博工矿特区。1950年11月由原博山市、淄川县及洪山矿区合并设淄博市，原张店、周村二市合并设张周市。1954年撤销淄博工矿区及所辖张周、淄博二市和淄川县，改设地级淄博市。

渠口驿　明置，在今宁夏中宁县东北渠口农场。清乾隆二十年（1755）裁。

渠口堡　明建，属宁夏西路广武营。即今宁夏中宁县东北渠口农场。

渠口集　即今河北香河县东二十五里渠口镇。《清一统志·顺天府四》：渠口集“旧有土堡，今圮”。

渠川州　唐置羁縻州，属嶲州都督府。治所在今四川凉山彝族自治州东境大凉山地区。后废。

渠水　①即春秋时吴王夫差所开之邗沟。起于今江苏扬州市南，引长江水北流，经高邮，东北流入射阳湖。《汉书·地理志》江都县：“渠水首受江，北至射阳入湖。”

②指狼汤渠（即鸿沟）。《水经》中有《渠水篇》。

渠北县　即渠县。1933年川陕革命根据地置，治所在今四川渠县北贵福镇。

渠丘　①春秋时莒地。在今山东莒县东南。《左传》：成公九年（前582），“楚子（婴）重自陈伐莒，围渠丘。渠丘城恶，众溃，奔莒。戊申，楚入渠丘”。即此。

②春秋时齐地。在今山东淄博市临淄西三十里。《左传·昭公十一年》：楚申无宇曰，“齐渠丘实杀无知”。杜注：“渠丘，今齐国西安县也。齐大夫雍廪邑。”即此。《续汉书·郡国志》作蘧丘里。

渠丘亭　在今山东安丘市南。《续汉书·郡国志》北海国安丘县：“有渠丘亭。”

渠乐寨　一名三河堡。在今广西扶绥县东南八里。明洪武初置巡司于此。

渠宁镇　清置，属中卫县。即今宁夏中卫市东北渠口农场。旧设渠口堡及渠口驿，驿丞兼管宁安驿，故名。《清史稿·地理志》宁夏府中卫县：“巡司驻渠宁。”

渠州　南朝梁大同三年（537）置，治所在北宕渠郡（今四川渠县）。北周治流江郡。隋大业三年（607）改为宕渠郡。唐武德元年（618）复为渠州。天宝元年（742）改为潾山郡。乾元元年（758）

复为渠州。治流江县（今渠县）。辖境相当今四川渠县、大竹、邻水、广安等县地。北宋开宝二年（969）分置广安军，辖境缩小。南宋辖境又增大。宝祐三年（1255）徙治今渠县东北六十里礼义山。元复还故治，属顺庆路。明洪武九年（1376）降为渠县。

渠江　古名宕渠水。在今四川东部，为嘉陵江一大支流。《寰宇记》卷136合州石镜县：渠江水“在县北十五里。源自万顷池，分流经巴、达、渠、广安军等州界，至本州东北十里，与嘉陵汇合”。《方舆纪要》卷69合州：宕渠江“亦曰渠江”。

渠江口　一名嘉渠口。即今重庆市合川区东北渠江注入嘉陵江处。《元史·世祖纪》：至元九年（1272）九月，“统军使合剌等兵掠合州及渠江口，获战船五十艘”。即此。

渠江县　唐天宝元年（742）改始安县置，属潾山郡。治所在今四川广安市东北一百十里肖溪镇南王家坪。乾元元年（758）属渠州。北宋开宝二年（969）为广安军治，移治浓洄镇（今广安市）。南宋淳祐三年（1243）移治大良平（今广安市东北大良城）。元至元中还治今广安市，为广安府治。明洪武十年（1377）省入广安州。

渠阳军　北宋元祐二年（1087）改渠阳县为军，治所在今湖南靖州苗族侗族自治县渠水东岸。次年废为砦。

渠阳县　①唐武德二年（619）置，属重州。治所在今湖北南漳县西。七年（624）废。

②北宋元丰五年（1082）置，属诚州。治所在今湖南靖州苗族侗族自治县渠水东岸。六年（1083）为诚州治。元祐二年（1087）改为渠阳军，次年废军为砦。后复置县。崇宁二年（1103）改为永平县。

渠坝驿　明置，在今四川泸州市纳溪区南三十里永宁河西岸渠坝镇。

渠坝堡　明成化四年（1468）置，属泸州卫。在今四川泸州市纳溪区南渠坝镇。《方舆纪要》卷72泸州卫“江门堡”条内：“渠坝堡在卫西北百八十里，即纳溪县之渠坝驿也。……分拨卫兵戍守。”

渠县　①明洪武九年（1376）降渠州置，属广安州。治所即今四川渠县。以滨渠江为名。清属顺庆府，嘉庆十九年（1814）改属绥定府。民国初属四川东川道。1928年直属四川省。境内东汉墓阙较多，誉为“墓阙”之乡。

②又称渠北县。1933年10月川陕革命根据地置，治桂馥（今四川渠县北贵福镇）。后迁佛楼寺。1934年1月废。

渠县汉阙　在今四川渠县。冯焕阙与沈府君阙于1961年都被定为全国重点文物保护单位。2001年将冯焕阙与沈府君阙合并，通称渠县汉阙。2006年又将赵家村汉阙、王家坪汉阙、蒲家湾汉阙定为全国重点文物，并入渠县汉阙保护单位。这些汉阙都是仿木结构建筑遗存。在全国仅存的约三十处汉阙中，渠县占有六处七座，堪称“中国汉阙之乡”。它们分布在渠县土溪区至岩峰区不到10公里的范围内，又分别以冯焕阙、沈府君阙为中心相对集中，赵家村东无铭阙、西无铭阙和王家坪无铭阙靠近冯焕阙，蒲家湾无铭阙靠近沈府君阙。这些汉阙雕刻精美，内容丰富，所含历史文化信息是研究我国古代建筑艺术及汉晋时期社会生产、生活的珍贵资料。

渠沙国　即莎车国。南北朝时西域国名。都城在莎车城（今新疆莎车县）。《北史·西域传》：渠沙国“居故莎车城，在子合西北，去代一万二千九百八十里”。

渠沟　在今安徽淮北市境。1938年5月，日军在此把村民赶到街上分批用刺刀刺死，全村被杀二百六十四人，三十二户被杀绝，七百多间房屋被烧毁，制造了著名的“渠沟惨案”。

渠河　一名郎溪。又名芙蓉江。即今湖南靖州苗族侗族自治县东渠水。《舆地纪胜》卷72靖州：渠河“源出佛子坡，与广西分界。下合众流，环州城会于郎江”。

渠城界　在今湖南浏阳市东南百里。明置巡司于此。

渠株川　又作渠珠川。在今甘肃岷县一带平川。先为羌人所据，后入西魏，并置岷州。《资治通鉴》：南朝梁大宝元年（550），西魏凉州刺史史宁击僚甘，“置岷州于渠株川”。

渠勒国　汉西域三十六国之一，属西域都护府。都城在鞬都城，或谓在今新疆于田县南，克里雅河上游普鲁一带。东汉时为于阗国所并。

渠勒驿　清光绪年间置，即今新疆策勒县。

渠犁国　又作渠黎。汉西域三十六国之一。都渠犁城（在今新疆库尔勒市西，孔雀河以东地区）。武帝时尝置校尉屯田于此。

渠犁城　本西域渠犁国都。在今新疆库尔勒市西，孔雀河以东地区。《汉书·西域传》：“地节二年，汉遣侍郎郑吉、校尉司马意将免刑罪人田渠犁，积谷，欲以攻车师。”

渠犁都督府　唐贞观中置，属安西都护府。治所在今新疆库尔勒市西，孔雀河以东地区。贞元中废。

渠猪山　又名渠潴山、猪山。在今山西永济市南。《山海经·中山经》：“渠猪之山，其上多竹，渠猪之水出焉。”即此。

渠搜县　西汉置，属朔方郡，为中部都尉治。治所在今内蒙古杭锦旗北黄河之南。东汉废。《水经·河水注》：“河水自朔方东转，径渠搜县故城北。”北魏太和二年（478）复置，属代名郡，治所当即汉县故址。北魏末废。

渠滥川　古地名。在今云南大理市东的凤仪坝子。《隋书·史万岁传》：开皇间，史万岁“渡西二河，入渠滥川，行千余里，破其三十余部”。即此。一说在今晋宁县附近。

渠黎墟 即今广西扶绥县西南三十里渠黎镇。清光绪《新宁州志》卷2：渠黎墟“在城西三十里”。

梁 ①西周、春秋诸侯国。嬴姓。在今陕西韩城市南二十里西少梁。青铜器《梁伯戈》有“梁伯作”铭文。《左传》：僖公十九年（前641），“秦遂取梁”。即此。秦改为少梁邑。又，《水经·汝水注》载：“汝水又左合三里水，水北出梁县西北，而东南流径其县故城西，故惮狐聚也。《地理志》云：秦灭西周徙其君于此，因乃县之。杜预曰：河南县西南有梁城，即是县也。”可知梁是在秦灭西周之年（即周赧王五十九年，前264）改置梁县。

②春秋周邑，后属楚。在今河南汝州市西南。《左传》：哀公四年（前491），楚人“为一昔之期，袭梁及霍”。杜注：“梁，河南梁县西南故城也。”《国语·楚语下》：楚“惠王以梁与鲁阳文子”。又，《水经·汝水注》载：“汝水又左合三里水，水北出梁县西北，而东南流径其县故城西，故䍐狐聚也。《地理志》云：秦灭西周徙其君于此，因乃县之。杜预曰：河南县西南有梁城，即是县也。”可知梁是在秦灭西周之年（即周赧王五十九年，前264）改置梁县。

③春秋时国名，在今山东泰安市东南。一说在今山东成武县东。《管子·轻重戊》：“桓公曰：鲁、梁之于齐也，千谷也，蜂螯也，齿之有唇也。今吾欲下鲁、梁，何行而可？管子对曰：鲁、梁之民俗为绨。公服绨，令左右服之，民从而服之，公因令齐勿敢为，必仰于鲁、梁，则是鲁、梁释其农事而作绨矣。桓公曰：诺。即为服于泰山之阳。……鲁、梁之君闻之，则教其民为绨。”注：“鲁、梁二国，在泰山之南，故为服于此，近其境也。”此即《史记·封禅书》中“禅梁父”之梁父。或以为即《春秋·庄公三十二年》“齐侯、宋公遇于梁丘”之梁丘，则在成武县东。

④战国七雄之一。即魏。因徙都大梁（今河南开封市），故称梁。

梁大县 即梁广县。在今四川巴中市。《旧唐书·地理志》化成县：“后汉汉昌县。梁改为梁大县，后周改为化城县。”《寰宇记》卷139化城县：梁大县以梁大溪为名。

梁上铺 即今贵州三穗县南良上乡。《清一统志·镇远府》“宛溪铺”条下：又有“梁上铺”等，“皆清江通判管理”。

梁口 在今吉林通化县南桓仁水库北江口村附近。《三国志·魏书·毌丘俭传》：“正始中，俭以高句骊数侵叛，督诸军步骑万人出玄菟，从诸道讨之。句骊王宫将步骑二万人，进军沸流水上，大战梁口，宫连破走。”

梁口市 即今江西修水县东北梁口。《清一统志·南昌府二》：梁口市“在义宁州东四十里。旧置税场”。

梁口江 又名梁口溪水。在今江西万安县南。《方舆纪要》卷87吉安府万安县：梁口江“在县南八十里。源出西平山，西南流入于赣江”。

梁山 ①即吕梁山。在今山西吕梁市离石区东北。《尚书·禹贡》：“治梁及岐。”《方舆纪要》卷42以为梁山即吕梁山。

②亦名东梁山、博望山。即今安徽芜湖市北长江东岸东梁山。《宋书·孝武帝纪》：大明七年（463），“车驾习水军于梁山”。唐许嵩撰《建康实录》卷12：孝武帝“幸梁山……登梁山大阅水军于中江……立双阙于梁山”。

③亦名西梁山、天门山。在今安徽和县南六十里长江西岸，与东岸当涂县博望山（东梁山）相对峙，合称天门山。历为江防要地。《宋书·孝武帝纪》：大明七年（463），“车驾习水军于梁山……于博望、梁山立双阙”。《陈书·世祖纪》：天嘉元年（560），“太尉侯瑱败王琳于梁山，败齐兵于博望”。唐李白《梁山铭》：“梁山博望，关扃楚滨，夹据洪流，实为要津。”

④在今福建仙游县西北四十里。《方舆胜览》卷13兴化军：梁山“在仙游西四十里。平田之中突起一峰，层峦插汉，多为神祠佛寺”。

⑤又作梁岳。在今福建漳浦县西南，与云霄县接界。《新唐书·地理志》：漳浦县有梁山。《方舆胜览》卷13漳州：梁山“在城西。古记：梁岳，闽中之望也。秀丽而崇圆，又名圆山。大峰十有二”。《清一统志·漳州府》谓“其中峰曰莲峰石，相传为齐武帝所赏”。

⑥在今山东梁山县南。本名良山。《史记·梁孝王世家》：梁孝王“北猎良山”。《索隐》：“《汉书》作梁山。”《水经·济水注》：“济水又北，径梁山东。袁宏《北征赋》曰：‘背梁山截汶波’，即此处也。”山上有虎头崖、宋江寨，其下旧有梁山泺。

⑦旧名阳山。在今湖南常德市北三十里。《方舆胜览》卷30常德府：梁山“旧名阳山。按《旧注》云，阳山之女云梦之神，尝以夏首秋分献鱼。唐天宝六载始改梁山。汉梁嵩庙食于此，故以名山”。《方舆纪要》卷80武陵县：“后汉初，梁松讨五溪蛮，尝经此，因名。”

⑧即高梁山。今重庆市梁平县东南与万州区交界之精华山（铁凤山）。《寰宇记》卷149：以为都梁山为剑阁铭之梁山。

⑨即凉山。在今四川凉山彝族自治州州东之大凉山。

⑩一名高梁山。即今四川剑阁县（下寺镇）北之剑门山。《山海经·中山经》：岷山之“东三百里，曰高梁之山”。西晋张载《剑阁铭》：“岩岩梁山，积石峨峨，远属荆、衡，近缀岷、嶓。”《旧唐书·地理志》剑门县：“大剑山有剑阁道，三十里至剑处，张载刻铭之所。”《寰宇记》卷84剑门县：“大剑山亦曰梁山。《山海经》：高梁之山，西接岷、岷，东接荆、衡。”

⑪亦名梁州山。在今陕西南郑县东南。《尔雅·释地》："南方之美者，有梁山之犀象焉。"州因山名。《舆地纪胜》卷183兴元府：梁州山"在南郑县东南百八十里，与孤云、两角相接，大山四围，其中三十里许甚平，或云古梁州治也"。

⑫在今陕西韩城市西，接合阳县界。《尚书·禹贡》："治梁及岐。"《诗经·大雅·韩奕》："奕奕梁山，维禹甸之。"《春秋·穀梁传》：成公五年（前586），"梁山崩，遏河水三日不流"。《水经·河水注》："昔者，大禹导河积石，疏决梁山，谓斯处也，即《经》所谓龙门矣。"

⑬在今陕西乾县西北。《孟子·梁惠王》："大王去邠，逾梁山。"即此。唐高宗李治与武则天合葬于此。《新唐书·朱泚传》：德宗幸奉天，"使高重杰屯梁山御贼"。

⑭在今陕西岐山县东北五十里。《方舆纪要》卷55岐山县：梁山"东连西安府乾州界，其最高处为箭筈岭"。

梁山关　明置，属阆中县。在今四川阆中市东北十里。《明一统志》卷68保宁府：梁山关"在灵山麓，与梁山相连，故名"。

梁山州　元世祖至元二十年（1283）改梁山军置，属夔州路。治所在梁山县（今重庆市梁平县）。辖境相当今四川梁平县地。明洪武七年（1374）废。

梁山军　北宋开宝三年（970）置，属夔州路。治所在梁山县（今重庆市梁平县）。辖境相当今重庆市梁平县及垫江县部分地。元至元二十年（1283）升为梁山州。

梁山县　①北周天和二年（567）置，属万川郡。治所在今重庆市梁平县西聚奎镇（黄土坎）。《寰宇记》卷149梁山军：梁山县"盖因界内高梁山为县名"。隋属巴东郡。唐属万州。北宋乾德三年（965）移治今梁平县。开宝三年（970）为梁山军治。《宋史·常恩德传》：淳化中，李顺义军东下，与官军激战于"梁山"。元为梁山州治。明洪武七年（1374）州废，县属夔州府。清雍正十二年（1734）改属忠州。民国初属四川东川道。1928年直属四川省。1952年因与山东之梁山县同名，改为梁平县。今属重庆市。

②唐置，属武峨州。治所在今越南北太省南部。后废。

③1949年8月改昆山县置，属平原省。治后集（今山东梁山县）。1952年改属山东省。

梁山泊　亦作梁山泺。在今山东梁山、郓城、巨野等县间。今梁山县治南梁山，原在巨野泽北岸不远，五代时泽面北移，后晋开运元年（944）黄河在滑州决口，河水泻入原巨野泽区，环梁山皆成巨浸，始称梁山泊。《资治通鉴》：五代周显德六年（959），"浚五丈渠，东过曹、济、梁山泊，以通青、郓之漕"。从五代到北宋，多次被溃决的黄河河水灌入，面积逐渐扩大。《宋史·河渠一》记载："天禧三年六月乙未夜，滑州河溢城西天台山旁，俄复溃于城西南，岸摧七百步，漫溢州城，历澶、濮、曹、郓，注梁山泊。"宋邵伯温《邵氏闻见录》卷30称"梁山泊八百里水"。金元时代，时因河水决入而扩大，时因河徙水退、滩地被垦而缩小。明初仍有百里左右。万历以后，黄河长期由徐州、淮阴夺淮入海，来水减少，渐涸为平陆。清康熙年间，梁山周围已是村落密集之地。北宋以来常为农民起义军的根据地，相传宣和初宋江起义曾屯聚于此。

梁山洲　在今安徽和县西梁山一带长江中。《资治通鉴》：南朝宋孝建元年（454），"（柳）元景统（王）玄谟等诸将以讨（刘）义宣。癸巳，进据梁山洲"。胡三省注："时梁山江中有洲，玄谟等舟师据之。"即此。

梁山宫　秦离宫。在今陕西乾县西北四十里瓦子岗。《史记·秦始皇本纪》：始皇三十五年（前212），"始皇帝幸梁山宫"。《集解》："在好畤。"《正义》引《括地志》云："梁山宫俗名望宫山，在雍州好畤县西十二里，北去梁山九里。"宋敏求《长安志》卷3引《三秦记》曰："梁山宫城皆文石，名织锦城。"

梁山集　明置梁山集巡司，属寿张县。治所即今山东梁山县。清乾隆三十一年（1766）裁。1949年于此置梁山县。

梁山寨　北宋置，属历阳县。在今安徽和县南长江西岸西梁山下。《元丰九域志》卷5：和州历阳县有"梁山、栅江二寨"。

梁山镇　在今安徽和县南长江西岸西梁山。《清一统志·和州》：梁山镇"在州南梁山下。萧齐建元二年尝置二军于东西梁山。《九域志》：历阳县有梁山寨。本朝康熙二年设游击守备等官统兵驻守"。

梁广县　亦名梁大县。南朝梁普通六年（525）置，为大谷郡治。治所即今四川巴中市。北周大象二年（580）改为化成县。

梁门　①即汾门。今河北徐水县。《水经·易水注》："易水又东流，屈径长城西，又东流，南径武隧县南、新城县北，俗又谓是水为武隧津，津北对长城门，谓之汾门，亦曰汾水门，又谓之梁门。"五代周置梁门口寨。

②五代梁开平元年（907）改东京城（今河南开封市）西墙北门梁门为乾象门，俗仍称梁门。《资治通鉴》：后唐同光元年（923），大将李嗣源军至大梁，梁亡，"帝入自梁门，百官迎谒于马首，拜伏请罪，帝慰劳之。使各复其位。……帝命访求梁主，顷之，或以其首献"。即此。后晋天福三年（938）改名乾明门，北宋太平兴国四年（979）改名阊阖门，俗称仍为梁门。

梁门口寨　五代周置，即今河北徐水县。北宋初为静戎军治。《寰宇记》卷68静戎军："周为梁门口寨，在（易）州东南九十里。皇朝太平兴国六年二月升为静戎军。"景德元年（1004）改为安肃军治。同年，契丹南下，宋将魏能拒守于此，契丹久攻不下。时有

"铜梁门"之称。明为安肃县治。

梁子湖 在今湖北武昌县东南及鄂州市西南。《方舆纪要》卷76武昌府江夏县"鲁湖"条下："府东六十里有梁子湖，亦曰东湖。湖东北距武昌县百二十里，为分界处。周百十里。春深冬涸，东西相距二里许。"

梁乡县 北魏永安中置，属东武郡。治所在今山东胶南市南之古镇营。北齐废。

梁乡镇 金置，属高密县。在今山东胶南市南之古镇营。

梁王山 ①在今云南嵩明县西北。《清一统志·曲靖府》：梁王山"在寻甸州南七十里。其地名普按马，接嵩明州界"。

②在今云南祥云县北三十里。《明一统志》卷86大理府：梁王山"蒙氏时酋长王氏居焉"。《清一统志·大理府》引《云南通志》："有元梁王行宫遗址，每掘地得琉璃瓦。"

梁元帝陵 在今湖北荆州市荆州区故江陵县城东门外。《资治通鉴》：南朝梁承圣三年（554），西魏军将俘获的梁元帝萧绎活埋，降于西魏的萧詧"使以布帊缠尸，敛以蒲席，束以白茅，葬于津阳门外"。

梁文帝萧顺之建陵 简作建陵。在今江苏丹阳市东。《元和志》卷25润州丹阳县："梁文帝萧顺之建陵，在县□二十五里。武帝父也，追尊为文皇帝。"《清一统志·镇安府》载：梁建陵"在丹阳县东北二十里东城村。武帝父，追尊为文帝"。此墓在今丹阳市东三城巷东北，陵前神道进口依次有石兽、方型石础、石柱和石龟各一对。石柱上部有一矩形石额，刻有隶书"太祖文皇帝之神道"。该陵墓是南朝诸陵中遗存石刻最多的一处。1988年丹阳南朝帝王陵墓石刻（包括梁文帝建陵）定为全国重点文物保护单位。

梁水 ①在今山西长子县东。《水经·浊漳水注》："梁水出南梁山，北流径长子县故城南。梁水又北入漳水。"

②即今辽宁浑河支流太子河。明《辽东志》卷1：梁水"一名太子河。（辽阳）城东北三里。源出斡罗山，北流至武良站经杨家湾，出梁房口南入海"。

③即今泸江。南盘江与泸江合流后的一段也称梁水。在云南南部。三国至南朝称梁水。《水经·温水注》："梁水上承河水，……温水上合梁水，故自下通得梁水之称。"

梁水县 ①三国蜀置，为梁水郡治，旋废。西晋永嘉五年（311）复置，仍为梁水郡治。治所即今云南开远市。南朝梁末废。

②唐武德元年（618）置，属南宁州。治所在今云南江川县东南旧州。七年（624）为西宁州治。贞观八年（634）为黎州治。天宝后废。

梁水郡 三国蜀析兴古郡盘南置，属庲降都督，旋废。西晋永嘉五年（311）复置，属宁州。治所在梁水县（今云南开远市）。辖境约当今云南红河哈尼族彝族自治州大部，北至江川、华宁诸县，东有砚山县西部地。南朝梁末废。

梁化县 ①南朝梁置，为梁化郡治。治所在今广西鹿寨县北中渡镇北长安村。隋开皇十八年（598）改为纯化县。

②南朝梁武帝时分曲江县置，属始兴郡。治所在今广东乐昌市西南二里武水西。隋开皇十八年（598）改为乐昌县。

梁化郡 ①南朝梁大同八年（542）置，属桂州。治所在梁化县（今广西鹿寨县北中渡镇北长安村）。辖境相当今广西鹿寨、永福、柳城三县相连接地区。隋开皇九年（589）平陈后废。

②南朝梁置，属广州。治所在安怀县（今广东惠东县西北梁化镇）。隋开皇时废。

梁化墟 即今广东惠东县西北梁化镇。清雍正十一年（1733）移内外管巡司治此。

梁父山 亦作梁甫山。在今山东泰安市东南，西连徂徕山。《史记·秦始皇本纪》：二十八年（前219）始皇东巡，"禅梁父"。《后汉书·光武纪》：中元元年（56）"禅于梁父"。皆在此。后世统称徂徕山，而另以徂徕山南隋梁父县故城北一小山为梁父山。

梁父县 又作梁甫。西汉置，属泰山郡。治所在今山东新泰市西天宝镇古城村。东汉改为梁甫侯国。西晋复为梁父县。隋改属鲁郡。唐贞观元年（627）省入博城县。

梁石县 唐贞观五年（631）置，属燕州。治所在今广西藤县西北。七年（633）属藤州。十八年（644）后废。

梁田陂 在今陕西华县西三十里。《资治通鉴》：唐中和三年（883），"李克用进军乾坑，与河中、易定、忠武军合；尚让等将十五万众屯于梁田陂"。即此。胡三省注："《旧书》作'良天陂'，在成店西三十里。"

梁丘 春秋鲁地。在今山东成武县东北三十里。《春秋》：庄公三十二年（前661），"夏，宋公、齐侯遇于梁丘"。其地今为梁丘山。

梁丘集 即今山东费县西南四十里梁丘镇。清光绪《费县志》：城西南活沟社有梁丘集。1948年设镇，后废。1984年复设梁丘镇。

梁乐县 南朝梁置，为梁乐郡治。治所在今广东阳山县南。隋开皇九年（589）改属连州。十八年（598）改名宣乐县。

梁乐郡 南朝梁置，治所在梁乐县（今广东阳山县南）。隋开皇九年（589）废。

梁宁郡 ①北魏置，治所园池县。当在今甘肃酒泉市一带。西魏废。

②南朝梁置，属湘州。治滠阳县（在今湖北武汉市黄陂区西南）。北齐废。

③南朝梁置，为新州治。治所在新阳县（今湖北京山县）。西魏为温州治（治所新阳县改为角陵县）。隋开皇初废。

梁召镇　即今河北任丘市东北三十五里梁召镇。清为梁召社。

梁各庄　在河北易县西北，近西陵。京汉铁路新易支线通此。

梁庄　在今山东茌平县北。清光绪二十五年(1899)，朱红灯领导的义和团在此举行反教会斗争。

梁庄寨　在今浙江平湖市东南三十里乍浦镇东北梁庄村，濒临杭州湾。《方舆纪要》卷91海盐县："梁庄寨在县东北。嘉靖中，倭贼每于此登犯。"嘉靖四十年（1561）移乍浦巡司于此。

梁州　①古九州之一。《尚书·禹贡》："华阳黑水惟梁州。"华指今陕西华山，华阳即为华山之南。黑水其说不一：有今澜沧江、金沙江、怒江等。

②三国魏景元四年（263）分益州置，治所在沔阳县（今陕西勉县东旧州铺）。西晋太康三年（282）移治南郑县（今陕西汉中市东）。辖境相当今陕西秦岭以南，大巴山以西，四川青川、江油、中江、遂宁，重庆市璧山、綦江等县以东及贵州桐梓、正安等县地。其后治所屡有迁徙，先后治西城县（今安康市西北）、苞中县（今汉中市西北大钟寺）、城固县（今城固县东）等县。南朝宋元嘉十一年（434）还治南郑县。隋大业三年（607）废。唐武德元年(618)复置，辖境相当今陕西汉中、城固、南郑、勉县等市县及宁强县北部地区。天宝元年（742）改为汉中郡，乾元元年（758）复为梁州。兴元元年(784)升为兴元府。

③成汉李雄置，治涪县（今四川绵阳市东）。后废。

④北魏太和十二年（488）置，治所在仇池郡洛谷城（今甘肃西和县西南洛峪乡）。辖境相当今甘肃两当、成县、礼县以南和陕西凤县、留坝、略阳三县地。景明初改为益州。

⑤东魏天平初置，治所在大梁城（今河南开封市）。辖境相当今河南开封市与开封、封丘、兰考、杞县、通许、尉氏、太康等县及西华县一部。北周宣帝改为汴州。

⑥唐武德三年（620）王世充置，治所在睢阳县（今河南商丘市南）。四年（621）地属唐，改为宋州。

梁州山　即梁山。在今陕西南郑县东南。

梁兴县　①南朝梁置，属淮川郡。治所在今河南正阳县东南。北齐废。

②南朝梁置，属财丘、梁兴二郡。治所在今安徽临泉县南九十里艾亭镇附近。北齐废。

③即梁安县。在今湖北武汉市黄陂区北。《魏书·地形志》作梁兴县。

④隋末萧铣置，治所在今湖南宁远县东南。唐武德四年（621）改为唐兴县。

梁兴郡　南朝梁置，治所在梁兴县（在今安徽临泉县南九十里艾亭镇附近）。辖境相当今安徽临泉县地。北齐废。

梁安县　①即黄安县。南朝梁置，治所在今四川剑阁县（下寺镇）西南王河镇。《旧唐书·地理志》："梁分梓潼县置梁安县，寻改为黄安。"

②南朝梁置，为崇义郡治。治所在今湖北随州市西南。北周为遂安郡治。隋开皇七年（587）改名清腾县。

③一作良安县。南朝梁大通元年（527）析歙县东部地置，属新安郡。治所在华阳古镇（今安徽绩溪县城东后外村）。陈废。

④又作梁兴县。南朝梁改木兰县置，为梁安郡治。治所在今湖北武汉市黄陂区北。隋开皇十八年(598)改为木兰县。

梁安郡　①南朝梁天监中分晋安郡置，属扬州。治所在晋安县（今福建南安市东丰州镇）。辖境相当今福建晋江、九龙江、木兰溪三流域及厦门、金门等地。陈天嘉五年（564）改名南安郡。梁、陈时为对南海交通的重要港口，见于《续高僧传·拘那罗陀传》。

②南朝梁置，属光州。治所在今河南固始县东北七十里。隋开皇初废。

③南朝梁置，治所在郎中县（今河南息县东北）。隋开皇初废。

④南朝梁置，属北江州。治所在梁安县（东魏改梁兴县，今湖北武汉市黄陂区北）。隋废。

⑤南朝梁置，治所在甑山（今湖北汉川市东南十里）。西魏改魏安郡。

梁寿郡　南朝梁置，属静州。治所在龙平县（今广西昭平县）。辖境相当今广西昭平县北部地。隋开皇九年(589)平陈后废。

梁弄镇　即今浙江余姚市西南三十四里梁弄镇。抗日战争时期为四明山革命根据地中心、三山游击司令部驻地。

梁孝王墓　在今河南永城市北芒砀山南保安山东麓。梁孝王刘武乃汉文帝刘恒之子、景帝刘启之弟。《史记》有《梁孝王世家》。《水经·获水注》："（砀）山有梁孝王墓。其冢斩山作郭，穿石为藏。行一里到藏中，有数尺水，水有大鲤鱼。山上有梁孝王祠。"《寰宇记》卷12亳州永城县："梁孝王墓在县北五十里，高四丈，周回一里，砀山南岭上。按郭缘生《述征记》云，梁孝王葬于砀山，凿山作岛，穿石为藏，行一里到藏内。《曹操别传》云：引兵入砀，伐梁孝王冢，破棺，收金宝万斤。"因早年墓被盗，当地亦称"梁孝王洞"。整个墓室面积约650平方米，高达2米以上，气势壮观，可与河北满城中山靖王刘胜墓相媲美。1982年进行了全面整修，供参观游览。

梁村　即今广西宾阳县东梁村，接贵港市界。明置巡司于此。

梁村集　即今山东高唐县北二十四里梁村镇。为往来孔道，商业颇盛。清光绪《山东通志》卷2《舆图志》：高唐县北有梁村集。

梁村墟 即今广东怀集县西六十里梁村镇。明、清于此设慈乐寨巡司。

梁甫侯国 东汉改梁父县置，属泰山郡。治所在今山东新泰市西羊祐城。西晋复为梁父县。

梁县 ①战国时周置。后入秦，属三川郡。治所在今河南汝州市西四十里汝水南岸石台村。西汉属河南郡。北魏孝昌三年（527）属汝北郡。北齐属汝阴郡。隋属襄城郡。唐贞观元年（627）废。

②唐贞观元年（627）改承休县置，为伊州治。治所即今河南汝州市。八年（634）为汝州治。宋、金、元皆为汝州治。明洪武初省入汝州。

③南宋绍兴三十二年（1162）改慎县置，属庐州。治所在今安徽肥东县东北梁园镇。元属庐州路。明初废入合肥县。

梁园 ①在今河南开封市东南。本名吹台，又称繁台。汉梁孝王增筑，以为游观之所。唐李白有《梁园吟》。

②在今广东佛山市内。清嘉庆、道光年间内阁中书、著名画家梁蔼如叔侄等建造。由十二石斋、寒香馆、群星草堂、汾江草庐等四组园林建筑群组成，规模宏大，布局精巧，富有岭南特色，为广东四大名园之一。

梁园镇 即今安徽肥东县东北梁园镇。南朝宋为慎县治所。南宋为梁县治所。清置巡司于此。

梁邹县 战国秦置，属济北郡。治所在今山东邹平县东北旧口。出土秦封泥中有“梁邹丞印”可证。西汉高帝六年（前201）封武虎为梁邹侯（一说高帝五年封武虎为梁邹侯），元鼎五年（前112）改为梁邹县，属济南郡。《晋书·乐安王鉴传》：“咸宁初，以齐之梁邹益封”，即此。西晋永嘉后废。

梁邹城 在今山东邹平县东北旧口。初为梁邹县治，西晋永嘉后县废。东晋末南朝宋在此置戍。《资治通鉴》：南朝宋元嘉二十八年（451），“青州民司马顺则自称晋室近属，聚众号齐王。梁邹戍主崔勳之诣州。五月乙酉，顺则乘虚袭梁邹城”。相继为乐安、渤海两郡及平原侨郡治。北魏、东魏又为东平安郡治。北齐、北周及唐、北宋又先后为平原县、济阳县、邹平县治。

梁启超故居 ①在今广东江门市新会区南环城镇茶坑村。梁启超（1873—1929）字卓如，号任公，又号饮冰室主人。广东新会茶坑村人。中国近代著名的资产阶级改良主义者，维新派领导人之一。故居建于清咸丰、同治年间。为三合院式砖木结构平房，面积近155平方米。故居所处环境秀丽怡人，前临水塘、背靠凤山。山上有明代凌云塔，附近有怡堂书室和宏文社学，是梁启超青少年时读书之处。1996年定为全国重点文物保护单位。

②即饮冰室。在今天津市河北区民族路46号。近代学术思想家、戊戌变法维新派名人梁启超（1873—1929）早年自称“饮冰”，故书斋又称饮冰室。1915年梁举家迁往天津居于此，直至病逝。2006年定为全国重点文物保护单位。

梁陈渡 在今海南省海口市琼山区西南。《方舆纪要》卷105琼州府琼山县：“梁陈渡在府西南。元至顺元年，黎僚叛寇乾宁界，都镇抚谭汝楫，沿江自南建至番诞渡，置堠障守之。明年，‘贼’寇石山、新村、梁陈渡，汝楫战不胜。三年，‘贼’寇乾宁西山界、元帅关，关军水尾失利，‘贼’遂陷澄迈。”

梁武帝萧衍修陵 简作修陵。在今江苏丹阳市东。据《梁书·皇后列传》载：德后郗氏是在高祖为雍州刺史时，在南齐永元元年（499）殂于襄阳官舍，其年归葬“南徐州南东海武进县东城里山”（在今丹阳市东），陵名修陵。萧衍于公元500年举兵东下，次年攻占建康。中兴二年（502）即皇帝位，国号梁，改元天监，史称萧梁。萧衍在位四十八年。梁大同十年（544）幸兰陵，哭于修陵，即此。太清三年（549）萧衍在台城被饿死后，亦归葬于修陵。《元和志》卷25润州丹阳县载：梁“武帝衍修陵，在县东三十一里”。《舆地纪胜》卷7引《镇江志》亦曰：梁武帝修陵“在丹阳县东三十一里”（疑里距有误）。《清一统志·镇江府》载：梁武帝修陵“在丹阳县东二十五里皇业寺前”。在今丹阳市东三城巷刘家庄附近。南距建陵300余米。陵前仅存一公天禄，位于神道北侧，兽体骨劲肉丰，四足粗壮，足五爪，右前足攫有一小兽，威武非凡。1988年丹阳南朝帝王陵墓石刻（包括梁武帝修陵）定为全国重点文物保护单位。

梁苑 即东苑，又名兔园、梁园。在今河南商丘市东南。《史记·梁孝王世家》：“孝王筑东苑，方三百余里。”又《元和志》卷7宋城县：“兔园，县东南十里。汉梁孝王园。”

梁国 西汉高帝五年（前202）改砀郡为梁国，都定陶（今山东定陶县西北）。文帝时移都睢阳县（今河南商丘县南）。成帝永始中，辖境相当今河南商丘市和商丘、虞城、民权、安徽砀山等县地。王莽始建国初改为梁郡。东汉建初四年（79）复为梁国。三国魏黄初中改为梁郡。西晋复为梁国。南朝宋改为梁郡。

梁金山 即今广东开平市北梁金山。《清一统志·肇庆府》：梁金山“在开平县（旧治在今市东北苍城镇）东二十里。又北曰狮子山，以象形得名”。

梁河 古巨梁水。即今河北唐山市丰润区与玉田县间之还乡河。

梁河设治局 1932年析腾冲县置，直属云南省。治所在今云南梁河县东南十九里大厂乡。县境主要河流南底河旧名小梁河，因名。1952年撤销，改置梁河县傣族景颇族自治区。1953年改梁河县。

梁房口关 明置，属盖州卫。在今辽宁营口市东南大白庙子东北。明《辽东志》卷2：梁房口关“（盖州）卫西北九十里，海运舟由此入辽河”。产盐。

梁封县 亦作凉封县。南朝梁置，属南巴郡。治所当在今广东电白县境。隋开皇十八年（598）改为义封县。

梁城 ①在今天津市宁河县北宁河镇。《方舆纪要》卷11宝坻县：梁城，“《志》云：唐末刘仁恭所筑。刘守光为燕王曾屯兵于此，即今梁城所也”。

②在今安徽淮南市（田家庵）附近。《水经·淮水注》：“（淮水）又东径梁城。”《梁书·武帝纪》：天监五年（566）五月，攻北魏，“临川王宏前军克梁城”。即此。

③在今山东滕州市东漷河之南。《方舆纪要》卷32滕县“堌城”条下：梁城“有台，谓之旧城台，亦昔时戍守处”。《清一统志·兖州府二》：梁城，“其曰梁者，或因梁水为名”。

④即汉口城，在今湖北武汉市汉口城区。《方舆纪要》卷76汉阳府：梁城“在府城东北。……邓元起会大军于夏口，筑汉口城以守鲁山。今大别山横顶城即其旧基”。

梁城山 在今湖北武汉市武昌城区东北。《方舆纪要》卷76江夏县：梁城山“在城东北十六里。《志》云，梁武帝尝筑城屯军于此”。

梁城千户所 明建文二年（1400）燕王于故梁城置，属北平都司。在今天津市宁河县北宁河镇。清置宁河县于此。

梁城县 南朝梁置，属财丘、梁兴郡。治所当在今安徽临泉县境。北魏以后废。

梁城郡 亦作凉城郡。北魏置，属恒州。治所在今内蒙古凉城县东北岱海北。据《水经·河水注》：郡治在沃水所注之盐泽（今岱海）北七里。辖境相当今内蒙古凉城县与丰镇市大部分地。北齐废。

梁垛场 即今江苏东台市东南十八里梁垛镇。傍串场河。产海盐。清时设盐课大使。民国初与富安场并而为一，改名安梁场。1912年后废。

梁囿 即圃田泽。在今河南中牟县西北。

梁峒水 在今广东连山壮族瑶族自治县东北。《方舆纪要》卷101连山县：梁峒水“县（治今县东北太保镇旧城村）东南十九里。有上吉水流合焉。又县南六里有横水，俱东南流，合于湟水”。

梁信县 南朝梁普通四年（523）置，为梁信郡治。治所即今广东封开县。隋开皇初为封州治，十八年（598）改名封川县。

梁信郡 南朝梁置，属成州。治所在梁信县（今广东封开县）。隋开皇十年（590）废。

梁泉 在今甘肃兰州市南。《水经·河水注》载：“河水又东南，迳金城县故城北。……《十三州志》曰：大河在金城北门，东流，有梁泉注之，泉出县之南山。按耆旧言：梁晖，字始娥，汉大将军梁冀后，冀诛，入羌。后以其祖父为羌所推为渠帅，而居此城。土荒民乱，晖将移居抱罕，出顿此山，为群羌围迫，无水。晖以所执榆鞭竖地，以青羊祈山，神泉涌出，榆木成林。其水自县北流，注于河也。”此出于县之南山、北流入于黄河的梁泉，应即今兰州市五泉山的五泉。其发源地金城县的南山，即今皋兰山。

梁泉县 北魏太和元年（477）置，为固道郡治。治所即今陕西凤县东北凤州镇。《元和志》卷22梁泉县：“取县西梁泉为名。”西魏为归真郡治。隋为河池郡治。唐以后为凤州治。元世祖至元五年（1268）省入凤州。

梁侯驿 唐置，在今山西襄垣县西。《资治通鉴》：五代周显德元年（954），“北汉兵屯梁侯驿”。即此。

梁洼（窪） 即今河南鲁山县北二十六里梁洼镇。清尹耕云《豫军纪略》卷11：同治三年（1864）十一月，捻军“分踞鲁山之梁洼”。

梁郡 ①新莽始建国元年（9）改梁国置，治所在睢阳县（今河南商丘市南）。辖境相当今河南商丘市和虞城、民权、安徽砀山等县地。东汉建初四年（79）复为梁国。三国魏黄初中改为梁郡。西晋改为梁国。南朝宋复改为梁郡，移治下邑县（今安徽砀山县东）。北魏还治睢阳县（今商丘市南）。隋开皇初废。大业三年（607）改宋州为梁郡，治所在宋城县（今商丘市南）。辖境相当今商丘市和虞城、夏邑、睢县、柘城、兰考、杞县等县地。唐初废。

②南朝宋侨置，治崇义县（今安徽寿县东南）。隋开皇初废。

③即南梁郡。治所在慎县（今安徽肥东县东北梁园镇）。《隋书·地理志》庐江郡慎县：“东魏置平梁郡，陈曰梁郡，开皇初郡废。”

梁泰县 南朝梁置，为梁泰郡治。治所在今广东佛山市高明区西南清泰村。隋开皇十年（590）改为清泰县。

梁泰郡 南朝梁置，治所在梁泰县（今广东佛山市高明区西南清泰村）。隋平陈废。

梁格庄 又作良各庄。即今河北易县西二十里梁各庄镇。为通往西陵要道。清有行宫。

梁家凹 一名梁洼镇。即今河南鲁山县西北二十六里梁洼镇。清道光《直隶汝州志》卷3《市集》：有“梁家凹”。

梁家村 即今河北肃宁县东南二十四里梁家村镇。清同治《畿辅通志》卷47肃宁县图：东南有梁家村。

梁家沙镇 在今广东化州市北。明洪武中置巡司于此。后废。清复置，移今化州市西北平定镇。

梁家集塘 即今湖北枣阳市西南二十八里梁集镇。清光绪《湖北全省分图》：枣阳县西南有梁家集塘。

梁家楼 在今山东郓城县东。《方舆纪要》卷33郓城县：明天启中，“徐鸿儒作乱，聚众卞家屯，置其家于梁山泊。起兵围魏家庄，遂寇县境，围梁家楼，据为巢穴，去县二十里，遂进陷县城是也”。

梁堌堆遗址 在今山东曹县东北三十六里梁堌堆村。村北有龙山文化遗址。遗址现高5米，面积约2500平方米。即《诗经·商颂》所称之景山，《史记集解》称之为景亳，以为是“汤所盟地”。《汉书·地理志》注引臣瓒曰，以为是“汤所都”。旧有寺院，现仅存土丘及古柏数株。

梁野山 一名梁山。即今福建武平县东北梁野山(梁山顶)。《舆地纪胜》卷132汀州《景物上》：梁山“在武平县东三十里。嵯峨险峻，其形叠出耸云间，山上有仙岩、有天莲池、有覆釜石”。明《寰宇通志》卷47汀州府：梁野山“在武平县东三十五里，高五千余仞，分十二面，绝顶有白莲池”。

梁渔务镇 金置，属望平县。治所在今辽宁黑山县东北古城子村。《许亢宗奉使行程录》：“自显州九十里至兔儿窝，自兔儿窝六十里至梁渔务。”即此。

梁期县 西汉置，属魏郡。治所在今河北磁县东北。三国魏废。《水经·浊漳水注》：“漳水又东径梁期城南。《地理风俗记》曰：邺北五十里有梁期城，故县也。汉武帝元鼎五年，封任破胡为侯国。晋惠帝永兴元年骠骑王浚遣乌丸渴末径至梁期，侯骑到邺，成都王颖遣将军石超讨末，为末所败于此。”

梁掌 在今甘肃宁县东北。1935年西北革命根据地在此置新宁县。

梁衕市 即今浙江余姚市南三十四里梁弄镇。《清史稿·地理志》：余姚县有梁衕汛。1948年革命根据地在此置四明县。

梁湖堰 在今浙江上虞市东南梁湖镇境。《宋史·河渠志七》：“绍兴初，高宗次越，以上虞县梁湖堰东运河浅涩，令发六千五百余工，委本县令、佐监督浚治。”

梁湖镇 即今浙江上虞市东南梁湖镇。《方舆纪要》卷92绍兴府上虞县：梁湖镇“在县（治今丰惠镇）西梁湖堰。元置百官驿于此，明初置巡司，旁有曹娥驿”。

梁榆水 即今山西和顺县南梁余河。源出山西和顺县西北石猴岭，东南流入清漳水。《水经·清漳水注》：梁榆水“出梁榆城西大嵰山，水有二源，……其水左合北水，北水又东南入于清漳”。

梁榆县 北齐置，属太原郡。治所即今山西和顺县。隋开皇十年（590）改和顺县。

梁简文帝萧纲庄陵 在今江苏丹阳市东。萧纲(503—551)，字世缵，小名六通。武帝第三子。中大通三年（531）被立为太子。太清三年（549）侯景将武帝饿死后，立他为帝。大宝二年（551）八月被废。十月被杀。在位二年余，死年四十九岁。葬于庄陵。《元和志》卷25润州丹阳县载：梁“简文帝纲庄陵，在县东二十七里”。《舆地纪胜》卷7引《镇江志》称：梁简文帝庄陵“在丹阳县东二十七里。地名三城港。有石［麒］麟高丈余”。《清一统志·镇江府》所载梁简文帝庄陵的方位与上述记载完全相同。此陵在梁武帝萧衍的修陵之南。陵前存一天禄，举颈昂首，仅存前驱。1988年丹阳南朝帝王陵墓石刻(包括梁简文帝庄陵）定为全国重点文物保护单位。

梁溪 ①江苏旧无锡的别称。因城西梁溪而得名。宋无锡人费究著有《梁溪漫志》。清无锡吴媛号梁溪女史。

②在今江苏无锡市旧城西门外。《清一统志·常州府一》：梁溪“源出惠山，古溪极隘。梁大同中重浚，故名。或以梁鸿居此而名”。

梁溪区 2015年撤销江苏省无锡市崇安区、南长区、北塘区，设立无锡市梁溪区，区政府驻崇安寺街道解放南路688号。

梁德县 南朝梁置，为梁德郡治。治所在今广东信宜市东北。隋开皇九年（589）属泷州，十八年(598）改为怀德县。

梁德郡 南朝梁置，属高州。治所在梁德县（今广东信宜市东北）。辖境相当今广东信宜市北部地。隋开皇九年（589）平陈后废。

梁褒城 北周筑，在今湖北汉川市南五里。《方舆纪要》卷76汉川县“和公城”条下：“县南五里有梁褒城，后周宣政中所筑也，土人梁褒主之，因名。”

梁冀园 在今河南洛阳市东北汉魏故城西。《后汉书·梁冀传》说：冀“广开园囿，采土筑山，十里九坂，以象二崤。深林绝涧，有若自然。奇禽驯兽，飞走其间”。《水经·谷水注》载：“谷水自阊阖门而南，径土山东。水西三里有坂，坂上有土山，汉大将军梁冀所成，筑土为山，植木成苑。张璠《汉纪》曰：山多峭坂，以象二崤。积金玉，采捕禽兽以充其中。”即此。

逕阳水 一名泥阳水。即今甘肃成县、徽县境内之洛河。《水经·漾水注》：“逕阳水北出逕谷，南径白石县东，而南入浊水。”

婆支水 即今四川仁寿县东龙水河。《元和志》卷33仁寿县：婆支水“出县北婆支山，去县四十五里”。

婆日市 唐武后时置，属威远县。在今四川威远县西北。《舆地纪胜》卷160荣州：婆日市故城“在县西北五十里。《旧经》云：唐武后朝置，以煎炼硫黄。一场在县东北三十里一溪侧”。

婆日县 唐贞观元年（627）析威远县置，属荣州。治所在今四川威远县西北五十里。八年（634）废入威远县。

婆兮乡 即今云南华宁县东三十四里盘溪镇。清光绪《皇朝中外一统舆图》：宁州（今华宁县）东有婆兮乡。

婆兮江 即今云南华宁县东华溪河。《方舆纪要》卷115宁州：婆兮江在“州东六十里。源自澂江府抚仙湖流经州境，汇于婆兮甸，下流入盘江”。

婆卢买水 即今黑龙江省木兰县北白杨木河。源出县东北，南流入松花江。《金史·太祖纪》：收国二年（1116）九月“乙巳，南路都统斡鲁来见于婆卢买水。始制金牌”。清称布雅密河。

婆州 唐永徽二年（651）置羁縻州，属茂州都督府。治所在今四川汶川县西南邛崃山附近地区。后废。

婆员县 唐置，为羁縻长宁州治。治所即今四川长宁县。后废。

婆利国 亦作马礼。即今印度尼西亚加里曼丹岛。《宋书·后废帝本纪》：元徽元年（473）三月，“婆利国遣使献方物”。《梁书·海南诸国列传》、《隋书·南蛮列传》及《唐书·南蛮列传》有专条记述。

婆闰县 又作婆润县。西魏恭帝二年（555）置，属武康郡。治所在今四川简阳市西南九十六里。《元和志》卷31平泉县：“婆闰故县在县南四十六里。”隋开皇十八年（598）改为平泉县。

婆国伽蓝洲 故址或以为在今印度之尼科巴群岛。《新唐书·地理志》附“广州通海夷道”：“（婆露国）又六日行，至婆国伽蓝洲。”

婆罗国 ①在赤土国西南。即今印度尼西亚苏门答腊岛西岸之巴鲁斯。《新唐书·南蛮列传·环王》：“赤土西南入海，得婆罗。总章二年，其王旃达钵遣使者与环王使者偕朝。”

②在今加里曼丹岛北部之文莱。《明史·外国列传》：“婆罗，又名文莱，东洋尽处，西洋所自起也。唐时有婆罗国，高宗时常入贡。永乐三年十月遣使者赍玺书、綵币抚谕其王。四年十二月，其国东、西二王并遣使奉表朝贡。明年又贡。”

婆居县 亦作波居县。唐置，属羁縻长宁州。治所在今四川长宁县境。后废。

婆览县 ①唐武德元年（618）置，属羁縻涂州。治所在今四川汶川县西南。后废。

②唐置，属羁縻应州。治所在今贵州三都水族自治县南。后废。

婆莴部 唐北室韦九部之一，属室韦都督府。在今黑龙江省塔河县西北盘古河流域。《旧唐书·室韦传》：“室韦，我唐有九部焉，所谓岭西室韦，……婆莴室韦。”即此。

婆速府路 亦作婆娑府路、博索府路。金置，治所在今辽宁丹东市东北九连城镇。辖境相当今辽宁东南部、吉林西南部与朝鲜慈江道及平安北道部分地。元初直隶辽阳行省，至元二十五年（1288）废为婆娑府巡检司。

婆娑巡检司 元世祖至元二十五年（1288）废婆娑府置，属辽阳路。在今辽阳丹东市东北九连城镇。明废。

婆娑府 元世祖至元十七年（1280）改婆娑（速）府路置，属辽阳路。治所在今辽宁丹东市东北九连城镇。一说在今辽宁宽甸满族自治县南鸭绿江北岸。二十五年（1288）后废为巡检司。

婆娑府路 即婆速府路。治所在今辽宁丹东市东北九连城镇。《元史·地理志》辽阳行省：元初“以广宁府、婆娑府、懿州、盖州作四路，直隶省。……（至元）二十五年，改东京为辽阳路，后废婆娑府为巡检司”。

婆娑砦 北宋置，属江安县。治所即今四川长宁县。《宋史·蛮夷传》：大中祥符六年（1013），王怀信、康训讨斗望，“进壁婆娑，遇夷二千余罗固募村，又破之”。熙宁六年（1073）改置安夷砦。

婆润县 即婆闰县。在今四川简阳市西南九十六里。《旧唐书·地理志》平泉县：“汉牛鞞县地，后魏置婆润县。隋移县治于赖黎池，仍改为平泉县。”

婆悉海 即汉代蒲类海。今新疆巴里坤哈萨克自治县西北巴里坤湖。《后汉书·窦固传》唐李贤注：“蒲类海今名婆悉海。”

婆猪江 即今辽、吉两省境鸭绿江支流浑江。明《全辽志》卷1：鸭绿江“（辽阳）城东五百三十里。又名马訾水。源出靺鞨长白山，水色如鸭头，故名。由夹州城西南流与秃鲁江合流，至艾州与婆猪江同流入海”。

婆鲁师洲 即今印度尼西亚苏门答腊岛西岸之巴鲁斯。名见唐义净《南海寄归内法传》卷1和《大唐西域求法高僧传》卷上。

婆然村 亦作婆员村。在今四川长宁县驻地（旧名安宁镇，今长宁镇）。《宋史·蛮夷传》：皇祐元年（1049），“淯井监复执婆然村夷人细令等”。即此。

婆溪 即今安徽黄山市黄山区南婆溪河。《清一统志·宁国府一》“瀍溪”条下：“又婆溪，源出黄山青龙潭，北入舒溪。”

婆黎国 即婆利国。今印度尼西亚加里曼丹岛。《宋书·天竺迦毗黎国传》：元徽元年（473），“婆黎国遣使贡献”。

婆露国 即婆鲁师洲。今印度尼西亚苏门答腊岛西岸之巴鲁斯。《新唐书·地理志》附《广州通海夷道》：“（胜邓洲）又西五日行，至婆露国。”

窑高县 即崇高县。在今河南登封市。《汉书·地理志》作“窑高”。

寇准墓 在今陕西渭南市西北官底镇左家村。寇准（961—1023），字平仲，华州下邽（今陕西渭南市北）人。北宋政治家。景德元年（1004）辽军南进，时寇准为相，力主抗战，促使宋真宋亲赴澶州（今河南濮阳市）督战，与辽订立“澶渊之盟”。晚年被贬至雷州（今广东海康），死于南方。今墓前立有“宋寇莱公墓”碑石一通。

寅山 在今广东惠州市东北。《元和志》卷34归善县：寅山“在县东北十五里。多出茯苓”。《寰宇记》卷160归善县：寅山，“《南越志》云：欣乐县北有寅山，青松紫干，四衢皆竦，其下多茯苓焉”。

寅陂 在今江西安福县西。《明一统志》卷56吉安府：寅陂“在安福县西四十里。横截卢水，下流达县前，溉田一万三千亩。宋治平初，知县黄中庸兴筑，至今民享其利”。

寅度州 一作演度州。唐贞观中置，属安西都护府。治所在今新疆英吉沙县北。贞元中废。

寅湖 故址在今福建长汀县东。《新定九域志》卷9：汀州有寅湖。《舆地纪胜》卷132汀州《景物上》：寅湖在“在长汀县东二里，居郡寅位”，故名。《方舆纪要》卷98汀州府长汀县：寅湖在“府东二里，以方位名。周百步，中有小山，水溢不没”。

寅塘里 一曰羊塘里。在今云南洱源县东南邓川镇东一里。民国初有县丞驻此。

寄氏县 ①北魏景明元年（500）置，属上党郡。治所在今山西屯留县西南。北齐后废。

②隋开皇九年（589）置，属潞州。治所即今山西长子县。十八年（598）改长子县。

寄畅园 又称泰园。在今江苏无锡市西惠山寺左。元时为僧房。明正德中，尚书秦金并南隐、沤寓二僧舍为之，名凤谷行窝。后副都御史秦耀易今名。清初圣祖、高宗南巡，皆驻跸于此。道咸之间，园被毁。近代由秦氏后裔复加修葺，幽雅秀美，为惠山园林之冠。1988年定为全国重点文物保护单位。

寄箭山 在今云南陇川县附近。《清一统志·腾越直隶厅》：寄箭山“在陇川司境。《滇略》：司有诸葛武侯寄箭山，过此尽平地，一望数千里”。

寂静关 在今重庆市奉节县北三十里寂静村。清道光《夔州府志》卷12：“寂静坝在县东三十里。明末流寇四出掠治，地界前后俱遭涂炭惟此地严立团寨，贼闻遁去，不闻戎马之声，故名。”

宿 古国名。风姓。相传为太皞之后。在今山东东平县西南焦村南宿城。《春秋》：隐公元年（前722），鲁“及宋人盟于宿”。又庄公十年（前684），“宋人迁宿”，皆此。后入齐为无盐邑。

宿龙山 在今云南大理市东，凤仪镇北。《方舆纪要》卷117赵州：宿龙山“在州（今凤仪镇）北十五里。顶有浮图，唐镇南将军韦仁寿所建。或曰，山在州东龙伯山之南”。

宿迁市 1987年撤销江苏省宿迁县，改设宿迁市，属淮阴市领导。1996年升为地级市，原县级宿迁市改置宿城区和宿豫县。市人民政府驻宿城区。2004年宿豫县改宿豫区。

宿迁县 唐宝应元年（762）为避代宗李豫讳，改宿预县置，属泗州。治所在今江苏泗阳县西北郑楼乡古城。同年改属徐州。北宋属淮阳军，徙治今宿迁市西南古城。金属邳州，元光二年（1223）废。元至元十二年（1275）复置，属淮安府。十五年（1278）改属邳州。明万历四年（1576）因城圮于河，徙治今宿迁市。清属徐州府。民国初属江苏徐海道。1927年直属江苏省。1987年改设宿迁市。1996年改设地级宿迁市。

宿州 唐元和四年（809）置，治所在虹县（今安徽泗县）。后移治符离县（今宿州市北符离镇）。《元和志》卷9宿州：“取古宿国为名。”大和三年（829）废。七年（833）复置，移治于符离县之埇桥（今安徽宿州市）。辖境相当今安徽宿州、固镇、泗县、灵璧、濉溪等市县地。北宋开宝五年（972）升保静军节度。金复为宿州。元属归德府。明属凤阳府。1912年废州为宿县。

宿州卫 明洪武十年（1377）建守御千户所，永乐七年（1409）改为卫。治所在今安徽宿州市。后废。

宿安镇 即今山东临邑县东北宿安乡。清同治《临邑县志》卷2：宿安镇在“城东北，距城二十五里”。同书又载：燕王堤“邑东北二十里宿安店周围有堤。旧传唐太宗征辽宿此，命军士负土筑城，未就，遂名宿安堤。明成祖围济南时经此，问为何地，以宿安对”。镇以此为名。

宿军城 十六国后燕、北燕时辽西重镇。曾为平州治。故城即今辽宁北镇市。《资治通鉴》：东晋元兴元年（402），“高句丽攻宿军，燕平州刺史慕容归弃城走”。

宿县 1912年废宿州置，属安徽淮泗道。治所即今安徽宿州市。1928年直属安徽省。1950年析置宿城市。1953年撤销，并入宿县。1979年析宿县城关镇置宿州市。1992年撤销宿县，并入宿州市。1998年撤销宿县地区及县级宿州市，改设地级宿州市。

宿利城 一作苏蔺城。即忒息丰（或译泰西封）。在今伊拉克巴格达附近。为萨珊波斯国都。《魏书·西域传》：波斯国“都宿利城。……城方十里，户十余万，河经其中南流”。

宿沙 亦作夙沙。炎帝时诸侯国。在今山东滨海之地。《太平御览》卷865引《世本》：“宿沙作煮盐。”宋衷曰：“宿沙卫，灵公臣，齐滨海，故卫为鱼盐之利。”《水经·涑水注》：“吕忱曰：宿沙煮海谓之盐。”《艺文类聚》卷11“神农氏”条引《帝王世纪》曰：“诸侯夙沙氏，叛不用命，箕文谏而杀之。炎帝退而修德，夙沙之民，自攻其君，而归炎帝。”

宿松县 隋开皇十八年（598）改高塘县置，属熙州。治所在今安徽宿松县。大业初属同安郡。唐属舒州。南宋属安庆府。元属安庆路。明属安庆府。民国初属安徽安庆道。1928年直属安徽省。

宿城县 隋开皇十六年（596）改须昌县置，属郓州。治所在今山东东平县西南焦村南宿城。大业初属东平郡。唐贞观八年（634）废。景龙三年（709）复置，属郓州。贞元四年（788）改为东平县。

宿胥口 先秦黄河决口处。在今河南浚县西南新镇附近。《战国策·燕策二》：苏代曰，“决宿胥之口，魏无虚、顿丘”。《水经·河水注》：河水“又东经遮害亭南。……又有宿胥口，旧河水北入处也”。

宿胥水 古黄河支津。在今河南浚县西南。《战国策·燕策二》 苏代曰：“决宿胥之口，魏无虚、顿丘。”据《水经·淇水注》：“淇水右合宿胥故渎，渎受河于顿丘县遮害亭东黎山西北会淇水处。”东汉末，曹操开白沟，自今浚县以下，即是因袭宿胥水故道。

宿预县 东晋义熙中置，属淮阳郡。治所在今江苏宿迁市东南郑楼镇古城。北魏太和中为宿预郡治。据《舆地广记》卷6称：“晋元帝督运军储，以为邸阁，因置宿预县及宿预郡。”北周为泗州治。隋大业初为下邳郡治。唐武德四年（621）复为泗州治。宝应元年（762）改名宿迁县。

宿预郡 北魏太和中置，为南徐州治。治所在宿预县（今江苏宿迁市东南郑楼镇古城）。南朝梁天监八年（509）改为东徐州治。东魏武定七年（549）为东楚州治。陈太建七年（575）为安州治。北周大象二年（580）改为泗州治。隋开皇初废。

宿嵬山 在今河北万全县西北。《方舆纪要》卷18万全都司万全右卫“西阳河”条下：“永乐二十一年征阿鲁台，次西阳河，次上庄堡，遣将追之于宿嵬山。”即此。

窣利（窣zǎi） 古地区名。东晋时译作修利，唐译作窣利。据《大唐西域记》卷1载：其地东起素叶水城（今吉尔吉斯斯坦托克马克东），西至羯霜那国（今乌兹别克斯坦南部沙赫里夏勃兹附近）。一说窣利即东汉时之栗弋、晋时之粟弋，北朝时之粟特。居民善于经商，对古代东西方经济文化交流起着积极作用。唐显庆二年（657）这一地区属濛池都护府。古代窣利语（即粟特语）文字近年多有发现。

密 ①亦作密须。商、西周时方国。姞姓。在今甘肃灵台县西五十里百里乡。《诗经·大雅·皇矣》：“密人不恭，敢拒大邦。”周文王灭之，后又以同姓封此，为周共王所灭。《国语·周语》：“周共王游于泾上，密康公从。有三女奔之，康公弗献，王灭密。”《史记·周本纪》：“共王游于泾上，密康公从，……共王灭密。”

②西周诸侯国。姬姓。在今河南新密市东南。《左传》：僖公十七年（前643），齐桓公“内嬖如夫人者六人……密姬，生懿公”。密姬，密国人。春秋时密入郑为新密邑。

③春秋时莒邑。在今山东昌邑市东南十五里密城。《春秋》：隐公二年（前721），“纪子帛、莒子盟于密”。即此。

④春秋时鲁地。在今山东费县北。《左传》：闵公二年（前660），“共仲奔莒，……莒人归之，及密”。即此。

密山市 1988年撤销黑龙江省密山县，改设密山市，市人民政府驻密山镇。由鸡西市代管。

密山县 1913年改密山府置，属吉林省依兰道。治所在蜂蜜山子（今黑龙江省密山市东南知一镇）。1928年直属吉林省。1945年划归合江省。1948年移治今密山市。1949年划归松江省。1954年划归黑龙江省。1988年改设密山市。

密山府 清光绪三十四年（1908）置，属吉林省。因境内有蜂蜜山而得名。治所在蜂蜜山子（今黑龙江省密山市东南知一镇）。辖境相当今黑龙江省密山、虎林、饶河三市县地。1913年降为密山县。

密乡侯国 西汉置，属北海郡。治所在今山东昌邑市东南十五里密城。建始二年（前31）封胶东顷王子林为密乡侯，即此。东汉省。

密云（雲）山 在今河北丰宁满族自治县境。《晋书·石季龙传》：东晋咸康四年（338），季龙将伐辽西鲜卑段辽，“辽惧，弃令支，奔于密云山”。即此。北魏置密云县，以此山名。

密云（雲）中卫 明洪武四年（1371）置，治所在今北京市密云县城东。

密云（雲）后（後）卫 在今北京市密云县东北古北口。《方舆纪要》卷11密云县：密云后卫“在县东北百二十里，即古北口也。有城，周四里有奇，雄踞山颠，至为险峻。洪武十一年置守御千户所于此。三十年，改建今卫”。

密云（雲）县 ①北魏皇始二年（397）置，属密云郡。治所在今河北丰宁满族自治县大阁镇东北。以密云山为名。东魏寄治于幽州北界（即今北京市密云县治）。北齐属安州。隋属安乐郡。唐武德元年（618）于县置檀州。天宝初改名密云郡，乾元初复名檀州。元初废县入檀州。明洪武元年（1368）改檀州为密云县，属北平府（后改顺天府）。正德元年（1506）改属昌平州。清属顺天府。1914年属京兆地方。1928年直属河北省。2015年撤销密云县，改为密云区。

②辽太祖俘密云民置，为檀州治。治所在今辽宁康平县东南三十五里小塔子。后改为庆云县。

密云（雲）郡 北魏皇始二年（397）置，属安州。治所在白檀县（今河北滦平县东北小城子）。东魏寄治提携城（今北京市密云县东北古北口附近）。北齐废。

密水 ①一名高密河。即今山东诸城市东北百尺河。《汉书·地理志》胶东国下密县注：“应劭曰：‘密水出高密。’”自诸城市流经高密市西入胶莱河。

②在今山东蓬莱市南。《明史·地理志》蓬莱县：“南有密神山，密水所出。”清光绪《山东通志》卷33：密水“发源密神山，北流与黑水会流入城”。出城西北流入海。

密艾亭 在今甘肃陇西县东北。《汉书·地理志》豲道县：“骑都尉治密艾亭。”

密占 即今吉林珲春市西北密江乡。清吴大澂《奉使吉林日记》：光绪六年（1880）十一月，由宁古塔至珲春，“（凉水泉子）东南二十余里至密占宿，郭副将德协领均带队来迎”。十年设密占卡伦。民国时改名密江。

密占站 又作密江站。清光绪七年（1881）改密占卡伦置，在今吉林珲春市西北密江乡。光绪《吉林通志》卷57：穆克德和站“南六十里密占站”。

密占窝集 亦名玛展窝集。在今黑龙江省海林市西南。清光绪《吉林通志》卷22：海兰河“有玛展河自西北来注之。即密占河也，出密占窝集，东南流数十里入海兰河”。民国《宁安县志》卷1：“玛展（亦作密占，长坡箭也）窝集……在城西北。”

密印寺　在今湖南宁乡县西一百十六里大沩山毗卢峰下。《清一统志·长沙府》：密印寺“在宁乡县西一百五十里大沩山。唐元和中，裴休奏建，赐额‘密印’，为灵觉禅师卓锡之所。后仰山嗣其法，天下称为沩仰宗。寺极壮丽，屡建屡修”。

密尔岱山　在今新疆叶城县西南。清祁韵士《西域释地》：密尔岱山在“（叶尔羌）城西南二百余里。一名米勒台，又名辟勒山。极高峻，遍山皆玉，备五色，俗呼礤子石，其即古所谓昆山欤”。清设采玉营及卡伦。清徐松《西域水道记》卷1：密尔岱山“山峻三十许里。四时积雪，谷深六十余里。山三成，下成者麓，上成者巅，皆石也。中一成则琼瑶函之，弥望无际，故曰玉山。采者乘犛牛至其巘，凿之坠而后取，往往重千万斤。山与玛尔瑚鲁克山峰峦相属，玉色黝而质坚，声清越以长”。

密尔特彦河　即今新疆库车县之库车河。清徐松《西域水道记》卷2：密尔特彦河“南流经沙满巴克庄，科科弓把庄西，又南经库车东门，《水经注》所谓‘枝水入龟兹城中’。……又南经达和赖庄东，折而东南流，凡百八十余里入沙哈里克湖”。

密齐哩河　又作米齐尔河。即今黑龙江省嫩江县北泥鳅河。《清一统志·黑龙江》：密齐哩河“在（墨尔根）城东北五百九十里。源出额尔克山，南流会穆鲁尔河”。

密州　①隋开皇五年（585）改胶州置，治所在东武县（后改诸城县，即今山东诸城市）。《元和志》卷11：“取境之密水为名。”大业初改高密郡。唐武德五年（622）复改密州。辖境相当今山东沂山、莒南以东，胶州、安丘以南地区。天宝元年（742）改高密郡，乾元元年（758）复改密州。金以后南部缩小。元属益都路。明洪武元年（1368）废。

②唐武德三年（620）置，治所在密县（今河南新密市）。四年（621）废。

密江郡　即齐江郡。治所在乌江县（今安徽和县东北四十里乌江镇）。《旧唐书·地理志》乌江县：“北齐为密江郡。陈为临江郡。”密为齐之讹。

密阳乡　西汉置，属丹水县。在今河南淅川县西。《汉书·地理志》弘农郡丹水县：“密阳乡，故商密也。”

密如亭　春秋时鲁密邑。在今山东费县北。《左传》：闵公二年（前660），“共仲奔莒……莒人归之，及密”。杜注：“琅邪费县北有密如亭。”

密县　西汉置，属河南郡。治所在今河南新密市东南三十里。《尔雅》：“山如堂者曰密”，因以为名。西晋属荥阳郡。北齐天保年间，移治今新密市东四十里，属成皋郡。隋开皇初属郑州，大业二年（606）废。大业十二年（616）复置，治所在法桥堡城（今新密市），属荥阳郡。唐初属郑州，龙朔二年（662）属洛州。开元初属河南府。宋、金属郑州。元属钧州。明属禹州。清属开封府。民国初属河南开封道。1927年直属河南省。1994年改设新密市。

密陈卫　明永乐四年（1406）置，属奴儿干都司。在今黑龙江省讷河市西南讷谟尔河下游一带（一说在今吉林省桦甸市境内）。后废。

密纳甸　元阔州治所。即今四川宁南县。《元史·地理志》阔州：“州治密纳甸。古无城邑，乌蛮所居。”

密昔儿　亦作米西儿、密徐篱、勿斯里、米昔儿、密思儿、密乞儿。即今埃及。为埃及自称。《元史·郭侃传》：丁巳岁（公元1257年），侃攻下天房，“又西行四十（当为千）里，至密昔儿。会日暮，已休，复驱兵起，留数病卒，西行十余里顿军，下令军中，衔枚转箭。敌不知也。潜兵夜来袭，杀病卒，可乃算滩大惊曰：‘东天将军，神人也。’遂降”。

密波汛　亦作密坡汛。清置，属靖远营。在今四川喜德县东南。有外委驻防。

密城　在今山东昌邑市东南十五里。西汉置密乡侯国于此。

密须　亦作密。商、西周诸侯国。姞姓。在今甘肃灵台县西五十里百里乡。《诗经·大雅·皇矣》：“密人不恭，敢拒大邦，侵阮徂共。”《传》：“国有密须氏，侵阮遂往侵共。”《左传·定公四年》：“分唐叔以大路密须之鼓。”《史记·周本纪》：西伯（文王）“伐密须”。《集解》：应劭曰，“密须氏，姞姓之国”。

密神山　在今山东蓬莱市南十里。元于钦《齐乘》卷1“九目山”条有“密神”山。《方舆纪要》卷36蓬莱县：密神山，“贵溪出其东麓，一名密水山”。

密恭县　唐置，隶洮州。当在今甘肃卓尼县境。高宗上元三年（676）为吐蕃所破，因废。后复置。北宋废。

密峰尖山　在今湖北英山县东南三十里。《方舆纪要》卷26英山县：密峰尖山“山峰错列，以形似名”。

密峰寨　在今湖南凤凰县东。《方舆纪要》卷82五寨长官司：密峰寨“在司东。嘉靖二十四年，督臣冯岳言，五寨在麻阳、保靖之中，宜移镇筸参将驻此，以便控制。且寨东有密峰寨，西有牛拗脚，又诸苗出入之冲，宜各立哨堡一座，分兵防守云”。

密造堡　在今甘肃平凉市西南。《资治通鉴》：东晋太元十四年（389），“秦主登留辎重于大界，自将轻骑万余攻安定羌密造堡，克之”。即此。

密埠　在今山东昌邑市东三十里。《水经·潍水注》：“潍水又东北径下密县故城西，城东有密埠。”即此。

密勒山　在今四川会东县东。《方舆纪要》卷74会川卫“葛砧山”条下：“密勒山在卫东二百里。产银矿。宣德五年置银场，遣官开采，以云南官兵充矿夫，寻罢。”

密崖山　在今安徽黄山市黄山区西北五十里，太平湖北岸。《方舆纪要》卷28太平县“陵阳山”条下：“稍东曰密崖山。冈峦连亘二十里，至此两崖对峙，下瞰深溪，径道险绝。一名密王关。”

密溪岩　在今浙江兰溪市东北。《方舆纪要》卷93浦江县：密溪岩“岩下爽垲宽平如堂宇，可容三百人。岩上有泉，四时如檐滴”。

密滴　即今云南弥渡县东南牛街彝族乡。清道光间改名牛街。咸丰六年（1856）李文学等领导的彝族起义，曾设府于此。

遒罗江　即今贵州江口县北太平河。《方舆纪要》卷122铜仁府省溪司：遒罗江在“司北二里。源出江头山，至司西二十五里，其流始大，东流合于铜仁江。水产金。或谓之省溪”。

窑头汛　即今江西万安县北窑头镇。清同治《江西全省舆图》卷7：吉安府万安县北有窑头。

窑头河　在今江苏阜宁县西南。《清一统志·淮安府一》：窑头河“上通苏家咀，下至凤谷村，由渔滨河入马家荡归射阳湖达海。本朝乾隆五年浚”。

窑圻　在今湖北监利县西三十里。明置巡司于此。

窑里（裏）镇　即今江西浮梁县东北瑶里镇。清同治《江西全省舆图》卷12：浮梁县有窑里。

窑店驿　即今甘肃临洮县东南窑店镇，道通渭源县。《清一统志·兰州府二》：窑店驿“在狄道州东五十里”。

窑奥镇　在今浙江乐清市东北虹桥镇北瑶岙。《方舆纪要》卷94温州府乐清县：窑奥镇“在县东五十里窑奥山下，南临海，有巡司”。

窑湾　又名姚湾集。即今江苏新沂市西南窑湾镇。清于此置汛。

〔丶フ〕

谋统府　宋大理改谋统郡置，为八府之一。治所在鹤川（即今云南鹤庆县）。辖境约当今云南鹤庆、剑川、兰坪、福贡诸县，东起金沙江，西抵高黎贡山。蒙古宪宗三年（1253）改鹤州，旋又改为谋统千户。元至元十一年（1274）又改为鹤州，二十三年（1286）升为鹤庆府。

谋统郡　唐南诏置，属宁北节度。治所即今云南鹤庆县。南诏后期属剑川节度。宋大理改谋统府。

谋粘路　元泰定三年（1326）置，属云南行省。治所在今云南耿马傣族佤族自治县东北六十二里勐撒。“谋粘”为“勐撒”的异译。傣语“勐”为地方，“撒”为争议，意即有争议的地方。辖境约当今云南临沧、双江两县及耿马傣族佤族自治县东北地。明洪武十五年（1382）改府，后废。

谌离国　在今缅甸伊洛瓦底沿岸，为古代东西方交通线所经。《汉书·地理志》：“自日南障塞、徐闻、合浦船行可五月，有都元国；又船行可四月，有邑卢没国；又船行可二十余日，有谌离国。”可能即《新唐书·地理志》附“安南通天竺道”所说骠国之悉利城。

谎粮台（臺）　在今北京市城东南。《方舆纪要》卷11顺天府：谎粮台在“府东南六里。相传唐太宗征高丽时尝虚设囷仓于此，以疑敌人”。

谏壁镇　一作涧壁镇。即今江苏镇江市东南谏壁镇。南朝宋元嘉中，于谏壁置军戍守。即此。

諴州　五代晋天福七年（942）改邕州置，治所在宣化县（在今广西南宁市南郁江南岸亭子街）。辖境相当今广西南宁市及武鸣、隆安、大新、崇左、上思、扶绥等县地。南汉复改为邕州。

谒者馆　唐安西都护府属地。即今新疆柯坪县。《新唐书·地理志》引贾耽《四夷路程》：济浊馆“又经故达干城，百二十里至谒者馆”。即此。

谒戾山　①即麓台山。在今山西平遥县东南。《山海经·北次三经》：“谒戾之山，其上多松柏，有金玉，沁水出焉，南流注于河。……婴侯之水出焉，北流注于汜水。”

②又名羊头山。在今山西沁源县东北。《山海经·北次三径》：“谒戾之山，其上多松柏，有金玉，沁水出焉，南流注于河。”《元和志》卷13绵上县：“羊头山，一名谒戾山，在县东北五十里。”

谒城　一名任丘城。在今河北任丘市南二十六里。《新定九域志》卷2：“桓帝北巡，群臣于此朝谒，故名谒城。”《方舆纪要》卷13任丘县：谒城“在县南二十六里。相传汉桓帝崩，窦武等率群臣诣河间迎灵帝入，即位，此其朝谒处。《寰宇记》云：本名漯城，讹为谒”。

谒泉山　即隐泉山。在今山西文水县西南。《水经·文水注》：“文水又南径（平陶）县，右会隐泉口，水出谒泉山之上顶。俗云，旸雨愆时，是谒是祷，故山得其名，非所详也。”

谕口镇　亦作喻口镇。即今江苏阜宁县南喻口。《宋史·李全传下》：南宋绍定四年（1231）三月，“遣总辖韩晃、戚永升率多桨船及民船四百入射阳湖，击贼于谕口”。

谗谋水　即今俄罗斯哈巴罗夫斯克边疆区黑龙江支流比腊河。《金史·太祖纪》：辽天庆四年（1114）十月，“酬斡等抚定谗谋水女直，鳖古酋长胡苏里以城降”。清作奇穆尼河。

扈　①春秋郑邑。在今河南原阳县西。《春秋》：文公七年（前620），“公会诸侯、晋大夫盟于扈”。杜注：“郑地。荥阳卷县西北有扈亭。”《水经·河水注》：“河水又东北，径卷之扈亭北。……《竹书纪年》：晋出公十二年，河绝于扈。即于是也。”

②亦称有扈。夏时国名。在今陕西户县北。《尚书·序》：“启与有扈战于甘之野。”《左传·昭公元年》：“赵孟曰：‘夏有观扈。’”即此。秦为鄠邑，西汉改置鄠县。一说夏代时已向东迁至今河南范县一带。

扈伦国　明代海西女真。分布于今吉林松花江上游以西、辽宁辽河上游以东地。分为四部：北曰乌拉，西曰哈达，东曰叶赫，南曰辉发，皆以河得名。万历年间先后为后金所灭。

扈尾口　又作扈尾港。即今台湾省新北市北淡水区。为淡水河入海之处，台湾北部重要港口。清设水师营守备。咸丰八年（1858）开为通商口岸。

扈涧水　在今河南郏县西十里。汝水支流。《新唐书·哥舒曜传》：唐建中四年（783），李希烈围哥舒曜于襄城。河南都统李勉为解襄城围，令神策将刘德信等袭许州，“未至，有诏切让，使班师，德信等惶惑还，军无斥候，至扈涧，为贼设伏诡击，死者殆半，器械辎重皆亡”。即此。

祷应山　即白石山。在今安徽含山县西南六十里。《新唐书·地理志》和州历阳县：“有祷应山，本白石山。”《寰宇记》卷124含山县：“有祷应山。《列仙传》云：历阳有彭祖石室。今山下有洞，洞口初俯偻而入，约十步乃渐高广，莫知远近。又有二石龙，鳞甲皆成，即彭祖所居之室。洞出钟乳，常有石燕飞集。开元二十年敕禁樵采，赐名祷应山。”

秖鸿县　亦作旋鸿县、祇鸿县。北魏置，属梁（凉）城郡。治所在今内蒙古丰镇市东北。

祸林州　即楇林州。治所在今四川康定县境。

祸眉州　即楇眉州。治所在今四川康定县境。

〔ㄱ一〕

逯家庄壁画墓　在今河北安平县东南。是一座大型竖穴多室砖墓，由甬道、墓门、前室、中室、后中室、后室、北后室组成。在前室右侧室、中室和中室右侧室中绘有壁画，用红、黄、青、白、黑等颜色描绘墓主出行、日常生活及下属官吏治事、谒见等画面。墓室券砖上书写有《急就篇》、《论语》、《孝经》等句子。还有汉灵帝熹平五年（176）题记。2001年定为全国重点文物保护单位。

逯遐汛　在今广东湛江市东南东海岛西部民安镇境。《清一统志·广东统部》：东山营设把总驻此。

敢　西藏古地名。约在今昌都地区。唐释道宣《释迦方志》：“多弥国，又西南至苏毗国，又西南至敢国，又南少东至吐蕃国。”

敢山　①在今浙江德清县东北三十八里干山镇。《方舆纪要》卷91德清县：敢山“本名阚山，吴丞相阚泽所居。后讹为敢。有三峰：中敢山，左龙山，右凤山”。

②在今广西德保县西。《明一统志》卷85镇安府：敢山“在府城西十五里。下有泉水出焉”。

敢川州　唐开元后置羁縻州，属雅州都督府。治所在今四川康定县境。北宋属雅州。后废。

尉山　在今江西宜丰县东。《明一统志》卷57瑞州府：尉山“在新昌县东七十里。旧传汉梅子真为南昌尉，上书言事，不报，遂携妻子隐此”。

尉子桥　在今安徽含山县北四十八里。《宋史·高宗纪》：南宋绍兴三十一年（1161），金亮南侵，“金主亮入庐州，王权自昭关遁，金人追至尉子桥，破敌军，统制姚兴战死”。即此。

尉升湖　一名熨湖。在今安徽寿县西南。《水经·肥水注》：“水受芍陂，西北历羊头溪，谓之羊头涧水，北径熨湖。”《魏书·裴绚传》：延昌初，扬州刺史李崇讨绚，“绚匹马单逃，为村民所获。至尉升湖，绚曰：‘吾为人吏，反而见擒，有何面目得视公也。’投水而死”。即此。清光绪《寿州志》卷3：“尉升湖今名西湖。在城西门外。周六十里。淮水涨则成巨浸，为城患。明崇祯十三年大旱，民偶开种，遂征湖租。”

尉氏　春秋郑邑。即今河南尉氏县。《汉书·地理志》陈留郡尉氏县注引应劭曰：“古狱官曰尉氏，郑之别狱也。”臣瓒曰：“郑大夫尉氏之邑，故遂以为邑。”战国属魏。秦置县。

尉氏门　唐汴州城南门。在今河南开封市。《资治通鉴》：唐中和四年（884），朱温围攻李克用于汴州城内上源驿，“克用登尉氏门，缒城得出”。

尉氏县（尉 wèi）　①秦始皇二年（前245）置，属颍川郡。治所即今河南尉氏县。西汉属陈留郡。西晋属陈留国。西晋末属陈留郡。北魏兴安元年（452）废。太安三年（457）复置。东魏天平元年（534）改属开封郡，北齐废。隋开皇六年（586）复置，属汴州。大业初属颍川郡。唐属汴州。五代属开封府。元属汴梁路。明属开封府。民国初属河南开封道。1927年直属河南省。

②东晋安帝置，为秦郡治。治所即今江苏南京市六合区。南齐后属齐郡。隋开皇四年（584）改为六合县。

尉头国（尉 yù）　汉西域三十六国之一，属西域都护府。都城在尉头谷（今新疆阿合奇县西南部）。

尉佗楼　在今广东广州市南粤王庙。《舆地纪胜》卷89广州：尉佗楼，“（唐）许澄《登尉佗楼》诗：刘项持兵鹿未穷，自乘黄屋岛夷中”。后毁。

尉迟川　即今青海共和县东北倒淌河。《新唐书·地理志》鄯州：“自振武经尉迟川、苦拔海、王孝杰米栅，九十里至莫离驿。”

尉迟寺遗址　在今安徽蒙城县东北许町镇毕集村东。总面积10万平方米。是一处大汶口文化为主的原始社会聚落遗址。发现红烧土房址十二排（组）共四十一间，墓葬一百九十一座及大量的灰坑、祭祀坑等遗迹。其中大汶口文化堆积上层为墓葬，下层为聚落建筑，说明大汶口文化在此经历了两个发展阶段。聚落建筑是尉迟寺遗址的早期遗存，发现的红烧土建筑密集而有序，聚落周围有椭圆形大围沟，构成封闭的环壕聚落，填补了大汶口文化聚落遗址的空白，而且成为大汶口文化新的地方类型即尉迟寺类型。2001年定为全国重点文物保护单位。

尉武　在今安徽凤台县境。《宋书·刘康祖传》：元嘉二十七年（450）北伐，康祖率豫州军出许、洛，北魏引大众南度，“南王平铄在寿阳，上虑为所围，召康祖速反。康祖回军，未至寿阳数十里，会虏永昌王库仁真以长安之众八万骑，与康祖相及于尉武”。即此。

尉武山　即今湖北武汉市西北蔡甸区南。《方舆纪要》卷76汉阳府“百人山”条下：“《志》云，府西南八十里有尉武山。相传唐武德初，尉迟恭与朱粲战处。”

尉都楗山（尉 yù）　又名乞督军山、都督军山、于都斤山、于都斤山、都斤山、马德鞬山等。即今蒙古国境内杭爱山。

尉犁县（尉 yù）　1914年改新平县置，属新疆阿克苏道。治所在孔雀河（即今新疆尉犁县）。1920年改属焉耆道。1930年属焉耆行政区。后直属新疆省。

尉犁国（尉 yù）　汉西域三十六国之一，属西域都护府。其都城在今新疆焉耆县西南紫泥泉。三国时为焉耆国所并。

屠　西周邑名。在今陕西合阳县东。《诗经·大雅·韩奕》：“韩侯出祖，出宿于屠”。

屠山村　在今浙江富阳市西南。《方舆纪要》卷90富阳县：屠山村在“县西南五十里。江南岸有东梓巡司戍守”。

屠申泽　即清代后套西侧之腾格里鄂模。在今内蒙古磴口县西北、杭爱后旗西。《汉书·地理志》朔方郡窳浑县：“有道西北出鸡鹿塞，屠申泽在东。”《水经·河水注》：“河水又北屈而为南河出焉。河水又北迤西，溢于窳浑县故城东。……其水积而为屠申泽，泽东西一百二十里。”

屠何　即不屠何。在今辽宁锦州市西北。《管子·小匡》：“败胡、貉，破屠何。”

屠甸市　即今浙江桐乡市东南屠甸镇。清光绪《桐乡县志》卷1：屠甸市镇“旧名石人泾，在千金乡，县东南十八里。相传寂照寺有二石佛，由海中浮至，以是得名。有谓为屠岸贾故里者，说殊不经，然有屠庵及屠家板桥，则地名固以姓传”。

曩　商周古国，姜姓。在今山东莒县东北。殷墟甲骨文中有“在曩”（《甲骨文合集》36956）、“曩侯”（《甲骨文合集》36416、36525）。商代铜器有“曩侯亚矣”（《殷周金文集成》9075），西周中晚期有“曩侯弟鼎”（《集成》2638），春秋时期有“曩伯子姃父盨”（《集成》4442）。据王献唐《黄县曩器》考证，曩国在战国初灭于楚。西汉于此置箕侯国。

鄪　即费。春秋鲁邑。在今山东费县西北。《史记·鲁周公世家》：釐公元年（前659），“以汶阳、鄪封季友”。

弹丸山　在今广西桂林市东三里七星山。《水经·漓水注》：“漓水又南合弹丸溪，水出于弹丸山。山有涌泉，奔流冲激，山崿及溪中有石若丸，自然珠圆，状弹丸矣，故山水即名焉。”

弹丸礁　在南海中中国南沙群岛，位于安渡滩西南。低潮露出，为一东西长、南北窄的完整环礁。东侧有数块海拔1.5—3.0米的珊瑚礁块。中国渔民向称石公厘，因环礁边缘一个个竖立的礁石如石人，围成篱笆状，故名。1935年公布名称为燕子礁。1947年改名弹丸礁。

弹子石　即今重庆市东南岸弹子石。清乾隆《巴县志》卷2：弹子石“岷江南岸”。为南岸渡江入市主要津渡之一。

弹汗山　当今河北尚义县南大青山。《后汉书·鲜卑传》：桓帝时，鲜卑檀石槐“立庭于弹汗山歠仇水上，去高柳（今山西阳高县）北三百里”。

弹汗州　唐贞观二十二年（648）以契丹部落置，治怀柔县（今北京市顺义区）。开元四年（716）改名归顺州。

弹琴峡　在今北京市延庆县东南三堡附近。顾炎武《昌平山水记》卷上：弹琴峡“水流石罅，声如弹琴”。因名。相近有仙人枕，即道旁大石。

弹筝谷　亦作弹筝峡。在今宁夏泾源县北蒿店西三关口。《宋书·索虏传》：元嘉五年（428），“昌弟赫连定在陇上，吐伐斤乘胜以骑三万讨定，定设伏于陇山弹筝谷破之，斩吐戈斤，尽坑其众”。

弹筝峡　即弹筝谷。亦名都卢峡。在今宁夏泾源县北蒿店西三关口。《资治通鉴》：南朝梁中大通六年（534），侯莫陈悦杀贺拔岳，“（宇文）泰与帐下轻骑赴平凉，令杜朔周帅众据弹筝峡”。即此。《元和志》卷3原州百泉县：泾水“南流经都卢山，山路之中，常如弹筝之声，故行旅因谓之弹筝峡”。《新唐书·吐蕃传》：唐建中四年（783）与吐蕃盟，“唐地泾州右尽弹筝峡”。

〔7丨〕

隋大兴唐长安城遗址　在今陕西省西安市。始建于隋文帝开皇二年（582），称为大兴城。唐改称长安城，并增建了大明宫、兴庆宫等，成为当时世界上最大最繁荣的国际大都市之一。城址面积达83.1平方公里，整体按中轴线对称布局，由外郭城、宫城、皇城组成。1957年以来在勘查古城街坊的同时，发掘了大明宫含元殿等及兴庆宫、青龙寺等建筑遗址。青龙寺在唐长安城新昌坊东南隅，建于隋开皇二年（582），原称灵感寺，唐改青龙寺，是唐长安城内著名寺院，毁于北宋。1973—1980年发掘，已发现两座并列的院落，揭露出木塔、寺殿、回廊、北门及陶窑等遗址。1996年隋大兴唐长安城遗址（包括青龙寺遗址）定为全国重点文物保护单位。

隋水　即今湖北广水市东之应山河。《水经·涢水注》：“隋水出隋郡永阳县东石龙山，西北流，南回，径永阳县西，历横尾山，即《禹贡》之陪尾山也。隋水又西南，入于涢。”

隋化县　隋开皇十年（590）置，属桂州。治所在今广西蒙山县东南黄村镇大化。大业初属始安郡。唐武德五年（622）改为立山县。

隋州　即随州。在今湖北随州市。

隋兴县　隋开皇六年（586）置，属卫州。治所在今河南卫辉市北。大业初属汲郡。唐武德初废。

隋安县　隋开皇十九年（599）置，属藤州。治所在今广西岑溪市西北。大业初属永平郡。唐武德四年（621）复属藤州。贞观末废。

隋炀帝陵　俗名皇墓墩。在今江苏扬州市邗江区北槐泗镇西北四里。隋炀帝杨广于大业十四年（618）三月被部将宇文化及等缢死于江都宫，初葬于吴宫台下。后改葬于雷塘之北今址。清嘉庆十二年（1807）学者阮元重修并立墓碑，碑心刻“隋炀帝陵”四字。后来的考古发掘证实，邗江区北西湖镇曹庄隋炀墓葬主人即隋炀帝和萧后，有完好的金镶玉带及墓志出土，墓中发现隋炀帝的两颗牙齿和萧后的骸骨，认定此即隋炀帝真墓。

隋昌县　隋开皇十六年（596）置，属定州。治所在今河北定州市东南邢邑镇。大业初属博陵郡。唐武德四年（621）改名唐昌县。

隋建县　隋开皇十九年（599）置，属藤州。治所在今广西平南县东南大新镇大中圩。大业初属永平郡。唐属龚州。北宋开宝五年（572）废入平南县。

隋城山　一名随州城山。在今湖北随州市南。《水经·涢水注》：“涢水又径隋县南，隋城山北。”《方舆纪要》卷77随州：随州城山“在州南七里。山势横亘如城郭然，州因以名。山南有三阜形如瓜，一名三瓜山”。

隋恭帝陵　在今陕西咸阳市东北司家庄附近。唐武德二年（619），隋恭帝杨侑死后葬于此。

隋唐东都皇城　一曰太微城。又称南城。在东都西北隅、宫城之南，即今河南洛阳市隋唐故城中。《新唐书·地理志》载：“皇城长千八百一十七步，广千三百七十八步，周四千九百三十步。”亦即徐松《唐两京城坊考》所说的“东西五里一十七步，南北三里二百九十八步，周一十三里二百五十步”。围绕在宫城的东、西、南三面，与宫城左右两墙之间形成夹城。皇城凡六门。南面三门，中曰端门，东曰左掖门，西曰右掖门。东面一门曰东太阳门，唐改宾耀门。西面二门：南曰丽景门；北曰西太阳门，唐改宣辉门。

隋唐东都宫城　在东都城的西北角。唐初号洛阳宫。《唐六典》卷7载：“皇宫在皇城之北。东西四里十八步，南北二里八十五步，周回十三里二百四十一步。”《新唐书·地理志》曰：“宫城在皇城北，长千六百二十步，广八百有五步，周四千九百二十一步，其崇四丈八尺，以象百辰藩卫，曰紫微城，武后号太初宫。”遗址在今河南洛阳市老城西关以西，玻璃厂大门以东，周公庙大门以北，陇海铁路以南的范围内，其东墙恰与现今老城的西墙相合。唐宫城凡六门。南面三门，中为应天门，东为兴教门，西为光政门。东面一门为重光门。西面一门为宝城门。北面一门为玄武门。应天门最为雄伟壮丽。

隋唐洛阳城遗址　在今河南洛阳市区洛河西岸。隋唐洛阳城是我国著名古都之一，创建于隋大业元年（605），称东都，其地位仅次于长安，隋唐两代皇帝先后居洛阳四十余年。洛阳后为五代梁、唐、晋都城，宋时称西京，宋金时毁于战乱。故城分宫城、皇城、外城三重，外城周长约28公里，城内有三个市，一百零三个里坊。宫城东北含嘉仓城是粮仓，发现仓窖数以百计，仓内砖铭记载窖粮多来自江淮。1988年隋唐洛阳城遗址定为全国重点文物保护单位。

隋康县　隋开皇十年（590）改齐康县置，属合州。治所在今广东徐闻县南。大业初属合浦郡。唐武德初属南合州，贞观二年（628）改为徐闻县。

隋堤　①在今山东宁津县北三十五里。《方舆纪要》卷13宁津卫“古黄河”条下：隋堤“相传隋炀帝曾驻于此，令军士筑堤，以防河。今屹如垣墙，谓之耿家圈。其中居民甚众”。

②在今河南杞县北。《方舆纪要》卷47杞县“汉堤”条载：“又北五里有隋堤，大业中所筑，自大梁至灌口者也。灌口，或曰即老鹳河。”

隋堤（隄）　隋大业元年（605）开通济渠，沿渠筑堤植柳，世谓之隋堤。《清一统志·开封府二》：隋堤“一名汴堤。隋大业元年筑，西通济水，南达淮泗，几千余里，绕堤植柳。明正统、景泰间重筑，镇以铁犀。亦名三里堤，以去府城三里也”。

随　①西周国名。姬姓。都城在今湖北随州市。《左传》：桓公六年（前706），“楚武王侵随”。即此。战国初为楚所灭。近年在随州市一带发现曾国铜器，有人认为曾国即随国。

②春秋晋邑，在今山西介休市东南。《左传》：隐公五年（前718），“曲沃庄伯以郑人、邢人伐翼，王使尹氏、武氏助之，翼侯奔随。”即此。

随州　①一作隋州。西魏废帝三年（554）改并州置，治所在随县（今湖北随州市）。隋大业三年（607）改为汉东郡。唐武德三年（620）复改为随州。天宝元年（742）改为汉东郡。乾元元年（758）改为随州。辖境相当今湖北随州、枣阳二市境。元属德安府，至元十三年（1276）迁治今随州市西南大洪山，不久复迁今随州市。明洪武二年（1369）省随县入州。九年（1376）改随州为县。十三年（1380）复置随州，属德安府。1912年改为随县。

②元初侨置，治所在叶县（今河南叶县南二十八里旧县乡）。辖境相当今河南叶县地。至元三年（1266）废。

随州千户所　明洪武初置，属安陆卫。治所在随州（今湖北随州市）。清废。

随州市　1979年由湖北省随县城关镇及城郊析置随州市，属襄阳地区。1983年撤销随县，并入随州市，随州市改由省直辖。2000年撤销县级随州市，设立地级随州市；原县级随州市改置曾都区。市人民政府驻曾都区。

随州站　又作随州县。明置，在今朝鲜咸镜北道钟城。明《辽东志》卷9：开原东陆路至朝鲜后门有“随州县”。后废。

随阳县　南朝宋泰始五年（469）改随县置，为随阳郡治。治所即今湖北随州市。南齐改为随县。

随阳店　在今湖北枣阳市东南四十六里。清有把总驻防。

随阳郡　南朝宋泰始五年（469）改随国置，属郢州。治所在随阳县（今湖北随州市）。元徽四年（476）改属司州。辖境相当今湖北随州、广水二市境。南齐改为随郡。

随县　战国楚置。秦始皇二十三年（前223）入秦，属南郡。治所即今湖北随州市。西汉属南阳郡。西晋属义阳国，寻为随国治。南朝宋泰始五年（469）改为随阳县，为随阳郡治。南齐复改为随县，为随郡治。西魏为随州治。隋为汉东郡治。唐复为随州治。明洪武二年（1369）省入随州。九年（1376）改随州为随县，属黄州府。十年省入应山县。1912年又改随州为县，后属湖北江汉道。1932年直属湖北省。1979年析置随州市。1983年撤销随县，并入随州市。

随园　故址在今江苏南京市清凉门内小仓山。本隋氏之园，清袁枚隐于此，改名随园。今已废。

随驾山　在今江苏丹阳市东北五十里。元《至顺镇江志》卷7：随驾山“在（丹阳）县北五十里经山西”。《方舆纪要》卷25镇江府丹阳县：随驾山“相传秦始皇尝过此，今县北十五里有秦驰道，亦以始皇名也”。

随客河　在今内蒙古太仆寺旗（宝昌镇）东。清乾隆《口北三厅志》卷2：随客河“源出他赍托罗海山，西南流入镶白旗察哈尔牧厂界，乌可尔河东南来会之，西流注克勒泊”。

随郡　南齐改随阳郡置，属司州。治所在随县（今湖北随州市）。辖境相当今湖北随州、广水二市地。隋开皇初废。

隅头集　在今江苏邳州市东南。《清一统志·徐州府二》：隅头集“在旧邳州城东北四十里。有运河把总驻此”。

隈沙河　即苇沙河。今黑龙江省尚志市东南苇沙河。

隤　春秋周邑。后属郑。在今河南获嘉县西北。《左传》：隐公十一年（前712），周王“与郑人苏忿生之田”有“隤”。杜注：“在修武县北。”

隍城岛　古名乌湖岛、鸣呼岛。亦作黄城岛。在今山东长岛县北之北隍城岛和南隍城岛。为今庙岛群岛之最北者。光绪《大清直省地舆全图》作南隍城岛、北隍城岛。为黄海、渤海分界处。

隗　即夔。周诸侯国。在今湖北秭归县西北归州镇东夔子城。《公羊传》：僖公二十六年（前634），“秋，楚人灭隗。以隗子归”。即此。

隗山　一名嵬山。在今山西沁水县东北九十里。《新唐书·地理志》：泽州端氏县有“隗山”。即此。

隃麋县　一作榆眉、渝麋。西汉置，属右扶风。治所在今陕西千阳县城东侧龙王殿村西。以隃麋泽为名。东汉建武四年（28）封耿况为隃麋侯国。三国复为县，属扶风郡。西晋废。以产墨著名，后世因以隃麋为墨的代称。

隃麋泽　在今陕西千阳县东八里。西汉置隃麋县，以此为名。后湮。

隆山县　①西魏末改犍为县置，属灵石郡。治所即今四川彭山县。《旧唐书·地理志》彭山县：“隆山郡以界内有鼎鼻山，地形隆故也。”北周为隆山郡治。隋属隆山郡。唐武德元年（618）属陵州，贞观元年（627）省入通义县。次年复置，属眉州。先天元年（712）改为彭山县。

②1915年由兴隆、白山、古零三土司合并设置，属广西南宁道。治所即今广西马山县。1928年直属广西省。1951年和那马县合并为马山县。

隆山郡　①亦作陆川郡。南齐置，属越州。治所在良国县（今广西北流市东南六靖镇）。南朝梁、陈间废。

②北周武帝时置，属陵州。治所在隆山县（今四川彭山县）。《元和志》卷32彭山县：郡“以境内有鼎鼻山，地形隆起，故为名”。辖境相当今四川彭山及仁寿县部分地。隋开皇三年（583）废。

③隋大业三年（607）改陵州置，治所在仁寿县（今四川仁寿县东二里）。辖境相当今四川仁寿、井研二县及双流县东南地。唐武德元年（618）复为陵州。

隆川郡　亦作陆川郡。南齐置，属越州。治所在良国县（今广西北流市东南六靖镇）。南朝梁、陈间废。

隆子宗　原西藏地方政府设，治所即今西藏隆子县。“隆子”，藏语意为须弥山顶。1960年改设隆子县。驻机当。

隆马崖山　在今四川屏山县（新发乡）西南新安镇西。《方舆纪要》卷73马湖府平彝长官司：隆马崖山在“司西北二里。山形峻耸”。嘉庆《四川通志》卷13屏山县：隆马崖山“其山丰隆，状如行马”。

隆井场　①元置，为盐场，属潮阳县。在今广东汕头市潮阳区东南。元《大德南海志》卷6：“隆井、招收、小江三场隶潮州路。”

②在今广东惠来县东。《清一统志·潮州府》：隆井盐场“在惠来县东九十里，接潮阳县界。明初置，在潮阳县南二十里龙津亭畔。嘉靖初移于练江村，辖平湖、古埕、古汀、神山四栅。隆庆三年改属惠来。今置盐课司”。

隆中　在今湖北襄阳市襄城区西。《三国志·蜀书·诸葛亮传》：“亮躬耕陇亩，好为‘梁父吟’。”裴注引《汉晋春秋》曰：“亮家于南阳之邓县，在襄阳城西二十里，号曰隆中。”《水经·沔水注》：“沔水又东径隆中，历孔明旧宅北。亮语刘禅曰：先帝三顾臣于草庐之中，咨臣以当世之事。即此宅也。”

隆水　在今广东英德市东。《清一统志·韶州府》：隆水“在英德县东一百二十里。源出羊岭下，东南流与浈水合”。

隆化县　①唐贞观十一年（637）置，属涪州。治所即今重庆市南川区。《元和志》卷30宾化县：隆化县“以县西永隆山为名”。先天元年（712）改为宾化县。北宋熙宁三年（1070）改为宾化砦，四年（1071）复置隆化县，七年（1074）属南平军。南宋嘉熙三年（1239）移南平军治此。元至元二十二年（1285）军废，并入南川县。

②五代梁开平二年（908）改兴唐县置，治所即今河北蔚县。后唐同光初复改兴唐县。

③清宣统二年（1910）置，属承德府。治所在唐三营（今河北隆化县北七十五里）。民国初属直隶热河道。1915年移治黄姑屯（今隆化县）。1928年属热河省。1956年属河北省。

隆文墟　即今广东梅县东北隆文镇。旧名龙牙堡。清末改为隆文堡。

隆布土司　一作龙布土司。清雍正时置，属西宁办事大臣，为玉树四十族之一。驻牧地在今青海玉树县西北。乾隆《西宁府新志》卷19塞外贡马番族：“住牧阿拉尼克地方隆布族，距固察族一百六十余里。”

隆平县　①即崇平县。治所在今越南永福省永福县东南平州。《隋书·地理志》作“隆平”。

②隋开皇十年（590）置，属交州。治所在今越南河西省山西。大业初属交趾郡。唐武德四年（621）为隆州治。贞观元年（627）属交州。先天元年（712）改为太平县。

③北宋开宝二年（969）改昭庆县置，属赵州。治所在今河北隆尧县东十二里旧城。熙宁六年（1073）废为镇。元祐元年（1086）复置，属赵州。大观二年（1108）移治今隆尧县。金属沃州，元复属赵州。明洪武初废，十三年（1380）复置。民国初属直隶大名道。1928年直属河北省。1947年撤销，并入隆尧县。

隆平陵　东晋孝武帝司马曜陵墓。在今江苏南京市东紫金山西南麓。《元和志》卷25上元县：孝武帝昌明隆平陵“在县东北二十里蒋山西南”。

隆业山　在今辽宁沈阳市城北郊，北陵公园内。清太宗皇太极昭陵在此。《清一统志·奉天府一》：隆业山“在承德县西北十里，昭陵在焉。自城东北叠巘层峦，至此而宽平宏敞，有包罗万象统御八荒之势，辽水右回，浑河左绕……顺治十六年，封山曰隆业”。

隆务寺　藏语全称为隆务德钦曲科尔朗。始建于元大德五年（1301）。明洪武三年（1370）取名为隆务仓。嗣后，佛教僧侣散木丹仁钦主持正式建成隆务寺。在青海同仁县城旁，是安多地区格鲁派大寺院之一。寺内有佛殿、经堂十四处，昂谦（活佛院）十三处，住宅三百一十间。殿堂宏伟。主体建筑大经堂建筑面积1700多平方米，内供释迦牟尼等佛像数十尊，其中宗喀巴大师坐像高11米，周身嵌满金玉宝石，通体鎏金。吾屯上、下寺，年都乎寺，郭麻日寺等都是隆务寺的重要属寺。藏传佛教艺术的瑰宝－－热贡艺术发源于此。1996年定为全国重点文物保护单位。

隆头镇　即今湖南龙山县南一百三十里隆头镇，接保靖县界。清置隆头巡司。

隆尧县　1947年并隆平、尧山县置，属河北省。治所即今河北隆尧县。

隆团砦　在今湖南花垣县西南五十里。清曾置巡司于此。

隆回县　1947年置，属湖南省。治所在今湖南隆回县北六十八里六都寨。1949年迁治桃花坪（即今隆回县驻地桃洪镇）。

隆回镇　即今湖南隆回县北八十七里司门前镇。原属邵阳县，明、清于此置巡司。1947年划归隆回县。

隆舟城　即隆州城。在今山西祁县东南。《清一统志·太原府一》：隆舟城“在祁县东南三十里。相传北汉刘继元筑以拒敌”。

隆庆卫　明建文四年（1402）置，属万全都司。治所在今北京市昌平区西北居庸关口。隆庆元年（1567）改名延庆卫。

隆庆左卫　明永乐二年（1404）置，属万全都司。治所在今北京市昌平区西北居庸关。宣德五年（1430）移于永宁（今延庆县东北永宁）。隆庆初改为延庆左卫。

隆庆右卫　明永乐二年（1404）改居庸关千户所置，属北平都司。治所在今北京市西北居庸关北口。宣德五年（1430）移治怀来卫城（今河北怀来县东南），隆庆元年（1567）改名延庆右卫。清初废。

隆庆州　明永乐十一年（1413）置，属北京行部。治所即今北京市延庆县。十八年（1420）直隶京师。辖境相当今北京延庆县地。隆庆元年（1567）改为延庆州。

隆庆池　亦名龙池、九龙池。在今陕西西安市东南。《唐中宗实录》：“则天时，长安城东隅，民王纯家井溢，浸成大池数十顷，号隆庆池。相王子五王立第于其北，望气者言有帝王气。景龙二年，幸隆庆池以厌之。”宋敏求《长安志》卷9：龙池“本是平地，自垂拱载初后，因雨水流潦成小池，后又引龙首渠支分溉之，日以滋广。……俗呼五王子池，置宫后谓之龙池”。

隆庆府　南宋绍熙元年（1190）改普安军置，治所在普安县（今四川剑阁县下寺镇西南普安镇）。辖境相当今四川剑阁、梓潼二县及江油、广元二市部分地。端平三年（1236）移治苦竹隘（今剑阁县下寺镇南小剑山顶）。元至元二十年（1283）改为剑州。

隆州　①亦作崇州。西魏废帝二年（553）改南梁北巴州置，治所在阆中县（今四川阆中市）。《寰宇记》卷86阆州：隆州“取其连冈，地势高隆为郡名。后魏《典略》云：此州故有隆城坚险，因置隆州”。

北周辖境相当今四川阆中、南部、南充、苍溪、蓬安等市县地。隋大业三年（607）改为巴西郡。唐武德元年（618）复为隆州，四年（621）辖境南部缩小，先天二年（713）改为阆州。

②唐武德四年（621）置，治所在隆平县（今越南河西省山西）。六年（623）改为南隆州，贞观元年（627）废。

③五代北汉置，治所在今山西祁县东南。后废。

④北宋政和四年（1114）置，治所在兴隆县（今广西东兰县南）。宣和三年（1121）废为威远砦。

⑤南宋隆兴元年（1163）改仙井监置，治所在仁寿县（今四川仁寿县）。辖境相当今四川仁寿、井研二县及双流县东南地。元至元二十年（1283）废。

⑥金大定二十九年（1189）改济州置，属会宁府。治所在利涉县（今吉林农安县）。《金史·地理志上》隆州："大定二十九年，嫌与山东路济州同，更今名。"辖境约当今吉林农安、德惠、双阳等县及长春市地。贞祐初升为隆安府。

⑦元世祖至元十七年（1280）改隆州千户置，属建昌路。治所在大隆城（今四川德昌县西北）。明洪武十五年（1382）属建昌府。后废。

隆州谷关 一作龙舟峪关。在今山西祁县东南六十里北关村。《方舆纪要》卷40祁县：隆州谷关"县东南九十里，南通沁州，北通徐沟县，西壁皆山，道傍有水，即胡甲水也。洪武三年置巡司戍守。亦曰隆州谷北关"。

隆州城 又名隆舟城。在今山西祁县东南三十里。五代周初，刘崇据河东十二州，隆州为其中之一。《续资治通鉴长编》：太平兴国四年（979），"命鄄州刺史尹勋攻隆州。隆非古州，北汉人依险筑城以拒王师"。即此。

隆江铺 亦作龙江铺。即今广东惠来县西南隆江镇。清乾隆《潮州府志》卷14惠来县：隆江市在"县西三十五里。有小溪，南通于海，北通葵潭"。

隆兴长村 即今内蒙古五原县治。民国初五原县迁治于此。

隆兴寺 在今河北正定县城内东门里街。始建于隋开皇六年（586），名龙藏寺。唐改为龙兴寺。北宋开宝四年（971）扩建。清康熙年间改名隆兴寺。有天王殿、摩尼殿、戒台、慈氏阁、转轮藏阁、大悲阁、弥陀殿等。大悲阁内有宋代铜铸大悲菩萨立像，高22米。1961年定为全国重点文物保护单位。

隆兴寺铁塔 在今山东聊城市西北京杭大运河东岸。塔身为生铁铸造的八角楼阁式仿木结构，共十三层，高15.8米，莲花形石座塔基，占地面积10.16平方米。建筑年代约在宋金之际，中华人民共和国成立之前仅存下部五层。1973年从地下挖掘出坠毁的塔身塔顶，整修复原。该塔腰部浮雕力士、龙凤鸟兽和乐舞人物等图案，塔身每层八面飞檐、斗拱承托，铁铸门窗、瓦垅、栏杆等装饰，玲珑精致。第一层中径1.53米，逐层收分，雄壮俊秀。2006年定为全国重点文物保护单位。

隆兴寺镇 即今湖北枣阳市西隆兴村。民国《湖北通志》卷34《乡镇》："隆兴寺，在（枣阳县）城西四十里。"

隆兴场 即今重庆市合川区西北隆兴镇。清光绪《合州志》卷4：隆兴场"距城七十里"。

隆兴府 南宋隆兴三年（1165）以孝宗潜藩，升洪州置，为江南西路治。治所在南昌、新建二县（今江西南昌市）。辖境相当今江西南昌、新建、丰城、进贤、奉新、靖安、武宁、修水等市县地。元至元十五年（1278）改为隆兴路。

隆兴路 ①元世祖中统三年（1262）改抚州置，治所在柔远县（寻改名高原县，今河北张北县）。辖境相当今河北张北、怀安县、山西天镇县、内蒙古集宁市、太仆寺旗之间。元皇庆元年（1312）改为兴和路。

②元世祖至元十五年（1278）改隆兴府置，为江西行省治。治所在南昌、新建二县（今江西南昌市）。辖境相当今江西南昌、新建、丰城、进贤、奉新、靖安、武宁、修水等市县地。二十一年（1284）改为龙兴路。

隆兴墟 即今广东连平县西南隆街镇。清光绪《广东舆地全图》：连平州西南有隆兴墟。

隆安县 ①隋开皇十八年（598）改高安县置，属爱州。治所在今越南清化省清化县东南。大业初属九真郡。唐武德五年（622）为安州治。贞观元年（627）属爱州，先天元年（712）改为崇安县。

②明嘉靖七年（1528）析宣化县置，属南宁府。治所即今广西隆安县。明郭子章《郡县释名》广西卷：隆安县，取"安宁之义也"。民国初属广西南宁道。1928年直属广西省。

隆安府 金贞祐初改隆州置，治所在利涉县（今吉林农安县）。辖境约当今吉林农安、德惠、双阳县及长春市地。元改黄龙府。

隆阳县 唐武德二年（619）置，为南州治。治所在今重庆市綦江县北綦江北岸。明曹学佺《蜀中名胜记》卷18南川县引《寰宇记》曰：隆阳"取西永隆山为名"。先天元年（712）避讳改为南川县。

隆坊镇 清置，属中部县。即今陕西黄陵县西北隆坊镇。

隆巫县 唐贞观二年（628）置，属南州。治所在今重庆市綦江县南境。十一年（637）废入南川县。

隆奉宣抚司 元置，属四川南道宣慰司。治所在今湖北宣恩县境。明洪武四年（1371）改为长官司。

隆奉蛮夷长官司 亦作隆奉蛮夷官司。明洪武四年

(1371) 改隆奉宣抚司置，属施州卫。治所在今湖北宣恩县境。后废。宣德三年 (1428) 改置蛮夷官司，属东乡五路安抚司。清废。

隆武河 即今青海东部隆务河。为黄河支流。源出泽库县东，北流经同仁县，至尖扎县东南入黄河。《清史稿·地理志》 西宁府丹噶尔厅：“隆武河出循化厅西南番地，北流汇为保安大河，北入循化。”

隆坪墟 亦作龙坪墟。即今江西兴国县西三十里隆坪乡。清同治《江西全省舆图》卷9：兴国县西有龙坪墟。

隆林营 清雍正五年 (1727) 改安隆营置，属右江镇。有游击，驻西隆州八达城 (今广西西林县)。后废。

隆或汛 清置，属西隆州。即今广西隆林各族自治县东南隆或乡。有隆林营外委驻守。

隆昌石牌坊 在今四川隆昌县 (金鹅镇) 南、北二关。现存牌坊十七座，建于明弘治九年 (1496) 至清光绪三年 (1877) 间。其中主要的十三座呈念珠状坐北向南一字排列在纵贯隆昌县城的巴蜀古驿道南北两端总长600米的路段中央。另有四座分别坐落在隆昌县西南的响石镇、县东南的石燕桥镇和县东北的渔箭镇。计有德政坊五座，节孝坊四座，功德坊二座，贞节坊、孝子坊、百寿坊、山门坊、镇山坊、嵌瓷玩赏坊各一座。其中年代最早的为斗栱式镇山坊，系青石仿木结构，形制为四柱三门重檐三滴水，通高5.4米。面濶5米，古朴沉稳。其余大多为四柱三重檐五滴水石质仿木牌楼式建筑，平均面濶约9米，通高约11米。2001年定为全国重点文物保护单位。

隆昌寺 在今江苏句容市北宝华山上，西距南京市六十里。始建于南朝梁，宝志和尚曾在此“结茅成舍”而称道场。明万历年间重建，赐额“护国圣化隆昌寺”。明末见月和尚在此建立戒坛，传授戒律，遂成为律宗专门道场。清康熙四十二年 (1703) 玄烨第四次南巡经此，敕改慧居寺，遂又有慧居寺之名。

隆昌县 明隆庆元年 (1567) 置，属叙州府。治所即今四川隆昌县。明曹学佺《蜀中广记》卷52：“隆昌县古昌州地，隆庆改元置，理隆桥驿，二义兼取矣。”民国初属四川永宁道。1928年直属四川省。

隆昌镇 又作大来克屯。即今黑龙江省富裕县东南富路镇。1929年置富裕设治局于此。民国《黑龙江志稿》卷2：富裕设治局“距省治东北一百四十里，地当胡裕尔河南，旧名隆昌镇”。1933年改置富裕县。

隆城山 即金城山。亦名崇城山。在今四川仪陇县 (新政镇) 东北金城镇城内北隅。《方舆纪要》卷68 仪陇县：金城山“杜佑曰：山本名隆城，梁置县在山上，凭险为理，因曰隆城郡。唐方州亦治此”。

隆城县 西魏改仪隆县置，为隆城郡治。治所在今四川仪陇县 (新政镇) 东北金城镇北。北周保定四年 (564) 复为仪隆县。

隆城郡 南朝梁天监元年 (502) 置，属巴州。治所在仪隆县 (今四川仪陇县新政镇东北金城镇北)。《寰宇记》卷139 仪陇县：“隆城郡因隆城山为名。”西魏属隆州。北周属蓬州。辖境相当今四川仪陇县地。隋开皇三年 (583) 废。

隆城镇 北魏置，属巴州。在今四川阆中市。《魏书·僚传》：孝昌中，“(魏) 子建启以 (隆城) 镇为南梁州”。《资治通鉴》：南朝梁中大通元年 (529)，“又立隆城镇”。胡三省注：“宋白曰：取其连冈地势高隆为名，后为隆州。”皆即此。

隆桥驿 明初置，属荣昌县。在今四川隆昌县。隆庆元年 (1567) 置隆昌县于此。

隆虑山 亦名林虑山。在今河南林州市西北二十里。西汉置隆虑县，即以此山为名。《后汉书·吴汉传》：“及青犊破，而尤来果北走隆虑山。”即此。东汉改名林虑山。

隆虑县 西汉高帝六年 (前201)，封周灶为隆虑侯。景帝中元元年 (前149) 改为县，属河内郡。治所即今河南林州市。《汉书·地理志》 注引应劭曰：“隆虑山在北。”《水经·淇水注》：“县因山以取名。”东汉延平元年 (106) 以避殇帝刘隆讳改名林虑县。

隆益镇 又名龙益镇。清置，属鄜州。在今陕西富县西北龙义湾。

隆盛场 即今四川大英县东北隆盛镇。清道光《蓬溪县志》卷2：隆盛场“又名崇极寺，县西一百二十里”。

隆盛庄 即今内蒙古丰镇市东北隆盛庄镇。清光绪《丰镇县志书》卷1：隆盛庄“距城八十里”。

隆龛山 亦作崇龛山、明月山。在今重庆市潼南县西南光辉镇境。《旧唐书·地理志》 崇龛县：“隆龛山在县西三里。”隆龛县以此名。

隆龛戍 北周置，属多业县。在今重庆市潼南县西南光辉镇瓦子堡。隋开皇三年 (583) 置隆龛镇。

隆龛县 隋大业十二年 (616) 升隆龛镇置，属资阳郡。治所在今重庆市潼南县西南光辉镇瓦子堡。《旧唐书·地理志》：“隆龛山在县西三里。”县以山名。唐属普州，先天元年 (712) 改为崇龛县。

隆龛镇 隋开皇三年 (583) 置，属多业县。即今重庆市潼南县西南光辉镇史家坝瓦子堡。大业十二年 (616) 升为隆龛县。

隆康关 清雍正七年 (1729) 筑城，属松潘厅。在今四川九寨沟县西隆康村。城周一百四十丈，有官兵戍守。

隆康县 隋开皇十八年 (598) 改永康县置，属普州。治所在今四川安岳县南七十里。大业初属资阳郡。唐武德二年 (619) 复属普州。先天元年 (712) 改为普康县。

隆康寨土司 亦作中羊峒隆康寨目。清雍正二年 (1724) 置，属松潘镇南坪营。在今四川九寨沟县西隆康村。《清史稿·土司传》：咸丰十一年 (1861)，寨首“欧利娃作乱，陷南坪营。同治四年，周达武率武字、果毅各军讨平之”。后废。

隆越县　唐置，属泸州。治所即今四川隆昌县。贞观二年（628）改属荣州。八年（634）废入威远县。

隆福寺　在今北京市东城区东四大街西北隆福寺街。明景泰四年（1453）建，清雍正元年（1723）重修。为京师巨刹。清《日下旧闻考》卷45：“每月之九、十日有庙市，百货骈阗，为诸市之冠。”1901年毁于火。

隆镇卫城　元大德年间，指挥使哲彦布哈所建。在今北京市延庆县南。《元史·文宗纪》：致和元年（1328），燕铁木儿奉怀王于大都，与上都相持于隆镇卫，“隆镇卫指挥使斡都蛮以兵袭上都诸王灭里铁木儿、脱木赤于陀罗台，执之”。《清一统志·宣化府三》引《宣镇志》：“城在（延庆）州南，址尚存。”

隆德县　金皇统初升隆德寨置，属德顺州。治所在今宁夏西吉县东南火家集。县以德隆砦为名。元迁今宁夏隆德县，属静宁州。明属平凉府。民国初属甘肃泾源道。1928年直属甘肃省。1958年改属宁夏回族自治区。

隆德府　北宋崇宁三年（1104）改潞州置，治所在上党县（今山西长治市）。辖境相当今山西长治市及襄垣、黎城、屯留、潞城、长子、壶关、平顺与河北涉县地。金改潞州。元初复改隆德府，太宗三年（1231）复改潞州。

隆德砦　北宋庆历三年（1043）改羊牧隆城置，属德顺军。在今宁夏西吉县东南将台乡南火家集。金升为隆德县。

隆澳镇　又名长沙尾。即今广东南澳县治后宅镇。《清一统志·潮州府》“南澳山”条：“隆澳则番舶往来门户，中有辞郎洲，亦名侍郎洲。相近有宰猪澳。”清于此设汛。

隐口浦　在今湖南岳阳市东北。《水经·江水注》：江水“又东径忌置山南。山东即隐口浦矣”。

隐山　①一名龙山。在今湖南湘潭县西南百里。《明一统志》卷63长沙府：隐山“山顶有龙湫，山下有池，世传龙神所居，故一名龙王山。唐开元中，有僧人，见茅庵老僧出，问难久之。明日，老僧火其庵遁去。留诗石壁云：‘三间茅屋从来住，一道神光万境闲。莫把是非来辨我，浮生穿凿不相干’。故名隐山”。

②即今广西桂林市城区西三里隐山。《寰宇记》卷162临桂县：“隐山在州之西郊，先是榛莽翳荟，古莫知者。唐宝历初，李渤出镇，遂寻其源，见石门半开，有水渊澈，乃夷薙芜秽，疏通岩穴，石林磴道，若天造灵府，不可根本，因号隐山。”南宋范成大《桂海虞衡志》：“隐山六洞皆在西湖中隐山之上。一曰朝阳，二曰夕阳，三曰南华，四曰北牖，五曰嘉莲，六曰白雀。”幽深奇丽，石乳万状。唐宋以来摩崖石刻甚多。

隐形山　在今甘肃灵台县东北二里。《方舆纪要》卷58灵台县：隐形山“以地形深奥而名”。《清一统志·泾州一》：隐形山“孤峰特起，苍松古柏，连抱参天。麓有泉，味甘馨，名曰香水”。

隐圻　即隐矶。在今湖北监利县东南的杨林矶。《宋书·谢晦传》：元嘉三年（426）刘彦之为谢晦军所破，“彦之退保隐圻。”即此。

隐矶　即今湖北监利县东南的杨林矶。《宋书·文帝纪》：元嘉三年（426），“到彦之、檀道济大破谢晦于隐矶”。即此。《寰宇记》卷144复州沔阳县：“大隐林，《郡国志》云，沔阳大隐林，又有小隐林，南有隐矶山，是渔父钓所。”

隐矶滩　在南海中中国中沙群岛内，位于中沙大环礁东北部边缘。西北距比微暗沙10.5海里。1935年公布名称为伊机立亚滩。1947年改名隐矶滩。

隐贤镇　北宋置，属安丰县。即今安徽寿县西南一百余里，淠河东岸隐贤镇。因唐人董邵南隐居于此得名。

隐泉山　一名谒泉山。在今山西文水县西南。《水经·文水注》：“其山石崖绝险，壁立天固。……泉发于两寺之间，东流沥石，沿注山下。又东，津渠隐没而不恒流，故有隐泉之名矣。”

隐剑泉　在今四川梓潼县北。《寰宇记》卷84梓潼县：隐剑泉“在县北十二里，五丁力士庙西一十步。古老相传云：五丁开剑路迎秦女，拔蛇山摧，五丁与秦女俱毙于此。余剑隐在路旁，忽生一泉”。

隐屏峰　在今福建武夷山市西南武夷五曲。《清一统志·建宁府》“天柱峰”条下：隐屏峰“在武夷五曲。溪北有朱子精舍，溪南对峙者曰小隐屏”。

隐遁暗沙　在南海中中国南沙群岛，位于安波沙洲北约32海里。1935年公布名称为斯塔格司滩。1947年改名隐遁暗沙。

隐蒙山　在今四川洪雅县南青衣江南岸。《舆地纪胜》卷146嘉定府：隐蒙山“在洪雅县南。晋处士庞居正字隐蒙隐此”。山下为隐蒙镇。

隐蒙镇　明置，属洪雅县。在今四川洪雅县南里许，青衣江南岸隐蒙山麓。

隐静山　又名五华山、五峰山。在今安徽繁昌县东南十五里。以山腰建有隐静寺得名。传为南朝梁杯渡禅师栖隐地。唐李白有《送道隐禅师还隐静寺》诗。《元丰九域志》卷6繁昌县有隐静山。《舆地纪胜》卷18太平州：隐静山“乃杯渡建道场之所，为普惠寺。山有五峰：碧霄峰泉出其下，中有金鱼鬣。桂月峰乃杯渡经行之地，有桂树，每月夜宴，坐其下，坐石今在。鸣磬峰当杯渡时，每至秋夕，自然有磬声。宿猿岩多栖猿狖。喷云泉在寺北，通海洞在寺东”。

隐静寺　一名五峰寺。南朝宋建。在今安徽繁昌县东南隐静山上。唐李白有《送通禅师还南陵隐静寺》诗。又张祐有《题南陵隐静寺》诗。

堕罗钵底国　在今泰国南部湄南河下游，其都城即泰国之佛统。名见《大唐西域记》卷10“三摩呾吒”

条。义净《南海寄归内法传》卷1作杜和钵底。《通典》卷188作投和。《旧唐书·南蛮列传》作堕和罗。

堕和罗　即堕罗钵底国。在今泰国南部湄南河下游，其都城即泰国之佛统。《旧唐书·南蛮列传》："堕和罗国，南与盘盘、北与迦罗舍佛、东与真腊接，西邻大海。去广州五月日行。贞观十二年，其王遣使贡方物。"

堕泪碑　西晋时建，在今湖北襄阳市南汉水西岸岘山上。《水经·沔水注》："羊祜之镇襄阳也，与邹润甫尝登之，及祜薨，后人立碑于故处，望者悲感。杜元凯谓之堕泪碑。"《元和志》卷21襄州襄阳县："岘山，在县东南九里。山东临汉水，古今大路。羊祜镇襄阳，与邹润甫共登此山，后人立碑，谓之堕泪碑。"

郿　①周邑。在今陕西眉县东十五里渭河北岸。《诗经·大雅·崧高》："申伯信迈，王饯于郿。"即此。春秋属秦。

②即"微"。春秋鲁地。在今山东东平县西北戴庙。《春秋》：庄公二十八年（前666），"冬，筑郿"。《公羊》、《穀梁》作"微"。《水经·济水注》杨守敬《疏》："郿音眉，眉与微通。"

郿州　①唐渤海国置，属安远府。治所在今黑龙江省密山市东南兴凯湖东岸龙王庙附近。辖境相当今兴凯湖东岸一带。辽废。

②蒙古升郿县置，属奉元路。治所即今陕西郿县。元世祖至元元年（1264）复改郿县。

郿坞　在今陕西眉县东北渭水北岸。《后汉书·董卓传》：初平中封郿侯，"又筑坞于郿，高厚七丈，号曰万岁坞，积谷为三十年储"。《魏书·地形志》：平阳县有"郿坞"。

郿坞岭　在今陕西西安市西郊阿房村西南。秦代阿房宫遗址即在此。阿房宫遗址，今为全国重点文物保护单位。

郿县　①战国秦置，属内史。治所在今陕西眉县东十五里渭河北岸。西汉属右扶风，右辅都尉驻此。三国魏属扶风郡。北魏太平真君六年（445）改名平阳县。西魏改为郿城县。北周天和三年（568）改为周城县。隋开皇十八年（598）改为渭滨县，大业二年（606）复改渭滨县为郿县，属岐州。治所不变。三年属扶风郡。义宁二年（618）为郿城郡治。唐武德三年（620）移治今眉县，属稷州。七年改属岐州。至德后属凤翔府。金贞祐四年（1216）属恒州。元初升为郿州。世祖至元元年（1264）复为县，属奉元路。明还属凤翔府。民国初属陕西关中道。1928年直属陕西省。1964年改为眉县。

②南朝宋侨置，属扶风侨郡。治所在今湖北谷城县境。梁废。

郿城县　西魏改平阳县置，属武都郡。治所在今陕西眉县东十五里渭河北岸。北周天和三年（568）并入周城县。

郿城郡　隋义宁二年（618）置，治所在郿县（今眉县东十五里渭河北岸）。辖境相当今陕西眉县地。唐武德元年（618）废。

蛋场市　亦作蛋场圩。即今广东电白县东旦场镇。明万历《高州府志》卷1：电白县有蛋场圩。清道光《电白县志》卷8：蛋场圩"在县（治今电城镇）西南五十里"。

颇章营　清乾隆年间置，在今西藏乃东县东南颇章乡。藏语意为宫殿，松赞干布的四代孙赤德赞（梅阿充）的王宫位于此处。

〔ㄱ丿〕

婼羌县　清光绪二十八年（1902）置，属焉耆府。治所即今新疆若羌县。民国初属阿克苏道。1920年属焉耆道。1930年焉耆行政区，后直属新疆省。1959年改为若羌县。

婼羌国　汉西域三十六国之一。属西域都护府。都城在今新疆若羌县东南。

袈裟岩　在今贵州平坝县南五里。《方舆纪要》卷123平坝卫：袈裟岩"削壁千仞，如展袈裟。其相接者又有包玉岩"。

〔ㄱ丶〕

郑丘　在今山西万荣县东北。《水经·汾水注》："汾水西径郑丘北，故汉氏之方泽也。"《方舆纪要》卷41荣河县：脽丘"碑文有云：脽上祠者，本魏晋郑丘之旧，汉家后土之宫。汾水合河，梁山对麓是也"。

〔ㄱㄱ〕

绩溪　即今安徽绩溪县东扬之水的别名。《方舆纪要》卷28绩溪县：绩溪"在城东，其源亦来自扬溪。下流二十余里，乳溪水东注之。又五里，徽溪水南注之。至临溪，会县南诸水，入歙县界。离而复合，交流如绩，县因以名"。

绩溪县　唐大历元年（766）改北野县置，属歙州。治所即今安徽绩溪县。《元和志》卷28绩溪县："此县北有乳溪与徽溪，相去一里，并流离而复合，有如绩焉，因以为名。"北宋宣和三年（1121）属徽州。元属徽州路。明属徽州府。民国初属安徽芜湖道。1928年直属安徽省。

绩溪岭　在今安徽绩溪县东北。《方舆纪要》卷28绩溪县：绩溪岭在"县东五十里，因县治得名。又东十里曰闻钟岭。屈曲往复，地近西坑"。

绫岭　即拔达岭。今新疆乌什县西北天山别迭里山口。《旧唐书·封常清传》："开元末，会达奚部落背叛，自黑山北向，西趣碎叶，玄宗敕（夫）灵詧邀击下。灵督使（高）仙芝以二千骑自副城向北至绫岭下，遇贼击之。”

续岭　在今广东封开县北。《方舆纪要》卷101封川县：续岭在“县（今封川镇）北二十里。断而复续，宛委绵亘七十余里”。

绮园　在今浙江海盐县城内。原为清代富商冯缵斋的私家园林。建于清同治十年（1871）。冯宅仅存后进“三乐堂”。绮园占地1万平方米，由南、中、北三座假山分隔成南北两区。东侧为园林南区，有主厅潭影轩及九曲小桥等。北区是一开阔的山水景区，有假山、水池，亭台楼阁，布局精美。绮园是浙江仅存的古园林之一。2001年定为全国重点文物保护单位。

绰北中旗　清置，属绰罗斯部。在今青海刚察县西南境。《清史稿·地理志》　北中旗：“牧地在青海西北岸。东至济尔玛尔台，南至布喀河，西至西尔哈落萨，北至济尔玛尔台。”

绰尔齐河　今俄罗斯鄂毕河上游支流比亚河捷列茨湖东南支流之一。《清一统志·科布多》：阿勒坦淖尔“在科布多城北，阿勒坦淖尔乌梁海东北。绰尔齐河、沙克尔河、巴什库斯河、阿斯巴图河，俱出阿勒坦淖尔乌梁海旗，合北流潴焉”。

绰尔纳河　在今俄罗斯赤塔州东乌斯季卡尔斯克东北，为石勒喀河北支流。旧为中国领土内河。17世纪40年代为沙皇俄国侵占。清康熙二十八年（1689）中俄《尼布楚条约》划归俄国：“以流入黑龙江之绰尔纳河，即鞑靼语所称乌伦穆河，附近之格尔必齐河为两国之界。”

绰尔罗斯北中旗　一称水峡贝子旗。俗称哈尔格贝子旗。清康熙五十年（1711）置，在今青海刚察县西，后迁青海海晏县南。

绰尔罗斯南左翼后旗　民国初置，在今青海海晏县境。

绰尔罗斯南右翼首旗　一称绰尔罗斯南右翼头旗。俗称尔什克贝勒旗。清雍正三年（1725）设，属绰尔罗斯部。在今青海共和县东北、青海湖东南群科加拉、察汗城、日月山中间地带。

绰尔河　亦作戳儿河。即今内蒙古东北、黑龙江省西北之绰尔河。《清一统志·黑龙江》：绰尔河“在齐齐哈尔城西北四百八十里。源出兴安岭，东南流经扎赖特旗地，流六百余里入嫩江”。

绰尔城　在今内蒙古扎赉特旗东南。《清一统志·扎赉特》：绰尔城“在旗西北九十里。周七里余，门四”。

绰州　唐贞观二十三年（649）以绰部置，属云中都督府，为羁縻州。当在今内蒙古乌兰察布市西部。

绰那苏尔马拉山　在今青海河南蒙古族自治县东南。《清一统志·青海厄鲁特》：绰那苏尔马拉山“其山高大，多野兽，亦西倾山之支山也”。

绰拉别噶珊　清初于者帖列山卫置，属宁古塔将军。在今俄罗斯哈巴罗夫斯克边疆区黑龙江下游阿纽依河口东北。后属三姓副都统。《乾隆内府舆图》：黑龙江下游有“绰拉别噶珊”。光绪《吉林通志》卷17：混同江南岸，东至海滨旧设噶珊有“绰拉别”。清咸丰年间被俄割占。

绰罗斯部　青海额鲁特之一。本准噶尔部游牧于今新疆天山以北地区。清乾隆二十年（1755）平定准噶尔叛乱，其遗族附牧于赛音诺颜者，曰额鲁特；附牧于青海者，曰绰罗斯，归西宁办事大臣管辖。因该部首领以“绰罗斯”为姓，故名。

绰南右翼头旗　清置，属绰罗斯部。驻牧地在今青海省共和县北青海湖南岸。《清史稿·地理志》　南右翼头旗：“牧地当青海东南岸。东至博尔巴齐他尔、察罕鄂博、哈拉乌素，南至固尔班他拉贡诺尔，西至窝尔登诺尔、伊克察罕哈达，北至青海。”

绰洛克驿　清光绪年间置，在今新疆皮山县西九十里。

绰斯甲布宣抚司　清康熙四十一年（1702）置绰斯甲布安抚司，乾隆四十一年（1776）升为宣抚司。治所在今四川金川县西北观音桥绰斯甲土司官寨。后废。

绰墩遗址　在今江苏昆山市西巴城镇绰墩村。面积约40万平方米，中心区29万平方米。文化内涵从下至上依次为马家浜文化、崧泽文化、良渚文化和马桥文化，另有唐宋时期遗存。1961年发现该遗址。1982年，1998—2004年进行了多次考古发掘，发掘总面积3393平方米，发现新石器时期至唐宋时期各类遗存四百五十处，其中有房址十四座、墓葬九十五座，灰坑一百七十七个、水井九十口、水稻田六十四块、水沟八条、河道二条，出土各类器物一千多件。绰墩遗址是太湖地区发现的文化序列最为完整、文化遗存极为丰富的一处重要的史前文化遗址。不仅面积大，而且内涵丰富，保存较完整。2006年定为全国重点文物保护单位。

绲戎　又作混夷、昆夷。在今甘肃陇山以西。《史记·匈奴列传》：“秦穆公得由余，西戎八国服于秦，故自陇以西有绵诸、绲戎……。”

绳水　①《山海经·北山经》：“碣石之山，绳水出焉，而东流注于河。”此河即汉代滱水，绳水即《水经·圣水注》中的圣水，上游为今北京市房山区大石河或小清河，下游在今河北廊坊市安次区南合河，今堙。

②一作渑水。即今山东淄博市北裙带河。一说渑、绳有别，此水系渑水，不应作“绳”，不足据。

③指今四川、云南间之金沙江。先秦至南朝称绳水。《山海经·海内经》：“巴遂之山，渑水出焉。”《水经·若水注》　引此经亦作“绳水”。《汉书·地理志》　遂久县：“绳水出徼外，东至僰道入江，过郡二，行千四百里。”

绳州　南朝梁普通三年（522）置，治所在广阳县（今四川茂县）。《寰宇记》卷78茂州：“绳州取桃关之路，以绳为桥，因作州称。”辖境相当今四川茂县、汶川、北川等县地。北周保定四年（564）改为汶州。

绳金塔　在今江西南昌市猪市街附近。《清一统志·南昌府》：绳金塔寺“在南昌县进贤门外。唐天祐中建。内有绳金宝塔”。今塔为清同治七年（1868）修建。

绳桥　①在今四川茂县北，为岷江渡桥。《寰宇记》卷78茂州：“普通三年置绳州，取桃关之路，以绳为桥，因作州称。”《方舆纪要》卷67茂州：绳桥“旧在州北汶江上。《寰宇记》：梁置绳州，以绳为桥也”。

②在今四川卢山县西南飞仙关镇青衣江上。《舆地纪胜》卷147雅州：绳桥“在严道县多功路。旧名高桥，以绳架栈，下瞰峡江，亦险要之一也”。《方舆纪要》卷72雅州：绳桥“在州西北平羌江上，所谓多功路之绳桥也。旧名高桥”。

绳桥守捉城　唐置，属彭州。在今四川都江堰市西北四十里麻溪场。《方舆纪要》卷67灌县“羊灌田戍”条下：“绳桥守捉城亦在县西，唐置。《志》云：今县西四十里有金绳渡，即绳桥故址云。”

维山　亦作淮山。在今湖北南漳县东北。东晋常璩《华阳国志·汉中志》：房陵县“有维山，维水所出，东入沔”。

维水　①即潍水，亦即今山东境内潍河。《汉书·地理志》琅邪郡箕侯国：“《禹贡》潍水北至昌都入海，过郡三，行五百二十里，兖州寖也。”又朱虚县下：“东泰山，汶水所出，东至安丘入维。”“维”即潍水。

②亦作淮水。即今湖北襄阳市襄城区西南之维水。《水经·沔水注》：沔水“又东过中庐县东，淮水自房陵县淮山东流注之”。

维西厅　清雍正五年（1727）置，属鹤庆府。治所在维城（即今云南维西傈僳族自治县）。民国《云南维西县地志全编》：“以县治地居西极，取四维之一之义，因命名为维西。”乾隆二十一年（1756）改属丽江府。1913年废为维西县。

维西县　1913年改维西厅置，后属云南腾越道。治所即今云南维西傈僳族自治县。1929年直属云南省。1985年改设维西傈僳族自治县。

维扬　扬州的别称。《尚书·禹贡》：“淮海惟扬州。”“惟”一作维。唐刘希夷《江南曲》：“潮平见楚甸，天际望维扬。”宋费衮《梁溪漫志》卷9：“古今称扬州为惟扬，盖掇取《禹贡》‘淮海惟扬州’之语。”后易“惟”作“维”。南宋有《维扬巡幸记》一卷（不著撰人名氏），记述建炎三年（1129）高宗自扬州奔杭州事。

维扬府　元至正二十一年（1361）朱元璋改淮海府置，治所在江都县（今江苏扬州市）。辖境相当今江苏长江以北，宝应以南、仪征以东地。至正二十六年（1366）改为扬州府。

维关　清置，属杂谷厅。在今四川理县东北十里。《清一统志·杂谷厅》：维关“在厅治西南五十里。形势险要，接壤生番”。

维州　①唐武德七年（624）置，治所在今四川理县东北薛城镇西南。《元和志》卷32维州：“白狗羌首领旧附，于姜维城置维州以统之”，以姜维城为名。贞观元年（627）废。二年（628）复置，为羁縻州，属茂州。治所在薛城县（今薛城镇）。麟德二年（665）进为正州，仪凤二年（677）复为羁縻州，垂拱三年（687）又进为正州。天宝元年（742）改为维川郡，乾元元年（758）复为维州。辖境相当今四川理县地。广德元年（763）没于吐蕃，太和五年（831）收复，寻弃其地。大中三年（849）复置。地近吐蕃，为蜀西之门户。吐蕃得之，称无忧城。北宋景祐三年（1036）改为威州。

②辽置，属西北路招讨司。在今蒙古国布尔根省东南部土拉河曲西岸古城。《辽史·地理志》：边防城有“维州，刺史”。又“镇州，建安军，节度。本古可敦城。统和二十二年皇太妃奏置。……渤海、女直、汉人配流之家七百余户，分居镇、防、维三州。东南至上京三千余里”。

维州营　清置，属松潘镇。治所在杂谷厅（今四川理县东北薛城镇）。设副将、都司、千总、把总驻守。

维摩　又称小维摩。即今云南砚山县西北四十六里维摩彝族乡。为明代维摩州治。民国初小维摩县佐驻此。1944年曾置维摩镇。

维摩乡　即今云南砚山县西北维摩。明、清置维摩乡土舍。

维摩州　元大德四年（1300）以维摩部置，属广西路。治所在今云南砚山县东北六十里阿猛镇。辖境包有今云南丘北县地。彝语“维”为沟，“摩”为水井，意即小河旁水井边的地方。明代属广西府，治所在今砚山县西北四十六里维摩。崇祯四年（1631）又迁治今云南丘北县西十三里旧城。清康熙八年（1669）废入广西州和广南府。后以原维摩州部分地属开化府，为江那里。

维摩驿　明洪武十八年（1385）置，属维摩州。在今云南广南县西南旧莫乡。隆庆三年（1569）废。

绵（緜）上　①春秋晋地，在今山西介休市东南。《左传·僖公二十四年》：介子推与其母在此隐居而死，“晋侯求之不获，以绵上为之田”，号为介山。

②即今山西翼城县西小绵山。《左传》：成公六年（前585），“赵简子逆而饮之酒于绵上”。襄公十三年（前560），“晋侯搜于绵上以治兵”。均此。

绵上关　明置，在今山西沁源县西北棉上村。明洪武四年（1371）置巡司于此。

绵上县　1941年晋冀鲁豫边区由沁源县北部析置，属太岳区。治绵上（今山西沁源县西北）。1945年12月撤销，并入沁源县。

绵（緜）上县　隋开皇十六年（596）置，属沁州。治所在今山西沁源县北六十里。《元和志》卷13沁州：“以县西界有绵上地，因以为名。”大业二年（606）属西河郡。唐武德元年（618）复属沁州。北宋属威胜军，庆历六年（1046）徙治大觉寺地（今沁源县北五十五里棉上村）。金天会元年（1128）属沁州。元世祖至元三年（1266）废。

绵山 ①在今山西平定县东。《方舆纪要》卷40平定州：绵山“在州东九十里，一名紫荆山。周三十里，泽发水出焉”。《清一统志·平定州》云：“旧传介子推避晋文公处，中有介子推庙。”

②又名介山。在今山西介休市东南。古时山下有绵上之田，因名。《清一统志·汾州府》：介山“在介休县南四十里。即介之推隐时，山下地名绵上。亦曰绵山”。

③在今四川绵阳市北。《方舆纪要》卷67绵州“富乐山”条内：“绵山在州治北二里。州以此名。”

绵水 ①在今江西信丰县东。《寰宇记》卷108虔州信丰县：绵水“在县东三十里。源出绵山，至乌口入桃江”。

②即今四川沱江。《水经·江水注》：“绵水至江阳方山下入江，谓之绵水口，亦曰中江。”《元和志》卷33泸川县：“中江水亦曰绵水，经县北三里。出麸金。”

③即今四川长宁县东之长宁河。东晋置绵水县以此名。《舆地纪胜》卷153泸州：绵水，“《旧经》云：自长宁军流至江安县一百五十步与汶江合。江安古有绵水县今为绵水乡。当时县去绵水必近也”。《明史·地理志》江安县：“北滨大江，有绵水西南流入之，谓之绵水口。”

绵（緜）水 即今四川绵竹市东北之绵远河。《汉书·地理志》绵竹县：“紫岩山，绵水所出。东至新都北入雒。”《元和志》卷31绵竹县：“绵水出县西北紫岩山。《蜀都赋》‘浸以绵、洛’谓此水也。蜀人称郫、繁曰膏腴，绵、洛为浸沃。”

绵（緜）水县 ①东晋孝武帝时置，属东江阳郡。治所在今四川江安县。其后曾迁今江安县西。《宋书·州郡志》：“绵水令，何志晋孝武立。”《旧唐书·地理志》绵水县：“当绵水入江之口”，因以为名。南朝梁属泸州。隋大业三年（607）属泸川郡。唐武德元年（618）属泸州。北宋乾德五年（967）废入江安县。

②东晋侨置，属西江阳郡。治所在今四川彭山县东南十余里。一说在今仁寿县西北清水乡。北周武帝时改为白水县。

绵水镇 北宋乾德五年（967）废绵水县置，属江安县。在今四川江安县。后江安县移治于此。

绵竹市 1996年撤销四川省绵竹县，改设绵竹市，市人民政府驻剑南镇。由德阳市代管。

绵（緜）竹县 ①西汉置，属广汉郡。治所在今四川德阳市北黄许镇。明郭子章《郡县释名》四川卷上：绵竹县“以其地宜竹，故名绵竹”。《三国志·魏书·邓艾传》：景元四年（263），邓艾率大军灭蜀汉，攻占江油后，“遂至绵竹，大战，斩诸葛瞻”。即此。西晋属新都郡。东晋属南阴平郡。北周废。绵竹古城址尚存。

②隋开皇十八年（598）改雒县置，属益州。治所即今四川广汉市。大业二年（606）复改为雒县。

③隋大业二年（606）改孝水县置，属蜀郡。治所即今四川绵竹市。以古绵竹县为名。《宋史·杨允恭传》：淳化四年（993），“王小波之乱也，李顺之兄自荥据绵竹”。即此。元至元十三年（1276）废入汉州。后复置。清初属成都府，雍正五年（1727）属绵州。民国初属四川西川道。1928年直属四川省。1996年改设绵竹市。

绵（緜）州 隋开皇五年（585）改潼州置，治所在巴西县（今四川绵阳市涪江东岸）。《元和志》卷33绵州：“因绵水为名。”大业三年（607）改为金山郡。武德元年（618）复改为绵州，天宝元年（742）改为巴西郡，乾元元年（758）又改为绵州。辖境相当今四川罗江上游以东、潼河以西江油、绵阳间的涪江流域。宋徙治今绵阳市。元世祖至元二十年（1283）废巴西县入州，属潼川府。明洪武十年（1377）降为绵县，十三年（1380）复升为绵州，属成都府。清雍正六年（1728）升为直隶州，属四川省。辖境扩大至今绵竹、德阳、梓潼等市县地。乾隆三十五年（1770）移治今德阳市东北罗江镇，嘉庆六年（1801）复移治今绵阳市。1913年废，改本州为绵阳县。盛产井盐。

绵江 即今江西瑞金市东绵水。《方舆纪要》卷88赣州府瑞金县：绵江“源出陈石山，流五十里至县前合贡水，又合乌村智水、铜钵山灞水、罗田浮图水，流入会昌及雩都县境”。《清一统志·宁都州》：绵江水“在瑞金县东。源出县东北陈石山龙池，东南流至县南合于贡水”。

绵（緜）江 即今四川东部和重庆市西北部。涪江。《旧五代史·康延孝传》：五代唐同光三年（925），“进攻绵州，王衍复断绵江浮梁而去”。《明史·地理志》绵州：“西有涪水，源出松潘卫，流经此，亦曰绵江，下流至合州。”

绵江堰 在今四川广汉市东。《方舆纪要》卷67汉州：绵江堰“在州东。《志》云：州境有西水、龙井、天生、粟米、坤江等六十七堰”。

绵阳市 1976年由四川省绵阳县析置绵阳市，属绵阳地区，为地区驻地。1979年撤销绵阳县，并入绵阳市。1985年撤销绵阳地区，绵阳市升为地级市；以原县级绵阳市改置市中区。1992年撤销绵阳市市中区，设立涪城区和游仙区。市人民政府驻涪城区。

绵阳场 在今四川绵阳市南。丰谷镇盛产井盐。民国初设场知事。

绵阳县 1913年改绵州置，属四川西川道。治所即今四川绵阳市。以治地在绵山之阳故名。1928年直属四川省。城濒涪江西岸，为水陆冲要，自剑阁而南，至此地势始平，为川西著名大县。昔有“蜀道咽喉”，“剑门锁钥”之誉。1976年析城区及近郊置绵阳市，1979年撤县并入绵阳市。1985年撤销绵阳地区，绵阳市升为地级市。

绵（緜）谷县　隋开皇十八年（598）改兴安县置，为利州治。治所即今四川广元市。《元和志》卷22绵谷县："因县东南绵谷为名。"大业三年（607）为义城郡治。唐武德元年（618）复为利州治，天宝元年（742）为益昌郡治，乾元元年（758）复为利州治。元为利州及广元路治。明洪武九年（1376）废入广元州，十三年（1380）复置，二十二年（1389）又废。

绵（緜）虒县　西汉元鼎六年（前111）置，属汶山郡。治所在今四川汶川县西南四十里绵虒镇。地节二年（前67）属蜀郡。东汉改为绵虒道。

绵（緜）虒道　东汉改绵虒县置，属蜀郡。治所在今四川汶川县西南四十里绵虒镇。《水经·江水注》：江水"又有湔水入焉，水出绵虒道，亦曰绵虒县之玉垒山"。西晋废。

绵（緜）诸之戎　在今甘肃天水市东。《史记·匈奴列传》："秦穆公得由余，西戎八国服于秦，故自陇以西有绵诸、绲戎、翟貆之戎。"西汉置绵诸道。

绵（緜）诸县　北魏置，属略阳郡。治所在今甘肃天水市东麦积区社棠镇。西魏废。

绵（緜）诸国　春秋西戎之国，在今甘肃天水市东。《史记·匈奴列传》："自陇以西有绵诸……之戎。"后为秦所灭。

绵（緜）诸道　西汉改绵诸之戎置，属天水郡。治所在今甘肃天水市东麦积区社棠镇。东汉废。北魏改置绵诸县。

绵（緜）曼县　西汉置，属真定国。治所在今河北鹿泉市东北。东汉废。《后汉书·耿纯传》：建武初，真定王刘扬"与绵曼贼交通"，遣耿纯以计诛之。李贤注：绵曼"故城在今恒州石邑县（今石家庄市西南振头）西北，俗音讹，谓之'人文'故城"。即此。

绵（緜）溪　即今四川长宁县东之长宁河。《隋书·地理志》绵水县："有绵溪。"

绵溪水　即今安徽歙县东北之昌源河。《方舆纪要》卷28歙县：绵溪水"在县东南五十里。源出绩溪县佛沧岭，下流入新安江。亦有灌溉之利"。《清一统志·徽州府一》：绵溪水"东南流，径歙县东南五十里，达深渡，入新安江"。

绵（緜）蔓水　即今桃河、绵河、冶河。源出山西寿阳县东，东径平定县入河北井陉县，北入滹沱河。《汉书·地理志》太原郡上艾县："绵曼水，东至蒲吾，入虖池水。"《史记·淮阴侯列传》："（韩）信乃使万人先行，出，背水阵。"《正义》："绵蔓水，一名阜将，一名回星，自并州流入井陉界，即（韩）信背水阵陷之死地，即此水也。"

绸州　唐武德四年（621）置，治所在乌伤县（今浙江义乌市）。《新唐书·地理志》：绸州"因绸岩为名"。辖境相当今浙江义乌市地。七年（624）废。

绸岩　亦作绸山。在今浙江义乌市西北二十五里。《新唐书·地理志》婺州：义乌县"本乌伤，武德四年以县置绸州，因绸岩为名"。《方舆纪要》卷93义乌县"黄檗山"条下：绸山"峰峦绸叠，即绸岩"。

绿天庵　在今湖南永州市东门外里许。唐僧怀素故居，今笔冢、墨池尚存。宋陶谷《清异录》："怀素居零陵东郊，治芭蕉亘带几数万，取叶代纸为书，号所居曰绿天。"《清一统志》作绿天庵。

绿水县　亦作渌水县。唐置，属汤州。治所在今越南北宁省境。后废。

绿玉河　又名黑玉河。即今新疆和田市和田河西源喀拉喀什河。《新五代史·四夷附录三·于阗》引晋高居诲《使于阗记》："河源所出，至于阗分为三：东曰白玉河，西曰绿玉河，又西曰乌玉河。三河皆有玉而色异。"因名。

绿杨桥　在今湖北浠水县东一里。宋苏轼有《绿杨桥词》序。

绿秀岭　在今广西博白县东南五十里。《舆地纪胜》卷121郁林州：绿秀岭"在博白县。林泉松竹，青葱秀绝，因名"。《方舆纪要》卷108博白县：绿秀岭"嵯峨盘亘，林木青葱，广二百余里"。

绿岛　在今台湾省台东县东南海中。原名火烧岛，因渔民夜出海捕鱼，于山顶举火引归而得名。又名鸡心岛，因形似鸡心，故名。1949年以谋绿化，改名绿岛。

绿林山　即今湖北京山县西北与钟祥、随州二市交界处之大洪山。《后汉书·刘玄传》："新市人王匡、王凤为平理诤讼，遂推为渠帅，众数百人。于是诸亡命马武、王常、成丹等往从之，共攻离乡聚，臧于绿林中。"即此。

绿瓮江　在今广西扶绥县北。《方舆纪要》卷110永康州：绿瓮江"在州（治今中东镇）西南。源出州北绿空山，西南流，合思同、罗阳诸水，入于丽江"。

绿降水　即今广西大新县东北龙门水。《明史·地理志》万承州："西南有绿降水，亦名玉带水。"《清一统志·太平府》：绿降水"在万承土州（治今龙门镇）西南十里。源出州东南境，环绕州前，又西入养利州界合通利江"。

绿鸦（鵶）山　一名绿鸭山。在今广西玉林市西北三十五里。《明一统志》卷84梧州府：绿鵶山，"州人于此淘取青黄泥，炼成铁，铸为锅"。

绿鸦（鵶）镇　亦作录鸦镇。北宋置，属南流县。在今广西玉林市西三十五里绿鵶山下。《舆地纪胜》卷121郁林州：绿鵶场"在南流县。岁收铁六万四千七百斤，往韶州涔水场库交"。

绿屏山　在今广东江门市新会区北。《清一统志·广州府》：绿屏山"在新会县北十里。周八十余里，环绕县后如屏障。一名绿护屏。鸟道险绝，山顶平旷"。

绿眉水　即今广西崇左市南江州河。《明一统志》卷85江州：绿眉水"在州治南。流入左江"。

绿绕亭　在今安徽黄山市徽州区（岩前镇）西三十八里西溪南村。为过街亭。始建于元天顺元年(1328)。明景泰七年（1456）重建。亭梁枋上刻有题铭：“景泰七年岁次丙子十一月十八日甲申吉辰重建绿绕亭，以便休憩。吴斯和乐建。”亭呈方形，跨街而立，飞檐翘角，雕梁画栋。亭依清池，临水设置飞来椅，供人休息。

绿珠井　在今广西博白县西北四十里浪平乡平山村绿萝岭下。唐刘恂《岭表录异》卷上：“绿珠井在白州双角山下。昔梁氏之女有容貌，石季伦为交趾采访使，以珍珠三斛买之。梁氏之居，旧井存焉。耆老传云：汲饮此水者，生女必多美丽。里闾有识者以美色无益于时，遂以巨石镇之。”西晋石崇爱妾绿珠出生于此，后人建绿珠祠，祠旁为绿珠井。

绿珠江　即今广西博白县西绿珠江。唐刘恂《岭表录异》卷上：“（白）州界有一派水，出自双角山，合容州江，呼为绿珠江，亦犹归州有昭君村，盖取美人生处为名矣。”此水源出六万大山，东南流注入南流江。西晋石崇侍妾绿珠出生本县，故以绿珠为名。

绿珠楼　晋代石崇名妓绿珠所居之楼。在今河南洛阳市东北汉魏故城北部。《洛阳伽蓝记》卷1载：“隐士赵逸云，此地是晋侍中石崇家池，池南有绿珠楼。”据《晋书·石崇传》载：“时赵王伦专权，崇甥欧阳建与伦有隙。崇有伎曰绿珠，美而艳，善吹笛，孙秀使人求之……崇竟不许。秀怒，乃劝伦诛崇、建。……遂矫诏收崇及潘岳、欧阳建等。崇正宴于楼上，介士到门。崇谓绿珠曰：我今为尔得罪。绿珠泣曰：当效死于官前。因自投于楼下而死。”《寰宇记》卷3洛阳县载：“石崇宅有绿珠楼，今谓之狄泉是也。”

绿萝山　在今湖南桃源县南十五里。下有潭。《水经·沅水注》：沅水“东带绿萝山，绿萝蒙幂，颓岩临水，实钓渚渔咏之胜地，其迭响若钟音，信为神仙之所居”。《道书》以为第四十二福地。

绿野亭　在今陕西武功县（普集镇）西北武功镇附近。《清一统志·乾州》：绿野书院“在武功县治南，旧为绿野亭。宋儒张载讲学处。明弘治中改建书院”。

绿野堂　唐裴度别墅。在今河南洛阳市南豆腐店。《旧唐书·裴度传》：大和八年（834），为东都留守，安家于集散里。“又于午桥创别墅，花木万株，中起凉台暑馆，名曰绿野堂”。

绿铜隘　在今浙江景宁畲族自治县东与文成县交界处。《方舆纪要》卷94景宁县：绿铜隘在“县东五十里，与青田八都相接。正统间，黄坛盗起，守此拒之，寇不能入”。

绿笼山　在今云南江川县东北江城镇西北。《方舆纪要》卷115澂江府江川县：绿笼山在“县（今江城镇）西北十里。林木苍翠，下有泉，流为六部溪，东南流入星云湖”。

绿麻山　在今湖北荆门市东南。《舆地纪胜》卷78荆门军：魏基州故城“在今长林县东绿麻山”。《清一统志·荆门州》：绿麻山“在荆门州东南一百三十里。俗呼为桃李山。前有绿麻寺旧址”。

绿麻县　西魏置，为上黄郡治。治所在今湖北沙洋县。隋大业初改名章山县。

绿淇江　在今广西博白县东十里。为南流江东支流。《方舆纪要》卷108博白县：绿淇江“在县东南十里。源出洞房山。……流汇于南流江”。

绿蓝山　在今广西北流市西北三十里。《舆地纪胜》卷104容州：绿蓝水“其源出绿蓝山”。《方舆纪要》卷108北流县：绿蓝山“容山之东支也，容江之源出焉”。

绿蓝水　在今广西北流市西北。《明史·地理志》北流县：“北有绿蓝山，绿蓝水出焉，分为二。东流者经城东登龙桥，与广东高州府流入之绣江合，又东经容县，为容江。西流者入郁林州，为南流江。”

绿德山　在今云南师宗县东南科白。《方舆纪要》卷115师宗州：绿德山“在州东百二十里。孤峰秀削，一名六德山。有六德废驿址”。

骐县　西汉置，属河东郡。治所在今山西乡宁县东南六十里。东汉废。《寰宇记》卷48乡宁县：“县东南约六七十里有马头山，盖山形似马，因以为名。骐则马之骏异，盖县因山取名。”

骐侯国　西汉武帝时置，属河东郡。治所在今山西乡宁县东南。东汉废。

骑马坝　在今云南绿春县西南五十四里。清属元江州，嘉庆十八年（1813）傣族从勐平巩整村迁此，故名迁马。傣语“迁”为搬迁，“马”为来，意即新搬来的村寨，后讹为骑马坝。

骑龙山　在今湖南慈利县南四十里。《方舆纪要》卷77慈利县：骑龙山“以形似名。有黑龙泉，下流溉田”。

骑田岭　五岭之一。在今湖南省东南部郴州市与宜章县间。秦名阳山，汉晋以来又有上岭山、客岭山（《续汉书·郡国志》）、黄箱山（《寰宇记》）、腊岭（《太平御览》引《太康记》、《通典》）、黄岑山（《水经注》、《寰宇记》）等名。最高峰海拔1510米。《水经·耒水注》：“（黄岑）山则骑田之峤，五岭之第二岭也。”东汉建初八年（83），大司农郑弘曾开此岭，以便交趾七郡贡献转运。

骑立山　原名岐棘山。又名五朵山。即今河南镇平县西北九十里五垛山。《寰宇记》卷142南阳县：“骑立山出铜矿，在县东一百八十里。山有湫水三池，每天旱，于下池祈雨，上、中池不通人行。”《水经注疏》谓“骑立”为“岐棘”之讹。

骑岸镇　即今江苏南通市通州区（金沙镇）北骑岸镇。清光绪《江苏全省舆图》：通州（今南通市）东北有“骑岸”。

巢　①商周至春秋时小国。偃姓。在今安徽巢湖市东北。《书序》：“巢伯来朝，芮伯作《旅巢命》。”《春秋》：文公十二年（前615），“夏，楚人围巢”。

又，昭公二十四年（前609），“冬，吴灭巢”。一说在今六安市东北。

②春秋卫邑。在今河南睢县南。《左传》：哀公十一年（前484），“城钼人攻大叔疾，卫庄公复之，使处巢”。《寰宇记》卷2襄邑县：巢亭“在县南二十里”。

巢州　唐武德三年（620）置，治所在襄安县（今安徽巢湖市）。七年（624）废。

巢县　唐武德七年（624）改襄安县置，属庐州。治所即今安徽巢湖市。宋属无为军。南宋绍兴五年（1135）废，旋复置，景定三年（1262）升为镇巢军。元至元二十八年（1291）复为巢县，属无为州。清属庐州府。民国初属安徽安庆道。1928年直属安徽省。1982年析置巢湖市。1983年撤销巢县，并入巢湖市。1999年撤销巢湖地区及县级巢湖市，设立地级巢湖市。

巢城　在今江苏阜宁县南喻口。《明一统志》卷13淮安府：巢城“在盐城县北一百二十里。相传黄巢将寇广陵，屯兵于此，因筑此城”。

巢陵城　在今山东聊城市东十五里。五代晋开运二年（945）聊城县及博州迁治于此。相传为巢父隐居躬耕处。《清一统志·东昌府一》谓巢陵城在聊城县东北十五里；《方舆纪要》卷34又谓巢陵城在聊城县西南十五里，均误。

巢湖　一作漅湖，又名焦湖。即今安徽中部巢湖，在合肥、巢湖、庐江、肥东、肥西诸市县间。《水经·施水注》：“施水又东径湖口戍，东注巢湖。”《舆地纪胜》卷45庐州：巢湖“港汊大小三百六十，周围四百里，占合肥、舒城、巢、庐江四邑之境”。

巢湖市　1982年由巢县析置，因巢湖为名。1983年巢县并入巢湖市。1999年撤销巢湖地区和县级巢湖市，设立地级巢湖市；原县级巢湖市改设居巢区。2011年撤销地级巢湖市，改为县级巢湖市，由安徽省直辖，合肥市代管。

巢湖城　在今江西九江市东。《清一统志·九江府》：巢湖城“在寻阳县（今九江市）东四十二里”。即此。

十　二　画

〔一一〕

絜河　古九河之一，亦作洁河。古文洁与絜字通。在今河北东光县之南，山东平原县之北。《尚书·禹贡》："九河既导"。《尔雅·释水》 列举九河之名。疏："絜，言河水多山石，治之苦絜。絜，苦也。……在东光之南，鬲县之北。"

琫盆　又称纳克书奔盆族。在今西藏比如县东香曲乡及亚栋一带。为藏北三十九族之一。清乾隆《西藏志·外番》、《卫藏通志》作三札。

琳州　唐置，为羁縻州，属黔州都督府。治所在多梅县（今广西宜州市西北龙江北岸）。北宋废。

琦玕洞　一名飞云洞。在今湖北黄石市东南西塞山区回山上。明曹学佺《名胜志》："琦玕洞在西塞山之侧，元结自号琦玕子，本此。"

琥八山　在今宁夏同心县东。明嘉靖《宁夏新志》卷3韦州守御千户所：琥八山"在城南八十余里。胡名，华言色驳杂也"。

琿城　亦作郫城。即郫县城。今四川郫县。《资治通鉴》：南朝梁天监二年（503），邓元起讨益州刺史刘季连入成都，"琿城亦降"。即此。

琼　海南省的简称。以唐宋时代在其境内设琼州，明清时代设琼州府而得名。

琼山　①在今福建德化县城西南。明《寰宇通志》卷46泉州府：琼山"在德化县西南，一名囷山。上有石堂、石灶、石鼎。相传秦汉间有隐士居此修炼"。

②在今海南省海口市琼山区南六十里。《元丰九域志》卷9：琼山县"有琼山"。《舆地纪胜》卷124琼州引《图经》云："琼之取义盖琼山县奉化乡有琼山、白玉二村，土石皆白，似玉而润，种藷其上特美。所产槟榔，其味尤佳。"

琼山市　1994年改琼山县置，治今海南省海口市琼山区府城镇，由省直辖。2002年并入海口市，改置琼山区。

琼山县　隋末置，属珠崖郡。治所在今海南省海口市琼山区东南旧州镇。《舆地纪胜》卷124引《元和志》："以县西六里琼山以为名。"唐贞观五年（631）为琼州治。乾封后废。贞元五年（789）复置。北宋熙宁四年（1071）移治今琼山区驻地府城镇。元为乾宁军民安抚司治。明初改为琼州府治。民国初为琼崖道治。1920年直属广东省。1988年划归海南省。1994年改称琼山市。2002年撤销琼山市，改设海口市琼山区。明丘濬为此地人，学者称琼山先生。

琼山郡　唐天宝元年（742）改琼州置，治所在琼山县（今海南省琼山区东南旧州镇）。乾元元年（758）复改琼州。

琼云（雲）山　在今湖南慈利县东五十里。《方舆纪要》卷77慈利县"骑龙山"条下：琼云山"高耸干云，根蟠四十里"。

琼中县　1948年置，属广东省。治所在今海南省琼中黎族苗族自治县东中平镇南丘。1950年并入保亭县。1952年复置，治所在新市（今县东北红岛乡）。后迁乘坡（今县东南和平镇）。1959年迁治营根镇（今琼中黎族苗族自治县）。1987年改设琼中黎族苗族自治县。

琼巴堡　即今西藏琼结县。《新唐书·吐蕃传笺证》 引《吐蕃历史文书》云："霞基重回琼巴堡寨，继任父位为王。"

琼布拉克鲁　在今西藏丁青县西北甘岩乡东北额巴。为藏北三十九族之一。清《西藏图考》卷5："琼布拉克鲁族，百户一员，住牧鄂江地方。"

琼东县　1914年改会同县置，属广东琼崖道。治所在今海南省琼海市东北塔洋镇。1920年直属广东省。1950年迁治嘉积镇。1959年与乐会县合并，改设琼海县。

琼田延寿桥　在今福建惠安县东。《方舆纪要》卷99惠安县：琼田延寿桥"在县东五里。宋建为梁百二十九间，长二里许。自元以来增修，为县南诸溪汇流处，东出辋川入海"。

琼台（臺）山　在今浙江天台县北。晋孙绰《天台山赋》："双阙云竦以夹路，琼台中天而悬居。"即此。《方舆纪要》卷92天台县"天台山"条下：琼台山"在县西北三十里"。《徐霞客游记·游天台山日记(后)》："琼台之奇，在中悬绝壑，积翠四绕。"

琼台（臺）书院　在今海南省海口市琼山区（府城镇）内。《清一统志·琼州府》：琼台书院"在琼山县城内丁字街。康熙四十九年建”。该书院系为纪念海南明代名臣邱濬而建。清代为琼州（治今琼山市）最高学府，现为琼台师范学校校址。

琼台（臺）驿　明置，在今海南省海口市琼山区（府城镇）西北隅。《方舆纪要》卷105琼州府琼山县：琼台驿“在府西北隅土城外。自此而东，七十里为宾宰驿，又四十里为文昌驿，东达万州之路也。由琼台驿而西四十里，为澄迈县之西峰驿，又西七十里，为临高县之朱崖驿，为西南达儋、崖二州之道”。

琼华岛　又名琼岛。即今北京市北海公园南部琼华岛。金为御园的一部分。《金史·地理志》：“西园有瑶光台，又有琼华岛。”元、明称万寿山，亦名万岁山。元陶宗仪《南村辍耕录》卷21“宫阙制度”条：“万寿山在大内西北太液池之阳，金人名琼花岛。元世祖中统三年修缮之。至元八年赐今名。”山顶建有广寒殿。清顺治八年（1651），在广寒殿旧址建造喇嘛塔，改称白塔山。

琼州　唐贞观五年（631）析崖州置，治所在琼山县（今海南省海口市琼山区东南旧州镇）。十三年（639）废。寻复。天宝元年（742）改琼山郡，乾元元年（758）复为琼州。北宋熙宁四年（1071）移治今琼山区（府城镇）。辖境相当今海南省海口、琼海二市及定安、澄迈、临高等县地。元天历二年（1329）改为乾宁军民安抚司。明洪武元年（1368）改为琼州府，二年（1369）复为琼州，三年（1370）仍升为府。

琼州府　明洪武元年（1368）改乾宁军民安抚司置，属广东省。治所在琼山县（今海南省海口市琼山区）。二年（1369）降为琼州。三年（1370）复升为琼州府。辖境相当今海南省地。清光绪三十一年（1905）割今南部崖县、保亭、陵水、万宁、乐东、昌江、白沙、东方八县地置厓州，辖境缩小。1911年废。

琼江　即今重庆市铜梁县北之关溅河（安居河）。《明史·地理志》安居县：“东有安居溪，一名琼江，下流入涪江。”《方舆纪要》卷69安居县：安居溪“在县东。亦名琼江……相传曾有琼花浮水面而去”。

琼花观　西汉元延中建，在今江苏扬州市城外。以旧有琼花得名。唐改名唐昌观。北宋政和间改名蕃釐观。

琼岛　即琼华岛。在今北京市北海公园南部。

琼林苑　在今河南开封市西郊。北宋皇家园林。乾德二年（964）修建。遇放榜，设闻喜宴于此。南宋孟元老《东京梦华录》卷7：琼林苑“在顺天门大街，西北与金明池相对”。北宋末毁于兵燹。

琼岳宫　在今陕西华阴市西。《新唐书·地理志》华阴县：“西十八里有琼岳宫，故隋华阴宫，显庆三年更名。”《寰宇记》卷29华阴县：琼岳宫“隋大业四年置，本名敷水宫，五年改为华阴宫，义宁二年移宫置长监，贞观六年改为华阴宫，显庆三年为琼岳宫。今废”。

琼科　在今青海刚察县北。清张穆《蒙古游牧记》卷12前左翼头旗：“按前左翼头旗及西右翼前旗，皆驻牧在青海迤北琼科地方。《平番奏议》：青海迤北琼科地方，甚为宽广，足敷各旗驻牧。”

琼科尔结营　又作青科鉴、顷科杰。清乾隆年间置，在今西藏加查县北崔久乡。“琼科尔结”，藏语意为法轮王、大法轮。

琼结　一作垂佳普郎。即今西藏琼结县。清乾隆《卫藏通志》卷12作“琼结”。

琼结宗　即琼结。今西藏琼结县。

琼海市　1959年撤销琼海县，改设琼海市，市人民政府驻嘉积镇。属海南省。

琼海县　1959年由琼东、乐会、万宁三县合置，治今海南省琼海市嘉积镇。原属广东省，1988年划归海南省。1992年撤销，改设琼海市。

琼崖抗日根据地　在今海南省海南岛上。是抗日战争时期华南抗日根据地的一部分。1939年2月，日军侵入海南岛，原在当地的红军游击队和海南岛人民组成广东琼崖抗日自卫团独立队（后称琼崖纵队），开展游击战争，建立了琼崖抗日根据地。

琼崖道　1914年依前琼崖道置，属广东省。治琼山县（今海南省海口市琼山区）。辖境当今海南省。1920年废。

斑鸠关　在今陕西紫阳县南境，接四川城口县界。《清一统志·兴安府二》：斑鸠关“在紫阳县南一百五十里”。

斑鸠店　即今山东东平县西北斑鸠店镇。为唐卢国公程咬金的故乡。

斑斓山　亦名巴朗山、巴郎山。即今四川小金县东、汶川县西南交界之巴郎山。《清史稿·曹永周传》：乾隆三十六年（1771），随温福征大小金川，“永闾遒与阜和协游击宋元俊献三策：一自斑斓山探小金川，击其首”。

琰川县　唐贞观中置，属羁縻琰州。治所在今贵州贞丰县东南。后废。

琰州　①唐贞观四年（630）置，为羁縻州，属黔州都督府。治所在今贵州镇宁布依族苗族自治县南。后废。

②唐置，为羁縻州，属安化州都督府。当在今甘肃庆阳市境。后废。

琮州　唐置，为羁縻州，属安化州都督府。当在今甘肃庆阳市境。后废。

琯头　即今福建连江县南琯头镇。清《乾隆内府舆图》：连江县西南有琯头。

琯溪　即今福建平和县驻地小溪镇。清置琯溪巡司。1936年设琯溪镇。1949年平和县迁治于此。

瑯邪山　即琅邪山。在今山东胶南市西南琅琊镇东南十里。

瑯邪县　①即瑯邪县。在今山东胶南市西南琅琊镇。

②即琅邪县。在今广西宾阳县北十里新宾镇。

瑯邪郡　即琅邪郡。治所瑯邪县（在今山东胶南市西南琅琊镇）。

瑯峤山 即浪峤南屿。今台湾省南部屏东县恒春半岛。《清一统志·台湾府》：浪峤南屿“在凤山县南二百四十里。一名瑯峤山”。

琛航岛 在南海中中国西沙群岛西部永乐群岛内，位于晋卿岛西南1海里。中国渔民向称三脚、大三脚岛、三脚岛。清宣统元年（1909）李准巡海时以其随行军舰琛航号命名为琛航岛。

琚公岭 在今浙江江山市东南。《方舆纪要》卷93江山县：琚公岭在“县东南六十里。路通处州府遂昌、龙泉县”。

琵琶川 ①在今辽宁喀喇沁左翼蒙古族自治县南，为大凌河支流。《辽史·地理志》利州阜俗县：“唐末，契丹渐炽，役使奚人，迁居琵琶川，统和四年置县。”即此。

②在今四川盐源县南。《资治通鉴》：唐贞元七年（791），“勿邓酋长苴梦冲，潜通吐蕃，扇诱群蛮，隔绝云南使者。韦皋遣三部落总管苏崀将兵至琵琶川”。胡三省注：“琵琶川在嶲州西南徼外。”《方舆纪要》卷74盐井卫：琵琶川“在卫南”。

琵琶山 在今甘肃天祝藏族自治县东南。《元和志》卷39广武县：琵琶山“在县西北一百五十里。北凉沮渠蒙逊恃其强，阴谋图周，周乃拥众南保琵琶山，即此也”。《寰宇记》卷151广武县：其山“峻崄曲折，有似琵琶首”。故名。

琵琶谷口 在今湖北郧县东。《水经·沔水注》：“汉水又东径郧乡县故城南，谓之郧乡滩。……汉水又东径琵琶谷口，荆、益二州，分境于此，故谓之琵琶界也。”

琵琶沟 在今河南开封市南。《新唐书·李光颜传》：“李齐乱汴州，诏总军出讨，朝受命，暮即戎。翌日，拔尉氏，与汴人战琵琶沟。”《寰宇记》卷1开封县：“琵琶沟在县南一十里。西从中牟县界流入通济渠。隋炀帝欲幸江都，自大梁城西南凿渠引汴水入，即蒗荡渠也。《旧图经》云：形似琵琶，故名。”

琵琶峡 ①在今重庆市巫山县西。《方舆胜览》卷57夔州：琵琶峰“在巫山，对蜀江之南，形如琵琶。此乡妇女皆晓音律”。《方舆纪要》卷69巫山县：琵琶峡“在县治西。夹江两岸相对，亦曰琵琶峰”。

②在今青海门源回族自治县东南东川镇（孔家庄）以东大通河（浩门水）峡谷。《隋书·杨义臣传》：大业四年（608），“从征吐谷浑，令义臣屯琵琶峡，连营八十里，南接元寿，北连段文振，合围浑主于覆袁川”。

琵琶亭 在今江西九江市西长江东南岸。《寰宇记》卷111江州德化县：琵琶亭“在州西江边。白司马（白居易）送客湓浦口，夜闻邻舟琵琶声，问之，是长安娼女嫁于商人，乃为作《琵琶行》，因名亭”。唐元稹《琵琶亭》诗：“夜泊浔阳宿酒楼，琵琶亭畔荻花秋。”今仅存遗址。

琵琶洲 ①在今江西余干县城南信江中。《寰宇记》卷107饶州余干县：琵琶洲“盖江水回抱，积沙而成，状如琵琶焉”。《方舆纪要》卷85饶州府余干县：琵琶洲“在县治南水中，拥沙成洲，状如琵琶，因名”。

②在今广东广州市东南郊，珠江北派南岸。今名琶洲。《舆地纪胜》卷89广州：琵琶洲“在南海（县）东，以形似名”。《方舆纪要》卷101广州府南海县：琵琶洲在“府东南三十里江中，上有三阜，形如琵琶。闽浙舟楫入广者，多泊于此”。

③即枉渚。在今甘肃两当县南三十里。《方舆纪要》卷59两当县：琵琶洲“有渚迂回，谓之枉渚。其下流亦注于嘉陵江”。

琵琶峰 在今湖南湘潭县南。《方舆纪要》卷80湘潭县：琵琶峰“与南岳祝融峰相望，七十二峰之一也”。《清一统志·长沙府一》：琵琶峰“以形似名”。

琵琶铺 明置，属石阡府。即今贵州石阡县西枇杷铺。

琴川 ①在今江苏常熟市。宋宝祐《重修琴川志》卷1：琴川，“县治前后横港凡七，皆西受山水，东注运河如琴弦。今仅有一二通流，余皆堙塞。或云，五浦注江，亦若琴弦。或又云取言游弦歌之意”。

②即今江苏常熟市别称。宋宝祐《重修琴川志》卷1：常熟“又别名曰琴川”。

琴水 即今江西石城县东琴江。《方舆纪要》卷88赣州府石城县“灞水”条下：琴水“在县东。源出县东北鹰子冈，南流入灞水”。《清一统志·宁都州》：琴、灞二水，“琴水源出鹰子冈西南，流至灞口合为大溪，亦曰琴水江。环县城而西，会南来之长桥水、北来之古樟、陈坊诸水，入州界为白鹿水。又西寒溪、蜀田、团水，径黄口观，瑞林河自东南来会，又西至黄村入梅川”。

琴水桥 在今广西上林县东北。明万历中置巡司于此。

琴台（臺） ①在今浙江杭州市南南屏山。《清一统志·杭州府二》：琴台“怪石耸秀，上有石壁，刻米元章‘琴台’二大字”。

②在今山东单县东南一里旧城北。《寰宇记》卷14单父县：“琴台在县北一里，高三丈，即子贱弹琴之所。”

③唐开元中建，在今河南鲁山县旧城上。《寰宇记》卷8：“琴台，在县故子城东南墙上，广二百步。即唐开元中县令元德秀为令弹琴于此。”

琴台（臺）镇 北宋置，属相如县。在今四川南充市东北六十里罗家场东北秦台寺。

琴江 在今广东紫金县东南。《方舆纪要》卷103永安县：琴江“在县东。有二源，皆出县东九十里之琴岭，分为南北，合而为神江（琴江）。亦曰神冈水”。东北流为梅江。

琴岛 即小青岛。在今山东青岛市南青岛湾中。

琴泉山 在今山西沁源县东六里琴泉村。《清一统志·沁州》：琴泉山“在沁源县东六里，盘踞三十余里，前有灵泉，西流入沁河”。

琴亭水 即今江西永新县西琴水。《方舆纪要》卷87吉安府永新县：琴亭水“在县西七十里。水落入潭，声鸣如琴。自栗传镇合百丈洞水至西阳洞口，与圣业水合流入禾江”。

琴高山 在今安徽泾县东北二十里。《方舆纪要》卷28泾县：“柏山而南五里为琴高山，以晋处士琴高隐此而名。峭壁屹立，下临深渊。其上岩洞甚胜。”

琴溪 青弋江支流。在今安徽泾县东北。上源汀溪与漕溪合流，经琴高山下称琴溪，北至赤滩乡入青弋江。《舆地纪胜》卷19宁国府：琴溪“在泾县东北二十里。溪侧有石台”。

琴德山 在今贵州思南县西南三十五里。《清一统志·思南府》：琴德山“林木苍翠，洞壑幽胜”。

琴潭山 在今广西桂林市西六里。明曹学佺《广西名胜志》卷1临桂县：“琴潭山在城西六里。群山中有一小山，巨石林立，如锯解刃削，其下空洞成潭，水流琮琤，如琴筑声。前有小岩，虚广明洁。”《方舆纪要》卷107临桂县：琴潭山“川原平衍，群峰环抱，下为琴潭，以水流琮琤如琴声也，其水灌田数千顷”。

琶洲塔 在今广东广州市区东南琶洲。《舆地纪胜》卷89广州：琵琶洲“在南海（县）东，以形似名”。相传水中常有金鳌浮出，又名金鳌塔。明万历年间建，为八角形楼阁式砖塔。塔旁有《琶洲鼎建海鳌塔记》石牌。塔原立于珠江中洲渚的小山冈上，犹如中流砥柱。“琶洲砥柱”为清代羊城八景之一。

奣子桥 在今江苏太仓市十八里。《方舆纪要》卷24太仓州：奣子桥“元至元十六年，方国珍犯太仓，张士诚将吕珍守奣子桥，筑营浚濠。有叛者自古塘率寇西下，出珍不意，珍力战得免。今亦曰奣子铺”。

鼋山 即鼋头山。今江苏苏州市太湖中，洞庭西山东支。南宋范成大《吴郡志》卷15：“鼋头山，一名鼋山。在洞庭西山之东麓，有石闯出如鼋首，相传以名。”

鼋头山 在今江苏苏州市西南，洞庭山之支岭。南宋范成大《吴郡志》卷15：“鼋头山，一名鼋山。在洞庭山之东麓，有石闯出如鼋首，相传以名。一山皆青石，温润光莹，叩之琅琅有金玉声。浙西碑石与压砌缘池，皆取此石而出。”又引韦应物《鼋头山神女歌》云：“鼋头之山，直上洞庭连青天。”明洪武《苏州府志》卷2：鼋头山“山中产青石，徽宗朝采贡，故东南有花石纲”。

鼋头渚 在今江苏无锡市西南太湖之滨、南犊山西端。坐落在三面环水的半岛上，形如实入湖中的鼋头，故名。1918年开始建园，先后辟有横云小筑、郑园、退庐等。1933年版姚逸云编《京沪路旅行指南》载：“出蠡园，复鼓轮穿五里湖，而至鼋头渚，渚系太湖中一孤屿，形势诘奇，好事者因构亭榭，复莳花木，数年之间，踵事增华，便成为无锡名胜之一。渚形狭而长，其前云根卓，磊砢万状，湖波荡潏，若隐若现，渚外岛屿青青，若覆釜，若列戟，远近翕忽，与渚树相映发，景称奇绝。渚上有陶朱楼、横山小筑、长生馆、未央馆、花神庙、七十二峰山馆、小函谷等诸胜，登之可望太湖全景。”中华人民共和国成立之后又经精心构筑，缀连合并，成为中外著名游览胜地。

〔一丨〕

款龙溪 又名大龙溪。在今重庆市合川区东北三十余里，为渠江支流。《宋史·度宗纪》：南宋咸淳三年（1267），“张钰护合州春耕，战款龙溪”。即此。

款场铺 即今贵州三穗县东款场乡。旧属天柱县。《清一统志·镇远府》“县前铺”条下：又有“款场铺”等，“皆天柱县管理”。

款贡城 明万历五年（1577）筑。在今陕西榆林市北红山上。《清一统志·榆林府》：款贡城“在榆林县北红山上。中有镇北台、易马台，俱明万历五年巡抚涂宗濬砖筑”。

搽里八 元代西藏地名。《元史·百官志三·宣政院》载：乌思藏纳里速古鲁孙等三路宣慰使司都元帅府，其属附见有搽里八万户。《汉藏史集》（藏文版）载乌思藏十三万户中，搽里八（蔡巴）为乌思地区（前藏）六个万户之一。其治所在今拉萨市东菜公堂境。

搭拉站 又作塔拉、他拉站。清置，即今吉林敦化市东北搭拉站。《清一统志·吉林二》“额赫茂站”条下：“（鄂摩和索罗站）过此八十里有搭拉小站。”

提克德河 又作田地河。即今俄罗斯阿穆尔州西北，结雅河支流提格达河。源出西北兴安岭。清乾隆《钦定盛京通志》卷28：提克德河“索伦语，提克德，连阴雨也。（黑龙江）城东北一千四百里”。清屠寄《黑龙江舆地图说·黑龙江城》：乌尔河东南流百四十四里有克喇克河来会，“又东南流百里，有替克德河即田地河，东南流二百里来注之，又东南流，……注精奇里江”。

提罗卢和国 亦译作罗和异国。一般以为在今波斯湾内伊朗西部之阿巴丹附近。《新唐书·地理志》“广州通海夷道”：“又自提飓国西二十日行，经小国二十余，至提罗卢和国，一曰罗和异国，国人于海中立华表，夜则置炬其上，使舶人夜行不迷。”

提奚县 西汉置，属乐浪郡。治所在今朝鲜黄海北道瑞兴东南、开城西北一带。三国属带方郡。西晋后废。

提象门　为唐洛阳皇城西南禁苑内上阳宫的正门。在今河南洛阳市西洛水北岸。清徐松《唐两京城坊考》卷5东京：上阳宫“东面二门，南曰提象门，北曰星躔门”。

提溪　在今贵州江口县西。《方舆纪要》卷122铜仁府提溪司：提溪在“司西五里。源出滥泥山，引流而东，入于铜仁大江中。产砂金”。

提溪长官司　明洪武初改提溪等处长官司置，属思南宣慰司。治所在今贵州江口县西三十六里提溪司。永乐十二年（1414）改属铜仁府。清以后废。

提溪等处长官司　元置，属思州安抚司。治所在今贵州江口县西三十六里提溪司。明洪武初改为提溪长官司。

揖次县　即揟次县。在今甘肃古浪县西北。《晋书·地理志》作“揖次”。王仲荦《北周地理志》卷2谓“揟次”与“揖次”形似而讹。

揭东县　1991年置，治曲溪镇，属广东省揭阳市。2012年撤销揭东县，设立揭阳市揭东区，区政府驻曲溪街道金溪大道南侧1号。

揭阳山　又名揭岭、揭阳岭。今广东揭东、揭西县北莲花山东支。裴渊《广州记》列为五岭之一。《方舆纪要》卷103潮州府揭阳县：揭阳山在“县西北百五十里。形势岧峣，南北二支，直抵兴宁、海丰二县界。亦曰揭岭，秦始皇伐百越，命史禄转饷，禄留家揭岭，或以为即此山”。

揭阳县　①秦置，属南海郡。治所在今广东揭阳市西北。以在揭阳岭之南为名。西晋废。北宋宣和三年（1121）复置，属潮州。南宋绍兴二年（1132）又废。八年（1138）复置，移治玉窖村（今揭阳市）。元属潮州路。明属潮州府。民国初属广东潮循道。1920年直属广东省。1991年改设地级揭阳市。

②三国吴嘉禾五年（236）分鄂都县置，属庐陵郡。治所在今江西石城县西。西晋太康五年（284）改为陂阳县。

揭阳岭　即揭阳山，又作揭杨。今广东揭东、揭西县北莲花山东支。《元丰九域志》卷9：循州兴宁县“有揭阳山”。裴渊《广州记》作“揭杨”，列为五岭之一。

揭岭　即揭阳岭。今广东揭东、揭西县北莲花山东支。《明史·地理志》揭阳县：“西北有揭岭。”《方舆纪要》卷103揭阳县：揭阳岭在“县西北百五十里。……亦曰揭岭”。

揭职国　在今阿富汗西北。唐玄奘《大唐西域记》卷1：揭职国“东西五百余里，南北三百余里。国大都城周四五里。……东南入大雪山”。

揭揭察哈泽　在今蒙古国西南车车尔勒格东北。《元史·太宗纪》：九年（1237）春，“猎于揭揭察哈之泽”。

揣骨疃堡　即今河北阳原县东南二十里揣骨疃镇。清乾隆《宣化府志》卷10西宁县：南路有揣骨疃。同治《畿辅通志》卷52西宁县图：东南有揣骨疃。

插汉城　在今内蒙古巴林右旗北境索博日嘎镇。辽庆州古城在此。《清一统志·巴林》：庆州旧城“此城在喀喇木伦河旁，蒙古名插汉城，周五里余。喀喇木河即黑河。黑山在其东北三十里”。

插汉峰　一名察罕哈达山。即今青海省青海湖中之海西山。《清一统志·青海厄鲁特》：插汉峰“在青海中，近西岸，与魁孙拖罗海山东西对峙，其峰卑小，多土少石”。

插汉脑儿　即长水海子。今内蒙古阿巴嘎旗南查干诺尔。明《蓟镇边防》：“插汉脑儿即白海子，在宣府大青山后，宣边相去尚有六百余里。此处原有长水海子、苦水海子二处，夷人因长水海子四望平沙，遂名插汉脑儿。”

插花庙　即今安徽阜阳市东三十五里插花镇。清置铺。

插花峰　在今湖南常宁市东三十五里。《方舆纪要》卷80常宁县：插花峰“有八峰列戟，如簪花之状”。

插苏　即今内蒙古土默特左旗驻地察素齐镇。清范昭逵《从西纪略》三：康熙五十八年（1719）六月，“十四日蚤行，三十里至插苏扎营。插苏，犹华言纸也。亦元时造写经纸于此者”。

插岭关　明嘉靖二十八年（1549）建，在今江西萍乡市西六十里。清时曾设插岭关镇于此。后废。

插箭岭　即今河北涞源县南三十里插箭岭。《方舆纪要》卷44广昌县：插箭岭，“相传宋将杨彦郎曾插箭其上，亦曰插箭峪。明嘉靖三十二年蒙古俺答犯大同，趣紫荆关，攻插箭、浮图等峪。”即此。清设守备驻此。

揪林寨　亦作秋林寨。唐置，属郪县。即今四川三台县东五十里秋林镇。《新五代史·前蜀世家》：唐乾宁二年（895），王建将“（王）宗涤败（顾）彦晖于揪林，斩其将罗璋，遂围梓州”。北宋改置秋林镇。明于此置秋林驿。

搜楞尼岛　又作蒐楞吉。即今俄罗斯滨海边疆区东南大彼得湾中之阿斯科尔特岛。清光绪《吉林通志》卷19：蒐楞吉岛在“珲春东南，距吉林城二千里”。

握桥　即卧桥。在今甘肃兰州市旧城西门外。横跨阿干水（今雷坛河）上。光绪《皋兰县志》卷11：“卧（一作握）桥，一名三公桥，又名西津桥。”

揟次县　西汉置，属武威郡。治所在今甘肃古浪县西北。十六国后凉属昌松郡。《晋书·吕光载记》：东晋太元十一年（386），魏安人焦松等起兵迎前凉张天锡子“大豫于揟次，陷昌松郡”。即此。北周省入昌松县。《三国志·魏书·张既传》作“且次”。《晋书·地理志》作“揖次”。王仲荦《北周地理志》卷2：“盖且次、揟次音近，而揟次、揖次形似而讹。”

塔八辛 即今伊朗克尔曼东北塔巴辛。《元史·地理志·西北地附录》有“塔八辛”。

塔儿八合你驿 即今新疆塔城市。元代为察合台汗国属地。《元史·世祖纪》：至元十九年（1282）三月戊子，“立塔儿八合你驿，以乌蒙阿谋岁输骒马给之”。

塔儿冈 在今湖北广水市北三里。《方舆纪要》卷77应山县：塔尔冈“在县北三里。又有望城冈在县东五里。嘉靖中县令王朝璲议云，城外四山环绕，塔儿冈、杨通冈、应台山等处尤高平近县，登之可窥城中虚实是也”。

塔儿河 即它漏河。今内蒙古科尔沁右翼前旗境之洮儿河。

塔儿河卫 明永乐、宣德年间（1403—1435）置，属奴儿干都司。在今吉林镇赉县东南洮儿河流域。后废。

塔下堡 在今广东龙川县北。《方舆纪要》卷103惠州龙川县：塔下堡“在县西北，水道出江西安定、安远二县界。又有浊溪、高涧诸处，旧皆为哨守处”。

塔山 ①即今辽宁葫芦岛市东北塔山乡。清乾隆《钦定盛京通志》卷26锦县：塔山在“城西南六十里。明置塔山千户所于此”。后金崇德七年（1642），在此发生攻明军之塔山城之战。1948年辽沈战役，塔山阻击战发生于此。

②一名黄泥山。在今江苏南通市南狼山之西，与狼山相接。其上有塔。《寰宇记》卷130通州静海县：浪山与军山、塔山、马鞍山、刀刃山“并在江海之际”。

③在今浙江德清县西北，系莫干山主峰。海拔719米。五代晋天福二年（937）曾建塔于山上，故名。

④在今浙江奉化市东塔头村。《方舆纪要》卷92奉化县：塔山巡司“在县东百里。宋为田下寨。元曰田下巡司。明初改今名”。清末废。

⑤即今山东潍坊市东南四十里溉源山。古名覆甑山。《水经·巨洋水注》：溉水“出桑犊亭东覆甑山，亭故高密郡治，世谓之故郡城。山谓之塔山”。《寰宇记》卷18潍州北海县：溉源山“山形如塔”。故名。唐天宝六年（747）改名溉源山。

⑥在今山东嘉祥县南二十里。《方舆纪要》卷33嘉祥县：“《志》云，邑境之山九十九，惟塔山为最高。”

⑦在今河南卢氏县东北二十里。《方舆纪要》卷48卢氏县：塔山“旧有浮图，因名。上有太平寨，四壁陡绝，昔人避兵于此”。

⑧在今湖北罗田县东。《方舆纪要》卷76罗田县：塔山在“县东五里。层峦崇峻”。

⑨在今湖南常宁市西南。《方舆纪要》卷80常宁县“英头山”条下：塔山“山腰有白石七级，高七十余丈”。

⑩在今贵州安顺市南。清康熙《贵州通志》卷6：“元泰定二年建塔其上，常有白光自塔顶出。山多树木，四时青葱。郡中胜概。”

⑪在今青海湟中县（鲁沙尔镇）西南隅。中有塔尔寺。民国许公武《青海志略》第七章：塔尔寺“在西宁县西南五十里塔山中”。

塔山卫 明永乐四年（1406）置，属奴儿干都司。在今黑龙江省哈尔滨市呼兰区及巴彦县一带。后废。

塔山左卫 又作塔山前卫。明正统十一年（1446）置，属奴儿干都司。治所不详。辖今吉林松原市、农安县及前郭尔罗斯蒙古族自治县地。后废。

塔山所 即宁远中左千户所。在今辽宁葫芦岛市东北塔山乡。《方舆纪要》卷37宁远卫：塔山所“在卫东五十里。宣德三年别置中左千户所于此，属宁远卫。所城周三里有奇，嘉靖三年修筑”。为明与后金争夺之要地，后金崇德七年（1642），夺取明之锦州，乘胜取塔山，毁其城。

塔山铺 明置，即今辽宁海城市西南三十里他山铺。

塔山堡 ①明置，属广宁前屯卫。即今辽宁绥中县东南塔山屯镇。《方舆纪要》卷37广宁前屯卫：塔山堡在“卫东南六十里”。

②明置，属义州卫。在今辽宁义县东南。《方舆纪要》卷37义州卫：塔山堡在“卫东南六十里。其相近者又有塔山南堡、塔山北堡”。

塔门汛 清置，属大鹏营。在今香港九龙东北塔门洲。有把总驻防。

塔子沟厅 清乾隆三年（1738）置，属直隶承德府。治所在塔子沟（今辽宁凌源市）。四十三年（1778）改为建昌县。

塔子城 即今黑龙江省泰来县西北塔子城镇。清末《黑龙江全界地图》：武兴县西有塔子城。民国《黑龙江志稿》泰来县图：县西北有塔子城屯。

塔子桥 即今河北曲周县西南十六里塔寺桥村。清同治《畿辅通志》卷51曲周县图：西南有塔子桥。

塔水桥镇 又作塔水坝。即今四川安县（花荄镇）西南塔水镇。清嘉庆《安县志》卷11：塔水坝“属彰明县者十之六，系插花地，非连界也。城南五十里”。

塔什巴里克 即今新疆疏附县西南塔什米里克乡。《清一统志·喀什噶尔》：塔什巴里克“在喀什噶尔城东南一百四十里，雅璊雅尔河东南”。清徐松《西域水道记》卷1：图巴里克河“又东流六十里径伊勒古楚卡伦北，又东流数里径塔什巴里克庄。回语：鱼曰巴里克，近河故有渔矶。一作塔什密里克”。

塔什库尔干 又名塞尔库勒、色勒库尔、塞勒库勒、塔什霍尔罕。即今新疆塔什库尔干塔吉克自治县。清宣统《新疆图志》卷4：蒲犁，“塔什霍尔干，附城”。光绪二十八年（1902）置蒲犁厅于此。1954年改为塔什库尔干塔吉克自治县。“塔什库尔干”为突厥语，“塔什”意为“石头”，“库尔干”即“城堡”。塔什库尔干意即“石头城堡”。

塔什密里克 即塔什巴里克。在今新疆疏附县南塔什米力克乡。清道光《新疆识略》卷3喀什噶尔：塔什密里克在“城西南一百五十里”。

塔石 在今江西信丰县西南。《方舆纪要》卷88赣州府信丰县：塔石“在县西南二百里。前有石砦二，大可容数百人，小容百人，亦昔时避兵处”。

塔布 即塔波。西藏古地名。在今加查、朗县等县境。

塔甲渡 在今四川会理县西南。《明史·地理志》会川卫：“南有塔甲渡巡检司。”《方舆纪要》卷74会川卫“松坪关”条下：“（黎溪）驿东去七墩堡十五里，又八十里为塔甲渡巡司，又四十里为松坪关。”

塔失八里站 一作塔失城站。元置，在今新疆伊吾县东南。明废。

塔失罕 清初为右部哈萨克属城。即今乌兹别克斯坦首都塔什干。嘉庆十四年（1809）为浩罕属城。

塔尔分河 即今俄罗斯滨海边疆区东北东流入海之塔杜施河。清光绪《吉林通志》卷23：塔尔芬河“在外富金河北，东入海”。

塔尔巴什 在今新疆阿克陶县南。清宣统《新疆图志》卷4蒲犁：塔尔巴什（庄）在“城东一百六十里”。

塔尔巴什驿 清光绪二十八年（1902）置，在今新疆阿克陶县南。

塔尔巴哈台（臺） 清新疆政区。乾隆二十二年（1757）平定准噶尔叛乱后，在伊克明阿特部游牧地置，驻雅尔（今哈萨克斯坦塞米巴拉金斯克州东南乌尔贾尔）。二十八年（1763）建城，称肇丰城，设参赞大臣管辖。三十年（1765）移参赞大臣驻楚呼楚（今新疆塔城市），三十二年（1767）筑城，称绥靖城。与伊犁、乌鲁木齐同为天山北路三大军政重镇，辖境东至乌伦古河、古尔班通古特沙漠，西至哈萨克斯坦乌斯季卡缅诺尔戈斯克之额尔齐斯河，南至阿亚古斯河、巴尔喀什湖北端及勒布什河。道光二十年（1840）以后，沙皇俄国逐渐入侵，占领中国广大地区，同治九年（1870）通过不平等的《塔尔巴哈台界约》，强迫清政府割让今塔城、阿勒泰以西边界以外的大片土地。

塔尔巴哈台（臺）山 在今新疆塔城市北、哈萨克斯坦东北。清乾隆《西域图志》卷22：塔尔巴哈台鄂拉“为准境北屏。山有特里特额达巴，尤称险隘”。

塔尔巴哈台（臺）厅 清光绪十四年（1888）置，属新疆省。治所即今新疆塔城市。辖境相当今新疆塔城、额敏、裕民、托里等市县地。1913年改塔城县。

塔尔巴哈台（臺）城 旧名楚呼楚、绥靖城。一名塔城。又称挞拉巴哈台。即今新疆塔城市。因清新疆政区塔尔巴哈台驻此而名。清乾隆三十年（1765）在此驻参赞大臣，称楚呼楚。三十二年（1767）筑城，称绥靖城。同治九年（1870）中俄在此签订《塔尔巴哈台界约》。光绪九年（1883）签订《中俄塔尔巴哈台西南界约》等条约。十四年（1888）改设塔尔巴哈台厅。

塔尔巴哈河 即今哈萨克斯坦东北部斋桑泊东北哈雅尔巴斯河。清徐松《西域水道记》卷5：“额尔齐斯河西北流八十余里，塔尔巴哈台河西南流折而东南，又南经玛呢图噶图勒卡伦东入额尔齐斯河。每岁冬，科布多置玛呢图噶图勒卡伦于河北，塔尔巴哈台置玛呢图噶图勒罕卡伦于河南，交守望焉。”

塔尔布古尔 明代亦力把里属地。在今新疆轮台县。

塔尔寺 又名梵宗寺、法海寺。藏语称“衮本”，意为“十万佛像”。在今青海湟中县（鲁沙尔镇）西南隅塔山中。明嘉靖三十九年（1560）创建，是黄教始祖宗喀巴降生之地。因内有纪念宗喀巴的大银塔而得名。为格鲁派六大寺院之一。寺院规模宏大，依山势建筑，由大小金瓦寺、大经寺、小花寺、大厨房、九间殿、大拉浪、如意宝塔、太平塔、过门塔、菩提塔等组成，是完整的藏汉结合的建筑群。寺藏文物丰富，有经卷，塑、铸绘画和堆绣的佛像，金、银、铜灯，珍贵法器、古瓶、象牙等。壁画、堆绣、酥油塑被称为塔尔寺“三绝”。1961年定为全国重点文物保护单位。

塔尔齐山 在今新疆拜城县西北一百六十里。清宣统《新疆图志》卷60：塔尔齐山“其上多铁。有水焉，南流入于木札拉提河”。

塔尔浑河 即今内蒙古达尔罕茂明安联合旗东南特尔洪河，为艾不盖河东源。清张穆《蒙古游牧记》卷5喀尔喀右翼部：“塔尔浑河，旧作他鲁浑。源出旗西南三十里之辱孤山东北平地，北流会爱布哈河，又东北出边，潴为阿勒坦托辉泊。”清为喀尔喀右翼旗驻地。

塔尔郭达固 又作塔尔巴干达呼山。在今俄罗斯境博尔集亚东南，为中俄边界。《清史稿·地理志》胪滨府：“旧设中、俄国界鄂博六”，塔尔郭达固为其中之一。民国《黑龙江志稿》卷4《地理志·山川》胪滨县：塔尔巴干达呼山“蒙古语，塔尔巴干，旱獭也；达呼，斗篷也。在县北百一十八里”。

塔尔湖 本五原县地，即今内蒙古五原县西塔尔湖镇。1942年于此置晏江设治局，1946年改设晏江县。1953年改设达拉特后旗。1958年撤销达拉特后旗，并入五原县。

塔市 即今湖南华容县东北六十六里塔市驿镇。明、清置巡司于此。

塔出河 今蒙古国前杭爱省塔沁河。《明英宗实录》：正统九年（1444）九月，“得蒙古降人言，也先住于堆·塔出晃忽槐地，拟分兵南侵”。

塔耳埠　亦作塔儿埠。即今山东昌邑市东南百里塔耳堡镇。以山得名。清乾隆《昌邑县志》卷2有塔儿埠会。1983年设塔耳堡镇。

塔西河　即今新疆玛纳斯县东南塔西河哈萨克族乡。清《林则徐日记》（清道光二十二年十月二十日）：塔西河，“此地居民甚盛，闽中漳、泉人在此耕种者数百家，皆遣犯子嗣，近来闽、粤发遣之人亦多分配于此”。

塔屿　即今福建东山县之塔屿。与东山隔海相望。山顶有石塔，故名。明黄道周读书于此。

塔米尔河　即今蒙古国后杭爱省的塔米尔河。源出杭爱山，其北源为霍伊图塔米尔河，南源为乌尔图塔米尔河，东北流合为一河，入于鄂尔浑河。《清一统志·喀尔喀》：塔米尔河“有东西二河：一源出鄂尔坤河源西杭爱山北，一源出杭爱山西枯库岭北。两源相距二百里许，皆东北流，会十数泉，历二百余里合为一，又百余里入鄂尔坤河”。

塔坊村　即今安徽祁门县西南三十里塔坊乡。明万历《祁门县志》卷4《乡市》有塔坊村。

塔克　在今新疆于田县南。《清一统志·和阗》：塔克村“在克勒底雅城南山内，三百五十里”。清祁韵士《西陲要略》卷2：塔克“在克里雅南一百二十里。由和阗至塔克四百里，又至所属伊玛木拉四百七十里。《回疆通志》言，准噶尔策妄阿拉布坦时遣大策凌敦多卜扰藏，道由此入”。

塔克拉玛干沙漠　在今新疆维吾尔自治区南部，塔里木盆地中部。在二千多年前的汉代前后已形成，最迟在19世纪末已为西方人所熟知。今面积33.76平方公里，为我国最大的沙漠。据冯承钧《西域地名》说：“塔克拉玛干，突厥语沙海，以名新疆大戈壁者也。”

塔克提音噶珊　亦作他可亭、塔克题音。在今俄罗斯哈巴罗夫斯克边疆区东北黑龙江下游南岸塔巴赫附近。清初属宁古塔将军辖境。康熙《皇舆全览图》：黑龙江下游南岸有“他可亭噶山”。光绪《吉林通志》卷17：混同江南岸，东至海滨旧设噶珊有“塔克提音”。咸丰年间通过不平等的中俄《北京条约》被俄割占。

塔克博拉索勒宗　即拉巴随城。今西藏加查县西拉绥乡。清乾隆《西域同文志》卷18：“西番（藏）语：塔克博，旧地名。拉谓佛。索勒，供养也。于塔克博之固鲁布汗供佛处建城，故名。”

塔里干　即塔里寒。今阿富汗西北迈马纳西南。《元史·地理志·西北地附录》有“塔里干”。

塔里木　即今新疆沙雅县东南塔里木乡。清乾隆《西域图志》卷15沙雅尔：塔里木“在沙雅尔城南，南临大河”。

塔里木河　在今新疆塔里木盆地北部。上游有叶尔羌河、和田河和阿克苏河，在阿瓦提县东汇合后，称塔里木河，全长2179公里。为我国最长的内陆河。清乾隆《西域图志》卷28：塔里木郭勒“在阿克苏东南三百里。西域大川，源出葱岭者二，喀什噶尔达里雅、叶尔羌谔斯腾，皆东流；出南山者一，和阗达里雅，北流；出北山者一，阿克苏郭勒，南流；咸会于此。合而东流六百余里，统名塔里木郭勒。又东入额尔勾郭勒，又东入罗布淖尔”。“塔里木”，《突厥语大辞典》释为突厥语，意为“注入湖泊和沙漠的支流”。

塔里寒　亦作塔里干。在今阿富汗西北迈马纳西南。《元史·太祖纪》：十七年（1222），皇子拖雷“遂与帝会，合兵攻塔里寒寨，拔之”。元代为察合台汗国属地。

塔甸　即今吉林长白朝鲜族自治县。《清史稿·地理志》长白府：“光绪三十三年，分临江县及古林长白山北麓地，设治塔甸，置府。……府治居十八道、十九道沟间。唐灭高丽，用兵于此。”

塔沟县　1914年改建昌县置，属热河道。治所在塔子沟（今辽宁凌源市）。旋改为凌源县。

塔陂　在今陕西西安市长安区西上塔坡村。《方舆纪要》卷53西安府：塔陂“在府南二十里韦曲之西。地有浮图，产稻极美，土人谓之塔陂米”。

塔坪寺　在今重庆市北北碚区静观镇塔坪寺。南宋绍兴中建。寺内有石塔七层，高十余丈。为重庆著名古寺庙。

塔拉布拉克　即平地泉。清康熙三十一年（1692）所设驿站，在今内蒙古察哈尔右翼前旗北平地泉镇。

塔拉尔站　又作塔哈尔。清康熙二十四年（1685）置，在今黑龙江省富裕县西南塔哈满族达斡尔族乡。《清一统志·黑龙江》“布克依站”条下：“齐齐哈尔东北至墨尔根、黑龙江站道，六十里至塔拉尔站。”后废。

塔拉斯　即怛罗斯。在今哈萨克斯坦江尔布。因河得名。《清一统志·伊犁》：怛逻斯城“在塔拉斯河上游四百里。……则怛逻斯即塔拉斯，音以相近而变之”。初为厄鲁特牧地，清平定准噶尔后立有满文石碣，记载平准过程。属伊犁西路。后为哈萨克、布鲁特（今柯尔克孜）牧地。同治三年（1864）沙皇俄国强迫清政府签订《中俄勘分西北界约记》后，割让给沙俄。

塔拉斯河　即今吉尔吉斯斯坦西部、哈萨克斯坦南部之塔拉斯河。《清一统志·伊犁》：塔拉斯河“在伊犁西北，吹河西南三百余里。源出天山北额得墨克岭，初分四水，北行三十余里，合流北注，东西汇入之河凡十余道，支河交会之处，经流二百余里，为塔拉斯河上流。又名乌鲁穆玛拉尔河。支河交会后，西行三百里之间，又名察拉哈雅河。由是折西行二百里为小海，周回三百里，总名塔拉斯河”。《清高宗实录》卷690：乾隆二十八年（1763）七月，“著传谕明瑞等，酌派人员，率同熟谙地理之厄鲁特，前往吹、塔拉斯、阿勒和硕、沙喇伯勒等处巡查”。

塔拉噶尔　在今哈萨克斯坦阿拉木图市塔尔加尔。清乾隆《西域图志》卷13伊犁西路：塔拉噶尔“在伊犁郭勒南，阿里玛图东四十里，逾一支河至其地。地有三泉”。

塔拉噶尔河 在今哈萨克斯坦阿拉木图东北。清徐松《西域水道记》卷4：“塔尔噶尔水发源，东北流百六十余里有伊西克图水由南来汇，同北流百三十里入伊犁河。”

塔林 在今河南登封市西北嵩山少林寺西侧。为历代少林寺高僧墓地。现存唐至清砖石墓二百二十余座，造型各异，是古代砖石建筑和塔雕艺术宝库。

塔虎城 又称他虎城。在今吉林前郭尔罗斯蒙古族自治县西北一百里八郎镇上台子北，西北距大安市城二十里。辽为长春州治所。“塔虎”，蒙古语意为“胖头”，因城周围泡沼过去盛产胖头鱼而得名。古城平面呈正方形，城墙周长5213米。墙体夯筑，高5—6.5米，每面墙上有十六个半圆形马面，四角有圆形角楼。城四面各有一门，均有半圆形瓮城。城墙外有两道护城河，城内西北角有大型建筑基址，长、宽各60米，东、北部有大面积居住址。城址外东北角保存有夯土台，直径35米，高约5米。古城出土文物有石、陶、玉、铜、铁等器具多种，并有大量建筑构件。其中瓷器包含了定窑、钧窑、龙泉窑、磁州窑等不同窑系器物，也有北方系统的辽三彩、长颈瓶、鸡腿瓶等。这一带也是辽、金皇帝“春猎”（“春捺钵”）必到之地。2001年定为全国重点文物保护单位。

塔岭 ①在今浙江桐庐县西，接淳安县界。宋《淳熙严州图经》卷3淳安县：县境“东北到分水县界八十六里，以塔岭为界”。

②在今广东始兴县西。《方舆纪要》卷102始兴县：塔岭“在县西十里。巍然耸峙，上有浮图”。

塔波 西藏古地区名。在今加查、朗县一带。亦作塔布。与工布（在今林芝、工布江达县一带）合称为塔工地区。公元1121年尼氏家族塔波拉结在塔拉冈波建寺，与同年琼波氏家族南交在南木林的香地区所建之寺，为藏传佛教噶举教派（白教）的塔波噶举、香巴噶举两大祖寺，明代中叶香巴噶举逐渐式微并融入塔波噶举派，塔波噶举及其下分的众多支派遂成为噶举教派的传承体系。

塔城 ①即今云南丽江市玉龙纳西族自治县西北塔城乡。清雍正七年（1729）置塔城土把总。

②即塔尔巴哈台城。今新疆塔城市。《清史稿·地理志》塔尔巴哈台直隶厅：“塔城左翼副都统、参赞大臣、领队大臣、副将驻。”

塔城市 1984年撤销塔城县，改设塔城市，市人民政府驻文化路。属新疆塔城地区，为地区行政公署驻地。

塔城关 即古雪山门关。在今云南维西傈僳族自治县东北其宗东南五里。《清一统志·丽江府》：金沙江“入府境西北边界之塔城关东，又东南经巨甸汛东”。

塔城县 1913年改塔尔巴哈台厅置，为新疆塔城道治。治所即今新疆塔城市。清乾隆《西域同文志》卷4：塔尔巴噶台，“准语塔尔巴噶，獭也。其地多獭，故名”。1930年为塔城行政区治，后直属新疆省。1984年改设塔城市。

塔城道 1916年由伊犁道的塔城和迪化道的沙湾、乌苏二县置，属新疆省。治塔城县（今新疆塔城市）。辖境约当今新疆塔城地区及克拉玛依、石河子、屯奎三市。1928年废。

塔剌寺城 亦作塔剌思、塔剌什、塔拉斯。在今哈萨克斯坦南部江布尔。元刘郁《西使记》：“二十八日过塔剌寺。”即此。元为察合台国属地。

塔剌思城 即塔剌寺城。在今哈萨克斯坦南部江布尔。元耶律楚材《西游录》上：“又西数百里有塔剌思城。”即此。

塔哈卫 明置，属奴儿干都司。在今黑龙江省呼玛县西呼玛河支流塔河流域。后废。

塔亭卫 明永乐十年（1412）置，属奴儿干都司。治所在今俄罗斯哈巴罗夫斯克边疆区黑龙江下游右岸塔巴赫附近。后废。

塔院寺 在今山西五台县东北五台山台怀镇显通寺南侧。原是显通寺的塔院，明代重修舍利塔时独立为寺，改用今名。寺内主要建筑有大雄宝殿和藏经阁，舍利塔居中。高大的白塔分外引人注目，人们把它看作五台山的标志。

塔桥寨 即今河南上蔡县东三十八里塔桥乡。清尹耕云《豫军纪略》卷11：同治四年（1865）七月，赖汶光“乘势攻破上蔡之洙湖里寨、塔桥寨、洪桥寨”。

塔海万户府 元置，属水达达路。治所在忽帖罕站（今黑龙江省通河县东北大古洞村）。辖境约当今松花江北支流大小古洞河流域一带。后废。

塔埠头 在今山东胶州市东南二十里，当胶莱南河入口之处。胶澳开港以前，为胶东货物出入中心。自青岛兴起，遽形衰落。

塔勒纳沁 即今新疆哈密市东北沁城乡。清乾隆《西域图志》卷9：塔勒纳沁“在哈密城东北二百二十里。土城一，有屯田”。

塔勒奇山 在今新疆霍城县东北。清乾隆《西域图志》卷22：塔勒奇鄂拉“在博布尔噶苏西北，山形迤逦，西南相属。库色木苏克郭勒发源西麓，塔勒奇郭勒发源南麓”。为伊犁北境门户。《清一统志·伊犁》：塔勒奇山“在伊犁北。谷长七十里。……乾隆二十年，北路大军由波罗塔拉越此山之阴进剿，岭险峻如关，谷中林木茂盛，俗呼为果子沟”。

塔勒奇阿璊台 一名头台。在今新疆霍城县东北果子沟口北。清祁韵士《西陲要略》卷1：“乌哈尔里克台东北八十里至塔尔奇阿满台。”

塔勒奇城 清乾隆二十六年（1761）建。为伊犁九城之一。在今新疆霍城县西十里塔尔吉，设守备驻守。清祁韵士《西陲要略》卷2：塔勒奇城“即以山名名之”。

塔勒哈站 又作塔尔哈。清康熙二十五年（1686）置，在今黑龙江省杜尔伯特蒙古族自治县南他拉哈镇。《清一统志·黑龙江》“布克依站”条下：“多鼐站，又七十五里至塔勒哈站。”

塔勒塔得　在今新疆和田县南铁龙滩一带。清宣统《新疆图志》卷9：塔勒塔得“柴草俱缺”。

塔营子　即今辽宁阜新蒙古族自治县东北八十里塔营子乡。村北古城址，为辽、金、元懿州古城址。

塔密儿河　亦作塔米儿河。今蒙古国后杭爱省鄂尔浑河上游支流塔米尔河。《元史·太宗纪》：二年（1230）春，“帝与拖雷猎于斡儿寒河。……夏，避暑于塔密儿河”。又作忽尔班达弥尔河（见欧阳玄《圭斋集》卷11《高昌偰氏家传》）。因由三条小河汇成，故名。

塔塔玛山　在今俄罗斯萨哈林岛（库页岛）东海岸北部。清光绪《吉林通志》卷19：塔他玛山“在库页岛，距吉林城东北四千四百五十里”。塔塔玛河发源于此。

塔塔玛河　又作他他马河、塔他玛河。在今俄罗斯萨哈林岛（库页岛）北部。清康熙《皇舆全览图》：库页岛东海岸有“他他马河”。光绪《吉林通志》卷23库页岛之水：“塔他玛河，出塔塔玛山东麓，东流入海。其西即库页人等所居。”

塔提朗　即今新疆且末县东北塔提让乡。清宣统《新疆图志》卷67：卡墙河“又东经古且末国南，又东经塔提朗”。

塔鲁木卫　亦作塔木鲁卫。明永乐四年（1406）置，属奴儿干都司。治所在今辽宁开原市东。辖境相当今辽宁开原市东小清河至达奇木鲁山地区。后废。

塔鲁站　元置，在今吉林大安市西北洮儿河南。明改为洮儿河站。

塔温搭里哈遗址　在今青海都兰县西南宗加镇南。面积20万平方米。遗址中部地形开阔，外围有数个大小山包，山包边建有房址，平面方形或圆形，土坯墙，存有木质建筑构件。房址周围有土坯砌筑的围栏，内堆大量羊粪。这是青海柴达木盆地青铜时代典型的文化遗址，属诺木洪文化，对研究甘青地区青铜时代文化、聚落形态及环境变迁有重要价值。2001年定为全国重点文物保护单位。

塔楚河　在清外蒙古赛因诺颜部境。即今蒙古国前杭爱省的塔沁河。《清一统志·乌里雅苏台》：塔楚河“源出赛因诺颜旗，数水合南流，潴为锡拉布里都泊”。

塔墩巴什　一作塔克墩巴什。清光绪年间所置帕米尔八卡之一。在今新疆塔什库尔干塔吉克自治县南。宣统《新疆图志》卷9：“由和家克巴依卡向西南进山口一带为塔墩巴什、《洪图》塔克墩巴什。布回二十五户游牧其间，沿河草极盛。”

塔噶尔齐　即今新疆莎车县北塔尕尔其乡。《清一统志·叶尔羌》：塔噶尔齐“在叶尔羌城东北二十里”。

塔影湖　①在今江苏盱眙县北洪泽湖范围内。《方舆纪要》卷21泗州：“塔影湖在州西北四十里。以湖东龟山寺塔影倒入湖中而名。”

②在今安徽泗县东南。《清一统志·泗州》：塔影湖“湖东有龟山寺塔，日照塔影入湖，故名。长六十里。阔五十里。北通溧河，东连洪泽”。

塔懒主城　辽大康九年（1083）置，为边防城之一。在今蒙古国温都尔汗之西。《辽史·地理志》：“塔懒主城在胪朐河（今克鲁伦河）。”金废。

堙阳县　北魏太和十三年（489）析颍阳县置，属洛州。治所在今河南登封市西南颍阳西。东魏天平初为中川郡治。北周徙治废颍阳城（今河南登封市西颍阳镇）。隋开皇六年（586）改为武林县。

堿厂　即碱厂。今辽宁本溪自治县东碱厂镇。

堰下市　一名燕厦镇。即今湖北通山县东六十六里燕厦镇。旧属兴国州。清光绪《湖北全省分图》：兴国州西南有堰下市。

堰口集　即今安徽寿县南堰口镇。清乾隆《寿州志》卷1南乡《市集》：堰口集“离城五十里”。

堰水　在今广西天等县东北。《方舆纪要》卷110结安州：堰水“在州（治今结安）西南。或曰即洞水也。自都结州流入境，土人堰水以溉田，因名堰水。南流入茗盈州”。

堰头圩镇　即今江苏新沂市西南四十二里堰头村。旧属宿迁县。明万历《宿迁县志》卷2：堰头镇“去治西北七十里”。1949年划归新安县（后改新沂县，又改设新沂市）。

堰头岭　在今陕西石泉县东南五里汉江南岸。《方舆纪要》卷56石泉县：堰头岭“下有滩，曰堰滩”。

堰头镇　即泺口。在今山东济南市东北二十里洛口集。明置堰头镇巡司。《方舆纪要》卷31历城县载：堰头镇“即泺水入大清河处，筑堰以分其流，因曰堰头”。

堰江堡　北宋置，属天河县。在今广西罗城仫佬族自治县西南。元废。

堰桥镇　即今江苏无锡市北三十里惠山区驻地堰桥镇。清光绪《江苏全省舆图》无锡县图：西北有堰桥（镇）。民国《江苏六十一县志》：无锡县北有“堰桥镇”。并记：“堰桥距治三十里，北界江阴县，商业最繁盛。”

堤头市　即今湖北监利县西北五十五里堤头村。清移窑圻巡司于此。

堤里王村　即今河北冀州市西南十里堤里王村。民国《冀县志》图：西南有堤里王村。

堨田村　即今安徽歙县西南十五里堨田。清乾隆《歙县志》卷1《都鄙》有堨田村。

堦水　又名听水、左谷水。即今陕西城固县西北湑水。源出听山，东流径城固县北，入汉水。《水经·沔水注》：“左谷水出汉北，即堦水也……川有唐公祠。唐君字公房，成固人也，学道得仙……公房升仙之日，堦行未还，不获同阶云路，约以此川为居，言无繁霜蛟虎之患，其俗以为信然。因号为堦乡，故水亦即名焉。"

堉水镇　即今陕西洋县西渭水镇。以近堉水，故名。《资治通鉴》：唐广明元年（880）十二月，"戊子，上至堉水"。即此。《元丰九域志》卷8：兴道县有堉水镇。

越　①春秋列国之一，於越部族建。姒姓。初期国都播迁于会稽山中，越王勾践时逐渐强盛，勾践七年（前490）建都大越（今浙江绍兴市）。据《国语·越语上》："勾践之地，南至句无，北至御儿，东至于鄞，西至于姑蔑。"辖境相当今浙江省中部、北部地区。周元王四年（前472）勾践灭吴，迁都琅邪（今山东胶南市西南四十六里琅琊镇），遂扩展及今江苏全省及山东南部地区。周安王二十三年（前379）又迁都吴（今江苏苏州市）。周显王三十五年（前334）为楚所灭。

②即五代南汉。都于兴王府（今广东广州市）。《新五代史·南汉世家》："贞明三年，龑即皇帝位，国号大越，改元曰乾亨。"

越于底城　在今乌兹别克斯坦撒马尔罕西北。《新唐书·西域传》：西曹"东北越于底城有得悉神祠，国人事之。有金具器，款其左曰：'汉时天子所赐'"。

越王山　①在今浙江绍兴县西。《清一统志·绍兴府一》：越王山"在山阴县西南一百二十里。昔越王尝栖兵于此。今其上有走马冈、伏兵路、洗马池、支更楼故址"。

②即今福建福州市北屏山。《寰宇记》卷100福州闽县：越王山"在州北二百五步，即越王无诸旧城也"。《方舆纪要》卷96福州府：越王山"在府城北，半蟠城外，东联冶山，一名屏山，以形若屏扆也。亦曰平山，又名泉山，以山有天泉池也。闽越王都冶山前麓，故曰越王山。其东南麓，唐时有左衙、宣毅、广节诸营，故亦名将军山"。《汉书·朱买臣传》："故东越王居泉山，一人守险，千人不得上。"即此。

③在福建长乐县东北。《方舆纪要》卷96福州府长乐县：越王山"在县东北三十里，山高耸，周回三十里。相传越王无疆（诸）之后居此，因名"。

④一名粤山。在今福建浦城县东，城环其上。《舆地纪胜》卷129建宁府古迹：越王台"在浦城县东，《旧经》云：越王于此为烽候之所"。

⑤即越秀山。在今广东广州市北越秀公园。《方舆纪要》卷101广州府：越秀山"在府治北。一名越王山"。

越王山堰　在今浙江绍兴县北。《新唐书·地理志》越州山阴县："北三十里有越王山堰，贞元元年观察使皇甫政凿山以畜泄水利。"

越王井　又作越台井、九眼井。在今广东广州市越秀山西北越井冈上。相传系南越王尉佗所凿。《舆地纪胜》卷89广州：越王井"在番禺越冈半，曰赵佗井，刘汉呼为玉龙泉"。

越王台（臺）　在今广东广州市北越秀山上。《方舆纪要》卷101广州府：越秀山"上有越王台故址。尉佗因山筑台，因名"。《全唐诗》卷314有崔子向《题越王台》诗。

越王城　①辽置，属祖州。在今内蒙古巴林左旗西南。《辽史·地理志一》祖州："越王城，太祖伯父于越王述鲁西伐党项、吐浑，俘其民放牧于此，因建城。"

②在今浙江绍兴县东南十二里会稽山之阴。《左传》：哀公元年（前494），吴王夫差"遂入越，越子以甲楯五千保于会稽"，即在此处。

③在今浙江临安市西平越村。宋《咸淳临安志》卷18："阿顶山峰上有越王城，夏少康之后封于越，其支庶或居于此，城址犹在，又名平越城，下有平越村。"《方舆纪要》卷90于潜县："阿顶山在县（今于潜镇）东十五里。上有越王城。"

④故址在今江西奉新县西。《明一统志》卷49南昌府古迹：越王城"在奉新县西五十里。相传越王勾践伐楚屯兵于此"。

⑤一名螺城。在今越南河内市北东英县古螺村。《隋书·刘方传》："仁寿中，会交州俚人李佛子作乱，据越王故城，遣其兄子大权据龙编城，其别师李普鼎据乌延城。"《寰宇通志》卷118越王城，"又名螺城，以其屈曲如螺。古安阳王所筑，安阳王旧都越地，故又称越王城。城中安阳王宫故址尚存"。

越王峥　即栖山。在今浙江绍兴市西北夏履镇西北。

越支社　一名越支盐场。在今河北唐山市丰南区东南。《方舆纪要》卷11丰润县：越支社"在县南百里。亦曰越支场，今有宋家营盐课司"。

越支盐场　一名越支社。在今河北唐山市丰南区东南三十里。盛产盐。清于此置盐场，并设盐大使。《清一统志·遵化州二》：越支盐场"东接济民，西北至斗沽，接宝坻县芦台场，广袤二百四十里"。民国初并入芦台场。

越中郡　南齐置，属越州。治所当在今广西容县、灵山以南以东、广东茂名以西地区。后废。

越水　在今四川西昌市境。《旧唐书·地理志》：越巂"有越水、巂水"。《寰宇记》卷80越巂县："此地有越水、巂水为名。"

越公堂　隋建。在今重庆市奉节县东白帝城。《方舆胜览》卷57夔州路：越公堂"在瞿唐关城内。隋杨公素所为也，杜甫《宴越公堂》诗：此堂存古制，城上府江郊。落构垂云雨，荒階蔓草茅"。

越礼城　唐南诏置，属永昌节度。在今云南腾冲县北一百三十八里大塘附近。

越台（臺）　①即越王台，又名越王城、城山。在今浙江杭州市萧山区西。唐李白《送友人寻越中山水》诗："东海横秦望，西陵拱越台"。

②在今广东广州市北越秀峰上。唐李群玉有《广州陪谅山从叔越台宴集》诗。

越台（臺）井 在今广东广州市北越秀山之西。一名越王井、越冈，又名赵佗井。亦名鲍姑井。《舆地纪胜》卷 89 广州：鲍姑井“即万洪妻也。井在弥陀寺”。《明一统志》卷 79 广州府：越王井“在越秀山。一名赵佗井。南汉刘氏号为玉龙泉”。

越迁山 即越王山。在今福建长乐市东北三十里。《清一统志·福州府一》：越迁山“一名越王山”。

越华馆 一名越华楼。在今广东广州市区西南。《寰宇记》卷 157 引《南越志》：“朝台西三十里即圆冈，傍江构越华馆以送陆贾。”

越州 ①南朝宋泰始七年（471）置，治所在临漳郡（今广西浦北县南旧州村东）。南齐辖境相当今广东茂名、电白以西，广西容县、灵山以南，合浦以东地区及海南省。南朝梁移治合浦县（今浦北县南旧州村）。隋大业初改为禄州，寻改合州。唐武德五年（622）改合浦郡为越州，贞观八年（634）改为廉州。

②隋大业元年（605）改吴州置，治所在会稽县（今浙江绍兴市）。辖境相当今浙江浦阳江（浦江县除外）、曹娥江、甬江流域。大业三年（607）改为会稽郡。唐武德四年（621）复改越州，天宝、至德间又改会稽郡。乾元元年（758）复改越州。南宋绍兴元年（1131）改绍兴府。

③元世祖至元十二年（1275）于普么部地置，属曲靖路。治所在今云南曲靖市南四十五里越州镇。《明一统志》卷 87 曲靖军民府：废越州“本唐悦州，……元置千户所，改越州”。明洪武二十三年（1390）改越州卫。

越州卫 明洪武二十三年（1390）置，属云南都司。治所在今云南曲靖市南四十五里越州镇。清康熙七年（1668）废。

越那笃 即今黑龙江桦川县东北万里和通。为辽五国部之一越那笃的活动中心。元改置为脱斡怜万户府。

越戏方 又名反虎方。商、周封国。在今河南巩义市东南。《逸周书·世俘解》：“吕他命伐越戏方。”

越来溪 在今江苏苏州市西南，胥门外五里。《吴地记》：胥门“西南五里有越来溪”。北宋朱长文《吴郡图经续记》卷中：“越来溪在吴县之境，自太湖过横山至于郡城之西。盖越王由此水至于吴，故得此名。”

越里吉国 又作越棘。辽五国部之一，在今黑龙江省依兰县。五国部中，越里吉居首，故又称五国头城。宋徽宗被金人所获，囚死于此。

越里笃国 又作玩突。辽五国部之一。在今黑龙江省桦川县东北万里河村瓦里霍吞城址。《辽史·营卫志下》 五国部越里笃国：“圣宗时来附，命居本土，以镇东北境，属黄龙府都部署司。重熙六年，以越里吉国人尚海等诉酋帅浑敞贪污，罢五国酋帅，设节度使以领之。”元置脱斡怜军民万户府于此。

越秀山 在今广东广州市北越秀公园。《方舆纪要》卷 101 广州府南海县：越秀山在“府治北。一名越王山，耸拔二十余丈。上有越王台故址，尉佗因山筑台，因名。俗呼观音山”。

越甸县 元世祖至元中置，属腾冲府。治所在今云南腾冲县东北。后废入腾冲府。

越析州 隋开皇五年（585）置，治所即今云南宾川县。辖境约当今云南宾川县地。天宝后废。

越析诏 唐代洱海地区六诏之一。在今云南宾川县。开元中为南诏所并。

越岭 即越城岭。为五岭之一，在今广西全州、资源二县之间。

越河 又名月川水。即今陕西安康市西月河。《清一统志·兴安府一》：月川水，“《旧州志》谓之越河，在州西七里。自凤凰山东流至石泉，受迟河水，至汉阴受添河水。过越岭关，受白鱼沟水，又受恒河水。昔经牛山麓，明末南徙，又东受傅家河水，又东流数十里入汉”。

越城 ①又称蠡城、越台。春秋周元王四年（前 472）范蠡所筑。故址在今江苏南京市中华门外长干桥附近。《晋书·明帝纪》：东晋太宁二年（324）帝遣段秀等千人渡水，“战于越城，大破之”。即此。

②故址在今江苏苏州市吴中区西南十八里石湖旁。南宋范成大《吴郡志》卷 8：越城“在胥门外。越伐吴，吴王在姑苏，越筑此城以逼之。城堞仿佛具在，高者犹丈余，阔亦三丈，而幅员不甚广”。今遗址尚存。

③在今广西兴安县西南越城岭西南。《元和志》卷 37 全义县：“故越城，在县西南五十里。汉高后时，遣周灶击南越，赵佗踞险为城，灶不能逾岭，即此也。”

④古越嶲郡城。在今四川西昌市。《旧唐书·地理志四》 越嶲：“汉郡名，武帝置。……后周于越城置严州。”

越城岭 一作越城峤。又名越岭、始安岭、临源岭、全义岭。在今广西全州、资源二县间湘、粤交界处。长 200 公里。《水经·漓水注》：“湘、漓之间，陆地广百余步，谓之始安峤，峤即越城峤也。”又《湘水注》：“越城峤水，南出越城之峤，峤即五岭之西岭也，秦置五岭之戍，是其一也。”

越城集 亦名月城集。即今江苏洪泽县南十里越城。《清一统志·淮安府二》：月城集“亦名越城集。在山阳县（今淮安市）西南九十里”。

越南青年革命同志会旧址 在今广东广州市文明路 13 号及 13 号之 1（现 246 号及 248 号）。1924 年 12 月，胡志明从莫斯科来到广州，团结流亡于中国的越南革命者，领导越南革命运动。次年成立越南青年革命同志会（越南劳动党前身），以此为会址。

越栅 唐筑，在今河南漯河市郾城区境。《资治通鉴》：唐元和十一年（816）九月，“李光颜、乌重胤奏，拔吴元济陵云栅。丁亥，光颜又奏，拔石、越二栅”。

越家坊　在今安徽定远县东南八十里。《宋史·张俊传》：南宋绍兴六年（1136）刘麟入寇，“俊分遣（杨）存中与张宗颜、王玮、田师中等自定远军次越家坊，遇刘猊左右军，击走之”。即此。

越宾县　唐仪凤二年（677）置，属浙州。治所在今贵州习水县东北。后废。

越常县　三国吴置，属九德郡。治所在今越南河静省西北甘禄附近。因越裳（常）国为名。隋大业初属日南郡。唐武德初改为越裳县。

越常国　亦作越裳国。在今越南河静省西北甘禄一带。《晋书·地理志》九德郡：“吴置，周时越常氏地。”

越窑　唐至五代著名青瓷窑之一。窑址原在浙江会稽山和曹娥江沿岸，后移至余姚上林湖（今属慈溪）。宋代以后，龙泉青瓷兴起，越瓷才走向衰微。

越喜部　唐黑水靺鞨十六部之一。在今黑龙江省同江市、饶河县及俄罗斯比金一带。《新唐书·黑水靺鞨传》：黑水靺鞨“又有拂涅、虞娄、越喜、铁利等部”。后并入渤海国。

越赕　唐南诏置，属永昌节度。治所在今云南腾冲县北七十六里永安街。宋大理属腾冲府，元代废入腾越州。

越溪　①即今浙江宁海县东南越溪乡。明洪武三年（1370）置巡司于此。清康熙时设千总驻守。

②在今广东广州市东北。《舆地纪胜》卷89广州：越溪“在州东北三里。自景泰山流下，而至超悟寺曰越溪，又东与东溪会，俱入于海”。

越溪河　古名大牢溪、拥思茫水、赖溪。在今四川仁寿、荣县、宜宾三县境，为岷江支流。清李元《蜀水经》卷4：“江水又东南受越溪。越溪源出简州山谷，南经荣县西北受虎头溪，又东受谷才溪，又东受玉字溪，又东经长山下为长山河，又东受紫金溪，又东南受梅子溪，又南为登头溪入江。越溪一名清流河。”

越裳县　①唐武德初改越常县置，五年（622）为明州治。治所在今越南河静省西北甘禄附近。贞观十三年（639）属智州，后属驩州。后废。

②亦作越常县。五代梁开平元年（907）改茂名县置，为潘州治。治所即今广东高州市。南汉乾亨七年（923）复为茂名县。

越嶲卫　明洪武二十五年（1392）改邛部军民州置，属四川都司。治所即在四川越西县。二十七年（1394）属四川行都司。辖境相当今四川越西、甘洛两县及汉源、石棉两县的大渡河以南地。清雍正六年（1728）改为越嶲厅。

越嶲厅　清雍正六年（1728）改越嶲卫置，属宁远府。治所即今四川越西县。1914年降为越嶲县。

越嶲水　指今四川西昌市西南之安宁河。《后汉书·西南夷传》：“邛都夷者，武帝所开，以为邛都县。……后复反叛。元鼎六年，汉兵自越嶲水伐之，以为越嶲郡。”《水经·若水注》：“越嶲水即绳、若矣，似随水地而更名矣。”此后有越水、嶲水。《旧唐书·地理志》：越嶲县“有越水、嶲水”。

越嶲县　①北周天和三年（568）置，为严州治。治所即今四川西昌市。五年（570）为西宁州治。隋开皇十八年（598）为嶲州治。大业三年（607）为越嶲郡治。唐武德元年（618）复为嶲州治。天宝元年（742）为越嶲郡治。至德间没于南诏。贞元间复。咸通二年（861）南诏立城为建昌府。

②1914年改越嶲厅置，属四川建昌道。治所即今四川越西县。以越嶲水为名。1928年直属四川省。1939年属西康省。1955年西康撤省，属四川省。1959年与普雄县合并，改为越西县。

越嶲郡　①西汉元鼎六年（前111）以邛都国地置，治所在邛都县（今四川西昌市东南五里）。《汉书·地理志》注：应劭曰，“有嶲水，言越此水以章休盛也”。因名。《后汉书·西南夷传》注：“言其越嶲水以置郡，故名。”辖境相当今云南丽江市玉龙纳西族自治县以东，金沙江以西，祥云、大姚以北和四川木里、石棉、甘洛、雷波以南地区。东汉末属益州。三国蜀汉建兴初寄治安上县（今四川屏山县新发乡西南新市镇），辖境缩小，不包有今云南部分。延熙二年（239）还治邛都县。西晋徙治会无县（今四川会理县）。南朝宋复治邛都县。南齐废。

②北周置，为严州（后改西宁州）治。治所在越嶲县（今四川西昌市）。隋开皇三年（583）废郡存州，十八年（598）改州为嶲州，大业三年（607）改为越嶲郡。辖境相当今四川甘洛、马边以南至金沙江，盐源以东至大凉山、金沙江。唐武德元年（618）复为嶲州。天宝元年（742）改为越嶲郡，乾元元年（758）复为嶲州。

越嶲营　清置，属建昌镇。在越嶲厅（今四川越西县）。设参将驻防。

超山　①在今山西平遥县东南。《方舆纪要》卷42平遥县：超山在“县东南四十里。一名过山，以高耸超过群山而名”。

②在今浙江杭州市余杭区西北十八里。宋《淳祐临安志》卷9：超山“高三十七丈，周二十里”。明嘉靖《仁和县志》卷2：“其山超出皋亭、黄鹤之上，故名。”山麓有近代书画大师吴昌硕墓。

超竹乡　即今广东平远县南超竹镇。清同治《广东图说》卷91平远县：超竹乡在“城（今仁居镇）南一百里”。

超华山　在今福建顺昌县西北，北接邵武市界。《舆地纪胜》卷133南剑州《景物下》：超华山“在顺昌县西北五十里，有超华寺”。正德《顺昌邑志》卷1：超华山“在白水都。周围甚广，西北入邵武境。山之幽旷处有田园、池塘，居民数十家，鸡犬之声在烟霞竹树间，有超出纷华之意，故名”。

超然台（臺）　①在今江西大余县城内。《明一统志》卷58南安府：超然台“在府城内。宋建，下有池。多花木”。

②在今山东诸城市北城上西偏。本元魏时筑。宋苏轼守密州复加栋宇，以为登眺之所。

③在今甘肃临洮县东一里。《明一统志》卷36临洮府：超然台“在岳麓山，取宋苏轼诗‘超然台上望超然’之句为名”。《清一统志·兰州府二》：“本名凤台，宋熙宁中，蒋之奇改名。明嘉靖中，杨继盛建书院于此。”

博　春秋时齐邑。在今山东泰安市东南三十里旧县。《左传》：哀公十一年（前484），“公会吴子伐齐。五月，克博”。即此。秦置博阳县。

博山　①在今江西广丰县西南。《清一统志·广信府》：博山“在广丰县西南三十余里。南临溪流，远望如庐山之香炉峰”。南宋辛弃疾有《丑奴儿·书博山道中壁》词。

②在今山东淄博市博山区东南五十里，鲁山之西。《新唐书·高祖本纪》载：隋末，“左才相起齐郡，号博山公”。即以博山为名。

博山支线　即张博铁路。自山东张店（今淄博市）至博山。

博山市　1945年山东革命根据地由博山县城郊析置，治博山（今山东淄博市西南博山区）。1950年5月撤销，并入博山县。

博山县　清雍正十二年（1734）由益都、淄川、莱芜三县地析置，属青州府。治所即今山东淄博市西南博山区。民国初属山东济南道。1925年属淄青道。1928年直属山东省。1950年与淄川县合并为淄博市。

博山侯国　西汉绥和二年（前7）封孔光为博山侯置，属南阳郡。治所在今河南淅川县南丹江、淅水会合口东南十里丹江水库内。东汉明帝时改为顺阳县。

博乡侯国　西汉置，属九江郡。治所在今安徽六安市西。东汉废。

博王旗　科尔沁博多勒噶台亲王旗的简称。即内蒙古哲里木盟科尔沁左翼后旗。清咸丰间，科尔沁左翼后旗第十任扎萨克僧格林沁以抗击英法联军、镇压捻军之功，清廷赐给博多勒噶台亲王号，旗因有科尔沁博多勒噶台亲王旗之称。

博木池　在今内蒙古鄂托克旗西。《清一统志·鄂尔多斯》：博木池“在右翼中旗西二百二十里。大小折苏图河注于此，又西入黄河”。

博支湖　在今江苏宝应县东南。《续汉书·郡国志》：射阳县注引《地道记》有博支湖。《水经·淮水注》：中渎水“旧道东北出，至博芝、射阳二湖”。博芝即博支。《清一统志·扬州府一》：博支湖“在宝应县东南九十里，北会射阳湖”。

博屯山　在今吉林九台市境。《清一统志·吉林一》：博屯山“在（吉林）城西北二百里。周三十里。山北有小山，上有金罗索墓”。光绪《吉林通志》卷18：博屯（一作博敦）山“城西北二百里，高一百步，周三十里。北有小山，上有金娄室墓”。“博屯”，满语意为“粗豪”。

博屯河　即今俄罗斯阿穆尔州黑龙江支流扎维达雅河。《清一统志·黑龙江》“墨尔敏河”条下：“博屯河，在（黑龙江）城东一百里。源出图呼哩山，南流入黑龙江。”

博瓦子阑干　在今新疆于田县西南。清宣统《新疆图志》卷67：克里雅河“又东北流经博瓦子阑干南，向北分一渠”。

博什瓦黑岩画　在今四川凉山彝族自治州昭觉县西南碗厂乡博什瓦黑山南麓。博什瓦黑，彝语为“神像画下的岩洞”之意。唐代南诏时（748—937）刻绘。岩画刻在十六块岩壁上，共十七组二十七幅，总面积1440平方米。阴刻画面，有释迦牟尼、观音、如来佛、四大金刚诸佛及麒麟、狮、龟、象等动物图像。其中，《王者出行图》，描绘生动，风格独异，为国内罕见。在这里，当地彝民奉为神地，严禁入内，故至今保存完好，为我国西南地区古文化的珍品。2006年定为全国重点文物保护单位。

博水　即今河北清苑县南九龙河。《汉书·地理志》中山国望都：“博水东至高阳入河（滱）。”《水经·滱水注》：博水“水出望都县，东南流径其县故城南，……又东径广望县故城北，……博水又东北，左则濡水注之，……自下博水亦兼濡水通称矣”。《清一统志·保定府二》：界河“源出望都县，东流入清苑县南。又东入安州界，即古博水也”。

博古堂　在今湖北荆州市荆州区江陵县故城东。《舆地纪胜》卷64江陵府：博古堂“在新东门外，双庙相对。燕人田伟归朝，授江陵尉，因家于此。作博古堂，藏书至五万七千卷，无重复者。黄鲁直过之曰：‘吾校禁中秘书，游江南文士，图书之富，未过田氏者’”。

博石侯国　西汉置，属琅邪郡。当在今山东东部。东汉省。

博平县　①西汉置，属东郡。治所在今山东茌平县西北肖王庄乡西南王菜瓜村西二里。三国魏属平原国。北魏属平原郡。隋属清河郡。唐贞观十七年（643）省入聊城县，天授二年（691）复置，属博州。北宋景祐四年（1037）徙治宽河镇（今茌平县西博平镇）。元属东昌路。明、清属东昌府。民国初属山东东临道。1925年属东昌道。1928年直属山东省。1956年撤销，并入茌平县。

②北魏改博县置，为泰山郡治。治所即今山东泰安市东南三十里旧县。北齐为东平郡治。隋开皇十六年（596）改名汶阳县。

③南朝宋侨置，属魏郡。治所在今山东章丘市东北博平。北魏属东魏郡。北齐省。

博平郡　唐天宝元年（742）改博州置，属河北道。

治所在聊城县（今山东聊城市东北二十五里）。乾元元年（758）复改博州。

博卢州 唐开元前置，属黎州都督府。治所在今四川汉源或石棉、甘洛县境。北宋以后废。

博电县 五代南汉置，属常乐州。治所在今广西合浦县东北。北宋开宝五年（972）废入石康县。

博生县 1933年1月中央革命根据地改宁都县置，驻宁都县城谌家祠（今江西宁都县）。为纪念红五团副团长、宁都起义领导人赵博生而命名。1934年10月废。

博白县 唐武德四年（621）置，为南州治。治所即今广西博白县。《寰宇记》卷167博白县："以博白江为名。"六年（623）为白州治。北宋政和初属郁林州，三年（1113）复为白州治。南宋绍兴六年（1136）属郁林州。民国初属广西苍梧道。1928年直属广西省。

博尔多站 清康熙二十五年（1686）置，在今黑龙江省讷河市西长青村。《清一统志·黑龙江》"布克依站"条下："拉哈站，入墨尔根城界，又六十五里至博尔多站。"光绪二十年（1894）布特哈副都统移驻于此。

博乐市 1985年撤销博乐县，改设博乐市，市人民政府驻北京路。属新疆博尔塔拉蒙古族自治州，为自治州人民政府驻地。

博乐县 1920年析精河县置，属新疆伊犁道。治所在大营盘（今新疆博乐市）。1930年属伊犁行政区，后直属新疆省。1985年改设博乐市。

博宁镇 北宋置，属冠氏县。当在今山东冠县境。

博皮岭隘 在今福建永定县东北。《方舆纪要》卷98永定县：博皮岭隘"在县东北，路通漳州龙岩县，为戍守要地"。

博辽县 唐贞观五年（631）置，属琼州。治所在今海南省万宁市南。寻属崖州。龙朔二年（662）属万安州。唐末废。

博吉山 在今海南省陵水黎族自治县东。《清一统志·琼州府一》：博吉山"在陵水县东二里。下有博吉水。一名大河岭"。

博关 一名博陵。春秋时齐邑。在今山东茌平县西北肖王庄乡西南王菜瓜村西二里。《战国策·齐一》：张仪说齐王曰，"悉赵涉河关，指博关"。又，同书《赵策二》：苏秦曰，"赵涉河漳博关"。皆指此。

博州 隋开皇十六年（596）置，治所在聊城县（今山东聊城市东北二十五里）。大业初废。唐武德四年（621）复置，天宝元年（742）改博平郡，乾元元年（758）复改博州，属河北道。辖境相当今山东聊城市及高唐、茌平等县地。五代晋移治今聊城市东南十五里巢陵城。北宋淳化三年（992）移治孝武渡西，即今聊城市。元世祖至元四年（1267）升为博州路。地平田沃，盛产丝绢。隋末唐初，先后为窦建德、刘黑闼起义军的根据地。

博州路 元世祖至元四年（1267）升博州置，属中书省。治所在聊城县（今山东聊城市）。辖境相当今山东聊城、茌平、莘县等市县地。至元十三年（1276）改东昌路。

博兴州 元初升博兴县置，属益都路。治所即今山东博兴县。辖境相当今山东博兴县地。明洪武二年（1369）改为县。

博兴县 五代唐改博昌县置，治所即今山东博兴县。宋属青州。金属益都府。元初升为博兴州。明洪武二年（1369）复改博兴县，属青州府。民国初属山东济南道。1925年改属淄青道。1928年直属山东省。

博安县 三国魏置，属庐江郡。治所在今安徽六安县西。《水经·泄水注》："博安县，《地理志》之博乡县也。王莽以为杨陆矣。泄水自县，上承沘水于麻步山，西北出，历濡溪，谓之濡水也。"西晋废。

博阳山 ①博亦作"傅"或"敷"。此为何山，位于何地？各家说法不一。《尚书》伪孔传及《史记集解》均认为"敷浅原，一名博阳山"。《汉书·地理志》豫章郡历陵县："傅阳山、傅阳川在南，古文以为敷浅原。"则博阳山在历陵（今江西德安县东）之南。而唐杜佑《通典》卷182江州浔阳县下载："（蒲塘）驿前有敷浅原，原西数十里有敷阳山。"唐之蒲塘驿即今江西德安县，然则博阳山又应在今江西德安县西南。《寰宇记》卷111江州下又谓博阳山在（德安）县南，别有敷浅水即《尚书》敷浅原。而《寰宇记》卷107饶州下及蔡沈《书集传》引晁以道说，历陵在鄱阳县（今鄱阳县）境内，则博阳山又应在今江西鄱阳县内。

②在今安徽东至县东北。《方舆纪要》卷27建德县："博阳山在县东十里。岩石嵯峨，溪流湍急。宋嘉定中，易名广阳。"

博阳川 又作傅阳川、敷浅水。即今江西德安县博阳河。《汉书·地理志》豫章郡历陵："傅阳川在南。"《寰宇记》卷111江州德安县：敷浅水"即《尚书》敷浅原也，常流不绝，色颇清冷。其源乃接瑞昌县及鄂州永兴界，屈曲余二百里方至县"。

博阳县 战国秦置，为济北郡治。治所在今山东泰安市东南三十里旧县。《汉书·异姓诸侯王表》：汉高帝元年（前206），田安为济北王，"都博阳"。即此。汉以后称为博县。

博阳侯国 西汉宣帝封邴吉为侯国，属汝南郡。治所在今河南商水县东。东汉废。

博劳县 南朝梁置，属梁寿郡。治所在今广西昭平县北三十二里。隋大业初废。唐武德四年（621）复置，属静州。九年（626）废入龙平县。

博克达山 即今新疆天山东支博格达山。清乾隆《西域图志》卷21：博克达鄂拉在"额得墨克达巴西，天山最高峰也。东南距辟展二百里。高八里。山脉自乌鲁木齐东南之托克喇鄂拉折而东北行一百六十里，高峰突起，为迪化州境东北一大屏障”。主峰博格达峰海拔5445米，北侧有著名的游览胜地天池。

博克多　亦作博克图。今内蒙古牙克石市东南博克图镇。《清史稿·地理志》：布西直隶厅有“博克多”等车站。

博克图　即博克多。今内蒙古牙克石市东南博克图镇。“博克图”，蒙古语意为“有鹿的地方”。

博县　西汉改博阳县置，属泰山郡。治所在今山东泰安市东南三十里旧县。北魏改名博平县。

博里村　在今广西北海市南涠洲岛中部。明洪武三年（1370），涠洲巡司置于此。

博陆县　三国魏改博陵县置，属安平郡。治所在今河北蠡县南十五里。西晋为高阳国治。北魏景明元年（500）改名博野县。

博陆里　即今浙江杭州市余杭区北十八里博陆镇。《宋书·自序》：沈约七世祖“延始居（武康）县东乡之博陆里余乌村”。宋《咸淳临安志》卷20：仁和县丰年乡辖境有“博陆里”。江南运河经此，昔当由杭州至嘉兴之大道。

博陆城　在今北京市密云县东南。《水经·鲍丘水注》：洳水“出北山，山在傂奚县故城东南，东南流径博陆故城北，又屈径其城东，世谓之平陆城，非也。汉武帝玺书封大司马霍光为侯国。文颖曰：博大陆平，取其嘉名而无其县，食邑北海、河东。薛瓒曰，按渔阳有博陆城，谓此也。今城在且居山之阳，处平陆之上，匝带川流，面据四水，文氏所谓无县目嘉美名也”。

博茂场　在今广东吴川市东南大山江镇南博茂。明初置盐场，崇祯中革，改建博茂营。清复为盐场。

博茂镇　即今广东吴川市东南博茂。《明史·地理志》茂名县：“又西南有博茂巡检司，后废。”

博林支线　从内蒙古博克图附近的火燎沟（今沟口）至绰尔林区，为中东铁路支线。1925年动工，1942年建成。

博林县　东晋末置，属新宁郡。治所在今广东高要市西南。南齐为新宁郡治。隋属信安郡。唐初属端州，贞观十三年（639）废入高要县。

博昌　战国时齐邑。在今山东博兴县东南二十里寨郝镇南。《战国策·齐六》：“千乘、博昌之间，方数百里。”

博昌县　①战国秦置，属临淄郡。治所即今山东博兴县东南二十里寨郝镇南。出土秦封泥中有“博昌丞印”可证。西汉属千乘郡。东汉属乐安国。南朝宋移于今寿光市北一里，属乐安郡。北齐废。

②隋开皇十六年（596）改乐安县置，属北海郡。治所在今山东博兴县东南二十里寨郝镇南。唐总章二年（669）移治今博兴县，属青州。五代唐避其祖李国昌之讳，改为博兴县。

博昌镇　金置，属博兴县。在今山东博兴县东南二十里寨郝镇南。汉、晋为博昌县治。

博固城　在今山东聊城市东北二十五里。《寰宇记》卷54聊城县：博固城，“《隋图经》云，或谓之布鼓城，即石勒时筑，在大河之曲”。

博罗布尔噶苏山　在今新疆尼勒克县北与精河县交界处。清乾隆《西域图志》卷22：博罗布尔噶苏鄂拉“在哈喇古颜鄂拉西一百里。入东谷口西行三十里为觉罗托海，又西南一百一十里为额博尔济达巴，又西九十里出西谷口”。

博罗充克克河　一作波洛冲克克河。即今青海东部之湟水上源。《清一统志·青海厄鲁特》：湟水“番名波洛冲克克河。在西宁边外西北青海之东，源出噶尔藏岭，有三泉，一名伊克乌拉古台儿，一名土尔根乌拉古台儿，一名查哈乌拉古台儿，南流二十余里汇为一水，名波罗冲克克河”。

博罗县　秦始皇三十三年（前214）置，属南海郡。县治梁化屯（今博罗县东南惠东县北梁化镇）。（或说秦置傅罗县，晋改名博罗县。）《续汉书·郡国志》注：博罗“有罗浮山，自会稽浮往博山，故置博罗县”。此说出于附会。据近人徐松石《傣族僮族粤族考》称，在古僮语中，“百”或“博”含有“口”字的意义。僮语倒置，“博罗”意即“罗口”。南齐建元元年（479）析置罗阳县。梁天监二年（503）置梁化郡，徙博罗县治于浮碇之西（今博罗县城罗阳镇）。隋属龙川郡。唐属循州，贞观元年（627）省罗阳县入博罗县。五代南汉属祯州。宋属惠州。元属惠州路。明、清属惠州府。民国初属广东潮循道。1920年直属广东省。

博罗呼济尔卡伦　清乾隆年间置，在今哈萨克斯坦东南部塔尔迪库尔干东南哥鲁包夫斯克。清徐松《西域水道记》卷4：“奎屯卡伦乃西北行，经图尔根河源北岸山阴，凡三十里至博罗呼济尔卡伦。”

博罗图山　在今新疆和硕县东北。《清一统志·吐鲁番》：博罗图山“在纳林奇喇山西五十里，与阿拉癸山南北相接，形如锁钥，吐鲁番西南境一大关隘。当哈喇沙尔东北境。山多积雪，博罗图河发源其北”。

博罗和屯　亦作博洛和屯。清上驷院御马厂（上都牧厂）驻地。在今内蒙古正蓝旗南上都河东黑城子村。《清一统志·牧厂》：御马厂“亦名上都牧厂，在独石口东北一百四十五里博罗城”。

博罗和硕河　即今新疆乌恰县东北之苏约克（恰克马河）。《清一统志·喀什噶尔》：博罗和硕河“在喀什噶尔东北，玉斯屯阿喇图什西南二十里。源出西北山中，东南流过阿喇图什而止，不通大河”。

博罗塔拉　①地名。指今新疆博乐市一带。清乾隆《西域图志》卷12：博罗塔拉，“塔勒奇鄂拉拱其南，博罗和洛鄂拉、罕哈尔察海鄂拉环其西，阿勒坦特布什鄂拉屏其北。……乾隆二十年五月，将军班第率师讨准噶尔至此。……平伊犁后，阿睦尔撒纳冀为四卫拉特总台吉不得，拥众窃据于此”。乾隆《西域同文志》卷1：博罗塔拉，“准语（蒙古语），塔拉，平甸。以博罗名，犹云青畴也”。

②即今新疆西北之博尔塔拉河。源出温泉县西阿拉套山麓。东流经温泉县北、博乐市南，至精河县北入艾比湖。清乾隆《西域图志》卷12：博罗塔拉“博罗塔拉郭勒自西北来，东南流，鄂托克赛里郭勒自西南来，东北流至博罗塔拉而合，又分流绕其南北，又合而东流，入布勒哈齐淖尔”。“博罗塔拉”系蒙古语，意为“灰色草原”。

博岭山　在今广西灵山县西南。《方舆纪要》卷104灵山县：博岭山在“县西南三十里。广大高耸”。《清一统志·廉州府》：博岭山“为辘轳支山，山形广博，故名。龙门水出焉。《府志》又名泽岭”。

博和必河　又作博和弼河。在今俄罗斯萨哈林岛（库页岛）西北。清光绪《吉林通志》卷23库页岛之水：“近混同江口两岸正居岛地之中者曰博和弼河。博和弼河源出英吉申山南麓，西南流，受东来一水，又屈曲西南流入海。长三百里，其南为杭爱河。”

博学水　在今广东阳春市北西山河。《舆地纪胜》卷98南恩州：博学水“在阳江（春）县西北霜黄山下，至博学村南入勤州水”。《方舆纪要》卷101阳春县：博学水在“县西北百二十里。源出霜山。……博学水东南流入漠阳江”。

博城　在今安徽阜阳市东北四十里。《方舆纪要》卷21颍州“任城”条下：“又博城在州东北四十里。《志》云：司马宣王使邓艾于此屯田，以备东南，盖仓城也。”

博城县　隋开皇十七年（597）改汶阳县置，属兖州。治所即今山东泰安市东南三十里旧县。唐乾封元年（666）改名乾封县，总章元年（668）复为博城县，神龙元年（705）改为乾封县。

博南山　在今云南永平县西南花桥以西，澜沧江东岸。从汉至清皆称博南山。《续汉书·西南夷传》：永平十二年（69），于哀牢地置永昌郡，“始通博南，度仓水，行者苦之”。《华阳国志·南中志》：“孝武时，通博南山，度兰仓水、耆溪，置巂唐、不韦二县。”《明史·地理志》　永平县：“西南有博南山，一名金浪巅山，俗讹为丁当丁山，上有关。”

博南县　东汉永平十二年（69）置，属永昌郡。治所在今云南永平县西南二十四里花桥。《水经·若水注》：“博南，山名也，县以氏之。”东晋咸康末废。南朝齐复置，梁末废。

博洛尔　清藩属国。在今巴基斯坦控制区克什米尔北部。乾隆《西域图志》卷46：博洛尔“在拔达克山东，有城郭，户三万有奇。四面皆山，西北面有河。乾隆二十四年，其酋沙瑚沙默特与拔达克山同时内附”。

博洛堡　即今辽宁大石桥市东南博洛铺镇。《清一统志·奉天府二》：博洛堡“在（复）州南九十里”。

博济监　北宋庆历四年（1044）置，属仪州。治所在今甘肃崇信县西四十里铜城村。《宋史·食货志下》：“陕西复采仪州竹尖岭黄铜，置博济监，铸大钱。”

博贺岛　在今广东电白县东南博贺、龙山二镇。清同治《广东图说》卷56电白县：“西南海中有博贺岛，海艘云集。上有炮台。”

博恭县　唐开元二十四年（736）析广平县置，属恭州。治所在今四川理县西北。广德后废。

博畔镇　唐置，属潘水县。在今广东吴川市东南大山江镇之博茂。

博峨山　一名那墓山。在今广西钦州市东北。《清一统志·廉州府》：博峨山“在灵山县西少南二百四十里，西去钦州八十里。脉自林冶山来，极深峻，钦廉大道经其下”。

博峨乡　在今广西灵山县西南一百四十里。明洪武四年（1371）置林墟巡司于此。

博特山　在今云南昭通市西南五十里。《清一统志·昭通府》：博特山“在恩安县西南五十里。山有两峰对峙。蛮语相对为博特”。

博爱县　1927年析沁阳县置，属河南省。治所在清化镇（今河南博爱县）。

博爱镇　又名沐爱镇。即今四川筠连县东南沐爱镇。1944年设沐爱设治局于此。

博狼沙　即博浪沙。在今河南原阳县东关。《史记·秦始皇本纪》：“始皇东游，至阳武博狼沙中。”即此。

博浪县　1947年1月由阳武、原武二县合并设置，治阳武（今河南原阳县）。旋裁撤，复置阳武、原武二县。

博浪沙　又作博狼沙。在今河南原阳县东关。《史记·留侯世家》：“秦皇帝东游，良与客狙击秦皇帝博浪沙中，误中副车。”《索隐》：服虔云，“地在阳武南”。

博涩寨　在今广西武鸣县东六十里。明正统中置巡司于此。

博袍山　在今广东雷州市西。《舆地纪胜》卷118雷州：博袍山“在海康县西八十里”。《方舆纪要》卷104雷州府海康县：博袍山“高五十丈，岩穴甚盛”。《清一统志·雷州府》：博袍山，“《旧志》：在博袍村，周八里。博袍水出其南”。

博陵　①又名博关。春秋时齐邑。在今山东茌平县西博平镇西北三十里。《史记·田敬仲完世家》：齐威王六年（前351），“晋伐我，至博陵”。即此。汉至唐为博平县治。

②东汉桓帝父刘翼之陵。在今河北蠡县南十五里。《后汉书·桓帝纪》：本初元年（146），追尊“皇考蠡吾侯曰孝崇皇”。李贤注：“帝既追尊父为孝崇皇，其陵曰博陵。”

博陵县　①西汉置，属西河郡。方位缺考，当在今陕西或山西省黄河沿岸。东汉废。

②东汉延熹元年（158）置，为博陵郡治。治所在今河北蠡县南十五里。因桓帝父刘翼之陵为博陵，故名。三国魏改名博陆县。

③北周置，为博陵郡治。治所在今甘肃卓尼县城附近。隋开皇初并入当夷县。

④五代晋改唐县置，属定州。治所在今河北唐县西南。后汉复为唐县。

博陵国　西晋泰始初置，属冀州。治所在安平县（今河北安平县）。辖境相当今河北安平、深州、饶阳、安国等县市地。北魏改为博陵郡。

博陵郡　①东汉延熹元年（158）置，治所在博陵县（今河北蠡县南十五里）。建安末废。西晋改为博陵国。北魏复为博陵郡。治所在鲁口城（今河北饶阳县）。辖境相当今河北安平、深州、饶阳、安国等县市地。北齐移治安平县（今河北安平县），属定州。隋开皇初废。大业初及唐天宝、至德时又改定州为博陵郡。东汉中平二年（185）张牛角起义于此。

②北周置，治所在博陵县（今甘肃卓尼县城附近）。隋开皇初废。

博勒济尔卡伦　一作博尔齐尔卡伦。清乾隆年间置，在今新疆额敏县北。《清一统志·塔尔巴哈台》有“博勒济尔卡伦”。

博勒哩屯　又作博和里屯。明末清初索伦部屯寨，在今俄罗斯阿穆尔州结雅河支流托木河口北岸卡赞卡村一带。《清太宗实录》卷51：崇德五年（1640）三月，萨穆什喀等讨博穆博果尔乱，“博和里屯之额尔喷……，已归额驸巴尔达齐”。即此。咸丰八年（1858）通过不平等的中俄《瑷珲条约》被俄割占。

博勒集哈站　又作博尔济哈台。清雍正十三年（1735）置，在今黑龙江省肇源县西北头台镇。清西清《黑龙江外纪》卷2：“乌兰诺尔站东到呼兰，雍正十三年设六台。”其中有“博勒集哈”。

博野县　北魏景明元年（500）改博陆县置，属高阳郡。以地居博水之野得名。治所即今河北蠡县。隋属河间郡。唐属深州。五代周属定州。北宋雍熙四年（987）为宁边军治，景德元年（1004）为永宁军治。金为蠡州治。明洪武元年（1368）移治今博野县，属保定府。民国初属直隶保定道。1928年直属河北省。

博啰穆丹河　即今俄罗斯阿穆尔州黑龙江北支布林达河。《清一统志·黑龙江》：博啰穆丹河“在黑龙江城西北四百里。……俱出西北兴安岭。博啰穆丹、巴勒坦二河会额赫河，南流入黑龙江”。

博赊港　在今广东徐闻县东龙塘镇东南。《清一统志·雷州府》“黄塘港”条内：“博赊港在县东南四十里。其左为赤坎港。”

博望　在今山东茌平县西。《史记·田敬仲完世家》：齐宣王二年（前318），“三晋之王皆因田婴朝齐王于博望，盟而去”。即此。

博望山　一名东梁山。在今安徽当涂县西南长江滨。与和县南西梁山隔江对峙。为江津天险。《元和志》卷28当涂县：博望山“在县西三十五里，与和州对岸。江西岸曰梁山，在历阳县南七十里。两山相望如门，俗谓之天门山。山上皆有却月城，宋车骑将军王玄谟所筑，于此屯兵捍御”。《资治通鉴》：唐武德七年（624），“辅公祏遣其将冯慧亮、陈当世将舟师三万屯博望山”。即此。

博望县　西汉元朔六年（前123）置，属南阳郡。治所在今河南方城县西南五十六里博望镇。汉武帝封张骞为博望侯。《汉书·张骞传》注：颜师古曰，“取其能广博瞻望”。故名。西晋属南阳国。南朝宋永初后废。

博望苑　①西汉都城长安苑囿。在今陕西西安市北未央宫西南。《汉书·戾太子传》：元狩元年（前122），太子“及冠就宫，上为立博望苑，使通宾客，从其所好”。颜师古注：博望，“取其广博观望也”。又《成帝纪》：建始二年（前31）秋，“罢太子博望苑，以赐宗室朝请者”。《三辅黄图》卷6：“博望苑在长安城南，杜门外五里有遗址。”

②南齐置，在今江苏南京市东。宋《景定建康志》卷22：“古博望苑在城东七里，齐文惠太子所立，辅公祏城是也。”清嘉庆《新修江宁府志》卷9：博望苑，在台城东钟山下，“按汉时有博望苑，昆仑之山有元圃，盖旧有此名，文惠借以名其园耳”。

博望驿　即今河南方城县西南五十六里博望镇。清置驿丞及递运所于此。

博望砦　北宋政和七年（1117）置，属泸州。在今四川兴文县西北龙家祠。《舆地纪胜》卷153泸州：南寿山“在乐共城西南三十五里。名博望砦”。后废。

博望滩　即瞿巫滩。在今重庆市云阳县东长江中。《水经·江水注》：“江水又东径瞿巫滩，即下瞿滩也，又谓之博望滩。”《舆地纪胜》卷182云安军：博望滩“在县西三里。《荆州记》云：张骞奉使西域于此覆舟，亦曰使君滩”。

博望镇　在今安徽当涂县东七十里。《方舆纪要》卷27当涂县“薛镇”条：“又东二十里为博望镇，道出溧水县。”

博斯腾池　古名敦薨薮。又称博斯腾淖尔。即今新疆博湖县东南博斯腾湖。

博斯腾淖尔　即今新疆博湖县东南博斯腾湖。清乾隆《西域图志》卷27：博斯腾淖尔“在哈喇沙尔城南四里。东西袤三百余里，广半之，周七百余里。亦名待雅海子。北岸受奇尔归图郭勒、海都郭勒两水，而海都郭勒为大”。

博喇济河　亦作博勒济尔。即今新疆布尔津县境之布尔津河。清徐松《西域水道记》卷5：“额尔齐斯河自固尔图河西北流百二十余里，北会博喇济河。博喇济者，准人名也。旧居于此，因以名河。……车布登传云：‘罕笃叛，由博喇济遁俄依河。’”

博铺　在今海南省临高县北三十里。明置巡司于此。

博犊县　唐武德五年（622）置，属胥州。治所在今越南清化省清化西北。贞观元年（627）废。

博腊砦　宋置，属阳江县。在今广东阳江市或阳东、阳西二县境。后废。

博窝　即波密。在今西藏波密县东南。清乾隆《卫藏通志》卷12作“博窝”。

博霍锡卡伦　一作布古什卡伦。清乾隆年间置，在今哈萨克斯坦斋桑泊西北岸布加兹。清《塔尔巴哈台事宜》卷3：博霍锡卡伦“在哈尔巴哈北稍西七十里”。

博磨坪　在今湖北神农架林区东苦水河入粉青河处。旧属房县，明置巡司于此。

博螺山　在今云南玉溪市东南。《方舆纪要》卷115新兴州引《滇纪》：“自州境出博罗、龙马诸山，道宁州入蒙自县界。”

博鳌港　在今海南省琼海市东南。明正德《琼台志》卷5：博鳌港“在（乐会）县东一十里博鳌浦边，水自万泉江来会，潮成港中有大石，阑阻倭船，俗呼圣石”。

喜马拉雅山　亦作希马拉耶。在中国西藏自治区和巴基斯坦、印度、尼泊尔、锡金、不丹境内。东西长约2450公里，南北宽约200—350公里。平均海拔6000米以上，为世界最高山脉。中尼边界上的珠穆朗玛峰，为世界第一高峰。“喜马拉雅”梵文意为“雪之家”或“雪巢”。以山势极高，远出雪线之上，终年积雪不化，故名。

喜扎嘎尔旗　1932年日伪统治时升索伦设治局置，属兴安省。治所即今内蒙古科尔沁右翼前旗西北索伦镇。1945年撤销，并入科尔沁右翼前旗。

喜旧溪　在今云南罗平县东南。《清一统志·曲靖府》：喜旧溪“在罗平州东南。源出州西南龙甸村，环流州境，下流入盘江”。

喜申卫　明永乐八年（1410）置，属奴儿干都司。治所在今俄罗斯境黑龙江与乌苏里江合流处哈巴罗夫斯克（伯力）一带。后废。

喜乐温河卫　又作喜剌兀卫、希剌温卫、喜剌乌卫。明永乐五年（1407）置，属奴儿干都司。在今俄罗斯滨海边疆区西南颜楚河至绥芬河下游地区。后废。

喜州　元代置，属大理路。治所在今云南大理市西北六十里喜洲镇。明初废。

喜雨亭　在今陕西凤翔县城东北隅。北宋苏轼建，有《喜雨亭记》。

喜树庄　在今台湾省台南市西南海滨。旧为沙洲，称五鲲身。连横《台湾通史·独立纪》载：清光绪二十一年（1895）日军侵台时，台湾军民迎战日军，“周明标、张占魁两营驻喜树庄”。即此。后因港口淤塞，喜树港已为近海乡村。

喜洲白族古建筑群　在今云南大理市西北三十六里喜洲镇苍山五台峰下。早在六诏与河蛮并存时就已是白族聚居之地，隋代称“史城”，唐宋间为南诏、大理国“大厘城”。清末民初时，当地民族经济发展较快，主要建筑遗存多于此时建造，民国时又有营造，如清末建的赵家院、1920年建的严家院、1948年建的杨家院和董家院等。现存明、清、民国时期较完整的民居一百〇一院，加上现代承袭白族传统形式民居共约一千五百余院。各院平面布局有一向一坊、一向两坊、两向三坊、三坊一照壁、四合五天井、五福寿、六合同春、走马转角楼等式样。房屋构架为抬梁穿斗结合五柱落地的形式，内屋屋檐为出厦、吊厦或倒坐。建筑造型为主房高、耳房低，正面设照壁。照壁多为三滴水面照壁，设庑殿式壁顶及脊，下用斗栱。壁上多题代表家庭地位与家风的文字。照壁、大门、游廊和门窗为民居建筑的装饰重点。喜洲白族民居有较高的民族学、建筑学等科学及艺术价值。2001年定为全国重点文物保护单位。

喜峰口关　一名大喜峰口关、长城口关。明置，属遵化县。在今河北迁西县北六十里喜峰口。元许有壬《圭塘小藁》卷2《喜逢口》称：“滦阳驿东北四十里有双冢，世传昔有久戍不归者，其父求之，适相遇此山下，相抱大笑，喜极而死，遂葬于是，俗因谓之喜逢口。”又《方舆纪要》卷12遵化县：喜峰口关“关城周三里，关口有来远楼，可容万人。……宣德三年车驾由喜峰口大败三卫之众于宽河。嘉靖十年，三卫连兵入犯喜峰口，自此益增兵戍守，为蓟边重地”。

喜赕　宋大理改大厘赕置，属首府大理地区。治所在今云南大理市西北六十里喜洲镇。元改喜洲。

喜鲁林　亦作喜楼里。明为乞勒尼卫治。在今黑龙江省抚远县西喜鲁林古城。光绪《吉林通志》卷17：混同江南岸旧设噶珊有“喜鲁林”。

喜鹊营　在今湖南吉首市北四十里。《清一统志·乾州厅》：喜鹊营“在厅北。与永顺府保靖县接界。有把总驻守。嘉庆二年移乾州城汛守备驻此”。清严如熤《苗疆险要考》谓明时“边墙加筑至此，极为要隘”。

彭　①又名彭祖、彭城、大彭。夏、商方国。在今江苏徐州市。《国语·郑语》：“彭姓彭祖、豕韦、诸稽，则商灭之矣。”韦注：“大彭，陆终第三子，曰钱，为彭姓，谓之彭祖，彭城是也。”《史记·秦始皇本纪》：二十八年（前219），“始皇还，过彭城”。《正义》引《搜神记》：“陆终第三子曰钱铿，封于彭，为商伯。”

②商、西周初部落名。在今湖北房县西南。曾随从周武王伐纣。《尚书·牧誓》：武王伐纣率西戎八国“庸、蜀、羌、髳、微、卢、彭、濮人”。

彭山　①在今河南鲁山县东南三十八里。《水经·滍水注》：彭水“出鲁阳县南彭山蚁坞东麓，北流径彭山西，下有彭山庙，庙前有彭山碑，汉桓帝元嘉三年杜仲长立”。

②在今河南潢川县东南七十里。《方舆纪要》卷50光州“车谷山”条下：“又州东南七十里有彭山，上有古塔，俗名砖塔冈。中有九子岩、三教洞，下有

小川，百折入于潢河。”

③在今湖南澧县西十里。《方舆胜览》卷 30 澧州：彭山，“《彭山庙碑》曰：崇山连天，外界越㩦，冈阜靡迤，如舞如驰，遏千重之势于洞庭之野，屹瞰郡治，并为彭山，盖澧邦之所瞻也”。《方舆纪要》卷 77 澧州：彭山，“唐高祖子元则封彭王，尝宰是州，有惠政，因名”。

彭山区　2014 年撤销四川省彭山县，设立眉山市彭山区，区政府驻凤鸣镇西街 98 号。

彭山县　①唐先天元年（712）以避李隆基讳改隆山县置，属眉州。治所即今四川彭山县。明曹学佺《蜀中广记》卷 52 彭山县：“因县之彭女山为名。”天宝元年（742）属通义郡，乾元元年（758）复属眉州。《宋史·太宗纪》：淳化四年（993），“永康军青城县民王小波聚众为寇，杀眉州彭山县令齐元振”。即此。明洪武九年（1376）省入眉县。十三年（1380）复置，仍属眉州。清康熙元年（1662）废入眉州，雍正六年（1728）复置。民国初属四川建昌道。1928 年直属四川省。1959 年撤销，并入眉山县。1962 年复置。

②五代晋天福初改唐昌县置，属彭州。治所在今四川郫县西北唐昌镇。后汉复为唐昌县。

彭亡山　亦名彭望、彭模、平模、平无、平望、彭女。即今四川彭山县东北十里仙女山。《后汉书·岑彭传》：建武十一年（35）伐公孙述，至武阳县，“彭所营地名彭亡，闻而恶之，欲徙，会日暮，蜀刺客诈为亡奴降，夜刺杀彭”。

彭亡城　在今四川彭山县东北十里江口镇。《后汉书·岑彭传》：建武十一年（35），岑彭率大军伐公孙述，进至武阳，“彭所营地名彭亡，闻而恶之，欲徙，会日暮，蜀刺客诈为亡奴降，夜刺杀彭”。即此。

彭亡聚　在今四川彭山县东北十里江口镇。《续汉书·郡国志》：“武阳有彭亡聚。”《水经·江水注》：“江水自武阳东至彭亡聚，昔岑彭与吴汉溯江水入蜀，军次是地。”即此。

彭门　今江苏徐州市的别称。因徐州市本大彭氏国，秦置彭城县，汉以后置彭城郡而得名。《寰宇记》卷 15 徐州彭城县：“《彭门记》云，殷之贤臣彭祖……邑号大彭。”宋李震撰有《彭门古今集志》二十卷、郑樵撰有《彭门纪乱》三卷。

彭门山　即今四川彭州市西北三十里寿阳山。《方舆胜览》卷 54 彭州：彭门山“两峰如阙，相去四十步，名天彭门，因以名州。又曰：彭祖出入此山，因名彭门”。相近有牛心山，与彭门山隔江相对。

彭女山　即彭亡山。今四川彭山县东十里之仙女山。《新唐书·地理志》彭山县：“有彭女山。”《寰宇记》卷 74 彭山县：“彭女山在县东北十里。《华阳国志》云：彭祖冢及祠在此。后汉将岑彭死于此。又名彭亡山，亦名平模山。”

彭水　①在今河南鲁山县东南。《水经·滍水注》：彭水“俗谓之小滍水。水出鲁阳县南彭山蚁坞东麓，北流径流彭山西，……又东北流，直应城南而入滍”。

②一名筑水。即今湖北西北部汉水支流南河。《左传》：桓公十二年（前 700），“楚师分涉于彭”。杜注：“彭水，在新城昌魏县。”

③即今重庆市彭水苗族土家族自治县东北郁江。《元和志》卷 30 黔州：贞观四年（630）“自今州东九十里故州城移于涪陵江东彭水之南”。指此水。

彭水场　在今重庆市彭水苗族土家族自治县东。产井盐。民国设场知事。

彭水县　隋开皇十三年（593）置，为黔州治。治所即今重庆市彭水苗族土家族自治县东北郁山镇。明郭子章《郡县释名》四川卷上：彭水县“因彭水为邑名”。大业三年（607）为黔安郡治。唐武德元年（618）为黔州治，贞观四年（630）移治今彭水苗族土家族自治县。南宋绍定元年（1228）为绍定府治。明洪武四年（1371）属重庆府，十年（1377）改属涪州。清初属重庆府，雍正十二年（1734）为黔彭厅治，乾隆元年（1736）属酉阳直隶州。民国初属四川东川道。1928 年直属四川省。1983 年改设彭水苗族土家族自治县。1997 年划归重庆市。

彭公山　在今江苏江阴市东十六里。《方舆纪要》卷 25 常州府江阴县：彭公山“俗传汉彭越收江南，尝营于此山之东，因名”。

彭公湖　一作潘光湖。即今西藏日土县北班公错，跨克什米尔境。清末辛亥年版《西藏新志》卷上：“彭公湖，土人称为哥木克那喇令湖，取义明媚而且狭长。此湖自克什米尔之东边，跨西藏之西陬，横截两国之疆界，东西达一百英里，纵不过六七英里。”

彭田港　在今湖北石首市东三十里。《方舆纪要》卷 78 石首县“东山”条下：猎货山“下有彭田港，宋时商贾舟楫往来贸易于此。水涨亦通洞庭”。

彭他麻　又作夥尔彭他吗。在今西藏巴青县西北。为藏北三十九族之一。见清乾隆《西藏志·外番》。

彭市河塘　即今湖北天门市南四十四里彭市镇。清光绪《湖北全省分图》：天门县南有彭市河塘。

彭头山　在今浙江建德市西南二十六里。《方舆纪要》卷 90 寿昌县：彭头山在“县治（今寿昌镇）西一里。唐景福中，县令戴筠开湖于山下，谓之西湖”。

彭头山遗址　在今湖南澧县西北大坪乡北，是一处高出四周地面 4 米以上的圆形岗丘遗址。面积 1 万多平方米。主要文化堆积为彭头山文化时期遗存，年代距今约 9000 年。有地面式、浅地穴式建筑遗迹和以小坑二次葬为主的墓葬。出土遗物中石器大多为打制石器，既有大型砾石石器，也有黑色细小燧石器，与本地旧石器时代晚期传统区别甚小。陶器制造古朴简单，全是用原始的贴塑法制成，并掺和有大量稻壳、稻叶。最令人震惊的是发现了世界上最早的稻作农业痕迹——稻壳和谷粒，为确立长江中游地区在中国乃至在世界稻作农业起源与发展中的历史地位奠定了基础。彭头山遗址文化面貌独存，已被命名为彭头山文化。2001年定为全国重点文物保护单位。

彭场镇　即今湖北仙桃市东南三十二里彭场镇。昔为白泥湖，清乾隆初成市集。

彭州　①唐武德元年（618）置，治所在彭原县（今甘肃庆阳市西峰区北彭原乡）。辖境相当今甘肃庆阳市地。贞观元年（627）废。

②唐贞观七年（633）改羁縻洪州置，属松州都督府。治所在今四川马尔康县东。后废。

③唐垂拱二年（686）置，治所在九陇县（今四川彭州市）。《元和志》卷31彭州："以岷山导江，江出山处，两山相对，古谓之天彭门，因取以名州。"天宝元年（742）改为濛阳郡，乾元元年（758）复为彭州。辖境相当今四川彭州、都江堰（旧灌县）二市地。元属成都路。明洪武十年（1377）降为彭县。

彭州市　1993年撤销四川省彭县，改设彭州市，市人民政府驻天彭镇。由成都市代管。

彭池原　在今甘肃宁县北。《元和志》卷3彭原县：彭池原"原南北八十一里，东西六十里"。《方舆纪要》卷57宁州：彭池原"原盖因地而名"。

彭阳县　①战国秦置，属北地郡。治所在今甘肃镇原县东南八十里彭阳乡井陈家村，茹河北岸。遗址尚存。西汉属安定郡。《史记·匈奴列传》：文帝十四年（前166），"匈奴单于十四万骑入朝那萧关，杀北地都尉卬，虏人民畜产甚多，遂至彭阳"。《后汉书·段颎传》：建宁元年（168）春，"颎将兵万余人，赍十五日粮，从彭阳直指高平，与先零诸种战于逢火山"。皆此。晋废。

②北魏置，为西北地郡治。治所即今甘肃庆阳市西峰区北彭原乡。隋开皇十八年（598）改名彭原县。

③北宋太平兴国中改丰义县置，属宁州。治所在今甘肃镇原县东南六十里彭阳村。至道三年（997）改属原州。元世祖至元七年（1270）并入镇原州。

彭阳城　北宋咸平六年（1003）置，属镇戎军。即今宁夏彭阳县。金改为彭阳堡。

彭阳堡　金改彭阳城置，属镇戎州。即今宁夏彭阳县。明置清平监于此。

彭戏氏　又作彭衙、衙。在今陕西白水县东北四十里南彭衙村、北彭衙村。《史记·秦本纪》：武公元年（前310），"伐彭戏氏"。《正义》："戏，音许宜反，戎号也。盖同州彭衙故城是也。"

彭坑（阬）谷　在今甘肃泾川县西北。《魏书·崔延伯传》卷73：孝昌元年（525）崔延伯讨万俟醜奴，"从泾州西进，去贼彭坑谷栅七里结营。直前击贼，败死"。即此。

彭坑岩　在今福建尤溪县东北。《清一统志·延平府》：彭坑岩"在尤溪县东北三十里。有巨石数十围叠其巅，旁开小洞口，中有池有井，水深不可量。其下曰梅营坂，梅树多至十里"。

彭县　明洪武十年（1377）降彭州置，属成都府。治所即今四川彭州市。清康熙七年（1668）废，雍正六年（1728）复置。民国初属四川西川道。1928年直属四川省。1993年改设彭州市。

彭亨　在今马来西亚马来亚东部，今为马来西亚之一州。《明史·外国列传》："彭亨，在暹罗之西。洪武十一年，其王麻哈剌惹答饶遣使赍金叶表，贡番奴六人及方物，宴赉如礼。永乐九年，王巴剌密琐剌达罗息泥遣使入贡。十年，郑和使其国。"

彭沛谷堡　在今陕西黄陵县西北。彭沛谷，为苻秦时卢水胡，立堡于贰县，附于苻登。《晋书·苻登载记》："苌攻彭沛谷堡，陷之。"即此。

彭坡头　即今山西平遥县东南彭坡头。1941年晋冀鲁豫边区置铁南县治此。

彭河　在今山东枣庄市东南。《方舆纪要》卷32峄县：彭河在"县东南五十里。一名中心沟。源出县西四十五里白茅山下之玉华泉，东合众流，又东会丞水，注于泇河。土人谓之运铁河。王应麐曰：彭城北至丞，有铁官，其南有铸钱山，盖因以名"。

彭波县　南朝宋元嘉二十五年（448）置，属西阳郡。治所在今湖北麻城市西南。大明八年（464）并入阳城左县。

彭泽县　西汉置，属豫章郡。治所在今江西湖口县东南三十余里柳德昭村附近。《元和志》卷28："置彭城（蠡）湖南。因以为名。"东汉建安十四年（209）孙权于县置彭泽郡，寻废，县属豫章郡。西晋怀帝永嘉元年（307）改属寻阳郡。南朝梁为太原郡治。隋平陈后改置龙城县，属江州。移治今江西彭泽县西二里。开皇十八年（598）复改彭泽县，大业初属九江郡。唐武德五年（622）属浩州，八年（625）废浩州，移彭泽县于废浩州城内（今彭泽县东南四十里黄岭乡旧县街），属江州。五代南唐升元初又移治今彭泽县。元属江州路。明、清属九江府。民国初属江西浔阳道。1926年直属江西省。

彭泽郡　东汉建安十四年（209）孙权置，治所在彭泽县（今江西湖口县东南三十余里柳德昭村附近）。《三国志·吴书·吕范传》：孙权拜吕范为"裨将军。领彭泽太守，以彭泽、柴桑、历阳为奉邑"。寻废。

彭泽聚　在今安徽宣城市西南。《汉书·地理志》丹阳郡宛陵县："彭泽聚在西南。"

彭郎矶　本名澎浪矶。在今江西彭泽县西北长江南岸，北与小孤山相对。北宋欧阳修《归田录》："江南有大、小孤山，在江水中，嶷然独立，而世欲转孤为姑。江侧有一石矶，谓之澎浪矶，遂转为彭郎矶，云彭郎者小姑婿也。"苏轼《李思训画长江绝岛图》诗："小姑前年嫁彭郎。"指此。清湘军将领彭玉麟率舟师逼太平军，进克小孤山，勒诗山上，有"彭郎夺得小姑还"之句。

彭城　春秋宋邑。即今江苏徐州市。《春秋》：成公十八年（前573），“宋鱼石复入于彭城”。《史记·韩世家》：文侯二年（前385），“伐宋，到彭城执宋君”。皆此。秦置县。

彭城矶 又作彭城洲。在今湖南岳阳市东北陆城镇附近。《水经·江水注》：江水“又东径彭城口，水东有彭城矶”。

彭城县 ①战国秦置，属泗水郡。治所即今江苏徐州市。秦亡后，项羽自立为西楚霸王，都此。西汉为楚国治。东汉为彭城国治。三国魏为徐州治。东晋为北徐州治。南朝宋为徐州、彭城郡治。隋为彭城郡治。唐为徐州治。天宝元年（742）改为彭城郡治，乾元元年（758）复为徐州治。唐、五代又曾为武宁军、感化军节度使治。元世祖至元二年（1265）省入徐州。

②南朝梁置，属东彭城郡。治所当在今江苏灌云县境。东魏武定七年（549）改为安乐县。

彭城国 东汉章和二年（88）改楚国置，治所在彭城县（今江苏徐州市）。辖境相当今江苏徐州市及铜山区、沛县东南部、邳州市西北部，安徽濉溪县东部及山东微山县地。南朝宋永初二年（421）改为彭城郡。

彭城洲 即彭城矶。在今湖南岳阳市东北。《宋书·谢晦传》：元嘉三年（426），谢晦自江陵带兵东下，“晦至江口，到彦之已到彭城洲，乃攻萧欣于彭城洲”。即此。《元和志》卷27岳州巴陵县：“彭城洲，在县东北九十四里。”

彭城郡 西汉地节元年（前69）改楚国置，治所在彭城县（今江苏徐州市）。辖境相当今江苏徐州市及铜山区、沛县东南部、邳州市西北部，安徽濉溪县东部及山东微山县地。黄龙元年（前49）复为楚国。东汉章和二年（88）又改为彭城国。南朝宋永初二年（421）复为彭城郡。隋开皇初郡废。大业四年（608）复置，唐武德四年（621）又改为徐州。天宝元年（742）复改彭城郡，乾元元年（758）又改徐州。

彭城堰 又名彭城闸。在今陕西高陵县西北。《新唐书·地理志》京兆府高陵县：“有古白渠，宝历元年，令刘仁师请更水道，渠成，名刘公，堰曰彭城。”

彭城镇 ①北宋置，属南充县。在今四川南充市嘉陵区西南世阳镇西十里，俗呼彭寺镇。

②即今河北邯郸市峰峰矿区西南彭城镇。旧属磁州（今磁县），清设州判驻此。盛产陶瓷，为邯郸市陶瓷中心。

彭侯国 西汉元鼎元年（前116）封城阳顷王子强为彭侯，属东海郡。《续汉书·郡国志》载：“费侯国，故属东海，有祊亭。”《史记·周本纪》正义引《括地志》亦云：“祊田在沂州费县东南。”又，费县境内有祊水，祊亭应在其附近。据此，可知彭侯国的地望在今山东费县东部祊河流域。

彭祖国 又作大彭氏、彭、彭城。夏、商时国。在今江苏徐州市。《庄子·大宗师》：“彭祖得之，上及有虞，下及五伯。”《史记·楚世家》：“彭祖氏，殷之时尝为侯伯，殷之末世灭彭祖氏。”《集解》引《世本》曰：“彭祖者，彭城是也。”《正义》引《括地志》：“彭城，古彭祖国。”《汉书·地理志》楚国彭城县：“古彭城国。”

彭䢵 战国楚邑。《鄂君启节》铭文：自鄂往，“逾江，庚彭䢵”。一说为六朝之大雷戍，即今安徽望江县；一说即彭蠡，在今江西鄱阳湖北；一说即彭泽，在今江西湖口县东。

彭姥村 即今浙江象山县治丹城镇。自唐至清初为象山县治。《元和志》卷26明州象山县：“神龙元年监察御史崔晈奏于宁海东界海曲中象山东麓彭姥村置县。”清康熙时改名丹城。

彭桥市 即今浙江慈溪市东南十里彭桥村。旧属余姚县。清光绪《余姚县志》卷1《市肆》有彭桥市。

彭原县 隋开皇十八年（598）改彭阳县置，属宁州。治所即今甘肃庆阳市西峰区北彭原乡。《元和志》卷3彭原县：“因彭池为名。”大业初属北地郡。唐武德元年（618）于此置彭州。贞观初州废，县属宁州。北宋熙宁三年（1070）属庆州。元世祖至元七年（1270）废。

彭原郡 唐天宝元年（742）改宁州置，治所在定安县（今甘肃宁县）。辖境相当今甘肃庆阳市及宁县、正宁等县地。乾元元年（758）复名宁州。

彭家山 ①又作彭佳山、平嘉山、平佳山。即今台湾省东北所属彭佳屿。陈侃《使琉球录》：太武放洋，“用甲卯取彭家山”。

②即今印度尼西亚苏门答腊岛东南面之邦加岛。《郑和航海图》有彭家山。

彭家门 古海峡名。即今印度尼西亚苏门答腊岛和邦加岛之间的邦加海峡。元汪大渊《岛夷志略》：旧港“自淡港入彭家门，民以竹代舟”。

彭家场 ①一名彭场镇。即今湖北仙桃市东南三十二里彭场镇。民国《湖北通志》卷33《乡镇》：沔阳州（治所在今市西南沔城镇）东乡有“彭家场”。

②即今四川双流县西彭镇。民国《双流县志》卷1：彭镇“俗名彭家场，在治西十里。市面宽大，街巷共十三道。……商业繁盛，以油、麻、线、布为大宗”。

彭家店 即今河南息县西北四十里彭店乡。清尹耕云《豫军纪略》卷4：咸丰七年（1857）六月，“侦知房明扬股百余，踞息县彭家店”。

彭家集 即今山东东平县南彭集镇。清置彭家集巡司。《清一统志·泰安府二》：彭家集巡司“本朝乾隆三十八年（1773）移即墨县浮山巡检驻此”。

彭家滩 在今江苏涟水县东废黄河西。《清一统志·淮安府二》：五口港巡司，“《河防考》：与下河把总俱驻扎佃湖，修防黄河汛地。上由彭家滩起，下至云梯关止”。

彭措林寺　又作平措林寺。在今西藏拉孜县东北彭措林乡。公元1615年建，由诵经大殿和三十五个佛殿组成。山顶上还修有四间高九层的达耶拉塔卧室。本寺原属藏传佛教觉囊派寺院，后为格鲁派寺院。寺内保存大量完好的壁画和金、铜佛像等。2006年定为全国重点文物保护单位。

彭望山　即彭亡山。今四川彭山县东北十里仙女山。《续汉书·郡国志》：武阳有彭亡聚。刘昭注："《南中志》曰：县南（北）二十里彭望山。"

彭婆　即今河南伊川县东北二十里彭婆镇。《资治通鉴》：唐建中四年（783），李希烈遣别将取尉氏，围郑州，"逻骑西至彭婆，东都士民震骇"。北宋置彭婆镇，属河南县。金属洛阳县，民国初设县佐驻此。

彭绮城　三国吴黄武年间筑。故址在今江西乐平市东。《寰宇记》卷107乐平县：彭绮城"在县东。吴黄武中鄱人彭绮所筑"。《清一统志·饶州府二》：彭绮城，"《旧志》：今（乐平）县东十里翥山麓有绮城遗址，一名翥山寨"。

彭越台（臺）　又名梁王台。在今山东定陶县东五里。《方舆纪要》卷33定陶县：彭越台"相传彭越所筑。今高阜隆起，即故址云"。

彭道鱼池　一名郭池。在今四川阆中市西南十里。《汉书·地理志》阆中县："彭道鱼池在西南。"

彭道将池　亦名南池。在今四川阆中市东南十五里七里镇。《汉书·地理志》阆中县："彭道将池在县南。"《寰宇记》卷86阆中县：彭道将池，"《郡国志》云：彭道鱼池在州西南。《四夷述记》云：州东南池，东西二里，南北约五里。州城西南十里有郭池，周约五十亩。二池与《汉志》注相符"。自汉以来，建堰引水溉田，唐末以后逐渐成平陆。

彭湖　①在今浙江衢州市东。《方舆纪要》卷93衢州府西安县：彭湖"在府东十五里。广数十丈，延袤五里"。

②即今台湾岛西澎湖列岛。南宋赵汝适《诸番志》卷上："泉（即泉州）有海岛曰彭湖，隶晋江县。"元至元末于此置澎湖巡检司。

彭湖屿　又作澎湖屿。即今台湾岛西澎湖岛。《明史·地理志》泉州府晋江县："海中有澎湖屿。"《方舆纪要》卷99泉州府晋江县：彭湖屿"在府东南海中。山形平衍，东西约十五里，南北约二十里，周围小屿颇多。自府城东出海，舟行三日可至"。

彭湃县　1933年8月中央革命根据地由宁化、建宁二县析置，治湖村（今福建宁化县东北湖村镇）。后迁巫坊（今宁化县东北巫坊）。1934年12月裁撤。

彭错岭　即盆苏克灵城。今西藏拉孜县东北彭错林乡。藏语意为富饶洲。

彭错岭宗　又称盆苏克灵。原西藏地方政府设治所即今西藏拉孜县东北彭错林乡。1960年与拉孜宗合并，改设拉孜县。

彭衙　一作窗户。又作彭戏。春秋秦邑。即今陕西白水县东北四十里南彭衙村、北彭衙村。《春秋》：文公二年（前625），"晋侯及秦师战于彭衙"。杜注："冯翊郃阳县西北有彭衙城。"即此。西汉置衙县。唐杜甫《彭衙行》诗："夜深彭衙道，月照白水山。"

彭溪　永安溪支流。在今浙江仙居县东。《方舆纪要》卷92仙居县：彭溪在"县东二十里。源出天台山，南流百十里入永安溪。嘉靖三十五年，倭贼据仙居，官军进击，贼走彭溪，官军迁之于溪上"。

彭溪山　在今浙江仙居县西北。《方舆纪要》卷92仙居县：彭溪山"在县西北四十里。《旧志》：出多林木，饶五谷，脉接天台，水流为彭溪"。

彭溪水　即今重庆市开县、云阳县境之小江河（开江），为长江支流。《水经·江水注》："水出巴渠郡僚中，东南流径汉丰县东，清水注之。……（清水）至汉丰县东而西注彭溪，谓之清水口。彭溪水又南，径朐忍县西六十里，南流注于江，谓之彭溪口。"

彭模山　即彭亡山。今重庆市彭山县东北仙女山。《晋书·桓玄传》：东晋永和三年（347），伐成汉李势，"军次彭模……势使其叔父福及兄权等攻彭模"。《方舆纪要》卷71彭山县：彭亡山"亦名彭女山，亦曰平模山，亦曰彭模山"。

彭模城　亦名彭亡城、平无城。在今四川彭山县东北十里江口镇。《晋书·桓温传》：永和三年（547）伐汉，"军次彭模，乃命参军周楚、孙盛守辎重，自将步卒直指成都"。《宋书·朱龄石传》：东晋义熙九年（413），朱龄石率大军伐蜀谯纵，谯纵遣侯辉、谯诜等"率从万余屯彭模，夹水为城。十年六月，龄石至彭模，诸将以贼水北城险阻众多，咸欲先攻其南城"。皆此。

彭寨墟　亦作彭镇墟。即今广东和平县东南五十里彭寨镇。清雍正《广东通志》卷18：和平县有彭镇墟。

彭墩街　在今福建建阳市东北二十里。民国《建阳县志》附图：县东北有彭墩街。

彭德怀故居　在今湖南湘潭县西南乌石镇乌石村彭家围子。无产阶级革命家彭德怀（1898—1974）出生于此。现存建筑是彭德怀在湘军任团长时出资修建的，为典型的土木结构的江南民居，占地面积2490平方米，主体建筑面积350平方米，房屋十七间。1958年、1961年彭德怀两次回乡作农村调查时在此居住了三十五天，接待干部群众二千余人次，起草了五个农村调查报告。1965年彭德怀亲属将其"八万言书"手稿及部分军事论文手稿埋藏在故居西厨房灶台下，使之免遭劫难。1998年在故居北面建彭德怀纪念馆。2001年定为全国重点文物保护单位。

彭蠡　古泽薮名。即今江西鄱阳湖。《尚书·禹贡》 扬州："彭蠡既潴"；导漾"东汇泽为彭蠡"。《汉书·地理志》 豫章郡彭泽："《禹贡》彭蠡泽在西。"蔡沈《书传》谓"彭蠡，鄱阳湖也"。近人考证认为《禹贡》彭蠡泽应在长江北岸，约当今鄂东皖西一带滨江诸湖。《史记·封禅书》 载汉武帝南巡"自寻阳（今湖北黄梅县西南）出枞阳（今安徽枞阳），过彭蠡"，即此。自西汉以后，江北彭蠡渐萎缩，而彭蠡之名被南移至江南今鄱阳北湖。两晋后彭蠡泽已包括鄱阳湖的大部。北宋始又兼名鄱阳湖。

彭蠡戍　在今江西都昌县西北。《寰宇记》卷111南康军都昌县：彭蠡戍"在县西北七十里，西临彭蠡湖，北连钓矶山。旧是戍，唐武德五年以江湖阔远，遂重置镇。景龙元年复为戍，以为冲要"。

彭蠡县　隋开皇十八年（598）以寻阳县改置，为江州治。治所即今江西九江市。大业初改为湓城县。《旧唐书·地理志》 江州浔阳县："隋改为彭蠡县，取州东南五十二里彭蠡湖为名。"

彭蠡驿　明初置，在今江西湖口县南一里。《方舆纪要》卷85九江府湖口县：彭蠡驿，"《志》云：驿前有虹桥港。港源发上石钟山，北接江流，秋冬涸为平陆，春夏舟航咸泊于此"。清雍正四年（1726）裁。

彭蠡湖口　又名左里。在今江西湖口县西。为彭蠡湖（今鄱阳湖）入长江之口。《资治通鉴》：东晋义熙六年（410），卢循义军"走还寻阳，将趣豫章，乃悉力栅断左里"，以拒刘裕。胡三省注："杜佑曰：左里即江州寻阳县彭蠡湖口。"南朝宋谢灵运有《入彭蠡湖口》诗。

煮枣　战国魏邑。在今山东东明县南。《史记·苏秦列传》：苏秦说魏襄王曰：大王之地，"东有淮、颍、煮枣、无胥"；又《田敬仲完世家》：魏王谓韩冯、张仪曰："煮枣将拔，齐兵又进。"皆此。

煮枣城　①战国时魏地。在今山东东明县南。《史记·苏秦列传》：苏秦说魏襄王曰："大王之地，……东有淮、颍、煮枣、无胥。"《续汉书·郡国志》 济阴郡冤句："有煮枣城。"《水经·济水注》："北济自济阳县北，东北径煮枣城南。"即此。

②在今河北枣强县西北十五里。《魏书·地形志》 枣强县："有煮枣城。"《元和志》卷17信都县："煮枣故城，在县（治今冀州市）东北五十里。汉煮枣侯国城，六国时于此煮枣油，后魏及齐以为故事，每煮枣油，即于此城。"

煮盐泽　在今陕西西安市临潼区北二十里。《元和志》卷2栎阳县：煮盐泽"在县南十五里。泽多咸卤，苻秦时于此煮盐，周回二十里"。

斯氏古民居建筑群　在今浙江诸暨市东南四十八里东白湖镇东斯宅。北宋时斯姓从东阳迁此定居。现存民居建筑多为清代所建，共有十四处之多。最具代表性的有斯盛居、笔峰书屋、发祥居、华国公别墅。斯盛居约在清嘉庆三年（1798）由里人斯元儒建造；笔峰书屋建于道光二年（1822）；发祥居建于嘉庆七年（1802）前后，为斯元儒胞兄斯元二所建；华国公别墅是斯国华的家庙，学塾也设在其中，其建筑始建于清道光二十年（1840）。斯氏古民居各个组群皆有高墙围护，构成各自独立的建筑组合空间，内部由若干个合院组成，布局对称，轴线明确。斯氏古民居是清代江南典型的聚族而居大型宗族建筑群。2001年定为全国重点文物保护单位。

斯加里野国　在今意大利之西西里岛。南宋赵汝适《诸蕃志》卷上："斯加里野国，近芦眉国界，海屿阔一千里，衣服风俗语言与芦眉同。本国有山穴至深，四季出火。"

斯洨水　古水名。由今河北石家庄市东流，经栾城县北、辛集市南，东流入故漳河。《汉书·地理志》真定国绵曼县："斯洨水首受太白渠，东至鄡入河（按：指漳河）。"《水经·浊漳水注》：斯洨水"首受大白渠，大白渠首受绵蔓水，绵蔓水上承桃水"。"绵蔓水又东径乌子堰，枝津出焉，又东谓之大白渠，……又东径宋子县故城北，又谓之宋子河。又东径敬武县故城北，……白渠水又东谓之斯洨水"。斯洨水与大白渠乃一水上、下游之分，故《清一统志·赵州一》 谓：古斯洨水"即白水渠也"。后湮。

斯都　即斯榆国。或称徙国。在今四川天全县东南始阳镇。《三国志·蜀书·张嶷传》："又斯都耆帅李求承，昔手杀龚禄，嶷求募捕得，数其宿恶而诛之。"

斯榆国　亦作斯都、徙国。都徙（今四川天全县东南二十五里始阳镇）。《史记·司马相如列传》：西汉武帝时，"司马长卿便略定西夷，邛、筰、冉、駹、斯榆之君皆请为内臣"。《索隐》：张揖云"斯俞，国也"。

期纳　即今云南永胜县西南期纳镇。《清一统志·永北厅》"黄草坡哨"条下：又有"片角、期纳等铺，旧有兵戍守"。彝语"期"为肥沃，"纳"为地方，意即肥沃的地方。

期城　在今河南封丘县西南七里。《寰宇记》卷1封丘县引《城冢记》云："期城者夏禹理水时所筑，今呼为簸箕城。"

期城县　隋开皇十八年（598）改南阳县置，属伊州。治所在今河南郏县西北。大业初属襄城郡，四年（608）废入郏城县。唐武德元年（618）复置，属汝州，贞观元年（627）废。

期城郡　北魏孝昌中置，属襄州。治所在西舞阳县（今河南舞钢市西）。隋开皇初废。

期思　初为西周姬姓蒋国。春秋灭于楚，为楚邑。即今河南淮滨县东南期思镇。《左传》：文公十年（前617），"期思公复遂为右司马"。《吕氏春秋·赞能篇》：楚王欲以沈尹茎为令尹，沈辞曰，"期思之鄙人有孙叔敖者，圣人也。王必用之，臣不若也"。

期思县 ①春秋楚灭蒋国后置，治所在今河南淮滨县东南二十六里期思镇。秦属衡山郡。西汉属汝南郡。三国魏属弋阳郡。南朝梁废。

②北魏景明初改边城县置，为边城郡治。治所在安丰故城（今河南固始县东南）。南朝陈改为边城县。隋开皇初复为期思县，属光州。大业初属弋阳郡。隋末废。

③南齐永明三年（485）后置，属西阳郡。治所在今湖北黄冈市境。后废。

④隋开皇初置，属光州。治所在今河南商城县东北。大业初属弋阳郡。后废。

⑤南宋绍兴二十八年（1158）改光山县置，属光州。治所即今河南光山县。寻复为光山县。

期思陂 春秋楚庄王时孙叔敖主持兴建，在今河南商城县及其附近地区。《淮南子·人间训》："孙叔敖决期思之水而灌雩娄之野。"陂久堙。为我国古代最早见于记载的灌溉工程。

期思镇 清置，属固始县。即今河南淮滨县东南二十六里期思镇。

葑门 原名鳝门。即今江苏苏州市旧城东门。《史记·伍子胥传》："而抉吾眼县吴东门之上。"《正义》："东门，鳝门，谓鲟门也，今名葑门。"北宋朱长文《吴郡图经续记》卷上："封门者，取封禺之山以为名。"

葫卢山 在今山东莱芜市东南五十里。《水经·汶水注》："汶出牟县西南阜下，俗谓之胡卢堆。"《方舆纪要》卷31称为葫芦关山，"山形险隘"。《清一统志·泰安府一》：葫芦山，"《府志》：形如葫芦，其势险隘。旧名葫芦关"。

葫卢水 在今河北蔚县北。桑干河支流。《方舆纪要》卷44蔚州：葫卢水"在州城北。其水上槽狭，下流阔，因名。其上流即广流之丰水也，下流注于桑干河。或以此为呕夷河"。

葫卢滩 在今陕西华县北渭水南岸。《方舆纪要》卷54华州"渭水"条："或曰，渭水南岸有葫卢滩，明初大兵下河南，元臣李思齐自潼关退屯葫卢滩，即此。"

葫芦山 在今浙江海盐县西南三十六里澉浦镇葫芦湾村。《方舆纪要》卷91海盐县：葫芦山"潮汐消长，如葫芦出没，故名。语曰：'潮生潮落，葫芦自若。'下有葫芦寨"。

葫芦岛 亦作壶芦岛。即今辽宁锦州市东南葫芦岛。因半岛突入海中，形如葫芦而得名。明《辽东志》卷1宁远卫：葫芦岛"在海岸四十里，半山入海"。

葫芦岛支线 从辽宁锦西（今葫芦岛市）至葫芦岛。长11.9公里。为京奉铁路支线。宣统二年（1910）动工修筑，1911年建成。

葫芦岛市 1994年辽宁省锦西市改名葫芦岛市，葫芦岛区改名龙港区。葫芦岛市人民政府驻龙港区。

葫芦河 又名高平川、苦水、蔚茹水。即今宁夏南部清水河。《元和志》卷3萧关县：蔚茹水"在县之西。一名葫芦河。源出原州西南颓沙山下"。

葫芦峡城 在今宁夏同心县东南清水河东。《明史·地理志》固原州："北有镇戎守御千户所，成化十二年以葫芦峡城置。"

葫芦泉 在今甘肃环县西。《宋史·范仲淹传》：北宋天圣年间，"明珠、灭臧劲兵数万，仲淹闻泾原欲袭讨之，上言曰：'二族道险，不可攻，……若北取细腰、胡芦众泉为堡障，以断贼路，则二族安，而环州、镇戎径道通彻，可无忧矣'。其后，遂筑细腰、胡芦诸砦"。

葫芦溪 ①地名。即今四川三台县西北芦溪镇。《清一统志·潼川府二》：葫芦溪"在三台县北八十里。有县丞驻此"。民国设县佐。

②即三江溪。今重庆市石柱、丰都二县境之龙河。为长江支流。《明史·地理志》石砫宣慰司："又有三江溪，即葫芦溪之上流也。"按《寰宇记》卷149南宾县之望途溪："在县北二百步，西流至丰都县南，注蜀江。"即此水。

葫芦寨 即今湖南保靖县东南四十四里葫芦镇。清严如熤《苗疆险要考》谓葫芦寨"乱山合沓，小坪平衍，为由保至乾州必由之路"。清乾隆征苗时设立台站于此。

葫芦墩 即今台湾省台中市丰原区。连横《台湾通史·疆域志》台湾县："自县治（今台中市）北行二十里为葫芦墩，势控大甲，山间之人多至此贸易，亦行军之所必争者。"日本占领期间于1920年改为丰原街。1945年抗日战争胜利后设丰原镇。1978年升为县辖市。

葫桥镇 在今江苏江阴市西南葫桥。清道光《江阴县志》卷2："葫桥镇四保，县西十里。"民国《江苏六十一县志》：江阴县西南有"葫桥镇"。

葴山 即上界山。在今河南泌阳县东北五十里。《山海经·中山经·中次十一经》："葴山，视水出焉，东南流注于汝水。"

葬城 即左城。在今山东曹县西北六十里旧州城。《水经·济水注》："济水又东北，径定陶恭王陵南。汉哀帝父也。……坟南，魏济阴郡治也，世谓之左城，亦名之曰葬城，盖恭王之陵寝也。"

韮园 在今陕西西安市西。《资治通鉴》：东晋太元十年（385），前秦将李辨、都水使者彭和正"屯于韮园"。秦王苻坚召之，不至。寻"坚过袭韮园，李辨奔燕，彭和正惭，自杀"。

募役 即今贵州关岭布依族苗族自治县南花江镇。民国时设县佐。

募迺寨 即孟乃。今云南澜沧拉祜族自治县西北四十三里竹塘乡。清设土把总驻守。1950年澜沧县迁治于此。1954年县治迁勐朗坝。

葛 夏、商、周国名。在今河南宁陵县西北二十四里葛伯屯。《尚书·商书·仲虺之诰》："乃葛伯仇饷，初征自葛。"《孟子·滕文公》：孟子曰，"汤居亳，与葛为邻"。《春秋》：桓公十五年（前

697)，“邾人、牟人、葛人来朝”。战国为魏邑。《续汉书·地理志》梁国宁陵县：“有葛乡，故葛伯国。”

葛山　①在今浙江绍兴市东南。《越绝书·越地外传》：“葛山者，勾践罢吴，种葛，使越女织治葛布，献于吴王夫差。”

②在今四川梓潼县西北三十里卧龙山。《舆地纪胜》卷186隆庆府：葛山“旧名亮山。在梓潼县北二十五里。《旧经》云：昔诸葛曾北征尝营此山，因名。内有景福院石碑。梁大同年置寺。又有石龛，云正观年造”。今卧龙山有千佛崖佛教摩崖造像三窟四十余龛。有唐贞观八年题记。

葛山县　东魏武定六年（548）置，属龙亢郡。治所即今安徽怀远县西北河溜镇葛山寺。北齐天保七年（556）废。

葛山和峄山摩崖　在今山东邹城市。葛山在邹城北五里处，峰顶有北齐摩崖石刻二十四处，分布在悬崖巨石或沟谷陡壁间。邹城东南二十里处的峄山有“邹鲁秀灵”之誉，东峰冠子石相传为孔子“登东山而小鲁”处。上刻“孔子登临处”。峄山孤桐观是《禹贡》所载“峄阳孤桐”的古迹。弥陀庵又名“书门”，是公元前219年秦始皇东巡登峄山时命丞相李斯勒石颂秦德的遗址。均有摩崖石刻分布其间。2006年定为全国重点文物，归入铁山、岗山摩崖石刻保护单位。

葛马军　南宋庆元中置，属夔州路。治所在今贵州开阳县西北。后废。

葛公镇　明属建德县，即今安徽东至县东葛公镇。《方舆纪要》卷27建德县“永丰镇”条下：“《志》云，东有葛公镇。”

葛布街　即今辽宁抚顺市区北葛布街。乾隆《钦定盛京通志》卷33：“奉天至兴京站道，七十里至噶布拉村站。”即此。

葛卢县　东汉置，属东莱郡。当在今山东东部。后废。

葛仙山　①在今江西靖安县西北。《寰宇记》卷106洪州靖安县：葛仙山“在县西北二十三里。云即葛洪也。上有葛仙巷、练丹坛，岭有金钟，每遇风雨晦暝则有声”。《清一统志·南昌府一》：葛仙山“明正德间，土寇胡雷二立寨山上，即玛瑙崖是也”。

②在今江西铅山县南。《明一统志》卷51广信府：葛仙山，“吴葛玄修炼于此。上有炼丹坛及龙井，井傍有试剑石”。《清一统志·广信府一》：葛仙山“在铅山县南五十里，周八十里，为县之望。有石磴纡折，上有仙坛、龙井”。

③即葛璝山。在今四川彭州市北四十里。《方舆胜览》卷54彭州：葛仙山“有崇真观。在濛阳北四十里。二十四化之第五化也。葛仙翁璝、杨仙翁异贤于此得道。大同中，蒲仙翁高远复于此白日上升。梁武帝钖名上清观。刘孝先作碑以记其事。按《成都记》：韦皋梦神人谓曰：异日富贵无忘葛璝也。后尹成都再梦，乃复新观宇。化之东有明月宫、千人龛、洞穴八十一所及二十四峰。有韦皋记”。《方舆纪要》卷67彭县：葛仙山“在县北四十里。《云笈七籤》云：山有二十四峰，八十一洞，亦曰葛璝山，道家谓之阳平化”。

④在今重庆市荣昌县东三十里。《元和志》卷33昌元县：“葛仙山在县南一百五十里。”《舆地纪胜》卷161昌州：葛仙山，“《图经》：在昌元县百余里。其山下临中江，上干霄汉。以葛仙翁居，因名。山有炼药岩、洗药池、甘露茶、仙茅草、打子石，俗谓掷石而住，其兆得男”。

⑤在今四川富顺县东北庙坝镇境。《清一统志·叙州府一》：葛仙山“在富顺县东北七十里。上有清泉。相传葛仙翁尝憩此，故名”。山麓石壁有宋刻“葛仙山”三大字。磨崖造像数百尊。山前尚存唐、宋石刻。

葛仙乡　即今江苏句容市西南葛村镇。《方舆纪要》卷20江宁府江宁县：葛仙乡“在府东南七十里。明初，王师败陈埜先于秦淮河上，追之至此，乡民执埜先杀之”。

葛仙镇　即葛店。今湖北鄂州市西葛店镇。清光绪《武昌县志》卷3《乡坊》：“葛仙镇，在县西九十里，市廛可三百余户，西距省城九十里，北滨江三里，南通梁子湖。”

葛兰铺　即今重庆市长寿区北葛兰镇。明正德《四川志》卷13长寿县有葛兰铺。清嘉庆《四川通志》卷89长寿县：葛兰铺“在县北六十里”。

葛州　唐永徽二年（651）置羁縻州，属茂州都督府。治所在今四川汶川县西南邛崃山附近地区。后废。

葛阳县　①东汉建安十五年（210）孙权分豫章郡余汗县地置，属鄱阳郡。治所在今江西弋阳县西葛溪水之北。《寰宇记》卷107：“以城在葛水之北，故也。”隋开皇中移治弋江（信江）之北，改名弋阳。

②即盖阳县。治所在今河南西峡县北。《水经·均水注》：“均水发源弘农郡之卢氏县熊耳山，山南即修阳、葛阳二县界也。”赵一清云：“按《魏书·地形志》析州修阳郡领修阳、盖阳二县。盖、葛音同通用。”

葛阳驿　元至元间以饶阳驿改置，在今江西上饶市西。明洪武中迁今上饶市南。清裁。

葛伯城　在今河南漯河市郾城区南。《方舆纪要》卷47郾城县：“葛伯城在县南，相传古葛伯国也。”《资治通鉴》：唐元和十二年（817）二月，“淮西行营奏克蔡州古葛伯城”。即此。

葛沟站　元置，在今山东沂南县南四十四里葛沟镇。明置葛沟店巡司。清康熙十六年（1677）裁。

葛陂　湖泊名。在今河南新蔡县西北七十里。上承澺水（今洪河），东出为铜水、富水（今堙）等注入淮河。周围三十里。今堙。《后汉书·孝灵帝纪》：

中平五年（188），“遣下军校尉鲍鸿讨葛陂黄巾”。《晋书·石勒载记》：石勒“攻掠豫州诸郡，临江而还，屯于葛陂”。

葛陂水　在今山东日照市西南。《水经·沭水注》：葛陂水“发三柱山，西南流绕辟城南，世谓之辟阳城。……积以为陂，谓之辟阳湖，西南流注于沭水也”。

葛陂城　又名葛陵城。在今河南新蔡县西北五十里。《续汉书·郡国志》汝南郡鲖阳侯国注引《皇览》曰：“县有葛陂乡，城东北有楚武王冢，民谓之楚王岑。”

葛坳墟　即今江西于都县东北一百六十里葛坳乡。明嘉靖《赣州府志》卷5：雩都县有葛坳。清同治《江西全省舆图》卷9：雩都县东北有葛坳墟。

葛林卫　明永乐七年（1409）置，属奴儿干都司。在今俄罗斯哈巴罗夫斯克边疆区黑龙江下游格林河流域。后废。

葛林河　又作格楞河。即今俄罗斯哈巴罗夫斯克边疆区黑龙江下游格林河。《明太宗实录》卷62：永乐七年（1409）二月丁卯，“葛林河等处女直野人头目秃里木等百十二人来朝，设葛林河、把城、扎肥河、忽石斤、扎岭、木吉里、哥吉河、纳剌吉河、忽儿海、木束河、奴屯河等十一卫”。

葛岭　在今浙江杭州市西。宋《淳祐临安志》卷9：“葛仙翁尝炼丹于此”，故名。南宋建炎二年（1128）尉曹将金胜等于此败金兵，度宗赐贾似道宅第于葛岭，即此。

葛峄山　①亦名峄阳山。俗名距山。即今江苏邳州市西南之岠山，接睢宁县界。《尚书·禹贡》：“峄阳孤桐”。《汉书·地理志》东海郡下邳：“葛峄山在西，古文以为峄阳。”

②在今山东枣庄市东南三十四里天柱山村西。《方舆纪要》卷32峄县：“葛峄山在县东南十五里。氶水环其下。曰葛绎者，以山川络绎如葛之有蔓也。亦名桂子山。”旧峄县以此得名。

葛店　即今湖北鄂州市西北葛店镇。相传葛洪尝炼丹于此。清咸丰六年（1856），太平军与湘军在此激战。《湘军记》卷3：“唐训方败九江援贼于葛店。”道光年间移白浒镇巡司于此。

葛沽　即今天津市津南区东葛沽镇。明于此置海防营。《清一统志·天津府二》：“海防营在天津县东六十里，地名葛沽。明万历二十五年设副总兵驻防。本朝初设游击，后移游击于大沽，设守备驻此。”民国时设县佐。

葛郎国　在今印度尼西亚爪哇岛东部谏义里一带。见《元史·爪哇传》。

葛驿镇　北宋置，属宋城县。在今河南商丘市南。

葛城　①又作阿。战国燕邑，后入赵。即今河北安新县西南安州镇。《史记·赵世家》：成侯十九年（前356），“与燕会阿”。《正义》引《括地志》：“故葛城，一名依城，又名西阿城。”孝成王十九年（前247），“赵与燕易土，以龙兑、汾门、临东与燕；燕以葛、武阳、平舒与赵”。《续汉书·郡国志》河间国高阳：“有葛城。”皆此。

②即今河北廊坊市东南葛渔城镇。北宋建屯守于此。

③在今河南宁陵县西北二十四里葛伯屯。《水经·汳水注》：“汳水又东径葛城北，故葛伯之国也。”《寰宇记》卷12宁陵县：故葛城“在县北十五里。古葛伯国，以不祀，为汤所灭”。

葛城戍　隋开皇六年（586）置，即今安徽怀远县西北河溜镇葛山寺。

葛城县　金大定二十八年（1188）置，属安州。治所在今河北安新县西南安州镇。元世祖至元二年（1265）废为镇。寻复置，仍属安州。明洪武二年（1369）废入安州。

葛城镇　即今江苏南京市浦口区西北东葛村。《清一统志·江宁府二》：葛城镇“在江浦县之西北。即故东葛城。明初置官驿于此”。

葛剌汤　明代西藏地名。洪武十八年（1385）诏置乌思藏葛剌汤千户所，秩正五品。其地在今扎囊县。

葛洪山　在今河北唐县西北七十里。《史记·赵世家》、《正义》：“鸿上水，源出唐县北葛洪山。”《清一统志·保定府二》：葛洪山“山与恒岳相接，峰峦环簇，岩壑奇胜，相传葛洪修道于此，故名”。

葛姥城　东汉末筑，在今江西赣州市东北五里。《寰宇记》卷108引《舆地志》云：“葛姥者，汉末避黄巾贼，出自交趾，资财巨万，童仆数千，于此筑城为家。”东晋义熙七年（411）徙赣县治此。

葛桥　故址在今江苏南京市江宁区东南秦淮河上。《南齐书·李安民传》：南朝宋元徽四年（476），“安民至京口，破景素军于葛桥”。宋《景定建康志》卷16：葛桥“在上元县崇礼乡方山东南”。

葛根庙　在今内蒙古科尔沁右翼前旗（乌兰浩特市）东南六十里洮儿河东岸陶赖图山脚下。建于清嘉庆初年，是一座规模很大的喇嘛庙。“葛根”，系蒙古语，意为“活佛”。

葛砧山　在今四川会理县东南八里。《明一统志》卷74四川行都司会川卫：葛砧山“上产石青，有四色”。

葛峨镇　亦作葛万镇。唐置，属荔浦县。在今广西蒙山县东南陈塘镇沙灵。唐武德五年（622）置东区县于此。《元和志》卷37东区县：“葛峨镇在县城内。”北宋废葛峨镇。

葛峪堡　明宣德五年（1430）筑，即今河北宣化县东北三十五里葛峪堡。《方舆纪要》卷18万全都司：葛峪堡，“四山壁立，路径崎岖，中路参将驻此。分边东起赤城，西尽张家口，沿长一百三十一里。辖龙门卫一、堡十，盖镇城北面之藩篱也。葛峪所辖墩台，以预筑、镇边诸处为最冲”。

葛浪洞等处长官司　元置，属播州安抚司。治所即今贵州黄平县西北浪洞乡。明初废。

葛家冈　在今河南开封市西南。《宋史·河渠四》：嘉祐三年（1058）正月，开京城西葛家冈新河，以有司言：“至和中，大水入京城，请自祥符县界葛家冈开生河，直城南好草陂，北入惠民河，分注鲁沟，以纾京城之患。”

葛家集　即今山东文登市西侯家镇。清光绪《文登县志》卷3《坊市》：城西四十里曰葛家集。

葛家溪　又名北洞水。在今广西恭城瑶族自治县东。《方舆纪要》卷107恭城县：葛家溪“源出县东之北洞，西流合入乐川”。

葛陵城　即葛陂城。在今河南新蔡县西北五十里。《水经·汝水注》：三严水径鲖阳县，“县有葛陵城，建武十五年更封安成侯铫丹为侯国。城之东北，有楚武王冢”。

葛逻州　唐贞观二十三年（649）以葛逻禄、悒怛二部置，初隶云中都督府，后改属呼延都督府。为羁縻州。当在今内蒙古巴彦淖尔市境。

葛逻犍城　在今塔吉克斯坦库利亚布附近胡利布克。唐为高附都督府五翎州治。

葛渔城　亦名葛城。宋建，在今河北廊坊市东南二十四里葛鱼城镇。

葛隆镇　即今上海市嘉定区西北十八里葛隆。旧有葛隆庙，镇以庙名。《方舆纪要》卷24苏州府嘉定县“黄渡镇”条下称“葛龙庙镇”。明成化年间知县吴哲始建，故又名吴公市。

葛葛僧祇国　在今印度尼西亚苏门答腊岛东北伯劳威斯群岛中之一岛。《新唐书·地理志》附“广州通海夷道”：“又西出峡，三日至葛葛僧祇国，在佛逝西北隅之别岛，国人多钞暴，乘舶者畏惮之。”

葛鲁城　亦作葛笼城。为大理国屈部居住城。在今四川德昌县南。《元史·地理志》德昌路：“在建昌西南，所居蛮号屈部。元至元九年内附。十二年立定昌路，以本部为昌州。二十三年罢定昌路，并入德昌路，治本州葛鲁城。”

葛蛮雍真等处长官司　元置，属八番顺元宣慰司。治所在今贵州开阳县西北。后废。

葛渡寨　元置，在今浙江丽水市东北。后废。

葛璝山　亦名葛仙山、葛家山。在今四川彭州市北四十里。《寰宇记》卷73九陇县：葛璝山“在县北四十八里。《周地图记》云：上有葛永璝祠。永璝学道于此山”。《新唐书·王勃传》：“客剑南。尝登葛璝山旷望，慨然思诸葛亮之功，赋诗见情。”即此。

葛源山街　即今江西横峰县东北葛源镇。地当葛源水南。清同治《广信府志》卷1兴安县：葛源街在“县北六十里，环源皆山，罗列如城。居民稠密，店铺四百余家。产米谷、葛粉、桐油”。

葛溪　①在今江西弋阳县城西。《寰宇记》卷107信州弋阳县：葛溪水“源出上饶县灵山，过当县李诚乡，在县西二里。昔欧冶子居其侧，以此水淬剑。又有葛仙冢，因曰葛水”。《清一统志·广信府一》：葛溪“在弋阳县西二里。亦名西溪。源出灵山，西南流八十里，绕县北，又南流入弋阳江”。

②在今浙江富阳市西。宋《咸淳临安志》卷36新城县：“葛溪在县（治今新登镇）西七里折桂乡，葛仙翁于此炼丹。”故名。《方舆纪要》卷90新城县：葛溪在“县（治今新登镇）西七里。其源有三：一出县西六十五里之渔洲山，曰西溪；一出县西七十里之回源池，曰釜源溪；一出县西六十里之灵隐洞，曰盘石溪。至南新城而三水合流，谓之三溪口，至县西三十五里之里仁桥，合分水县之余源水，又东经县南合松溪，至县东南十里，为渌渚。又南二十里至岘口，入于江（富春江）”。

葛墟岭　在今江苏徐州市铜山区西北。《方舆纪要》卷29徐州沛县：葛墟岭在“县东南九十里。《志》云，岭傍南北通衢，南去徐州洪九十里。明万历中，议开泇河，自县东南四十里马家桥，开微山、赤山、吕孟诸湖起，至葛墟岭下，凡三十里，为始功处也”。

葛彰葛商等处长官司　元置，属思州安抚司。治所在今贵州石阡县西南河坝场。明洪武五年（1372）改为葛彰葛商长官司，属思州宣慰司。永乐十一年（1413）改属石阡府。清废。

葛镜桥　在今贵州福泉市东五里，跨麻哈江上。《清一统志·平越州》引《贵州通志》：“明万历中，郡人葛镜建。屡为水决，三载乃成。高数十丈，行者如履云霄，为黔南桥梁之冠。”

葛孽　战国魏邑，后入赵。在今河北肥乡县西南二十里。《战国策·魏三》：叶阳君谓魏王曰，“王尝身济漳，朝邯郸，抱葛薛、阴成以为赵养邑，而赵无为王有也”。清黄丕烈《战国策札记》：“‘薛’即‘孽’字之省。”《史记·赵世家》：成侯十七年（前358），“成侯与魏惠王遇葛孽”。《寰宇记》卷58肥乡县“葛孽故城”条引《隋图经》云：“葛孽城俗呼葛鹅城，赵武灵王夫人所筑，一名夫人城。”

蒉山（蒉 kuì）　在今陕西蓝田县东南二十五里。《汉书·高帝纪》：“沛公引兵绕峣关，逾蒉山，击秦军，大破之蓝田南。”

蒉侯国　西汉元鼎元年（前116）封城阳顷王子方为蒉侯，属东海郡。治所在今山东费县西北。《汉书·王子侯表上》颜师古曰：“字或作费。”即《汉志》东海郡费县。

董　春秋晋地，故址在今山西万荣县西南。《左传》：文公六年（前621），“阳处父至自温，改蒐于董”。即此。

董卜韩胡宣慰司　亦作穆坪土司。明永乐八年（1410）置，属雅州。治所即今四川宝兴县。《方舆纪要》卷74：董卜韩胡宣慰司“在成都府境西北，直威州、保县之西。……贡道有三：一由杂谷八棱碉出保县；一由清溪口出崇庆州；一由灵关出雅州。近与杂谷不睦，故直由雅安。历代朝贡不绝”。清属雅州府。1928年改为穆坪设治局。

董冈　在今河北临城县北。《方舆纪要》卷14临城县“龙尾冈”条下载：“县城北有董冈。《志》云：冈东接尧峰，西临泜水，环抱奇胜。尧峰在县东南二里，峰峦颇秀美。”

董生决　水渠名。在今河南杞县东北。《水经·汳水注》：“汳水又东，有故渠出焉，南通睢水，谓之董生决。或言，董氏作乱（令），引水南通睢水，故斯水受名焉。今无水。”《水经注疏》杨守敬按：“《睢水注》，汉延熹六年，雍丘令董生立广野君庙碑，当即此董生。……《初学记》八引《述征记》，汴南董生引汴水通白羊湖，即此所谓引水南通睢水也……董生决故渠，当在今杞县东北。”

董市　一名董滩口。即今湖北枝江市西十四里董市镇。《清一统志·荆州府二》：董市“在枝江县（今枝城市东南枝江镇）东六十里，亦谓之董滩口”。

董市镇　北宋置，属石照县。在今重庆市合川区东北龙市镇。明名罗市镇，又名隆市镇、农市镇。

董贞谷　在今甘肃两当县东南。《方舆纪要》卷59徽州两当县：董真峪“在县东南二十里，为县境之要隘”。

董朵寨　在今湖南吉首市西北。《方舆纪要》卷81镇溪千户所：董朵寨，“《志》云：镇溪叛苗有董朵、董其、亚糯、噉冷、噉勒、亚西、十八箭、红厓、小梢、小米、沙流、板凳、茅冈、下水、彪山、小铅场、盘朵、龙亭、闷洞、东那等凡二十寨”。

董坝　在今四川江安县东董坝。一说今纳溪县西大渡口镇。《永乐大典》卷2317《泸州志》引宋《江阳谱》：南井耆有董坝。《方舆纪要》卷72江安县“江安驿”条下：“江安驿又六十五里为董坝驿。”

董志镇　北宋置，属彭原县。即今甘肃庆阳市西峰区南董志镇。明嘉靖二十七年（1548）于此筑堡。清仍为镇，属安化县。有县丞驻此。

董杜原　在今河南灵宝市西北盘头西。《隋书·杨玄感传》：“玄感西至阌乡，上槃豆，布阵五十里，与官军且战且行，一日三败。复阵于董杜原，诸军击之，玄感大败。”

董村镇　①即今河北南皮县东南三十里董村。清同治《畿辅通志》卷50南皮县图：东南有董村镇。

②即今河南长葛市东董村镇。明嘉靖《许州志》卷1《村镇》：“董村镇，在（长葛）县东十五里。”

董里镇　即今河北广宗县北四十里董里集村。清同治《畿辅通志》卷51广宗县图：北有董里集。

董奉山　①即今福建长泰县北董凤山。《新定九域志》卷9漳州：董奉山“仙人董奉游此，石上琴台、丹灶犹存”。

②即今河南信阳市西董峰山。峰峦峻起，高出群山。上有黑龙潭。《寰宇记》卷132信阳县：“董奉山在县西南六十里。昔董奉居于此山，学道得仙，有祠在焉。”

董叔山　又名潺亭山、董政山、凤凰山。在今四川盐亭县东。《寰宇记》卷82盐亭县：董叔山“在县东九十步，高一里，隔涔江水，孤峰绝岛，峭壁千仞。旧名潺亭山。隋开皇四年，县令董叔封尝游宴此，后人思其德政，号曰董叔山”。

董卓垒　在今山西平定县东北。《魏书·地形志》：乐平郡石艾县有“董卓城”。《元和志》卷13广阳县：董卓垒“在县东北八十里”。并引《水经注》曰：“泽发水出董卓垒东。”《明一统志》卷19太原府：董卓垒“唐于此置承天军，戍以兵，乃太原恒山之界关也”。

董岭水　苕溪支流。源出今浙江安吉县（递铺镇）西七十二里董岭，北入苕溪。《方舆纪要》卷91孝丰县：董岭水“分为两流，西流入宁国县界，东流自县（治今孝丰镇）西引而北，至州西南会诸溪涧水，谓之东溪，入于苕溪”。

董泽　又作董池陂、董泽陂。春秋晋地。相传古豢龙氏董父居此，故名。在今山西闻喜县东北。《左传·宣公十二年》：厨子曰，“非子之求，而蒲之爱，董泽之蒲，可胜既乎”。《续汉书·郡国志》闻喜县：“有董池陂，古董泽。”《水经·涑水注》：“涑水西径董泽陂。”即此。

董学邨　即今河北故城县北董学村。《清一统志·河间府二》：董学邨“即董仲舒故居也。……《县志》：今名董学邨，在县北三十里清河北乡，明初分属故城”。

董城　在今湖北孝昌县北。《舆地纪胜》卷77德安府：董城，“《旧经》云：志阳县城本名董城。因孝子董黯得名”。《晋书·朱伺传》：建兴中，朱伺潜军袭破陈声，“声东走，保董城”。即此。

董城郡　西魏改汝南郡置，治所在京池县（今湖北安陆市东北吉阳城）。北周末废。

董城镇　北宋置，属成纪县。在今甘肃天水市东南。

董界堡　在今贵州荔波县西南。《清一统志·都匀府》：董界堡“在荔波县南一百六十里，与广西南丹州接界。明万历八年，南丹酋莫之厚谋侵县地，毁董界官堡，据喇立、喇歌、董界、翁隆、吉利、喇离上下七村，督臣刘尧诲谕却之”。

董亭　在今甘肃武山县南。《三国志·蜀书·姜维传》：蜀汉延熙十六年（253），“维率数万人出石营，经董亭，围南安”。即此。

董哥平堡　北宋置，属秦州。在今甘肃天水市境。

董峰山　原名董奉山。在今河南信市县西。《方舆纪要》卷50信阳州：董峰山“在州西南五十里。峰峦竞起，高出群山。上有黑龙洞”。

董郭尔城　即今西藏堆龙德庆县驻地东嘎镇。《清一统志·西藏》卫地诸城：董郭尔城“在喇萨西二十五里”。藏语意为白山咀、白山坡。1960年并入堆龙德庆县。

董部　指宋代居住于今四川金阳县至宜宾县间金沙江北岸地区之少数族部落。《宋史·蛮夷传四》：“董蛮在马湖江右，僰侯国也。唐羁縻驯、骋、浪、商四州之地。其酋董氏，宋初有董春惜者贡马，自称‘马湖路三十七部落都王子’。其地北近犍为之沐川赖因砦。”

董唐渊　又名澄湖、黄塘泉。在今河北曲周县西北。《资治通鉴》：东晋太元十年（385），刘牢之救苻丕进兵至邺，慕容垂败，“牢之追及垂于董唐渊”。

董家口关　明置，属抚宁县。为长城关隘之一。在今河北抚宁县东北一百十里。《方舆纪要》卷17抚宁县：董家口关，“关之东曰大毛山口关，皆筑城戍守”。

董家口铺　即今山东鄄城县西南董口镇。清光绪《山东通志》卷2《舆图志》：濮州（今鄄城县北旧城镇）南有董家口铺。

董家冈　即今安徽肥西县西南董冈村。旧属合肥县。清光绪《皇朝中外一统舆图》：合肥县西南有董家冈。

董家林　在今北京市房山区琉璃河镇东北董家林村。其地发现西周初年燕国都城和匽侯墓葬。

董家店　即今山东鱼台县西南鱼城镇。清乾隆二十二年（1757）鱼台县由旧城村迁治于此。1964年移今治谷亭镇。

董家庙　即今河北南宫市东南董家庙村。明置董家庙堡巡司。

董家堡　在今贵州荔波县南。《方舆纪要》卷109庆远府荔波县：董家堡，“县南近南丹州境。万历八年，南丹酋莫之厚谋侵县地，毁董家官堡，督臣刘晓诲谕却之”。

董家湖　一名董湖。在今湖北孝感市孝南区东。《方舆纪要》卷77孝感县：董家湖在“县东五里。又东为天门陂，皆以董永名也”。

董家寨　北宋置，属火山军。即今山西河曲县东董家庄。后废。

董鄂路　在今辽宁新宾县南及桓仁县西一带。以董鄂河（今浑江）、建州女真董鄂部居此而得名。《明史·刘綎传》：万历四十七年（1619），“经略杨镐令綎及杜松、李如柏、马林四路出帅。綎兵四万，……大清兵五百守董鄂路，闻綎军至，逆战”，刘綎战死。

董塘口镇　即今湖北枝江市西十四里长江北岸董市镇。《方舆纪要》卷78枝江县：董塘口镇“在县东六十里。商贾贸易聚集于此”。

董塘陂　又名董唐渊。在今河北曲周县西北。魏晋时导漳水入陂，为灌溉之利。《元和志》卷15洺水县：董塘陂，“晋龙骧将军刘牢之救符丕，追慕容垂大军于董塘泉，即此陂也”。后堙。

董靖原山　在今安徽六安市南境。《方舆纪要》卷26六安州：董靖原山在“州南百二十里。山原平敞，周围有小径。相传宋绍兴中，里民董靖原避兵于此。有董家寨，今寨址犹存”。

蒐登站　又作搜登、苏通站。清置，故址在今吉林永吉县西北搜登站镇。《清一统志·吉林二》“尼什哈站”条下：乌拉站“又西南七十里至蒐登站”。

葰人县（葰 suǒ）　西汉高帝七年（前200）改霍人县置，属太原郡。治所在今山西繁峙县东三里圣水头村。东汉属雁门郡。东汉末废。西晋复置，属雁门郡。永嘉后又废。

葡都丽家　即今葡萄牙的旧译。《明史·外国传六》：佛郎机，“（嘉靖）四十四年，伪称满剌加入贡。已，改称蒲都丽家”。

葡萄山　在今河北遵化市东南三十里。《明一统志》卷1顺天府：葡萄山“上多葡萄，故名”。

葡萄驿　亦作蒲塘。即今广西阳朔县西北葡萄镇。《方舆纪要》卷107阳朔县“古祚驿”条下：“又葡萄驿在县北。明洪武二年立，正统间废。今呼其地为葡萄墟。”

葡萄宫　又作蒲陶宫。汉上林苑中的离宫，在今陕西周至县境。《三辅黄图》卷3：“葡萄宫，在上林苑西。汉哀帝元寿二年，单于来朝，以太岁厌胜所，舍之此宫也。”《陕西通志》卷72引《雍胜略》在周至县境。

葱谷　即怱谷。在今甘肃民乐县境。

葱谷水　即今青海互助土族自治县南沙棠（塘）川河。《水经·河水注》：“湟水又东，右（当为左）合葱谷水。水有四源，各出一溪，乱流注于湟。”

葱坪　在今湖北兴山县西北。《方舆纪要》卷78兴山县“猫儿关”条引《县志》：“县西北二百七十里有葱坪，地多葱。相传诸葛武侯曾驻师于此。”

葱岭　在今新疆西南。古代为帕米尔高原和昆仑山、喀喇昆仑山西部诸山的总称。《汉书·西域传》：西域三十六国“西则限以葱岭”。古代中国与西方之间的交通，多经由葱岭山道。汉属西域都护府，唐代安西都护府在此设葱岭守捉。《水经·河水注》引《西河旧事》曰：“其山高大，上生葱，故曰葱岭。”或说即《穆天子传》中的舂山。舂、葱系一音之转。

葱岭北河　即今新疆西南部之喀什噶尔河。清徐松《西域水道记》卷1：“葱岭北河者，《水经注》文以河径葱岭中北道，是名北河。”

葱岭守捉　唐开元中于喝盘陀置，为安西都护府边戍。即今新疆塔什库尔干塔吉克自治县。

葱岭河　即今新疆塔里木河上源叶尔羌河。《汉书·西域传》：“其河有两源：一出葱岭山，一出于阗。于阗在南山下，其河北流，与葱岭河合，东注蒲昌海。”清徐松《西域水道记》作葱岭南河。

葱岭南河　又称葱岭河。即今新疆西南部之叶尔羌河。清徐松《西域水道记》卷1：叶尔羌河“发源葱岭中南道，故曰南河矣”。宣统《新疆图志》卷69：叶尔羌河“二源，一为泽普勒善河，一为听杂阿布河，汇为叶尔羌河。是曰葱岭南河”。

葱莎　在今西藏阿里地区札达县西南一百七十多里。“葱莎”，藏语意为市场。原属札布兰宗管辖。1919年以来英印开始入侵该地。

葱堆营　又作冲堆。清乾隆后置，在今西藏日喀则市东南冲堆。“葱堆”，藏语意为集市。

葱聋山　一名五老山。在今山西永济市东南。《山海经·中山经》：“葱聋之山，其中多大谷。”

葱蒙卧山　在今云南安宁市西。《方舆纪要》卷114三泊县：葱蒙卧山“在县（今县街）北十五里”。

蒋　西周封国。在今河南淮滨县东南二十六里期思镇。《左传》：僖公二十四年（前636），“凡、蒋、邢、茅、胙、祭、周公之胤也”。杜注：“蒋，在弋阳期思县。”后为楚所灭。

蒋山　①即钟山。在今江苏南京市中山门外。《初学记》卷8引《丹阳记》注：“蒋子文为秣陵尉，自言己将死，当为神。后为贼所杀……孙权发使封子文而为都中侯，立庙钟山，因改为蒋山。”《南齐书·崔慧景传》：永元二年（500）崔慧景叛，“台道中护军王莹都督众军，据湖头筑垒，上带蒋山西砦，实甲数万……（慧景）分遣千余人鱼贯缘山，自西岩夜下，鼓叫临城中”。即此。

②在今安徽宁国市东。《清一统志·宁国府一》：蒋山“在宁国县东三十里。山顶有田，泉流不竭。下有苍坑潭，山南有董岭，岭有关路”。

蒋氏故居　在今浙江奉化市西北三十里溪口镇。为蒋介石、蒋经国的故居，包括丰镐房、玉泰盐铺、小洋房等建筑。丰镐房占地4800平方米，建筑面积1850平方米。主要建筑有大门、报本堂、素居、独立小楼。玉泰盐铺是蒋介石祖父、父亲开设的盐铺，蒋介石即出生在这里，现存建筑系1946年所建。小洋房为西式两层楼房，临剡溪，倚武山，1930年建，蒋经国留苏回奉化时，偕妻方良、子孝文居此。1996年定为全国重点文物保护单位。

蒋州　①隋开皇九年（589）平陈改扬州置，因蒋山（即钟山）得名。治所在石头城（在今南京市清凉山）。辖境相当今江苏南京市、江宁、溧水、高淳县及安徽芜湖市、当涂、繁昌二县地。大业三年（607）改为丹阳郡。唐武德三年（620）复名扬州，七年（624）又改为蒋州。次年复名扬州。

②宋改姜州置，为羁縻州，属黔州。治所在今贵州凯里市西北。后废。

③南宋绍兴二十八年（1158）改光州置，治所在定城县（今河南潢川县）。寻复名光州。

蒋村　即今山西定襄县东北蒋村乡。同蒲铁路旧有支线通此。1937—1948年曾在此成立定襄县抗日民主政府。

蒋谷水　一名象谷水。即今山西太谷县东北嵰峪河。《水经·洞过水注》：蒋谷水“出（晋阳）县东南蒋溪，……蒋溪又西合涂水，乱流西北入洞过泽也”。

蒋居山　在今湖南道县南四十里。《方舆纪要》卷81道州：蒋居山“地名四眼桥。山势险阻。一名大尖岭。联络九疑、苍梧，至为深僻。苗蛮据为险阻，居民岁被其害。正德中，设滴水、靖边、周堂、中营四营于山上，以守要害”。

蒋洋　即今福建福鼎市西南蒋阳。明属福宁州，置巡司于此。

蒋桥　①在今河南洛阳市隋唐故城西谷水上。《新五代史·废帝纪》：后唐清泰元年（934），废帝“入京师，冯道率百官迎王于蒋桥”。即此。

②在今四川郫县东南十三里油子河上。《寰宇记》卷72犀浦县：“蒋桥，《益州记》云：蒋碗宅于此，因以名桥。”《梁书·邓元起传》：攻讨益州刺史刘季连，“元起乃自率兵稍进至蒋桥，去成都二十里，留辎重于郫”。即此。

蒋哩闷　即今印度尼西亚爪哇岛西部北岸之井里汶。昔为中国船舶在爪哇岛的泊所之一。清谢清高《海录》有专条记述。

蒋峪集　即今山东临朐县东南蒋峪镇。明嘉靖《临朐县志》：蒋峪集“在县南七十里”。

蒋家坝　即今江苏洪泽县南四十六里蒋坝镇，当洪泽湖东口。清《乾隆内府舆图》：洪泽湖东南有蒋家坝。光绪《盱眙县志稿》卷3：蒋家坝在“东北六十里，沿石工堤向北行五里与山阳县交界”。

蒋家埠　一名蒋家集。即今河南固始县东北三十里蒋集镇。明嘉靖《固始县志》卷3《集市》：“北有蒋家埠。”

蒋家铺　在今浙江奉化市东。《方舆纪要》卷92奉化县：蒋家铺“或云在县东十里蒋家湖旁。嘉靖三十八年倭犯奉化，官军击之于此，败绩”。

蒋陵　又名西陵、孙陵。俗名松陵冈。三国吴大帝孙权陵墓。又称吴大帝陵。在今江苏南京市钟山之阳梅花山上。《寰宇记》卷90上元县：吴大帝陵“在县东北蒋山南八里。按《丹阳记》：蒋陵因山为名”。《晋书·苏峻传》：东晋咸和三年（328），苏峻叛，“与王师战，频捷，遂据蒋陵覆舟山，率众因风放火，台省及储营寺署一时荡尽”。即此。

蒋琬墓　在今四川绵阳市西北二里西山之巅。蒋琬（？—246），字公琰，湖南湘乡人。三国蜀汉名臣。诸葛亮去世后，琬任尚书令，领益州刺史，迁大将军，带兵镇汉中，后还住涪（今绵阳市）。《华阳国志》卷2：“涪县去成都三百五十里……大司马蒋琬葬此。”《元和志》卷33绵州：“蒋琬墓，在县西八里。”清道光二十九年（1849）绵州牧李象昺、邑绅熊文华原址重建，并在墓前立“汉大司马蒋恭侯墓”碑。

蒋鼎堡　明置，属宁夏左屯卫。即今宁夏青铜峡市西北蒋顶村。明嘉靖《宁夏新志》卷1：蒋鼎堡“有仓场”。

蒋墅镇　即今江苏丹阳市东南蒋墅镇。清光绪《江苏全省舆图》丹阳县图：东南有蒋墅。民国《江苏六十一县志》：丹阳县东南有“蒋墅镇”。

落门　聚名。又作雒门。即今甘肃武山县东三十里洛门镇。《后汉书·光武帝纪》：建武十年（34），“冬十月，中郎将来歙等大破隗纯于落门”。即此。《水经·渭水注》：“渭水又东有落门、西山、东流三谷水注之，三川统一东北流注于渭水。有落门聚。昔冯异攻落门，未拔而薨。”附近森林茂密，宋代为巨材产地。

落门水　即今甘肃武山县东大南门河。《水经·渭水注》：“渭水又东，有落门西山东流，三府谷水注之，三川统一，东北流注于渭水。”《元和志》卷39渭州陇西县：“落门水出县东南落门谷。”《明史·地理志》伏羌县：“西南有永宁河。西有洛门川，俱东北注于渭。”

落门镇　一作乐门镇。即今甘肃武山县东三十里洛门镇。《清一统志·巩昌府二》：落门镇“在宁远县东三十里。亦曰小落门”。以伏羌县有大落门，故名。

落马河　亦作骆马河。即今内蒙古赤峰市北英金河及其上游阴河。《金史·地理志》：松山县“有落马河”。乾隆《热河志》卷70引《元一统志》：落马河“在松州（今赤峰市西南城子乡古城）北八十里。发源州界锣锅岭，下流入高州境一百里，东入涂河”。《明太祖实录》：洪武三年（1370）五月“丁丑，海宁卫指挥副使孙虎率兵至落马河，与元太尉买驴战，死之”。

落马涧　一名南涧。故址在今江苏南京市西南。《寰宇记》卷90升州江宁县：落马涧“在县东南五里，水下秦淮，宋武陵王讨凶劭，斩劭，余军处涧而死，水为之溢，因名焉”。《明一统志》谓之跃马涧。

落马湖　即骆马湖。今江苏宿迁市西北骆马湖。《方舆纪要》卷22宿迁县：落马湖在“县西北四十里。又西即黄墩湖。县西二里有陈沟口，又西二十里曰董沟口，即落马湖南通大河之口也。……崇祯八年，河臣刘荣以落马湖阻运，自宿迁至徐州，开河注之，黄水迁徙，不可以舟，遂获罪”。

落屯县　唐永徽元年（650）置，属振州。治所在今海南省三亚市崖城镇东北。《舆地纪胜》卷127吉阳军引《元和志》云：“在落屯洞，因以为名。”五代南汉时废。

落牛滩　在今重庆市云阳县东故陵镇（高坪）一带之长江中。《水经·江水注》：“江水又东为落牛滩，径故陵北。江侧有六大坟。”民国《云阳县志》卷5：“落牛滩即庙矶滩矣。滩之南岸石矶横出，俗名鸡翅膊。矶上山巅有杨泗庙，是曰庙矶滩。”

落凤山　即今山东滕州市东三十里落凤山。《方舆纪要》卷32滕县“孤山”条下：落凤山“峰峦起伏，形如波浪，旁有大公、尖顶、浮柱等山，皆连亘于县东”。《清一统志·兖州府一》“蚕母山”条：“少东为落凤山，起伏如波浪。《县志》：相传有凤凰落此，因名。”

落凤坡　在今四川罗江县西南白马关镇东庞统坟。俗传东汉末刘备军师庞统中流矢死此。《方舆胜览》卷54绵州：白马山“在魏城县西，山势高峻，上有庞统墓”。清王士祯有《落凤坡吊庞士元》诗。据《三国志·蜀书·庞统传》：“进围雒县，统率众攻城，为流矢所中，卒。”统死于今广汉县，非落凤坡。《明一统志》卷67载：“庞统墓在鹿头关。”今落凤坡有清康熙修复之庞统祠。

落丛山　在今陕西略阳县西北。西魏置落丛县，因落丛山为名。《元和志》卷22兴州鸣水县：落丛山在“县西北十里，出铁”。

落丛县　西魏改明水县置，为落丛郡治。治所在今陕西略阳县西北徐家坪镇明水坝村。隋开皇六年（586）改为厨北县。

落丛郡　北魏置，属东益州。治所在明水县（今陕西略阳县西北徐家坪镇明水坝村）。《元和志》卷22鸣水县：落丛郡“因落丛山为名”。辖境相当今陕西略阳县境。西魏时治所改名落丛县，属兴州。隋开皇三年（583）废。

落兰部　唐南诏乌蛮部落之一，属会川都督。治所在今四川冕宁县南泸沽镇。《元史·地理志》泸沽县：“在（礼）州北。昔罗落蛮所居，至蒙氏霸诸部，以乌蛮酋守此城，后渐盛，自号曰落兰部，或称罗落。”元世祖至元十五年（1278）于此置泸沽县。

落邦札佐等处长官司　元置，属顺元路军民安抚司。治所即今贵州修文县东北札佐镇。明崇祯五年（1372）改置札佐长官司。

落回县　亦作洛回县。唐置，属羁縻归化州。治所在今广西柳江县西北古州村南。北宋庆历四年（1044）废。

落亥隘　今四川珙县（巡场镇）东南洛亥镇。清光绪《叙州府志》卷13兴文县：落亥隘在“县西一百八十里……滇蜀往来要道”。

落来镇　北宋置，属江阳县。即今四川富顺县东南一百里怀德镇。明《泸州志》引《江阳谱》：怀德镇旧名落来镇，“因夷人落来归明于本镇住，遂呼镇市为落来”。

落吴县　一作落吾县。唐贞观五年（631）置，属羁縻阔州。治所在今四川松潘县西北。后废。

落别　清设落别汛。即今贵州六枝特区东南二十八里落别布依族彝族乡。有把总驻守。1932年置乐善镇。1941年废。

落矣河　一作矣落河。即今云南石屏县西河底河。《方舆纪要》卷115石屏州：“落矣河在州西八十里。

阔三丈。源出元江府境，南流入亏容甸。今有落矣河桥。”

落表场 即今四川珙县南洛表镇。清乾隆《珙县志》卷1：“西南有落表场。”

落坦部 又作骆丹、骆驼、落狙。唐北室韦九部之一，属室韦都督府。在今俄罗斯阿穆尔州黑龙江北（东）岸结雅河下游。《新唐书·室韦传》：室建河（指黑龙江）“南有蒙瓦部，其北落坦部”。

落析水 即今贵州大方县西落脚河。《方舆纪要》卷123毕节卫：“落析水河在卫南八十里。经归化、鸽鸭二关间，流入水西境，为陆广河之上源。”

落板桥镇 亦作鲁班桥镇。即今四川三台县西南鲁班镇。民国《三台县志》卷1：鲁般桥在“城西南，距城八十里。雍正八年建。通上省大路”。

落星山 ①在今江苏南京市东北，长江南岸。《寰宇记》卷90升州上元县“落星山”条引《南徐州记》：“临沂县前有落星山，吴大帝时，山西江上置三层高楼，以为此名。吴主游猎憩息地。”《文选》卷5左思《吴都赋》：“飨戎旅乎落星之楼。”即此。

②即落星冈。在今江苏南京市清凉山故石头城西南（板桥镇附近）。《资治通鉴》：南朝梁承圣元年（552）侯景之乱，陈霸先攻建康，“于石头西落星山筑栅”。即此。

落星冈 又名落星墩、落星矶、落星山。在今江苏南京市西南板桥镇附近。《南齐书·陈显达传》：永元元年（499），“数千人登落星冈”。宋《景定建康志》卷17“落星山”条引《图经》云：“昔有大星落于此，因以名之。”

落星石 亦名德星石。在今江西星子县南五里。《水经·庐江水注》：“湖中有落星石，周回百余步，高五丈，上生竹木。传曰有星坠此，因以名焉。”《舆地广记》卷24南康军星子县：落星石“昔有星坠水化为石，县镇盖因石为名”。

落星湖 ①在今江西分宜县西。《寰宇记》卷109袁州宜春县：落星湖“相传唐耕者向氏母居此，一夕见巨星流于屋，遂成湖。广五十余亩，其深莫测”。

②又名落星湾、德星湖。即今江西鄱阳湖之北部。《寰宇记》卷111引《图经》云：“昔有星坠水化为石，为彭蠡湖中，俗呼为落星湾。”《明一统志》卷52南康府：落星湖“陈王僧辩破侯景落星湾。又宋孟太后过落星寺舟覆，宫人溺死者十数，惟太后舟无虞，皆此”。《清一统志·南康府一》：彭蠡湖，“《星子县志》，落星湖，即大湖之西出者，今名德星湖”。

落钟（鐘）河 在今云南鹤庆县西南五里。《清一统志·丽江府》：落钟河“源出朝霞山之龙湫，截官道而东，上有落钟桥。相传唐时，有僧自叶榆舁所铸元化寺钟归，及桥，钟坠水中，取之不获，因名”。

落垡村 即今河北廊坊市东南三十里落垡镇。《元史·河渠志》：延祐中，浑河决武清县界旧堤，“落垡村西冲圮”。

落闽水 在今贵州遵义县（南白镇）西南。《明一统志》卷72播州宣慰司：落闽水“在宣慰司（今遵义市）西南四十里。源出水烟里，东流入乌江”。

落都城 一作乐都城。即今青海乐都县。《汉书·赵充国传》：西汉神爵元年（前61），赵充国攻先零羌，“夜引兵上至落都”。即此。

落恐甸长官司 明洪武中置，属临安府。治所在今云南红河县西南洛恩乡。清嘉庆年属石屏州。1933年废入石屏县。

落峭石 在今江西南城县东南飞猿水边。《寰宇记》卷110建昌军南城县：落峭石“在县东南六十五里，去飞猿馆一百一十五里，在飞猿水边。巍峨嵌崟，数里可望。谢灵运题诗云，朝发飞猿峤，暮宿落峭石。即此处也”。《清一统志·建昌府一》：落峭石，“《旧志》：今讹为消石，又讹为哨石”。

落笔洞 在今海南省三亚市东。《明一统志》卷82崖州：落笔洞“在崖州（治今崖城镇）东一百里。石壁峭立，上有石门。中有二石如悬笔。转东数步，复有一洞。中有石如屏。外房有窍通光，内房深暗。相传深入有井通海”。

落笔洞遗址 在今海南省三亚市东北落笔峰。已发现晚期智人牙齿化石、石制品与大量动物化石。石制品二百多件，有砾石石器和石片石器两类，包括石核、砍砸器、敲砸器、尖状器、石锤等。骨器制品丰富，有铲、锤、锥、矛形器、镞、匕等多种，以切割、打制与刮磨等方式制成。已发现哺乳动物化石四十五种，水生动物二十四种，其中螺壳数量达七万多个。时代距今1万年左右，是海南省已发现的时代最早的旧石器时代遗址，对研究早期人类开发海南的历史及更新世到全新世过渡期华南与东南亚地区史前文化的发展有重要价值。2001年定为全国重点文物保护单位。

落豹砦 在今四川兴文县西北。《方舆纪要》卷70兴文县：落豹砦“在县（旧治）东，亦蛮砦也。万历初，大帅刘显讨都掌蛮，袭破其落豹砦，取其恶戾砦，遂进攻凌霄城”。

落浦河 即今四川珙县北境之洛浦河。《清史稿·地理志》珙县：“珙溪一名落浦河，径县西南，折而东北入长宁，合淯溪。”

落雁峰 今陕西华阴市南华山之南峰。《清一统志·同州府一》“太华山”条：“岳顶南峰曰落雁峰，以在岳之中，亦曰中峰。唐李白登落雁峰曰：此峰最高，呼吸之气，想通帝座。峰顶有黑龙潭、仰天池，岁旱祈祷多应。”

落温部 宋大理置，属石城郡。在今云南陆良县东北二十四里旧州。元改陆凉州。

落蒙部 宋大理国置，属善阐府。治所在撒吕城（今云南石林彝族自治县）。《元史·地理志》路南州："夷名路甸，有城曰撒吕，黑爨蛮之裔落蒙所筑，子孙世居之，因名落蒙部。"元世祖至元十三年（1276）改置宜良州。

落路口　在今河北阜平县东北。《方舆纪要》卷14阜平县：落路口"正统四年筑城置戍。《关隘考》：落路口以下凡九口，皆在倒马关南路，为防御要地。自口而南二十余里，为夹折腰口，又西十里为铁岭口、铜录岩口。其相近者又有漆林沟、紫皮岭、六岭儿等口，俱正统、弘治及嘉靖中筑城置戍处也"。

落腰山　在今四川德昌县南境。《方舆纪要》卷74建昌卫军民指挥使司：落腰山"在司治南二百六十里。东西高而中凹，蛮人因呼为落腰也"。

落满　即今广西柳江县西北洛满镇。《方舆纪要》卷109马平县：嘉靖间，韦金田起事，"二十四年，督臣张岳等会兵征之，分三哨并进，破雷岩、同银、平田、落满、都博等巢"。

落漠水　即今河北平乡县西南，南和、任县东之留垒河。《寰宇记》卷59平乡县："落漠水在县西南十八里，古薄洛津也。语讹，故为落漠。"《清一统志·顺德府》：落漠水"一名刘累河。俗亦称牛尾河。自鸡泽县流入县界，又北径南和县东，又北径任县界，合洺河入大陆泽"。

落漠城　一名萝藦亭、萝摩亭。在今山西太谷县西北。《元和志》卷13太谷县："萝藦亭，俗名落漠城，在县西北十九里。"

落濛关　在今贵州遵义县（南白镇）西北乐理（乐民村）。《方舆纪要》卷70遵义府遵义县：落濛关在"府西三十里。（明）万历中，水西安疆臣讨杨应龙，由西路沙溪、马站、石壁、花毛田而进，夺落濛关"。

落稽县　一作洛稽县。唐贞观元年（627）置，属羁縻崌州。治所在今四川松潘县西北。后废。

落巍县　亦作洛巍县。唐置，属羁縻归化州。治所在今广西柳江县西北古州村西。北宋庆历四年（1044）废。

蓝　又作暨。春秋时鲁邑。在今山东苍山县西北。《春秋》：庄公九年（前685），"公及齐大夫盟于蓝"。杜注："蓝，鲁地。琅邪缯县北有蓝亭。"《公羊传》作"暨"。

葭州　金大定二十四年（1184）改晋宁州置，治所即今陕西佳县。辖境相当今陕西吴堡、佳县、神木等县市地。元属延安路，辖境扩大至今府谷县。明洪武七年（1374）改为葭县。十三年复置葭州，属延安府。清雍正三年（1725）升为直隶州，乾隆元年（1736）改属榆林府。1913年改为葭县。1964年改名佳县。

葭芦戍　在今河南卢氏县西。《隋书·杨玄感传》：大业九年（613），玄感兵败，将奔上洛，"至葭芦戍"，自杀。

葭芦县　①西魏置，为武都郡治。治所在今甘肃陇南市武都区东南七十里白龙江东岸。《元和志》卷39盘堤县："魏邓艾与蜀将姜维相持，于此筑城，置茄芦戍，后于此置县。"北周省入盘堤县。

②金正大三年（1226）置，为葭州治。治所即今陕西佳县。元世祖至元六年（1269）省入葭州。

葭芦河　古名诸次水。即今陕西佳县西北佳芦河。源出榆林市西北，东南流径佳县，至县城南入黄河。《宋史·夏国传》：李继迁"诱杀曹光实于葭芦川"。《方舆纪要》卷57葭州：葭芦河在"州西五里。中多葭芦，因名。宋人傍河立砦，曰葭川砦"。

葭芦城　亦作茄芦城，在今甘肃陇南市武都区东南七十里白龙江东岸。三国时，魏邓艾与蜀将姜维相持于此，置葭芦戍，亦曰葭芦城。《资治通鉴》：南朝宋元嘉二十年（443），杨文德为北秦州刺史武都王，"屯葭芦城"。《宋书·氐胡传》：泰始二年（466），"（杨）元和从弟僧嗣，复自立，还戍茄芦，以为宁朔将军、仇池太守。……（顺帝升明元年），虏破茄芦"。即此。西魏置葭芦县。

葭芦郡　即芦北郡。治所在建昌县（今甘肃文县西南）。《北史·氐传》作葭芦郡。

葭芦砦　北宋置，属临泉县。在今陕西佳县北十里。元符二年（1099）升为晋宁军。

葭芦馆　唐安西都护府地。即今新疆伽师县。《新唐书·地理志》引贾耽《四夷路程》："岐山三百四十里至葭芦馆。"

葭县　明洪武七年（1374）降葭州置，属绥德州。治所即今陕西佳县。十三年又升为葭州。1913年复改葭县。次年属陕西榆林道。1928年直属陕西省。1964年改为佳县。

葭明县　即葭萌县。治所在今四川广元市西南昭化镇（旧昭化县城）。《汉书·地理志》广汉郡甸氐道："白水出徼外，东至葭明入汉。"

葭萌水　亦作葭明水。即今甘肃、四川交界之白龙江下游，为嘉陵江支流。流经秦汉葭萌县（今四川广元市西南）北，称葭萌水。《资治通鉴》：南朝宋元嘉十一年（434），"置戍于葭萌水"。胡三省注引《水经注》云："白水东南流至葭萌县北，因谓之葭萌水。"

葭萌县　①亦作葭明县。战国末秦于葭萌城置，属蜀郡。治所在今四川广元市西南昭化镇。《史记·货殖列传》："卓氏见虏略，独夫妻推辇，行诣迁处。诸迁虏少有余财，争与吏，求近处，处葭萌。"即此。西汉属广汉郡。东汉建安二十二年（217）刘备改为汉寿县。

②隋开皇十八年（598）改晋安县置，属利州。治所在今四川广元市南一百十五里。《元和志》卷22葭萌县："晋安县隋改为葭萌县，取汉旧县名。"大业三年（607）属义城郡。唐武德元年（618）复属利州。天宝元年（742）属益昌郡，乾元元年（758）属利州。《元史·汪世显传》：太宗时，南征"军葭萌，守将以山为栅，世显以数骑往夺之"。即此。元初废入昭化县。

葭萌城　①战国末蜀王封其弟葭萌为苴侯，命其食邑为葭萌。即今四川广元市西南昭化镇。东晋常璩《华阳国志·蜀志》：周慎王五年（前316），秦张仪等伐蜀，“蜀王自于葭萌拒之，败绩”。即此。秦灭蜀后置葭萌县。

②在今四川广汉市东五十里。东晋常璩《华阳国志·李势志》：东晋永和三年（347），桓温攻入成都，“中书监王嘏、散骑常侍常璩劝势降，乃夜开东门走。至葭萌，使散骑常侍王幼送降文于温”。

葭密　战国魏邑，即今山东菏泽市西北葭密寨。《寰宇记》卷13曹州乘氏县引《竹书纪年》：幽公三年（前431），“鲁季孙会晋侯于楚，取葭密，遂城之”。

葭密县　西汉置，属济阴郡。治所在今山东菏泽市西北二十五里葭密寨。东汉废。

蒢水　即蘧蒢水。今陕西洋县东之金水河。《水经·沔水注》：“汉水又东合蘧蒢溪口，水北出就谷，……而南注于汉，谓之蒢口。”

葵　战国魏邑。在今河南博爱县西北。《水经·沁水注》引《竹书纪年》：梁惠成王元年（前369），“赵成侯偃、韩懿侯若伐我葵”。《路史·国名纪》作郲。《史记·魏世家》、《索隐》作蔡。

葵山　在今广西玉林市西北。《方舆纪要》卷108兴业县：葵山“在县北十五里。山半有岩，岩有龙井”。山在今石南镇西北，海拔806米。

葵丘　①在今河北临漳县西南三台村。《水经·浊漳水注》：“《春秋古地》云：葵丘，地名，今邺西三台是也。”

②春秋时齐地。在今山东淄博市临淄城西三十里。《左传》：庄公八年（前686），“齐侯使连称、管至父戍葵丘”。杜注：“葵丘，齐地。临淄县西有地名葵丘。”

③春秋宋邑。在今河南民权县东北。《左传》：僖公九年（前651），“夏，会于葵丘”。杜注：“陈留外黄县东有葵丘。”

葵丘县　1936年河南革命根据地由宁陵、睢县二县合置，治所即今河南睢县。1937年撤销，复置宁陵、睢县。

葵丘聚　即春秋宋葵丘。在今河南民权县东北。《续汉书·郡国志》：外黄县“有葵丘聚”。

葵州　明永乐十三年（1415）置，属演州府。治所在今越南中部义静省葵州县。宣德二年（1427）入安南。

葵园峡　即葵园狭。在今甘肃兰州市东。

葵园狭　一作葵园峡。在今甘肃兰州市东。《后汉书·董卓传》：中平二年（185），张温遣周慎将三万人追讨边章、韩遂。慎“引军围榆中城，而章、遂分屯葵园狭，反断慎运道。慎惧，乃弃车重而退”。《资治通鉴》卷58作“葵园峡”。

葵谷　亦名奴葵谷。在今甘肃临夏市东。《晋书·苻坚载记上》：东晋太和二年（367），“张天锡率步骑三万击李俨，攻其大夏、武始二郡，克之。天锡将掌据又败俨诸军于葵谷”。即此。

葵岭山　在今广东惠来县西北。《方舆纪要》卷103惠来县：葵岭山“在县西北十里。顶如覆釜，有巨石对峙，溪径幽深。山寇出没，先年设兵哨守。今废”。

葵潭寨　即今广东惠来县西北葵潭镇。清乾隆《潮州府志》卷14惠来县：葵潭墟在“县西九十里。为闽广通衢”。雍正七年（1729）设巡司于此。

散　西周畿内姬姓封国。在今陕西宝鸡市西南大散关一带。遗物有散氏盘、散伯卣等。

散三站　明改元青州站置，在今朝鲜咸镜南道北青。明《辽东志》卷9：开原东陆路至朝鲜后门有“散三”站。后废。

散毛土司　清初改散毛宣抚司置，属施州卫。治所即今湖北来凤县西北猴栗。雍正十三年（1735）置来凤县。

散毛千户所　明洪武二十三年（1390）置，属施州卫。治所即今湖北咸丰县。二十四年（1391）改为大田军民千户所。

散毛长官司　明永乐九年（1411）改散毛沿边军民宣慰司置，属大田所。治所即今湖北来凤县西北猴栗。十三年（1415）升为散毛宣抚司。

散毛关　一名师壁洞。在今湖北来凤县西南。《方舆纪要》卷82散毛宣抚司：散毛关“在司南，亦曰散毛路口，本名师壁洞。……今改为散毛关”。

散毛府　元世祖至元三十一年（1294）改散毛洞置，属四川行省。治所即今湖北来凤县西北猴栗。至正六年（1346）改为散毛誓崖等处军民宣抚司。

散毛沿边军民宣慰司　元末明玉珍改散毛誓崖等处军民宣抚司置，治所即今湖北来凤县西北猴栗。明洪武四年（1371）改为散毛沿边宣抚司。

散毛沿边宣抚司　明洪武四年（1371）改散毛宣慰司置，属施州。治所即今湖北来凤县西北猴栗。永乐九年（1411）改为长官司。十三年（1415）改为宣抚司。属施州卫。清初改为散毛土司。

散毛洞　元世祖至元三十年（1293）改羁縻柔远州置，属四川行省。治所即今湖北来凤县西北猴栗。三十一年（1294）升为散毛府。

散毛宣抚司　明永乐十三年（1415）改散毛长官司置，属施州卫。治所在今湖北来凤县西北猴栗村。清初改为散毛土司，雍正十三年（1735）改土归流，置来凤县。

散毛誓崖等处军民宣抚司　元至正六年（1346）改散毛府置，属四川行省。治所即今湖北来凤县西北猴栗。元末明玉珍改为散毛沿边军民宣慰司。

散羊峪堡　又作散洋峪堡或山羊峪堡。明置，在今辽宁抚顺县东南三龙峪。明《全辽志》卷2：险山堡有散洋峪台。《方舆纪要》卷37辽东都司：散羊峪堡“在清河堡西。嘉靖二十五年置，当鸦鹘关之冲”。

散关　在今陕西宝鸡市西南五十二里大散岭上。当秦岭孔道，扼川、陕交通咽喉，为古代军事要地。《后汉书·顺阳怀侯嘉传》：建武二年（26），延岑引兵“北入散关，至陈仓，嘉追击破之”。李贤注：“散关，故城在今陈仓县南十里，有散谷水，因取名焉。”《三国志·蜀书·武帝纪》：东汉建安二十年（215），曹操征张鲁，“自陈仓以出散关，至河池”。即此。唐以后称为大散关。

散花洲　在今湖北黄石市东。《舆地纪胜》卷33兴国军：散花洲“在大冶县大江中流之南。世传周瑜败曹操于赤壁，吴王迎之，至此酾酒散花以劳军士，故谓之吴王散花洲”。《方舆纪要》卷76大冶县：散花洲“在西塞山侧，临江”。

散花滩　在今湖北鄂州市西北。《舆地纪胜》卷81寿昌军：散花滩“在武昌西北。欧阳修《集古录》谓其地为吴王散花滩”。

散步滩　即今南海中中国中沙群岛之漫步暗沙。1935年命名为散步滩。1947年改名漫步暗沙。

散兵镇　即今安徽巢湖市西南散兵镇。《清一统志·庐州府二》：散兵镇“在巢县南三十里”。

散迭站　元置，故址在今吉林蛟河市西北天岗镇附近。元《析津志》天下站名：“石敦一百（里）散迭（站）。”

散原山　即西山。在今江西新建县西。《水经·赣水注》：石头津步“西行二十里曰散原山。叠嶂四周，杳邃有趣。晋隆安末，沙门竺昙显建精舍于山南，僧徒自远而至者相继焉”。

散渡河　在今甘肃甘谷县东北五里。《方舆纪要》卷59伏羌县：散渡河“源出通渭县之十八盘山，曲折流入县界，至此入渭”。

敬水郡　南朝梁大同中置，属东巴州。治所在今四川南江县北。西魏属集州。隋开皇三年（583）废。

敬本故城　在今内蒙古包头市西。《元和志》卷4中受降城：“敬本故城，在中（受降）城北四十里。郑虔《军录》曰：‘时人以张仁愿河外筑三城，自古未有。今敬本城周一万八百七十二步，壕堑深峻，亦古之坚守。’贾耽《古今述》曰：‘以地理求之，前代九原郡城也。’”

敬丘侯国　西汉武帝元朔三年（前126）封鲁恭王子节为敬丘侯国，属沛郡。治所即今河南永城市西北四十里太丘乡。东汉明帝改为太丘县。

敬州　又称恭州。五代南汉置，治所在程乡县（今广东梅州市）。辖境相当今广东梅州、平远、蕉岭等市县地。北宋开宝四年（971）改为梅州。

敬安集　即今江苏沛县南六十里敬安镇。民国《铜山县志》卷10：敬安集在“城西北七十五里。咸丰九年建”。

敬武县　西汉置，属巨鹿郡。治所在今河北赵县东北。东汉废。《水经·浊漳水注》：白渠水“又东径敬武县故城北。按《地理志》：巨鹿之属县也。汉元帝封女敬武公主为汤沐邑。阚骃《十三州记》曰：杨氏县（今晋宁县）北有敬武亭，故县也。今其城实中小邑耳，俗名之曰敬武垒，即古县也”。

敬亭山　一名昭亭山。在今安徽宣城市北十里。南朝宋谢灵运有《敬亭山》诗，题下注引《宣城郡图经》曰：“敬亭山，宣城县北十里。”《元和志》卷28宣城县：敬亭山在“州北十二里，即谢朓赋诗之所”。《舆地纪胜》卷19宁国府：敬亭山“山有万松亭、虎窥泉。李白诗云：相看两不厌，只有敬亭山”。

敬爱寺　在唐东都建春门外，今河南洛阳市旧城东南。张彦远《历代名画记》卷3载：“敬爱寺是中宗皇帝为高宗、武后置。”

敬陵　①汉章帝刘炟陵。在今河南洛阳市东北汉魏故城南。《后汉书·和帝纪》：章和二年（88），“葬孝章皇帝于敬陵”。同书《礼仪志》注引《帝王世纪》曰：“在雒阳东南，去雒阳三十九里。”

②唐玄宗武惠妃的陵墓。在今陕西西安市东南庞留村南。

敬善寺　唐高宗时建。在今河南洛阳市南龙门西山北部。为唐洛阳龙门十寺之一。内有优填王像和左、右护法天王像。唐刘沧有《登龙门敬善寺阁》诗。

敬德县　1935年改恩阳县置，属广西省。治所在多敬圩（今广西德保县西北敬德镇）。1951年并入德保县。

鄚　战国赵邑，后属燕。在今河北任丘市北鄚州镇东北三里。《史记·赵世家》：惠文王五年（前333），“与燕鄚、易”。西汉置县。

鄚州　①唐景云二年（711）分瀛、幽两州置，治所在鄚县（今河北任丘市北三十里鄚州镇）。辖境相当今河北保定、任丘二市及清苑、文安等县地。开元十三年（725）改名莫州。

②唐渤海置，为鄚颉府治。治所在奥喜县（今黑龙江省哈尔滨市阿城区）。辖境约当今黑龙江省阿什河流域。辽废。

鄚州镇　即今河北任丘市北三十里鄚州镇。唐鄚州治，故名。

鄚县　西汉置，属涿郡。治所在今河北任丘市北鄚州镇东北三里。东汉属河间国。三国魏黄初元年（220）封张郃为鄚侯，即此。北魏孝昌三年（527）移治今任丘市东北二十里南陵城，属河间郡。北周宣政元年（578）又移治今任丘市北三十里鄚州镇。唐景云中为鄚州治，开元十三年（725）改为莫县。

鄚城驿　明洪武九年（1376）置，属任丘县。即今河北任丘市北三十里鄚州镇。

鄚颉府　渤海置，治所在鄚州（今黑龙江省哈尔滨市阿城区）。辖境约当今黑龙江省哈尔滨、五常、尚志、延寿及吉林松原等市县地。辽废。

鄑　①春秋时纪邑。后入齐。在今山东昌邑市西北三十里瓦城。《春秋》：庄公元年（前693），“齐师迁纪邦、鄑、郚”。《方舆纪要》卷36昌邑县“訾城”条：“鄑亦读訾，本一城也。唐武德二年置訾亭县，属潍州。六年废。俗呼为瓦城。”

②春秋时鲁地。当在今山东汶上县附近。《春秋》：庄公十一年（前683），“公败宋师于鄑”。杜注：“宋、鲁间地。”

韩　①西周封国。初封在今山西河津市东（一说在今陕西韩城市西南）。周宣王徙封，在今河北固安县东南大韩寨。《诗·大雅·韩奕》：“王锡韩侯，其追其貊，奄受北国，因以其伯。”王符《潜夫论》卷9：“昔周宣王亦有韩侯，其国也近燕。”春秋为晋所灭。《水经·圣水注》：圣水“又东南径韩城东。……王肃曰，今涿郡方城县（按，今固安县南方城）有韩侯城”。

②战国时诸侯国之一。姬姓。初都平阳（今山西临汾市）。景侯徙都阳翟（今河南禹州市）。韩哀侯二年（前375）灭郑，徙都新郑（今河南新郑市）。《战国策·韩策一》：苏秦为楚合从说韩王曰，“韩北有巩、洛、成皋之固，西有宜阳、常阪之塞，东有宛、穰、洧水，南有陉山，地方千里，带甲数十万”。秦始皇十七年（前230）为秦所灭。

③项羽灭秦后，封韩王成置，都阳翟（今河南禹州市）。《史记·项羽本纪》：项羽乃分天下，立诸将为侯王，“韩王成因故都，都阳翟”。寻改封郑昌为韩王。辖境相当今河南尉氏县与漯河市以西，宝丰县、登封市以东，舞阳、叶县以北，新密、新郑二市以南地。后为刘邦所灭。

韩山　①在今江苏沭阳县东北五十里。《寰宇记》卷22沭阳县：韩山“按《州旧记》，韩信为楚王，讲武之所也”。

②在今江西鄱阳县北。《方舆纪要》卷85饶州府鄱阳县：韩山“明宣德中，建淮藩于郡城，此为窀穸之所”。《清一统志·饶州府一》：韩山“在鄱阳县北六十里。上有韩信祠，因名。明淮王葬此，改名安山”。

③又作东山。在今广东潮州市东一里。《舆地纪胜》卷100潮州：韩山“与州山相对”。《明一统志》卷80潮州府：韩山“在府治东。唐韩愈曾登览，植木其上，邦人因呼为韩木。科第多寡，则以其花木之繁卜焉，有无亦如之”。

韩王山　在今河北涉县东五里。《方舆纪要》卷49涉县：韩王山，“相传韩信曾驻兵于此”。

韩王台（臺）　在今河南延津县南。《寰宇记》卷2酸枣县：“韩王台二，并在县南一十六里。按孙楚《韩王台赋》云：酸枣县门外，左右有两故台，访古老云：韩王听政之观。”

韩王垒　在今河南新郑县西南。相传为战国时旧址。《晋书·李矩传》：“刘聪遣从弟畅步骑三万讨矩，屯于韩王故垒，相去七里，遣使招矩……矩谋夜袭之。”即此。

韩公堆　在今陕西蓝田县北。《资治通鉴》：唐广德元年（763），吐蕃攻陷长安，“郭子仪使左羽林大将军长孙全绪将二百骑出蓝田观虏势，……全绪至韩公堆，昼则击鼓张旗帜，夜则多然火，以疑吐蕃”。即此。

韩世忠墓　在今江苏苏州市吴中区西南三十里灵岩山西南麓。韩世忠（1089—1151），字良臣。绥德（今属陕西）人。南宋名将。死后追封蕲王。与夫人梁红玉合葬于此。碑额“中兴佐命定国元勋之碑”，碑文长达一万三千九百余字，系宋赵雄撰写，周必大书。碑高三丈，为全国最大墓碑之一。

韩边外　指今吉林桦甸市一带地。清同治、光绪间山东人韩显忠在夹皮沟挖金，聚众数万，占据附近之地，形成独立王国，故绰号边外，称所占之地曰韩边外。民国魏声龢《鸡林旧闻录》：“韩边外：韩籍山东，富才略。当前清同、光间，招集燕齐流民于夹皮沟掏采金矿，严约束，远斥堠，生聚日繁，俨于穷边荒漠中别开世界。”光绪末，始于其地置桦甸县。

韩台（臺）　在今河北元氏县南韩台。《方舆纪要》卷14元氏县：韩台“在县南三里泜水之阳，有土阜连续不绝，韩信出井陉攻赵，尝屯于此，因以名台”。

韩庄　①即今山东微山县东南韩庄镇。地濒微山湖，旧为卫漕要地，运河诸闸总汇之处。

②即今河南汝南县西南四十二里韩庄乡。《方舆纪要》卷50汝阳县“杨埠关“条下载：韩庄店在县西。明正德六年（1511），刘六与千户方瑶“战于韩庄”。即此。

韩州　①北周建德六年（577）置，治所在襄垣县（今山西襄垣县北郊）。隋大业初废。唐武德元年（618）复置，辖境相当今山西襄垣、黎城、武乡、沁县、榆社及河北涉县地。贞观十七年（643）废。

②辽圣宗并三河、榆河二州置，治所在柳河县（今辽宁昌图县北八面城镇东南二里许之古城址）。金正隆中徙治临津县（今吉林梨树县北偏脸城）。辖境相当今吉林四平市、梨树县等地。《金史·太宗纪》：天会六年（1128）十月，“徙昏德公（宋徽宗）、重昏侯（宋钦宗）于韩州”。即此。元废为韩州站。辽、金韩州古城遗址尚存。

韩州站　元于韩州置，在今吉林梨树县北八里偏险城。元《析津志》：天下站名“贾道铺，正东微北一百一十里韩州”。

韩江　即今广东潮州市东韩江。《方舆纪要》卷103潮州海阳县：韩江“在府城东韩山下。源出江闽汀、赣二州境，流入界，会三河而南出，又合产溪、九河、凤水，过凤栖峡，经恶溪而至山下为韩江。又经老鸦洲分流为三：一自县东溪口达澄海水寨入海；一自县南分东西二溪，俱入于海；一自溪口东南流，达急水门，经北关亦入于海”。

韩江抗日根据地　1937年后由韩江纵队建立的抗日游击区。范围包括广东潮安、澄海、饶平、普宁、揭阳、丰顺等县和惠来县南山山区。以大南山、大北山、凤凰山等为中心。先后组建过青年救亡同志会（后改称青年抗敌同志会）、汕头青年抗敌同志会游击大队。1945年2月成立潮汕人民抗日游击队，随后改称广东人民抗日游击队韩江纵队。抗日战争胜利后，部分军事骨干随东江纵队北撤山东解放区，留下少数骨干组成武装工作队，坚持秘密活动，配合南下大军解放汕潮地区。

韩阳坂 又作韩洋坂。即今福建福安市。本长溪县地。南宋淳祐四年（1244）于此置福安县。1989年改设福安市。

韩坊 即今江西赣县南韩坊。1932年中央革命根据地置信康县治此。

韩村 ①即今河北永清县东北二十八里韩村镇。清乾隆《永清县志》图：东北有韩村。

②即今河北献县东北五十里韩村乡。清乾隆《献县志》卷3市集：有韩村。

韩村镇 ①即今河北黄骅市。盛产盐，清设利国盐场。《清一统志·天津府二》："利国场在韩村。"1938年于此设新海县，1945年改为黄骅县。

②在今河北冀州市西南韩村。清为韩村堡。

韩张山 一名官山。在今湖南临武县北。《明一统志》卷64衡州府：韩张山"在临武县学后。唐韩愈、张署同时迁谪，韩令阳山，张令临武。及北还，会宿于此。故名"。

韩张镇 一名韩张堡。北宋置，属朝城县。即今河南南乐县东二十四里韩张镇。

韩岭市 即今浙江宁波市鄞州区东南韩岭村。清光绪《鄞县志》卷2《市镇》：韩岭"距城五十里"。

韩朋镇 北宋置，属安居县。在今四川遂宁市西南九十里东禅镇。清光绪《遂宁县志》卷1：东禅场"为古韩朋镇"。

韩店 即今山西长治县驻地。《方舆纪要》卷43泽州："韩店在州北，明初元将扩廓遣兵攻泽州，我师御之于此，不利。"1973年长治县迁治于此。

韩城 ①在今河北固安县东南大韩寨。《诗·大雅·韩奕》："溥彼韩城，燕师所完。"《水经·圣水注》：圣水"又东南径韩城东，……王肃曰：今涿郡方城县（今固安县西南方城）有韩侯城"。

②在今山西襄垣县北郊。《方舆纪要》卷42襄垣县：韩城"在县治北。或曰战国时韩所置也，后人因名曰韩城。后周置韩州治此"。

韩城大禹庙 在今陕西韩城市东北六里周原村。原名大夏禹王庙。始建于元大德五年（1301），明万历七年（1579）重修。现存主要建筑有献殿、正殿。正殿为主体建筑，面阔三间，单檐悬山顶，殿内有建筑彩绘、彩塑泥像和壁画，为明代遗物。庙内还有神楼、神像等。1996年定为全国重点文物保护单位。

韩城文庙 在今陕西韩城市金城区东学巷东端北侧。始建年代不详，现建筑为明洪武四年（1371）在元代旧址上重建而成，形成前庙后学格局。文庙坐北朝南，不设南门，四进院落，南北长200米的中轴线上有照壁、棂星门、泮池、戟门、大成殿、正谊明道门、明伦堂、尊经阁等，中轴线两侧有牌楼、致斋所、碑楼、碑亭、东西碑林等，庙东西还有名宦祠、文昌阁等附属建筑，并与庙内相通。韩城文庙是研究明初文庙建筑的范例。2001年定为全国重点文物保护单位。

韩城市 1983年撤销陕西省韩城县，改设韩城市，市人民政府驻新城。属渭南地区。1994年由渭南市代管。

韩城县 隋开皇十八年（598）置，属同州。治所在今陕西韩城市东南二里城古村。大业初属冯翊郡。唐属同州，天祐二年（905）改韩原县。五代唐天成元年（926）复名韩城县。金贞祐三年（1215）升为祯州。元世祖至元二年（1265）复置韩城县，属祯州。移治今韩城市西北四十里薛峰乡。六年（1269）迁治今韩城市，属同州。清属同州府。民国初属陕西关中道。1928年直属陕西省。1983年改设韩城市。

韩城城隍庙 在今陕西韩城市金城区东北隅。始建于明隆庆五年（1571），万历五年（1577）扩建，后多次重建。庙坐北朝南，平面分四道院呈十字形。以山门、政教坊、威明门、广荐殿、德馨殿、灵佑殿、含光殿等建筑为主，构成了一条贯穿南北的中轴线。形制古朴，反映了当地明代早期建筑的特征。2001年定为全国重点文物保护单位。

韩城普照寺 在今陕西韩城市东北昝村镇吴村。始建于元延祐三年（1316）。主要建筑大殿为元代建筑，面阔五间，进深三间，单檐歇山顶。殿内保存有塑于元泰定三年（1326）的释迦牟尼佛和文殊、普贤二菩萨，阿难、伽叶二弟子五尊彩塑像及明清藻井绘画一百三十余幅。大殿东西有土地庙、关帝庙各一间，殿前东侧为伽蓝殿，西侧为护法殿，殿后有观音洞和禅院等建筑。2001年定为全国重点文物保护单位。

韩城镇 ①金置，属福昌县。即今河南宜阳县西四十八里韩城镇。清宜阳县丞驻此。

②金置，属玉田县。即今河北唐山市丰润区南四十五里韩城镇。

韩胡堡 明置，属茂州。在今四川茂县西北四十里。明曹学佺《蜀中广记》卷32引《边防记》："韩胡堡附近恰列寺、韩胡碉、水磨沟等寨。"

韩信台（臺） 在今陕西城固县东北湑水河北岸。《水经·沔水注》：壻水"东南径大成固北，城乘高势，北临壻水。水北有韩信台，高十余丈，上容百许人。相传高祖斋七日置坛，设九宾礼，以礼拜信也"。唐岑参《赴嘉州过城固寻永安超禅师》诗："汉王城北雪初霁，韩信台西日欲斜。"

韩信岭 即高壁岭。在今山西灵石县东南二十五里。《清一统志·霍州》引《新志》：高壁岭"一名韩信岭。在县南二十五里。南去霍州八十里。五代时北汉于此置砦。今名高壁铺"。

韩信城 在今江苏淮安市淮阴区南韩城村。《寰宇记》卷124楚州山阳县：韩信城，"信本此县人，其冢宅处所并存。后受封为侯，因筑此城"。《方舆纪要》卷22淮安府：韩信城“相传韩信受封时所筑。元至正十六年，张士诚遣兵攻淮安，褚不华与刘甲拒守，甲别将兵守韩信城，与淮安城相犄角，寇不能陷。会甲奉檄别往击贼，淮南孤危，遂为士诚所破”。

韩侯钓台（臺）　在今江苏淮安市楚州区（淮城镇）北。《清一统志·淮安府二》：韩侯钓台“在山阳县北，与漂母祠为邻”。

韩洪镇　清置，属沁源县。即今山西沁源县西北四十里韩洪乡。

韩原　在今陕西韩城市西南。《左传》：僖公十五年（前645），秦、晋“战于韩原”。即此。一说在今山西芮城县北；一说在今山西河津市与万荣县间。

韩原县　唐天祐二年（905）改韩城县置，属同州。治所在今陕西韩城市东南二里城古村。五代唐天成元年（926）复名韩城县。

韩家山　又名罕山、黑山。即今北京市石景山区八宝山。明沈榜《宛署杂记》卷4：韩家山“在（宛平）县西三十余里。山阴有汉韩延寿墓，故名”。

韩家坪堡　在今山西偏关县东。《方舆纪要》卷40偏关县：韩家坪堡“在偏关东二十里。隆庆二年置，万历十四年增修，周一里有奇”。

韩家店　即今黑龙江省双城市西南韩甸镇。民国《双城县志》卷2：“韩家店在城西七十里，各种商铺均有。”

韩家河　在今河北武邑县西。《方舆纪要》卷14武邑县：韩家河“在县西。东北流，有龙池河流合焉，注入漳河。今涸”。

韩家集　即今山东曹县西北韩集镇。清康熙《曹县志》卷1《集镇》：韩家集在“县西北五十里”。

韩陵山　在今河南安阳县东北十七里。《魏书·太宗纪》：泰常八年（423）三月，“帝田于邺南韩陵山”。《寰宇记》卷55安阳县：“刘公幹诗云：‘朝发白马，暮宿韩陵。’东魏丞相高欢破尒朱兆兄弟于此山下，仍立碑，即温子升之词。陈尚书徐陵尝北使邺，读韩陵碑，爱其才丽，手自录之归。陈士人问陵，北朝人物何如？曰：‘唯韩陵片石’耳。”

韩陵城　在今河南兰考县东北五里。明嘉靖《兰阳县志》卷9：韩陵城“在县治东北五里宋养马圈。原有城池，俗呼为韩陵圈子。元至正十七年迁县治于此。洪武元年因地狭，始迁今治。正德五年黄河水淤平”。

韩略村　在今山西临汾市东。1943年10月，八路军在此伏击日本侵略军。“韩略村战斗”击毙日军少将旅团长和联队长以下军官一百二十多人，迫使日军慌忙调回进犯太岳抗日根据地的兵力增援临汾地区，打乱了敌人的“扫荡”部署。

韩婆山　在今江西金溪县南。《方舆纪要》卷86抚州府金溪县“铜斗山”条下：韩婆山，“宋建炎间，邓雩、傅安聚兵保障处”。《清一统志·抚州府一》：韩婆岭“在金溪县南五十里。周四十里”。

韩婆径　在今福建南靖县北。明正统五年（1440）于此置韩婆巡司，景泰二年（1451）改为永丰巡司。

韩愈墓　在今河南孟州市西十五里韩庄村北。韩愈（768—824），字退之，号昌黎。河阳（今孟州市）人。唐代著名文学家，为唐宋八大家之首。《清一统志·怀庆府》：韩愈墓“在孟县西十五里韩家庄。皇浦湜铭”。长庆四年（824）卒，次年三月归葬。今墓冢高大，有砖石围墙。墓前有韩愈祠。2006年定为全国重点文物保护单位。

韩滩　在今四川金堂县。民国《金堂县志》卷9：“大渡、韩滩渡均在今治东三十里赵家渡。《旧志》谓《华阳国志》汉段翳告大渡津吏即此。后因有宋韩琦遗迹，改名韩滩。”

韩镇　一名韩村镇。即今江苏高淳县东北二十里凤山村。清光绪《江苏全省舆图》高淳县：“韩镇在治北二十里。”

韩壁寨　在今山西武乡县东南韩北乡。《清一统志·沁州》：韩壁寨“在武乡县东五十里”。

戟里亭　亦作棘里亭。在今山东淄博市临淄西北。《左传》：昭公十年（前532），陈桓子召公子山“而反棘焉”。杜注：“棘，子山故邑。齐国西安县东有戟里亭。”《括地志》以为即古画邑。

戟城县　西魏置，为戟城郡治。治所在今湖北随州市西北。后改置横山县。

戟城郡　西魏置，属唐州。治所在戟城县（今湖北随州市西北）。后废。

朝山　在今江西万安县南。《方舆纪要》卷87吉安府万安县：朝山“临大江。山势耸秀，诸峰环拱，若朝仰之状”。《清一统志·吉安府一》：朝山“在万安县南二十五里”。

朝山厄（阨）　在今江西万安县西南。《方舆纪要》卷87吉安府万安县：朝山阨“在县西南朝山下。背负竣岭，俯瞰大江，为往来阨塞”。

朝门　即长安城北面东头第一门洛城门。在今陕西西安市西北汉城街道高庙村北。《水经·渭水注》曰：“洛门又曰朝门，一名高门。”

朝开铁路　自长图铁路的朝阳川（今吉林龙井市北朝阳川镇），至图们江边开山屯（今龙井市东开山屯镇）。全长59.5公里。日伪于1933—1934年修建。

朝天山　即今福建安溪县西北朝天山。《方舆纪要》卷99泉州府安溪县“翠屏山”条下：“又西北六十余里有朝天山，以势若插天而名。上有天宁岩。”

朝天门（朝 cháo）　①吴越国都城内城门之一。在今浙江杭州市吴山下鼓楼遗址。《西湖游览志》卷13载：朝天门“规石为门，上架危楼，楼基叠石，高四仞有四尺，东西五十六步，南北半之。中为通道，横架交梁，承以藻井，牙柱壁立三十有四，东西阋门对辟，名曰武台，夷敞可容兵士百许。武台左右北转，登石级两曲，达于楼上。楼之高，六仞有四尺，连基而会，十有一仞，贮鼓、钟以司漏刻”。

②在今重庆市旧城东北，嘉陵江注入长江处西岸。为重庆主要城门之一。门外江口处为朝天水驿。是迎接皇帝下达诏谕、圣旨和迎接封建王公官吏的码头，故名。明《平夏录》：洪武三年（1370），明军由长江上行伐夏，夏降。“汤和至，会（廖）永忠兵，驻朝天门外”。即此。

朝天关　明置，属广元县。在今四川广元市北五十里朝天岭。《明史·曹变蛟传》：崇祯十年（1637），李自成义军由七盘关入蜀，洪承畴“率变蛟等由沔县历宁羌，过七盘、朝天二关”。即此。清广元营设把总驻此。

朝天岭　①在今福建南靖县西北，与漳平市接界。《方舆纪要》卷 99 南靖县：“朝天岭在县西北百余里，山最高耸，四时云雾接天，当漳平、龙岩两县界。”

②在今福建长泰县东南朝天岭下。明正统五年（1440）置巡司于此。万历十八年（1590）废。清为朝天岭隘。

③在今四川广元市北五十里。《舆地纪胜》卷 184 利州：朝天岭“在州北五十里。路径绝险，其后即朝天程。旧路在朝天峡栈阁，遂开此道，人甚便之。文与可有《朝天岭》诗云：山若画屏随峡势，水如衣带转岩阴。李巽岩亦有诗。《皇朝郡县志》云：朝天岭即漫天寨也”。《方舆纪要》卷 68 广元县：朝天岭在“县北六十里。山势崔巍，路径险绝，有朝天驿。自汉中府褒城县至此，凡四百四十里。自驿而南，则由保宁府、潼川州而达成都。自驿而西，则由剑阁、绵、汉而达成都。盖衿束之地也”。

朝天岭城　在今福建长泰县东南三十里朝天岭下。明正统五年（1440）置巡司于此。

朝天驿　①在今重庆市东朝天门外。《方舆纪要》卷 69 重庆府巴县：朝天驿在“府治东三里”。在附近江中有丰年碑，或谓之义熙碑，每水落而碑出，则年丰，人争摹打，数十年不一见。

②在今四川蓬溪县西。《方舆纪要》卷 71 蓬溪县：朝天驿“在县西。马驿也。《志》云：嘉靖中，自广元改今属”。

朝天宫　在今江苏南京市区水西门内，莫愁路东。古为冶城。五代吴国建紫极宫。北宋改天庆观。元改为永寿宫。明洪武十七年（1384）重建，改为朝天宫，为朝廷举行大典前练习礼仪和官僚子弟袭封前学习朝见天子礼仪的场所。清初复为道观。今朝天宫系同治年间重建，为文庙及江宁府学，为江南仅存较大古建筑群，现为南京市博物馆。

朝天砦　北宋置，属观州。治所在今广西东兰县境。宣和三年（1121）废。

朝天堤　在今湖北阳新县西。《方舆纪要》卷 76 兴国州：朝天堤“在州西五里古龙关下。永乐间，知州樊继修筑。今亦名樊公堤”。

朝天镇　①北宋置，属绵谷县。即今四川广元市北六十里朝天镇。清雍正七年（1729）置巡司于此。道光六年（1826）裁。

②在今福建长泰县东南朝天岭下。明正统五年（1440）于此置朝天岭巡司，万历十八年（1590）废。

朝冈　在今广西贺州市东北。《新唐书·地理志》贺州桂岭县：“朝冈、程冈皆有铁。”《元和志》卷 37 桂岭县：“朝冈在县东北四十五里。并有铁铆，自隋至今采取。”

朝水　即今河南邓州市南之刁河。《水经·淯水注》：朝水“出西北赤石山，而东南径冠军县界，又东南径穰县故城南……朝水又东径朝阳县故城北，而东南注于淯水”。

朝月山　在今河北滦县西。《明一统志》卷 1 顺天府：朝月山“在丰润县东八十里。两峰特起，状如偃月。山阴又为石坑冈”。

朝凤州　唐宝应元年（762）置，为党项部落州，属秦州都督府。在今甘肃泾川及陕西陇县一带。唐末废。

朝平县　西汉置，属广平国。治所在今河北南和县东北。东汉废。

朝北营子　在今辽宁黑山县东北。民国《黑山县志》卷 2：朝北营子镇“在县城东北百里。该镇旧名兴旺屯，蒙人称之为夏家，又名蟆儿葛台，于道光二十年改今名。光绪初设镇”。

朝汉台（臺）　又名朝台。在今广东广州市东北。《初学记》卷 24：朝汉，“沈怀远《南越志》，熙安县东南有固冈，高数十丈，冈西南为羊肠道。说者云，尉佗登此望汉而朝宗，故曰朝汉台”。

朝台（臺）　即朝汉台。在今广东广州市东北。《水经·泿水注》：“（赵）佗因冈作台，北面朝汉，圆基千步，直峭百丈，顶上三亩，复道回环，逶迤曲折，朔望升拜，名曰朝台。前后刺史郡守迁除新至，未尝不乘车升履于此。”《元和志》卷 34 广州南海县：朝台“昔尉佗初遇陆贾之处也，后岁时于此望汉朝拜，故曰朝台”。

朝邢县　即朝那县。在今宁夏彭阳县西古城镇。《史记·封禅书》：“湫渊，祠朝邢。”

朝州　武周天授二年（691）以党项部落置，初在今四川阿坝藏族自治州东北部一带，后侨治庆州（州治安化县，今甘肃庆城县）界。寻废。

朝那山　即牛头朝那山。在今内蒙古固阳县东。《资治通鉴》：唐弘道元年（683）五月，“突厥阿史那骨笃禄等寇蔚州，杀刺史李思俭，丰州都督崔智辩将兵邀之于朝那山北，兵败，为虏所擒”。胡注：“牛头朝那山在丰州北。”

朝那县　①秦置，属北地郡。治所在今宁夏彭阳县西三十三里古城镇。《史记·匈奴传》：秦二世元年（前 209），匈奴冒顿“悉复收秦所使蒙恬所夺匈奴地者，与汉关故河南塞，至朝那、肤施”。即此。西汉属安定郡。北魏末废。

②西魏大统元年（535）置，为安武郡治。治所即今甘肃灵台县西北朝那镇。隋末废。

朝那湫 即湫渊。在今宁夏固原市西南。《方舆纪要》卷58固原州：朝那湫“有二：一在旧县东十五里；一在旧县东北三十里，俱出山间，土人谓之东海、西海。二水相合，方四十里，水停不流，冬夏不增减，两岸不生草木。《封禅书》：湫渊祠朝那。即此”。

朝阳 在今云南红河县南二十五里。明、清时落恐甸长官司治此。

朝阳山 ①即今吉林磐石市西北之朝阳山镇。《清史稿·地理志》：磐石县官商路“西由朝阳山达伊通”。

②在今黑龙江省木兰县西北。民国《黑龙江志稿》卷4：朝阳山“在（木兰）县北百里黑山正于西行再起之主峰也。产煤”。

③在今河南淇县西十五里。《方舆纪要》卷49淇县：朝阳山“有岩石泉林之胜”。

④在今四川汉源县东南。《寰宇记》卷77通望县：朝阳山“在县南，与众山连接，至大渡河绝”。

朝阳川 ①即今吉林舒兰市西南朝阳镇。清宣统二年（1910）置舒兰县于此。民国魏声龢《吉林地志》：“舒兰县，土名朝阳川。”

②即今吉林龙井市西北朝阳川镇。《清史稿·地理志》延吉府：“布尔哈通河……径铜佛寺，至朝阳川，左合朝阳延吉河。”民国熊知白《东北县治纪要》吉林延吉县：“县属朝阳川，距县市二十五里。”

朝阳门 ①在今北京市东城区朝阳门内大街东朝阳门桥处。明、清京师城门之一，东城墙南门。元名齐化门，明正统四年（1439）改为朝阳门，俗称齐化门。

②明南京城门名。在今江苏南京市城东，太平门东南。与皇城东华门、宫城东安门正对，为明代南京的正东门。1929年因孙中山先生遗体归葬中山陵，运送灵柩途经的路改为中山路，此出城门亦改称中山门。

③北宋东京城（今河南开封市）外城东墙南门。《宋史·钦宗记》：靖康元年（1126），“金人入青城，攻朝阳门”。即此。

朝阳北塔 又作北塔。在今辽宁朝阳市北塔街，与南塔遥相对峙。创建于北魏，为木塔，唐始修砖塔，今塔为辽代整修。为方形空心十三层密檐式砖塔，高38.7米。须弥座南面有一壸门，门内外雕莲花、火焰、兽面衔花、骑兽人物图像，其他三面雕假门，两侧立天王像。塔身各面雕坐佛一尊，旁为胁待、飞天、小塔及楷书塔名，佛下分别为双马、五象、五雀、五鹏。塔身从上密檐叠起，以内弧线状层层内收。1988年定为全国重点文物保护单位。

朝阳市 1959年由辽宁省朝阳县城区析置朝阳市。1964年裁入朝阳县。1979年仍以城区设朝阳市。1984年升为地级市。

朝阳寺 即今辽宁北票市东南上园镇。民国《东北年鉴》北宁路线路图：锦朝支线有朝阳寺站。

朝阳寺山 在今辽宁北票市东南。民国《朝阳县志》卷12：“朝阳寺山为啦吗洞山南行之系，距县百二十里。山前有庙曰朝阳寺，以庙名山。”山有城，又名城子山。康熙年间于山上建塔，蒙古族称纳井塔。

朝阳关帝庙 在今辽宁朝阳市东大街。始建于清乾隆九年（1744）。清《塔子沟纪略》卷7：三座塔关帝庙“铺民曾玉蕃、孟世威等三十余人籍隶山西，在塔贸易，于乾隆九年间立会捐资建关帝庙于三座塔城内东塔之右。盖以塔有三座，向系鼎峙之形，今东塔坍坏，鼎足不完，因于塔基之旁立庙以补之也。是年建庙三间，乾隆十八年阖城铺民公议捐资添建马神庙三间于东，财神庙三间于西，连亘九间巍然焕然矣。今于乾隆二十一年铺民曹三诏等又于庙门外募建戏楼一座，以供祭献云”。朝阳东塔虽于清初倒塌，现尚存辽天庆六年（1116）灵感寺释迦舍利塔铭残碑及开泰六年（1017）无垢净光大陀罗尼法舍利塔经幢等重要文物。

朝阳县 ①西汉置，属济南郡。治所在今山东邹平县西北七十二里码头镇北。《汉书·地理志》：“应劭曰，在朝水之阳。”故名。东汉改东朝阳县。南朝宋复为朝阳县，北齐省。

②西汉置，属南阳郡。治所在今河南邓州市东南刁河南岸。《汉书·地理志》南阳郡朝阳县注引应劭曰：“在朝水之阳。”故名。西晋属义阳郡，后改属新野郡。南朝宋大明元年（457）废。

③隋开皇六年（586）于故营县置，属齐州。治所在今山东章丘市西北临济村。十六年（596）改为临济县，仍分置朝阳县，治所在今章丘市境。大业初废入临济县。

④清乾隆四十三年（1778）以三座塔厅改置，属直隶省承德府。治所在三座塔（今辽宁朝阳市）。光绪三十年（1904）升为府。1913年复降为县，属热河特别区。1928年属热河省。1955年划入辽宁省。1959年划县城区置朝阳市，1964年裁入朝阳县。1979年仍以城区设朝阳市。

朝阳坡 即今吉林公主岭市西北朝阳坡镇。《清史稿·地理志》怀德县：旧设铺司，“西八屋，西南朝阳坡，皆入奉化”。

朝阳岩 在今湖南永州市西二里潇水西岸。唐元结《朝阳岩铭并序》：“以其东向，遂以朝阳命之。”《明一统志》卷65永州府：朝阳岩“在府城西潇江之浒。岩有洞。洞自中出，流入湘江”。

朝阳府 清光绪三十年（1904）升朝阳县置，属直隶省。治所在朝阳县（今辽宁朝阳市）。辖境相当今辽宁朝阳、凌源、建平、建昌、北票及阜新等市县地。1913年降为县。

朝阳洞 ①在今河北承德市东、承德县北仓子乡附近山上。《清一统志·承德府》：朝阳洞“在府东南三十七里。石窦嵌空，横贯山腹，深二十余丈，广二丈余。其东高盈丈，西半之。晓日初生，光射石罅，隔山可见朝阳，义盖取此。洞内外小佛祠各一”。

②在今浙江舟山市普陀区普陀山千步沙南。清许琰《普陀纪胜》：“南阳洞在几宝岭之尽处，复洞转折，面临东洋，海涛时吼其下，观旭者多登焉。”

③在今贵州贵阳市南二里。爽垲可供游赏，下有龙泉。明曹学佺《名胜志》：朝阳洞中“悬岩滴乳千态万状，间有青绿缀于石上”。

朝阳陵　即甄夫人墓。在今河北临漳县西南东西二灵芝村之间。《三国志·魏书·文昭甄后传》：明帝太和四年（230）十一月，“以后旧陵庳下，使（甄）像兼太尉，持节诣邺，昭告后土，十二月，改葬朝阳陵”。

朝阳营　清乾隆间置，即今辽宁朝阳县南六家子镇。民国《朝阳县志》卷5：“朝阳营守备署，在县南一百六十里六家子，乾隆三十九年设。”

朝阳崖　在今四川宜宾市西北岷江边。《舆地纪胜》卷163叙州：朝阳崖“在宜宾县十里。其山石皆赭色，朝阳始升，远望若虹霓绛绡，俗谓之有赤崖”。《方舆纪要》卷70叙州府宜宾县：朝阳崖在“府西北二十里。一名赤崖。《水经注》：僰道江中有崖，阻险不可穿凿，李冰积薪烧之。故其处悬崖犹有赤、白、元、黄五色”。

朝阳镇　①清置，属海龙府。即今吉林辉南县（朝阳镇）。1949年辉南县迁治于此。

②即今黑龙江省嘉荫县治。民国《黑龙江志稿》卷2：佛山县“民国十六年置佛山设治局（佛山镇，有观音山，故名。属黑河道）。十八年改县，十九年迁今治朝阳镇”。1955年改佛山县为嘉荫县。

朝远万寿宫　在今河南开封市西南隅。北宋宣和元年（1119）建，为东京最大道观。后毁于金兵。元世祖复建。明洪武六年（1373）改名延庆观。今仅存高13米三层的玉皇阁，亦称通明阁。

朝贡水　在今湖北恩施市西。《方舆纪要》卷82施州卫：朝贡水“在卫西。源出石乳山。一名丹阳溪。东流六十里，亦名龙溪，下流入于清江”。

朝坂　在今陕西朝邑县南。《隋书·地理志》：朝邑县有朝坂。《寰宇记》卷28引《水经注》云：“洛水东南历强梁原，俗谓之朝坂。”《清一统志·同州府一》引《旧州志》：“华原在朝邑县西，绕县西而北而东，以绝于河，古河堧也。一名朝坂。亦谓之华原山。”

朝里寨铺　在今贵州从江县北。《清一统志·黎平府》“丙妹铺”条：“贯洞、朝里寨铺”等“皆戍守处”。

朝邑县　西魏废帝三年（554）改南五泉县置，属武乡郡。治所即今陕西大荔县东朝邑镇。《元和志》卷2同州朝邑县：“以北据朝阪，故以为名。”隋属冯翊郡。唐属同州，乾元三年（760）改名河西县。大历五年（770）复名朝邑县。元属西安府。清雍正三年（1725）属同州。十三年（1735）属同州府。民国初属陕西关中道。1928年直属陕西省。1958年废为镇，并入大荔县。

朝谷堡　即胡谷堡。据《旧唐书》改“朝”为胡，《实录》亦作胡。唐贞元七年（791）筑，在今甘肃平凉市西。《方舆纪要》卷57平凉府平凉县：朝谷堡“在府西南”。

朝郏　春秋宋邑，在今河南夏邑县境。《左传》：成公十八年（前573），郑伯“遂会楚子伐宋，取朝郏”。

朝岩　在今广东怀集县西。《方舆纪要》卷108梧州府怀集县：朝岩“在县西八十里。岩口幽窄，中甚明敞。其西南三里曰燕岩，石峰峭拔，洞口高敞，中容数百人，燕巢其间，因名”。

朝城　在今河南南乐县东韩张镇。《方舆纪要》卷16南乐县“昌城”条下：“县东二十五里有故朝城，近山东朝城县界。唐开元中，以此名县。今其地名韩张堡。”

朝城县　唐开元七年（719）改武圣县置，属魏州。治所在今山东莘县西南朝城镇。天祐三年（906）改武阳县。五代唐复改朝城县。北宋属开德府。金属大名府。元属濮州。明属东昌府。清属曹州府。民国初属山东东临道。1925年属东昌道。1928年直属山东省。1953年废。

朝亭　在今广东广州市西北西场一带。《宋书·羊希传》：南朝宋泰始四年（468），“希遣平越长史邹琰于朝亭拒战，军败见杀”。即此。

朝冠山　在今广西富川瑶族自治县东。《方舆纪要》卷107富川县：朝冠山“在县东一里。其相接者曰马鞍山”。

朝解城　亦作朝斛城。在今安徽宿州市东北八十二里。《旧唐书·地理志》符离县：“隋治朝解城。贞观元年移治竹邑城。”

朝解亭　又名朝解城。在今安徽宿州市东北八十二里解集。《水经·睢水注》：睢水“东至朝解亭”。疑“解”为“斛”之讹。

朝歌（朝 zhāo）　商代帝乙、帝辛（纣）别都。即今河南淇县。西周为卫国都。春秋属晋。《左传》：襄公二十三年（前550），“齐侯伐晋，取朝歌”。战国为魏邑。《史记·魏世家》：景湣王二年（前241），“秦拔我朝歌”。秦置县。

朝歌县　①秦置，属河内郡。治所即今河南淇县。楚汉之际，项羽封司马昂为殷王，都此。三国魏为朝歌郡治。西晋属汲郡。北魏移治枋头城（今河南浚县西南前枋城村）。隋大业三年（607）改为卫县。

②南朝宋侨置，属钟离郡。治所在今安徽凤阳县东北二十里。北齐废。

朝歌郡　三国魏置，治所在朝歌县（今河南淇县）。

寻废。

朝鲜县　①西汉置，为乐浪郡治。治所在今朝鲜平壤市西南大同江南岸土城洞；一说在今平壤市。西晋建兴元年（313）侨治棘城（今辽宁义县西南）。北魏延和元年（432）徙治肥如（今河北迁安市东北）。后废。

②北魏延和元年（432）徙朝鲜民而置，属北平郡。治所在今河北迁安市东北。北齐废。

朝觐台（臺）　在今山东泰安市南。《清一统志·泰安府》"舞鹤台"条引《旧志》："宋真宗封祀坛，在岳南五里。有王旦碑、朝觐台，在（泰安）州南，有陈尧叟碑。"

朝儛　《孟子·梁惠王》："昔者齐景公问于晏子曰：吾欲观于转附朝儛。"朝儛，山名。焦循《孟子正义》谓即召石山，亦即今山东荣成市东北之成山。

朝霞岭　在今湖北咸丰县东。《方舆纪要》卷82大田所：朝霞岭"在所东五十余里。巍峨高耸"。

棒台子屯　在今辽宁辽阳市北郊太子河左岸。附近发现东汉、魏、晋时期大型多室石墓壁画群。其中大墓长8米，宽6米，高2米，由墓门、棺室、前廊、左右耳室等组成。除殉葬品外，墓室四壁上布满彩画，内容丰富，形象生动，多处有题字。是了解与研究贵族地主生活诸多方面珍贵的资料。为全国重点文物保护单位。

棒托寺　在今四川阿坝藏族自治州壤塘县东北茸木达乡。始建于元代，为藏传佛教宁玛派（红教）寺院。现存明、清、民国时期陆续修建的喇嘛塔三十二座，分布在寺院中部长465米、宽25米的范围内，在历史上与西藏的降扎寺、甘孜色达寺塔群并称我国藏区三大塔群。塔基均为窣堵波式正方形，塔身瓶肚形，十三轮塔刹。塔身中空，内供千手千眼佛、释迦佛、无量寿佛、莲花生、佛母、绿度母等塑像及大量精美壁画。其中降妖塔建于明宣德二年（1427），塔基边长9.25米，塔体通高32米，内存部分明代佛像和壁画，是塔群中历史最悠久的。寺院内存明清石刻藏文大藏经《甘珠儿》和《丹珠儿》两部，用五十余万片石双面刻成，是藏区最完整的石刻藏经，也是全国数量最多的石刻藏经堆，在藏区信教群众中有极为深远的影响。2001年定为全国重点文物保护单位。

棒棰崖　在今北京市密云县东北。《方舆纪要》卷11密云县：棒棰崖，"隆庆元年，三卫彝酋董忽力勾土蛮十万犯边，势甚猖獗，既折墙而出，至棒棰崖迷失道，坠坑死者无算"。即此。

棒槌岛　即今辽宁大连市东棒锤岛。明《辽东志》卷1：棒槌岛在"（金州卫）城西南八十里"。

棒鲊　即今贵州兴义市西南一百四十里棒鲊镇。清于此设棒鲊巡司。

楮皮岭　在今安徽霍山县东南。《方舆纪要》卷26霍山县"梅子岭"条下："又县东南四十里有楮皮岭，居人多造纸于此。"

楮登立马尔　又名腾格里池。即今西藏班戈、当雄县间之纳木错。清乾隆《西藏考》：自藏出防腾格那尔路程塘口，"桑驼洛海五十里至楮登立马尔，即腾格那尔"。乾隆《卫藏通志》卷4："前藏至腾格尔诺尔，计程四百十里。""楮登立马尔"即腾格尔诺尔。

棋山　在今福建莆田市西北。《清一统志·兴化府》：棋山，"山有五奇，一曰仙掌峰，有石高三十余丈，特立如掌；二曰文笔峰，一名石竹峰，峰之麓为旧兴化县治；三曰香炉峰，一名朝天马峰；四曰仙人台；五曰出风穴，大石上有穴如斗，风自内出，傍有龙山岩，如围屏。瀑水高三十尺，下潴为小潭"。

棋（棊）山　在今山东栖霞市东三十里。元于钦《齐乘》卷1"艾山"条：栖霞县有"棋山"。《清一统志·登州府》：棋山"在栖霞县东三十里。山之东又有寨山"。

棋子山　在今甘肃永登县西南。《清一统志·凉州府一》：棋子山"在平番县西南二百里。相连者为桌子山，道险林密，为番人巢穴"。清雍正二年（1724）土民即据此反清。

棋盘山　在今广西昭平县南三里。《方舆纪要》卷107昭平县：棋盘山"以山顶方平而名"。

棋（碁）盘山　又名石斛山。在今云南巍山彝族回族自治县东北十五里。《清一统志·蒙化直隶厅》引《旧府志》："山顶有石，状若棋盘。有黑白石子，布列于上，樵牧者乱之，明日复如故。"

棋盘岭　在今湖南邵阳市南五里。《方舆纪要》卷81邵阳县"石门山"条下：棋盘岭"相传诸葛武侯尝驻此，与客对弈云"。

植福山　在今广西罗城仫佬族自治县西天河镇东北二十里。《方舆纪要》卷109天河县：植福山"在县东北二十里。山势高耸，绵亘数里，县之镇山"。

棫山　在今四川长宁县南双河镇南。《方舆胜览》卷65长宁军：宝屏山"军治之主山，与棫山诸峰相对"。《清一统志·叙州府一》：棫山"在长宁县南十五里。峭壁插天，广袤数百里"。

棫阳宫　战国秦昭襄王建。在今陕西凤翔县城南一带。《汉书·地理志》雍县："棫阳宫，昭王起。"《文帝纪》：后元二年（前162），"夏，行幸雍棫阳宫"。即此。

棫林　①西周郑国都城。即今陕西华县。《史记·郑世家》：郑桓公友"初封于郑"。《索隐》："郑，县名，属京兆。秦武公十一年'初县杜、郑'是也。又《系本》云：'桓公居棫林，徙拾。'宋忠云：'棫林与拾皆旧地名'，是封桓公乃名为郑耳。至秦之县郑，盖是郑武公东徙新郑之后，其旧郑乃是故都，故秦始县之"。

②春秋许邑。在今河南叶县东北。《左传》：襄公十六年（前557），晋伐许，"次于棫林"。

③春秋秦邑，在今陕西泾阳县泾水西南。《左传》：襄公十四年（前559），郑司马子蟜帅郑师攻

秦，“至于棫林”。即此。

棕水　即难水。指今黑龙江省境内之嫩江及嫩江流注之松花江。《魏书·失韦传》：“有大水从北而来，广四里余，名棕水。”

椒山玛瑙长官司　元至正初置，属四川行省。治所在今湖北鹤峰县东北四十四里下坪镇。明洪武十四年（1381）废。永乐五年（1407）复置，属容美宣抚司。清初废。

椒山县　唐渤海国置，属椒州。治所在今朝鲜孟山东山城里。一说在咸镜北道吉州附近。辽徙废。

椒子关　明置，属黎州安抚司。在今四川汉源县西北。《明史·地理志》黎州守御军民千户所：“又有椒子关，路通长河西等处。”

椒水　又名鲁家沟。即今安徽凤台县西南焦冈湖。《水经·淮水注》：“淮水又北，左合椒水。”即此。

椒丘　地名。在今江西新建县东北。《三国志·魏书·华歆传》裴松之注引虞溥《江表传》：“孙策在椒丘，遣虞翻说歆。”《寰宇记》卷106洪州：椒丘城“雷次宗《豫章记》云，建安四年，孙策起兵破刘勋于浔阳，军欲谋取豫章，太守华歆所筑也”。

椒州　唐渤海国置，属南海府。治所在椒山县（今朝鲜孟山东山城里）。辖境约当今朝鲜大同江上游西南、龙兴江西北一带。辽徙废。

椒江　灵江下游。在今浙江台州市境。灵江东南流接纳永宁江后，称椒江，东经椒江区入台州湾。《清一统志·台州府一》：灵江“至亭山会永安江出海门，又名椒江，入海”。

椒园堡　明置，属茂州。在今四川茂县西北二十里渭门乡（椒园堡）。《方舆纪要》卷67茂州：椒园堡在“州北二十里。稍西曰长安堡”。

椒陂塘　即焦陵陂。在今安徽阜南县东北四十里焦陂集一带。《新唐书·地理志》汝阴县：“南三十五里有椒陂塘，引润水溉田二百顷。永徽中，刺史柳宝积修。”

椒陂镇　即焦陂镇。今安徽阜南县东北四十里焦陂镇。明正德《颍州志》卷2：椒陂镇“在州南六十里润河上。前代置镇，有碑存，实宋仁宗宝元二年己卯正月立石。推知置镇，又在立碑之前，今镇废而规制尚存”。清乾隆《阜阳县志》卷4：焦坡集在“南乡六十里”。

椒溪河　在今陕西佛坪县西。为子午河上游。《清一统志·汉中府一》：子午河“在洋县东一百四十里。上流曰椒溪河，源出秦岭，东南流会蒲河、文水河，名三河口。折而南至白河铺，名子午河。又西南经西乡县东北界，又南入汉水”。

棹罗能　即麻龙州。治所在今四川会理县东五十里。一说今米易县西麻陇彝族乡。《元史·地理志》：“麻龙者，城名也，地名棹罗能。”

椎梅州　亦作推梅州。唐开元后置羁縻州，属雅州都督府。治所在今四川康定县境。北宋属雅州。后废。

棉花坡　在今四川泸州市纳溪区东北四里棉花坡镇。1916年蔡锷护国军与袁世凯北洋军激战于此。指挥这次战斗的是护国军三支队长朱德，彻底打垮三倍于己之敌，取得讨袁重大胜利。诗人吴芳吉《护国岩词》云：“棉花坡上贼兵满，弹丸纷堕如雪霰，巨炮号六稷，令地震摇人落胆。”

棉花渡　在今贵州开阳县东南。《清一统志·贵阳府》：棉花渡“在开州（今开阳县）东南五十里”。

棉津汛　即今江西万安县南石角湾（棉津）。清同治《江西全省舆图》卷7：吉安府万安县南有棉津汛。

棉湖寨　即今广东揭西县东棉湖镇。原属揭阳县，明置巡司于此。清时有县丞驻此。

椑木镇　北宋置，属内江县。即今四川内江市南椑木镇。明代亦称椑木关。《方舆纪要》卷69内江县：椑木镇在“县南三十里。亦曰椑木关。接重庆府荣昌县界，有巡司戍守”。

椑县　又作稗县。西汉置，属琅邪郡。治所在今山东莒南县北。东汉废。

棺木峡　在今湖北秭归县西北归州镇西北二十里。邵博《闻见后录》卷30：“三峡中石壁千万仞，飞鸟悬猿不可及之处，有洞穴累棺椁，或大或小，历历可数。峡中人谓仙人棺椁云。”

榔木岭　亦作楠木岭。在今安徽祁门县东，接黟县界。阊江与新安江分水岭。《方舆纪要》卷28祁门县“武陵岭”条下：榔木岭“在县东北五十里。《志》云，岭下水分东西，东入钱塘江，西入彭蠡湖，皆有滩三百六十。岭虽平坦，而据地独高也”。旧时江西鱼船溯阊江而上，依次停泊于此岭下，然后越岭东至黟县鱼亭，转入横江水，东下钱塘。此岭道为两江上游最为方便的连接处，有利于赣浙间交通往来。

榔木岭水　又名双溪。即今安徽祁门县东之金东河。《清一统志·徽州府一》：榔木岭水“在祁门县东。源出榔木岭，至城南合大共水”。

榔头集　即今湖北汉川市东南十四里榔头村。清光绪《湖北全省分图》：汉川县东南有榔头集。

榔坪市　即今湖北长阳土家族自治县西北一百三十八里榔坪镇。清光绪《湖北全省分图》：长阳县西北有榔坪市。

榔梨市　即今湖南长沙市东榔梨镇。《清一统志·长沙府二》：榔梨市“旧有榔梨税课局，久废”。

楗尾堰　即都江堰。在今四川都江堰市西岷江上。《元和志》卷31导江县：楗尾堰“在县西南二十五里。李冰作之，以防江决。破竹为笼，圆径三尺，长十丈，以石实中，累而壅水。汉成帝时，瓠子河决，王延塞之，用此法也，汉书所谓‘下淇圆之竹以为楗’”。

棣华驿　又作棣华馆。唐置。即今陕西丹凤县西北棣花镇。

棣州 隋开皇六年（586）置，治所在阳信县（今山东阳信县南七里）。大业二年（606）改沧州，后又改渤海郡。唐武德四年（621）复改棣州，寻废；贞观十七年（643）又置，移治厌次县（今山东惠民县东南四十里先棣州）。辖境相当今山东滨州、惠民、商河、阳信、利津、沾化等市县地。天宝元年（742）改乐安郡，乾元元年（758）复改棣州。五代梁徙治南旧州城（今惠民县东南五十余里）。北宋大中祥符八年（1015）移治八方寺，即今山东惠民县。元属济南路。明洪武六年（1373）改名乐安州。

棣赕 宋大理置，属永昌府。即今云南永德县治德党镇。元代属镇康路。

森山市 在今海南省澄迈县西北。《明史·地理志》琼州府琼山县："又有那拖巡检司，治那拖市，后迁县西森山市，废。"

森木塞姆千佛洞 在今新疆库车县东北约八十里雀尔塔格山山腰间。共有洞窟五十二个，是古代龟兹王国东境最大的一处石窟寺。型制、题材与风格大致与克孜尔石窟一致，其年代约在4—8世纪。1996年定为全国重点文物保护单位。

森尼木台 一作胜金台。清乾隆年间置，即今新疆吐鲁番市东胜金乡。乾隆《西域图志》卷31辟展：森尼木台"自连木齐台西至此七十里"。

森吉图 即今河北丰宁满族自治县北一百四十里外沟门乡。清于此设千总驻守。

森罗殿 在今山东平原县西大芝坊庄。清光绪二十五年（1899）九月，朱红灯率义和拳在平原和恩县交界的森罗殿内扎营，在此与清军发生激战，称为"森罗殿之战"。这是山东义和团初兴时，与清军的一次正面冲突，影响较大。

森屏滩 即今南海中中国西沙群岛之银屿。在珊瑚岛及全富岛东北。为一小沙洲。中国渔民向称银峙。1935年公布名称为观察滩。1947年改名森屏滩。因明黄森屏使婆罗，故名（一说黄森屏为马来西亚传说人物，或为王三保、王景宏之讹）。郑资约《南海诸岛地理志略》载：森屏滩"南与晋卿岛间之礁上，有多数砂岛，高度由3呎乃至10呎不等。各砂岛上满覆灌木"。

森格尔池 即今吉尔吉斯斯坦纳伦西北之松克尔湖。清《乾隆内府舆图》作松库尔淖尔。

森崖山 在今贵州松桃苗族自治县西南平头乡南。《方舆纪要》卷122铜仁府平头著可司：森崖山在"司治（今平头乡）南。峰峦高耸，林木蓊郁，望之如云"。

焚经台（臺） 在今河南洛阳市东白马寺附近，遗址在陇海铁路两旁，为两个夯土圆丘。丘前原有德浩法师等所立的石碑，上书"东汉释道焚经台"七字。现石碑已迁移于白马寺内下僧院中。关于焚经台的传说大意是：永平十四年（71）五岳道士贺正之、费叔才等上书汉明帝，要与西域来的佛教比试真伪。汉明帝遂下令在白马寺南门外筑二高台，令道士捧道经登西台，和尚捧佛经、佛像登东台，然后以火焚经，当场较量。时道经顷刻化为灰烬，佛经不但不燃，且现五色神光，从此佛法大兴。

焚楼镇 北宋置，属文昌县。在今海南省文昌市西北。在焚艘山下，故名。

焚艘山 在今海南省文昌市西北。《舆地纪胜》卷124琼州：焚艘，"《平黎记》云：汉武帝发兵南来，到雷州海岸，造艘船渡兵，过海上岸，黎人并不出降，亦无兵粮。李将军于琼州海岸焚舟而回。今号为焚艘"。《清一统志·琼州府一》引《广东通志》：焚艘山"在县西北一百三十里，近大海。汉楼船将军杨仆征黎，至此焚船登岸，因名"。

鹁鸽峪 在今山西阳高县东北镇门堡东。《国榷》：嘉靖二十四年（1545），俺答入犯大同中路，总督翁万达以故参将张凤将左，"战于鹁鸽峪"。即此。

鹁鸽峰 在今江苏常熟市西北，为虞山高峰之一。峰下有瓶隐庐，为清季翁同龢退隐之处。

鹁鸽井 在今河北临城县西北二十里。明正德《赵州志》卷4临城县："鹁鸽井，在县西北二十里。按：《碑记》云：昔沛公避项羽之难于井中时，有双鸽集于其上，追者不疑，公遂获脱。后人立庙祀公于此。"清同治《畿辅通志》卷55临城县图：西北有北鸽井。

軝 商、周国名。在今河北石家庄市元氏县南古泜水（今槐河）一带。軝国之名在历史文献中不见于记载。20世纪70年代在元氏县南十里张村发现的西周墓中，出土一组西周青铜器有较长的铭文，臣谏簋内底铭文记载了"戎人大举出于軝，邢侯对戎战，命臣谏率领……亚旅驻居于軝"的历史事实，证实軝国故址就在今元氏县南张村一带。《尚书序》正义引《世本》云："昭明居砥石。"軝、泜、砥三字同音通假，故有些学者认为，商朝初期昭明所居之砥石应即在此。軝亦是商代早期都城之一。

惠丁堡 北宋置，属环州。在今甘肃环县东北九十里。金废。

惠山 即慧山。今江苏无锡市西郊惠山。

惠山寺 在今江苏无锡市西五里惠山第一峰之白石坞。南朝宋为司徒长史湛茂之别墅，名历山草堂。景平初，为僧寮，曰华山精舍。梁大同中，改建法云禅院，唐又称惠山寺。陆羽《游慧山寺记》："梁大同中有青莲花育于此山，因以古华山精舍为慧山寺。"

惠么（麽）部 又作维摩部。宋大理置，属最宁府。在大维摩山上（今云南砚山县东部）。元改维摩州。

惠义寺 在今四川三台县北二里长屏山。唐杜甫有《陪章梓州、王阆州、苏蓬州、李果州四使君登惠义寺》诗。今寺石壁上有唐代摩崖佛造像数龛。

惠井子 亦名苦井。在今新疆哈密市西北七角井镇西灰井子沟。《清一统志·吐鲁番》："托来岭西百里之苦井，即惠井子腰台地。"清李德贻《北草地旅行记》：西盐池"五十里惠井子，长途镇日不遇一人，乃至惠井子，亦不过有居人三四家，砖屋数堵而已"。

惠井子驿 清光绪年间置，在今新疆哈密市西北七角井镇西灰井子沟。

惠水县 1941年改定番县置，属贵州省。治所即今惠水县。据1985年版《贵州省志·地理志（上册）》载：惠水县"以县境受涟江水利之惠得名"。

惠化都 即今广东连平县。《明史·地理志》连平州："本连平县。崇祯六年以和平县惠化都置，析长宁、河源二县及韶州府翁源县地益之。寻升为州。"

惠东县 ①1946年析新惠县置，属热河省。治所在贝子府（今内蒙古敖汉旗东南贝子府镇）。1948年撤销，并入新惠县。

②1949年3月广东革命根据地由惠阳县析置，治平山镇（今广东惠东县）。

惠宁寺 在今辽宁北票市东南下府村。是一座喇嘛寺院。建于清乾隆初年，后经多次重修。有戏台、山门、钟鼓楼、天王殿、正殿、密宗殿、舍利殿及东西配殿等，规模宏伟。是北票市著名的风景名胜区。

惠宁城 一名巴彦岱。清乾隆三十一年（1766）建。为伊犁九城之一。在今新疆伊宁市西北二十里巴彦岱镇。设领队大臣、协领驻守。

惠民市 1945年8月山东革命根据地由惠民县城区及近郊析置，治所即今山东惠民县。1948年撤销，并入惠民县。

惠民场 明置，属昌黎县。在今河北昌黎县南二十里。《明史·地理志》昌黎县："又有蒲泊，旧产盐，置惠民盐场于此。"清并入归化盐场。

惠民县 清雍正十二年（1734）置，为武定府治。治所即今山东惠民县。1913年废府，属山东济南道。1925年改属武定道。1928年直属山东省。

惠民河 北宋以东京（今河南开封市）为中心的"漕运四河"之一。起自新郑县（今河南新郑市），导洧、溱诸川东北流入京城，折东南出城，经陈州（今河南淮阳县）入颍水。京西南一段本为闵河，东南一段本为蔡河；蔡河旧以汴水为源，北宋初始改导闵水入蔡。开宝六年（973）改闵河为惠民河。其后遂通称闵、蔡二河为惠民河。《宋史·河渠志》："闵水自尉氏历祥符、开封，会于蔡，是为惠民河。"京南及淮西货运皆由此河达京师。元以后屡次为黄河决流所填淤，故道久已塞为平地。今惟淮阳以南尚残存蔡河一段。

惠民监 北宋咸平四年（1001）置，铸铁钱，属邛州。在今四川蒲江县北。南宋建炎三年（1129）罢。

惠民堡 北宋置，属怀德军通峡砦。在今宁夏固原市西北。后废。

惠回堡 清雍正五年（1727）于回回墓筑，在今甘肃玉门市东。《清一统志·安西州》：惠回堡"在玉门县城东九十里。……设千总驻防"。

惠州 ①唐天祐三年（906）改磁州置，治所在滏阳县（今河北磁县）。五代唐复名磁州。

②北宋天禧五年（1021）以避仁宗讳，改祯州为惠州，治所在归善县（今广东惠州市）。辖境相当今广东罗浮山以东的东江流域和螺河水流域以西、九连山以南至沿海地区。元世祖至元十六年（1279）改为惠州路。

③辽太祖置，治所在惠和县（即今辽宁建平县建平镇北）。辖境相当今内蒙古敖汉旗西南、辽宁建平县北部地。金皇统三年（1143）废。元复置，属大宁路。后废。

④金承安二年（1197）改泽州置，属北京大定府。治所在神山县（今河北平泉县西南二十里察罕城）。辖境相当今河北平泉、辽宁凌源、建平等县市一带。泰和四年（1204）废。元复置。明洪武二十年（1387）改置会州卫。

惠州千户所 明洪武三年（1370）置，属广东都司。治所在惠州府（今广东惠州市）。二十三年（1390）升为惠州卫。

惠州卫 明置，属广东都司。在今广东惠州市城东南隅。《方舆纪要》卷103惠州府：惠州卫"在府治东南，洪武三年立千户所，二十三年改为卫"。后废。

惠州府 明洪武元年（1368）改惠州路置，后属广东布政司。治所在归善县（今广东惠州市）。辖境相当今广东罗浮山以东的东江流域和螺河水流域以西、九连山以南至沿海地区。万历六年（1578）后府与县分治，归善县移治今惠州市东北五里，府治在今惠州市。清属广东省，雍正十一年（1733）割兴宁、五华两县地设嘉应县，辖境缩小。1912年废。

惠州路 元世祖至元十六年（1279）改惠州置，属海北广东道。治所在归善县（今广东惠州市）。辖境相当今广东罗浮山以东的东江流域和螺河水流域以西、九连山以南至沿海地区。明洪武元年（1368）改为惠州府。

惠安县 北宋太平兴国六年（981）析晋江县北乡地置，属泉州。治所在今福建惠安县东北龙窟岭下。后徙螺山之阳，即今治。元属泉州路。明、清属泉州府。1913年属福建南路道。1914年属厦门道。1928年直属福建省。

惠安盐场 在今福建惠安市东南。《元丰九域志》卷9：泉州惠安县有"盐一百二十九亭"。《清一统志·泉州府》"惠安盐场"条引《旧志》："场在（惠安）县东南三十八里五埕。元至元十六年设管勾司，寻改司令局。明洪武十五年，改转运分司，二十五年又改盐运分司，辖广运等仓埕凡八所。"

惠安堡 明嘉靖六年（1527）筑，属灵州守御千户所。即今宁夏盐池县西南惠安堡镇。清属灵州。

《清一统志·宁夏府二》：惠安堡"在灵州东南一百七十里。城周四里。今有把总并盐捕通判驻此"。

惠安堡池 又名花马小池、小盐池。在今宁夏盐池县西南惠安堡镇西南。《清一统志·宁夏府一》：盐池"小盐池在灵州所东南一百三十里，惠安城西一里，壕墙周三十六里，设盐捕通判管理"。民国《朔方道志》卷6："即旧白盐池，又相传旧有凤栖于池畔，亦名凤池。自北而南相接十余里，分北、中、南三池，故又名三池。"

惠农县 1942年析平罗县置，属宁夏省。治所在宝丰（今宁夏平罗县东北宝丰镇）。以惠农渠为名。1954年迁治黄渠桥（今平罗县东北黄渠桥镇）。1960年撤销，并入石嘴山市和平罗县。1987年由石嘴山市郊区复置惠农县，属石嘴山市。治所在马家湾镇。2003年改设惠农区。

惠农渠 清雍正四年（1726）修，在今宁夏北部黄河西岸。清乾隆《宁夏府志》卷8："惠农渠，口初在宁夏县叶升堡俞家嘴，并汉渠而北，至平罗县西河堡归入西河，长二百里。"渠东筑长堤以防黄河泛滥，渠西疏西河旧淤，以泄汉、唐两渠诸湖之溢水。七年（1729）工成，可灌溉田二万余顷。乾隆五年（1740）又引渠至平罗县市口堡入黄河，与西河别流，计长一百三十余里，增加灌溉田四千五百余顷。

惠阳市 1994年由惠阳县改置，治今广东省惠州市惠阳区。2003年撤销，改设惠阳区。

惠阳县 1912年改归善县置，后属广东潮循道。治所即今广东惠州市。1920年直属广东省。1958年析置惠州市。1959年撤销惠州市，并入惠阳县。1964年复设惠州市。1985年惠阳县迁治淡水镇（今惠州市惠阳区）。1988年改置地级惠州市，设立惠城区。1994年惠阳县改设惠阳市。2003年撤销惠阳市，改置惠州市惠阳区。

惠妃园寝 在今河北遵化市马兰峪西清东陵中惠陵之西。是穆宗同治帝四个贵妃的陵寝。

惠远寺 亦名泰凝寺。在今四川道孚县东南协德乡西北所龙村。清乾隆《卫藏通志》卷6：惠远寺"在炉城西北。雍正七年奉勅建，并赐名。其地一名噶达城，达赖喇嘛曾移居于此，至今由西藏派大堪布喇嘛往掌之。雍正九年御制惠远庙碑文"。"惠远寺"，藏语意为"解脱"。1728—1735年间，为七世达赖驻锡之地，为黄教圣地之一。

惠远城 清乾隆二十九年（1764）建，为伊犁九城之一。在今新疆霍城县东南，伊犁河北岸。为伊犁将军治所，又称库勒或大城。同治十年（1871）俄侵占伊犁，城遭毁坏。光绪八年（1882）在旧城北十五里建新城。即今霍城县东南惠远乡。

惠来场 在今广东惠来县东南沿海地区。产海盐。明嘉靖初，设隆井盐场于练江村。清于此设盐课司。民国于此地设场知事。

惠来县 明嘉靖三年（1524）置，属潮州府。治所即今广东惠来县。《清一统志·潮州府》"惠来都"条：惠来县"治惠来都，因以名县"。民国初属广东潮循道。1920年直属广东省。

惠来都 即今广东惠来县。《明史·地理志》惠来县："嘉靖三年十月以潮阳县惠来都置。"

惠怀县 ①东晋置，属江夏郡。治所在今湖北仙桃市南。西魏废。

②南朝梁置，属武建郡。治所在今湖北宜城市境。北周废。

③南朝梁改旌阳县置，属武宁郡。治所在今湖北荆门市北。西魏改为武山县。

④南齐置，属新野郡。治所在今河南新野县境。北魏废。

惠和县 辽圣宗时置，为惠州治。治所在今辽宁建平县建平镇北。金属大定府。元属大宁路。明初废。

惠佳县 唐开元中置，属田州。治所在今广西田东县境。后废。

惠泽池 在今山西壶关县南。《清一统志·潞安府一》：惠泽池"在壶关县南门外，明洪武九年凿"。

惠泽镇 在今江苏灌南县西北张店镇。明置惠泽巡司于此。

惠政大桥镇 又名奉化市。即今浙江奉化市驻地大桥镇。清光绪《奉化县志》卷3：惠政桥在"县东三里。旧名善胜，又名通剡。宋乾德二年建。后坏。大观中重建，改今名"。镇以桥名。《县志》又载：奉化市在"县东坊隅，自惠政桥以东为东市，西为西市"。

惠政桥 在今福建松溪县东。《方舆纪要》卷97松溪县：惠政桥"在县城东。宋绍兴五年建。本名平政，后屡圮屡复。淳熙十三年，复叠石为六址而梁其上，覆以亭三十二间。淳祐中，增修改今名。后复圮。明朝永乐七年以后，屡经修建"。

惠济县 1949年山东革命根据地由杨忠县改名，治仁风镇（今山东济阳县东北仁风镇）。1950年5月撤销，并入惠民、济阳、商河三县。

惠济河 清乾隆六年（1741）赐名。上游兼有睢水故道，下游为涡水河道。自今河南中牟县北，由贾鲁河分支东南流，经开封市、杞县至睢县纳睢河，东南至鹿邑县纳涡河，又东南经安徽亳州市及涡阳、蒙城等县，至怀远县东入淮河。清乾隆年间疏浚，赐名惠济河。《清一统志》谓惠济河即古汴水，误。

惠家庄 即今山西交城县西北惠家庄。清光绪《交城县志》图：县西北有惠家庄。

惠家园 即今陕西清涧县东南惠家村。清道光《清涧县志》卷2："县东四十里惠家园。"

惠陵 ①三国蜀先主刘备墓。在今四川成都市南郊武侯祠内。《三国志·蜀书·先主传》：建兴元年（223）五月，先主"梓宫自永安还成都，谥曰昭烈皇帝。秋八月，葬惠陵"。即此。今墓封土高12米，基墙周180米。有清乾隆五十三年（1788）所立"汉昭烈皇帝之陵”石碑。陵东为昭烈庙。

②唐睿宗子李宪的陵墓。在今陕西蒲城县西北十里三合村。《新唐书·三宗诸子传》：睿宗将建东宫，宪嫡长固让。开元二十九年薨，追谥让皇帝，“号其墓曰惠陵”。

③清穆宗同治帝载淳陵。在今河北遵化市西七十里清东陵中景陵东南双山峪。

惠通泉　在今海南省海口市琼山区东五十里。北宋苏轼《琼州惠通井记》曰：“琼州之东五十里，曰三山庵。庵下有泉，味类惠山。东坡居士过琼，庵僧惟德以水饷焉。而求为之名，名之曰惠通。”

惠嫋湖　在今云南武定县西北。《方舆纪要》卷116武定军民府：惠嫋湖“在府西北八十里。湖方五里。茂林掩映，水色清碧，深不可测”。

逼死坡　在今云南昆明市五华山西麓金蝉寺后。清顺治三年（1646），明王室后裔桂王朱由榔于肇庆即帝位，次年以永历为年号。农民起义军将领李定国等由反明转而抗清，于顺治十三年（1656）迎永历帝至昆明。昆明遂成为抗清重要基地。顺治十五年（1658）清军入滇，永历帝由滇西退至缅甸。康熙元年（1662）吴三桂遣使入缅，迫使缅王交出永历帝及其家属，执回昆明，囚禁于五华山西麓金蝉寺。同年，吴三桂奉清廷诏书，以罗带绞杀永历帝于金蝉寺后篦子坡，后人改名为“逼死坡”。清亡后，蔡锷等人以“三迤士民”名义，在逼死坡竖立“明永历帝殉国处”石碑。

覃川荣乡二郡　北周天和年间改同昌郡置，为覃州治。治所在通轨县（今四川黑水县北）。隋开皇初废。

覃巴墟（覃 qín）　亦作谭巴墟。即今广东吴川市东覃巴镇。清光绪《茂名县志》卷2：“南之东，百四十里谭巴墟。”

覃州　北周天和元年（566）置，治同昌郡通轨县（今四川黑水县北）。辖境相当今四川黑水县地。隋开皇四年（584）废。

覃怀（覃 tán）　在今河南武陟县以西、孟县以东地区。《尚书·禹贡》：“覃怀底绩。”《孔传》：“覃怀，近河地名。”孔颖达《疏》：“《正义》曰，地理志河内郡有怀县，在河之北。盖覃怀二字共为一地。”金履祥《尚书注》：“覃，大也；怀，地名。太行为河北脊，其山脊诸州皆山险，惟太行以南怀州瀕河之地平夷广衍，田皆腴美，俗谓小江南，即古覃怀也。”

覃垕寨　即覃家寨。在今湖南张家界市东北覃家山。《方舆纪要》卷77慈利县：覃垕寨“在县西。明初覃垕作乱，命杨璟讨之，进至覃垕寨。……既而大兵取蜀，周德兴克其覃垕寨。”即此。

覃家城　在今湖南张家界市东北覃家山。《清一统志·澧州二》：覃家城“元末，土人覃垕，筑以自固。明洪武初，周德兴讨平之”。

覃韩偏刀水司　在今贵州德江县南。明置巡司于此。《清一统志·思南府》：覃韩偏刀水废司“在府城西北二百八十里。明洪武七年置土巡检司，属水德江司。本朝属安化县，乾隆年间裁”。

覃塘墟（覃 qín）　即今广西贵港市西北覃塘镇。清光绪《广西舆地全图》贵县图：西北有潭塘墟。民国《贵县志》卷1：覃塘墟“在县西北六十里郭西里，今覃塘乡北岸著名墟市，为四大墟市之一”。

粟山　①在今河北武安市东南。《方舆纪要》卷49武安县：粟山在“县东南十二里。相传秦白起拒赵廉颇于此，赵将绝粮，起命将士以布囊盛粟，积至山巅，赵军乃退，土人至今呼为粟山”。

②在今河北唐县西北十五里。《方舆纪要》卷12唐县：粟山“古有委粟关，盖置于山上”。

③在今浙江杭州市西老焦山、午朝山、牛山一带。《隋书·地理志》：余杭郡钱唐县“有粟山”。《寰宇记》卷93钱塘县：“粟山在县西一十七里。《舆地志》云：山下有飞泉二里，石杵阔二丈，长一丈四尺，吴大帝刻‘黄武二年岁在戊午（按：为癸卯之误）八月三日’十二字，余皆漂没，微茫若存。”

粟川州　即象川州。治所在今四川汉源或石棉、甘洛县境。

粟末水　亦作速末水。即今吉林、黑龙江两省之松花江。《新唐书·黑水靺鞨传》：“粟末部，居最南，抵太白山，亦曰徒太山，与高丽接，依粟末水以居。水源于山西，北注它漏河。”

粟末部　隋靺鞨七部之一。分布在今吉林长白山北，松花江流域。因水得名。《新唐书·北狄传》：“粟末部，居最南，抵太白山，亦曰徒太山，与高丽接，依粟末水以居。”为七部中最强者。唐中期统一靺鞨诸部建渤海国。

粟平县　西晋置，属桂林郡。治所当在今广西东北部融江流域及红水河下游一带。后废。

粟州　唐贞观八年（634）改西会州置，治所在会宁县（今甘肃白银市东北平川区陡城乡）。《元和志》卷4会州：“以此州仓储殷实，改为粟州。”辖境约当今甘肃靖远、景泰、会宁及宁夏海原等县地。同年改为会州。

粟园庄　即今河北唐山市东北三十里粟园镇。清同治《畿辅通志》卷49滦州图：西有粟园镇。

粟邑县　①西汉置，属左冯翊。治所在今陕西白水县西北。《汉书·薛宣传》：“粟邑县小，辟在山中，民谨（勤）朴易治。”三国魏属冯翔郡。北魏废入白水县。

②唐武德二年（619）改平陵县置，属雍州。治所即今陕西西安市临潼区东北粟邑庙。贞观八年（634）省入栎阳县。

粟邑镇　北宋置，属栎阳县。即今陕西西安市临潼区东北粟邑庙。

粟城　在今山西左权县东南三十五里粟城村。《水经·清漳水注》：轑水“南流径轑阳县故城西南。东流至粟城，注于清漳也”。清置粟城镇。

粟楼烽　即今新疆乌什县西亚曼苏柯尔克孜族乡西北七十里别迭里燧燧。《新唐书·地理志》温隶州："又西北三十里至粟楼烽。"

棘　①春秋时齐邑。在今山东淄博市临淄西北。《左传》：昭公十年（前532），"桓子召子山，私具幄幕、器用、从者之衣屦，而反棘焉"。杜注："棘，子山故邑。齐国西安县东有戟里亭。"《续汉书·郡国志》作"棘里"。

②春秋时鲁邑。在今山东肥城市东南。《春秋》：成公三年（前588），"秋，叔孙侨如帅师围棘"。杜注："棘，汶阳田之邑，在济北蛇丘县。"

③春秋楚邑。在今河南永城市西北。《左传》：襄公二十六年（前547），声子对曰："吴于是伐巢、取驾、克棘。"杜注："谯国酂县东北有棘亭。"又，昭公四年（前538）冬，吴伐楚，"入棘"。即此。

棘下　在今山东曲阜市旧城中。《左传》：定公八年（前502），阳虎劫公伐孟氏，"公敛处父帅成人自上东门入，与阳氏战于南门之内，弗胜。又战于棘下"。杜注："城内地名。"

棘门　初为秦宫门。在今陕西咸阳市东北。《史记·文帝纪》：后元六年（前158），"祝兹侯徐厉为将军，次棘门，以备胡"。即此。

棘水　即今河南新野县东之溧河。其上源即赭河。《水经·淯水注》：棘水"又南径棘阳县故城西。应劭曰：县在棘水之阳，是知斯水为棘水也。棘水又南径新野县，历黄邮聚，谓之黄邮水。棘水自新野县东，而南流入于淯水"。

棘阳县　①西汉高帝七年（前200）封杜得臣为棘阳侯，元朔五年（前124）改为县。属南阳郡。治所在今河南南阳市南。《汉书·地理志》南阳郡棘阳县注：应劭曰，"在棘水之阳"。故名。西晋属义阳郡。南朝宋属河南侨郡。北魏改为南棘阳县。

②北周改新野县置，为新野郡治。治所在今河南新野县。隋开皇初改为新野县。

棘里亭　即戟里亭。在今山东淄博市临淄区西北。《续汉书·郡国志》：齐国"西安有棘里亭"。《左传·昭公十年》：陈桓子召公子山"而反棘焉"。杜注："齐国西安县东有戟里亭。"即此。

棘泽　春秋郑邑。在今河南长葛市东北，双洎河南岸。《左传》：襄公二十四年（前549）冬，"楚子伐郑以救齐，门于东门，次于棘泽"。

棘城　①即春秋时郑之棘泽。在今河南长葛市东北。《水经·洧水注》：潩水"又东南径棘城北"。

②三国魏属昌黎郡。在今辽宁义县西南砖城子。慕容廆即昌黎棘城人。《晋书·慕容皝载记》："皝自征辽东，克襄平。……分徙辽东大姓于棘城。"即此。

③在今河北巨鹿县南。《方舆纪要》卷15巨鹿县："县南七里有棘城，一名棘家砦。《志》以为即章邯所军之棘原也。"

棘亭　即棘。又作棘津亭。在今河南永城市南。《左传》：襄公二十六年（前547），子灵奔晋，"使其子狐庸为吴行人焉，吴于是伐巢，取驾、克棘，入州来"。杜注："驾、棘，楚邑，谯国酂县东北有棘亭。"

棘津　亦名石济津、南津。黄河重要渡口。在今河南滑县西南古黄河畔。《左传》：昭公十七年（前525），"晋荀吴帅师涉自棘津"。《晋书·石勒载记》："勒引众自酸枣向棘津。"《水经·河水注》："河水于是有棘津之名，亦谓之石济津，故南津也。"

棘原　在今河北平乡县西南平乡镇南。《史记·项羽本纪》："章邯军棘原。"《集解》引晋灼曰："地名，在钜鹿南。"《续汉书·郡国志》刘昭注："钜鹿南有棘原，章邯所军处。"按隋以前钜鹿县治皆在今平乡县南。《清一统志·顺德府一》：棘原"在平乡南……今湮。按钜鹿县南七里，又有棘城，一名棘阳寨。俗以为章邯之棘原"。

棘梁山　即今山东东平县西北六十六里司里山。《方舆纪要》卷33东平州：棘梁山"顶有崖，东西判为二，其上架石为桥，可通往来，名曰天桥"。

棘蒲　春秋晋邑。故址即今河北赵县。《左传》：哀公元年（前494），"师及齐师、卫孔圉、鲜虞人伐晋，取棘蒲"。战国为魏邑，后入赵。《史记·赵世家》：敬侯六年（前381），"借兵于楚伐魏，取棘蒲"。皆此。

棘壁　①即春秋宋大棘。在今河南柘城县西北。《史记·梁孝王世家》："吴楚先击梁棘壁。"即此。

②即大棘。在今河南宁陵县西南七十里。《汉书·楚元王传》：景帝三年（前154），遂应吴王反，"起兵会吴西攻梁，破棘壁"。即此。

酥州　即今四川冕宁县北四十里酥州。清康熙四十九年（1710）置酥州土千户。

〔一丿〕

厨山　在今陕西略阳县西南。《元和志》卷22兴州鸣水县：厨山"在县南三里。极崇峻幽深，多木蜜，百姓资其利"。

厨中　指厨谷山中。在今陕西略阳县西南。《周书·异域·氐传》："世宗时，兴州人段吒及下辩、柏树二县民反，相率破兰皋戍。氐酋姜多复率厨中氐、蜀攻陷落丛郡以应之。"

厨北县　隋开皇六年（586）改落丛县置，属兴州。治所在今陕西略阳县西北徐家坪镇明水坝村。开皇八年（588）改为鸣水县。

厨谷山　即厨山。在今陕西略阳县西南。《方舆纪要》卷56略阳县：厨谷山"崖穴间尝兴云霞，如厨爨之状"。

厨城门　汉长安城北面的中门。在今陕西西安市西北六村堡街道曹家堡西。《三辅黄图》卷1："长安城北第二门曰厨城门。长安厨在门内，因为门名。王莽更名建子门广世亭。”

厦门厅 清康熙二十五年（1686）以同安县嘉禾屿等地置，属泉州府。治所即今福建厦门市。辖今厦门岛。1842 年中英《南京条约》签订后被辟为五口通商口岸之一。1913 年废厅改为思明县。1949 年厦门市由福建省直辖（地级）。

厦门市 1933 年由思明县城区析置，属福建省。治所即今福建厦门市城区。1934 年裁撤，并入思明县。1935 年思明县撤销，城区及鼓浪屿区复置厦门市，仍属福建省。1949 年厦门市由福建省直辖（地级）。

厦门道 1914 年由南路道改置，属福建省。治思明县（今福建厦门市）。辖境约当今福建大田、德化、安溪、厦门以东，德化、仙游、莆田以南地区。1928 年废。

厦漳铁路 也称漳厦铁路。自今福建厦门市西嵩屿，西至龙溪县（即漳州）止。全长 45 公里。清光绪三十三年（1907）开工，宣统二年（1910）完成嵩屿至江东桥段长 28 公里。其余因资金不足，工事停顿。1930 年被拆除。

雁山 亦作雁塞山。即景山。在今湖北保康县西南。《明史·地理志》房县：“西南有景山，一名雁山，沮水出焉，流入远安县界。”《方舆纪要》卷 79 房县：景山“一名雁山，又名雁塞山”。

雁门山 ①在今山西阳高县西北。《山海经·北次三经》：碣石之山“又北，水行五百里至于雁门之山，无草木”。《水经·㶟水注》：雁门山“雁出其门，在高柳北，高柳在代中，其山重峦叠巘，霞举云高，连山隐隐，东出辽塞”。

②一名句注山。在今山西代县西北三十五里。《尔雅·释地》：“北陵西隃雁门是也。”郭璞注：“即雁门山也。”唐于山上置雁门关。

③在今江苏南京市东南。宋《景定建康志》卷 17 引《旧志》谓雁门山“山势连绵，类北地雁门，故以为名”。《舆地纪胜》卷 17 建康府：雁门山“或云有雁门僧居此，故名”。李白《金陵江上遇蓬池隐者》诗：“绿水向雁门。”即此。

④在今四川梓潼县南三十里。《舆地纪胜》卷 186 隆庆府：雁门山“在梓潼县南三十余里，连至兜岗山。东西起两岭，雁从中过，故曰雁门”。

雁门千户所 明洪武七年（1374）置，属振武卫。治所即今山西代县北三十里雁门关村。后废。

雁门水 即今河北西北境之南洋河。《水经·㶟水注》：雁门水，“《山海经》曰：雁门之水出于雁门之山，雁出其间，在高柳北，……雁门水又东北入阳门山，谓之阳门水”。

雁门节度 唐方镇名。中和二年（882）改大同节度置。治所在代州（今山西代县），领忻、代二州。辖境相当今山西繁峙、代县、原平、五台、定襄、忻州等市县地。次年改号代北节度。五代唐复为雁门，后废。

雁门关 ①唐置，在今山西古交市西北二十里镇城底镇。《新唐书·地理志》：宪州天池县有“雁门关”。《寰宇记》卷 42 宪州：“雁门关在州东南六十里，属天池县雁门乡。其关东临汾水，西倚高山，接岚、朔州。”《清一统志·忻州》：“忻、代俱有雁门关，代在雁门山，建在前。忻在雁门乡，建在后。非一关也。”

②一名西陉关。唐置，故址在今山西代县西北三十二里雁门关西雁门山上。北宋时为防御契丹重地。《宋史·杨业传》：“业领麾下数千骑自西陉而出，由小陉至雁门北口，南向背击之，契丹大败。”即此。元废。明筑雁门关于今雁门关村，为山西三关之一。

③明置，属茂州。治所在今四川汶川县东北十里雁门乡。《清一统志·茂州》：雁门关“在州南七十里。明正统十年，黑苦等羌倡乱，巡抚寇深置关，临江据险，为州南门户。旁有偏桥，关外以溪为限，溪南即汶川县界”。《明史·四川土司传》：洪武十一年（1378），讨汶川土酋孟道贯，“师进雁门关，道险，蛮复据之”。即此。

雁门县 隋开皇十八年（598）因避太子杨广名讳，改广武县置，为代州治。治所即今山西代县。大业三年（607）为雁门郡治。唐武德元年（618）为代州治。天宝元年（742）为雁门郡治。乾元元年（758）复为代州治。蒙古中统四年（1263）省入代州。

雁门岭 在今浙江慈溪市东南七十里龙山镇雁门村。《方舆纪要》卷 92 宁波府慈溪县：雁门岭在“县（治今宁波市西北慈城镇）东北四十里。道出龙山所，与定海县接界”。

雁门峡 在今江西会昌县南。《清一统志·赣州府一》：雁门峡“在会昌县南一百二十里，羊角江所经。夹江两岸皆山，中列三石，江水分为三道，亦号三门峡，舟行甚险”。

雁门郡 战国赵武灵王置，秦、西汉治所在善无县（今山西右玉县南）。辖境相当今山西河曲、五寨、宁武等县以北，恒山以西，内蒙古黄旗海、岱海以南地。东汉移治阴馆县（今山西朔州市东南五十五里夏关城）。三国魏移治广武县（今代县西南十里古城）。北魏属司州，太和中改属肆州，后周大象初改代州为雁门郡。隋开皇初废。大业三年（607）复改代州为雁门郡，治所在雁门县（今代县）。唐武德元年（618）复改代州，天宝元年（742）又改为雁门郡，辖境已缩小到今山西代县、繁峙、原平、五台等县地。乾元元年（758）复改为代州。

雁门站 元置。在今山西代县西南。明废。

雁门渠 又称牵招渠。源出今山西代县西北雁门山，流径代县东南，南入滹沱河。《三国志·魏书·牵招传》：牵招为雁门太守，“郡所治广武，井水咸苦，民皆担辇远汲流水，往返七里。招准望地势，因山陵之宜，凿原开渠，注水城内，民赖其益”。即此。

雁门道　1914年由北路道改置，属山西省。治代县（今山西代县）。1916年移治大同县（今山西大同市）。辖境约当今山西保德、五寨、宁武、静乐、娄烦、忻州、定襄、五台以北地区。1928年废。

雁水　即今四川之沱江。《舆地纪胜》卷145简州“风俗形胜”引朱辂《江月楼记》曰：“赤、雁二水交注城下。”《方舆纪要》卷67简州：雁水“在州城东，即雒水之别名也”。

雁石关　即今福建龙岩市东北雁石镇。明正统十一年（1446）置雁石巡司于此，后移于县东皞林口。清雍正十年（1732）迁至今县南适中镇。

雁石岭　一名石砚岭。在今福建龙岩市东北雁石镇。地险仄，为戍守要道。明《寰宇通志》卷47漳州府：砚石岭“在龙岩县东，峰峦秀丽，气脉融和，取其石琢砚，甚光润”。《清一统志·龙岩州》：雁石岭“岭北为雁石渡，即龙川所经也。上流有石如雁，故名”。

雁头山　在今河北霸州市东南二十五里。《方舆纪要》卷11霸州“莫金山”条下：台山“东南五里有雁头山，以鸿雁群集而名。宋时有雁头寨”。

雁江　亦名金雁水。指今四川广汉市北之鸭子河。东汉之雁桥、五代之金雁桥即此水上之桥梁。《方舆胜览》卷54汉州：雁江“在雒县南（北），曾有金雁故名”。《明史·地理志》汉州：“又北有雁水，亦流入雒，故雒水亦兼雁水之名。”

雁汊镇　在今安徽东至县北长江南岸。《舆地纪胜》卷22池州：雁汊口“在东流县，有循检寨”。陆游《入蜀记》：“过雁汊夹，有税场，居民二百余家，泊船甚众。”《方舆纪要》卷27东流县：“雁汊镇在县东北九十里，濒大江。旧有巡司，今革。”

雁麦湖　在今江苏徐州市铜山区西南。《方舆纪要》卷29徐州：雁麦湖在“州西南四十里。其相连者，曰张塘湖、马沟陂，接萧、砀境。冬春则为平原，夏秋汇为巨浸”。

雁来洲　在今江西彭泽县北。《方舆纪要》卷85彭泽县“峨眉洲”条下：“县北有雁来洲，明初安庆赵双刀夜泊，得陈友谅雁伪书，因而误斩于此。”

雁荡山　在今浙江乐清市东北。主峰海拔1056米。沈括《梦溪笔谈·杂志》：“温州雁荡山，天下奇秀，未尝有言者。”至北宋太平兴国初僧全了栖止此山，建灵岩寺，山始显名。《元丰九域志》卷5温州：乐清县有“雁荡山”。《方舆纪要》卷94温州府乐清县：雁荡山“岩峦盘曲，凡数百里。其峰百有二、谷十、洞八、岩三十，争奇竞胜……绝顶有湖方十余里，水常不涸，雁之春归者留宿焉，故曰雁荡”。今为国家重点风景名胜。

雁洋墟　即今广东梅县东北雁洋镇。清光绪《嘉应州志》卷4：雁洋堡在“城东南六十里。东界大埔县”。

雁桥　亦名金雁桥。在今四川广汉市北鸭子河上。《三国志·蜀书·先主传》裴注引《益部耆旧杂记》：东汉建安十八年（213），刘璋将张任自绵竹退守雒城，刘备进军围之，“任勒兵出于雁桥，战复败”。即此。《方舆纪要》卷67汉州：雁桥在“州治北一里。亦曰金雁桥。以跨雁水上也”。

雁翅抖门镇　亦作雁翅陡门镇。即今安徽宣城市北水阳镇西北雁翅村。清嘉庆《宁国府志》卷15：宣城县北有雁翅斗门渡。丁文江《中华民国新地图》：安徽宣城县北有雁翅窦。

雁翅陡门渡　亦作雁翅抖门。即今安徽宣城市北水阳镇西北雁翅村。清光绪《宣城县志》卷4：雁翅陡门渡“上、下二渡”。

雁翎关　在今河南陕县东南。《清一统志·陕州》：雁翎关“在州东南。路通河南府永宁县。明时有兵戍守”。

雁塔　①在今湖南芷江侗族自治县东南五里古台山上。《清一统志·沅州府一》：古台山“一名古坛山。上有塔曰雁塔。明建耀文书院于上”。

②在今陕西西安市南八里慈恩寺内。俗呼大雁塔。唐神龙以后，新进士皆题名雁塔。《嘉话录》：“进士张莒偶游慈恩寺，题名雁塔下。后登科者遂为故事。”又有小雁塔，在今西安市南三里荐福寺内。

③在今四川泸州市旧城内。《舆地纪胜》卷153泸州：雁塔“在郡学。赵卫公（赵雄）即讲堂中庭植雁塔二，以刻进士姓名”。

④在今四川眉山市城内。《明一统志》卷71眉州：雁塔“在州学灵星门外，东西二塔。宋乾道间建。二苏及州之士登科者题名于上。本朝景泰四年作亭覆翼之”。

雁塔山　又名南山。在今云南楚雄市。《清一统志·楚雄府》：雁塔山“在楚雄县城南门内，即古金矿山，为郡学案山”。

雁湖　在今广西合浦县东北七十里。《舆地纪胜》卷120廉州：雁湖“去古廉州二百步。每秋冬有双雁游于其间，为其罕有，因以为名”。

雁鹜陂　在今陕西西安市西南。《寰宇记》卷25长安县：雁鹜陂，“地方六顷，承昆明池下流，在镐池北。沈约诗曰：东出千金堰，西临雁鹜陂。”久废。

厥西县　①西晋置，属义阳郡。治所在今湖北随州市西北。南朝宋改置阙西县。

②南朝宋置，属南义阳郡。治所在今湖南安乡县西南。南齐以后废。

厥国　在今山东汶上县北。《汉书·地理志》：东平国有东平陆县。应劭注：“古厥国，今有厥亭是。”《清一统志·兖州府二》：平陆故城“在汶上县北，本古厥国，战国时为平陆也。”

厥固　又名厥城。即今安徽萧县东南三十一里永堌镇。《梁书·兰钦传》：大通元年（527），兰钦攻北魏萧城，“仍攻厥固、张龙、子城，未拔”。

即此。

厥城　又名厥固。在今安徽萧县东南三十一里永堌镇。《魏书·地形志》：沛郡相县有厥城。《梁书·兰钦传》：大通元年（527），兰钦攻北魏萧城，“仍攻厥固、张龙、子城，未拔”。

厥堌镇　金置，属彭城县。在今安徽萧县东南三十一里永堌镇。《金史·地理志》　徐州彭城县：厥堌镇“元光二年升为永固县”。

厥貉　在今河南项城市西南。《春秋》：文公十年（前617），“楚子、蔡侯次于厥貉”。《公羊传》作“屈貉”。

鼏村　在今河南延津县西旧黄河边。《方舆纪要》卷47延津县：黄河“旧在县北。成化十四年，河决于县西之鼏村，泛滥七十余里。十五年徙流县南入封丘县界”。

硝石镇　在今江西南城县东南，黎川水西岸（今洪门水库内）。《清一统志·建昌府二》“盱江驿”条下：“又硝石镇，在府东四十里。旧有驿。”

硝河　①在今河南清丰县东南十八里。《方舆纪要》卷16清丰县：硝河“水流无源，盈涸不时，两岸产硝，因名”。

②在今四川中江县西南。《清一统志·潼川府一》：硝河“在中江县西南。源出县西北，其水出硝”。

硝河城　即今宁夏西吉县东南硝河乡西硝河城。清置固原分州于此。民国初并入固原县。

硷（鹻）厂门　清建。为柳条边门之一。在今辽宁本溪满族自治县东南碱厂镇。《清一统志·兴京》：硷厂边门“在城南一百四十里。南至岫岩厅所辖凤凰城边界三十里”。

硷（鹻）场堡　明嘉靖二十五年（1546）置，属定辽中卫。即今辽宁本溪满族自治县东南碱厂镇。《方舆纪要》卷37辽东都司“散洋峪堡”条下：“又司东三百七十里有硷场堡，近堡有金人砦可按伏。”万历四十六年（1618）毁于后金军。后金天聪七年（1633）于堡北又筑硷厂新城。

确山　即浮石山。在今河南确山县东南二里。《元丰九域志》卷1：确山县“有确山”。《清一统志·汝宁府》：确山“宋以此名县，亦曰浮石山”。

确山县　北宋大中祥符五年（1012）改朗山县置，属蔡州。治所即今河南确山县。元属汝宁府。明洪武初省入汝阳县，十四年（1381）复置。民国属河南汝阳道。1927年直属河南省。

硫黄溪　在今四川天全县东。《方舆纪要》卷73天全六番招讨司：硫黄溪“在司东三十里。溪水作硫黄气，浸灌瘠田，禾苗特盛”。

硫磺井　在今四川长宁县南双河镇东。清嘉庆《长宁县志》卷2：硫磺井在“县（今双河镇）东九里。四时水温作硫磺气，浴可疗疮”。

畚奁屯　在今北京市昌平区西南十里。清设经制外委防守。

㵝水　即获水。在今河南东部，安徽、江苏北部。晋以后被认为是汴水的下流，通称汴水。《说文》作㵝。

裂头山　在今河北抚宁县东北九十里。《方舆纪要》抚宁县：裂头山“群山环绕，一峰高耸，顶有数尖，因名。亦曰前裂头山，以东有七峰相连，极东而尖出者，为后裂头山”。

雄儿山　在今陕西洛川县东。《方舆纪要》卷57洛川县：雄儿山在“县东五十里”。

雄山　①有大、小雄山。大雄山在今河北雄县西南二里，小雄山在其东南一里许。《方舆纪要》卷12雄县：大雄山“高峙数十丈，峰顶广夷，一名望山，以其标领群岫为众望也。其左翼为小雄山，奇峰牙列，石罅甘泉出焉。五代周置雄州，盖因山为名”。《清一统志·保定府二》：大雄山，“宋景德中，积土城隅以御辽，自后构亭其上，更加修筑，遂有雄山之名”。

②在今福建南安市东南。《方舆纪要》卷99泉州府南安县：雄山“在县南。山势高大，诸峰皆出其下，故名”。

③在今湖南麻阳县东北。《清一统志·沅州府》：雄山“在麻阳县东北一百里”。

雄石镇　唐武德八年（625）置，即今江西贵溪市。《方舆纪要》卷85广信府贵溪县：雄石镇“有巨石雄踞溪浒，因名。俗呼阵石。《志》云，镇在唐末为江闽要冲，常置镇遏使于此宿兵守卫。五代时杨氏、李氏相仍置戍。宋平江南始敕镇隶县”。

雄边寨　在今四川荥经县西小西坪山下。《方舆纪要》卷72荥经县：雄边寨“在县西北。中有讲武堂，宋淳熙间创屯营于此”。

雄州　①唐置，治所在今宁夏中宁县西北石空堡附近。《新唐书·地理志》　雄州：“在灵州西南一百八十里。中和元年（881）徙治承天堡，为行州。”后废。

②五代南汉乾和四年（946）置，治所在浈昌县（今广东南雄市）。辖境相当今广东南雄市和始昌县地。北宋开宝四年（971）改为南雄州。

③南唐时置，治所在今江苏南京市六合区。周显德中，州徙，仍为六合县。

④五代周显德六年（959）以瓦桥关置，治所在归义县（北宋改为归信县，即今河北雄县）。北宋辖境相当今河北雄县、容城县地。元属保定路。明洪武七年（1374）降为雄县。

⑤五代周改建武军置，治所在天长县（今安徽天长市）。北宋初改置天长军。

雄远军　五代南唐保大末年改新和州置，治所在今安徽当涂县。北宋开宝八年（975）改南平军。

雄县　明洪武七年（1374）改雄州为县，属保定府。治所即今河北雄县。民国初属直隶保定道，1928年直属河北省。

雄武军　在今河北省兴隆县南。《旧唐书·安禄山传》：天宝六年（747），“于范阳北筑雄武城，外示御寇，内贮兵器，积谷为保守之计”。其后于此设军使，为州境要地。《资治通鉴》：唐会昌二年（842），回鹘部将那颉啜帅众“南趣雄武军，窥幽州。卢龙节度使张仲武遣其弟仲至将兵三万迎击，大破之”。唐广明元年(880)，“李克用自雄武军引兵还击高文集于朔州，李可举遣行军司马韩玄绍邀之于药儿岭，大破之”。皆此。

雄河 在今河北雄县南。《方舆纪要》卷12雄县：雄河在“县南三里。自安州易水分流，径县界东流，仍合于易水”。

雄定关 北宋靖康元年（1126）改唐天井关置，即今山西晋城市南三十里天井关。

雄勇寨 北宋置，属火山军。在今山西河曲县东南。后废。

雄崖千户所 明洪武中置，属鳌山卫。治所即今山东即墨市东北一百里雄崖所。清雍正十二年（1734）裁。

雄魁 在今云南大关县北十六里木家营盘村。清雍正六年（1728）于此置大关厅，雍正八年（1730）迁治翠华山（今翠华镇老城）。十一年（1733）西移至养马坝（今大关县）。“雄魁”系彝语“雄块”的转译，“雄”为古时彝官，“块”为村寨。“雄魁”意即古时彝官居住的村寨。

雄溪 ①又作熊溪。东汉、六朝武陵郡境内五溪之一。即今湖南沅江上游支流渠河。《舆地纪胜》卷72靖州：雄溪，“《皇朝郡县志》云，雄江即渠河。潭江、沅江及沅州江等，会众水入于此江。九溪之中昔所谓雄溪江也”。或说为另一支流巫水（《渠阳边防考》）。东汉、六朝时“五溪蛮”中的一支即居住在此溪两岸。

②在今湖南辰溪县西三十里。《清一统志·辰州府》：雄溪“源出雄山，东南流入辰”。

〔一ㄱ〕

辋山 ①一名玲珑山。在今河南禹州市西。《清一统志·开封府一》：玲珑山“在禹州西六十里。一名辋山。涌泉水出于此。山石多孔，如雕凿然”。

②在今湖北咸宁市东。《寰宇记》卷112江夏县：“辋山在县东南二百七十三里，山形圆曲，有如车辋。”《清一统志·武昌府一》：辋山“在咸宁县东四十里。一名车辋山”。

辋川 一作辋谷水。在今陕西蓝田县南。源出南山辋谷，西北流入灞河。《清一统志·西安府一》引《蓝田县志》：“县南峣山口两峡夹峙，辋川水从此北流入灞。”唐王维晚年隐居于此，作有《辋川闲居赠裴秀才迪》诗。

辋川镇 即今福建惠安县东北辋川镇。《方舆纪要》卷99惠安县：辋川镇在“县东北十里。阻山负海，民居繁密。嘉靖三十七年，县屡被倭患，因议城之。四十一年，城始就，周四里，与县城相犄角”。

辋子山 在今内蒙古赤峰市北辋子河（今昭苏河）边。《辽史·天祚帝纪二》：天庆七年（1117）九月，“丁酉，猎辋子山”。

辋子河 亦作罔子河。即今内蒙古赤峰市北之昭苏河。《辽史·地理志》：上京临潢府有辋子河。

辋谷 在今陕西蓝田县东南二十里。《清一统志·西安府二》引《雍大记》：“商岭水流至蓝桥，伏流至辋谷，如车辋环辏，落叠嶂，入深潭。有千圣洞、细水洞、茶园、栗岭。唐右丞王维庄在焉，所谓辋川也。”

辋谷水 即辋川。在今陕西蓝田县南。《水经·渭水注》：霸水“出蓝田县南蓝田谷，所谓多玉者也。西北有铜谷水，次东有辋谷水，二水合而西注，又西流入浧水”。

雅卜藏驿 一作雅布泉。清光绪年间改库森塔斯浑台置，即今新疆疏勒县南牙甫泉镇。旧为疏勒三市镇之一。

雅口 即大雅口。今云南澜沧拉祜族自治县东八十五里雅口乡。清为土都司驻地。民国时设县佐。

雅山 在今浙江平湖市东南二十六里瓦山村。《方舆纪要》卷91平湖县：雅山“或讹为瓦山”。明嘉靖三十五年（1556），追败倭寇于此。

雅什里库尔湖 亦名伊西洱库尔淖尔、叶什勒池。即帕米尔雅什库里湖，今属塔吉克斯坦。清宣统《新疆图志》卷8：光绪十八年（1892）沙俄入侵帕米尔，新疆巡抚陶模电云：“中俄分界至乌孜别里止，阿里楚尔河、雅什里库尔湖均在乌孜别里南，雅什库尔即《新疆识略》之伊西洱库尔，乾隆二十四年立碑迤北十里之苏满，断无立碑于界外之理。该处一向设黑孜吉牙克卡。”

雅巴鄂尔图卡伦 清乾隆年间置，在今哈萨克斯坦阿拉木图东察林河上游南岸。清徐松《西域水道记》卷4：格根河“又折而东流五十里经雅巴鄂尔图卡伦北，有雅巴尔布拉克水经卡伦东来汇”。

雅布泉 一作雅卜藏驿。即今新疆疏勒县南牙甫泉镇。清道光《新疆识略》卷82疏勒府：雅卜藏驿“一作雅布泉，有街市，为疏勒三市镇之一”。

雅尔 ①地区名。相当今哈萨克斯坦境内塔尔巴哈台以南，阿拉湖以北一带。清乾隆《西域图志》卷12：雅尔“在塔尔巴噶台西北二百里，旧为准噶尔伊克明阿特部游牧之所，车凌班珠尔之昂吉”。因中心地区为雅尔河流域而得名。乾隆中平定准噶尔叛乱后，筑城设治于此。驻有参赞、领队大臣等。参赞大臣等移驻塔尔巴哈台后，此地为塔尔巴哈台的辖境。同治三年（1864）沙俄强迫清政府签订《中俄勘分西北界约记》后地入沙俄。

②清新疆政区。乾隆二十八年（1763）设参赞大臣，治所在雅尔（今哈萨克斯坦乌尔贾尔）。辖境相当今新疆塔城、阿勒泰两地区及哈萨克斯坦勒布什河、巴尔喀什湖、阿亚古斯河以东，斋桑泊、额

尔齐斯河以南地。乾隆三十年（1765）参赞大臣移驻塔尔巴哈台城（今新疆塔城市）后，改称塔尔巴哈台。

雅尔玛罕山　在今新疆哈密市东北。《清一统志·镇西府》：雅尔玛罕山“在府城东南三百里。山脉自库舍图岭东行二百里，至此峰峦峻拔，高入云汉”。

雅尔拉沙木贝冈里　即今西藏乃东县与隆子县交界处之亚拉香波。清乾隆《西域同文志》卷19：“西番（藏）语：雅尔拉，佛地也。沙木贝，自在也。冈里，雪山也。山多雪，为佛示现处，故名。”

雅尔河　①即今内蒙古扎兰屯市西雅鲁河。《清一统志·黑龙江》：雅尔河“在齐齐哈尔城西北四百二十里。源出西兴安岭，东南流六百余里，入嫩江”。

②即今黑龙江省龙江县西雅鲁河。《清一统志·黑龙江》：雅尔河“在齐齐哈尔城西北四百二十里。源出西兴安岭，东南流六百余里入嫩江”。

③在今哈萨克斯坦东部乌尔贾尔南，注入阿拉湖。清《乾隆内府舆图》有雅尔必拉。清徐松《西域水道记》卷5：“雅尔河二支，东支出故城（即雅尔城）东北那拉特岭；西支亦出塔尔巴哈台山，皆西南流。”

雅尔城　在今哈萨克斯坦东北部乌尔贾尔。清乾隆二十八年（1763）建肇丰城于此，俗称雅尔，为塔尔巴哈台参赞大臣驻地。三十一年（1766）参赞大臣移驻绥靖城（今新疆塔城市），改设协领驻守。咸丰二年（1852），俄军侵占雅尔，建立乌尔扎尔哥萨克村。

雅尔特拱拜　亦作雅什特拱拜。清帕米尔八卡之一。光绪五年（1879）后设卡，在今札尔提古木别孜。后被俄国侵占，今属塔吉克斯坦。

雅尔堆营　又作雅堆、牙堆。清乾隆后置，在今西藏乃东县东南亚堆。“雅堆”，藏语意为“亚龙”沟的上部、上亚龙。

雅尔博罗克巴勒底宗　即今西藏浪卡子县北白地。清乾隆《西域同文志》卷18：“西番（藏）语：雅尔，顶也。博罗克，黑帐房也。巴勒，威也。底，小也。”

雅尔博罗克裕磋　即洋卓雍错。今西藏浪卡子县羊卓雍错。

雅尔湖　即今新疆吐鲁番市西二十里亚尔乡。其西有交河故城。清宣统《新疆图志》卷80吐鲁番厅：雅尔湖“又名涯儿城。汉车师前王所居。唐交河县治也。河水分流绕城，故号交河”。

雅尔湖古墓群　又称交河故城沟西沟北墓地。在今新疆吐鲁番市西二十四里的黄土台地上。南北宽约1公里。是交河故城古代居民墓地，拥有2000多座墓葬。汉代车师贵族墓周围有众多殉马坑，墓中出土汉五铢钱、星云纹铜镜和金器、陶器等。晋唐时期这里的居民聚族而葬，墓葬以带坟院的斜坡墓道墓为主。地表砾石堆砌封堆。出土汉文墓志和陶器等随葬品，极具史料价值。2001年定为全国重点文物，归入雅尔湖故城保护单位。

雅尔湖石窟　在今新疆吐鲁番市西北约二十里、交河故城西土崖上。传为唐宋时代遗址。共有七窟：六为支提窟，一为毗诃罗窟。间有壁画。第五窟西壁上有突厥文题记。

雅尔湖故城　即交河故城。在今新疆吐鲁番市西二十里雅尔乃孜沟村。为汉代车师王前庭治所。十六国至北朝时高昌国置交河郡于此。唐置交河县。元末城废。城址在高出水面约30米的土崖上，南北长约1000余米，东西最宽约300米。城内建筑遗迹及街巷遗迹犹存。出土遗物有古回鹘文写本、唐代古钱和文书等。城西和城南隔河有交河世族墓地。1961年定为全国重点文物保护单位。

雅州　①隋仁寿四年（604）置，治所在蒙山县（今四川雅安市西）。《元和志》卷32雅州：“因州境雅安山为名。”大业三年（607）改为临邛郡。唐武德元年（618）复改雅州。治所严道县（今雅安市西）。天宝元年（742）改为卢山郡，乾元元年（758）复改为雅州。辖境相当今四川雅安、名山、荥经、天全、卢山、宝兴等市县地。开元中置都督府，都督羁縻会野、当马等十九州，后增至五十余州。北宋徙治今雅安市。元属吐蕃等处宣慰司。明属四川布政使司。清属四川省。雍正七年（1729）升为雅州府。

②唐贞观八年（634）改羁縻西雅州置，属松州都督府。治所在今四川阿坝县东南境。后废。

雅州千户所　明洪武四年（1371）置，属四川都司。治所在雅州（今四川雅安市）。后废。

雅州府　清雍正七年（1729）升雅州置，属四川省。治所在雅安县（今四川雅安市）。辖境相当今四川色达、丹巴、卢山、名山、汉源以西，得荣、九龙以北，西藏江达、贡觉以东地区。光绪三十年（1904）升打箭炉厅为直隶厅，辖境缩小，仅有今四川雅尔地区（汉源、石棉两县的大渡河以南除外）及泸定县部分地区。1913年废。

雅江　即青衣江。在今四川西部。《舆地纪胜》卷146嘉定府：蒙水“一名青衣水，一名大渡水。蒙以山名，青衣以县名，大渡以溪名。今曰雅江，以州名”。《清史稿·地理志》雅安县：“青衣江一名平羌江，俗称雅河，即大渡水。自芦山入，至县北门外，东南流入洪雅。”

雅江县　1913年改河口县置，属川边道。治所即今四川雅江县驻地河口镇。以位于雅砻江畔而得名。1939年属西康省。1949年中华人民共和国成立后迁治西岸今雅江县（本达宗）。1955年属四川省。

雅安山　即今四川雅安市区西苍坪山。《元和志》卷32雅州：“因州境雅安山为名。”《舆地纪胜》卷147雅州：雅安山“州治旧在其上。以有瘴，皇祐景德间徙治山下”。《方舆纪要》卷72雅州：雅安山“在州治西。由沉黎而来，一名月心山”。

雅安市　1951年由雅安县及近郊置雅安市，属雅安专区，为西康省会。1955年西康省撤销，改属四川省雅安专区。1959年撤市改县。1983年复置雅安市。2000年撤销雅安地区和县级雅安市，设立地级雅安市；原县级雅安市改置雨城区，市人民政府驻雅安市雨城区。

雅安县 清雍正七年（1729）置，为雅州府治。治所即今四川雅安市。乾隆《雅安府志》卷2：雅安山，“昔因以名州，今以名县”。民国初为四川建昌道治。1928年直属四川省。1939年属西康省。1950年为西康省会。1951年析县城及近郊置雅安市，1955年属四川省。1958年撤市归县，1983年改设雅安市。2000年撤销雅安地区和县级雅安市，改设地级雅安市。原县级雅安市改置雨城区。

雅安驿 明置，在今四川雅安市。《方舆纪要》卷72雅州：雅安驿“在州治东。马驿也”。

雅玛图卡伦 清置，在今新疆温泉县西，博尔塔拉河南岸。道光《新疆识略》卷11：雅玛图卡伦，“此小卡伦东至鄂托克赛哩安达拉卡伦一百四十里”。

雅玛图台 即今新疆托里县南加马特。《清一统志·塔尔巴哈台》：雅玛图台“在沙拉和洛苏台南一百二十里”。

雅克山 在今内蒙古扎兰屯市西。《清一统志·黑龙江》：雅克山“在齐齐哈尔城西三百五十里”。

雅克萨 清雍正十年（1732）设驿站，即今内蒙古呼伦贝尔市之牙克石市。1950年于此置喜桂图旗。1983年改设牙克石市。

雅克萨城 又作雅克塞。明末清初索伦部城寨，在今俄罗斯阿穆尔州黑龙江北岸阿尔巴津。《清太宗实录》卷51：崇德五年（1640）二月，萨穆什喀等平博穆博果尔乱，“有铎陈、阿撒津、雅克萨、多金四木城人拒敌不降。因令右翼梅勒章京率兵来助。……遂克雅克萨城”。即此。后为达呼尔总管倍勒尔居处。顺治七年（1650）以后被俄强占。清《平定罗刹方略》卷1：俄“恃雅克萨城为巢穴，于其四近耕种渔猎，数扰索伦、赫真、斐雅喀、奇勒尔居民，掠夺人口，使不得宁处”。康熙二十四年（1685）被迫进行驱逐沙俄的雅克萨之战。二十八年中俄签订《尼布楚条约》，正式划分中俄边界，雅克萨仍属中国。咸丰八年（1858），通过不平等的中俄《瑷珲条约》被俄割占。

雅砻江 亦作雅砻江。即今四川西部金沙江（长江）支流雅砻江。

雅砻江 古名若水。亦作鸦砻江、雅龙江，又名打冲河、黑惠江、纳夷江。藏语雅曲。在今四川西部，为金沙江北支流。源出青海巴颜喀拉山南麓，从西北向东南流，经四川甘孜、新龙、雅江等县，至攀枝花市东北三堆子注入金沙江。全长1375公里。《清史稿·珠满传》：康熙三十九年（1700），“被命讨川蛮，驻守鸦陇江”；又《鹿传霖传》：光绪二十一年（1895），征瞻对，“渡雅龙江，抵贼巢，斩馘过当，尽收三瞻地”。皆此。

雅堆 即今西藏乃东县南亚堆乡。清《西藏图考》卷1所载《西招原图》图8作“雅堆”。

雅鸿桥 即今河北玉田县东南雅鸿桥镇。《清一统志·遵化州》：雅鸿桥“在丰润县西四十三里，与玉田县接界，还乡河至此与梨河合。旧设管河县丞，本朝嘉庆十二年裁，改设主簿驻此”。

雅窑墟 即今广东鹤山市东南雅瑶镇。清道光《鹤山县志》卷1：“市集”有雅瑶墟。

雅集亭 在今江苏常熟市西北虞山山半。内刻雅集图，为沈石田觞咏处。

雅鲁 即今内蒙古呼伦贝尔市之牙克石市东南雅鲁林场。以雅鲁河为名。《清史稿·地理志》：布西直隶厅有“雅鲁”等车站。“雅鲁”，鄂伦春语意为河流。

雅鲁设治局 1925年置，属黑龙江省。治所即今内蒙古扎兰屯市。1929年改为雅鲁县。

雅鲁县 1929年改雅鲁设治局置，属黑龙江省。治所即今内蒙古扎兰屯市。1932年日伪分置布特哈左、右二旗（左旗驻扎兰特，右旗驻博克图）。旋废。1934年改设布特哈旗。

雅鲁藏布江 曾称大金沙江、臧博楚。在今西藏南部。上游马泉河发源于喜马拉雅山北麓，东流纳拉喀藏布、年楚河、拉萨河等支流，经喜马拉雅山东端的珞渝地区南流入印度和孟加拉国境内，称布拉马普特拉河，下游注入孟加拉湾。清乾隆《卫藏通志》卷13《山川》：“大金沙江，番名雅鲁藏布江。”乾隆《西域同文志》卷21：臧博楚“西番语，臧博，清净之谓。楚，水也，河也。取清净无垢之义以名河，其上游即藏地崖鲁臧博楚也”。

雅璃雅尔河 即今新疆阿克陶、疏附、疏勒、岳普等县境之岳普湖河。《清一统志·喀什噶尔》：雅璃雅尔河“在特尔墨楚克河南二十里。源发葱岭，东流，经塔什巴里克城南，又东北流，经喀什噶尔城南，赫色勒特尔墨楚克二水合流，北来会之，名喀什噶尔河”。徐松《西域水道记》卷2：雅璃雅尔河，“回人谓厌弃曰雅璃，坎曰雅尔，河深难越，以厌为祠”。

雅韶墟 即今广东阳东县东南雅韶镇。清道光《阳江县志》卷1：有雅韶墟。

暜城 在今浙江临安市西六十四里於潜镇。《寰宇记》卷93引《吴越春秋》：“秦徙大越鸟语人置之暜。”即此。

〔丨一〕

棐 即棐林。春秋郑地。在今河南新郑市东北。《春秋》：文公十三年（前614），“郑伯会公于棐”。《公羊传》作斐。

棐林 又作棐。春秋郑地。在今河南新郑市东北二十五里。《春秋》：宣公元年（前608），“宋公、陈侯、卫侯、曹伯会晋师于棐林，伐郑”。杜注：“郑地。荥阳宛陵县东南有林乡。”

斐尔法卡伦 清光绪年间置，属黑龙江副都统。在今黑龙江省绥滨县东北中兴村稍东。后废。

斐优城　亦作蜚悠城、费优城、西步江、高力城。即今吉林珲春市西南三家子满族乡古城村（裴优古城）。一说为珲春市北古城。《清一统志·吉林》“打牲乌拉城”条内：丁未年（1607），“瓦尔喀部斐优城长策穆特赫来朝”。即此。光绪《吉林通志》卷24珲春境内古城：费优城，“《旧志》作飞腰。城北二十里。周围三里，西南各二门，东北各二门。太祖丁未年收抚瓦尔喀部于此”。古城遗址尚存。

紫大地场　即紫打地。今四川石棉县西北安顺彝族乡。清光绪《越嶲厅志》卷2：同治二年（1863），石达开“由冕宁小路窜入踞紫大地场，土千户王应元撤铁索桥扼守松林小河，擒石达开”。

紫山　①在今河北邯郸县西北，与永年、武安交界处。山势耸拔，冈峦起伏。《魏书·地形志》：邯郸县有“紫山”。《寰宇记》卷58临洺县引《隋图经》：“临洺紫山，春夏有气蓊郁。山下有石，石上菖蒲一寸九节。岩间有紫石英。”

②在今安徽宁国市西南，接绩溪县界。《方舆纪要》卷28宁国县：紫山在“县南百里。高数百仞，周二百里。有龙池、龙井。其北为前坞诸岭，稍西北曰蜀洪山，胡乐巡司置于此”。

③一名紫灵山。在今河南南阳市西北二十五里。《水经·淯水注》：“淯水又南，梅溪水注之，水出（宛）县北紫山。”

④即今青海中部偏南之巴颜喀喇山。《新唐书·吐蕃传》：“河之上流，由洪济梁西南行二千里，水益狭，春可涉，秋夏乃胜舟。其南三百里三山，中高而四下，曰紫山，……虏曰闷摩黎山，东距长安五千里，河源其间。”

紫山砦　在今湖北南漳县西南紫山坪。《清一统志·襄阳府三》：紫山砦“在南漳县境，设把总驻防”。

紫川　即今山西隰县东南之紫峪河及东川河。源于隰县东北，西南流至今午城镇东入昕水河。《水经·河水注》：“蒲水又南合紫川水，水东北出紫川谷，西南合江水，……紫川水又西北入蒲水。”《方舆纪要》卷41隰州：紫川“以岩石皆紫而名”。

紫云（雲）山　①在今河南襄城县西南二十五里。《清一统志·许州直隶州》：紫云山“南北两山左右拱抱。一泉涌出，由灵泉山之西麓入汝水。其郏、敖诸山对列如屏，襄中第一胜境也。明李敏建书院于上，故又名书院山。当山隘处有骆驼岭”。

②在今湖北麻城市西。《清一统志·黄州府一》：紫云山“在麻城县西七十里，接黄安县界”。

③在今湖北黄梅县北七十里。《清一统志·黄州府一》：紫云山“山路萦纡，望如削笔，其顶平旷，东西环拱，内有平田。僧人值茶，即为紫云茶”。

④在今湖南城步苗族自治县东二十里。《清一统志·宝庆府一》：紫云山“亦名云雾岭。高三里。上有紫霄宫、紫云庵、潜龙书舍”。

⑤在今湖南新宁县东北。《清一统志·宝庆府一》：紫云山“在武冈州东一百二十里，接新宁县及永州府东安县界。山产紫芝，顶有映天湖”。

⑥在今广东和平县东北。《方舆纪要》卷103和平县“东山”条内：“紫云山在县东北五十里。高五百丈，周八十余里。上有岩，朝夕有紫气腾起。”

紫云书院　明成化四年（1468）太子少保、户部尚书李敏创建。在今河南襄城县西南紫云山中。十八年（1482）赐额。后又扩建。今存大殿和东西配殿及东西厢房、门楼及观澜桥、墨香泉等胜景。

紫云（雲）台（臺）山　在今福建明溪县东紫云。《方舆纪要》卷98汀州府归化县：紫云台山在“县东南八十里。周围二十里，高十里。其顶上平，有田塘水碓，民居四五百户，腴田数千亩。气候多寒，夏月无暑，每日色岚光互相掩映，则紫气氤氲，亦谓之均山，以三峰连络也”。

紫云（雲）县　1914年改归化县置，属贵州贵西道。治所即今贵州紫云苗族布依族自治县。因县境西有紫云源胜境为名。1923年直属贵州省。1966年改设紫云苗族布依族自治县。

紫云（雲）城　亦名子云城。南宋末建。在今四川犍为县东南二十五里子云山。《元史·汪良臣传》：元世祖至元十二年（1275）攻破嘉定后，“统兵顺流而下，紫云、泸、叙相继款附”。即此。

紫云（雲）洞　在今浙江杭州市西栖霞岭上。明田汝成《西湖游览志》卷9：紫云洞“倚空如悬，阴凉彻骨”。清袁枚有《游紫云金鼓诸洞》诗。

紫云（雲）溪　即今福建邵武市北富屯溪。《方舆纪要》卷98邵武府邵武县：紫云溪“在府城北。源出光泽县之西北二溪，合流入境，会诸溪水东下经城北，其流益大。又东南至顺昌县之富屯，下流入顺阳溪，俗名大溪”。

紫贝山　在今海南省文昌市南。《寰宇记》卷105：琼州文昌县有“紫贝山，元属紫贝县”。《清一统志·琼州府一》：紫贝山，“《旧志》，在县南一里。前有紫贝泉，其阴有钓鳌矶”。

紫贝县　西汉元封元年（前110）置，属珠崖郡。治所在今海南省文昌市西南紫贝山南。初元三年（前46）废。

紫水　在今甘肃陇南市武都区东五十里。《元和志》卷39将利县：“武都有紫水，泥亦紫，汉朝封玺书用紫泥，即此水之泥也。又出上品雄黄，色如鸡冠。”

紫打地　亦作紫大地。即今四川石棉县西北大渡河西岸安顺彝族乡。《清史稿·骆秉璋传》：同治二年（1863），太平天国翼王石达开“由小径趋土司紫打地”。未及时渡河，遂遭全军覆没。

紫石山　在今云南楚雄市东南云龙镇东。《方舆纪要》卷116南安州：紫石山“在州（治今云龙镇）东一里”。

紫石戍　在今广东广州市东珠江北岸。《新唐书·地理志》：南海县有紫石戍。《元和志》卷34南海县：紫石戍“在县东七十里”。

紫石关　明置，在今四川天全县西紫石乡。《明史·地理志》：天全六番招讨司有紫石关。《方舆纪要》卷73天全六番招讨使司“禁门关”条下：“紫石关在司西百里。”

紫石县　1943年由东台、泰县、如皋3县析置，治所在海安镇（今江苏海安县）。1948年改名海安县。

紫石驿　在今四川剑阁县(下寺镇)南。《方舆纪要》卷68剑州：紫石驿在“州（旧治在今县西南普安镇）东六十里。陆道所经。今革”。

紫石溪水　在今河北涞水县西北，流经紫石口。为拒马河支流。《水经·巨马水注》：紫石溪水“又径圣人城东，又东南，右会檐车水。水出檐车硎，东南流径圣人城南，南流注紫石水。又南注于涞水”。

紫皮岙　在今浙江舟山市定海区西北紫微乡境。《方舆纪要》卷92宁波府定海县：天同岙“相近者有紫皮岙。嘉靖三十七年胡宗宪遣奇兵出此捣岑港贼巢”。

紫芝山　即今福建漳州市西北望高山。《舆地纪胜》卷131漳州《景物下》：登高山“在州治之西二里”。《方舆纪要》卷99漳州府龙溪县：紫芝山“在城西北隅。脉自天宝山来，蜿蜒起伏三十余里，至此一峰耸拔，一名望高山”。

紫光阁　明仿汉麟阁云台而置，在今北京市中南海西岸瀛台西北。清康熙皇帝于此集三旗侍卫大臣校射，后又于阁前阅试武举。乾隆二十四年（1759）平定伊犁回部，悬挂功臣百人之像于阁内。四十一年(1776）平两金川，又增功臣百人图于此。

紫团山　在今山西平顺县东南。《方舆纪要》卷42平顺县：紫团山在“县东南九十里。其山高耸，昔尝有紫气见山顶，团圆如盖，因名。产人参，名紫团参”。

紫竹古城址　在今四川崇州市西南燎原乡北紫竹村。平面呈长方形，面积为20万平方米。是成都平原著名史前城址之一。

紫竹林　①原为天津市城东南海河西岸一小村名。清咸丰十年（1860）天津开港后，法国强划租界地于紫竹林，其旁为英、美租界；至19世纪90年代末，德、俄、日又在海河两岸划定租界，因此泛称为“紫竹林租界”。光绪二十六年（1900）春义和团运动兴起后，紫竹林成为各国侵略军基地。6月16日，沙皇俄国军队在紫竹林对岸天津火车站以机枪扫射义和团，造成大量伤亡。次日，各国联军又攻陷大沽炮台。天津军民当天下午即包围紫竹林，开始了保卫天津之战。清军从水师营炮台和天津南门城墙上，发炮猛轰紫竹林各国武装据点，展开长时期的炮战。6月下旬起，义和团首领曹福田、张德成率领各县团众两万余人，参加进攻紫竹林和老龙头火车站的战斗。7月初，张德成率义和团众一度攻入紫竹林租界。长达一个多月的紫竹林之战，直到7月14日天津城被侵略军攻陷为止，虽然以失败告终，但却给侵略者以沉重的打击。

②在今浙江舟山市普陀区普陀山东南部。清许琰《普陀纪胜》：“山中石剖之俱白质黑章，作花卉草木状，浓淡工细如画。僧云经称紫竹梅檀林，故石亦具是相也。”紫竹林之名或以此。

紫州　唐武德元年（618）置，治所在临洺县（今河北永年县）。辖境相当今河北永年、武安、邯郸、肥乡等市县地。四年（621）废。

紫江县　1914年改开县置，属贵州黔中道。治所即今贵州开阳县。1920年直属贵州省。1930年改为开阳县。

紫阳山　①在今安徽歙县城南三里。《江南通志·山川五·徽州府》：紫阳山“在府南三里，高百九十仞。《府志》云，宋婺源朱松游而乐之，后寓闽中，常以紫阳书堂刻其印章。其子熹，亦以紫阳名其堂，亦不忘也”。南宋淳祐间，郡守韩补为朱熹建紫阳书院于此。

②在今湖南隆回县西十里紫河。《方舆纪要》卷26武冈军：紫阳山“有千寻石室，即周谏议读书处前瞰溪，陈简斋所谓雷霆鬼神之所为，非人力所就者是也”。

③在今四川苍溪县东二十里。《新唐书·地理志》：苍溪县有“紫阳山”。《清一统志·保宁府一》：紫阳山“在苍溪县东三十五里。一峰峙立，高入青云”。

紫阳书院　即今江西上饶市区信江南岸黄金山上信江书院。《清一统志·广信府》：紫阳书院“在上饶县城南黄金山麓。初为曲江书院。郡人为知府张国祯祠。本朝康熙五十一年，知府周镗元更名钟灵。乾隆八年，知府陈世增修葺，作堂于后山，作楼祀朱子。旁建学舍八十余间，因易今名”。乾隆四十六年(1781）改称信江书院。

紫阳关　在今湖南隆回县西十里紫河，为五里乡驻地。明属武冈州，于此置巡司。

紫阳县　明正德七年（1512）升紫阳堡置，属兴安州。治所在今陕西紫阳县东二里。嘉靖三十五年(1556）迁今紫阳县。清属兴安府。民国初属陕西汉中道。1928年直属陕西省。

紫阳洞　在今陕西紫阳县南汉江南岸瓮山下。《清一统志·兴安府一》“瓮山”条引《陕西通志》：“紫阳洞在县南紫阳滩之崖。有三洞，皆深丈许。宋真人张紫阳修道于此，县因以名。”

紫阳堡　明正德七年（1512年）初置，属金州。在今陕西紫阳县东二里。同年十一月升为紫阳县。

紫芦湖　在今安徽宿州市东南十里，南通浍河。清光绪重修《安徽通志》卷30：紫芦湖“产紫芦”。故名。

紫谷水　在今山西翼城县东。《水经·浍水注》：

“紫谷水东出白马山白马川，……西径荧庭城南，而西出紫谷，与乾河合，即教水之支川也。”

紫陀 亦名子夺、解冻。即今西藏洛隆县驻地孜托镇。藏语意为锤形放牧地。清徐瀛《西征日记》：自洛龙宗七十里过铁塘，“又三十里至紫陀”。即此。

紫岩山 ①在今浙江兰溪市东二十五里。《清一统志·金华府一》：紫岩山“山上有岩色紫，形如覆釜，穹窿深广，可容百人”。

②又名绵竹山。在今四川绵竹市西北三十里。《汉书·地理志》绵竹县：“有紫岩山，绵水所出。”《方舆纪要》卷67绵竹县：紫岩山在“县西北三十里。绵水出于此。《志》云：紫岩山极高大，亦谓之绵竹山，相接者曰武都山”。

紫金山 ①在今河北深州市北。《方舆纪要》卷14深州：紫金山在“州北五十里，捍水堤故址也。岁久颓坏，惟存二阜，巉然屹立，俗呼为紫金山”。

②在今山西侯马市东南二十里。《方舆纪要》卷41曲沃县：紫金山“在县南十三里。产铜，山半有泉，下注悬崖，冬则凝而成冰，一名冰岩”。

③古名金陵山。又名钟山、蒋山。在今江苏南京市中山门外。《方舆纪要》卷19江南名山“钟山”条引庾阐《扬都赋》谓“时有紫金，故名”。又传说晋元帝未渡江时，望气者曰蒋山上有紫云，时时晨见，世又谓之紫金山。另一说以北坡广泛出露紫红色砂页岩，阳光下呈紫金色而得名。

④在今安徽歙县东北。《舆地纪胜》卷20徽州：紫金山“在歙县东三十五里。旧名金紫山，暮夜见光相，绍兴章侯取佛语更名紫金”。

⑤一名八公山。在今安徽巢湖市西北十八里。《宋史·王德传》：南宋绍兴十一年（1141），金兀术南寇，张俊等迎击，“追至柘皋，与金人夹河而军。……敌大败，退屯紫金山，德复尾击之”。即此。

⑥在今安徽寿县东北十里。《资治通鉴》：五代周显德三年（956），世宗攻寿春，“唐之援兵营于紫金山”。即此。

⑦即今福建龙岩市西南紫金山。《方舆纪要》卷99漳州府龙岩县：紫金山在“县西十里。五峰秀削，壁立千仞，朝旭含辉，夕阳倒影，土石皆紫若金。上有天然池，下有赤水岩”。

⑧在今河南邓州市西南。《方舆纪要》卷51邓州：紫金山“在州城西南隅。冈阜崛起，城据其上，因山为墉，屹然险固”。

⑨又名麦山、岭山。在今河南孟州市西八里，北接太行山。唐贞观十一年（637），太宗行猎于此。《清一统志·怀庆府》：紫金山，“《舆程记》：紫金山下即孟津”。

⑩在今河南浚县东五里大伾山之东。《清一统志·卫辉府一》：紫金山“翠石棱棱，山无余土。相传玉女修炼其上，丹成飞去。有白金泉、拖裙石、玉女岩、玉女观”。

⑪在今广东紫金县城东北隅。《方舆纪要》卷103惠州府永安县：紫金山“在县治东，城跨其上”。

⑫在今广东五华县西北华城镇东北。《方舆纪要》卷103长乐县：紫金山“在县治东北，下有鹿坑水”。《明史·地理志》长乐县：“旧治在紫金山北。洪武初，徙于今治。”

⑬即紫荆山。在今广西桂平市西北。《清史稿·向荣传》：咸丰元年（1851），太平军与向荣激战于马鞍山后，“遂回窜桂平新墟、紫金山，恃险负隅”。

⑭亦作金紫山。在今四川盐亭县东北永泰乡北。南宋宝祐二年（1254），西川帅余晦建城山上。《元史·汪德臣传》：“宋将余晦遣都统甘闰，以兵数万城紫金山，德臣即选精卒，衔枚夜进，大破之。”即此。《明史·地理志》：盐亭县“北有紫金山”。

⑮在今陕西富平县西北四十里。唐懿宗简陵在其上。

⑯即今宁夏青铜峡市南黄河东之牛首山。清乾隆《宁夏府志》卷3：紫金山“在广武堡，大河之东，俗名牛首山。峰峦耸峙，岩壑苍秀，最著者为文华、武英二峰。上有梵宫十余所，相传以为‘小西天’。其山岭有池，号金牛池”。

紫金山天文台（臺） 在今江苏南京市钟山西峰上。1929年由原中央研究院天文研究所筹建，1934年建成。是新中国成立前我国唯一的天文台。当时天文台主要配备有口径20厘米的折反射望远镜和口径60厘米的反光望远镜以及一些小型的仪器。1937年后一度迁昆明。1950年定名中国科学院紫金山天文台。设空间天文、射电天文、人造卫星、太阳物理、恒星物理、理论天文、行星、历书编纂、实用天文、天文仪器、计算等研究室。主要从事天体物理、天体力学研究。近年重点发展空间天文和毫米波射电天文的研究，在太阳物理、恒星物理、人造卫星运动理论方面取得进展，相继发现一批小行星、彗星、耀星和变星等新天体，编算出我国的《天文年历》。是我国主要天文研究机构之一。1996年定为全国重点文物保护单位。

紫金山城 南宋宝祐二年（1254）建，在今四川盐亭县东北。《续资治通鉴》：南宋宝祐二年（1254）二月，“余晦遣都统甘闰以兵数万城蜀要地紫金山，蒙古汪德臣选精卒衔枚夜进，大破之，闰仅以身免，城遂为蒙古所据”。

紫金关 又称紫荆关。在今山东今蒙阴县东南四十里，与费县交界处。元时设巡司，明万历间裁。

紫金县 1914年改永安县置，属广东潮循道。治所即今广东紫金县。以县城东北有紫金山而名。1920年直属广东省。

紫金岭 在今广西武鸣县南。《方舆纪要》卷111

武缘县：紫金岭“在县南二十里”。

紫河 ①又作紫乾河。即今内蒙古和林格尔县南、清水河县西北之浑河（旧作红河），为黄河支流。《隋书·地理志》：定襄郡大利县“有紫河”。《寰宇记》卷38胜州榆林县：紫河水“东北自朔州鄯阳西北一百七十里流入”。《清一统志·归化城六厅》：紫河“源出察哈尔西南境内，察汉音、图努衡格尔二河会流为一，西流至杀虎口北合边内北来之兔毛河，又西至乌蓝巴尔哈孙城西，入黄河”。隋大业三年(607)，发男女百余万人筑长城，西距榆林，东至紫河，一旬而毕。

②即今内蒙古伊金霍洛旗东、陕西神木县西北之乌兰木伦河、窟野河，为黄河支流。《清一统志·鄂尔多斯》：紫河“在左翼中旗东二十五里。蒙古名五蓝木伦。源出台石坡平地，西南流入边城”。

紫泥泉 一作滋泥泉塘。即今新疆阜康市东九十里滋泥泉子镇。《清一统志·迪化州》有滋泥泉台。

紫泥泉驿 清光绪年间置，在今新疆焉耆回族自治县西南七十里。宣统《新疆图志》卷80焉耆府：紫泥泉驿“旧名哈勒噶阿璊，准语哈勒噶谓道路，言地当山口。……民店四五，地产盐”。

紫泥墟 在今广东广州市番禺区西南紫泥村。明置巡司于此。

紫陌 又作紫陌桥，又名祭陌。在今河北临漳县西南古邺城西北。《水经·浊漳水注》：漳水“又北径祭陌西。战国之世，俗巫为河伯取妇，祭于此陌。……地留祭陌之称焉。又慕容儁投石虎尸处也，田融以为紫陌也”。又《北齐书·神武纪上》：东魏废帝时，尒朱天光等同会于邺，“神武令封隆之守邺，自出顿紫陌”。皆此。

紫陌桥 即紫陌。相传为河伯娶妇处，在今河北临漳县西南古邺城西北五里，临漳水。《水经·浊漳水注》：“（后）赵建武十一年造紫陌浮桥于（漳）水上，为佛图澄先造生墓于紫陌，建武十五年卒，十二月葬焉，即此处也。”又《资治通鉴》：南朝陈太建九年（577），“周师至紫陌桥”，大破齐军。

紫驼峰 在今湖南慈利县西北。《方舆纪要》卷77九溪卫“马鬃岭”条下：“《志》云，卫北有紫驼峰，西北有马颈峰，两峰对峙，夹索口镇，高险卓绝。”

紫城 南诏和大理又称阳苴咩城（今云南大理市北二十六里大理古城）为紫城。《南诏野史》：“代宗甲辰广德二年，羊苴咩城成，凤名之曰大理城，又名紫城。”郭松年《大理行记》：“阳苴咩城亦名紫城。”

紫荆山 ①在今河北抚宁县南二里。《方舆纪要》卷17抚宁县：紫荆山“下临洋河，麓有立石，状如妇人”。即此。

②一名紫金山。即今山西朔州市东南约六十里紫金山。《方舆纪要》卷44马邑县：“紫荆山在县南五十里，高二十里，连亘数百里，极为险要。”

③在今山西隰县东七十里。《清一统志·隰州》：紫荆山“山极高峻，其巅可望五百余里。东有寨”。

④在今辽宁凌海市西南。明《辽东志》卷1：紫荆山“（锦州）城东十八里。多产紫荆，故名”。《清一统志·锦州府一》：紫荆山“在锦县（今锦州市）东二十里。高三里许，周四十里，尊严高大，为郡之主山”。

⑤在今广西桂平市北五十里，为大瑶山余脉。《方舆纪要》卷108桂平县：紫荆山“自山而北，岩壑深广，山为瑶僮门户，相近者石鹿山”。清道光年间，洪秀全与冯云山在此传教，并建立革命根据地。咸丰元年（1851）在山前金田村举行武装起义，后建立太平天国农民政权。

⑥在今陕西旬阳县东南。《舆地纪胜》卷189金州：紫荆山“在洵阳县东南五十里。有洞深可五六里，号仙洞。山后有石池，旁有石莲，花萼相承高二丈许”。

紫荆台（臺） 在今湖南岳阳市南灉湖上。一名紫溪台。下有石高四丈，曰紫溪石。《岳阳纪胜》：“昔有江叟者，遇樵夫遗以铁笛，吹之无声。一日登白鹤山，吹于紫荆台，响振林谷。”

紫荆关 古名子庄关、金坡关。在今河北易县西八十里紫荆岭上，太行七径蒲阴。金、元以来称紫荆关。《方舆纪要》卷10“重险紫荆”条引《州志》：“以山多紫荆树，因改今名。”是万里长城内长城的重要关口。始建于西汉，后多次修葺，现城为明万历年间（1573—1620）重修，包括关城、两翼城墙。关城北门有“紫荆关”、“河山带砺”匾额，南门有“紫塞金城”匾额，皆为明万历年间书刻。1996年万里长城——紫荆关被定为全国重点文物保护单位。

紫荆岭 在今河北易县西八十里。《方舆纪要》卷12易州：紫荆岭，“峰峦环列，岭上有关，路通山西大同。《志》云：关东有柏梯、连泉、大寒、八砦、唐胡、退鱼、佛儿诸岭，关北有拒梯、耽迟、鞍头、箔儿、骆驼诸岭；关南又有接天岭；关西有薄儿岭，参差连接，真天设之险也”。

紫柏山 在今陕西凤县东南。《方舆纪要》卷56汉中府凤县“武都山”条下：“又紫柏山在县东南七十里。山有七十二洞，称为幽胜。”紫柏山现为陕西凤县东南和留坝县西北之间的界山，是秦岭山系西南部最高的山脉，海拔2610米。张修桂先生在《〈水经·沔水注〉襄樊—武汉河段校注与复原》一文中指出：在紫柏山南坡峭壁之下偏东，有一条长约5公里、中部宽约1公里的山前集水谷地，是为沮水上游黑河发源地的横向谷。《汉志》、《水经》等所谓的沮水“出东狼谷”，即指紫柏山南麓的这一山前谷地。

紫柏坂 在今陕西留坝县西北五十里，接凤县界。

《寰宇记》卷134凤州梁泉县："紫柏坂龙女山在县东八十七里。《周地图记》云，其山两头高，状如龙形，故以为名。山多紫柏，故《华阳国志》云，梁泉县东北八十里有紫柏坂。"

紫柏村 即今陕西绥德县西南紫柏湾。清光绪《绥德州志》卷2：紫柏湾"在城南二十里。云溪出焉"。

紫泉 在今湖南永兴县北。《方舆纪要》卷82永兴县："紫泉在县北。泉紫色，重于他水，铜壶漏取此以定时刻。亦曰紫井。"

紫泉河 在今河北高碑店市东南。源于今市东南十五里龙堂村，有泉数派，合而为一，东南经新城镇，南流入白沟河。《清一统志·保定府二》：紫泉河，"相传元泰定中，水色一夕忽紫，故名"。

紫泉监 唐置，属解县。在今山西运城市解州南。《新唐书·地理志》河中府解县："有紫泉监，乾元元年置，有铜穴十二。"后废。

紫亭县 五代宋初置，治所在今甘肃肃北蒙古族自治县。后废。

紫阁峰 在今陕西户县东南三十里。宋张礼《游城南记》："圭峰紫阁在（终南山）祠之西，圭峰下有草堂寺。唐僧宗密所居，因号圭峰禅师。紫阁之阴即渼陂。"杜甫诗"紫阁峰阴入渼陂"指此。

紫宫 北魏平城宫东北部。在今山西大同市东北。《魏书·高祖纪》："高祖孝文皇帝，讳宏，显祖献文皇帝之长子，母曰李夫人。皇兴元年八月戊申，生于平城紫宫。"

紫桂宫 唐仪凤二年（677）置，在今河南渑池县西五里。调露二年（680）曰避暑宫，永淳元年（682）曰芳桂宫。弘道元年（683）废。

紫凉山 在今河北涞水县西北三十里。《方舆纪要》卷12涞水县：紫凉山"高百余丈。其并峙者曰龙宫山，中有石洞，又有石井、泉流，潜相灌注"。

紫宸殿 ①唐长安大明宫主要宫殿之一，龙朔二年（662）建。与含元殿、宣政殿合称东内三大殿。遗址在今陕西西安市城北龙首原上。《唐两京城坊考》卷1："宣政殿后为紫宸殿，殿门曰紫宸门，天子便殿也。"皇帝日常议事多在此殿。

②北宋东京（今河南开封市）宫殿名。《宋史·地理志》："旧名崇德，明道元年改。"殿在大庆殿北，乃皇帝"视朝之前殿"。《东京梦华录》卷1称："正朔受朝于此。"

紫陵县 ①北周改华陵县置，属监利郡。治所在今湖北荆州市荆州区江陵县故城东。隋属南郡。唐初废。

②唐武德三年（620）置，属怀州。治所在今河南沁阳市西北三十二里紫陵镇。四年（621）废。

紫眼关 亦名瓮溪关。明置，属荣经县。在今四川荥经县西北。《方舆纪要》卷72荣经县"天险关"条下："又紫眼关在县西北三十里。昔有紫眼番人流寓于此，因名。"

紫逻山 在今河南汝阳县东十里。《元丰九域志》卷1：汝州梁县有"紫逻山"。《方舆纪要》卷51伊阳县"汝水"条："又县东十里有紫逻山口，相传为大禹所凿，导汝水自东出。"

紫盖山 ①一名中岘山。在今湖北襄阳市西。《舆地纪胜》卷82襄阳府：中岘山"在襄阳县西北五里。旧名紫盖山。帅高夔改为中岘山"。

②在今湖北当阳市南五十里。《寰宇记》卷146引《荆州记》云："紫盖山有名金，每当云晦日辄见金牛出食，光照一山，即金之精尔。"《新唐书·地理志》当阳县："有南紫盖山、北紫盖山。"《寰宇记》卷146当阳县：南北紫盖山"在县南八十里。南者与覆船山相接，二山顶上方而四垂若繖盖之状，常有石皆绀色，故以紫为称。上有丹井"。《方舆纪要》卷77当阳县：紫盖山"道书以为第三十三洞天也"。

紫盖峰 ①在今天津市蓟县西北二十五里盘山中央。又名中台。清《日下旧闻考》卷116引《乾隆十二年御制紫盖峰诗》："一峰踞中台，圆峭离立，单椒秀泽，蔚如华盖，诸峰骈罗，若拱而伏，于形势为特尊。"道光《蓟州志》卷2："紫盖峰在中盘寺，五峰之中为特尊，一名中台，盘山诸刹龙脉多发于此。"

②在今湖南衡阳市南岳区东部，为衡山七十二峰之一。《太平御览》卷39引盛弘之《荆州记》曰："衡山有三峰，其一名紫盖，每见有双白鹤徊翔其上。"《舆地纪胜》卷55衡州：紫盖峰"在南岳。有紫霞笼罩之状，其形如盖"。南岳诸峰皆朝于祝融，如拱揖之状，独紫盖一峰，面南挺立。杜甫《望岳》诗："祝融五峰尊，峰峰次抵昂。紫盖独不朝，争长並相望。"

紫淦山 在今江西樟树市附近。《舆地纪胜》卷34临江军：紫淦山"在军城（今临江镇）之水东四十里，淦水经其下。旧有紫淦院。新淦旧治在清江镇，邑以是得名"。《清一统志·临江府》：紫淦山"在清江县东四十里。周二十余里，高数十丈"。

紫帽山 即今福建泉州市西紫帽山。《舆地纪胜》卷130泉州《景物下》：紫帽山"郡之前案也。常有紫云覆其顶上"，故名。

紫湖设治局 1929年置，属宁夏省。治所在今内蒙古阿拉善左旗（巴彦浩特镇）西北紫泥湖村。后废。

紫蓬山 又名良余山、李陵山。俗称连枷山、蓝家山。在今安徽肥西县西。《水经·肥水注》："肥水出良余山，俗谓之莲枷山。"杨守敬认为良余山即紫蓬山，亦即《寰宇记》所称蓝家山。《方舆胜览》卷48庐州：紫蓬山"在合肥县西南七十里"。

紫蒙川 今辽宁老哈河上游支流，一说即今老哈河中下游。为东胡鲜卑族活动中心之一。《晋书·慕容廆载记》：其先"邑于紫蒙之野，号曰东胡"。西晋时鲜卑宇文氏建国于此。《资治通鉴》：唐开元二十二年（734），幽州节度使张守珪平契丹，“出师紫蒙川，大阅以镇抚之”。

紫蒙县　辽置，属辽阳府。治所在今辽宁辽阳市东。金废。

紫禁城　即今故宫。在今北京市中心。明、清两代皇宫。《明史·地理志》：“永乐四年闰七月，诏建北京宫殿修城垣。十九年正月告成，宫城周六里一十六步，亦名紫禁城。”其南正门名午门，北门为神武门，东为东华门，西为西华门。紫禁城内宫殿群分外朝和内朝。午门内五座汉白玉的金水桥，桥北即外朝大殿：皇极殿、中极殿和建极殿，清改名太和、中和、保和殿，是皇帝召见大臣、行使权力的主要场所。内廷后三殿为乾清宫、交泰殿、坤宁宫，是皇帝处理日常事务及后妃、皇子们起居之地。外、内朝宫殿皆位于全城中轴线上，占据全城的最重要位置。

紫微山　即硖石山。在今浙江海宁市。《方舆纪要》卷90海宁县：硖石山“一名紫微山，唐白居易尝登此，因以其官名之”。

紫微岩　在今浙江金华市西北。《清一统志·金华府一》：紫微岩“在金华县西北三十里金华山西。一名讲堂洞。有石室，深广十丈。梁刘孝标弃官舍其下，撰《类苑》，人呼为书堂岩”。

紫微城　即唐东都宫城。在今河南洛阳市隋唐故城中。《新唐书·地理志》曰：“宫城在皇城北……其崇四丈八尺，以象北辰藩卫，曰紫微城。”《元河南志》亦称：“宫城曰紫微城，其城象紫微宫，因以名。”

紫溪　①在今福建建瓯市东北百二十里。《方舆纪要》卷97建宁府：紫溪“源出松溪县之皆望山……下流皆入于西溪”。

②一名赤濑。即今浙江临安市西昌化溪，富春江支流分水江的上源之一。源出安徽绩溪县饭蒸尖，东南流至浙江临安县西南紫溪村合天目溪后称分水江。《水经·渐江水注》：紫溪“水出（于潜）县西百丈山，即潜山也，山水东南流，名为紫溪，中道挟水，有紫色磐石”。故名。唐贞元十八年（802）开紫溪水溉田，即此。

③在今湖南宁乡县南。即玉潭江上游。《方舆纪要》卷80宁乡县“玉潭江”条下：“紫溪出县南之方山，北流至城南，为狮子湾，逶迤横绕，会入玉潭。溪旁岸土多紫，因名。”

紫溪山　在今云南曲靖市东南。《清一统志·曲靖府》“紫溪山”条引《府志》：“明洪武二十六年，越州蛮阿资叛据龙窝，沐春讨之，至紫溪败其党，直抵龙窝擒之。”

紫溪县　唐垂拱二年（686）析于潜县置，属杭州。治所在今浙江临安市西南七十六里城后村。《寰宇记》卷93：“邑有文山，水东南流为此溪。”县以水得名。万岁通天元年（696）改为武隆县，同年复改紫溪。大历二年（767）废。

紫溪河　即今四川绵竹市西南之射水河。《明史·地理志》绵竹县：“又有紫溪河，一名射水河。”

紫溪洞　在今浙江宁海县北紫溪乡。《舆地纪胜》卷12台州：紫溪洞“在宁海县西北四十里。地幽阻，仅线路。唐宝应元年袁晁据浙东，河南副元帅李光弼击斩之。晁弟瑛从五百骑遁入洞中，光弼驻兵洞口，绝其粮道，其徒竟饿死”。

紫溪镇　即今江西铅山县南紫溪乡。《清一统志·广信府二》：紫溪镇“在铅山县（治今永平镇）南四十里。路通瓯、闽，居民辏集。宋时置驿，今久废”。

紫塞　指秦筑之长城。《古今注·都邑》：“秦筑长城，土色皆紫，汉塞亦然，故称紫塞焉。”

紫霄山　在今湖南洪江市（黔城镇）西。《舆地纪胜》卷71沅州：紫霄山“在黔阳”。《方舆纪要》卷81黔阳县“钩岩山”条下：“又紫霄山，在县（治今黔城镇）北十里。峰峦耸秀，其势凌霄，洞中尝有紫云出入。”

紫霄宫　在今湖北丹江口市西南武当山天柱峰东北展旗峰下。是道教圣地武当山的“八大宫”之一，规模宏大，保存比较完整。据《太和山志》和宫内碑刻记载，紫霄宫建成于明永乐十一年（1413）。大殿最雄伟，建筑形式与结构全是明代建筑风格。除建筑外，宫内保存很多碑碣，以及铸造和雕塑艺术品及铁画等珍贵文物。1982年定为全国重点文物保护单位。

紫霄峰　一名上霄峰。在今江西星子县北庐山，距星子县二十五里。《水经·庐江水注》：“庐山之南有上霄石，高壁缅然，与霄汉连接。秦始皇三十六年，叹斯岳远，遂记为上霄焉。上霄之南，大禹刻石，志其丈尺里数，今犹得刻石之号焉。”《明一统志》卷52南康府：紫霄峰“昔禹刻石在石室中，极深险”。

紫潭河　即今湖北省东北部之倒水。《清一统志·黄州府一》：紫潭河“在黄安县南。《县志》，源出白沙关，至境内曰界河……由孙赞埠汇涨渡湖入江”。

紫霞岩　又名斜岩、紫虚洞、重华岩。在今湖南宁远县南九疑瑶族乡境内。《方舆胜览》卷24道州：斜岩“在县南二百余步（里），古木苍烟，石田棋布，岩窦可二丈，其中深不可及……执炬而入，但见峻崖峭壁，寒泉寒风，滴乳如佛像，如车盖，如花果，如器皿，如飞走。唐薛伯高命名。至道初，太守张观名曰紫虚洞，有寇莱公题名在焉”。明嘉靖中改名重华岩，又称紫霞岩。

紫霞洞　在今广西龙州县东南三十里。《清一统志·太平府》：紫霞洞“在龙州厅南三十里。高二丈许，阔几二丈。大江水经其下”。崖壁有摩崖石刻四十余方。

紫霞洲　在今福建建瓯市北。《舆地纪胜》卷129建宁府《景物下》：紫霞洲，“《建安志》：堂后为复屋，凿池导北山之泉，作亭临之，号紫霞洲”。《方舆胜览》卷11建宁府《堂榭》：紫霞洲“在郡圃，取慢亭紫霞褥之义。《旧记》，其水发源于处之龙泉，至乌龙窠口有一涧南注，经月城僧舍穿城而入，至闽无诸祠东折，绝濠达于子城，以灌郡圃”。《清一统志·建宁府》：紫霞洲“在建安县治北。宋淳熙间郡守韩元吉辟北园作亭，号紫霞洲，中有玉仙池”。《明通鉴》：景泰六年（1455）六月乙亥，“以宋儒朱子九世孙挺为翰林院世袭五经博士。挺世居福建建安县之紫霞洲，至是命主朱子祀”，即此。

紫麟山　在今湖南攸县东六十里。光绪《湖南通志》卷15引《旧志》：“汉、晋间有葛、苏二仙，跨紫麟入山。旧名麒麟峰，亦名紫麟峰。宋赵永言《紫麟峰》诗：千仞奇峰薄上清，葛洪于此尚留名。”

〔丨丨〕

凿山洞　在今安徽宿松县东。《方舆纪要》卷26宿松县：凿山洞“在县东十五里。洞可容千人，为古仙栖隐处”。《清一统志·安庆府一》：凿山“周三十里，中有仙洞，洞口石磴陡隘，入后豁敞可容千余人。底有大河，窍通江海”。

凿台（臺）　战国赵地，在今山西晋中市榆次区南约十里郭村。《战国策·秦第四》：“知氏伐赵，胜有日矣，韩、魏反之，杀之于凿台之下。”唐代为洞涡水侵圮，无复遗迹。

凿岘　即岘山。在今河南信阳市南。《梁书·蔡道恭传》：天监三年（504），北魏兵围司州，“朝廷遣郢州刺史曹景宗赴援，景宗到凿岘，顿兵不前”。即此。

凿城县　唐武德四年（621）置，属宋州。治所在今山东单县境。寻废。

〔丨丶〕

辉山　山出白土，俗名灰山。在今辽宁沈阳市东北四十里。《方舆纪要》卷37沈阳中卫“东牟山”条下：“辉山在卫东北四十里，层峦叠嶂，为诸山之冠。”《清一统志·奉天府一》：辉山“层峦叠嶂，为诸山之冠。山出白土，可以代灰，俗亦名灰山”。

辉川州　即耀川州。治所在今四川小金县境。

辉北县　1929年改海龙县置，属辽宁省。治所即今吉林梅河口市东北海龙镇。1945年划归安东省。1947年复为海龙县。

辉发（發）河　亦名柳河。又作回霸、回跋、晦发、回怕、灭扒，皆一音之转。即今吉林松花江支流辉发河。源出柳河县龙岗山，东北流至桦甸市头道沟注入松花江。清乾隆《钦定盛京通志》卷27：辉发河在“（吉林）城南三百二十里。源出纳鲁窝集，即雅吉善河、图们河、三屯河合流处，东北入混同江。《明一统志》有辉发江。源出沈阳卫废贵德州，东北流入松花江，西去开原城三百五十里，即此”。

辉发（發）城址　明代女真扈伦四部之一辉发部所建。在今吉林辉南县东北辉发城镇辉发山上。《清一统志·吉林二》：“（辉发部）旺吉努，招服附近诸部，筑城于辉发河边呼尔奇山。号辉发国。”今古城遗址尚存。古城依山傍水，形势险要。有内、中、外三道土石夯筑的城墙。内城依山崖峭壁修筑，城墙长596米，内壁高2米，外壁连接山崖。城中制高点为瞭望台。中、外城墙分别长892米、1884米，残高1—3米和2—15米不等，每道城墙各设二门。古遗址内出土有明代五彩罐、青花盘、石臼、铁刀、叉、箭镞、砖瓦及金银铜饰件，辽代三彩瓷、黑釉瓷器物。2006年定为全国重点文物保护单位。

辉发（發）城山　在今吉林辉南县东北三十四里辉发城镇西。《清史稿·地理志》辉南直隶厅：“北：辉发城山，即圣音吉林峰。”明代女直扈伦四部之辉发部建城山上。辉发古城遗址尚存。

辉发（發）部　明末扈伦四部之一。分布于今吉林桦甸、磐石、辉南、海龙等市县境之辉发河流域。《清一统志·吉林二》：辉发城，“辉发之先本姓伊克得哩，黑龙江岸尼玛察部人……旺吉努招服附近诸部，筑城于辉发河边呼尔奇山、号辉发国”。明万历间为满洲后金所灭。

辉迈拉呼卡伦　一作辉迈拉虎。清乾隆年间置，在今哈萨克斯坦东北境，额尔齐斯河西岸。清《塔尔巴哈台事宜》卷3：辉迈拉呼卡伦“在扎哈苏淖尔东北八十里鄂尔齐斯河岸，与科布多交界”。

辉州　①唐光化二年（899）改单州置，治所在砀山县（今安徽砀山县）。辖境相当今安徽砀山、河南虞城及山东成武、单县等地。三年（900）徙治单父县（今山东单县南一里）。五代唐同光二年（924）改单州。

②金贞祐三年（1215）置，治所在苏门县（今河南辉县市）。辖境相当今河南辉县、卫辉、淇县、新乡、获嘉等市县地。元世祖至元三年（1266）省苏门县入州。元属卫辉路，元末废。明洪武元年（1368）复置，十二月降为辉县。

辉县　明洪武元年（1368）改辉州置，属卫辉府。治所即今河南辉县市。民国初属河南河北道。1927年直属河南省。1988年改置辉县市。

辉县市　1988年撤销河南省辉县，改设辉县市，市人民政府驻东大街。由新乡市代管。

辉坨镇　即今河北唐山市丰南区东南四十里辉坨乡。民国《滦县志》卷3集镇：辉坨在“城西南九十里”。

辉河　①即今内蒙古鄂温克族自治旗西南辉河，为海拉尔河支流。《清一统志·黑龙江》：辉河“在呼伦布雨尔南三十里。源出东南兴安岭，西北流察罕托罗海界，东折入伊棉河”。注入开拉哩河。民国《黑龙江志稿》卷4《地理志·山川》呼伦县：辉河，“《提纲》作灰河，译言羊也”。

②即昆水。在今河南鲁山、叶县、舞阳三县境。《清一统志·南阳府一》：昆水“一名辉河”。即此。

辉南厅 清宣统元年（1909）置，属奉天省。治所在大肚川（今吉林辉南县东南抚民镇）。以地在辉发河南岸，故名。寻移治谢家店（今辉南县东南辉南镇）。1913年改为辉南县。

辉南县 1913年改辉南直隶厅置，属奉天省东边道。治所在谢家店（今吉林辉南县东南辉南镇）。1929年直属辽宁省。1945年属安东省。1949年属辽东省，迁治今辉南县（朝阳镇）。1954年划归吉林省。

辉特下后（後）旗 清乾隆二十年（1755）设，属蒙古科布多。旗府驻地即今蒙古国乌布苏省乌兰固木。

辉特下前旗 清乾隆二十年（1755）设，属蒙古科布多。旗府驻地在今蒙古国乌布苏省乌布苏诺尔湖南。

辉特南旗 清雍正三年（1725）置，属辉特部。驻牧地当在今青海共和县东。《清史稿·地理志》青海辉特部：“牧地当巴彦诺尔之南。”

辉特部 ①厄鲁特蒙古四部之一。原附牧于杜尔伯特部，牧地在额尔齐斯河沿岸。土尔扈特部西徙后，辉特部即据有土尔扈特牧地（塔尔巴哈台及其以北之地）。

②青海额鲁特之一。在今青海省青海湖东南岸。清张穆《蒙古游牧记》卷12：“青海辉特部一族，姓伊克明安。有卓理克图和硕齐者，生子弟巴，号青诺颜，始游牧青海，附和硕特族。雍正二年王大臣议，青海之辉特，请别设旗分佐领，勿隶和硕特族，允之。”又有辉特南旗，在今青海共和县东。

辉特旗 又称西路辉特旗。清乾隆三十年（1765）设，外蒙古扎萨克图汗部所属十九旗之一。驻地在今蒙古国戈壁阿尔泰省西北部哈萨格图吉尔戛兰。

辉德镇 亦名耀德城。在今宁夏灵武市南石沟驿村西，古为灵州戍守处。《资治通鉴》：五代晋开运三年（946）八月，“冯晖引兵过旱海，至辉德，糗粮已尽”。即此。

棠 ①春秋楚邑，后属吴。在今江苏南京市六合区北。《左传》：襄公十四年（前559），楚“子囊师于棠，以伐吴”。即此。秦置堂邑县。

②一作唐。春秋时鲁邑。在今山东鱼台县西北。《春秋》：隐公五年（前718），“公矢鱼于棠”。杜注：“今高平方与县北有武唐亭，鲁侯观鱼台。”即今山东鱼台县西旧城集（鱼台县旧治）东北十二里鱼亭山。

③春秋时莱邑。在今山东即墨市西北移风店镇南、北古城村。《左传》：襄公六年（前567），齐师“入莱，莱共公浮柔奔棠”。即此。齐灭莱，后亦名郈棠。

④春秋时齐邑。在今山东冠县东。《左传》：襄公二十五年（前548）“齐棠公之妻”。杜注：“棠公，齐棠邑大夫。”清江永《春秋地理考实》谓即郈棠，疑在今山东平度市东南。顾栋高《春秋大事表》以为即今山东聊城市西北堂邑镇。

棠下墟 即今广东江门市北棠下镇。清道光《新会县志》卷4：“墟市”有棠下墟。2002年由新会市划归江门市。

棠乡 春秋时莱邑。在今山东昌邑市南八十里。《左传》：襄公六年（前567），齐人伐莱，“莱共公浮柔奔棠。……晏弱围棠，十一月丙辰而灭之”。即此。

棠州 亦作裳州。唐置羁縻州，属安南都护府。治所在日落县（今老挝甘蒙省东北甘结）。后废。

棠阴市 即今江西宜黄县东南二十里棠阴镇。清置巡司于此。

棠阴镇 ①在今江西鄱阳县西北。《清一统志·饶州府二》：棠阴镇“在鄱阳县西七十五里立德乡。其地当鄱阳县下驿津。明置巡司，本朝雍正四年裁”。

②即今江西宜黄县东南二十里棠阴镇。清乾隆三十二年（1767）置巡司于此。

棠浦江 即今江西宜丰县东棠浦港。《清一统志·瑞州府》：棠浦江“在新昌县东四十里太平乡。诸水所汇，经上高县界，出安塘河口，入蜀江”。

棠梨泾 在今江苏淮安市淮阴区西南。唐时所开。《新唐书·地理志》淮阴县：“南九十五里有棠梨泾，长庆二年开。”

棠樾石牌坊群 在今安徽歙县西十二里棠樾村。为棠樾鲍氏家族旌表本族先贤而建。牌坊共七座，明代两坊，清代五坊。清坊为三门四柱，中有一方形单檐攒尖碑亭，名骢步亭，有清邓石如题写的匾额。明坊为卷草型纹斗脊式，三间四柱三楼。牌坊均花岗岩石料结构。是安徽最大的牌坊群。1996年定为全国重点文物保护单位。

棠谿 又作堂溪。在今河南舞阳县东。古房国地。《左传》：定公五年（前505），吴夫概“奔楚为棠谿氏”。《战国策·韩策一》：“韩卒之剑戟，皆出于冥山、棠谿……。”《汉书·地理志》吴房县注引孟康曰：“今吴房城棠谿亭是也。”

棠魔部 唐南诏的部名，属通海都督。在今越南莱州一带。

赏心亭 故址在今江苏南京市西南水西门。宋《景定建康志》卷22：赏心亭“在下水门之城上，下临秦淮，尽观览之胜。丁晋公谓建”。南宋辛弃疾有《水龙吟·登建康赏心亭》词。

赏逋岭砦 北宋置，属绥德城。在今陕西米脂县境。《宋史·夏国传下》：熙宁四年（1071）正月，“种谔谋取横山，领兵先城啰兀，进筑永乐川、赏逋岭二砦”。

赏溪　一名泾溪。在今安徽泾县西南一里，指泾水与青弋江会流口，亦为泾水的别名。《舆地纪胜》卷19宁国府：赏溪“在泾县”。与清弋江合流后，青弋江在县境亦尝称赏溪。

掌天山　一作掌夫山。在今四川剑阁县（下寺镇）南接南部县界。《元和志》卷33临津县：“掌夫山在县西南六十里。晋太安元年，遣都护卫博讨李特，特遣将李荡自掌夫山要博，博为伏兵所围，即此山也。”《寰宇记》卷86西水县：“掌天山在县西北三十五里。”《方舆纪要》卷68阆中县“重锦山”条下：“掌天山在西水县界，以高耸名。梁以此名郡。《志》云：山在南部县北八十五里，亦曰掌山。”

掌天戍　在今四川剑阁县（下寺镇）南金仙镇。《寰宇记》卷86西水县：“梁大同中在今县西北三十五里置掌天戍，后魏废戍，后周闵帝元年改为西水县，以界内西水为名。大业元年移于今理。”隋西水县在今南部县西北西河乡。

掌天郡　南朝梁大同中置，属南梁北巴州。治所在今四川南部县西北。辖境相当今四川南部县西北地。西魏改为金迁郡。

掌鸠水　在今云南禄劝彝族苗族自治县东北五里石臼废县。《元史·地理志》石臼县：“掌鸠甸有溪绕其三面，凡数十渡，故名。今讹名石臼。”《清一统志·武定州》引《旧志》：“水自府境北，流入禄劝州东南，与款庄、乐宰二水合，又东入普渡河以达于江。其合处形如狮子，名狮子口。”

〔丨乛〕

晴川阁　在今湖北汉阳城区龟山东麓。《清一统志·汉阳府》：晴川阁“在汉阳县东北五里。明知府范之箴建”。取唐崔颢《黄鹤楼》诗“晴川历历汉阳树”之句为名。

晴州　唐渤海国置，属南海府。治所在天晴县（今朝鲜咸镜北道茂山东南）。后废。

晴隆县　1941年改安南县置，属贵州省。治所即今贵州晴隆县。清咸丰《兴义府志》卷11载：晴云山在县西五里，“崔巍峭拔，为县治诸山之祖脉”。俗呼为晴龙山。县以此山得名。

晾鹰台（臺）　①在今北京市永定门南三十里南苑。明《帝京景物略》卷3：南海子“殿傍晾鹰台……台临三海子，水泱泱，雨而潦，则旁四淫，筑七十二桥以渡，元旧也”。明、清为皇帝阅兵练武之地。

②在今北京市通州区南五十六里永乐店镇德仁务村。《方舆纪要》卷11漷县：晾鹰台“在县西南二十五里，高数丈，周一顷，元时游猎多驻于此”。

暑州　唐置羁縻州，属安南都护府。治所在今老挝甘蒙省东北甘索班一带。后废。

最宁府　宋大理置，治所在今云南开远市。辖境约当今云南开远市及文山壮族苗族自治州大部地。元初改阿宁万户。

最高亭　①宋建。在今浙江金华市旧城内。南宋祝穆《方舆胜览》卷17婺州：最高亭在“叶向园。陆务观诗：高亭新筑冠鳌峰，眼力超然信不穷”。《清一统志·金华府》：最高亭在“在府治北。宋叶衡建，陆游有记”。

②在今福建龙岩市北郊黄岩山。清谢建有《冬日登最高亭》诗。

量水川大池　即今云南江川县东北星云湖。唐代称量水川大池。唐樊绰《蛮书》卷2：“量水川在滇池南两日程，汉旧黎州也。川中有大池，其水东泄，流处出一石窦中，水流甚广，石窦甚狭。土蛮云：忽窦空，则百姓忧溺。”

晶河　一名石漆河。即今新疆精河县西之精河。《清一统志·库尔喀喇乌苏》：晶河“在乌里雅苏图西三十里。地以河名。乾隆二十三年，将军兆惠擒布尔古特台吉浑齐于此，地入版图。二十八年建丰顺堡，设兵屯田”。

晶溪堡　在今广东龙门县东。《清一统志·广州府二》：龙门寨，“（明）弘治中建县，徙巡司于县东黄沙坳，分立水西、晶溪等十八寨于县境。本朝改诸寨为堡，总立龙门寨以统之”。

景山　①在今北京市西城区景山前街北侧。是明清皇家园林。明永乐年间（1403—1424），将挖掘紫禁城护城河及太液池的土方在元大内延春阁旧址上堆积成山，命名万岁山，成为北京城中轴线上的制高点。崇祯十七年（1644）三月十九日，李自成攻进北京城，崇祯帝在万岁山（俗称煤山）东麓一棵槐树上自缢身死。清顺治十二年（1655）更名景山。景山前有绮望楼，是皇帝供奉孔子之处。山后有寿皇殿、观德殿和永恩殿。寿皇殿建于清乾隆十四年（1749），是供奉清帝列祖列宗影像的地方。观德殿和永恩殿分别是明宫廷习箭及历代帝后停灵之地。清乾隆十五年（1750）在景山五峰上建亭子，中峰最高名万春亭，东有观妙亭、周赏亭，西有辑芳亭、富览亭。从此位居主亭的万春亭成为景山的标志性建筑。景山建筑从总体布局到每座建筑均堪称古代建筑佳作，构成了历史文化名城北京风貌的独特景观，具有较高的历史和艺术价值。2001年定为全国重点文物保护单位。

②即景忠山。在今河北迁西县西北。《方舆纪要》卷17迁安县：景山“高八里。旧有二名：南曰明山，北曰阴山。……嘉靖初，帅臣马永建诸葛武侯及泰山寺于山上，易名景忠山”。

③在今河北邯郸县西南。《淮南子·墬形训》：“釜出景。”高诱注：“景山在邯郸西南，釜水所出。”即此。

④又名汤寨山、汤王山。在今山西闻喜县东南，为中条山脉最高峰。《山海经·北次三经》：景山“南望盐贩之泽，北望少泽。其上多草藷藇，其草多秦椒，其阴多赭，其阳多玉”。《水经·涑水注》：

景水“出景山北谷”。皆此。

⑤在今山东曹县东南四十里。《诗经·鄘风·定之方中》：“望楚与堂，景山与京。”《水经·济水注》：菏水“北径己氏县故城西，又北径景山东”。即此。

⑥在今河南偃师市南。《诗经·商颂·殷武》：“陟彼景山，松柏丸丸。”曹植《洛神赋》：“陟通谷，陵景山。”即此。

⑦亦名雁山、荆山。在今湖北保康县西南。《山海经·中山经·中次八经》：“荆山之首，曰景山，其上多金玉，其木多杼檀。雎水出焉，东南流，注于江。”《水经·沔水注》：“沮水出东汶阳郡沮阳县西北景山，即荆山首也，高峰霞举，峻竦层云。”《寰宇记》卷143房陵县：景山“在县西南二百里，东与京山连接。有沮水源出景山”。

⑧在今甘肃庆城县西百里。《方舆纪要》卷57安化县：景山“山绵延深远，中多奇木怪石及獐、鹿、猨猱之属”。

景山镇 北宋置，属安化县。即今甘肃庆城县西一百里景山里。

景水 涑水河支流。在今山西闻喜县东南。《水经·涑水注》：“涑水又与景水合，水出景山北谷。……西北流，注于涑水也。”

景化城 清乾隆二十八年（1763）筑。即今新疆呼图壁县。《清一统志·迪化州》：景化城“在呼图壁，周三里。……安西提标右营驻此”。

景龙 在今云南景洪市区。版纳景龙、勐罕为明代车里宣慰司所辖十二版纳之一，为车里宣慰司的中心区。

景东卫 明洪武二十三年（1390）置，属云南都司。治所在今云南景东彝族自治县西郊景董山上。清康熙二十六年（1687）废。

景东厅 清乾隆三十五年（1770）改景东府置，属云南省。治所即今云南景东彝族自治县。辖境约比今云南景东县稍大。1913年废为县。

景东州 明洪武十五年（1382）降景东府置，属楚雄府。治所即今云南景东彝族自治县。十七年（1384）升为景东府。

景东县 1913年改景东厅置，属云南普洱道。治所即今云南景东彝族自治县。1929年直属云南省。1985年改设景东彝族自治县。

景东府 元至顺二年（1331）置景东府，属云南行省。治所即今云南景东彝族自治县。辖境约比今云南景东县稍大。《元史·文宗纪》：“云南景东甸蛮官阿只弄遣子罕旺来朝，献驯象，乞升甸为景东军民府，阿只弄知府事。”傣语：“景”为城，“东”为坝子，“景东”意即坝子边的城。明洪武十五年（1382）降为州，十七年（1384）仍为府。清乾隆三十五年（1770）改景东直隶厅。

景兰 宋大理时为景昽的首府。在今云南景洪市东南郊曼景兰。

景宁县 明景泰三年（1452）析青田县置，属处州府。治所在今浙江景宁畲族自治县（鹤溪镇）。民国初属浙江瓯海道。1927年直属浙江省。1960年撤销，1984年改置景宁畲族自治县。

景宁陵 南朝宋孝武帝刘骏陵墓。在今江苏南京市西南岩山。《元和志》卷25上元县：孝武帝刘骏景宁陵“在县西南四十里岩山”。

景芝镇 即今山东安丘市东南五十里景芝镇。明万历七年（1579）设莱州通判驻此。清乾隆二十四年（1759）移县丞驻此。

景成侯国 西汉地节二年（前68）封河间献王子刘雍为景成侯，属勃海郡。治所在今河北沧县西六十里景城。东汉废。

景华苑 北宋东京（今河南开封市）旧城景龙门外。陆游《老学庵笔记》卷9载：“凌霄花未有不依木而能生者，惟西京富郑公园中一株，挺然独立，高四丈，围三尺余，花大如杯，旁无所附。宣和初，景华苑成，移植于芳林殿前，画图进御。”

景州 ①唐贞元二年（786）置，治所在弓高县（今河北阜城县东北）。辖境相当今河北阜城、东光县地。长庆元年（821）废。二年复置，大和四年（830）又废。景福元年（892）复置。五代梁移治东光县（即今县），后周显德二年（955）废。金初复置，仍治东光县。辖境相当今河北东光、阜城、景县、吴桥等县及山东德州市、宁津县地。大安年间改为观州。元复为景州，世祖至元二年（1265）移治蓨县（今河北景县）。明洪武初省蓨县入景州。1913年改为景县。

②辽重熙中置，属南京析津府。治所在遵化县（今河北遵化市）。金废。

景州塔 又称开福寺舍利塔。在今河北景县城内西北角。《清一统志·河间府》“开福寺”条称：“前有古塔，隋文帝建。”民谚称“沧州狮子、景州塔、赵州石桥、正定府大菩萨”为河北四大古迹，在国内享有盛名。

景安陵 在今江苏丹阳市东三十二里。为南齐武帝陵。《元和志》卷25润州丹阳县：“武帝颐景安陵，在县东二十二里。”

景阳山 ①三国魏明帝时筑。在今河南洛阳市东北汉魏故城北部。《三国志·魏书·高堂隆传》载：“起景阳山于芳林之园。”《明帝纪》：景初元年（237）裴注引《魏略》曰：“起土山于芳林园西北陬，使公卿群僚皆负土成山，树松竹杂木善草于其上，捕山禽杂兽置其中。”

②即茶山。在今湖南茶陵县东一百里。《舆地纪胜》卷63茶陵军：景阳山“高一千五十丈，周回一百四十里。茶水源出于此”。

③在今四川营山县东北。《寰宇记》卷139蓬山县：景阳山“在县东南十六里”。

景阳门 又作长景门。北宋东京城外城北面东起第一门。在今河南开封市。《宋史·钦宗纪》：靖康元年（1126），“金人攻通津、景阳等门”。

景阳井 故址在今江苏南京市鸡鸣寺南古台城内。

宋《景定建康志》卷19："景阳井一名胭脂井，又名辱井。在台城内。陈末后主与张丽华、孔贵嫔投其中，以避隋兵。其井有石栏，多题字。旧传云，栏有石脉以帛拭之作胭脂痕。或云，石脉色类胭脂。"

景阳岗　在今山东阳谷县东南张秋镇西北四里。此处原名东沙崮堆，五代周显德二年（955）宰相李谷曾在此治水修堤，病逝于此。周世宗柴荣亲赐御碑一块立于墓旁。此处传为《水浒传》武松打虎处，岗上有武松庙，庙宇右前方有石碑一方，上镌"景阳岗"三字。岗东南侧有碑亭一座，石碑上镌"武松打虎处"。

景阳岗遗址　在今山东阳谷县东南张秋镇西北景阳岗村周围，为新石器时代遗址。平面近似椭圆形，面积约38万平方米。1994年发现了一座龙山文化城址和城内大小两座台基。城址平面略呈圆角长方形，东北—西南向，中部较宽，两端较窄。长1100米，宽280—370米。夯筑城墙淤埋地下，城墙顶部宽10.5—12.5米，下部宽19—20.5米，系多次修筑而成。两个台基是利用自然岗丘加工而成，面积分别为9万和1万平方米。两台址也是经多次修建，小台址夯土中发现有埋藏人头骨、完整牛羊骨架的祭祀坑。该古城的发现对研究国家、城市的起源具有重要意义。2001年定为全国重点文物保护单位。

景阳岭　即今青海门源回族自治县西北之金羊岭。为祁连山南岭之一。海拔4352米。民国范长江《中国的西北角》："过一小岗曰景阳岭，为大通河与弱水的分水岭，山北之水北流居延海，山南之水汇入大通河，门源土人有句俗话说：天下高不过景阳岭。"这一带以盛产沙金著称。

景阳郡　亦作境阳郡。南朝梁太清元年（547）置，属渠州。治所在宕渠县（今四川营山县东六十里黄渡镇景阳村）。辖境相当今四川营山县东北部地。隋开皇三年（583）废。

景阳楼　南朝宋建于景阳山，故址在今江苏南京市鸡鸣寺南古台城内。唐许嵩《建康实录》卷12：南朝宋元嘉二十三年（446），兴景阳山于华林园，"造景阳楼以通天观，至孝武大明中，紫云出景阳楼，因改为景云楼"。寻复旧名。《南齐书·皇后传》：永明中，"上数游幸诸苑囿，载宫人从后车，宫内深隐，不闻端门鼓漏声，置钟于景阳楼上，宫人闻钟声，早起装饰，至今此钟唯应五鼓及三鼓也"。

景妃园寝　俗称"双妃园寝"。在今河北遵化市马兰峪西清东陵中景陵东偏南。是圣祖康熙帝的贵妃悫惠皇贵妃和惇怡皇贵妃的园寝。

景村镇　即今陕西洛南县东南景村镇。清光绪《陕西全省舆地图》雒南县：景村镇"在城东四十里"。

景县　1913年改景州置，属直隶津海道。治所即今河北景县。1928年直属河北省。

景里洲　即景洲。在今湖北荆州市荆江州区（故江陵县）西南长江水中。《寰宇记》卷146江陵县：景里洲"三国魏将夏侯尚围南郡，作浮桥渡景里洲"。《方舆纪要》卷78江陵县"燕尾洲"条引《通志》："江陵有三洲，首曰枚回，中曰景里，下曰燕里。"

景谷　在今四川青川县东北白水镇西之青川河（古名西谷水）河谷。东晋常璩《华阳国志·汉中志》："自景谷有步道经江油左担出涪，邓艾伐蜀道。"沿此河谷道路，称为景谷道。《元和志》卷22景谷县："因县北景谷为名。"

景谷县　①隋开皇十八年（598）改平兴县置，为沙州治。治所即今四川青川县东北沙州镇（白水街）。《元和志》卷22景谷县："因县北景谷为名。"大业初属义城郡。唐武德初属利州，四年（621）为沙州治，贞观元年（627）复属利州。天宝初属益昌郡，乾元初属利州。宝历元年（825）废。寻复置。五代废。

②1914年改威远县置，属普洱府。治所即今云南景谷傣族彝族自治县。1914年5月13日《共和滇报》："查该县治西有景谷江，经部议，拟定改名景谷县。"1929年直属云南省。1985年改设景谷傣族彝族自治县。

景谷河　在今云南景谷傣族彝族自治县北，注入杉木江（今威远河）。《清史稿·地理志》景东直隶厅："景谷河南流入威远。"县以景谷河为名。

景谷道　古道路名。古代甘肃入四川的道路之一。以景谷（今青川河）而名。由今甘肃文县顺白龙江而下，至四川青川县东北之白水镇，南下经广元市西南之宝轮院，南转至剑阁；或由白水镇向西溯青川河而上，由青溪镇转南至平武县。三国魏景元年间，邓艾伐蜀，即循此道青溪镇一线。《三国志·蜀书·姜维传》："邓艾自阴平由景谷道傍入，遂破诸葛瞻于绵竹。"

景宏岛　在南海中中国南沙群岛内，位于鸿庥岛南17海里。面积约0.08平方公里。我国渔民向称秤钩。1935年公布名称为辛科威岛。1947年改名景宏岛，以纪念随同郑和下西洋的副使王景宏而命名。

景罕寨　即今云南陇川县（章凤镇）东北景罕镇。《方舆纪要》卷118潞江安抚司：景罕寨"在司西南。洪武末，平缅诸蛮刁干孟叛，何福讨破之于南甸，还兵击景罕寨。蛮乘高据险，坚守不能下。福粮垂尽，沐春驰至，径渡怒江，驰躏寨下，蛮出不意，遂降。乘胜复击崆峒寨，'贼'溃走，崆峒寨盖亦在司境。又正统三年，方政破麓川'贼'于潞江西岸，'贼'走景罕寨，官军复败之"。

景灵宫　在北宋东京城（今河南开封市）内端礼街东西，东曰景灵东宫，西曰景灵西宫。为北宋朝廷奉艺祖以下御容之处。《事物纪原》卷7：景灵宫"《宋朝会要》曰：大中祥符五年十一月，诏以圣祖临降，令择地建宫，遂锡庆院建，约唐太清宫制度，仍上新宫名曰景灵。神宗元丰中，又广其制，尽奉诸帝后御容也"。《建炎以来朝野杂记》卷2：景灵东西宫"祖宗以来，帝后神御，皆寓道释之馆。神宗元丰中，始仿汉原庙之制，即景灵宫之东西为六殿，每殿皆有馆御，前殿以奉宣祖以下御容，而后殿以奉母后，各揭以美名。徽宗崇宁初，以景灵无隙地，乃于驰道之西立西宫，以神宗为馆御首，哲宗次之；号旧宫为景灵东宫”。

景昌县 北魏置，属武兴郡。治所在今陕西略阳县境。西魏、北周间废。

景明宫 金世宗避暑宫，建于“凉陉”，在今河北沽源县北囫囵诺尔旁。《金史·地理志》桓州：“曷里浒东川，更名金莲川；有景明宫即金世宗避暑宫，在凉陉……有白泺。”元王恽《中堂事记》：“至察罕脑儿，时行宫在此。按《地志》，滦野盖金人驻夏金莲、凉陉一带，辽人曰王国崖者是也。”元陈孚《金莲川》诗：“昔人建离宫，今但存古瓦。秋风吹白波，犹似哀泪洒。”

景忠山 又名景山。在今河北迁西县西北。《方舆纪要》卷17迁安县：“景山在县西北一百二十里。高八里。旧有二名：南曰明山，北曰阴山。《郡志》：山北为鹿儿岭，滦阳驿置于此。岭东为三屯镇城。嘉靖初，帅臣马永建诸葛武侯及泰山寺于山上，易名景忠山，远近祈祷踵至，因设官收税，以充抚赏之费。”

景和镇 即今河北河间市东七十里景和镇。明、清置巡司于此。

景店镇 北宋置，属南充县。在今四川南充市西南七十里安平镇北酒店寺。

景城县 隋开皇十八年（598）改成平县置，属瀛州。治所在今河北沧州市西六十里景城。大业初属河间郡。唐属瀛州。北宋熙宁六年（1073）废为镇。

景城南镇 金置，属交河县。在今河北沧县西。《方舆纪要》卷13交河县：景城南镇在“县东北六十里。即故景城县地，金置镇于此”。

景城侯国 西汉地节二年（前68）封河间献王子刘雍置，属勃海郡。治所在今河北沧州市西六十里景城。东汉废。

景城郡 唐天宝元年（742）改沧州置，治所在清池县（今河北沧州市东南）。辖境相当今天津市海河以南，静海县和河北青县、泊头市以东，东光县及山东宁津、乐陵、无棣等市县以北地区。乾元元年（758）复改为沧州。

景昽 宋大理置，治所在勐泐（今云南景洪市东南郊曼景兰）。辖境约当今云南西双版纳傣族自治州及缅甸景栋地区、泰国清莱地区、老挝琅勃拉邦等地。元代废。

景星设治局 1915年析龙江县置，属黑龙江省龙江道。治所即今黑龙江省龙江县南景星镇。1917年改为景星县。

景星县 1917年改景星设治局置，属黑龙江省龙江道。治所在今黑龙江省龙江县南景星镇。民国《黑龙江志稿》卷2：“境内有景星山故名。”1928年直属黑龙江省。1945年划归嫩江省。1949年复属黑龙江省。1956年并入龙江县。

景星岩 在今广东增城市北。《方舆纪要》卷101广州府增城县：景星岩“在县北五十里。平野中孤石挺起，峰秀入云，连石相接，无异栋宇，中有楼阁宝盖之状”。

景星镇 即今黑龙江省龙江县南景星镇。《清史稿·地理志》龙江府：“官商路二：……小五明马屯达景星镇。”1915年于此设景星设治局。

景骨城 金筑，故址在今甘肃临洮县境。《金史·地理志》临洮府狄道县有景骨城。

景美 即今台湾省台北市南文山区。清乾隆初修瑠公圳时，曾建水枧（渡槽）跨越景美溪。后在水枧末端附近形成街市，故名枧尾。因枧、景音近，转变为景尾。后又从闽南音雅化为景美。1950年设景美镇。1967年划入台北市，改设景美区。1990年景美区与木栅区合并，改名文山区。

景洛 即今云南勐海县西南百里打洛镇。元为倒龙。明为版纳景洛。清称打洛。

景洲 亦作景里洲。在今湖北荆州市江陵区西南长江中。唐徐坚《初学记》卷8：景洲，“《吴志》云：魏将夏侯尚围南郡，作浮桥度量景洲”。

景泰县 1933年改红水县置，属甘肃省。治所在大芦塘（今甘肃景泰县东芦阳镇）。1978年徙治一条山镇（即今治）。

景泰陵 明代宗朱祁钰的陵墓。在今北京市海淀区玉泉山北麓的金山口。朱祁钰是明英宗之弟，英宗在与蒙元残余军队的作战中被俘，朱祁钰临危受命，立国号景泰，并打败了蒙元残余势力，使得英宗返回京城。英宗重新夺回王位后，将朱祁钰废为亲王，并在其死后以王爷的规制葬于京西金山口。至宪宗时，才重新以皇陵规制营建陵寝。景泰陵基本具备了同时期明皇陵的主体建筑和布局特点。陵区原有宫殿、神厨、神库、宰牲亭、内官房和碑亭以及皇陵最重要的祾恩殿。宝城位于皇陵区的最后面。现在陵区内保存有御碑亭、祾恩殿和宝顶原有的中路部分建筑。2001年定为全国重点文物保护单位。

景真 即今云南勐海县西景真。版纳景真、勐海、勐呵为明代车里宣慰司所辖十二版纳之一。

景真八角亭 在今云南勐海县城西二十八里景真山上。建于清康熙四十年（1701，傣历1063年）。傣语称“窝苏”，意为举行宗教仪式之地，或高级僧侣活动的经堂。高21米，由座、身、顶三部分组成。座为折角亚字形砖砌须弥座。身四面立砖柱十六根，用砖墙连接，墙内外抹浅红色泥皮，镶各种彩色玻璃，并用金银粉印各种花卉、动物、人物图案。顶为木构八角顶，自下而上构成十层屋檐，面铺平瓦。屋脊安装各式传统花鸟陶器饰物，檐系铜铃，刹杆装有花卉图案银片，造型美观。是傣族佛教建筑艺术中的精品。1988年定为全国重点文物保护单位。

景亳 ①又称薄。在今山东曹县南二十五里。《太平御览》卷155引《帝王世纪》：“蒙为北亳，即景亳，汤所盟也。”

②即北亳。商三亳之一。在今河南商丘市北。《左传》：昭公四年（前538），椒举言于楚子曰："商汤有景亳之命。"《太平御览》卷155引皇甫谧《帝王世纪》："蒙为北亳，即景亳，汤所盟地。"《史记·殷本纪》："汤始居亳。"《正义》引《括地志》云："宋州北五十里大蒙城为景亳，汤所盟地，因景山为名。"

景陵　①金睿宗陵。在今北京市房山区西北大房山。

②在今北京市昌平区北天寿山东峰之下。为明十三陵之一。在长陵东北一里余。为明宣宗朱瞻基之陵。

③清圣祖康熙帝玄烨之陵。在今河北遵化市西七十里清东陵中孝陵之东。

④又名宣武陵。北魏宣武帝元恪陵。在今河南洛阳市北邙山镇冢头村东。《魏书·世祖纪》：延昌四年（515）"二月甲戌朔，上尊谥曰宣武皇帝，庙号世宗。甲午，葬景陵"。《资治通鉴》：唐武德三年（620）秦王李世民在洛阳讨伐王世充，"世民以五百骑行战地，登魏宣武陵"。胡三省注："魏宣武陵曰景陵，在北邙山。魏世宗谥宣武帝。"

⑤唐宪宗李纯的陵墓。在今陕西蒲城县西北。《新唐书·地理志》奉先县："景陵在西北二十里金炽山。"

景陵县　五代晋天福初改竟陵县置，为复州治。治所即今湖北天门市。北宋熙宁六年（1073）改属安州。元祐初复为复州治。南宋绍兴三年（1133）为荆湖北路安抚使驻地。元属沔阳府。明属沔阳州。清属安陆府。雍正四年（1726）改为天门县。

景教寺　又名大秦寺。唐贞观十二年（638）建。在今陕西西安市。会昌五年（845）毁。

景麻甸　宋大理置，属永昌府。即今云南耿马傣族佤族自治县。元属孟定路。明改耿马宣抚司。

景董山　在今云南景东彝族自治县城西。《方舆纪要》卷116景东府：景董山"在府治西，昔为酋寨，洪武中建卫城于山上"。

景鲁　明代属车里宣慰司。即今云南勐海县西曼勐养。

景港河　在今湖南安乡县东。《方舆纪要》卷77安乡县"大鲸湖"条下："景港在县东北四十里。上通荆江，下达洞庭湖。一名景源港。"《清一统志·澧州一》：景港河"自荆州府公安县四水口分流，至县界灵石湖南，径文田村东，又右会东田湖水，而南为景港渡，分二流，一西南流为中澌港，又南为南澌港，而南入澧；其东一支入岳州府华容县界，亦入澧。此三代以前江水经流，《禹贡》导江所谓'东至于澧'是也"。

景福山　在今陕西陇县西北，接甘肃华亭县界。《方舆纪要》卷55陇州：景福山在"州西北一百五十里。一名龙门山，有凤爪、朝元、定心三峰。又有龙门洞，称为奇胜"。

景福院　南宋绍兴间建，在今四川三台县南九十里景福镇。

景德观　一名铁柱宫。即今江西南昌市翠花街西、棋盘街东之万寿宫。《舆地纪胜》卷26隆兴府：铁柱宫"即延真宫也。旧名铁柱宫，政和赐今额。道书《灵验记》云：铁柱，晋许真居所铸"。《清一统志·南昌府二》：妙济万寿宫"在南昌县西南广润门内。一名铁柱宫，……唐咸通中，额曰铁柱。宋大中祥符中赐名景德观，政和中改延真观，嘉定间御书铁柱延真之宫，明嘉靖中赐今名。本朝康熙十年重建"。后经多次重修。

景德桥　俗称西大桥。在今山西晋城市西门外，横跨在沁水河上。《清一统志·泽州府》：景德桥"在凤台县（今晋城市）西关。一名沁阳桥。金大定中建"。

景德镇　①北宋真宗景德中置，属浮梁县。即今江西景德镇市。为中国古代陶瓷业中心之一。素有"瓷都"之称。《方舆纪要》卷85浮梁县：景德镇"水土宜陶。宋景德中置镇于此，因以景德为名"。旧与佛山、汉口、朱仙镇合称我国四大镇。1949年由浮梁县析置为景德镇市。

②北宋改张秋镇置，属东阿县。即今山东阳谷县东南张秋镇。元世祖至元二十七年（1290）会通河成，置都水分监于此。清复名张秋镇。

景德镇市　1927年由浮梁县析置，治景德镇（今江西景德镇市）。1929年省入浮梁县。1949年复置景德镇市。1953年升为地级市。

鼎口水　在今湖南汉寿县东北一百二十里。《水经·沅水注》：澹水"出汉寿县西杨山，南流东折径其县南，……阚骃以为兴水所出，东入沅。而是水又东历诸湖，方南注沅，亦曰渐水也。水所入之处谓之鼎口"。宋本《寰宇记》卷118武陵县：鼎口，"《沅州记》云，有水名鼎口，则沅、澧二江最深之处，尤多鱼。按《朗陵地图》云，昔有神鼎出乎其间"，故名。

鼎口镇　在今湖南汉寿县东北二十里。《明史·地理志》常德府龙阳县："北有沅水，东北有鼎水流入焉，谓之鼎口，有鼎港口巡检司。"

鼎山　①即今江苏宜兴市东南丁山。清《宜兴荆谿县志》卷1：鼎山"取三峰鼎立之义。其下有市，陶人多聚焉。俗称丁山"。

②在今福建漳州市东北。《方舆纪要》卷99漳州府龙溪县：鼎山"在府东北二十五里。山高大，圆如覆鼎，绝顶有脐，俗呼鼎脐山"。

③在今重庆市江津区南。《方舆纪要》卷69江津县：鼎山"在县治南。有三峰顶峙"。

鼎山场　即今四川巴中市南鼎山镇。川陕革命根据地长胜县曾迁治于此。

鼎山县　北宋置，属渝州。治所在今重庆市江津区南。旋废。《方舆纪要》卷69江津县：鼎山，"《志》云：宋尝置鼎山县，今正史不载"。光绪《江津县志》卷2：鼎山故县"宋置。旋废。在县南"。

鼎山铺　在今四川巴中市南鼎山镇。《清史稿·周达武传》：同治元年（1862），镇压白莲教义军“追奔至巴州鼎山铺，擒（郭）刀刀，余党皆降”。即此。

鼎山镇 又名丁山镇。即今江苏宜兴市东南丁蜀镇。位于鼎山东南麓，镇以山名。清光绪《江苏全省舆图》荆溪县图：东南有鼎山。民国《江苏六十一县志》：宜兴县东南有“鼎山镇”，“鼎山距治三十里，亦出陶器，繁富埒于蜀山”。

鼎水 在今湖南常德市北三十里。《明史·地理志》 武陵县：“东北有渐水，即鼎水也。”

鼎州 ①唐武德元年（618）改凤林郡置，治所在弘农县（即今河南灵宝市）。《寰宇记》卷6：“因鼎湖以为名。”辖境相当今河南西部灵宝，栾川以西，伏牛山以北地。贞观八年（634）废。

②唐天授二年（691）置。治所在永安县（今陕西泾阳县北云阳镇）。久视元年（700）废。天祐三年（906）李茂贞以美原县复置，治所在今陕西富平县东北美原镇。五代梁改名裕州。

③北宋大中祥符五年（1012）改朗州置，治所在武陵县（今湖南常德市）。以神鼎出于其地而得名。辖境相当今湖南常德、汉寿、沅江、桃源等县市地。南宋乾道元年（1165）升为常德府。

鼎足山 在今山东淄博市临淄区东南十五里，即菟头山。《晋书·慕容德载记》：慕容德“北登社首山，东望鼎足”。即此山。《方舆纪要》卷35青州府临淄县“牛山”条下：“其相接者曰菟头山，一名驼头山，又名鼎足山。”

鼎胡宫 即鼎湖宫。西汉武帝时建。在今陕西蓝田县西南焦岱镇。扬雄《羽猎赋》：“武帝广开上林，东南至宜春、鼎胡。”

鼎柱山 在今重庆市秀山土家族苗族自治县南九十六里。《方舆纪要》卷73邑梅洞长官司：鼎柱山“在司西北五里。三山齐耸，屹如鼎峙”。

鼎胜山 在今云南洱源县东南。《方舆纪要》卷117邓川州：鼎胜山在“州（今邓川镇）东南十里。孤峰特耸，洱水为襟，登山一望，波光万顷，最为奇胜”。

鼎峰山 在今福建闽清县西。《方舆纪要》卷96闽清县：鼎峰山在“县西二十里。有双岩，梅溪环流其下”。

鼎湖 在今河南灵宝市西北，原阌乡县城（1960年三门峡水库拦洪后被淹没）。《史记·封禅书》：“黄帝采首山铜，铸鼎于荆山下。鼎既成，有龙垂胡须下迎黄帝。……故后世因名其处曰鼎湖。”《文选》卷2张衡（子平）《西京赋》：“要羡门乎天路，想升龙于鼎湖。”

鼎湖宫 汉武帝时建，在今陕西蓝田县西南焦岱镇。《汉书·郊祀志》：“文成死明年，天子病鼎湖甚。”晋灼注：“《黄图》宫名，在京兆。《地理志》湖本在京兆，后分属弘农也。”《汉书·扬雄传》：“武帝广开上林，南至宜春、鼎胡、御宿、昆吾。”晋灼注：“鼎胡，宫也，《黄图》以为在蓝田。”

鼎路门 即安门。汉长安城南面中门。在今陕西西安市西北西张村。《三辅黄图》卷1：“长安城南出第二门曰安门，亦曰鼎路门。”

鼎新场 即今四川荣县东南鼎新镇。清道光《荣县志》卷10：鼎新寺场在“县南六十里”。

鼎新县 1928年改毛目县置，属甘肃省。治所即今甘肃金塔县东北鼎新镇。1956年并入金塔县。

鼎鼻山 ①在今四川仁寿县南。《方舆纪要》卷53隆州：鼎鼻山“在仁寿县南一里。其山隆起，又曰隆山，州盖以此得名”。

②亦名打鼻山。在今四川彭山县南。《隋书·地理志》：彭山县有鼎鼻山。《元和志》卷32彭山县：鼎鼻山“亦曰打鼻山，在县南十五里。宋谯纵据蜀，朱龄石伐之，命臧熹外出奇兵，谯纵遣将谯小苟引兵塞打鼻以御之，即此也。山形孤起，东临江水，昔周鼎沦于此水，或见其鼻，遂以名山”。

喷雾岩 在今重庆市梁平县东二十里蟠龙山。《舆地纪胜》卷179梁山军：喷雾崖“去军西五十里。其崖高数十丈，飞瀑倾注如雾在空，崖右石鼓，张丞相无尽游从于此，手题云：水味甘腴，偏宜煮茗，非陆羽莫能辨”。《方舆胜览》卷60梁山军：蟠龙山洞“旁曰喷雾崖，洞中之泉下注，垂崖约二百余丈，喷薄如雾。张无尽尝游，留题云：‘水味甘腴，偏宜煮茗，非陆羽莫能辨。’范石湖以为‘天下瀑布第一’”。

喳哩江 又作查里江。即今缅甸境之萨尔温江。明、清称喳哩江。《方舆纪要》卷119镇康御夷州：潞江在“州西七十里，亦曰喳哩江，与潞江安抚司接界处也。天启二年木邦兵据喳哩江，镇康酋闷枳奔姚关，姚关守备遣官抚之，大邦乃退，即此”。

喇木契 即小昭寺。在今西藏拉萨市中心。清乾隆《卫藏通志》卷6：小昭寺“大昭寺北半里许，番名喇木契”。藏语意为大院落。

喇里 即拉里。在今西藏嘉黎县东北嘉黎镇。清《西藏图考》卷3：拉里“一作喇里”。

喇里阐 亦作拉里拉。在今黑龙江省塔河县北。《清太宗实录》卷51：崇德五年（1640），萨穆什喀等讨索伦部博穆博果尔之乱，“乃令梅勒章京承政伊孙率每旗章京一员，每牛录下兵二人，往喇里阐地方”。即此。

喇鸡井 即今云南兰坪白族普米族自治县西北二十八里拉井镇。1938年兰坪县迁治于此。1947年县迁治白地坪。1950年又迁治于此。1985年县迁治江头河（今兰坪白族普米族自治县治金顶镇）。

喇峒 在今广西永福县西南三皇乡。清属永宁州，雍正四年（1729）置巡司于此。

喇家遗址 在今青海民和回族土族自治县南官亭黄河北岸的二级台地上。是新石器时代大型聚落遗址，面积20万平方米。遗址内涵主要为齐家文化中晚期遗存。遗址中心区外围有一条壕沟，宽10米，深3—

4米，环绕形成长方形聚落，长600米，宽200米，内有成排的半地穴房址。已发掘三座，地面、四壁用白灰抹平，正中有圆形灶坑一个，房内有二至十四人，屈肢，有的怀抱小孩。房内还出土陶、石、玉器及玉器半成品、玉料等。遗址聚落布局及文化遗物对研究齐家文化的社会形态，乃至中国文化的起源有重要价值。2001年定为全国重点文物保护单位。

喇课营　在今青海湟中县西北。《清一统志·西宁府二》：喇课营“在西宁县西北八十里。城周一百八十余丈。本朝雍正十一年筑，设千总”。

喇萨　即拉萨。今西藏拉萨市。

喇普　即今云南维西傈僳族自治县东北塔城镇。清有把总驻防。

喇嘞　即今云南新平彝族傣族自治县西北拉博。清雍正十年（1732）置喇嘞土千总。

喇滚安抚司　清康熙四十年（1701）置，属雅州府。治所在今四川新龙县南洛古乡。宣统三年（1911）改流。

喇嘛　即今四川理塘县西南喇嘛垭乡。清雍正年间置喇嘛土百户。

喇嘛丫　亦作喇嘛垭。即今四川理塘县西南喇嘛垭乡。清代为川藏驿路往来孔道。乾隆《卫藏通志》卷4：“上喇嘛山，二十五里至喇嘛丫，有柴草、人户焉。”丁耀奎《西康行军日程》：“喇嘛丫粮草丰广，且沿岸阳坡，又南通乡城，西通三坝，北至里塘，形势扼要。”

喇嘛甸　即今吉林梨树市西三十里喇嘛甸镇。清光绪《奉天全省地舆图说图志》：奉化县西有喇嘛甸。

喇嘛甸子　即今黑龙江省大庆市西北喇嘛甸镇。《清史稿·地理志》安达直隶厅：东清铁路有喇嘛甸站。

喇嘛庙　故址即今内蒙古多伦县。因清康熙、雍正间在其北先后建汇宗、善因二喇嘛庙，故名。

喇嘛洞　在今河北滦平县南。清于此设把总驻守。《清史稿·地理志》：承德府滦平县有“喇嘛洞”镇。

喇嘛洞召　俗称喇嘛洞。在今内蒙古呼和浩特市西大青山中。明万历年间，由察罕博格达一世活佛主持兴建。清顺治十二年（1655）赐名广化寺。位于山谷内银洞山南坡，由前后两寺组成。前寺有天王殿、大经堂、大雄宝殿、欢喜佛殿，佛像多为铜铸；后部建有佛爷府；西北方建有三座白色覆钵式喇嘛塔。后寺为三层楼阁，建在山腰的银洞前，与洞连成一体，内塑大佛像。为呼和浩特市郊旅游胜地。

嗢昆水　一作颂根河。即今蒙古国鄂尔浑河。5—9世纪时为柔然、高车、回纥部族的活动中心。《新唐书·地理志》：“回鹘衙帐，东有平野，西据乌德鞬山，南依嗢昆水，北六七百里至仙娥河。”突厥碑文作Orkhon。

嗢鹿州都督府　唐羁縻都督府。显庆四年（659）以突骑施索葛莫贺部置，属北庭都护府。在今新疆伊宁市西伊犁河附近（或说在今吉尔吉斯斯坦托克马克以北楚河附近）。8世纪前期废。

喝门江　在今越南河内市西南。《方舆纪要》卷112安南：喝门江“在（交州）府西南”。《明史·张辅传》：永乐七年（1409），讨简定，“遂进至慈廉州，破喝门江，克广威州孔目栅”。

喝汗城　一名籛斤城。为东安国都。在今乌兹别克斯坦布哈拉东北。《新唐书·西域传》：东安“治喝汗城，亦曰籛斤”。唐显庆中置木鹿州于此。

喝盘陀　旧作渴槃陁。在今新疆塔什库尔干塔吉克自治县城东北石头城遗址。《新唐书·西域传》：喝盘陀，“后魏太延中，始通中国。贞观九年，遣使者来朝。开元中破平其国，置葱岭守捉，安西极边戍也”。

喻口　亦作谕口。即今江苏阜宁县南喻口。为下河津要。《宋史·叛臣·李全传》：南宋绍定三年（1230），李全袭陷盐城县，使人“造浮桥于喻口，以便盐城往来”。明置巡司于此。

喀七乌兰木伦河　即今长江南源木鲁乌苏河支流尕尔曲河。在青海西南部。《清一统志·西藏》：喀七乌兰木伦河“源出巴萨通拉木山西北四百余里硇什达尔乌兰达布逊山，东南流五百余里，入木鲁乌苏”。

喀木　即康。清代西藏四部中最东一部。相当今四川康定、理塘、巴塘等县和西藏昌都地区。1924年建西康省，亦简称康。

喀什艾提卡尔礼拜寺　明景泰年间建。在今新疆和田县。为伊斯兰教著名寺院之一。

喀什噶尔　即可失哈里。今新疆喀什市。清徐松《西域水道记》卷1：“回语谓各色为喀什，砖屋为噶尔，地富庶，多砖屋也。”另一说认为，“喀什噶尔”为突厥粟特语。“喀什”意为玉石，“噶尔”则是城市或集中之地。“喀什噶尔”意为玉石集中之地。清咸丰十年（1860）依《中俄续增条约》辟为商埠。

喀什噶尔河　一名葱岭北河。在今新疆西南部。源出帕米尔高原，上游为克孜勒苏河。至喀什市东北称为喀什噶尔河，东北流注入塔里木河。清徐松《西域水道记》卷1：“喀什噶尔河，回语谓各色为喀什，砖屋为噶尔，地富庶多砖屋也。”

喀什噶尔道　1914年由原喀什噶尔道袭置，属新疆省。治疏勒县（今新疆疏勒县）。辖境约当今新疆喀什、和田两地区和克孜勒苏柯尔克孜自治州及巴音郭楞蒙古自治州的且末县。1915年，且末县划归阿克苏道。1920年，和阗（今和田）、墨玉、于阗（今于田）、洛浦、皮山、叶城六县划归和田道。1928年废。

喀布齐赉城　又作双城。故址在今黑龙江省拜泉县西南。清乾隆《盛京通志》卷32：喀布齐赉城“（齐齐哈尔城）东北三百余里”。

喀尔铁盖山　即今新疆阿合奇县西南喀拉铁克山。

《清史稿·杨芳传》：道光八年（1828），“张格尔侯岁将除，率五百骑来袭，中途觉而反奔。芳急驰一昼夜，道及于喀尔铁盖山，歼其从骑殆尽。余贼拥张格尔登山，弃骑走，芳率胡超、段永福等擒之”。

喀尔塔尔溪　亦作喀勒塔尔奇。即今黑龙江省嫩江县东北一百七十里塔溪乡。清杨宾《柳边纪略》卷2：黑龙江将军所辖十九站有喀尔塔尔几河站。《清史稿·地理志》嫩江府：“科络尔又七十里至喀勒塔尔奇。”

喀尔喀　明、清蒙古部名。明代汉文文献译为“罕哈”，清代译为“喀尔喀”。明中叶，蒙古达延汗分其地为左、右翼各三万户，喀尔喀为左翼三万户之一，因地在哈剌哈河（Qalqa）流域而得名，封其子阿勒楚博罗特、格埒森札共领之。后阿勒楚博罗特子虎喇哈赤率部南迁至辽河流域，其五子分领五部（五鄂托克，明人称为“五大营”），为内喀尔喀。五部为翁吉剌特、扎鲁特、巴约特、巴林、乌济业特。明末，翁吉剌特、巴约特、乌济业特三部被并入察哈尔，余众或投明朝，或投后金（被编入满洲八旗）；扎鲁特、巴林两部归降后金，从征有功，编为内扎萨克蒙古旗，清代属昭乌达盟。格埒森札七子留居故土，分领七鄂托克，分左、右翼，为外喀尔喀。明后期，其势力扩展至杭爱山地区，于是右翼居杭爱山，左翼居土拉河及其以东。格埒森札长子之曾孙、右翼长素巴弟，始号扎萨克图汗；第三子之曾孙、左翼长衮布，始号土谢图汗；第五子之孙硕垒居克鲁伦河，始号车臣汗。康熙二十七年（1688），外喀尔喀三汗所部遭噶尔丹侵掠，皆投归清朝；三十年，编为外扎萨克蒙古旗三十二个。三十六年，返回漠北。雍正间，从土谢图汗部中分出赛音诺颜部，遂为四部，各设一盟。至乾隆时，外扎萨克喀尔喀蒙古四盟属旗增至八十六个。

喀尔喀札萨克旗　喀尔喀南右旗的俗称。在今青海共和县西沙珠玉河北岸。

喀尔喀左翼部　清内蒙古昭乌达盟八部之一。康熙三年（1664），漠北喀尔喀扎萨克图汗部台吉衮布伊勒登，因内乱率部逾漠归附清朝，诏安置于喜峰口外，编为一旗，为与先前南来归附、安置于张家口外的喀尔喀土谢图汗部台吉所部相区别，称喀尔喀左翼旗。牧地在养息牧河（今图养畜牧河，为辽河支流柳河的上游），奈曼旗之东。民国时期其地并入库伦旗和奈曼旗。

喀尔喀右翼部　清内蒙古乌兰察布盟四部之一。其首领为外喀尔喀土谢图汗之族，世为本部台吉。顺治十年（1653），台吉本塔尔与土谢图汗有隙，率诸弟、部属千余户投附清朝，封扎萨克和硕达尔汉亲王，所部编为一旗。牧地在他鲁浑河（今内蒙古达尔罕茂明安联合旗南，艾不盖河东源特尔洪河）、爱毕哈河（艾不盖河）地区，东西一百二十里，南北一百三十里。相当今达尔罕茂明安联合旗东部地。

喀尔喀右翼旗　俗称达尔罕贝勒旗。清顺治十年（1653）建，属乌兰察布盟。旗府驻地在今内蒙古达尔罕茂明安联合旗驻地百灵庙北。20世纪40年代迁驻昌汗厚（今达尔罕茂明安联合旗北查干哈达苏木）。1949年称达尔罕旗。1952年与茂明安旗合并为达尔罕茂明安联合旗。

喀尔喀图站　亦作喀尔哈。清康熙二十五年（1686）置，在今黑龙江省嫩江县东北塔溪乡。《清一统志·黑龙江》“布克依站”条下：“科洛尔站，又七十六里至喀尔喀图站。”

喀尔喀河　即今蒙古国东方省东境之哈拉哈河，注入贝尔湖。《清一统志·黑龙江》：布雨尔湖“喀尔喀河西北流至此汇为大湖”。

喀尔喀南右旗　俗称喀尔喀扎萨克旗。清雍正三年（1725）设，属喀尔喀部。在今青海共和县西沙珠玉河北岸。后迁今青海刚察县西北。

喀尔喀莫　亦作哈库马、喀尔库玛屯。在今黑龙江省桦川县东北。清光绪《吉林通志》卷17：“正西松花江即混同江南岸距（富克锦）城……一百三十里喀尔库玛屯。”

喀尔喀部　青海额鲁特之一。属西宁办事大臣。在今青海共和县西北部，青海湖南岸。清张穆《蒙古游牧记》卷12：青海喀尔喀部一旗，元太祖之裔，始祖名多尔济阿拉布坦伊勒登，“徙牧青海，子纳克额尔德尼阿海生达什惇多布，不复归喀尔喀部，隶和硕特族。雍正元年，罗卜藏丹津胁青海喀尔喀诸台吉附己，纳克额尔德尼阿海从子根惇，迎大军降，王大臣议青海之喀尔喀，请别设旗分佐领，勿隶和硕特族，允之”。《清史稿·地理志》　青海喀尔喀部：“牧地在青海南岸，东至察罕哈达，南至南山木鲁，西至乌兰布拉克，北至青海。”

喀尔撒尔　即今四川金川县南卡撒乡。《清一统志·懋功屯务厅》：喀尔撒尔“在绥靖屯南。又西有朗拉，并有碉卡，现设塘汛”。

喀西拉克河　即今内蒙古达拉特旗东南壕庆河（或译为浩琴河）。《清一统志·鄂尔多斯》：喀西拉克河“在左翼后旗东五十里。源出色泊呼勒泉，东北流入奈马代泊”。

喀克沙勒山　在今新疆阿合奇县西北、阿图什市北与吉尔吉斯斯坦交界之天山。《清一统志·乌什》：喀克沙勒山“在乌什西、伯得里克山西南二百三十里。自额图克岭东北行至此逾山而北通布鲁特境，山南为喀什噶尔，南北相距各三百余里”。

喀拉尔噶珊　又作哈兰、喀拉而。在今俄罗斯哈巴罗夫斯克边疆区黑龙江下游奇集湖对岸哈阑。原为明哈剌马古站。清初属宁古塔将军。康熙《皇舆全览图》：黑龙江下游乞几必儿忒池东北有“喀拉而噶山”。后属三姓副都统。光绪《吉林通志》卷17：混同江北岸，东至海滨旧设噶珊有“喀拉尔”。清咸丰年间被俄割占。

喀拉玛山　亦作喀尔满岭、喀喇玛岭、哈尔满阿林。即今哈萨克斯坦东北境塞米巴拉金斯克东南之卡尔巴山。清徐松《西域水道记》卷5：布昆河“在阿布达尔摩多河之北百余里，源发自喀拉玛山”。

喀拉和林　亦作哈拉和林。简称和林。即今蒙古国鄂尔浑河上游东岸哈尔和林。《元史·地理志》和宁路：“始名和林。……太祖十五年定河北诸部，建都于此。初立元昌路，后改转运和林使司，前后五朝都焉。太宗乙未年，城和林，作万安宫。”元世祖中统元年（1260）忽必烈即帝位于开平（在今内蒙古正蓝旗东闪电河北岸），后又迁都大都（今北京市），喀拉和林先后为和林宣慰司、和宁路、岭北等处行中书省治。元亡后，为残余势力政治中心。后废。

喀罗川口　即今庄浪河（喀罗川）流入黄河的河口。在今甘肃兰州市西固区西北河口乡河口村。《续资治通鉴长编》卷505：“熙河兰会路经略使孙路言：‘兰州之西喀罗川口有古浮桥旧基，……乞于喀罗川口复修浮桥，……以通甘、凉，隔绝西蕃、夏贼往来便道’。”

喀图山　一名哈布图山。即今新疆托里县东哈图山。清宣统《新疆图志》卷64：喀图山“其木多桦杨，其矿多金，其兽多彪虎、黄熊，善搏人，有鸟焉小而善鸣，土人呼之为几回醉酒。良戛尔图之水出焉，南流，伏于戈壁”。清乾隆至咸丰年间，商民曾于此开办金厂。

喀浪圭　亦作哈朗归。即今新疆乌恰县东南喀浪勾律克。清徐松《西域水道记》卷1：“得尔必楚克河东南流径哈朗归卡伦南，地产文石，黑石白章。卡伦西有小水，南流入之。”

喀萨哩河　即今吉林榆树市东拉林河支流卡岔河。《清一统志·吉林一》：喀萨哩河“在（吉林）城北二百十五里。源出锡兰窝集，俱西北流入拉林河”。

喀提里什　在今新疆和田县东北塔瓦库勒乡北。《清一统志·和阗》：喀提里什“在额克里雅尔北七十里，和阗城东北三百三十里。玉陇哈什河经其东，哈喇哈什河经其西，会于其北为和阗河”。

喀喇乌苏河　一名喀唎水。即叶尔羌河上源。在今新疆莎车县西南。清乾隆《西域图志》卷28：哈喇乌苏“旧音喀喇乌苏，源出叶尔羌城西葱岭中，东流径城东”。即此水。“喀喇乌苏”，意为黑水。

喀喇乌苏宗　又称纳曲卡、那曲卡、那曲宗。即今西藏那曲县。

喀喇乌素河　即今内蒙古卓资县西大黑河上源。《清一统志·归化城六厅》：黑河“源出镶蓝旗察哈尔东北七十里海拉苏台坡，名喀喇乌素，西北流有纳扎海河、安达河、朱喇马台河皆东北来会”。

喀喇巴尔噶逊山　在今新疆乌鲁木齐县东南达坂城镇附近。清宣统《新疆图志》卷61：“又东北曰喀喇巴尔噶逊之山，其上多金、多铜、多铁。”

喀喇巴尔噶逊军台　一作哈喇巴勒噶逊台。清置，在今新疆乌鲁木齐县东南达坂城镇南十里。清《林则徐日记》：道光二十五年（1845）正月，达坂城“十里为喀拉巴尔噶逊军台，林木森疏，泉流清泚，有桥两道，兵房民居共数处”。

喀喇巴尔噶逊营　简称噶逊营。清置，属安西提督。在今新疆乌鲁木齐县东南达坂城镇。乾隆三十七年（1772）设守备驻守。五十六年（1791）又有粮员驻此。

喀喇古隆河　一名楚呼楚水。即今新疆塔城市东喀让古尔河。清宣统《新疆图志》卷77：楚呼楚水“亦名喀喇古隆水，出（楚呼楚）山，西南流至今（塔尔巴哈台）厅治南，与乌拉斯台水会，……又西南入额敏河”。

喀喇沙尔厅　清光绪八年（1882）置，属甘肃省。治所在喀喇沙尔城（今新疆焉耆回族自治县）。十年（1884）属新疆省。二十四年（1898）升为焉耆府。

喀喇沙尔城　清乾隆二十三年（1758）筑。即今新疆焉耆回族自治县。光绪八年（1882）于此置喀喇沙尔厅。

喀喇沁中旗　清康熙四十四年（1705）析喀喇沁右翼旗地置，属卓索图盟。扎萨克驻珠布格朗图巴彦喀喇山（今河北平泉县北蒙和乌苏）。后移驻大城子镇（今宁城县西北大城子镇）。1940年迁平泉街（今河北平泉县）。1945年并入平泉县。

喀喇沁左翼旗　清初置，属塔子沟厅（后属承德府）。治所在今辽宁喀喇沁左翼蒙古族自治县西北官大海，后迁今县之南南公营子。俗称南公旗。原属直隶，1914年划归热河特别区，1928年属热河省。1949年迁治大城子镇（今喀喇沁左翼蒙古族自治县）。1955年划归辽宁省。1958年改设喀喇沁左翼蒙古族自治县。

喀喇沁右翼旗　后金天聪九年（1635）置，属内蒙古卓索图盟。札萨克驻锡伯河庄（今内蒙古喀喇沁旗西南美林附近）。后移驻喀喇沁王府（今喀喇沁旗西南王爷府镇）。1914年划归热河特别区，1928年属热河省。1948年迁驻公爷府（今喀喇沁旗驻地锦山镇）。1949年改称喀喇沁旗。

喀喇沁亲王府　在今内蒙古喀喇沁旗（锦山镇）西南王爷府镇。为清代蒙旗衙署建筑群。占地2.98万平方米，建筑面积3870平方米。始建于清康熙十八年（1679）。现存中轴线五进院落，建筑二十二栋，西跨院建筑十一栋及府前广场等。王府主要建筑为完整的四合院，有硬山式厅堂、卷棚环廊式客堂、勾连搭式祠堂、藏传佛教楼阁等。喀喇沁亲王府为内蒙古现存最早、规模最大、规格最高、保存最好的王府，体现了地区特色和民族、宗教特点。2001年喀喇沁亲王府及家庙被定为全国重点文物保护单位。

喀喇沁部　内蒙古卓索图盟二部之一。本明朵颜卫，首领为元初功臣、兀良哈部人折里麦的后裔。嘉靖以来，俺答汗弟老把都（巴雅思哈勒）统领的蒙古右翼喀喇沁（明译哈剌嗔）部从滦河上游向东扩展，朵颜卫大部分被其役属，遂相混合，亦号喀喇沁。一说折里麦七传至和通（即明朵颜三卫都督花当）时，始号所部曰喀喇沁。明末，和通六世孙苏布地（即朵颜三卫都督、都指挥速不的）偕弟、叔率部归附后金，先后编为三旗，属卓索图盟。天聪九年（1635）置左、右翼二旗，授苏不地子固噜思齐布为扎萨克领右翼旗，牧地在围场（今河北围场满族蒙古族自治县）以东至老哈河上游，当今内蒙古喀喇沁旗、宁城县全境及河北围场县、平泉县、辽宁建平县各一部分；授苏不地族叔色稜为扎萨克领左翼旗，牧地在大凌河上游（蒙古名傲木伦），约当今辽宁喀左、凌源、建昌县境。清康熙四十四年（1705）又析右翼旗东境置喀喇沁中旗，授苏不地弟万丹伟征曾孙格埒尔为扎萨克领之，牧地在老哈河上游，约当今内蒙古宁城县全境及河北平泉县、辽宁建平县各一部分。

喀喇沁旗　1949年以喀喇沁右翼旗改名，属热河省。治所在公爷府（今内蒙古喀喇沁旗驻地锦山镇）。1955年划归内蒙古自治区昭乌达盟。1969年划归辽宁省。1979年划回内蒙古自治区。

喀喇昆（崑）仑（崙）山　一作喀喇阔鲁穆岭。在新疆西南部及克什米尔东北部，向东延入西藏北部。清道光《拉萨厅志》卷上《山川》作喀喇昆仑山。喀喇昆仑者，突厥语黑石块之义。

喀喇和色尔　一作河色尔。即今新疆和硕县东榆树沟。清道光《新疆识略》卷3喀喇沙尔：喀喇和色尔台"一百二十里至库木什阿哈玛台"。

喀喇河　①在今哈萨克斯坦东部萨瑟科尔湖西北，南流入萨瑟科尔湖。清徐松《西域水道记》卷5：阿拉克图古勒淖尔"西北源为喀喇河。河出塔尔巴哈台库图尔岭南，当爱唐苏河之东南，流百二十余里，左会扎哈苏台水，又西南流八十余里入淖尔"。

②在今吉尔吉斯斯坦东北部恰耶克之西。为纳伦河支流。清《乾隆内府舆图》作喀拉必拉。

喀喇河屯厅　清乾隆七年（1472）置，属承德府。治所即今河北承德市西南滦河镇。四十三年（1778）改为滦平县。

喀喇河屯营　在今河北承德市西南滦河镇。清于此设千总驻守。乾隆七年（1472）改为喀喇河屯厅。

喀喇哈布河　即今新疆哈巴河县境之哈巴河。清徐松《西域水道记》卷5："额尔齐斯自哈布河西北流五十里右会喀喇哈布河，河三源并发，为古尔班柯尔河，南流二十余里，经塔布博勒齐尔卡伦东，又南流八十余里为喀喇哈布河，入于额尔齐斯。"

喀喇莽鼐哈必尔汉　在今蒙古国苏赫巴托省达里甘戛西南。《御制亲征平定朔漠方略》卷22：清康熙三十五年（1696）四月，"辛丑，上自葫芦苏台察罕诺尔至喀喇芒鼐哈必尔汉驻跸"。

喀喇塔什山　在今新疆策勒县东南、于田县西南。清宣统《新疆图志》卷62：喀喇塔什山，"喀喇塔什之水出其北麓。产金"。

喀喇塔拉额西柯淖尔　亦作布勒哈齐淖尔、鄂毕淖尔。即今新疆精河县北艾比湖。清徐松《西域水道记》卷3：喀喇塔拉额西柯淖尔"东西百五十里，南北八十里，周四百余里。冬夏不盈亏，戽水于岸自然成盐，商贾运贩一升数钱，伊犁之境是焉仰给，故又曰盐海"。

喀喇额尔齐斯河　即今新疆富蕴县东北喀依尔特河。清徐松《西域水道记》卷5：额尔齐斯河"一源为喀喇额尔齐斯河。河出库尔图岭，南流百里，左会一水，复西南流五十余里，与华额尔齐斯会。二水以黄、黑异称"。

喀鲁伦巴尔和屯盟　清外蒙古喀尔喀车臣汗部二十三旗，会盟于克鲁伦河北巴尔和屯（在今蒙古国东部乔巴山市西），故名。

喀鲁喀河　又名喀咾哈河。即今蒙古国哈塔腊内河。从前杭爱省经布尔根省，东北流入图拉河。《清一统志·喀尔喀》：喀鲁喀河"源出翁金河北，土拉、鄂尔坤二河间平地，西北流百里许，转东北流三百余里，流入土拉河"。

喀赖河　即今内蒙古达拉特旗西黑赖河。《清一统志·鄂尔多斯》：喀赖河"在左翼西五十里。源出朱尔汉虎都克，北流入黄河"。

喀穆尼峰　又作喀木尼哈达。在今黑龙江省萝北县西北。《清一统志·黑龙江》：喀穆尼峰"在黑龙江城南界"。清屠寄《黑龙江舆图说·黑龙江城》："佛思亨山之西有喀木尼哈达。此皆黑龙江右岸之山也。"

喀穆尼站　清康熙二十五年（1686）置，在今黑龙江省讷河市东北老莱镇。《清一统志·黑龙江》"布克依站"条下："博尔多站，又四十三里至喀穆尼站。"后废。

喀穆图河　又作喀母兔河。即今黑龙江省宝清县东蛤蟆通河。源出七虎林山，曲折北流入挠力河。清光绪《吉林通志》卷22：挠力河两源共合，"东北流，受南来之喀穆图河，今曰哈玛通河"。

戢兵山　在今安徽黟县北十五里。《寰宇记》卷104黟县：戢兵山"旧名石鼓山。唐天宝中，改为戢兵。在县城北。《邑图》云：有石如鼓。有石人、石驴"。

遇贤水　在今广东徐闻县西北。《清一统志·雷州府》：遇贤水"在徐闻县西北六十里。又南包水，在县西北七十里。源俱出双髻岭，流至南包铺前合流，由青铜港入海"。

遇贤镇　在今广东徐闻县西北。明置巡司于此。后废。

遇明河　在今江苏仪征市西。《宋史·河渠志六》：崇宁二年（1103）十二月，"诏淮南开修遇明河，自真州宣化镇江口至泗州淮河口，五年毕工"。今堙。

遏虎城　在今安徽含山县东关镇西北。《方舆纪要》

卷29和州：“遏虎城在州西。《元和志》：历阳西有遏虎城。晋王导筑以遏石虎。”

遏根陀国　在今埃及亚历山大。古为地中海东南岸主要港口。南宋赵汝适《诸蕃志》卷上：“遏根陀国，勿斯里之属也。相传古有异人徂葛尼，于濒海建大塔，下凿地为两屋，砖结甚密，一窖粮食，一储器械。塔高二百丈，可通四马齐驱而上，至三分之二，塔心开大井，结渠透大江以防，他国兵侵，则举国据塔以拒敌。上下可容二万人，内居守而外出战。”

遏换城　又作阿缓城、阿换城。即今阿富汗北昆都士。唐显庆中，置月氏都督府治此。《旧唐书·地理志》月氏都督府：“于吐火罗国所治遏换城置，以其王叶护领之。于其部内分置二十四州，都督统之。”

遏索山　在今新疆乌鲁木齐县西南。《资治通鉴》：唐贞观十六年（642），西突厥“乙毗咄陆（可汗）又遣处月、处密二部围天山，（郭）孝恪击走之，乘胜进拔处月俟斤所居城，追奔至遏索山，降处密之众而归”。

遏蜜城　唐西域护时犍国都城。在今阿富汗喀布尔西北席巴尔甘南。龙朔初为奇沙州都督府治所。

遗遗之门　又作挺关。战国赵地。在今陕西榆林市西北。《战国策·赵策二》：牛赞“至遂胡服，率骑入胡，出于遗遗之门”。

遄台（臺）　亦名歇马台。在今山东淄博市临淄区临淄故城宫城西南一里余。《左传》：昭公二十年（前522），“齐侯至自田，晏子侍于遄台”。即此。

畤　商、西周方国。在今河南鲁山县东南。

畤阳街　即今云南西畤县南四十八里兴街镇南老街。原名牛羊街。清代称为畤阳老街，俗称老街。1941年曾置畤阳镇。

践土　春秋郑邑。在今河南原阳县西南。《春秋》：僖公二十八年（前632），“公会晋侯、齐侯、宋公、蔡侯、郑伯、卫子、莒子，盟于践土”。《左传》：晋“作王宫于践土”。

践斯处折施山　亦作跋斯处折施山。在今俄罗斯叶尼塞河上游地区。《周书·异域下·突厥传》：“突厥之先出于索国，在匈奴之北。……其一居践斯处折施山，即其大儿也。”

跋布　西藏古地名。在今琼结县。唐时吐蕃赞普（王）设夏日行宫于此。一说跋布即勃令。《新唐书·吐蕃传》：“其赞普居跋布川，或逻娑川。”

跋布川　即《通典》之疋播城。在今西藏琼结县。7世纪时吐蕃迁居逻些以前的旧部。迁都后仍为赞普夏令牙帐所在。《新唐书·吐蕃传》：“其赞普居跋布川”，即此。

跋布海　即今西藏浪卡子县羊卓雍错。《新唐书·地理志》鄯州鄯城：“乃渡臧河，经佛堂百八十里至勃令驿鸿胪馆，至赞普牙帐，其西南跋布海。”

跋那山　在今内蒙古乌拉特前旗东南。《魏书·蠕蠕传》：北魏登国九年（394），“曷多汗与社仑率部众弃其父西走，长孙肥轻骑追之，至上郡跋那山，斩曷多汗”。

跋禄迦国　即亟墨国。唐西域国名。在今新疆温宿县东佳木镇喀什艾日克村古城。一说在今阿克苏市。唐玄奘《大唐西域记》卷1：跋禄迦国“东西六百余里，南北三百余里。国大都城周五六里。土宜、气序、人性、风俗、文字、法则同屈支国，语言少异”。

跋禄羯呫婆国　在今印度西部纳巴达河口之布罗奇附近。唐玄奘《大唐西域记》卷11：跋禄羯呫婆国“周二千四五百里。国大都城周二十余里”。

趺牛石营　在今广东英德市西二十里。《方舆纪要》卷102英德县：趺牛石营“《志》云，县境旧有金皂口、虎尾径、鱼梁埠、燕石、麻埠、丹竹径六处戍兵。嘉靖三十四年，议以趺牛石为适中地，因置营于此。增设官兵，倚为重地”。

跑马山　在今四川康定县东南郊。系大雪山之余脉。民国杨仲华《西康纪要》：跑马山“在康定治东。上山数里有一草坪，梵宇数栋，境地清幽，再上有一海，侧立嘛哩经堆，为土人奉祀山神之所”。《康定情歌》中之跑马山即此。

鲒埼亭　又作鲒奇亭。西汉置，属会稽郡鄞县。即今浙江奉化市东南鲒埼镇。

蛲港　在今台湾省台南市南。清黄叔璥《台湾使槎录》：“其小港可通小舟者，南路有蛲港”。乾隆间范咸《重修台湾府志》卷1：蛲港“在（凤山）县治北十五里。”

蛏沟　在今山东金乡县南八里。《方舆纪要》卷32金乡县“涞水”条下：蛏沟“东达谷亭镇，西抵成武界。元末淤。今故迹仅存”。

蛤不烂　西藏古地名。约在今那曲县西南桑雄区（香茂那）北。唐时吐蕃曾于此置驿站。《新唐书·地理志》：“阁川驿……百三十里至蛤不烂驿。”

蛤仔难　即今台湾省宜兰县。清姚莹《东槎纪略》卷3：“葛吗兰本名蛤仔难，在淡水东北，三貂、鸡笼大山之后社番地也。……地名噶玛兰系番语，闽音不正，讹为蛤仔难。”乾隆三十二年（1767）福建漳州人林汉生来此垦殖，嘉庆年间又有漳、泉及广东移民于此，十四年（1809），已达六万余人。十六年（1811）于此置噶玛兰厅。光绪元年（1875）改为宜兰县。

蛤仔难社　又作哈仔难。即今台湾省宜兰县。清乾隆间范咸《台湾府志》卷1：“（自山朝社）又上至蛤仔难诸社，深箐鸟道，至者鲜矣。”清嘉庆十六年（1811）于此设噶玛兰厅。光绪元年（1875）改为宜兰县。

蛤沙镇　在今福建连江县东北海滨蛤沙。《清一统志·福州府一》：蛤沙镇“在连江县东北五十里。崖石峭立如壁。明洪武十六年，置河泊所于此。二十年筑城。今废”。

蛤泊堡 即今河北卢龙县东南三十五里哈泊乡。清于此设外委驻守。

蛤蜍城 在今山东惠民县南。《旧唐书·李师古传》："棣州之盐池与蛤蜍岁出盐数十万斛……而蛤蜍为纳所据，因城而戍之，以专盐利。"

蛤湖 在今江西南城县西南。《明一统志》卷53建昌府：蛤湖"在府城西南三十里。有石礤百丈，瀑淙飞下入湖。湖中多蟹蛤，故名"。

蛤湖山 在今江西赣州市西北。《方舆纪要》卷88赣州府赣县：蛤湖山"在府西北三十里。一名三阳山。上有三峰，下有龙湫，与崆峒相对，为郡城后屏"。

蛤蜊港 即今江苏阜宁县东北二十二里蛤蜊港。清光绪《阜宁县志》卷2《津梁》：有蛤蜊港渡。

蛤蟃湖 在今江苏邳州市西南。《方舆纪要》卷22邳州：沙河"在州西北九十里。源出山东峄县，合蛤蟃，连汪渚湖，东会沂水"。

蛤蠦山 即今山东烟台市西南峆嵧山。元于钦《齐乘》卷1作"峆嵧山"。《清一统志·登州府》：蛤蠦山，"《县志》：巅多灵水，随石窦迸出。又多蛎房，海水结聚而成。上有蛤蠦寺"。

蛟山 在今安徽旌德县西南五十里。《方舆纪要》卷28旌德县：蛟山"山形蟉虬，如腾蛟然。后有洞，径险难入，其中平旷。唐永泰中，山寇王万敌啸聚于此，招讨使袁傪击平之"。

蛟门山 一作鲛门山。即今浙江宁波市东北甬江口外柱门岛。宋《宝庆四明志》卷18定海县：鲛门山在"县东四十里。一名嘉门山。其山环锁海口，出鲛门则大洋也"。

蛟井 在今江西南昌市西南。《寰宇记》卷106南昌县：蛟井"在县西南四里。俗号横泉井，盖许旌阳除蛟龙为害之所"。

蛟奶支线 从今吉林蛟河市东至奶子山。长10.3公里。为吉敦铁路支线。1928年动工修建，次年建成。

蛟河市 1989年撤销吉林省蛟河县，改设蛟河市，市人民政府驻民主路。由吉林市代管。

蛟河县 1939年改额穆县置，属吉林省。治所即今吉林蛟河市。1989年改设蛟河市。

蛟洋村 即今福建上杭县东北蛟洋乡。村上有文昌阁，建于清乾隆六年（1741），是一个以木质结构为主的塔式建筑。原为文人聚会及会试、文会、祭祀活动的场所，民国以后改为广智小学校址。1929年7月，中共闽西第一次代表大会在此举行。

蛟湖 ①在今福建宁化县西北。明《寰宇通志》卷47汀州府：蛟湖"在宁化县北六十里，深不可测。昔有僧见白龙卧于湖面。乡人遇旱，则投败铁于湖内，辄作暴雨怒涛，涌出其铁而后已。宋嘉泰间祷雨有应，遂建龙王庙于湖侧"。

②在今江西丰城市西南。《明一统志》卷49南昌府：蛟湖"在丰城县西一十五里。源发剑池，东北流五里许汇为湖，流入长乐港，灌田数百顷"。

蛟湖墟 即今江西樟树市西南蛟湖村。明嘉靖《临江府志》卷3：清江县有蛟湖市。清同治《江西全省舆图》卷6：清江县北有蛟湖墟。

蛟湖镇 在今浙江三门县东南高湖村。明属临海县，置巡司于此。清置镇。

嵌头寨 即今福建莆田市东南嵌头，界于山海间，为登陟要地。明洪武二十年（1387）置巡司于此。清顺治年间废。

嵒录县（嵒 yán） 即岩绿县。隋置，为朔方郡治。治所在今陕西靖边县北白城子古城。《新唐书·地理志》 夏州朔方郡朔方县："本嵒录，贞观三年更名。"

叟崮山 在今山东蒙阴县西南。《清一统志·沂州府一》：叟崮山"在蒙阴县西南七里"。叟崮水源于此。

叟崮水 在今山东蒙阴县南。《水经·沂水注》："桑泉水又东南径蒙阴县故城北，……又东南与叟崮水合。水有二源双会，东导一川，俗谓之汶水也。东径蒙阴县，注桑泉水。"

嵬山 ①在今山西沁水县东北。《方舆纪要》卷43沁水县：嵬山在"县东九十里。一名隗山，其形峻岌，与群山连绵不绝"。

②即今浙江东阳市东北五十里巍山屏。《方舆纪要》卷93东阳县：嵬山"与大白（山）相连。山凡六面，上有三十六井"。

嵬骨 即骨嵬。指分布在今俄罗斯萨哈林岛（库页岛）上的民族。元苏天爵《元文类》卷41：世祖至元十年（1273）征东招讨使塔匣剌呈："兀的哥人厌薛称：欲征嵬骨，必聚兵候冬月，赛哥小海渡口结冻，冰上方可前去。"即此。

嵛山 ①一名大嵛山。即今福建福鼎市东南大嵛山。《清一统志·福宁府》：嵛山"在霞浦县东南海中。山高而中坳，形似钵盂，旧名盂山。中有三十六澳，地肥饶，居民稠密。明洪武间，周德兴以其孤悬海中，尽徙其民于内地，澳遂荒废"。

②即俞山。在今湖南永州市南二十里。《方舆纪要》卷81零陵县：嵛山"以高秀逾众山而名"。

嵽山 在今山西和顺县西。《方舆纪要》卷43和顺县：嵽山"在县西八十里"。

嵯岈山 ①在今山东平度市东北三十里。与天柱、大泽山相接。《寰宇记》卷20胶水县：嵯岈山"其山形势嵯岈，因名"。

②又名嵖岈山、莲花山、玲珑山。在今河南遂平县西五十里。《新唐书·李愬传》：愬讨吴元济，"拔道口栅，战嵯岈山"。《方舆纪要》卷50遂平县：查牙山"亦曰嵯岈山，以山势峻赠，亦名嵖岈山。又状类莲花，曰莲花山。又孔穴玲珑，风嘘则鸣，一名玲珑山"。

嵎山 在今浙江德清县东南，封山东南二里。《国语·鲁语下》：仲尼云"汪芒氏之君也，守封、嵎之山者也"。韦昭注："封，封山；嵎，嵎山。今在吴郡永安县也。"《寰宇记》卷94武康县："嵎山在县东南三十里，《舆地志》：古防风氏之都。”

嵎夷　《尚书·尧典》：“分命羲仲，宅嵎夷，曰旸谷。”关于嵎夷的解释有六：(1) 孔传：“《禹贡》青州云：‘嵎夷既略。’青州在东界外之畔，故云东表之地称嵎夷也。”(2)《释文》：“马融曰：嵎，海嵎也；夷，莱夷也。”(3)《后汉书·东夷传》：“夷有九种，曰畎夷、于夷、方夷、黄夷、白夷、赤夷、玄夷、风夷、阳夷。故孔子欲居九夷也。昔尧命羲仲宅嵎夷，曰旸谷，盖日之所出也。……赞曰：宅是嵎夷，曰乃旸谷。巢山潜海，厥区九族。”是以九夷为嵎夷。胡渭《禹贡锥指》谓即朝鲜。(4)《说文》：“嵎山也，在辽西。从山，易声。一曰嵎銕旸谷也。”(5) 薛士龙《书古文训》：“嵎夷，海隅诸夷，《虞书》旸谷之地，今登州也。”于钦《齐乘》以宁海州（今山东烟台市牟平区）为《禹贡》嵎夷。(6) 东坡《书传》以为嵎夷当在东方海上。《海州文献录·考证录》载萧山王良士探求旸谷嵎夷时称：“吾尝船海自碣石登莱，穷沙门数十岛，登成山之罘，憩息琅邪遵海而南求，所谓嵎夷旸谷者不可得……而云台在海中，周二百里，为嵎夷无疑。东磊面东为谷，四时旭日所照，奇峰怪壑，异草仙花，必羲和所居之旸谷也。”

崵山　俗名茅山。在今北京市平谷区东北四十里靠山集北。清《日下旧闻考》卷142引《平谷县志》曰：“崵山在县东北四十里，峰峦峭峻，林谷深邃。有双泉寺，金明昌中建。”今寺已不存。旧址有“大金明昌四年”《重建双泉院碑》残石；另有一块汉白玉碑首，碑额为“崵山双泉禅寺碑石”八字。

崿山　一名鄂山。在今山西乡宁县东三十里。《隋书·地理志》：文城郡昌宁县有“崿山”。即此。

崿阪关　亦作崿坂关、鄂坂关。在今河南登封市东南三十里。为洛阳东南门户。《资治通鉴》：西晋永宁元年（301），赵王伦遣“征虏将军张泓、左将军蔡璜、前将军闾和帅兵九千自崿阪关出”，以拒齐王冏。

崿岅　即鄂岭坂。在今河南登封市东南三十里。《资治通鉴》：南朝梁中大通元年（529），魏分兵镇荥阳、虎牢，使“侍中尔朱世承镇崿岅”。

崿岭　即鄂岭坂。在今河南登封市东南三十里。《资治通鉴》：唐乾元二年（759），史思明陷郑州，逼东京洛阳。李光弼说东京不可守，“守之则汜水、崿岭、龙门皆应置兵”。

嵯州　唐置，为羁縻州，属松州都督府。治所在今四川若尔盖县东境。后废。

嵯峨山　①又名嵯峨寨。在今安徽太湖县东南。《寰宇记》卷125太湖县：“嵯峨山在县南七十里。”《清一统志·安庆府一》：嵯峨山“在太湖县南……《县志》：在县南四十里。嶙峋多石”。

②在今云南元江哈尼族彝族傣族自治县南二十里。《明一统志》卷87元江军民府：嵯峨山“中峰嵯峨，状如卓旗，飞舞翔动”。

③一名雕山。在今陕西绥德县西南。《方舆纪要》卷57绥德州：嵯峨山“在州城西南。其山层累迭出，状如鹘雕”。

④即巀嶭山。今陕西泾阳县西北，与三原、淳化二县交界处之嵯峨山。《汉书·司马相如传》注：“巀嶭山即今所谓嵯峨山也。”《清一统志·西安府一》引《泾阳县志》：“嵯峨在县北四十里，东抵青谷，西抵冶谷，亘二十里。上有三峰。”苻秦尝置三原护军于此。唐德宗崇陵在其南麓。

嵫阳山　即磁山。在今山东兖州市西三十里。元马端临《文献通考》卷317：瑕丘县“有磁阳山”。《方舆纪要》卷32嵫阳县载：嵫阳山在“府西三十里。宋以此名县”。

嵫阳县　北宋大观四年（1110）改瑕县置，为袭庆府治。治所即今山东兖州市。因在嵫山之阳，故名。金、元为兖州治。明洪武初省入兖州，十八年（1385）复置，为兖州府治。成化七年（1471）改为滋阳县。

嵋山　即岷山。今四川岷山。《荀子·子道》：“江出于嵋山，其始出也，其源可以滥觞。”

帽儿山　①在今吉林延吉市西南。西与马鞍山相接。清光绪《吉林通志》卷19：帽儿山在“（珲春）城西北二百五里，高五十六丈”。

②即今吉林临江市。清光绪二十八年（1902）置临江县于此。民国徐曦《东三省纪略》卷2：“临江县，县治土名帽儿山，当鸭绿江之北岸。”

③即今黑龙江省尚志市西北帽儿山镇。清光绪《吉林全省地舆图》：长寿县西北有帽尔山。民国徐曦《东三省纪略》卷8：东清铁路有帽儿山站。

帽儿山墓地　在今吉林省吉林市东南丰满区江南乡永安村。为汉代古墓群。占地面积8000平方米，发现有许多土坑木椁墓地和少量石墓，总数近千座，大多被盗掘或迁葬。曾发现有漆棺残片、青膏泥等。出土一批鎏金器、金饰件、玛瑙珠、漆器、陶器、铜器、铁器等器物。很可能是汉代夫余国的陵墓区。1996年定为全国重点文物保护单位。

帽山　①在今广西武鸣县西南十五里。《方舆纪要》卷111武缘县：帽山在“县西十五里。山形圆耸”。

②在今广西大新县西南。《明一统志》卷85太平府：帽山“在安平州治西北。以形似名”。

③古岛屿名。即今印度尼西亚苏门答腊岛和西北海上之韦岛。公元15世纪时东西方海舶经此，西来船只以其山为陆标。见《瀛涯胜览》“南浡里国”、“锡兰国”、“榜葛剌国”等条。

帽子山　在今广东化州市南。《舆地纪胜》卷116化州：帽子山“在城南五里。其形如帽”。《方舆纪要》卷104化州：帽子山“在州西南五里。以形似名”。

帽甸子　亦作毛甸子。即今辽宁宽甸满族自治县西南五十里毛甸子镇。清光绪《奉天全省地舆图说图志》：宽甸县马拨十四处，“一在距葡萄梁三十里毛甸子”。民国徐曦《东三省纪略》卷10：宽甸县帽甸子产金。

帽盔山　在今辽宁凤城市西北，与岫岩满族自治县连界。《清一统志·奉天府一》“凤凰山”条下：“帽盔山在凤凰城西南五十里，六道河发源于此。”

圌山　在今江苏镇江市丹徒区东北六十里长江南岸。形势险要，为江防要地。宋置圌山寨于此。《宋史·高宗纪》：南宋建炎三年（1129），“谍报金人治舟师，将由海道窥江、浙，遣韩世忠控守圌山、福山”。又同书《张世杰传》：德祐初，“元师阿术彀士以火矢攻之，世杰兵乱，无敢发碇，赴江死者万余人。大败，奔圌山”。即此。

圌山寨　北宋置，在今江苏镇江市丹徒区东北六十里长江南岸圌山。《元丰九域志》卷5丹徒县：“圌山一寨。”南宋建炎三年（1129），韩世宗屯兵于此，以防金兵由海路进攻江、浙。明嘉靖年间，防倭寇侵扰，设重兵于此。

赌咒河　又名大赌咒河。即今黑河，在越南境。《清一统志·开化府》：赌咒河“在（文山）县南二百四十里，与交趾接界。《旧志》：系蛮夷立誓各不相侵之处”。中法划界时，明确“大赌咒河又名黑河”（《中外条约汇集》第91页）。

赐儿山　即云泉山。在今河北张家口市西三里。山之东麓有云泉寺，俗传可祈神求子，故名赐儿。今为旅游胜地。

赐支　即析支。在今青海海南藏族自治州和果洛藏族自治州的黄河流域。《后汉书·西羌传》：“舜流四凶，徙之三危，河关之西南羌地是也。滨于赐支，至乎河首，绵地千里。赐支者，《禹贡》所谓析支者也。”

赐支河曲　亦作赐支河。指今青海海南藏族自治州境内的黄河河段。《后汉书·西羌传》：羌地“滨于赐支，至乎河首，绵地千里。赐支者，《禹贡》所谓析支者也”。无弋爰剑曾孙忍时，“忍季父卬畏秦之威，将其种人附落而南，出赐支河曲西数千里，与众羌绝远，不复交通”。

赐支河首　指今青海西南玛多、玛沁、达日等县境之黄河。《后汉书·西羌传》：永元年间，周鲔等大败迷唐，“迷唐遂弱，其种众不满千人，远逾赐支河首，依发羌居”。

赐水　即今湖北随州市东北漂水。《水经·溳水注》：赐水“水源东出大紫山，分为二水，一水西径厉乡南。赐水西南流入于溳，即厉水也。赐、厉声相近，宜为厉水矣。一水出义乡，西南入随，又注溳”。

黑　即今黑龙江省简称。

黑大庙　即白音胡硕。今内蒙古科尔沁右翼中旗驻地白音胡硕镇。清图什业图扎萨克和硕亲王府（科尔沁右翼中旗王府）曾在此兴建喇嘛寺庙，故称此地为白音胡硕黑迪庙，俗称伊和苏莫（大庙）。

黑山　①在今河北沙河市西北。《元和志》卷15沙河县：黑山“在县西四十里。出铁”。《方舆纪要》卷15沙河县：“黑山在县西北四十里。山石多黑，因名。《旧志》：黑山，襄国之名山也。”

②在今河北徐水县西北龙山北。《方舆纪要》卷12安肃县“龙山”条下载：“相近者为黑山，背阳面阴，土壤深黑。下有黑山村。”

③一名牛首山。在今山西浮山县东北。《元和志》卷12神山县：黑山“今名乌头山，在县东四十四里，黑水出焉”。

④即今内蒙古巴林右旗北罕山。《辽史·营卫志》：“黑山在庆州北十三里，上有池，池中有金莲。”宋沈括《梦溪笔谈》卷24：“黑山在大幕（漠）之北，今谓之姚家族，有城在其西南，谓之庆州。予奉使，尝帐宿其下。山长数十里，土石皆紫黑，似今之磁石。有水出其下，所谓黑水也。”

⑤在今内蒙古包头市西北。《资治通鉴》：唐调露元年（679）三月，“裴行俭大破突厥于黑山”。胡注：“黑山一名杀胡山，在丰州中受降城正北，如东八十里，亦谓之呼延谷。”

⑥当今内蒙古西部大青山一支。《魏书·世祖纪》：神䴥二年（429），拓跋焘车驾“至黑山，校数军实”。《资治通鉴》胡三省注：黑山在振武北塞外，即杀虎山。

⑦ 在今内蒙古巴彦淖尔市临河区狼山镇北高油坊古城。西夏置黑山威福监军司于此，为西夏十二监军司之一。

⑧在今辽宁辽阳县南。明《辽东志》卷1：黑山在“（辽阳）城南一百八十里”。民国《辽阳县志》卷2黑山“城东南一百三十里”。产金。

⑨在今辽宁黑山县东北。《辽史·地理志》：辽州有黑山。即此。今县以黑山为名。

⑩在今黑龙江省木兰县西北。《清史稿·地理志》巴彦州：“东北黑山，绵亘百余里，与木兰青山接，故布特哈人虞猎场也，又名蒙古尔山，呼兰民屯自山前后始。”

⑪在今山东淄博市博山城东南十六里。产铁。《清一统志·青州府一》：黑山“山石皆黑，冶器取资于此”。又多煤炭。

⑫一名黑麓山。在今河南辉县市北。《水经·清水》：“清水出河内修武县之北黑山。”郦道元注：“黑山在县北白鹿山之东，清水所出也。”《清一统志·卫辉府一》：黑麓山“在辉县东北五十里。两岸壁立，直逼霄汉，亦曰黑山”。

⑬一名墨山。在今河南浚县西北。东汉末，张燕等领导的农民起义军的大本营在此。《后汉书·袁绍传》：绍为冀州牧，沮授曰：“还讨黑山，则张燕可灭。”唐李贤注：“黑山在今卫州卫县西北。”

⑭在今河南封丘县北三里。《后汉书·袁术传》：初平四年（193），“（袁）术引军入陈留，屯封丘。

黑山余贼及匈奴于扶罗等佐术，与曹操战于匡亭，大败”。

⑮在今陕西榆林市南。《方舆纪要》卷61榆林镇：黑山“在镇南十里。水草甘美。正统中，朔骑内侵，率由此驻牧。成化中始筑塞堡，并种柳万株以防冲突。山下黑水出焉”。

⑯在今甘肃金塔县北。《方舆纪要》卷63肃州卫：黑山“在卫北。屹立沙漠中，黑水经其下，为北面之形胜”。

⑰在今宁夏中卫市东三十里。清乾隆《宁夏府志》卷3：黑山“石色皆黑，盛夏积雪不消”。

⑱又作大黑山。即今缅甸西部之阿拉干山。《新唐书·地理志》安南通天竺道：“自骠国西度黑山，至东天竺迦摩波国千六百里。”

黑山头城址　在今内蒙古额尔古纳市西黑山头北十里。为成吉思汗大弟拙赤·合撒儿及其家族主要住地，蒙古汗国早期城址。分内、外城，土筑城墙，气势宏伟。外城近方形，城墙周长2355米，残高2—3米，底部坍宽约16米，墙外有护城壕。四面各有一门，门宽9—12米，门外设有瓮城。墙外每隔100米设一马面。内城呈长方形，略偏西北，南北长167米，东西宽130米，内城周长560米，残高1.3米，底部坍宽约7米，墙外亦有围濠。内城仅一南门，宽约18米。内城中部偏北有一大型宫殿式建筑基址，南北长67米，东西宽31米，高2.3米。基址上有排列有序的花岗岩柱础，间距4米，地表残留黄、绿色琉璃瓦及灰砖瓦。对研究蒙古族的起源、发展及蒙古汗国时期直至元朝早期的政治、经济、历史、文化等具有重要价值。2001年定为全国重点文物保护单位。

黑山关　明置，属镇番卫。即今甘肃民勤县西南六十里黑山堡村。《方舆纪要》卷63镇番卫：黑山关“黑山驿置于此”。

黑山县　1914年改镇安县置，属奉天辽沈道。治所在小黑山（今辽宁黑山县）。民国《黑山县志》序：“黑山古名镇远堡，后改小黑山。”县以此名。1929年直属辽宁省。

黑山岩画　在今甘肃嘉峪关市西北四十里黑山峡谷中。1972年发现。共一百五十三处，分布在三条主沟及各支沟内，绵延二里。岩石黑紫色，石刻浮雕较浅，手法粗糙，画法古拙。画幅大小不一，内容大体分操练、骑射、狩猎、舞蹈及飞禽走兽鱼虫等。岩画反映游牧、狩猎生活，不见农业生产活动。可能是羌族、大月氏与匈奴早期的文化遗存。

黑山威福监军司　简称黑山监军司。西夏置，为十二监军司之一。治所在黑山（今内蒙古巴彦淖尔市临河区狼山镇北高油坊古城）。元改置兀剌海路。

黑山营　在今宁夏惠农县西。《方舆纪要》卷62平罗所：黑山营在“所北八十里，永乐元年建，与镇远关相应援”。

黑山堡　明置，属镇番卫。即今甘肃民勤县西南六十里黑山堡村。《清一统志·凉州府二》：黑山堡“城周一百六十丈。明万历三十三年筑，东西皆近边，置关及驿于此。本朝顺治二年改设把总，康熙十年裁”。

黑山寨　即今北京市昌平区东北黑山寨乡。清光绪《顺天府志》卷28昌平州：东北“五十五里黑山寨”。

黑山嘴　在今宁夏中卫市北。明嘉靖《宁夏新志》卷3宁夏中卫：黑山嘴在“城北二十五里许”。

黑牙克巴什　在今新疆阿克陶县西。清宣统《新疆图志》卷4：布鲁特五部之一奈曼“西抵黑牙克巴什，与俄属让库尔接”。

黑冈　在今河南开封市西北二十五里。《清一统志·开封府》：黑冈“其土黑色，下有池多鱼，今涸，亦名涸鱼冈。明崇祯九年，河决于此”。其北五里为黑冈口，黄河津渡处。乾隆二十六年（1761）河溢于此。

黑水　①《尚书·禹贡》：“华阳黑水惟梁州”；“黑水西河惟雍州”；“导黑水，至于三危，入于南海。”历来经学家解释不同：一说以为梁、雍二州的黑水和导川的黑水是一条水，发源雍州，南流过梁州，入南海，见伪《孔传》及孔颖达《书疏》引《水经》；一说以为梁、雍二州各有一黑水，导川的黑水，即为雍州的黑水，见《括地志》等书；另说以为梁、雍及导川为三黑水，见蒋廷锡《尚书地理今释》。诸家推定黑水的位置，说法更多：有张掖河、大通河、党河、疏勒河、雅砻江、金沙江、澜沧江、漾濞河、怒江、伊洛瓦底江、盘江至西江、陕西城固县黑水（汉水支流）、四川黑水县黑水（岷江支流）等说；也有以为故道今已湮涸或改徙的；有推定其起讫经流地点而实无其水的。近代又有人认为《禹贡》黑水和《山海经》等古籍中的黑水一样，是古人假想中的一条西徼大水，实际上并不存在，更不可能确指为当今某水。

②又名野河、槐河。在今河北赞皇、元氏、高邑、赵县、宁晋县境。《方舆纪要》卷14高邑县：黑水在“县北十里，即槐河也，俗讹为淮河。自赞皇县境东流经元氏县界，又东流入县境而合于泲水，故泲水亦兼槐水之称，槐水亦兼沙河之目。二水合流即柏乡县野河之上源也”。

③即今山西寿阳县南白马河。源出山西寿阳县北黑水村，合寿水至县南五十里入洞过水。《水经·洞过水注》：“黑水西出山，三源合舍，同归一川，东流南屈，径受阳县故城东。其水又西南入洞过水。”

④即涝水。一名劳水。在今山西临汾市北。《水经·汾水注》：“黑水出黑山，西径杨城南，又西与巢山水会。……乱流西北径高梁城北，西流入于汾水。”

⑤在今山西翼城县北。源出乌岭山，西流入浍水。《水经·浍水注》：“（黑）水导源东北黑水谷，西南流径翼城北，右引北川水，水出平川，南流注之，乱流西南入浍水。”

⑥今内蒙古达尔罕茂明安联合旗东北艾不盖河。《辽史·天祚纪》附耶律大石传："北行三日，过黑水，见白达达详稳床古儿。"元姚燧《河内李氏先德碣》："盖鄃王之考（按：即汪古部首领高唐王阔里吉思），世居静安，黑水之阳。"静安，原名黑水新城，大德九年（1305）升静安路，后改德宁路，即今内蒙古达尔罕茂明安联合旗艾不盖河北岸之鄂伦苏木古城。

⑦即今内蒙古乌审旗南无定河上游北支流纳林河。《晋书·赫连勃勃载记》：东晋义熙中，勃勃于"朔方水北、黑水之南，营造都城，以统万为名"。《魏书·赫连昌传》："车驾次于黑水，去（统万）城三十里。"统万城故址在今陕西靖边县东北无定河北岸白城子。

⑧即今黑龙江省黑龙江。《新唐书·流鬼传》："那河……东北流入黑水。"隋、唐时，黑水靺鞨即因居此河中下游而得名。

⑨有大、小二黑水。出宁夏海原县南，至固原市北入清水河。《宋史·游师雄传》："鄜延将刘琯与主帅议战守策，欲自延安入安定黑水，师雄以地薄贼境，惧有伏，请由他道。既而谍者言夏伏精骑于黑水傍……。"即此。《方舆纪要》卷58固原州：大黑水"在州北五十里，北流经宁夏境入黄河。又州北百二十里有小黑水流入焉"。

⑩即今山东潍坊市西于河。《方舆纪要》卷35昌乐县："黑水在县东南。俗名污河。源亦出方山，西北流经黄山，东有宝泉水合焉，下流入于白狼河。"

⑪在今四川崇州市西北。《寰宇记》卷75永康县："黑水在县西十一里，流入青城县。"《方舆胜览》卷52崇庆府：黑水"溪石皆黑，故名"。

⑫即今四川九寨沟县西北黑河，为白水江北支。十六国时为羌人所居，号黑水羌。《水经·漾水注》：黑水"出羌中，西南径黑水城西，又西南入白水"。《隋书·宇文弼传》："尝奉使邓至国及黑水，龙涸请羌，前居降附三十余部。"《元和志》卷22扶州尚安县："黑水源出素岭山，经县西北三十步。"

⑬在今四川安县（花荄镇）西。《明史·地理志》安县："南有浮山，黑水出焉，南流入罗江县界。"清嘉庆《安县志》卷5：黑水"在县西南二十里。源出浮山下黑石沟，南流过药壶洞，合驴子河而入于臭水河"。

⑭古符黑水。即今四川宜宾市和高县、珙县境之南广河，为长江支流。《寰宇记》卷79僰道县：黑水"从胡监生僚界出，东北流入蜀江。天宝六年改为皂江"。《明史·地理志》宜宾县："又东南有黑水，一名南广溪，北入江。"

⑮即今云南南部之红河。元代亦称礼社江为黑水。《元史·地理志》元江路："在黑水之西南。"

⑯即今陕西汉中市西北褒河。《水经·沔水注》："汉水又东，黑水注之。水出北山，南流入汉。庾仲雍曰：黑水去高桥三十里。诸葛亮《牋》云，朝发南郑，暮宿黑水，四五十里，指谓是水也，道则百里也。"

⑰又名库利川、麻洞川。即今陕西宜川县北云岩河。源出陕西甘泉县东，东南流经宜川县北入黄河。《水经·河水注》：黑水"出定阳县西山，二源奇发，同泻一壑……东南入于河"。

⑱即今陕西富县西南小河子。《清一统志·鄜州》：黑水"在州西南。《通志》：黑水自合水县流入，至旧直罗县东，合华池水"。

⑲即今陕西横山县西北长城外无定河北岸支流淖泥河。《水经·河水注》："奢延水又东，黑水入焉。水出奢延县黑涧，东南历沙陵注奢延水。"东晋末赫连勃勃营建统万城于黑水南，即指此。

⑳在今陕西周至县南。出南山黑谷，北流合于就水。《水经·渭水注》：黑水"上承三泉，就水之右，三泉奇发，言归一渎，北流左注就水。就水又北流注于渭"。《资治通鉴》：南朝梁普通六年（525），"莫折天生军于黑水，兵势甚盛"。即此。

㉑即库尔喀喇乌苏河。今新疆乌苏市及精河县境之奎屯河。《新唐书·地理志》北庭大都护府："叶河守捉又渡黑水，七十里有黑水守捉。"清宣统《新疆图志》卷72：库尔喀喇乌苏河，"喀喇乌苏者黑水之义"。

黑水厅　清光绪三十年（1904）置，为黑龙江将军治。治所在齐齐哈尔城（今黑龙江省齐齐哈尔市），三十四年（1908）改为龙江府。

黑水寺　即今陕西富县西黑水寺。民国时有县佐驻此。

黑水守捉　唐置，在今新疆乌苏市附近。《新唐书·地理志》北庭大都护府："渡黑水，七十里有黑水守捉。"

黑水沟铺　在今四川平武县东南坝子乡北黑水村。清嘉庆《四川通志》卷89平武县：黑水沟铺"在县东八十里"。

黑水苑堡　明置，属固原州。在今宁夏固原市西北黑城镇。《明史·世宗纪》：嘉靖十九年（1540）九月，"吉囊犯固原，周尚文败之于黑水苑"。即此。清以后废。

黑水国遗址　在今甘肃张掖市西北三十五里西城驿沙窝戈壁上。有两座城址，南北相距2公里。北城东西长245米，南北宽220米，墙基厚4.6米，残高3.6米。南墙正中一门宽4米，城角有角墩。南城东西长248米，南北宽222米，墙基宽8米，顶宽2.5米，残高3—6米。东西墙正中有门，宽7米。门外筑瓮城，城角有角墩。城内发掘出房址，墙上存有"仕女图"、"桃园三结义"等题材壁画。两城之间有四处汉至魏晋时期村落遗址，城周围有汉至魏晋墓群。黑水国遗址地理位置重要，年代跨度长，对研究河西走廊地区古代行政建置和中西文化交流、环境变迁都有重要价值。2001年定为全国重点文物保护单位。

黑水河　①又名石顶河。在今河北张北县西北。民国《张北县志》卷1：石顶河“源出花盖淖尔、伊克淖尔等处，由以上各水注入，经过石柱子梁村北及汽车桥大特拉房子西流，入安固里诺尔，长约四十余里。按《三厅志》，此河为石顶河，现在土人均呼为黑水河”。

②即今四川茂县西北之黑水。为岷江支流。源出黑水县西北垭口山东麓，东流茂县西北，于沙坝东注入岷江。《明史·地理志》叠溪军民守御千户所：“西有汶江，南有黑水流合焉，谓之翼水。”

③即今甘肃庆城县西黑河。《方舆纪要》卷57庆阳府安化县：黑水河在“府西百二十里。源出太白山，西南流入环县境，复折而南经府西，又东南流入宁州境，……下流合于泾河”。

黑水城　①北魏邓至羌建，在今四川九寨沟县西北一百十里黑河乡（头道城）。《水经·漾水注》：黑水“出羌中，西南径黑水城西，又西南入白水”。唐于此置黑水堡。

②西夏十二监军司之一——黑水镇燕军司治所，为西北部军事重镇。在今内蒙古额济纳旗驻地达来呼布镇东南五十里黑城遗址。元为亦集乃路治。蒙古语“哈日浩特”，意为黑城。明时渐废。古城遗址尚存。20世纪以来，在此发现大量的西夏文献资料、文物及元代文物。

黑水洋　指今我国黄海东部一带海域。宋元以来今黄海分别称之黄水洋、青水洋、黑水洋。长江口以北至淮河口海面含沙较多，水呈黄色，因名黄水洋；其北海水较浅，水呈青色，因名青水洋；山东半岛东南部洋面海水较深，水呈深蓝色，称黑水洋。《元史·食货志一》：世祖至元三十年（1293），“千户殷明略又开（海运）新道，从刘家港入海，至崇明州三沙放洋，向东行，入黑水大洋，取成山转西至刘家岛，又至登州沙门岛，于莱州大洋入界河”。

黑水都督府　又作黑水府、黑水州都督府。唐开元十三年（725）于黑水靺鞨地置黑水军，次年改置黑水都督府，属幽州都督府。治所在勃利州（今俄罗斯哈巴罗夫斯克，即伯力）；一说在黑龙江下游阿纽伊河口附近。辖境相当今黑龙江省松花江下游及俄罗斯黑龙江下游及库页岛广大地区。后废。

黑水峪　即芒谷。在今陕西周至县东南。《明史·孙传庭传》：崇祯九年（1636），“传庭设方略，亲击迎祥于盩厔之黑水峪，禽之”。即此。

黑水部　隋、唐初靺鞨七部之一。分布在今俄罗斯哈巴罗夫斯克边疆区黑龙江下游。《旧唐书·北狄传》：“黑水靺鞨最处北方，尤称劲健，每恃其勇，恒为邻境之患。”唐开元十四年（726）置黑水都督府于此。

黑水砦　在今陕西汉中市西北。《资治通鉴》：唐光启二年（886），“晋晖及神策军使张造帅四都兵屯黑水，修栈道以通往来”。

黑水堡　①唐置，属尚安县。在今四川九寨沟县西北一百十里黑河乡（头道城）。长安二年（702）尚安县移治于此。《新唐书·代宗纪》：贞元八年（792），“山南西道节度使严震及吐蕃战于黑水堡，败之”。即此。

②北宋庆历时修筑，属延川县。在今陕西子洲县西南。

黑水新城　元建，为汪古部赵王府所在地（赵王城）。在今内蒙古达尔罕茂明安联合旗东北阿伦斯木古城。《元史·成宗纪》：大德九年（1305），“以黑水新城为靖（静）安路”。

黑水镇　①辽置，在今内蒙古巴林右旗北索博日嘎镇东北。北宋沈括《熙宁使虏图抄》“过庆州东北十里径黑水镇”。金废。

②即今吉林洮南市东南黑水镇。民国《东北年鉴》四洮路干线支线各站里数表：双岗站下为黑水站。

黑水镇燕监军司　简称黑水监军司。西夏置，为十二监军司之一。治所在黑水城（今内蒙古额济纳旗驻地达来呼布镇东南五十里黑城遗址）。元改置亦集乃路。

黑牛岭　在今山东章丘市南。《方舆纪要》卷31章丘县：“黑牛岭在县（指章丘县旧治绣惠镇）南百余里。高峻深远，多产巨木。”

黑斤部　即赫斤部或赫金部，又称赫哲部。清初分布于我国东北松花江下游及黑龙江中下游地区。清吴振臣《宁古塔纪略》：“时逻车国人造反，到乌龙江黑斤诸处抢貂皮，锋甚锐。”

黑风峒　在今湖南桂东县西南，湘赣边界附近。南宋嘉定元年（1208）、二年（1209）以罗世传、李元砺为首的瑶、汉饥民先后在此起义。

黑玉河　亦作乌玉河。即今新疆和田、皮山境之喀拉喀什河。《明史·于阗国》：于阗国“其国东有白玉河，西有绿玉河，又西有黑玉河，源皆出昆仑山。土人夜视月光盛处，入水采之，必得美玉”。

黑石　即黑石渡。又名黑水关。在今河南巩义市西南洛水津渡处。《资治通鉴》：隋义宁元年（617），“王世充夜渡洛水，营于黑石……（李）密自洛南策马直趣黑石”，败世充。即此。

黑石头　即今贵州威宁彝族回族苗族自治县西南黑石头镇。清于此置汛。爱必达《黔南识略》卷26威宁州称此为“州境最险要处”。

黑石头堡　即今青海门源回族自治县西北青石咀镇。《清一统志·西宁府二》：黑石头堡“在大通县西一百三十里。有把总防守”。

黑石关　①在今河南巩义市西南。1944年10月，八路军奇袭黑石关铁路大桥日军据点，歼灭侵华日军一个小队及伪军一百多人，生俘十多人，击毁日军汽船十三只，解救修桥民工二千多人。

②明置，属都匀府。在今贵州独山县南上司镇

南。《方舆纪要》卷121独山州丰宁长官司：黑石关“在司南。为戍守要地”。

③在今贵州长顺县南代化镇北。《方舆纪要》卷121金筑安抚司：黑石关在“（大华长官）司北六里”。

④在今甘肃临潭县东新城镇东四十里。《明一统志》卷37洮州卫：黑石关“在卫城东四十里”。

黑石岭堡 明宣德三年（1428）筑，在今河北蔚县东南五十五里黑石岭村。清设把总驻此。

黑石渡 ①一名黑石。在今河南巩义市西南洛水津渡处。《元史·文宗纪》：致和元年（1328）十月，“陕西兵至巩县黑石渡，遂据虎牢”。明于此置巡司。

②即今安徽霍山县西南淠河西岸黑石渡村。《清一统志·六安州》“项家桥镇”条下：“又黑石渡镇在县西二十里。”同治三年（1864）太平军陈德才部与清僧格林沁部决战于此。

黑石滩 在今重庆市奉节县东三十里长江中。南宋范成大《吴船录》卷下：瞿塘峡中“黑石滩，最号险恶”。

黑石寨 在今湖北麻城市西北。《方舆纪要》卷76麻城县：黑石寨在“县西北八十里。亦抵光山县界。其相近者有康寨，下有包家庄”。

黑石镇 ①清置，属磐石县。即今吉林磐石县东南辉发河北岸黑石镇。《清史稿·地理志》磐石县：辉发江“径黑石镇，左合朱其、呼兰，右大小色力河”。官商路“东南黑石镇西达海龙”。

②在今广东雷州市东南九十里。旧属海康县，明洪武二十七年（1394）置巡司于此。崇祯三年（1630）裁。

黑龙山 ①在今河北丰宁满族自治县西北。清乾隆《口北三厅志》卷2：黑龙山“独石口东北一百里”。

②亦名龙山。在今广东汕尾市西北。《隋书·地理志》：海丰县“有黑龙山”。《清一统志·惠州府》：黑龙山“在海丰县西南八十里。……《旧志》：一名大金笼山，蜿蜒高广，镇长沙海口”。

黑龙关 清置，在今山西蒲县东南四十一里黑龙关镇。《清一统志·隰州》：黑龙关“在蒲县东六十里，接汾州府临汾县界。南北依山，中建土城，辟东西二门，地势险隘，明设把总，本朝因之”。

黑龙江 ①指今吉林、黑龙江两省境之松花江。《金史·世纪》：“生女直地有混同江、长白山，混同江亦号黑龙江，所谓‘白山、黑水’是也。”

②即今黑龙江省及俄罗斯阿穆尔州、哈巴罗夫斯克边疆区境之黑龙江。《辽史·道宗本纪》：“夏四月乙酉，泛舟黑龙江。”即此。《明一统志》卷89女直：黑龙江“在开原城北二千五百里。源出白山，黑水靺鞨旧居此。南流入松花江”。清乾隆《钦定盛京通志》卷28：黑龙江在“（黑龙江）城东。古名黑水，亦曰完水，又名室建河，亦名斡难河。源出喀尔喀北界垦特山，土人谓之鄂伦河，会诸小水东北流，经尼布楚城南入内地，又东有库楞湖流出之额尔古讷河，自西南来会流。至雅克萨城南，折而东南流。至黑龙江城北九十里有精奇哩江之水，自北流入，绕黑龙江城东南流，又南受北来之纽勒们河，又东流与混同江会，自此合流，又东乌苏哩江自南流入，又折东北，受格林、洪衮诸河入海。凡会四江数大河水，其余小水无数”。黑龙江历为中国内河，唐设黑水都督府、室韦都督府，辽设五国部节度使，金设水达达路，元设征东元帅府，明设奴儿干都司等行政机构进行管辖。后金崇德八年（1643）沙俄殖民主义者波雅尔科夫始侵入黑龙江探险。清顺治七年（1650）哈巴罗夫武装入侵黑龙江后，中国军民多次进行反侵略战争，康熙二十四年（1685）的雅克萨之战给侵略者极沉重打击。二十八年中俄双方全权代表签订《尼布楚条约》，正式划分中俄边界，条约规定：“凡岭（外兴安岭）南一带土地及流入黑龙江大小诸川，应归中国管辖。”咸丰四年（1854）穆拉维约夫对黑龙江地区大举入侵，八年（1858）强迫清政府签订不平等的《瑷珲条约》，将黑龙江以北，外兴安岭以南地区，割给俄国。十年（1860）又签订不平等的中俄《北京条约》，将乌苏里江以东及库页岛割给俄国。这样今黑龙江省境之黑龙江，遂成为中俄之界河。

③即今陕西勉县东褒水。《清一统志·汉中府一》：褒水“《县志》：褒水在县东门外，一名黑龙江，自东北南流出褒谷，至县南二十里入汉江，曰两河口。历代为堰，溉田二千三百二十顷”。

黑龙江城 亦称瑷珲城。清康熙二十三年（1684）建，即今黑龙江省黑河市南爱辉镇。民国《瑷珲县志》卷8：黑龙江将军“因居江左，来往公文一切诸多不便，始移将军衙门于江右新瑷珲地方，创建衙署，并修木杖城垣，设有四门”。二十九年（1690）黑龙江将军移驻墨尔根（今黑龙江省嫩江县）。后以黑龙江副都统驻此。光绪三十四年（1908）置瑷珲直隶厅。1858年不平等的中俄《瑷珲条约》即签订于此。

黑龙江省 清康熙二十二年（1683）设黑龙江将军，以驻黑龙江城（黑龙江东岸旧瑷珲，在今俄罗斯境）而得名。管辖松花江口以上的黑龙江流域。康熙二十三年（1684）移驻黑龙江西岸，另筑瑷珲新城（今黑龙江省黑河市南爱辉镇）。二十九年（1690）黑龙江将军移驻墨尔根（今黑龙江省嫩江县），三十八年又迁驻齐齐哈尔（今黑龙江省齐齐哈尔市）。光绪三十三年（1907）改设黑龙江省，辖境相当今松花江以北及内蒙古呼伦贝尔地区。1954年迁驻哈尔滨市。

黑龙江将军 又称瑷珲将军。清康熙二十二年（1683）析宁古塔将军地置，治所在旧瑷珲城（今俄罗斯布拉戈维申斯克东南黑龙江东岸），次年移治新瑷珲城（今黑龙江省黑河市南爱辉镇）。二十九年（1690）移治墨尔根城（今黑龙江省嫩江县），三十八年（1699）移治齐齐哈尔城（今黑龙江齐齐哈尔市）。辖境包括今黑龙江省龙江、齐齐哈尔、呼兰、巴彦以北及内蒙古的呼伦贝尔盟，北至外兴安岭（今俄罗斯斯塔诺夫山）以南。咸丰八年（1858）沙皇俄国通过不平等的中俄《瑷珲条约》割占黑龙江以北地区。黑龙江将军辖境大大缩小。光绪三十三年（1907）改置黑龙江省。

黑龙江站 亦作萨哈连乌拉站。清置，在今黑龙江省黑河市南坤河北岸。《清一统志·黑龙江》“布克依站”条下：额叶尔站“又七十八里至黑龙江站，又二十二里至黑龙江城”。后废。

黑龙江副都统 亦称瑷珲副都统。清康熙二十二年（1683）置，属黑龙江将军。治所在瑷珲城（今俄罗斯布拉戈维斯申克东南黑龙江东岸）。次年迁新瑷珲城（今黑龙江省黑河市南爱辉镇）。辖境相当今黑龙江省黑河、呼玛、漠河、逊克、嘉荫、萝北等市县，北至外兴安岭（今俄罗斯斯塔诺夫山）以南。后辖境缩小。光绪三十四年（1908）裁。

黑龙河 在今山西灵丘县西。《方舆纪要》卷44灵丘县：黑龙河“《志》云，出县西四十里黑龙谷，南流合于滱水”。

黑龙宫 即今黑龙江省尚志市西北黑龙宫镇。清属吉林长寿县。《清史稿·地理志》长寿县：官商路“西黑龙宫达宾州”。

黑龙峪 在今陕西商洛市西九十里。《清一统志·商州》：黑龙峪“出蓝田小路”。

黑龙集 ①即今河南镇平县西南四十二里黑龙集村。清尹耕云《豫军纪略》卷11：同治三年（1864）十一月，捻军趋“镇平之黑龙集”。

②即今湖北襄阳市襄州区（张湾镇）西北黑龙镇。清设千总驻防。

黑龙寨 在今山东蒙阴县东北五十五里。《方舆纪要》卷35蒙阴县：黑龙寨“在县东。其旁有杨家寨”。皆昔时凭险拒守处。

黑龙潭 ①在今北京市海淀区温泉镇杨家充南侧寿安山北麓。明《帝京景物略》卷5：黑龙潭，“土人传黑龙潜中”，故名。为明、清皇家祀雨之地。明成化八年（1472）于此建龙王庙，清乾隆三年（1738）封龙神为昭灵沛泽龙王之神。庙内碑石林立。

②在今河南卫辉市西。《宋史·岳飞传》：南宋建炎二年（1128），“战胙城，又战黑龙潭，皆大捷”，大败金人。《方舆纪要》卷49汲县：黑龙潭“在府城西。旧时黄河决堤，潴而为潭处也。上有黑龙神庙”。

③在今云南昆明市北二十八里龙泉山麓。相传汉代建有黑水祠，明洪武间改建为龙泉观。今辟为龙泉公园。黑龙潭潭水深黑，产鱼甚多。

④在今云南楚雄市东南云龙镇东。《方舆纪要》卷116南安州：黑龙潭“在州（治今云龙镇）东七里。水深莫测”。

黑龙潭古建筑群 在今云南丽江市丽江古城北隅，象山西麓。有象山石灰岩溶地下水和玉龙雪山麓洪积扇地下水形成的涌泉，纳西语“古六吉”，意为“九龙水”，又称玉泉，汇集成潭。清乾隆二年（1737）于潭畔建龙神祠，乾隆帝曾题“玉泉龙神”匾额。20万平方米的水潭因名黑龙潭。潭畔建有三重檐的得月楼及五孔石拱桥锁翠桥。北岸有从福国寺迁来的明代建筑五凤楼，潭南山坡上有从福国寺迁来的明代建筑解脱林门楼，从木土司府迁来的明代建筑光碧楼、玉皇阁等古建筑。得月楼是黑龙潭的中心建筑，其前身名冷暖亭，高三层，造型舒展，色彩绚丽，始建于清代。1958年毁于火，1963年重建，有郭沫若题词。著名的五凤楼又名法云阁，1979年迁此，始建于明万历二十九年（1601），楼高20米，为三叠八角飞檐木结构楼阁，共有二十个啄天飞檐，每个檐角都像五只展翅欲飞的凤凰，故名。楼基为“亞”字形，三叠斗拱形式不同，楼尖鎏金宝顶，楼建于4.2米高的台基上。楼的造型奇特，结构精巧，雕饰精致，楼内彩绘太极图、龙凤呈祥图案，是纳西、白、藏、汉各族工匠共同创造的，现辟为民族博物馆。2006年定为全国重点文物保护单位。

黑龙潭镇 亦名青龙潭、青龙镇寨。即今河南漯河市郾城区东北二十四里黑龙潭乡。民国《郾城县记》图：东北有黑龙潭镇。

黑田铺 在今湖南邵东县东北二十里黑田铺乡。旧属邵阳县。清置黑田巡司。1952年划归邵东县。

黑生窠堡 即黑庄窝堡。在今辽宁兴城市西南大黑庄科。《方舆纪要》卷37宁远卫：黑生窠堡在“卫西六十里。其南即石峡口，可屯兵。又西与广宁前屯之锦川堡接界”。

黑失哈 即今新疆乌恰县。顾炎武《天下郡国利病书》卷117《西域土地人物略》：“失哈力城，其南有来儿河、都剌城。其西有河，有昆运也。民运南为力灰，为黑沙纳思，为哈北。民运北为黑失哈城。”

黑头山 即今北京市怀柔区西北、与延庆县交界处之黑坨山。《方舆纪要》卷17永宁县“火焰山”条下载：“黑头山在县东。《志》云，在四海治堡东三十里。嘉靖中督臣翁万达言，黑头山至密云城百五六十里，若为直垣相属，则密云西南至居庸数百里之边，皆腹里地矣。”

黑汉岭堡 明置，属永宁县。在今北京市延庆县东六十八里四海镇西北黑汉岭村。《方舆纪要》卷17永宁县：黑汉岭堡，“（明）嘉靖三十年创筑，周二里有奇。其北有仓、房二口，兵冲也。南距天寿山，后有莺窝梁，山险林密，突犯不易”。

黑竹关 即今四川名山县东北黑竹镇。《清一统志·雅州府二》：黑竹关“在名山县东六十里，与邛州接界”。

黑庄窝堡 明置，属广宁中右所。即今辽宁兴城市西南五十里大黑庄科。明《辽东志》卷3：黑庄窝堡“官军二百五十一员名。堡南石夹河口可屯兵，堡东夹山儿可按伏”。

黑衣大食 即阿拉伯帝国阿拔斯王朝。以其旗色尚黑，故名。都城在今伊拉克巴格达南库法。《新唐书·西域传》：白衣大食“传十四世，至末换，杀兄伊疾自王，下怨其忍。有呼罗栅木鹿人并波悉林将讨之，徇众曰：‘助我者，皆黑衣。’俄而众数万，即杀末换，求奚深种孙阿蒲罗拔为王，更号黑衣大食”。

黑江　亦名黑水。即今四川德阳市西北秀水河。《方舆纪要》卷67罗江县：黑江“在县西北。自安县界南流入境，下流会于汉州之绵水”。

黑池镇　清置，属郃阳县。即今陕西合阳县东南黑池镇。

黑阳山　在今河南原阳县西。《方舆纪要》卷47原武县：黑阳山“在县（按旧原武县，治今原阳县西南原武镇）北二十里。连阳武县界。黄河经其下。洪武二十四年，河决于此。又正统十三年，河决荥泽县东及黑阳山，由蒲经澶四百余里合黄河故道，北入会通河”。

黑芦堤（隄）　宋代称战国燕长城一段遗址名。在今河北徐水县东北。《续资治通鉴长编》：太平兴国四年（979），契丹入侵，刘延翰率众抗御，“崔彦进潜师出黑芦堤北，缘长城口，衔枚蹑敌后”。即此。

黑谷山　①在今甘肃天水市西。《方舆胜览》卷69天水军：黑谷山“大山乔林，连跨数县。有黑谷关。绍兴初，郡守陈俊置，以防秦巩来路，最为冲要”。

②在今甘肃西和县南百里，接成县界。《方舆纪要》卷59西和县：“《志》云：黑谷大山乔木，雄跨数郡，上有黑谷关。”

黑谷关　南宋绍兴中置，在今甘肃西和县南百里。《宋史·吴曦传》：南宋开禧二年（1206），吴曦叛，“金人犯西和，王喜、鲁翼拒之。战方急，曦传令退保黑谷，军遂溃”。即此。

黑角郎寨土司　亦作下羊峒黑角郎寨。清雍正二年（1724）置，属松潘镇南坪营。在今四川九寨沟县西隆康乡南黑果。后废。

黑岛　即今辽宁庄河市东北黑岛镇。清咸丰《岫岩志略》卷4：瀛纳河在“（岫岩）城南一百五十里。源出冰峪，东南流至黑岛东入海”。即此。

黑沙城　唐后突厥可汗南庭。当在今内蒙古武川县境。《新唐书·突厥传》：“骨咄禄，颉利族人也。……伏念败，乃啸亡散，保总材山，又治黑沙城，……乃自立为可汗。”《旧唐书·突厥传》作“黑沙南庭”。突厥文《暾欲谷碑》作Qaraqum。

黑沙碛　在今内蒙古托克托县北。《资治通鉴》：唐元和八年（813），振武军节度使“（李）敬贤遣牙将杨遵宪将五百骑趋东受降城以备回鹘，所给资装多虚估；至鸣沙，遵宪屋处而士卒暴露；众发怒，夜，聚薪环其屋而焚之，卷甲而还”。《方舆纪要》卷44大同府：黑沙碛“在振武故城北，亦谓之鸣沙”。

黑初山　在云南双柏县西南碍嘉镇西。《明一统志》卷86楚雄府：黑初山“在碍嘉县治西。高千余仞，五峰耸列，连亘百里。下有一石，状若冬瓜，其色如铁，土人呼为黑初。今移石置县治之前”。《方舆纪要》卷116碍嘉县：黑初山，“《志》云：蒙古灭段氏而赦段兴智，兴智于黑初山设寨自守，时有星殒化为黑石以为祥，因名碍嘉寨”。

黑孜吉牙克卡伦　清光绪五年（1879）平定阿古柏之后置，为帕米尔八卡之一。在帕米尔北部朗库里湖西北。宣统《新疆图志》卷8：光绪十七年（1891），“俄塔什干督巡边前队径越中属黑孜吉牙克等卡，实属违约，妄行擅给布回谕帖。……俄夺占帕米尔，修筑堡垒于黑孜吉牙克、阿克素睦尔瓦、苏满三处，并建营于包子滚拜子，以扼要冲”。今属塔吉克斯坦。

黑顶子　又名夏渣山、乌尔浑山。在今吉林珲春市东南八十里敬信镇境。清同治十二年（1873）前后为沙皇俄国侵占，改名萨继诺夫卡。光绪九年（1883）吴大澂奉命勘界，将收复黑顶子地方列为勘界议程。十二年（1886）《珲春东界约》终于收复黑顶子地方。

黑林子　①即今吉林榆树市东南黑林镇。《吉林乡土志》：“黑林子，为清代中叶所创。因该地当时森林丛茂，黑林一片，故名。”

②即今吉林公主岭市北黑林子镇。清光绪《奉天全省地舆图说图志》怀德县：黑林子“在城（今怀德镇）南五十里”。

黑林行宫　元置，在今蒙古国乌兰巴托市东南纳赖哈（昭莫多）。本克烈部首领汪罕营帐地，成吉思汗灭克烈，于此置斡耳朵。

黑林岭　在今吉林白山市东北、靖宇县西南。为浑江发源地。《清一统志·吉林一》：黑林岭“在吉林城南八百七里。亦名分水岭。即长白山南麓一干，延亘曲折西北指者也。岭有三泉，从谷中涌出，即为佟家江之源”。

黑林堡　明置，属广宁右屯卫。在今辽宁凌海市东南。《方舆纪要》卷37广宁右屯卫：黑林堡在“卫西北五里。又卫东南有河通堡”。

黑松关　在今湖南张家界市东南。《清一统志·澧州》：黑松关“在永定县（今张家界市）东南。近茅冈司，通永顺保靖要道”。

黑松林山　在今甘肃古浪县东。《清一统志·凉州府一》：黑松林山“在古浪县东四十五里。上多松”。

黑松林关　明置，属松潘卫。在今四川松潘县东北。《明史·地理志》：松潘卫东有黑松林关。《方舆纪要》卷73松潘卫：黑松林关“在司东七十里。地多黑松，因名。一名松林堡”。

黑松林峡　在今青海大通回族土族自治县西北。《清一统志·西宁府一》：黑松林峡“在大通县（今城关）南，去西宁县北百里。两峡悬距，中多孔道。明嘉靖二十五年修葺城堑，延属五十余里”。

黑松岭　在今甘肃临潭县东。《明一统志》卷37洮州卫："黑松岭在卫城东三十里，上多松树。"

黑松堡　亦曰黑松驿。明置，即今甘肃古浪县南三十里黑松驿乡。清设把总。

黑虎庙　在今湖北丹江口市西南。《方舆纪要》卷79均州"小江口关"条下："在州西八十里者曰黑虎庙，险僻多盗，有巡司戍守。"

黑虎泉　在今山东济南市城东南城濠崖下。泉从石雕的三个虎口喷出，故名。元于钦《齐乘》卷2"大明湖"条载历下名泉，有"黑虎，李承务巷"。清光绪《山东通志》卷28："《旧志》云，水出汇为一池，潺溪有声，流入城河，上有黑虎庙。"

黑岩洞　在今湖南溆浦县东十里。明《寰宇通志》卷57辰州府：黑岩洞"其中黑暗如漆"。《方舆纪要》卷81溆浦县：黑岩洞"中深黑，有水下流，溉田甚广"。

黑岭　①即庆云山。在今内蒙古巴林右旗北境索博日嘎镇西北。《辽史·圣宗纪》：太平九年（1029）秋七月，"如黑岭"。圣宗耶律隆绪死后葬此。《方舆纪要》卷18大宁卫：庆云山"在庆州东北。本名黑岭"。

②即今吉林临江市东南老黑山。《清一统志·吉林一》：黑岭"在（吉林）城南九百七十里"。

③指今阿富汗东部兴都库什山以南一带之山地。唐玄奘《大唐西域记》卷1："迦毕试国周四千余里，北背雪山，三陲黑岭。"

黑河　①在今河北赤城县东。有里遂、外遂二河。清光绪《畿辅通志》卷65："里遂黑河在上都牧厂东南界，土人呼额伯里遂黑河。在独石口东南五十里。源出兴安山东南，流至龙潭会白河。外遂黑河在牧厂东南界，独石口东南四十五里，土人名阿禄遂黑河。源出兴安山北，流经济伦巴尔哈逊城，今涸。"

②又作金河。即今内蒙古呼和浩特市南之大黑河。金末元初麻革《上云内帅贾公》诗有"夹山群战骑，黑水泳轻舟"句，指云内州（今内蒙古托克托县古城乡东北白塔古城）境之黑水，即《元史·地理志·河源附录》所载黑河。《明一统志》卷21大同府：黑河"源出官山，西流入云内州界，至东胜州入黄河"。

③即今内蒙古巴林右旗南察（查）罕木伦河。《辽史·地理志》庆州："本太保山、黑河之地。"《万历武功录·土蛮列传》："土蛮灰正在拴剌母林，或言在黄河（潢河）、黑河，或言在辽河上稍。"拴剌母林（黄河）即今西拉木伦河，此处黑河即指辽、金、元庆州之黑河。《清一统志·巴林》：黑河"在（右）旗北一百十里。蒙古名喀喇木伦"。

④古灌水。在今河南郸城县北。《清一统志·归德府一》：灌水"《县志》：灌河发源于扶沟县莨荡渠，今谓之黑河。上游淤塞，但承陈州（今河南淮阳县）西北明马集诸陂水，东流由唐家桥店南入刺河"。

⑤即赤城川和盘口河的总称。源出今甘肃华亭县西南陇山，东流经崇信、灵台、泾川三县，至陕西长武县入泾水。《清史稿·地理志》泾州崇信县："盘口河即黑河。"

⑥即张掖河。在今甘肃张掖市北。《清一统志·甘州府》：弱水"自与张掖河合，其下通名为张掖河，今俗谓之黑河"。

黑河川　在今河北赤城县东北五十里喜峰嵯村，黑河东岸。清于此设千总。

黑河屯　亦名大黑河屯。即今黑龙江省黑河市。因濒黑龙江得名。清屠寄《黑龙江舆图说·总说》：黑龙江"折而东北流五十里，径黑河屯北，海兰泡（今俄罗斯布拉戈维申斯克）南，又东精奇里江汇合"。光绪三十四年（1908）于此置黑河府。

黑河市　1980年由黑龙江省爱辉县析置黑河市。1983年将爱辉县并入黑河市。1993年撤销黑河地区，改设地级黑河市；原县级黑河市改置爱辉区。

黑河州　辽穆宗时置，属上京道。治所在今内蒙古巴林右旗北境索博日嘎镇白塔子古城。《辽史·地理志》庆州："本太保山黑河之地，岩谷险峻。穆宗建城，号黑河州，每岁来幸，射虎障鹰，军国之事多委大臣，后遇弑于此。"统和八年（990）废。后改置庆州。

黑河府　清光绪三十四年（1908）置，属黑龙江省。治所在黑河屯（今黑龙江省黑河市）。辖境相当今黑龙江省黑河市部分地区。1912年废，并入瑷珲厅。

黑河宗　即喀喇乌苏宗。治所在今西藏那曲县。

黑河省　1934年伪满置，治所在瑷珲县（今黑龙江省黑河市）。辖境相当今黑龙江省黑河、呼玛、塔河、漠河、孙吴、逊克等市县地。1945年日军投降后废。

黑河铺　亦作黑河州。辽置，属临潢府。在今内蒙古巴林右旗东南，查干木伦河北岸都希苏木西北友好村古城。金承安二年（1197）升为卢川县。

黑河道　1914年由原黑河道的瑷珲、呼玛两县、漠河设治局及前兴东道的萝北县置，属黑龙江省。治瑷珲县（今黑龙江黑河市南爱辉镇）。辖境约当今黑龙江省小兴安岭、梧桐河以东，松花江北岸及伊勒呼里山以北大兴安岭地区。1929年废。

黑沿子　即今河北唐山市丰南区南七十里黑沿子镇。濒于渤海。清时有千总驻此。

黑城　①在今内蒙古武川县南。《魏书·太祖纪》：登国六年（391），"卫辰遣子直力鞮出稒阳塞，侵及黑城"。即此。

②在今内蒙古额济纳旗（达来呼布镇）东南五十里纳林河东岸。为西夏黑水城和元代亦集乃路治所。

③在今陕西延安市东南。相传为十六国夏王赫连勃勃所筑。《寰宇记》卷36延州临真县：黑城"在县东二十五里，库利东流川交口。赫连勃勃置，大象二年于此置郡，其城缘山坡崎岖不正，遂名

黑城”。

黑城川　即今河北张家口市东南宣化东十五里泥河。流入今洋河。《水经·㶟水注》：黑城川水“有三源，出黑土城西北，奇源合注，总为一川，东南径黑土城西，又东南径大宁县西，而南入延河”。

黑城子　即今宁夏海原县治黑城镇。《方舆纪要》卷58固原州：“黑城子在州西北。或谓之红城子。官军由此讨满四。弘治十四年贼尝犯此，官军败绩。”2008年海原县治由海城镇迁此。

黑城县　北魏置，属广牧郡。治所在今内蒙古鄂尔多斯市东北境。后废。

黑城遗址　在今内蒙古额济纳旗（达来库布镇）东南五十里的荒漠上（蒙语称为“哈日浩特”）。由早、晚两座城址组成，以元代遗存为主体。小城始建于西夏，称黑水城，为黑水镇燕监军司驻地。黑水城平面呈方形，边长约238米，位于亦集乃路城内东北隅，发现民居和店铺遗址。元代扩建为亦集乃路城，设总管府，面积超过15.7万平方米。亦集乃路城平面呈长方形，四周城垣保存较好，平均高10米以上。东、西设城门，有正方形瓮城，城垣外侧设马面十九个，城内亦筑有七条两面坡式马道。城内有东西向主要大街四条，南北向大街六条。总管府在西门内的北侧。城内外还发现多处寺庙遗址和佛塔群。黑城遗址出土有西夏瓷器、彩塑、西夏文佛经以及大量的元代文书、纸币等。它是我国北方草原丝绸之路上的重镇，所出文书等实物订正了《元史·地理志》中关于这座城址建置沿革的讹误，并为了解西夏和元代晚期的城市布局特点和社会生活提供了依据。2001年定为全国重点文物，归入居延遗址保护单位。

黑城堡　①明置，属甘州左卫。即今甘肃山丹县南霍城镇。《清一统志·甘州府》：黑城堡，“明嘉靖中置，城周五里，在大草滩中。本朝初，设游击驻防，后改都司，乾隆四十六年改守备。寻以守备移驻红城堡，设把总一员驻防”。

②在今甘肃永登县东南。《清一统志·凉州府二》：南大通堡“在平番县南三十里，其北十里有黑城堡”。

黑茶山　在今山西兴县东南。1946年4月8日“四八烈士”（王若飞、秦邦宪、邓发、叶挺等）飞机失事殉难于此。

黑柏城　在今云南澄江县北阳宗镇东。《清一统志·澂江府》：黑柏城“在河阳县（今河阳镇）东。一名输纳龙城，蛮所筑也”。

黑峡川　在今青海同仁县南。《新唐书·地理志》廓州：“南二百里黑峡川有曜武军，皆天宝十三载置。”即此。

黑峒河　指今湖北咸丰县西南朝阳寺镇北之阿蓬江（唐崖河）。《清一统志·施南府》：黑峒河“在恩施县西南。有二源：一出咸丰县西南，流过地坝砦，径普洛溪，西南入四川酉阳州黔江县，亦谓之黔水。一亦出咸丰县西南，流至度龙潭土司东，绕其南，流至废唐崖土司界，与径普洛溪者合流，亦称唐崖河”。阿蓬江西南流入四川，于酉阳土家族苗族自治县龚滩镇注入乌江。

黑泉　在今云南昌宁县南部。《清一统志·永昌府》：黑泉“在湾甸土州。泉色如黝漆，涨时飞鸟过之即坠，人犯之立毙”。

黑泉堡　明置，属高台所。即今甘肃高台县西北五十里黑泉乡。南有泉色深绿，故以为名。明置驿于此。《方舆纪要》卷63高台所：黑泉堡在“所西五十里”。

黑洞水　在今广西靖西县东南。《明一统志》卷85镇安府：黑洞水“在府城南二百余里。洞中水长流”。

黑济格城　在今辽宁新宾县西北古楼一带。明万历二十一年（1593），以扈伦叶赫部为首的九部联军攻此城。《清太祖皇帝实录》作黑机革城，《圣武纪》作赫济格城。

黑洋山　又作黑阳山。在今河南原阳县西北。系一小丘，明属原武县。明前期黄河多次于此决口。《明史·河渠志一》黄河：洪武二十四年（1391），“河水暴溢，决原武黑洋山”。今已淤于平地。

黑洋河　一名黑阳河。即海道。在今河北昌黎县南。自今河北天津市东海岸北经昌黎县至山海关。《明史·地理志》昌黎县：“黑阳河，自天津达县之海道也。”《方舆纪要》卷17昌黎县“溟海”条下：“《志》云，县南有黑洋河，即海道也。明嘉靖中议，由海道运天津仓米，从黑洋河一带抵昌黎登岸，达山海关，以给辽饷。盖自天津循海岸而东皆曰黑洋河也。”

黑盐井　①在今四川盐源县西。清设盐课司于此。

②即今黑井镇。在云南禄丰县西北八十四里。《方舆纪要》卷116定远县：黑盐井在“县东七十里。有釜盐，有提举司，其产盐之井曰复隆井，旧名岩泉。又有大井、东井，凡三井”。

黑盐池　又作盐池。在今陕西定边县西北。《魏书·太祖纪》：登国七年（392），灭卫辰，“幸木根山，遂次黑盐池”。《资治通鉴》：东晋太元十六年（391），拓拔珪“军于盐池，诛卫辰宗党五千余人”。

黑栗寨　在今湖南沅陵县东北一百九十里。《方舆纪要》卷81沅陵县“会溪镇砦”条下：“又有黑栗寨，皆苗蛮出没处，向设官兵戍守。”

黑峪口　①在今北京市延庆县东北三十八里香营乡西北。《方舆纪要》卷17永宁县：黑峪口“在县北，寇冲也。口西为白草窊等处，属夸驻牧于此”。

②即今山西兴县西四十里高家村镇西北黑峪口。《方舆纪要》卷40兴县：黑峪口在“县西五十里，即黄河官渡，路通陕西神木、榆林等处。嘉靖四十三年套寇由此踏冰突犯。隆庆元年套寇复由此南犯

石州，旁略县界。盖县之要防也”。

黑峪山　在今河北赤城县东南。《方舆纪要》卷18龙门所：黑峪山在“所南十里。峪中有仙鹤洞，洞最深。又有燕窝石，窝内可容数十人”。

黑峪关　亦作黑谷关。在今北京市密云县东北一百二十八里新城子镇之黑关，与河北承德、兴隆二县交界处。《方舆纪要》卷11密云县：黑谷关“在曹家寨东北，有水关”。清设把总戍守。

黑峪街　即今河南栾川县东五十三里合峪镇。清尹耕云《豫军纪略》卷3：咸丰七年（1857）九月，“其大股数百，由嵩县孙家店抢掠，窜至嵩、卢交界之黑峪、栾川”。

黑狼口　即今天津市宝坻区东南三十五里黑狼口村。清为县中巨镇。乾隆《宝坻县志》卷6：县南“黑狼口者亦巨镇也”。

黑流澬市塘　即今湖北天门市西南四十六里黑流渡。清光绪《湖北全省分图》：天门县西南有黑流渡市塘。

黑冢泊　在今山东寿光市东北五十里。古名乌常泛，又名乌常泽。元于钦《齐乘》卷2：巨洋水“又东北由黑冢泊入海”。《清一统志·青州府一》：黑冢泊“地名黑冢社……今涸”。

黑堌堆遗址　在今河南永城市西五十六里王楼村西北隅。高出地面1.5米，面积1800平方米。1977年中国社会科学院考古研究所发掘。表土中有商代陶片和卜骨，下即为龙山晚期文化层，厚2.5米以上。清理出房基九座。出土大批石刀、石锛、石斧、石凿、石箭头、蚌镰、蚌铲、骨针，以及绳纹、蓝纹、方格纹和蛋壳黑陶片等。对研究豫东龙山文化分布及探讨夏文化具有重要价值。

黑逵垒　又名刘黑逵垒。在今河北永年县（临洺关）东南。《元和志》卷15永年县：刘黑逵垒“在县（今永年县东南城关镇）西南十里，洺水南。贞观四年于垒东置昭福寺，碑岑文本撰”。《方舆纪要》卷15广平府：黑逵垒，“唐初刘黑逵据洺州筑垒，以拒唐师处”。

黑勒里站　明初改元可列儿站置，在今俄罗斯哈巴罗夫斯克边疆区黑龙江下游特林南赫勒里河口。明《辽东志》卷9：海西东水陆城站有狗站“黑勒里站”。后废。

黑勒库卡伦　又作珂埒库、克特库。清乾隆十九年（1754）所设大青山前十一卡伦之一。在今内蒙古武川县西南。光绪《归绥识略》：珂勒库卡伦“在归化城西北八十里”。

黑勒库河　在今内蒙古土默特左旗东。《清一统志·归化城六厅》：黑勒库河“在归化城西七十里。源出黑勒库谷，西南流入黑河”。

黑崖子河　即阳乐水。在今河北卢龙县北。源出县东北山谷中，西流入青龙河。《水经·濡水注》：阳乐水“出东北阳乐县溪。其水又西南，入于沮水，谓之阳口”。《清一统志·永平府一》：黑崖子河“疑即古阳乐水”。

黑崖关　明洪武十六年（1383）置，属黎州安抚司。在今四川汉源县北建黎乡牛市坡。《方舆纪要》卷73黎州守御千户所：黑崖关，“《志》云：司西一路为黑崖关所辖，有黎州上七枝等蛮”。

黑崖岭　在今重庆市綦江县西南。《舆地纪胜》卷180南平军：黑崖山“在军北七十里。石崖峭拔，夷贼李光世败入此山，官兵劲弩逐之，遂平”。

黑崇关　一作黑松关。永定三关之一。在今湖南张家界市东南。《明史·地理志》慈利县：“西北有龙伏关，东南有后平关、黑崇关，谓之永定三关。”

黑章铺　即今贵州赫章县。明初置递运所于此。清代称为赫章。

黑惠江　即样备江。今云南巍山彝族回族自治县西南与凤庆县交界之漾濞江。《方舆纪要》卷118顺宁府：黑惠江“即样备江也。亦曰漾濞江，又名黑惠江。在府东北百十里。自蒙化府流入境，东南混流百里，至泮山下，合于澜沧江”。

黑惠河　即今四川西部雅砻江。《明史·地理志》打冲河中前千户所：“西有打冲河，蛮名黑惠江，一名纳夷江，源出吐蕃，下流入金沙江。”

黑黑子将杆（桿）　在今新疆叶城县东南叶尔羌河东岸黑恰道班。清宣统《新疆图志》卷9：“可卡提达坂山口……又十里至黑黑子将杆，柴足草缺。”

黑堡城　又名稍直口。北宋咸平中筑。在今天津市西稍直口。

黑漠　指今内蒙古兴和县以北地区。《魏书·蠕蠕传》：始光二年（425），五道攻柔然，“平阳王长孙翰等从黑漠，汝阴公长孙道生从白黑两漠间，车驾从中道……诸军至漠南，舍辎重，轻骑赍十五日粮，绝漠讨之，大檀部落骇惊北走”。

黑瞎子岛　即今黑龙江省抚远县东北抚远三角洲。1927年《吉林行政全图·绥远县图说》：“由县城至乌苏镇江道有二：一由大江经过俄属伯利，西南行入乌苏里江至乌苏镇，计一百四十里；一由小江，土名通江子，内有浅滩两处，南行至乌苏镇，计程七十余里。两江间即县属之三角洲。三角洲包括莫勒密、黑瞎子岛及摩琳乌珠三岛。南北长约百里。东西宽约四五十里。刻仅有渔樵业数户居洲。”按，旧所谓“莫勒密”，今称银龙岛（俄方称“塔拉巴罗夫岛”），黑瞎子岛（俄方称“大乌苏里岛”），摩琳乌珠岛今称明月岛。黑瞎子岛是由银龙岛、黑瞎子岛、明月岛3个岛系93个岛屿和沙洲组成，位于中俄边界抚远县境内的黑龙江和乌苏里江的交汇处主航道西南侧。自1929年中东路事件后，一直由前苏联以及后来的俄罗斯所控制。1991年中俄领导人签署《国界东段协定》，2004年10月，中俄两国在北京签署协议，俄方同意将银龙岛和半个黑瞎子岛移交给中国。2005年6月，中俄划界工作启动，2007年9月，中俄黑瞎子岛陆地勘界基本完成。2007年11月，中国黑瞎子岛界碑建立。2008年8月移交给中国。

黑潭子镇　在今陕西洛南县西北四十里黑潭村。明崇祯九年（1636），蜀将杨玉振战殁于此。

黑潭坪　在今湖南古丈县北十五里。清置汛。有把总驻守。

黑壤　一名黄父。春秋晋地，即今山西翼城县东北六十五里乌岭，接沁水县界。《春秋》：宣公七年（前602），“冬，公会晋侯、宋公、卫侯、郑伯、曹伯于黑壤”。

〔丿一〕

铸　又作祝。周代封国名。在今山东肥城市东南大汶河北岸铸乡。《吕氏春秋·慎大览》：武王胜殷，“命封皇帝之后于铸”。《左传》：襄公二十三年（前550），“臧宣叔娶于铸”。杜注：“铸国，济北蛇丘县所治。”《吕氏春秋·慎大览》：“武王胜殷，命封黄帝之后于铸。”即此。

铸剑池　在今浙江德清县西北莫干山上。《方舆纪要》卷91湖州府乌程县：莫干山“在府西南百五十里。上有铸剑池，旁有磨石，相传吴王铸剑处”。

铸鼎原　在今河南灵宝市西北。《史记·封禅书》：“黄帝采首山铜，铸鼎于荆山下。”荆山应在今陕西境内。但后人亦有人认为在此者。《元和志》卷6湖城县：“荆山，在县南。即黄帝铸鼎之处。”《明一统志》卷29河南府：荆山“在阌乡县南二十五里。近有铸鼎原，昔轩辕采首阳之铜铸鼎于此”。

铺上　即今山东胶南市西北铺上。1948—1953年置胶河县治此。

铺门墟　即今广西贺州市东南铺门镇。清光绪三十四年（1908）信都厅治此。

铺石河口　亦作蒲石河口。即今辽宁宽甸满族自治县东南七十里小蒲石河口。民国《宽甸县志》图：东南鸭禄江北有蒲石河。同书卷19：蒲石河口产金。

铺哇山　在今云南武定县西南二十里。明曹学佺《名胜志》：“山势险隘，有悬瀑千余尺，下注城池。蛮名铺哇洟。”

铺前镇　①即今江西横峰县北铺前镇。清同治《江西全省舆图》卷11：兴安县北有西阳（洋）铺。丁文江《中华民国新地图》横峰县北有铺前。

②即今海南省文昌市西北铺前镇。《方舆纪要》卷105文昌县“清澜港”条下：铺前“在县西百五十里。商帆海舶多集于此”。明洪武中置巡司于此。

铿口墟　一作坑口市。即今湖南茶陵县东南五十里江口村。清光绪《湖南通志》卷1茶陵州图：东南有铿口墟。

铿格尔图喇　即今哈萨克斯坦东北境乌斯季卡缅诺戈尔斯克。清徐松《西域水道记》卷5：额尔齐斯河“又东北径铿格尔图喇之东。铿格尔图喇，俄罗斯小城也”。

销夏湾　在今江苏苏州市西南洞庭西山。南宋范成大《吴郡志》卷18：“销夏湾在太湖洞庭西山之趾，山十余里绕之，旧传吴王避暑处，周围湖水一湾，水色澄沏，寒光逼人，真可销夏也。”

销魂桥　即霸桥。在今陕西西安市东郊灞桥稍西北处。《开元天宝遗事》卷下：“长安东灞陵有桥，来迎去送皆至此桥，为离别之地，故时人呼之销魂桥。”

锁山门　在今江西铅山县西南。《方舆纪要》卷85广信府铅山县：锁山门在“县西七十里。山溪险仄，昔时胆水出此。其水或涌自平地，或出自石罅。《神农本草》云，胆水能化铁为铜。宋时为浸铜之所，有沟漕七十七处。兴于绍圣四年，更创于淳熙八年，至淳祐后渐废”。

锁山寺　在今安徽广德县北二十里。《舆地纪胜》卷24广德军：锁山寺“在广德县灵祐乡。今为万寿院，俗谓之锁山寺”。《明一统志》卷17广德州：锁山寺“在州城北二十里。宋建，名万寿院”。

锁北门山　在今云南师宗县北。《方舆纪要》卷115师宗州：锁北门山“在州北十二里。二峰高耸，经行其间，如门扃然”。

锁穴　在今湖北武汉市汉阳城区北。《舆地纪胜》卷79汉阳军：锁穴“在大别山之阴。……即孙皓时以铁锁断江处”。

锁庄子　一作索克宗。即今西藏索县。清乾隆《卫藏通志》卷12作“锁庄子”。

锁江　指今四川宜宾市东北岷江下游入长江口处河段。《舆地纪胜》卷163叙州：锁江“两岸大石屹立，因置铁絙横截其处，控扼夷羌之处”。北宋诗人黄庭坚写有《晚饮锁江亭》等诗。明于此设锁江津渡。

锁江亭　在今四川宜宾市东岷江北岸铁路桥处。《舆地纪胜》卷163叙州：锁江“有锁江亭，两岸大石屹立，因置铁絙横截其处，控扼夷羌之处”。北宋黄庭坚谪居戎州，有《晚饮锁江亭》诗。今巨石上有“锁江”两大字，旁有山谷款识。一说为宋淳熙癸丑（1181）叙州知州何师心所书。

锁阳城　即苦峪城。在今甘肃瓜州县东南堡子城南。

锁阳城遗址　在今甘肃瓜州县东南堡子城南。原名苦峪城。汉为冥安县故址。西晋为晋昌郡治。隋开皇初置玉门关于此。唐为瓜州晋昌郡治。城为夯土版筑，分内外城。内城东西长565米，南北468米，高10米。为东西两城，四角有墩，以土坯砌成，并有瓮城四座，马面二十四座。外城为环墙两道。总长8.5公里，东北角有一正方形小城，边长75米，城墙高6.5米，厚14米，即隋开皇初所置玉门关。1996年定为全国重点文物保护单位。

锁纳儿港　亦译作锁纳儿江。故址在今孟加拉国达卡东南之苏纳尔冈。明费信《星槎胜览》卷4：榜葛剌国，"其国海口有港曰察地港……港口起程十六站，到琐纳儿江，有城池街市，聚货通商"。

锁林峡　在今甘肃临洮县南锁林村一带。《方舆纪要》卷60临洮府：锁林峡在"府南六十里。洮水所经，诸峰耸削，两崖悬绝，林木森郁，宛似封固，因名"。

锅顶山　在今北京市昌平区西。清光绪《昌平州志》卷5："城西六十里禾子涧，俗称锅顶山。"今禾子涧东有锅顶山。

锅底池　又名大盐海子。蒙古名喀喇莽奈脑儿。即今内蒙古杭锦旗西北哈日芒乃淖尔。《清一统志·鄂尔多斯》：锅底池"在右翼后旗西九十里，周围二十余里，产盐。兔河、赤沙河注入其中"。

锅底湾　即今湖北洪湖市东北珂里湾村。清置巡司于此。

锅窑帐　辽置，在今内蒙古巴林右旗北。北宋沈括《熙宁使虏图抄》："锅窑毡帐南距牛心帐八十里少东。……大河（和）毡帐东南距锅窑帐七十里。"

甑（甑 zhaì）　即墨。在今安徽宿州市南。《史记·高祖本纪》：汉高帝十二年（前197）十月，"高祖已击布军会甑，布走，令别将追之"。《集解》徐广曰："在蕲县西。"《汉书·地理志》作"墨"。

甃牛城　又作氂牛城、犛牛城。在今青海西宁市北五十里。《宋史·地理志》：西宁州宣威城"旧名甃牛城，崇宁三年改今名"。

掣水河　在今河南开封市。《方舆纪要》卷47开封府祥符县："掣水河有二：一在城南戴楼门外，东流；一在城东扬州门外，南流。俱至城东南二十里入汴河。明朝洪武中，黄河决溢，疏凿二河，以分泄之，因名。"

短李亭　又名四望亭。唐建。在今安徽凤阳县东北临淮关。北宋苏轼有诗："颓垣破础没柴荆，故老犹言短李亭。"

矬李遗址　在今河南洛阳市南二十里矬李村北台地上，伊、洛二水之间。东西500米，南北700米。1975年冬和1976年春，洛阳市博物馆两次进行试掘，发现有墓葬四座，灰坑十多个及房基、水井等。出土器物有石器、玉器、骨器、陶器等。文化堆积可分六层：第六层为仰韶文化，四、五层为龙山文化，第三层为二里头一期文化，第二层为二里头二期文化，第一层为耕土层。表明二里头文化是由河南龙山文化发展而来，属夏文化范围，为探索夏文化提供了重要实物资料。

矬铜场　在今广东台山市南。《元丰九域志》卷9广州：新会县有矬铜盐场。《清一统志·广州府》"海宴盐场"条引《新宁县志》："矬洞场在县南。"

智　春秋晋邑。在今山西永济县虞乡镇西北。《续汉书·郡国志》河东郡解县刘昭注引《博物记》："有智邑。"《括地志》："故智城在蒲州虞乡县西北四十里。《古今地名》云：'解县有智城'，盖谓此也。"

智化寺　在今北京市东城区禄米仓胡同东口路北。明司礼监太监王振于正统八年（1443）建，初为家庙，后赐名报恩智化禅寺。主要建筑自山门内依次为钟鼓楼、智化门、智化殿及东西配殿（大智殿、藏殿）、如来殿（万佛阁）、大悲堂等。其中万佛阁上层四壁饰木制佛龛九千多个，此即万佛阁得名之由来。阁内明间顶上原有雕饰精美的斗八藻井，后被盗卖到美国，现藏于美国纳尔逊博物馆。寺内主要建筑的屋顶均用黑色琉璃瓦铺砌，虽经多次修葺，其梁架、斗栱、彩画等，仍保持明代早期特征，是北京保存最为完整的一组明代寺庙建筑。1961年定为全国重点文物保护单位。

智本县　北宋置，属羁縻智州。治所在今广西河池市东南。后废。

智州　①隋开皇十八年（598）改利州置，治所在今越南河静省河静西。大业初废。

②唐武德四年（621）改高州置，治所在望江县（今安徽望江县）。七年（624）废。

③唐武德五年（622）改义州置，治所在南流县（今广西玉林市）。贞观十一年（637）改为牢州。

④唐武德五年（622）置，治所在文谷县（今越南河静省河静西南）。辖境相当今越南河静省河静西南地。贞观元年（627）改为南智州。

⑤北宋初置，为羁縻州，属宜州。治所在英罗县（今广西河池市西南）。元废。

智州山　在今广西河池市西南。《舆地纪胜》卷122宜州：智州山"其山乃智州所治，今遂为名"。《方舆纪要》卷109河池州：智州山"州西四十里。盘纡绵凡百余里"。

智果寺　在今陕西洋县城西三十里。今为洋县智果中学校舍。《清一统志·汉中府》：智果寺"在洋县西三十里。唐仪凤中建"。现存正殿为元至顺三年（1332）僧人德珪所建，藏经楼为明万历十四年（1586）所建。寺内以广藏明永乐、正统、万历等时期皇后颁赐的经卷而闻名。

智城城址　在今广西上林县东白圩镇爱长村。智城是唐代澄州刺史韦厥隐居地建筑。以陡峭的石灰岩山体为城垣，在山谷中构筑城防，利用山谷走向分布设内、外城。城外有池塘与清水河相通，结构独特。内城面积1.133万平方米，外城5.133万平方米。唐仪凤二年（677）在外城墙东端内侧崖壁上刻《韦敬辨智城碑》（简称《智城碑》）。城东南智城大庙遗址尚存明代石件香炉、柱础、拱门等及木雕花板，清代石鼓等遗物。还有戏台残迹，道教内容石刻残件。智城城址附近澄泰乡洋渡村还有另一摩崖石刻唐碑《大宅颂》及圣书庙遗址。前者碑因城而刻，庙因城而建，后者碑因宅而刻，庙因碑而建。两者相距约八九里，但年代相近，同为韦氏兄弟所建，是研究古代壮族社会政治、经济、文化全面的实物资料，具有很高的历史、科学、艺术价值。2006年定为全国重点文物保护单位。

智度山　在今湖南长沙县北。《方舆纪要》卷80长沙府“大富山”条下：智度山“山高数百丈，环二百余里。众山罗列，其最高者曰黑石峰。《志》云：唐将军刘（智）度居此，因名”。

智勇山　在今云南易门县城北。《清一统志·云南府》：智勇山“在易门县治北。土人名娘当山。《滇志》：旧名戈晟智桶山”。

智慧山　在今广西临桂县西北。《方舆纪要》卷107义宁县：智慧山“万山中突出，蜿蜒秀丽，下有水曰智慧江，流入义江”。

毯阳　即淡洋。在今印度尼西亚苏门答腊岛塔米昂一带。《元史·成宗纪》：世祖至元三十年（1293），毯阳使者回国。

犊儿山　即兔儿山、吐儿山。又作犊山。在今内蒙古林西县、巴林右旗北境。《辽史·道宗纪三》：大康元年（1075）夏四月，“乙酉，如犊山”。北宋沈括《熙宁使虏图抄》：“单于庭依犊儿山麓，广荐之中，毡庐数十，无垣墙沟表，至暮，则使人坐草，褒庐击柝。”

犊和县　西汉置，属云中郡。治所在今内蒙古固阳县东南。东汉废。

犊泉　在今河南登封市东南箕山下颍水边。《水经·颍水注》：“（箕）山下有牵牛墟，侧颍水有犊泉，是巢父还牛处也。石上犊迹存焉。”

犊乾城　即今河北行唐县治。北魏始移行唐县治于此。《魏书·地形志》常山郡行唐县：“熙平中移犊乾城。”即此。

犊渚　在今内蒙古托克托县以西黄河北岸一带。《魏书·太宗纪》：泰常六年（421）七月，拓拔嗣“遂至于河，八月庚子，大狝于犊渚”。

犍乡　即今河北正定县北东权城。《元和志》卷17真定县：权城“即古之犍乡也，县北二十里。后汉建武元年，贾復破青犊于射犬，追战于真定之犍乡，大破之。即此城也”。

犍为山　一名大鹿山。在今四川犍为县东南岷江东。《旧唐书·地理志》犍为县：“以（犍为）山为名。”嘉庆《犍为县志》卷1：犍为山“在县南十五里，形如伏犀。昔人以犍名县，盖象此山从健牛之义。旧云：西南立石如牛，故为犍为”。

犍为场　为盐场。在今四川乐山市东南四十里五通桥区。自清以来，茫溪河下游井盐业大盛，为犍为县主要盐产区。民国设场知事。

犍为县　①南朝梁改武阳县置，属西江阳郡。治所在今四川彭山县西北五里。西魏改为隆山县。

②隋开皇三年（583）改武阳县置，属戎州。治所在今四川犍为县东南十五里岷江东岸。《旧唐书·地理志》犍为县：“因（犍为）山立名。”大业初属犍为郡。唐武德初属戎州。上元元年（674）改属嘉州。《新唐书·南诏传》：咸通十年（869），骠信酋龙率大军寇蜀，“攻黎州，诡服汉衣，济江袭犍为，破之”。即此。五代晋天福元年（936）后蜀移治今犍为县。北宋大中祥符四年（1011）徙治惩非镇（今犍为县南清溪镇）。南宋庆元二年（1196）属嘉定府。元属嘉定路，在今乐山市南三十里。明属嘉定州，洪武中由玉津镇移治今犍为县。清属嘉定府。民国初属四川建昌道。1928年直属四川省。

犍为郡　①又作楗为郡。西汉建元六年（前135）分广汉郡南部及夜郎国地置，属益州。治所在鳖县（今贵州遵义市西）。元光五年（前130）移治南广（今四川筠连县境）。辖境初时较大，有今四川简阳、彭山等县以南、广西北部及贵州大部。元鼎六年（前111）平且兰后，辖境缩小，以今广西西北部、云南东部部分地区和贵州地区置牂柯郡。始元元年（前86）移治僰道县（今四川宜宾市西南）。东汉永初初年又分西南境置犍为属国，并移治武阳县（今四川彭山县东）。南齐复治僰道县。南朝梁废。

②西魏于汉江原县地置，属益州。治所在僰道县（今四川崇州市东南三十里江源场东）。北周时辖境相当今四川崇州、新津等市县地。隋开皇三年（583）废。

③大业初改戎州置，治所在僰道县（今四川宜宾市）。辖境相当今四川南溪、宜宾、犍为以南及大凉山、金沙江以东的云南东北角地区。唐初复为戎州。

④唐天宝元年（742）改嘉州置，治所在龙游县（今四川乐山市）。辖境相当今四川乐山、峨眉山、夹江、峨边、犍为、沐川、马边等市县地。乾元元年（758）复为嘉州。

犍为属国　东汉永初元年（107）析犍为郡南部置，治所在朱提县（今云南昭通市境）。辖境约当今云南昆明市东川区东北至大关、绥江，贵州六盘水、威宁等市县地。建安十九年（214）改朱提郡。

犍州　①唐武德元年（618）置，治所在洪雅县（今四川洪雅县）。辖境相当今四川洪雅县及夹江县西北地。贞观元年（627）废。

②唐置羁縻州，属黔州都督府。治所在今贵州麻江县境。后废。

犍陀罗　又作乾陀罗、健驮逻。相当今巴基斯坦之白沙瓦及其毗连之阿富汗东部一带。唐玄奘《大唐西域记》卷2：健驮罗国“东西千余里，南北八百余里。东临信度河”。公元前4世纪末马其顿亚历山大入侵后，希腊文化艺术曾影响这一地区。公元前3世纪佛教传入此地，形成犍陀罗式佛教艺术。

犍河　今内蒙古呼伦贝尔市额尔古纳河支流根河。《元史·太祖纪》：“弘吉剌部归札木哈部与诸部会于犍河，共立札木合为局儿罕，盟于秃律别儿河岸。”《元朝秘史》作刊沐涟。明代译名坚河。

鹄山县　唐贞观十二年（638）置，属瀼州。治所在今广西上思县西南。贞元后废。

鹄奔亭　在今广东高要市南。晋干宝《搜神记》：“汉九江何敞，为交州刺史，行部到苍梧郡高要县，暮宿鹄奔亭。”夜半有一女子，自称苏娥，字始珠，广信人，到此亭，为亭长龚寿所杀。敞“遣吏捕捉，拷问具服”。《寰宇记》卷159高要县“鹄奔亭”称：“初掘时有双鹄奔其亭，故曰鹄奔亭。”

鹄鸣山　即鹤鸣山。在今四川大邑县西北三十里鹤鸣乡境。《三国志·魏书·张鲁传》：“祖父陵，客蜀，学道鹄鸣山中，造作道书以惑百姓，从受道者出五斗米，故世号米贼。”

鹅毛口　即今山西怀仁县西北鹅毛口镇。1945年日伪曾修筑同蒲铁路支线至此。

鹅毛口支线　从今山西怀仁县西北至鹅毛口。长9.5公里。为同蒲铁路支线。日伪于1945年修筑。次年被拆除。

鹅公汛　在今广东阳春市西南双滘镇南。《清一统志·广东统部》：阳春营有把总驻鹅公汛。

鹅尔浑城　在今辽宁抚顺市东浑河畔。明属建州女真浑河部。《清史稿·太祖纪》：明万历十四年（1586）努尔哈赤征浑河部，“闻尼堪外兰在鹅尔浑，疾进兵，攻下其城”。《圣武记》作鄂勒珲城、《筹辽硕画》作窝儿浑寨。

鹅头隘　在今广西融水苗族自治县西南永乐乡。《明史·地理志》融县：西南有鹅头隘巡检司。《方舆纪要》卷109融县作鹅颈镇。

鹅羊山　又名石宝山、东华山。在今湖南望城县东南。《明一统志》卷63长沙府：鹅羊山“山多奇石，或踞或立，状若鹅羊，故名。昔成少卿升仙之所，有仙坛、丹台在焉。……即七十二福地之一”。

鹅州　唐武德三年（620）杜伏威置，治所在义兴县（今江苏宜兴市）。以金鹅山为名。七年（624）改为南兴州。

鹅江　即今广西百色市西右江（西洋江）。《清史稿·地理志》百色直隶厅：“西洋江一曰右江，亦曰鹅江，郁江北系也，自恩阳来，右岸为恩阳界。”

鹅池　在今浙江绍兴市东北蕺山戒珠寺前。《舆地纪胜》卷10绍兴府：墨池“在戒珠寺。本晋王羲之故宅，或曰其别业也。门外有二池，曰墨池，曰鹅池”。

鹅顶堡　南宋宝祐间置，在今四川剑阁县（下寺镇）南鹤龄镇长林山南。《元史·宪宗纪》：八年（1258），“十一月己酉，帝督军先攻鹅顶堡。壬子，力战于望喜门。薄暮，宋知县王仲由鹅顶堡出降”。

鹅岭　①在今江西井冈山市西北。《方舆纪要》卷87吉安府永宁县：鹅岭在“县（治今新城镇）东五十里。双峰耸翠，左有巨石，其旁峰峦昂起如鹅项欲鸣，因名”。

②又名峨岭。在今江西遂川县西南。《明一统志》卷56吉安府：峨岭“势插层霄，有飞云洞、集云峰、仙鹅池、金龟石、石人峰、老蚧石。古迹最多。岭有王将军墓，相传汉王陵葬此”。《清一统志·吉安府一》：峨岭“在龙泉县西南四十里。一名鹅岭”。

鹅岭镇　一作峨岭镇。明初置，属南陵县。即今安徽南陵县南二十五里峨岭村。明置峨岭巡司。

鹅城　①在今山西清徐县东南二十里鹅池村。《元和志》卷13清源县“鹅城”条引《晋阳春秋》：“永嘉元年，洛阳步广里地陷，有二鹅，色黄苍者飞冲天，白者不能飞。……刘曜以为己瑞，筑此城以应之。”

②即今广西百色市。《清史稿·地理志》百色直隶厅：“厅城，雍正八年建，亦曰鹅城。”

鹅泉　在今广西靖西县西南十五里。《清一统志·镇安府》：鹅泉水“在归顺州（今靖西县）西十五里。源出平地，相传昔有神鹅，搅田间沟洫成潭，深十余丈，阔数倍之。泝流成川。上有小山，林木蓊蔚，极为幽胜。其水东南合龙潭水”。

鹅桥堡　清置，属义宁县。在今广西临桂县西。《清一统志·桂林府一》：鹅桥堡“在义宁县南十二里。有兵汛守”。

鹅鸭池　又名悬瓠池。在今河南汝南县北二里。《新唐书·李愬传》：元和十二年（817），李愬袭蔡州，“夜半至悬瓠城，雪甚，城旁皆鹅鹜池，愬令击之，以乱军声”。即此。

鹅鸭洲　在今江西遂川县西。《方舆纪要》卷87吉安府龙泉县：鹅鸭洲在“县西十里。县有南沃陂、塔岭泷二水，洲当二水合流之中央，下流合遂水而入赣江”。

鹅埠岭　亦名鹅哺岭。即今广东海丰县西南一百里鹅埠镇。明嘉靖四十年（1561）置巡司于此。

鹅笼山　在今湖北麻城市西四十里。明、清置巡司于此。《清一统志·黄州府二》：鹅笼山巡司“在麻城县西四十里。一名铁壁关”。

鹅颈镇　亦作鹅头隘。在今广西融水苗族自治县西南五十里永乐乡。《明史·地理志》融县：“西南有鹅头隘巡检司。”《方舆纪要》卷109融县作鹅颈镇。

鹅湖山　在今江西铅山县东南。《舆地纪胜》卷21信州：鹅湖，“《鄱阳记》云，山上有湖，多生莲荷，一名荷湖山。今以鹅湖著。按，《旧经》谓昔有龚氏居山傍，所蓄鹅逸于山，长育成群，复飞而下，因谓之鹅湖”。《清一统志·广信府一》：鹅湖山“在铅山县（治今永平镇）北稍东十五里”。山有鹅湖寺，后建为书院，宋淳熙中赐额文宗书院。明正德中徙于山巅，改名鹅湖书院。

鹅湖书院　在今江西铅山县（河口镇）东南鹅湖山北麓。南宋淳熙二年（1175），朱熹与吕祖谦、陆九龄、陆九渊兄弟讲学鹅湖寺，后人立为四贤堂。淳祐十年（1250）始建书院，朝廷赐名“文宗书院”。明景泰四年（1453）重建，改名鹅湖书院。弘治时移于山顶，正德六年（1511）又在故址重建。清康熙帝亲书“鹅湖书院”匾额，并题“章岩月朗中天镜，石井波分太极泉”联句。2006年定为全国重点文物保护单位。

鹅湖驿　即今江西铅山县东南鹅湖镇。《方舆纪要》卷85广信府铅山县：鹅湖驿“在县治（今永平镇）北”。《清一统志·广信府二》：鹅湖驿“在铅山县（今永平镇）北大义桥外。明初置，今裁”。

鹅湖滩镇　又名鹅公滩。即今江西浮梁县东北鹅湖镇。清同治《江西全省舆图》卷12：浮梁县有鹅公滩。

鹅溪镇　北宋置，属盐亭县。在今四川盐亭县北八十里鹅溪村。《舆地纪胜》卷154潼川府：鹅溪“在盐亭县境。其地产绢。文与可诗云：‘待将一段鹅溪绢，扫取寒梢万尺长’。东坡诗云：‘为爱鹅溪白茧光’”。

鹅滩　在今四川广安市东北渠江中。《元史·赵匣剌传》：中统四年（1263），“从攻大良平，宋呇万寿运粮至渠江之鹅滩”。即此。

鹅銮鼻　在今台湾省本岛南端。旧名沙马矶头。清末即有鹅銮鼻之名。连横《台湾通史·抚垦志》：同治五年（1866），“英舰笃甫号至鹅銮鼻，为番所攻。翌年，美船那威号漂至其地，亦为科亚尔社番所杀”。《台湾省通志》卷1《土地志·胜迹篇》第20章13节说：“鹅銮者，排湾族语之译音也，其义为帆，因附近香蕉湾有石似船帆，遂以取名。地形为突鼻，故称鹅銮鼻。”

鹅鹜池　一名悬瓠池。俗呼鹅鸭池。在今河南汝南县北二里汝水之西。《新唐书·李愬传》：元和十二年（817），李愬袭蔡州，“夜半至悬瓠城，雪甚，城旁皆鹅鹜池，愬令击之，以乱军声”。即此。

剩陇镇　北宋置，属通泉县。在今四川射洪县东青岗镇东南马桑坝。

嵇山　①在今安徽濉溪县南。《晋书·嵇康传》：嵇康“其先姓奚，会稽上虞人，以避怨，徙焉。铚有嵇山，家于其侧因而命氏”。

②一名秋山。在今河南焦作市东。《寰宇记》卷53修武县：“山阳城北有秋山。即嵇康之园宅。”

③一名嵇岅山。在今湖南望城县西南嵇山乡。《明一统志》卷63长沙府：嵇山“俗传（唐时）嵇真人所居”。《方舆纪要》卷80宁乡县：嵇山“上有田数亩。有仰天湖，虽旱不涸”。

嵇庄　在今江苏高邮市东南。《方舆纪要》卷23高邮州“盂城驿”条下：“嵇庄在州东南十五里。城子河经其傍。宋末，嵇耸保聚于此，乡里义而归之，相率不肯附元处也。”

稍户营子　即今辽宁义县东北稍户营子镇。清光绪《奉天全省地舆图说图志》义州图：东北有稍户营。民国《义县志》中卷：稍户营镇“在城东北七十里第八区。日日为市，人烟稠密，商号殷繁，住户三百余家，商号七十有奇”。

程　①一作郢。又称毕郢。商邑。在今陕西咸阳市东北，接泾阳县界。《逸周书·大匡解》：“维周王宅程。”《书序》曰：“维周王季宅程。”《续汉书·郡国志》引《帝王世纪》：“文王居程，徙都丰。”

②商邑。西周为封国。在今河南洛阳市东。《诗经·大雅·常武》：“王谓尹氏，命程伯休父。”

程山　①在今江西浮梁县东。《明一统志》卷50饶州府：程山“在浮梁县东六十里。初名石山，陈时程灵洗之裔居其下，族既盛大，遂改山名”。

②在今广东连山壮族瑶族自治县南永丰村。《明史·地理志》连山县：“旧治在县西北钟山。永乐元年徙县西程山下。天顺六年又徙小坪。……西有宜善巡检司，即程山下旧县治。”

程乡县　南齐置，属义安郡。治所即今广东梅州市。《寰宇记》卷160程乡县：“在程乡之口，以江为名。”又《方舆纪要》卷103程乡县：“有程收者，以信义行于乡，因名。”隋开皇十年（590）废，十一年（591）复置，属潮州。大业初属义安郡。唐属潮州。五代南汉乾和三年（945）为敬州治。宋为梅州治。元世祖至元十六年（1279）为梅州路治，二十三年（1286）复为梅州治。明洪武二年（1369）州废，县属潮州府。清雍正十一年（1733）改县为嘉应州，嘉庆十二年（1807）复置县，为嘉应府治。十七年（1812）改为嘉应直隶州，县又废。

程乡县千户所　明洪武十五年（1382）置，属潮州卫。治所在程乡县（今广东梅州市）。后废。

程氏三宅　在今安徽黄山市屯溪区柏树街东里巷。为明代民居。其中6号宅占地677平方米，7号宅占地154平方米，28号宅占地187平方米。“三宅”始建于明代中晚期，其中6号宅砖木雕、7号宅木雕、28号宅石雕更具有突出的艺术价值。“三宅”属封闭式砖木结构二层楼房，分前后两进（俗称一脊两堂），四周墙体封护，东西马头山墙起伏成三级封护至脊顶，前后檐墙砌凹形。各宅均是以天井采光、通风、排水为一体的独立建筑。程氏三宅是最典型的明代南方居住建筑，是徽派建筑鼎盛时期的遗物。2001年定为全国重点文物保护单位。

程水江　在今湖南资兴市西北。《方舆纪要》卷82兴宁县：程水江“有四源合流于此，地名潭州江口。亦西流会于郴江口”。

程龙墟　即今江西龙南县西南程龙镇。清同治《江西全省舆图》卷9龙南县图：西南有程龙墟。

程江　在今广东梅县西北。《元丰九域志》卷9：梅州程乡县有程江。《舆地纪胜》卷102梅州：程江“在州之西北七十里。自义化涤源，浮于石坑，达于程源，历安仁归城南而会宁昌、长乐二江，以赴海焉。盖因程旼姓氏而名也。邦人仰程之风，故名。其所居之乡曰义化，所生之里曰程源，所憩之桥曰程桥，于此江亦曰程江”。《方舆纪要》卷103程乡县：程江在“县西北七里。源出江西长宁县大帽山，流经县西北七十里，又东南流至城南，注于梅溪”。

程江驿　在今广东梅州市东。《方舆纪要》卷103程乡县：程江驿“在县城东。洪武三年置于城西。十八年移于此”。

程安县　东晋置，属郁林郡。治所当在今广西东北部柳江、红水河中游一带。南朝宋属桂林郡。南齐以后废。

程阳永济桥　俗称风雨桥。在今广西三江侗族自治县北四十里程阳村。民国《三江县志》卷3：永济桥“在程阳村。于民国九年为程阳乡，属八寨所建。石砌大礅五，上架四丈余长盈抱之杉树，凡三层，横跨江流。桥上设亭二十四间，中亭作塔形，祀关帝。两头建八角亭，置栏杆板凳，供人游息。以现在金融计，非数百万元莫办，亦为县属最大之桥亭也。……民国二十六年春，为洪水冲倒，二十九年该处父老又从事复兴，其毅力可见一斑矣。邑庠生龙献瑞有序”。此系廊屋式木结构桥，在五座青石桥墩上各建五层楼阁，精美壮观，为侗族建筑艺术之精华。1982年定为全国重点文物保护单位。

程村　即今山东汶上县南二十五里程村寺。清康熙《续修汶上县志》卷1有程村站寺。

程村墟　即今广东阳西县东北之程村镇。清道光《阳江县志》卷1有“程村墟”。

程县　明洪武二十一年（1388）置，属泗城州。治所在今广西凌云县东北三百二十里。嘉靖元年（1522）废。

程岩山　在今贵州锦屏县南。《方舆纪要》卷121黎平府亮寨司：程岩山在“司西五里。石壁临溪”。

程岭　在今江西定南县西北。《方舆纪要》卷88赣州府定南县：程岭在“县（治今老城镇）西北六十里。水分二流，与龙南县接界”。

程孟镇　即今河北曲周县东南西呈孟村。西汉于此置平恩县。金降为平恩镇。《清一统志·广平府》：程孟集，“《旧志》：《金志》曲周有平恩镇，即今程孟集也”。

程侯山　在今山西忻州市北四十里。《寰宇记》卷42忻州引《水经注》云：“忻水东历程侯山北，山甚层锐，其下旧有采金处，俗谓之金山。”《方舆纪要》卷40谓“相传以程婴得名”。

程郭庄　即今山东莱州市东北程郭镇。民国《四续掖县志》卷1有东、西程郭庄。

程家川　即今陕西镇安县东南程家川村。清乾隆《镇安县志》卷2：南乡有程家川。

程家场　即今四川荣县东南六十里成佳镇。《清史稿·曾望颜传》：咸丰十年（1860），李永和义军据贡井，“总兵虎松林自程家场进攻贡井”。即此。

程家河　即今湖北襄阳市襄州区（驻张湾镇）东北程河镇。民国《湖北通志》卷73《兵事》：清咸丰十一年（1861）九月，捻军江泰林大举入襄阳，“屯石台湖、程家河诸村落”。

程家集　即今湖北监利县西北程集镇。清光绪《荆州府志》卷4《乡镇》：“程家集，在（监利县）西北四十五里。”

程符山　即浮山。又名浮烟山。即今山东潍坊市西南二十里符山。《方舆纪要》卷36平度州潍县：程符山，“相传公孙宏贫时牧豕处”。乾隆《潍县志》卷1：程符山“原名浮烟山，后以山隶程符社，故名”。

程番长官司　明洪武五年（1372）改程番武胜军民安抚司置，属贵州卫。治所即今贵州惠水县。正统四年（1439）改属贵州宣慰司。成化十二年（1476）改为程番府。万历十四年（1586）于此置定番州。

程番关　明置，在今贵州惠水县西北。《方舆纪要》卷121定番州：程番关在“州（治今惠水县）北十里”。

程番武胜军安抚司　元世祖至元十六年（1279）置，属八番顺元宣慰司。治所即今贵州惠水县。明洪武五年（1372）改为程番长官司。

程番府　明成化十二年（1476）分贵州宣慰司置，属贵州布政司。治所在程番长官司（今贵州惠水县）。隆庆二年（1568）移治今贵州贵阳市，三年（1569）改为贵阳府。

程道口　即今江苏泗阳县西北二十八里程道口。1941年陈毅指挥新四军与国民党江苏省保安第三纵队在此激战。为著名的程道口战役纪念地。

程溪寨　在今浙江苍南县东南六十八里大垅一带。《方舆纪要》卷94平阳县：程溪寨“在县南、蒲门所东南，南至海，西抵镇下门水寨，蒲门之要区也。嘉靖三十四年，倭贼由此登犯”。

稌山嶂　又作稌山嶂。在今福建永定县北。《方舆纪要》卷98永定县：稌山嶂在“县北八十余里。山势峻突，绵亘百里。林木茏葱，四时不改。上有石如马。民谣云，石马鸣，则有兵。成化十四年，‘草寇’窃发，太监卢胜合军士击而碎之”。

税子步　又作税子铺。唐置，即今安徽太和县西北四十里税镇。宋置税子步镇。简称税镇。

税子步镇　宋置，属万寿县。即今安徽太和县西北四十里税镇。

税子铺　即税子步。今安徽太和县西北税镇。明正德《颍州志》卷3：作税丝铺。清乾隆《颍州府志》卷2太和县：税子步在“县西北三十里”。

黍丘亭　在今河南夏邑县西南。《左传》：哀公七年（前488），宋围曹，“筑五邑于其郊”，“黍丘”为其中之一。杜注：“梁国下邑县西南有黍丘亭。”

黍谷山　又名燕谷、寒谷。在今北京市密云县西南十五里。《明一统志》卷1顺天府：“在怀柔县东四十里，跨密云县界。亦名燕谷山。刘向云：燕有黍谷，地美而寒，不生黍稷。邹衍吹律以温其气，因名曰黍谷。衍庙基犹存。山南有齐长城。城东北有华林、无柱二庄，辽建冻殿，春夏游赏于此。”

笙竹岭　在今浙江余姚市西南十八里。《方舆纪要》卷92上虞县：笙竹岭“在县（治今丰惠镇）东二十里。即余姚县接境处”。

等慈寺　在今河南荥阳市西北汜水镇。《元和志》卷5河南府汜水县：“等慈寺，在县东七里。王师既破建德，诏于战所起寺立碑纪功焉，令颜师古为碑文。”

筑 贵州贵阳市的简称。因明代先后为贵筑司、贵筑乡，清代又为贵筑县而得名。

筑口 在今湖北谷城县东。为筑水（今南河）注入沔水（今汉水）之口。《水经·沔水注》：筑水“又东流注入沔，谓之筑口”。《明史·地理志》谷城县：“又有筑水，经县治东南，注于汉水，曰筑口。”

筑山 一作竹山。在今湖北竹山县西。《明一统志》卷29襄阳府：筑山“在竹山县西五里。筑水所出”。

筑卫城遗址 在今江西樟树市东南大桥街道。是江南地区较为典型的先秦城址。文化内涵丰富，延续时间长，包括新石器时代、夏、商、西周、春秋、战国时代文化堆积。上限距今约4500年。至春秋战国时期，遗址区形成一座大型土城，东西宽410米，南北长360米，城墙高大，现存高7—20余米，有六个缺口以供进出，并有一条内河与外河相通。土城内保存有房屋建筑基础和大场地，文化层厚达3—4米，是国内保存最好的先秦古城址之一。2001年定为全国重点文物保护单位。

筑水 秦汉以前名彭水。即今湖北西北部汉水支流南河。《汉书·地理志》汉中郡房陵县：“又有筑水，东至筑阳亦入沔。”《水经·沔水注》：筑水“杜预以为彭水也。水出梁州新城郡魏昌县界。筑水东南流径筑阳县。筑水又东径筑阳县故城南。筑水又东流注于沔”。《方舆纪要》卷79竹山县：筑水在“县西五里。源出竹山，东入房县界，亦谓之筑江”。《清一统志·郧阳府》：“又竹山县西有筑水。源出筑山，南入堵水。”

筑先县 1940年冀鲁豫革命根据地以聊城县改名，治所即今山东聊城市。为纪念范筑先将军而命名。1949年8月复名聊城县。

筑阳县 战国秦置，属南阳郡。治所在今湖北谷城县东北四里。以在筑水之阳而名。东汉为筑阳侯国。三国魏复为筑阳县，属南乡郡。晋属顺阳郡。南朝宋为扶风侨郡治。北魏属襄阳郡，移治今谷城县。隋开皇初废。

筑阳侯国 东汉改筑阳县置，属南阳郡。治所在今湖北谷城县北。三国魏复为筑阳县。

策山 今浙江洞头县南北策、南策、东策三岛的总称。《清史稿·地理志》：瑞安县东长带山“迤北南策山，与东策、北策相望”。

策达雅 即今新疆轮台县东策大雅乡。清道光《新疆识略》卷3库车：策达雅尔台“一百六十里至车尔楚台”。

策达雅驿 清光绪年间置，在今新疆轮台县东策大雅乡。清宣统《新疆图志》卷81轮台县：策达雅驿“一名策特尔。回语谓毡庐也。旧曾安营于此，故名”。

策河镇 金置，属交河县。在今河北泊头市境内。

策特尔 即今新疆轮台县东北策大雅乡。《清一统志·喀喇沙尔》：策特尔“在喀喇沙尔城西南四百九十里，车尔楚西一百四十里，逾额什墨河至其地。……（汉）乌垒城当在策特尔东南”。

策堆得 即堆龙德庆宗。在今西藏堆龙德庆县西北德庆乡。清乾隆《卫藏通志》卷12作“策堆得”。

策堆得营 清乾隆间置，在今西藏堆龙德庆县。

策勒村 即今新疆策勒县。《清一统志·和阗》：齐尔拉村“旧对音作齐喇，又作策勒，作努喇”。1919年置县佐于此。1929年改置策勒县。民国曾问吾《中国经营西域史》记载：1912年6月在此发生轰动中外的抗俄斗争。

策勒县 1929年置，属新疆省。治所即今新疆策勒县。策勒旧又作齐尔拉。清乾隆《西域同文志》卷3：齐尔拉，“回语，引水入境也。旧对音为齐喇”。

筐儿港 在今天津市武清区北，北运河东岸。清雍正九年（1731）设把总驻守。

笄头山 即鸡头山。又名崆峒山。在今宁夏隆德县东。《史记·秦始皇本纪》：始皇二十七年（前220），“巡陇西、北地，出鸡头山”。《正义》：“按：原州平高县西百里亦有笄头山，在京西北八百里，黄帝鸡山之所。”又《元和志》卷3原州平高县：笄头山“一名崆峒山，在县西一百里，即黄帝谒广成子学道之处”。

筏子头铺 在今四川平武县西北筏子头村。清嘉庆《四川通志》卷89平武县：筏子头铺“在县西八十里”。

答儿脑儿 即答儿海子。今内蒙古克什克腾旗西达里诺尔湖。《元史·特薛禅传》又作“答儿脑儿”。

答儿海子 即今内蒙古克什克腾旗西达里诺尔湖。《元史·特薛禅传》：世祖至元七年（1270），斡罗陈万户及其妃囊加真公主请于朝曰：“本藩所受农土，在上都东北三百里答儿海子，实本藩驻夏之地，可建城邑以居。”即此。

答干砦 在今贵州都匀市东三十八里。《清一统志·都匀府》：答干砦，“明正德三年，官军讨都匀、清平叛苗，由杨安、答干、麦冲进，即此”。

答巴 在今西藏察隅县下察隅地区，察隅县治南四十二里处，沿察隅河右岸。原隶属于西藏地方政府管辖，1944年被印度政府非法占领。

答兰纳木儿河 亦作答口纳木儿河。即今蒙古国东部哈拉哈河支流努木儿根河。杨荣《北征记》：明永乐二十二年（1424），成祖朱棣北征阿鲁台，“上以答兰木儿河已近，令诸将严兵以俟。……（陈）懋等遣人奏言：臣等已至答兰纳木儿河，弥望惟荒尘野草，虏只影不见……车驾进驻河上以俟”。

答那思里 马来文意为“花地”。即今缅甸南部的丹那沙林。为古代南海重要贸易港之一。见《郑和航海图》。

答陇千户所 又作打隆、打龙。明初置，在今西藏林周县西北达龙。藏语意为虎沟。

答剌速没辇 即今吉尔吉斯斯坦西部和哈萨克斯坦南部之塔拉斯河。元《长春真人西游记》卷上："又西行四日至答剌速没辇，没辇河也。水势深阔，抵西北流。"

答思麻万户府 一作列思麻。明置，属朵甘都司。治所在今青海共和县境。后废。

答鲁城 亦作答虏城。在今内蒙古正镶白旗西。明金幼孜《北征录》：永乐八年（1410）朱棣北征，"锦水碛行十余里，道近有古城。上指示曰：'此答骨城也，朕尝猎于此'"。

筋竹山 在今湖南汝城县东北。《方舆纪要》卷82桂阳县：筋竹山在"县东北七里。峰峦耸峙，竹木蓊郁，重冈复水，回抱左右"。《清一统志·郴州一》谓筋竹山在县东北五十里。

筋竹墟 在今广西岑溪市东七十五里筋竹镇。南朝陈以来历为永业郡、永业县、安义县治。

〔丿丨〕

傲来山 在今山东泰安市岳顶西南。《清一统志·泰安府一》："山前有鸡笼峰、招军岭，山麓有东百丈崖，瀑布下汇为泉，名天绅泉。内有白龙池，又西百丈崖，在东崖西三百步，其高十倍东崖。"

傅达里噶珊 又作帕达勒、富达里、富打礼。原为明伏答林站。在今俄罗斯哈巴罗夫斯克边疆区黑龙江西岸。清属宁古塔将军。康熙《皇舆全览图》：黑龙江下游西岸有"富打礼噶山"。后属三姓副都统。光绪《吉林通南》卷17：混同江南岸，东至海滨旧设噶珊有"富达里"。清咸丰年间被俄割占。

傅宅市 又名白马桥镇。即今浙江浦江县东北白马镇。清光绪《浦江县志》卷3：傅宅市在"县东四十里"。

傅阳山 又作傅昜山、博阳山、敷浅原。在今江西德安县境。一说在今鄱阳县境内。《汉书·地理志》豫章郡历陵县："傅昜山、傅昜川在南，古文以为傅浅原。"《通典》卷182浔阳郡江州浔阳县："又有蒲塘驿（即今江西德安县），……今驿前有敷浅原，在西数十里有傅阳山。"《寰宇记》卷111江州德安县：博阳山"在县南十三里。按《尚书》云：过九江，至于敷浅原。注云：敷浅原一名博阳山，在扬州豫章界"。

傅阳川 又作傅昜川、博阳川、敷浅水。源出今江西德安县西北，东南流过县南，注入鄱阳湖。《汉书·地理志》豫章郡历陵县："傅昜山、傅昜川在南，古文以为傅浅原。"师古曰："傅读曰敷。昜，古阳字。"

傅阳县 春秋偪阳国，战国秦置县，属泗水郡。治所在今山东枣庄市台儿庄西南侯孟。出土秦封泥中有"傅阳丞印"可证。西汉属楚国。东汉属彭城国。西晋省。

傅岩 即傅险。今山西平陆县治圣人涧。相传为殷武丁的贤相傅说版筑之处。《尚书·说命上》："高宗梦得说，使百工营求诸野，得诸傅岩。"

傅昜山 即傅阳山。在今江西德安县境。一说在今鄱阳县境内。"昜"古"陽（阳）"字。

傅昜川 即傅阳川。《汉书·地理志》豫章郡历陵县："傅昜山、傅昜川在南，古文为傅浅原。"汉历陵县治所在今江西德安县东。"昜"古"陽（阳）"字。

傅险 一名傅岩。即今山西平陆县治圣人涧。《史记·殷本纪》："（武丁）于是乃使百工营求之野，得说于傅险中。"

傅家庄 即今山东临沂市西南三十四里傅庄镇。民国《临沂县志》舆图：县西南有傅家庄。

傅家庄台 即今辽宁台安县西南富家镇。明《辽东志》卷3：西兴堡有"傅家庄烟墩"。即此。

傅家庄堡 即傅家庄台。今辽宁台安县西南富家镇。《清一统志·锦州府二》：高平堡"在广宁县东南九十里。又平洋桥、傅家庄堡，俱在县东南一百二十里"。

傅家池 在今河北深州市东南五十里护驾池镇。《明史·地理志》深州："有傅家池巡检司，后废。"

傅家坝 即今四川双流县东南永安镇。旧属华阳县，为成都至乐山水路要口。清宣统《成都通览》华阳之乡场："傅家坝即永安场。出地瓜。"

傅家甸 在今黑龙江省哈尔滨市区北，松花江南岸。清光绪《哈尔滨一带全图》有合傅家甸。《清史稿·地理志》滨江厅："光绪三十二年置，治傅家甸。"

傅家岸镇 北宋置，属平阴县。即今山东东阿县东北傅家寨。

傅家河 在今陕西安康市北。《清一统志·兴安府一》：傅家河"在安康县北二十五里。源出王莽山，南流入月河"。

傅家营 在今河北盐山县南。《方舆纪要》卷13盐山县：傅家营在"县南五十里。又南接山东海丰县境，旧置戍守于此"。

傅家寨 即今湖北老河口市西北二十八里傅家寨。《清一统志·襄阳府三》：傅家砦"在光化县境。本朝雍正八年设把总分防"。

傅集社 即今河南杞县南傅集镇。清乾隆《杞县志》卷4：傅集社"距城三十五里"。

傅湖 在今江苏涟水县东北八十里。《方舆纪要》卷22安东县：傅湖"袤十里，广六里"。

傅疃河 即今山东日照市西南傅疃河。《清一统志·沂州府一》：傅疃河"源出县西北驼儿山。亦曰寨河。又东南流为红河，又东南径县西五十里沈疃店为沈疃河，又东南十里为曲河，又东至县南二十余里，聚西北众流为一，始名傅疃河，合夹仓河入海”。

傥谷 在今陕西洋县北三十里。即骆谷南口。终南山之谷。《新唐书·地理志》兴道县：“有骆谷路，南口曰傥谷，北口曰骆谷。”

傥犹州 北宋置，在今广西靖西县东。《宋史·蛮夷三·广源州》：“初，有侬全福者，知傥犹州，其弟存禄知万涯州，全福妻弟侬当道知武勒州。一日，全福杀存禄、当道，并有其地。交趾怒，举兵执全福及其子智聪以归。其妻阿侬本左江武勒族也，转至傥犹州，全福纳之。全福见执，阿侬遂嫁商人，生子名智高。……久之，智高复与其母出据傥犹州，建国曰大历”。即此。后以交趾进犯，袭据安德州（在今靖西县西北），建立“南天国”政权。

傥城郡 西魏废帝元年（552）改晋昌郡置，治所在龙亭县（今陕西洋县东十八里龙亭镇）。辖境相当今陕西洋县境。隋开皇三年（583）废。

傥骆谷 傥谷与骆谷的总名。在今陕西洋县北。

傥骆道 即骆谷道。《元和志》卷22兴道县：“傥谷，一名骆谷。……南口曰傥谷，北口曰骆谷。”自今陕西周至县西南，沿骆谷水、傥水河谷，南至今洋县。是古代关中和汉中间的一条近捷通道。三国时始有记载，唐时尤为畅通。五代后日渐荒废。

傥俸县 元世祖至元二十四年（1287）置，属仁德府。治所在今云南寻甸回族彝族自治县西九十二里古城。次年改名归厚县。

傥塘驿 明置，在今云南宣威市东北徜塘镇。《清一统志·曲靖府》：傥塘驿“在霑益州北八十里。有丞，今裁。归可渡巡司管，贵州威宁要道。《通志》：明天启二年，霑益土妇设科等焚劫霑益、傥塘、炎方、松林、交水及曲靖白水驿六站，官军讨之”。

傂奚县 东汉改虒奚县置，属渔阳郡。治所在今北京市密云县东北古北口内潮河西岸。西晋废。

傜山 亦作瑶山，又名大瑶山。即今广西金秀瑶族自治县大瑶山。《清一统志·平乐府》：大瑶山“在修仁县南黄峒山后，丛山叠箐，路险难行。宽袤六七十里。修水自此发源。内有六噶、三定、三片、六段等瑶”。

傍水崖 在今河北抚宁县东北八十里石河之滨。层峦并立，沿河峭壁数仞。《方舆纪要》卷17抚宁县“裂头山”条载：“其西白蕉果山，山前为傍水崖，内平外险。隆庆初，北部黄台吉犯边，自此逸去，帅臣戚继光伏兵邀之，斩获无算。”即此。

傍州 唐贞观二十三年（649）置，治所在今云南双柏县境。辖境约当今云南双柏县地。天宝后废。

傍佳施栏 古国名。在今菲律宾吕宋岛西部蜂牙丝兰。明张燮《东西洋考》卷9“东洋针路”条：玳瑁港“东是傍佳施栏”。《明史·外国列传》作冯嘉施兰。

傍弥潜城 唐南诏置，属剑川节度。在今云南剑川县西南七十二里弥沙乡。白语“傍弥潜”意即弥沙井。宋大理废。

储山 又名储潭山。在今江西赣县西北。《隋书·地理志》：南康郡赣县“有储山”。《寰宇记》卷108虔州赣县：储潭祠“在县北二十里。《南康记》云，晋咸和二年，刺史朱伟率兵赴江州讨苏峻，行至此山，忽有神人曰，余常弋钓于此百余年，帝以我司此山水，府君幸能为立祠宇，当有报焉。伟即为置庙山下。江山回洑浚而成潭，故名曰储潭君庙。及至建业果有功，百姓祈祷至今不绝”。

储元宫 汉上林苑中离宫。在今陕西西安市西。《关中记》列为汉上林苑中十二宫之一。《汉书·王莽传》：地皇元年（20），“坏彻城西苑中建章、承光、包阳、大台、储元宫及平乐、当路、阳禄馆，凡十余所，取其材瓦，以起九庙”。

储秀宫 在今北京市故宫西六宫内东北侧，与翊坤宫、体和殿组成一个院落。明永乐十八年（1420）建。清顺治十二年（1655）重修。为明清两代后妃居住之所。清慈禧入宫被封兰贵人，生同治皇帝于此。慈禧五十寿辰时在此祝寿。

牌头山 在今云南广南县西北五里。《方舆纪要》卷115广南府：牌头山在“府西北五里。峰峦起伏，其右小山连峙如盾，土人筑砦居之”。

牌头镇 即今浙江诸暨市西南三十里牌头镇。清光绪《诸暨县志》卷41《坊宅志》：牌头镇“在二十九都斗子岩下，为婺越通衢。镇东有同文书院”。

牌素巴特 一作牌租阿巴特。即今新疆伽师县。清道光《新疆识略》卷3喀什噶尔：牌素巴特在“城正东一百六十里”。光绪二十九年（1903）于此置伽师县。

牌租阿巴特 又作牌素巴特。即今新疆伽师县。《清一统志·喀什噶尔》：牌租阿巴特“在喀什噶尔城东二百里木什河北”。清徐松《西域水道记》卷1喀什噶尔河：牌租阿巴特，“回语：牌租，天赐也。阿巴特，犹阿尔巴特（回语，欣幸之词）”。

牌湖堤 亦名渒湖堤。在今安徽宿州市东北九十里渒湖上。《新唐书·地理志二》宿州符离：“东北九十里有隋故牌湖堤，灌田五百余顷，显庆中复修。”《金史·地理志》：符离县有“渒湖”。

牌楼屯 亦作牌路屯。即今辽宁海城市东南三十里牌楼镇。清光绪《奉天全省地舆图说图志》海城县图：东南有牌路。

牌楼市 即今江苏太仓市东北牌楼镇。清光绪《江苏全省舆图》镇洋县：“牌楼镇在城东四十里。”因东、西市梢有明代兵部侍郎王倬所建都宪、方伯两座石牌楼，故名。

堡口市 即浦口市。今湖南新宁县东北五十四里堡口乡。

堡川城 北宋政和六年（1116）置，属秦州。在今甘肃会宁县东。

堡里墟 即今广西永福县东南堡里乡。清光绪《广西舆地全图》永福县图：东南有堡里墟。

堡镇 即今上海市崇明县东南堡镇。明时为防倭寇入侵建堡自卫，后发展成镇，遂名堡镇。清有县丞驻守。光绪《江苏全省舆图》崇明县："堡镇在城东南五十里。"

集川县 唐贞观五年（631）置，属羁縻直州。治所在今四川若尔盖县西北境。后废。

集水 在今四川南江县北。《旧唐书·地理志》集州难江县："梁立东巴州，恭帝改为集州。以水为名。"

集龙塘 即今湖南汝城县东北六十五里集龙乡。清光绪《湖南通志》卷1桂阳县（今汝城县）图：县东北有集龙塘。

集尔玛大 清雍正十年（1732）设驿站，在今内蒙古呼伦贝尔市海拉尔区东。西清《黑龙江外纪》卷2：齐齐哈尔至呼伦贝尔所设台站中有"集尔玛人"。

集宁县 ①金明昌三年（1192）以春市场置，属抚州。治所在今内蒙古察哈尔右翼前旗东北巴音塔拉乡土城子村。元为集宁路治。明废。

② 1922年改平地泉招垦局置，属察哈尔特别区兴和道。治所即今内蒙古乌兰察布市集宁区。因以其地为金集宁县、元集宁路之"集宁"为名。1928年划归绥远省。1951年析集宁县城设平地泉镇。1954年划归内蒙古自治区。1956年平地泉镇改为集宁市。1957年撤销集宁县，并入集宁市。2003年撤销乌兰察布盟和县级集宁市，设立地级乌兰察布市，原县级集宁市改置集宁区。

集宁招垦局 亦作平地泉招垦局。1921年置，属察哈尔兴和道。治所即今内蒙古乌兰察布市集宁区。1922年改置集宁县。

集宁海子 又作即宁海子。即今内蒙古察哈尔右翼前旗东北黄旗海。明王鸣鹤《登坛必究》卷23附《大同边图》：集宁海子在大同边外，集宁城（即元集宁路治）东南。明杨铭《正统临戎录》载明英宗被俘北行，自阳和往西北，出后口，行二日至猫儿庄；出大边墙，次日往即宁海子东岸；又行二日，至达子营（指也先驻地官山、九十九泉，今内蒙古卓资县北）。《清一统志·牧厂》以昂古里淖尔（今河北张北县西北的安固里淖）为集宁海子，误。

集宁路 元置，属中书省。治所在集宁县（今内蒙古察哈尔右翼前旗东北巴音塔拉镇土城子）。辖境相当今内蒙古察哈尔右翼前旗及集宁市地。明废。故城遗址尚存。有皇庆元年（1312）"集宁文宣王庙学碑"。

集庆山 在今浙江杭州市西。《清一统志·杭州府一》：集庆山"在钱塘县西。山前路折而南曰飞来峰，曰上中下三竺，三面阻山，中路直辟，若函谷然"。

集庆寺 全称为显慈集庆教寺。南宋淳祐十年（1250）建。在都城临安（今浙江杭州市）西湖积庆山灵隐寺前。为理宗宠妃阎氏功德寺，故又名"阎寺"。殿宇壮丽，远远超过灵隐、天竺诸寺。

集庆路 元天历二年（1329）改建康路置，属江浙行省。治所在上元、江宁县（今江苏南京市）。辖境相当今江苏南京市及江宁、句容、溧水、溧阳、高淳等县地。至正十六年（1356）朱元璋改为应天府。

集州 ①西魏废帝三年（554）改东巴州置，治所在今四川南江县北。《太平御览》卷168引《十道记》："集州以东北有集水，因以为名。"北周天和五年（570）移治难江县（今四川南江县）。辖境相当今四川南江、通江等县地。隋大业初废。唐武德元年（618）复置。天宝元年（742）改为符阳郡。乾元元年（758）复为集州。北宋熙宁五年（1072）废。

②唐渤海国置，治所在奉集县（今辽宁沈阳市东南奉集堡）。辖境相当今辽宁沈阳市东南一带。金废。

③辽置，治所在奉集县（今辽宁沈阳市东南奉集堡）。金废。

集安市 1988年撤销吉林省集安县，改设集安市，市人民政府驻民主路。由通化市代管。

集兴笼城 在今云南嵩明县南。《方舆纪要》卷114嵩明州：集兴笼城"在州南。南诏时，清平官杨祐者，筑梅堂、阿葛笼、蒙琮笼、白笼、集兴笼诸城，周回相望，为犄角之势，抚定蛮民，甚有威绩，此即其所筑也"。

集兴疃池 在今山西广灵县南五里集兴町村附近。《方舆纪要》卷44广灵县：集兴疃池"在县南五里。其水清湛不竭，……并注于壶流川"。

集灵宫 在今陕西华阴市西北。《汉书·地理志》京兆尹华阴县："集灵宫，武帝起。"《水经·渭水注》："敷水又北径集灵宫西……故张昶《华岳碑》称汉武慕其灵，筑宫在其后。"《方舆纪要》卷54谓集灵宫"在华山北麓"。

集纳林 亦作奇纳林屯。在今黑龙江省同江市东北黑龙江南岸勤得利村。清光绪《吉林通志》卷17："东北松花江即混同江南岸，距（富克锦）城三百八十里奇纳林屯。"即此。

集芳亭 北宋置，在今四川广安市北。《舆地纪胜》卷165广安军：集芳亭"在渠江县（今广安县）北二十里。姚平有姚氏名子望者，隐居不仕，放意山水间，奇花异果必力致之，因作亭曰集芳。有熙宁中黎侁为之记，张天觉诗，东坡帖"。

集灵台（臺） 又名长生殿。唐天宝六年（747）建，为华清宫殿堂之一。在今陕西西安市临潼区南华清池内。张祐《集灵台》诗："日光斜照集灵台，红树花迎晓露开。"唐末华清宫建筑皆圮废。

集英殿 北宋东京（今河南开封市）宫殿名。《宋史·地理志》："旧名广政，开宝三年曰大明，淳化间曰含光，大中祥符八年名会庆，明道元年十月改今名。"殿在皇仪殿西，为宴殿。《东京梦华录》卷1称："御宴及试举人于此。"

集贤关 又名脊现关。在今安徽安庆市北。《清一统志·安庆府二》：脊现关“在怀宁县北十八里脊现岭上。县北连山迤逦，至此而为狭岭，置关其上，以扼舒庐之要。按脊现关亦作集贤关”。为太平天国安庆保卫战的重要战场。

集贤驿 在今重庆市万州区东。《方舆纪要》卷69万县：集贤驿“在县东五里，水驿也”。清裁。

集城县 ①唐初置，属怀州。治所在今河南孟津县东南。武德八年（625）省入河阳县。

②唐武德四年（621）置，属盟州。治所在今河南孟州市东南。八年（625）废。

集津仓 在今河南三门峡市东十余里黄河北岸的龙岩村附近，今已沦入水库中。《资治通鉴》：唐开元二十二年（734），转运使裴耀卿因三门峡险阻，常有覆舟之患，在“三门东置集津仓，西置盐仓，凿漕渠十八里以避三门之险”。

集集 即今台湾省南投县东南集集镇。清设集集汛，有外委驻守。乾隆五十一年（1786），天地会首领林爽文大理栈兵败，携家走集集埔。1946年设集集镇。据刘枝万等纂《南投县志稿》说：“所谓‘集集’者，盖聚集生活必须品以交易之谓也。”又说，“集集虽起自番称，汉字之拟定可能有四方之人聚集而来之意”。台湾铁路集集线经此。

集集线 即台湾铁路集集线。从云林县东北二水，经集集至外车埕。长29.7公里。1919年动工修建，1921年建成。

集粮城 一名护当城。即今河南西华县西北护挡坡。《元和志》卷8西华县：集粮城“在县西十里。魏使邓艾营田，筑之贮粮，故名”。

焦 ①西周封国。姬姓。在今河南陕县老城东北侧。春秋时为晋邑。《左传》：僖公三十年（前630），郑烛之武见秦伯曰：“许君焦、瑕，朝济而设版焉。”杜注：“焦、瑕，晋河外五城之二邑。”战国属魏。《史记·魏世家》：襄王五年（前314），秦“围我焦、曲沃”。《正义》引《括地志》云：“故焦城在陕县东北百步古虢城东北隅，周同姓也。”《汉书·地理志》弘农郡陕县：“有焦城，故焦国。”

②西周初封国，姜姓。即今安徽亳州市。《史记·周本纪》：“武王追思先圣王，乃褒封神农之后于焦。”春秋为陈邑。《左传》：僖公二十三年（637），楚成得臣帅师伐陈，“遂取焦、夷，城顿而还”。秦置谯县。《史记·周本纪》裴骃《集解》误作在今河南三门峡市西。

焦山 ①在今山西广灵县东北十五里焦山村。清乾隆《广灵县志》卷1：焦山“系官堡”。

② 在今山西闻喜县东。主峰海拔959米。《清一统志·绛州》载：焦山“在闻喜县东，接绛县界。中条支峰”。

③在今山西大同市北。一说在今内蒙古巴丰镇市南。《辽史·景宗纪》：乾亨四年（982）九月，“甲辰，（耶律贤）猎于祥古山，帝不豫。壬子，次焦山，崩于行在”。

④亦名谯山、樵山。在今江苏镇江市东九里江中。与金山对峙，相距十五里。《舆地纪胜》卷7镇江府：焦山，“唐《图经》云：后汉焦先尝隐此山，因以为名”。《宋史·韩世忠传》：南宋建炎四年（1130），“金兵至，则世忠军已先屯焦山寺”。又同书《瀛国公纪》：德祐元年（1275）七月，“张世杰诸军战焦山下，败绩”。皆此。山巅盘礴处曰焦仙岭，其旁岩洞参差，奇胜不一。金、焦、北固世称京口三山。

⑤在今湖北石首市东。《明史·地理志》石首县：“又东有焦山，下有港，通洞庭湖。”《方舆纪要》卷78石首县“东山”条下：“《志》云，县东六十里有焦山，与东山连麓。其东南即华容县界也。山下有焦山港，通洞庭湖。岸北即调弦口。”

⑥在今湖南永州市冷水滩区西北。《舆地纪胜》卷56永州：焦山，“《晏公类要》云，在州西北一百里。传云是舜南巡所憩之处”。

⑦在今贵州长顺县北二十二里。清有外委驻守。

焦山寺 在今江苏镇江市东焦山上。本名普济寺，南宋景定中重建，改名焦山寺。《宋史·高宗纪三》：南宋建炎三年（1130），“金人至镇江府，韩世忠屯焦山寺邀击之”。即此。清康熙二十三年（1684）改名定慧寺。

焦山港 一名焦山河。在今湖北石首市东。为长江支津。自调弦口分流，经焦山下，入湖南华容县，东南流入洞庭湖。《方舆纪要》卷78石首县“东山”条下：“县东六十里有焦山，……山下有焦山港，通洞庭湖。”

焦山碑林 在今江苏镇江市东北长江中焦山东部的玉峰庵、香林庵、宝墨轩内。碑刻共四百五十八块，其中著名的珍品有大唐润州仁静观魏法师碑、唐德裕瘗舍利石函题记碑、宋熙宁年间的禹迹图碑、宋东坡先生游招隐唱和诗碑、瘗鹤铭碑、宋米芾临王羲之帖兰亭序碑等。西山摩崖有唐、宋以来米芾、陆游等二百多名人题刻。1988年定为全国重点文物保护单位。

焦山寨 在今山西广灵县东北十三里西蕉山村。《方舆纪要》卷44广灵县：焦山寨“在县东北十三里焦山村。洪武中筑寨于此”。

焦门山 在今广东广州市番禺区东南。清光绪《广东图说》卷1香山县：“焦门山又名求雨山，上有炮台，东临东莞县。”清设把总驻守。

焦冈 在今河北武安市西六十里。《资治通鉴》：唐光启二年（886）九月，“李克修攻孟方立，甲午，擒其将吕臻于焦冈，拔故镇、武安、临洺、邯郸、沙河”。即此。

焦石山 即今越南岘港。《隋书·赤土传》：大业三年（607），常骏等“自南海郡乘舟，昼夜二旬，每值便风，至焦石山而过，东南泊陵伽钵拔多洲”。

焦夷县 唐天祐二年（905）为避朱全忠父讳改城

父县置，属亳州。治所在今安徽亳州市东南城父集。《资治通鉴》：唐光启元年（885），“秦宗权寇颍、亳，朱全忠败之于焦夷”。即此。五代梁龙德初改为夷父县。

焦庄户　即今北京市顺义区东北四十四里焦庄户村，属龙湾屯乡。焦庄户地道在抗日战争和解放战争中发挥了重要作用，曾荣获“人民第一堡垒”、“英雄山村”光荣称号。现已修葺为焦庄户地道战纪念馆。

焦圻水　亦名紫港湖。在今湖南华容县西。《清一统志·岳州府一》：焦圻水“接流石首县焦山河，南入洞庭”。

焦护　即焦获（穫）。在今陕西泾阳县西北。《尔雅·释地》：“周有焦护。”

焦村圩　北宋筑。在今安徽宣城市北。

焦村堡　在今安徽广德县西南八十里四合乡焦村。明初于此置广安巡司。

焦园　即今河南南召县西北焦园村。清尹耕云《豫军纪略》卷3：咸丰七年（1857）九月，“自马市坪分窜，其小股百余至焦园、角村”。

焦作市　1925年由修武县析置，治所即今河南焦作市。1938年废市为镇。1945年始置焦作市，1946年复改为镇。1948年改置焦作县，属晋冀鲁豫边区。1949年改置焦作矿区。属平原省新乡专区。1952年划归河南省新乡专区。1956年改设焦作市（地级），由河南省直辖。1958年改为县级市。1974年复升为地级市，改由省直辖。

焦作镇　清宣统二年（1910）置，属修武县。1925年改设焦作市。1938年复改为镇。1945年复设焦作市。1946年又改为镇。1948年改设焦作县。1949年改为焦作矿区，并恢复焦作镇。1956年撤销焦作矿区和焦作镇，复设焦作市。

焦陂镇　又名椒陂镇。北宋置，属汝阴县。在今安徽阜南县东北四十里焦坡集。宋欧阳修有《忆焦陂》诗。

焦虎集　即今河南滑县南焦虎乡。民国《重修滑县志》卷6：“焦虎集，距城六十里。”

焦岩关　明置，在今贵州务川仡佬族苗族自治县东十二里。《方舆纪要》卷122务川县：焦岩关“关北有焦岩渡”。

焦岭关　即蕉岭关。在今福建武夷山市东北，与江西上饶县接界。

焦城　①在今安徽明光市东北六十里紫阳乡附近。《魏书·任城王子元澄传》：景明四年（503），南寇“徐州长史潘伯邻规固淮陵，宁朔将军王燮负险焦城。（党）法宗进克焦城，破淮陵，擒（司马）明素，斩伯邻”。

②在今山东嘉祥县南十五里青山之东。《方舆纪要》卷33嘉祥县“爰戚城”条下：焦城，“《城冢记》：周武王封神农后于焦，盖在此。今其地名焦城村云”。

③在今河南中牟县西南。《水经·渠水注》：役水“东北流径焦城东、阳邱亭西，世谓之焦沟水。《竹书纪年》：‘梁惠成王十六年，秦公孙壮率师伐郑，围焦城，不克。’即此城也”。

焦垫镇　又作集点。即今江苏常州市武进区东北焦溪镇。清光绪《江苏全省舆图》阳湖县图：东有焦垫镇。

焦度楼　在今湖北武汉市武昌城区东南。《南齐书·焦度传》：度镇夏口，沈攸之兵至，“度于城楼上肆言骂辱攸之。……至今呼此楼为焦度楼”。《舆地纪胜》卷66鄂州：焦度楼“在州治东南子城上”。

焦获（穫）　泽薮名。一作焦护。在今陕西泾阳县西北仲山西麓。《尔雅·释地》列为“十薮”之一。《诗经·小雅·六月》：“玁狁匪如，整居焦获。”《史记·匈奴传》：犬戎杀幽王，“遂取周之焦获，而居于泾渭之间”。《正义》引《括地志》：“焦获亦名瓠口，亦曰瓠中。”皆此。另说即今山西阳城县西濩泽。

焦原山　在今山东莒县南四十里。亦名横山，又曰峥嵘谷。俗称青泥衖。《寰宇记》卷24引《尸子》曰：“莒有焦原者，广寻，长五百步，临百仞之溪。”

焦家山　在今江苏仪征市东北。《方舆纪要》卷23仪真县：“焦家山在县东北五里。宋开禧二年，金人寇真州，总辖唐璟决陈公塘，水被真州东北境，敌登焦家山望之，知不可越，引退。”

焦家镇　一作焦家巷。在今陕西周至县东南。清光绪《陕西全省舆地图》盩厔县：焦家镇“在县东南二十五里”。

焦陵陂　又名椒陂。在今安徽阜南县东北焦坡集一带。《水经·淮水注》：“（润水）又东，积而为陂水，东注焦陵陂。”

焦湖　一作漅湖。即今安徽中部之巢湖。《寰宇记》卷126庐州巢县：“巢湖在县西南一十五里，自合肥县经过。一名巢湖，一名樵湖，一名焦湖。云巢县陷为湖。”《陈书·樊毅传》：太建十一年（579），“周将梁士彦将兵围寿阳，诏以毅为都督北讨前军事，率水军入焦湖”。即此。

焦湖镇　在今安徽巢湖市西南，临巢湖。《明史·地理志》无为州巢县：“西南有焦湖巡检司。”

焦源山　在今福建建阳市北三十里。《清一统志·建宁府》：焦源山“岌並峭拔，登者曲折五里始达其巅。《事林广记》以为第三十一福地”。

焦源江　即春陵水。在今湖南常宁市东北六十里。《方舆纪要》卷80常宁县：焦源江“源出蓝山县，北流入境，又东北会于湘水”。《清一统志·衡州府一》：舂水“在常宁县东。今名焦源河”。

焦源坳　在今江西遂川县东。《方舆纪要》卷87吉安府龙泉县：焦源坳“在县东三十里，为南康间道”。

焦源岭　在今湖南江永县西南十五里。《清一统志·永州府一》：焦源岭“以其横亘，亦名横岭。水自岭东出者注潇江，自岭西出者注桃川”。

焦溪关 明洪武二十二年（1389）置，即今贵州镇远县东北蕉溪镇。《清一统志·镇远府》：焦溪关“在府城东三十里”。

焦溪店 在今湖南浏阳市西北蕉溪乡北。《清一统志·长沙府二》“渡头市”条：“焦溪店市在（浏阳）县北三十里。”

焦溪笃住等处长官司 元置，属新添葛蛮安抚司。治所即今贵州镇远县东北蕉溪镇。后废。

焦溪铺 即蕉溪。今贵州镇远县东二十八里蕉溪镇。《清一统志·镇远府·关隘》“宛溪铺”条下有“焦溪铺”。

焦墟 在今江苏邳州市东南。《资治通鉴》：南朝宋泰始三年（467），沈攸之奉诏攻彭城，“攸之至焦墟，去下邳五十余里”。《宋书·沈攸之传》作“迟墟”。

焦篱堡 在今陕西合阳县东二十五里。《资治通鉴》：唐贞元元年（785），“（马）燧与浑瑊、韩游瑰进军逼河中，至焦篱堡”。胡三省注：“焦篱堡，在河中府河西县西。”

焦戴镇 北宋置，属蓝田县。即今陕西蓝田县西南三十里焦岱镇。

郹 春秋时齐地。在今山东南部。《左传》：哀公十年（前485），“公会吴子、邾子、郯子伐齐南鄙，师于郹”。即此。

皖 今安徽省简称。因安徽省旧治安庆系春秋皖国地，后境内又有皖县、皖山（天柱山）、皖水而名。

皖口 亦名南皖口。在今安徽安庆市西北山口乡。当皖河入长江之口，为长江沿岸军事要地。《舆地纪胜》卷46安庆府：皖水，“《元和郡县志》云，西北自霍山县流入，经怀宁县北二里，又东南流二百四十里入大江，谓之皖口”。《三国志·吴书·诸葛恪传》：嘉禾间，“恪乞率众佃庐江皖口，因轻兵袭舒，掩得其民而还”。《资治通鉴》：南朝陈永定三年（559），“遣镇北将军徐度将兵城南皖口”。皆此。宋置皖口镇。

皖口镇 又名南皖口。北宋置，属怀宁县。即今安徽安庆市西北山口乡。古为皖水入江之口，故名。《宋史·刘遇传》：北宋开宝八年（975）灭南唐，“吴兵三万屯皖口，遇会诸路兵破之，擒其将朱令赟、王晖等”。即此。明改为山口镇。

皖山 即潜山。今安徽潜山县西北天柱山。《新唐书·地理志》：怀宁县“有皖山”。北宋王安石有《望皖山马上作》诗。

皖水 一名后河。在今安徽潜山县东。宋王应麟《通鉴地理通释》卷12：“皖水西北自霍山县流经（怀宁）县北二里，又东南流二百四十里入大江。”《方舆纪要》卷26安庆府怀宁县：皖水“在府西。源出潜山，合于潜水。又南至府西石牌市，东至皖口入江，流长三百四十里”。

皖公山 即潜山。今安徽潜山县西北天柱山。《寰宇记》卷125怀宁县：“皖山祠在县治西。按《舆地志》：皖公山神治西北二十里。云周大夫皖伯之神也。《汉书·地理志》云：灊县天柱山，南面有祠。”唐诗人李白《江上望皖公山》诗中云：“奇峰出奇云，秀木含秀气，青冥皖公山，巉绝称人意。”

皖北 指今安徽省北部。旧以皖山（皖公山）分山南为皖南，山北为皖北。安徽简称皖。今通称安徽长江以北地区为皖北，长江以南地区为皖南。

皖北行署区 1949年置，治所在合肥县（今安徽合肥市）。辖境相当今安徽长江以北地区及河南永城、江苏江浦等县地。1952年4月撤销。

皖阳县 唐武德五年（622）置，属舒州。治所在今安徽潜山县北二十二里。《寰宇记》卷125怀宁县：皖阳“以城在水北，故曰皖阳”。七年（624）废。

皖县 西汉置，属庐江郡。治所即今安徽潜山县。东汉建安末为庐江郡治。西晋永嘉末废。

皖城县 唐武德五年（622）置，属舒州。治所在今安徽潜山县北。《寰宇记》卷125怀宁县：皖城“其城居皖水之北，遂号为皖城”。七年（624）废。

皖南 指安徽省南部。今通称安徽长江以南地区。1941年国民党第二次反共高潮期间，在安徽泾县茂林地区伏击北上抗日的新四军，除千余人突围外，八千余人壮烈牺牲，史称“皖南事变”。

皖南土墩墓群 在今安徽南陵、繁昌二县境，由南陵县东南葛林村西的千峰山土墩墓群和繁昌县东南部平铺镇和新林村的万牛山土墩墓群组成。千峰山土墩墓群是商周时期当地居民的公共墓地，现存墓葬九百九十五座，分布面积13平方公里。随葬品有印纹硬陶、原始青瓷器、青铜器及采矿、炼铜的生产工具和铜块等。与邻近的大工山古铜矿遗址、牯牛山古城遗址的出土器物相同，表明墓主可能是矿区的采矿、炼铜工人或是生活在牯牛山古城里的居民。万牛山土墩墓群是西周至春秋的土著公共墓地，面积约6平方公里。其平地掩埋、堆土垒冢的葬俗为吴文化特征之一。出土遗物有印纹硬陶罐、瓿、纺轮，原始青瓷豆、罐，青铜盖罐、鼎、剑等，与湖熟文化晚期遗存相同，反映了当地土著居民的文化面貌，是研究吴越文化的重要资料。2001年定为全国重点文物保护单位。

皖南行署区 1949年置，治所在芜湖县（今安徽芜湖市）。辖境相当今安徽长江以南地区。1952年4月撤销。

粤 今广东省简称。因古代为古百越（粤）之地而得名。

粤王台（臺） 即越王台。故址在今广东广州市越秀山上。唐宋之问有《登粤王台》诗。

粤中地区革命根据地 解放战争时期在粤中地区的革命游击区。范围包括广东江门、鹤山、佛山、高要、开平、恩平、阳江、阳春及新兴、罗定等地。1922年建立共青团和共产党支部。1944年成立广东人民抗日解放军。1949年8月成立粤中临时区党委和粤中纵队，其后配合南下大军解放粤中。

粤东　指今广东省地。因位于古百越（粤）地东部而得名。

粤汉铁路　从广州至武汉。全长1096公里。清光绪二十七年（1901）动工，粤段、湘段分段修筑。1936年全线贯通。今为京广线南段。

粤西　指今广西壮族自治区，为广西之别称。因位于古百越（粤）地西部而名。

粤州　唐贞观四年（630）置，治所在龙水县（今广西宜州市）。辖境相当今广西宜州市大部及罗城仫佬族自治县西南部地。乾封中改为宜州。

粤江　即今广东珠江。

粤秀山　即越秀山。在今广东广州市北越秀公园。

粤桂边革命根据地　在今广东省西南部和广西壮族自治区东南部。是解放战争时期原广东省南路地区（原高雷、钦廉地区）和原广西省东南、中南地区的游击区。初建于抗日战争时期，中共广东南路特委在遂溪县西北部、廉江县东南部、化州县南部先后建立抗日民主政权。1944年成立南路人民抗日解放军，建立了以遂溪为中心的抗日根据地。1947年1月，中共广东区委南路特委提出，以广东廉江和广西博白边境山区为中心，逐步建立粤桂边根据地的任务，并于1947年3月成立粤桂边人民解放军司令部。1947年4月成立粤桂边地方委员会。1949年6月成立中国人民解放军粤桂边纵队，最后配合南下大军解放了湛江等边区城镇。

粤海关　即今广州市海关的旧称。在今广东广州市。

粤海道　1914年依前广肇罗道改置，属广东省。治番禺县（今广东广州市）。辖境约当今广东罗定、云浮、新兴、恩平、台山以东，龙门、增城、东莞、深圳以西，封开、广宁、清远、佛冈以南地区。1920年废。

粤赣湘边革命根据地　解放战争时期粤赣湘边区革命游击区。范围包括广东北部、东部和珠江三角洲部分地区，以及赣南、湘东南地区。中国共产党成立初期在此建立党组织。1949年1月成立中国人民解放军粤赣湘边纵队。在解放战争中，先后建立了以东江、韩江为中心的战略基地，配合野战军解放了粤赣湘边区。

奥山　一名虎头山。在今河南泌阳县东北九十里。《山海经·中山经·中次十一经》：奥山"奥水出焉，东流注于视水"。

奥支水　在今内蒙古巴林右旗或林西县境。《新唐书·白霫传》："避薛延陀，保奥支水、冷陉山。"《方舆纪要》卷18大宁卫：奥支水"出冷陉山南。下流入于潢河。《志》云：东胡之别种曰霫，唐时居鲜卑故地，保据于此"。

奥石河千户所　又作鱼失千户所。明永乐五年（1407）置，属奴儿干都司。在今俄罗斯滨海边疆区东北海岸纳塔河流域。后废。

奥龙河镇　亦名奥龙镇。在今安徽无为县东一百二十里。《明史·地理志》无为州："东有奥龙河镇巡检司。"《清一统志·庐州府》：奥龙河巡司"旧在无为州东一百二十里，后移州东九十里白茅嘴"。

奥吉猛安　金置，属济州路万户（初称隆州）。在今吉林长春市东南石碑岭。《金史·谋衍传》：皇统四年（1144），"其兄活女袭济州路万户，以亲管奥吉猛安让谋衍，朝廷从之"。后废。

奥来山　即嶕崃山。在今河南遂平县西七十里。

奥里米城址　又作咬里没。辽五国部之一。在今黑龙江绥滨县西十八里北岗乡永兴村古城。《辽史·营卫志下》：奥里米国"圣宗时来附，命居本土，以镇东北境，属黄龙府都部署司。重熙六年，以越里吉国人尚海等诉酋帅浑敞贪污，罢五国酋帅，设节使以领之"。元、明时置奥里米站。城址略呈圆角长方形，周长约3224米。北墙保存较完整，夯筑，长912米，残高3—4米，尚存马面十八个，城墙外侧有护城壕。东墙残存部分也有马面，中部偏北有城门并设有瓮城。2001年定为全国重点文物保护单位。

奥里迷站　明初改元奥里米站置，在今黑龙江省绥滨县西十八里敖来河滨奥里米古城。明《辽东志》卷9：海西东水陆城站有奥里迷站。

奥南暗沙　在南海中中国南沙群岛内，为南薇滩东侧的暗沙。水深约8米。1935年公布名称为阿利那滩。1947年改名奥南暗沙。

奥喜县　唐渤海置，为郏州治。治所在今黑龙江省哈尔滨市阿城区。辽废。

奥援暗沙　在南海中中国南沙群岛内，位于南威岛南23海里。为一群散列暗礁，水深6.4米。1935年公布名称为湾滩。1947年改名奥援暗沙。

〔丿丿〕

街口镇　在今安徽歙县东南，街源河入新安江口，东接浙江淳安县界。宋淳熙《新安志》卷3歙县《镇寨》："街口镇在南百里。"明置巡司于此。

街子场　即今四川崇州市西北六十里街子镇。五代后蜀置永康县于此。

街西　一名西街。即隋、唐长安城承天门街、朱雀街一线以西的街道总称。在今陕西西安市。唐郑谷有《街西晚归》诗。

街河市　即今湖北松滋市南三十八里街河市镇。清光绪《湖北全省分图》：松滋县有街河市。

街泉县　西汉置，属天水郡。治所在今甘肃张家川回族自治县西北。东汉废。《续汉书·郡国志》略阳县有"街泉亭"。

街泉亭 即街亭。西汉街泉县故治。在今甘肃张家川回族自治县西北。《续汉书·郡国志》：汉阳郡略阳县“有街泉亭”。

街亭 ①又作街泉亭。在今甘肃张家川回族自治县西北。《三国志·蜀书·诸葛亮传》：建兴六年(228)，“魏明帝西镇长安。命张郃拒亮，亮使马谡督诸军在前，与郃战于街亭。谡违亮节度，举动失宜，大为郃所破”。即此。

②在今甘肃天祝藏族自治县北，庄浪河北岸。《十六国春秋辑补》卷89南凉录：秃发乌孤太初元年（东晋隆安元年，即公元397年），“曜兵广武，攻克金城，(吕)光遣将军窦苟来伐，战于街亭，大败之”。即此。《水经·河水注》：“逆水出允吾县参街谷，东南径街亭城南。”逆水即今庄浪河。

街顿宗 即沙丁宗。治所即今西藏边坝县西北沙丁。

街埠市 在今湖北武汉市新洲区西南阳逻镇北界埠村。《清一统志·黄州府》：街埠市“在黄冈县西北一百三十里”。

街基 亦作改金、街津屯。因山得名。即今黑龙江省同江市东北街津口赫哲族乡。清光绪《吉林通志》卷55：“街基地方，一名街津，属三姓，富克锦城之东，距城三百里。”赫哲人世代居此，以盛产鳇鱼著称。

御（禦）儿 亦作蘌儿、语儿。又称就李、檇李、醉李。春秋越国地，在今浙江桐乡市西南崇福镇东南。《国语·越语一》：“句践之地，南至句无，北至御儿，东至于鄞，西至姑蔑，广运百里。”《史记·东越列传》：“楼船将军率钱唐辕终古斩徇北将军，为御儿侯。”《正义》：“御字今作‘语’。语儿乡在苏州嘉兴县南七十里，临官道也。”汉袁康《越绝书》卷8：“语儿乡，故越界，名曰就李。”《国语·吴语》：“吾用御儿临之。”均此。

御马厂 亦名上都牧厂。清置，属上驷院。驻地在博罗和屯（今内蒙古正蓝旗南上都河东黑城子村）。《清一统志·牧厂》：御马厂“亦名上都牧厂。在独石口东北一百四十五里博罗城。东西距一百三十里，南北距一百九十七里”。后废。

御马苑 在今北京市东北二十里东坝。《方舆纪要》卷11大兴县：“御马苑在京城外郑村坝等处，牧养御马大小二十所，相距各三四里，缭以周垣，垣中有厩，垣外地甚平旷。自春至秋，百草繁茂，群马畜牧其间，生育蕃息。”《日下旧闻考》卷88：“郑村坝即东坝，又名坝上。”

御龙观 曹魏筑。在今河北临漳县西南古邺北城北部。《十六国春秋辑补》卷19《后赵录》：东晋永和五年（349），冉闵“使尚书王简、少府王郁，帅众数千，守（石）鉴于御龙观，悬食给之”。

御龙城 在今河南临颍县东北十五里豢龙村。《左传·襄公二十四年》：范宣子曰：“昔匄之祖……在夏为御龙氏。”《左传·昭公二十九年》：“有刘累学扰龙于豢龙氏，以事孔甲，能饮食之。夏后嘉之，赐氏曰御龙。”《清一统志·许州一》：御龙城“在临颍县北十五里。亦名豢龙城”。

御史渠 在今宁夏银川市东北。《新唐书·吐蕃传》：大历十三年（778），“虏大酋马重英以四万骑寇灵州，塞汉、御史、尚书三渠以扰屯田”。《方舆纪要》卷62宁夏镇：御史渠“在镇东北黄河外。《唐史》：郭子仪请开丰宁军御史渠，溉田二千顷，是也”。

御（禦）夷镇 北魏太和中置，与沃野、怀朔等为北魏六军事重镇之一。在今河北赤城县北独石口镇之南猫峪堡西南一里。《水经·沽水注》：“大谷水又南径独石西，又南径御夷镇城西。魏太和中置，以捍北狄也。”

御花园 原名宫后苑。在今北京市故宫坤宁宫北。正中有坤宁门和园内相通。东南、西南分设琼苑东门和琼苑西门，可通东西六宫。北有顺贞门，是宫墙北并列的三座琉璃门，门外为神武门。园内中心建筑为钦安殿，是明代嘉靖时遗物，祭祀道教神灵玄天上帝。殿后左方为太湖石叠砌的堆秀山，上筑御景亭，每逢重阳节帝后在此登高。殿后右方为延晖阁，与御景亭遥相对峙。园内有殿、阁、亭、台二十多座，松、柏、槐、桐等古树一百六十多棵。还有大量花卉、盆景和五色石子甬道，是一处以建筑物为主体的宫廷式花园。

御帐坪 在今山东泰安市北泰山三磴崖东北。清聂钕《泰山道里记》称：“为宋真宗驻跸处。”石梁曲折，流泉绕之，境颇幽绝。

御（禦）国山 在今福建长乐市东。明王应山《闽都记》卷26长乐县：御国山“一负巨浸若藩内地状。御国者，卫国也。岛夷人入贡必登望，以识海道”。《方舆纪要》卷96福州府长乐县：御国山在“府东七十里。蹲峙海滨，高出云表，俨如捍卫。夷船入贡，每视此为准。俗称牛角山”。

御河 ① 隋代通济渠的别称。

②宋元时期专指今河北、河南境内的卫河，即隋所开的永济渠的一部分。《元史·河渠志一》：“永济河在清池县西三十里，自南皮县来，入清州，今呼为御河。”

③即玉河。元名金水河。明、清名御河。今北京市城内、外金水河。

④在今江苏南京市东南隅，明皇城内。《方舆纪要》卷20江宁县“护龙河”条下：“又有御河，在皇城内。明时所凿，出东安门外有柏川桥，合于城壕。”

御（禦）侮城 唐太和中建，在今四川荥经县西。《新唐书·李德裕传》：“作御侮城，以控荣经犄角之势。”

御亭 即今江苏苏州市吴中区西北望亭镇。三国吴孙权所立。《晋书·王舒传》：东晋咸和三年（328）苏峻之乱，王舒假顾飏“监晋陵军事，于御亭筑垒”。《寰宇记》卷92常州无锡县：御亭驿“吴大帝所立，梁庾肩吾诗云：‘乡亭一回望，风尘千里昏。’即此也。开皇九年置为驿，十八年改为御亭驿，李袭誉改为望亭驿”。

御屏山 在今贵州万山特区东北。《方舆纪要》卷122思州府施溪长官司：御屏山在“司北里许”。

御息湖 即诏息湖。在今浙江杭州市东北。宋《淳祐临安志》卷10引《祥符经》云：御息湖“在仁和县东北一十八里。周回三里。故老相传：秦始皇东游，暂憩于此，因以为名”。

御爱山 在今陕西凤县凤州镇东北三十里。《方舆纪要》卷56凤县“九峰山”条：御爱山，“韦庄载《入蜀记》：僖宗西幸，尝爱其雄秀，因名”。

御羞苑 疑即御宿苑。西汉长安苑囿。在今陕西西安市长安区南。《汉书·百官公卿表上》：“水衡都尉，武帝元鼎二年初置，掌上林苑，有五丞。属官有上林、均输、御羞、禁圃……。”注：“如淳曰：‘御羞，地名也，在蓝田，其土肥沃，多出御物可进者，《扬雄传》谓之御宿……。’师古曰：‘御宿则今长安城南御宿川也，不在蓝田。羞、宿声相近，故或云御羞，或云御宿耳。’”

御宿 西汉武帝时园名，在今陕西西安市长安区南。《汉书·元后传》：“夏游御宿、鄠、杜之间。”又《扬雄传》：“武帝广开上林，南至宜春、鼎胡、御宿、昆吾。”《三辅黄图》卷4：“御宿苑，在长安城南御宿川中。汉武帝为离宫别馆，禁御人不得入。往来游观，止宿其中，故曰御宿。”

御宿川 在今陕西西安市长安区南。《三辅黄图》卷4：“御宿苑，在长安城南御宿川中。汉武帝为离宫别馆，禁御人不得入。往来游观，止宿其中，故曰御宿。”《资治通鉴》：唐广德元年（763），吐蕃入长安，“郭子仪引三千骑自御宿川循山而东”，即此。

御宿苑 西汉都城长安苑囿。在今陕西西安市长安区南。《汉书·扬雄传》：“武帝广开上林，南至宜春、鼎胡、御宿、昆吾。”师古注：“御宿在樊川西。”《三辅黄图》卷4：“御宿苑，在长安城南御宿川中。汉武帝为离宫别馆，禁御人不得入。往来游观，止宿其中，故曰御宿。”

御窑厂窑址 在今江西景德镇市珠山之南。始建于明洪武二年（1369），毁于清宣统三年（1911）。期间朝廷常驻陶官监制解京专供皇室御用。规模宏大，分工精细，工艺高超。厂区垣周2.5公里，中有大堂，后有轩、寝，高埠有亭。大堂左有官署，前有仪门、鼓楼、照壁，东西有大库房、作坊、窑房数十座。生产御瓷品种有缸、瓮、砖、盘、碟、碗、罐、瓶、坛、盏、钟、炉盒等，饰以鸟兽花草，描花、堆花，有暗花、锥花、玲珑等。是我国烧造时间至长、规模至大、工艺至精的官办瓷厂。产品为传世珍宝，收藏于中外博物馆。大堂建筑已不存，唯龙珠阁尚在，是瓷都御窑厂的象征，周围还有少数作坊遗迹，是研究古瓷生产的珍贵史料。2006年定为全国重点文物保护单位。

御谋城 北宋崇宁三年（1104）筑，属延安府。在今陕西子长县西安定镇西北一百五里。金废。

循化厅 清乾隆二十七年（1762）于循化营城置，属兰州府。治所在积石镇（今青海循化撒拉族自治县）。五十七年（1792）划归西宁府。1913年改为循化县。

循化县 1913年改循化厅置，属甘肃西宁道。治所即今青海循化撒拉族自治县。清嘉庆《循化志》卷1：“以生番归化之故”而得名。1928年改属青海省。1954年改为循化撒拉族自治区。1955年改为循化撒拉族自治县。

循化城 北宋崇宁二年（1103）改一公城置，属河州。在今甘肃夏河县北。宣和元年（1119）改属乐州。金属积石州。后废。

循州 ①隋开皇十年（590）置，治所在归善县（今广东惠州市东北五里）。《元和志》卷34：“取循江为名。”辖境相当今广东罗浮山以东的东江流域和螺河水流域以西、九连山以南至沿海地区。大业初改为龙川郡。唐武德五年（622）复为循州。五代南汉改为祯州。

②五代南汉乾亨元年（917）置，治所在龙川县（今广东龙川县西南佗城）。宋辖境相当今广东龙川、和平、兴宁、五华、连平等县市地。元世祖至元十三年（1276）改为循州路，二十三年（1286）复降为循州。明洪武二年（1369）废。

循州路 元世祖至元十三年（1276）置循州安抚司，十六年改循州路，属江西行省。治所在龙川县（今广东龙川县西南佗城）。辖境相当今广东龙川、和平、兴宁、五华、连平等市县地。二十三年（1286）复改为循州。

循江 即今广东龙江、东江。《元和志》卷34兴宁县：循江“西自河源县界流入，西去县五十里”。

循鲜城 汉代西域罽宾国都城。在今克什米尔潘德勒坦。《汉书·西域传》：罽宾国“王治循鲜城”。

循德县 唐武德四年（621）改阳德县置，属柳州。治所在今广西来宾市东南古郎山下。贞观十二年（638）属严州。北宋初废。

循德郡 唐天宝元年（742）改严州置，治所在来宾县（今广西来宾市东南城厢）。辖境相当今广西来宾市东部地。乾元元年（758）复为严州。

徧城郡 ①亦作偏城郡。北魏太和元年（477）置，属延州。治所在广武县（今陕西延安市东北甘谷驿镇附近）。辖境相当今陕西延安市中部和北部地。隋开皇三年（583）废。

②东魏武定元年（543）置，治广武县（今北京市昌平区西境）。北齐废。

惩非镇 北宋置，属犍为县。在今四川犍为县西南二十里清溪镇。大中祥符四年（1011）曾徙犍为县治此。

惩洋港镇 即征祥港镇。旧属阜宁县，即今江苏射阳县西北二十八里通洋乡。

〔丿丶〕

舒 西周、春秋时小国。偃姓。在今安徽庐江县西南城池埂。《春秋》：僖公三年（前657），“徐人取舒”。杜注：“舒国，今庐江舒县。”后灭于楚。西汉置舒县。

舒兰市 1992年撤销吉林省舒兰县，改设舒兰市，市人民政府驻舒兰大街。由吉林市代管。

舒兰县 清宣统二年（1910）置，属吉林府。治所在朝阳川（今吉林舒兰市西南朝阳镇）。民国郭熙楞《吉林汇征》：舒兰县“以其地有舒兰河站。为省北台站之一，土名朝阳川。满语舒兰，果实也”。1913年属吉林省吉长道。1929年直属吉林省。1940年移治四家房（今吉林舒兰市）。1992年改设舒兰市。

舒兰河站 又作舒兰站。清置，故址在今吉林舒兰市西南溪河镇。《清一统志·吉林二》“金州鄂佛罗站”条下：“又西北六十里至舒兰河站。”

舒兰站 即舒兰河站。在今吉林舒兰市西南溪河镇。《清史稿·地理志》舒兰县：“宣统元年，置于舒兰站。”

舒州 ①春秋时齐地。亦作徐州或徐州。在今山东滕州市南。《春秋》：哀公十四年（前481），“齐陈恒执其君，寘于舒州”。一说在河北大城县界。《史记·齐太公世家》作徐州。《鲁周公世家》作徐州。

②北周大象二年（580）改豫州置，治所在汝南郡（即今河南汝南县）。隋开皇初复改豫州。

③隋开皇十六年（596）置，治所在广宁县（后改汝北县，即今河南新蔡县）。大业初州废。唐武德四年（621）复置。贞观元年（627）废。

④唐武德四年（621）改同安郡置，治所在怀宁县（今安徽潜山县）。辖境相当今安徽安庆、怀宁、潜山、岳西、宿松、太湖、望江、桐城、枞阳等市县地。天宝元年（742）复为同安郡。至德二年（757）改为盛唐郡，乾元元年（758）复为舒州。南宋绍兴十七年（1147）改为安庆军。

舒县 西汉置，为庐江郡治。治所在今安徽庐江县西南三十里城池埂。三国时废。西晋复置，治所移今舒城县。南朝梁废。

舒鸠 西周、春秋群舒之一。偃姓。在今安徽舒城县。《春秋》：襄公二十五年（前548），“楚屈建帅师灭舒鸠”。

舒城县 ①隋开皇十六年（596）置，属舒州。治所在今河南新蔡县北。大业初废。唐武德四年（621）复置，贞观元年（627）废。

②唐开元二十三年（735）置，属庐州。治所即今安徽舒城县。元属庐州路。明属庐州府。民国初属安徽安庆道。1928年直属安徽省。

舒哈河 在今青海格尔木市东南，为格尔木河东源舒尔干河。《清史稿·地理志》青海和硕特部西右翼中旗：舒哈河“自旗西无名海子流出，西北入于沙”。

舒眉莲港 指今越南南部平定省东南之归仁县。《元史·占城传》：世祖至元二十一年（1284），唆都领军回，“江淮省所遣助唆都军万户忽都虎等至占城唆都旧制行省舒眉莲港，见营舍烧尽，始知官军已回”。

舒班多 即硕般多。今西藏洛隆县西硕督镇。《清一统志·西藏》喀木诸城：舒班多城“在巴塘城西北一千一百五十五里”。

舒都厅 清光绪三十四年（1908）置，治所在今内蒙古牙克石市东南兔渡河。后废。

舒勒河屯 在今黑龙江省依兰县东北舒乐村对岸。清光绪《吉林通志》卷17屯镇：“正东距（三姓）城四十八里舒勒河屯。”即此。

舒啸亭 在今江西德兴市东雷山颠。北宋苏轼有“胜览雷山舒啸亭”诗句。

舒庸 春秋时小国。群舒之一。偃姓。在今安徽舒城县西南。《春秋》：成公十七年（前574），“楚人灭舒庸”。

舒溪 一名舒姑溪。即今安徽黄山市黄山区西北青弋江上游。《方舆纪要》卷27石埭县：舒溪“在县治北。自太平县西北弦歌乡流入县舒西乡，又东与盖山、清水诸水合流，其间潭洞不一，县境之水，皆流合焉。派衍四注，复东入太平县界，合于麻川而入泾县界，下流为清弋江。至芜湖县之鲁港，入于江”。青弋江上源清溪、佘溪（今名茶溪）诸水合流后，称为舒溪。以在盖山上舒姑泉为名。今已大部没入太平湖。

舒蓼 春秋时小国。群舒之一。偃姓。在今安徽舒城县至庐江县东古龙舒城之间。《左传》：文公十四年（前613），“楚庄王立，子孔、潘崇将袭群舒，使公子燮与子仪守，而伐舒蓼”。

舒藩河 在今俄罗斯滨海边疆区乌苏里斯克（双城子）附近，为绥芬河的支流。《清一统志·吉林一》“绥芬河”条下：“舒藩河，在（宁古塔）城东南五百余里。源出东南荒山，东南流入绥芬河。”

畲禾岭 在今广东化州市西北。《方舆纪要》卷104化州：畲禾岭“在州西百五十里。岭高广，瑶人以为畲田，种禾其上。成化二年，‘贼’梁定屯此，寻降”。

畲坑墟 即今广东梅县西南之畲江镇。清光绪《嘉应州志》卷4：畲坑堡在“城西南八十里。有畲坑墟汛，西界兴宁县”。

逾（踰）越山 又名明越山。在今重庆市西北。《方舆纪要》卷69重庆府巴县：逾越山“在府西七十里。其峰峻拔，高出众山，因名”。

翕 在今河南内黄县东北二十里吉村。西汉景帝中元三年（前147），封降汉之匈奴王邯郸为翕侯。武帝元光四年（前131）免。同年又封降汉之匈奴相国赵信为翕侯。元朔六年（前123）免。

殽山　①即教山。在今山西绛县东南。《方舆纪要》卷41绛县：殽山“县东南八十五里。亦曰效山，又讹为罩山。即《山海经》所云‘教山，教水出焉’者也”。

②一作崤山。在今河南洛宁县西北六十里。《春秋》：僖公三十三年（前627），“晋人及姜戎败秦师于殽”。《吕氏春秋·有始览》：“天下九塞，殽其一也。”

殽黾　一作崤渑，又称崤塞、二崤。在今河南陕县东南、渑池县西。为崤山、渑池间东西交通要隘。《汉书·周亚夫传》：景帝三年（前154），吴、楚反。赵涉遮说亚夫，“吴王素富，怀辑死士久矣。此知将军且行，必置间人于殽黾陀陿之间”。

殽函　一作崤函。为殽山与函谷关的合称。相当今陕西潼关以东至河南新安县地。峻阜绝涧，阪道迂回，形势险要。《史记·陈涉世家》：“褚先生曰：吾闻贾生之称曰：‘秦孝公据殽函之固。’”《集解》韦昭曰：“殽谓二殽；函，函谷关也。”张衡《西京赋》：“左有殽函重险桃林之塞。”皆此。

殽陵　一作崤陵。即殽山。在今陕西潼关县以东至河南新安县间。《左传·僖公三十二年》：“殽有二陵焉”。杜注：“大阜曰陵。”

殽渑　即殽黾。在今河南陕县东南、渑池县西。《资治通鉴》：西汉景帝前三年（前154），作“殽渑陀陿之间”。

殽塞　即殽黾。战国属秦。在今河南陕县东南、渑池县西。《战国策·秦策二》：苏秦说秦王，甘茂“自殽塞、溪谷，地形险易，尽知之”。

番（番pó）　①春秋楚置，即今江西鄱阳县。《史记·楚世家》：楚昭王“十二年，吴复伐楚，取番”，即此。秦置番县。

②亦作蕃。藏文音译。指西藏远古某地区，或指吐蕃即西藏地区，或指大蕃即藏族聚居地区。

番山（番pān）　在今广东广州市东南隅。或曰即今越秀山。《水经·泿水注》：“交州治中合浦姚文式问云：何以名为番禺？答曰：南海郡昔治在今州城中，与番禺县连接。今入城东南偏有水坈陵，城倚其上，闻此郡人名之为番山，县名番禺，傥谓番山之禺也。”《清一统志·广州府》：番山“在番禺县城东南。……明黄佐番禺二山小记，番山在番禺邑东南一里。峰峦圆秀，北一里曰禺山，二山相连如城，南汉时刘龑凿平之，积石为朝元洞，后改曰清虚洞”。1954年在越秀山五层楼后发现晚唐墓，墓志载：天祐三年（906）改葬于“番山之左，越井之下”。则番山当即今越秀山。

番禾县　①西晋改番和县置，属武威郡。治所在今甘肃永昌县西二十里水磨关南二里水寨城（俗称白虎城）。十六国后凉升为番禾郡。

②唐武德二年（619）改番和县置，属凉州。治所在今甘肃永昌县西二十里水磨关南二里水寨城（俗称白虎城）。咸亨元年（670）为雄州治。调露元年（679）又属凉州。天宝元年（742）属武威郡，三年（744）改名天宝县。

番禾郡　十六国后凉升番和县置，属凉州。治所在今甘肃永昌县西二十里水磨关南二里水寨城（俗称白虎城）。《晋书·吕纂载记》：吕弘“改封番禾郡公”。即此。北魏改名番和郡。

番州（番pān）　①隋仁寿元年（601）改广州置，治所在南海县（今广东广州市）。辖境相当今广东东至翁源、龙门、增城、东莞、宝安、深圳等市县；北至南雄、仁化、乐昌等市县；西至乳源、英德、怀集、广宁、四会、佛山、高鹤、开平、台山等市县；南至海。大业三年（607）改为南海郡。

②唐武德四年（621）置，治所在曲江县（今广东韶关市西一里武水西岸）。辖境相当今广东韶关、曲江、始兴、乐昌、翁源、南雄等市县地。寻改为东衡州。

番汗县　亦作潘汗。西汉置，属辽东郡。治所即今朝鲜平安北道博川城南十里博陵城。《汉书·地理志》注：应劭曰“番音盘”。师古曰“汗音寒”。三国魏废。

番阳县（pó）　西汉改番县置，属豫章郡。治所在今江西鄱阳县东北古县渡镇。《汉书·地理志》作“鄱阳”，乃后人从《续汉书·郡国志》增邑旁。

番吾　①战国赵邑。在今河北平山县东南。《史记·赵世家》：烈侯六年（前403），“番吾君自代来”。《正义》引《括地志》：“番吾故城在恒州房山县（即今河北平山县）东二十里。”后置县。《韩非子·外储》作播吾。《史记·六国年表》作鄱吾。

②在今河北磁县境。《战国策·赵二》：苏秦曰，“秦甲涉河逾漳，据番吾，则兵必战于邯郸之下矣”。又《史记·赵世家》：赵王迁四年（前232），“秦攻番吾，李牧与之战，却之”。

番吾县　战国赵置，在今河北平山县东南。《战国策·赵策二》：武灵王曰，“寡人始行县，过番吾”。西汉改为蒲吾县。

番县　秦置，属九江郡。治所即今江西鄱阳县。《史记·项羽本纪》：“番君吴芮率百越佐诸侯。”《集解》引韦昭曰：“吴芮为番令，故号曰番君。”西汉改作番阳县。

番陇　即今贵州台江县东北方陇塘。清雍正六年（1728）置番陇土千总。

番纳牟山　在今贵州盘县（红果镇）北。《方舆纪要》卷121普安州：番纳牟山在“州治西北。州之镇山也。驿道经此，一名云南陂。陂陀相续，往来者行石齿中”。

番招汛　清置，属台拱厅。即今贵州台江县东方召乡。旧有把总、外委驻守。

番招铺　在今贵州台江县西南。《清一统志·镇远府》“宛溪铺”条：“番招铺，皆台拱同知（驻今贵州台江县）管理。”雍正十二年（1735）包利、红银领导苗民与清军激战于此。

番国故城遗址　在今河南固始县城及城北一带。故城分内外两城，内城位于外城的东北部，两城的土城墙大部尚存。外城周长13.5公里，有北门。东城紧贴史河西岸，河为自然护城河。外城南墙已不存，其护城河依稀可辨。内城东、北墙利用外城的东北墙，西、南墙另行修筑。内城周长6.5公里。在番国城址内外出土大批春秋战国时期青铜器、陶器和四枚楚国"郢爰"等文物。1978年在遗址东南三里处的侯古堆春秋大墓出土一套编钟（九枚），编钟上铸有"番子臣周"铭文。"番"是楚国灭蓼后扶持的小国，番都称为楚邑，即为该城址。番国故城遗址的发现对研究东周时期城池建设、淮河流域小国的历史、中原文化与楚文化的关系等具有重要意义。2001年定为全国重点文物保护单位。

番和县　西汉置，属张掖郡，为农都尉治。治所在今甘肃永昌县西二十里水磨关南二里水寨城（俗称白虎城）。西晋改名番禾县。隋开皇三年（583）复置番和县，属凉州。大业初属武威郡。唐武德二年（619）又改名番禾县。

番和郡　北魏改番禾郡置，属凉州。治所在彰县（今甘肃永昌县西二十里水磨关南二里水寨城，俗称白虎城）。辖境约当今甘肃金昌市地。北周废。

番禺市　1992年改番禺县置，治今广东省广州市番禺区市桥镇。2000年撤销，改设广州市番禺区。

番禺县（番 pān）　秦始皇三十三年（前214）统一南越后置，为南海郡治。治所即今广东广州市。《水经·泿水注》："姚文式问云，何以为番禺？答曰：南海郡昔治在今州城中，与番禺县连接，今入城东南偏，有水坈陵，城倚其上，闻此县人名之为番山。县名番禺，倘谓番山之禺也。"而《初学记》卷8引《南越志》称："番禺县有番、禺二山，因以为名。"此皆附会之辞。据《山海经·海内南经》载："桂林八树，在番禺东。"郭璞云："今番禺。"《续汉书·郡国志》注引《山海经》作"贲禺"。《文选·游天台山赋》注引作"贲隅"。《水经·泿水注》："泿水东别径番禺，《山海经》谓之贲禺者也。"可知贲禺、贲隅或番禺应是古越语译音的不同写法。或释为盐村。秦末赵佗割据岭南，自立为南越王都此。东汉建安十五年（210）为交州治所。三国吴为广州治所。隋开皇十年（590）废。唐初复置，与南海县同为广州治。北宋开宝五年（972）废入南海县。皇祐三年（1051）复置，仍为广州治。元与南海县同为广州路治。明、清为广州府治。民国初为广东粤海道治。1920年直属广东省。1921年于番禺县置市政厅，1925年置广州市。1933年移治今广州市番禺区东北新造镇。1945年移今番禺区（市桥镇）。1992年改设番禺市。2000年改设广州市番禺区。

番禺城（番 pān）　南越赵佗都城。在今广东广州市内。《汉书·地理志》南海郡番禺："尉佗都"，即此。

番须口　在今陕西陇县西北五十里、甘肃华亭县南关口乡。《后汉书·来歙传》：建武八年（32）春，歙与征虏将军祭遵袭略阳，"伐山开道，从番须、回中径至略阳"。即此。

释迦文佛塔　俗称广化寺塔。在今福建莆田市南郊广化寺东侧。《清一统志·兴化府》载：灵岩广化寺"在莆田县城南。陈时邑人郑露舍宅建。唐景云初赐名灵岩，柳公权书额。宋太平兴国初改赐今额。寺有十奇"。释迦文佛塔建于南宋乾道元年（1165）。仿木构楼阁式石建筑，八角五层空心。高36米。第一层东西两面开门，其余设佛龛，第2—5层，四面开门并设佛龛。外形玲珑轻巧，古朴庄重。塔身雕刻丰富，须弥座、门龛两旁、回廊阑板浮雕侏儒、罗汉、金刚武士、观音菩萨、飞仙、双头羽人、凤凰、狮子，以及各种花草图案，刻工精巧，形象生动。1988年定为全国重点文物保护单位。

释迦寺　在今河北蔚县城南关。南向。据寺内出土碑记考证，元代已称"释迦禅寺"。明洪武年间（1368—1398）扩建。现中轴线上有天王殿、大雄宝殿、卧佛殿，另有东西配殿和部分禅房。从梁架结构和外观推断，大雄宝殿为元代建筑，覆斗形藻井，制作精美。2001年定为全国重点文物保护单位。

释迦泊　在今内蒙古河套北塞外。《资治通鉴》：唐会昌二年（842），河东奏："回鹘兵至横水，杀掠兵民，今退屯释迦泊东。"李德裕上言："释迦泊西距可汗帐三百里"。胡三省注："乌介时移帐保错子山。"

释燕（鷰）县　唐贞观元年（627）置，属郎州。治所在今贵州遵义市西南。后废。十三年（639）复置，属播州。十四年（640）改名胡刀县。

鸽子洞　在今辽宁喀喇沁左翼蒙古族自治县东北水泉乡瓦房村西南唐山峭壁上。1965—1975年在此发掘出典型的旧石器时代洞穴遗址，发现三百余件打制石器、灰烬、烧石、烧骨及披毛犀、羚羊等大批更新世晚期动物化石。为距今十万余年的原始人遗址。

禽乡县　南朝宋置，属高凉郡。治所当在今广东阳春或恩平、阳东等市县境。南齐以后废。

禽水　在今江西南康市西北。《明一统志》卷58南安府：禽水"在南康县治西北。源出禽山，东流至南野口入章江"。

禽昌县　北魏太平真君二年（441）改禽昌郡置，属平阳郡。治所在今山西临汾市。北周移治今临汾市东南。隋大业二年（606）改为襄陵县。

禽昌郡　北魏神䴥元年（428）置，治所在今山西临汾市。太平真君二年（441）降为禽昌县。

舜山　①又名历山、舜柯山。即今江苏无锡市西郊惠山。清光绪《无锡金匮县志》卷2："舜山一名历山，山下为历村，或云上有舜田，不种而禾，岁恒产一二穗。又有舜井。其西为柯山，两山连而其峰相望，土人合名之曰舜柯山。《风土记》：吴仲雍六世孙柯相之所治也。”

②即虞山。在今广西桂林市东北五里虞山。《舆地纪胜》卷103静江府：舜山“在城北。有舜庙并唐人碑”。唐人碑即韩云卿建中元年（780）建舜庙碑。

舜井　①在今山西永济市蒲州镇东南。据明李贤《大明一统志》卷20平阳府《山川》：舜井“在蒲州东南二里。井二，东西相距。宋真宗名为广孝泉。王钦若撰碑”。

②在今山东济南市历下区。《寰宇记》卷19齐州：“舜井，在县东百步。舜所穿之井也。”

③在今安徽东至县北。《寰宇记》卷105池州：“舜井城，在（建德）县南四里。旧传帝尧南巡至此城。梁武于此城立太原府，隋废府。今城中有舜井焉。”

④在今浙江上虞市治百官镇。《舆地纪胜》卷10绍兴府：舜井“在上虞（今丰惠镇）西北三十五里兴教寺，傍有象田，或者以为的对”。

⑤在今湖南东安县西舜皇山上。唐朱庆余有《舜井》诗。宋高似孙《剡录》卷4《古奇迹》：舜井“井二，在舜皇山。井中有虵，生角。今为沙土所翳。朱庆余《舜井》诗：‘碧甃磷磷不记年，青箩镍在小山颠。向来不视千寻水，疑若苍梧万里天。’”

舜井城　在今安徽东至县。《寰宇记》卷105建德县：舜井城“在县南四里。旧传帝尧南巡至此城。梁武于此城立太原府。隋废府。今城中有舜井焉”。

舜华山　在今广西灵川县北。《方舆纪要》卷107灵川县：舜华山“在县西二十里。一名舜山。山多峰岫如冠笏，亦与尧山相望。中有月华岩，亦曰月华山，以岩洞如月窟也。下有池曰舜池”。

舜江　即姚江。在今浙江余姚市境。《方舆纪要》卷92余姚县：姚江“在县治南，阔四十丈……一名舜江”。明末余姚人朱之瑜号舜水先生，即以此名。

舜庙　在今湖南宁远县南六十里九疑瑶族乡境内舜源峰北麓。《史记·五帝本纪》：舜“南巡狩，崩于苍梧之野，葬于江南九疑，是为零陵”。祠庙建于宋。原有仪门、拜亭、正殿、寝殿等，今仅存仪门、拜亭、寝殿部分建筑。“帝舜有虞氏之陵”碑两侧碑林犹存部分碑刻。殿前古香杉、古槠树已枯凋。庙后舜源峰，庙前娥皇、女英双峰玉立，清泉飞流，环境秀丽。舜帝庙遗址2006年定为全国重点文物保护单位。

舜皇山　在今浙江嵊州市北二十四里。宋高似孙《剡录》卷2：舜皇山“山最崇直，冈岭复深，有舜井焉”。

舜祠　在今山东济南市城南门。《水经·济水注》：泺水“出历城县故城西南……城南对山，山上有舜祠”。即此。

舜耕山　①在今安徽淮南市南和长丰县交界处。《清一统志·凤阳府》：舜耕山“在怀远县南七十里，接寿州界。一名顺阁山”。

②又名历山。即今山东济南市东南千佛山。《水经·济水注》：“（历）城，南对山，山上有舜祠，山下有大穴，谓之舜井，抑亦茅山禹井之比矣，《书》舜耕历山亦云在此。”

舜峰山　旧名千仞山。在今湖南临武县西三里。明《寰宇通志》卷56衡州府：舜峰山“上平而北垂。昔邑民避难，据其颠筑栅拒守，遗址尚存”。《清一统志·桂阳州》：舜峰山“三面壁立，前开一径，以通上下。山顶平衍，可二百亩。上有巨石曰韶石。元末，县无城守，乡民于此垒石保聚”。明天顺间，瑶以三千人起事，主簿李浚合众御之于此。

舜陵　①在今湖南宁远县南六十里九疑山舜源峰北麓舜庙内。《史记·五帝本纪》：舜“葬于江南九疑，是为零陵”。《集解》：“《皇览》曰，舜冢在零陵营浦县。”宋本《寰宇记》卷116宁远县：九疑山“舜所葬为永陵是也”。

②在今山西运城市北安邑街道鸣条冈。《清一统志·解州》：帝舜陵“在安邑县西北三十里鸣条冈南，高三丈，广四十余步，有祠”。

舜源水　在今湖南宁远县南六十里。《方舆纪要》卷81宁远县：舜源水“出九疑山中舜源峰，流至县东，西折而北，至道州城外，与沲水、潇水合，流至零陵入于湘”。

貂皮屯　即今辽宁开原市东六十五里貂皮屯。民国《开原县志》图：东有貂皮屯。

貂渠谷　在今青海门源回族自治县西北。《资治通鉴》：东晋元嘉元年（424），西秦王“炽磐遣太子暮末帅征北将军木弈干等步骑三万出貂渠谷，攻河西白草岭”。

〔丿㇇〕

腊山　又名小岱峰。在今山东东平县西北六十里，东临东平湖。寺庙、殿宇依山而建。山西北陡壁之上有一天然石洞，名“老虎洞”，高2米，广20平方米。四周古木参天。洞下菩萨庙，为明代始建，清乾隆间重修。庙两旁有“阿南屏翰”、“气象万千”等摩崖阴刻大字和历代名人题咏。山北麓有清雍正年间所建镇会厅和戏楼，均保存完好。

腊（臘）子口　即今甘肃迭部县东北二百零六里腊子口乡北腊子口。为岷山支脉迭山上隘口，长三十余里，宽8米，高500米，腊子口河流贯其间。1935年9月，中国工农红军一方面军粉碎国民党军的阻截，突破天险，胜利北上。史称腊子口战役。甘肃省政府在此建有“腊子口战役纪念碑”。

腊（臘）东汛　在今云南临沧市南百余里。清有把总额外外委驻防。

腊（臘）耳山　亦作蜡耳山。即今湖南凤凰县西北、贵州松桃苗族自治县东之腊尔山。《方舆纪要》卷81麻阳县：蜡尔山“《防险说》：麻阳蜡耳、镇筸、洞平诸山，为苗蛮巢穴，周回千数百里，悬崖鸟道，丛箐栉比，岚瘴蒸郁，阴雨恒多，视诸溪峒，独称阻绝，往往乘晦冥据险为乱。嘉靖初，山酋龙求儿叛称苗王，南结贵州土僚，西诱酉阳诸蛮，连亘各寨”。后被镇压。清乾嘉苗族起义军亦据此。

腊（臘）玛古猿化石地点　在今云南禄丰县北十六里庙山坡。从1975—1980年进行多次发掘。获腊玛古猿头骨三具，西瓦古猿头骨一具，带牙齿上、下颌骨破片三十余件，牙齿四百余枚。还发现长臂猿、三趾马、大唇犀、爪兽、剑齿象、虎、立齿鼹鼠、转角羊、翼兔、松鼠等三十余种哺乳动物化石，腊玛古猿头骨化石在世界上还是首次发现，它具有早期人类形态特征，属于人科，距今八百万年前。这一发现填补了距今一千五百万年前的开远古猿演化到距今一百七十万年的元谋猿人之间的一个重大缺环，为研究人类起源提供了宝贵资料。1988年定为全国重点文物保护单位。

腊（臘）岭　①即骑田岭。在今湖南郴州市与宜章县间。唐杜佑《通典·州郡十三》郴州：“有骑田岭，今谓之腊岭，即五岭之一。”

②亦作臈岭。在今广东乳源瑶族自治县西南。《舆地纪胜》卷90韶州：腊岭在“在乳源县西五里。壁立峭拔，居五岭之一”。《方舆纪要》卷102乳源县：腊岭在“县西七里。高四百余仞，周三十里。脉接风门山，郴州骑田岭，为五岭之一，此其支也。夏天寒如腊月，因名。一名支岭”。

腊（臘）河谷　在今山西朔州市东北洪涛山南。《资治通鉴》：唐武德六年（623），“苑君璋以突厥寇马邑，右武侯大将军李高迁及高满政御之，战于腊河谷，破之”。

腊（臘）城　唐吐蕃置，当在今青海共和县西北。腊城节度使屯戍于此。《资治通鉴》：唐贞元五年（789），“韦皋遣其将曹有道将兵与东蛮、两林蛮及吐蕃青海、腊城二节度战于嶲州台登谷”。

腊（臘）惹洞长官司　元置，属思州安抚司。治所在今湖南永顺县东南。清废。

腊（臘）撒土司　明正统间置腊撒长官司，清雍正二年（1724）废。乾隆三十六年（1771）复置，治所在今云南陇川县（章凤镇）北腊撒。民国废。

腊（臘）撒长官司　明正统间置，清雍正二年（1724）废。乾隆三十六年（1771）复置，属腾越厅。治所在今云南陇川县（章凤镇）北腊撒。傣语“腊”为下或尾，“撒”为构皮树，意即构皮树林下方的寨子。民国废。

腊（臘）壁土司　清初改腊壁洞蛮夷长官司置，属施州卫。治所在今湖北来凤县西南水田村（腊壁司）。雍正十三年（1735）废。

腊（臘）壁洞蛮夷长官司　亦作臈壁洞。明宣德三年（1428）置，属大旺安抚司。治所在今湖北来凤县西南水田乡（腊壁司）。清初改为腊壁土司。

腄县　又作锤县。战国秦置，属胶东郡。治所即今山东烟台市西南福山区。《史记·秦始皇本纪》：二十八年（前219），“始皇东行郡县……并渤海以东，过黄、腄”，即此。出土秦封泥中有“腄丞之印”可证。西汉属东莱郡，东汉废。

脽丘　又名魏脽。在今山西万荣县西南庙前村。《史记·封禅书》：西汉元鼎四年（前113），“于是天子遂东，始立后土祠汾阴脽丘”。

鲁　①周代封国。姬姓。西周初年，周武王封周公旦于此。因周公在朝内为宰辅，未就封。武王死后，周公辅佐成王，乃封其子伯禽为鲁侯，都曲阜（今山东曲阜市东北二里古城村）。疆域最大时南至滕州、单县以南；西面包有郓城、巨野等县地；西北至今河南范县界；东至临沂、沂水一带；东北至泰安、新泰一带与齐接境。春秋时国势衰弱，春秋后期为季孙、孟孙、叔孙三家所分。战国时成为小国。鲁顷公二十四年（前256）为楚所灭。

②地区名。今山东省泰山以南的汶、泗、沂、沭水流域，是春秋时鲁国故地。秦汉以后仍沿称这一地区为鲁。

③ 山东省的简称。

鲁工拉山　一作弩卜公拉岭。即今西藏嘉黎县东鲁贡拉。当往来通道。清乾隆《卫藏通志》卷3：“与沙工拉相连，山势平衍，长百余里，冬春积雪不消。”

鲁土司衙门旧址　在今甘肃永登县西南一百三十里连城镇。始建于明，后屡加修葺。形成宫殿式建筑群体。坐北朝南，依山傍水，风景幽美，主体建筑及两侧建筑，具有极浓厚的民族风格。1996年定为全国重点文物保护单位。2006年显教寺和雷坛归入本保护单位。

鲁土司衙署　在今广西忻城县城中和街。为明、清八寨土司鲁姓官衙。建于明万历十年（1582）。现存之前厅照壁、大厅、头堂、二堂、长廊、西花厅等，为清道光十年（1830）照原样重建。毗邻为土司祠堂，建于乾隆十八年（1753）。两建筑面积为2.692万平方米。主体建筑皆飞檐挑脊、镂花雕窗，艺术高超，极为壮观。

鲁口　①即今河北饶阳县治。《元和志》卷17深州饶阳县：“州理城，晋鲁口城也。公孙泉叛，司马宣王征之，凿滹沱水入泒水以运粮，因筑此城。盖滹沱有鲁沱之名，因号鲁口。”《晋书·慕容儁载记》：东晋永和六年（350），“遣慕容恪略地中山，慕容评攻王午于鲁口”。即此。

②一名夏口。在今湖北武汉市武昌城区西。《南齐书·州郡志》郢州：“镇夏口，旧要害也。吴置督将为鲁口屯，对鲁山岸，因为名也。”

鲁山　①在今山东沂源县西北，与淄博市交界处。《水经·沂水注》：“沂水又东南螳螂水入焉。水出鲁山，东南流右注沂水。”《寰宇记》卷23沂水县：

“螳螂山在县北百九十二里。《水经注》云，螳螂水出鲁山，今按此山与大小二鲁山连接，前则平野弥望，清流萦带，南面有穴若门，直入二十里，可容方驾，游之清旷，非复人境也，西与新泰县分界。”

②一名露山。在今河南鲁山县东十八里。《汉书·地理志》南阳郡鲁阳县：“鲁山，滍水所出。”《水经·滍水注》：“滍水又东径鲁阳县故城南，……有鲁山，县居其阳，故因名焉。”

③一名大别山、翼际山。即今湖北武汉市汉阳城区东北龟山。《水经·江水注》：“江水又东径鲁山南，古翼际山也。……有刘琦墓及庙。”《元和志》卷27汉阳县：鲁山“一名大别山，在县东北一百步。其山前枕蜀江，北带汉水。山上有吴将鲁肃神祠”。《舆地纪胜》卷79鲁山：“彼在三代时谓之大别山。不知因何又名鲁山也，岂鲁肃庙食于此，而名是山欤。”

鲁山县　北周改山北县置，为鲁阳郡治。治所即今河南鲁山县。隋开皇初改为鲁县。唐初复改为鲁山县，为鲁州治。后属汝州。明属汝州直隶州。民国初属河南河洛道。1927年直属河南省。

鲁山城　一名鲁城。在今湖北武汉市汉阳城区。三国时筑，六朝后为军事要地。《水经·江水注》：“江水又东径鲁山南，……山上有吴江夏太守陆涣所治城。”即此。《梁书·武帝纪》：南齐永元二年（500），萧衍举兵东下，围鲁山城，“鲁山城主房僧寄死，众复推助防孙乐祖代之”。

鲁山郡　北周改鲁阳郡置，治所在鲁山县（今河南鲁山县）。隋开皇初废。

鲁王城　元为应昌路治所。在今内蒙古克什克腾旗西达里诺尔湖西南四里应昌古城。因弘吉剌部首领自大德末年进封鲁王，故名。

鲁王墓　在今福建金门县东金湖镇小径村旁。南明监国鲁王朱以海（1618—1662）是朱元璋第十子朱檀的九世孙，袭封鲁王。南明弘光二年（1645）监国绍兴，后流寓金门。1959年8月在旧金城东炸山采石，发现了鲁王冢，遂将遗骨迁葬于此。

鲁冈集　即今河南封丘县东十八里鲁冈乡。旧属开封县。民国《封丘县续志》第二区图：在开封县边境有鲁冈集。

鲁古尘　察合台汗国属地。在今新疆鄯善县西南鲁克沁镇。《元史·地理志·西北地附录》有鲁古尘。

鲁布革汛　在今贵州兴义市西南百三十里鲁布革镇。清有把总驻防。

鲁北设治局　1924年置，属热河特别区。驻鲁北（即今内蒙古扎鲁特旗驻地鲁北镇）。1928年属热河省。1934年扎鲁特旗设治于此。

鲁史镇　又称阿鲁司。1949年置镇，属凤庆县。即今云南凤庆县东北百七十里鲁史镇。

鲁多克城　亦作路多克。即今西藏阿里地区日土县治。《清一统志·西藏》阿里诸城：鲁多克城“在喇萨西北二千九百三十余里”。

鲁关　战国韩地。在今河南鲁山县西南十四里平高城村。《史记·赵世家》：惠文王九年（前290），“赵梁将，与齐合军攻韩，至鲁关下”。汉以后名鲁阳关。

鲁州　①北周置，治所在清泽县（今山东郓城县东十六里）。隋废。

②隋大业二年（606）改兖州置，治所在瑕丘县（今山东兖州市）。辖境相当今山东济宁、曲阜、泰安、莱芜、汶上、宁阳、泗水、邹城等市县地。大业三年（607）改为鲁郡。

③隋仁寿末以避杨广讳改广州置，治所在鲁县（今河南鲁山县）。大业三年（607）废。唐武德四年（621）复置，治鲁山县（即今县）。辖境相当今河南平顶山市及鲁山县地。贞观初废。

④唐贞观八年（634）改澧州置，治所在方城县（今河南方城县）。九年（635）废。

⑤唐六胡州之一。调露元年（679）以处突厥民置，治所在今内蒙古鄂托克旗或鄂托克前旗境。神龙三年（709）属兰池都督府，寻改为县。开元十年（722）复置。后废。

鲁江　亦作泸江。指今越南河内市一带之红河。《方舆纪要》卷112安南奉化府：鲁江“在府界。永乐初，张辅等追黎季犛于此，既而别将与陈季扩战于鲁江”。

鲁迅故居　①在今上海市虹口区山阴路大陆新村9号。1927年10月，鲁迅从广州来到上海，先住在东横浜路景云里、北四川路底北川公寓，1933年4月迁居此处。这是一幢有红色砖墙的三层单开间楼房。楼下为会客室和餐室；三楼前间是工作室和卧室；三楼是他儿子的卧室，后面房间瞿秋白曾住过一个时期。1936年10月鲁迅在故居逝世。

②北京市西城区阜城门内宫门口二条有“北京鲁迅故居”。

鲁迅墓　在上海虹口公园内。鲁迅（1881—1936），原名周树人，字豫才，浙江绍兴人。中国伟大的无产阶级文学家、思想家和革命家。1927年10月到上海，认真研究马克思主义理论，与国民党的反革命文化“围剿”开展斗争。1936年10月19日病逝，遗体葬在万国公墓。1956年迁至虹口公园，并建造上海鲁迅纪念馆。1961年定为全国重点文物保护单位。

鲁阳　战国楚邑。后属魏。即今河南鲁山县。《史记·楚世家》：楚肃王十年（前371），“魏取我鲁阳”。即此。秦置鲁阳县。

鲁阳山　在今河北东光县西南。唐李颀《放歌行答从弟墨卿》诗中“举头遥望鲁阳山，木叶纷纷向人落”。即指此。《方舆纪要》卷13东光县“天胎山”条下载：“县西南境又有山曰鲁阳山，皆冈陇之属也。今亦湮废。”

鲁阳五堰　又称五堰。唐杨行密将台濛所筑。在今江苏高淳县东淳溧河上游。《新唐书·杨行密传》：

景福元年（892），“孙儒围行密宣州，凡五月不解。台濛作鲁阳五堰，拖轻舸馈粮，故行密军不困，卒破儒”。《清一统志·江宁府》：五堰“在高淳县东广通镇中江下游，……宋元祐间，宜兴进士单谔著书言修台濛五堰，苏常之水十可去其七八。苏轼奏议：五堰者，以节宣、歙、金陵九阳江之水，使入芜湖。其后商人贩卖簰木，东入二浙者以五堰为阻，给官废去，于是宣、歙诸水多入荆溪”。

鲁阳关　即三鸦镇。初为战国鲁关，汉以后名鲁阳关。在今河南鲁山县西南十四里平高城村。为洛阳与南阳盆地间交通要冲，乃兵家必争之地。《水经·淯水注》：鲁阳关水“南流径鲁阳关，左右连山插汉，秀木干云。是以张景阳诗云：‘朝登鲁阳关，峡路峭且深’”。《晋书·苻坚载记》：苻坚遣将分路南攻襄阳，“屯骑校尉石越率精骑一万出鲁阳关”。

鲁阳关水　又名三鸦水、鸦河。在今河南南召县东、鲁山县西南。《水经·淯水注》：鲁阳关水“出鲁阳县南分水岭，南水自岭南流，北水从岭北注，故世俗谓此岭为分头也。其水南流径鲁阳关，……又西南径雉县故城南，关水又屈而东南流注于淯”。又《滍水注》：“滍水右合鲁阳关水，水出鲁阳关外分头山横岭下，夹谷东北出，入滍。”

鲁阳县　战国魏置。秦始皇二十二年（前225）入秦，属南阳郡。治所即今河南鲁山县。出土秦封泥中有“鲁阳丞□”可证。《水经·滍水注》：“鲁山，县居其阳，故因名焉。”西晋属南阳国。十六国后赵属南阳郡。北魏太和十一年（487）改为山北县。

鲁阳郡　北魏太和二十二年（498）置，属司州。治所在山北县（即今河南鲁山县）。辖境相当今鲁山县及叶县一部地。永安元年（528）为广州治。隋开皇初废。

鲁阳镇　军镇名。北魏太和十一年（487）置，治所在山北县（即今河南鲁山县）。十八年（494）改为荆州。

鲁贡拉　即鲁工拉山。今西藏嘉黎县东鲁贡拉。清《西藏图考》卷3：鲁贡喇山“一作鲁工喇山”。藏语“鲁”谓西，“贡拉”谓雪山。鲁贡拉即西雪山。

鲁克沁　一名鲁克察克。元名鲁古尘。即今新疆鄯善县西南九十里鲁克沁镇。清徐松《西域水道记》卷2：“鲁克沁，东汉之柳中城也。”宣统《新疆图志》卷80鄯善：鲁克沁“今为回郡王所居，地势最为低洼，民物殷繁，数倍于县治”。

鲁克察克　即鲁克沁。在今新疆鄯善县西南九十里鲁克沁镇。清乾隆《西域图志》卷14：鲁克察克“旧对音为鲁克沁”。

鲁连村　又名玉楼店。即今山东茌平县东北二十里望鲁店。《方舆纪要》卷34茌平县“马庄馆”条下：玉楼店“相传鲁仲连所居。亦名鲁连村”。

鲁县　①本春秋时鲁国都。战国秦王政二十三年（前224）置鲁县，为薛郡治。治所即今山东曲阜市东北二里古城村。汉为鲁国治。西晋至东魏为鲁郡治。北齐为任城郡治。隋开皇三年（583）废郡，四年（584）改为汶阳县。

②古邑名。在今河南鲁山县。《左传》：昭公二十九年（前513），“其后有刘累，学扰龙于豢龙氏，以事孔甲，能饮食之。……龙一雌死，潜醢以食夏后。夏后飨之，既而使求之。惧而迁于鲁县”。《汉书·地理志》南阳郡鲁山县：“古鲁县，御龙氏所迁。”

③北魏置，属淮阴郡。治所在今江苏盱眙县南三十里。北齐废。

④隋开皇初改鲁山县置，属广州。治所即今河南鲁山县。大业三年（607）属襄城郡。唐武德四年（621）复为鲁山县。

鲁甸厅　清雍正九年（1731）置，属昭通府。治所即今云南鲁甸县。彝语“鲁”为彝族，“甸”为平坝，意即彝族居住的平坝。1913年废为鲁甸县。

鲁甸汛　即今云南丽江市玉龙纳西族自治县西北一百十五里鲁甸乡（甸心）。清设鲁甸汛。

鲁甸县　1913年改鲁甸厅置，后属云南滇中道。治所即今云南鲁甸县。1929年直属云南省。

鲁库河　在今俄罗斯哈巴罗夫斯克边疆区黑龙江下游，为阿姆贡河的支流。《清一统志·吉林一》“兴衮河”条下：“库鲁河，在（宁古塔）城东北三千余里。源出楚察馨山，南流入兴衮河。”

鲁沙尔　即今青海湟中县驻地鲁沙尔镇。清光绪《甘肃全省新通志》卷3西宁府西宁县图：西南有鲁沙尔。

鲁沟　汴水支流。在今河南杞县南。《方舆纪要》卷47杞县：鲁沟“自陈留县流入境，下流入于汴河”。

鲁国　西汉高后元年（前187）改薛郡置，治所在鲁县（今山东曲阜市东北二里古城村）。辖境相当今山东曲阜、滕州、泗水等市县地。东汉建武年间划归东海国，移治于此。明帝时将原东海郡部分划出，东海国复改为鲁国。三国魏又改为鲁郡。西晋复为鲁国。东晋又改为鲁郡。

鲁昌　在今云南陆良县南三里旧城。明景泰《云南志》陆凉州：“蛮曰休纳，又名瓦子，讹为瓦作，南有古城曰鲁昌。蒙氏为阿彦甸，段氏为落温部。”

鲁明江　漳河下游别名。在今安徽芜湖县西北。漳河于石硊渡有青弋江枝津来会，可上通宣州。《舆地纪胜》卷18太平州：鲁明江“在芜湖县西南三十余里。《旧经》云，鲁仲明居。按《十国纪年》，孙儒与杨行密战，行密将台濛于鲁江作五堰，以轻舟给行密军食”，即此。

鲁店　在今陕西乾县东南。《资治通鉴》：唐建中四年（783），“（李）怀光自以数千里竭诚赴难，破朱泚，解重围，而咫尺不得见天子，意殊怏怏，……遂引兵去，至鲁店，留二日乃行”。胡三省注：“鲁店，在奉天东南，咸阳陈寿斜西北。”

鲁肃墓　在今湖南岳阳市西门东侧洞庭橡胶厂内。相传三国吴名将鲁肃葬此。鲁肃（172—217）字子敬，临淮东城（今安徽定远县东南）人。曾任赞军校尉，助周瑜大破曹军于赤壁。后拜汉昌太守。墓前竖清光绪十五年（1889）巴陵知县周至德所刊“吴鲁公肃墓”碑。

鲁姑泉　在今山东宁阳县西北。《方舆纪要》卷32宁阳县：“鲁姑泉在县西北三十里。”《清一统志·兖州府一》：鲁姑泉“西南流六十五里，入泺澢泉。又西会汶上县龙斗泉，入汶河”。

鲁城　①在今江苏盱眙县南三十里。北魏尝侨置鲁县于此。

②在今河南鲁山县东北。《元和志》卷6鲁山县：“鲁城，在县东北十七里，高齐置以御周。”

③又作鲁陈。即柳城。在今新疆鄯善县西北鲁克沁镇。《明史·西域传·柳城》：“柳城，一名鲁城，又名柳陈城。”

鲁城县　隋开皇十六年（596）置，属瀛州。治所在今河北黄骅市西北乾符村。《寰宇记》卷65沧州清池县“废乾符县”条：鲁城县“遥取长芦县北平虏城为名”。大业初属河间郡。唐乾符二年（875）改名乾符县。

鲁奎山　在今云南新平彝族傣族自治县东南。《清一统志·元江州》：鲁奎山“在新平县东南六十里。险僻高峻，连石屏、元江诸处，旧为野寇之薮，今皆效顺”。

鲁迷　亦作芦眉国。即今土耳其。《明史·西域传四》：鲁迷“去中国绝远。嘉靖三年遣使贡狮子、西牛”。

鲁洑江　在今湖北监利县东南。《方舆纪要》卷78监利县：鲁洑江在“县东南三十里。上流曰大马长川，自大江分流，经县南十里，东流为鲁洑江。相传以鲁肃尝屯兵于此而名。又东北入沔阳州境，谓之长夏河”。

鲁郡　①三国魏改鲁国置，属豫州。治所在鲁县（今山东曲阜市东北二里古城村）。辖境相当今山东曲阜、滕州、泗水等市县地。西晋复改为鲁国。北齐改任城郡。

②隋大业三年（607）改鲁州置，治所在瑕丘县（今山东兖州市东北）。辖境相当今山东济宁、曲阜、泰安、莱芜、汶上、宁阳、泗水、邹城等市县地。大业十三年（617）为徐圆朗所据。唐武德五年（622）平徐圆朗，改置兖州。天宝元年（742）又改鲁郡。乾元元年（758）复改兖州。

鲁班山口　在今甘肃武山县北四十里。《方舆纪要》卷59宁远县：鲁班山口“以在鲁班山下而名。……《志》云：县境鲁班山口而下，有石门、太阳及砚石硖，凡六隘”。

鲁班场　即今贵州仁怀市西南鲁班镇。清道光《遵义府志》卷6仁怀县：鲁班场在“城西四十里”。

鲁班桥场　在今四川三台县西南鲁班镇。民国《三台县志》卷1：鲁班桥场“距城八十里。雍正八年建。通上省大路”。

鲁班暗沙　在南海中中国中沙群岛内，位于中沙大环礁北部边缘。西距美滨暗沙0.7海里，东距中北暗沙2.7海里。1947年公布名称为鲁班暗沙。

鲁桥　即今山东微山县西北鲁桥镇。《资治通鉴》：唐咸通十年（869），徐州叛卒庞勋等作乱，“曹翔之退屯兖州也。留沧州卒四千人戍鲁桥”，即此。古泗水经此，有桥。故有鲁桥之名。

鲁桥站　元置，即今山东微山县西北鲁桥镇。明废。

鲁郭　即今北京市石景山区东部鲁谷。《辽史·韩延徽传》：应历九年（959）延徽“葬幽州之鲁郭”。即此。

鲁部河　在今云南文山县西南。《方舆纪要》卷115教化三部长官司：鲁部河在“司（治今县西南旧城）西南三十里。源出礼社江，经司境流入蒙自县之梨花江”。

鲁家汇（匯）　即今上海市闵行区东南三十六里鲁汇镇。清光绪《南汇县志》卷1：鲁家汇“明举人鲁道昆居此，闸港至此稍折而南”。故有鲁家汇之名。

鲁硔山　在今安徽桐城市东北。《方舆纪要》卷26桐城县“洪涛山”条下：“《志》云，县东北十里有鲁硔山，相传鲁肃曾居此。明崇祯十四年，流贼犯境，据鲁硔山焚掠，久之始去。”

鲁密东谷　俗称东谷司。即今四川丹巴县西南东谷乡。清康熙四十年（1701）于此置鲁密东谷土百户，属明正宣慰司。后废。

鲁密达马　在今四川丹巴县西南水子乡大马村。清康熙四十年（1701）置鲁密达马土百户。

鲁密达则　在今四川丹巴县东南梭坡乡大寨村（达则村）。清康熙四十年（1701）置鲁密达则土百户。

鲁密坚正　在今四川丹巴县西南水子乡坚正村。清康熙四十年（1701）置鲁密坚正土百户。

鲁密卓笼　在今四川丹巴县东北东女谷乡克格依。清康熙四十年（1701）置鲁密卓笼土百户。

鲁密祖卜柏哈　在今四川丹巴县南白峰村（柏哈村）。清康熙四十年（1701）置鲁密祖卜柏哈土百户。

鲁密结藏　在今四川丹巴县西南水子乡结藏村。清康熙四十年（1701）置鲁密结藏土百户。

鲁密格桑　在今四川丹巴县西北革什扎乡北大桑。清康熙四十年（1701）置鲁密格桑土百户。

鲁密郭宗　在今四川丹巴县东南格宗乡。清康熙四十年（1701）置鲁密郭宗土百户。

鲁密梭布　在今四川丹巴县东南梭坡乡境。清康熙四十九年（1710）置鲁密梭布土百户。

鲁密普共碟　在今四川丹巴县南甫科顶村。清康熙四十年（1701）置鲁密普共碟土百户。

鲁掌　即今云南泸水县治鲁掌镇。清代属保山县，乾隆十二年（1747）置鲁掌土千总。彝语“鲁”为龙，“掌”为粮，意即龙王恩赐粮食的地方。民国年间废。

鲁港　即今安徽芜湖市南弋江区鲁港街道，以鲁明江（漳河下游）入江口为名。《宋史·贾似道传》：元兵沿江东下，“时一军七万余人，尽属孙虎臣，军丁家洲。似道与夏贵以少军军鲁港”，即此。明成化中移河口镇巡司于此。

鲁湖　在今湖北武汉市武昌区西南。《方舆纪要》卷76武昌府：鲁湖“在府西南八十里。南接釜头湖，西抵金口垱”。

鲁路吉站　明改鹿鲁吉站置，在今黑龙江省哈尔滨市阿城区东北蜚克图镇附近。明《辽东志》卷9：海西东水陆城站，有“鲁路吉站”。

鲁溪山　①在今江西武宁县东北七十里，枕鲁溪上。有石佛洞，传为刘真人修道处。《舆地纪胜》卷26隆兴府：鲁溪洞“幽邃嵌空，有楼台宫阙之状。峭壁环奇，龛像交列，有真仙古佛之容仪，虽绝世工巧追琢不能及”。

②在今广西平乐县东南境。《明史·地理志》：平乐县：“东南有鲁溪山。”《清一统志·平府府一》：鲁溪山“在平乐县东北界。高数百丈，环跨平乐、恭城、富川、贺、永安五州县及湖南永明县界。上有塘，方广数亩，名分水塘，塘水出平乐曰鲁溪江”。

鲁溪江　今广西平乐县东榕津河。《方舆纪要》卷107平乐县：鲁溪江“在府东。源出鲁溪山之分水塘，流经平乐县东乐乡曰鲁溪江，出龙平巡司曰涝源江”。

鲁察布拉山　即西倾山。亦作罗插普喇山。在今青海省东部、甘肃西南部。

鲁镇城　在今安徽桐城市南。《方舆纪要》卷26桐城县“山焦城”条下：“鲁镇城在县南七十里。相传吴鲁肃尝屯此。”

鲁壁　在今山东曲阜市孔庙东诗礼堂后，即孔子故宅。后世以为庙。宋时即故址建金丝堂。明弘治间改建新庙，遂移金丝堂于庙西。《汉书·景十三王传》：鲁恭王“初好治宫室，坏孔子旧宅以广其宫，闻钟磬琴瑟之声，遂不敢复坏。于其壁中得古文经传”。

颍　春秋周邑。在今河南登封市东南。《左传》：昭公元年（前541），“天王使刘定公劳赵孟于颍”。

颍上千户所　明洪武初置，属河南都司。在今安徽颍上县西。清废。

颍上县　隋大业二年（606）置，属汝阴郡。治所在郑城（今安徽颍上县南）。《寰宇记》卷11颍上县：“以地枕颍水上游为名。”唐属颍州，武德四年（621）移治今颍上县。宋属颍州、顺昌府。金属颍州。清属颍州府。民国初属安徽淮泗道。1928年直属安徽省。

颍口　在今安徽颍上县东南颍河入淮之口，即古西正阳镇。《晋书·姚泓载记》：东晋末，刘裕伐姚泓，“泓将王苟生以漆丘降（王）镇恶，徐州刺史姚掌以项城降（檀）道济，王师遂入颍口”。即此。

颍川卫　明洪武初置，属河南都司。在今安徽阜阳市内。清废。

颍川县　隋开皇初改长社县置，为许州治。治所在今河南许昌市。大业初为颍川郡治。唐武德四年（621）复改为长社县。

颍川郡　①战国秦王政十七年（前230）置，治所在阳翟县（今河南禹州市）。西汉高帝五年（前202）改为韩国。六年（前201）复为颍川郡。辖境相当今河南登封、宝丰以东，尉氏、漯河以西，新密以南，叶县、舞阳以北地。三国魏黄初二年（221）徙治许昌县（今河南许昌市东三十六里古城）。西晋以后辖境缩小。北魏徙治长社县（今河南长葛市东北）。东魏天平初为颍州治。武定七年（549）徙治颍阴县（北齐天保初改长社县，今许昌市），为郑州治。北周为许州治。隋大业三年（607）改为颍川郡。唐初改为许州。天宝元年（742）复为颍川郡。乾元元年（758）又改为许州。东汉中平初黄巾军在此起义。

②东晋侨置，属豫州。治所在邵陵县（今安徽巢湖市东南）。南朝宋属南豫州。南齐复属豫州。后废。

③南朝宋景平元年（423）侨置，属豫州。治所在邵陵县（今河南漯河市召陵区东三十里召陵寨）。北魏太和六年（482）移治奇额城（今河南漯河市源汇区西阴阳赵乡）。辖境相当今河南漯河市及郾城区、临颍县地。因在郑州颍川郡南，又称南颍川郡。《水经·汝水注》：“汝水又东南径奇额城西北，今南颍川郡治。”即此。北齐天保七年（556）改为临颍郡。

④南朝梁侨置，属颍州。治所在许昌县（今安徽阜阳市东南口孜镇北古城孜）。隋开皇初废。

⑤南朝梁置，治所在黄城戍（今安徽颍上县西南三十五里）。辖境相当今安徽颍上县地。东魏武定六年（548）改为下蔡郡。

⑥北齐改淮阳郡置，属谯州。治所在今安徽凤台县境。隋开皇初废。

颍水　①淮水支流。《山海经·海内东经》：“颍水出少室。少室山在雍氏南，入淮西鄢北。”《汉书·地理志》颍川郡阳城县：“阳乾山，颍水所出，东至下蔡入淮。过郡三，行千五百里。”今颍河源出河南登封市嵩山西南，东南流到周口市，纳沙河、贾鲁河，至安徽颍上县东南沫口入淮河，长557公里。

②出今河南登封市西境，东南流经禹州、临颍、西华、周口，与沙河合而东流，是为沙河。东南流经项城、沈丘、界首、太和、阜阳、颍上，至西正阳关，入于淮。《汉书·地理志》颍川郡阳城：“阳乾山，颍水所出，东至下蔡入淮。”

颍东县　唐武德四年（621）置，属沈州。治所在今河南项城市南。贞观元年（627）废。

颍州　①北魏孝昌三年（527）置，治所在汝阴县（今安徽阜阳市）。北齐废。唐武德六年（623）改信州复置。天宝初改为汝阴郡。乾元初复为颍州。辖境相当今安徽阜阳、阜南、颍上、太和、凤台、界首、临泉等市县地。北宋政和六年（1116）改为顺昌府。金复为颍州。元属汝宁府。明属凤阳府。清雍正二年（1724）升为直隶州，属安徽省。十三年（1735）升为颍州府。元末农民起义领袖刘福通为颍州人。

②东魏天平元年（534）置，治所在颍川郡长社县（今河南长葛市东北老城镇）。辖境相当今许昌、禹州、长葛三市及许昌、临颍、鄢陵、扶沟等县地。武定七年（549）徙治颍阴城（今许昌市），改为郑州。

③唐武德五年（622）置，治所在安福县（即今江西安福县）。七年（624）废。

颍州千户所　明洪武初置，属颍川卫。在今安徽阜阳市内。清废。

颍州府　清雍正十三年（1735）升颍州置，属安徽省。治所在阜阳县（今安徽阜阳市）。辖境相当今安徽涡阳、蒙城、霍邱等县以西地区。1912年废。

颍州驿　在今安徽阜阳市东门外。明正德《颍州志》卷2：颍州驿“旧驿在三里湾，洪武中河水沦决徙今所”。

颍江水　在今江西樟树市西南濛河。《方舆纪要》卷87新喻县：颍江水“在县东北八十里。出蒙山之阳，合榄陂、绿陂、龙镜诸水，达于清江。《志》云，颍江上流凡八十四源，合流而东南，入于渝水”。

颍阳县　①战国秦置，属颍川郡。治所在今河南许昌市西南。西晋废。

②北魏天安二年（467）置，属洛州。治所在今河南登封市西五十四里颍阳镇。东魏属洛州中川郡。北周废。唐开元十五年（727）改武林县复置，属河南府。金废。

③隋开皇十八年（598）改陈留县置，属颍州。治所在今安徽太和县东北三里。大业初属汝阴郡。唐贞观元年（627）废。

颍阳镇　北宋庆历三年（1043）废颍阳县置，即今河南登封市西南颍阳镇。四年（1044）复为颍阳县。熙宁二年（1069）废县为镇。元祐二年（1087）复为县。金又废县为镇。

颍阴县　秦置，属颍川郡。治所在今河南许昌市。西汉高帝六年（前201），封灌婴为颍阴侯。北魏太平真君七年（446）并入临颍县。东魏元象二年（539）复置，为郑州及颍川郡治。北齐天保元年（550）改为长社县。

颍谷　春秋郑地。在今河南登封市西南。《左传》：隐公元年（前722），“颍考叔为颍谷封人”。《水经·颍水注》：“今颍水有三源奇发，右水出阳乾山之颍谷，春秋颍考叔为其封人。”

颍尾　即颍口。在今安徽颍上县东南颍河入淮之口，即古西正阳镇。《左传》：昭公十二年（前530），“楚子狩于州来，次于颍尾”。即此。

颍昌府　北宋元丰三年（1080）升许州置，治所在长社县（今河南许昌市）。辖境相当今河南许昌、漯河、禹州、舞钢等四市及许昌、长葛、临颍、舞阳等市县地。金改为许州。南宋绍兴十年（1140），岳飞大破金兀术于此。

颍顺州　金大定二十二年（1182）改颍顺军置，治所在阳翟县（今河南禹州市）。辖境相当今河南禹州、新郑二市地。二十四年（1184）改为钧州。

颍顺军　金初置，治所在阳翟县（今河南禹州市）。大定二十二年（1182）改为颍顺州。

颍桥　即今河南襄城县东北三十二里颍桥回族镇。《资治通鉴》：唐建中四年（783），哥舒曜进兵讨李希烈，“曜至颍桥，遇大雨”。即此。北宋置镇。

颍陵　一作隐陵。五代汉隐帝刘承祐陵。在今河南禹州市西五十里。《旧五代史·汉书·隐帝纪》：“葬于许州阳翟县之颍陵，祔神主于高祖之寝宫。”《旧五代史·周书·太祖纪》：广顺元年（951）六月，“太常少卿刘悦上‘汉少帝谥曰隐皇帝，陵曰颍陵’。从之”。

猩猩峡　即星星峡。在今新疆哈密市东南四百九十里星星峡一带。清祁韵士《万里行程记》：星星峡“在沙碛中。……星星之名不解所谓，或云山中出星星石，石有金点，错落如星，余求之弗得。云在层岭叠嶂中，无暇往迹之也。或又云山中多猩猩，亦未曾见”。

猴场　即今贵州瓮安县东北草塘镇。因镇南一小山如猴，故又名猴场。1935年1月1日中国共产党在此召开政治局会议，进一步肯定了黎平会议根据毛泽东的主张通过的在川黔边建立新的根据地的决定，决定强渡乌江，建立以遵义为中心的川黔边革命根据地。会议向红军发出“打过乌江去”的战斗口号，通过了《关于渡江后的行动方针的决定》。史称“猴场会议”。这次会议为遵义会议的召开做了重要的准备。

猴场汛　清置，属归化厅。即今贵州紫云苗族布依族自治县东南九十里猴场镇。清有把总驻防。

猴矶岛　即侯鸡岛。在今山东长岛县北。

猴岭山　在今河南济源市西北五十里。《清一统志·怀庆府一》：猴岭山“北接太行，有阻猿麓，俗称侯景山”。

猴岭隘　在今广东龙川县西北。《方舆纪要》卷103惠州府龙川县：猴岭隘“在县西北。山深地险，与和平、河源县接界。隆庆末，贼鲍时秀据此作乱。万历中，官军讨平之”。

猴店　即今吉林东丰县西南四十里猴石镇。清光绪《奉天全省地舆图说图志》海龙厅图：西北有猴石。

猴树港 在今台湾省嘉义县西，东石乡南。清乾隆间范咸《重修台湾府志》卷1：猴树港“在（诸罗）县治西南三十里。源从牛朝溪入，南出青峰阙入海”。

猴滩 在今江西浮梁县东北。《方舆纪要》卷85浮梁县：猴滩，“《闻见录》：由景德镇出县北石鼓岭，至猴滩，达祁门县”。

猱村 在今四川成都市南武侯祠附近。《新唐书·李德裕传》：太和年间，“蜀先主祠旁有猱村，其民剔发若浮屠者，畜妻子自如，德裕下令禁止。蜀风大变”。

觻得县（觻lù） 西汉武帝以匈奴地置，为张掖郡治。治所在今甘肃张掖市西北三十五里黑水国城址。《汉书·霍去病传》：元狩二年（前121），“骠骑将军涉钧耆，济居延，遂臻小月氏，攻祁连山，扬武乎觻得”。师古注：“此觻得，匈奴中地名，而张掖县转取其名耳。”西晋改名永平县。

然巴 在今西藏仁布县东南六十余里。自拉萨赴日喀则有二道，一由江孜，一由然巴，以然巴为近。清乾隆《卫藏通志》卷4：至扰鲁“有歧路，一由江孜，一由然巴，然巴为春夏商贩所必经；冬则雪凌，多阻滞”。

〔丶一〕

譀邯县（譀hán） 即邯县。治所在今朝鲜平安南道顺安以西。《续汉书·郡国志》作譀邯。

蛮干山 在今云南梁河县东十五里。《明一统志》卷87南甸宣抚司：蛮干山“在司东一十五里。土酋恃其险阻，世居其上”。

蛮子河 亦名西溪河。即今四川西充县、南充市境之西充河。《清一统志·顺庆府一》：西溪水，“按《舆图》名蛮子河。自西充县东北发源，西南流经县东，又折东南至府城南入江”。

蛮王城 在今湖南慈利县东三十里茶陵山顶。《清一统志·澧州二》：蛮王城“相传五代梁将武平破蛮王之所”。

蛮中 春秋时戎蛮居地。在今河南伊川县西南。《汉书·地理志》河南郡新成：“蛮中，故戎蛮子国。”《续汉书·郡国志》河南尹新城：“有鄤聚古鄤氏，今名蛮中。”《左传》：成公六年（前585），“陆浑蛮氏侵宋”。杜注：“河南新成县东南有蛮城。”

蛮水 又名鄢水、夷水。即今湖北西北部蛮河。为汉水支流。《水经·沔水注》：“夷水，蛮水也。桓温父名夷，改曰蛮水。”《资治通鉴》：唐建中二年（781），“（梁）崇义遣其将翟晖、杜少城逆战于蛮水，（李）希烈大破之”。

蛮氏 春秋部落。后灭于楚。在今河南伊川县西南东、西蛮子营（今名东、西村）。《左传》：成公六年（前585），“蛮氏侵宋”。又，昭公十六年（前526）一月，“楚子闻蛮氏之乱也与蛮子之无质也，使然丹诱戎蛮子嘉杀之，遂取蛮氏”。

蛮出温站 元置，在今朝鲜咸镜北道会宁云头城。元《析津志》天下站名：“南京百一十（里）蛮出海（海即温之误）。”后废。

蛮夷长官司 ①元至元中置，属马湖路。治所在今四川屏山县（新发乡）西新市镇。明属马湖府。清属叙州府。后废。

②明洪武十年（1377）置，属思南宣慰司。治所即今贵州思南县。永乐十二年（1414）属思南府。清乾隆年间废。

蛮州 唐置，属黔州都督府。治所即今贵州开阳县。北宋后废。

蛮江 指今广西南宁市以下、横县以上之郁江。《元和志》卷38横州宁浦县：“郁江水，俗名蛮江水，北去县十步。”

蛮谷 在今河南栾川县北。《水经·伊水注》：“伊水又与蛮水合，水出卢氏县之蛮谷，东流入于伊。”《周书·魏玄传》：北周保定元年（561），“移镇蛮谷”。即此。

蛮河站 元置，在今湖北宜城市南蛮河东岸。

蛮弥山 在今云南云县南二百五十里。《明一统志》卷87大侯州：蛮弥山“林木阴森，崖石壁立”。山东南麓，即澜沧江。

蛮城 ①在今河南鲁山县西北荡泽河畔。《水经·滍水注》：波水“出霍阳西川大岭东谷，……其水又南径蛮城下，盖蛮别邑也”。

②今湖北宜城市南璞河镇一带。《水经·沔水注》：“沶水又东历宜城西山，谓之沶溪，东流合于夷水，谓之沶口也。与夷水乱流东出，谓之淇水，径蛮城南，城在宜城南三十里。”即此。

蛮哈 在今云南盈江县西南铜壁关乡。《徐霞客游记·滇游日记九》：“西四关属蛮哈守备。”蛮哈山在铜壁关前，明于此设蛮哈守备，驻兵总领神护、万仞、巨石、铜壁四关。

蛮哈山 在今云南盈江县西南铜壁关前。《清一统志·腾越直隶厅》：蛮哈山“猛卯司治在山下。山形若象鼻。明时尝令守备戍守”。

蛮洒冈 在今云南盈江县西南太平镇附近。天启《滇志》卷30干崖宣抚司：“同知刘汉佐居蛮洒冈，经历廖氏居雷弄冈，知事管勋奇居猛语冈，刘、管、廖皆华人，以功授者。”

蛮耗 即今云南个旧市东南八十七里曼耗镇。清设蛮耗汛。傣语“蛮”为村，“耗”为白雾。意即白雾笼罩的村寨。

蛮莫安抚司 明万历十三年（1585）析孟密北部置，属云南布政司。治所在今缅甸曼冒。辖境相当今缅甸八莫附近地区。三十二年（1604）地入缅甸。清初曾再度内属，乾隆后又属缅甸。

蛮宿川 在今四川荥经西境或泸定县境。《方舆纪要》卷72荥经县：蛮宿川“在县西境，亦唐时招纳吐蕃之道”。

蛮溪堡　在今湖南泸溪县南。《方舆纪要》卷81卢溪县：蛮溪堡在“县南三十里”。

就李　即御儿。又名语儿乡。在今浙江桐乡市西南三十二里崇福镇东南。《越绝书·记地传》：“语儿乡，故越界，名曰就李。”

鄗　①即镐。西周都城。在今陕西西安市西。

②春秋晋邑，战国为赵邑。在今河北柏乡县北二十一里固城店镇。《左传》：哀公四年（前491），齐“国夏伐晋，取邢、任、栾、鄗、逆时、阴人、盂、壶口”。《史记·赵世家》：武灵王三年（前323），“城鄗”。二十一年（前305），“王军取鄗”。皆此。秦置鄗县。

鄗山　在今河南荥阳市北。《左传》：宣公十二年（前597），“晋师在敖、鄗之间”。杜注：“敖、鄗二山在荥阳县西北。”

鄗县　战国秦置，属邯郸郡。治所在今河北柏乡县北二十一里固城店镇。西汉元朔五年（前124），武帝封赵敬肃王子舟为鄗侯。后属常山郡。《后汉书·光武帝纪上》：建武元年（25），光武行至鄗，“命有司设坛场于鄗南千秋亭、五成陌”即皇帝位。即此。东汉改名高邑县。

鄌郚街　春秋时名郚，后演变为鄌郚。即今山东昌乐县南鄌郚镇。明嘉靖《昌乐县志》：唐郚店集“在县南五十里”。

鄐　春秋晋邢侯邑。在今河南温县附近。《左传》：襄公二十六年（前547），楚“雍子奔晋，晋人与之鄐，以为谋主”。又昭公十四年（前528），“晋邢侯与雍子争鄐田，久而无成”。

敦　商代地名。在今河南温县东。《甲骨文合集》37532：“辛酉卜，在敦贞：王田衣逐无灾。”

敦水　在今山西阳高县南。《山海经·北山经》：“少咸之山，……敦水出焉，东流注于雁门之水。”《水经·漯水注》：敦水“导源西北少咸山之南麓，东流径参合县故城南。……乱流东北注雁门水”。

敦化市　1985年撤销吉林省敦化县，改设敦化市，市人民政府驻新华西路。由延边朝鲜族自治州代管。

敦化县　①五代晋天福初改郴县置，属敦州。治所即今湖南郴州市。后汉乾祐初复名郴县。

②清光绪七年十二月（1882年1月）析宁古塔副都统辖地置，属吉林府。治所在敖东城（今吉林敦化市）。民国魏声龢《吉林地志》：“敖东，满语本音作鄂多哩，又称阿克敦，设治时语音附会，因名敦化。”1913年改属吉林省延吉道。1929年直属吉林省。1985年改设敦化市。

敦州　五代晋天福初改郴州置，治所在敦化县（今湖南郴州市）。辖境相当今湖南永兴县以南耒水流域和宜章县地。后汉乾祐初复名郴州。

敦里八甲　在今重庆市忠县西拔山镇。清乾隆元年（1736）置巡司于此。

敦图铁路　从今吉林敦化市，经延吉至图们市。全长191.9公里。日本于1932年动工修建，1933年建成。今为长图铁路东段。

敦厚镇　1923年置，属建水县。即今云南元阳县治新街镇。

敦敦河　即今俄罗斯哈巴罗夫斯克边疆区黑龙江下游支流阿纽依河。清康熙《皇舆全览图》作“墪墪河”。《清一统志·吉林一》：敦敦河“在宁古塔城东北一千九百五十七里。源出明噶里窝集，西北流入混同江”。

敦敦噶珊　又作墪墪。在今俄罗斯哈巴罗夫斯克边疆区黑龙江下游阿纽依河口北岸。清属宁古塔将军，后属三姓副都统。康熙《皇舆全览图》：黑龙江下游墪墪河口处有“墪墪噶山”。光绪《吉林通志》卷17：混同江南岸，东至海滨旧设噶珊有“墪墪”。咸丰年间被沙皇俄国通过不平等的中俄《北京条约》割占。

敦谦沙洲　在南海中中国南沙群岛内，位于太平岛东6海里。为一圆形沙岛。沙洲长约500米，宽约300米，面积约0.09平方公里。中国渔民向称马东、黄山马东。1935年公布名称为沙岛。1947年改名敦谦沙洲，为纪念1946年中国政府派往接收南沙群岛的中业号军舰舰长李敦谦而命名。

敦照镇　北宋置，属漳浦县。即今福建漳浦县东南三十里旧镇。

敦煌石室　旧名莫高窟，俗名千佛洞。在今甘肃敦煌市东南三十里鸣沙山东麓。清光绪庚子（1900）王（圆录）道士在扫除积沙时，发现一石室（藏经洞），内藏书卷极富，从西凉建初元年（405）至北宋至道元年（995）文物四万多件。除汉文外，有藏、梵、于阗、龟兹、粟特、突厥文等，其中手写本最多，也有雕板印刷及拓本，内容涉及经济文化多个领域。从1907年起，英人斯坦因、法人伯希和、日人桔瑞超、俄人鄂登堡、美人华尔纳等先后至此，择好者捆载而去。大量文物被盗窃后，残存仅八千余经卷、文献，藏于今北京图书馆。近人据伯希和所得本印行者，出版有《敦煌石室遗书》、《鸣沙石室古佚书》二种。莫高窟于1961年定为全国重点文物保护单位。

敦煌市　1987年撤销敦煌县，改设敦煌市，市人民政府驻沙州镇。属甘肃省酒泉地区。2001年由酒泉市代管。

敦煌县　西汉置，为敦煌郡治。治所在今甘肃敦煌市西。《汉书·地理志》注：“应劭曰：‘敦，大也。煌，盛也。’”其说不足据。《山海经·北山经》：“大咸之山……又北三百二十里，曰敦薨之山……敦薨之水出焉，而西流注于泑泽。”敦薨即敦煌的异译。（日）藤田丰八《西北古地研究》也认为敦煌是吐火罗音译。北周保定三年（563）改为鸣沙县，仍为敦煌郡治。隋大业三年（607）复名敦煌县。唐建中二年（781）地入吐蕃后废。清乾隆二十五年（1760）复置，治所仍在今甘肃敦煌市西，雍正二年（1724）移治今敦煌市，属安西府（后改安西州）。民国初属甘肃安肃道。1927年直属甘肃省。1987年改设敦煌市。

敦煌郡　西汉元鼎六年（前111）分酒泉郡置，治所在敦煌县（今甘肃敦煌市西）。辖境相当今甘肃疏勒河以西及以南地区。十六国前凉于此置沙州，后为西凉国都。北魏太武帝改为敦煌镇。后复改郡。隋开皇三年（583）废。大业三年（607）复置敦煌郡。唐武德二年（619）改为瓜州，五年（622）改置西沙州，贞观七年（633）又改沙州，天宝元年（742）仍改敦煌郡，乾元元年（758）又改为沙州。

敦煌镇　北魏太武帝置，治所在敦煌郡（今甘肃敦煌市西）。辖境相当今甘肃疏勒河以西及以南地区。明帝罢镇置瓜州。

敦舆山　在今河北临城县西南。《山海经·北三经》：敦舆之山，"泜水出于其阴"。《元和志》卷17临城县：敦舆山"在县西南七十里。泜水所出"。又《方舆纪要》卷14临城县：敦舆山"一名幽淮山。南接太行，北连常山，州境之大山也"。

敦薨山　即今新疆天山。《山海经·北山经》：敦薨之山"敦薨之水出焉，而西（东）流注于泑泽"。《水经·河水注》：敦薨之水"出焉耆之北敦薨之山"。即此。

敦薨水　即今新疆中部之开都河及孔雀河。《山海经·北山经》：敦薨之山，"敦薨之水出焉，而西（东）流注于泑泽"。《水经·河水注》：敦薨之水"出焉耆之北敦薨之山，……东南流注于敦薨之薮"。

敦薨薮　即今新疆博湖县东之博斯腾湖。《水经·河水注》：敦薨之水"又东南流，注于敦薨之薮"。即此。

庬山　一名谷口山。在今河南洛阳市西南。《山海经·中山经·中次六经》：庬山"交觞之水出于其阳，而南流注于洛；俞随之水出于其阴，而北流注于谷水"。

斌强县　隋置，属信都郡。治所在今河北中南部。唐废。

椉丘侯国（椉 chéng）　即乘丘侯国。在今山东兖州市西北三十五里故县。《汉书·地理志》作"椉丘"。

袲（袲 chǐ）　又名移邑、侈邑。春秋宋地。在今安徽宿州市西。《春秋》：桓公十五年（前697），"公会宋公、卫侯、陈侯于袲"。即此。《公羊传》作"侈"。

竦口　即今安徽歙县东北练河西岸竦口。清乾隆《歙县志》卷1《都鄙》有竦口村。

童山　①在今河北新乐市北。《方舆纪要》卷14新乐县：童山在"县（按：在今新乐市承安镇）西北二十里，一名见龙山，高数十仞，绵亘数里，下有小溪萦带，流入沙河"。

②一名同山。在今河南浚县西南同山。《隋书·李密传》：宇文化及"乃渡永济渠，与密战于童山之下"。

童子寺　在今山西太原市西南龙山上。北齐天保七年（556）建。寺前有燃灯石塔一座，高5.33米。《北史·唐邕传》载："文宣（高洋）尝登并州童子佛寺望并州（晋阳）城。"即此。

童子渡港　在今江西鄱阳县北。《清一统志·饶州府》：童子渡港"在鄱阳县北五十里，受建德山涧诸水，合张公犁耙水，西南流入乌玲湖"。

童乡县　西汉置，属渤海郡。治所在今山东乐陵市西北。汉成帝时封钟祖为童乡釐侯，改童乡县为童乡侯国。

童乡侯国　西汉成帝时封钟祖为童乡釐侯，改童乡县为童乡侯国。治所在今山东乐陵市西北。后国除。元始五年（5），平帝又封谢殷为童乡侯，重置侯国。东汉省。

童宽山卫　又作通肯山卫。明永乐六年（1408）置，属奴儿干都司。在今吉林珲春市东北通肯山一带。后废。

童家坝　即今四川乐至县西童家镇。清道光《乐至县志》卷4：童家坝"距城二十里"。

童家坊镇　即今江西玉山县西北童坊村。《清一统志·广信府二》：童家坊"在玉山县西北六十里。地接徽、饶"。

童家营　即今江苏阜宁县西南童营。清置巡司于此。《清一统志·淮安府二》：童家营巡司"在山阳县黄河北岸，分防汛地"。

童敏城　隋末筑。在今江西鄱阳县东北。《方舆纪要》卷85饶州鄱阳县"棠阴镇"条："《志》云，府北有童敏故城，隋末袁斌率邑人避寇处。"

〔丶丨〕

惶恐滩　在今江西万安县城南门外龙溪水入赣江处。《明一统志》卷56吉安府：惶恐滩"在万安县治西。旧名黄公滩，后讹为惶恐滩。宋文天祥诗，惶恐滩前说惶恐，即此"。

愉怡街　即今江西东乡县东北愉怡村。清同治《江西全省舆图》卷2抚州府东乡县：东北有"愉怡街"。

愉漫国　一名解苏国。唐西域国名。都城在数瞒城（今塔吉克斯坦杜尚别市附近）。唐玄奘《大唐西域记》卷1：愉漫国"东西四百余里，南北百余里。……其王奚素突厥也"。龙朔初置天马都督府于此。

慨口城　即昌邑城。在今江西新建县东北一百二十里昌邑乡东游塘。《续汉书·郡国志》刘昭注：海昏侯国"在昌邑城。《豫章记》曰：城东十三里，县列江边，名慨口，出豫章大江之口也。昌邑王每乘流东望，辄愤慨而还，故谓之慨口"。

阑干山　又作栏干山。在今福建建阳市北四十里。《寰宇记》卷101引《建安记》云："栏干山南与武夷山相对，半岩有石室，可容六十人。岩口有木栏干，飞阁栈道，远望石室中隐隐有床帐案几之属，岩石间悉生石柏，悬棺仙葬多类武夷，云是仙人葬骨。”

阑杆堡 北宋筑，属银城县。即今陕西神木县东六十里栏杆堡。元废。

阑县 亦作阐县。西汉元鼎六年（前111）置，属越嶲郡。治所在今四川越西县北新民镇古城。西晋废。

阔水 即今四川若尔盖县西之黑河（墨曲）。一说在今松潘县西北。《资治通鉴》：唐贞观九年（635），分道伐吐谷浑，“赤水道行军总管李道彦行至阔水，见赤辞无备，袭之，获牛羊数千头”。胡三省注：“阔水在党项羁縻阔州界。”

阔水关 在今贵州贵阳市西北。《明史·地理志》：贵阳军民府新贵县“有阔水关”。《方舆纪要》卷121贵阳军民府贵定县“新添关”条：“阔水关在府（在今贵阳市）西北。洪武三十年顾成征水西诸蛮，破阔水（关），进克米那革、贾母龙等关、砦”。

阔州 ①唐贞观五年（631）置，为羁縻州，属松州都督府。治所在今四川松潘县西北。后没入吐蕃。

②元世祖至元二十六年（1289）置，属建昌路。治所在今四川宁南县。辖境相当今四川宁南县地。明洪武十五年（1382）属建昌府。后废。

阔连海子 即今内蒙古呼伦贝尔市之呼伦湖。《元朝秘史》卷1：“捕鱼儿海子、阔连海子两个海子中间的河名兀儿失温。”《清一统志·黑龙江》：库楞湖“在呼伦布雨尔西北界。古名俱轮泊，明时称阔滦海子”。

阔即 今青海久治县西北。《元史·地理志》河源附录：“河行昆仑南半日，又四五日，至地名阔即及阔提，二地相属。”

阔提 在今青海久治县西北。《元史·地理志》河源附录：“河行昆仑南半日，又四五日，至地名阔即及阔提，二地相属。”

阔源县 唐贞观五年（631）置，属羁縻阔州。治所在今四川松潘县西北。后废。

阔滦海 亦作阔滦海子。即元之阔连海子。今内蒙古呼伦贝尔市新巴尔虎右旗东北之呼伦湖。《明史·鞑靼传》：永乐二十年（1422）亲征阿鲁台，“阿鲁台闻大军出，惧。……尽弃其辎重马畜于阔滦海侧，以其孥直北徙”。

〔丶丿〕

善人桥镇 即今江苏苏州市吴中区西南藏书镇（善人桥）。明嘉靖《吴县志》卷4：县西有善人桥。清光绪《江苏全省舆图》：吴县西有善人桥市。民国《江苏六十一县志》：吴县西有“善人桥镇”。

善力格札萨克旗 和硕特南右翼末旗的俗称。在今青海共和县西南、兴海县东北。

善无县 战国赵置。后入秦，为雁门郡治。治所在今山西右玉县西北右卫镇。东汉为定襄郡治。建安末废。北魏复置善无县，为善无郡治。孝昌中废。东魏天平二年（535）寄治肆州秀容郡城（今山西忻州市西北）。北齐废。

善无郡 北魏置，属恒州。治所在善无县（今山西右玉县南）。辖境相当今山西右玉县地。孝昌中废。东魏天平二年（535）寄治肆州秀容郡城（今山西忻州市西北）。北齐废。

善巨郡 宋大理置，治所在成纪镇（今云南永胜县北四里大树坪）。辖境约当今云南西北部及四川盐源、盐边两县地。元世祖至元十五年（1278）改施州。

善见城 南北朝时西域罽宾国都城。在今克什米尔斯利那加附近。《魏书·西域传》：罽宾国“都善见城”。

善化山 在今河南浚县西北二十五里。《清一统志·卫辉府一》：善化山“高六十余丈，周三十里。旧名枉人山”。

善化寺 在今山西大同市区南部。俗称南寺。始建于唐开元年间（713—741），故名开元寺。五代晋时改称大普恩寺。寺内建筑多毁于辽末，金天会六年（1128）重修。明正统十年（1445）整修后，成为当时官吏习仪之所，改名善化寺。主要建筑有金代建筑山门、三圣殿及辽代遗构大雄宝殿等，殿内二十四诸天为金初所塑，神态生动。殿西侧为金贞元二年（1153）所建普贤阁。该寺为辽金寺院中布局保存最完整的一座。1961年定为全国重点文物保护单位。

善化县 北宋元符元年（1098）分长沙、湘潭两县置，与长沙县同为潭州治。治所在潭州城（今湖南长沙市）。元为天临路治。明、清为长沙府治，清又为湖南省会。1912年并入长沙县。

善化里 即今台湾省台南市东北善化区。清康熙间蒋毓英《台湾府志》卷1：善化里“离府治二十五里”（高拱乾《台湾府志》作“离府治六十里”）。

善文县 唐永淳元年（682）置，属党州。治所在今广西玉林市西北。北宋开宝七年（974）废。

善出站 明改禅春站置，在今吉林蛟河市东三道河附近。明《辽东志》卷9：纳丹府东北陆路有“善出”站。即此。

善因寺 俗称西大仓。在今内蒙古多伦县城西北三里。东北距汇宗寺里许，俗呼新庙。清雍正九年（1731），敕仿西藏达赖喇嘛所居都岗之式建置，以居章佳胡土克图。制作工艺，为蒙古诸寺第一。1971年善因寺大殿被拆除。现残存大山门、钟楼、天王殿和几处残垣断壁。

善后（後）集 即今安徽和县西北善厚镇（善厚集）。清光绪《直隶和州志》卷4：善后集在“州西北八十里”。

善州 元世祖至元十二年（1275）置，后属中庆路。治所在昆明县（今云南昆明市）。二十一年

(1284) 废。

善池　即沙尔池的别称。在今青海天峻县县境。《清史稿·地理志》 青海和硕特部北右末旗：布喀河"复东南流，至天沁察罕峰北，与沙尔诺尔水会，即所称善池也。诺尔周六十余里"。

善阳县　一作鄯阳县。隋大业元年 (605) 改招远县置，属朔州。治所在今山西朔州市。三年 (607) 改属马邑郡。唐复属朔州。辽以后作鄯阳县。明洪武初废。

善阳岭　在今内蒙古和林格尔县西南大红城。《资治通鉴》：唐贞观十五年 (641)，薛延陀真珠可汗"命其子大度设发同罗、仆骨、回纥、靺鞨、霫等兵合二十万，度漠南，屯白道，据善阳岭以击突厥"。

善劳县　唐永淳元年 (682) 置，为党州治。治所在今广西兴业县东党州村。天宝初为宁仁郡治，乾元初复为党州治。北宋开宝七年 (974) 废。

善财洞　在今浙江舟山市普陀区普陀山东部。雍正《浙江通志》卷14引吴莱《甬东山水古迹记》："梅岑西为善财洞，峭石嚣足，泉流渗滴，悬缨不断。"

善利渠　在今山西汾阳市西南。《方舆纪要》卷42汾州府：善利渠"在府西南。西山诸泉源会流为渠，东西首尾凡百余里，有灌溉之利"。

善应寺　亦名翠微寺。在今北京市西山八大处中第一处。位于翠微山西南隅平地上。明弘治十七年 (1504) 建。清乾隆十四年 (1749) 改今名。明《帝京景物略》卷6："善应寺，殿佛不结趺，高几危坐，仪如中土。两庑塑罗汉五百，穿崖踏海，游戏极态，摹吴伟画卷也。"

善板祠　一名恶 (亚) 子祠。即今四川梓潼县东北二十里七曲山大庙。为祭祀晋人张恶子 (张育) 之庙宇。东晋常璩《华阳国志·汉中志》：梓潼县"有善板祠，一曰恶子，民岁上雷杵十枚，岁尽不复见，云雷取去"。唐、宋统治者为宣扬天命论，遂封亚子为济顺王、英显王、文昌帝君，改建灵应庙。

善明氏　战国时秦所置县，地望无考。《史记·六国年表》："秦献公六年 (前379)，初县蒲、蓝田、善明氏"。即此。

善和镇　在今甘肃镇原县西南。《资治通鉴》：唐武德六年 (623)，"突厥陷原州之善和镇"。即此。

善岱镇　即今内蒙古土默特左旗南善岱镇。清乾隆四年 (1739) 于此置善岱协理通判。二十五年 (1760) 并入萨拉齐厅。

善卷洞　又名驹石室、龙岩洞。在今江苏宜兴市西南。《寰宇记》卷92宜兴县：国山"山东北有两重石洞，土人呼为石室。周幽王二十四年忽开，可容千人。又有石柱，呼为玉柱"。今洞面积五千多平方米，长八百多米，有上、中、下三层，水洞相连，颇为壮观。附近有国山碑等遗迹。

善治堡　北宋政和六年 (1116) 改通济桥堡置，属震武军。在今青海门源回族自治县东南。

善政县　在今广东博罗县西北三十里湖镇。明、清置巡司于此。

善琏镇　即今浙江湖州市东南五十六里南浔区善琏镇。清同治《湖州府志》卷22："以市有四桥，曰福善、保善、庆善、宜善，联络市廛，形如束练，故名。"湖笔即产于此。

善堂集　即今河南浚县东北三十三里善堂镇。旧属滑县。民国《重修滑县志》卷6："善堂集，距城六十里。"1949年改属浚县。

善欲关　明洪武十七年 (1384) 置，在今贵州毕节市南五里。

善阐府　唐南诏劝丰祐时置，为南诏别都。又称上都。治所在善阐城 (即今云南昆明市)。辖境约当今云南昆明市区附近地区。宋大理时亦为陪都，为八府之一。辖境约当今昆明市及易门、禄丰、嵩明各县地。蒙古宪宗五年 (1255) 改置万户府。辖境缩小。元世祖至元七年 (1270) 改善阐路。

善阐城　唐南诏后期以拓东城改名，为善阐府治。在今云南昆明市旧城南关外。《元史·地理志》 中庆路："凤伽异增筑城曰柘东，六世孙券丰祐改曰善阐，历五年迄宋，羁縻而已。"元代改鸭池城。

善阐路　元世祖至元七年 (1270) 置，为云南行省省会。治所即今云南昆明市。辖滇池周围地区及今云南禄丰、易门、宜良、嵩明等县地。至元十三年 (1276) 改中庆路。

善塔斯岭　在今吉尔吉斯斯坦伊塞克湖东。为清代自伊犁通往喀什噶尔要道。清徐松《西域水道记》卷5："土布河源出塔尔巴胡岭，岭南接善塔斯岭。多生野葱，亦葱岭也。初定伊犁时置善塔斯卡伦，以遏布鲁特。"

善道　春秋吴邑。在今江苏盱眙县东北。《左传》：襄公五年 (前568)，"孟献子、孙文子会吴于善道"。《舆地纪胜》卷44盱眙军：善道"《南兖州记》曰：盱眙本春秋时善道"。

善稻　即善道。春秋吴邑。在今江苏盱眙县东北。《公羊传》作"善稻"。

善德山　在今湖南常德市东南十五里。一名枉山。又名枉人山。《舆地纪胜》卷68引《元和志》：枉山"一名善德山。在武陵县东九里。此山本名枉山，开宝中刺史樊子盖以善卷尝居此山，名善德山"。

翔云 (雲) 山　在今浙江乐清市。《方舆纪要》卷94乐清县：翔云山"在县治后。亦曰县后山。东接雁荡，西连白石，高山大谷，杂沓若翔云。奇峰茂林，为邑屏障"。

翔凤山　在今四川岳池县北一里。《方舆纪要》卷68岳池县：翔凤山"山有三峰，如凤之翔举"。

翔凤桥　在今福建沙县旧南门外。《方舆纪要》卷97延平府沙县：翔凤桥"在县治南。宋绍圣四年初建浮桥，名平津。后徙废不一。明朝洪武二十九年重建。正统十三年寇毁。景泰初复建浮桥。正德三年累石中流，凡十有三，构木为梁，甃以砖，复覆以屋，称为宏丽"。

翔龙县　南宋景炎二年（1277）卫王赵昺升碙洲置，治所在今广东湛江市东南硇洲岛上。元废。

翔龙府　南宋祥兴元年（1278）六月改祥兴府置，治所在南海县（今广东广州市）。同年闰十一月，元军攻克此地，改为广州路。

翔庆军　北宋明道元军（1032）西夏置，治所在灵州（今宁夏吴忠市北）。后废。

翔皋坊　唐置，在今山西翼城县东南十五里浍山。《新唐书·地理志》：绛州翼城县有"翔皋钱坊"。

翔鸾镇　北宋置，属平阴县。疑在今山东平阴县东北鸾湾镇附近。

羡阳县　即滠阳县。在今湖北武汉市黄陂区西南。《宋书·州郡志》作羡阳县。

羡哀山　在今云南蒙自市东九十里。《明一统志》卷86临安府：羡哀山"上多石笋，绝顶平地千顷，中有三池，水草四时不枯竭，最宜牧放"。

羡塘　在今江苏宝应县西南，白水塘北。《新唐书·地理志》宝应县："西南八十里有白水塘、羡塘，证圣中开，置屯田。"

羡塘带夹等处长官司　元置，属湖广行省八番顺元宣慰司。治所即今贵州惠水县东南羡塘乡。

羡塘砦　在今贵州惠水县东南羡塘乡。《方舆纪要》卷121平州六洞长官司：羡塘寨"在司境。洪武三十一年，顾成讨司境叛苗，破苗坡、羡塘、光金、蒙台诸蛮酋，是也"。

羡溪　在今安徽含山县南，古濡须坞东三十里。《三国志·吴书·朱桓传》：黄武元年（222），"魏使大司马曹仁步骑数万向濡须，仁欲以兵袭取州上，伪先扬声，欲东攻羡溪"。即此。

普口市　一作浦口市。即今湖南醴陵市东北浦口镇。《清一统志·长沙府二》：普口市"在醴陵县东二十里"。

普么（麽）部　宋大理置，属石城郡。在今云南曲靖市南四十五里越州镇。蒙古宪宗六年（1256）改普么千户，元世祖至元十二年（1275）改越州。

普门寺　唐建，在今陕西凤翔县东门外。寺壁有吴道子画的佛像。北宋苏轼《王维吴道子画》诗曰："何处访吴画，普门与开元。"

普义砦　北宋置，属思恩县。在今广西环江毛南族自治县西北四十里。元废。

普义镇　在今广西环江毛南族自治县西北四十里。北宋于此置普义砦，明于此置巡司。

普厅塘　即今云南富宁县治。清有广南府经历驻此。光绪二十八年（1902）富州还治于此。1913年后为富州县治。1937年后改为富宁县治。

普日思摩甸长官司　元代合普日、思摩二部置，属元江路。治所即今云南宁洱哈尼族彝族自治县。明初废。

普化镇　即今陕西蓝田县东普化镇。清《蓝田县志》卷1有普化镇。

普文县　1927年置，属云南普洱道。治所即今云南景洪市东北一百二十四里普文镇。傣语"普文"意为居住在南滕河流域的蒲人。1930年废入思茅县。

普方　在今越南莱州省西北部。清代为临安府纳楼土司辖地。《滇南界务陈牍·普界陈牍·署临安道周瑞玺禀》："查普方、里方旧为纳楼土司三勐勐底地方，衙门坡则为中勐、下勐。"

普札龙城　即今云南玉溪市北十六里北城镇。元于此置普舍县。明洪武十五年（1382）废。

普乐寺　俗称圆顶子。在今河北承德市避暑山庄东北的平岗上。清乾隆三十一年（1766）为布鲁特和哈萨克诸部王公前来热河观瞻而建。1961年定为全国重点文物保护单位。

普乐州　元世祖至元十七年（1280）以㔹鹿部置，属德平路。治所在今四川盐源县境。二十七年（1290）废。

普乐县　唐初置，属洺州。治所在今河北鸡泽县东南贯庄北空城。武德四年（621）废。

普乐郡　北魏置，为灵州治。治所在回乐县（今宁夏吴忠市北）。辖境相当今宁夏吴忠市及中宁县、灵武市地。《北齐书·刘丰传》："刘丰，字丰生，普乐人也。……破六韩拔陵之乱，丰以守城之功，除普乐太守。"隋开皇三年（583）废。

普市千户所　明洪武二十二年（1389）置，属贵州都司。在今四川叙永县东南后山镇东普市。《清一统志·叙永厅》：普市废所"普定侯设普市守御所于木案山下，因士民曾为市贸易于此，故以为名"。《明史·土司列传》：成化十六年（1480），"阎宗传等攻掠永宁、普市"。即此。清康熙二十六年（1687）废入永宁县。

普市镇　在今湖南辰溪县南三十里。明、清置巡司于此。

普兰行政区　1914年析马关县置，属云南蒙自道。治所即今云南西畴县。民国《西畴县地志》："原名普兰，因四周之山多产兰故也。"1920年改西畴县。

普兰店　亦作孛兰堡。即今辽宁普兰店市。清光绪《奉天全省地舆图说图志》金州厅图：东北有孛兰堡。民国熊知白《东北县治纪要》辽宁复县："县属娘娘宫……普兰店西北一百四十里。"民国徐曦《东三省纪略》卷8：南满铁路有普兰店驿。

普兰店区　2015年撤销辽宁省普兰店市，设立大连市普兰店区，区政府驻南山街道府前路12号。

普兰店市　1991年撤销辽宁省新金县，设立普兰店市（驻普兰店），由大连市代管。

普兰宗　即布拉木达克喇城。宋代名布让。明为普兰。原西藏地方政府设普兰宗。1960年改设普兰县。"普兰"，藏语意为独毛。

普宁寺　在今河北承德市避暑山庄之北。清乾隆二十年（1755）建。据乾隆御制《普宁寺碑记》载，是年五月平定厄鲁特蒙古准噶尔部头目达瓦齐发动的武装叛乱，冬十月在避暑山庄封赏厄鲁特蒙古四部首领时，决定依西藏三摩耶庙之式营建此寺。因主体建筑大乘之阁内供一尊高22.23米的千眼千手观音菩萨贴金立像，故又称大佛寺。寺内碑亭中矗立着《普宁寺碑记》、《平定准噶尔勒铭伊犁之碑》、《平定准噶尔后勒铭伊犁之碑》三通。1961年定为全国重点文物保护单位。

普宁州 唐置，属黔州都督府。治所在今贵州安顺市东。南宋后废。

普宁县 ①西魏废帝二年（553）改怀仁县置，为怀仁郡治。治所在今四川仁寿县东二里。隋开皇十八年（598）改为仁寿县。

②隋开皇十九年（599）改奉化县置，属藤州。治所即今广西容县。大业初属永平郡。唐属容州，元和中为容州治。元为容州路治，后为容州治。明洪武十年（1377）并入容州。

③明万历十年（1582）改普安县置，属潮州府。治所在今广东普宁市北。十四年（1586）移治今普宁市东北洪阳镇。清顺治《潮州府志》卷1：取"普遍宁谧之义"。民国初属广东潮循道。1920年直属广东省。1949年迁治流沙镇（即今普宁市）。1993年改设普宁市。

普宁郡 唐天宝元年（742）改容州置，治所在北流县（今广西北流市）。辖境相当今广西容县、北流市地。乾元元年（758）复改为容州。

普耳 即今云南宁洱哈尼族彝族自治县。明代属车里宣慰司。见万历《云南志》卷16《贡象道路》。清顺治十六年（1659）改隶元江府。雍正七年（1729）置普洱府。

普成县 即普城县。治所在今四川剑阁县（下寺镇）西南王河镇。《宋史·地理志》作"普成"县。

普光寺 在今陕西西安市长安区南终南山仰天池上。《清一统志·西安府四》："唐为龙池寺，明初秦愍王改建。有上、下二寺，相去五里，金碧庄严，为长安诸寺之冠。"

普光寺镇 即今四川宣汉县东北普光乡。清光绪《东乡县志》卷1：普光寺场"去县治一百里"。

普同寺 又作普彤寺。在今河北南宫市旧城。《清一统志·冀州》：普同寺"在南宫县旧城。汉明帝永平十年建。唐贞观中修。大耳禅师建塔，高十余丈"。

普同关 明置，在今山西平遥县南三十五里普洞村附近。《方舆纪要》卷42平遥县：普同关"在县南五十里普同谷口，东南接绵上关，达沁源县，西抵关子岭，南入岳阳县，为往来要地。洪武五年置巡司戍守"。

普会寺 蒙古语称希日穆仁庙，或作锡拉木伦召。清康熙四十二年（1703）建，在今内蒙古达尔罕茂明安联合旗（百灵庙）东南希拉穆仁镇。因锡拉木伦河流经庙北，俗称召河庙。

普庆镇 金置，属诸城县。在今山东诸城市西二十八里普庆。

普州 北周建德四年（575）置，治所在安岳县（今四川安岳县北铁门山）。隋大业二年（606）废。唐武德二年（619）复置，天宝元年（742）改为安岳郡，乾元元年（758）复为普州。北宋徙治今安岳县。辖境相当今四川安岳、乐至及遂宁西部地。宝祐以后废。明洪武四年（1371）又复置，治所在安岳县（今四川安岳县）。九年（1376）废。唐代诗人贾岛自长江主簿迁普州司户参军，死于此，葬于安泉山南麓。

普安 即今贵州三都水族自治县西北普安镇。清康熙二十一年（1682）置普安土千总。

普安山 在今广西桂林市南三十里。《明一统志》卷83桂林府：普安山"山势蜿蜒回绕，有泉涌于山顶，四时不涸"。

普安卫 明洪武十五年（1382）置，属贵州都司。治所即今贵州盘县（红果镇）东北城关镇。二十二年（1389）升为军民指挥使司。清康熙二十六年（1687）废。

普安厅 清嘉庆十六年（1811）改普安州置，属贵州省。治所即今贵州盘县（红果镇）东北城关镇。光绪三十四年（1908）改为盘州厅。

普安场 即今四川开江县西普安镇。清同治《新宁县志》卷2：普安场"治西五里。五方杂处，商贾辐辏，为邑巨镇"。

普安州 明永乐十三年（1415）置，属贵州布政司。治所在今贵州盘县（红果镇）北。辖有今贵州盘县、兴义、安龙及普安，云南富源等县部分地。万历十四年（1586）移普安卫城（今盘县东北城关镇）。万历三十年（1602）改属安顺府。清雍正五年（1727）改隶南笼府。嘉庆十四年（1809）升为直隶州。十六年（1811）改为普安厅。

普安军 南宋隆兴二年（1164）以孝宗潜邸升剑州置，治所在普安县（今四川剑阁县西南普安镇）。辖境相当今四川梓潼、剑阁二县及江油市东北地。绍熙元年（1190）升为隆庆府。

普安县 ①西魏废帝二年（553）改南安县置，为普安郡及始州治。治所在今四川剑阁县（下寺镇）西南普安镇。隋开皇初废郡。大业初为普安郡治。唐武德初为始州治。先天二年（713）为剑州治。天宝初为普安郡治。乾元初为剑州治。南宋隆兴二年（1164）改为普安军治。绍熙元年（1190）为隆庆府治。元世祖至元二十年（1283）为剑州治。明洪武十四年（1381）废入剑州。

②明嘉靖四十三年（1564）置，属潮州府。治所在贵屿（今广东汕头市潮阳区西北贵屿镇）。万历十年（1582）改为普宁县。

③清顺治十八年（1661）改新城千户所置，属安顺府。治所即今贵州兴仁县。康熙二十二年（1683）移治新兴所城（今贵州普安县）。雍正五年（1727）改属南笼府（后改兴义府）。民国初属贵州贵西道。1923年直属贵州省。

④1935年4月川陕革命根据地置，治普安镇（今四川剑阁县西南普安镇）。同年5月废。

普安府 明洪武十六年（1383）改普安路置，属云南布政司。治所即今贵州盘县东旧普安。二十二年

(1389) 废。

普安城　唐建，属嶲州。在今四川冕宁县西南。唐樊绰《云南志》卷1：台登县“西南八十里至普安城，剑南西川节度使重兵大将镇焉”。

普安郡　西魏废帝二年（553）改南安郡置，为始州治。治所在普安县（今四川剑阁县西南普安镇）。隋开皇三年（583）废。大业三年（607）改始州复置。辖境相当今四川梓潼、剑阁二县及江油市东北地。唐武德元年（618）复为始州。先天二年（713）改为剑州。天宝元年（742）改为普安郡。乾元元年（758）复为剑州。

普安堡　明正统十二年（1447）置，属叠溪千户所。在今四川茂县西北一百五十里太平乡南普安。《明史·四川土司传》：“万历十九年，威、茂诸番作乱，攻破新桥，乘势围普安等堡。”即此。

普安路　蒙古先宗七年（1257）在爨族地置于矢万户，元世祖至元十三年（1276）改置普安路总管府，属云南行省。治所即今贵州盘县东旧普安。辖境相当今贵州盘县、兴义、兴仁、安龙等市县地。十六年（1279）改为宣抚司，二十二年（1285）复改为路。明洪武十六年（1383）改置普安府。

普驮隘　在今广西西林县东南普合。《清一统志·泗城府》：普驮隘“在西林县西北一百十里。本朝康熙六年建，路达西隆州，山径盘曲最为险要，有兵防汛”。

普里部　今贵州安顺市地。宋时为普里部。《元史·地理志》普定路：“本普里部，归附后改普定府。”明曹学佺《名胜志》：“罗鬼仡佬可刖苗所居，号普里部。”

普利寺塔　在今河北临城县城内。建于北宋皇祐三年（1051），经明嘉靖、万历年间修葺，现仍基本保存宋代原貌。此塔通体砖砌，南向，坐落在高5.83米的石砌基台中心。塔身七层，三层以上收分显著。一层塔身南向辟券门，内有方形塔心室，其余墙面满嵌方形佛像雕砖，总数为一千零一十六块。塔身各面安置立佛，共十六尊。转角置力士像。普利寺塔还保存着带有北朝造像的石础座数方，也很珍贵。2001年定为全国重点文物保护单位。

普利驿　在今贵州安顺市南。《方舆纪要》卷123普定卫：“普利驿在城南门外，隶安顺府。”《清一统志·安顺府》：普利驿“在府城南。上通镇宁，下达平坝”。

普闰县　隋大业元年（605）置，属岐州。治所在今陕西麟游县西北万家城南。《寰宇记》卷30普润县：“盖以杜、漆、岐三水灌溉田畴，民获利济，以为县名。”大业三年（607）属扶风郡。十三年（617）移治今麟游县西北万家城。唐改为普润县。

普陀山　①或作补陀落迦山。即今浙江舟山市普陀区东北莲花洋中之普陀山。宋《宝庆四明志》卷20昌国县：“普陀洛迦山在东海中，佛书所谓海岸孤绝处也。”今系我国佛教四大名山之一。“普陀洛迦”，梵文意为“小白花”。

②在今广东惠来县西北。清雍正《惠来县志》卷3：普陀岩山“在县西北十里，五朝山之西。两石夹峙，岩祀普陀佛。……前后荔枝百株，实颇佳”。

普陀山多宝塔　在今浙江舟山市普陀山岛中央普济寺前。元代元统年间（1333—1335）建。以《法华经》中所提多宝佛塔之语取名。四棱三层锥体实心塔，高18米，用太湖石砌成，每层四面雕有当时信奉的全跏趺座佛。塔基台四周栏下雕有螭首二十只，作吐水状。“宝塔闻钟”为中国四大佛教名山之一的普陀山佳景。2006年定为全国重点文物保护单位。

普陀江　在今云南洱源县东南。《方舆纪要》卷117邓川州：普陀江“在州（今邓川镇）北。其上源即浪穹县之宁河，东流经州北，折而南，流入于西洱河。一名猕苴佉江。或谓之葡萄江，即普陀之讹也”。

普陀宗乘之庙　在今河北承德市避暑山庄正北。清乾隆三十二年（1767）仿西藏拉萨布达拉宫形制建造。“普陀宗乘”是藏语“布达拉”的汉译，故又有“小布达拉宫”之称。建成之时，由伏尔加河流域返回祖国的厄鲁特蒙古土尔扈特部首领渥巴锡等人，也随各民族首领到承德觐见。庙内现存乾隆帝御笔《普陀宗乘之庙碑记》、《土尔扈特全部归顺记》、《优恤土尔扈特部众记》石碑三通。1961年定为全国重点文物保护单位。

普陀峒　在今云南洱源县东南十五里。《方舆纪要》卷117大理府浪穹县：普陀峒在“县（今洱源县）东南十五里，为往来要隘之地，有巡司戍守”。清仍设巡司。《清一统志·大理府》作蒲陀崆。

普纳沙　又名库结沙。在今内蒙古杭锦旗西北黄河以南库布齐沙漠。唐自夏州北至天德军经此。《新唐书·地理志》：夏州北“库结沙，一曰普纳沙，……有绥远城。皆灵、夏以北蕃落所居”。

普昌　在今云南姚安县西。明洪武中置土巡检司于此。

普明镇　即今山西岚县西普明镇。《清一统志·太原府二》“东村镇”条下：普明镇“在县（旧治）南”。

普舍县　元世祖至元十三年（1276）置，属新兴州。治所在普札龙城（今云南玉溪市北十六里北城镇）。《元史·地理志》：“普舍孙苴刖内附，立本部为千户，十三年改千户普舍县。”明洪武十五年（1382）后废。

普河　在今山东东明县北。《方舆纪要》卷16东明县：普河“大河余流也。《志》云：县四面俱有护城壕堤，惟北门堤外有普河一道，当河南黑阳山下流，岁久冲淤，渐成巨浸，因筑堤以防其冲啮”。

普定卫　明洪武十五年（1382）置，属四川都司。治所即今贵州安顺市。正统三年（1438）改属贵州都司。成化中徙安顺州治普定卫城。清康熙十一年

(1672) 改为普定县。

普定县 元置，属普定路。治所在今贵州安顺市东旧州镇。明初省入安顺州。清康熙十一年（1672）改普定卫复置，为安顺府治。治所即今安顺市。1913年移治废定南所（今普定县），属贵州贵西道。1923年直属贵州省。《元史·地理志》载："普定路。本普里部，归附后改普定府。"是普定府因普里部为名。据郭子章《郡县释名》贵州卷：普定取"普里底定"之义。

普定府 元置，属云南行省。治所即今贵州安顺市东南杨武布依族苗族乡。辖境相当今贵州安顺市、普定县等地。大德七年（1303）改为普定路。明洪武十四年（1381）复改为府。十八年（1385）废。

普定故城 在今贵州安顺市东。《方舆纪要》卷121安顺府：普定故城"（十二营长官）司东南二十里。《志》云，洪武十四年，大军克普定，暂立此城为守御。十五年，征南将军傅友德徙于今卫治（今安顺市），而故城遗址尚存"。

普定路 元大德七年（1303）改普定府置，属曲靖宣慰司。治所即今贵州安顺市东南杨武布依族苗族乡。明洪武十四年（1381）改置普定府。

普城县 唐末改黄安县置，属剑州。治所在今四川剑阁县（下寺镇）南王河镇。宋作普成县。元世祖至元二十年（1283）废入普安县。

普剌 亦作不剌、孛罗。察合台汗国属地。在今新疆博罗市附近。《元史·地理志·西北地附录》作"普剌"。

普威 清属西昌县，置巡司于此。即今四川米易县西北普威镇。民国初改设县佐。

普哈丁墓 俗称巴巴窑或回回堂。在今江苏扬州市区。始建于南宋德祐元年（1275），明清时扩建重修，现存宋、元、明、清墓碑。普哈丁相传为穆罕默德十六世裔孙，南宋末年到扬州传教，卒后葬于此。墓园占地1.56万平方米，分为古墓园、古清真寺和花园三部分，以花墙相隔，以石阶门道相通。墓园的古墓北侧有普哈丁墓亭，普哈丁墓室筑于墓亭中央地下，用青石筑成五级矩形层叠式墓塔，第三层墓塔侧面刻阿拉伯文"古兰经"节录。墓院内还有清光绪三十四年（1908）普哈丁传记碑。在明代，这里还有马哈默德、展马陆丁、法纳等阿拉伯人的墓亭。2001年定为全国重点文物保护单位。

普度寺 在今北京市东城区普庆前巷35号。原为元太乙神坛。明为南城崇禧宫旧址。景泰元年（1450）英宗朱祁镇被也光派人送回京城，尊为太上皇，即居于此。清初改建为睿亲王多尔衮的府邸。康熙三十三年（1694）改建为玛哈喇嘛庙。乾隆四十一年（1776）乾隆皇帝赐名普度寺。现存大殿面阔七间，前出厦五间，进深三间，异常古朴、雄伟，为中国传统建筑法式中所仅见。

普洱市 在云南省西南部。西汉为哀牢地。大理为思摩部和罗陀部，属威楚府。元作思么，为普日思摩甸长官司地，属元江路。清雍正间置思茅厅，1913年改思茅县，1993年设思茅市。"思茅"，傣语意为"新的城镇"。2003年撤销思茅地区和县级思茅市，设立地级思茅市。2007年更名为普洱市。彝族"普"为祖先，"洱"为地方，普洱即彝族祖先居住的地方。普洱市盛产普洱茶，已成为最具特色的代表。

普洱县 1913年废普洱府，改附郭宁洱县置，以府名为县名，属云南普洱道。治所即今云南宁洱哈尼族彝族自治县。1917年改宁洱县。1951年复名普洱县。治所在今宁洱哈尼族彝族自治县东北三十二里磨黑。1955年迁今县治宁洱镇。1985年改普洱哈尼族彝族自治县。2007年改名宁洱哈呢族彝族自治县。

普洱府 清雍正七年（1729）分车里宣慰司所辖江内六版纳地置，属云南省。雍正十三年（1735）置宁洱县（即今云南宁洱哈尼族彝族自治县）为府治。哈尼语"普"为寨，"洱"为水湾，意即水湾寨。乾隆元年（1736）增领江外六版纳各土司。辖境约当今云南景谷、墨江等县以南及西双版纳傣族自治州，还包括今老挝北部丰沙里省孟乌、孟乌代等地。1913年废。

普洱道 1914年由滇南道改置，属云南省。治思茅县（今云南普洱市）。辖境约当今云南元江、墨江、江城、勐腊以西，沧源、双江、临沧、景东、新平以南地区。1929年废。

普济长官司 明永乐二年（1404）改普济州置，属建昌卫。治所在今四川米易县西北普威镇。清康熙四十九年（1710）改为普济州长官司。

普济寺 ①东汉兴平年间建，即今江苏镇江市东焦山上的定慧寺。南宋景定中重建，改名焦山寺。清康熙二十三年（1684）赐名为定慧寺。

②在今浙江舟山市普陀区普陀山南部。《清一统志·宁波府一》：普济寺"在定海县补陀洛迦山。梁贞明间建，宋名宝花寺。明得观音像于此……洪武中徙居民入内地，寺毁。本朝康熙二十八年重建，赐今额"。现存殿宇多系清雍正时建造。

普济州 元世祖至元二十三年（1286）改定昌路置，属德昌路。治所在今四川米易县西北普威镇。明洪武十五年（1382）属德昌府。永乐二年（1404）改为普济长官司。

普济州长官司 明洪中改普济州置，治所在今四川米易县西北普威镇。清以后废。

普济桥 在今浙江兰溪市北十五里女埠镇兰江之上。《方舆纪要》卷93兰溪县：普济桥"在县西北女儿渡上。宋绍圣中维百舟以梁溪上，名普济桥，后更名望云。今桥废，仍以舟济"。

普济渠 ①在今山西孝义市南。《清一统志·汾州府》：普济渠在"孝义县南五里，引玉泉山水溉田"。

②在今陕西商洛市北。《方舆纪要》卷54商州：普济渠，"《志》云：戴云峰之麓有二泉，东曰少谷泉，西曰西平泉，合为普济渠，通入城市，以供日汲。又南注于丹水"。

③在今陕西兴平市南。宋敏求《长安志》卷14兴平县：普济渠“在县南十里。自武功县流入县界，凡六十里，溉田七十余顷，东流入咸阳。今涸”。

普济湖　一名慈湖。即今浙江宁波市西北三十二里慈城镇北之慈湖。宋《宝庆四明志》卷16慈溪县：普济湖“在县东北一里。唐开元令房琯开凿之，以溉民田。以其近普济寺，故名”。

普济镇　金置，属章丘县。即今山东章丘市东南普集镇。

普格场　即今四川普格县。民国《西昌县志》卷1：普格场在“县东南一百五十里”。1945年于此置普格设治局，1952年改为普格县。

普格设治局　1945年置，属西康省。治所在今四川普格县。1952年改为普格县。普格为彝语普基的转音。《普格县地名录》云：“普基”，彝语意为“山垭口下的草甸子”。1955年属四川省。

普格寨　清代彝族寨。在今四川普格县。清嘉庆《四川通志》卷28西昌县：普格寨“东南阿都土司界，为凉山诸夷巢适中之地”。清设经历。民国初设县佐。1945年置普格设治局。

普润县　唐初改普闰县置，属岐州。治所在今陕西麟游县西北万家城。至德中属凤翔府。元废。

普通庄　即今山东青州市西北普通镇。明嘉靖《青州府志》卷11：普通铺在“城西二十里”。

普通镇　①北宋置，属冠氏县。当在今山东冠县境。

②一名普通关。即今湖北枝江市西北三十八里安福寺镇。《方舆纪要》卷78宜都县：普通镇“在县东北五十里。道僻山险，多盗贼，向有巡司戍守”。

普梅汛　在今云南富宁县西南。清时有千总驻防。

普救寺　在今山西永济市西北二十四里土岗上。西邻古蒲州城址，东连西厢村。始建于唐武则天时期。《清一统志·蒲州府》：普救寺“在永济县东五里。唐释道积修建，十年乃成。本名西永清院。五代时改今名。高爽华博，东临郡治，南望河山”。宋元时寺仍兴盛。明嘉靖三十四年（1555）地震倾圮后重建。1920年毁于火，仅存基址及石坊、三大士洞、舍利塔（十三级高50米）等。唐元稹《会真记》（又名莺莺传）、元王实甫之《西厢记》均取材于此。1986年按唐、宋、明时代建筑风格在原址上重建。

普康县　唐先天元年（712）改隆康县置，属普州。治所在今四川安岳县南七十里。北宋熙宁五年（1072）废入安岳县。

普康镇　北宋熙宁五年（1072）废普康县为镇，属安岳县。在今四川安岳县南七十里。

普淜　即今云南祥云县东南普淜镇。民国属姚安县，有县佐驻此。

普淜驿　明属姚安军民府姚州，在今云南祥云县东南普淜镇。

普隆　在今四川会理县南普隆乡。清康熙四十九年（1710）置普隆土百户。

普隆霭噶珊　又作蒲垄。在今俄罗斯萨哈林岛（库页岛）西海岸皮利沃。清属宁古塔将军。康熙《皇舆全览图》：库页岛有“蒲垄噶山”。后属三姓副都统。光绪《吉林通志》卷17：海滨东南库页岛、费雅喀、鄂伦春等部旧设噶珊有“普隆霭”。清末被俄割占。

普提集　一名生铁塚、铁塚集。即今河南鹿邑县西南生铁塚乡。清光绪《鹿邑县志》卷3《市集》：“普提集，去城二十五里，即生铁塚。”

普雄　即今云南建水县东南五十里普雄乡。洪宪元年（1916）《最新大中华帝国道县形势全图》：建水县东南有普雄。

普雄土司　明置，属越嶲卫。在今四川越西县东。清置普雄千户所，雍正五年（1727）改为土目。

普雄村　在今四川越西县东普雄河岸。《清史稿·四川土司传》：同治年间，越嶲彝民起事，周达武率兵镇压，“进驻保安，攻降浴马里、阿波落、跑马坪、燕麦厂，遂克普雄石城”。

普集　即今山东章丘市东二十里普集镇。金置普济镇。后称普集。1984年设普集镇。

普鲁岭　一名左要岭。在今甘肃岷县东北七十五里。《方舆纪要》卷60岷州卫：普鲁岭“为岷、巩冲要处。或云即左要岭也。宋熙河路总管关师古与刘豫兵战败于此，遂以洮岷地降。今有普鲁岭寨，官军屯戍于此”。

普渡河　在今云南禄劝彝族苗族自治县东。《清一统志·武定州》：普渡河“在禄劝县之废石旧县东南，即螳螂川下流也。源自云南富民县流入，会掌鸠河之水，入金沙江”。

普禄　清置，属三姓副都统。在今俄罗斯哈巴罗夫斯克边疆区黑龙江下游伊尔库特斯科耶稍南。清《满洲源流考》卷8：“又有居处甚远，不能至宁古塔之库叶一部，每年六月遣官至距宁古塔三千里之普禄乡，收贡颁赐。”即此。

普照寺　①在今山东济宁市城西北隅。《清一统志·济宁州》：普照寺“在州城西北隅，齐梁古刹也。有六楞唐碑，载宝历二年修。又有金党怀英隶书二碑”。

②唐太宗时建。初名普曜院，后改普照寺。在今浙江富阳县北。李白有《普照寺》诗。北宋治平二年（1065）改名净明寺。

普慈县　隋开皇十三年（593）改多业县置，属普州。治所在今四川乐至县东北三十五里龙门场。大业初属资阳郡。唐武德初属普州。天宝初属安岳郡，乾元初复属普州。北宋乾德五年（967）废。

普慈郡　南朝梁普通中置，属新州。治所在今四川乐至县东北三十五里龙门场。北周属普州。辖境相当今四川乐至、安岳二县及遂宁市部分地。隋开皇三年（583）废。

普藤　即勐岭。今云南景洪市东北一百二十四里普文镇。《经世大典·招捕录》：大德五年（1301），“车里白衣、八里日等杀掠普腾、江尾二甸”。清置普藤土千总。

奠酒哑堡　明置，属石泉县。在今四川北川羌族自治县西北。《方舆纪要》卷73石泉县：奠酒哑堡“亦在县西。其相近又有平番、赤土诸堡，皆控扼白草番之处。嘉靖二十四年，白草等一十八寨番蛮聚众于羊角、白泥一带，劫掠攻陷平番、奠酒二关，截占漩平以阻石泉兵粮之路，抚臣张时彻督偏帅何卿剿平之”。

遒县　即酒县。在今河北涞水县北。《汉书·地理志》涿郡遒县《注》引师古曰：“遒古遒字。”《晋书·地理志》：幽州范阳国作遒县。东汉移治今涞水县。北周大象二年（580）省入涿县。

遒阑河　一名沙河。在今河北涞水县西十里，为北易水支流。《方舆纪要》卷12涞水县：遒阑河“发源乐平山，东流至定兴县界，合于拒马河。《志》云：旁有长堤，堤自北山引而南，以防涨溢之患”。

道　西周封国。春秋时灭于楚。在今河南确山县北十八里古城乡。《左传》：僖公五年（前655），“江、黄、道、柏方睦于齐”。杜注：“道国在汝南阳安县南。”又昭公十三年（前529），“楚之灭蔡也，灵王迁许、胡、沈、道、房、申于荆焉。平王即位，既封陈、蔡，而皆复之”。《元和志》卷9蔡州朗山县：道城“古道国也，在县东北二十里”。

道人山　在今安徽祁门县北二十里。《舆地纪胜》卷20徽州：道人山“在祁门北十五里。半壁有岩，岩前有池。学仙者居之”。《方舆纪要》卷28祁门县：道人山“在县二十里。高九十仞，周六十五里。有削壁层岩之胜”。

道人矶　在今湖南岳阳市东北长江之滨。《水经·江水注》：“江之右岸有城陵山，山有故城，东接微落山，亦曰晖落矶。”《清一统志·岳州府一》谓“微落山”即道人矶。《舆地纪胜》卷69岳州“黄金浦”条引《岳阳志》云：“道人矶中有二洲，南为黄金濑，北为黄金浦。”《方舆纪要》卷77岳州府临湘县：道人矶“在县（治今岳阳县东北陆城镇）南十五里大江滨。有石高十余丈，如道人，面北而立”。五代唐天成三年（928），吴兵至荆江口，将会荆南兵攻岳州，进至道人矶。楚将许德勋以奇兵出其后夹击之，擒其将。即此。

道人县　西汉置，属代郡。治所在今山西阳高县东南六十里古城镇。东汉末废。

道人洲　在今安徽凤阳县东北淮河中，西对邵阳洲。《梁书·曹景宗传》：天监五年（506），“魏托跋英寇钟离，围徐州刺史昌义之，高祖诏景宗督众军援义之……诏景宗顿道人洲，待众军齐集俱进”。

道人硚　亦作道人桥。即今湖北云梦县南四十六里道桥镇。清光绪《湖北全省分图》：云梦县南有道人硚。

道人溪　在今北京市密云县东北。《方舆纪要》卷11密云县：道人溪“在县东北石盘峪。《志》云：源发龙门，流经县界，入于潮河”。

道士洑　即今湖北黄石市东南西塞山区。《方舆纪要》卷76大冶县：西塞山砦“在西塞山北，即道士洑也。《志》云，自县北二十里牛马隘山连延为章山，自章山以至县东九十里道士洑，脉皆相接。唐曹王皋攻淮西尝结砦于此。亦名土洑镇。向设道士洑巡司”。

道士墩　在今江苏南京市城区南。《梁书·武帝纪》：南齐中兴元年（501），梁高祖萧衍起兵攻建康时，命“邓元起据道士墩”，即此。

道口铺　即今山东聊城市西三十里道口铺街道。旧属堂邑县。清光绪《山东通志》卷2《舆图志》：堂邑县东有道口铺。

道口镇　一名李家道口。即今河南滑县治。旧属浚县。明嘉靖间设税课局于此。清置县丞。民国改置县佐。1949年滑县迁治于此。

道山　①即今福建福州市西侧乌石山。《方舆纪要》卷96福州府：乌石山，“唐天宝八载改曰闽山。宋熙宁间，郡守程师孟改曰道山”。

②一名灵峰。在今湖南宁乡县东三十里。《清一统志·长沙府一》：灵峰“一名道山。以胡宏、张栻讲道于此，故名道山”。

道山亭　宋程师孟建，曾巩作记。在今福建福州市内西南隅乌山上。《舆地纪胜》卷128福州《景物下》引曾巩《南丰记》云，“可比道家蓬莱方丈瀛洲之山，故名曰道山之亭”。

道乡台（臺）　在今湖南长沙市西岳麓寺傍。明《寰宇通志》卷55：道乡台“宋邹浩号道乡，为右正言，谪衡州经此，守臣温益下逐客之令，旅店不敢容，风雨夜渡湘江，有僧列炬迎之。有诗一无烦冤抑郁之思。张敬夫（张栻）得诗，为筑台。朱文公刻石，曰道乡台”。

道水　在今湖南石门县东南。为九澧之一。《清一统志·澧州一》：道水“东北流至州东入澧水”。

道头集　即今山东招远市西南三十里道头镇。清道光《招远县志》卷3《坊市》：道头集“今废”。

道场山　在今浙江湖州市南。《方舆纪要》卷91湖州府：“道场山在府南十二里。亦近郊之胜。”

道旭村　在今山东滨州市南十里黄河南岸。清道光年间辟为黄河码头。旧有河工局。

道州　①隋开皇十六年（596）置，治郾城县（今河南漯河市郾城区南）。大业初废。唐武德四年（621）复置，辖境相当今河南漯河市、西平县及舞阳县北部地。贞观元年（627）废。

②唐武德四年（621）置，治所在平道县（今越南永福省福安东南）。六年（623）改为南道州。

③唐贞观八年（634）改南营州置，治所在营道县（今湖南道县西）。十七年（643）废入永州。上元二年（675）复置。天宝元年（742）改江华

郡，乾元元年（758）复名道州。治所在弘道县（宋改营道县，即今湖南道县）。辖境相当今湖南道县、新田、宁远、江永及江华瑶族自治县地。元改为道州路。明洪武元年（1368）改为道州府，九年（1376）复改道州，省营道县入州。1913年废州为县。

道州府　明洪武元年（1368）改道州路置，属湖广行省（后改布政使司）。治所在营道县（今湖南道县）。辖境相当今湖南道县、宁远、江永及江华瑶族自治县地。洪武九年（1376）改为道州。

道州路　元世祖至元十四年（1277）升道州置，属湖广行省。治所在营道县（今湖南道县）。辖境相当今湖南道县、宁远、江永及江华瑶族自治县地。明洪武元年（1368）改为道州府。

道兴寨　即今山西沁县西南道兴村。《清一统志·沁州》：道兴寨"在州西少南二十里"。

道观山　在今四川隆昌县北一里。《清一统志·叙州府一》：道观山"山势迤衍，岑峦耸叠，俯视东流，为县城之枕背"。

道坞县　1912年改道坞委员置，治所即今四川道坞县。1913年改为道孚县。

道坞委员　清宣统三年（1911）孔撒等土司改流置，属登科府。治所在今四川道孚县。"道坞"，藏语意为"马驹"。1912年改为道坞县。

道坞城　亦作道孚城。唐吐蕃建，在今四川道孚县。王尧、陈践译注《敦煌本·吐蕃历史文书》：藏历马年（682），"冬，芒辗细赞（王）与芒相达乍布二人于道孚城堡集会议盛"。

道吾山　在今湖南浏阳市北十里。唐宗智禅师讲法于此，后建道吾寺于山腰。山以寺名。《清一统志·长沙府一》引《名胜志》：道吾山"列七十二峰，东连宝盖，西接洞阳，状若莲花，又名莲花峰"。

道县　1913年改道州置，属湖南衡阳道。治所即今湖南道县。1922年直属湖南省。

道孚县　1913年改道坞县置，属四川边东道。治所即今四川道孚县。次年属川边特别区。1939年属西康省。1955年属四川省。

道武镇　金置，属平乡县。即今河北广宗县治。《元史·地理志》："宪宗分洺水民户之半于武道镇，置司总管。五年以武道镇置广宗县。"《清一统志·顺德府》云：《元史·地理志》中"武道即道武之讹"。

道林寺　在今湖南长沙市西岳麓山下。有唐欧阳询书道林寺碑。宋圆悟禅师居此。《清一统志·长沙府二》引《府志》："宋朱、张讲学时，从游者众，建道林精舍以居学者，后归于寺。"

道明群礁　在我国南海诸岛的南沙群岛内，位于中业群礁东南20海里。为中间宽两头尖的环礁，成东北—西南方向，长39公里，中间宽约13公里。1935年公布名称为罗湾礁。1947年改名道明群礁，以纪念明初梁道明经营三佛齐归顺有功而命名。

道岩山　又名香炉山。在今湖南平江县东九十里。《舆地纪胜》卷69岳州：道岩山"有天池。又有两峰，南曰席帽，北曰云盖。中有断石，云许旌阳试剑之所"。《岳州风土记》载："香炉山岩在县东。下有老子祠。上有仙坛丹灶。有池，岁旱祈祷有应。有许旌阳试剑石。"南宋末邑人鲁仕能、吴䜣等九老，相约每年初秋于此赋诗联句，前后达十二年。祥兴元年（1278）将九人姓名及联句摩刻于石，因名九老题名石。清光绪十九年（1893）平江名人李元度集同邑十老，聚于后岩赋诗联句，亦镌刻岩上。

道城　在今河南确山县北十八里古城乡。《元和志》卷9朗山县："道城，古道国也。"

道院镇　即今上海市奉贤区南十里道院。元时建有上真道院，故名。

道真县　1941年由正安县析置，属贵州省。设治土溪场（今贵州道真仡佬族苗族自治县）。以汉代学者尹道真而得名。据《后汉书·西南夷列传》："桓帝时，郡人尹珍自以生于荒裔，不知礼义，乃从汝南许慎、应奉受经书图纬，学成，还乡里教授，于是南域始有学焉。尹官至荆州刺史。"东晋常璩《华阳国志·南中志》亦载："明帝（应为桓帝）之世，毋敛人尹珍，字道真，以生遐裔未渐庠序，乃远从汝南许叔重受五经，又师事应世叔学图纬，通三才，还以教授，于是南域始有学焉。"县即以尹珍字道真为名。1986年改设道真仡佬族苗族自治县。

道峰山　一名道人峰。在今福建邵武市南。《方舆胜览》卷10邵武军：道人峰"在邵武县南八十里。负长溪面樵水。……《郡志》云，昔有道人结庵修竹，号龚圣者，喜乘龙往来，颇有异迹，敕封神济妙应大师"。

道家山　在今广东东莞市城区西。《方舆纪要》卷101广州府东莞县：道家山"在县治西，城址环其西南麓"。

道家墟　即今广西藤县西南一百二十里道家村。明、清置窦家寨巡司于此。

道陵　金章帝陵。在今北京市房山区西北大房山云峰山麓，与金世宗兴陵相近。

道教村　即今广东东莞市西南二十一里道滘镇。清宣统《广东舆地全图》东莞县图：县西南有到滘汛。

道章山　在今湖南平江县东北三十里。《方舆纪要》卷77平江县：道章山"四峰高耸，秀出群山，周围磊山如城，人多避盗于此"。

道清铁路　从河南浚县之道口镇（今滑县城）至沁阳县之清化镇（今博爱县城）。全长约150公里。清光绪二十八年（1902）动工修建，三十一年（1905）修至柏山镇，西距清化仅十里，工辍。至1941年展筑至沁阳。

道墟市　即今浙江上虞市西北二十二里道墟镇。清乾隆《绍兴府志》卷 7《市》引《万历志》：道墟市“在府城东七十里”。

道墅桥镇　即今江苏丹阳市东南导墅桥镇。清光绪《江苏全省舆图》丹阳县图：东南有道墅桥。附近有汛。民国《江苏六十一县志》：丹阳县东南有“道墅桥镇”。

遂　商周时方国。亦作隧。在今山东肥城市南二十八里安临站。《春秋》：庄公十三年（前 681），“齐人灭遂”。即此。

遂山　在今山东嘉祥县西南五十三里。《方舆纪要》卷 33 嘉祥县：遂山“其西有古洞，深二三里”。

遂川县　1914 年以龙泉县改名，属江西庐陵道。治所即今江西遂川县。以县在遂川江之北，故名。1926 年直属江西省。

遂久县　西汉元鼎六年（前 111）置，属越嶲郡。治所在今云南丽江市玉龙纳西族自治县境。三国蜀建兴三年（225）属云南郡。南朝宋初改遂段县。

遂平县　唐元和十二年（817）改吴房县置，属唐州。治所即今河南遂平县。长庆元年（821）改属蔡州。元世祖至元七年（1270）废入汝阳县。大德八年（1304）复置，属汝宁府。民国初属河南汝阳道。1927 年直属河南省。

遂宁市　1985 年撤销遂宁县，设立地级遂宁市；原遂宁县改置市中区。2003 年撤销市中区设置船山区和安居区。市人民政府驻船山区。

遂宁州　元世祖至元二十年（1283）改遂宁府置，属潼川州。治所在小溪县（今四川遂宁市）。辖境相当今四川遂宁、蓬溪、安岳、乐至及重庆市潼南等市县地。明洪武初废小溪县入州，九年（1376）降为遂宁县。

遂宁县　①北魏置，属襄城郡。治所即今河南遂平县。隋大业三年（607）改为吴房县。

②唐景龙元年（707）置，属遂州。治所在今重庆市潼南县西北五里大佛场。《寰宇记》卷 87 遂宁县：“取郡名以称邑。”天宝初属遂宁郡，乾元初复属遂州。北宋政和五年（1115）属遂宁府，南宋端平三年（1236）废，后复置。元世祖至元十九年（1282）废入小溪县。

③明洪武九年（1376）改遂宁州置，属潼川州。治所即今四川遂宁市。据明曹学佺《名胜志》：遂宁县“东晋置郡曰遂宁，以其遂宁兹土也”，县沿遂宁郡为名。清顺治十年（1653）废入蓬溪县，十七年（1660）复置，雍正十二年（1734）属潼川府。民国初属四川嘉陵道。1928 年直属四川省。1985 年改设遂宁市（地级）。

遂宁府　北宋政和五年（1115）升遂州置，治所在小溪县（今四川遂宁市）。辖境相当今四川遂宁、蓬溪及重庆市潼南等市县地。南宋端平三年（1236）兵乱，曾移治蓬溪砦（今四川蓬溪县东蓬溪山上）。元世祖至元二十年（1283）改为遂宁州。

遂宁郡　①东晋永和中改广汉郡置，属益州。治所在广汉县（今四川射洪县南）。南朝宋治所在巴兴县（今四川大英县东北）。辖境相当今四川射洪、遂宁、蓬溪及重庆市潼南等市县地。南齐改为东遂宁郡。

②南朝梁普通六年（525）置，属巴州。治所在始宁县（今四川巴中市东南四十五里）。辖境相当今四川平昌、通江县及巴中市东部地。隋开皇三年（583）废。

③隋大业三年（607）改遂州置，治所在方义县（今四川遂宁市）。辖境相当今四川遂宁、蓬溪及重庆市潼南等市县地。唐武德元年（618）复为遂州。天宝元年（742）复改为遂宁郡，乾元元年（758）复为遂州。

遂成县　①即遂城县。治所即今广西苍梧县（龙圩镇）。《宋书·州郡志》、《隋书·地理志》均作遂成县。

②西汉置，属乐浪郡。治所在今朝鲜平壤市西南西江西北咸从里。东汉改遂城县。唐杜佑《通典》卷 186：“碣石山在汉乐浪郡遂城县，长城起于此山。今验长城东截辽水而入高丽，遗址犹存。”西晋后废。

遂州　①北周闵帝元年（557）置，治所石山郡方义县（今四川遂宁市）。隋大业三年（607）改为遂宁郡。唐武德元年（618）复为遂州。天宝元年（742）改为遂宁郡。乾元元年（758）复为遂州。辖境相当今四川遂宁、蓬溪及重庆市潼南等市县地。大历二年（767）于州置静戎军使，乾宁四年（897）改为武信军节度。北宋政和五年（1115）改为遂宁府。

②辽置，属东京道。治所在山河县（今辽宁彰武县西北）。金废。

③金天会七年（1129）改广信军置，治所在今河北徐水县西二十五里遂城镇。元属保定路。明洪武七年（1374）废。

遂江　即今江西遂川县南遂川江。《方舆纪要》卷 87 吉安府龙泉县：遂水“在县治南。源出左右二溪，历八十四滩入于赣江。《志》云，左溪有二源：一出湖广郴州桂阳崛渡，一出南安府上犹县之大林，至南江口而合，经西庄税之西与右溪会。右溪之源出湖广茶陵州界之诊阳，经双溪坑，至西渡口，由渡口而东会左溪，而同注于赣江”。

遂兴县　东汉末置，属庐陵郡。治所在今江西万安县西北十五里遂川江口。三国吴改名新兴。西晋太康元年（280）复名遂兴。《寰宇记》卷 109 吉州太和县：遂兴故县“以在遂水口为名”。隋开皇中废。

遂安县　西晋太康元年（280）改新定县置，属新安郡。治所在今浙江淳安县（排岭镇）西南仙居村附近。隋开皇九年（589）省。仁寿三年（603）复置，属睦州。大业初属遂安郡。唐武德四年（621）徙治狮城（今浙江淳安县西千岛湖五狮岛南），复属睦州。北宋宣和三年（1121）属严州，南宋咸淳元年（1265）属建德府。元属建德路。明、清属严州府。民国初属浙江金华道。1927年直属浙江省。1958年撤销，并入淳安县。1959年没入新安江水库。

遂安郡 ①北周置，属唐州。治所在梁安县（今湖北随州市西南）。隋开皇初废。

②隋大业三年（607）改睦州置，治所在雉山县（今浙江淳安县西千岛湖南山岛附近，今已没入新安江水库）。辖区当今浙江淳安县、建安市及桐庐县部分地。唐武德四年（621）复为睦州。

遂昌县 西晋太康元年（280）改平昌县置，属东阳郡。治所即今浙江遂昌县。隋初废，后复置。唐武德八年（625）又废，景云二年（711）复置，属括州（后改处州）。元属处州路。明、清属处州府。民国初属浙江瓯海道。1927年直属浙江省。

遂城山 即龙山。在今河北徐水县西五十里。《寰宇记》卷68威虏军遂城县：遂城山"旧名龙山，在县西二十五里，《括地图》云：其山往往有仙人游龙翔集，天宝七年敕改为遂城山"。

遂城县 ①东汉改遂成县置，属乐浪郡。治所在今朝鲜平壤市西南江西北咸从里。西晋后废。

②亦作遂成县。东晋置，属苍梧郡。治所即今广西苍梧县（龙圩镇）。南朝宋作遂成县，齐复作遂城县，梁作遂成县。隋开皇十一年（591）改为戎成县。

③南朝宋初改遂久县置，属西河阳郡。治所在今云南丽江市玉龙纳西族自治县境。南朝梁末废。

④隋开皇十八年（598）改新昌县置，属易州。治所在今河北徐水县西二十五里遂城镇。大业初属上谷郡。唐属易州。北宋属广信军。金属遂州。元世祖至元二年（1265）废入遂州。

遂段县 南朝宋初改遂久县置，属西河阳郡。治所在今云南丽江市玉龙纳西族自治县境。南朝梁末废。

遂度县 南齐置，属宋康郡。治所当在今广东阳西或电白县境。隋废。

遂溪县 唐天宝元年（742）改铁杷县置，属海康郡。治所在今广东湛江市西南湖光镇西旧县村。乾元元年（758）属雷州。北宋开宝五年（972）废入海康县。南宋绍兴十九年（1149）复置，仍属雷州，移治今遂溪县。元属雷州路。明属雷州府。民国初属广东高雷道。1920年直属广东省。

曾 夏至战国的诸侯国。商、周甲骨文、金文作曾，古文献作缯或鄫。《世本》："夏少康封少子曲烈于缯。"故址在今河南方城县。《史记·夏本纪》："禹为姒姓，其后分封，用国为姓，故有……杞氏、缯氏。"商时为方国。甲骨卜辞有"王次于曾"（《甲骨文合集》6350、7353）。地在商王国的南方。《合集》5504辞云：商王"立事于南"，而有曾相从。西周末年随申侯攻杀周幽王，《史记·周本纪》："申侯怒与缯、西夷犬戎攻幽王。"今湖北随州市一带，多处发现战国时期有铭文的曾国青铜器，其中最著名的是1979年在随县城（今随州市）西擂鼓墩发现战国初年的曾侯乙墓，出土七千余件随葬品，铜器铭文中多有"曾侯乙作时（持）"的文字，是战国曾国国君之墓，说明曾国的都城在今湖北随县境内。

曾十堡 清以明曾迟堡改名，属铁岭县。即今辽宁铁岭县西增盛堡。《清一统志·奉天府二》"唐王营堡"条下："曾十堡在（铁岭）县西二十五里。"

曾口县 ①南朝梁普通六年（525）置，为归化郡。治所在今四川巴中市东南六十里曾口镇。《寰宇记》卷139曾口县："以曾口谷为邑名。"隋开皇初属巴州，移治戴公山（在曾口镇北）。大业初属清化郡。唐武德初复属巴州。神龙元年（705）移治曾溪。天宝初属清化郡。乾元初复属巴州。明初废。

②唐贞观十三年（639）析琼山县置，属琼州。治所在今海南省澄迈县东三十四里博罗村。乾封时废。贞元后复置。五代南汉又废。

曾山 即今广东汕头市潮阳区西北双髻山。《元丰九域志》卷9：潮阳县"有曾山"。《寰宇记》卷158潮阳县：曾山"多文贝，可以解毒也"。《清一统志·潮州府》引《潮阳县志》："曾山在县西二十里。双峰并峙，俗名双髻山。航海者望以为表。上有宝峰岩，石屋天成。"

曾水 在今湖北省丹江口市西。《水经·沔水注》：曾水"导源（武当）县南武当山……发源山麓，径越山阴，东北流注于沔，谓之曾口"。

曾水源墓 在今江苏南京市挹江门内归云堂路东侧睦寡妇山上。是迄今发现的唯一一座太平天国重要人物墓葬。曾水源是广西武宣人，曾参加金田起义。1853年授天官右丞相，次年升天官正丞相，后以太平天国内部矛盾而被杨秀清杀害。现存太平天国于1859年重修墓地时所立墓碑，高94厘米，宽50厘米，碑上阴刻"天朝元勋曾水源之墓"。

曾文溪 在今台湾省台南市北。源于嘉义县东阿里山脉的水山西坡，西南流经台南市北，至青草仑西南入海。吴新荣《台南县志》卷1载：曾文溪"荷兰人写为Zant River，Zant即Zand（砂），或（Sant）圣之意，所以Zant River为'砂河'或'圣河'之意"，而赖子清《台南县诗乘·地理篇》（载《南瀛文献》第6卷合刊）称："曾文者，昔时曾文在此地开拓，变为地名，曾文溪因此地得名。"

曾田砦 即今江西乐安县南增田镇。《清一统志·抚州府一》：曾田寨"在乐安县南十五里。宋置巡司于此"。

曾母暗沙 在南海中中国南沙群岛的南端，也是中国领土的最南点。为水下珊瑚礁。中国渔民向称沙排。1935年公布名称为曾姆滩。1947年称为曾母暗沙。

曾竹等处长官司 元置，治所即今贵州平坝县东南马场镇。《元史·地理志》顺元等路军民安抚司：

“曾竹等处，大德七年，顺元同知宣抚事阿重尝为曾竹蛮夷长官。”

曾州 唐武德四年（621）置，治所在曾县（今云南大理市北二十六里大理古城）。辖境约当今云南大理市。天宝后废。

曾县 唐武德四年（621）置，为曾州治。治所在今云南大理市北二十六里大理古城。天宝后废。

曾迟堡 明置，属铁岭卫。即今辽宁铁岭县西二十里增盛堡。《方舆纪要》卷37铁岭卫“宋家泊堡”条下：“曹（应为曾）迟堡在宋家泊堡东北，其东北又有平定堡。”清改为曾十堡。

曾庙 在今山东嘉祥县城南四十里南武山南麓南武山村西。因祀孔子弟子曾参，故名。曾参（前505—436）事亲至孝，作《孝经》。清廷封宗圣，故曾庙又称宗圣庙。始建年代不详，明弘治十八年（1505）扩建。占地2.6万平方米，五进院落，左、中、右三路。殿宇古建筑有三十余座，碑碣三十余块，古柏三百余株。大殿七间，进深四间，重檐九脊歇山式，绿琉璃瓦覆顶。曾庙东北隅原有曾府，已废圮。庙南里许有曾子墓。2006年定为全国重点文物保护单位。

曾城 在今江西都昌县境。南朝宋永初二年（421），陶渊明《游斜川》诗序云：“临长流，望曾城。”

曾侯乙墓 战国早期曾侯乙之墓。在今湖北随州市西北五里擂鼓墩。1978年发掘。墓圹面积220平方米，深近20米。椁分四室，均以巨木镶隔。主棺分内外两层，全为彩绘。随葬物品有礼乐器、兵器、车马器、金玉器、漆木竹器及竹简等，数量惊人。出土文物七千余件，各类文字一万余字。特别是六十四件青铜编钟，设计精巧，音色优美，更是稀世之宝。

曾家东都 在今海南省澄迈县东南。《明史·地理志》琼州府琼山县：“南有兔颖巡检司，治曾家东都。”

曾家岩50号 在今重庆市渝中区中山四路。1938年底，中共代表周恩来、董必武、秦邦宪、邓颖超等到重庆后，正式组成中共中央南方局，周恩来任书记。为便于工作，周恩来以个人名义租下这幢楼房，作为南方局和八路军办事处在城内的主要办公处所。当时称为“周公馆”。1946年5月，周恩来率中共代表团到南京后，此处改为中共四川省委机关驻地。1961年定为全国重点文物保护单位。

曾潭 即今江西南城县南六十里都军城。明置巡司于此。

恕谷 西周属地，在今陕西商洛市境内。西周《敔簋》：“王命敔追御于上洛、恕谷，至于伊、班。”

焰阳洞 即艳阳洞。在今四川仁寿县南。唐杜光庭《录异记》：“焰阳洞，古老相传在陵州阳山之下，从来隐蔽，人莫知处。乾德三年辛巳正月十六日癸卯，井监史保义，军使太保马全章梦一紫衣束带巍冠者，状若道流，揖之俱行，至岩壁所，告曰：‘此焰阳洞也，闭塞多年，能开发护持，可以福利邦国。’”

鹈鹕山 在今河南洛宁县西八十里。《水经·洛水注》：洛水“又东合黄城溪水。水出鹈鹕山。山有二峰，峻极于天，高崖云举，亢石无阶，猨徒丧其捷巧，鼯族谢其轻工，及其长霄冒巅，层霞冠峰，方乃就辨优劣耳。故有大小鹈鹕之名矣”。

鹈鹕关 在今河南洛宁县西鹈鹕山谷。《新唐书·地理志》：河南府长水县西有“鹈鹕故关”。

〔丶丶〕

装桂雅驿 清光绪三十二年（1906）置，在今新疆皮山县东藏桂乡。

渍水 为汝水支流。即今河南漯河市郾城区至安徽阜阳间的汾泉河。《水经·汝水注》：“汝水又东南径奇頟城西北，今南颍川郡治也，濦水出焉，世亦谓之大渍水。《尔雅》曰，河有雍，汝有渍。然则渍者，汝别也”。《尔雅》所说的渍水，即汝水支流。从今漯河市郾城区西分出，经源汇区向东南一直到安徽阜阳市流入颍河。

渍市 即今湖南临武县东北汾市乡。《清一统志·桂阳州》：渍市“在临武县东三十里”。

渍泉 即蚡泉。春秋鲁地。在今山东沂南县西南双堠镇西盆泉村。《春秋》：昭公五年（前537），“叔弓帅师败莒师于蚡泉”。公羊传作“渍泉”。

溅水 又名沫水、涐水。即今四川西部大渡河。《汉书·地理志》蜀郡汶江县：“溅水出徼外，南至南安，东入江，过郡三，行三千四十里。”《舆地纪胜》卷146嘉定府：沫水“一名溅水，一名涐水，今曰阳江”。

湛口江 在今江西大余县东南。《方舆纪要》卷88南安府大庾县：“湛口江水出府东南四十里留池坑，有赤江水流合焉。东流五十里合大江。水浅而清，因名。”

湛水 ①源出今河南宝丰县东南，经平顶山市、叶县，至襄城县界入北汝河。《周礼·职方氏》：荆州“其浸颍、湛”。《左传》：襄公十六年（前557），“楚公子格及晋师战于湛坂”。杜注：“襄城昆阳县北有湛水，东入汝。”《水经·汝水注》：“湛水出犨县北鱼齿山西北，东南流，历鱼齿山下，为湛浦，……又东，于汝水九曲北，东入汝。”

②在今河南济源市西南。《水经·湛水》：“湛水出河内轵县西北山，东过其县北，又东过波县之北，又东过毋辟邑南，又东南当平县之东北，南入于河。”

湛水县 隋开皇十八年（598）改雉阳县置，属广州。治所在今河南平顶山市西北。大业初改为犨城县。

湛卢山 在今福建松溪县南。《宋书·州郡志》建安太守："闽中有山名湛，疑湛山之炉铸剑为湛炉也。"《新定九域志》卷9建州有湛炉山，"《图经》云：昔湛王铸剑于其上，因而为名"。《清一统志·建宁府》引《旧志》："山在县南二十里，接政和县界。山形峭拔，尝有云雾凝其上，炉冶遗迹尚存。"

湛江市　1945年以旧广州湾法租借地区置，属广东省。治所即今湛江市。1949年为广东省辖市（地级）。1958年改为县级市。1975年复升为地级市，改由省直辖。

湛坂　春秋楚邑。在今河南平顶山市西北。《左传》：襄公十六年（前557），"楚公子格帅师，及晋师战于湛坂"。《水经·汝水注》："于父城东南、湛水之北，山有长阪，盖即湛水以名阪，故有湛阪之名也。"

湛涵滩　在南海中中国西沙群岛东部，东岛之南。由三组暗礁组成品字形。水深15米多，亦为珊瑚质底。中国渔民向称仙桌、八辛郎。1935年公布名称为则衡志儿滩。1947年改称湛涵滩。

湛溪墟　即今江西樟树市西南湛溪街。清同治《江西全省舆图》卷6：清江县西北有湛溪。

港口驿　明置，在今湖北赤壁市西。《方舆纪要》卷76蒲圻县：港口水驿"在县西六十里"。《清一统志·武昌府二》：港口巡司"在蒲圻县西六十里。旧系马驿，本朝乾隆二十七年改设巡司"。

港口堡　在今福建龙海市东南，海澄镇北。《方舆纪要》卷99海澄县：港口堡"在县（治今海澄镇）北"。

港口镇　①即今江苏姜堰市西北四十八里港口镇。《方舆纪要》卷23泰州"樊汉镇"条下："州北十八里为港口镇，皆滨运河。"

②即今江苏高淳县南保胜乡。清光绪《江苏全省舆图》高淳县图：南有港口。民国《江苏六十一县志》：高淳县西南有"港口镇"。

③在今浙江淳安县（排岭镇）西南二十四里千岛湖中心湖区港口岛附近。旧当武强溪入新安江镇口。宋、元、明置巡司于此。

④即今安徽宁国市西北港口镇。明嘉靖《宁国县志》卷2：港口市在"县北三十里"。

⑤北宋置，属丰城县。即今江西丰城市北大港口。后移至今丰城县东北小江口。《清一统志·南昌府二》：港口镇"在丰城县东北。……《旧志》：明初置巡司于县北三十里大港口，后移于县东北十五里小港口，正德七年革"。

⑥即今江西九江县西北港口街镇。清同治《江西全省舆图》卷13：德化县"自洗心桥分路迤北行五里至港口"。

港头水　在今湖南岳阳市东北。《方舆纪要》卷77岳州府临湘县："港头水在县南十五里。源出巴陵县东北九十里之石佛岭，流入县南五里之白泥湖，又东北接县东五里之连家湖，引流为清江口，达于江。"

港头溪　在今福建诏安县西。《方舆纪要》卷99诏安县：港头溪"在县西。汇诸溪水出龟山西象头渡入海"。

港头镇　北宋置，在今浙江宁海县东南。《元丰九域志》卷5：台州宁海县有港头镇。

港边　即今福建晋江市南港边。元置港边巡司于此。明洪武二十年（1387）徙深沪。

港南山　在今江西进贤县南十里。《方舆纪要》卷84进贤县：港南山在"县南十里。其山平夷，旁即驿路。南接云桥，北通罗溪"。

溇水　俗名铁水河。在今湖南石门县西北。为九澧之一。源出石门县西北龙门洞，东南流合诸水，至县西注于澧水。《水经·澧水注》：溇水"出建平郡，东径溇阳县南……溇水又东注澧水，谓之溇口"。

溇阳县　西晋置，后省。治所在今湖南石门县西北。《水经·澧水注》：溇水"东径溇阳县南，晋太康中置"。按晋、宋志俱不载溇阳县，但《水经注》之言，必有所据。今石门县西北六十四里维新场镇西南三里古城堤传为晋溇阳县故治。

湖　战国秦地。在今河南灵宝市西北原阌乡县城（1960年三门峡水库拦洪后被淹没）。《史记·范雎列传》："王稽辞魏去，过载范雎入秦，至湖。"

湖上办事处（县级）　1949年初由临城、凫山、峄县、鱼台、嘉祥及原江苏沛县、铜北等县所辖的微山、独山、昭阳、南阳四湖及沿湖村庄所置，属山东省。治夏镇（今山东微山县）。1950年5月撤销，仍划入原属各县。1953年为了加强对渔业的领导，又将上述四湖及沿湖的渔业和半渔业村，设立微山县，驻夏镇。

湖口　即今江西湖口县治。《资治通鉴》：南朝齐中兴元年（501），萧衍命邓元起攻江州，"元起将至寻阳，（陈）伯之收兵退保湖口"。胡三省注："湖口，彭蠡湖入江之口。"五代南唐置湖口县。

湖口戍　南朝宋置，在今江西湖口县南侧。当鄱阳湖入长江之口，傍临长江，为军事戍守要地。唐武德五年（622）改设湖口镇。

湖口县　五代南唐升湖口镇置，属江州。治所即今江西湖口县。元属江州路，明、清皆属九江府。民国初属江西浔阳道。1926年直属江西省。

湖口墟　即今湖南茶陵县东南五十四里湖口镇。清同治《茶陵县志》卷4《墟》：湖口墟"在二十五都"。

湖口寨　即今福建永安市西南下湖口。明正统五年（1440）置巡司于此。

湖口镇　唐武德五年（622）于湖口戍置，属寻阳县。在今江西湖口县。五代南唐保大间升为湖口县。

湖山　①在今浙江江山市北，与常山县接界。《方舆纪要》卷93江山县：湖山"在县北二十五里"。

②在今浙江浦江县东。《方舆纪要》卷93浦江

县：湖山“在县东十里。两山峙立，浦阳江出其中，曰湖山峡”。

③在今山东章丘市南。《方舆纪要》卷31章丘县：湖山在“县（指章丘县旧治绣惠镇）南五十里。高深可避兵，俗呼为湖寨”。

湖广 湖广行省的简称。

湖广行都司 明成化十二年（1476）置，治所在郧阳府城内（今湖北郧县）。后废。

湖广巡抚 明正统三年（1438）命都御史镇守，以后或侍郎或大理卿出抚。景泰元年（1450）定设。驻武昌府（治今湖北武汉市武昌）。辖湖广诸府州，永顺、保靖州宣慰司，施州诸宣抚、安抚、长官司，湖广行都司诸卫所及广东韶州府、连州、连山、阳山等州县，广西贺县、富川等县，江西大庾、上犹等县，贵州黎平府等地。清辖湖北全省，康熙三年（1664）改为湖北巡抚。

湖广总督 清顺治元年（1644）置，驻武昌（今湖北武汉市武昌）。辖湖南、湖北地。康熙七年（1668）与四川合并，改名川湖总督，移驻荆州（今湖北荆州市荆州区江陵故城）。十三年（1674）四川另设总督。十九年（1680）改川湖总督为湖广总督，还驻武昌。二十六年定名为湖北湖南总督，习惯上仍称湖广总督。

湖广都司 明洪武八年（1375）改武昌都卫置，驻武昌卫（今湖北武汉市武昌）。领武昌、黄州、蕲州、沅州、宝庆、长沙、衡州、茶陵、镇远、偏桥、清浪等卫（以上无实土），施州卫（有实土），郴州、桂阳、武冈、黎平、中潮、新化、亮寨、隆里等（以上无实土），大田（有实土）等所及土司，永顺军民宣慰司、保靖州军民宣慰司等，相当今湖北、湖南两省地。清废。

湖广等处行中书省 简称湖广行省。元至元中置，治所在武昌路（今湖北武汉市武昌）。以辖境包括宋之荆湖北路、荆湖南路和广南西路而得名。辖境相当今湖北长江以北的小部分、以南的大部分，湖南全省、广西全区，广东自电白、茂名以西和贵州除北盘江流域以外的地区。明洪武九年（1376）改为湖广布政使司（习惯上仍称行省）。辖境北界扩展至今湖北省界，南界划出原广南西路地区另置广西省。湖广始指今两湖之地。清康熙三年（1664）分为湖北、湖南两省，置两湖总督管辖，习惯上仍称两湖总督为湖广总督。

湖屯水 在今湖南桂阳县南。《方舆纪要》卷80桂阳州：湖屯水“在州南。《志》云：源出龙渡山之南，流经州东南五十里之湖屯市，因名湖屯水。折而东北流，经鹿头山，又东南流入郴州境，合于郴水”。

湖水 即今河南灵宝市西阳平河。《山海经·中山经·中次六经》：“夸父之山，……湖水出焉，而北流注于河。”《水经·河水注》：“湖水出桃林塞之夸父山，……又北径湖县东，而北流入于河。”

湖心亭 在今浙江杭州市西湖中。明田汝成《西湖游览志》卷2：湖心亭“旧为湖心寺，鹄立湖中”。明弘治时寺毁，万历四年（1576）重建，始称湖心亭。今亭系1953年重修。

湖东港 在今广东陆丰市东南湖东镇。清光绪《广东舆地全图》陆丰县图：“西南过海甲汛，湖东汛，屈西北过湖东港。”

湖北省 清康熙三年（1664）分湖广省为左右两布政使司，左司仍驻武昌府（今湖北武汉市武昌城区）。右司驻长沙府（今湖南长沙市）。六年（1667）左司改名湖北省，右司改名湖南省。湖北省辖境相当今湖北省。1927年省会在武汉市。

湖北路 即荆湖北路的简称。北宋初置，治所在江陵府（今湖北荆州市荆州区江陵故城）。元废。

湖田古瓷窑址 在今江西景德镇市东八里湖田村。湖田窑兴起于五代，经宋元至明中叶结束，历时六百余年。五代窑在村东，宋窑在村南，元、明窑在南河沿岸。五代产品以白釉器为最精。宋代以影青刻、印花器物为主。元代以黄、黑枢府器为多，举世闻名的元青花亦在这里烧造。明代以民用青花为主。此窑址反映了景德镇制瓷工艺由低级向高级的发展过程。1982年定为全国重点文物保护单位。

湖白城 在今安徽和县南。《宋书·沈攸之传》：泰始二年（466），孙冲之等据赭圻，“大破贼于赭圻城外，追奔至姥山，分遣水军乘势进讨，又破其水军，拔湖白二城”。

湖乐镇 又名胡乐市。即今安徽旌德县东北胡乐镇。清于此置巡司。

湖市 一作湖州市。即今浙江杭州市北湖墅。《方舆纪要》卷90杭州府：“今自北新关至武林门，居民稠叠，谓之湖市。”

湖头 ①在今江苏南京市紫金山西麓、玄武湖东南端岸边地。《资治通鉴》：南齐永泰元年（498），“右仆射沈文季为持节都督，屯湖头，备京口路”。胡注：“湖头，玄武湖头也。其地东接蒋山西岩下，西抵玄武湖堤，地势坦平，当京口大路。”又永元二年（500），崔慧景进兵建康，“遣中领军王莹都督众军，据湖头筑垒，上带蒋山西岩实甲数万”。皆此。

②即今江西南康市东北三江乡（湖头圩）。《清一统志·南安府》“西下堡”条下：南康县境有“湖头”等堡，“俱元、明时乡民所置”。

湖头岭 在今福建南平市东北。《方舆纪要》卷97延平府南平县：湖头岭在“府东十里，面溪背山，前有浮梁。宋建炎中郡守张鼐设伏破贼张澈于此。今浮梁久废”。

湖头渡寨 在今浙江奉化市东六十六里湖头渡村。《方舆纪要》卷92象山县：湖头渡寨，“《舆程记》：自湖头渡而西百二十里而达奉化县，渡盖为三邑要口”。

湖头溪 在今福建安溪县西北。《方舆纪要》卷99

安溪县：湖头溪“在县治西北。源出覆鼎诸山，引而南，诸山溪水皆会焉。至县北三十余里，有马上滩、渊滩，当溪阻石数百丈，水从石罅中出。正统间，始凿石通舟楫……历数滩至县治西北，为吴浦渡，会于蓝溪”。

湖头镇　即今浙江龙游县东三十里湖镇。明置湖头镇巡司于此。

湖汉水　有二说：(1) 指今江西赣江干流及其东源贡水。《汉书·地理志》豫章郡雩都县：“湖汉水东至彭泽入江，行千九百八十里。”(2) 专指今江西赣江东源贡水。《水经·赣水注》：“豫章水右会湖汉水。水出雩都县，导源西北流，径金鸡石，湖汉水又西北径赣县东，西入豫章水。”

湖地市　又名新市。即今浙江余姚市西北三十六里临山镇东湖堤村。清光绪《余姚县志》卷1《市肆》有湖地市。

湖耳长官司　明洪武三年（1370）改湖耳洞长官司置，属湖广辰州卫。治所在今贵州锦屏县东南。寻属靖州卫。后废。永乐元年（1403）复置，属贵州卫。后属黎平府。清以后废。

湖耳洞长官司　元置，属思州安抚司。治所在今贵州锦屏县东南。明洪武三年（1370）改为湖耳长官司。

湖光岩　在今广东湛江市麻章区西南湖光镇西北。《方舆纪要》卷104遂溪县：湖光岩“在县东南七十里。本名净湖岩。湖畔峰岭壁立，瞰湖为岩，其在湖西绝壁中者曰白云岩，宛如城门。其前湖水澄澈，人迹罕至。宋建炎中，丞相李纲过此，改今名”。

湖州　①西魏废帝三年（554）改南襄州置，治所在西淮安郡（今河南唐河县南湖阳镇）。隋仁寿初为升州。唐武德四年（621）复置，贞观元年（627）废。

②隋仁寿二年（602）置，治所在乌程县（今浙江湖州市城区）。《旧唐书·地理志》：“取州东太湖为名。”辖境当今浙江湖州市、长兴、安吉二县及德清县东部地。大业初废。唐武德四年（621）复置，天宝元年（742）改吴兴郡，乾元元年（758）复为湖州。南宋宝庆元年（1225）改为安吉州。

③唐渤海国置，属龙泉府。治所在今黑龙江省宁安市西南镜泊湖北岸墙砬子城。辖境约当今黑龙江省宁安市镜泊湖周围一带。辽以后废。

湖州市　简称湖市。即今浙江杭州市北湖墅。《广志绎》卷4：湖州市“延袤十里，井屋鳞次，烟火数十万家”。《元史·伯颜传》：世祖至元十三年（1276），“率左右翼万户，巡临安城，观潮于浙江，暮还湖州市”。即此。

湖州府　元至正二十六年（1366）朱元璋改湖州路置，直隶京师。治所在乌程、归安二县（今浙江湖州市城区）。辖境相当今浙江湖州市及德清、安吉、长兴三县地。洪武十四年（1381），改隶浙江布政使司。清属浙江省。1912年废。

湖州路　元世祖至元十三年（1276）改安吉州置，至元二十一年（1284）后属江浙行省。治所在乌程、归安二县（今浙江湖州市城区）。辖境相当今浙江湖州市及德清、安吉、长兴三县地。至正二十六年（1366）朱元璋改为湖州府。

湖江县　唐贞观十四年（640）改贡山县置，属播州。治所在今贵州遵义市东南。《寰宇记》卷121播州芙蓉县：废胡江县“以界内江名邑”。显庆五年（660）废。

湖阳　春秋楚邑。在今河南唐河县南六十六里湖阳镇。《水经·比水注》引《竹书纪年》曰：“楚共王会宋平公于湖阳。”

湖阳戍　南齐置，在今河南唐河县南湖阳镇。《南齐书·魏虏传》：永泰元年（498），北魏拔新野，“湖阳戍主蔡道福……弃城走”。即此。

湖阳县　一作胡阳县。春秋时楚置。战国秦始皇二十三年（前224）入秦，属南郡。治所在今河南唐河县南六十六里湖阳镇。西汉属南阳郡。西晋废。北魏太和二十二年（498）复置，为西淮安郡治。北周为升平郡治。隋开皇初为湖州治。大业初属舂陵郡。唐属唐州。金贞祐元年（1213）废。寻复置。元世祖至元三年（1266）废。

湖坊街　即今江西铅山县西南湖坊镇。《明史·地理志》铅山县：“西南有石佛寨巡检司，后迁善政乡湖坊街。”

湖坊隘　即今江西铅山县西南湖坊镇。《方舆纪要》卷85广信府铅山县“分水关”条下：“县西南五十里有湖坊隘。西达贵溪县，南通福建光泽县之云际关，为戍守处。”清置巡司于此。

湖村　即今福建宁化县东北湖村镇。1933年中央革命根据地置彭湃县治此。

湖连县　唐置，属云州。治所在今四川荣县西南境。景龙二年（708）废入大牢县。

湖县　西汉建元元年（前140）改胡县置，属内史（后属京兆尹）。治所在今河南灵宝市西北原阌乡县城。东汉属弘农郡。北魏正光中改为湖城县（或作胡城县）。

湖里县　西魏置，属南乡郡。治所在今河南淅川县南。北周废。

湖里渊　在今湖北宜都市西北。《水经·江水注》：夷道县“北有湖里渊，渊上橘柚蔽野，桑麻暗日，西望佷山诸岭，重峰叠秀，青翠相临，时有丹霞白云，游曳其上”。

湖园　在今河南洛阳市旧城南。原为唐朝宰相裴度的宅园。《旧唐书·裴度传》载：度在“东都立第于集贤里，筑山穿池，竹木丛萃，有风亭水榭，梯桥架阁，岛屿回环，极都城之胜概”。即指此园。园中有绿野堂及龙泉、晋水等名胜。宋时此园称湖园。李格非当年曾游此园，他在《洛阳名园记》中说：“洛人云，园圃之胜不能相兼者六：务宏大者，少幽邃；人力胜者，少苍古；多水泉者，艰眺望；兼此六者，惟湖园而已。”

湖汉镇　即湖洑镇。今江苏宜兴市南五十里湖㳇镇。明、清置巡司于此。

湖陆县　西汉末王莽时改湖陵县置，属山阳郡。治所在今山东鱼台县东南。东汉初复名湖陵县。章帝改为湖陆侯国，封东平王苍子为湖陆侯，后改湖陆县。晋属高平国。南朝宋省。

湖陇河市　即今安徽无为县西南湖陇村。清乾隆《无为州志》卷4《镇集》：湖龙陡门“在治南六十里南乡”。光绪《庐州府志》卷3无为州《乡镇图》：西南六十里有湖陇镇。

湖陂水　在今江西安义县南。《方舆纪要》卷84安义县：湖陂水“在县南三十里。源亦出靖安县，险不通舟”。

湖陂城　在今湖北麻城市西南。《水经·江水注》：举水“又西南径梁司、豫二州东，蛮田鲁生为刺史，治湖陂城。亦谓之水城也”。

湖陂镇　在今江西瑞金市东北八十里，地近石城县界。清置巡司于此。

湖坪　在今福建霞浦县东北三十里。《方舆纪要》卷96福宁州：湖平“嘉靖三十五年，官军败倭贼于孤山，又追败之于湖坪，是也。今有湖平铺”。

湖苔泉　在今浙江临海市南。《方舆纪要》卷92临海县：湖苔泉“在县南二十五里。出古塘门山，有三十六穴，引流而南，溉田甚众”。

湖岭嘴墟　即今江西宁都县东北八十五里湖岭咀。清同治《江西全省舆图》卷10宁都州图：东北有湖岭嘴墟。

湖河镇　即今湖北枣阳市北五十里湖河村。清有守备驻防。

湖泗瓷窑址群　在今湖北武汉市江夏区南部梁子湖和斧头湖一带。因最初发现于湖泗乡，故名湖泗窑址。1974年发掘，在南北40公里、东西30公里的范围内，迄今已发现窑业堆积一百四十五处。该窑址群的年代从晚唐、五代一直延续到元明时期，而以宋代为主。产品有青白釉瓷器和青釉瓷器两种。有壶、罐、碗、盘、碟等日常生活用器。造型匀称，釉面晶莹，有的器物内外壁还刻画菊瓣、莲瓣、团花等花纹。湖泗瓷窑址群规模大，分布范围广，延续时间长，为长江中游地区的古代窑址中所罕见。2001年定为全国重点文物保护单位。

湖城县　一作胡城县。北魏正光中改湖县置，属西恒农郡。治所在今河南灵宝市西北原阌乡县城。北周属弘农郡。隋开皇初属陕州，十六年（596）废。义宁元年（617）复置于古上阳宫（在今灵宝市西北原阌乡县城）东侧，属虢郡。唐武德元年（618）属虢州，乾元三年（760）改为天平县。大历四年（769）复名湖城县。北宋太平兴国三年（978）改属陕州。熙宁四年（1071）废入灵宝县。元丰六年（1083）复置。元世祖至元二年（1265）废入阌乡县。

湖垛镇　即今江苏建湖县治建湖镇。旧属盐城县。清光绪《江苏全省舆图》盐城县：“湖垛镇在城西北七十里。”1941年于此置建阳县。1951年改名建湖县。

湖荡镇　在今江苏江阴市东南湖荡里村。清光绪《江苏全省舆图》江阴县图：东南有葫荡。民国《江苏六十一县志》江阴县东南有“湖荡镇”。

湖南　唐方镇名。广德二年（764）置，初治衡州（今湖南衡阳市），大历四年（769）移治潭州（今长沙市）。领潭、衡国统、郴、永、连、道、邵等州，相当今湖南长沙市以南及广东连江流域地区。中和三年（883）改名钦化军节度。光启元年（885）改为武安节度，但仍通称湖南。五代属楚。北宋废。

湖南省　清康熙三年（1664）由湖广省分为左右两布政使司，六年（1667）右司改为湖南省。省会在长沙府（治今湖南长沙市）。辖境相当今湖南省。1913年废长沙府，长沙县为湖南省会。1933年由长沙县析置长沙市，仍为湖南省会。因湘江流贯省境，简称湘。

湖南道宣慰司　元世祖至元十四年（1277）置，治所在鄂州（今湖北武汉市武昌）。十八年（1281）移治潭州（今湖南长沙市），属湖广等处行中书省。元末废。

湖南路　荆湖南路的简称。

湖南镇边毛岭峒宣慰司　元至正十五年（1355）改宣化镇南五路军民府置，属四川南道宣慰司。治所在今湖北宣恩县南。元末明玉珍改为镇南宣抚司。

湖南镇边宣慰司　元改顺州羁縻州置，治所在今湖北宣恩县东南。元末明玉珍改为沿边溪洞宣抚司。

湖洑山　在今浙江富阳市西南。《元和志》卷25富阳县：湖洑山“在县西南五十里。甚幽邃，重叠险远，每时有扰攘，人皆逃避于此山”。

湖洑水　即今浙江富阳市南壶源溪。源于浦江县西，北流经桐庐县东、诸暨市西，于富阳市南清江口入钱塘江。宋《咸淳临安志》卷36富阳县：湖洑水“在县西南九十里。阔九十步，东入钱塘江”。《清一统志·杭州府一》：湖洑水“源出湖洑山，自金沙而来，东入浙江”。

湖洑镇　北宋置，属宜兴县。即今江苏宜兴市南五十里湖㳇镇。后讹为湖㳇。《方舆纪要》作“湖没”；《清一统志》作“湖汉”。明、清置巡司于此。

湖洲　即今江西赣县北大湖洲。《方舆纪要》卷87赣州府赣县：湖洲“在府北八十里。突起江中，周围数里”。

湖津县　隋开皇四年（584）置，属协州。治所约在今云南大关县东北二十六里天星场。大业三年（607）废入开边县。唐武德元年（618）复置，移治今贵州威宁彝族回族苗族自治县西北龙街镇西南一带。天宝后废。

湖润寨　亦作胡润寨。在今广西靖西县东南二百七十五里湖润镇。明属南宁府，置土巡检于此。清雍正十年（1732）改属镇安府，乾隆十二年（1747）省入归顺州，三十一年（1766）设巡司。

湖陵　又作胡陵。战国宋邑，后属楚。在今山东鱼台县东南。《史记·春申君列传》：春申君上书秦昭王，王攻楚之日，“魏氏将出而攻留、方舆、铚、湖陵、砀、萧、相，故宋必尽”。

湖陵县　①秦置，属薛郡。治所在今山东鱼台县东南。西汉属山阳郡。王莽时改为湖陆县，东汉初复名湖陵县。《后汉书·刘永传》：建武三年（27），盖延破刘永将佼彊、周建等，“彊、建从永走保湖陵”。东汉章帝改为湖陆县。

②西汉置，属庐江郡。治所在今安徽太湖县东南。东汉废。

湖趺山　在今浙江湖州市东南。《方舆纪要》卷91归安县：湖趺山“在县东南二十五里。一名长超山。山侧有湖，广二百顷，名湖趺漾”。

湖盖山　在今湖北武汉市汉阳城区北。《舆地纪胜》卷79汉阳军：湖盖山“在汉阳县。山形似盖，南临汉水，西带大湖。故名”。《清一统志·汉阳府》：湖盖山“在汉阳县北二十里”。

湖梁河　即垣水。今河北涿州市北胡良河。《金史·地理志》涿州范阳县：“有湖梁河。”

湖塘　在今广西桂林市东十五里。《明一统志》卷83桂林府：湖塘“上下两塘相通，阔百余亩，深十余丈。冬夏不涸，灌溉甚广”。

湖雾岭　在今浙江温岭市西北。《方舆纪要》卷92太平县：湖雾岭“在县西北三十三里，屹立湖测，西连雁荡、北接唐岭，常有海气升腾如雾，因名。路出乐清县”。

湖溪村　在今江苏金坛市南三十里，长荡湖西。《方舆纪要》卷25常州府金坛县：湖溪村“明初置长荡湖河泊所，又湖溪巡司亦置于此”。

湖滩　亦名和滩。在今重庆市万州区西南六十里长江中。《方舆纪要》卷69万县：大江“湖滩水势险急，春夏泛溢，江面如湖”。《宋史·孟珙传》：嘉熙中，“大元兵度万州湖滩，施、夔震动”。即此。

湖滩河朔　在今内蒙古托克托县东南。《清一统志·归化城六厅》：湖滩河朔“在托克托城东十里黄河东岸。《水经（注）》所谓君子津，即在其地。本朝康熙三十五年，圣祖仁皇帝亲征噶尔丹凯旋，驻跸于此”。

湖滩渡　在今内蒙古托克托县南三里黄河上。《御制亲征平定朔漠方略》卷32：“著庸吉哈楚哈随驾至湖滩河朔，回住归化城。”同书卷35又载：康熙三十六年（1697）正月甲寅，“大将军费扬古奏报于成龙等运米至喀喇穆冷。先是，于成龙等请曰：大将军领兵驻扎喀喇穆冷，臣等情愿运湖滩河朔仓粮三千五百石，至喀喇穆冷地方”。光绪《山西通志》：湖滩河朔“字本作胡坦和硕，蒙古语城隅也”。

湖镇市　即今浙江龙游县东湖镇。《方舆纪要》卷93龙游县：湖镇市在“县东三十里。路出兰溪，有湖镇巡司，明初置”。

湖镇村　即今广东博罗县西北湖镇。明、清置善政巡司于此。

湖镇舍利塔　在今浙江龙游县东湖镇下街舍利寺院内，是瘗埋舍利的佛塔。建于北宋嘉祐三年（1058）。为六面七层仿木楼阁式实心砖塔，高27.31米。每层皆砌出平座、柱坊、斗栱形式，每面中央设壶门式壁龛，内供佛像。塔檐用菱角牙子层层叠涩出檐，起翘弧度较大，顶层檐角安铁制风铎，转角及补间用四铺作单抄斗栱。塔顶安铁制刹柱，置相轮六重。该塔比例修长，每层层高与平面对径皆以相同的比例收缩，故外轮廓为圆锥体，益增修长之感。此外，造型精确的砖制斗栱、弧度较大的屋檐起翘、龛内保存的各式青铜佛像以及铁制相轮等皆保持了宋代形制，弥足珍贵。2001年定为全国重点文物保护单位。

湖熟县　东汉改胡孰侯国置，属丹阳郡。治所在今江苏南京市江宁区东南湖熟镇。三国吴改为典农都尉。西晋太康元年（280）复为县。南朝陈太建十年（578）改属建兴郡。隋废。

湖熟典农都尉　三国吴改湖熟县置，属丹阳郡，主管屯田兼及民政。治所在湖熟县（今江苏南京市江宁区东南湖熟镇）。西晋太康元年（280）复为湖熟县。

湖熟镇　宋置，即今江苏南京市江宁区东南湖熟镇。汉、晋为湖熟县治。1950年曾在附近发现商周时期青铜文化遗址，后被命名为“湖熟文化”。

湖寮城　即今广东大埔县治湖寮镇。《清一统志·潮州府》：万川废县，“《大埔县志》：古万川县即今县南七十里清远湖寮城。石柱勒字尚存”。1961年迁大埔县治此。

湳水　即今内蒙古准格尔旗境之纳林川、黄甫川。《水经·河水注》：“河水又右，得湳水口。水出西河郡美稷县，东南流……其水俗亦谓之为遄波水，东南流入长城东。碱水出长城西碱谷，南入湳水。……湳水又东径西河富昌县故城南。王莽之富成也。湳水又东流入于河。”

湳定江　即今越南北部之红河。南宋周去非《岭外代答》卷2安南国：“自邕州左江永平寨南行，入其境机榔县，过乌皮、桃花二小江，至湳定江，亦名富良江，凡四日至其国都，乃郭逵师所出也。”

湳陵山　在今海南省万宁市西南。《方舆纪要》卷105万州：湳陵山在“州西南二十里。南有大溪，流绕冈阜”。

湳陵水　亦作南陵水。即今海南省万宁市南太阳河。《舆地纪胜》卷126万安军：湳陵水“在万宁县西南二里”。

溙河　古称天门下溪水。在今山东泰安市西一里。《方舆纪要》卷31泰安州：溙河“出岳西白龙池，亦南流会于泮河，并入汶河”。

渣口　在今江苏沭阳县西。《南齐书·张冲传》：建武二年（495）北魏寇淮泗，“冲遣军主桑系祖由渣口攻拔虏建陵、驿马、厚丘三城，多所杀获”。

渣江市　即今湖南衡阳县（西渡镇）北四十六里渣江镇。清乾隆二十年（1755）设县丞驻此。

渣津镇　即今江西修水县西渣津镇。《清一统志·南昌府二》：渣津“在义宁州。有州同驻此”。

渣滓洞　在今重庆市西北歌乐山麓。为中美合作所最大的监狱，有牢房十八间。1949年11月，国民党特务大肆屠杀共产党员于此。

湘　湖南省的简称。因湘江纵贯省境而得名。

湘口关　又名潇湘关。在今湖南永州市西北十里。《方舆纪要》卷81零陵县：湘口关“潇、湘二水合流处也。今为湘口驿”。

湘山　①一名君山。亦曰洞庭山。在今湖南岳阳市西南洞庭湖中。道书以为第十一福地。相传尧女、舜妻死于此，俗称湘君，因以为名。《史记·秦始皇本纪》：始皇二十八年（前219），“浮江，至湘山祠。逢大风，几不得渡。上问博士曰：‘湘君何神？’博士对曰：‘闻之，尧女，舜之妻，而葬此。’于是始皇大怒，使刑徒三千人皆伐湘山树，赭其山”。《水经注》谓之君山。

②又名黄陵山。在今湖南湘阴县北四十五里。《元丰九域志》卷6：湘阴县有“湘山”。《清一统志·长沙府一》：黄陵山“一名湘山”。

③在今广西全州县西一里。《元丰九域志》卷6清湘县“有湘山”。《方舆纪要》卷107全州：湘山“峰峦蓊郁，岩洞幽深，泉石秀异，登其巅，尽一州之胜”。

湘山寺　在今贵州遵义市城边。元大德间建护国寺，清咸丰年间毁。光绪十二年（1906）重建，改名湘山寺。1980年整修。大雄宝殿和观音殿以回廊联结左右禅房。殿内塑有大佛和十八罗汉像。寺宇宏伟壮观。

湘山渡　在今广西桂林市南四十里。明于此置巡司。

湘川驿　在今贵州遵义市东。《方舆纪要》卷70遵义府遵义县：湘川驿在“府东二里湘江上”。

湘乡市　1986年撤销湖南省湘乡县，改设湘乡市，市人民政府驻望春门。由湘潭市代管。

湘乡州　元元贞元年（1295）升湘乡县置，属天临路。治所即今湖南湘乡市。明初降为湘乡县。

湘乡县　本西汉长沙国湘南县湘乡，建平四年（前3）封长沙王（鲁人）子昌为湘乡侯，改属零陵郡。东汉为县，仍属零陵郡。治所即今湖南湘乡市。三国吴属衡阳郡。隋平陈后并入衡山县。唐武德四年（621）复置，属潭州。移治龙城（今湖南双峰县西北）。后复还故治。元元贞元年（1295）升为湘乡州。明初又降为县，属长沙府。民国初属湖南湘江道。1922年直属湖南省。1986年改设湘乡市。

湘乡镇　在今江西会昌县南。《方舆纪要》卷88赣州府会昌县：湘乡镇在“县南八十里。宋置巡司，明朝因之”。后废。

湘水县　唐贞观四年（630）置，属羁縻盖州。治所在今四川若尔盖县西北境。后废。

湘东市　即今江西萍乡市西湘东镇。《清一统志·袁州府》“江西市”条：“湘东市，在（萍乡）县西三十里。旧有湘东驿，宋建炎中移于黄花渡。”

湘东苑　在今湖北荆州市荆州区故江陵县城内。《渚宫旧事补遗》：“湘东王绎于子城中造湘东苑。穿池构山，长数百丈，植莲浦中，缘岸杂以奇木。”

湘东郡　三国吴太平二年（257）置，治所在酃县（今湖南衡阳市东）。以在湘水之东而命名。辖境相当今湖南衡东、攸县、茶陵、安仁、炎陵、常宁及衡阳市东部地区。东晋太元二十年（395）移治临烝县（今衡阳市）。隋开皇九年（589）废。梁元帝旧封湘东王，即此。

湘东镇　即今江西萍乡市西三十五里湘东镇。《方舆纪要》卷87萍乡县：湘东镇“在县西三十里。旧有湘东驿，宋建炎间移于县西三十五里之黄花渡。有黄花桥。元驿废”。

湘西县　三国吴太平二年（257）置，属衡阳郡。治所在今湖南株洲县南。南朝宋为衡阳郡治。隋改名衡山县。

湘竹街　即今江西修水县东南湘竹。明嘉靖《宁州志》卷8：“湘竹铺在安乡十三都。”清同治《江西全省舆图》卷1：义宁州东南有湘竹坪。

湘州　①西晋永嘉元年（307）分荆、广两州置。治所在临湘县（今湖南长沙市）。《寰宇记》卷114潭州引郭仲产《湘州记》云：“以西临湘水为名。”辖境相当今湖南湘、资二水流域及湖北陆水流域。东晋咸和三年（328）废。义熙八年（412）复置，十二年（416）又废。南朝宋永初三年（422）复置，陆水流域割属郢州，增辖今广西东北部湘江上游、漓江和贺江流域以及广东北部北江流域大部。元嘉八年（431）废。孝建初复置。梁、陈时南部地区分置衡（治今广东英德县西北）、东衡（治今广东韶关市南）、桂（治今广西桂林市）等州，辖境缩小。隋开皇九年（589）改为潭州。

②南朝梁置，治所在大活关城（今湖北大悟县东北）。北齐改置北江州。

湘州潭　即昭潭。在今湖南长沙市南昭山西湘江中。《水经·湘水注》：“湘水又北径昭山西，山下有旋泉，深不可测，故言昭潭无底也。亦谓之湘州潭。”

湘江　①别称潇湘。今湖南省最大的河流。源出广西灵川县东、海洋山西麓，东北流贯湖南省东部，经永州、衡阳、湘潭、长沙等地，至湘阴县芦林潭入洞庭湖，长817公里。上古时洞庭湖较小，湘水直接注入长江。《山海经·海内东经》：“湘水出舜葬东南陬，西环之，入洞庭下。”《水经·湘水》：“湘水出零陵始安县阳海山，东北过零陵县东，又东北过洮阳县东，又东北过泉陵县西，又东北过重安县东，过酃县西……又北过临湘县西……又北过罗县西……又北过下隽县西……又北至巴丘山入于江。”《方舆纪要》卷75湘水：“自其合潇水而言之，则曰潇湘；自其合烝水而言之，则曰烝湘；自其下洞庭会沅水而言之，则曰沅湘，实同一湘水也。”

②又名穆家川。在今贵州遵义市东。《明一统志》卷72播州宣慰司：湘江“源出龙岩山麓，流经湘山南，与乌江合”。

湘江亭　在今湖南长沙市西湘江滨。亦名望湘亭。唐刘长卿、元微之等俱有湘江亭诗。

湘江道　1914年依前长宝道改置，属湖南省。治长沙县（今湖南长沙市）。辖境约当今湖南雪峰山以东，汨罗、长沙、浏阳、醴陵以西，洞庭湖、资水以南，城步、新宁、邵阳、邵东、双峰、湘乡、湘潭以北地区和株洲市及其所属各县（炎陵县除外）。1916年10月武陵道裁撤，今洞庭湖流域及平江县改隶本道。1922年废。

湘阴州　元元贞元年（1295）升湘阴县置，属天临路。治所即今湖南湘阴县。明洪武初复改湘阴县。

湘阴县　南朝宋元徽二年（474）置，属湘东郡。治所在今湖南湘阴县西北五十里。南齐属长沙郡。隋平陈后废。不久改岳阳县复置，属玉州。治所在今湘阴县南二十里白乌潭。大业初属巴陵郡。唐属岳州。五代周广顺三年（953）移治今湘阴县。北宋属潭州。南宋绍兴初迁今湘阴县南安静乡赤竹城，五年（1135）还治今湘阴县。元元贞元年（1295）升为湘阴州。明洪武初复改湘阴县，属长沙府。民国初属湖南湘江道。1922年直属湖南省。

湘南年关暴动指挥部旧址　在今湖南宜章县城内。旧址原为清代宜章守备署，占地面积4080平方米，建筑面积2789平方米。相关建筑始建于清顺治十年（1653）。1919年改为县立女子学校。1928年1月，朱德、陈毅等率领南昌起义保留下来的一部分队伍，由广东折回湖南举行了年关暴动，建立了湖南第一个红色政权宜章县苏维埃政府。改编部队正式组成中国工农革命军第一师。旧址建筑原状为晚期风格。四栋二层建筑组成四合院，中栋为木结构，是起义军指挥部。1996年定为全国重点文物保护单位。

湘南县　秦置，属长沙郡。治所在今湖南湘潭县西南花石镇。西汉属长沙国。东汉为湘南侯国，属长沙郡。三国吴仍为湘南县，为衡阳郡治。南朝宋属衡阳郡。南齐废。

湘峡山　在今广东高要市西北大小湘水间。《方舆纪要》卷101肇庆府高要县：湘峡山在“府西三十余里。高数十仞，周八里。群峰列峙，江经其中，形类潇湘。其东五里为小湘峡。宋皇祐四年，侬智高犯端州，州守李宝臣曰：‘若得兵数千人伏小湘峡，扼至险以击骄兵，可必胜也。’即此。《志》云，府西有小湘、大湘二水，俱流至峡中入江”。

湘洪水　即今江西会昌县北贡水。《方舆纪要》卷88赣州府会昌县：湘洪水在“县北五里。上流合绵、湘两江，西北入雩都县界。其深莫测，怪石参差，舟行甚艰”。《清一统志·赣州府一》“湘水”条下：湘水“又西北过龙石，合贡水为湘洪水”。

湘宫寺　南朝宋建。故址在今江苏南京市青溪北。《南史·虞愿传》：“（宋明）帝以故宅起湘宫寺，费极奢侈。以孝武庄严刹七层，帝欲起十层，不可立，分为两刹，各五层。新安太守巢尚之罢郡还见帝，曰：‘卿至湘宫寺未？我起此寺是大功德。’愿在侧曰：‘陛下起此寺，皆是百姓卖儿贴妇钱，佛若有知，当悲哭哀愍，罪高佛图，有何功德！’尚书令袁粲在坐，为之失色。帝大怒，使人驱曳下殿，愿徐去无异容。”《南齐书·萧坦之传》：永元元年（499），始安王遥光举兵东府城，萧坦之讨之，“屯湘宫寺”。即此。

湘桂运河　即灵渠。在今广西兴安县湘江与漓江之间。民国《广西省》第四编兴安县：湘桂运河“古称灵渠，又名漓水。俗以其三十六陡，又名陡河。东起兴安县东南四里之分水塘，西南至文家村入大溶江，长约六十里。肇凿于秦监史禄，继疏于汉将马援，以利灌运，湘桂二省水路交通亦于是乎赖焉。历代疏修，共达二十余次，东则遮湘水之故道而改趋花桥以至大西门，后入于湘。西南凿渠五十余里，以通大溶江”。

湘桂铁路　自湖南衡阳经广西桂林、柳州、南宁，至镇南关（今友谊关）。全长1000公里。1937年动工兴建，1939年自株洲经湘潭修至蓝田（今涟源）。长约175公里。因日本侵华战争局势恶化，旋即被拆毁。此路至1972年后才全部修成。

湘浦　亦谓之三湘浦。在今湖南岳阳市东北城陵矶，即洞庭湖水入长江处。

湘鄂川黔革命根据地　位于湖南、湖北、四川、贵州边界地区。1934年10月，中国工农红军第二军团和第六军团在黔东印江木黄会合，成立了以贺龙、任弼时为首的红二军团总指挥部，发动湘西攻势。11月，建立了湘鄂川黔革命根据地，以湖南的永（顺）、大（庸）、龙（山）、桑（植）四县为中心，包括湖南的保靖、慈利、沅陵、桃源、常德、石门、津市、临澧、澧县，湖北的宣恩、来凤、咸丰、松滋、鹤峰、利川、恩施，四川的酉阳、秀山、黔江、彭水、石柱，贵州的沿河、印江、德江、松桃等二十余县的部分地区。1935年10月，敌人对根据地开始了更大规模的“围剿”，为了保存有生力量，红二、六军团于11月19日撤离根据地，进行长征。

湘鄂川黔省革命委员会旧址　在今湖南永顺县东北四十六里塔卧镇。旧址包括1934年12月至1935年4月中共湘鄂川黔省委员会、省革命委员会等单位驻地。省委驻丁家院子，省革命委员会各部门驻雷家院子。附近有中国工农红军第二、六兵团司令部和随营学校、兵工厂、医院等。现房屋均保存完好。2006年定为全国重点文物保护单位。

湘鄂西革命根据地　位于湖南、湖北边界地区，包括湘鄂边、洪湖、巴兴归、襄枣宜等根据地。1928年1月，共产党人贺龙、周逸群、卢冬生等华容、石首、安乡、监利一带和在当地坚持斗争的贺锦斋、段德昌、段玉林等一起，领导群众开展游击战争，同年7月在桑植、鹤峰、石门一带地区活动，成立了中国工农革命军第四军（后改称红四军、红二军），开辟了湘鄂边根据地。1930年2月，在鄂西监利附近成立了红军第六军，不久攻占沔阳、潜江、华容、石首等地，开辟了洪湖根据地。同年7月，红二军和红六军在湖北公安会师，组成红军第二军团，湘鄂边和洪湖两个根据地联成一片。1927年冬鄂西巴东地区、鄂北襄（阳）枣（阳）地区农民起义，开展游击战争，开辟了巴（东）兴（山）（秭）归根据地和襄枣宜根据地。由于李立三、王明"左"倾冒险主义的错误领导，从1930年到1934年秋，根据地的革命斗争遭到了严重挫折。1934年10月，红军第二军团和第六军团在黔东印江木黄会合后，成立了以贺龙、任弼时为首的总指挥部，接着发动湘西攻势，建立了湘鄂川黔根据地。

湘鄂西革命根据地旧址　在今湖北洪湖市西北瞿家湾地区及监利县东北周老嘴。第二次国内革命战争时期，贺龙、周逸群、邓中夏、柳直荀等在此领导革命活动，开创了湘鄂西革命根据地，建立了中共中央湘鄂西分局、中共湘鄂西省委、省苏维埃政府、省革命军事委员会等机关，瞿家湾保存旧址三十五处，周老嘴保存完好的旧址有四十八处。1988年定为全国重点文物保护单位。

湘鄂铁路　从今湖南长沙东站至湖北武昌徐家棚。长365公里。为粤汉铁路的一段。1912年动工修建，1918年建成。

湘鄂赣革命根据地　位于湖南、湖北、江西三省边界地区。1927年"马日事变"后，湘东、鄂南、赣西地区的党组织，在毛泽东领导下，组成工农武装，举行秋收起义，开展游击战争。1928年7月，共产党人彭德怀、滕代远、黄公略等领导了平江起义，成立中国工农红军第五军（后改编为红军第一方面军第三军团），后来红五军主力于12月到达井冈山，另一部分坚持当地游击战争。1930年5月，又成立了中国工农红军第十六军（后改编为红六军团的第十六师），建立了湘鄂赣革命根据地。1931年7月，成立了中共湘鄂赣省委。同年9月，成立了湘鄂赣工农民主政府。根据地发展到湖南的平江、浏阳、岳阳、湘阴，湖北的通城、崇阳、通山、蒲圻、咸宁、阳新、大冶，江西的修水、宜春、铜鼓、万载、奉新等县。1934年红军主力长征后，留下红十六师的部队，在当地继续坚持斗争。

湘鄂赣省苏维埃旧址　在今湖南平江县东七十里长寿镇。原为天主堂。1931年9月在此召开湘鄂赣边区工农兵代表大会，成立湘鄂赣省苏维埃政府和军区。辖湖南省平江、浏阳、醴陵、岳阳、湘阴、临湘，湖北省大冶、阳新、通城、通山及江西省万载、修水、铜鼓、萍乡等20余县。旧建筑保存完好。

湘湖　①在今浙江仙居县东。《方舆纪要》卷92仙居县：湘湖在"县东十五里。潴众山之水，四时不涸，居人资以灌溉"。今已堙。

②在今浙江杭州市萧山区西。北宋政和二年（1112）杨时围塘筑湖。宋《嘉泰会稽志》卷10：湘湖"周八十里，溉田数千顷，湖生莼丝，最美水利"。明嘉靖中于湖中筑堤，遂成上、下两湖。近百年来泥沙淤积，面积已大为缩小。

湘湖市　即今江西浮梁县东南湘湖镇。清同治《江西全省舆图》卷12：浮梁县有"湘湖街"。

湘满驿　在今贵州盘县（红果镇）东。《方舆纪要》卷121普安州"亦资孔驿"条下："湘满驿在州治（今县东北城关镇）南。"

湘源县　隋开皇十年（590）置，属永州。治所在今广西全州县西七里柘桥村。大业初属零陵郡。唐属永州。五代晋天福四年（939）改为清湘县。

湘溪　在今浙江富阳市西。宋《咸淳临安志》卷36新城县：湘溪"源出新妇洞，至张涧与大溪水（葛溪）合"。

湘漓　即湖南湘江与广西漓江（桂江上游）的合称。旧误为湘、漓同源，实际上湘江源于广西壮族自治区东北海洋山，漓江导源于苗儿山。上源有灵渠相通。

湘滨县　南朝梁分湘阴县置，属岳阳郡。治所在今湖南汨罗市南常公桥东城江城。隋开皇九年（589）省入罗县。

湘潭市　1950年由湖南省湘潭县析置湘潭市。1980年升为地级市，下设雨湖、湘江、岳塘、析塘、郊区5区。1992年撤销雨湖、湘潭、岳塘、析塘和郊区5区，建雨湖、岳塘2区。市人民政府驻雨湖区。

湘潭州　元元贞初改湘潭县置，治所即今湖南湘潭市。明又改为湘潭县。

湘潭县　①南朝梁天监中置，属湘东郡。治所在今湖南衡山县东。隋开皇三年（583）属衡州，大业三年（607）属衡山郡。唐天宝八年（749）改为衡山县。

②唐天宝八年（749）改衡山县置，属衡阳郡。治所在洛口（今湖南湘潭县治易俗河镇）。元和后属潭州。宋移治今湘潭市。元元贞初升为州，明洪武三年（1370）复降为县，属长沙府。民国初属湖南湘江道。1922年直属湖南省。1950年析置湘潭市。1980年升为地级市，改由省直辖。1992年湘潭县移治易俗河镇。

湘黔铁路　原拟由湖南株洲至贵州贵阳，长约1000公里。1937年动工修建，1939年自株洲经湘潭修至蓝田（今涟源）。长约175公里。因日本侵华战争形势恶化，旋即被拆毁。此路至1972年才全部修成。

湘赣革命根据地　位于湖南、江西边界地区。原为毛泽东所创立的井冈山革命根据地。1929 年 1 月毛泽东、朱德率领中国工农红军第四军主力向赣南、闽西进军，留在井冈山地区的红军粉碎了国民党军的“会剿”。1929 年 5 月，红五军从赣南回到井冈山，同坚持井冈山斗争的第五纵队会合，恢复湘赣革命根据地，建立了以永新为中心的宁冈、莲花、上犹、崇义等十多个县的革命政权。1932 年 2 月，成立了红八军。同年 8 月，成立中共湘赣省委和工农民主政府，控制范围包括赣江以西、株萍铁路和袁水以南、粤汉铁路以东、大余以北湘赣边界二十余县广大地区。1934 年 8 月，红军主力长征后，留在湘赣边区的红军游击队和当地人民一起，继续坚持游击战争。

湘赣省委机关旧址　在今江西永新县驻地禾川镇民主街。原建筑为萧氏宗祠，始建于 1914 年。砖木结构，楼上、楼下共有二十二个房间，占地面积 800.32 平方米。1949 年后曾多次维修，1986 年按原貌进行复原陈列。中国工农红军湘赣省军区总指挥部旧址在今新县城东北隅禾川中学（现为任弼时中学）内。建筑为砖木结构的二层楼房，建筑面积 251.37 平方米。1996 年定为全国重点文物保护单位。

渤州　唐渤海国置，属龙泉府。治所在今黑龙江省牡丹江市南。辖境相当今黑龙江省牡丹江、海林二市地。辽废。

渤泥　即渤尼国。在今加里曼丹岛。唐樊绰《蛮书》卷 6：“又南有婆罗门、波斯、阇婆、勃泥、昆仑数种外道，交易之处，多诸珍宝，以黄金麝香为贵货。”《明史·外国列传》：“勃泥，宋太宗时始通中国。洪武三年八月命御史张敬之、福建行省都事沈秩往使。自泉州航海，阅半年抵阇婆，又逾者至其国。”明永乐三年（1405）其王麻那惹加那遣使入贡。六年（1408）至南京，旋即病死，葬于南京安德门外石子岗。

渤盆国　即今加里曼丹岛南部彭布安河口之瓜拉彭布安。《大唐西域求法高僧传》卷上：“昙闰法师，洛阳人也……附舶南上，期西印度。至诃陵北渤盆国。遇疾而终。”唐义净《南海寄归内法传》卷 1 作盆盆洲。《宋史·真宗本纪》作蒲婆国。《岛夷志略》作蒲奔。

渤海　又作勃海。位于今辽东半岛与山东半岛间。先秦古籍中已见于记载，如《战国策·齐策一》：“苏秦为赵合从，说齐宣王曰：‘齐南有太山，东有琅邪，西有清河，北有渤海，此所谓四塞之国也。……。’”即是。《史记·司马相如列传》属称为“渤澥”。《索隐》引《齐都赋》云：“海傍曰勃，断水曰澥。”《汉书·司马相如传》注：“师古曰，勃澥，海别枝也。”因在大海之旁，故以为名。

渤海千户所　明弘治中建，直隶后军都督府。治所在今北京市怀柔区西北。万历初移治慕田峪关，四年（1576）复还怀柔县西北。清废。

渤海中京城遗址　又称西京城。在今吉林和龙市之西古城子。古城址平面呈长方形，分内、外两重城垣。外城长 720 米，宽 630 米，残高 1.5—2.5 米，南、北墙各开一门；内墙南北长 370 米，东西宽 190 米，城垣大部不存。内城有宫殿址五处，土台基二处，出土绿釉琉璃瓦、花纹砖、文字瓦、瓦当等。此遗址为渤海中京城显德府故城，一度为渤海国都城。1996 年定为全国重点文物保护单位。

渤海东京龙泉府　在今吉林珲春市西南八连城。是唐渤海国文王的东京龙泉府治所，为当时渤海国王都。《新唐书·渤海传》谓：“□貊故地为东京，曰龙泉府。亦曰栅城府。”同书又谓：“天宝末，钦茂徙上京……贞元时，东南徙东京”。

渤海县　①唐垂拱四年（688）析蒲台、厌次二县置，属棣州。治所在今山东滨州市北滨北街道东四十里。《寰宇记》卷 64 滨州渤海县：“以在渤海之滨为名。”天宝五年（746）迁治李邱村（今山东滨州市北滨北街道）。五代周为滨州治。明洪武初省入滨州。

②辽太平十年（1030）平渤海大延琳之叛，徙其东京人户置，属上京临潢府。治所当在今内蒙古巴林左旗附近。金废。

渤海国　唐武后圣历元年（698）粟末靺鞨首领大祚荣建。初称振国（一作震国），先天二年（713），唐册封大祚荣为左骁卫大将军、渤海郡王、忽汗州都督，改称渤海。初都今吉林敦化市敖东城，天宝末年（755）东移上京龙泉府（今黑龙江省宁安市西南东京城镇）。最盛时地方五千里，有五京、十五府、六十二州。辖境南到今朝鲜清川江中上游、龙兴江，东抵日本海，北至黑龙江境内，西至吉林西部，西南沿辽宁开原至丹东一线与唐相接。辽天显元年（926）为辽所灭，改称东丹。由契丹太子耶律倍为东丹王，后迁辽河流域，都辽阳。耶律倍泛海入后唐后，东丹建置渐废。部分遗民以今鸭绿江畔浑江市为中心建立安定国。辽圣宗时亦并入辽。

渤海国上京龙泉府遗址　在今黑龙江宁安市西南渤海镇（东京城）。《新唐书·渤海传》谓：“以肃慎故地为上京，曰龙泉府”。龙泉府为唐代地方政权渤海国“五京”的首府。唐天宝末，渤海国由中京显德府徙都上京，此为上京建都之始，至贞元元年（785）徙东京，贞元十年复还上京，至大湮譔二十年（926）为契丹所灭，渤海皆以上京为都。都城的建制和规模均仿唐都长安城。城分外城、内城和宫城（紫禁城）三部分。外城城垣周长 17.5 公里，残高约 2 米，土石间筑，四面十门。城内大街五横三纵，构成规整的里坊。内城在外城北部正中，城垣周长 4.5 公里，石筑。宫城在内城北部正中，城垣周长 2.5 公里，残高 3 米，石筑。宫内有五重殿基，南北排列在中轴线上。正南门称五凤楼，台基高近 6 米。宫城东面为禁苑，有楼、殿、亭、阁、池塘、假山等遗迹。1961 年定为全国重点文物保护单位。

渤海郡　①南朝宋武帝侨置，属冀州。治临济城（今山东高青县东南高苑）。其后治所在重合县（今山东淄博市临淄区北）。故《魏书·地形志》称：

渤海郡“故临淄地”。北齐废。

②隋大业二年（606）改沧州置，治所在阳信县（今山东阳信县南七里西程子坞）。辖境相当今山东滨州、商河以北，乐陵及河北南皮以东，沧州、黄骅以南，东至海。唐武德四年（621）改名棣州。

渤海都督府 亦即忽汗州都督府。唐置，治所在忽汗州（今吉林敦化市）。《新唐书·渤海传》：“睿宗先天中，遣使拜（大）祚荣为左骁卫大将军、渤海郡王，以所统为忽汗州，领忽汗州都督，自是始去靺鞨号，专称渤海。”

渤海海峡 1929年改直隶海峡为渤海海峡，在今辽东半岛老铁山角和山东半岛蓬莱角之间，南北相距一百八十里。庙岛群岛横贯其间，为渤海门户。

渤海湾 1929年改直隶湾为渤海湾。在渤海西部，北起河北乐亭县大清河口，南至山东黄河口，北与辽东湾相邻，其南即莱州湾。

渤错水 在今辽宁辽河下游地区。《资治通鉴》：唐贞观十九年（645），亲征高丽，“上至蒲沟驻焉，督填道诸军渡渤错水，暴风雪，士卒沾湿多死者，敕然火于道以待之”。胡三省注：“蒲沟、渤错水皆在辽泽中。”

渤澥 指今渤海海域。《史记·司马相如列传》载《子虚赋》有“浮勃澥游孟诸”之语。《集解》：“《汉书音义》曰：‘海别枝名也。’”《索隐》：“案《齐都赋》云：‘海傍曰勃，断水曰澥’也。”《初学记·地部中·海二》：“东海之别有渤澥，故东海共称渤海，又通称之沧海。”《汉书·武帝纪》元光三年作“勃海”。

溴水 或称湨水。即今河南济源市、孟州市、武陟县境之黄河支流漭河。《春秋》：襄公十六年（前558），公会晋侯等“于溴梁”。杜注：“溴水出河内轵县东南，至温入河。”《资治通鉴》：西晋永宁元年（301），司马颖帅诸军击孙会，“大战于溴水，会等大败，弃军南走。颖乘胜长驱济河”。《水经·济水注》：“溴水出原城西北原山勋掌谷，俗谓之为白涧水，南径原城西。溴水又东南径阳城东，与南源合。……又南注入河。”《清一统志·怀庆府一》：溴水“在济源县西南，东流经孟县北，又东南入河”。

溴梁 春秋时筑于溴水旁之大堤。在今河南济源市北。《尔雅·释地》：“梁莫大于溴梁。”郭璞注：“溴，水名；梁，堤也。”《春秋》：襄公十六年（前557），公会晋侯等“于溴梁”。

湿山 即茂湿山。在今四川茂县北十二里。《新唐书·韦皋传》：贞元十三年（797）攻吐蕃，“元膺出湿山、成溪”即此。

湿（濕）坂山 亦作湿坂、湿冻岭。在今四川汶川县南漩口镇东北。《元和志》卷32汶川县：湿坂“在县南一百三十七里。岭上树木森沈，常有水滴，未尝暂燥，故曰湿坂”。《水经·江水注》：江水“至汶山故郡，乃广二百余步，又西南百八十里至湿坂，江稍大矣”。

湿（溼）沃县 亦作漯沃县。西汉置，属千乘郡。治所在今山东滨州市西北滨城西。东汉省。三国魏复置，属乐陵国。北魏属乐陵郡。北齐省。

湿城县 北魏永安中侨置，属五城侨郡。寄治汲郡陈城（今河南卫辉市）。北齐废。

温 夏、周国名。在今河南温县西南三十里。《国语·郑语》：“己姓昆吾、苏、顾、温、董……则夏灭之矣。”《左传》：成公十一年（前580），“苏忿生以温为司寇”。按苏忿生为武王时司寇，可见武王时苏子已居温。后亦称苏，为狄所灭。《春秋》：僖公十年（前650），“狄灭温，温子奔卫”。后属晋。战国属魏。《史记·魏世家》：昭王十年（前286），“齐灭宋，宋王死我温”。春秋晋曾置温县。

温山县 唐武德元年（618）置，属南潾州。治所在今重庆市长寿区东北。后属涪州。天宝初复属涪陵郡，乾元初属涪州。北宋熙宁三年（1070）废入涪陵县。

温山镇 北宋熙宁三年（1070）废温山县置，属涪陵县。在今重庆市长寿区东北。

温义河 在今河北安新县西南八里。《方舆纪要》卷12新安县：温义河“源有二：一出安肃县南三十里之曹河，一出安肃县西十里之徐河，俱东南流入县境，至县南，合流为温义河，又东南入于长流河”。

温水 ①又名温河。在今河北抚宁县东五十里。《水经·濡水注》：温水“出肥如城北，西流注于玄水”。《方舆纪要》卷17抚宁县：温河“源出口外孤石峪，旁有温泉堡，裂头诸山之水汇流于此，分为二支，西曰汤河，东曰张果老河，下流复合，而入于海”。

②即今四川西昌市北七十里热水河。《水经·若水注》：“又有温水，冬夏常热，其源可焊鸡豚，下汤沐洗，能治宿疾。昔李骧败李流于温水是也。”《元和志》卷32苏祁县：温水“出县东平地二十一里”。

③即今贵州绥阳县西洛安江。《水经·延江水注》：“（鄨）县有鄨水，出鄨邑西不狼山，东与温水合。温水一曰暖水，出犍为符县，而南入黚水。”《水经注疏》谓即今合湘江之洪江。

④即今云南东部及贵州、广西间之南盘江。汉至南朝称温水。《汉书·地理志》：迷水“东至谈稿入温”，桥水“东至毋单入温”。“温水东至广郁入郁，过郡二，行五百六十里”。

温水场 清置，属仁怀县。即今贵州习水县东北温水镇。有遵义府经历驻扎。1914年设温水分县。1915年于此设鳛水县。不久鳛水县徙治今赤水市东官渡镇。1932年于此设温水镇。

温水县 唐武德四年（621）置，属南宕州。治所在今广西陆川县。寻属禺州。大历八年（773）改属顺州。北宋开宝五年（972）废。

温水河 在今湖北老河口市北。《舆地纪胜》卷87光化军：温水河“在城南三里，西南流入汉水”。

温水郡 唐天宝元年（742）改禺州置，治所峨石县（今广西北流市东南一百里）。辖境相当今广西北流市东南部、陆川县北部地。乾元元年（758）复为禺州。

温水砦 一称温家寨。在今广西陆川市南五十里良田镇。明、清置巡司于此。

温水镇 金置，属文登县。即今山东威海市东南温泉镇。

温仁村 即今河北清苑县（南大冉）南温仁镇。明嘉靖《清苑县志》卷1有温仁村。

温巴什 在今新疆拜城县西南温巴什乡。维吾尔语，十曰温，头曰巴什，谓十人之长。

温邢堌 在今河南内黄县西南三十八里六村乡温邢堌。有清道光年间“温氏祠堂”一座。1928年初，共产党在祠内建立沙区农民协会，遭到反动民团的镇压。但为后来的沙区革命斗争奠定了基础。为沙区革命根据地之一。

温托珲站 又作温托欢。清康熙二十五年（1686）置，在今黑龙江省泰来县东北大兴镇境内；一说今杜尔伯特蒙古族自治县二站。《清一统志·黑龙江》：布克依站“在齐齐哈尔城内。又南五十里至特穆德赫站，又七十里至温托珲站”。

温州 ①西魏废帝二年（553）改新州置，治所在梁宁郡角陵县（今湖北京山县）。《元和志》卷21郢州：“后魏废帝二年改为温州，因温水为名也。”隋大业初废。唐武德四年（621）复置，贞观十七年（643）废。

②唐武德元年（618）置，治所在沙河县（今河北沙河市北沙河城镇）。辖境相当今河北沙河市地。四年（621）废。

③唐高宗上元二年（675）分括州置，治所在永嘉县（今浙江温州市）。《寰宇记》卷99温州：“以温峤岭为名。”辖境当今浙江温州市，永嘉、乐清二县，飞云江流域及其以南地区。天宝元年（742）更名永嘉郡，乾元元年（758）复为温州。南宋咸淳元年（1265）因度宗赵禥潜邸升为瑞安府。地当东南沿海，宋、元时尝置市舶司于此。

④五代南汉置，治所即今广西靖西县东南湖润镇。后废。

温州卫 明置，在今浙江温州市。《方舆纪要》卷94温州府：温州卫“在府治东。洪武元年建，领所三”。清废。

温州市 1949年5月当地解放后由永嘉县析置温州市（地级），治所即今浙江温州市。

温州岛 即灵昆山。今浙江温州市东瓯江口外之灵昆岛。

温州府 明洪武初改温州路置，属浙江布政使司。治所在永嘉县（今浙江温州市）。辖境当今浙江温州市，永嘉、乐清二县和飞云江流域及其以南地区。清属浙江省。光绪二年（1876）据《烟台条约》为英国开为商埠。1912年废。

温州湾 在今浙江温州市东瓯江口外。《清史稿·地理志》温州府永嘉县：“海口曰温州湾，灵昆岛扼之。”

温州路 元世祖至元十三年（1276）改瑞安府置，至元二十一年（1284）后属江浙行省。治所在永嘉县（今浙江温州市）。辖境当今浙江温州、瑞安二市及永嘉、乐清、平阳、泰顺、文成、苍南、玉环、洞头八县地。明洪武初改为温州府。元曾置市舶司于此。

温江 即今四川成都市温江区西杨柳河。《元和志》卷31温江县：“大江，俗谓之温江，南流经县一里。出麸金。”《清一统志·成都府 ·》：杨柳河“在温江县西南。……即《元和志》之温江也”。

温江县 西魏恭帝二年（555）置，属蜀郡。治所即今四川成都市温江区。明嘉靖《四川总志》卷3：温江县“以江水温润为名”。隋开皇三年（583）废入郫县。仁寿三年（603）改置万春县，大业初废。唐武德三年（620）复置，贞观元年（627）改为温江县，属益州，至德初属成都府。元属成都路。明属成都府。民国初属四川西川道。1928年直属四川省。2002年撤销温江县，改设成都市温江区。

温池县 唐神龙元年（705）置，属灵州。治所在今宁夏盐池县西南惠安堡镇附近。大中四年（850）属威州。西夏废。

温汤 ①在今河北蔚县北。《魏书·陆丽传》：和平时，为侍中司徒，“疗疾于代郡温泉”。《水经·㶟水注》：“㶟水又东北径桑乾县故城西，又屈径其城北。王莽更名安德也。《魏土地记》曰：代城北九十里有桑乾城，城西渡桑乾水，去城十里有温汤，疗疾有验。”《清一统志·宣化府》：温汤“在蔚州北”。

②在今山西大同市西南。《魏书·常爽传》：太延五年（439），“爽置馆温水之右，教授门徒七百余人，京师学业，翕然复兴”。《清一统志·大同府》：温汤“在大同县西南五里”。

③在今河南汝州市西。《资治通鉴》：南朝梁中大通五年（533），“魏主狩于嵩高，己巳，事温汤”。胡三省注：“历嵩高而南，唯汝州梁县温汤。”又仪凤元年（676）二月，“丁亥，上幸汝州之温汤”。胡三省注：“汝州梁县西南五十里有温汤，可以熟米。又有黄女汤。帝置温泉顿。”

④即今陕西西安市临潼区骊山北麓华清池。北周宇文护于此建皇堂石井，隋文帝又修屋宇，并植松柏千余株，形成著名风景名胜区。《资治通鉴》：南朝陈太建十一年（579），“周天元（宇文阐）如温汤”。胡三省注：“即骊山温汤，在骊山西北。”又隋开皇十五年(595)，“上幸温汤”。皆即此。唐贞观十八年（644）建温泉宫（又名汤泉宫）。

⑤在今陕西周至县境。《隋书·地理志》盩厔县：“有温汤。”北周温汤县以此名。

温汤井 亦名温井。在今重庆市开县东北温泉镇。

唐杜光庭《录异记》卷6："开州后倚盛山，东枕清江，泝江而北三十余里至温汤井。井水泉水，在北山上。麟德年因雷雨震霹，山脚摧裂，洞门自开。"清魏源《圣武记》卷9：清嘉庆二年（1797），白莲教义军"李全与王二贼合屯温汤井"。

温汤水 在今湖北京山县南。《元和志》卷21京山县：温汤水"在县南十五里。拥以溉田，其收数倍。流经其家，多凶"。西魏置温州以此名。

温汤市 在今河南汝州市西四十里。《金史·地理志》汝州梁县："正隆六年，敕环汝州百五十里州县商贾，赴温汤置市。"

温汤县 北周保定元年（561）分盩厔县置，属京兆尹。治所在今陕西周至县西南二十里暖泉村。大象二年（580）废。

温汤府 在今陕西蒲城县东南六十里。为唐折冲府。《方舆纪要》卷54蒲城县：温汤府"有温汤，源出沮水岸，西流二里，仍入于沮水"。

温汤泉 ①又名温泉。在今河南汝州市西四十里。《水经·汝水注》：广成泽水"自泽东南流，径温泉南。与温泉水合。……泉上，华宇连荫，茨甍交拒，方塘、石沼错落其间"。历代帝王尝游幸于此。《魏书·出帝平阳王纪》：永熙二年（533）十有二月，"车驾狩于嵩阳。己巳，遂幸温汤"。《旧唐书·太宗纪》：贞观十八年（644）正月，"幸温汤"。

②一名热水江。在今广西象州县东北热水村。《舆地纪胜》卷105象州：温汤泉"在阳寿县东二十里。洞出武单里，洞心石穴水常热，可以熟物"。《方舆纪要》卷109象州"七里江"条：温汤泉"在州东三十里。水流成河，灌田甚广。土人谓之热水江。其下流谓之第四涧，从牛角洲流入象江"。

温汤宫 又作汤泉宫。即今陕西西安市临潼区东南骊山北麓华清池。唐贞观十八年（644）于此建温汤宫。咸亨二年（671）改名汤泉宫。天宝六载（747）改为华清宫。

温汤盐井 在今重庆市开县东北温泉镇。《新唐书·地理志》：万岁县"有盐"指此。《方舆纪要》卷69开县："三潮溪在县东北五十里温汤井侧。《志》云：井有三水：曰杉木、曰柏木、曰龙马，皆开煎盐课。"

温汤镇 北宋置，属万岁县。即今重庆市开县东北五十里温泉镇。1912年改为温泉镇。

温阳关 在今湖南慈利县西。《方舆纪要》卷77慈利县：温阳关，"明洪武三年，蛮酋覃垕连构诸洞为乱，命周德兴讨之。至慈利，垕守险以拒。德兴出奇兵，破其数栅，直捣温阳关，拔之。贼遂溃。既而为伪夏所据。六年，命汤和等伐蜀，周德兴分兵取蜀之龙伏隘，进夺覃垕温阳关"。

温阳县 金明昌六年（1195）改怀柔县置，为顺州治。治所即今北京市顺义区。因在温榆水之北而得名。元废。

温弄州 五代十国改归顺羁縻州置，属邕州左江道。治所在今广西靖西县南十里旧州村。北宋熙宁六年（1073）改为归化州。

温县 春秋时晋置，治所在今河南温县西南三十里古温城（今上苑村北）。《左传》：昭公三年（前539），晋赵子文曰："温，吾县也"，即此。秦属河内郡。东魏改属武德郡，天平中徙治今温县北。北齐废。隋开皇十六年（596）复置，属怀州。大业初属河内郡，十三年（617）徙治李城（今温县）。唐属孟州，武德四年（621）改为李城县，同年复名温县。明属怀庆府。民国初属河南河北道。1930年直属河南省。

温秀县 唐武德元年（618）分礼泉县置，属雍州。治所即今陕西礼泉县北十五里古县村。贞观元年（627）废。

温秀岭 即温宿岭。今陕西礼泉县北五凤山。《隋书·地理志》：醴泉县有温秀岭。

温谷 在今河南卢氏县南。《资治通鉴》：南朝宋元嘉二十七年（450）北伐，雍州将"柳元景自百丈崖从诸军于卢氏"。胡三省注："百丈崖，在温谷南。"

温谷水 即今甘肃通渭县南牛谷河。《水经·渭水注》："温谷水导平襄县南山温溪，东北流径平襄县故城南，……其水东南流历三堆南，又东流南屈历黄槐川，梗津渠，冬则辍流，春夏水盛则通川注渭。"下游今名散洛河。

温闷峒 亦名温润峒。即今广西靖西县东南湖润镇。《宋史·蛮夷传》：嘉祐二年（1057），雷火洞主侬宗旦内属，"又补其子知温闷峒日新为三班奉职"。

温林关 即今江西铅山县东南温林关，与福建武夷山市接界。《方舆纪要》卷85广信府铅山县"分水关"条下：温林关"在县东南七十里。岩峦峻绝，亦崇安八关之一也"。

温明殿 西汉赵国宫城建筑之一。在今河北邯郸市西南八里赵王城。《后汉书·耿弇传》：汉末刘秀击败王郎占领邯郸后，"时光武居邯郸宫，昼卧温明殿"。李贤注："汉赵王如意之殿也，故基在今洺州邯郸县内。"

温岭 ①在今浙江温岭市西。《方舆胜览》卷9瑞安府：温岭"其地常燠少寒"。故名。温州、温岭县俱取名于此。

②在今福建武夷山市西。《明一统志》卷76建宁府：温岭"在崇安县治西，延亘数里，五代时立镇于此"。

温岭市 1994年撤销浙江省温岭县，改设温岭市，市人民政府驻太平镇。由台州市代管。

温岭江 在今浙江温岭市西南。清嘉庆《太平县志》卷1：温岭江"在温岭南，俗称江下，南出山门港、楚门港入海。凡海舰西去温州、乐清，北至台州、黄岩，率于此舣舟云"。

温岭县 1914年改太平县置，属浙江会稽道。治所即今浙江温岭市。以山得名。1927年直属浙江省。1994年改设温岭市。

温岭镇 即今浙江温岭市西十二里温峤镇。明置巡司于此，后废。清置温岭镇。

温和镇 即今黑龙江省嘉荫县西北乌云镇。民国《黑龙江志稿》卷2：乌云县“旧名温和镇”。1916年设乌云设治局于此。后改为乌云县。

温府州 即温肃州。唐置，治所在大石城（今新疆乌什县）。

温河 古玄水支流。在今河北迁安市东北。《水经·濡水注》：温水“出肥如城北，西流注于玄水”。即此。古今水系变迁多异，今已无法实指。

温河卡伦 清光绪十年（1884）设，在今内蒙古额尔古纳市东北额尔古纳河东岸温河村。

温宗 又作温谿、温扎喀宗。清乾隆间西藏地方政府置，治所即今西藏乃东县东北温村。“温”，藏语意为耳聋。

温肃州 唐贞观中置，属安西都护府。治所在大石城（今新疆乌什县）。贞元三年（787）废。

温城 在今安徽宣城市东南三十里孙家埠附近。《舆地纪胜》卷19宁国府：温城“在宣城县东二十余里。唐刺史温璋所筑。大中十二年置营于此”。

温泉 ①在今河北灵寿县东北。《方舆纪要》卷14灵寿县：温泉“在县治东北二里，俗呼泥河水，隆冬不冻，下流入松阳河。泉旁多稻田，俱赖灌溉”。

②在今山西静乐县东。《方舆纪要》卷40静乐县：温泉“在县东十五里北山下，出石罅中，流分数派，注于碾河”。

③在今湖南安化县东南。《方舆纪要》卷80安化县：“温泉在县（治今梅城镇）东南四十里。有二温窟出水，一清一浊，俗名为东温、西温，流合为一，东南入湘乡县，合于涓水。”

④在今云南安宁市西北十二里。《元混一方舆胜览》：温泉“云南诸郡汤池一十七所，惟安宁州者为最，石色如碧玉，水清可鉴毛发，虽骊山玉莲池远不及”。

⑤在今云南腾冲县境。《明一统志》卷87腾冲军民指挥使司：温泉“有四：一在城北马邑村，一在城东南大洞村，一在城南罗左冲村，一在城西缅箐村。水沸如汤，人多浴之”。

温泉山 在今云南梁河县东二十五里。《明一统志》卷87南甸宣抚司：温泉山“层峰叠嶂，连亘二十余里。林木阴森，下有温泉”。

温泉水 ①九澧之一。在今湖南慈利县西。《水经·澧水注》：温泉水“发北山石穴中，长三十丈，冬夏沸涌常若汤焉。温水南流注于澧水”。

②在今湖南郴州市北二十里。《水经·耒水注》：“（便）县界有温泉水，在郴县之西北，左右有田数十亩，资之以溉，常以十二月下种，明年三月谷熟，度此水冷，不能生苗。温水所溉，年可三登。其余波散流入于耒水也。”《舆地纪胜》卷57郴州：温泉“平地涌出如汤，不可插手。沐浴可以已疡”。

温泉寺 在今重庆市西北北碚镇温泉公园内。《舆地纪胜》卷175重庆府：温泉寺“在府北百余里，下临嘉陵江。有温泉出于岩石间。寺有池，蓄鱼甚富”。今天王殿、大佛殿、观音殿为明、清时建。

温泉州 唐置，为羁縻州，属桂州都督府。治所在温泉县（今广西宜州市东南六十里清潭村）。天宝元年（742）改为温泉郡，乾元元年（758）复为温泉州。北宋属宜州，南宋属庆远府。元废。

温泉设治局 1938年由绥定县属察哈尔营改置，驻温泉城（今新疆温泉县）。因境内多天然温泉而得名。1941年升为温泉县。

温泉县 ①北魏改昌松县置，为昌松郡治。治所在今甘肃武威市东南。北周复为昌松县。

②唐武德三年（620）置，属蒲州。治所在今山西临猗县境。九年（626）废。

③唐武德三年（620）置，属北温州。治所即今山西交口县东北四十五里温泉乡。《元和志》卷12温泉县：“因县南温泉为名。”贞观元年（627）属隰州。金初属石州，贞祐四年（1216）改属汾州。元世祖至元三年（1266）废。

④唐置，为羁縻温泉州治。治所在今广西宜州市东南清潭村。北宋废。

⑤唐置，为都金羁縻州治。治所在今越南宣光省咸安。后废。

⑥1941年升温泉设治局置，属新疆省。治所在温泉城（今新疆温泉县）。

温泉河 在今海南省琼海市南。《方舆纪要》卷105琼州府乐会县：温泉河在“县南十里。《志》云，河自西黎山纵横峒发源，流经县西界，达县西南温汤铺，转流至东北转敖港入海”。

温泉栅 在今河北滦县西北榛子镇东北。为戍守要地。《旧唐书·仆固怀恩传》：唐广德二年（764），“（史）朝义至平州石城县温泉栅，穷蹙，走入长林自缢”。即此。

温泉峡 亦名温汤峡、温塘峡、东阳峡。在今重庆市西北北碚区西北。《舆地纪胜》卷175重庆府：温汤峡“在巴县西南（北）一百六十里。上有温泉，自悬崖下涌出，四时腾沸如汤。唐乾符中置温汤寺”。此系缙云山与禅崖寺山间形成的峡谷，嘉陵江水中穿，形成以北温泉为中心的奇异风光。

温泉宫 ①北魏行宫。有二：(1)在今河北涿鹿县南桥山下。《魏书·世祖纪》：神䴥元年（428），“八月，东幸广宁，临观温泉”。神䴥三年（430）春正月，“癸卯，行幸广宁，临温泉，作《温泉之歌》”。《水经·㶟水注》：“（桥）山下有温泉，泉上有祭堂。雕簷华宇，被于浦上，石池吐泉，汤汤其下，炎凉代序，是水灼焉无改，能治百疾，是使赴者若流。池水北流入于㶟水。”(2)在今山西浑源县东南王庄堡镇汤头。《魏书·高宗纪》：兴光元年

(454)，“十有二月丙子，还幸灵丘，至温泉宫”。即此。

②唐咸亨二年（671）以汤泉宫改名。在今陕西西安市临潼区东南骊山北麓华清池。天宝六年（747）改名华清宫。

温泉郡　唐天宝元年（742）改温泉州置，治所在温泉县（今广西宜州市东南清潭村）。乾元元年(758）复改为温泉州。

温泉盐池　即今宁夏盐池县西南惠堡盐池。《元和志》卷4灵州回乐县：“温泉盐池，县南一百八十三里。周回三十一里。”

温泉镇　①元世祖至元三年（1266）改温泉县置，属孝义县。即今山西交口县东北四十六里温泉乡。元、明、清均有巡司戍守。

②即今山东威海市东南温泉镇。明属文登县，置巡司于此。清雍正十三年（1735）移巡司于威海（今威海市）。

温都尔王府　清建，即今内蒙古科尔沁左翼中旗南巴彦塔拉镇。1932年改名巴彦塔拉（蒙古语意为富饶的甸子）。

温都尔庙　即今内蒙古苏尼特右旗东南朱日和镇。1947—1958年苏尼特右旗迁驻于此。

温润渠　在今河南温县东。《隋书·卢贲传》：开皇中迁怀州刺史，“决沁水东注，名曰利民渠，又派入温县，名曰温润渠，以溉舄卤，民赖其利”。

温润寨　即温闷峒。北宋置，即今广西靖西县东南湖润镇。元废。

温家川　在今陕西神木县东南贺家川镇境内。1944年陕甘宁革命根据地神府县迁治于此。

温家圳　即今江西进贤县西南温圳镇。清置巡司于此。

温陵　福建泉州的别称。《舆地纪胜》卷130泉州《景物上》：“《清源集》云，旧图经谓其地少寒，故云。”宋刘克庄《后村大全集》：“温陵为闽巨屏。”明丁自申《三陵集》称金陵、嘉陵和温陵为三陵。

温囿　战国魏地。在今河南温县西南。《战国策·西周策》：“綦母恢谓周君曰：‘温囿不下此，而又近。臣能为君取之。’”即此。

温围水　又作媪围水。即今甘肃景泰县大沙河。《资治通鉴》：南朝宋元嘉十六年（439），魏议征凉州，李顺称，“自温围水以西至姑臧，地皆枯石，绝无水草”。即此。

温麻县　西晋太康四年（283）以温麻船屯置，属晋安郡。治所即今福建霞浦县南古县。隋开皇九年（589）废。唐武德六年（623）复置，移治连江北，即今福建连江县治。属泉州。同年改名连江县。

温麻驿　在今福建霞浦县西五里。《方舆纪要》卷96福宁州：温麻驿“宋乾德初置。元废”。

温麻船屯　三国吴立，即今福建霞浦县南古县。西晋太康四年（283）升为温麻县。

温情　即今四川石渠县东南温波乡。民国《邓柯县图志》寺院：温情寺，黄教。地址在温波。

温宿州　清光绪八年（1882）置，属甘肃省。治所在今新疆阿克苏市。十年（1884）属新疆省。二十八年（1902）改为温宿府。

温宿县　清光绪二十八年（1902）置，属温宿府。治所即今新疆温宿县。以古温宿国为名。民国初属新疆阿克苏道。1930年属阿克苏行政区。后直属新疆省。

温宿国　汉西域三十六国之一，属西域都护府。都城在温宿城（今新疆乌什县）。东汉延光三年（124）属西域长史。

温宿岭　亦名温秀岭。即今陕西礼泉县北五凤山，为礼泉、乾县和永寿三县界山。宋敏求《长安志》卷16：温宿岭“汉时温宿国人令居此地田牧，因以为名”。

温宿府　清光绪二十八年（1902）改温宿州置，属新疆省。治所即今新疆阿克苏市。辖境相当今新疆阿克苏、温宿、拜城等市县及阿瓦提县部分地。1913年废。

温宿城　①即今新疆乌什县。汉、晋为温宿国都城。

②即今新疆温宿县。清末置温宿县于此。

温富州　唐南诏置，属拓东节度。治所即今云南玉溪市。宋大理属善阐府。元改新兴州。

温登河　亦名乌吞河。即今黑龙江省鹤岗市与萝北县交界处之梧桐河。《清一统志·吉林一》“屯河”条下：温登河“在（宁古塔）城东北九百余里。源出温登窝集，……南流入混同江”。

温登窝集　在今黑龙江省鹤岗市北。《清一统志·吉林一》“巴兰窝集”条下：“温登窝集在（宁古塔）城东北一千一百里，俱在混同江之北。”温登河源于此。

温塘峡　在今重庆市渝北区东北五十四里统景镇南。清道光《江北厅志》卷1：温塘峡“厅东北一百四十里。两岸悬崖陡壁，高峻凌云。上游小溪有虎跳溪、飞龙滩、象鼻咀、立马石、夵口石、倒石溪等溪水俱合于两岔河至温塘峡入大洪江。峡口有温泉三：一在溪岸，二在碛中。两岸多石洞，遇有寇警，俱可避兵。其最大者如棕竹硐，朝阳硐、大柱硐、田家硐、杨家硐、灯笼硐、火龙硐、吊洞子，俱可容千余人，是皆天地生成，可为一方之保障者。近峡两岸。茂林密箐，处处猿啼，风景绝佳”。温泉、溶洞多处。今为重庆市自然风景保护区。

温榆河　即古㶟余水。亦名榆河。即今北京市东北温榆河。源自居庸关，南流经北京市昌平区西至沙河镇为其上游北沙河，东南经顺义区至通州区北入北运河。《汉书·地理志》上谷郡军都县：“温余水东至路，南入沽。”顾炎武《昌平山水记》：“温榆河即昌平之榆河，本《水经》之㶟余河，以字形相似而讹也。”

温德亨山 亦名望祭山。在今吉林省吉林市西南。《清一统志·吉林一》：望祭山“在（吉林）城西南九里。即温德亨山。高一百五十步，周五里。每岁春秋于此望祭长白山之神。雍正十一年建望祭殿”。《清史稿·地理志》吉林府：“西南温德亨，亦望祭山，有殿祀长白，雍正十一年建。”乾隆巡幸吉林，在此祭祀长白山之神。

温德赫恩山 在今吉林省吉林市西南。清光绪《吉林通志》卷18：温德赫恩“祭祀祝板也。一曰温德亨山，又名望祭山。（吉林）城西南九里。高一百五十步，周五里。每岁春秋于山上，望祭长白山之神。雍正十一年，建望祭殿于此”。

渴石 一名碣石。在今乌兹别克斯坦卡什卡达里亚东北萨赫里萨布兹。《明史·西域传》：渴石“在撒马儿罕西南三百六十里。城居大村，周十余里”。

渴驴岭 在今青海乐都县西湟水之北。《宋史·地理志》乐州德固砦：“南至渴驴岭一十里。”

渴罗陀国 即喝盘陀国。在今新疆塔什库尔干塔吉克自治县城东北。《新唐书·西域传》：“喝盘陀，或曰汉陀，曰渴馆檀，亦谓渴罗陀，由疏勒西南入剑末谷、不忍领六百里，其国也。”唐置葱岭守捉于此。

渴波谷 在今青海共和县西北。《旧唐书·萧嵩传》：开元十六年（728），“陇右节度使、鄯州都督张志亮引兵至青海西南渴波谷，与吐蕃接战，大破之”。即此。

渴盘陀 即渴槃陁。南北朝时西域国之一。国都在今新疆塔什库尔干塔吉克自治县城东北。

渴密里 亦作合迷里、哈梅里、哈密力。即今新疆哈密市。《元史·脱力世官传》：“脱力世官，畏吾人也。……父帖哥术探花爱忽赤，宪宗命长渴密里及曲先诸宗藩之地。”明永乐四年（1406）置哈密卫于此。

渴塞城 在今乌兹别克斯坦纳曼干北卡桑赛，为拔汗那国都城。唐显庆三年（658）为休循州都督府治所。

渴槃陁 亦作渴盘陀、渴槃陀、汉盘陀、诃盘陁、喝盘陀、渴罗陀。南北朝时西域国名。都城在今新疆塔什库尔干塔克吉自治县城东北石头城遗址。《魏书·高宗纪》：兴安二年（453），“渴槃陁国遣使朝贡”。

渭干河 据《新疆图志》卷70：渭干河有二源：西源木扎拉提河自新疆温宿县东北，东南流至拜城县东南与东源克孜勒河会，称渭干河；东流经库车、沙雅，入轮台县境分为渭干北河、渭干南河。南河东南流至尉犁县南入塔里木河，北河东流合孔雀河，折东南亦入塔里木河。今渭干河自库车县西南经沙雅县，至库车县东南而止。轮台县境已无南北二渭干河。

渭川道 1913年由陇南道改置，属甘肃省。治天水县（今甘肃天水市）。辖境约当今甘肃武山、礼县、宕昌、舟曲、文县以东，通渭、秦安、清水以南地区。1927年废。

渭门砦 宋置，在今陕西洋县东一百二十里。清于此置渭门镇。

渭子溪镇 即今重庆市合川区东北渭溪镇。清光绪《合州志》卷4：渭子溪“距城一百里”。

渭龙县 唐武德四年（621）析普宁县置，属铜州。治所在今广西容县西南十六里大位坡。贞观八年（634）属容州。北宋开宝五年（972）废入普宁县。

渭北鄜坊 唐、五代方镇名。唐上元元年（760）置渭北鄜坊节度使，简称渭北或鄜坊节度使。治所在坊州（今陕西黄陵县东南）。领鄜、坊、丹、延四州。建中四年（783）徙治鄜州（今陕西富县）。辖有今陕西宜川、宜君以北，黄陵、志丹以东地区。中和二年（882）号保大军，辖境缩小。北宋初废。

渭田市 即今福建松溪县东北渭田镇。清时有巡检驻此。

渭曲 在今陕西大荔县东南。《周书·文帝纪》：西魏大统三年（537），宇文泰至沙苑，齐高欢引兵来会，“李弼曰：‘彼众我寡，不可平地置阵。此东十里有渭曲，可先据以待之。’遂进军至渭曲，背水东西为阵”。即此。

渭华起义旧址 在今陕西华县西南高塘镇高塘中学西侧。清代为玄君庙，后为高塘书院，光绪二十九年（1903）改为学堂，宣统元年（1909）改为高塘小学。1927年中共华县县委在此成立。1928年5—6月，中共陕西省委在渭南和华县高塘镇一带发动农民，组织了渭华起义，宣布成立西北工农革命军，唐澍任司令，刘志丹任军委会主席，卢少亭任政治部主任，王泰吉任参谋长。工农革命军事委员会、司令部就设在高塘小学内。1988年建成渭华起义纪念馆。

渭州 ①北魏永安三年（530）置，治所在陇西郡襄武县（今甘肃陇西县东南五里）。因渭水得名。辖境相当今甘肃陇西、渭源、漳县、定西、武山等县地。隋大业初废。唐武德初复置，天宝初改为陇西郡，乾元初复名渭州。宝应后陷于吐蕃。元和四年（809）在原州平凉县（今平凉市）别置渭州，广明元年（880）又为吐蕃攻破。大中五年（851）收复。中和四年（884）在平凉县复置。北宋时辖境相当今甘肃平凉、华亭、崇信及宁夏泾源等市县地。金改为平凉府。

②北宋置，为羁縻州。治所在今湖南永顺县西南。南宋改为南渭州。

③辽置，为头下军州。治所在今辽宁彰武县东北太平庄。金废。

渭阳县 唐垂拱三年（687）置，属锦州。治所在今湖南凤凰县西南黄丝桥。五代后废。

渭阳驿 唐宝历二年（826）置，在今陕西岐山县南。

渭汭　①渭水入黄河处。在今陕西潼关县东北。《左传》：闵公二年（前660），“虢公败犬戎于渭汭”。

②即泾水入渭之口。在今陕西高陵县南。《尚书·禹贡》：“浮于积石，至于龙门西河，会于渭汭。”孔安国传：“水北曰汭。”

渭齿化溪　又作喟齿化溪。在今云南会泽县西南。《清一统志·东川府》：渭齿化溪“在（会泽）县西南一百里。经绛云露山下必枯热甸北，流入金沙江”。

渭河　黄河最大支流。在今陕西中部。源出甘肃渭源县西南鸟鼠山，东流经陇西、武山、甘谷、天水诸县市，横贯陕西渭河北原，南纳斜、涝、丰、浐、灞诸水，北会泾水、洛水，在潼关县入黄河。长787公里。《尚书·禹贡》：“导渭自鸟鼠同穴。东会于沣，又东会于泾。又东过漆、沮，入于河。”西汉以后，兴修关中水利，开漕凿渠，水系变迁很大。清胡渭《禹贡锥指》卷17：“自长安以东，古渭水之经流当行于今渭水之北，不知何代渐湮，遂以漕渠为经流。”

渭沱镇　即今重庆市合川区西北渭沱镇。清光绪《合州志》卷4：渭沱“距城三十里”。

渭城县　西汉元鼎三年（前114）改新城县置，属右扶风。治所在今陕西咸阳市东北窑店镇一带。东汉省入长安县。唐王维《渭城曲》：“渭城朝雨浥轻尘，客舍青青柳色新。”

渭南市　1983年撤销陕西省渭南县，改设渭南市，属渭南地区，为地区行署驻地。1994年撤销渭南地区和县级渭南市，设立地级渭南市；原县级渭南市改置临渭区。市人民政府驻临渭区。

渭南县　十六国前秦苻坚甘露二年（360）置，属京兆郡。治所在今陕西渭南市北侧。后废。西魏废帝三年（554）改南新丰县复置渭南县，属渭南郡。治所在今渭南市东南四里。北周属京兆府。隋开皇十四年（594）移治今渭南市，属雍州。大业初属京兆郡。唐属京兆府。五代周显德三年（956）改属华州。北宋熙宁六年（1073）省入郑县。元丰元年（1078）复置，仍属华州。明万历中改属西安府。民国初属陕西关中道。1928年直属陕西省。1983年改设渭南市。

渭南郡　北魏孝昌三年（527）置，治所在南新丰县（今陕西渭南市东南四里）。北周建德二年（573）废。

渭桥　汉、唐时长安渭水上建桥梁，有三：(1)中渭桥。本秦所造横桥，为通渭水南北离宫而造。西汉初称渭桥或石柱桥，又名横门桥。武帝后增建东、西二桥，始有中渭桥之称。《三辅黄图》卷6：“渭桥，秦始皇造。渭桥重不能胜，乃刻石作力士孟贲等像祭之，乃可动，今石人在。”即此。原址在秦咸阳城南，汉长安城北稍西，约在今陕西咸阳市东北二十里。东汉末毁于董卓之乱。魏文帝时重建。刘裕北伐入关中又毁。北魏重建。唐贞观十年（636）东移约十里，在今陕西西安市正北。唐末废。(2)东渭桥。在今陕西西安市东北古霸水入渭处。西汉景帝五年（前152）建。北通阳陵路。唐咸亨三年（672）于此置渭桥仓。关东漕粮先聚于此，然后转运长安。唐后废。(3)西渭桥。在今陕西咸阳市南。西汉武帝建元三年（前138）建。以东南与汉长安城西便门相对，故名便桥、便门桥。唐亦名咸阳桥。《资治通鉴》：唐至德二载（757），郭子仪收复西京，“与王思礼军合于西渭桥”，即此。唐末废。北宋乾德四年（966）重修，后又毁。淳化三年（992）徙置孙家滩。景德二年（1005）复徙回旧址。时为涨水所坏。明嘉靖中改为浮桥。

渭桥仓　又名东渭桥仓。唐咸亨三年（672）建。在今陕西西安市东北古霸水入渭处。关东漕粮先聚于此，然后转运长安。《资治通鉴》：唐贞元八年（792），陆贽上言，“令糴米以补渭桥仓之缺数”。即此。

渭桥市　即今安徽休宁县西南渭桥乡。清道光《休宁县志》乡村图：城西有渭桥。

渭桥镇　在今陕西高陵县南泾河、灞河入渭处。宋敏求《长安志》卷11万年县：渭桥镇“在县东四十里”。

渭陵　西汉元帝刘奭的陵墓。在今陕西咸阳市北司魏村北。《汉书·元帝纪》：竟宁元年（前33），“葬渭陵”。臣瓒曰：“渭陵在长安北五十六里。”

渭源县　西魏大统十七年（551）改首阳县置，为渭源郡治。治所在今甘肃渭源县东北渭河北岸。《元和志》卷39渭州渭源县：“因渭水为名。”明郭子章《郡县释名》陕西下：“渭源，以渭河源于此名也。”隋属陇西郡。唐属渭州，广德中入吐蕃，废。北宋熙宁五年（1072）于今渭源县治置渭源堡。元世祖至元十三年（1276）升为渭源县，属临洮府。清属兰州府。民国初属甘肃兰山道。1927年直属甘肃省。

渭源郡　西魏大统十七年（551）分陇西郡置，属渭州。治所在渭源县（今甘肃渭源县东北渭河北岸）。《元和志》卷39：“因渭水为名。”辖境相当今甘肃渭源县地。隋开皇三年（583）废。

渭源堡　北宋熙宁五年（1072）置，属熙州。即今甘肃渭源县。《宋史·王韶传》：熙宁间，韶“引兵城渭源堡及乞神平，破蒙罗角、抹耳水巴等族”。金属康乐县。元世祖至元十三年（1276）升为渭源县。

渭溪　在今湖南芷江侗族自治县西南。《方舆纪要》卷81沅州：渭溪在“州西南五十里。出双髻山下，东北流，至州东南二里入沅水”。

渭溪县　唐天授二年（691）析夜郎县置，属沅州（后改业州，又改奨州）。治所在今湖南新晃侗族自治县东南老晃城。五代时废。

渭滨县　隋开皇十八年（598）改周城县置，属岐州。治所在今陕西眉县东渭河北岸。大业二年（606）改为郿县。

湍水 即今河南南阳盆地湍河。源出今河南内乡县北界与嵩县及西峡县交界处，南流经内乡县东、邓州市北，至新野县北汇入白河。《水经·湍水注》："湍水出弘农界翼望山，水甚清澈。"东南流至新野县入于淯。又《续资治通鉴》：元顺帝至元二年(1336)五月乙卯至六月甲申，"湍河、白河大溢，水为灾"。

湍阳县 唐武德四年（621）置，属汝州。治所即今河南宝丰县。贞观元年（627）废。

湍县 南朝陈置，属汉阳郡。治所在今湖北武汉市黄陂区西南。隋废。

湍滩 在今湖北宜城市东南。《元史·阿术传》：世祖至元六年（1269），阿术率诸将围襄阳，"（范）文虎复率舟师来救，来兴国又以兵百艘侵百丈山，前后邀击于湍滩，俱败走之"。

滑 一名费滑。周封国。姬姓。原都于今河南睢县西北。后徙都于费（今河南偃师市东南府店镇北二里）。《春秋》庄公十六年（前678）十二月，"会齐侯、宋公、陈侯、卫侯、郑伯、许男、滑伯、滕子同盟于幽"。杜注："滑国都费，河南缑氏县。"后为秦所灭。僖公三十三年（前627），秦师袭郑"及滑。……灭滑而还"。不久为晋邑。成公十七年（前574）一月，"郑子驷侵晋虚、滑"。后又为周邑。昭公二十六年（前516）七月，"王次于滑"。十月，"王起师于滑"。定公六年（前504），"郑于是乎伐冯、滑"。即此。

滑口镇 金改滑家口镇为滑口镇，属平阴县。在今山东东阿县东南。明、清置巡司于此。

滑川州 唐开元十七年（729）置羁縻州，属黎州都督府。治所在今四川马边、峨边或美姑县境。北宋以后废。

滑卫 唐方镇名。上元二年（761）置，治所在滑州（今河南滑县东南八里城关镇）。领滑、卫（今河南卫辉市）、相（今河南安阳市）、魏（今河北大名县东北）、贝（今河北清河县西北）、博（今山东聊城市东北）等六州。广德元年（763）改为滑亳节度使。

滑石江 古地名。即今贵州铜仁市东北滑石侗族苗族土家族乡。明郭子章《黔记》卷5：由北门"山后小路，自教场五里至石子营，二十里至马公坪，十五里至滑石江"。

滑台（臺）城 在今河南滑县东南八里城关镇。《水经·河水注》："河水又东，右径滑台城北。城有三重，中小城谓之滑台城。旧传滑台人自修筑此城，因以名焉。"其地控制河津，险固可恃，东晋南北朝时为军事要地。公元398年南燕慕容德都此。后北魏置兖州于此，为河南四镇之一。南朝宋为东郡治。隋、唐置滑州，遂称滑州城。

滑州 隋开皇十六年（596）改杞州置，治所在白马县（今河南滑县东南城关镇）。《寰宇记》卷9："取滑台为名。"大业二年（606）改为兖州。三年改东郡。唐武德元年（618）复置滑州。天宝元年（742）改为灵昌郡，乾元元年（758）复为滑州。辖境相当今河南滑县、长垣、延津等县地。北宋熙宁五年（1072）废。元丰四年（1081）复置。明洪武二年（1369）省州治白马县入州。七年（1374）降为滑县。

滑县 明洪武七年（1374）改滑州置，属大名府。治所在今河南滑县东南八里城关镇。清属卫辉府。民国初属河南河北道。1927年直属河南省。1949年徙治道口镇（今滑县）。属平原省。1952年还属河南省。

滑国 在今新疆吉木萨尔县境。《梁书·诸夷传》："滑国者，车师之别种也。汉永建元年，八滑从班勇击北虏有功，勇上八滑为后部亲汉侯。……天监十五年，其王厌带夷栗陁始遣使贡献方物。"《方舆纪要》卷65：滑国"在庭州西北。本车师别种"。

滑国故城 在今河南偃师市东南府店镇北。为春秋时期滑国故城。城垣呈弧形靴状，南北长2000米，东西宽500—1000米不等。城垣临台地边缘，保存不多。故城占地约1.4平方公里。城址附近文化遗存丰富，汉代遗物分布最普遍，堆积也最厚。其次是东周遗物，仰韶、龙山文化和商代遗物最少。东周、西汉遗物城南发现较多，东汉遗物以城北最丰富。2006年定为全国重点文物保护单位。

滑河 即今内蒙古阿鲁科尔沁旗东北之海哈尔河、呼虎尔河。《金史·地理志》：临潢府宁塞县"有滑河"。

滑河故渎 在今河南滑县北。《方舆纪要》卷16滑县："乾宁二年，河涨，将毁州城，朱全忠命决为二河，夹州城而东，为害滋甚。后唐同光初，梁以唐兵渐逼，命段凝于滑州决河，东注曹、濮及郓，以限唐兵，谓之护驾河。自是屡费修塞。宋淳化四年，梁睿言：滑州每岁河决南岸，请于迎阳村凿渠引水，凡四十里至黎阳合大河，乃命兴役。五年新渠成。又命杜彦钧凿河开渠，自韩村埽至州西，凡五十余里合于河，以分水势。宋南渡以后，故渎渐为平陆矣。"

滑盐县 西汉置，属渔阳郡。治所在今河北滦平县南。东汉废。

滑亳 唐方镇名。广德元年（763）改滑卫节度使置，治所在滑州（今河南滑县东南八里城关）。领滑、亳（今安徽亳州市）二州。大历七年（772）改为永平军节度。

滑家口镇 北宋置，属平阴县。在今山东东阿县东南。金为滑口镇。

滑溪 在今广东英德市西。《方舆纪要》卷102英德县：滑溪"在县西一里。源出县西旗山，南流合浈水"。

湫 春秋楚地。在今湖北钟祥市北。《左传》：庄公十九年（前675），楚文王伐黄，"还，及湫，有疾"。《水经·沔水注》：枝水"西南径湫城东南"。

湫山 在今浙江建德市东北。《方舆纪要》卷90严州府建德县：湫山在"府（治今梅城镇）东北四十里，与乌龙山及桐庐县之清凉山相峙，高六百丈，周百里，上有石湫，岁旱不涸，因名”。

湫水 古名陵水。即今山西临县东湫水河。《寰宇记》卷42石州定胡县引《冀州图经》云：“湫水河北从楼烦郡，南入龙泉郡，经吕梁。”《清一统志·汾州府》引《临县志》：“湫河发源兴县湫水寺，南行八十里，经县城东南，受榆林、甘泉诸水。又南五十里至三交镇，受钟底水。又西行五十里，由大同碛口入河。”

湫头山 在今甘肃华亭县西北四十里。汭水北源出此。《清一统志·平凉府一》：湫头山“即朝那山。有朝那湫，潆洄五里”。

湫头镇 即显圣镇。今甘肃正宁县东南四十里湫头乡。《清一统志·庆阳府二》：湫头镇“在县东四十里。即显圣镇也”。

湫池 在今甘肃积石山保安族东乡族撒拉族自治县西北大河家镇境。《方舆纪要》卷60河州：湫池“在州西北积石关西。周回三十里，池岸万木森然，雅著灵异。土人号为显神池”。《清一统志·兰州府一》：湫池“在河州西北二百里积石关西”。

湫谷县 隋大业元年（605）置，属泾州。治所即今甘肃镇原县。《元和志》卷3临泾县：“取县内湫谷为名。”三年（607）属安定郡。十二年（616）改名临泾县。

湫峪 在今甘肃崇信县西北。《方舆纪要》卷58泾州崇信县：湫峪“在县西北二里，湫峪水发源于此，北流入平凉县境，注于泾水”。

湫渊 一作朝那湫。在今宁夏固原市西南。《史记·封禅书》：“湫渊祠朝那。”《汉书·地理志》：朝那县有湫渊祠。《水经·河水注》：“东水发源（高平）县西南二十六里秋渊，渊在四山中。湫水北流，西北出长城北。”《元和志》卷3原州平高县：朝那湫，“苏林云，在安定朝那县。方四十里，冬夏不增减，不生草木，旱时即祠之，以壶浥水，置之于所在则雨；雨不止，反水于泉，俗以为恒。今周回七里，盖近代减耗”。《明一统志》卷35平凉府：朝那湫“在开成县。湫有二，俱出山间，一在县东十五里，一在县西北三十里，土人谓之东海、西海。方四十里，水停不流，冬夏不增减，不生草木”。

湟川 即今青海西宁市及乐都县附近的湟水平原。《新唐书·高宗纪》：永隆元年（680）七月，“李敬玄及吐蕃战于湟川，败绩”。即此。

湟中 指今青海湟水两岸之地。汉时为羌、汉、月氏胡等族杂居处。《汉书·赵充国传》：充国将四万骑屯缘边九郡。时羌降者万余人，充国上书武帝，“金城、湟中谷斛八钱，吾谓耿（司农）中丞，籴二百万斛谷，羌人不敢动矣”。又奏曰：“湟中亦未可空。”皆此。东汉中平元年（184），湟中各族人民共立义从胡北宫伯玉为将军，举兵起义。《资治通鉴》东汉建安十九年（214），胡三省注：“湟水源出西海盐池之西北，东至金城允吾县入河。夹湟两岸之地，通谓之湟中。又有湟中城，在西平、张掖之间，小月氏之地也。故谓之小湟中。”

湟中县 1946年改西宁县置，属青海省。治所在鲁沙尔镇（今青海湟中县）。县处湟水流域，古为湟中地，故名。

湟中城 在今青海湟源县西北。滨临湟水。《水经·河水注》：“湟水东流径湟中城北，故小月氏之地也。”《资治通鉴》卷67胡注：“湟水源出西海盐池之西北，东至金城允吾县入河。夹湟两岸之地，通谓之湟中。又有湟中城，在西平、张掖之间，小月氏之地也，故谓之小湟中。”

湟水 ①在今河南巩义市西。《续汉书·郡国志》：河南尹巩县“有湟水”。《水经·洛水注》：“洛水又东，浊水注之。即古湟水也。”

②即洭水。今广东连州市东南连江。《汉书·西南夷传》：元鼎五年（前112）秋，“卫尉路博德为伏波将军，出桂林，下湟水”。即此。

③又名洛都水、乐都水、西宁河。在今青海省东部，为黄河上游支流。源出今海晏县西北包呼图山，东南流经西宁市，至甘肃兰州市西达家川入黄河。长349公里。《汉书·地理志》金城郡临羌：“北则湟水所出，东至允吾入河。”《清一统志·青海厄鲁特》引《册说》曰：“西川河源出西塞外海夷部落，东流由石峡入境，至卫西北，受北川水。又东合南川河而经城北，名西宁河。又至卫东北受沙塘川水，又东南径碾伯堡名湟河，又东南接庄浪所界，合西大通河，又东合庄浪河，又东南至兰州西南入黄河。”

湟水县 隋开皇十八年（598）改西都县置，为鄯州治。治所在今青海乐都县。取湟水为名。大业初为西平郡治。唐初复为鄯州治。安史乱后，陷于吐蕃，废。

湟州 北宋元符二年（1099）置，治所在邈川城（今青海乐都县南湟水南岸）。辖境相当今青海平安、化隆回族自治县以东，循化撒拉族自治县以北及甘肃永靖县黄河以东地。宣和元年（1119）改为乐州。

湟里镇 又名埠头镇、杨柳镇。即今江苏常州市武进区西南南七十里湟里镇。清光绪《常州府志》卷5武进县：西南旌孝乡第三十六都图有湟里。民国《江苏六十一县志》：武进县西南有“湟里镇”，并记：“湟里距治七十里，亦名埠头，又名杨柳埠，接金坛、宜兴二县界。”

湟河郡 亦作河湟郡。十六国前凉置，治所在黄河城（今青海化隆回族自治县西南黄河北岸）。《水经·河水注》：“河水又东北径黄河城南，西北去西平二百一十七里。”会贞按：“湟、黄二字通用，或以此黄河为湟河之讹。”北魏属鄯州。北周以后废。

湟陿 即今青海平安县西峡口乡峡口山。《汉书·赵充国传》：神爵年间，充国奏“治湟陿以西道桥七十所”。即此。

湟源县　1913 年改丹噶尔厅置，后属甘肃西宁道。治所即今青海湟源县。因地处湟水之源，故名。1928 年属青海省。

湟溪（谿）关　在今广东连州市西北。《史记·南越列传》："佗即移檄告横浦、阳山、湟谿关曰：'盗兵且至，急绝道聚兵自守！'"指此。

溾水　在今湖北京山县南。《水经·沔水注》：溾水"出竟陵郡新阳县西南池河山，东流径新阳县南，……又东南，流注宵城县南大湖，又南入于沔水"。

溆水　在今湖南溆浦县南。古名序水。亦曰溆川。又名双龙江。源出鄜梁山，西北流入沅。《楚辞·九章·涉江》："入溆浦余儃佪兮，迷不知吾所如。"

溆浦　又作序溪。在今湖南溆浦县南境，为沅江支流。《楚辞·九章·涉江》："入溆浦余儃佪兮，迷不知吾所如。"《汉书·地理志》作序溪。

溆浦县　一作叙浦县。唐武德四年（621）置，属辰州。治所即今湖南溆浦县。元属辰州路。明、清属辰州府。民国初属湖南辰沅道。1922 年直属湖南省。

渝　即今重庆市简称。因自隋至宋渝州治此而得名。

渝水　①即今辽宁大凌河。《汉书·地理志》辽西郡临渝县："渝水首受白狼，东入塞外。又有侯水，北入渝。"又《清一统志·承德府一》：图尔根河"又东南入大凌河，即古渝水"。渝关与临榆县名皆由此水而命名。

②即今江西新余市南袁江。《隋书·地理志》：宜春郡宜春县有"渝水"。《寰宇记》卷 109 袁州新渝县："渝水在县南。其源出萍乡之芦溪，经县境凡九十九湾、八十八滩，抵清江。"

③指今四川南江及其下游渠江。《华阳国志·巴志》："阆中有渝水，賨民多居水左右，……陷阵，锐气喜舞……今所谓'巴渝舞'也。"《水经·潜水注》："（宕渠）县以延熙中分巴立宕渠郡，盖古賨国也。今有賨城，县有渝水，夹水上下，皆賨民所居。"《寰宇记》卷 138 渠州流江县："宕渠水一名渝水，在县东二里。"今重庆市合川区以下一段嘉陵江，因与渠江合流，亦通称渝水、宕渠水。隋开皇初在今重庆市置渝州，因此水得名。

渝关　即榆关。又称临闾关、临渝关、临榆关。今河北秦皇岛市东北山海关。隋开皇三年（583）筑。唐为东北军事重镇。辽、金、元渐废。明洪武初徐达修复，改名山海关。宋辽人已讹渝关为榆关，故山海海关又有榆关之称。一说即今河北抚宁县东榆关镇，误。

渝州　隋开皇元年（581）改楚州置，治所在巴县（今重庆市）。《元和志》卷 33：渝州"因渝水为名"。大业三年（607）改为巴郡。唐武德元年（618）复改为渝州，天宝元年（742）改为南平郡，乾元元年（758）复为渝州。辖境相当今重庆市区及江津、璧山、永川等区县地。崇宁元年（1102）改为恭州。

湆井镇　亦作盐井镇。北宋置，属临江县。在今重庆市忠县东北湆井镇。产盐。清设石桥井通判驻此。民国改设县佐。

湆龙陂　在今贵州石阡县西南。《方舆纪要》卷 122 石阡府葛彰葛商司："湆龙陂在司（治今河坝场）南，旁有湆龙滩，皆乐回江所经也。"

湓口　一名湓浦口。即今江西九江市西古湓水（今龙开河）入江之口。古湓口城（又称湓城），历来为戍守重地。

湓口城　又名湓城。相传西汉高帝六年（前 201）灌婴所筑。即今江西九江市。以地当湓水入长江口得名。《晋书·地理志》武昌郡：柴桑"有湓口关"。《资治通鉴》：东晋咸和三年（328），"祖约遣祖涣、桓抚袭湓口"。即此。南朝陈曾为江州治所。隋开皇中置寻阳县于此，后改名彭蠡县，大业二年（606）改为湓城县；唐初又改浔阳县。为沿江镇守要地。六朝时常驻重兵，为都城建康西部藩篱。

湓山　在今江西新干县东。《寰宇记》卷 109 吉州新淦县：湓山"在县东六十二里。环拥十二峰，上有紫元洞及王郭、浮邱三仙坛"。《清一统志·临江府》：湓山"山有十二峰。高十里，云出则雨"。

湓水　又称湓浦、湓江。即今江西九江市西龙开河。源出江西瑞昌市西南青山，东流径县南至九江市西，北流入长江。《寰宇记》卷 111 江州德化县：湓浦水，"按《郡国志》云，有人于此处洗铜盆，忽水暴涨，乃失盆，遂投水取之，即见一龙衔盆，夺之而出，故曰盆水。又云，源出青湓山，因以为名"。唐白居易诗《琵琶行》："住近湓江地低湿。"指此。

湓城　即湓口城。在今江西九江市区，以地当湓水入长江口得名。隋置湓城县。

湓城县　隋大业初改彭蠡县置，为九江郡治。治所即今江西九江市。《旧唐书·地理志》江州浔阳县："炀帝改为湓城，取县界湓水为名。"唐初改为浔阳县。

湓浦　又名湓水、湓江。即今江西九江市西龙开河。源出江西瑞昌县西南青山，东流经县南至九江市西，北流入长江。陈舜俞《庐山记》：青湓山"有井形如盆，因号盆水，城曰湓城，浦曰湓浦"。李商隐诗《哭刘蕡》："广陵别后春涛隔，湓浦书来秋雨翻。"

湍滩镇　即今河南邓州市东三十六里汲滩镇。《清一统志·南阳府三》：湍滩镇"西枕湍河，当襄、陕之冲"。

湾口　①即今福建古田县西南闽江南岸湾口，东距水口镇十里。洪宪元年（1916）《最新大中华帝国道县形势全图》：古田县西南有湾口。

②在今广东阳春市北。《方舆纪要》卷101阳春县“牛厄曲营”条内：“湾口营在县西（北）六十里。……嘉靖十二年置。”

湾仔村 即今广东珠海市西南湾仔镇。清宣统《广东舆地全图》香山县图：前山寨南有湾仔。

湾头村 在今山东莱州市西南。1949—1956年为掖南县治。

湾头桥镇 在今天津市静海县东南湾头村。清同治《畿辅通志》卷50静海县图：东南有湾头。

湾头堰 又作弯头镇。即今江苏扬州市东北湾头镇。《资治通鉴》：五代周显德三年（956）伐南唐，“韩令坤奏败扬州兵万余人于湾头堰”。

湾坝龙 在今四川九龙县东湾坝彝族乡。清置湾坝龙土百户。

湾里（裡）街 即今台湾省台南市东北善化区。连横《台湾通史·经营纪》：清雍正十三年（1735）十二月，“诸罗湾里街地大震，坏民居，恤银三千两”。

湾甸土司 明永乐元年（1403）置湾甸长官司，治所在今云南昌宁县西南八十四里湾甸傣族乡。三年（1405）升为湾甸州。民国初废。

湾甸长官司 明永乐元年（1403）置，直属云南都司。治所在今云南昌宁县西南八十四里湾甸傣族乡。傣语“湾”为山包，“甸”为平坝，意即山包上方的平坝。三年（1405）升湾甸御夷州。

湾甸州 明永乐三年（1405）升湾甸长官司置湾甸御夷州，直属云南布政司。治所在今云南昌宁县西南八十四里湾甸傣族乡。清代属永昌府。民国初年废。

湾沚镇 即今安徽芜湖县治。地处青弋江东岸，以在河湾洲沚得名。《清一统志·宁国府二》“黄池镇巡司”条：“又有旧湾沚镇在县西北，青弋江所经也。今为盐埠。”1971年改属芜湖县，迁县治于此。

湾雷海 在今广东恩平市南八十里近海处。《方舆纪要》卷101肇庆府恩平县：湾雷海，“海势湾曲，潮声如雷，多蟹鲎鱼盐之利，蛋户居之。其南通大洋”。

湾溪堡 ①在今湖南吉首市南。清同治《乾州厅志》：“湾溪汛石城，嘉庆二年筑。”

②在今湖南麻阳苗族自治县西南。《方舆纪要》卷81麻阳县“鸦剌关”条下：“又湾溪堡，在县（治今锦和镇）西南。宣德六年，镇筸砦苗叛，总兵萧绶讨之，夺其池河营。‘贼’降，乃设湾溪、安江等十六堡。嘉靖二十七年，复讨平筸子坪、蜡尔山诸苗‘贼’，罢湾溪等堡，改设乾州等十三堡，是也。”

湾潭市 即今湖北五峰土家族自治县西南五十八里湾潭镇。清属长乐县，有县丞驻此。

淳泉 在今浙江杭州市西湖中孤山下。《清一统志·杭州府一》：淳泉“在钱塘县孤山麓圣因寺。寒碧一泓，澄彻可鉴，康熙四十六年圣祖御书‘淳泉’二字，勒石”。

渡口关 在今四川广元市西南昭化镇东北。《明史·地理志》昭化县：“东有嘉陵江，其津口曰桔柏津，渡口关在焉。”

渡口驿 在今山东夏津县西北渡口驿乡。《方舆纪要》卷34临清州：渡口驿“其地为清河、夏津两县之交，漕舟所经，因置驿于此”。《清一统志·临清州》作“渡河水驿”。

渡口堡 明弘治九年（1496）筑堡，在今河北怀安县（柴沟堡镇）西二十里。《方舆纪要》卷18万全右卫：渡口堡“沿边有牛心、大尖等山，险峻足恃”。

渡口镇 在今湖南辰溪县东南一里。明置巡司于此。

渡云（雲）岭 又作墨斗岭、广仁岭。即今河北滦平县西北伊逊岭。《辽史·地理志三》宋王曾上契丹事曰：“过乌滦河东有滦州，又过黑摸斗岭，一名渡云岭。”《清一统志·承德府》：广仁岭“即古墨斗岭。岭之西南为滦平县界，自滦平县至热河，为辇路必经之地”。

渡头市 ①即今江西南昌县（莲塘镇）东渡头。清同治《南昌府志》卷6：渡头市“距（南昌）城六十里”。

②清置，属浏阳县。在今湖南浏阳市东五里。

渡头墟 ①在今广东番禺市东南七里，滨沙湾水。清同治《番禺县志》卷18：墟市有“渡头墟”。

②即今广东台山市北端大江镇西北渡头圩。清光绪《广州府志》卷69：新宁县（今台山市）有“渡头墟”。

渡舟场 即今重庆市长寿区北渡舟镇。清光绪《长寿县志》卷1：杜舟场在“治北十里”。

渡州 北宋置羁縻州，属邕州左江道。治所当在今广西西南部左江流域。后废。

渡江战役总前委旧址 在今安徽肥东县南十一里撮镇瑶岗村。为1949年3月以邓小平、陈毅为首的渡江战役总前委和中共中央华东局机关驻地。总前委在此制定了《（南）京沪杭战役实施纲要》，对渡江作战作了具体部署。渡江战役胜利后，4月25日，总前委离此向江南进发。总前委旧址建于清光绪二十八年（1902），为两厢相连的四合院建筑。总前委书记邓小平、副书记陈毅、华东局政治部主任舒同等的卧室和办公室、总前委指挥部、机要处等均保存完好。另外还保存了部分生活和办公用具。现已辟为渡江战役总前委旧址纪念馆。1996年定为全国重点文物保护单位。

渡江墟 即今江西龙南县西南渡江镇。清同治《江西全省舆图》卷9龙南县：西北路“牛岗岭又西南行五里过渡至渡江墟”。

渡村镇 即大村市。今江苏苏州市吴中区西南渡村镇。清光绪《江苏全省舆图》吴县图：西南有大村。民国《江苏六十一县志》：吴县西南有“大村镇”。并记：“大村亦作渡村，为洞庭东山入县之要道。”

渡邑亭　即今贵州望谟县东南渡邑村。清爱必达《黔南识略》卷3罗斛州判："西南至贞丰州渡邑亭界一百八十里。"

渡船口汛　在今湖北竹溪县东南六十里汇湾河北岸。清有把总驻防。

渡船铺　亦名宋江渡。即今四川兴文县（中城镇）。《明史·程信传》：成化三年（1467），戎县山都掌族反，分兵征讨，"巡抚四川都御史汪浩、参将宰用由渡船铺"。即此。

渡船港　在今上海市崇明县东南三十里，今已堙圮。《方舆纪要》卷24太仓州崇明县：渡船港"在县东南。有渡口，去县三十里。至旧城平阳沙界沟渡，海面不过十里"。

渡满山　在今湖南溆浦县南四十里。《方舆纪要》卷81溆浦县：渡满山"岩峦层叠，势如波浪"。

渡僧桥　在今江苏苏州市阊门外。《清一统志·苏州府二》：渡僧桥"宋建。先以舟渡，有僧呼渡，舟子弗纳。僧折杨枝浮水而过，故名"。

游山　在今浙江宁波市东北甬江入海口外。元《延祐四明志》卷7定海县：游山"在县（今宁波市镇海区）东二里海中"。

游（遊）山墟　即今江西大余县西南游仙圩。清同治《江西全省舆图》卷8：大庾县西有游仙墟。

游水　即今江苏涟水县北涟水。《汉书·地理志》临淮郡淮浦县："游水北入海。"《水经·淮水》："又东至广陵淮浦县入于海。"郦道元注："淮水于县枝分，北为游水，历朐县与沭合，又径朐山西……游水东北入海。"

游（遊）龙宫　在今陕西渭南市西。《新唐书·地理志》京兆府渭南县："西十里有游龙宫，开元二十五年更置。"

游（遊）仙山　①即今山西高平市西南十余里游仙山。《清一统志·泽州府》：游仙山"在高平县南十里"。北宋淳化年间在山上建游仙寺。

②一名响山。即今安徽黄山市屯溪区西郊之狮子山。宋淳熙《新安志》卷4休宁县《山阜》："游仙山在县南四十五里，平地特起四十仞，周五里。南有石壁削成数百尺，阔四十余丈。"明弘治《徽州府志·地理一》休宁县：响山"旧名游仙山。在县东南三十五里。平地特起四十仞，周五里。南有石壁削成数百尺，阔四十余丈，呼人辄响应，故名"。

游仙寺　在今山西高平市西南十余里游仙山。始建于北宋淳化年间（990—994）。现存春秋楼、毗卢殿和东西配殿、三佛殿、七佛殿和东西配房等。其中毗卢殿建于北宋淳化年间，三佛殿建于金代，七佛殿建于元代，其余为清代建筑。寺内还保存宋、元、明、清碑刻数通。2001年定为全国重点文物保护单位。

游（遊）仙寨　在今浙江象山县东南十五里赤坎村。《方舆纪要》卷92象山县：游仙寨"在爵溪所南。嘉靖三十一年倭贼寇游仙寨，爵溪百户秦彪曰：'游仙与爵溪唇齿，无游仙是无爵溪也。'直前赴救，战死"。

游安县　南朝梁、陈间置，属绥建郡。治所在今广东怀集县西北。唐初改名淯安县。

游岭　在今江西安福县北。《方舆纪要》卷87吉安府安福县：游岭在"县北四十里。本名牛岭。《旧记》，安福居其阳，袁州居其阴。旧有群牛经此山，遂成小经，北往袁州者多由此道"。

游鱼砦　在今广西北流市东南。《方舆纪要》卷108北流县"双威镇"条下："又有游鱼砦，在县南山中，乡人避兵处。成化二年'贼'邓辛酉据此，掠广东信宜县境，官军讨平之。"

游鱼铺　明置。即今贵州铜仁市西南鱿鱼铺乡。

游河镇寨　一名游河镇。即今河南信阳县（平桥镇）西北五十三里游河乡。民国《重修信阳县志》卷6《塞堡》：游河镇寨"即安怀寨。居民约三百余户。咸同中……修筑"。

游（遊）春亭　又名西溪亭。在今陕西华县西南。《清一统志·同州府》：游春亭"在华州（今华县）西南五里西溪上。一名西溪亭。唐杜甫诗：'郑县亭子涧之滨'，即此"。

游（遊）南山　亦作游兰山。在今重庆市涪陵区东南七十里。《舆地纪胜》卷174涪州：游兰山"高松乡有游兰山，遥见丰都，西见重庆，地名罗云，兰真人修炼之处，人至洞门，望见丹灶，真人题字，岩石自摇欲坠，骇不可至"。

游洋溪　在今福建仙游县东北。《寰宇记》卷102兴化县："游洋溪从县前流西入永泰县，旧镇因此为名。"《清一统志·兴化府》引《福建通志》："源出上院山，与郭洋、石马二溪合为洙溪，又与寻阳溪合为滮潭，又达于龟岭溪，逾永福大樟入于海。"

游洲墟　即今江西信丰县西南游州。清同治《江西全省舆图》卷9：赣州府信丰县西南有游洲墟。

游顿街　即今江西抚州市临川区南四十里油顿。清同治《临川县志》卷1下：九十八都有游顿新墟。《中华民国新地图》作游顿。

游家洲　即今江西樟树市西南游家洲。《方舆纪要》卷87临江府清江县：游家洲"在府城（今临江镇）南十里。袁江西来北折，洲在其右也，与万石洲相望。一名双洲"。

游（遊）塘营　一作牛塘。即今江苏常州市武进区（湖塘镇）西北牛塘镇。《方舆纪要》卷25常州府武进县：游塘营，"明初，徐达攻常州，败张士诚兵于此"。

游（遊）豫园　北齐后主高纬以华林园改筑。故址在今河北临漳县西南古邺城西。《寰宇记》卷55邺县：华林苑"石季龙发万人筑，苑垣周旋数十里……高齐时名游豫园。《邺中记》：（石）季龙于华林苑植众果，人间名果悉有之。季龙作虾蟆车，四搏掘根，去一尺，深一丈，合土载车中植之，无不生焉"。

滦水　古汝水支流。即今河南泌阳、遂平二县境内之沙河。《汉书·地理志》南阳郡舞阴县："中阴山，滦水所出，东至蔡入汝。"《水经·滦水》："滦水出沅阴县东上界山，东过吴房县南，又东过灈阳县南，又东过上蔡县南，东入汝。”初为汝水支流之一。源出今河南泌阳县北，东流经遂平县南，至汝南县西北入汝水。明嘉靖末，西平、遂平二县间汝水断流。此后，南汝河即以此为正源。俗名沙河。

溠水 一名伏恭河。在今湖北随州市西。《周礼·职方》：河南曰豫州“浸曰波、溠”。《左传》：庄公四年（前690），“令尹斗祁、莫敖屈重除道梁、溠”。《水经·涢水注》：“有溠水出（随）县西北黄山，南径㶏西县西，又东南㶏水入焉……溠水又东南径随县故城西……又南流注于涢（水）。”

渼陂 在今陕西户县西五里。《水经·渭水注》：渼陂水“出宜春观北，东北流注涝水”。宋敏求《长安志》卷15：“《十道志》曰，有五味陂，陂鱼甚美，因误名之。……其周一十四里，北流入涝水。唐宝历二年，敕美陂令尚食使收管，不得杂入采捕。其水任百姓溉灌，勿令废碾硙之用。文宗初，诏并还府县。”杜甫有诗《渼陂行》。

溇中 地区名。指今湖南澧水支流溇水两岸。东汉时泛称其地居民为溇中蛮。《后汉书·南蛮传》：“和帝永元四年冬，溇中、澧中蛮潭戎等反，……明年秋，溇中、澧中蛮四千人并为盗贼。”

溇中县 三国吴分充、零阳二县置，为天门郡治。治所在今湖南慈利县西三官寺土家族乡。西晋属天门郡。《宋书·夷蛮传》：元嘉间，“天门溇中令宗矫之徭赋过重，蛮不堪命。十八年，蛮田向求等为寇，破溇中，虏略百姓”。即此。梁以后废。

溇水 古名娄水。又名九溪河。在今湖南慈利县西北。九澧之一。源出今湖北鹤峰县境，东南流经湖南桑植县东北部，至慈利县西入澧水。《方舆纪要》卷77慈利县：溇水“在县西二里。源出永顺宣慰司界，东流至索溪，通四十八涧水为一，南至观嘉渚，汇于澧水，谓之后江”。

溇泾 在今浙江湖州市西南。《方舆纪要》卷9湖州府：“《志》云，郡有七十二溇，在乌程者三十有九，在长兴者三十有四，导苕霅之流注于太湖。”

湭水 即今陕西渭南市东沈河。本名首水。《水经·渭水注》：“首水南出倒虎山，西总五水……北入渭。”《清一统志·西安府一》：湭水“按，元象山即倒虎山。据《水经注》，则今所谓羊河者，乃湭水正源，而其出石鼓山与小谷、清涧、曹谷诸水，皆其别源，即所谓西总五水者也”。

湔水 ①《汉书·地理志》 蜀郡绵虒县（今四川汶川县西南绵虒镇）：“玉垒山，湔水所出，东南至江阳（今泸州市）入江。”又据《水经·江水注》：上游出玉垒山后即入岷江，当指今汶川与都江堰市间岷江支流白沙河；中游经今新繁镇、新都县与洛水合，当指今都江堰市、金堂县间岷江支流青白江；下游即今金堂县以下的沱江。下游自《水经》后改称洛水。

②古名石泉水、龙泉水、石密水。即今四川北川羌族自治县之湔江。《明史·地理志》 石泉县：“又东有湔水，东至江阳入江。”《方舆纪要》卷73石泉县：湔水在“县西一里。源亦出玉垒山，分流入县界，经县东十里，复东南出，合于新都之湔水”。此湔水不入沱江，《明史》、《纪要》均误。《清一统志·龙安府》：石泉河“自茂州流入，经石泉县南，又东至彰明县西南入涪水，即古石密水也，俗称湔水”。

湔氐县 战国秦置，属蜀郡。治所在今四川松潘县西北。西汉改置湔氐道。

湔氐道 西汉改湔氐县置，属蜀郡。治所在今四川松潘县西北。西晋改为升迁县。

湔江 即今四川都江堰市东之蒲阳河。为西汉蜀郡太守文翁所开，为湔堰（都江堰）三大干渠之一。《水经·江水注》：“江北则左对繁田，文翁又穿湔溲以溉灌繁田一千七百顷。”

湔阳城 在今四川广汉市西南古城坝。《寰宇记》卷73雒县：“湔阳故城，汉县，废城在县南。”《方舆纪要》卷67汉州：湔阳城在“州西南二十里。《志》云：南北朝时置，以近湔水之阳而名”。正史未见湔阳县。

湔县 三国蜀汉置，属蜀郡。治所在今四川都江堰市。《三国志·蜀书·后主传》：建兴十四年（236），“夏四月，后主至湔，登观坂，看汶江之流，旬日返还成都”。裴松之注：“湔，县名也，属蜀郡。”后废。

湔堋江 今四川岷江及都江堰市西都江堰分水堤北之北江。《明史·地理志》 灌县：“又西有湔江，亦曰都江，亦曰湔堋江，古离堆也。”

湔堰 即都江堰。在今四川都江堰市西岷江中。《水经·江水注》：“江水又历都安县。……李冰作大堰于此，壅江作堋，堋有左右口，谓之湔堋，江入郫江，检江以行舟。《益州记》曰：江至都安堰其右，检其左，其正流遂东，郫江之右也。……俗谓之都安大堰，亦曰湔堰，又谓之金隄。”《寰宇记》卷73永康军：“都安堰一名湔堰。李冰壅江作堋。蜀人谓堰为堋。”

湔溲口 亦作湔江口。在今四川都江堰市旧城东门外。西汉蜀守文翁凿湔江水口，即今都江堰市东北蒲阳河，流灌彭县、新都等地田亩。亦称为湔江（湔水），为内江三大干渠之一。东晋常璩《华阳国志·蜀志》：“庐江文翁为蜀守，穿湔江口，溉灌繁田千七百顷。”《水经·江水注》：“江北则左对繁田，文翁又穿湔溲以溉灌繁田一千七百顷。”

滋水 ①在今河北蔚县西南三十里。《方舆纪要》卷44蔚州：滋水，“其上流即广灵县之壶流河也，东流经此地名南马庄，有流水泉。金时民竞争利，铸铁板一片十窍，分流灌田。与滋水合，又东北注于葫芦河”。

②又名资水。即今河北无极县西南滋水。《山海经·北山经》：“高是之山，滋水出焉，而南流注于虖沱。”又《寰宇记》卷60无极县：资河水“入无极界，东南入滹沱”。今其下游与沙水合，不入滹沱河。

③在今山西灵丘县西南。《元和志》卷14灵丘县：滋水“出县西枚回山，悬河五丈，湍激之声，响

动山谷，樵栰之士，咸由此度，巨木沦滑，久乃方出，或落崖石，无不粉碎也”。东流入唐河。

④又作兹水、霸水。即今陕西渭河支流灞河。《汉书·地理志》京兆尹南陵县：“霸水亦出蓝田谷，北入渭。古曰兹水，秦穆公更名，以章霸功，视子孙。”隋开皇五年（585）复名滋水。《隋书·地理志》蓝田县有滋水。唐以后又称霸水（灞水）。《元和志》卷1：蓝田县“霸水，故滋水也”。为关中八川之一。

滋水驿 隋开皇十六年（596）置，在今陕西西安市东北三十里。后废。

滋州 北宋大观三年（1109）置，治所在承流县（今贵州习水县西南土城镇）。辖境相当今贵州习水县和赤水市地。宣和三年（1121）废。

滋阳县 ①隋开皇六年（586）置，属恒州。治所在今河北行唐县西北四十里上滋洋村。因在滋水之北而得名。大业初属常山郡。唐武德五年（622）废。

②明成化七年（1471）改嵫阳县置，为兖州府治。治所即今山东兖州市。民国初属山东济宁道。1925年属兖济道。1928年直属山东省。1961年改名兖州县。1992年改设兖州市。

滋茂池 即今四川都江堰市西北龙池镇北，龙溪河源处龙池。《舆地纪胜》卷149茂州：滋茂池“在牛溪镇。池面周四十里，四时无竭溢，神龙所居”。明曹学佺《蜀中名胜记》卷7汶川县：“《外史》云：滋茂龙池，在汶之龙溪，万山丛立，中有方池，周四十里，广几百亩，清水镜开，芳草四积，真灵境也。”

滋泥泉塘 一作紫泥泉。即今新疆阜康市东滋泥泉子镇。清乾隆《西域图志》卷10迪化州：赛因塔喇“东三十里为滋泥泉塘”。

滋博镇 金置，属安德县。即今山东陵县东滋镇乡。

滆洲 在今湖北枝江市西南长江中。《清一统志·荆州府一》：滆洲“在枝江县东六十里。滆洲之尾曰灞洲”。

溉水 在今山东潍坊市东南四十里。《汉书·地理志》：北海郡桑犊县“覆甑山，溉水所出，东北至都昌入海”。《水经·巨洋水注》：溉水“出桑犊亭东覆甑山……北径斟亭西北。……溉水又北径寒亭西，合白狼水”。元于钦《齐乘》卷2“白狼水”条下谓溉水即今东虞河。

溉源山 即古覆甑山。又名塔山。今山东潍坊市东南四十里溉源山。《寰宇记》卷18潍州北海县：溉源山“山形如塔，旧名塔山。《地理志》云：覆甑山，溉水所出。《水经注》云，溉水出塔山。是山有二名，故两存焉。天宝六年敕改为溉源山”。

渥水 在今江西龙南县南。《清一统志·赣州府一》：渥水“在龙南县东。源出县南归美、小武当诸山，北流会上皇诸山之水，至县北合桃水”。

渥阳水 亦名泥阳水、下辨水。即今甘肃成县、徽县境的洛河。《清一统志·阶州一》引《方舆胜览》：“发源于天水谷，东南流至泥阳镇与栗亭水合。”

渥城县 金泰和四年（1204）置，八年（1208）为安州治。治所即今河北安新县（新安镇）。元改名新安县。

渥洼水 亦名寿昌海、寿昌湖。在今甘肃敦煌市西南南湖村东南黄水坝。《史记·乐书》：“又尝得天马渥洼水中。”即此水。《汉书·武帝纪》亦曰：西汉元鼎四年（前113）秋，“马生渥洼水中，作宝鼎、天马之歌”。师古注引李斐曰：“屯田敦煌界，数于此水旁见群野马中有奇者，与凡马异，来饮此水。……欲神异此马，云从水出。”此水出自金山，北流至龙勒故城（今敦煌市西南南湖乡）南汇为泽，复北流没入沙漠中。唐改龙勒县为寿昌县，泽更名为寿昌泽。中华人民共和国成立后在此兴修水库。

渥洼池 在今四川汉源县驻地市荣乡境。《方舆纪要》卷73黎州守御千户所：渥洼池“在蛮部中，产良马。其前后之田，皆膏腴也”。

渳河 即今弥河，亦即古之巨洋水。源出今山东临朐县沂山西麓，北流径临朐县东，又北经青州市东，又东流径寿光县界，东北入海。《元史·王磐传》：“磐亦乐青州风土，乃买田渳河之上。”即此。

湄水 在今湖南涟源市东北。《方舆纪要》卷80湘乡县：湄水“源出安化县东境龙安山，奔流数里，有石岩当路，水入岩中，伏流六七里，分为三派流出，东入涟水”。

湄水湖 在今湖南常宁市南。《方舆纪要》卷80常宁县：“湄水湖在县南五十里。”

湄丘 在今海南省文昌市东北。《清一统志·琼州府二》：湄丘“在文昌县东北五十里东昆溪北。丘狭而长，若堤然，延亘六七里。中藏一丘，隆然深秀。宋知军邢梦璜世居于此”。

湄州 五代时于阗国置，治所在今新疆于田县南。《新五代史·四夷附录》于阗：“其国东南曰银州、卢州、湄州。”

湄陂 又名眉陂。即湄湖。在今安徽怀远县西南，与淮南市交界。《新唐书·地理志》颍州下蔡县：“东北八十里有湄陂，皆隋末废，唐复之，溉田数百顷。”

湄沱湖 即今兴凯湖。在今黑龙江省密山市东南中俄边境。《新唐书·渤海传》：“俗所贵者……湄沱湖之鲫。”近人金毓黻《渤海国志长编·地理考》：渤海“东平府之沱州应在兴凯湖西岸，安远府之湄州应在兴凯湖东岸，湖处二州之中，因有湄沱之名”。

湄城 亦作郿城。即今安徽淮南市东永平岗。《水经·淮水注》：淮水“又东径梁城，临侧淮川，川左有湄城”。《梁书·武帝纪》：普通五年（524）十月，伐魏，“定远将军太守曹世宗破曲阳城。甲辰，又克秦墟。魏郿、潘溪守悉皆弃城走”。即此。

湄洲　亦曰眉洲。在今湖南汉寿县西四十里。《方舆纪要》卷80龙阳县：湄洲"以突起中流，状若蛾眉也"。五代汉末，楚王希广遣其将刘彦滔将水军攻朗州，朗兵迎战于湄洲，彦滔败还。即此。

湄洲屿　一名鲦山。即今福建莆田市东南湄洲岛。宋时约六七里，有田数十顷，可耕而食，鱼米饶足。明洪武初都指挥李彝奏迁内地，虚其岛。嘉靖末，总兵戚继光奏复。清季有游击守备、千把总驻此。岛西南天后宫为我国祭奠马祖之祖庙。

湄港市　即今湖北通山县南八里湄港村。清光绪《湖北全省分图》：通山县南有湄港市。

湄湖　①又名湄陂、眉陂。俗名汤鱼湖。在今安徽怀远县西南，与淮南市交界。《水经·淮水注》："淮水左迤为湄湖。"

②在今山东济南市长清区西南五里。《水经·济水注》："济水右迤遏为湄湖，方四十余里。"《尔雅·释水》："水草交为湄。"汉刘熙《释名》："湄，眉也。临水如眉。"《元和志》卷10谓之渏沟泊。

湄潭水　又称湄溪。在今贵州湄潭县西南。《明史·地理志》湄潭县："南有湄潭水，又西有三江水，下流俱入于乌江。"

湄潭县　明万历二十九年（1601）置，属平越府黄平州。治所即今贵州湄潭县。据明曹学佺《名胜志》："湄潭之水源自播州，流绕县前宛曲如眉，故以名潭，而县名亦以因之。"清属平越州。民国初属贵州黔中道。1920年直属贵州省。

湑水　即壻水。又名听水、左谷水。即今陕西城固县西北湑水。源出听山，东流径城固县北，入汉水。《水经·沔水注》："左谷水出汉北，即壻水也……川有唐公祠。唐君字公房，成固人也，学道得仙……公房升仙之日，壻行未还，不获同阶云路，约以此川为居，言无繁霜蛟虎之患，其俗以为信然。因号为壻乡，故水亦即名焉。"

滁口　即滁河入长江之口。在今江苏南京市六合区东南。《宋史·高宗纪》：南宋建炎四年（1130）十一月，"金人犯滁口"。

滁口山　在今江苏南京市六合区南。《方舆纪要》卷20江宁府六合县：滁口山"在县南十八里。山下临滁河，其相对者曰城子山"。

滁口镇　即今湖南资兴市东南滁口镇。明、清置巡司于此。

滁水　即今安徽、江苏境内之滁河。长江下游支流。源出肥东县中部，东流经全椒、滁州等县市，至江苏南京市六合区入长江。《舆地纪胜》卷42滁州：滁水，"《元和郡县志》云：在全椒县南六十里。其源出庐州梁县，东流经滁及六合县，至瓜步入于大江"。《唐六典》列为淮南大川之一。《宋史·虞允文传》：绍兴十一年（1141），金主亮南侵，允文命别将"张深守滁河口，扼大江之冲"。即此。

滁水县　隋开皇初改北谯县置，属扬州。治所即今安徽全椒县。大业初改为全椒县。

滁州　隋开皇初改南谯州置，治所在新昌县（后改为清流县，即今安徽滁州市）。《寰宇记》卷128滁州："因水为名。"辖境相当今安徽滁州市和来安、全椒二县地。大业初废。唐武德三年（620）复置，天宝元年（742）改为永阳郡，乾元元年（758）复为滁州。元世祖至元十五年（1278）升为滁州路，二十年（1283）复降为滁州。明洪武初废州治清流县入州。洪武二十二年（1389）直隶南京。清属安徽省。1912年降为滁县。1982年改设滁州市。州西南有醉翁亭，宋欧阳修曾为之记。元末郭之兴、朱元璋起义，曾以此为根据地。

滁州卫　明置，属直隶（南京）。治所即今安徽滁州市。《方舆纪要》卷29滁州：滁州卫"在州城内。洪武初，设守御千户所，寻改卫。领千户所五"。

滁州市　1982年撤销安徽省滁县，改设滁州市，属滁州地区。1992年撤销滁县地区和县级滁州市，设立地级滁州市，设置琅琊、南谯2区。市人民政府驻琅琊区。

滁阳城　在今安徽肥东县东北九十里古城集。《寰宇记》卷126慎县：古滁阳城"吴赤乌十二年孙权遣兵断滁作堰以淹北道，遂筑此城为守备。东晋置南梁郡，隋开皇三年废"。

滁县　1912年废滁州置，属安徽淮泗道。治所即今安徽滁州市。1928年直属安徽省。1982年撤销，改为滁州市。1992年以滁县地区和县级滁州市设立地级滁州市。

滁槎镇　即今江西南昌县（莲塘镇）东北滁槎镇。清同治《南昌府志》卷6南昌县：滁槎街"距城四十里，濒河"。

潒泽（潒 zhuó）　即浊泽。在今河南长葛市西。一说在今山西运城市解州西。《史记·赵世家》：成侯六年（前369），"伐魏，败潒（涿）泽，围魏惠王"。即此。

砦石　在今山西娄烦县西北。《史记·樊郦滕灌列传》：西汉初，灌婴"受诏并将燕、赵、齐、梁、楚车骑，击破胡骑于砦石"。即此。

割林河　即葛林河。今俄罗斯哈巴罗夫斯克边疆区东北黑龙江下游格林河。《明太宗实录》卷61：永乐七年（1409）正月乙丑，"赐割林河、奴儿干等处来归野人万户头目宴"。

割髭岭　一作割须岭。在今河北元氏县西北七十里。《方舆纪要》卷14作割髭岭。《清一统志·正定府一》：割鬚岭，"相传汉光武驻跸元氏，尤来、大抢之徒，皆割鬚变帽，由此遁去，因名"。

寒　夏代方国。即今山东潍坊市东北寒亭区。《左传·襄公四年》载，魏绛曰："昔有夏之方衰也，后羿自钼迁于穷石……而用寒浞。"杜注："寒，国。"《续汉书·郡国志》北海国平寿县："有寒亭，古寒国，浞封此。"

寒口堡　即今湖南桂东县东寒口乡。《方舆纪要》卷82桂东县"烟竹堡"条下："又有寒口堡，在县东南三十里。"

寒山　①在今江苏苏州市吴中区西。《清一统志·

苏州府一》：寒山“本支硎山之支峰，明处士赵宧光隐此，筑小宛堂，后为僧舍。庭前老梅相传宧光手植，芙蓉泉出其旁”。

②在今江苏徐州市东南十八里。《晋书·刘遐传》：东晋建武初，沛人周抚以彭城叛降石勒，“诏遐领彭城内史，与徐州刺史蔡豹、太山太守徐龛共讨抚，战于寒山，抚败走”。又《资治通鉴》：南朝梁太清元年（547），“上命萧渊明堰泗水于寒山以灌城，俟得彭城，乃进军与侯景犄角。癸卯，渊明军于寒山，去彭城十八里，断流立堰”。皆此。

③在今广西环江毛南族自治县南五里。《方舆纪要》卷109思恩县：寒山“山高多风，土人谓之寒坂”。

④在今广西玉林市西北三十里。《舆地纪胜》卷121郁林州：寒山，“《九域志》云：南越王尉佗，遣人入山采橘，七日方回，问其故，云：山中大寒，不得归。故名”。

⑤在今重庆市巫山县东。《明一统志》卷70夔州府：寒山“在巫山县东五十里。垂岩千层，绝壁万丈，其势高寒。《荆州记》：寒山九坂最为险峻”。

寒山寺　在今江苏苏州市阊门西七里枫桥镇。南朝梁天监年间始建，初名妙利普明塔院。相传唐初高僧寒山、拾得尝来此住持，故更名寒山寺。以唐代诗人张继《枫桥夜泊》诗“姑苏城外寒山寺”句而著名。

寒山堰　在今江苏徐州市东南十八里寒山附近古泗水上。《北齐书·慕容绍宗传》：东魏末，“梁武帝遣其兄子贞阳侯渊明等率众十万顿军寒山，与侯景掎角，拥泗水灌彭城”。《元和志》卷9彭城县：寒山堰“在县东南一十八里。梁萧明伐魏堰清水以灌彭城”。

寒水关　明置，属汶川县。在今四川汶川县西南绵虒镇西。《方舆纪要》卷67茂州：苏村寨在“县西北四十里。旧置寒水驿于此，并设寒水巡司世其职，以防守河西。正统七年为草坡蛮所攻，隆庆中复被残掠，因移寨于河东，亦为寒水驿”。

寒水县　唐初置，属潍州。治所即今山东潍坊市东北寒亭镇。以县境有寒河而名。武德六年（623）废。

寒水驿　明置，属汶川县。在今四川汶川县西南苏村寨。明隆庆中移于江东（今绵虒镇）。

寒氏　即五氏。春秋晋邑。在今河北邯郸县西。《左传》：定公十年（前500），“卫侯伐邯郸午于寒氏”。杜注：“寒氏即五氏。”

寒风阙　在今浙江天台县北天台山中。《徐霞客游记·游天台山日记(后)》：崇祯五年（1632）三月十七日，“至寒风阙”，即此。

寒同山　在今山东莱州市东南十五里。俗名神山。《元和志》卷11掖县谓“掖水出县南三十里寒同山”。

寒冰井　在今河北南皮县西。《寰宇记》卷65沧州南皮县：“寒冰井在县西一里。《魏志》，文帝与元城令吴质书云：忆昔南皮之游诚不可忘，驰骋北场旅食南馆。浮甘瓜于清泉，沉朱李于寒冰。即此井也。”

寒谷山　即黍谷山。在今北京市密云县南十五里。《方舆纪要》卷11怀柔县：黍谷山“亦曰寒谷。《吴越春秋》：北过寒谷。谓此山”。

寒冻店　一作翰栋店。即今河南正阳县东北寒冻镇。民国《重修正阳县志》卷1：“寒冻店，城东北六十里。有集。”

寒林箐　在今贵州石阡县西。《方舆纪要》卷122石阡府：寒林箐“以竹树阴森而名”。

寒岩　在今浙江天台县西北。《方舆纪要》卷92天台县：寒石山“在县西北七十里。一名寒岩”。

寒战山　在今河南巩义市东南。《方舆纪要》卷48：“其山陡峻，临玉仙河。经者战惧，因名。”

寒盼寨　明羌寨。在今四川松潘县北水晶乡北寒盼村。明曹学佺《蜀中广记》卷31《边防记》：“（松潘）下潘州白利等番挟牛羊毡毳来，或由阿玉岭或由铁门墩出抵寒盼、祈命诸寨，贸易茶斤，岁以为常。”清康熙四十二年（1703）于此置寒盼寨土千户。民国后废。

寒泉　①在今山西沁源县东北。《方舆纪要》卷43沁源县：“寒泉在县东北五十里青裹山上，……西南流入沁河。”

②在今江西萍乡市东二十里。《舆地纪胜》卷28袁州：寒泉“溉田甚广”。《方舆纪要》卷87萍乡县：寒泉在“官道旁。溉田甚广，大旱不竭”。

③在今河南濮阳县南。《诗经·邶风·凯风》：“爰有寒泉，在浚之下。”

④在今湖南祁阳县西。唐元结《寒泉铭序》：“湘江西峰直平阳江口，有寒泉出于石穴……为其当暑大寒，故命曰寒泉。”

寒泉山　在今陕西洋县北一百三十里。《舆地纪胜》卷190洋州：寒泉山，“《汉中记》云，秦唐公昉师事仙人李八百，公昉中渴，八百以杖指崖出涌泉，即此”。

寒泉陂　在今河南开封县西。《诗经·邶·凯风》：“爰有寒泉，在浚之下。”《寰宇记》卷1开封府浚仪县：寒泉陂“在县西十六里。……其水冬夏常冷，因曰寒泉”。

寒亭店　今山东潍坊市东北寒亭镇。《续汉书·郡国志》北海国平寿县：“有寒亭，古寒国，浞封此。”

寒桥　即今山东寿光市东寒桥镇。1949—1953年为寿南县治。

寒浞河　源出今山东潍坊市东南东留庄，北流入海。唐置寒水县以此名。

寒冢戍　一名空冢戍。南朝梁置，属南安县。治所在今四川剑阁县（下寺镇）西南汉源镇五斗咀。《梁书·张齐传》：“使齐置大剑、寒冢二戍，军还成都。”西魏改为开远戍。

寒葱沟　即今吉林敦化市西南寒葱沟。1936年4月，东北抗日联军进行了一次伏击战，击毙日伪军二百六十余人，俘二百七十余人，缴获大量枪、炮及电台二部。

寒湖镇　即今山西和顺县西南寒湖村。《清一统志·辽州》：寒湖镇"在和顺县西四十五里"。

寒渡水　在今河北丰润县东北，为还乡河支流。《水经·鲍丘水注》："巨梁水又南，径土垠县故城西，左会寒渡水。水出县东北，西南流至县右注梁河。"即此。

寒寒寨站　明为海西西陆路站之一。在今内蒙古呼伦贝尔市海拉尔区。《辽东志》卷9海西西陆路有"寒寒寨"站。

寒溪水　在今湖南郴州市西二十里。《方舆纪要》卷82郴州"牙江水"条下：寒溪水"源亦出黄岑山，灌田三十顷。北流入郴"。

寒溪寺　①北宋建。在今湖北鄂州市。《清一统志·武昌府二》：寒溪寺"在武昌县寒溪上。一名资圣寺。宋苏轼《菩萨泉铭序》：陶侃为黄州刺史，有渔人得金像，视其款识阿育王所铸文殊师利像也。初送寒溪寺及侃迁荆州，欲以像行，人力不能动，益以牛车三十乘，乃能至船，船复没，遂以还寺"。即此。

②即今重庆市城口县南咸宜乡（寒溪寺场）。《明史·杨嗣昌传》：崇祯十三年（1640），张献忠在玛瑙山败后，又被官军"李国奇、贺人龙败之寒溪寺、盐井"。即此。

寒溪镇　北宋置，属衡阳县。在今湖南衡阳县（西渡镇）西。

寒碧亭　在今浙江东阳市南五里。唐宝历二年（826），县令于兴宗建。刘禹锡有《答东阳于令寒碧亭诗并引》。

赍城　①战国时古赍国城。在今四川渠县东北七十四里土溪镇南城坝古城。东晋常璩《华阳国志·巴志》："长老言，宕渠盖故赍国，今有赍城、卢城。"《舆地纪胜》卷162渠州：古赍国，"《元和郡县志》曰：故赍城在流江县东北七十里。《晋中兴书》：赍者，廪君之苗裔也。巴氏子务相乘土船而浮，众异之，立为廪君，子孙列布于巴中。秦并天下，薄其赋税，人出钱四十，巴人谓赋为赍，遂因名焉。后佐高祖定天下，喜歌舞，所谓巴渝舞也"。

②唐新宁县城。在今四川开江县东南三十里高锋村（旧县坝）。《旧唐书·地理志》新宁县："贞观八年，移治赍城。"《寰宇记》卷137新宁县："唐贞观八年，自今县西北十里移魏所置新宁县于废开州城，其城俗呼谓之赍城。即今县理是也。"

赍城县　①隋开皇十八年（598）改始安县置，属渠州。治所在今四川广安市东北一百二十里肖溪镇。大业元年（605）徙治其南十二里王家坪。三年（607）属宕渠郡。唐武德元年（618）复改为始安县。

②唐武德元年（618）置，属渠州。治所在今四川渠县东北七十四里土溪镇城坝古城。八年（625）废入流江县。

富力县　北宋改歌良县置，属羁縻智州。治所在今广西河池市西南九圩镇那余村河口屯。治平二年（1065）省入河池县。

富口墟　即今福建沙县西北富口镇。《清一统志·延平府》"华岩墟"条下："富口墟在县北三十里。"

富川千户所　明洪武二十三年（1390）置，属广西都司。治所即今广西富川瑶族自治县。后废。

富川水　又名富江。即今广西昭平县东北思勤江。《元和志》卷37龙平县"富川水经县南，又东入漓水"。

富川县　①西汉元鼎四年（前113）置，属苍梧郡。治所即今广西钟山县。《寰宇记》卷161富川县："县有富水因为县名。"三国吴属临贺郡。南朝宋属临庆国。南齐属临贺郡。隋属始安郡。唐属贺州，天宝初改为富水县，寻复名富川县。明属平乐府，移治今富川瑶族自治县。民国初属广西桂林道。1928年直属广西省。1952年与钟山县合并为富钟县。1962年复置富川县。1984年改设富川瑶族自治县。

②隋开皇九年（589）改阳新县置，属鄂州。治所在今湖北阳新县西南六十里富水镇西阳辛。十八年（598）改为永兴县（徙治今阳新县）。

③唐贞观中置，属芝州。治所在今广西宜州市南福龙瑶族乡附近。北宋废。

富义厂　清初置，在今四川自贡市。管自流井与贡井等处盐产区井灶。道光《荣县志》："清初，自流与贡井向系一厂，名富义。自雍正八年分贡井属荣县。"

富义县　①唐贞观二十三年（649）改富世县置，属泸州。治所在今四川富顺县。唐杜佑《通典》卷175："富义，有富义盐井，因以为名。"北宋乾德四年（966）升为富义监。

②辽改义丰县置，属庆州。治所在今内蒙古林西县或巴林右旗境。金废。

富义盐井　在今四川富顺县城内西南。东晋常璩《华阳国志·蜀志》："江阳有富义盐井，以其出盐最多，商旅辐辏，百姓得其富饶，故名。"《元和志》卷33富义县："富义盐井在县西南五十步。月出盐三千六百六十石。剑南盐井，唯此为大。"唐贞观二十三年（649）改为富义县。北宋于此置富义监，专掌盐务。至明代，富义盐井因井泉枯竭遂废。

富义监　北宋乾德四年（966）升富义县置，掌煎盐事。治所在今四川富顺县。属潼川路。辖境相当今四川自贡市及隆昌、富顺两县地。太平兴国元年（976）改为富顺监。

富云（雲）县　唐贞观五年（631）置，属琼州。治所在今海南省万宁市西。十三年（639）属崖州。

龙朔二年（662）属万安州。唐末废。

富屯驿　明洪武十年（1377）置，属顺昌县。即今福建顺昌县西北富文。清康熙三十八年（1699）废。

富屯溪　闽江中源。在今福建省西北部。源出武夷山，东南流经邵武、顺昌等市县，至沙溪口汇沙溪，在南平市和建溪汇合为闽江。长255公里。河床比降大，水急滩多，有“一滩高一丈，邵武在天上”的谚语。《方舆纪要》卷97延平府顺昌县“双峰驿”条：“又富屯驿，在县西北六十里。明洪武初建。《闻见录》：县西北四十里有万金桥，又西北二十里至富屯驿。”富屯溪或以富屯驿而得名。

富水　①在今江西丰城市东南。《寰宇记》卷106洪州丰城县：富水“在县东南一百二十里。源从罗山，流合丰水”。

②一名长河。即今湖北东南部之富水。源出通山县西南，东北流至阳新县东富池口入长江。《水经·江水注》：富水“出阳新县之青湓山，西北流径阳新县，又西北径下雉县……又东流注于江，谓之富口”。

③在今湖北应城市西。《水经·涢水注》：富水“出竟陵郡新市县东北大阳山，水有二源：大富水出山之阳，南流而左合小富水。……富水又东南流，于安陆界左合土山水，世谓之章水……又东入于涢”。《清一统志·德安府》：按今“富水则南流径达于汉，与章水不复相通”。

富水县　①西魏改新市县置，为富水郡治。治所在今湖北京山县东北。《元和志》卷21郢州富水县：“取县界富水为名。”隋开皇初郡废县存，改属安陆郡。唐属郢州。北宋乾德二年（964）废。

②唐天宝中改富川县置，属临贺郡。治所在今广西钟山县。后复为富川县。

富水驿　唐置，即今陕西商南县东富水镇。明为富水堡，置巡司于此。

富水郡　西魏置，治富水县（今湖北京山县东北）。隋废。唐天宝元年（742）改郢州复置，治所在京山县（今湖北京山县）。辖境约当今湖北钟祥市及京山县地。乾元元年（758）复为郢州。

富水堡　即今陕西商南县东富水镇。明置巡司于此。

富水镇　北宋乾德二年（964）废富水县为镇，属京山县。在今湖北京山县东北。

富仁州　即当仁州。富为当之讹。治所在今四川康定县境。

富仁监　北宋乾德二年（964）置，为银监，属宜州。治所在今广西南丹县东南大厂镇新州。后废。

富世县　北周武帝时置，为洛原郡治。治所即今四川富顺县。《寰宇记》卷88富世监：“富世县，以县下有盐监，人获原利，故曰富世。”隋属泸川郡。唐属泸州。贞观二十三年（649）改为富义县。

富世盐井　亦称富义盐井。在今四川富顺县城内西南。《旧唐书·地理志》富义县：“界有富世盐井，井深二百五十尺，以达盐泉，俗呼玉女泉。以其井出盐最多，人获厚利，故云富世。”

富平县　①秦置，属北地郡。治所在今宁夏吴忠市西南黄河东岸。东汉为北地郡治。永和六年（141）因羌乱，北地郡内迁，寄居冯翊，旧土废弃。复置富平县，移治今陕西富平县西北十里怀德城，仍属北地郡。西魏大统五年（539）移治今富平县西南三里。隋大业初属京兆郡。唐属京兆府，开元中移治义亭城（在今富平县东北十里旧县村）。天复二年（902）属鼎州。五代梁属裕州。后唐属耀州。金废入美原县。元复置，属耀州。治所仍在今富平县东北。明初徙今富平县，万历三十六年（1608）改属西安府。民国初属陕西关中道。1928年直属陕西省。

②西汉改厌次县置，属平原郡。治所在今山东惠民县东四十里桑落墅镇。成帝徙封张安世孙张延寿为富平侯，即此。东汉永平二年（59）复改厌次县。

③北魏置，属西北地郡。治所在今甘肃庆城县西南驿马镇。北周废。

④北魏正光末置，为营丘郡治。治所在今辽宁凌海市东境。隋开皇初废。

⑤东魏天平四年（537）置，属营丘郡。寄治英雄城（今河北徐水县西遂城）。北齐废。

⑥唐置，属棍州羁縻州。治所在今广西环江毛南族自治县境。后废。

富平侯国　西汉改厌次县置，属平原郡。治所在今山东阳信县东南。东汉复为厌次县。

富平津　即孟津。在今河南孟州市南、孟津县东北。《水经·河水注》：“《晋阳秋》曰：‘杜预造河桥于富平津’，所谓造舟为梁也。”《魏书·孝庄纪》：永安三年（530）十二月，“尔朱兆、尔朱度律自富平津上，率骑涉渡，以袭京城”。

富平堰　在今陕西富平县南。《周书·贺兰祥传》：大统十六年（550），“太祖以泾、渭灌溉之处，渠堰废毁，乃命祥修造富平堰，开渠引水，东注于洛。功用既毕，民获其利”。

富平镇　即今山东乐陵市。《明史·地理志》乐陵县：洪武二年（1369）“移治富平镇”，即此。

富田镇　即今江西吉安市青原区东南富田镇。《方舆纪要》卷87吉安府庐陵县“井冈镇”条下：富田巡司“在府南八十里。旧有富田寨在今府西，宋绍兴九年移寨于此，寻改巡司。《志》云，府境自方石岭而南，崇山峻岭连亘百里，向为闽人团聚，往往恃险负隅，富田其控制处也”。至清仍有巡司驻此。

富乐山　亦名金山。在今四川绵阳市东。明曹学佺《蜀中名胜记》卷9绵州引《周地图记》云：“富乐山，高广为众之秀，登之望见州城。”《元和志》卷33绵州：“有东西门，东门久塞，富乐山气所冲，门开张则丧乱。宋元嘉初，太守王怀业开之。果致覆败，尔后还塞。”《方舆胜览》卷54绵州：

富乐山"在巴西县东五里。刘备自蛮荆入蜀，刘璋延之于此山，望见蜀之全盛，饮酒乐甚，故得富乐之名"。

富尔间河　亦作富儿见河。即今黑龙江省汤原县东北阿凌达河。为松花江支流。清齐召南《水道提纲》卷25：松花江"西有富儿见河，自西北来注之"。

富尔岭　在今吉林桦甸市东北，西与敦化市连界。富尔河发源于此。清光绪《吉林通志》卷19珲春城：富尔岭在"城西北四百五十八里"。

富尔河　在今吉林敦化市西南。源出富尔岭，东南流合古洞河。《清史稿·地理志》桦甸县："富尔河合古洞、黄泥、蒲岑诸水注之，为上两江口。"

富尔珲站　亦作富拉珲站。清乾隆二十七年（1762）置，为吉林将军境内北路驿站之一。在今黑龙江省通河县西北富乡西南。《清一统志·吉林二》："蒙古喀伦站……又东北七十三里至富尔珲站。"

富宁县　1937年改富州县置，直属云南省。治所即今云南富宁县。《富宁县地名志》："以古富州、安宁州各取一字组合，命名为富宁县。"

富民场　在今山东庆云县东北崔口镇。清天津府盐场之一。《清一统志·天津府二》："富民场在崔家口。"雍正年间废。

富民县　①辽置，为丰州治。治所在今内蒙古呼和浩特市东三十里白塔村西南古城。元世祖至元四年（1267）省入丰州。

②元世祖至元十二年（1275）改黎瀼千户置，属中庆路。治所在今云南富民县东南五里旧县。明属云南府，迁治螳螂川北岸即今富民县。嘉靖中迁旧城，万历四十二年（1614）复还今治。后迁北山，崇祯十三年（1640）移还今治。民国初属云南滇中道。1916年直属云南省。

③元世祖至元十五年（1278）置，属威州。治所在今云南楚雄市东南十四里富民村。至元二十一年（1284）废入威楚县。

富民监　北宋置，在今湖北大冶市东。《宋史·地理志》大冶县："有富民钱监。"

富民渠　俗称漕渠。隋开皇元年（581）由郭衍主持开凿，起自今陕西西安市西北，东至今潼关县北达于黄河。《隋书·郭衍传》：衍"征为开漕渠大监。部率水工，凿渠引渭水，经大兴城北，东至于潼关，漕运四百余里。关内赖之，名之曰富民渠"。四年（584）宇文恺复加修浚，改名广通渠。

富场　亦作官富场。在今香港九龙东部。一说在今广东深圳市西。清乾隆《御批历代通鉴辑览》卷95：元至元十四年（1277），"达春（一作塔出）令索多（一作唆都）取道泉州泛海会于广之富场。注：一名官富场，在今广州府新安县东南"。

富有桥市　即今湖北通山县东四十里富有村。清光绪《湖北全省分图》：通山县东有富有桥市。

富有街　即今吉林集安市西南榆林镇。民国《辑安县志》卷1：富有街"在城西七十里。街长一里。殷富商铺二十余户，今通称榆树林"。

富成县　东汉改富城县置，属东平国。治所在今山东肥城市南。三国魏复为富城县。

富庄驿　明置，属交河县。即今河北泊头市西七十五里富镇。

富州　①唐贞观八年（634）改静州置，治所在龙平县（今广西昭平县）。《元和志》卷37富州："因富川水为名。"天宝元年（742）改为开江郡，乾元元年（758）复为富州。辖境相当今广西昭平县地。北宋开宝五年（972）废。

②北宋置，属特磨道。治所即今云南富宁县。元世祖至元十三年（1276）属广南西路。明洪武十五年（1382）属广南府。崇祯中迁治皈朝（今云南富宁县东四十八里归朝镇）。清光绪二十六年（1900）改厅。

③北宋改羁縻感化州置，为羁縻州，属辰州。治所即今湖北来凤县。寻改为羁縻柔远州。

④元世祖至元二十三年（1286）升丰城县置，属龙兴路。治所即今江西丰城市。明洪武二年（1369）复降为丰城县。

富州厅　清光绪二十六年（1900）改富州置，属广南府。治所在皈朝（今云南富宁县东四十八里归朝镇）。民国《富州地志资料调查表册》："富州昔为土牧辖境，土地膏腴，物产丰富，因命名曰富州，取富饶之义。"1913年改富州县。

富州县　1913年改富州厅置，后属云南蒙自道。治所即今云南富宁县。1929年直属云南省。1937年改富宁县。

富州新城　在今湖南芷江侗族自治县西南五十里双髻山下。北宋初，蛮置富州于此，谓之富州新城。《宋史·地理志》沅州：熙宁六年（1073），以"富州新城为镇江砦"。即此。

富江　又名灵溪水、思勤江。即今广西钟山县西思勤江。《元和志》卷37富川县："灵溪水今名富江，去县西二里。"《寰宇记》卷161富川县："富水在县西四十里。源出浮盖山下，南流入富州思勤县。其水灌注田畴，居人丰赡，因名富水。"

富池湖　即今湖北阳新县东六十里网湖。《舆地纪胜》卷33兴国军：富池湖"源出永兴之翠屏六溪，至富池口入江"。《方舆纪要》卷76兴国州：富池湖"《志》云：自州西之西碎石，至三溪汇上流诸水，经州治南至此。众流益集，潴而为湖，北注于江"。

富池镇　北宋置，属永兴县。即今湖北阳新县东四十二里富池镇。明、清置巡司于此。

富安场　明置，属海陵监。即今江苏东台市东南四十八里富安镇。产海盐。清时设盐课大使于此。

富安监　北宋淳化二年（991）置，为硃砂监，属宜州。治所在今广西都安瑶族自治县东北境。

后废。

富安镇　北宋置，属西充县。在今四川南充市西五十里五龙场。

富阳　即富场。在今香港九龙东部。一说在今广东深圳市西。元《宋季三朝政要》卷6：南宋景炎元年（1276），“景炎帝（按：即宋端宗赵昰）趋于富阳”。阳为场之讹。

富阳市　1994年撤销浙江省富阳县，改设富阳市，市人民政府驻富阳镇。由杭州市代管。2014年撤销富阳市，设立杭州市富阳区，区政府驻富春街道桂花路25号。

富阳县　东晋太元十九年（394）改富春县置，属吴郡。治所即今浙江富阳市。南朝属钱唐郡。隋属余杭郡。唐属杭州。五代梁开平二年（908），吴越改为富春县。北宋太平兴国三年（978）复为富阳县，属杭州。南宋属临安府。元属杭州路。明、清属杭州府。民国初属浙江钱塘道。1927年直属浙江省。1994年改设富阳市。

富阳站　元置。在今广西玉林市西北。明废。

富劳县　元置，属向武州。治所在今广西大等县向都东。明洪武间废，建文四年（1402）复置。《明史·广西土司传》：都督杨文讨土官黄世铁，“调右副将军韩观分兵进讨都康、向武、富劳诸州县，斩世铁”。万历后废。

富克锦城　又作富替新、福提希。清光绪六年（1880）建，属三姓副都统。即今黑龙江省富锦市。八年设协领驻防。三十四年（1908）置巡司，宣统元年（1909）改置富锦县。“富克锦”为赫哲语，“江边岗地”之意。

富村驿　明置，属南部县。在今四川盐亭县东北富驿镇。为陆地通衢，人民繁庶。清乾隆三十三年（1768）置县丞驻此。民国改设县佐。

富利县　唐渤海国置，属龙州。治所在今黑龙江省宁安市西南四十里大牡丹古城。辽初废。

富谷馆　馆驿名。辽置，在今内蒙古宁城县西南甸子镇黑城村古城。《辽史·地理志》“松山州”后引宋王曾《上契丹事》曰：“过石子岭，自此渐出山，七十里至富谷馆。”元改为富峪站。

富沙寨　在今广东惠东县北。《清一统志·惠州府》：富沙寨“在归善县东，旷野数十里。南临江，北阻金斗水，元季土豪刘守正尝据此”。

富良江　亦名洮江。即今越南河内市一带之红河。《宋史·郭逵传》：北宋熙宁八年（1075），“交阯李乾德陷邕管，召为安南行营经略招讨使兼荆湖、广南宣抚使……又拔决里隘，乘胜取桄榔、门州，大战富良江，斩伪王子洪真。乾德穷蹙，奉表归命”。

富灵山　又名富乐山。在今四川华蓥市西南。《舆地纪胜》卷165广安军：富灵山，“《元和郡县志》：在渠江县东南七十里。峻峭多药物，实灵仙所居”。

富陂　在今安徽临泉县南。《水经·淮水注》：“（润）水首受富陂。”即此。

富陂村　在今浙江长兴县东十八里。《寰宇记》卷94长兴县：“初置县富陂村。”《清一统志·湖州府一》：长城故城“在长兴县东……富陂村在今县东十八里”。西晋太康三年（282）至东晋咸康元年（335）为长城县治。

富陂县　即富波县。在今安徽阜南县东南王化镇附近。阚骃《十三州志》谓“多波塘以灌稻，故曰富陂县”。

富拉尔基　亦作富勒尔济。即今黑龙江省齐齐哈尔市西南富拉尔基镇。清末《黑龙江全界地图》：齐齐哈尔西南有富勒尔吉。民国《黑龙江志稿》龙江县图：西南有富拉尔基。徐曦《东三省纪略》作胡拉尔吉。

富林县　唐武德四年（621）分铜陵县置，属勤州。治所在今广东云安县西南富林镇。次年属春州。后废。开元十八年（730）复置，为勤州治，天宝初为云浮郡治，乾元初复为勤州治。后州治移至铜陵县，富林县属勤州。北宋开宝六年（973）废入铜陵县。

富林洞　即今广东云安县西南富林镇。《新唐书·地理志》勤州：“开元十八年平春、泷等州，首领陈行范余党保铜陵北山，广州都督耿仁忠奏复置州，治富林洞，因以为县。”

富林营　又名阑安营。即今四川汉源县东南富林镇。清时有把总驻守。光绪《越嶲厅志》卷6：同治二年（1863），石达开太平军至紫打地（今石棉县西北安顺场），“刘蓉带兵千余扎富林营，督运粮饷，指授方略”。即此。

富林镇　即今四川汉源县东南富林镇。民国《汉源县志》卷2：富林镇“旧称富林营，在治南六十五里富林乡。唐、宋为阳山县，通望县治。明为大渡河守御千户所治。万历间迁入城。清康熙间定其场期，设场最早，今改为镇”。1952年汉源县迁治于此。

富国场　①在今天津市东。清乾隆《天津县志》卷9：富国场“初在静海县咸水沽，今移往天津东”。盛产海盐。清设盐使，后废。

②元大德年间置富国盐场，属沾化县。即今山东沾化县治富国镇。《清一统志·武定府》：富国场，“《旧志》载元张醇《晴云梦记》：国初因仍旧政，尽海滨之野，为十一场，各置司令司丞，典其盐政。大德初又立富国场，总十有二”。清曾置盐大使于此。1957年沾化县迁治于此。

富国城　在今江西樟树市西南。《方舆纪要》卷87临江府清江县“瓦城”条下：富国城“在县东南十五里。相传南唐积粮处”。

富国盐井　在今四川三台县南。东晋常璩《华阳国志·蜀志》：郪县有“富国盐井”。唐代为富国镇新井盐场。宋置富国监主盐务。

富国监　北宋置，属梓州。在今四川三台县南。《寰宇记》卷82：“富国监者，本梓州郪县富国镇新井煎盐之场也。皇朝置监以董其事，兼领通泉、飞乌等盐井地。去梓州九十里。”后废。

富昌县 ①战国秦置，属上郡。治所在今陕西府谷县北古城乡。西汉为西河郡治。东汉废。《水经·河水注》：湳水“出西河郡美稷县，东南流……又东径富昌县故城南”。

②北魏置，属广牧郡。治所在今内蒙古鄂尔多斯市准格尔旗境内。后废。

③隋开皇十年（590）置，后属胜州。治所在今陕西府谷县西北古城乡。大业三年（607）属榆林郡。唐废。

富罗县 唐武德五年（622）改毗善县置，属儋州。治所在今海南省临高县西北。天宝元年（742）改属昌化郡，乾元元年（758）复属儋州。五代南汉时废。

富岭市 即今福建浦城县东富岭镇。清时县丞驻此。

富郑公园 在今河南洛阳市旧城附近。为北宋宰相富弼的宅园。富弼于英宗治平二年（1065）封祁国公，进封郑，世称富郑公。神宗熙宁间，因对王安石新法持异议，罢相，被封为韩国公。又称富韩公。李格非《洛阳名园记》说：“洛阳园池，多因隋唐之旧，独富郑公园最为近辟，而景物最胜。”并指出：“郑公自还政归第，一切谢宾客，燕息此园，凡二十年。亭台花木，皆出其目营心匠，故逶迤衡直，闿爽深密，皆曲有奥思。”

富波县 又名富陂县。西汉置，属汝南郡。治所在今安徽阜南县东南王化镇附近。东汉建武二年（26）改为富波侯国，十三年（37）废。永元九年（97）复置。西晋废。

富波侯国 东汉建武二年（26）改富波县置，属汝南郡。治所在今安徽阜南县东南王化镇附近。十三年（37）废。永元九年（97）分汝阴县复置。三国魏复为县。

富录县 北宋置，属芝忻州。治所在今广西宜州市南福龙瑶族乡附近。后废。

富春山 一名严陵山。在今浙江桐庐县西南四十里。《后汉书·严光传》：严光（字子陵）南归，“耕于富春山”，即此。山上有严子陵钓台，临江有严子陵祠。

富春江 简称春江。在浙江中部。钱塘江干流之一段。上起桐庐县桐庐镇，接桐江，下迄萧山市闻家堰，连钱塘江。《清一统志·杭州府一》：富春江“自桐庐经富春入钱塘江”，故名。唐罗隐有《秋日富春江行》，宋陆游有《泛富春江》诗。

富春县 西汉置，属会稽郡。治所即今浙江富阳市。东汉属吴郡。东晋太元十九年（394）避郑太后阿春讳，改为富阳县。五代梁开平二年（908），吴越复改为富春县，属杭州。北宋太平兴国三年（978）又改为富阳县。

富春驿 在今浙江建德市（白沙镇）东北五十里。《方舆纪要》卷90严州府：富春驿“在城（今梅城镇）东五里，前临江涯，宋置东馆务于此，明初改建严州驿，洪武九年改今名”。

富春郡 南朝梁太清三年（549）置，属吴州。治所在富阳县（今浙江富阳市）。寻废。

富城县 ①西汉置，属东平国。治所在今山东肥城市南。东汉改为富成县。三国魏复为富城县。东晋废。北魏复置，属东平郡。北齐废。

②东汉建安中置，属豫章郡。治所在今江西丰城市南六十里富水之西。西晋太康元年（280年）移治丰水西，改名丰城县。

③东魏武定七年（549）置，属晋宁郡。治所在今江苏睢宁县西北。北齐废。

富城洲 在今湖北枝江市南。《水经·江水注》：“（枝江）县东南二十里富城洲上，有道士范侪精庐。”

富荣场 亦称富荣厂。在今四川自贡市。民国以富顺、荣县产井盐，因设盐场理盐务。东场为富顺之自流井，西场为荣县之贡井。各设场知事。

富贵山帝陵 又称东陵。在今江苏南京市东。东晋康帝崇平陵、简文帝高平陵、孝武帝隆平陵、安帝休平陵和恭帝冲平陵均在此。

富贵冈 即今江西东乡县西南三十五里富贵冈。清同治《江西全省舆图》卷2抚州府东乡县：西南有“富贵冈”。

富贵角 在今台湾省新北市石门区西北海岸，为台湾岛最北端。原为高山族平埔人一部落居住地，土名打宾，又称小鸡笼。林兴仁《台北县古今地名释要》（载《台北县文献丛辑》第1辑）说：富贵角乃荷兰人命名，取荷兰文“Hoek”的近音汉字“富贵”二字为名。“Hoek”意为岬。

富贵城 唐肃宗时回纥可汗建，在今蒙古国布尔根省色楞格河与额金河会合点北之巴彦泉。突厥文回纥磨延啜可汗碑载：“鸡年（757），……我让粟特人和唐人在色楞格河建造富贵城。”《新唐书·地理志》：回鹘衙帐“北六七百里至仙娥河，河北岸有富贵城”。仙娥河即今色楞格河。

富顺文庙 在今四川富顺县城关镇解放街153号。始建于北宋庆历四年（1044），宋、元、明、清各代均有修葺。现存宫墙、泮池、棂星门、大成门、大成殿、崇圣祠、敬一亭等，大部分为明清建筑。棂星门为三座四柱三间冲天式石牌坊，一字排开。额枋人物雕刻精湛，十二根冲天柱头上盘龙雕刻气势恢宏。大成殿面阔七间，重檐歇山顶。崇圣祠面阔五间，重檐歇山顶。敬一亭位于该庙最高处，三开间，歇山顶。建筑群布局紧凑，既有北方建筑的雄浑气势，又有南方建筑的精巧风格。2001年定为全国重点文物保护单位。

富顺州 元世祖至元二十年（1283）升富顺监安抚司置，属叙州路。治所即今四川富顺县。辖境相当今四川富顺县及自贡市大部分地。明洪武四年（1371）降为富顺县。

富顺县 北宋治平元年（1064）置，为富顺监治。治所即今四川富顺县。熙宁元年（1068）废。明洪武四年（1371）降富顺州置，属叙州府。民国初属四川永宁道。1928年直属四川省。

富顺监 北宋太平兴国元年（976）以避太宗讳改富义监置，治所即今四川富顺县。治平元年（1064）置富顺县为附郭县（熙宁初省）。辖境相当今四川自贡、富顺、隆昌等市县地。嘉熙元年（1237），蜀乱监废。后复置。咸淳元年（1265）徙治虎头山（今富顺县东南）。元改为富顺监安抚司。

富顺监安抚司 元世祖至元十二年（1275）改富顺监置，治所即今四川富顺县。二十年（1283）升为富顺州。

富恼儿 亦作军脑儿。在今蒙古国乌兰巴托东南。《元史·宪宗纪》：七年（1257），“秋驻跸于军脑儿，酾马乳祭天。九月，出师南征。以驸马剌真之子乞斛为达鲁花赤，镇守斡罗思”。

富郡江 在今广西昭平县东南。《方舆纪要》卷107昭平县“浊水江”条下：富郡江“源出贺县界，流经马江废县，入府江（漓江）”。

富峪山 在今内蒙古四子王旗西南。《清一统志·四子部落》：富峪“在旗西一百五里。蒙古名巴颜鄂坡苏”。

富峪千户所 明洪武二十二年（1389）置，治所在今河北平泉县北。二十四年（1391）升为富峪卫。

富峪卫 明洪武二十四年（1391）升富峪千户所置，属北平行都司。治所在今河北平泉县北。永乐元年（1403）徙置京师（今北京市）。后废。

富峪站 驿站名。亦作富谷站。元改富谷馆置，在今内蒙古宁城县西南甸子镇黑城村。

富资水 新安江支流。在今安徽歙县北，南流注入扬之水（练河）。《舆地纪胜》卷20徽州：富资水“在歙县，出昉源”。《方舆纪要》卷28徽州府歙县“丰乐水”条下：“府北一里曰富资水，源出府北四十里昉村，亦名任公溪，以梁任昉名也。”

富浪 一名佛朗。在今地中海东岸。《元史·郭侃传》：戊午年（1258），“旭烈兀命侃西渡海，收富浪”。即此。

富家场 即傅家场。今四川仁寿县东南富加镇。

富家坳 即今四川合江县西南九支镇，对岸为贵州赤水县。民国《合江县志》卷1：富家坳场“距城九十里。在赤水县对岸，仅隔赤水河。居民六十余家”。

富家桥 即今湖南永州市南二十五里富家桥镇。清《乾隆内府舆图》：永州府零陵县南有富家桥。

富陵县 西汉置，属临淮郡。治所在今江苏洪泽县西北（今已沦没洪泽湖中）。《汉书·黥布传》：高帝十一年（前196），黥布反，“东击荆，荆王刘贾走死富陵”。即此。东汉废。北魏复置，属淮阴郡。北齐废。

富勒尔济 即今黑龙江省齐齐哈尔市西南四十五里富拉尔基镇。清末，中东铁路由此架桥渡嫩江。嫩江自此以下可通汽船，为交通四达繁盛之区。

富勒呼河 即今吉林安图县西南、敦化市南松花江支流富尔河。清乾隆《钦定盛京通志》卷27：富勒呼河，“国语（满语），富勒呼，口袋也。（吉林）城东南一千一百二十五里，源出额敦山，南入赫通额河”。

富勒哈城 在今吉林省吉林市北。《清一统志·吉林》“打牲乌拉城”条：癸丑年（1613），“布占泰率兵三万，由富勒哈城而来……太祖奋然挺身而入，诸贝勒大臣率军士鼓勇纵击，大败乌拉兵，十损其六七”。即此。《清太祖高皇帝实录》又作伏尔哈城。

富庶县 辽开泰二年（1013）置，属大定府。治所在今辽宁建平县东。元世祖至元三年（1266）废。后复置，属大宁路。明初废。

富堨村 即今安徽歙县西北十五里富堨镇。清乾隆《歙县志》卷1《都鄙》有富堨村。

富鲁苏苏城 在今黑龙江省孙吴县东北黑龙江西岸。清西清《黑龙江外记》卷2：“黑龙江城……，东南百里德文苏苏、富鲁苏苏。”

富湾墟 即今广东佛山市高明区北富湾镇。旧属高要县，清时有外委把总驻防。

富裕 亦名巴颜鄂坡苏。在今内蒙古四子王旗西南。清张穆《蒙古游牧记》卷5：四子部落“西至巴颜鄂博，土名富裕，百五里接归化城土默特界”。《清一统志·四子部落》：“富裕在旗西一百五里。蒙古名巴颜鄂坡苏。”

富裕设治局 1929年析龙江县置，属黑龙江省。治所在大来克屯（今黑龙江省富裕县东南富路镇）。以富裕尔河得名。1933年伪满升为富裕县。

富裕县 1933年伪满改富裕设治局置，属龙江省。治所在大来克屯（今黑龙江省富裕县东南富路镇）。1945年划归嫩江省。1947年移治宁年镇（即今富裕县）。1949年复属黑龙江省。

富禄镇 亦名富福镇。在今广西融安县东南桥板乡一带。明属永宁州，置土巡司于此。

富锦县 清宣统元年（1909）置，属临江府。治所在富克锦城（今黑龙江省富锦市）。民国初属吉林省依兰道。1928年直属吉林省。1945年划归合江省。1949年划归松江省。1954年划归黑龙江省。

富新场 即今四川绵竹市东北二十里富新镇。民国《绵竹县志》卷2：富新场在“城东二十里”。

富溪津市 即今福建福安市西南十五里廉村。《清一统志·福宁府》：富溪津市“旧名石矾津，鱼盐之货丛聚于此”。

富溪镇 ①在今江西莲花县北三十里水云洞水南岸。清设巡司于此。

②亦名富禄镇。在今广西融安县东南。《明史·广西土司传》：万历初，洛容县僮民起事，李锡等率兵镇压，“后残僮黄朝贵复合融县瑶号万人，声言欲入富福镇”。即此。

富福镇 亦名富禄镇。在今广西融安县东南。《明史·广西土司传》：万历初，洛容县僮民起事，李锡等率兵镇压，“后残僮黄朝贵复合融县瑶号万人，声言欲入富福镇”。即此。

富豪砦　明置。在今河北阜平县西南。《方舆纪要》卷14阜平县：富豪砦“在龙泉关东南，即灵县接界之富豪寨山也。邑民尝避兵于此，薪水自足，故曰富豪关”。

富豪砦山　在今河北灵寿县西北。《方舆纪要》卷14灵寿县：富豪砦山“在县西北九十里，北接阜平县界，峭壁耸立，登降危险。半岭有石堂，绝顶有砦场，一夫据险，千人莫当也”。

富蕴县　1944年改可可托海设治局置，属新疆省。治所在可可托海（今新疆富蕴县东北可可托海镇）。1959年移治库额尔齐斯镇（今富蕴县富蕴镇）。

富霖千户所　明万历六年（1578）置，即今广东云安县西南富林镇。后废。

寓仙洞　一名九龙洞。在今湖北咸宁市南。《方舆纪要》卷76咸宁县：寓仙洞“在县南三十五里。明正德中改名九龙洞。洞门高广，中甚深杳”。

嵛山　即今嵛山。今福建鼎市东南大嵛山。《方舆纪要》卷96福宁州：“嵛山在州东南海中，山高而中坳如钵盂。旧名盂山，有三十六澳。”

窝卜　在今四川冕宁县西北窝堡乡。清康熙四十九年（1710）置窝卜土百户。

窝口砦　北宋置，属清州。即今天津市静海县。金明昌四年（1193）改置靖海县。

窝北镇　即今河北肃宁县东南十八里窝北镇。清同治《畿辅通志》卷49肃宁县图：东南有窝北。

窝金山　亦名对锦山。在今黑龙江省富锦市南。《清史稿·地理志》富锦县：“南：对锦山。”

窝洛沽　即今河北玉田县东南六十里窝洛沽镇。清同治《畿辅通志》卷54玉田县图：南有窝洛沽镇。民国时期与鸦红桥、林南仓为县中三大镇。

窝谋罕城　辽建，在今吉林敦化市北黑石乡。《金史·世纪》：世祖率诸军皆至，“窝谋罕弃城遁去。破其城，尽俘获之，以功差次分赐诸军”。即此。

窝集部　亦称东海窝集部。清代分布于今黑龙江省乌苏里江、吉林绥芬河流域及珲春市以东至日本海的少数民族。包括今俄罗斯滨海边疆区。《清一统志·吉林一》：东海窝集部“在珲春城东南。凡沿海林木丛茂处皆曰窝集”。

窝鲁朵城　又称古回鹘城、卜古罕城。今蒙古国鄂尔浑河上游西岸哈剌巴尔戛逊古城遗址。《辽史·萧图玉传》：开泰元年（1012）十一月，“石烈太师阿里底杀其节度使，西奔窝鲁朵城，盖古所谓龙庭单于城也”。13世纪波斯史家志费尼在其所著《世界征服者史》中引述畏吾儿史书的祖先事迹说，其最初君主卜古罕（Buqu Khan，当指回鹘汗国牟羽可汗）从四方俘获了很多人回到鄂尔浑河畔，建造了窝鲁朵城（Ordu baligh）。元耶律铸《双溪醉隐集》卷2《取和林》诗注：“（和林）城西北七十里有苾伽可汗宫城遗址。”即此。

窝阔台汗国　蒙古四大汗国之一。成吉思汗二十年（1225）封第三子窝阔台，都叶密立（也迷里，今新疆额敏县）。辖地相当今额尔齐斯河上游及巴尔喀什湖以东地区。1229年窝阔台（太宗）继汗位后，由其子贵由继承封地。元至大三年（1310）并入察合台汗国。

颋根河　即今蒙古国鄂尔浑河。《魏书·蠕蠕传》：北魏太平真君四年（443），太武帝拓跋焘“车驾至鹿浑谷，与贼将遇，吴提遁走，追至頞根河，击破之”。

〔丶㇇〕

雇　又作顾。夏方国。在今山东鄄城县东北。为商汤所灭。《诗经·商颂·长发》：“韦、顾既伐，昆吾、夏桀。”或说雇即扈，春秋郑地，在今河南原阳县西。《春秋》：文公七年（前620）“公会诸侯、晋大夫盟于扈”。

裕龙盐井　在今重庆市开县东北温泉镇东。清咸丰《开县志》卷13：裕龙井“嘉庆二十年开，煎锅九口”。

裕民设治局　又称察汗托海设治局。1940年由额敏县析置，驻察汗托海（在今新疆裕民县西）。1944年升为裕民县。

裕民县　①金初升曷董馆置，属云内州。治所当在今内蒙古土默特左旗东境。皇统元年（1141）复废为曷董馆。

②1944年升裕民设治局置，属新疆省。治所在察汗托海（今新疆裕民县西）。1959年迁治哈拉布拉（今裕民县）。

裕民洲　在今江苏扬州市邗江区东南。《清史稿·地理志》扬州府江都县：“大江西自六合历扬子入，东径七濠口……又东径裕民洲，为夹江，岐为二。又东为三江口，东南流，与江合。”

裕州　①五代梁贞明初改鼎州置，治所在今陕西富平县东北美原镇。辖境相当今陕西富平县东北部地。后唐改为美原县。

②金泰和八年（1208）置，治所在方城县（今河南方城县）。辖境相当今河南方城、叶县、舞阳三县地。元属南阳府。明洪武初省方城县入州，仍属南阳府。清不辖县。1913年改为方城县。

裕妃园寝　在今河北遵化市马兰峪西清东陵中裕陵西侧。是高宗乾隆皇帝部分后妃的葬地。葬有皇后、皇贵妃等三十六人。被贬的皇后乌喇那拉氏和容妃（即香妃）均葬于此。

裕泉盐井　在今重庆市开县东北温泉镇南。清咸丰《开县志》卷13：裕泉井“乾隆三十四年开，煎锅十八口”。

裕涌墟　即今广东佛山市顺德区西南裕涌村。清咸丰《顺德县志》卷5：墟市有“裕涌墟”。

裕陵　①金显宗陵。在今北京市房山区西北大房山云峰山麓。

②明十三陵之一，位于长陵西北四里石门山下。为明英宗朱祁镇之陵。在今北京市昌平区北天寿山东。

③清高宗乾隆帝弘历之陵。在今河北遵化市西七十里清东陵中孝陵西侧。

裕勒都斯　在今新疆和静县西北。清乾隆《西域图志》卷12伊犁东路：裕勒都斯“旧对音为朱尔都斯，在空格斯东南二百里，逾山而至。东西六百里，南北二百里。巴伦裕勒都斯郭勒东流，准裕勒都斯郭勒西南流，合而东流经其地。四面皆山，地饶水草，宜畜牧，伊犁东南屏嶂也。旧为准噶尔克里野特鄂拓克游牧之所”。

裕勒都斯河　一作朱勒都斯河。为开都河下游。在今新疆和静县西北。清乾隆《西域图志》卷27：海都郭勒“源出天山中，合三哈布齐垓郭勒、东西裕勒都斯郭勒，旁挟众水，东南流出海都塔克口，名海都郭勒”。

裕溪河　在今安徽巢湖市东南。西通巢湖，东南流至裕溪口入长江。《清一统志·庐州府一》：裕溪河“在无为州东北一百二十里，与和州分界。亦濡须水分流也。又名新裕口”。

裕溪镇　即今安徽芜湖市东北裕溪镇。明、清置巡司于此。

祺州　①北宋政和四年（1114）改羁縻保州置，治所在春祺县（今四川理县北孟屯河中下游）。辖境相当今四川理县北部地。宣和三年（1121）废。

②辽太祖改檀州置，属辽州。治所在庆云县（今辽宁康平县东南小塔子）。辖境相当今辽宁康平、法库二县部分地。金废。

祺城　在今河南杞县西北。《寰宇记》卷1雍邱县：祺城“在县西北十八里。……《尔雅》云：淇者，吉祥名”。《方舆纪要》卷47杞县：祺城“亦曰箕城。隋末，王世充尝置县于此”。

禅灵寺　南齐置，故址在今江苏南京市西南。《资治通鉴》：南朝梁承圣元年（552），王僧辩至张公洲，“乘潮入淮，进至禅灵寺前”。胡三省注：“禅灵寺，齐武帝所建。”

禅果寺　又称定晋岩禅果寺。在今河北武安市西北活水乡寺沟村东。《清一统志·彰德府》：禅果寺“在武安县西北。东魏高欢所建。后唐天成元年重修”。

禅春站　元置，故址在今吉林蛟河市东北三道河附近。元《析津志》天下站名：“阿忽一百（里）禅春（站）。”明改称善出站。

禅陵　汉献帝刘协陵。在今河南修武县北。《后汉书·孝献帝纪》：三国魏青龙二年（234），“以汉天子礼仪葬于禅陵”。李贤注：“《帝王纪》：‘禅陵在浊鹿城西北十里，在今怀州修武县北二十五里。陵高二丈，周回二百步。’刘澄之《地记》：‘以汉禅魏，故以名焉。’”

禅梯岭　在今陕西延川县西南。《方舆纪要》卷57延川县：禅梯岭“嘉靖三十年，抚臣张珩言：保安县石门镇、甘泉县野猪峡，与延川县禅梯岭，俱为套寇深入之路，比他镇为独重，可各筑一城守之，是也”。

禅智寺　在今江苏扬州市东北城北乡。《舆地纪胜》卷37扬州：隋炀帝宫“在江都县（今扬州市）北五里。今为上方禅智寺。罗隐诗云：远木连天水接空，几年行乐旧隋宫”。又，唐张祜《纵游淮南》诗：“十里长街市井连，月明桥上看神仙。人生只合扬州死，禅智山光好墓田。”

禅源寺　在今浙江临安市西天目山。《清一统志·杭州府二》：禅源寺“在于潜县天目山狮子岩右，元建，名狮子正宗寺。本朝康熙初僧玉琳重建，后毁。雍正十一年再建，赐今额”。1941年被日本飞机炸毁。

禄兀　在今柬埔寨西北部，暹粒城北吴哥。为真腊的都城。元周达观《真腊风土记》中所言之真腊都城指此。此城为9世纪初叶真腊名王阇耶拔摩三世开始营建，至公元900年完成。1431年被暹罗侵掠，柬埔寨始迁都金边。

禄口镇　即今江苏南京市江宁区南禄口镇。清同治《上江两县志》卷5《城厢》：有“禄口镇”。清光绪《江苏全省舆图》江宁县记：“禄口镇在城南六十里。”

禄川　即禄水。今四川仁寿县东北贵平河。《旧唐书·地理志》贵平县：“旧治和仁城，开元十四年，移治禄川也。”《元和志》卷33贵平县：禄水“在县南五十步”。清光绪《补纂仁寿县志》卷2：禄川水“在治东北八十里，距贵平废县三十步。发源简州东山谷中，至镇江桥入县界，十五里经贵平旧治，又六十里至辜家坝龙桥场入龙水”。

禄马驿　明置，属建昌卫。在今四川西昌市南鹿马村。《方舆纪要》卷74建昌卫军民指挥使司“金川堡”条内：“《志》云，自司北（南）禄马驿东南行，历巴西、鹿角、凹脑者者、黄泥、什结诸铺，至阿用驿。”清名禄马站铺。嘉庆《四川通志》卷89西昌县：禄马站铺“在县南五十里”。

禄丰（豐）江　即今红河流经云南建水、石屏两县境的一段。《明一统志》卷86临安府：礼社江“在府城西。流经城南入纳楼茶甸界，为禄丰江”。

禄丰（豐）县　元世祖至元十二年（1275）析安宁地置，属安宁州。治所在白村（即今云南禄丰县）。《元史·地理志》：“因江中有石如甑，俗名碌琫，译谓碌为石，琫为甑，讹为今名。”清属云南府。民国初属云南滇中道。1916年直属云南省。

禄水　亦作绿川。即今四川仁寿县东北贵平河，为球溪河支流。《寰宇记》卷85贵平县：禄水“在县南三十七步，流入仁寿县”。《方舆纪要》卷67仁寿县：绿水“在县北八十里。水多鱼虾，因名。自双流县流入境，下流合于兰溪。唐开元中，移贵平县治禄川，即此水也”。

禄劝州 元世祖至元二十六年（1289）于洪农碌券甸置，属武定路。治所即今云南禄劝彝族苗族自治县。彝语“碌”为石头，“券”为山梁，意即石头山梁。明属武定府。清乾隆三十五年（1770）改为禄劝县。

禄劝县 清乾隆三十五年（1770）降禄劝州置，属武定州。治所即今云南禄劝彝族苗族自治县。民国初属云南滇中道。1916 年直属云南省。1985 年改设禄劝彝族苗族自治县。

禄布山 在今云南罗平县北八十里。《方舆纪要》卷 114 罗平州：禄布山“在州北八十里。《志》云，山高二百余丈，盘旋百里，林木葱蒨，峭石巉岩”。

禄州 ①隋大业初改越州置，治所在合浦县（今广西浦北县南旧州村）。辖境相当今广西玉林、北流、陆川、浦北、合浦、北海及广东廉江、湛江、海康、徐闻等县市间地。寻改为合州。

②唐总章三年（670）置，属戎州都督府。治所即今贵州水城县（滥坝镇）西北六盘水市钟山区黄土坡。后废。

③亦作绿州。唐置羁縻州，属安南都护府。治所在今越南广宁省禄平。北宋属邕州左江道。元属思明府。明洪武三年（1370）废。二十一年（1388）复置，寻废。永乐三年（1405）复置，属思明府。宣德元年（1426）废。

禄步镇 即今广东高要市西北禄步镇。《方舆纪要》卷 101 肇庆府高要县：禄步镇在“府西七十里。旧为禄步寨，明初改置巡司，洪武二十一年，自禄步上村迁于下村水口”。清仍于此设禄步巡司。

禄谷寨长官司 明永乐十年（1412）置，属镇沅府。治所在禄平寨，又作六谷寨（今云南镇沅彝族哈尼族拉祜族自治县东南五十一里河口）。清废。

禄卑江 在今云南通海县西。《方舆纪要》卷 115 河西县：“禄卑江在县西五十里。一名沾夷江。源自新兴州流经县境，东入于曲江。”

禄峒 亦作渌峒。北宋置，属邕州左江道。治所即今广西靖西县西三十五里禄洞乡。元属镇安路。《元史·外夷传·安南》：皇庆二年（1313），交阯军“陷禄洞、知洞等处，虏生口孳畜及居民赀产而还”。即此。

禄莲江 在今云南建水县西南。《方舆纪要》卷 115 纳楼茶甸长官司：禄莲江在“司（治今县西南官厅）南四十里”。

禄索州 唐置，治所在今云南屏边苗族自治县西部，新现南十五里，新现河西侧。辖境约当今云南屏边苗族自治县西部地。后废。

禄郫江 亦作禄卑江或丽水。即今伊洛瓦底江，是南诏入今缅甸的主要通道之一。唐樊绰《蛮书》卷 2：“丽水一名禄卑江。”

禄康插木 即今西藏拉萨市内布达拉宫后之龙王潭。藏语意为寨后龙宫。相传是古代建布达拉宫时挖土方所致。清《西藏图考》卷 5：禄康插木“在布达拉后有一池，约四里，中建八角琉璃亭，又名水阁凉亭”。园中碑亭内还分别保存有清康熙五十七年（1770）为驱逐廓尔喀侵略军出西藏而立之两通石碑。是拉萨著名园林之一。

禄脿 即今云南安宁市西禄脿镇。明洪武中置土巡检司于此。

禄脿驿 明置，属安宁州。在今云南安宁市西禄脿镇。《方舆纪要》卷 114 安宁州：禄脿驿在“州西五十五里。兼置巡司于此。亦曰禄嘌”。“禄脿”为彝语，“禄”为石头，“脿”为白，意为白石头多的地方。

禄福县 西汉置，为酒泉郡治。治所即今甘肃酒泉市。《续汉书·地理志》、《晋书·地理志》作福禄县。隋改名酒泉县。

鄍 春秋虞邑。在今山西平陆县东北。《左传·僖公二年》：“冀为不道，入自颠軨，伐鄍三门。”即此。

谢 西周申国都邑。在今河南南阳市东南。《诗经·大雅·崧高》：“亹亹申伯，王瓒之事，于邑于谢，南国是式。”又《小雅·黍苗》：“肃肃谢功，召伯营之。”《水经·比水注》：谢水“出谢城北，其源微小，至城渐大。城周回侧水，申伯之都邑。《诗》所谓‘申伯番番，既入于谢’者也。世祖建武十三年封樊重少子丹为谢阳侯，即其国也”。或说故城在今河南唐河县南。

谢山 ①在今江西高安市西北。《寰宇记》卷 106 筠州高安县：谢山“在县北一百里，谢仙君上升之处。奇峰怪石，丹灶履迹犹在。上有真祠，祈祷皆应”。

②在今江西万载县北。明《寰宇通志》卷 39 袁州府：谢山“在万载县北七十里。山因刘宋谢灵运封康乐公得名。或云谢仙修真之所，即高道谢仲初也。上有仙坛、丹井，石上有履迹，有试剑石”。

③即今浙江宁波市东南海中大榭岛。其旁为小榭岛。《明史·地理志》定海县：“有大谢、小谢山。”

谢女峡 一名仙女峡。在今广东珠海市南横琴岛。《宋史纪事本末》卷 108：南宋景炎二年（1277），“元刘深袭井澳，帝奔谢女峡，复入海，至七里洋，欲往占城不果”。

谢公山 ①在今广东始兴县南。《方舆纪要》卷 102 始兴县：谢公山在“县南三十里。峰峦耸拔，独高诸阜。昔有谢姓者隐此，因名”。

②即今安徽当涂县东南三十里青山。《寰宇记》卷 105 当涂县：谢公山“在县东三十五里。齐宣城太守谢朓筑室及池于山南。其宅堦址犹存，路南砖井二口。天宝十二年改为谢公山。周回八十里”。

谢公乡 即今浙江长兴县西南贺家岗。《清一统志·湖州府一》：谢安墓“在长兴县南六十里三鸦村。安初葬建康之梅山，后被发，其裔孙夷吾为长城令，迁葬于此。今其地曰谢公乡，有谢太傅庙”。今庙址尚存。

谢公岩　在今湖北省襄阳市西南。《明一统志》卷60襄阳府：谢公岩“在府治西南五里。昔谢希逸游此。故名”。上有仙人洞。其草经冬不萎，可避寒。洞旁有宋、明摩岩石刻。

谢公亭　在今安徽宣城市北郊。《方舆胜览》卷15宁国府：谢公亭“在宣城县北二里。《旧经》云，谢元晖送范云零陵内史之地。李白诗：池花春映日，窗竹夜鸣秋，谢公离别处，风景亦生愁”。

谢公楼　即北楼。又名谢朓北楼。南齐谢朓建，在今安徽宣城市。

谢公墩　①亦名谢安墩。在今江苏南京市城内北隅。宋张敦颐《六朝事迹编类》卷6：谢公墩“在半山报宁寺之后，基址尚存。谢安与王羲之尝登此”。李白《登金陵冶城西北谢安墩》诗有“冶城访古迹。犹有谢安墩”句。后王安石亦居半山，有《谢公墩二首》。诗云：“我名公字偶相同，我屋公墩在眼中，公去我来墩属我，不应墩姓尚随公。”

②在今湖北阳新县东。《清一统志·武昌府二》：谢公墩“在兴国州东一里湖堤山，宋谢枋得寓居读书处，其地有叠山书院”。

谢过城　在今山东泰安市东北十五里西城。《寰宇记》卷21乾封县：“有汶阳田，齐以此归鲁以谢过，故有城存。”

谢师塘　在今江西星子县东北鄱阳湖滨。同治《江西全省舆图》卷14南康府星子县：“县东北陆路出东门向北行三里至神灵湖，又二里至谢师塘。”清时有把总驻防。

谢庄　在今河北冀州市西北，滏阳新河北谢家庄。清为谢家庄堡。

谢庄集　即今河南中牟县西南谢庄村。民国《中牟县志》卷2《镇集》：“谢庄集，在县西南，距城四十里。”

谢安墓　在今江苏南京市中华门外石子岗。《陈书·始兴王叔陵传》：“晋世王公贵人，多葬梅岭。”太建十一年（579），始兴王叔陵母彭氏卒，“求于梅岭葬之，乃发故太傅谢安旧墓，弃去安柩，以葬其母”。《元和志》卷25润州上元县：“谢安墓，在县东南十里石子岗北。”《景定建康志》谓：“谢安墓在城南九里梅岭岗。”梅岭岗因晋豫章太守梅颐居此而得名，石子岗即梅岭岗。

谢阳　即射阳。在今河南南阳市东南。《水经·比水注》：比水“又西南流，谢水注之……世祖建武十三年，封樊重少子丹为谢阳侯”。杨守敬疏：“射、谢通用，射水即谢水，射阳即谢阳。”

谢坊墟　即今江西瑞金市西南五十二里谢坊镇。清道光《宁都直隶州志》卷4：瑞金县有谢坊墟。同治《江西全省舆图》卷10：瑞金县西南有谢坊汛。

谢村　即今广东广州市番禺区西北谢村。民国《番禺县续志》卷5：墟市有“谢村墟”。

谢村站　在今广西河池市西南。《方舆纪要》卷109河池州：谢村站在“州西南八十里”。

谢村镇　①在今广西来宾市南五山。《明史·地理志》：贵县有向武军民千户所，“万历二十三年又迁县西北谢村镇”。即此。

②清置，属洋县。即今陕西洋县西二十五里谢村镇。

谢步镇　北宋置，属安丰县。即今安徽寿县南谢步村。

谢谷水　在今山西介休市西南。《方舆纪要》卷42介休县：谢谷水“在县西南十里。源出谷南磨子沟，平地涌出，大小十数泉，流入谷中，灌十余邨田，至小宋曲北入汾”。

谢沐县　西汉置，属苍梧郡。治所在今湖南江永县西南二十五里甘棠村。三国吴属临贺郡。南朝宋属临庆国。齐仍属临贺郡。隋开皇九年（589）并入永阳县。

谢鸡墟　即今广东高州市东谢鸡镇。清光绪《茂名县志》卷2：“县治东三十五里谢鸡墟。”

谢罗山　即武当山。在今湖北丹江口市西南。《水经·沔水注》：“（武当山）一曰太和山，亦曰上山，山形特秀，又曰仙室。《荆州图副记》曰：‘山形特秀，异于众岳。峰首状博山，香炉亭亭远出，药食延年者萃焉。’晋咸和中，历阳谢允，舍罗邑宰隐遁斯山，故亦曰谢罗山焉。”

谢飓　即漕矩吒。唐西域国名。都城在鹤悉那城（今阿富汗喀布尔南加兹尼）。《新唐书·西域传》：谢飓“居吐火罗西南，本曰漕矩吒，或曰漕矩，显庆时谓诃达罗支，武后改今号”。

谢炉集　即今河北清河县东南十二里谢炉镇。《清一统志·广平府二》：谢炉堡“在清河县东南十二里。周一里有奇，外有池，居民殷盛，商贾辏集”。

谢建山　在今广东廉江市北。《方舆纪要》卷104石城县：谢建山在“县北十里。上有一峰高出，为县主山。又有一冈，远望如城，曰石城冈。县因以名”。

谢保堡　明置，属宁夏前卫。即今宁夏贺兰县习冈镇。《方舆纪要》卷62宁夏镇：谢保堡“在镇北十五里。自堡而北，又有张亮、李信、丁义、周澄凡四堡”。1941年于此置贺兰县。

谢家店　即今吉林辉南县东南辉南镇。清宣统初，辉南厅自大肚川移治于此。

谢家桥镇　即今江苏常熟市北谢桥镇。清光绪《江苏全省舆图》常熟县图：北有谢家桥。民国《江苏六十一县志》：常熟县北有“谢家桥镇”。

谢家集　即今河南商丘市西北谢集镇。明嘉靖《归德州志》卷1《村镇》：“谢家集，小坝西北十五里。”

谢家湾　即今陕西镇安县治。明天顺七年（1463）镇安县由野猪坪迁治于此。

谢家塘市　即今浙江上虞市东北二十四里谢塘镇。清光绪《上虞县志》卷18：谢家塘市“在县（旧治丰惠镇）北五十里”。

谢通门谿 元至正十四年（1354）置，治所即今西藏谢通门县。藏语意为见后满意地笑了（传说莲花生大师看见这个地方以后满意地笑了）。1960年与达那仁钦则及沃间宗合并，设立谢通门县。

谢埠市 即今江西南昌县（莲塘镇）东北谢埠街。清同治《南昌府志》卷6有谢埠市。

谢朓北楼 又名谢朓楼、谢公楼、叠嶂楼。南齐谢朓建。在今安徽宣城市城内。唐咸通中刺史独孤霖改名叠嶂楼。李白《秋登宣城谢朓北楼》诗云："江城如画里，山晚望晴空……谁念北楼上，临风怀谢公。"杜牧《题宣城开元寺》诗有"南朝谢朓楼，东吴最深处"。

谢道 在今广东海丰县西南。《明史·地理志》海丰县："西南有长沙港巡检司，后迁谢道。"

谢道山 在今广东海丰县西南。《方舆纪要》卷103海丰县：谢道山营"在县南二十里"。《清一统志·惠州府》：谢道山营"在海丰县西南二十里液水西岸。明嘉靖十一年增设，三十八年移长沙营兵于此"。

谢禄山 在今江苏连云港市南。《隋书·地理志》：东海县有谢禄山。《寰宇记》卷22海州东海县："谢禄山在县城（今海州镇）西一里。按《汉书》云，王莽时，东海徐宣、谢禄等击王莽将田况，大破之，曾屯兵于此，因名。"

谢塘 在今江苏金坛市东南。《新唐书·地理志》金坛县："东南二十里有南、北谢塘。武德二年，刺史谢元超因故塘复置以溉田。"《舆地纪胜》卷7镇江府：南谢塘、北谢塘"在丹徒东南。灌田千余顷。梁记室谢德威、隋谢元超所造，因名"。

谦光殿 张骏执政时建。在姑臧城（今甘肃武威市城）南。为前凉国都姑臧城内的主要宫殿。《晋书·张骏传》载："又于姑臧城南筑城，起谦光殿，画以五色，饰以金玉，穷尽珍巧。殿之四面各起一殿，东曰宜阳青殿，以春三月居之，章服器物皆依方色；南曰朱阳赤殿，夏三月居之；西曰政刑白殿，秋三月居之；北曰玄武黑殿，冬三月居之。其傍皆有直省内官寺署，一同方色。及末年，任所游处，不复依四时而居。"

谦州 又作欠州、欠欠州、谦谦州。元置，属岭北行中书省。在今俄罗斯图瓦自治共和国乌鲁克穆河与克穆齐克河合流处之南的鄂依玛克古城。《元史·地理志》谦州："亦以河为名，去大都九千里，在吉利吉思东南，谦河西南，唐麓岭之北。居民数千家，悉蒙古、回纥人。有工匠数百，盖国初所徙汉人也。"元初划为拖雷家族领地，世祖时置益兰州等处五部断事官治之。

谦河 又作剑水。即今俄罗斯西伯利亚叶尼塞河会安加拉河处以上河段。元属岭北行省。《元史·地理志》西北地附录："谦州亦以河为名，去大都九千里，在吉利吉斯东南，谦河西南，唐麓岭之北。"

谦恭镇 北宋置，属确山县。在今河南确山县境。

〔ㄱ一〕

遐来物 古国名。又作吉利门。即今印度尼西亚爪哇岛以北爪哇海中之卡里摩爪哇群岛。一说在今印度尼西亚苏拉威西岛北部米那哈撒半岛。元汪大渊《岛夷志略》有专条记述。

犀牛江 即西汉水。在今甘肃省南部。《明一统志》卷34汉中府："犀牛江在略阳县西北一百二十里，自阶州东流入嘉陵江。"清康熙《巩昌府志》卷5：漾水"源出嶓嵊，流至礼县，名长道河。至阶州泰石山，名犀牛江"。乾隆《甘肃通志》卷7："嘉陵江，今俗名犀牛江。"

犀牛里 在今四川郫县东南犀浦镇。《水经·江水注》："江水又东迳成都县……西南石牛门曰市桥，桥下谓之石犀渊。李冰昔作石犀五头以厌水精，穿石犀渠于南江，命之曰犀牛里。"

犀牛洞 在今广西扶绥县西十里。明《徐霞客游记·粤西游日记三》："过穆窑，闻知犀牛洞在麒麟村……麒麟村人指犀牛洞在北山东峰之上，相去祗里许耳。"《清一统志·南宁府》：犀牛洞"诸峰环立，洞最虚明，可列数十榻。有池一泓，自石滴下，清冷不竭"。

犀亭 又名铁牛亭。在今湖南茶陵县城南，洣水北岸。《明一统志》卷63长沙府：铁牛亭"宋刘子迈筑城，见江水势冲突，工难成。铸铁牛以镇之，城遂成。铁牛犹存"。铁犀长八尺，作昂首跪卧状。对研究宋代冶铸技术有较高价值。原亭倾圮。1953年将铁犀底座升高1.20米。1982年复建亭于其上。

犀浦县 唐垂拱二年（686）置，属益州。治所即今四川郫县东南二十里犀浦镇。《元和志》卷31犀浦县："昔蜀守李冰造五石犀，沉之于水以厌怪，因取其事为名。"天宝元年（742）属蜀郡，至德二年（757）属成都府。《新唐书·陈敬瑄传》：大顺年间，"敬瑄自将出犀浦，列二营邀（王）建"。即此。北宋熙宁五年（1072）废入郫县。

犀浦铺 即今四川郫县东南犀浦镇。清嘉庆《四川通志》卷89郫县：犀浦铺"在县东二十里"。

犀浦镇 北宋熙宁五年（1072）废犀浦县置，属郫县。即今四川郫县东南二十里犀浦镇。

孱山 亦作潺山。在今四川安县（花荄镇）西南，为古孱水（今凯江）发源处。东晋常璩《华阳国志·汉中志》：涪县"孱水出孱山，其源出金银矿，洗取，火融合之为金银"。

孱亭 亦作潺亭。在今四川罗江县北。《汉书·地理志》：涪县有孱亭。蒙文通有《汉潺亭考》，谓潺亭在今盐亭县。

孱亭县 亦作潺亭县。南朝梁置，属巴西梓潼郡。治所在今四川罗江县。西魏改为万安县。《隋书·地理志》金山郡万安县："旧曰孱亭，西魏改名焉，置万安郡。”

孱陵县　①战国秦置，属南郡。治所在今湖北公安县西南。西汉属武陵郡。东汉建安二十四年（219），孙权封吕蒙为孱陵侯于此。西晋属南平郡。南齐为南平郡治。隋开皇九年（589）废入公安县。

②隋平陈后改作唐县置，属澧州。治所在今湖南安乡县北。唐贞观初废。

孱陵镇　北宋置，属公安县。在今湖北公安县西。清置巡司于此。

弼琶啰国　唐代拨拔力国异译。故址在今非洲索马里北部亚丁湾南岸柏培拉附近。南宋赵汝适《诸蕃志》卷上·“弼琶啰国有四州，余皆村落。各以豪强相尚，事天不事佛。”

弼斯啰国　在今伊拉克巴士拉之西。为古代波斯湾主要港口所在。南宋赵汝适《诸蕃志》卷上：“弼斯啰国，地主出入，骑从千余人，尽带铁甲，将官带连环锁子甲，听白达节制。”

强山　一名狂山，又名长山。在今江西鄱阳县西南。《清一统志·饶州府一》：强山“在鄱阳县西南六十里。一名狂山。两山特起，滨鄱阳湖，接都昌界”。清于此设强山汛。

强（彊）川口　即羌水之口。在今甘肃东南西倾山南白龙江沿岸。《三国志·魏书·邓艾传》：景元四年（263），邓艾伐蜀，遣天水太守王颀攻姜维营。金城太守杨欣等诣甘松，“欣等追蹑于强川口，大战，维败走”。《资治通鉴》：三国魏景元四年（263）胡三省注：“强川口，在彊台山南。彊台山，即临洮之西倾山”。

强川堡　金置，属葭州。在今陕西佳县北七十五里。后废。

强化三部　元置，治所在今云南文山县。《清一统志·开化府》：教化三部废长官司“在今府治（今文山县）。唐时强现蛮居此，元为强现三部，隶临安宣慰司，明改为长官司。《府志》：三部：教化、强现、牙车，三部也。司治在珑村，其地有众山连络”。

强公渠　在今陕西铜川市耀州区西南。《新唐书·强循传》：“华原无泉，人畜多渴死，循教人渠水以浸田，一方利之，号强公渠。”

强师县　唐渤海国置，属仙州。治所在今辽宁昌图县北四面城。辽改为归仁县。

强州　元置，属茫部路。治所在今云南威信县境。明洪武十七年（1384）后废入芒部府。

强阴县　西汉置，属雁门郡。治所在今内蒙古凉城县东天城乡西古城。东汉末废。

强鸡州　唐天宝前置羁縻州，属雅州都督府。治所在今四川宝兴县境。后废。

强现部　或即空亭部。宋大理置，为教合三部之一，属最宁府。在今云南屏边苗族自治县西北四十四里新现乡。元代属临安等处宣慰司。明代属教化三部长官司。清代属开化府。

强虎哨　在今湖南吉首市西南二十里。明时建哨于此，设千总驻防。清嘉庆二年（1797）移乾州协左营守备驻此。五年（1800）乾州（治今吉首市西南乾州镇）麻里湾苗民在此起义。

强宗部　宋大理置，属善阐府。在今云南澄江县北三十五里阳宗镇。元改阳宗县。

强梁原　亦名朝坂。在今陕西大荔县朝邑镇南。《汉书·地理志》左冯翊襄德县：“《禹贡》北条荆山在南，下有强梁原。”《寰宇记》卷28引《水经注》云：“洛水东南历强梁原，俗谓之朝坂。”

巽亭　宋建，在今浙江缙云县南。《清一统志·处州府》：巽亭“在缙云县南龙津桥上。宋御史詹适建，苏轼诗：涛雷轰白昼，梅雪耿黄昏”。

〔阝〕

隞　即嚣。或作敖。在今河南郑州市。《史记·殷本纪》：“帝仲丁迁于隞。”近年在郑州市内发现面积达300万平方米的商代古城遗址。此城属二里冈期。城内有大型商代宫殿建筑基础群、墓葬、窖藏青铜器等具有王室规格的文化遗存。或说仲丁所迁之隞，在今郑州市西北四十里的小双桥。

隔马山　即今山东济南市长清区南六十里马山。《元和志》卷10长清县：隔马山“在县（按指今县东南三十里长清县旧治）东南三十五里。《左传》曰：晋侯伐齐，齐师遁夙沙卫，杀马于隘以塞道，后因为隔马山”。

隔会水　在今山东高青县北。即漯河之别名。《方舆纪要》卷35谓“《汉志》‘漯水至千乘入海’即此，后讹为隔会水。隋盖以此名县（会城县）。今堙”。

隔昆　即坚昆。在今俄罗斯鄂毕河上游与叶尼塞河上游之间。《汉书·匈奴传》：匈奴冒顿时，“北服浑窳、屈射、丁零、隔昆、薪犁之国”。

隔城　在今河南桐柏县西北。南朝宋置，南齐置南襄城郡于此。《南齐书·曹虎传》：永明六年（488），“荒贼桓天生复引虏出据隔城，遣虎督数军讨之”。

隔蒲潭镇　在今湖北云梦县南十八里隔蒲镇。《清一统志·德安府》：隔蒲潭镇“在云梦县南，临涢水”。

隬隍　即今广东丰顺县东北隬隍镇。清乾隆《潮州府志》卷14丰顺县：隬隍市在“县东九十里隬隍社”。嘉庆二十四年（1819）置巡司于此。

隘口场　在今重庆市秀山土家族苗族自治县西南隘口镇（峻岭）。清光绪《秀山县志》卷1：平茶里“隘口，县西六十里”。1934年贺龙红三军在场西南百岁村驻扎，建司令部于此。

隘口岭　在今安徽太湖县西北境。《方舆纪要》卷26太湖县：隘口岭“在县西北二百里，接英山县界”。古为通往湖北的隘口。

隘口河　在今辽宁义县东北。《方舆纪要》卷37义州卫：隘口河“在卫东北八十里。源出废川州之双峰山，流入清河”。

隘门山　①在今山西灵丘县东南。《水经·滱水注》：“滱水自（灵丘）县南流入峡，谓之隘门，设隘于峡，以讥禁行旅。”《元和志》卷14灵丘县：“隘门山，亦曰隘口，在县东南十五里。壁立直上，层崖刺天，有石道极险狭，后魏明元帝置义仓之所。”

②在今贵州石阡县西南废葛彰司北。《方舆纪要》卷122石阡府葛彰葛商司：隘门山“在司治（今河坝场）北。两峰相峙，险隘如门”。

隘门关　即今河北蔚县西南四十里石门口。《方舆纪要》卷44蔚州：隘门关“路通灵丘、广昌二县。宋置戍守于此。明初置巡司。其东有龟峪，路通广昌县”。

隘岸　即今云南富宁县东北五十七里剥隘镇。元代称隘岸，见《招捕总录》。

隘洞　即今广西东兰县东北隘洞镇。红水河流经其西，故称此段江流为隘洞河。

隘洞江　指今广西东兰县境之红水河。《明史·地理志》东兰州：“东南有隘洞江，一名都泥江，又名红水河，又名乌泥江。”

隘顽千户所　明洪武二十年（1387）置，属松门卫。在今浙江温岭市南二十里岙环镇。《方舆纪要》卷92松门卫：隘顽千户所，“嘉靖三十七年官军败倭于此”。清改为隘顽寨，设把总防守。

隘留关　在今广西凭祥市东南油隘。土名笏竹根。南与越南那克连界。清徐廷旭《越南辑略》卷1：“隘留关今名油隘……系广西入越南之路。”

②在今越南北部谅山县北。《方舆纪要》卷112谅山府：隘留关“在府北文渊州界，又南为鸡陵关，又南为芹站。永乐二年，遣黄中等送陈天平还安南，至邱温，又进度隘留、溪（鸡）陵二关”。《明史·张辅传》：永乐四年（1406），张辅“自凭祥进师，度坡垒关，望祭安南境内山川，檄季犛二十罪。进破隘留、鸡陵二关”。又《柳升传》：宣德二年（1427）柳升讨安南黎利，“九月，升始入隘留关”。

疏（疎）口　在今湖北宜城市西北。《水经·沔水注》：“沔水又南与疏水合，水出中庐县西南，东南至邔县北界，东入沔水，谓之疏口。”《资治通鉴》：唐建中二年（781），“（梁）崇义遣其将翟晖、杜少诚逆战于蛮水，（李）希烈大破之，追至疏口，又破之”。

疏山　“疏”又作“疎”。在今江西金溪县西北。《明一统志》卷54抚州府：疎山“在金溪县西北五十里。唐有何仙舟弃官隐居读书于此，因号书山。其书堂遗址尚存。中和中创为禅刹，额曰白云。南唐改为疎山”。《清一统志·抚州府一》：疏山“在金溪县西北五十里。高五里，周二十里。左峰曰桴鼓，右峰曰搴旗，相传梁周迪起兵处”。

疏（疎）山寺　在今江西金溪县西五十里浒湾镇南。始建于唐中和二年（882），原名白云寺。南唐昇元元年（937）改称疏山寺。

疏日冈　在今西藏拉萨市城西。清《西藏图考》卷5：疏日冈“在布达拉西七里许，乃达赖、班禅往来停骖、饮茶处，亦名经园”。

疏（疎）水　又名涑水、襄水。在今湖北宜城市西北。《水经·沔水注》：疎水“出中庐县西南，东流至邔县北界，东入沔水，谓之疎口也”。《清史稿·地理志》宜城县：“北疏水，亦名襄水，土人呼涑水，亦自疎口入汉。”

疏附县　清光绪八年（1882）置，属疏勒州。治所在喀什噶尔回城（今新疆喀什市）。二十八年（1902）属疏勒府。民国初属新疆喀什噶尔道。1930年属喀什噶尔行政区。后直属新疆省。1955年徙治托库扎克巴（今疏附县）。

疏勒州　清光绪八年（1882）置，属甘肃省。治所在喀什噶尔新城（今新疆疏勒县）。辖境相当今新疆喀什、疏勒、疏附、岳普湖、阿图什、乌恰等市县地。十年（1884）属新疆省。二十八年（1902）升为疏勒府。

疏勒县　1913年改疏勒府置，为新疆喀什噶尔道治。治所即今新疆疏勒县。1930年属喀什噶尔行政区。后直属新疆省。

疏（疎）勒国　又作竭叉、沙勒、佉沙、室利讫、粟多底、可失哈里、哈失哈等。汉西域三十六国之一，属西域都护府。都城在疏勒城（今新疆喀什市）。《三国志·乌丸鲜卑东夷传》：“魏兴，西域虽不能尽至，其大国龟兹、于寘、康居、乌孙、疎勒、月氏、鄯善、车师之属，无岁不奉朝贡，略如汉氏故事。”东汉延光二年（123）以后属西域长史。唐贞观初建疏勒镇，与龟兹、于阗、碎叶号称安西四镇。高宗上元中以其地置疏勒都督府，属安西都护府。岑仲勉《汉书西域传地里校释》认为，疏勒由“粟特”一词转变而来。黄振华《粟特文》（载《中国民族古文字》一书）认为，“粟特”是古代伊朗语，意为“圣地”。

疏勒府　清光绪二十八年（1902）改疏勒州置，治所在喀什噶尔新城（今新疆疏勒县）。辖境相当今新疆喀什、疏勒、疏附、岳普湖、伽师、阿图什、乌恰等市县地。1913年改为疏勒县。

疏勒河　古名南籍端水、苏赖河。又名卜吉儿川、布隆古尔河。即今甘肃西部之疏勒河，为河西走廊三大内陆河流之一。源出祁连山脉西段疏勒南山和托来南山之间，西北流经肃北蒙古族自治县东部，又北流经玉门市西合昌马河，西北流经布隆吉尔城北，又西流经瓜州、敦煌二县市北，会南来之党河。最后潴为哈拉泊。

疏勒城　汉车师后部境内城名。在今新疆吉木萨尔县、奇台县一带。《后汉书·耿恭传》：永平十八年（75），匈奴围攻金蒲城，不克，解去，“恭以疏勒城旁有涧水可固，五月，乃引兵据之”。匈奴围之，自七月至建初元年（76）正月，汉兵自车师前部交河城从山北至疏勒迎恭还。《资治通鉴》：东汉永平十八年(75)，胡三省注："此疏勒城在车师后部，非疏勒国也。"唐岑参《发临洮将赵北留别》诗："白草通疏勒"，当即此城。

疏勒都督府 唐贞观二十二年（648）置，属安西都护府。治所在今新疆喀什市。贞元中废。

疏勒镇 唐安西四镇之一。贞观二十二年（648）置，治所在今新疆喀什市。《新唐书·西域传·龟兹》阿史那社尔破龟兹，"始徙安西都护于其都，统于阗、碎叶、疏勒，号四镇"。又，《地理志》引贾耽《四夷路程》："百四十里至疏勒镇，南北西三面皆有山，城在水中。"贞元六年（790）后废。

疏属山 ①在今山西河津市东。《文中子·事君篇》："疏属之南，汾水之曲，有先人之敝庐在，可以避风雨。"

②即雕山。在今陕西绥德县西南。《山海经·海内西经》："贰负之臣日危，危与贰负杀窫窳，帝乃梏之疏属之山。"

〔フノ〕

媪围水 一作温水，又作温围水、温圉水。即今甘肃景泰县的大沙河。《通鉴》晋咸宁五年（279），"马隆西渡温水，树机能等以众数万据险拒之"。又《通鉴》南朝宋元嘉十六年（439），"及议伐凉州，(李）顺与尚书古弼皆曰：'自温圉水以西至姑臧，地皆枯石，绝无水草'"。

媪围县 西汉置，属武威郡。治所在今甘肃景泰县东南芦阳镇东的吊（窎）沟故城。唐时为新泉军治。《水经·河水注》："又东北过武威媪围县东，河水迳其界，东北流。"

媚 春秋齐国边邑。在今山东禹城市西。《左传》：定公九年（前501），"齐侯致禚、媚、杏于卫"。杜注："三邑皆齐西界。"

媚川郡 五代南汉置，属常乐州。治所在今广西合浦县南。《舆地纪胜》卷120廉州：媚川郡，"《通略》开宝五年载：初刘铱在广南置媚川郡，令人入海采珠，溺死者众，诏废之。今合浦县尚有媚川馆"。

媚丽居 在今缅甸萨尔温江口毛淡棉对岸的比鲁君岛。一说应为墨吉即今缅甸丹老之对音。见清谢清高《海录》"乌土"条。

婿水镇 北宋置，属兴道县。即今陕西洋县西南湑水镇。

〔フ丶〕

犟岭关 即徽岭关。在今安徽绩溪县西北。《方舆纪要》卷28绩溪县：犟岭关"在县西北十五里太平镇。有关城"。

登云（雲）山 亦名宝屏山。在今四川长宁县南双河镇北。《舆地纪胜》卷166长宁军：登云山"郡治主山也。旧名宝屏山。每岁九日，太守领客登。后筑亭其上，名曰登云亭"。

登云（雲）岭 在今广东怀集县北。《方舆纪要》卷108梧州府怀集县：登云岭在"县北八十里。岭头云雾常凝结不散，行者经此，若登云然"。

登牙侬 即今马来西亚马来半岛东岸瓜拉丁加奴。南宋赵汝适《诸蕃志》卷上"三佛齐国"之属国中有"登牙侬"。元汪大渊《岛夷志略》作"丁家庐"。《元史·外夷·马八儿等国》作"丁呵儿"。《郑和航海图》作"丁加下路"。

登水 在今安徽绩溪县东北，为登源河上源。宋淳熙《新安志》卷5绩溪县：登水"出借溪山，南流九十里合扬之水，入歙县界，溉田二顷"。《方舆纪要》卷28绩溪县"扬之水"条下："登水在县东北八十里，出借溪山，亦南流，入扬之水。"

登龙冈 在今西藏拉萨市西南三十里拉萨河滨。古为赴后藏打尖处。清乾隆《卫藏通志》卷3："业党山，前藏西南行三十里，名登龙冈，过大桥，又西南折，山势陡峻，为前藏西面屏障，通后藏大道。"

登北井 在今四川南溪县北。《元丰九域志》卷7：南溪县"登北一盐井"。

登仕堡子 即今辽宁法库县西南登仕堡子镇。清光绪《奉天全省地舆图说图志》铁岭县图：西南有登仕堡。

登仙桥 原称红门桥。在今江西乐安县东南，横卧在谷冈河上。建于北宋绍圣元年（1094）以前。为一拱形石桥，长八丈，宽二丈，从头至尾砌成一座庙宇。原名红门桥，后改为登仙桥。1912年被洪水冲毁，十年后移址于原桥下游一里处重建，长三丈，宽一丈，桥上建有将军庙一座。1933年2月，蒋介石对中央革命根据地发动第四次"围剿"。周恩来、朱德率工农红军一、三、五军团在此一举歼灭敌军五十二、五十九两个师，此即名震中外的"登仙桥大捷"。

登头岭 在今江西寻乌县西。《方舆纪要》卷88赣州府长宁县：登头岭在"县西四十里。行者必登绝顶，路始得通，因名。有登头隘"。

登台（臺）桥 在今浙江宁海县东。《方舆纪要》卷92宁海县：登台桥"在县东七十二里。跨海港，凡二十四洞。宋发运使郑霖建，路通象山"。

登舟沙 在今上海市崇明县西北。《方舆纪要》卷24太仓州崇明县"平洋沙"条下："嘉靖三十四年，倭自常熟三丈浦遁出海，太仓知州熊桴邀击之于登舟沙，贼走吴淞江。《海防考》：登舟沙为福山、白茅之门户。"

登州 ①隋仁寿末置，治所在沈黎县（今四川汉源县东北）。辖境相当今四川汉源县及泸定、石棉、甘洛等县部分地。大业初废。唐武德元年（618）复置，治所在汉源县（今四川汉源县北九襄镇）。九年（626）废。

②唐武德元年（618）置，治所在台登县（今四川冕宁县南泸沽镇）。辖境相当今四川冕宁县地。贞观二年（628）废。

③唐武德四年（621）置，治所在文登县（今山东文登市）。辖境相当今山东文登、威海、荣成等市地。贞观元年（627）废。

④唐武则天如意元年（692）置，属河南道。治所在牟平县（今山东烟台市东南牟平区）。神龙三年（707）移治蓬莱县（今山东蓬莱市）。天宝元年（742）改东牟郡，乾元元年（758）复曰登州。辖境相当今山东龙口、栖霞、乳山以东地。北宋属京东东路。金属山东东路。元属般阳路。明洪武九年（1376）升为登州府。

⑤唐置，治所在今越南富寿省富寿县东。后废。

登州卫　明洪武九年（1376）置，属山东都司。治所在今山东蓬莱市。《方舆纪要》卷36登州府：登州卫在“治府城内。……领左、右、中、前、后、中左、中右七千户所”。

登州府　明洪武九年（1376）升登州置，属山东省。治所在蓬莱县（今山东蓬莱市）。辖今山东龙口、招远、莱西、海阳等市县以东地。1913年废。

登州营　在今山东蓬莱市北丹崖山北。即新开海口。《方舆纪要》卷36蓬莱县：登州营“宋庆历三年，郡守郭志高奏置刀鱼巡检，水兵三百戍沙门岛，备御契丹，仲夏居鼍矶岛，以备不虞，秋冬还南岸。相传此即刀鱼船所泊。洪武九年，知州周斌奏置海船，运辽东军需，指挥使谢规以河口浅窄，奏请挑深，缭以砖。城北砌水门，以抵海涛，南设关禁，以讥往来，谓之登州营”。

登安场　在今山东烟台市西。《清一统志·登州府》：登安场“在福山县（治今烟台市西南福山区）北五里。旧置盐大使”。

登沙塘　在今贵州石阡县城南。《方舆纪要》卷122石阡府：登沙塘“在石阡司治南。居民筑堤遏水以避旱”。

登坡格尔吉土司　清雍正时置，属西宁办事大臣。为玉树四十族之一。驻牧地在今青海杂多县扎曲及子曲上流。

登贤县　1934年3月中央革命根据地以信康县改名，驻畚岭（今江西于都县西南畚岭）。为纪念罗登贤烈士而命名。后迁小溪（今江西于都县东南小溪）等地。1935年3月废。

登明墟　即今广西平南县南平山镇登明村。清光绪《平南县志》卷4：登明墟“陆路离城一百二十里”。

登封“天地之中”历史建筑群　登封“天地之中”历史建筑群又称嵩山历史建筑群早在汉武帝时已经存在。《汉书·武帝纪》：元封元年（前110），武帝亲登嵩高，“其令祠官加增太室祠，禁无伐其草木。以山下户三百为之奉邑，名曰崇高”。现存建筑格局可上溯至金代，而多数建筑则是复建于明清，为官式建筑的代表，也是国内现存规模最大、规格最高、保存最完整的一组道教古建筑群。嵩山历史建筑群包括观星台、嵩岳寺塔、太室阙和中岳庙、少室阙、启母阙、嵩阳书院、会善寺、少林寺建筑群（包括常住院、塔林和初祖庵）等8处11项优秀历史建筑，构成了一部中原地区上下二千年形象直观的建筑史，具有很高的历史、艺术和科学价值。这些历史建筑集中体现了中国之中、天地之中的中国古代宇宙观，将中国传统天文概念与至高无上的皇权概念有效地结合一起，对我国古代建筑、艺术、宗教和科学领域产生了较大影响。2010年被联合国列入《世界遗产名录》。

登封市　1994年撤销河南省登封县，改设登封市，市人民政府驻少林大道。由郑州市代管。

登封县　唐万岁登封元年（696）改嵩阳县置，属洛州。治所即今河南登封市。《元和志》卷5：“则天因封岳，改为登封。”神龙元年（705）复为嵩阳县。二年（706）复为登封县。开元元年（713）属河南府。金属金昌府。元属河南府路。明属河南府。民国初属河南洛阳道。1927年直属河南省。1994年改为登封市。

登相堡　明置，属宁番卫。在今四川喜德县西北深沟村北登相营。清设外委驻防。

登科山　即今福建惠安县西科山。《清一统志·泉州府》：登科山“在惠安县治西。旧名登高。宋卢瞻读书其上，举八行科，故易今名”。

登科府　清宣统元年（1909）于德尔格忒土司地置，属边北道。治所在今四川石渠县南洛须镇（旧邓柯县）。辖境相当今四川德格、白玉、石渠三县及西藏江达县地。1913年改为邓柯县。

登洲　在今广西藤县西北二十里，浔江中之灯州村。《方舆纪要》卷108藤县“榻洲”条下：“又登洲在县西二十里。中流一峰尖峙，高数百尺。”明置登洲营于此。

登班错　又作听邦、腾邦。在今西藏南部，门隅地区达旺东南一百零六里处。门语地名。原隶属于西藏地方政府管辖，为门隅地区三十二错、定（错、定是当地的一级行政区划）之一。1951年被印度政府非法占领。

登埂　即今云南泸水县（六库镇）北登埂。清乾隆时登土千总驻守。傣语“登”为地方，“埂”为江湾，以地处江湾而得名。

登高山　①在今福建漳州市西北隅。《方舆胜览》卷13漳州：登高山“在州治之西二里”。《清一统志·漳州府》引《府志》：登高山“脉自天宝山来，蜿蜒起伏三十余里，至郡城西北一峰耸拔，名曰望高山，其南麓为登高山，原名紫芝山，郡城绕焉”。

②一作壶山。在今福建建瓯市北。《寰宇记》卷101建州建安县：登高山，“《续齐谐记》云，费长

房语桓景曰：君家当有厄，可于九月九日举家登山，饮菊花酒则免之”。指此。

③即熙春山。在今福建邵武市区西北隅。《方舆胜览》卷10邵武军：登高山“在郡西。嵯峨耸峙，下瞰城市，为邦人岁时游观之地”。《方舆纪要》卷98邵武府邵武县：登高山“在城西，一名熙春山”。

④一名龙山。又名狮山。在今江西奉新县城北。《舆地纪胜》卷26隆兴府：登高山“在奉新县之北百余步。其巅坦然，旧为射圃，下视民居，千甍隐然”。《方舆纪要》卷84南昌府奉新县：登高山在“县治北。一名龙山，……每九日士女登高于此山。北有井曰冯井，井上有墙，延袤数百尺。俗呼仓城，汉时冯氏仓场故址也”。

⑤在今广西合浦县东北三十里。《明一统志》卷82廉州府：登高山“在石康县（今石康镇）治东。每遇重九，士民登眺于此”。

⑥又名东山。在今四川宜宾市东二里长江东岸。南宋咸淳三年（1243），叙州及宜宾县尝徙治于此。《方舆纪要》卷70叙州府宜宾县：登高山在“府治东二里大江东岸，险固可凭。宋咸淳中，移郡治此。遗址犹存”。

登高山城　南宋威淳三年（1267）建，在登高山（今四川宜宾市东二里东山）。徙叙州、宜宾县治此。元世祖至元十二年（1275）郭汉傑以城降元。不久城废。古城遗址尚存。

登高县　即台登县。治所在今四川冕宁县南泸沽镇。《汉书·地理志》 越嶲郡台登县：颜师古注，“应劭曰：今曰台高”。《水经·若水注》：孙水“出台高县，即台登县也”。熊会贞疏：“两汉县曰台登。《汉志》颜《注》引应劭曰：台登今台高。盖汉末改名，旋复旧。”

登部山　即今浙江舟山市普陀区南之登步岛。宋《乾道四明图经》卷7昌国县：登部山“在县东南一百五十里”。

登流眉国　又作单马令国或丹马令国。在今泰国南部马来半岛六坤附近。南宋周去非《岭外代答》卷2“真腊国”条：其旁有登流眉国，“登流眉所产为绝奇，诸番国香所不及也”。《宋史·外国传五》 所记咸平四年（1001）遣使与中国建立友好关系的丹眉流国，应作丹流眉。即指其地。

登梯山　在今河北涞源县西南四十里。《方舆纪要》卷44广昌县：登梯山“山路险峻，直上如梯，亦名登梯岭”。

登善沽　即今天津市滨海新区塘沽西南海河南岸邓善沽乡。天津七十二沽之一。清乾隆《天津县志》卷4：葛沽巡检辖有邓善沽村。

登源洞　在今安徽绩溪县东唐金山北。《方舆纪要》卷28绩溪县“苍龙洞”条下：登源洞“在县东十里。古登岭之东，一名长东洞。山川环境，四顾周密如洞，因名。有泽穴，暗通大溪”。

婺　浙江省金华市的简称。旧金华府别称“婺”，所属八县称“八婺”。隋唐至宋元间金华为婺州，因沿用为简名。

婺川县　元改务川县置，属思州安抚司。治所即今贵州务川仡佬族苗族自治县。明属思南府。民国初属贵州镇远道。1923年直属贵州省。1959年复改务川县。1986年改设务川仡佬族苗族自治县。

婺水　在今江西婺源县西北，为乐安江上游。《元和志》卷28歙州婺源县：“以婺水绕城三面，因以为名。”《寰宇记》卷104歙州婺源县：婺水“源从县西北大廉山下出，南流九十里至县绕城过，与斜水合，南流入乐平县界”。《清一统志·徽州府一》：婺水“源出大广山，东南流二十五里为莒径水，四十里合施村水，至清华合月岭水，又合浙源、沱川二水，又至武溪会汪口水，又径石门滩，南绕县治”。

婺州　隋开皇九年（589）分吴州置，治所在吴宁县（今浙江金华市）。《元和志》卷26：婺州“盖取其地于天文为婺女之分野”。辖境相当今浙江金华江、衢江流域各市县地。大业初改为东阳郡。唐武德四年（621）复置婺州，垂拱二年（686）后辖境缩小至今浙江省金华江流域及兰溪、浦江诸市县地。天宝元年（742）又改东阳郡，乾元元年（758）复为婺州。元世祖至元十三年（1276）改为婺州路。

婺州路　元世祖至元十三年（1276）改婺州置，二十一年（1284）后属江浙行省。治所在金华县（今浙江金华市）。辖境相当今浙江省金华江流域及兰溪、浦江诸市县。至正十八年（1358）朱元璋改为宁越府。

婺港　即东阳江。兰江支流。在今浙江金华市南。《明史·地理志》 金华县：“城南有东阳江，亦曰婺港，自东阳县流经此。”

婺源州　元元贞元年（1295）升婺源县置，治所即今江西婺源县。明洪武二年（1369）复为县。

婺源县　唐开元二十八年（740）置，属歙州。治所即今江西婺源县西北清华镇。天祐中移治弦高镇（即今婺源县）。《元和志》卷28歙州：婺源县“以婺水绕城三面，因以为名”。宋宣和后属徽州。元元贞元年（1295）升为婺源州。明洪武二年（1369）复为县，属徽州府。民国初属安徽芜湖道。1926年直属安徽省。1934年划归江西省。

彖县　西汉置，属辽西郡。在今河北昌黎县南。东汉废。

〔ㄱㄱ〕

缅山　即今内蒙古巴林左旗北界，与西乌珠穆沁旗东汗乌拉苏木东南一带山地。《辽史·圣宗纪》：开泰二年（1013）四月，“丙子，如缅山”。太平三年（1023）“五月，清暑缅山。……（七月）赐缅山名曰永安”。

缅宁厅　清乾隆十二年（1747）改孟缅长官司置，

属顺宁府。治所即今云南临沧市。1913年废为缅宁县。

缅宁县 1913年改缅宁厅置，后属云南普洱道。治所即今云南临沧市。1954年云南省《补报我省请更改平彝等八县原名理由》："寓有征服者恩赐边疆少数民族永远宁顺之意。"1929年直属云南省。1954年改临沧县。2003年撤销临沧地区及临沧县，改设地级临沧市。临沧县改置临翔区。

缅甸宣慰司 明洪武二十七年（1394）置缅中宣慰司。永乐元年（1403）置缅甸军民宣慰使司。宣德二年（1427）缅中宣慰司并入缅甸宣慰司，属云南布政司。治所在今缅甸阿瓦。辖境约当今缅甸杰沙以南的伊洛瓦底江中游地区。江头城、太公城、马来城、安正国城、蒲甘缅王城称为"缅中五城"。嘉靖六年（1527）为孟养侵据。

缇群山 在今甘肃甘谷县北五里。《续汉书·郡国志》：汉阳郡冀县有缇群山。宣统《甘肃新通志》卷6：缇群山"平峦叠翠，势若旗鼓。昔汉通西域，以缇骑三千憩此"。

缑山 即缑氏山。在今河南偃师市南缑氏镇东南。唐岑参早年居少室时曾移居于此，作有《缑山西峰草堂作》诗。

缑氏 春秋时为周缑氏邑，在今河南偃师市东南。战国时改置缑氏县。后属韩。秦昭襄王四十六年（前261）入于秦，属三川郡。

缑氏山 又名覆釜堆、抚父堆。在今河南偃师市南。《列仙传》卷上：王子乔见柏良曰，"告我家七月七日待我于缑氏山巅"。即此。《水经·洛水注》：休水"北历覆釜堆东，盖以物象受名矣。……又东屈灵星坞，水流潜通。重源又发侧缑氏原，《开山图》谓之缑氏山也。……俗亦谓之为抚父堆。堆上有子晋祠"。

缑氏县 战国时周置。后入秦，属三川郡。治所在今河南偃师市东南府店镇北二里。因山为名。出土秦封泥中有"缑氏丞印"可证。西汉属河南郡。北魏太和十七年（493）废。东魏天平元年（534）复置，属洛阳郡。寄治洛阳城（今河南洛阳市东北汉魏故城）。北周建德六年（577）移治今偃师市缑氏镇北七里。隋开皇四年（584）移治今缑氏镇北十里，属洛州。大业元年（605）移治今缑氏镇东南十里。三年（607）属河南郡。十年（614）移治今缑氏镇西南三里。唐属洛州，贞观十八年（644）废。上元二年（761）复置，治所在今缑氏镇。北宋熙宁八年（1075）废。

缑氏镇 北宋熙宁八年（1075）废县为镇，属偃师县。即今河南偃师市南三十四里缑氏镇。

缔母岭 即今吉林长春市南哈兰大岭。《金史·温迪罕移室懑传》："契丹反，败会宁六猛安于缔母岭，屯於倍、韩两州之境，移室懑率数千人杀贼万人於伊改河，以功迁临潢尹。"

编县 西汉置，属南郡。治所在今湖北荆门市西北。东晋隆安中移治今当阳市东北漳水东岸。南朝梁废。

缗 一作缗。夏、商时国。春秋时属宋。在今山东金乡县东北。《春秋》：僖公二十三年（前637），"齐侯伐宋，围缗"。即此。《左传》：昭公四年（前538），"夏桀为仍之会，有缗叛之"。皆此。西汉置东缗县。

缘州 隋开皇十八年（598）改简州置，治所在宁浦县（今广西横县西南七里郁江南岸）。辖境相当今广西横县、邕宁二县部分地。大业二年（606）废。

缘胡山 在今内蒙古清水河县西北喇嘛湾镇。《汉书·地理志》云中郡桢陵县："缘胡山在西北。"《水经·河水注》："河水南入桢陵县西北缘胡山，历沙南县东北，两山二县之间而去。"光绪《山西通志·山川考》谓"缘胡山在今喇嘛湾"。

缘陵 即营陵。春秋杞国都。在今山东昌乐县东南五十里古城。《春秋》：僖公十四年（前646），"诸侯城缘陵"。杜注："缘陵，杞邑。辟淮夷，迁都于缘陵。"西汉置营陵县。《汉书·地理志》北海郡营陵注：薛瓒曰，"营陵，春秋谓之缘陵"。

彘 西周邑，即今山西霍州市。《国语·周语上》：厉王暴虐，国人暴动，"乃流王于彘"。《汉书·地理志》河东郡彘："周厉王所奔。"西汉改置彘县。

彘水 汾水支流。在今山西霍州市西南。《水经·汾水注》："（彘）水出东北太岳山，……又西流径观阜北，故百邑也。……又西流径永安县故城南，西南流，注于汾水。"

彘县 西汉置，属河东郡。治所即今山西霍州市。《元和志》卷12霍邑县：彘县"因彘水为名"。东汉顺帝时改为永安县。

騩山 在今河南新安县西北。《山海经·中山经·中次三经》：青要山"又东十里曰騩山，其上有美枣，其阴有㻬琈之玉。正回之水出焉，而北流注于河"。《水经·河水注》：正回之水"出騩山，疆山东阜也"。

十　三　画

〔一一〕

瑟水　一名小黄河。在今河南罗山县东。《水经·淮水注》：瑟水“出西南具山，东北径光淹城东，而北径青山东、罗山西，东北流注于谷水”。

瑟底痕城　唐西曹国都。在今乌兹别克斯坦撒马尔罕西北伊什特汉。《新唐书·西域传》：西曹“治瑟底痕城”。

瑟棋望塘　在今湖南湘阴县西北。清光绪《湖南通志》卷29引《旧志》：“瑟棋望塘在（湘阴）县西北七十里。滨洞庭，极为险要。”

瑇瑁县　一作玳瑁县。西汉置，属珠崖郡。治所在今海南省海口市琼山区南。后废。《舆地纪胜》卷124琼州琼山县引《元和志》云：“本汉瑇瑁县地，正观五年分置琼山县。”

瑚布图河　又作无沙沟河、乌蛇沟河。在今黑龙江省东宁县东南与俄罗斯交界处。为绥芬河支流。光绪《吉林通志》卷23：瑚佈图河“出珲春东北分水岭，合三源，故亦曰三岔河。直北流……为中俄分界之地。河自其处又东北注于大绥芬河”。

瑚叶（葉）克河　在今俄罗斯哈巴罗夫斯克边疆区东部沿海，东北流入鞑靼海峡。清光绪《吉林通志》卷23：瑚叶克河“在都尔河北，东入海”。

瑚叶（葉）河　又作刀毕河。即今俄罗斯滨海边疆区东北乌苏里江上源之一乌达比河。《清一统志·吉林一》“伊津河”条下：“瑚叶河，在（宁古塔）城东九百十里。源出城东南一千里无名山，东北流入乌苏哩江。诸水皆在乌苏哩江之上源。”

瑚尔哈河　唐作忽汗水。金作活罗海川。元作胡里改江。明作忽尔海河。即今黑龙江省东南部松花江支流牡丹江。《清一统志·吉林一》：瑚尔哈河“在宁古塔城东南。上流自勒富善河北流，折东会诸水为一，又折东北，会毕尔腾湖，又自湖之发库东流，经旧会宁城北，又九十余里绕宁古塔城南，复折北流七百余里，入混同江”。一说即今牡丹江中下游。光绪《吉林通志》卷22：“牡丹江自发源至入镜泊湖无异名。镜泊湖之北曰北湖头，水自其处东北流，始名曰瑚尔哈河。”

瑚玛喇克河　即今新疆温宿县境库玛拉河，为阿克苏河上源。《清一统志·阿克苏》：“阿克苏河有二源：西源即乌什界之托什干河，东源为阿克苏城北之瑚玛喇克河。”

瑚拉尔吉屯　即今黑龙江齐齐哈尔市西南富拉尔基。清乾隆《盛京通志》卷32：“（克伊特）城西曰瑚拉尔吉屯。”

瑚济寨　亦作胡吉寨。在今辽宁新宾县境。《清太祖实录》卷1：明万历十二年（1584），康嘉等“纠合哈达国万汗兵，以浑河部兆佳城长李岱为响导，劫上所属瑚济寨而去”。

瑚素图布拉克　亦名呼苏图布拉克。又名四台。在今新疆博乐市西南。清道光《新疆识略》卷4：瑚素图布拉克台“在两山间，距鄂勒著依图博木台八十里。自此东四十里有界牌，为伊犁、精河交界”。

瑞山　在今浙江遂昌县东。《明一统志》卷44处州府：瑞山“在遂昌县治南。昔有异人，乘白虎至山创庵，炼丹有紫云之瑞，丹成上升。其丹灶虽圮，时有瑞气盘结于上”。

瑞山岩　在今广西平乐县东三十里。《方舆纪要》卷107平乐县：“瑞山岩在府东。有四岩相连，遇乱，村民每避居于此。”

瑞石驿　在今山西灵石县东南。《方舆纪要》卷41灵石县：瑞石驿“在县城东南。有瑞石递运所。……明洪武中置”。

瑞石镇　北宋置，属番禺县。在今广东广州市番禺区东北珠江西岸穗石村。

瑞白堂　在今重庆市奉节县旧城内。《清一统志·夔州府二》：瑞白堂“在府治。宋杨梅有记。王十朋诗：昔日在夔州，兹堂见三白。为瑞不嫌多，年丰最宜麦”。

瑞圣园　在今河南开封市东北。《清一统志·开封府二》：瑞圣园“在祥符县城（今开封市）东北。初为北园，宋太平兴国二年，诏名含芳园，大中祥符三年改名”。

瑞光塔　①在今江苏苏州市古城西南隅盘门内。是苏州最早的一座佛塔。寺原名普济禅院，三国吴赤乌四年（241）孙权为康居国（在今中亚）僧人性康建造。赤乌十年（247）建十三层宝塔。北宋大中祥符二年（1009）重建，宣和年间（1119—1125）重修时，改十三级为七级，并更名为瑞光塔。七级八面楼阁式砖木混合结构，残高 40 余米。塔外轮廓微成曲线，塔底为须弥座，饰花纹雕刻。塔顶做檐，每层有木构腰檐和平座栏杆。自宣和年后虽经历代修缮，仍保留宋代基本结构。1988 年定为全国重点文物保护单位。

② 在今四川金堂县东南淮口镇太平寺左侧。相传创建于东晋义熙年间（405—418），但据建筑形制似建于南宋。初名祥光塔，后改今名。塔身呈白色，故俗名白塔。该塔方形十三层，高 33 米，楼阁式砖塔。塔内有螺旋式砖梯可达第十层。塔内有八座佛龛，每层有三个小拱门洞，并有彩面痕迹。塔顶尖北侧一小半已被雷击毁。2006 年定为全国重点文物保护单位。

瑞华山　在今江西吉安市北。《明一统志》卷 56 吉安府：瑞华山“在府城北五里。上有瑞华观”。《清一统志·吉安府一》：瑞华山“在庐陵县北五里。俯瞰大江，相接者为真君山，上祀许旌阳，因名。西南为云腾岭，蜿蜒若龙，屏障长冈之外”。

瑞州　①唐贞观十年（636）于营州界置，为羁縻州，隶营州都督。处突厥乌突汗达干部落。神龙初隶幽州都督。治所来远县移治于良乡县之故广阳城（今北京市房山区东北长阳镇）。后废。

②南宋宝庆元年（1225）避理宗讳，改筠州为瑞州，治所在高安县（今江西高安市）。辖境相当今江西高安、宜丰、上高等市县地。元至元十四年（1277）升为瑞州路。

③金泰和六年（1206）改宗州置，治所在瑞安县（今辽宁绥中县西南前卫镇）。辖境相当今辽宁绥中县及河北秦皇岛市地。元属大宁路，明洪武七年（1374）废。

瑞州府　明洪武二年（1369）改瑞州路置，治所在高安县（今江西高安市）。辖境相当今江西高安、宜丰、上高等市县地。1912 年废。有织绫、造纸等手工业。明中叶陈福一等领导的华林军于此起义。

瑞州路　元至元十四年（1277）升瑞州置，治所在高安县（今江西高安市）。辖境相当今江西宜丰、上高、高安等市县地。明洪武二年（1369）改为瑞州府。

瑞安千户所　明洪武二十年（1387）置，属温州卫。在今浙江瑞安市城区所前街。清顺治中废。

瑞安市　1987 年撤销浙江省瑞安县，改设瑞安市，市人民政府驻城关镇。由温州市代管。

瑞安州　元元贞元年（1295）改瑞安县置，属温州路。治所即今浙江瑞安市。明洪武二年（1369）复名瑞安县。

瑞安县　①唐天复三年（903）钱镠改安固县置，属温州。治所即今浙江瑞安市。南宋咸淳元年（1265）属瑞安府。元属温州路。元贞元年（1295）改为瑞安州。明洪武二年（1369）复改瑞安县，属温州府。民国初属浙江瓯海道。1927 年直属浙江省。1987 年改设瑞安市。

②金泰和六年（1206）改宗安县置，为瑞州治。治所在今辽宁绥中县西南前卫镇。元废。

瑞安府　南宋咸淳元年（1265）改温州置，治所在永嘉县（今浙江温州市）。辖境相当于今浙江温州市，永嘉、乐清二县，飞云江流域及其以南地区。元至元十三年（1276）改为温州路。

瑞丽设治局　1932 年改勐卯行政区置，直属云南省。治所在今云南瑞丽市西南四十八里弄岛。民国《云南行政纪实》：“境内有瑞丽江，因以命名。”1952 年撤销，改置瑞丽县。

瑞林寨　即今江西瑞金市西北瑞林镇。明、清置巡司于此。

瑞昌县　五代南唐升元三年（939）改赤乌场置，属江州。治所即今江西瑞昌市。《舆地纪胜》卷 3 瑞昌县：“《晏公类要》云：本吴赤乌场地。按《吴志》，孙权时有赤乌见于此，故名。”元属江州路。明、清属九江府。民国初属江西浔阳道。1927 年直属江西省。1989 年改设瑞昌市。

瑞岩山　在今福建福清市东南。《方舆纪要》卷 96 福州府福清县：瑞岩山在“县东二十里，山多岩洞诸胜”，故名。明嘉靖中，戚继光曾于山北辟大洞天。

瑞岩弥勒造像　在今福建福清市东十五里海口镇北瑞岩山前岩上。上有瑞岩寺，北宋宣和四年（1122）建。元代在寺西垣外利用岩石自然形态，巧妙凿成弥勒造像一尊，高 6 米，宽 8.9 米，全像造型比例准确，形神兼备，为石雕精品，是国内目前所知最大的“大肚弥勒”。1996 年定为全国重点文物保护单位。

瑞金市　1994 年撤销江西省瑞金县，改设瑞金市，市人民政府驻象湖镇。属赣州地区。1998 改属赣州市代管。

瑞金县　五代南唐保大十一年（953）升瑞金监置，属虔州。治所即今江西瑞金市。《寰宇记》卷 108 虔州瑞金县：“本瑞金场，淘金之地也。”明《赣州府志》卷 1：“唐天祐元年杨吴析雩都象湖镇置监，掘地得金，因名瑞金。”南宋属赣州。元大德元年（1297）改属会昌州。明洪武初属赣州府。清乾隆十九年（1754）改属宁都州。民国初属江西赣南道。1926 年直属江西省。1994 年改为瑞金市。

瑞金革命遗址　在今江西瑞金县。是第二次国内革命战争时期中华苏维埃共和国临时中央政府所在地。从 1931 年 11 月至 1934 年 7 月，在中国共产党和毛泽东的领导下，以瑞金为中心，创办了强大的中央革命根据地和苏维埃政权，进行了土地革命，发展壮大了工农红军，粉碎了国民党政府对中央苏区的四次“围剿”，并在 1934 年 10 月以瑞金为起点进行了举世闻名的二万五千里长征。遗址包括叶坪村、沙洲坝、下霄、乌石垅等地的中央工农民主政府旧址、中共中央政治局旧址、中央军委旧址、中国工农红军总政治部旧址、中华全国总工会旧址，以及毛泽东、朱德、周恩来等旧居和革命纪念地。红军北上后，这里的革命纪念物大部分被国民党政府拆毁。1949 年后，先后按原貌进行了重点恢复和修复。1961 年定为全国重点文物保护单位。

瑞金监　唐天祐元年（904）杨行密析雩都县象湖镇之淘金场置，即今江西瑞金市。五代南唐保大十一年（953）改置为瑞金县。

瑞河　即今江西锦江下游经高安市一段。因高安旧置瑞州，故水有瑞河之称。

瑞星池　在今广东雷州市南。《清一统志·雷州府》：瑞星池"在海康县南。宋寇准谪雷时尝居此。天圣间有星陨于此池，故名。明成化间，知府魏翰凿池于寇池西，亦曰瑞星"。

瑞虹镇　又作瑞洪镇。即今江西余干县西北瑞洪镇。《明史·地理志》余干县："西有瑞虹镇，在鄱阳湖滨。"

瑞洪镇　即今江西余干县西北瑞洪镇。《清一统志·饶州府二》：瑞洪镇"在余干县西北七十里鄱阳湖滨，为湖南往来要会。有县丞及鄱湖营把总驻此"。

瑞屏山　在今北京市平谷区北二十里。《方舆纪要》卷 11：瑞屏山"连峰耸拔，秀若列屏"。

瑞莲池　①在今江西于都县城西。《明一统志》卷 58 赣州府：瑞莲池"在雩都县治西。池产异莲，其叶曰双卷剑脊，其花曰双头叉髻，三萼二十四叶，其实曰覆钟金铤，移之他处，辄类常种，俗传雩山倒影所致"。

②在今湖南会同县东。《清一统志·靖州》：瑞莲池"在会同县东半里。圆径十里。旧名藕塘，其中有池。莲盛开，则为县之瑞。明刘永建爱莲亭于上"。

③在今四川眉山市西南三苏祠内。《明一统志》卷 71 眉州：瑞莲池"在三苏祠垣内。祠本苏氏故宅。苏轼尝作二池，以种莲。其西池，岁产瑞莲，一茎两蒂，至今每大比岁，乡人观瑞莲有无，占士第否"。

瑞峰　在今福建宁德市东三十里海中。《清一统志·福宁府》：瑞峰"秀拔万仞，与白鹤东西对峙。今县治向东，以此为案山"。

瑞峰崖墓群　在今四川青神县南瑞峰镇黄桷村、罗坝村南。瑞峰崖墓是东汉崖墓，曾被法国考古队进行发掘。崖墓群据估算有崖墓二百座以上，依山势而互错罗列，出土文物较多，对研究古代巴蜀的政治、经济、文化、艺术等都有重要价值。2006 年定为全国重点文物保护单位。

瑞筠山　又名瑞竹山。在今江西樟树市西南。《舆地纪胜》卷 34 临江军：瑞竹山"去军城（今临江镇）一里。本唐欧阳处士宅，有瑞竹色如烂银，故名瑞竹（筠）。地近江皋，众山环之，中一字犯御讳，故更曰瑞竹山"。《清一统志·临江府》：瑞筠山"在清江县（今临江镇）南，滨江。周五里。山势崚嶒，状如龙之昂首，郡城枕其上。唐僖宗时，尝产瑞竹，因名"。

瑞像岩　在今福建泉州市北郊清源山左天柱峰半山腰的峡谷中。岩上有用天然岩石依崖雕凿而成的释迦牟尼像。该像雕于宋元祐二年（1087），高 4 米。

瑗县　西汉置，属平原郡。治所在今山东禹城市西南。东汉省。

瑗城　在今山东阳信县东一里。《寰宇记》卷 64 阳信县："瑗城，汉县。故城在今县东北五里（按，宋大中祥符八年以前，阳信县治在今县南七里），一名运城。"《清一统志·武定府》谓即"云城"之讹。

瑕　①西周时国，春秋为晋邑。在今山西临猗县南。《左传》：文公十二年（前 615），"秦师夜遁。复侵晋，入瑕"。成公六年（前 585），"晋人谋去故绛，诸大夫皆曰：必居郇、瑕氏之地，沃饶而近盐，国利君乐，不可失也"。宋元人注："郇、瑕古国名。"《续汉书·郡国志》：河东郡解县"有瑕城"。南朝梁刘昭注："《左传》文公十二年秦侵晋及瑕。杜预曰：猗氏县东北有瑕城。"

②春秋晋邑。在今河南灵宝市西北。《左传》：僖公三十年（前 630），晋侯、秦伯围郑，郑大夫烛之武见秦伯曰，"许君焦、瑕，朝济而夕设版焉"。杜注："焦、瑕，晋河外五城之二邑。"又，文公十三年（前 614），"晋侯使詹嘉处瑕，以守桃林之塞"。

③春秋楚地，在今安徽蒙城县东北。《左传》：成公十六年（前 575），晋楚之战，"楚师还，及瑕"。宋元人注："《水经注》：肥水又径山桑县故城南，又东积而为陂，谓之瑕陂。又东南径瑕城南。……瑕即此城也。"

④在今湖北随州市境。《左传》：桓公六年（前 706），"楚武王侵随，使薳章求成焉，军于瑕以待之"。杜注："瑕，随地。"

瑕丘　①亦作负夏。在今河南濮阳县东南。《礼记·檀弓上》："曾子吊于负夏"；"公叔文子升于瑕丘，蘧伯玉从。文子曰：乐哉斯丘也，死则我欲葬焉"。皆此。

②即负瑕。春秋时鲁邑。在今山东兖州市东北五里。《水经·泗水注》："瑕丘，鲁邑。《春秋》之负瑕。"

瑕丘县　秦置，属薛郡。治所在今山东兖州市东北五里。西汉属山阳郡。元朔三年（前 126）封鲁恭王子政为侯国，后改为县。西晋省入南平阳县。隋开皇十三年（593）复置，移今兖州市，为兖州治。大业初为鲁郡治。唐仍为兖州治。北宋大观四年（1110）改为瑕县。

瑕州　唐渤海国置，为长岭府治。治所在今吉林梅河口市西南山城镇。一说在今吉林桦甸市南苏密城。辖境约当今吉林桦甸、梅河口市一带。辽废。

瑕阳　战国魏邑，在今山西临猗县西南。《水经·青衣水注》引《竹书纪年》："梁惠成王十年，瑕阳人自秦道岷山青衣水来归。"

瑕县　本瑕丘县。北宋大观四年（1110）为避孔丘讳，改为瑕县。为兖州治。治所即今山东兖州市。旋改嵫阳县。

嶅笼答剌 元代西藏地名。《元史·百官志三·宣政院》载：乌思藏纳里速古鲁孙等三路宣慰使司都元帅府，其属附见有嶅笼答剌万户。《汉藏史集》（藏文版）载乌思藏十三万户中，藏地区（后藏）六个万户中的襄万户相当于嶅笼答剌。襄万户应即嶅笼答剌的别称，其治所在今南木林县答剌境。

嶅山 又名敖山。在今广东龙川县北。《寰宇记》卷159循州：龙川县有"嶅山"。《方舆纪要》卷103惠州龙川县：嶅山在"县北三十里。与河源县灵山势相连接，峻耸秀丽，如围屏列戟。高五百余丈，周百余里，其上瀑布悬流，分为三派，注为三龙潭，下流入于嶅湖"。

嶅阳寨 即今山东新泰市东南敖阳。清同治《泰安县志》卷3：嶅阳寨"即下张寨。在县西南敖山之阳。当金贞祐之变，元初镇国上将军、右副元帅李仪宁太山天胜寨，兼立此寨，保全一方。今其遗迹犹存"。

嶅湖 在今广东龙川县西南。《舆地纪胜》卷91循州：嶅湖"在州北。龙潭之水注焉，周围数里，俗称嶅塘。中有广福寺"。《方舆纪要》卷103惠州府龙川县：嶅湖在"县西北二里。周数里，嶅峰之水注焉。中有水心寺，东有苏隄。《志》云，宋端平初，循守宋诩筑堤壅水，循隍窦以疏涨，且溉堤下之田千余亩。元季堤溃湖湮。嘉靖二年，邑令韦邦宪复修筑"。

遨水 在今湖南江永县南。《方舆纪要》卷81永明县：遨水"源出广西富川县之木马山，流经县界，东流注于湘水"。

鹜山 在今湖南耒阳市东北四十里。《清一统志·衡州府一》：鹜山"山色竦秀，特出不群，有桀鹜之状，故名"。《舆地纪胜》、《方舆纪要》作"骜山"。

鹜山口 即今湖南耒阳市东北二十二里大市镇。南朝梁、陈间移耒阳县治此。

〔一丨〕

辟髻山 即丫髻山。在今北京市平谷区西北。

肆水 即溱水。在今湖南临武县南。《水经》："溱水出桂阳临武县南，绕城西北屈东流。"郦注："《山海经》曰，肆水出临武西南，而东南注于海……肆水盖溱水之别名也。"

肆卢川 指今山西忻州市与原平县间之平川。《资治通鉴》：西晋永嘉四年（310）刘琨大败刘虎，"刘虎收余众，西渡河，居朔方肆卢川"。即此。

肆卢县 十六国时置，属肆卢郡。治所在今山西忻州市西北四十里奇村镇与辛庄之间。北魏太平真君七年（446）改属秀容郡。北齐废。

肆卢郡 十六国时置，治所在肆卢县（今山西忻州市西北四十里奇村镇与辛庄之间）。北魏太平真君七年（446）废。

肆州 ①北魏太平真君七年（446）置，治所在今山西忻州市西北二十里河拱村。后移治九原城（今忻州市）。辖境相当于今山西忻州市及代县、繁峙、宁武、原平、五台、静乐、定襄、阳曲、盂县等县地。东魏时曾寄理秀容城（今山西原平市西南楼板寨乡）。北周移治广武县（今代县）。隋开皇五年（585）改为代州。

②西魏置，治所在下溠县（今湖北随州市西北唐县镇）。寻改为唐州。

③唐贞观五年（631）置，为羁縻州，属松州都督府。治所在今四川若尔盖县西北境。后废。

摄 春秋时齐邑。在今山东聊城市东北。《左传》：昭公二十年（前522），晏子曰："聊、摄以东，姑、尤以西，其为人也多矣。"杜注："聊、摄，齐西界也。平原聊城县东北有摄城。"《水经·河水注》：黄沟"又东北径摄城北。《春秋》所谓'聊、摄以东'也。……京相璠曰：聊城县东北三十里有故摄城，今此城西去聊城二十五六里许，即摄城者也"。

摄山 又名伞山。即今江苏南京市东北栖霞山。《寰宇记》卷90升州上元县"摄山"条引《舆地志》云："江乘县西北有卲谦所居宅，村侧有摄山，山多草药可以摄生，故以名之。"《南齐书·明僧绍传》："庆符罢任，僧绍随归，住江乘摄山。"即此。

摄公堂寺 明代西藏寺名。藏传佛教噶举教派蔡巴支派的主寺，摄寺（即蔡巴寺）建于1175年，公堂寺建于1187年。二寺在今西藏拉萨市东郊。

摄湖 ①在今江苏南京市东北摄山旁。宋《景定建康志》卷18：摄湖"在城东北五十里，周回二十里。《江乘县记》云：湖在摄山之侧，因以为名"。

②在今安徽宿松县西南。《方舆纪要》卷26宿松县：摄湖在"县西南四十里"。

摸天岭 在今福建古田县东。《方舆纪要》卷96古田县：摸天岭"在县东南二十五里。纡回峻绝，南滨大江，由陆路趋延津者道出于此。石磴崎岖，最为艰险"。

摸斗岭 亦作墨斗岭、缠斗岭、墨𣁾岭。即今河北滦平县东北伊逊河下游之伊逊岭。宋沈括《熙宁使虏图抄》："济滦水，东出度摸斗岭，二十五里至柳河馆。"宋人纪行诗有"此岭可摸斗，南山又摘星"句。摸斗岭与古北口东北之摘星岭并为宋使入辽驿路必经之地。

摸达城 即昏驮多城。隋西域护密国都城。在今阿富汗喀布尔东北瓦罕。唐龙朔初为鸟飞州都督府治所。

摸索关 在今四川屏山县（新发乡）西。《方舆纪要》卷70叙州府宜宾县：摸索关在“府南三百里，当蛮夷溪口。蛮有摩些种。洪武初，禁私茶不得入蛮境，俗呼为摩些关，语讹为摸索关”。

摸落县　南朝梁、陈间置，属南合州。治所在今广东雷州市境。隋大业初废入海康县。

搏翠峰　在今贵州安顺市东北五里。明曹学佺《名胜志》云，“搏翠峰之麓有龙潭洞。出洞十余丈，即（天生）桥”。

摆山洞　在今贵州紫云布依族苗族自治县西南废康佐司东七里。《方舆纪要》卷121安顺府：摆山洞“广七丈，深不可测。旁有摆山砦，洞因以名”。

摆言湖　在今内蒙古阿拉善左旗西北。《清一统志·阿拉善厄鲁特》：摆言湖“在旗界，直平番县东北边外”。

摆沙砦　在今贵州都匀市西北三十里。《方舆纪要》卷121都匀府：摆沙砦，“（明）天启初，府境长田诸苗应安邦彦为乱，平越官军讨之，克其摆沙大砦。砦居诸寨之中，去平越百里，官军由间道袭破之”。

摆金场　即今贵州惠水县东摆金镇。清爱必达《黔南识略》卷3定番州：场市有“摆金”。摆金，系布依语音译，意为打铁、做金银首饰的地方。

摆城　即今新疆拜城县。顾炎武《天下郡国利病书》卷117《西域土地人物略》：土力苦扯城，“其城东至摆城四十里”。

摆笼山　在今贵州贵定县南。《方舆纪要》卷123新添卫：摆笼山“（把平砦长官）司东二十里”。

摇把峒长官司　明宣德三年（1428）置，属东乡五路安抚司。治所在今湖北咸丰县南。清初废。

摇城　在今江苏苏州市南。《越绝书·吴地传》：“摇城者，吴王子居焉，后越摇王居之。”

搠罗县　西夏置，属凉州府。治所在今甘肃武威市东境。《元史·太祖纪》：二十一年（1226），“取西凉府搠罗、河罗等县，遂逾沙陀，至黄河九渡，取应里等县”。

搠搠阑河　亦作搠搠兰河、黑扯连。即今阿富汗西境哈里河。《元史·太祖纪》：十七年（1222），皇子拖雷“渡搠搠阑河，克也里等城”。

填县　西汉置，属汝南郡。治所在今安徽颍上县西北江口镇。西晋属汝阴郡。南朝宋废。

塌子口　即今河北正定县东南滹沱河南岸塔子口。《方舆纪要》卷14藁城县：塌子口“在县西三十五里。滹沱河渡口也。相传冯异从光武定河北尝渡此，略下中山诸郡”。

塌场口　在今山东鱼台县（谷亭镇）北。《方舆纪要》卷32鱼台县：塌场口“旧为运道所经。永乐九年，刑部侍郎金纯浚元人运河故道，引汴水自开封入鱼台塌场口，会汶水经徐、吕二洪入淮。汶水即泗水也。嘉靖九年，黄河由单县侯家村决塌场口，冲谷亭，即此”。

塌河关　在今河南邓州市南。《方舆纪要》卷51邓州“千金镇”条下：“又有塌河关，在州南。今废。”

塌河淀　在今天津市北四十里。《清一统志·天津府一》：塌河淀“起宁河县，迄天津挖道沽。周百里，为北运河筐儿港减水容畜之地。按：天津诸水，在运河北者，以塌河淀为归宿，其下游由贾家沽、陈家沟二河入海河归海。岁久淤塞”。

堽城坝　即今山东宁阳县东北三十五里堽城镇。为汉刚县故城。后讹刚为堽。汶水自此分流。蒙古宪宗七年（1257）于堽城筑土坝斗门，遏汶水南流入洸，至任城（今济宁市）合泗水，以济运。明洪武间黄河决口，运河被淤。永乐九年（1411）疏浚会通河，筑戴村坝，使汶水出南旺湖，并截堽城大闸，不使汶水入洸。至成化十一年（1475）入建新闸，仍分水入洸。嘉靖六年（1527）重建堽城闸，并引柳泉以增洸水水量。

堉山村　即嵴山村。在今浙江绍兴市南。《宋书·孔觊传》：南朝宋泰始二年（466），觊为上虞令王晏所败，二月，觊“窜于嵴山村。……二十二日，嵴山民缚觊送诣晏”。《方舆纪要》卷92绍兴府会稽县：堉山村“在府南……沈约云，堉山村名也”。

塘下沟河　在今河南正阳县北二十五里。《方舆纪要》卷50真阳县：塘下沟河“源出确山县东南二十五里之金牛山，流经县北，又东北入于汝”。

塘下镇　北宋置，属灵川县。在今广西灵川县西北潭下镇。

塘口隘　在今广东乐昌市西北罗家渡镇。明洪武二十八年（1395）置罗家渡巡司于此。

塘口墟　即今广东开平市（长沙街道）西塘口镇。民国《开平县志》卷4：“南干路由城（今苍城镇）南门渡河，绕百立山东麓，转塘口墟至赤磡。”

塘山　在今浙江衢州市衢江区东北。《方舆纪要》卷93衢州府西安县：塘山在“府东三十里。高百仞，顶有塘，深不可测，亦曰塘台山”。

塘田市　即今湖南邵阳县南三十四里塘田市镇。旧属武冈州。清光绪《湖南通志》卷1武冈州图：武冈州东有塘田市。

塘汇（匯）镇　1934年置，属嘉兴县。即今浙江嘉兴市秀洲区东北塘汇街道。

塘头厦村　即今广东东莞市东南塘厦镇。清光绪《广州府志》卷69墟市：东莞县有“塘头厦村”。

塘头铺　清乾隆三年（1738）设，即今贵州思南县南塘头镇。

塘头寨　即今山东广饶县东北百里唐头营。《明史·地理志》乐安县：“东北有塘头寨，有百户所驻焉。”

塘头镇　即今江苏江都市东北五十里塘头村。清光绪《江苏全省舆图》：江都县东北有塘头。民国《江都县续志》卷1：里河津渡有“塘头镇”。

塘江镇　即今江西南康市北唐江镇。明嘉靖《南康县志》卷9有江墟。

塘宅堡　在今广东恩平市东北百里。《方舆纪要》卷101肇庆府恩平县：塘宅堡，“嘉靖十三年设。三十六年，议以堡当新会、新宁、新兴、恩平各县适中之地，四面崇山峭壁，旧为盗贼渊薮，乃增建城垣于县治西南，移广、肇、高、韶参将驻于此。万历二年改筑开平屯，废堡入焉”。

塘阳县　唐武德四年（621）置，属南晋州。治所在今湖北黄梅县境。八年（625）废。

塘坝镇　即今重庆市潼南县南塘坝镇。民国《潼南县志》卷1：塘坝场在“县南六十里”。

塘坊　即今江西广昌县东南百里塘坊乡。明置巡司于此。

塘村墟　即今广东乐昌市西北罗圃镇。清同治《韶州府志》卷11乐昌县：罗渡巡司属有塘村墟。

塘岸墟　在今广西北流市西南四十里塘岸镇。《徐霞客游记·粤西游日记》：“东抵小石峰下，是为塘岸墟。”

塘沽　即今天津市东滨海新区塘沽，隔河与大沽相对。海道入京津者，皆由此登陆。清光绪《天津府志》卷23营田图：天津县东南有塘沽。

塘沽支线　自天津东南新河至塘沽。长5.2公里。为北宁铁路支线。1943年北宁路新河、北塘间改线，使新河至北塘段成为支线。

塘河　在今浙江海宁市西南、上塘河盐官至长安镇段。《方舆纪要》卷90海宁县：塘河“自城（今盐官镇）内市河出城北拱辰水门，迤西南二十五里会于运河，而达长安坝”。

塘珑河　亦作塘隆。在今广西南丹县南。清光绪《广西舆地全图》河池州图：西北有塘龙墟。民国陈正祥《广西地理》：砂锡矿分布于“车河乡的元马河，以及平冲和塘隆间的河谷地带”。

塘栖镇　又名栖里。亦作唐栖。明置，属仁和县。即今浙江杭州市余杭区西北塘栖镇。明初开浚塘河，居民负塘而居，故名。明嘉靖三十四年（1555），督臣张经与倭寇战于此。清设巡司。

塘桥镇　①即今上海市浦东新区西南塘桥。清光绪《江苏全省舆图》上海县：“塘桥镇在城东五里。”

②即今江苏张家港市东南塘桥镇。清光绪《江苏全省舆图》常熟县图：西北有塘桥。民国《江苏六十一县志》：常熟县西北有“塘桥镇”。

塘㙍　即今广东吴川市西北塘㙍镇。1942年吴川县曾徙治于此。

塘㙍墟　即今广东吴川市西北塘㙍镇。明万历《高州府志》卷1：吴川县有塘㙍墟。清光绪《吴川县志》卷1：塘㙍墟在“城西北六十里。有上下二墟，化州分界”。

塘惟城　亦作塘堆城。在今安徽滁州市南。《方舆纪要》卷29滁州：塘惟城“在州南三十里。又南十里有龚家城。又蒋家城，在州东南五十三里。《志》云：三城皆傍湖泽。相传南唐筑瓦梁堰以拒北师，水势横溢，居民筑此城以捍水”。

塘港关　明置，在今湖北钟祥市西南塘港。《方舆纪要》卷77钟祥县：塘港关在“府南三十五里”。

塘湾镇　①即今上海市闵行区东南二十里塘湾桥。清同治《上海县志》卷2《镇市》：“塘湾市，县西南四十里。以俞塘之湾得名。”

②即今江苏姜堰市西南塘湾镇。清光绪《江苏全省舆图》：泰州东南有“塘湾”。

③即今江西贵溪市南塘湾镇。清同治《江西全省舆图》卷11：贵溪县南有塘陂湾。《中华民国新地图》作塘湾。

塘渡口市　即塘路口。今湖南邵阳县驻地塘渡口镇。1952年邵阳县迁治于此。

塘路口　即今湖南邵阳县驻地塘渡口镇。旧属武冈州。清光绪《湖南通志》卷1武冈州图：东北有塘路口。后演化为塘渡口。

鄢　①西周封国。妘姓。在今河南鄢陵县西北十八里古城村。春秋初为郑武公所灭。《春秋》：隐公元年（前722），“夏五月，郑伯克段于鄢”。即此。后改为鄢陵。

②在今湖北宜城市东南十五里楚皇城遗址。《左传》：昭公十三年（前529），楚灵王“沿夏，将欲入鄢”。服虔云：“鄢，楚别都也。”战国楚置鄢县。

鄢王寨　北宋置，在今江西万载县西。《方舆纪要》卷87袁州府万载县：鄢王寨“在县西汤周山下。宋靖康中寇乱，邑人鄢王者率乡民立寨御之，故址犹存”。

鄢水　即今湖北南漳县东清凉河。为汉水支流。《左传》：桓公十三年（前699），楚屈瑕伐罗，“及鄢，乱次以济”。杜注：“鄢水，在襄阳宜城县入汉。”《水经·沔水注》：“夷水，蛮水也。桓温父名夷，改曰蛮水……又谓之鄢水，《春秋》所谓楚人伐罗，渡鄢者也。”

鄢县　即鄢县。战国楚置。秦昭襄王二十八年（前279）入秦，属南郡。治所在今湖北省宜城市东南十五里楚皇城遗址。西汉惠帝三年（前192）改为宜城县。

鄢城驿　明正统元年（1436）置，在今湖北宜城市南。清以后废。

鄢郢　战国楚都的通名。即楚都郢（今湖北荆州市荆州区故江陵县城西北纪南城）与别都鄢（今湖北宜城市东南）的连称。《史记·楚世家》：顷襄王十八年（前281），楚人曰，“（秦）左臂据赵之西南，右臂傅楚鄢郢”。一说鄢郢指鄀（今宜城市东南）。楚昭王时，吴伐楚，“去郢，北徙都鄀”，鄢在其附近。一说鄢郢指点鄢，以鄢曾为楚都。

鄢陵　①春秋时莒地。在今山东沂水县西南。《左传》：文公七年（前620），“徐伐莒，莒人来请盟，穆伯如莒涖盟，且为仲逆（按指迎莒女），及鄢陵。

登城见之，美”。杜注：“鄢陵，莒邑。”一说当在今山东临沭县境。

②即鄢。一作傿陵。又名安陵。春秋郑邑。在今河南鄢陵县西北十八里古城村。《春秋》：成公十六年（前575），“晋侯及楚子、郑伯战于鄢陵，楚子、郑师败绩”。史称“鄢陵之战”。西汉置傿陵县。

鄢陵县　北魏改隔陵县置，属颍川郡。治所在今河南鄢陵县西北十八里古城。东魏属许昌郡。北齐天保中废入许昌县。唐武德四年（621）又改隔陵县为鄢陵县，为洧州治。后属许州。五代梁属开封府。后唐属许州。后晋属开封府。元属汴梁路。明属开封府。民国初属河南开封道。1930年直属河南省。

鄞　春秋时越邑，在今浙江奉化市东北二十八里白杜村。《国语·越语上》：勾践之地“东至于鄞”。即此。秦置鄞县。

鄞州　唐武德四年（621）置，治所在句章县（今浙江宁波市鄞州区）。辖境相当今浙江宁波、鄞县、慈溪、奉化等市县和舟山群岛。武德八年（625）废。

鄞江　①原指今浙江宁波市和鄞州区境内之鄞江、接纳鄞江后之奉化江与奉化江和姚江汇合后之甬江，后专指今奉化江支流鄞江，在今鄞州区西部。《方舆纪要》卷92宁波府：鄞江在“府东北二里。一名甬江。其上流自四明诸山汇溪涧之水，引流东北，势盛，流驶至它山下，堰而为渠……至府东南四十里之坊桥，而会于奉化江”。

②即今福建长汀县东汀江。《方舆纪要》卷98汀州府长汀县：鄞江“在府城东。亦曰正溪，又名大溪，或谓之左溪。源出宁化县界，流经府东北湘洪峡，又南至府东东庄岭，汇为潭，分流为二，又南至高滩角，复合为一。南流经上杭县，达潮州府大埔县，会三河水入海。亦谓之汀水”。

鄞江桥街　旧名小溪。即今浙江宁波市鄞州区西南鄞江镇。清光绪《鄞县志》卷2《市镇》：鄞江桥街“距城五十五里”。

鄞县　①秦于鄞邑置，属会稽郡。治所在今浙江奉化市东北二十八里白社村。隋开皇九年（589）废入句章县。

②五代梁开平二年（908）吴越改鄮县置，为明州治。治所即今浙江宁波市。南宋绍熙五年（1194）为庆元府治。元为庆元路治。明初为明州府治。洪武十四年（1381）后为宁波府治。民国初为浙江会稽道治。1927年直属浙江省。1949年于城区建宁波市，县迁东南姜山镇。后撤销。1962年复设，驻宁波市。

鄞城山　即赤堇山。在今浙江奉化市东北白杜村。宋《宝庆四明志》卷14奉化县：鄞城山在“县东五十里。古鄞城在其下，故名”。

鄞港　即今浙江象山县北象山港。宋《宝庆四明志》卷21：象山县“东北到鄞县界四十里，以鄞港中流翁山为界”。《方舆纪要》卷92宁波府象山县：鄞港在“县东北四十里。港口直接大洋，中流与鄞县分界，因名”。

鼓　春秋时夷国祁姓，为白狄之别种，属鲜虞，后为晋所灭。治所在今河北晋州市西。《左传》：昭公十五年（前527），“晋荀吴师伐鲜虞，围鼓”。二十二年（前520），“荀吴略东阳，使师伪籴者负甲以息于昔阳之门外，遂袭鼓，灭之”。即此。

鼓山　①即滏口。在今河北武安市南二十八里。《寰宇记》卷56滏阳县引《宋永初古今山川记》云：“鼓山有石鼓形二所，南北相当。俗语云，南鼓北鼓相去十五。《冀州图》云：邺城西有石鼓，鼓自鸣即有兵。”《魏书·地形志》：魏尹临漳县有鼓山。《资治通鉴》：南朝梁太清元年（547），“虚葬齐献武王（高欢）于漳水之西，潜凿成安鼓山石窟佛寺为穴，纳其柩而塞之”。明嘉靖《武安县志》卷1：鼓山“在县南三十里。一名滏山”。

②一名鼓堆、古堆。在今山西新绛县西北二十二里古堆村附近。《资治通鉴》：隋义宁元年（617）八月，李渊率兵“宿鼓山”。《清一统志·绛州一》引《绛州志》：“鼓山即鼓堆，周四里，高五丈，穹窿而圆，状如覆釜。人马践履有声，故名。”

③在今福建古田县东境。《方舆纪要》卷96古田县：鼓山“在县东百里。其西有旗山。又有马山，在旗、鼓之间”。

④即今福建福州市东南鼓山。延袤三十里，风景秀丽，为登览胜地。主峰屴崱峰，海拔969米。《方舆胜览》卷10福州山川：鼓山“在闽县，有石状如鼓，故名。或云，每雷雨作，中若鼓声”。山腰涌泉寺，建于五代梁开平二年（908），为我国东南佛教名刹，寺内存有贝叶经及明清两朝善本佛经九千部两万余册。山上自宋至清摩崖题刻一百八十余处，是福建古代石刻最多最集中的地点，有“福州碑林”之誉。

鼓子峰　在今福建武夷山市西南武夷八曲。《清一统志·建宁府》“天柱峰”条下：鼓子峰“其石如鼓，前有鼓楼崖，后有三层峰”。

鼓（皷）里　在今山东莒县故城内。《战国策·齐策》：淖齿“杀闵王于皷里”。鲍彪注：“莒中里也。”

鼓吹山　在今浙江象山县东南。《舆地纪胜》卷11庆元府：鼓吹山“在象山县东南八里。有一峰，崒然特高，天欲阴雨，有声轰轰如鼓吹鸣，因名”。

鼓角山　一名鼓吹山。在今湖北蕲春县东北古角寨，近黄梅县界。《寰宇记》卷127蕲州蕲春县：鼓角山“天将雨，必闻鼓角之响，然后下雨”。《舆地纪胜》卷47蕲州：鼓角山“在州东一百里。天欲雨，先闻鼓角之声。又广济县北六十里亦有鼓角山。又名鼓吹山。山上有寨基。建炎兵火，郡守甄采守御于此。全活甚众”。

鼓角楼山　在今广东恩平市西北七十里。《方舆纪要》卷101肇庆府恩平县：鼓角楼山“岩峦层叠，下有流泉。其后为鸿咀山，绵延险峻，亘数十里。旧为贼垒，嘉靖三十五年，督臣谈恺讨瑶‘贼’克黎源、沙峒二砦，贼走双石岭。官军扳崖而上，克塘茶，进拔良塘十三村，诸贼皆乞降，即山旁诸瑶寨也”。

鼓鸣山 即今福建长泰县东北鼓鸣山。《舆地纪胜》卷131漳州《景物下》：鼓鸣山，“《旧经》云，每风雨晦冥，常闻鼓声，因名焉”。《方舆纪要》卷99漳州府长泰县“吴田山”条下：“县北迤东四十里有鼓鸣山，高耸为邑之望。下有洞，风吹则成鼓声，因名。”

鼓城 ①今江苏常州市武进区东北二里。《方舆纪要》卷25常州府武进县：鼓城“有方圆二城，东西相对。或作虎城”。

②战国时齐邑，在今山东济南市长清区西。《战国策·赵四》：“齐闻此必效鼓。”即此。《魏书·地形志》：卢县有鼓城。北魏移在平县治此。

鼓城山 在今河北晋州市西。《方舆纪要》卷14晋州：鼓城山在“州西五里。以鼓子所居而名。下有古城坡。隋因以名县”。

鼓城县 ①北魏置，属代郡。治所当在今山西大同市附近。后废。

②隋开皇十八年（598）改昔阳县置，属廉州。治所即今河北晋州市。《寰宇记》卷61鼓城县：“取古鼓国以为名。”大业初属赵郡。唐属定州。北宋改属祁州。蒙古太祖十年（1215）为晋州治。明洪武初省入晋州。

鼓钟（鐘）山 在今山西垣曲县东。《山海经·中次七经》：“鼓钟之山，帝台之所以觞百神也。……其上多砺，其下多砥。”俗讹为瞽冢山。

鼓钟（鐘）镇 一名鼓钟城。在今山西垣曲县东三十五里。《水经·河水注》：教水南流历鼓钟川，分为二涧，“一水历冶官西，世人谓之鼓钟城，城之左右，犹有遗铜及铜钱也”。《周书·武帝纪》：北周建德五年（576），“乌氏公尹升步骑五千守鼓钟镇”。即此。

鼓圆山 在今湖北竹溪县南。《方舆纪要》卷79竹溪县：鼓圆山“在县南六十里。两山对峙，南为南鼓山，北为北鼓山。山形甚固，下各有洞”。

鼓浪屿 即今福建厦门市西南鼓浪屿。中隔700多米的厦门海峡与厦门对峙。开拓于元末，原名园沙洲、园沙仔，后又有李厝澳、内厝澳之称。岛上西南端海岸边有块岩石，中有竖洞，人可穿过，波涛冲击，声如擂鼓，人称之为“鼓浪石”，岛因而得名。最高点日光岩，明末清初民族英雄郑成功曾在此屯兵，操练水师，至今遗垒尚存。

鼓堆泉 一名古水。在今山西新绛县西北。《方舆纪要》卷41绛州：鼓堆泉在“州北十五里，出九原山，其上有堆如覆釜形，履之如鼓声。水分二派，东曰清泉，西曰灰泉，引入州城，以注于汾水”。

鼓楼 在今北京市东城区地安门外大街北端。明永乐十八年（1420）在元鼓楼旧址重建。通高46.7米，下为高约4米的城台，台前后各有三座券门，左右各一座。楼为二层，面阔五间，重檐重楼黄瓦歇山顶，是明、清两代向全城击鼓报时之处。清光绪二十六年（1900）遭到八国联军破坏，1924年一度改为“明耻楼”，曾陈列八国联军入侵北京时的实物。楼上今存更鼓刀痕，传为八国联军所砍。1996年北京鼓楼、钟楼被定为全国重点文物保护单位。

鼓楼山 ①在今湖南华容县东南五十里。《明一统志》卷62岳州府：鼓楼山“上有石室，下瞰洞庭。中可容数千人”。

②在今四川蓬溪县北。《舆地纪胜》卷155遂宁府：鼓楼山“在蓬溪县北十里。双峰对峙，高千余仞，可见数百里。王蜀时，尝置鼓楼，烽火于其上，故名”。《清一统志·潼川府一》：鼓楼山“在蓬溪县北十里。……《旧志》：在县西北三十里”。《方舆纪要》卷71云：明月山“一名鼓楼山”。

鼓楼场 即今四川西充县东北古楼镇。清光绪《西充县志》卷2：鼓楼铺在“县东四十里，交南部界五里”。

鼓楼坡 在今贵州镇远县南十里。《方舆纪要》卷122镇远府镇远县：鼓楼坡“冈阜重复，状如鼓楼”。

鼓楼隘 亦作鼓楼堡。即今江西南康市西北鼓楼隘。《清一统志·南安府》：鼓楼隘“在南康县西北五十余里，接上犹县界”。

鼓楼滩 在今四川彭山县东北岷江中。《明史·地理志》 彭山县：“东北滨大江，内江自双流县流入焉，即牧马川也，合流而南，亦曰武阳江，江中有鼓楼滩。”

鼓楼镇 北宋置，属盘石县。在今四川资中县西北七十里高楼场。

鼓雷山 一名古雷山。在今福建漳浦县南古雷（古雷头）。《方舆纪要》卷99漳州府漳浦县“梁山”条下：“又东南三十五里曰鼓雷山，断岸千尺，下瞰大江。潮至，怒涛急浪，其声如鼓如雷也。”

鼓腰岭 在今山西武乡县西北六十余里。《资治通鉴》：唐会昌四年（844），“（康）良佺弃石会关，退屯鼓腰岭”。胡三省注：“鼓腰岭当在潞州武乡县北。”

瓡侯国（瓡 zhí） 西汉置，属北海郡。治所当在今山东潍坊市或安丘、昌邑、寿光附近一带。东汉省。

瓡谡侯国 汉以小月氏王将众千骑归降封置，后改为县。即河东郡狐谡县。在今山西永和县西南三十里。《史记·建元以来侯者年表》有瓡谡侯国。《集解》引徐广曰：“在河东。瓡音胡。谡，之涉反。”

蓁屿镇 亦作秦屿镇。即今福建福鼎市东南秦屿镇。明设巡司于此。

蒜山 又曰算山。在今江苏镇江市西九里。《元和志》卷25润州丹徒县：蒜山“山多泽蒜，因以为名”。《舆地纪胜》卷7镇江府：蒜山，“或以为周瑜与诸葛亮议拒曹操，以其多算，故号算山”。《资治通鉴》：东晋隆安五年（401），孙恩浮海奄至丹徒，“恩帅众鼓噪，登蒜山，居民皆荷担而立，（刘）裕帅所领奔击，大破之”。《至顺镇江志》卷7：“蒜山，今西津渡口水中孤峰是也。”宋、元时已沦入江中。

蒜吉纳秃山　今内蒙古巴林右旗北境松吉纳山。《元史·特薛禅传》：太祖成吉思汗谕按陈弟册曰：“阿剌忽马乞迤东，蒜吉纳秃山、木儿速拓、哈海斡连直至阿只儿哈温都、哈老鲁等地，汝则居之。”

蒜岭　在今福建福清市西南六十里。《方舆纪要》卷96福清县：蒜岭“以山形如蒜瓣而名。一云以山石间多产蒜也。登其巅，东望涨海，弥漫无际。旧有照海亭”。

蒜岭驿　明洪武间改蒜岭站置，属福清县。即今福建福清市西南蒜岭。驿以岭为名。

蒜岭站　元置，在今福建福清市西南蒜岭。

蒱江县　即蒲江县。在今四川蒲江县。《隋书·地理志》作蒱江县。

蒱县　即蒲亭县。治所在今四川仁寿县南十五里。旧本《隋书·地理志》：“西魏置蒱县。”今标点本改蒲亭县。

蒱原郡　即蒲原郡。治所在今四川蒲江县北一里。《隋书·地理志》作蒱原郡。

蒱特山　即拔特山。今阿富汗东北之巴达克山。唐慧超《往五天竺国传》：大食攻吐火罗国，“其王被逼走向东一日程，在蒱特山住，见属大寔所管”。

蒱溪县　即临溪县。治所在今四川蒲江县北五十里西来镇西。《隋书·地理志》作蒱溪县。

蓝　在今陕西蓝田县西三十里灞河西岸。《水经·渭水注》引《竹书纪年》：“梁惠成王三年，秦子向命为蓝君。”

蓝口　亦作滥口，又称祁山。在今河南安阳市西。《后汉书·袁绍传》：东汉建安九年（204），曹操击袁绍，“（袁）尚还走蓝口”。李贤注：“相州安阳县界有蓝嵯山，与鄴相近，盖蓝山之口。”

蓝口驿　明改元蓝口站为驿，即今广东东源县东北蓝口镇。又置蓝口巡司于此。

蓝口站　元置，在今广东东源县东北蓝口镇。明改为驿。

蓝口聚　在今湖北荆门市西北。《续汉书·郡国志》南郡编县：“有蓝口聚。”同书《王常传》：常“与成丹、张印别入南郡蓝口，号下江兵”。南朝宋元嘉六年（429）置莲勺县于此。

蓝口镇　即今广东东源县东北蓝口镇。明置巡司于此。《清一统志·惠州府》：“其地为龙川往来孔道，古为石砦，临河险峻。”

蓝山　①在今安徽泾县西南，东濒青弋江。《清一统志·宁国府一》：蓝山“在泾县西南六十里。周三十里。下有蓝山坑，俯瞰安吴渡。李白诗：蓝岑耸天壁，实兀如鲸额”。

②即蓝岭。在今湖南蓝山县北四十里。《新唐书·德宗纪》：贞元十五年（799），“郴州蓝山崩”。即此。

蓝山县　唐天宝元年（742）改南平县置，属桂阳郡（后属郴州）。治所在今湖南蓝山县东北古城村。《寰宇记》卷117郴州蓝山县：“因县南蓝山为名也。”五代时移治今蓝山县。北宋属桂阳监。南宋属桂阳军。元属桂阳路。明属桂阳州。民国初属湖南衡阳道。1922年直属湖南省。

蓝川县　北魏改蓝川郡置，属洪和郡。治所在今甘肃康乐县南草滩乡。西魏废。

蓝川郡　北魏太平真君八年（447）置，属河州。治所在今甘肃康乐县南草滩乡。后改为蓝川县。

蓝乡　①在今山东滕州市东南六十里。《续汉书·郡国志》：东海郡昌虑县“有蓝乡”。刘昭注以为即《左传·昭三十一年》“邾黑肱以滥来奔”之“滥”。

②在今河南新野县东。《后汉书·齐武王縯传》：王莽地皇三年（22），刘演汉军与王莽将甄阜、梁丘赐战于小长安，大败。“阜、赐乘胜，留辎重于蓝乡。”汉军“潜师夜起，袭取蓝乡”。即此。

蓝无里国　在今印度尼西亚苏门答腊岛西北角亚齐河下游哥打拉夜一带。“哥打拉夜”义为王城，疑为此国都城所在。南宋赵汝适《诸蕃志》有专条记述。《岭外代答》卷3“大食诸国”条作蓝里。《岛夷志略》作喃哑哩。《瀛涯胜览》作南浡里。《明史·外国列传》作南渤利和南巫里。

蓝水　①又名采亭桥河。即今河北玉田县西兰泉河。《水经·鲍丘水注》：蓝水“出北山，东流屈而南，径无终县故城东。故城，无终子国也”。

②在今山西东南部。源于山西屯留县西，东流经长子县及长治市入浊漳水。《魏书·地形志》上党郡寄氏县：“有盘秀岭，蓝水出其南，东流合浊漳。”

蓝水县　西魏改莲勺县置，为汉东郡治。治所在今湖北钟祥市西北。隋属竟陵郡，大业末废。唐武德四年（621）复置，属郢州。贞观元年（627）废。

蓝氏城　即蓝市城。在今阿富汗北部巴里黑。为大夏都城。后为大月氏都城。《后汉书·西域传》：大月氏国“居蓝氏城”。

蓝田　①战国楚邑。在今湖北钟祥市西北。《战国策·魏策四》：“秦果南攻蓝田、鄢、郢。”

②在今广东揭东县西北。《清一统志·潮州府》“桃山隘”条内：“蓝田隘在县北，旧皆为戍守处。”

蓝田山　在今陕西蓝田县东。《汉书·地理志》：蓝田县“山出美玉”。《元和志》卷1蓝田县：蓝田山“一名玉山。一名覆车山。在县东二十八里”。

蓝田市　即今湖南涟源市驻地。清同治《安化县志》卷4：“相传宋张南轩经此，谓地宜蓝。后果艺蓝弥野，因名。”1952年于此置蓝田县，同年改名涟源县。1987年改设涟源市。

蓝田关　亦名蓝关。北周建德二年（573）改清泥关名，在今陕西蓝田县，隋大业元年（605）移置故峣关（今陕西商州市西北）。

蓝田坝　即今四川泸州市西南长江南岸蓝田街道。明《泸州志》引南宋《江阳谱》：“本州忠信乡南岸里第三都南田坝。”清嘉庆《泸州志》卷2：“永兴场距州十里，即蓝田坝场，古名玉川镇。”

蓝田县　①战国秦献公六年（前379）置，治所在今陕西蓝田县西三十里。《元和志》卷1蓝田县：“按《周礼》，‘玉之美者曰球，其次为蓝’，盖以县出美玉，故曰蓝田。”秦属内史。汉属京兆尹。晋属京兆郡。北魏太平真君七年（446）省入霸城县。太和十一年（487）复置。北周闵帝元年（557）为蓝田郡治。建德二年（573）郡废。县治迁于峣柳城（今蓝田县）。隋属京兆郡。唐属京兆府。元属奉元路。明属西安府。民国初属陕西关中道。1928年直属陕西省。

②南朝宋大明元年（457）侨置，属华山侨郡。治所在今湖北襄阳市襄城区南境。西魏废。

蓝田谷　在今陕西蓝田县东南界。《水经·渭水注》：“霸水出蓝田县蓝田谷，所谓多玉者也。”

蓝田驿　唐置，在今陕西蓝田县南二十五里。后废。

蓝田郡　北周闵帝元年（557）置，治所在蓝田县（今陕西蓝田县西三十里）。辖境相当今陕西蓝田县地。建德二年（573）废。

蓝田站　元置，在今江西南城县东南。

蓝田浦　在今浙江海盐县南。《方舆纪要》卷91海盐县：蓝田浦“在县南三里。浦东有蓝田寨，因名。宋咸平六年，县令鲁宗道重开，以通海潮”。

蓝田塘　即今贵州天柱县东北三十二里蓝田镇。清时有兵驻守。1932年置蓝田镇，后废。1984年复设蓝田镇。

蓝田猿人遗址　在今陕西蓝田县东陈家窝村和公王岭。1963—1966年在蓝田的调查和发掘中，在今蓝田县西北二十二里洩湖镇陈家窝村发现一个完好的猿人下颌骨化石，在县东四十里九间房乡公王岭发现一个猿人牙齿和一个猿人头盖骨化石。两地化石统一命名为蓝田中国猿人或蓝田人。蓝田公王岭猿人化石与北京猿人化石很类似，距今约98万—100万年。陈家窝猿人距今约50万年。1979年在公王岭建立蓝田猿人遗址保管所。1982年定为全国重点文物保护单位。

蓝田镇　在今江西南城县东南。《清一统志·建昌府二》：蓝田镇“在南城县东八十里，与新城县接界。宋置税务，元改为驿，明改置巡司。今裁”。

蓝市城　一作蓝氏城。为大夏国都城。在今阿富汗北部巴里黑。《史记·大宛传》：大夏“在大宛西南二千余里妫水南……其都曰蓝市城”。后为大月氏都城。

蓝关　在今广东龙川县东南，距五华县西北岐岭不远。唐韩愈《左迁至蓝关示侄孙湘》诗：“云横秦岭家何在？雪拥蓝关马不前。”指此。清嘉庆《龙川县志》载：“通衢界龙川、长乐之间，潮、嘉晋省之要道，有与秦岭对峙者曰蓝关，建有韩文公祠，前筑蓝关茶亭，为往来行人所憩息。”

蓝州　唐仪凤二年（677）置，为羁縻州，属泸州都督府。治所在今贵州习水县西南赤水河西。后废。

蓝江市　即今湖南常宁市西南十五里蓝江西岸蓝江乡。清光绪《湖南通志》卷1常宁县图：县西南有蓝江市。

蓝池宫　即兰池宫。秦筑，在今陕西咸阳市东北。《汉书·地理志》：右扶风渭城县有兰池宫。《元和志》卷1咸阳县：秦兰池宫“在县东南二十五里”。

蓝坊镇　即今广东蕉岭县东二十里蓝坊镇。《明史·地理志》镇平县：“东有蓝坊巡检司，自石窟司迁治，更名。”

蓝村　或作栾村。即今山东即墨市西蓝村镇。清道光《增修胶志》总图：即墨县西有蓝村。

蓝里　即蓝无里国。在今印度尼西亚苏门答腊岛西北角亚齐河下游哥打拉夜一带。南宋周去非《岭外代答》“大食诸国”条、《宋史·外国传六》“大食国”条均作蓝里。

蓝谷　在今山西太原市晋源镇西南。《晋书·刘聪载记》：永嘉六年（312），“（刘）曜入晋阳，夜与刘粲等掠百姓，逾蒙山遁归，（拓跋）猗卢率骑追之，战于蓝谷，粲败绩”。《资治通鉴》：西晋建兴元年（313），“刘琨与代公猗卢会于陉北，谋击汉。秋七月，琨进据蓝谷”。皆此。

蓝谷水　一作牧护关水、蓝水。即今陕西蓝田县东南蓝桥河。宋敏求《长安志》卷16：“蓝谷水南自秦岭西流，经蓝关、蓝桥，过王顺山下，水出蓝谷，西北流入灞水。”《清一统志·西安府一》引《蓝田县志》：“蓝溪即蓝谷水，至悟真寺前，又谓之清水。”

蓝岭　在今湖南蓝山县北四十里。岩洞甚胜。《舆地纪胜》卷61桂阳军：蓝岭“在平阳，跨蓝山县界，故曰蓝岭”。

蓝峒山　在今广西平南县南六十里。《方舆纪要》卷108平南县：蓝峒山“山多窍穴，有蓝峒村。又有石脚岩，相传岩通勾漏”。

蓝津关　在今四川万源市东北。《方舆纪要》卷69太平县：蓝津关“在县东北”。《清一统志·太平厅》：蓝津关“在厅东三十里。旧名滩津关。四山环阻，中通鸟道，为要害地”。

蓝屋驿　在今福建上杭县西北。《方舆纪要》卷98上杭县“平西驿”条下：“又蓝屋驿，在县北七十里。成化十年，徙清流县玉华驿于此，改今名。”

蓝桥　①在今安徽休宁县西十五里。《方舆纪要》卷28休宁县：蓝渡桥“元置税务于此，曰蓝渡务”。

②在今陕西蓝田县东南五十里蓝水上。《资治通鉴》：唐中和元年（881），杨复光克邓州，逐黄巢将朱温“至蓝桥而还”。即此。

蓝桥驿　北宋属蓝田县，在今陕西蓝田县东南。宋敏求《长安志》卷16：“蓝桥驿在蓝田县东南四十里。”

蓝桥镇　唐置，属蓝田县。即今陕西蓝田县东南蓝桥镇。《清一统志·西安府三》引《蓝田县志》：“世传其地有仙窟，即唐裴航遇云英处。”

蓝家山　在今安徽庐江县东南五十里。《隋书·地理志》：庐江县有蓝家山。

蓝家关　即今贵州瓮安县东南蓝家关。《清一统志·平越州》“头关”条内：“又县东南四十里蓝家关，皆境内要地。”

蓝彩桥　清置，属五常厅。在今黑龙江省五常市东南。清置巡司于此。

蓝麻驿　亦作兰麻驿。明置，在今广西永福县西南四十里。

蓝麻镇　亦作兰麻镇。明置，属永福县。在今广西永福县西南四十里。有巡司驻此。

蓝渡街　即今安徽休宁县西蓝渡街。清康熙《休宁县志》卷1：蓝渡街“西十三里。长一里”。

蓝塘墟　即今广东紫金县西南兰塘镇。清雍正《广东通志》卷18：永安县有蓝塘墟。

蓝溪　①姚江支流。即今浙江余姚市东南干溪。源于四明山北麓，北经陆埠镇入姚江。《方舆纪要》卷92慈溪县：蓝溪，“《志》云：余姚县大兰山以东三十六岙之水及杨溪水，皆流汇于蓝溪，东北注于前江”。

②即今福建安溪县西之蓝溪及所注入之晋江西溪。《明一统志》卷75泉州府：蓝溪“在安溪县南。源发万山中，环绕一邑，水深而碧，故名”。《清一统志·泉州府》：蓝溪“即安溪。自安溪县西北，南流经县城西，折而东绕城南，又东流至南安县西北之双溪口，北与桃溪水会为晋江”。

③即今福建建宁县西北杨林溪。《清一统志·邵武府》：蓝溪“在建宁县西北。源出百丈岭，南至绥城口入大溪”。

④即今四川营山、蓬安二县境之清溪河，为嘉陵江支流。《方舆纪要》卷68营山县：蓝溪“在县西十里。下流合于嘉陵江”。

蓝溪山　在今湖南绥宁县东。《方舆纪要》卷82绥宁县：蓝溪山“崇峦叠岭，草木荫翳，涧水萦纡，为蛮瑶出没之所”。

蓝溪水　在今湖南蓝山县北四十里。《清一统志·桂阳州》：蓝溪水“源出蓝岭，东流入岿”。

蓝溪部　大理国置，治所在罗眉川（今云南兰坪白族普米族自治县东南金顶镇）。元至元十二年（1275）改置兰州。

蓝溪堡　明嘉靖二十年（1541）置，属绥宁县。即今湖南绥宁县东蓝溪村。

蓝滩汛　亦作蓝河关、蓝河镇。在今湖北郧西县西南大蓝河入汉江处之蓝滩村。隔汉江与陕西洵阳、白河二县为界。清有外委驻防。

蓝雒县　1946年7月当地解放后由蓝田、雒南二县析置蓝雒办事处，同年10月改为蓝雒县。治青岗坪（今陕西蓝田县东青坪）。取蓝田、雒南二县首字为名。1947年2月废。

蓝豪山　在今广东乐昌市西北。《水经·溱水注》：“武溪水又南入重山，山名蓝豪，广圆五百里，悉曲江县界，崖峻险阻，岩岭干天，交柯云蔚，霾天晦景，谓之泷中，悬湍回注，崩浪震山，名之泷水。”《元和志》卷34乐昌县：蓝豪山“在县西北一百九十里。广五百里，岩岭峻阻，所谓泷中，即此也”。《清一统志·韶州府》：蓝豪山，“《省志》：在县西北六十里。三泷之水经焉”。

蓝旗卡伦　即今河北围场满族蒙古族自治县东南六十里蓝旗卡伦乡（烧锅）。清光绪《大清帝国全图》：直隶省围场县东南有蓝旗卡伦。

蓝靛厂　①又名鹿园。在今北京市东便门东。明蒋一葵《长安客话》卷4：“大通桥东有鹿园，方广十余里。地平如掌，古树偃仰，与高冢相错。……相传是金章宗时故址，今因畜鹿于此。”明《帝京景物略》卷2：“鹿园，金章宗故园也，今曰蓝靛厂。”清《日下旧闻考》以为在东直门外，误。

②即今北京市海淀区西南蓝靛厂。清《日下旧闻考》卷99：“都城西有蓝靛厂，万历间始建西顶碧霞元君庙。”即此。

墓口关　明置，在今贵州惠水县西南。《方舆纪要》卷121定番州：墓口关在“（金石番长官）司西十五里”。

幕天坡　在今河南开封市西。《宋史·李纲传上》：靖康元年（1126），“（李）纲率诸将旦出封丘门，与金人战幕天坡，以神臂弓射金人，却之”。即此。

幕北　即漠北。指今蒙古高原大沙漠以北地区。《史记·卫将军骠骑列传》：西汉元狩四年（前119），大将军卫青等击匈奴，匈奴“乃悉远北其辎重，皆以精兵待幕北”。《史记·大宛列传》：“汉击走单于于幕北。”

幕谷　即漠谷。一作莫谷。在今陕西乾县北三里。《资治通鉴》：唐建中四年（783），朱泚围奉天，杜希全等入援，上“命希全等从漠谷进”，为朱泚所败。五代梁开平二年（908），“刘知俊及佑国节度使王重师大破岐兵于幕谷”。胡三省注：“幕谷，即漠谷。”

幕阜山　一名天岳山。在今湖南、湖北、江西三省边境，东北—西南走向。主峰幕阜山海拔1596米，位于湖南平江县东北境。《寰宇记》卷106洪州分宁县：幕阜山“在县西二百九十里，高一千余丈，周回一百二十里。按，《吴书》云，刘表从子盘为寇于艾西，吴乃分海昏、建昌左右六县，以太史慈为建昌都尉，督诸将拒磐于此山，置营幕，乃名焉。山上有石名系舟峰，有列仙坛、汇沙池、芙蓉池、海棠洞、仙人洞。其东为青龙山，昔有禅师驻锡于此，能驯猛虎，里人结庵奉之。晋葛洪著山记一卷”。宋范致明《岳阳风土记》：“幕阜山洞天，天宝中改名昌江山。《幕阜山记》曰，山有石壁刻铭，上言禹治水登此。山高于平地一千八百丈，周五百里。”

幕府山　亦作莫府山，又名石灰山。在今江苏南京市北，长江南岸。《舆地纪胜》卷17建康府“幕府山”云：“晋琅邪王初过江，丞相王导建幕府于其上，因以为名。”山有五峰相接。三国时已有“莫府山”之名。《宋书·礼志一》：元嘉二十五年（448），“设行宫殿便坐武帐于幕府山南冈”。又《索虏传》：元嘉二十七年（450）北魏太武帝率军至瓜步（今江苏六合县东南），建康震恐，文帝“乘舆数幸石头及莫府山，观望形势”。

幕南　即漠南。指今蒙古高原大沙漠以南地区。《史记·匈奴列传》：西汉骠骑将军霍去病破匈奴，“封于狼居胥山，禅姑衍，临瀚海而还，是后匈奴远遁，而幕南无王庭”。《卫将军骠骑列传》：元狩四年（前119），“大将军（卫青）引还过幕南”。清代专指内蒙古为幕南。

蓨县　①亦作脩县。东汉改脩县置，属勃海郡。治所在今河北景县南。《三国志·魏书·田畴传》：东汉建安十二年（207），曹操“举茂才，拜为蓨令，不之官，随军次无终”。北魏改作脩县。

②隋开皇五年（585）改脩县置，属冀州。治所即今河北景县。大业初属信都郡。唐属冀州。金属景州。元为景州治。明洪武初废入景州。

蓟　周武王灭纣，封召公于此（一说封尧后）。故址在今北京市城区西南隅。自西周至战国，皆为燕国都城。《史记·秦始皇本纪》：二十一年（前226），“王贲攻蓟，乃益发卒诣王翦军，遂破燕太子丹军，取燕蓟城”。即此。秦置县。

蓟门　在今北京市海淀区学院路黄亭子元城墙遗址上。为“燕京八景”之一。清乾隆年间，立御书“蓟门烟树”碑于此。元、明以来，或以为今德胜门外土城关为蓟门旧址，实误。

蓟门关　即居庸关。在今北京市昌平区西北三十里。《方舆纪要》卷10居庸引《唐十道志》：“居庸关亦名蓟门关。”

蓟北县　辽初改蓟县置，与幽都县同为幽都府治。治所在今北京市城西南。开泰元年（1012）改名析津县。

蓟丘　在今北京市城西南。《战国策·燕二》：燕昭王二十八年（前284），乐毅报燕王书：“蓟丘之植，植于汶皇。”《水经·㶟水注》：“昔周武王封尧后于蓟，今城内西北隅有蓟丘，因丘以名邑也。”1957年在今北京市城区西南广安门附近，发现战国和战国以前的遗址，在厚达一米以上的古文化层中，夹杂燕国宫殿瓦屋构件饕餮纹半瓦当，当为燕国都城蓟城所在地。

蓟辽总督　明嘉靖二十九年（1550）置蓟州总督，次年改为蓟辽总督，为捍卫北京之军事重镇。三十三年（1554），移驻密云县（今北京市密云县）。辖顺天、保定、辽东三巡抚，相当今北京、天津两市及河北北部、辽宁西南部地区。万历九年（1581）加兼巡抚顺天等处，十一年复旧。崇祯十一年（1638）后在保定（今河北保定市）设保定总督，辖区缩小。后废。

蓟州　唐开元十八年（730）置，治所在渔阳县（今天津市蓟县）。《寰宇记》卷70：蓟州，“取古蓟门关以名州”。天宝元年（742）改为渔阳郡。乾元元年（758）复为蓟州。辖境相当今天津市蓟县及河北三河、玉田、丰润、遵化等县地。金辖境西部缩小。明洪武初省渔阳县入蓟州，属北平布政司。永乐二年（1404）属顺天府。清不辖县。1913年改为蓟县。

蓟州镇　明“九边”之一，为近畿防卫重镇。总兵官驻三屯营（今河北迁西县西北二十五里三屯营镇）。镇守地区东起今河北秦皇岛市东北之山海关，西至北京市昌平县西北居庸关长城一线。后废。

蓟运河　在今天津市宝坻区东。《清一统志·顺天府一》：蓟运河“在宝坻县东三十里。其上流为梨河，发源迁安县之三屯营、芦儿岭；一自蓟州之沽河；一自三河县之洵河，至县东北三岔口合流，俗名潮河，亦名运粮河，又名白龙港。东南流至县东南九十里，名丰台河，又南入宁河县界，经芦台抵北塘口入海。漕运南来者，由此达蓟州，故名”。此亦即古鲍丘水入海之故道。

蓟县　①战国秦置，为广阳郡治。治所在今北京市城区西南隅。西汉为广阳国治。东汉至北朝历为幽州、广阳郡、燕国、燕郡治所。隋时历为幽州、涿郡治所。唐至五代，与幽都县同为幽州治所。辽初改名蓟北县，开泰元年（1012）又改称析津县。

②1913年改蓟州置，属直隶京兆尹。治所即今天津市蓟县。1928年属河北省。1973年属天津市。

蓬口州　亦作蓬州。唐开元前置羁縻州，属黎州都督府。治所在今四川马边彝族自治县北下溪乡。北宋以后废。

蓬山　在今四川营山县东北七十里。《寰宇记》卷139蓬州：“因蓬山以为名。”《方舆纪要》卷68营山县：大蓬山，“《志》云：蓬山有朝阳洞，空阔可容数百人。久塞。万历中开”。

蓬山县　唐至德二年（757）改咸安县置，属蓬州。治所在今四川营山县东北五十八里三元乡兴福村。北宋熙宁三年（1070）废入营山县。

蓬山郡　①唐天宝元年（742）改柘州置，治所在柘县（今四川理县西北与黑水县接壤地区）。乾元元年（758）复为柘州。

②唐至德二年（757）改咸安郡置，治所在大寅县（今四川仪陇县新政镇东六十里仪陇河西岸）。辖境相当今四川仪陇县及营山县大部地。乾元元年（758）复为蓬州。

蓬山镇 北宋熙宁三年（1070）废蓬山县置，属营山县。在今四川营山县东北五十八里三元乡。

蓬丰（豐） 古国名。即今马来西亚东部之彭亨。见南宋赵汝适《诸蕃志》卷上“三佛齐国”条。《岛夷志略》作彭坑，明以后始有今译名彭亨。《云麓漫钞》卷5作朋丰，《海录》作邦项。

蓬水 在今四川仪陇县（新政镇）东。《寰宇记》卷139蓬州蓬池县：“取蓬水以为名。”

蓬矢州 唐开元前置羁縻州，属黎州都督府。治所在今四川马边彝族自治县南苏坝乡。北宋以后废。

蓬台（臺） 在北魏平城，今山西大同市北。《水经·㶟水注》：如浑水西支流入宫城后，“其水夹御路南流径蓬台西。魏神瑞三年又毁建白楼”。《魏书·太宗纪》载：泰常元年（416）十一月，另“筑蓬台于北苑”。

蓬多城 即今西藏林周县北旁多乡。《清一统志·西藏》卫地诸城：蓬多城“在喇萨东北一百七十里”。藏语意为“普央岗钦”山的岔口。1960年与林周宗合并设林周县。

蓬关 在今河南开封县南。《资治通鉴》：西晋永嘉五年（311），汉将石勒“与乞活陈午相攻于蓬关”。《晋书·石勒载记》：大兴二年（319），“平西将军祖逖攻陈川于蓬关，石季龙救陈川……桃豹至蓬关，祖逖退入淮南”。

蓬关陂 在今山东聊城市北。《资治通鉴》：东晋太元十一年（386），吴深据清河以叛，慕容垂攻拔其垒。深单马走，“垂进屯聊城之蓬关陂”，即此。

蓬州 ①北周天和四年（569）置，治所在安固县（今四川营山县东北安固乡）。《寰宇记》卷139蓬州：“因蓬山以为名。”辖境相当今四川仪陇县及营山县大部地。隋大业初废。唐武德元年（618）复置，开元二十九年（741）徙治大寅县（今仪陇县新政镇东仪陇河西岸。一说今蓬安县北茶亭乡蓬池坝）。天宝元年（742）改为咸安郡，至德二年（757）改为蓬山郡，乾元元年（758）复为蓬州。辖境扩大至今渠县部分地。南宋宝祐六年（1258）徙治相如县（今蓬安县西南锦屏镇），淳祐间徙治云山城（今蓬安县东南河舒镇北燕山寨）。元还治相如县，属顺庆路。明洪武初中附郭相如县入蓬州，属顺庆府。1913年改为蓬安县。

②即蓬口州。唐置羁縻州。治所在今四川马边彝族自治县北下溪乡。

蓬州千户所 明洪武二十六年（1393）置，属揭阳县。治所在夏岭（今广东汕头市东北蓬州村）。二十七年移驼江都（今汕头市西北鮀浦）。三十一年筑石城。嘉靖中改属澄海县。清雍正三年（1725）裁。

蓬池 在今河南尉氏县东北。《寰宇记》卷1开封府尉氏县：“蓬池，在县北五里。按《述征记》曰：‘大梁西南九十里尉氏有蓬池。’阮籍有诗云，‘徘徊蓬池上，回首望大梁’。即此是也。”

蓬池县 唐广德元年（763）改大寅县置，为蓬州治。治所在今四川仪陇县（新政镇）东仪陇河西岸。一说今蓬安县北茶亭乡蓬池坝。《寰宇记》卷139蓬池县：“取蓬池水以为名。”后废。开成元年（836）复置。元至元二十年（1283）废入仪陇县。

蓬安县 1913年改蓬州置，属四川嘉陵道。治所在今四川蓬安县西南五里锦屏镇。民国吕式斌《今县释名》卷6：后周置蓬州，治安固县，“兼取故州县为名”。1928年直属四川省。1953年县治由锦屏镇迁今蓬安县（周口镇）。

蓬岛山 在今浙江奉化市南葛岙村附近一带。宋《宝庆四明志》卷14奉化县：蓬岛山“其源来自四明山，重冈复岭，缭绕绵亘”。

蓬陂坞 在今河南开封县南。《晋书·祖逖传》：“蓬陂坞主陈川自号宁朔将军、陈留太守。”即此。东晋大兴二年（319）祖逖败陈川于此。

蓬南镇 即今四川蓬溪县东南蓬南镇。清道光《蓬溪县志》卷2：蓬南场在“县东南一百二十里。……通合州、定远大道”。

蓬勃堡 在南海中中国南沙群岛内，为南薇滩东北端的一个暗礁。水深3米余。1935年公布名称为傍俾炮台滩。1947年改名蓬勃堡。

蓬勃暗沙 在南海中中国南沙群岛东南部，位于仙宾礁东南方。为一直径约2公里的环礁。低潮时露出。中国渔民向称之为东头乙辛。1935年公布名称为傍俾滩。1947年改名蓬勃暗沙。

蓬勃礁 即今南海中中国西沙群岛东部之浪花礁。见民国间郑资约《南海诸岛地理志略》。

蓬峒 即今湖南城步苗族自治县南汀坪乡东南蓬洞村。《清一统志·宝庆府二》：蓬峒“领横水等十一砦”。

蓬都县 唐贞观七年（633）置，后属羁縻笮州。治所在今四川红原、马尔康县境。后废。

蓬壶 指蓬莱。秦王嘉《拾遗记》卷1：“三壶，则海中三山也。一曰方壶，则方丈也；二曰蓬壶，则蓬莱也；三曰瀛壶，则瀛洲也。形如壶器。”故名。

蓬莱山 ①古代传说东海中的神山。《山海经·海内北经》：“蓬莱山在海中。”《史记·封禅书》：“自威、宣、燕昭使人入海求蓬莱、方丈、瀛洲。此三神山者，其傅在渤海中，去人不远，患且至，则船风引而去。盖尝有至者，诸仙人及不死之药皆在焉。其物禽兽尽白，而黄金银为宫阙。未至，望之如云；及到，三神山反居水下。临之，风辄引去，终莫能至云。”或以为蓬莱即今日本。

②在今福建永春县东北蓬莱。《方舆纪要》卷99泉州府永春县：蓬莱山在“县东北二十里。回环秀丽，胜若蓬莱”，故名。

③在今湖北武汉市新洲区西南阳逻镇长江之滨。《清一统志·黄州府》：蓬莱山“上有阁，甚幽胜”。

④在今广东江门市新会区北。《清一统志·广州府一》：蓬莱山“在新会县北三十里。与绿屏相望，宏峻幽胜。俗呼双梅岭”。

⑤在今四川蓬溪县西。《舆地纪胜》卷155遂宁府：蓬莱山“在蓬溪县西三里”。《方舆纪要》卷71蓬溪县“赤城山”条内：“蓬莱山在县治西。县因以名。”

蓬莱水城　又称备倭城。在今山东蓬莱市北丹崖山东麓。北宋庆历二年（1042）在此建有用于停泊战船的刀鱼寨旧址。明洪武九年（1376）为防倭寇改建水城，停泊船舰，操练水师。抗倭名将戚继光曾镇守于此。主要建筑有水门水闸、防波堤、平浪台、码头、敌台（炮楼）、灯楼、护城河等，是明、清两代的海防要塞。1982年蓬莱水城及蓬莱阁被定为全国重点文物保护单位。

蓬莱市　1991年撤销山东省蓬莱县，改设蓬莱市，市人民政府驻登州街道办事处。由烟台市代管。

蓬莱池　在今陕西西安市东北。宋程大昌《雍录》卷3唐东内大明宫：蓬莱池“在龙首山北平地矣，龙首山势至此而尽”。

蓬莱县　唐神龙三年（707）分黄县置，为登州治。治所即今山东蓬莱市。《元和志》卷11蓬莱县：“昔汉武帝于此望蓬莱山，因筑城，以蓬莱为名。”明、清为登州府治。民国初属山东胶东道。1925年改属东海道。1928年直属山东省。1991年撤销，改设蓬莱市。

蓬莱驿　在今浙江绍兴市西。《方舆纪要》卷92绍兴府：蓬莱驿“在府西迎恩门外。唐曰西亭驿，宋曰仁风驿，明朝改今名”。

蓬莱阁　①在今浙江绍兴市。《清一统志·绍兴府》：蓬莱阁“在府城内卧龙山上。五代时钱镠建。宋王十朋有赋。元改建蓬莱堂，韩性有记”。

②在今山东蓬莱市城北海岸丹崖山巅。唐初建龙王宫，其后又陆续建上清宫（三清殿）、天后宫、蓬莱阁、吕祖殿等，外有围墙环绕。蓬莱阁为北宋嘉祐六年（1061）知州朱处约建，居建筑群中央最高处。明、清时又不断扩建和重修。现整个建筑群统称为蓬莱阁。阁上存有历代碑刻二百多块，著名的有苏轼“海市诗”及石刻楹联等。1982年与蓬莱水城一起被定为全国重点文物保护单位。

蓬莱宫　即唐长安之大明宫。在今陕西西安市北二里龙首原上。龙朔二年（662）兴建，取殿后蓬莱池为名。后改名大明宫。咸亨元年（670）改为含元宫，武后长安元年（701）复改大明宫。杜甫有《忆昔献赋蓬莱宫》诗。

蓬莱镇　①唐贞观八年（634）置，属黄县。即今山东蓬莱市。神龙三年（707）于此置蓬莱县。

②南宋置，属来宾县。在今广西来宾市东三十二里二沟村南红水河中蓬莱洲上。《宋史·地理志》象州：“景定三年，徙治来宾县之蓬莱。”《清一统志·柳州府》：蓬莱镇“在来宾县东。宋景定三年，徙象州治来宾之蓬莱，元还旧治”。

③即今四川大英县驻地蓬莱镇。《清一统志·潼川府二》：蓬莱镇“在蓬溪县西北一百六十里。即唐兴县地。本朝雍正八年设巡司，乾隆元年改设盐课大使，二十年复改设县丞驻此”。民国设县佐。为县西南大镇。1997年设大英县驻此。

蓬阆镇　即今江苏昆山市东南三十里蓬朗镇。明嘉靖《昆山县志》卷4：“洪武初尾浦有土神牌，随潮漂至其地，因名牌落。”弘治中知县杨子器改名为蓬阆镇。1964年改为蓬朗。

蓬婆岭　亦作蒲婆岭、大雪山。指今四川理县西北之鹧鸪山、大白山。《新唐书·吐蕃传上》：开元二十六年（738），剑南节度使王昱“以剑南兵入攻安戎城，筑二少垒左右之，兵次蓬婆岭，输剑南粟餉军。吐蕃悉锐来救，昱大败，少垒皆没，士死凡数万”。杜甫《奉和》诗有“更夺蓬婆雪外城”句。

蓬鲁州　唐永徽二年（651）置羁縻州，属茂州都督府。治所在今四川汶川县西南邛崃山附近地区。后废。

蓬塘陂　在今广西藤县西。《方舆纪要》卷108藤县：“蓬塘陂在县西四十里……有灌溉之利。”

蓬鹊山　又名逢山、鹊山。在今河北内丘县西。《寰宇记》卷59内丘县：“蓬鹊山亦名龙腾山。在县西六十三里。《地理志》云：中丘逢山，长谷诸水所出。《水经注》云：中丘有蓬鹊之山。《郡县志》：昔扁鹊将虢太子游此采药，因以名之。”

蓬楚藏布　即朋楚藏布河。今西藏定日县南之朋曲。

蓬溪　亦名赤溪、马桑溪。即今四川蓬溪县西南蓬溪河。《寰宇记》卷87蓬溪县：“取邑内蓬溪为名。”《元丰九域志》卷7：蓬溪县有蓬溪。《方舆纪要》卷71蓬溪县：蓬溪在“县城北。源出蓬莱山，东流绕赤城山下，又西南流入遂宁县界，入于涪江”。

蓬溪县　唐天宝元年（742）改唐兴置，属遂宁郡。治所即今四川蓬溪县。《寰宇记》卷87蓬溪县：“取邑内蓬溪为名。”乾元初属遂州。北宋政和间属遂宁府。元属遂宁州。《元史·刘元礼传》：至元二年（1265），与宋制置夏贵“复大战蓬溪”。即此。明洪武十年（1377）废入遂宁县，十三年（1380）复置，属潼川州。清属潼川府。民国初属四川嘉陵道。1928年直属四川省。

蓬溪砦　南宋建，属蓬溪县。在今四川蓬溪县东蓬溪山。端平三年（1236）兵乱，遂宁府曾徙治于此。《元史·石抹狗狗传》：至元四年（1267），乞儿“从攻蓬溪砦，死焉，子狗狗袭”。即此。

蓑衣渡　在今广西全州县东北十五里湘江边。清王定安《湘军记》卷1：咸丰二年（1852），江忠源进攻太平军，"急渡蓑衣渡……鏖战两昼夜……南王冯云山中炮死"。

蒿子站　又作浩色站。清置，在今吉林扶余县西新站乡。《清一统志·吉林二》"金州鄂佛罗站"条下："逊扎布站即五家子站，又西北三十五里至蒿子站。"

蒿水桥　在今河北巨鹿县南贾庄附近。《明史·卢象昇传》：崇祯十一年（1638），"师至蒿水桥，遇大清兵"，激战败死。

蒿尖山　在今浙江上虞市西南，与绍兴县接界。《方舆纪要》卷92绍兴府"丰山"条下：壕山"在府东七十里。下临舜江，接上虞县界，一名蒿尖山"。

蒿坝　即今浙江上虞市西南十四里蒿坝村。《方舆纪要》卷92绍兴府：蒿坝在"府东南八十里。以近蒿山而名。为台、绍二府必经之道"。

蒿店镇　即今陕西永寿县西北蒿店村。《清一统志·乾州》：蒿店镇"在永寿县（旧治）南十五里，为往来要道，明设递运所，兼置大使于此"。

蒿泽　即古昭余祁。在今山西介休、平遥、汾阳、祁县之间。《隋书·杨谅传》：仁寿四年（604），"谅使赵子开守高壁，杨素击走之。谅大惧，拒素于蒿泽"。

蒺藜山　在今辽宁阜新蒙古族自治县北。《金史·太祖纪》：天辅元年（1117），"斡鲁古等败耶律捏里兵于蒺藜山"。即此。

资县　战国秦置，属右北平郡，为都尉治。治所在今河北遵化市境。出土秦封泥中有"賨丞之印"可证。东汉废。

蒲　①西周时蒲国。春秋时灭于晋，为邑。在今山西隰县西北。《左传》：庄公二十八年（前666），晋伐骊戎，骊姬使言于晋献公曰："曲沃，君之宗也；蒲与二屈，君之疆也，不可以无主……若使大子主曲沃，而重耳、夷吾主蒲与屈，则可以威民而惧戎，且旌君伐。"又《左传》：僖公四年（前656），"重耳奔蒲"。即此。

②春秋卫邑。即今河南长垣县。《左传》：桓公三年（前709），"夏，齐侯、卫侯胥命于蒲"。杜注："蒲，卫地。在陈留长垣县西南。"《孔子家语》："子路治蒲三年，孔子过之，三称其善。"明洪武初移长垣县治此。《明史·地理志》长垣县："旧治在县东北。洪武二年，以河患迁于古蒲城。"即此。

蒲与路　又作蒲峪、扶余。金置，治所在今黑龙江省克东县西北金城乡古城村。因乌裕尔河而得名。辖境相当今内蒙古鄂伦春自治旗、莫力达瓦达斡尔族自治旗以东、黑龙江省大兴安岭地区和黑河、伊春市北部，外兴安岭（今俄罗斯斯塔诺夫山）以南一带。元改置浦峪路万户府。

蒲与路故城遗址　在今黑龙江省克东县西北金城乡古城村。城址为椭圆形，周长2800多米。出土有铜质"蒲峪路印"及大量金代文物。确定为金代蒲与路古城址。1988年定为全国重点文物保护单位。

蒲口　即蒲沟镇。在今天津市北，北运河西岸。清同治年间于此设军火库，并设把总驻守。

蒲山　①在今浙江平湖市东南三十里。《清一统志·嘉兴府一》：蒲山"有外、里二山"。里蒲山滨海，外蒲山为海中岛屿。

②在今河南南阳市北三十里。《清一统志·南阳府一》：蒲山"自紫山迤逦东行，冈峦陡起，逆折而北，横亘数里"。

蒲山国　古皮山国。都皮城（在今新疆皮山县东南）。《魏书·西域传》："蒲山国，故皮山国也。居皮城，在于阗南。……后役属于阗。"

蒲山店　即今河南南阳市北二十八里蒲山镇。清光绪《南阳县志》卷3：县北有蒲山店。

蒲川水　即今甘肃灵台县南南川河。《水经·渭水注》："蒲水出南山蒲谷，东北合细川水……又东北流合且氏川水。"《清一统志·泾州一》：蒲川水，"《县志》：县之南川也。自凤翔分水岭发源，夹苍离而出，与达溪合"。

蒲川县　隋开皇中改平昌县置，属隰州。治所在今山西蒲县西北二十七里古县村。大业初废。

蒲川河　即今甘肃镇原县东蒲河。源出环县界，东南流经县东至宁县西南入泾河。《元丰九域志》卷3：彭阳县有蒲川河。

蒲门千户所　明洪武二十年（1387）置，属金乡卫。在今浙江苍南县东南六十里蒲城乡。清顺治中废。后设蒲门巡司。

蒲子山　在今山西隰县东北。《方舆纪要》卷41隰州：蒲子山在"州东北五十里。相传尧师伊蒲子隐处。汉以此山名县"。

蒲子县　①又称蒲阳。战国魏置，后入秦，属河东郡。治所即今山西隰县。三国魏属平阳郡。西晋永嘉时，十六国前汉刘渊曾都于此。北魏废。

②北魏侨置，属永安郡。寄治今山西定襄县境。北齐废。

③北周大象元年（579）改石城县置，属五城郡。治所在今山西蒲县东南五十里。隋开皇元年（581）移治今蒲县东北二十八里，五年改属隰州。大业二年（606）改为蒲县。

蒲水　①即今河北顺平县蒲阳水。《汉书·地理志》曲逆县："蒲阳山，蒲水所出，东入濡。"《水经·滱水注》：蒲水"出西北蒲阳山，西南流，积水成渊，东西百步，南北百余步，深而不测。蒲水又东南流，又南径阳安亭东……又东入濡"。又《清一统志·保定府二》：蒲水，"《旧志》：蒲水发源完县西北三十里道务村，流径县北，又东南至故曲逆城东南与曲逆水合"。

②一名蒲川、隰川河。即今山西隰县西昕水河。《水经·河水注》："蒲川水出石楼山，南径蒲城东，又南历蒲子县故城西……蒲水又南合紫川

水……又西南入于河水。”《方舆纪要》卷41隰州：蒲水“在州城西。源出汾州府石楼县之石楼山，流经此，又南流入大宁县界，合于昕川，而入黄河”。

③在今山西陵川县西北。《方舆纪要》陵川县：蒲水“在县西北二十里，西流入于丹水”。

④即蒲江水。在今四川蒲江县南。《旧唐书·地理志》：蒲江县“南枕蒲水”。《明史·地理志》蒲江县：“南有蒲水，源出名山县，流经此，东入邛州界。”

蒲什河　一名大蒲石河。即今辽宁宽甸满族自治县西之蒲石河。为鸭绿江支流。《清史稿·地理志》：鸭绿江“右受小蒲石、永甸、长甸、大蒲石、安平诸河”。

蒲反　又作蒲阪。战国魏地，在今山西永济市西南蒲州镇。《史记·魏世家》：“秦拔我蒲反、阳晋、封陵。”即此。

蒲反县　西汉改蒲坂县置，属河东郡。治所在今山西永济市西南二十四里蒲州镇。东汉复改蒲坂县。

蒲甘　即今缅甸中部敏建西南之蒲甘。公元11世纪中至13世纪末叶，曾为蒲甘王朝都城。南宋周去非《岭外代答》有专条记述。

蒲石河　在今辽宁宽甸满族自治县西南。民国《奉天通志》卷116：蒲石河“在宽甸西南九十里”。产煤。

蒲卢毛朵部　辽属国，为女真部落。《辽史·营卫志》：辽国外十部有“蒲卢毛朵部”。分布在今吉林图们江支流海兰河流域至朝鲜咸镜南道咸兴平野之间。

蒲汇（匯）镇　在今上海市西南。《方舆纪要》卷24松江府上海县：蒲汇塘“自青浦县受盘龙、泗泾诸水，绝沙冈、竹冈、横沥诸水而东，为龙华港，又东经县南入于黄浦。《志》云，吴淞南境之水，自盘龙以东，俱由蒲汇、龙华二港达黄浦入海，最为通利”。

蒲奴水　今蒙古国西南之翁金河。源出前杭爱省阿尔拜雷西北，东南流至中戈壁省赛尔阿博东南入沙漠。《汉书·匈奴传》：征和二年（前91），御史大夫商丘将三万余人出西河攻匈奴，“至追邪径无所见，还。……至蒲奴水，虏不利，还去”。

蒲台（臺）　在今山东滨州市滨城区南蒲城街道。一名秦台。《水经·河水注》：“商河又分为二水，南水谓之长丛沟，东流倾注于海。沟南海侧有蒲台，台高八丈，方二百步。《三齐略记》曰：鬲城东南有蒲台，秦始皇东游海上，于台上蟠蒲系马。”隋置蒲台县以此名。

蒲台（臺）县　隋开皇十六年（596）置，属棣州。治所在今山东滨州市东滨城区南蒲城街道。大业初属渤海郡。唐贞观六年（632）废。七年（633）复置，属棣州。五代周显德中属滨州。北宋大中祥符五年（1012）省。金复置，仍属滨州。元属般阳府路。明属滨州。清属武定府。民国初属山东济南道。1928年直属山东省。1956年撤销，并入博兴县。

蒲台（臺）镇　北宋置，属渤海县。在今山东滨州市东滨城区南蒲城街道。

蒲吕场　即今重庆市铜梁县东南蒲侣镇。清光绪《铜梁县志》卷2：蒲吕场“在县东南三十里”。

蒲帆塘　在今浙江湖州市北。《新唐书·地理志》湖州乌程县：“北二里有蒲帆塘，刺史杨汉公开，开而得蒲帆，因名。”

蒲竹径　在今广东云浮市西。《清一统志·罗定州》：蒲竹径“在东安县西。《县志》，自西北径口达东南径口，延袤二十余里，两崖峻峭，茂林蔽天，瑶贼盘踞其中，人迹断绝，为东山第一畏途。万历十六年，兵备陈文衡始改辟道路，自县抵西宁，共治路二百二十八里。自是贼险尽夺，商民往来无阻”。

蒲华城　亦作不花剌、卜哈儿。西辽属地。即今乌兹别克斯坦布哈拉。《元史·太祖纪》：十五年（1220），“帝克蒲华城”。元耶律楚材《西游录》：“寻思干之西六七百里有蒲华城，土产更饶，城邑稍多。”

蒲关　①即蒲津关。在今陕西大荔县朝邑镇东黄河西岸。《资治通鉴》：唐宝应元年（762），回纥兵助唐平安史之乱，“可汗欲自蒲关入”。

②亦曰蒲蛮关。在今云南保山市南三十五里。明洪武初，建金齿巡司于此。后省。

蒲关泽　即牧泽。在今河南开封县东南陈留镇北。《水经·渠水注》：浚仪县“北有牧泽，中有兰蒲，上多儁髦，衿带牧泽，方一十五里，俗谓之蒲关泽，即谓此矣”。

蒲州　①北周明帝二年（558）改泰州置，治所在蒲坂县（今山西永济市西南二十四里蒲州镇）。《元和志》卷12河中府蒲州：“因蒲坂为名。”辖境相当于今山西永济、万荣、临猗、芮城等市县地。隋改治所蒲坂县为河东县，大业三年（607）改为河东郡。唐武德元年（618）复置，治所在桑泉县（今山西临猗县西南四十里临晋镇），三年（620）移治河东县（今永济市西南蒲州镇）。开元八年（720）升河中府，同年仍改蒲州。天宝元年（742）改为河东郡，乾元元年（758）复为蒲州，乾元三年（760）又升河中府。金天会六年（1128）改为蒲州，天德元年（1149）复为河中府。明洪武二年（1369）复置蒲州，清雍正六年（1728）升蒲州府。

②隋开皇十六年（596）置，治所在高阳县（今河北高阳县东二十五里旧城镇）。大业初废。

③金兴定五年（1221）升蒲县置，治所即今山西蒲县。辖境相当于今山西蒲县、大宁县地。元初废。

④在今湖南永州市东南潇水之滨。柳宗元在永州为官时游此，写有《登蒲州石矶望横江口潭岛深

迥斜对香零山》诗。清康熙《永州府志》卷7山川志：“香零山，在城东。柳子厚常登蒲州石矶以望之。”

蒲州府　清雍正六年（1728）升蒲州置，治所在永济县（今山西永济市西南二十四里蒲州镇）。辖境相当今山西芮城县西部及万荣、临猗、永济三县市地。1912年废。

蒲壮所城　即今浙江苍南县南六十里蒲城乡。原为蒲门和壮士二千户所城，均为明洪武二十年（1387）为防御倭寇而筑，后将壮士所并入蒲门所，遂改称蒲壮所。城周围2500余米，高约5米，东、南、西三面各有一门。墙用三合土夯筑，内外包砌块石，城外环绕护城河。现基本保留了原建筑格局及一批历史、人文建筑，周围的山上还有一些烽火台、墩等。1996年定为全国重点文物保护单位。

蒲江水　亦名蒲水。在今四川蒲江县南。源出名山县东北，流经蒲江县城，东北流合临溪河，于邛崃县东南注入南河（邛崃河），东流注入岷江。东晋常璩《华阳国志·蜀志》：西汉地节中，“穿临邛蒲江盐井二十所，增置盐铁官”。即此。

蒲江石窟　在今四川蒲江县境。主要包括飞仙阁摩崖造像、龙拖湾摩崖造像。飞仙阁摩崖造像在今蒲江县西南二十里朝阳湖镇南山崖上。沿崖长约200米间有历代石窟摩崖造像现存八十七龛，其中唐代六十八龛，五代一龛、宋代七龛、明代一龛、清代十龛。有佛、菩萨、天王、力士、金刚、夜叉、飞天等五百五十多躯造像。佛像最大者高6米，最小者30厘米，刻工精细，线条流畅，神态各异。还有一尊高2.5米，长3.5米的大石狮，十六通碑刻题记。附近有传为西汉文帝时莫公将军舍官隐居地，后人为纪念他而建的飞仙阁，北宋称莫佛院，南宋僧文意撰《飞仙洞跋》，改今名。附近还有水龙洞、旱龙洞、仙人洞等。龙拖湾在鹤山镇蒲砚村古佛山西麓，有南北朝至唐、宋造像十龛八十尊。还有十六国时期西凉嘉兴元年（417）题碑文。2006年定为全国重点文物保护单位。

蒲江关　亦名浦江关。明置，属松潘卫。即今四川松潘县南一百二十里镇江关乡。《明史·李应祥传》：万历间，番“遂围蒲江关，砲毁雉堞”。清改名镇江关。

蒲江县　亦作蒱江县。隋仁寿元年（601）改广定县置，属邛州。治所在今四川蒲江县北一里。《元和志》卷31蒲江县：“南枕（蒲）江水，因以为名。”大业初属临邛郡。唐属邛州。元至元二十一年（1284）废入邛州。明洪武六年（1373）复置，属嘉定府。移治今蒲江县。成化十九年（1483）改属邛州。民国初属四川建昌道。1928年直属四川省。南宋著名理学家魏了翁为本县人。

蒲池　在今河北临漳县西南。《晋书·慕容儁载记》：儁“宴群臣于蒲地，酒酣，赋诗，因读经史，语及周太子晋，潸然流涕”。《资治通鉴》：东晋太元八年（383）肥水之战后慕容垂谋复燕，“遣田山如邺密告慕容农等使起兵相应。……慕容绍先出，至蒲池”。胡三省注：“蒲池在邺城外，慕容儁与群臣宴处。”

蒲阳　即蒲子县。战国魏置，在今山西隰县。《史记·魏世家》：魏景湣王五年（前238），“秦拔我垣、蒲阳、衍”。《正义》：“在蒲水之北，故曰蒲阳。”

蒲阳山　在今河北顺平县西北。《汉书·地理志》曲逆县：“蒲阳山，蒲水所出。”《清一统志·保定府二》：蒲阳山，“《旧志》：白崖山在完县西北四十里，峰峦秀拔，四面多白石，故名，盖即古蒲阳山，以声近而讹也”。

蒲阳县　战国时本魏蒲阳（蒲子）县。后入秦，属蜀郡。治所在今四川邛崃市东南。西汉废入临邛县。

蒲阳陂　在今江苏泗洪县境。《后汉书·张禹传》：东汉元和三年（86），张禹为下邳相，“徐县北界有蒲阳坡，傍多良田，而堙废莫修。禹为开水门，通引灌溉，遂成熟田数百顷”。注引《东观记》：“坡水广二十里，径且百里，在道西，其东有田可万顷。”

蒲阳郡　西魏置，属邛州。治所在依政县（今四川邛崃市东南五十五里牟礼镇永丰）。辖境相当于今四川邛崃市东南部地。隋开皇三年（583）废。

蒲阪津　一名蒲津。在今山西永济市蒲州镇与陕西大荔县朝邑镇之间黄河上。《三国志·魏书·武帝纪》：东汉建安十六年（211），曹操讨马超，“潜遣徐晃、朱灵等夜渡蒲阪津，据河西为营”。

蒲阴县　①东汉章帝元和三年（86）改曲逆县置，属中山国。治所在今河北顺平县东南二十里子城村。《汉书·地理志》注引张晏曰：“曲逆，章帝丑其名，改曰蒲阴，在蒲水之阴。”北魏属北平郡。北齐废。

②北宋太平兴国初改义丰县置，属定州。治所即今河北安国市。景德元年（1004）为祁州治。元属保定路。明洪武二年（1369）废。

蒲阴陉　太行八陉之一。即今河北易县西北八十里紫荆关。《方舆纪要》卷10“重险紫荆”条引《地记》：“太行八陉，第七陉为蒲阴。”为河北平原入太行山要道之一。历为兵家必争之地。宋称金陂关，金以来称紫荆关。

蒲圻口　亦名陆口。即今湖北嘉鱼县西南陆溪镇。三国吴之军事重镇。《明史·地理志》嘉鱼县：“西北滨大江，有陆水流入焉，曰陆口，亦曰蒲圻口。”

蒲圻山　即蒲矶山。今湖北赤壁市西北赤壁山。

蒲圻市　1986年由湖北省蒲圻县改置。1998年改名赤壁市。

蒲圻县　三国吴黄武二年（223）析沙羡县置，属长沙郡。治所在竞江口（今湖北赤壁市东北西梁湖畔衙门咀遗址）。《元和志》卷27蒲圻县：“因蒲圻湖为名。”西晋迁治今嘉鱼县西南中洲上。东晋还治竞江口。南朝宋属江夏郡。梁属上隽郡。隋开皇初属鄂州，十二年（592）移治鲍口（今湖北赤壁市）。大业初属江陵郡。唐属鄂州。元属武昌路。明属武昌府。民国初属湖北江汉道。1932 年直属湖北省。1986 年改设蒲圻市。1998 年改名赤壁市。

蒲圻河　即今湖北通城、崇阳二县及赤壁市境之陆河。《方舆纪要》卷 76 蒲圻县：蒲圻河“发源江西宁州之修水，合通城县之嶲水，北流至崇阳，会桃溪水，折而东，又折而西，过荆港北，径治南，又东北流，复折而西北至陆口入大江”。

蒲圻湖　即今湖北赤壁市西北之西凉湖。《元和志》卷 27 蒲圻县：“吴大帝分立蒲圻县，因蒲圻湖为名。”《方舆纪要》卷 76 蒲圻县：蒲圻湖“在县西北七十里。一名西良湖。源出咸宁县峻水岭，流合诸溪潭水而成湖，下流由金口入江。多生蒲苇，吴因以名县”。

蒲坂　又作蒲阪。战国初为魏邑，后置县。在今山西永济市西南蒲州镇。《史记·秦本纪》：秦昭襄王四年（前 303），“取蒲坂”。即此。

蒲坂关　即临晋关。战国魏置，在今陕西大荔县朝邑镇东黄河西岸。《水经·河水注》引《竹书纪年》：“魏襄王七年，秦王来见蒲坂关。”《元和志》卷 12 河东县：蒲坂关“一名蒲津关，在县西四里”。皆此。北宋大中祥符四年（1011）改名大庆关。

蒲坂县　又作蒲阪县。战国时魏置，后入秦，属河东郡。治所在今山西永济市西南蒲州镇。出土秦封泥有“蒲反丞印”可证。西汉改为蒲反县。东汉复为蒲坂县。北魏为河东郡及泰州治。北周为蒲州治。隋属蒲州，开皇十六年（596）移治蒲州镇东，大业二年（606）废。

蒲村镇　北宋置，属导江县。即今四川都江堰市东北蒲阳镇。

蒲吾县　西汉置，属常山郡。治所在今河北平山县东南十五里蒲吾村。隋大业初省入井陉县。义宁初复置，属房山郡。唐初属井州，贞观元年（627）废。

蒲吾郡　北周置，治灵寿县（今河北灵寿县）。隋开皇初废。

蒲吾渠　在今河北平山县西。《方舆纪要》卷 14 平山县“蒲吾渠”条下引《古今注》：“后汉永平十年作常山滹沱河蒲吾渠，通漕舡。”

蒲矶山　一名蒲圻山。在今湖北赤壁市西北赤壁山。《水经·江水注》：“陆水又东径蒲矶山北。”《舆地纪胜》卷 66 鄂州：蒲矶山在“嘉鱼县境。若湖若洲，皆以蒲矶名。盖蒲圻县初置于此”。《清一统志·武昌府一》谓蒲矶山“盖即今人所指为赤壁者”。

蒲县　隋大业二年（606）改蒲子县置，属隰州。治所在今山西蒲县西南二里。三年改属龙泉郡。唐武德二年（619）移治今蒲县，为昌州治。贞观元年（627）改属隰州。金兴定五年（1221）升为蒲州。元世祖至元三年（1266）废，三十一年复置蒲县，属隰州。明洪武二年（1369）改属平阳府。清属隰州。民国初属山西河东道。1928 年直属山西省。

蒲里谷　在今陕西彬县东七里。《清一统志·邠州》：蒲里谷“一名蒲泽谷。相传宋潘邠老读书处，泉流如带，石洞尚存”。

蒲里塘　在今江苏溧水县南二十里渔歌村蒲塘桥。《三国志·吴书·濮阳兴传》：永安三年（260），“都尉严密建丹杨湖田，作浦里塘”。即此。

蒲岐千户所　明洪武二十年（1387）置，属盘石卫。治所即今浙江乐清市东北蒲岐镇。清顺治十七年（1660）改置蒲岐寨，设把总驻守。

蒲谷水　在今山西屯留县西。《方舆纪要》卷 42 屯留县：“蒲谷水出县西三十里蒲子谷，东南流，合于绛水。”

蒲沙　在今上海市崇明县北。《方舆纪要》卷 24 太仓州崇明县：蒲沙“亦在县北。相近者曰小阴沙，与海门县接界；蒲沙之东曰匾担沙”。今皆为崇明岛的一部分。

蒲沂县　即蒲圻县。今湖北赤壁市。《晋书·地理志》讹为“蒲沂”。

蒲沟镇　又名蒲口。清置，属天津县。在今天津市北。清光绪《畿辅通志》卷 93：“同治十一年，在天津县离城三十六里之蒲沟汛地方，俗名蒲口，购买民地五十九亩有奇，建造火药库三座，环以墙濠。又建驻守兵弁兵房。”

蒲陆国　本汉西域蒲类国。三国魏称蒲陆，属西域长史府。国都在今新疆巴里坤哈萨克自治县巴里坤湖附近。后附属于车师后部。

蒲松龄故宅　在今山东淄博市南淄川区东南洪山镇东蒲家庄。蒲松龄（1640—1715），字留仙，一字剑臣，别号柳泉居士，世称聊斋先生。清代文学家，著有《聊斋志异》，另有诗文杂著多种。故居坐北朝南，院落前后两进，西有侧院。环境有山林泉壑之胜，现已辟为纪念馆。南院内南平房二间，旧称磊轩，以蒲松龄长子蒲箬的字命名。北院正房三间，为蒲松龄诞生处，也是他的书房“聊斋”。室内陈列着蒲松龄用过的桌、椅、床、几和砚台等物。2006 年定为全国重点文物保护单位。

蒲昌县　唐贞观十四年（640）置，属庭州。后改属西州。治所在今新疆鄯善县西北（一说即今鄯善县）。《寰宇记》卷 156 蒲昌县：“取县东蒲类海以为名。”贞元时为吐番所据。县废。

蒲昌海　又名盐泽、泑泽。即今新疆若羌县东北罗布泊。《汉书·西域传》：“其河有两原：一出葱岭山，一出于阗。……东注蒲昌海。蒲昌海，一名盐泽者也，去玉门、阳关三百余里，广袤三百里。其水亭居，冬夏不增减。”

蒲庙墟　即今广西南宁市邕宁区治蒲庙镇。清光绪《广西舆地全图》宣化县图：东南有蒲庙墟。

蒲河　①即今河北昌黎县南饮马河。源出卢龙县溪谷中，南流径昌黎县大蒲河入海。民国《昌黎县志》卷 2：“蒲河，县东南二十五里，即蒲泊也。源出县东二十里海眼山，夹莲峰、樵夫诸山而下，经惠民场东西入海。”

②即今内蒙古达拉特旗东之东柳沟。《清一统志·鄂尔多斯》：蒲河“在左翼后旗东一百四十里。蒙古名呼鲁苏台。源出插汉拖罗海冈，东北流入蒲池”。

③一作浦河。即今辽宁沈阳市东北浑河支流。明《辽东志》卷1沈阳中卫：蒲河在“城北三十里。源出辉山，西流经章义，至船头城与代子河合”。

④在今陕西佛坪县东。为子午河支流。《清一统志·汉中府一》：子午河“上流曰椒溪河，源出秦岭，东南流会蒲河、文水河，名三河口。折而南至白河铺，名子午河”。

蒲河千户所 明洪武二十一年（1388）置，属沈阳中卫。治所即今辽宁沈阳市东北蒲河镇。清废。

蒲河场 亦作蒲渡河场。即今重庆市綦江县东南蒲河镇。清同治《綦江县志》卷1：蒲渡河在“南七十里”。

蒲河城 明蒲河中左千户所城。即今辽宁沈阳市东北蒲河镇。明《全辽志》卷1沈阳中卫：“蒲河城，城北四十里，正统二年建。”

蒲河营 清顺治十三年（1656）置，属天津镇，设都司驻防。即今河北昌黎县东二十五里大蒲河镇。为海防要地。

蒲泊 在今河北昌黎县南二十五里。《明史·地理志》昌黎县：“又有蒲泊，旧产盐，置惠民盐场于此。”又《方舆纪要》卷17昌黎县：蒲泊“源出县东二十里海眼山，旁近诸山溪之水皆流合焉，历惠民场东南而入于海。《志》云：蒲泊有盐场，即惠民场也”。

蒲泽县 ①亦作蒱泽县。西汉置，属五原郡。治所当今内蒙古达拉特、准格尔两旗境。为属国都尉治。东汉废。王先谦《汉书补注》：“蒱泽，官本作蒲泽。”

②五代晋改堂阳县置，属镇州。治所在今河北新河县西北。后汉复为堂阳县。

蒲泽海 即今新疆若羌县东北罗布泊。《方舆纪要》卷65土鲁番：蒲泽海“在土鲁番西南。一名婆悉海。周四百里。蒲昌、蒲类两县皆以此名”。

蒲姑 殷、周间方国。又作亳姑或薄姑。在今山东博兴县东南十五里（寨郝镇北七里）。《书序》：“成王既践奄，将迁其君于蒲姑。”西周初齐太公被封于此。《汉书·地理志下》：齐地“殷末有薄姑氏，皆为诸侯，国此地。至周成王时，薄姑氏与四国共作乱，成王灭之，以封师尚父是为太公”。

蒲城 ①即蒲。在今山西隰县西北。《左传》：庄公二十八年（前666），“重耳居蒲城”，即此。

②即春秋卫蒲邑。在今河南长垣县治。《续汉书·郡国志》陈留郡长垣县：“有蒲城。”明徙长垣县治此。《明史·地理志》长垣县：“旧治在县东北，洪武二年以河患迁于古蒲城。”即此。

③在今河南叶县北二十里。《魏书·地形志》汉广郡高阳县：“有东、西二蒲城。”《水经·汝水注》：“湛水又东南径蒲城北。京相璠曰昆阳县北蒲城，蒲城北有湛水者是也。”

蒲城县 西魏废帝三年（554）改南白水县置，属白水郡。治所即今陕西蒲城县。隋属冯翊郡。唐开元四年（716）改为奉先县。北宋开宝四年（971）复名蒲城县，属同州。天禧四年（1020）改属华州。清属同州府。民国初属陕西关中道。1928年直属陕西省。

蒲草湖 在今宁夏灵武市东南。明嘉靖《宁夏新志》卷3灵州守御千户所：蒲草湖在“州南一十里”。

蒲侯氏 春秋时莒邑。在今山东莒县境。《左传》：襄公二十三年（前550），“杞殖、华还载甲，夜入且于之隧，宿于莒郊。明日，先遇莒子于蒲侯氏”。杜注：“薄侯氏，近莒之邑。”

蒲胎山 即今广东深圳市保安区南海中蒲台岛。《郑和航海图》：东莞所东南海中有“蒲胎山”。

蒲亭 在今河南民权县东。《后汉书·仇览传》：“县召补吏，选为蒲亭长。”即此。

蒲亭县 又作蒲县、蒱县、蒲停县。西魏置，属怀仁郡。治所在今四川仁寿县南十五里。隋大业三年（607）废入仁寿县。

蒲类后（後）国 汉西域国名，属西域都护府。都城在今新疆巴里坤哈萨克自治县西巴里坤湖西北。

蒲类县 唐贞观十四年（640）置，属庭州。治所在今新疆奇台县东南老奇台镇。《元和志》卷40：蒲类县“因蒲类海为名”。宝应元年（762）改为后庭县。贞元中为吐蕃所据，废。

蒲类国 汉西域国名，属西域都护府。都城在今新疆巴里坤哈萨克自治县西巴里坤湖附近。三国时作蒲陆，属魏西域戊己校尉。晋至隋唐先后为鲜卑、柔然、突厥属地。

蒲类海 又名婆悉海、巴尔库勒淖尔。即今新疆巴里坤哈萨克自治县西北巴里坤湖。《后汉书·窦固传》：永平十六年（73）固与耿忠伐匈奴，“击呼衍王，斩首千余级。呼衍王走，追至蒲类海”。即此。唐时称婆悉海或婆悉厥海。元明作巴思阔、八儿思阔、巴儿思渴，均为突厥语 Bars-Köl 音译，意为老虎湖。清以后作巴里坤。

蒲首山 在今湖北蒲圻市西。《方舆纪要》卷76武昌府蒲圻县：蒲首山“在县西三十里。《志》曰，蒲圻之首山也”。

蒲津 即蒲阪津。在今山西永济市蒲州镇与陕西大荔县朝邑镇之间黄河上。《北齐书·神武帝纪》：东魏天平元年（534），高欢“于蒲津西岸筑城，守华州”。即此。

蒲津关 本名临晋关。战国魏置，在今陕西大荔县朝邑镇东黄河西岸。扼蒲津渡口。历代倚为秦、晋间重险。汉武帝改称蒲津关。其后简称蒲关，或沿用临晋关旧名。《周书·武帝纪》：建德五年（576），“凉城公辛韶步骑五千守蒲津关”。《水经·河水注》：陶城“南对蒲津关”。《元和志》卷12河东县：“蒲坂关，一名蒲津关，在县西四里。”北宋大中祥符四年（1011）改名大庆关。

蒲津桥　战国秦昭王五十年（前257）初作“河桥”于蒲津（今山西永济市蒲州镇西南、陕西大荔县朝邑镇东黄河上）。其后西魏、隋、唐皆在此连舟为浮梁（桥）。《新唐书·地理志》河中府蒲州河西县：开元十二年（724），“铸八牛，牛有一人策之，牛下有山，皆铁也，夹岸以维浮梁”。称为蒲津桥。《唐六典》谓天下河桥有三，此居其一。自宋以后，累经修治。《宋史·张焘传》：英宗时，焘为陕西都转运使，“蒲津浮桥坏，铁牛皆没水中，焘以策列巨木于岸以为衡，缒石其杪，挽出之，桥复其初”。明万历以后，桥废。

蒲津渡与蒲州故城遗址　在今山西永济市西二十六里蒲州古城西门外黄河之滨。考古发掘的蒲津渡遗址是唐开元十二年（724）修建的“铁索连舟固定式曲浮桥”的遗址。附近还发现有明代石碑一通和50米石堤。出土四尊铁牛，各长3.3米，高1.5米，重约50—70吨。每只铁牛旁有一铁人，高约1.9米，重约3吨。南侧的铁牛下还发现有铁板、铁柱，铁牛尾部立有铁制的七星铁柱七根。渡口东面的蒲州故城是唐开元九年（721）所封中都的所在地，以后金、元、明、清各朝均有重修。唐代蒲州城（外城）周长约5700米，明代蒲州城（内城）周长约5400米。明代内城砖砌城墙保存完好，城中心的鼓楼台基尚存。蒲州古城的东、南、西、北四座城门都保存较好，瓮城遗址尚在。蒲津渡遗址对于中国古代桥梁史的研究具有极为重要的价值，蒲州古城则因为保存较好，在中国古代城市发展史上也占有重要地位。2001年定为全国重点文物保护单位。

蒲胥市　在今湖北荆州市荆州区（故江陵县城）西北纪南城内。《左传》：宣公十四年（前595），楚使申舟聘于齐，过宋而不假道于宋，宋人杀之。“楚子闻之，投袂而起，屦及于窒皇，剑及于寝门之外，车及于蒲胥之市。”即此。

蒲都丽家　即今欧洲之葡萄牙。《明史·佛郎机传》：“（正德）四十四年伪称满剌加入贡。已，改称蒲都丽家。守臣以闻，下部议，言必佛郎机假托，乃却之。”《皇明世法录》作蒲丽都家。

蒲桥河　在今安徽南陵县东南，孤峰河中游，以流经县东蒲桥为名。《方舆纪要》卷28南陵县：蒲桥河在“县东二十里。自泾县西汇黄地诸涧，北流径麻园渡入县境。会永丰陂，又北经蒲桥，又西出芦港，至县东北，合于漳淮”。

蒲原县　北周置，属邵郡。治所在今山西垣曲县东南。隋开皇初属邵州。大业初废。

蒲原郡　亦作蒱原郡。西魏恭帝二年（555）置，属邛州。治所在广定县（今四川蒲江县北一里）。隋开皇初废。

蒲哩噜　即今菲律宾之波利略岛。见南宋赵汝适《诸蕃志》“麻逸国”条。元汪大渊《岛夷志略》“三岛”条作蒲里咾。

蒲圃　在今山东曲阜市东。《左传·襄公四年》：“初，季孙为己树六檟于蒲圃东门之外。”又，十九年（前554），“公享晋六卿于蒲圃”。又，定公八年（前502），“将享季氏于蒲圃而杀之”。即此。

蒲特山　亦作勃特山、拔特山。即今阿富汗东北之巴达克山。《新唐书·地理志》：“苑汤州，以拔特山城置。”慧超《往五天竺国传》作蒲特山、蒱特山。

蒲离候水　在今蒙古国西南。《汉书·匈奴传》：本始二年（前72），伐匈奴，“度辽将军范明友三万余骑，出张掖……度辽将军出塞千二百余里，至蒲离候水，斩首捕虏七百余级，卤获马牛羊万余”。

蒲涛县　东晋义熙七年（411）置，属海陵郡。治所即今江苏如皋市东南白蒲镇。北周废。

蒲海铺　即今重庆市酉阳土家族苗族自治县东南龙潭镇北渤海村。清嘉庆《四川通志》卷89酉阳直隶州：蒲海坝铺“在州东八十五里”。

蒲涧寺　北宋淳化元年（990）建，在今广东广州市北白云山麓。唐李群玉有《登蒲涧寺后二岩》诗；北宋苏轼有《广州蒲涧寺》诗。

蒲家场　即今四川达州市北蒲家镇。清乾隆《达州志》卷1：蒲家场“在州北方，去城五十里”。

蒲家庄　在今山东淄博市淄川区东南七里。为清代著名文学家、《聊斋志异》的作者蒲松龄故里。

蒲陶宫　即葡萄宫。在汉长安上林苑西部，今陕西周至县境。为汉上林苑中的离宫。《汉书·匈奴传》：元寿二年（前1），“单于来朝，上以太岁厌胜所在，舍之上林苑蒲陶宫”。

蒲萄山　亦作萝卜山。在今甘肃天祝藏族自治县西境《方舆纪要》卷63庄浪卫：蒲萄山，“《志》云：在卫西北百三十里。与雪山相拒，大通河流经也”。《清一统志·凉州府一》：萝卜山“在平番县西北一百三十里，与雪山相距”。

蒲犁厅　清光绪二十八年（1902）置，属新疆莎车府。治所在色勒库尔（今新疆塔什库尔干塔吉克自治县）。1913年改为蒲犁县。

蒲犁县　1913年改蒲犁厅置，属新疆喀什噶尔道。治所在色勒库尔（今新疆塔什库尔干塔吉克自治县）。以古蒲犁国为名。1930年属喀什噶尔行政区。后直属新疆省。1954年改为塔什库尔干塔吉克族自治区。1955年改为塔什库尔干塔吉克自治县。

蒲犁谷　汉西域蒲犁国都城。在今新疆塔什库尔干塔吉克自治县城东北石头城遗址。《汉书·西域传》：蒲犁国“王治蒲犁谷”。即此。

蒲犁国　汉西域三十六国之一，属西域都护府。都城在蒲犁谷（今新疆塔什库尔干塔吉克自治县城东北石头城遗址）。

蒲停县　即蒲亭县。治所在今四川仁寿县南十五里。《舆地纪胜》作“蒲停”。

蒲领城　在今河北青县境。《寰宇记》卷65沧州清池县“故蒲领城”条引《水经注》云：“今县（按，今沧县东南旧州镇）西北六十里漳河西岸，又有北蒲领故城，盖汉末黄巾之乱，有蒲领人流寓于此，遂立此城。”

蒲领侯国　西汉元朔三年（前126）封广川惠王子嘉置，属清河郡。治所在今河北阜城县东北十里。后国除为县。始元六年（前81）复封清河纲王子禄为侯国，属勃海郡。东汉废。

蒲婆国　即渤盆国。今加里曼丹岛南部彭布安河口之瓜拉彭布安。《宋史·真宗本纪》：大中祥符四年（1011），有蒲婆国来贡。

蒲婆岭　亦作蓬婆岭。即今四川理县西北之鹧鸪山、大白山。《资治通鉴》：唐开元二十六年（738），“仪凤中，吐蕃陷安戎城而据之，其地险要，唐屡攻之，不克。剑南节度使王昱筑两城于其侧，顿军蒲婆岭下，运资粮以逼之。吐蕃大发兵救安戎城，昱众大败，死者数千人”。胡三省注：“《新书》作蓬婆岭，其地在雪山外，杜甫诗所谓‘次取蓬婆雪外城’是也。”

蒲葵关　在今福建漳浦县西南三十里盘陀岭上。《清一统志·漳州府》引《府志》：蒲葵关“即盘陀岭，汉时南越故关也。汉元鼎五年击南越，东越王余善以兵从至揭阳，心持两端。汉破番禺，引兵还击之，破此关而入”。

蒲湖　即今湖北孝感市孝南区东南野猪湖。《清一统志·汉阳府一》：蒲湖“在孝感县东四十里。俗名野猪湖。县东北三汊埠，有东西两河，南流入此，出沙河，入马溪河”。

蒲窝汛　即今云南腾冲县东南七十三里蒲川乡。清有千总外委驻防。

蒲骚　春秋郧国邑。在今湖北应城市西北三十五里崎山团古城畈。《左传》：桓公十一年（前701），“郧人军于蒲骚”。即此。西魏于此置浮城县。

蒲塘　在今宁夏中卫市北四十里。《方舆纪要》卷62宁夏中卫“马槽湖”条下：蒲塘“塘中多产蒲草，因名。下流亦注于河”。

蒲塘场　唐武德八年（625）置蒲塘驿，贞元中改为场，属寻阳县。在今江西德安县。五代杨吴顺义七年（927）升为德安县。

蒲塘驿　唐置，在今江西德安县。贞元中改为场。五代杨吴升为德安县。移场于东北一里。北宋复置蒲塘驿。元改为蒲塘站。《方舆纪要》卷85德安县“靖安堡”条内：“《志》云：县东北一里即故蒲塘驿。杨吴改置于此。宋仍旧。明初废。今谓之驿头。”

蒲塘站　元改蒲塘驿置，在今江西德安县东北一里。

蒲塘墟　即今广西兴业县西北蒲塘镇。清光绪《广西舆地全图》郁林州图：西北有蒲塘墟。

蒲塘镇　在今江苏溧水县南二十五里蒲塘村。清光绪《江苏全省舆图》溧水县：“蒲塘镇在城南二十五里。”

蒲溪铺　即今陕西汉阴县东南蒲溪镇。清光绪《陕西全省舆地图》汉阴县：蒲溪铺“距城五十里”。

蒲端国　在今菲律宾班乃岛西南端附近。《宋史·真宗本纪》：咸平六年（1003），“蒲端国献红鹦鹉”。南宋赵汝适《诸蕃志》“蒲甘国”条将蒲端遣使事误为蒲甘，后人或亦因此误认为蒲端国故地位于今缅甸中部。

蒲隧　春秋徐国地，在今江苏睢宁县西南。《左传》：昭公十六年（前526），“齐侯伐徐，二月丙申，齐师至于蒲隧，徐人行成。徐子及郯人、莒人会齐侯，盟于蒲隧”。

蒲缥驿　明置，属永昌军民府。即今云南保山市西南蒲缥镇。

蒗荡渠　一作莨荡渠、狼汤渠。即战国至秦、汉间之鸿沟。《汉书·地理志》河南郡荥阳县：“有狼汤渠，首受泲，东南至陈入颍，过郡四，行七百八十里。”《水经·河水》：“又东过荥阳县北，蒗荡渠出焉。”故道自今河南荥阳市北广武镇北引黄河水东流，经中牟县北，至开封市东南。折而南流经通许县东、太康县西，至淮阳县东南，流经沈丘县北入颍水。魏、晋以后，开封市以上河段称汴水，开封市以下河段称蔡水。

蒗蕖州　元世祖至元十六年（1279）改罗共赕置，属丽江路。治所在今云南宁蒗彝族自治县南二十五里衙门村。彝语“蒗稽”为叶可食用的灌木，彝族常用以和荞粑吃，因当地盛产蒗稽面得名。明洪武十五年（1382）属北胜府，寻属鹤庆军民府。二十九年（1396）改属澜沧卫。天启中废入北胜州。清道光十九年（1839）复置，属永北直隶厅。1913年废入永北县。

蓉　即今四川成都市的别称。成都从五代后蜀以来别称芙蓉城、蓉城，故简称蓉。

蒙　①春秋时鲁邑。在今山东蒙阴县西南十五里大城子。《左传》：哀公十七年（前478），“公会齐侯盟于蒙”。西汉置蒙阴县。

②秦秋时宋邑，战国时置县。在今河南商丘市东北。《史记·老子韩非子列传》：“庄子者，蒙人也。”《索隐》：“《地理志》：蒙县属梁国。刘向《别录》云：宋之蒙人也。”《正义》：“郭缘生《述征记》云：蒙县，庄周之本邑也。”《元和志》卷7宋州宋城县：小蒙故城“县北二十里。即庄周之故里”。

蒙七塔溪　在今云南禄丰县西。《方舆纪要》卷116广通县：蒙七塔溪在“县（治今广通镇）东二十里。有翠微桥跨其上，其后即蒙七塔铺”。

蒙兀路　元置，属云南行省。治所在今老挝北部孟乌再。辖境约当今老挝孟乌怒、孟乌再周围地区。后废入彻里路。

蒙山　①在今山西平定县东北。《隋书·地理志》：太原郡石艾县有“蒙山”。《方舆纪要》卷40平定州：蒙山“在州东北十五里，孤峰耸秀，高出众山”。

②一名西山。在今山西太原市西北。《晋书·刘

聪载记》：永嘉六年（312），“（刘）曜入晋阳，夜与刘粲等掠百姓，逾蒙山遁归”。即此。

③在今江西上高县南，接新余市界。最高峰白云峰海拔960米。《舆地纪胜》卷27瑞州：蒙山“在上高县南三十五里，周回一百四十里。峭壁横险，厥材千寻，常有云霭蒙蔽，故以为名”。《清一统志·瑞州府》：蒙山“有多宝、鸡笼等峰。宋庆元间尝产银铅，故峰名多宝，并置蒙山务于下，后废”。

④又名东蒙山。在今山东蒙阴县西南，接平邑县界。《尚书·禹贡》：“蒙、羽其艺。”《诗经·鲁颂·閟宫》：“奄有龟、蒙。”即此。《清一统志·沂州府一》引明公鼐《蒙山辨》：“蒙山高峰数处，俗以在西者为龟蒙，中央者为云蒙，在东者为东蒙，其实一山，未尝中断。龟山自在新泰县境，其北有沃壤，所谓龟阴之田是也。《旧志》：蒙山绵亘百二十里，有七十二峰三十六洞，古刹七十余所，龟蒙顶为最胜。”

⑤在今湖北荆门市西一里郊象山。《明一统志》卷62荆州府：蒙山“在荆门州治西。两峦对起如峨眉。旧名泉子山。山麓有二泉，即蒙、惠泉。上有澄源阁，信美、浴沂、浮香、潜玉、嗽玉五亭，皆游憩之所”。《清一统志·荆门州》引《州志》：“山半有陆九渊讲经台。”

⑥在今广西蒙山县西南五里。《旧唐书·地理志》蒙州：“取州东蒙山为名。”并说，“州东蒙山，山下有蒙水，居人多姓蒙故也”。因县治迁徙，故山在今县西南。

⑦即今四川名山县西与雅安市交界之蒙山。《尚书·禹贡》：“蔡蒙旅平。”《续汉书·郡国志》：汉嘉县有蒙山。《水经·青衣水》：“青衣水出青衣县西蒙山。”郦道元注：“（青衣）县有蒙山，青衣水所发，东经其县。”《寰宇记》卷77名山县：蒙山，“《九州记》云：蒙山者沐也，言雨露蒙沐，因以为名。山顶受全阳气，其茶香芳。按《茶谱》云：山有五岭，岭有茶园，中顶曰上清峰，所谓蒙顶茶也，为天下所称”。

⑧即石岩山。在今云南建水县东十五里。《清一统志·临安府》：石岩山“或谓之蒙山。山麓有洞，异龙湖、泸江诸水流入其中，流出入阿迷州界”。

蒙山水 即今山东蒙阴县东南蒙河。《水经·沂水注》：蒙山水“出蒙山之阴，东流径阳都县南，东注沂水”。《清一统志·沂州府一》：“《旧志》：在县东南桃墟社，俗名桃墟河，亦名桃曲河。”

蒙山务 在今江西上高县南。《方舆纪要》卷84瑞州府上高县：蒙山务“在县南四十里，蒙山之南麓也。宋置，为采炼银铅之所。今废”。

蒙山县 ①西魏废帝二年（553）置，属蒙山郡。治所即今四川名山县。以蒙山为名。隋开皇十三年（593）改为名山县。

②隋开皇十三年（593）改始阳县置，属邛州。治所在今四川雅安市西。仁寿四年（604）为雅州治。大业三年（607）改为严道县。

③1914年改永安县置，属广西桂林道。治所即今广西蒙山县。取蒙山为名。1928年直属广西省。

④1946年山东革命根据地由费县北部地析置，治西荆埠（今山东平邑县东南西荆埠）。因蒙山为名。1952年撤销，并入平邑、费县二县。

蒙山郡 ①西魏废帝二年（553）置，属邛州。治所在始阳县（今四川雅安市西）。北周辖境相当今四川雅安、名山、卢山等市县地。隋开皇三年（583）废。

②唐天宝元年（742）改蒙州置，治所在立山县（今广西蒙山县东南二十里蒙江南岸）。辖境相当今广西蒙山县地。乾元元年（758）复改为蒙州。

蒙山海 当在今蒙古国东南苏赫巴托省境。金幼孜《北征后录》：明永乐十二年（1414），成祖北征，五月“十九日次蒙山海。二十日午发蒙山海，晚次威武镇……二十三日午次饮马河”。《方舆纪要》卷45：蒙山海“在连儿温都儿之地。其水清冽。永乐十二年，车驾北征，次于此”。

蒙山堡 在今广西环江毛南族自治县西南五十里。《清一统志·庆远府》：蒙山堡“在思恩县南五十里。相近又有下利堡，系河池、宜山二州县大路，为县南要冲”。

蒙冈山 在今江西安福县城东。《明一统志》卷56吉安府：蒙冈山“在安福县治东。林木森秀，城中望之蔚然。一名秀峰。上有东岳行祠”。

蒙水 ①亦作濛江。在今广西蒙山县南。浔江支流。《元和志》卷37蒙州立山县：蒙水“旧名泾水，在县北二里”。《清一统志·平乐府》：眉江，“《永安州志》：蒙江一名眉江，在州南二十里”。

②即青衣江。在今四川西部。《舆地纪胜》卷146嘉定府：蒙水“一名青衣水，一名大渡水。蒙以山名”。

蒙水县 北魏置，属凉州建昌郡。治所当在今甘肃兰州市附近。北周废。

蒙化卫 明洪武二十三年（1390）置，属云南都司。治所即今云南巍山彝族回族自治县。清康熙八年（1669）废。

蒙化厅 清乾隆三十五年（1770）降蒙化府置蒙化直隶厅，属云南省。治所即今云南巍山彝族回族自治县。1913年废厅改县。

蒙化州 元世祖至元二十年（1283）降蒙化路置，属大理路。治所在今云南巍山彝族回族自治县西北郊开南村。明初迁治今县城。正统十三年（1448）升为府。

蒙化县 1913年改蒙化厅置，后属云南腾越道。治所即今云南巍山彝族回族自治县。民国《蒙化县区域地志资料》：“蒙化，古蒙舍诏，灭五诏而称雄，后入版图。不设蒙舍之名，因改今名焉。”云南省民族事务委员会《补报我省请更改平彝等八县原名理由》称：“寓蒙舍归化之意。”1929年直属云南省。1954年改名巍山县。

蒙化府 元世祖至元十一年（1274）置，属云南行省。治所在今云南巍山彝族回族自治县西北郊开南村。十四年（1277）改蒙化路，二十年（1283）降为州。明正统十三年（1448）复升为府，属云南布政司。治所即今县城。清属云南省，乾隆三十五年（1770）降为厅。

蒙化路 元世祖至元十四年（1277）改蒙化府置，属云南行省。治所在今云南巍山彝族回族自治县西北郊开南村。二十年（1283）降为州。

蒙古 清代指蒙古族聚居的地区。主要指今蒙古国、我国内蒙古、新疆阿尔泰地区及俄罗斯图瓦共和国。喀尔喀蒙古又称外蒙古，唐努乌梁海、阿尔泰乌梁海归乌里雅苏台将军管辖；内蒙古各盟旗归绥远城、盛京、吉林、黑龙江等将军分辖。民国初，沙皇俄国乘机煽惑独立，颇多变故。因将内蒙古大部分地区析置热河、察哈尔、绥远三特别区；阿尔泰乌梁海置阿山道，划归新疆省；河西额鲁特改为宁夏护军使辖地。外蒙古许其自治，派都护使监督之。1919年取消自治。1924年成立蒙古人民共和国。1946年当时中国国民党政府承认外蒙古独立。而唐努乌梁海并入苏联，今为图瓦共和国。

蒙古四大汗国 即钦察、察合台、窝阔台、伊儿汗国。成吉思汗西征（1219—1224）后，将所征服地区分封给他的三个儿子术赤、察合台、窝阔台管理，先后建立了钦察汗国、察合台汗国、窝阔台汗国。蒙哥汗（宪宗）命其弟旭烈兀西征伊朗、伊拉克等地，又建立了伊儿汗国。这些封地，在蒙古初期，为蒙古统一政权管辖下的组成部分，忽必烈在中原建立元朝以后，逐渐走向独立发展的道路。14世纪至15世纪之间，四大汗国先后灭亡。

蒙古尔津土司 清雍正时置，属西宁办事大臣。为玉树四十族之一。驻牧地在今青海玛多县西南鄂陵湖以东。后又分出竹节土司和白力登玛土司（一作白力得玛族）。后废。

蒙古河卡伦 清置，属珲春协领。在今俄罗斯滨海边疆区西滨海小河口。清萨英额《吉林外纪》卷3：珲春有蒙古卡伦。

蒙古部 又作萌古、萌古斯、萌骨、萌骨子、蒙古里。辽、金北境部族。本唐蒙兀室韦部，原居望建河（今内蒙古呼伦贝尔市额尔古纳河）东，大约在唐末五代间，一部西迁至斡难河（今鄂嫩河）上游不儿罕山（今蒙古国肯特山）地区。曾入贡于辽，其酋长用辽部族官号，当为臣属。辽、金之际势力渐强，据有斡难河和怯鲁连河（今克鲁伦河）中上游之地，臣属于金朝，但叛服不常，屡与金争战。分部众多，势力大者有札只剌（即《辽史》茶赤剌部）、泰赤乌、乞颜等部。承安元年（1196），金封其乞颜部长铁木真为乣军统领（札兀惕忽里）。后铁木真统一漠北诸部，1206年自立为帝，称成吉思皇帝，建立大蒙古国；1208年脱离对金的臣属关系，不再入贡；1211年起兴兵攻金。

蒙古勒乌克察起 清雍正十年（1732）设驿站。在今内蒙古扎兰屯市东达斡尔民族乡（二村）附近。

蒙古营 即今辽宁北票市东北蒙古营乡。民国《朝阳县志》卷4：“县东北境蒙古营子，在三义栈（今北票市）北二十里。”

蒙石埲 即今贵州荔波县。旧置土巡检。清乾隆二年（1737）荔波县迁治于此。

蒙乐山 即今无量山。在云南南部。唐代至清称蒙乐山，元至清又名无量山。《元混一方舆胜览》开南州：蒙乐山“状若中国之崆峒，蒙氏封为南岳”。《明一统志》卷87景东府：蒙乐山“在府北九十里。一名无量山。高不可跻，连亘三百余里，中有石洞，深不可测，一峰特出，状若崆峒，蒙氏封为南岳”。《方舆纪要》卷113：“南岳曰蒙乐山，在景东府北八十里，西南入威远、镇康州界，西入云州界，东南入者乐甸长官司界，亘三百余里，亦名无量山。”

蒙头荡（盪）石 在今四川渠县东北七里八濛山。《三国志·蜀书·张飞传》：魏将张郃“别督诸军下巴西，欲徙其民于汉中，进军宕渠蒙头荡石，与飞相拒五十余日，飞率精卒万余人，从他道邀郃军交战，山道迮狭，前后不得相救，飞遂破郃”。

蒙光路 元置蒙光路军民府，属云南行省。治所在今缅甸北部孟拱。辖境约当今缅甸孟拱以北地区，地近西天和西番。明洪武十五年（1382）改为府。后废入孟养。

蒙自市 2010年改云南省蒙自县置，市人民政府驻文澜镇。属红河哈尼族彝族自治州，为自治州人民政府驻地。

蒙自县 元世祖至元十三年（1276）改目则千户置，属临安路。治所在今云南个旧市东部，松树脚锡矿所在的山上。《元史·地理志》：“县境有山名目则，汉语讹为蒙自。”彝语称该山为母祖白莫，“母”为天，“祖”为高，“白莫”为大山，意即顶天的大山。明属临安府，成化二十年（1484）迁治今云南蒙自县。民国初为云南蒙自道驻地。1929年直属云南省。1957年属红河哈尼族彝族自治州，为州府驻地。1958年撤销蒙自县并入个旧市，州府迁驻个旧市。2003年州府复迁蒙自县。2010年改设蒙自市。

蒙自海关旧址 在今云南蒙自市城南湖东南隅。为光绪十五年（1889）清政府设置的蒙自海关及税务司署旧址。原有房屋五十余间，现仅存一幢建筑，坐南朝北，通面阔23米，通进深14米，抬梁式木结构，单檐歇山顶。1938年夏至1939年春，曾辟为西南联合大学文法学院教室。2006年定为全国重点文物保护单位。

蒙自道 1914年由临开广道改置，属云南省。治蒙自县（今云南蒙自市）。辖境约当今云南峨山、石屏、红河、绿春以东，通海、华宁、弥勒、泸西、师宗以南地区。1929 年废。

蒙庆府　元泰定四年（1327）置，属八百宣慰司。治所即今泰国清莱府北昌盛。至正二年（1342）废。

蒙庆宣慰司　元泰定四年（1327）置蒙庆宣慰司都元帅府，属云南行省。治所在者线蒙庆甸（今泰国北部昌盛）。辖境约当今泰国北部清莱府和缅甸景栋地区。至顺二年（1331）降为军民府。

蒙州　①西魏置，治所在北淯郡武川县（今河南南召县东南）。北周辖境相当今河南南召县东南地。隋仁寿中改为淯州。

②唐贞观八年（634）改南恭州置，治所立山县（在今广西蒙山县东南二十里蒙江南岸）。《元和志》卷 37 蒙州："因蒙水以为名。"《旧唐书·地理志》："取州东蒙山为名。"天宝元年（742）改为蒙山郡，乾元元年（758）复为蒙州。辖境相当今广西蒙山县地。北宋熙宁五年（1072）废。

蒙州茶焙　亦作濛州茶焙。北宋属剑浦县。在今福建南平市东北。《元丰九域志》卷 9 南剑州剑浦县：有"雷、大熟、濛州、游坑、汾常五茶焙"。

蒙次和山　在今云南洱源县东北四十里。唐樊绰《云南志》卷 3 作牟苴和。《方舆纪要》卷 117 浪穹县"莲花山"条下："其相连者曰蒙次和山，三面绝险，一面临河。六诏时，施浪诏居此两山下，亦曰蒙次和村。"

蒙江　在今广西蒙山县南。为浔江支流。《元和志》卷 37 蒙州："因蒙水以为名。"又说"蒙水，旧名泾水，在（立山）县北二里"。《方舆纪要》卷 108 藤县：蒙江"在县西五十五里。即永安州激江下流也，经五屯所城东，亦名五屯江。又东南入于藤江"。

蒙阳县　亦作濛阳县。唐武德元年（618）置，属雅州。治所在今四川雅安市西北。六年（623）废入严道县。

蒙阴山　在今山东蒙阴县南八里。一名仙洞山。《水经·沂水注》：蒙阴山水"出蒙阴山"。《明史·地理志》：蒙阴县南有蒙阴山。

蒙阴水　在今山东蒙阴县境。源出蒙阴山，东北流会桑泉、堂阜二水入于沂。《水经·沂水注》："桑泉水又东南，右合蒙阴山水。水出蒙阴山，东北流……又东南入沂。"

蒙阴县　西汉置，属泰山郡。治所在今山东蒙阴县西南十五里大城子。县在蒙山之北，因名。东汉省。三国魏复置，属东莞郡。移治今蒙阴县东南十里公家城。西晋属琅邪郡。南朝宋废。东魏复置，北齐废。元皇庆二年（1313）复置，属莒州。治所在新寨镇（今山东蒙阴县）。明属青州府。清属沂州府。民国初属山东济宁道。1925 年改属琅琊道。1928 年直属山东省。

蒙坑　在今山西曲沃县北三十五里蒙城村、襄汾县南十五里蒙亨村附近。《魏书·安同传》："汾东有蒙坑，东西三百余里，径路不通。"《新五代史·王峻传》："峻军出自绛州，前锋报过蒙坑。峻喜，谓其属曰：'蒙坑，晋、绛之险也'。"

蒙县　①秦置，属砀郡。治所在今河南商丘市北二十二里老蒙墙寺。汉属梁国。南朝宋为谯郡治。北齐废。

②南朝宋侨置，属南梁郡。治所在今安徽寿县南。北魏属梁郡。隋开皇初废。

③南朝梁置，为蒙郡治。治所在今安徽蒙城县西北。隋开皇初废。

④南齐置，属永宁郡。治所在今广东电白县境。陈以后废。

蒙里站　元置，在今广东韶关市曲江区西南乌石镇西北。

蒙谷　①在今江苏扬州市西北。宋梅尧臣有《依韵和刘厚甫舍人扬州五题·蒙谷》诗。

②在今青海海晏县北湟水发源处。《新唐书·吐蕃传》："湟水出蒙谷，抵龙泉与河合。"

蒙武河　又作蒙古街。在今俄罗斯滨海边疆区大彼得湾西岸。清属宁古塔副都统。曹廷杰《西伯利东偏纪要》："蒙古街即蒙武河，为绥芬海口西北之支河，在三岔口正南二百余里，东北距虾蟆塘俄镇二百余里。"清咸丰年间被俄割占。

蒙顶山　在今浙江象山县西。《方舆纪要》卷 92 象山县：蒙顶山在"县西北四十五里，与天台分脉。盘爵耸拔，为邑之望。中平衍，可耕稼"。

蒙抵黎岩山　又名黎崖山。在今云南易门县南五十里。《方舆纪要》卷 114 易门县："蒙抵黎岩山在旧县治南五十里。高插云汉，下有平谷，宜畜牧，异马多产于此。《志》云：山一名马头山。又名黎崖。万历初，抚臣邹应龙斩马誓蛮于山上，亦名斩马山。"

蒙茏城　在今湖北麻城市东北。《水经·江水注》："举水出龟头山，西北流，径蒙茏戍南。梁定州治，蛮田秀超为刺史。"即此。

蒙奇　今土库曼斯坦东南部马鲁一带。《后汉书·西域传》：永元九年（97），"班超遣掾甘英穷临西海而还。……于是远国蒙奇、兜勒皆来归服，遣使贡献"。

蒙岩　在今湖南宜章县城东原养正书院（今宜章第一中学）内。南宋宜章令吴镒《蒙艮二岩记》云："首得之岩，命之以蒙，上岩下泉，蒙之象也"，故名蒙岩。《清一统志·郴州》：蒙岩"在宜章县东一里。石白如玉，下有交泉，味甘冽"。

蒙舍州　唐武则天时在蒙舍诏地置，治所在今云南巍山彝族回族自治县北十四里古城村。辖境约当今云南巍山彝族回族自治县大部地。开元二年（714）迁治今县西北三十四里巄㘰城遗址。天宝后废。

蒙舍池　在今云南巍山彝族回族自治县西。唐樊绰《蛮书》卷 5：蒙舍川"又有大池，周回数十里，多鱼及菱芡之属”。唐代由阳江曲回圩积为湖，称蒙舍池。今已不存。

蒙舍诏　唐代洱海地区六诏之一。在今云南巍山彝族回族自治县。因居其他五诏之南，又名南诏。

蒙舍城　在今云南巍山彝族回族自治县北十五里古城村。唐南诏都城在罗盛时从𪩘屽图城迁此，后为蒙舍赕治所。今存蒙舍城遗址。

蒙舍赕　唐南诏中心区十赕之一。治所在蒙舍城（今云南巍山彝族回族自治县北十五里古城村蒙舍城遗址）。辖境约当今云南巍山彝族回族自治县大部地。宋大理改开南县。

蒙舍镇　宋大理置，属首府大理地区。治所在今云南巍山彝族回族自治县西北郊开南村。元代废。

蒙怜路　元世祖至元二十七年（1290）于蒙怜甸置蒙怜路军民总管府，属云南行省。治所在今缅甸八莫稍南。明洪武十五年（1382）改为府。后废。

蒙泽　春秋宋地。在今河南商丘市东北故蒙城一带。《左传》：庄公十二年（前682）秋，“宋万弑闵公于蒙泽”。杜注：“宋地。梁国有蒙县。”　《水经·获水注》：获水“东南流径蒙泽”。宋以后湮废。

蒙泽县　①隋开皇十八年（598）改黄县置，属曹州。治所在今山东曹县西十里。大业初废。唐武德四年（621）复置。贞观元年（627）又废。

②唐武德四年（621）置，属简州。治所在今广西横县西四十里。一说在今县东北蒙村。贞观八年（634）属横州，十二年（638）废。

蒙姑镇　即今云南巧家县南八十里蒙姑乡。1916年《最新大中华帝国道县形势全图》：巧家县南有蒙姑。“蒙姑”系彝语“姆咕”的讹写，意为地势险要，易守难攻。

蒙城　在今四川名山县与卢山县间蒙山下。《南齐书·刘悛传》：永明八年（490），悛启世祖曰：“南广（安）郡界蒙山下，有城名蒙城，可二顷地，有烧炉四所，高一丈，广一丈五尺。从蒙城渡水南百许步，平地掘土深二尺，得铜。又有古掘铜坑，深二丈，并居宅处犹存。”

蒙城县　唐天宝元年（742）改山桑县置，属亳州。治所在今安徽蒙城县。金属寿州。元属安丰路。明属寿州。清初属亳州，雍正十三年（1735）属颍州府。民国初属安徽淮泗道。1928年直属安徽省。

蒙城驿　明置，在今山西曲沃县北三十五里蒙城村。清裁。

蒙泉　①在今湖北省荆门市西，蒙山麓。《舆地纪胜》卷78荆门军：蒙泉“在军城西。出于硖石山之麓即蒙山也。南曰蒙，西北曰惠泉，每昼夜两潮，水溢数寸。世传南出玉，北出珠。崇宁三年巨蚌夜游北泉，光彩四烛”。《明一统志》卷62荆州府：蒙泉、惠泉“俱在荆门州西二里。……蒙泉水常寒……惠泉水常温。宋知州彭乘为三沼，延其流至竹陂河，入汉江。民引以灌田”。

②在今湖南石门县西花山下。有宋黄庭坚书“蒙泉”二字。《清一统志·澧州一》：蒙泉“五雷诸山至此，忽然开朗，雨水并流，山川窈窕，为石门最胜处”。

蒙恬墓　在今陕西绥德县西南二里大理河北岸，现绥德县第一中学内。蒙恬（？—前210），秦名将。秦始皇三十二年（前215）率兵三十万北击匈奴，收河南地（今内蒙古河套一带）。后为秦二世所迫，自杀。《寰宇记》卷35绥州废龙泉县载：“蒙恬冢在州西大力川上，去州二里。”墓前有清道光二十八年（1848）立“秦将军蒙恬墓”碑一通。

蒙郡　①南朝梁武帝置，属西徐州。治蒙县（今安徽蒙城县西北）。辖境相当今安徽蒙城县一带。东魏改属谯州。隋开皇初废。

②东魏改北新安郡置，属谯州。治所在蒙县（今安徽利辛县东北三十二里旧城）。辖境相当今安徽利辛县地。北齐废为蒙县，后又置郡。隋开皇初废。

蒙秦赕　唐南诏中心区十赕之一。治所在今云南巍山彝族回族自治县西北五十八里碗成村。辖境约当今云南巍山彝族回族自治县北部及漾濞彝族自治县地。宋大理废。

蒙都县　唐贞观十二年（638）置，属环州。治所在今广西环江毛南族自治县东南。后废。

蒙莱路　元世祖至元二十七年（1290）于蒙莱甸置蒙莱路军民总管府，属云南行省。治所在今缅甸瑞丽江南岸莫洛。明洪武十五年（1382）改为府。后废。

蒙亳　又名景亳、北亳，在今河南商丘市北。相传商汤曾都此。《尚书·伊训》：“造攻自鸣条，朕哉自亳。”《水经·汳水注》：“汳水又东径大蒙城北，自古不闻有二亳，疑即蒙亳也。所谓景薄，为北亳矣。”《史记·殷本纪》　《正义》引《括地志》云：“宋州北五十里有大蒙城，为景亳，汤所盟也，因景山为名。”

蒙赉山　在今河南安阳县西南二十五里。《明一统志》卷28彰德府：蒙赉山，“后魏孝文帝迁洛阳，于山下颂赉从臣。因名”。

蒙笼渠　西汉武帝时建，在今陕西兴平市东渭水北。《汉书·地理志》　右扶风郿县：“成国渠首受渭，东北至上林入蒙笼渠。”《水经·渭水注》：“（盩厔）县北有蒙茏渠，上承渭水于郿县东，径武功县为成林渠。”

蒙馆镇　北宋置，属蒙城县。在今安徽蒙城县西北三里。《清一统志·颍州府一》：蒙馆镇“即古蒙县”。

蒙彭部　宋大理置，属秀山郡。在今越南莱州省北部勐崩。

蒙葛结长官司　清雍正六年（1728）置，属雅州府。治所在今四川石渠县东北蒙宜乡。宣统元年（1909）改流，属石渠县。

蒙惠泉　即蒙泉和惠泉的合称。在今湖北荆门市西。《舆地纪胜》卷78荆门军：蒙泉“在军城西。出于硖石山之麓，即蒙山也。南曰蒙，西北曰惠泉。每昼夜两潮水溢数寸。世传：南出玉，北出珠。崇宁三年，巨蚌夜游北泉，光彩旧烛。又有流盃曲水。《新图经》云：国朝至内相彭乘，叠为三沼，题曰惠泉”。《方舆纪要》卷77荆门州：蒙惠二泉在“州西二里。出蒙山之麓，分二派，北曰蒙，南曰惠，蒙泉常寒，惠泉常温。宋知州彭乘引为三沼，合流至竹陂河入汉江。居民分引溉田，甚赖其利”。

蒙雷甸　宋大理置，属永昌府。在今云南孟连傣族拉祜族佤族自治县南三十八里芒弄。元属木连路。

蒙溪　在今福建福州市东北。《方舆纪要》卷96福州府：蒙溪在“府东北五十里。源出连江县界。又有仁溪亦出焉，西流经府北，入于洪塘江”。

蒙溪水　即岳池水。今四川岳池、武胜二县境之街子河。《寰宇记》卷138岳池县：“蒙溪水一名岳池水，在县东北五十里。源出岳安山，东流至故县镇西。本是思岳池，因以名县焉。”

蒙墟　即今广西桂平市西南三十里蒙圩镇。清光绪《广西舆地全图》桂平县图：西南有蒙墟。

蒙嶲诏　又称样备诏。唐代洱海地区六诏之一。在今云南巍山彝族回族自治县北部及漾濞彝族自治县。开元中为南诏所并。

蒙夔岭　在今云南昭通市北部。唐樊绰《蛮书》卷1：石门外“第七程至蒙夔岭，岭当大漏天，直上二十里，积阴凝闭，昼夜不分。从此岭头南下八九里，青松白草，川路渐平”。

䝉华山　古名大蓬山。在今四川什邡市西北。《方舆纪要》卷67什邡县：大蓬山，“《志》云：山高逾百里，六月积雪不消，或谓之䝉华山”。自然景观壮丽，为著名的风景名胜区。

蒸川县　唐武德二年（619）置，属西济州。治所在今河南济源市北十三里。四年（621）废。

蒸水　又作承水或烝水。源出今湖南邵东县东大云山，东北流经衡阳县，又折而南流转东，至衡阳市北入湘水。宋本《寰宇记》卷115衡州衡阳县：“蒸水源出县西，水气如蒸。《水经》云，蒸水源出重安县南，又东北至临蒸入于湘，谓之蒸口也。”

蒸鱼涧　即今湖南沅陵县东北七十里朱红溪。《水经·沅水注》：“沅水又东，与诸鱼溪水合。水北出诸鱼山，山与天门郡之澧阳县分岭。溪水南流会于沅。”《方舆纪要》卷81谓即此水。

蒸湘　湘江流至湖南衡阳市北与蒸水合流后称为蒸湘。与漓湘、潇湘合称为三湘。

𬞟乡　亦作务乡。在今河南灵宝市北。《后汉书·刘玄刘盆子列传》：更始三年（25），更始“使苏茂拒赤眉于弘农，茂军败，死者千余人。三月，遣李松会朱鲔与赤眉战于𬞟乡，松等大败”。即此。李贤注谓𬞟地“盖在今虢州、湖城县之间”。

斟水　在今广东阳山县北。《水经·洭水注》：“洭水又东南流而右与斟水合，水导源近出东岩下，穴口若井，一日之中十溢十竭，信若潮流，而注洭水。”《清一统志·连州》引《广东通志》：斟水“在县东二里。源出东岩，南流四里为湘泉，俗亦谓之桃江”。

斟寻　①寻亦作鄩。夏代都城。在今河南巩义市西南。《左传·哀公元年》：“昔有过浇，杀斟灌以伐斟寻，灭帝后相。”《水经·巨洋水注》引《竹书纪年》：“太康居斟寻，羿亦居之，桀又居之。”《史记·夏本纪》正义引《括地志》：“故鄩城在洛州巩县（老城）西南五十八里，盖桀所居也。”

②在今山东潍坊市东南五十里清池镇治浑街。《左传·襄公四年》：魏绛曰：寒浞“使浇用师，灭斟灌及斟寻氏”。西汉于此置斟县。

斟县　西汉置，属北海郡。治所在今山东潍坊市东南五十里。东汉省。

斟灌　在今山东寿光市东北四十里斟灌城里。《水经·巨洋水注》引《汲郡古文》：“相居斟灌。”《左传·襄公四年》：魏绛曰，寒浞“使浇用师，灭斟灌及斟寻氏”。杜注：“二国，夏同姓诸侯，仲康之子后相所依，乐安寿光县东南有灌亭，北海平寿县东南有斟亭。”《汉书·地理志》北海郡寿光县注引应劭曰：“古斟灌，禹后，今灌亭是。”《寰宇记》卷18寿光县：“斟灌城，亦名东寿光。”

勤州　唐武德四年（621）析春州置，治所在铜陵县（今广东阳春市东北）。次年废。万岁通天二年（697）复置，长安中又废。开元十八年（730）复置，治所在富林县（今广东云安县西南富林镇）。天宝元年（742）改为云浮郡，乾元元年（758）复为勤州，又徙治铜陵县。辖境相当于今广东阳春、云浮二市相连地区。北宋开宝六年（973）废。

勤政务本楼　唐长安兴庆宫主要楼阁之一。开元八年（720）建。在兴庆宫西南隅，花萼楼之东。遗址在今陕西西安市兴庆公园内。明皇劳遣哥舒翰及应制举人，尝御此楼。楼前有柳，白居易《勤政楼西老柳》诗云：“开元一株柳，长庆二年春。”

靴淀　为广平淀之别名。在今内蒙古翁牛特旗东北西拉木伦河与老哈河合流附近。《宋史·阎询传》：“使契丹。询颇谙北方疆理，时契丹在靴淀，迓者王惠导询由松亭往。”

靳江　古名瓦官水。为湘江支流。源出今湖南湘乡市北，东流经宁乡县东南部、湘潭县北部，至长沙市南入湘江。《方舆纪要》卷80：靳江“在善化县西南二十里。自宁乡县流入，至此注于湘江。《志》云：水流经楚大夫靳尚墓，因名”。

靳河　在今河北东光县南。《新唐书·地理志》景州东光县：“南二十里有靳河，自安陵入浮河，开元中开。”《方舆纪要》卷13景州东光县：“靳河在县南二十里。自州东废安陵县流入境，又东北入沧州之浮河。唐开元中所开。”

靳家河　即今河北滦南县西小青龙河。《方舆纪要》卷17滦州：靳家河“一名小青龙河，亦汇众流达潮河以入海”。

鹊山　①又名蓬山、蓬鹊山。在今河北内丘县西六十二里。《元和志》卷15内丘县：“鹊山在县西三十六里。昔扁鹊同虢太子游此山采药，因名。”

②亦名嵴山。在今山东济南市北二十里泺口镇。《魏书·地形志》载：临邑县有鹊山。元于钦《齐乘》卷1：鹊山“王绘李白诗注云：扁鹊炼丹于此。俗又谓每岁七、八月乌鹊翔集，故名”。大清河流于其东，名鹊山湖。上有鹊山亭。古有鹊山院。

③在今河南荥阳市西南。《资治通鉴》：唐武德四年（621），王世充被围洛阳，窦建德率兵援之，“自板渚出牛口置陈，北距大河，西薄汜水，南属鹊山，亘二十里，鼓行而进”。即此。

鹊山湖　在今山东济南市城北二十里。《寰宇记》卷19历城县：“历水在县东门外十步。按晏谟《三齐记》云，历水出历祠下，泉源竞发，与泺水同入鹊山湖。”《方舆纪要》卷31历城县：鹊山湖“湖北岸有鹊山，因名。《志》云，泺水自大明湖东北流，注华不注山下，汇为湖。又东北流，入大清河。伪齐刘豫自城北导泺水东行，而鹊山湖涸为平陆”。

鹊个寨　在今四川红原县境。清雍正元年（1723）置鹊个寨土百户。

鹊头　在今安徽铜陵县北十里长江中鹊头山上。《宋书·邓琬传》：泰始二年（466），“刘胡率轻舸四百，由鹊头内路，欲攻钱溪”。《资治通鉴》：南朝梁承圣元年（552），王僧辩讨侯景，二月“使侯瑱袭南陵、鹊头二戍，克之。……丙辰，发鹊头”。即此。

鹊头山　在今安徽铜陵县北十里长江中沙洲上。《舆地纪胜》卷22池州：鹊头山“绍兴二年，命沿江岸置烽火台于池之鹊头山，以为斥堠”。《方舆纪要》卷27铜陵县：鹊头山在“县北十里。高耸临江，宛如鹊头。《左传》：昭五年，楚以诸侯伐吴，吴败诸鹊岸。《唐志》：宣城南陵县有鹊头镇，盖因山置镇。山在鹊洲之头，故名”。

鹊头镇　古称鹊头戍。唐置镇，属南陵县。在今安徽铜陵县北十里长江中鹊头山上。《新唐书·地理志》南陵县：“有鹊头镇兵。”《元和志》卷28南陵县：鹊头镇“在县西一百一十里。即春秋时楚伐吴，败于鹊岸是也。沿流八十里，有鹊尾洲，吴时屯兵处”。《资治通鉴》：唐武德七年（624），“赵郡王孝恭攻（辅）公祏鹊头镇，拔之”。

鹊华桥　在今山东济南市大明湖南岸。《清一统志·济南府二》：鹊华桥“古名百花桥，元易今名。遂以百花名其南桥。两桥相望，中为百花洲，洲上有百花台。环湖有七桥，今惟百花、泺源二桥。曾巩诗：从此七桥风与月，梦魂长到木兰舟”。

鹊江　今安徽铜陵、繁昌及无为等县间长江别名。今铜陵县西老洲等洲渚古称鹊头，东至繁昌三山一带沿岸洲渚称鹊尾，其间南北两岸洲渚相连，统称鹊江。以古有鹊岸为名。《清一统志·太平府一》：鹊洲，“《当涂县志》：鹊江，在县北五十里，绕出芜湖。盖自铜陵鹊头山为鹊头，至三山为鹊尾，故江曰鹊江，岸曰鹊岸”。

鹊尾洲　亦作鹊洲。在今安徽繁昌县东北三十五里三山镇一带长江沿岸。《宋书·明帝纪》：泰始二年（466）三月，“袁颢顿鹊尾，联营迄至浓湖，众十余万”。《元和志》卷28南陵县：鹊头镇“沿流八十里，有鹊尾洲，吴时屯兵处”。

鹊尾渚　即鹊岸。在今安徽铜陵、无为、繁昌等县间长江岸。《左传》：昭公五年（前537），楚以诸侯及东夷伐吴，“吴败诸鹊岸”。杜注：“庐江舒县有鹊尾渚。”《清一统志·庐州府》：“按，鹊尾渚，亦见《南北史》，要属滨江之地，当在今无为州界。《旧志》云：与铜陵县鹊头山对面。”

鹊岸　在今安徽铜陵、无为、繁昌等县间长江岸。因江中鹊洲为名。《左传》：昭公五年（前537），楚以诸侯及东夷伐吴，“闻吴师出，薳启强帅师从之，遽不设备，吴人败诸鹊岸”。杜注：“庐江舒县有鹊尾渚”，即此。

鹊岭　在今浙江富阳市东南四十里。《方舆纪要》卷90富阳县：鹊岭“路通诸暨”。

鹊洲　在今安徽铜陵至繁昌二县间长江中。鹊头为铜陵县北鹊头山，鹊尾在繁昌县东北三山。西对无为县，为长江险要之处。《宋书·邓琬传》：泰始二年（466），“（陶）亮本无干略，闻建安王休仁自上，殷孝祖又至，不敢进，屯军鹊洲”。

蒯　春秋周畿内邑。在今河南洛阳市西南。《左传》：昭公二十三年（前519），尹辛“攻蒯，蒯溃”。杜注：“河南县西南蒯乡是也。”《续汉书·郡国志》：河南尹河南县“有蒯乡”。注引《晋地道记》曰：“在县西南，有蒯亭。”

蒯乡　在今河南洛阳市西南。《续汉书·郡国志》：河南尹河南县“有蒯乡”。刘昭注补：“《左传》昭公二十三年尹辛攻蒯。《晋地道记》曰：在县西南，有蒯亭。”

蒯成侯国　亦作蒯成侯国。西汉高帝六年（前201）封周緤为蒯成侯，属右扶风。治所在今陕西宝鸡市东。后废。

蒯城乡　亦作蒯城（成）乡。在今陕西宝鸡市东。《清一统志·凤翔府》：蒯城旧县“在宝鸡县东。……《汉书功臣表》：蒯城侯周緤，高帝六年封。……《史记正义》引《舆地志》云：故陈仓之乡聚名。周緤所封。晋咸宁四年，分立为县，后废”。

蒯城县　西晋咸宁四年（278）置，属始平郡。治所在今陕西宝鸡市东。后废。

蒯聩台（臺）　在今河南清丰县西。《方舆纪要》卷16清丰县：蒯聩台“在顿丘故城北五里。相传蒯聩所筑”。

斡水　在今广东廉江市西北。《寰宇记》卷167吴川县：斡水“在废县西二百步，从廉州大廉县界来，合廉江”。

斡水县　唐天宝元年（742）改招义县置，属招义郡。治所在今广东廉江市西北七十里。乾元元年（758）属罗州。北宋太平兴国五年（980）废入吴川县。

献王陵　又称河间献王陵。在今河北献县城东北八里河城街镇。河间王刘德为汉景帝之子、武帝之兄，景帝前元二年（前155）封为河间王。《史记·五宗世家》载：河间献王德“好儒学，被服造次必于儒者。山东诸儒多从之游”。死后谥曰“献王”。献王陵现存高大土丘。

献州　金天德三年（1151）改寿州置，治所在乐寿县（今河北献县）。乾隆《河间府新志》卷2：“以其为汉河间献王封国，献陵在焉，故特名其州曰献。”辖境相当今河北献县、交河等县地。蒙古至元二年（1265）废。寻复置，属河间路。明洪武八年（1375）降为献县。

献县　明洪武八年（1375）改献州置，属河间府。治所即今河北献县。民国初属直隶津海道。1928年直属河北省。

献县汉墓群　在今河北献县。西汉河间献王受封于此。历代王室人员多葬在这里。墓葬以献县东南河城街乡一带较为集中。地面现存墓葬三十七座，封土一般高8—10米，最高的达28米。曾出土错金铜豹、鎏金铜雀、铜龙、耳环、盘、铜俑、陶俑等。1996年定为全国重点文物保护单位。

献河　亦名陷河。在今山东庆云县南。《方舆纪要》卷13庆云县：献河“或谓之陷河。县西北境之水，多汇于此。经海丰县（今无棣县），引流东注于海”。

献宝溪　古名独孤水。即今四川威远县之新场河、威远河。《方舆纪要》卷72威远县：献宝溪在“县西北七十里。《志》云：溪源一出仁寿县界罗泉山下；一出两母山，合流而东南，入富顺县，注于金川”。《清一统志·嘉定府一》：献宝溪，“《省志》：献宝溪一名硫黄川，自山谷中发源，流二十里合龙会河……又二十里入富顺界”。

献钟（鐘）市　即今湖南平江县东南四十六里献钟村。《清一统志·岳州府二》“回田市”条下：“献钟市、义口市皆在（平江）县东永安乡。”大革命时期罗纳川在此领导了有名的“纸工运动”。

献陵　①唐高祖李渊的陵墓。在今陕西三原县东北五十里徐木乡柿树沟。宋敏求《长安志》卷20三原县：献陵“在县东一十八里龙池乡唐朱村，封内二十里”。

②在今北京市昌平区北天寿山西峰下。明十三陵之一，在长陵西北一里。为明仁宗朱高炽之陵。顾炎武《昌平山水记》卷上：“十二陵制，献陵最朴，景陵次之。”

椹川村　即今广东遂溪县西南五十里湛川村。元至元二十一年（1284）置巡司于此。

椹川县　隋开皇十八年（598）改椹县置，属合州。治所在今广东遂溪县西南五十里湛川村。大业初废入扇沙县。唐武德五年（622）复置，属南合州。贞观八年（634）属雷州。天宝元年（742）废。

椹川镇　在今广东遂溪县西南五十里湛川村。《方舆纪要》卷104遂溪县：椹川镇“在县东（西）南。有巡司。《志》云：元至元二十一年置于椹川村。明洪武二十三年迁于旧县治”。即今湛江市西南湖光镇西旧县村。清康熙五年（1666）裁。九年（1670）复置，雍正十一年（1733）移驻东海之东山圩，仍旧名。

椹县　南朝梁置，属合浦郡。治所即今广东遂溪县西南五十里湛川村。隋开皇十八年（598）改为椹川县。

椹涧　亦作湛涧。在今河南许昌县西南。源于县西，注入石梁河。《清史稿·地理志》：“其古颍水支津石梁河。……右合湛涧。”即此。

椹涧镇　北宋置，属长社县。即今河南许昌县西二十八里椹涧乡。《清一统志·许州一》：椹涧镇，“旧传汉孝子蔡顺采椹供母处”。

楪榆县　东汉改叶榆县置，属永昌郡。治所在今云南大理市西北三十六里喜洲镇。三国蜀建兴三年（225）属云南郡，西晋永嘉五年（311）属河阳郡。南朝宋为西河阳郡治。南朝梁末废。《后汉书·天文志中》：章帝建初元年（76），“蛮夷陈纵等及哀牢王类牢反，攻巂唐城。永昌太守王寻走奔楪榆”，即此。

楠木山　在今湖南城步苗族自治县东北二十里。《方舆纪要》卷81城步县“罗汉山”条下：“又县东二十里有楠木山，多楠木。”

楠木村　又作南木园、楠木园。即今湖北巴东县西楠木园镇。明嘉靖《归州全志》卷2《坊市》：“楠木村，（巴东）县西五十里，临大江。”

楠木园　即楠木村。今湖北巴东县西楠木园镇。民国《湖北通志》卷34《乡镇》：“楠木园，在（巴东县）城西六十里。”

楠木坡　在今四川筠连县东南。清同治《高县志》卷11：楠木坡“昔人多植楠木，故名。两山逼窄，坡岭横截，中一路径，左通龙塘，右达正州，最为要隘”。

楠木垭　在今重庆市万州区西南长坪乡境，与石柱县接界。同治《万县志》卷17：楠木垭“两峰对峙，隘口八九丈，山陡径窄”，为往来楚蜀间道。清咸丰间，石达开率太平军攻占石柱，乡团聚堵于此。

楠木峡隘　在今江西信丰县北。《方舆纪要》卷88赣州府信丰县：楠木峡隘“在县北。路出赣县、南康，有一夫当关之险”。

楠木洞　①在今湖南溆浦县西二十里。《方舆纪要》卷81溆浦县“红旗洞”条下：楠木洞“洞深五里，石壁峭立，梯竹以登。行未半，有涨水，谓之龙池。有楠木罗洞门，故名。下瞰流水，名无尽溪”。

②在今湖南沅陵县西北二百里。《方舆纪要》卷81沅陵县“七盘岭”条下：楠木洞，“元时叛蛮尝据此，寇掠府境”。

③在今贵州习水县北三洞附近。《清一统志·遵义府》：楠木洞“在府城北一百四十里。其南又有山阳洞、简台洞，名曰三洞。由綦江之东溪入府，路必经此，素称奇险。明万历中，川帅刘綎讨杨应龙，由綦江而进，贼力保三洞以御官军，綎直前奋击，贼不能支，遂克之”。

楠木寨　在今湖南沅陵县东北六十五里楠木铺乡。元置巡司于此。明初废。

楠仔坑　即今台湾省高雄市北楠梓区。清康熙间高拱乾《台湾府志》卷2：凤山县有“楠仔坑铺”。

楠溪　在今重庆市酉阳土家族苗族自治县西。《方舆纪要》卷73酉阳宣抚司：楠溪“在司西二百里。其溪清浅，旁多楠木，下流合于酉水”。

楝村店　即今河南新蔡县东三十八里楝村镇。清乾隆《新蔡县志》卷2《乡镇》：东路有“楝村店”。

榄口山　在今广西融水苗族自治县西北十五里。《清一统志·柳州府》：榄口山“连延数十峰，高千丈，深林密箐，为邑要区”。

棂州　唐置，为羁縻州，属邕州都督府。治所在今广西环江毛南族自治县境。后废。

楞村　在今广西宜州市东南。《清一统志·庆远府》：楞村“在宜山县北。本朝雍正七年移县丞驻此”。

楞伽山　在今江苏苏州市吴中区西南。明王鏊《姑苏志》卷9：楞伽山“一名上方山。在吴山东北，其顶有浮图”。东北为茶磨屿，以其三面临水，故以屿名。俗称磨盘山。

楞伽峡　又名贞女峡。在今广东连州市东南十五里。《方舆纪要》卷101连州：楞伽峡在“州东十五里。双崖壁立，垂石飞瀑，下注深潭，即湟水所经也。唐显庆四年，连州山水暴出，漂七百余家，即峡中水也。宋嘉泰二年，崖崩水壅，谿谷倒注，舟楫不通，田庐垫溺，患及城邑，州刺史杨窠等疏凿之，三载底平”。宋叶适有《凿楞伽峡记》。

楞伽峰　①在今湖北当阳市西南玉泉山东。《清一统志·荆门州》：楞枷峰“在当阳县西南玉泉山东七里。夹道植松，因名七里松”。

②在今湖南岳阳市东南五里。《方舆胜览》卷29岳州：楞伽峰“在巴陵东南。有（唐）无姓和尚居之。柳宗元为记”。

楸山　即今河北灵寿县西北鲁伯山。《方舆纪要》卷14灵寿县：楸山在“县西北五十里，山多楸树，因名。东接凤凰石山，两山夹峙，道出其中，谓之龙门口。《志》云：凤凰石山，峭壁万仞，登涉甚难，绝顶有石嵯峨，状如飞凤。一名鲁伯院山”。

楸林寨　即今四川三台县东北秋林镇。《资治通鉴》：唐乾宁二年（895）十二月，“华洪大破东川兵于楸林，俘斩数万，拔楸林寨”。

槐子桥　即今江苏扬州市邗江区北槐泗镇。民国《江都县新志》卷2有槐子桥。

槐坊店　一名槐店镇。即今河南沈丘县治槐店镇。明嘉靖《沈丘县志》：“槐坊店，在治（今县东南五十四里老城镇）北六十里。”

槐芽镇　即今陕西眉县东南槐芽镇。清《郿县志》卷4：槐芽镇在“县东三十里”。

槐花铺　即今四川蓬溪县西北槐花乡。北宋置怀化镇于此。清嘉庆《四川通志》蓬溪县：槐花铺“在县北三十里”。

槐里　在今陕西兴平市东南十里南佐村附近。周名犬丘，秦改名废丘。刘邦定三秦，引水灌废丘，遂灭章邯。西汉高帝三年（前204）改名槐里。北周废。唐王维《送岐州源长史归》诗：“故驿通槐里，长亭下槿原。”指此。

槐里县　①西汉高帝三年（前204）改废丘县置，属右扶风。治所在今陕西兴平市东南十里南佐村附近。东汉为右扶风治。三国魏为扶风郡治。西晋为始平郡治。十六国后秦皇初元年（394）姚兴称帝于此。北魏改属扶风郡，太平真君七年（446）移治今兴平市西二十五里。北周明帝元年（557）废。

②南朝宋置，属顺阳郡。治所在今河南淅川县附近。西魏废。

槐谷　在今陕西三原县西北。《战国策·秦策二》：“乃西说秦王曰：‘甘茂，贤人，非恒士也。其居秦里世重矣，自殽塞、谿谷，地形险易尽知之。彼若以齐约韩、魏，反以谋秦，是非秦之利也。’秦王曰：‘然则奈何？’苏代曰：‘不如重其贽，厚其禄以迎之。彼来则置之槐谷，终身勿出。’”至于“槐谷”之所在，未有确解。或说在今陕西三原县西北。

槐店镇　一名槐坊店。即今河南沈丘县治。古为项国。秦汉置项县于此。东魏置秣陵县于此。隋至明初置项城县于此。1949年沈丘县移治于此。

槐河　亦名野河。即今河北南部槐河、北沙河。源于今河北赞皇县西南，经元氏、高邑、赵县至宁晋县南注入宁晋泊。《元和志》卷17赵州平棘县：“槐水，一名白沟河，南去县（按，平棘县即今赵县）二十五里。”《方舆纪要》卷14赵州柏乡县：野河在“县西北五里。一名槐水。源出赞皇县西黄沙岭下，东流历元氏、高邑县始入县境，又东抵宁晋县入胡卢河（今宁晋泊）”。《清一统志·赵州》：槐河，“《旧志》：槐河俗讹为淮河，亦名黑水。自元氏县流径高邑县北十里，又东入柏乡县界，亦曰野河；又东合沙河，径隆平北界，亦曰槐午河；又东入宁晋县界。旧在县南二十五里，南入七里河，以归滏阳。后七里河口淤塞，改径县南一里”。此水流向仅赞皇一段尚存，其余皆淤塞。

槐柏堡　即今陕西洛川县东槐柏镇。《清一统志·

鄜州》：槐柏堡“在洛川县东五十里。城周三里有奇”。

槐树山　在今四川绵阳市南。《周书·叱罗协传》：“时有五城郡氐酋赵杰雄等扇动新、潼、始三州民反叛，聚结二万余人，在州南三里，隔涪水，据槐林山，置栅拒守。”即此。

槐树场　即今四川西充县西北槐树镇。清光绪《西充县志》卷2：槐树场在“治北七十里”。

槐树关　明置，即今陕西洋县东槐树关。《清一统志·汉中府二》：槐树关“在洋县东五十里”。

槐树洞　在今辽宁朝阳县南南双庙乡三官营子村西八不伦沟里。清《塔子沟纪略》卷6载：槐树洞“洞在尺不袋沟山凹之上，东距锦州松岭门八十三里，北距三座塔六十里。沟内先多枣树，蒙古以枣为尺不嘎袋，遂名其沟为尺不嘎袋稿儿，民人译为尺不袋沟。其洞高二丈，宽五尺，进深四丈。崆峒峻峭，四面玲珑，中有石胎释迦佛像。康熙五十六年僧人寂坤来居此洞，以洞前有槐树数株，遂名槐树洞。洞顶有旧塔一座，洞下有水泉，围圆三尺，洞五寸，自北流至东南里许之外入于地”。槐树洞周围古木参天，怪石嶙峋，溪水潺潺，为游览胜地。

槐树站　元置，在今四川苍溪县东北二十里六槐村（槐树驿）。明为槐树马驿。

槐家镇　金置，属交河县。在今河北献县东北淮镇。

槐楼镇　在今江苏宝应县南二十里槐楼村。运河所经。明、清置巡司于此。

榆山　在今山东新泰市东北十里。《方舆纪要》卷31新泰县：榆山“山多榆”。故名。

榆山县　隋开皇十四年（594）置，属济州。治所在今山东平阴县西北二十里榆山下。大业二年（606）改为平阴县。

榆木山　在今甘肃肃南裕固族自治县北。《清一统志·肃州》：榆木山“在高台县南四十里。上产榆树，故名。东起梨园，西尽暖泉，延长百余里”。

榆木川　在今内蒙古多伦县西北。《明史·成祖三》：永乐二十二年（1424），以蒙古太师（明封和宁王）扰边，朱棣率师北征，六月班师，七月“己丑，次苍崖戍，不豫。庚寅，至榆木川，大渐”。不久死此。

榆木岔堡　北宋元丰五年（1082）置，后属通远军。在今甘肃陇西县境内。后废。

榆木岭关　明置，属迁安县。为长城关口之一。在今河北迁西县东北六十四里。《方舆纪要》卷17迁安县：榆木岭关在“县西北七十五里。有关城。其西接青山口。《边略》云：青山口东第一关也”。清于此设把总驻守。

榆中　古地区名。①《史记·赵世家》：武灵王二十年（前306），“西略胡地，至榆中。林胡王献马”。据张守节《正义》称，是指“胜州北河北岸也”。同书《匈奴列传》亦说：“晋北有林胡、楼烦，筑长城，自代并阴山下，至高阙为塞，而置云中、雁门、代郡”。其地亦应在今内蒙古河套东北部至大青山一带。又《元和志》卷4：“榆林关，东北临河，秦却匈奴之处。”所指即古榆中之地。

②《史记·秦始皇本纪》：三十三年（前214），“西北斥逐匈奴，自榆中并河以东，属之阴山，以为三十四县，城河上为塞”。三国魏苏林以为榆中在上郡，指今陕西东北部；而晋徐广、北魏郦道元说在金城，即今甘肃兰州市榆中县一带。大致说来，古榆中的范围应包括今甘肃临夏回族自治州、兰州市黄河南岸一带。

榆中县　①西汉置，属金城郡。治所在今甘肃兰州市榆中县西北定远镇驻地定远村。西晋为金城郡治。《水经·河水注》：河水“又东过榆中县北”。北周废。

②1919年改金城县置，属甘肃兰山道。治所即今甘肃榆中县。1927年直属甘肃省。

榆水　即梁榆水，今山西和顺县南梁余河。《方舆纪要》卷43和顺县：“榆水在县西。”

榆北县　1943年晋冀鲁豫边区由榆社县析置，属太行区。治北翟管村（今山西榆社县北北翟管村）。1944年冬撤销，并入榆社县。

榆亚暗沙　在南海中中国南沙群岛内，位于安渡滩东北方。实为一断续的环礁，东西长约34公里，包括二角礁、浪口礁和线头礁等。中国渔民向称深筐，意为礁湖水很深。1935年公布名称为调查礁。1947年改名榆亚暗沙。

榆多勒城　在今内蒙古鄂托克旗东北。《新唐书·地理志》延恩县：“有经略军，在榆多勒城，天宝中王忠嗣奏置。”

榆关　①战国楚边境地，在今河南开封市西。一说在今汝州市东南。又说在今中牟县南。《史记·六国年表》：楚悼王三年（前399），“归榆关于郑”。《楚世家》：悼王十一年（前391），“三晋伐楚，败我大梁、榆关”。《索隐》：“此榆关当在大梁之西也。”

②亦名渝关、临闾关、临渝关、临榆关、山海关。隋开皇三年（583）建城，属卢龙县。即今河北秦皇岛市东北山海关。自古为戍守重地。明洪武初改为今名。另说为今河北抚宁县东榆关镇。《明一统志》卷5永平府：榆关“在抚宁县东二十里”。明初魏国公徐达始移至今山海关。

③又称榆林关。隋开皇三年（583）置，在今内蒙古准格尔旗东北黄河西岸。地北近榆林，即汉之榆溪塞，因名。后废。唐贞观十三年（639）复置，名榆林关，唐韦庄《赠边将》诗：“昔因征远向金微，马出榆关一鸟飞。”即此。后又废。

榆关镇　即今河北抚宁县东二十里榆关镇。明初置驿于此。为抚宁县出入山海关要道。

榆州　①唐武德三年（620）置，治所在榆社县（今山西榆社县）。辖境相当今山西榆社县及和顺县西部地。六年（623）废。

②辽置，属大定府。治所在和众县（今辽宁凌源市西土城子）。辖境相当今辽宁大凌河地区。金皇统三年（1143）废。

榆次　战国赵邑，即今山西晋中市榆次区。《史记·秦本纪》：庄襄王三年（前247），蒙骜“攻赵榆次”。即此。后置榆次县。

榆次市　1954年置，治今山西省晋中市榆次区。1963年撤销，1971年复置榆次市。1999年与晋中地区合并，改设地级晋中市；原榆次市改设榆次区。

榆次县　战国赵置。秦庄襄王三年（前247）入秦，属太原郡。治所在今山西晋中市榆次区。北魏太平真君九年（448）废。景明元年（500）复置榆次县。北齐废，移中都县治此。隋开皇十年（590）改中都县为榆次县，属并州。大业初属太原郡。唐属太原府。元属冀宁路。明属太原府。民国初属山西冀宁道。1930年直属山西省。1954年析城区设榆次市。1983年撤销榆次县，并入榆次市。

榆次城隍庙　在今山西晋中市榆次区东大街。建于元至正二十二年（1362）。后屡有增建或重修。现存山门、城隍殿、玄鉴楼、后殿等。城隍殿面阔五间，歇山式屋顶。玄鉴楼为二层三檐歇山顶楼阁式建筑，气势雄伟。城隍殿两侧砖雕“二龙戏珠”影壁，造型生动，至今保存完好。1996年定为全国重点文物保护单位。

榆阳城　即辕阳之讹。在今河北馆陶县西北。《水经·淇水注》：“淇水又东北径榆阳城北。汉武帝封太常江德为侯国。”据《汉书·昭帝纪》及《百官公卿表》，“榆阳”当是“辕阳”之讹。

榆阴城　东晋咸和年间平北将军平州刺史慕容皝建，在今辽宁建平县东北牤牛河南。《晋书·慕容皝载记》：东晋咸和八年（333）慕容皝讨宇文逸豆归，军于广安，“逸豆归惧而请和，遂筑榆阴、安晋二城而还”。胡三省注《通鉴》：“榆阴城盖在大榆河之阴。”大榆河即今建平县东南流入大渡河之牤牛河。

榆谷　在今青海尖扎县西北境黄河南岸。《后汉书·西羌传》：永元年间，“校尉邓训遣兵击迷唐，迷唐去大、小榆谷，徙居颇岩谷。……（聂尚）乃遣驿使招呼迷唐，使还居大小榆谷”。

榆沟　俗名乌里雅苏台。即今内蒙古呼和浩特市东北石人湾。清设卡伦于此。

榆社县　隋开皇十六年（596）置，属韩州。治所即今山西榆社县。《元和志》卷13：“因县西北榆社故城为名。”大业二年（606）废，义宁二年（618）复置。唐武德三年（620）为榆州治，六年（623）改属辽州。北宋熙宁七年（1074）废。元祐元年（1086）复置。元世祖至元三年（1266）废，六年（1269）复置榆社县。民国初属山西冀宁道。1930年直属山西省。

榆林　即今河北怀来县东榆林堡。《元史·明宗纪》：天历元年（1328），上都倒剌沙遣兵犯大都（今北京），“兵皆次于榆林”。即此。

榆林口　在今山西天镇县西北榆林口村。《清一统志·大同府》：榆林口“在天镇县西北三十里。东西五十步，墙高二丈五尺。相近又有砖磨口、水磨口”。

榆林卫　明成化七年（1471）置，为延绥镇治。治所在榆林堡（今陕西榆林市）。清雍正二年（1724）省入绥德州。八年于此置榆林府。

榆林市　1949年6月当地解放后由榆林县城区析置，治所即今陕西榆林市。1950年撤市改县。1988年复设榆林市。1999年撤销榆林地区及县级榆林市，改设地级榆林市。

榆林关　又称榆关。隋开皇三年（583）置，在今内蒙古准格尔旗东北黄河西岸。隋末废。唐贞观十三年（639）复置，后又废。

榆林县　①隋开皇七年（587）置，属云州。治所在今内蒙古准格尔旗东北黄河南岸十二连古城。《元和志》卷4榆林县：“地北近榆林，即汉之榆溪塞，因名。”二十年（600）为胜州治。大业三年（607）改为榆林郡治。唐贞观三年（629）复为胜州治。辽属东胜州。金废。

②唐武德四年（621）侨置，为云州治。治所在今陕西延安市东。八年并入丰林县。

③清雍正八年（1730）置，为榆林府治。治所即今陕西榆林市。1914年为陕西榆林道治。1920年属榆林道。1928年直属陕西省。1988年改设榆林市。

榆林店　在今河北临漳县西南四十里。《资治通鉴》：五代晋开运二年（945），契丹入寇至相州，晋军“陈于相州安阳水之南，皇甫遇与濮州刺史慕容彦超将数千骑前觇契丹，至邺县，将渡漳水，遇契丹数万，遇等且战且却，至榆林店”。即此。

榆林府　清雍正八年（1730）于榆林卫地置，属陕西省。治所在榆林县（今陕西榆林市）。辖境相当今陕西横山、佳县以北，长城以南地区。1913年废。

榆林河　即今山西临县东北榆林沟。《清一统志·汾州府》：榆林河“在临县北五里。源出黄云山下，西流入湫河”。

榆林驿堡　明正统末于榆林站建堡，属怀来卫。在今河北怀来县东榆林堡。

榆林宫　隋置，在胜州榆林郡城榆林县，今内蒙古准格尔旗西北黄河南岸十二连城乡古城。《元和志》卷4胜州榆林县：“隋榆林宫，在州城内，大业二年置，因榆林郡为名。其年，炀帝北巡，陈兵塞表，以威北狄，因幸此宫，突厥启人（民）可汗献马及兵器新帐，因赋诗云云。”《新唐书·地理志》榆林县：“有隋故榆林宫。”

榆林郡　隋大业三年（607）改胜州置，治所在榆林县（今内蒙古准格尔旗西北黄河南岸十二连城）。辖境约当今内蒙古伊克昭盟东北部、呼和浩特市西部和托克托县地。唐贞观三年（629）改置胜州，天宝元年（742）复改为榆林郡，乾元元年（758）复改胜州。

榆林馆 辽置，在今辽宁建平县北五十家子。

榆林铺 明置，属盖州卫。即今辽宁盖州市西南榆林堡。明《辽东志》卷1《盖州卫图》：有榆林铺。

榆林道 1914年由陕北道改置，属陕西省。治榆林县（今陕西榆林市）。辖境约当今陕西黄陵、宜君、洛川、黄龙、宜川以北，定边、横山、榆林、神木、府谷诸县市长城以南地区（靖边以长城外宁条梁镇以南为界）。1928年废。

榆林港 在今海南省三亚市东南。清光绪《崖州志》卷2：榆林港在"城（今崖城镇）东一百三十里。西南与安南之陀林湾对望，约三百里许，为印度洋所必由之路"。日俄战争时，俄国波罗的海舰队东来，曾寄泊于此。

榆林塞 亦名榆溪塞。在今内蒙古河套北。秦始皇时蒙恬北取今河套地，树榆为塞，故名。《史记·卫将军列传》：汉武帝时，"车骑将军（卫）青度西河至高阙……遂西定河南地，按榆谿旧塞"。《集解》："《水经》云，'上郡之北有诸次水，东径榆林塞为榆谿'。"

榆林窟 又名万佛峡。在今甘肃瓜州县南一百五十里锁阳城镇南榆林河谷两岸。始建于北魏，其后历代都有兴建。现存石窟四十一个，东岸三十个，西岸十一个。壁画有佛、菩萨像和佛教故事，还有人物、花卉禽兽、装饰图案等。其中第二十五窟的大幅西方净土、弥勒净土图，结构严密，色彩鲜丽，线条潇洒流畅，具有吴道子画派风格，为唐代壁画精品。西夏洞窟的唐僧取经壁画中，孙悟空已成猴像，比《西游记》早三百多年。1961年定为全国重点文物保护单位。

榆林镇 ①即今黑龙江省兰西县南榆林镇。民国《黑龙江志稿》卷2：兰西县"辖一镇：榆林镇"。

②即今山西襄垣县西南榆林乡。《清一统志·潞安府》"东周镇"条下：榆林镇"在县西南八十里五巑关之南"。

③即延绥镇。明九边之一。成化七年（1471）延绥镇移治榆林卫（今陕西榆林市），此后通称榆林镇。防地东至黄河，西达定边营（今陕西定边县）。分为东、中、西三路。清雍正二年（1724）废。

榆枣关 明置，故址在今山西盂县北八十里御枣口村。《方舆纪要》卷40盂县："榆枣关在县东北一百十里，路亦通平山县，滹沱河所经也。"

榆河 ①即今北京市东北温榆河。古灅余水。赵万里校辑《元一统志》卷1：榆河"河源出（昌平）县孟村西一亩泉，东流至顺州入白河"。《元史·文宗纪》：致和元年（1328）九月，"燕铁木儿与王禅前军战于榆河，败之，追奔红桥北"。

②即今内蒙古科尔沁右翼前旗西北归流河上源海勒斯台郭勒。《清一统志·科尔沁》：榆河"蒙古名海拉苏台。在右翼前旗西北二百三十里。源出兴安岭，经火山，东南流会贵勒尔河"。

榆树厅 清宣统元年（1909）改榆树县置，属吉林省。治所在孤榆树（今吉林榆树市）。1913年降为榆树县。

榆树市 1990年撤销吉林省榆树县，改设榆树市，市人民政府驻华昌街。由长春市代管。

榆树台 即今吉林梨树市北四十里榆树台镇。清光绪《吉林全省地舆图》：奉化县北有榆树台。民国熊知白《东北县治纪要》辽宁梨树县："县属榆树台距八面城东北六十五里，县治北方三十里。"

榆树县 清光绪三十二年（1906）置，属新城府。治所在孤榆树屯（今吉林榆树市）。民国郭熙楞《吉林汇征》："榆树县，地名孤榆树，故名。"宣统元年（1909）升为直隶厅。1913年复降为县，属吉林省滨江道。1929年直属吉林省。1990年改设榆树市。

榆树沟 ①即今吉林扶余县西肖家乡西南榆树沟村。《吉林乡土志》："榆树沟者，据当地老人云，该处于未开辟时，蜿蜒八杆，天然满生榆树，地形低下成沟。迨至清道光年间，始经开放，土地膏腴，收获恒丰。而人民渐聚，成为村落，乃名沟中居民处为榆树沟镇。"

②清光绪元年（1875）建屯。即今吉林舒兰市东南境榆树沟村。

榆树林子 即今吉林省集安市西南榆树镇。民国《辑安县乡土志》地图：西南有榆树林街。丁文江《中华民国新地图》辽宁省辑安县：西北有榆树林子。

榆树铁路 从吉林陶赖昭（今扶余县西南陶赖昭镇）至榆树（今榆树市）。长76公里。1943年修筑。

榆树湾市 即今湖南怀化市。旧属芷阳县，清时县丞驻地。

榆科镇 即今河北深州市东南榆科镇。清《畿辅舆地全图》深州：榆科镇在"州东二十五里"。

榆垡 即今北京市大兴区（黄村）南四十六里榆垡镇。元天历元年（1328）于此建关帝庙一座。明万历间属宛平县。清为宛平八镇之一。中华人民共和国成立后改属大兴县。

榆眉城 在今陕西千阳县东南。即汉、魏隃麋县治。西晋永嘉六年（312）南安赤亭羌姚弋仲东徙榆眉，即此。

榆盘镇 即今甘肃武山县北榆盘镇。《清一统志·巩昌府》：榆盘镇"在宁远县北六十里，接通渭县界"。

榆堤 在今河北高阳县东南。《方舆纪要》卷12高阳县："榆堤在县东南。延袤二十余里。县当马家河诸水下流，藉堤以防决溢之害。"

榆溪州 唐置，为羁縻州。治所在今陕西榆林市西。

榆溪塞　亦名榆林塞。秦置，在今内蒙古河套北。《史记·卫将军列传》：武帝时，“车骑将军（卫）青度西河至高阙。……遂西定河南地，按榆溪旧塞”。

榆慕谷　亦作榆幕谷。在今新疆吉木萨尔县北。《资治通鉴》：唐显庆元年（656），“葱山道行军总管程知节击西突厥，与歌逻、处月二部战于榆慕谷，大破之，斩首千余级”。

楂山　即铁楂山。在今山东荣成市南石岛镇西三十里。

楂牙山　亦作楂枒山。在今安徽定远县西七十里。《方舆纪要》卷21定远县：楂牙山“以山势巑岏而名”。《清一统志·定远府》：楂枒山“其山巉岩，顶有三叉，奇拔可爱，中有洞曰芝岩洞”。

楂江　即今广东东江。《方舆纪要》卷103惠州府河源县：楂江“在县南。即龙川江也。自龙川县西南流入界，绕县治而南，萦回如带，又南入归善界，亦谓之东江”。

楂陂　在今湖南常德市东北。《新唐书·地理志》武陵县：“东北三十五里有楂陂，亦（崔）嗣业所修以溉田，后废。大历五年，刺史韦夏卿复治楂陂，溉田千余顷。十三年以堰坏遂废。”

楂溪　即今江西丰城市东南楂水。《寰宇记》卷106洪州丰城县：楂溪“在县南八十里。源出猴峰山，西折经黄金桥入文江，过黄沙，历乌石冈，随地筑堰三十余所，利灌溉。晋范太守宁得灵楂于白石墓，故以名溪”。

楂滘墟　即今广东东莞市西北楂滘村，北接增城市界。清宣统《东莞县志》卷21墟市有“楂滘墟”。

楼　春秋晋邑，为赵衰之子楼婴邑。在今山西永和县东南。《左传》：僖公二十四年（前636），“狄人归季隗于晋，而请其二子，文公妻赵衰，生原同、屏括、楼婴”。清末杨守敬《春秋舆地图》作楼邑。

楼下营　明置，属安南所。即今贵州普安县西南楼下镇。

楼下镇　又名黄家楼下镇。即今上海市浦东新区川沙镇西北三十二里楼下。清光绪《南汇县志》卷1：黄家楼下镇在“邑北三十二里，即在王家行西。依虹桥港列肆”。

楼山　在今山西永和县南。《元和志》卷12永和县：“楼山在县（旧治）西南二十二里。”《方舆纪要》卷41永和县：楼山“在县东南三十五里，亦曰北楼山。其在县南四十八里者曰南楼山。两山相对，其形如楼，楼山县以此名”。

楼山关　即娄山关。今贵州遵义县北娄山关。《清一统志·遵义府》：太平关“在府城北一百里大楼山上。亦曰楼山关，亦曰楼关”。

楼山县　隋开皇十八年（598）改归化县置，属隰州。治所在今山西永和县南十五里罢骨村附近。大业初属龙泉郡。隋末废。唐武德六年（623）复置，属东和州，贞观元年（627）废。

楼子山　在今四川泸州市西南安富镇东。《方舆纪要》卷72纳溪县：楼子山在“县治东一里。层峰叠嶂，俨若楼阁”。

楼子台（臺）山　在今山西中阳县东南。《方舆纪要》卷42宁乡县：楼子台山在“县东南三十里。山势危耸，状若层楼，因名。其顶有刘公洞”。

楼子营堡　即今山西河曲县东北楼子营镇。《清一统志·保德州》“会营堡”条下：“又东北为楼子营堡，明宣德中建。周一里有奇。”

楼乡县　西汉置，属甾川国。治所在今山东青州市东北。东汉省。

楼王庄　即今江苏盐城市西楼王镇。清乾隆《淮安府志》卷5盐城县：楼王庄在“县西五十里”。

楼兰古城遗址　在今新疆若羌县东北罗布泊西岸，是汉代通西域南路必经之地。古城平面呈正方形，边长330米，总面积10万平方米。城垣残存，城分两区，建筑布局分明，城外有佛寺、烽燧等遗址。出土有汉晋时期珍贵遗物、汉文和佉卢文简牍。墓葬群在罗布泊北岸。1988年定为全国重点文物保护单位。

楼兰国　汉西域国名。都城在扜泥城（今新疆若羌县东北罗布泊西岸楼兰古城）。西汉元凤四年（前77）改名鄯善国。

楼头赕　宋大理置，属善巨郡。治所在今云南宁蒗彝族自治县北部。元至元十六年（1279）改永宁州。

楼台（臺）鼓角山　一名雪峰。在今福建明溪县南。《方舆纪要》卷98汀州府归化县：楼台鼓角山“在县治后。数峰连属，中一峰高耸如楼台，其余峰圆者如鼓，长者如角，因名”。《清一统志·汀州府一》：楼台鼓角山“在归化县南十五里，常有积雪，亦名雪峰”。

楼关　即今河南栾川县北五十五里秋扒乡。清属嵩县。清乾隆《嵩县志》卷12：楼关在“潭头西三十里。古楼子关。俗名揪坡”。1949年改属栾川县。

楼观　在今陕西周至县东南楼观镇。《元和志》卷2盩厔县：楼观“在县东三十七里。本周康王大夫尹喜宅也，穆王为召幽逸之人，置为道院，相承至秦、汉，皆有道士居之。晋惠帝时重置。其地旧有尹先生楼，因名楼观。武德初改名宗圣观”。

楼观山　亦名石楼山。在今陕西周至县东南楼观镇。上有周康王大夫尹喜宅、老子陵、楼观等故迹。《方舆纪要》卷53盩厔县：老子陵“在县东三十里。一名石楼山，又名楼观山”。楼观山今称楼观台，现存说法台、炼丹炉、吕祖祠、宗圣宫、衣钵塔等及文人学士题咏碑刻，其中唐代书法家欧阳询隶书《大唐宗圣观记》石碑、“老子道德经”碑和元代书法家赵孟頫隶书“上善池”等碑最为珍贵。

楼沟堡　在今山西偏关县东南三十五里楼沟村。《方舆纪要》卷40河曲县：楼沟堡“（明）隆庆初置……堡密迩龙霸山，寇尝据此，偏关饷道几绝，故设此堡以遏龙霸之冲”。

楼板寨 北宋置，在今山西原平市西二十五里楼板寨乡。《元丰九域志》卷4代州崞县有楼板寨。即此。

楼板镇 金改楼板寨置，属崞县。在今山西原平市西二十五里楼板寨乡。

楼径（逕）营 在今广东恩平市北九十里。《方舆纪要》卷101肇庆府恩平县“猎径营”条：楼径营，“嘉靖二十五年设，防鸿咀山诸山贼，今为丰建屯。《邑志》，楼径东至仓步，通水洞贼巢，北至九岭，通老熊石贼巢，九岭至陈坑，接新兴界飞鼠窟，通黄三坑贼巢，东北至独鹤驿，由驿西通四坑，圆岭贼路，又西为新兴大河界，东通立径蚕娥岭，新兴相思围贼路，最为要害”。

楼亭县 唐开元二十三年（735）置，属易州。治所在今河北易县西北四十里奇峰庄。天宝后废。

楼厝 在今台湾省新北市北芦洲区东北约二里，淡水河南岸。清嘉庆二十年（1815）开拓初期，淡水河近在村边，村人皆筑楼屋以防水淹，故名楼厝。

楼烦 古部落名。春秋末分布于今山西宁武、岢岚等县地。善于骑射畜牧。《史记·赵世家》：“今中山在我腹心，北有燕，东有胡，西有林胡、楼烦、秦、韩之边。”后迁至今陕西北部及内蒙古南部。秦末被匈奴征服，移驻今鄂尔多斯草原。西汉元朔二年（前127）为汉将卫青所破。

楼烦关 在今山西宁武县东北阳方口镇。《资治通鉴》：隋大业三年（607），炀帝北巡，至突厥启民可汗牙帐，返归时“入楼烦关”。

楼烦县 ①战国赵武灵王置，秦属雁门郡。治所在今山西宁武县附近。《汉书·高帝纪》：高帝七年（前200），帝破韩王信，“晋阳连战，乘胜逐北至楼烦，会大寒，士卒堕指者十二三”。即此。西晋废。

②南朝宋侨置，属汝阴郡。治所在今安徽颍上县境。北魏为下蔡郡治。后废。

③唐龙纪元年（889）置，为宪州治。治所即今山西娄烦县。北宋咸平五年（1002）改属岚州。蒙古太祖十六年（1221）废。

楼烦郡 ①隋大业四年（608）置，治所在静乐县（今山西静乐县）。《元和志》卷14：楼烦郡“因汉楼烦县为名”。辖境相当今山西静乐、保德、岢岚、兴县、岚县、定襄等县及忻州市地。唐武德四年（621）改为管州。

②唐天宝元年（742）改岚州置，治所在宜芳县（今山西岚县北二十五里岚城镇）。辖境相当今山西岚县、岢岚、兴县、静乐、保德、宁武、娄烦等县地。乾元元年（758）复改岚州。

楼烦监 唐初置，设监牧使，由岚州刺史领之。在今山西娄烦县。贞元十五年（799）别置监牧使。龙纪元年（889），李克用表置为宪州。

楼烦镇 元改楼烦县置，属管州。即今山西娄烦县。明属静乐县，置巡司于此。

楼桑 在今河北涿州市南二十里楼桑。《三国志·蜀书·先主传》：先主“舍东南角篱上有桑树生，高五丈余，遥望见童童如小车盖……先主少时，与宗中诸小儿于树下戏，言‘吾必乘此羽葆盖车’”。《水经·巨马水注》：督亢沟水“东径涿县郦亭楼桑里南，即刘备之旧里也”。明建文帝时燕王朱棣曾屯兵于此。

楼虚侯国 《汉书·地理志》平原郡有楼虚侯国。据《水经·河水》：河水“又东北，过杨虚县东，商河出焉”。郦道元注：“《地理志》：杨虚，平原之隶县也。汉文帝四年，以封齐悼惠王子将庐为侯国也。”可证楼虚乃杨虚之讹。治所在今山东茌平县东北。

楼旗山 即今浙江温岭市西北二十里楼旗尖。明嘉靖《太平县志》卷1：楼旗山，“山极雄峙，海舶率视为向导，故称楼上旗”。

楼德庄 即今山东新泰市西境小汶河南楼德镇。《清一统志·泰安府二》：楼德庄“在泰安县东南八十里。旧置巡司。本朝雍正十三年裁，设粮捕通判驻此”。

楼德镇 又作娄德镇。即今山东新泰市西楼德镇。民国时有县佐驻此。

楢溪 始丰溪支流。在今浙江天台县东。晋孙绰《游天台山赋》：“济楢溪而直进”，即此。《清一统志·台州府一》：楢溪“在天台县东二十五里。亦名欢溪。源出华顶，南流至凤凰山侧，入始丰溪”。

概亭 即蔇。在今山东苍山县西北。《续汉书·郡国志》：琅邪国缯侯国“有概亭”。

概洞 在今广东从化市东北灌村镇。《方舆纪要》卷101从化县：曲水“一出县东概洞”。光绪《广东舆地全图》：从化县东有概峒。

椵木冲（衝） 在今辽宁绥中县西。《方舆纪要》卷37广宁前屯卫：椵木冲在“卫西北三十里。其相近者又有碾儿冲”。

椵木冲（衝）堡 明置，属宁远卫。即今辽宁葫芦岛市东北椵木丛。《方舆纪要》卷37宁远卫“松山寺堡”条下：椵木冲堡“在卫东北六十里。又东接锦州西境之大兴堡”。

禁山 在今四川天全县西。《方舆纪要》卷73天全六番招讨使司：禁山在“司西二里。两崖对峙，高峻险绝，中有飞流，四时不竭，古谓之禁门关”。

禁门关 明置，在今四川天全县西。《明史·地理志》天全六番招讨司：“又禁门关、紫石关亦在司西。”《方舆纪要》卷73天全六番招讨使司：禁门关在“司治西禁山下”。

禁江 又名泾江。在今江西湖口县东北九十里长江北岸。《方舆纪要》卷85九江府湖口县：禁江“下接小孤山，上通九江，值冬水涸成池，乃鱼虾所聚，或谓之泾江”。

禁坑（阬） 一名禁峪。又名禁沟。在今陕西潼关县东，北去旧潼关十里。黄巢由此入潼关。《资治通鉴》：唐广明元年（880），黄巢前锋军抵关下，齐克让走入关。“关左有谷，平日禁人往来，以榷征税，谓之‘禁阬’。”

禁谷　亦名禁坑、禁沟。又称小关。在今陕西潼关县东。《资治通鉴》：唐广明元年（880），黄巢义军至潼关，“齐（克让）走入关。关左有谷，平日禁人往来，以榷征税，谓之禁坑”。又南朝梁大同三年（537），胡三省注：“小关在潼关之左，唐时谓之禁谷。”《清一统志·同州府一》：禁谷“在潼关厅南。一名禁坑，亦名禁沟。……《旧志》：在城南三十里”。

禁苑　①即秦汉上林苑。在今陕西西安市渭水以南。为帝王射猎游乐之处。西汉武帝时开拓，周围扩充至二百余里，在今周至县以东、蓝田县以西、秦岭以北。《史记·平准书》：“是时禁苑有白鹿而少府多银锡。”东汉张衡《西京赋》：“上林禁苑，跨谷弥阜。”薛综注：“上林，苑名。禁，禁人妄入也。”

②在今陕西西安市北。宋敏求《长安志》卷6：“禁苑在宫城之北。隋曰大兴苑，开皇元年置。东西二十七里，南北三十三里。东接灞水，西接长安故城，南连京城，北枕渭水。……苑中宫亭凡二十四所。”

③唐之禁苑即隋西苑。在今河南洛阳市西。《唐六典》：“禁苑，在皇城之西，北距北邙，西至孝水，南带洛水支渠，谷、洛二水会于其间。苑墙周回一百二十六里。东距上阳宫七里。中有合璧、冷泉、高山、麓鳞、翠微、宿羽、明德、望春、青城、皇女、凌波十有一宫，芳林、金谷二亭，凝碧之池。”

禁钟（鐘）楼　即岭南第一楼。在今广东广州市惠福西路北侧五仙观内大殿后的坡山顶。始建于明洪武七年（1374）。中悬青铜大钟，铸于明洪武十一年（1378）。因击钟为夜禁信号，故名大禁钟，为广州现存最大的古钟。

禁峪关　又称小关、禁峪口。在今陕西潼关县东，北去旧潼关十里。《资治通鉴》：南朝梁大同三年（537），胡三省注：“小关在潼关之左，唐时谓之禁谷。”《清一统志·同州府》：禁峪关“在潼关厅南十里，即禁山谷口也”。

禁谿　亦名金溪究。今越南红河支流山阳河。《后汉书·马援传》：交阯女子徵侧、徵贰反，马援率军讨伐，建武十八年（42）春，“军至浪泊上，与贼战，破之，斩首数千级，降者万余人。援追徵侧等至禁谿，数败之，贼遂散走”。

昙花墟（昙 tán）　即今广东封开县东南杏花镇。清道光《封川县志》卷2“墟市”：昙花墟“乡人士以昙俗字改为杏花墟”。

昙滨墟（昙 tán）　即今广东罗定市西北昙滨镇。当地称山林间的低谷地方为昙，昙滨即临水塘的低平地。明万历中于此筑夜护城。清雍正十一年（1733）于此置夜护巡司。

楚　①商周时国。芈姓。西周成王封熊绎于楚蛮，都丹阳（今湖北秭归县西北归州镇东南）。后徙都郢（今湖北荆州市荆州区西北纪南城）。春秋时国渐强，兼并周围小国，不断与晋争霸。楚庄王曾为霸主。疆域西北到武关（今陕西丹凤县西南），东到昭关（今安徽含山县北），北到今河南南阳，南到洞庭湖以南。战国为七雄之一，疆域又有扩大，东北到今山东南部，西南到今广西东北角。楚怀王攻灭越国，又扩大到今江苏和浙江。公元前278年郢都为秦攻破，徙都陈（今河南淮阳县）。前241年又徙都寿春（今安徽寿县）。前223年为秦所灭。

②本商邑。在今河南滑县东北。春秋时称为楚丘，为卫国都城。

楚山　①在今江西萍乡市北。《寰宇记》卷109萍乡县：楚山“在县北九十里，或云楚昭王曾经此”。

②即望楚山。在今湖北襄阳市襄城区西南。

③即商山。在今陕西丹凤县西商镇南一里。《水经·丹水注》：楚水“源出上洛县西南楚山，昔四皓隐于楚山，即此山也”。

楚门　即今浙江玉环县东北楚门镇。元、明时为戍守要地。《清一统志·玉环厅》：楚门所城，“明洪武二十年，汤和筑”。清设把总驻守，属玉环营管辖。

楚门千户所　明洪武二十年（1387）置，属松门卫。在今浙江玉环县东北二十二里楚门镇。《明史·朱亮祖传》：“徇下瑞安，复败（方）明善于盘屿，追至楚门”，即此。清顺治十七年（1660）废。玉环营设把总驻守。

楚子城　在今湖北随州市东。《寰宇记》卷144随州光化县：“楚子城在县（故治在今随州市东南光化铺乡）北十八里。《左传》：桓公八年，楚子合诸侯于沈鹿，黄随不会，使薳章让黄。楚子伐随，因筑此城以逼随，故号楚子城。”

楚王山　①又名同孝山。在今江苏徐州市铜山区西北夹河寨闸口村。《水经·获水注》：“获水又东径同孝山北。山阴有楚元王冢，上圆下方，累石为之，高十余丈，广百许步，经十余坟，悉石也。”《明一统志·徐州》：楚王山“在州城西二十里，山下有楚元王墓”，故名。楚元王即刘交，为汉高祖同父异母弟。高祖六年（前201）封为楚王，都彭城（今徐州）。死后葬山北坡，故名楚王山。在楚元王墓南的山腰平台上，排列着三座大型墓葬，为楚元王子孙墓。楚王山汉墓群属于徐州地区保存最为完好的汉代侯王级墓群。

②在今贵州锦屏县东南。《方舆纪要》卷121黎平府铜鼓卫：楚王山在“卫东三里。《志》云，卫城四围皆高山，可以屯兵。其东三里曰楚王山，有楚王旧垒，明初征蛮时筑”。

楚王山汉墓群　即汉楚王墓群。在今江苏徐州市及铜山区境内。

楚王戍 北魏置，在今河南新蔡县东北。《资治通鉴》：南齐建武四年（497），“豫州刺史裴叔业侵魏楚王戍”。即此。

楚王城 ①在今安徽芜湖县北三十里黄池镇九女墩。《舆地纪胜》卷19宁国府：楚王城“在宣城县东北百里，兵兴尝把隘于此”。《明一统志》卷15宁国府：楚王城“在府城北一百里，相传吴楚相拒筑此城”。

②一名楚城。在今河南信阳市北偏西六十里苏楼村西侧。战国时楚筑。楚襄王曾都于此。故名。西汉为成阳县治。北魏为城阳郡治，南朝梁为楚州治。《梁书·马仙琕传》：南朝梁天监七年（508），魏豫州人白皂生杀其刺史琅邪王司马庆曾，以悬瓠来降，“仙琕进顿楚王城”。《方舆纪要》卷50“武城”条下：“《郡志》云：今州北六十里有楚王城。即楚武王破申时所筑。”

③亦曰楚王戍。在今河南新蔡县东北。《水经·汝水注》：“（葛陵）城之东北有楚武王冢，民谓之楚王岑。”北魏置戍于此，谓之楚王戍，亦曰楚王城。

④在今湖北云梦县东北。《舆地纪胜》卷77德安府：楚王城“在云梦县东一里。按《左传》定公四年吴入郢，楚昭王奔郢，岂当时筑城以自保欤”。

楚王镇 一名楚旺镇。即今河南内黄县西北楚旺镇。明嘉靖《内黄县志》卷1《乡镇》：“楚王镇，在县西北三十里。”

楚木尔的城 一作楚玛尔德宗。即今西藏阿里地区札达县西北二百七十里曲松乡（曲木底）。《清一统志·西藏》阿里诸城：“古格札什鲁木布则城，在喇萨西南二千四百九十余里。其所属有冲龙、则布龙、楚木尔的三城。”

楚水 即今陕西商洛市西乳河。《水经·丹水注》：楚水“源出上洛县西南楚山，其水两源，合舍于四皓庙东，又东径高车岭南，翼带众流，北转入丹水”。

楚长城 即方城。春秋时楚国筑。北起今河南方城县北，东南至今泌阳县东北。战国时又展筑，自今方城山北面西向循伏牛山，折南循北河、湍河间，至今邓州市北。楚恃以守卫其北境。秦毁。

楚布寺 一作磋布寺。在今西藏堆龙德庆县西。南宋淳熙十四年（1187）由喇嘛教噶举派（白教）噶玛支系（简称噶玛噶举派）的创始人都松钦巴主持兴建。寺主噶玛巴（《明史》作哈立麻）活佛曾受明朝“如来大宝法王”封号，为当时喇嘛教噶玛噶举派的领袖人物。17世纪中叶格鲁派（黄教）得势后，噶玛噶举派实力受挫，寺内有格鲁派僧官一人常驻，以示监督。寺内保存明代以来文物甚多。

楚东市 在今湖南醴陵市东南二十里。《清一统志·长沙府二》“普口市”条下：“楚东市，在县南二十里。”

楚由洞 在今贵州六枝特区东南西堡司东南五十里。《明史·地理志》安顺府西堡长官司：“东南有楚由洞山。”明曹学佺《名胜志》：楚由洞“山高数仞，洞在山畔，深广百里”。

楚丘 ①春秋曹地。在今山东曹县东南五十里楚天镇。《春秋》：隐公七年（前716），“冬，天王使凡伯来聘。戎伐凡伯于楚丘以归”。

②春秋卫邑。在今河南滑县东北。《春秋》：僖公二年（前658），“城楚丘”。《左传》：“诸侯城楚丘而封卫焉。”

楚丘县 ①隋开皇六年（586）改己氏县置，属宋州。治所在今山东曹县东南五十里楚天镇。大业初属梁郡。唐属宋州。宋属应天府。金属归德府。元属曹州。明洪武初省入曹州。

②隋开皇十六年（596）置，属滑州。治所在楚丘城（今河南滑县东）。寻改为卫南县。

楚尔海图河 亦作粗鲁海图。在今俄罗斯境多萨图伊东南，为东注额尔古纳河之小河。清西清《黑龙江外纪》卷5：岁五六月巡查边界，“分三路至格尔毕齐、额尔古讷、墨里勒克、楚尔海图。……楚尔海图河，黑龙江卓帐处也”。

楚台（臺）山 在今湖北秭归县西北归州镇南十五里。《方舆纪要》卷78归州：楚台山“在州城中，旧说楚襄王建台于此。今为长宁千户所治”。

楚场 即今云南祥云县东北楚场。明洪武十七年（1384）置土巡检司于此。

楚庄王墓 在今湖北荆州市荆州区故江陵县城西二十里龙山。楚庄王系楚穆王子，公元前613—前591年在位，历时二十三年。唐余知古《渚宫旧事》引梁元帝《荆南志》曰：“庄王墓在江陵城西三十里，周回四百步，前后陪葬数十冢，皆自为行列也。”

楚关 即扞关。在今湖北长阳土家族自治县西七十里巴山村南。《三国志·吴书·甘宁传》：甘宁曰，“西据楚关，大势弥广，即可渐规巴蜀”。

楚州 ①东魏武定七年（549）改北徐州置，治所在燕县（今安徽凤阳县东北临淮关东）。辖境相当今安徽淮河以南，瓦埠湖以东，女山湖以西和池河以北地区。北齐改为西楚州。

②南朝梁太清四年（550）改巴郡置，治所在垫江县（今重庆市）。明曹学佺《蜀中广记》卷53重庆府：“楚州，以地邻乎楚”而名。西魏大统十七年（551）改为巴州。北周孝闵帝元年（557）复改为楚州，治所在巴县（今重庆市）。辖境相当今重庆市渝北区以南，江津以东，涪陵以西地区。隋开皇元年（581）改为渝州。

③南朝梁置，治楚城（今河南信阳市北五十一里长台关西）。东魏改为西楚州。

④即僰州。治所在隆阳县（今重庆市綦江县北）。

⑤隋开皇元年（581）置，治所在寿张县（后改淮阴，今江苏淮安市淮阴区西南）。十二年（592）

移治山阳县（今江苏淮安市楚州区）。大业初废。唐武德八年（625）改东楚州复置，仍治山阳县。辖境相当今江苏盱眙、淮安、宝应、建湖、金湖、洪泽等县市地。天宝元年（742）改为淮阴郡，乾元元年（758）复名楚州。南宋绍定元年（1228）改为淮安军。

楚江 指今湖北及其以东长江下游河段。唐李白《望天门山》诗："天门中断楚江开，碧水东流自北回"，韦应物《赋得暮雨送李曹》诗："楚江微雨里，建业暮钟时。"皆此。

楚纪南故城 又作纪南城。在今湖北荆州市荆州区城北十里，为东周时期楚郢都遗址。自楚文王起有二十代楚王建都于此，历时四百余年。故城东西长约4.5公里，南北宽约3.5公里，城墙残高4—7米。现存城门七座，其中南墙和北墙古河道出口处为水门。城内发现夯土台基八十四座，水井四百多眼。城东南部为宫殿区，东部和北部已探出宫墙，宫内台基分布有序，沿中轴线排列。墓葬主要分布在城外，有三大古墓区，已清理千座以上。1961年定为全国重点文物保护单位。

楚玛尔河 一名曲麻莱河、曲玛河、玛楚河。为长江上源支流。在青海治多、曲麻莱二县境。源出可可西里山，东南流到得列楚拉勃登与木鲁乌苏河汇合后称通天河。光绪《大清帝国全图》青海：金沙江上源有玛楚河。《中华民国新地图》青海：金沙江上源有楚玛尔河。

楚玛尔德宗 即今西藏阿里地区札达县西北二百七十里曲松乡（曲木底）。清乾隆《西域同文志》卷18载："西番（藏）语，楚玛尔，水色近红之谓。德，小部落也。城旁有水色红，故名。"

楚克里克河 在今哈萨克斯坦东部巴尔喀什湖东北。清徐松《西域水道记》卷5："布固图河东（应为西）北百二十余里为楚克里克河。二源分东流百余里而汇，是为阿布达尔摩多河，二支汇处置阿布达尔摩多卡伦于南岸，河东流七十余里入（斋桑）淖尔西。"

楚里塔哈山 在今新疆拜城县西北七十里。清宣统《新疆图志》卷60：楚里塔哈山，"喀拉苏、特拉布觉克二水出焉，东南流入于木札拉提河"。

楚尾吴头 一作吴头楚尾。指今江西北部一带。春秋时为吴、楚二国接壤之地。《方舆胜览》卷19隆兴府：吴头楚尾，"《职方乘》记豫章之地为楚尾吴头"。朱熹《铅山立春》诗："雪拥山腰洞口，春回楚尾吴头。"

楚旺镇 即楚王镇。今河南内黄县西北楚旺镇。清尹耕云《豫军纪略》卷4："以（咸丰）十一年四月，扰及内黄之楚旺。"

楚国 ①秦亡后项羽自立为西楚霸王，都彭城（今江苏徐州市）。辖境相当今江苏、浙江全境，河南东南部，山东南部，安徽淮河以北及东南部地区。西汉高帝四年（前203）为刘邦所灭。

②西汉高帝五年（前202）封齐王韩信为楚王，都下邳（今江苏睢宁县西北古邳镇东）。辖境包括今山东南部、河南东部和江苏、安徽淮河以北之地。次年国除，封淮阴侯，以其地分为二，封弟交为楚王，都彭城（今江苏徐州市）。景帝三年（前154）后辖境仅有今江苏徐州市及铜山县附近之地。地节元年（前69）改为彭城郡，黄龙元年（前49）复为楚国。东汉章和二年（88）改为彭城国。

楚呼楚 即今新疆塔城市。清乾隆三十一年（1766）于此筑绥靖城，改名塔尔巴哈台。《清一统志·塔尔巴哈台》：绥靖城"地名楚呼楚，塔尔巴哈台参赞大臣所驻"。

楚城 ①即楚王城。在今河南信阳市平桥区北五十余里苏楼村西侧。北魏为西楚州治。《魏书·中山王英传》："衍宁朔将军张道凝等率众据楚城。闻英将至，弃城南走。"

②在今河南汝南县西南。《资治通鉴》：唐元和十二年（817）李愬讨吴元济，"游奕兵马使王义破楚城"。即此。

楚城县 唐武德五年（622）析湓城县置，属江州。治所在今江西九江市西南。贞观八年（634）废入浔阳县。

楚昭王墓 又称昭丘。在今湖北当阳市东南七十里河溶镇境。昭王系楚平王之子，公元前515年即位。公元前489年卒。《水经·沮水注》："沮水又南径楚昭王墓，东对麦城，故王仲宣之赋登楼云，'西接昭丘'是也。"《文选》卷11王仲宣《登楼赋》："北弥陶牧，西接昭丘。"李善注引《荆州图记》曰："当阳东南七十里有楚昭王墓，登楼则见，所谓昭丘。"

楚皇城城址 在今湖北宜城市东南郑集镇皇城村。为春秋时楚之别都鄢城。楚昭王避吴难曾迁都于此。城址平面呈长方形，四周保存有夯筑城垣，城垣周长6420米。城墙由墙体和护坡组成，城垣东南角高出四周城垣，当为古之"角楼"。大小两城套筑，小城在大城内的东北隅，为一高出大城平面约2—4米的台地，面积38万平方米。发现的遗迹有城门、跑马堤、晒金坡等。出土有青铜礼器、金币、楚爰等。楚皇城城址作为先秦时期汉水中游的通都大邑，位置重要，是研究楚文化及南北文化交流的一处典型遗址。2001年定为全国重点文物保护单位。

楚亭 在今广东广州市。清阮元《广东通志》卷216"番禺故城"引唐马总《通历》："周夷王八年，楚子熊渠伐扬越，自是南海事楚，有楚亭。"清代在越秀山中山纪念碑旁建"古之楚亭"牌坊，以资纪念。

楚郭贡巴 在今西藏普兰县东北，玛旁雍错南岸。即《西域同文志》卷18所载之垂果沙尔果。藏语意为洗罪门寺。国内外香客每年至此朝拜洗罪者甚多。

楚康王墓 在今湖北荆州市荆州区纪南城西。楚康王系楚共王之子。公元前559—前545年在位。《左传》：襄公二十九年（前544），"夏四月，葬楚康王，公及陈侯、郑伯、许男送葬，至于西门之外，诸侯之大夫皆至于墓”。《舆地纪胜》卷65江陵府下：楚康王墓“在郢西”。

楚望山　在今湖北石首市西。《方舆纪要》卷78石首县“绣林山”条下：“县西二里有楚望山，一名望夫山。相传昭烈泊舟江北沙浦，孙夫人于此望之。”

楚堰　即楚堨。在今河南邓州市西北六十里。《元和志》卷21邓州临湍县：“楚堰，在县南八里。拥断湍水，高下相承八重，溉田五百余顷。”

楚堨　一名楚堰。在今河南邓州市西北六十里。《水经·湍水注》：湍水“历冠军县西北，有楚堨，高下相承八重，周十里，方塘蓄水泽润不穷”。《方舆纪要》卷51邓州：楚堰，“或曰，杜预所作，引湍水溉田千余顷”。

楚雄卫　明洪武十五年（1382）置，属云南都司。治所即今云南楚雄市。清康熙七年（1668）废。

楚雄市　1983年撤销楚雄县，改设楚雄市，市人民政府驻鹿城镇。属楚雄彝族自治州，为自治州人民政府驻地。

楚雄县　明洪武十五年（1382）改威楚县置，为楚雄府治。治所即今云南楚雄市。明郭子章《郡县释名》云南卷上：“威楚，酋名。更威为雄。”民国初属云南滇中道。1916年直属云南省。1983年改设楚雄市。

楚雄府　明洪武十五年（1382）废威楚路置，属云南布政司。治所在楚雄县（即今云南楚雄市）。辖境约当今云南楚雄彝族自治州南部。清代属云南府，辖境约当今楚雄彝族自治州大部地。1913年废。

楚辉　一作曲惠。在今新疆和硕县东曲惠乡。清乾隆《西域图志》卷15：楚辉“在乌沙克塔勒西五十里，察罕通格西南七十里。有城垣，西距哈喇沙尔城一百二十五里。自乌沙克塔勒、察罕通格南北两道至此会而为一”。

楚舒尔城　即曲水宗。在今西藏曲水县东北曲水。《清一统志·西藏》卫地诸城：楚舒尔城“在喇萨西南一百十五里”。

楚舒勒宗　即曲水宗。在今西藏曲水县东北曲水。清乾隆《西域同文志》卷18：“西番（藏）语：楚舒勒，水沟也。傍水建城，故名。”

楚鲁克　在今新疆叶城县东南。《清一统志·叶尔羌》：楚鲁克“在哈尔噶里克东南七十里”。

楚湘台（臺）　在今湖南靖州苗族侗族自治县南。《方舆纪要》卷82靖州：楚湘台，“洪武三十年，楚王、湘王奉诏讨苗，尝驻军于此”。

楚察馨山　在今俄罗斯哈巴罗夫斯克边疆区黑龙江下游特林西北。清乾隆《钦定盛京通志》卷27：楚察馨山在“（宁古塔）城东北三千三百三十五里”。鲁库河发源于此。

裘氏亭　一名裘亭、裘氏城。在今河南通许县东。《水经·渠水注》：沙水“又东南径陈留县裘氏乡裘氏亭西”。《寰宇记》卷1陈留县：“裘氏城在县南六十里。《陈留风俗传》云，陈留有裘氏城。《城冢记》云，秦时故县也。”

裘市　即今浙江宁波市西北二十里裘市镇。旧属慈溪县。清雍正《慈溪县志》卷1：裘市在“县东南十五里”。

裘村市　旧名卢村。明改今名。即今浙江奉化市东南四十二里裘村镇。清光绪《奉化县志》卷3《镇市》有裘村市。

赖　①即厉。西周国名。姜姓。在今湖北随州市东北。《左传》：桓公十三年（前699），楚屈瑕伐罗，“楚子使赖人追之”。杜注：“赖国，在弋阳随县。”又，昭公四年（前538），楚子“遂以诸侯灭赖”。《公羊传》、《穀梁传》“赖”均作“厉”。《汉书·地理志》：随县“故国。厉乡，故厉国也”。颜师古曰：“厉读曰赖。”

②春秋时齐地，在今山东章丘市西北。《左传》：哀公六年（前489），齐侯阳生“使胡姬以安孺子如赖”。即此。《续汉书·郡国志》：济南国营县“有赖亭”。

③春秋时齐邑。在今山东聊城市西。《史记·齐太公世家》：“晋赵鞅伐齐，至赖而去。”即此。

赖山　在今四川简阳市东北五十里。《舆地纪胜》卷145简州：赖山，“《皇朝郡县志》云：去阳安五十里。刘讽自都官郎中致仕，年六十三隐焉。亦名赖憨山。宋欧阳修、司马光、宋祁、范镇皆有诗”。《方舆纪要》卷67简州“玉女山”条下：“赖山在州东北五十里。下有赖简池。州以此名。”

赖义渡镇　即烂泥渡镇。在今上海市浦东新区西部黄浦江滨（延安东路外滩对面）。民国《上海县志》卷1：赖义渡镇在“县东略北黄浦对岸”。

赖乡　①在今江苏南京市江宁区西南。《三国志·吴书·孙登传》：“登昼夜兼行，到赖乡，自闻，（孙权）即时召见。”又《南齐书·祥瑞志》：永明六年（488），“江宁县北界赖乡齐平里三成逻门外，路东太常萧惠基园，楥树二株连理……合为一树，枝叶繁茂，圆密如盖”。

②即厉乡。在今河南鹿邑县东十里。《史记·老子传》：“老子者，楚苦县厉乡曲仁里人也。”《正义》：“厉音赖。《晋太康地记》云：‘苦县城东有濑乡祠，老子所生地也。’”《续汉书·郡国志》：陈国苦县“有赖乡”。《史记·灌婴列传》：刘邦与灌婴会师颐乡。颐当为赖字，因字形相近而讹。

赖博镇　北宋置，属资阳县。在今四川资阳市西五十里祥符镇南。

赖因砦　北宋置，属犍为县。在今四川马边彝族自治县境。《宋史·蛮夷传四》：董蛮“其地北近犍为之沐川、赖因砦。砦扼蛮险，蛮数寇抄。熙宁、绍圣中，朝廷皆为徙赖因监押驻荣丁砦，而以县夷控截”。即此。

赖州　唐永徽二年（651）置羁縻州，属茂州都督府。治所在今四川汶川县西南邛崃山附近地区。后废。

赖牟镇　北宋置，属资官县。即今四川荣县西八十里来牟镇。

赖远镇　北宋置，属荣德县。在今四川荣县西南七十里。

赖坊　即今福建长汀县南赖坊。1931年中央革命根据地汀连县迁治于此。

赖坊墟　即今江西宁都县东南二十里赖坊。明嘉靖《赣州府志》卷6：宁都县有赖坊铺。清同治《江西全省舆图》卷10宁都县图：南有赖坊墟。

赖村墟　即今江西宁都县西南赖村镇。清同治《江西全省舆图》卷9：雩都县东北有赖村墟。

赖园　在今广东化州市旧城宝山麓。产橘，世称赖园橘红。清光绪《化州志》卷11载阮元《化州橘红记》，称此处橘最佳。赖氏守此世为业。

赖易镇　北宋置，属富顺监。即今四川自贡市西南仲权镇（双石铺）。《元丰九域志》卷7富顺监：赖易在"监西一百里"。

赖岩　在今福建尤溪县西北。《方舆纪要》卷97延平府尤溪县：赖岩在"县西北二十五里。其上怪石万数，巨者如屋，绵亘可三里，宛然一洞府也。洞口缘梯而上，石室联属，皆有窦如户，其中流泉、石牖可以聚众"。

赖钟镇　北宋置，属威远县。在今四川威远县南二十里。清乾隆《威远县志》卷2："宋隐士赖钟镇在游家坝。"嘉庆《威远县志》卷3：鲲化桥在"县南二十里，旧名游家桥"。

赖亭　在今河南商城县南。《方舆纪要》卷50商城县：赖亭，"《志》云，殷城县有赖亭"。

赖胥镇　北宋置，属盘石县。在今四川资中县西北九十里。民国《资中县续修资州志》卷2："镇子坝在县西九十里。古赖胥镇也。左右旧有四寺，曰东林、西岩、南岩、北岩。今废其三，仅存北岩，寺外古钟三口，有资县龙水上乡赖胥镇等字。"

赖家寨　在今江西石城县西南。《方舆纪要》卷88赣州府石城县：赖家寨"在县西南四十里。寨险峻，悬木梯数丈，半崖有石磴，扪萝而上，可容数百人。元末乡人避兵于此"。

赖盘镇　北宋置，属盘石县。在今四川资中县南六十里陈家场。

赖婆山　亦名濑波山。在今重庆市荣昌县西北。《寰宇记》卷88昌元县：赖婆山"在县南九十里。四面悬绝。大历四年在山上置行州"。《清一统志·重庆府一》：赖波山"在荣昌县西北。一名赖婆山"。光绪《荣昌县志》卷3：濑婆山在"县西四十五里"。

赖黎池　在今四川简阳市西南。《旧唐书·地理志》平泉县："隋移县治于赖黎池。"《舆地纪胜》卷145简州：赖黎池，"《皇朝郡县志》云：在平泉县东二十六里"。

甄（甄 juān）　一作鄄。在今山东鄄城县北旧城集。《左传》：庄公十四年（前680），"冬，单伯会齐侯、宋公、卫侯、郑伯于鄄"。

甄夫人墓（甄 zhēn）　即魏文帝甄皇后朝阳陵。在今河北临漳县西南东西二灵芝村之间。《三国志·魏书·文昭甄后传》载：明帝太和四年（230）十一月，"以后旧陵庳下，使（甄）像兼太尉，持节诣邺，昭告后土，十二月，改葬朝阳陵"。

甄官井　在今河南洛阳市东北汉魏故城南。东汉初平二年（191），孙坚讨董卓，得汉传国玉玺于此。《三国志·吴书·孙破虏讨逆传》注引《吴书》曰："（孙）坚军城南甄官井上，旦有五色气……坚令人入井，探得汉传国玺。"

甄城县（甄 juān）　战国齐置。始皇十九年（前228）入秦，属东郡。治所在今山东鄄城县北旧城集。西汉改为鄄城县，属济阴郡。东汉亦作甄城县。《后汉书·荀彧传》：兴平元年（194），"曹操东击陶谦，使彧守甄城，任以留事"。唐李贤注："县名，属济阴郡，今濮州县也。甄今作鄄，音绢。"

〔一丿〕

感义军　唐方镇名。光启二年（886）置，治所在凤州（今陕西凤县东北凤州镇）。领兴、凤二州。文德元年（888）增领利州。乾宁四年（897）改名昭武军。

感义县　唐武德七年（624）改淳民县置，属藤州。治所在今广西藤县西北一百二十里。北宋开宝三年（970）废。

感义郡　唐天宝元年（742）改藤州置，治所在镡津县（今广西藤县东北）。辖境相当今广西藤县地。乾元元年（758）复为藤州。

感王寨　即今辽宁海城市西南三十五里感王镇。《清史稿·宋庆传》：光绪二十年（1894），中日甲午之战，"日军西陷海城，庆亟赴之，击敌感王寨"。

感木鲁　亦作哈密力、哈梅里、渴密里、合迷里。即今新疆哈密市。《元史·必兰纳识里传》："必兰纳识里者，初名只剌瓦弥的理，北庭感木鲁国人。"明永乐间置哈密卫于此。

感化州　五代置，为羁縻州。治所在今湖北来凤县境。北宋改置羁縻富州。

感化军　①唐方镇名。咸通十一年（870）置，治所在徐州（今江苏徐州市）。天复二年（902）废。

②五代方镇名。后梁置。治所在华州（今陕西华县）。后唐改为镇国军。

感驮岩　在今广西那坡县北里许。《方舆纪要》卷111镇安府：感驮岩在"府西四百五十里。岩周二十余丈，内有石柱如盘，亦名盘石。岩侧有镇安峒，宋、元时镇安旧治"。

感劳山　在今海南省东方市东南。《元丰九域志》卷9：感恩县有感劳山。《明一统志》卷82琼州府：感劳山"在感恩县北一十里。宋时大军平黎，至此秋毫无犯，土人感其德而劳之，故名"。

感恩水　即今海南省东方市南感城镇北之感恩河。隋置感恩县以此名。

感恩县　隋大业六年（610）置，属儋耳郡。治所在今海南省东方市南感城镇。《寰宇记》卷169感恩县："取感恩水以为名。"唐属儋州。北宋熙宁六年（1073）废。元丰四年（1081）复置，属昌化军，寻改属南宁军。明初属儋州，正统五年（1440）改属崖州。万历九年（1581）移治今感城镇东。十五年（1587）还治今感城镇。民国初属广东琼崖道。1920年直属广东省。1950年撤销，与昌江县合并为昌感县。

感恩栅　在今海南省海口市西南。《元丰九域志》卷9：琼山县有感恩栅。《清一统志·琼州府二》：感恩栅"在琼山县西北十里"。

感通寺　在云南大理寺北二十里点苍山麓。明代至今称感通寺。明《寰宇通志》卷111：感通寺"在点苍山。旧名荡山寺，又名上山寺。有二礼拜石，上有手足痕"。《明一统志》卷86大理府：威通寺"在点苍山四峰之半，旧名荡山，又名上山，中有三十六院"。

感德场　唐开成中（836—840）析长溪、宁川及古田地置，即今福建省宁德市。五代闽龙启元年（后唐长兴四年，933）升为宁德县。

碛口　在今内蒙古乌拉特中旗或达尔罕茂明安联合旗境。《资治通鉴》：唐贞观四年（630），李靖追击突厥颉利可汗于阴山，"颉利帅万余人欲度碛，李世勣军于碛口，颉利至，不得度，其大酋长皆帅众降，世勣虏五万余口而还，斥地自阴山北至大漠，露布以闻"。

碛口镇　即今山西临县南碛口镇。民国时设县佐。

碛南州　唐置，属安西都护府。即今新疆叶城县。《新唐书·地理志》引贾耽《四夷路程》："于阗……六百二十里至郅支满城，一曰碛南州。"贞元中废。

碑记坎　在今四川资中县西罗泉镇东。清光绪《资州志》卷2：碑记坎"去罗泉井三里。额设盘查之所，凡采买官盐配引若干，例给硃印签，驼运至关，缴签查验，有无夹带私盐。地最险要"。

碑岭　即库舍图达巴。在今新疆哈密市北、南山口一带。清乾隆《西域图志》卷20：库舍图达巴"即巴尔库勒南山，山径稍夷，为南北通行之道。俗名东打坂，打坂即达巴之转音，盖言岭也。……自哈密东北行五十里为南山口，即山南入岭处，上有唐左屯卫将军姜行本碑。……按库舍图达巴，译言碑岭，姜碑现存。是岭以碑名无疑也"。

碑家店　又作卑家店。即今河北唐山市东北古冶区卑家店乡。有金时鲜卑氏之墓，因名。

碑摸崖　在今贵州沿河县东。《清一统志·思南府》：碑摸崖"在府城北沿河司（治今沿河县）东十五里。高可数十丈，上有仙书红字。又有山崖数处，皆有古篆书。明嘉靖间铲去"。

碉门水　即今四川天全县南之天全河。《舆地纪胜》卷147雅州：碉门水"发源有二：其一自马鞍山；其一自小鱼溪，东至始阳与荣经水合流，于多功峡与卢山水同注于平羌江"。

碉门百户所　明置，属荣经。在今四川天全县。《明史·地理志》荣经县："又有碉门砦，亦曰和川镇，元置碉门安抚司。洪武五年设碉门百户所于此，其地与天全接。"

碉门安抚司　五代后蜀置，属雅州。治所在今四川天全县。宋于此置碉门砦。

碉门鱼通黎雅长河西宁远等处宣抚司　简称碉门宣抚司。元初置，属吐蕃等处宣慰司。治所在今四川天全县。辖境相当今四川天全、泸定、康定等县地。《元史·地理志》：至元二年（1336），雅州碉门安抚使高保四言："碉门旧有城邑。中统中为宋人所废，众依山为栅，去碉门半舍，欲复成故城，便于守佃。"后改为六番招讨司，又分天全招讨司。明洪武初合并为天全六番招讨司。

碉门砦　宋置，属严道县。在今四川天全县。《舆地纪胜》卷147雅州：碉门砦"最为要害，两山壁立，一水中贯，设禁门以限华夷"。《宋史·孝宗记》：南宋乾道六年（1170），"雅州沙平蛮寇边，焚碉门砦"。即此。元置碉门安抚司。明于此又置碉门砦百户。《方舆纪要》卷73天全六番招讨使司：碉门砦"洪武中，百户盛茂垒石为城，险固可守，属雅州千户"。清于此置吏目。

碉门路　亦名夔松路、和川路。唐、宋雅州通吐蕃三道之一。从今四川雅安市西北行，溯天全河而上，越马鞍山或二郎山，西至康定县。《舆地纪胜》卷147雅州"碉门寨"条下："自雅州西通蕃之路有三：曰灵关、曰碉门、曰始阳。……惟碉门最为要害。两山壁立，一水中贯，设禁门以限华夷。"

硇洲　即今广东湛江市东南硇洲岛。《宋史·瀛国公传》：元至元十五年（南宋祥兴元年，1278），"（赵）昰殂于硇洲，其臣号之曰端宗"。卫王赵昺即位，"升硇洲为翔龙县"。

硇洲镇　即今广东湛江市东南硇洲岛之硇洲镇。《清一统志·高州府》：硇洲镇"硇一作碙。在吴川县南一百里硇洲上。明初置巡检司于海滨。正统中移此。后废。本朝雍正八年复置"。

碎叶（葉）水　亦名素叶水、细叶川、答剌速没辇、垂河、吹河、亦河、吹没辇。即今吉尔吉斯斯坦和哈萨克斯坦境内之楚河。《新唐书·突厥传》：显庆初，苏定方"追贺鲁至碎叶水，尽夺其众"。即此。

碎叶（葉）城　亦名素叶城、索虏城、素叶水城。在今吉尔吉斯斯坦楚河南岸托克马克西南阿克·贝西姆。贞观初玄奘西赴印度途经此城，《大唐西域记》卷1载："城周六七里，诸国商胡杂居。"调露元年（679）安西都护王方翼曾就旧城加以改筑，据《旧唐书·王方翼传》："立四面十二门，皆屈曲作隐伏出没之状。"曾一度为安西都护府驻所及安西四镇之一。唐诗人李白即出生于此。

碎叶（葉）镇　唐设于碎叶城（今吉尔吉斯斯坦楚河南岸托克马克西南阿克·贝西姆）。贞观二十一年（647）及调露元年（679）至长安元年（701）间，与龟兹、于阗、疏勒为安西都护府所辖的四个军镇。长安二年，碎叶转归北庭都护府，安西四镇名目虽未改变，但实际只有龟兹、于阗、疏勒。开元七年（719）以焉耆替代碎叶为四镇之一。

碎金谷　即今陕西榆林市东南一百三十里碎金驿。南宋李焘《续资治通鉴长编》：北宋康定元年（1040），“鄜延都监黄德和将二千人屯保碎金谷”。即此。

碎金镇　在今陕西米脂县东北。明置巡司于此。

碇齿隘　在今浙江舟山市定海区西北烟墩村附近椗次村西。《方舆纪要》卷92宁波府定海县：碇齿隘“在舟山所西五十里。去岑港密迩，与外港相对，倭贼易于登犯，嘉靖中为戍守要地。三十七年……设伏于碇齿”。

碗口沟　即今吉林柳河县西南一统河东安口镇。《清史稿·地理志》柳河县：官商路“西南由碗口沟赴兴京”。

碗子城　又作盌子城。在今山西晋城市泽州县东南碗城村。《元史·察罕帖木儿传》：至正十八年（1358），“乃分兵屯泽州，塞碗子城……以杜太行诸道”。《方舆纪要》卷43泽州“太行山”条：“州南九十里有碗子城，是为太行绝顶，其间群山回环，两崖相夹，中立小城，隐若铁瓮。亦曰碗子城关，亦曰碗子城山。”

碗子城山　在今河南沁阳市北五十里。为太行山分支。《明史·地理志》怀庆府河内县：“北有太行山，又有碗子城山，上有关。”《清一统志·怀庆府一》：碗子城山“其形如碗，上有古城”。

碗水铺　即今贵州黄平县西北一碗水乡。《清一统志·镇远府》“在城铺”条下：又有“碗水”等铺。

磓山　在今山西运城市北石磓村。《方舆纪要》卷41夏县：磓山“在县西北七十里石磓村，即峨眉坡高阜也”。

碌云（雲）异城　即今云南江川县东北二十六里龙街村。宋大理时为步雄部驻地。彝语“碌”为石头，“云”为龙，“异”为水，该地在湖边有石如龙，故名。

碌田市　即渌田市。今湖南攸县西南四十里渌田镇。

碌碶河　在今云南通海县西北。《方舆纪要》卷115河西县：碌碶河“在碌碶山下。自县（今河西镇）北水磨村流入，周回八十里。中产鱼族，甚美，流经通海县，为通海河”。

〔一丶〕

鄠（鄠 hù）　秦以扈国地改置，在今陕西户县北。西汉置鄠县。

鄠县　西汉置，属右扶风。治所在今陕西户县北二里。三国魏属扶风郡。晋属始平郡。北魏太平真君七年（446）改属京兆郡。隋大业十年（614）迁治今户县。唐属京兆府。元属奉元路。明属西安府。民国初属陕西关中道。1928年直属陕西省。1964年改为户县。

雷山　①在今浙江宁海县西。《方舆纪要》卷92宁海县：雷山在“县西三十里。有三十六峰，亦曰三十六雷山”。

②在今广西柳州市南十里。唐柳宗元《柳州山水近治可游者记》：“雷山两崖皆东向，雷水出焉。”

雷山关　在今广西东兰县东北。《方舆纪要》卷109东兰州：雷山关“其地有雷山，因名”。《清一统志·庆远府》：雷山关“在东兰州东北七十五里，与河池州三旺里接界”。

雷山设治局　1944年由丹寨、台江两县析置，驻小丹江（在今贵州雷山县东）。以境内雷公山为名。1949年升为雷山县，并移治丹江镇。

雷山县　1949年升雷山设治局置，治丹江镇（今贵州雷山县）。

雷川县　南朝梁、陈间置，属南合州。治所在今广东雷州市西。隋大业初废入海康县。

雷乡县　①东晋升平五年（361）置，属永平郡。治所当在今广西藤县、岑溪、昭平等县市境。南朝宋元嘉年间废。南齐复置。后废。

②唐天授二年（691）置，属循州。治所在今广东龙川县西南佗城镇。五代南汉乾亨元年（917）改名龙川县。

雷乡驿　在今广东龙川县西南佗城镇南二里。《方舆纪要》卷103惠州府龙川县：雷乡驿“在县南二里。马驿也”。

雷王山　在今甘肃礼县南。《方舆纪要》卷59秦州礼县：“雷王山在县南四十里。”

雷冈　在今江西鄱阳县东北。《寰宇记》卷107饶州鄱阳县：“大雷冈在县东北七十里。后汉雷义所居。小雷冈在大雷冈侧。《鄱阳记》云，晋雷焕所居之处。”

雷水　①涑水的别称。在今山西永济市西南。《水经·河水注》：涑水“出河北县雷首山……其水西南流，亦曰雷水。……涑水又西南流，注于河”。

②即大雷池水。在今湖北黄梅县及安徽宿松、望江县以西长江北岸，相当今之龙感湖、大官湖、黄湖、泊湖一带。《元丰九域志》卷5：宿松、望江“有雷水”。

③在今广西柳州市南十里。唐柳宗元《柳州山水近治可游者记》：“雷山两崖皆东向，雷水出焉。”

雷公口　在今山西大同市西北二十里雷公山。《旧五代史·唐书·末帝纪》：五代唐清泰三年（936），云州兵作乱围子城，节度使沙彦珣“突围出城，就西山据雷公口”。

雷公山　①在今广东雷州市西北。《清一统志·雷州府》：雷公山“在海康县西北四十五里。盘旋十余里，林木深郁。昔有雷震此地，因名”。

②在今贵州雷山县东，北连雷公坪。苗岭高峰之一。海拔 2179 米，为清水江与都柳江的分水岭。1987 年版《贵州省志·名胜志》说：苗族人民把雷公坪和雷公山叫“方蒡”、“别勒”，意思是“雷公居住的地方”，雷公山因此得名。

雷公岭　在今广东信宜市东北。《方舆纪要》卷104 信宜县：雷公岭“在县东北百里。山空洞，雷鸣则涧谷响应”。

雷公店　即今湖北安陆市西北三十二里雷公店镇。清光绪《德安府志》卷 8《兵事》：同治三年（1864）四月，“陈得才由天门皂市窜郡西雷公店等处”。

雷公洞　在今湖南慈利县南二十里。《舆地纪胜》卷 70 澧州：雷公洞“天色阴晦，则其中隐隐有如雷。两壁峻立，形如佛像”。

雷公潭　一作雷潭。在今广东台山市西一里。《方舆纪要》卷 101 广东新宁县：雷公潭“源出百峰山，有龙潜焉，龙兴则风雷迅烈，下流亦注于海”。

雷火峒　北宋置，属邕州右江道。治所在今广西大新县西北下雷镇。《宋史·蛮夷三·广源州蛮侬氏》：侬智高“与其母奔雷火洞，其母又嫁特磨道侬夏卿……（交趾）使知广源州，又以雷火、频婆四洞及思浪州附益之”。其后，“侬氏又有宗旦者，知雷火峒”。嘉祐七年（1062），置顺安州于此。又使宗旦知顺安州。

雷打崖　在今湖南桑植县西北。《方舆纪要》卷 77 桑植安抚司：雷打崖“在司（治今美坪峒）西南。其崖崩裂，世传雷所击也。往来者缘梯而过，称为险绝”。

雷石镇　在今湖南双牌县南。宋本《寰宇记》卷116 永州零陵县：“雷石戍本是雷石镇，唐神龙年中改为戍。在州南一百二十里……御史赵履温置此镇，以押泷口，兼断水陆奸虞。四阜峻岭，东临潇水，有奇石激浪，腾波汹涌，声如雷振，闻于数里，因名雷石。”

雷平县　1928 年由太平、下雷、安平三土州合并设置，属广西省。治所在今广西大新县西南宝圩乡。1933 年迁置太平土州城（今大新县西南雷平镇）。1952 年与万利县合并为大新县。

雷记沟　即今宁夏盐池县西南青山乡北雷记沟村。1936 年为盐池县苏维埃政府四区政府驻地。1947 年回民支队驻此。

雷台（臺）　在今甘肃武威市北门外二里雷台湖。古名灵均台，台上建雷祖观，因名雷台。台为夯土台，高 8.5 米，南北长 106 米，东西宽 60 米。今台上有雷祖、三星两殿及东西配殿。清乾隆《武威县志》卷 1：“灵钧台，城北，晋张茂筑。”明改建为雷祖庙。1969 年在台下发现东汉晚期大型砖墓一座，出土文物二百三十余件，其中铜制奔马为最珍贵的艺术珍品。2001 年“雷台汉墓”被定为全国重点文物保护单位。

雷州　唐贞观八年（634）改东合州置，治所在海康县（今广东雷州市）。《寰宇记》卷 169 雷州：“《投荒录》云：雷之南滨大海，郡盖以多雷为名。”辖境相当今广东遂溪、湛江以南雷州半岛。天宝元年（742）改为海康郡，乾元元年（758）复为雷州。元至元十五年（1278）升为雷州安抚司，十七年升为雷州路。

雷州市　1994 年撤销广东省海康县，改设雷州市，市人民政府驻雷城镇。由湛江市代管。

雷州府　明洪武元年（1368）改雷州路置，属海北海南道。治所在海康县（今广东雷州市）。次年属广东等处行中书省，九年（1376）属广东布政使司。辖境相当今广东雷州、湛江、遂溪、徐闻等市县地。清属广东省。1912 年废。

雷州路　元世祖至元十七年（1280）升雷州安抚司置，为海北海南道宣慰司治所。治海康县（今广东雷州市）。辖境相当今广东雷州、湛江、遂溪、徐闻等县市地。明洪武元年（1368）改为雷州府。

雷江　又名来宾水。在今广西来宾市西北。《舆地纪胜》卷 105 象州：雷江“在来宾县（今城厢镇）西北三十里，流入县界。《旧经》云：往有毛雷捕鱼于此，因名”。清乾隆《来宾县志》卷 1：雷江“源发自南二里李村之雷山。泉初出，放声如雷，逶迤经未江、枫木二村，出老鸦渡会于大江（今红水河）”。

雷江县　北宋宣和三年（1121）改龙川县置，为循州治。治所在今广东龙川县西南佗城镇北。南宋绍兴元年（1131）复为龙川县。

雷池　古雷水自今湖北黄梅县界东流，经今安徽宿松县流入望江县东南，积而为池，称为雷池。又东南流由雷池口入江。《晋书·庾亮传》：苏竣叛乱时，庾亮《报温峤书》曰：“吾忧西垂过于历阳，足下无过雷池一步也。”意思是叫温峤坐镇原防，不要越雷池而东。后以表示不可逾越的一定范围。

雷池监　三国吴置，治所在今安徽望江县东二十四里雷池乡。《寰宇记》卷 125 望江县：大雷池，“《孝子传》曰，孟宗为雷池监”。

雷阳驿　在今广东雷州市旧城北。《方舆纪要》卷104 雷州府海康县：雷阳驿“在府城北。《舆程记》：自驿而南六十里为将军驿”。

雷弄峒　在今云南盈江县西南弄璋镇附近。《明史·地理志》干崖宣抚司：“西有雷弄、盏达等部。”《方舆纪要》卷 119 干崖宣抚司：雷弄“在司西。干崖别部也。《滇纪》：司有蛮洒冈，旧为同知刘氏所居。其雷弄洞则经历廖氏所居，后即其地为回龙营”。

雷远镇　清置，属宜君县。即今陕西宜君县东八十里雷塬乡。

雷坛（壇） 在今湖南祁阳县西。《方舆纪要》卷81祁阳县“三吾驿”条下：“又雷坛，在县西七里。其地山岩高数十丈，可容百余人。洞南有石门。又南数十步石岩通窍，泉涌其下。昔尝建道观于此，因名。”

雷村镇 清置，属白水县。即今陕西白水县东南三十五里雷村乡。

雷陂 ①亦曰雷塘。在今江苏扬州市北十里。《汉书·景十三王传》：江都王建“游雷波”。颜师古注：“波读为陂。雷陂，陂名。”《新唐书·杜佑传》：佑为淮南节度使，“决雷陂以广灌溉，斥海濒弃地为田，积米至五十万斛，列营三十区，士马整饬，四邻畏之”。宋以后湮废。

②又作畜陂。即瀍陂津。在今河南孟津县东。北魏杨衒之《洛阳伽蓝记》卷1：“长乐王从雷陂北渡赴荣军所，神轨、季明等见长乐王往，遂开门降。”

雷鸣水 在今山西襄汾县西。《方舆纪要》卷41太平县：雷鸣水，“《志》云，一出县西北十五里之蔚村，一出县西二十五里西侯村，俱东流注于汾”。

雷波卫 清雍正六年（1728）改雷波长官司置，属叙州府。治所即今四川雷波县。乾隆二十六年（1761）改为雷波厅。

雷波厅 清乾隆二十六年（1761）改雷波卫置，属叙州府。治所即今四川雷波县。1914年改为雷波县。

雷波长官司 元世祖至元十三年（1276）置，属马湖路。治所即今四川雷波县。明洪武四年（1371）属马湖府。二十六年（1393）废。清康熙初复置长官司，属叙州府。雍正六年（1728）改为雷波卫。

雷波县 1914年改雷波厅置，属四川永宁道。治所即今四川雷波县。1928年直属四川省。

雷泽 ①一名雷水。在今山西永济市南。源出雷首山，西流入黄河。相传为“舜渔雷泽”处。按：雷泽当在山东菏泽市东北，因此水有“雷”名，好事者强为牵合。

②一名雷夏泽。在今山东菏泽市东北。《尚书·禹贡》：“雷夏既泽。”孔传：“雷夏，泽名。”《史记·五帝本纪》：“舜耕历山，渔雷泽。”《正义》引《括地志》：“雷夏泽在濮州雷泽县郭外西北。”《汉书·地理志》济阴郡成阳：“《禹贡》雷泽在西北。”《水经·瓠子河注》：“瓠河又右径雷泽北，其泽薮在大成阳县故城西北一十余里，昔华胥履大迹处也。其陂东西二十余里，南北一十五里，即舜所渔也。”《隋书·地理志》：东平郡雷泽县有雷泽。

雷泽县 隋开皇十六年（596）置，属郓州。治所在今山东菏泽市东北五十二里胡集乡。因县北雷泽而得名。大业初属东平郡。唐属濮州。金贞元二年（1154）省入鄄城县。

雷泽镇 金贞元二年（1154）改雷泽县为镇，属鄄城县。在今山东菏泽市东北五十二里胡集乡。

雷音寺 即今四川峨眉山市西南峨眉山中之雷音寺。清光绪谭钟岳《峨山总图》：解脱坡上有雷音寺。

雷首山 在今山西西南部，黄河与涑水河、沁河间。《尚书·禹贡》：“壶口雷首，至于太岳。”《史记·五帝本纪》：“舜耕历山。”《正义》引《括地志》：“蒲州河东县雷首山，一名中条山，亦名历山，亦名首阳山，亦名蒲山，亦名襄山，亦名甘枣山，亦名猪山，亦名独头山，亦名薄山，亦名吴山。此山西起雷首山，东至吴坂，凡十一名，随州县分之。”

雷洞坪 在今四川峨眉山市西南峨眉山白云寺与接引殿间。南宋范成大《吴船录》：雷洞平“凡言平者，差可以托足之处也。雷洞者，路之深崖，万仞磴道，缺处则下瞰沉黑若洞然。相传下有渊水，神龙所居，凡七十二洞”。唐宋时有雷洞祠，明有雷神殿、洞坪堂。清康熙四十一年（1702）赐匾额经部。同治间重建。后废。

雷洄滩 在今湖南沅陵县东北一百四十里沅江中。《方舆纪要》卷81沅陵县“沅江”条下：雷洄滩，“以江流触石，其声如雷也”，因名。

雷祖祠 在今广东雷州市城西三里白沙镇白院村。为纪念“雷祖”陈文玉而建。陈文玉（570—638），海康白院村人。陈是百越俚人（今黎族），唐贞观年间雷州首任刺史。修筑城池，精察吏治，安抚峒落，泽及雷州。后当地人尊为“雷祖”。贞观十六年（642）建祠，初在县城东北三里古英灵村。五代梁乾化年间迁今址。明万历三十二年（1604）重修。祠为三进，主殿面阔、进深各三间，四柱穿斗式梁架结构。内存五代石雕人像和宋、元、明、清碑刻三十余通。1996年定为全国重点文物保护单位。

雷神庙 在今山东烟台市牟平区南二里。1938年2月，中共胶东特委领导的山东抗日救国军第三军第一大队攻克牟平城后与窜犯的侵华日军在此激战，中共胶东特委书记兼山东抗日救国军第三军司令员理琪牺牲于此。遗址于1984年全部修复，设有“雷神庙战斗”展室。

雷夏 泽薮名。即雷泽。在今山东菏泽市东北。《尚书·禹贡》：“雷夏既泽。”孔传：“雷夏，泽名。”《周礼·职方氏》注：“雷夏在成阳。”《史记·五帝本纪》：“舜耕历山，渔雷泽。”皆此。北魏时东西二十余里，南北十五里。《元和志》卷11雷泽县：“雷夏泽在县北郭外，雍、沮二水会同此泽。”宋以后淤涸。

雷峰 即今浙江杭州市南夕照山。周密《武林旧事》卷5雷峰显严院：“郡人雷氏所居，故名‘雷峰’。”有宝塔，系北宋开宝八年（975）吴越国建。1924年倒塌。“雷峰夕照”旧为西湖十景之一。

雷峰山　在今湖北郧县东北。《方舆纪要》卷79郧县：雷峰山“在府东北六十里。以险峻而名。其相接都曰风火山”。

雷峰垭关　即今湖北郧县东北雷峰垭村。《方舆纪要》卷79郧县：雷峰垭关“在府东北六十里。有巡司戍守”。

雷峰塔　在今浙江杭州市西湖南岸夕照山雷峰上。北宋开宝八年（975），吴越王钱俶因黄妃得子而建，故称“黄妃塔”。明嘉靖年间，倭寇入侵，纵火焚塔，仅存塔身。于1924年9月倒塌，出土有木刻《宝箧印经》经卷和《华严经》石刻。

雷高市　即今广东雷州市东南三十里雷高镇。清光绪《广东舆地图说》卷8雷州府海康县：扶柳社“往来大道有雷高墟”。

雷家市镇　本名雷家埠。清置雷家市镇，属衡山县。在今湖南衡东县东北。《清一统志·衡州府二》：雷家市镇“在衡山县南十里，湘江北岸”。

雷家庄　即今河北滦县西二十八里雷庄镇。清光绪《滦州志》全图：西有雷家庄。

雷家庄堡　在今山西中阳县西南雷家庄。《清一统志·汾州府》：雷家庄堡“在宁乡县南，通隰州界”。后划归中阳县。

雷家埠　在今湖南衡东县东北。旧属衡山县。明置巡司于此。

雷麻店　即今安徽肥西县西北雷麻店。清光绪《续修庐州府志》卷3：雷麻店“（距城）六十里”。

雷番山　在今四川雷波县北。《方舆纪要》卷73马湖府屏山县：雷番山在“府西三百八十里。隋史万岁征西南彝时，道经此。山中草有毒，经过头畜必笼其口，行人亦必缄默，若或高声，虽冬月必有雷霆之应”。县以此名。

雷港　即今安徽望江县东二十四里雷池乡。《明一统志》卷14安庆府：“雷池在望江县，其源西自宿松县界，流经县东南积而为池，又十五里入大江，名雷港。”

雷港镇　即今安徽望江县东南三十里长江滨雷港。古雷水由此入江。明置巡司于此。

雷塘　①汉曰雷陂。在今江苏扬州市北十里。唐武德五年（622）改葬隋炀帝于此。《新唐书·地理志》江都县：“东十一里有雷塘，贞观十八年，长史李袭誉引渠，又筑勾城塘，以溉田八百顷。”宋以后渐湮废。《方舆纪要》卷23谓“明屡经修复，今由淮子河引流济运”。

②又名雷潭。在今江西宜春市东北。《舆地纪胜》卷28袁州：雷塘“在州东北七里，方三顷。《昌黎集》有雷塘祷雨文。《柳集》亦有之”。

③又名龙潭、大龙潭。在今广西柳州市南十里龙潭公园内。唐柳宗元《柳州山水近治可游者记》：“雷山两崖皆东向，雷水出焉。蓄崖中，曰雷塘。”昔有雷塘庙。柳宗元《雷塘祷雨文》指此。《清一统志·柳州府》：龙潭“在马平县有二：一为大龙潭，在县南雷山下，即所谓雷塘也。一为小龙潭，在县西南鱼石山下”。

雷衙镇　清置，属白水县。即今陕西白水县北雷衙村。

雷溪　在今河北易县西南。《方舆纪要》卷12易州：雷溪“发源五回岭，即徐河上流也。滩石湍急，声闻若雷”。

雷溪山　在今湖南郴州市东六十里。《清一统志·郴州一》：雷溪山“高五里。雷溪水出焉”。

雷福堡　明初置，属宁夏右屯卫。即今宁夏银川市金凤区北丰登镇。万历时改名丰登堡。

雷翥海　即今哈萨克斯坦境之咸海。一说即里海。《水经·河水注》：“河水与蜺罗跂禘水同注雷翥海。……河步罗龙骑，佛到渊上浣衣处，浣石尚存。其水至安息，注雷翥海。”《旧唐书·突厥传》：“西突厥本与北突厥同祖。初木杆与沙钵略可汗有隙，因分为二。其国即乌孙之故地，东至突厥国，西至雷翥海，南疏勒，北瀚海。”

雷潭　又名雷塘。在今江西宜春市东北。《清一统志·袁州府》：雷潭“在宜春县东北五里，秀江至此成潭。旧传龙潜于内，上有峭壁石罅，龙鳞印石成痕，亦名雷塘。唐韩愈有雷塘祷雨文”。

雷霹堡　明置，在今广西昭平县北。《方舆纪要》卷107昭平县：雷霹堡“在县北雷霹山旁”。

零丁山　亦作伶汀山。即今广东珠海市东南珠江口外之外伶仃岛。《方舆纪要》卷101新安县“佛堂门海”条：“又西南二百里曰合连海，水通东南大洋，连深澳、桑州、零丁诸山而会合于此，故曰合连。”

零丁城　在今河北万全县北。《水经·㶟水注》：修水“东径零丁城南，右全延乡水”。即此。

零丁洋　一作伶仃洋。在今广东珠江口外。元至元十五年（1278），南宋宰相文天祥被俘曾经此，作《过零丁洋》诗，有“人生自古谁无死，留取丹心照汗青”的名句。

零口　亦作灵口。零水（灵水、灵溪）入长江之口。在今湖北荆州市荆州区（故江陵县）东南。《晋书·桓玄传》：隆安中，讨荆州刺史殷仲堪，“玄进至杨口，又败仲堪弟子道护，乘胜至零口，去江陵二十里，仲堪遣军数道距之”。即此。《明史·地理志》江陵县：“又东有灵溪，亦曰零口，南入江，谓之零口。”

零口镇　又名泠口镇。即今陕西西安市临潼区东北四十里零口镇。唐于此曾置鸿州及鸿门县。《资治通鉴》：唐中和三年（883）三月，黄巢“遣尚让将兵救华州，李克用、王重荣引兵逆战于零口，破之”。即此。

零山　亦作灵山。即今四川甘洛、越西二县与冕宁县界上之小相公岭。西汉时之灵山道（路），以此名。

零山县　北魏永安中置，属定戎郡。治所在今山西孝义市西。北齐废。

零中峡 在今江苏睢宁县东南凌城镇。《魏书·孔伯恭传》："伯恭从睢陵城东向零中峡。"即此。

零水 在今广西兴安县西南。《方舆纪要》卷107兴安县：零水"在县西南五十里。其地有郁金山，水源出焉，亦南流入漓"。

零水县 唐武德三年（620）置，属密州。治所在今河南新密市东。四年（621）废入密县。

零仃洋 即零丁洋。今广东珠江口伶仃洋。

零巴镇 北宋置，属流江县。在今四川渠县东北三十里临巴镇。

零羊峡 一作灵羊峡、羚羊峡。又名高要峡、高峡山。在今广东肇庆、高要二市东北羚羊山与烂柯山之间西江中。《寰宇记》卷159端州高要县：高要峡，"《南越志》云：郡东有零羊峡，一曰高要峡。山高百丈，江广一里，华翠之树，四时葱蒨"。《方舆纪要》卷101肇庆府高要县：高峡山"相传山有灵羊，每出鸣，风雨随至。亦名灵羊峡"。

零关 ①西汉建，在今四川汉源县南河南乡西南大湾。《史记·司马相如列传》：武帝时，奉使"通零关道（路）"。东晋常璩《华阳国志·蜀志》：阑（阑）县"接寒（零）关"。唐代之清溪关当在古零关处。

②即灵关、临关。在今四川宝兴县南灵关镇。《方舆纪要》卷72芦山县：临关在"县西北六十里。本曰灵关，亦称零关，正统初改今名。有巡司戍守"。

零关道 亦名灵关道、灵山道。西汉武帝时建。自今四川汉源县南大渡河南，沿小相岭山脉东麓南行，经孙水河西转入安宁河，南至今西昌市。《史记·司马相如列传》："通零关道，桥孙水，以通邛都。"

零阳县 战国秦置，属黔中郡。治所在今湖南慈利县东三里白公城。在零水之北，故名。西汉属武陵郡。三国吴永安六年（263）属天门郡。南朝陈属石门郡。隋开皇中改为零陵县，十八年（598）又改为慈利县。居住在这里的少数民族称为零阳蛮。

零县 ①东晋安帝时置，属马头郡。治所在今安徽怀远县境。南齐属钟离郡。后废。

②北魏改灵县置，为南清河郡治。治所即今山东高唐县南三十里南镇。北齐废。

零残湖 在今湖北黄冈市北。《方舆纪要》卷76黄州府黄冈县：零残湖在"府北三十五里"。

零星坞 一名延寿城。在今河南偃师市南。《汉书·地理志》：缑氏县有延寿城。《水经·洛水注》：休水"又东屈零星坞……又径延寿城南"。《寰宇记》卷4缑氏县："零星坞一名延寿城。"《清一统志·河南府二》：延寿城"《旧志》：在偃师县南三十里"。

零泉县 即灵泉县。在今河南安阳县西南。《唐书·地理志》作"零泉县"。

零洞水 一名零烈水。在今广东廉江市西。《寰宇记》卷167吴川县：零烈水"在废（零绿）县南三十里。源从廉江流入大海"。《舆地纪胜》卷116化州：零洞水"在旧零渌县西三十里。源出零洞山，透入大海"。《方舆纪要》卷104石城县：零洞水"一名零禄水。《通志》：零禄水在县西百二十里。一名零烈水。源出廉州府境，东南流入海"。

零烈水 一名零绿水。在今广东廉江市西。《寰宇记》卷167吴川县：零烈水"在废（零绿）县南三十里。源从廉江流入大海"。

零陵 古地名。在今湖南宁远县东南。《史记·五帝本纪》：舜"南巡狩，崩于苍梧之野，葬于江南九疑，是为零陵"。

零陵县 ①秦置，属长沙郡。治所在今广西全州县西南。西汉为零陵郡治。东汉属零陵郡。南朝宋属零陵国。南齐复属零陵郡。隋开皇九年（589）平陈后废。

②南齐改迁陵县置，属武陵郡。治所即今湖南保靖县。梁复名迁陵县。

③隋开皇中置，属崇州。治所在今湖南慈利县东。开皇十八年（598）改名慈利县。

④隋开皇九年（589）改泉陵县置，为永州治。治所即今湖南永州市。大业初为零陵郡治。唐复为永州治。天宝元年（742）为零陵郡治，乾元元年（758）复为永州治。元为永州路治。明洪武元年（1368）为永州府治。民国初属湖南衡阳道。1922年直属湖南省。1982年由零陵县析置永州市。1984年撤销零陵县，部分地区并入永州市。1995年撤销零陵地区，改设地级永州市。原县级永州市改置芝山区（2005年芝山区改名零陵区）。

零陵郡 西汉元鼎六年（前111），分桂阳郡置，治所在零陵县（今广西全州县西南）。辖境相当今湖南邵阳市、衡阳县以南，永州市、宁远县以西，武冈市和广西桂林市以东，阳朔县和湖南道县以北地。东汉移治泉陵县（今湖南永州市北二里）。三国后辖境缩小。隋开皇九年（589）改置永州，大业初复名零陵郡，治零陵县（今永州市）。唐武德四年（621）又改永州。天宝元年（742）复为零陵郡，乾元元年（758）又改为永州。

零渠 即灵渠。在今广西兴安县西，为沟通湘江与漓江之运河。《寰宇记》卷162兴安县："秦凿渠在县南二十里。本漓水自柘山之阴西北流，至县西南合零渠。"

零绿水 在今广东廉江市西。《新唐书·地理志》零绿县："以零绿水名。"《方舆纪要》卷104石城县：零洞水"在废零禄县西三十里。源出县西境零洞山，下流入海。一名零禄水"。

零绿县 唐武德五年（622）置，属罗州。治所在今广东廉江市西南营仔镇西凌禄村。《新唐书·地理志》零绿县："以零绿水名。"五代南汉改属常乐州。北宋太平兴国五年（980）废入吴川县。

零绿港 在今广东廉江市西南凌禄村南。《清一统志·高州府》：零绿港"在石城县西。即古零烈水。……《通志》：零绿水在县西一百二十里。源出廉州，东南流入海”。

零绿镇　北宋废零绿县置，属吴川县。在今广东廉江市西南营仔镇西凌禄村。明洪武初置巡司于此。

零道县　即灵道县。治所在今四川甘洛县东北。

零溪水　即今湖南慈利县南零溪河。《水经·澧水注》：“澧水又东合零溪水，源南出零阳之山，历溪北注澧水。”汉零阳县以此名。

零溪堡　北宋政和三年（1113）置，属靖州。在今湖南靖州苗族侗族自治县西七十五里，明置零溪巡司。

零溪镇　在今湖南靖州苗族侗族自治县西七十五里。宋置零溪砦。明置零溪巡司。

零壁县　北宋元祐元年（1086）以虹县零壁镇置，属宿州。治所即今安徽灵璧县。旋废。七年（1092）复置，政和七年（1117）改为灵璧县。

零壁镇　北宋置，属虹县。即今安徽灵璧县。元祐元年（1086）升为零壁县。旋废为镇。七年（1092）复改为县。

雾山　①即今浙江淳安县（排岭镇）西南六十四里千岛湖中茅头尖岛。宋《景定严州续志》卷8遂安县：“雾山在县东南二里许。孤峰峭立，为一邑望。”

②在今安徽黄山市黄山区北十里。《清一统志·宁国府一》：雾山“在太平县西十五里。高五百余仞。东接龙门山，西抵三折岭。林山阴翳，为东乡胜境”。

③在今河南光山县西。《方舆纪要》卷50光山县：“雾山在县西七十里。高插云汉，虽甚晴朗，尝有云雾蒙其上。”

④在今四川大邑县西北五十里。《方舆胜览》卷56邛州：雾山“与石城山相连”。《清一统志·邛州》：雾山“在鹤鸣山二十里。一名雾中山。山多云雾，故名。上有二十二峰、碧玉潭、明月池诸胜。明杨慎碑记云：鹤鸣二十四洞，道家之所开。雾山一百八盘，释氏之所驻”。

⑤在今四川开江县东北。《明史·地理志》新宁县：“东有雾山，开江出焉。”

雾云（雲）山　在今山东招远市西十五里。《清一统志·登州府》：雾云山，“《县志》：山形高峻，每辰卯之交烟云吞吐，回合山麓”。

雾社　即今台湾省南投县东北仁爱乡。原为高山族村社。1930年雾社高山族同胞举行反日起义，即“雾社事件”。今街头建有抗日纪念碑。

雾灵山　①又名伏凌山、孟广硎山。在今河北兴隆县西北。海拔2116米。《水经·鲍丘水注》：石门水“出伏凌山。山高峻，岩鄣寒深，阴崖积雪，凝水夏结，事同离骚峨峨之咏，故世人因以名山”。《方舆纪要》卷11：雾灵山“山高峻，有云雾蒙其上，四时不绝。山之左右峰峦攒列，深松茂柏，内地之多取材焉。元有雾灵山伐木官，其绝顶可瞰塞内”。

②在今安徽安庆市西。《方舆纪要》卷26安庆府怀宁县：雾灵山“在府城西。形如覆釜，登其巅，则山川阡陌，一览无遗”。

雾泽陂　在今河南开封市西南。《宋史·河渠志》：熙宁九年（1076）七月，“提辖修京城所，请引雾泽陂水至咸丰门，合京、索河，由京、索签入副堤河，下合惠民”。元祐元年（1086），“诏：斥祥符雾泽陂，募民承佃，增置水匮”。今湮。

雾海河　即今吉林德惠市南之雾开河。为饮马河支流。《清一统志·吉林一》：雾海河“在长春厅北九十里，源出吉林”，北流入饮马河。

雾温岭　即今越南河静省西与老挝甘蒙省交界之侨诺山。《新唐书·地理志》：“自驩州西南三日行，度雾温岭。”

雾露结山　在今云南文山县西北一百二十里。《清一统志·开化府》：雾露结山“苍峰插天，云雾沈濛”。

雹山　又名大崮山。在今山东沂水县西北五十里。《寰宇记》卷23引《泰山记》曰：“雹山出紫石英，好者内朗外明，表里映彻，形若雹状，故名雹山。”

雹水　在今河北唐县西。唐河支流。《水经·滱水注》：“（唐）县有雹水，亦或谓之为唐水。”

雹河　即今瀑河。亦名鲍河、南易水。《续汉书·郡国志》涿郡故安：“雹水出。”《水经·易水注》：易水“出代郡广昌县东南郎山东北燕王仙台东。山之东麓即泉源所导也。《经》所谓阎乡西山，其水东流，有㟧水南会，浑波同注，俗谓之为雹河”。

雹泉　即今山东安丘市西南四十里雹泉镇。《方舆纪要》卷35安丘县：雹泉“自石罅中涌出，绵绵不绝，东流入潍水”。1943年山东革命根据地置邱南县治此。

雹泉镇　民国置，即今山东安丘市西南四十里雹泉镇。明万历《安丘县志》卷5镇店：城西南“雹泉，有市”。1949—1953年为丘南县政府驻地。

雹墟　即今广西大新县西南宝圩乡。清光绪《广西舆地全图》：安平土州图：西南有雹墟。

〔一 ㇇〕

辑安县　清光绪二十八年（1902）置，属兴京府。治所在通沟口（今吉林集安市）。民国初属奉天省东边道。1929年直属辽宁省。1934年属安东省。1949年属辽东省。1954年属吉林省。1965年改为集安县。1988年改为集安市。

辑怀城　一名古木、古牧地。清乾隆二十七年（1762）筑，即今新疆乌鲁木齐市米东区驻地。清祁韵士《西陲要略》卷2：“辑怀堡在巩宁城东四十里，为古牧地中营屯堡。”宣统《新疆图志》卷79：迪化县“古牧地，旧为辑怀城”。

输鼋河　即今河北邯郸市北输元河。《方舆纪要》卷15邯郸县：“输鼋河在县西北二十里。或云，洺河支流也。其水秋夏之交，散注田畴，或抵城下，与沁水同流。相传元至正间有龙鼋斗于泽中，龙胜而鼋负，因名。”

颐山　今江苏宜兴市东南三十五里。唐陆希声隐于此，曾著《颐山十七咏》，以志台池泉石林木之胜。《舆地纪胜》卷6常州：颐山，“《晏公类要》云：在宜兴县。陆相隐迹之所也”。

颐乡　当为赖乡。在今河南鹿邑县东十里。《史记·灌婴传》：“攻苦、谯，复得亚将周兰，与汉王会颐乡。”即此。《续汉书·郡国志》苦县有赖乡。颐为赖之讹。

颐和园　在今北京市西北万寿山麓。原为帝王行宫苑囿。金贞元元年（1153）完颜亮设为行宫。明弘治七年（1494）在瓮山下修建圆静寺，正德年间又建好山园。清乾隆十五年（1750）改名清漪园。咸丰十年（1860）被英法联军所毁。光绪十四年（1888），慈禧太后动用筹备海军经费重建，取“颐养冲和”之意，改名颐和园。园内主要由万寿山和昆明湖组成，水域面积达四分之三，是全国著名的园林。1961年定为全国重点文物保护单位。1998年被联合国教科文组织世界遗产委员会确定为世界文化遗产。

〔丨一〕

督亢　古地区名。在今河北涿州市东，跨涿州、固安、新城等市县地。中有泽陂，周五十余里，支渠四通，富灌溉之利。战国时为燕膏腴之地。《史记·燕召公世家》：“太子丹阴养壮士二十人，使荆轲献督亢地图于秦，因袭刺秦王。”《索隐》：“徐广云：涿有督亢亭。《地理志》属广阳。然督亢之田在燕东，甚良沃，欲献秦，故画其图而献焉。”《水经·巨马水注》：督亢亭，“孙畅之《述画》，有督亢地图，言燕太子丹使荆轲贡入秦，秦王杀轲，图亦绝灭。地理书《上古圣贤冢地记》曰：督亢地在涿郡，今故安县（按，即今固安县）南有督亢陌，幽州南界也”。又《魏书·裴延儁传》：“范阳郡有旧督亢渠，径五十里……延儁谓疏通旧迹，势必可成，乃表求营造。遂躬自履行，相度水形，随力分督，未几而就，溉田百万余亩，为利十倍。”北齐平州刺史稽烨复开督亢陂，置屯田，岁收稻粟四十万石。后废。

督亢沟　今河北拒马河支河。自北京市房山区西南，经今河北涿州市、固安、高碑店等地入白沟河。《水经·巨马水注》：督亢沟水“上承涞水于涞谷，引之则长津委注，遏之则微川辍流，水德含和，变通在我，东南流径遒县北，又东径涿县郦亭楼桑里南，即刘备之旧里也。又东径督亢泽，泽苞方城县（按，今固安县西南）。……督亢水又南，谓之白沟水”。

督亢陂　亦作督亢渠。在今河北涿州市东南十里。即战国末燕太子丹使荆轲赍图以献秦者。《魏书·裴延儁传》：延儁肃宗时任幽州刺史，“范阳郡有旧督亢渠，径五十里”，儁疏通旧迹以溉田。《清一统志·顺天府二》：督亢陂，“《旧志》：陂池广衍，跨连新城、固安二境”。

督亢亭　在今河北涿州市东南十五里。《续汉书·郡国志》涿郡：“有督亢亭。”注：“刘向《别录》曰：‘督亢，膏腴之地。’《史记》：荆轲奉督亢图入秦。”

督扬　①即祝阿、祝柯。春秋时齐地。在今山东济南市西南。《左传》：襄公十九年（前554），“诸侯还自沂上，盟于督扬”。杜注：“督扬，即祝柯也。”

②春秋郑邑。在今河南新郑市东。《左传》：成公十六年（前575），“诸侯之师次于郑西，我师次于督扬，不敢过郑”。杜注：“督扬，郑东地。”

督军湖　又名东湖。在今江西鄱阳县城东。《寰宇记》卷107饶州鄱阳县：“东湖在城东，又名督军湖。吴芮习水战处。”《明一统志》卷50饶州府：东湖“在府城东。一名督军湖，下流入鄱江。相传鄱令吴芮尝习水战于此。有督军台尚存”。

督罕河卫　明永乐九年（1411）置，属奴儿干都司。在今俄罗斯哈巴罗夫斯克边疆区鄂霍次克海西岸的土古尔河（图呼勒河）流域。后废。

督捕城　明万历中建，在今云南师宗县西。《明史·地理志》广西府师宗州：“西有龟山，万历四十八年筑督捕城于此。”

督桥河　一名绣川河。在今四川成都市新都区北。《清一统志·成都府一》：督桥河“自彭县西南分清白江东流，径新繁县北，又东径新都县北，又东径金堂县南，至焦山坡入中江”。

频山　在今陕西富平县东北。《水经·沮水注》：频阳县“城北有频山，山有汉武帝殿，以石架之。县在山南，故曰频阳也”。《元和志》卷2京兆府美原县：“秦厉公于山南立县，故曰频阳。后魏别立土门县，以频山有二土阜，状似门，故曰土门。”

频阳县　战国秦厉共公二十一年（前456）置，秦属内史。治所在今陕西富平县东北美原镇西南古城村。《水经·沮水注》：频阳县“城北有频山……县在山南，故曰频阳也。应劭曰：县在频水之阳”。西汉属左冯翊。地居关中至北边交通要冲。《汉书·薛宣传》：“频阳县北当上郡、西河，为数郡凑。”三国魏属冯翊郡。北魏景明元年（500）废。宋敏求《长安志》卷20美原县：频阳故城“在县西南五里，周六里余一百五十步”。

频峒　北宋置，属邕州。在今广西靖西县东南八十里岳圩镇（频峒隘）。有外委驻守。

频峒隘　在今广西靖西县东南岳圩镇（频峒隘）。

《清一统志·镇安府》：频峒隘“在归顺州东南六十里。……接越南高平府界，有兵防守”。

訾 ①春秋周邑。在今河南巩义市西南。《左传》：昭公二十三年（前519），“单子取訾”。即此。

②一作訾梁。春秋楚地，在今河南信阳县境。《左传》：昭公十三年（前529），楚灵王“师及訾梁而溃”。

訾毋 春秋宋地，在今河南鹿邑县南。《左传》：襄公十年（前563），“楚子囊、郑子耳伐宋，师于訾毋”。即此。

訾城 在今河南巩义市西南。《续汉书·郡国志》河南尹巩县：“有东訾聚，今名訾城。”《水经·洛水注》：“洛水又东径訾城北，又东罗水注之……罗水又于訾城东北入于洛水。”

訾亭县 唐武德二年（619）置，属潍州。治所在今山东昌邑市西北三十里瓦城，即古郚邑。六年（623）省。

訾娄 ①一作訾楼。春秋邾国地，在今山东邹城市西南。《春秋》：僖公三十三年（前627），“公伐邾，取訾娄”。即此。

②春秋卫邑。在今河南滑县南。《左传》：僖公十八年（前642），邢、狄伐卫，卫侯“师于訾娄”。

訾家洲 在今广西桂林市城区东南象鼻山东漓江之中。唐元和中，裴行立在此建立苑庄，为游宴胜地。柳宗元作《訾家洲亭记》：“桂州多灵山，发地峭坚，林立四野。署之左曰漓江，水之中曰訾氏之洲。”《明一统志》卷83桂林府：訾家洲“先是訾家所居，因以名之。虽巨浸不能没，自古以为浮洲”。

訾梁 即訾邑。春秋楚地，在今河南信阳市北。《左传》：昭公十三年（前529），楚灵王“师及訾梁而溃”。

訾楼 即訾娄。在今山东邹城市西南。《穀梁传》作訾楼。

粲霞观 在今湖北当阳市东。《清一统志·荆门州》：粲瑕观“唐睿宗女玉真公主建”。有碑。

虞 ①远古部落有虞氏或虞氏。其后首领为舜，称虞舜。居于蒲坂（今山西永济市西南蒲州镇）。

②夏代诸侯国。在今河南虞城县北二十二里李老家乡附近。《左传·哀公元年》：伍员曰，夏少康“逃奔有虞”。杜注：“虞，舜后诸侯也。”《史记·五帝本纪》《索隐》：“商均封虞，在梁国，今虞城县也。”《正义》引《括地志》云：“宋州虞城县，舜后所封。”

③商末周初诸侯国，在今陕西陇县南。《诗经·大雅·緜》：“虞、芮质厥成，文王蹶厥生。”一说在今山西平陆县北，系周初之封国，当误。《水经·渭水注》：吴山，“《国语》所谓西虞矣”。杨守敬疏：“《管子·小匡篇》作西虞。尹注：国名。是郦氏所见《国语》作虞，今《国语》作西吴。”

④西周初封国。姬姓。开国君主是古公亶父之子仲雍的后代。《史记·吴太伯世家》：周武王克殷，求太伯、仲雍之后，“乃封周章弟虞仲于周之北故夏虚”。故址在今山西平陆县北张店东南古城。春秋时灭于晋。《左传》僖公五年（前655），晋侯“假道于虞以伐虢”。师还，“遂袭虞，灭之”。

虞山 ①一名吴山。中条山支脉。在今山西运城市东南，跨夏县、平陆界。《水经·河水注》：沙涧水“北出虞山，东南径傅岩”。

②又名海隅山、海禺山、海虞山、海巫山、乌目山。在今江苏常熟市（虞山镇）西北。《越绝书》卷2：“虞山者，巫咸所出也。”明王鏊《姑苏志》卷10谓虞山以“虞仲葬此得名”。《方舆纪要》卷24引《名山记》：虞山“山长十八里，周四十里，高百六十丈，为县主山。登其巅，江外诸山隐隐可见”。

③在今浙江余姚市西。《寰宇记》卷96余姚县：虞山“在县西三十里。《太康志》：舜避丹朱于此”。

④又名鱼山。在今安徽砀山县东南。《方舆纪要》卷29砀山县：虞山“在县东南五十里。南去砀山十余里。金时尝迁县治于山之南麓”。

⑤一名舜山。即今广西桂林市东北五里虞山。唐莫休符《桂林风土记》：“舜祠在虞山下。”明崇祯十年（1637）徐霞客游虞山及韶音洞，记景胜甚详。

虞乡县 北周保定元年（561）改绥化县置，属河东郡。治所在今山西永济市东北二十里古城村。隋大业九年（613）移治今山西运城市西南三十五里解州。唐武德元年（618）改为解县，另置虞乡县于今永济市东三十五里虞乡镇，属蒲州。贞观二十二年（648）并入解县，天授二年（691）复置。乾元三年（760）属河中府。北宋属解州。金属河中府。元世祖至元三年（1266）废。清雍正八年（1730）复置，属蒲州府。民国初属山西河东道。1928年直属山西省。1954年与解县合并为解虞县。

虞公峡 在今四川长宁县南长宁河中。《方舆纪要》卷70长宁县：虞公峡“在县治东。昔有石闭塞水道，不通舟楫。宋嘉定间，虞杭孙来知军事，开凿大石，舟楫始通。《名胜志》：峡在县东十五里武宁溪上”。《清一统志·叙州府一》：虞公峡“在长宁县（今双河镇）东十五里。……石山大刻‘虞公峡’三字”。

虞关 即今甘肃徽县东南五十里虞关乡。明置巡司于此。

虞州 ①北周置，治大阳城（今山西平陆县西南）。隋开皇初废。

②隋开皇十六年（596）置，治所在安邑县（今山西运城市东北十里安邑）。辖境相当今山西运城市及夏县、闻喜县地。大业初废。唐武德元年（618）复置，贞观十七年（643）又废。

虞江 在今越南北部南定省南定附近。《明史·

安南传》：永乐八年（1410）讨简定乱，“五月，（沐）晟追（陈）季扩至虞江，贼弃栅遁”。

虞坂 亦名虞阪、颠轸、颠陵阪。在今山西平陆县北。《水经·河水注》：虞城“北对长坂二十许里，谓之虞坂”。《寰宇记》卷46安邑县“中条山”条：虞坂，“周武王封吴太伯之弟仲雍之后虞仲于夏墟，因虞为称，谓之虞坂。昔骐骥驾盐车即此坂也。春秋僖公二年，晋荀息请以屈产之乘、垂棘之壁假道于虞以伐虢，即此路也”。

虞县 ①秦置，属砀郡。治所在今河南虞城县北二十二里李老家乡附近。西汉属梁国。北魏废。

②东晋安帝侨置，为马头郡治。治所在今安徽怀远县南马头城。南齐属钟离郡。后废。

虞邑县 唐至德二年（757）改安邑县置，属蒲州。治所在今山西运城市东北十里安邑。乾元元年（758）属陕州，大历四年（769）复名安邑县。

虞河 一名黑水。又作污河。即今山东潍坊市境之于河。《清一统志·青州府一》：虞河“出方山东麓，东北流经黄山，有宝泉流合焉。下流至潍县，合白狼河”。

虞城 ①在今山西汾阳市南二十里虞城村。《魏书·地形志》：隰城县有“虞城”。《寰宇记》卷41孝义县：“虞、虢二城，相传晋灭虞、虢，迁其人于此，筑城以居之。”

②在今山西平陆县北。《续汉书·郡国志》：河东郡“大阳有吴山，上有虞城”。刘昭注补：“杜预曰虞国也。《帝王世纪》曰：舜嫔于虞，虞城是也。”

虞城县 隋开皇十六年（596）析下邑县置，属宋州。治所在今河南虞城县北、利民镇西南三里。大业初属梁郡。唐属宋州。北宋属应天府。金属归德府。后废。蒙古宪宗二年（1252）复置，属东平路。至元二年（1265）废，三年（1266）复置，属济宁路。明属归德府，嘉靖九年（1530）移治今虞城县北二十九里利民镇。民国初属河南开封道。1927年直属河南省。1954年徙治今虞城县。

虞娄部 唐黑水十六部之一。在今俄罗斯滨海边疆区东北捷尔内伊至奥耳加一带。开元十四年（726）属黑水都督府。《新唐书·黑水靺鞨传》：黑水靺鞨“又有拂涅、虞娄、越喜、铁利等部……拂涅、铁利、虞娄、越喜时时通中国”。唐末并入渤海。

虞桥镇 在今江苏常州市武进区东南虞桥村。清光绪《江苏全省舆图》阳湖县图：东南有虞桥镇。

虞家场 即今四川仁寿县西南二十里虞丞乡。为南宋丞相、抗金英雄虞允文故乡。有虞允文墓。

虞祥堡 明置，属宁夏中屯卫。即今宁夏贺兰县西北虞祥村。

虞姬墓 ①在今安徽灵璧县东十五里虞姬村。范成大《石湖居士诗集》卷12：“虞姬墓，在虹县下马铺北三十七里。”宋苏轼等有《虞姬墓》诗。

②在今安徽定远县东南六十里二龙回族乡潭村。《史记正义》：“《括地志》云：虞姬墓在濠州定远县东南六十里。《长老传》云：项羽美人冢也。”明隆庆《中都志》卷4：虞姬墓“在（定远）县南六十里，高六丈。虞姬者，项羽之姬。相传灵璧葬其身，此葬其首，今称嗟虞墩，二苏有诗”。

虞塘 在今广东乳源瑶族自治县东南。《清一统志·韶州府》：乳源故城，“《县志》，宋分曲江之乳源、崇信二乡十二里，乐昌之新兴乡三里，置县治于花村头津口，地名虞塘，在今县西（应为东）七里。元至正十二年，为郴寇所陷。明洪武元年，知县张安仁迁于洲头津，即今治”。

虞塘镇 即今湖南湘乡市西南虞塘镇。《清一统志·长沙府二》：虞塘镇“在湘乡县西南五十里”。

虞溪 在今浙江临安市西。源出千秋岭，至于潜镇入天目溪。《方舆纪要》卷90于潜县：虞溪“源亦发于天目，有三溪同为一流，至此经虞将军庙，曰虞溪”。

虞磨市 即虞塘市之讹。今湖南湘乡市西南虞塘镇。明置巡司于此。

〔丨丨〕

鉴山 在今广西阳朔县西南。《舆地纪胜》卷103静江府：鉴山“旧名镜山。在阳朔县西南”。《方舆纪要》卷107阳朔县“阳朔山”条下：“鉴山在县西南，亦曰西山，城环其上。”

鉴（鑑）山 在今广东高州市东北。《方舆纪要》卷104电白县“宝山”条内：“鉴山在县北三里。旧有银坑。下有溪，澄澈如镜，即鉴江之源也。”

鉴玄殿 北魏平城北文明太后永固陵旁附设的殿宇。在今山西大同市北五十里方山上。《魏书·高祖纪》载：太和五年（481），“夏四月己亥，行幸方山。建永固石室于山上，文碑于石室之庭，又铭太皇太后终制于金册，又起鉴玄殿”。

鉴（鑑）江 即今广东高州市东北之曹江。《方舆纪要》卷104高州府茂名县：鉴江“在府城东北。源出电白县鉴山下。其水澄澈，绕流而西，环流郡治，迤西南支分双渚，合流至化州会罗水，又南经吴川县入海”。

鉴空阁 在今海南省海口市琼山区西。《舆地纪胜》卷124琼州引《南海志》云：鉴空阁“在城西五十里金利崇福寺前。俯瞰江流。文忠苏轼题诗云：明月本自明，无心孰为境。挂空如水鉴，写此山河影。吾观大瀛海，巨浸与天永。九州居其间，何异蛇盘镜。空水两无质，相照但耿耿”。

鉴（鑑）湖 ①即镜湖。在今浙江绍兴市西南四里。《舆地纪胜》卷10绍兴府：镜湖“又曰鉴湖、照湖”。东汉时周三百余里。唐以后逐渐淤浅缩小。唐杜甫《壮游》诗有“越女天下白，鉴湖五月凉”句。清末秋瑾自号“鉴湖女侠”。

②今浙江绍兴市之别称。以境内有鉴湖，故名。清末绍兴革命党人秋瑾自称“鉴湖女侠”。

③在今福建永泰县东，下游注入大樟溪。明王应山《闽都记》卷28永福县：鉴湖“在县东北，又名冲湾潭，其深叵测，邑人崇德令黄泰少与群儿戏习水，俄顷，风雨大至，有龙露一爪及泰肩，泰以为瑞匣置之”。

④在今江西吉水县东。《方舆纪要》卷87吉安府吉水县：鉴湖在“县东二里”。《清一统志·吉安府一》：鉴湖“其水自县西东流，萦回如带，澄澈可鉴”。

⑤在今新疆乌鲁木齐市。清宣统《新疆图志》卷71：“乌鲁木齐河流经红山下，东引为小沼，即鉴湖也。波光澄碧，荇藻交漈，垂柳覆堤，游鱼喋沫，致足佳趣。”俗于旧历六月六日争相游览于此。

鉴隘　在今广西德保县西。《清一统志·镇安府》：鉴隘“在府（故治在今德保县）西七十八里”。

鉴（鑑）塘　即今福建罗源县东北鉴江镇。清有千总驻此。

〔丨𠃌〕

睛州　唐渤海国置，属南京南海府。治天睛（今朝鲜咸兴西北旧津里）。辽废。

睹（觇）光台（臺）　一名光明岩。在今四川峨眉山市峨眉山金顶上，为观宝光（佛光）处。南宋范成大《吴船录》：“俯视岩腹有大圆光，偃卧平云之上，外晕三重，每重有青黄红绿之色。光之正中，虚明凝湛，观者各自见其形……食顷，光渐移，过山而西。”《清一统志·嘉定府一》：峨眉山“至光相寺，有七宝、觇光二台，俗名峰顶”。

睹（觇）佛台（臺）　一名觇光台，又名光明台。在今四川峨眉山市西南峨眉山金顶上。清嘉庆《四川通志》卷17峨眉县：光明岩“在峨眉山顶，铁瓦殿后，天仙桥侧。一名觇佛台，又名光相台”。

睹（觇）虎山　在今贵州平塘县西南。《方舆纪要》卷123新添卫：觇虎山在“（丹行长官）司西十里。多林木，谓之觇虎大箐”。

睦州　①隋开皇八年（588）置，治所在长杨县（今湖北长阳土家族自治县西三十六里州衙坪）。九年（589）与长杨县徙治今长阳土家族自治县。十七年（597）废。唐武德四年（621）复置，治所在长阳县（今长阳土家族自治县）。八年（625）废。

②隋仁寿三年（603）置，治所在新安县（今浙江淳安县西千岛湖威坪岛附近）。《元和志》卷25睦州：“取‘俗阜人和，内外辑睦’为义。”辖境相当今浙江淳安、桐庐二县地。大业三年（607）改遂安郡，徙治雉山县（今浙江淳安县西千岛湖南山岛附近）。唐武德四年（621）复为睦州。七年（624）改为东睦州，八年（625）复改睦州。万岁通天二年（697）移治建德县（今浙江建德市东北五十里梅城镇）。辖境相当今浙江建德、淳安、桐庐等市县地。天宝元年（742）改为新定郡，乾元元年（758）又复为睦州。北宋宣和三年（1121）改为严州。

睦洲墟　即今广东江门市新会区东南睦洲镇。清光绪《广州府志》卷69：新会县“墟市”有睦洲墟。

睡心山　本名羊岵山。在今湖北武汉市蔡甸区南。清光绪《汉阳县志》卷1：羊岵山“山上有巨石，刻‘睡心山’三大字。旁一石刻‘秦子成嗜湖山，生于斯，读于斯，游历十年，而复老于斯，自制《睡心山房集》，因以名山”。

睡足堂　在今湖北黄冈市。《明一统志》卷61黄州府：睡足堂“在府治内。王禹偁建。取杜牧《忆黄州》诗‘平生睡足处，云梦泽南州’之义”。

睡虎地古墓群　在今湖北云梦县城西郊汉丹铁路两侧。1975—1978年陆续发掘战国末年至西汉初期小型土坑木椁墓四十七座。7号墓为秦昭王五十一年（前256）墓葬，11号墓为秦始皇三十年（前217）墓葬。出土秦代法律文书竹简一千一百多枚，铜、铁、陶、漆木、丝、玉、竹器等文物一千一百五十多件。对研究秦代历史有重要价值。

睢口　在今江苏宿迁市东南十里。《方舆纪要》卷22邳州宿迁县：睢水“自睢宁县流入境，俗谓之小河，至此合于黄河，谓之睢口，亦谓之睢清口，今亦曰小河口渡”。《宋书·沈攸之传》：泰始三年（467），“攸之还至下邳，而陈显达于睢口为虏所破，龙骧将军姜产之、司徒参军高遵世战没”。

睢水　①汴水支流。战国鸿沟（汉代称狼汤渠）支流之一。《汉书·地理志》浚仪县：“睢水首受狼汤渠，东至取虑入泗，过郡三，行千三百六十里。”自今河南开封市东分古鸿沟东流，经今杞县、睢县、宁陵、商丘、夏邑、永城，安徽濉溪、宿县、灵璧及江苏睢宁，至宿迁市南注入古泗水。此水仅存安徽濉溪、宿县一段。《史记·项羽本纪》：楚汉彭城大战，“汉卒皆南走山，楚又追击至灵璧东睢水上。汉军却，为楚所挤，多杀，汉卒十余万人皆入睢水，睢水为之不流”。即此。自隋开通济渠后，开封县附近一段即淤废无水。宋时开封城东南一段又称白沟，逢雨潦时才可通百斛船，逾月不雨即涸。金、元以后，黄河南泛，故道上游日湮。明时仅残存夏邑、永城以下河道。至清代河南境内悉成平陆。乾隆中开浚睢河，自濉溪县以下疏为三股，由灵璧县浍塘沟以下导向东南至今江苏泗洪县由老汴河入洪泽湖，遂成今日濉河河道。

②即沮水。在今湖北枝江市东北。源出今湖北保康县西南。东南流，至枝江市东入江。《左传》：定公四年（前506），“楚子取其妹季芈畀我以出，涉睢”。

哀公六年（前489），“江、汉、睢、漳，楚之望也”。即此。

睢水关　在今四川安县（花荄镇）西南睢水镇。《方舆纪要》卷67安县：睢水关在“县西四十里。南去汉州绵竹县四十五里。《志》云：关面山负水，平衍饶沃，其西三十里名绵水堡”。

睢宁县　金兴定二年（1218）置，属泗州。治所即今江苏睢宁县。元初废，至元十二年（1275）复置，属淮安军。十五年（1278）改属邳州。明属淮安府。清属徐州府。民国初属江苏徐海道。1927年直属江苏省。

睢州　①南朝梁大通元年（527）置，治所在顿丘竹邑城（今安徽宿州市北二十里符离镇南老符离集）。辖境相当今安徽宿州市北部、濉溪、萧县以及江苏沛县等地。东魏武定五年（547）改为南济阴郡。北齐复为睢州，移治取虑县（今灵璧县东）。隋开皇三年（583）废。

②东魏武定六年（548）改潼州置，治所在取虑城（今安徽灵璧县东北七十里高楼镇潼郡村）。辖境相当今安徽宿州、泗县、固镇、灵璧等市县地。北齐移治竹邑县（今安徽宿州市北二十里老符离集）。后废。

③北周置，治所即今湖北南漳县。寻废。

④金天德三年（1151）改拱州置，治所在襄邑县（今河南睢县）。辖境相当今河南睢县、民权、柘城等县地。元属汴梁路。明洪武初省襄邑县入州。十年（1377）降为睢县，十三年（1380）复为睢州，属开封府，嘉靖中属归德府。1913年改为睢县。

睢阳　即商丘。西周、春秋时宋国都城。在今河南商丘市南。《史记·宋微子世家》：成王时“乃命微子开代殷后，奉其先祀，作《微子之命》以申之，国于宋”。《集解》：“《世本》曰：宋更曰睢阳。”《汉书·地理志》梁国睢阳：“故宋国，微子所封。”秦置县。

睢阳山　又名诸阳山。在今安徽宿州市西北。《魏书·地形志》南济阴郡定陶县：“有睢阳山。”《清一统志·凤阳府一》：诸阳山“在宿州西北二十里。《魏书·地形志》：睢定陶有睢阳山。《州志》：以山在睢水之阳，故名睢阳。或曰诸阳山”。

睢阳县　①战国秦置，为砀郡治。治所在今河南商丘市南一里。西汉初属梁国，文帝时为梁国国都。《史记·梁孝王世家》：景帝时，吴楚七国反，“梁孝王城守睢阳”，乱平，“广睢阳城七十里”。即此。北魏为梁郡治。隋开皇十六年（596）为宋州治。十八年（598）改为宋城县。大业初为梁郡治。唐为宋州治。北宋为应天府治，建为南京。金承安五年（1200）复为睢阳县，为归德府治。南宋绍定元年（1228）改为宋城县。元复为睢阳县，仍为归德府治。明洪武初废。

②南朝宋大明八年（464）改寿春县置，为南梁郡治。治所即今安徽寿县。北魏改为寿春县。

③北魏改睢陵县置，为济阳郡治。治所在今安徽明光市东北六十里女山湖镇。后为济阴郡治。北齐改为池南县。

睢阳驿　明置，原在今安徽宿州市城内。明洪武十年（1377）迁于州城东，有驿丞。清乾隆八年（1743）废。陆深《停骖录》谓“宿州有睢阳驿，以睢水在其南”。

睢阳郡　唐天宝元年（742）改宋州置，治所在宋城县（今河南商丘市南）。辖境相当今河南柘城、夏邑经北，睢县以东，山东曹县、单县以南，安徽砀山县以北地。乾元元年（758）复为宋州。

睢阳渠　东汉末曹操修建的人工运渠。在今河南开封市附近。《三国志·魏书·武帝纪》：东汉建安七年（202），曹操“至浚仪，治睢阳渠”。当是浚仪（今开封市）附近一段汴渠和睢水。一说在睢阳县（今河南商丘市南）境内，利用古睢水，以通汴、淮。上起开封市附近，东南经杞县、睢县、宁陵等县，下至今商丘市南。

睢县　明洪武十年（1377）降睢州置，属开封府。治所在今河南睢县。十三年（1380）复升为睢州。1913年改为睢县，属河南豫东道。1914年属开封道。1927年直属河南省。

睢河　即今湖北西部之沮水。《左传》：定公四年（前506），吴伐楚入郢，“楚子涉睢，济江入于云中”。宋元人注：“睢，睢水出新城昌魏县东，南至枝江县入江。”

睢南郡　东魏武定六年（548）改沛郡置，治所在斛城县（今安徽宿州市东北八十二里解集）。辖境相当今宿州市。北齐移治符离县（今安徽宿州市东北三十八里灰古镇）。隋开皇初废。

睢陵县　①西汉置，属临淮郡。治所在今江苏泗洪县东南洪泽湖中。东汉属下邳国。三国魏移治今睢宁县。北魏为淮阳郡治。北齐废。

②南朝宋侨置，属盱眙郡。治所在今安徽明光市东北六十里女山湖镇（原名旧县）。北魏改为睢阳县。北齐改曰池南县，陈复曰睢陵县。北周改为招义县。

③南朝宋侨置，为济阴郡治。治所即今安徽明光市东北女山湖镇。北齐改池南县，陈复改睢陵县。北周改名招义县。

④东魏武定六年（548）置，临潼郡治。治所在今安徽灵璧县东北七十里高楼镇潼郡村。寻改为晋陵县。

⑤东魏武定七年（549）置，属临清郡。治所在今江苏宿迁市西北。隋开皇初废。

睢清口　睢水合清水之口。亦名睢口。在今江苏宿迁市东南。《资治通鉴》：南朝宋泰始三年（467）行南兖州刺史沈攸之攻彭城（今江苏徐州市），“去下邳五十余里，陈显达引兵迎攸之至睢清口”，为魏将孔伯恭所破之。即此。《方舆纪要》卷22宿迁县：“睢水在县东南十里。自睢宁县流入境，俗谓之小河，至此合于黄河，谓之睢口。亦谓之睢清口。”

睢殿州 亦作睢嘏州。南宋置羁縻州，属邕州右江道。治所在今广西百色市西北汪甸瑶族乡。元废。

睢澨 春秋宋地。在今河南商丘市南。《左传》：成公十五年（前576），“登丘而望之，则驰。骋而从之，则决睢澨，闭门登陴矣”。杜澨，水涯。”

鄙 战国楚邑，即今湖南永兴县。《鄂君启节》铭文：自鄂往“内入澧，庚鄙”。即此。

郻 春秋郑邑。在今河南伊川县西南。《左传》：成公三年（前588），晋等伐郑，“郑公子偃帅师御之，使东鄙覆诸郻，败诸丘舆”。

郻乡城 在今河南伊川县西南东、西蛮子营（今名东、西村）。《水经·汝水注》：汝水“东历麻解城北。故郻乡城也，谓之蛮中。《左传》所谓单浮余围蛮氏，蛮氏溃者也”。

郻氏 即“蛮氏”、“戎蛮”。在今河南伊川县西南东、西蛮子营（今名东、西村）。《续汉书·郡国志》新城县：“有郻聚，古郻氏。”即此。

郻聚 在今河南伊川县西南东、西蛮子营（今名东、西村）。《续汉书·郡国志》新城县：“有郻聚，古郻氏，今名蛮中。”《水经·伊水注》：伊水流径新城县南，“故蛮子国也，县有郻聚，今名蛮中是也”。

愚水 即禺水。在今陕西华县西。《清一统志·同州府一》引《华州志》：“愚水亦名乔谷水，先时西自龙湾北经圣山村入灌水。明永乐中水暴涨，始东折自渔村而下，又北经遇仙桥，又北入渭。因名遇仙桥河。”

愚公谷 在今山东淄博市临淄区西。《艺文类聚》卷9载：“韩子曰，昔齐桓公入山，问父老，此为何谷？答曰：臣旧畜牛生犊，以子买驹，少年谓牛不生驹，遂持而去。傍邻谓臣愚，遂名为愚公谷。”（今《韩非子》无此文）《水经·淄水注》：“时水又屈而径杜山北，有愚公谷。齐桓公时公隐于谷，邻有认其驹者，公以与之。山即杜山之通阜。以其人状愚，故谓之愚公。”唐柳宗元《愚溪诗序》云：“古有愚公谷。”皆指此。《方舆纪要》卷35青州府临淄县“牛山”条下载：“又县西二十里有愚公山，山北为愚公谷，时水经其下。其南有杜山，相传齐宣王猎于此。”

愚溪 在今湖南永州市西南。源出鸦山，其水沏底皆石。旧名冉溪，亦名染溪。唐柳宗元改名愚溪，有《愚溪诗序》曰：“灌水之阳有溪焉，东流入于潇水。或曰，冉氏尝居也，故姓是溪为冉溪。或曰，可以染也，名之以其能，故谓之染溪。予以愚触罪，谪潇水上，爱是溪。入二三里，得其尤绝者家焉。古有愚公谷，今予家是溪……故更之为愚溪。”

嗄唠别 在今台湾省台北市西北，北投区西北约四里。原为高山族平埔人嗄唠别社，亦作小八里坌社。

嗹马国 指今丹麦王国。《清史稿·邦交志》称“丹墨即嗹马”。

嗹国 即嗹马国。清人对今丹麦王国的别译。清初来华贸易，粤人称为黄旗国。清人舆地史书中或称但国、大尼国、丁抹，皆同名异译。亦有称苏尼祭、吝因、盈利马禄加者。《清史稿·邦交志》称“丹墨即嗹马”。

暖（煖）水 ①即温水。今贵州绥阳县西洛安江。《水经·延江水注》：“温水一曰暖水，出犍为符县，而南入黚水。”《水经注疏》谓即今合湘江之洪江。

②在今甘肃定西市西。《方舆纪要》卷59巩昌府安定县：暖水“在县西五十里。隆冬不凝，俗呼横河”。

暖水市 即今江西德兴市东六十六里龙头山镇（暖水）。清同治《江西全省舆图》卷11：德兴县东有暖川。

暖池塘 即今辽宁葫芦岛市西北暖池塘镇。民国《锦西县志》卷1：暖池塘镇“西北有暖泉，故名”。

暖里（裡） 即今云南景谷傣族彝族自治县东南八十里暖里。清有外委把总驻守。

暖泉 ①在今河北蔚县西三十里暖泉镇。《方舆纪要》卷44蔚州：暖泉“其水夏凉冬温，资以灌溉”。

②在今山西万荣县南孤山北侧。《清一统志·蒲州府一》：暖泉“在万泉县南孤山之阴。数穴涌出，隆冬不冻。明万历中镌石，名和丰泉”。

③在今山西襄垣县西。《清一统志·潞安府》：暖泉“在襄垣县西五十里太平铺西。水温可浴”。

④在今甘肃平凉市北。《明一统志》卷35平凉府：暖泉“在府城北二里。其水涌出，四时温然”。

⑤在今甘肃永昌县西南。《方舆纪要》卷63永昌卫：暖泉“在卫西南三十五里。二穴涌出，四时常温，东北流入水磨川”。

⑥在今甘肃酒泉市东。《清一统志·肃州》：暖泉“在州东十五里大湖中。有涌泉，不涸不冻”。

暖泉汛 在今河北平泉县南六十五里暖泉。清于此设把总驻守。

暖泉城 在今甘肃平凉市北。《清一统志·平凉府》：暖泉城“在平凉县北暖泉上。明嘉靖八年韩昭王筑。高三仞，复道相连，亭榭十数，为览游之所”。

暖泉堡 ①明初置，属高台千户所。在今甘肃高台县西南。后废。

②明弘治中置，属山丹卫。即今甘肃山丹县南四十里暖泉村。《方舆纪要》卷63山丹卫“永兴堡”条下：“又东南有暖泉、大黄山等堡。”

③即今山西中阳县西南暖泉镇。《清一统志·汾州府》：暖泉堡“在宁乡县（今中阳县）西南九十里”。

暖泉寨 北宋元符二年（1099）修筑，属绥德军。

在今陕西米脂县东四十余里。《方舆纪要》卷57米脂县：暖泉寨“在县东四十里。宋置。地有温泉，因名”。

暖泉镇　即今河北蔚县西三十里暖泉镇。元工部尚书王敏建暖泉书院于此。今遗址尚存。

暖塘　在今贵州务川仡佬族苗族自治县北五里。《方舆纪要》卷122思南府：暖塘“至冬尤暖，秋分后，鱼皆聚焉”。

暗土浑河　即今黑龙江省通河县东北大古洞河。源出县北山地，东南流入松花江。《金史·夹谷吾里补传》：“夹谷吾里补，暗土浑河人。”即此。

暗门　即清波门。南宋临安城西城门之一。

暗木河　亦作阿木河、阿梅河、阿母没拳。即今中亚之阿姆河。《元史·郭宝玉传》：甲戌年（1214）讨西辽遗族，“进兵下挦思干城，次暗木河”。

暗利砦　北宋置，在今湖北宣恩县境。《宋史·西南溪峒诸蛮传》：大中祥符元年（1008），“夔州路言，五团蛮啸聚，谋劫高州，欲令暗利砦援之。上以蛮夷自相攻，不许发兵”。

暗桶守捉城　唐置，属维州。在今四川理县东北。后废。

盟　西周、春秋邑名。在今河南孟州市南。《左传》：隐公十一年（前712），王“与郑人苏忿生之田温、原、絺、樊、隰、郕、攒茅、向、盟、州、陉、隤、怀”。宋元人注：“盟，盟津。”

盟州　唐武德四年（621）置，治所在河阳县（今河南孟州市南）。辖境约当今河南孟州市及温县地。八年（625）废。

盟亭　在今河北沧县南。《寰宇记》卷65沧州清池县：“盟亭，《郡国志》云：长芦县有盟亭，即为燕齐之界。”《方舆纪要》卷13沧州：盟亭，“《志》云：古燕、齐分界处。二国尝结盟于此，因名”。

盟津　一作孟津。又名富平津。在今河南孟州市西南黄河上。《尚书·禹贡》：导河“又东至于孟津”。《元和志》卷5偃师县：“盟津，在县西北三十一里。”西周武王曾观兵于此。西晋杜预于此建河桥。

盟诸泽　一作盟猪泽、明猪泽、孟猪泽、孟诸泽、望诸泽。在今河南商丘市东北、虞城县西北。《汉书·地理志》梁国睢阳县：“《禹贡》盟诸泽在东北。”至唐代，湖泽面缩小。《元和志》卷7虞城县：“孟诸泽在县西北十里。周回五十里，俗号盟诸泽。”金元后堙废。

盟谊暗沙　在南海中中国南沙群岛内，位于南通礁西南约50海里。为北康暗沙中一暗沙。最浅处水深约8米。1935年公布名称为友谊滩。1947年改名盟谊暗沙。

盟猪泽　即孟诸泽。在今河南商丘市东北、虞城县西北。《左传》：僖公二十八年（前632），楚子玉称“梦河神谓己曰：‘畀余，余赐女孟诸之麋’”。宋元人注：“孟诸，宋薮泽。”

盟温站　又作蒙古站。清置，在今吉林榆树市西。《清一统志·吉林二》“金州鄂佛罗站”条下：“腾额尔哲库站，又西北五十里至蒙古站。”后废。

歇马岭　一名孤山。在今河南鲁山县西八十里。《水经·滍水注》：波水“出霍阳西川，大岭东谷。俗谓之歇马岭。……即应劭所谓孤山，波水所出也”。明置歇马岭关巡司于此。

歇马岭关　明置，在今河南鲁山县西北八十里。明置巡司于此。

歇马河市　一名歇马河店。即今湖北保康县西南歇马镇。《清一统志·郧阳府》：歇马河店“在保康县南一百里”。

歇马城　亦名萧城。在今山东冠县西北。《方舆纪要》卷34馆陶县：“歇马城在县东南七里。相传宋景德初，契丹军至澶渊，其母萧太后尝引军驻此城，因以名。”

歇马亭　在今山东陵县北十八里。《方舆纪要》卷31德州：歇马亭“《志》云：唐太宗征辽，尝驻于此”。

歇马桥镇　即今江苏昆山市东南歇马桥。清光绪《江苏全省舆图》昆山县：“歇马桥镇在城东南三十八里。”

歇马营　在今河南尉氏县北二十五里。《清一统志·开封府二》：歇马营“金哀宗尝驻跸”。

歇马馆　即今四川营山县。《寰宇记》卷139朗池县：“大历五年遭狂贼焚烧，自后权置行县，未立城壁。贞元元年移于营山歇马馆为理，即今县是也。”

歇马堡　在今四川珙县（巡场镇）。明置巡司于此。《明史·地理志》珙县：“南有盐水坝巡检司，后迁歇马堡，仍故名。”

歇立　在今印度西海岸喀拉拉邦的坎纳诺尔附近。明《郑和航海图》有歇立。

歇武土司　清末分竹节族置，驻牧地在今青海称多县东南歇武镇。

歇浦　即黄歇浦。今上海市境黄浦江之别称。《清一统志·松江府一》：黄浦江“战国时楚黄歇凿其旁支流，因称为黄浦，亦称春申浦”。按，长江下游以南地区港浦传说甚多，多出于黄歇开浚，例如浙江吴兴黄浦，江苏江阴申港、黄田港等，此上海之黄浦未见于宋以前之记载，显系后人附会之说。

照阳山　在今广西靖西县西北。《清一统志·镇安府》：照阳山“在归顺州西北一百五十里。州界群峰联络，惟此突然高耸，峭壁险巇，无路可上。中有石洞，正含朝旭，虚敞清幽，可坐百人”。

照阳关　在今广西靖西县西北安德镇西。《清一统志·镇安府》：照阳关“在归顺州西北一百五十里，接小镇安界”。清赵翼《照阳关》诗中云：“危崖如削铁，横列截前路。间道无可寻，陡壁孰能赴。”

照城　在今山西平顺县东南赵城村。《方舆纪要》卷42平顺县：照城在“县东三十里。西燕慕容永所筑，以拒慕容垂者”。

照城山　在今甘肃通渭县北。《方舆纪要》卷59巩昌府通渭县：照城山“在县城北。渭水土城西南二里有发云山，其高俯瞰城中”。

照散城　金建，即今辽宁清原满族自治县东南山城镇。《金史·太祖纪》：收国二年（1116）五月，“阿徒罕破辽兵六万于照散城”。即此。

照碧堂　在今河南商丘市南。《明一统志》卷27归德府：照碧堂“在府旧南城上。宋建南都，作于城上，以临南湖，故名”。

照镜山　在今云南石林彝族自治县西北。《方舆纪要》卷115路南州：照镜山在“州西北二里。山前有池如镜，倒影其中”。

照壁山　在今贵州贵阳市东北。《方舆纪要》卷121贵阳府“贵山”条下：“照壁山在府东北里许。以岩石屹立而名。”

䀹安县　南朝宋置，属永平郡。治所当在今广西藤县或岑溪市境。南齐以后废。

畹町镇　1932年置，属云南潞西设治局。治所即今云南瑞丽市东北畹町镇。傣语“畹”为太阳，“町”为当顶，意即太阳当顶。1950年属潞西县。1954年升为县级镇，属德宏傣族景颇族自治州。1985年改设畹町市。1999年撤销，并入瑞丽市。

跨湖桥遗址　在今浙江杭州市钱塘江畔萧山区。遗址文化层底层略低于海平面，共分九层，堆积最厚处仅1.2米。其上部却覆盖着厚达4.6米的青灰色游积层，使遗址内的文物得到了很好的保护。出土有大批工艺独特、图案丰富的彩陶和黑陶，以及石器、骨器、木器和动植物遗骸。出土陶器中，除部分夹砂质釜、甑类炊器外，其余均为较细腻的泥性夹炭陶，未发现河姆渡文化晚期出现较多的三足器。杭州跨湖桥遗址年代早于河姆渡遗址，是浙江境内已知最早的新石器时代文化遗存。2006年定为全国重点文物保护单位。

跨鹤山　亦名驾鹤山。在今四川剑阁县（下寺镇）西南王河镇东。《舆地纪胜》卷186隆庆府：紫霄观“旧名普成。在普成县南一里，倚驾鹤山。晋张陵驾鹤往来是山，今有憩鹤亭”。《方舆纪要》卷68剑州：跨鹤山“在州西南废黄安县治（今王河镇）东。一名驾鹤山。旧置柳溪驿于此”。

跨鳌山　即南山。在今四川南部县南一里。明正德《四川志》卷14：南部县“旧在跨鳌山下，洪武间知县王允铭迁今所”。《方舆纪要》卷68南部县：南山“一名跨鳌山。《志》云：宋端平以来厄于兵，县无定治。宝祐中，移县治此。今县城南门曰跨鳌门，因山以名也”。

趺跌州　唐置，初为都督府，隶北庭都护；后降为羁縻州，属呼延都督府。当在今内蒙古巴彦淖尔市境。

跲克图河　即今青海同德县南之巴曲。《清一统志·青海厄鲁特》：跲克图河“在洮州卫西六百余里黄河东岸。源出伊克图尔根山，东北会巴汉图尔根山之水，折而西北流百余里，又会伊西克山之水入黄河”。

跳石镇　在今重庆市巫山县东南。《方舆纪要》卷69巫山县：跳石镇“在县西北。唐雷万春为县之跳石人。亦曰跳石乡”。道光《夔州府志》卷12：跳石镇“在县东南十五里。亦曰跳石乡”。

路　一作露、潞。春秋时为潞子国、潞国。战国时为赵邑。在今山西黎城县南。《国语·郑语》：“妘姓邬、郐、路、逼阳”，“路”指此。

路儿岭　亦作鹿儿峡山、鹿儿岭。在今河北承德县（下板城）东北东山咀乡。《元史·顺帝纪》：至正二十四年（1364），“皇太子至路儿岭，诏追及之，还宫”。

路口市　①即今江西莲花县东北路口乡。清同治《江西全省舆图》卷7：“吉安府莲花厅东有路口。”

②即今江西宜春市东南路口。民国《宜春县志》卷首图：县东南有路口。

③即今湖北黄冈市东北十七里路口镇。清光绪《黄冈县志》卷3《厢镇》：城东有“路口”。

路口驿　宋置，在今江西上高县西五十里。后废。

路口栅　在今河南遂平县西南嵖岈山西。《资治通鉴》：唐元和十二年（817），李愬遣董少玢等攻淮西吴元济，“少玢下马鞍山，拔路口栅”。即此。

路口站　元置，在今湖南衡阳市西南路口。《永乐大典》卷19423记载，路口站为马站。

路口铺　即今湖南岳阳市东北路口镇。旧属临湘。洪宪元年（1916）《最新大中华帝国道县形势全图》：临湘县南有路口。

路山　又名唐纠山。在今湖南城步苗族自治县东北。《汉书·地理志》零陵郡都梁：“路山，资水所出。”《水经·资水注》：“资水出武陵郡无阳县界唐纠山，盖路山之别名也。”

路公溪　在今安徽祁门县西南南宁河。《新唐书·地理志》祁门县：“西南十三里有阊门滩，善覆舟。旻开斗门以平其隘，号路公溪。后斗门废。咸通三年，令陈甘节以俸募民穴石积木为横梁，因山派渠，余波入于乾溪，舟行乃安。”

路仓县　西魏置，治所在今青海乐都县附近。北周废。

路孔河镇　即今重庆市荣昌县东北路孔镇。清光绪《荣昌县志》卷2：路孔河“距城三十里。出场口交大足界”。

路北县　1945年9月晋冀鲁豫边区改平北县置，治郝家庄（今山西平定县北郝家庄）。1947年5月撤销，并入平定县。

路头山　一名漏头山。在今湖北黄梅县西十里。《方舆纪要》卷76黄梅县：漏头山“平旷可屯兵。宋末侨置县于中洲，即此”。

路西湖　在今安徽当涂县南。《清一统志·太平府》：黄池河“在当涂县东南八十里。……分为二派，一西入芜湖界为长河；一北汇为路西湖”。

路多克城　即鲁多克城。今西藏日土县治。

路县　西汉置，属渔阳郡。治所在今河北三河市西南。东汉改作潞县。

路罗镇　即今河北邢台县西一百里路罗镇。清同治《畿辅通志》卷51邢台县图：西有路罗镇。

路河　今辽宁黑山县东之东沙河。《方舆纪要》卷37广宁卫：路河在“卫东四十里。其上流为羊肠河。源出白云山，经镇武堡、高桥铺入镰刀湖，又东合潮河，流入于三岔河。中间有沙岭，地形高阜，多沙，河易淤，自盘山岭以东九十里，每霖雨，河水泛滥，军马策应，尝虞艰阻”。

路承堡　在今甘肃泾川县东南。《晋书·苻登载记》：东晋太元十六年（391），苻登“复攻安定，为（姚）苌所败，据路承堡”。《资治通鉴》胡注：“路承，人姓名，筑堡自守，时因以为名。”

路城州　元改路程州置，属来安路。治所即今广西田林县西北潞城瑶族乡。明废。

路城镇　即今山西陵川县南潞城镇。《清一统志·泽州府》：路城镇“在陵川县南”。

路南州　元世祖至元十三年（1276）置，属澂江路。治所即今云南石林彝族自治县。当地彝语称鲁乃，“鲁”为石头，“乃”为黑色，意即长满黑石头的地方。明属澂江府。1913年改为路南县。

路南县　①1913年改路南州置，后属云南滇中道。治所即今云南石林彝族自治县。1916年直属云南省。1956年改设路南彝族自治县。1998年改名石林彝族自治县。

②1945年9月晋冀鲁豫边区由平东、平西二县合并设置，属太行区。治广阳（今山西昔阳县西北广阳）。1947年5月撤销，并入平定县。

路耿山　又名龙王山。在今江苏无锡市西南二十五里。《清一统志·常州府一》：路耿山“前临长广溪，后负太湖，据诸山之胜，岩峦重叠。上有石池，冬夏不盈涸”。

路桥镇　即今浙江台州市南路桥区。《方舆纪要》卷92黄岩县：路桥镇“在县东三十里。宋初为新安镇，后改今名。今亦为戍守处”。

路诺州　唐武德四年（621）置，治所在今云南鹤庆县南一百十二里黄坪镇附近。辖境约当今云南鹤庆县南部地。后废。

路通山　在今云南元江哈尼族彝族傣族自治县东二十五里。《明一统志》卷87元江军民府：路通山“旧名马笼山。北瞰礼社江，高峰千仞，蔽亏日月”。一线羊肠，通临安路。

路赕　唐南诏置，属云南节度。治所在今云南禄丰县西六十六里广通镇。南诏后期属弄栋节度。宋大理属威楚府。元至元十二年（1275）改广通县。

路程州　南宋置羁縻州，属邕州。治所在今广西田林县西北潞城瑶族乡。元改路城州。明初废。

路溪河　在今广东龙门县东。《方舆纪要》卷101广州府龙门县：路溪水“源出县东北铁坑山，西南流，会于西林水，可通舟楫”。

跤跷津　在今河南延津县北胙城北。《资治通鉴》：西晋永嘉六年（312），“汉安北将军赵固、平北将军王桑恐为石勒所并，欲引兵归平阳，军中乏粮，士卒相食，乃自跤跷津西渡”。即此。

蜈松关　在今湖南芷江侗族自治县西。《清一统志·沅州府》：蜈松关“在芷江县西六十五里”。

蜈蚣坝　又作吴公坝。即白道岭，在今内蒙古呼和浩特市西北坝口子。民国《绥远县志》：“绥远分县调查概要”：神山（翁衮山）、吴公坝、白道岭，实一山而异名。”

蜈蚣峡　在今江西上犹县西。《方舆纪要》卷88南安府上犹县：蜈蚣峡“在县西四十里。宋建炎中，李纲常过此，盖出湖南之道也”。

蛾州　唐贞观五年（631）以处党项羌置，为羁縻州，属松州都督府。治所在今四川阿坝县东南境或红原县南境。后废。

蛾眉山　①亦作峨嵋山。在今安徽和县城内。《方舆纪要》卷29和州：蛾眉山“在州治西北。城跨山脊”。

②在今浙江余姚市西。《方舆纪要》卷92余姚县：蛾眉山“在县西四十里。山高二百余丈，周七十里，唐天宝六载改名吴女山”。

蜉蝣岛　即浮游岛。今山东莱州市西北海中芙蓉岛。《方舆纪要》卷36作“蜉蝣岛”。

蜂口隘　在今福建永安市南。《方舆纪要》卷97永安县：蜂口隘在“县南四十里”。

蜂蜜山子　亦作蜂蜜山。在今黑龙江省密山市东南知一镇。光绪《吉林通志》卷55：“蜂蜜山属三姓，富克锦城之南，距城六百里。与珲春、宁古塔成犄角之势，于三姓为陆路门户。”清光绪三十四年（1908）置密山府。

嗣山县　即胤山县。治所在今四川广元市东南一百三十里。《舆地纪胜》卷184利州：嗣山县城，“《元和郡县志》云：嗣山县置城元白山上。武德四年筑义清县，天宝元年改为嗣山县”。

嗣武县　金正大三年（1226）置，属绥德州。治所在今陕西米脂县西北古城山上。元初废。

嗣武砦　北宋元丰四年（1081）置啰兀城，崇宁三年（1104）改嗣武砦，属绥德军。在今陕西榆林市东南无定河东岸。

嗣溪山　在今安徽旌德县东北。《方舆纪要》卷28旌德县：嗣溪山“在县东三十里，接宁国县界。连亘十余里，以山溪相嗣不绝而名。一峰峭峙，谓之龙峰。稍西曰石凫山，梅溪出焉，东北流入宁国县为滑渡水，而注于西溪”。

嵁山　即今安徽泾县东北三里象山。下临幕溪。《方舆纪要》卷28泾县：嵁山在“县东三里。相传左难当与辅公祐相持于此，故垒尚存。其西有两峰最高，与县西响山相对，如门户然，为县治拱卫"。

置口戍　在今陕西凤县西南。《金史·章宗纪》：泰和六年（1206），宋四川宣抚副使吴曦降，右监军遣兵趣凤州，完颜纲遣"张仔会吴曦于兴州之置口"。即此。

置马亭　在今江西九江市西。《续汉书·郡国志》庐江郡寻阳县刘昭注："有置马亭，刘勋士众散处。"

罨画池　在今四川崇州市（崇阳镇）西南。是以古典园林罨画池为主，集园林、祠庙为一体的古建筑群。现存清代各时期建筑5946平方米。罨画池有瞑琴待鹤之轩、问梅山馆、琴鹤堂、罨画亭、风送花香入酒卮等建筑。罨画池在川西园林中疏朗适度、自然典雅的基础上，又融进了江南园林幽静玲珑、布局紧凑的特色，在四川自成一格。池南文庙建于洪武初年，中轴线上四进院落地势层层增高，气势宏伟。庙内棂星门是四川地区仅存的五叠檐楼阁式木结构门。与罨画池以一条过道相连的陆游祠，为四川居民四合院形式，小巧朴素，自明代建成以来，便是西南地区纪念陆游的唯一专祠。以上三处融为一体，既有丰富的文化内涵，又有清代各式建筑精品，具有较高的文物价值。2001年定为全国重点文物保护单位。

罨画溪　在今浙江长兴县西，即长兴港自合溪至画溪的一段江道。《舆地纪胜》卷4：罨画溪"在长兴县西八里。花时游人竞集，溪畔有罨画亭"。《方舆纪要》卷91长兴县：罨画溪"一名西溪。县西北诸山之水，汇流为杨店、梓方二涧，经县西北二十里合流，谓之合溪，又东南为罨画溪"。

蜀　①商、周时邑，在今河南禹州市东北。《逸周书·世俘》："新荒命伐蜀。"

②春秋鲁地。在今山东泰安市东南。《春秋》：成公二年（前589），"公会楚公子婴齐于蜀"。又《左传》：宣公十八年（前591），"楚庄王卒，楚师不出。既而用晋师，楚于是乎有蜀之役"。杜注："蜀，鲁地。泰山博县西北有蜀亭。"

③商至战国时方国。在今四川西部。是从周武王伐商纣的八国之一。望帝杜宇时都郫邑（今四川郫县北），开明朝时迁都成都（今四川成都市）。《华阳国志·蜀志》："其地东接于巴，南接于越，北与秦分，西奄峨、嶓。"有今四川西部江安长江上游以北涪江上游地区及陕西西南部地。周慎王五年（前316）为秦所灭，以其地置蜀郡。

④地区名。秦汉时对古蜀国地之通称。在今四川盆地西部地区。《史记·留侯世家》："关中左殽函，右陇蜀，沃野千里。"《后汉书·公孙述传》："蜀地沃野千里，土壤膏腴。"秦灭蜀国后，置蜀郡。三国时，刘备建蜀国，五代前蜀、后蜀，地区扩大，包括四川全省（除西部部分地），元以后为四川省之别称。

⑤四川省简称。四川西部古时为蜀国，秦置蜀郡，三国时建蜀汉，五代时建前蜀、后蜀，因此得名。

蜀三关　指阳平、白水、仙人三关。汉中西面之险，以三关为最。按阳平关在今陕西宁强县西北，古阳安关地。白水关在今四川广元市西北。仙人关在今甘肃徽县东南。《方舆纪要》卷56宁羌州"白水关"条谓："吴贺邵尝言，刘氏据三关之险，守重山之固。"又引张萱《汉南纪》："蜀有阳平关、白水关、江关，是为三关"，此指白马之阳平及白水、瞿塘为三关。

蜀山　①在今浙江余姚市东汇头村南。元柳贯诗："姚江东去蜀山青。"即此。

②在今浙江杭州市萧山区东北五十五里。《隋书·地理志》：余杭郡盐官县"有蜀山"。宋《咸淳临安志》卷27盐官县：蜀山"在县西南二十七里"。后钱塘江江道北移，改属萧山。

③原名独山。在今江苏宜兴市东南。《明一统志》卷10常州府：蜀山"在宜兴县东南三十八里。其山屹然独出，宋苏轼见其景物类蜀中，改今名。山下有轼祠"。

④在今山东汶上县西南四十里。其下即蜀山湖。《方舆纪要》卷33汶上县：蜀山"《尔雅》：'蜀者，独也。'四望无山，挺立波心，因名"。

蜀山湖　在今山东汶上县南三十五里运河东岸，跨济宁市及汶上、嘉祥二县地。《清一统志·兖州府一》：蜀山湖"以湖中有蜀山，故名"。

蜀山镇　即今江苏宜兴市东南三十里丁蜀镇。清光绪《江苏全省舆图》荆溪县："蜀山镇在城东南二十七里。"有巡司。民国《江苏六十一县志》：宜兴县东南有"蜀山镇"，"蜀山距治二十七里，依蜀山濒蜀山河，以出紫泥陶器著名。地方富庶，人烟稠密"。

蜀门　指今四川、陕西交界之地。唐骆宾王《送吴七游蜀》诗："日观分齐壤，星桥接蜀门。"唐陈子昂《西还至散关答乔补阙知之》诗："蜀门自兹始，云山方浩然。"

蜀王府　明洪武十一年（1378）建，为蜀王朱椿王府。在今四川成都市人民南路北端展览馆一带。《方舆纪要》卷67成都府成都县"武担山"条下："明蜀府建于其阳，有砖城，周五里。"《明史·张献忠传》：崇祯十七年（1644），农民领袖张献忠据成都，"以蜀王府为宫，名成都曰西京"。清初，改其南部为贡院，北部为宝川局。

蜀冈　在今江苏扬州市西北四里。《资治通鉴》：五代周显德三年（956），克扬州，"孟俊进攻扬州，屯于蜀冈，韩令坤弃扬州走"。胡三省注："蜀冈在扬州城西。扬州城在蜀冈东南，城之东、南、北皆平地，沟浍交贯，惟蜀冈诸山西接庐、滁。凡北兵南寇扬州，率循山而来，据高为垒以临之。"《舆地纪胜》卷37扬州：蜀冈"旧传地脉通蜀，故大明寺之侧有蜀井。或曰蜀冈产茶，味如蒙顶，故以名冈"。秦置广陵县于此。

蜀水　①在今江西遂川县北。《明一统志》卷56吉安府：蜀水"水势湍急奔泻，如蜀江三峡，故名"。

《清一统志·吉安府一》：蜀水“在龙泉县北一百二十里。亦名禾蜀水。有二源，俱在县西北界。左源清湛，右源稍浑，过金田合为一，至泰和县界，合禾溪水入赣江”。

②即今江西西部锦江。又名龙江，下游曰瑞河。亦即《水经注》之浊水，为赣江支流，源出宜春县西北境慈化附近，东流到新建县南入赣江。《汉书·地理志》豫章郡建城县：“蜀水东至南昌入湖汉。”《水经·赣水注》：浊水“出康乐县，又东径望蔡县。浊水又东径建城县，浊水又东至南昌县，东流入于赣水”。《寰宇记》卷106筠州高安县：蜀水“在县北三里。按，《汉书地理志》云，蜀水源出县内小界山，东流五百九十里入南昌县与章水合。耆老传云，仙人许逊为蜀旌阳县令，具奇术，晋末人皆疾疠，多往蜀，诣逊请救之，逊与器，投水于上流，疾者饮之，无不愈也。邑人敬其神异，故以名水”。

蜀州　①隋开皇五年（585）改汶州置，治所在广阳县（今四川茂县）。辖境相当今四川茂县、汶川、北川等县地。六年（586）改为会州。

②唐垂拱二年（686）析益州置，治所在晋原县（今四川崇州市）。辖境相当今四川崇州、新津等市县地。天宝元年（742）改为唐安郡。乾元元年（758）复为蜀州。南宋绍兴十四年（1144）升为崇庆军。淳熙四年（1177）升为崇庆府。

蜀江　①即今四川长江之别称。《寰宇记》卷120涪州：“《四夷县道记》云：故城，在蜀江之南，涪江之西。”《舆地纪胜》卷174涪州：蜀江“发源岷山，经嘉、叙、泸、重庆至城下，自成都登舟十三程，至此会合黔江，过忠、万、云安、夔、归、峡至荆南一千七百七十里”。

②指今四川成都市南河（锦江）。宋陈元靓《岁时广记》卷1《游蜀江》：张乖崖公（詠）帅蜀，于二月二日“自万里桥，以锦绣器皿结綵舫十数只，与郡僚属官分乘之，妓乐数船，歌吹前导，命曰游江。于是郡人士女骈于八九里间纵观如堵，抵宝历寺桥，出宴于寺内。寺前创一蚕市，纵民交易，嬉游欢乐，倍于往岁，薄暮方回”。

蜀束水　即今吉林永吉县北境松花江支流团山子河。《金史·欢都传》：“初，乌扎萨部有美女名罢敌悔，青岭东混同江蜀束水人掠而去。”即此。

蜀县　唐贞观十七年（643）分成都县东偏置，与成都县同为益州治。治所即今四川成都市旧城东偏。天宝元年（742），与成都县为蜀郡治。乾元元年（758）改为华阳县。

蜀身毒道　秦、汉时期的一条民间商道。《史记·西南夷列传》：西汉元狩元年（前122），“博望侯张骞使大夏来，言居大夏时见蜀布、邛竹杖，使问所从来，曰‘从东南身毒国，可数千里，得蜀贾人市’。或闻邛西可二千里有身毒国。骞因盛言大夏在汉西南，慕中国，患匈奴隔其道，诚通蜀，身毒国道便近，有利无害”。据《史记·大宛列传》，该道出今四川，经滇国（今云南滇池地区）、昆明（今云南洱海地区）、滇越（今云南腾冲）而达身毒（今印度），再到大夏（今阿富汗北部）。

蜀坡县　东魏武定六年（548）置，属南谯郡。治所在今安徽蒙城县境。后废。

蜀河　在今陕西旬阳县东北。《方舆纪要》卷56洵阳县“西岔河”条下：“又有蜀河，在县东北百十三里有堰，下流俱入汉水。”

蜀河镇　即今陕西旬阳县东北蜀河镇。西魏大统十七年（551）为淯阳郡治。北周后历为长冈郡、黄土县、淯阳县治。

蜀阜山　一名独妇山。在浙江绍兴市西北。《清一统志·绍兴府》山川：蜀阜山“在山阴县西北五十里。……旧经云，山自蜀飞来，带儿妇二十余人，善织美锦。自言家在西蜀，故名蜀阜山”。

蜀城　指今四川成都市。《新唐书·陈子昂传》：子昂上书武后，“蜀为西南一都会，国之宝府，又人富粟多，浮江而下，可济中国”。《旧五代史·王衍传》：后唐同光三年（925），魏王继岌统军灭前蜀，“王师入成都。自起师至入蜀城凡七十五日”。

蜀浑山　亦作浊浑山。在今青海共和县西。《资治通鉴》：唐贞观九年（635），“李大亮败吐谷浑于蜀浑山”。胡注：“山在赤海西。”

蜀郡　周赧王元年（前314）秦惠王置，治所在成都县（今四川成都市）。《元和志》卷31成都府：“以蜀山以为郡名。”西汉辖境相当今四川松潘以南，北川、彭县、洪雅以西，峨边、石棉以北，邛崃山、大渡河以东，以及大渡河与雅砻江之间、康定以南、冕宁以北地。东汉建武元年（25）公孙述据蜀，改为成都尹。十二年（36）复改为蜀郡。辖境缩小。西晋太康十年（289）改为成都国，后又为蜀郡。隋开皇初废，大业元年（605）复为蜀郡。唐武德元年（618）改为益州。天宝元年（742）复为蜀郡。至德二年（757）改为成都府。秦李冰、西汉文翁、东汉第五伦、廉范等曾任太守，均有德政。李冰创建湔堰（都江堰），至今仍为成都平原农业的命脉。汉晋时与广汉、犍为二郡合称三蜀。

蜀郡属国　东汉延光二年（123）改蜀郡西部都尉置，属益州。治所在青衣县（后改汉嘉县，今四名山县北）。辖境相当今四川小金川以南，名山县以西，九龙以东以北，大渡河中游地区。三国蜀汉章武元年（221）改为汉嘉郡。

蜀堰　即都江堰。在今四川都江堰市西岷江上。《元史·河渠志》：“蜀堰，江水出蜀西南徼外，东至于岷山，而禹导之。秦昭王时，蜀太守李冰凿离堆，分其江以灌川蜀，民用以饶。”

蜀潢　一作浊泽。在今河南新郑市西南。《战国纵横家书》卷24：“秦、韩战于蜀潢。”

嵊山 在今浙江嵊州市北三十里剡溪东岸。《水经·浙江水注》："江水北径嵊山，山下有亭，亭带山临江，松林森蔚，沙渚平静。"

嵊州 唐武德四年（621）置，治所在剡县（今浙江嵊州市）。辖境相当今浙江嵊州市及新昌县地。八年（625）废。

嵊州市 1995年撤销浙江省嵊县，改设嵊州市，市人民政府驻城关镇。由绍兴市代管。

嵊县 北宋宣和三年（1121）改剡县置，属越州。治所即今浙江嵊州市。《舆地纪胜》卷10绍兴府嵊县："县有嵊山，东、西、南、北皆有秀峰，取四山为嵊之义。"南宋初属绍兴府。元属绍兴路。明属绍兴府。民国初属浙江会稽道。1927年直属浙江省。1995年改设嵊州市。越剧源于此县。

嵊泗设治局 1947年8月由嵊泗列岛设置，属江苏省。驻菜园镇（今浙江嵊泗县）。取嵊屿和泗礁山两岛的首字为名。1948年10月改由国民党海军管辖，设嵊泗巡防处。此地解放后1949年4月改置嵊泗列岛军事管制委员会，后隶苏南行署区。1951年置嵊泗县。1953年划属浙江省。

嵠弹州 ①唐置，为羁縻州。治所约在今陕西北部古长城边。

②亦作溪弹州。唐永徽元年（650）置，属燕然都护府。治所在今蒙古国西南戈壁阿尔泰省东南一带。总章二年（669）属安北都护府。后废。

嵴山村 在今浙江绍兴市南。《宋书·孔觊传》：泰始二年（466），"众叛都尽，门生载以小船，窜于嵴山村"，被执。即此。

嵭城县 即蒯城县。西晋置，属始平郡。在今陕西宝鸡市东。《清一统志·凤翔府》：嵭城旧县"在宝鸡县东"。

郿成侯国 亦作蒯成侯国，西汉高帝六年（前201）封周緤，在今陕西宝鸡市东。《汉书·高惠高后文功臣表》有"郿成制侯周緤"。师古曰："郿音陪。又音普肯反。"后国除。

嵩口镇 即今福建永泰县西嵩口镇。明置巡司于此。

嵩山 ①在今福建莆田市东南海滨。《清一统志·兴化府》：嵩山"上有石室，苔纹成'文笔峰'三字，宛然如书，刮去复然。旁有石室，俗呼仙姑岩"。

②在今山东临朐县西南五十二里。《清一统志·青州府一》：嵩山"有異水洞，出银矿，又出铅、铁、铜、锡、丹砂之类。山下河水，间出砂金"。

③古名嵩高、外方、大室。在今河南登封市北。《旧唐书·高宗纪》：永淳元年（682）七月，"造奉天宫于嵩山之阳"。武则天圣历二年（699）二月，"幸嵩山"。《清一统志·河南府一》引《旧志》曰："嵩山在登封县北十里。其山东跨密县，西跨洛阳，北跨巩县，延亘百五十里。太室中为峻极峰，左右列峰各十二，凡二十四峰。又西二十里为少室山。其峰三十有六。"

④在今湖北郧西县西南。《方舆纪要》卷79上津县：嵩山"在县南五十里。山高耸，与洵阳县诸山相接"。

嵩丘 即今河南登封市西北嵩山。一说另有嵩丘山。晋潘岳《怀旧赋》："前瞻太室，傍眺嵩山。"李善注引《河南郡图经》曰："嵩丘在县西南十五里。"

嵩台（臺）山 即石室山。在今广东肇庆市北五里。《寰宇记》卷159端州高要县：嵩台"在高要县北五里。《南越志》云：高要有石室，自生风烟，南北二门状如人，巧意者以为神仙下都，因名为嵩台。山中有石燕。北海李邕有记，镌石存焉"。《舆地纪胜》卷96肇庆府：石室山，"《图经》云：唐天宝六年改为嵩台山"。

嵩屿 即今福建厦门市西嵩屿。《方舆纪要》卷99漳州府海澄县"云盖山"条下："南宋末少帝浮舟海上，遇诞辰，群臣构行殿，嵩呼行礼，故屿以嵩名。"明洪武二十一年（1388）移濠门巡司于此。1911年建成之福建第一条铁路——漳厦铁路，即从嵩屿通往漳州的江东。

嵩州 ①隋开皇十六年（596）置，治所在阳城县（今河南登封市东南告成镇）。仁寿四年（604）废。唐武德四年（621）复置，辖境相当于今河南登封县及禹州市地。贞观三年（629）废。

②金天德三年（1151）改顺州置，治所在伊阳县（今河南嵩县）。辖境相当于今河南嵩县、洛宁县以及伊川县西南部、卢氏县东部地。元废伊阳县入州。明洪武二年（1369）降为嵩县。

嵩阳书院 在今河南登封市北五里。五代周改嵩阳观为太乙书院。北宋改名太室书院，后改为嵩阳书院。程颢、程颐曾讲学于此。与睢阳书院、岳麓书院、白鹿洞书院并称四大书院。元改为嵩阳宫。清复为嵩阳书院。2010年以"登封'天地之中'历史建筑群"的一部分列入联合国《世界遗产名录》。

嵩阳寺 北魏太和八年（484）建，在今河南登封市北五里。《洛阳伽蓝记》卷5："嵩高中有……嵩阳寺。"《中岳嵩阳寺碑》："有大德沙门生禅师……于太和八年，岁次甲子，建造伽兰，筑立塔殿，布置僧房。"唐改为嵩阳观。

嵩阳县 隋大业元年（605）改轮氏县置，属豫州。治所即今河南登封市。三年属河南郡。唐贞观十七年（643）废。永淳元年（682）复置，二年（683）废。光宅元年（684）复置。万岁登封元年（696）改为登封县。神龙元年（705）复为嵩阳县。二年（706）又改为登封县。

嵩阳宫 在今河南登封市北五里。北魏太和八年（484）建嵩阳寺。唐改为观，五代周始作书院。宋改天封观。元世祖至元间改名嵩阳宫。院内有古柏三株，相传汉武帝登嵩时封三将军。柏今存其二。大将军柏周长约六米，二将军柏周长近十五米。院外西南隅有唐天宝三年（744）立的"大唐嵩阳观纪圣德感应颂碑”，高八米许，为嵩山最大的石碑。

嵩县　明洪武二年（1369）降嵩州置，属河南府。治所即今河南嵩县。民国初属河南河洛道。1927年直属河南省。

嵩明州　元世祖至元二十二年（1285）降嵩明府置，属中庆路。治所即今云南嵩明县。《元混一方舆胜览》嵩盟州：“乃诸葛武侯与蛮酋会盟之地。”《元史·地理志》：“昔汉人居之，后乌、白蛮强盛，汉人徙去，盟誓于此，因号嵩盟。今州南有土台，盟会处也。”明、清属云南府。1913年废为县。

嵩明县　1913年改嵩明州置，后属云南滇中道。治所即今云南嵩明县。1916年直属云南省。

嵩明府　元世祖至元十五年（1278）升长州置，属中庆路。治所即今云南嵩明县。至元二十二年（1285）降为嵩明州。

嵩岭　又作长岭、天门岭。即今黑龙江省东南部，延伸至吉林省东北部之张广才岭。清光绪《吉林通志》卷18敦化县：嵩岭“俗名张广才岭，嘉庆年间改今名。在县城西北一百八十里，即吉林东之长岭也。南接英（额）岭，北连三姓，绵亘千有余里。林木丛邃，路径险峻，往来行旅只容一车”。

嵩岳（嶽）寺塔　在今河南登封市西北十里太室山南麓的嵩岳寺内。始建于北魏正光元年（520），为我国现存最早的砖砌佛塔。密檐式，高40余米，十五层，平面呈十二边形。塔身之上施叠涩檐十五层，塔刹由宝珠、相轮、仰莲、受花组成。塔身东、南、西、北四面设入口，导至塔心室。塔内分为十层，第一层与塔之外形相同，也呈十二边形，其余则为八角形。1961年定为全国重点文物保护单位。2010年又以“登封‘天地之中’历史建筑群”的一部分列入联合国《世界遗产名录》。

嵩城市　又作嵩厦或嵩下。即今浙江上虞市西北二十里崧厦镇。清光绪《上虞县志》卷18引《万历志》：嵩城市“在县（旧治丰惠镇）西北六十里”。

嵩祝寺　在今北京市东城区景山后街嵩祝院23号。原为明代番经厂和汉经厂遗址。清雍正十一年（1733）建嵩祝寺。为内蒙古地区藏传佛教（格鲁派）最大的转世活佛章嘉胡图克图在京驻锡之处。

嵩高山　又称外方山、太室山。即今河南登封市西北嵩山。古称中岳。《史记·封禅书》：“昔三代之君皆在河洛之间，故嵩高为中岳。”及秦并天下，殽以东，名山五，首曰“太室。太室，嵩高也”。《艺文类聚》卷7“嵩高山”引戴延之《西征记》曰：“东谓太室，西谓少室，相去十七里。嵩高，总名也。”唐以后称嵩山。《元和志》卷5登封县：嵩高山“山高二十里，周回一百三十里”。

嵩高县　即崈高县。西汉元封元年（前110）置，属颍川郡。治所即今河南登封市。东汉废。《元和志》卷5登封县：“本汉嵩高县，武帝元封元年置以奉太室，后省入阳城。”

嵩陵　五代周太祖郭威陵。在今河南新郑市北三十六里周家村。《旧五代史·周书·太祖纪》：后周太祖郭威死后，“葬于嵩陵”。《寰宇记》卷9郑州新郑县：“周太祖嵩陵，在邑界自然山下。”

嵩梁山　即石门山。在今湖南张家界市南三十里。宋本《寰宇记》卷118澧阳县：嵩梁山“按此山在澧水之阳，望之如香炉之状，今名石门。吴永安六年自然洞开，玄朗如门，高三百丈，门角上各生一竹，倒垂下拂，谓之天帚。孙休以为嘉祥，置郡因山为名”。

嵩湖街　一作淞湖街。即今江西抚州市临川区东南三十里嵩湖乡。清同治《临川县志》卷1下：九十四都有淞湖墟。

嵩盟部　宋大理改长州置，属善阐府。在沙礼卧城（即今云南嵩明县）。《元史·地理志》　嵩明州：“昔汉人居之，后乌、白蛮强盛，汉人徙去，盟誓于此，因号嵩盟。今州南有土台，盟会处也。”《元混一方舆胜览》：“乃诸葛武侯与蛮酋会盟之地。”蒙古宪宗六年（1256）立嵩明万户。元世祖至元十二年（1275）复改长州。十五年（1278）升嵩明府。二十二年（1285）改嵩明州。今嵩明县城南古盟台仍存。

嵩寮岩　在今安徽六安市南八十里嵩寮岩。岩中有洞，可容千人。《方舆纪要》卷26六安州“蝙蝠岩”条下：“州南八十里又有松林岩，亦曰嵩寮岩，岩最深秀，今为僧寺。”

嵩螺山　在今广东五华县南。《方舆纪要》卷103长乐县：嵩螺山在“县南九十里。峰峦连属，起归善、海丰，终于潮州，为一方巨镇。山出石，可煮铁”。

〔丿一〕

错子山　在今内蒙古河套北乌拉特中旗北境。《资治通鉴》：唐会昌元年（841）二月，“回鹘十三部近牙帐者立乌希特勒为乌介可汗，南保错子山”。胡注引《新志》：“鸊鹈泉北十里入碛，至䴥鹿山、鹿耳山至错甲山。据李德裕言，错子山东距释迦泊三百里。”

错尔基寺　在今四川壤塘县东北中壤塘乡中壤塘村。建于明洪武十一年（1378），为喇嘛寺庙，保存完好。

错那宗　即错拉。原西藏地方政府设错那宗，治所即今西藏错那县。藏语意为湖鼻、湖边。1960年改设错那县。

错拉　一作满撮纳。即今西藏错那县。清乾隆《卫藏通志》卷12作“错拉”。

错拉宗　又作则冈宗、工布则冈宗。17世纪中叶，甘丹颇章政权建立后，西藏地方政府设错拉宗，治所在今西藏林芝县南嘎马。清代亦设则拉宗。1960年与足木、德木二宗合并，设林芝县；以则拉宗西南部设米林县。

错凿城　北宋筑，属河州。在今甘肃临夏县西南。

错寨　在今贵州锦屏县南。《方舆纪要》卷121黎平府亮寨司：错寨“在司西南。《志》云，寨南有错寨渡”。

锜湖　故址在今上海市青浦区西南。《方舆纪要》卷24松江府青浦县：锜湖“昔时周二十里，以陆锜居此而名。今为芦苇之场”。

锡口　即今台湾省台北市东松山区。原为高山族凯达格兰平埔人猫里锡口社，清嘉庆二十年（1815）改为锡口，因旧社为名。日本占领期间于1920年改名松山。

锡口戍　在今湖南湘阴县西北二十五里锡江口。《水经·湘水注》：“湘水又北径锡口戍东。又北，左派谓之锡水，西北流径锡口戍北。”

锡山　①在今江苏无锡市西惠山支麓。唐陆羽《游慧山寺记》云：“山东峰当周秦间，大产铅锡，至汉兴锡方殚，故创无锡县，属会稽。后汉有樵客山下得铭云，有锡兵，天下争，无锡宁，天下清；有锡沴，天下弊，无锡乂，天下济。自光武至孝顺之世，锡果竭，顺帝更为无锡县，属吴郡。故东山为之锡山。”据地质部门考察，锡山没有产锡的地质条件，所谓锡山周秦间产锡之说，乃出于后人附会。《方舆纪要》卷25无锡县：锡山“亦在县西五里与惠山连麓而别为一峰。相传县之主山也”。后世遂用作无锡县之别称。清钱泳著有《锡山补志》。

②在今浙江绍兴县东。《越绝书》卷8：“练塘者，句践时采锡山为炭，称‘炭聚’。”《新唐书·地理志》谓越州会稽县“有锡”。

③在今湖北通城县南。《舆地纪胜》卷66鄂州：通城县“（唐年）县西有市曰锡山”。《明史·地理志》通城县：“南有锡山，旧产银锡。”

④在今湖南长沙市东南。《隋书·地理志》：长沙县有“锡山”。《清一统志·长沙府一》引《府志》：“唐王锡隐此，故名。”按，此说不确，隋既有锡山之名，则锡山不当以唐王锡而得名。光绪《湖南通志》卷13已辨其误。

锡山市　1995年撤销江苏省无锡县，改设锡山市，治今江苏省无锡市锡山区东亭镇。2000年撤销锡山市，改置锡山、惠山二区。

锡山镇　唐元和二年（807）置，属唐年县。即今湖北通城县。元和五年（810）改名通城镇。

锡义山　在今湖北郧西县西南。《水经·沔水注》：锡县“有锡义山，方圆百里，形如城，四面有门，上有石坛，长十余丈，世传列仙所居。今有道士，披发饵术，恒数十人。山高谷深，多生薇蘅草，其草有风不偃，无风独摇”。《新唐书·地理志》均州丰利县：“有锡义山，一名天心山。”

锡布克里河　又作西蒲克里河。即今黑龙江省虎林市北七虎林河。源出县西完达山脉，东北流入乌苏里江。清齐召南《水道提纲》卷25：乌苏里江纳尼满河，“又北，折而西北，有西蒲克里河，西自堪达山，东北流合西南一水，而东，共四百余里来注之”。

锡乐平等处长官司　元置，属播州军民安抚司。治所在今贵州湄潭县东北。后废。

锡兰山　亦作细兰、锡兰。即今斯里兰卡。明费信《星槎胜览》卷3：锡兰山国“其国自苏门答剌顺风十二昼夜可至。……永乐十年，郑和等赍诏敕金银供器，彩妆织金宝幡，布施于寺，及建石碑，赏赐国王头目。其王亚烈苦奈儿负固不供，谋害舟师。太监郑和潜备，先发制之”。

锡兰河　亦名溪浪河，双川河。即今吉林舒兰市东之呼兰河，北流注入拉林河。清光绪《吉林通志》卷18：“锡兰，（满语）相连也。”

锡穴　春秋时麇国都。在今陕西白河县东南。《左传》：文公十一年（前616），楚“潘崇复伐麇，至于锡穴”。即此。西汉置锡县。

锡场墟　即今广东东源县西北锡场镇。清置汛，有外委把总驻守。

锡华山　在今江苏溧阳市南。《方舆纪要》卷20江宁府溧阳县：锡华山“在县南四十五里。峰峦秀出，一名小华山”。

锡江寨　在今湖南湘阴县西北二十五里锡江口。《方舆纪要》卷80湘阴县：“锡江砦在县西北，湘江西岸。宋置砦于此。江畔有岐，平起如冈，洲岛之民聚而居之，以渔为业。亦曰锡浦。”

锡坑墟　即今广东五华县西南锡坑镇。清同治《广东图说》卷90：长乐县有锡坑坝汛。

锡县　西汉置，属汉中郡。治所在今陕西白河县东南。三国魏为锡郡治，后属魏兴郡。南齐属齐兴郡。西魏废。

锡伯山　即今俄罗斯滨海边疆区东北乌拉河下游西侧巴拉富山。清光绪《吉林通志》卷19：锡伯山在“三姓界，距吉林城东北一千七百里”。

锡伯河　又作西白河。即今内蒙古赤峰市西南和喀喇沁旗境之锡伯河。《清一统志·喀喇沁部》：西白河“（喀喇沁）右翼郡王所驻。源出卯金插汉掩罗海山，东北流入翁牛特右翼界”，汇獐河（西尔哈河），入英金河。

锡伯河口卡伦　清置，属三姓副都统。在今黑龙江通河县东北西北河口注入松花江附近。因河得名。

锡伯渠　在今新疆察布查尔锡伯自治县北境。清徐松《西域水道记》卷4：“嘉庆初，有（锡伯部）人图默特创议于察布察尔山口引（伊犁河）水自崖上凿渠，亦东西长二百余里，功费繁巨，部人嗟怨。图默特卒排众议，数年乃成。既浚新渠，辟田千顷，遂大丰殖，雄视诸部，郑白之沃不足云也。”

锡谷　在今陕西西安市长安区东南。《方舆纪要》卷53西安府：锡谷在“府东南六十里。有路达归安镇，合义谷路通汉中府”。

锡拉巴锡河　又作喜儿巴喜河。即今俄罗斯哈巴罗夫斯克边疆区黑龙江下游流入奇集湖之礼河。清康熙《皇舆全览图》：黑龙江下游乞几必儿忒池有“喜儿巴喜河”。齐召南《水道提纲》卷24：克儿必儿忒池（奇集湖）“上源，一曰纳母登忒河，自东南合二源，一西北流三百里与南源会。南源曰喜儿巴喜河，自南山北流合东一水，西北流三百余里会为池”。

锡林郭勒盟　清内蒙古六盟之一。后金崇德至清康熙年间，先后将归附的蒙古乌珠穆沁部、浩齐特部、苏尼特部、阿巴噶部、阿巴哈纳尔部编为十旗，共为一盟。会盟地定于阿巴哈纳尔左旗境内的锡林郭勒，故名。隶理藩院，并受察哈尔都统节制。盟境东与东南接索伦、哲里木盟、昭乌达盟界，西接乌兰察布盟界，南接察哈尔界，北接外蒙古车臣汗部、土谢图汗部界，有今内蒙古锡林郭勒盟大部。1914年划属察哈尔特别区，1928年隶察哈尔省。1946年成立盟政府，驻贝子庙（今锡林浩特市）。1947年隶内蒙古自治政府（1950年改内蒙古自治区）。1958年察哈尔盟撤销，所辖多伦、化德二县及正蓝旗、商都镶黄旗、正镶白旗、太仆寺旗划属锡林郭勒盟。

锡矿山　在今湖南冷水江市东北。产锑矿，有“世界锑都”之称。昔人误认锑矿为锡矿，故名。自明以来，陆续有人采炼。清季始著称于世。

锡岩　又名锡岩仙洞。在今湖南衡东县东三十五里鱼形村东锡岩村金觉峰东麓。清光绪《衡山县志》：“唐时锡封金觉，故山名金觉，岩名锡岩。”石壁上镌有晋人谢灵运、明成化年间衡山知县鲍德等诗词。

锡津乌兰拖罗海山　即今青海西部的乌兰乌拉山。西南—东北走向，长江正源托托河出其西南。《清史稿·地理志》青海土司：“极西北二十里，有锡津乌兰拖罗海山。托克托乃乌蓝木伦河出其西南。”

锡郡　三国魏太和二年（228）置，治所在锡县（今陕西白河县东）。景初元年（237）废。

锡埒图库伦旗　俗称小库伦旗。清初置，曾属卓索图盟。治所在今内蒙古库伦旗或奈曼旗境。光绪三十四年（1908）与奈曼旗合并设绥东县。“锡埒图”，蒙古语意为宝椅子；“库伦”意为城圈。

锡哩国　在今印度尼西亚苏门答腊岛东北实格里一带。一说在苏门答腊岛东岸之望加丽。清谢清高《海录》有专条记述。

锡铁山　在今青海大柴旦镇东南与都兰县交界处。海拔4037米。山中蕴藏着极为丰富的铅、锌、锡、铜、锑等十多种有色金属。清咸丰年间开采。至今山中岩壁上还残留着“咸丰十一年铅局”字样和古矿洞的遗迹。

锡铅驿　在今云南凤庆县西习谦街。《清一统志·顺宁府》：锡铅驿“在县北八十里。有土驿丞，今废”。

锡喇盐池　在今新疆伊吾县西盐池乡。清宣统《新疆图志》卷71：锡喇盐池“即沙拉淖尔。《三州辑略》云：天山行至巴里坤之东曰盐池山，今曰于黑格山。《新疆图说》：哈密城东北二百余里盐池水，源出黑格山，东南流三十余里经达子沟入锡喇淖尔”。

锡喇察汉泊　今内蒙古四子王旗西北呼和淖尔一带。清张穆《蒙古游牧记》卷5：四子部落“有锡喇察汉诺尔，锡喇木伦河猪焉”。

锡腊（臘）里　即今云南凤庆县西南六十八里营盘镇。明置巡司于此。彝语“锡腊”意为牛筋树木多的地方。

锡赫特山　即今俄罗斯哈巴罗夫斯克边疆区与滨海边疆区东之锡霍特山。《清一统志·吉林一》：锡赫特山“在宁古塔城东南一千五百七十里。高三十里，周一百里。乌苏哩江、伊津河、奇嚕俱发源于此。其南即大海”。

锣鼓潭　在今广东江门市新会区西南五十里。《方舆纪要》卷101广州府新会县：锣鼓潭，“山溪之水汇流经此，水石冲激，声如锣鼓，南流入海”。

锥子山　①在今河北围场满族蒙古族自治县西九十里。清为围场中森林之一部分，清末始砍伐，民国间为热河木材产地。

②在今山西平陆县东北。《清一统志·解州》：锥子山“在平陆县东北，接夏县界，孤耸如锥”。故名。

锦山　①在今浙江嵊州市东。《方舆纪要》卷92绍兴府嵊县：锦山“在县东七十五里”。

②在今广东新兴县西南。《舆地纪胜》卷97新州：锦山“在州南”。《清一统志·肇州府一》：锦山“在新兴县西南三十里。其山花木如锦，有水流入新江，名锦水”。

锦川　即今辽宁锦州市南小凌河。《方舆纪要》卷37广宁左屯卫：小凌河，“《志》云：卫西有小河，名锦川，州以此名。或曰小凌河与诸水回合如锦也”。

锦川桥　本明金川堡。在今四川德昌县东南锦川乡。清嘉庆《四川通志》卷89西昌县：锦川桥铺“在县南一百六十里”。

锦川营堡　明置，属广宁前屯卫。在今辽宁兴城市西南六十五里。明《辽东志》卷3：锦川营堡“官军一百七十五员名。堡南黄土堆可屯兵，堡西老鹳冲可按伏”。清改为锦川堡。

锦川堡　清改锦川营堡置，属宁远州。在今辽宁兴城市西南六十五里六股河东岸。《清一统志·锦州府二》“杨安堡”条下：“黑庄窝堡又十五里有锦川堡，又五里有刘彦章堡。”

锦冈　在今湖南江华瑶族自治县南八十里。明、清置巡司于此。

锦冈驿　宋置，在今江西星子县东一里锦冈岭上。明初改为匡庐驿，移于今星子县南一里。

锦水　即今湖南麻阳苗族自治县境之锦江。《方舆纪要》卷81麻阳县：锦水在“县（治今锦和镇）西三里。亦名锦江。自贵州铜仁发源，东流入境，经锦州故寨，又东经县南，至龙门山下，入辰溪县界合沅水”。

锦水河 在今四川成都市新都区西南。东南流入毘河。《清一统志·成都府一》：锦水河“自灌县南柏木堰分江流曰柏木河，东流径崇宁县南合徐堰河，又东径彭、新繁二县南，又东至新都县西南，分一支东流为水利河，入金堂县界，注湔江。其正派又东至新都县东南，亦入湔江”。

锦古铁路 从今辽宁锦州市金岭寺经朝阳、河北承德，至北京市密云县古北口。全长447.7公里。1933年动工修建，1936年建成。1946年承德至古北口段被拆除。今为锦承线的一段。

锦石岩 在今广东仁化县南。《舆地纪胜》卷90韶州：锦石岩“在仁化县南十七里。有三岩，分上、中、下。上有佛像，宛若堂殿。其径弯环，直上千余级，夹道杉松，高凌霄汉”。宋邓嘉猷有《游锦石记》。

锦布隘 在今甘肃陇西县北。《方舆纪要》卷59巩昌府陇西县：锦布隘“在府北六十里。其地有锦布峪，因名”。明置锦布镇递运所于此。

锦田山 一名黄田山。在今福建惠安县南。《舆地纪胜》卷131泉州《景物下》：锦田山“在惠安县。《旧经》云，上有豪民居，山下开腴田万顷，故有美名焉”。明嘉靖《惠安县志》卷2：锦田山“在美女峰东。下有田万顷。五代漳州刺史张清溪居此，衣锦还乡号其山为锦田，溪为锦溪”。《方舆纪要》卷99泉州府惠安县：锦田山“在县南四十里。下有腴田万顷，五代时豪民黄氏居山下，亦曰黄田山”。

锦田千户所 即今湖南江华瑶族自治县东南码市镇所城。明于此置锦田千户所，并置巡司于此。《清一统志·永州府二》：锦田巡司“明洪武二十九年，置守御千户所，隶宁远卫。本朝改置巡司，兼设千总戍守”。

锦田驿 明洪武八年（1375）改龙山驿为锦田驿。在今福建惠安县西南一里。

锦西厅 清光绪三十二年（1906）析锦县西境置江家屯厅，寻改锦西厅，属锦州府。治所在江家屯（今辽宁葫芦岛市西北钢屯镇）。1913年降为锦西县。

锦西市 1985年由锦西县改置，治今辽宁省葫芦岛市连山区。1989年升为地级市，1994年改名葫芦岛市；原县级锦西市改设连山区。

锦西县 1913年改锦西厅置，属奉天辽沈道。治所在江家屯（今辽宁葫芦岛市西北钢屯镇）。以地在锦州之西故名。1929年直属辽宁省。1931年迁连山堡（即今葫芦岛市）。1985年改设锦西市。1989年升为地级市。1994年改名葫芦岛市。

锦西铁路 从辽宁锦西（今葫芦岛市）至杨家杖子。长36.2公里。为北宁铁路支线。1940年动工修筑，次年通车。

锦帆泾 即今江苏苏州市城内锦帆路。南宋范成大《吴郡志》卷18：锦帆里“即城里沿城壕也。相传吴王锦帆以游，今濠故在，亦通大舟”。中华人民共和国成立前已填河为街。

锦州 ①唐垂拱三年（687）置，治所在卢阳县（今湖南麻阳苗族自治县境之卢水口。后移县西南七十五里杜壤）。辖境相当今湖南凤凰县、麻阳苗族自治县及贵州铜仁县地。《元和志》卷30锦州：“以州理前溪，水多文石，望之似锦，因名。”天宝元年（742）改卢阳郡，乾元元年（758）复为锦州。五代时废。

②辽太祖置，治所在永乐县（今辽宁锦州市）。辖境相当今辽宁小凌河下游地区。元属大宁路。明洪武初废。

锦州市 1937年析锦县置，属辽宁省。治所在锦县（今锦州市）。《明一统志》卷25辽东都司《山川》：锦川“在锦州城西，一曰锦水，州以此名”。清乾隆《钦定盛京通志》卷26：“小凌河又名锦川。”此河从西北绕城西而南，复折而北，经城之东，又转南流，回旋如锦，故名。有辽沈战役纪念碑及纪念馆。1949年属辽西省，由省直辖。1954年属辽宁省，为省辖市（地级）。

锦州府 清康熙四年（1665）改广宁府置，属奉天府尹。治所在锦县（今辽宁锦州市）。辖境初西起山海关，东到辽河。光绪时统有今辽宁锦州、锦县、绥中、盘山、义县、北镇及锦西、兴城等县市地。1913年废。

锦州省 1934年伪满置，省会在锦县（今辽宁锦州市）。辖境相当今辽宁阜新、黑山、盘锦等市县西南地。1945年日军投降后废。

锦江 ①即锦溪。在今福建建阳市东。《方舆纪要》卷97：“明初吴深攻建宁，陈友定将阮法柔屯锦江遏深，后深出战，为敌所获。即此。”

②一名安仁港，又名兴业水。即今江西余江县东北信江下流。《明一统志》卷50饶州府：锦江“源发广信府，流经安仁县前，会白塔河下流，经余干县入鄱江。江有云锦石，故名”。

③又名瑞河、蜀水、康乐水。在今江西西部。源出宜春县西北境慈化附近，东流到新建县南入赣江。《清一统志·袁州府》：锦江水“在万载县东北三十里。源出谢山，一名谢江水，又名康乐水。东南流至县东北二十里邱江，会于龙江”。

④又名检江、流江、汶江、笮桥水、濯锦江、府河。即今四川成都市南之南河。东晋常璩《华阳国志·蜀志》：“锦工织锦濯其江中则鲜明，濯他江则不好”，因名。唐杜佑《通典》卷176：成都县“有锦江”。《元和志》卷31成都县：“蜀人又谓流江为悬笮桥水，此水濯锦，鲜于他水。”此水系从今都江堰市都江堰分出之岷江支流走马河，东南流经成都市南，与府河（郫江）合流后统称府河，西南流至彭山县江口镇与岷江正流会合。

锦江山 在今四川乐山市北四十里。《舆地纪胜》卷146嘉定府：锦江山“在龙游县北四十里。江自成都此山下瞰如带，因名。锦江山巅旧有太白亭”。

锦江渡 在今四川泸州市西南安富镇北长江岸。清嘉庆《纳溪县志》卷2：锦江渡“在县北大江一里许。其水上通戎城，下达泸、渝，行入辐辏，日无停泊。锦江晚渡为县八景之一”。

锦赤铁路 从辽宁锦州经朝阳至内蒙古赤峰。为锦朝线的延长线。

锦花城 亦名锦官城。即今四川成都市别名。北宋孙光宪《北梦琐言》逸文卷2：王建攻围成都三年未下，建激励士气：“尝以美言啖之曰：西川号为锦花城，一旦攻克，玉帛子女，恣我儿辈快活也。”

锦县 清康熙三年（1664）置，属广宁府，后为锦州府治。治所即今辽宁锦州市。县以锦州为名。民国初属奉天辽沈道。1929年直属辽宁省。1949年移治大凌河镇。1993年改设凌海市。

锦县场 在今辽宁葫芦岛市东北上坎子村。产海盐。清初设场，直隶奉天府尹。光绪末就场设局，专管盐务。民初设场知事。

锦里 即锦官城。在四川成都市西南郊南河（锦江）南岸。东晋常璩《华阳国志·蜀志》：锦官城“锦江织锦濯其江中则鲜明，濯他江则不好，故命曰锦里也”。后人用作成都之别称。唐卢照邻《文翁讲堂》诗：“锦里淹中馆，岷山稷下亭。”宋句延庆撰《锦里耆旧传》、清张邦伸撰《锦里新编》，皆以锦里代表成都。

锦沙村 在今浙江淳安县西千岛湖中。《寰宇记》卷95清溪县引《新安记》云：锦沙村“傍山依壑，素波澄嵌锦石，舒文冠军吴喜闻之，鼓栧游泛，弥旬忘反，叹曰：‘名山美石，故不虚赏，使人丧朱门之志’”。南宋《淳熙严州图经》卷3淳安县：锦沙村“在县西八里”。

锦官城 又名锦城、锦里。三国蜀汉建，为管理织锦官署驻地。在今四川成都市西南郊南河（锦江）南岸。唐徐坚《初学记》卷27引任豫《益州记》：“锦城在益州南笮桥东，流江南岸，蜀时故锦官也。其处号锦里，城墉犹存。”后人用作成都的别称。唐杜甫《蜀相》诗：“丞相祠堂何处寻？锦官城外柏森森。”南宋陆游《自合江亭涉江至赵园》诗：“政为梅花忆两京，海棠又满锦官城。”

锦城 即锦官城。在今四川成都市西南郊南河（锦江）南岸。唐徐坚《初学记》卷27引任豫《益州记》：“锦城在益州南笮桥东流江南岸，蜀时故锦官也。”后人用作成都的别称。唐李白《上皇西巡南京歌》：“锦水东流绕锦城，星桥北挂象天星”；唐杜甫《赠花卿》：“锦城丝管日纷纷，半日江风半入云。”

锦屏山 ①在今山西交城县西北五里。《方舆纪要》卷40交城县：锦屏山“红崖绿树，灿若锦屏”。故名。

②在今山西怀仁县西南。《明一统志》卷21大同府：锦屏山“在怀仁县西南二十五里。山旧有瓷窑及铁冶”。

③古名朐山。在今江苏连云港市南。《清一统志·海州》：朐山，“《旧志》：今名锦屏山。下有青龙涧，支流于白璧山之左，至龙口，州城万姓资汲之”。

④在今浙江平阳县西一里。《清一统志·温州府》：锦屏山“形如屏幛，四时苍翠”。

⑤在今河南宜阳县城南。《新唐书·地理志》寿安县：“有锦屏山，武后所名。”

⑥又名阆中山、宝鞍山。在今四川阆中市南嘉陵江南岸，与阆中古城对峙。《舆地纪胜》卷185阆州：锦屏山“在阆中之南三里，对郡治。山上有四院：马脑寺、罗汉院、画锦院、西桥院。至和初，太守荣諲亦筑阆峰亭，以眺望焉”。《方舆纪要》卷68阆中县：锦屏山在“府南三里，嘉陵江南岸。两峰连亘，壁立如屏，四时花木，错杂如屏，与郡治对峙”。

⑦又名赤崖山、大洪山。在今四川屏山县（新发乡）西南。明嘉靖《马湖府志》卷3：赤崖山在“东北三里。……一名大洪山”。清乾隆《屏山县志》卷1：锦屏山“在县治（今屏山镇）北。原名大洪山。突起一阜，状若屏障，高数十刃，周围五十余里”。县因以名。

⑧在今贵州惠水县南六里。《方舆纪要》卷121定番州：锦屏山在“（方番长官司）司北一里。其相近又有将台、旗峰二山”。

⑨在今云南景东彝族自治县城南。《方舆纪要》卷116景东府：“锦屏山在府南一里。”

⑩又名屏山。在今陕西延长县南。《清一统志·延安府一》：锦屏山“在延长县南延水南一里。高耸秀丽，端拱如屏”。

⑪在今甘肃崇信县南。《清一统志·泾州一》：锦屏山在“县城据其麓，繁花木，三时绚烂如屏。一名花山”。

锦屏县 ①清雍正五年（1727）改铜鼓卫置，属黎平府。治所在今贵州锦屏县东南铜鼓镇。道光十二年（1832）废入开泰县。

②1914年移开泰县于三江镇，改名锦屏县，属贵州镇远道。治所即今贵州锦屏县。因锦屏山为名。1923年直属贵州省。

锦屏驿 明置，在今四川阆中市城东。《方舆纪要》卷68阆中县：锦屏驿“旧在城西澄清门外，今移于城东富春门外”。

锦屏站 元置。为保宁府九站之一。在今四川阆中市城西。

锦桥 在今福建长乐市东南。《方舆纪要》卷96福州府长乐县：锦桥“在县东南，跨元祐港上。宋淳熙十二年建，石梁十五间，长五十丈。又于桥西筑海为地三亩许，以固桥道，亦名石梁桥”。《清一统志·福州府二》：锦桥“在长乐县东南，其石栏镵文如锦，故名”。

锦被冈 在今河南尉氏县东十五里。《清一统志·开封府一》：锦被冈“以形似名，下有古黄河渡”。

锦绣山 在今湖北武汉市武昌区东南，接鄂州市界。《明一统志》卷59武昌府：锦绣山“在府城东南七十五里。山多桃李，每春时花开如锦绣”。

锦绣川 一名北川。在今山东济南市城南五十里。源出梯子山云梯涧，西流径中宫镇南入玉水，亦名中宫河。即《水经注》之玉水。清道光《济南府志》卷6《山水》：“锦绣川在中宫东……俗名谓之大涧沟。”

锦绣谷 ①在今江西庐山，地当星子县北。《舆地纪胜》卷25南康军：锦绣谷，“《庐山记》，谷中奇花异草不可殚述，三四月间，红紫匝地如被锦绣，故以为名”。

②在今江西宜春市东半里。《舆地纪胜》卷28袁州：锦绣谷“在州东城外玉溪洞中。有众（种）花处”。《清一统志·袁州府》：锦绣谷“在宜春县东半里……宋元祐初，李观除知虔州不赴，自号玉溪叟，于宜阳门外半里许玉溪洞中，种列名花，名锦绣谷”。

锦绣洲 在今重庆市涪陵区东乌江口处。《寰宇记》卷120涪陵县：锦绣洲，“《周地图记》云：铜柱滩东，有锦绣州，巴土盛以此州人能织锦罽，故以名之”。

锦朝铁路 从辽宁锦州至朝阳北票（今北票市）。长113公里。为京奉铁路支线。1921年动工修筑，1927年建成。今为锦承线的一段。

锦溪 ①又名锦江。在今福建建阳市东。《方舆纪要》卷97建阳县：锦溪“一名交溪。其源有二：一自崇安县之崇溪，合武夷水流入境；一出县西毛虚潦山，交注于东山下，南流达于建溪”。《清一统志·建宁府》引《旧志》：“相传古有织锦者于此濯锦，故名。”

②在今浙江临安市南。一名石镜溪。《方舆纪要》卷90临安县：锦溪“即苕溪之支流也，东流至独山，合于南溪，流二十八里入余杭县界。溪广处几数十丈，盈涸无时，不通舟楫”。今入青山水库。宋苏轼有《锦溪》诗。

锦溪关 在今浙江淳安县（排岭镇）东四十里。《方舆纪要》卷90淳安县：锦溪关在县东六十里，“其地有小溪岩，怪石巉岩，水陆皆险。嘉靖中，置关于此，以御矿寇，因改今名。下有小溪渡”。今为千岛湖码头。

锦镜山 在今甘肃甘谷县南。《明一统志》卷35巩昌府：锦镜山“在伏羌县南三十里”。

锦囊千户所 明洪武二十七年（1394）置，属雷州卫。治所在今广东徐闻县东北锦和镇北锦城村。清初改为锦囊营。

锦囊营 清初改锦囊千户所置，属雷州府。在今广东徐闻县东北一百里锦和镇北锦城村。康熙二十四年（1685）并入海安营。

锭钩屿 在今台湾省澎湖县东北，西南距北寮半岛奎壁山约六里。清高拱乾《台湾府志》卷1：锭钩屿“屿产紫菜，澎民常往采焉”。

锯山关 明置，属阆中县。在今四川阆中市东北五里蟠龙山后。《明一统志》卷68保宁府：锯山关“在府城北盘龙山，为汉沔要冲之路”。

锯门洞 在今浙江象山县东南。《方舆纪要》卷92象山县：锯门洞“在县东南三十里。置戍于此，曰锯门隘。其外为锯门洋，亦为海中要地”。

锯齿山 ①在今山西垣曲县东南六十里。《方舆纪要》卷41垣曲县：锯齿山“以山峰错列而名”。

②又作钜齿山。古名居止山。即今山东栖霞市东南七十里牙山。《清一统志·登州府》：钜齿山“山峰断续，如钜齿然”。

矮岐山 在今山东日照市西南。《方舆纪要》卷35日照县：竹子河“源出县西南五十里之矮岐山”。《清一统志·沂州府一》引《县志》谓“顶有双峰，竹子河发源于此”。

雉山 ①在今浙江长兴县西北。《隋书·地理志》：吴郡乌程县“有雉山”。《寰宇记》卷94长兴县：雉山“在县北五里。高五百尺。《山墟名》云：以形类雉”。故名。唐置雉州，得名于此。

②在今浙江淳安县西千岛湖中。《元和志》卷25清溪县：“县南有雉山。”宋《淳熙严州图经》卷3淳安县引《新安记》云：雉山，“郡西南渡水一里余，有山如凤立雉蹲，因以为名，隋尝取以名县”。

雉山县 隋大业三年（607）改新安县置，为睦州治。治所在今浙江淳安县西千岛湖南山岛附近。《元和志》卷25：“以县南有雉山，因名之。”唐文明元年（684）复改新安县。

雉头山 在今甘肃镇原县西。《方舆纪要》卷58平凉府镇原县：雉头山在“县西三十里。又西二十里为鸡头山，本一山而异名”。

雉州 ①唐初改绥州置，治所在长城县（今浙江长兴县南古城）。因县北雉山西得名。武德七年（624）废。

②唐天宝前置羁縻州，属雅州都督府。治所在今四川宝兴县境。后废。

雉阳县 西魏改翼阳县置，属鲁阳郡。治所在今河南平顶山市西北。北周为武山郡治。隋开皇十八年（598）改为湛水县。大业初改为犨城县，唐武德初复为雉阳县。贞观初废。

雉阳郡 西魏置，治所在北雉县（今河南南召县东南）。隋开皇初废。

雉县 西汉置，属南阳郡。治所在今河南南召县东南。西晋属南阳国。南朝宋废。

雉鸡场山 在今黑龙江省塔河、漠河二县南境。自伊勒呼里山分出，又分为二支：一支东北走，界于盘古河与额木尔河之间者，为额木尔山。一支东走，界于盘古河与呼玛尔河之间者，为伊昔肯山及察哈颜火山。民国《黑龙江志稿》卷4：“治吉訾山即雉鸡场山，县西南三百四十里。呼玛尔河北源，额穆尔河源出焉。”

雉岩　一名雉山。在今广西桂林市区南雉山岩。南宋范成大《桂海虞衡志》：“雉岩亦江滨独山。有小洞，洞门下临漓江。”明张鸣凤《桂胜》云：雉岩“下饮江水，其土侧起，有昂首欲飞之势，名或因之”。

雉河　即今安徽涡阳县北武家河。上承河南商丘县之沙河，东南流经安徽亳州市东南境，至涡阳县城北入涡河。《清一统志·颍州府》：雉河“在亳州东一百二十里，与蒙城接界，东流入涡水”。

雉河集　即今安徽涡阳县治。因在雉河入涡河之口，故名。清咸丰五年（1855）各地捻党领袖大会于此，推张乐行为盟主。为鲁、豫、皖一带捻军抗清斗争的主要据点。同治二年（1863）为清军攻克，次年清政府于此置涡阳县。

雉城镇　即今浙江长兴县治。唐武德七年（624）至今历为长城县、长兴县治所。

雉亭山　一名骑亭山。在今江苏南京市东北，与临沂山相接。宋《景定建康志》卷17：雉亭山“北与旧临沂县相望，今隶慈仁乡，俗又呼为骑亭山。石迈《古迹编》云：旧说齐武帝东游钟山，射雉，因以为名。或云，吴大帝时，蒋帝神执白扇乘马尝见形于此，故又呼骑亭山”。

雉衡山　在今河南南召县东。原名衡山。《汉书·地理志》南阳郡雉县：“衡山，沣水所出。”《水经·汝水注》：醴水“出南阳雉县，亦云导源雉衡山，即《山海经》云衡山也。……马融《广成颂》曰，面据衡阴，指谓是山。在雉县界，故世谓之雉衡山”。

稒阳县　西汉置，属五原郡。治所在今内蒙古包头市东南古城湾村古城。东汉废。《水经·河水注》：“河水又东流，石门水南注之。……河水又东径稒阳县故城南。”光绪《山西通志·古迹考》谓汉稒阳县当在博托河东之古城湾。

稒阳道　西汉武帝时建，为阴山南北通道，由五原郡通往塞北匈奴交通路线之一。以起点稒阳县而名。《汉书·地理志》五原郡稒阳县：“北出石门障得光禄城，又西北得支就城，又西北得头曼城，又西北得虖河城，又西得宿虏城。”即从今内蒙古东南古城湾起，西北行经包头市北，沿昆都仑河北，乌拉特前旗、乌拉特中旗北，入蒙古国。《后汉书·孝和帝纪》：永元元年（89）窦宪率诸路军伐北匈奴，“度辽将军邓鸿出稒阳塞”。即由此道北入塞北。

稒杨塞　亦作稒阳。在今内蒙古包头市北昆都仑沟沿岸。《后汉书·孝和帝纪》：永元元年（89）数路伐北匈奴，“度辽将军邓鸿出稒阳塞”。《魏书·太祖纪》：登国六年（391）七月，“（刘）卫辰遣子直力鞮出稒杨塞，侵及黑城。九月帝袭五原，屠之。……于稒杨塞北，树碑记功”。

稗县　即椑县。西汉置，属琅邪郡。治所在今山东莒南县北。东汉废。

稔山汛　即今广东惠东县东南稔山镇。为海防要地，清时有千总驻防。

稔禾溪　在今湖南洪江市（黔城镇）东南。《方舆纪要》卷81黔阳县“大龙溪”条下：“又稔禾溪，亦出罗公山，经县（治今黔城镇）东南百里，西北流，亦入沅水。”

稠岭　①在今安徽石台县东四十里。黄山山脉与九华山山脉连接处，青弋江与秧浦河分水岭。《方舆纪要》卷27石埭县“盖山”条下：“稠岭在县（广阳镇）西七十里。草木丛密，登陟峻险，为往来之通道。”

②在今浙江宁波市鄞州区西部与余姚市交界处。《方舆纪要》卷92宁波府：稠岭在“府西三十五里，与慈溪县接界。嘉靖中设寨于此，以御倭寇”。

稠桑泽　即春秋桑田。在今河南灵宝市北沙河东岸。《北史·魏孝武纪》：永熙三年（534），孝武西奔“至稠桑，潼关大都督毛洪宾迎献食”。《元和志》卷6灵宝县：“稠桑泽，在县西十里。虢公败戎于桑田，即是也。”

稠桑驿　在今河南灵宝市北二十二里稠桑村西一里。《新唐书·李密传》：“高祖诏密以本兵就黎阳招抚故部曲，经略东都，伯当以左武卫将军为密副。驰驲东至稠桑驿。”

稠稉山　在今四川新津县西南。《新唐书·地理志》：新津县“有稠稉山”。《方舆胜览》卷52崇庆府：稠稉山“在新津县南八里。有草名稠稉，服之长生不死”。

颓牛山　在今河北沽源县南。《魏书·太宗纪》：神瑞二年（415），拓跋嗣北巡，“次于濡源，筑立蜂台，射白熊于颓牛山，获之”。

愁台（臺）　在今河南中牟县北。《旧五代史·唐书·庄宗纪》：同光四年（926），帝至万胜镇，登路旁荒冢，“问冢名，对曰：‘里人相传为愁台。’帝弥不悦”。即此。

愁思冈　在今河南安阳县西南十五里。《新唐书·肃宗纪》：乾元二年（759）一月，“郭子仪及安庆绪战于愁思冈，败之”。《明一统志》卷28彰德府：愁思冈“陈思王植不为魏文帝所容，于此悲吟，因名。契丹主执晋少帝及母后、辅臣至此冈。后人讹呼为愁死冈”。

愁思塠　亦作愁思堆。在今陕西蓝田县南。《晋书·桓温传》：东晋永和十年（354），温由江陵北伐苻健，“健又遣子生、弟雄众数万屯峣柳、愁思塠以距温，遂大战，生亲自陷阵，杀温将应诞、刘泓，死伤千数”。《载记》作堆。

愁猿岭　在今江西安福县西。《方舆纪要》卷87吉安府安福县：愁猿岭“在县西百二十里。崎岖险峻，行旅艰苦，故岭曰愁猿，凹曰怯马”。

筹边楼　①唐太和四年（830）剑南西川节度使

李德裕建，在今四川成都市旧城西。《新唐书·李德裕传》："筹边楼，按南道山川险要与蛮相入者图之左，西道与吐蕃接者图之右。其部落众寡，馈饷远迩，曲折咸具。乃召习边事者与之指画商订，凡虏之情伪尽知之。"女诗人薛涛有《上筹边楼》诗。唐末毁。南宋淳熙三年（1267），范成大重建于子城西南。明代又重建于今市东城大慈寺前。后圮。

②在今四川理县东北薛城镇（旧维州）。《清一统志·杂谷直隶厅》：筹边楼"在厅治西城上。相传唐西川节度使李德裕曾于此筹边，楼因以名。本朝雍正年间修"。筹边楼及古城门仍存。

③在今江苏扬州市南。《方舆胜览》卷44扬州故城谓筹边楼为宋郭棣即遗址建。

筹坑山 在今福建政和县东北。《方舆纪要》卷97建宁府政和县：筹坑山在"县东北二十里。山高广，峰岩泉石种种奇胜。共最高者曰天柱峰"。

筹岭寨 南宋建炎中于寿岭上筑，在今福建建瓯市东南一百二十里筹岭。元置巡司于此。明于岭下置筹岭镇。

筹岭镇 即今福建建瓯市东南筹岭。《方舆纪要》卷97建宁府建安县：筹岭镇在"府东南百二十里。宋建炎中置筹岭寨于筹岭上。元改为巡司。明洪武四年改置于岭下龙门桥头，即今司也"。

筹笔驿 在今四川广元市北朝天镇。一说在今广元市东北神宣驿。《舆地纪胜》卷184利州：筹笔驿"在绵谷县，去州北九十九里。旧传诸葛武侯出师尝驻此。唐人诗最多"。《方舆纪要》卷68广元县：筹笔驿，"诸葛武侯出师运筹于此。唐宋皆因旧名。即今朝天驿也。《志》云：驿有朝天古渡，即潜水所经"。自陕西汉中至此，分两路至成都：一是自驿而南经苍溪、阆中、三台；一是自驿而西经广元、剑阁、绵阳。唐杜牧、李商隐、罗隐皆有诗。

筠山县 唐置，属羁縻筠州。治所在今四川筠连县境。后废。

筠门岭圩 即今江西会昌县南筠门岭镇。1933年中央革命根据地置筠岭县治此。

筠门镇 即今江西会昌县南筠门岭镇。地当湘水上游。《清一统志·赣州府二》：筠门镇巡司"在会昌县南八十里。旧驻湘乡，本朝乾隆三十年移此"。

筠州 ①唐武德七年（624）改米州置，治所在高安县（今江西高安市）。以地产筠篁得名。八年（625）州废。五代南唐保大十年（952）复置。辖境相当今江西高安、宜丰、上高、万载、清江等县地。北宋时缩小，仅相当今高安、上高、宜丰三县地。南宋宝庆元年（1225）避理宗讳，改名瑞州。

②唐置羁縻州，属戎州都督府。治所在今四川筠连县东南三十里黄牛山。宋属叙州。元改置筠连州。

筠连州 元世祖至元十五年（1278）改筠州、连州置，属永宁路。治所腾川县（在今四川筠连县）。辖境相当今四川筠连县地。明洪武四年（1371）降为筠连县。

筠连县 明洪武四年（1371）改筠连州置，属叙州府。治所在今四川筠连县。明曹学佺《蜀中名胜记》卷15：筠连县"四山皆竹，一色相连，因谓之筠连"。十年（1377）废入高县，十三年（1380）复置。正德十三年（1518）改属高州。清属叙州府。《清史稿·穆宗纪》：同治元年（1862），太平天国"石达开陷筠连"。即此。民国初属四川永宁道。1928年直属四川省。

筠岭县 又称门岭县。1933年7月中央革命根据地由会昌、寻邬二县析置，驻筠门岭圩（今江西会昌县南筠门岭镇）。1934年5月废。

箪子坪长官司 明永乐三年（1405）置，属保靖州宣慰司。治所在今湖南凤凰县东北竿子坪乡。

箪子哨 即今湖南凤凰县东北五十六里竿子坪乡。明置箪子坪长官司于此。清严如熤《苗疆险要考》谓"峰峦环绕，溪流映带，地势颇为平衍，明置土司守其地。为三磴坡、火麻塘、白羊洞各苗寨总路，与乾州镇溪所俱为扼要之地，镇箪得名由此"。

箪子隘 在今湖南城步苗族自治县东南。《清一统志·宝庆府二》：箪子隘"在城步县东南一百里，接广西桂林府全州界"。

筋竹关 在今浙江湖州市西南七十四里关上村。《方舆纪要》卷91长兴县：筋竹关在"县南六十五里。武康、归安径道也"。

篔筜谷 在今陕西洋县西北五里。《方舆纪要》卷56洋县"青谷"条下：篔筜谷"谷多竹，因名"。宋文同筑亭其中，名曰披锦。苏轼有《文与可画篔筜谷偃竹记》。

篔筜港 即今福建厦门市厦门岛西侧篔筜港。《明通鉴》附编：清顺治八年（1651）郑芝莞守厦门，清总兵马得功取厦门，"得功以岛屿孤悬，不敢留，出篔筜港"，即此。

箬杯岭 在今广东信宜市东北。清光绪《高州府志》卷4：箬杯岭"在县东北一百五十里。高数百丈，下临函口关，有大小箬杯之形，纡回十里，峰峦陡绝。自昔不通人迹。乾隆初，始开辟，由此行抵罗定，遂成孔道"。

笮桥 即笮桥。在今四川成都市西南南河上。《宋史·雷有终传》：咸平三年（1000）讨王均叛兵，"贼兵出通远门，与（杨）怀忠战数合，会暮，怀忠复退军笮桥，背水列阵，砦楮木桥南，以扞邛、蜀之路"。

笮都夷 古代少数民族。主要分布于今四川汉源、石棉、普格等县一带。《史记·西南夷列传》："自嶲以东北，君长以什数，徙、笮都最大。"从事农牧业生产，盛产名马"笮马"。西汉元鼎六年（前111）于其地置沈黎郡。

筰都县 亦作笮都县、莋都县。西汉元鼎六年（前111）于筰都国置，为沈犁（黎）郡治。治所在今四川汉源县东北。天汉四年（前97）废。

筰都国 亦作筰、莋都。西汉初西南夷国。都于筰都（今四川汉源县东北）。辖境相当今四川汉源、石棉、泸定、荥经等县地。《史记·西南夷列传》："自嶲以东北，君长以什数，徙、筰都最大。……蜀人司马相如亦言西夷邛、筰可置郡。"元鼎六年（前111）杀筰侯，以筰都置筰都县及沈犁郡。

简子城 在今河北景县西北。《方舆纪要》卷13阜城县：简子城"在县东南三十里。相传赵简子所筑。一名东城，城下有简子津"。

简州 ①隋开皇九年（589）平陈后置，治所在宁浦县（今广西横县西南七里郁江南岸）。十八年（598）改为缘州。唐武德四年（621）复置简州。辖境相当今广西横县地。六年（623）改为南简州。

②隋仁寿三年（603）置，治所在阳安县（今四川简阳市西北绛溪河北岸）。《元和志》卷31简州："因境有赖简池为名。"大业三年（607）废。唐武德三年（620）复置，天宝元年（742）改为阳安郡，乾元元年（758）复为简州。辖境相当今四川简阳市及金堂县部分地。元属成都路。省阳安县入州。明洪武六年（1373）降州改简县。正德八年（1513）复升为简州，属成都府，移治今简阳市。清不辖县。1913年废州，改为简阳县。

③唐武德五年（622）改云州置，治所在曲阿县（今江苏丹阳市）。《新唐书·地理志》简州："以县南有简渎取名。"八年（625）废。

简池坝 即今陕西镇巴县西南二百四十里简池镇。清置巡司于此。

简阳市 1994年撤销四川省简阳县，改设简阳市，市人民政府驻简城镇。2000年由资阳市代管。

简阳场 在今四川简阳市。为盐场。元置简盐场。明代有九盐井，在市北十里设盐课司。清代有盐井九十三，设石桥井州判。民国设场知事。

简阳县 ①亦作涧阳县。西晋太康七年（286）置，属宁浦郡。治所在今广西横县西飞龙村附近江口村。南朝宋改为涧阳县。齐复名简阳县。梁为简阳郡治。隋开皇九年（589）平陈后废。

②1913年改简州置，后属四川西川道。治所即今四川简阳市。取简州、阳安各一字为名。1928年直属四川省。1994年改设简阳市。

简阳郡 南朝梁分宁浦郡置，属龙州。治所在简阳县（今广西横县西飞龙村附近江口村）。隋开皇九年（589）平陈后废。

简村 在今江苏吴江市南。《方舆纪要》卷24吴江县"黎里镇"条内："简村在县东南十五里。地名充浦。宋建炎五年，金人犯境，官军尝顿于此。今有简村巡司。"清于此置太平湖营千总。

简县 明洪武六年（1373）降简州置，属成都府。治所在今四川简阳市西北二里绛水河北岸。正德八年（1513）复升为简州。

简河 古九河之一。在今河北东光县、山东德州市以北。《尚书·禹贡》疏："简，大也。河水深而大……在东光之南，鬲县之北。"清蒋廷锡《尚书地理今释》："河间府南皮县城外有简河、絜河，二河相去最近。"元于钦《齐乘》卷2："沧州之南有大连淀……淀南至西无棣县百余里间，有曰大河、曰沙河，皆濒古堤，县北地名八会口，县城南枕无棣沟，兹非简、絜等河欤？"

简陵 唐懿宗李漼的陵墓。在今陕西富平县西北。《新唐书·地理志》富平县："简陵在西北四十里。"宋敏求《长安志》卷19富平县："懿宗简陵在县西北四十里紫金山会善、永闰两乡范村。封内四十里，下宫去陵七里。"

简渎河 俗名香草河。在今江苏丹阳市西南。《方舆纪要》卷25镇江府丹阳县：简渎在"县南五里。《志》云：唐置简州，以渎名也。俗呼渎河。明景泰六年尝浚治。东北接漕河，南通延陵镇"。

筦城 即管城。在今河南郑州市。《汉书·地理志》河南郡中牟县："有筦叔邑。"颜师古曰："筦与管同。"《水经·渠水注》：不家沟水"东北流径管城西。故管国也。周武王以封管叔矣"。

〔丿丨〕

傿县 亦作隱。西汉置，属陈留郡。治所在今河南柘城县北三十里远襄乡。东汉为隱县。西晋废。

傿陵 即"鄢陵"。在今河南鄢陵县西北十八里古城村。

傿陵县 西汉置，属颍川郡。治所在今河南鄢陵县西北十八里古城村。东汉改为隱陵县。

毁金桥 在今四川成都市东北。《宋书·刘道济传》：元嘉十年（433），程道养攻成都，"二月，道养于毁金桥升坛郊天，方就柴燎，（裴）方明将三千人出击之，贼列陈营前死战，日夕乃大败"。即此。

鼠石 在今广东封开县东北。《元和志》卷34封州开建县："鼠石，在县（治今封开县东北南丰镇东）东北二十四里。旁有三穴，皆容人居止。其石上时多石斛。石高五十丈，周回五里。"《寰宇记》卷164封州开建县："灵鼠石在县东二十里。"《清一统志·肇庆府》引《旧志》谓："石在昭埇山。"

鼠场汛 清置，属归化厅。在今贵州紫云苗族布依族自治县东南百十里。清有外委驻守。

鼠场营 明洪武二十二年（1389）置，属普安州。在今贵州普安县南。明万历《贵州通志》卷9普安州有鼠场营。清乾隆《黔南识略》卷28普安县：顺治十八年（1661）"拨普安州马乃、楼下、鼠场、安逸五土里……设普安县"。

鼠囤 亦作老鼠囤。在今四川屏山县境。《明史·

李应祥传》：万历间讨腻乃，“游击万鏊蹑击撒假于鼠囤，获其妻子”。

鼠街 在今云南景东县东北。清咸丰六年（1856）李文学彝族起义军占据此地，曾设都督于此。

牒珍州 唐开元十七年（729）置羁縻州，治所在今四川泸定或汉源、石棉等县境。北宋又作牒琮州。后废。

牒琮州 即牒珍州。在今四川泸定或汉源、石棉县境。

魁山 在今湖北罗田县东。《明一统志》卷61黄州府：魁山“在罗田县东六十里。形势嵯峨，高出众山。故名”。

魁父 今河南开封县南。《列子·汤问》卷5：北山愚公欲率其家平山以通往来。其妻疑难曰：“以君之力，曾不能损魁父之丘。”注：“魁父，小山也。在陈留界。”即此。

魁屿 即今福建霞浦县东南魁屿。见于清《海国闻见录》图。

魁孙拖罗海山 即今青海省青海湖中之海心山。唐代称龙驹岛。《清一统志·青海厄鲁特》：魁孙拖罗海山“在青海中，峰峦纯白，上有小庙，庙内番僧于冰合时，出取一年之粮入居焉”。

魁玛屯 亦作葵马、奎密。在今俄罗斯哈巴罗夫斯克边疆区黑龙江下游东岸波卡洛夫卡附近。清初属宁古塔将军。康熙《皇舆全览图》：黑龙江下游葵马河口有“葵马噶山”。后属三姓副都统。光绪《吉林通志》卷17：混同江南岸，东至海滨旧设噶珊有“魁玛”。咸丰年间通过不平等的中俄《北京条约》被俄割占。

魁岩 在今广东云浮市东北。《清一统志·罗定府》：魁岩“在东安县（今云浮市）东北二十五里。甚峻峭。前有疏林曲沼，胜敌九星”。

魁星岩 在今福建永春县西南十二里奎峰山麓。旧名詹岩。南宋乾道间，乡人颜应时、陈朴尝在此读书，同登进士，遂改奎峰山为魁星山，改詹岩为魁星岩。岩宇始建于唐会昌年间，历代均有重修。为重檐歇山式砖木结构，面阔五间，进深三间。祀如来、魁星等。明代乡人曾在此抗倭；清咸丰间，响应太平天国的林俊起义以此为根据地抗击清军。

魁楼江 在今湖南湘阴县南。《清一统志·长沙府》：魁楼江“在湘阴县南二十里，会悬藤、梅子二港水，西北流入湘。水涸时，不通舟楫”。

〔丿丿〕

衙 即彭衙、彭戏。在今陕西白水县东北南衙村、北衙村。《史记·秦始皇本纪》：“宪公享国十二年，居西新邑。死，葬衙。”《索隐》：“宪公灭荡社，居新邑，葬衙。”

衙门台 即今内蒙古科尔沁左翼中旗驻地保康镇。1939年改名保康。1956年科尔沁左翼中旗迁治于此。

衙门坡 在今越南莱州省西北的杨蒙佛。清代为临安府纳楼土司建衙门进行统治的据点。《滇南界务陈牍·普界陈牍·刀丕文禀》：“至衙门坡，有夷人茅屋三十五家。此地询据土人佥称：旧时临安府属纳楼土司曾于此建过衙门，管理普方、里方、目初等地，故名。”

衙县 战国秦置，属内史。治所在今陕西白水县东北四十里南彭衙村、北彭衙村。出土秦封泥中有“衙丞之印”可证。西汉属左冯翊。东汉永初五年（111）曾徙上郡治此。后废。西晋惠帝时复置。寻省。

衙住洞 在今湖南保靖县南。《清一统志·永顺府》：衙住洞“在保靖县南。出纹石”。

衙岭山 在今陕西眉县西南三十里。《汉书·地理志》右扶风武功县：“斜水出衙岭山北，至郿入渭。”《方舆纪要》卷55郿县：衙岭山，“褒水出其南，斜水出其北，雍梁之间称为阻隘，俗谓之马鞍山”。

衙前市 即今浙江杭州市萧山区东衙前镇。明万历《萧山县志》卷2：治东三十里有衙前堰。民国《萧山县志》作衙前市。

衙前街 即今江西遂川县北七十里衙前镇。清乾隆二十四年（1759）移秀州巡司驻此。

微 ①商、周时方国。在今陕西眉县西南。殷末，参加周武王伐纣战争。《尚书·牧誓》：“及庸、蜀、羌、髳、微、卢、彭、濮人，称尔戈，比尔干，立尔矛，矛其誓。”一说“微”通“眉”，在今四川眉山县。

②春秋时鲁邑。在今山东梁山县西北境。《春秋》：庄公二十八年（前666），“冬，筑郿”。《公羊》、《穀梁》作“微”。《水经·济水注》：“济水又北径微乡东。……东平寿张县西北三十里有故微乡，鲁邑也。”

微山 在今山东微山县（夏镇）南。《元和志》卷9沛县：“微山，上有微子冢。”

微子城 ①在今山西潞城市东微子镇。《魏书·地形志》：上党郡壶关县有微子城。《方舆纪要》卷42潞城县：“微子城在县东北十五里。纣都朝歌，潞在畿内，微子盖食采于此也。”

②在今山东聊城市东北。《寰宇记》卷54博州聊城县：微子城“纣之庶兄封邑于此，故有城存”。《方舆纪要》卷34东昌府聊城县“郭城”条内：“微子城在府东北十八里。《城冢记》：商受封微子于此。周改封之于商丘。”

微子镇 清置，属潞城县。即今山西潞城市东微子镇。

微水 ①即今河南新密市之艾坪河，由市西南向东北流，至市东南入洧水。《水经·洧水注》：“洧水又东，微水注之。水出微山，东北流入于洧。”

②即今湖南岳阳县北新墙河，注入洞庭湖。《水经》：湘水“又北过下隽县西，微水从东来流注”。郦道元注：“湘水左则沅水注之，谓之横房口，东对微湖，世或谓之麋湖也。右属微水，即经所谓微水经

下雋者也。”

微水镇　即今河北井陉县治。清同治《畿辅通志》卷50井陉县图：东北有微水镇。1960年井陉县迁治于此。

微州　唐贞观十一年（637）改西利州置，治所在深利县（今云南永仁县）。辖境约当今云南永仁县和四川攀枝花市金沙江以南地。天宝后废。

微阳县　西晋武帝改建始县置，属上庸郡。治所在今湖北竹山县西北。南朝梁废。

微落山　即今湖南岳阳市东北道人矶。《水经·江水注》：“江之右岸有城陵山，山有故城，东接微落山，亦曰晖落矶。”《清一统志·岳州府一》谓即道人矶。

〔丿丶〕

遥坝砦　北宋置，属合江县。即今四川合江县西南七十里尧坝镇。宣和三年（1121）废，次年（1122）复置。元初废。

遥遥岩　原名窑窑。在今安徽绩溪县东北。为徽、杭古道上重要关隘，有江南第一关之称。《方舆纪要》卷28绩溪县：遥遥岩在“县东八十里。巑岏陡绝，有大石门。宋宝祐中，辟为磴道，凡五里余，由此东达临安。元大德中，复伐石为栏，以障深险。明成化中，亦尝修治”。

遥墙镇　金置，属历城县。即今山东济南市东北历城区遥墙镇。

〔丿㇇〕

腻革龙　又称革龙。在今云南丘北县西南一百里。《清一统志·广西直隶州》：革龙山“在废维摩州。明末沙定洲遁归，屯田此山，李定国围三年乃克之。今城址尚存，为通广西驿路”。彝语“腻”为红，“革”为弯，“龙”为城，意即红土弯的城。其南的大城山，即因沙定洲建城堡与李定国相持而得名。

腰山王氏庄园　在今河北顺平县东北腰山镇。庄主王锡衮为汉军正黄旗将领，清军入关时受封于此圈地定居。顺治四年（1647）至乾隆十一年（1746）陆续建成庄园。庄园的高墙内分布着多套宅院，命名为“堂”。有顺治初年建的北园“思义堂”和“尊义堂”，康熙初年扩建的南园“仁和堂”、“梦和堂”和中园“述和堂”、“尚礼堂”等。康熙三十五年（1696）至乾隆十一年（1746）王氏家族将庄园扩建至五十余套宅院。道光时王氏家族败落，庄园部分衰败，现存古建筑一百六十间（座）。腰山王氏庄园反映了清初贵族圈地定居，并用几代人的时间完成生活方式，从军旅到农商转变的史实。2001年定为全国重点文物保护单位。

腰古驿　在今广东云浮市东南腰古镇。《方舆纪要》卷101肇庆府新兴县：腰古驿“在县北五十里。旧无城，宏治八年以瑶劫掠，乃筑城戍守”。清有外委千总驻防。

腰古隘　在今广东平远县西北。《方舆纪要》卷103平远县：腰古隘“在县西北。东南去程乡县二百余里，径路险狭，丹崖若壁，长三十余里，通赣州安远县”。

腰沟营抗日根据地　在今吉林汪清县北腰沟营。1933年春成立了腰沟营区苏维埃政府。1935年3月根据地撤销。

腰陂墟　即今湖南茶陵县东北二十五里腰陂水之西腰陂镇。明崇祯《长沙府志》作腰陂。清光绪《湖南通志》卷1茶陵州图作腰陂墟。

腰店　即今河南邓州市东二十里腰店乡。清尹耕云《豫军纪略》卷1：同治三年（1864）三月，太平军“后股尚在邓州桑庄、腰店”。

腰驿　明置，属会川卫。在今四川会理县西南凤营乡。《方舆纪要》卷74会川卫军民指挥使司：腰驿“在卫南七十里。又南七十里为黎溪驿”。

腰带山　在今河北唐山市丰润区东北八十里。《明一统志》卷1顺天府：腰带山“上有石崖绕山之畔，如束带然。中有灵泉寺遗址”。

腰带河　在今贵州惠水县西南卢山镇南。《方舆纪要》卷121定番州：腰带河“在（卢山长官司）司治南。又摆游河，在司西三十里。下流俱入于都泥江”。

腰站　即今云南禄丰县东南二十九里腰站。明、清时为炼象关。

腰站街　亦作药家镇。又名谭家铺。即今山东平原县西南腰站镇。清乾隆《平原县志》卷2：腰站在“县西南五十里”。明清时为驿站，因地处恩县、高唐间，故名。

腰营山　在今四川兴文县北。《方舆纪要》卷72泸州卫：腰营山在“卫北二十里。明初命将南征，师出州境，尝屯驻于此”。

腰铺　①即今安徽和县西腰埠村。清光绪《直隶和州志》卷4：腰铺在“州西三十里”。

②即今安徽滁州市南腰铺镇。清光绪《滁州志》图：州南有腰铺。

腰鼓岭　在今山西武乡县西北。《资治通鉴》：唐会昌三年（883），刘稹部将康良佺为王逢军击败，“良佺弃石会关，退屯腰鼓岭”，即此。

腰鼓城　即吴越国杭州罗城。在今浙江杭州市。唐景福二年（893）钱镠建。周七十里。因其南北修长，东西狭窄，形似腰鼓，故名。

腹里（裏）　元代对中书省直辖地区之称呼。《元史·地理志》：“中书省统山东西、河北之地，谓之腹里。”其地相当今北京、天津、河北、山西、山东、内蒙古等省、直辖市、自治区及河南、吉林、辽宁等省部分地区。

腾川县　元置，为�连州治。治所即今四川筠连县。后废入筠连州。

腾云（雲）洞　在今贵州凤冈县南三十里。明曹学佺《名胜志》："平地突起一峰，四面险阻，中通一孔，仅可容人。入数十步，洞中高阔各五七丈，左右有罅通明者五。"一名太极洞。

腾云（雲）嶂　在今福建明溪县东南。《方舆纪要》卷98归化县：腾云嶂在"县东南九十里。高约五百丈，周百里，其形如盖"。

腾冲（冲衝）千户所　明永乐元年（1403）改腾冲府置，属金齿军民府。治所即今云南腾冲县。宣德六年（1431）直属云南布政使司。正统十年（1445）升为腾冲军民指挥使司。嘉靖三年（1524）改置腾越州，十年罢司为腾冲卫。

腾冲（衝）卫　明嘉靖十年（1531）降腾冲军民指挥使司置，属云南都司。治所即今云南腾冲县。清康熙二十六年（1687）废。

腾冲（衝）市　2015年撤销腾冲县，改设腾冲市，市人民政府驻腾越镇山源社区官厅小区81号。腾冲市由云南省直辖，保山市代管。

腾冲（衝）军民指挥使司　明正统十年（1445）升腾冲守御千户所置，属云南都司。治所即今云南腾冲县。辖境比今云南腾冲县大。嘉靖十年（1531）废司改腾冲卫。

腾冲（衝）县　1913年废腾越厅改置，后为云南腾越道驻地。治所即今云南腾冲县。1929年直属云南省。1956年至1963年属德宏傣族景颇族自治州。

腾冲（衝）府　宋大理国改软化府置，治所在西源城（今云南腾冲县西郊西山坝）。辖境约当今云南腾冲县、德宏傣族景颇族自治州大部及缅甸北部地。元至元十一年（1274）改藤越州，十四年（1277）复置腾冲府，属大理路。治所即今云南腾冲县。明洪武三十一年（1398）废。

腾充城　又作藤充。唐南诏置，为软化府治所。在今云南腾冲县西郊西山坝。

腾串　即腾川县。在今四川筠连县。《元史·世祖纪》：至元十四年（1277），"诏谕泸州西南蛮王阿永、筠连、腾串等处诸蛮夷，使其来附"。即此。

腾桥市　又作藤桥。即今江西抚州市临川区东南腾桥镇。明弘治《抚州府志》卷6临川县："藤桥在城南七十里。"清同治《江西全省舆图》卷2：临川县东南有藤桥。

腾格尔池　亦作腾格里湖、腾噶里湖。今西藏班戈、当雄二县间纳木错。清乾隆《卫藏通志》卷3《山川》：腾格尔池"在拉撒西北，日喀则城东北，其东北隔山即潞源之布喀池，其北隔山则流沙也。池广六百余里，周千里，东西长，南北狭，蒙古呼天为腾格尔，即天池也"。

腾格里泊　古名屠申泽。又名腾格里鄂模、腾格里脑儿。在今内蒙古磴口县西北。据传1950年以前还有湖泊存在，其后即逐渐干涸。《清一统志·鄂尔多斯》"临河旧城"条："按黄河北流，经古朔方之西，行五百余里，一支分为二歧东注。《水经》所谓南河也。其北河流至套外之阿尔布坦山南，以西溢为大池，土名腾格里脑儿。即古屠申泽也。"

腾格里湖　即腾格尔池。今西藏班戈、当雄二县间纳木错。东西长70公里，南北宽30公里。海拔4718米。为西藏第一大内陆湖和我国第二大咸水湖。"腾格里"系蒙古语。藏语称纳木错，皆天湖之意。

腾越八关　在今云南腾冲县西，以至缅甸境内。明万历间云南巡抚陈用宾设以备缅。铜壁、万仞、神护、巨石为上四关，铁壁、虎踞、天马、汉龙为下四关。

腾越厅　清嘉庆二十四年（1819）升腾越州为腾越直隶厅，属云南省。治所即今云南腾冲县。辖境约当今云南腾冲县，德宏傣族景颇族自治州大部及缅甸部分地区。道光二年（1822）降属永昌府。1913年废。

腾越州　元世祖至元十一年（1274）改腾冲府置，属大理路。二十五年（1288）废。明嘉靖三年（1524）复置，属永昌府。治所即今云南腾冲县。乾隆《腾越州志》："藤则细者可以为绳，大者为枝，凡百器皿皆可以为。而腾越所独名州，则以此焉。"清嘉庆二十四年（1819）升腾越厅。

腾越县　亦作藤越县。元世祖至元十一年（1274）置，为腾越州治。治所即今云南腾冲县。二十五年（1288）废。

腾越道　1914年由滇西道改置，属云南省。治腾冲县（今云南腾冲县）。辖境约当今云南德钦、中甸、宁蒗、华坪、永仁、大姚、姚安以西，瑞丽、畹町、潞西、龙陵、镇康、耿马、云县、南涧、南华以北地区及四川攀枝花市金沙江南岸地。1929年废。

腾溪县　南齐置，属桂林郡。治所当在今广西柳州市附近地。后废。

腾额尔哲库站　又作登伊勒哲库。清置，在今吉林榆树市西南秀水镇。《清一统志·吉林二》"金州鄂佛罗站"条下："法特哈站，又西北五十里至腾额尔哲库站。"

腾鳌堡　即今辽宁海城市西北六十里腾鳌镇。清光绪《奉天全省地舆图说图志》海城县图：西北有腾鳌堡。

塍州　即胜州。辽置，治所在今吉林公主岭市北怀德镇东北。后废。

鹏化山　在今广西桂平市西北，与武宣县连界。为大瑶山支脉。清道光年间，洪秀全、冯云山在此传教。清王定安《湘军记》卷1：咸丰元年（1851）八月，太平军分水陆攻大黎、永安，"向荣由桂平追之，乌兰泰、秦定三由鹏化山追之"。

鹏茄啰国　亦作西天鹏茄啰国。故地在今孟加拉国和印度西孟加拉邦一带。南宋赵汝适《诸蕃志》卷上："西天鹏茄啰国都号茶那咭城，国一百二十里。民物好胜，专事剽夺，以白砑螺壳磨治为钱，土产宝剑兜罗绵等布。或谓佛教始于此国。唐三藏玄奘取经曾到。”元汪大渊《岛夷志略》译作朋加剌。《明史·外国传》译作榜葛剌。清谢清高《海录》译作明呀喇，均有专条。

詹天佑故居　在今湖北武汉市江岸区洞庭街51号。詹天佑（1861—1919），广东南海（今广州）人。近代著名工程技术专家，曾主持修建中国第一条自建铁路——京张铁路。其故居系詹天佑任汉粤川铁路会办兼总工程师期间自行设计监造的住宅。建于1912年，是一栋砖木结构的西式二层楼房。其向阳的东、南、西三面环以回廊，其中东立面回廊采用券柱式，南、西立面则为廊庑。主入口为八字形石台阶，大门、走廊均居于正中，呈内走廊布局。在上下两层走廊的两侧各有三间大小不等的房间。顶部为红瓦四面坡屋面，设有阁楼和老虎窗。詹天佑故居是武汉市目前保存最完整的科技名人故居。2001年定为全国重点文物保护单位。

詹卑　在今印度尼西亚苏门答腊岛巨港北之占碑。三佛齐国于11世纪中叶由浡淋邦（今巨港）迁都于此。南宋周去非《岭外代答》卷2“三佛齐国”条：“至神宗元丰二年七月，遣詹卑国使来贡。”

詹墟　即今江西乐安县城。《清一统志·抚州府一》：乐安故城，“《县志》，县初置于古塘，在今县北，后徙于詹墟。本严城市，宋景祐进士詹镐，为崇仁簿，家于此，故名詹墟”。

鲇鱼口水　在今江苏吴江市西北十八里。上承太湖，北流入吴县界，为娄江上源。《方舆纪要》卷24苏州府吴江县：鲇鱼口“自太湖分流出此，又北汇为默塘，北过五龙桥，入吴县界盘门运河”。

鲇鱼口镇　一名鲇鱼套。在今湖北武汉市武昌城区西南。明、清置巡司于此。

鲇鱼关　①亦作鲇鱼石关。在今河北遵化市西北四十里。为明长城关口之一。《明史·朵颜传》：正德十年（1515），“花当子把儿孙以千骑毁鲇鱼关，入马兰谷峪大掠”。

②在今贵州玉屏侗族自治县东北鲇鱼铺。其旁有鲇鱼洞。清张澍《黔中纪闻》：“鲇鱼洞在玉屏大江右，石壁百丈，中凹一洞，碧水珠迸，大如筥篨，产鲇鱼焉。或曰，洞中一石，垂为鲇形，故名也。”

鲇鱼峡　在今贵州思南县西南十里。《清一统志·思南府》引《府志》：“两崖壁立，下有一孔，若鲇鱼口，长十余里。乌江经此，湍流澎湃，险不可言。”

鲇鱼洲　在今江西高安市东。《清一统志·瑞州府》：鲇鱼洲“在高安县东二十五里，当锦江水口之冲。水流突起，竹木萦回，为县之胜”。

鲇鱼站堡　即今湖南新晃侗族自治县西二十里鱼市镇。《方舆纪要》卷81沅州西一百二十里有“鲇鱼站堡”。

鲇渎镇　隋置，属蒲圻县。即今湖北嘉鱼县。《寰宇记》卷112嘉鱼县：“隋之鲇渎镇，以多生鲇鱼为镇名。”五代南唐升为嘉鱼县。

鲊希黑营　明置，属普安州。在今贵州盘县北境。万历《贵州通志》卷9：普安州有鲊希黑营。

鲋鰅山　亦作务禺山、附禺山。又名广阳山。在今河南内黄县南。《山海经·海内东经》：“汉水出鲋鱼之山，帝颛顼葬于阳，九嫔葬于阴。”

鲍　古城名。在今山东济南市城东三十里。《寰宇记》卷19历城县引《三齐记》称：鲍城“鲍叔牙所食邑也”。《明一统志》卷22济南府载：“世传鲍叔牙、管仲分金于此，山下有鲍城。”

鲍口　①在今河南漯河市召陵区东南四十里沱沟。《魏书·邢峦传》：豫州城民白早生杀刺史，以城附南齐，“于是峦率骑八百，倍道兼行，五日次于鲍口”。即此。

②即今湖北赤壁市。隋开皇十二年（592）蒲圻县移治于此。

鲍山　在今山东济南市城东三十里。下有鲍城，以齐鲍叔牙食邑在此而命名。上有叔牙台。

鲍丘水　在今天津市蓟县、宝坻境内，东南流汇窠头河，入蓟运河。古鲍丘水上游即今潮河，下游略与今白河平行南流，折东南循今蓟运河下游入海。据《水经·鲍丘水注》：鲍丘水至古潞县（今通县东）西入沽河（今白河）。当沽河与鲍丘二水在潞县会合后，下游可互为通称，故鲍丘水入潞后又有潞河之称。宋以后上游改称潮河，潮、白合口处渐北移，且下游河道多变迁。今鲍丘河及其下游蓟运河已不尽为古鲍丘水故道。

鲍村寨　明初置巡检司，属丽水县。即今浙江武义县西南七十四里柳城镇。景泰三年（1452）于此置宣平县。

鲍陂　在今陕西西安市长安区东南。隋开皇年间改为杜陂。《隋书·高祖纪》：开皇五年九月，“改鲍陂曰杜陂，霸水为滋水”。《清一统志·西安府一》：皇子陂“《县志》：又有鲍陂，在（咸宁）县南凤栖原东南”。

鲍店镇　清置，属长子县。即今山西长子县北鲍店镇。《清一统志·潞安府一》：鲍店镇“在长子县北四十里，为太原孔道，本朝康熙中增设驻防”。

鲍河　又名雹河。即今河北瀑河。《宋史·河渠志五》：“引漕河、鲍河、徐河，鸡距泉分注沟中，地高则用水车汲引，灌溉甚便。”《清一统志·保定府二》：雹河“即瀑河。亦名鲍河。自易州流入，经安肃县北门外，又东南径容城县南二十里，又东南经安州北二十里，又东经新安路西南，与依城河合为长流河，即古南易水也”。

鲍郎市　在今浙江海盐县西南三十里澉浦镇。《明史·地理志》海盐县：“西南有鲍郎市，有盐课司。”《方舆纪要》卷91海盐县：鲍郎市“晋隆安中，孙恩作乱，县令鲍陋遣其子嗣之御之，追贼被杀处。其地旧有鲍郎浦，今澉浦西门外曰鲍郎盐场，置盐课司于此，盖宋元时旧制也”。

鲍家店　即今湖北郧县西南鲍家店镇。清魏源《圣武记》卷10："郧县以鲍家店为要隘。"

鲍家遗址　在今山东邹平县东二十四里长山镇鲍家村西南。为新石器时代龙山文化遗存。面积10万平方米，文化层厚2米。上叠压商周至秦汉文化层。出土器物有石斧、石锛、石簇、蚌锯、铜削、铜簇、黑陶杯、鼎、鬲、篮、豆及蛋壳陶残片、磨光黑陶残片、鬶把等。

鲍婆岭　在今浙江建德市东北五十里。《方舆纪要》卷90严州府建德县：鲍婆岭"在府（治今梅城镇）东北。明初张士诚寇严州，李文忠御之于东门外，使别将出小北门，间道过鲍婆岭，由碧鸡坞绕出阵后，大破之"。即此。

鮀浦镇　即今广东汕头市西北鮀浦镇。《舆地纪胜》卷100潮州：鮀浦"去州八十里"。《方舆纪要》卷103潮州府澄海县：鮀浦镇"在县西南，有巡司，洪武三年置，本属揭阳县。嘉靖三十七年，倭犯鮀浦，又攻蓬洲千户所，即此。四十二年改今属"。

雊瞀县　西汉置，属上谷郡。治所在今河北蔚县东北。西晋废。《水经·㶟水注》：连水"出雊瞀县东，西北流径雊瞀县故城南"。

猿（猨）门山　在今四川绵阳市东北。《方舆纪要》卷67绵州：猿门山在"州北二十五里。上多猿，二峰竖立如门。旧有猿门戍"。

猿居山　在今广东封开县西北。《舆地纪胜》卷94封州：猿居山"在县北二十里。山多猿猱"。《清一统志·肇庆府》：猿居山"在封川县北三十里。一名猿岭。平冈漫坡，或起或伏。上多林木，猿狖所居。有猿岭径"。

猿猴汛　清置，属赤水厅。即今贵州赤水市东南元厚镇。据1985年版《贵州省志》（地理志上册）称："因东北悬崖上有石似猿猴，故名。"1932年设猿猴镇。1950年改名元厚镇。

猻子村　在今四川雷波县东北谷米乡猻子坝，与云南隔江毗连。民国初将黄螂分知事移驻于此。后改设县佐。

解　①春秋周邑。在今河南洛阳市西南。《左传》：昭公二十二年（前520），"王师军于汜，于解，于任人"。杜注："洛阳西南有大解、小解。"《续汉书·郡国志》河南尹雒阳县："有大解城。"

②战国魏地，在今山西临猗县西南庙上乡城东与城西二村间。《史记·六国年表第三》：周赧王二十一年（魏昭王二年，前294），"与秦战（解），（我）不利"。即此。西汉于此置解县。

解口（解 xiè）　又称解。春秋周地，在今河南洛阳市东北。《方舆纪要》卷48洛阳县："解城在故洛阳城西南。《战国策》苏代谓向寿，公与楚解口地，封小令尹以杜阳，解口即两解城也。"

解水　又名蟹河。即今安徽固镇县南澥河。源出安徽濉溪县南，东流至固镇县东南入浍河。《水经·淮水注》：解水"上承（谷阳）县西南解塘，东北流径谷阳城南……又东北流注于涣（浍河）"。

解玉溪　在今四川成都市东风路大慈寺南。《方舆胜览》卷51成都府：解玉溪"在大慈寺之南。韦皋所凿，用其沙解玉则易为功"，因名。

解州（解 hài）　五代汉乾祐元年（948）置，治所在解县（今山西运城市西南三十五里解州镇）。北宋辖境相当今山西运城市及闻喜县地，金以后扩大至今夏县、芮城、平陆等县地。金兴定四年（1220）移治平陆县（今平陆县西南旧平陆）。元属晋宁路，复还旧治。明洪武初省解县入州。清雍正二年（1724）升为直隶州，辖境缩小。1912年废，改为解县。境内有盐池，北宋分置东、西二场，明增置中场。

解州关帝庙　在今山西运城市西南解州镇西关。《清一统志·解州直隶州》载：关帝庙"在州城西门外百步，南面条山，北背硝池，创自陈隋，宋大中祥符时重建，金、元屡修。明万历中，敕庙名英烈。本朝顺治九年，敕封忠义神武关圣大帝"。清康熙四十一年（1702）毁于火，后经十余年始修复。分南北两部分。南为结义园，由牌坊、君子亭、三义阁、假山等组成。亭内有线刻结义图案一方。北部为正庙，分前、后两院。前院从端门、雉门、午门、御书楼、崇宁殿为中轴，两侧配以石坊、木坊、钟楼、崇圣寺、胡公祠、碑亭、钟亭等；后院以"气肃千秋"牌坊为屏障，春秋楼为中心，刀楼、印楼为两翼，气势雄伟。前、后院自成格局，但又是一个统一的整体。建筑以春秋楼和崇宁殿最为精致。1988年定为全国重点文物保护单位。解州常平村是三国蜀将关羽故里，故这里的关帝庙被誉为全国武庙之祖。

解池场　在今山西运城市南。《清一统志·解州》"盐池"条："《盐池图考》：今池东西长五十五里，周一百四十四里，深可数仞。宋分为东西两池，各置盐场二。明初并为东西二场，成化二十一年增置中场。安邑南者为东池，安邑西南村者为中池，解州东三里者为西池。环池旧筑拦马墙。"民国初将三场并为一，称解池场。

解苏国　即愉漫国。唐西域国名。都城在数瞒城（今塔吉克斯坦首都杜尚别附近）。唐龙朔初置天马都督府于此。

解县　①西汉置，属河东郡。治所在今山西临猗县西南三十里城东、城西二村之间。北魏太和十一年（487）改北解县。

②隋开皇十六年（596）置，属蒲州。治所在今山西运城市西南解州镇。大业二年（606）废。九年移虞乡县于此。唐武德元年（618）改为解县，属虞州。贞观十七年（643）省入虞乡，二十二年（648）复置。乾元三年（760）属河中府。北宋为解州治。明初省入解州，民国初改解州复置，属山西河东道。1928年直属山西省。1954年与虞乡县合并为解虞县。1958年并入运城县。

解冻城　即今西藏洛隆县驻地孜托镇。《清一统志·西藏》喀木诸城：解冻城"在巴塘城西北九百五十里"。

解店镇 清置，属万泉县。即今山西万荣县城。《清一统志·蒲州府一》：解店镇“有土城，周二里，南北门二。本朝康熙初建”。1954 年为万荣县治。

解家窝堡 即今吉林大安市西南新平安镇。清光绪三十一年（1905）置安广县于此。民国徐曦《东三省纪略》卷 2：安广“县治土名解家窝堡，当洮儿河之南”。

解脱坡 在今四川峨眉山市西南峨眉山凉风洞上。明曹学佺《蜀中名胜记》卷 11 峨眉县：“首坡名解脱，从出山者释危就坦，至此而尽。……过此为华严寺。”

解渎亭 在今河北安国市东北九里。《水经·滱水注》：滱水“历（安国）县东，分为二水，一水枝分东南，流径解渎亭南。汉顺帝阳嘉元年，封河间孝王子淑于解渎亭为侯国。孙宏即灵帝也”。

解梁城 在今山西临猗县西南城东、城西村之间。《左传》：僖公十五年（前 645），晋侯“赂秦伯以河外列城五，东尽虢略，南及华山，内及解梁城”。

解愁镇（解 jiě） 即今山西寿阳县北解愁乡。《清一统志·平定州》“遂成镇”条下：解愁镇“在县北”。

馍尔齐噶珊 又作梅勒奇。原为明马勒亨古站。在今俄罗斯哈巴罗夫斯克边疆区黑龙江下游左侧共青城南。清属三姓副都统。咸丰年间被俄割占。

〔丶一〕

鹑阴县 ①西汉置，属安定郡。治所在今甘肃靖远县西北。东汉改为鹯阴县。

②北魏置，为平凉郡治。治所在今甘肃华亭县西马峡镇。隋初废。

鹑孤县 西汉置，属北地郡。治所在今甘肃灵台县东北。东汉改为鹑觚县。

鹑觚县 本西汉鹑孤县，东汉改为鹑觚县，属安定郡。治所在今甘肃灵台县东北。《太平御览》卷 164 引《周地图记》曰：“秦使蒙恬北筑长城，又于北原筑城，以觚奠酒而祭，有鹑飞止觚上，因以名县。”西魏大统中移治今灵台县，为赵平郡治。北周属平凉郡。隋仍属安定郡。唐属泾州，天宝元年（742）改名灵台县。

鹑觚原 ①即浅水原。在今陕西长武县北浅水村一带。《资治通鉴》：南朝宋元嘉七年（430）十一月乙酉，“夏主自鄜城还安定，将步骑二万北救平凉，与（古）弼遇，弼伪退以诱之，夏主追之，魏主使高车驰击之，夏兵大败，斩首千级。夏主还击。登鹑觚原，为方陈以自固，魏兵围之”。即此。

②在今甘肃灵台县东北。《魏书·地形志》泾州赵平郡鹑觚县：有“鹑孤原”。《寰宇记》卷 34 邠州宜禄县：“鹑觚原，一名浅水原。”

亶甲城 传说为商王河亶甲之都城。在今河南安阳市西北。南宋王应麟《通鉴地理通释》卷 4：“亶甲城在西北五里四十步洹水南岸。”

亶丘戍 即檀丘城。在今山东临沂市东北。《方舆纪要》卷 33 沂州：亶丘戍，“梁普通五年，彭宝孙克魏琅邪，进拔亶丘。既又拔魏东莞。即此”。

亶丘城 在今山东临沂市东北。《梁书·武帝本纪》：普通五年（524），“扫虏将军彭宝孙克琅邪。甲申，又克亶丘城”。《方舆纪要》卷 33 沂州作“亶丘戍”。

亶洲 岛名。《史记·秦始皇本纪》：二十八年（前 219），“遣徐市以童男女数千人，入海求仙人”。《正义》引《括地志》云：“亶洲在东海中，秦始皇使徐福将童男女入海求仙人，止在此洲，共数万家，至今洲上人有至会稽市易者。吴人外国图云，亶洲去琅邪万里。”或以为即今日本国。

雍 ①西周初封国，姬姓。在今河南焦作市西南十五里府城村。《左传》：僖公二十四年（前 636），富辰曰：“昔周公吊二叔之不咸，故封建亲戚以蕃屏周……郜、雍、曹、滕……文之昭也。”杜注：“雍国，在河内山阳县西。”《续汉书·郡国志》河内郡山阳县：“有雍城。”

②春秋秦国都。在今陕西凤翔县西南七里南古城。《史记·秦本纪》：德公元年（前 677），“初居雍城大郑宫”。《左传》：僖公十三年（前 647），秦输粟于晋，“自雍及绛”。即此。至灵公时迁都泾阳。

③秦亡后项羽封秦降将章邯为雍王，都于废丘（今陕西兴平市东南，西汉改槐里）。辖境大约相当今陕西咸阳以西部分地及宁夏西南、甘肃东南地。汉高帝二年（前 205）攻废丘，邯自杀。

雍山 在今陕西凤翔县西北三十里。《水经·渭水注》：“雍水出雍山。”秦置雍县，因水为名。

雍门 ①战国时邑，在今江苏徐州市铜山区东南。《寰宇记》卷 15 徐州彭城县：雍门城“在县东南五十里。按桓谭《新论》云：雍门周弹琴见孟尝君。此盖其所居也”。

②在今陕西咸阳市南。《汉书·外戚传》：孝武钩弋赵倢伃父“死长安，葬雍门”。颜师古注：“雍门在长安西北孝里西南，去长安三十里。”

③秦咸阳城门。在今陕西咸阳市东。《史记·秦始皇本纪》：“秦每破诸侯，写放其宫室，作之咸阳北阪上，南临渭，自雍门以东至泾、渭，殿屋复道周阁相属。”《集解》：“徐广曰：‘在高陵县。’”一说是指秦咸阳西门。

雍乡县 三国蜀置，属永昌郡。治所在今云南澜沧拉祜族自治县北一百十里上允镇。南朝梁末废。

雍水 ①即灉水。在今山东菏泽市东北，注入雷夏泽。《史记·夏本纪》：“雷夏既泽，雍、沮会同。”《集解》：“郑玄曰：雍水、沮水相触而合入此泽中。《地理志》曰雷泽在济阴城阳县西北。”《正义》：“《括地志》云：雷夏泽在濮州雷泽县郭外西北。雍、沮二水在雷泽西北平地也。”

②即今陕西渭水支流沣水。源出凤翔县西北雍山下，东南流经岐山县西为沣水，又东经扶风、武功，会武水入渭。《水经·渭水注》：“渭水又东径雍县南，雍水注之。水出雍山，东南流……径美阳县之中亭川合武水。……又南流注于渭。”

雍水安抚司　亦作瓮水安抚司。明洪武十七年（1384）置，属播州宣慰司。治所在今贵州瓮安县北。万历二十八年（1600）改置瓮安县。

雍水寨　亦作瓮水寨。南宋绍兴中置，属黄平府。治所在今贵州瓮安县北。元置雍水长官司。明洪武十七年（1384）改置雍水安抚司。

雍氏　即雍梁。战国韩邑。在今河南禹州市东北二十四里古城镇。《史记·田敬仲完世家》：齐湣王十二年（前289），“楚围雍氏”。即此。

雍布拉岗　在今西藏乃东县东南。相传是吐蕃王朝的第一座宫殿。为西藏古代宫殿建筑遗址之一。“雍布拉岗”，藏语意为母子宫。

雍丘　西周名杞，为杞国都。春秋初杞国徙都后，始名雍丘，为宋邑。在今河南杞县。《春秋》：哀公九年（前486），“宋皇瑗帅师取郑师于雍丘”。后为郑邑。战国初为韩邑。《史记·韩世家》：景侯虔元年（前408），“伐郑，取雍丘”。即此。

雍丘五陵　在今河南杞县境。《清一统志·开封府一》：“桃陵，在杞县东南十里。……又县东南三十五里曰青陵，西南五十里曰翟陵，又东北二十里曰武陵，皆土阜也。俗亦谓之五陵。《陈留风俗传》：‘雍丘有五陵之名。’”

雍丘县　①战国魏置。后入秦，属砀郡。治所即今河南杞县。《史记·项羽本纪》：秦二世二年（前208），刘邦、项羽“西略地至雍丘，大破秦军”。即此。汉属陈留郡。北魏为阳夏郡治。隋属梁郡。唐属汴州。五代后晋天福二年（937）改为杞县，属开封府。后汉仍为雍丘县。金正隆后复改杞县。

②东晋侨置，属历阳郡。治所在今安徽和县南七十六里雍家镇。南朝梁废。

③东晋义熙十二年（416）侨置，属陈留侨郡。治所在今安徽寿县西南。隋开皇三年（583）废。

雍奴　又名邕奴。在今河北霸州市、永清、文安、大城及天津市静海县之间。《寰宇记》卷69：“《水经注》云：雍奴亦薮泽之名。四面有水曰雍，澄而不流曰奴。”《水经·鲍丘水注》：“水之南，南极滹沱，西至泉州、雍奴，东极于海，谓之雍奴薮。其泽野有九十九淀，枝流条分，往往径通。”明代称三角淀。《明一统志》卷1顺天府：三角淀“在武清县南，周回二百余里，或云即古之雍奴……其源自范瓮口、王家陀河、掘河、越深河、刘道口河、鱼儿里河诸水所聚，东会叉沽港入于海”。《清一统志·顺天府二》：三角淀，“《新志》：合相近诸淀泊，总谓之东淀”。

雍奴县　西汉置，属渔阳郡。治所在今天津市武清区（杨村）西北土门楼村。西晋属燕国。北魏移治今武清县西北旧县村，为渔阳郡治。北齐属渔阳郡，隋开皇初属幽州，大业初属涿郡。唐属幽州，天宝元年（742）改名武清县。

雍州　①古九州之一。在今陕西、甘肃二省和青海省东部地区。《尚书·禹贡》：“黑水西河惟雍州。”《尔雅·释地》：“河西曰雍州。”《周礼·职方》：“正西曰雅州。”黑水所指，说法不一，有谓今甘肃张掖河、党河者；有谓今青海大通河者。西河或河则指今山西、陕西间之黄河。

②东汉兴平元年（194）分凉州河西四郡置，治所在姑臧县（今甘肃武威市），建安十八年（213）移治长安县（今陕西西安市西北）。秦岭以北弘农以西诸郡悉属雍州。三国魏时，辖境相当今陕西关中平原、甘肃东南部、宁夏南部及青海黄河以南的一部分地。以后逐渐缩小。西晋建兴后，历为刘聪、石勒、苻健、姚苌、赫连勃勃所据。北魏仍置雍州。隋大业三年（607）废雍州为京兆郡，治所在大兴城（今西安市）。唐武德元年（618）又改为雍州。辖有今陕西秦岭以北，乾县以东，铜川市以南，渭南市以西地。开元元年（713）改为京兆府。

③十六国汉置。治所在平阳县（今山西临汾市西南）。后废。

④十六国后燕置，治所在长子（今山西长子县西南）。北魏废。

⑤十六国前秦甘露元年（359）置，治所在安定郡安定县（今甘肃泾川县北五里）。后移蒲坂（今山西永济市西南蒲州镇）。后废。后秦复置，治所在安定县。后废。

⑥十六国夏国置。治所在阴密（今甘肃灵台县西南）。后移安定郡（今甘肃泾川县北），又移长安（今陕西西安市西北）。后废。

⑦东晋孝武帝时在襄阳县（今湖北襄阳市）侨置。南朝宋元嘉二十六年（449）割荆州北部襄阳、南阳、新野、顺阳、随五郡为雍州，而侨郡县犹寄寓诸郡界。大明中，又分实土郡县以为侨郡县境，仍治襄阳县。南齐辖境相当今河南西峡、方城以南，泌阳以西，湖北南漳、钟祥以北，十堰、南漳以东，汉水中游流域。西魏恭帝元年（554）改为襄州。

雍江市　五代后蜀明德四年（937）于此置招葺院，属盐亭县。治所在今四川盐亭县东南一百里金鸡镇。北宋乾德四年（966）改置东关县。

雍村　在今四川江油市北大康镇平通河西岸旧县坝。宋进士雍繁孙所居，故名。《宋史·地理志》龙州：“宝祐六年徙治雍村。”即此。

雍村河　即今四川江油市西北之平通河。清嘉庆《四川通志》卷15江油县：雍村河“在县西南二十里。又名平通河，俗名小江河。其流自平武县界来，径县西，又四十里从北而南至彰明界入涪江”。雍村在河西岸，南宋宝祐间迁龙州及江油县于此。

雍县 战国秦以旧都雍邑置，治所在今陕西凤翔县西南七里南古城。《元和志》卷2凤翔府天兴县：“四面高曰雍。又四望不见四方，故谓之雍。”秦属内史。汉属右扶风。三国魏属扶风郡。北魏移治今凤翔县东南义坞堡，为平秦郡治。西魏为岐山郡治。隋初移治今凤翔县，大业初为扶风郡治。唐为岐州治，至德二年（757）改名凤翔县。

雍希叶（葉）布土司 清雍正时置，属西宁办事大臣。驻牧地在今青海称多县东北查曲流域。乾隆《西宁府新志》卷19塞外贡马番族：“住牧扎苦地方雍熙叶布族，距阿里克四百余里。”民国周希武《玉树调查记》卷下：“雍希叶布一作永沙普，今称永夏。”

雍鸡县 西汉置，属郁林郡。治所在今广西龙州县北。东汉废。

雍齿山 在今四川什邡市南。《寰宇记》卷73什邡县：“雍齿山在县南四百步。《汉书》封雍齿侯国。《汉书》高帝六年封雍齿为什邡侯，至汉元鼎五年，以酎金国除也。”《方舆纪要》卷67什邡县：雍齿城“今城南有雍齿山”。

雍齿城 在今四川什邡市。《史记·留侯世家》：高帝六年（前201），“封雍齿为什方侯”。《正义》引《括地志》云：“雍齿城在益州什邡县南四十步。汉什邡县，汉初封雍齿为侯国。”

雍和宫 清康熙三十三年（1694）建，在今北京市东城区雍和宫大街东侧。最初是雍亲王府，为胤祯即位前的府邸。雍正三年（1725）改名雍和宫。十三年（1735）因停放胤祯灵柩，将宫内主要建筑改易黄瓦，并立雍正帝影像于永佑殿，改名神御殿，雍和宫成为清帝供祀祖先之影堂。乾隆九年（1744）改为喇嘛庙。是北京地区现存最大、保存最完整的喇嘛庙。主要殿宇万福阁为黄琉璃瓦歇山顶三层楼阁。内有檀香木雕弥勒立佛一尊，高18米，为我国最大木雕佛像之一。法轮殿平面呈十字形，殿内供铜质宗喀巴大师像，像后有五百罗汉山。黄琉璃瓦殿顶上设五个小阁，阁上各有小型喇嘛塔一座，具有典型的喇嘛寺建筑风格。1961年定为全国重点文物保护单位。

雍店 在今河南沁阳市北二十四里新店。《资治通鉴》：唐会昌三年（843），王茂元军万善，刘稹牙将刘公直等“潜师先过万善南五里，焚雍店”。清道光《河内县志》卷8：“父老相传，新店即雍店，因公直焚后更建，故名。”

雍泔水 即今四川丹棱、洪雅二县境之安溪河。《寰宇记》卷74洪雅县有滩甘水。《方舆纪要》卷71丹棱县：雍泔水“在县南二十里。下流合青衣水。《州志》：蛮语药曰雍，浆曰泔。是水可以愈疾，而甘美如浆也”。

雍郎客都等处长官司 元置，属新添葛蛮安抚司。治所在今贵州罗甸县东北克度。明洪武中废。

雍城 春秋时秦都。在今陕西凤翔县南。《史记·秦本纪》：德公元年（前677），“初居雍城大郑宫。以牺三百牢祠鄜畤，卜居雍”。即其地。战国时孝公于此置雍县。

雍城门 在今江苏徐州市铜山区东南。《寰宇记》卷15徐州彭城县：“雍城门在县东南五十里。按桓谭《新论》云，雍门周弹琴见孟尝君。”

雍城镇 在今陕西凤翔县东五里。《元和志》卷2凤翔府：“后魏太武于今（岐）州理以东五里筑雍城镇，文帝改镇为岐州，隋开皇元年于州内置岐阳宫，岐州移于今理。”

雍洛城 在今河北涿鹿县西南。《水经·㶟水注》：“㶟水又东径雍洛城南。《魏土地记》曰：下洛城西南二十里有雍洛城。”即此。

雍真乖西葛蛮等处长官司 元置，属顺元等路军民安抚司。治所在今贵州开阳县东北。后废。

雍陵 在今河南新安县北。五代唐庄宗陵。《旧五代史·唐书·庄宗纪》：天成元年（926），庄宗“葬于雍陵”。后晋避讳改为伊陵。《清一统志·河南府三》：雍陵“在新安县北七十里黄坂峪”。

雍梁 又名雍氏。春秋郑邑。在今河南禹州市东北二十四里古城镇。《左传》：襄公十八年（前555），楚师伐郑，“芳子冯、公子格率师侵费滑、胥靡、献于、雍梁”。杜注：“河南阳翟县东北有雍氏城。”又三十年（前543），郑“伯有奔雍梁”。

雍渝 即雍榆。在今河南浚县西南瓮城。《春秋》：襄公二十三年（前550）八月，“叔孙豹帅师救晋，次于雍榆”。宋元人注：“榆，《公》、《谷》作渝。雍榆晋地，汲郡朝歌县东有雍城。《郡邑志》：黎阳县有雍城，即古雍榆也。”

雍榆 春秋晋邑。又名雍城。即今河南浚县西南瓮城。《春秋》：襄公二十三年（前550）八月，“叔孙豹帅师救晋，次于雍榆”。杜注：“晋地。汲郡朝歌县东有雍城。”《水经·淇水注》：“淇水又东北流谓之白沟，径雍榆城南。淇水又北径其城东。”

雍溪镇 北宋置，属巴川县。即今重庆市大足县东八十七里雍溪镇。

雍澨 在今湖北京山县西南。《左传》：定公四年（前506），吴伐楚，“左司马戌及息而还，败吴师于雍澨”。即此。

廓川县 唐贞观四年（630）置，属羁縻廓州。治所在今四川若尔盖县西境。后废。

廓州 ①东魏武定元年（543）侨置，寄治肆州敷城县郭城（今山西原平市西北）。北齐改为显州。

②北周建德五年（576）于浇河故城置，治所在今青海贵德县驻地河阴城。《元和志》卷39廓州：“盖以开廓边境为义。”隋大业初改置浇河郡。唐武德二年（619）复为廓州，移治化隆县（后改名化成，又改广威，在今青海化隆回族自治县西六十里黄河北岸群科镇古城）。辖境相当今青海化隆回族

自治县及尖扎县等地。天宝元年（742）改为宁塞郡，乾元元年（758）复为廓州。后陷于吐蕃。北宋熙宁后收复。元符初复置廓州。崇宁中时废时复，大观后废。

廓定县 唐武德六年（623）置，属登州。治所在今山东文登市一带。贞观元年（627）废入文登县。

廓清城 唐贞元初建，属黎州。治所在今四川石棉县东北迎政乡（八牌）。《新唐书·地理志》：黎州洪源郡有廓清城。《寰宇记》卷77黎州："西至廓清县（城）一百八十里，其城西临大渡河，河西则生羌蛮界。"

廉川堡 在今青海民和回族自治县西北。《晋书·秃发乌孤载记》：东晋太元二十年（395），"乌孤讨乙弗、折掘二部，大破之，遣其将石亦干筑廉川堡以都之"。北魏废。

廉水 ①在今广东清新县西南，东流经山塘镇入北江。《舆地纪胜》卷89广州：廉水"在清远县西四十里高平乡。源出重山趾，水侧有人姓廉居此，因以为名"。《清一统志·广州府》：廉水"一名山塘水"。

②又名廉让水。即今四川平武县东南、江油市西之平通河（小江河）。《元和志》卷33昌明县：廉水"经县东北，去县五里。让水，出县北平地。宋明帝时，梓潼涪人范百年，因论事之次，帝语及广州贪泉，百年对曰：'臣家梁、益，所居廉、让之间'。谓此水也"。

③即今陕西南郑县西南汉江支流濂水。《水经·沔水注》："廉水出巴岭山，北流径廉川，故水得其名矣。廉水又北注汉水。"《寰宇记》卷113作"廉津"。《资治通鉴》：五代梁乾化元年（911），李茂贞攻蜀安远军，蜀将王忠播等救之，"壁于廉、让之间"。即此。

廉水县 北魏延昌中置，属褒中郡。治所即今陕西南郑县西南濂水镇。南朝梁大同中废。南宋绍兴四年（1134）复置，绍定间废。

廉石山 在今广东仁化县北。《方舆纪要》卷102仁化县：廉石山在"县北二十里。县之主山也。相传黄巢过此，投枪竿于石罅中，至今不朽"。

廉平县 ①南朝梁置，属清远郡。治所在今广东清新县西北。隋开皇十年（590）废。

②隋开皇十六年（596）置，属栾州。治所在今河北晋州市西南。大业初废。

廉让水 指廉水、让水之合称。即今四川平武县东南、江油市西之平通河（小江河）。《南史·胡谐之传》：范柏年为梓潼人，见宋明帝，"帝言次及广州贪泉，因问柏年：'卿州复有此水不?'答曰：'梁州唯有文川、武乡、廉泉、让水。'又问：'卿宅在何处?'曰：'臣所居廉、让之间。'帝嗟其善答"。《寰宇记》卷83彰明县："廉水、让水一名长江水。……此水饮之，使人廉让，故名。"

廉台（臺） 在今河北无极县西。《方舆纪要》卷14无极县：廉台在"县西十三里。相传以廉颇名。《晋地道记》：魏昌县有廉台"。《十六国春秋辑补》卷26《前燕四》：东晋永和八年（352），慕容恪讨闵于安喜，闵奔于常山，"战于魏昌廉台，闵师大败，斩首七千余级，擒闵"。即此。

廉州 ①隋开皇十年（590）置，治所在高城县（今河北藁城市西南二十八里丘头镇）。辖境相当今河北藁城、正定、栾城三市县交界地区。大业初废。唐武德元年（618）复置，辖境相当今河北藁城市南部及晋州、无极、束鹿等市县地。贞观元年（627）废。

②唐贞观八年（634）改越州置，治所在合浦县（今广西浦北县南旧州村）。《元和志阙卷逸文》卷3：廉州"取大廉洞以为名"。天宝元年（742）改为合浦郡。乾元元年（758）复为廉州。辖境相当今广西合浦、浦北二县及北海市地。北宋太平兴国八年（983）废。咸平元年（998）复置。移治今合浦县。元至元十七年（1280）改为廉州路。明洪武元年（1368）改为廉州府，七年（1374）降为廉州，十四年（1381）复为廉州府。

廉州卫 明洪武二十八年（1395）改廉州千户所置，属广东都司。治所在廉州府（今广西合浦县）。清顺治十年（1653）废。

廉州市 1993年撤销廉江县，改设廉江市，市人民政府驻廉城镇。由湛江市代管。

廉州府 明洪武元年（1368）改廉州路置，后属广东布政使司。治所在合浦县（今广西合浦县）。七年（1374）降为廉州，十四年（1381）复置。辖境相当今广西合浦、浦北、灵山诸县及防城港、钦州、北海三市地。1912年废。

廉州路 元世祖至元十七年（1280）改廉州置，属湖广行省海北海南道。治所在合浦县（今广西合浦县）。辖境相当今广西北海、合浦、浦北等市县地。明洪武元年（1368）改为廉州府。

廉江 ①一名南廉水。即今广东廉江市西九洲江。《寰宇记》卷167吴川县：斡水"从廉州大廉县界来，合廉江"。

②又名合浦江。即今广西合浦县北之南流江。《舆地纪胜》卷120廉州：廉江，"《元和郡县志》云：州（今浦北县南旧州）南至廉江入海处二百里"。《方舆纪要》卷104合浦县：廉江在"府北三十里。一名合浦江，亦名南流江，又名晏江。源出广西容县大容山，南流入府界，地名州江口，分为五江，曰州江，曰王屋屯江，曰白沙塘江，曰大桥江，曰新村江，环流至府城西南入海"。

廉江县 唐天宝元年（742）改石城县置，为招义郡治。治所在今广东廉江市东北河唇镇西。以县西南廉水为名。乾元元年（758）为罗州治。北宋开宝五年（972）废入吴川县。1914年改石城县复置，属广东高雷道。1920年直属广东省。1993年改设廉江市。

廉村 在今福建福安市西南十五里。唐时村人薛令之为官清廉，得御赐村名。《清一统志·福宁府》：薛令之宅“在福安县西南十五里。《志胜》：唐肃宗念令之旧德，表所居为廉村，水为廉溪，山为廉岭，以旌之。宋朱松有《题薛补阙故居》诗”。

廉县　西汉置，属北地郡。治所在今宁夏贺兰县西北洪广镇（暖泉）附近。东汉末废。

廉里　在今江苏徐州市东北。《汉书·龚胜传》：“胜居彭城廉里，后世刻石表其里门。”

廉良城　在今河北保定市西南十里。《宋史·石普传》：咸平二年（999），契丹犯边，石普“与契丹战廉良城”，即此。

廉城　①在今山西新绛县东北。《方舆纪要》卷41绛州：廉城“在县东北十里，相传赵将廉颇戍守之地。今曰廉城村”。

②在今宁夏贺兰县西北洪广镇（暖泉）附近。《水经·河水注》：高平川水“又北径廉城东。按《地理志》：北地有廉县。阚骃言，在富平北。自昔匈奴侵汉，新秦之土率为狄场，故城旧壁，尽从胡目，地理沦移，不可复识，当是世人误证也”。

廉泉　①在今江西赣州市东南四里。《舆地纪胜》卷32赣州：廉泉“在州报恩光孝寺。宋元嘉中泉涌，因施为寺。时郡太守以廉名，因名曰廉泉。东坡题诗云：廉者谓我廉，何以此名为。纷然立名字，此水了不知”。

②在今广东东莞市南。《清一统志·广州府》：黄岭山“下有泉出石罅，味甘美，宋绍兴间，邑宰张勋筑亭甃石，扁曰廉泉”。

③在今陕西南郑县西南。《寰宇记》卷133兴元府南郑县：文川，“《梁州记》云，范柏年，汉中人，常谒宋明帝，因言及南海贪泉，帝问柏年曰，卿乡中有此水名否？柏年对曰，臣汉中惟有文川武乡、廉泉让水，足以表名”。《清一统志·汉中府一》：廉水，“《通志》：廉泉在褒城县西南一百二十五里，出大巴山密谷，东北流经双乳山，两山并峙，水经其中，又北径中梁山，入南郑县界，至县西南四里入汉水”。

廉宾水　在今广东徐闻县西北。《方舆纪要》卷104徐闻县：廉宾水“在县西北四十里”。《清一统志·雷州府》：廉宾水“源出马鞍山，流合赖吞水，过青铜港入海”。

廌山　在今福建建阳市西北九十余里。《清一统志·建宁府》：廌山“蜿蜒透迤，如琢如削。宋游酢读书于此”。学者称酢为“廌山先生”。

痴戛　在今缅甸北部糯千卡河（即小江）北侧。清代属腾越州大塘隘土把总。见硕色《处置秤戛等处分隶奏摺》及光绪《续云南通志稿》卷99土司。

鄘　一作庸。西周封国。在今河南新乡县西南。《汉书·地理志》：“河内本殷之旧都。周既灭殷，分其畿内为三国，《诗·风》邶、庸、卫国是也。邶，以封纣子武庚；庸，管叔尹之；卫，蔡叔尹之。以监殷民，谓之三监。”注：颜师古曰，“自纣城而北谓之邶，南谓之庸，东谓之卫”。唐杜佑《通典》卷178卫州新乡：“县西南三十二里有鄘城，即鄘国。”

鄜　春秋秦邑，在今陕西洛川县东南鄜城村。《史记·封禅书》：秦文公于此作鄜畤。

鄜州　一作敷州。西魏废帝三年（554）改北华州置，治所在杏城（今陕西黄陵县西南五里）。隋大业三年（607）移治洛交县（今陕西富县），改为鄜城郡。唐武德元年（618）复为鄜州，仍治洛交县。辖境相当今陕西富县、甘泉、洛川等县地。天宝元年（742）改置洛交郡。乾元元年（758）复为鄜州。元省洛交县入州，属延安路。明属延安府。清雍正三年（1725）升为鄜州直隶州，属陕西省。1913年改为鄜县。1964年改为富县。

鄜坊　渭北鄜坊的简称。唐、五代方镇名。唐上元元年（760）置渭北鄜坊节度使，简称渭北或鄜坊节度使，治坊州（今陕西黄陵县东南）。建中四年（783）徙治鄜州（今陕西富县）。辖境相当今陕西北部大部。中和二年（882）号为保大军。北宋废。

鄜县　①西汉置，属左冯翊。治所在今陕西洛川县东南鄜城村。《史记·封禅书》：“（秦）文公梦黄蛇自天下属地，其口止于鄜衍。文公问史敦，敦曰：此上帝之征，君其祠之。于是作鄜畤。”县以此名。东汉废。

②1913年改鄜州置，属陕西榆林道。治所即今陕西富县。1928年直属陕西省。1964年改为富县。

鄜延路　北宋庆历元年（1041）置，治所在延州（后升为延安府，治今陕西延安市）。辖境相当今陕西宜川、黄龙、洛川、宜君等县以北及清涧河以南地。金皇统中置总管府。蒙古废。

鄜城县　隋大业元年（605）改敷城县置，属鄜城郡。治所在今陕西洛川县东南鄜城村。后属上郡。唐属坊州。唐末为翟州治。五代梁开平三年（909）改名昭化县，为禧州治。后唐同光元年（923）复鄜城县，属鄜州。元世祖至元四年（1267）省入洛川县。

鄜城郡　隋大业三年（607）改鄜州置，治所在洛交县（今陕西富县）。寻改为上郡。

鄜畤山　在今陕西洛川县南七十里。《史记·封禅书》：“（秦）文公梦黄蛇自天下属地，其口止于鄜衍。文公问史敦，敦曰：此上帝之征，君其祠之。于是作鄜畤。”汉置鄜县，以此名。

鄜梁山　即古佛山。在今湖南溆浦县西南，接黔阳县界。《汉书·地理志》武陵郡义陵县：“鄜梁山，序水所出，西入沅。”

郭　西周时封国。在今山东东平县东郭城集。《春秋》：庄公三十年（前664），“齐人降郭”。杜注：“东平无盐县东北有郭城。”

郭川水　即今甘肃境内渭水支流漳河。《水经·渭水注》：漳水“水出西南溪下，东北至彰县南……又东北径新兴县北。……又东北注于渭水”。《清一统志·巩昌府一》：漳水“在漳县南。本名彰川，又曰鄣水，皆以县名也”。

鄣日山　又名奕山。在今山东诸城市东南三十里。《水经·潍水注》：密水“西源出奕山，亦曰鄣日山，山势高峻，隔绝阳曦。晏谟曰，山状鄣日，是有此名”。

鄣公山　即率山。又名张公山。在今安徽休宁县西南一百六十里，接江西婺源县界。《清一统志·徽州府》：率山“在婺源县西北，接江西浮梁县界。一名大鄣山，又名张公山。脉由五岭而北，重冈复岭，周百余里，高千四百余仞。东北界休宁，西北界祁门，西界江西之浮梁。上有清风岭、瀑布泉、那伽井、龙井、张公洞。西行二十里，有擂鼓峰、仰天台诸胜”。

鄣平县　东汉永平十四年（71）置，属苍梧郡。治所当在今广西平南县以东、广东肇庆市以西浔江（西江）流域一带。西晋以后废。

鄣县　①秦置，属会稽郡。治所在今浙江安吉县北安城镇古城。后为鄣郡治。西汉元狩二年（前121）改故鄣县。

②东汉置，属陇西郡。治所在今甘肃漳县西南五里。《水经·渭水注》：“新兴川东北至鄣县南，永元元年封耿秉为侯国。”西晋永嘉后废。北魏景明三年（502）复置，改名彰县，为广宁郡治。西魏为广安郡治。隋改为障县，属陇西郡。唐初复名鄣县，属渭州。天授二年（691）改武阳县。神龙初复为鄣县。广德后入吐蕃。元至元十七年（1280）于故治古城峪复置，属巩昌路。明初改名漳县。

③鄣又作彰。北魏太和二十二年（498）分万年县置，属冯翊郡。治所在今陕西西安市临潼区东北交口镇。北周武成二年（560）省入广阳县。

鄣城集　即今山东东平县东鄣城集。西周、春秋时为鄣国。西汉置章县。《清一统志·泰安府》：章县故城“在东平州东六十里。……《旧志》：今为鄣城集”。

鄣郡　秦置，治所在鄣县（今浙江安吉县北安城镇古城）。辖境当今安徽、江苏两省长江以南、江苏茅山以西、浙江新安江以北地区。西汉元狩二年（前121）改为丹阳郡。

裔山县　即胤山县。治所在今四川广元市东南一百三十里。《舆地纪胜》卷184利州：故平蜀县：“义清县，天宝元年八月改为裔山县。国朝乾德三年改为平蜀县。”

靖口关　原名进口关。即今陕西太白县西南四十里靖口镇，与凤县交界。褒斜道经此，为古代戍守要地。1912年改名靖口关。

靖川县　唐武德初置，为靖州治。治所在今云南宣化市北龙潭镇一带。咸亨间移治今昭通市昭阳区西南永丰镇。天宝后废。

靖川堡　北宋元符二年（1099）置，属晋宁军。在今陕西佳县西北一百里。后废。

靖水寨　在今安徽岳西县南三十里。寨建于明末，地势险要。1930年2月，中国共产党在此领导靖水寨农民暴动，建立工农民主政权，成立中国工农红军潜山独立师。靖水寨暴动在大别山有着深远的影响。

靖化县　1936年于旧绥靖屯置，属四川省。治所在今四川金川县。1953年改为大金县。1960年改为金川县。

靖化堡　北宋置，属府谷县。在今陕西府谷县西北。

靖宁乡　在今广西桂平市北三十里。明设靖宁乡巡司于此。

靖宁镇　在今广西桂平市西北三十里。《方舆纪要》卷108桂平县：靖宁镇，“成化初，议改置靖宁乡巡检司于献俘滩，即此处”。

靖边行政区　1913年析文山县置，后属云南蒙自道。治所即今云南屏边苗族自治县。民国《云南靖边行政区域地志资料》：“本属南接安南，边防扼要，取镇靖边疆之义，名曰靖边。”1929年直属云南省。因与陕西靖边县重名，1933年改屏边县。

靖边军　亦作宁边军。唐天宝十三载（754）哥舒翰置，属廓州。在今青海贵德县西黄河北岸。《元和志》卷39廓州：“宁边军，在积石军西，黄河北。”《清一统志·西宁府》：靖边军“在西宁县南故廓州西。《元和志》靖边军在积石军西，黄河北”。宝应元年（762）没于吐蕃。

靖边县　①清雍正九年（1731）置，属榆林府。治所在靖边营（今陕西靖边县西南九十里新城乡新城堡）。乾隆元年（1736）改属延安府。同治八年（1869）迁治镇靖堡（今陕西靖边县南镇靖乡）。民国初属陕西榆林道。1928年直属陕西省。1942年又迁治张家畔（即今靖边县）。

②又称东靖边。1935年9月西北革命根据地改赤延县置，治青杨岔（今陕西靖边县东南青阳岔镇）。1937年8月与新城、横山二县合并为靖横县。同年11月复名靖边县。

靖边营　明永乐初改宋兀喇城置，即今陕西靖边县西南新城乡。光绪《靖边县志》卷1：“旧治靖边营城，古夏州兀喇城……明景泰四年巡抚陆短改筑新城，俗呼新城堡。”

靖边堡　①在今四川高县西北庆符镇东。《方舆纪要》卷70庆符县：靖边堡在“县东五里。明宣德中建。有叙南卫官军戍守”。

②在今甘肃武威市东南七十里。《清一统志·凉州府二》：靖边堡“城周一百三十五丈，设经制外委防守，有驿”。

靖西关　在今西藏亚东县东北十里靖西关驻地吉玛。清光绪二十年（1894）与亚东关同时置。由四川委派理事同知驻此，监督亚东关务，兼裁判藏民与英商互市交涉。

靖西关厅　清光绪十九年（1893）置，隶四川省。

治所在俾俾塘（今西藏亚东县东北切马东一里）。后废。

靖西市 2015年撤销靖西县，改设靖西市，市人民政府驻新靖镇新华街339号。靖西市由广西壮族自治区直辖，百色市代管。

靖西县 1913年改归顺府置，属广西镇南道。治所即今广西靖西县。以地处广西西部边境，毗连安南（今越南），取西鄙安宁之义。1928年直属广西省。

靖夷堡 明置，属宁夏右屯卫。即今宁夏永宁县西靖益堡村。明嘉靖《宁夏新志》卷1：靖夷堡“有官军仓场”。

靖州 ①唐武德初析协州置，治所在靖川县（今云南宣化市北，后移治今昭通市西南永丰镇）。辖境约当今云南昭通市昭阳区及鲁甸县。天宝后废。

②唐武德五年（622）置，治所在高安县（今江西高安市）。七年（624）改为米州。

③北宋崇宁二年（1103）改诚州置，治所在永平县（今湖南靖州苗族侗族自治县渠水东岸，后移今靖州苗族侗族自治县）。《郡县释名》湖广卷下：“取远人安靖之义。”辖境相当今湖南会同县、靖州苗族侗族自治县及通道侗族自治县西部和贵州天柱、锦屏、黎平等县地。南宋绍兴八年（1138）移永平县为附郭县。元至元十三年（1276）升为靖州路。至正二十五年（1365）朱元璋改为靖州军民安抚司。明洪武元年（1368）降为州，三年（1370）升为府，九年（1376）改为直隶州，以州治永平县省入。属湖广布政使司。清康熙三年（1664）属湖南省。雍正以后，今贵州部分改属贵州省，辖区缩小。1913年废，改本州为县。

靖州府 明洪武三年（1370）升靖州为府，属湖广行省。治所在永平县（今湖南靖州苗族侗族自治县）。辖境相当今湖南靖州苗族侗族自治县、通道侗族自治县、会同县、绥宁县及贵州天柱县地。九年（1376）复改靖州。

靖州路 元升靖州置，属湖广行省。治所在永平县（今湖南靖州苗族侗族自治县）。辖境相当今湖南会同县、靖州苗族侗族自治县、通道侗族自治县和贵州天柱等县地。至正二十五年（1365），朱元璋改为靖州军民安抚司，明洪武元年（1368）降为靖州。

靖江王府 在今广西桂林市中心。宋代在此建铁牛寺。元代称大圆寺，后改为万寿殿。明洪武三年（1370）朱元璋封其从孙朱守谦为靖江王。五年（1372）起营建王府宫殿，历时二十年建成。二十六年（1393）筑王城，周围约1.5公里，城垣内外用方正青石修砌，中间填以灰沙碎石夯实，城开东、南、西、北四门，深宫高墙，壁垒森严。清初为定南王孔有德府第，农民军李定国攻克桂林，孔有德纵火焚毁王府。后改为贡院。清末为咨议局。1921年12月至1922年4月孙中山在桂林准备北伐，设总统行辕和大本营于此。今王城遗址尚存。1996年定为全国重点文物保护单位。

靖江王陵 在今广西桂林市东郊尧山西南麓。为明靖江十一个藩王及王妃、将军等墓地，南北长二十余里，东西宽三四里，共三百多座，占地一百多平方公里。王墓及王妃墓均修有内外墙，前有石人、石兽，雕工精细。1996年定为全国重点文物保护单位。

靖江市 1993年撤销江苏省靖江县，改设靖江市，市人民政府驻靖城镇。1996年由泰州市代管。

靖江县 ①明成化七年（1471）析江阴县置，属常州府。治所在今江苏靖江市。长江在此分为南北两道，天启以后县北江流渐淤为平陆。民国初属江苏苏常道。1927年直属江苏省。1993年改设靖江市。

②清光绪三十四年（1908）析永善县置，属昭通府。治所在副官村（即今云南绥江县）。据民国绥江县地志资料《靖江县改名绥江县之原因》：“濒临金沙江，故有靖江之称。现经部议，拟定改名绥江县。”因与江苏靖江重名，1914年改绥江县。

靖江嘴镇 一名清江嘴镇。即今湖北黄梅县南七十二里小池镇。明置巡司于此。

靖宇县 1946年改濛江县置，属安东省。治所即今吉林靖宇县。为纪念在此与日军战斗中壮烈牺牲的东北抗日联军的指挥员杨靖宇同志而命名。1949年改属辽东省，1954年归属吉林省。

靖安场 五代杨吴乾贞二年（928）以靖安镇改名，即今江苏靖安县。南唐升元元年（937）升为靖安县。

靖安州 明永乐五年（1407）改安邦州置，属新安府。治所在同安县（今越南东北部广宁省横蒲）。辖境相当越南广宁省地。宣德二年（1427）以后地入安南。

靖安县 ①五代南唐升元元年（937）升靖安场置，属洪州。治所即今江西靖安县。《寰宇记》卷106洪州靖安县：“取靖安乡以名县。”宋属隆兴府。元属龙兴路。明属南昌府。民国初属江西浔阳道。1926年直属江西省。

②清光绪三十年（1904）析科尔沁右翼前旗置，属洮南府。治所在白城子（今吉林白城市）。1914年改名洮安县。

靖安河 一名古漕河。在今江苏南京市北。宋《景定建康志》卷19：古漕河“一名靖安河。自靖安镇下缺口，取道入仪真新河八十余里”。

靖安砦 北宋庆历五年（1045）置，属原州。在今宁夏彭阳县北草庙乡。元废。

靖安堡 ①明置，属三万卫。即今辽宁开原市东尚阳堡。明《辽东志》卷3：靖安堡“官军三百五十一员名。杨木答兀屯可屯兵，黄泥冈屯可按伏”。乾隆《钦定盛京通志》卷29：尚阳堡在“（开原）城东四十里……旧名靖安堡”。

②明置，在今甘肃张掖市西北四十里靖安乡。《皇明职方地图》中卷甘肃边镇图有靖安堡。清改名新城堡。

③在今江西德安县东北。《方舆纪要》卷85九江府德安县：靖安堡“旧为戍守之所。《志》云，县东

北一里即故浦塘驿。杨吴改置于此，宋仍旧。明初废，今谓之驿头”。

靖安路　即静安路。治所在靖安县（今内蒙古达尔罕茂明安联合旗东北阿伦斯木古城）。《元史·成宗纪》：大德九年（1305）秋七月，“以黑水新城为靖安路”。校勘记云：《元史》卷25、26及《元文类》卷55“靖安”皆作“静安”。

靖安镇　①唐广明中置，属建昌县。在今江西靖安县。五代杨吴乾贞二年（928）改为靖安场。南唐升元元年（937）升为靖安县。

②本名龙安镇。又称静安镇、龙湾镇。在今江苏南京市西北。《宋史·高宗纪》：南宋建炎四年（1130），金人焚建康府，“岳飞邀击于静安镇，败之”。即此。

靖远卫　清初改靖虏卫置，属陕西行都司。治所即今甘肃靖远县。雍正二年（1724）废。

靖远县　清雍正八年（1730）置，属巩昌府。治所即今甘肃靖远县。乾隆三年（1738）改属兰州府。民国初属甘肃兰山道。1927年直属甘肃省。

靖远城　清乾隆四十年（1775）筑，在今新疆奇台县东南九十里老奇台镇。四十一年（1776）置奇台县于此。光绪十五年（1889），县徙治古城（今奇台县），而设屏营驿于此。

靖远峰　在今广西马山县东南。《方舆纪要》卷111思恩府：靖远峰“弘治中，官兵讨岑濬，道出此，登峰以望贼氛，事平，名曰靖远”。

靖远营　清雍正六年（1728）置，属建昌镇。即今四川喜德县（甘相营）。《清一统志·宁远府二》：靖远营“在冕宁县东。地名乾县。为诸夷门户。本朝雍正六年筑城，周三里有奇，设游击驻防”。

靖远砦　北宋宣和三年（1121）废兑州置，属邕州。在今广西东兰县东南。元废。

靖远镇　金置，属虢略县。在今河南灵宝市西北。

靖县　1913年改靖州置，属湖南辰沅道。治所即今湖南靖州苗族侗族自治县。1922年直属湖南省。1987年改设靖州苗族侗族自治县。

靖位镇　即今湖南新宁县东北六十八里靖位乡。明置靖位巡司。

靖虏卫　明正统二年（1437）置，属陕西都司。治所即今甘肃靖远县。弘治九年（1496）改属固原镇。清初改名靖远卫。

靖虏渠　在今宁夏银川市及永宁县境，唐徕渠西。《清一统志·宁夏府一》：靖虏渠“旧名李王渠，乃元昊废渠也。明弘治中，巡抚王珣言，本边旧有古渠三道，东为汉渠，中为唐渠，现通水利，惟西一渠，逼在山下，今大半淤塞，请疏凿成河，改名靖虏，后以石坚沙深，不能成功，仍为废渠”。

靖虏堡　明置，属宁夏右屯卫。在今宁夏银川市西北。

靖狐堡　一作靖胡堡。明置，属永宁县。在今北京市延庆县东北。《方舆纪要》卷17永宁县：靖狐堡，“（明）嘉靖三十五年新筑此堡，周二里有奇，北面阻山，东、西、南三面临河，称为险要。……《边防考》：宣府东路参将驻永宁县，分边自四海治至靖狐堡长百八十里，兼辖怀来卫、保安州一带城堡，凡十有七”。清初设守备，雍正十年（1732）改设都司，乾隆四年（1739）改设千总。

靖南砦　北宋置，属南丹州。在今广西南丹县北。大观四年（1110）移于废孚州及归仁县（今南丹县西南），属观州。政和七年（1117）仍移靖南砦于旧址，宣和三年（1121）复废孚州及归仁县置靖南砦。南宋绍兴四年（1134）废。

靖逆卫　清康熙五十七年（1718）置，治所在今甘肃瓜州县北。后废。

靖恭堂　十六国西凉都城敦煌（今甘肃敦煌市）城内的宫殿。《晋书·凉武昭王李玄盛传》载：“仍于（敦煌）南门外临水起堂，名曰靖恭之堂，以议朝政，阅武事。图赞自古圣帝明王、忠臣孝子、烈士贞女，玄盛亲为序颂，以明鉴戒之义，当时文武群僚亦皆图焉。有白雀翔于靖恭堂，玄盛观之大悦。”

靖夏城　北宋政和六年（1116）于席苇平新城置，属渭州。在今甘肃平凉市境。《宋史·夏国传》：“夏人大举攻泾源靖夏城，城遂陷，复屠之而去。”即此。

靖海千户所　明洪武二十七年（1394）置，属潮州卫。在今广东惠来县东南靖海镇。清康熙九年（1670）以海门营左营守备驻守。

靖海卫　明洪武三十一年（1398）置，属山东都司。治所即今山东荣成市西南靖海镇。清雍正十二年（1734）省入文登县。

靖海县　金明昌四年（1193）改窝子口砦置，属清州。治所即今天津市静海县。元初废，寻复置。明洪武初年改为静海县。

靖海所城　即今广东惠来县东南六十里靖海镇。清雍正九年（1731）移神泉巡司于靖海所城，即此。

靖海馆　明嘉靖三十年（1551）置，属龙溪县。在今福建龙海市东南海澄镇。嘉靖四十五年（1566）于此置海澄县。

靖海湾　在今山东荣成市西南。明置靖海卫于湾之东，故名。

靖陵　唐僖宗李儇的陵墓。在今陕西乾县东北十里，西与乾陵相接。

靖康军　北宋崇宁元年（1102）改永安军置，治所在府州府谷县（今陕西府谷县）。后废。

靖康盐场　在今广东东莞市西南。《元丰九域志》卷9广州：东莞县有“靖康”盐场。《清一统志·广州府》引《东莞县志》谓“靖康场在县西南六十里”。

靖鲁堡　一名靖卤堡。在今山西阳高县西镇宏堡村。《方舆纪要》卷44大同府：靖鲁堡“嘉靖二十五年置，隆庆六年增修，周二里有奇”。

靖港　即沩水下游。在今湖南望城县北二十里靖港镇，注入湘江。《明一统志》卷63长沙府：靖港“在长沙县西北五十里。唐李靖讨萧铣驻兵于此”。故名。

靖港市　古为沩口戍。即今湖南望城县北二十里湘江西岸靖港镇。旧置分销盐局，又有舢板巡防分驻。《清史稿·曾国藩传》载：清咸丰间，太平天国军攻湖南，“陷湘潭，邀击靖港”。曾国藩军败，“国藩愤投水，幕下士章寿麟掖起之，得不死”。

靖湖厅　清光绪三十年（1904）置，属苏州府。治所在今江苏苏州市西南太湖中洞庭西山之后堡。宣统三年（1911）并入太湖厅。

靖横县　1937年8月西北革命根据地由东靖边、新城、横山三县合置，治镇堡（今陕西靖边县南镇静乡）。取靖边、横山二县首字为名。同年11月改名靖边县。

靖彝堡　在今四川峨边彝族自治县西南。《方舆纪要》卷72峨眉县：靖彝堡“在县西南。《志》云：万历初，猓彝猖獗，增设此堡以备之”。

靖疆营　在今湖南凤凰县北三十里。清严如熤《苗疆险要考》谓“高山峡中，地势平敞，往时结营善地”。

新　今新疆维吾尔自治区简称。

新丁部　又名仁地部、仁的部。宋大理置，属石城郡。在今云南寻甸回族彝族自治县东北五里雨布村。《元史·地理志》仁德府：“其部曰仲扎溢源，后乌蛮之裔新丁夺而有之。至四世孙，因其祖名新丁，以为部号。”元改仁德府。

新厂　即今湖北石首市北三十八里新厂镇。清光绪《湖北全省分图》：石首县北有“新厂”。

新土尔扈特二旗　清乾隆三十七年（1772）渥巴锡率土尔扈特部从伏尔加河流域回到祖国后设置，分左、右翼二旗，属青塞特奇勒图盟。驻牧地在今新疆青河县东南。

新土尔扈特部　清科布多参赞大臣管部之一，统于乌里雅苏台定边左副将军。乾隆三十六年（1771），其台吉舍稜与从子沙喇扣肯率部随渥巴锡汗从额济勒（今俄罗斯伏尔加河）东归投附清朝，皆授札萨克，分编二旗，设一盟，称青塞特奇勒图盟。定牧于科布多西南布尔干河（今新疆东北境、蒙古国科布多省西南境布尔根河）一带。清末，划归阿尔泰办事大臣辖区。

新大庆关　清置，属朝邑县。在今陕西大荔县朝邑镇东南黄河西岸。《清一统志·同州府》：大庆关“今河西亦称新大庆关。本朝乾隆三十八年设主簿驻此”。

新口　在今河北武安市西。《资治通鉴》：唐天复元年（901），朱全忠攻李克用，“魏博都将张文恭入自磁州新口”。胡三省注：“武宗之讨刘稹也，自辽州开新路，达于磁州武安县，故谓之新口。”

新山侯国　西汉永始四年（前13）置，属琅邪郡。治所在今山东莒县西南。东汉废。

新川县　唐贞观五年（631）置，属羁縻直州。治所在今四川若尔盖县西北境。后废。

新门　①又名石渠、天宝河、开元新渠、公主河、娘娘河。在今河南陕县东北三门峡人门岛东。唐开元末开凿的人工渠。全长280余米。《新唐书·食货志》：开元二十九年（741），“陕郡太守李齐物凿砥柱为门以通漕，开其山颠为挽路。烧石沃醯而凿之。然弃石入河，激水益湍怒，舟不能入新门。候其水涨，以人挽舟而上”。

②又称新开门。南宋临安城东城门之一。故址在今浙江杭州市望江门直街竹椅子巷北。元末改名永昌门。清康熙间改望江门。

新义铁路　从今辽宁黑山县北新立屯，西经阜新，西南至义县。全长131.5公里。日伪于1935—1937年修建。

新马镇　北宋置，属虹县。在今安徽泗县北。

新乡市　1949年8月当地解放后由新乡县析置，为平原省会。治所即今河南新乡市。1952年为河南省辖市（地级）。1958年后两度改为县级市。1982年复改地级市。

新乡县　①西晋元康五年（295）置，属晋昌郡。治所在今甘肃瓜州县东南。北周废。

②隋开皇六年（586）析汲县、获嘉二县置，属卫州。治所在新乐城（即今河南新乡市）。《寰宇记》卷56新乡县：“取新中乡以为名。”大业初属河内郡。唐属卫州。元属卫辉路。明属卫辉府。民国初属河南河北道。1927年直属河南省。1949年划归平原省。由新乡县析置新乡市。1952年划回河南省。

新乡镇　明改赖因乡置，属马湖府屏山县。在今四川马边彝族自治县境。《方舆纪要》卷73屏山县：新乡镇在“府北二百里沐川司内。本名赖因乡。《志》云：镇东去犍为县二百里，西去建昌都司千二百里，南接大凉山五百里。万历十六年于此建城垣，设安边同知驻焉”。

新丰（豐）　即今江苏镇江市丹徒区东南四十五里辛丰镇。镇以湖名。《资治通鉴》：唐至德二年（757），淮南诸将讨永璘于丹阳，军于扬子、瓜步，“赵侃等济江至新丰”，大败璘军。即此。

新丰（豐）川大池　即今云南宜良、澄江、呈贡三县间之阳宗海。唐代称新丰川大池。唐樊绰《蛮书》卷2：“新丰川亦有大池，甚广。”

新丰（豐）市　①即今江西南城县西南新丰街镇。清置巡司于此。

②在今江苏靖江市西新丰。《清一统志·常州府二》：新丰市镇“在靖江县西三十五里”。

新丰（豐）江　即今广东东源县西北新丰江。为东江支流。《元丰九域志》卷9惠州：河源县有“新丰江”。《舆地纪胜》卷99惠州：新丰江“在河源县北。湍碛险峻，通灌田一千一百二十顷，流五百五十里入县界，号新丰江”。

新丰（豐）县　①西汉高帝七年（前200）改骊邑县置，初属内史，后属京兆尹。治所在今陕西西安市临潼区东北十四里阴盘城。《汉书·地理志》京兆尹新丰县注：应劭曰，“太上皇思东归，于是高祖改筑城寺街里以象丰，徙丰民以实之，故号新丰”。东汉灵帝末移治故城东三十里零水侧。晋属京兆郡。北周闵帝元年（557）又移今临潼区东北新丰镇东南七里。隋大业六年（610）移治今新丰镇。唐属雍州，垂拱二年（686）改名庆山县。神龙元年（705）复为新丰县。开元元年（713）属京兆府。天宝七年（748）省入昭应县。

②东晋元帝侨置，属新兴侨郡。治所在今湖北荆州市荆州区西北。南朝梁改名安兴县。

③南朝宋侨置，属京兆郡。治所在今湖北襄阳市襄城区西北。梁废。

④南朝宋改贲古县置，属梁水郡。治所在今云南蒙自市东南十四里新安所。南朝梁末废。

⑤南齐析博罗县置，属南海郡。治所在今广东新丰县东北长吉屯。隋开皇十八年（598）改名休吉县。

⑥南齐置，属上庸郡。治所在今湖北竹溪县东南。西魏改为孔阳县。

⑦东魏武定六年（548）置，属睢南郡。治所在今安徽宿州市北六十里夹沟镇新丰集。北齐废。

⑧隋义宁元年（617）置，属巨鹿郡。治所在今河北藁城市东南。唐初属廉州。武德四年（621）废。《清一统志·正定府二》：新丰废县，“按《水经注》，大白渠东经新丰城北……隋新丰县名盖取此”。

⑨唐武德元年（618）置，属南宁州。治所在今云南宜良县境。贞观八年（634）属郎州，开元五年（717）复属南宁州。天宝后废。南诏时称新丰川。

⑩1914年改长宁县置，属广东潮循道。治所即今广东新丰县。1920年直属广东省。

新丰（豐）驿　明洪武初置，即今陕西西安市临潼区东北新丰街道。

新丰（豐）政治局（县级）　1933年10月南京国民党政府为进攻中央革命根据地由南丰、宜黄、宁都三县析置，驻新丰镇（今江西宜黄县南新丰乡）。同年12月撤销。

新丰（豐）原　在今陕西西安市临潼区东北，东入渭南市界。《水经·渭水注》：泠水“历阴槃、新丰二原之间”。宋敏求《长安志》卷17：“新丰原，一名青原。在（渭南）县西南二十里……今泠水经此原之右。”《清一统志·西安府二》引《临潼县志》：“原在县东北二十里，西接阴槃，东至泠口，蜿蜒二十余里，与渭南县迤逦相接。”又引《渭南县志》：“其地水旱常丰，一名常稔原。”

新丰（豐）塘　又名新丰湖。在今江苏镇江市丹徒区东南三十五里。《晋书·张闿传》：元帝时，“闿乃立曲阿新丰塘，溉田八百顷，每岁丰稔”。即此。

新丰（豐）墟　即今广西北流市东南九十里新丰镇。清光绪《广西舆地全图》北流图：东南有新丰墟。

新丰（豐）镇　①在今江苏太仓市南新丰镇村。民国《江苏六十一县志》太仓县：“南有新丰、蓬阆二镇，新丰距治九里。”

②清置，属嘉兴县。即今浙江嘉兴市东南三十四里新丰镇。《古今图书集成》卷966：“相传以为汉新丰人迁于汴，又南迁于此，故名。”

③即今江西宜黄县南新丰乡。1933年10月南京国民党政府为进攻中央革命根据地曾在此置新丰政治局（县级）。旋废。

④即今陕西西安市临潼区东北新丰街道。《清一统志·西安府三》：新丰镇“即唐天宝中所废新丰县治”。

新王庄站　元置，在今山东郯城县西北南新汪村。《析津志辑佚》“天下站名”：“沂州，九十新王庄，南邳州。”明废。

新井　在今重庆市旧城内。《舆地纪胜》卷175重庆府：新井“在巴县南五十步，东西一十五步。《地理志》云：‘周武王克商，封同姓为巴子，遂都于此。地因险固以置城邑，并在高冈之上。’唐天授年中，刺史许子儒凿之无水。先天年中，刺史皇甫珣凿石六丈，方至泉，因名新井”。《方舆纪要》卷69重庆府巴县：新井“在巴县治南。《志》云：郡依险置城，高亢无水。萧梁时，地忽自开成井，方六丈，深三十六丈，后涸。唐刺史皇甫珣于县南凿石六丈，得泉，号为新井”。

新井县　唐武德元年（618）置，属隆州。治所在今四川南部县西大桥镇。《寰宇记》卷86新井县：“县界颇有盐井，因斯立名。”先天初属阆州，天宝初属阆中郡，乾元初复属阆州。元世祖至元二十年（1283）废入南部县。

新开口堡　明宣德十年（1435）筑，属万全右卫。在今河北万全县西北。《方舆纪要》卷18万全右卫：新开口堡“其宁远、德胜、镇湖等墩台为最冲，口外榆林庄一带属部驻牧处也。《边防考》：堡逼近外境，向来屡被侵犯，俗称为东马营，比于北路之马营堡”。

新开口镇　①即今天津市宝坻区西南二十里新开口镇。清为县西南一巨镇。乾隆《宝坻县志》卷6：“最著者为新开口。”

②即今河北乐亭县南四十里新开口村。清光绪《乐亭县志》卷2：新开口集“道光二十六年立集，呈请未准，仍有粮市”。

③即今湖北黄梅县西南六十三里新开镇。明、清置巡司于此。

新开山　在今重庆市铜梁县东。《方舆纪要》卷69铜梁县：新开山在“县东六十里。山有道，直走巴县”。

新开门　即新门。南宋临安城东城门之一。

新开岭　在今湖北通山县北。《方舆纪要》卷76通山县：新开岭在“县北七里。路出岭下，险峻殊绝。宣德间凿其巅，为兴国必由之路”。

新开岭关　明置，属迁安县。为长城关口之一。在今河北迁安市北五十里。《方舆纪要》卷17迁安县：新开岭关，“擦牙子东第二关口也”。

新开河　①在今辽宁彰武县西北柳河上游。《清史稿·地理志》新民府：“西有新开河自库伦入，为柳河，并入辽中。”

②在今吉林双辽市北、内蒙古科尔沁右翼中旗西南。为西辽河支流。丁文江《中华民国新地图》：辽宁省辽源县西北有新开河。

③在今江苏南京市西南。《方舆纪要》卷20江宁县：新开河，“《实录》云：旧城壕在通济门内，旁入秦淮，又自通济门外与秦淮分流，绕而南经聚宝门外长干桥，至三山门外……历石城及定淮诸门，达于草鞋夹，入江；复自三汊河而南，经江东桥，与府西南十二里之阴山运道，合出大城港入江者，此宋元新开河也。明初，陈友谅侵建康，趣江东桥，舟师欲至新河口路，太祖命赵德胜跨河筑虎口城以守，即此”。

④即今江苏句容市北大港河。清嘉庆《新修江宁府志》卷7：新开河“清赐名曰便名港。起上元摄山至句容龙潭，又东至于镇江丹徒下师古滩，以入于江。按此河乾隆四十五年江南督抚奏开，以避黄天荡之险，至四十八年始通行”。

⑤在今江西都昌县西。《舆地纪胜》卷25南康军：新开河“在都昌县西一里。绍圣间，邑宰言都昌边湖风涛不时，请开此河，以便纲运。可避大小矶水之湍急”。

⑥在今山东平阴县西十里。《方舆纪要》卷33平阴县“大清河”条：新开河“《志》云，即清河之下流。其南岸有山曰蹲龙，下有盘石跨河，舟行者患之。宋张方平乃凿新河，引水北行，以避其险，行者便之”。

新开河镇　①即今辽宁台安县东南新开河镇。民国熊知白《东北县治纪要》辽宁台安县：“新开河距县市东南二十里。”

②即今上海市崇明县东南三十五里新河镇。有新开河纵贯镇中，故名。《清一统志·太仓州一》“杨家河镇”条下：“又新开河镇在县东仙景沙。”

新开铁路　从今河南新乡市西南小冀至开封市。全长86.2公里。日伪为联络陇海、平汉（今京汉）两路而筑，1939年动工，次年建成。1947年前后被拆除。

新开湖　即今江苏高邮市西北高邮湖。《方舆胜览》卷46高邮州：甓社湖，“《图经》：高邮西北有新开、甓社、塘下……”《舆地纪胜》卷43高邮州：玩珠亭，“嘉祐中扬州天长陂泽中有一珠甚大，天晦多见，后转入甓社湖，或在新开湖”。《方舆纪要》卷23高邮州：新开湖在“州西北三里。其水东南俱通运河。长、阔各百五十里。天长以东之水，俱汇此湖，而入于淮。湖中突起一洲，可百余亩。水虽盛涨，终不能没其洲。去城十里”。

新开镇　一名新开口镇。即今湖北黄梅县西南六十三里新开镇。清余名芳《黄梅兵事续纪》：咸丰八年（1858）二月，清“设陆运局，由新开、胡世柏、孔垅、濯港、县市至停前镇办理”。

新中乡　在今河南新乡县西南。西汉元鼎六年（前111）置获嘉县于此。《汉书·武帝纪》：“春，至汲郡新中乡，得吕嘉首，以为获嘉县。”

新中沙白盐池　在今甘肃民勤县东。《方舆纪要》卷63镇番卫：新中沙白盐池“在卫东五十里。《志》云：卫东四十里有小盐池，卫南三十里有三坝白盐池，卫西二百二十里有鸳鸯白盐池，又有小盐池，俱产盐”。

新中驿　①明初置，属任丘县。即今河北任丘市西南四十里辛中驿乡。

②在今河南新乡市东。《清一统志·卫辉府二》：新中驿“在新乡县治东”。

新化屯千户所　明洪武二十五年（1392）置，属五开卫。治所在今贵州黎平县东北。清废。

新化长官司　元置，属思州安抚司。治所即今贵州锦屏县南新化乡。明洪武三年（1370）改置新化蛮夷长官司。后废。永乐元年（1403）复置，十一年（1413）置新化府于此。宣德九年（1434）改属黎平府。清以后废。

新化州　明弘治八年（1495）改马龙他郎甸长官司置，属云南布政司。治所在今云南新平彝族傣族自治县西北二十六里新化乡。万历十九年（1591）改属临安府。清康熙五年（1666）废入新平县。

新化江　一名三石江。在今贵州黎平县西。《方舆纪要》卷121黎平府：新化江“源出天甫山，东北流，经八舟、龙里、亮砦、欧阳诸司，又东北入于沅江”。

新化县　①南齐置，属安蛮左郡。治所在今湖北大悟县东北。梁为安蛮郡治。北周废。

②西魏改安化县置，属随郡。治所在今湖北随州市东南光化铺。北周改为光化县。

③隋开皇十七年（597）改宋广县置，属安州。治所在今广西灵山县西南陆屋镇。十八年（598）改为内亭县。

④北宋熙宁五年（1072）置，属邵州。治所在今湖南新化县北白溪镇附近。《寰宇通志》卷56新化县：“取新归德化之义。”绍圣中移治今新化县。南宋宝庆初属宝庆府。元属宝庆路。明、清属宝庆府。民国初属湖南湘江道。1922年直属湖南省。

新化里　郑成功治台时设，即今台湾省台南市东北新化区。清康熙间蒋毓英《台湾府志》卷1：新化里“离府治一十二里”（高拱乾《台湾府志》作“离府治四十里”）。

新化府　明永乐十一年（1413）置，治所在新化长官司（今贵州锦屏县南新化乡）。领湖耳、亮寨、欧阳、新化、中林验洞、龙里六蛮夷长官司、赤溪湳洞长官司。宣德九年（1434）废。

新化亮寨千户所　明洪武二十一年（1388）置，属五开卫。治所在今贵州锦屏县南新化乡东。清废。

新仓镇　①辽置，即今天津市宝坻区。《清一统志·顺天府三》引金刘晞彦《新建宝坻县记》："辽时置新仓镇，后分隶香河县。大定十一年，銮舆东巡幸此，谓新仓镇人烟繁庶，可改为县。明年，析香河东偏四乡置县。"

②民国初置，属海宁县。在今浙江海宁市（硖石镇）南二十八里新仓村。1940 年与旧仓镇合并，改称两仓镇，1946 年复名新仓镇，1947 年废。

③民国时置，属平湖县。即今浙江平湖市东三十二里新仓镇。

④北宋置，属舒城县。即今安徽肥西县西南四十里新仓镇。

⑤即今安徽太湖县东南三十里新仓镇。清咸丰九年（1859）太平军曾与清军多隆阿、鲍超部激战于此。

新巴尔虎左翼旗　清乾隆年间建旗，属黑龙江将军。其后驻地在阿穆古朗（今阿木古郎镇）。1945 年划归兴安省。1947 年划归内蒙古自治区，属呼伦贝尔盟。1955 年改称新巴尔虎左旗。

新巴尔虎右翼旗　清乾隆年间建旗，属黑龙江将军。其后驻地在阿拉坦额莫勒镇。据《东三省纪略》卷 5：新巴尔虎"昔日在外兴安岭北麓游牧，嘉庆间渐向南徙，遂成部落。因其言语与陈巴尔虎相通，故名巴尔虎。新编入旗，故曰新巴尔虎"。1945 年划归兴安省。1947 年划归内蒙古自治区，属呼伦贝尔盟。1955 年改称新巴尔虎右旗。

新巴县　①东晋安帝时置，为新巴郡治。治所在今四川江油市东北雁门镇。隋开皇初废。

②南齐永元间侨置，为南新巴郡治。寄治阴平县（今四川德阳市西北柏隆镇东北）。梁废。

③北魏置，属广长郡。治所在今四川广元市北境。后废。

新巴郡　东晋安帝时置，属梁州。治所在新巴县（今四川江油市东北雁门镇）。辖境相当今四川江油市一带。隋开皇初废。

新正县　又作新政县。1934 年 10 月西北革命根据地由栒邑县和甘肃正宁县析置，治马家堡（今陕西旬邑县东北马家堡）。取"正宁县新正"之意。1940 年迁看花宫（今旬邑县北看花宫）。1941 年徙治杨坡头（今旬邑县东北杨坡头）。1949 年 7 月撤销，并入栒邑、正宁二县。

新石　春秋时楚邑。在今河南叶县境。《左传》：成公十五年（前 576），"郑子罕侵楚，取新石"。即此。

新平县　①西汉置，属淮阳国。治所在今河南淮阳县东北二十五里临蔡镇。东汉属陈国。西晋改属梁国。西晋末废。唐武德元年（618）复置，属陈州。八年（625）废。

②三国吴置，属湘东郡。治所在今湖南常宁市东北。东晋废。

③隋开皇四年（584）改白土县置，为豳州治。治所即今陕西彬县。大业初属北地郡。唐初复为豳州治（开元十三年改豳为邠）。天宝元年（742）为新平郡治。乾元元年（758）为邠州治。明洪武三年（1370）废入邠州。

④唐武德四年（621）析鄱阳县置，属饶州。治所在今江西浮梁县东北江村乡沽演村。武德八年（625）废。

⑤唐武德四年（621）置，属昆州。治所在今广西柳江县东南新兴。贞观八年（634）属柳州，十二年（638）废入马平县。

⑥明万历十九年（1591）置，属临安府。治所在今云南新平彝族傣族自治县西七里旧城。《方舆纪要》卷 115 新平县："明朝为丁苴白改夷所据，万历十九年夷酋普应春叛，讨平之，置新平县。"取"新近平定"之意。崇祯七年（1634）迁治今新平县。清雍正十年（1732）改属元江府，乾隆三十五年（1770）属元江州。民国初属云南普洱道。1929 年直属云南省。1980 年改设新平彝族傣族自治县。

⑦清光绪二十四年（1898）析焉耆府置，属焉耆府。治所在哈喇洪（今新疆尉犁县北）。1914 年徙治孔雀河（今尉犁县），寻改名尉犁县。

新平府　明永乐五年（1407）属交趾布政司。治所在福康县（今越南中部广平省广宁县）。辖境相当今越南广平省地。宣德二年（1427）以后地入安南。

新平城　在今山西应县西二十五里。《魏书·序纪》：东晋建兴元年（313），拓跋猗卢"登乒城西山，观望地势，乃更南百里，于㶟水之阳黄瓜堆筑新平城，晋人谓之小平城"。

新平郡　东汉兴平元年（194）析右扶风及安定郡置，治所在漆县（今陕西彬县）。辖境相当今陕西彬县、长武、永寿和甘肃泾川、灵台等县地。其后屡有变动。北魏属泾州。西魏属豳州。隋开皇三年（583）废。义宁二年（618）析北地郡复置，治所在新平县（今彬县）。唐初改为豳州（开元中改豳为邠）。天宝元年（742）复改邠州为新平郡。乾元元年（758）复为邠州。

新平堡　在今山西天镇县北五十二里新平堡镇。《方舆纪要》卷 44 山西行都司：新平堡"嘉靖二十五年置，隆庆六年增修，周三里有奇。……嘉靖中屡为寇冲，归款后，设市口于此，亦要地也"。

新平镇　亦名昌南镇、陶阳镇。东晋置，即今江西景德镇市。水土宜制陶器，自南朝陈始有制瓷业。清蓝滨南《景德镇陶录》卷 5："陈至德元年，诏镇以陶礎贡建康。"自唐以来陶瓷业迅速发展，"武德四年，诏新平民霍仲初等制器进御"。产品质薄色素，莹缜如玉，称为假玉。北宋景德间改昌南镇为景德镇。

新北市　本为台北县，治所在板桥镇。2010 年 12 月改设新北市，治所在板桥区（原板桥镇改设）。东面有中和区、永和区、新店区、深坑区、石碇区、坪林区、平溪区、双溪区、贡寮区，东北面有汐止区、万里区、石门区，北面有新庄区、泰山区、林口区、五股区、三重区、芦洲区、八里区、淡水区、三芝区，西南面有土城区、树林区、莺歌区、三峡区。新北市与台北市、台中市、台南市、高雄市一起并称"五都"，为台湾五大都市之一。

新田　又名绛、新绛。春秋晋邑，在今山西侯马市西晋国遗址。《左传》：成公六年（前 585），"晋迁于新田"。1956 年开始发掘，发现两组古城遗址，出土大量文物，其中"侯马盟书"最为重要。

新田县　明崇祯十二年（1639）改新田营置，属道州。治所在新田营（今湖南新田县）。清属永州府。民国初属湖南衡阳道。1922 年直属湖南省。

新田城　明嘉靖四十四年（1565）筑，在今江西大余县东北。《方舆纪要》卷 88 南安府大庾县：新田城，"《城池志》，庾岭北四十里为新田城"。

新田营　①即今湖南新田县治。《清一统志·永州府二》：新田营，"今新田县治。明万历二年置，以防宁远东北瑶洞。崇祯十二年，郡守晏日曙以其地山峦层复，民染瑶俗，建议分宁远南北二乡十五都置县，即新田为治，因名"。

②即今广东陆河县西南新田镇。《清一统志·惠州府》：新田营"在海丰县东北六十里。明万历初平贼巢，设参将及捕盗公署。寻移治府城西北。崇祯十五年复设营于此"。

新田镇　即今江西信丰县东南一百里新田镇。明置巡司于此。

新四军平江通讯处旧址　在今湖南平江县东南八十里嘉义镇。1938 年 1 月，新四军第一支队第一团从湘鄂赣边区开赴抗日前线，留下的一百四十多名战士和军属在此成立了"新四军平江通讯处"。1939 年 6 月 12 日，蒋介石指使杨森部袭击"新四军平江通讯处"，惨杀新四军参议涂正坤、八路军副官罗梓铭等六人，制造了"平江惨案"。旧址于 1977 年修复后，按原样作了复原陈列，并在左侧辟辅助陈列室。

新四军军部旧址　又称皖南新四军军部旧址。在今安徽泾县西五十里云岭。1938 年 7 月至 1941 年 1 月新四军军部设此，指挥华中敌后各抗日战场的新四军部队。中共中央东南局同时设此。旧址有参谋处、政治部、大会堂、战地服务团、抗敌报社印刷所、修械所、抗日殉国烈士墓、叶挺旧居、叶挺桥和中共中央东南局等十余处。1939 年 2 月周恩来曾来云岭视察。1961 年定为全国重点文物保护单位。

新四军苏浙军区旧址　在今浙江长兴县西北槐坎乡和白岘乡境内。在抗战后期被誉为"江南小延安"。大部分为清末至民国初期的民宅，是抗战后期（1943 年秋—1945 年 10 月）新四军六师十六旅及新四军苏浙军区党、政、军指挥机关和后勤保障机构所在地。旧址群以新四军苏浙军区司令部旧址为中心，星状分布于苏、浙、皖三省交界的山区中，主要包括新四军苏浙军区司令部、粟裕宿舍和办公室、新四军后方医院、疗养所、修枪所、兵工厂、苏南报社等十四处革命旧址，建筑面积共计 8849.13 平方米。新四军苏浙军区旧址是我国江南抗战时期保存下来的最为完整、内涵丰富且规模最大的一处革命旧址群。2001 年定为全国重点文物保护单位。

新四军第五师司令部旧址　在今湖北大悟县城东南三十六里白果树湾。1942—1945 年新四军第五师司令部设在湾南大屋。1977 年对旧址进行修复，在原司令部办公室设纪念馆，陈列有关革命文物和图片。1996 年定为全国重点文物保护单位。

新生矶　①即新生洲。在今湖北黄冈市西北三十里。《宋史·贾似道传》：南宋景定元年（1260），"大元兵拔砦而北，留张杰、阎旺以偏师候湖南兵。明年正月，兵至，杰作浮梁新生矶，济师北归"。即此。

②在今湖北蕲春县东南。《清一统志·黄州府一》：新生矶"在蕲州东南三十里江中。上有浮玉亭，一名浮玉矶"。

新生泉　在今云南通海县东。《方舆纪要》卷 115 通海县："新生泉在县东十里。可溉田百亩。"

新生洲　①又名新生矶、姜家洲。在今湖北黄冈市西北三十里。《续资治通鉴》：南宋景定元年（1260）一月，"蒙古张杰、阎旺作浮桥于新生洲"。即此。

②在今湖南岳阳市西。宋范致明《岳阳风土记》："丁晋公南迁还岳阳，见江西新生洲，云此洲生当有真人临此。皇祐二年，英宗未即位之前以团练使镇岳州，及登宝位，果符其说。"《清一统志·岳州府一》引《县志》："江湖之交有新生洲，与鼋鹤滩相连，洲旧有艺植之利。"

新丘　在今辽宁建平县北建平镇（老建平）。清光绪二十九年（1903）置建平县治此。1954 年建平县迁叶柏寿镇。

新丘儿　即今辽宁阜新市东北新邱区。产煤。清光绪末已开采。旧京奉铁路有支线自厉家窝铺达此。

新瓜州城　即今甘肃瓜州县西南三十里瓜州乡。《清一统志·安西州》：新瓜州城"本朝雍正十三年吐鲁番为准噶尔所扰，其酋额敏和卓率所部回民内附于安西镇西，筑五堡居之。头堡在镇西南五十五里……别于头堡数里之内，筑新瓜州城"。即此。

新乐市　1992 年撤销河北省新乐县，改设新乐市，市人民政府驻长寿。1993 年划归石家庄市代管。

新乐县　①三国魏置，属乐陵国。治所在今河北南皮县东南。北齐废。

②西晋元康五年（295）置，属江阳郡。治所在今四川江安县西。后废。

③隋开皇十六年（596）置，属定州。治所在今河北新乐市东北承安镇。《元和志》卷 17 新乐县：

“取新乐故城为名。”大业初属博陵郡。唐属定州。宋属中山府。明属定州。清属正定府。民国初属直隶保定道。1928 年直属河北省。1958 年迁治长寿镇，即今治。1992 年改设新乐市。

④唐武德四年（621）置，属海州。治所在今江苏赣榆县西南。六年（623）改为祝其县。

⑤唐贞观五年（631）置，属燕州（后改泰州）。治所在今广西藤县西北。十八年（644）后废。

新乐城　①一名新洛城。即今河南新乡市。《晋书·慕容暐载记》：慕容臧救金墉，为王猛部将所败，“臧遂城新乐而还”。《水经·清水注》：“清水又东，周新乐城。城在获嘉县故城东北，即汲之新中乡也。”北魏为获嘉县治。北齐县废。隋置新乡县于此。

②在今河北新乐市西南。隋于此置新乐县。《元和志》卷 18 新乐县：“新乐者，汉成帝时中山孝王母冯昭仪随王就国，王为建宫于乐里，在西乡，呼为西乐城，时人语讹，呼‘西’为‘新’，故为新乐。”

新乐遗址　在今辽宁沈阳市皇姑区内黄河北大街。总面积 5.25 万平方米。上、中、下三层文化堆积分别被命令为新乐上层文化、偏堡文化和新乐（下层）文化。时间跨度从新石器时代中期至青铜时代。其中新乐（下层）文化为遗址的主要部分，距今 7000 余年，内涵丰富。发现了由四十余座房址组成的较完整的聚落，并出土有大量陶器、石器及煤精、玉石、木雕工艺品。遗址内还出土磨盘、磨棒和炭化谷物等与农业关系密切的遗物。新乐遗址的发现，填补了辽河中下游地区新石器时代早中期考古学文化的缺环，是辽河流域以至东北地区一处具有代表性的史前聚落遗址。2001 年定为全国重点文物保护单位。

新处县　西汉置，属中山国。治所在今河北定州市东北。《后汉书·陈俊传》：光武初，陈俊“封新处侯”。即此。后废。

新市　①战国楚地。在今湖北京山县东北六十八里三阳镇康家塝。《史记·秦本纪》：“昭襄王八年，使将军芈戎攻楚取新市。”即此。《后汉书·刘玄传》：王莽末，“新市人王匡、王凤为平理诤讼，遂推为渠帅，众数百人”。称为“新市兵”。东汉置为南新市县。

②即今湖南攸县北四十二里新市镇。南宋诗人杨万里经此，有《夜宿新市徐公店》诗。

③即今海南省琼中黎族苗族自治县东北红岛村。1952 年于此置琼中县。后迁乘坡（今和平镇）。1959 年徙治营根镇（今琼中黎族苗族自治县）。

④即今台湾省台南市东北新市区。清康熙二十三年（1684）于此设巡司。

新市县　①西汉置，属中山国。治所在今河北正定县东北新城铺镇。三国魏废。西晋复置。《魏书·太祖纪》：皇始二年（397），攻后燕中山城，“贺麟饥穷，率三万余人出寇新市。……帝进军新市”。即此。隋大业初废入九门县。义宁元年（617）复置，属九门郡。治所在今河北藁城市西北。唐武德元年（618）属观州。五年（622）废入九门县。

②南朝宋改南新市县置，属竟陵郡。治所在今湖北京山县东北六十八里。南齐属安陆郡。西魏改为富水县。

新市城　在今湖北钟祥市东北。《水经·沔水注》：敖水“西南流径新市县北”。

新市侯国　①西汉景帝中元二年（前 148）封王弃之置，属中山国。治所在今河北正定县东北新城铺镇。元光四年（前 131）改为新市县。

②西汉元凤五年（前 76）分堂阳县地，封广川缪王子刘吉，属巨鹿郡。治所在今河北新河县西南。东汉废。

新市铺　亦作新石铺。即今四川简阳市南新市镇。清嘉庆《四川通志》卷 89 简州：新市铺“在州南二十里”。

新市镇　①唐武德五年（622）改新市县置，属九门县。在今河北正定县东北新城铺镇。《资治通鉴》：唐元和五年（810），“诸军讨王承宗者久无功，白居易上言，以为‘河北本不当用兵，今既出师，承璀未尝苦战，已失大将，与从史两军入贼境，迁延进退，不惟意在逗留，亦是力难支敌。希朝、茂昭至新市镇，竟不能过’”。即此。

②北宋置，属德清县。即今浙江德清县东北六十四里新市镇。《方舆纪要》卷 91 德清县：新市镇，“宋、元时有镇将守此，并置杜家堡，今为商民环聚处。洪武初置巡司，并置河泊所于此。嘉靖中，倭贼尝突犯其地”。

③北宋置，属朝邑县。在今陕西大荔县朝邑镇南十里。

④一作辛市镇。北宋置，属下邽县。即今陕西渭南市北辛市镇。

⑤金置，属临邑县。在今山东济阳县西北五十里新市乡。《方舆纪要》卷 31 济阳县：新市城，“故郭国地。或曰，南北朝时，尝侨置中山国之新市县于此，寻废”。

⑥清置，属湘阴县。即今湖南汨罗市东十八里新市镇。清设巡司于此。

⑦清置，属寿昌县。在今浙江建德市南十二里新市村。《清一统志·严州府》：新市镇“在寿昌县东十五里，宋都临安时，此为孔道”。

⑧即今贵州天柱县东北瓮洞镇。《清一统志·镇远府》：新市镇“在天柱县北七十里瓮洞。往来鱼、盐、木商泊舟于此”。

⑨即今四川渠县西九十里新市乡。清同治《渠县志》卷 4：新市镇在“县西南九十里”。

⑩即今四川绵竹市南新市镇。清道光《绵竹县志》卷 12：新市镇在“城南三十里，与什邡交界”。

新立屯　①即今辽宁黑山县北新立屯镇。民国熊知白《东北县治纪要》辽宁黑山县：“县属新立屯，此地为通蒙古之要路。距县治之北九十里。地势平坦，与柳棚接近，大通铁道由此经过。”为新义铁路起点站。

②即今吉林长春市南新立城镇。清曾设长春厅于此。后迁今长春市。光绪《吉林通志》卷16：长春府南“四十里新立城镇”。

③即今吉林榆树市东南新立镇。清光绪《吉林通志》卷16伯都讷厅：东南“五十里新立屯”（按，伯都讷厅治在今榆树市）。民国熊知白《东北县治纪要》吉林榆树县：“县属新立屯，距县市七十里。在阿城、五常两县与永吉往来之道路上。”

新立台（臺） 明置，属宁远卫。即今辽宁兴城市西新立屯。明《全辽志》卷2：仙灵寺堡有“新立台”。

新汀县 1931年中央革命根据地由长汀、新泉（连城县新泉地区）二县合置，治濯田（今福建长汀县南濯田镇）。1932年3月裁撤。

新汀杭县 1935年1月中央革命根据地由原新杭县及长汀县部分地区析置，治通贤障云岭燕子塔（在今福建上杭县北）。同年6月废。

新汇（匯）泽 在今安徽砀山县南城郊。《方舆纪要》卷29砀山县：新汇泽“以河徙成泽，南北二十里，东西四十里，经冬不竭”。已淤。

新头河 亦作辛头河、信度河、申河。即今巴基斯坦境之印度河。东晋法显《佛国记》：摩头罗国“自渡新头河至南天竺，迄于南海，四五万里，皆平坦，无大山川，正有河水”。《新唐书·地理志》 广州通海夷道：“广州东南海行……至提飓国，其国有弥兰太河，一曰新头河，自北渤昆国来，西流至提飓国北，入于海。”

新宁山 在今广东新兴县西南二十里。《舆地纪胜》卷97新州：新宁山“在州西南”。《方舆纪要》卷101肇庆府新兴县：新宁山“高二百余仞，周二十五里。山势高耸，为一邑之镇”。

新宁州 明隆庆六年（1572）置，属南宁府。治所在今广西扶绥县。辖境相当今广西扶绥县地。1912年改为新宁县。1914年改为扶南县。1951年与绥渌、同正二县合并置扶绥县。

新宁县 ①三国吴置，属苍梧郡。治所在今广西苍梧县东南三十八里大坡镇城村。西晋太康元年（280）改为宁新县。

②三国吴析耒阳县置，属湘东郡。治所在今湖南常宁市南三十里三洞口。隋属衡山郡。唐属衡州，神龙二年（706）迁今常宁县西四十里麻洲。开元九年（721）又迁今常宁县西北三里宜江。天宝元年（742）改名常宁县。

③南朝宋置，属牂牁郡。治所当在今贵州独山县南。南齐改为绥宁县。

④西魏废帝二年（553）置，属东关郡。治所在今四川开江县东北沙坝场。隋开皇三年（583）废。唐武德二年（619）复置，属通州。贞观八年（634）移治今开江县东南三十里雁鹅坝（近旧县城）。天宝初属通川郡。乾元初属通州。北宋至道二年（996）移治新安市（即今开江县），属达州。明洪武四年（1371）省入梁山县。十四年（1381）复置，属夔州府。清康熙七年（1668）又省入梁山县，雍正七年（1729）又复置，十二年（1734）属达州（后改绥定府）。1914年改为开江县。

⑤唐武德六年（623）置，属泉州。治所即今福建长乐市东南古槐镇。同年改名长乐县。

⑥南宋绍兴二十五年（1155）置，属武冈军。治所在今湖南新宁县东二里金城故城。元属武冈路。明景泰二年（1451）迁今新宁县，属武冈州。清属宝庆府。民国初属湖南湘江道。1922年直属湖南省。

⑦明弘治十一年（1498）析新会县置，属广州府。治所即今广东台山市。明郭子章《郡县释名》广东卷：新宁县“新会安宁之义也”。1914年改名台山县。

⑧1912年改新宁州置，属南宁道。治所即今广西扶绥县。1914年改为扶南县。

⑨1935年西北革命根据地由宁县、正宁二县析置，治梁掌（在今甘肃宁县东北）。后废。

新宁郡 ①东晋永和七年（351）析苍梧县置，属广州。治所在临允县（今广东新兴县治东）。南朝宋移治南兴县（今新兴县东北），南齐移治博林县（今高要市西南），梁移治新兴县（今新兴县）。隋开皇时废。

②南朝梁承圣中分新安郡置，属扬州。治所在海宁县（今安徽休宁县）。辖境相当今安徽歙县、黟县、休宁等县及黄山市大部地。陈天嘉三年（562）属东扬州。寻废。

③西魏废帝二年（553）改新安郡置，属通州。治所在三冈县（今四川达县西南四十里河市镇）。辖境相当今四川达县西南部地。隋开皇三年（583）废。

新宁铁路 亦名宁阳铁路。从广东新宁（今台山市）东南的斗山墟起，北至县北公益埠，折东经新会，至江门北街。全长107公里。清光绪三十二年（1906）动工修建，1913年建成。1939年后被拆除。

新宁溪 即今四川开江县境之新宁溪、明月江，为渠江上游州河支流。《元丰九域志》卷8：达州新宁县“有新宁溪”。

新民厅 清嘉庆十八年（1813）分承德、广宁二县地置，属奉天府。治所在新民屯（今辽宁新民市）。光绪二十八年（1902）升为新民府。

新民屯 即今辽宁新民市。清于此先后置新民厅、新民府，民国时于此置新民县。

新民市 1993年撤销辽宁省新民县，改设新民市，市人民政府驻市府路。由沈阳市代管。

新民县 ①1913年降新民府置，属奉天辽沈道。治所在新民屯（今辽宁新民市）。1929年属辽宁省。1993年改设新民市。

②土地革命时期西北根据地由府谷县西北部析置，治镇羌堡（今陕西府谷县西新民镇）。后废。

新民府 清光绪二十八年（1902）升新民厅置，属奉天府。治所在新民屯（今辽宁新民市）。辖境为今辽宁新民、黑山、彰武等市县地。1913年降为新民县。

新台（臺） 在今山东鄄城县东北，古黄河道北四里。《诗经·国风·邶·新台》诗序：“新台，刺卫宣公也。纳伋之妻，作新台于河上而要之。”《水经·河水注》：“河水又东径鄄城县北……北岸有新台，鸿基层广，高数丈，卫宣公所筑新台矣。”《寰宇记》卷14濮州鄄城县载：“新台，在县（今鄄城县北旧城镇）东北十七里。”

新台（臺）子 即今辽宁铁岭县西南新台子镇。民国熊知白《东北县治纪要》辽宁铁岭县：“县属新台子，距沈阳一百六十里。户数一百八十，人口一千四百。……且为南满路一小驿站，交通便利。”民国《东北年鉴》南满路线图：铁岭县西南有新台子站。

新台（臺）边门 即今辽宁葫芦岛市西北新台门镇。清于此置边门。《清一统志·锦州府二》：新台边门“在宁远州西北七十里。旧设于芹菜沟，在州西北四十里。本朝康熙三十六年展边移置于此，有章京驻防”。

新寺铺 即今四川简阳市南新市镇。清嘉庆《四川通志》卷89简州：新市铺“在州南二十里”。

新寺镇 即今甘肃漳县东南新寺镇。民国《甘肃省县总分图》：武山县西南有新市镇。

新地墟 即新利墟。今广西苍梧县南五十里新地镇，西与藤县接界。

新场 即今上海市浦东新区南汇西南二十四里新场镇。南宋建炎间，有两浙盐运司署，后迁盐场于此。明正德《松江府志》卷90上海县市镇：新场镇“距下沙（镇）九里。一名南下沙。元初迁盐场于此，故名场。赋为两浙最。当是时北桥税司、杜浦巡司皆徙居焉。四时海味不绝，歌楼酒肆，贾衒繁华，县未有过也”。

新场坝 即今四川通江县西北新场乡。1933年川陕革命根据地所置红江县曾徙治于此。

新场堡 一名凝岩。在今湖南凤凰县南五十五里。清严如熤《苗疆险要考》谓新场城在“大山峡中，地势平夷”。

新场镇 ①又名石笋滩、南下沙。即今上海市浦东新区南汇西二十四里新场镇。《方舆纪要》卷24松江府上海县：新场镇“在下沙南九里。一名南下沙。元初置盐场于此，场赋为两浙最，贾贩甚盛”。

②即今重庆市垫江县东北双河口镇。清光绪《垫江县志》卷2：新场在“治北二十三里”。1941年以位白云河与白家河汇口，改名双河口镇。

新芎岛 即今广东徐闻县东北新寮岛。《清一统志·雷州府》“北门港”条内：“锦囊所城港外有新芎岛。”

新成县 ①战国赵置，治所在今山西朔州市西南。庄襄王三年（前248）为秦所得。后废。

②即新城县。汉属河南郡，治所在今河南伊川县西南。东汉复改为新城县。

③南齐改新兴县置，属新宁郡。治所即今广东新兴县。南朝梁复名新兴县。

新成侯国 西汉置，属北海郡。当在今山东东境。东汉省。

新夷县 西晋太康元年（280）改平夷县置，属南海郡。治所在今广东江门市新会区西十五里。元熙中改属新会郡。隋开皇十年（590）废入义宁县。

新当国 在今印度尼西亚加里曼丹岛西部杜连河南岸之新当。公元18世纪已有华侨在此贸易耕种，或以淘金沙钻石为业。清谢清高《海录》有专条记述。

新年镇 金置，属行唐县。在今河北行唐县境内。《金史·地理志》真定府行唐县：“旧有新年、行台二镇，后废。”

新竹市 1945年抗日战争胜利后于新竹县置，属台湾省。治所即今台湾新竹市。1949年裁入新竹县。1982年复置新竹市。

新竹县 清光绪元年（1875）改淡水厅置，属台北府。治所即今台湾新竹市。光绪二十一年（1895）被日本侵占，1945年抗日战争胜利后改设新竹市。新竹原名竹堑，由高山族社名音译而来。设县时取竹堑之“竹”，前面加一“新”字，取名新竹。

新竹线 或称台湾铁路新竹线。从今台湾新竹市至竹东镇，长16.6公里。1946年动工修建，1947年建成。

新华市 旧名新民埠。即今广东江门市花都区驻地新华街。1955年花县迁治于此。1993年改设花都市。

新伊吾 即今新疆哈密市。《隋书·薛世雄传》：大业四年（608），“以世雄为玉门道行军大将，与突厥启民可汗连兵击伊吾。……伊吾初谓隋军不能至，皆不设备。及闻世雄兵已度碛，大惧，请降，诣军门上牛酒。世雄遂于汉旧伊吾城东筑城，号新伊吾，留银青光禄大夫王威以甲卒千余人戍之而还”。

新行镇 即今浙江嘉兴市东南新篁镇。清光绪《嘉兴府志》卷4《市镇》：新行镇“在县东南五十四里。镇东西广三里，南北袤二里。明施凤来《庙记》有云，界属嘉兴，脉连海盐、平湖，盖错壤在两邑之偏隅。沃上通流，勤于穑事，宜生聚贸迁，环萃于此亦多士流。明中叶后有登科者。镇北又有村市名小新行”。

新舟场 即今贵州遵义县（南白镇）东北新舟镇。清道光《遵义府志》卷6遵义县：新舟场在“城东九十里”。

新会市 1992年改新会县置，治今广东省江门市新会区会城镇。由江门市代管。2002年撤销新会市，改置新会区。

新会州 金大定二十三年（1183）改会州置，治所在保川县（今甘肃靖远县西南一百里）。辖境相当今甘肃祖厉河流域。元初又改为会州。

新会县 隋开皇十年（590）改盆允县置，为封州治。治所在今广东江门市新会区北。据民国吕式斌《今县释名》："本汉四会县地，故名新会。"十一年（591）改为允州治，大业初属南海郡。唐初为冈州治，贞观十三年（639）迁治今新会区。开元二十三年（725）属广州。元属广州路。明属广州府。民国初属广东粤海道。1920年直属广东省。1931年迁治今江门市，1950年迁回今新会区。清光绪间戊戌变法主要领导人、著名学者梁启超为该县人。1992年改设新会市。2002年撤销新会市，改设江门市新会区。

新会城　在今山西忻州市西北奇村与辛村之间。北魏时，为肆卢县治。《魏书·地形志》肆州秀容郡："肆卢县治新会城。"

新会郡　东晋元熙二年（420）分南海郡置，属广州。治所在盆允县（今广东江门市新会区北）。南朝宋元嘉二十七年（450）移治宋元县（今新会区境），齐以后复还治盆允县。辖境相当今广东江门、开平、台山等市县地。隋开皇十年（590）废。

新庄　①在今天津市武清区西北。《方舆纪要》卷11武清县：新庄"在县西南八里，亦运河所经，今为新庄铺"。

②即今台湾新北市北新庄区。清乾隆三十二年（1767）移八里岔巡司治此，四十五年（1780）裁。2010年设立新庄区。

新庄闸　在今江苏淮安市淮阴区西惠济祠天妃口。明永乐中建，为运河入淮之口。后渐淤塞，万历六年（1578）河臣潘季驯拆新庄闸，改建通济闸于甘罗城南，此闸遂废。

新刘镇　北宋置，属高唐县。在今山东高唐县东北三十里。

新关　①在今湖南醴陵市东南二十余里，与江西萍乡市交界处。旧为吴楚出入要道。有新、老二关，新关即插岭关，老关在其东北，已荡为丘墟。

②即安戎关。在今陕西陇县西四十里。《资治通鉴》：五代汉乾祐元年（948），思谦进屯散关，"韩保贞出新关"。胡三省注："新关在陇州汧源县西，唐大中六年，陇州防御使薛逵徙筑，谓之安戎关。清汧、陇人谓大震为故关，安戎为新关。"宋于此置新关镇。

新关隘　在今广东潮州市南。《方舆纪要》卷103潮州府海阳县：新关隘"在府南"。

新州　①南朝梁武帝置，治所在新兴县（今广东新兴县）。隋大业初废。唐武德四年（621）复置。辖境相当今广东新兴县及云浮市东南地。天宝元年（742）改为新兴郡，乾元元年（758）复名新州。元世祖至元十六年（1279）升为新州路，十九年（1282）仍降为新州，属江西行省广东道宣慰司。明洪武初废。

②南朝梁普通中置，治所在新阳县（今湖北京山县）。西魏废帝二年（553）改为温州。

③南朝梁末置，治所新城郡（今四川三台县）。西魏治昌城郡（治昌城县，今三台县）。北周辖境相当今四川三台、射洪、中江、盐亭等县地。隋开皇十八年（598）改为梓州。

④唐武德四年（621）置，治所在新野县（今河南新野县）。同年废。

⑤唐光启中改妫州置。治所在永兴县（今河北涿鹿县）。辽改为奉圣州。

⑥辽置，属中京大定府。治所在今内蒙古敖汉旗东白塔子（在今辽宁北票市北塔子乡）。统和八年（990）改为武安州。

新州场　原名毋敛坝。即今贵州正安县北六十里新州镇。明万历四十八年（1620）真安州由今道真仡佬族苗族自治县东南旧城迁治于此。为与旧城相对应，故名新州。南明永历四年（1650）州治迁古凤山麓（今凤仪镇）。1932年设黔陁镇。1936年复名新州。

新州路　元世祖至元十六年（1279）升新州置，治所在新兴县（今广东新兴县）。辖境相当今广东新兴、高明、鹤山等县市地。至元十九年（1282）复降为新州。

新江　①在今江西萍乡市东三十里。《方舆纪要》卷87萍乡县：新江"唐咸通中郡守颜遐福奏开，以通湖南，才十余里而辍。故迹犹存"。

②即今广东西江支流新兴江。源自广东新兴县，北流至高要市东入西江。《寰宇记》卷159端州高要县：新江"在州南五里。有水入于漓江甚浚急，土人曰新江，以其源出于新州东南山谷间，泝洄而上，三日至新州，为新兴郡之故也"。《方舆纪要》卷101肇庆府高要县：新江在"府南六里。源出新兴县乱山中，北流百四十里，入于大江，谓之新江口"。

新江关　在今江苏南京市西，旧江东门外。《方舆纪要》卷20江宁县"龙江关"条下：新江关"明初置江东巡司，兼置驿于此，亦曰新江口，江防治中驻焉"。《清一统志·江宁府二》：龙江关"即西新关，在江宁县西江东门外，出中新河渡二十里，达江浦口。明设户部钞关于此，专理粟帛杂货之税。康熙十年始以西新税务并入龙江，归织造专管"。

新江塘河　即今浙江海宁市中部辛江塘。明万历时开浚。《方舆纪要》卷90海宁县：新江塘河"自湖州府德清县界大麻溪支流，由县西北庄婆堰、东抵县城濠，逶迤曲折，析为众流，东北入嘉兴境"。

新汲县　西汉神爵三年（前59）置，属颍川郡。治所在今河南扶沟县西南二十里汲下村。《汉书·地理志》注引阚骃云："以河内有汲，故加新也。"东魏属许昌郡。隋废。唐武德四年（621）复置，属洧州。贞观元年（627）废。

新池村　即今陕西合阳县东南新池镇。清光绪《陕西全省舆地图》郃阳县：南乡大村有新池村。

新兴千户所　①明洪武十三年（1380）置，属广东都司。治所即今广东新兴县。清雍正三年（1725）废。

②明洪武二十三年（1390）置，属安南卫。治所即今贵州普安县。清康熙二十二年（1683）废。

新兴川　一名广吴河。在今甘肃岷县、漳县、武山三县境。上游今名闾井河，中游名黑虎河，下游名榜沙河。源出岷县东界，东北流经武山县西，合漳水。《水经·渭水注》："新兴川水出西南鸟鼠山，二源合舍，东北流与彰川合……又东北径新兴县北，其水又东北与南川水合……又东北注于渭。"

新兴车站　即今吉林汪清县南新兴村。图佳铁路经此，也是兴宁铁路的起点站。

新兴场　在今江苏盐城市西北十八里新兴镇。产海盐。《寰宇记》卷124盐城监有新兴场。清时设盐课大使。民国时设场知事。

新兴州　元世祖至元十三年（1276）置，属澂江路。治所即今云南玉溪市。《元史·地理志》："新兴州，汉新兴县。"按，汉代在云南未设新兴县，元人误认为南朝建宁郡或南广郡的新兴县在今玉溪，因名。辖境相当今云南玉溪市地。明、清属澂江府。1913年改新兴县。1914年改为休纳县。

新兴村　即今山东苍山县西南四十四里新兴镇。旧属临沂。民国《临沂县志》舆图：县西南有新兴村。

新兴县　①东汉中平五年（188）置，属南安郡。治所在今甘肃武山县西北鸳鸯镇东。北魏改属广宁郡。北周属陇西郡。隋废。

②三国吴置，属庐陵郡。治所在今江西万安县西北十五里遂川江口。西晋太康元年（280）改名遂兴县。

③东晋成汉时置，属南广郡。治所当在今四川兴文县境。南齐以后废。

④东晋永和七年（351）分临允县置，属新宁郡。治所即今广东新兴县。南齐改为新成县，梁复名新兴县，为新宁郡及新州治。隋属信安郡。唐初为新州治，天宝初为新兴郡治，乾元初复为新州治。明属肇庆府。民国初属广东粤海道。1920年直属广东省。

⑤南朝宋置，属越嶲郡。治所在今四川甘洛县东北。齐废。

⑥南齐置，属梓潼郡。治所在今四川绵阳市境。梁废。

⑦唐武德四年（621）置，属南云州。治所在今湖南攸县附近。贞观元年（627）废。

⑧辽置，属银州。治所在今辽宁铁岭市西南新兴堡。金属咸平府。元废。

⑨1913年改新兴州置，后属云南滇中道。治所即今云南玉溪市。因与广东新兴县重名，1914年改休纳县。

新兴冶　在今湖北大冶市西。《晋书·地理志》鄂县："有新兴、马头铁官。"《水经·江水注》："庾仲雍《江记》云，谷里袁口，江津南入，历樊山上下三百里，通新兴、马愿二冶。"

新兴店　在今江西新建县东北六十里新兴街，为往来大道。《清一统志·南昌府二》：新兴驿"在新建县西北六十里。旧置新兴铺，本朝康熙十三年改置为驿，今裁"。

新兴城　①又名新城，俗称白塔营。在今河北肥乡县东南。《晋书·慕容垂载记》：东晋太元九年（384），"垂攻拔邺郛，（符）丕固守中城，垂堑而围之，分遣老弱于魏郡肥乡，筑新兴城以置辎重，拥漳水以灌之"。即此。

②即今安徽涡阳县北新兴集。《资治通鉴》：唐咸通九年（868）讨庞勋，"康承训军于新兴，贼将姚周屯柳子，出兵拒之"。即此。

③北魏时高昌国置，在今新疆鄯善县西。《梁书·高昌国传》：其国置四十六镇，有新兴镇。

新兴栅　一作宜阳栅。在今河南遂平县西南。《资治通鉴》：唐元和十一年（816），李愬讨吴元济，"袁滋至唐州……元济围其新兴栅，滋卑辞以请之，元济由是不复以滋为意"。

新兴郡　①东汉建安二十年（215）置，治所在九原县（今山西忻州市）。辖境相当今山西忻州市、五台、盂县、定襄县及原平县东部与代县东南部地区。西晋元康中改晋昌郡，后复改新兴郡。北魏永安中改永安郡，移治定襄县（今山西定襄县）。隋开皇初复置新兴郡，移治秀容县（今忻州市），寻废。义宁初复置。唐武德元年（618）改忻州。

②三国吴建衡三年（271）分交趾郡置，属交州。治所在麊泠县（今越南永福省安朗西夏雷村）。西晋太康三年（282）改为新昌郡。

③东晋元帝侨置，属荆州。治所在广牧县（今湖北荆州市荆州区东）。隋开皇七年（587）废。

④南朝宋末改晋昌郡置，属梁州。治所在吉阳县（今湖北竹溪县西五十里）。北周废。

⑤南朝梁大同中置，属楚州。治所在汉初县（在今四川南充县南青居镇）。辖境相当今四川武胜县西北、南充市南部地。西魏改为清居郡。

⑥唐天宝元年（742）改新州置，治所在新兴县（今广东新兴县）。辖境相当今广东新兴县及云浮市东南地。乾元元年（758）复为新州。

新兴营　在今江苏沭阳县西北。《方舆纪要》卷22沭阳县：新兴营在"县西北二十里。又县西北十里有西营。元至正间，沂州守将王信所筑以御寇"。

新兴堡　①明嘉靖间置，属宁夏右屯卫。在今宁夏贺兰县西北。万历时废。

②在今陕西定边县东南八十里。《方舆纪要》卷61榆林镇：新兴堡"在新安边营西六十里。本治堡北，成化中移就迤南海螺城，即今堡也。正德四年，套寇伐大队延绥塞内，遣轻骑攻新兴堡，即此"。

新兴集　①在今河南平舆县东北五十六里东和店镇。旧属项城县。民国初设县佐驻此。

②一名孟家楼镇。即今河南邓州市西南孟楼镇。清乾隆《邓州志》卷5《集镇》：新兴集"即孟家楼，

州西南七十五里”。

新兴街　又名黄沙桥铺。即今江西修水县东南黄沙镇。清时设汛。

新兴镇　①北宋置，属宁陵县。在今河南宁陵县境。

②北宋置，属汧阳县。即今陕西千阳县西北二十里新兴铺。

③北宋置，属汉初县。在今四川武胜县西南。

④即新兴盐场。清置镇，属盐城县。即今江苏盐城市西北新兴镇。

⑤在今广西柳江县东南新兴村。明置巡司于此。

新安山　在今安徽祁门县西一百里新安乡境。宋淳熙《新安志》卷4祁门县《山阜》：新安山“在县西九十里。高四十仞”。《明史·地理志》祁门县：“西有新安山。”《方舆纪要》卷28祁门县：新安山在“县西百十里。高百仞。奇秀甲于群山，为郡之胜”。

新安千户所　明正德六年（1511）置，属临安卫。治所在花文驿（今云南蒙自市南三十六里城子上）。正德十四年（1519）迁治补瓦寨（今蒙自县东南十四里新安所镇）。清康熙二十六年（1687）废。

新安卫　明洪武初置，后属直隶南京。在今安徽歙县。清废。

新安平县　西汉置，属辽西郡。治所在今河北滦县西北。东汉废。

新安乐镇　金置，属历亭县。在今山东武城县地。

新安市　即今湖南临澧县西北五十二里新安镇。清置巡司于此。乾隆三十二年（1767）废。

新安边营　即今陕西定边县东南新安边镇。明成化十一年（1475）于中山坡置。《方舆纪要》卷61榆林镇：安边营“有二：旧营，地名深井，成化中移治迤南中山坡，曰新安边营。《五边考》：西路参将驻新安边营，分守十二营堡”。清乾隆四年（1739）并入旧安边营。

新安场　在今海南省万宁市东南。《清一统志·琼州府二》“临川盐场”条下：“万州东南三十里有新安盐场。俱明洪武中置。今裁。”

新安戍　北周于新安县置，属北绛县。在今山西翼城县境。《北齐书·斛律金传》：天保三年（552），“东有周天柱、新安、牛头三戍，招引亡叛，屡为寇窃。七年，（斛律）光率步骑五千袭破之”。

新安关　明置，属三万卫。在辽宁开原市西北。明《辽东志》卷2：新安关在“（开原）城西六十里庆云堡”。

新安州　唐置羁縻州，属安南都护府。治所在归化县（在今越南广宁省先安）。后废。

新安江　①又名歙港、徽港。指今钱塘江干流自安徽歙县浦口至浙江建德市梅城镇一段。以古郡为名。南朝宋沈约有《新安江水至清浅深见底贻京邑游好》诗。《元和志》卷25睦州清溪县：新安江“自歙州黟县界流入县，东流入浙江”。宋《淳熙严州图经》卷3淳安县：新安江“在县南，出徽州，自歙县深渡入县界，至白马砂入建德县界”。《明史·地理志》歙县：“西北有黄山，亦名黟山，新安江出焉，东南流为歙浦。又东曰新安江，至浙江建德县，与东阳江合为浙江上源。”

②即今海南省南渡江上游。《方舆纪要》卷105澄迈县：新安江在“县（治今老城镇）南六十里。源出五指山，历临高县而东入县界，又东达定安县而入琼山县境。即南渡江之上流也”。

新安村　在今越南北部永福省东部永安县附近。《方舆纪要》卷112安南太原府：新安村“在府西南。《典略》云：梁杨瞟等讨李贲，贲奔僚中，寻渡武平江、据新安村”。

新安县　①战国秦置，属三川郡。治所在今河南义马市西石河村。出土秦封泥中有“新安丞印”可证。西汉属弘农郡。西晋属河南郡。北魏太和十二年（488）升为新安郡。十九年（495）仍降为新安县，属河南郡。东魏天平元年（534）为新安郡治。北周明帝时为中州治。建德六年（577）又为新安郡治。隋开皇十六年（596）为谷州治。仁寿四年（604）废入东垣县。大业三年（607）改东垣县复置，属河南郡。治所在今河南新安县东。义宁二年（618）为新安郡治。唐初为谷州治。贞观元年（627）徙治通洛城（即今新安县），属洛州。开元初属河南府。金属金昌府。元属河南府路。明属河南府。民国初属河南河洛道。1927年直属河南省。

②东汉初平三年（192）分大末县置，属会稽郡。治所即今浙江衢州市。三国吴宝鼎元年（266）分属东阳郡。西晋太康元年（280）因与司州河南郡新安县重名而改为信安县。

③东晋置，属合浦郡。治所在今广西合浦县南。南朝梁、陈时废。

④南朝宋置，属上庸郡。治所在今湖北郧县附近。梁废。

⑤南齐侨置，为安定郡治。治所在今湖北南漳县西北。西魏并入重阳县。

⑥北魏孝昌二年（526）置，属平阳郡。治所在今山西翼城县境。三年（527）改属北绛郡。北齐废。

⑦北魏孝昌中侨置，属期城郡。治所在今河南舞阳县境内。后废。

⑧南朝梁置，为巴中郡治。治所在今四川开江县东北沙坝场。《寰宇记》卷137东乡县：“《四夷述》云：梁于今县西界置新安县，不详理所。西魏恭帝二年分新安县于益迁、下蒲两水间置石州，即今县是也。”西魏后废。

⑨东魏兴和中侨置，为新安侨郡治。寄治汲郡陈城（今河南卫辉市）。北齐废。

⑩隋开皇九年（589）置，属婺州。治所在今浙江淳安县千岛湖西北威坪岛附近。仁寿三年（603）为睦州治。大业三年（607）改雉山县。唐文明元年（684）复为新安县，治所在今浙江淳安县淳安镇（今已被新安江水库淹没）西南二里，神功初移治今淳安县（排岭镇）西淳安镇。万岁通天二年（697）睦州徙治建德县，县仍属睦州。开元二十年（732）改为还淳县。

⑪唐武德四年（621）置，属铜州。治所在今广西容县西北。贞观八年（634）属容州。十一年（637）废。

⑫唐贞观初置，属羁縻庄州。治所在今贵州龙里县东北新安街。后废。

⑬辽置，为宁州治。治所在今辽宁瓦房店市西北永宁镇。金废。

⑭金置，属洺州。治所在今河北肥乡县西辛安镇乡。元初废。

⑮元世祖至元九年（1272）置，属保定路。治所即今河北安新县（新安镇）。明初属安州，洪武七年（1374）废入安州，十三年复置，属安州。清属保定府。道光十二年（1832）废入安州。1913年改州为安新县。

⑯明万历元年（1573）改东莞守御千户所置，属广州府。治所即今广东深圳市西南头镇。清康熙六年（1667）废入东莞县，八年（1669）复置。1914年改名宝安县。

⑰1949年5月当地解放后由宿迁、沭阳二县析置，驻新安镇。1952年9月改为新沂县。

新安店 即今河南确山县南新安店镇。民国《确山县志》卷1："清顺治三年新编乡"中，"有集曰新安店，有火车站，在邑正南四十五里"。

新安府 明永乐五年（1407）改新兴府置，属交趾布政司。治所在峡山县（今越南东北部海阳省海阳市东北）。辖境相当今越南海阳省至广宁省一带，宣德二年（1427）以后地入安南。

新安驿 在今浙江淳安县（排岭镇）西二十余里千岛湖中南山岛附近。宋《淳熙严州图经》卷3淳安县：新安驿"在县城西。旧名青溪驿"。

新安城 ①唐建，属嶲州。在今四川越西县北境。《资治通鉴》：唐咸通五年（864），南诏寇嶲州，"忠武大将军颜庆复请筑新安、遏戎二城，从之"。贞元十四年（798），刘希昂出使南诏经此。

②即今江苏无锡市东南三十里新安镇。《方舆纪要》卷25常州府无锡县：新安城"元初置新安巡司于此。至正中，张氏筑城为屯兵之所"。

新安洞 一作洞口。在今安徽歙县西南约三十里。《新唐书·王雄诞传》："歙贼汪华据郡称王且十年，雄诞还师攻之，华以劲甲出新安洞拒战。雄诞伏兵山谷，以弱卒数千斗，辄走壁。华来攻，壁中奋殊死，不可下。会暮还，雄诞伏兵已据洞口，不得归，遽面缚降。"《方舆纪要》卷28歙县：汉洞坑"或以为即洞口也……一云洞口在今绩溪县西南四十里，今谓之洞里，中多居民，深广几百里云"。

新安郡 ①西晋太康元年（280）改吴新都郡置，属扬州。治所在始新县（今浙江淳安县西北新安江北岸，现已没入千岛湖）。辖境相当今安徽黄山市大部、歙县、休宁、黟县、祁门、绩溪等县及江西婺源、浙江淳安县地。隋开皇九年（589）废。

②北魏太和十二年（488）升新安县置，治所在今河南义马市西石河村。十九年（495）复为新安县。东魏天平元年（534）复置。辖境相当今河南新安、渑池二县东部，洛阳市西部地。北周保定三年（563）废。建德六年（577）复置。移治通洛城（今河南新安县）。隋开皇初废。义宁二年（618）复置。唐武德元年（618）改为谷州。

③南朝梁大同二年（536）置，属万州。治所在三冈县（今四川达县西南四十里河市镇）。辖境相当今四川达县西南部地。西魏废帝二年（553）改为新宁郡。

④东魏兴和中侨置，属义州。寄治汲郡陈城（今河南卫辉市）。北齐废。

⑤东魏武定元年（543）置，属武州。治所在雁门川（今山西繁峙县西）。北齐废。

⑥西魏改南部郡置，属隆州。治所在南部县（今四川南部县）。辖境相当今四川南部县地。北周废。

⑦隋大业三年（607）改歙州置，治所休宁县（今安徽休宁县东万安镇）。十三年（617）移治歙县（今安徽歙县）。辖境相当今安徽省南部新安江上游流域及祁门县、江西婺源县地。唐初复改为歙州。天宝元年（742）改为新安郡，乾元元年（758）又改为歙州。后世因以新安为歙州、徽州所辖地之别称。南宋罗愿《新安志》即此地的志书。

新安都 在今海南省澄迈县东北。《明史·地理志》琼州府澄迈县："西南有铜鼓巡检司，治新安都。"

新安站 ①元置，在今湖南长沙县东北新安岭。

②元置，在今江苏无锡市东南新安镇。

新安砦 ①在今江西永新县西北八十里。明初置巡司于此。

②在今广西贵港市东南四十里。明于此置新安寨巡司。

新安堡 明置，即今辽宁凤城市东北石城镇。明《辽东志》卷3：新安堡"官军四百五十二员名，堡土山势临境，石岭儿、梁家峪可按伏"。

新安港 在今湖北通城县东。《方舆纪要》卷76通城县：新安港"在县东二十里。出黄龙山，东北流。县东三十里之鲤鱼港，东十里之东港，俱汇流于此，而入隽水"。

新安墟 即今广东化州市西新安镇。明万历《高州府志》卷1：化州有新安墟。清光绪《高州府志》卷

10 化州：新安墟在“州西六十里”。

新安镇　①北宋置，属中江县。在今四川中江县南磨子桥。

②北宋置，属肥乡县。即今河北肥乡县西二十里辛安镇乡。

③北宋置，属黄岩县。即今浙江台州市路桥区。

④金置，属禹城县。在今山东禹城市北。

⑤清置，属长岭县。即今吉林长岭县西南新安镇。清有主簿驻此。

⑥即今河北安新县治。元、明、清新安县治此。1913 年改为安新县治。

⑦即今江西吉安县东南新安街。清光绪《庐陵县志》卷 3：新安市“在县南六十里”。

⑧即今江苏无锡市东南三十里新安镇。《清一统志·常州府二》：新安镇，“元初置新安巡司。至正中张士诚为屯田之所，东出吴门，此为必经之地”。

⑨即今江苏灌南县治。清属海州。光绪《江苏全省舆图》海州：“新安镇在城南一百四十里。”民国时属灌云县。1958 年于此置灌南县。

⑩在今江苏睢宁县西北六十里废黄河北前新安。明初置新安驿，嘉靖四十五年（1566）改置巡司。

⑪一名中马镇。即今江苏新沂市。旧属宿迁县。清光绪《江苏全省舆图》宿迁县：“新安镇在城西北五十里。”1949 年于此置新安县，因镇为名。1952 年改名新沂县。1990 年改设新沂市。

新军千户所　明景泰五年（1454）置，属万全都司。治所在云州堡（今河北赤城县北云州乡）。清初废。

新军屯　即今河北唐山市丰润区西南新军屯镇。清同治《畿辅通志》卷 54 丰润县图：西南有新军屯镇。光绪《丰润县志》卷 1：新军屯“距城六十里”。

新农镇　又名兴农镇、小站。即今天津市东南小站镇。清光绪《畿辅通志》卷 93：光绪元年（1875），李鸿章令淮军于此屯垦，凿川引水，“由咸水沽西面海河口接挑引河一道，导流南下二十里，至新设镇曰新农镇”。二十一年（1895）为袁世凯统天津新建陆军营基。

新孙耿镇　金置，属齐河县。在今山东齐河县东北新耿街。民国《齐河县志》卷 6：“相传孙、耿二姓始居此地，因以为名。”

新阳江　即新洋江。在今江苏昆山市东南六里。南承吴淞江，北通娄江。

新阳县　①秦置，属陈郡。治所在今安徽界首市北光武镇尹城子。西汉属汝南郡。东汉建武三十年（54）改属淮阳郡。永元十一年（99）仍属汝南郡。《史记·陈涉世家》：秦二世二年（前 208），“吕臣为仓头军，起新阳”。唐张守节《正义》引应劭云：“在新水之阳。”西晋废。

②三国吴置，属衡阳郡。治所在今湖南宁乡县西南九十里横市镇北。西晋太康元年（280）改名新康县。

③南朝宋大明中置，属鲁郡。治所今在安徽界首市北。北齐废。

④三国魏置，属汉阳郡。治所在今甘肃天水市西北渭河北岸。西晋属天水郡，后废。

⑤西晋惠帝时置，属竟陵郡。治所在今湖北京山县。南朝梁为梁宁郡治。西魏改为角陵县。

⑥北魏置，为凉州泉城郡治。当在甘肃武威市境。隋废。

⑦清雍正二年（1724）分昆山县置，属苏州府。与昆山县同城而治，治所即今江苏昆山市。辖县治北偏。1912 年并入昆山县。

新阳侯国　西汉置，属东海郡。治所在今山东枣庄市薛城东北邹坞镇北安阳。东汉省。

新妇山　又名媳妇山。在今河北滦县西南二十五里。《魏书·地形志》：辽西郡海阳县有“新妇山”。即此。

新妇港　亦名新裕港。即裕溪河入长江之口。在今安徽芜湖市鸠江区北裕溪口街道。《舆地纪胜》卷 48 和州：新裕港“在含山县南八十里。昔浦口有妇孝，因名新妇港。今讹为新裕港”。

新妇滩　在今重庆市万州区东南。《寰宇记》卷 149 万州南浦县：新妇滩在“东南岸十里。岩石上有妇人容状，故名”。《舆地纪胜》卷 177 万州：新妇滩“在州南二十里。北岸崖壁间，隐出如妇人面”。

新抚　即今云南镇沅彝族哈尼族拉祜族自治县东南六十里古城乡。清雍正十三年（1735）设新抚巡司。民国初设新抚县佐。1950 年改名古城。

新坝镇　①今江苏连云港市海州区南新坝镇。为往来冲要。明嘉靖十六年（1537）移东海巡司于此。

②即今江苏扬中市西北新坝镇。清光绪《江苏全省舆图》丹徒县图：东北有新坝。民国《江苏六十一县志》：扬中县有“新坝镇”。

新坑山　在今贵州万山特区北五里。《方舆纪要》卷 122 铜仁府大万山长官司：新坑山“岩谷深邃。土人常避兵于此。《志》云，山产硃砂水产”。

新村　①即今云南昆明市东川区新村镇。清乾隆《东川府志》卷 4：“牯牛寨箐水灌溉……新村等处田亩。”

②即革儿昔。今印度尼西亚爪哇岛东北岸之锦石。《明史·爪哇传》：“其国有新村，最号饶富。中华及诸番商舶，辐辏其地，宝货填溢。其村主即广东人，永乐九年自遣使表贡方物。”

新村驿　在今广东高要市西北新村。《方舆纪要》卷 101 肇庆府高要县：新村驿“在府西百二十里。旧置于德庆州之站湾，洪武五年移置于悦城水口，即此驿也。《舆程记》：新村驿而西，为悦城镇，又西为三洲邑，共百里而达德庆州，此为达梧州之道”。

新村集　即今安徽阜南县西北新村镇。清乾隆《阜阳县志》卷4：新村集在“西乡六十里”。

新甫山　在今山东新泰市西北四十里。《诗经·鲁颂·閟宫》：“新甫之柏”，即此。相传汉武帝在此封禅，建离宫于其上，遂改名宫山。

新吴区　2015年设立江苏省无锡市新吴区，将无锡市锡山区的鸿山街道和滨湖区的江溪、旺庄、硕放、梅村、新安五个街道划归新吴区管辖。新吴区政府驻新安街道和风路28号。

新吴县　东汉灵帝中平二年（185）置，属豫章郡。治所在今江西奉新县西北三十里故县。《元和志》卷28洪州新吴县：“旧隶楚，今属吴，故曰新吴。”南朝陈曾于县置南江州，寻废。隋初县属豫章郡，开皇九年（589）并入建昌县。唐武德五年（622）复置，属南昌州。八年（625）废。永淳二年（683）复置，属洪州。神龙二年（706）徙治今奉新县。五代南唐升元元年（937）改名奉新县。

新吴城　在今江西奉新县西北三十里故县。《陈书·周文育传》：陈初，“萧孜、余孝顷据石头，高祖遣侯安都助文育攻之，孜降文育，孝顷退走新吴”，即此。《舆地纪胜》卷26隆兴府：奉新县，“《职方乘》云，初，高帝平定海内，以项籍起江东，恶其强盛，分徙吴之大族置之他郡，迁涂山氏于此，因号新吴”。东汉灵帝中平中于此置新吴县。

新县　1947年改经扶县置，属河南省。治所在新集（今河南新县治所）。

新县镇　即新饶安镇。今河北孟村回族自治县南十八里新县镇。清光绪《畿辅通志》卷156沧州盐山县“饶安故城”条下：“新县镇，即浮水城，距今治三十里。”

新里　①春秋宋地，在今河南开封市东北。《左传》：昭公二十一年（前521），“遂败华氏于新里，翟偻新居于新里”。

②亦称新城。在今陕西澄城县东北二十里。《左传》：僖公十八年（前642），“梁伯益其国而不能实也，命曰新里，秦取之。十九年遂城而居之”。

新里仁口　一名里云口镇。即今湖北仙桃市西南十八里新里仁镇。民国《湖北通志》卷33《乡镇》：沔阳州（治所在今市西南沔城镇）东乡有“新里仁口”。

新里县　隋开皇十六年（596）析浚仪县置，属汴州。治所在今河南开封县东北。大业二年（606）废。唐武德四年（621）复置，贞观元年（627）废。

新邑县　三国吴置，属郁林郡。治所当在今广西南宁市邕宁区和横县南境。南齐属齐宁郡。后废。

新囧县　北魏太和十二年（488）置，属阐熙郡。治所在今陕西定边县东境。隋开皇三年（583）并入长泽县。

新利墟　亦作新地墟。即今广西苍梧县南五十里新地镇。清同治《梧州府志》卷2：苍梧县有新利墟。

新邱　即今辽宁阜新市东北新邱区。京奉铁路有支线（新邱铁路）通此。

新邱铁路　为京奉铁路支线。自励家窝站（在今辽宁黑山县附近）至阜新（今阜新市）东北新邱止。全长60公里。专为运煤而设。

新住镇　即今陕西西安市灞桥区北新筑街道。《清一统志·西安府三》“灞桥镇”条下：“又有新住镇，在（咸宁）县东三十里。亦曰新筑镇。”

新余市　1960年撤销新余县，改设新余市（地级），由江西省直辖。1963年撤销新余市，恢复新余县。1983年复设地级新余市；原新余县辖区改置渝水区，市人民政府驻渝水区城北街道办事处。

新甸镇　即今黑龙江省宾县东北枷板河东、松花江南岸新甸镇。清光绪《吉林通志》卷16：宾州厅东北“一百五里新甸屯。即顺兴福屯，有松花江渡口，通黑龙江呼兰厅路”。

新亨市　即今广东揭东县西北新亨镇。清乾隆《潮州府志》卷14墟市：揭阳县有新亨市。

新怀县　南朝宋初置，为初安郡治。治所在今河南确山县西北。大明间废。北魏延兴二年（472）复置，北齐废。

新灶沙　在今上海市崇明县东北。《方舆纪要》卷24太仓州崇明县“三沙”条下：新灶沙“亦在旧县东南，连大洋，为各沙门户。《旧志》云：自新灶而西达宋信嘴，可不由竹薄，径达刘河，虽中有沙途暗伏，而风利潮便，倭贼易于跳越。若贼寇境，不收新灶沙，则必收烂沙矣。盖烂沙、新灶、三爿俱为海口东面之险也”。

新治县　东晋安帝时置，属晋熙郡。治所即今安徽望江县。南朝陈为大雷郡治。隋开皇十一年（591）改为义乡县。

新沟　在今山东曹县北。《水经·瓠子河篇》：“瓠子河出东郡濮阳县北河，东至济阴句阳县为新沟。”今皆湮。

新沟市　即今湖北武汉市东西湖区西北新沟镇。旧属夏口县，民国时有县佐驻此。

新沟港　即今江苏江阴市西新沟塘。《方舆纪要》卷25常州府江阴县：新沟港“在县西二十里。亦自大江而南，合武进之三山港。正德七年重浚”。

新沟隘　在今湖南资兴市东南。《方舆纪要》卷82兴宁县“玛瑙堡”条下：“又新沟隘，在县（治今兴宁镇）东南八十里。（明）正德中，瑶、僮为患，官军讨之，屯于新沟，以扼其要路。”

新沟嘴市　即今湖北监利县北新沟镇。清光绪《荆州府志》卷4《乡镇》：“新沟嘴市，在（监利）县北七十里。”

新汶县　三国魏置，属齐郡。治所在今山东淄博市西南淄川区东。《三国志·魏书·三少帝纪》：正始元年（240），“以辽东汶、北丰县民流徙渡海，规齐郡之西安、临菑、昌国县界为新汶、南丰县，以居流民”。西晋废。

新附城　在今安徽无为县南。《方舆纪要》卷26无为州：新附城“在州南十五里。三国吴诸葛恪筑此以居新附者，因名”。

新陂港　在今湖南攸县西二十里。《方舆纪要》卷80攸县：新陂港“江头冲之水南流经此。洪武初，筑陂潴水，溉田甚广”。

新陂墟　①即今江西于都县西南三十六里新陂乡。清同治《江西全省舆图》卷9：雩都县西南有新陂墟。

②即今广东兴宁县西五里新陂镇。明嘉靖《兴宁县志》卷2：“五里曰新陂。”

新奉铁路　清光绪三十一年（1905）日军占领奉天（今辽宁沈阳）时所修的军用轻便铁路。从奉天（今沈阳）至新民。长60公里。后由清政府赎回改轨。今为京哈路的一段。

新现汛　即今云南屏边苗族自治县西北新现乡。清时设新现汛。

新现寨　即今云南屏边苗族自治县西北新现镇。明置新现寨土舍。

新坪镇　在今江西寻乌县南九十里。明、清置巡司于此。

新拖国　一译孙他。在今印度尼西亚爪哇岛西部。南宋赵汝适《诸蕃志》有专条记述。元汪大渊《岛夷志略》“爪哇”条作孙剌。《明史·外国列传》作顺塔。

新招水　即今广东广宁县南之宾亨河，为绥江支流。《舆地纪胜》卷96肇庆府：滑水，“《图经》云：在四会县西南二百五十里。源出康州悦城界，合新招之水，注于江”。《方舆纪要》卷101广宁县：新招水“在县西五十里。源出高望山……合于绥江”。

新招县　南朝宋元嘉十三年（436）置，为绥建郡治。治所在今广东广宁县南。隋开皇十年（590）废。唐武德五年（622）复置，属南绥州。贞观元年（627）又废。

新英市　即今海南省儋州市西北新英镇。清宣统《广东舆地全图》儋州图：西有新英市。

新林　浦名。又名新林港。在今江苏南京市西南。宋《景定建康志》卷19：新林浦“在城西南二十里，阔三丈，深一丈，长一十二里。源出牛头山西七里，入大江。秋夏胜五十石舟，春冬涸”。《南齐书·武帝纪》：永明五年（487），“初起新林苑”。《梁书·简文帝纪》：大宝二年（551），侯景“发京师，自石头至新林，舳舻相接”。皆此。

新林县　东晋置，属郁林郡。治所在今广西上林县。一说在今忻城县西南红水河南岸。隋废。

新林砦　在今江苏南京市西南。《宋史·太祖纪三》：开宝七年（974）十一月，“曹彬败江南军于新林砦”。即此。

新林港　又名新林浦。在今江苏南京市西南。源出牛头山，西流入长江。《宋史·太祖纪》：开宝七年（974）十二月，曹彬等攻南唐江南军，“彬败江南军于新林港”。即此。

新林寨　在今浙江杭州市萧山区东二十里螺山村（新林周村）。《方舆纪要》卷92萧山县：新林寨“在县东二十里。宋置，与西兴、龛山、渔浦共为四寨，设兵戍守。今俱废”。

新林镇　①即今江苏南京市西南西善桥镇。滨临长江。南朝时为军事交通要地。《宋书·徐羡之传》：元嘉三年（426），“羡之回还西州，乘内人问讯车出郭，步走至新林，入陶灶中自刭死”。《方舆纪要》卷20江宁县“新亭”条内：“吕氏祉曰：自吴以来，石头南上至查浦，查浦南上至新亭，新亭南上至新林，新林南上至板桥。”

②一称新林市。即今安徽繁昌县东南新林乡。《江南通志·关津·繁昌县》：新林市在“县东南三十里，有公馆”。

新杭县　1934年6月中央革命根据地由新泉（原连城县新泉地区）、上杭二县合置，治通贤（今福建上杭县北通贤乡）。1935年1月废。

新昌州　元元贞元年（1295）升新昌县置，属瑞州路。治所即今江西宜丰县。明洪武初降为县。

新昌江　在今海南省儋州市西北。《清一统志·琼州府一》：新昌江“在儋州（治今中和镇）南十里。源出黎峒，流入新英港与伦江合”。

新昌军　唐置，属灵州。治所在今宁夏平罗县境。后废。

新昌县　①西汉置，属辽东郡。治所在今辽宁海城市东北三十余里向阳寨。《后汉书·高句骊传》：建光元年（121），“夏，复与辽东鲜卑八千余人攻辽队，杀略吏人。蔡讽等追击于新昌，战殁”。即此。西晋属辽东国。东晋咸和九年（334）徙废。北魏寄治古徒河县界，在今辽宁义县东。北齐废。

②三国吴黄武五年（226）分富春县置，属东安郡。治所在今浙江建德市西南五十二里古城山村。七年（228）属吴郡。西晋太康元年（280）因与平州辽东国之新昌县重名而改寿昌县。

③北魏置，为北平郡治。治所即今河北卢龙县。隋开皇十八年（598）改为卢龙县。

④北魏永熙二年（533）置，属昌黎郡。寄治英雄城（今河北徐水县西二十五里遂城镇）。隋改名遂城县。

⑤隋开皇初改顿丘县置，为滁州治。治所即今安徽滁州市。开皇十八年（598）改为清流县。

⑥隋置，属兴州。治所在今越南富寿省白鹤县南风州。大业初属交趾郡。唐属峰州。后废。

⑦唐武德四年（621）置，属新州。治所在今广东新兴县东。贞观中废。

⑧唐开元四年（716）置，属饶州。治所在今江西浮梁县东南新平村南城里。后徙治今浮梁县。天宝元年（742）改名浮梁县。

⑨唐大历四年（769）于西汉新昌侯国故城置，属涿州。治所在今河北高碑店市东南新城镇东。北宋废。

⑩五代梁开平初吴越钱镠析剡县置，属越州。治所即今浙江新昌县。以乡得名。南宋初属绍兴府。元属绍兴路。明属绍兴府。民国初属浙江会稽道。1927年直属浙江省。

⑪北宋太平兴国六年（981）置，属筠州。治所即今江西宜丰县。后属瑞州。元升为新昌州。明洪武初复为县，属瑞州府。1914年改为宜丰县。

新昌驿　在今广东新兴县城东。《方舆纪要》卷101肇庆府新兴县：新昌驿“在县治东”。

新昌侯国　西汉本始四年（前70）封燕刺王子刘庆置，属涿郡。治所在今河北高碑店市东南新城镇东。东汉废。

新昌郡　①西晋太康三年（282）改新兴郡置，属交州。治所在麊泠县（今越南永福省安朗县西夏雷村）。辖境相当今越南永福、富寿、宣光、河江、安沛、老街等省地。南齐时治所在范信县（今越南永福省安朗县西夏雷村）。梁移治嘉宁县（今越南富寿省白鹤县南风州）。隋开皇十年（590）废。

②南朝宋元徽元年（473）置，属徐州。治所在顿丘县（即今安徽滁州市）。南齐属北徐州。梁属南谯州。北周辖境相当今安徽滁州市、来安县及江苏盱眙县部分地。隋开皇初废。

③隋开皇元年（581）改临河郡置，治所在临河县（今宁夏平罗县境）。三年（583）废。

新昌埠　即今广东开平市（长沙街道）南三埠镇。旧属台山县，1949年划入开平县，与荻海埠、长沙埠合并为三埠镇。1952年开平县迁治于此。

新昌寨　在今浙江新昌县治。《资治通鉴》：唐咸通元年（860），“癸卯，南路军拔贼（裘甫）沃洲寨。甲辰，拔新昌寨”。即此。

新明设治局　1936年改化德设治局置，属察哈尔省。治所在嘉卜寺（今内蒙古化德县）。1947年改为新明县。

新明县　①唐武德二年（619）置，属合州。治所在今四川岳池县东南七十里。《寰宇记》卷138新明县：“以新被明化为邑之称。”圣历三年（700），因水害移治渠江西岸。北宋开宝二年（969）属广安军，六年（973）移治单溪镇（今岳池县南二十里）。南宋咸淳二年（1266）属西宁军。元至元二十年（1283）属广安府。《元史·赵匣剌传》：中统四年（1263），宋将夏贵攻虎啸山，“匣剌率兵往御之，贵败走，追至新明县”。即此。至元间废入岳池县。

②1947年改化德设治局置，属察哈尔省。治所在嘉卜寺（今内蒙古化德县）。1949年改为化德县。

新明镇　北宋置，属汉初县。在今四川武胜县南四十五里清平镇。

新易铁路　即西陵铁路。为京汉铁路新易支线。由今河北高碑店市至易县梁各庄。因高碑店原为新城县驻地，故名。

新固关所　在今山西平定县东固驿铺。《明史·地理志》平定州：“东南有新固关守御千户所。”

新罗山　在今浙江临海市西。《清一统志·台州府》：新罗山“在临海县西三十里。与八叠岭相望。鸟道巑岏，登陟艰阻。山多野果，土人利之”。

新罗县　西晋太康二年（282）置，属晋安郡。治所在今福建长汀县北五里东坊口。南朝宋废。

新罗泉　在今湖北京山县北。《舆地纪胜》卷84郢州：新罗泉“在京山县北十里芭蕉寺。旧云新罗僧修行于此。一日白众，欲归。神告之勿去。僧曰，吾思乡中水矣。神指其地，即有泉出。僧尝之，与乡味等”。《方舆纪要》卷77京山县：新罗泉“在县北七十里。旧有新罗国僧居此，因名。泉流溉田，民甚便之”。

新罗堡　在今陕西眉县东南。东晋太元年间（376—396）扶风郡曾寄治于此。《晋书·苻登载记》：东晋太元十五年（390），“（姚）苌攻陷新罗堡，苌扶风太守齐益南奔（苻）登”。即此。

新罗寨　在今内蒙古巴林左旗东南。《金史·耶律余睹传·移剌窝斡》：正隆六年（1161），撒八反，为部将所杀，“窝斡始自为都元帅，陈家为都监，拥众东还，至临潢府东南新罗寨”。即此。

新罗镇　明置，属荣县。在今四川自贡市西十里贡井区。《方舆纪要》卷72荣县：新罗镇在“县南八十里。有盐课司。或曰司盖与富顺县接界”。

新岭　①在今浙江丽水市北。《方舆纪要》卷94宣平县：新岭“在县东七十里，接丽水县界。相近有均塘岭，最为幽旷”。

②在今安徽休宁县南七十里，西接江西婺源县界。《方舆纪要》卷28休宁县：新岭在“县西南七十里。高六百余仞，周二十里。西合婺源芙蓉诸岭为五岭。往来通道。岭南有地名黄茅，可由小径直达，为防御要地”。

③在今安徽绩溪县西，与徽岭左右对峙，为宣、歙间又一通衢。南麓谷口九里坑，有祥云洞。《清一统志·徽州府一》：新岭山“在绩溪县西北三十里。与徽岭山连，地称险隘”。

④在今福建宁德市北一百六十里。《清一统志·福宁府》：新岭，“高者曰大新岭，次曰小新岭，上有飞流瀑布。人过其下，虽盛暑亦萧爽如秋”。

新囶县　北魏置，属阐熙郡。治所在今陕西靖边县西。隋开皇三年（583）废入长泽县。

新和州　五代南唐保大末年于当涂县置，治所在今安徽当涂县。寻改为雄远军。

新和县　1941年改托克苏县置，属新疆省。治所即今新疆新和县。取“新疆永久和平”之意。

新和驿　即今广东廉江市。《方舆纪要》卷104石城县：新和驿“在县治西”。元天历元年（1328）移石城县治此。

新和硕特部　清科布多参赞大臣管部之一，统于乌里雅苏台定边左副将军。和硕特为厄鲁特蒙古四部之一，明末，其一支徙居西北。乾隆三十七年（1772），首领蒙衮率部来归清朝，附新土尔扈特部游牧。五十七年，定牧哈弼察克河（今新疆青河县青吉里河东支流查干果勒）之南。嘉庆元年（1796），给札萨克印，自为一旗，不设盟，直辖于科布多。清末，划归阿尔泰办事大臣辖区。

新和硕特旗 又称扎萨克台吉旗。清乾隆三十七年（1772）设，属青塞特奇勒图盟。驻牧地在今蒙古国巴彦乌列盖省布尔根一带。

新金县 1945年析金县地置，属辽宁省。治所在貔子窝（今辽宁普兰店市东皮口镇）。1959年迁普兰店镇，即今普兰店市。1991年改设普兰店市。

新京市 1932年伪满洲国析长春县城区置，为伪满洲国国都。即今吉林长春市。1945年9月改为长春市。

新店 ①在今安徽金寨县南。《明史·地理志》六安州："又西北有和尚滩巡检司，弘治间属霍丘县，后移于新店，仍来属。"

②即今江西萍乡市东北上栗县东南新店。清同治《江西全省舆图》：萍乡县东北有新店。民国《昭萍志略》卷1：新店市在县东，"距城八十里"。宣统二年（1910）设大安司巡检驻此。

③即新集。今河南新县治。清尹耕云《豫军纪略》卷11：同治三年（1864）八月，捻军"由新店、长潭、虎湾……分踞东南之范店"。

④一名大新店。即今湖北大悟县北三十六里大新镇。旧属孝感县。《方舆纪要》卷77孝感县"九里关"条下：小河溪镇"北出新店，即应山及信阳界也"。

⑤在今云南河口瑶族自治县东北七十一里新店村。清末设新店副对汛。1981年在村北旧汛署遗址发掘出石碑、石狮等文物。

⑥在今甘肃天水市西。《宋史·高宗纪二》：南宋建炎二年（1128），"金人陷秦州，经略史李复降；又犯熙河，经略使张深遣兵马都监刘惟辅与战于新店"。即此。

⑦即今甘肃临洮县西北辛店镇。清宣统《甘肃新通志》卷3兰州府狄道州图：北有新店。

新店子 ①即今河北遵化市南三十里新店子镇。清同治《畿辅通志》卷54遵化州图：南有新店。

②即今内蒙古和林格尔县东南新店子镇。1971年在小板申村东发现汉代护乌桓校尉之砖墓，保存有五十多组彩绘壁画，为研究北方少数民族史极珍贵的资料。

③即今四川江油市东北新安镇（新店子）。清魏源《圣武记》卷9：清嘉庆五年（1800），冉天元、徐万富等率白莲教义军与参将德楞泰军激战于马蹄冈，清军"且战且走，至新店子"。

④又名新升场。即今四川三台县南新生镇。民国《三台县志》卷1：新店子"距城四十五里。又名新升场，嘉庆三年建。通乐至大路"。

⑤一名永兴场。即今四川绵阳市西三十里永兴镇。清同治《绵州志》卷6：永兴场"距县三十里"。

新店河 古名大嶓水。在今湖北赤壁市西。《方舆纪要》卷76蒲圻县：新店河"在县西四十里。一名新溪河，发源于临湘县界，入县境，经新店市，入嘉鱼之黄冈湖，至石头口注大江"。

新店驿 在今湖南桃源县西南一百三十里。明、清置马驿于此。

新店埠 即今安徽霍邱县东北新店镇。明嘉靖《寿州志》卷2：霍邱县有新店集。清同治《六安州志》卷5霍邱县：新店在"县西北三十里"。

新店铺 即今四川自贡市东南新店镇。民国《富顺县志》卷3：新店铺"北距县七十里"。

新店集 ①一称新店汛。即今河南新县治。旧属光山县。清置汛于此。1932年置经扶县于此。1947年后为新县治。

②一作大新店镇。即今河南漯河市郾城区西新店镇。清尹耕云《豫军纪略》卷11：同治四年（1865）六月，捻军与清军"战于新店集"，捻军败，"凫水向舞阳西去"。

新店渡 一名新店铺。即今河南新野县南新甸铺镇。《清一统志·南阳府三》：新店渡"在新野县南三十里白河经流处也。路通湖北襄阳县"。尹耕云《豫军纪略》卷1：清同治三年（1864）三月，太平军"已由新野南新店铺，合总愚、大喜诸股凫渡，东奔枣阳矣"。

新店寨 ①即今山西沁县东南新店镇。《清一统志·沁州》"段村寨"条下："州南三十五里有新店寨。"

②在今湖南沅陵县西北四十里。元置巡司于此。明初废。

新店镇 ①一作辛店镇。北宋置，属巨鹿县。在今河北任县东三十七里辛店镇。金改属任县。

②一作辛店。即今山东东营市西辛店镇。清光绪《山东通志》卷2《舆图志》：乐安县（今广饶县）北有新店镇。

③南宋置，属蒲圻县。即今湖北赤壁市西南四十二里新店镇。《舆地纪胜》卷68鄂州：大济院"在蒲圻之新店镇"。

新庙场 即今重庆市涪陵区西南新妙镇。清同治《涪州志》卷1：长滩里有"新庙子场"。光绪三十四年（1908）改置新盛镇。1932年改为新妙乡。1985年置新妙镇。

新闸镇 即今江苏常州市武进区西北新闸。民国《江苏六十一县志》：武进县西有"新闸镇"。

新郑 春秋、战国时郑国之都。即今河南新郑市。《左传》：隐公十一年（前712），郑庄公曰，"吾先君新邑于此，王室而既卑矣"。《汉书·地理志》河南郡新郑："《诗》郑国，郑桓公之子武公所国，后为韩所灭，韩自平阳徙都之。"

新郑市 1994年撤销河南省新郑县，改设新郑市，市人民政府驻城关。由郑州市代管。

新郑县　战国秦置，属颍川郡。治所即今河南新郑市。西汉属河南郡。《方舆纪要》卷47新郑县：“春秋时为郑武公之国，曰新郑，以别于京兆之郑也。”西晋废。隋开皇十六年（596）复置，属管州，移治今新郑市南双洎河南岸。大业初属荥阳郡。唐属郑州。金属钧州。明还治今新郑市。隆庆五年（1571）改属开封府。民国初属河南开封道。1927年直属河南省。1994年改为新郑市。

新法铁路　自奉天（今辽宁）新民至法库止。计长80公里。清光绪三十一年（1905）英商请借款修筑，后因日人反对未果。

新河　①东汉建安十一年（206）曹操征乌桓蹋顿所开运河。《水经·濡水注》：“自雍奴县承鲍丘水东出，谓之盐关口。魏太祖征蹋顿与泃口俱导也。世谓之新河矣。”大致自盐关口分鲍丘水（今潮河）东出，横绝庚水（今州河）、封大水（今陡河）、缓虚河（今沙河）、素河（今沂河）、清水（今清河）等，东注濡水（今滦河）。大致经今天津市宝坻和河北玉田、丰南、唐山、滦南、滦县等市县地。与平虏、泉州两渠形成一条由北折东的运输渠道。

②又名蕃人河。在今江苏南京市西南。宋《景定建康志》卷9：新河“在白鹭洲西，南流通大江二十余里。《韩忠武王世忠碑》云，建炎四年金人入境，车驾幸四明，王闻之，丞以舟师赴难。乌珠闻王在京口，遽勒三十万骑北逐。王遂提兵截大江以邀之，相持黄天荡四十八日，乌珠势危……一夕潜凿小河，自建象城外属之江，以通漕渠，幸风波少休，窃载而逃”。即此河。

③在今江苏淮安市淮阴区西南。《宋史·河渠志六》：“发运使许元自淮阴开新河，属之洪泽，避长淮之险，凡四十九里。久而浅涩，熙宁四年，皮公弼请复浚治，起十一月壬寅，尽明年正月丁酉而毕，人便之。”南宋乾道五年（1169）楼钥北使金亦由此河行。元以后废。

④在今江苏句容市东。明弘治《句容县志》卷4：“新河在县治东四十里来苏乡。其源出驹骊山，由丁角流入长塘湖，注太湖。”

⑤在今浙江绍兴市北。《新唐书·地理志》越州山阴县：“北五里有新河，西北十里有运道塘，皆元和十年观察使孟简开。”

⑥明初开凿。在今浙江上虞市东南丰惠镇东钱家村附近。《方舆纪要》卷92绍兴府上虞县：新河“在县（治今丰惠镇）东北十里……明永乐九年以通明江七里滩阻塞，因浚新河，道出县北，亦名后新河，经县西二里西黄浦桥，抵郑监山堰，至通明坝”。

⑦即采石新河。今安徽马鞍山市西南采石矶之锁溪河。《方舆纪要》卷27太平府当涂县：新河在“府北二十五里，亦曰采石河”。

新河口堡　明宣德十年（1435）筑堡，属万全右卫。在今河北万全县西北五十五里新河口村。《方舆纪要》卷18万全右卫：新河口堡，“堡设在平川，西、北两面皆沿边，孤悬为最，有水沟、平安等墩台为最冲。口外牛心山、甜水海等处皆部长驻牧，往往由此窥犯右卫”。

新河口镇　即今安徽无为县东河坝镇。清光绪《庐州府志》卷2《无为州图》：东有新河口。

新河千户所　明洪武十九年（1386）置，属海门卫。在今浙江温岭市东北三十里新河镇。

新河庄　即今天津市东滨海新区塘沽西北新河街道办事处。清于此设把总驻守。

新河庄渡　即今安徽宣城市北水阳江西岸新河镇。清嘉庆《宣国府志》卷12宣城县：新河庄镇“距城五十里”。

新河县　①隋开皇十八年（598）析博昌县置，属青州。治所在今山东广饶县东北一百里。大业初废。唐武德二年（619）复置，属乘州。六年（623）又废。

②北宋皇祐四年（1052）升新河镇置，属冀州。治所在今河北新河县西二十五里。熙宁六年（1073）废入南宫县。蒙古太宗四年（1232）复置，属冀州，元世祖至元二十七年（1290）迁治今新河县。清初属正定府，雍正初复属冀州。民国初属直隶大名道。1928年直属河北省。

新河闸桥群　在今浙江温岭市东北新河镇南。始建于宋代，以后各朝均有修建。新河闸桥群包括麻糍闸、中闸、北闸和下卢闸四座，除中闸为三孔外，其余的均为二孔。形式为闸正中开两闸槽，闸墩下部做成分水尖，分水尖上叠砌石台，石台之上采用叠梁，其挑出的叠梁头做成插拱状。这种做法具有鲜明的地方特色，与该市现存的其他古平桥的做法有异曲同工之妙。尤其是麻糍桥，其建筑手法、建筑比例深受木结构建筑的影响，与宋代《营造法式》的形制非常吻合，显得规整古朴。在浙江省水利史、建筑史上都有较高的地位。2006年定为全国重点文物保护单位。

新河堡　又名新河驿。明置，属山丹卫。即今甘肃山丹县东南四十里新河村。《方舆纪要》卷63山丹卫：新河堡“正德中，边将张鹏等败寇于新河北山坡，即此”。

新河镇　①北宋置，属南宫县。在今河北新河县西二十五里。皇祐四年（1052）升为新河县。熙宁六年（1073）废县为镇。元初复置县，后徙废。

②即今天津市东滨海新区塘沽新河街道办事处。北宁铁路在此有支线通北塘。

③即今山东平度市西北七十里胶莱河东岸之新河镇。清道光《平度县志》有新河镇。

新泾　亦名新泾浦。即今上海市西新泾港。《宋史·河渠志》：南宋乾道六年（1170），命浙西转运使刘敏士等“于新泾塘置闸堰，以捍海潮”。七年，秀州守邱宗移堰于运渎。即此。

新宝拉格　即今内蒙古镶黄旗驻地新宝拉格镇。1946年察哈尔镶黄旗迁治于此。“新宝拉格”，蒙古语意为新泉。

新定县　①东汉建安十三年（208）孙权分歙县置，

属新都郡。治所在今浙江淳安县（排岭镇）西南仙居村附近。西晋太康元年（280）因与宁州建宁郡之新定县重名而改为遂安县。

②唐武后久视元年（700）置，为羁縻淯州治。治所在今四川长宁县南七十里双河镇。后废。

新定郡　唐天宝元年（742）改睦州置，治所在建德县（今浙江建德市东北五十里梅城镇）。辖区相当今浙江建德、淳安、桐庐等市县地。乾元元年（758）复为睦州。

新建区　2015年撤销江西省新建县，设立南昌市新建区，区政府驻长堎镇新建大道239号。

新建县　①三国吴太平二年（257）分临汝县置，属临川郡。治所在今江西乐安县北龚坊镇大垄村。南朝梁改属巴山郡。隋开皇九年（589）平陈废。

②南齐置，属高兴郡。治所当在今广东化州市境。隋开皇时废。

③南朝梁、陈间改新熙县置，属新会郡。治所在今广东江门市新会区境。隋开皇十年（590）废入新会县。

④北宋太平兴国六年（981）析南昌县置，与南昌县同为洪州治。治所即今江西南昌市。《郡县释名》江西卷上："太平兴国中置新建县，取南昌旧地而新建之也。"南宋为隆兴府治。元为龙兴路治。明、清时与南昌县并为江西省及南昌府治。民国初为江西豫章道治。1927年直属江西省。1935年迁治今新建县南松湖镇。1945年又迁今新建县北乐化。1949年迁治南昌县西北瀛上村；1951年迁治今新建县南生米镇；1961年迁今新建县（长堎镇）。2015年撤销新建县，改设新建区。

新沓县　三国魏景初三年（239）置，属齐国。治所在今山东淄博市南淄川区东北罗村镇。东晋废。

新城　①春秋时晋国曲沃之别称。在今山西闻喜县东北。《史记·晋世家》：献公二十一年（前656），"申生自杀于新城"。《索隐》："《国语》云：申生乃雉经于新城庙。韦昭云：曲沃也，新为太子城，故曰新城。"《左传》：僖公四年（前656），"太子奔新城"。即此。

②春秋宋邑。在今河南商丘市西南。《春秋》：文公十四年（前613）六月，"公会宋公、陈侯、卫侯、郑伯、许男、曹伯、晋赵盾。癸酉，同盟于新城"。杜注："宋地，在梁国谷熟县西。"

③春秋郑邑。一名新密。在今河南新密市东南三十里。《春秋》：僖公六年（前654），"夏，公会齐侯、宋公、陈侯、卫侯、曹伯伐郑，围新城"。杜注："新城，郑新密，今荥阳密县。"秦取新城后，秦昭王时为新城君芈戎封邑。《战国策·韩策三》有"段产谓新城君"章。

④春秋秦邑。在今陕西澄城县东北二十里。《左传》：文公四年（前623），"晋侯伐秦，围邧、新城，以报王官之役"。即此。

⑤战国赵邑。在今山西朔州市西南。《史记·秦本纪》：庄襄王三年（前247），大将蒙骜"攻赵榆次、新城、狼孟，取三十七城"。《正义》："《括地志》：新城一名小平城，在朔州善阳县西南四十七里。"

⑥战国楚邑。在今河南伊川县西南。《史记·秦本纪》：昭襄王七年（前300），"拔新城"。即此。

⑦在今天津市东南，海河南岸。地近大沽海口，为海防要地。清光绪《畿辅通志》卷93："同治十三年于大沽后路三十里之新城地方建筑新城，与大沽炮台前后接应。"《李鸿章建筑新城炮台疏》："新城滨海河，为洋船入口所经，实属海防门户最要关键。"

⑧北魏建。在今河北无极县西二十八里。《魏书·地形志》：毋极县"有新城"。又《资治通鉴》：唐光启元年（885），"李克用自将投无极，败成德兵，成德兵退保新城，克用复进击，大破之，拔新城，追至九门，斩首万余级"。

⑨高句丽置，即今辽宁抚顺市区北高尔山城。一说在抚顺市。《资治通鉴》：东晋咸康五年（339），（慕容）皝"击高句丽，兵及新城"。即此。

⑩在今江苏江都市西北邵伯镇南。《晋书·谢安传》：会稽王道子专权，"安出镇广陵之步丘，筑垒曰新城以避之……及至新城，筑埭于城北，后人追思之。名为召伯埭"。即此。

⑪在今江苏泰州市北五里。《方舆纪要》卷23泰州：新城，"宋端平中，州守许堪别筑堡城于湖荡沮洳中，周二百丈。德祐二年，元阿术遣兵拔新城，留屯以逼泰州。元末，张士诚入泰州，坏其城，乃修筑新城，设义兵元帅府及州治于此。既而士诚将夏思恭等据守，并葺旧州城而守之。明初徐达兵至泰兴，水道不通，乃自大江口挑河十五里，直抵州之南门湾，思恭等退保新城。达因东筑海安城，以绝通州之援，遂克之。城今圮"。

⑫在今江苏睢宁县南。《方舆纪要》卷22邳州睢宁县：新城在"县南五十里。相传宋韩侂胄所筑"。

⑬亦称合肥新城。在今安徽合肥市西北三十里鸡鸣山东麓古城村。为三国魏青龙元年（233）扬州都督满宠所筑。《三国志·魏书·明帝纪》：青龙二年（234），"孙权入居巢湖口，向合肥新城……权攻新城，将军张颖等拒守力战，帝军未至数百里，权遁走"。即此。

⑭指诸全州新城，元末李文忠筑。在今浙江诸暨市西南六十里。《明史·李文忠传》：文忠"用（胡）深策去诸全五十里别筑一城，以相犄角。（张）士诚遣司徒李伯升以十六万众来攻，不克。逾年，复以二十万众攻新城，文忠帅朱亮祖等驰救，去新城十里而军"。均此。

⑮即今浙江嘉兴市西北二十八里新塍镇。春秋时槜李四城之一。《方舆纪要》卷91嘉兴府：新城"《志》云：唐会昌初，尝垒土为城，谓之新城。今曰新市，有新城税课局"。后改为新塍。

⑯一名新堡。在今湖北襄阳市东南。《元史·阿术传》：至元五年（1268），“遂筑鹿门、新城等堡”。六年（1269），阿术大败南宋援兵于此。

⑰即今贵州兴仁县。清爱必达《黔南识略》卷28贞丰州：“西北由龙场汛自巴林、新城、安姑塘至安南（今晴隆县）盘江汛出关岭，亦为赴省大道。”

⑱在今青海门源回族自治县北北山乡老虎沟口。《旧唐书·王忠嗣传》：开元二十六年（738），“河西节度使杜希望谋拔新城……诏追忠嗣赴河西。既下新城，忠嗣之功居多，因授左威卫郎将，专知行军司马。是秋，吐蕃大下，报新城之役……三军翼而击之，吐蕃大败”。

⑲一名即支城。唐筑，即今新疆若羌县西南瓦石峡乡。《新唐书·地理志》引贾耽《四夷路程》：石城镇“又西二百里至新城，亦谓之弩支城，（康）艳典所筑”。

新城千户所 明洪武二十三年（1390）置，属安南卫。治所即今贵州兴仁县。永乐十三（1415）改属普安州。清顺治十八年（1661）改置普安县。

新城卫 明洪武二十年（1387）置，属北平行都司。治所在今内蒙古宁城县西南甸子镇南黑城子。永乐元年（1403）废。

新城子 即今辽宁沈阳市北沈北新区驻地。民国徐曦《东三省纪略》卷8南满铁路车站道里表：新城子驿“距虎石台驿七里六”。

新城市 旧为新城县。明洪武十年（1377）省为新城市，属衡阳县。即今湖南耒阳市东北四十五里新市镇。明、清置江东巡司于此。

新城戍 在今河南潢川县东南。《水经·淮水注》：淠水“又东北流，径新城戍”。即此。南朝梁置新城郡及新城县于此。

新城州都督府 唐置，属安东都护府。治所在新城（今辽宁抚顺市区北高尔山城）。仪凤二年（677）安东都护府徙治于此。开元二年（714）又徙平州。后废。

新城汛 清置，属施秉县。在今贵州施秉县东南。

新城村 即今江苏仪征市东北新城镇。《方舆纪要》卷23真州：新城村“在县东北十五里。南通何家港，北达扬子桥，往来之通道也。俗谓之都天庙”。

新城县 ①战国秦置，治所在河南伊川县西南。汉属河南郡，作新成县。东汉复改新城县，属河南尹。西晋属河南郡。东魏为新城郡治。隋开皇十八年（598）改为伊阙县。

②西汉高帝元年（前206）改咸阳县置，属雍国，次年属中地郡。治所在今陕西咸阳市东北窑店附近。七年并入长安县。

③三国吴黄武五年（226）析富春县置，属东安郡。治所在今浙江富阳市西南四十八里新登镇。寻废入桐庐。西晋太康末复置，属吴郡，寻废。东晋咸和九年（334）再置，仍属吴郡。南朝陈祯明元年（587）改属钱唐郡。隋开皇九年（589）省入钱唐。大业十四年（618）复置，属余杭郡。唐武德七年（624）省入富阳。永淳元年（682）复置，属杭州。五代梁开平元年（907）吴越改为新登县。北宋太平兴国四年（979）复为新城县，属杭州。南宋属临安府。元属杭州路。明、清属杭州府。民国初属浙江钱塘道。1914年改为新登县。

④三国吴置，属昭陵郡。治所在今湖南邵东县东。西晋永泰中废。

⑤西晋永嘉中鲜卑段氏置，治所在今辽宁凌海市附近。《资治通鉴》：西晋建兴元年（313），慕容廆“遣慕容翰攻段氏，取徒河、新城，至阳乐”。即此。后燕慕容熙于此置青州。后废。

⑥东晋安帝时以关陇流民置，属始康郡。寄治成都（今四川成都市）。西魏废。

⑦北魏太和二十一年（497）改岭东县置，属吐京郡。治所在今山西交口县东北。后废，唐武德三年（620）复置，属北温州。贞观元年（627）废。

⑧北魏太和二十二年（498）分冠军县置，属南阳郡。治所在今河南邓州市西北六十六里南古县村。西魏改为临湍县。隋开皇初复为新城县，属邓州。大业初属南阳郡。唐武德二年（619）移治虎遥城（今邓州市西北四十八里张村镇），为郦州治。后属邓州。贞观三年（629）还旧治。天宝元年（742）改为临湍县。

⑨北魏孝昌中侨置，属吐京郡。治所在今山西汾西县西北四十里云城村附近。北周属西河郡。隋开皇十年（590）废。

⑩北魏置，属永安郡。治所在今河南光山县西。北齐改为丰安县。

⑪北魏改北新城县置，属高阳郡。治所在今河北徐水县西南二十里。北齐复名北新成县。

⑫南朝宋侨置，属高阳郡。治所在今山东淄博市东临淄地。北齐废。

⑬南朝宋侨置，属河南侨郡。治所在今河南南阳市东南。北魏废。

⑭南朝梁置，为永安郡治。治所在今湖北大悟县东南新城镇。隋开皇初废。

⑮南朝梁置，为新城郡治。治所在今河南潢川县东南。隋开皇初废。

⑯东魏武定三年（545）置，属武州。治所在雁门川（今山西繁峙县西）。北齐废。

⑰西魏于旧北五城置，为昌城郡治。治所即今四川三台县。恭帝三年（556）改为昌城县。

⑱南朝陈析临烝县置，属湘东郡。治所即今湖南耒阳市东北四十五里新市镇。隋废入衡阳县。唐初复置，属衡州。武德七年（624）又废。元至元二年（1336）复置，属衡州路。明洪武初又废。

⑲唐武德四年（621）置，属隆州。治所即今四

川仪陇县驻地新政镇。以隐太子建成讳，不久改为新政县。

⑳唐贞观五年（631）置，属羁縻雅州。治所在今四川阿坝县东南境。后废。

㉑唐太和六年（832）置，属涿州。治所在今河北高碑店市东南新城镇。北宋宣和四年（1122）赐名威城县，寻入金，复名新城县，属涿州。蒙古太宗二年（1230）升为新泰州，七年（1235）复为新城县，属大都路。元世祖至元二年（1265）属雄州。明洪武六年（1373）属保定府。民国初属直隶保定道。1928年直属河北省。1962年移今治高碑店。1993年改设高碑店市。

㉒南宋绍兴八年（1138）分南城县五乡置，属建昌军。治所即今江西黎川县。元属建昌路。明属江西建昌府。1914年改名黎川。

㉓南宋咸淳五年（1269）置，属楚州。治所在今江苏淮安市楚州区西。元属淮安路，至元二十年（1283）省入山阳县。

㉔元世祖至元二十五年（1288）以长山县驿台镇置，属般阳路。治所在今山东桓台县西新城镇。《元史·地理志》般阳府路新城县："太宗在潜，以人民完聚，创置城曰新城"，县因以名。明洪武十二年（1379）属济南府。1913年改为耏水县。

㉕1912年置，属兴义府。治所即今贵州兴仁县。1914年因与直隶省（今河北省）新城县重名，改为兴仁县。

㉖1913年改新城府置，属吉林省。治所在伯都讷（今吉林松原市）。1914年改名扶余县。

㉗1936年8月西北革命根据地由原靖边县析置，治新城堡（今陕西靖边县西南新城乡）。1937年8月与靖边（东靖边）、横山二县合并，设立靖横县。

新城店　即今山东莱州市东北境新城。北濒大海，东接招远界。清《乾隆内府舆图》莱州府掖县东北有新城店。民国《四续掖县志》卷1作新城，为新城乡驻地。

新城府　清光绪三十二年（1906）改伯都讷厅置，属吉林将军（次年改吉林省）。治所在伯都讷（今吉林松原市）。辖境约当今吉林松原、榆树二市地。1913年降为新城县。

新城郡　①战国楚怀王时（前328—前299）置，治所在新城（今河南伊川县西南）。《战国策·楚策一》：城浑"遂南交于楚，楚王果以新城为主郡"。辖境相当今河南伊川县一带。

②三国魏黄初元年（220）改房陵郡置，属荆州。治所在房陵县（今湖北房县）。辖境相当今湖北房县、保康县和神农架林区北部地。南朝宋属梁州。南齐改为南新城郡。梁复为新城郡，后为岐州治。西魏改为光迁国。

③南朝宋分广汉郡置，属益州。治所在北五城县（今四川三台县）。南齐废。隋大业三年（607）改梓州复置，治所在郪县（今四川三台县）。辖境相当今四川三台、射洪、盐亭三县及中江县东南地。唐武德元年（618）改为梓州。

④南朝梁置，属南朔州。治所在新城县（今河南潢川县东南）。隋开皇初废。

⑤东魏天平中置，属北荆州。治所在孔城（今河南伊川县西南高山乡张村）。武定五年（547）徙治北荆州城（即新城县，在今伊川县西南）。北齐天统五年（569）还治孔城。隋开皇初废。

新城站　元于新城镇置，在今江西新建县东北。

新城堡　①北宋置，属原州。即今甘肃镇原县西南新城乡。

②明置，属沈阳中卫。即今辽宁沈阳市北新城子区新城子乡。

③明置，属永昌卫。即今甘肃永昌县西偏南七十里新城子镇。清初设守备，后改都司。

④清改靖安堡置，即今甘肃张掖市西北靖安乡。《清一统志·甘州府》：新城堡"在张掖县西北四十里。南至黑河五里，城周一里有奇。明置曰靖安堡，本朝改名"。

⑤在今甘肃嘉峪关市东北。《清一统志·肃州》：新城堡"在州西北三十里。西至野麻湾二十里，北临边墙。城周二百五十丈。今有把总"。

⑥即今陕西靖边县西南新城乡。1936—1937年西北革命根据地置新城县治此。

新城渡　在今安徽宣城市东北。《方舆纪要》卷28宣城县：句溪"又北三里至汉河，与宛溪合。其东岸为新城渡"。明设鱼潭河泊所于此。《清一统志·宁国府二》：河泊所"有二：鱼潭所在宣城县东北三里三汊河口。明嘉靖四十二年裁"。

新城镇　①北宋置，属新建县。在今江西新建县东北。

②北宋置，属宁陵县。在今河南宁陵县境。

③北宋置，属耒阳县。即今湖南耒阳市东北四十五里新市镇。

④北宋置，属原州。即今甘肃镇原县西五十里新城乡。金属彭阳县。

⑤金置，属抚州。在今内蒙古兴和县西北台基庙村古城。承安二年（1197）升为威宁县。

⑥即今江苏仪征市东北十里新城镇。元至元二十八年（1291）扬子县曾徙治于此。

⑦亦作新塍镇。即今浙江嘉兴市西北新塍镇。清光绪《嘉兴府志》卷4《市镇》：新城镇在"县西北二十七里。唐会昌中，尝筑土为城，谓之新城税课局。唐景云中，镇遭兵乱，居民垒土为城，故云新城。城久废，今存其名。宣德分县，谋建县治而不果。其民男务居贾，与时逐利，女攻纺织，居者颇万余家。颇多儒，有登乡书者"。后改名新塍。

⑧即今江西大余县东北新城镇。清时有巡检驻防。

⑨在今湖北沙洋县南新城村。《元史·伯颜传》：至元十一年（1274），大举伐宋，"次新城，令万户帖

木儿、史弼列沙洋所鹹于城下”。明置巡司于此。清废。

⑩在今湖南澧县东三十里。《方舆纪要》卷77澧州：新城镇“晋车胤尝寓此。唐李泌为州刺史，更筑新城。元因置新城镇”。元至正中曾徙澧阳县及澧州路治此。

新政县　唐武德四年（621）改新城县置，属隆州。治所即今四川仪陇县驻地新政镇。先天初属阆州。天宝初属阆中郡，乾元初复阆州。北宋元丰五年（1082）徙治晋安故城（今南部县西北）。元至元二十年（1283）废入南部县。

新政站　元置，在今四川仪陇县驻地新政镇。

新草房街　即今云南麻栗坡县。清代属开化府。民国《新编麻栗坡特别区地志资料》：“清乾隆初辟时，原名新草房街。后嘉庆时，江湖川黔人来此经商，以四面坡上有麻栗树，故名曰麻栗坡街。”

新茨山　在今江西安福县西五十里严田镇。《寰宇记》卷109吉州安福县：新茨山，“王烈之《安成记》云，豫章太守贾萌与安成侯张普争战于新茨之野。今县侧有新茨亭”。

新南县　西魏废帝二年（553）置，属开巴郡。治所在今四川达州市及达县境。隋废。

新南城县　西晋太康初改南城县置，属临川郡。治所在今江西南城县东南。东晋太兴中复改为南城县。

新柯沙里国　公元1222—1292年印度尼西亚爪哇的王国。都城新柯沙里在今玛琅北部。在葛达那加拉统治时期，势力超过苏门答腊室利佛逝国，领土达到加里曼丹西北、马来半岛等地。1293年为麻喏巴歇国所取代。

新栅　在今河北清河县西。《资治通鉴》：东晋太元十二年（387），“安次人齐涉聚众八千余家据新栅，降燕，燕主（慕容）垂拜涉魏郡太守。既而复叛……高阳王（慕容）隆言于垂曰：‘新栅坚固，攻之未易猝拔。若久顿兵于其城下，张愿拥帅流民，西引丁零，为患方深。愿众虽多，然若新附，未能力斗。因其自至，宜先击之。愿父子恃其骁勇，必不肯避去，可一战擒也。愿破，则涉不能自存矣’”。即此。

新郢城　南宋末筑。在今湖北钟祥市西南。《元史·伯颜传》：“郢在汉水北，以石为城。宋人又于汉水南筑新郢。横铁绳，锁战舰，密树椿木水中。”

新贵县　明万历十四年（1586）改贵竹长官司置，为贵阳府治。治所即今贵州贵阳市。清康熙三十四年（1695）并入贵筑县。

新界　在今香港九龙半岛北部。原属广东省新安县（今深圳市），1898年英国强行租借九龙半岛北部深圳河以南、界限街以北的地区及附近岛屿，后统称为“新界”。1997年7月1日和香港其他地区一起回归中国。

新保关　亦作新堡关。在今四川汶川县。明时为威州治。清雍正时省威州，移保县治此。嘉庆时废保县，以理番厅照磨驻此，名新保关。与保子关隔江相望，为西路冲要。民国改设县佐。1952年汶川县移治于此。

新保安城　在今河北怀来县西北二十五里新保安镇。明景泰初于此设保安卫，清康熙中怀来路参将驻此。1948年12月在此歼灭国民党35军，为北平（今北京市）和平解放起了重要作用。

新泉　即今福建连城县西南新泉镇。1931—1934年中央革命根据地置新泉县治此。

新泉军　唐置，治所在今甘肃景泰县东南芦阳镇东的吊（穹）沟故城。唐时为新泉军治。《水经·河水注》：“又东北过武威媪围县东，河水迳其界，东北流。”

新泉县　1931年12月中央革命根据地由原汀连县部分地析置，治新泉（今福建连城县西南新泉镇）。1934年6月与上杭县合并为新杭县。

新泉砦　北宋元符元年（1098）置，属秦凤路（后属会州）。在今甘肃景泰县东南卢阳镇东五里黄河北岸吊沟古城。旋属会州。《金史·西夏传》：兴定四年（1220），“夏兵犯边……都统王定复破其众于新泉城”。即此。后废。

新泉隘　即今福建连城县西南新泉镇。明嘉靖间移北团寨巡司于此。

新饶安镇　金置，属清池县。即今河北盂村回族自治县南十八里新县镇。唐贞观年间移汉饶安县于此，故有新饶安之称。

新亭　①又名中兴亭。三国吴筑，故址在今江苏南京市西南三十五里。地近江滨，依山为城垒，为军事和交通要地。东晋时，为诸朝士游宴之所。《晋书·王导传》：“过江人士，每至暇日，相要出新亭饮宴。”《南史·宋纪》：孝武帝至新亭，即皇帝位，“改新亭为中兴亭”。通常仍称新亭。南宋建炎四年（1130）岳飞大破金兀术于此。后毁。

②在今河南商丘市附近。《清一统志·归德府二》：新亭“在商丘县城外。《府志》：王胜之建新亭曰：流觞绿波、桧阴四合、照碧妙峰、朝雨暮云、暖风残月、玉烛金缕、光华燕喜、嘶马落帆、芳草柳枝。合前观光、望云、妙峰亭，凡十有二”。秦观诗云：“宋都堤上十二亭，一一飞惊若鸾凤。”即此。

新洞墟　即今广东高州市东新垌镇。清光绪《茂名县志》卷2：“县东道路，自城东门外，而谢鸡，而新洞。”

新洛城　即新乐城。即今河南新乡市。《魏书·地形志》获嘉县：“太和二十三年复，治新洛城。”

新洋江　亦名新阳江。在今江苏昆山市东南六里。《方舆纪要》卷24苏州府昆山县：新洋江“自城东四里运河分流，南接娄江”。南宋隆兴三年（1165）开新洋江后，屡经修浚。其水南承吴淞江，北通娄江。每当松江中断，淀山湖水即由新洋江入娄江而出。

新洲　一名薛家洲。在今江苏南京市北大江中。宋《景定建康志》卷19：“新洲一名薛家洲，去城北四十里。今幕府山相对有上新洲、下新洲。”《三国志·吴书·三嗣主传》：太平元年（256），吕据欲讨孙𬘭，𬘭遣孙宪等以舟兵逆据于江都，“获吕据于新洲”。《晋书·孙恩传》：东晋隆安五年（401），孙恩集众，“欲向京都，朝廷骇惧，陈兵以待之。恩到新洲，不敢进而退”。

新洲市　①即今湖北武汉市新洲区。清光绪《湖北全省分图》：黄冈县北有新洲市。清光绪《湖北全省分图》：黄冈县北有新洲市。民国《湖北通志》卷33黄冈县：新洲市“在县北百十五里”。1951年建新洲县于此。1998年改设武汉市新洲区。

②即今湖南津市市南十五里新洲镇。旧属澧县。民国《澧县县志》卷3：新洲市“距城三十里。市繁盛”。

新洲墟　即今广东阳东县东新洲镇。清光绪《广东图说》卷5：阳江县有新洲墟。

新津县　北周闵帝元年（557）置，属犍为郡。治所在今四川新津县驻地五津镇。清嘉庆《四川通志》卷1：新津县，“李膺《益州记》云：皂里江津之所曰新津市。按县名本此”。隋初属益州，移治今新津县。大业初属蜀郡。唐初属益州，垂拱二年（686）改属蜀州。《新唐书·南诏传》：咸通十一年（870），酋龙北进入蜀，“次新津”。即此。南宋淳熙四年（1177）属崇庆府。元属崇庆州。清属成都府。民国初属四川西川道。1928年直属四川省。

新宥州　即宥州。唐元和九年（814）于经略军置，治所延恩县（在今内蒙古鄂托克旗东北）。辖境相当今内蒙古鄂托克旗、鄂托克前旗一带。元和十五年（820）徙治长泽县（今鄂托克前旗东南城川乡古城）。后为吐蕃所破，废。长庆四年（824）复置。《元和志》卷4：“今自新宥州北至天德，置新馆十一所，从天德取夏州乘传奏事，四日余便至京师。”宋时属西夏。元废。

新穿口　又作新穿水口或穿口。在今四川新津县东北。《资治通鉴》：唐中和二年（882），邛州牙官阡能反，都招讨指挥使高仁厚发兵击之，“至穿口，句胡僧置十一寨，寨中人争山降”。胡三省注：“穿口，即新津新穿口也。”

新穿水　即今四川新津县东之杨柳河。《资治通鉴》：唐咸通十一年（870），南诏攻成都，不能陷，遁还，“至双流，阻新穿水，造桥未成，狼狈失度，三日，桥成，乃得过，断桥而去”。即此。《明史·地理志》新津县：“东有北江，亦曰新穿水，自府城南流经此合大江。”

新穿镇　北宋置，属新津县。在今四川新津县东北四十里花源镇一带。以新穿水（今杨柳河）而名。

新垒头　即今河北辛集市北新垒头镇。清同治《畿辅通志》卷47束鹿县图：西北有新垒头。

新绛　即新田。在今山西侯马市西晋国遗址。晋旧都曰绛，迁于新田，称为新绛。

新绛县　1912年改绛州置，属山西河东道。治所即今山西新绛县。1928年直属山西省。1958年撤销，并入侯马市。1962年复置新绛县。

新泰市　1983年撤销山东省新泰县，改设新泰市，市人民政府驻城区府前大街。由泰安市代管。

新泰州　蒙古太宗二年（1230）升新城县置，属大都路。治所即今河北高碑店市东南新城镇。七年（1235）废。

新泰县　①西晋泰始中置，属泰山郡。治所即今山东新泰市。清乾隆《泰安府志》卷2：新泰县“西瞻泰岱，北枕新甫，县之命名以此”。惠帝改属东安郡。北魏属东泰山郡。隋属琅邪郡。唐属沂州。金属泰安州。元世祖至元二年（1265）省入莱芜县。三十一年（1294）复置，属泰安州。清属泰安府。民国初属山东济南道。1925年改属泰安道。1928年直属山东省。1983年撤销新泰县，改设新泰市。

②北魏置，属东安郡。治所在今山东蒙阴县东南十里公家城。东魏改为蒙阴县。北齐废。

新秦中　古地区名。即今内蒙古河套以南、宁夏清水河流域、甘肃环县、陕西吴起县以北地。秦逐匈奴，取河南地，徙民实之，故名。《史记·平准书》：西汉元狩三年（前120），山东大水，“乃徙贫民于关以西，及充朔方以南新秦中，七十余万口”。《水经·河水注》：“《魏土地记》曰：（朔方）县有大盐池……汉置典官。盐池去平地宫千二百里，在新秦之中。服虔曰：新秦，地名，在北，方千里。如淳曰：长安以北，朔方以南也。薛瓒曰：秦逐匈奴，收河南地，徙民以实之，谓新秦也。”

新秦县　唐开元二年（714）分银城县置，属胜州。治所在今陕西神木县北二十里。《元和志》卷4：新秦县“取汉旧名也。”后为麟州治。天宝元年（742）为新秦郡治，乾元元年（758）复为麟州治。五代周移治小堡，北宋乾德初移治吴儿堡（今神木县西南），五年（967）复移治杨家城（麟州旧治）。金皇统八年（1148）没入西夏，废。

新秦郡　唐天宝元年（742）置，治所在新秦县（今陕西神木县北二十里）。辖境相当今陕西神木县地。乾元元年（758）改为麟州。

新都　古蜀国开明氏都。在今四川成都市新都区西北二十里军屯镇清白江边。东晋常璩《华阳国志·蜀志》：“蜀以成都、广都、新都为三都，号名城。”

新都大渡　在今四川金堂县。东晋常璩《华阳国志·蜀志》：李冰“又导洛通山洛水，或出瀑口，经什邡，与郫别江会新都大渡”。民国《金堂县志》卷9：“大渡、韩家渡，均在今治东三十里赵家渡。《旧志》谓《华阳国志》汉段翳告大渡津吏即此。后因有宋韩琦遗迹，改名韩滩。”

新都县　本战国时蜀国之新都。后置县。秦属蜀郡。治所在今四川成都市新都区东二里。西汉属广汉郡。西晋泰始二年（266）属新都郡。太康六年（285）复属广汉郡。《周书·王谦传》：大象二年

(580)，谦以益州举兵反杨坚，坚命梁睿讨之，谦迎战“行数十里，军皆叛。谦以二十骑奔新都，县令王宝斩之”。即此。隋开皇十八年（598）改为兴乐县。唐武德二年（619）复置，属益州。治所在今四川成都市新都区。至德二年（757）属成都府。元属成都路。明属成都府。民国初属四川西川道。1928年直属四川省。2001年撤销新都县，改设成都市新都区。

新都国　西晋咸宁二年（276）改新都郡置，封司马该为新都王。治所在雒县（今四川广汉市北）。辖境相当今四川广汉、什邡、新都、金堂、德阳、绵竹等市县地。太康六年（285）复为新都郡。

新都侯国　西汉置，属南阳郡。治所在今河南新野县东南四十里九女城。成帝永始元年（前16）封王莽为新都侯。东汉废。今新都城遗址尚存。

新都郡　①东汉建安十三年（208）孙吴置，属扬州。治所在始新县（今浙江淳安县西北新安江北岸，现已没入千岛湖）。辖境相当今安徽歙县、休宁、黟县、祁门、绩溪、黄山市大部及江西婺源、浙江淳安等县地。西晋太康元年（280）改为新安郡。

②西晋泰始二年（266）改广汉郡置，属梁州。治所在雒县（今四川广汉市）。辖境相当今四川广汉、什邡、新都、金堂、德阳、绵竹等市县地。咸宁二年（276）改为新都国。太康六年（285）复为广汉郡。

新桥　①在今江苏东海县东北。《宋史·魏胜传》：南宋绍兴三十一年（1161），“金人遣同知海州事蒙恬镇国以兵万余取海州，抵州北二十里新桥。胜帅兵出迎之，设伏于隘，阵以待。众殊死战，伏发，贼大败”。

②即今浙江临海市东新桥头。《方舆纪要》卷92台州府：新桥“在府东南。嘉靖四十年倭自桃渚登陆，来犯府城，戚继光败之，又追败之于新桥”。即此。

新桥马驿　在今山东汶上县东南。《方舆纪要》卷33汶上县“开水河驿”条下：“县东南有新桥马驿。盖县为水陆通衢也。”

新桥市　即今福建漳州市东南新桥，濒南门江。清乾隆《龙溪县志》卷2《街市》有新桥市。

新桥堡　明置，属叠溪千户所。在今四川在茂县西北叠溪镇北。《方舆纪要》卷73叠溪所：新桥堡在“所北十里。稍南为汉关墩堡。万历十八年，郁即长官司嗽保者，与黑水、松坪攻我新桥。明年伏诛”。

新桥集　即今河南项城市南六十里新桥镇。清宣统《项城县志》卷1：县南有新桥集。

新桥墟　①即今福建尤溪县西南新阳镇。《清一统志·延平府》：新桥墟“在尤溪县西七十里新桥”。

②即今广东高要市西南新桥镇。明万历《广东通志》卷46：高要县有新桥墟。清设汛，有把总驻防。

新桥镇　①金置，属乐亭县。在今河北乐亭县西南三十里。元设新桥海口巡司。明万历中设新桥营，与昌黎之赤洋营、抚宁之牛头崖营为海口三营。

②一作莘桥镇。在今河北高阳县东南十五里莘桥村。《元丰九域志》卷2：博野县有“新桥一镇”。即此。

③即今上海市松江区东北二十里新桥镇。清光绪《江苏全省舆图》：华亭县东北有“新桥”。

④北宋置，属东阿县。在今山东东阿县（铜城镇）南旧城。金天会十一年（1133）徙东阿县治此。明洪武六年（1373）徙东阿县治今平阴县西南东阿镇。

新郪　战国魏地。即今安徽太和县北六十里倪丘镇。《史记·苏秦列传》：苏秦说魏襄王曰，“大王之地，南有鸿沟……新郪”。即此。秦改置新郪县。

新郪县　战国秦置，属陈郡。治所即今安徽太和县北六十里倪丘镇。西汉属汝南郡。东汉初改为宋国。

新哨　即今云南弥勒县南三十五里新哨镇。《方舆纪要》卷115弥勒州：新哨“在州西南。自阿迷州之彭堡达于新哨，乃至州治。又北出板桥，接云南府宜良县界”。

新造汛　即今广东广州市番禺区东北新造镇。清设水师千总驻防，又移茭塘巡司于此。

新息县　①西汉置，属汝南郡。治所即今河南息县。《汉书·地理志》新息县注引孟康曰：“故息国，其后徙东，故加新云。”魏晋为汝南郡治。南朝宋分置南北二县：南新息县治所即原新息县，先后为汝南郡、西豫州、淮州治。北新息县治在今新息县东。北齐废北新息县入南新息县，复名新息县，为东豫州治。北周及隋初为息州治。大业初为汝南郡治。唐属蔡州。金为息州治。元世祖至元三年（1266）废入息州。

②南朝梁置，属汝阳、弋阳二郡。治所在今安徽阜南县南。北齐废。

新站　①即乌兰诺尔站。在今黑龙江省肇源县西北新站镇。清西清《黑龙江外纪》卷2：“今茂兴、古鲁两站间有乌兰诺尔一站，则为二十站。雍正五年将军傅尔丹增，故乌兰诺尔有新站之称。”

②即今贵州桐梓县北九十里新站镇。明洪武六年（1373）在今桐梓县北桐梓坡设桐梓驿。后由河西迁往河东，改名新站。1932年设新站镇。

新站铺　即今贵州遵义县（南白镇）西南新站。《清一统志·遵义府》“遵义底塘铺”条下：又有“新站铺”等，皆戍守处。

新浦　即今江苏连云港市驻地新浦区。陇海铁路在此有支线东北通大浦。

新浦区　1949年撤销江苏省新海市，此地设新浦办事处，隶属新海连市。1955年始称新浦区。1983年新浦区、海州区及锦屏、新坝二乡合置新海区。1986年海州区析出，此地复称新浦区。2014年新浦区并入海州区。

新浦县　南朝宋永初中分汉丰县置，属巴东郡。治所在今重庆市开县西南跳蹬场。明曹学佺《蜀中广记》卷53开县：“新浦县者以浦名。”西魏为开江郡治。北周为江会郡治。隋大业初属巴东郡。七年（611）移治今南门镇西北新浦村。唐属开州。北宋庆历四年（1044）废入开江县。

新浦镇　在今江苏连云港市驻地新浦区。清光绪三十一年（1905），自开为商埠。

新海市　1948年析灌云县置，属山东省。治所在新浦（今江苏连云港市区新浦）。1949年并入连云市。

新海设治局　1935年置，属河北省。治所即今河北黄骅市。1937年改设新海县。

新海县　①1938年改新海设治局置，属河北省。治所在韩村（今河北黄骅市）。1945年改为黄骅县。

②1947年析宁安县置，属松江省。治所即今黑龙江省海林市。1948年改为海林县。

新家闸　在今湖北安陆市西。清王定安《湘军记》卷16平捻篇：同治五年（1866），“张树栅击东捻于德安之新冢闸，败绩，死之”。

新宾县　①唐仪凤二年（677）置，属晏州。治所在今四川兴文县西北。后废。

②1929年改兴京县置，属辽宁省。治所在新宾堡（今辽宁新宾满族自治县）。1945年改属安东省。1949年属辽东省，1954年仍属辽宁省。1985年改设新宾满族自治县。

新宾堡　即今辽宁新宾满族自治县（新宾镇）。清光绪三年（1877）移兴京厅于此。光绪《奉天全省地舆图说图志》兴京：“新宾堡在治城东三十里。”

新容县　隋大业元年（605）置，为农州治。治所在今越南承天—顺化省广田县东香江与蒲江合流处。三年（607）为海阴郡治。后废。

新陶河　今巴基斯坦境内之印度河。《梁书·诸夷传》：中天竺国“国临大江，名新陶，源出昆仑，分为五江，总名曰恒水。其水甘美，下有真盐，色正白如水精”。

新埠　亦名布路槟榔或槟榔士。即今马来西亚马来半岛西岸之槟榔屿。1786年英国东印度公司侵占其地后，开辟商埠，故当时称为新埠。为马六甲海峡北端的主要港口。清谢清高《海录》有专条记述。

新埭镇　清置，属平湖县。即今浙江平湖市东北三十里新埭镇。

新接堡　明置，属灵州守御千户所。在今宁夏灵武市西三十里，滨临黄河。

新营　在今台湾省台南市东北。为郑成功收复台湾后屯垦营盘的所在地。初置于盐水镇南约四里，后迁于此。故初置之地称旧营，此地称为新营。1945年台南县曾迁治于此。

新盛镇　即今四川威远县东南三十里新店镇。清光绪《威远县志》卷1：新盛场“一名新店子，离城三十里”。

新堂　即今内蒙古凉城县城。1937年凉城县迁治于此。

新野县　西汉置，属南阳郡。治所在今河南新野县。《三国志·蜀书·先主传》：东汉末，刘表使备“屯新野”。三国魏为荆州治。西晋为义阳国都，后为新野郡治。北魏属新野郡。北周改为棘阳县。隋开皇初改为新野县，属邓州。大业初属南阳郡。唐武德四年（621）于此置新州，寻废州，县仍属邓州。乾元元年（758）废入穰县。元复置，移治今新野县，属邓州。清属南阳府。民国初属河南汝南道。1927年直属河南省。

新野郡　①西晋永宁元年（301）置，治所在新野县（今河南新野县）。辖境相当今河南邓州、信阳二市与新野、唐河、桐柏、信阳等县及湖北随州、枣阳、广水等市地。南朝宋辖境缩小。北魏太和二十二年（498）移治穰县（今河南邓州市）。北周还治棘阳县（今新野县）。大象元年（579）改为滕国。二年（580）国除，复为新野郡。隋开皇三年（583）废。

②南齐永元二年（500）萧衍置，属雍州。治所在今湖北宜城市境。《梁书·武帝纪》：萧衍起兵，“于沔南立新野郡，以集新附”。西魏改威宁郡。

新畤县　西魏大统四年（538）置，属宁夷郡。治所即今陕西礼泉县南十里新畤坊。北周明帝元年（557）省入宁夷县。

新崩滩　亦作东奔滩。在今重庆市巫山县东长江中。为三峡险滩之一。《水经·江水注》：“江水历峡，东径新崩滩。此山汉和帝永元十二年崩，晋太元二年又崩。当崩之日，水逆流百余里，涌起数十丈。今滩上有石，或圆如箪，或方如笥，若此者甚众，皆崩岩所陨，致怒湍流，故谓之新崩滩。”南宋范成大《吴船录》：神女庙东“二十里至东奔滩，高浪大涡，巨艑掀午，不当一槁叶。或为涡所使，如磨之旋。三老挽招竿叫呼，力争以出涡”。

新得州　元置，属保宁路。治所在今四川平昌县东北笔山镇境。至元二十九年（1293）废。

新馆　馆驿名。辽置，在今河北滦平县南十八盘岭北麓。《辽史·地理志》“松山州”后附宋王曾《上契丹事》：“又度德胜岭，盘道数层，俗名思乡岭，八十里至新馆。”

新馆镇　即今安徽歙县东北三十里新管村。宋淳熙《新安志》卷3歙县《镇寨》：“新馆镇在东三十里。”《清一统志·徽州府二》：新管镇“宋初设官榷酒之所，后废”。

新康　亦名新康港。在今湖南望城县北九里新康乡。杜甫有《北风》诗，自注云：“新康江口，信宿方行。”即此。

新康县　西晋太康元年（280）改新阳县置，属衡阳郡。迁治今湖南宁乡县西南十里万寿山。隋开皇九年（589）并入益阳县。唐武德四年（621）复置，属潭州。七年（624）又废。

新添千户所　明洪武二十二年（1389）置，属贵州卫。治所即今贵州贵定县。次年改为新添卫。

新添卫　明洪武二十三年（1390）改新添千户所置，属贵州都司。治所即今贵州贵定县。清康熙二十六年（1687）废。

新添长官司　明洪武四年（1371）改新添葛蛮安抚司置，属贵州卫。治所即今贵州贵定县。二十三年（1390）改属新添卫。

新添关　明置，在今贵州贵阳市东南。《方舆纪要》卷121贵阳府：新添关在“府东南一里。贵州站在其下”。

新添军　南宋嘉泰元年（1201）改麦新置，治所即今贵州贵定县。元改为新添葛蛮安抚司。

新添帐　辽置，在今内蒙古西乌珠穆沁旗东，汗乌拉苏木（彦吉嘎苏莫）境。宋沈括《熙宁使虏图抄》：牛心帐“东北逾山，乃东行二十余里，又北十里至中顿。过顿，北行稍东，三十里至新添帐。帐之东南有土山，痹迤盘折，木植甚茂，所谓永安山也。……新添毡帐西南距牛心山帐六十里”。

新添葛蛮安抚司　元置，属沿边溪洞宣慰司。治所即今贵州贵定县。明洪武四年（1371）改置新添长官司。

新添堡　①明置，在今陕西横山县东响水镇南。《方舆纪要》卷61响水堡：“其南又有新添堡，成化中所置也。”后废。

②明置，属甘州中卫。即甘肃民乐县西北新天镇。《皇明职方地图》卷中甘肃镇边图有新添堡。

③即今甘肃临洮县北四十里新添镇。光绪《大清直省地舆全图》：临洮县北有新添堡。

新渎桥镇　即今江苏无锡市西三十里阳山镇。民国《江苏六十一县志》：无锡县西有“新渎桥镇”。

新淦州　元元贞元年（1295）升新淦县置，属临江路。治所即今江西新干县。明洪武初复降为新淦县。

新淦县　战国秦置，属九江郡。治所即今江西樟树市。出土秦封泥中有“新淦丞印”可证。西汉属豫章郡，为豫章都尉治，后为南部都尉治。隋开皇十一年（591）徙治今江西新干县，属庐陵郡。唐属吉州。北宋淳化三年（992）属临江军。元属临江路。元元贞元年（1295）升为新淦州。明洪武初复改新淦县，属临江府。民国初属江西庐陵道。1927年直属江西省。1957年改为新干县。

新渠县　清雍正五年（1727）析平罗县置，属宁夏府。治所在今宁夏平罗县南姚伏镇。乾隆三年（1738）废。

新窑（窯）隘　在今福建松溪县北四十里。为历来自浙入闽之间道。《方舆纪要》卷97松溪县引《闻见录》：“由县而北，至岩下村。又三里有小关，离关二里即新窑。”

新密　即新城。春秋郑邑。在今河南新密市东南三十里。《左传》：僖公六年（前654），“夏，诸侯伐郑，以其逃首止之盟故也。围新密，郑所以不时城也”。新密，经作新城。

新密市　1994年撤销河南省密县，改设新密市，市人民政府驻城关镇。由郑州市代管。

新隆墟　即今广西平南县东南平山镇新隆村。清光绪《广西舆地全图》平南县图：东南有新隆墟。

新堰口市　即今湖北天门市西南二十里新堰口村。清光绪《湖北全省分图》：天门县西南有新堰口市。

新堤市军事管制委员会（县级）　1949年该地解放后由沔阳县析置，治新堤（今湖北洪湖市）。1950年撤销，并入沔阳县。

新堤（隄）镇　即今湖北洪湖市。清属沔阳州，有守备驻防。民国初属沔阳县，设县佐驻此。1952年改属洪湖县。1958年洪湖县移治于此。1987年改县为市。

新惠县　1935年伪满置，属热河省。治所即今内蒙古敖汉旗驻地新惠镇。1940年撤销，并入敖汉旗。1945年复置，1948年又废。

新喻州　元元贞元年（1295）升新喻县置，属临江路。治所即今江西新余市。明洪武初复降为新喻县。

新喻县　唐天宝时以新渝县改名，属宜春郡。治所在今江西新余市南三里。乾元初属袁州。大历八年（773）徙治今新余市。北宋属临江军。元元贞元年（1295）升为新喻州。明洪武初复为新喻县，属临江府。民国初属江西庐陵道。1926年直属江西省。1957年改名新余县，1960年改设新余市（地级），由省直辖。1963年复改为新余县。1983年改设地级新余市。

新铺　①明置，属永宁州。即今贵州关岭布依族苗族自治县西南新铺乡。《清一统志·安顺府》：新铺“在永宁州境……旧皆戍守外”。

②即今广东蕉岭县南新铺镇。清设新铺墟汛。

新筑　春秋卫地。在今河北魏县南。《春秋》：成公二年（前589），“夏四月丙戌，卫孙良夫帅师及齐师战于新筑，卫师败绩”。

新筑镇　即新住镇。今陕西西安市灞桥区北新筑街道。

新牌寨　在今贵州麻江县西北。《清一统志·都匀府》：新牌寨“在清平县东。《黔记》：县南门官道十六里，至杨义、新牌等砦，其左有养古、六洞等砦”。

新堡　在今宁夏银川市新市区北南梁农场附近。《元和志》卷4灵州怀远县：新堡“在县西北四十里。永昌元年置……旧名千金堡。今名新堡”。

新集　①又作辛集。即今山东菏泽市东二十里辛集镇。为通巨野县孔道。清《乾隆内府舆图》：菏泽东北有新集。光绪《山东通志》卷2《舆图志》作新集铺。

②又作新店集、新店汛。即今河南新县治。清尹

耕云《豫军纪略》卷1：同治三年（1864）四月，太平军“踞光山新集、扰泼陂河、田家新凹、西高庙，环数十里……图久踞”。

③即沙河集。今陕西南郑县西新集镇。清光绪《陕西全省舆地图》南郑县：新集“在城西南五十里”。1935年川陕革命根据地置南褒县治此。

新集寨 即新店集。今河南新县治。1932年置经扶县于此。1947年后为新县治。

新集镇 ①在今河北大厂回族自治县东三十三里泃河南岸，北与蓟县接界。清乾隆《宝坻县志》卷6：“新集亦巨镇。”

②即今江苏仪征市东北新集镇。旧属江都县。清乾隆《江都县志》卷3《坊铺》有新集镇。

新街 ①即今湖北宜城市东北五十里新街乡。1931年5月中国共产党鄂豫边区苏维埃临时省委设此。

②即今云南元阳县西南新街镇。旧属建水县，1917年设新街县佐。1950年为元阳县治。1998年元阳县迁治南沙镇。

新奠堡 明万历六年（1578）置，在今辽宁宽甸满族自治县西北。《方舆纪要》卷37辽东都司“长奠堡”条下：“宽奠北三十里曰新奠堡。”即此。

新道 三国时中原地区通往西域的交通要道。《三国志·魏书·乌丸鲜卑东夷传》引《魏略西戎传》：“从玉门关西北出，经横坑，辟三陇沙及龙堆，出五船北，到车师界戊己校尉所治高昌，转西与中道合龟兹，为新道。”东起玉门关（今甘肃敦煌市西北），中经高昌（今新疆吐鲁番市东南），西达龟兹（今新疆库车），合于中道，西出葱岭，达中亚各地。

新道县 ①三国蜀置，属越嶲郡。治所在今四川甘洛县东北。《三国志·蜀书·李严传》：东汉建安二十三年（218），“越嶲夷率高定遣军围新道县，严驰往赴救，贼皆破走”。即此。西晋改为护龙县。

②即严道县。在今四川荥经县西五里古城坪。《水经·江水注》：“汉嘉严道县一曰新道。”《三国志·蜀书·李严传》：“越嶲夷率高定遣军围新道县，严驰往赴救，贼皆破走。”

③东晋置，属新昌郡。治所在今越南河内市西北红河、明江流域。南齐后废。

新港仔社 在今台湾省苗栗县北后龙溪北岸，后龙镇东约六里。清康熙间高拱乾《台湾府志》卷2：新港仔社“离府治一千二百九十里”。

新港汛 在今江西九江市东北新港镇。清时有千总驻防。

新港社 即今台湾省台南市东北新市区。清康熙间蒋毓英《台湾府志》卷1：新港社“离府治一十里”。荷兰殖民者入侵赤崁（今台南市一带）时，高山族平埔人新港社从原住地迁此，仍称新港社。其后汉人在社旁建市廛，名新市。清康熙三十五年（1696）吴球在此谋起事，不成，被杀。

新港镇 ①在今江苏靖江市东北三十里新港，位于夏港入长江处。清光绪《靖江县志》名龙潭新港。抗日战争时改名新港镇。

②即今江苏南通市通州区（金沙镇）西南新港镇。出港即为大江。清光绪《江苏全省舆图》：通州（今南通市）东南有“新港”。

③即今上海市浦东新区川沙镇北十四里新港。清光绪《川沙厅志》卷1：有新港路。民国《川沙县志》卷2《市镇》：“新港镇九团乡一甲，傍钦公塘。”

新渝县 三国吴宝鼎中析宜春县置，属安成郡。治所在今江西新余市南三里。《元和志》卷28袁州：新渝县“因渝水为名”。隋开皇中并入吴平县。十八年（598）复置，移治龙池墅（今新余市南珠珊乡炉下村附近）。大业八年（612）复名新渝县，属宜春郡。徙治距村（今新余市西北四十里观巢乡小县村）。唐属袁州，麟德元年（664）还治龙池墅。天宝时改为新喻县。

新祺周镇 即今江西新建县北新祺周，近永修县界。南浔铁路经此。

新登县 五代梁开平元年（907），吴越改新城县置，属杭州。治所即今浙江富阳市西南四十八里新登镇。北宋太平兴国四年（979）复为新城县。1914年改为新登县，属浙江钱塘道。1927年直属浙江省。1958年撤销。

新塘 ①在今江苏扬州市西北。《宋史·理宗纪》：南宋绍定四年（1231），“赵范、赵葵等诛李全于新塘”，即此。《方舆纪要》卷23扬州：新塘在“府西北十里。长广二里余。西南接上雷塘，合流入于漕河”。

②即今安徽和县西南新塘街。清光绪《直隶和州志》卷4：新塘在“州西南七十里”。

新塘市 即今江苏太仓市东北新塘镇。清光绪《江苏全省舆图》太仓州：“新塘市镇在城东三十里。”

新塘关 亦名新镇关。明置，属松潘卫。在今四川松潘县南七十里岷江乡北。《明史·四川土司传》：正统四年（1439），“小商巴复据浦江、新塘等关，据险劫掠”。即此。

新塘沙贝村 即今广东增城市西南新塘镇。《清一统志·广州府二》：新塘沙贝村“在增城县西南。本朝乾隆十九年，设主簿驻此”。

新塘铺 明置，即今湖北阳新县西南五十六里星潭铺。

新塘墟 在今广东增城市西南新塘镇，南隔增江与东莞市为界。清时有主簿驻此。

新塘寨 在今浙江江山市西南新塘边镇。《方舆纪要》卷93衢州府江山县“白础寨”条内：“县西南五十里有新塘寨。……正统中置，以备矿寇。”

新路口 在今四川青神县西南汉阳镇。清嘉庆

《四川通志》卷89青神县：新路口铺“在县南四十里”。

新路岭　一名新乐岭。在今福建长汀县西，与江西瑞金县接界，贡水出此。《舆地纪胜》卷132汀州《景物下》：新路岭“在长汀县西六十里。峭险壁立，砂砾崎岖，行者病焉。岭背即隶江西，此乃天所以限闽中也”。

新塍镇　即新城镇。今浙江嘉兴市西北二十七里新塍镇。1950—1954年为嘉兴县驻地。

新源水　即今四川温江县北之江安河。《新唐书·地理志》温江县：“有新源水，开元二十三年，长史章仇兼琼因蜀王秀故渠开，通漕西山竹木。”

新源设治局　1939年改卡克满设治局置，属新疆省。治所即今新疆新源县。1945年改为巩乃斯县。

新源县　1946年改巩乃斯县置，属新疆省。治所即今新疆新源县。

新溪　即今浙江临安市西南苕溪。《方舆纪要》卷90：新溪“即南溪之别名也”。元至正十二年(1352)，董抟霄击徐寿辉将项普略，军于临安新溪，即此。

新溪河　即今湖北赤壁市西新店河。《清一统志·武昌府一》：新溪河“在蒲圻县（今赤壁市）西南四十里。古名大嶓水，今名新店河，亦称新店湖”。

新滩　在今湖北秭归县（茅坪镇）西北新滩镇。《舆地纪胜》卷74归州：新滩“天圣丙寅，赞唐山摧，遂成新滩。皇祐间，太守赵诚疏凿，有摩崖碑。其滩有龙门、佛指甲、官槽。而官槽与龙门相对”。南宋陆游《入蜀记》：“舟上新滩，由南岸，上及十七八，船底为石所损，急遣人往拯之，仅不至沈。然锐石穿船底，牢不可动。盖舟人载陶器多所致。新滩两岸，南曰官漕，北曰龙门。龙门水尤湍急，多暗石，官漕差可行，然亦多锐石，故为峡中最险处。非轻舟无一物，不可上下。”南宋末，归州及秭归县曾徙治于此。

新滩市　即今湖北秭归县（茅坪镇）西北新滩镇。《明史·地理志》归州：“东南有南逻口巡检司，后迁于新滩。”清代宜昌府同知驻此。

新滩镇　明置，属汉阳县。即今湖北洪湖市东北一百一十里长江南岸新滩镇。明、清置巡司于此。

新殿庙镇　即今江苏南京市浦口区西南三十五里星甸镇。清光绪《江苏全省舆图》江浦县：“新殿庙镇在城西五十里。”民国《江苏六十一县志》：江浦县有“新殿庙镇”。

新墙市　即今湖南岳阳县（荣家湾）东十五里新墙河南岸之新墙镇。《清一统志·岳州府二》“庙前市”条下：“新墙市，在县南六十里。”

新墙河　在今湖南岳阳县（荣家湾）北。源出平江县北境，西流入洞庭湖。《方舆纪要》卷77岳州府巴陵县：新墙河在“府南六十里。发源相思山，自灌口注于洞庭湖”。

新墟　①即今广东佛山市高明区西新圩镇，北接高要市界。清光绪《广东舆地全图》：高明县西有新墟。

②即今广东湛江市西南湖光镇西新圩村。光绪《广东舆地全图》遂溪县图：旧县村西北有新墟。清光绪二十五年（1899）根据《广州湾租界条约》划入法租界地。

③即今广西桂平市北金田镇。《清史稿·洪秀全传》：咸丰元年（1851），太平军“七月，窜紫金山，山前以新墟为门户”。清王定安《湘军记》卷1：“乌兰泰、秦定三击贼新墟，败之。”

④即今广西北流市西北三十里新圩镇。清光绪《广西舆地全图》北流县图：西北有新墟。

新墟镇　清置，属同安县。即今福建同安县东新圩镇。

新嘉驿　明置，即今山东兖州市西北三十二里新驿镇。一名宾阳城。《清一统志·兖州府二》称：新嘉驿“有驿丞，今裁”。

新蔡　春秋蔡邑。后为国都。在今河南新蔡县。《汉书·地理志》新蔡：“蔡平侯自蔡徙此。”秦置新蔡县。

新蔡县　①战国秦置，属陈郡。治所即今河南新蔡县。西汉属汝南郡。西晋属汝阴郡，惠帝时为新蔡郡治。北齐为广宁郡治。隋开皇十六年（596）改为广宁县，为舒州治。仁寿元年（601）改为汝北县。大业三年（607）改为新蔡县，属汝南郡。唐武德四年(621)为舒州治。后属蔡州。金属息州。元世祖至元三年（1266）并入息州，后复置。元末废。明洪武四年（1371）复置，属汝宁府。民国初属河南汝阳道。1927年直属河南省。

②南朝宋侨置，为新蔡郡治。治所在今河南固始县西南。南齐为北新蔡郡治。北魏仍为新蔡郡治。隋开皇初废入殷城县。

③南朝梁侨置，为南建州新蔡郡治。治所在今河南商城县南。隋开皇初废。

④南朝梁侨置，为北沛郡治。治所在今安徽霍山县东北。隋开皇初改为湝水县。

⑤隋开皇初改永兴县置，属蕲州。治所在今湖北黄梅县西北大河镇东一里白花坂。开皇十八年（598）改为黄梅县。唐武德四年（621）析黄梅县复置新蔡县，属南晋州，治所在今黄梅县西南。八年(625)废。

新蔡郡　①西晋惠帝时析汝阴郡置，属豫州。治所在新蔡县（今河南新蔡县）。辖境相当今河南新蔡、安徽临泉二县及河南淮滨县北部地。南朝宋移治汝南县（今河南汝南县）。北魏还治今新蔡县。北齐改为广宁郡。

②东晋侨置，属江州。治所在苞信县（今江西九江市境内）。南朝宋改为南新蔡郡。南齐后废。

③南朝宋侨置，属南豫州。治所在新蔡县（今河南固始县西南）。南齐改为北新蔡郡。北魏复为新蔡郡。隋开皇初废。

④南朝梁侨置，属南建州。治所在新蔡县（今河

南商城县南）。隋开皇初废。

⑤东魏置，属蔡州。治所在四望城（今河南新蔡县东二十五里）。北齐废。

⑥北齐改北建州置，治所在固始县（今河南固始县东北）。北周为浍州治。隋开皇初废。

⑦北齐置，属东豫州。治所在苞信县（今河南息县东北七十里包信镇）。北周属息州。隋开皇初废。

新熙县　南朝宋元嘉九年（432）置，属新会郡。治所在今广东江门市新会区境。南朝梁、陈间改为新建县。

新嶂子　即今河北承德县西四十五里新杖子乡。清于此设外委驻守。

新漕渠　即今江苏涟水县东北官河。《新唐书·地理志》涟水县："有新漕渠，南通淮，垂拱四年开，以通海、沂、密等州。"

新漳县　十六国前凉置，属武兴郡。治所在今甘肃永昌县西二十里水磨关南二里水寨城（俗称白虎城）。北魏改名彰县。

新寨　①在今湖南凤凰县西北六十五里。山势高峻。清严如熤《苗疆险要考》谓"左接池荷，右临乌巢，为苗寨最雄峙之地"。

②在今湖南新宁县西二十里。明置巡司于此。

③在今贵州黎平县北。《方舆纪要》卷121黎平府：新寨"在（八舟）司北"。

新寨山　在今安徽太湖县西南。《方舆纪要》卷26太湖县：新寨山"在县西南十里。壁立险阻"。

新寨集　即今河北乐亭县西南三十里新寨镇。清光绪《乐亭县志》卷2有新寨集。

新寨嘉那嘛呢　又称新寨嘛呢堆。在今青海玉树县（结古镇）东新寨村。三百多年前，由藏传佛教高僧一世嘉那活佛多德松却帕旺创建。现已形成一个东西长300米，南北宽80米，高4米，占地2.4万平方米，包括2.5亿块嘛呢石垒得整整齐齐的石经奇观"城"。嘛呢石是藏族群众在普通的白石头上刻写经文以及各种佛像和吉祥图案，并饰以五彩而制成的。虔诚的僧侣信徒们不断堆放石经，随着时间推移，其规模不断扩大。石堆"城"的形形色色嘛呢石出自千千万万不同信徒之手，并且制作者根据自己的意愿将嘛呢石放置石堆"城"上，在人行道两侧码放尤其整齐，使经文佛像一律面向人行道供人们观赏。2006年定为全国重点文物保护单位。

新寨镇　①北宋置，属郾城县。在今河南漯河市郾城区境。

②北宋置，属肥乡县。在今河北肥乡县东北。

③元世祖中统二年（1261）置，即今山东蒙阴县治。皇庆二年（1313）改置蒙阴县。

新嶁山　即郎山。今安徽绩溪县东北王石山。《寰宇记》卷104年绩溪县：新嶁山"一作郎嶁，在县北一十五里。下有郎溪，而驲路在焉。两边有石壁，长数百步，直下数百尺，不生草木，有类石洞焉"。

新镇　①在今上海市崇明县西。《清一统志·太仓州》：新镇"在崇明县西三十三里"。

②即今河南浚县西南四十八里新镇。元、明置巡司于此。

③即新乡镇。在今四川马边彝族自治县境。明万历十六年（1588）筑城，设安边同知于此。

新镇市　即今江苏泰兴市东南二十六里新市镇。清光绪《江苏全省舆图》：泰兴县东南有新镇市。

新镇关　即新塘关。在今四川松潘县南岷江乡北。《清一统志·松潘厅》：新镇关"在厅南七十里。亦名新塘关"。

新镇坝　即今四川仪陇县驻地新政镇。唐于此置新政县。清设巡司、县丞。民国设县佐。

新镇县　①唐武德五年（622）置，属智州。治所在今越南河静省河静以南。贞观元年（627）废。

②1914年改保定县置，属直隶津海道。治所在今河北文安县西北新镇。1949年废入文安县。

新镇河　即今四川马边、沐川、犍为县境之马边河。《清史稿·地理志》马边厅："清水溪一名新镇河，源出凉山蛮界，径厅南，折北转东，过沐川司入犍为。"

新黎州　唐永徽元年（650）以突厥车鼻可汗属部置，属瀚海都护府。显庆中改属燕然都护府。地在今蒙古国西北部乌布苏省境，唐努乌拉山之南。总章二年（669）属安北都护府。后废。

新黎县　唐置，属黎州羁縻州。神龙初寄治于良乡县之故都乡城（今北京市房山区西南长沟镇东侧土城）。后废。

新篁镇　民国时置，属嘉兴县。即今浙江嘉兴市东南四十六里新篁镇。

新繁县　北周改繁县置，属蜀郡。治所在今四川成都市新都区西北新繁镇。《寰宇记》卷72新繁县："刘禅延熙十年凉州胡率众降，禅居之繁县，以繁县移户于此，俗间谓之新繁。至是县名因俗而改。"隋开皇三年（583）废入成都县。唐武德三年（620）复置，属益州。天宝三年（744）属蜀郡，至德二年（757）属成都府。《资治通鉴》：唐龙纪元年（889），"王建大破山行章于新繁，杀获近万人，行章仅以身免"。即此。元属成都路。明洪武十年（1377）废入成都县，十三年（1380）复置，属成都府。民国初属四川西川道。1928年直属四川省。1965年并入新都县。

新疆　清乾隆二十四年（1759）平定准噶尔、大小和卓木叛乱后，改西域为新疆。二十七年（1762）设伊犁将军（驻伊犁，今新疆霍城县）。统天山南北广大地区，包括今额尔齐斯河中游，巴尔喀什湖以东以南直至帕米尔及新疆维吾尔自治区。光绪十年（1884）建新疆省。

新疆四大镇　清代在新疆乌鲁木齐（今新疆乌鲁木齐市）设都统，伊犁（今霍城县南）、塔尔巴哈台（今塔城市）、喀什噶尔（今喀什市）三处设参赞大臣，分区统辖新疆天山南北、巴尔喀什湖、帕米尔以东地区及驻防官兵，均受伊犁将军节制，被称为新疆四大镇。

新疆省　清光绪十年（1884）置，省会在迪化县（今新疆乌鲁木齐市）。民国时辖境，西至帕米尔，南至喀喇昆仑山及昆仑山，北至阿尔泰山。1955年改设新疆维吾尔自治区。

歆岛　即今山东长岛县砣矶岛北大钦岛。《新唐书·地理志》："登州东北海行，过大谢岛、龟、歆岛。"

意大里亚国　即今意大利。《明史·外国传七》："意大里亚，居大西洋中，自古不通中国。万历时，其国人利玛窦至京师，为万国全图，言天下有五大洲。……时著声中土者，更有龙华民、毕方济、艾如略、邓玉函诸人。"

意气松　即伊克苏站。在今吉林敦化市西北意气松村，为入吉林市大路。附近产金。

意辛山　在今内蒙古四子王旗北境，与蒙古国接界。《魏书·太祖纪》：登国五年（390），"夏四月丙寅，行幸意辛山，与贺驎讨贺兰、纥突隣、纥奚诸部落，大破之。六月还幸牛川"。

意亲山　亦作意辛山。在今内蒙古四子王旗北境。一说在苏尼特右旗、二连浩特市西南。《魏书·刘库仁传》：东晋太元十年（385），鲜卑刘库仁弟眷摄国事，"又击蠕蠕别帅肺渥于意亲山，破之，获牛羊数十万头"。

意溪　即韩江。今广东潮州市东之韩江。《明史·地理志》海阳县："东有鳄溪，一名恶溪，亦名韩江，又名意溪，东入于海。"

意溪墟　即今广东潮州市北意溪镇。韩江有鳄溪、恶溪、意溪之称，墟因位于意溪之滨而名。即唐韩愈任潮州刺史时驱鳄之处。

〔丶丨〕

慎（慎 zhēn）　春秋楚邑。在今安徽颍上县西北江口镇。《左传》：哀公十六年（前479），"吴人伐慎，白公败之"。即此。战国秦置慎县。

慎乃场　北宋熙宁六年（1073）置，为金场，属邕州。在今广西南宁市西北右江下游。《元丰九域志》卷9邕州：慎乃在"州西北四百里"。邕州今南宁市。后废。

慎乡侯国　西汉置，属琅邪郡。当在今山东东部。东汉废。

慎水　在今河南正阳县北。东南至息县附近入淮河。一说为清水河。《水经·淮水注》：慎水"出慎阳县西，而东径慎阳县故城南，县取名焉。……东南径息城北，又东南入淮"。

慎公祠（慎 shèn）　在今江西井冈山市西茅坪。原为谢氏慎公祠，是一栋砖木结构的老式祠堂。祠后是八角楼。1928年5月22日，湘赣边界党的第一次代表大会在此举行，选举毛泽东为特委书记，朱德、陈毅、谭震林、陈正人、袁文才、王佐等二十三人为委员，领导井冈山地区的武装斗争。

慎州　唐武德初置羁縻州，隶营州。领涑沫靺鞨乌素固部落。神龙初属幽州。治所逢龙县，契丹陷营州后南迁，寄治良乡县之故都乡城（今北京市房山区西南长沟镇东侧土城）。后废。

慎阳县　西汉高帝十一年（前196）置，为侯国，属汝南郡。治所在今河南正阳县北江口集。《汉书·地理志》汝南郡慎阳县注：颜师古曰，"慎字本作滇，音真，后误为慎耳。……阚骃云：永平五年失印更刻，遂误以'水'为'心'"。元狩五年（前118）改县。南朝宋初改为真阳县。后复为慎阳县。北魏改为真阳县。

慎县（慎 zhēn）　①春秋楚慎邑。战国秦置慎县，属陈郡。治所在今安徽颍上县西北江口镇。西汉属汝南郡。晋属汝阴郡。后废。

②南朝宋置，属南新蔡侨郡。治所在今湖北黄梅县西。南齐为南新蔡郡治。梁废。

③南朝宋侨置，属南汝阴郡。治所在今安徽肥东县东北梁园镇。隋属庐江郡。唐属庐州。南宋绍兴三十二年（1162）因避孝宗讳改为梁县。

慎政郡　北魏改长利郡置，属洛州。治所在南商县（今陕西商南县西皂角铺）。北周以后废。

慎陵　东汉和帝刘肇陵。在今河南偃师市西南。《后汉书·殇帝纪》：延平元年（106），"葬孝和皇帝于慎陵，尊庙曰穆宗"。同书《礼仪志》注引《帝王世纪》曰："在雒阳（今河南洛阳市东北汉魏故城）东南，去雒阳四十一里。"

阖闾山　在今湖北阳新县东北。《舆地纪胜》卷33兴国军：阖闾山"在永兴。《武昌记》云，'昔阖闾与楚相持，伍子胥屯众于此'"。

阖闾城　①亦作阖庐城。春秋时吴王阖闾筑，为都城。在今江苏苏州市旧城区。《越绝书》卷2："吴大城周四十七里二百一十步二尺，陆门八，其二有楼。水门八。"《吴地记》作四十二里。西晋左思《吴都赋》即写此城。

②故址在今江苏无锡市西南滨湖区闾江口。《吴地志》："阖闾城，周敬王六年，伍员伐楚还，运润州利湖土筑之，不足，又取黄渎土，为大小二城。阖闾伐楚还，取以为号。子城在无锡西富安乡，地名闾江。"此城为春秋时期吴、楚、越三国争霸，吴王阖闾为防御楚国和越国的进攻，于周敬王六年（前514）令大臣伍子胥所筑。城四周皆河围绕，城墙仅遗存西南半边。城为长方形，周约2420米，东西长约910米，南北宽约600米。城墙底部宽约20米，现高2—4米不等。城南面略偏东处有一宽约36米的洞口，可能是当时的门洞。城后有胥山、濮射山、龙山作屏障；前方远处是南山山脉，左边是太湖，形势险要。山上烽燧墩，山下土城，进可攻、退可守，为古代军事要地。

阖闾洲　一名阖庐洲。在今江苏南京市北大江中。《晋书·贺循传》：东晋元帝初，江东草创，盗贼多有，贺循曰："江中剧地惟有阖庐一处，地势险奥，亡逃所聚，特宜以重兵备戍。"又《周光传》：太宁二年（324），王敦党"钱凤走出，至阖庐洲，光捕凤"。皆此。

阖闾墓　在今江苏苏州市阊门外虎丘山下。阖闾是春秋末吴国国君。《越绝书》卷2："阖闾冢在阊门外，名虎丘。下池广六十步，水深丈五尺，铜椁三垂，坟池六尺，玉凫之流、扁诸之剑三千，方圆之口三千，时耗、鱼肠之剑在焉。千万人筑治之。取土临湖口，居三日而白虎居上，故号为虎丘。"

阗池　亦名热海、大清池、亦思宽、亦息渴儿。即今吉尔吉斯斯坦东部之伊塞克湖。《汉书·陈汤传》：西汉建昭三年（前36），汤率军讨郅支单于，"从北道入赤谷，过乌孙，涉康居界，至阗池西"。

阗颜山　亦作窴颜山。即今蒙古国哈努伊河与胡努伊河间之巴彦鲁集克山脉。《史记·匈奴列传》：西汉元狩四年（前119），卫青、霍去病分兵击匈奴，"北至阗颜山赵信城而还"。

阙门山　即缺门山。在今河南新安县西二十二里。《金史·地理志》新安县："有阙门山。"《清一统志·河南府一》：阙门山，"《旧志》：东曰青龙，西曰凤凰，两山相对如阙，谓之阙门。俗亦曰铁门"。

阙门镇　清置，属新安县。即今河南新安县西二十二里铁门镇。《清一统志·河南府二》：阙门镇"在新安县西三十里阙门山侧，一名铁门镇"。

阙巩　商、西周封国，在今河南巩义市西南。《左传》：昭公十五年（前527），"阙巩之甲，武所以克商也。唐叔受之，以处参虚"。又定公四年（前506），"分唐叔以大路、密须之鼓、阙巩、沽洗，怀姓九宗，职官五正，命以《康诰》"。

阙西县　南朝宋改厥西县置，属随阳郡。治所在今湖北随州市西北。南齐属随郡。北魏改瀙西县。

阙里　相传为春秋时孔子授徒之所，在洙泗之间。孔子时无阙里之名，其名始见于《汉书·梅福传》，至后汉始盛称孔子故里为阙里。今山东曲阜市城里有阙里街。因其地春秋时有有两石阙，故名阙里。后建为孔庙。《汉书·梅福传》载："今仲尼之庙不出阙里。"颜师古注："阙里，孔子旧里也。"《孔子家语》称："孔子始教学于阙里。"旧亦用作曲阜县的别称。

阙林山　即开林山。在今湖北谷城县北四里。《水经·沔水注》："沔水又南径阙林山东，本郡陆道之所由。"《隋书·地理志》襄阳郡谷城县："有阙林山。"

阙特勤碑　唐开元二十年（732）建，在今蒙古国西南鄂尔浑河右岸和硕·柴达木湖畔。《旧唐书·突厥传上》："（开元）二十年，阙特勤死，诏金吾将军张玄逸、都官郎中吕向赍玺书入蕃吊祭，并为立碑，上自为碑文，仍立祠庙，刻石为像，四壁画其战阵之状。"13世纪元蒙太宗时，诗人耶律铸首次发现，在《双溪醉隐集》"取和林"诗自注云："和林城，苾伽可汗之故地也。岁乙未，圣朝太宗皇帝城此，起万安宫。城西北七十里，有苾伽可汗宫城遗址。东北七十里有唐明皇开元壬申御制御书阙特勤碑……刻石为像，其像迄今存焉。"1889年沙皇俄国探险队N. 雅德林采夫又发现，将碑文公诸于世。1910年库伦都护使三多又拓碑文传世。东面为突厥文；西面为汉文；额"故阙特勤之碑"。内容主要是记载苾伽可汗之弟阙特勤功勋及先世事迹。

阙塞　春秋周地。在今河南洛阳市南二十五里龙门山。《左传》：昭公二十六年（前516），"晋知跞、赵鞅帅师纳王，使汝宽守阙塞"。杜注："洛阳西南伊阙口也。"《水经·伊水注》："伊水又北入伊阙。昔大禹疏以通水，两山相对，望之若阙，伊水历其间北流，故谓之伊阙矣。春秋之阙塞也。昭公二十六年，赵鞅使女宽守阙塞是也。"

阙摩山　在今云南澄江县东五里。《清一统志·澂江府》：阙摩山"在河阳县东五里。岩穴幽胜"。

〔丶丿〕

豢龙氏　在今山东定陶县北。《左传·昭公二十九年》："蔡墨对魏献子曰：'昔有飂叔安，有裔子曰董父，实甚好龙，能求其耆欲以饮食之，龙多归之，乃扰畜龙，以服事帝舜，帝赐之姓曰董，氏曰豢龙，封诸鬷川，鬷夷氏其后也。'"

豢龙城　在今河南临颍县北十五里。《寰宇记》卷7临颍县："豢龙城，在县西四十里。即古豢龙氏之邑也。"《清一统志·许州》谓御龙城（亦名豢龙城）"在临颍县北十五里"。

粳（秔）陂湖　在今河南商城县东北。《方舆纪要》卷50商城县"太湖"条下："粳陂湖在县东北四十里。长五里，皆灌溉所资也。"

粮仓哨　在今湖南澧县北。《方舆纪要》卷77澧州"三江口关"条下："又州北七十里有粮仓哨，其地本名泗水口，东接安乡湖口，北连荆口。每值水溢，荻芦蔽岸，支港四通，为盗贼渊薮。隆庆三年，设哨于此。"

粮船埠　即今湖南祁东县东南六十二里粮市镇。明正德三年（1508）开征祁阳漕粮，由此船运解京，因名粮船埠。

粮船湾　即今香港九龙东北船湾。形势险要。清于此设粮船湾汛，有把总驻守。

数瞒城　唐西域解苏国都城。在今塔吉克斯坦首都杜尚别附近。《新唐书·地理志》：天马都督府"以解苏国数瞒城置"。

煎茶铺镇　即今河北霸州市东十八里煎茶铺镇。明嘉靖《霸州志·舆地志》：市廛有"煎茶铺"。清同治《畿辅通志》卷46霸州图：东有煎茶镇。

煎茶溪场　即今四川双流县东南煎茶镇。清同治《仁寿县志》卷1：东北顺河乡二甲有煎茶溪场。

煎茶溪寨　即今贵州德江县西南煎茶镇。明郭子章

《黔记》卷5："自（思南府城）北门二十里至鹦鹉溪，三十里至板坪铺，三十里至煎茶溪铺。"

猷水　在今山西文水县东北。《方舆纪要》卷40文水县：猷水在"县东北二十五里。古大陵城之东南，周十余里，或谓之邬泽"。

猷州　唐武德三年（620）于泾县置，治所在今安徽泾县西南三十里。辖境相当今安徽泾县地。八年（625）废。

慈口　即今湖北通山县东北慈口乡。民国《湖北通志》卷33兴国州："慈口市在州西南一百二十里。"

慈云（雲）寺　①在今山西天镇县城西街。始建于唐。原名法华寺。辽开泰八年（1019）曾大修。明宣德五年（1430）千户熊谅奏改今名。

②在今江苏淮安市淮阴区。清雍正十三年奉旨动帑兴修，乾隆四年（1739）建成。为清江浦六大寺之首。乾隆写有慈云寺詹礼诗。

③在今重庆市南岸区玄坛庙南侧狮子山。始建于唐。清乾隆二十二年（1757）重建。原为观音庙。1927年由云岩法师（慈云和尚，人称八指头陀）扩建，成为僧尼同庙的"十方丛林"。

慈云（雲）岭　在今浙江杭州市南。宋《淳祐临安志》卷9：慈云岭"于诸山岭中最为嶞崒"。五代后唐同光二年（924），钱镠开慈云岭，建四关城宇，即此。南坡有五代时石刻造像。

慈云（雲）阁　原名大悲阁。在今河北定兴县城内十字街中心。元大德年间龙兴寺住持僧宝德因旧大悲阁毁于兵乱，发愿重建，大德十年（1306）落成。以阁内大悲佛铜像得名。清康熙五十二年（1713）重修，嘉庆二十五年（1820）重修后改今名。龙兴寺原有前、中、后三部，现仅存中部之慈云阁。平面近方形，高约13米，重檐歇山布瓦顶，上下皆面阔三间、进深三间。砖木结构，檐下有斗拱承托，工艺精巧。阁内外雕梁画柱，彩绘华丽，是元代建筑艺术珍品。1996年定为全国重点文物保护单位。

慈仁县　辽重熙元年（1032）降慈州置，属永州。治所在今内蒙古翁牛特旗境。金废。

慈化　即今江西宜春市西北慈化镇。1934年2月南京国民党政府为进攻中央革命根据地曾在此置慈化政治局（县级）。

慈化市　即今江西宜春市西北一百五十一里慈化镇。清同治《江西全省舆图》卷5：宜春县西北有慈化寺。民国《宜春县志》卷11：慈化"距城一百二十里。殿宇巍峨，慈化佛场在焉"。

慈化寺塘　即今湖北当阳市东南二十里慈化镇。清光绪《湖北全省分图》：当阳县东南有慈化寺塘。

慈化政治局（县级）　1934年2月南京国民党政府为进攻中央革命根据地由宜春、萍乡、万载三县析置，驻慈化（今江西宜春市西北慈化镇）。1936年裁撤。

慈氏山　即第一山。今江苏盱眙县城东天台山。《清一统志·泗州》：第一山"在盱眙县治东，为县治主山。旧名慈氏山。上有米芾书'第一山'三字，因名"。

慈乌水　即今陕西宜君县北青河。有玉华、缠带谷二源，俱出铜川市西北界，东北流至县北合流为慈乌河，至黄陵县入沮河。《方舆纪要》卷57宜君县：慈乌水"在县西四十里。源出子午岭，流经兰芝谷"。

慈乌戍　在今山西吉县西。《元和志》卷12慈州："州内有慈乌戍，因以为名。"《方舆纪要》卷41吉州："慈乌戍在州西，周、齐相争时，置戍于此。"

慈丘山　古名重丘、亦名茈丘。在今河南泌阳县西北五十里。隋置慈丘县，即以此山为名。《元和志》卷21慈丘县："慈丘山，在县西五十里。"

慈丘县　隋开皇十八年（598）改江夏县置，属显州。治所在今河南泌阳县东北五十里。《元和志》卷21："取慈丘山为名。"大业初属淮安郡。唐属唐州。五代周废入比阳县。

慈乐寨　即今广东怀集县西六十里梁村镇。明、清于此置慈乐寨巡司。

慈宁宫　在今北京市故宫隆宗门西。明建。清顺治十年（1653）重修。清为皇太后居住之地。

慈母山　①一名慈姥山。即今安徽马鞍山市东北慈湖河口猫子山。《寰宇记》卷105当涂县：慈母山"在县北七十里，临江，亦谓之慈姥山。《丹阳记》云，山生箫管竹。王褒《洞箫赋》云，原夫箫干之所生于江南之邱墟，即此处是也。其竹圆致异于他处。自伶伦采竹嶰谷以后，惟此簳见珍。历代尝给乐府。而俗呼为鼓吹山。山有慈姥祠"。

②在今四川汶川县南、都江堰市西北。《舆地纪胜》卷149茂州：慈母山"在汶川县南一百五十里。《旧经》云：昔有妇人携子于此山采樵，子为虎食，母乃奔虎而死，因为名"。《方舆胜览》卷55永康军：慈母山"在青城山东。导江人冯大量与八仙相遇，入隐此山"。《方舆纪要》卷67汶川县"龙泉山"条内："县南百五十里有慈母山。中有池，亦曰慈母池。田况《龙祠记》：池能兴云雨，救旱暵。懋养百谷，故名。"

慈母湖　即伊克阿拉克泊。今蒙古国科布多省东北哈尔乌苏湖。清康熙年间，噶尔丹败遁至此，以渔为生，故有慈母湖之称。

慈光洞　在今江西上高县西。《舆地纪胜》卷27瑞州：慈光洞"在上高素西四十里。缘梯而下，然后有门入。昔兵戈之时，民逃于此。壁间题云，唐乾符二年，黄巢作乱，在此逃避"。

慈州　①唐武德五年（622）置，治所交趾县（今越南河内市西北）。六年（623）改为南慈州。

②唐贞观八年（634）改南汾州置，治所在吉昌县（今山西吉县）。辖境相当今山西吉县、乡宁等县地。天宝元年（742）改为文城郡，乾元元年（758）复改慈州。《元和志》卷12慈州："州内有慈乌戍，因以为名。"北宋熙宁五年（1072）废。元祐元年

(1086) 复置慈州。金天德三年 (1151) 改为耿州。明昌元年 (1190) 又改为吉州。

③辽太宗时置，属上京道。治所当在今内蒙古翁牛特旗境。重熙元年 (1032) 降为慈仁县。

慈利州　元元贞元年 (1295) 升慈利县置，属澧州路。治所在今湖南慈利县北。明洪武二年 (1369) 复改慈利县。

慈利县　隋开皇十八年 (598) 改零陵县置，属崇州。治所即今湖南慈利县。明隆庆《岳州府志》卷7：慈利县"以土俗淳慈，得物产利"，因名。大业初属澧阳郡。唐属澧州。元元贞元年 (1295) 升为慈利州，治所在今慈利县北。明洪武二年 (1369) 复改慈利县，迁今治。隆庆中迁治今县北，万历三年 (1575) 移今慈利县。民国初属湖南武陵道。1916 年属辰沅道。1922 年直属湖南省。

慈胡　即慈湖。在今安徽马鞍山市北慈湖街道。《三国志·吴书·孙休传》裴注引《吴历》曰："白燕见于慈湖。"

慈相寺　在今山西平遥县城东侧沿村堡与翼郭村之间。始建年代不详。北宋庆历年间 (1041—1048) 建造麓台塔，皇祐三年 (1051) 改名慈相寺。宋末毁于兵火，仅存麓台塔等。金大定年间重修并扩建，其后历代均有修葺。"文化大革命"期间乐楼被毁，现存主要建筑有山门、关帝庙、钟鼓楼、正殿、麓台塔等，其中正殿为金代建筑，山门、关帝庙等为清代建筑。麓台塔高 48.2 米，八角九层楼阁式，底层围廊。塔中间有宽约 40 厘米的裂缝，为元大德七年 (1303) 平遥地震所致，具有较高的科学价值与历史价值。寺内还存有历代碑碣九通，为研究我国宗教史提供了史料。2001 年定为全国重点文物保护单位。

慈胜寺　唐贞观年间 (626—649) 建。在今河南温县西北番田镇西南大吴村。现存大雄殿、天王殿为元至元五年 (1339) 重建，殿内残存元代壁画。五代晋天福二年 (937) 石刻经幢、明天顺五年 (1461) 所铸大铁钟，均为珍贵文物。2001 年定为全国重点文物保护单位。

慈姥山　又名鼓吹山。在今安徽马鞍山市东北。《寰宇记》卷 90 升州江宁县"慈姥山"条引《舆地志》云："山南有慈姥神庙焉。"又引《括地志》云："山积石临江，岸壁峻绝，山上出藤竹，堪为箫管属乐府，名为鼓吹山。"又卷 105 当涂县："慈母山在县北七十里，临江，亦谓之慈姥山。"

慈姥岩　在今四川青神县南岷江岸中岩山。北宋苏轼《为老人克华》诗云："慈姥岩前自唤渡，青云江畔人争扶。"南宋范成大《吴船录》卷上：中岩"凡五里至慈姥岩，岩前即寺也"。

慈恩寺　①在今辽宁沈阳市区大南街中段东侧慈恩寺巷内。始建于后金天聪二年 (1628)，后历经扩建和重修。寺院坐西朝东，山门内建筑分三路：中路有天王殿、大雄宝殿、比丘坛、藏经楼；南路为退居寮、厨房、司房、斋堂、禅堂、法师寮、佛学院；北路有养静寮、客堂、念佛堂、方丈室、十方堂、库房等。慈恩寺是沈阳最大的寺庙，有"十方丛林"之称。现为沈阳市佛教协会所在地。

②在今陕西西安市南和平门外雁塔路南端。宋敏求《长安志》卷 8：大慈恩寺"隋无漏寺之地，武德初废。贞观二十二年，高宗在春宫为文德皇后立为寺，故以慈恩为名"。五代王定保《唐摭言》卷 3："进士题名，自神龙之后，过关宴后，率皆期集于慈恩塔下题名。"唐杜甫、岑参等皆有登慈恩寺塔诗。

慈峪镇　即今河北灵寿县西北慈峪镇。清有巡司驻此。

慈航寺　在今辽宁辽阳市内。《清一统志·奉天府》：慈航寺"在辽阳州太子河北。本朝天聪十年征高丽，驻跸于此"。

慈涧水　一作少水。即今河南新安县东三十里磁河。《水经·谷水注》："谷水又东，少水注之……世谓之慈涧也。"

慈涧镇　①北周置，为军镇。即今河南新安县东南二十四里磁涧镇。《周书·韩盛传》：兄德兴，历官"通洛、慈涧防主"。《元和志》卷 5 新安县："慈涧故镇，在县东南二十里。周武帝保定六年置。武德三年讨王世充，前军镇此，太宗以轻骑击破之，充拔镇归于东都。"

②北宋置，属新安县。在今河南新安县东南二十四里。清设汛兵及递运所于此。

慈硐　亦作慈涧。即今河南新安市东南之磁河，在慈涧镇北与涧河合为磁涧河，注入洛河。《水经·谷水注》："谷水又东，少水注之……世谓之慈涧也。"《隋书·地理志》：河南郡寿安县有慈涧。《资治通鉴》：隋大业九年 (613)，杨玄感攻洛阳，"收兵得五万余人，分五千守慈硐道"。

慈悲岭　即今朝鲜黄海北道黄州东岊岭。元初，辽阳行省以此与高丽国分界。《元史·高丽传》：至元七年 (1270)，"诏西京内属，改东宁府，画慈悲岭为界"。

慈善寺石窟　在今陕西麟游县城东十二里漆水河西南岸。石窟开凿于隋仁寿年间 (601—604)，唐永徽四年 (653) 又大规模续建。现存造像大部分为隋唐时期建造。慈善寺石窟为隋唐两代皇帝到麟游消夏避暑时做佛事而建。石窟分布于高 28 米的崖壁上，西崖有三大窟，南崖窟龛较多。两处共有十二个洞窟，六座佛龛，四十七尊造像。西崖第一、二窟平面呈马蹄形，窟内佛像体量较大，第一窟主佛由隋皇宫所刻，高 5.5 米，极为珍贵。南崖上有九个摩崖造像龛，内凿佛像体量较小。慈善寺石窟内外壁还保留唐至明代题记、刻经五处。2001 年定为全国重点文物保护单位。

慈湖　①在今浙江温州市南慈湖乡。《方舆纪要》卷 94 温州府永嘉县：慈湖"在县南二十五里吹台山下，合南境之水入瑞安江"。

②即普济湖。今浙江宁波市西北三十二里慈城镇

北之慈湖。宋《宝庆四明志》卷16慈溪县：普济湖“近岁宝谟阁学士杨敬仲居之，谓之慈湖”。南宋理学家杨简（字敬仲）号慈湖，以此。

③在今安徽马鞍山市慈湖街道，北接江苏江宁县界。《晋书·苏峻传》：咸和二年（327），“峻遣将韩晃、张健等袭姑孰，进逼慈湖，杀于湖令陶馥及振威将军司马流”。《梁书·侯景传》：天监年间，“景即分袭姑孰，执淮南太守文成侯宁，遂至慈湖”。《明史·徐达传》：“陈友谅犯龙江，达军南门外，与诸将力战破之，追及之慈湖，焚其舟”，皆此。

④在今安徽望江县北十八里。明末已堙没。今名慈湖畈。《方舆纪要》卷26望江县：慈湖“旧在县北十八里。《志》云：县北二十里有石子港，源出县西二十里之雪凉泉，汇慈湖、孝感诸水入于武昌湖。明初，安庆为陈友谅所袭陷，明师复克之，命徐达等追友谅至慈湖，焚其舟是也”。

慈湖水 即今安徽马鞍山市东慈湖河。源出市境向山区杜塘乡烤山，西北至猫子山入江，以流经慈湖为名。《舆地纪胜》卷18太平州：慈湖水，“《元和郡县志》云：在当涂县北六十五里”。《方舆纪要》卷27太平府当涂县：慈湖水在“府北六十三里。《志》云：旧有湖，后湮，其余水流入大江。《江行记》：自建康泝江而上，过白土矶，入慈湖夹，是也”。

慈湖镇 北宋置，属当涂县。即今安徽马鞍山市北之慈湖街道。

慈廉水 在今越南河内市西北。《元和志》卷38安南宋平县：“慈廉水经县南二里。”《寰宇记》卷170交趾县：“慈廉江，昔有李祖仁居此，兄弟十人并慈孝廉让，因此名江。”《新唐书·地理志》交趾县：慈州慈廉县，“以慈廉水因名之”。

慈廉州 明永乐五年（1407）属交州府。治所在丹山县（今越南北部和平省丹凤，在河内市之西）。辖境相当今越南和平省部分地。宣德二年（1427）以后入安南。

慈廉县 唐武德五年（622）置，属罗州。治所在今广东化州市西北。六年（623）属南石州。贞观元年（627）废入石龙县。

慈溪市 1988年撤销浙江省慈溪县，改设慈溪市，市人民政府驻浒山镇。由宁波市代管。

慈溪江 即姚江流经原慈溪县南部之河段，在今浙江余姚市东部和宁波市西部。宋《宝庆四明志》卷4：慈溪江“源于绍兴余姚之太平山，至丈亭而分：一贯邑中，一环邑前，其西诸山之水，未至县五里汇于彭山堰，有斗门以泄于江。二江皆东来至西渡复合，亘府城之北入于海，随潮上下”。

慈溪县 唐开元二十六年（738）分鄮县置，属明州。治所在今浙江宁波市西北三十二里慈城镇。宋《宝庆四明志》：“（慈）溪因邑人董黯孝养其母而得，又因以名县。”南宋属庆元府。元属庆元路。明属宁波府，永乐十六年（1418）改溪为谿。民国初属浙江会稽道。1927年直属浙江省。1949年复改谿为溪。1954年迁治浒山镇。1988年改设慈溪市。

慈谿县 明永乐十六年（1418）改慈溪县为慈谿县，属宁波府。治所在今浙江宁波市西北三十二里慈城镇。民国初属浙江会稽道。1927年直属浙江省。1949年复改谿为溪。

煤山 明万岁山之俗称。即今北京市故宫神武门北景山公园内景山。明沈德符《万历野获编》卷24：“俗所谓煤山者，本名万岁山，其高数十仞，众木森然。相传其下皆聚石炭，以备闭城不虞之用者。”又明刘若愚《明宫史》：“（寿皇）殿之南则万岁山，俗所谓‘煤山’也。故老云：土渣堆积而成。……每重阳日，圣驾在山顶升座，可遥望靡涯矣。”明末李自成农民军攻入北京，崇祯帝自缢于此。

〔丶丶〕

滟滪堆 亦作淫预堆、犹豫堆。在今重庆市奉节县东白帝山下长江瞿唐峡口。南朝梁李膺《益州记》：“滟滪堆，夏水涨没数十丈，其状如马，舟人不敢进，故曰滟滪。”《寰宇记》卷148奉节县：“滟滪堆，周回二十丈，在州西南二百步，蜀江中心，瞿唐峡口。冬水浅，屹然露百余尺；夏水涨，没数十丈。其状如马，舟人不敢进。又曰：犹与，言舟子取途不决水脉，故曰犹与。谚曰：滟滪大如朴，瞿塘不可触。滟滪大如马，瞿塘不可下。滟滪大如鳖，瞿塘行舟绝。滟滪大如龟，瞿塘不可窥。”据实测此横亘江心的大礁石，长约40米，宽约15米，高约25米。分江流为南北二道，舟行随水旁流，可以避石；如碰巨石，舟毁人亡。为便于航运，1958年炸毁。

溱 水名。在今河南新密市东，双洎河上源支流。《诗经·郑风·褰裳》：“子惠思我，褰裳涉溱。”

溱川堡 北宋置，属南川县。在今重庆市綦江县南打通镇南喻家坡。《舆地纪胜》卷180南平军：吹角坝古摩岩“吹角坝有古摩岩，风雨朘剥，苔藓侵蚀，惟识其一二，曰‘建安’。其他不可辨。在溱川堡，去军四十里。‘建安’汉献帝年号”。

溱水（溱 zhēn） ①又名潧水、鄫水。即今河南新密市东溱河。《诗经·郑风·溱洧》：“溱与洧，方涣涣兮。”《说文》：“溱水在郑国，南入于洧。”

②即今河南确山县西南臻头河。《水经·汝水注》：“溱水出浮石岭北青衣山，亦谓之青衣水也。东南径朗陵县故县西。溱水又南屈径其县南，又东北径北宜春县故城北。溱水又东北径马香城北，又东北入汝。”南朝梁中大通二年（530），陈庆之“破魏颍州刺史娄起等于此”。

③古秦水。一名肆水。在今湖南临武县南。源出临武县西南华阴山，东流会武溪水，遂通称武水。东流经宜章县，入广东昌乐县，至韶关市合浈水，南

流为北江。《汉书·地理志》桂阳郡临武县：“秦水东南至浈阳入洭。”《水经》：“溱水出桂阳临武县南，绕城西北屈东流……东至曲江县……过浈阳县……南入于海。”郦注：“溱水……北与武溪合，东南径临武县西，谓之武溪。……南注于郁，而入于海。”按，《汉志》、《水经》俱以溱水为经流，郦注谓溱水入武溪水，以武溪水为正流。故溱水下游亦有武水之名。今通称出湖南临武至韶关市汇浈水者为武水。

溱水河（溱 zhēn）　即今河南确山县及汝南县境之臻头河。《水经·汝水注》：“溱水出浮石岭北青衣山，亦谓之青衣水也。”故道自今河南确山县西，东南流经县南，东北流至汝南县南入汝水。

溱州（溱 zhēn）　①北魏置，治所在今河南泌阳县东北。隋开皇初废。

②隋仁寿四年（604）改豫州置，治所上蔡县（大业初改汝阳县，今河南汝南县）。辖境相当今河南上蔡、西平、新蔡、淮滨、息县、确山等县间地。大业二年（606）改蔡州，寻改为汝南郡。

③唐贞观十六年（642）开山洞置，治所在荣懿县（在今重庆市万盛区东南青羊镇）。《元和志》卷30溱州：“以南有溱溪水为名。”天宝元年（742）改为溱溪郡，乾元元年（758）复为溱州。辖境相当今重庆市万盛区及綦江、南川部分地。北宋降为羁縻州，熙宁七年（1074）改置荣懿砦。大观二年（1108）复置，治所在溱溪县（今綦江县南打通镇南喻家坡）。辖境相当今重庆市綦江县南及贵州桐梓县部分地。宣和二年（1120）废。

溱洞涪洞长官司　元置，属思州安抚司。治所在今贵州施秉县西北。明洪武间改为臻剖六洞横坡长官司。

溱溪县　北宋大观二年（1108）置，为溱州治。治所在今重庆市綦江县南打通镇南喻家坡。宣和二年（1120）废为砦。

溱溪郡　唐天宝元年（742）改溱州置，治所在荣懿县（今重庆市万盛区西南青羊镇）。乾元元年（758）复为溱州。

溱溪砦　北宋宣和二年（1120）于废溱州及溱溪县置，属南平军，在今重庆市綦江县南吹角坝。后废。

溱潼县（溱 qín）　1945年苏中抗日根据地由江苏泰县析置溱潼县，治所即今江苏姜堰市北溱潼镇。1946年撤销。

溦口镇　即今陕西汉阴县。南宋绍兴二年（1142）移汉阴县于此。《清一统志·兴安府》：溦口镇“今汉阴厅治”。

溦川郡　北周置，治所在蓩川县（今湖北钟祥市东北）。隋开皇初废。

溦水　①即今河南宝丰县北净肠河。《水经·汝水注》：“汝水又径郏县故城南，溦水注之。水出鲁阳县之将孤山，东南流……又东北至郏，入汝。”

②即敖水。今湖北钟祥市北之长寿河、敖河。《明史·地理志》钟祥县：“北有直河，自随州流入，有溦水流合焉。”

溦水县　西魏改高陆县置，属汉东郡。治所在今湖北钟祥市西北。隋大业初废。

溦头戍　即敖头。在今陕西石泉县东南。《资治通鉴》：南朝宋元嘉十一年（434），氐王杨难当陷汉中，宋将萧承之自襄阳“缘道收兵，得千人，进据溦头”。即此。

溦陂县　西魏改清县置，属溦川郡。治所在今湖北钟祥市东北。隋大业初废。

溦河镇　北宋置。属长寿县。在今湖北钟祥市北。

滠口城　在今湖北武汉市黄陂区南四十里滠口镇。《陈书·宣帝纪》：太建五年（573），“郢州刺史李综克滠口城”。即此。

滠口镇　即今湖北武汉市黄陂区南四十里滠口镇。清置巡司于此。

滠中　指古滠水流域，相当今湖北孝感市和武汉市黄陂区以南，汉江以北地区。《资治通鉴》：晋建兴二年(314)，“杜弢将王真袭陶侃于林障，侃奔滠中”。即此。

滠水　①古水名。据《水经·江水注》及《水经·涢水注》，故道自今湖北汉川市东北分涢水东流，至黄陂县南入长江。久湮。

②又名武湖水。即今湖北武汉市黄陂区东滠水。源出鄂、豫两省边境山地，南流到黄陂区南入长江。《水经·江水注》：江水“又东合滠口，水上承涢水于安陆县，而东径滠阳县北，东流于江”。

滠头　亦名羌垒。在今河北枣强县东南。《水经·淇水注》：“清河北径广川县故城南……水侧有羌垒，姚氏之故居也。”《资治通鉴》：东晋咸和八年(333)，石虎“以羌帅姚弋仲为奋武将军、西羌大都督，使帅其众数万徙居清河之滠头”。即此。

滠阳县　西晋永安元年（304）置，属江夏郡。治所在今湖北武汉市黄陂区西南。北周废。

满山红山　在今福建永定县西南。《方舆纪要》卷98永定县：“满山红山在县西南五十里。森耸雄丽，半入潮州府界。”

满山岛　即今浙江三门县东七十二里三门湾中之满山岛。旧属宁海县。清光绪《宁海县志》卷2：满山在“县东南五十七里”。

满井　①即今辽宁昌图县北满井镇。清光绪《奉天全省地舆图说图志》昌图府图：东北有满井。

②即今黑龙江省宾县西北满井乡。《清史稿·地理志》宾州府：官商路“西北满井达阿城”。

满夷谷　在今内蒙古固阳县西南。《后汉书·孝和孝殇帝纪》：永元元年（89），“南单于出满夷谷，与北匈奴战于稽落山，大破之”。《资治通鉴》卷48胡三省注：“余按南单于庭在西河美稷，满夷谷当在美稷县西北。后邓鸿讨逢侯，兵至美稷，逢侯乘冰度隘，向满夷谷，可以知矣。”

满庄集　即今山东泰安市西南满庄镇。清同治《泰安县志》卷2《里社》："满庄距城四十里。"

满州　①隋开皇十六年（596）置，治所在高阳县（今河北高阳县东旧城）。大业初废。唐武德四年（621）复置，辖高阳、鄚、博野、清苑四县，相当今河北高阳、安新、保定、清苑、博野、蠡县等市县地，贞观元年（627）废。

②即今台湾省屏东县东南满州乡。据钟桂兰等纂《屏东县志》说：清时粤人王成古移居于此，垦荒耕种。该处飞禽走兽群生其间，山胞嗜田猎所获甚丰，食之不尽，欲藏无盐，遂弃原野，臭气难闻，山胞语"臭气"，译音为蚊蟀，久之成为地名。日据后设蚊蟀区，嗣改蚊蟀支厅。后以蚊蟀字义不雅，改为满州庄。1945年抗日战争胜利后设满州乡。

满沟　又名甜草冈。即今黑龙江省肇东市。1938年肇东县移治于此，改名肇东镇。

满者伯夷　即麻喏巴歇国。公元1293—1451年印度尼西亚东爪哇的王国。《元史·史弼传》作麻喏八歇。《瀛涯胜览》作满者伯夷。

满泾卫　明永乐十年（1412）置，属奴儿干都司。治所在今俄罗斯哈巴罗夫斯克边疆区黑龙江下游阿姆贡河口处。后废。

满泾站　明初改元末末吉站置，在今俄罗斯哈巴罗夫斯克边疆区阿姆贡河注入黑龙江口北侧。《明太宗实录》卷85：永乐十年（1412）十月丁卯，"置辽东境外满泾等四十五站，敕其提领那可孟常等曰：朝廷奴儿干都司并各卫，凡使命往来所经之地，旧有站赤者复设，各站头目悉奉命毋怠"。后废。

满城　清康熙五十七年（1718）建，在今四川成都市旧城西南部。《清一统志·成都府一》"成都府城"条内："满城在府城西。周四里五分，门五。康熙五十七年建，乾隆五十年修。"驻成都将军及满洲八旗兵。宣统三年（1911）辛亥革命后逐渐拆除，直至1935年满城城墙完全消失。满城建于古少城遗址上，为城中之城，称为少城、内城。

满城区　2015年撤销河北省满城县，设立保定市满城区，区政府驻满城镇中山西路1号。

满城县　唐天宝元年（742）改永乐县置，属上谷郡。治所在今河北满城县北二里。北宋景德中废入保寨县。金大定二十八年（1188）复置，移治塔院村（今满城县西二里），属保州。元属保定路。明初移治今满城县，属保定府。民国初属直隶保定道。1928年直属河北省。2015年撤销河北省满城县，改设满城区。

满剌加国　即今马来西亚马来亚之马六甲。为14至16世纪马来亚封建王国。15世纪初拜里迷苏剌统治时期，与中国有友好往来。郑和出使亦屡至其国。1511年葡萄牙殖民者侵入时衰亡。

满洲　满族的自称。"满洲"一词，在满族的早期文献《满洲实录》、《清实录》中均有记载，皆作为部族和民族，不是地区名称。分布在辽宁、吉林、黑龙江一带。乾隆《满洲源流考》卷1："满洲本部族名。恭考发祥世纪……居长白山东鄂多理城，建号满洲，是为国家开基始。以国书考之，满洲本作满珠，二字皆平读。我朝光启东土，每岁西藏献丹书，皆称曼珠师利大皇帝，翻译名义曰曼珠，华言妙吉祥也。……今汉字作满洲，盖因洲字义近地名，假借用之，遂相沿耳，实则部族而非地名。"帝国主义列强入侵东北后，始将满洲移作地区名，妄称中国东北三省为"满洲"，并以吉林长春为界，划分为"南满"、"北满"。1931年日本帝国主义侵占东北后，又将满洲移作政权名，把溥仪傀儡政权称为"满洲帝国"。

满洲里　即今内蒙古满洲里市。清光绪三十四年（1908）于此置胪滨府，1913年改设胪滨县。1934年日占期间改设满洲里市。据吴铁英《满洲里名称之由来》（载《地名知识》1989年第2期）一文说，满洲里这一地名之出现，与中东铁路的修筑有着直接的关系。1896年6月3日李鸿章在彼得堡同沙皇俄国签订了《中俄密约》，使沙俄取得了在我国东北修筑中东铁路的权力。当工程师卡西诺夫等130名俄国筑路人员越过国境，踏上中国的土地，来到这里时，便称之为"满洲里亚"，意即"满洲"。中国人将其转写成汉字时，按照自己的发音习惯，去掉了俄语中发音很轻的尾音"亚"字，写作"满洲里"。

满洲里市　1934年日伪改胪滨县置，后属兴安省。治所即今内蒙古满洲里市。1947年划归内蒙古自治区。

满洲国　1931年日本帝国主义侵占中国东北后制造的傀儡政权。1932年3月在长春（今吉林长春市）成立，扶植清末代皇帝溥仪为"执政"，年号大同。1934年3月称满洲帝国，"执政"改为"皇帝"，年号康德。伪满洲国将东北辽宁、吉林、黑龙江、热河四省划分为兴安西、锦州、热河、安东、奉天、通化、兴安南、间岛、吉林、牡丹江、东安、三江、滨江、龙江、北江、黑河、兴安北、兴安东十七省。1945年8月日本投降后废。

满珠府　清光绪三十四年（1908）置，属黑龙江呼伦道。治所在今内蒙古满洲里市。不久更名胪滨府。

满都户　即今辽宁辽中县西北二十九里满都户镇。清光绪《奉天全省地舆图说图志》新民厅图：南有满都户。民国《辽中县志》卷3：满都户镇"距县城西北（为辽河右岸）三十里"。

满套儿　在今河北丰宁满族自治县东南。《方舆纪要》卷18大宁卫："满套儿地在密云边白马关外二百五十里。"

满堂围　在今广东始兴县南隘子镇西南六里满堂村。为客家围楼。清道光十二年（1831）动工修建，咸丰十年（1860）竣工。历时二十八年。是目前广东省内规模最大最具特色的客家民居。总体平面近似长方形，有十二院、九厅、六天井，建有平房、楼房、炮楼等居室数百间。整座建筑由“中心围”、“上新屋”、“下新屋”三组相对独立的围楼组成，各组围楼均环以外廊。整座建筑回廊通道四通八达，装饰图案精美，向以大、牢、讲究而著称。1996 年定为全国重点文物保护单位。

满犁国 即蒲犁国。在今新疆塔什库尔干塔吉克自治县东。《三国志》卷 30 裴注引《魏略·西戎传》：“桢中国、莎车国、竭石国、渠沙国、西夜国、依耐国、满犁国、亿若国、榆令国、捐毒国、休脩国、琴国皆并属疏勒。”

满番汗 主要指今朝鲜平安北道清川江下游西岸地区。《三国志·魏书·东夷传·韩传》裴松之注：“《魏略》曰：昔箕子之后为朝鲜侯……后子孙稍骄虐，燕乃遣将秦开攻其西方，取地二千余里，至满番汗为界，朝鲜遂弱。”

满撮纳城 即今西藏错那县。《清一统志·西藏》卫地诸城：满撮纳城“在喇萨东南四百四十里”。藏语满为门隅，撮纳为湖边、湖鼻。后称错那宗。1960 年改设错那县。

漭水 即今云南昌宁县东北漭水镇。明宣德九年（1434）于此设漭水土巡检司。

漭洲岛 即今广东台山市西南海中漭洲。《清一统志·广州府》“上川山”条：“又西有漭洲岛，皆在海中。”

漠北 指蒙古高原大沙漠以北地区。自汉代以后常称之为漠北。亦作幕北。《三国志·魏书·明帝纪》：青龙元年（233），鲜卑步度根、轲比能寇边，“遣骁骑将军秦朗将中军讨之，虏乃走漠北”。清代通称外蒙古（今蒙古国）为漠北。

漠西县 北魏太和十一年（487）分好畤县置，属武功郡。治所在今陕西乾县西六里漠西乡。《寰宇记》卷 31 永寿县：“后魏于（莫谷）水西置县，因名。”隋开皇十八年（598）改名好畤县。

漠州 元初置，属平滦路。治所在乐亭县（今河北乐亭县）。寻废。

漠阳江 即今广东阳春、阳东、阳江三市县境之漠阳江。《舆地纪胜》卷 98 南恩州：漠阳江“在阳江县西，自阳春县界南流入海”。《方舆纪要》卷 101 阳江县：漠阳江“在县城西。自阳春县东南流，历受众水，其势始大，入县界。至县西三十余里马桥，岐为二派，东流至县北十余里，激为龙渊，亦名龙涛水。至城西，亦名鼍江，亦曰恩江，南流二十五里汇为石潭。其西流，随地得名，亦曰黄江，亦曰牛马海，亦曰蛟龙环。又东南流合于石潭，至县南北津港入于海”。

漠谷 一作幕谷。在今陕西乾县北三里。《新唐书·朱泚传》：建中末，朱泚围奉天，“浑瑊伏兵漠谷，引数十骑跳攻长安，泚大惊，蹐榻前”。即此。《方舆纪要》卷 54 乾州：“莫谷在州北三里。亦曰漠谷。逾梁山而南多取道于此。”

漠谷水 即今陕西永寿县西漠西河。《水经注》作莫水。源出永寿县西北分水岭，南流经乾县西，又西南流至武功县入武水（今漆水河）。《寰宇记》卷 31 永寿县：“莫谷水源出高泉山，名安阳泉，南流历莫谷，改名莫谷水。后魏于水西置县，因名漠西县也。”

漠河 亦作末河、谋河、墨河。在今黑龙江省漠河县西北。民国《黑龙江志稿》卷 4：漠河在“县西十余里。县以河得名。源出元宝山，合三水曲折南流，折而东而北，五十里注于黑龙江。河大产金，所谓漠河金厂也。始于光绪十四年，道员李金镛所建也。江北岸为俄一格那什兵屯”。

漠河厅 清光绪三十四年（1908）拟置，属黑龙江省瑷珲道。治所即今黑龙江省漠河县黑龙江南岸北极乡（漠河）。1914 年设漠河设治局，1917 年改为漠河县。

漠河卡伦 清末置，属黑龙江副都统。在今黑龙江省漠河县北北极乡（漠河）。民国《黑龙江志稿》卷 33 黑河所属卡伦：“漠河，距巴尔戈力卡伦一百十二里，距漠河口有金矿处十余里。”1917 年于此置漠河县。

漠河设治局 1914 年析呼玛县置，属黑龙江省黑河道。治所即今黑龙江省漠河县北北极乡（漠河）。1917 年改为漠河县。

漠河县 1917 年改漠河设治局置，属黑龙江省黑河道。治所在今黑龙江省漠河县北北极乡（漠河）。以河为名。1928 年属黑龙江省。1947 年撤销并入呼玛县。1981年复置，移治西林吉镇（今黑龙江省漠河县）。

漠河金矿 在今黑龙江省漠河县西北。清光绪十四年（1888）将军恭镗奏请开办。庚子年（1900）义和团运动爆发，被俄人占领。至光绪三十二年（1906）始收回。宣统年间，矿点有漠河老沟、小北沟、洛古河、兴华沟、马扎拉沟，面积达二千三百余亩。为黑龙江著名金产区。民国《黑龙江志稿》卷 23：漠河金矿“漠河产金之区名元宝山，鄂伦春以此地名为日勒特。原属瑷珲，在西北千余里额尔古讷河之东，背岭面山，金脉极富，为江省开矿最早之区”，指此。

漠南 亦作幕南。初指今蒙古高原大沙漠以南地区。《后汉书·乌桓传》：“匈奴转北徙数千里，漠南地空。”清代又专指内蒙古为漠南，即以此故。

滇 ①古国名。《史记·西南夷列传》：“西南夷君长以什数，夜郎最大；其西靡莫之属以什数，滇最大。”战国时，楚国庄跻带兵至其地，“以其众王滇，变服从其俗以长之”。《华阳国志·南中志》说：“分侯支党，传数百年。”其都在今云南晋宁县东北三十二里晋城附近。辖境约当今云南中部滇池附近一带。李乔《从滇谈起》：“滇是古代一个土著民族的名称，部落联盟的酋长或领袖便叫滇王。”（《春城晚报》1993 年 6 月 26 日）关于滇的语种，林超民《漫淡滇的来源》：滇来源于羌人中一个有影响的部落首领的姓氏，后用作部落名称（《地名集刊》1980年第3期）。孟平《滇来源的质疑》：滇就是彝语的“甸”，意即大坝子，因滇池坝子得名。（《云南日报》1980年6月14日）。张庆培《滇的由来与彝文文献〈勒俄特依〉中的“滇濮殊罗”考》：滇即古彝语滇濮殊罗，“滇”为鹰，“濮”为祖人或族，“殊”为湖泊，“罗”为深大，全意即鹰祖的大湖或滇濮族的大湖（《地名集刊》1990年第1—2期合刊）。张竹邦《滇的语种与含义初析》：滇为傣族先民，源于梵语“禅”（《地名集刊》1988年第4期）。考古材料证明，滇国创造了灿烂的青铜文化。至汉代，奴隶制已有相当发展，从事农、牧、渔、纺织，并经营采矿。元封二年（前109），汉以此为中心置益州郡。

②云南省的简称。因省境东北部在战国至汉武帝以前为滇国地而得名。

滇中道　1914年由原滇中道袭置，属云南省。治昆明县（今云南昆明市）。辖境约当今云南元谋、牟定、楚雄以东，双柏、易门、玉溪、江川、澄江、路南、陆良、罗平以北地区。1916年废。

滇水　一作慎水。在今河南正阳县东北。《方舆纪要》卷50真阳县：滇水“源出县西王家冲，经县南一里，东北流入于汝。汉以此名县”。

滇池　又称滇池泽。即今云南中部之滇池。《史记·西南夷列传》：“跻至滇池，方三百里，旁平地肥饶数千里，以兵威定属楚。”对滇池的解释，《文选·蜀都赋》刘逵注引谯周《异物志》：“水源深广而末更浅狭，似如倒流，故俗云滇池。”王先谦《汉书补注》：“颠与滇同，以颠主义，顶也，皆因滇池居地高颠之故。”近人于希贤在《滇池地区的历史地理》中，解释为滇池水系的奇河倒流现象。近年，人们对传统说法提出了怀疑。任乃强《华阳国志校补图注》认为：“其为夷语旧称可知，安得有取于颠倒之义哉。”刘琳《华阳国志校注》认为：“盖滇本当地少数民族对此湖的称呼，汉人译其音加水旁作滇耳。”唐代，滇池仅指南部的水海，北部的草海又称昆池。唐樊绰《蛮书》卷2：昆池，“土蛮亦呼名滇池。案今晋宁川中，自有大池在东南，当是滇池。水不可呼池，乃蛮不能别”。

滇池县　西汉元封二年（前109）置，为益州郡治。治所即今云南晋宁县东北三十二里晋城镇。《汉书·地理志》滇池县：“大泽在西，滇池泽在西北。”因湖名为县名。三国蜀属建宁郡。西晋泰始七年（271）为宁州治，太安二年（303）兼为益州郡治。东晋为晋宁郡治。南朝宋属晋宁郡。梁末废。

滇阳县　即慎阳县。西汉置，属汝南郡。治所在今河南正阳县北江口集。后讹为慎阳县。

滇南　云南省的别称。云南省本简称滇，明、清时又因位于国土南部，故名滇南。明许伯衡著有《滇南札记》。

滇南胜境关　即今胜境关。在云南富源县东十六里，云南、贵州交界处。《清一统志·曲靖府》：滇南胜境哨“在平彝县东十五里，接贵州普安州界。有坊题曰‘滇南胜境’，为滇黔分界处，设有哨兵。自黔至此，山始平坦”。界坊今存。

滇越　古族名。《史记·大宛传》：“然闻其西可千余里有乘象国，名曰滇越，而蜀贾奸出物者，或至焉。”秦、汉时期滇越在今云南腾冲一带，处从蜀通身毒的交通要道上。

滇越铁路　从今云南昆明经蒙自至河口，通越南海防，计469公里。清光绪三十年（1904）动工修建，宣统二年（1910）全线通车。今称昆河铁路。

滇缅铁路　滇缅铁路的勘线工作自1938年冬至1939年春大部完成，最后选择从今云南昆明起，经安宁、禄丰、一平浪、楚雄至祥云后，采用南线经弥渡、云县、孟定，由苏达、滚弄入缅，通至腊戍与缅甸铁路相衔接。1939年动工修建，仅完成昆明、安宁段35公里。1941年太平洋战争爆发，滇缅铁路全线停工。

滇滩隘　亦称滇滩关。在今云南腾冲县北一百一十里，现滇滩铁厂处。明、清为腾越九隘之一。《清一统志·腾越直隶厅》：滇滩关，“明宣德五年，茶山长官司奏置巡司于滇滩，今裁”。

溹涫水　即今桑干河。《水经·㶟水注》：“㶟水又东北流，左会桑干水，县西北上下，洪原七轮，谓之桑干泉，即溹涫水。”

溥仁寺　在今河北承德市北狮子沟镇喇嘛寺村内。始建于清康熙五十二年（1713），乾隆帝在位时多次到此拜佛。寺内有两重墙垣，四进院落，中轴线上有山门、天王殿、慈王普荫殿、宝相长新殿，两侧对称有钟鼓楼、配殿、僧舍等建筑。慈王普荫殿是寺内主体建筑，面阔七间，进深五间，单檐歇山黄琉璃瓦顶。两侧配殿均为单檐歇山布瓦顶，规制简朴，但不失皇家气派。溥仁寺是清王朝在承德修建的第一座喇嘛庙，布局沿袭汉族佛寺“伽蓝七堂”的传统手法。2001年定为全国重点文物保护单位。

溥乐城　北宋咸平间建，在今宁夏盐池县西南苦水河畔。《宋史纪事本末》卷14“西夏叛服”：咸平五年（1002）李继迁叛，张齐贤等议弃灵州，通判永兴军何亮复上安边书，言“灵州不可捨，请筑溥乐、耀德二城，以通河西之粮道”。

溥州　五代晋开运三年（946）置，治所德昌县（今广西兴安县）。北宋乾德元年（963）废。

滆湖　一名西滆湖。俗名沙子湖。即今江苏常州市武进区西南、宜兴市西北滆湖。晋郭璞《江赋》：“具区、洮、滆。”《水经·沔水注》：“五湖谓长塘湖、太湖、射湖、贵湖、滆湖也。”《寰宇记》卷92常州武进县：滆湖“在县西南，去州三十里，东接官河，西连芜蒲港，南通义兴县，北通白鹤溪。湖内多白鱼，水路通泾溪，出润州、金坛、延陵、溧阳。按《图经》：昔有滆家将龙卵抱归，遂陷此湖，故名”。

溧水　①又名菱水、陵水、濑水、永阳江、九阳江、颍阳江。在今江苏溧阳市。即《汉书·地理志》

所谓中江。《汉书·地理志》溧阳县应劭注："溧水所出南湖也。"由今安徽芜湖市东流入江苏境内，经高淳、溧阳、宜兴，入荆溪，东注太湖。自东坝既成，中江遂不复东，皆由芜湖西出。

②在今湖北省钟祥市西北。《方舆纪要》卷77钟祥县：溧水"盖汉旁支川也。今湮"。南宋咸淳十年(1274)，蒙古大将伯颜自襄阳进军郢州，至溧水。即此。

溧水州　元元贞初升溧水县置，属集庆路。治所在今江苏溧水县。明洪武二年（1369）复为溧水县。

溧水县　隋开皇十八年（598）置，属蒋州。治所即今江苏溧水县。以溧水为名。大业初属丹阳郡。唐属升州。北宋属江宁府。南宋属建康府。元元贞初升为溧水州。明洪武二年（1369）降为县，属应天府。清属江宁府。民国初属江苏金陵道。1927年直属江苏省。2013年撤销溧水县，改设南京市溧水区。

溧州　即溧阳州。在今江苏溧阳市。《清一统志·镇江府一》：溧阳县"元至元十四年升溧州，属建康路。十五年升溧阳府，十六年改路，二十八年降县，元贞元年仍升州"。

溧江墟　即今江西新干县东北二十三里溧江乡。清同治《江西全省舆图》卷6：临江府新淦县东北有溧江。

溧阳州　元元贞元年（1295）升溧阳县置，属建康路（后改集庆路）。治所即今江苏溧阳市。明初复为县。

溧阳县　秦置，属鄣郡。治所在今江苏溧阳市西北五十里旧县。《元和志》卷28宣州溧阳县：以在溧水之阳为名。汉属丹阳郡。东汉移治今高淳县东固城镇。三国吴废。西晋太康元年（280）复置。隋开皇十八年（598）并入溧水县。唐武德三年（620）复置，属扬州。治所仍在今市西北的旧县乡。后属升州。天复二年（902）移今溧阳市。元升为溧阳州。明初复为县，属应天府。清初属江宁府，雍正八年（1730）改属镇江府。民国初属江苏金陵道。1927年直属江苏省。1990年改设溧阳市。

溧阳府　元至元十五年（1278）升溧阳州置，属建康府。治所即今江苏溧阳市。十六年（1279）改为溧阳路。

溧阳侯国　①西汉元帝建昭元年（前38）封梁敬王子刘钦置，属丹阳郡。治所在今江苏溧阳市西北五十里旧县。后废。

②据《新唐书·宰相世系四上》："史氏出自周太史佚之后，子孙以官为氏。汉有鲁国史恭。三子：高、曾、玄。高，大司马、乐陵安侯。二子：术、丹。丹，左将军、武阳倾（顷）侯。"玄为平台康侯，生子恁。恁生习。习又作均，生子崇。史崇"自杜陵受封溧阳侯，遂为郡人"。史崇字伯勤，因佐东汉光武帝中兴有功，被封溧阳侯。东汉明帝永平二年(59）奉诏到封地溧阳就职，治所在今江苏溧阳市西北旧县乡。东汉章帝建初七年（82）卒，皇帝颁诏封赠使持节徐兖二州刺史、司空，谥号"壮"，葬于今溧阳市北埭头镇。清嘉庆《溧阳县志》卷3《舆地志·古迹·碑》引《建康金陵志》载：东汉有"骠骑将军溧阳侯赠司空史崇神道碑"。《舆地纪胜》卷17建康府《碑碣》亦载：后汉溧阳侯史公神道碑"晋永和八年立，唐正（贞）观十四年重立"。又，《清一统志·镇江府》载：史崇墓"在溧阳县北三十里。崇封溧阳侯，有祠"（《溧阳县志》作二十里）。现有史侯祠，即史崇的陵园。

③《后汉书·陶谦传》载："陶谦字恭祖，丹阳人也。……会徐州黄巾起，以谦为徐州刺史，击黄巾，大破走之，境内晏然。时董卓虽诛，而李傕、郭汜作乱关中。是时四方断绝，谦每遣使间行，奉贡西京。诏谦为徐州牧，加安东将军，封溧阳侯。"唐章怀太子贤注："溧阳，今宣州县也。"即今江苏溧阳市。

溧阳路　元世祖至元十六年（1279）置，属江浙行省。治所即今江苏溧阳市。二十七年（1290）降为县。

溧河　在今安徽泗县东北。《清一统志·泗州》：溧河"在州东北，即古历涧水。导源徐陂，南流绝蕲水，经历湖戌，西通塔影湖注于淮"。

溧洲　即烈洲。在今江苏南京市江宁区西南长江中。《晋书·桓冲传》：太元年间，桓冲为荆州刺史，"谢安送至溧洲"。《资治通鉴》：南朝宋元嘉三十年（453），武陵王骏讨太子劭，"军于溧洲"。皆此。

溲溪镇　又名下溪、夏溪。即今江苏常州市武进区西南夏溪镇。清光绪《大清帝国全图》江苏省图：武进县西南有溲溪。民国《江苏六十一县志》：金坛县东南有"溲溪镇"，并记："溲溪距治四十五里，跨武进，丹阳二县界。"

源口渡　一名源口。即今福建安溪县西北元口（源口）。明初置巡司于此。明末废。

源子港　即今安徽枞阳县东汤沟镇。明设巡司于此。《方舆纪要》卷26桐城县"孔城镇"条下："又有汤镇，《志》云：县东百八十里有源子港巡司，地名汤沟。"

源水　在今江西瑞金市城东。《方舆纪要》卷88赣州府瑞金县：源水"在县城东，或曰即绵江支流也。经城东南复合绵江"。

源头墟　亦作猿猴墟。即今广西平乐县东南一百三十里源头镇。清光绪《广西舆地全图》平乐县图：东南有猿猴墟。民国《平乐县志》：源头金华乡"初名猿猴墟，后改今名"。

源州　①唐武德五年（622）置，治所在光安县(今越南河静省香山附近)。辖境相当今越南河静省香山一带。贞观八年（634）改为阿州。

②五代后蜀改洋州置，治所在兴道县（今陕西洋县）。北宋初复为洋州。

源阳县　①北周武帝初置，为南都郡治。治所在今重庆市万州区西南武陵镇。建德四年（575）改为武宁县。

②唐武德元年（618）置，属齐州。治所在今山东禹城市西南伦镇。光绪《山东通志》卷34："在源河之阳，故名。"贞观元年（627）省入禹城县。

源泉水 即安河。为易水支流。源于今河北易县西北白杨岭下，由西转东而南入易水。《水经·易水注》：濡水"出故安县西北穷独山南谷，东流与源泉水合，水发北溪，东南流注濡水"。即此。

源祠水 在今山西平遥县东南十五里。《明一统志》卷21汾州：源祠水"平地涌出，西入汾河。上有祠，故名"。

源涡镇 清置，属榆次县。在今山西晋中市榆次区东八里源涡村。清时商业繁盛。

源润泉 在今江西分宜县南。《方舆纪要》卷87袁州府分宜县：源润泉"在县南泉源岭下。溉田百余亩"。

源雀镇 在今江苏邳州市东南。《大金国志》卷26：正大四年（1227），"是时大军长驱而南……国兵于是并力守黄河，保潼关。自黄河洛阳、三门、析津，东至邳州之源雀镇，东西长二千余里，差四行院守御"。

源感湖 即今湖北黄梅县东南龙感湖。《方舆纪要》卷76黄梅县：源感湖在"县东南三十里。上源诸水皆流注于此"。

源影寺塔 在今河北昌黎县城西北隅古塔寺街。建于金代，是八角十三层砖构实心密檐塔，总高36米，向上逐层微有收分。全塔由塔基、须弥座、平座、莲台、塔身、密檐、塔刹等部分组成。塔身"天宫楼阁"砖雕，华丽多姿，国内罕见，至为珍贵。2001年定为全国重点文物保护单位。

源潭店 即今河南唐河县东北源潭镇。清乾隆《唐县志》卷1《集镇》："源潭店，县北二十里。"

源潭墟 即今广东清远市东南源潭镇。清同治《广东图说》卷12：清远县东源潭墟汛。

滥 春秋时邾国也。在今山东滕州市东南六十里。《春秋》：昭公三十一年（前511），"黑肱以滥来奔"。杜注："滥，东海昌虑县。"

滥口 一作蓝口，又称祁山。在今河南安阳市西。《三国志·魏书·袁绍传》：东汉建安九年（204），曹操大败袁尚，"尚还走滥口"。

滥水 ①即今甘肃临洮县东东峪沟。《水经·河水注》："滥水又西北，径武街城南，又西北径降狄道故城东。昔马援为陇西太守六年，为狄道开渠，引水种杭稻，而郡中乐业，即此水也。滥水又西北流，注于洮水。"

②即今青海贵德县河阴镇西高红崖河。《隋书·地理志》：浇河郡河津县"有滥水"。

滥田坝 在今四川越西县东南书古乡（烂田坝）。清置滥田坝土百户。

滥坝场 即今四川昭觉县西南洒拉地坡乡（滥坝）。民国《昭觉县志》卷2：滥坝场"在县西。距城一百一十里"。

滥泥沟铺 即今贵州黔西县东南五十里大关镇。《清一统志·大定府》"鸭池河铺"条下："又有滥泥沟铺、四方井铺……皆戍守处。"

滥泉 在今湖北远安县西南。《水经·江水注》："（青）山之东有滥泉，即青溪之源也。口径数丈，其深不测，其泉甚灵洁，至于炎阳有亢，阴雨无时，以秽物投之，辄能暴雨。"

滥渎 即滥水。今青海贵德县河阴镇西高红崖水。《水经·河水注》：河水又东北流，"济川水注之。水西南出滥渎，东北流入大谷，谓之大谷水，北迳浇河城西南，北流注于河"。《隋书·地理志》：浇河郡河津县"有滥水"。即此水。

滥犍城 即今阿富汗喀布尔东格拉曼。唐龙朔初置罗罗州于此。

浇水 又作傥水。在今陕西洋县北。《水经·沔水注》：洛谷水"南流，右则浇水注之。水发西溪，东南流合为一水，乱流南出，际其城西，南注汉水"。《魏书·地形志》：龙亭县有浇水。《明一统志》卷34汉中府：傥水"源出石锉山，流入汉水。又名骆谷水"。

浇城 即傥城。今陕西洋县治。《水经·沔水注》："汉水又东至浇城南，与洛谷水合。"《魏书·世宗纪》：正始三年（506），"征虏将军赵遐大破（萧）衍于浇城桑坪"。

浇城郡 亦作傥城郡。西魏废帝三年（554）改晋昌郡置，属梁州。治所在龙亭县（今陕西洋县东十八里）。辖境相当今陕西洋县地。隋开皇三年（583）废。

溇官县 南朝齐改晏官县置，属汶山郡。治所在今四川都江堰市。梁废。

涸崖 ①在今四川乐山市东二里凌云山大佛岩。东晋常璩《华阳国志·蜀志》："时青衣有沫水出蒙山下，伏行地中，会江南安，触山胁涸崖，水脉漂疾，破害舟船，历代患之。（李）冰发卒凿平涸崖，通正水道。"

②又名龟都山。在今四川洪雅县西七十里与雅安市交界处。清嘉庆《洪雅县志》卷2：涸崖，"沫水自蒙山至此，水脉漂疾，破害舟船，历代为患。秦蜀郡太守李冰发卒凿平"。据《华阳国志·蜀志》载：李冰凿涸崖在今乐山市东，不在此。后人以龟都山为人工所凿，使青衣江顺流而东，便附会为李冰所为。

溴水 即溴水。今黄河支流漭河。在今河南济源市及孟州市境。《明史·地理志》怀庆府济源县："西北有琮山，溴水出焉。"

滮水 百泉河之别称。即今河北省南部之顺水河。源于今河北邢台市南百泉，东北经南和、任县，注入大陆泽。《说文》："滮水出赵国襄国，东入湡。"《隋书·地理志》：襄国郡龙冈县"有滮水"。即此。

溵水　即濦水。在今河南漯河市召陵区东，自汝水别出，东北流经西华、商水二县，至周口市西北入颍水。元至正年间汝水东出溵水入颍。此后遂成为北汝河下游。

溵水县　隋开皇十六年（596）改汝阳县置，属陈州。治所在今河南商水县北。《寰宇记》卷10："以县界溵水为名。"大业初属淮阳郡。唐属陈州。北宋建隆元年（960）改为商水县。

溵州　唐建中二年（758）置，治所在郾城县（今河南漯河市郾城区）。辖境相当今河南漯河市及郾城区和临颍、商水等县地。贞元二年（786）废。元和十二年（817）复置，长庆元年（821）废。

滏口陉　即滏山。太行八陉之一。在今河北武安市南二十八里。《元和志》卷15滏阳县："鼓山，一名滏山……八陉第四曰滏口陉，山岭高深，实为险厄。"《晋书·慕容垂载记》：太元十九年（394），攻西燕，"垂遣慕容楷出自滏口"。即此。

滏山　又名鼓山。在今河北武安市南三十里。海拔846米。《魏书·地形志》：临漳县"有鼓山"。《元和志》卷15滏阳县：鼓山"一名滏山，在县（按，今磁县）西北四十五里。滏水出焉。泉源奋涌，若滏水之汤，故以滏口名之。八陉第四曰滏口陉，山岭高深，实为险厄"。

滏水　上游即今河北磁县滏阳河，下游西汉时东北至今肥乡县西入漳水，北魏前改在古邺城（今临漳县西南）东入漳。左思《魏都赋》"北临漳滏"，即此。元、明后改流成为今滏阳河。

滏阳县　北周置，为成安郡治。治所即今河北磁县。《元和志》卷15滏阳县："以城在滏水之阳，亦曰滏阳。"隋开皇初为磁州治。大业初属魏郡。唐武德元年（618）复为滋州治。贞观元年（627）州废，属相州。永泰元年（765）复为滋州治。明洪武初省入滋州。

滏阳河　亦名滏水。古漳河支流。宋元以后，漳河南徙，滏阳河成为滏水主流。《清一统志·广平府一》：滏阳河，"《旧志》：滏有二源：一出神麇山黑龙洞口；一出武安鼓山南岩下。合流径磁州南关旧城东南，至临漳县西十五里入漳。明成化十一年州判张理，以磁州地低洼，导水北流，从邯郸界径永年、曲周入漳，由是经流遂壮，南尽淤。《磁州志》：滏水至州南绕城东北，流至阎家浅入邯郸界，又东北至府城南，又绕城东北，至曲周县东，昔时漳滏合流于此"。

滟预堆　亦作滟预石。即滟滪堆。在今重庆市奉节县东白帝山下瞿唐峡口。1958年炸毁。《水经·江水注》：白帝城"水门之西，江中有孤石，为滟预石，冬出水二十余丈，夏则没，亦有裁出处矣"。唐李肇《唐国史补》卷下：蜀之三峡，"险路峻急，故曰：朝发白帝，暮宿江陵。四月五月为尤险时，故曰：滟预大如马，瞿唐不可下。滟预大如牛，瞿唐不可留。滟预大如朴，瞿塘不可触"。

滔山监　北宋熙宁九年（1076）置，属岷州。在今甘肃岷县西。铸铁钱。元废。

滔山镇　北宋置，属大潭县。在今甘肃西和县西南。《元丰九域志》卷3：岷州大潭县有滔山镇。

滔河　在今湖北郧县东北。为丹江支流。《清一统志·郧阳府》：滔河"在郧县西北一百七十里。自陕西商州商南县流入，东一百四十五里至盘道保，流入河南南阳府淅川县界"。

溪口　①即今福建龙岩市北万安镇（溪口）。《清一统志·福建统部》：龙岩州州同"驻溪口"。

②即今福建建宁县北四里溪口镇。1931年5月，毛泽东、朱德率领红一方面军为粉碎国民党军队的第二次"围剿"，由江西赣江边向东横扫，连战皆捷，并一举攻下建宁城。当时，红一方面军总前委和红一方面军司令部设立于此。

③在今浙江龙游县南溪口镇。清有把总驻守。

溪口卡　在今湖南吉首市东南，乾州城东南三十五里。在河溪东十里。清严如熤《苗疆险要考》谓溪口"右负峻岭，左临深涧，为乾苗出泸溪之路"。

溪口市　①南宋宝庆间成村。即今浙江奉化市西北二十六里溪口镇。光绪《奉化县志》卷3《镇市》：《嘉靖志》有溪口市。

②即今浙江龙游县南五十二里溪口镇。清咸丰八年（1858）太平军石达开部由此进军遂昌。

溪口镇　清置，即今浙江奉化市西北溪口镇。为民国时期国民党政府总统蒋介石的故乡。蒋介石旧宅丰镐房、蒋经国别墅保存完好。

溪子驿　在今四川平武县西。《方舆纪要》卷73龙安府平武县：溪子驿"在府西"。

溪处山　在今云南红河县东南。《方舆纪要》卷115溪处甸长官司：溪处山在"在司治（今县东南石头寨）西。奇峭延长。民居山上，中有溪涧"。

溪处行政区　1913年以溪处土舍置，后属云南蒙自道。治所在今云南红河县东南三十三里石头寨。1918年改设县佐，属建水县。

溪处甸长官司　明洪武中置，属临安府。治所在左作村（今云南红河县东南三十三里石头寨）。清康熙四年（1665）改土舍，后属石屏州。嘉庆二十四年（1819）改属建水州。1913年设行政区。

溪兰宗堡　北宋置，属西宁州。在今青海湟中县东南。崇宁三年（1104）改为清平寨。

溪头镇　北宋置，属南充县。在今四川南充市南溪头场。

溪州　①唐天授二年（691）置，治所在大乡县（今湖南永顺县东南老司城）。辖境相当今湖南永顺、保靖、古丈、龙山等县地。宋分置上、中、下三溪州。五代晋天福五年（940）移治今湖南古丈县东北会溪坪，称为下溪州。元初废。五代以后，彭氏世有其地。

②北宋大观元年（1107）以带溪砦置，治所在今广西环江毛南族自治县北。四年（1110）废，仍为带

溪砦。

溪州铜柱　原在今湖南永顺县东南野鸡坨下，西水河岸。据《旧五代史·世袭列传·马希范》载："希范，晋天福中，授江南诸道都统，又加天策上将军。豁州洞蛮彭士愁寇辰、澧二州，希范讨平之，士愁以五州乞盟，乃铭于铜柱。"铜柱即是五代晋天福五年（940）楚王马希范与溪州刺史彭士愁战后的罢兵盟约。柱高4米，重2500公斤。柱上铭刻《复溪州铜柱记》，二千余字。是研究我国民族关系的重要实物资料。1970年因建凤滩水库迁至距原址约二十里的王村花果山上，并建有保护亭。1961年定为全国重点文物保护单位。

溪沟　在今云南祥云县西三里。《方舆纪要》卷117云南县：溪沟"源出宝泉山，东流入定边县界。夹溪十里多花卉，亦名万花溪"。

溪雨亭　在今浙江丽水市东。《清一统志·处州府》：溪雨亭"在丽水县东二十里灵山寺旁。宋绍圣中，郡守刘泾建，有诗"。

溪河　在今北京市延庆县东。《明一统志》卷5隆庆州：溪河"源自永宁县界团山，流经州南合沽河，西至怀来入桑干河"。

溪河集　一作小溪河。即今安徽凤阳县东四十里小溪河镇。《清一统志·凤阳府二》：溪河集"在凤阳县。本朝乾隆三十一年，由县城移县丞驻此"。

溪南　即今福建漳平市东北溪南镇。明初置巡司于此。清初废。

溪南井　在今重庆市万州区南。明正德《夔州府志》卷3："溪南井、长滩井俱在（万）县南百里。水可煮盐。"

溪南市　即今福建霞浦县西南溪南镇。民国《霞浦县志》卷6《城市志》：南乡有溪南市。

溪南溪　即今福建漳平市东北溪南河。《方舆纪要》卷99漳平县："溪南溪在县东北。源出安溪县界流入境，历县东华口。又有下折溪，在县南三十里，亦流至华口，俱会于九龙溪。"

溪柄市　即今福建福安市东南溪柄镇。清光绪《福安县志》卷3街市：溪柄市在"邑南四十里"。

溪美　即今福建南安市驻地溪美镇。1937年南安县迁治于此。1941年设镇。1981年版《南安县地名录》：溪美，原名溪仔尾，地处东田兰溪流入晋江西溪的末端。兰溪不长，闽南方言称"溪仔"，末端称"尾"，雅化为"溪美"。

溪洞堡　即今湖南泸溪县（白沙镇）西白羊溪乡。明置溪洞巡司。清废。

溪哥城　在今青海贵德县西十里。北宋元符年间为吐蕃所据，大观二年（1108）收复，于此置积石军。

溪浪河　即锡兰河。今吉林舒兰市东之呼兰河。

溪浪河屯　明崇祯十七年（1644）建屯。即今吉林舒兰市西南溪河镇。镇以溪浪河为名。"溪浪"，满语意为小鲤鱼。

溪弹州　唐永徽元年（650）置，属燕然都护府。其地在今蒙古国西南戈壁阿尔泰省东南一带。总章二年（669）属安北都护府。后废。

溪源　在今福建浦城县东北。《清一统志·建宁府》：溪源巡司"在浦城县东北五十里蔡家岭根。亦名溪源隘。明宣德八年，御史杨禧巡视银场，固请增置巡司。本朝康熙二十年，移驻人和里石陂街"。

溪碱铁路　自今辽宁本溪市经牛心台、温泉寺至田师傅。长86.9公里。1914年从本溪修至牛心台。1939年修至田师傅。田师傅至碱厂段未建。今称溪田线。

滃溪　亦作翁溪、翁水。即今广东翁源县境之翁水。《明史·地理志》翁源县："东有灵池山，滃溪出焉，即泷头水。"

滃霾山　在今贵州福泉市北六十里。极幽峻。明郭子章《黔记》卷8：滃霾山"山高林深，霾雾滃郁"。

溜山国　亦译作溜洋国。本元之北溜国。在今马尔代夫。《明史，外国传七》："溜山，自锡兰山别罗里南去，顺风七昼夜可至；自苏门答剌过小帽山西南行，十昼夜可至。永乐十年，郑和往使其国。十四年，其王亦速福遣使来贡。"

溜云（雲）山　在今河北阳原县西南。《方舆纪要》卷18万全都司："溜云山在西城西南三十五里，高出云表。"《清一统志·宣化府二》：溜云山"山势嵯峨，高出云表。下有秋林亭。辽建。盛暑时，山石滴水成冰，可消烦渴"。

滦平支线　自今河北滦平县东北双头山，东北至承德市西北大庙。长22.6公里。为锦古铁路支线。日伪于1942年建成。1945年拆除。

滦平县　清乾隆四十三年（1778）改喀喇河屯厅置，属承德府。治所即今河北承德市西南滦河镇。民国初属直隶热河道。1928年属热河省。1939年移治鞍匠屯（今滦平县）。1956年属河北省。

滦宁县　1946年4月晋察冀革命根据地由滦县南部析置，治倴城（今河北滦南县）。后裁撤。

滦州　辽置，属南京道平州。治所在义丰县（今河北滦县）。《元史·河渠志》引宋王曾《北行录》云：滦州"因河为名"。辖境相当今河北滦县、滦南、乐亭等县。元属永平路。明属永平府。清不辖县。1913年改为滦县。

滦州煤矿　在今河北唐山市东北，开平煤矿之北。清光绪中开始采掘。民国初与开平煤矿合并为开滦煤矿。

滦阳　即今河北承德市的别称。以在滦河之北而得名。清纪昀《滦阳消夏录》，是乾隆己酉（1765）夏在此"追录见闻，忆及即书"。

滦阳县　金承安二年（1197）升孩儿馆置，为惠州治。治所在今河北迁西县西北汉儿庄。泰和四年（1204）废。元复置，明洪武初废。

滦阳营　即车后营。在今河北迁西县北五十里滦阳镇。《方舆纪要》卷17迁安县"三屯营"条下："滦阳营，《郡志》谓即辽所置滦河县也。县属泽州，金废。明初置滦阳营于此。隆庆初亦为三屯营兵驻顿处，改今名（车后营）。”清称滦阳城。

滦县 1913年改滦州置，属直隶津海道。治所即今河北滦县。1928年直属河北省。

滦京 元上都之别称。在今内蒙古正蓝旗东北滦河上游闪电河北岸。以临滦河而得名。元杨允孚著有《滦京杂咏》。

滦河 古濡水。即今河北东北部滦河。上源为丰宁满族自治县境内闪电河，经内蒙古多伦县北折向东南流始称滦河。中游穿流燕山，下游在乐亭、昌黎两县间入渤海。《辽史·地理志》滦州：“滦河环绕在卢龙山南。”《元史·河渠志一》：滦河“源出金莲川中，由松亭北，经迁安东、平州西，濒滦州入海”。其入海之河口段历史时期有变化。明景泰前分为二支入海，景泰中滦河主流西摆，西支定流河为主河。《明史·地理志》滦州乐亭县：“西有滦河，经县北岳婆港分为二，东曰胡卢河，西曰定流河，各入于海。景泰中，胡卢河塞，定流河独自入海。”清嘉庆后滦河又东摆。清《永平府志》卷19：滦河“自嘉庆十八年滦水东迁，定流河遂闭，后惟蔺家营及老米沟入海之处尚属乐亭县境，其余尽入昌黎。今蔺家河已闭，又东往昌黎甜水沟入海”。

滦河马驿 在今河北卢龙县南二里。《方舆纪要》卷17永平府卢龙县：滦河马驿在“府南二里”。

滦河县 辽置，属泽州。治所在今河北迁西县北五十里滦阳镇。金废。

滦南县 1946年于倴城镇置，属河北省。治所即今河北滦南县。

滈水 一名镐水。又作鄗水。关中八川之一。在今陕西西安市西。《水经·渭水注》：“鄗水上承鄗池于昆明池北……北注于渭。”唐以后镐池涸废，其水遂绝。

滈池 亦作镐池、鄗池。在今陕西西安市长安区西北丰镐村西北。《史记·秦始皇本纪》载：始皇三十六年（前211），“秋，使者从关东夜过华阴平舒道，有人持璧遮使者曰：‘为吾遗滈池君’”。《集解》：“张晏曰：‘武王居镐，镐池君则武王也。武王伐商，故神云始皇荒淫若纣也，今亦可伐也。’孟康曰：‘长安西南有滈池。’”滈水源于此。唐以后湮废。

漷水 一名南沙河。即今山东滕州市南之郭河。源出山东滕州市东北一百里述山西南麓，西流会黄约山诸泉水，径县南，又西南流至微山县入运河。《春秋》：襄公十九年（前554），“取邾田，自漷水”。即此。《明史·地理志》滕县：“漷水，一名南沙河，至沛县入运。”

漷水店 在今天津市武清区北。《方舆纪要》卷11武清县：“县北三十里有漷水店，皆为往来孔道。”《日下旧闻考》卷112：“漷水店今名漷水铺，与通州接壤。”

漷宁河 今欧洲多瑙河支流撒岳河。《元史·速不台传》：太宗时，随拔都攻马扎儿部主怯怜，“众曰：怯怜军势盛，未可轻进。速不台出奇计，诱其军至漷宁河。诸王军于上流，水浅，马可涉，中复有桥。下流水深，速不台欲结栰潜渡，绕其敌后。未渡，诸王先涉河与战。拔都军争桥，反为所乘，没甲士三十人，并亡其麾下将八哈秃”。

漷州 元世祖至元十三年（1276）改漷阴县置，属大都路。治所在今天津市武清区北河西务。辖境相当今天津市武清区及河北香河县地。至正年间还漷阴县旧治（今北京市通州区东南四十里漷县镇）。明洪武十四年（1381）降为县。

漷阴县 辽置，属析津府。治所在今北京市通州区东南四十里漷县镇。《辽史·地理志》：“漷阴县，本汉泉山之霍村镇。辽每季春，弋猎于延芳淀，居民成邑，就城故漷阴镇，后改为县。”金属大兴府。元至元十三年（1276）升为漷州。

漷阴镇 即今北京市通州区东南四十里漷县镇。《辽史·地理志》：“漷阴县本汉泉山之霍村镇。辽每季春，弋猎于延芳淀，居民成邑，就城故漷阴镇，后改为县。”

漷县 明洪武十四年（1381）降漷州置，属通州。治所在今北京市通州区东南四十里漷县镇。清顺治十六年（1659）废入通州。

漷河 在今北京市通州区东南四十里漷县镇南。《清一统志·顺天府二》：“《旧志》，自卢沟流至（漷）县西，析而为三，正流为漷河，东入白河。其一为新庄河，在漷城南二十五里，南流入武清县界，即凤河也。其一为黄沤河，东注马家庄飞放泊。”光绪《通州志》卷1：“《旧志》云：水绕城郭故名。在州南漷县西二十五里……今考漷县护城河多淤，漷河之名亦废。”

漷洲 在今湖北枝江市南。《方舆纪要》卷78枝江县“芦洲”条下：“浰洲……其下为漷洲，皆广十余里，民耕其上。”

漓山 又名沉水山、象山、象鼻山。即今广西桂林市区南象鼻山。唐莫休符《桂林风土记》：“漓山在訾家洲西，一名沉水山，以其山在水中遂名。”《寰宇记》卷162临桂县：“漓山在城南二里。漓水之阳，因以名焉。一名沉水山。其山孤拔，下有澄潭，上高三百余尺，周回二里，可容五百家。旁有洞穴，广数丈，南北直透。上有怪石。欹危，藤萝荣茂。世乱，民保以避寇。”

漓水 ①今黄河上游支流大夏河。源出今甘肃夏河县西南西倾山东麓，北流到临夏县东北莲花镇入黄河。《汉书·地理志》：“漓水出西塞外，东至枹罕入河。”《水经·河水注》：漓水“导源塞外羌中……又东径白石县故城南……又东径枹罕县故城南……又东北出峡，北流注入河”。

②即今广西之漓江、桂江，为西江支流。《水经·漓水》：“漓水亦出阳海山，南过苍梧荔浦县，又南至广信县，入于郁水。”

漓水关　在今广西梧州市西南。《方舆纪要》卷108梧州府苍梧县：漓水关“在城西南。《汉志》：苍梧郡有漓水关，即此。今湮”。

漓江　一作离水。又名桂江。在今广西东部，为西江支流。发源于兴安县猫儿山，流经兴安、灵川、桂林、阳朔、平乐、昭平、苍梧等市县地，至梧州市注入西江。《水经·漓水》：“漓水亦出阳海山，南过苍梧荔浦县，又南至广信县，入于郁水。”《汉书·南粤传》：元鼎五年（前112）灭南越，“故归义粤侯二人为戈船、下濑将军，出零陵，或下离水，或抵苍梧”。即此。《方舆纪要》卷107阳朔县：漓江“在县治南，自临桂县流入境，又南流入平乐府界。亦曰桂水”。

漓沅山　亦作丽元山，又名余家山。在今四川彭州市北六十里白鹿镇东南塘坝子。《新唐书·地理志》：九陇县有漓沅山。《寰宇记》卷73九陇县：丽元山“在县北六十二里。《李膺记》云：范蠡学道于此山，上升仙也”。

漓渚市　即今浙江绍兴县西南漓渚镇。乾隆《绍兴府志》卷7《市》引《万历志》：漓渚市“在府城南四十里”。

漓湘　今湖南湘水上源于今广西兴安县与漓水合流后称漓湘。与蒸湘、潇湘合称为三湘。

滚龙坡　在今四川万源市北。民国《万源县志》卷2：滚龙坡“在治北六十里，交镇巴界，为川陕要道。建有石卡。清时每年十月初一日，川陕两省总镇会哨于此”。

滚弄江　指萨尔温江在今云南耿马傣族佤族自治县境外一段。《东华录》：乾隆三十一年（1766）正月壬午载，云贵总督刘藻等奏：“永昌、顺宁二府所属耿马、孟定等土司地方，界连缅国，惟藉滚弄江为天堑。”《东华录》解释：“滚弄，即夷语沙洲也。”滚弄在南汀河汇入萨尔温江处，附近一段萨尔温江清代即称滚弄江。

滚卓克宗　即贡觉宗。在今西藏贡觉县东南。《清一统志·西藏》喀木诸城：滚卓克宗城“在巴塘城北二百八十里”。

滚河　亦作衮河。即今湖北枣阳市南白水河、滚河。《清一统志·襄阳府一》：白水“源出襄阳县东六十里大阜山，西南流名滚河，至襄阳县界，西流入白河”。

滚泊　亦作衮泊。在今内蒙古苏尼特左旗东南。《清一统志·苏尼特部》：滚泊“在左翼南四十里”。

溢乐县　西魏大统中改临洮县置，为同和郡治。治所即今甘肃岷县。隋大业初改名临洮县，义宁二年（618）复名溢乐县。唐为岷州治。上元二年（761）没入吐蕃。

溢机堡　北宋宣和六年（1124）建，在今甘肃康乐县境。《宋史·地理志》熙州：安羌城“宣和六年，赐熙河兰廓路新建溢机堡名为安羌城，不知属何州军，姑附于此”。

澬江　即今湖南省资水。《明一统志》卷63长沙府：澬江“在益阳县西南。有二源：一出叙浦，一出新宁，至武冈合流东下，经宝庆府境，又五百余里至益阳县前，过沅江县入洞庭湖”。

滨州市　1982年由山东省滨县、博兴二县析置滨州市。1987年撤销滨县，并入滨州市。1992年惠民地区改名滨州地区，滨州市属滨州地区。2000年撤销滨州地区和县级滨州市，设立地级滨州市；原县级滨州市改置滨州区，市人民政府驻滨州区。

滨州　五代周显德三年（956）置，治所在渤海县（今山东滨州市滨城区北滨北街道）。北宋辖境相当今山东滨州、沾化、博兴、利津等市县地。明属济南府。清雍正十二年（1734）后不辖县，属武定府。1913年改为滨县。1982年设滨州市，驻北镇。

滨州站　又作宾州。元置，故址在今吉林农安县东北红石垒。元《析津志》天下站名：“西祥州正东（北）宾州（站）。”清废。

滨江厅　清光绪三十二年（1906）置，属黑龙江省。治所在哈尔滨（今黑龙江哈尔滨市）。据民国魏声龢《吉林地志》：“设治顷以此地临江（松花江），且就土人之惯称故名。”宣统元年（1909）属吉林省。1913年改为滨江县。

滨江县　1913年改滨江厅置，属吉林滨江道。治所即今黑龙江哈尔滨市。1932年改置哈尔滨市。

滨江省　1934年伪满置，省会在哈尔滨市（今黑龙江省哈尔滨市）。辖境相当今黑龙江省哈尔滨、双城、阿城、宾县、绥化、望奎、庆安、铁力、海伦、绥棱等市县地。1945年日军投降后废。

滨江砦　在今广东清新县西北。明洪武二年（1369）于此置滨江巡司，清移驻今珠坑镇。

滨江道　1913年由西北路道改置，属吉林省。治滨江县（今黑龙江哈尔滨市）。辖境约当今黑龙江宾县、延寿、尚志以西，松花江以南，松花江及吉林榆树至黑龙江五常一线以北地区。1929年废。

滨江墟　亦作崩江墟。即今广东化州市南鉴江西岸滨江。明万历《高州府志》卷1：化州有崩江墟。清光绪《高州府志》卷10化州：滨江在“州南二十四里”。

滨县　1913年改渤海县置，属山东济南道。治所在今山东滨州市滨城区滨北街道。1925年属武定道。1928年直属山东省。1982年析置滨州市（驻北镇）。2000年撤销滨州地区，改设地级滨州市，原县级滨州市改置滨城区。

滨洲铁路　从今黑龙江哈尔滨市至内蒙古满洲里市。全长934.8公里。为中东铁路的一部分。清光绪二十九年（1903）建成。

滨海县　①唐置，为羁縻州沃州治所。在今北京市大兴区东南三十里回城。

②1942年5月革命根据地改潮南县置，治黄圩双套（今江苏响水县南黄圩镇双套村）。以地处黄海之滨，故名。1949年隶苏北行署区，迁治东

坎（今江苏滨海县驻地东坎镇）。1952年复属江苏省。

滨绥铁路　从今黑龙江哈尔滨市至中苏边境的绥芬河。全长546.4公里。为中东铁路的一部分。清光绪二十八年（1902）建成。

滨湄滩　在南海中中国西沙群岛永兴岛东南，位于湛涵滩西南方。与东岛和湛涵滩成弯月形势。此滩最浅水深11米多，底质为珊瑚沙。中国渔民向称三筐大椰或三筐大郎。1935年公布名称为蒲利孟滩。1947年改名滨湄滩。

溶水　史河支流。在今安徽六安市西七十里。《方舆纪要》卷26六安州：溶水"源出齐头山，西北流入固始县界，合于史河"。

溶州　北宋置，为羁縻州。治所在今湖南永顺县东南王村镇。元改为会溪施溶等处长官司。

溶江芝子平茶等处长官司　元改平茶承化军民府（亦作平茶洞）置，属思州安抚司。治所在今重庆市秀山土家族苗族自治县西北溶溪乡。《元史·泰定帝纪》：泰定元年（1324），"思州平茶杨大车、酉阳州冉世昌寇小石耶、凯江等寨，调兵捕之"。即此。明洪武八年（1375）分置平茶洞长官司。

溶溪水　亦作榕溪水。即今重庆市长寿区东北之龙溪河，为长江支流。《寰宇记》卷120乐温县：溶溪水"源出县理北，南流经县东，又南至废永安县东北二里注大江"。

溶溪芝麻（蔴）子坪长官司　明洪武八年（1375）改溶江芝子平茶等处长官司置，属湖广思南宣慰司。治所在今重庆市秀山土家族苗族自治县溶溪乡。十七年（1384）属四川布政司。辖境相当今重庆市秀山麻县西北部地。清废。

溺水　即弱水。《说文》作"溺水"。

滍川　即滍水。今河南之沙河。为汝河支流。《后汉书·光武帝纪》：更始元年（23），光武击王莽将王邑、王寻，"从（宛）城西水上冲其中坚，寻、邑阵乱……莽兵大溃，走者相腾践，奔殪百余里间。会大雷风，屋瓦皆飞，雨下如注，滍川盛溢"。

滍水　一名泜水。即今沙河。汝水支流。源出今河南鲁山县西，东流经叶县北，至舞阳县西北入汝河。《汉书·地理志》南阳郡鲁阳县："鲁山，滍水所出，东北至定陵入汝。"《水经·滍水》："滍水出南阳鲁阳县西之尧山，东北过颍川定陵县西北，又东过郾县南，东入于汝。"《后汉书·光武帝纪上》：更始元年（23），光武攻王寻、王邑，"莽兵大溃，走者相腾践，奔殪百余里间。会大雷风，屋瓦皆飞，雨下如注，滍川盛溢，虎豹皆股战，士卒争赴，溺死者以万数，水为不流"。即此。

滍阳县　西魏置，属鲁阳郡。治所在今河南平顶山市西。隋开皇十年（590）废。唐武德四年（621）复置，属鲁州。贞观九年（635）废。

滍阳城　即应城。在今河南平顶山市西，白龟山水库内。《元和志》卷6龙兴县："滍阳城，一名应城。在县南二十五里。后魏置滍阳县。"

滩下乡　即今广东丰顺县西南上八镇东滩下。清光绪《广东舆地全图》丰顺县图表：县西有"滩下乡"。

滩上镇　即今江苏邳州市西北滩上村。清咸丰《邳州志》卷3：滩上集在"运河岸，有汛"。

滩山　即今浙江嵊泗县西海中黄盘洋之滩浒村（滩浒山）。《郑和航海图》有滩山、许山。后合而为名。《方舆纪要》卷92定海县：滩山"在昌国故县北海中。又有册子、长涂、三姑、许山等山。……与嘉兴、松江海防相参错，倭夷入犯，皆汛守所有事也"。

滩头　即今云南盐津县北滩头乡。清有经制外委驻此。旧属大关县，民国时设县佐。

滩头站　元置，即今江西万安县北百嘉镇。

滩头镇　即今江西万安县北百嘉镇。明、清于此置滩头巡司。

灉湖　在今湖南岳阳市南。《水经注》谓之翁湖。《元和志》卷27岳州巴陵县："灉湖，一名翁湖，在县南一十里。《尔雅》云：'河水决出还复入者为灉。'《左传》：定公四年，'吴人败楚于雍澨，五战入郢'，即此是也。"《方舆纪要》卷77岳州府巴陵县：灉湖"唐张说云，灉湖者，沅、湘、澧、汨之余波，夏潦奔注，则泆为此湖；冬霜既降，则涸为平野。亦曰角子湖，以在洞庭之角也。……或谓之阁子湖，以湖地卑，岁苦水患，民多重屋而居，故名也。"

嵝洞寨　在今贵州锦屏县南。《方舆纪要》卷121黎平府龙里司：嵝洞寨在"司北十五里。明朝景泰四年，嵝洞贼由石流山攻掠古城乡，参政甄完击败之，追至黄蘖山而还"。

塞上　即今广东南雄市北与江西大余县南之大庾岭。《史记·南越列传》：武帝时，越相吕嘉破汉将韩千秋兵"使人函封汉使者节置塞上"。《索隐》："《南康记》以为大庾岭名塞上也。"《元和志》卷34始兴县："大庾岭一名东峤山，即塞上也，在县东北一百七十二里。……汉伐南越，有监军姓庾城于此地，众军皆受庾节度，故名大庾。"《舆地纪胜》卷93南雄州：塞岭，"《郡国志》云：庾岭一名塞岭。又曰塞上"。

塞门县　唐初置，治成在今内蒙古鄂托克前旗境。旋废。开元二十六年（738）改置怀德县。

塞门砦　北宋置，属延安府。在今陕西安塞县西北，接靖边县界。《宋史·地理志》延安府：塞门砦"延州北蕃部旧砦，至道后与芦关、石堡、安远砦俱废。元丰四年收复，仍隶延州肤施县"。又《夏国传上》：宝元元年（1038），"与诸豪歃血约先收鄜延，欲自德靖、塞门砦、赤门路三道并入"。即此。

塞门镇　唐置，属延昌县。在今陕西安塞县西北塞木城。《元和志》卷3延昌县："塞门镇，在县西北二十里。镇本在夏州宁朔县界，开元二年移就芦子关南金镇所安置。"北宋为塞门砦，属延安府肤施县。

塞水　今内蒙古土默特左旗西之万家沟。《水经·河水注》："塞水出怀朔镇东北芒中，南流径广德殿西山下……西南入芒干水。"

塞北　又称塞外。旧时指外长城以北地。南朝梁江淹《侍始安王诗》："何如塞北阴，云鸿尽来翔。"

塞外　与塞北同义。亦泛指长城内外。《史记·卫将军骠骑列传》："乃分徙降者边五郡故塞外，而皆在河南，因其故俗，为属国。"《正义》："五郡谓陇西、北地、上郡、朔方、云中，并是故塞外，又在北海西南。"又曰："其在塞外，卒乏粮，或不能自振，而骠骑尚穿域蹋鞠。"《文选》卷41载李陵《答苏武书》亦曰："凉秋九月，塞外草衰，夜不能寐。"

塞兰　亦作赛兰。元察合台汗国地，在今哈萨克斯坦奇姆肯特州奇姆肯特东。元《长春真人西游记》卷上："西南山行五程至塞蓝城，有小塔，回纥王来迎入馆。"

塞西口　即云内口。在今山西忻州市西北五十里。明初置塞西巡司于此。为戍守要地。

塞齐窝集　即张广才岭。在今吉林蛟河市东，属长白山脉。《清一统志·吉林一》：塞齐窝集"在（吉林）城东二百十二里。高五里。周十里。城东诸河及宁古塔诸河多发源于此"。

塞州　唐六胡州之一。调露元年（679）以处突厥民置，治所在今内蒙古鄂托克旗或鄂托克前旗境。神龙三年（709）属兰池都督府，寻改为县。开元十年（722）复置。后废。

塞国　秦亡后项羽封秦降将司马欣置，都栎阳县（今陕西西安市临潼区东北）。《史记·项羽本纪》："立司马欣为塞王，王咸阳以东至河，都栎阳。"辖秦内史东部地，相当今陕西西安市以东渭水下游，丹江上游及河南灵宝以西地区。汉高帝元年（前206）五月灭雍王章邯，六月司马欣降汉。

塞迦审城　隋、唐西域护蜜国都城。在今阿富汗喀布尔东北喷赤河西伊什卡什姆。《新唐书·西域传》：护蜜国"王居塞迦审城，北临乌浒河"。唐龙朔初置鸟飞州都督府于此。

塞茨冈　在今河南唐河县北十二里小庄东。1958年在此发现"屈家岭文化"遗址。遗址南北长340米，东西宽250米，出土石器、陶器、骨器等及房基、窖穴、葬基、瓮棺葬。

塞曷支部　唐室韦部落之一。在今蒙古国东方省哈拉哈河以西地带。《新唐书·室韦传》："自（俱伦）泊而东有移塞没部；稍东有塞曷支部，最强部也，居啜河之阴。"

塞峡　一名鹫峡。在今甘肃西和县东北石堡乡大湾家峡。《水经·漾水注》："建安水又东北，径塞峡。元嘉九年宋太祖遣龙骧将军裴方明伐杨难当，难当将妻子北奔，安西参军鲁尚期追出塞峡，即是峡矣。"

塞勒佛特库站　一作色勒佛特库站。又名枷板站。清改明札不剌站置，为吉林将军境内北路驿站之一。在今黑龙江省宾县东北宾安镇。《清一统志·吉林二》：费克图站"又东北八十二里至塞勒佛特库站"。

塞勒库勒　又作色勒库尔、色哷库勒、塞尔勒克。即今新疆塔什库尔干塔吉克自治县。清徐松《西域水道记》卷1：塞勒库勒庄"在叶尔羌城西八百里，为外藩总会之区。种人黄鬚绕颊如狮毛，不同诸回，置五品阿奇木伯克一人治之"。

骞山　在今安徽宿州市北七十里。《方舆纪要》卷21宿州：骞山"以山有闵子骞墓而名。墓左有龙湾潭，灌田数千顷"。

寝　战国楚邑。即今安徽临泉县。《史记·王翦列传》："李信攻平兴，蒙恬攻寝，大破荆军。"即此。

寝丘　春秋楚邑。在今安徽临泉县。《史记·滑稽列传》：楚庄王"乃召孙叔敖子，封之寝丘四百户，以奉其祀"。即此。

寝县　战国楚置。后入秦，属陈郡。治所在今安徽临泉县。西汉改为澺县。东汉改为固始侯国。

窦大夫祠　在今山西太原市西北四十里上兰镇。为纪念春秋时期晋国大夫窦鸣犊而建。祠在烈石山下，故又名烈石山祠。始建年代不详。唐人李频《游烈石》词有"驻马看窦犨像"句，证明唐代已有。北宋元丰八年（1078）六月，祠为汾河所淹，遂北移重建。现存山门、献亭、大殿等都是元至正三年（1343）重建，局部还保留宋金时期风格。其中献亭甚大，后檐柱用大殿明间廊柱代替，结构简练而严谨，为金元建筑中所仅见。祠内存有元至清历代碑记近二十通，是珍贵的历史资料。2001年定为全国重点文物保护单位。

窦太后陵　汉文帝窦姬的陵墓。在今陕西西安市西灞桥区霸陵乡任家坡村西南。窦氏是汉文帝刘恒之后、景帝刘启之母。

窦父冢　即汉文帝窦后父冢。在今河北武邑县东南。《史记·外戚世家》："窦皇后亲蚤卒，葬观津。"《索隐》："按：挚虞注《决录》云：'窦太后父少遭秦乱，隐身渔钓，坠泉而死。景帝立，太后遣使者填父所坠渊，起大坟于观津城南，人间号曰窦氏青山也。'"《寰宇记》卷63冀州武邑县："观津丘在县东南二十七里。"《清一统志·冀州》引《旧志》称："冢在观津城东南三里。"

窦公集　即今河南内黄县西北豆公乡。明嘉靖《内黄县志》卷1《乡镇》："窦公集，在县西三十里。"

窦氏青山　在今河北武邑县东二十八里青冢村。《史记·外戚世家》："窦皇后亲蚤卒，葬观津。"《索隐》引挚虞注《决录》云："窦太后父少遭秦乱，隐身渔钓，坠泉而死。景帝立，太后遣使者填父所坠渊，起大坟于观津城南，人间号曰窦氏青山也。"

窦庄堡　在今山西沁水县东南六十五里窦庄村。《方舆纪要》卷43沁水县：窦庄堡"近时土人尝败贼于此”。

窦州 唐贞观八年（634）改南扶州置，治所在信义县（今广东信宜市西南镇隆镇）。《寰宇记》卷163窦州：“以罗窦洞为名。”天宝元年（742）改为怀德郡，乾元元年（758）复为窦州。辖境相当今广东信宜市地。北宋熙宁四年（1071）废。

窦江 即今广东高州市北之窦江，为鉴江支流。《明史·地理志》茂名县：“城西有窦江，源出信宜县，东北流，鉴江入焉，西南流入化州界。”《方舆纪要》卷104信宜县：窦江“在县城南。《志》云：窦江源出龙山，西流合东西两川。……（两水）合流后，始通舟楫。又西南经云岫山，转而南流，经府治西北入于鉴江”。

窦坝铺 在今四川宜宾县西南豆坝站。明正德《四川志》卷16宜宾县：“宝坝铺、安边铺俱在治西。”清嘉庆《四川通志》卷89宜宾县：窦坝铺“在县西五十五里”。

窦村镇 清置，属五台县。即今山西五台县东北三十里豆村镇。《清一统志·代州》：顺治六年（1649），宣府总兵李延寿破姜瓖，“夜骤马窦村”即此。

窦岙（嶴） 即今浙江宁海县东南八十里东岙。明设巡司于此。清康熙时设把守驻防。

窦妪镇 即今河北栾城县西北窦于镇。清同治《栾城县志》卷2村镇：窦妪村“属守信社，在南赵村西，距城二十五里”。

窦店镇 即今北京市房山区西南窦店镇。清光绪《顺天府志》卷27良乡县：“西南二十五里窦店镇，有铺，北接七里店，南接黄土坡。”

窦信岔堡 北宋置，属镇戎军熙宁砦。在今宁夏固原市北。后废。

窦宪故垒 在今蒙古国西南翁金河之西。《魏书·蠕蠕传》：神䴥二年（429），世祖亲征大檀，五月“世祖缘栗水西行，过汉将窦宪故垒”。

窦都岭 即今内蒙古巴林右旗北马勒根达岭。北宋沈括《熙宁使虏图抄》：“自大河（和）帐复渡黑水，乃东北出两山之间。平川四十里至中顿，又东北五六里，乃折西北逾窦都岭。”

窦家寨 在今广西藤县西南一百二十里道家村。明、清置巡司于此。

窦堡 在今河北故城县东北。《方舆纪要》卷13故城县：窦堡在“县（治今县东北故城镇）北十里。相传窦建德曾屯兵于此”。

窦圌山 一名豆芽山。在今四川江油市北五十里武都镇东北。唐杜光庭《录异记》：“绵州昌明县窦圌山，真人窦子明修道之所也。西接长冈，犹可通车马，东临峭壁，陡绝一隅，自西壁至东峰，石笋如圌。两岸中断，相去百余丈，跻攀绝险，人所不到。其顶有天尊古宫。”《方舆胜览》卷54绵州：窦圌山“在彰明县。李白《题窦圌山》诗：樵夫与耕者，出入画屏中。又《送窦主簿》诗：愿随子明去，炼火烧金丹。窦子明名圌，隐此山，故名”。此山海拔1110米，三峰突立插天，高达百米，峰顶各有庙。东峰有险径可上，西两峰相距20米，有两根铁索桥相通。从桥上往来，被誉为“飞仙可渡”。三峰足下有始建于唐代的云岩寺。

窦湖 在今安徽巢湖市东南、含山县西南。《水经·沔水注》：“栅水又东南，积而为窦湖。”会贞按：“湖在今巢县东南。”

窣堵利瑟那 亦作率都沙那、苏都识匿、苏对沙那。又称东曹。隋时为西突厥地，在今乌兹别克斯坦乌腊提别龙。唐玄奘《大唐西域记》卷1：“窣堵利瑟那国，周千四五百里，东临叶河。……土宜风俗同赭时国。自有王，附突厥。”

窣勃野 即悉补野。西藏吐蕃王朝政权建立前的称号。《旧唐书·吐蕃传》载吐蕃王室祖先“遂改姓为窣勃野”。地在今西藏山南地区乃东、穷结等县境。

窟龙关 在今山西中阳县西南。《清一统志·汾州府》：窟龙关“在石楼县东北六十里黄云山口，东通孝义，南抵隰州，北接宁乡。明洪武初置巡司。今裁”。后划归中阳县。

窟谷寨 北宋置，属宁化军。在今山西宁武县西南一百零五里旧堡村附近。金改置窟谷镇。

窟谷镇 金改窟谷寨置，属宁化县。在今山西宁武县西南一百零五里旧堡村附近。

窟胡县 北周置，属窟胡郡。治所在今山西中阳县西北。隋开皇初改修化县。

窟胡郡 北周置，属石州。治所在窟胡县（今山西中阳县西北）。辖境相当于今山西中阳县地。隋开皇初废。

窟说部 又作屈设部。唐黑水靺鞨十六部之一。在今俄罗斯萨哈林岛（库页岛）。开元属黑水都督府。《新唐书·黑水靺鞨传》：郡利部“东北行十日得窟说部，亦号屈设”。“拂涅、铁利、虞娄、越喜时时通中国，而郡利、屈设、莫曳皆不能自通”。即此。

窟啰堡 北宋置，属延安府。当在今陕西延安市北境。

窟窿山 ①即今辽宁本溪市东南兴隆山。《清一统志·奉天府一》：窟窿山“在岫岩厅东北八十里”。民国《奉天通志》卷75本溪县：窟窿山在“城东南六十里。巍峰耸立，壁若划削，崖间有天然圆孔径丈许，自下仰望，豁露天光，如微缺之月，故名。今改称兴隆山”。

②在今吉林珲春市西，隔图们江与朝鲜对境。清光绪《吉林通志》卷19：窟窿山在“（珲春）城西北二百二十五里。高六十二丈”。

窟窿河 在今甘肃瓜州县东一百三十里双塔堡东。《清一统志·安西州》：窟窿河“源出土葫芦沟，西北流至双塔堡入苏赖河。内多大穴，深不可测，畜产误入，即不能出”。

〔丶フ〕

褚氏　春秋周邑。在今河南偃师市西南。《左传》：昭公二十六年（前516）七月，“丙子，王宿于褚氏”。杜注：“洛阳县南有褚氏亭。”

褚氏聚　在今河南偃师市西南。《续汉书·郡国志》：河南尹雒阳“有褚氏聚”。即此。

褚庙冈　在今江苏宝应县西。《清一统志·扬州府》：褚庙冈“在宝应县西百里。东西六里，南北一里。旧筑大堰于此，以蓄洩白水塘之水”。

褚城　一作赭城。在今安徽合肥市西北。《资治通鉴》：唐光启二年（886），“寿州刺史张翱遣其将魏虔将万人寇庐州，庐州刺史杨行愍遣其将田頵、李神福、张训拒之。败虔于褚城”。

褚家沙　在今江苏南通市南江中。《方舆纪要》卷23通州：褚家沙在“州南三十里江中。其西北为江阴之青草沙，其西为蒲沙，而褚家沙当其外口，倭贼北犯，易于登涉，亦汛守要处也”。

褚瑟城　本俱密国都。在今塔吉克斯坦苏尔哈布河流域（一说在今达尔瓦斯）。唐龙朔初为至拔州都督府治所。

褚塘湖　在今湖南华容县西南。《方舆纪要》卷77华容县：“褚塘湖在县西南二十五里。”

祼人国　一般以为在今印度孟加拉湾东之尼科巴群岛。为古代自马六甲海峡至印度、斯里兰卡海道之重要泊所。唐僧人义净于咸亨三年（672）赴印度，曾经此。《大唐西域求法高僧传》卷下：末罗瑜国“复停两月，转向羯荼，至十二月举帆还乘王舶，渐向东天矣。从羯荼北行十日余至祼人国，向东望岸，可一二里许”。

祼游馆　东汉灵帝时筑。在雒阳（今河南洛阳市东北汉魏故城）以西的西园内。《拾遗记》载：“灵帝初平三年，游于西园，起祼游馆千间，采绿苔而被阶，引渠水以绕砌，周流澄澈，乘船以游漾，使宫人乘之，选玉色轻体者，以执篙楫，摇漾于渠中。其水清澄，以盛暑之时，使舟覆没，视宫人玉色……帝盛夏避暑于祼游馆，长夜宴饮。”

裨　群蛮国。当距庸（今湖北西部）不远。《左传》：文公十六年（前611），“庸人帅群蛮以叛楚……楚人……使庐戢黎侵庸……七遇皆北，唯裨、儵、鱼人实逐之”。

福山　①又名金凤山。在今江苏常熟市北四十里，濒临长江。宋宝祐《重修琴川志》卷4：福山“本名覆釜山，其形似也。唐天宝六载，改为金凤山。梁乾化三年又改今名”。与江北南通之狼山对峙。《宋史·高宗纪二》：南宋建炎三年（1129），金人“将由海道窥江浙，遣韩世忠控守圌山、福山”。

②旧名覆船山。又名南城山。在今江西黎川县南。《清一统志·建昌府一》：福山“在新城县南四十里。高数千仞，延袤数十里，县之镇山也。旧名覆船山。……《省志》：唐懿宗赐名福船山，宋大中祥符间，去船字曰福山。绝顶有萧曲峰，与会仙门诸峰相映”。

③在今山东烟台市西南福山区西北五里。《明一统志》卷25登州府：福山“在福山县北五里。本在登州两水镇（今福山镇）。金时刘豫以此地有福，取以名县”。

④在今山东莱州市西北五里。《方舆纪要》卷36掖县：福山“俗名斧山。峰岭高峻，北临沧海。其并峙者曰禄山”。

⑤在今广西东兰县北。《清一统志·庆远府》：“双凤山在东兰州北二十五里，又五里为福山。”

福山卫　又作福三卫。明永乐三年（1405）置，属奴儿干都司。治所在今俄罗斯哈巴罗夫斯克边疆区黑龙江下游普耳萨西北。后废。

福山县　金天会二年（1124）刘豫析置，属登州。治所即今山东烟台市西南福山区。《方舆纪要》卷36福山县：福山在“县北五里。县以此名”。明、清属登州府。民国初属山东胶东道。1925年属莱胶道。1928年直属山东省。1983年撤销并入烟台市。

福山海口　在今山东烟台市西北。清雍正十三年（1735）移即墨县雄崖巡司驻此，称为福山海口巡司。

福山港　在今江苏常熟市北四十里福山镇。《方舆纪要》卷24苏州府常熟县：福山港在“县北四十里。自城北门二十里经斜桥，又二十里经福山，入大江。亦曰福山塘，亦曰福山浦。宋绍兴中，屡经浚治，与白茅、许浦，并为要害。明宣德及宏治，屡经修浚。嘉靖三十四年，倭贼自福山港突犯郡城娄门，寻自太湖突犯枫桥，又经娄门还福山”。

福山镇　①五代周置，属常熟县。即今江苏常熟市北福山镇。明初置巡司于此。嘉靖三十四年（1555）以倭乱筑堡城，置把总防守。清乾隆十九年（1754）移海防同知驻此。

②即今山东淄博市博山区东九里福山镇。民国《续修博山县志》卷2《乡镇》有福山镇。

福水　在今江西金溪县南。《方舆纪要》卷86抚州府金溪县：福水在“县南十里。源出南城县界，经梅峰北至鼓楼冈，折而西至临川界，会百门港水”。

福田岭　在今湖南永州市东北五十里。《舆地纪胜》卷56永州：福田岭“与黄溪相近。崖壁斗绝，中有孤峰峙立，望之一塔岿然，可千余丈，故《志》谓之阿育王塔，故名福田”。《方舆纪要》作“福田山”。

福田河街　一名福临堡。即今湖北麻城市北六十四里福田河镇。民国《湖北通志》卷73《兵事》：清同治二年（1863）二月，陈大禧“破余际昌军，绕光山，入麻城。甲午，屯福田河”。

福田砦　北宋置，属永州。即今湖南永州市东北福田乡。熙宁六年（1073）废。

福田墟 即今广东博罗县西北福田镇。清光绪《广东舆地全图》：博罗县西北有福田墟。

福宁卫 明洪武二十年（1387）置，属福建都司。治所即今福建霞浦县。辖定海、大金二守御千户所。清康熙三年（1664）废。

福宁州 元世祖至元二十三年（1286）升长溪县置，属福州路。治所在霞浦县（今福建霞浦县）。辖境相当今福建霞浦、福安、宁德、福鼎等市县地。明洪武二年（1369）降为县。成化九年（1473）升为直隶州，属福建省。清雍正十二年（1734）改为福宁府。明正统十三年（1448）州人柴头进领导农民在此响应邓茂七起义军。

福宁县 明洪武二年（1369）改福宁州置，属福州府。治所即今福建霞浦县。成化九年（1473）升为福宁州。

福宁府 清雍正十二年（1734）改福宁州置，属福建省。治所在霞浦县（今福建霞浦县）。辖境相当今福建霞浦、福安、宁德、福鼎、寿宁等市县及周宁县大部分地。1913年废。

福宁殿 北宋东京（今河南开封市）宫殿。旧名万岁殿，大中祥符七年（1014）改延庆殿，明道元年（1032）改福宁殿。为正寝殿，是皇帝起居之所。

福永镇 即今广东深圳市宝安区西北福永镇。《方舆纪要》卷101广州府东莞县：福永镇“在县西南。有福永巡司，旧为屯门固戍寨，洪武三年改置巡司，三十一年迁于福永村，因改今名”。

福民山 在今浙江金华市西南。《方舆纪要》卷93汤溪县：福民山“高数百丈，峰峦耸秀，林木蓊郁，为县之胜概”。

福因寺 亦作福荫寺。清嘉庆九年（1804）建，在今内蒙古阿拉善左旗东北木仁高勒附近。嘉庆十一年赐名“福因寺”。因地处定远营（后改名巴彦浩特）北，俗称北寺。是原阿拉善八大寺之一。惜在“文化大革命”中被毁。

福全山 在今浙江瑞安市西北陶峰镇北。《方舆纪要》卷94温州府瑞安县“陶山”条：福全山“道书以为第三十三福地，山之北有白云岭”。

福全千户所 明洪武初置，属永宁卫。即今福建晋江市南福全。清顺治十四年（1657）废。

福会寺 在今内蒙古喀喇沁旗（锦山镇）西南王爷府镇西侧，为喀喇沁亲王府的家庙。是一座清代内蒙古地区典型的藏传佛教寺庙。平面为长方形，占地6000平方米，建筑面积2063平方米。始建于清代早期，逐渐成为该地区的佛教中心。主要建筑有山门、前殿、经堂、大殿、后殿和东西配房、钟鼓楼、东西配殿、东西耳房及东西僧舍计十五幢。主体建筑为大式硬山、歇山砖木结构，十字脊钟楼为北方地区少见。福会寺因与王府关系密切，居统领该地区诸佛寺的地位。主体建筑的斗拱具有鲜明的清式早期斗拱特征，经堂山花和大殿稍间的方形假窗则更具有藏式建筑风格。彩画、壁画和砖雕、木雕丰富多彩，工艺高超。2001年与喀喇沁亲王府一起被定为全国重点文物保护单位。

福庆县 五代唐改福昌县置，属河南府。治所在今河南宜阳县西五十四里福昌村。北宋又改为福昌县。

福齐河 在今俄罗斯滨海边疆区乌苏里江上游。《清一统志·吉林一》“伊津河”条下：“福齐河，亦在（宁古塔）城东南一千三百里。西北流入乌苏哩江。”

福州 ①唐置，为羁縻州，属黔州都督府。治所在今广西南丹县西罗富乡。北宋废。元复置，属庆远南丹安抚司。明洪武初废。

②唐开元十三年（725）改闽州置，治所在闽县（今福建福州市）。《元和志》卷29福州：“因州西北福山为名。”辖境相当今福建尤溪县北尤溪口以东的闽江流域和古田、屏南、福安、福鼎等市县以东地区。五代后辖境西南部缩小。天宝元年（742）改为长乐郡，乾元元年（758）复为福州。唐为福建节度使治。五代为闽都，一度改为长乐府。宋为福建路治。南宋景炎元年（1276）端宗即位于此，改为福安府。元至元十四年（1277）复为福州，翌年升为福州路。1946年设福州市。宋、元以来海舶前往东南亚各地，常由此出海。

③南宋置，为特磨道治。治所即今云南广南县。元初废。

④辽置，属上京道。治所在今内蒙古科尔沁左翼后旗东北。《辽史·地理志》福州：“国舅萧宁建。南征俘掠汉民，居北安平县故地。在原州北二十里，西北至上京七百八十里。户三百。”金废。

福州卫 明洪武二十一年（1388）置，属福建都司。治所在今福建福州市。为左卫、右卫、中卫的合称。清康熙五年（1666）废。

福州中卫 明洪武二十一年（1388）置，属福建都司。治所在今福建福州市东北。清康熙五年（1666）废。

福州长官司 元改福州羁縻州置，属庆远南丹安抚司。治所即今广西南丹县西罗富乡。明洪武初废。

福州左卫 明洪武二十一年（1388）置，属福建都司。治所在今福建福州市东北。清康熙五年（1666）废。

福州右卫 明洪武八年（1375）置，属福建都司。治所在今福建福州市东北。二十一年重建。清康熙五年（1666）废。

福州市 1946年改林森县（旧闽侯县）城区及近郊置，为福建省会。即今福建福州市。1949年仍由福建省直辖，为省人民政府驻地。

福州府 元至正二十七年（1367）朱元璋改福州路置，属福建省。治所在闽县、侯官县（今福建福州市）。辖境相当今福建尤溪县北尤溪口以东的闽江流域和屏南、罗源、连江等县地。南明隆武元年（1645）唐王即位于此，改为天兴府。清顺治三年

(1646) 复旧。1913 年 3 月废。

福州路 元世祖至元十五年 (1278) 改福州为路，属福建行省，后属江浙行省。治所在闽县、侯官县（今福建福州市）。辖境相当今福建尤溪县北尤溪口以东的闽江流域和屏南、福安、福鼎等市县以东地区。至正二十七年 (1367) 朱元璋改为福州府。

福兴场 亦作复兴场。在今重庆市忠县东北复兴镇。清道光《忠州志》卷 2：复兴场"在县南二十里。西临长江，小溪对岸为石柱县沿溪场"。

福安市 1989 年撤销福建省福安县，改设福安市，市人民政府驻城北街道办事处。属宁德地区。1999 年由宁德市代管。

福安州 明永乐五年 (1407) 改上福州置，属交州府。治所在保福县（今越南北部和平省之常信）。宣德二年 (1427) 以后入安南。

福安县 南宋淳祐四年 (1244) 析长溪县西北地置，属福州。治所在韩阳坡（今福建福安市）。《八闽通志》卷 2《地理·郡名》："按本志，初议置邑，邑令范夔……曰，须福建安抚来事乃成。后朝廷赐名，其县曰福安"，盖取"福建安抚"之义。元属福宁州。明初属福州府，成化九年 (1473) 还属福宁州。清雍正十二年 (1734) 隶福宁府。民国初属闽海道。1928 年直属福建省。1989 年改设福安市。

福安府 南宋景炎元年 (1276) 升福州置，治所在闽县、侯官县（今福建福州市）。元至元十四年 (1277) 复为福州。

福阳县 唐永淳元年 (682) 置，属党州。治所在今广西玉林市西北。次年属平琴州。建中二年 (781) 属党州。北宋开宝七年 (974) 废。

福寿山 即今新疆乌鲁木齐市西南郊之雅玛里克山。清《三州辑略》：福寿山"在巩宁城南里许……每见云雾迷漫，夏必雨，冬必雪，俗称灵应山。西向建龙王庙一座，山腰开渠宛转如带"。宣统《新疆图志》卷 61《讯鲜录》云："福寿山即雅玛里克山。由朱勒都斯山分支东趋二百余里府城西里许，屹然而止。案此山，俗谓之妖魔山，妖魔者雅玛之转音。盖雅玛里克山直趋东北，故通称也。"

福寿场 即今重庆市南川区北福寿乡。民国《南川县志》卷 2：福寿场"北路偏西五十里。俗呼罗洞坪，位高原上，大溪、龙川两夹之，上下各二十里。旧场名郑家街。……明季迁老场坪，去今场半里。清乾隆五十年移今地，更名福寿场"。

福贡设治局 1935 年改康乐设治区置，直属云南省。治所即今云南福贡县。因居高黎贡山东麓，以嘉言祁福，因名福贡。1949 年底改福贡县。

福利山 在今重庆市梁平县西北。《方舆纪要》卷 69 梁山县：福利山"在县西北五十里。俗名狐狸山。正德中，抚臣林俊以其丰腴，改今名"。

福利屯铁路 自今黑龙江佳木斯市至福利屯（今集贤县）。长 67 公里。1944 年动工修建，次年建成。

福佑寺 在今北京市西城区北长街北口路东。清顺治年间建。雍正元年 (1723) 拟分给宝亲王弘历作为府第，弘历登基后改为喇嘛庙，名福佑寺。1927 年改为西藏班禅驻北平办事处。中华人民共和国成立后曾作为西藏班禅驻北京办事处。

福余（馀）卫 明兀良哈三卫之一。洪武二十二年 (1389) 置，属大宁都司。福余卫又称"我着"，应即女直兀者部名，其地在元浦峪路、灰亦儿千户所境（今黑龙江齐齐哈尔市乌裕尔河和嫩江左右）。永乐间改属奴儿干都司。宣德、正统间南徙至辽东诸卫边墙外、辽河左右。嘉靖后期被察罕儿汗及南迁之哈剌哈部（内喀尔喀）、尔嗔部（嫩科尔沁）役属，并渐被取代。16 世纪中叶后为蒙古科尔沁部所并。

福岛 即今山东青岛市东大福岛。《清一统志·莱州府一》：福岛"在即墨县南五十里。其相望又有香岛、塔沙岛、积谷岛、车牛岛，俱在县南海中"。同治《即墨县志》卷 1：徐福岛，"相传徐福求仙住此，故名"。

福应山 在今浙江仙居县东。《方舆纪要》卷 92 仙居县：福应山在"县东二里。为近郊之胜，亦名尽美山"。

福旺墟 即今广西浦北县北福旺镇。清同治《广东图说》卷 61：合浦县东北有福旺墟。

福昌县 唐武德二年 (619) 改宜阳县置，为熊州治。治所在今河南宜阳县西五十四里福昌村。《元和志》卷 5："取县西隋宫为名。"开元初属河南府。五代唐改为福庆县。北宋复为福昌县。熙宁五年 (1072) 省入寿安县，元祐元年 (1086) 复置福昌县。金改属嵩州。元初并入宜阳县。

福昌宫 隋置，在今河南宜阳县西五十四里福昌村。《隋书·地理志》河南郡宜阳县："有福昌宫。"唐福昌县即以此宫为名。

福和墟 即今广东增城市西北六十里福和镇。清光绪《广州府志》卷 69 墟市：增城县有"福和墟"。

福阜山 在今山东莱阳市东六十里，与海阳县联界。元于钦《齐乘》卷 1：莱阳县"又有仓山、林寺、福阜三山。林寺、福阜淘金之地"。《方舆纪要》卷 36 莱阳县"五龙山"条下：福阜山，"宋、元时尝置金场"。

福河堡 在今福建龙海市西北福河。《方舆纪要》卷 99 漳州府：福河堡在"府东南四十五里福河滨。嘉靖中，乡人以福河系各港之要害，筑土城以防倭寇，寻置官兵戍守"。

福建土楼 在今福建永定、南靖、平和等县，是一种聚族而居、具有防御性的客家民居建筑。此类民居建筑遍及全省，而以龙岩、漳州地区较多。福建土楼的产生可追溯至宋元以前，现存的土楼一般为明清以后所建。土楼类型众多，常见的有圆楼、方楼、五凤楼（府第式）、宫殿式楼等。华安二宜楼，永定奎聚楼、振成楼、福裕楼、承启楼，南靖田螺坑土楼和贵楼以及平和绳武楼是典型代表。振成楼、承启楼、绳武楼均为圆楼。振成楼中西合璧，用料考究，就建筑质量而言属上乘之作。承启楼内外四圈，规模宏大，绳武楼单元式与通廊式相结合，结构精巧，雕饰精美。奎聚楼为宫殿式土楼，显示了主人的地位和财力。福裕楼为府第式土楼，又称五凤楼，是客家土楼与闽西南传统民居建筑手法有机结合。和贵楼为方楼，建于淤泥地上，以木柱垫基，高达五层。田螺坑土楼布局巧妙，展现了土楼建筑与大自然浑然一体的特色。2001 年福建土楼（与二宜楼合并）被定为全国重点文物保护单位。

福建行中书省 元世祖至元十五年（1278）改福建路置，治福州（今福建福州市）。辖境相当今福建省。二十二年（1285）并入江浙行省。至正十六年（1356）复置，二十六年（1366）废。明洪武二年（1369）又置，九年（1376）改置福建承宣布政使司。

福建行都司 明洪武八年（1375）改建宁卫置，治所在建宁府（治今福建建瓯市）。辖建宁左、右两卫。清顺治十八年（1661）裁。

福建会馆 又称天后行宫。在今山东烟台市中心。清光绪十年（1884）动工，三十二年建成。为福建商贾在原籍募款所建。会馆坐北朝南，面积 3500 平方米。有大门、戏楼、山门、大殿、左右廊庑，布局严谨，设计精巧，具有闽粤风格，现为烟台市博物馆。

福建承宣布政使司 明洪武九年（1376）改福建行中书省置，治福州（今福建福州市）。辖境相当今福建省。清称福建省。

福建省 元置福建行中书省，明改福建承宣布政使司，清称福建省。治福州（今福建福州市）。辖境相当今福建省。据《新唐书·方镇表》载：开元二十一年（733）“《置福建经略史》，领福、泉、建、漳、潮五州，治福州”。福建之名即由福、建二州而得名。又因古为闽越族居地，故简称“闽”。

福建都司 明洪武八年（1375）改福建都卫置，治所福州府（今福建福州市）。辖福建承宣布政使司内各卫所。清废。

福建船政建筑 在今福建福州市马尾镇东南侧闽江边。始建于清同治五年（1866），同治七年大部分建筑落成。福建船政是清末洋务运动时期我国引进西方先进技术设备创办的规模最大的造船军工企业，先后建造了数十艘新式舰艇，并组成船政水师，在保卫我国海防、抗击日本侵犯台湾的军事斗争中发挥了重要作用。与船厂同时创办的船政学堂，培养了近代著名思想家严复、工程师詹天佑、海军将领萨镇冰及邓世昌等。现存轮机厂、绘事院、放生池、钟楼、一号船坞。2001 年定为全国重点文物保护单位。

福建道宣慰司 元大德元年（1297）置，属江浙行省。治所在福州路（今福建福州市）。辖境相当今福建省。至正十六年（1356）改置福建行中书省。

福建路 北宋雍熙二年（985）改两浙西、南路置，治所在福州（今福建福州市）。辖境相当今福建省。元世祖至元十五年（1278）改置福建行中书省。

福建镇 唐方镇名。上元元年（760）置，治所在福州（今福建福州市）。大历六年（771）废。

福城 在今山东济阳县西北五十里新市城。《寰宇记》卷 64 德州安陵县：“唐元和二年横海军节度使郑权奏，德州安德县渡黄河南邻齐州临邑县有灌家口草市。顷者成德军于市北十里筑城名福城，城缘隔黄河与齐州临邑县对岸，又居安德、平原、平昌三县界，疆境阔远，易动难安，请于此置县，以归化为名。诏从之。今废为镇。”

福星山 在今广东广宁县城北。《方舆纪要》卷 101 肇庆府广宁县：福星山“在县治北。圆秀如覆釜，城跨其上”。

福泉山 ①旧名覆船山。又名薛道山。在今上海市青浦区东北三十五里。《方舆纪要》卷 24 松江府青浦县：福泉山“以水泉甘美易今名”。

②在今贵州福泉市南。《清一统志·平越州》引《贵州通志》：“仙人张三丰修真处。前为高真观，后为礼斗亭。亭前有浴仙池，池水夏不溢，冬不竭。”

福泉山遗址 在今上海市青浦区东北重固镇，为太湖流域典型土墩遗址，面积约 7000 平方米。遗址文化内涵丰富，发现有新石器时代晚期、战国、汉、唐、宋墓葬，还发现保存良好的崧泽文化和良渚文化墓葬叠压关系，首次发现了代表上层人物身份的良渚文化大墓，出土了一批新石器时代陶、玉器精品，如人兽纹琮形镯、玉钺、黑陶宽把壶、镂孔足鼎等。2001 年定为全国重点文物保护单位。

福泉县 清雍正二年（1724）析青浦县北境置，属松江府。治所在唐行镇（今上海市青浦县治）。以县东竿山之北福泉山为名。乾隆八年（1743）废。

福胜寺 在今山西新绛县西北泽掌镇北光村。创建于唐，金天眷年间（1138—1140）重建。元、明、清和民国时屡有修葺添建。寺院坐北朝南，现存十三栋建筑。沿中轴线自南向北依次为山门、天王殿、钟鼓楼、牌楼、弥陀殿、藏经阁及左右厢房。弥陀殿为主殿，面阔、进深各五间，四周回廊，重檐歇山顶。虽经明代重修，仍保持原构造。殿内主像为阿弥陀佛，背后悬塑观音立像，两侧塑十八罗汉及四天王。藏经阁面阔五间，二层，硬山顶，下层辟窑洞三所。内筑高台像龛，所塑三佛及胁侍像，皆系元代作品，封存数百年，未曾开放，现仍光彩照人，如同新塑。2001 年定为全国重点文物保护单位。

福津县 唐景福元年（892）改覆津县置，属武州。治所在将利城（今甘肃陇南市武都区东南）。五代唐长兴三年（932）徙治今武都区，为阶州治。元世祖至元七年（1270）省入州。

福都汛 在今云南景东彝族自治县东南福都。清时有把总驻防。哈尼族“福都”意为挖过银子的地方。

福唐县 唐天宝元年（742）改万安县置，属长乐郡。治所即今福建福清市。乾元元年（758）属福州。五代梁开平二年（908）改为永昌县，后唐同光元年（923）复名福唐县。长兴四年（933）改名福清县。

福海寺 一名新寺。在今青海湟源县西北四十里。民国许公武《青海志略》第七章：福海寺“为察罕诺门汗所建，喇嘛约百余人，无定额，不给衣单口粮。绕寺而居者皆番民，约三百余户”。

福海县 1944年改布伦托海县置，属新疆省。治所即今新疆福海县。以境内布伦托海物产丰盛而得名。

福陵 ①唐武宗母韦太后的陵墓。在今陕西西安市东二十五里。

②又称东陵。在今辽宁沈阳市城东二十里天柱山，系清太祖努尔哈赤的陵墓。始建于后金天聪三年（1629），至清顺治八年（1651）基本建成。前临浑河，背靠天柱山，四周绕以缭墙。门前有下马碑、石狮、华表和石牌坊。陵园主体建筑为方城，方城前有一百零八级台阶、牌楼，方城内建隆恩殿及东西配殿，城上建隆恩门、明楼和角楼。明楼内立“太祖高皇帝之陵”石碑。方城后为陵寝所在的月牙形宝城。中华人民共和国成立后辟为北陵公园。1988年定为全国重点文物保护单位。2004年定为世界文化遗产，列入《世界遗产名录》。

福清市 1990年撤销福建省福清县，改设福清市，市人民政府驻融城街道。由福州市代管。

福清州 元元贞元年（1295）升福清县置，属福建路。治所在福清县（今福建福清市）。辖境相当今福建福清市地。明洪武二年（1369）二月废，复降该州为福清县。

福清县 五代闽龙启元年（后唐长兴四年，933）改福唐县置，属长乐府。治所即今福建福清市。明曹学佺《名胜志》：“《旧记》以山自永福来，溪自清源来，故名。”后晋天福中又改为南台县，后复为福清县。元元贞元年（1295）升为福清州。明洪武二年（1369）复降为县，属福州府。1913年属福建东路道。1914年属闽海道。1928年直属福建省。1990年改设福清市。

福绵墟 即今广西玉林市西南三十里福绵镇。清光绪《广西舆地全图》郁林州图：西南有福棉墟。

福鼎山 在今福建福鼎市西南。《清一统志·福宁府》：福鼎山“脉自浙江平阳县赤洋而来，亦名北岭。最高大，诸山皆发于此”。

福鼎县 清乾隆四年（1739）置，属福宁府。治所在桐山南麓（今福建福鼎市）。《清史稿·地理志》：“东有福鼎山，县以此名。”1913年属福建东路道，1914年属闽海道，1928年直属福建省。1995年改设福鼎市。

福集场 即今四川泸县北福集镇。清嘉庆《泸州志》卷2：福集场在“县西北八十里”。镇东玉蟾山有明代磨崖造像和古关隘遗址。

福善山 在今江西南丰县西南。《清一统志·建昌府一》：福善山“在南丰县西南五十里。峻嶒高峻，与军山并峙。产茶最佳”。

福湖山 ①又名魁龙山。在今福建长乐市东南龙泉山之南。《清一统志·福州府一》“龙泉山”条：“其南群峰连接，最著者曰福湖山。上有狮子峰，朱子勒‘魁龙’二字于石。”

②在今湖南通道侗族自治县北六十里。《方舆纪要》卷82通道县：福湖山“下临渠河。林木郁然。宋元丰中，通道广西经此，因取材以供建筑”。

福禄水 又名盐沟河。即今北京市房山区东北哑叭河。《水经·圣水注》：福禄水“出西山东，南径广阳故城南，东入广阳水”。即此。

福禄永从长官司 宋置，治所即今贵州黎平县南永从乡。元属思州安抚司。明初改永从长官司。

福禄寺礁 在南海中中国南沙群岛，位于郑和群礁之西，大现礁西北17海里。东北至西南长2.8公里，极狭。中国渔民向称之为西北角。1935年公布名称为西石或神女庙石。1947年改名福禄寺礁。

福禄州 唐总章二年（669）置，治所在安远县（今越南河静省南境）。大足元年（701）改为安武州。天宝元年（742）改为福禄郡，至德二年（757）改为唐林郡，乾元元年（758）复为福禄州。辖境相当今越南河静省部分地。后废。

福禄江 ①即今广西三江侗族自治县西南之溶江。《明史·地理志》怀远县：福禄江“自贵州永从县流径其中，至融县为融江，至柳城县为柳江”。

②即汉之潭水。今贵州东南部都柳江，为广西柳江上源。《明一统志》卷88黎平府：福禄江“源自苗地，至府西境为古州江，东至永从县南合彩江为福禄江，又东合大岩江为南江，流入于广西柳州界”。

福禄县 ①西晋改禄福县置，为酒泉郡治。治所即今甘肃酒泉市。十六国西凉曾都于此。隋仁寿中于县置肃州，大业初州废，县属张掖郡。义宁初改名酒泉县。

②唐武德二年（619）置，属肃州。治所在乐涫镇（今甘肃酒泉市东南）。大历元年（766）地入吐蕃。

③唐武德四年（621）置，属桂州。治所在今广西桂林市东。贞观八年（634）废入临桂县。

④唐置，属福禄州。治所在今越南河静省东南。后废。

福禄郡 唐天宝元年（742）改安武州置，治所在安远县（今越南河静省南境）。至德二年（757）改为唐林郡。

福禄塘 在今广西三江侗族自治县西南溶江北岸福禄乡。清光绪《广西舆地全图》怀远县图：西北有福禄塘。

福禄镇 在今广西宜山县西北福禄村。《明史·地理志》 天河县："嘉靖十三年又迁福禄镇。"

福缘　亦作禄缘。在今广东新兴县南。《方舆纪要》卷101新兴县"立将镇"条内："福缘巡司在县南三十里。洪武元年置，十五年废。"

福零县　唐贞观十二年（638）置，属环州。治所在今广西环江毛南族自治县西南。后废。

福源山　在今云南兰坪白族普米族自治县（金顶镇）北。《方舆纪要》卷117兰州：福源山"在州（今金顶镇）北十里。延亘而东南，凡五十余里"。

福溪　亦名僰溪、覆溪、服溪。即今四川南溪县西北六十里黄沙河（涪溪河）。《舆地纪胜》卷163叙州府：福溪"在南溪县西北。旧名覆溪。唐正元中，刘岑为都督改为福溪"。

诼罗州　唐置，属戎州都督府。治所在今云南禄丰县东北六十二里仁兴镇古城。辖境约当今云南禄丰县东北部及富民县地。天宝后废。

谪仙楼　一名太白楼、青莲祠。在今安徽马鞍山市西南采石矶镇采石矶。为纪念唐诗人李白而建。《清一统志·太平府一》：谪仙楼"在当涂县西北采石，濒江，以太白旧游建"。始建于唐元和间，历遭兵火，今楼为清光绪年间建。

〔ㄱ 一〕

群科札萨克旗　和硕特南左翼末旗的俗称。在今青海海晏县东北、大通回族自治县西。

群峰山　在今广西蒙山县北四十里。《方舆纪要》卷107：群峰山"群峰环聚，岩隈深阻，群峰巡司旧置于此"。

群峰营　在今广西蒙山县北四十里群峰山下。《方舆纪要》卷107永安州：群峰营"在州北群峰山下，有巡司。《志》云：洪武中置司于峡口堡北，后迁于杜莫砦。万历中迁于州东北之猫儿堡"。

群舒　周代散居于今安徽舒城、庐江县一带。《春秋》僖公三年（前657），"徐人取舒"。据《春秋·左传》：文公十二年（前615），"群舒叛楚"。注："群舒，偃姓，舒庸、舒鸠之属。今庐江南有舒城，舒城西南有龙舒。"《疏》正义引《世本》曰："偃姓舒庸、舒蓼、舒鸠、舒龙、舒鲍、舒龚，以其非一，故言属以包之。"后多为楚所并。

殿山　在今俄罗斯哈巴罗夫斯克边疆区，阿姆贡河口对岸特林北。清乾隆《钦定盛京通志》卷27：殿山在"（宁古塔）城东北二千七百二十一里。又称殿山嘴。上有二碑"。清曹廷杰《西伯利东偏纪要》："庙尔上二百五十余里，混同江东岸特林地方，有石砬壁江边形若城阙，高十余丈，上有明碑二，一刻《敕建永宁寺记》，一刻《宣德六年重建永宁寺记》，皆述太监亦失哈征服奴儿干海及海中苦夷事。"

殿子山　即大头山。在今河南林州市西北二十五里。《清一统志·彰德府一》：大头山"《府志》：大头山，一名殿子山。"

辟耳山　一作卑耳山。在今山西平陆县西北。《国语·齐语》："悬车束马，逾太行与辟耳之谿拘夏。"《史记·封禅书》：齐桓公曰，寡人"束马悬车，上卑耳之山"。《集解》：韦昭曰："卑耳即《齐语》所谓辟耳。"

辟邪渡　又名武阳渡。即今江西南昌县（莲塘镇）东南武阳镇。《方舆纪要》卷84南昌县"武阳水"条下："武阳渡一名辟邪渡。"

辟阳县（辟 bì）　西汉高帝六年（前201）封审食其为辟阳侯国，后改为县，属信都国。治所在今河北冀州市东南。东汉废。《水经·浊漳水注》：绛水故渎"又东北径辟阳亭……《地理风俗记》曰：广川西南六十里有辟阳亭故县也"。

辟阳城　①在今河北冀州市东南。《晋书·慕容垂载记》：东晋太元中，垂遣田生密告慕容农等，使起兵赵魏以相应。"于是农、（慕容）宙奔列人，楷、绍奔辟阳，众咸应之。"

②即辟土城。在今山东莒南县西北。《水经·沭水注》：葛陂水"发三柱山，西南流径辟土城南，世谓之辟阳城"。

辟（闢）里沁　在今新疆伊宁县西北皮里其河东岸。清祁韵士《西陲要略》卷3："阿里木图沟泉水，在辟里沁之西，分引灌溉商户地亩并绥定城旗屯。"清徐松《西域水道记》卷4：辟里沁水"南流经辟里沁卡伦北，折而流经其西（卡伦在惠宁城东北三十余里）"。

辟侯国　西汉元朔二年（前127）封城阳共王子节侯壮置，属东海郡。治所在今山东莒南县西北。《水经·沭水注》："沭水又南与葛陂水会。水发三柱山，西南流迳辟土城南，世谓之辟阳城。"

辟（闢）展大山　即今新疆阿图什市东北皮羌套。清宣统《新疆图志》卷4：胡什齐"东抵辟展大山与乌什厅西鄙接"。

辟（闢）展厅（辟 pì）　清乾隆三十六年（1771）置，为直隶厅，属甘肃省。治所在辟展城（今新疆鄯善县）。三十八年（1773）降为散厅，属镇西府。四十四年（1779）徙治吐鲁番，改为吐鲁番厅。

辟（闢）展城　清雍正五年（1727）筑城。即今新疆鄯善县。《清一统志·吐鲁番》：辟展"傍崖为城，周里许，居民鳞接，商贾辐辏"。乾隆二十四年（1759）置辟展办事大臣。三十六年（1771）增设辟展巡检。四十六年（1781）裁办事大臣，改设领队大臣移驻吐鲁番。光绪二十八年（1902）置鄯善县于此。

辟（闢）望村　即今广东汕头市澄海区。《明史·地理志》 澄海县："本海阳县之辟望巡检司。嘉靖四十二年正月改为县。"

辟（闢）望港口　在今广东汕头市澄海区南。《方舆纪要》卷103澄海县：辟望镇"在县南南洋村滨海。……嘉靖三十八年，官军败倭贼于南阳湾，贼奔聚辟望海口。明年，官军捣平之"。

辟（闢）望镇　即今广东汕头市澄海区。明洪武二年（1369）于此设辟望巡司。《方舆纪要》卷103澄海县：辟望镇“在县南南洋村，滨海。……嘉靖三十八年官军败倭贼于南阳湾，贼奔聚辟望港口，明年官军捣平之”。嘉靖四十二年（1563）改置澄海县。1994年改设澄海市。

辟（闢）登水　①即今朝鲜咸镜南道西南部咸兴之城川江。源出赴战岭山脉，西南流入日本海。《金史·高丽传》：“高丽复来攻，石适欢以五百人御于辟登水，复大破之。”

②即今朝鲜咸兴西城川江。《金史·高丽传》：“高丽复来攻，石适欢以五百人御于辟登水，复大破之，追入辟登水。”即此。

辟雍　在今陕西西安市西北。《三辅黄图》卷5：“周文王辟雍，在长安西北四十里，亦曰璧雍。如璧之圆，雍之以水，象教化流行也。……汉辟雍，在长安西北七里。《汉书》河间献王来朝，献雅乐，武帝对之三雍宫，即此。”《汉书·河间献王传》应劭注云：“三雍者，辟雍、灵台、明堂也。雍者，和也。言天地、君臣、民人皆和。”今西安市西北大土门村发现西汉辟雍遗址。

辟雍碑　碑全称为“大晋龙兴皇帝三临辟雍皇太子又再莅之德隆熙之颂碑”。在今河南洛阳市东偃师市西大郊村。西晋咸宁四年（278）立，记述了晋武帝司马炎及皇太子司马衷亲临太学辟雍视察的事迹。1931年出土于太学遗址中。碑首、碑身以整石凿成，通高3.32米，宽1.1米。碑名篆书，正文隶书，字体灵活，风格独特。1996年定为全国重点文物保护单位。

辟疆园　故址在今江苏苏州市境内。《清一统志·苏州府二》：辟疆园“晋时顾辟疆之园也。王献之入会稽，经吴门，先不识主人。值辟疆方集宾友，酣燕园中，而献之游历既毕，指麾好恶，旁若无人。唐时其园犹在，顾况尝假以居”。

慜忠寺　亦作悯忠寺。即今北京市城区西南法源寺后街法源寺。唐贞观十八年（644）征高丽，兵还，于蓟城东隅建寺，以悼念阵亡将士。武后万岁通天元年（696）建成，赐名悯忠寺。《续资治通鉴》：南宋建炎元年（1127），钦宗被金兵俘虏，“自云中至燕山府，居慜忠寺”，即此。明正统二年（1437）改为崇福寺。清雍正十二年（1734）始改为法源寺。

慜忠阁　在今北京西城区法源寺后街法源寺。建于唐代。《方舆纪要》卷11顺天府：慜忠阁在“府西南十五里，唐太宗征辽阳，悯忠义阵亡之士，建此阁，后为慜忠寺”。明正统中改名崇福寺。清雍正十二年（1734）改名法源寺。

〔㇇丨〕

隔　作鄢。战国楚地。在今湖北宜城市东南十五里楚皇城遗址。《左传》：昭公十三年（前529），楚灵王“沿夏，将欲入鄢”。服虔云：“鄢，楚别都也。”《史记·六国年表》：“楚顷襄王二十年，秦拔隔、西陵。”

隔县　①即鄢县。战国楚置，治所在今湖北宜城市东南十五里楚皇城遗址。西汉惠帝三年（前192）改为宜城县。

②亦作鄢县、傿县。东汉作“隔县”，属梁国。在今河南柘城县北三十里远襄镇。《续汉书·郡国志》梁国：“隔，故属陈留（郡）。”西晋废。

隔陵县　东汉改傿陵县置，属颍川郡。治所在今河南鄢陵县西北十八里古城村。北魏改为鄢陵县。北齐废。隋开皇中复置鄢陵县，属许州，徙今鄢陵县。十六年（596）为洧州治。大业初属颍川郡。唐武德四年（621）复改为鄢陵县。

障山　一名章山。在今湖北安陆市东四十里。《资治通鉴》：西晋太安二年（303），张昌起义，“诏遣监军华宏讨之，败于障山”。即此。

障川山　在今江西龙南县东。《方舆纪要》卷88赣州府龙南县：障川山“在县东百里。一名水口山。怪石磊落，麓盘三江之口”。

障水堤（隄）　在今河北景县旧城外。《方舆纪要》卷13景州：“《志》云：州昔当大河之冲，地平土疏，无冈陵之阻，往往决溢为患，因于城外三里，周回筑堤，恃以为固。”

障石岩　又作嶂石岩。即今河北赞皇县西南部嶂石岩。《清一统志·正定府》：障石岩“在赞皇县西南一百十里。其峰峻秀挺拔，上有石乳泉”。

〔㇇丿〕

媳妇山　在今辽宁抚顺县东、新宾满族自治县西。《方舆纪要》卷37沈阳中卫：媳妇山“亦在抚顺关外”。

媲摩川　又名建德力河。即今新疆于阗县境之克里雅河。唐玄奘《大唐西域记》卷12瞿萨旦那国：“东行三十余里至媲摩城……媲摩川东入沙碛，行二百余里至尼壤城。”

媲摩城　即坎城。在今新疆策勒县北八十二里卡拉沁古城。唐玄奘《大唐西域记》卷12：“战地东行三十余里，至媲摩城。”唐置坎城守捉于此。

嫔州　辽置，属海州。治所在今辽宁海城市东北向阳寨。金废为新昌镇。

〔㇇丶〕

叠山　又名重山。在今江西上饶、横峰二县之北。《方舆纪要》卷85广信府上饶县：重山“在府城北。其脉由灵山来，重峦叠巘，岧峣峻绝。谢枋得因以叠山为称”。

叠山书院　在今江西弋阳县东信江之滨。为纪念南宋诗人谢叠山（名枋得）而建。旧在上饶北，为谢枋得讲学处。清乾隆八年（1743）迁紫阳书院（今信江书院）右。

叠川县　北周建德中置，为叠州治。治所在今甘肃迭部县东南二十四里白龙江北岸良种场古城遗址。隋大业三年（607）废叠州，县属洮州。唐初废。

叠水河　即今云南腾冲县西郊叠水河瀑布。《方舆纪要》卷118腾越州：叠水河“在州西南，大盈江之支派也。山麓有石崖，断陷百尺，水势奔飞，吐珠喷沫，观者毛发为竦”。

叠石山　①在今广西忻城县北。《明一统志》卷84庆远府：叠石山“在忻城县北六十里。岩石重叠，因名”。

②在今浙江衢州市柯城区南。《方舆纪要》卷93衢州府西安县：叠石山“在府南四十里，以层岩累叠而名”。

③在今湖南芷江侗族自治县东南二里。《舆地纪胜》卷71沅州：叠石山“其上有石峰，如浮图状，故名”。《方舆纪要》卷82沅州“双髻山”条下：叠石山“山下有滩，名叠石滩”。

叠石关　在今福建福鼎市西北。《方舆纪要》卷96福宁州“分水关”条：“《志》云，州东北有叠石关，与分水关俱王闽所置，以备吴越。”

叠兰城　即今甘肃和政县东南达浪乡。《资治通鉴》：东晋义熙七年（411），“河南王乾归徙羌句岂等部众五千余户于叠兰城，以兄子阿柴为兴国太守以镇之”。即此。

叠州　北周建德六年（577）置，治所在叠川县（今甘肃迭部县东南二十四里良种场古城址）。《元和志》卷39叠州：“盖取山川重叠为义。”辖境相当今白龙江上游地区。隋大业元年（605）废。唐武德三年（620）复置，治所在合川县（今迭部县西北二十六里益哇乡卜岗古城）。五年陷于吐谷浑。七年讨平吐谷浑，复置叠州合川县，治所移今迭部县东四里然闹古城。唐末废。

叠江　即今重庆市开县东北之东河（清江）。《元丰九域志》卷8：开江县有叠江。《方舆胜览》卷59开州：“清江又名叠江。”《明史·地理志》开县：“南有开江，彭溪之上流。有清江自县东流合焉，亦曰叠江。”

叠桑　即今四川理塘县南濯桑。清雍正年间置叠桑土百户。

叠彩山　又名桂山、北山、越王山、四望山、风洞山。即今广西桂林市区东北漓江西岸叠彩山。唐元晦《叠彩山记》云：“山之石纹横布，彩翠相同，若叠彩然，故以为名。”明崇祯十年（1637）徐霞客游此，《徐霞客游记·粤西游日记一》谓：叠彩山“山踞省城东北隅，山门当两峰间，乱石层叠错立，如浪痕腾涌，花萼攒簇，令人目眩，所谓叠彩也”。今山上多唐、宋石刻。

叠溪长官司　明永乐四年（1406）置，属叠溪千户所。治所在今四川茂县西北一百二十里叠溪镇南。《明一统志》卷73叠溪所：叠溪长官司“在所城北一里。……渴卓等五寨属之”。清初废。

叠溪右千户所　明洪武十一年（1378）置，属茂州卫。治所在今四川茂县西北叠溪镇南叠溪城。二十五年（1392）改为守御千户所。

叠溪所　明洪武二十五年（1392）改叠溪右千户所置，属四川都司。治所在今四川茂县西北一百二十里叠溪镇南叠溪古城。清改为叠溪营。

叠溪桥关　明洪武十二年（1379）置，后属叠溪千户所。在今四川茂县西北叠溪镇西南。《明史·地理志》叠溪所：“西有叠溪桥关。”

叠溪营　清初改叠溪千户所置，属松潘镇。治所在今四川茂县西北一百二十里叠溪镇南叠溪古城。《清一统志·松潘直隶厅》：叠溪营“在厅南二百三十里。……设游击驻防。辖土千百户六寨，曰大姓、曰小姓、曰大定沙坝、曰大黑水、曰小黑水、曰松坪、管番民一千五百余户，属松潘镇。城周七里有奇，门三。明景泰初筑”。民国废。1933年8月25日，叠溪发生7.5级大地震，城毁。岷江曾断流，形成地陷之地震湖。今残存东城门少数建筑物。

叠翠山　在今贵州福泉市东南三里。《方舆纪要》卷121平越府：叠翠山“群峰稠叠，青翠可挹，三江皆会其下”。

叠翠亭　在今江西九江县南。《明一统志》卷52九江府：叠翠亭“宋岳飞建，以对庐山九叠，故名”。

叠藏河　即今甘肃岷县南迭藏河，为洮河支流。《方舆纪要》卷60岷州卫：叠藏河“在卫城东门外，源出分水岭，下流入于洮河”。

〔77〕

缙山县　唐末改妫川县置，为儒州治。治所即今北京市延庆县。金属德兴府。元世祖至元三年（1266）废。五年复置，属奉圣州。延祐三年（1316）升为龙庆州。

缙云（雲）山　①一名仙都山。在今浙江缙云县东二十三里仙都村。《隋书·地理志》永嘉郡括仓县：“有缙云山。”《寰宇记》卷99处州缙云县下引《郡国志》云：“缙云（山）有瀑布，日照如晴虹，风吹如细雨，即此山。”《唐六典》列为十道名山之一。

②在今山东济宁市西南三十里。《清一统志·济宁州》：缙云山“北瞰重湖，西联九十九峰，漕河绕其左，有登临之胜。一名晋阳山”。

③又名巴山、凤凰山、来凤山。在今重庆市西北北碚区北碚镇西。《寰宇记》卷136巴县：缙云山，“在县西一百三十七里。其山高耸，林木郁茂，下有泉水，东西分流。传云：黄帝于此合神丹，故此山得名以纪之”。《清一统志·重庆府一》：缙云

山，“《元统志》：山有九峰，其中二峰最秀：一名狮子，一名香炉。左接渔鹿峡入涪江，右入江津县界华盖峰，达于岷江，横亘二百余里”。风景美秀，有“小峨眉”之誉。1979年定为国家重点风景名胜区。

缙云（雲）寺　又名相思寺。在今重庆市西北北碚区缙云山上。始建于南朝宋景平元年（423）。唐宣宗大中元年（847）赐额“相思寺”。因缙云山有相思岩而得名。北宋景德四年（1007）改崇教寺。明万历年间改名缙云寺。为佛教名刹。1932年寺内设立世界佛学苑汉藏教理院。

缙云（雲）县　①唐武德四年（621）置，为丽州治。治所在今浙江永康市北。八年（625）改为永康县。

②唐武则天万岁登封元年（696）分括苍、永康二县置，属括州。治所即今浙江缙云县。《元和志》卷26缙云县：“因山为名。”大历十四年（779）属处州。元属处州路。明、清属处州府。民国初属浙江瓯海道。1927年直属浙江省。

缙云（雲）郡　唐天宝元年（742）改括州置，治所在括苍县（今浙江丽水市东南七里古城村）。辖境当今浙江青田县以上之瓯江流域。乾元元年（758）复为括州。

缙州　南朝梁末置，治所在东阳郡长山县（今浙江金华市）。辖境相当今浙江金华江、衢江流域各市县地。隋开皇九年（589）废。

缚达城　即八哈塔。今伊拉克首都巴格达。《新唐书·地理志》引贾耽《四夷路程》：末罗国“又西北陆行千里至茂门王所都缚达城”。即此。

缚叱城　亦作缚喝城、缚喝罗城、缚渴罗城、缚底野城。即今阿富汗北境马扎里沙里夫西巴尔赫。唐置大夏州于此。《新唐书·地理志》：“大夏州，以缚吡城置。”吡为叱之讹。

缚底野城　即缚叱城。今阿富汗北境马扎里沙里夫西巴尔赫。《新唐书·西域传·谢飓传》：“石汗那，或曰斫汗那。自缚底野南入雪山。”

缚刍河　亦作博叉河。即今中亚之阿姆河。唐玄奘《大唐西域记》卷1：“缚喝国……北临缚刍河。”

缚喝城　即缚叱城。今阿富汗北境马扎里沙里夫西巴尔赫。唐玄奘《大唐西域记》卷1：“缚喝国东西八百余里，南北四百余里。北临缚刍河。国大都城二十余里，人皆谓之小王舍城也。”

缚渴罗城　即缚叱城。今阿富汗北境马扎里沙里夫西巴尔赫。《求法高僧传·玄照传》作缚渴罗城。

缠溪铺　即今贵州印江土家族苗族自治县东南缠溪镇。《清一统志·思南府》：缠溪铺“在印江县境”。

缠缩城　在今甘肃永登县南。《晋书·苻坚载记》：东晋太元元年（376），苻坚伐前凉，“苟苌济自石城津，与梁熙等会攻缠缩城，又陷之”。即此。

骝山　在今福建宁德市东北二十五里。明嘉靖《福宁州志》卷2《山川》宁德县：骝山“在六都，形如骅骝，故名”。

骧龙玩珠山　在今贵州惠水县北。《方舆纪要》卷121定番州“天马山”条下：“骧龙玩珠山，在州（治今惠水县）北二里。以山势盘曲向城也。”

鄛乡　在今河南南阳市南。《后汉书·郑众传》：永元十四年（102），“帝念众功美，封为鄛乡侯，食邑千五百户”。李贤注引《说文》曰：“南阳棘阳县有鄛乡。”

鄛水镇　金置，属密县。在今河南新密市东南。

十　四　画

〔一一〕

静人县　隋开皇间置，属寿州。治所在今湖南辰溪县境。寻废入辰溪县。

静川郡　唐天宝元年（742）改静州置，治所在悉唐县（今四川茂县西北）。辖境相当今四川茂县西北地。乾元元年（758）复改为静州。

静方县　唐贞观四年（630）置，属羁縻可州。治所在今四川若尔盖县东境。后废。

静龙郡　北周改龙安郡置，属龙州。治所在龙安县（今四川江油市东北小溪坝镇北）。辖境相当今四川江油市东北境。隋开皇三年（583）废。

静乐县　隋大业四年（608）改汾源县置，为楼烦郡治。治所即今山西静乐县。唐武德四年（621）为管州治，次年改为北管州治，六年（623），改属岚州。北宋为宪州治。金天德三年（1151）为管州治。元省入管州。明洪武二年（1369）复置，属太原府。清属忻州。民国初属山西雁门道。1928年直属山西省。

静宁州　元初改德顺州置，属巩昌路。治所即今甘肃静宁县。明郭子章《郡县释名》陕西卷下：取“边塞安静宁辑之义也”。辖境相当今甘肃静宁县及庄浪县部分地、宁夏隆德县部分地。明属平凉府，辖境相当今甘肃静宁、庄浪两县。清辖境相当今静宁县地。1913年降为静宁县。

静宁县　①1913年降静宁州置，属甘肃泾原道。治所即今甘肃静宁县。1927年直属甘肃省。

②1940年冬晋绥边区由静乐县析置，治杜家村（今山西静乐县东北杜家村镇）。1945年9月撤销，并入静乐县。

静边寺镇　即今四川渠县西北静边镇。清同治《渠县志》卷4：静边场在“县西九十里。为绥定府至顺庆府大路”。

静边州都督府　①唐贞观中置，属灵川都督府。初在陇右，后侨治庆州境，在今甘肃庆城县境。天宝后废。

②唐置，为羁縻州。治所在今陕西米脂县西。《方舆纪要》卷57绥德州米脂县：静边城“在废银州西南。唐贞观以后，吐蕃浸盛，党项、拓拔诸部畏偪，请内徙，诏庆州置静边军州处之”。即此。至德后废。

静边军　唐天宝间置，在今山西右玉县西北右卫镇。《新唐书·王忠嗣传》载：天宝间“筑大同、静边二城，徙清塞、横野军实之，并受降、振武为城，自是虏不敢盗塞”。《元和志》卷14谓静边军城在云州城（今大同市）西一百八十里。

静边城　①辽置，为上京道边防城之一。在今内蒙古满洲里市附近。《辽史·地理志》：静边城“本契丹二十部族水草地。北邻羽厥，每入为盗。建城，置兵千余骑防之。东南至上京一千五百里”。后废。

②在今山西右玉县西北四十四里右玉城镇。唐天宝三年（744）置静边军于此。《旧唐书·郭子仪传》：天宝十四年（755），郭子仪讨安禄山，“遂举兵单于府，收静边军”。即此。

静边砦　北宋天禧二年（1018）置，属德顺军。在今甘肃静宁县东南。金改为静边县，寻复为砦，属通边县。元废。

静边镇　唐置，属陇右节度使。在今青海贵德县西。仪凤二年（677）置为积石军。

静戎军　北宋太平兴国六年（981）置，治所在静戎县（今河北徐水县）。景德元年（1004）改为安肃军。

静戎县　北宋太平兴国六年（981）置，为静戎军治。治所即今河北徐水县。景德元年（1004）改安肃县。

静戎郡　唐天宝元年（742）招附生羌置，治所在安信县（今四川理县东北，一说在今汶川县西北）。辖境相当今四川理县东北、汶川县西北相连地带。乾元元年（758）改为霸州。

静戎砦　北宋太平兴国二年（977）置，属秦州。在今甘肃清水县西南。金改为镇。

静州　①南朝梁置，治所在龙平县（今广西昭平县）。隋大业三年（607）废。唐武德四年（621）复置。辖境相当今广西昭平县地。贞观八年（634）改为富州。

②唐武德元年（618）置，治所清化县（在今四川旺苍县东南木门镇）。辖境相当今四川旺苍县

及南江县西南地。六年（623）徙州治地平县（今旺苍县东北普济镇大营坝）。贞观十七年（643）废。

③唐天授二年（691）改南和州置，治所在悉唐县（今四川茂县西北）。辖境相当今四川茂县西北及黑水县部分地。开元时移治清道县（今茂县西北）。天宝元年（742）改为静川郡，乾元元年（758）复为静州。大历五年（770）徙于山险之地。北宋移治今茂县东。后废。

④五代时，改唐静边州都督府置，治所在今陕西米脂县西。后汉乾祐初，属定难军。后废。

⑤辽边防城。天庆六年（1116）升金山县置，治所即今内蒙古乌兰浩特市东北郊乌兰哈达镇公主岭一号古城。金废。

⑥西夏置，治所在保静镇（今宁夏永宁县南望洪镇附近）。元废。

静州长官司 明洪武七年（1374）置，属茂州。治所在今四川茂县东二里静州村。《方舆纪要》卷67静州长官司："正德间，与岳蓬为乱，攻茂城，断水道，城中大困，既而克平之。所辖法虎、桃沟等八寨。州南北定门至关子堡，皆属其戍守。"清康熙五年（1666）归附，仍授原职。

静州茶上必里溪安乡等处二十六族军民千户所 元置，属松潘宕迭威茂州等处军民安抚使司。治所在今四川茂县东北二里静州村。明于此置静州长官司。

静江军 唐、五代方镇名。唐光化三年（900）升桂管都防御观察招讨处置等使置，治所在桂州（今广西桂林市）。北宋初废。

静江府 南宋绍兴三年（1133）以高宗潜邸升桂州置，为广南西路治。治所在临桂县（今广西桂林市）。辖境相当今广西龙胜、兴安以南，荔浦、鹿寨以北，漓江、洛清江流域。元世祖至元十五年（1278）改为静江路。明洪武元年（1368）复改为静江府，五年（1372）改为桂林府。

静江路 元世祖至元十五年（1278）改静江府置，属湖广行省。治所在临桂县（今广西桂林市）。辖境相当今广西龙胜、兴安以南，鹿寨、荔浦以北，洛清江、漓江流域。明洪武元年（1368）改为静江府。

静江镇 北宋置，属剑浦县。在今福建南平市东南峣峡。《元丰九域志》卷9南剑州剑浦县有静江镇。明嘉靖《延平府志》卷4古迹：废四镇"延平旧有四镇……今苍峡巡检司为静江镇"。

静安区 2015年撤销上海市闸北区、静安区，设立新的上海市静安区，区政府驻江宁路街道常德路370号。

静安寺 在今上海市静安区西南部，南京西路、华山路口。相传三国吴赤乌年间创建。原名沪渎重元寺，寺址在旧吴淞江下游沪渎港。北宋大中祥符元年（1008）改名静安寺。南宋嘉定九年（1216）迁芦浦之沸井浜畔，即今址。今静安区即因静安寺而得名。

静安军城 五代周于李晏口置，在今河北深州市东南。《旧五代史·周书·世宗纪二》：显德二年（955），"以李晏口为静安军，其军南距冀州百里，北距深州三十里，夹胡卢河为垒，……及垒成，颇扼要害。自是敌骑虽至，不敢涉河，边民稍得耕牧"。北宋雍熙二年（985）废。

静安县 ①北宋雍熙四年（987）改下博县置，为深州治。治所在今河北深州市东南三十里。明洪武三年（1370）废。

②元大德九年（1305）置，为静安路治。治所在今内蒙古达尔罕茂明安联合旗东北阿伦斯木古城。延祐五年（1318）改为德宁县。

静安路 元大德九年（1305）置，属中书省。治所在静安县（今内蒙古达尔罕茂明安联合旗东北鄂伦苏木古城）。辖境相当今内蒙古达尔罕茂明安联合旗及固阳县地。延祐五年（1318）改为德宁路。

静安镇 ①北宋置，属蕲县。在今安徽宿州市东南五十二里大店镇。为古汴河沿岸重镇。

②即今河北昌黎县西南六十里靖安镇。明置堡于此。

③在今江苏南京市西北。《宋史·高宗纪》：南宋建炎四年（1130）五月，"金人焚建康府，执李棁、陈邦光而去；淮南宣抚司统制岳飞邀击于静安镇，败之"。即此。

静阳寨 即今山西昔阳县东静阳村。《续资治通鉴长编》：北宋乾德四年（966），"安国节度使罗彦瓌言与西上阁门副使田钦祚大破北汉军于静阳寨"。即此。

静阳镇 明改净阳镇置，属乐平县。在今山西昔阳县东四十五里静阳村。

静远县 辽置，为益州治。治所在今吉林农安县东北万金塔乡东北西小城子古城。后废。

静远堡 明置，属沈阳中卫。即今辽宁沈阳市西北七十里静安堡。明《辽东志》卷3：静远堡"堡东地势平漫，临境陈宁堡可按伏"。

静园 在今天津市和平区鞍山道原82号。建于1921年，原为陆宗舆宅邸，名乾园。1929年7月清逊帝溥仪居此，"静观变化，静待时机"，故改名静园。周围花墙环绕，院内风景宜人。主要建筑为前后二幢砖木结构的小楼，前楼两层，上有阁楼，下设地下室。除客厅、卧室、盥洗室外，还有陆家的"乩坛"。当时溥仪和婉容住在前楼二楼的东侧，文绣住在西侧。后楼供随从人员居住。溥仪在此曾同清室旧臣、驻军司令官及英、法、意、日等国领事频繁接触，进行复辟清朝的活动。1931年11月溥仪在日本关东军沈阳特务机关长土肥原策划下逃出静园，偷渡海河登上大沽口外"淡路丸"日船，潜往东北去充当伪满皇帝。

静羌砦 北宋置，属新秦县。在今陕西神木县东南一百里。金陷于西夏。废。

静轮宫 北魏太平真君中建。在今山西大同市东御河东曹夫楼东北。为道教宫观。《水经·灅水注》："（大道坛庙）坛之东北，旧有静轮宫，魏神䴥四年造，抑亦柏梁之流也。台榭高广，超出云间，欲令上延霄客，下绝嚣浮，太平真君十一年又毁之。"

静明园　在今北京市海淀区玉泉山之南。辽于此建玉泉山行宫。金又建芙蓉殿行宫。元世祖于此建昭化寺。明英宗又增建上下华严寺。清康熙十九年（1680）改名澄心园，三十一年（1692）改名静明园。《清一统志·京师四》："圣祖仁皇帝（康熙）、世宗宪皇帝（雍正）尝阅武于此。"1900年八国联军入侵，多处建筑被毁，光绪时曾部分修复。民国后曾作为公园向民众开放。日伪时期加固修缮了定光塔，修复了香岩寺。20世纪40年代，大体上可看到原有轮廓。2006年定为全国重点文物保护单位。

静岩山　在今山西灵石县东北。《寰宇记》卷41灵石县："静岩山在县东北二十里，即太岳。下有五龙泉，即文公封子推绵上之田是此。"

静法寺　又称净法寺。在隋大兴城延康坊东南隅，今陕西西安市。宋敏求《长安志》卷10：静法寺"隋开皇十年，左武侯大将军陈国公窦抗所立。寺门拆抗宅棨戟门所造。西院有木浮图，抗弟琎为母成安公主建，重叠绮丽，崇一百五十丈，皆伐抗园梨木充用。其园本西魏大统寺，周武帝废佛教，以其寺赐抗为宅焉"。

静宜园　在今北京市西北香山公园内。清康熙十六年（1677）于此建香山行宫。乾隆十年（1745）重修，增建多处台榭亭阁，改名静宜园，园内有二十八景。1860年英法入侵，1900年八国联军再次入侵，静宜园大部分建筑毁于战火。中华人民共和国成立后辟为香山公园。

静居县　唐显庆元年（656）置，属悉州。治所在今四川茂县西北。天授二年（691）属静州。天宝元年（742）属静川郡。乾元元年（758）属静州。广德后废。

静封县　金承安二年（1197）以胡设务置，属全州。治所在今内蒙古赤峰市北郊。三年（1198）属高州。泰和四年（1204）属大定府。元废。

静封镇　北宋置，属奉符县。在今山东泰安市东四十里。

静南军　唐乾宁二年（895）置，治所在昌州（今重庆市大足县）。领昌、普、渝、合四州，辖境相当今四川安岳、乐至及重庆市荣昌、大足、永川、合川、江津等区县地。后废。

静南县　唐乾元元年（758）置，为昌州治。治所在今重庆市大足县西南五十里高升镇太和村。一说在今大足县东南。《舆地纪胜》卷161昌州：静南县"地名静南坝，因以为县名"。北宋初废。

静胜军　五代方镇。本唐义胜军，梁末帝时改为静胜军。驻崇州（原耀州改名，即今陕西铜川市耀州区）。后唐改为顺义军。

静胜堡　北宋政和六年（1116）置，属会州。在今甘肃榆中县东北。后废。

静海区　2015年撤销静海县，设立天津市静海区，区政府驻静海镇迎宾大道99号。

静海寺　在今江苏南京市城北狮子山西南麓。明永乐九年（1411）为纪念郑和第二次远航西洋归来而建。郑和晚年在寺内居住多年。鸦片战争期间，清钦差大臣耆英、两江总督牛鉴曾在寺内与英国侵略者"议和"。现为《南京条约》史料陈列馆。

静海军　①五代晋天福四年（939）吴越置，治所在温州（今浙江温州市）。北宋初废。

②五代周显德五年（958）升静海镇置，治所即今江苏南通市。不久改为通州。

静海县　①五代周显德五年（958）置，为通州治。治所即今江苏南通市。北宋天圣元年（1023）为崇州治。明道二年（1033）复为通州治。元世祖至元十五年（1278）为通州路治，后复为通州治。明洪武初废。

②明洪武初改靖海县置，属清州。治所即今天津市静海县。洪武八年（1375）改属北平府，十五年（1382）改属河间府。清属天津府。民国初属直隶津海道。1928年直属河北省。2015年撤销静海县，改设静海区。

静海制置院　南唐于海陵县东境置，治所即今江苏南通市。《资治通鉴》：五代周显德三年（956），"吴越王弘俶遣上直都指挥使路彦铢攻宣州，罗晟帅战舰屯江阴。唐静海制置使姚彦洪帅兵民万人奔吴越"。显德五年（958）平江北，改为静海军。

静海镇　①五代时吴越改望海镇置，即今浙江宁波市镇海区。寻改置望海县。

②五代南唐置，即今江苏南通市。周显德五年（958）升为静海军。

静陵　①东汉质帝刘缵陵。在今河南洛阳市东北汉魏故城南。《后汉书·桓帝纪》：本初元年（146），"葬孝质皇帝于静陵"。同书《礼仪志》注引《帝王世纪》曰："在雒阳（今河南洛阳市东北汉魏故城）东，去雒阳三十二里。"

②为北魏孝庄帝子攸的陵墓。子攸为献文帝孙，彭城王勰第三子。梁武帝大通二年（北魏武泰元年，528）二月尔朱荣起兵，拥为皇帝，改武泰元年为永安元年。至三年九月，尔朱荣自晋阳来朝，帝杀荣于明光殿。十二月甲寅，荣弟尔朱兆将帝囚送晋阳。甲子，缢帝于城内三级佛寺，时年24岁。《魏书·孝庄帝纪》载：太昌元年(532)，"谥为孝庄皇帝，庙号敬宗。十一月，葬于静陵"。静陵位置文献缺载，又无墓志佐证，但从出土文物及与北魏帝陵的相对位置推测，今洛阳市北邙山镇上寨村南的大冢可能就是孝庄帝静陵。

静难军　唐、五代方镇名。唐光启元年（885）赐号邠宁节度使为静难军。治所在邠州（今陕西彬县）。北宋初废。

静难镇 在今陕西绥德县西。《资治通鉴》：唐武德九年（626）三月，“壬寅，梁师都寇边，陷静难镇”。即此。

静康盐场 在今广东东莞县西南。《宋史·地理志》：广州东莞县有“静康等三盐场”。

静寇城 唐乾符二年（875）建，为静寇军城。在今四川荥经县西境。《新唐书·地理志》荥经县：“并置静寇军，故延贡地也。”

静惠山 在今四川大邑县北二里。《方舆胜览》卷56邛州：平云亭“在大邑之静惠山”。明曹学佺《蜀中名胜记》卷13大邑县：“本志，静惠山一名东山。山下土城，相传是蜀汉将军赵云筑。盖云尝防羌于此，有云墓及庙存”。

静塞关 唐置，属彭州。在今四川彭州市西北八十五里白水关堡（俗名卡房）。

静塞军 ①唐开元十九年（731）改障塞军置，治所即今天津市蓟县。《资治通鉴》：唐天宝元年（742），“范阳节度临制奚、契丹，统经略威武、清夷、静塞”。胡三省注：“静塞军在蓟州城内。”

②唐大历六年（771）置，属北庭都护府。治所在轮台县（今新疆乌鲁木齐市南乌拉泊古城）。后废。

静塞都督府 唐置，为党项羁縻府，属灵州都督府。其地当在今宁夏黄河两岸地。后废。

静福山 即今广东连州市北福山。《寰宇记》（残本）卷117连州桂阳县：静福山“在县北五十里。梁廖冲者字清虚，为本郡主簿、西曹祭酒、湘东王国常侍，大同三年家于此山，先天二年飞升于此山，后刺史蒋防仰慕高风，刻石为碑”。《舆地纪胜》谓之静禅山。《清一统志·连州》引《州志》曰：“三峰尖秀，高一百三十丈。峰峦环抱，松桧葱郁。唐杜光庭以为七十二福地之一。”

静蕃县 唐置，为玄州羁縻州治所。侨治范阳县之鲁泊村（今河北涿州市境内）。后废。

静慰郡 南朝梁置，属静州。治所在龙平县（今广西昭平县）。辖境相当今广西昭平县北部地。隋开皇九年（589）平陈后废。

碧口 亦作碧峪。即今甘肃文县东南碧口镇。清光绪《文县志》卷1：“碧峪乡，县东一百六十里。”宣统《甘肃新通志》卷9文县：碧峪镇“距县城一百六十里。水陆交通，商贾云集”。民国《甘肃省县总分图》文县图：东南有碧口镇。

碧山 ①在今安徽黟县西北。《清一统志·徽州府一》：碧山“在黟县西北八里。北连石盂，南面霭峰，为黟镇山。山麓有桃花流水，有泉曰灵泉”。今黟县城称碧阳镇，即以在此山之阳为名。

②在今安徽泾县西南，西接青阳县界。《清一统志·宁国府一》：碧山“在泾县西八十里。相传唐李白尝栖此”。

③在今安徽池州市东。《方舆纪要》卷27贵池县：碧山“在府东十里。濒湖。苍岩翠巘，倒影沉碧”。

碧山寺 又名普济寺。在今山西五台县台怀镇东北三里北台山麓，是五台山最大的十方禅处。相传始建于北魏，高僧法聪禅师曾在此讲经。明成化间重建，清康熙三十七年（1698）又予重修。寺内有明成化、正德、嘉靖间碑刻，记事甚详。

碧山河 即今俄罗斯阿穆尔州东北，谢列姆扎河支流碧萨河。《清一统志·黑龙江》“英克河”条下：“碧山河，在（黑龙江）城东北一千四百里。……出东北兴安岭，南流入西林穆丹河。”

碧云（雲）山 在今广东新兴县东。《舆地纪胜》卷97新州：碧云山在“州东二十里，有宝真院”。《方舆纪要》卷101肇庆府新兴县：碧云山“在县东三十里。高百仞，周六十余里。其旁相接者有岚冈山，又有通利山，皆高广”。

碧云（雲）寺 在今北京市西北香山东麓。初名碧云庵，始建于元世祖至元二十六年（1289）。明正德十一年（1516）太监于经拓为寺，俗称于公寺。清乾隆十三年（1748）增建罗汉堂和金刚宝座塔。1925年孙中山逝世后曾停灵柩于此，后建衣冠冢。碧云寺是明清北京西山风景区的重要组成部分，寺院建筑历史悠久，石刻技艺精湛，金刚宝座塔更是乾隆年间的石雕精品。水泉院是北京现存最古老、最精美的一处寺庙园林。2001年定为全国重点文物保护单位。

碧云（雲）洞 在今贵州盘县（红果镇）东北城关镇西南隅。有上、下二洞。上洞口在山腰，有明代题刻“碧锁云封”四字，称天洞，洞口大厅高50余米，宽80余米。下洞口在山麓，有嘉靖三年（1524）题刻“水洞”二字，称地洞，洞口高10余米。宽40余米。天地相通，忽分忽合，全洞长约十三里。沿上洞口左侧石壁盘山而上，山顶有明代古庙楼台，山门横书“碧云洞”三字。明郭子章《黔记》卷8：碧云洞“旧名水洞，外狭内宽，崖悬怪石，即景云‘碧云春洞’。一名玉阳洞”。清康熙《贵州通志》卷6：“洞甚高敞……门有石磬二，以石掷之，铿然有声。稍进，有石龙一、石蛇一，由地而升，挂于壁间，长十余丈，鳞甲皆具。顶透光一隙，下射洞中，朗然如日。有石若金瓜，悬于隙下，光闪璀璨。旁有石类仙人者八，宛如寿图。再进，有人非筏不可渡。”明地理学家徐霞客所记“碧云洞天”及诗碑至今犹存。

碧云（雲）峰 在今贵州遵义市西。《明一统志》卷72播州宣慰司：碧云峰“在宣慰司西。四峰并峙，一峰迥出，青碧如云”。

碧玉泉 即今云南安宁市西北十二里温泉。《清一统志·云南府》：温泉“亦名碧玉泉。一名汤池。《滇略》：滇温泉至多，而州之碧玉泉为冠，四山壁立，中为石坎，飞泉注焉。白云时起，水底可拾针芥。明杨慎云：温泉在安宁州白崖、德胜间，浪穹、宜良、邓州、三泊，凡数十处，而安宁为最。清沏见底，垢自浮去不积。旧有人见其窍出丹砂数粒，乃知其下为丹砂”。

碧玉峰 在今云南华宁县北。《方舆纪要》卷115

宁州："碧玉峰在州北五十里。岩石磷磷，下瞰澂江府之抚仙湖，波光涵浸，如碧玉然。一名石钟岩，以有石如悬钟也。"

碧甲 在今广东惠东县东南，平海镇东。明、清置碧甲巡司于此。《方舆纪要》卷103惠州府归善县：碧甲巡司"在府东南百八十里海滨，正统八年置"。

碧江设治局 1932年改知子罗行政区置，直属云南省。治所在今云南福贡县南八十二里知子罗。民国《云南行政纪实》："境内有碧罗雪山及怒江，因名碧江。"1949年底改碧江县。

碧庐 在今湖南湘乡市南涟水上。《清一统志·长沙府二》：碧庐"宋董南美所居。自号碧庐居士"。

碧灵山 一名碧凌山。在今福建漳平市西北。明嘉靖《漳平县志》卷2：碧灵山"在和睦里西埔社。秀拔端耸，葱碧倩丽。……自昔多传仙迹，龙岩、漳平两县初发文风，皆肇于此"。《方舆纪要》卷99漳州府漳平县：碧灵山在"县西北五十里，亦曰碧凌山。黛色青苍，高凌霄汉"，故名。

碧鸡山 ①又名金马山。在今四川越西县东北四十里。同治《越嶲厅全志》卷2：碧鸡山"山形崖岸，高出群峰。旧有铜厂。以其夷地难开，而山不时放毫"。

②即今西山。在云南昆明市西南郊。唐代至清称碧鸡山。唐樊绰《蛮书》卷2："碧鸡山在昆池西岸上，与拓东城隔水相对。从东来者冈头数十里已见此山。山势特秀，池水清澹。水中有碧鸡山，石山有洞庭树，年月久远，空有余本。"《元混一方舆胜览》中庆路：碧鸡山"山在城西，峰峦秀拔，为诸山长，俯瞰滇池，一碧万顷"。明正德《云南志》卷2：碧鸡山"相传昔有碧凤翔翥此山，后讹为碧鸡云"。元代以来俗称西山。明代亦称太华山。各峰又分别称碧鸡山、华亭山、太华山、罗汉山、太平山等。现为西山森林公园。

碧鸡坊 在今四川成都市旧城区西南。南朝梁《益州记》："成都之坊百有二十，第四曰碧鸡坊。"唐杜甫《西郊》诗云："时出碧鸡坊，西郊向草堂。"《新唐书·田令孜传》：大顺二年（891），王建"入成都，囚令孜碧鸡坊"。皆此。

碧舍县 亦作碧社县。明洪武十五年（1382）改北舍县置，属建昌府（后改建昌卫军民指挥使司）。治所在今四川昭觉县南老城。后废。

碧波桥河 在今贵州安顺市东。《方舆纪要》卷121安顺府：碧波桥河"在府东二里"。

碧浪湖 在今浙江湖州市南。《方舆纪要》卷91乌程县"玉湖"条："碧浪湖，与玉湖相接。"《清一统志·湖州府一》：碧浪湖"在乌程县南三里。郡山四匝，诸水汇聚"。

碧虚山 一名风雩山。在今湖南长沙市湘江西岸岳麓山南。宋知州刘珙作风雩亭其上。《方舆胜览》卷23潭州：风雩亭"张敬夫序云，岳麓书院之南有曾丘焉，于登览为旷。建安刘公作亭其上，以为青衿游息之地。广汉张敬夫名以风雩亭"。

碧虚亭 在今广西桂林市东七星山。初名齐云亭，南宋范成大重建，改名碧虚亭。在七星岩洞有范成大《碧虚亭铭并序》摩崖石刻。

碧落山 在今江西高安市城北。《方舆纪要》卷84瑞州府高安县：碧落山"在府治后，下临井邑，尽在目中。一名凤凰山。山后有五龙冈，前临蜀水"。《清一统志·瑞州府》：碧落山"相传唐武德时，应智顼刺郡，凤凰集此，故名"。

碧落洞 在今广东英德县西南十五里燕子岩南端。东北面洞口高约20米，上刻隶书"碧落洞"三字；西南面洞口高约10米，上刻"碧落洞天"四字。洞长约80米，最高处达40米。有蜕仙台、望仙亭诸胜。石刻分布于东壁和西壁，著名的石刻有唐人周夔的《到难篇》和南汉钟允章撰《碧落洞天云华御室记》等。《方舆纪要》卷102英德县"麻寨冈"条下：碧落洞"在县南十七里。石室深邃。旁有小洞，号云华洞。南汉主晟尝假宿于此"。

碧湖镇 清置，属丽水县。即今浙江丽水市西南三十四里碧湖镇。清时有县丞驻此。

碧湘宫 楚马氏所置，在今湖南长沙市西南。《新五代史·楚世家·马希广传》："希范之卒，希萼自朗州来奔丧。希广……乃以兵迎希萼于砆石，止之于碧湘宫。"即此。

碧鉴海 在今广东佛山市顺德区西南。《方舆纪要》卷101广州府顺德县：碧鉴海在"县西南一里，自粤江分流至此，曲折环合，其色澄碧，因名"。

碧溪 ①桐水支流无量溪东源。源出今安徽广德县东南四十里羲苍山（今称阳岱山）。《清一统志·广德州》：碧溪"在州东三十里，源出羲苍山，西北流入桐水"。

②即今云南墨江哈尼族自治县北碧溪村。1860年杞绍兴率彝族起义军，进军至此。

碧溪寨 南宋绍兴二十年（1150）置，属永春县。在今福建永春县西北。《方舆纪要》卷99永春县"南峰寨"条："相近有占仔、碧溪等寨。《志》云：碧溪寨，宋绍兴二十年州将陈敏讨捕山寇，以其地控漳、泉、汀、建之冲，因置寨。"

碧滩 在今广西桂平市西北八十里黔江中。《方舆纪要》卷108桂平县：碧滩，"成化初，韩雍议峡江百里有上中下三滩，上曰勒马、下曰献俘、中曰碧滩。即而议置武靖州及移思隆巡司于此"。

碧滩堡 明成化中置，即今广西桂平市西北黔江北岸碧滩村。

碧潭 在今台湾省新北市东南新店区对岸，新店溪西岸山脚之下。水深而碧，故名。南岸岩壁凿有蹬道下至船泊处。还有1937年建铁索吊桥，长约200米，横跨潭面。西侧有碧潭幸福乐园等。下游碧潭大桥连接两岸，至新店市街交通方便。

碧霞元君祠 ①在今北京市西北妙峰山。明末创建。清康熙十二年（1673）改称北顶天仙庙，由道士住持。康熙二十八年（1689）改由僧人住持。乾隆二十六年（1761）重修后改名灵感宫。正殿龛座上列坐眼光圣母明目元君、斑疹圣母葆和慈幼元君、天仙圣母碧霞元君、子孙圣母广嗣元君、送生圣母锡庆保产元君等五元君塑像。

②即碧霞宫，在今山东泰安市北泰山玉皇顶南。祀泰山女神碧霞元君。为全国道教著名宫观。

碧霞宫 在今山东泰安市北泰山玉皇顶南。《清一统志·泰安府一》："宋真宗东封，构昭应祠，祀天仙玉女碧霞元君。金改称为昭应观。明洪武中修。成化间改祠为宫。宏治中，名灵应。嘉靖中，名碧霞。"于此望云，常得奔腾缥缈之观。

瑶山 ①在今广东北部乐昌市、乳源瑶族自治县境。见清同治《韶关府志》图。为瑶族聚居地。

②即今广西金秀瑶族自治县大瑶山。《清史稿·地理志》修仁县："修江出西南瑶山界分水坳。"

瑶田市 即今江西永丰县东南瑶田镇。清同治《永丰县志》卷2：瑶田市"在二十八都，距城七十里"。

瑶池都督府 唐贞观二十三年（649）置，属安西都护府。治所在庭州莫贺城（今新疆阜康市东）。永徽二年（651）徙治千泉（今吉尔吉斯斯坦北部吉尔吉斯山脉北麓库腊加特河上游一带）。辖境相当今新疆沙湾县以西、天山以北直至里海。四年（653）废。

瑶剑州 唐开元十七年（729）置羁縻州，属黎州都督府。治所在今四川石棉县南栗子坪乡。北宋以后废。

瑶墟积镇 亦作瑶溪积。即今江西东乡县东南五十里瑶圩乡。清同治《江西全省舆图》卷2抚州府东乡县东南有"窑墟积"。附近产滑石。

瑷珲厅 清光绪三十四年（1908）置，属黑龙江省。治所在瑷珲（今黑龙江省黑河市爱辉区南爱辉镇）。1913年改瑷珲县。

瑷珲县 1913年改瑷珲厅置，属黑龙江省黑河道。治所即今黑龙江省黑河市爱辉区南爱辉镇。1928年直属黑龙江省。1934年瑷珲县迁治黑河屯（今黑河市）。1956年改名爱辉县。1980年析置黑河市。1983年将爱辉县并入黑河市。1993年撤销黑河地区，改设地级黑河市。原县级黑河市改置爱辉区。

瑷珲城 亦作爱荤城、爱呼城、艾浑城。是达斡尔语或满语的音译。方式济《龙沙纪略》称，艾浑意为"可畏"。这是由元朝在江东六十四屯地区设失宝赤（昔宝赤）万户府而来。失宝赤是管理弓矢、鹰隼的武士之意，也是蒙语"可畏的武士"的意译。瑷珲另一说为满语"母貂"之意。又名黑龙江城。在今黑龙江省黑河市东江东六十四屯界内。清为黑龙江将军驻地。康熙二十三年（1684）移将军衙门于江右瑷珲新城（今黑龙江省黑河市爱辉区南爱辉镇），留瑷珲副都统一员驻守旧瑷珲城，二十九年（1690）裁。咸丰八年（1858）沙俄强迫清朝政府在此订立不平等的《瑷珲条约》，割占黑龙江以北，外兴安岭以南广大地区。条约规定：江东六十四屯（包括旧瑷珲城）仍归中国管辖。光绪二十六年（1900）被俄强占。三十四年（1908）于瑷珲新城置瑷珲直隶厅。瑷珲新城是中国各族人民在清代共同开发黑龙江流域的历史见证。2001年瑷珲新城遗址被定为全国重点文物保护单位。

瑷珲将军 即黑龙江将军。治所在旧瑷珲城（今俄罗斯布拉戈维申斯克东南黑龙江东岸）。清康熙《平定罗刹方略》卷1：康熙二十二年（1683），"上因命萨布素为镇守瑷珲等处将军，礼部侍郎温岱、工部给事中雅齐纳为副都统"。次年迁治新瑷珲城（今黑龙江省黑河市爱辉区南爱辉镇）。

瑷珲副都统 即黑龙江副都统。治所在瑷珲城（今俄罗斯布拉戈维申斯克东南黑龙江东岸，后迁今黑龙江省黑河市爱辉区南爱辉镇）。

瑠求 即流求。指今台湾省本岛。《元史·瑠求传》："瑠求，在南海之东。漳、泉、兴、福四州界内彭湖诸岛，与瑠求相对，亦素不通。"元世祖至元二十八年（1291）冬十月，"命杨祥充宣抚使，给金符，吴志斗礼部员外郎、阮鉴兵部员外郎，并给银符，往使瑠求"。即此。

赘其县 西汉置，属临淮郡。治所在今江苏盱眙县西南。东汉省。西晋复置，南朝宋省。

韬光庵 在今浙江杭州市西北高峰南麓。周密《武林旧事》卷5：韬光庵系唐僧"韬光禅师道场，与乐天同时"。五代晋天福三年（938）吴越建为广岩院，北宋改为法安院。世俗仍称韬光庵。

叆阳堡 明置，属定辽右卫。在今辽宁凤城市东北一百二十八里叆阳城。嘉靖初置守备驻防。万历八年（1580）明军与女真王兀堂激战于此。

叆河 古名大虫江，一名出入河。即今辽宁凤城市东北叆河。为鸭绿江支流。《清一统志·奉天府一》：叆河"在岫岩厅所辖凤凰城北二十里。源出边外分水岭，西南流……至城东南二十里，又折流出边入鸭绿江"。

〔一丨〕

嫠山 即今山东定陶县西北十里仿山。《寰宇记》卷13广济军定陶县："嫠山庙在县西北五里层阜之上。按，嫠山，古曹国葬地，连属十五里，仿佛似山，因名。自曹叔振铎至伯阳二十五代皆葬于此。"

摽山 在今山东济南市城北十里。《方舆纪要》卷31历城县"石固寨山"条下：摽山"童无树木，有双峰耸出立如摽，因名"。

摧沙堡 唐置，在今宁夏固原市西北。《资治通鉴》：唐广德二年（764），仆固怀恩会吐蕃、回纥，自朔方南犯，河西节度使杨志烈，遣监军柏文达"遂将众击摧沙堡、灵武县，皆下之"。胡三省注："摧沙堡，在原州西北。”

摘星陀　又名斋星陀。在今北京市房山区西南上方山，为上方山最高峰。海拔 880 米。清《日下旧闻考》卷 130 引阮旻锡《上方山记》：“峰最尊者为斋星陀，华严于此斋星。曰摘星，讹耳。僧巢其颠下，如飞鸟然。”

摘星岭　又名思乡岭、辞乡岭、德胜岭、望云岭。即今河北滦平县西南十八盘岭。为辽时出古北口赴中京驿路必经之地。宋路振《乘轺录》：“下虎北口（即古北口）山，即入奚界，五里有关……五十里过大山，名摘星岭，高五里，又谓之辞乡岭。”清高士奇《塞北小钞》：古北口北有十八盘岭，盘道曲折，即是辽时之思乡岭。

摘星楼　在今江苏扬州市。《清一统志・扬州府二》：摘星楼“在府城西北隅。《旧志》：贾似道筑宝祐城，建楼于上，扁曰‘三城胜处’。摘星楼即其处也”。苏辙、秦观皆有诗。

摺岭　在今湖南宜章县北三十五里。即黄岑山东麓。两峰对峙，盘折而上。《舆地纪胜》卷 57 引《图经》云：“路登陟盘旋摺叠，故名摺岭。”明嘉靖时，知县胡勃凿山开道，行者便之。

墙（牆）人　春秋周邑，在今河南新郑市西北。《左传》：昭公二十三年（前 519），“夏四月乙酉，单子取訾，刘子取墙人、直人”。宋元人注：“墙人、直人具周邑。”

墙子岭关　即今北京市密云县东北墙子路。《方舆纪要》卷 11 密云县：墙子岭关在“县东北七十五里，古北口之东南。城周一里有奇，有水关。嘉靖二十四年朵颜酋影克纠东西部二十万骑溃此而入，大掠通州及顺义、三河诸县。四十二年俺答复由此入犯，崇祯十二年官军败绩于此，守御要地也”。《清一统志・顺天府四》引《密云县志》：“墙子岭关，东自鱼子山，西抵大黄崖口，延袤二百三十一里，辖堡寨十一。”

墙头镇　即今浙江象山县西墙头镇。明嘉靖《象山县志》卷 2：墙头在“县西二十里，为四市”。

墟沟镇　即虚沟城。今江苏连云港市东北墟沟镇。《清一统志・海州》“东海营”条下：“《通志》：云台山，即古东海县。其北有墟沟营。”

墌口城　在今江西南昌市西南约七十里。《陈书・周文育传》：永定元年（557），“广州刺史萧勃举兵逾岭，……遣其别将欧阳頠顿军苦竹滩，傅泰据墌口城，以拒官军”。即此。

境山　在今江苏徐州市铜山区北。《方舆纪要》卷 29 徐州：“境山在州北四十里。相传徐之封境，尽于此山，因名。”

境山沟　在今江苏徐州市铜山区东北。《方舆纪要》卷 29 徐州：“境山沟在州东北二十里。源出州东北五十里之马跑泉，西南至境山镇，又南入于漕河。”

境阳郡　即景阳郡。治所在今四川营山县东六十里黄渡镇景阳村。《隋书・地理志》：“宕渠县梁置，并置境阳郡，开皇初郡废。”

墩下寨　即瞰下寨。在今广东汕尾市西北城内村。明崇祯中置，有城。清以碣石镇左营守备分守于此。

墩白场　在今广东汕尾市西北城内村。清同治《广东图说》卷 26 海丰县：“墩白场盐大使一员，驻墩下寨城。”

嘉卜寺　即今内蒙古化德县城。本康保县地，1934 年于此置化德设治局，1947 年改为新明县。1949 年改为化德县。

嘉山　①在今河北曲阳县东北十里。《旧唐书・郭子仪传》：天宝十五年（756），郭子仪、李光弼等“阵于嘉山，贼将史思明、蔡希德、尹子奇等亦结阵而至，一战败之，斩馘四万级”。又《资治通鉴》：五代唐天成三年（928），王都以定州叛，命“（王）晏球退保曲阳，都与秃馁就攻之，晏球与战于嘉山。大破之”。皆此。

②在今江苏常州市新北区西北，孟城山西。《清一统志・常州府一》：孟城山“又西有嘉山，上有白龙潭，乡人岁旱祷雨于此”。

③在今江苏丹阳市东北四十五里。《清一统志・镇江府一》：嘉山，“境内诸山，惟此山最高，状如伏牛。土人以其出云占雨泽，上有龙池，建善利庙。大江在其北，下有嘉山寺”。

④在今安徽明光市东南三界镇东北。《方舆纪要》卷 29 来安县：“嘉山在县西四十里。山之西北即盱眙县界。”

⑤又名孟姜山。在今湖南津市市南十六里新洲镇东侧。《清一统志・澧州》：嘉山“在州东三十里。上有望夫台、刺竹、镜石”。

嘉山县　1932 年析滁县、来安、盱眙、定远等县置，属安徽省。治所在今安徽明光市南三界镇，1938 年迁治明光镇。

嘉山集　即今安徽明光市东南嘉山乡。旧属来安县。清康熙《滁州志》卷 4 来安县：西北有嘉山乡。

嘉山镇　在今湖南津市市南。明置巡司于此。《方舆纪要》卷 77 澧州：嘉山镇“亦在州东三十里，有巡司”。

嘉川县　西魏恭帝元年（554）改兴乐县置，为宋熙郡治。治所在今四川旺苍县西南嘉川镇。《寰宇记》卷 140 嘉川县：“取嘉陵江所经为名。”隋属义城郡。唐武德初属利州。贞观二年（628）属静州。十七年（643）复属利州。天宝初属益昌郡，乾元初属利州。永泰元年（765）属集州。北宋咸平五年（1002）属利州。元废入绵谷县。

嘉川镇　北宋置，属绵谷县。在今四川旺苍县西南嘉川镇。

嘉义市　①本嘉义县，日本占领期间于 1930 年改嘉义街为嘉义市，属台南州。治所即今台湾省嘉义市。1945 年抗日战争胜利后仍设嘉义市，为台湾省辖市。1950 年改为县辖市。1982 年复升为省辖市。

②即今湖南平江县东五十四里嘉义镇。清光绪《湖南通志》卷1平江县图：县东有嘉义市。

嘉义县 清乾隆五十二年（1787）改诸罗县置，属台湾府。治所即今台湾省嘉义市。据《清高宗实录》称，林爽文起义时攻打诸罗县城，“城内义民帮同官兵奋力守御，保护无虞。该处民人急公向义，众志成城，应锡嘉名，以旌斯邑，著将诸罗县改为嘉义县”。光绪二十一年（1895）被日本占领，1945年收复后设嘉义市。1950年复设嘉义县。1982年嘉义县迁治太宝。

嘉木箐 在今贵州惠水县西南。《方舆纪要》卷121小程番长官司：“嘉木箐在司南十五里。”

嘉玉宗 即加玉宗。今西藏隆子县东南加玉。

嘉平县 南齐侨置，属南谯郡。治所在今安徽全椒县西南十五里。南朝梁废。

嘉业堂藏书楼 在今浙江湖州市东六十里南浔镇南栅万古桥西。原为近人刘承干的藏书楼，1920年始建，1924年落成。因清逊帝溥仪题赐“钦若嘉业”九龙金匾，故名。嘉业堂占地1.5万平方米。其中藏书楼占地1350平方米，建筑面积1955平方米。是一栋平面呈回字形的二层楼房，由二进厅和厢房组成，中央是天井，外设四周廊。它是我国历史上规模最大、功能最全的私家藏书楼，现存古籍八百八十二橱箱。2001年嘉业堂藏书楼与江南名园小莲庄一起被定为全国重点文物保护单位。

嘉禾 ①浙江嘉兴市的别称。因三国吴时有野稻自生于嘉兴县境，北宋政和时曾以嘉禾为嘉兴府前身的秀州郡额，故名。

②江西南丰县的别称。因唐开元八年（720）县治曾徙嘉禾驿而得名。

③福建建阳县的别称。因南宋景定元年（1260）建阳县曾改称嘉禾县而得名。

嘉禾屯 在今浙江嘉兴市境。唐大历初，浙西有三屯，而嘉禾为大。《全唐文》卷430李瀚《苏州嘉兴屯田纪绩颂并序》：“嘉禾一穰，江淮为之康；嘉禾一歉，江淮为之俭。”

嘉禾屿 一名鹭屿、鹭岛、夏门、厦门。即今福建厦门岛。北宋初年的《寰宇记》中已提到该地区有四所岛屿。嘉禾屿之名始见于南宋后期的《舆地纪胜》，地属泉州同安县，有居民千余家。《方舆纪要》卷99泉州府同安县“洒洲屿”条下：“又嘉禾屿，在县西南七十里海中，旧尝产嘉禾，因名。”清道光《厦门志》卷2引《鹭江志》：“昔岛上多白鹭栖息，又有鹭屿、鹭岛之称。”1276年元兵南下，宋幼帝昰曾逃避于此。元末设嘉禾千户所。明洪武二十七年（1394）置中左所，筑厦门城。此后嘉禾屿之名遂湮。

嘉禾县 ①南宋景定元年（1260）改建阳县置，属建宁府。治所即今福建建阳市。元复改名建阳县。《方舆纪要》卷97建宁府：建阳县，“宋景定元年以县之唐石里嘉禾生，改为嘉禾县”。宋时置有银场。

②明崇祯十二年（1639）置，属桂阳州。治所即今湖南嘉禾县。民国初属湖南衡阳道。1922年直属湖南省。

③1912年合嘉兴、秀水二县置，治所即今浙江嘉兴市。1914年改为嘉兴县。

嘉禾驿 在今江西南丰县东一里。唐开元间于此置南丰县。后徙废。

嘉禾郡 今浙江嘉兴市别称。三国吴时有嘉禾生于此。北宋政和七年（1117）以嘉禾为秀州之郡额，以备封爵。

嘉禾街 在今云南绿春县南二十八里。1935年纳楼土司于此设管理三勐地方的衙门，为三勐行政中心和商品集散地，取祥瑞之意，命名嘉禾街。

嘉宁县 三国吴建衡三年（271）置，属新兴郡。治所在今越南富寿省白鹤县南风州。西晋属新昌郡。南朝梁为兴州及新昌郡治。隋大业初属交趾郡。唐为峰州治，天宝初为承化郡治，乾元初复为峰州治。后废。

嘉宁监军司 西夏置，为十二监军司之一。治所在宥州（今内蒙古鄂托克前旗东南城川镇古城）。后废。

嘉会门 南宋临安城（今浙江杭州市）南门。吴越时名龙山门，北宋改利涉门。《武林旧事》卷1《大礼》载：“自嘉会门至丽正门，计九里三百二十步，皆以潮沙填筑，其平如席，以便五辂往来。”元末张士诚重修杭州城时，将南城缩入数里，嘉会门废。

嘉会县 北宋政和四年（1114）置，为亨州治。治所在今四川理县东北一百四十里桃坪乡古城。一说今汶川县西北二十里。宣和三年（1121）废为砦，属威州。后废。

嘉庆关 在今四川乐山市东。《方舆纪要》卷72嘉定州：嘉庆关“在州城东大江东岸。《志》云：凌云寺之西即嘉庆关”。

嘉州 ①北周大成元年（579）改青州置，治所在平羌郡平羌县（今四川乐山市）。《元和志》卷31嘉州：“按州境近汉之汉嘉旧县，因名焉。”而《寰宇记》卷74嘉州称：“以其郡土嘉美为称。”辖境相当今四川乐山、峨眉山、峨边等市县地。隋大业三年（607）改置眉山郡。唐武德元年（618）复为嘉州。治所在龙游县（今乐山市）。天宝元年（742）改为犍为郡，乾元元年（758）复为嘉州。辖境扩大，包括今夹江、犍为、马边等县地。南宋庆元二年（1196）升为嘉定府。唐著名诗人岑参曾为嘉州刺史，世称岑嘉州。

②北周改青州置，治所在齐通县（隋开皇初改为广通县，仁寿初又改为通义县，即今四川眉山市）。隋大业二年（606）改为眉州。

嘉兴市 1949年当地解放后由嘉兴县城区析置，治所即今浙江嘉兴市。1962年撤销，并入嘉兴县。1979年复设嘉兴市。1983年升为地级市。

嘉兴州 明永乐五年（1407）属交趾布政司。治所在笼县（今越南富寿省青山县）。辖境相当今越南山萝省及富寿省和平省部分地。宣德二年（1427），地入安南。

嘉兴县 三国吴赤乌五年（242）改禾兴县置，属吴郡。治所在今浙江嘉兴市南。隋省入吴县。唐武德七年（624）复置，次年又省。贞观八年（634）复置，属苏州。乾宁三年（896）移治今嘉兴市。五代初改属杭州，后晋天福三年（938）吴越于此置秀州，为州治。南宋为嘉兴府治。元为嘉兴路治。明宣德五年（1430）分置秀水县，同为嘉兴府治。1912年与秀水县合并为嘉禾县。1914年复改嘉兴县，属浙江钱塘道。1927年直属浙江省。1981年撤销。

嘉兴府 南宋庆元元年（1195）升秀州置，属两浙西路。治所在嘉兴县（今浙江嘉兴市）。辖境当今浙江省的杭州湾以北（海宁市除外）、桐乡市以东地区及上海市所属吴淞江以南诸地。元世祖至元十四年（1277）改为嘉兴路。至正二十六年（1366）朱元璋复改为嘉兴府，直隶京师，洪武十四年（1381）改属浙江布政使司，府境缩小至限于今浙江省境内。1912年废。

嘉兴路 元世祖至元十四年（1277）改嘉兴府置，二十一年（1284）后属江浙行省。治所在嘉兴县（今浙江嘉兴市）。辖境相当今浙江嘉兴市、平湖市、桐乡市、海盐县和嘉善县。至正二十六年（1366）朱元璋改嘉兴府。

嘉阳城 北魏置，即今河北平山县。《魏书·地形志》：蒲吾县“有嘉阳城”。隋于此置房山县。《元和志》卷17房山县：“其城内实外险，一名嘉阳城。”

嘉牟县 唐武德四年（621）置，属南安州。治所在今陕西宁强县南。八年（625）废。

嘉利泽 在今云南嵩明县东南。明《寰宇通志》卷111：嘉利泽“在嵩盟州东南十五里，方围百余里。水溉民田，鱼供民食，故名”。少数民族语称罗婆泽。因在杨林东北，故又称杨林泽或杨林海子。县境有西湖，此又曾称东湖。近代讹为嘉丽泽，北部称八步海，南部称杨林海，且逐渐沼泽化。1914年设嘉丽泽水利工程局进行垦殖，1952年改嘉丽泽农场。

嘉应寺石塔 即治平寺石塔。在今河北赞皇县东南十里嘉应寺村北。

嘉应州 清雍正十一年（1733）置，属广东省。治所在今广东梅州市。嘉庆十二年（1807）升为嘉应府，十七年（1812）复为嘉应州。辖境相当今广东梅州、兴宁、五华、平远、蕉岭等市县地。1912年废。

嘉应观 在今河南武陟县东南杨庞村。清雍正元年（1723）敕建，占地1.85万平方米，建筑面积3238平方米。南向。为宫、庙、衙三体合一的宫式建筑群。前后三进，中轴线自南向上依次为山门、御碑亭、严殿、大王殿、恭仪亭和禹王阁。两侧有掖门、钟鼓楼、更衣殿、龙王殿、风神殿、雨神殿。中轴线上自山门至禹王阁由砖砌甬道相连，东西跨院为河台、通台衙署。主殿大王殿面阔七间，进深四间，重檐歇山顶。殿内棚顶彩绘六十五幅龙凤图案，为纯满族艺术风格。六角形御碑亭中立雍正二年（1724）铜碑，高4.3米，采用铁胎铜面铸造工艺。嘉应观是仿北京故宫敕建的宫观，按清宫式作法修建，可验证清初颁布的《工部工程作法则例》的有关规定。2001年定为全国重点文物保护单位。

嘉应府 清嘉庆十二年（1807）改嘉应州置，治所在程乡县（今广东梅州市）。辖境相当今广东梅州、兴宁、五华、平远、蕉岭等市县地。十七年（1812）复改为嘉应州。

嘉良县 唐武德元年（618）置，属雅州。治所在今四川雅安市西北。六年（623）废入严道县。

嘉纳堂 十六国西凉都城敦煌（今甘肃敦煌市）城内的殿堂。《晋书·凉武昭王李玄盛传》载：“起嘉纳堂于后园，以图赞所志。”敦煌唐人写卷《沙州都督府图经》称：“其地在子城东北罗城中，今为效谷府。”

嘉林江 在今越南河内市东嘉林县境。《明史·张辅传》：永乐四年（1406）征安南，“十二月，辅军次富良江北，遣骠骑将军朱荣破贼嘉林江，遂与（沐）晟合军进攻多邦城”。

嘉林城 即今越南河内市红河东岸嘉林县。《明史·安南传》：永乐四年（1406），张辅等征安南，“师次芹站，遂造浮桥于昌江以济。前锋抵富良江北嘉林县”。《方舆纪要》卷112安南北江府：嘉林城“在府西南，即今州城也，滨富良江。唐羁縻都金州所领有嘉陵县，疑即此。蛮曰嘉林，置州”。

嘉昌县 南朝宋武帝时置，属宋熙郡。治所在今四川广元市东南。梁以后废。

嘉明镇 即今四川泸县北嘉明镇。明《泸州志》引南宋《江阳谱》：本州惠民乡三里第二十五都有“嘉明市”。清雍正七年（1729）于此置巡司。民国设县佐。

嘉岭山 即今陕西省延安市城东南宝塔山。《方舆纪要》卷57延安府：嘉岭山“在府城东南。形势高峻”。后因山上建有宝塔，故习惯上称宝塔山。

嘉鱼县 五代南唐保大十一年（953）置，属鄂州。治所在鲇渎镇（即今湖北嘉鱼县）。《舆地纪胜》卷66鄂州：“其地有鱼岳山，兼取南有嘉鱼之义。”元属武昌路。明属武昌府。民国初属湖北江汉道。1932年直属湖北省。

嘉河卫 明永乐四年（1406）置，属奴儿干都司。治所在今黑龙江省宾县东枷板河一带，一说在黑龙江省嘉荫县南嘉荫河一带。后废。

嘉定州 ①元元贞元年（1295）升嘉定县置，属平江路。治所即今上海市嘉定区。明洪武二年（1369）复改为嘉定县。

②明洪武九年（1376）改嘉定府置，属四川布政司。治所即今四川乐山市。辖境相当今四川乐山、峨眉山、夹江、洪雅、峨边、犍为、荣县、威远等市县地。清雍正十二年（1734）改为嘉定府。

嘉定县　南宋嘉定十年（1217）析昆山县东境五乡地置，属平江府。治所即今上海市嘉定区。元元贞元年（1295）升为州。明洪武二年（1369）复降为县，改隶苏州府。清雍正三年（1725）改属太仓州。1912年属江苏沪海道。1927年直属江苏省。1958年划归上海市。1992年撤销，改设嘉定区。

嘉定府　南宋庆元二年（1196）以宁宗潜邸升嘉州置，治所在龙游县（今四川乐山市）。辖境相当今四川乐山、峨眉山、夹江、洪雅、犍为等市县地。元改为嘉定府路。明洪武四年（1371）复为嘉定府，九年（1376）降为嘉定州，以州治龙游县省入。清雍正十二年（1734）复升为嘉定府，属四川省。治所在乐山县（今乐山市）。辖境扩大，包括今威远、荣县、峨边三县地。1913年废。

嘉定府路　元世祖至元十三年（1276）改嘉定府置，属四川行中书省。治所在龙游县（今四川乐山市）。辖境相当今四川乐山、峨眉山、夹江、犍为、洪雅、峨边、青神、彭山、眉山、邛崃、大邑、蒲江、丹棱、荣县、威远等市县地。明洪武四年（1371）降为嘉定府。

嘉定路　即嘉定府路。元置，治所在龙游县（今四川乐山市）。明洪武四年（1371）降为嘉定府。

嘉诚县　北周天和元年（566）置，为扶州、龙涸郡治。治所即今四川松潘县。隋属同昌郡。唐武德元年（618）为松州治。广德元年（763）废。

嘉城县　即嘉诚县。治所在今四川松潘县。明曹学佺《蜀中广记》卷31《边防记》："隋曰嘉城，唐曰嘉城，则为松州之所治也。"

嘉荫河　在今黑龙江省嘉荫县南。源出鹤岗市北小兴安岭，东北流至嘉荫县东南入黑龙江。《清史稿·地理志》佛山府："南有嘉荫河。"嘉荫县取名于此。

嘉哇　元代西藏地名。在今西藏拉萨市墨竹工卡县境。《汉藏史集》（藏文版）载：元朝设宣政院，在乌思（即前藏）置驿站七个，嘉哇为乌思七大驿站之一。

嘉顺汛　清置，属怀远营。在今四川冕宁县西南。设千总驻防。

嘉泉　在今甘肃武威市东南。《十六国春秋辑补》卷69前凉录：张骏太元元年（东晋太宁三年，325），"始承晋元帝崩问，骏大临三日，会有黄龙见于揖次之嘉泉"。即此。

嘉祐镇　北宋置，在今河北阜平县东南。《清一统志·正定府》：古嘉祐镇"在阜平县东。……《旧志》：县东胜西庄有嘉中镇，盖即嘉祐之讹也"。

嘉班城　即甲版城。在今辽宁抚顺市东大甲邦。乾隆《皇清开国方略》卷1："（丙戌年，秋七月），初尼堪外兰自嘉班奔明抚顺所，为明兵击逐不容入边。"

嘉峪山　古名洞庭山。在今甘肃嘉峪关市西。《明史·地理志》肃州卫："西有嘉峪山，其西麓，即嘉峪关也。"

嘉峪关　明洪武五年（1372）建，在今甘肃嘉峪关市西。因城在嘉峪山西麓，故名。形势险要，为西通西域大道，素称"天下第一雄关"。明万里长城的西端，即起于此。明设守备，清设游击、巡检驻守。1961年"万里长城—嘉峪关"被定为全国重点文物保护单位。1965年以酒泉县和肃南裕固族自治县各一部分地区设置嘉峪关市，1971年升为地级市，改由省直辖。

嘉峪关市　1965年以酒泉县和肃南裕固族自治县各一部分地区设立嘉峪关市（县级），由甘肃省直辖。1970年由省直辖的嘉峪关市划归酒泉地区。1971年嘉峪关市升为地级市，改由省直辖。市人民政府驻新华南路。

嘉积市　即今海南省琼海市。清道光《琼州府志》卷9会同县《墟市》：嘉积市"在积善都"。相传宋代有商贩名嘉积者在此经商，后各地商人陆续来此开店，渐成圩市，遂以嘉积为名。1950年琼东县迁治于此。1959年改为琼海县治。1992年改为琼海市。

嘉祥县　①北宋宣和元年（1119）改龙游县置，为嘉州治。治所即今四川乐山市。南宋绍兴元年（1131）复为龙游县。

②金皇统七年（1147）置，属济州。治所在山口镇（今山东嘉祥县西二十五里酒店）。正隆初县城圮于水，徙治横山之南（今嘉祥县南六里嘉祥村）。大定十五年（1175）又徙于萌山之下，即今山东嘉祥县。明属济宁州。民国初属山东济宁道。1925年属兖济道。1928年直属山东省。

嘉祥武氏墓群石刻　即武氏墓群石刻。又称武梁祠。在今山东嘉祥县东南二十八里武宅山村北。

嘉陵江　古又名西汉水、渝水、阆中水、巴水。在今四川省东部，为长江支流。《水经·漾水注》："汉水又南入嘉陵道而为嘉陵水。"源出甘肃东南的秦岭山系，汇为西汉水；及四川西北岷山系，汇为白龙江。于四川广元市西南汇流总称嘉陵江。南流经苍溪、阆中、南部、蓬安、南充、武胜诸县市，于合川市纳涪江、渠江，南流至重庆市入长江。全长1120公里。《元史·赵阿哥潘传》：宪宗时伐蜀，"斩朝天关，乘嘉陵江至阆州，获蜀船三百艘"。即此。

嘉陵县　①唐置，属都金羁縻州。治所在今越南宣光省咸安一带。后废。

②1933年8月川陕革命根据地置，治元坝场（今四川广元市东南元坝镇）。1935年4月废。

嘉陵驿　①唐置，在今四川南充市北五里。《舆地纪胜》卷156顺庆府：嘉陵驿，“张蠙《嘉陵驿》诗云：嘉陵路恶石和泥，行到长亭日已西。独倚栏干正惆怅，海棠花里鹧鸪啼”。明移今南充市。

②在今四川广元市西。《清一统志·保宁府》：嘉陵古驿“在广元县西二里。唐时驿道也”。

嘉陵道　①西汉置，属武都郡。治所在今陕西略阳县北境嘉陵江畔。东汉废。

②1914年由川北道改置，属四川省。治阆中县（今四川阆中市）。辖境约当今四川广元、剑阁、盐亭、三台、中江、乐至、安岳以东，通江、平昌、营山、蓬安、岳池、重庆市潼南以西及四川广安、华蓥、邻水等市县地。1928年废。

嘉渠口　亦名渠江口、渠口。即今四川重庆市合川区东北渠江注入嘉陵江处。《宋史·张珏传》：南宋末，蒙元亘刺筑马鬃等城，珏“乃张疑兵嘉渠口，潜师渡平阳滩攻二城”。

嘉梁州　唐天宝前置，属雅州都督府。分东西嘉梁州。治所在今四川小金县境。北宋以后废。

嘉善县　明宣德五年（1430）析嘉兴县置，属嘉兴府。治所即今浙江嘉善县。由嘉兴县迁善等六乡置，故名。民国初属浙江钱塘道。1927年直属浙江省。

嘉裕桥　即今西藏洛隆县东北加玉桥。是横跨怒江的桥梁。清《西藏图考》卷3：“洛隆宗在类伍齐西南，其地有嘉裕桥。”藏语意为右脚桥。古为川藏往来要津。

嘉零湖　一作加林错。即今西藏申扎县西北格仁错。清末辛亥年版《西藏新志》卷上：“嘉零湖，在当拉裕穆湖之东。其形自西北斜亘于东南，长四十英里，广八里至十二英里。湖水清澄。自西北隅流出，而入查尔喀特湖。又自其北隈出而入巴咆诺尔池。湖中水族蕃殖，水禽常群集。”

嘉福殿　在汉魏洛阳故城（今河南洛阳市东北）。《三国志·魏书·文帝纪》：黄初七年（226）五月“丁巳，帝崩于嘉福殿”；《明帝纪》：景初三年（239）正月，“帝崩于嘉福殿”，即此。

嘉黎县　清宣统二年（1910）于拉里置，属川边道。治所在今西藏嘉黎县东北嘉黎镇。不久改为嘉黎宗。1960年复改为县。1989年迁斯尔定咔（后改名阿扎）。

嘉黎宗　亦作拉里宗。清宣统二年（1910）改嘉黎县置，属四川川边道。治所在今西藏嘉黎县东北嘉黎镇。1959年改为嘉黎县。

嘉德城　旧名喀喇巴尔噶逊。俗名达坂城。清乾隆四十七年（1782）筑，在今新疆乌鲁木齐县东南达坂城镇。四面皆山，有险可守。

嘉麟县　唐万岁通天元年（696）置，属凉州。治所在今甘肃武威市西北七十里。后陷于吐蕃。

截洞　在今贵州黄平县南。《方舆纪要》卷121兴隆卫：截洞，“（明）景泰二年，苗‘贼’韦同烈伪称苗王，纠众数万屯聚截洞，攻平越、清平。官军进讨，会师兴隆，贼迎战，击败之，遂退据香炉山。洞盖与香炉山接”。

赫　在今河南汝州市西南。《水经·渠水注》引《竹书纪年》：梁惠王二十八年（前342），“穰疵（苴）率师及郑孔夜战于梁、赫，郑师败逋”。

赫斤部　亦称黑金、赫哲。清初分布于我国东北松花江下游及黑龙江中下游地区。因穿鱼皮衣和使犬驾拽雪橇，被称为鱼皮部或使犬部。清杨宾《柳边纪略》卷3：“自宁古塔东北行千五百里，住松花江、黑龙江两岸者，曰剃发黑金，喀喇凡六，俗类窝稽，产貂。……又东北行四五百里，住乌苏里、松花、黑龙三江汇流左右者曰不剃发黑金，喀喇十数，披发，鼻端贯金环，衣鱼、兽皮，陆行乘舟，或行冰上，驾以狗，御者持木篙立舟上，若水行拦头者然，所谓使犬国也。”在我国境内的赫哲族，主要分布在黑龙江省同江、抚远、饶河等县沿江地区。

赫尔苏门　亦作克尔素边门。清建，为柳条边门之一。即今吉林梨树县东之东辽河西岸赫尔苏门。《清一统志·吉林二》：克尔素边门“在吉林城西北四百里，东距伊屯边门一百八十四里”。

赫尔苏河　亦作克尔素河。即今吉林、辽宁二省间之东辽河。乾隆《钦定盛京通志》卷27：克尔素河“（吉林）城西四百余里。源出库勒讷窝集，北流出边，即辽河上流也。其东北支流曰穆当阿克尔素河”。

赫尔苏站　亦作克尔素站、黑而苏站。清置，在今吉林公主岭市南二龙山附近。有伊通州州同驻此。

赫声千户所　明崇祯三年（1630）置，属镇西卫。治所即今贵州清镇市西北境鸭池村。清康熙二十六年（1687）废。

赫图阿拉故城　在今辽宁新宾满族自治县西苏子河南岸。满语全称赫图阿拉霍通，汉译横岗城。是努尔哈赤建立的后金第一个都城。其内城建于万历三十一年（1603），方圆2.5公里；外城建于明万历三十三年（1605），后金天聪八年（1634）皇太极尊称为“天眷兴京”，遗址称老城，今住有居民。城内有尊号台（又称金銮殿）、文庙、魁星楼、城隍庙、八旗衙门等遗址。2006年定为全国重点文物保护单位。

赫图阿喇　一作赫图阿拉。又称黑秃阿拉、黑图阿喇。为后金的都城。即辽宁新宾满族自治县西三十里永陵镇东老城。努尔哈赤于明万历三十一年（1603）筑。《清太祖实录》卷3：癸卯春正月，“上自虎拦哈达南冈移于祖居苏克苏浒河、加哈河之间赫图阿喇地，筑城居之”。万历四十四年（1616）努尔哈赤在此称汗，建立后金。后金天聪八年（1634）改为兴京。

赫恨噶珊　在今俄罗斯哈巴罗夫斯克边疆区黑龙江下游特罗伊次科耶对岸。清初属宁古塔将军。康熙《皇舆全览图》：黑龙江下游整整河口对岸有“赫恨噶山”。后属三姓副都统。咸丰年间通过不平等的中俄《北京条约》被俄割占。

赫通额河　即今吉林安图县西南松花江支流古洞河。乾隆《钦定盛京通志》卷27：赫通额河，“国语（满语），赫通额，横也。（吉林）城东南一千四十五里。源出勒富善冈，西北流会富勒呼河，入混同江”。

赫勒洪德　亦作赫尔洪特。即今内蒙古陈巴尔虎旗西南赫尔洪德站。《清史稿·地理志》：胪滨府有“赫勒洪德”站，为中东铁路车站之一。

赫萨尔巴什泊　即乞则里八寺海。今新疆福海县西北之乌伦古湖。《清一统志·科布多》：乌陇古河“折西流经阿勒坦乌梁海旗，潴为赫萨尔巴什泊”。

赫章县　1942年置，属贵州省。治所即今贵州赫章县。

赫楞河　又作和罗尔河。即今黑龙江省嫩江县东北科洛河。《清一统志·黑龙江》：赫楞河“在墨尔根城东北四十里。源出东兴安岭，西北流入嫩江”。

誓下州　即下溪州。在今湖南古丈县东北会溪坪。《宋史·蛮夷一·西南溪洞诸蛮上》：“北江蛮酋最大者曰彭氏，世有溪州，州有三，曰上、中、下溪，又有龙赐、天赐、忠顺、保静、感化、永顺州六，懿、安、远、新、给、富、来、宁、南、顺、高州十一，总二十州，皆置刺史。而以下溪州刺史兼都誓主，十九州皆隶焉，谓之誓下。”

誓节渡　即今安徽广德县西五十里誓节镇。《清一统志·广德州》：誓节渡“在州西五十里。《旧志》：唐末黄巢之乱，士人张姓者率乡兵捍之，誓死不退，遂殁开溪，因名”。

誓港市　在今湖南望城县北。《水经·湘水注》：“湘水左合誓口”。即此。《水经注疏》引《晏公类要》：“湘江中有四洲，一曰誓洲，誓口盖以洲名。”

槖泉宫　原名祈年宫，秦孝公改名槖泉宫。在今陕西凤翔县西南古城村。《汉书·地理志》雍县：“槖泉宫，孝公起。祈年宫，惠公起。”《水经·渭水注》：“渭水又东径雍县南，雍水注之。水出雍山，东南流……径胡城东。俗名也，盖秦惠公之故居，所谓祈年宫也。孝公又称之为槖泉宫。”

朅师国　亦作羯师国。在今巴基斯坦北部之奇特拉尔。《资治通鉴》：唐天宝八年（749），“吐火罗叶护失里怛伽罗遣使表称：朅师王亲附吐蕃，因苦小勃律镇军，阻其粮道。臣思破凶徒，望发安西兵，以来岁正月至小勃律，六月至大勃律”。胡三省注：“朅师亦曰羯师，胡种也；与吐火罗领接。”次年“安西节度使高仙芝破羯师，虏其王勃特没。三月庚子，立勃特没之兄素迦为朅师王”。

朅盘陀　亦作渴盘陁、汉盘陀、诃盘陁、喝盘陀、羯盘陀。在今新疆塔什库尔干塔吉克自治县。《新唐书·西域传下》：“朅盘陀东行八百里出葱岭，又八百里至乌铩，环千里，出白、黳、青三种玉。君长世臣朅盘陀。”

朅鱭湿伐罗　即今巴基斯坦卡拉奇。唐玄奘《大唐西域记》卷11：阿点婆翅罗国“国大都城号朅鱭湿伐罗，周三十余里，僻在西境，临信度河，邻大海滨”。

綦市关　明置，属綦江县。在今重庆市綦江县南。《明史·地理志》綦江县：“（南）有綦市关。”

綦江　在今重庆市綦江县及江津区境。《方舆纪要》卷69綦江县：綦江“在县南，即夜郎溪也。自南川县流入，亦曰南江。至县，色如苍帛，因名綦江。亦曰东溪。……西北流入江津县，谓之僰溪”。上源为松坎河，源出贵州桐梓县，北流入綦江县，绕县城东而西，西北流入江津市，于顺江镇西注入长江。

綦江长官司　即南平綦江等处长官司。治所即今重庆市綦江县。《明史·地理志》綦江县：“元綦江长官司，属播州。明玉珍改为县。”

綦江县　元末明玉珍改南平綦江长官司置，属播州。治所即今重庆市綦江县。明郭子章《郡县释名》四川卷：綦江县以綦江（水）为名。明洪武中改属重庆府。《明史·神宗纪》：万历二十七年（1599），“杨应龙陷綦江”。即此。民国初属四川东川道。1928年直属四川省。今属重庆市。2011年改设綦江区。

綦江铁路　从今重庆市江津区东北猫儿沱经綦江县城至三溪矿场（今三江镇）。全长86公里。1943年动工兴建，1945年建成猫儿沱至石佛冈段，长67公里。石佛冈至三溪（今三江镇）段，至1947年才建成。

綦阳镇　即今河北沙河市西北四十里綦村镇。《方舆纪要》卷15沙河县“磬口山”条：“今县有綦阳镇，置铁冶司于此。”

綦村镇　北宋置，属沙河县。即今河北沙河市西北四十余里綦村镇。盛产铁，北宋于此置铁冶司。

聚　春秋晋邑，在今山西绛县东南。《左传》：庄公二十五年（前669），“晋士蒍使群公子尽杀游氏之族，乃城聚而处之。冬，晋侯围聚，尽杀群公子”。

聚乐堡　一名聚落堡。在今山西大同县北三十里聚乐堡村。《清一统志·大同府》：“聚落堡在大同县（治今大同市）东六十里。……明天顺三年筑堡，城周三里。”

聚阳县　西汉置，属右北平郡。治所在今河北东北部。东汉废。

聚远楼　北宋神宗时建，在今江西德兴县南。《舆地纪胜》卷23饶州：“聚远楼在德兴县中最胜处。赵抃、苏轼、蒋之奇皆有诗。”《清一统志·饶州府二》：“聚远楼在德兴县南。……王拱辰、苏洵与子轼、辙、黄庭坚皆有诗。”

聚宝山　①旧名石子冈。在今江苏南京市南，聚宝门外。宋《景定建康志》卷17：聚宝山“在城南雨花台侧，上多细玛瑙石，俗呼为聚宝山”。

②在今湖北黄冈市北二里。《舆地纪胜》卷49黄州：聚宝山“在州治之后，赤壁之上。山多小石，红黄灿然。东坡所作《怪石供》即此石”。

聚宝门　即今江苏南京市旧城正南门中华门。明初改南门为聚宝门，因正对聚宝山（今雨花台）而得名。1931年改名中华门。

聚宝桥　即今江苏南京市城中华门外长干桥。《清一统志·江宁府》：聚宝桥“在江宁县西南。《明统志》有长安桥，即古长干桥。杨吴城金陵，凿濠引秦淮水绕城，置此桥跨之”。

聚奎山　即今奎山。在今山东日照市南。《清一统志·沂州府一》：聚奎山“在日照县东南二十里”。《方舆纪要》卷35作“孤奎山”。

聚星镇　即今江苏启东市西北四十二里王鲍镇（聚星镇）。清光绪《海门厅图志》卷9有聚星镇。

聚落所　明嘉靖二年（1523）置，属大同后卫。即今山西大同县（西坪镇）北聚乐堡村。后废。

聚源场　即今四川都江堰市东南聚源镇。民国《灌县志》卷2：聚源场“亦名新场，在治东十七里，当进省通衢”。

蔷　在今河南新安县西北。《战国策·魏策二》：成恢谓韩王称，“疾攻蔷，楚师必进矣”。即此。

蔷薇河　在今江苏东海县东北。《方舆纪要》卷22海州：蔷薇河在“州治（今海州镇）西一里。东北通北海，西北通赣榆，南通新坝，直抵淮阴，内接市河入州城。先时漕运由此入淮，北场盐课亦从此达安东（今涟水县）。后以潮汐往来，旋浚旋塞。《志》云，河源出州西北百里之羽山，过州北八里独树浦，达石湫河。其石湫河在州南二十里，旧时州境之水，多汇于此以达海”。

慕义山　在今缅甸北部新维北。《方舆纪要》卷119木邦宣慰使司：“慕义山在司北。万历三十二年，陇川孟卯酋多淹叛附缅甸，负嵎于木邦境内慕义山。”

慕义里　在汉魏洛阳故城南洛水南岸（今河南洛阳市东北）。北魏建崦嵫馆于此，以处西域诸国人。

慕化县　①南齐置，为南淮安左郡治。治所在今河南信阳市西北。北魏废。北齐复置，为淮安郡治。隋大业初改为淮源县。

②唐永贞元年（805）改纯化县置，属桂州。治所在今广西鹿寨县北中渡镇北长安村。五代梁开平元年（907）改为归化县，后唐同光初复为慕化县。北宋嘉祐六年（1061）废。

慕化镇　北宋置，属临桂县。在今广西鹿寨县北。

慕东陵　在今河北易县西永宁山下清西陵中慕陵的东北方。是道光帝的孝静皇后博尔济吉特氏和妃嫔等人的陵寝。

慕田峪长城　在今北京市怀柔区北三渡河村慕田峪北。是北京地区长城的重要组成部分，与居庸关长城等构成明代京师北部边关重要防御体系。慕田峪长城一般高约7米，底宽约6米，基础用花岗岩条石包砌。上部砌城砖，沿陡峭的山脊线砌筑。顶部马道两侧均有城砖砌筑的垛墙，垛墙上有射孔。慕田峪一带因山势平缓，故敌台林立，最近距离不过50米。空心敌台高宽一般均在12米左右，分上下两层。下层为室，上层建望亭。正关台形制奇特，三座敌楼联结并立，有的地段城墙急剧陡升至制高点，十分壮观。

慕田峪堡　明长城关口之一。在今北京市怀柔区西北二十八里三渡河村慕田峪。《方舆纪要》卷11昌平州“苏家口”条：“慕田峪堡在州东北百有五里，其西南有慕田峪城，设官军戍守，万历初移渤海所于慕田峪关是也。”此段长城保存完好，今已辟为北京长城旅游点。

慕仙县　唐贞观五年（631）置，后属羁縻炎州。治所在今四川茂县西北或黑水县境。后废。

慕役长官司　明洪武十九年（1386）置，属永宁州。治所即今贵州关岭布依族苗族自治县南花江镇。清乾隆年间裁。“慕役”系彝语音译，意为水井或龙井。

慕役寨　元置，即今贵州关岭布依族苗族自治县南花江镇。明洪武十九年（1386）改置慕役长官司。

慕驾川　即慕贺川。在今青海贵南县北木格滩。《南齐书·河南传》：吐谷浑“其王治慕驾川。多畜，逐水草，无城郭”。

慕贺川　在今青海贵南县北木格滩。《宋书·吐谷浑传》：“白兰土出黄金、铜、铁。其国虽随水草，大抵治慕贺川。”《南齐书》作“慕驾川”，《北史》、《通典》作伏罗川。

慕容城　简称慕城。在今安徽庐江县东四十里陈家老庄院城关村南。《方舆纪要》卷26庐江县“龙舒城”条下：“又慕容城。在县东二十里。萧齐永元二年魏取淮南城，筑此城戍守。”《清一统志·庐州府二》：慕容城“相传慕容垂屯兵所筑”。现遗址成台形隆起状。

慕陵　清宣宗道光之陵。在今河北易县西五十里永宁山下清西陵内。

慕善镇　在今安徽青阳县西南庙前镇，为九华山北大门。《清一统志·池州府一》：慕善镇“在青阳县西南二十五里。俗名五显庙。前通五溪河”。

慕德里　一名河岭堡。即今广东广州市北郊江高镇。明洪武二年（1369）于此置慕德里巡司。清裁。

慕德镇　在今广东广州市西北。明属番禺县。洪武三年（1370）置慕德里巡司于此。

慕寮江　在今广西藤县西十里。《明史·地理志》藤县：“西有幕僚江。”《方舆纪要》卷108藤县：慕寮江“源出罗幔岭，分二流，流二十里而复合于藤江”。

暮云（雲）镇　在今湖南长沙县南，湘江东岸。明置暮云市巡司。《清一统志·长沙府二》：暮云镇“亦名暮云市”。

暮稜水　即今黑龙江省五常市东牤牛河。源出市东南摩琳山，西北流入拉林河。《金史·世纪》：“腊醅麻产侵掠野居女直，略来流水牧马。……世祖复伐之，腊醅等绐降，乃旅。腊醅得姑里甸兵百十有七人，据暮稜水守险。”清称摩琳河。

蔓头关　在今贵州长顺县西南睦化乡北。《方舆纪要》卷121金筑安抚司：蔓头关在“（木瓜长官）司北十五里”。

蔓神寨　在今云南大理市东凤仪镇境。明置土巡检司于此。

蔓渠山　为熊耳山之殊称。又名鸾山、峦山、闷顿岭。在今河南卢氏县东、栾川县西北。为伊水发源处。《山海经·中山经·中次二经》：“蔓渠之山，其上多金玉，其下多竹箭，伊水出焉，而东流注于洛。”《汉书·地理志》弘农郡卢氏县：“熊耳山在东，伊水所出。”《水经·伊水》：“伊水出南阳鲁阳县西蔓渠山。”

蔓葭　一作宁葭。战国时中山国地，在今河北鹿泉市北。《史记·赵世家》：武灵王二十年（前206），“王略中山地，至宁葭”。《索隐》：“一作蔓葭，县名，在中山。”

蔑　即姑蔑。在今山东泗水县东四十余里卞桥南。《春秋》：隐公元年（前722），“公及邾仪父盟于蔑”。杜注：“蔑，姑蔑。”

蔑怯思城　亦作灭怯思城、麦怯斯城、麦各思城。为阿速国都城。在今俄罗斯高加索山北。《元史·太祖纪》：十一年（1239），“冬十一月，蒙哥率师围阿速蔑怯思城，阅三月，拔之”。

蔡　西周封国。姬姓。周武王封弟叔度于蔡。成王即位，蔡叔因参与武庚叛乱而被逐。后复封蔡叔之子胡于蔡（在今河南上蔡县西南）。春秋时屡受齐、楚侵伐。公元前531年为楚灵王所灭。公元前529年楚平王复立蔡，平侯迁新蔡（今河南新蔡县）。公元前493年吴徙蔡昭侯于州来（今安徽凤台县）。公元前447年为楚所灭。

蔡口镇　北宋置，属项城县。在今河南淮阳县南、沙河北岸。

蔡山　①在今湖北黄梅县西南九十里长江滨。《尚书·禹贡》：“九江纳锡大龟。”孔氏传曰：“龟出九江水中，蔡龟也，故以名其山。”《新唐书·曹王皋传》：建中四年（783），李希烈之兵“栅蔡山不可攻”，后皋“再攻蔡山，拔之”。即此。

②在今四川雅安市东南五里。《尚书·禹贡》：“蔡蒙旅平。”此山一名周公山。《寰宇记》卷77严道县：周公山，“《耆老传》云：昔诸葛亮征南，于此梦周公，遂立庙”。故名。《舆地纪胜》卷147雅州：蔡山“即《禹贡》所谓蔡蒙也。叶少蕴书解云：蔡在严道县”。即此。胡渭《禹贡锥指》谓即峨眉山。

蔡山镇　即今湖北黄梅县西南蔡山镇。民国时设县佐。

蔡子宅　在今湖南耒阳市西南二里。《水经·耒水注》：肥川“西北径蔡洲，洲西即蔡伦故宅，傍有蔡子池”。《初学记》卷21引盛弘之《荆州记》曰：“枣阳（应为耒阳）县西许步蔡伦宅，其中具存，其傍有池，即名蔡子池。”

蔡元培故居　在今浙江绍兴市越城区萧山街笔飞弄13号。蔡元培（1868—1940），字鹤卿，号孑民。浙江绍兴人。近代著名民主革命家、教育家，曾任光复会会长、北京大学校长、中华民国教育总长、中央研究院院长。故居坐北朝南，砖木结构，有门厅、正厅和座楼，占地1856平方米。蔡元培在此出生并度过了青少年时代。2001年定为全国重点文物保护单位。

蔡冈　在今河南上蔡县东。《方舆纪要》卷50上蔡县：蔡冈“在县东十五里，周二十里”。

蔡氏古民居建筑群　在今福建南安市东南官桥镇漳里村。村内有清代民居二十座，以光绪年间建造的十五座最具特色。主体建筑为硬山燕尾脊五开间大厝，左右为卷棚式厢屋。宅院占地为350—1850平方米不等，有序地分布在东西长200多米、南北宽100多米的长方形地块中。清咸丰四年（1854），蔡资深随父到菲律宾经商，后成为著名侨商，遂在村中购地建房盖祠。同治间建宅两座，光绪间建宅十三座、宗祠一座，宣统间建书房一座。由蔡资深建造的十七座宅厝与祠堂，总建筑面积1.26万平方米。民居设计精致，内外装饰华美，有石雕、砖雕、木雕与泥雕。屋内墙壁多清代绘画及晚清文人的题词，集雕刻、绘画、书法于一体，有很高的艺术价值与历史价值。2001年定为全国重点文物保护单位。

蔡水　①又作蔡河。源于今河北邢台市北，东流入任县境。《清一统志·顺德府一》：蔡河“发源邢台县北梁原店之西山，东流入任县界，至圣水井与圣水河合，东入大陆泽”。

②在今河南泌阳县南。俗名田市河。《水经·比水注》：“比阳县故城南有蔡水，出南磐石山，故亦曰磐石川，西北流注于比。”

③即古沙水。“沙”，本音“蔡”，魏晋北朝后遂通作“蔡”。《三国志·魏书·文帝纪》：黄初五年（224），为水军“循蔡、颍，浮淮，幸寿春”。《水经注》作“沙”，《魏书·地形志》以后皆作“蔡”。隋唐以后下游自今淮阳东出鹿邑下今茨河一支已淤断，径由古蒗荡渠东南入颍。五代周显德中自开封城东导汴水入蔡以通漕。北宋建隆初，导汴京西南闵水贯京城合于蔡，自后蔡河即以闵河为源，漕运大畅。开宝后因闵河改名惠民河，遂亦通称蔡河为惠民河。元时蔡河已淤为悬河。明以后屡为黄河决流所夺。开封、淮阳间故道尽归填淤。今惟残存淮阳县以下入颍一段，尚有东西蔡河之名。

④一名蔡沟。又作蔡河。在今河南上蔡县东

南。《清一统志·汝宁府一》：蔡沟“在上蔡县东南三十里。一水流衍，贯洪河而东入颍。世传龟行之迹成沟。所谓白龟浮于蔡河是也”。

蔡龙县 唐武德五年（622）置，属姜州。治所在今广西浦北县西北。《新唐书·地理志》：“从蔡龙洞名之。”贞观十年（636）属廉州。北宋开宝五年（972）废。

蔡龙洞 在今广西浦北县西北。《舆地纪胜》卷120廉州：蔡龙洞“本汉合浦县地。唐武德置蔡龙州，因县界有蔡龙洞故也”。《清一统志·廉州府》：蔡龙洞“在合浦县东北百余里，三山之北”。

蔡寺 南宋淳熙二年（1175）建，在今西藏拉萨市东郊。为藏传佛教蔡巴噶举之祖寺。

蔡伦墓和祠 在今陕西洋县东龙亭镇（龙亭铺）南。蔡伦（？—121），字敬仲。东汉桂阳（郡治今湖南郴州市）人。和帝时，为中常侍，曾任主管制造御用器物的尚方令。安帝元初元年（114）封龙亭侯。传为我国造纸术的发明人。墓前有明万历三十一年（1603）“汉龙亭侯蔡伦之墓”碑、万历四十一年“新建祠记碑”和清乾隆四十一年(1776)“汉龙亭侯蔡公伦墓”碑。墓南有蔡伦祠。2006年定为全国重点文物保护单位。

蔡各庄 即今河北秦皇岛市西南北戴河之蔡各庄。清同治《畿辅通志》卷49临渝县图：西南有蔡各庄。

蔡庄 即今河南尉氏县南三十五里蔡庄镇。相传东汉蔡邕宅墓及其先世之墓皆在此。

蔡州 ①东魏置，治所在新蔡县（今河南新蔡县）。北齐废。

②西魏末改南雍州置，治所在蔡阳郡蔡阳县（今湖北枣阳市西四十里翟家古城）。隋大业初废。

③隋大业二年（606）改溱州置，治所在上蔡县(即今河南汝南县)。三年（607）改为汝南郡。唐武德四年（621）改为豫州。宝应元年（762）复改蔡州，治汝阳县（即今汝南县）。辖境相当今河南淮河以北、洪河上游以南，桐柏山以东地区。唐中叶藩镇李希烈、吴元济等先后割据于此。金天兴二年（1233），哀宗自归德府（今河南商丘市南）徙都于此。元世祖至元三十年（1293）改为汝宁府。

蔡汝 唐方镇名。宝应元年（762）改豫许汝节度置，治所在蔡州（今河南汝南县）。领蔡、汝、申三州。大历八年（773）废入淮西节度。

蔡阳 一名上蔡。在今河南上蔡县西南。《史记·秦本纪》：昭襄王三十三年（前274），“客卿胡阳攻魏卷、蔡阳、长社，取之”。《正义》引《括地志》：“蔡阳，今豫州上蔡水之阳，古城在豫州北七十里。”

蔡阳县 战国秦置，属南郡。治所在今湖北枣阳市西四十里翟家古城。出土秦封泥中有“蔡阳丞印”可证。西汉属南阳郡。东汉改为蔡阳侯国。三国魏复为蔡阳县。西晋属义阳郡。南朝宋大明初废。南齐置东、西二蔡阳县，属蔡阳郡。梁并为蔡阳县，为蔡阳郡治。北魏为南雍州治。西魏为蔡州治。隋属春陵郡。唐初废。

蔡阳河 在今云南巍山彝族回族自治县南。《方舆纪要》卷118蒙化府：“蔡阳河在城南。源出东山，流入阳河。”

蔡阳郡 南齐置，属宁蛮府。治所在乐安县（今湖北枣阳市西）。梁移治蔡阳县（今枣阳市西四十里翟家古城）。北魏为南雍州治。西魏为蔡州治。隋开皇初废。

蔡村 亦名南蔡村。即今天津市武清区北二十五里南蔡村镇。清设把总驻此。

蔡村堡 即今山西浑源县西北蔡村镇。《清一统志·大同府》“韩村堡”条下：蔡村堡“在（浑源）州北十二里”。

蔡县 春秋楚置，治所在今河南上蔡县西南。后改为上蔡县。

蔡里营 又作蔡里、蔡宗。清乾隆间置，在今西藏拉萨市东南蔡公堂。

蔡甸镇 旧名蔡店。即今湖北武汉市西北蔡甸区蔡甸镇。1949年汉阳县徙治于此。1992年为蔡甸区驻地。

蔡沟水 即今河南博爱县南蒋沟，东流经获嘉、修武二县入沙河。《水经·清水注》：蔡沟水“上承州县北白马沟，东分谓之蔡沟，东会长明沟水”。

蔡沟镇 即今河南上蔡县东蔡沟乡。清康熙《上蔡县志》卷2《集镇》：“蔡沟镇，城东六十里。”

蔡陂县 隋开皇十六年（596）分长葛、许昌、鄢陵三县置，属洧州。治所在今河南尉氏县西南三十里。大业二年（606）废。

蔡国故城 在今河南上蔡县城关一带（上蔡县城位于蔡国故城的东北角）。《史记·周本纪》载：周武王克商，封“弟叔度于蔡”。即此。春秋时蔡灵侯十二年（前531）楚灵王诱杀蔡灵侯，灭蔡。两年后，蔡平侯复国，迁都州来，名新蔡。历史上称故都为上蔡，蔡国在此建都历时五百余年。城址平面略呈长方形，夯筑城墙周长10.49公里。现存城垣最高处达15米，最宽处25米，城外有护城河环绕。城中部有一大高台，东西长约1200米，南北宽约1000米，面积约120万平方米，传为蔡侯朝宫所在，今名二郎台。台上发现有很多古井及陶制排水管道，台上台下出土有筒瓦、板瓦等建筑构件残片。城内外还发现手工业作坊遗址和墓地。该城址对研究西周时期的社会、经济等均有重要价值。1996年定为全国重点文物保护单位。

蔡店 ①即今湖北武汉市蔡甸区驻地蔡甸镇。《元史·伯颜传》：元世祖至元十一年（1274），伯颜伐宋，降复州，“军次蔡店”。即此。明、清皆置巡司于此。民国初改置县佐。1949年汉阳县自汉阳城区迁此。1992年9月改为武汉市蔡甸区。

②即今湖北武汉市黄陂区北蔡店镇。民国《湖北通志》卷33《乡镇》：“蔡店，在（黄陂县）城北

百里。”

蔡泽陂　在今河南尉氏县西南。《水经·渠水注》：“沙水南与蔡泽陂水合，水出鄢陵城西北。陂东西五里，南北十里。”

蔡泾闸　在今江苏江阴市南南闸镇。为五泻水上之闸。《宋史·河渠七》：南宋乾道二年（1166）“以漕臣姜诜等言，造蔡泾闸及开申港上流横石，次浚利港以泄水势”。

蔡城塘　在今安徽淮南市东。清光绪《寿州志》卷3：蔡城塘“在州治东七十里蔡城乡。周二十六里”。

蔡侯祠　在今湖南耒阳市区东南蔡子池畔。相传为中国古代造纸术、蔡伦纸发明人蔡伦故宅。蔡伦（？—121），字敬仲。东汉和帝时任主管制造御用器物的尚方令，曾总结西汉以后的造纸术，采用旧渔网、破布、麻头等造纸，于元兴元年（105）献于和帝。《后汉书·蔡伦传》称：“帝善其能，自是莫不从用焉，故天下咸称‘蔡侯纸’。”后人即宅建祠纪念。元顺帝至元四年（1338）知州陈宗义重修，几经兴废，现祠为清代建筑。1956年、1981年修整。为三进砖木结构青瓦平房，四合院式。进深22.85米，面阔17.95米。祠大门上楷书直额“蔡侯祠”，门联：“芳池月映，故宅风存。”内置白石屏风，刻记蔡伦生平功绩及建祠始末。后厅陈列有蔡伦春纸的石臼。祠前有蔡子池，传为蔡伦造纸汲水处。祠后蔡伦墓为衣冠冢，墓前牌坊上的“蔡伦之墓”四字为郭沫若手书。现祠内设蔡伦纪念馆。2006年定为全国重点文物保护单位。

蔡洲　①又名蔡家泾、蔡家沙。故址在今江苏南京市西南。《寰宇记》卷90江宁县：蔡洲“在县西十二里，周回五十里。《丹阳记》云：吴时客馆在蔡洲上，以舍远使”。《晋书·成帝纪》：东晋咸和三年（328）苏峻之乱，陶侃等入援，诸将“舟军四万，次于蔡洲”。即此。

② 在今湖北襄阳市南汉水西。《水经·沔水注》：“沔水又东南径蔡洲，汉长水校尉蔡瑁居之，故名蔡洲。”《太平御览》卷69引《荆州图经》曰：“襄阳县南八里岘山东南一［十］里，江中有蔡洲。汉长水校尉蔡瑁所居，宗族强盛，共保蔡洲。为王如所没，一宗都尽。”

蔡家庄集　一名蔡庄。即今河南尉氏县南蔡庄镇。明嘉靖《尉氏县志》卷1《市集》：“蔡家庄集，在县南四十里。”

蔡家沟站　清置，即今吉林扶余县东北蔡家沟镇。《清史稿·地理志》新城府：“东清铁路站三：蔡家沟、石头城、陶赖昭。”

蔡家林集　即今山东梁山县东南二十四里蔡林镇。旧属汶上县。清光绪《山东通志》卷1《舆图志》：汶上县西南有蔡家林集。

蔡家河市　即今湖北浠水县东北蔡河镇。民国《湖北通志》卷33蕲水县：蔡家河市“在县东北六十里”。又同书卷73《兵事》：清同治三年（1864），捻军“自蔡家河遁安徽英山”。

蔡家埠　即今湖南永州市冷水滩区南蔡市镇。湘桂铁路旧有冷蔡支线通此。

蔡家崖　即今山西兴县西十七里蔡家崖。1939年后为晋绥边区政府驻地。

蔡家路镇　即今上海市浦东新区川沙镇北蔡路镇。清光绪《江苏全省舆图》：川沙县北有“蔡家路”。

蔡御窑街　一作蔡玉窑。即今陕西柞水县东南蔡玉窑镇。清光绪《陕西全省舆地图》孝义厅：蔡御窑街“在厅（今柞水县）东三十里”。

蔡湖　在今安徽全椒县南。《方舆纪要》卷29全椒县：蔡湖“在县南十五里。居民多引以溉田。旁有蔡城。《志》云：南唐筑城湖侧，蓄水以御周师”。

蔡溪岩　即今福建仙游县北菜溪。《舆地纪胜》卷135兴化军《景物下》：蔡溪岩“在兴化县西六十里。陈易隐居之所。易不下山者五十年，崇宁初召，不肯起”。

蔡锷故居、公馆和墓　在今湖南邵阳市及其西洞口县和长沙市岳麓山。蔡锷（1882—1916），原名艮寅，字松坡，湖南邵阳人。今邵阳市大祥区蔡锷故居，系一土砖平房，面阔三间，1991年修复后辟有陈列馆。邵阳市西的洞口县山门镇，蔡锷青少年时代大部分时光在此度过。这里的蔡锷公馆原称“武安宫”，始建于清康熙二十一年（1682），朝向西南，砖木结构，前后三进，面阔各五间，占地1300平方米。第一进有牌楼戏台，有二层楼，上、下层分别为蔡锷书房和其父母卧室。另有蔡家蒸酒做豆腐的作坊。原二、三进分别为礼堂、神主堂，单檐硬山屋面。2003年修复有私塾（松坡小学）及蔡锷双亲墓地。蔡锷1899年留学日本，1900年回国，准备在汉口发动武装起义，事败再渡日本，改名锷，以示投笔从戎的决心。1903年冬于日本士官学校卒业，1904年回国调广西训练新军。1911年辛亥革命时在云南起义，被推为云南军政府都督。袁世凯称帝时，在云南组织护国军讨袁，任第一军总司令，出兵四川。袁世凯死后，任四川督军兼省长，旋因病离职。1916年赴日本就医，11月8日病逝于日本。次年归葬于长沙岳麓山。墓园占地5000平方米，设石墙围护，四周广植松柏枫杨。石砌圆墓，矗立尖顶墓塔，嵌以青铜铸制碑文“蔡公松坡之墓”。2006年蔡锷故居、公馆和墓被定为全国重点文物保护单位。

蔡旗堡　明置，属镇番卫。在今甘肃民勤县西南一百二十里蔡旗乡。清初设守备，后改千总。

蔡襄墓　在今福建仙游县东南四十二里枫亭镇锦岭。蔡襄（1012—1067），字君谟，仙游人。进士出身，历任漳州军事判官、西京留守推官、福建转运使、枢密院直学士、端明殿学士和开封、福州、泉州等地郡守。工书法，为宋代四大书法家之一。治平四年（1067）病卒葬此。

蔗山　在今浙江淳安县（排岭镇）北四十四里。宋

《淳熙严州图经》卷3淳安县：蔗山，“故老相传云：昔人于此种甘蔗，因以名山”。

蔺　或称蔺阳、北蔺。战国时赵国之县，治所在今山西柳林县西北孟门镇。《史记·赵世家》：成侯三年(前372)，“魏败我蔺”；成侯二十四年（前351)，“秦攻我蔺”。皆此。

蔺市　在今重庆市涪陵区西六十里长江南岸蔺市镇。《宋史·理宗纪》：南宋开庆元年（1259），蒙哥攻合州，命纽璘锁长江，以绝吴、蜀之路，“造浮梁于涪州之蔺市”。

蔺州　唐元和初置，属泸州都督府。治所在今四川古蔺县。北宋乾德二年（964）废。

蔺阳　又作蔺、北蔺。战国时赵县。后入秦，治所即今山西柳林县西北孟门镇。《史记·六国年表》：秦惠文王后十二年（前313)，“樗里子击赵蔺阳，虏赵将”。即此。

蔺县　战国赵置。后入秦，属太原郡。治所在今山西柳林县西北孟门镇。西汉属西河郡。东汉末废。

蔺沟　在今北京市昌平区东南大东流村南后蔺沟。清于此置经制外委驻守。蔺沟河由此入温榆河。今村分前、后蔺沟。

蔺城隘　在今甘肃通渭县东南。《方舆纪要》卷59巩昌府通渭县：蔺城隘“在县东南八十里。其地有蔺家硖也”。《清一统志·巩昌府二》作蔺家峡隘。

蔺家河　在今河北邯郸县西南。《方舆纪要》卷15邯郸县：蔺家河在“县西南二十里。《志》云：以近相如故宅而名”。

蔽　亦作弊、邲。西周邑，春秋为郑地。在今河南郑州市东。《史记·郑世家》：“东徙其民雒东，而虢、郐果献十邑。”虞翻曰：“十邑谓虢、郐、鄢、蔽、补、丹、依、畴、历、莘也。”

蔽山　在今湖北安陆市北四十里。《方舆纪要》卷77安陆县：蔽山“山如屏嶂，遮蔽南北，其阴即应山县界”。

蔚子桥　即尉子桥。在今安徽含山县北四十八里。《金史·海陵纪》：正隆六年（1161）大举伐宋，“败宋兵于蔚子桥”。

蔚头州（蔚 yù)　唐贞观中置，属安西都护府。治所在今新疆巴楚县东北。贞元中废。

蔚州（蔚 yù)　①北魏永安中以怀荒、御夷二镇侨置，寄治并州郭县界，在今山西平遥县西北二十五里。北周移治灵丘县（今山西灵丘县)。隋大业初废。唐武德六年（623）复置，寄治阳曲县（今太原市北阳曲镇)，次年移治繁畤县（今繁峙县西)，八年(625）移治秀容县北恒州城（今忻州原平市西南楼板寨)，贞观五年（631）还治灵丘县，开元初移治安边县（今河北蔚县，至德中改名兴唐县，五代梁开平中改名隆化县，后唐同光初复名兴唐县，辽又改名灵仙县)。1913年改为蔚县。唐开元后辖境相当今河北阳原、蔚县、涞源县及山西阳高、天镇、广灵、灵丘等县地。清时仅辖今蔚县。

②西魏侨置，治彭阳县（今甘肃庆阳市西峰区北彭原乡)。北周废。

③西魏大统六年（540）侨置，寄治乐蟠城（今甘肃环县西南七十里)。北周废。

蔚州玉皇阁　又称靖边楼。在今河北蔚县城北城垣上。建于明洪武十年（1377)。清代重修。坐北朝南，面阔三间，进深二间。一层楼内的北墙及东、西山墙均有彩绘壁画，内容为道教的“天宫图”。阁前竖有八通明清重修碑和游记碑。前面东西两侧为钟鼓楼，中为南门。垣下为前院，有天王殿和东西厢房。整个建筑精美壮观。1996年定为全国重点文物保护单位。

蔚州城　又名屈顿城。在今山西平遥县西北二十五里。《方舆纪要》卷42平遥县：蔚州城“后魏末侨置蔚州，迁蔚州民居此。后周废。《城冢记》谓之屈顿城。昔汉武帝于汾隄侧屈曲为顿，后因汾水泛溢废坏。后魏于其地侨置蔚州，今城址犹存”。

蔚县（yù)　清康熙三十二年（1693）改蔚州卫置，属宣化府。治所即今河北蔚县。乾隆二十二年(1757）废入蔚州。1913年改州为县，属直隶口北道。1928年属察哈尔省。1952年属河北省。

蔚汾水　在今山西兴县北。源出岚县西，西流入黄河。《方舆纪要》卷40岢岚州岚县“大贤河”条：“蔚汾水在县西，源出尖山，流经州境，入兴县界，注于大河。”

蔚汾关　唐置，在今山西兴县东二十里交口村。《元和志》卷14合河县：“蔚汾关在县东七十里。”《方舆纪要》卷40兴县：蔚汾关“盖以蔚汾水为名”。

蔚汾县　北齐置，属广安郡。治所在今山西兴县西北四十里黑峪口村南。隋开皇三年（583）属石州，大业四年（608）改为临泉县。

蔚茹水　即今宁夏南部清水河。《元和志》卷3萧关县：蔚茹水“在县之西。一名葫芦河。源出原州西南颓沙山下”。《新唐书·牛僧儒传》：吐蕃“赞普牧马蔚茹川，若东袭陇坂，以骑缀回中，不三日至咸阳桥”。《宋史·李继隆传》：“受诏送军粮赴灵州，必由旱海路，自冬至春，而刍粟始集。继隆请由固原州蔚茹河路便，众议不一，继隆固执论其事，太宗许焉。”皆此。

蓼　①一作缪国。西周封国，在今河南固始县东北蓼城冈。春秋时为楚所灭。《左传》：文公五年(前622)，“冬，楚公子燮灭蓼”。即此。

②亦称飂。春秋国名。在今河南唐河县南六十六里湖阳镇。《左传》：桓公十一年（前701)，“郧人军于蒲骚，将与随、绞、州、蓼伐楚师”。杜注：“今义阳棘阳县东南湖阳城。”《汉书·地理志》湖阳县：“故廖国也。”

蓼山　在今河南唐河县南。《新唐书·地理志》：胡阳县“有蓼山”。《方舆纪要》卷51唐县“唐子山”条下：“蓼山在县南九十里。县本古蓼国地，山因以名。”

蓼水　即古之共水。今山西芮城县东三十里恭水涧。《水经·河水注》："蓼水出襄山蓼谷，西南注于河。"

蓼兰　即今山东平度市西南二十八里蓼兰镇。清道光《平度县志》卷9有蓼兰。

蓼兰村　即今山东平度市西南蓼兰镇。1940年山东革命根据地在此置平南县。

蓼州　唐武德四年（621）置，治所在霍邱县（今安徽霍邱县）。辖境相当今安徽霍邱县地。七年（624）废。

蓼江市　即今湖南资兴市北二十四里蓼江畔之蓼江镇。清《乾隆内府舆图》：兴宁县东北有蓼江市。

蓼坞　在今河南灵宝市西北阌乡西北。《水经·河水注》："蓼水出襄山蓼谷。"当时于此谷筑坞，因名蓼坞。《资治通鉴》：南朝梁大同三年（537）十二月，"魏行台杨白驹与东魏阳州刺史段粲战于蓼坞"。即此。

蓼县　西汉置，属六安国。治所在今河南固始县东北蓼城冈。东汉属庐江郡。三国魏属安丰郡。东晋末废。南朝梁复置，属新蔡郡。北齐改为固始县。

蓼角咀　即料角咀。在今江苏启东市东北。旧为大江入海之冲。《方舆纪要》卷23海门县：料角咀，"《江防考》：北岸东起蓼角咀大河口，以及吕四、卢家等场，沿于杨树港、海门县里河镇，以达于通州，此海门县之南路也。嘉靖中，官军败倭于此"。

蓼国　一作缪国。西周封国。在今河南固始县东北。春秋时灭于楚。《左传》：文公五年（前622），"冬，公子燮灭蓼"。

蓼城冈　在今河南固始县东北。《方舆纪要》卷50固始县"青峰岭"条下："又县北七十里有蓼城冈，或以为古蓼国城盖在此。"

蓼城县　战国秦置，属临淄郡。治所在今山东利津县西南。出土秦封泥中有"蓼城丞印"可证。西汉属千乘郡。西晋属乐安国。南北朝废。《水经·河水》："又东北过蓼城县北，又东北过甲下邑，济水从西来注之，又东北入于海。"

蓼泉城　即今甘肃临泽县西北蓼泉镇。《十六国春秋辑补》卷94：西凉李歆嘉兴元年（417），"沮渠蒙逊遣其张掖太守沮渠广宗诈降诱歆，……蒙逊率众三万，设伏于蓼泉，歆闻引兵还"。即此。《新唐书·地理志》：甘州西一百二十里有蓼泉守捉。

蓼洲　又名谷鹿洲、鞠驉洲。在今江西南昌市东湖百花洲西南南塘湾外。《水经·赣水注》："赣水又径谷鹿洲，即蓼子洲也。旧作大艑处。"《寰宇记》卷106南昌县："蓼洲在城西一里。两洲相并，水自中流入章江。有民居数百家。一名谷鹿洲。"《资治通鉴》：唐天祐三年（906），淮南将"秦裴至洪州，军于蓼州"。即此。

蓼皋山　在今贵州松桃苗族自治县城内。县治蓼皋镇以此名。

蓼堤（隄）　一作漻堤。故址自今河南开封市东北绵延至商丘县南，约三百余里。传为西汉梁孝王所筑。《隋书·于仲文传》：仲文"军次蓼堤，去梁郡七里……大败（檀）让军"。即此。《元和志》卷7开封县：蓼堤"在县东北六里。高六尺，广四尺。梁孝王都大梁，以其地卑湿，东徙睢阳，乃筑此堤"。

蓼溪隘　一作蓼溪镇。即今湖南洞口县南三十四里花园镇。明于此置巡司。

蓼潭　在今河南固始县东南。《资治通鉴》：南朝宋泰始二年（466），"庞孟虬进至弋阳，刘勔将吕安国等迎击于蓼潭，大破之"。胡三省注："《水经注》：决水径蓼县故城东，灌水会焉。所谓蓼潭。"

鞣鞨　古为肃慎。北魏为勿吉。隋唐称为鞣鞨。分布在今吉林长白山以北，松花江、牡丹江流域及黑龙江中下游，东至海。《隋书·东夷传·鞣鞨》：凡粟末、伯咄、安车骨、拂涅、号室、黑水、白山七部，"而黑水部尤为劲健"。唐时黑水部分十六部，开元十年（722）黑水鞣鞨酋长倪属利稽入朝，唐玄宗任命他为勃利（伯力）州刺史。开元十三年（725）置黑水军，次年置黑水府，仍以其首领为都督。粟末鞣鞨自万岁通天以后改称渤海。黑水鞣鞨的后裔称为女真。

戳滨桥镇　即今上海市嘉定区东南十里戳滨镇。清光绪《嘉定县志》卷1：戳滨桥镇，"乾隆间里人萧鱼会创市"。

斡儿洹河　即斡儿寒河。今蒙古国鄂尔浑河。《元朝秘史》卷3："歹亦儿兀孙在斡儿洹、薛凉格河两间，塔勒浑河勒的地面里。"

斡儿寒河　又译斡耳罕、斡鲁欢、斡儿洹、阿尔浑。即今蒙古国鄂尔浑河。《元史·太宗纪》：六年（1234），"会诸王，宴射于斡儿寒河"。

斡木火站　①又作阿母。元置，故址在今吉林敦化市西北额穆镇。元《析津志》天下站名："禅春（东）一百（里）阿母（站）。"清称额穆站。

②元置，在今黑龙江省双城市东南双城子古城。元《析津志》天下站名："西祥州正东宾州，一百一十韦口铺，百二十斡木火，百一十上京。"明改阿木河站。

斡可阿怜千户　金置，属速频（恤品）路。在今俄罗斯哈巴罗夫斯克（伯力）附近。《金史·地理志上》恤品路："北至边界斡可阿怜千户二千里。"

斡兰河卫　明永乐六年（1408）置，属奴儿干都司。在今俄罗斯滨海边疆区东北萨马尔加河流域。后废。

斡耳汗河　即斡儿寒河。今蒙古国鄂尔浑河。冯承钧《西域地名》：欧阳玄《高昌偰氏家传》作斡耳汗河。

斡耳罕河　即斡儿寒河。今蒙古国鄂尔浑河。《元史·明帝纪》：天历二年（1329），“帝即位于和宁之北。……（五月）庚申，次斡耳罕水东”。

斡朵伦卫　明永乐十一年（1413）置，属奴儿干都司。治所在今黑龙江省依兰县西南马大屯。后废。

斡朵里站　明初于斡朵怜万户府置，在今黑龙江省依兰县西南马大屯。明《辽东志》卷9：海西东水陆城站有“斡朵里站”。

斡朵怜万户府　元初置，属女直水达达路。治所斡朵怜（今黑龙江省依兰县西南马大屯）。辖境相当今黑龙江省牡丹江中下游西岸一带。明改置斡朵伦卫。

斡孙站　元置，在今俄罗斯哈巴罗夫斯克边疆区黑龙江下游西岸。元《经世大典》：辽阳等处行中书省所辖狗站有“斡孙站”。明改五速站。

斡欢河　即斡儿寒河。今蒙古国鄂尔浑河。《元史·土土哈传》：元世祖至元十四年（1277），讨脱脱木叛乱，“追脱脱木等至秃兀剌河，三宿而后返。寻复败之于斡欢河”。

斡里扎河　今蒙古国东方省北部乌尔扎河。《金史·内族襄传》：承安元年（1196），自临潢出师讨伐阻轐（即塔塔儿），于龙驹河（克鲁伦河）大战，阻轐“众皆奔斡里扎河，遣（完颜）安国追蹑之，众散走。降其部长，遂勒勋九峰石壁”。此役亦见《元朝秘史》卷4记载，河名作浯勒扎（ulja）。

斡邻泺　亦名长泺。在今黑龙江肇州和肇源两县交界处。《辽史·天祚帝纪》：天庆四年（1114），“都统萧敌里营于斡邻泺东，又为女直所袭，士卒死者甚众”。又《金史·太祖纪》：败辽兵于鸭子河，遇于出河店，“辽兵溃，逐至斡论泺，杀获首虏及车马甲兵珍玩不可胜计”。皆此。

斡罗思　亦作阿罗思、兀鲁思、兀罗思、斡鲁思、斡罗斯，指13世纪初期基辅罗斯等公国。约当今乌克兰基辅及俄罗斯莫斯科一带地区。《元史·地理志·西北地附录》：“太宗甲午年，命诸王拔都征西域钦叉、阿速、斡罗思等国。”其地属钦察汗国。

斡罗孩城　亦作兀剌海城、兀郎海城。西夏建，在今内蒙古巴彦淖尔市临河区东北狼山隘口（狼山镇北高油坊古城）。《元史·太祖纪》：二年（1207），“再征西夏，克斡罗孩城”。四年（1209）又攻西夏，“克兀剌海城”。

斡朗改部　辽属国军，在今俄罗斯贝加尔湖及以东至外兴安岭一带。《辽史·兵卫志》：“斡朗改”亦作“嗢娘改”。刘师培《左盦集》卷5《辽史部族表书后》云：均乌梁海之转音，《元秘史》作兀良合。

斡难河　又译作兀难、阿难、敖嫩、鄂诺、俄依。今黑龙江上源鄂嫩河。辽、金时蒙古部居其地。《元朝秘史》卷1：“当初元朝人的祖，……来到斡难名字的河源头，不儿罕名字的山前住着。”《元史·太祖纪》：“帝会汪罕于萨里河，与泰赤乌部长沆忽等大战斡难河上，败走之。”又《元史·宪宗纪》：元年（1251），“复大会（诸王）于阔帖儿阿阑之地，共推帝即皇帝位于斡难河”。

斡难河卫　明永乐四年（1406）置，属奴儿干都司。在今俄罗斯赤塔州涅尔琴斯克（即尼布楚）西南鄂嫩河流域。后废。

斡盘千户所　又作瓦法千户所。元置，属辽阳路。治所在今吉林辉南县东北三十五里古辉发城。《元史·世祖纪》：至元二十七年（1290），“平章政事阇里铁木耳帅师与哈丹战于瓦法，大破之”。即此。

斡脱罗儿城　亦作兀提剌耳、讹答剌、斡脱剌儿、兀的剌儿。在今哈萨克斯坦奇姆肯特西北帖木儿附近。《元史·太祖纪》：十五年（1221），“秋，攻斡脱罗儿城，克之”。

斡脱剌儿　一作兀的剌儿、兀提剌耳、兀答剌儿，又作讹打剌、讹答剌。元察合台汗国属地，在今哈萨克斯坦锡尔河东，阿里斯河口附近。《元史·贾塔剌浑传》：“岁己丑，将所部及契丹、女直、唐兀、汉兵，攻斡脱剌儿城。”

斡鲁欢河　亦作斡耳寒河。即今蒙古国西南鄂尔浑河。《元史·伯颜传》：元世祖至元十四年（1277），“诸王昔里吉劫北平王，拘安童，胁宗王以叛，命伯颜率师讨之，与其众遇于斡鲁欢河，夹水而阵，相持终日，俟其懈，麾军为两队，掩其不备，破之，昔里吉走死”。

斡鲁忽奴千户所　明洪武四年（1371）置，属东胜卫。治所在今内蒙古托克托县境。不久废。

斡鲁速城　金代北境城屯。在今内蒙古呼伦贝尔市西南乌尔顺河西。《金史·内族襄传》：襄统北征诸军讨伐叛部（阻轐，即塔塔儿），自临潢“出师大盐泺，复遣右卫将军完颜充进军斡鲁速城，欲屯守，俟隙进兵”。

斡端　又作五端、阿端、扩端、忽炭。即今新疆和田市。《元史·世祖纪》：至元十五年（1278）一月，“阿老瓦丁戍斡端”。十六年(1279)，“以忽必来、别速台为都元帅，将蒙古军二千人、河西军一千人，戍斡端城”。后为察合台汗国属地。

斡端宣慰司都元帅府　元世祖至元十八年（1281）置，治所在于阗（今新疆和田市）。二十六年（1289）罢。

榛子镇　金置，属石城县。即今河北滦县西北九十里榛子镇。明万历四十三年（1615）移乐亭新桥巡司于此。民国改设县佐。

樠木山　春秋楚地，在今湖北钟祥市东。《左传》：庄公四年（前690），楚武王伐随，“卒于樠木之下”。《方舆纪要》卷77安陆府钟祥山：樠木山“在府治东一里。一名武陵。《春秋》庄公四年，楚武王卒于樠木之下。即此。上有青泥池，一名青泥山”。

樠池 在今湖北应城市南。《左传》：庄公四年（前690）楚武王伐随，“卒于樠木之下”。《舆地纪胜》卷77德安府：樠池，“《皇朝郡县志》云，在应城县南里”。

樠溪 在今湖南永顺县东南一百二十里。东南流至沅陵县入酉水。《水经·沅水注》：“武陵有五溪，谓雄溪、樠溪、无溪、酉溪、辰溪其一焉。”光绪《湖南通志》卷24谓即明溪。

模尔忒伊 在今黑龙江省抚远县东南。清光绪《吉林通志》卷17：乌苏里江西岸，北至混同江南岸旧设噶珊有“模尔忒伊”。

模壁 在今陕西宝鸡市西南七十里。《资治通鉴》：五代汉乾祐元年（948），凤翔帅王景崇归蜀，蜀将安思谦接之，屯右界，遣别将申贵“将兵二千趣模壁”。即此。

槜李 一作醉李（《公羊传》）、就李（《越绝书》）。春秋吴越地，在今浙江嘉兴市南。《春秋》：定公十四年（前496），“五月于越败吴子槜李，吴子光卒”。《左传》：“吴伐越，越子句践御之，陈于槜李……大败之，灵姑浮以戈击阖庐。阖庐伤，将指取其一屦，还，卒于陉，去槜李七里。”《吴越春秋》：越王句践七年（前490），吴王夫差增封句践地“西至槜李”。皆此。旧时用为嘉兴之别称，祝穆《方舆胜览》卷3嘉兴府：郡名“槜李”。

榴江县 1926年析永福县置，属广西桂林道。治所在今广西鹿寨县东寨沙镇。1928年直属广西省。1952年和雒容、中渡二县合并，改置鹿寨县。

榜山 在今广西罗城仫佬族自治县西天河镇西三里。《方舆纪要》卷109天河县：榜山“在县西三里。形如挂榜”，因名。

榜罗镇 即今甘肃通渭县西南七十六里榜罗镇。1935年9月中共中央在俄界举行政治局扩大会议后，率领由红一、三军团改编的中国工农红军陕甘支队继续北上，迅速突破腊子口天险，到达通渭县榜罗镇。党中央根据陕北红军和陕北苏区的具体情况，在榜罗镇召开了政治局会议，讨论了红军的行动方向，决定以陕北作为领导中国革命的大本营。榜罗镇会议对陕北抗日革命根据地的建立，起了重要作用。

榜葛剌国 亦作鹏茄罗（啰）国、明呀喇。在今孟加拉国和印度西孟加拉一带。《明史·外国传七》：“榜葛剌，即汉身毒国，东汉曰天竺。……榜葛剌则东印度也。自苏门答剌顺风二十昼夜可至。永乐六年，其王霭牙思丁遣使来朝，贡方物，宴赉有差。”

榜墟 即今广西平果县北榜圩镇。旧属思隆县。清设巡司于此。

槟榔江 在今云南西部，汇入大盈江。元代以来称槟榔江。《元混一方舆纪要》平缅路：槟榔江“出吐蕃，经干崖阿共赕入缅界”。《清一统志·腾越直隶厅》引《旧志》：槟榔江“源出野人界，流入厅西境，下流会大盈江，入缅甸”。

槟榔驿 明洪武初置，属师宗州。在今云南师宗县东南曲租。寻废。

榕山 亦名容山、容子山。在今四川合江县东南。《宋史·地理志》泸州：“嘉熙三年，筑合江之榕山。”《方舆纪要》卷72合江县：榕山在“县南五里。山高秀，上有芙蓉池，即宋喜熙中筑城处也。俗亦名容子山”。

榕山城 南宋嘉熙三年（1239）为抗蒙元筑。在今四川合江县东南榕山上。《宋史·地理志》泸州：“嘉熙三年筑合江之榕山。”

榕江 亦作溶江、容江。在今贵州榕江县北。《明一统志》卷88黎平府：容江“源出苗地，北入福禄江”。

榕江县 1913年改古州厅置，属贵州镇远道。治所即今贵州榕江县。1923年直属贵州省。据林溥《古州杂记》（载《黔南丛书》第5集第2册）：“古州榕树最多，大者数围，荫蔽百亩。厅治南门外有五榕山一座，遍山皆榕。镇署各有数株，轮菌葱郁，冬夏不凋。故又名榕城。”是榕江以多榕树得名。

榕城 一作榕海。福建福州市的别称。《清一统志·福州府一》“冶县故城”条引《福建通志》：“宋治平中张伯玉守福州，编户植榕，熙（宁）、（元）丰以来绿荫满城，暑不张盖。《闽书》：榕树生至福州而止，故福州号为榕城，或曰榕海。”宋龙昌期《冶城》诗：“苍烟苍陌春榕老。”清杭世骏著有《榕城诗话》。

榕树关 明置，在今广西阳朔县西。《方舆纪要》卷107阳朔县：榕树关在“县西二里”。

榕树湾汛 在今香港九龙东北榕树凹，隔海与深圳市沙头角相对。清于此置榕树湾汛，有把总驻防。

榕津渡 在今广西平乐县东六十里榕津村。《方舆纪要》卷107平乐县：榕津渡，“《志》云：榕津接富川、贺县界，为往来之要隘”。

榕津寨 在今广西平乐县东六十里榕津村。明于此置巡司。

榕海 福建省福州市的别称。

榕溪水 亦作容溪、溶溪水。即今重庆市长寿区东北之龙溪河。《舆地纪胜》卷174涪州：榕溪水“《晏公类要》：在乐温县”。

楮山 在今江西丰城市东。《寰宇记》卷106洪州丰城县：楮山“在县东六十里。产楮木，有磐石可坐百人，上有徐孺子读书台”。

楮洲市 即今湖南株洲市。范成大《骖鸾录》载：南宋乾道九年（1173）二月，“二日，宿楮洲市，又当捨舆泝江。此地既为舟车更易之冲，客旅之所盘泊，故交易甚夥，敌壮县”。

楮溪 在今江西上饶市西。《明一统志》卷51广信府上饶县：楮溪在“府城西十里。源出灵山，西流入上饶江。多楮木，故名”。

榷盐务　在今山东滨州市北滨城镇。《新五代史·职方考》："五代之际，置榷盐务于海傍，后为瞻国军，周因置（滨）州。"元于钦《齐乘》卷4："（滨）州北门外。五代之际所置。遗迹尚存。"

歌山　在今浙江东阳市东四十里。《隋书·地理志》东阳郡乌伤县有"歌山"。《寰宇记》卷97义乌县：歌山"山下水通临海，昔有人乘船从下望见女子于山下汲水，登峰而歌，姿态端美"。故名。

歌风台（臺）　在今江苏沛县。《寰宇记》卷15徐州沛县："歌风台在县城东南一百八十步。古老传云，高祖征英布，还过沛，于此台歌曰：'大风起兮云飞扬'，因为名。"

歌凤台（臺）　在今四川峨眉山市西南峨眉山大峨寺左。一名凤嘴石。相传为楚狂陆通隐居处。明弘治年间改今名。明王世性《游峨眉山记》："歌凤台云接舆避楚而隐地也。"

歌乐山　①在今广东佛山市高明区西南。《舆地纪胜》卷96肇庆府：歌乐山"《郡国志》云：端州歌乐山，风起声如音乐"。《方舆纪要》卷101高明县：歌乐山"在县（治今明城镇）西二十五里，高三百余丈，周二十里，峰峦耸秀，四时风声如音乐"。

②今重庆市西北歌乐山。清嘉庆《四川通志》卷11巴县：歌乐山"在县西三十里。《县志》：群峰北向，翠霭深浓。上有云顶寺，祀川主李冰次子。俗传二郎治水曾歌乐山上，故名。寺侧有龙泉，下有冷水溪、凤凰溪。明王应熊题'峰高五岳'四字"。1943年国民党与美国共建特务机构中美合作所于山麓，山麓遍布监狱，渣滓洞、白公馆为有名监狱。

歌良县　唐置，属羁縻环州。治所在今广西河池市西南九圩镇那余村河口屯。北宋改为富力县。

歌罗城　在今广西苍梧县西南新地镇长盈村城山。《方舆纪要》卷108苍梧县：废歌罗城，"《志》云：在府西南六十里。隋开皇中，李贤所筑以屯兵处。久废"。今遗址尚存。

歌罗砦　北宋置，属清江县。即今湖北宣恩县南高罗镇。

歌舞冈　在今广东广州市西北。《舆地纪胜》卷89广州：歌舞冈，"《郡国志》云，歌舞冈，南越王三月三日登高处"。《方舆纪要》卷101广州府南海县"越秀山"条："（越秀山）折而西北为歌舞冈，一名越井冈。相传井亦尉佗所凿，南汉时号曰玉龙泉，有九窍，亦名九眼井。"

歌籁山　在今四川通江县东。唐杜佑《通典》卷175璧州广纳县："歌籁山在县东七十里，上有城，极险峻。"《方舆纪要》卷68通江县：歌籁山在"县东六里"。

僰人悬棺葬　在今四川珙县（巡城镇）南洛表镇麻塘坝。是古代少数民族僰人的一种墓葬形式。分布于南北长数公里的东西两崖壁上，现存一百多具，距地表低者十多米，高者几十米，棺为木质，形若长匣，部分仍完整无损。多数是依岩凿孔椽木置棺，少数用天然石穴或凿石为穴存棺于内。随葬品多麻竹制品。1988年定为全国重点文物保护单位。

僰州　①即楚州。治所在今重庆市。《旧唐书·地理志》巴县："梁置僰州。"僰为楚之讹。

②唐武德三年（620）改南州置，治所在隆阳县（今重庆市綦江县北）。辖境相当今重庆市綦江县及万盛区南桐矿区。四年（621）复改为南州。

僰治县　即僰道县。在今四川宜宾市。《水经·江水注》："汉武帝感司马相如之言，使县令南通僰道，费功无成，唐蒙乃凿石开阁，以通南中。王莽更曰僰治。"

僰侯国　春秋战国时国，都僰（今四川宜宾市）。《汉书·地理志》犍为郡僰道："应劭曰：故僰侯国也。"

僰道县　①战国秦置，属蜀郡。治所在今四川宜宾市。一说今宜宾县西安边场。西汉属犍为郡。始元元年（前86）移犍为郡治于此，后移治武阳城。东汉属犍为郡。王莽改为僰治县。东汉复改僰道县。南朝齐复为犍为郡治。梁为戎州治。北周改为外江县。隋大业三年（607）复为僰道县，为犍为郡治。唐贞观中为戎州治。天宝元年（742）为南溪郡治，乾元元年（758）复为戎州治。会昌二年（842）徙治今宜宾市西北六里旧州坝。北宋政和四年（1114）改为宜宾县。

②西魏置，为犍为郡治，治所在今四川崇州市东南三十里江源场东。隋大业二年（606）废。

僰溪　①亦名綦江、夜郎溪。即今重庆市綦江县之綦江。《元和志》卷30南州南川县："僰溪水，在县南四十步。"《寰宇记》卷122南川县：僰溪水"南自废丹溪县来，北流经县东南四十步，又北入渝州江津县界"。《舆地纪胜》卷180南平军：僰溪"夜郎溪从夜郎境来，至军城，过旧三溪县入江津县，以至北合大江，皆谓之僰溪也"。

②即今四川南溪县西北六十里黄沙河（涪溪河）。《寰宇记》卷79南溪县："以在僰溪之南"而名。《方舆纪要》卷70南溪县"九盘溪"条下："县西六十里有僰溪。相传武侯南征，僰彝于此归服，一名服溪，又名福溪。"

僰溪口　亦名僰口，即僰溪（今綦江）注入长江之口。在今重庆市江津区东北顺江镇。《寰宇记》卷136江津县："南齐永明五年，江州县自郡城移理僰溪口，即今理也。"《明史·地理志》江津县："东南有僰溪口，僰溪入江处。"

僰溪驿　在今重庆市江津区。《方舆纪要》卷69江津县：僰溪水驿"在县治西"。

僰溪道　唐代四川盆地通往贵州的道路之一。即自今重庆市江津区沿綦江河（古僰溪）谷南行入贵州，由桐梓至遵义。《元和志》卷33渝州："自江津县南循僰溪水路至南州二百三十里。"张籍《送蛮客》诗："江连恶溪路，山绕夜郎城。"

酿溪市　即今湖南新邵县驻地酿溪镇。原属邵阳县。清光绪《湖南通志》卷1邵阳县图：县北有酿溪市。1952年置新邵县治此。

酃醁泉　在今湖南资兴市东北。《方舆纪要》卷82兴宁县："酃醁泉在县（今兴宁镇）东北四十里。其水清洌甘美，酿酒极佳。即程水正源也。昔置官酿于此，名曰酒官水。其酒亦曰程酒，献同酃酒。"

酸枣　春秋郑邑。在今河南延津县西南。《左传》：襄公三十年（前543）八月，郑游吉奔晋，"驷带追之，及酸枣"。战国属魏。《史记·苏秦列传》：苏秦说魏襄王曰，大王之地"北有河外卷、衍、酸枣"。又，《水经·济水注》引《竹书纪年》："魏襄王十年，河水溢酸枣郭。"

酸枣县　战国魏置，后入秦，属东郡。治所在今河南延津县西南十五里。《元和志》卷8："以地多酸枣，其仁入药用，故名。"汉属陈留郡。北魏太和十八年（494）属东郡，移治今延津县北十五里。北齐废。隋开皇六年（586）复置，属滑州。治所即今延津县。大业初属荥阳郡。唐属滑州。五代梁属开封府。北宋政和七年（1117）改为延津县。

酸枣河　古名望川源。又名马坝河。即今四川成都市温江区北之江安河。《清一统志·成都府一》：酸枣河"自岷江分流，东南径郫县南，温江县北，又东南径双流县东，又东南至华阳县界入府河。俗名新开河"。

酸枣津　在今河南延津县西南。五代以后黄河屡决于此。

〔一丿〕

碟里　即日丽。今印度尼西亚苏门答腊岛东北岸之日里。《明史·外国列传》："碟里，近爪哇。永乐三年遣使附其使臣来贡。"

碟穆绰克　在今西藏阿里地区噶尔县西北一百七十余里之典角。为阿里去克什米尔、拉达克交通要道所经之地。民国《西康西藏详图》作碟穆绰克。

碱厂　或作城厂。即今辽宁本溪满族自治县东碱厂满族镇。原拟溪碱铁路终点站在此。1939年溪碱铁路修至田师傅，田师傅至碱厂段未建。

碱厂城　在今辽宁本溪满族自治县东南碱厂镇。《清一统志·兴京》：碱厂旧城"在城南一百四十六里。周二里有奇，又有碱厂新城，在城南一百四十八里，天聪七年筑"。

碣山　在今北京市平谷区东。《方舆纪要》卷11平谷县：碣山"在县东五十里，峰峦峭拔，林谷深邃"。

碣石　①山名。在今河北昌黎县西北仙台山。《尚书·禹贡》："夹右碣石入于河。"秦始皇、汉武帝皆曾东巡至此登临观海。东汉建安十二年（207）曹操用兵乌桓过此，作《观沧海》诗："东临碣石，以观沧海。"《水经·濡水注》："今枕海有石如埇道数十里，当山顶，有大石如柱形，往往而见，立于巨海之中，潮水大至则隐，及潮波退，不动不没，不知深浅，世名之天桥柱也。状若人造，要亦非人力所就。韦昭亦指此以为碣石也。"

②在今广东陆丰市东南。清康熙四年（1665）潮州总兵许龙，以舟师抵碣石，平苏利叛。即此。

③即今朝鲜平壤市西南浦北之龙岗。《水经·河水注》："（秦）始皇令太子扶苏与蒙恬筑长城，起自临洮，至于碣石。"按：《晋太康三年地记》东浪郡："遂城县有碣石山，长城所起。"即此。

④一作渴石。在今乌兹别克斯坦撒马尔罕以南沙赫里夏勃兹。《长春真人西游记》卷上："过碣石城，预传圣旨令万户播鲁只领蒙古回纥一千人护送过铁门。"

碣石卫　明洪武二十二年（1389）置，属广东都司。治所在今广东陆丰市东南碣石镇。清康熙三年（1664）改设碣石镇总兵镇守。

碣石宫　在今北京市城西南。《史记·孟子列传》：驺衍"如燕，昭王拥彗先驱，请列弟子之座而受业，筑碣石室，身亲往师之"。《正义》："碣石宫在幽州西三十里宁台之东。"

碣石馆　即碣石宫。战国燕筑，在今北京市城西南。唐陈子昂《燕昭王》诗："南登碣石馆，遥望黄金台。"

碣石镇　即今广东陆丰市东南碣石镇。清设总兵官镇守。为水师重地，商业亦繁盛。

碍嘉千户所　元至元中置，属威楚路。治所在今云南双柏县西南碍嘉镇。明改置碍嘉县。

碍嘉县　元置，属威楚路。治所在今云南双柏县西南九十四里，礼社江南岸的碍嘉街。明谢肇淛《滇略·版略》碍嘉县："元时有大星陨石化为黑石，人异之，遂名碍嘉，置县焉。"明属楚雄府。清康熙八年（1669）废入南安州。

磁山　①即今河北武安市西南磁山镇。邯涉铁路经此。

②在今山东兖州市西三十里。《清一统志·兖州府一》：嵫山"元大德间碑云：兖郡有山曰磁，郡在其左，故县名嵫阳。诸志称为磁阳山，非也"。

③在今山东烟台市西北与蓬莱县交界处。《清一统志·登州府》：磁山，"《县志》：山产磁石。三峰耸拔，东峰石壁如削，悬崖瀑布，下为石洞，深三丈许。下有三泉，旱涝不减不溢"。

磁山遗址　在今河北武安市西南四十里磁山镇东。面积3.3万平方米。1976—1977年发掘一千多平方米。出土陶器均为手制。石器有磨盘和磨棒。年代距今八千至七千三百年间，早于仰韶文化。它的发现填补了我国新石器早期文化的一个缺环。以这一遗址出土器物为代表的文化被命名为"磁山文化"。

磁瓦关　在今湖北竹溪县东。《方舆纪要》卷79竹溪县“白土关”条下：“东四十里有磁瓦关，皆戍守处。”

磁石山　在今广东阳春市南。《舆地纪胜》卷98南恩州：磁石山“在阳江（春）县南五里。山中出磁石。因名”。《方舆纪要》卷101阳春县：磁石山在“县东南三里。一峰特起，四面平陂。产磁石”。

磁圭墟　即今江西南城县西南磁圭。清同治《南城县志》卷2：“磁龟市在治西南二十五都。唐、宋、元人烟辐辏，聚市延四里，屠肆七十二。他称是经兵燹荒废。成化间始复，止延二里，有店肆。”

磁州　隋开皇十年（590）置，治所在滏阳县（今河北磁县）。大业初废。唐武德元年（618）复置，贞观元年（627）废。永泰元年（765）复置。《元和志》卷15磁州：“以县西九十里有慈山，出磁石，因取为名。”辖境相当今河北邯郸、武安二市及磁县地。天祐三年（906）改名惠州。五代唐复名磁州。元属广平路。明属河南彰德府。清改属广平府，不辖县。1913年改为磁县。

磁州千户所　明洪武二十三年（1390）置，属山西潞安卫。治所在今河北磁县。后废。

磁州窑遗址　主要在今河北磁县西观台镇、邯郸市峰峰区南彭城镇、临水镇。始烧于北齐，宋金鼎盛，元代衰落。宋金时地属磁州，因以为名。窑址已发现十四处，以中心窑场磁县观台镇遗址保存最为完整。出土大量各代瓷器、窑具等。烧制瓷器除黑白釉、白釉黑花瓷外，还有青瓷。1996年定为全国重点文物保护单位。

磁村　即今山东淄博市淄川区西南磁村镇。原称磁窑务，旧为淄川县重要集市之一。明嘉靖《青州府志》卷11：磁窑务集，“山南通莱芜，西通章丘，去淄川二十里”。

磁县　1913年改磁州置，属直隶大名道。治所即今河北磁县。1928年直属河北省。

磁县北朝墓群　在今河北磁县城南，距临漳县西南邺城二十里。现存土冢一百三十四座。因历史上长期认为是曹操设的疑冢，故又名七十二疑冢。为北朝时东魏、北齐王公贵族墓葬。地面上保存有东魏元景植和北齐兰陵王的石碑。已发掘的墓葬均为王室贵族墓。有东魏尧氏赵郡墓，北齐左丞相文昭王高润墓。1988年定为全国重点文物保护单位。

磁龟溪　在今江西南城县西南。《方舆纪要》卷86建昌府南城县：磁龟溪在“府南七十里。有磁石如龟伏溪中。溪流阨塞于岩窦间，冲啮怒号，衺四里注而为瀑，有声如雷，凡十五六里而山开水平，又十里乃达于盱江。《志》云，磁龟溪去鱼蛤山里许，游览绝胜处也”。

磁灶窑址　在今福建晋江市西北磁灶镇北，梅溪两岸。为古代泉州外销陶瓷重要产地。有唐宋以后古窑址三十多处，分布范围方圆十多里。陶瓷器堆积层年代及规模不一，以蜘蛛山、大树威、尾庵山为最大，文化层厚度约15米，产品均以青、黑、绿釉为主，器物有缸、钵、杯、瓶、尊及建筑材料等。名品有凤纹香炉、青釉铁绘花鸟大盘、绿釉低枝花瓶等。2006年定为全国重点文物保护单位。

磁峰场　即今四川彭州市西北磁峰镇。清光绪《彭县志》卷2：磁峰场“旧名冯街镇。在西乡鹿坪里，距县西北六十里。东南距隆丰场四十里。乾隆十六年设”。此处有宋金城白瓷窑址。

磁涉铁路　从今河北武安市西南磁山至涉县。长59公里。为邯涉铁路的一段。1947年动工修建，次年建成。

磁涧镇　一名慈涧镇。即今河南新安县东南磁涧镇。《元和志》卷5河南府新安县：慈涧故镇“在县东南二十里。周武帝保定六年置。武德三年讨王世充，前军镇此，太宗以轻骑击破之，充拔镇归于东都”。《清一统志·河南府二》：慈涧镇“在新安县东三十里。……《旧志》作磁涧镇”。

磁家务　在今北京市房山区西北、河北镇东南大石河东岸。明于此置巡司。

磁窑口　一名瓷窑峡。在今山西浑源县东南十五里大磁窑镇。《方舆纪要》卷44浑源州：磁窑口在“州南十七里，恒山右协，路通灵丘县，洪武初置巡司”。清置磁窑口关于此。

磁窑山　在今宁夏灵武市东磁窑堡镇附近。明嘉靖《宁夏新志》卷3灵州守御千户所：磁窑山在“州东北六十里。为陶冶之所”。

磁窑寨　明筑，属兴武守御千户所。即今宁夏灵武市东七十里磁窑堡镇。《方舆纪要》卷62兴武所：磁窑寨“在所西。成化九年抚臣马文升议筑堡于此，以接灵州边界。从之。因置寨屯守”。

磁博镇　北宋置，属安德县。即今山东陵县东四十里滋镇。

磁湖　在今湖北黄石市西北。《九域志》卷6：大冶县有磁湖。《舆地纪胜》卷33兴国军：磁湖“在大冶县。东坡谓其湖边之石皆类磁石而多产菖蒲。故后人名曰磁湖”。

磁湖铁务　北宋置，属大冶县。在今湖北黄石市西铁山区。《元丰九域志》卷6大冶县：“磁湖一铁务。”

磁湖渡　在今湖北黄石市黄石港区附近。《明一统志》卷59武昌府：磁湖渡“在大冶县治东四十里。《古志》云，湖边之石多磁类，产菖蒲。即苏子由阻风以诗寄子瞻处”。

磁湖镇　北宋置，属大冶县。在今湖北黄石市西北。

磁器口　亦名龙隐镇。即今重庆市西北沙坪坝磁器口街道。当清水溪注入嘉陵江处。民国《巴县志》卷1：龙隐镇“水陆交会，极便舟车，为城西重镇，陶器甲全县，故里人又呼曰磁器口”。

磁碶　在今福建长乐市东南海中。《方舆纪要》卷96福州府“松下镇”条：“东有磁澳，为倭寇出入之冲。嘉靖三十八年，议拓寨置城。隆庆三年，始就。周二里。有四门。”

碬砧山 在今山东邹平县南十三里。《方舆纪要》卷31邹平县“大峪山”条下：碬砧山“峰峦尖削，状如碬砧”。

磏下乡 即今广东翁源县西南磏下镇。清雍正十年(1732)置巡司于此。

愿虏山 在今甘肃宕昌县东南。《元和志》卷39宕州良恭县：愿虏山“接县城西北隅，东西四十里，南北三里”。

臧氏台（臺） 在今山东寿光市西三十里。《左传》：襄公二十三年（前550)，“臧纥致防而奔齐”。卒葬于此，因名。《水经·淄水注》：“浊水又北径臧氏台西，又北径益城西。”元于钦《齐乘》卷5：臧台“旧有宋碑云，是臧武仲之墓”。

臧村滩 亦名西滩。在今陕西富平县西二十里。《清一统志·西安府一》“卤薄滩”条下：臧村滩“岁旱时，其上亦可煮盐”。

臧河 即藏河。西藏雅鲁藏布江。唐代译称藏河，亦作臧河。《新唐书·吐蕃传》：“曰闷怛卢川，直逻娑川之南百里，臧河之所流也。”

臧南山 亦作姑臧南山。即今甘肃武威市西南之祁连山。《方舆纪要》卷63凉州卫：臧南山“在卫西南百二十里。上多积雪，亦名雪山”。

臧咱寨土司 清康熙四十二年（1703）置，属松潘镇漳腊营。在今四川九寨沟县西北九寨沟镇（漳札)。后废。

臧家屯 即今河北大城县南十五里臧屯乡。清同治《畿辅通志》卷46大城县图：南有臧家屯。

臧家桥 又名通济桥。即今河北献县北十里臧桥村。清乾隆《献县志》卷1：通济桥“即臧家桥，县北十里。顺治十八年建木桥，长十五丈”。

臧家集 即今山东栖霞市东北六十里臧家镇。清光绪《山东通志》卷2《舆图志》：栖霞县东北有臧家集。

臧家湾市 即今江西浮梁县东北臧湾乡。清同治《江西全省舆图》卷12：浮梁县有“臧家湾”。

〔一、〕

需源城 在今甘肃环县北。《方舆纪要》卷57庆阳府环县：需源城“在县北四十里。宋置，其城北面圮于环河”。“需源”或为“肃远”之讹。

雩虹桥 在今云南保山市东北八十里，跨澜沧江。《方舆纪要》卷118永昌军民府保山县：雩虹桥“武侯南征孟获，架桥济师。后以索为之，修废不一。元至元中，也先不花重修，名曰雩虹。明初，镇抚华岳置二铁柱于两岸以维舟，时遭覆溺。后架木为桥，又为火所焚。宏治十四年，备兵使者王槐构屋于上，贯以铁绳，南征往来，此为孔道。亦曰澜沧桥”。

〔一㇇〕

辕 又作瑗。战国时齐邑。在今山东禹城市西南。《左传》：哀公十年（前485)，晋赵鞅攻齐国，“取犁及辕”。即此。杜注：“辕即瑗。”

辖鲁营 亦作虾洛、夏洛。清乾隆间置，在今西藏曲松县西北下洛。清乾隆《卫藏通志》卷15《部落》中有“辖鲁”。藏语意为南府。

辖漫寨 在今四川若尔盖县西北辖曼乡。清雍正元年（1723）置辖漫寨土百户。

熙平水 即兴平水。在今广西阳朔县东北三十里。《水经·漓水注》：“漓水又南得熙平水口，水源出县东龙山，西南流径其县南……又西注于漓水。”

熙平县 ①西晋武帝时改尚安县置，属始安郡。治所在今广西阳朔县东北四十里兴坪镇。南朝宋属始建国。齐复属始安郡。后废。

②隋开皇十年（590）改齐乐郡置，属连州。治所在今广东连山壮族瑶族自治县北。大业初属熙平郡。大业末废。

熙平郡 隋大业初改连州置，治所在桂阳县（今广东连州市)。辖境相当今广东连州市、阳山县及连山壮族瑶族自治县、连南瑶族自治县地。唐武德四年(621）复为连州。

熙宁县 ①南朝宋置，属晋康郡。治所当在今广东德庆、郁南、罗定等市县境。隋开皇中废。

②南朝宋文帝时置，属新宁郡。治所在今广东新兴县或高要市境。元嘉二十年（443）废。

熙宁砦 北宋熙宁元年（1068）置，属镇戎军。在今宁夏固原市北三十五里陆家古城堡遗址。金属镇戎州。元废。

熙州 ①隋开皇初改晋州置，治所在怀宁县（今安徽潜山县)。大业三年改为同安郡。

②北宋熙宁五年（1072）置，治所在狄道县（今甘肃临洮县)。辖境相当今甘肃临洮、康乐、渭源等县地。金升为临洮府。

③元置，属定远府。治所在今朝鲜慈江道熙川。后废。

熙安县 南朝宋元嘉中析番禺县置，属南海郡。治所在今广东广州市东。南朝梁废。

熙河兰乐路 亦作熙河路。北宋改熙河湟廓路置，治所在熙州（今甘肃临洮县)。寻改为熙河兰廓路。

熙河兰会路 亦称熙河路。北宋元丰时改熙河路置，治所在熙州（今甘肃临洮县)。元祐间改为熙河兰岷路。元符间复故。

熙河兰岷路 亦作熙河路。北宋元祐间改熙河兰会路置，治所在熙州（今甘肃临洮县)。元符间复为熙河兰会路。

熙河兰廓路 亦作熙河路。北宋元符后改熙河兰会路置，治所在熙州（今甘肃临洮县）。宣和时改为熙河湟廓路。

熙河湟廓路　亦作熙河路。北宋改熙河兰廓路置，治所在熙州（今甘肃临洮县）。后改为熙河兰乐路。

熙河路　①北宋熙宁五年（1072）置，为经略、安抚使路，治所在熙州（今甘肃临洮县）。辖熙、河、洮、岷四州及通远军，相当今甘肃大夏河、洮河流域及渭河上游甘谷县以西地，西汉水和白龙江上游的西和、礼县、宕昌等县地。后增辖兰、会二州，改为熙河兰会路。元祐间改为熙河兰岷路，元符间复故。后又改为熙河兰廓路。宣和间又改为熙河湟廓路。后改湟州为乐州，又改为熙河兰乐路，寻复改为熙河兰廓路。辖境西包今青海湟水流域及黄河上游贵德县一带。金皇统二年（1142）并秦凤、熙河为熙秦路。

②北宋元丰四年（1081）置，为转运使路。治所在熙州（今甘肃临洮县）。旋罢。政和中复置。金废。

熙注县　南朝宋置，属晋兴郡。治所当在今广西西南部左、右江中下游一带。南齐以后废。

熙春山　俗称登高山。在今福建邵武市区西北隅。《清一统志·邵武府》：登高山“在邵武县西。嵯峨耸峙，下瞰城郭，为邦人岁时游观之地。旧志谓之熙春山。以上有熙春台也”。

熙春园　即南苑。又名南园。为金代皇家御园。在金中都（今北京市）皇城之南、丰宜门内偏西处。

熙春城　一名哈喇布拉克。俗称城盘子。为伊犁九城之一。在今新疆伊宁市北十里。清乾隆四十五年（1780）建于伊犁河北岸哈拉布拉克。驻绿营屯镇都司。同治十年（1871）沙皇俄国侵入伊犁后被毁。

熙秦路　金皇统二年（1142）置，治所在临洮府（今甘肃临洮县）。辖境相当今岷山、秦岭以北，甘肃平凉、崇信和陕西麟游、扶风、周至等县以西，甘肃临夏、夏河、临潭等市县以东，宁夏同心县以南地。大定二十七年（1187）分置凤翔路与临洮路。

熙潭县　南朝梁、陈间改始成县置，属新会郡。治所在今广东江门市新会区境。隋开皇十年（590）废入新会县。

熙穆县　南朝宋置，属宋熙郡。治所在今广东佛山市高明区或鹤山市境。隋平陈，废入平兴县。

〔丨一〕

蜚狐口　即飞狐口。在今河北蔚县东南恒山峡谷口之北口。《史记·郦食其列传》：郦向高帝曰：“杜太行之道，距蜚狐之口。”《正义》云：“蔚州飞狐县北百五十里，有秦汉故郡城；西南有山，俗号为飞狐口也。”即此。

蜚悠城　即斐悠城。又称高力城。即今吉林珲春市西三家子满族乡古城村（裴优古城）。明万历三十五年（1609）瓦尔喀部蜚悠城长归附努尔哈赤。即此。

裴公亭　在今湖南益阳市区资江大桥南端西侧桥头公园内。《清一统志·长沙府》：裴公亭“在益阳县南白鹿山。一名裴休亭。唐裴休读书处”。

裴公湖　在今甘肃成县城西南隅。《方舆胜览》卷70同庆府：裴公湖“旧传乃裴冀公（即裴守真）牧蜀日所开，上有湖山堂”。

裴氏堡　在今山西垣曲县古城镇东南。《资治通鉴》：东晋永和十二年（356），“燕将军慕舆长卿入轵关，攻秦幽州刺史强哲于裴氏堡”。胡三省注：“永嘉之乱，裴氏举宗据险筑堡以自守，后人因而置屯戍，故堡犹有裴氏之名，盖在河东界。”

裴克图河　亦名费克图河。即今黑龙江省哈尔滨市阿城区与宾县西分界之蜚克图河。《清一统志·吉林一》：费克图河“在阿勒楚喀城东界。源出扎松阿山，西北流至城东北八十里入混同江”。

裴村　在今山西长治市西北。《资治通鉴》：唐会昌五年（845），“诏发昭义骑兵五百、步兵千五百戍振武，节度使卢钧出至裴村饯之”。即此。《方舆纪要》卷42潞安府：“裴村在府西北五里。”

裴李岗遗址　在今河南新郑市西北十五里裴里冈村西。1977—1979年发掘，面积2万平方米。墓葬一百一十四座，陶窑一座，灰坑十余个及几处残破穴居房屋，出土石器、陶器、骨器四百多件。东为聚居遗址，西为氏族墓地。距今约八千年，为新石器时代中期遗址，被命名为裴李岗文化。2001年定为全国重点文物保护单位。

裴社镇　即今山西闻喜县东南裴社乡。《清一统志·绛州》“下东镇”条下：裴社镇“在县南二十里”。

裴罗将军城　即今吉尔吉斯斯坦楚河南岸托克马克东南二十里布拉纳古城遗址。《新唐书·地理志》引贾耽《四夷路程》：“碎叶川口八十里至裴罗将军城，又西二十里至碎叶城，城北有碎叶水。”

裴城　在今四川眉山市东。《方舆纪要》卷71眉州：裴城，“《志》云：在州治东。相传昔有裴姓者，夜筑此城，天明而毕”。

裴城镇　在今河南漯河市郾城区西北四十四里裴城镇。《方舆纪要》卷47郾城县：“《志》云，县西五十里有裴城，裴度伐蔡时所筑。”

裴祗墓　为晋墓。在今河南洛阳市老城西关外周公庙北墙外。1936年夏被盗掘发现，出土石质墓志一块和金质女头饰数件，铜质镶玉腰带一根。1979年又一次进行了发掘。裴祗在《晋书》中无传，据墓志称：“晋故大司农关中侯裴祗，字季赞，河东闻喜人也，春秋六十有七，元康三年七月四日癸卯薨。”字体苍劲规整，上承汉隶，下开魏碑之先河，是晋碑中的精品。

裴桥 即今河南永城市西南四十六里裴桥镇。清光绪《永城县志》卷15《灾异志》：咸丰三年（1853）正月，“刘白鸭率百余人作乱于裴桥”。

裴家川 ①在今甘肃古浪县东裴家营乡一带。《方舆纪要》卷63庄浪卫：裴家川“在卫东。东北流，绵亘于靖远卫及宁夏中卫之境，为戍守要地。万历间，设官兵驻守于此”。

②即今宁夏中卫市西南米粮川，北流入黄河。《方舆纪要》卷62宁夏中卫：裴家川，“《五边考》：其地有腴田万顷，军民岁以寇患，不得田作。隆庆五年，督臣王子浩请于宁夏扯木峡旧堡河口，至五方寺塔儿湾，白草川墩，增筑边墙、墩台、大小堡砦，驻将领于此，以遏寇出入要路，并筑东西大小隘口。自是裴家川为内地，更置军营曰永安营”。

裴家冈镇 即今安徽庐江县东南白湖镇（裴岗）。清光绪《庐州府志》卷3庐江县：裴家冈镇在“县东二十里”。

裴家河 古称沲水。即今湖北松滋市南之沲河。《清一统志·荆州府一》“石牌河”条下“又有裴家河，在县南，流入油水”。

裴家营堡 即今甘肃古浪县东裴家营镇。《清一统志·凉州府二》：裴家营堡“城周四里有奇，本朝初设守备，今改把总”。

裴家圈 在今山东夏津县西南四十里。卫河所经，为往来津要。明置巡司于此。

裴家堡 即今河北昌黎县东北二十里裴家堡。《方舆纪要》卷17作“裴家庄堡”。

裴家潭 在今河南浚县西，与长丰泊相近。《宋史·河渠志一》：天禧四年（1020），李垂言疏河利害：“臣请自卫州东界曹公所开运渠东五里，河北岸凸处，就岸实土坚引之，正北稍东十三里，破伯禹古堤，注裴家潭，径牧马陂。”

睿陵 ①五代汉高祖刘知远之陵。在今河南省登封市东。《旧五代史·汉书·高祖纪》：乾祐元年（948），“十一月壬申，葬于睿陵”。即此。

②即金太祖陵。在今北京市房山区西云峰山麓。为金朝开国皇帝完颜旻（阿骨打）的陵墓。《清一统志·顺天府四》：“房山县西北二十里云峰山下，名睿陵。”

〔丨〕

颗颗脑儿 在今蒙古国乌兰巴托东南，克鲁伦河上游之东。《元史·宪宗纪》：宪宗四年（1254），“是岁，会诸王于颗颗脑儿之西，乃祭天于日月山”。

夥尔 在今西藏巴青县西北巴青乡。为藏北三十九族之一。见清乾隆《西藏志·外番》。

夥尔川木桑 在今西藏巴青县东雅安镇。为藏北三十九族之一。见清乾隆《西藏志·外番》。

夥尔扎麻苏他尔 在今西藏聂荣县东北当木江乡。为藏北三十九族之一。见清乾隆《西藏志·外番》。

夥尔拉塞 在今西藏聂荣县东北白雄乡东南彭赛。为藏北三十九族之一。见清乾隆《西藏志·外番》。

鄵县 即鄵县。钱大昕《廿二史考异》卷29：“‘鄵’不成字，当作‘鄡’。说文：‘鄡，巨鹿县，从邑，枭声。’汉志作‘鄡’，‘鄡’与‘枭’文异而音义同。”又《清一统志·保定府二》：鄡县故城“按颜师古曰，鄡，苦么反，与鄡同。《水经注》作郣，《地形志》作鄵，《通典》、《旧志》作郣，《寰宇记》作鄡，皆鄡字之讹也”。

嘎仙洞 在今内蒙古鄂伦春自治旗（阿里河镇）北二十里、大兴安岭北段顶峰东端。1980年发现。洞在峭壁之上，高出平地约5米。洞口西南向，南北长90余米，东西宽约27米，高20余米。洞内西壁距洞口15米处，有北魏太平真君四年（443）摩崖石刻。据《魏书·乌洛侯》载：乌洛侯国“世祖真君四年来朝，称其国西北有国家先帝旧墟，石室南北九十步，东西四十步，高七十尺，室有神灵，民多祈请。世祖遣中书侍郎李敞告祭焉，刊祝文于室之壁而还”。现存铭刻文字共二百零一字，与史籍记载的祝文基本相符，证实为北魏王朝承认的拓跋鲜卑发祥地。1988年定为全国重点文物保护单位。

嘎他 在今云南红河县西南三十里。明、清时左能寨长官司治此。哈尼语“嘎”为路，“他”为上面，意即路上边的村寨。

嘎海庙 即今内蒙古东乌珠穆沁旗东北乌拉盖村。清为乌珠穆沁左翼旗驻地。

嘎雅河 亦作十三道噶雅河、嘎牙河、噶哈哩河。即今吉林汪清、图们等市县境之嘎呀河，为图们江支流。清光绪《吉林通志》卷23：图们江“又北径丰都镇折而东，十三道噶雅河自北来注之。十三道噶雅河，即噶哈哩河也，源出珲春城北一百七十余里小图们山，直西流，北岸界宁古塔，径三岔口北萨奇库河自北来注之”。

嘤游（遊）山 亦作鹰游山或莺游山。即今江苏连云港市东北海中东西连岛。《寰宇记》卷22海州东海县：“嘤游山在县东北一百三里海中。去崖二十里，高二里。其山周回浮海中，群鸟翔集，嘤嘤然自相喧聒。”

豓町山（豓xù） 即今皈依底山。在云南弥勒县东南隅。汉至南朝称豓町山。《汉书·地理志》律高县：“东南豓町山出银、铅。”《水经·叶榆河注》：“盘水出律高县东南豓町山。”

蜂台（臺） 在今河北沽源县东。《魏书·太宗纪》：神瑞二年（415）五月，“辛酉，次于濡源，筑立蜂台”。即此。

蜂巂山 亦作奉巂山。即今四川西昌市南邛海西之泸山。东晋常璩《华阳国志·蜀志》：邛都县“有邛都河，河中有蜯𫛥山”。《水经·江水注》：邛都县“县陷为池，今因名为邛池，南人谓之邛河，河中有蜯𫛥山”。

蜻蛉川 亦作青蛉川。即今云南大姚、姚安两县境龙川江支流苴宁河及其上源青蛉河。《资治通鉴》：隋开皇十七年（597），史万岁征南宁夷爨玩，“入自蜻蛉川，至于南中。夷人前后屯据要害，万岁皆击破之”。

蜡匝簇长官司 明洪武十四年（1381）置，属松潘卫。治所在今甘肃舟曲县西北。清废。

蜡烛峰 在今广东和平县北七十里。《方舆纪要》卷103惠州和平县，蜡烛峰“地名岑冈，高八十余丈，周五十余里”。

蜡鹅铺 在今贵州从江县西北。《清一统志·黎平府》“朗洞铺”条：“蜡鹅铺”等皆有兵戍守。

蝇山 又名禺山。在今四川岳池县北二十里。《舆地纪胜》卷165广安军：蝇山“在岳池县东南三十里。最高大，有寺。乾道初，寺僧掘土得金刚石像，背镌‘开成四年’字”。《方舆纪要》卷68岳池县：蝇山“在县北二十里。山最高大。俗名禺山。其并峙曰姜山”。

蜘蛛渠 又名美利渠。在今宁夏中卫市黄河北岸。明嘉靖《宁夏新志》卷3宁夏中卫：蜘蛛渠“古渠名。在黄河西。长五十八里，溉田三百余顷”。清乾隆《宁夏府志》卷8：“美利渠，自元以来名蜘蛛渠。旧由石龙口，尾达胜金关。嗣因岸徙渠淤，口窒不能受水。嘉靖壬戌，抚军毛中丞始命道参文武督本卫丁夫，改浚于旧口之西六里，甫月余而渠成，易今名。”

螃矶 即螃矶山。今安徽芜湖市西南、无为县东长江西岸蛟矶山。《舆地纪胜》卷18太平州：螃矶，“在芜湖县西南七里大江中。上有旧宁渊观”。因江流转移，现与北岸相接，属无为县界。

螃矶山 即今安徽无为县东八十里，长江西岸之蛟矶山。《方舆纪要》卷26无为州：螃矶山“在州东百五十里，独立大江中，东西往来，道经其下，盖与芜湖县接界”。

蜢濮者山 亦作蜢蠛者石山。在今云南凤庆县东北二百四十里。《方舆纪要》卷118顺宁府：蜢濮者山“土少石多，高峻骨立，宛如鬼工削成。下有聚落，俗呼蜢濮者”。

睬 即犨。春秋时为郑地，后属楚。在今河南鲁山县东南五十里。

鹗岭 在今浙江乐清市东。《方舆纪要》卷94乐清县：鹗岭“在县东。嘉靖八年，倭寇乐清、登鹗岭，因徙白沙巡司戍于此”。

鹘州 唐置，为羁縻州。治所在今陕西省北境。

鹘里改路 即胡里改路。治所即今黑龙江省依兰县。《金史·太宗纪》：天会八年（1130）七月，“徙昏德公（宋徽宗）、重昏侯（宋钦宗）于鹘里改路”。

鹘岭 在今陕西山阳县南六十里。南宋与金以此为界。《舆地纪胜》卷189金州：鹘岭“在上津县。防遏商州来路，地极险要”。《清一统志·郧阳府》：鹘岭“绍兴十六年和好成，割鹘岭关外韦驮坪为界。《府志》，岭在旧上津县西五十里。山形壁立，势若鹰隼。山内有洞”。

鹘岭关 一名铁鹘岭。在今陕西山阳县南鹘岭。《舆地纪胜》卷189金州：上津县“绍兴十六年和好成，割上津县鹘岭关外韦驮坪为界”。

鹘莽 西藏古地名。地约在今西藏北境之唐古拉山口，唐时吐蕃曾于此置驿站。《新唐书·地理志》：“鹘莽驿，唐使入蕃，公主每使人迎劳于此。”其山名鹘莽山，其下有鹘莽峡即唐古拉山南麓之索曲河上游。

鹘莽峡 在今青海格尔木市西南唐古拉山镇（沱沱河）南，与西藏交界之唐古拉山口。为唐、蕃交通必经之地。《新唐书·地理志》鄯城县：“大速水桥，三百二十里至鹘莽驿，唐使入蕃，公主每使人迎劳于此。又经鹘莽峡十余里、两山相崟。”又《西域传》：苏毗“东与多弥接，西距鹘莽峡”。

鹘营庄 在今河北平山县西十余里。《资治通鉴》：五代梁贞明六年（920），赵王镕“盛饰馆于西山，每往游之……自西山还，宿鹘营庄”。即此。

崿山 在今浙江嵊州市北二十八里。宋《嘉泰会稽志》卷9嵊县：崿山“两岸峻壁，乘高临水，深林茂竹，表里辉映”。

嵻崀山 一作康狼山。在今甘肃临洮县北。《晋书·乞伏乾归载记》：东晋义熙四年（408），“（炽磐）筑城于嵻崀山以据之”。《元和志》卷39兰州五泉县：“康狼山，亦名热薄汗山，在县南一百四十里。西秦乞伏乾归太子炽磐，招结诸部二万七千，筑城于康狼山以据之，即此山也。”

嵻崀城 在今甘肃临洮县北。《晋书·乞伏乾归载记》：东晋义熙四年（408），“（炽磐）筑城于嵻崀山以据之”。《资治通鉴》：东晋义熙七年（411），西秦乞伏乾归“复以子木弈干为武威太守，镇嵻崀城”。皆此。

嶂山 即库山。在今青海湟源县西南日月山一带。一说即今青海天峻县南库库诺尔岭。《新唐书·江夏王道宗传》：贞观九年（635），讨吐谷浑，“贼闻兵且至，走嶂山数千里，诸将欲止，独道宗请穷追……吐谷浑拒险殊死斗，道宗阴引千骑超山乘其后，贼惊，遂大溃”。

嶂石岩 即障石岩。今河北赞皇县西南一百十里嶂石岩。为国家重点风景名胜区、国家地质公园。

嶂州 唐贞观四年（630）以处降羌置，为羁縻州，属松州都督府。治所在今四川若尔盖县西北境。后废。

嵧峨山 在今云南峨山彝族自治县东北。《方舆纪要》卷115嵧峨县“桂峰山”条下：嵧峨山“在县东北二里”。《清一统志·临安府》：嵧峨山“旧县治在其阳。《县志》：嵋山在县东，峨山在县南”。

嵋峨州　元初置嵋峨千户，元世祖至元十三年（1276）改嵋峨州，属临安路。治所在今云南峨山彝族自治县东北郊登云村。二十六年（1289）降为嵋峨县。

嵋峨县　元世祖至元二十六年（1289）降嵋峨州置，属临安路。治所在今云南峨山彝族自治县东北郊登云村。《元史·地理志》嵋峨县："昔嵋倪蛮居之，后阿僰酋逐嵋倪据其地，至其孙阿次内附，以其部立千户。"《清史稿·地理志》嵋峨县："东北，嵋山，其后峨山，县以此得名。"后改属宁州。明洪武十五年（1382）属临安府。正德六年（1511）迁治今峨山彝族自治县。民国初属云南蒙自道。1929年改峨山县。

嵋峨部　宋大理置，属秀山郡。在今云南峨山彝族自治县境。元改嵋峨州。

幔亭峰　在今福建武夷山市南天柱峰之北。明《八闽通志》卷6《地理志·山川》崇安县：幔亭峰，"一名铁佛嶂。《旧志》：秦始皇二年八月十五日，武夷君置酒肴会乡人于此，建幔亭彩屋，设宝座，施红云裀、紫霞褥，呼乡人为曾孙"。

尉律岭　即东海岛。在今广东湛江市东南海中。《清一统志·雷州府》：尉律岭"在遂溪县东南一百四十里海中。一名东海岛"。

赡　战国齐邑。即今山东寿光市南益城。出土战国齐布有"赡化"、"赡六化"等字样，当为其邑所铸。

罂子口　亦作婴子口。在今江西都昌县西北。《方舆纪要》卷85都昌县：柴棚镇，"明初与陈友谅相持于鄱阳湖，既而明师自婴子口移泊柴湖"。

罂（罌）子谷　即今河南巩义市东北英峪，近荥阳市界。为成皋之关口。《旧五代史·庄宗纪第八》："帝过罂子谷，道路险狭，每遇卫士执兵仗者，皆善言抚之。"

罂浮渡　在今陕西韩城市南黄河上。《汉书·韩信传》：信"遂进兵击魏。魏盛兵蒲坂，塞临晋……（信）伏兵从夏阳以木罂缶度军，袭安邑"。后人讹为以木罂浮渡，故《方舆纪要》卷54朝邑县：罂浮渡"道盖出于此"。

罂脰湖　在今浙江宁波市西。《清一统志·宁波府一》：广德湖"在鄞县西十二里。旧名鸎脰湖，唐大历八年县令储仙舟，改名广德"。

〔丿一〕

锹镢川中路堡　北宋置，属西安州绥戎堡。在今宁夏海原县（三河镇）北。后废。

镂方县　西汉置，属乐浪郡。治所在今朝鲜平安南道成川、阳德之间。西晋后废。

舞水　即沅水。古汝水支流。故道在今河南舞钢市和西平县境。

舞凤山　即今云南澄江县北郊之凤山。《方舆纪要》卷115澂江府：舞凤山在"今府治后。势自罗藏山之中支逶迤而来，如凤首览辉下，左右两山并峙，如展翼然。隆庆四年郡守徐可久迁治于山麓"。

舞州　唐长安四年（704）置，治所在夜郎县（今湖南新晃侗族自治县西南凉伞镇）。开元十三年（725）改名鹤州。

舞阳　一作武阳。战国魏地，在今河南叶县东南。《史记·魏世家》：无忌谓魏王曰："秦叶阳、昆阳与舞阳邻，听使者之恶之，随安陵氏而亡之，绕舞阳之北，以东临许，南国必危，国无害乎？"《正义》引《括地志》："舞阳故城在叶县东十里。"

舞阳县　①秦置，属颍川郡。在今河南舞阳县西北。《元和志》卷8："在舞水之阳，因名。"三国魏属襄城郡。南朝宋废。唐开元四年（716）复置，属仙州。治所在今县东北四十六里北舞渡镇。二十六年（738）属许州。元和十三年（818）移治吴城（在今舞阳县东）。北宋属颍昌府。金泰和八年（1208）移治今舞阳县，属裕州。元世祖至元三年（1266）废。后复置。清属南阳府。民国初属河南汝阳道。1927年直属河南省。

②三国吴改无阳县置，属武陵郡。治所在今湖南芷江侗族自治县东南。东晋义熙中移治今湖南靖州苗族侗族自治县南。南齐改名沅阳县。

舞阴县　西汉置，属南阳郡。治所在今河南泌阳县西北五十八里古城寨。西晋属南阳国。南朝宋属南阳郡。后为西汝南、北义阳二郡治。北魏属南阳郡。孝昌中为舞阴郡治。隋开皇初改为显冈县。

舞阴郡　北魏孝昌中置，属襄州。治所在舞阴县（在今河南泌阳县西北五十八里古城寨）。西魏属广州。隋开皇初废。

舞剑台（臺）　在今天津市蓟县西北盘山天成寺北。又名西台。相传为唐李靖舞剑台。明《帝京景物略》卷8："逾四岭而西者，李靖庵。有峰，高二里，顶广四丈而平，李靖舞剑台。靖往战高丽，过此台也。"

舞雩　在今山东曲阜市南。亦名舞雩台。《论语·先进》："风乎舞雩。"同书《颜渊》篇："樊迟从游于舞雩之下。"《水经·泗水注》："门南隔水有雩坛，坛高三丈，曾点所欲风舞处也。"

舞雩场　即今四川犍为县北舞雩乡。清嘉庆《犍为县志》卷2：舞雩场在"县东三十里，通井研"。光绪三十一年（1904），红灯教陈廷璧等起义于此，打毁教堂，围攻犍为县城。

舞鹤台（臺）　在今山东泰安市泰山南四里。《新唐书·礼乐志四》：乾封元年（666）封泰山，"乃诏立登封、降禅、朝觐之碑，名封祀坛曰舞鹤台，登封坛曰万岁台，降禅坛曰景云台，以纪瑞焉"。

鄦国　即许国。西周初封置，在今河南许昌市东。

㭒牛营子　即今辽宁建昌县治。清置巡司于此。1931年于此置凌南县。1949年改为建昌县。

稳下堡　在今江西大余县西北。《方舆纪要》卷88南安府大庾县：稳下堡“在县西北百里。嘉靖三十二年，岑冈贼袭败官军于此”。

稳山　在今江西万载县西。《方舆纪要》卷87袁州府万载县：稳山“在县西八里。两山对峙，中通一径，俗呼为稳山关”。

熏冶泉　在今山东临朐县西南二十五里。《水经·巨洋水注》：熏冶泉“水出西溪，飞泉侧濑于穷坎之下，泉溪之上源，麓之侧有一祠，目之为冶泉祠。按《广雅》金神谓之清明，斯地盖古冶官所在，故水取称焉”。

箐口山　在今贵州都匀市西。《清一统志·都匀府》：箐口山“在府城西邦水司西南二十五里。高险多箐，绝顶有一碗泉”。

箐口关　①又称倘甸关。即今云南个旧市北四十一里倘甸村。旧属蒙自县，明置箐口关巡司。

②在今云南建水县北曲江北。明、清置曲江巡司。

箐口汛　清置，即今四川雷波县东北六十里箐口乡。有把总驻防。

箐口岭　在今四川长宁县东南。《清一统志·叙州府一》：箐口岭“在长宁县（治今县南双河镇）东六十里”。

箐口驿　明置，属荥经县。在今四川荥经县西南靖口。《清史稿·唐希顺传》：康熙十九年（1680），赵良栋由雅州进讨吴世璠将胡国柱，“复荥经，贼退入箐口驿，分兵扼周公桥、黄泥铺诸隘，结五营守险”。

箐口哨　明置，属清平卫。在今贵州凯里市西北箐口。

箐冈　在今贵州瓮安县境。明万历二十八年（1600）征播之役，贵州兵蔡兆吉自乾坪抵箐冈。即此。

箐青山　在今四川平武县东南。《清一统志·龙安府一》：箐青山“在平武县东南六十里。重峰叠嶂，树木森郁。北通青川所。有南溪出此，流入白水”。

箕　春秋晋地。在今山西太谷县东三十五里。《左传》：僖公三十三年（前627），“狄伐晋及箕。八月戊子，晋侯败狄于箕”。又昭公二十三年（前519），晋执叔孙婼，“乃馆诸箕”。皆此。一说狄乃白狄，白狄在西河，渡河伐晋，箕地当近河。今山西蒲县东北有箕城，“晋侯败狄于箕”当在此。

箕山　①在今河北行唐县西北。《方舆纪要》卷14行唐县：箕山“在县西北五十里，以峰形若箕而名”。

②在今山西左权县东。《元和志》卷13辽山县：“箕山，在县东四十五里。”唐武德八年（625）改辽州为箕州，因箕山为名。

③在今山西平陆县东北约四十里。《清一统志·解州》：箕山“在平陆县东北，接夏县界。山形如箕。相传即许由隐处”。

④亦作覆舟山、潍山、箕屋山。即今山东莒县东北一百里五山。《水经·沭水注》：箕山之水“东出诸县西箕山……其水西南流注于沭水也”。

⑤亦名䫄山。即今山东青州市东五十里香山。《隋书·地理志》：北海郡都昌县下作“箕山”。

⑥即今山东鄄城县东北二十里箕山。《方舆纪要》卷34濮州“历山”条下：箕山“在州东五里。俗讹为许由辞位避居处”。

⑦在今河南登封市东南。《孟子·万章》：“益避禹之子于箕山之阴。”《史记·伯夷列传》：“说者曰尧让天下于许由，许由不受，耻之，逃隐。……太史公曰：余登箕山，其上盖有许由冢云。”后世遂以“箕山之志”为隐居不仕的代称。按许由隐居之箕山，又有在今山西和顺县东和河南范县西南等说。

⑧亦名鸡山、金鸡山。在今四川营山县东北七十里。清嘉庆初，白莲教罗其清据此。清魏源《圣武记》卷9：嘉庆三年（1798），冉文俦“走就罗其清于箕山……德楞泰已尽破箕山”。即此。

箕关　一作濝关。在今河南济源市西，王屋山南。《后汉书·邓禹传》：建武元年（25），“禹自箕关将入河东”。《三国志·魏书·董卓传》：杨奉等“乃以天子还洛阳。出箕关”。

箕州　唐武德八年（625）改辽州置，治所在辽山县（今山西左权县）。《元和志》卷13仪州：箕州“因辽山县界箕山为名”。辖境相当今山西和顺、左权、榆社等县地及河北涉县北部地区。先天元年（712）改为仪州。

箕谷　①又名谷水。在今安徽萧县西北。《水经注·获水》：“（冒）山有箕谷，谷水北流注获，世谓之西流水。”

②在今陕西汉中市北。《后汉书·冯异传》：建武四年（28），“公孙述遣将程焉，将数万人就吕鲔出屯陈仓。异与赵匡迎击，大破之，焉退走汉川，异追战于箕谷，复破之”。《舆地纪胜》卷183兴元府：箕山“在褒城县北十五里，上有池，四时不涸，俗号秦王猎池，山有一穴在南，号丙穴。有谷号道人谷。《郡国志》云，郑子真隐于此山”。

箕谷水　在今陕西宝鸡市陈仓区南。《方舆纪要》卷55宝鸡县：箕谷水“出箕谷中，北流入渭”。

箕城县　唐武德元年（618）改西华县置，属陈州。治所即今河南西华县。贞观元年（627）废。神龙元年（705）改武城县复置。景云元年（710）改为西华县。

箕侯国　西汉置，属琅邪郡。治所在今山东莒县东北一百里五山（古箕屋山）下。宣帝封城阳荒王子文为箕侯，即此。东汉废。

箕屋山　即今山东莒县东北一百里五山。《水经·潍水注》:“潍水导源潍山。”东汉许慎《说文》:“吕忱云:潍水出箕屋山。”《淮南子·墬形训》:“维出覆舟。”盖一山而异名。

箕陵县　东汉改桢陵县置,属云中郡。治所在今内蒙古清水河县西北喇嘛湾镇南拐子上古城。后废。

箬岭　①在今浙江德清县西南。《方舆纪要》卷91武康县:“箬岭在县(治今武康镇)西南三十五里,《志》云:山多箬竹,亦曰箬岘山。”

②在今安徽歙县西北与黄山区(原太平县)交界处。宋淳熙《新安志》卷3歙县:箬岭“在县北八十里,黄山之东。高四百八十仞。多箬竹。上有官路通宁国府太平县。隋末越国公所开”。《方舆纪要》卷28徽州府歙县:箬岭“府北八十里,黄山之东。上多箬竹。隋末汪华起兵时,开岭路通太平县,今为通衢”。

箬(篛)姑山　在今湖北崇阳县西七十里。《清一统志·武昌府一》:篛姑山“路达临湘,商贾通衢”。

箬溪　①在今江西武宁县东北。《清一统志·南昌府一》:箬溪港“在(武宁)县东北六十里,源出丫髻山”,入修水。

②一名若溪水。指今浙江长兴县长兴港自县城至太湖的一段江道。《寰宇记》卷94长兴县:“箬溪者,顾野王《舆地志》云:夹溪悉生箭箬,南岸曰上箬,北岸曰下箬,二箬皆村名,村人取下箬水酿酒,醇美胜于云阳,俗称箬下酒。”

箬溪镇　在今江西武宁县东巾口乡(幸福)附近,地当箬溪水入修水之口。有渡,清时设把总驻防(现已沦入柘林水库)。同治《南昌府志》卷6武宁县市镇:箬溪市“距县四十里”。

篌山　在今河北盐山县东南。《水经·淇水注》:“浮水故渎,又东径篌山北。《魏土地记》曰:高城东北五十里有篌山,长七里。”《寰宇记》卷65盐山县:“篌山,一名峡山,在县东南四十里。”

箪醪河　即投醪河。在今浙江绍兴城西。《舆地纪胜》卷10越州:投醪河“在府西二百步。一名箪醪河。《旧经》云,越王句践投醪之所。《水经》云,越王栖会稽,有酒投江,民饮其流,战气百倍”。

管　①西周封国,姬姓。都城在今河南郑州市。《史记·管蔡世家》:武王“封叔鲜于管”。即此。

②春秋战国为邑。相继属郑、韩、魏。在今河南郑州市。《左传》:宣公十二年(前597),楚围郑,晋救郑,攻楚,“楚师次于管以待之”。《韩非子·有度篇》:魏安厘王“攻韩,拔管”。即此。

管山口镇　在今安徽铜陵县东南。《方舆纪要》卷27铜陵县:“管山口镇在县东。”

管子壕　即今湖南资兴市东兴宁镇。南宋绍定初于此置兴宁县。1914年改名资兴县,皆治此。

管公屯　在今辽宁海城市西北五十五里新西台子镇西里许故城。相传东汉末管宁依公孙度时居此,避难者聚为村落,故名。

管公里　在今山东安丘市西南四十五里,管宁故居。《世说新语·德行》:“管宁、华歆共园中锄菜,见地有片金,管挥锄与瓦石不异。”管宁,字幼安。齐相管仲之后。《清一统志·青州府二》:管公里“即管幼安旧居也。《县志》:有弃金坡,在书院山东五里。相传即幼安锄园挥金处”。

管帅集　即今山东五莲县西北四十里管仲镇。旧属莒州。清嘉庆《莒州志》卷3有管帅集。

管仲墓　在今山东淄博市临淄区辛庄镇东南十里牛山北麓。为春秋时古墓。管仲(?—前645),名夷吾,字仲,颍上(颍河之滨)人。春秋时政治家,辅佐齐桓公改革政治,发展经济,富国强兵,使齐国先后九次会合诸侯,成为春秋五霸之首。昔有明碑题“管子之墓”,今佚。1981年淄博市人民政府于墓前立石碑两方,一方刻管仲像,一方书“齐相管夷吾之墓”。《史记·管晏列传》:“管仲既用,任政于齐,齐桓公以霸,九合诸侯,一匡天下,管仲之谋也。”《括地志》云:“管仲冢在青州临淄县南二十一里牛山之阿。”

管州　①隋开皇十六年(596)置,治所在管城县(今河南郑州市)。大业二年(606)废。唐武德四年(621)复置。辖境相当今河南郑州、新郑二市和中牟、原阳等县地。贞观元年(627)废。

②唐武德四年(621)置,治所在静乐县(今山西静乐县)。辖境相当今山西静乐、娄烦等县地。五年(622)改为北管州。金天德三年(1151)改宪州复置管州,治所仍在静乐县。元省静乐县入州,属冀宁路。辖境扩大到今山西静乐、岢岚、宁武、娄烦等县地。明洪武二年(1369)废。

管江寨　明置,即今浙江宁波市鄞州区东南管江镇。

管社山　在今江苏无锡市西二十五里。与独山对峙,屹立湖畔。清光绪《无锡金匮县志》卷2:管社山“有项王庙,或云夏王庙。相传独山门为神禹所凿,故祀于此,后乃讹夏为项也”。

管店　即今安徽明光市东南管店镇。旧属盱眙县。清光绪《盱眙县志稿》卷3:管店在“西南一百五里”。

管官套　即陈公套。在今湖北武汉市武昌城区西南五里。《方舆纪要》卷76江夏县:管家套“在城南五里。弘治中郡守陈晦修凿,使水绕城南,商旅得避风涛之险。正德间,‘贼’刘六等犯武昌,聚泊于此”。

管城　①在今河南郑州市区。《史记·周本纪》载:周武王克商后,“封弟叔鲜于管”。《正义》引《括地志》云:“郑州管城县外城,古管国城也,周武王弟叔鲜所封。”

②在今湖北钟祥市北、接宜城市界。《晋书·桓石虔传》:太元六年(381),“苻坚荆州刺史梁城、襄阳太守阎震率众入寇竟陵,石虔与弟石民距之。贼阻滶水,屯管城。石虔设计夜渡水,既济,贼始觉,力战破之,进克管城”。即此。

管城县　隋开皇十六年（596）置，为管州治。治所即今河南郑州市。大业二年（606）为郑州治。三年（607）为荥阳郡治。唐初为管州治，贞观初属郑州，七年（633）为郑州治。明洪武初省入郑州。

管界　在今广西防城港市西南。《方舆纪要》卷104钦州：“管界巡司在州西百八十里。本名时休峒。永乐中改置巡司，嘉靖中没于交阯，寻复来归。”清雍正十二年（1734）移治龙门（今钦州市南龙门港镇）。乾隆十二年（1747）移治防城，改为防城巡司。

管界寨　①明置，在今江西贵溪市东南。明置巡司于此。清乾隆时巡司移驻上清镇。

②约在今浙江慈溪市东南部。《方舆纪要》卷92定海县：管界寨在“县西北六十里。宋曰水陆管界巡简寨，在县城内。嘉祐中迁澥浦上，改今名。洪武二十年徙于县西四十里”。

管涔山　一名燕京山。在今山西宁武县西南。主峰卧羊场，海拔2603米。《山海经·北次二经》：“管涔之山，其上无木而多草，其下多玉，汾水出焉而西流注于河。”

管家坝街　即今安徽全椒县西管坝乡。民国《全椒县志》卷1：管家坝街“距城七十里，街长不及一里，俱市肆”。

管家窑子　即今内蒙古乌拉特前旗东北明安镇。20世纪30年代乌拉特后旗曾迁治于此。

管家湖　在今江苏淮安市楚州区西。《方舆纪要》卷22淮安府：管家湖“在府城西望云门外。宋嘉定间，郡守应纯之言，本州向西一带，湖荡相连，可以设险，合别开新河一道，与运河接，取土填垒捍岸，则旧运河与湖通连，水面深阔，形势益便。遂开河于湖北，筑垒湖岸，以限湖水。自马家湾西至陈家庄，于是管家湖与老鹳河相接，楚州西北，宛然巨浸。且练习舟师，为战守计，敌不敢犯。一名西湖。其接老鹳河处，亦谓之新路”。

管家渡镇　在今安徽霍山县南。《清一统志·六安州》：濠潼湾镇“在霍山县南三十里。相近有管家渡镇”。

管埠市　在今广东乐昌市西北武阳司东。《清一统志·韶州府》：管埠市“在乳源县西北一百五十里武阳镇东，水陆通郴、桂，商民杂居，市井繁盛”。

管溪　在今浙江缙云县东北。《方舆纪要》卷94缙云县：管溪“在县东五十里。源出括仓山，经管溪官山下，又西流入于好溪”。

管溪官山　在今浙江缙云县东北。《方舆纪要》卷94缙云县：管溪官山“在县东七十里，与台州府接境。薪竹之饶，居民所赖。又有龙潭三处，溉田甚广，以管溪经其下，因名”。

箓竹岭　在今浙江浦江县北。《方舆纪要》卷93浦江县：箓竹岭“在县北五十里。自趾至顶凡十八盘，亦名淡竹岭”。

緐阳　一作繁阳或繁扬。春秋战国楚邑。在今河南新蔡县北。《鄂君启节》铭文：自鄂往，“庚緐阳”；《左传》：襄公四年（前569），“楚师为陈叛故，犹在繁阳”；又定公六年（前504），“子期又以陵师败于繁扬”。皆此。

〔丿丨〕

輿县　西汉置，属临淮郡。治所在今江苏仪征市北。东汉改为輿侯国，属广陵郡。三国吴复为輿县。南朝宋元嘉十三年（436）并入江都县。

輿定县　南齐置，属宋康郡。治所当在今广东阳西或电白县境。隋废。

輿城　在今山东费县西。《左传》：哀公十四年（前481），司马牛卒于鲁郭门之外，“葬诸丘輿”。杜注：“泰山南城县西北有輿城。”即此。

輿侯国　东汉改輿县置，属广陵郡。治所在今江苏仪征市北。三国吴复为輿县。

僚（獠）子部　唐代的部名。在今云南文山壮族苗族自治州一带。后属南诏通海都督。

僚（獠）泽关　明景泰七年（1456）置，属灌县。在今四川汶川县西南水磨镇一带。《舆地纪胜》卷151永康军：僚泽，“《图经》云：青城县北一百三十里。或云：诸葛亮迁群僚于青城山下，号为群僚”。《方舆纪要》卷67灌县：僚泽关“在县西南百里。董卜韩胡通华捷径也”。民国《灌县志》卷2：“僚泽山有关，同山名。相传诸葛武侯迁僚于此。崖畔旧有石门，唐吴行鲁有《题僚泽水石记》，乃番人通华捷径也。”

僮阳郡　南朝梁天监五年（506）置，治所在僮县（今江苏沭阳县南六里）。东魏武定七年（549）改为沭阳郡。

僮县　①战国秦置，属泗水郡。在今安徽泗县东北骆庙附近潼城村。西汉属临淮郡。东汉改为僮侯国，三国魏复改为僮县。西晋属下邳国。北魏属下邳郡。北齐后废。

②南朝宋侨置，属北下邳郡。治所在今江苏沭阳县南六里。南齐属北东海郡。梁为僮阳郡治。南朝陈太建五年（573）省入怀文县。

僮侯国　东汉改僮县置，属下邳国。治所在今安徽泗县东北骆庙附近潼城村。三国魏复改僮县。

僧加剌　即师子国。或译作僧伽罗、僧诃罗、僧伽喇。即今斯里兰卡。元汪大渊《岛夷志略》：“僧加剌，叠山环翠，洋海横絲。”

僧念堡　即今山西汾西县东南僧念镇。《清一统志·平阳府一》“神符堡”条下：僧念堡“在县南”。

僧祇　①一作僧祗。在今马来西亚马来半岛之宋卡。据《隋书·赤土传》：“其王居僧祗城。”

②亦译僧耆、层期。或以为专指非洲东岸的黑种人。昔大食人名非洲东岸之地曰僧祇拔儿，今尚有一

小部地存其旧名，即桑给巴尔岛。僧祇拔儿犹言黑人之地。

僧格宗 在今四川小金县西小金川河北岸新格乡（僧格宗）。《清史稿·图钦保传》：乾隆三十七年（1772）征金川，“师进至僧格宗，图钦保自河西科多渡桥攻河东，至喀咱木笼山梁，抵奢垄，贼奔美诺”。

僧格宗城 在今西藏洛扎县东南生格乡。《清一统志·西藏》卫地诸城：僧格宗城“在喇萨西南四百三十里”。“僧格”，藏语意为狮子。1960年并入洛扎县。

僧格喀巴布冈里 即僧格喀巴普山。在今西藏阿里境内冈底斯山东北。清乾隆《西域同文志》卷20载：僧格喀巴布冈里，“西番（藏）语：雪山涧水下流如出狮子口也”。

僧格喀巴普山 亦作僧格喀巴布冈里。在今西藏阿里境内冈底斯山东北。狮泉河源于此，下流入克什米尔境称印度河。清乾隆《卫藏通志》卷3：“唐古忒（藏）语，僧格，狮子也。山形似狮子，口有泉流出，故名。”

僧塔汛 即多云镇。今湖北罗田县东北九十四里僧塔寺镇。清置千总驻防。光绪《罗田县志》卷4《兵事》：同治三年（1864）五月，捻军攻占罗田县城，知县王臣弼“临阵受伤，退保多云镇，同僧塔汛千总吴必昌招集溃勇为规复计”。

僧道关 即今陕西山阳县东南漫川关。清雍正《陕西通志》卷17：僧道关“南蛮王以僧道兵拒杨文广处。石门尚存”。

僧道桥镇 又名公道桥。即今江苏扬州市邗江区西北公道镇。清嘉庆《扬州府志》卷16《都里》引万历《江都县志》有僧道桥镇。

僧楼镇 即今山西河津市东北僧楼镇。《清一统志·绛州》“方平镇”条下：僧楼镇“在县东北”。

僢蠢水 清作十三道嘎呀河。即今吉林汪清县、图们市境之嘎呀河。源出老爷岭东麓，西南流入图们江。《金史·太宗纪》：天会九年（1131）戊申“命以徒门水以西，浑疃、星显、僢蠢三水以北闲田，给曷懒路诸谋克”。

鼻天子城 在今广东始兴县南。《水经·溱水注》：“（邪阶）水出县东南邪阶山。水有别源曰巢头，重岭衿泷，湍奔相属，祖源双注，合为一川。水侧有鼻天子城，鼻天子，所未闻也。”据《路史》：鼻天子，即象。《寰宇记》卷160南雄州始兴县：有“鼻天子墓”。按《汉书·武五子传》：“舜封象于有鼻。”师古曰：“有鼻在零陵，今鼻亭是也。”

鼻头 即今台湾基隆市东鼻头角。清康熙《台湾府志》总图鸡笼城东北有鼻头。同治《台湾府舆图纂要》淡水厅坊里：城北芝兰保有“大鸡笼街、深澚庄、跌死猴庄、鼻头庄……”。

鼻骨德部 又作鼻古德、鼻国德、鳖故德。辽属国，属东北路统军司。在今俄罗斯哈巴罗夫斯克边疆区西南比占河流域。金称鳖故德、鳖古。元于此置孛古江军民万户府。

鼻亭 即有鼻。亦作鼻墟。在今湖南道县北。

〔丿丿〕

槃头郡 北魏置，属东益州。治所在苌举县（今陕西略阳县西北、嘉陵江西长峰南）。因水盘曲为名。辖境相当今陕西略阳县地。北周废。

槃河 即古钩盘河。《后汉书·公孙瓒传》：瓒“出军屯槃河”。注：“槃即《尔雅》九河钩槃之河也。其枯河在今沧州乐陵县东南。”

槃涧水 又名盘豆河、郎水。即今河南灵宝市西枣乡河。《水经·河水注》：槃涧水“出湖县夸父山，北径汉武帝思子宫、归来望思台东，又北流于河”。

槃橐城 在今新疆喀什市东南郊。汉建。《后汉书·班超传》：东汉永平十七年（74），“超从间道至疏勒，去兜题所居槃橐城九十里”。十八年（75），明帝崩，“龟兹、姑墨数发兵攻疏勒。超守槃橐城，与（疏勒王）忠为首尾，士吏单少，拒守岁余”。即此。今仅存遗址，维语称“艾斯克萨”，意为旧城。

艋舺 在今台湾省台北市西龙山、双园一带（今属万华区），地濒淡水河。为早期先民系船处。俗呼独木舟为艋舺，因以为名。清乾隆二十四年（1759）移淡水都司于此。嘉庆末至同治年间，为台湾对大陆贸易的重要港口。道光时最繁荣，有”一府（台南）、二鹿（鹿港）、三艋”之称。同治末年以后，因河床淤塞逐渐衰落，港市移向下游近邻大稻埕一带。光绪元年（1875）置淡水县，为台北府治。

〔丿丶〕

鄱江 即古番水。又名长港、饶河。在今江西北部。南源乐安江出江西婺源县，北源昌江出安徽祁门县，二水西流至江西鄱阳县汇合后称鄱江，入鄱阳湖。《汉书·地理志》豫章郡鄱阳县：“鄱水西入湖汉。”《水经·赣水注》：鄱水“出鄱阳县东，西径其县南武阳乡也……又西流注于赣”。《寰宇记》卷107饶州鄱阳县：“鄱江水自浮梁、乐平、余干等三县水合为鄱江，经郡城南，又过都昌县入彭蠡湖。”

鄱阳山 初名力士山，亦名石印山。在今江西鄱阳县西北鄱阳湖中。唐改今名。《方舆纪要》卷85饶州府鄱阳县：鄱阳山“俗相传谓之石印，即鄱阳山是也”。

鄱阳县 西汉以番阳县改名，属豫章郡。治所在今江西鄱阳县东北古县渡镇。东汉建安十五年（210）孙权于此置鄱阳郡。三国吴赤乌八年

（245）徙治吴芮故城（今鄱阳县）。晋属鄱阳郡。南齐复为郡治，梁为吴州治。隋为饶州治，大业初为鄱阳郡治。唐复为饶州治。元为饶州路治。明为饶州府治。民国初属江西浔阳道。1926年直属江西省。1957年改名波阳县。2003年复改鄱阳县。

鄱阳府　元至正二十一年（1361）朱元璋改饶州路置，属江南行省。治所在鄱阳县（今江西鄱阳县）。寻改为饶州府。

鄱阳驿　又名鄱江驿。元置，在今江西鄱阳县西南。明洪武四年（1371）改为芝山驿。

鄱阳郡　东汉建安十五年（210）孙权分豫章郡置，治所在鄱阳县（今江西鄱阳县东北古县渡镇）。三国吴赤乌八年（245）移治吴芮故城(今鄱阳县)。辖境当今江西鄱阳湖东岸、进贤县以东及信江、乐安江流域（婺源县除外）。西晋移治广晋县（今鄱阳县北石门街镇），南朝齐复治鄱阳县（今鄱阳县）。隋开皇九年（589）废。大业初复改饶州为鄱阳郡，治所仍在鄱阳县。唐初复改为饶州，天宝元年（742）又改鄱阳郡，乾元元年（758）复为饶州。元改饶州路。明太祖朱元璋辛丑年（1361）改置鄱阳府，寻改饶州府。

鄱阳浦　故址在今江苏南京市西。宋《景定建康志》卷19：鄱阳浦“在石城西。上通秦淮，下入马昂洲，九里达于江乘。《旧经》云：梁鄱阳王尝于此置屯田，因以为名”。

鄱阳湖　古称彭蠡泽、彭泽。在今江西北部，跨南昌、进贤、余干、鄱阳、都昌、星子、德安、永修诸县，为赣江、修水、鄱江、信江等河的总汇。是我国最大的淡水湖。《舆地纪胜》卷23饶州：鄱阳湖“湖中有鄱阳山，故名鄱阳湖。其湖绵亘数百里，亦名彭蠡湖”。自西汉以后，江北彭蠡泽逐渐向南扩展，形成今日之鄱阳湖。

貍　战国齐邑，后入燕。在今河北任丘市北。《史记·赵世家》：悼襄王九年（前236），“赵攻燕，取貍、阳城”。

貍轸　即貍脤。在今山东曲阜市西南。《公羊传》：成公十七年（前574），婴齐“归至于貍轸而卒”。

貍脤　又作貍轸。春秋鲁地，在今山东曲阜市西南。《春秋》：成公十七年（前574），“公孙婴齐卒于貍脤”。宋元人注：脤，《公羊传》作轸，《穀梁传》作蜃。

〔丿乛〕

鲒埼山　在今浙江奉化市南五十里。《方舆纪要》卷92奉化县：鲒埼山在“县南五十里”。以近汉鲒埼亭而名。

鲒埼亭　在今浙江奉化市南五十里鲒埼山。《汉书·地理志》　会稽郡鄞县：“有鲒埼亭。”师古注：“鲒音结，蚌也，长一寸，广二分，有一小蟹在其腹中。埼，曲岸也，其中多鲒，故以名亭。”清全祖望《鲒埼亭集》即取义于此。

鲒埼寨　南宋嘉泰中置，属奉化县，置监官。在今浙江奉化市东南莼湖镇西南鲒埼寨。以鲒埼山名。元改设巡司。世祖至元十三年（1276）废。明初复置，洪熙初废。

鲒埼镇　在今浙江奉化市东南莼湖镇西南鲒埼寨。《方舆纪要》卷92奉化县：鲒埼镇在“县东六十里。以鲒埼山名。宋置寨。元改为巡司，后废。明初复置”。清后期废。

鲔渚　在今河南巩义市西北。《水经·河水注》：“（巩）县北有山，临河，谓之崟㟍山，其下有穴，谓之巩穴，言潜通淮浦，北达于河。直穴有渚，谓之鲔渚。”《资治通鉴》：东晋永和十年（354），“故魏降将周成反，自宛袭洛阳，……河南太守戴施奔鲔渚”。即此。

鲖水　又名三丈陂、三严水。在今安徽临泉县西鲖城镇南。《水经·汝水注》：“（葛）陂水东出为鲖水，俗谓之三丈陂，亦曰三严水。”

鲖阳县　西汉置，属汝南郡。治所即今安徽临泉县西五十里鲖城镇。《汉书·地理志》：“应劭曰：‘在鲖水之阳。’”故名。西晋属汝阴郡。北魏属新蔡郡。北齐废。隋开皇十一年（591）复置，大业初属淮阳郡。唐初废。

鲖阳渠　在今河南新蔡县北七十里。《后汉书·何敞传》：汉和帝时，敞迁汝南太守，“修理鲖阳旧渠，百姓赖其利，垦田增三万余顷”。

鲖陂　在今安徽阜阳市南，北流入颍河。《水经·淮水注》：“（焦陵）陂水北出为鲖陂。”会贞按：“陂水北出者，别流，自今阜阳县南北流绕城下注颍，已湮。”

鲖城镇　唐初废鲖阳县，称为鲖城。在今安徽临泉县西五十里。1948年置镇。

鲘门港　即今广东海丰县西南鲘门镇。《清一统志·惠州府》：瞰下寨“迤西有鲘门港口，在长沙港西，有把总戍守”。

鲜支涧　亦作解支涧、西支涧。在今甘肃高台县西南。《晋书·沮渠蒙逊载记》：东晋义熙十三年（417），北凉“（沮渠）蒙逊为李士业败于鲜支涧”。《资治通鉴》：“（李）歆与战于解支涧，大破之。”

鲜水　①即今四川西部雅砻江支流鲜水河。《汉书·地理志》　蜀郡旄牛：“鲜水出徼外，南入若水。”

②即今甘肃张掖市境之黑河。《汉书·赵充国传》：“治湟峡中道桥，令可至鲜水，以制西域，信威千里，从枕席上过师……。”《史记·夏本纪》“弱水至于合黎”句下注引《括地志》：“合黎水一名羌谷水，一名鲜水，一名覆表水，今名副投河，亦名张掖河，南自吐谷浑界流入甘州张掖县。”即是水。

鲜水海　即今青海省东部之青海湖。《汉书·王莽传》：西汉元始五年（5），中郎将平宪等奏言：“羌豪良愿等种，人口可万二千人，愿为内臣，献鲜水海、允谷盐池，平地美草皆予汉民，自居险阻处为藩蔽。”

鲜州 唐武德五年（622）分饶乐郡都督府奚部落置，属营州都督。神龙初改属幽州。治所宾从县，寄治潞县之古潞城（今北京市通州区东古城）。后废。

鲜牟 西周封国，在今山东莒南县西北汀水镇墩后村。《国语·晋语八》：叔向谓赵文子曰：“昔成王盟诸侯于岐阳，楚为荆蛮，置茆蕝，设望表，与鲜牟守燎，故不与盟。”韦昭注：“鲜牟，东夷国。”即此。

鲜谷 鲜水发源的山谷。即今青海祁连县境内黑河的东源俄博河河谷。《水经·河水注》：浩亹“水出西北塞外，东入塞，迳敦煌、酒泉、张掖南，东南迳西平之鲜谷塞尉故城南”。

鲜卑 东胡的一支。秦汉时，游牧于今内蒙古西拉木伦河及洮儿河之间。附于匈奴。北匈奴西迁后，进入匈奴故地，并其余众，势力渐盛。《后汉书·鲜卑传》：“鲜卑者，亦东胡之支也，别依鲜卑山，故因号焉。”东汉桓帝时，首领檀石槐建庭立制，组成军事行政联合体。分为东、中、西三部，各置大人率领。其后联合体瓦解，步度根、轲比能等首领各拥其众，附属汉魏。两晋南北朝时，慕容、乞伏、秃发、宇文、拓跋等部先后在今华北及西北地区建立政权，内迁的鲜卑人渐与汉人及其他族人相融合。

鲜卑山 今兴安岭山脉北部。在内蒙古呼伦贝尔市东。鲜卑部族发源地。《后汉书·鲜卑传》：“鲜卑，亦东胡之支也。别依鲜卑山，故因号焉。”《清一统志·科尔沁》：鲜卑山“在右翼中旗西三十里，蒙古名蒙格”。前人多以此山即汉时之鲜卑山。今按：汉鲜卑山所指范围应较广，不限于一处山岭。1980年文物考古学者于内蒙古呼伦贝尔盟鄂伦春自治旗（阿里河镇）西北发现北魏先世故墟石室（地名嘎仙洞），证明这里是鲜卑部族的一处发祥地，自此多数学者认为古鲜卑山系指今大兴安岭北部。

鲜原 在今陕西咸阳市东北，接泾阳县界。文王曾居之。《诗经·大雅·文王》：“度其鲜原。”即此。

鲜虞 春秋白狄所建国。在今河北正定县东北新城铺镇。《左传》：昭公十二年（前530），“晋荀吴伪会齐师者，假道于鲜虞，遂入昔阳”。杜注：“鲜虞白狄别种，在中山新市县。”西汉于此置新市县。

鲜虞县 隋开皇初改安喜县置，属定州。治所即今河北定州市。大业初为博陵郡治。唐武德四年（621）复为安喜县。

疑城 在今北京市昌平区东南。《清一统志·顺天府三》：古疑城“在昌平州东南三十五里南小口之西，相传辽萧（太）后屯兵于此”。

疑陵 在今广东中山市南二十里寿星塘。相传宋端宗葬于此。《方舆纪要》卷101广州府香山县“北台山”条：“《野史》，宋端宗崩于舟中，葬寿星塘。今塘侧有陵迹五处，盖遗臣马南宝所筑疑冢也。其地亦名坟头冈。”又《清一统志·广州府》：疑陵“又端宗太后杨氏葬梅花坡上，或曰郡县南梅花水侧。按，《宋史》及《通鉴》皆作杨太后赴水死，张世杰营葬仓卒，故至今莫辨其地，即香山之梅花水坡上饶平南坟，亦皆云杨太后陵，而终无确证。要以新会之厓山为近是，《广东新语》亦云在厓山海滨”。

獐子岛 在辽宁南部黄海中。即今辽宁长海县南獐子岛，岛上今有獐子镇。明《辽东志》卷1：獐子岛“去（金山卫）城四百里”。一说即鸭绿口外薪岛（今属朝鲜）。

獛崖 一名狼猸山。在今重庆市綦江县西南。《舆地纪胜》卷180南平军：獛崖“在军之西。旧有僚居，遂以名”。

鹭鸶山 在今甘肃两当县东。《元和志》卷22两当县：鹭鸶山“在县西二十里”。《清一统志·秦州一》：“《图经》云，昔张果先生夏居豆积，冬居此山。《巩昌府志》：在县东十五里，两峰秀耸，一名南岐，一名来仪。南有登真洞，相传唐张果老登真处。”

鹭鸶冈 在今河南通许县东南四十里。《方舆纪要》卷47通许县：鹭鸶冈“相传有凤集此，故名”。

雒川县 明泰昌初改洛川县为雒川县，属鄜州。治所在今陕西洛川县东北四十里旧县镇。寻复为洛川县。

雒门聚 亦作落门聚。在今甘肃武山县东三十里洛门镇。《续汉书·郡国志》汉阳郡冀县：“有雒门聚。”刘昭补注：“来歙破隗嚣处。”

雒马五盐井 在今云南洱源县西，与云龙县接界。明洪武十六年（1383），建五井盐课提举司于此。万历四十二年（1614）废。《清一统志·大理府》引《旧志》：“五井曰雒马，曰金泉，曰河边，曰石缝，曰民居。明天启间，地震滷泄，三井湮没，仅存金泉、河边二井。”

雒水 ①即洛水。今河南洛河。

②亦作洛水。即今四川成都平原东北之石亭江。《汉书·地理志》雒县：“章山，雒水所出，南至新都谷入湔。”《方舆纪要》卷67什邡县：雒水“在县北。自章山内合五溪而出，至高境关前，流益盛，分为十支，总名曰雒江。又东南流入汉州界”。

雒阳 本名洛邑，春秋时亦称成周。故址在今河南洛阳市东白马寺东二里洛河北岸。周敬王避王子朝之乱徙都成周。即此。此后加以扩建，为春秋后期较繁荣的都市之一。战国时改称雒阳，以在雒水之北而得名。东汉建都于此。故城即今河南洛阳市东北汉魏故城。按《续汉书·郡国志》引《帝王世纪》曰：“城东西六里十一步，南北九里一百步。”俗称“九六城”。三国时改称洛阳。

雒阳北宫 在东汉都城雒阳北部，今河南洛阳市东北汉魏故城内。与南宫相对。《后汉书·光武帝纪》注引蔡质《汉典职仪》曰："南宫至北宫，中央作大屋，复道，三道行，天子从中道，从官夹左右，十步一卫。两宫相去七里。"北宫主要是皇帝及嫔妃寝居的地方。

雒阳西苑 东汉雒阳苑囿。在今河南洛阳市东北汉魏故城西。《后汉书·顺帝纪》载：阳嘉元年(132)，"是岁起西苑，修饰宫殿"。

雒阳县 即洛阳县。治所在今河南洛阳市东北汉魏故城。《汉书·地理志》作"雒阳县"。

雒阳南园 东汉雒阳苑囿。在今河南洛阳市东北汉魏故城南。《后汉书·百官志三》载："南园在雒水南。"

雒阳南宫 在今河南洛阳市东北汉魏故城内。据顾野王《舆地志》记载："秦时已有南北宫。"《史记·高祖本纪》说：刘邦曾"置酒雒阳南宫"。同书《张良列传》还记载，刘邦曾"在雒阳南宫，从复道望见诸将，往往相与坐沙中语"。《后汉书·光武纪》载：建武元年（25），"车驾入洛阳，幸南宫却非殿，遂定都焉"。南宫是皇帝受群臣朝贺议政的地方，建筑布局整齐有序，宫殿楼阁鳞次栉比。

雒阴 战国魏地，后入于秦。在今陕西大荔县西。《史记·魏世家》：文侯十七年（前430），西攻秦，"筑雒阴"。《正义》引《括地志》："雒阴在同州西也。"

雒县 西汉高帝时置，属广汉郡。治所在今四川广汉市。《元和志》卷31雒县："县南有雒水因以为名。"王莽改为吾雒。东汉复名雒县，为广汉郡治。初平中徙益州治此（后徙治成都）。西晋泰始二年（266）为新都郡治，太康六年（285）复为广汉郡治。隋开皇三年（583）属益州，十八年(598）改为绵竹县。大业初复为雒县，属蜀郡。唐武德初属益州，垂拱二年（686）为汉州治，天宝元年（742）为德阳郡治，乾元元年（758）复为汉州治。蒙古中统元年（1260）废入汉州。明玉珍复置，为汉州治。明洪武四年（1371）又废入汉州。

雒邑 即洛邑。一名成周。在今河南洛阳市东北汉魏故城。《史记·周本纪》：武王"营周居于雒邑而后去"。

雒汭 亦作洛汭。在今河南巩义市境洛河注入黄河处。《尚书·禹贡》：河水"东过洛汭"。《孔传》："洛汭，洛入河处。"《左传·昭公元年》："天王使刘定公劳赵孟于颍，馆于雒汭。"宋元人注："雒汭，洛水在河南巩县南。水曲流为汭。"《水经·洛水注》："洛水又东北流入于河口。《山海经》曰：洛水成皋西入河，是也，谓之洛汭。"

雒南县 明天启初以避光宗（朱常洛）讳，改洛南县为雒南县，属商州。治所即今陕西洛南县。民国初属陕西关中道。1928年直属陕西省。1964年复改洛南县。

雒容县 清改洛容县置，属柳州府。治所在今广西鹿寨县西南雒容镇。民国初属广西柳江道。1928年直属广西省。1952年与中渡、榴江二县合并为鹿寨县。

雒檐湖 即额檐湖。又作頟檐湖、迎檐湖。在今江苏南京市西北。《南齐书·高帝纪》：南朝宋升明元年（477），刘秉等谋杀萧道成，"众军攻石头，斩（袁）粲，刘秉走雒檐湖"。《宋书·刘秉传》、《南史·齐高帝纪》作"頟檐湖"，《资治通鉴》作"额檐湖"。今已湮为田。

裯金堡 在今四川汉源县西北飞越岭南。《资治通鉴》：五代梁贞明元年（915），"黎、雅蛮酋刘昌嗣、郝玄鉴、杨师泰，虽内属于唐，受爵赏，号裯金堡三王，而潜通南诏，为之响导；镇蜀者多文臣，虽知其情，不敢诘，至是，蜀主数以漏泄军谋，斩于成都市，毁裯金堡"。胡三省注："杨、郝二姓世为长，袭封王，谓之三王部落。叠甓而居，号裯里。至宋，又有赵、王二族，并刘、郝谓之五部落，居黎州之西，去州百余里，限以飞越岭。其居叠石为裯，积糗粮器甲于上。"

衾山 在今湖北蕲春县东南。《清一统志·黄州府一》：衾山"在蕲州东南八里。一名迎山。一名银山。山半有小庵。明高启避迹于此"。

馒头山 ①今内蒙古科尔沁右翼前旗西、洮儿河上游南之老头山。《辽史·地理志》：上京道有馒头山。同书《营卫志》：夏捺钵"在黑山东北三百里"吐儿山，近馒头山。薛映《上虏中境界》："临潢西北（应作'东北'）二百余里号凉淀，在馒头山南，避暑之处。"《武经总要·北蕃地理》："踏弩河（按：即今洮儿河），在曼头山北。"

②在今湖北武汉市江夏区东南梁子湖滨。峻石峭立，潜伏水中，行船者视为畏途。清乾隆时立铁柱于上以为标志。

〔丶一〕

銮州 即鸾州。在今广西南丹县西北二十里。

銮州长官司 元改鸾州置，属思州安抚司。治所在今广西南丹县北二十里。明洪武初废入南丹州。

裹头城 在今山东新泰市西六十里。《方舆纪要》卷31莱芜县"牟城"条下："《志》云，县东北六十里有裹头城，俗传汉武登蓬莱，经此筑城。时方簪冠学道，故名。"（按，《纪要》称，在莱芜县东北六十里，误。据光绪《山东通志》卷35，应是在新泰县西六十里）。

裹角城 即高郭故城。在今河北任丘市西北十七里。《寰宇记》卷66鄚县：高郭故城，"滹沱河经高郭城南面，亦称裹角城，以水裹其角而过也"。

裹河 在今安徽无为县西。《方舆纪要》卷26无为州：襄河在“州西十里。源出州北五十里之青檀山，下流入大江”。

槀平县 唐天祐元年（905）改槀城县置，属镇州。治所在今河北藁城市。五代唐复为槀城县。

槀丘堡 在今陕西彬县西十八里。《元和志》卷3新平县：槀丘堡“东、西、南三面石坡峭峻高十丈，北面筑城高二丈。武德二年置，贞观七年废”。

槀城县 又作稾城县、藁城县。西汉置，属真定国。治所在今河北藁城市西南二十八里丘头镇。东汉废。北魏太和十二年（488）复置，属巨鹿郡。北齐改名高城县。隋开皇十八年（598）复名槀城县，大业二年（606）移治今藁城市，属赵郡。唐天祐二年（905）改为槀平县，属恒州。五代唐复名槀城县。北宋属真定府。元初升为永安州，后复为槀城县，属真定路。明属真定府，清属正定府。民国初属直隶保定道。1928年直属河北省。1989年改设藁城市。

槀街 在今陕西西安市西北长安故城内。汉时诸夷来朝，于槀街设邸以居之。《汉书·陈汤传》：“宜县头槀街蛮夷邸间，以示万里。”师古曰：“槀街，街名，蛮夷邸在此街也。”

豪石县 唐武德四年（621）置，属铜州。治所在今广西北流市东南隆盛镇。贞观八年（634）属容州，十一年（637）后废。

豪迁关 在今浙江临安市西北八十二里。《方舆纪要》卷90于潜县：豪迁关“在县（今于潜镇）西北。《志》云：天目西麓有豪迁关，路通孝丰及江南宁国县”。

豪州 ①即濠州。在今安徽凤阳县东北临淮镇西。《元和志》卷9濠州：“濠字中间误去水，元和三年又加水焉。”《元史·地理志》濠州：“阻淮带山，与寿阳俱为淮南之险都，名初从豪，后加水为濠。”

②蒙古置，属懿州。治所在今辽宁阜新蒙古族自治县东北、饶阳河之西。元世祖至元六年（1269）废入顺安县。

豪城 俗名霸王城。即今安徽固镇县东四十八里濠城镇。西汉为洨县治。《魏书·地形志中》：谷阳郡连城县“有豪城”。

豪界墟 在今广西贺州市东北开山镇。清光绪《广西舆地全图》贺县图：东北有豪界墟。

豪峰岩 在今福建沙县西。《方舆纪要》卷97延平府沙县：豪峰岩“在县西五十里。岩石峭拔，其上平广，可容千余人”。

豪堑关 一名豪千关。在今安徽宁国市东南一百二十里。路通浙江天目山，稍西南为千秋关。宋南渡后所置，为临安藩卫。

豪猪洞 在今云南洱源县东南。《方舆纪要》卷117邓川州：豪猪洞在“州（今邓川镇）东二十里。山顶有石墙遗址，下有龙潭。《滇志》：孔明纵孟获于白崖，获引所部至银坑，坑一名豪猪洞，险绝非人力可到，孔明出奇策擒之，是也”。

豪静县 南朝梁置，属武城郡。治所在今广西昭平县南百余里古袍镇。隋大业初属始安郡。唐武德四年（621）属梧州。贞观十二年（638）废入苍梧县。

膏谷盐井 在今重庆市开县东北温泉镇南。清咸丰《开县志》卷13：膏谷井“乾隆四十七年开，煎锅二十七口”。

膏鱼 商代邑。在今山东郓城县西北。一说今河南范县东南。《殷虚书契前编》1·29·4：“戊寅，王兽膏鱼禽。”春秋为鲁邑高鱼城。《左传》：襄公二十六年（前547），“齐乌余以廪丘奔，袭卫羊角取之，遂袭我高鱼”。注：“高鱼，廪丘县东北有高鱼城。”

敲嚣津 一作碻磝津。在今山东茌平县西南古黄河上。南岸为敲嚣城。南北朝时代为军事要地。东晋太元中谢玄、义熙中刘裕、南朝宋元嘉北伐皆曾驻军镇守。《元和志》卷10卢县：“碻磝津在县北一里。后魏于此置关，名济州关，隋末废。”唐天宝十三年（754）关毁津废。

遮山 在今河南镇平县东三十里。《方舆纪要》卷51镇平县：遮山“峦岫迢峣，沟涧深阻，遮隔前后，故名。《志》云：汉世祖初起义师，兵败，为王莽兵所追，此山遮隔，竟不能及，因曰遮山”。

遮日山 在今云南石林彝族自治县东南。《方舆纪要》卷115路南州：遮日山“在州东南十五里。峰峦峻拔，阳辉掩映。一名些亦山”。

遮羊堡 北宋熙宁七年（1074）置，属岷州。在今甘肃岷县东北。

遮阳堡 亦作遮羊堡。北宋熙宁七年（1074）置，属岷州。在今甘肃岷县东北一百里。《方舆纪要》卷60：“以遮阳山而名。”

遮虏城 又名遮虏平。在今山西五寨县西北三十里五王城。唐置遮虏军于此。《资治通鉴》：唐乾符五年（878），沙陀李国昌“与李克用合兵陷遮虏军，进击宁武及岢岚军”。

遮虏障 即居延塞。在今内蒙古额济纳旗东南。《汉书·李广传》：天汉二年（前99），“诏陵：‘以九月发，出遮虏障……陵于是将其步卒五千人出居延’”。《汉书·地理志》注：“师古曰：‘阚骃云，武帝使伏波将军路博德筑遮虏障于居延城。’”

遮放土司 明万历十二年（1584）置遮放副宣抚司，治所在遮放城（今云南芒市西南七十四里遮放镇）。清属腾越厅。民国废。

遮放副宣抚司 明万历十二年（1584）分陇川宣抚司地置，属云南布政司。治所在遮放城（今云南芒市西南七十四里遮放镇）。傣语“遮”为城，“放”为艳丽，意为艳丽之城。一说“放”为原芒市土司的姓（后改姓方），意即放土司住过的城。清属腾越厅。民国废。

遮留谷 即今新疆焉耆回族自治县西南阿璊沟。前凉张骏部将张植击败焉耆王龙熙于此。《晋书·四夷传·焉耆国》：张骏遣沙州刺史杨宣率众疆理西域，龙熙“率众先要之于遮留谷”。即此。

遮浦山　亦作柘浦山。在今浙江瑞安市西南。《方舆纪要》卷94温州府瑞安县：遮浦山在“县西南三十里，其南为坑岭，接平阳县界。嘉靖三十五年，倭寇自闽犯平阳，将自坑岭入县界，邑人设险于柘浦山、天门埭以拒之。柘浦即遮浦也”。

遮浪　即今广东汕尾市东南遮浪镇。清时设水师把总驻防。

遮害亭　在今河南浚县西南。《汉书·沟洫志》：哀帝初贾让献治河策，“今行上策，徙冀州之民当水冲者，决黎阳遮害亭，放河使北入海”。

遮盖山　即今内蒙古赤峰市西南六十里洞山。《元一统志》：遮盖山“在松州东南二十里。有古寺、石洞石佛”。《清一统志·承德府》：遮盖山“在赤峰县，属翁牛特右翼南三十余里。亦名阿圭山。入山十余里，有洞宽不及二丈，高一丈有余。土人称为大碾子洞，中有石佛像。有金皇统三年刘子初撰《遮盖山灵峰院千佛洞碑》”。

廮陶县　①西汉置，属巨鹿郡。治所在今河北宁晋县西南二十九里。晋为巨鹿国治。北魏为巨鹿郡治。

②隋开皇六年（586）改廮遥县置，属赵州。治所即今河北宁晋县。唐天宝元年（742）改为宁晋县。

廮陶国　东汉延熹八年（165）改廮陶县置，治所在今河北宁晋县西南二十九里。《后汉书·桓帝纪》：延熹八年，“勃海王悝谋反，降为廮陶王”。李贤注：“故城在今赵州廮陶县西南。”

廮遥县　北魏永安二年（529）置，属巨鹿郡。治所在今河北宁晋县。隋开皇六年（586）改为廮陶县。

廖田铺　即今湖南衡南县（驻云集镇）东南廖田镇。清属清泉县。光绪《湖南通志》卷1清泉县图：衡州府东南有廖田铺。

廖场　即今四川崇州市北三十里廖家镇。清光绪《崇庆州志》卷3：廖家场“滨黑石河北岸，烟火数百家”。

廖仲恺牺牲处纪念碑　在今广东广州市越秀南路89号，中华全国总工会旧址前院北侧。此地原为中国国民党中央党部所在地，廖仲恺办公处。1925年8月，国民党中央执行委员廖仲恺被国民党右派暗杀。1926年5月，中国第三次劳动大会和广东省第二次农民代表大会联合决定在此立碑，碑名“廖仲恺先生纪念碑”。1966年被毁，1982年重建。

廖仲恺墓　在今江苏南京市紫金山西南，明孝陵西。廖仲恺（1877—1925），广东归善（今惠阳）人。早年参加同盟会，积极帮助孙中山改组国民党，是孙中山的得力助手。1925年8月在广州被国民党右派暗杀。原葬广州，1935年迁葬南京。2001年定为全国重点文物保护单位。

廖江市　即今湖南资兴县北蓼市镇。《清一统志·郴州一》：廖江市“在兴宁县西北”。

廖角咀　即料角咀。在今江苏启东县北吕四镇东。《舆地纪胜》卷41通州：料角，“海门有料角，昔号形势控扼”。南宋绍兴中设水师防守。《明史·地理志》：海门县“东南有料角咀”。嘉靖中，击败倭寇于此。

廖家山　在今江西石城县东。《方舆纪要》卷88赣州府石城县：廖家山“在县东三十里。峭拔幽邃，人迹罕到”。

廖家场　即今四川成都市东清泉镇。清嘉庆《金堂县志》卷2：廖家场“去城（今城厢镇）三十里”。

廖家冲　在今湖南凤凰县东北七十余里。后扼火麻冲，前接得峰山，乾、凤连壤。清严如熤《苗疆险要考》谓“为征苗必据之险”。清嘉庆元年（1796），福康安征苗，病卒于此。

廖家河　在今湖北竹溪县西。清同治《郧阳府志》卷2《市集》：竹溪县西乡有“廖家河”。

廖基汛　清置，属安南县。在今贵州晴隆县南四十里。旧有外委驻守。

廖简县　南齐置，属永宁郡。治所在今广东电白县境。陈以后废。

瘦牛岭　在今广东潮安县西北。《舆地纪胜》卷100潮州：“《朝阳图经》云：云落一山有铜、铁佛宝贝之异，或谓即今瘦牛岭。”《方舆纪要》卷103潮州府海阳县：瘦牛岭在“府西北五十五里。一名云落山，为往来通道，即揭阳山之南麓也”。

瘦西湖　在今江苏扬州市西郊，是蜀岗的坡面径流汇入京杭运河的一段河道。原名保障河，又名炮山湖，亦称长春湖。湖形狭长，蜿蜒曲折，与杭州西湖相比，显得瘦小清秀。清钱塘诗人汪沆诗云：“垂杨不断接残芜，雁齿虹桥俨画图。也是销金一锅子，故应唤作瘦西湖。”因以得名。有虹桥、长堤春柳、小金山、五亭桥、白塔等名胜，为著名的游览胜地。

瘦驴岭　在今湖北恩施市西。《方舆胜览》卷60施州：瘦驴岭“黄鲁直诗：老马饥嘶驴瘦岭，病人生入鬼门关”。《明一统志》卷66施州卫：瘦驴岭“在卫城西七里。岭高路险”。

瘦狗岭　在今广东广州市东北。因形似，故名。清时汉满八旗官兵，每演炮于此。

旗下营子　即今内蒙古卓资县西北旗下营镇。民国《绥远通志稿》卷2：武川县第五区驻旗下营子。后属凉城县。1948年划归卓资县。

旗山　①一名水西山。在今福建福州市西郊外。与鼓山对峙。上有勾漏洞。晋郭璞《迁城记》：“右旗左鼓，全闽二绝。”

②即今福建闽侯县南旗山。明《寰宇通志》卷45福州府山川：旗山“在侯官县西五十里，以形似名。故老相传，左鼓右旗，全闽二绝，八郡雄伟”。

③又作旗后山。在今台湾省高雄市高雄港外，与

鼓山相对。清康熙间高拱乾《台湾府志》卷1谓“打鼓山之后，越一小港有土阜，曰旗后山”，并称“冬天捕乌鱼者在此”。

④在今广东博罗县西。《方舆纪要》卷103惠州府博罗县：旗山“在县西十里，山高百余丈”。

⑤在今贵州瓮安县南五里。《方舆纪要》卷121瓮安县：旗山“山顶有洞。一名川岩”。

⑥在今贵州安顺市东南一里。《方舆纪要》卷123普定卫：旗山“峻拔如卓旗”。

旗头山 在今贵州万山特区南。《方舆纪要》卷122思州府黄道溪长官司：旗头山在“司西三十里。山势险峻，高可万仞”。

旗后（後） 在今台湾省高雄市高雄港外侧旗津区，与鼓山相对。以旗后山而得名。清咸丰十年（1860）开放为通商口岸。

旗峰 亦作旗峰山。在今广东陆丰市东南。《方舆纪要》卷103海丰县：旗峰“在县东百九十里。山状如旗，半枕海上，东南夷入贡，望此为表识”。

旗鼓山 在今安徽宁国市北。《方舆纪要》卷28宁国县：旗鼓山“在县北十五里。左旗、右鼓二山并峙”。

旗纛山 在今四川天全县东南。《方舆纪要》卷73天全六番招讨使司：旗纛山“在司东南二十里。状若旌旗”。

彰八里 又作昌八里、昌八剌、掺巴里。即今新疆昌吉市。《元史·地理志·西北地附录》：彰八里“至元十五年，授朵鲁知金符，掌彰八里军站事”。即此。

彰义军 ①唐、五代方镇名。唐乾宁元年（894）以泾原节度使赐号彰义军。治所在泾州（今甘肃泾川县北五里）。辖泾、原二州，相当今甘肃、宁夏的六盘山以东，蒲河以西地区。天复初为凤翔李茂贞所并。

②唐方镇名。贞元十四年（798）以申光蔡节度为彰义军，治所在蔡州（今河南汝南县）。元和十二年（817）改为淮西节度使。

彰义站 一作章义站。元置，即今辽宁沈阳市西南彰义站镇。《清一统志·奉天府二》：章义故城“在承德县（今沈阳市）西南……七十里，有章义站城”。即此。

彰化市 本彰化县，日本占领期间于1933年设彰化市，属台中州。1945年抗日战争胜利后仍设彰化市，属台湾省。治所即今台湾彰化县。1950年复设彰化县。

彰化县 清雍正元年（1723）置，属台湾府。治所即今台湾省彰化县。取“显彰皇化”之意。光绪二十一年（1895）被日本侵占，后改设彰化市。1950年复设彰化县。

彰公山 即率山。又称彰山、大彰山。在今江西婺源县西北。主峰擂鼓尖海拔1630米。《清一统志·徽州府》：率山“在婺源县西北，接江西浮梁县界。一名大彰山，又名张公山。脉由五岭而北，重冈复岭，周百余里，高千四百余仞。东北界休宁，西北界祁门，西界江西之浮梁。上有清风岭、瀑布泉、那伽井、龙井、张公洞。西行二十里，有擂鼓峰、仰天台诸胜”。

彰观山 在今湖南澧县东十五里。《方舆纪要》卷77澧州：关山“相连为彰观山，道书谓之四十四福地”。

彰县 ①北魏改新漳县置，为番和郡治。治所在今甘肃永昌县西二十里水磨关南二里水寨城（俗称白虎城）。隋开皇中废。

②北魏景明三年（502）改鄣县置，为广宁郡治。治所在今甘肃漳县西南五里。西魏为广安郡治。北周属陇西郡。隋改为障县。

彰武台（臺）门 清置，为柳条边门之一。即今辽宁新民市西北彰武台门。《清一统志·锦州府二》：彰武台边门“在广宁县北，东至开原县发库门一百二十里，西至白土厂边门一百六十二里，有章京驻防”。

彰武军 ①五代方镇名。后唐改忠义军置，治所在延州（今陕西延安市东）。北宋初废。

②五代周广顺元年（951）吴越改威武军置，治所在闽县（今福建福州市）。北宋太平兴国二年（977）复改威武军，次年废。

彰武县 清光绪二十八年（1902）以养息牧场垦地置，属新民府。治所在横道子（今辽宁彰武县）。民国《彰武县志》卷1：“以地在彰武台门外，故取名彰武县。”民国初属奉天辽沈道，后改属洮昌道。1929年直属辽宁省。

彰国军 五代方镇名。后唐置，治所在应州（今山西应县），后地入契丹，废。《新五代史·职方考》：“应州故属大同军节度，唐明宗即位，以其应州人也，乃置彰国军。”

彰明县 五代唐改昌明县置，属绵州。治所即今四川江油市南彰明镇。郭子章《郡县释名》四川卷上：彰明县“昌明，后唐改今名，易昌为彰也”。明洪武十年（1377）废入绵县，十三年（1380）复置。清顺治十六年（1659）废入绵州，雍正六年（1728）复置，九年（1731）改属龙安府。民国初属四川西川道。1928年直属四川省。1958年并入江油县。

彰德军 五代方镇名。后晋天福三年（938）置，治所在相州（今河南安阳市）。辖境相当今河北临漳县以南，河南林州、辉县二市以东，范县、清丰县以西，黄河以北地。北宋初废。

彰德府 金明昌三年（1192）改相州置，治所在安阳县（今河南安阳市）。辖境相当今河南安阳、鹤壁、汤阴、林州，河北临漳等市县地。元改为彰德路。明洪武元年（1368）改为彰德府。北部辖境扩大至河北武安、涉县地。1913年废。

彰德路 元改彰德府置，治所在安阳县（今河南安阳市)。辖境相当今河南安阳、鹤壁、汤阴、林州，河北临漳等市县地。明洪武元年(1368)复为彰德府。

竭叉国　一作竭石国。本西域城国。在今新疆塔什库尔干塔吉克自治县。东晋法显《佛国记》："安居已止，行二十五日，到竭叉国，与惠景等合。"

竭石国　即竭叉国。古西域城国。在今新疆塔什库尔干塔吉克自治县。《三国志·魏书·乌丸鲜卑东夷传》裴松之注：魏略《西戎传》有竭石国。

韶山　①即今山东莱芜市东北六十里杓山。《元和志》卷10莱芜县：韶山"在县西北二十里。其山出铁，汉置铁官，至今鼓铸不绝"。

②在今河南渑池县东北三十里。《方舆纪要》卷48渑池县：韶山，"金人以此名州"。

③在今湖南韶山市西部。《清一统志·长沙府一》：韶山"在湘潭县西八十里，接湘乡县界。山甚深远。相传舜南巡时，奏韶乐于此，因名"。

韶石　在今广东韶关市曲江区东北周田镇境。《水经·溱水注》："(利)水出(曲江)县之韶石北山，南流径韶石下，其高百仞，广圆五里，两石相对，相去一里，小大略均，似双阙，名曰韶石。《古志》言，昔有二仙，分而憩之，自尔年丰，弥历一纪。"《元和志》卷34曲江县：韶石"在县东北八十五里。两石相对，相去一里。石高七十五丈，周回五里，有似双阙，名韶石"。《寰宇记》卷159曲江县：韶石"昔舜游登此石，奏韶乐，因名"。

韶关市　1949年析曲江县城区置，属广东省。治所即今广东韶关市。1950年升为地级市，由省直辖。1958年改为县级市。1975年复升为地级市。2002年撤销韶关市曲江区。

韶州　①隋开皇九年(589)改东衡州置，治所在曲江县(今广东韶关市南十里武水之西)。《元和志》卷34韶州："取州北韶石为名。"开皇十一年(591)废。唐贞观元年(627)复改东衡州置，治所在曲江县(在今广东韶关市西一里武水之西)。天宝元年(742)改为始兴郡，乾元元年(758)复为韶州。辖境相当今广东乳源、曲江、翁源以北地区。元世祖至元十五年(1278)改为韶州路。

②金末升渑池县置，属金昌府。治所即今河南渑池县。元世祖至元八年(1271)，复降为渑池县。

韶州千户所　明洪武初改韶州卫置，属清远卫。治所在韶州府(今广东韶关市)。后废。

韶州卫　明洪武初置，属广东都司。治所在韶州府(今广东韶关市)。寻改为韶州守御千户所。

韶州府　明洪武元年(1368)改韶州路置，属广东布政使司，治所在曲江县(今广东韶关市)。辖境相当今广东韶关、曲江、英德、翁源、乳源、仁化、乐昌等市县地。清属广东省。1912年废。

韶州路　元世祖至元十五年(1278)改韶州置，属广东道宣慰司。治所在曲江县(今广东韶关市)。辖境相当今广东韶关、曲江、乳源、仁化、乐昌等市县地。明洪武元年(1368)改为韶州府。

韶江　在今江西万安县西北。《方舆纪要》卷87吉安府万安县：韶江在"县西北三十里。《志》云，县西四十里有韶山，相传舜南巡时奏乐处。韶水出焉，东流会黄鹄水入于赣江"。

韶阳郡　南朝梁置，属龙州。治所在阳寿县(今广西象州县)。隋开皇九年(589)平陈后废。

韶明县　唐置，属羁縻充州。治所在今贵州余庆县西北。后废。

韶港镇　在今江苏宜兴市西北韶港村。清光绪《江苏全省舆图》宜兴县图：西北有韶港镇。

端山　在今广东德庆县北二十里。《元和志》卷34康州端溪县：端山"在县北一百二十五里。有树冬荣，其子号曰猪肉子，大于盃，炙而食之，味如猪肉"。《方舆纪要》卷101德庆州：端山在"州东五十里。高三百三十丈，周三十里，山形端正，因名"。

端门　十六国前凉、后凉、北凉都城姑臧城(今甘肃武威市城)禁城的正门。《晋书·吕纂载记》曰：吕绍"遣武贲中郎将吕开率其禁兵距战于端门"。

端门大街　在隋唐东都皇城正门端门之南，今河南洛阳市旧城西南。《大业杂记》载：端门外大街"一名天津街，阔一百步，道旁植樱桃、石榴两行，自端门至建国门，南北九里，四望成行，人由其下，中为御道，通泉流渠，映带其间"。大街"直南二十里正当龙门"。

端氏　春秋晋邑。即今山西沁水县东北固县。《史记·赵世家》：成侯十六年(前359)，"与韩、魏分晋，封晋君以端氏"。即此。战国韩置端氏县。

端氏县　战国韩置。始皇十七年(前230)入秦，属上党郡。治所在今山西沁水县东北固县。西汉属河东郡。西晋属平阳郡。北魏太平真君七年(446)废。太和二十年(496)复置，属安平郡。隋开皇三年(583)属泽州，移治今沁水县东端氏镇。大业初属长平郡。唐属泽州。元世祖至元三年(1266)废。

端氏镇　即今山西沁水县东端氏镇。隋端氏县故治。清置巡司于此。

端州　隋开皇九年(589)改高要郡置，治所在高要县(今广东肇庆市)。《寰宇记》卷159：端州"取界内端溪为名"。辖境相当今广东肇庆、云浮、高要三市，佛山市高明区及德庆、新兴二县地。大业三年(607)改为信安郡。唐武德四年(621)复名端州，辖境缩小，相当今广东肇庆、高要二市及佛山市高明区地。天宝元年(742)又改为高要郡，乾元元年(758)复为端州。北宋重和元年(1118)升为肇庆府。州产银和端石，后者世称端砚。

端州站　又作秃鲁兀。元置，在今朝鲜咸镜南道端川西十三里旧城。元《析津志》天下站名："阿剌可失列百四十（里）端州。”清废。

端村　即今河北安新县南端村镇。清同治《畿辅通志》卷47安州图：东南有端村镇。

端坐山　在今广西大新县西北。《方舆纪要》卷110全茗州，端坐山“在州（治今全茗镇）治南。以形似名”。

端赵都　在今海南省琼海市东北。《明史·地理志》琼州府会同县：“东有调嚣巡检司，治端赵都，寻迁县东南南沧村。”

端陵　唐武宗李炎的陵墓。在今陕西三原县东北三十里。宋敏求《长安志》卷20三原县：端陵“在县东十里神泉乡张村，封内四十里”。

端源戍　唐贞观元年（627）废端源县置，属茂州。在今四川汶川县西南。二年改置涂州。

端源县　唐武德元年（618）置，属羁縻涂州。治所在今四川汶川县西南。贞观元年（627）废为涂源戍。二年（628）复置。后又废。

端溪　①在今广东高要市东北烂柯山西麓。产砚石，世称端砚。唐宋时采砚于此。宋苏易简《砚谱》云：“端溪有斧柯、茶园、将军地，同是一溪，惟斧柯出者大不过三四指，一两呵汗津滴沥，真难得之物。”又叶樾《端溪砚谱》：肇庆府“东三十三里，有山曰斧柯，在大江之南，盖灵羊峡之对山也。斧柯山峻峙壁立，下际潮水，自江之湄登山行三四里，即为砚嵓也”。斧柯山即烂柯山，今又作栏柯山。

②又名端水。即今广东德庆县东马圩河。《隋书·地理志》：信安郡端溪县“有端水”。《旧唐书·地理志》康州端溪县：“县界有端山，山下有溪。”《方舆纪要》卷101德庆州：端溪“源出州东北七十里之龙潭，曲折流经端山下，又西入于西江。州东北二十里又有麻墟水，自封川县流入境，一名马墟水，亦流合端溪水入江”。

端溪县　西汉置，属苍梧郡。治所即今广东德庆县。东晋属晋康郡。南朝宋元嘉中为晋康郡治。齐属晋康郡。梁复为晋康郡治。隋属信安郡。唐武德四年（621）为康州治。天宝初为晋康郡治，乾元初复为康州治。南宋为德庆府治。元为德庆路治。明洪武元年（1368）为德庆府治。九年（1376）改为德庆州，省县入州。

端黎山砦　在今广东高州市北。《方舆纪要》卷104高州府茂名县：端黎山砦“在府北。志云：茂名县境瑶山，凡四十有四”。

〔丶丨〕

慢车乡土舍　在今云南红河县东南。旧属建水县。土酋刁姓，清顺治间授土舍。

慢水寨　北宋初置，属辰州。在今湖南沅陵县西。熙宁七年（1074）废。《方舆纪要》卷81沅陵县“会溪镇砦”条下：慢水寨，“《志》云：慢水即西溪别名也”。

慵岭　在今江西永丰县南。《方舆纪要》卷87吉安府永丰县：慵岭在“县南二百里。岭路崎岖，登陟甚艰”。

阚　春秋鲁邑。在今山东汶上县西南南旺湖中。《春秋》：桓公十一年（前701），“公会宋公于阚”。即此。

阚水　即黚水。今贵州湄潭县西湄江。《水经·延江水注》：“黚水亦出符县，南与温水会，阚骃谓之阚水。”《水经注疏》谓即今合湘江之仁江。

阚团镇　北宋置，属下蔡县。即今安徽利辛县东南三十六里阚疃镇。清嘉庆间置阚疃集巡司。

阚家庵　即今江苏南通市通州区（金沙镇）西阚家庵村。清光绪《通州直隶州志》卷1：东北“二十二里曰阚家庵”。

阚疃集　北宋置阚团镇。即今安徽利辛县城关镇东南三十六里阚疃镇。《清一统志·凤阳府》：阚疃集巡司“在凤台县。本朝嘉庆十二年，裁池州府建德县永丰司巡检移设于此”。

〔丶丿〕

鄯州　①北魏孝昌二年（526）改鄯善镇置，治所在西都县（今青海乐都县）。辖境相当今青海西宁市及湟中、平安、乐都等县地。隋大业初改为西平郡，改县为湟水县。唐武德二年（619）复为鄯州，天宝初又改为西平郡，乾元初复为鄯州。曾为陇右道采访使及陇右节度使治所。上元二年（761）陷于吐蕃。

②北宋元符二年（1099）置，治所在青唐城（今青海西宁市）。次年陷于吐蕃。崇宁三年（1104）收复，改为西宁州。

鄯阳县　一作善阳县。隋大业元年（605）改招远县置，为马邑郡治。治所即今山西朔州市。唐为朔州治。

鄯城县　唐仪凤三年（678）置，属鄯州。治所即今青海西宁市。上元间陷于吐蕃。

鄯阐城　①即善阐城。今云南昆明市。唐樊绰《蛮书》卷1称“鄯阐柘东城”。向达注：“柘东即今昆明，筑于南诏阁罗凤之子凤伽异时，为六节度之一，后又称善阐府，亦作鄯阐。”

②公元9世纪中叶，南诏王以柘东城改名，后置府，号东京。在今云南昆明市旧城南关外。元世祖至元七年（1270）改为府，至元十三年（1276）改为中庆路。

鄯善县　清光绪二十八年（1902）置，属吐鲁番直隶厅。治所在辟展城（今新疆鄯善县）。民国初属新疆迪化道。1920年改属焉耆道，1930年属焉耆行政区，后直属新疆省。

鄯善国　汉西域三十六国之一。本名楼兰。昭帝元凤四年（前77）改名鄯善，属西域都护府。都城在扜泥城（今新疆若羌县东北罗布泊西岸）。北周时为吐谷浑所灭。

鄯善郡　隋大业五年（585）置，治所在鄯善城（今新疆若羌县东北罗布泊西岸）。隋末废。

鄯善镇　①北魏置，治所在扜泥城（今新疆若羌县东北罗布泊西岸）。《魏书·西域传·鄯善》：世祖时，万度归讨鄯善，“其王真达面缚出降，度归释其缚，留军屯守，与真达诣京师……拜交趾公韩拔为假节、征西将军、领护西戎校尉、鄯善王以镇之，赋役其人，比之郡县”。

②北魏初改西平郡置，治所即今青海乐都县。孝昌二年（526）改为鄯州。

鄫　①夏至春秋时古国。姒姓。春秋时灭于莒。在今山东苍山县西北三十里鄫城。《春秋》：僖公十四年（前646），“使鄫子来朝”。又襄公六年（前567），“莒人灭鄫”。即此。后亦曰缯。《史记·吴世家》：“夫差七年，败齐师于艾陵，遂至缯。”秦置缯县。

②亦作缯。西周封国，在今河南方城县一带。《史记·周本纪》：幽王废申后，“申侯怒，与缯、西夷犬戎攻幽王”。

③春秋郑邑。在今河南睢县东南四十里。《春秋》：襄公元年（前572）：“夏，晋韩厥帅师伐郑，仲孙蔑会齐崔杼、曹人、邾人、杞人，次于鄫。”杜注：“郑地。在陈留襄邑县东南。”《水经·淮水注》：涣水“又东径鄫城北”。即此。

鄫州　隋开皇十六年（596）置，治所在兰陵县（今山东苍山县西南兰陵镇）。大业初废。唐武德四年（621）复置，治所在丞县（今山东枣庄市南旧峄县）。贞观元年（627）废。

精山　在今河南南阳市西北二十七里。《后汉书·朱儁传》：南阳黄巾起义军孙夏为帅，“还屯宛中。儁急攻之。夏走，追至西鄂精山，又破之”。《魏书·地形志》：南阳郡西平县“有精山”。即此。

精奇里江　亦作净溪里乌拉、京奇里兀喇、精奇尼江。即今俄罗斯阿穆尔州黑龙江最大支流结雅河。索伦语，意即黄河。清西清《黑龙江外记》卷1：精奇里江“水黄，俗称黄河”。《清一统志·黑龙江》精奇哩江“在黑龙江城北九十里。源出北兴安岭，南流会东来之纳尔哈苏喜、阿尔奇诸水，又南会东来之钦都、泞泥诸河，又南会东来之西林穆丹河，转西南流入黑龙江”。17世纪中叶沙俄殖民主义者波雅尔科夫和哈巴罗夫先后入侵我国，由此河而下，入黑龙江。沿途掠杀中国居民。

精奇哩江卡伦　清置，属黑龙江副都统。在今俄罗斯阿穆尔州结雅河注入黑龙江处附近。乾隆《钦定盛京通志》卷33：黑龙江城有“精奇哩江喀伦”。后废。

精舍山　在今湖北郧县境。《新唐书·地理志》郧乡县：“有精舍山。本独山，天宝中更名。”

精河　一名晶河。在今新疆精河县境。源出精河县南婆罗科努山，北流入艾比湖。乾隆《西域图志》卷25：晶郭勒“源出孔道南三十里天山下，三源合而北流，入布勒哈齐淖尔”。清徐松《西域水道记》卷3：晶河，“准语（蒙古语），晶谓蒸笼也，河滨沙土，湿暖如蒸，故名”。

精河厅　清光绪十四年（1888）置，属新疆省。治所即今新疆精河县。1913年改为精河县。

精河台　亦作晶河台。在今新疆精河县西。清道光《新疆识略》卷2库尔喀喇乌苏：精河台“西至托里台九十里”。

精河县　1913年改精河厅置，属新疆伊犁道。治所即今新疆精河县。1930年属伊犁行政区。后直属新疆省。

精绝国　汉西域三十六国之一。属西域都护府。都城在精绝城（今新疆民丰县北尼雅遗址）。东汉时为鄯善所并。

精湖　即津湖。在今江苏宝应县南六十里。《三国志·魏书·蒋济传》：文帝“还到精湖，水稍尽，尽留船付济。船本历适数百里中，济更凿地作四五道，蹴船令聚；豫作土豚遏断湖水，皆引后船，一时开遏入淮中”。

糁潭镇　唐置，在今安徽无为县南七十里长江北岸。《新唐书·杨行密传》：“（孙）端、（赵）晖次采石，行密自糁潭济，端等战不胜。”北宋属无为县。

弊　一作蔽。西周时邑，在今河南郑州市东。《国语·郑语》：史伯谓郑桓公曰，“若克二邑（虢、郐），邬、弊、补、舟、依、𫐐、历、华，君之土也”。

〔丶丶〕

溤水　亦作鄢水。即今湖北西北汉水支流蛮河。《元丰九域志》卷1：襄州南漳县有溤水。《舆地纪胜》卷82襄阳府：溤水，“《皇朝郡县志》云：在中庐镇”。

潢川县　1913年改光州置，属河南汝阳道。治所即今河南潢川县。1927年直属河南省。

潢卢河　在今河北故城县西南。《方舆纪要》卷13故城县：潢卢河“一名索卢河。亦曰枯河。其水无源，数年一至泛溢，则波涛汹涌，漂庐拔树，随流而下。遇旱辄涸，民播种其中，收获倍利。北流入冀州枣强县界，或以为即卫河之支流”。

潢河　①又作潢水、黄水。即今内蒙古西辽河上游西拉木伦（意即黄河）。《旧唐书·契丹传》：“居潢水之南，黄龙之北，鲜卑之故地。”辽、金、元、明皆称潢河；明代又称北黄河，蒙古语译名舍剌母林。

②古名黄水。源出今河南新县南，北流经光山、潢川二县，东北入于淮。《明一统志》卷31汝宁府：潢水“在光州。源出黄土、白沙两关之

间，东流至州南，抱城而东，与淮水合流”。《清一统志·光州》：黄水“自湖北麻城县界流入光山县名官渡河，东流至州西北，名潢河，又曰小黄水”。

潢河石桥 辽建。在今内蒙古翁牛特旗西北巴林桥附近。为古代潢河（今西拉木伦河）南北交通必经地。据宋使薛映《上虏中境界》、沈括《熙宁使虏图抄》记载，石桥东南距丰州（今翁牛特旗乌丹镇）一百三十里，东北至上京二百十里，应在今巴林桥附近，其地有辽代石桥遗迹（见鸟居龙藏《辽代文化图谱》）。

潢淳水 即黄淳水。今河南新野县东北淯水（今白河）支流赭水一段的别称。《资治通鉴》：王莽地皇三年（22），“（刘）縯复收会兵众，还保棘阳。（甄）阜、（梁丘）赐乘胜留辎重于蓝乡，引精兵十万南渡潢淳”。胡三省注：“贤曰：郦道元《水经注》曰：诸水二湖流注，合为黄水；又南径棘阳县之潢淳聚，又谓之潢淳水。在今唐州湖阳县。”

潇山 在今湖南道县北二十五里。《方舆纪要》卷81道州“宜山”条下：潇山“俯临大道。山下出泉，引流溉田”。

潇水 一名泥江。源出今湖南宁远县南九疑山，即古泠水，北流经道县东北会沱水，又北至永州市西北入湘水。《清一统地·永州府一》：潇水，“按潇湘自古并称，然《汉志》、《水经》俱无潇水之名。唐柳宗元《愚溪诗序》始称‘谪潇水上’，然不详其源流。宋祝穆始称潇水出九疑山，今细考之，唯道州北出潇山者为潇水，其下流皆营水故道也。至祝穆所谓九疑山者，乃《水经注》之泠水，北合都溪以入营者也”。今相沿以出九疑山者为潇水。

潇湘 ①湘江的别称。《山海经·中山经》：“交潇湘之渊。”《水经·湘水注》引《湘中记》曰：“湘川清照五六丈，下见底石如樗蒱矢，五色鲜明，白沙如霜雪，赤崖若朝霞，是纳潇湘之名矣。”又或专指湘江中游与潇水会合后一段，即“三湘”之一。

②泛指湖南地区。郑谷《淮上与友别》诗：“数声风笛离亭晚，君向潇湘我向秦。”

潇湘关 在今湖南永州市西北十里。《清一统志·永州府二》：潇湘镇“潇、湘会流之地。五代时置。一曰潇湘关”。

潇湘江 在今云南曲靖市南。《方舆纪要》卷114曲靖军民府：潇湘江“在城南。源出马龙州木容箐山，流经此，秋水时至，有若洞庭潇湘之势，因名。其下流入于东山河”。

潇湘镇 五代时置，在今湖南永州市西北十里。当潇、湘二水会流之地。亦称潇湘关或湘口关。

漆 ①春秋时邾邑，在今山东邹城市东。《春秋》：襄公二十一年（前552），“邾庶其以漆、闾丘来奔”。杜注：“南平阳县东北有漆乡。”

②战国时卫邑。在今河南封丘县东北。《水经·济水注》：“濮渠之侧有漆城。《竹书纪年》：梁惠成王十六年，‘邯郸伐卫，取漆’。”即此。

漆工镇 即今江西弋阳县东北漆工镇。《方舆纪要》卷85广信府弋阳县“弋阳馆”条下：“又（县）北有漆工镇，北走乐平县此为必由之道。”

漆马江 在今越南西北部。《方舆纪要》卷112归化府：漆马江“在水尾州西南。自老挝司境流入，东北合于洮江。嘉靖中，莫登庸作乱，安南故王黎譓之子宁走老挝，聚兵保漆马江”。

漆水 ①《诗经·周颂·潜》：“猗与漆、沮。”《诗经·大雅·绵》：“自土沮、漆。”漆水在今陕西麟游县西，南流至岐山县西合雍水、岐水，东流入渭水。或谓即今陕西彬县泾河支流水帘河。一说即今陕西岐山县南横水河。

②《尚书·禹贡》雍州：“漆、沮既从。”导渭“又东会于泾，又东过漆、沮，入于河”。一说漆沮为一水，即今陕西渭河支流石川河；或说即今陕西洛水。

漆县 战国秦置，属内史。治所即今陕西彬县。以县西漆水得名。西汉属右扶风。东汉兴平元年（194）为新平郡治。东晋末废。

漆里 一作宛濮。春秋卫国地，在今河南长垣县西南。《左传》：僖公二十八年（前632），“六月，晋人复卫侯，宁武子与卫人盟于宛濮”。

漆园 战国时地名。《史记·庄子列传》：“（庄）周尝为蒙漆园吏。”同书《老子韩非列传》：“庄子孝蒙人也，名周，周尝为蒙漆园吏。”一说在今河南商丘市东北。或说在今安徽蒙城县涡河北三里，北宋建有庄子祠，苏轼为记。明天顺中没于水，迁于河南岸重建。现涡河北故城存小街子，河南岸有漆园街、庄子祠等。另一说在今安徽定远县东三十里。《寰宇记》卷128定远县：“废漆园在县东三十里。其地东西南北约方三百步。天宝中尚有漆树一二十株，野火焚烧。其树在故县郭西一百步，即楚国庄周为吏之处，今为垄亩。”又说在今山东菏泽市北。《史记正义》引《括地志》云：“漆园故城在曹州冤句县北十七里。”《寰宇记》卷13曹州冤句县：“漆园城在县北五十里。庄周为吏之所，旧置监。今漆园城北有庄周钓台。”

漆园镇 1912年置，属蒙城县。即今安徽蒙城县治。1938年为纪念爱国将领周元，改名周元镇。后复名漆园镇。

漆谷常溪 即今青海湟中县东北小南川河。源出拉脊山大南峡，北流至平安县西三十里铺注入湟水。《水经·河水注》：湟水东流，“右则漆谷常溪注之”。

漆沟 在今河南商丘市北。《方舆纪要》卷50商丘县：“漆沟在府城北。一名涢水河。《左传》：‘陨石于宋，五’。相传水涸时，五石犹存。”

漆河 在今河北卢龙县西门外。为滦河支流。《方舆纪要》卷17卢龙县：漆河“在府城西门外。源出塞外，土人呼为鸣填河，南流入桃林口，名青龙河，经迁安县东，东南流至城西为漆河，与滦河合流而入滦州境。自元以来滦河为害，与漆河俱溢者什之四矣”。《元史·河渠志一》：大德五年（1301）平滦路言，“（六月）二十四日夜，滦、漆、淝、洳诸河水复涨入城”。

漆沮水　漆水与沮水合流后之通称。漆水即今陕西岐山南之横水河，沮水即今岐山县东之沣河，两水合流后，水名互为通称，亦称漆沮水。《尚书·禹贡》导水：“又东过漆沮，入于河。”

漆郎山　在今山西定襄县北。《清一统志·忻州》：漆郎山“在定襄县北三十里。亦名柏树岭山。山洞内刻漆郎像，俗传即豫让漆身处”。

漆垣县　战国时本属魏上郡，后入秦，仍属上郡。治所在今陕西铜川市西北漆水河畔。东汉废。

漆树凼场　又作漆树荡镇。即今四川自贡市西南漆树乡。清光绪《叙州府志》卷8宜宾县：漆树凼场在“治东北一百五十里”。

漆峡　即今青海西宁市东、平安县西北小峡镇。《水经·河水注》：“湟水又东，径东亭北。东至漆峡。”

漆桥河　在今江苏高淳县东。《清一统志·江宁府一》：漆桥河“在高淳县东三十里。源从溧水西北诸山，西南出漆桥，入固城湖”。

漆桥镇　即今江苏高淳县东三十里漆桥镇。清光绪《江苏全省舆图》高淳县：“漆桥镇在治东北三十里。”民国《江苏六十一县志》高淳县：“漆桥镇在东北漆桥水上。”

漆湖　即五里湖。在今江苏无锡市西南十八里，西通太湖。

漕　即曹。在今河南滑县东二十八里。春秋初卫戴公曾都此。《诗经·鄘风·定之方中》序：“卫为狄所灭，东徙渡河，野处漕邑。”即此。

漕口渠　在今河南洛阳市东北。《宋史·河渠志四》：开宝九年（976），“郊祀西京，诏发卒五千，自洛城菜市桥凿渠抵漕口三十五里，馈运便之。其后导以通汴”。

漕口镇　北宋置，属颍上县。即今安徽颍上县西南五十里南照镇。

漕水　①即今河北徐水县南漕河。《新定九域志》卷2：漕水，“《高阳记》云：漕水出釜山南，东流经羊角淀北、新城西，有伏龙泉与漕水流合”。

②在今山东宁阳县南。《方舆纪要》卷32宁阳县：漕水“源出县治东北蛇眼泉，南流，合县东南诸泉，经府（兖州）北三十里，西南入于洸河”。

漕运四河　北宋建都东京开封（今河南开封市），有汴、黄、惠民、广济（五丈）四河通漕运，合称为“漕运四河”。有以为金水河为四河之一，不算黄河，但金水河流贯汴城，非漕运所经。

漕河　①又称漕渠。即江南运河前身。《舆地纪胜》卷7镇江府：漕渠“贯城中。《齐志》曰：丹徒水道入通吴会，即今之漕渠也。司马迁曰：禹之治水于吴，则通渠三江五湖，其来久矣。六朝都建康，凡三吴船避京江之险，自云阳西城凿运渎，径至都下，隋平陈废云阳二渎。大业末，诏穿河自京江至余杭八百余里，面阔十丈，拟通龙舟，以备东游之役，自是始复禹通渠故道。唐世因之，白居易诗云：‘平河七百里’，谓此渠也”。

②在今山东泰安市南五十里。《方舆纪要》卷31泰安州：“《志》云，出州东淳于野，西南流入汶。”

③在今湖北荆州市荆州区（故江陵县）北。《舆地纪胜》卷64江陵府：漕河“在江陵县北四里。《旧经》云，王处仲为荆州刺史，凿漕河通江汉南北埭。……绍兴元年《省劄》云，江陵府城下旧有漕河，若略加开淘，则江陵城下纲运顺流从江汉直达襄岘。契勘本府漕河，乃晋元帝建武初所凿，自罗堰口出大漕河，由里社穴、沌口、沔水口直通襄汉二江”。

漕河店　即今河北徐水县西南二十二里漕河镇。清同治《畿辅通志》卷47安肃县图：西南有漕河。

漕河泾镇　即今上海市徐汇区西南部漕河泾镇。清光绪《江苏全省舆图》上海县：“漕河泾镇在城西南二十里。”

漕泥等处长官司　元置，属顺元路安抚司。治所即今贵州毕节市。后废。

漕泾　亦作曹泾。即今上海市金山区（山阳镇）东北漕泾镇。《方舆纪要》卷24华亭县：曹泾“嘉靖中，常破倭寇于此”。《清一统志·松江府二》：漕泾镇“在华亭县东南七十里，界柘林、金山之间。县丞驻此”。

漕矩　即漕矩吒。西域国名。都鹤悉那（今阿富汗喀布尔南加兹尼）。

漕矩吒　一作漕矩。又名诃达罗支、谢飓。唐西域国名。都城在鹤悉那城（今阿富汗喀布尔南加兹尼）。唐置条支都督府于此。

漕矩国　即漕矩吒。都城在鹤悉那城（今阿富汗喀布尔南加兹尼）。《新唐书·西域传下》：谢飓“本曰漕矩吒，或曰漕矩”。

漕桥镇　即曹桥镇。在今江苏常州市武进区南漕桥镇。因明清时为漕米集运中心，故名。

漕家河镇　即今湖北蕲春县治（漕河镇）。民国《湖北通志》卷73《兵事》：清同治三年（1864）八月，捻军“东趋二蕲，屯曹（漕）家河”。

漕渠　在今陕西省渭河南。汉、唐时自都城长安（今西安市）东至黄河的运渠。创始于西汉。元光六年（前129），由大司农郑主持，齐人水工徐伯设计。《史记·河渠书》：“悉发卒数万人穿漕渠，三岁而通。”全长三百余里。初以灞水为源，后又凿昆明池（今长安县西里北渠一带），并穿昆明渠使东绝灞水合于漕渠。东汉时尚可漕运，北魏时已无水。隋开皇四年（584），改自长安西北引渭水为源，浚复旧渠，东至潼关三百里，定名广通渠，但习俗仍称漕渠。唐时通时塞。天宝后，曾两度修复，壅渭水作兴成堰，傍渭东流至永丰仓（今陕西华阴市东北）入渭。规模与隋大约相同。隋末迁都洛阳，此渠遂湮废。

潄玉泉 在今云南澄江县。《方舆纪要》卷115澂江府：潄玉泉，“《志》云：府东街有潄玉泉，出重珠山下。有潄玉桥”。

潄玉亭 在今江西星子县西十里庐山南麓秀峰寺(开先寺)后。宋僧若愚建。瀑布泉落龙湫，流经于此，萦亭而出，有如潄玉。

潄芳亭 在今北京市朝阳门外。元道士吴全节建。元陶宗仪《南村辍耕录》卷9：“初，燕地未有梅花，吴闲闲宗师全节时为嗣师，新从江南移至，护以穹庐，扁曰潄芳亭。”清吴长元《宸垣识略》卷12：时张伯雨赋长歌，有“风沙不惮五千里，将身跳入仙人壶”之句。

潄流山 在今湖南沅陵县东北一百四十里。为壶头山支脉。《方舆纪要》卷81沅陵县“壶头山”条下：潄流山“以溪流湍急而名”。

漂水 即今湖北随州市东北漂水。源出随州市东北螺蛳山，西南流入涢水。《水经·溳水注》作赐水。《寰宇记》卷144作锡水。《隋书·地理志》：汉东郡平林县“有漂水”。

漂沙国 即西夜国。治所在呼犍谷（今新疆叶城县西)。《后汉书·西域传》：“西夜国，一名漂沙。……地生白草，有毒，国人煎以为药，傅箭镞，所中即死。”

漂榆邑 即漂榆津。在今天津市东南海河北。《水经·淇水》：淇水“东北过漂榆邑入于海”。郦道元注：“清河又东径漂榆邑故城南，俗谓之角飞城。《赵纪》云，石勒使王述煮盐于角飞，即城异名矣。《魏土地记》曰，高城县东北百里，北尽漂榆，东临巨海，民咸煮海水，借盐为业，即此城也。清河自是入于海。”

漂榆津 又名漂榆邑、角飞城。在今天津市东南海河北。《晋书·石季龙传上》：东晋咸康四年(338)，将伐辽西鲜卑段辽，以“王华为渡辽将军，统舟师十万出漂渝津”。即此。

滹沱河 一名嘑沱、虖池。子牙河北源，在今河北省西部。源出山西五台山东北泰戏山，西南流至忻州市北折向东流，至盂县北穿割太行山进入河北平原。在献县与滏阳河汇合为子牙河。长540公里。《山海经·北次三经》：“泰戏之山，……虖沱之水焉，而东流注于溇水。”《汉书·地理志》代郡卤城县：“虖池河东至参户入虖池别，过郡九，行千三百四十里，并州川。从河东至文安入海，过郡六，行千三百七十里。”均此。

滮池 在今陕西西安市西北。《诗经·小雅》：“滮池北流，浸彼稻田。”《水经·渭水注》：“滮池水出鄗池西，而北流于鄗。”晋太元中，秦将邓景率众据滮池，以击姚苌，即此。

漫川关 又名丰阳关。古为漫川县治。即今陕西山阳县东南一百二十里漫川关。

漫川县 西魏废帝二年(553)置，治所在今陕西山阳县东南一百二十里漫川关。北周保定三年(563)废。

漫川镇 即今陕西山阳县南漫川镇。1947年11月当地解放后置上关县治此。

漫子 又名漫溪村。在今山东苍山县西北车网镇东南八里。1941—1950年置赵镈县治此。

漫天岭 ①在今山西临汾市东北。《方舆纪要》卷41平阳府临汾县：漫天岭在“府东北五十里，与浮山县东南之龙角山相接，山势回远，因名”。

②在今四川广元市东北三十五里。包括大漫岭和小漫岭，二岭相连。《舆地纪胜》卷184利州：漫天岭，“《长编》云：乾德二年，王师伐蜀，蜀王烧绝栈道，退保葭萌，遂击金山砦，又破小漫天寨，蜀人退保大漫天寨，拔其寨，追奔至利州北。蜀将王昭远等退保剑门，王全斌等入利州”。唐罗隐有《漫天岭》诗。

漫水 在今安徽霍山县西南。源出金寨县大别山北麓，东北流至今霍山县佛子岭南入东淠河。《方舆纪要》卷26霍山县：漫水在“县西南百十里。源出罗田县，经县西南三十里，为梅家渡，又东北合于化龙河”。

漫江 在今吉林抚松县南，为松花江上源之一。源出长白山，北流会锦江后为头道江，与二道江会为松花江。清张凤台《长白征存录》卷2：漫江“发源长白山西南章茂草顶山中腰，北流四十余里，历竹木里之西南，又西流六十里至花砬子与紧江合”。

漫江市 即今江西修水县西南漫江乡。清同治《江西全省舆图》卷1：义宁州西南有漫江。

漫江营 即今吉林抚松县东南漫江镇。《清史稿·地理志》长白府抚松县：“由府至县之路，自府西梨沟镇至十五道沟，西北行，逾岭顶，经竹木里、漫江营、小谷山、石头河、海青岭、大营、汤河口，再北行达县治。”民国《抚松县志》卷1：漫江镇“原名漫江营，在邑东南，公安七区管境。距城一百五十里，土地肥沃，出产丰富，向受胡匪滋扰”。

漫步暗沙 在南海中中国中沙群岛内，位于中沙大环礁浅湖内中部。东距南扉暗沙8.1海里，西南距乐西暗沙3.8海里。最浅处水深仅9米多，是中沙群岛中最浅的暗沙。1935年公布名称为散步滩。1947年改名漫步暗沙。

漫河 在今河北阜城县东南。《清史稿·地理志》河间府阜城县：“东南：古沙河，即屯氏河，亦自景县入，亦曰漫河。”

漫河镇 又名新中驿。即今河北阜城县东南三十里漫河乡。清同治《畿辅通志》卷49阜城县图：东南有漫河镇。

漫涧 一名橐水。即今河南三门峡市南青龙涧水。《水经·河水注》：橐水“北流出谷，谓之漫涧矣……西北径陕城西，西北入于河”。

漫溪　在今重庆市秀山土家族苗族自治县东南。《方舆纪要》卷73石耶洞长官司：漫溪“在司治南。源出邑梅洞，漫流东注，入辰州大江”。

漫哆口　即磨脐隘。在今宁夏海原县东。《宋史·地理志》怀德军：“胜羌寨，东至漫哆口七里”。胜羌寨在今海原县东李旺堡路西，有遗址。漫哆口在李旺乡东。

潩水　又名浍河、艾城河。颍水支流。源出今河南新密市东南大隗山，东南流径新郑、长葛、许昌等县市，至临颍县入颍。《汉书·地理志》河南郡密县：“有大騩山，潩水所出，南至临颍入颍。”《水经·颍水注》：“潩水出河南密县大騩山，东南入于颍。”

潩溪　在今湖南靖州苗族侗族自治县西南。《方舆纪要》卷82靖州：潩溪“源出古城岩，流达于渠河”。

漯水（漯 léi）　①即今永定河。《水经·漯水》：“漯水出雁门阴馆县，东北过代郡桑乾县南，又东过涿鹿县北，又东南出山，过广阳蓟县北，又东至渔阳雍奴县西入笥沟（潞水）。”其下游屡有变迁。

②一作漯川。漯，东汉许慎《说文》作湿。古代黄河下游主要支津之一。《尚书·禹贡》：“浮于济、漯，达于河。”《史记·河渠书》：禹导河至于大邳，“乃厮二渠，以引其河”。注释家谓二渠其一即黄河干流，其一即漯川。据《水经·河水注》，故道自今河南浚县西南别黄河东北流，经濮阳、范县，山东莘县、聊城、临邑、滨州等县市入海。今山东徒骇河俗名土河，“土”、“漯”音近，河道经流又大致和《水经注》所述范县以下之漯水相合，当即古漯水的残余而稍有迁改。

漯阴县（漯 tà）　西汉置，属平原郡。治所在今山东齐河县东北。县在漯水之南，因名。《三国志·魏书·王脩传》：“刘询起兵漯阴。”即此。西晋省。

漯沃县　①即湿沃县。西汉置，属千乘郡。治所在今山东滨州市西北滨北街道西。东汉废。《水经·河水注》：“河水又东北为漯沃津，在漯沃县故城南，王莽之延亭者也。《地理风俗记》曰：千乘县西北五十里有大河，河北有漯沃城，故县也。魏改为后部亭，今俗遂名之曰右辅城。”

②又作湿沃县。南朝宋侨置，属乐陵郡。治所在今山东桓台县西新城镇东北。北齐省。

漯河市（漯 luò）　1948年当地解放后由郾城县漯河镇析置，治所即今河南漯河市。1986年升为地级市。

漯湾河　一名漯湾渡。简称漯河。即今河南漯河市。《清一统志·许州一》“洄曲河”条引《旧志》：“澧河自县东南漯河渡，北流，合沙河。”1949年置漯河市于此。

漼水　即桂水。今湖南蓝山县南毛俊水。《水经·钟水注》：“漼水即桂水也。漼、桂声相近，故字随读变。”

漴头　在今湖北安陆市西北二十里。《周书·文帝纪》：西魏大统十六年（550），“柳仲礼率众来援安陆，杨忠逆击于漴头，大破之，擒仲礼，悉虏其众”。

漴头城　在今湖北安陆市西北。《资治通鉴》：南朝梁大宝元年（550），西魏杨忠围安陆，“选骑一千，衔枚夜进，败（柳）仲礼于漴头，获仲礼及其弟子礼，尽俘其众”。

漴河　在今安徽五河县南。《方舆纪要》卷21五河县：漴河“在县治东南二里。县南一里有南湖，汇众流而成，流为漴河，亦东流入于淮”。

㶟水　即今湖北枣阳市西南莺河。《隋书·地理志》春陵郡蔡阳县：“有㶟水。”《舆地纪胜》卷88襄阳府：㶟水“《襄沔记》云，源出随州枣阳县石鼓山，经襄阳县界一百五十里西流入汉”。

㶟源山　又名大鼓山、石鼓山。在今湖北枣阳市南七十里。《隋书·地理志》蔡阳：“有大鼓山。”《舆地纪胜》卷88枣阳军：㶟源山“在枣阳县南七十里。一名石虎山”。㶟水出此。

㶟源县　西魏置，为千金郡治。治所在今湖北枣阳市南七十里㶟源店。以㶟源山为名。隋大业初废入蔡阳县。

潏阳城　即涡阳城。今安徽蒙城县。《水经·阴沟水注》：“潏水又东南径潏阳城北。临侧潏水，魏太和中为南兖州治。”

潋江水　一名平固江。又名兴国江。在今江西兴国县东。《清一统志·赣州府一》：潋江水“在兴国县东。源出县东北蜈蚣山，西南流三寮营前二水，自县东西流入之。过衣锦泷，樟木水自大镬岭西流入之。又径龙下川至县东，与北来之涉水会，名曰平川。又二里过德星桥，又南廖屋溪水自县西南东流入之。云溪水，自县南西流入之。又南径雩都县西界，合衣锦、固石、鸭公诸水。又南入赣县东界，凡二百六十里入贡水”。

潋江书院　在今江西兴国县城内。建于清乾隆三年（1738）。土地革命时期为兴国县苏维埃政府旧址。1929年5月，毛泽东在此主办了土地革命干部训练班，指导兴国成立革命委员会，制定了政纲。

潋江镇　即今江西兴国县驻地潋江镇。《寰宇记》卷108虔州兴国县：“本赣县地。皇朝太平兴国年中，析赣县七乡于潋江镇置兴国县，以年号为名。”

潋城　即今福建福鼎市南冷城。清乾隆七年（1742）置巡司于此。

潴龙河　大清河支流。上游称大沙河，源出山西灵丘县南，流经河北阜平、曲阳、新乐、定州等县市，在安国市南郭村附近与磁河汇合后始称潴龙河。流经博野、蠡县、高阳等县，东北流入白洋淀。《清一统志·保定府》载：潴龙河“在高阳县东二十五里。由三岔河口会唐、沙、磁三河之水，迳安平、博望、蠡县界入县境，又东历安州界归白洋淀。冬春时褰衣可涉，至夏秋汛涨，最难捍御”。明弘治《保定郡志》载：“猪龙河，故老传云，颛顼时有猪化龙而成是河，故以猪龙名焉。”疑因水势浑猛而得此名。

潴城 亦作猪城。即今山西汾阳市东潴城村。《水经·文水注》：“（文）湖之西侧临湖，又有一城，谓之猪城。水泽所聚，谓之都，亦曰猪，盖即水以名城也。”《清一统志·汾州府》：潴城“在汾阳县东十五里”。

潴野泽 亦作都野泽、猪野泽。又名休屠泽。在今甘肃民勤县东北境北山村以南一带。《禹贡》雍州：“原隰底绩，至于猪野。”宋元人注：“猪野，《地志》云：武威县东北有休屠泽，古今以为猪野，今凉州姑臧县也。”《水经》卷40：都野泽“在武威县东北”。郦道元注：“（武威）县在姑臧城北三百里，东北即休屠泽也，《古文》以为猪野也。”《方舆纪要》卷63凉州卫：潴野泽“在卫东北三百里。一名都野泽，亦曰休屠泽，又名凉泽”。

潴湖集 亦名洙湖集、洙湖里寨。即今河南上蔡县东南洙湖镇。清康熙《上蔡县志》卷2《集镇》：“潴湖集，城东南四十里。”

漪澜堂 在今江苏无锡市西惠山第二泉傍。明李东阳篆额。北宋苏轼《游惠山》诗有“还将尘土足，一步漪澜堂”之句。堂基旧为真赏亭，宋苏绅宰邑建亭，亭前凿池方丈，深二尺，即泉之下池。

漈门镇 在今福建永泰县西四十里。元置巡司于此。明景泰四年（1453）移于县西嵩口埕（今嵩口镇）。成化八年（1472）复还故所。清仍为巡司驻地。

濂湖 即麻湖。在今安徽含山县西三十里。《舆地纪胜》卷48和州：濂湖“在历阳县西三十里。为郡之浸，东西阔二十里，南北一十五里。……建炎三年，敌骑来寇，郡城既陷，土人相聚为水寨以自保，敌复来攻，大败而退”。

潇潇水 亦名王母涧。在今河南嵩县西。《山海经·中山经·中次四经》：“厘山，……潇潇之水出焉，而南流注于伊水。”《水经·伊水注》：“今水出陆浑县之西南王母涧，涧北山上有王母祠，故世因以名溪。东流注于伊水，即潇潇之水也。”

漉水 即今湖南醴陵市及株洲县境之渌江。《水经》：“漉水出醴陵县东漉山，西过其县南，屈从县西西北流至渡浦，注入于湘。”郦道元注：“（醴陵）县南临渌水，水东出安城乡翁陵山。余谓漉、渌声相近，后人藉便以渌为称。”

漉漉泉 在今山西稷山县南稷山。《方舆纪要》卷41稷山县：漉漉泉“出稷神山，北流入汾”。

漩水镇 即今甘肃礼县西南一百八十里铨水村。明置巡司于此。

漩坪桥 在今四川北川羌族自治县（安昌镇）北漩坪乡。《方舆纪要》卷73石泉县：漩坪桥“在县（旧治）东二十里。县之津要也”。

漩坪铺 在今四川北川羌族自治县（安昌镇）北漩坪乡。清嘉庆《四川通志》卷89石泉县；漩坪铺“在县东二十里”。

漩窝镇 即今陕西汉阴县西南旋窝镇。清光绪《陕西全省舆地图》汉阴县：漩窝（即堰坪铺属地）“在城南五十二里”。

漳口 即漳水注入涢水之口。在今湖北应城市东。《隋书·元景山传》：北周末，司马消难以郧州入陈，陈遣樊毅等来援，景山御之，毅等惧而遁，“景山追之，一日一夜，行三百余里，与毅战于漳口，二合皆克”。

漳川县 北周改阜陵县置，属齐郡。治所在今湖北随州市东北。隋大业三年（607）废。

漳川郡 北周置，为平州治。治所在当阳县（今湖北当阳市）。辖境相当今湖北当阳、远安等市县地。隋开皇七年（587）为玉州治。九年（589）废。

漳川堡 北宋置，属德顺军。在今甘肃庄浪县西北，西距静宁县威戎镇三十里。

漳乡 即章乡。在今湖北当阳市东北漳水北。《三国志·吴书·吕蒙传》：关羽“自知孤穷，乃走麦城，西至漳乡”。

漳水 ①有清漳水、浊漳水二源，均出山西省东南部，在河北省南部边境汇合后称漳河，其河道古今变迁大。今漳河仅是南运河一支流，而古漳河初为黄河中、下游最大支流。《禹贡》：“覃怀底绩，至于衡漳。”《职方考》：“冀州，其川漳。”即此。《汉书·地理志》信都国信都县：“故章河、故虖池皆在北，东入海。”而汉漳水在其南，所经之地有邺、邯郸、列人、斥章等，相当今河北临漳、邯郸、肥乡、曲周等地。北魏时，据《水经注》记载，漳水大致变化不大，但此时黄河已南徙，漳水至阜城后不入黄河，仍向东北延伸，在平舒县南，东流入海，下游段乃西汉黄河入海之道。至唐开元后，漳河以长卢水为下流，行北道。至北宋，北道为主流的格局形成，漳水成为海河一大支流。其后黄河多次决徙，漳河北道胡卢河被黄河所截，汉唐漳水故道（中道）也被截断，漳河被迫南徙。北宋熙宁四年（1071），程昉开修漳河新河长一百六十里，并塞洺州漳河，自此漳水改为南道为主，漳河流程缩短，成为南运河的支流。

②即章水。在今安徽亳州市南，东南流至涡阳县西北入涡。《水经·阴沟水注》：沙水支津“上承沙水于思善县，世谓之漳水，故有漳头之名也。东北流径城父故城西，侧城东北流入于涡。俗又谓之欠水”。

③在今安徽南陵、繁昌二县东。《方舆纪要》卷28南陵县：漳水“出县西南六十里龙洞，平地有泉涌出，又淮水出吕山南之石窦中，经县南五十里孔镇

铺，西与潼水合流为澄清河”。

④即今湖北中部之漳河。源出湖北南漳县西南，东南流至当阳县东南与沮水合，注于长江。《山海经·中山经》：荆山“漳水出焉，而东南流注于雎”。《汉书·地理志》南郡临沮县：“《禹贡》南条荆山在东北，漳水所出，东至江陵入阳水。”《水经·漳水》：“漳水出临沮县东荆山，东南过蓼亭，又东过章乡南，又南至枝江县北乌扶邑，入于沮。”

⑤即古章水。源出今湖北随州市西南，东南流经安陆市西南、应城市东北界，至三合店东南入于涢水。

漳平县　①南齐置，为临漳郡治。治所在今广西浦北县南旧州村东。梁、陈时废。

②明成化七年（1471）分龙岩县九龙乡置，属漳州府。治所即今福建漳平市。《方舆纪要》卷99漳州府漳平县：“县居漳上流千山中，地稍平衍，因曰漳平。”清雍正十二年（1734）改属龙岩州。1913年属福建西路道。1914年属汀漳道。1928年直属福建省。1990年改设漳平市。

漳田渡　即今江西鄱阳县西北漳田渡。清同治《江西全省舆图》卷12：饶州府鄱阳县西北有章田渡汛。

漳汀　即今福建平和县西北漳汀。明正德中置漳汀巡司于此。

漳州　唐垂拱二年（686）分泉州置，治所在漳浦县（今福建云霄县北西林）。开元四年（716）移治李澳川，即今漳浦县。天宝元年（742）改为漳浦郡，乾元元年（758）复为漳州。《元和志》卷29漳州：“因漳水为名。”大历后辖境相当今福建九龙江流域及其西南地区。五代南唐保大三年（后晋开运三年，945）改名南州。北宋乾德四年（966）复为漳州。元世祖至元十六年（1279）升为漳州路。

漳州卫　明洪武三年（1370）置，属福建都司。治所即今福建漳州市。成化七年（1481）辖龙岩守御千户所。弘治十八年（1505）又增南诏守御千户所。清康熙五年（1666）废。

漳州石牌坊　在今福建漳州市区。共四座。香港路北端有“尚书探花”坊和“三世宰贰”坊。前者是明万历三十二年（1604）为林士章而立，坊高11米，宽8米，南北向。后者在前者北29米处，系明万历四十七年（1619）为南京吏部右侍郎蒋孟育及其父、祖父而立，坊高11米，宽8.09米，有圆雕四力士。漳州新华东路东端有“勇壮简易”坊和“闽越雄声”坊，也都是漳州有代表性的石坊。前者建于清康熙四十六年（1707），坊高12.5米，宽10.63米，匾书“御书”。后者在前者东北159米处，康熙六十一年（1722）建，坊高12米，宽11.2米。以上四坊均为三间五楼十二柱，青白石相间建造。石坊雕刻细腻，工艺精美，是研究闽南石雕艺术的珍贵资料。1996年定为全国重点文物保护单位。

漳州市　1950年11月由福建省龙溪县城区和近郊析置，属龙溪专区。1985年改设地级市。原县级漳州市改置芗城区。2011年漳州市人民政府驻地由芗城区胜利路迁至漳州市龙文区步文镇。

漳州府　明洪武元年（1368）改漳州路为府，属福建省。治所在龙溪县（今福建漳州市）。辖境相当今福建九龙江流域及其西南地区。清辖境缩小，只相当今福建九龙江中、下游流域及其西南地区。1913年废。

漳州府文庙大成殿　在今福建漳州市芗城区修文西路2号。始建于南宋绍兴九年（1139）。明成化十八年（1482）重修，现存为明代建筑。大成殿面阔五间，进深六间，重檐歇山顶。前檐六根廊柱为浮雕盘龙石柱，其他皆为花岗石圆柱。下檐梁架皆为插入金柱的三步梁架。上檐在额枋之上施弯栱叠枋偷心式斗栱一圈。斗栱之上设井口天花。该殿屋檐起翘显著，两山山尖升起较高，正脊弯起，山花挑出山柱之外，反映了早期闽南建筑的特征，是闽南大型殿堂建筑的代表作。2001年定为全国重点文物保护单位。

漳州路　元世祖至元十六年（1279）升漳州为路，属福建行省。治所在龙溪县（今福建漳州市）。辖境相当今福建九龙江流域及其西南地区。至元二十年（1283）并曾于路置福建行省。二十三年（1286）后属江浙行省。明洪武元年（1368）改为漳州府。元至元十七年（1280）陈桂龙、陈吊眼领导汉族、畲族人民起义于此。

漳江　即今福建云霄县东之漳江。《新唐书·地理志》漳州：“以南有漳水而名。”《古今图书集成·职方典》卷1096《漳州府山川考》：漳江，“《旧志》云：溪水自西林而出，海水自铜山海门而入，清浊合而成章，故名。又曰：昔陈文光之父政至漳曰：此水如上党之清漳。漳浦名县、漳州名郡皆本此”。《清一统志·漳州府》：漳江“源出平和县大峰山，东南流入漳浦县，又东南入海”。

漳阴县　隋开皇十六年（596）置，属魏州。治所在今河北大名县西北。大业初废。唐武德四年（621）复置。贞观元年（627）废。

漳县　明初改鄣县置，属巩昌府。治所在今甘肃漳县西南五里。《寰宇记》卷151渭州：“鄣县，因水为名焉。”正统中移治三台山麓，即今漳县。清末省入陇西县。1913年复置，属甘肃兰山道。1927年直属甘肃省。

漳河口镇　在今湖北当阳市北。《方舆纪要》卷77当阳县：漳河口镇在“县北百里。有巡司”。清废。

漳河店　即今河北成安县东南二十里漳河店镇。清同治《畿辅通志》卷51成安县图：东南有漳河店。

漳河郡　隋开皇初置，治所在长芦县（今河北沧州市西）。寻废。

漳南县　隋开皇十八年（598）改东阳县置，属贝州。治所即今山东武城县西北漳南镇。《元和志》卷16漳南县：“以漳水在县北，故名。”大业初属清河郡。大业七年（611）窦建德起义于此。唐武德四年（621）窦建德故将刘黑闼起义亦以此为根据地。北宋至和元年（1054）省为镇，入历亭县。

漳浦县 唐垂拱二年（686）置，为漳州治。治所在今福建云霄县北西林。开元四年（716）移李澳川，即今治。乾元二年（759）后为漳州属县。《方舆纪要》卷99漳浦县：漳浦故城“其南漳水出焉，因名漳浦”。元属漳州路。明、清属漳州府。1913年属福建西路道。1914年属汀漳道。1928年直属福建省。

漳浦郡 唐天宝元年（742）改漳州置，治所在漳浦县（今福建漳浦县）。辖境相当今福建九龙江及其以西地区。乾元元年（758）复改为漳州。

漳淮水 今安徽南陵县东漳水之别名。《汉书·地理志》：丹阳郡陵阳县有“桑钦言淮水”，后以此与漳水相混，并指漳水南源为淮水，北与漳水合流，称漳淮水。《元丰九域志》卷6：南陵县有漳淮水，指此。

漳厦铁路 即厦漳铁路。从今福建厦门市西嵩屿，西至龙溪县（今漳州）。

漳腊营 清康熙二十年（1681）改漳腊堡置，属松潘镇。在今四川松潘县北四十里漳腊村。设游击驻防。嘉庆十五年（1810）改设参将。后废。

漳腊堡 明洪武十一年（1378）置，属潘州卫。在今四川若尔盖县东北求吉乡（求吉寺）。宣德二年（1427）为氐羌所据。景泰六年（1455）收复其地，徙于今松潘县北漳腊乡。嘉靖二十年（1541）筑城堡仍设官军。清改为漳腊营。

漳湖 在今安徽望江县东北。《明一统志》卷14安庆府：漳湖“在望江县东北六十里。会上流武昌、青草诸湖水，东北入于埭沟，至山口镇入江”。1962年东部已围垦为漳湖圩。

漳源县 1941年1月晋冀鲁豫革命根据地由沁县北部析置，属太岳区。治漳源镇（今山西沁县西北漳源镇）。1942年撤销，并入沁县。

漳源镇 即今山西沁县西北漳源镇。《清一统志·沁州》“西汤镇”条下：“漳源镇在州西北三十里。”1941年晋冀鲁豫革命根据地置漳源县治此。

漳滨堰 东魏兴和三年（541）筑，在今河北临漳县西南。《魏书·孝静帝纪》：兴和三年（541）十月，“己巳，发夫五万人筑漳滨堰，三十五日罢”。

漳滩 在今福建建阳市东南三十里锦江之中。《方舆纪要》卷97建阳县：漳滩“或曰即樟槎滩也。在莲台山下。危石森列，旧不通舟。元季凿之，舟行最险”。

漳澨 春秋楚地。在今湖北当阳市东北漳水东岸。《左传》：宣公四年（前605），令尹子越以若敖氏之族，将攻王，“师于漳澨”。即此。

滴水 在今四川叙永县东南。《明史·樊一蘅传》：清顺治间，“他将复连败贼（指张献忠义军）于摩泥、滴水”。即此。

滴水关 明置，在今贵州平坝县南三十里。《方舆纪要》卷123平坝卫：滴水关在“卫南三十里”。

滴水岩 ①在今北京市门头沟区西北。《清一统志·顺天府二》：滴水岩“在宛平县西四十里，……悬崖千仞，岩洞皆削成无缝，泉布石面。旁有穴，然炬以入，广三十余丈。洞中石乳为莲花，垂为象鼻。右一石床，幕以石龙，再入则潭深莫测”。

②在今浙江泰顺县东。《方舆纪要》卷94泰顺县：滴水岩在“县东四十里。石壁峭拔，溪流湍悍，旧时仅容仄足，弘治间辟成大道”。

③ 即玉虚洞。在今福建明溪县城北郊蟠龙山下。《清一统志·汀州府》山川：滴水岩“在归化县（今明溪县）东北五里。上有泉水下滴，亢旱不竭。岩面有洞曰虚鸣洞，一名玉虚洞，阔数十米。洞内孔窍相通，凡数十里，泉石奇胜，甲于一邑”。

④在今贵州惠水县东南十里。《清一统志·贵阳府》：滴水岩，“《通志》：岩中滴水，四时不竭。岩前有平地，名曰三墓，地接苗境，旧时置哨兵守之”。

⑤在今甘肃文县北。《方舆胜览》卷70文州：滴水岩“乱山矗立，划开两峰，如丫髻对峙。有飞泉千尺，置槽引之，以给州人”。

滴水岩关 明置，在今贵州惠水县南。《方舆纪要》卷121定番州：“滴水岩关在州（治今惠水县）南十五里。”

滴水崖堡 明置，属龙门所。在今河北赤城县东南六十里后城。《方舆纪要》卷18龙门所：滴水崖堡“据悬崖，崖水瀑布而下，因名”。

滴水塘沟山 在今河北灵寿县西北。《方舆纪要》卷14灵寿县：滴水塘沟山“在县西北百三十里，山形峭拔，麓有石洞，泉出其中”。

滴乳崖 在今四川泸州市西郊忠山下。《清一统志·泸州》：滴乳崖“在州西一里。有泉自崖中流出。黄庭坚名曰滴乳崖”。

滴博岭 即的博岭。在今四川理县西北鹧鸪山，大白山。《方舆纪要》卷67威州：的博岭，“杜佑曰：的博岭在奉州北七十里，一作滴博岭”。

滴道山 在今黑龙江省鸡西市西北穆棱河北。产煤。附近有滴道镇。民国徐曦《东三省纪略》卷6：“其已经发现者为滴道山之煤矿。”

滴溜山 在今陕西子长县西北。《方舆纪要》卷57安定县：滴溜山“在县（治今子长县西北安定镇）北百里。泉出岩石间，因名。黑水出于此”。

滳 即商河。在今山东境内。《元和志》卷17滳河县：滳河在“县北一十五里。汉成帝鸿嘉四年，河水泛溢为害，河堤都尉许商凿此河通海，故以‘商’字为名，后人加水焉”，或说滳水即今河北境内之漳河。漳河在今成安县漳河店之西转而东流，在漳河店之东旋而向北，故古时将漳河店一带称为衡（横）漳。

滳河县 隋开皇十六年（596）置，属棣州。治所即今山东商河县。《元和志》卷17滴河县："因北有滴河以名之。"大业初属渤海郡。唐属棣州。北宋改为商河县。

漾水　①即今四川嘉陵江。《水经·漾水》："漾水出陇西氐道县嶓冢山，东至武都沮县为汉水，又东南至广魏白水县西，又东南至葭萌县东北与羌水合，又东南过巴郡阆中县，又东南入江州县东南入于江。"

②即今漾濞江。在云南漾濞彝族自治县东部。唐代称漾水。《新唐书·吐蕃传》："诏灵武监军右台御史唐九征为姚巂道讨击使，率兵击之（吐蕃）。虏以铁絙梁漾、濞二水，通西洱蛮，筑城戍之。"即此。

③一作养水、瀁水。即今汉水上源。出自今陕西宁强县西北嶓冢山。《尚书·禹贡》："嶓冢导漾，东流为汉。"古人误以西汉水为汉水，故《汉书·地理志》把甘肃西汉水某一支流称养水。《水经》又以西汉水上源为漾水，皆与《禹贡》不符。

漾头山　在今贵州万山特区东。《方舆纪要》卷122思州府施溪长官司："漾头山在司南三里。"

漾头关　明置，在今贵州铜仁市东漾头镇。《清一统志·铜仁府》：漾头关"在府城东南三十里，接施溪司界"。

漾共江　在今云南鹤庆县东五里。《方舆纪要》卷117鹤庆军民府：漾共江"在府治东南。即鹤川也。阔十余丈。源出丽江界，流入境，至象眠山麓，群山环合，水无所泄，潴而为湖，入城东五里之石穴，复出，名为腰江，东与金沙江合流"。

漾备巡司　明初置，属蒙化府。治所在今云南漾濞彝族自治县东下街。清改置漾濞江巡司。

漾濞江巡司　清改漾备巡司置，属蒙化厅。治所在今云南漾濞彝族自治县东下街。1912年改设漾濞县。1915年迁驻上街镇。

漾濞县　1912年析蒙化厅，永平县部分地区及云龙州、浪穹县插花地置，后属云南腾越道。治所在漾濞江巡检司（今云南漾濞彝族自治县东二里下街）。民国《云南行政纪实》："境内有漾濞江，因以名县。"1915年迁治漾濞彝族自治县治上街镇。1929年直属云南省。1985年改设漾濞彝族自治县。

滱水　古水名。上游即今河北定州市以上之唐河。自定州市以下，《汉书·地理志》、《水经·滱水注》载，故道东南流经今安国市南，折东北经高阳县西，又北流经安新县安州镇西，东北流与易水合，此下易水亦通称滱水。唐即有唐河之称。北宋以后滱水之名渐废，下游注入塘泊。其后时有变迁，或南入滹沱河，或北入大清河。清以后始形成今道。

演仙山　又名衍仙山。在今福建南平市东北。《寰宇记》卷100南剑州：演仙山"在州西北十里。古老传云，演氏炼丹于此，丹灶余基犹存"。《清一统志》作"在南平县东北"。

演屿　在今福建莆田市东。《方舆纪要》卷96莆田县"嵩山"条：演屿"相传宋少帝舟泊大峡江浒，为元兵所逼，忽有白马神为演一屿，蔽帝舟得免，因名"。

演州　唐贞观元年（627）改驩州置，治所在安人县（今越南义安省演州西安城）。《元和志》卷38演州："因演水为名。"十六年（642）废。广德二年（764）复置，移治忠义县（今越南义静省演州）。辖境相当今越南义安省东部地。后废。

演州府　明永乐五年（1407）置，属交趾布政司。治所在琼林县（今越南义安省东北琼琉县境）。十三年（1415）改为演州。辖境相当今越南义安省东北部地。宣德二年（1427）入安南。

演兵坝　在今四川梓潼县东北七十里演武乡。《方舆纪要》卷68梓潼县"白垭堡"条：演兵坝"相传姚苌寇蜀，尝演兵于此"。

演陂市　即今湖南衡阳县（西渡镇）西北二十四里演陂桥镇。《清一统志·衡州府一》：演陂水"在衡阳县西南一百里。源出金兰乡，东北入烝"。演陂市因演陂水为名。

演易台（臺）　①在今河南汤阴县北九里羑里城。《清一统志·彰德府二》：演易台"在汤阴县北羑里城，即文王演易处"。

②在今重庆市云阳县东北。明嘉靖《云阳县志》卷上："向阳坝盐场，左有演易台。"《清一统志·夔州府二》：演易台"在云阳县北三十里，地名向阳坝。宋邵康节于此注易。明御史卢雍立石表之"。

演度州　一作寅度州。唐置，属安西都护府。治所在今新疆英吉沙县北。贞元中废。

澉水　浙江海盐县澉浦镇的别称。宋人常棠有《澉水志》。

澉浦　一名澉水。即今浙江海盐县南三十六里澉浦镇。当古谷水入杭州湾口。《水经·沔水注》："谷水于（海盐）县出为澉浦，以通巨海。"《方舆纪要》卷91海盐县：澉浦"县西南境之水，由此入海"。今淤塞。

澉浦千户所　明洪武时置，属浙江都司。治所即今浙江海盐县南澉浦镇。清顺治十七年（1660）废。

澉浦只　即甘孛智。真腊的别称。即今柬埔寨。元周达观《真腊风土记》："真腊国或称占腊，其国自称曰甘孛智。今圣朝按西番经，名其国曰澉浦只，盖亦甘孛智之近音也。"

澉浦镇　即今浙江海盐县南三十里澉浦镇。唐开元五年（717）始置澉浦镇，南宋开禧元年（1205）置水军，为海防要塞。《元史·伯颜传》：元世祖至元十二年（1275）十一月，"参政董文炳等为左军，以舟师自江阴循海趋澉浦"。即此。元置澉浦所。明初置巡司，并置税课局于此。

漏江县　西汉元鼎六年（前111）置，属牂柯郡。治所在今云南泸西县境。左思《蜀都赋》刘逵注：

“漏江在建宁，有水道伏流数里复出，故曰漏江。”三国蜀废。西晋武帝时复置，属建宁郡。南朝梁末废。

漏卧县　西汉元鼎六年（前111）置，属牂柯郡。治所在今云南罗平县境。《汉书·西南夷列传》注引孟康说：“漏卧，夷邑名，后为县。”三国蜀建兴三年（225）属兴古郡。南朝宋为兴古郡治。南齐属兴古郡。梁末废。

漏明寨山　在今重庆市长寿区北。《方舆纪要》卷69长寿县：漏明寨山在“县北四十里。山皆石壁，中有洞，石光穿漏，如屋室然”。

漏阁　一名飞仙阁。在今四川芦山县西南五十里飞仙关镇。《舆地纪胜》卷147雅州：漏阁“在严道。宇文溥《新路赋》云：惟天下之至险，有严道之漏阁焉”。

滍水　又名浼水、澱水。水源即今河南登封市西北颍水三源中之中源。《水经·滍水注》：“滍水出颍川阳城县少室山，东流注于颍水。”颍水东流至今临颍县西又别出为大、小滍水。东流者为小滍水，东至漯河市郾城区西入大滍水，至周口市入颍水。元至正年间，汝水为患，遂于郾城筑堰，导汝水东出大滍水，东流至今周口市西北入颍水，大滍水遂成为北汝河之下游。

滍阳　战国韩邑，在今河南漯河市召陵区东北。《水经·颍水注》引《竹书纪年》曰：“孙何取滍阳。”即此。

滍阳河　在今河南西平县西。《方舆纪要》卷50西平县：滍阳河在“县西五十里。东北流入于汝水”。

滍强县　西汉置，属汝南郡。治所在今河南临颍县东。西晋废。隋大业三年（607）改陶城县复置，属颍川郡。唐初属许州，贞观初废入长社县。

漻水　即今湖北随州市东漂水。《水经·漻水》：“漻水出江夏平春县西，南过安陆入于涢。”《方舆纪要》卷77应山县：汉东河“在县西四十里，又有大洪河在县西南三十里，县西南六十里有马坪港，其上流皆汇诸山溪之水，下流合为漻水，入安陆县界，注于涢水”。

漻堤（隄）　即蓼堤。在今河南商丘市西北。《方舆纪要》卷50商丘县：漻堤“在府西北七里。漻一作蓼。梁孝王所筑。宇文周末杨坚使于仲文击尉迟回将檀让于河南军至漻堤，去梁郡七里，进拔之”。

潍山　即箕山。亦作箕屋山。在今山东莒县东北一百里。《水经·潍水注》：“潍水导源潍山。”即此。

潍水　或作维水、惟水。即今山东境内潍河。源出山东莒县西北潍山，北至昌邑县东北入海。《尚书·禹贡》：“潍、淄其道。”《周礼·职方》兖州：“其浸卢潍。”《左传》：襄公十八年（前555），“晋师伐齐，东侵及潍”。即此。《汉书·地理志》琅邪郡箕侯国：“《禹贡》潍水北至昌都入海，过郡三，行五百二十里。”《汉志》“潍”或作“淮”，故俗亦名淮水。

潍水县　隋开皇六年（586）置，属青州。治所在今山东潍坊市寒亭区东南十八里后吉家。十六年（596）改属潍州。大业初改下密县。

潍北县　1945年10月山东革命根据地由潍县北部析置，治杨孟村（今山东潍坊市寒亭区西北孙家杨孟）。1953年撤销，并入潍县。

潍州　隋开皇十六年（596）置，治所在旧下密县城（今山东潍坊市）。大业初废。《寰宇记》卷18潍州：“取界内潍水为名。”唐武德二年（619）复置，治所在北海县（今潍坊市）。八年（625）又废。北宋乾德三年（965）以北海军复置，治所即今潍坊市。元属益都路。明洪武九年（1376）改为潍县。

潍坊市　1948年山东革命根据地由潍县城及坊子矿区析置潍坊特别市，治所即今山东潍坊市。由潍县和坊子矿区各取首字为名。1949年改置潍坊市。由山东省直辖（地级）。1950年改为县级市。1983年撤销潍坊地区，改设地级潍坊市。

潍县　明洪武九年（1376）改潍州置，属莱州府。治所即今山东潍坊市。二十二年（1389）改属平度州，隶莱州府。清属莱州府。民国初属山东胶东道。1925年属莱胶道。1928年直属山东省。1983年撤销，并入潍坊市。

潍南县　1945年10月山东革命根据地由潍县南部析置，治涌泉村（今山东潍坊市东坊子区涌泉村）。1950年撤销，并入潍北县。

漅湖　即巢湖。在今安徽中部，合肥、肥东、肥西、庐江、巢湖等市县间。《后汉书·明帝纪》：永平十一年（68），“漅湖出黄金，庐江太守以献”。

寨儿山堡　明置，属宁远卫。即今辽宁葫芦岛市东南砟山。明《辽东志》卷3：寨儿山堡“官军二百七十一员名。堡东鹰窠山可屯兵，堡西横岭可按伏”。《方舆纪要》卷37宁远卫：寨儿山堡在“卫北二十里。堡东为鹰窠山，可屯兵；堡西为横岭，可按伏”。

寨儿岭　在今河北万全县西南。《方舆纪要》卷18万全右卫“马头山”条下载：寨儿岭“在（洗马林）堡南五里。其山四合若堡”。

寨下市　在今广西富川瑶族自治县西北秀峰村。明置寨下市巡司于此。

寨山　①在今江西婺源县北。《方舆纪要》卷28徽州婺源县：寨山“在县北三十里。唐开元中，土人洪真作乱，居民结寨避寇于此。又县东北亦有寨山，其地名李坑源头，亦唐开元中土人避寇处”。

②在今山东新泰市西北十里。《方舆纪要》卷31新泰县“龟山”条下：“又有寨山，在县西北十里。相传昔人避兵处。”

③在今山东栖霞市东。《方舆纪要》卷36栖霞县：基山“迤东又有寨山，上有兵寨遗址”。

④在今河南光山县南。《方舆纪要》卷50光山县“石盘山”条下：“又有寨山，在县南七十里。上有

三井。元末邑人立寨于此以避兵。其相接者曰三山，山有千峰万壑，迴出云表，绵亘二百里。”

⑤在今广西阳朔县西十五里。明曹学佺《广西名胜志》卷2：寨山“稠密四固如寨，马氏湖南割据，置戍于此。山下即归义故基也。其东为读书岩，曹侍郎邺读书于此”。《清一统志·桂林府一》：寨山“有二十余峰，脉络相连，云收雨霁，望之一碧，亦名连碧峰”。

⑥在今重庆市合川区西。《舆地纪胜》卷159合州：寨山“在石照县西二十里。峭峻如削。相传昔人避乱，保聚于此。至今发地或得箭镞”。

寨冈墟　即今广东连南瑶族自治县东南寨冈镇。旧属阳山县。清宣统《广东舆地全图》阳山县图：县西北有寨冈墟。

寨头店　在今安徽蒙城县东六十里。《方舆纪要》卷21寿州蒙城县：寨头店“战争时置寨于此，因名”。

寨头隘　在今浙江武义县西南四十里俞源乡寨头村。《方舆纪要》卷94宣平县：寨头隘“在县（治今柳城镇）北，亦道出武义”。

寨则村　即今山西交城县西北寨则。民国时设县佐。

寨阳堡　在今湖南吉首市西四十里。《方舆纪要》卷81镇溪千户所“阴隆江堡”条下：寨阳堡“隶辰溪卫，有官兵戍守”。

寨里窑址　在今山东淄博市淄川区东寨里镇东南。窑址东西长约480米，南北宽约470米，总面积为22万平方米。“寨里窑址”是目前已知的我国北方青瓷产地、年代上限在北魏至北齐，下限至唐代。是我国北方青瓷的重要产地，在中国陶瓷史上占有重要地位。1982年在淄川区龙泉镇和庄村古墓出土的国家一级文物珍品“青瓷莲花尊”，即为寨里窑址所产北方青瓷的代表作。2006年定为全国重点文物保护单位。

寨沙汛　即今广西鹿寨县东寨沙镇。《清史稿·地理志》永福县：南有“寨沙”。

寨英镇　1932年置，即今贵州松桃苗族自治县西南七十六里寨英镇。“寨英”系苗语音译，意为岩头寨。

寨河　①即今黑龙江省嘉荫县与萝北县交界处之嘉荫河。《清一统志·黑龙江》“乌延河”条下：“福河，在（黑龙江）城东南一千二百二十里，又东南有寨河。皆在黑龙江南，东北入黑龙江。”

②一名傅疃河、傅疃河。在今山东日照市西南。《方舆纪要》卷35日照县：“《志》云，寨河在县南五十里。源出县西北八十里驮儿山，一名傅疃河，流合丝水，入于海。”

③即古柴水。淮水支流。源出今河南光山县西南，北流至潢川县北入淮水。《方舆纪要》卷50光山县：寨河“在县北二十里。县西四十五里有清流河流合焉，至县东（按：当为“西”）北有寨河桥跨其上，为往来之孔道。又东北注于淮河”。《清一统志·光州一》：柴水“在光山县北二十里，合清流河入淮。亦名寨河”。

寨娄土千户　在今重庆市秀山土家族苗族自治县东南石耶镇西南。清光绪《秀山县志》卷13石耶洞：“寨娄千户，宋理宗时，杨光隆第二子昌牧，以功授寨娄千户。国朝初改属酉阳宣慰使司。”

寨勇长官司　元置，属湖广行省播州宣抚司。治所在今贵州雷山县西。后废。

寨桥镇　即今江苏常州市武进区南寨桥镇。清光绪《江苏全省舆图》阳湖县图：南有寨桥。民国《江苏六十一县志》：武进县南有“寨桥镇”。

寨桑　亦作砦桑。即今广西田东县东北砦桑。明属田州，嘉靖间，置砦桑土巡司于此。

寨基山　在今安徽怀宁县东北。《方舆纪要》卷26安庆府怀宁县：寨基山“在府西北五十里。有三峰叠秀，其并峙者曰宝灵山”。

寨蒿汛　清置，属古州厅。即今贵州榕江县东北寨蒿镇。旧有千总驻防。“寨蒿”系侗语音译，意为枫树寨。

赛马集　即辽宁凤城市北赛马镇。清光绪三年（1877）置巡司于此。本属凤凰厅，后改属本溪县，民国初改设县佐。沈安铁路有支线通此。

赛马集支线　由凤宽支线的灌水（今宽甸满族自治县西北灌水镇）向西北至赛马集（今凤城市东北塞马镇），长50.7公里。为沈安铁路支线。日本占领期间于1945年修筑。

赛尔乌苏　清外蒙古北路驿道“阿尔泰军台”上的路段名，也作为一台站名。在今蒙古国中戈壁省巴彦多布西北，置有赛尔乌苏管站司员，管理第二十四台至第四十四台共二十一个台站，辖属于察哈尔都统。司员驻第三十二台他拉多兰（又作塔拉多伦），因称此台为赛尔乌苏（蒙古语，意为干河床水），为阿尔泰军台与库伦南路驿道会合处。

赛里木淖尔　一名察罕塞喇木淖尔。即今新疆博乐市西南赛里木湖。清咸丰《伊江集载》：赛里木淖尔“在惠远城东北二百里，塔拉奇岭之北，周三百余里，四周皆大山。其北山后有地名波罗塔拉”。

赛里斯　古代希腊人和罗马人称中国为赛里斯国（Serice），居民为赛里斯人（Seres）。赛里斯国意为丝国，当因中国很早即向西方输出丝绸而得名。

赛岐　即今福建福安市东南四十二里赛岐镇。为南出三都澳孔道。清光绪《福安县志》附海图：东南有赛岐。

赛罕山　又名阿卜山。在今内蒙古苏尼特左旗东南。明永乐八年（1410）朱棣北征经此。金幼孜《北征录》：四月初七日，“发玉雪冈。行十余里，过一大坡陀，甚平旷。远见一山甚长，一峰独高，秀拔如拱揖。上指示曰：‘此赛罕山，华言好山也’”。

赛拉　古代罗马人称赛里斯国的首都为赛拉。

赛林达　公元第6世纪前期，东罗马史籍中称中国西北部即今新疆一带为赛林达。

赛图拉　一作沙昔都拉。即今新疆皮山县南喀拉喀什河西岸希的拉。清宣统《新疆图志》卷9：赛图拉，“洪图，沙昔都拉。又名叶的拉。未经平定之先，商贾往来，多被坎部人劫掠，即土著布回亦受其害”。

赛图拉设治局 1930年置，属新疆省。治所在今新疆皮山县南喀拉喀什河西岸希的拉。1944年废。

赛虹桥 即大通桥。在今江苏南京市城中华门西、城墙西南转角处前侧的长虹南路上。始建于明初，称为大通桥。民间习称为赛工桥或赛公桥，取谐音称为赛虹桥。

赛音诺颜部 又作三音诺颜部（音或作因）。清外蒙古喀尔喀四部之一，称喀尔喀中路，统于乌里雅苏台定边左副将军。明后期，喀尔喀蒙古左翼长阿巴岱之弟图蒙肯尊崇黄教，达赖喇嘛授以赛因诺颜之号。康熙二十七年（1688），其曾孙善巴率属众投附清朝，三十年多伦诺尔会盟时，诏封为扎萨克多罗郡王，编所属佐领，隶于土谢图汗部。雍正三年（1725），以善巴从弟固伦额附策凌从征准噶尔有功，诏以其近族十九旗附额鲁特二旗从土谢图汗部分出，别为一部，以其祖之号称为赛因诺颜部。其后增设三旗，共二十四旗，以会盟地之名称为齐齐尔里克盟。属境有今蒙古国后杭爱省、巴彦洪戈尔省，以及前杭爱省、布尔根省、南戈壁省部分地。

赛音诺颜部乌梁海十三佐领 清康熙间置，属唐努乌梁海。治所在今俄罗斯克拉斯诺亚尔斯克自治区卡腊马舍沃一带。

赛音诺颜旗 一作三音诺颜旗。原为右翼中旗，属土谢图汗部。清雍正九年（1731）改属赛音诺颜部，改名赛音诺颜旗。旗府驻地即今蒙古国前杭爱省海尔汗杜兰。

赛哥小海 即今俄罗斯哈巴罗夫斯克边疆区东北黑龙江口与萨哈林岛（库页岛）间之鞑靼海峡。元苏天爵《元文类》卷41招捕总条辽阳嵬骨条：“至元十年征东招讨使塔匣剌呈：前以海势风浪难渡，征伐不到骷因、吉烈迷、嵬骨等地。去年征行至弩儿哥地，问得兀的哥人厌薛称：欲征嵬骨，必聚兵，候冬月赛哥小海冻结，冰上方可前去。先征骷因、吉烈迷，方到嵬骨界。”

赛喇木 一作赛里木。即今新疆拜城县东赛里木镇。清乾隆《西域图志》卷16：赛喇木“旧对音为赛里木。在赫色勒郭勒西四十里，东北距库车城二百十里。城周一里九分，高一丈，南北二门”。清置军台于此。

赛蓝城 亦作赛夷。在今哈萨克斯坦奇姆肯特东。元《长春真人西游记》：“至赛蓝城，有小塔，回纥王来迎入馆。”即此。

寡妇山 在今甘肃庆城县北。《旧五代史·周太祖记》：广顺三年（953），“（庆）州北十五里寡妇山有蕃部，曰野鸡族，（郭）彦钦作法扰之”。即此。

寡妇城 在今河北唐县北五十里。《魏书·地形志》：唐县有“寡妇城”。又《水经·滱水注》：夏屋城东侧，“因阿仍墉筑一城，世谓之寡妇城。贾復从光武追铜马、五幡于北平所作也，世俗音转，故有是名”。

寡妇桥 在今江西乐平市西南二十九里乐安江上。清同治《江西全省舆图》卷12：乐平县西南有寡妇桥。

寡妇渡 在今陕西三原县西北。《资治通鉴》：东晋义熙十四年（418），“傅弘之大破赫连瑱于池阳，又破之于寡妇渡，斩获甚众，夏兵乃退”。即此。

察木多 即今西藏昌都县。原系察木多呼图克图地，属驻藏大臣。“察木多”，藏语意为双河口。清乾隆《西域同文志》卷18：“西番（藏）语：分流水也。其地有之，故名。”清末置察木多理事官，属川滇边务大臣。民国初置昌都府，寻改县。

察布齐勒站 亦名察布齐尔台、查普奇站。清雍正十三年（1735）置，即今黑龙江省肇源县东二站镇。乾隆《盛京通志》卷33：博尔集哈站“一百十里至察布齐勒站”。

察卡 亦作擦卡洛。在今西藏芒康县南盐井寨。清末《西南野人山归流记》：“盐井县距巴安西南三百三十里，北界宁静，东界得荣，南与云南阿墩子界，西与桑昂曲宗相连，中跨澜沧江，地方丰富产盐，故名盐井，藏人称察卡。”“察卡”，藏语意为盐湖、盐井。

察尔齐克 即今新疆拜城县西南察尔齐村。清道光《新疆识略》卷3阿克苏：察尔齐克台“八十里至鄂依斯塘可齐克台”。

察合台汗国 蒙古四大汗国之一。太祖成吉思汗二十年（1225）封次子察合台于西辽故地，都阿力麻里（今新疆霍城县西北）。14世纪初，兼并窝阔台封地，辖境相当今新疆（除额尔齐斯河流域），中亚巴尔喀什湖、锡尔河、阿姆河之间地区及阿富汗大部，巴基斯坦部分地。明洪武三年（1370）为帖木儿帝国所灭。

察汗托海设治局 即裕民设治局。1940年由额敏县析置，驻察汗托海（在今新疆裕民县西）。“察汗”蒙古语意为白色，“托海”意为灌木丛生之地。1944年升为裕民县。

察汗托辉卡伦 一作察罕托海卡伦。清乾隆年间置，在今新疆裕民县西。清《塔尔巴哈台事宜》卷3：察汗托辉卡伦“在沙拉布拉克南五十里”。

察汗陀罗海 亦作察汉托洛亥。在今青海共和县东北。《清史稿·地理志》青海绰罗斯南右翼头旗：牧地“北至青海、察罕陀罗海”。

察赤 一名达失干。察合台汗国属地。即今乌兹别克斯坦首都塔什干。《元史·地理志·西北地附录》有“察赤”。即此。

察吾乎古墓群 在今新疆和静县西哈尔莫墩镇。在方圆5平方公里范围内有五片较大的墓地，共两千余座墓葬，是新疆目前发现的最大的一处氏族公共墓地。墓葬密集，排列有序，规模宏大，石围墓、屈肢葬和带流彩陶器是其文化特征。除了3号墓地为东汉早期外，主要墓葬的年代大约在公元前1000年至公元前500年。墓葬的形制、出土遗物及文化内涵表现出鲜明的地域文化特征，已被命名为“察吾乎文化”。察吾乎古墓群为探讨天山中段南麓焉耆盆地与博斯腾湖地区的史前文化特征，为区域考古文化谱系的建立提供了丰富而珍贵的实物资料，对研究新疆早期民族活动历史、社会生产、原始宗教、社会生活习俗也具有很高价值。2001年定为全国重点文物保护单位。

察罕七老图 明代称迤都，为大漠南北交通要地。在今蒙古国苏赫巴托省达里十嘎南。清康熙二十五年（1696）玄烨亲征噶尔丹过此，亲撰铭文刻于山石。康熙《皇舆全览图》标有“察罕七老碑”（东经113°35′，北纬45°5′）。“察罕七老图”蒙古语意为“有白石”，汉名白石山。

察罕乌苏卡伦 清置，在今新疆温泉县西，博尔塔拉河北岸。道光《新疆识略》卷11：察罕乌苏卡伦，“此小卡伦东南至雅玛图卡伦八十里”。

察罕乌苏河 在今吉尔吉斯斯坦北部，北流入楚河。《清一统志·伊犁》：察罕乌苏河“在伊犁西北，索郭鲁克河西二十里。北东流一百四十里入吹河”。

察罕托（託）罗海山 今青海日月山支脉之一。意为白色山峰。地当日月山与青海湖之间，为东西交通之要冲。清初为青海蒙古诸部循例会盟之地。《清史稿·地理志》青海和硕特部西后旗：其牧地“东至锡喇盐海子、察罕托罗海”。

察罕托海卡伦 一作察汗托辉卡伦。清乾隆年间置，在今新疆裕民县西。清道光《新疆识略》卷2塔尔巴哈台：察罕托海卡伦“西南至额尔格图卡伦八十里”。

察罕库图勒卡伦 一作察罕葛图尔。清嘉庆二十二年（1817）所置大青山后卡伦之一。在今内蒙古武川县西北厂汗黑老。

察罕果勒 在今新疆青河县北。1922年设县佐于此。

察罕河 ①在今辽宁朝阳县西南。《清一统志·承德府一》：察罕河“在朝阳县东。源出哈卜塔海华山，东南流入大凌河”。察罕河，蒙古语意为白河。

②即今新疆青河县东南察干郭勒河。源山县东北阿尔泰山西南麓，西南流，入青格里河。清徐松《西域水道记》卷5谓察罕河“发自博罗鄂博”，入于“布拉干河”。

察罕泊 ①又作察汉泊、锡尔哈泊、锡尔哈淖尔。即今蒙古国戈壁阿尔泰省的萨金查干诺尔。清张穆《蒙古游牧记》卷10扎萨克图汗部中右翼末旗：“济尔哈河至是潴于察罕诺尔。所部察罕诺尔有二：一在左翼右旗之西，其南为齐齐克泊，接科布多界。一即此济尔哈河所潴也。”

②亦作察罕淖尔。即今蒙古国西南巴彦洪戈尔省拜达里格河注入之本察干湖。清张穆《蒙古游牧记》卷8赛音诺颜汗部右翼中末旗：“拜塔里克河之东支，至是潴于察罕诺尔。……形如瓜，周百里，东西长。”

察罕哈达山 一名插汉峰。即今青海省青海湖中之海西山。《清一统志·青海厄鲁特》：插汉峰“在青海中，近西岸，与魁孙掩罗海山东西对峙，其峰卑小，多土少石”。

察罕敖拉卡伦 又作察罕乌鲁。清雍正五年（1727）设，属呼伦贝尔总管。在今俄罗斯境博尔集亚东南。清末沙皇俄国入侵，将边界推向满洲里城附近。民国《黑龙江志稿》卷4《地理志·山川》胪滨县：察罕敖拉“蒙古语察罕，白色；敖拉，山也。在县西北七十七里”。

察罕脑儿 即今河北沽源县北囫囵诺尔。元王恽《中堂事记》：中统二年（1261）三月十五日，“至察罕脑儿，留八日而发，二十三日次鞍子山南”。

察罕脑儿卫 明洪武七年（1374）置，属山西行都司。治所在今河北沽源县北囫囵淖尔东北小红城。一说在今内蒙古商都县东南察汗淖一带。后废。

察罕脑儿行宫 在今河北沽源县北囫囵诺尔东北小红城。《元史·世祖纪》：至元十七年（1280）五月，“作行宫于察罕脑儿”。

察罕诺门罕游牧 清康熙四十四年（1705）封西藏喇嘛齐迈嘉木错八世（罢错嘉木错）置，属西宁办事大臣。牧地在今青海贵南县西南境。“察汗诺门罕”为蒙语，汉译应为白法王，故又名白佛。

察罕诺们汗旗 俗称白佛旗。又称察罕诺们汗游牧旗。清置，由大喇嘛直辖，属西宁办事大臣。在今青海贵南县南，与同德县北境交界处。

察罕诺尔 ①亦作察罕脑儿。蒙古语意为白湖。即今河北沽源县北囫囵诺尔。元周伯奇《扈从北行前记》：“察罕脑儿犹汉言白海也。水泺深不可测，气皆白雾，其地有行在，宫曰亨嘉殿。”

②又名白海子。即今内蒙古阿巴嘎旗南查干淖尔。《清一统志·阿巴噶部》：白海子“在右翼南三十里。亦曰长水海子。四望白沙，故蒙古呼为察罕诺尔”。

察罕通古 又作扎哈布拉克。清科布多南路上的重要台站。今蒙古国科布多省布尔根东南的察罕通古。1912年新疆省出军驻此以防宣布独立的外蒙古进占阿尔泰办事大臣辖境，1913年末停战协约缔结后撤离。

察罕鄂博卡伦 清乾隆年间置，在今哈萨克斯坦斋桑泊东南。清《塔尔巴哈台事宜》卷3：察罕鄂博卡伦“在乌兰布拉正东七十里，与土尔扈特游牧接壤。接递土尔扈特往来公文”。

察罕淖尔城 亦作察罕脑儿城。在今陕西横山县北。《清一统志·榆林府一》：察罕淖尔城“在怀远县北。元世祖十七年作行宫于察罕淖尔，筑土为墙。明洪武四年，汤和攻察罕淖尔，擒将虎臣。永乐中，总兵柳升清修察罕淖尔城。景泰中，石亨请移宁塞堡于此，不果。察罕淖尔，旧作察罕脑儿。

今改”。

察罕颜卡伦 亦作察哈彦、岔哈颜。清光绪十二年（1886）置，属黑龙江副都统。在今黑龙江省呼玛县西北察哈彦村。民国《黑龙江志稿》卷33黑河所属卡伦：“察哈彦，距望哈达一百零六里。卡以上八里，以下四十余里，皆有木厂。”

察林河 即今哈萨克斯坦东南部阿拉木图东恰伦河。《清一统志·伊犁》：察林河“在伊犁西北。源出罕哈尔察海山西麓，西北流百里，南会哈喇塔勒河，又西北流八十里入库克乌苏河，汇入巴勒喀什池”。

察剌秃山卫 明永乐六年（1408）置，属奴儿干都司。治所在今吉林梅河口市西南。后废。

察哈尔 明、清蒙古部名，明译察罕儿、插汉儿。明成化、弘治间达延汗（明译答言）统一蒙古后分设六万户，察哈尔为左翼三万户之首并为大汗驻地，封长子图鲁博罗特（明译铁力摆户）领之。其地域约当今内蒙古锡林郭勒盟大部及蒙古国苏赫巴托省、东方省一部分。图鲁博罗特后裔世袭大汗位并管领本万户，又称察哈尔汗，下属有浩齐特、克什克腾、敖汉、奈曼、乌珠穆沁、苏尼特等部。嘉靖间，察哈尔达赉逊库登汗（明译打来孙）受右翼俺答汗侵逼，迁至西拉木伦河、西辽河一带，并统治了兀良哈三卫的一部分。万历、天启间，察哈尔林丹汗（明人称虎墩兔憨）力图用兵重新统一蒙古诸部以恢复大汗权威，诸部不堪其侵逼，多归附后金。天聪六年（1632），皇太极西征察哈尔，林丹汗迁往套西，七年，病死，其部众先后归降后金。清康熙十四年（1675）分编为左、右翼共八旗，隶于理藩院典属司，为内属蒙古。二十六年，置察哈尔都统于张家口，统辖八旗。左翼正蓝旗，驻扎哈苏泊（在今内蒙古正蓝旗西北扎格斯太），旗境约当今内蒙古正蓝旗北部；镶白旗驻布雅阿海苏默（在今正蓝旗西北宝绍代苏木），旗境约当今内蒙古正镶白旗大部；正白旗驻布尔噶台（今内蒙古化德县东北七号村一带），旗境约当今内蒙古太仆寺旗北部、正镶白旗西南部、化德县东北部和河北康保县一部分；镶黄旗驻苏门峰（在今河北康保县北），旗境约当今内蒙古镶黄旗，以及化德、商都、河北康保、尚义各一部分。右翼正黄旗驻木孙忒克山（当即今察哈尔右翼前旗北境之磨子山），旗境约当今内蒙古察右前旗和兴和县大部，商都县和察右后旗一部分；正红旗驻古尔班托罗海山（今集宁市西北大土城附近），旗境约当今内蒙古集宁市，察右前、后旗西部，卓资县东北部和丰镇市西北部；镶红旗驻布林泉（今卓资县东南水泉凹附近），旗境约当今内蒙古察右中旗、卓资县、凉城县部分地；镶蓝旗驻阿巴汉喀喇山（今凉城县西北白音厂汗附近），旗境约当今内蒙古察右中旗、卓资县和凉城县西部地。

察哈尔左翼正白旗 1914年以正白旗察哈尔改名，属察哈尔特别区。驻地在布尔噶台（今内蒙古化德县东北七号村一带）。1928年属察哈尔省。1946年迁驻布日都庙（今内蒙古正镶白旗西北布日都）。1947年属内蒙古察哈尔盟。1949年正名为正白旗。

察哈尔左翼正蓝旗 1914年改正蓝旗察哈尔置，属察哈尔特别区。治所在今内蒙古正蓝旗西北扎格斯台。1928年属察哈尔省。1947年划归内蒙古自治区，属察哈尔盟。1949年改为正蓝旗。

察哈尔左翼镶白旗 1914年初以镶白旗察哈尔改名，属察哈尔特别区。驻地在阿拉腾打不苏（今内蒙古正镶白旗西北阿拉坦嘎达苏）。1928年属察哈尔省。1947年划归内蒙古察哈尔盟。1949年正名为镶白旗。

察哈尔左翼镶黄旗 1914年以镶黄旗察哈尔改名，属察哈尔特别区。驻地在今河北康保县北苏门哈达。1928年属察哈尔省。1947年划归内蒙古察哈尔盟。1949年正名为镶黄旗。

察哈尔右翼正红旗 1914年以正红旗察哈尔改称，属察哈尔特别区。驻地在今内蒙古察哈尔右翼前旗西北土城子一带。1928年划归绥远省。1949年正名为正红旗。

察哈尔右翼正黄旗 1914年以正黄旗察哈尔改名，属绥远特别区。驻地在今内蒙古察哈尔右翼前旗东北巴音塔拉镇。1928年属绥远省。1949年正名为正黄旗。

察哈尔右翼镶红旗 1914年以镶红旗察哈尔改名，属察哈尔特别区。驻地在布林泉（今内蒙古卓资县东南水泉凹附近）。1928年属绥远省。1949年正名为镶红旗。

察哈尔右翼镶蓝旗 1914年以镶蓝旗察哈尔改名，属察哈尔特别区。驻地在阿巴汉喀喇山（今内蒙古凉城县西北白银厂汗村附近）。1928年属察哈尔省。1949年正名为镶蓝旗。

察哈尔省 1914年设察哈尔特别区。1928年改为察哈尔省，治所在万全县（今河北张家口市）。辖境相当今河北省西北部及内蒙古锡林郭勒盟，1949年改辖今河北省西北部及山西省北部。1952年废，撤销，并入河北、山西二省。

察哈尔都统署旧址 在今河北张家口市上堡明德北街三角地。是张家口市唯一保存较为完整的清代官衙建筑。衙署坐北朝南，南北长133米，东西宽50米，占地6650平方米。现存四进院落，布局完好。都统署始建于清乾隆二十七年（1762），民国十七年（1928）改设行省，为国民党察哈尔省政府驻地。抗日战争期间，日本侵略者扶植“蒙疆联合自治政府”，1941年蒙古贵族德王府设于此。中华人民共和国成立初期为察哈尔省人民政府驻地。2006年为全国重点文物保护单位。

察哈彦卡伦 清光绪末置，属瑷珲副都统。在今黑龙江省呼玛县北金山乡西北察哈彦村。民国《黑龙江志稿》卷4：察哈彦山“即察哈颜山，有察哈彦卡伦、在安干之南”。

察哈颜山 亦作查哈颜峰。在今黑龙江省呼玛县西北呼玛河北岸。清西清《黑龙江外纪》卷1：查哈颜峰“在黑龙江城北九百里。峰上一穴，昼见焰，夜见火。嗅如石灰，色黄白，捻之成屑，不知为何物”。民国《黑龙江志稿》卷4：察哈颜山“语讹为查哈羊山。（呼玛）县北百四十里，南滨呼玛尔河”。

察素齐 即今内蒙古土默特左旗驻地察素齐镇。民国《归绥厅志·建置志》有察素齐镇。“察素齐”，蒙古语意为造纸者。

察勒奇昂阿卡伦 清咸丰七年（1857）设，在今内蒙古呼伦贝尔市陈巴尔虎旗东北。见民国《黑龙江志稿》卷33《武备志·兵事》。

察隅县 1912年改乍丫理事通判置，属四川省。治所即今西藏察隅县西南察隅。后属西康川边道，改设桑昂曲宗。

察雅县 1912年改乍丫理事通判置，属四川昌都府。治所在今西藏察雅县东。后属西康川边道，后改为察雅宗。1960年复改察雅县。“察雅”藏语意为岩檐。

察雅宗 1915年西藏地方政府设，治所在今西藏察雅县东。1960年改设察雅县。

蜜湖 在今江西安福县东十五里。《寰宇记》卷109吉州安福县：蜜湖“按，《舆地志》云，湖中有丝莼鲫鱼，并有石室可容人坐。其鱼味甘如蜜”，因名。《清一统志·吉安府一》：蜜湖“亦名东湖。其水可溉田千余亩”。

〔丶フ〕

谭 亦作覃。周代国名。在今山东济南市城东七十五里。《春秋》：庄公十年（前684），“齐师灭谭”。即此。《水经·济水注》载：“谭，国也。齐桓之出过谭，谭不礼焉。鲁庄公九年即位，又不朝，十年灭之。”

谭斗市 即今广东雷州市西南覃斗镇。明万历《雷州府志》卷4海康县：谭斗墟在“县西南九十里”。

谭延闿墓 在今江苏南京市中山陵东南、灵谷寺西北。谭延闿（1876—1930），字组庵，湖南茶陵人。为国民党元老，曾任南京国民政府主席、行政院长等职。1930年在南京逝世。墓建成后葬此。2001年定为全国重点文物保护单位。

谭州 ①唐武德二年（619）置，治所在平陵县（今山东章丘市西北平陵城）。辖境相当今山东章丘市附近地。贞观元年（627）废。

②北宋改谈州羁縻州置，属邕州左江道。治所在今广西大新县东南。元废。

谭板墟 即今广东电白县北坡心镇。清道光《电白县志》卷8：潭板圩“在县（治今电城镇）西八十里”。

谭郊城 十六国西秦置，在今甘肃临夏市西北。一说在今青海循化撒拉族自治县东。《十六国春秋辑补》卷86西秦录：更始三年（411），“乞伏乾归攻克姚兴别将王憬于永洛城，徙四千余户于苑川，三千余户于谭郊”。即此。

谭格庄集 即今山东莱阳市西北四十里谭格庄镇。清光绪《山东通志》卷2《舆图志》：莱阳县北有谭格庄集。

谭家坊 即今山东青州市东谭坊镇。清光绪《益都县图志》卷3：县东有谭家坊。

谭家坪 在今重庆市云阳县东北。《明史·秦良玉传》：崇祯十三年（1640），“（罗）汝才犯夔州，良玉师至乃去……复合他将大败之谭家坪北山，又破之仙寺岭”。

谭家岭 在今重庆市开县东北谭家乡。《明通鉴》卷87：崇祯十三年（1640）九月，张献忠义军败官军于上马渡，“（万）元吉急檄诸将击邀之于谭家岭、七箐坝、乾溪等处”。

谭家河镇 一名谭河镇。即今河南信阳市平桥区西南五十二里谭家乡。民国《重修信阳县志》卷18《兵事》：清咸丰六年（1856）十二月，“各军追至谭家河，任柱越山南逸”。

谭嗣同故居 在今湖南浏阳市内。谭嗣同（1865—1898），字复生，号壮飞。近代变法维新运动政治家、思想家。故居始建于明末，后谭嗣同之父谭继河中进士，官至湖北巡抚，奉旨命名为“大夫第家邸”。清代重修。为前后两进，木结构，民居庭院式建筑。现存书房、卧室、会客室等，是当时谭嗣同读书、会友、寻求救国真理，从事改革活动的地方。1996年定为全国重点文物保护单位。

谭嗣同祠 在今湖南浏阳市才常路40号。祠建于1913年。祠内辟为戊戌变法及谭嗣同生平事迹展厅。现建有谭嗣同纪念馆。附近有谭嗣同故居。

谭嗣同墓 在今湖南浏阳市南十四里牛石村东北翟水村石山下。谭嗣同（1865—1898）字复生，号壮飞，湖南浏阳人。清末改良派政治家、思想家。曾官江苏候补知府，供职后加四品卿衔军机章京。光绪二十四年（1898）参与戊戌变法，失败后遇害于北京，为“戊戌六君子”之一。1901年归葬。墓碑镌刻“清故中宪大夫谭公复生府君之墓”。

谯山 即今江苏镇江市东北长江中焦山。江淹有《谯山述怀》诗。

谯州 ①南朝梁中大通四年（532）改南兖州置，治所在小黄县（今安徽亳州市）。北魏复改为南兖州。

②东魏改西徐州置，治所在涡阳县（今安徽蒙城县）。辖境相当今安徽蒙城县地。北齐、北周辖境有所扩大，除包括今安徽蒙城县外，还有濉溪、涡阳、凤台、利辛、怀远等县地。隋大业初废。

③隋开皇三年（583）置，治所在临涣县（今安徽濉溪县西南临涣集）。唐贞观十七年（643）废。

谯县 ①秦改焦邑置，属泗水郡。治所即今安徽亳州市。西汉属沛郡。东汉属沛国。三国魏黄初元年

(220) 立为谯国。东晋咸康四年 (338) 改为小黄县。隋大业三年 (607) 复改谯县，为谯郡治。唐为亳州治。明洪武初废入亳州。东汉末曹操、华佗皆为谯县人。

②东晋侨置，属南谯郡。治所在今安徽巢湖市附近地。后废。

谯国　三国魏黄初元年 (220) 改谯郡置，治所在谯县 (今安徽亳州市)。辖境相当今安徽萧县、灵璧、五河和河南鹿邑、永城等县地。西晋改为谯郡。

谯国夫人冼氏墓　在今广东电白县北十五里山兜村。冼氏 (522—602) 是南朝末、隋朝初岭南俚族女首领，嫁南朝梁高凉郡太守冯宝为妻，称冼夫人。公元589年以迎隋将韦洸入广州，平息王仲宣叛乱有功，封为谯国夫人。墓呈正方形，有土墙。原墓碑已佚，只剩赑屃。清嘉庆二十四年 (1819) 重立，墓碑刻“隋谯国夫人冼氏墓”。

谯城　在今河南夏邑县北。《元和志》卷7下邑县：“故谯城，县北三十一里。祖逖屯淮阴，进据太丘城，遂克谯城而居之。谓此也。”

谯贵谷　一作樵贵谷。在今安徽黟县北。《寰宇记》卷104黟县：谯贵谷，“《舆地志》云：黟县北缘岭行，得谯贵谷。昔土人入山，行之七日，至一斜穴，廓然周三十里，地甚平沃。中有十余家，云是秦时离乱人入此避地。又按《邑图》有潜村，昔有十余家，不知何许人避难至此。入石洞口，悉为松萝所翳，每求盐米，晨出潜处。今见数十家同为一村”。《方舆胜览》卷16称此“或谓之小桃园”。

谯郡　①东汉建安末，魏武析沛国置。治所在谯县 (今安徽亳州市)。三国魏黄初元年 (220) 改为谯国，西晋为谯郡。南朝宋移治蒙县 (今河南商丘县北二十二里老蒙墙寺)。北魏正光中属兖州。北齐废。

②即南谯郡。东魏武定七年 (549) 改涡阳郡置，治所在涡阳县 (今安徽蒙城县)。隋开皇初废。

肇丰 (豐) 城　清乾隆二十九年 (1764) 于雅尔建。在今哈萨克斯坦东北乌尔扎尔。为塔尔巴哈台参赞大臣驻地。三十一年 (1766) 参赞大臣移驻绥靖城 (今新疆塔城市)。

肇东市　1986年撤销黑龙江省肇东县，改设肇东市，市人民政府驻肇东镇。属绥化地区。1999年改由绥化市代管。

肇东设治局　1913年10月改昌五设治局置，属黑龙江省龙江道。治所在今黑龙江肇东市西南昌五镇。同年12月改为肇东县。

肇东县　1914年改肇东设治局置，属黑龙江省龙江道。民国林传甲《黑龙江乡土志》：“肇东县，治在肇州之东。”故名。治所在昌五城 (今黑龙江省肇东市西南昌五镇)。1928年直属黑龙江省。1938年移治满沟 (今肇东市)。1945年划归嫩江省。1949年复属黑龙江省。1968年改设肇东市。

肇庆卫　明洪武二十二年 (1389) 改肇庆千户所置，属广东都司。治所即今广东肇庆市。后废。

肇庆古城墙　在今肇庆市端州区宋城路。《清一统志·肇庆府》载：肇庆府城“周八百七十一丈，门四。南临大江，三面浚池，周四百五十八丈。宋政和中建。明洪武初增建。本朝康熙六年修，乾隆三年、嘉庆十七年重修”。肇庆古城墙始建于北宋政和三年 (1113)，历代均有维修，至今城墙位置与周长未变。古城近方形。据实测，周长2801米。高6.5—10米。城墙构造为两边砖墙，中间填土。城墙外围建有二十八个凸出的敌台。1995年从北门斜坡泥土中挖掘出民国时期被填没的朝天门 (北门) 墩台、两侧的三合土月墙残墙，以及建于1916年的朝天门防洪水闸。现保留有整段宋砖砌筑的城墙，也有用宋、元、明、清四代城砖混合砌筑的城墙。2001年定为全国重点文物保护单位。

肇庆府　北宋重和元年 (1118) 升端州置，治所在高要县 (今广东肇庆市)。辖境相当今广东肇庆、高要、四会三市及广宁县地。元改为肇庆路。明初复为肇庆府。辖境扩大至今广东西江、绥江、新兴江、漠阳江流域和开平市地。1911年废。

肇庆路　元世祖至元十六年 (1279) 改肇庆府置，治所在高要县 (今广东肇庆市)。辖境相当今广东肇庆、高要、四会三市及广宁县地。明洪武元年 (1368) 复改为肇庆府。

肇州　金天会八年 (1130) 置，属会宁府。治所在始兴县 (今黑龙江省肇源县西茂兴镇南哈什吐古城，一说即今肇东市西南之西八里乡)。《金史·地理志》：“以太祖兵胜辽，肇基王绩于此”，故名。元改为肇州万户府。

肇州千户所　又作肇州等处女直千户所。元延祐三年 (1316) 置，属海西辽东哈思罕等处鹰房诸色人匠怯怜口万户府。治所在肇州 (今黑龙江省肇东市西南西八里乡)。后废。

肇州厅　清光绪三十二年 (1906) 以郭尔罗斯后旗垦地置，属黑龙江将军。治所即今黑龙江省肇源县。辖境相当今黑龙江省肇州、肇源、肇东三县市地。1913年降为肇州县。

肇州屯田万户府　元元贞元年 (1295) 置，属开元路。治所在肇州 (今黑龙江省肇东市西南西八里乡)。后废。

肇州县　1913年改肇州厅置，属黑龙江省龙江道。治所即今黑龙江肇源县。1928年直属黑龙江省。1934年移治老城基 (今黑龙江省肇州县)。1945年划归嫩江省。1949年复属黑龙江省。

肇州站　又作赵州站。元置，在今黑龙江省肇东市西南八里城。元《析津志》天下站名：“西洋 (洋，祥之误) 州正北斡母，百三十 (里) 肇州。”明废。

肇庆市　1949年当地解放后由高要县城区析置，治所即今广东肇庆市。因旧肇庆府而得名。1951年撤销，并入高要县。1958年复设肇庆市。1988年撤销肇庆地区，改设地级肇庆市，原县级肇庆市改置端州、鼎湖二区。

肇陈口　即今江西瑞昌市西南肇陈镇。清乾隆九年（1744）置巡司于此。

肇昌府　元至正二十二年（1362）朱元璋改建昌路置，属赣州路。治所在南城县（今江西南城县）。后改为建昌府。

褡裢镇　即今河北沙河市。清乾隆《沙河县志》市集：有褡裢店。1969 年沙河县由沙河城迁治于此。1989 年改设沙河市。

褐山　一作曷山。即今安徽芜湖市北临江之四褐山。《资治通鉴》：唐大顺元年（890）胡注引张舜民《郴行录》云：“褐山矶在大信口稍西，南去芜湖县四十余里。”宋李心传《建炎以来系年要录》卷 58：绍兴二年（1132）九月乙丑，“初命沿江岸置烽火台以为斥堠”，凡八所，当涂之“褐山”居其首。

禚　一作郜。春秋齐邑，在今山东济南市长清区西北。《春秋》：庄公二年（前 692），“夫人姜氏会齐侯于禚”。

〔フ 一〕

閹天坡　在今四川马边彝族自治县南。清嘉庆《马边厅志略》卷 2：閹天坡“在官湖乡山王庙之下”。清嘉庆八年（1803）彝族聚众与乡勇激战于此。

暨州　唐武德三年（620）置，治所在江阴县（今江苏江阴市）。九年（626）废。

暨阳县　①南朝宋改既阳县置，属晋陵郡。治所在今江苏江阴市东南长寿镇南。隋废。唐武德三年（620）复置，属暨州。九年（626）废。

②唐光启中钱镠改诸暨县置，属越州。治所即今浙江诸暨市。五代梁开平二年（908）复名诸暨县。

〔フ丨〕

隩州　金大定二十二年（1182）后改火山州置，治所在河曲县（今山西河曲县东南）。兴定四年（1220）移治黄河滩许父寨（今河曲县城附近）。元世祖至元二年（1265）废。

隧　即遂。在今山东肥城市南二十八里安临站镇。《汉书·地理志》泰山郡蛇丘：“隧乡，故隧国。”

〔フ丿〕

嫩江　古名难水、那河、纳浯江、脑温江。蒙古语称诺尼木伦。在黑龙江省西部，为松花江最大支流。《清一统志·黑龙江》：嫩江“源出伊拉古尔山，南流会诸小水，绕墨尔根城西，又南经齐齐哈尔城西，凡西来之诸敏、绰尔、雅尔诸河皆会入焉。又转东南经杜尔伯特、果尔罗思二旗地，受西来之托啰河，折而东与混同江（今松花江）会”。

嫩江县　1913 年改嫩江府置，属黑龙江省龙江道。治所即今黑龙江省嫩江县。1928 年直属黑龙江省。

嫩江府　清光绪三十四年（1908）置，属黑龙江省。治所在墨尔根城（今黑龙江省嫩江县）。民国徐曦《东三省纪略》卷 2：“当嫩江之左岸”，故名。辖境相当今黑龙江嫩江县及德都县部分地。1913 年降为嫩江县。

嫩江省　1945 年 9 月置，省会在齐齐哈尔市（今黑龙江省齐齐哈尔市）。为东北九省之一。辖境相当今黑龙江省甘南、富裕以南，青冈以西，肇源、呼兰、木兰以北地区。1949 年 4 月撤销，地归黑龙江、松江两省。

〔フ丶〕

翟（翟 dí）　①春秋时西戎国，在今甘肃临洮县一带。《史记·匈奴列传》：“秦穆公得由余，西戎八国服于秦，故自陇以西縣诸、绲戎、翟、貆之戎……。”

②又名狄邑。战国齐地，在今山东高青县东南。

翟王国　秦灭亡后项羽封秦降将董翳于上郡地置，建都高奴县（今陕西延安市东北）。《史记·秦楚之际月表》：“分关中为翟。”辖境相当陕西北部地区。后为刘邦所灭，仍置上郡。

翟公堤（隄）　在今安徽太湖县东。《清一统志·安庆府二》：翟公堤“在太湖县东三十里。元至正间，县尹翟居仁筑”。

翟州　唐末置，治所在鄜城县（今陕西鄜城县东南）。五代梁开平三年（909）改为禧州。

翟沟　即白沟。在今河南封丘县南。《左传·文公十一年》：“初，宋武公之世，鄋瞒伐宋。司徒皇父帅师御之。耏班御皇父充石，公子谷甥为右，司寇牛父驷乘，以败狄于长丘。”《汉书·地理志》陈留郡封丘注：“孟康曰，《春秋传》‘败狄于长丘’，今翟沟是。”《方舆纪要》卷 47 封丘县：翟沟“在县南八里，即白沟也。音转为翟，西接黄河支流，引渎东入，环带萦纡，澄澈如鉴。一名涤渠。亦曰湛渠”。

翟固镇　北宋置，肥乡县。即今河北肥乡县东北翟固乡。

翟店镇（翟 zhái）　清置，属稷山县。即今山西稷山县西南二十七里翟店镇。

翟柤　或作且一、且略。在今内蒙古兴和县西北。《国语·晋语一》：“献公田，见翟柤之氛，归寝不寐。郤叔虎朝，公语之。……出遇士蒍曰：今夕君寝不寐，必为翟柤也。夫翟柤之君，好专利而不忌……君若伐之，可克也。……士蒍以告，公悦，及伐翟柤……遂克之。”西汉置且如县。

翟泉　一作狄泉。在今河南洛阳市东北汉魏故城北隅。《春秋》：僖公二十九年（前631），“夏六月，会王人、晋人、宋人、陈人、蔡人、秦人，盟于翟泉”。杜注：“翟泉，今洛阳城内大仓西南池水。”《水经·谷水注》：“又东流入洛阳县之南池，池即故狄泉也。南北百一十步，东西七十步。”北魏杨衒之《洛阳伽蓝记》卷1：建春门内“御道北有空地，拟作东宫，晋中朝时太仓处也。太仓西南有翟泉，周回三里。即《春秋》所谓王子虎、晋狐偃盟于翟泉也”。

翟侯国　西汉元狩元年（前122）封城阳顷王子刘寿置，属东海郡。元鼎五年（前112）国除。《汉书·地理志》东海郡无。

翟家庄镇　即今河南偃师市西南翟镇。旧属洛阳县。《清一统志·河南府二》：翟家庄镇“在洛阳县东南二十五里。为洛中诸镇最”。

翟家湾镇　北宋置，属临淮县。在今江苏泗洪县东洪泽湖滨。

翟家寨　在今湖南浏阳市东一百五十里。明置巡司于此。

翟家镇　即今甘肃会宁县东四十五里翟家所乡。《清一统志·巩昌府二》：翟家镇“明置翟家递运所于此”。

翟道　战国秦置，属上郡。治所在今陕西黄陵县西北。出土秦封泥中有“翟道丞印”可证。西汉属左冯翊。东汉废。

翟貘之戎　亦名狄貘戎。在今甘肃陇西县东南四十二里。《史记·匈奴列传》：“秦穆公得由余，西戎八国服于秦，故自陇以西有绵诸、绲戎、翟貘之戎。”西汉置貘道。

翠竹峰　在今四川峨眉山市峨眉山放光坡之上，息心所之西。茂竹千竿，峰下为长老坪。清蒋超等《峨眉山志》卷2：“翠竹峰在古志坪右。”

翠华山　①一名玄武山。在今福建宁化县北。《元和志》卷29汀州宁化县：玄武山“在县北五里”。明《寰宇通志》卷47汀州府：翠华山“在宁化县北二里。山色苍翠，故曰翠华。春时邑人多游览焉”。

②在今云南大关县城翠华镇老城。清雍正八年（1730）大关厅由雄魁迁治于此。十一年（1733）西迁至养马坝（即今大关县）。

③在今陕西省西安市长安区南，为秦岭中段终南山向北延伸的孤峰。汉武帝元封二年（前109）曾在峪口建太乙宫祭太乙神，故古称太乙山。峰顶太乙池系唐天宝年间山峰崩塌壅塞河谷形成的高山堰塞湖。附近有老君庙、金华洞及龙涎窝瀑布等名胜古迹。

翠亨村　即今广东中山市东南翠亨村镇。为孙中山先生故乡。建有中山故居陈列馆、中山公园和中山纪念中学。

翠松山　在今贵州长顺县南代化镇。《方舆纪要》卷121金筑安抚司：翠松山在“（大华长官）司治前”。

翠岩　在今湖南祁阳县东二里。《方舆纪要》卷81祁阳县“栖真岩”条下：翠岩“宋岳武穆尝提兵经此”。

翠金山　在今山西石楼县南。《方舆纪要》卷42石楼县：“翠金山在县南三十里，一名台骀山，上有台骀神庙。”

翠帘（簾）山　在今福建将乐县南五里。明《寰宇通志》卷49延平府：翠帘山“在将乐县治王华都。苍翠高耸，若垂帘状”，故名。

翠峦　即今黑龙江伊春市西翠峦区驻地。南伊铁路有支线至此。

翠峦支线　从今黑龙江伊春市向西至翠峦。长20.9公里。为南伊铁路支线。日伪于1940—1945年修筑。

翠屏山　①在今北京市昌平区北。《方舆纪要》卷11：翠屏山“下出泉，九穴，潴而为池名九龙池”。为帝王谒陵休憩之处。

②又名北口。在今河北万全县北。《方舆纪要》卷18：“两峡高百余丈，望之如屏。”因名。《续资治通鉴》：南宋嘉定四年（1211），蒙古攻西京，“金兵大败，追至翠屏山，（完颜）承裕不敢拒战，退至宣平县”。

③一名高是山。在今山西浑源县南七里。《明史·地理志》大同府浑源州：“南有翠屏山，滱水出焉。”

④在今山西朔州市西南。《清一统志·朔平府》：翠屏山“在朔州西南七十里。一名西山。……山东连石碣谷，北接马鬃山，西至陀罗台，南通宁武府，盘踞二百余里”。

⑤在今山西蒲县西南。《方舆纪要》卷41蒲县：翠屏山“在县治西南一里，山势耸秀，岩下有涌泉”。

⑥在今福建安溪县北。《方舆纪要》卷99安溪县：翠屏山在“县北五十里。高出群峰之上。亦曰大尖山。其东为小尖山”。

⑦一名环屏山。在今福建古田县北。《方舆纪要》卷96古田县：翠屏山“在县治北。以形似名。县之主山也。旧名环屏”。

⑧在今江西宁都县东。《清一统志·宁都州》：翠屏山“在州东二里。一名巽峰山。山势蜿蜒，界梅江而止。下有长谷，其支曰佛祖岭”。

⑨在今山东栖霞市南半里。《明史·地理志》栖霞县：“南有翠屏山。”《方舆纪要》卷36栖霞县：翠屏山“苍翠罗列，如画屏然。大河及义井河俱源于此”。

⑩在今湖北通山县西南一里。《舆地纪胜》卷33兴国军：翠屏山“在通山县西、崇灵观之后。上有东西泉，龙王祈祷之所。《舆地广记》云：上有石城，三面有石壁，本名石城，唐天宝中改名翠屏山”。《方舆纪要》卷76通山县：翠屏山在“县西南一里。苍翠如屏。上有石塔”。

⑪在今四川富顺县东隔江里许。清乾隆《富顺县志》卷1：翠屏山“壁立如屏，正对学宫，如挂榜形，故一名挂榜山。邑中科第相承以为是山之胜。十景谓翠屏天榜”。万历中，知县孙杰于后壁题刻“天然图画”额。

⑫一名真武山。在今四川达州市南二里。明曹学佺《蜀中名胜记》卷23达州引《舆地纪胜》云：“翠屏山，横列州南。元微之建戛云亭其上。山北又有水流寺，巨石刻成殿形。余址芜没，惟佛像屹立江边。”《明一统志》卷70夔州府：翠屏山“在达县治南。形如屏风，上有真武庙。又名真武山。傍有戛云亭”。

⑬在今四川宜宾市西北郊。《明一统志》卷69叙州府：翠屏山“在仙侣山后，四时常青，因名”。《清史稿·李芳述传》：康熙年间，吴三桂叛军攻叙州，“芳述壁城外真武、翠屏诸山，贼不得逞”。即此。今山上有千佛岩（浮雕小佛五百四十六尊），哪吒洞、神仙庙、将军坟。1964年于翠屏书院旧址建抗日女英雄赵一曼烈士纪念馆。

⑭在今云南宾川县西北四十里。《方舆纪要》卷117宾川州：翠屏山“形方顶平，苍翠横列，如倚屏然”。

⑮在今贵州毕节市西。《明一统志》卷88毕节卫：翠屏山“在卫城西九十里。四时苍翠，望之如屏”。

⑯在今陕西旬邑县南。《清一统志·邠州》：翠屏山“县城踞其山，亦名豳山。俗名挂榜山。又谓之南冈。《县志》，翼蔽县治，如屏障然”。

⑰在今甘肃陇西县南四十二里。《清一统志·巩昌府一》：翠屏山“五峰错列，为郡案山。西秦乞伏国仁袭鲜卑三部于此”。

翠屏岩 在今浙江天台县南。《舆地纪胜》卷12台州：翠屏岩“在天台山南二十五里。孙绰赋所谓‘搏壁立之翠屏’者是也”。

翠屏峰 在今天津市蓟县西北二十五里盘山中。清道光《蓟州志》卷2：“翠屏峰在天成寺后，古木千章，悉从石罅中迸出，层层鳞砌。春夏之交，绿翠参天，霜黄碧叶，纷披遍地。”

翠峰山 ①在今山西保德县东。《方舆纪要》卷40保德州：翠峰山在“州东八十里。形如覆斗，松柏蔚然，州之镇山也”。

②在今云南曲靖市西北二十里。层峦叠翠，屏障府城。自南诏、大理起至明清之际，为云南佛教圣地。原有九庵十八院、僧千人的记载。《徐霞客游记》中记载了报国寺、太平庵、朝阳庵、翠和宫等，并称翠峰山“秀拔为此中之冠”。

翠越亭 亦名半山亭。在今江西高安市城内。《舆地纪胜》卷27瑞州：翠越亭“在郡治。亦名半山。苏栾城有诗”。

翠蓝山 亦作翠蓝屿、翠蓝岛，即今孟加拉湾东之尼科巴群岛。为古代东方船舶赴斯里兰卡或印度航线所经。唐义净《大唐西域求法高僧传》卷下记述的“裸人国”，或以为即在此。明费信《星槎胜览》卷3：“翠蓝屿，其山在龙涎之西北五昼夜程。大小七门，门中皆可过船。”

翠微山 ①古名平坡山。在今北京市西八大处。《明一统志》卷1顺天府：平坡山“一名翠微山”。为西山支脉，山势耸拔，主峰海拔387米，景色幽丽。有长安寺、灵光寺、三山庵、大悲寺、龙王堂、香界寺、宝珠洞等胜迹。

②在今山西大宁县南。《清一统志·隰州》：翠微山“在大宁县南数百步，高千仞，昕川绕其北麓”。

翠微亭 在今安徽池州市南。《舆地纪胜》卷22池州：翠微亭“在齐山之巅。郭祥正《追和李白秋浦歌》”。“齐山在贵池县南五里”。

翠微宫 在今陕西西安市长安区南。《元和志》卷1长安县：太和宫“在县南五十里终南山太和谷。武德八年造，贞观十年废。二十一年以时热，公卿重请修筑，于是使将作大匠阎立德缮理焉，改为翠微宫。今废为寺”。宋改名永庆寺。后废。

翠微峰 为金精山十二峰之一。在今江西宁都县西北。清光绪《江西通志》卷56：翠微峰“色如丹霞，又名赤面砦。高百余丈，壁立如长剑倚空。中通一线，凿磴而上，横列石板，暗开瓮口，仅容一人。国朝魏禧兄弟讲学于其上”。

翠麓亭 在今陕西宝鸡市陈仓区南。《清一统志·凤翔府》：翠麓亭“在宝鸡县东南一百八十里青峰寺下。宋苏轼、苏辙有诗”。

熊口市 即今湖北潜江市西南熊口镇。清光绪《潜江县志》卷4《市镇》：“熊口市，在县南四十里。”

熊山 即今福建政和县驻地熊山镇。宋以来即为政和县治。《方舆纪要》卷97建宁府政和县：“县城北枕黄熊山，故名。”

熊山县 ①唐渤海国置，属庆州。治所当在今吉林珲春市境。辽废。

②辽置，为宗州治。治所在今朝鲜咸镜道境。

熊山站 元置，属辽阳路。治所在今辽宁阜新蒙古族自治县南。《析津志辑佚·大都东西馆马步站》：“驿安正南百二十懿州熊山。”

熊川县 西魏置，属丰利郡。治所在今陕西白河县东。北周省入丰利县。

熊井山 在今重庆市南川区南三里。《方舆纪要》卷69南川县：熊井山“上有井水，清而味咸”。

熊耳山 ①在今河北涉县南十里。《清一统志·彰德府一》：熊耳山“有望海、挂月、石人、超云、朝阳诸峰，有泉下注于漳”。

②在今河南卢氏县东南。《汉书·地理志》弘农郡卢氏县：“熊耳山在东，伊水出。”《后汉书·刘盆子传》：建武三年（27），赤眉君臣降，“积兵甲宜阳城西，与熊耳山齐”。《水经·洛水注》：“洛水之北有熊耳山，双峦竞举，状同熊耳。此自别山，不与

《禹贡》‘导洛自熊耳’同也。昔汉光武破赤眉樊崇，积甲仗与熊耳平，即是山也。”

③在今湖南安仁县东南五十里。《方舆纪要》卷80安仁县：熊耳山“山高峻，状如熊耳”。

④在今湖南益阳市西。《史记·封禅书》索隐引《荆州记》：“耒阳、益阳二县东北有熊耳，东西各一峰，状如熊耳，因以为名。”《清一统志·长沙府一》谓“在益阳县西”，并称：“今其地割隶安化，在治西二十里，又名浮青山。”疑即今新化县北境之大熊山。

⑤在今广东江门市新会区南。《寰宇记》卷157广州新会县：“西熊洲、东熊洲俱在县南二十七里海心，有孤山相对耸上。”《清一统志·广州府》：熊耳山“凡四，曰鼠熊、曰马鞍熊、曰东熊、曰长熊，皆在海中”。其地早已成陆，出现潭江下游银洲湖河段。

⑥在今陕西商洛市西。《尚书·禹贡》：“导洛自熊耳。”《汉书·地理志》弘农郡上雒县（今商县）：“熊耳、获舆山在东北。”《史记·五帝本纪》正义引《括地志》：“熊耳山在商州上洛县西十里。”《清一统志·商州》引《州志》：“两峰插汉，以形似名。丹江经此，谓之麻涧。山水环抱，厥地宜麻，故名。”

⑦在今重庆市开县东北。《寰宇记》卷137开州万岁县：熊耳山“在县东北，下入扶城，南至夔州界”。《清史稿·地理志》开县：“东北：熊耳山。”

⑧又名熊耳峡山。在今四川乐山市北七十里。东晋常璩《华阳国志·蜀志》：蜀王杜宇“乃以褒斜为前门，熊耳、灵关为后户”。

熊耳县 西魏废帝二年（553）改北宜阳县置，属宜阳郡。治所在黄栌城（今河南洛宁县东北）。北周移治刘坞（今洛宁县东），为同轨郡治。隋开皇初移治同轨城（今洛宁县东北杨坡乡城头村），大业初属河南郡。义宁二年（618）移治永固城（今洛宁县），改为永宁县。

熊耳峡 即岷江三峡之总称。在今四川乐山市北六十里。《水经·江水注》：江水“又东南径南安县西，有熊耳峡，连山竞险，接岭争高”。《元和志》卷31平羌县：熊耳峡“在县东北三十一里”。《舆地纪胜》卷146嘉定府：熊耳峡“在龙游县北六十里涌沸山之上，诸葛武侯凿山开道。盖今湖瀼峡”。

熊州 北周明帝二年（558）改阳州置，治所在宜阳郡（今河南宜阳县西五十四里福昌村）。辖境相当今河南宜阳、洛宁、新安、渑池四县地。隋大业初废。唐武德元年（618）改宜阳郡复置，治所在宜阳县（后改名福昌县）。贞观元年（627）废。

熊岳山 即今辽宁营口市南鲅鱼圈区望海山。《辽史·地理志》熊岳县：“西至海一十五里，傍海有熊岳山。”

熊岳县 辽置，为卢州治。治所在今辽宁营口市南鲅鱼圈区熊岳镇。《辽史·地理志》：熊岳城“傍海有熊岳山”，因名。金属盖州。元废。

熊岳河 即今辽宁营口市鲅鱼圈区熊岳河。明《辽东志》卷1：熊岳河在“（盖州卫）城南六十里”。

熊岳驿 明置，属盖州卫。即今辽宁营口市鲅鱼圈区熊岳镇。明《辽东志》卷2驿传：熊岳驿在“（盖州）卫南六十里”。旧属盖州市。2004年划归营口市鲅鱼圈区。

熊胆山 一名熊山。在今湖南新化县东北一百里。《方舆胜览》卷26宝庆府：熊山“昔黄帝登熊山，意在此也”。《方舆纪要》卷81新化县：“熊胆山在县北百里。多异兽，迤逦延袤，西接巴黔之界。下有青云洞，瀑布飞流，深不可测。”

熊津江 即今朝鲜忠清南道锦江（熊津江）。《新唐书·百济传》：显庆五年（660），苏定方率军攻百济，“自城山济海，百济守熊津口，定方纵击，虏大败……龙朔元年，（刘）仁轨发新罗兵往救，道琛立二壁熊津江，仁轨与新罗兵夹击之”。即此。

熊海 在今广东江门市新会区南潭江河段银洲湖。《方舆纪要》卷101广州府新会县：海在“县南二十一里。一名熊海，以傍有鼠熊、马鞍熊、东熊、长熊四山也，统名熊子山。熊音那，三足鳖曰熊，山形似之，其下皆曰熊海。东径香山县，为小梁海。西经蚬冈，自北而东，至厓山，为崖门海，通称之南海”。

熊家场铺 即今贵州织金县西南熊家场。《清一统志·大定府》：头塘铺“在平远州境……熊家场铺皆戍守处”。

熊溪 一作雄溪。即今湖南沅江支流巫水。为武陵五溪之一。汉、魏、两晋、南北朝时代五溪蛮一支聚居此溪两岸地区。《舆地纪胜》卷75辰州：“熊溪在卢溪县西三十里。”

熊罴岭 一名黄罴岭。在今湖南祁阳县北三十里。《方舆纪要》卷81祁阳县：熊罴岭“岩壑深邃。相传熊罴所居”。

鹜山 一名东鹜山。在今湖南宁乡县西南。《清一统志·长沙府》：鹜山“在宁乡县西南一百里。一名东鹜山。《县志》：宋遗民王显谟不仕，隐居鹜山。”即此。

〔ㄱㄱ〕

骠山 又名天马山。在今广东怀集县南五里。《元和志》卷34广州怀集县：骠山“多铁矿，百姓资焉”。

骠甸军民府 元置，属云南行省。治所在今缅甸瑞丽江北岸马贝英。后废。

骠国 为古代缅甸骠族在公元4世纪时建立的国家，其都城即今缅甸中部禄郸江东岸之卑谬。《大唐西域记》称为室利差呾啰国。新、旧《唐书》谓其所属有二百九十八部落、九城镇、十八属国。贞元十八年（802）其王遣太子舒难陀率乐队和舞蹈家来长安表演，白居易有《骠国乐》纪其事。

骠骑航　又名东航、小航、东府城桥。故址在今江苏南京市通济门南秦淮河上。《方舆纪要》卷20江宁县：骠骑航“在故东府城南秦淮河上。《金陵志》：晋太元中，骠骑府立东航。一云会稽王道子所立，亦曰东府城桥；一云梁临川王宏为骠骑大将军，居东府，桥因以名。亦谓之小航，对大航而言也”。

骡子砦　北宋初置，属辰州。在今湖南泸溪县西北。熙宁九年（1076）废。《方舆纪要》卷81卢溪县“河溪寨”条下：“西北百五十里有骡子砦，皆宋所置故址也。苗蛮恒出没于此。明仍置兵守御。”

骢马城　在今陕西横山县东党岔镇。《晋书·苻坚载记》：前秦建元元年（365），讨刘卫辰，“亲自骢马城如朔方，巡抚夷狄”。北周保定三年（563）于此置银州。

缥甸　宋大理置，属腾冲府。在今云南陇川县陇川坝子。元改平缅路。

缥缈台（臺）　在今安徽繁昌县西北四十里新港镇。《舆地纪胜》卷18太平州：缥缈台“在繁昌县治后山绝顶。下瞰大江，对濡须津。茂林修竹，隐映左右”。

缩头湖　一曰率头湖。即得胜湖。今江苏兴化市东得胜湖。南宋李心传《建炎以来系年要录》：绍兴元年（1131），“张荣在通州，以地势不利，乃引舟入缩头湖，作水寨以守”。

缪　一作蓼。西周封国，在今河南固始县东北。《汉书·地理志》：六安国蓼“故国，皋繇后，为楚所灭”。

缪家山　在今浙江慈溪市南。《方舆纪要》卷92余姚县：缪家山“在县东北三十里。山甚高，登其巅北望大海，其西南陡峻不可登，北上则平坦”。

十 五 画

〔一一〕

慧山 又名九龙山、斗龙山。即今江苏无锡市西郊惠山。以西域僧慧照曾居此而名。《方舆纪要》卷25引《吴地记》云：慧山“古名华山，一名西神山，又名斗龙山”。上有九峰，下有九涧，风景极佳。山下居民多以制泥人为业，“惠山泥人”驰名中外。

慧山泉 又名惠山泉、二泉、陆子泉。在今江苏无锡市西惠山白石坞下。有上、中、下三池。清光绪《无锡金匮县志》卷3：慧山泉“唐陆羽定天下水品二十种，以惠山石泉水为第二，故又名陆子泉；又张又新记水品，其说与陆羽不同，惠泉则仍居第二”。故有二泉之称。

慧光塔 在今广东连州市城内。始建于南朝宋泰始四年（468）。宋代重修。为九层六角楼阁式砖室塔。高45.5米。是广东早期砖塔之一。2006年定为全国重点文物保护单位。

慧居寺 即隆昌寺。在今江苏句容市北宝华山上。西距南京市六十里。

耦园 在今江苏苏州市娄门内小新桥巷6号。始建于清雍正年间（1723—1735），咸丰间毁于兵火，同治十三年（1874）重修并扩建。后建为民居，1941年整修。中部为住宅，东西各有一园，与中部相通。东园以山池为中心，布设山石及厅堂、楼阁。西园较小，以书斋为中心，构筑廊轩，配置湖石，栽植花木。耦园是保存较好的古宅第园林，集苏州传统造园艺术之大成，宅、园布局独特，三面环水，南北各有水陆码头，叠石精彩，是苏州园林中黄石假山的代表作。建筑雕刻精美，所雕松、竹、梅“岁寒三友”，为苏州各园之冠。2000年以苏州古典园林被列入世界文化遗产的补充项目。2001年定为全国重点文物保护单位。

璜山 指今台湾省台湾岛北端之大屯山。明张燮《东西洋考》：“璜山，琉璜气每作，大火沿山躲铄。”

璜山市 即今浙江诸暨市东南三十八里璜山镇。清光绪《诸暨县志》卷41《坊宅志》：璜山市“在三十六都。见《旧志》”。

璜河 即磻溪。在今陕西宝鸡市陈仓区东南。源出南山兹谷，北流入渭。《方舆纪要》卷55宝鸡县：磻溪“在县东南八十里。有磻溪谷，岩谷深邃，磻溪石及石室在焉，太公垂钓处也。北流入岐山县南，为璜河，入于渭水”。

璜泾镇 又名赵市。即今江苏太仓市北六十里璜泾镇。《清一统志·太仓州一》：璜泾镇，“近镇有泾，泾中有石如璜”。因名。元季镇以倭寇毁，明成化间，赵璧重建，故又名赵市。

璜塘镇 即今江苏江阴市东南四十里璜塘镇。明嘉靖《江阴县志》卷2：东南金凤乡有黄塘市。清光绪《江阴县志》卷2《镇堡》：璜塘镇在“县东南三十五里”。

璜源水 在今安徽休宁东南。《清一统志·徽州府一》：璜源水“在休宁县南。源出方源山阴，北流四十里，会汉水入浙溪”。

璜溪 即今福建建瓯市西南七十里高阳河。《方舆纪要》卷97建宁府：璜溪“其上流接崇安县武夷山水，下流汇诸山泽水，经房村口入大溪。溪流委曲若璜，因名”。

璜溪镇 又名黄溪墟。即今江西南昌县（莲塘镇）东南璜溪。清同治《南昌府志》卷6南昌县：黄溪墟“距城七十里”。

璎珞铺 即今广东始兴县东北缨络。《明史·地理志》 南雄府始兴县：“又东北有黄塘巡检司，本治璎珞铺，后迁黄塘江口，又迁黄田铺。”

蔾蔾涧（蔾 chí） 今老挝甘蒙省境之南通河。《新唐书·地理志》：“行至棠州文阳县，又经蔾蔾涧，四日行至文单国之算台县。”

犛牛山（犛 máo） 在今四川茂县西北。《清一统志·松潘直隶厅》：犛牛山“在厅南叠溪营东三十里。《明一统志》作在所东五里误”。《方舆纪要》卷73叠溪守御军民千户所“蚕陵山”条下：“犛牛山在所东五里。《志》云：所之东界止此。正统中，番贼窥境，官军追之，遇伏于犛牛山，败绩。”

犛牛河 唐代称金沙江滇、藏交界附近以上一段为犛牛河。唐樊绰《蛮书》卷2：“源出吐蕃中节度西共笼川犛牛石下，故谓之犛牛河。”

〔一丨〕

髳州　唐贞观十一年（637）改西濮州置，治所在濮水县（今云南大姚县西北三十四里新街乡西大古衙）。辖境约当今云南大姚县大部和祥云县东北部地。天宝后废。

髳　商、周方国。在今山西平陆县南。《史记·周本纪》：武王伐商纣时有“庸、蜀、羌、髳、微、纑、彭、濮人”。《集解》孔安国曰：“八国皆蛮夷戎狄。”

墰落墟　在今广西南宁市西北一百二十里坛落镇。清乾隆四十六年（1781）置巡司于此。

墩剌　即今新疆阜康县。顾炎武《天下郡国利病书》卷177《西域土地人物略》：“俺石城，城南有俺鼻儿，城北有墩剌城。”

增山县　西汉置，属西河郡，为北部都尉治。治所在今内蒙古鄂尔多斯市东胜区西北城梁。东汉废。《汉书·地理志》增山县：“有道西出眩雷塞。”

增地县　西汉置，属乐浪郡。治所在今朝鲜平安南道清川江下游新安州附近。东汉末废。

增冲鼓楼　在今贵州从江县城西北。始建于清初。楼为五层十三重檐八角攒尖顶木结构塔形建筑，通高二十余米。东南角有清康熙、道光、光绪立碑三通，上刻乡规民约。底层悬道光十年“万里和风”匾，并有木刻楹联。五层楼顶悬一木鼓。此楼为侗寨公共活动中心，用以聚众议事、迎送宾客、休息娱乐等。1988年定为全国重点文物保护单位。

增江　在今广东增城市东侧。《寰宇记》卷157广州南海县：“增水今名增江，源出增城县东北。”《方舆纪要》卷101广州府增城县：增江“在县城东。源出陈峒山，东南流经此，又南合于防水。《志》云，防水出县南十五里流防山，流合增江……其正流西南出，入于东江”。

增城千户所　明洪武二十七年（1394）置，直隶广东都司。治所在今广东增城市。后废。

增城市　1993年撤销广东省增城县，改设增城市，治荔城镇。由广州市代管。2014年撤销增城市，设立广州市增城区，区政府驻荔城街道惠民路1号。

增城县　东汉析番禺县置，属南海郡。治所在今广东增城市东北五十里。《元和志》卷34增城县：“昆仑山上有阆风，增城盖取美名也。”《寰宇记》卷157称：增城县“因增江为名”。南朝梁为东官郡治。隋属南海郡。唐属广州，唐末移治今增城市东北十里。后又移治今增城市。元属广州路。明属广州府。民国初属广东粤海道。1920年直属广东省。1993年改设增城市。

增食县　西汉置，属郁林郡。治所在今广西隆安县东。东汉末废。

增翊县　南朝宋置，属晋兴郡。治所在今广西隆安县西北境。南齐后废。

增潭　在今重庆市酉阳土家族苗族自治县西北龚滩镇东北上詈潭。《宋史·地理志》绍庆府：“绍定元年升（黔州）为府，绍熙三年移巡检治增潭。”

撕栗坪　在今四川峨边彝族自治县南万坪乡之北撕栗坪。清嘉庆十三年（1808）置撕栗坪土千户。

撒儿忽卫　明永乐四年（1406）置，属奴儿干都司。治所在今俄罗斯哈巴罗夫斯克边疆区黑龙江下游撒儿布湖畔。后废。

撒力卫　又作撒剌卫。明永乐三年（1405）置，属奴儿干都司。治所在今黑龙江省通河县西北岔林村。后废。

撒叉河卫　又作撒义河卫。明永乐六年（1408）置，属奴儿干都司。在今吉林松原市西北六十里三岔河一带。后废。

撒马儿罕　即寻思干。今乌兹别克斯坦撒马尔罕。《明史·西域传》：“元太祖荡平西域，尽以诸王、驸马为之君长，易前代国名以蒙古语。始有撒马儿罕之名。”明永乐间和宣德间遣使至其地。

撒瓦　即今伊朗德黑兰西南萨韦。《元史·地理志·西北地附录》有“撒瓦”。

撒由河　即今云南昭通市及鲁甸、大关县西之洒渔河。《明一统志》卷72乌蒙府：撒由河“在府西南一十里。源出凉山之麓，北流与龙洞河合”。

撒尔湖城　亦作萨尔浒城。在今辽宁抚顺市东三十余里，大伙房水库东南隅萨尔浒山上。《清太祖实录》卷7：天命五年（1620）冬十月，“于撒尔湖筑军民庐舍，至十一月，乃成”。努尔哈赤自界藩城（今辽宁抚顺县东北铁背山）迁此。

撒母耳干　即今乌兹别克斯坦之撒马尔罕。元周致中《异域志》卷下：撒母耳干“在西番回鹘之西，其国极富丽，城郭房屋皆与中国同，其风景佳美，有似江南；繁富似中国，商人至其国者多不思归”。

撒耳柯思　在欧洲高加索山之西。《元史·地理志·西北地附录》有“撒耳柯思”。

撒吕城　在今云南石林彝族自治县。《方舆纪要》卷115路南州：撒吕城在“州东北一里。《志》云，州旧城也，即黑爨蛮之裔落蒙所筑，因有落蒙部之名。后废”。

撒那威　在今伊朗南部波斯湾沿岸之塔赫里。公元12世纪时，为波斯湾重要贸易港，东西方船舶多会聚于此。名见元吴鉴《清净寺记》。南宋赵汝适《诸蕃志》卷上“大食”条作思莲。

撒里乃地　在今内蒙古巴林左旗境。《金史·地理志》临潢府：“有撒里乃地，熙宗皇统九年尝避暑于此。”《方舆纪要》卷18大宁卫：撒里乃地“在临潢西北。金时尝避暑于此”。

撒里牙　一名娑里城。即今伊朗北部里海滨萨里。《元史·地理志·西北地附录》有“撒里牙”。

撒里怯儿　亦名双泉子。在今蒙古国乌兰巴托东南，克鲁伦河上游西。明金幼孜《北征后录》：永乐十二年（1414），成祖北征，至饮马河（今克鲁伦河)，“晚次双泉海，即撒里怯儿元太祖发迹之所。旧尝建宫殿及郊坛，每岁于此度夏。山川环绕，中阔数十里，前有二海子，一咸一淡，西南十里有泉水海子一处，西北山有三关口通饮马河、土剌河”。

撒里桓　亦作撒里黑昆。即今新疆塔什库尔干塔吉克自治县。元《圣武亲征录》：“别遣哲别攻曲出律可汗，至撒里桓地克之。”王国维注：“撒里桓，《秘史》作撒里黑昆。徐星伯谓即今叶尔羌西八百里之色勒库勒是也。”

撒甸　在今云南禄劝彝族苗族自治县北撒营盘镇附近。本撒甸土酋地，清康熙五十七年（1792）土酋常应运叛伏诛，以其地属武定，移同知驻此。后裁。置守备千把总驻防。

撒拉营　清乾隆间置，在今西藏林周县西南撒当。

撒河　滦河支流。即今河北迁西县西北之潵河。《辽史·地理志》：泽州有“撒河”。《清一统志·永平府一》：潵河，“《旧志》：在迁安县西北一百六十里。源出口外，东流入龙井关，亦名龙井关河。至县西七十里汉儿庄南二里，东注滦河”。

撒剌哈夕　一作昔剌思。即今伊朗东北境萨腊赫斯。《元史·地理志·西北地附录》有“撒剌哈夕”。即此。

撒思加　西藏萨迦的别译称。《元史·泰定帝纪一》：“以珠字诏赐帝师所居撒思加部。”撒思加为元代藏地区（后藏）四大驿站之一。

撒思吉牙　西藏萨迦的别译称。《元史·文宗纪五》：“遣使往帝师所居撒思吉牙之地。”

撒莲汛　在今四川米易县西南撒莲乡。清置汛，有经此外委驻此。

撒得梟　即大水泊。唐名大洛泊。在今内蒙古克什克腾旗西达里诺尔（湖）。北宋曾公亮《武经总要前集》卷16：“大水泊，周围三百里。……辽中呼为撒得梟。”

撒麻耳干　即寻思干。今乌兹别克斯坦撒马尔罕。《元史·地理志·西北地附录》有“撒麻耳干”。蒙古宪宗元年（1251）建阿姆河等处行尚书省于此。

撒喇铺　明置，即今贵州毕节市西南撒拉溪镇。清乾隆《毕节县志》卷1：正西有撒喇溪。

撒鲁温站　元置，在今俄罗斯哈巴罗夫斯克边疆区黑龙江下游右岸萨尔布湖畔。元《经世大典》：辽阳等处行中书省所辖狗站有“拨（撒）鲁温站”。清废。

撒普儿干　元代察哈台汗国属地。在今阿富汗西北希巴尔甘。

撒噶营　清乾隆间置，即今西藏萨嘎县。清乾隆《卫藏通志》卷12作“撒噶”。

撮城镇　即今安徽肥东县南之撮镇。《方舆纪要》卷26庐州府合肥县“石梁镇”条下：“又府东四十里有撮城镇。”

播一混寨　一作贝珲城。明建州女真浑河部属地，在今辽宁抚顺市东。《清史稿·太祖本纪》：丙戌（1586），“夏五月，征浑河部播一混寨，下之”。即此。

播儿宾站　明初改元拨儿宾站置，在今俄罗斯哈巴罗夫斯克边疆区黑龙江下游奇集湖与沙文斯克之间。明《辽东志》卷9：海西东水陆城站有狗站“播儿宾站”。后废。

播川县　北宋大观二年（1108）置，为播州治。治所在今贵州桐梓县南。宣和三年（1121）废。

播仙镇　唐上元中改且末城置，在今新疆且末县西南。《新唐书·地理志》引贾耽《四夷路程》：“五百里至播仙镇，故且末城也。高宗上元中更名。”

播州　唐贞观十三年（639）置，治所在恭水县（后改罗蒙县，又改遵义县，即今贵州遵义市，一说在今绥阳县城附近）。《寰宇记》卷121播州：“以其地有播川为名。”辖境相当今贵州遵义市、遵义县及桐梓县地。唐末废。北宋大观二年（1108）复置，治所在播川县（今贵州桐梓县西南）。宣和三年（1121）废。南宋端平三年（1236）复置，治所在白绵堡（今四川綦江县南八十里）。后废。

播州长官司　明洪武五年（1372）置，为播州宣慰司治。治所即今贵州遵义市。万历二十九年（1601）改为遵义县。

播州安抚司　南宋嘉熙三年（1239）置，治所即今贵州遵义市。元世祖至元二十八年（1291）改为播州宣抚司。

播州宣抚司　元世祖至元二十八年（1291）改播州安抚司置，属四川行省。治所即今贵州遵义市。明洪武五年（1372）改为播州宣慰司。

播州宣慰司　明洪武五年（1372）改播州宣抚司置，属四川行省。治所即今贵州遵义市。万历二十九年（1601）改置遵义府。

播阳镇　即今湖南通道县西北五十二里播阳镇。明置播阳巡司。

播罗县　唐仪凤二年（677）置，属纳州。治所在今四川叙永县西南境。天宝元年（742）属都宁郡，乾元元年（758）复属纳州。后废。

播郎州　亦作播朗州。唐析巩州置羁縻州，属戎州都督府。治所即今四川珙县驻地巡场镇。后废。

播郎县　唐仪凤二年（677）置，属巩州。治所在今四川珙县（巡场镇）西南。天宝元年（742）属因忠郡，乾元元年（758）复属巩州。后废。

播剌　明代属车里宣慰司。即今云南勐腊县西北一百六十八里象明彝族乡北倚邦街。清雍正七年（1729）设倚邦土把总。

播胜县　唐置，属羁縻播朗州。治所在今四川珙县西北。后废。

播浪州　北宋改播朗州置，属叙州。治所即今四川珙县驻地巡场镇。后废。

播朗州　唐析巩州置羁縻州，属戎州都督府。治所即今四川珙县驻地巡场镇。北宋改为播浪州。

播陵县　唐仪凤二年（677）置，属萨州。治所在今四川珙县西南。天宝元年（742）属黄池郡，乾元元年（758）属羁縻萨州。后废。

播聘县　唐置，属羁縻驯州。治所在今四川雷波县境。后废。

播密　即今帕米尔高原。唐为安西都护府属地。《新唐书·西域传》识匿国："播蜜川四谷稍不用王号令。"《悟空行记》作播蜜。

播密川　一作播蜜川。即今阿富汗东北部喷赤河北源。《新唐书·西域传》识匿国："播蜜川四谷稍不用王号令。"《新唐书·高仙芝传》：天宝六载（747）率军攻小勃律，"登葱岭，涉播密川，遂顿特勒满川"。

播植埠　即今广东德庆县东北播植镇。清康熙十一年（1672）移悦城巡司于此。

撚站　①又作碾站。元置，即今黑龙江省富裕县。元《析津志》天下站名："牙剌百二十（里）撚站。"明废。

②元置，在今黑龙江省木兰县东浓河镇附近。元《析津志》天下站名："不牙迷一百（里）撚站。"明改能站。

撞河　即今湖北京山县东北富水。《方舆纪要》卷77京山县：撞河"在县东北八十里。源出大洪山白龙池，俗传有白龙撞石开此河，因名。下流至汉阳府汉川县入汉江。或曰即富水也"。

趡　春秋时鲁地。当在今山东泗水县与邹城市之间。《春秋》：桓公十七年（前695），"公会邾仪父，盟于趡"。即此。

赭土山　在今江苏徐州市铜山区北。《寰宇记》卷15徐州彭城县："赭土山在县北三十五里。《尚书·禹贡》：徐州'厥贡惟土五色'。《汉书·郊祀志》云，王莽使徐州岁贡五色土，即此山也。"

赭山　①在今安徽芜湖市北。以山石丹赤得名。相传唐开元间新罗僧金乔觉曾驻于此。《明一统志》卷15太平府：赭山"在芜湖县东北五里。《江南志》，汉丹阳郡北有赭山丹赤，故郡名丹阳"，此说显系附会。

②在今浙江杭州市萧山区东北三十四里赭山镇。《水经·沔水注》："江水又东径赭山南"。宋《淳祐临安志》卷9：赭山"滨海，产盐，有盐场"。《方舆纪要》卷90嘉兴府海宁县：赭山"土石皆赤，因名"。原在钱塘江北岸，南与萧山县龛山隔江而峙，后江道北移，隔在江南。

赭山港　在今浙江杭州市萧山区东北三十四里赭山镇。《方舆纪要》卷90嘉兴府海宁县：赭山港等"五港皆分运塘河之支水，南抵海塘岸"。后堙废。

赭山镇　即今浙江杭州市萧山区东北赭山镇。《方舆纪要》卷90杭州府海宁县"石墩镇"条下："赭山镇在县西南四十五里文堂山上。元置巡司。明洪武初徙司于县西陈桥北，二十年徙于赭山。永乐六年海潮为患徙于今所。嘉靖中亦设小城戍守以御倭寇。"清裁巡司。

赭支城　即赭时城。在今乌兹别克斯坦塔什干。唐杜环《经行记》："石国其国城一名赭支，一名大宛。"

赭水　一名堵水。即今河南方城县西、社旗县南之赵河。《水经·淯水注》："赭水出赭阳县北山，数源并发，南流径小堵乡，谓之小赭水；东源方七八步，腾涌若沸，故世名之沸腾水，南流径于堵乡。谓之堵水。"《清一统志·南阳府一》：赭水"自裕州西南流，径唐县西为黄水。又西南流径新野县东为棘水，又南流入于淯"。

赭丘　春秋宋地，在今河南西华县北。《左传》：昭公二十一年（前521），曹、晋、齐救宋，"与华氏战于赭丘"。

赭阳戍　南齐置，在今河南方城县东六里。《魏书·萧道成传》：北魏太和二十二年（498）一月，克新野城，齐"赭阳戍主成公期及军主胡松、……委戍走"。即此。

赭阳县　①北魏太和十八年（494）置，为建城郡治。治所在今河南叶县西南。景明末废。永熙二年（533）复置。东魏时，与北方城县合并为建城县。

②即堵阳县。治所在今河南方城县东六里。《水经·淯水注》：赭水"出赭阳县北山"。

赭阳驿　即今河南方城县治。清置驿于此。

赭圻岭　在今安徽繁昌县西北三十里。《清一统志·太平府一》：赭圻岭"在繁昌县西三十里，与覆釜山相接"。赭圻城在其北麓赭圻冲。

赭圻城　三国吴置赭圻屯，即南陵戍。在今安徽繁昌县西北三十里赭圻岭北麓赭圻冲。《晋书·桓温传》：哀帝召温入参朝政，"温至赭圻，诏又使尚书车灌止之，温遂城赭圻，固让内录，遥领扬州牧"。《资治通鉴》东晋兴宁二年（364）胡三省注："刘昫曰：宣州南陵县，汉春谷县地，梁置南陵县，旧治赭圻城；唐长安四年，移治青阳城。"

赭时国　即石国。都城在柘折城（今乌兹别克斯坦塔什干）。唐玄奘《大唐西域记》卷1：赭时国"周千余里，西临叶河，东西狭，南北长。土宜气序，同笯赤建国。城邑数十，各别君长，既无总王，役属突厥"。《新唐书·西域传》："石，或曰柘支，曰柘折，曰赭时。"

赭时城　一作赭支城、柘支城、柘折城。在今乌兹别克斯坦塔什干。《新唐书·西域传》："石，或作柘支，曰柘折、曰赭时，汉大宛北鄙也。"唐大宛都督府治此。

赭城　一作褚城。在今安徽合肥市西北。《资治通鉴》：唐光启二年（886），"寿州刺史张翱遣其将魏虔将万人寇庐州，庐州刺史杨行愍遣其将田頵、李神福、张训拒之，败虔于褚城"。

赭城县　北魏置，属襄城郡。治所在今河南方城县东。西魏废。

赭亭山 在今江西横峰县南。《清一统志·广信府一》：赭亭山"在兴安县南三十五里。山形方正，望之若亭，其色赤，无林木。旁一小山相肖，曰赭亭。后汉李愔封赭亭侯。"即此。

𢧵 商代邑，为乙辛征人方所经之地。王国维《殷代卜辞中所见地名》云：为古文之载。《春秋·隐公十年》：宋人、卫人伐戴。《穀梁传》作载。是《汉书·地理志》梁国甾县"故戴国"。在今河南民权县东。陈梦家《殷虚卜辞综述》第八章《方国地理》云：此与征人方路程不合，应是《汉书·地理志》楚国之甾丘。在今安徽宿州市东北六十里。

聪明山 在今河北永年县（临洺关）西南，与武安、邯郸接界。《方舆纪要》卷15广平府永年县：聪明山在"府西六十里。邯郸县紫山之别峰也。或以为即古之邯山，周回俱石，形势高峻，冈峦盘据，绵亘广远"。

鞋山 即今江西湖口县西南鄱阳湖中之大孤山。《明史·陈友谅传》：元至正二十三年（1363）秋，陈友谅败于康郎山，"欲退保鞋山"。即此。

鞑都城 在今新疆于田县南。《汉书·西域传》："渠勒国，王治鞑都城。"

鞑靼 古代北方族名，唐以来有达怛、达靼、达旦、达打、塔坦、达达、塔塔儿等异译。其名始见于唐开元二十年（732）突厥文《阙特勤碑》，作 Otuz Tatar（三十姓达怛），居突厥之东（今内蒙古呼伦贝尔盟），应即汉籍所称的室韦诸部。Tatar 本是其中一部，因其在诸部中最强，其名遂被用为统称。自唐后期许多部落先后西迁，分布于蒙古高原各地，至两宋、辽、金时期，中原和西域人遂将蒙古高原各部泛称为鞑靼（辽人又称之为"阻卜"）。又将漠北蒙古部称为黑鞑靼，漠南汪古部称为白鞑靼。蒙古兴起后，灭塔塔儿，兼并诸部，遂统称蒙古，但中原、西域人仍习称鞑靼。元亡以后，明代把东部蒙古（元帝室后裔所部）称为鞑靼。

鞍 即窜。春秋时齐邑。在今山东济南市。

鞍山 在今辽宁鞍山市南郊。明初在西南置鞍山驿。《清一统志·奉天府一》：鞍山"在海城县北六十里，上有洞，深邃莫测"。

鞍山市 1937年伪满由鞍山县析置，属奉天省。治所即今辽宁鞍山市。清《东三省政略》卷4：鞍山站"其山东西对峙，中间相距二里许，遥望如马鞍，故以为名"。1945年属辽宁省。1948年解放后，1949年升为中央直辖市，由东北行政区领导。1954年降为辽宁省辖市。为著名"钢都"。

鞍山河 在今辽宁海城市北，太子河支流。《清一统志·奉天府一》：鞍山河"在海城县北六十里。源出双塔岭，西北流入三汊河。其下流又曰新开河"。

鞍山驿 明洪武二十年（1387）置，即今辽宁鞍山市西南东鞍山镇（旧堡）。明《辽东志》卷2：鞍山驿在"辽阳城西南六十里"。《明史·毛文龙传》：崇祯六年（1633）五月，"遣兵袭鞍山驿，丧其卒千余"。

鞍山堡 明置，属辽东都司。在今辽宁鞍山市西南。《方舆纪要》卷37辽东都司：鞍山堡"在司西南六十里，以地有鞍山而名。亦为鞍山驿，西南去海州九十里"。

鞍子山 又名骆驼山。即今内蒙古太仆寺旗东之骆驼山。元王恽《中堂事记》：中统二年（1261）三月十五日，"至察罕脑儿（今河北沽源县北囫囵诺尔），留八日而发，二十三日次鞍子山南，距滦河四十里"。《明实录》：正统十一年（1446）九月，守备独石等处左参将都督杨洪奏："闵安（即察罕脑儿驿站名）迤西鞍子山等处有千余人马踪迹，此必兀良哈往来窥探边境。"

鞍匠营 又作安匠屯。即今河北滦平县治。清于此置巡司。1939年滦平县迁治于此。

蕈川县 北魏延兴四年（474）置，属洪和郡。治所在今甘肃临潭县东北冶力关镇附近。西魏废。《水经·河水注》："洮水又北出门峡，历求厥川，蕈川水注之。水出桑岚西溪，东流历桑岚川，又东径蕈川北，东入洮水。"

蕈州 即蕈川。治所在今甘肃临潭县东北冶力关镇附近。《魏书·地形志下》洪和郡："覃州，延兴四年置。"蕈州为蕈川之讹。

蕈垲川水 在今甘肃临洮县南。《水经·河水注》：蕈垲川水"东南出石底横下，北历蕈垲川，西北注洮水"。《清一统志·兰州府一》谓疑即抹邦河。

蕨溪镇 即今四川宜宾县西北蕨溪镇。清光绪《叙州府志》卷8宜宾县：脚溪场在"治西北一百四十里"。

蕘水 即今山东之尧河。《汉书·地理志》甾川国剧县："义山，蕘水所出，北至寿光入海。"《水经·巨洋水注》："又东北流尧水注之，水出剧县南角崩山，即故义山也。……水即蕘水矣。"《清一统志·青州府一》：尧水"即古蕘水也。源出临朐县东北尧山，北流径昌乐县西二十里。又北径寿光县东，又东北流入丹水"。今丹、尧合流后仍称尧河，其全流即古之蕘水。

蕞 一作摄。战国时秦邑，在今陕西西安市临潼区东北。《史记·赵世家》：赵悼襄王四年（前241），"庞煖将赵、楚、魏、燕之锐师，攻秦蕞，不拔"。即此。

蕺山 在今浙江绍兴市城区东北。《晋书·王羲之传》：羲之"又尝在蕺山见一老姥，持六角竹扇卖之"。《元丰九域志》卷5：越州山阴山"在蕺山"。《嘉泰会稽志》卷9：蕺山"在府西北六里一百七步，隶山阴。《旧经》云：越王嗜蕺，采于此山，故名"。明末刘宗周讲学于此，人称"蕺山先生"。

蕉坑银场 北宋置，属建宁县。故址即今福建建宁县南焦坑。《元丰九域志》卷9邵武军：建宁县有蕉坑银场。

蕉岭 ①在今福建武夷山市东北七十里，接上饶县界。《清一统志·建宁府》：蕉岭“旧建砦于此。今有关”。

②在今广东蕉岭县城内。《方舆纪要》卷103镇平县“龙藏嶂”条内：“《志》云，县城内有蕉岭，今名桂岭，县治所凭也。”县以此名。

蕉岭关 亦作焦岭关。在今福建武夷山市东北，接江西上饶县界。《清一统志·建宁府》：焦岭关“在崇安县北七十里。县境诸关，此为最险”。

蕉岭县 1914年改镇平县置，属广东潮循道。治所即今广东蕉岭县。取县城内蕉岭为名。1920年直属广东省。

蕉岭隘 在今福建德化县西。《清一统志·永春州》：蕉岭隘“在德化县西七十五里，接大田县界。明嘉靖三年，官军歼漳、汀贼于此”。

蕉峡滩 在今福建沙县西南。《方舆纪要》卷97沙县：“蕉峡滩在县西南三十八里大溪中。最险，暴雨流浊，舟不可行。”

蕉溪水 在今江西南康市西。苏东坡诗：“焦溪闲试雨前茶”指此。《清一统志·南安府》：蕉溪水“在南康县西三十五里。源出锅坑，流至浮石入江”。

蕃（蕃 pí） ①夏、商时蕃邑。《太平御览》卷155引《世本》：“契居蕃。”旧说以为即今山东滕州市。而丁山提出“契居蕃”之蕃就是河北平山县东的蒲吾村。颇为当今史学界所公认。

②亦作番。藏文音译。(1)西藏远古一地区名。《敦煌本吐蕃文书》载，吐蕃王室始祖为“蕃”地区六牦牛部之首领。此指西藏山南雅隆河谷地区。(2)吐蕃简称。《新唐书·吐蕃传》载，吐蕃始祖“据其（发羌）地，蕃、发声近，故其子孙曰吐蕃”；藏文史籍载，“蕃与大蕃”之蕃，皆指西藏地区。(3)吐蕃、大蕃简称。《旧唐书·吐蕃传》：“蕃、汉两邦，各守见（现）管本界。”此泛指青藏高原藏族聚居地区。

蕃水县（蕃 pí） 唐置，为羁縻蕃州治。治所在今广西宜州市南。北宋废。

蕃州（蕃 pí） 唐置，为羁縻州，属桂州都督府。治所在蕃水县（今广西宜州市南）。北宋属宜州。元废。

蕃县（蕃 pí） 战国秦置，属薛郡。治所即今山东滕州市。西汉属鲁国。北魏为蕃郡治。北齐废。

蕃郡 北魏孝昌三年（527）置，属徐州。治所在蕃县（今山东滕州市）。东魏元象二年（539）废。武定五年（547）复置，辖境相当今山东滕州、枣庄二市附近地。北齐废。

蕃离 周代吴国之都。在今浙江杭州市萧山区。《世本》载：“吴孰哉居蕃离。”宋衷曰：“孰哉，仲雍字，蕃离，今吴之余暨也。”

蕃釐观 亦作蕃禧观。在今江苏扬州市旧城东南隅。即古后土祠，产琼花。西汉元延二年（前11）建。宋政和间改今名。《方舆纪要》卷23扬州：蕃釐观“五代以前在城外，谓之后土庙，俗所谓琼花观也。唐中和二年，妖人吕用之说高骈崇大其庙，极江南工材之选，一名唐昌观。后废。明正统间重建”。

蕲 战国楚邑。即今安徽宿州市南四十四里蕲县镇。《史记·楚世家》：王负刍四年（前224），“秦将王翦破我军于蕲，而杀将军项燕”。即此。

蕲口 一名蕲阳口。在今湖北蕲春县西南长江北岸蕲州镇。《水经·蕲水注》：“蕲水南对蕲阳州，入于大江，谓之蕲口。”《隋书·王世积传》：开皇八年(588)，“伐陈之役，以舟师自蕲水趣九江，与陈将纪瑱战于蕲口，大破之”。即此。

蕲口镇 北宋置，属蕲春县。在今湖北蕲春县西南长江北岸蕲州镇。《方舆纪要》卷76蕲州：蕲水“注入大江，谓之蕲口，亦曰蕲阳口。……宋置蕲口镇于此”。

蕲水 ①即今湖北蕲春县西南之蕲河。源出蕲春县东北四流山，西南流，至蕲口入江。《水经·蕲水》：“蕲水出江夏蕲春县北山，南过其县西，又南至蕲口南入于江。”

②睢水支流。《水经·淮水注》：蕲水“首受睢水于谷熟城东北，东径建城县故城北，……又东流，注于淮”。故道自今河南商丘县东南分睢水，东南流，经夏邑、永城，安徽睢溪、宿县、灵璧、泗县，江苏泗洪等县，至盱眙县北入淮河。久湮。《清一统志·归德府一》谓“隋唐时汴水绝睢水而南流，盖即蕲水故道也”。

蕲水左县 南朝宋置，属西阳郡。治所在今湖北浠水县东三十里。梁改名蕲水县。

蕲水县 ①南朝梁改蕲水左县置，属西阳郡。治所在今湖北浠水县东三十里。《寰宇记》卷127蕲水县：“以县界蕲水所出为名。”北周属齐昌郡。隋属蕲春郡。唐武德四年（621）废入蕲春县。

②唐天宝元年（742）改兰溪县置，属蕲春郡。治所即今湖北浠水县。乾元元年（758）属蕲州。元属蕲州路。《明史·徐寿辉传》：“（元）至正十一年九月，陷蕲水及黄州路……遂即蕲水为都，称皇帝，国号天完，建元治平。”明属黄州府。民国初属湖北江汉道。1932年直属湖北省。1933年改名浠水县。

蕲年宫 一作祈年宫。秦惠公建，在今陕西凤翔县西南古城村。《史记·秦始皇本纪》：九年（前238），嫪毒“将欲攻蕲年宫为乱”。

蕲州 南朝陈改罗州置，治所在齐昌县（今湖北蕲春县西北六里罗州城）。隋大业三年（607）改为蕲春郡。唐复改为蕲州。辖境相当今湖北蕲春、浠水、罗田、英山、黄梅、武穴等县市地。南宋景定四年（1263）移治麒麟山（今蕲春县西南蕲州镇）。元升为蕲州路。明初改为蕲州府。洪武九年（1376）复为蕲州，以州治蕲春县省入。1912 年州废，改为蕲春县。

蕲州卫　明洪武十二年（1379）置，属湖广都司。治所在蕲州（今湖北蕲春县西南蕲州镇西）。清废。

蕲州府　元至正二十四年（1364）朱元璋改蕲州路置，属河南行省。治所在蕲春县（今湖北蕲春县西南蕲州镇）。辖境相当今湖北蕲春、浠水、黄梅、武穴等市县地。洪武九年（1376）降为蕲州。

蕲州路　元升蕲州置，属河南行省。治所在蕲春县（今湖北蕲春县西南蕲州镇）。辖境相当今湖北蕲春、浠水、罗田、黄梅、武穴等市县地。元至正二十四年（1364）朱元璋改置蕲州府。

蕲阳县　东晋孝武帝改蕲春县置，属南新蔡郡。治所在今湖北蕲春县西北六里罗州城。南朝宋属西阳郡。北齐改为齐昌县。

蕲阳洲　一名石穴洲。在今湖北蕲春县西南蕲州镇西北沙洲。东晋改蕲春县为蕲阳县，徙县治此。《水经·蕲水注》："蕲水南对蕲阳洲，入于大江，谓之蕲口。洲上有蕲阳县徙。"

蕲县　①秦置，属泗水郡。治所在今安徽宿州市南四十里蕲县镇。西汉属沛郡，为都尉治。东汉属沛国。三国魏属谯郡。东魏武定六年（548）改为蕲城县。隋开皇三年（583）复为蕲县，大业初属彭城郡。唐初属徐州，元和间改属宿州。北宋属亳州。金复属宿州。元世祖至元二年（1265）废。

②西汉置，属沛郡。治所在今安徽涡阳县东北六十里丹城镇。东汉属沛国。西晋废。《水经·淮水注》："陂水东流径鄼县南，又东，径蕲县故城南。"即此。

③东晋太元中侨置，属南谯郡。治所在今安徽巢湖市。隋开皇初改为襄安县。

蕲县集　即今安徽宿州市南蕲县镇。明嘉靖《宿州志》卷1：治南蕲县乡，"蕲县集在蕲县城"。清道光《安徽通志》卷28 宿州："蕲县镇，州南四十里，临浍水。"

蕲泽镇　北宋置，属临涣县。在今安徽濉溪县南。

蕲春县　西汉置，属江夏郡。治所在今湖北蕲春县西南蕲水东岸土门。《寰宇记》卷 127 蕲春县："《地名解》云：蕲春以水限多蕲菜，因以为名。"三国魏为蕲春郡治。西晋太康初属弋阳郡。东晋孝武帝改为蕲阳县。北齐改为齐昌县。隋开皇十八年（598）复改蕲春县，为蕲州治。治所在今蕲春县西北六里罗州城。大业初为蕲春郡治。唐为蕲州治。南宋景定四年（1263）移治麒麟山（即今蕲春县西南蕲州镇）。元为蕲州路治。明洪武九年（1376）废入蕲州。1912 年废蕲州，复置蕲春县，属湖北江汉道。1932 年直属湖北省。1953 年徙驻漕河镇（今蕲春县治）。明代著名医学家李时珍为本县人。

蕲春郡　东汉建安十三年（208）置，治所在蕲春县（今湖北蕲春县西南蕲水东岸土门）。西晋太康元年（280）废。隋大业三年（607）复置，治所在今湖北蕲春县西北六里罗州城。辖境相当今湖北蕲春、浠水、罗田、英山、黄梅、武穴等县市地。唐武德四年（621）改为蕲州。天宝元年（742）复改蕲春郡。乾元元年（758）又改为蕲州。

蕲城县　东魏武定六年（548）改蕲县置，为蕲城郡治。治所在今安徽宿州市南四十四里蕲县镇。隋开皇三年（583）复为蕲县。

蕲城郡　东魏武定六年（548）改蕲郡置，治所在蕲城县（今安徽宿州市南四十四里蕲县镇）。辖境相当今宿州、固镇等市县地。隋开皇初废。

蕲郡　南朝梁置，属西徐州。治所在蕲州市（今安徽宿县南四十四里蕲县镇）。辖境相当今安徽宿州地。东魏武定六年（548）改为蕲城郡。

蕲湖　在今湖北蕲春县西南。《清一统志·黄州府一》：蕲湖"在蕲州西二十里，接蕲水县界。南流为茅山口，入大江"。

鄸　春秋时曹邑。在今山东菏泽市西北三里。《春秋》：昭公二十年（前 522），"夏，曹公孙会自鄸出奔宋"。

横　春秋宋邑。在今河南商丘市西南。《左传》：昭公二十一年（前 521），"华、向入。乐大心、丰愆、华牼御诸横"。杜注："梁国睢阳县南有横亭。"《水经·睢水注》："睢水又东径横城北。……今在睢阳县西南。世谓之光城。"

横山　①在今河北滦县北。《魏书·地形志》：平州海阳县"有横山"。《明一统志》卷 5 永平府：横山"在滦州西四里。下有深潭石井"。又《方舆纪要》卷 17 抚宁县"临渝山"条下：横山"山势横亘如屏障"。因名。

②在今辽宁彰武县西南。《辽史·地理志》：横州"有横山"。

③即华表山。在今辽宁辽阳县东。《新唐书·薛仁贵传》：显庆四年（659），"与梁建方、契苾何力遇高丽大将温沙多门，战横山，仁贵独驰入，所射皆应弦仆"。即此。

④又名横望山。在今江苏南京市江宁区南，接溧水县界。宋《景定建康志》卷 17：横山"在城东南一百二十里。……又曰横望山，四面望之皆横，故有是名"。

⑤又名踞湖山、荐福山、五坞山、七子山。在今江苏苏州市吴中区西南十五里。北宋朱长文《吴郡图经续记》卷中"横山"条引《十道志》云："山四面皆横，盖以此得其名也。……镇此邦之西南，临湖控越，实吴时要地。隋开皇中，尝迁郡于横山东，亦以是山为屏蔽也。"

⑥即今江苏常州市武进区东北芳茂山。《隋书·地理志》：毗陵郡晋陵县"有横山"。《舆地纪胜》卷6 常州：横山，"徐锴碑云：晋右将军曹横所葬，因名横山"。

⑦在今江苏南京市六合区东三十里。《舆地纪胜》卷38真州：横山“在扬子县西三十里。与丫山、方山鼎峙”。《方舆纪要》卷20江宁府六合县：横山，“《志》云：宋建炎中，刘纲尝保聚此山。又咸淳中，施忠亦拒敌于此”。

⑧在今浙江松阳县南。《方舆纪要》卷94松阳县：横山在“县南十里高三百余丈，如云横空中。山顶宽平，可五百亩”。

⑨在今浙江永康市北。《方舆纪要》卷93永康县：横山“在县北十里。一曰屹山。自此夷为坡坨，起伏相因，南傅华溪而止，即县治也”。

⑩一名衡山。在今浙江湖州市南。《寰宇记》卷94湖州乌程县：“衡山在县南一十八里。”《左传》：襄公三年（前570），“楚子重伐吴，克鸠兹，至于衡山”。杜注云：“衡山在吴兴乌程县。山谦之《吴兴记》：衡山一名横山也。”

⑪在今安徽天长市南五十里，与江苏交界处。《方舆胜览》卷47招信军：横山“在昭信县南五十里。刘纲保聚于此”。

⑫在今安徽宣城市南六十里。《方舆纪要》卷28宣城县“华阳山”条下：“又迤北十余里曰横山。自横山而北，峰峦相接，以至于城南。陵阳、敬亭诸山，皆由此肇脉。”

⑬一名祠山。在今安徽广德县西北五里。《新唐书·地理志》：广德县“有横山”。《舆地纪胜》卷24广德军：横山“在城外，横山五里。张王初显圣于此。是山在广德群山之中最为高峻，四面望之，其形皆横，故曰横山”。《方舆纪要》卷29广德州：横山在“州西五里。高出群山，四望皆横。岳武穆尝驻兵于此。明初亦尝驻跸焉”。

⑭即今江西东乡县东北小璜镇。明置巡司于此。正德中裁。

⑮即今山东诸城市东南三十里卢山。《汉书·地理志》琅邪郡横县：“故山，久台水所出，东南至东武入淮。”注：“师古曰：台音怡。”《水经·潍水注》赵一清按：“所谓横故山者，山本名横山，县因山以受氏，亦曰横耳。”

⑯在今河南确山县东南。《方舆纪要》卷50确山县“乐山”条下：“县东南六十里又有横山，以南北横亘为名。清水源于此。”

⑰在今河南新密市西。《方舆纪要》卷47密县：横山“在县西三十余里。有二山，一大一小，东西对峙，横而不断”。

⑱在今河南遂平县西四十里。《方舆纪要》卷50遂平县：横山“一名玉山。西有黄花山，下有乌枪洞”。

⑲即横尾山、陪尾山。在今湖北安陆市东北。《元和志》卷27安陆县：“陪尾山一名横山，在县北六十里。《禹贡》云：熊耳、外方、桐柏至于陪尾，即此也。”

⑳在今湖北武汉市黄陂区西北二十里。《方舆纪要》卷76黄陂县：横山“山势突兀，断石为堑，横立如障”。

㉑一名鸡鸣山。在今广西钦州市东南二十里。《明一统志》卷82廉州府：横山“一名鸡鸣山。其形延远，横拱州治”。

㉒在今广西田阳县东南。《方舆纪要》卷111田州：横山在“州东南十里。以山势蜿蜒横列而名”。

㉓在今广西南宁市邕宁区东北郁江北岸。《方舆纪要》卷110南宁府宣化县：横山在“府东八十里。山高险，横截江流。南蛮入犯，往往以山为孔道。宋置横山砦于山上，为控扼之所”。

㉔在今陕西汉阴县西北五十里。《清一统志·兴安府一》：横山“右截群山”。

㉕在今陕西横山县南，东西横亘，海拔约1400米。《宋史·种谔传》：熙宁中，韩绛宣抚陕西。用种谔策，“规横山”。元丰中，谔复上言：“横山延袤千里，多马宜稼，人物劲悍善战，且有盐、铁之利，夏人恃以为生。其城垒皆控险，足以守御。”

㉖在今甘肃静宁县北十里。《方舆纪要》卷58静宁州：横山，“山连绵横亘，旧为蕃部所居”。

㉗在今越南中部河静省与广平省交界处。《水经·温水注》：“自南陵究出于南界蛮，进得横山。永和三年，范文侵交州，于横山分界。”《晋书·林邑国传》：永和三年（347），范文“告交州刺史朱蕃，求以日南北鄙横山为界”。

横山区　2015年撤销陕西省横山县，设立榆林市横山区，区政府驻横山街道北大街9号。

横山村　即今山东苍山县西南三十八里横山村。旧属临沂。民国《临沂县志》舆图：县西南有横山（村）。

横山村堡　即今山西定襄县北横山村。《清一统志·忻州》：横山村堡“在定襄县北三十里”。

横山县　①南朝梁置，属东阳郡。治所在今安徽天长市南三十五里长兴乡横山。北周废。

②东魏置，属秦郡。治所在今江苏南京市六合区东。北周改为方山县。

③西魏改戟城县置，属涢水郡。治所在今湖北随州市西北。隋大业三年（607）废。

④唐武德五年（622）置，属南晋州。治所在今广西南宁市邕宁区东北五塘镇。贞观八年（634）属邕州。天宝初属朗宁郡。乾元后废。

⑤唐开元中置，属田州。治所即今广西田东县。北宋改为横山砦。

⑥五代晋天福七年（942）吴越改唐山县置，属杭州。治所在今浙江临安市西九十八里昌化镇。寻改吴昌县。

⑦1914年改怀远县置，属陕西榆林道。治所即今陕西横山县。1928年直属陕西省。2015年撤销横山县，改为横山区。

⑧1934年4月西北革命根据地由靖边县析置，治清平堡（今陕西横山县西南）。1937年8月与东靖边、新城二县合并为靖横县。同年11月改名靖

边县。

横山岭 在今河北灵寿县西北。《方舆纪要》卷14灵寿县：横山岭“在县西北八十里，高耸干霄，虽晴明时，岚雾常蒙其上”。

横山店 一名玉山镇。即今河南遂平县西北三十四里玉山镇。清尹耕云《豫军纪略》卷3：咸丰七年(1857)九月，“张堂甯匪之至遂平横山者为知府……截杀”。

横山城 ①即今辽宁辽阳县东姑嫂城。《资治通鉴》：唐贞观十九年（645）征高丽，“拔玄菟、横山、盖牟、磨米、辽东、白岩、卑沙、麦谷、银山、后黄十城”。

②即今浙江温岭县西南横山镇。《明史·地理志》台州府太平县：“西南有小鹿巡检司，迁至楚门所之横山后。”清设把总驻守。

横山郡 唐天宝元年（742）改田州置，治所在都救县（今广西田东县西北祥周镇）。辖境相当今广西百色、田阳、田东、田林等市县部分地。乾元元年(758)复为田州。

横山桥镇 ①一名横山垄。即今安徽繁昌县北横山镇。清道光《繁昌县志书》卷1《镇市》：横山桥镇“在县东北三十里”。

②即今江苏常州市东二十五里横山镇。清光绪《江苏全省舆图》阳湖县图：东有横山桥。

横山砦 ①北宋降横山县置，属邕州。即今广西田东县。《宋史·蛮夷传》：皇祐四年（1052），依智高“率众五千沿郁江东下，攻破横山砦，遂破邕州”。南宋绍兴三年（1133）置司市马于横山砦。元废。

②北宋元符元年（1098）筑，属庆阳府。在今陕西吴起县西南（铁边城镇南三十里）。《宋史·地理志》：横山砦“地名西摖哆，元符元年进筑，赐名”。后废。

③在今甘肃两当县东南。《宋史·吴玠传》：南宋绍兴四年（1134），吴玠败金人于仙人关，金人遁去，“玠遣统制官张彦劫横山砦，王俊伏河池，扼归路，又败之”。即此。

横山堡 即今广东廉江市西南横山镇。《清一统志·高州府》：横山堡“在石城县西南六十里。《府志》：明初设青头堡，在县西八十里。正统中，移置横山下，改今名。扼遂溪要路”。

横山集 即今安徽明光市南横山乡。旧属定远县，清光绪《凤阳府志》卷11：横山集在“（定远）县东七十里”。

横山寨 在今广西武鸣县南四十里。明正统中置巡司于此。

横山镇 即今江西广丰县南横山镇。清同治《江西全省舆图》卷11：广丰县南有横山殿。

横川镇 清置，属成县。即今甘肃成县东四十里红川镇。

横门 又称光门。汉长安城北面西头一门。在今陕西西安市西北六村堡街道关庙村与相家巷一带。为汉惠帝五年（前190）建。《汉书·西域传》：元凤四年（前77)，“乃立尉屠耆为王，更名其国为鄯善……丞相率百官送至横门外，祖而遣之”。《三辅黄图》卷1：“长安城北出西头第一门曰横门。”

横云（雲）山 即今上海市松江区（松江镇）西北二十五里之横山。《舆地纪胜》卷3嘉庆府：横云山“在华亭县西北三十里。本名横山，唐天宝六年改名”。《方舆纪要》卷24松江府华亭县：横云山“巅有白云洞，潜通淀湖，深不可测。居民多采石于此山”。

横冈山 在今湖北武穴市北，与蕲春县接界。《方舆纪要》卷76广济县：横冈山在“县北二十里。冈阜横立，山势高峻”。

横冈隘 在今江西龙南县南。《清一统志·赣州府二》：横冈隘“在龙南县南一百五十里太平堡，亦名横江隘。东通和平、龙川，南通连平。山径崎岖，仅容一马。明万历二十三年，置横江营。本朝顺治初，设守备把总驻此”。

横冈镇 即今安徽黟县东南三里横岗。清道光《黟县志》图：城东南有横冈。

横水 ①在今内蒙古杭锦旗西北。《资治通鉴》：唐开耀元年（681），曹怀舜与裨将窦义昭将前军击突厥，“帅轻锐倍道进，至黑沙，无所见，人马疲顿，乃引兵还。……至长城北，遇温傅，小战，各引去。至横水”为突厥所败。胡三省注：“横水去金河一百四十许里”。

②一名带围水。在今江西崇义县北。《清一统志·南安府》：带围水“在崇义县城北。即横水也。源出大嶂山，自县西绕城，北会东溪水，入益浆水”。

③即今河南孟津县西三十里横水镇。《资治通鉴》：唐宝应元年（762），讨史朝义，“官军阵于横水”。胡三省注：“《金人疆域图》孟津县‘有横水店’。”即此。

④在今陕西凤翔县东。源出凤翔县东北界，东南流径岐山县南，又东南流入雍水。《水经·渭水注》：“雍水又东南流与横水合，水出杜阳山，其水南流谓之杜阳川。”

⑤即今甘肃泾水南源。《明一统志》卷35平凉府：横河“在府城西三十里。源出华亭县，流至此与境内大岔南谷诸水俱入于泾河”。《清一统志·泾州一》：泾水“按，南源发自于平凉府华亭县西北、隆德县东南界。二派合流，亦曰横水。东流折东北与北源会，即北岩河”。

横水江 即今广西武宣县西之柳江（黔江）。《明史·地理志》武宣县：“西有柳江，又有都泥江，亦谓之横水江，来入焉，下流为浔州府之右江，亦入于柳江。”

横水村 即今河南林州市东横水镇。民国《林县志》卷1《乡镇》：“横水村，距城二十里。”

横水县 北魏太平真君十年（449）分雍、周城二县置，属平秦郡。治所在今陕西凤翔县东南三十里横水镇。西魏初废。

横水隘 即今江西崇义县驻地横水镇。《方舆纪要》卷88崇义县："本上犹县之横水地，正德十二年，抚臣王守仁讨平谢志山，割大庾县之义安里，南康县至坪、上龙、崇德三里，上犹县崇义、雁湖、上保三里，置县治。"

横水镇 ①金置，属长子县。在今山西长子县西六十里横水村。

②清置，属闻喜县。即今山西绛县西二十二里横水镇。

横石山砦 在今广东阳春市西。《方舆纪要》卷101阳春县：横石山砦"在县西，瑶砦也。《志》云：县四境瑶山，以数十计"。

横石水 在今江西吉安市西北。《方舆纪要》卷87吉安府庐陵县：横石水"在府西北"。《清一统志·吉安府一》：横石水"在庐陵县西北。源有二，一出吉水县之中鹄乡，一出县北之大湾流。合清湖诸水，至县北二十五里三江口入赣江"。

横石江 即横水江。今广西武宣县西之黔江。《明史·王守仁传》：嘉靖间，守仁镇压大藤峡瑶民义军，"遂循横石江而下，攻克仙台、花相、白竹、白陶、罗凤"。

横石矶 即今广东清远市东北横石圩。明置巡司于此。

横石矶站 元置，即今广东清远市东北横石圩。明废。

横石岭 在今广东新丰县东南八十里。《方舆纪要》卷103惠州府新丰县：横石岭"岭丰清泉一线，从石罅中出，千人汲之不竭"。

横石滩 ①在今湖南沅陵县北四十里沅江中。《方舆纪要》卷81沅陵县"沅江"条下：横石滩"水底有石梁横亘。亦名横石洞"。

②在今重庆市涪陵区西。唐杜祐《通典》卷175《州郡》：涪陵县有"横石滩"。《寰宇记》卷120涪州：横石滩"在郡北"。《方舆纪要》卷69涪州：横石滩"在州西大江中，本名黄石滩"。《通典》、《寰宇记》、《舆地纪胜》等文献多以为是《后汉书》"岑彭破公孙述将侯丹之黄石"，而《方舆纪要》谓黄石滩"在江津、璧山以上，不在涪州"。

横石寨 即今广东清新县东北横石圩。《方舆纪要》卷101广州府清远县：横石寨"在县东。洪武二年改置横石矶巡司。其相近有高田营、金斗角营，皆设兵戍守"。

横石潭市 即今湖北通山县东南三十八里横石潭镇。清光绪《湖北全省分图》：通山县东南有横石潭市。

横龙桥 ①或称横桥。在今湖南汉寿县东南四十六里。清置巡司于此。

②在今湖南沅江市西。《方舆纪要》卷80沅江县：横龙桥在"县西十八里。或以为横桥也。隋开皇九年平陈，故湘州刺史岳阳王叔慎复据州举兵，武州刺史邬居业将兵助之。隋将薛胄平叔慎，行军总管刘仁恩击居业于横桥，擒之。即此处"。

横市 即今湖南宁乡县西南横市镇。清同治《宁乡县志》卷6：横市"在县西九十里。俗呼横铺子"。

横屿 ①在今浙江平阳县东五里。《宋书·州郡志》永嘉太守横阳令："晋武帝太康四年，以横屿船屯为始阳。"后更名仙坛山。

②即今福建宁德市东北二十六里横屿。《明通鉴》：嘉靖四十一年（1562），"参将戚继光统浙江兵先击横屿（倭）贼，克之，破其巢"。即此。

横州 ①唐贞观八年（634）改南简州置，治所在宁浦县（今广西横县西南七里郁江南岸）。《寰宇记》卷166横州："以横槎为名。"天宝元年（742）改为宁浦郡，乾元元年（758）复为横州。至德中移治今横县。辖境相当今广西横县地。元世祖至元十六年（1279）升为横州路，元贞初复降为横州，属广西道。明洪武初，以州治宁浦县省入，属浔州府。十年（1377）降为横县，十三年（1380）又升为横州，属南宁府。1912年改为横县。

②辽置，为头下军州。治所在今辽宁彰武县西南白城子。金废。

横江水 ①亦名白鹤溪、吉阳水。新安江上源之一。源出今安徽黟县西南武亭山，横流东经休宁县境，至屯溪与率水合流，是为东港。《清一统志·徽州府一》：横江水"在黟县南。源出武亭山，东南流合章水，又东过鱼亭口，又东合吉阳水，南流至休宁县界入浙溪"。

②在今安徽黟县南。《方舆纪要》卷28黟县：横江水"在县南二十里。出武亭山，东南流二十八里，章山所出之章水，东南流经县西而流合焉。又东至鱼亭口，则鱼亭山所出之鱼亭水北流合焉。又东合吉阳水，入休宁县界"。

横江东寮脑 即今江西石城县南横江镇。1933年中央革命根据地置太雷县治此。

横江市 即今江西吉安县南横江镇。清光绪《庐陵县志》卷3：横江市"在县西（南）三十五里"。

横江场 即今四川宜宾县西南横江镇。明设横江镇巡司于此。《清史稿·曾纪凤传》：同治元年（1862），太平天国石达开踞叙州双龙场，"达开连营三十，与横江为犄角"。即此。

横江河 ①即今安徽和县南得胜河。《宋史·河渠志》："开宝间，议征江南，诏用京西转运使李符之策，发和州丁夫及乡兵凡数万人，凿横江渠于历阳，令符督其役。渠成，以通漕运，而军用无阙。"《方舆纪要》卷29和州：横江河"在州南里许，亦曰横江渠。……又开胜河在城西，由含山县流经此，合于横江河"。

②古名羊官水、朱提江、石门江。即今四川宜宾县西南与云南交界之关河。《明史·地理志》宜宾

县："西南有石门江，俗呼横江，北入马湖江。"元于江东岸置横江站，明置横江镇巡司。《清史稿·曾纪凤传》：同治初，太平天国石达开在此遭到清军的截击，"达开奔燕子滩，邀于横河。半渡，击之。遂窜滇境"。

横江城 在今安徽和县东南长江北岸。《晋书·王浑传》：西晋太康元年（280），"大举伐吴，浑率军出横江"。

横江津 亦名横江浦。在今安徽和县东南二十五里。东对采石矶，为横渡长江津要处。《三国志·吴书·孙策传》：刘繇渡江治曲阿，"遣樊能、于麋屯横江津，张英屯当利口，以拒（袁）术"。《资治通鉴》：隋开皇九年（589），隋平陈，"韩擒虎将五百人自横江宵济采石"。胡三省注："横江浦，在和州界。"

横江站 元置，为水站。在今四川宜宾县西南横江镇。

横江墟 亦作横冈墟。在今广东佛山市三水区东北横岗村。南近南海市界。明万历《广东通志》卷16：南海县有横冈墟。清光绪《广州府志》卷69墟市：南海县有"横江墟"。

横江镇 即今四川宜宾县西南横江镇。《方舆纪要》卷70叙州府宜宾县：横江镇在"府西南八十里。有巡司戍守"。

横阳 战国韩邑。在今河南商丘市境。《史记·傅宽列传》："阳陵侯傅宽，以魏五大夫骑将从，为舍人，起横阳。"《索隐》："按横阳，邑名。在韩。韩公子成初封横阳君，张良立为韩王也。"《正义》引《括地志》云："故横城在宋州宋城县西南三十里，按盖横阳也。"

横阳江 即今浙江平阳县南鳌江。《元和志》卷26温州横阳县：横阳江"在县南一百里"。《方舆纪要》卷94平阳县：横阳江"一名始阳江，又名前仓江。县西境南北诸乡之水汇为顺溪，经罗源山下口横源江。又东南流，出县南二十五里径江口，又东南至于海"。

横阳县 西晋太康中改始阳县置，属临海郡。治所即今浙江平阳县。东晋太宁元年（323）属永嘉郡。隋开皇九年（589）废。唐武德五年（622）复置，属东嘉州。贞观元年（627）又废。大足元年（701）再置，属温州。五代梁乾化四年（914）吴越更名平阳县。

横坂镇 清置，属临安县。即今浙江临安市东北二十二里横畈镇。1936年改今名。

横县 ①西汉置，属琅邪郡。治所在今山东诸城市东南四十里。东汉省。

②明洪武十年（1377）降横州置，属南宁府。治所即今广西横县。明郭子章《郡县释名》广西卷：横州"以横山、横搓名也"。十四年（1381）复升为横州。1912年又降为横县，属广西南宁道。1928年直属广西省。

横谷 在今河北蔚县西北。《汉书·樊哙传》：高帝十一年（前196），"击（陈）豨、胡骑横谷"。即此。

横沔镇 在今上海市浦东新区南汇西北。清光绪《南汇县志》卷1：横沔镇在"邑西北四十二里。依横沔港"。

横沥 横贯今上海市嘉定区，原嘉定县城以北名北横沥，经娄塘北入浏河；以南名南横沥，经马陆、南翔等镇，南接虬江，与娄塘河、练祁河、蕴藻浜等相交。宋郏亶《水利书》曰："堽身之东有塘，西彻松江，北通常熟，谓之横沥。"即此。又指出："夫南北其塘，则谓之横沥；东西其塘，则谓之堽门、堰门、斗门。是古者堰水于堽身之东，灌溉高田，而又为堽门者，恐水之或壅，则决之入横沥所以分其流也。"

横沥墟 ①即今广东东莞市东横沥镇。清光绪《广东舆地全图》：东莞县东有横沥汛。

②即今广东惠阳市（淡水镇）东北横沥镇。清光绪《广东舆地全图》：归善县东北有横沥汛。

横沟 在今辽宁朝阳县西南。《晋书·慕容盛载记》：东晋隆安二年（398），"（慕容）奇遂与丁零严生、乌丸王龙之阻兵叛盛，引军至横沟，去龙城十里。盛出兵击败之，执奇而还，斩龙、生等百余人"。

横沟桥 即今湖北咸宁市东北横沟镇。清光绪《咸宁县志》卷1《镇市》：横沟桥"东去县十九里"。

横沟桥市 即今湖北咸宁市东北二十里横沟镇。《清一统志·武昌府二》"杨湖桥"条下："咸宁县东有横沟桥。"

横尾山 又名陪尾山。在今湖北安陆市东北。《汉书·地理志》江夏郡安陆县："横尾山在东北，古文以为陪尾山。"《元和志》卷27安陆县：陪尾山"一名横山，在县北六十里。《禹贡》云，'熊耳、外方、桐柏至于陪尾'，即此也"。

横陇河 北宋景祐元年（1034）七月，黄河在澶州（治今河南濮阳市）横陇埽（今濮阳市东）决口，形成一条新河道，称为横陇河。大致相当今濮阳市东横陇埽决河北流，经清丰、南乐、河北大名等县，至馆陶、山东冠县间，折而东北流，经聊城、高唐、平原等市县。在唐大河之北，下游分成数支，其中赤、金、游等河，经惠民、滨州两市以北入海。庆历八年（1048），黄河在商胡埽决口，河改北流，遂称北河为横陇故道，不久堙废。

横陇港 在今广东汕头市澄海区西北。《清一统志·潮州府》：横陇溪"在澄海县西北三十里。上流即韩江，自海阳县流入，至此分为南、北二港，二港各分为数派入海"。

横陂墟 即今广东五华县西南横陂镇。清同治《广东图说》卷90：长乐县有横陂墟。

横坡长官司 元置，在今贵州施秉县西北。明洪武二十二年（1389）与臻剖、六洞两长官司合并为臻剖六洞横坡等处长官司。

横林镇 即今江苏常州市武进区东横林镇。《宋史·河渠志七》:“淳熙五年,以漕臣陈岘言,于十月募工开浚无锡县以西横林、小井及奔牛、吕城一带地高水浅之处,以通漕舟。”

横岭 ①在今河北怀来县东南,近昌平县界。《方舆纪要》卷17延庆州:横岭“在州南四十七里,当居庸之西北,亦寇门也。嘉靖中,俺答由此入犯。今设兵戍守”。

②即王官谷。在今山西永济市东南四十五里王官峪。

③在今辽宁绥中县西。《方舆纪要》卷37广宁前屯卫:横岭在“卫北二十里。又北十里曰分水岭”。

④在今浙江庆元县东南。《方舆纪要》卷94庆元县:横岭“在县东南百三十里。连亘如云,入于闽界”。

⑤在今河南巩义市东。《资治通鉴》:隋义宁元年(617),越王侗遣刘长恭、裴仁基自石子河及汜水前后夹击据兴洛仓之瓦岗军。李密、翟让“选骁雄分为十队,令四队伏横岭下待仁基”。即此。上有营垒曰磨盘寨,累石为门曰巩关。

⑥在今广西桂平市南。《舆地纪胜》卷110浔州:横岭“在桂平县南九十里”。

⑦在今甘肃宁县东北界。《方舆纪要》卷57宁州:横岭在“州东百里。即子午山之别阜,岭北即真宁”。

横岭口 亦名龙岭口。明代长城重要关口之一。在今河北怀来县东南横岭镇。弘治十八年(1505)筑城,驻兵防守。光绪《昌平州志》卷3:横岭城“城北有山横亘,故名”。《方舆纪要》卷11昌平州“白杨口”条内:横岭口城“嘉靖中,俺答自古北入犯,从横岭逸出,即此。今亦名龙岭口城”。

横岭山 ①一名横山。在今山西闻喜县东七十里。《清一统志·绛州一》:横岭山“在闻喜县东南。山脊横亘,故名。跨绛及垣曲二县界。在闻喜县者名小横岭,在绛县南四十里者名大横岭,在垣曲县西北八十里者名清廉山”。

②在今湖北随州市西北七十里。《清一统志·德安府》:横岭山“峰峦横亘数里”。魏置横山县以此名。

③又名绣岭山。在今云南永平县东北一百三十五里。《明一统志》卷87金齿军民使司:横岭山“山极陡峻,驿路经其上。其西有泉,下流为九渡河”。

横岭关 清置,在今山西绛县南二十五里横岭关。为中条山之要隘。

横岭背 即今山西绛县南二十五里横岭关。旧属垣曲县,明置巡司于此。

横岭峒 在今湖南城步苗族自治县西南六十里长安营乡。清置巡司于此。《清一统志·宝庆府二》:横岭峒“在城步县西南。领石牛等六砦”。

横岭堡 北宋置,属西安州天都砦。在今宁夏海原县境。

横岭镇 即今山西和顺县西横岭镇。《清一统志·辽州》“寒湖镇”条下:“又横岭镇,在县西八十里。”1939—1945年晋冀鲁豫革命根据地置和西县治此。

横金 即横泾镇。今江苏苏州市吴中区西南横泾镇。《清一统志·苏州府二》:横金镇“在吴县西南三十里。一名横泾。明初置巡司,后裁”。

横河 ①在今河北滦县北七里。《方舆纪要》卷17滦州:横河“自卢龙县流入界,绕横山之麓,因名”。

②约当今江苏江阴市东之东横河。南宋李焘《续资治通鉴长编》卷99:北宋乾兴元年(1022),知江阴军崔立“又开横河六十里,通漕运”。《方舆纪要》卷25常州府江阴县:横河“在城东。亦引黄田港贯城而东,达县东六十四里之谷渎港”。

横河集 即今河北卢龙县北二十里大横河村。清同治《畿辅通志》卷49卢龙县图:北有横河集。

横泖 在今上海市西,青浦区北。《方舆纪要》卷24松江府青浦县:横泖,“《志》云:淀湖东北行为北漕港,支流为横泖,绝大盈浦而东,又北通崧泽塘,绝顾会、崧子二浦,东接横泾,为东横泖,又东接诸塘澳,入盘龙浦,下流亦注于吴淞江”。

横泾镇 ①亦作横金。即今江苏苏州市吴中区西南三十里横泾镇。明初置巡司于此。后裁。

②即今江苏常熟市东南十八里横泾村。清光绪《常昭合志稿》卷5:横泾镇“在昆承湖南”。1980年更名为芦荡。

横城 ①在今山西隰县南。《元和志》卷12隰川县:横城“在县南三十五里。隋仁寿四年,杨谅作逆,遣伪将吴子通屯兵筑城于此,横绝蒲州道,因以为名”。

②在今河南商丘市睢阳区南。《水经·睢水注》:“睢水又东,迳横城北。《春秋左传·昭公二十一年》:乐大心御华向于横。杜预曰:梁国睢阳县南有横亭。今在睢阳县西南,世谓之光城,盖光、横声相似,习传之非也。”

横城堡 明正德二年(1507)筑,属灵州守御千户所。在今宁夏灵武市东北横城。《清一统志·宁夏府二》:横城堡“在灵州东北七十里。城周二里。今设都司驻防,北至边墙阇门一里。出阇门三十里,有汉夷市场”。

横省石牌坊 在今浙江宁波市鄞州区东五乡镇横省村省岙仙人山。西向,二柱一间一楼仿木构,面阔2.5米。其基本结构与庙沟后石坊类同。约建于南宋至元代期间,是已知年代最早的石坊。2001年与庙沟后石坊一起被定为全国重点文物保护单位。

横泉镇 在今山西方山县南。《清一统志·汾州府》“吴城镇”条下:横泉镇“在(永宁)州北。有堡”。

横档山 在今广东广州市番禺区东南虎门水道中之上、下横档岛。清宣统《东莞县志》卷5：南沙山“东有横档山，东南有龙穴山，皆四面环海。上下横档山皆有炮台”。

横桥 ①秦始皇造，在今陕西西安市西北相家巷，跨渭水上。西汉初名渭桥，又称横门桥、石柱桥。武帝后称中渭桥。《三辅黄图》卷6：“秦造横桥，汉承秦制，广六丈三百八十步，置都水令以掌之，号为石柱桥。”

②即横龙桥。在今湖南沅江市西十八里。《资治通鉴》：隋开皇九年（589），行军总管刘仁恩“破郢居业于横桥”。即此。

横原镇 在今四川崇州市西北六十里怀远镇。《寰宇记》卷75蜀州：“《茶谱》云：蜀州晋原洞口、横源、味江、青城，其横源雀舌、鸟嘴、麦颗盖取其嫩芽所造，以其芽似之也。”

横峰山 在今江西横峰县北。《方舆纪要》卷85广信府兴安县：横峰山在“县治北。居民取土为陶冶，旧有横山镇，因山以名”。《清一统志·广信府一》：横峰山“县之镇山也。周三十里，有岩洞泉石之胜”。同治《广信府志》卷1《山川》：横峰“即岑山别名。兴安县北二里许，县镇山也。高二十余丈”。

横峰县 1914年以兴安县改名，属江西豫章道。治所即今江西横峰县。1926年直属江西省。

横峰镇 即今江西横峰县治。《清一统志·广信府二》：横峰镇“今兴安县治。宋元时为弋阳县之横峰镇。居民以陶器为业，亦名横峰窑。明初置了岩砦巡司，正德十三年设通判，名曰镇安公署，嘉靖中，割弋阳十三都、上饶十都，置县于此”。

横浦水 一名楼船水、凌江水。即今广东南雄市西北之凌江。《史记·南越列传》：元鼎五年（前112）秋，“主爵都尉为楼船将军，出豫章，下横浦”。《寰宇记》卷160浈昌县：“楼船水在县北五十里，出大庾岭之西傍岭，横流，因名楼船水。”

横浦场 即今上海市松江区西仓桥镇。清时设盐课大使，后与浦东场合并为两浦场。

横浦关 秦置，即今广东南雄市东北、江西大余县西南大庾岭上之梅关。一名秦关。《史记·南越列传》：赵佗行南海尉事，“佗即移檄告横浦、阳山、湟谿关曰：‘盗兵且至，急绝道聚兵自守’”。《汉书·两粤传》：元鼎五年（前112），主爵都尉杨仆为楼船将军，讨吕嘉，“出豫章，下横浦”。即此。《方舆纪要》卷88南安府大庾县：横浦关“曰横浦者，以郡城临章江，自西流东，横绕南岸而名。……唐初犹有此关，及张九龄凿庾岭，关遂废。今城南一里有横浦驿，前后临溪。又有横浦桥，长三十有二丈，皆因旧名”。

横浦驿 宋置，在今江西大余县南一里。《方舆纪要》卷88南安府大庾县：横浦驿“在横浦桥南。宋、元时旧驿也。有水、马二驿，明朝洪武二十九年并为一驿”。《清一统志·南安府》：横浦驿“本朝乾隆二十一年裁”。

横海军 唐、五代方镇名。又名沧景。后期号义昌军。贞元中置，治所在沧州（今河北沧县东南旧州镇）。辖境屡有变动。《新唐书·方镇三》：“贞元三年，置横海军节度使，领沧、景二州。”《旧唐书·宪宗纪》：元和十三年（818），“以华州刺史郑权为德州刺史、横海节度、德、棣、沧、景等州观察使”。相当今天津市马厂减河以南，运河以东，山东津浦铁路线以东，黄河以北及博兴县北部地区。先后为程怀直、程怀信、程执恭、李全略等所割据。大和三年（829）废。寻复置，五年号义昌军。乾宁五年（898）为幽州所并。五代梁复置。北宋亦曰横海军，名存实亡。

横涧山 在今安徽定远县西北。《宋史·高宗纪》：南宋绍兴元年（1131），“王才遣将丁顺围濠州，刘光世遣兵攻横涧山，顺解围去”。《方舆纪要》卷21定远县：横涧山“在县西北七十里。上有石景城及涧泉，兵火时尝屯御于此。明太祖初起义兵，取横涧山，遂入滁阳”。

横涧集 即今河北石家庄市西井陉矿区南横涧乡。清同治《畿辅通志》卷50井陉县图：北有横涧集。

横扇镇 即今江苏吴中市西南二十里横扇镇。清光绪《江苏全省舆图》震泽县图：西南有横扇。民国《江苏六十一县志》：吴江县西南有“横扇镇”。

横桑口 即今湖北天门市南二十七里横林镇。《晋书·朱伺传》：郑攀等进距王廙，“既而士众疑阻，复散还横桑口”。《水经·沔水注》：“沔水又东，谓之横桑。”

横埠河镇 即今安徽枞阳县东北横埠镇。旧属桐城县。清道光《桐城续修县志》卷1《乡镇》：东乡有横埠河镇。

横野军 唐置，在今河北蔚县。《新唐书·地理志》蔚州兴唐县：“本安边，开元十二年置，治横野军，至德二载更名。”

横崖寨 在今湖南慈利县北。《清一统志·澧州二》：横崖寨“元末筑御土蛮”。

横船渡 即今安徽石台县东南梅溪河南岸横渡镇。民国《石埭县志》卷1：横船渡“在县（旧治）西一百三十里十一都境”。

横船镇 即今安徽石台县东南梅溪河南岸横渡镇。清康熙《石埭县志》卷1：横船渡“在县西一百三十里十一都境”。

横望山 亦名横山，古称衡山。在今安徽当涂县东北六十里，东接江苏南京市江宁区、溧水县界。《舆地纪胜》卷18太平州：横望山“在当涂县东北六十里，亦名衡山。其山四望皆横，故名”。

横望镇 在今山西晋城市南五十五里。《方舆纪要》卷43泽州：横望隘“即狄梁公望云思亲处。今为横望镇，有巡司”。

横渠 在今陕西眉县西北。《方舆纪要》卷55郿县：横渠“在县西北，即横水下游也。自凤翔县流入县界，东南流合于渭水”。

横渠镇　①五代后蜀置，属青城县。在今四川崇州市西北六十里街子镇。广政十二年（949）于此置征税院，十六年（953）改为永康县。

②即今陕西眉县东横渠镇。《方舆纪要》卷55郿县“新罗堡”条下：“横渠镇在县东北五十里，以横水所经而名。宋儒张子所居。”世称载为横渠先生。传其学者为横渠学派。

横梁　即今江西樟树市西南横梁。清同治《清江县志》卷2：横梁渡“在城东北二十里”。

横梁滩　在今湖北巴东县东长江中。《舆地纪胜》卷74归州：横梁滩“在巴东县”。《方舆纪要》卷78巴东县：横梁滩“在县东二十里。有石横亘水中，江行泝流，每患其险”。

横琴山　在今广东珠海市南横琴岛。《明一统志》卷79广州府：横琴山“形如横琴”，因名。《清一统志·广州府》：横琴山“在香山县南二百里海中。二山相连，东曰小横琴，西曰大横琴，路最幽峻。元末为海寇王一所据，明洪武二十八年平之，沼虚其地，下有井澳”。

横道子　即今辽宁彰武县（彰武镇）。清光绪二十八年（1902）于此置彰武县。

横道河子　今黑龙江省海林市西北横道河子镇。民国《宁安县志》卷1：“县西北百二十里之横道河子，为铁道南来入境大站（由哈尔滨南行至海参崴），山危路曲，崎岖难行。”

横湖　在今浙江温岭市东横湖桥村。《方舆纪要》卷92太平县：横湖在“县东南十余里。县境溪流三十有六，皆会于此”。明王光有《横湖舟中》诗。

横塘　①一称南塘。三国吴筑。故址在今江苏南京市西南，秦淮河南岸。为城南防守重地。唐许嵩《建康实录》卷4：“又开城北渠，引后湖水激流入宫内……。”注曰：“横塘今在淮水南，近陶家渚，俗谓四军毋湫。古来缘江筑长堤，谓之横塘。淮在北，接栅塘，在今秦淮径口。吴时夹淮立栅，自石头南上十里至查浦。”《文选·吴都赋》：“横塘查下，邑屋隆夸”。唐崔颢《长干行》诗：“君家何处往？妾住在横塘。”皆此。

②在今江苏苏州市西南十里。《清一统志·苏州府一》：横塘“经贯南北之大塘也。南极胥塘，北抵枫桥，分流东出，故名”。其旁有横塘镇。

③即今浙江嘉兴市南通海盐县之海盐塘。《方舆纪要》卷91嘉兴府：“横塘在府东南五里，其流汇为彪湖。《旧志》：自彪湖转马塘堰而上，南至海盐县，通谓之横塘。”

④在今安徽寿县东。《水经·肥水注》：“肥水又北，右合阎涧水，……水积为阳湖。阳湖水自塘西北，经死虎亭南，夹横塘西注。”《南齐书·王敬则传》：南朝宋泰始初，“随宁朔将军刘怀珍征寿春，殷琰遣将刘从筑四垒于死虎，怀珍遣敬则以千人绕后，直出横塘。贼众惊退”。即此。

横塘镇　明置，属吴县。即今江苏苏州市西南横塘街道。明崇祯《吴县志》卷2：横塘镇在“县西南十三里有横塘桥处。范成大有咏横塘诗”。清同治《苏州府志》卷29：“横塘镇去县西南三十里。有汛。有横塘桥。”

横槎　在今广东肇庆市东北七十里永安镇西西江北岸。明、清置巡司于此。

横槎水　在今广东惠州市西。《方舆纪要》卷103惠州府归善县：横槎水“在府西二十里。出黄洞山，下流汇于西湖”。

横槎市　在今湖南平江县东南。《清一统志·岳州府二》：回田市“在平江县东太平乡。相近又有横槎市”。

横槎桥　在今湖北蕲春县西。《宋史·李诚之传》：南宋嘉定十四年（1221）二月，金兵犯淮南，蕲州知州李诚之“乃选丁壮分布城守，募死士迎击，遇于横槎桥，大破之”。

横路市　即今江西武宁县北横路乡。清同治《南昌府志》卷6武宁县市镇：横路市“距武宁县四十里”。

横路镇　在今吉林集安市西北横路村。民国《辑安县乡土志》：“横路，城西一百二十五里。”

横郭山　即率山。在今安徽休宁县西南一百六十里。《元和志》卷28休宁县：横郭山“在县东南八十四里”。又云“浙江一名浙江”源出于此山。此以源出率山的率水为浙江正源，遂误证《汉志》在黟县“南蛮夷中”的古三天子都为率山，又误以在歙东的三天子鄣山主峰大鄣山与此山相混，称之为横郭山。

横溪　画溪支流。在今浙江东阳市南。《方舆纪要》卷93东阳县：横溪在“县南四十二里。亦出大盆山，汇县南境诸溪之水，入于画溪”。

横溪市　即今浙江仙居县西南横溪镇。清光绪《仙居志》卷7《坊市》：六都有横溪（距城七十里）。

横溪桥镇　即今江苏南京市江宁区南横溪镇。清光绪《江苏全省舆图》江宁县记：“横溪桥镇在城南八十里。”

横溪堂　在今浙江东部天台县北天台山。南宋虞似良有《横溪堂春晓》诗。

横溪街　即今浙江宁波市鄞州区南横溪镇。清光绪《鄞县志》卷2《市镇》：横溪“距城四十五里”。

横塞军　唐置，属丰州九原郡。在今内蒙古乌拉特中旗西北阴山北麓。《新唐书·地理志》中受降城：“又有横塞军，本可敦城，天宝八载置，十二载废。”

横截城　北魏时高昌国置，在今新疆鄯善县西北。《魏书·唐和传》：“时沮渠安周屯横截城，和攻拔之。”《梁书·高昌传》：其国置四十六镇，有横截镇。

横翠楼　在今河北保定市东北。《清一统志·保定府》：横翠楼“在府治东北。元张柔建”。

横鞍山　一名马鞍山。在今湖北竹山县西五里。

《舆地纪胜》卷86房州：横鞍山“在竹山县，庸城山相连”。《方舆纪要》卷79竹山县“白马山”条下：“县西五里有马鞍山，亦甚高峻。”

横潭街　在今广东广州市花都区东横潭村。明洪武三年（1370）置狮岭巡司于此。

横潭墟　即今广东广州市花都区东横潭村。明、清置狮岭巡司于此。《清一统志·广州府二》：狮岭巡司“在花县（今花山镇）西南横潭街。明洪武三年置”。

槽河营　在今北京市顺义区东北二十里牛栏山镇。《方舆纪要》卷11顺义县：“槽河营即牛栏山，东南有城，设官兵屯戍。《志》云，自营而北即怀柔县之开连口关。”

樗林关　明置，属通江县。在今四川南江县东北八十里。《方舆纪要》卷68南江县“琉璃关”条下：樗林关“两山夹峙，缘岩为道。又梧桐关与樗林关对峙”。

樗里　在今陕西渭南市临渭区境。《史记·樗里子传》：“樗里子者，名疾。”《水经·渭水注》：“又东历武库北，旧樗里子葬于此。樗里子名疾，秦惠王异母弟也，滑稽多智，秦人号曰智囊，居于昭王庙西，渭南阴乡樗里，故俗谓之樗里子。……秦人谚曰：力则任鄙，智则樗里。是也。”

樗泉营　在今甘肃天水市西北。《后汉书·西羌传》：永初五年（111），“汉阳人杜琦及弟季贡、同郡王信等与羌通谋，聚众入上邽城。……杜季贡、王信等将其众据樗泉营”。即此。

樱桃沟　在今河北平泉县东北八十里。清于此设千总外委驻防。

樱桃驿　北宋属盩厔县，在今陕西周至县南。《清一统志·西安府三》：樱桃废驿“在盩厔县南。今废。《长安志》：盩厔驿在县城内，东至鄠县驿七十里，南至终南山樱桃驿四十五里”。

槲山　在今江西进贤县南四十里。清同治《南昌府志》卷1：槲山“以山多槲木名”。

樟山　亦名樟木岭。在今江西龙南县西。《方舆纪要》卷88赣州府龙南县：樟山在“县西百五十里。两山相夹，险阨可守，樟木径隘在其下”。

樟木山　在今湖南新宁县西南四十里。《方舆纪要》卷81新宁县：樟木山“绵亘八十余里，下多瑶民”。

樟木头营　即今广东东莞市东南樟木头镇。《清一统志·广州府》“企石营”条：“又有樟木头、石头潭二营，皆山谷扼塞处。”

樟木关　在今湖南衡阳县（西渡镇）东五十八里湘江北岸樟木市。《清一统志·衡州府二》：樟木关“在衡阳县北三十里。路出衡山县”。

樟木林　在今广西昭平县东南富郡江东岸樟木林乡。清置樟木墟巡司。

樟木墟　①即今广西贵港市西北一百三十里樟木乡。清光绪《广西舆地全图》贵县图：西北有樟木墟。民国《贵县志》卷1：“清代五山汛，巡检署设于本墟，今为樟木区区公所。”

②即今广西玉林市西南五十里樟木镇。清光绪《广西舆地全图》郁林州图：西南有樟木墟。

樟木箐镇　即今四川西昌市西北樟木箐乡。民国《西昌县志》：樟木乡在“县西北三十五里。……场之中有河，连以石桥”。

樟坑隘　在今福建永春县西北。《方舆纪要》卷99永春县：樟坑隘在“县西北百六十里三台山下。路通漳平县”。

樟村市　即今江西黎川县西南樟溪乡。清光绪《大清一统舆图》：江西新城县西南有“樟村镇”。

樟村街　即今江西玉山县西北樟村镇。清同治《江西全省舆图》卷11：玉山县西北有张村。丁文江《中华民国新地图》：玉山县西北有樟村乡。

樟林寨　在今广东汕头市澄海区东北三十里樟林村。《清一统志·潮州府》：樟林巡司“在澄海县东北樟林寨城内，旧为东陇河泊所，本朝雍正九年改置”。

樟松湖　在今湖北武汉市新洲区南。《方舆纪要》卷76黄州府黄冈县：樟松湖在“府北百里”。

樟树市　1988年撤销江西省清江县，改设樟树市，市人民政府驻药都南大道，属宜春地区。2000年由宜春市代管。

樟树围　在今广东紫金县东北。《清一统志·惠州府》：樟树围“在永安县东北十六里。……明末，乡人各为寨自守。亦名曰围”。

樟树港塘　即今湖南湘阴县南二十七里樟树镇。清光绪《湖南通志》卷1湘阴县图：县南有樟树港塘。

樟树镇　又名清江镇。即今江西樟树市。本新淦县城旧址，隋开皇中废为镇。《方舆纪要》卷87临江府清江县：樟树镇“洪武三年置巡司于此，并置税课局。正德中，宸濠作乱南赣，抚臣王守仁起兵吉安，会军于樟树镇，即此”。1949年清江县徙治于此。1988年改设樟树市。

樟树潭市　即今浙江衢州市衢江区东十六里樟潭镇。清嘉庆《西安县志》卷9：樟树潭市“在四十五庄东乡”。1949年至1950年衢县治此。

樟亭驿　在今浙江杭州市南白塔岭下钱塘江滨。唐于此置驿，为观潮之所。有白居易《宿樟亭驿》、章孝标《题杭州樟亭驿》、许浑《九日登樟亭驿楼》等诗。《新唐书·周宝传》：“（钱）镠具櫜鞬迎宝，舍樟亭。”即此。宋改为浙江亭。

樟原岭　在今江西抚州市临川区西。《明一统志》卷54抚州府：樟原岭“在府城西四十里。石路高险，元丰城人陆祥叔佣工凿平。侧有双黄井”。

樟槎滩　一名樟滩。在今福建建阳市东南三十里莲台山下，锦江之中。《清一统志·建宁府》：樟槎滩“顽石森列。元季凿之，舟行最险”。

樟潭山　在今江西于都县东南。《寰宇记》卷108雩都县：樟潭山“在县东一百八十里。《南康记》云，汉有阿堤树于此，潭边伐大樟树为龙舟艚，砍而出血，伐人并皆沉死，因号樟树潭”。《清一统志·宁都直隶州》：樟树潭“在州南……《州志》，州有九樟为州古迹，一在潭富村，盖即樟树之遗也”。

橄榄山　即台湾东北海中钓鱼岛。明胡宗宪《筹海图编》中的《沿海山沙图》，称为橄榄山。

橄榄坝　①在今云南普洱市西南一百零四里。清乾隆三十年（1765）设土把总驻守。

②一作勐罕。即今云南景洪市东南四十二里勐罕镇。傣语“橄”为失败，“榄”为水，意即敌不过水的坝子。因该坝子雨少缺水，雨多成灾，故名。

橄榄坡　在今云南腾冲县东六十里。产橄榄。《清一统志·腾越直隶厅》引《旧志》：“渡怒江至八湾，度高黎共山，下山为橄榄坡驿，即此。”

橄榄墟　①亦作杆栏。即今广东深圳市北观澜镇。清光绪《广东舆地全图》：新安县东有杆栏墟。

②在今广东封开县东北。《舆地纪胜》卷94封州：橄榄墟“在归仁乡”。

樊　①西周封国，都樊（今陕西西安市长安区东南)。春秋时东徙阳邑（今河南济源市西南)，又称阳樊。

②又名阳、阳樊。春秋周邑。在今河南济源市西南。《左传》：隐公十一年（前712)，“王与郑人苏忿生之田”，有“樊”。即此。《国语·晋语》：“苍葛曰：‘阳有夏、商之嗣典，樊仲之官守焉。’”

樊口　在今湖北鄂州市西北五里樊港入江处。《三国志·蜀书·先主传》注引《江表传》：“备以鲁肃计，进住鄂县之樊口。”

樊山　又名袁山、来山、西山、寿昌山。在今湖北鄂州市西。《水经·江水注》：“今武昌郡治，城南有袁山，即樊山也。”宋苏轼有《樊山记》。《明史·地理志》武昌县：“西有樊山，一名西山，产银铁及紫石英。”

樊山砦　五代南唐置。在今湖北鄂州市西樊山下。《舆地纪胜》卷81寿昌军：樊山戍，“《土俗编》云，吴、晋以来戍守，有戍主统之。及唐有樊山府，府兵虽置，伪吴、伪唐时为樊山砦”。

樊山镇　亦作矾山镇、矾山镇。北宋属庐江县，在今安徽庐江县东南。

樊川　①即樊港。今湖北鄂州市西南之长港河。《清一统志·武昌府一》樊港“在武昌县西南。一名樊溪，一名袁溪，一名樊川”。

②在今陕西西安市长安区南，为潏水支流。《史记·樊哙列传》：“赐食邑杜之樊乡。”即此。《水经·渭水注》：“沈水上承皇子陂于樊川，其地即杜之樊乡也。”（沈水即潏水）。宋敏求《长安志》卷11：樊川“一名后宽川，在（万年）县南三十五里。《十道志》曰：其地即杜陵之樊乡。汉祖至栎阳，以将军樊哙灌废邱功最，赐樊哙食邑于此，故曰樊川”。

樊川县　北宋宣和七年（1125）改万年县置，与长安县同为京兆府治。治所在长安城（今陕西西安市)。金大定二十一年（1181）改为咸宁县。

樊川镇　即樊汊镇。今江苏江都市东北樊川镇。

樊乡　即樊川。今陕西西安市长安区东南樊村乡。《史记·樊哙列传》：“赐食邑杜之樊乡。”即此。

樊石山水　在今河北涿鹿县东南。《水经·易水注》：樊石山水“源西出广昌县之樊石山，东流径覆釜山下，东流注于易水”。

樊江市　即今浙江绍兴市东樊江村。乾隆《绍兴府志》卷7《市》引《万历志》：樊江市“在府城东三十里”。

樊汊镇　清置，属泰州。即今江苏江都市东北七十八里樊川镇。

樊阶城　在今江苏宿迁市西。南北朝时为戍守处。《魏书·孔伯恭传》：皇兴元年（467)，沈攸之等率兵来援下邳，“屯军焦墟曲，去下邳五十余里。伯恭遣子都将侯汾等率骑五百在水南，奚升等五百余骑在水北，南北邀之。伯恭密造火车攻具，欲水陆俱进。攸之等既闻，将战，引军退保樊阶城”。即此。

樊妃墓　传为楚庄王夫人樊妃之墓。在今湖北荆州市荆州区故江陵县城西北九里。《清一统志·荆州府》“楚樊妃墓”条引唐张九龄《曲江集》：“郢城西北有大古冢数十，观其封域，多是楚时诸王，而年代久远，不可复识，惟直西有樊妃冢，后人为植松柏，故行路尽知之。”

樊村　即今陕西西安市长安区东南樊村乡。杜牧《奉送中丞姊夫俦自大理卿出镇江西叙事书怀因成十二韵》：“佣书酬万债，竹坞问樊村”。即指此。

樊村堡　在今山西新绛县西南樊村。《清一统志·绛州》“杨庄堡”条下：“（绛州）西南二十里有樊村堡。”

樊县　①西汉置，属东平国。治所在今山东兖州市西南三十里黄屯镇南六里堌城。东汉改属任城国。东晋省。

②南齐侨置，属南汝阴郡。治所在今安徽合肥市附近地。后废。

樊良镇　北宋置，属高邮县。在今江苏高邮市北。《舆地纪胜》卷43高邮州：樊良镇“离城十八里。汉樊哙常游此处，为之立祠”。

樊陂　在今河南新野县西南。东汉樊重所开陂渠，因名。《水经·淯水注》：“朝水又东南分为二水，一水枝分东北为樊氏陂。陂东西十里，南北五里，俗谓之凡亭陂。”

樊岭　在今浙江武义县西南五十里。《方舆纪要》卷94宣平县：樊岭“岭势险仄，可以防御。明初胡大海自金华进军樊岭，与耿再成合攻处州，即此。今为北出武义之径道”。

樊城　在今湖北襄阳市樊城区，与襄阳城隔汉水相望。自古为兵家必争之地。《水经·沔水注》引

《汉晋春秋》称："桓帝幸樊城，百姓莫不观。"《三国志·蜀书·关羽传》：东汉建安二十四年（219），"羽率众攻曹仁于樊"。即此。明置樊城关巡司。清雍正时移襄阳府同知驻此。民国初改设县佐。

樊城关　明置，即今湖北襄阳市樊城区。《明史·地理志》：襄阳县："北有樊城，有樊城关巡检司。"

樊城县　南朝梁置，属河南郡。治所即今湖北襄阳市樊城区。《周书·萧詧传》："会詧以他事召（刘）万贵，方贵疑谋泄，遂据樊城拒命。"即此。北周废入安养县。

樊城镇　北宋于樊城置，属邓城县。即今湖北襄阳市樊城区。明于此置樊城关巡司。

樊相集　即今河南长垣县西北樊相镇。明嘉靖《长垣县志》卷1《镇集》："樊相集，城北二十里。"

樊哙台（臺）　在今陕西城固县北五里。《水经·沔水注》："堉水径樊哙台南，台高五六丈，上容百许人。"《舆地纪胜》卷183兴元府：樊哙台"在城固县北五里，上容百余人。《旧经》云，樊哙所筑也"。

樊哙店　亦作樊哙殿。即今四川宣汉县东北樊哙镇。清嘉庆间总督勒保败白莲教首鲜俸先、苟文通、何子聪等于此。

樊哙城　①在今湖北武穴市北武山湖畔。世传樊哙征黥布筑。《方舆纪要》卷76广济县：武山湖，"湖滨有武山，又有樊哙城。《志》云：樊哙城东、西各有一小城，相传汉九江王英布宅，又呼东京城、西京城"。

②在今陕西兴平市南。宋敏求《长安志》卷14：樊哙城"在县南十里，崇二丈。《西京记》曰：汉王袭雍，章邯败走废丘城，命将军樊哙围之，于城西筑台以望之"。即此。

樊桥镇　清置，属临晋县。在今山西临猗县西南四十三里樊桥村。明置驿于此，清以后废。

樊敏阙及石刻　在今四川芦山县南七里沫东镇黎明村石马坝。建于东汉建安十年（205）。樊敏阙、碑为东汉巴郡太守樊敏墓前遗物。《舆地纪胜》卷147雅州：汉故检校巴郡太守樊府君碑"建安十年三月上旬造"。北宋赵明诚《金石录》载碑文传世。今碑、阙尚存。阙高4.99米，顶作庑殿脊式，斗栱处刻双手托栱力士像。檐下浮雕为"西王母"坐像和"哀牢夷九隆氏龙生十子图"。阙前有二石兽，一为天禄，一为辟邪。碑高2.5米，碑文汉隶五百五十七字，誉为"千禄无上上品"。1988年定为全国重点文物保护单位。

樊梁湖　又作繁梁湖。在今江苏高邮市西北五十里。《水经·淮水注》："中渎水自广陵北出武广湖东、陆阳湖西，二湖东西相直五里，水出其间，下注樊梁湖。"《清一统志·扬州府一》：樊梁湖"上流即安徽天长石梁湖樊梁溪也，与新开、甓社为高邮三大湖。宋绍兴初，有张荣者聚众于此，击退金人"。

樊谐城　即樊阶城。在今江苏宿迁市西。《资治通鉴》：南朝齐建元三年（481），游击将军桓康败魏师于淮阳，"进攻樊谐城，拔之"。即此。《齐纪》作"樊阶城"。

樊惠渠　东汉永和五年（140）樊陵主持修建，在今陕西咸阳市东。源自泾河，灌田甚多。蔡邕有《京兆樊惠渠颂》。

樊港　亦名樊溪。即今湖北鄂州市西南长港河。《寰宇记》卷112武昌县：樊港"源出青溪山，三百里至大港，阔三十丈。水曲并在县内界"。《舆地纪胜》卷81寿昌军：樊溪"亦名樊港，又曰袁溪。在樊山西南，控县南湖泽凡九十九，东为樊口，入于江"。《资治通鉴》：唐乾宁四年（897），汴将"朱友恭为浮梁于樊港，进攻武昌寨，……遂取黄州"。即此。

樊舆县　西晋置，属高阳国。治所在今河北徐水县南。《水经·易水注》："易水又东径樊舆县故城北。汉武帝元朔五年封中山靖王子刘条为侯国，王莽更名握符矣。《地理风俗记》曰：北新城县东二十里有樊舆亭，故县也。"后废。

樊舆侯国　西汉置，属涿州。治所在今河北清苑县东北望亭乡东南御城。东汉废。《水经·易水注》：易水"东径樊舆县故城北，汉武帝元朔五年封中山靖王子刘修为樊舆侯国"。

敷川县　北宋崇宁三年（1104）置，为会州治。治所在今甘肃靖远县。金大定二十二年（1182）改名保川县。

敷水　即今陕西华阴市西罗夫河。《水经·渭水注》：敷水"南出石山之敷谷，北径告平城东。敷水又北径集灵宫西，而北流注于渭"。《新唐书·地理志》华阴县："西二十四里有敷水渠，开元二年，姜师度凿，以泄水害。五年，刺史樊忱复凿之，使通渭漕。"

敷水驿　唐置，即今陕西华阴市西敷水镇。《旧唐书·元稹传》：元和四年（809），稹"宿敷水驿，内官刘士元后至，争厅，士元怒，排其户，稹袜而走厅后。士元追之，后以棰击稹伤面"。即此。

敷水镇　北宋置，属华阴县。即今陕西华阴市西敷水镇。

敷文关　北宋置，属茂州。在今四川茂县西。宣和三年（1121）改为敷文堡。

敷文县　为敷川县之误。治所即今甘肃靖远县。《宋史·地理志》会州："崇宁三年，置倚郭县曰敷文。"《清一统志·兰州府》：会宁旧城"按：敷川县，《宋志》作敷文。误"。

敷西县　北魏太和十一年（487）置，属华山郡。治所在今陕西华阴市西敷水镇。隋废。

敷州　即鄜州。西魏废帝三年（554）改北华州置，治所在杏城（今陕西黄陵县西南十里）。隋大业三年（607）改为鄜城郡。

敷浅原　《尚书·禹贡》："过九江，至于敷浅原。"今地所在历来说法各异：《汉书·地理志》以为即今江西德安县南博阳山，一般多从此说；南宋朱熹《九江彭蠡辨》以为即今江西庐山；清胡渭《禹贡锥指》以为即庐山以南平原；近人注释《禹贡》又认为指的是安徽大别山脉的尾闾。诸说皆无可信论据，迄无定论。

敷城县　①北魏置，始光初为敷城郡治。治所在今山西原平市西北。太平真君七年（446）属秀容郡。后废。

②北魏置，属敷城郡。治所在今陕西洛川县东南鄜城村。隋大业元年（605）改鄜城县。

敷城郡　①北魏置，属敷州。治所在洛川县（今陕西洛川县东北）。隋移治洛交县（今陕西富县），改为上郡。

②北魏始光初置，治所在敷城县（今山西原平市西北）。太平真君七年（446）废。

③东魏天平四年（537）置，属晋州。治所在今山西临汾市境。北周废。

敷政县　唐天宝元年（742）改金城县置，属延安郡（后改延州）。治所在今陕西甘泉县西北阎家沟。元世祖至元六年（1269）废。

敷勇卫　明崇祯三年（1630）改扎佐长官司置，属贵州都司。治所即今贵州修文县。清康熙二十六年（1687）改置修文县。

敷答河千户所　明永乐七年（1409）置，属奴儿干都司，在今俄罗斯哈巴罗夫斯克边疆区黑龙江下游伏答哈河流域。后废。

飘然山　在今四川丹棱县西。《方舆纪要》卷71丹棱县：飘然山在“县西五里。山幽胜”。民国《丹棱县志》卷1：“县西有飘然山，距城五里。旧有尔朱真人丹灶。唐庚墓在焉。”

醇亲王府　在今北京市西城区后海北沿。原为清道光帝第七子醇亲王奕𫍽的新府，故名醇亲王府。原赐邸在太平湖（西便门东北，已于20世纪60年代填平）。光绪帝即位后，原址改醇亲王庙，另赐新府邸于后海（称北府，亦称七爷府）。奕𫍽卒后，其子载沣袭爵，其孙宣统帝即位后载沣为摄政王，故醇亲王府又称摄政王府。分东部殿堂和西部花园两大部分。大殿、后殿、后寝殿等保存完好。花园部分为宋庆龄故居。2006年定为全国重点文物保护单位。

醉白堂　在今河南安阳市。《明一统志》卷28彰德府：醉白堂“在府治北。韩琦建于居第池上，名曰醉白。取唐白乐天池上之诗，以为醉白堂之歌，苏轼为记”。

醉李　即槜李。在今浙江嘉兴市南。《春秋·公羊传》：定公十四年（前496）五月，“于越败吴于醉李”。即此。

醉翁亭　在今安徽滁州市西南十里琅琊山中。《舆地纪胜》卷42滁州：醉翁亭“在琅邪寺。庆历中僧智仙建，太守欧阳修作记”。今亭内有宋苏轼书《醉翁亭记》石刻。

〔一丿〕

磝头城　一作敖头城。在今陕西石泉县东南汉江东岸。《资治通鉴》：南朝宋元嘉十一年（434），萧思话攻杨难当，“遣横野司马萧承之为前驱。承之缘道收兵，得千人；进据磝头”。胡三省注：“《水经注》：汉水径黄金南，东流历敖头，魏兴安康县治。磝、敖同音。”

磕山　即战鸟山。今安徽繁昌县西北三十五里长江中板子矶。《寰宇记》卷105繁昌县：“磕山在县南（应为北）大江中，有石，石上有寺。旧名孤圻山，亦曰蜃居山。”

磘山堡　明置，属建昌卫。在今四川西昌市南瑶山村。《方舆纪要》卷74建昌卫军民指挥使司：磘山堡在“司南十里泸水上”。

碻磝山　在今山东平阴县西南东阿镇南七里。《方舆纪要》卷33东阿县：碻磝山“刘宋元嘉八年，檀道济与后魏战于此，置有关城。城南三土堆，即道济唱筹量沙处，亦谓之虚粮城……或以为即碻磝城，误”。

碻磝城　在今山东茌平县西南古黄河南岸，碻磝津东。北魏时为济州治。《水经·河水注》：河水“又东北径碻磝城西。《述征记》曰：碻磝，津名也。自黄河泛舟而渡者皆为津也。其城临水，西南崩于河。宋元嘉二十七年以王玄谟为宁朔将军，前锋入河，平碻磝守之。都督刘义恭以沙城不堪守，召玄谟令毁城而还。后更城之。魏立济州治此也”。唐天宝十三载（754）为河水冲毁，遂废。

碻磝津　一作敲嚣津。在今山东茌平县西南古黄河南岸，其东为碻磝城。东晋、南北朝时为军事要地。东晋太元中谢玄、义熙中刘裕及南朝宋元嘉年间的北伐，皆曾遣兵据此。北魏为河南四镇之一，又为济州治所，建有浮桥。北周又置济州关于此。唐天宝十三载（754）城毁津废。

碾子山　在今黑龙江省齐齐哈尔市西北碾子山区。清末《黑龙江全界地图》：齐齐哈尔西有碾子山。民国徐曦《东三省纪略》卷8：黑龙江省东清铁路占地一览表有碾子山站。

碾庄　即今江苏邳州市西碾庄镇。为1948年11月至1949年1月淮海战役的重要战场。村南建有碾庄战役烈士陵园和纪念碑。

碾伯千户所　明成化中置，属陕西行都司。治所即今青海乐都县（碾伯镇）。清雍正二年（1724）改为碾伯县。

碾伯卫　亦作碾北卫。明洪武十一年（1378）置，属陕西行都司。治所即今青海乐都县（碾伯镇）。后废。

碾伯县　清雍正二年（1724）改碾伯千户所置，属西宁府。治所即今青海乐都县（碾伯镇）。民国初属甘肃西宁道。1928年改为乐都县。

碾伯河 即今青海乐都县南湟水。《清史稿·地理志》碾伯县："湟水，西自西宁入。东南流，径城南，曰碾伯河。"

碾河 在今山西静乐县东。《清一统志·忻州》：碾河"有二源，一出县东北巾字山，一出县东悬钟山，合流经县南二里入汾"。

磊口 即今广东汕头市南磊口。《方舆纪要》卷103潮阳县"兴安镇"条内："《志》云，县有下游营，守河渡门、磊口等处……嘉靖三十八年倭贼从招宁巡司河渡、磊口入犯。"

磊石山 亦作累石山。旧名万岁山。又名五木山。在今湖南汨罗市西北。《水经·湘水注》："湘水自汨罗口，西北径磊石山西，而北对青草湖，亦或谓之为青草山也。"又《湞水注》："累石山在北，亦谓之五木山。山方尖如五木状，故俗人藉以名之。"

磊石戍 在今湖南汨罗市西北。《水经·湘水注》：湘水"又北径磊石戍西"。即此。

磊江 今越南中部清化省境之马江。《明史·张辅传》：永乐七年（1409）讨简定乱，"自黄江至神投海，会师清化，分道入磊江，获简定于美良山中"。

〔一、〕

震山县 北魏置，治所在今河南泌阳县东北。隋开皇初废。

震龙山 一作镇龙山。在今广西横县北。《舆地纪胜》卷113横州：震龙山"在州北八十里"。《方舆纪要》卷110横州：震龙山"山顶有潭，分流为五溪。《志》云：横、淳、宾、贵诸山之脉，皆起于此"。

震旦 印度古称中国为震旦。《旧唐书·西戎传》天竺国："贞观十五年，尸罗逸多自称摩伽陀王，遣使朝贡，太宗降玺书慰问，尸罗逸多大惊，问诸国人曰：自古曾有摩诃震旦使人至吾国乎？皆曰未之有也。乃膜拜而受诏书。"

震州 南朝梁绍泰元年（555）置，治所在吴兴郡（今浙江湖州市城区）。《旧唐书·地理志》："梁置震州，取震泽为名。"太平元年（556）废。

震武军 北宋政和六年（1116）改震武城置，治所在今青海门源回族自治县东南大通河北岸。《宋史·夏国传》："震武在山峡中，熙、秦两路不能饷，自筑三岁间，知军李明、孟清皆为夏人所杀。"元废。

震武城 北宋政和六年（1116）改古骨龙城置，属湟州。在今青海门源回族自治县东南大通河北岸。寻改为震武军。

震国 亦作振国。即唐渤海国，建都上京龙泉府（今黑龙江省宁安市西南东京城）。《新唐书·渤海传》：武后封乞乞仲象为震国公，仲象死，子祚荣立。"祚荣即并比羽之众，恃荒远，乃建国，自号震国王。……睿宗先天中，遣使拜祚荣为左骁骑大将军，渤海郡王，以所统为忽汗州，领忽汗州都督，自是始去靺鞨号专称渤海"。

震泽 古泽薮名。又名具区。即今江苏太湖。《尚书·禹贡》："三江既入，震泽底定。"即此。

震泽县 清雍正二年（1724）析吴江县南境置，属苏州府。治所即今江苏吴江市。1912年废入吴江县。

震泽塘 即荻塘。为今浙江湖州市迤东至江苏吴江市平望镇之运河。

震泽镇 即今江苏吴江市西南八十五里震泽镇。因近太湖，以太湖别名震泽为名。明、清置巡司于此。

震威城 在今陕西府谷县北。《宋史·地理志》府州：震威城"宣和六年，铁炉骨堆建砦，赐名"。金废。

霄城县 即宵城县。西晋末置，属竟陵郡。治所在今湖北天门市东。北周改为竟陵县。

霅川 即霅溪。在今浙江省北部。《清一统志·湖州府一》：霅溪"又谓之霅川"。唐罗隐有《送霅川郑员外》诗。

霅溪 ①一名霅川。即今浙江省北部苕溪自湖州市至太湖段河道。《寰宇记》卷94乌程县：霅溪"凡四水合为一溪，自浮玉山曰苕溪，自铜岘山曰前溪，自天目山曰余不溪，自德清县前北流至（湖）州南兴国寺前曰霅溪，东北流四十里合太湖……霅者，四水激射之声也"。《清一统志·湖州府一》："四水总聚于江子汇，霅然有声，故谓之霅溪，又谓之霅川。"唐张籍有《霅溪西亭晚望》诗。

②浙江旧吴兴县（今湖州市）的别称。因境内霅溪得名。宋末、元初画家钱选为吴兴人，自号霅溪翁。

〔一 ㄱ〕

辘轳山 在今河北广平县南二里。《方舆纪要》卷15广平县：辘轳山，"《志》云：县地平衍，无陵峦泉石之胜，辘轳诸山仅同冈阜，盖亦西山之余脉也"。

〔丨一〕

蕾城 在今山西闻喜县东六十里裴氏村。蕾姓乃秦始祖非子之后。《新唐书·宰相世系表一上》："非子之支孙封蕾乡，因以为氏，今闻喜蕾城是也。六氏孙陵，当周僖王之时封为解邑君，乃邑从衣为裴。"

〔丨㇇〕

题诗岩　在今福建武夷山市西南武夷四曲中。明《八闽通志》卷6《地理志·山川》崇安县：题诗岩“在溪畔，诸名贤多留题。又四曲亦有题诗岩。蔡沉诗：‘四曲游人欸乃歌，旧矶千古老渔簑。题诗岩下人来往，春雨年年长绿莎’”。

题桥市　俗名桥头。即今上海市闵行区东二十八里题桥。在黄浦江东岸，镇西有石桥名大通桥，乡人元进士秦裕伯所题，故又名裕伯题桥。

题扇桥　在今浙江绍兴市城区蕺山街东河上。《舆地纪胜》卷10绍兴府：题扇桥“在戒珠寺南百步，盖右军所题卖扇姥所居处”。

暴　又作暴隧。西周封国。春秋为郑邑。在今河南原阳县西南。《路史·国名纪》：“暴，新公釆，郑邑也。”《春秋》：文公八年（前619），“公子遂会雒戎盟于暴”。杜注：“郑地。”

暴马顶子　在今黑龙江饶河县西。1934—1935年饶河反日游击大队在此建立起饶河游击区，属吉东抗日游击区。饶河游击区在饶河县完达山脉东麓以暴马顶为中心，东至关门嘴子、南至大岱河、西至大叶子沟、北至小佳河，方圆40余平方公里。1935年春，逐渐向山外发展。1936年春，扩展到同江县头道林子、虎林县倒木河、大黄山一带。

暴龙堡　一作抱龙堡。即今重庆市巫山县东南抱龙乡。清康熙《巫山县志》：暴龙堡在“治南七十里”。

暴蛮部　唐南诏置，属拓东节度。在今云南宣威市北部。

暴隧　即暴。春秋郑邑。在今河南原阳县西南。《左传》：成公十五年（前576），“楚子侵郑，及暴隧”。即此。

瞎令古城　在今青海门源回族自治县东南。北宋政和七年（1117）收复，改为德通城。

嘶马镇　即今江苏江都市东南四十六里嘶马镇。《清一统志·通州》“印庄巡司”条下：泰兴县西北“六十里有嘶马镇”。

噶三噶珊　在今俄罗斯哈巴罗夫斯克边疆区黑龙江下游东岸阿纽依河口南、加斯西湖口。清属三姓副都统。光绪《吉林通志》17：混同江南岸，东至海滨旧设噶珊有“噶三”。咸丰年间通过不平等的中俄《北京条约》被俄割占。

噶大克　又名噶尔渡或加托克。即今西藏阿里地区噶尔县东南噶尔雅沙。为西陲交通要地。清光绪三十二年（1906）中英条约规定开为商埠。

噶木布拉山　在今西藏曲水县西南。清乾隆《卫藏通志》卷3：噶木布拉山“俗名甘不拉，前藏西行一百七十里至曲水。渡藏江，通后藏大道，即西昆仑山也”。

噶丹寺　又名甘丹寺、甘当寺。在今西藏达孜县东拉萨河南岸旺古尔山上。藏语意为“极乐寺”。明永乐七年（1409）由喇嘛教格鲁派（黄教）创始人宗喀巴兴建，为格鲁派第一座寺院，与哲蚌寺、色拉寺齐名。藏有明代以来文物甚多。1961年定为全国重点文物保护单位。

噶尔布土司　清雍正时置，属西宁办事大臣。为玉树四十族之一。驻牧地在今青海囊谦或杂多县境。后附属于苏鲁克土司。乾隆《西宁府新志》卷19塞外贡马番族：“住牧途胡尔托罗海地方噶尔布族，即在玉树族界内。”

噶尔东城　一作喀尔多木。即今西藏阿里地区普兰县北嘎尔登。清乾隆《西域同文志》卷18：“西番（藏）语：噶尔东，白螺也。城之形色如之，故名。”

噶尔多穆城　即噶大克。今西藏阿里地区噶尔县东南噶尔雅沙。清陶思曾《藏辅随记》：“噶大克者，位于后藏之极西，胡文忠舆图作噶尔多穆城。”

噶尔招木伦江　即今西藏中部拉萨河。系蒙古语名。藏语为拉萨曲（吉曲），意为圣地河（快乐河、幸福河）。源于林周县东北，东南流折向西南，于曲水县南汇入雅鲁藏布江。《清一统志·西藏》：噶尔招木伦江，“按唐时吐蕃牙帐近臧河。疑即此水”。

噶尔宗　原西藏地方政府设，治所在今西藏阿里地区噶尔县东南噶尔雅沙。1960年改设噶尔县。

噶尔别齐噶珊　亦作噶尔梯乞。在今俄罗斯哈巴罗夫斯克边疆区黑龙江下游南岸特罗伊次科耶东北。清初属宁古塔将军。康熙《皇舆全览图》：黑龙江下游南岸有“噶尔梯乞噶山”。后属三姓副都统。光绪《吉林通志》卷17：混同江南岸，东至海滨旧设噶珊有“噶尔别齐”。咸丰年间通过不平等的中俄《北京条约》被俄割占。

噶尔崖　一名噶拉依。又称刮耳崖。在今四川金川县南安宁乡。旧为金川土司据点。清魏源《圣武记》卷7《乾隆再定金川土司记》：乾隆四十年（1775），“十二月，三路军皆会于噶尔崖，筑长围周数里，断水道以困之，大炮昼夜霆击”。

噶尔渡　即噶大克。今西藏阿里地区噶尔县东南噶尔雅沙。清陶思曾《藏辅随记》：噶大克“一作噶尔渡”。

噶达　亦作格达。在今四川道孚县东南协德乡（街村）。清雍正七年（1729）迁达赖喇嘛居此，设泰宁协副将驻守保护。十三年（1735）达赖返藏，于此改设噶达汛。

噶达素齐老峰　在今青海曲麻莱县东北。《清一统志·青海厄鲁特》：阿勒坦噶达素齐老峰“在青海西境，黄河之真源，于此重发。乾隆四十七年，侍卫阿弥达奉命寻访河源，得阿勒坦郭勒于星宿海之西三百里，又其西有巨石高数丈，亭亭独立，名阿勒坦噶达素齐老，蒙古语噶达素，北极星也，齐老，石也。唯此一石峰，其崖壁皆土，作黄赤色，更无草木，壁立为天池。池中流泉渍涌，酾为百道，皆作金色，入阿勒坦郭勒，实黄河真源也”。

噶玛兰 在今台湾东北部宜兰平原。清嘉庆间，福建、广东移民屯垦于此，人口繁衍，形成市镇。道光《福建通志·台湾府》：噶玛兰“番语作蛤子难，或作甲子兰、哈子兰，皆假借为音。嘉庆十五年，总督方维甸入奏，始正为噶玛兰”。嘉庆十六年（1811），置噶玛兰厅。

噶玛兰厅 清嘉庆十六年（1811）置，属台湾府。治所在五围（今台湾省宜兰县）。据币原垣著《宜兰民族考》（载《台湾省文献专刊（三）》）谓“噶玛兰”有“平地”之义，是指割据平地之种族。光绪元年（1875）改置宜兰县。

噶玛霞寺 亦名垂仲殿。在今西藏拉萨市内大昭寺东。清《西藏图考》卷5：“垂仲殿在大招东半里许，寺名噶玛霞，内塑神像狞恶，有护法垂仲乃剌麻装束，仍娶妻生子，世传其术，即中华之巫类。”

噶拉依屯 清乾隆四十一年（1776）置，属阿尔古厅。在今四川金川县南九十里安宁乡。四十四年（1779）改为崇化屯。

噶拉依寨 俗称刮耳崖。在今四川金川县南安宁乡。悬崖峭壁，形势险要。为大金川土司主要据点。《清史稿·普尔普传》：乾隆四十一年（1776）正月，“合诸军围噶拉依，普尔普出其右，与海兰察筑垒逼贼巢，遂克之”。金川平定后，有御制勒铭噶喇依之碑。设崇化营驻此。

噶拉塘 又作卡拉塘。在今西藏南部，门隅地区达旺东南一百二十里处。原隶属于西藏地方政府打陇宗，1951年被印度政府非法占领。

噶哈哩 在今吉林汪清县西北天桥岭镇附近。清萨英额《吉林外纪》卷3：“宁古塔至珲春无站，亦无旅店，有卡伦六处传递公文。……萨奇库，八十里曰噶哈哩。”即此。

噶哈哩河 又作僝蠢水、十三道嘎呀河。即今吉林汪清县境之嘎呀河。《清一统志·吉林一》：噶哈哩河“在宁古塔城南一百五十里。源有二：一出玛尔呼哩窝集，一出尼叶赫窝集，南流会布尔哈图河入图们江”。

噶顺 又名沙泉。清置台站。在今新疆精河县东沙泉子村。《清一统志·库尔喀喇乌苏》：噶顺腰台“在托克多台西七十里”。宣统《新疆图志》卷84：沙泉驿“旧名噶顺腰台”。

噶勒扎尔巴什池 即今新疆福海县西北之乌伦古湖（布伦托海）。《清一统志·塔尔巴哈台》：噶勒扎尔巴什池“在塔尔巴哈台东南，哈喇莽奈山北一百里。上承青吉勒河之水，西流三百余里汇为巨浸，周围二百余里。余波入于沙碛”。

噶勒扎尔巴什淖尔 即乞则里八寺海。今新疆福海县西北之乌伦古湖。清徐松《西域水道记》卷5：“淖尔二，小者曰巴噶淖尔，周二百余里，圆椭形，在东南；大者曰噶勒扎尔巴什淖尔，周五百余里，形狭而长，在西北，大小相联，正如葫芦。”

噶勒达逊屯 亦作噶尔达苏屯。明末清初达呼尔族部屯寨。在今俄罗斯阿穆尔州布拉戈维申斯克（海兰泡）东北。清雍正《钦定八旗通志初集》卷161《董阿敏传》：崇德八年（1643），征“萨哈连吴喇国博和哩城……又同阿尔津、哈宁阿招服大噶尔达苏、小噶尔达苏二屯，进围绰库禅、能吉尔二村”。

噶勒达逊噶珊 又作大小噶尔达苏、噶尔塔孙、噶里达苏。明末清初达呼尔族屯寨，在今俄罗斯阿穆尔州结雅河支流布东达河北岸。《清太宗实录》卷51：崇德五年（1640）三月，萨穆什喀等讨索伦部博穆博果尔叛乱，“及我兵大捷后，果博尔屯之温布特、博和里屯之额尔喷、噶尔塔孙屯之科奇纳、木丹屯之诺奇尼、都孙屯之奇鲁德、兀剌喀屯之博卓户、得都尔屯之科约布鲁七屯之人，已归顺额驸巴尔达齐”。清咸丰年间被俄割占。

噶勒毕河 在今俄罗斯哈巴罗夫斯克边疆区黑龙江下游，为阿姆贡河的支流。《清一统志·吉林一》“额密勒河”条下：“噶勒毕河，在（宁古塔）城东北界。源出鄂锡克塔山，东北流入额密勒河。”

噶脱 亦作嘎拖。在今四川白玉县东北河坡乡。南宋绍兴二年（1132）于此建寺（嘎拖寺），为康区第一寺庙，红教最大的朝拜圣地。

噶惹拉 即今西藏江孜与浪卡子县交界处之卡惹拉。清光绪二十九年（1903）藏军曾在此布防，抗击英国侵略军。

噶喇住索 亦名上渡噶喇住索。在上渡（今四川雅江县北雅砻江西岸呷拉乡）。清康熙四十年（1701）置噶喇住索土百户。

噶鲁 在今西藏丁青县东南协雄乡。为藏北三十九族之一。见清乾隆《西藏志·外番》。

噶察克拉岭 一名大雪山。即今四川道孚、丹巴间之大雪山。民国杨仲华《西康纪要》：“纵插于大金川、鸦砻江之间者曰大雪山脉。”因四时积雪，故有大雪山之称。

噶穆巴拉岭 即噶木布拉山。在今西藏曲水县西南。《清一统志·西藏》：噶穆巴拉岭“在楚舒尔城（今曲水县东北）西南三十五里。为卫之西界，藏之东界”。

噍吧哖 即今台湾省台南市东北玉井区。为高山族西拉雅平埔人社名。清光绪初称噍吧哖街。日本占领期间于1920年以日语读音改为玉井。1945年抗日战争胜利后设玉井乡。

暹国 在今泰国宋加洛一带。为泰族速古台王朝所建。《宋史·陈宜中传》：元世祖至元十九年（1282），“大军伐占城，宜中走暹，后没于暹”。

暹罗国 即今泰国。旧分暹及罗斛二国，北为暹，都速古台（今泰国宋加洛）；南为罗斛，都华富里（今泰国中部班塔欣）。元汪大渊《岛夷志略》“暹”

条云："至正己丑夏五月，（暹）降于罗斛。"据《明史·暹罗传》，此后称暹罗斛国。洪武十年（1377）始称暹罗。

鄳县　即鄍县。在今河南罗山县西。《魏书·地形志》：南司州齐安郡有"鄳"。即此。

鄵　一作操。春秋郑邑。在今河南新郑市至鲁山县之间。《春秋》：襄公七年（前566），郑伯髡顽"卒于鄵"。杜注："鄵，郑地。"《公羊传》：郑伯髡"卒于操。操者何，郑之邑也"。

影口山　在今山东蓬莱市西南二十里。《方舆纪要》卷36蓬莱县"石门山"条下：影口山"山巅有营垒故址"。

影珠山　在今湖南长沙县东北七十五里，接汨罗市界。《清一统志·长沙府一》：影珠山"山巅有井，其影如珠，故名。亦名易公山，为元易公得道处"。

影娥池　在今陕西西安市西北汉建章宫内。《三辅黄图》卷4："（汉）武帝凿池以玩月，其旁起望鹄台以眺月，影入池中，使宫人乘舟弄月影，名影娥也。亦曰眺蟾台。"

踖陵　春秋黄国邑。在今河南光山县东南。《左传》：庄公十九年（前675），楚子"伐黄，败黄师于踖陵"。即此。

踏水桥　亦作塔水桥。在今四川安县（花荄镇）西。清嘉庆《安县志》卷13：踏水桥"在县（旧治安昌镇）南五十里，臭水河合神泉东流至此。乾隆十六年建"。

踏白城　北宋置，属河州。在今甘肃积石山保安族东乡族撒拉族自治县南。《宋史·吐蕃传》：熙宁三年（1070），"王韶既定熙河，其首领青宜结鬼章寇河州踏白城"。即此。

踏实堡　即今甘肃瓜州县东南九十里锁阳城镇。《清一统志·安西州》：踏实堡"城周一里八分。本朝雍正五年筑，六年设守备驻守，十年改设都司。乾隆四十四年改设千总。……其间山径崎岖，为青海诸夷往来要道"。

踏驽河　即他鲁河。今嫩江支流洮儿河。《武经总要》作"踏驽河"。

踏浒市　一作达浒市。即今湖南浏阳市东北达浒镇。清嘉庆《浏阳县志》卷7：踏浒市"在县东八十五里"。

踏藏寨土司　亦名羊峒塔藏。清康熙四十二年（1703）置，属松潘镇漳腊营。在今四川九寨沟县西北达基寺。后废。

踘蹰山　又名坻箕山。在今安徽含山县南东关附近。《寰宇记》卷126巢县："踘蹰山在县南三十七里。山北临濡须港。按顾野王《舆地志》云：东关口有踘蹰山，昔坻箕山也。《春秋传》云：楚子观兵于坻箕山上，此是也。"

踞湖山　又作据湖山。即横山。在今江苏苏州市吴中区西南十五里。南宋范成大《吴郡志》卷15：踞湖山"以其背临太湖，若箕踞之势然"。

蝎子掌山　在今陕西淳化县北。《清一统志·邠州》：蝎子掌山"在淳化县北四十里。冶谷水出此"。

蝙蝠岩　在今安徽六安市南五十里，邻霍山县。《方舆纪要》卷26六安州：蝙蝠岩在"州南五十里同山冲内。其地有大同、小同二山，形相似也。岩阔四丈，深不可测，昔人尝于此避兵。有同山寨在大同山上"。

颛臾　周代东夷小国。春秋时为鲁之附庸。风姓。在今山东平邑县东南三十里固城。《左传·僖公二十一年》："任、宿、须句、颛臾，风姓也，实司大皞与有济之祀，以服事诸夏。"《论语·季氏》："夫颛臾，昔者先王以为东蒙主，且在邦域之中矣。"

颛臾县　隋开皇十八年（598）改武阳县置，属沂州。治所即今山东平邑县。大业初属琅邪郡。唐贞观元年（627）省入费县。

颛顼城　在今河南濮阳县东南东高城。《左传·昭公十七年》：辛慎曰，"卫，颛顼之虚也。故为帝丘"。《汉书·地理志》濮阳县："故帝丘、颛顼虚。"

颛顼陵　在今河南内黄县西南六十五里梁庄镇三杨庄西三里硝河西岸。其西为帝喾陵，故又称颛顼帝喾陵。《山海经·海内东经》："汉水出鲋鱼之山，帝颛顼葬于阳，九嫔葬于阴，四蛇卫之。"《史记·五帝本纪》集解引《皇览》："颛顼冢在东郡濮阳顿丘城门外广阳里中。"《水经·淇水注》：淇水"又北径白祀山，东历广阳里，径颛顼冢西，俗谓之殷王陵，非也。《帝王世纪》曰：颛顼葬东郡顿丘城南，广阳里大冢者是也"。《通典·州郡典》魏州顿丘："鲋鰅山，颛顼葬其阳，九嫔葬其阴。今名广阳山。"《元和志》卷16澶州顿丘县："颛顼陵，在县西北三十五里。"元初，在陵园四周及二陵之间修砌了砖墙。清宣统年间，黄河故道风沙南移，陵园俱被风沙掩埋。现仅存一个大沙岗和二通石碑，一通石碑全露在外，上书"颛顼陵"三大字，气势磅礴。另一通书"颛顼帝喾陵"，石碑仅露地尺许，为元天历二年（1329）所立。颛顼与帝喾位居五帝之列，是中华民族历史上两位著名的帝王。

颛桥镇　一作砖桥。即今上海市闵行区南十里颛桥镇。清光绪《江苏全省舆图》：华亭县东北有"颛桥"。

嶕岘　在今浙江绍兴市东南。传说为越国第一位君王无余都。《水经·渐江水注》："又有秦望山，在州城正南，为众峰之杰，涉境便见。……山南有嶕岘，岘里有大城，越王无余之旧都也。"《越绝书》卷8："昔者越之先君无余，乃禹之世别封于越……都秦余望南。"秦望山为会稽山诸峰之一，在今绍兴城东南，嶕岘大城即在山南。《方舆纪要》卷92绍兴府"越王城"称："府东五十八里有侯城，相传无余所都"，但亦不能确指。

嶕峣山 ①在今山西阳城县东三十里。《水经·沁水注》：阳泉水“出鹿台山，山上有水渊而不流，其水东径阳陵城南……水历嶕峣山东，下与黑岭水合”。即此。

②在今河南洛宁县西北三十五里。《元丰九域志》卷1：河南府永宁县“有嶕峣山”。

嶕峣峰 在今天津市蓟县西北盘山。清道光《蓟州志》卷2：嶕峣峰“壁立千尺青削到地，鬼斧神工鸠聚于此，为盘之最奇绝处”。其东有上方寺，唐大和二年（828）道宗大师所建。

嶼崃山 一作奥来山。在今河南遂平县西七十里。《方舆纪要》卷50遂平县：奥来山“亦曰嶼崃山。其相连者为枪峰垛，下有黑龙潭，即石洋河之源也”。

嶓山 即嶓冢山。在今陕西宁强县北。

嶓冢山 一名嶓山。《尚书·禹贡》：“嶓冢导漾，东流为汉。”实际上，漾水乃今西汉水之上源，故班固《汉书·地理志》陇西郡西县谓：“《禹贡》嶓冢山，西汉所出。”唐杜佑《通典·州郡》遂认为嶓冢山有二：(1)秦州上邽（今甘肃天水市），“嶓冢山，西汉水所出，今经嘉陵曰嘉陵江，经阆中曰阆江”。(2)汉中郡金牛县（今陕西宁强县东北），“嶓冢山，禹导漾水，至此为汉水，亦曰沔水”。今宁强县北之嶓冢山，土人名汉源山，当为《禹贡》“嶓冢导漾”之嶓冢山。

嶓冢县 北魏正始中置，属华阳郡。治所在今陕西勉县西四十七里铜钱坝乡。隋大业二年（606）改为西县。

嵹台（臺）山 又称西强山。即今青海东部、甘肃西南部西倾山。《水经·河水注》：“《沙州记》曰：洮水与垫江水俱出嵹台山，山南即垫江源，山东则洮水源。”《史记·夏本纪》《正义》引《括地志》云：“西倾山，今嵹台山，在洮州临潭县西南三百三十六里。”《元和志》卷39临潭县：“洮水，出县西南三百里嵹台山，即《禹贡》西倾山也。”

墨山 ①在今山东平度市东北六十里。《寰宇记》卷20胶水县：墨山“石色如墨，又有墨水出焉”。

②在今河南淅川县西。《水经·丹水注》：“黄水北有墨山，山石悉黑，缋彩奋发，黝焉若墨，故谓之墨山。”

③即黑山。在今河南鹤壁市东南二十四里淇河北岸。《寰宇记》卷56引《九州要纪》云：“墨子昔居此山。因名。”

④在今湖南华容县东四十五里。宋范致明《岳阳风土记》：“墨山谓之玄石山。《楚辞》曰，驱予车于玄石，步予马于洞庭。”

墨山国 即山国。汉西域三十六国之一。在今新疆尉犁县东孔雀河北岸营盘古城（或称因半古城）。《水经注》作墨山国。

墨井 在今河南安阳市西南。晋左思《魏都赋》：“墨井盐池，玄滋素液。”《明一统志》卷28彰德府：墨井“在府城西南郭村。井中有石如墨”。

墨水 ①在今山东平度市东北。《寰宇记》卷20胶水县：“墨山在县东北六十里。石色如墨。又有墨水出焉。”《方舆纪要》卷36平度州：“墨水在州东。源出东北六十里之墨山，南流经即墨县入海。”

②在今山东即墨市北半里。流经县西合淮涉水。《元和志》卷11即墨县：“城临墨水，故曰即墨。”

墨玉县 1919年析和阗县置，属新疆喀什噶尔道。治所在哈喇哈什城（今新疆墨玉县）。清乾隆《西域同文志》卷3：哈喇哈什，“回语：哈喇，黑色。河中多产墨玉，故名”。1920年改属和阗道。1930年属和阗行政区。后直属新疆省。

墨叶（葉）渡 在今重庆市奉节县东。《明史·廖永忠传》：洪武四年（1371）伐蜀夏，“进至瞿塘关，山峻水急，蜀人设铁锁桥，横据关口，舟不得进。永忠密遣数百人，持糗粮水筒，舁小舟越山渡关，出其上流。……度已至，帅精锐出墨叶渡，夜五鼓，分两军攻其水陆寨”。

墨尔多山 在今四川丹巴县东北。《清一统志·懋功屯务厅》：墨尔多山“在章谷屯东六十里。旧有喇嘛寺。本朝乾隆四十一年平定大小两金川，奉旨致祭，列入春秋祀典”。乾隆《金川琐记》卷2：“章谷之墨尔多山，高插霄汉。相传释迦佛成道处，上多喇嘛寺，常出异僧人。土人每岁春秋，不惮千里必来参谒，俗称朝山。山巅一峰名玉笋峰，天日晴朗，辄有云气迷濛不甚明了，惟天阴时瞭然在望。”

墨尔根河 ①即今内蒙古陈巴尔虎旗北莫勒格尔河，为海拉尔河支流。《清一统志·黑龙江》“济尔玛台河”条：“又墨尔根河，在呼伦布雨尔北六十余里……诸河源俱出兴安岭，入开拉哩河。”

②在今哈萨克斯坦江布尔东。《清一统志·伊犁》：墨尔根河“在伊犁西北，阿什布鲁尔河西二十五里。北流五十里，东会阿什布鲁尔河、哈纳图河，又北东流八十里入吹河”。

墨尔根城 清康熙二十九年（1690）建，即今黑龙江省嫩江县。移黑龙江将军驻此。清西清《黑龙江外记》卷1：“墨尔根以河名城。”三十八年，将军移驻齐齐哈尔，设墨尔根副都统镇守。光绪三十四年（1908）改置嫩江府。1913年改置嫩江县。

墨尔根副都统 清康熙四十九年（1710）置，属黑龙江将军。治所在墨尔根城（今黑龙江省嫩江县）。辖境相当今内蒙古莫力达瓦达斡尔自治县、黑龙江省讷河县北至伊勒呼里山间嫩江流域。光绪三十四年（1908）裁。

墨朱工喀 即墨竹工卡。今西藏墨竹工卡县。《清圣祖实录》卷289载康熙五十九年（1720）清兵入藏平定准噶尔之乱时，“先取墨朱工喀地方”。即此。

墨竹　西藏古地名。古藏文史籍《敦煌吐蕃文书》载：悉补野部落首领囊日伦赞论功行赏，以其征服的墨竹奴户1500家封赐功臣。墨竹地在今西藏墨竹工卡地区。

墨竹工卡　即今西藏墨竹工卡。清《西藏图考》卷3：仁进里“七十里至墨竹工卡”。藏语意为墨竹色青龙王住的中间白地。1960年与仁庆林、乌斯江等谿合并设墨竹工卡县。

墨竹亭　在今江西瑞昌市西十里。《清一统志·九江府一》：墨竹亭“宋元丰间，苏轼自黄州适筠州，视弟辙经此，题诗石上，以余墨洒竹，后人构亭于山，即名亭子山”。

墨江　在今广东始兴县西。《清一统志·南雄州》：墨江“在始兴县西一里。源出翁源县界，下流二十里至江口，与东江合。旧传水黑如墨，故名”。

墨江水　在今广东始兴县西。《方舆纪要》卷102始兴县：墨江水在“县西十五里。《志》云：源出翁源县界，水色如墨”。《清一统志·南雄州》：墨江“在始兴县西一里。源出翁源县界，下流二十里至江口，与东江合”。

墨江县　1915年改他郎县置，属云南普洱道。治所即今云南墨江哈尼族自治县。系以纵贯县境的阿墨江得名，并寓愿墨水成江，文化发达。1929年直属云南省。1979年改置墨江哈尼族自治县。

墨池　在今浙江温州市。《清一统志·温州府》：墨池“在永嘉故城。晋王羲之为郡守，临池学书处。宋米芾书‘墨池’二大字”。

墨把山　在今湖北宣恩县南。《方舆纪要》卷82高罗安抚司：墨把山在“司西十里。有七峰耸拔。亦曰墨把峰”。

墨里勒克河　亦名眉勒尔喀河、墨勒肯河、默勒肯河、墨尔垦河。即今内蒙古额尔古纳市北之莫尔道河，为额尔古讷河东支流。清康熙二十八年（1689）以前，沙皇俄国入侵，在河口处建据点。《尼布楚条约》规定“凡在额尔古纳河南岸之墨里勒克河口诸房舍，应悉迁移于北岸”。

墨妙亭　①在今浙江湖州市城区。苏轼《墨妙亭记》：“熙宁四年，高邮孙莘老，自广德移守吴兴。其明年二月，作墨妙亭于府第之北、逍遥堂之东，取凡境内自汉以来古文遗刻以实之。”

②在今江苏太仓市城北二里淮云寺内。《清一统志·太仓州一》：墨妙亭“元浙江军器提举顾信建。信从赵子昂游，得其书，即摹诸石，因以名亭。信好施，舍宅为寺。今淮云寺即其故宅”。近年重建于太仓人民公园西首，有赵子昂“重刻海宁寺碑记”等石刻。

③在今四川宜宾市东北旧州坝。《舆地纪胜》卷163叙州：墨妙亭“在郡治。龛置山谷笔迹”。

墨岭山　一作岭山。即今安徽黟县南十五里青岭山。《旧唐书·地理志》黟县：“县南墨岭山出石墨故也。”《寰宇记》卷104黟县：岭山“在县南一十八里。岭上有石如墨色。岭有穴，中有墨石软腻，土人取为墨，色碧甚鲜明，可以记文字”。

墨金　在今西藏东南部珞渝地区，墨脱县治西南一百四十里处，沿雅鲁藏布江右岸。为珞巴语名。原隶属西藏地方政府管辖。1944年被印度政府非法占领。

墨特川　在今贵州赫章县境。墨特川即赫章的彝名。《方舆纪要》卷121贵阳府“济番河”条下：“墨特川在府西北。元大德五年，顺元酋长宋隆济与水西土官妻蛇节作乱，攻陷杨黄二砦，进攻贵州。元将刘国杰讨之，自播州进战，大破隆济等于墨特川，贼遂降散。”

墨离　亦作莫离。在今青海共和县东北。《资治通鉴》：唐天宝五载（746），王忠嗣“与吐蕃战于青海、积石，皆大捷。又讨吐谷浑于墨离军，虏其全部而归”。

墨离军　唐置，属河西节度使。在今甘肃瓜州县北。《资治通鉴》：唐天宝五载（746）王忠嗣“又讨吐谷浑于墨离军，虏其全部而归”。

墨勒肯河　又作默勒肯河、墨里勒克河。即今内蒙古额尔古纳市北之莫尔道河。《清一统志·黑龙江》：默勒肯河“一作墨尔垦河。在呼伦布雨尔北五百十余里。源出东北兴安岭，西流入额尔古纳河”。据西清《黑龙江外纪》卷5载，每岁墨尔根协领率官兵巡额尔古纳河边界至“墨里勒克河”。

墨脱宗　原西藏地方政府设，治所即今西藏墨脱县白马岗。1960年与金珠、旁辛二谿合并，改设墨脱县。

墨黑铁路　自黑龙江墨尔根（今嫩江县）经霍龙门、禄神至黑河（今黑河市）。全长296公里。实际仅修至禄神。日伪修筑，1941年通车。

墨鲁恭噶城　即墨竹工卡。今西藏墨竹工卡县。《清一统志·西藏》卫地诸城：墨鲁恭噶城“在喇萨东北一百五十里”。

墨镫镇　即今山西武乡县东北墨镫乡。《清一统志·沁州》：墨镫镇“在武乡县东北，接辽州界”。

墨馨站　又作茂兴。清康熙二十五年（1686）置，即今黑龙江省肇源县西茂兴镇。《清一统志·黑龙江》“布克依站”条下：“乌兰诺尔站，又四十五里至墨馨站。”

〔丿一〕

镆铘山　①亦作镆鎁山。即今广西武鸣县东北大明山。《舆地纪胜》卷106邕州：镆鎁山“在武缘县南。山形盘礴，地势险隘，镆鎁关在焉”。《方舆纪要》卷111武缘县：镆铘山在“县东八十里。即大明山也。延袤甚远，旧为邕、澄二州之望”。

②亦作镆鄒山，又名界牌峡。在今广西荔浦县北三十五里。《方舆纪要》卷107荔浦县：镆铘山“险峻如刃。昔人置关其上。土人谓之界牌峡，或以为即汉之荔平关”。

镆铘关 亦作镆鄒关。在今广西荔浦县北三十五里镆铘山上。清同治《广西通志》卷2：“两山夹道如镆鄒，故名。”

镆铘城 亦作镆鄒城。明正统中土官岑瑛筑，在今广西武鸣县东北六十里。后废。

镆铘岛 即莫邪岛。在今山东荣成市东南，当山东半岛之东南。今为镆铘岛镇。

镆鄒寨 在今广西武鸣县东五十里。明置巡司于此。清乾隆间废。

镇乃场 即慎乃场。在今广西南宁市西北右江下游。《宋史·地理志》邕州：“金场一：镇乃，熙宁六年置。”

镇下门水寨 即今浙江苍南县东南霞关镇。《方舆纪要》卷94平阳县：镇下门水寨“亦曰镇下门关，坐临大海……守御最切”。

镇下关 在今浙江苍南县东南霞关镇。《清一统志·温州府》：镇下关“在平阳县东南一百四十里。亦曰镇下门，水寨座临大海，其东有官嶴，直冲台山外洋。明置关，设总哨官帅舟师哨守。今亦设兵防御”。

镇口闸 在今江苏徐州市北二十里。《清一统志·徐州府二》：镇口闸“在铜山县北二十里。相近有东镇口闸”。

镇口堡 在今山西天镇县西北二十里。《方舆纪要》卷44大同府：镇口堡“嘉靖二十五年筑，隆庆六年增修，周一里有奇，分边十三里零，内榆林、水磨等口极冲，……嘉靖间寇尝由此入犯”。

镇山 在今安徽郎溪县南五里。《清一统志·广德州》：镇山“在建平县南五里。山势雄壮，为邑之案山”。

镇川县 1946年陕甘宁边区由榆林、米脂、横山三县析置，治镇川堡（今陕西榆林市东南镇川镇）。1949年12月改名榆林县，徙治鱼河堡（今榆林市南鱼河镇）。1950年5月迁回县城（今榆林市）。

镇川堡 ①北宋康定中筑，属新秦县。在今陕西神木县东北。嘉祐四年（1059）废。

②明嘉靖二十九年（1550）巡抚张珩置，即今陕西榆林市东南镇川镇。1946—1949年陕甘宁革命根据地镇川县治此。

镇门堡 在今山西阳高县东北二十五里镇门堡村。《方舆纪要》卷44大同府：镇门堡“嘉靖二十六年筑，隆庆六年增修。周一里有奇”。

镇子场 ①即今四川安岳县西南云归镇。清道光《安岳县志》卷7：镇子场“在治南六十里”。

②即今四川仁寿县东南始建乡。清光绪《资州直隶州志》卷3仁寿县：始建镇“在县南五十里，即镇子场”。

③即今四川峨眉山市东符溪镇。民国《乐山县志》卷2：镇子场“前清嘉庆间设，距城六十里。……旧名古城镇，居民百余家，商业灯草、席子，为乐、峨往来要冲”。

镇子街 亦作镇紫街。即今重庆市綦江县南镇紫镇。同治《綦江县志》卷1：镇子场在“南九十里”。

镇元山 在今云南新平彝族傣族自治县南。《清一统志·元江州》：镇元山“在新平县南五十里”。

镇水 即今广东和平县东北鱼潭江。《方舆纪要》卷103惠州府和平县：镇水在“县东北六十里。源出紫云山，东北流，经乌虎山下，汇龙南、安远诸小水，又东南合和平水，即浰水也。县境之田，多赖以灌溉”。

镇风塔 在今广东饶平县东南二十六里柘林镇风吹岭。元至正十三年（1353）建。为七层八角形楼阁式石塔。高20米。

镇凤山 在今甘肃礼县东北四十里。清光绪《甘肃新通志》卷7：镇凤山“形如飞凤”。乾隆《直隶秦州新志》卷2：“上有九堆，宋关师道随李承琪尝屯驻其上。”

镇巴县 1914年改定远县置，属陕西汉中道。治所即今陕西镇巴县。1928年直属陕西省。

镇龙山 ①在今广西宾阳县东南。《明史·地理志》宾州：“东南有镇龙山。”《方舆纪要》卷109宾州：镇龙山“在州东南八十里，高出东南诸山，亘百余里，与平乐府之永安县，浔州府之贵县接界”。

②即今广西贵港市西北镇龙山。海拔1140米。清光绪《广西舆地全图》贵县图：西有镇龙山。

镇龙山场 即今四川古蔺县东南龙山镇。清嘉庆《叙永厅志》卷11：镇龙山场在厅东“二百六十里”。1935年红军长征在此打败川军，向西进军，今有红军龙山战斗纪念碑。

镇龙关 又名龙关镇。清置，属巴州。在今四川平昌县东北镇龙镇。清设州判驻此。

镇平关 明置，属松潘卫。在今四川松潘县南一百五十六里镇坪乡。《明史·地理志》松潘卫：“又南有镇平关。”

镇平县 ①金末置，属申州。治所即今河南镇平县。元属南阳府。明洪武十年（1377）省入南阳县。十三年（1380）复置。民国初属河南汝阳道。1927年直属河南省。

②明崇祯六年（1633）置，属潮州府。治所即今广东蕉岭县。寓“镇而平”之意。清改属嘉应州。1914年因避与河南镇平县重名，改为蕉岭县。

镇平镇 即今陕西镇坪县南钟宝镇。旧属平利县，民国时设县佐。

镇东卫 明洪武二十年（1387）置，属福建都司。

治所在今福建福清市东南海口镇东。辖梅花、万安二千户所。清康熙三年（1664）废。

镇东军 唐、五代方镇名。唐乾宁三年（896）以威胜军节度使改名，治所在越州（今浙江绍兴市）。领越、睦、衢、婺、台、明、处、温八州。辖境相当今浙江大部分地。天祐后仅领越、台、明、处、温五州。五代地属吴越。北宋初废。

镇东县 ①金大定七年（1167）置，属会宁府。治所在今黑龙江省哈尔滨市阿城区东北蜚克图镇。十三年改名曲江县。

②清宣统二年（1910）析科尔沁右翼后旗地置，属洮南府。治所在东叉干挠（今吉林镇赉县）。民国初属奉天省洮昌道。1929年直属辽宁省。1947年并入镇赉县。

镇东寨 在今福建福清市东濒海。本明镇东卫，清康熙二年（1664）裁卫改寨，有守备驻守。

镇北台（臺） 明万历五年（1577）筑。在今陕西榆林市北。《清一统志·榆林府》：款贡城“在榆林县北红山上。中有镇北台、易马台”。

镇北关 亦称北关。明置，属三万卫。即今辽宁开原市北莲花镇。《方舆纪要》卷37三万卫：镇北关在“卫东北七十里。海西族朝贡市易处”。

镇北河 在今湖北枣阳市西北，襄阳市襄州区东北。《清一统志·襄阳府一》：镇北河“在枣阳县北十里，西流入襄阳县界，入唐河”。

镇北都护府 唐至德二年（757）改安北都护府置，治所在大安军（在今内蒙古乌拉特前旗东北乌梁素海东岸阿拉奔古城）。乾元中改大安军为天德军，移治西受降城（在今内蒙古乌拉特中旗西南乌加河北岸）。后废。

镇北堡 ①明置，属宁夏右屯卫。即今宁夏银川市西北四十里镇北堡。清设把总驻防。后废。

②明置，属三万卫。在今辽宁开原市东北五十里。明《辽东志》卷3：开原有镇北堡。

镇头集 又作枕头。即今河北石家庄市西南十里桥西区西南振头。明嘉靖《获鹿县志》卷2：镇头集“在城东南三十二里”。

镇头镇 即今安徽绩溪县西北长安镇。清置巡司于此。《清一统志·徽州府二》：濠寨巡司“在绩溪县西北三十里冯村。今驻镇头”。

镇宁关 明置，在今贵州石阡县西南。《方舆纪要》卷122石阡府：镇宁关“在马鬃岭大路，岭属黄平州，盖境相接也”。《清一统志·石阡府》作“镇安关”。

镇宁州 ①北宋置，为羁縻州，属宜州。治所在今广西环江毛南族自治县西。熙宁八年（1075）废。

②金兴定三年（1219）改获鹿县置，治所即今河北鹿泉市。辖境相当今河北鹿泉市地。元初改为西宁州，寻复改为获鹿县。

③元至正十一年（1351）改和武州置，属普定路。治所即今贵州紫云苗族布依族自治县西南火花乡（火烘）。明嘉靖十一年（1532）徙安庄卫城（今镇宁布依族苗族自治县），属安顺府。1913年改为镇宁县。

镇宁军 五代方镇。后晋天福九年（944）置，治所在澶州（今河南濮阳县南）。北宋初废。

镇宁县 ①北宋大观元年（1107）置，为镇州治。治所在今海南省东方市东南广坝。后废。

②1913年改镇宁州置，属贵州贵西道。治所即今贵州镇宁布依族苗族自治县。1923年直属贵州省。1963年改设镇宁布依族苗族自治县。

镇宁所 清雍正十二年（1734）置，属大同府。治所在衙门口（今内蒙古丰镇市）。乾隆十五年十二月（1751年1月）改设丰镇厅。

镇宁砦 北宋置，属思恩县。在今广西环江毛南族自治县西。元废。

镇宁堡 ①明弘治十一年（1498）置，属赤城堡。在今河北赤城县西北镇宁堡乡。《方舆纪要》卷18赤城堡：镇宁堡“在堡西北四十里。当赤城、马营二边之冲”。

②在今山西天镇县北。《方舆纪要》卷44大同府：镇宁堡“嘉靖四十四年置，隆庆六年增筑，周一里有奇”。

③明置，属广宁卫。在今辽宁黑山县西南四十余里蛇山子附近。《方舆纪要》卷37广宁卫“镇边堡”条下：“镇宁堡在镇远堡东南四十余里，堡西有蛇山可按伏。”

④元改悬鼓砦置，属叙浦县。在今湖南溆浦县东北六十里镇宁司。明置巡司于此。

镇边五路总管府 元末明玉珍改金峒寨置，治所在今湖北咸丰县北五十六里黄金洞乡东南。明永乐五年（1407）改为安抚司。

镇边厅 清光绪十三年（1887）析缅宁厅和孟连宣抚司地置镇边直隶厅，属云南省。治所在今云南澜沧拉祜族自治县东北九十里谦六彝族乡（谦糯）。辖境约当今云南沧源、西盟、澜沧、孟连等县，双江拉祜族佤族布朗族傣族自治县南部及境外部分地区。光绪十八年（1892）迁治勐朗坝（即今云南澜沧拉祜族自治县），三十四年（1908）复治谦糯。1913年废为县。

镇边县 ①清光绪十二年（1886）改小镇安厅置，属镇安府。治所即今广西那坡县。民国初属广西镇南道。1928年直属广西省。1953年改为睦边县。1965年改为那坡县。

②1913年改镇边直隶厅置，后属云南普洱道。治所在今云南澜沧拉祜族自治县东北九十里谦六。因与广西镇边县重名，1914年改名澜沧县。

镇边城 明正德十五年（1520）筑，在今河北怀来县东南镇边城。《明史·地理志》昌平州：“西有镇边城，又有常峪城……各置守御千户所。”

镇边砦 北宋置，属绥德军。在今陕西横山县东。元废。

镇边堡 ①在今山西灵丘县北。《方舆纪要》卷44

灵丘县："镇边堡在县北六十余里。《边防考》：地名柳沟，有属部驻牧。"

②明置，属广宁卫。在今辽宁北镇市北七十里。明《辽东志》卷3：镇边堡"官军五百一员名，堡东可屯兵，本堡可按伏"。

镇戎千户所 明成化十二年（1476）置，属陕西都司。治所即今宁夏固原市北七营镇北之北嘴古城。清雍正二年（1724）废。

镇戎州 金大定二十二年（1182）改镇戎军置，属凤翔路。治所即今宁夏固原市。辖境相当今宁夏固原市、彭阳县及西吉、海原、同心等县部分地。元初改为原州。元世祖至元十年（1273）改为开成府。

镇戎军 北宋至道元年（995）置，治所即今宁夏固原市。辖境相当今宁夏固原市及彭阳县地。金大定二十二年（1182）改为镇戎州。

镇戎县 1913年改平远县置，属甘肃宁夏道。治所在今宁夏同心县东北下马关镇。1928年改名豫旺县。

镇戎堡 明置，属茂州。在今四川茂县东。《方舆纪要》卷67茂州：镇戎堡"在州东十里。附近有后沟乌都及河东之法虎、插兵等寨，俱静州长官司属羌"。

镇场镇 即正场镇。今江苏南通市通州区（金沙镇）西南十二里正场镇。

镇西山 在今云南云县北。《方舆纪要》卷118云州：镇西山"在州治北。州南曰永宁山，其相对者曰平头山"。

镇西千户所 亦作镇西后千户所。明嘉靖中置，属越巂卫。治所在今四川甘洛县西北海棠镇南正西村。《方舆纪要》卷74越巂卫：镇西千户所在"卫北百五十里。……《志》云：宁越守备驻此。其城背高阜，南临深坎，西通竹麻哨、阿迷罗等砦，东通煖歹、爪罗、米颇柯、罗回诸彝，屹然一要害"。清康熙二十三年（1684）改为宁越营。

镇西卫 ①明洪武七年（1374）置，治所即今山西岢岚县。清废。

②明崇祯三年（1630）置，属贵州都司。治所即今贵州清镇市西北卫城镇。清康熙二十六年（1687）并入清镇县。

镇西厅 清咸丰五年（1855）改镇西府置，属甘肃省。治所即今新疆巴里坤哈萨克自治县。光绪十二年（1886）改属新疆省。1913年改为镇西县。

镇西节度 唐南诏前期置，治所在镇西城（今缅甸曼冒）。辖境约当今缅甸英多以北地区。南诏后期改丽水节度。

镇西场 即今四川威远县西镇西镇。清嘉庆《威远县志》卷2：镇西场"在西乡。俗名五里壕。离城三十里"。

镇西军 唐开元二十六年（738）置，属陇右节度使。治所在盐泉城（今青海循化撒拉族自治县驻地积石镇）。后移治河州城内（今甘肃临夏市）。后废。

镇西县 ①1913年改镇西厅置，属新疆迪化道。治所即今新疆巴里坤哈萨克自治县。1930年属迪化行政区。后直属新疆省。1953年改为巴里坤县。1954年改为巴里坤哈萨克自治县。

②1933年9月川陕革命根据地由镇巴、西乡二县析置，治平落坝（今陕西镇巴县南赤南乡）。取二县首字为名。旋改为赤南县。

镇西府 ①明洪武十五年（1382）改镇西路置，治所在干崖甸（今云南盈江县东三十里旧城镇）。永乐元年（1403）改为干崖长官司。

②清乾隆三十八年（1773）改安西厅置，属甘肃省。治所在宜禾县（今新疆巴里坤哈萨克自治县）。辖境相当今新疆巴里坤、木垒、奇台三县地。咸丰五年（1855）改为镇西厅。

镇西城 唐南诏置，为镇西节度驻地。在今缅甸克钦邦曼冒。南诏后期属丽水节度。

镇西都护府 唐至德元年（756）改安西都护府置，治所在龟兹（今新疆库车县东郊皮朗旧城）。后复为安西都护府。

镇西站铺 在今四川甘洛县西北海棠镇南镇西村。《方舆纪要》卷74越巂卫军民指挥使司：海棠关，"《志》云：南去关十里为镇西驿"。嘉庆《四川通志》卷87越巂厅：镇西站铺"在厅北一百三十里"。

镇西堡 ①北宋置，属镇戎军。在今宁夏固原市境。后废。

②明置，属铁岭卫。即今辽宁铁岭县西北镇西堡镇。《方舆纪要》卷37铁岭卫"抚安堡"条下："镇西堡在卫西北辽河外，近堡有熊官儿屯。"

镇西路 元世祖至元十三年（1276）置镇西路军民总管府，属云南行省。治所在干崖甸（今云南盈江县东三十里旧城镇）。辖境约当今云南盈江县东北部地。明洪武十五年（1382）改为镇西府。

镇夷千户所 明洪武三十年（1397）置，属陕西行都司。治所在今甘肃高台县西北。建文二年（1400）废。永乐元年（1403）复置，天顺八年（1464）徙治今高台县西北正义峡村。清雍正二年（1724）改为镇夷营。

镇夷关 ①即镇南关。今广西凭祥市西南四十五里友谊关。清徐廷旭《越南辑略》卷1："镇彝关旧名鸡陵，今名镇南。……系广西入越南之路。"

②明永乐四年（1406）置，属松潘卫。在今四川松潘县西二十五里。《明史·地理志》松潘卫："又西有镇夷关。"

③在今云南腾冲县南。《清一统志·腾越厅》：镇夷关"在厅城（今腾冲县）南六十里。正统十四年置巡司戍守。今裁"。

镇夷城 在今甘肃高台县西北一百二十里。《清一统志·肃州》：镇夷所，"《旧志》：明洪武二十九年都指挥马溥于黑河之北筑堡，为哨马营。三十年设镇夷千户所。……本朝雍正二年裁所，并入高台县，今为镇夷营"。

镇夷堡　①明置，在今辽宁昌图县西南。明《全辽志》卷2：开原“镇夷堡官军二百六十员名。堡西姜黑屯可屯兵，皇甫城可按伏”。

②明置，属义州卫。即今辽宁义县东北细河堡。《方舆纪要》卷37广宁后屯卫“大靖堡”条下：大清堡“又东接广宁之镇夷堡。”民国《义县志》：镇彝堡“在城东北六十里。今为细河堡”。

镇关山　在今山西大宁县西马头关村东。《方舆纪要》卷41大宁县：“镇关山在县西七十里，以西临马斗关而名。”

镇州　①唐元和十五年（820），因避穆宗李恒讳改恒州置，治所在真定县（今河北正定县）。辖境相当今河北石家庄市和正定、藁城、灵寿、行唐、井陉、阜平、栾城、平山县等地。五代唐改为真定府，后晋改为恒州，后汉复名镇州。北宋庆历八年（1048）改为真定府。

②北宋大观元年（1107）置，治所在镇宁县（今海南省东方市东南广坝）。政和元年（1111）废。

③辽统和二十二年（1004）置，为西北路招讨司治所。在今蒙古国布尔根省青托罗盖古城。《辽史·地理志》：“镇州，建安军，节度。本古可敦城。统和二十二年皇太妃奏置。”后废。据元李志常《长春真人西游记》载，丘处机胪朐河西行十四程，见河旁有二古城，基址若新，地上得古瓦，上有契丹字。今布尔根省哈达桑及其东四十里青托罗盖各有一辽代古城址。又东南，土拉河折北流处西岸也有一古城。三城中以青托罗盖古城规模最大，应为镇州；其他二城为维州、防州。

④金崇庆元年（1212）置，治所在缙云县（今北京市延庆县）。元初废。

镇江山　即今辽宁丹东市西南锦江山。民国《安东县志》卷1：镇江山“在县西南二里。纵列南北，地势高爽，山腹地九万余坪。……中有临济寺、朝日阁诸名胜”。

镇江市　1949年当地解放后由镇江县城区析置，隶苏南行署区。治所即今江苏镇江市。1952年划属江苏省。1954年改由省直辖（地级）。1958年又改为县级市。1983年撤销镇江地区，改设地级镇江市。

镇江关　清改蒲江关置，属松潘厅。即今四川松潘县南镇江关乡。《清一统志·松潘厅》：镇江关“在厅南一百二十里。旧名蒲江关”。

镇江军　①唐、五代方镇。唐天祐三年（906）升夔忠涪防御使置，治所在夔州（在今重庆市奉节县东十里白帝城）。辖境相当今四川涪陵市以东长江南北地区，五代地属前蜀。后蜀改为宁江军。

②北宋开宝八年（975）置，属两浙路。治所在丹徒县（今江苏镇江市）。辖境相当今江苏镇江、丹阳、金坛三市地。政和三年（1113）改为镇江府。

镇江县　1928年改丹徒县置，治所在今江苏镇江市，曾为江苏省会。1949年析城区置镇江市，复改镇江县为丹徒县。

镇江英国领事馆旧址　在今江苏镇江市西津渡古街五十三坡南。1858年镇江辟为通商口岸。1862年英国在镇江设立租界，建领事馆。1889年2月镇江洋捕殴毙华人，群众愤怒焚毁了领事馆及巡捕房等，清政府屈服于侵略者压力，于同年照原样重建，作为赔偿。1890年竣工。该馆有五幢房屋，均为砖木结构。最高的为办公大楼，西北一幢平房是职员宿舍，靠山坡二幢方形楼房为正、副领事住房，山之东南麓二层楼房是宿舍、餐厅及娱乐场所，北面临江处是一幢三层长方形楼房，为工部局、巡捕房。现为镇江市博物馆馆址。1996年定为全国重点文物保护单位。

镇江府　北宋政和三年（1113）升镇江军置，属两浙路。治所在丹徒县（今江苏镇江市）。辖境相当今江苏镇江、丹阳、金坛三市地。元世祖至元十三年（1276）改为路。明初改为江淮府，洪武四年（1371）复改为路。直隶南京。清属江苏省。1912年废。

镇江砦　北宋熙宁六年（1073）以富州新城置，属沅州。在今湖南芷江侗族自治县西南五十里双髻山下。元丰三年（1080）并入黔阳县。

镇江堡　明置，属定辽右卫。在今辽宁丹东市东北九连城镇。《方舆纪要》卷37辽东都司：镇江城“在司东南四百六十里，旧为朝鲜贡道”。《清史稿·太祖本纪》：天命六年（1621），“镇江城人杀守将佟养真，降于明将毛文龙”。

镇江路　元世祖至元十三年（1276）改镇江府置，属江浙行中书省。治所在丹徒县（今江苏镇江市）。辖境相当今江苏镇江、丹阳、金坛三市地。明初改为江淮府。

镇安土州　即小镇安州。治所在今广西那坡县。《清一统地·镇安府》：小镇安“即故镇安峒地，明永乐中分置土州，属思恩府。后废”。

镇安关　明置，属保县。在今四川理县西北。《明史·地理志》保县：“西北有镇安关。”《清一统志·杂谷厅》：镇安关“在厅西北五十里。关外即生番界”。

镇安州　南宋升镇安峒置，为右江军民宣抚司治。治所即今广西那坡县。元世祖至元二十九年（1292）改为镇安路。

镇安军　五代方镇。后晋开运二年（945）置，治所在陈州（今河南淮阳县）。后汉初废。后周广顺二年（952）复置。北宋初废。

镇安县　①元初改安夷县置，为镇远府治。治所即今贵州镇远县。至正二年（1342）复改为安夷县。

②明景泰三年（1452）置，属西安府。治所在今陕西柞水县南十五里夜珠坪。因镇安河为名。天顺七年（1463）迁治谢家湾（今镇安县）。成化十三年（1477）改属商州。民国初属陕西汉中道。1928年直属陕西省。

③清光绪二十八年（1902）析广宁县东境置，属新民府。治所在小黑山（今辽宁黑山县）。1914年改

为黑山县。

镇安所　明万历十三年（1585）置镇安守御千户所，属永昌卫。治所在猛淋寨（今云南龙陵县东北三十六里镇安镇）。清康熙二年（1663）废。

镇安府　①金元光元年（1222）升信安县置，治所在今河北霸州市东五十里信安镇。《金史·地理志》霸州：信安县“升为镇安府，所以重高阳公张甫也”。元废。

②明洪武二年（1369）改镇安路置，属广西布政使司。治所在废冻州（今广西德保县）。清属广西省。辖境相当今广西靖西、那坡、德保、天等四县及田阳、田东二县部分地。1913年废。

镇安河　在今陕西镇安县南。《清一统志·商州》“柞水”条下：“又镇安河，在（镇安）县城南。源出西嶂峪，径云盖寺，名云盖川。东南流径县南入乾祐河。”

镇安城　北宋政和六年（1116）筑，属庆阳府。在今陕西吴起县北。金废。

镇安峒　北宋皇祐间置，属右江军民宣抚司。治所即今广西那坡县。南宋升为镇安州。

镇安桥　在今福建建宁县西。《方舆纪要》卷98建宁县：“镇安桥在城东。宋绍定初建。叠石为址者凡七。自元以后屡经修建，长二十余丈。”

镇安堡　①明成化八年（1472）置，属云州堡。在今河北赤城县东北镇安堡村。《方舆纪要》卷18：镇安堡“重峦叠嶂，四面皆山，东逼两河口，径通边外。山岭高峻，朔骑乘之而下，势若建瓴。凡入内地，堡辄被困，且两河口外林木丛杂，侦了尤难。其三间屋、轴舻湾诸处，俱部长驻牧，防御不易”。

②在今河北平泉县北。《方舆纪要》卷18大宁卫：镇安堡“正德四年，泰宁长满蛮率部落二万余，欲附居塞下避北寇，边臣以闻，兵部议许居故镇安堡。”即此。

③明置，在今辽宁黑山县西北苇城子。明《辽东志》卷3：镇安堡“堡西正安堡可按伏”。民国《黑山县志》卷1：镇安堡“在县西北三十里苇城子”。

镇安路　元世祖至元二十九年（1292）改镇安州置，属广西两江道宣慰司。治所即今广西那坡县。辖境相当今广西那坡、靖西等县地。明洪武二年（1369）改为镇安府。

镇安镇　即今湖南汝城县西北六十里文明乡。明于此置巡司。

镇阳关　明于正阳镇置关，在今安徽寿县西南。清光绪《寿州志》卷4：正阳关“在州西南六十里正阳镇。陆路东通府城，南通六安州，西南通霍邱县，西北通颍上县。小路上通汝颍，下通洪泽湖。明成化元年设关”。

镇阳江　即今贵州镇远县南㵲阳河。《明史·地理志》镇远县：“南有镇阳江，一名镇南江，亦曰㵲水。上受兴隆、黄平诸水，东流三百里，入于沅江。”

镇远卫　明洪武二十二年（1389）置，属湖广都司。治所即今贵州镇远县。清康熙二十一年（1682）废。

镇远关　①明置，在今四川叙永县西。《方舆纪要》卷73永宁宣抚司：镇远关“在司西”。嘉庆《四川通志》卷30叙永厅：镇远关“在县西三十里”。

②清置，属杂谷厅。在今四川理县西南。《清一统志·杂谷厅》：镇远关“在厅四南一百二十里。为厅治、瓦寺往来之路”。

③明初置，在今宁夏石嘴山市北。《方舆纪要》卷62平罗所：镇远关在“所北六十里，为宁夏之冲要。嘉靖中，总制王琼筑花马池新边，弃关不守，自是山后之寇益恣，议者引为琼咎”。

镇远州　①北宋置，属邕州。治所在今广西天等县东北进远乡。元属太平路。明属太平府。1916年废入结镇县。

②明洪武四年（1371）改镇远府置，治所即今贵州镇远县。辖境相当今贵州镇远、施秉、三穗等县地。永乐十一年（1413）于州治置镇远府。正统三年（1438）省入镇远府。

镇远军民总管府　南宋置，治所即今贵州镇远县。元改置镇远府。

镇远县　明弘治十一年（1498）改镇远溪洞金容金达长官司置，为镇远府治。治所即今贵州镇远县。1912年废府为镇远县，为镇远道治。1923年直属贵州省。

镇远府　元改镇远军民总管府置，属思州安抚司。治所即今贵州镇远县。明洪武四年（1371）改为镇远州。永乐十一年（1413）复置镇远府，属贵州布政司。弘治十一年（1498）置镇远县为府治。辖境相当今贵州镇远、施秉、黄平、三穗等县地。1912年废。

镇远沿边溪洞招讨司　南宋德祐元年（1275）置，治所即今贵州镇远县。寻改镇远军民总管府。

镇远驿　明洪武二十五（1392）置，在今贵州镇远县西。

镇远炮（礮）台（臺）　在今广东东莞市南虎门威远岛武山的西北麓。清嘉庆二十年（1815）建。据光绪《广州府志》卷64载：“炮台周围长一百二十丈，内建弁署兵房、城楼、敌楼、望楼、军器局、火药局等项。”1841年与1856年，广东水师将士两度在此与英国侵略者浴血战斗。

镇远桥　明洪武十八年（1385）建浮桥，在今甘肃兰州市白塔山下。《明一统志》卷36临洮府：镇远浮桥“旧在兰县西一十里。洪武十八年移置城西北二里金城关。用巨舟二十四横亘黄河，路入甘肃，通西域”。《清一统志·兰州府二》：镇远浮桥“在皋兰县西北二里金城关。明洪武五年，宋国公冯胜建于城西七里以济师，师还遂撤。九年，卫国公邓愈移建州西十里。名曰镇远。十八年又移建于此。用巨舟二十四，横亘黄河上，架以木梁，南北两岸为铁柱四，长二丈，维铁缆二，各长一百二十丈，以通河西、甘肃等路。为往来要津”。清光绪三十三年（1907）改建为铁桥，宣统元年（1909）竣工。时称黄河第一桥。

镇远营 明为镇远墩，清改镇远营。在今四川峨边彝族自治县南新林镇（苦竹坝）。清道光十四年（1834）以松潘南坪营都司移驻于此，宣统二年（1910）改为防军驻所。

镇远堡 ①在今山西阳高县西。《方舆纪要》卷44大同府：镇远堡“嘉靖十八年改民堡置戍守，万历十一年增修，周二里有奇”。

②明置，属广宁卫。即今辽宁黑山县（黑山镇）。明《辽东志》卷3：镇远堡“堡南可屯兵，堡西东安堡可按伏”。民国《黑山县志》序：“黑山古名镇远堡，后名小黑山。”

镇远蛮夷长官司 明宣德三年（1428）置，属东乡五路安抚司。治所在今湖北宣恩县境。清废。

镇远道 1914年由黔东道改置，属贵州省。治镇远县（今贵州镇远县）。辖境约当今贵州务川、凤冈、石阡、施秉、黄平、台江、剑河、榕江、从江以东地区。1923年废。

镇远溪洞金容金达长官司 明洪武二年（1369）改金容金达等处长官司置，属思南宣慰司。治所在今贵州镇远县东北八十里。后属镇远府。弘治十一年（1498）改置镇远县。

镇远镇 在今贵州天柱县东。明置镇远巡司。

镇卤堡 亦作镇虏堡。明置，属松潘卫。在今四川松潘县北五十三里山巴乡境。《方舆纪要》卷73松潘卫：镇卤堡“在漳腊北十五里。其后为天险墩，前为观化墩，东为襄台，西制卤台，声势相望，直北则为敌贡坝。旧掘品字赚坑数百，以防敌人侵扰……万历二十八年，番骑围漳腊，攻镇卤，守将杜世仁御之”。

镇羌砦 ①北宋熙宁九年（1076）置，属茂州。在今四川茂县西南。《舆地纪胜》卷149茂州：镇羌砦，“《图经》：在州南四十里。又云：鸡宗关、镇羌砦扼羌人出入之路”。

②一名镇羌堡。北宋绍圣四年（1097）置，属镇戎军。在今宁夏西吉县东北、臭水河东岸。金废。

镇羌堡 ①北宋改镇羌砦置，属怀德军。在今宁夏西吉县东北、臭水河东岸。后废。

②明嘉靖二十四年（1545）置，即今山西大同市西北镇羌堡。《明通鉴》：嘉靖三十年（1551）四月，开马市于大同镇羌堡。即此。

③明置，属庄浪卫。即今甘肃天祝藏族自治县西北镇羌驿。清设游击驻守。

④即今陕西府谷县西新民镇。《清一统志·榆林府二》：镇羌堡“明初置，在东村。成化二年，巡抚卢祥改建。城在山原，周二里有奇，边垣长四十五里。今有都司驻守”。土地革命时期西北根据地置新民县治此。

镇沅厅 清道光二十年（1840）改镇沅州置镇沅直隶厅，属云南省。治所在今云南镇沅彝族哈尼族拉祜族自治县东北五十四里恩乐镇。同治元年（1862）迁治今县南五里老城。1913年废为县。

镇沅州 明洪武三十五年（1402）改远干州置，属云南布政司。治所在今云南镇沅彝族哈尼族拉祜族自治县东北五十七里老街。镇沅系“正也”转音，傣语“正”为小城，“也”为粮仓，意即粮仓城。永乐四年（1406）升为府。清乾隆三十五年（1770）改镇沅直隶州，直属云南省。道光二十年（1840）改直隶厅。

镇沅县 1913年改镇沅直隶厅置，后属云南普洱道。治所即今云南镇沅彝族哈尼族拉祜族自治县。1929年直属云南省。1990年改设镇沅彝族哈尼族拉祜族自治县。

镇沅府 明永乐四年（1406）改镇沅州置，属云南布政司。治所在今云南镇沅彝族哈尼族拉祜族自治县东北五十七里老街。清属云南省，乾隆三十五年（1770）降为直隶州。

镇武山 在今福建寿宁县北。《清一统志·福宁府》：镇武山“在寿宁县北，县之主山也。耸秀甲于境内，俗又名真武山”。

镇武堡 明置，属广宁卫。即今辽宁盘山县东高升镇。《方舆纪要》卷37广宁卫：镇武堡在“卫东百五十里”。《明史·王化贞传》：天启间，熊廷弼“乃令刘渠以二万人守镇武、祁秉忠以万人守闾阳……遇大清兵平阳桥。锋始交，（孙）得功及参将鲍承先等先奔，镇武、闾阳兵遂大溃”。即此。

镇坪县 1920年置，属陕西汉中道。治所即今陕西镇坪县（石寨河）。1928年直属陕西省。1936年迁治今镇坪县北五十里牛头店。1954年复迁治石寨河（即今镇坪县）。

镇坪营 在今陕西镇坪县南十五里钟宝镇。旧属平利县，明置巡司于此。《清一统志·兴安府二》：镇坪营巡司“明正德中置巡司，后裁。本朝乾隆四十七年复设。按镇坪营地方，与四川夔州府大宁县接界，最为扼要之区，嘉庆七年并设都司防守”。

镇虏卫 明洪武二十六年（1393）置，属山西行都司。治所即今山西天镇县。清初改为天镇卫。

镇虏堡 ①即镇卤堡。在今四川松潘县北五十三里山巴乡境。明曹学佺《蜀中广记》卷31《边防记》：“漳腊上十五里为镇虏堡，在河东元子山上。《志》云：堡在漳腊东北十里。堡后天险墩，堡前观化墩，河东于襄台，河西制虏台，声势相望。”为漳腊之门户。《明史·四川土司传》：“万历八年，雪山国师喇嘛等四十八寨，勾北边部落为寇，围漳腊，守备张良贤破之。犯镇虏，百户杜世仁力战，城得全，世仁死焉。”

②亦作镇卤堡。明正统二年（1437）建，属宁夏中卫。即今宁夏中卫市东四十里黄河北岸镇罗镇。清

改为镇罗堡。

镇国公旗　即内蒙古哲里木盟科尔沁右翼后旗。驻地恩马图坡（今内蒙古科尔沁右翼前旗东北）。伪满20世纪30年代迁今科尔沁右翼前旗北察尔森镇。1952年撤销。

镇国寺　在今山西平遥县城北三十里郝洞村。始建于五代北汉天会七年（963）。明清时庙宇颓败。清嘉庆二十年（1815）照原样重修万佛殿。寺分前后两进。前院万佛殿，宽深各三间，殿内塑像为五代遗物。后院正面为三佛楼，楼内保存有明代壁画。其东为观音殿，西为地藏殿。观音殿塑像已不存。1988年定为全国重点文物保护单位。

镇国军　①唐、五代方镇名。唐上元二年（761）置，治所在华州（今陕西华县）。广德元年（763）废。光化元年（898）复置，领华、同二州，兼兴德尹。三年（900）又废。五代梁复置，改名感化军。后唐复名镇国军，北宋初废。

②五代方镇名。本保义军，后梁开平二年（908）改名。治所在陕州（今河南陕县）。后唐同光元年（923）复为保义军。

镇罗关　即今北京市平谷区北四十四里镇罗营镇。北近密云县界。《清一统志·顺天府四》：镇罗关“有两城，东为新城，西为旧城。北去墙子岭三十里，有把总戍守”。

镇罗堡　①清改镇虏堡置，属中卫县。即今宁夏中卫市东四十里镇罗镇。《清一统志·宁夏府二》：镇罗堡“明正统二年建镇虏堡，今曰镇罗。城周三里。本朝乾隆三年圮。八年复建。旧设把总，乾隆三十六年裁，改设经制外委”。

②在今贵州锦屏县南。《方舆纪要》卷121黎平府：“镇罗堡在府北九十里中林司界。今废。”

③在今陕西靖边县南杨米涧乡附近。《清一统志·榆林府二》：镇罗堡“本名鱼口砦。明万历十八年增置。城在平川，周三百七十丈，门二，为极冲中地。今有把总分防”。

镇金桥镇　即今四川简阳市西南镇金镇。民国《简阳县志》卷2：镇金桥，“《采访册》按：《乾隆志》郑金桥注云：州西南八十里，交仁寿县界。《咸丰志》作镇金桥，又注云：溪曰绿江，桥屡敝于水。雍正初修复，里人以金镇其底，因名。乃《乾隆志》街市作郑金桥场，《咸丰志》场市作镇金桥”。

镇河堡　①在今山西大同市西北四十里镇河堡村。《方舆纪要》卷44大同府：“镇河堡在得胜西南五十里，嘉靖十八年置，万历十四年增置，周二里有奇。”

②明置，属宁夏中屯卫。即今宁夏银川市东南二十里镇河堡。清属宁夏县，后废。

镇南山　在今湖北宣恩县南。《方舆纪要》卷82镇南长官司：镇南山在“司南一里”。

镇南长官司　明永乐五年（1406）置，属施州卫。治所在今湖北宣恩县南。清初废。

镇南关　①明置，在今广西梧州市南二里火山（冲霄山）上。《方舆纪要》卷108梧州府苍梧县“大云关”条下：“又镇南关，在府南火山上……俱成化六年督臣韩雍筑，以控扼冲要。”

②又名大南关。明置，属凭祥县。即今广西凭祥市西南四十五里友谊关。《清一统志·太平府》：镇南关“在凭祥土州西南四十五里。……左右石山，高插云表，中设关，两旁建城一百十九丈”。历为中越交通主要关口。《清史稿·越南传》：光绪十一年（1885）“法起谅山之众扑镇南关，（冯）子材誓众曰：‘法再入关，吾有何面目见粤人？必死拒之。’……鏖战两日，法军子弹尽，大败溃逃”。三十三年（1907）孙中山于此发动镇南关起义。

③在今福建厦门市同安区南。《方舆纪要》卷99同安县“浯屿寨”条下：镇南关“在县南。旧为鸿店亭。后置关于此，为海滨扼要之地”。

④在今云南南华县城西。明洪武中置土巡检司于此。

镇南州　元世祖至元二十二年（1285）改欠舍千户置，属威楚路。治所在今云南南华县西北三十里沙桥镇。民国吕式斌《今县释名》：镇南“县西有镇南关，似此县名系因镇南关命名”。1954年云南省《补报我省请更改平彝等八县原名理由》：“寓‘镇压’南蛮之意。”明代迁治今南华县城。1913年废为县。

镇南军　唐、五代方镇名。唐咸通六年（865）升江南西道都防御团练观察使为镇南军节度使。乾元元年（758）复为江南西道观察使。龙纪元年（889）又升为镇南军节度使，治所在洪州（今江西南昌市）。较长期领有洪、江、信、袁、抚、饶、虔、吉八州，其范围约当今江西全省。北宋初废。

镇南县　①唐至德二年（757）改安南县置，属泷州。治所在今广东罗定市西南。北宋开宝六年（973）废。

②1913年改镇南州置，后属云南腾越道。治所即今云南南华县。1929年直属云南省。1954年改南华县。

镇南宣抚司　元末明玉珍改湖南镇边毛岭峒宣慰司置，治所在今湖北宣恩县南。明初废。洪武八年（1375）复置，属施州卫。二十三年（1390）又废。

镇南都护府　唐至德二年（757）改安南都护府置，治所在宋平县（今越南河内市）。辖境相当今云南红河、文山、广南等县以南，南抵越南承天—顺化省界，东有广西那坡、靖西、龙州、宁明等县边境。大历三年（768）复为安南都护府。

镇南桥　在今贵州务川仡佬族苗族自治县北五十里镇南村。《清一统志·思南府》：镇南桥“为黔、蜀二省通衢”。

镇南营　在今湖南道县南。《方舆纪要》卷81道州：镇南营“在州南蒋居山下，嘉靖初建”。

镇南堡 在今江西信丰县西南。《方舆纪要》卷88赣州府信丰县：镇南堡“在县西南。路出广东始兴县，实为要地”。

镇南道 1914年由原镇南道袭置，属广西省。治龙州县（今广西龙州县）。辖境约当今广西扶绥、崇左、宁明以西，那坡、靖西、天等以南地区。1928年废。

镇南镇 在今海南省儋州市西北中和镇（旧儋州城）西南三十里。明置巡司于此。

镇威城 北宋置，属朔州。在今山西朔州市西南。《方舆纪要》卷44朔州：“镇威城在州西南。宋置戍于此，与辽人分界处也。靖康元年，夏人取武州地，攻镇威城，陷之，既而复为金有。”《续资治通鉴》：北宋靖康元年（1126），“夏四月戊戌，夏人破镇威城，摄知城事朱昭阖门死之”。

镇星县 唐武德五年（622）置，属胥州。治所在今越南清化省清化西北。贞观元年（627）废。

镇郧洵行政办事处（县级） 1946年8月当地解放后由陕西镇安、洵阳和湖北郧西三县析置，治七里峡，后迁西口街（今陕西镇安县东南西口回族镇）。取三县首字为名。1947年3月废。

镇峡关 ①即荆峡镇。在今湖南江永县西南。《清一统志·永州府二》引《永明县志》：镇峡关“在县西六十里荆峡镇，接广西荼城县界，为入粤通衢。宋时设关镇守。熙宁中省，仍置砦兵番守。明正德中置关，今设百总戍守”。

②在今广西恭城瑶族自治县东北七十里龙虎村。《方舆纪要》卷107恭城县：镇峡关“俗名龙虎关，与湖广永明县接界。临江倚山，称为要害。盖即永明县南之荆峡镇山口也”。

镇峡寨 在今广西恭城瑶族自治区县东北。《清一统志·平乐府》：镇峡寨巡司“在恭城县北六十里，与湖南永明县接界。倚山临江，实为险要。明万历初置巡司，今因之”。

镇洋山 在今江苏太仓市。《清一统志·太仓州一》：镇洋山“周三百步，明弘治十年知州李端筑。上有三峰及集仙洞，建迎春、来仙、游仙三亭”。清置镇洋县以此为名。

镇洋县 清雍正二年（1724）置，属太仓州。治所即今江苏太仓市。因镇洋山为名。1912年废入太仓县。

镇姚所 明万历十三年（1585）置，属永昌卫。治所在今云南施甸县东南二十九里姚关镇。清康熙二年（1663）废。

镇结县 1916年改结伦土州置，属广西镇南道。治所在今广西天等县东北进结镇。1928年直属广西省。1952年并入镇都县（1957年改名天等县）。

镇原州 元初改原州置，属巩昌路。治所即今甘肃镇原县。辖境相当今甘肃镇原县地。明洪武初降为镇原县。

镇原县 明洪武初降镇原州为县，属平凉府。治所即今甘肃镇原县。明郭子章《郡县释名》陕西卷下：镇原县“从镇戎、原州之旧也”。清乾隆四十二年（1777）改属泾州。民国初属甘肃泾原道。1927年直属甘肃省。

镇朔卫 ①明永乐中置，属北平都司。在今天津市蓟县西。清废。

②明洪武二十六年（1393）置，属山西行都司。治所即今山西左云县。永乐元年（1403）徙治蓟州（今天津蓟县）。后废。

镇朔关 明置，在今辽宁凤城市东北叆阳城北。明《全辽志》卷1：镇朔关在“叆阳城北三里”。

镇朔堡 明置，属宁夏右屯卫。在今宁夏平罗县西南镇朔村。

镇朔楼 俗称鼓楼。在今河北张家口市东南宣化区钟楼南面，与南门（拱极楼）相望。《清一统志·宣化府》：镇朔楼“在宣化县治东。明正统中，都御史罗亨信建，直南北二门通衢。上置鼓角漏刻，以司昏晓。亨信有记。本朝乾隆十年，赐额曰‘神京屏翰’”。1996年定为全国重点文物保护单位。

镇海口海防遗址 在今浙江宁波市镇海、北仑二区。为明清抵御倭寇、清代抗击英法侵略而建。现存镇海城东北招宝山明威远城，清光绪年间在招宝山与前山筑的月城和安远炮台，南岸金鸡山平远炮台及在1875年抗法战争中作为指挥台的瞭望台。安远、平远炮台对峙，扼守浙东大门。还有建于光绪年间的靖远炮台和宏远炮台，在抗击侵略者的战争中都发挥过重要作用。1996年定为全国重点文物保护单位。

镇海卫 ①明洪武十二年（1379）分太仓卫置，属前军都督府。治所即今江苏太仓市。弘治十年（1497）改置为太仓州。

②明洪武二十年（1387）置，属福建都司。治所在今福建龙海市东南隆教畲族乡。辖六鳌、铜山、玄钟三守御千户所。清顺治十四年（1657）废。

镇海寺 在今山西五台县台怀镇南十里山腰。清代建造，内有康熙五十年（1711）御制碑文。寺南侧永乐院中有章嘉佛塔，建于乾隆时期。

镇海屿 又名北山屿。即今台湾省澎湖县北之白沙岛。清高拱乾《台湾府志》卷1：镇海屿“明时设兵防守海寇于此，后因以名屿”。

镇海军 唐、五代方镇名。唐建中二年（781）置镇海军节度，治所在润州（今江苏镇江市）。统润、苏、常、湖、杭、睦等六州。辖境相当今浙江北部和江苏江南的镇江以东地区。其后润州为淮南杨行密所有，复置镇海军于此。宋开宝八年（975）改为镇江军。

镇海县 清康熙二十六年（1687）改定海县置，属宁波府。治所即今浙江宁波市东北镇海区。民国初属浙江会稽道。1927年直属浙江省。1985年撤销，并入宁波市。

镇海府 辽置，治所在平南县（今辽宁岫岩满族自治县西南）。金废。

镇海城 又名称海城。蒙元成吉思汗时建，在今蒙古国科布多东南杜尔格湖西南、宗海尔汗山北麓。元岭北行省称海宣慰司治此。

镇海营 在今青海湟中县北，东至西宁市五十里。《清一统志·西宁府二》：镇海营“明嘉靖十三年筑城，周二里有奇。本朝设参将镇守，兼辖南川营。乾隆四十七年改设游击”。

镇海堡 在今青海省湟中县北，东至西宁市五十里。《清一统志·年羹尧传》：雍正初，罗卜藏丹津反叛，命羹尧进讨，“敌侵镇海堡，都统武格赴援，敌围堡，战六昼夜”。即此。

镇海楼 ①在今浙江杭州市南吴山东麓。五代时吴越国建，名朝天门。明初改为镇海楼，习称鼓楼。《清一统志·杭州府二》：镇海楼“楼甚壮丽，眺望江中，远近毕见”。1970年拆除。

②一名样楼。在今福建福州市旧城北越王山（屏山）顶。明洪武二年（1369）建。清乾隆六十年（1795）重修，高约二十米。旧时海舶昏夜从闽江口进入，均以此为标志。

③在今广东广州市城北越秀山顶。建于明洪武十三年（1380），取“雄镇海疆”之意，因名镇海楼。凡五层，俗名五层楼。历史上多次重修。1928年重修时，将木结构改为钢筋水泥结构，但砖石砌筑的墙壁基本属明代旧物。楼西侧有嘉靖年间《镇海楼记》碑及1928年《重修镇海楼记》碑。自1928年重修后，即为广州博物馆所在地。

镇赉县 1947年合镇东、赉北二县置，属辽北省。治所即今吉林镇赉县（镇赉镇）。1949年属黑龙江省。1954年改属吉林省。

镇康州 明洪武十七年（1384）降镇康府置，后废。永乐七年（1409）复置镇康御夷州，属云南布政司。治所在今云南永德县东北三十五里旧城。清属永昌府，道光二十年（1840）迁治新城（今永德县东北三十三里永康镇）。光绪三十四年（1908）复迁德党镇（即今永德县）。宣统二年（1910）改永康州。

镇康县 1914年改永康县置，属云南腾越道。治所即今云南永德县。1954年镇康县人民委员会《关于我县暂不更改县名的报告》：镇康“有镇固边疆之义，实为各民族所喜”。1929年直属云南省。1964年迁治今云南镇康县东北忙丙乡，1967年迁至今镇康县东北凤尾镇。2001年迁治南伞镇。

镇康府 明洪武十五年（1382）改镇康路置，属云南布政司。治所在今云南永德县东北三十五里旧城。十七年（1384）降为镇康州。

镇康路 元世祖至元十三年（1276）置，属云南行省。治所在今云南永德县东北三十五里旧城。辖境比今云南镇康、永德两县大。明洪武十五年（1382）改为镇康府。

镇淮军 五代周置，属濠州。治所在荆山城（今安徽怀远县北）。宋废。

镇淮桥 南宋建，在今江苏南京市城中华门内秦淮河上。《建康志》：镇淮桥“在府南门内。即古朱雀航所。宋乾道五年，留守史正志建，横跨秦淮，长十有六丈。为二亭”。《明一统志》卷6南京：镇淮桥“在聚宝门外。即孙吴南津桥，晋朱雀航也”。

镇淮堡 即今福建宁化县西南淮土乡。《方舆纪要》卷88赣州府石城县：镇淮堡“在县东南，地名淮上。蹊径旷僻，通长汀、宁化，向为盗薮，因置堡设兵防御攸赖”。

镇淮楼 ①在今江苏扬州市南城上。《舆地纪胜》卷37扬州：镇淮楼“在南城上。规模甚壮”。

② 在今江苏淮安市楚州区旧城中。《舆地纪胜》卷39楚州：镇淮楼“在州桥之西路北，本镇江都统司酒楼”。现存建筑为清光绪七年（1881）重建，1959年重修。现楼上为淮安历史文物陈列室。登楼可眺望淮安城风光。

镇淮寨 南宋端平元年（1234）建，在今湖北黄冈市北。《方舆纪要》卷76黄州府黄冈县“齐安砦”条内：“镇淮寨，宋端平二年孟珙屯黄州，虑军民杂处，因高阜为齐安、镇淮二砦，以处诸军。”

镇隆墟 即今广东惠州市惠阳区（淡水镇）西北镇隆镇。清光绪《广东舆地全图》：归善县西南有镇龙墟。

镇巢军 南宋景定三年（1262）升巢县置。治所即今安徽巢湖市。元世祖至元二十八年（1291）复改巢县。

镇越县 1927年置，属云南普洱道。治所即今云南勐腊县。民国《云南省民政厅〈有关各县更改县名〉案卷》：“因其地居极边，界连法越，故定名镇越。”1929年直属云南省，迁治今勐腊县北一百十里易武。1953年撤销，并入西双版纳傣族自治州。

镇雄州 清雍正六年（1728）改镇雄府置，属昭通府。治所即今云南镇雄县。光绪三十四年（1908）升直隶州，直属云南省。1913年废为县。

镇雄县 1913年废镇雄州改置，后属云南滇中道。治所即今云南镇雄县。1916年直属云南省。

镇雄府 明嘉靖五年（1526）改芒部府置镇雄军民府，属四川布政司。治所即今云南镇雄县。民国《云南镇雄县地志资料细目》：“因夷俗武悍，地多镇关要寨，设流官知府、经历诸职以镇抚之，此命名之义也。”辖境约当今云南镇雄、威信、彝良等县地。万历三十七年（1609）罢称军民府。清雍正五年（1727）改属云南，六年（1728）降为州。

镇雄堡 明置，属越嶲卫。在今四川越西县东南三十里。明曹学佺《蜀中广记》卷34《边防记》越嶲卫：炒米关“有镇雄堡者，去道五里，而近路通普雄两河口等处”。

镇番卫 明洪武三十年（1397）改临河卫置，属陕西行都司。治所即今甘肃民勤县。清雍正二年（1724）改为镇番县。

镇番县 清雍正二年（1724）改镇番卫置，属凉州府。治所即今甘肃民勤县。民国初属甘肃甘凉道。1928年改为民勤县。

镇鲁营 即今北京市平谷区北四十四里镇罗营镇。《方舆纪要》卷11密云县：镇鲁营“在墙子岭南三十里，有新旧两城。其东有渔子山堡，西北与熊儿峪相接，东入平谷县境”。

镇蛮府 明永乐五年（1407）改龙兴府置，属交趾布政司。治所在新化县（今越南北部太平省西北兴仁县河）。辖境相当今越南太平省地。宣德二年（1427）以后地入安南。

镇道安抚司 ①明永乐四年（1406）置，属金齿军民指挥使司。治所在今云南香格里拉县城附近大中甸。“镇道”即藏语“建塘”的音译，又作加塘、节达木、且当、旦当，意为胜利坝或大坝子。嘉靖元年（1522）改属永昌军民府。后废。

②明永乐四年（1406）置，属永昌军民府。治所当在今云南泸水县东南怒江东。清废。

镇渡 即今江西上高县西南镇渡乡。清同治《江西全省舆图》卷4：上高县有镇渡塘汛。

镇路堡 ①明万历三十二年（1604）置，即今甘肃景泰县西南正路乡。

②俗称前所营。明置，隶宁夏中卫。即今宁夏中卫市东柔远镇镇靖。后废。

③即今陕西靖边县南镇靖乡。《清一统志·延安府二》：镇靖堡“地名白滩儿。亦名白塔涧口。明初守安塞县塞门。成化三年，尚书王復移于榆林庄，改名镇靖，后又移此。城在山畔，周四里余，门二，北临快滩河，为极冲中地。今有都司驻守”。清同治八年（1689）曾移靖边县治此。

镇箪镇 即今湖南凤凰县。清康熙三十九年（1700）改沅州总兵官为镇箪总兵官，移驻于此。统辖镇溪千户所与箪子坪长官司所领之苗，故名。

镇靖堡 ①明弘治十一年（1498）筑，在今河北赤城县西北。设守备。清改把总驻守。

②俗称前所营。明置，隶宁夏中卫。即今宁夏中卫县东柔远镇镇靖。后废。

镇溪山 在今湖南吉首市东南二十五里。《方舆纪要》卷81镇溪千户所：镇溪山，“巍然为群山表。镇溪水出焉”。

镇溪千户所 明洪武三十年（1397）置，属辰州卫。治所即今湖南吉首市。清康熙三十九年（1700）改为乾州。

镇溪堡 北宋元丰四年（1081）置，属乐共城。在今四川泸州市纳溪区南六十里。《宋会要辑稿·蕃夷》：“晏州夷人近复结凶徒数千人，经过乐共城，攻围镇溪堡。”即此。

镇溪寨 北宋熙宁三年（1070）置，属辰州。即今湖南吉首市。

镇静军 唐置，治所在今四川都江堰市。《寰宇记》卷73：“永康军今理灌口镇。本彭州导江县灌口镇地，唐贞观十年立为镇静军，管四乡。”北宋乾德四年（966）改为永安军。

镇静堡 明置，属广宁卫。即今辽宁黑山县西北白厂门镇。明《辽东志》卷3：镇静堡“堡南可屯兵，堡南团山堡可按伏”。民国《奉天通志》卷77黑山县：牵马岭河中支出“县治西北六十里白土厂门村南，村为明镇静堡故址”。

镇冀 唐方镇名。即成德军，治所在恒州（后改镇州，今河北正定县）。《旧唐书·地理志一》：“成德军节度使，治恒州，领恒、赵、冀、深四州。”

镐 即镐京。在今陕西西安市长安区西北镐京村附近。《帝王世纪》：“武王自丰居镐，诸侯宗之，是为宗周。”

镐池 一作滈池。西周时开凿。在今陕西西安市长安区（韦曲镇）西北镐京村西北洼地。池水经由滈水河，北注入渭。《史记·秦始皇本纪》：三十六年（前211），“有一持璧遮使者曰，为吾遗滈池君”。《集解》：孟康曰，“长安西南有滈池也”。唐贞观中，堰丰、镐二水入昆明池，镐池遂并入其内。后堙废。

镐京 西周国都。故址在今陕西西安市长安区西北沣河东岸的镐京村附近。周武王灭殷后，迁都于此。亦谓宗周、西都、镐。《诗经·大雅·文王有声》：“考卜维王，宅是镐京。”平王东迁，其地为西戎所占。汉武帝时，于此凿昆明池，镐京故基遂沦入池内。

靠山屯 ①即今吉林农安县东北靠山镇。清光绪《吉林通志》卷16：农安县东“九十里靠山屯镇。分防巡检驻此，南有伊通河渡口，通长春府路”。《吉林乡土志》：“靠山屯为前临伊通河之原野，后倚高五丈余之长土岭，风景清秀，故名。”

②即今吉林伊通满族自治县西靠山镇。清光绪《吉林通志》伊通州图：西有靠山屯。民国熊知白《东北县治纪要》吉林伊通县：“县属靠山屯在县市西九十里……为物资集散重要地点。”

稽 商代小国。在今安徽蒙城县西北。《国语·郑语》：“彭姓彭祖、豕韦、诸稽，则商灭之矣。”

稽古阁 ①北宋东京（今河南开封市）大内殿阁。在保和殿旁。为宋廷收藏古文物处。据《铁围山丛谈》载：大观初，作《宣和殿博古图》时，朝廷藏有大小礼器五百件左右，“世既知其所以贵爱，故有得一器其直为钱数十万，后动至百万不翅者。于是天下冢墓破伐殆尽矣。独政和间为最盛，尚方所贮至六千余数，百器遂尽……时所重者三代之器而已，若秦、汉间物，非殊特盖亦不收。及宣和后，则咸蒙贮录，且累数至万余”。

②南宋建。在今湖北武汉市武昌蛇山下。《明一统志》卷59武昌府：稽古阁“在府学。宋绍熙间，鄂州教授许中应建，藏绍兴石经、两朝宸翰，又取板本九经诸史百氏列寘其旁。朱文公有记”。

稽句岭 在今浙江武义县南与丽水市交界处。《方舆纪要》卷93武义县：稽句岭在“县南五十五里。一名稽较岭。岭路崎岖，南至处州府九十里，而近为往来之径道”。

稽亭　在今江西九江市东长江南岸。《南齐书·晋安王子懋传》：延兴元年（494），江州刺史晋安王子懋，以萧鸾擅政，举兵内向，“率府州兵力，先已具船于稽亭渚”。《寰宇记》卷111江州德化县：稽亭，“《浔阳志》云，稽亭北瞰大江，南望高岳，淹留远客，因以为名”。

稽亭山　在今安徽宣城市东南六十里。《元丰九域志》卷6：宣城县有稽亭山。《舆地纪胜》卷19宁国府：稽亭山“在宣城县南六十里。有三天洞及寿昌禅院。《祥符图经》云：县东南有稽山，古仙人居处也。行客奇其幽旷，至此必驻步稽迟忘返，故名”。

稽徐县　西汉置，属交趾郡。治所在今越南兴安省计瑟附近。《水经·叶榆水注》：泾水“出龙编县高山，东南流入稽徐县，注入中水”。晋以后废。

稽留峰　灵隐山五峰之一。在今浙江杭州市西。《寰宇记》卷93钱塘县：灵隐山“许由、葛洪皆隐此山，入去忘归，本号稽留山”。吴自牧《梦粱录》卷11：“（灵隐）寺前名飞来峰、白猿峰、稽留峰、月桂峰、莲花峰。”

稽落山　今蒙古国南杭爱省阿尔古音河南阿尔察博克多山。《后汉书·窦宪传》：永元元年（89），窦宪出朔方鸡鹿塞，遣“精骑万余，与北单于战稽落山，大破之。虏众崩溃，单于遁走。追击诸部，遂临私渠比鞮海，斩名王已下万三千级。……遂登燕然山”。

稽落州　唐永徽元年（650）改高阙州置，初隶皋兰都督府。后废。三年（652）以阿特部复置，属燕然都护府。治所在今俄罗斯乌兰乌德以南。总章二年（669）属安北都护府。后废。

稷　①春秋晋地。在今山西稷山县南。《左传》：宣公十五年（前594），“晋侯治兵于稷，以略狄土”。杜预注：“稷，晋地。河东闻喜县西有稷山。”

②春秋时齐地。在今山东淄博市临淄西。《左传》：昭公十年（前532），齐陈、鲍氏与栾、高氏“战于稷”。杜注：“祀后稷处。稷，地名。六国时齐有稷下馆。”

③春秋楚邑。在今河南桐柏县东。《左传》：定公五年（前505），秦子蒲、子虎帅车五百乘以救楚，“使楚人先与吴战，而自稷会之”。

稷下　地名。战国时各学派荟萃的中心。“稷下”即齐国都城临淄南垣西门稷门附近地区。在今山东淄博市临淄区西北。《史记·田敬仲完世家》载：齐“宣王喜文学游说之士，自如驺衍、淳于髡、田骈、接予、慎到、环渊之徒七十六人，皆赐列第，为上大夫，不治而议论。是以齐稷下学士复盛，且数百千人”。《集解》：“刘向《别录》曰：‘齐有稷门，城门也。谈说之士期会于稷下也。’”《索隐》又引虞喜（《志林》）曰：“齐有稷山，立馆其下，以待游士。”故名稷下。

稷山　①一名稷神山。俗呼稷王山。在今山西稷山县南五十里。《左传》：宣公十五年（前594），“晋侯治兵于稷”。杜预注：“河东闻喜县西有稷山。”《水经·汾水注》：稷山“在水南四十许里，山东西二十里，南北三十里，高十三里，西去介山十五里。山上有稷祠，山下稷亭”。

②即今浙江上虞市西十二里道墟镇以南的大稷山。《越绝书》卷8：“稷山者，句践斋戒台也。”《隋书·地理志》：会稽郡会稽县“有稷山”。

③在今山东淄博市临淄西南十三里。《隋书·地理志》：北海郡临淄县有“稷山”。元于钦《齐乘》卷1：“《齐记补》曰：山旧有后稷祠，故名。又齐宣王尝立孔子庙，亦名孔父山也。”

稷山县　隋开皇十八年（598）改高凉县置，属绛州。治所即今山西稷山县。《元和志》卷12稷山县：“因县南稷山以为名。”大业初属绛郡。唐武德元年（618）属绛州，光化初改属河中府。五代唐同光二年（924）仍属绛州。民国初属山西河东道。1928年直属山西省。

稷门　城门名。春秋、战国时齐都临淄城南垣西门首门。在今山东淄博市临淄区西北。在稷山之下，故名。《左传》：昭公二十二年（前520），“莒子如齐莅盟，盟于稷门之外”。杜注：“稷门，齐城门也。”

稷王山　即稷山。又名稷神山。在今山西稷山县南。《清一统志·绛州》：稷山“《县志》：一名稷神山，后稷始教稼穑地也，俗呼稷王山”。

稷州　唐武德三年（620）分雍州置，治所在武功县（今陕西武功县西北武功镇）。《元和志》卷2武功县：“于今县理置稷州，因后稷所封为名。”辖境相当今陕西武功、礼县、周至、眉县、扶风等县地。贞观元年（627）废。天授二年（691）复置，大足元年（701）又废。

稷神山　即今山西稷山县南五十里稷王山。《方舆纪要》卷41绛州作“稷神山”。

稷益庙　在今山西新绛县西南阳王镇。创建年代不详。元、明时多次重修、扩建。清光绪二十七年（1901）维修。抗战时期被日军拆毁大部分建筑，仅存大殿、戏台。正殿面阔五间，进深六椽，单檐歇山顶，三彩琉璃瓦。明弘治十五年（1502）扩建。殿内壁画130多平方米，完成于明正德二年（1507）。内容描绘后稷和伯益在大禹率领下教民稼穑，农民精耕细作、喜庆丰收的情景。壁画艺术精湛，保存良好。戏台增建于明正德年间（1506—1522）。2001年定为全国重点文物保护单位。

稷慎　即肃慎。商、周时居不咸山（今吉林长白山）北，东滨大海，北至黑龙江中下游。《逸周书》卷7：“正北方稷慎大麈。”孔晁注：“稷慎，肃慎也。贡麈。”

稷麓县　1943年晋冀鲁豫边区由闻喜、夏县二县析置，属太岳区。治柏林村（今山西闻喜县西南柏林村）。因地处稷王山麓故名。1946年撤销，并入闻喜县。

稻子沟　在今河北涞水县东。《方舆纪要》卷12涞水县：稻子沟“在县东十五里。即拒马河分流，至新城县西南，注入白沟河”。

稻田坝　在今贵州威宁彝族回族苗族自治县西北。清于此置汛，为威宁州境最险要处。

稻田镇　即今山东寿光县东稻田镇。清《乾隆内府舆图》：寿光县东南有稻田镇。

稻地镇　即今河北唐山市丰南区东二十里稻地镇。清有外委驻此，为县中繁盛之地。

稻成县　清光绪三十四年（1908）改稻坝委员置，属康定府。治所即今四川稻城县。任乃强《西康图经》（地文篇）《正译·七十九西康三十六县名义》：“番名稻坝，清末改流，同时兴办农垦，为此名。所以预祝其成功也。”1913年改为稻城县。

稻庄　即今山东广饶县东十四里稻庄镇。民国《续修广饶县志》卷1：“第四区区公所旧驻稻庄，距城十五里。”

稻坝　在今四川稻城县。清于此置稻坝土百户。《清史稿·四川土司传》：光绪三十一年（1905），理塘正土司“逃往稻坝贡噶岭，啸聚土人为乱。（赵）尔丰移师攻乡城，分兵先剿稻坝，正土司败逃入藏，稻坝平”。三十三年（1907）改流，置稻坝委员。

稻坝委员　清光绪三十三年（1907）于稻坝置，属打箭炉厅。三十四年（1908）改为稻成县。

稻城县　1913年改稻成县置，属边东道。治所即今四川稻城县。“稻成”，藏语意为“山谷沟口宽阔地”。1914年属川边特别区。1939年属西康省。1955年属四川省。

稻侯国　西汉置，属琅邪郡。治所在今山东高密市西南五十里故潍水堰侧。元朔四年（前125）封齐孝王子定为侯邑。东汉省。《寰宇记》卷24高密县：故稻城在“今县西南故潍水堰之侧，昔汉朝于此立堰造塘，溉稻田数千顷，县因以为名”。

稿贡　清置，属台拱厅。在今贵州台江县东北三十里。旧有千总、外委驻守。1855年张秀眉领导苗民起义军克此。

稿吾卡　即今云南元阳县东南逢春岭乡东北稿吾卡。旧属蒙自县，清雍正间置稿吾卡土把总。

稼轩　在今江西上饶市铅山县南稼轩乡。《清一统志·广信府》：稼轩“在上饶县北。宋辛弃疾所居，因以自号。宋洪迈记：稼轩在郡治之北，可十里，东冈西阜，北墅南麓，以青径款竹扉，锦路行海棠，集山有楼，婆娑有堂，信步有亭，涤砚有渚，皆约略位置”。

黎　①殷商古国，在今山西长治市西北四里。后为周所并。《尚书·西伯勘黎》：“西伯既勘黎。”《吕氏春秋·慎大览》：周武王“封帝尧之后于黎”。即此。《汉书·地理志》上党郡壶关县注引应劭曰：“黎，侯国也。今黎亭是。”后为狄所灭。《左传》：宣公十五年（前594），“晋侯治兵于稷以略狄土，立黎侯国还”。据《元和志》卷15潞州黎城县：“古黎国，《春秋》曰晋荀林父灭潞，立黎侯而还。今县东十八里黎侯城是也。”此为晋重立之黎国，在今黎城县东北十八里。

②战国赵邑。在今河南浚县东。《战国策·赵策三》：“赵以公子部为质于秦，而请内焦、黎、牛狐之城，以易蔺、离石、祁于赵。”

黎儿关　明置，属龙里卫。在今贵州龙里县西北。《清一统志·贵阳府》：黎儿关“在龙里县西二十里。又西即界牌哨，接贵筑县界”。

黎大千户所　清康熙二十七年（1688）改黎州、大渡河二千户所置，属雅州。治所在今四川汉源县北清溪镇。雍正八年（1730）改为清溪县。

黎山　又名黎阳山、大伾山。在今河南浚县东南二里。《汉书·地理志》魏郡黎阳县注引晋灼曰：“黎山在其南，河水经其东。”

黎川　即今江西黎川县东南黎滩水。《方舆纪要》卷86建昌府新城县：黎川“一名黎滩水”。《清一统志·建昌府一》：黎川水“在新城县东南。一名黎滩水。源出红水岭，西北流经天堂岩，与九折水合。又西绕县城北，合龙安水，径蓝田镇，入南城县界，至落峭石与飞猿水合。回旋凡百四十里，至府城东双港口，入盱水。《县志》以此为中川，飞猿水为东川，龙安水为西川，亦谓之三川水。其在府城者又谓之东江，以别于盱江也”。

黎川县　1914年改新城县置，属江西豫章道。治所即今江西黎川县。以县西南有黎滩水（黎川）得名。1926年直属江西省。

黎木根市　即今广西苍梧县东北梨埠镇。清光绪《广西舆地全图》苍梧县图：西北有梨木根市。

黎水　又曰浚水。在今河南浚县东北。《明一统志》卷4大名府：黎水，“卫河、淇水合流至黎阳故城为黎水。亦曰浚水。俗传旧水流至浚县南十里有名外郎河，乃黎之故渠，西经长丰泊，东北历善化山，复西北会于漳”。

黎水山　在今广东封开县东北南丰镇东南二十里。《方舆纪要》卷101开建县：黎水山“高三十余丈，周三十余里。两山对峙，黎水中流，其相近者为狼岭”。

黎平千户所　明洪武二十一年（1388）置，属五开卫。治所在今贵州黎平县西南三十里黎平寨。清废。

黎平会议会址　在今贵州黎平县城（德凤镇）东街二郎坡。1934年12月14日红一方面军长征攻克黎平城。18日，中共中央在此召开政治局会议，为遵义会议的召开作了思想、组织准备。会址原为胡姓店铺，青砖院墙，清建木结构瓦顶两进古式民房，占地800多平方米。2006年定为全国重点文物保护单位。

黎平县　1913年改黎平府置，属贵州镇远道。治所即今贵州黎平县。1923年直属贵州省。1935年红军长征至此，中共中央在城南召开政治局会议，史称“黎平会议”。

黎平府　明永乐十一年（1413）置，属贵州布政司。治所在五开卫（今贵州黎平县）。清雍正五年（1727）置开泰县为府治。辖境相当今贵州黎平、榕江、从江等县及锦屏县南部地。1913年废。

黎北县　1943年10月晋冀鲁豫边区由黎城县北部析置，属太行区。治南委泉（今山西黎城县北南委泉村）。1945年11月撤销，并入黎城县。

黎丘　①在今河南虞城县北。《寰宇记》卷12虞城县："犁丘，在县北二十里。高二丈。梁地黎丘有奇鬼，善学人。"即此。

②在今湖北宜城市西北。《后汉书·光武帝纪》：王莽末，"秦丰自号楚黎王"。注："习凿齿《襄阳记》曰，'秦丰，黎丘乡人。黎丘楚地，故称楚黎王'。黎丘故城在今襄州率道县北。"《资治通鉴》：东汉建武四年（28），"帝幸黎丘，……使朱祐等代岑彭围黎丘"。即此。

黎代国　在今印度尼西亚苏门答腊岛北部亚齐以东梅雷杜一带。《瀛涯胜览》有专条记述。《明史·外国列传》作黎伐，"伐"当系"代"之误。

黎头咀墟　即今广东龙川县北黎咀镇。清光绪《广东舆地全图》：龙川县东北有犁头嘴墟。

黎母山　即今海南琼中黎族苗族自治县北黎母岭。《桂海虞衡志》："有黎母山，诸蛮环居四旁，号黎人。山极高，常在雾霭中，黎人自鲜识之……四郡之人多黎姓，盖其裔族。"《舆地纪胜》卷124："婺女星现，化下此山，因名犁婺，讹为黎母。"

黎母水　即今海南省海口市琼山区东之南渡江。《舆地纪胜》卷124琼州：黎母水"在琼山县东三里"。《方舆纪要》卷105琼山县：黎母水在"城东三里。源出黎母山，北流入海"。

黎吉寨　在今山东禹城市西北三十里，接平原县界。自昔为往来孔道。光绪《大清直省地舆全图》：禹城县西北有黎吉寨。金于此置黎济寨镇。

黎州　①南朝梁大同二年（536）改西益州置，治所在东晋寿郡（今四川广元市）。辖境相当今四川广元、旺苍等市县地。西魏废帝三年（554）改为利州。

②北周天和三年（568）置，治所在沈黎县（今四川汉源县东北）。隋废。唐大足元年（701）复置，治所在汉源县（今四川汉源县北九襄镇）。神龙三年（707）废。开元四年（716）复置。天宝元年（742）改为洪源郡，乾元元年（758）复为黎州。辖境相当今四川汉源、石棉、甘洛等县及泸定、越西、峨边等县部分地。贞元中随汉源县移治今县北清溪乡。元属吐蕃宣慰司。明洪武八年（1375）改为黎州长官司。

③北周宣政元年（578）置，治所在黎阳郡（今河南浚县东）。隋开皇初废。十六年（596）复置，大业初废。唐武德二年（619）复置，辖境相当今河南浚县、内黄二县地。贞观十七年（643）废。

④唐贞观八年（634）改西宁州置，治所在梁水县（今云南江川县东南旧州）。辖境约当云南华宁、江川、通海等县及玉溪市地。天宝后废。

⑤唐载初二年（691）析慎州置，为羁縻州，处浮渝靺鞨乌素固部落，隶营州都督。神龙初改隶幽州都督。治所新黎县寄治于良乡县之故都乡城（今北京市房山区西南长沟镇东侧土城）。后废。

黎州土千户所　明万历二十四年（1596）置，属黎州千户所。治所在大田坝（今四川汉源县西北大田乡）。《明史·地理志》　黎州守御军民千户所："西南有大田山，东麓为大田坝，万历二十四年立黎州土千户所于此。"后废。

黎州千户所　明万历二十四年（1596）降黎州安抚司置，属四川都司。治所在今四川汉源县北清溪镇。清康熙二十七年（1688）改置黎大千户所。

黎州长官司　明洪武八年（1375）改黎州置，属四川布政使司。治所在今四川汉源县北清溪镇。十一年（1378）升为黎州安抚司。

黎州安抚司　明洪武十一年（1378）升黎州长官司置，属四川布政使司。治所在今四川汉源县北清溪镇。辖境相当今四川汉源、石棉二县大渡河以北地。万历二十四年（1596）降为黎州守御军民千户所。

黎阳山　又名黎山、大伾山。在今河南浚县东南二里。《魏书·地形志》：黎阳县"有黎阳山"。《水经·河水注》："刘祯《黎阳山赋》曰：'南阴黄河，左覆金城，青坛承祀，高碑颂灵。'"《元和志》卷16黎阳县："古黎侯国，汉以为黎阳县，在黎阳山北。""大伾山正南去县七里，即黎山也"。

黎阳仓　在今河南浚县西南。传说东汉末袁绍聚粟之处。隋置仓。《隋书·食货志》：开皇三年（583），"于卫州置黎阳仓"。又，《李密传》：元宝藏、李文相等"并归于密，共袭破黎阳仓城"。金初，河易故道，仓城始废。

黎阳关　北周以白马关改名，属黎阳郡黎阳县。在今河南浚县东。《元和志》卷16卫州黎阳县："白马故关，在县东一里五步。……高齐文襄征颍城，仍移石济关于此，即造桥焉，改名白马关。周又改名黎阳关。"唐又称白马关。

黎阳县　①西汉置，属魏郡。治所在今河南浚县东。因古为九黎之地，故名。西晋末废。北魏孝昌中复置，为黎阳郡治。北周置黎州，属汲郡。唐属卫州。五代晋天福五年（940）改属滑州。北宋为浚州治。元初省入浚州。

②东汉建安十三年（208）孙权置，属新都郡。治所在今安徽黄山市屯溪区西黎阳镇。西晋太康元年（280）属新安郡。南朝宋大明八年（464）并入海宁县。梁承圣中复置，属新宁郡。陈天嘉三年（562）废。

黎阳津　在今河南浚县东南古黄河畔。《晋书·慕容德载记》：东晋隆安二年（398），慕容德自邺将徙于滑台，"其夕流澌冻合，是夜济师，旦，魏师至而冰泮，若有神焉。遂改黎阳津为天桥津"。金代黄河南徙，遂堙。

黎阳郡 东晋永和中置，治所在黎阳县（今河南浚县东）。太元中废。北魏孝昌中复置，辖境相当今河南浚县境。东魏属司州。北周属相州。宣政元年（578）属黎州。隋开皇初废。

黎阳监 北宋熙宁七年（1074）置，属卫州。治所在今河南卫辉市北二里。金废。

黎阳镇 北周黎阳县有黎阳镇。在今河南浚县东。《元和志》卷16卫州黎阳县：黎阳镇故城“在县东南一里。古翟辽城也，翟辽于此僭号，皇朝改曰白马镇”。隋初有黎阳镇城都督。唐初改名白马镇。

黎坝 即今陕西镇巴县西南一百里黎坝乡。清属定远厅，置巡司于此。

黎村墟 ①即今江西樟树市西南黎墟村。清同治《江西全省舆图》卷6清江县：“自东林寺分路迤西南行，五里至黎墟，亦交新喻县界。”

②即今广西容县东南九十里黎村镇。清光绪《广西舆地全图》容县图：东南有黎村墟。

黎轩 亦作犁靬、犁鞬，又名大秦。汉、晋时对罗马帝国的称呼。都城在罗马（今意大利罗马市）。《史记·大宛传》：安息“北有奄蔡、黎轩”。

黎县 ①西汉置，属东郡。治所在今山东郓城县西三十四里陈坡乡。东汉省。

②1914年改宁县置，属云南蒙自道。治所即今云南华宁县。《宁县改名黎县之原因》：“查该县为唐朝黎州地，经部议拟定改名黎县。”1929年直属云南省。1932年改华宁县。

黎里镇 又名黎川、梨花里。即今江苏吴江市东南二十里黎里镇。清置巡司于此。

黎园屯 即今河北威县东三十五里黎园屯镇。民国《冠县志》卷2：《旧志》有黎园屯，“在河北，距县一百二十里”。

黎驱 在今四川会理县西南一百五十里黎溪镇。元置黎溪州于此。《元史·地理志》：“黎溪州，古无城邑，蛮曰黎驱，讹为今名。初，乌蛮与汉人杂处，及南诏阁罗凤叛，徙白蛮守之。蒙氏终，罗罗逐去白蛮，段氏兴，令罗罗蛮乞夷据其地。元世祖至元九年，其阿夷内附，改其部为黎溪州。”

黎城县 隋开皇十八年（598）改刘陵县置，属潞州。治所在今山西黎城县北十里古县。大业初属上党郡。唐属潞州，天祐二年（905）改为黎亭县。五代唐复改黎城县。北宋天圣三年（1025）移治白马驿（今黎城县），熙宁五年（1072）废，元祐元年（1086）复置黎城县。崇宁三年（1104）属隆德府。金改属潞州。明嘉靖八年（1529）属潞安府。民国初属山西冀宁道。1930年直属山西省。

黎城镇 即今江苏金湖县治。旧属宝应县。《方舆纪要》卷23宝应县：黎城镇“在县西九十里”。1960年于此设金湖县。

黎树砦 在今贵州凯里市西北炉山镇东北。《方舆纪要》卷121清平县：黎树砦“苗寨也。（明）景泰二年，湖广督臣王来攻香炉山贼，分兵一自龙场进，一自万朝山进，一自重安江进，诸将破黎树、翁沟三百余砦，又招抚兖水等二百余砦”。

黎树隘 在今四川万源市北黎树乡。《清一统志·太平厅》：黎树隘“在厅北四十里”。

黎毗山 在今海南省儋州市西北中和镇（旧儋州城）西北三十里。明正德《琼台志》卷6：黎、毗山“在州西北四十里那细都。旧传有蛮人黎、毗二姓者居其下，后被外人逐占居之，殁后复此为妖，居者乃于山顶砌石岩祀之，俗亦因都呼为那细岭”。

黎峒 黎人所居之山。指今海南省海南岛中部五指山。《舆地纪胜》卷124琼州引《系年录》云：黎母山“诸蛮环居，号黎人，其去省地远，不供赋役者号生黎；耕作省地者号熟黎。熟黎之外始是州县，四郡各占岛之一陲……四郡之人多黎姓，盖其裔族，而今黎族乃多姓王”。《清一统志·琼州府一》：“按黎人自唐宋以来，叛服不常。元设黎兵万户府，统十三翼，兼管民兵黎峒，千百户俱以土人为之。明永乐二年，崖州监生潘隆议设抚黎知府，招抚生黎村峒，授以土官。宣德四年，以黎人侵扰，革抚黎官。正统五年，并革诸土官，自是悉领于郡县。万历三十一年，复设抚黎通判。四十三年革。本朝德威所至，黎人向化。雍正八年，琼山、定安、陵水、崖州诸生黎二千九百四十六人，相率愿入版图。”

黎峒山 又名埧达山、金钟山。在今广西隆林各族自治县西南。因山中为黎人窟宅，故名。

黎峒营 即今广东英德市西南黎溪镇。《方舆纪要》卷102英德县“虎尾径营”条内：“县境有大庙、黎峒……十余营。”《清一统志·韶州府》“瑶田营”条内：“县西南有黎峒营、大庙营，皆明正德中置。”

黎侯岭 在今山西长治县西北四里黎岭村。《清一统志·潞安府一》：黎侯岭“在长治县（今长治市）西南三十里”。

黎侯城 在今山西黎城县东北十八里。《左传》：宣公十五年（前594），“晋侯治兵于稷以略狄土，立黎侯而还”。《元和志》卷15黎城县：“今县东十八里黎侯城是也。”

黎盆水 即今海南省琼海市北泮水河。《明史·地理志》琼州府乐会县：“西北有万泉河，有黎盆水流入焉。”《清一统志·琼州府一》：黎盆水“在乐会县西北偏岭下，汇为龙塘港，达万泉河”。

黎亭 在今山西长治县北三里黎岭村。《汉书·地理志》上党郡壶关县注：“应劭曰：黎侯国也，今黎亭是。”《晋书·刘元海载记》：西晋永兴二年（305），“离石大饥，迁于黎亭，以就邸阁谷”。《方舆纪要》卷42潞安府长治县：“黎亭在府西南三十五里黎侯岭上。相传黎侯所筑。”均此。

黎亭县 唐天祐二年（905）改黎城县置，属潞州。治所即今山西黎城县西北古县。五代唐复为黎城县。

黎洞　在今江西吉水县东。《方舆纪要》卷87吉安府吉水县：黎洞“在县东五里黎王寨下。洞中皆良田，溪水最清”。

黎济寨镇　金置，属禹城县。在今山东禹城市西北三十里。

黎峨里　在今贵州福泉市东嵻峨山。《明史·贵州土司传》：“平越，古黎峨里。”

黎浆亭　在今安徽寿县东南。《三国志·吴书·丁奉传》：太平二年（257），“魏大将诸葛诞据寿春来降，魏人围之。遣朱异、唐咨等往救，复使奉与黎斐解围。奉为先登，屯于黎浆”。即此。《水经·肥水注》：“黎浆水东径黎浆亭南。文钦之叛，吴军北入，诸葛绪拒之于黎浆，即此水也。东注肥水，谓之黎浆水口。”

黎家集　即今河南固始县东南五十四里黎集镇。清尹耕云《豫军纪略》卷7：咸丰七年（1857）闰五月，李兆受伺隙扰商城、固始，胜保、英桂令邱联恩等“进驻黎家集”。

黎梓卫　即今四川岳池县东南中和镇。清光绪《岳池县志》卷3：黎梓卫隘在“治南九十里。路通广安、邻水。雍正八年设巡检司一员，雍正十三年春废”。

黎崖山　即蒙抵黎岩山。在今云南易门县南五十里。《清一统志·云南府》：黎崖山“一名马头山。又名黎岩。下有平谷，宜畜牧。《明统志》作蒙低黎岩山。《县志》：异马多产于此，盖称西马云。明万历初，巡抚邹应龙斩马誓蛮于山上，名斩马山”。

黎黑村　在今海南省琼海市东北烟塘镇福石岭管区泗村。唐、宋为乐会县治。《清一统志·琼州府二》“乐会故城”条引《广东通志》称：“唐（乐会）县治黎黑村，在今会同县东。”

黎湖　即今浙江上虞市东南十六里皂李湖。《新唐书·地理志》越州上虞县：“北二十里有黎湖，亦（金）尧恭所置。”

黎塘墟　即今广西宾阳县东一百十里黎塘镇。明万历《宾州志》卷3：安城乡有“黎塘墟”。清光绪《广西舆地全图》宾州图：东南有黎塘墟。

黎源洞　在今江西万载县北。《方舆纪要》卷87袁州府万载县“鄢王寨”条下：黎源村“在县北百二十里，为府境之要害。万历二年，群寇侵犯，官兵讨之，贼首杨青山遁入黎源洞天井窝，依山为险。事平，置黎源哨，设官兵守之，后渐废。崇祯六年，复设以御楚寇。《志》云，万载之黎源与奉新之百丈，新昌之黄冈，靖安之双坑，武宁之黄竹五洞相连，俱潜通大沩山。冈岭重复，亡命者多阻险其中”。

黎溪州　元世祖至元九年（1272）置，属会川路。治所在今四川会理县西南一百五十里黎溪镇。明洪武十五年（1382）改为黎溪县。二十四年（1391）复为州。二十七年（1394）废。明曹学佺《蜀中广记》卷34《边防记》会川卫：“黎溪旧州在卫南百五十里。唐时南诏阁罗凤徙白蛮戍此，即白夷也。”清康熙四十九年（1710）置黎溪州土千户。

黎溪县　明洪武十五年（1382）改黎溪州置，属会川府。治所在今四川会理县西南一百五十里黎溪镇。二十四年（1391）复改为州。

黎墟　即今江西东乡县南四十里黎圩镇。清同治《江西全省舆图》卷2抚州府东乡县：南有“黎墟积”。

黎壁岭　在今福建长泰县西北。《方舆纪要》卷99长泰县：黎壁岭“在县西北六十余里。崖壁斗绝，其相接者曰大鸬鹚岭，以形似名”。

黎瀼甸　在今云南富民县东南旧县。明《寰宇通志》卷111富民县：“乌蛮酋呰门呰莫始筑乌举龙城，号黎瀼甸。”

篁村街　即今江西横峰县北一百五里新篁乡。清同治《江西全省舆图》卷11：广信府兴安县有篁村，“与德兴、弋阳两县互界”。

篁墩　即今安徽黄山市徽州区东南屯光镇。明弘治《徽州府志》卷2歙县：篁墩“在县西南三十里。以其地多竹，故名。先隶休门，后割属歙。唐广明中，巢‘贼’经过之地，遇有黄姓则不杀，衣冠大姓避地者改为黄墩，相保于此”。

箭上守捉城　唐置，属维州。在今四川理县东北薛城镇东一里。后废。

箭上里　在今四川理县东北薛城镇东一里。明曹学佺《蜀中名胜记》卷7保县：“箭上，在县东里许，一冈斗直而下如矢，曰箭岭。又云：箭上即唐之守捉城也。”

箭长河　即今河南新县西南二十四里箭厂河乡。清尹耕云《豫军纪略》卷11：同治三年（1864）八月，“乃营箭长河，扼其回窜”。

箭州　唐永徽二年（651）置羁縻州，属茂州都督府。治所在今四川汶川县邛崃山附近地区。后废。

箭杆场　即今云南云龙县东新荣镇。明洪武十六年（1383）置土巡检司于此。

箭板场　即今四川沐川县东北箭板镇。民国《犍为县志》卷2：箭板场在“东南九十里”。《清史稿·曾望颜传》：咸丰十年（1860），李永和义军“攻犍为，自箭板场窜至河口，将缚筏以渡”。

箭岭　在今四川理县东北薛城镇东一里。有冈陡直如箭，曰箭上里。明曹学佺《蜀中名胜记》卷70保县：箭上曰箭岭。唐维州箭上守捉城置于此。

箭竿山　在今甘肃武山县西南四十五里。明曹学佺《名胜志》：“其形似箭竿故名。”《方舆纪要》卷59宁远县：箭竿山“以山峰挺峙而名”。

箭眉山　在今贵州晴隆县北。《方舆纪要》卷121安顺府：箭眉山在“（顶营长官）司西百里，地名陆堡。势极高大，周四十余里，河流索纡其下。巅有两峰，峰畔一谷，甚宽平，可耕艺，土气多燠，蔬果四时不乏。然多烟瘴，不可居，惟土著仲家居焉”。

箭捍岭关　在今河北抚宁县北。《明史·地理志》永平府昌黎县："北有界岭口、箭捍岭等关。"《方舆纪要》卷17抚宁县"界岭口关"条下载："箭捍岭关在县北。界岭口东第一关口也。"

箭笴山　在今河北抚宁县东北苇子峪外。《辽史·太祖纪》：天赞二年（923），"三月戊寅，军于箭笴山，讨叛奚胡损，获之，射以鬼箭"。又《方舆纪要》卷17抚宁县"黄崖山"条下载：茶盆山"在县东北百里石门之北。峰高万仞，陵峦杳深。《旧志》曰，即箭笴岭也"。

箭筈山　在今甘肃漳县西南。《方舆纪要》卷59巩昌府漳县：箭筈山"在县西南三十里。山有两峰，高险插天，因名"。

箭筈关　在今陕西千阳县南箭括岭。《宋史·吴玠传》：南宋绍兴元年（1131），金将没立自凤翔"方攻箭筈关，玠复遣将击退之"。

箭筈坞　在今陕西佳县西三十里。《方舆纪要》卷57葭州：箭筈坞"地多竹箭，因名"。

箭筈岭　又作箭括岭。即今陕西岐山县东北岐山。《资治通鉴》：五代梁贞明六年（920），"蜀将陈彦威出散关，败岐兵于箭筈岭"。胡三省注引杜佑曰："岐山即今之岐山县，其山两岐，故俗呼为箭筈岭。"后置关于此，谓之箭筈关。为南宋与金必争之地。

箭港水　在今江西抚州市临川区西北。《方舆纪要》卷86抚州府临川县：箭港水"在府北八十里。春夏水溢，舟由此出入章江，水浅则舟不能移。俗呼为小河。《志》云，由小河至王家洲，入三江口，过接陂，可径抵会城，此水涨时间道也"。《清一统志·抚州府一》：箭港水"盱水分流，即丰城云韶水之上源也"。

箭楼山　在今四川平武县城北。明洪武二十二年（1389），龙州徙治"盘龙坝箭楼山之麓"，即今平武县治。

箭滩渡　在今四川遂宁市东，为涪江津渡。《元史·纽璘传》："丁巳岁，宪宗命将兵万人略地……引军欲会都元帅阿答胡等于成都。宋制置使蒲择之遣安抚刘整、都统制段元鉴等，率众遂宁江箭滩渡以断东路。纽璘军至不能渡，自旦至暮大战，斩首二千七百余级，遂长驱至成都。"

篆水　亦名洄水。即今四川广安市境之渠江。《舆地纪胜》卷165广安军：篆水"篆水流杯在渠江县五里"。《方舆纪要》卷68广安州：渠江在"州东北五里。……又南经此，谓之篆水。《志》云：江中滩石纵横，湍流奔激，有三十六滩之称，至此石碛平坦，波纹萦洄如篆也"。

篆甲　即今广西巴马瑶族自治县西北甲篆乡。《明史·地理志》：田州有篆甲土巡司。

〔丿丨〕

牖里　即羑里。牖、羑声相近，古字通用。在今河南汤阴县北九里。《战国策·赵策三》：鲁仲连曰，文王"拘之于牖里之车"。

儋耳　古部族名。有二：一在北荒，《吕氏春秋·任数》："北怀儋耳。"《山海经·大荒北经》："有儋耳之国。"郭璞注："其人耳大，下儋垂在肩上。"一在今海南岛，汉武帝于此置儋耳郡。《汉书·武帝纪》注引张晏曰："镂其颊皮，上连耳匡，分为数支，状似鸡肠，累耳下垂。"《山海经·海内南经》作离耳，注："锼离其耳，分令下垂以为饰，即儋耳也。"儋耳是因当地人戴大耳环之故，至今一部分黎族妇女仍有此种风俗。

儋耳县　西汉元封元年（前110）置，为儋耳郡治。治所在今海南省儋州市西北三都镇北南滩。始元五年（前82）废。

儋耳郡　西汉元封元年（前110）置，治所在儋耳县（今海南省儋州市西北三都镇北南滩）。辖境相当今海南省海南岛西部地区。始元五年（前82）并入珠崖郡。隋大业六年（610）改珠崖郡复置，治所在义伦县（今儋州市西北南滩。隋末徙治今儋州市西北中和镇）。唐武德五年（622）改为儋州。

儋州　唐武德五年（622）改儋耳郡置，治所在义伦县（今海南省儋州市西北中和镇）。惕宝元年（742）改为昌化郡，乾元元年（758）复为儋州。辖境相当今海南省海南岛西部地区。北宋熙宁六年（1073）改为昌化军。端平二年（1235）改为南宁军。明洪武元年（1368）复改儋州。1912年改为儋县。

儋州千户所　明洪武二十年（1387）置，属海南卫。治所在今海南省儋州市西北中和镇（旧儋州）。

儋州市　1993年撤销海南省儋县，改设儋州市。市人民政府驻那大镇。2015年撤销县级儋州市，设立地级儋州市，市人民政府驻那大镇中兴大街中1号。

儋州故城　在今海南省儋州市西北中和镇。始建于唐，初为夯土城墙，明代增砌石包墙，清代多次重修。儋州古城近似方形，设东、南、西、北四城门。外筑月城并开壕沟。据县志载，城周长472丈。1927年、1951年、1952年部分城墙及东、南门被拆除。现存夯土城墙900米、残高3.6米，及西、北两门。古城内外保留东坡井、魁星塔、桃榔庵遗址（苏东坡被贬儋州时居所）、州衙遗址等。古城风貌保存较好。2006年定为全国重点文物保护单位。

儋县　1912年改儋州置，属广东琼崖道。治所即今海南省儋州市西北新州镇。1920年直属广东省。1958年迁治那大镇（今儋州市）。

皞林口　在今福建龙岩市东。明置巡司于此。《明史·地理志》漳州府龙岩县："东北有雁石巡检司，后移于皞林口。"

皛然山　即今四川华蓥市东南之华蓥山。《舆地纪胜》卷162渠州：皛然山“在邻水县南二十七里。自宕渠山连延至此，山东有岩，岩下有石乳三条，呼为石钟……西有高岩，白色。真宗因阅《图经》，御笔改为皛然山”。《明一统志》卷68顺庆府：皛然山“在大竹县南三百二十里。相传皛然真人尝游憩于此，故名”。

〔丿丿〕

德力堡　明置，属盐井卫。在今四川盐源县东北金河乡东南得力铺。《方舆纪要》卷74盐井卫：德力堡在“卫东二百十里，与建昌卫接境。西去打冲河十余里，通禄马、禄曹诸蛮”。

德山　①在今内蒙古宁城县西南必斯营子乡邢家沟村。该村曾出土辽贾师训墓碑，碑文称“葬于京南劝农县西德山之阳”。

②即善德山。在今湖南常德市东南十五里。《方舆纪要》卷80武陵县：善德山“本名德山。道书以为第五十三福地，枉水出焉。亦曰枉山。隋刺史樊子盖以善卷隐此，改曰善德山”。

德广郡　南朝梁置，治所在略阳县（西魏改上洪县，今湖北宜城市东）。隋开皇初废。

德丰（豐）县　1933年川陕革命根据地置，治皂角垭（今四川南部县西北皂角乡）。1935年5月废。

德木宗　清设德木宗，治所在今西藏林芝县东南德木。因传说“贡尊德木”神在此而得名。1960年与足木、则拉二宗合并，改设林芝县。

德水　黄河别名。《史记·秦始皇本纪》：二十六年（前221），“始皇推终始五德之传，以为周得火德，秦代周德，从所不胜。方今水德之始，……更名河曰德水，以为水德之始”。

德化州　①唐永泰二年（766）置羁縻州，属安南都护府。治所在德化县（今越南河江省安平附近）。后废。

②清宣统元年（1909）于德尔格忒土司中区置，属登科府。治所在今四川德格县。1913年改为德化县。

德化县　①唐永泰二年（766）置，为羁縻德化州治。治所在今越南河江省安平附近。后废。

②五代南唐改浔阳县置，为江州治。治所即今江西九江市。元为江州路治。元末陈友谅曾建都于此。明为九江府治。1914年改名九江县。

③五代闽龙启元年（五代唐长兴四年，933）升归德场置，属泉州。治所即今福建德化县。元属泉州路。明、清属泉州府。清雍正十二年（1734）改属永春直隶州。1913年属福建南路道。1914年属厦门道。1928年直属福建省。宋时置有铁场。所产瓷器质地坚硬，色泽洁白，早在宋元时期即已远销东南亚、日本及欧洲等地。

④1913年改德化州置，属边西道。治所即今四川德格县。1914年因与福建德化县重名，改为德格县。

德化窑遗址　在今福建德化县东郊宝美村破寨山西南坡屈斗宫。为宋元时期主要窑址。1976年发掘十七间窑室，长达57米，出土六千七百多件瓷器标本和烧窑工具。1988年定为全国重点文物保护单位。

德布色黑河　今内蒙古卓资县西北五贝滩河大黑河，为大黑河支流。《清一统志·归化城六厅》：黑河“又西流受北来之德布色黑河，折而南合东来之哲尔德河”。

德平县　五代唐改平昌县置，治所在今山东临邑县东北德平镇。北宋熙宁六年（1073）省为镇，入安德县。元符二年（1099）复置，属德州。明属济南府。民国初属山东东临道。1928年直属山东省。1956年并入临邑县。

德平路　元世祖至元十三年（1276）改颡綖千户置，属罗罗斯宣慰司。治所在德州（今四川德昌县）。二十三年（1286）废。

德平镇　北宋熙宁六年（1073）省德平县为镇，属安德县。在今山东临邑县北德平镇，元符二年（1099）复为德平县。

德归县　唐贞观初以党项部落置，属同昌郡。治所在今四川松潘县北。后地入吐蕃，侨治庆州（治安化县，今甘肃庆阳市）界。寻废。

德令哈镇　即今青海德令哈市。民国汪公亮《西北地理》青海柴达木盆地垦地有德令喀。1963年为海西蒙古族藏族哈萨克族自治州治所。1988年改设德令哈市。“德令哈”，蒙古语意为广阔的金色原野。

德尔格忒安抚司　简称德格土司。清雍正六年（1728）置，属雅州府。治所即今四川德格县。十一年（1733）改为德尔格忒宣慰司。

德尔格忒宣慰司　简称德格土司。又称叠尔格。清雍正六年（1728）置德尔格忒宣抚司。十一年（1733）升为宣慰司，属雅州府。治所即今四川德格县。《清史稿·四川土司传》：“诸土司部落，以德格为最大，东连瞻对，西连察木多，南连巴塘，北连西宁，番人以其地大，有‘天德格，地德格’之称。”辖境相当今四川德格、石渠、白玉三县及西藏江达县地。宣统元年（1909）改土归流，分设德化州、白玉州、登科府、石渠县、同普县。

德宁县　元延祐五年（1318）改静安县置，为德宁路治。治所在今内蒙古达尔罕茂明安联合旗东北敖伦苏木古城。明废。

德宁路　元延祐五年（1318）改静安路置，属中书省河东山西道宣慰司分管。治所在德宁县（今内蒙古达尔罕茂明安联合旗东北敖伦苏木（“敖伦苏木”，蒙古语为许多庙宇之意）古城。辖境相当今内蒙古达尔罕茂明安联合旗及固阳县地。明初废。古城遗址尚存。

德让宗　又作提郎宗。在今西藏南部，门隅地区达旺东南九十四里处。门巴语名称。原隶属于西藏地方政府管辖，1951年被印度政府非法占领。

德会水 今山东淄博市、桓台间之朱龙河。又名丰水。《汉书·地理志》齐郡昌国："德会水西北至西安入如。"《水经·瓠子河注》："时水自西安城西南分为二水，枝津别出西流，德会水注之。水出昌国县黄山，西北流径昌国县故城南……又西北世谓之沧浪沟，又北流注时水。"《清一统志》谓德会水亦名郑黄沟。

德庆千户所 明洪武九年（1376）置，属广东都司。治所在今广东德庆县。后废。

德庆州 明洪武九年（1376）降德庆府置，属肇庆府。治所即今广东德庆县。辖境相当今广东德庆、封开二县地。1912年改为德庆县。

德庆县 1912年改德庆州置，后属广东粤海道。治所即今广东德庆县。1920年直属广东省。

德庆府 南宋绍兴元年（1131）升康州置，治所在端溪县（今广东德庆县）。辖境相当今广东云浮、罗定、郁南、德庆等市县地。元世祖至元十七年（1280）改为德庆路。明洪武元年（1368）复改为德庆府，后属广东行中书省。九年（1376）降为德庆州。

德庆学宫 在今广东德庆县城。始建于北宋大中祥符四年（1011），元丰四年（1081）迁今址。元大德元年（1297）重建。虽经历代修葺，但仍保存元代木构建筑特色。现仅存大殿、东西庑、杏坛、名宦乡贤祠等建筑。大殿面阔、进深各五开间，重檐歇山顶，不论从外观艺术造型或内部梁架结构的设计建造上，都继承了我国古代建筑的优良传统，是广东元代建筑的重要遗迹。1996年定为全国重点文物保护单位。

德庆宗 原西藏地方政府设，治所即今西藏达孜县驻地德庆。清乾隆《卫藏通志》卷4："德庆其地多候馆，往来者恒栖止之，路傍有塘铺。""德庆"藏语意为极乐地、大安。1960年与达孜宗、邦堆谿、拉木谿等合并设达孜县。

德庆路 元世祖至元十七年（1280）改德庆府置，属江西行中书省。治所在端溪县（今广东德庆县）。辖境相当今广东罗定、云浮、郁南、德庆等县市地。明洪武元年（1368）复为德庆府。

德州 ①南朝梁置，治所在九德县（今越南义安省荣市）。隋开皇十八年（598）改为驩州。唐武德五年（622）改为南德州，八年又改为德州，治所仍在九德县，贞观元年（627）复名驩州。

②隋开皇九年（589）置，治所在安德县（今山东陵县）。大业初改为平原郡。唐武德四年（621）复为德州。天宝元年（742）又改平原郡，乾元元年（758）复名德州。辖境相当今山东德州、陵县、平原及河北景县、吴桥等市县地。明洪武七年（1374）移治陵县（今山东德州市）。辖境相当今山东德州、陵县、平原等市县境。1913年废为德县。

③辽开泰八年（1019）置，属大同府。治所在宣德县（今内蒙古凉城县东北麦胡图镇淤泥滩古城）。金废。

④元世祖至元八年（1271）改德阳县置，属成都路。治所即今四川德阳市。十三年（1276）复改为德阳县。

⑤元世祖至元十三年（1276）改颡娗千户置，为德平路治。治所即今四川德昌县。二十三年（1286）改属德昌路。辖境相当今四川德昌县北部地。明洪武十五年（1382）改为德昌府。

德州市 1946年革命根据地由德县析置，治所即今山东德州市。1950年4月撤销，并入德县。同年11月复设德州市。1994年撤销德州地区，改设地级德州市。

德江县 1914年改安化县置，属贵州镇远道。治所即今贵州德江县。1923年直属贵州省。

德江城 在今云南楚雄市西北二里。《元史·地理志》威楚开南等路："及高升泰执大理国柄，封其侄子明量于威楚，筑外城，号德江城，传至其裔长寿。元宪宗三年征大理，平之。"

德兴市 1990年撤销江西省德兴县，改设德兴市，市人民政府驻银城镇。属上饶地区。2000年由上饶市代管。

德兴县 ①五代南唐升元中置，属饶州。治所即今江西德兴市。《方舆纪要》卷85饶州府：德兴县"取其地产银，惟德乃兴之义，南唐因以名县"。元属饶州路。明属饶州府。民国初属江西浔阳道。1926年直属江西省。1990年改设德兴市。

②金大安元年（1209）改永兴县置，为德兴府治。治所即今河北涿鹿县。元世祖至元三年（1266）复改永兴县。

德兴府 ①唐乾宁四年（897）升华州置，治所在郑县（今陕西华县）。辖境相当今陕西华县、华阴、潼关三县市及渭南市北部地。光化三年（900）复改华州。

②金大安元年（1209）改奉圣州置，治所在德兴县（今河北涿鹿县）。辖境相当今河北涿鹿、怀来、赤城等县地。元世祖至元三年（1266）复为奉圣州。

德安县 五代吴顺义七年（927）升浔阳县蒲塘场置，属江州。治所即今江西德安县。元属江州路。明清属九江府。民国初属江西浔阳道。1926年直属江西省。

德安府 北宋宣和元年（1119）升安州置，治所在安陆县（今湖北安陆市）。辖境相当今湖北安陆、孝感、应城、广水、大悟、云梦等市县地。南宋咸淳中徙治城头山（今湖北武汉市蔡甸区东）。元初还治安陆县（今安陆市）。明洪武九年（1376）降为州，十三年（1380）复升为府，属湖广布政司。1912年废。

德安砦 即今陕西安塞县治真武洞镇。《宋史·地理志》延安府："宣和二年，改龙安曰德安砦。"

德安镇 金置，属安德县。在今山东陵县地。

德阳文庙 在今四川德阳市文庙街。始建于清道光二十八年（1848），坐北朝南。依中轴线自南向北有万仞宫墙（照壁）、棂星门、泮池、大成门、大成殿、启圣殿，东西两侧有牌坊、神厨、神库、分贤祠、礼乐亭、碑亭、配殿等。庙内有广场，庙北有后花园。主体建筑大成殿面阔七间，进深四间，重檐歇山顶，高 21 米。殿前有宽阔的拜台及四座礼乐亭。长达 30 米的万仞宫墙（照壁），三坊并列雕刻丰富的棂星门，照壁式的“德配天地”、“道冠古今”砖制牌坊，插梁式构架的大成殿及庙后配置的后花园等，皆使德阳文庙在全国文庙中占有特殊重要的地位。2001 年定为全国重点文物保护单位。

德阳市　1983 年以四川省德阳县的部分地区和绵竹县汉旺镇设立地级德阳市。1984 年撤销德阳县，并入德阳市，设立德阳市市中区。1996 年撤销德阳市市中区，设立旌阳区和罗江县。德阳市人民政府驻旌阳区。

德阳县　①东汉置，属广汉郡。治所在今四川江油市东北雁门坝一带。东汉末徙治今遂宁市东南十八里龙凤场，改旧县为德阳亭。《三国志·蜀书·张裔传》：建安末，“张飞自荆州由垫江入，（刘）璋授裔兵拒张飞于德阳陌下，军败”。即此。东晋属遂宁郡。南朝齐属东遂宁郡。北周废。

②东汉分绵竹县置，属广汉郡。治所在今四川广汉市境。北周闵帝元年（557）废。

③唐武德三年（620）置，属益州。治所即今四川德阳市。明曹学佺《蜀中广记》卷 51：“汉曰德阳，以德水之阳也。”垂拱二年（686）属汉州。《新唐书·高仁厚传》：中和四年（884），东川节度使杨师立反，高仁厚率军讨之，“仁厚次汉州，前军战德阳”。即此。元世祖至元八年（1271）升为德州，十三年（1276）复为德阳县，属成都路，十八年（1282）改属汉州，明洪武十年（1377）废入汉州，十三年（1380）复置。清属绵州。民国初属四川西川道。1928 年直属四川省。1983 年析置德阳市（地级）。1984 年撤销德阳县并入德阳市。

德阳亭　即废德阳县。在今四川江油市东北雁门坝一带。《三国志·魏书·钟会传》：景元间伐蜀，“邓艾追姜维到阴平，简选精锐，欲从汉德阳入江由”。又《邓艾传》：艾上言：“从阴平由邪径经汉德阳亭趣涪，出剑阁西百里。”即此。

德阳郡　唐天宝元年（742）改汉州置，治所在雒县（今四川广汉市）。辖境相当今四川广汉、德阳、什邡、绵竹、金堂等市县地。乾元元年（758）复改为汉州。

德阳殿　东汉雒阳北宫的正殿。在今河南洛阳市东北汉魏故城内。张衡《东京赋》曰：“逮至显宗（汉明帝），六合殷昌，乃新崇德，遂作德阳。”《后汉书·孝顺帝纪》载：延光四年（125），“迎济阴王于德阳殿西钟下，即皇帝位”。注引《汉官仪》曰：“崇贤门内德阳殿也。”又《灵帝纪》称：中平六年（189）八月，“张让、段珪等劫少帝及陈留王幸北宫德阳殿”。据《艺文类聚》卷 62 引《汉官典仪》载：“德阳殿，周旋容万人，激洛水于殿下。”殿高三丈，广五十步，能容万人，纹石作坛，画屋朱梁，玉阶金柱，高峻华丽，有“珠帘玉户如桂宫”之称。

德寿宫　南宋临安（今浙江杭州市）北内。又称北宫。《梦粱录》卷 8《德寿宫》载：“德寿宫在望仙桥东，元系秦太师赐第（秦桧旧宅），于绍兴三十二年六月戊辰，高庙倦勤，不治国事，别创宫廷御之，遂命工建宫，殿匾德寿为名。”

德克登吉　亦作伊克登吉噶珊。清置，属三姓副都统。在今黑龙江省虎林市东北独木河注入乌苏里江口附近。光绪《吉林通志》卷 17：乌苏里江西岸，北至混同江南岸旧设噶珊有“伊克登吉”。即此。

德县　1913 年改德州置，治所即今山东德州市。1948 年迁王官庄（今山东陵县西北王官镇）。1958 年撤销，并入德州市。

德沁宗　即德庆宗。治所在今西藏达孜县东德庆镇。清乾隆《西域同文志》卷 18：“西番（藏）语：德，安也。沁，大也。取大安之意名其城以祝居者。”

德若国　东汉西域国名。都城在今新疆塔什库尔干塔吉克自治县东南。《后汉书·西域传》：德若国“与子合相接，其俗皆同”。

德林石　在今黑龙江省宁安市西南。清杨宾《柳边纪略》卷 1：“宁古塔西八十里有大石曰德林，在万山中，广二十余里，袤百余里，其平若砥，色或青或黑或绀，或若龟文，或若羊肚，又复嵌空玲珑，马蹄冬冬然，若行鼓上。而曲池横沼，志所称如井如池，如盆盂者，莫不冻鱼鳖焉。”《清一统志·吉林一》：德林石，“《通志》：自鄂摩和湖东绕沙兰站之南，抵瑚尔哈河，有大石，广二十余里，袤百余里，孔洞大小不可数计，或园或方，或六隅八隅，如井如盆如池，或口如盂而中如洞，深或丈许或数尺，中有泉，澄然凝碧，或潜鳞游泳，或中生桦榆等木，夏无蚊虫，麋鹿群聚于中，名曰德林石”。

德旺镇　1932 年置，即今贵州江口县西北五十八里德旺土家族乡。“德旺”系苗语音译，意为王子田。清称苗王。

德昌千户所　明洪武二十五年（1392）改德昌府置，属建昌卫。治所即今四川德昌县。明曹学佺《蜀中广记》卷 34：德昌“元置德昌，本朝于此置所，因其名”。清乾隆二十六年（1761）改为德昌所巡司。

德昌设治局　1941 年析西昌县置，属西康省。治所即今四川德昌县。以元德昌路为名。1946 年升为德昌县。

德昌县　①五代晋开运三年（946）改全义县置，为溥州治。治所即今广西兴安县。南汉复为全义县。

②明崇祯八年（1635）置，属赵州。治所在今云南祥云县东北五十七里米甸镇。清顺治十六年（1659）废。

③1946 年改德昌设治局置，属西康省。治所即今四川德昌县。1955 年属四川省。1959 年撤销，1962

年复置德昌县。

德昌府　明洪武十五年（1382）改德州置，属云南布政司。治所即今四川德昌县。寻改属四川布政司。辖境相当今四川德昌县地。二十五年（1392）改为德昌千户所。

德昌路　元世祖至元二十三年（1286）并德平、定昌二路置，属罗罗斯宣慰司。治所在昌州（今四川德昌县西南。一说在今四川德昌县）。辖境相当今四川德昌、米易等县地。明洪武十五年（1382）改为德昌府。

德昌镇　即今四川德昌县。元为德昌路，明为德昌千户所。清乾隆二十六年（1761）改置德昌所巡司。民国初改设县佐。

德明洞长官司　元置，属思州安抚司。治所在今贵州三穗县西南德明村。明初废。

德固砦　北宋崇宁三年（1104）筑五百步城于胜铎谷。后赐名德固砦，属乐州。在今青海乐都县西北九十里。

德政陂　在今安徽宣城市东南五十六里。《新唐书·地理志》宣城县："东十六里有德政陂，引渠溉田二百顷，大历二年观察使陈少游置。"清嘉庆《宁国府志》卷12：德政陂"在城东南五十六里。即今笪岳坝。唐观察使陈少游筑。引水溉田，民食其利，故名"。

德荣县　1913年改德荣委员置，属边西道。治所即今四川得荣县。次年属川边特别区。1939年属西康省。1955年属四川省。

德荣委员　亦作得荣委员。清宣统三年（1911）置，属巴安府。治所即今四川得荣县。"德荣"，藏语意为"峡谷地带的农区"。1913年改为德荣县。

德威城　北宋政和六年（1116）筑，属秦凤路。在今甘肃靖远县西南黄河东岸。金废。

德临道　1925年由东临道分置，属山东省。治所在德县（今山东德州市）。辖境相当今山东德州、陵县、武城、夏津、平原、临邑、临清、禹城等市县地。1928年废。

德星亭　在今河南许昌市西。《寰宇记》卷7许州长社县："德星亭，在县西北一里，《汉杂事》云：陈太邱父子相聚之处。"《明一统志》卷26开封府：德星亭"在许州西湖上。汉荀淑故宅，陈实尝诣淑，子弟咸在，太史奏德星聚，后人因建亭"。

德钦设治局　又作阿墩子设治局。1932年改阿墩子行政区置，直属云南省。治所即今云南德钦县。藏语"德"为平，"钦"为安，意即极乐太平。"阿墩子"、"阿得酋"皆为同音异写。1951年撤销，改置德钦县藏族自治区。1956年改德钦县。

德笃勒屯　又作德都尔。明末清初达斡尔族屯寨，在今俄罗斯阿穆尔州结雅河支河别拉雅河南岸。《清太宗实录》卷51：崇德五年（1640）三月，萨穆什喀等讨博穆博果尔乱，"得都尔屯之科约布鲁……已归额驸巴尔达齐"。即此。

德顺州　金皇统二年（1142）改德顺军置，治所在陇干县（今宁夏隆德县）。辖境相当今宁夏隆德、西吉二县部分地及甘肃静宁县地。元初改名静宁州。

德顺军　北宋庆历三年（1043）置，治所在陇干城（今宁夏隆德县）。辖境相当今宁夏隆德、西吉二县及甘肃静宁县地。元祐八年（1093）移治陇干县（外底堡），即今静宁县。金皇统二年（1142）改为德顺州。

德胜口　又名得胜口、翠平口。在今北京市昌平区西北德胜口村。《元一统志》："（昌平）县北二十里有得胜口。"又顾炎武《昌平山水记》卷上："德胜口西三里有沟沟岩，有上、中、下三岩，土人呼为石梯，深险可避兵。"

德胜门　即今北京市德胜门。为明清北京城北垣偏西的一门。明正统、景泰年间京城保卫战在此与瓦剌激战。明末李自成率农民起义军由此攻进北京城。

德胜门箭楼　在今北京市西城区北部。明正统四年（1439）建，清康熙十八年（1679）因地震塌毁而重建。原德胜门由城楼、箭楼和瓮城组成。城楼在1969年地下铁道施工时拆除，仅存箭楼和瓮城部分垣墙。箭楼在城楼前沿，建在砖砌的城台上，为城楼的防御性建筑。面阔七间，进深二间，内铺楼板三层。两檐间和东、西、北三面墙上，开有方形箭窗（射孔）八十二个。1976年唐山地震造成严重损坏，1980年重修。是北京内城九门中仅存的一座早期建筑。2006年定为全国重点文物保护单位。

德胜关　即今江西黎川县东南三十四里马嘴岭下德胜关。《方舆纪要》卷86建昌府新城县"杉关"条下："《志》云，县南五十里有德胜关，在马嘴岭下。嘉靖三十七年，广贼由闽自泰宁来犯，败官兵于德胜关。三十九年邑令汤建衡筑关为备。四十年贼复来犯，攻县城不能陷，由德胜关遁还闽。论者谓关在岭下，形险未得，且关前有溪，溪外为岐径，非要隘之所也。《关隘考》，德胜关本名磡头岭隘，后改置关。"

德胜关驿　明洪武中置，在今云南大理市东凤仪镇外。后废。

德胜军　五代方镇名。吴置，治所在庐州（今安徽合肥市）。后周显德五年（958）改为保信军。

德胜县　辽置，属复州。治所在今辽宁瓦房店市西南。金废。

德胜城　五代梁贞明五年（919），晋王李存勖部将符存审筑于黄河津要处德胜口（一名德胜渡）。有南北二城。南城在今濮阳市东南五里；北城即今濮阳市。《旧五代史·唐书·符存审传》：存审"于德胜口筑南北城以据之"。即此。

德胜营　明置，在今辽宁辽阳县西北。《方舆纪要》卷37辽东都司：德胜营"在司西六十里。旧为军士屯戍之所"。

德胜堡 明洪武二十六年（1393）筑堡。即今河北万全县。《方舆纪要》卷 18 万全右卫“德胜城”引《边防考》：“城东北面河，西南平坦，去边三十里，敌每由此入犯。成化十年，设上西路参将于此，所辖边墙一百二十四里有奇，其近卫城者镇河、平夷等墩台，俱极冲，口外庄窠沟一带为属部驻牧。”

德胜渡 在今河南濮阳市东南五里。五代时为黄河津要。后梁贞明四年（918），晋王李存勗命符存审筑城于此。

德胜镇 即今广西宜州市西北六十里德胜镇。明、清置巡司于此。清雍正八年（1370）移理苗同知驻守。

德都设治局 1929 年置，属黑龙江省。治所即今黑龙江省五大连池市驻地青山镇。民国《黑龙江志稿》卷 2：德都设治局“旧名德都勒，咸称德都大屯”，因名。1933 年改为德都县。

德都县 1933 年改德都设治局置，属黑龙江省。治所在青山镇（今黑龙江省五大连池市驻地）。1996 年撤销德都县，并入五大连池市，五大连池市迁治于此。

德都镇 亦名得都勒屯。即今黑龙江省五大连池市驻地青山镇。旧属克山县。1929 年于此设德都设治局。1933 年改为德都县。

德格土司 即德尔格忒宣慰司。治所即今四川德格县。

德格印经院 在今四川德格县（更庆镇）文化街。藏名“德格吉祥聚慧院”。清雍正七年（1729）由德格第 12 代土司曲加·登巴泽仁创建。几经扩建，为藏族地区设备完善、规模大、书版多的印经院。占地 1565 平方米，建筑面积 5450 平方米，土木结构四合院形藏式宗教楼房。有藏文典籍经版八十二部，共 21.7 万块。著名的有《甘珠经》、《丹珠经》、《萨迦全书》、《佛教源流》、《卫藏神山志》、《四部医典》等。《印度佛教源流》已是稀世孤本。历史上和拉萨布达拉宫印经院、日喀则那塘印经院并称三大藏经院，现仅存本院。1996 年定为全国重点文物保护单位。

德格县 1914 年改德化县置，属川边特别区。治所即今四川德格县。德格为藏语译音，意为“四部十善”，由藏传佛教教义演变而来。清置德尔格忒宣慰司，简称德格土司。德格县名以此。1939 年属西康省。1955 年属四川省。城附近有印经院，更庆寺等古迹。

德党 即今云南永德县驻地德党镇。清光绪三十四年（1908）镇康州迁治于此。1914 年为镇康县治。1940 年置德党镇。1964 年为永德县治。傣语“德”为下，“党”为路，意即路下方的村。

德峰山 在今广西荔浦县西南。《方舆纪要》卷 107 修仁县：德峰山“在县（故治在今县西南修仁镇）西三十里，高出众山，可以望远”。

德陵 ①南汉烈宗刘隐的陵墓。在今广东广州市河南官洲北亭。《南汉书·中宗纪》载：乾和二年（944）春三月，“帝遣其弟中书令、都元帅越王洪昌如海曲谒德陵，行至昌华宫，使盗杀之”。即此。

②金宣帝陵。在今北京市房山区西大房山云峰山麓。

③明熹宗朱由校之陵墓。在今北京市昌平区北双镇山檀子峪。明十三陵之一，位于永陵东一里檀子峪山下。

德通城 北宋置，属震武军。在今青海门源回族自治县东南。《宋史·地理志》德通城：“本瞎令古城，政和七年，刘法既解震武军围，进筑，赐名。”

德通站 即穆克德和站。在今吉林图们市北。《清史稿·地理志》汪清县：“旧设站三东哈顺，北至延吉瑚珠岭站六十里；又南四十五里德通；西北逾高丽岭至牛什哈岭为分站。”

德能 一作敌能。在今西藏下察隅地区察隅县治南六十七里处，沿察隅河左岸。原隶属于西藏地方政府管辖，1944 年被印度政府非法占领。

德理镇 在今黑龙江依兰县西南。《新唐书·地理志》：“（渤海王城）城临忽汗海，其西南三十里有古肃慎城，其北经德理镇，至南黑水靺鞨千里。”

德勒德尼城 在今黑龙江省逊克县西南干岔子乡西北。清西清《黑龙江外记》卷 2：黑龙江城“东南百里德文苏苏、福鲁苏苏之间，有德勒德尼城”。

德清山 在今浙江德清县老县城东。《元丰九域志》卷 5：湖州德清县“有德清山”。《方舆纪要》卷 91 德清县：德清山在“县东四里。本名乌山，秦时善酿者乌巾所居。天宝中改今名”。

德清军 五代晋天福四年（939）改顿丘镇置，治所在今河南清丰县西南。开运二年（945）移治陆家店（今清丰县西北十八里古城乡）。北宋庆历四年（1044）徙清丰县于此。为军治。后废德清军。

德清县 唐天宝元年（742）改临溪县置，属吴兴郡。治所即今浙江德清县东二十四里老县城。乾元元年（758）属湖州，南宋宝庆元年（1225）属安吉州。元属湖州路。明、清属湖州府。民国初属浙江钱塘道。1927 年直属浙江省。1993 年迁今治（武康镇）。

德清营 清置，属泰宁协。治所在中渡（今四川雅江县驻地河口镇）。乾隆《打箭炉厅志》：雍正八年（1730），“别于中渡添设德清营，设守备一员，兵四百名”。十三年（1735）裁，后设中渡汛。

德隆 即得荣的异译。今四川得荣县。

德隆场 即今重庆市南川区东南隆德乡。民国《南川县志》卷 2：德隆场“南路偏东一百七十里，自头渡桥往，属德隆乡，山货产地”。

德惠市 1994 年撤销吉林省德惠县，改设德惠市，市人民政府驻德惠路。由长春市代管。

德惠县　清宣统二年（1910）于长春府西北地置，属长春府。治所在大房身（今吉林德惠市东北大房身镇）。民国魏声龢《吉林地志》：因“县境为沐德、怀惠二乡地”，故名。1913年改属吉林省吉长道。1929年直属吉林省。1936年移治张家湾（今吉林德惠）。1994年改设德惠市。

德窝水　即今广西那坡县南百合水。《清史稿·地理志》归顺州镇边县：“德窝水出县南，东南流，经百合墟。折西南，岣华水、坡芽水，百都水并出县西南，合流注之，入越南。”

德感坝镇　即今重庆市江津区西德感镇。清光绪《江津县志》卷2：德感场“距城五里”。

德靖砦　北宋置，在今陕西志丹县西南八十里。《宋史·夏国传上》：宝元元年（1038），元昊“与诸豪歃血约先攻鄜延，欲自德靖、塞门砦、赤城路三道并入”。即此。

德源城　在今云南洱源县东南，邓川镇东北。《方舆纪要》卷117邓川州：德源城“在州治东。亦曰大厘城。唐时遵备州治此。开元二十六年皮罗阁取太和城，又取大厘城，是也。后为德源城，元因置德源千户所”。

德谨砦　北宋置，属天河县。治所在今广西罗城仫佬族自治县西北。元废。

德静县　隋大业九年（613）升德静镇置，属朔方郡。治所在今陕西榆林市西。唐属夏州。西夏废。

德静镇　隋开皇三年（583）改弥浑戍置，属岩绿县。在今陕西榆林市西海流兔河（哈柳图河）东岸。大业九年（613）升为德静县。

德墨里　在今黑龙江省方正县东北德墨里河注入松花江处。《清史稿·地理志》：方正县有船埠曰“德墨里屯”。

德霞寨　在今海南省昌江黎族自治县西南。《方舆纪要》卷105昌化县：德霞寨“在县（治今昌城镇）东南。地势平衍，黎‘贼’巢于此。嘉靖十九年，斥夺其地，拟建城邑，既而中止。二十八年，黎复叛，议者复请建城砦于此，据其膏腴，仍由德霞沿溪水以达县治”。

艒艒河　在今吉林敦化市西北，为牡丹江支流。光绪《吉林通志》卷22：“大艒艒河即大沙河。源出敦化县西南之乌松磖子，与雷风溪河仅隔一山。自其处西北流数十里，受西南来一水，折北流受东南来一水，益北流有小艒艒河自西合三源来入之，折东北流，径小艒艒岭北，受南来一水，又东北有艒艒河自东来入之，合东流数十里与朱鲁多观河、鄂穆索河合。”同书卷20谓“艒艒，独木舟也”。

艑山　亦作编山、扁山。在今湖南岳阳市南。《水经·湘水注》：湘山（君山）“东北对编山，山多篪竹”。《舆地广记》卷28岳州：“君山东北对艑山。”宋范致明《岳阳风土记》：“湘人以吴船为艑，山形类之，故以名山。”

磐石山　俗称盘古山。在今河南泌阳县南四十里。《水经·比水注》：“蔡水出南磐石山。故亦曰磐石川。”

磐石市　1995年撤销磐石县，改设磐石市，市人民政府驻人民路。由吉林省吉林市代管。

磐石县　①清光绪二十八年（1902）置，属吉林府。治所在磨盘山（今吉林磐石市）。民国郭熙楞《吉林汇征》：磐石县，“因县治北山有石如磨盘，故名磨盘山”，县因以为名。1913年改属吉林吉长道。1929年直属吉林省。1995年改设盘石市。

②即盘石县。治所在今四川资中县北三里。《元丰九域志》、王仲荦《北周地理志》作磐石县。

磐安县　1939年分东阳、永康、缙云、仙居、天台五县交界处之大盘山区置，属浙江省。治所在今浙江磐安县治安文镇东南二十六里大盘镇驻地学田村。以境内有大盘、安文各取一字为名，又引申为“磐石之安”，故名磐安。1949年徙治安文镇。

磐安镇　即今甘肃甘谷县西五十里盘安镇。清乾隆《伏羌县志》卷3墩铺：“盘安镇墩，西五十里。”

磐余水　即今陕西城固县西南三十里南沙河。《水经·沔水注》：汉水“右会磐余水，水出南山巴岭上，泉流两分，飞清派注，南入蜀水，北注汉津，谓之磐余江。庾仲雍曰：磐余去胡城二十里”。《清一统志·汉中府一》引《（汉中）府志》：“有南沙河，在县西南三十里；又小沙河，在县南十里。源俱出巴山，合流入汉江，疑即古磐余水也。”

磐河　即钩磐河。在今山东临邑县东北境。

〔丿丶〕

虢　①西周封国。姬姓。有西虢、东虢、北虢。《汉书·地理志》弘农郡陕县：“北虢在大阳，东虢在荥阳，西虢在雍州。”东虢、西虢开国之君为周文王弟。东虢在今河南荥阳东北，公元前767年为郑所灭。西虢亦称城虢，在今陕西宝鸡东，平王东迁后，支族仍留原地称小虢，公元前687年为秦所灭。北虢亦建国于西周。都上阳（今河南三门峡市）。公元前655年为晋所灭。

②又称北虢。西周初封国。姬姓。开国君主是西周季历子虢仲之后。建都上阳（今河南三门峡市东）。辖今河南三门峡及山西平陆县南一带。《左传》：僖公二年（前658），“晋荀息请以屈产之乘与垂棘之璧假道于虞以伐虢”。公元前655年为晋所灭。

③即东虢。西周封国。姬姓。在今河南荥阳市东北。春秋初为郑国所并。《左传·隐公元年》：“制，岩邑也。虢叔死焉。”杜注：“虢叔，东虢君也。恃制岩险而不修德，郑灭之。”

④西周国名。姬姓。文王弟仲所封，号西虢。故址即今陕西宝鸡市陈仓区驻地虢镇。西周灭亡后，支族仍留原地，称为小虢，春秋时为秦所灭。

⑤春秋战国时秦所置县，治所即今陕西宝鸡市陈仓区驻地虢镇。《史记·秦本纪》：秦武公十一年

（前688），“初县杜、郑。灭小虢”。此小虢，乃西虢的支庶。据《元和志》卷2凤翔府虢县载：“古虢国。周文王弟虢叔所封，是曰西虢。后秦武公灭为县。”

⑥春秋燕邑。在今河北任丘市西北。《左传》：昭公七年（前535），“齐侯次于虢”。即此。

虢山 ①即今河南三门峡市陕县老城西南二里鸡足山。《史记·魏世家》：魏文侯二十六年（前420），“虢山崩，壅河”。《集解》：“徐广曰：在陕。”《正义》引《括地志》云：“虢山在陕州陕县西二里，临黄河。今临河有冈阜，似是颓山之余。”

②在今河南卢氏县东北半里许。《清一统志·陕州一》：虢山“世传虢公初都于此”。

虢川镇巡司 清置，属宝鸡县。在今陕西太白县东桃川乡。后废。

虢王镇 即今陕西凤翔县东南虢王乡。清乾隆《重修凤翔府志》卷2《市镇》：虢王镇在“府东南四十里”。

虢公台（臺） 一名贺酒台。在今河南温县西南。《水经·济水注》：“济水南历虢公台西。《皇览》曰：‘温城南有虢公台。’”《寰宇记》卷52温县：虢公台“俗名贺酒台。相传云：晋宣帝故邑，集温父老登此台宴饮，父老奉觞庆贺，因谓之贺酒台”。

虢州 隋开皇三年（583）改东义州置，治所在卢氏县（即今河南卢氏县）。大业三年（607）废。唐武德元年（618）复置。贞观八年（634）移治弘农县（北宋改常农县，又改虢略县，即今河南灵宝市）。辖境相当今河南西部灵宝、栾川以西，伏牛山以北地。元世祖至元八年（1271）废。

虢县 春秋秦置，治所即今陕西宝鸡市陈仓区驻地虢镇。秦属内史。西汉属右扶风。东汉废。隋大业三年（607）复改洛邑县为虢县，属扶风郡。治所仍旧。唐初属岐州，贞观八年（634）废。天授二年（961）复置，属凤翔府。元省入宝鸡县。

虢国墓地 在今河南三门峡市北上村岭，北临黄河。1956—1957年为配合三门峡水库工程建设，共发掘春秋时期墓葬二百余座，车马坑、祭祀坑一百余座，出土了大量珍贵文物。内有两件铜戈，上铸有“虢大子无徒戈”铭文，证明是虢国墓地。1990年在原发掘墓地之北，又发现了许多墓葬，其中第2001号墓长5.3米、宽3.55米。葬具为单椁重棺，出土珍贵文物三千二百余件。许多青铜器铸有铭文，多系“虢季”所作，墓内随葬七鼎六簋，可知此墓主人当系虢国的一代国君。虢国太子墓及虢季墓发掘后均已回填，唯第1727号车马坑已修建保护房，建立博物馆供人参观。1996年定为全国重点文物保护单位。

虢亭 即东虢。在今河南荥阳市东北。《汉书·地理志》河南郡荥阳县注引应劭曰：“故虢国，今虢亭是也。”

虢宫 秦离宫。在今陕西宝鸡市陈仓区（虢镇）。《三辅黄图》卷1：“虢宫，秦宣太后起，在今岐州虢县界。”《汉书·地理志》虢县注：有“虢宫，秦宣太后起也”。据《史记·秦本纪》载：“昭襄母，楚人，姓芈氏，号宣太后。”

虢郡 隋义宁元年（617）置，治所在卢氏县（今河南卢氏县）。唐武德元年（618）改为虢州。

虢略 在今河南嵩县西北。《左传》：僖公十五年（前645），晋侯“赂秦伯以河外列城五，东尽虢略”。《续汉书·郡国志》弘农郡陆浑县：“西有虢略地。”

虢略县 北宋至道三年（997）改常农县置，为虢州治。治所即今河南灵宝市。元世祖至元八年（1271）废。

虢略镇 即今河南灵宝市城关镇。宋、金置虢略县。元世祖至元八年（1271）县废，于此置巡检司。1959年灵宝县移治于此。

虢镇 一名虢川镇。即今陕西宝鸡市陈仓区驻地。清于此设巡司。民国初改设县佐。1950年宝鸡县迁治此。

鹞儿隘 在今湖南石门县西北。《方舆纪要》卷77添平所：鹞儿隘“在所（今石门县西北所街）境。《志》云：添平所属十隘，曰鹞儿、龙溪、长梯、磨冈、遥望、渔洋、石磊、忠靖、走避、细沙是也”。光绪《湖南通志》卷31石门县：“磨冈隘在县西北，接安福县添平所界。自磨冈而东北为长梯隘，又东为龙溪隘，又东南为鹞儿隘。”

鹞子岩口 在今山西五台县东南鹞子沟。《方舆纪要》卷14平山县：鹞子岩口，“正统九年设，嘉靖二十一年增置官兵守御”。

鹞子岭隘 在今甘肃秦安县西北四十里。《方舆纪要》卷59秦州秦安县：鹞子岭隘“山谷峻险，恃为襟要”。

〔丿7〕

膘哥堡 即安川堡。在今甘肃永靖县西南。《宋史·地理志》乐州：“安川堡，故膘哥堡，在巴金岭上，元符二年收复，三年赐名。”

滕 西周封国。武王封文王子错叔绣于此。故址在今山东滕州市西南十四里滕城。《春秋》：隐公七年（前716），“滕侯卒”。杜注：“滕国在沛国公丘县东南。”战国时为宋所灭。

滕大寨 在今四川筠连县南。《明史·四川土司传》：洪武六年（1373），“筠连州滕大寨蛮编张等叛，诈称云南兵，据叙南、长宁诸州县”。即此。

滕王亭 在今四川阆中市北七里玉台山上。《方舆胜览》卷67阆州：滕王亭“即滕王元婴所建，有玉台观。杜甫诗：君王台榭枕巴山，万丈仙梯尚可攀。春日莺啼修竹里，仙家犬吠白云间”。

滕王阁 在今江西南昌市沿江路赣江边。唐永徽四年（653）高祖子滕王元婴为洪州刺史时始建。其后阎伯屿为洪州牧，宴群僚于阁上。王勃省父过此，即席作《滕王阁序》，中有“落霞与孤鹜齐飞，秋水共长天一色”之句，至今令人叫绝。《舆地纪胜》卷26隆兴府：滕王阁“夹以二亭，南曰‘压江’，北曰‘艳秀’。自唐至今名士留题甚富”。滕王阁至今已历时一千三百多年，曾屡毁屡建。今阁为1989年所重建。

滕田镇　又名姜华镇、层山镇。即今江西永丰县东南藤田镇。元、明、清均置巡司于此。

滕州　金大定二十四年（1184）改滕阳州置，治所在滕县（今山东滕州市）。辖境相当今山东滕州、邹城、微山和江苏沛县等市县地。元属益都路。明洪武二年（1369）废。

滕州市　1988年撤销山东省滕县，改设滕州市，市人民政府驻滕州。由枣庄市代管。

滕阳州　金大定二十二年（1182）升腾阳军置，治所在滕阳县（今山东滕州市）。辖滕阳（今滕州）、邹、沛三县。二十四年（1184）改为滕州。

滕阳军　北宋置，治所在滕县（今山东滕州市）。金大定二十二年（1182）升为滕阳州。

滕阳县　金大定二十二年（1182）改滕县置，为滕阳州治。治所即今山东滕州市。二十四年（1184）复改为滕县。

滕县　①秦置，属薛郡。治所在今山东滕州市西南十四里滕城。西汉初为侯国，高帝封夏侯婴为侯国，号为“滕公”。武帝时改为公丘侯国。

②隋开皇十六年（596）改蕃县置，属徐州。治所即今山东滕州市。大业初属彭城郡。唐属徐州。金大定二十二年（1182）改滕阳县，二十四年（1184）复改滕县，为滕州治。明属兖州府。民国初属山东济宁道。1925年属兖济道。1928年直属山东省。1988年改设滕州市。

滕国　北周大象元年（579）改新野郡置，治所在棘阳县（今河南新野县）。二年（580）国除。

滕桥站　元置，即今江西抚州市临川区东南腾桥镇。

滕家河堡　一名滕家堡。明万历三年（1575）置，即今湖北罗田县北胜利镇。《方舆纪要》卷76罗田县：腾家河堡在“县西七十五里，与麻城县接界。嘉靖二十二年议设堡于此，不果。万历初始置堡”。

滕家铺　即今湖北罗田县北七十六里胜利镇。清尹耕云《豫军纪略》卷1：同治三年（1864）七月，徐连陞行过罗田，猝遇太平军“于滕家铺”，战死。1952年置胜利县于此。后废县为镇。

滕家集　即今山东荣成市西南二十六里滕家镇。清道光《荣成县志》卷2：滕家集在“城西南九十里”。

滕噶里池　即腾格尔池。今西藏班戈、当雄二县间纳木错。《清一统志·西藏》：滕噶里池“在喇萨西北二百二十余里。池广六百余里，周一千余里。东西甚长，南北稍狭。蒙古呼天为滕噶里，言水色如天青也。在藏地之池，无大如此者”。

鲢水　今广东南雄市西北凌江水小支流。《舆地纪胜》卷93南雄州：鲢水“在保昌县西十里。源出陵江，春多鲢鱼。水流三十余里，会于保水”。《方舆纪要》卷102南雄府保昌县：鲢水“在府西北四十里。源出凌江，流合浈水”。

鲤鱼桥镇　即今江西浮梁县东南鲤鱼桥。《方舆纪要》卷85浮梁县：鲤鱼桥“在县东南。《闻见录》：鲤鱼桥东接婺源县界”。清同治《江西全省舆图》卷12：浮梁县有鲤鱼桥汛。

鲤城　福建仙游县的别称。今仙游县东北二十六里万山中有九鲤湖。相传汉武帝时有何氏九仙于此各乘一鲤仙去，故仙游县别名鲤城。

鲤城山　亦名鲤鱼山。在今重庆市开县西南。《寰宇记》卷137开州新浦县：鲤城山“在县西四十里。四面悬绝”。《方舆纪要》卷69开县“石门山”条下：“鲤城山在县西百余里。四面悬绝，东面有城，城间有浦，多生鲤，因名。又有常渠水，流经山下。”

鲤洪溪　郎川河支流。即今安徽广德县东南无量河。《方舆纪要》卷29广德州：鲤洪溪在“州东南二十里。源出石鼓山，分二流，复汇于此，而合于桐川，灌田二万余亩”。

鲤湖墟　即今广东普宁市西北里湖镇。清乾隆《潮州府志》卷14普宁县：鲤湖墟在“县西四十里”。清设鲤湖汛，有把总驻守。

鲧城　在今山东蓬莱市南六十里。《寰宇记》卷20蓬莱县：鲧城“古老相传云，是魏将田预领兵御吴将周贺筑之，盖近殛鲧之地，因名”。

鲧堤　①在今河北清河县西。《寰宇记》卷58清河县：“鲧堤在县西三十里。自宗城县界来。是鲧治水时筑。”

②在今山东临邑县北。《方舆纪要》卷31德平县：“鲧堤在县西南二十五里。相传伯鲧所筑，断续高卑，约十余里。”《清一统志·济南府二》：鲧堤，“《县志》：土河两岸旧有堤甚高广，明嘉靖间土人沿堤垦种，遂尽平之。每夏涝，无以捍水，为秋成害”。

飂　即蓼。在今河南唐河县南六十六里湖阳镇。《左传》：昭公二十九年（前513），蔡墨对魏献子曰，“昔有飂叔安，有裔子曰董父，实甚好龙”。宋元人注：“飂，古国也。”

觬是县　西汉置，属西河郡。方位缺考，当在今陕西或山西省黄河沿岸。东汉废。

頟檐湖　即额檐湖。在今江苏南京市西北。

〔丶一〕

熟平铺　在今湖南洪江市（黔城镇）东南二十八里熟坪乡。《舆地纪胜》卷71沅州：熟平铺“在黔阳”。《明一统志》卷65辰州府“罗公山”条下：“山西北有地，平广数百亩，岁大旱此处独稔，号曰熟平。”清时有把总驻此。

熟羊砦 北宋熙宁元年（1068）置，后属通远军。在今甘肃陇西县西北四十里。后废。

熟结泺 在今吉林扶余县西社里乡一带。《金史·太祖纪》：“上还至熟结泺。”即此。

熟溪 武义江支流。在今浙江武义县南。《方舆纪要》卷93武义县：熟溪“在县南十里。源出处州府遂昌县界。流入县西，又东南合永康溪……溪水溉田，岁常倍熟，因名”。

摩天岭 ①在今河北武安市西北，接山西辽县界。清乾隆《武安县志》卷4：摩天岭“在县西北九十里。为适晋径路，岩石壁立，行者在两崖之间盘磴而上，仰面窥天如一线，岭颠为峻极关，则辽州界也”。

②一名大高岭，又称高岭。在今辽宁辽阳县东南。清乾隆《钦定盛京通志》卷25：摩天岭在“（凤凰）城西北一百七十里，俗呼高岭”。中日、日俄之战，此地均有战事。

③在今湖北竹山县西南。《清一统志·郧阳府》：摩天岭“在竹山县南”。

④在今广西宁明县东南。《方舆纪要》卷110思明府：摩天岭“在府（治今明江镇）南十五里。道出思陵州”。

⑤在今四川省北部，为川、甘两省界山。西接岷山，东连米仓山，南接龙门山，为涪江与白龙江的分水岭。海拔3000米左右。古阴平道经此，为由甘入蜀古道之一。清光绪《文县志》卷1：“东南至摩天岭四川青川界一百八十里。”民国郑励俭《四川新地志》第三编：古阴平路“由碧口而南翻摩天岭而达黄沙江谷上流之青川，再逾左担山，始达涪江谷之江油关。摩天岭之险，邓艾曾以绳索绻縋系而下”。江油关在今四川平武县东南南坝镇。

⑥在今贵州黎平县东八十里。《方舆纪要》卷121黎平府：摩天岭“其高摩天”。

摩天寨 在今山西五台县东北。《清一统志·代州》：摩天寨“在五台县东北九十里。峭壁高二十余里，上平地数顷，可驰射”。

摩云（雲）山 ①在今山西新绛县西。《旧五代史·梁书·李罕之传》：“蒲、绛之间有山曰摩云，邑人立栅于上以避寇乱。”即此。

②在今广西平南县南一百里。《明一统志》卷85浔州府：摩云山“山顶常有云雾”。

摩云（雲）岭 ①在今河南洛宁县西八十里。《方舆纪要》卷48永宁县：摩云岭“岭高入云”。

②在今甘肃临洮县西北一百五十里，接兰州市界。《方舆纪要》卷60狄道县：摩云岭“雄峻参天，有摩云岭关，设巡司戍守”。

摩刍县 1914年改南安县置，属云南滇中道。治所在今云南楚雄市南五十里云龙镇。《方舆纪要》卷116南安州：“古蛮夷地，黑爨蛮居此，寨名摩刍。”1916年直属云南省。1926年改名双柏县。

摩尼千户所 明洪武二十二年（1389）置，属赤水卫。在今四川叙永县南摩尼镇（金泥）。《明史·周敦吉传》：成化十六年（1480），都司张神武擒奢世续，“其部目阎宗传怒，以求主为名，大掠永宁、赤水、普市、摩尼，数百里成丘墟”。即此。

摩围山 在今重庆市彭水苗族土家族自治县西乌江西岸。《舆地纪胜》卷176黔州：摩围山“在彭水县西隔江四里，与州城对岸。夷僚呼天曰围，言此摩天曰摩围”。此山海拔1252米，“摩围云顶”为县八景之一。

摩邻国 唐杜环《经行记》：摩邻国“在秋萨罗国西南，渡大碛行二千里至其国”。故地有数说：（1）今非洲之摩洛哥；（2）今非洲肯尼亚的马林迪一带；（3）今巴基斯坦西部和伊朗东部俾路支沿海的马克兰一带。

摩沙勒 在今云南新平傣族彝族自治县西南七十四里漠沙镇。元世祖至元中平缅，结寨于马龙他郎甸之摩沙勒。即此。

摩沙勒长官司 明代于摩沙勒寨置，属新化州。治所在今云南新平傣族彝族自治县西南七十四里漠沙镇。“摩沙勒”即“漠沙”，傣语意为盐沙。过去每年干季群众多到江边晒取盐沙，因名。后废。

摩沙勒江 又称马龙江。即今红河在云南新平彝族傣族自治县境一段。《方舆纪要》卷115新化州：摩沙勒江“在州东南八十里，即马龙江之异名也。……《志》云，马龙诸山在江之右，逈阻诸山在江之左，群山夹江，其隘如峡”。

摩诃山 亦作磨河山。俗名虾蟆山。在今江苏如皋市南大江中。《寰宇记》卷130泰州如皋县：“磨河山在县南百二十里，半在江水中。”《方舆纪要》卷23如皋县：摩诃山在“县南百二十里大江中。水势湍急。亦曰虾蟆山。今江岸崩圮，山去岸五十余里”。

摩诃池 又名汙池、龙跃池、宣华池。隋凿，故址在今四川成都市人民南路北端展览馆一带。《元和志》卷31成都县：摩诃池“在州中城内”。《方舆胜览》卷51成都府“跃龙池”条内：“隋蜀王秀取土筑广子城，因为池，有胡僧见之曰‘摩诃宫毗罗’。盖胡僧谓‘摩诃’为大，‘宫毗罗’为龙，谓此池广大有龙耳。又云：摩诃池或云萧摩诃所开。”《新唐书·南诏传》：咸通十一年（870），南诏兵将至成都，居民争入城，“城中井为竭，则共饮摩诃池，至争捽溺死者，或笮沙取滴饮之”。南宋时池面大大缩小，至明初填池建蜀王府正殿，西南尚有一水，后湮废。

摩诃瞻波国 即占城。原名占婆。在今越南中南部。《大唐西域记》卷10作摩诃瞻波，义为“大瞻波”，以区别于古代立国印度半岛东北部之瞻波。

摩陂 在今河南郏县东南。《水经·汝水注》：白沟水“又南径龙城西，城西北即摩陂也。纵广可一十五里。魏青龙元年有龙见于郏之摩陂。明帝幸陂观龙。于是改摩陂曰龙陂”。

摩罗游　即末罗瑜。在今印度尼西亚苏门答腊岛占碑附近。《新唐书·西域传下·波斯》：贞观十八年(644)，"(火辞弥)与摩罗游使者偕朝"。

摩星岭　在今广东广州市北，为白云山之最高峰。中有飞泉瀑布。今为白云山顶公园。清同治《番禺县志》卷4：白云山"最高一峰为摩星岭"。

摩笄山　即今河北张家口市东南鸡鸣山。《史记·赵世家》：襄子杀代王，其姊代夫人闻之，"泣而呼天，摩笄自杀。代人怜之，所死地名之为摩笄之山"。即此。相传每夜有野鸡群鸣于祠屋上，张望亦名鸡鸣山。

摩挲营　在今四川会理县北云甸乡（摩挲营）。明于此置么些塘。《方舆纪要》卷74会川卫"甸沙关"条下："关之东南二十里为么些塘，旧么些彝之垒也。"

摩琳河　又作莫勒恩河、暮稜水。即今黑龙江省五常市东北牤牛河。《清一统志·吉林一》"拉林河"条下：摩琳河"在城东北二百四十里，源出摩琳山，……西北流入拉林河"。

摩笄山　在今福建永泰县东北三十里。《方舆纪要》卷96永福县：摩笄山"在县东北。县之主山也"。

摩阔崴　在今俄罗斯滨海边疆区西南、彦楚河海口附近。清属宁古塔副都统。曹廷杰《西伯利东偏纪要》：摩阔崴"在彦楚河海口内，距海口约二十里。北距彦楚河俄镇三十里，西北距珲春一百二十里"。清咸丰年间被俄割占。

摩零城　又称摩零都督城。唐南诏置，属镇西节度。在今缅甸克钦邦江心坡以南。唐樊绰《蛮书》卷6："南诏特于摩零山上筑城，置心腹、理寻传、长傍、摩零、金弥城等五道事云。"南诏后期属丽水节度。

摩竭城　在今土库曼斯坦阿什哈巴德东马里至乌奇、阿治一带。唐龙朔初置旅獒州都督府于此。

摩旗山　①在今四川兴文县西北兴文镇东。《方舆纪要》卷70兴文县：摩旗山"在县（今兴文镇）东五里。山峻耸，形如展旗"。

②在今湖北京山县东北六十里。《清一统志·安陆府》：摩旗山"上有观。元揭傒斯、贞挚、程文海有游记。程文海有碑"。

麾扇渡　一名毛争渡。故址在今江苏南京市东南秦淮河上，故朱雀航之左。宋《景定建康志》卷16："晋太安二年广陵相陈敏据建业，顾荣密报刘準率兵临江，敏令甘卓屯横江，荣与周玘因卓兵断桥，尽收船于淮水南，敏自出军临大航岸，荣以白羽扇挥之，其军自溃，因以为名。"

褒　西周国名。在今陕西勉县东褒城镇。《国语·晋语一》："周幽王伐有褒，褒人以褒姒女焉。"又，《史记·周本纪》："幽王嬖爱褒姒。"《索隐》："褒，国名，夏同姓，姓姒氏。"《正义》引《括地志》云："褒国故城在梁州褒城县东二百步，古褒国也。"

褒中县　西汉置，属汉中郡。治所在今陕西勉县东褒城镇东。东汉末移治今陕西汉中市西北打钟寺。东晋义熙中改名苞中县。南朝宋废。北魏永平四年(511)复置褒中县，为褒中郡治。隋开皇初改名褒内县，仁寿元年(601)改名褒城县，义宁二年(618)复名褒中县，唐贞观三年(629)改为褒城县。

褒中郡　北魏永平四年(511)置，治所在褒中县（今陕西汉中市西北打钟市）。辖境相当今陕西汉中市及南郑县地。隋开皇初废。

褒内县　隋开皇初改褒中县置，属梁州。治所在今陕西汉中市西北打钟寺。仁寿元年(601)改为褒城县。

褒州　①唐武德三年(620)置，治所在西县（今陕西勉县西老城）。武德八年(625)废。

②唐武德四年(621)置，治所在杨彼县（今云南大姚县东南五十四里溪木小村）。辖境约当今云南大姚县东南部地。天宝后废。宋大理复置，属弄栋府。元废。

③唐开元十三年(725)改梁州置，治所在南郑县（今陕西汉中市东二里）。二十年(732)复改梁州。

④元初置，治所在铎水县（今陕西勉县东旧州铺）。世祖至元二十年(1283)废。

褒谷　亦称南谷。在今陕西汉中市西北。《水经·沔水注》："褒水又东南历褒口，即褒谷之南口也。北口曰斜。所谓北出褒斜。"

褒贤寺　在今河南伊川县东北三十四里彭婆镇许营村北万安山南侧。范仲淹墓在此。寺为奉祠之所，内有宋仁宗亲书"褒贤之碑"。

褒河　上源名紫金水。源出今陕西太白县东南太白山，西南流经留坝县，至勉县东、汉中市西入汉水。《史记·河渠书》："褒水通沔，斜水通渭，皆可以行船漕。"

褒城县　隋仁寿元年(601)改褒内县置，属梁州。治所在今陕西汉中市西北打钟寺。大业初属汉中郡。义宁二年(618)改为褒中县。唐贞观三年(629)复名褒城县，属梁州。后属兴元府。南宋嘉定十二年(1219)迁治今勉县东褒城镇。元属兴元路。明、清属汉中府。民国初属陕西榆林道。1928年直属陕西省。1958年撤销。

褒城驿　秦置，在今陕西汉中市西北二十里柏乡街。《方舆纪要》卷56褒城县"青桥驿"条下："《志》云，县南二十五里小柏乡有褒城驿故址。"

褒信县　东汉置，属汝南郡。治所即今河南息县东北七十里包信镇。三国魏属汝阴郡。南朝宋改为苞信县。隋大业初复为褒信县，属汝南郡。唐属蔡州，天祐中改为苞孚县。北宋复为褒信县。金改属息州。元世祖至元三年(1266)废。

褒信镇　元初废褒信县为镇，属息州。即今河南息县东北七十里包信镇。

褒斜道　自今陕西眉县沿斜水及其上源石头河，

经今太白县，循褒水及其上源白云河至汉中。因取道褒水、斜水两河谷得名。长四百七十余里。自秦汉以来为往来秦岭南北的重要通道。《史记·河渠书》："其后人有上书欲通褒斜道及漕事，下御史大夫张汤。汤问其事，因言：'抵蜀从故道，故道多阪，回远。今穿褒斜道，少阪，近四百里。'而褒水通沔，斜水通渭，皆可以行船漕。"五代以后，北段（斜谷道）废，公私行旅由褒谷北上由故道出散关。

褒斜道石门及其摩崖石刻 在今陕西汉中市和眉县。褒斜道贯通秦岭山脉，南端在汉中褒谷，北端在关中眉县斜谷，全长250公里。自战国起即凿石架木，断续修起栈道，后经历代修凿，方告开通。古道北端名"大石门"，南端名"小石门"。小石门洞长16.3米，宽4.2米，高3.5—3.8米，洞壁和南褒河岸山崖上遍布汉魏以来名人题刻，通称石门石刻。其中有东汉永平六年（63）刻"鄐君开通褒斜道碑"；建和二年（148）刻"石门颂"；北魏正始三年（506）刻"石门铭"等。褒斜道石门石刻是摩岩石刻中的珍品。1961年定为全国重点文物保护单位。1971年石门所在地的峡谷修建褒河水库，石门被淹没，国家将其中主要刻石十七方迁移到汉中市博物馆内保存。

褒禅山 在今安徽含山县东北十五里。《舆地纪胜》卷48和州：褒禅山"本名华山。在含山县北一十五里。山有起云峰、龙洞、罗汉洞、龙女泉、白龟泉"。王安石曾游此，撰有《游褒禅山记》。

颜子井 在今山东曲阜市东北周公庙西南。《明一统志》卷22兖州府：颜子井"在曲阜县鲁城内周公庙西南"。

颜公山 在今安徽休宁县西南六十里。《舆地纪胜》卷20徽州：颜公山，"《九域志》云：昔有颜公隐于是山，后乘风而去。《图经》云：山上有湖五亩，多鲤鱼"。《方舆纪要》卷28休宁县：颜公山在"县西南四十里。周三十八里。自麓至颠可三十里。山半稍前，则四旁隆起，其窳处有清浊池"。

颜文姜祠 一称灵泉庙，又称颜神庙。在今山东淄博市博山区凤凰山麓西神头村。相传春秋齐国孝妇颜文姜孝敬公婆，长年累月远汲山泉，感动神明，泉出室内汇成河，名孝妇河。五代后周建祠纪念。现存建筑主要为明清风格，山门三间，为二翘双昂七踩斗拱式建筑。门前立石狮一对。院内有香亭，重檐歇山顶，两旁立碑。正殿高18米，面阔、进深各三间，为无梁殿，壮观华丽。宋及清代碑碣尚嵌于壁间。泉出殿前，甃石为池，池旁有诗碑一座。2006年定为全国重点文物保护单位。

颜卢县 隋置，属珠崖郡。治所在今海南省海口市琼山区东二十里。唐初属崖州，贞观元年（627）改名颜城县。

颜母山 在今山东曲阜市东南五十里。《清一统志·兖州府一》：颜母山"在曲阜县东南尼山东三里。两山相对，中隔沂水。上有圣井，及颜母祠"。

颜老山 在今北京市门头沟区西北。《方舆纪要》卷11顺天府：颜老山"山之西南石清洞，东北有柳林水。其相近者曰小龙口山，山有两崖，东崖在清白口社，西崖在清水社，有泉东入卢沟河"。

颜庄 即今山东莱芜市东南颜庄镇。明嘉靖《莱芜县志》卷2《集市》：颜庄集在"县东南三十里"。

颜江 洣水支流。在今湖南茶陵县西南六十里。《方舆纪要》卷80茶陵州：颜江"出州南青台山，北流四十里合洣水"。

颜林 在今山东曲阜市东二十里防山南。《寰宇记》卷21曲阜县："颜子墓在县东二十里防山下。"《清一统志·兖州府三》："前有碑曰先师兖国公之墓。冢高丈余。西北数步，为颜子父杞国公墓。其地广袤各一百五寻有五尺，林木森郁。今亦名颜林。"

颜罗县 唐贞观十三年（639）析琼山县置，属琼州。治所在今海南省海口市琼山区南。唐末废。

颜庙 又称复圣庙。在今山东曲阜市北门内陋巷街。是祀孔子的弟子颜回的祠庙。汉高祖过鲁祭孔时始建颜庙，元延祐四年（1317）迁建今址，其后多次重修。元至顺元年（1330）追封颜回为"兖国复圣公"，始有复圣庙之称。明清时多次续修。庙内共有元、明、清建筑二十四座，还有大量金、元、明、清碑刻。主要建筑有复圣门、陋巷井亭、归仁门、明碑亭、仰圣门、乐亭、复圣殿、杞国公寝殿、杞国公殿等。《论语》载："颜子居陋巷"。复圣门内，传即陋巷故址，有水井名"陋巷井"。明嘉靖三十年（1551）立"陋巷井"石碑一座。复圣殿在仰圣门内，为庙内主体建筑，面阔七间，重檐歇山顶，为清代建筑。庙内还有复圣公寝殿、杞国公殿（祀颜回之父）、杞国公寝殿、退省堂等建筑。其中杞国公殿为元代建筑，弥足珍贵。2001年定为全国重点文物保护单位。

颜春地面 明初置，属奴儿干都司。在今俄罗斯滨海边疆区西南颜楚河地方。《明太宗实录》卷195：永乐十五年（1417）十二月戊申，"建州卫指挥李显忠奏，颜春地面月儿速哥愿率家属归附居建州，从之"。后废。

颜城县 唐贞观元年（627）改颜卢县置，属崖州。治所在今海南省海口市琼山区东二十里。开元后省。

颜洞 在今云南建水县东二十里。《方舆纪要》卷115临安府：石岩山"在府东十五里。或谓之蒙山，山岩有洞，异龙湖、泸江诸水流入此洞，复流出，入阿迷州界。《志》云：山峭壁千仞，其受水洞合五河之水汇为一泓，折而入，西阻华盖，连冈叠嶂，绵亘数百里，为郡城右臂。又《滇纪》云：蒙山五里有岩洞，亦谓之颜洞，以迁客颜闳所开而名。洞有三：曰云津洞，今名水云洞，门可容数百人，曲径萦纡，众水伏流其中，东会于盘江，游者架桥列炬而入岩洞后。曰南明洞，上有两窍，阳光射入，中多奇胜。曰万象洞，巉岩绝险，跻石磴数十级，隐隐闻风雷声。

亦曰钩町三洞”。

颜神店镇　金置，属淄川县。在今山东淄博市西南博山区博山城。元改为颜神镇。

颜神镇　在今山东淄博市西南博山区博山城。金置颜神店镇。元改为颜神镇。《方舆纪要》卷35益都县：“以齐孝妇颜文妻居此而名。地宜陶。又产铅及煤。居民稠密，商旅辐至。设巡司及税课局于此。”清雍正十二年（1734）于此置博山县。今为淄博市博山区驻地。

〔丶丿〕

羯师国　亦作朅师国。在今巴基斯坦北部之奇特拉尔。《新唐书·西域传》·吐火罗“邻胡羯师谋引吐蕃攻吐火罗，于是叶护失里忙伽罗丐安西兵助讨，帝为出师破之”。

羯饭馆　唐安西都护府属地。在今新疆英吉沙县东南。《新唐书·地理志》引贾耽《四夷路程》：“苦井、黄渠三百二十里至双渠，故羯饭馆也。”

羯陵伽　亦作羯𫗧伽。在今印度奥里萨邦弹陀普罗。唐玄奘《大唐西域记》卷10：羯𫗧伽国“周五千余里，国大都城周二十余里”。建国甚早，公元前261年为孔雀王朝阿育王所灭。前3世纪末又获独立。公元2世纪中叶，迦罗毗罗王时，国势最为强盛，后逐渐衰弱。7世纪玄奘至其国时，“国人户尚少”。

羯盘陀　一作渴盘陀、汉盘陀、渴槃陀、朅盘陀、诃盘陁、渴罗陀。南北朝时西域国名，在今新疆塔什库尔干塔吉克自治县。《魏书·西域传》：“渴槃陁国在葱岭东，朱驹波西。河经其国，东北流。有高山，夏积霜雪。”

羯霜那国　即史国。都城在乞史城（今乌兹别克斯坦撒马尔罕南沙赫里夏勃兹）。《新唐书·西域传》：“史，或曰佉沙，曰羯霜那。”

糍粑坳　即今四川简阳市西南三岔镇东刺巴坳。民国《简阳县志》卷2：兴隆场“俗名糍粑坰。采访册按：《咸丰志》云在州西，未确。距城七十里。创建（于）清道光二十八年”。

糍粑营　在今湖南宜章县西南一百里。《清一统志·郴州二》：糍粑营“逾岭即莽山峒。为要害之地”。

遵义市　1950年由贵州省遵义县城关析置遵义市。1951年撤销遵义市，并入遵义县。1952年复置遵义市。1955年遵义市升为地级市，仍由遵义专区代管。1958年撤销遵义县，并入遵义市，遵义改为县级市。1997年撤销遵义地区和县级遵义市，设立地级遵义市；原县级遵义市改置红花岗区。遵义市人民政府驻红花岗区。

遵义会议会址　在今贵州遵义市区老城子尹路。1935年1月，中国工农红军长征到达贵州遵义时，中国共产党在此召开了中央政治局扩大会议。会议纠正了当时具有决定作用的军事上和组织上的错误，结束了“左”倾路线在党中央的统治。会址原为黔军第二师师长柏辉章的官邸，是一座曲尺形砖木结构楼房，楼上四周有走廊相通。楼下正门矗立着高大的牌坊。1961年定为全国重点文物保护单位。

遵义军　北宋大观二年（1108）置，治所在遵义县（今贵州遵义市西南，一说在绥阳县城附近）。宣和三年（1121）废。南宋开禧二年（1206）复置，移治今遵义市。嘉定十一年（1218）废。

遵义县　唐贞观十六年（642）改罗蒙县置，为播州治。治所即今贵州遵义市。取《尚书》“无偏无陂，遵王之义”一语而名。北宋初废。大观二年（1108）复置，为遵义军治。移治今遵义市西南。宣和三年（1121）废为砦。明万历二十九年（1601）复置，为遵义府治。治所即今遵义市。1913年废府，遵义县属贵州黔中道。1920年直属贵州省。1950年析置遵义市。1951年撤销，并入遵义县。1952年复设遵义市。1956年遵义县迁治南白镇。1997年撤销遵义地区，改设地级遵义市。

遵义府　明万历二十九年（1601）改播州宣慰司置，属四川布政司。治所在遵义县（今贵州遵义市）。辖境相当今贵州遵义、赤水二市和桐梓、绥阳、仁怀、正安、习水等县地。清雍正六年（1728）改属贵州省。1913年废。

遵化卫　明洪武十年（1377）置，属后军都督府。治所即今河北遵化市。后废。

遵化州　清康熙十五年（1676）升遵化县置，属顺天府。治所即今河北遵化市。辖境相当今河北遵化、玉田、丰润三县市。1913年复为遵化县。

遵化县　①隋开皇二十年（600）置，属钦州。治所在今广西灵山县西南三十里。大业初属宁越郡。唐属钦州。北宋开宝五年（972）废入灵山县。

②五代唐置，属蓟州。治所即今河北遵化市。辽重熙中于县置景州。金废州，县仍属蓟州。清康熙十五年（1676）升为州，乾隆八年（1743）升为直隶州。1913年降为县，属直隶津海道。1928年直属河北省。1992年改设遵化市。

遵涂（途）驿　在今陕西宝鸡市东三十里。《资治通鉴》：唐光启二年（886）五月，“嗣襄王煴，肃宗之玄孙也，有疾，从上不及，留遵涂驿，为（朱）玫所得，与俱还凤翔”。《方舆纪要》卷55宝鸡县：遵涂驿“旧置于石鼻城中，亦名石鼻驿”。

鹈州　北宋置羁縻州，属威州。治所在今四川理县西北。《宋史·蛮夷传》：嘉祐中，“鹈州亦遣人贡马……鹈州、保州皆西南边地也”。后废。

〔丶丶〕

凛州　唐天宝初置，以处降人，属幽州都督府。治所在今河北涿州市境。《新唐书·地理志》：“降胡州一。凛州，天宝初置，侨治范阳境。”后废。

浥水　即今广东清新县东北浥江。源自佛冈县东南，西南流至江口镇入北江。《明史·地理志》清远县："又浈水在县东北，东南有浥水来合焉。"《清一统志·广州府》：浥水"在清远县东南。源出观音山，西流至浥江口入浈"。

浥江口　即今广东清新县东江口镇。浥江至此入北江。明、清于此设浥江巡司。

浥江墟　即今广东清新县东江口镇。明、清置巡司于此。

潜　①春秋时鲁地。在今山东济宁市西南。《春秋》：隐公二年（前721），"公会戎于潜"。《管子·小匡》："以鲁为主，反其侵地常、潜。"皆此。

②春秋楚国地，在今安徽霍山县东北。《左传》：昭公三十一年（前511），"秋，吴人侵楚，伐夷，侵潜、六。楚沈尹戌帅师救潜，吴师还。楚师迁潜于南冈而还。"即此。

潜口务　即今安徽黄山市徽州区西北潜口镇。明弘治《徽州府志》卷2歙县：潜口务"在十五都"。

潜口民宅　在今安徽歙县西潜口村。有民居六幢，祠堂一幢，路亭一座，还有平房和四合院楼，木雕精致。原分散在潜口村和其他村庄。1984年开始按照原貌拆迁移此。1988年定为全国重点文物保护单位。

潜山　①在今山西长子县西南。《清一统志·潞安府》：潜山"在长子县西南十三里。上有尧庙，尧水出焉"。

②亦作灊山。又称皖山、皖公山、天柱山。在今安徽潜山县西北。《三国志·魏书·张辽传》："（梅）成遂将其众就（陈）兰，转入灊山。"即此。《寰宇记》卷125怀宁县："潜山在县西北二十里。其山有三峰，一天柱山，一潜山，一皖山，三山峰峦相去隔越，天柱即司玄洞府九天司命真君所主。魏时左慈居潜山，有炼丹房，今丹灶基址存……按《地理志》，山高三千七百丈，周回二百五十里。"1982年经国务院决定，列为国家重点风景名胜区。

③即百丈山。在今浙江临安市西龙岗镇。《水经·渐江水注》：紫溪"水出县西百丈山，即潜山也"。

④在今湖北咸宁市南。《舆地纪胜》卷66鄂州：潜山"在咸宁县南三十里。山如展旗，上有坛。旧传抱朴子葛元炼丹于此。冯京未第时，筑堂于山间读书。有潜山碑及李唐侯记"。

⑤在今贵州务川仡佬族苗族自治县南二十五里。《清一统志·思南府》：潜山，"《旧志》：山在列嶂之上，一峰北拱如朝"。明置都濡五堡二坑等处巡司于此。旧产砾砂。

潜山县　元至治三年（1323）析怀宁县置，属安庆路。治所即今安徽潜山县。因境内潜山得名。明属安庆府。民国初属安徽安庆道。1928年直属安徽省。

潜水　①一名前河。在今安徽潜山县西。《舆地纪胜》卷46安庆府："潜水出自潜山。"《方舆纪要》卷26潜山县"皖水"条："潜水亦出天堂附近之罗源山，流为开源涧，亦曰埭口，经水吼岭、吴塘堰，至县西转北而东，合于皖水，达府西石牌口下流入江。"

②"潜"一作"灊"。《尚书·禹贡》荆、梁皆有"潜"。荆州潜水不见于古地志，《禹贡锥指》以为即今湖北潜江芦洑河。梁州潜水见《汉书·地理志》巴郡宕渠："潜水西南入江。不曹水出东北徐谷，南入灊。"指今四川渠江及重庆市合川区以下一段嘉陵江。又郑玄以为即今嘉陵江。《水经注》、《禹贡锥指》皆采其说。其他异说尚多。

③即今四川东部和重庆市北部嘉陵江。《尚书·禹贡》："沱潜既道"；"浮于潜，逾于沔"。西晋左思《蜀都赋》："演以潜沫。"

④一名龙门水。即今四川广元市东北浅溪河。《史记·夏本纪》引《括地志》："潜水一名复水，今名龙门水，源出利州绵谷县东龙门山大石穴下。"《元和志》卷22绵谷县：潜水"出县东北龙门山"。《方舆纪要》卷68广元县：潜水"在县北八十里。源出县北百三十余里之木寨山，经神宣驿，又南二十里经龙洞口，至朝天驿北穿穴而出，入嘉陵江"。

潜丘　在今山西太原市西南晋源镇东。《尔雅·释丘》："晋有潜丘。"即此。相传北宋修惠明寺佛塔时取其土作瓦，故址遂湮。

潜州　唐武德七年（624）置，治所在於潜县（今浙江临安市西於潜镇）。辖境相当今浙江临安市。八年（625）废。

潜江市　1988年撤销潜江县，改设潜江市，市人民政府驻潜江。属荆州地区。1994年由湖北省直辖。

潜江县　北宋乾德三年（965）置，属江陵府。治所在今湖北潜江市西北。明郭子章《郡县释名》湖广卷上：潜江县"汉水从郧襄来至县北三十里，芦洑河分其水，经县东南流入于江，曰潜水，而其县在其右转之间。《尔雅》云：水自汉出为潜，故云潜江。县因以得名"。元属中兴路，至正二十七年（1367）徙治斗堤（今潜江市）。明属荆州府，嘉靖十年（1531）改属承天府。清属安陆府。民国初属湖北襄阳道。1932年直属湖北省。1988年改设潜江市。

潜阳镇　民国时置，属於潜县。即今浙江临安市西六十四里於潜镇。西汉元封二年（前109）至1958年为於潜县治。

潜县　①东汉改灊县为潜县，属庐江郡。治所在今安徽霍山县东北。西晋复为灊县。

②北魏改灊县置，为庐江郡治。治所在今安徽霍山县东北。南齐复为县。

③唐武德五年（622）置，属霍州。治所在今安徽霍山县东北。贞观中废。

潜阜市　即今安徽休宁县东南十五里潜阜。清道光《休宁县志》乡村图：城东南有潜阜。

潜街县　东汉末置，属越嶲郡。治所在今四川雷波县东。东晋常璩《华阳国志·蜀志》："潜街县，汉末置。晋初省。"

潜溪寺 又名斋祓堂。唐贞观十五年（641）建。在今河南洛阳市南龙门西山北部。为唐东都洛阳龙门十寺之一。《金石录》载："潜溪寺在洛阳龙门山侧，地有溪谷之胜。为唐宰相李藩别墅。（杜）宣猷购得之，重加葺之焉。"此寺洞高9米余，深近7米。主像须弥座上结跏趺坐，比例匀称，面相丰满。为唐代造像的艺术珍品。

澎浪矶 在今江西彭泽县西北长江南岸，北与小孤山相对。北宋欧阳修《归田录》："江侧有一石矶谓之澎浪矶，遂转为彭郎矶。云彭郎者，小姑婿也。"南宋陆游《入蜀记》卷3："又有别祠在澎浪矶，属江州彭泽县，三面临江倒影水中，亦占一山之胜。舟过矶虽无风亦浪涌，盖以此得名也。昔人诗有'舟中估（贾）客莫漫狂，小姑前年嫁彭郎'之句。"故又俗称彭郎矶。清咸丰七年（1857），湘军将领彭玉麟率舟师逼太平军，进克小孤山，经此。

澎湖 又作彭湖。即今台湾西澎湖岛。唐施肩吾偕其族人隐居澎湖，有《题澎湖》诗传世。

澎湖厅 清雍正五年（1727）置，属台湾府。治所即今台湾澎湖群岛之澎湖。据光绪《澎湖厅志》卷12《丛谈》："澎湖一名澎瀛，犹言澎海也。或谓之西瀛，以台湾别号东瀛，澎在台西，故称西瀛也。大抵因港外奔涛澎湃，港内澄浮如湖，故得此名。"光绪二十一年（1895）被日本侵占，1945年抗日战争胜利后改为澎湖县。

澎湖屿 即彭湖屿。今台湾岛西彭湖岛。

澎湖安抚司 清顺治十八年（1662）十二月郑成功收复台湾后，于澎湖岛置，管辖澎湖群岛。康熙二十二年（1683）郑克塽降清后废。

澎湖巡检司 元世祖至元十八年（1281）置，管辖澎湖、台湾等岛屿，隶属于福建泉州府同安县。明洪武二十一年（1388）废。嘉靖四十二年（1563）复置，不久又废。

澎湖县 1945年抗日战争胜利后改澎湖厅置，属台湾省。治所即今台湾澎湖群岛之澎湖（马公镇）。

澧马潭 在今湖北天门市西。《方舆纪要》卷77景陵县：澧马潭在"县西三十五里。钟水之区也。……掌于河泊所"。

澌湟洲 在今湖北松滋市东北。南宋嘉熙元年（1237）枝江县移治于此。

澌溪寺塔 又名秀宝塔。在今广东仁化县西二十八里石塘镇瑶坑村。始建于唐末宋初。为七层四角仿楼阁式砖塔。原澌溪寺已毁。

澌凛峒 在今广西防城港市西南。《方舆纪要》卷104钦州"如昔砦"条："宣德二年，土酋黄金广等以澌凛、罗浮、古森、葛源等四峒十九村叛附安南，安南遂侵如昔……《嘉靖》十九年莫登庸来降，归澌凛、金勒、古森、丫葛四峒地，于是始复故境。《志》：贴浪峒在贴浪都思牙村，相近为澌凛峒，在澌凛村。"

澈河桥镇 即今河北迁西县北四十里澈河桥镇，为北出喜峰口必经之地。清同治《畿辅通志》卷49迁安县图：西北有澈河店镇。

滠源水 在今广西富川瑶族自治县北。《方舆纪要》卷107富川县：滠源在"县北二十里。其水北流，下九疑，入潇湘"。《清一统志·平乐府一》：滠源水"源出瑶中塘背村，北流入湖南永明县界"。

潮水 ①即今山东蓬莱市东南四十六里潮水镇。清道光《蓬莱县志》卷1《市廛》有潮水。

②在今湖南永兴县西八十里。《舆地纪胜》卷57郴州：潮水"《旧经》云，清冷莹彻，日夜两潮，后凿渠引水，弥年不潮"。

潮水县 唐武德四年（621）置，属南尹州。治所在今广西贵港市西五十里三里镇西城。贞观八年（634）属贵州。北宋开宝五年（972）废入郁林县。

潮水岩 在今广东英德市东北沙口镇附近。《清一统志·韶州府》：潮水岩"在英德县东一百里。泉出石窦，与海潮相应"。

潮水泉 在今广西贵港市西。《舆地纪胜》卷111贵州：潮水"在州西六十里。或盈或竭"。《方舆纪要》卷108贵县："潮水泉在县西六十里。其水盈涸不时。唐时潮水县以此名。"

潮庄集 即今河南睢县潮庄镇。清光绪《续修睢州志》卷1："潮庄集，在州西南，离城四十里。"

潮州 ①隋开皇十一年（591）分循州置，治所在海阳县（今广东潮州市）。《元和志》卷34：潮州"以潮流往复，因以为名"。辖境相当今广东梅州、平远、丰顺、普宁、惠来等市县以东地。大业初改为义安郡。唐复为潮州，天宝初改为潮阳郡，乾元初复为潮州。元改为潮州路。唐著名文学家韩愈曾任潮州刺史。

②即今台湾省屏东县东南潮州镇。据钟桂兰等修《屏东县志》说："潮州地名原为广东省潮州府之府名，昔日潮州先民自潮移居此地，为纪念故乡，故沿用此名，曰潮州庄。"日本占领期间改设潮州街。1945年抗日战争胜利后设潮州镇。

潮州府 明洪武二年（1369）改潮州路置，属广东布政司。治所在海阳县（今广东潮州市）。辖境相当今广东惠来、揭西、丰顺、梅州、平远以东地区。1912年废。

潮州路 元世祖至元十六年（1279）改潮州置，属广东道宣慰司。治所在海阳县（今广东潮州市）。辖境相当今广东惠来、揭西、丰顺、大埔等县以东地区。明洪武二年（1369）改为潮州府。

潮汕铁路 从今广东潮州市至汕头市。长39公里。清光绪三十年（1904）动工修筑，三十二年（1906）建成。1939年被拆除。

潮安县 1914年改海阳县置，属广东潮循道。治所即今广东潮州市。1920年直属广东省。1953年析置潮州市（地级），由省直辖。1958年改为县级市。1983年撤销潮安县，并入潮州市。1991年潮州市升为地级市。1992年复置潮安县，迁治庵埠镇。2013年撤销潮安县，改设潮州市潮安区。

潮阳红场 在今广东汕头市潮南区红场镇飞鹅山下。为大革命时期东江特委司令部所在地。1931年初东江特委在此开辟广场，设阅兵台、戏台、球场。戏台柱刻“巩固苏维埃政权”标语。1931年5月东江第二次工农兵代表大会在此召开，并加以命名。是当时东江及潮、普、惠革命军事、政治、文化活动中心。1932年场内设施遭国民党军焚毁。1949年复建，并建革命烈士纪念碑一座。

潮阳县 东晋义熙九年（413）置，属义安郡。治所在今广东汕头市潮阳区西北。《元和志》卷34潮州潮阳县：“以在大海之北，故曰潮阳。”唐属潮州，永徽初废。先天初复置，元和时移治今潮阳市。南宋绍兴二年（1132）又废，八年（1138）复置。元属潮州路。明属潮州府。民国初属广东潮循道。1920年直属广东省。1993年改设潮阳市。2003年撤销潮阳市，改为汕头市潮阳区。

潮阳郡 唐天宝元年（742）改潮州置，治所在海阳县（今广东潮州市）。辖境相当今广东惠来、揭西、丰顺、梅州、平远以东地区。乾元元年（758）复为潮州。

潮沟 三国吴都城建业城内人工渠道。在今江苏南京市北。唐许嵩《建康实录》卷2：三国吴赤乌四年（241）十一月，“诏凿东渠，名青溪。通城北堑潮沟”。注曰：“潮沟亦帝所开，以引江潮，其旧迹在天宝寺后，长寿寺前，东发青溪，西行经部。……今俗为运渎，其实古城西南行者，是运渎。自归善寺门前东出至青溪者，名曰潮沟，其沟东头，今已湮塞。”《梁书·严植之传》：天监四年（505），“初置五经博士，各开馆教授，以植之兼五经博士。植之馆在潮沟”。即此。

潮河 ①又名潮里河。即今北京市东部潮白河上源潮河。源出河北丰宁满族自治县北，南流入密云县东南与白河合。《元一统志》：潮河“在顺州。发源自檀州界，东北历本州与白河合，又东南接通州潞河”。《清一统志·顺天府二》：潮河，“《边防考》：潮河宽处可三里，狭处可一二丈。昔人每以木石纵横布列，以限戎马。《密云县志》：潮河源出古北口外，自古北口流入，至石匣城东，会汤河及乾塔、清水诸河，折而西南，会黄门子河。当县西南与白河交会，水流湍悍时作响如潮声”。故名。

②即蓟运河。在今天津市宝坻区东。《明一统志》卷1顺天府：潮河“在宝坻县东。一名白龙港，源自梨河、洵河、鲍丘河，至宝坻三叉口合流为粮河入于海”。

③在今河北昌黎县东。《清一统志·永平府一》：潮河“在昌黎县东二十里。源出仙台顶后，东南流合饮马河入海。一名马家河，县境群川之水，皆会于此”。

潮河川 在今北京市密云县东北古北口镇南。《元史·世祖纪》：中统二年（1261），讨阿里不哥。十月，“指挥使李伯祐率余兵屯潮河川”。十一月，“帝亲将诸万户汉军及武卫军，由檀州、顺州驻潮河川”。

潮南县 1942年革命根据地由阜宁、灌云、涟水三县析置，治黄圩双套（今江苏响水县南黄圩镇双套村）。同年5月改名滨海县。

潮音洞 在今浙江舟山市普陀区之普陀山紫竹林前，系海水侵蚀而成纵深三十米之巨型岩洞。清许琰《普陀纪胜》：“潮音洞在普济寺左，龙湾之麓。金沙尽处，岩石丛起沙中，广至里余，齿齿然不可容足，从岩至洞脚，高二十余丈。岐处如门，穹上虚下，窅若漏屋。当潮水遇风，狂号驶奔入洞中，铿訇镗磕，声若轰雷……洞口石门数处，巉岩佶屈，怒涛排突凌跳没石淋漓”。康熙三十八年（1699）御书题额“潮音洞”。

潮莲村 即今广东江门市新会区东北潮莲镇。旧属新会县，明洪武二年（1369）设巡司于此。

潮循道 1914年依前惠潮嘉道改置，属广东省。治澄海县汕头（今广东汕头市）。辖境约当今广东连平、新丰、河源、博罗、惠州、大亚湾以东地区。1920年废。

潮意支线 从今广东潮州市西门至意溪码头。长3公里。为潮汕铁路支线。清光绪三十四年（1908）修筑。1939年被破坏。

潮境墟 在今广东台山市西二十里潮境圩。清光绪《广州府志》卷69：新宁县（今台山市）有“潮境墟”。

潭下墟 即今广西灵川县西北潭下镇。清光绪《广西舆地全图》灵川县图：西南有潭下墟。

潭口 在今湖北竹溪县东南。《方舆纪要》卷79竹溪县“长望川”条下：“两河口，在县东南七十里，县河与龙堰河合流处也。一名潭口。”

潭口务 元置，在今江西南康市东北潭口镇。《清一统志·南安府》：潭口镇巡司“在南康县东北四十里玉潭山下，明置巡司，今因之。又元时有潭口务，明洪武三年改潭口税务局。久废”。

潭口站 元置，即今山东济宁市西南喻屯镇潭口集。明废。

潭口镇 即今江西南康市东北四十里潭口镇。明、清置巡司于此。

潭飞漈 即今福建宁化县南二十六里南城。《方舆纪要》卷98宁化县：潭飞漈“在县南乡。重冈复岭，环布森列，登陡极难，漈居其上，坦然宽平，山环水合，有田有池，草茂林深，易于藏聚。宋绍定间，汀邵‘贼’晏头陀作乱，攻陷城邑，北犯建宁，监军刘纯等击破其潭飞漈，又谕降连城七十二砦，‘贼’遂平”。宋绍定间，晏头陀之乱被镇压下去以后，置南平寨于此。

潭中县 西汉元鼎六年（前111）置，属郁林郡。治所在今广西柳州市东南驾鹤山间。西晋为桂林郡治。南朝宋废。齐复置，属桂林郡。梁为马平郡治。隋又废。

潭水 即今广西北部之融江、柳江，为郁江支流。《汉书·地理志》郁林郡定周县：“周水首受无敛，东入潭。"《水经·温水注》：郁水"又东入阿林县，潭水注之。水出武陵郡镡成县玉山，东流径郁林郡潭中县，周水自西南来注之。潭水又东南流与刚水合。……潭水又径中留县东、阿林县西，右入郁水"。

潭水县 西魏置，为潭水郡治。治所即今甘肃礼县西南八十里太塘村。北周属仇池郡。《周书·赵昶传》："魏恭帝初，……潭水羌叛，杀武陵、潭水二郡守。昶率仪同骆天义等骑步五千讨平之。"隋属汉阳郡。唐初属成州，后属宕州。广德中废。

潭水郡 西魏置，治所在潭水县（今甘肃礼县西南八十里太塘村）。北周废。

潭水墟 即今广东阳春市西南潭水镇。清同治《广东图说》卷45阳春县：潭水堡在"西南七十五里。……往来大道有潭水墟汛"。

潭牛市 即今海南省文昌市北三十里潭牛镇。清宣统《广东舆地全图》文昌县图：北有潭牛市。

潭龙岭 在今海南省海口市琼山区东北二十里。《方舆纪要》卷105琼山县：潭龙岭"登绝顶，可望黎母诸山。下有泉分两派，俱西南流。中又有一泉涌出，名曰卓锡泉"。

潭平县 南齐置，属桂林郡。治所当在今广西柳州市附近地。后废。

潭市 即今湖南湘乡市西潭市镇。《清一统志·长沙府二》"铜钱湾市"条：潭头市"在（湘乡）县西北四十里"。

潭头坪 即今湖北保康县（城关镇）。《明史·地理志》保康县："弘治十年十一月以房县之潭头坪置。"1912年后改为光迁镇。

潭头墟 即今江西于都县东二十里潭头圩。清同治《江西全省舆图》卷9：雩都县东有潭头墟。

潭头镇 即今河南栾川县东北五十八里潭头镇。清属嵩县。乾隆《嵩县志》卷12：潭头镇"木客之浮伊河由鸾川来者，皆泊潭头，续筏东下。故商贾辏集"。

潭边市 即今福建仙游县西潭边。明、清置巡司于此。

潭邦镇 即今江西南康市北相安水东岸潭邦。清时有外委把总驻防。

潭庆隘 在今江西定南县北。《方舆纪要》卷88赣州府定南县：潭庆隘"在县（治今老城镇）北百里。相近有员鱼隘"。

潭州 ①隋开皇九年（589）改湘州置，治所在长沙县（今湖南长沙市）。《元和志》卷29潭州："取昭谭为名。"大业初改为长沙郡，唐武德四年（621）复为潭州。天宝初又改为长沙郡，乾元初复为潭州。辖境相当今湖南长沙、株洲、湘潭、益阳、浏阳、湘乡、醴陵等市县地。五代楚改为长沙府，北宋复为潭州，辖境略有扩大。元世祖至元十四年（1277）升为潭州路。

②辽开泰中置，属大定府。治所在龙山县（今辽宁喀喇沁左翼蒙古族自治县西南白塔子）。辖境相当今辽宁喀喇沁左翼蒙古族自治县以南、建昌县以北大凌河流域。金皇统三年（1143）废。

③又作探州、耽州。在今吉林敦化市。明置驿站于此。明《辽东志》卷9：纳丹府东北陆路有"潭州"站。后废。

潭州行中书省 元世祖至元十四年（1277）置，治所在潭州路潭州（今湖南长沙市）。十八年（1281）移治鄂州（今湖北武汉市武昌），改为湖广等处行中书省。

潭州府 元至正二十四年（1364）朱元璋改天临路置，治所在长沙、善化县（今湖南长沙市）。洪武五年（1372）改为长沙府。

潭州路 元世祖至元十四年（1277）改潭州置，属湖南道宣慰司。治所在长沙县（今湖南长沙市）。天历二年（1329）改为天临路。

潭江 即今广西融水苗族自治县境之融江。《方舆纪要》卷109融县：潭江在"县城东。一名融水。自怀远县流入，与县境诸水合流，至柳城县为柳江"。

潭阳县 唐先天二年（713）析龙标县置，属沅州（后改巫州，又改叙州）。治所即今湖南芷江侗族自治县。五代时为懿州（后改洽州）治。北宋熙宁中改为卢阳县。

潭阳郡 唐天宝元年（742）改巫州置，治所在龙标县（今湖南洪江市黔城镇）。至德元年（758）复改巫州。

潭坊镇 即今江西宜黄县东北二十里潭坊村。清同治《江西全省舆图》卷2：宜黄县东北有潭坊墟。

潭毒山 ①在今四川广元市东北。《宋史·刘子羽传》：南宋绍兴三年（1133），金人攻陷兴元，子羽退守三泉，"以潭毒山形斗拔，其上宽平有水，乃筑壁垒，十六日而成。金人已至，距营十数里。子羽据胡床，坐之垒口。……敌寻亦引去"。山上有潭毒关。《明史·地理志》广元县："北有潭毒山，上有潭毒关，下临大江。"

②在今陕西勉县西南九十里。《宋史·吴玠传》：南宋绍兴三年（1133），金人入兴元，"刘子羽退保三泉，筑潭毒山以自固"。

潭毒关 北宋置，属绵谷县。在今四川广元市东北。《舆地纪胜》卷184利州：潭毒关"在州北九十里。江西仙观山，有御前军屯驻潭毒关。下瞰大江，路皆滑石，登陟颇艰。异时撒离合破兴元，兴元帅刘子羽尝屯兵于此，以捍蜀口，亦蜀口之险要"。《方舆纪要》卷68广元县：潭毒关"在县北潭毒山下，旧为蜀口要地"。

潭城 即今福建平潭县治潭城镇。清属福清县，有县丞驻此。后为平潭厅、平潭县治。1939年设潭城镇。

潭城镇 1939年置，属平潭县。即今福建平潭县治潭城镇。

潭柘山 在今北京市门头沟区东南。为西山支脉。

《明一统志》卷1顺天府：潭柘山“在府西八十里。山磅礴连拥三峰，傍有二潭。潭上有古柘一株，形曲如虬，因名。金建寺于上，亦以山名寺”。山腰之潭柘寺，为北京著名古寺。

潭柘寺 在今北京市门头沟区东南潭柘山腰。建于西晋建兴四年（316），初名嘉福寺，俗名潭柘寺。清《日下旧闻考》卷105引《向次斋稿》：“潭柘寺，相传寺址本青龙潭，上有柘树。祖师开山，青龙避去，潭平为寺。”因名。清孙承泽《春明梦余录》卷66燕谚谓：“先有潭柘，后有幽州。”足见潭柘寺之名流传甚久。唐改为龙泉寺。金又改名万寿寺。明复称嘉福寺。清康熙三十一年（1692）大修，康熙三十六年赐名岫云寺。1996年定为全国重点文物保护单位。

潭峒山 在今广东佛冈县东，接从化市界。《清一统志·佛冈厅》：潭峒山“在厅东南”。上有石笱，高二丈许，晶莹皎洁，名水晶石。下有红泉，产丹砂。

潭洲墟 即今广东广州市番禺区南潭洲镇。清有千总驻防。

潭栗县 唐置，属郁林州。治所在今广西兴业县东南太平山镇古城。北宋初废。

潭圃山 在今广东广宁县东南六十里潭布镇附近。《方舆纪要》卷101肇庆府广宁县：潭圃山“连山险峻，至此稍平，县治初建于此，寻移今治”。

潭峨江 即今广东高州市北之窦江。《舆地纪胜》卷117高州：潭峨江“在茂名县西。源出思贤岭下，流经县城西，南与高源水会成大江”。《方舆纪要》卷104高州府茂名县：潭峨江“在府城西。……下流经府城西南，有高源水亦自信宜县流经府城西，会为一水，并流入于鉴江”。

潭峨县 唐武德四年（621）析信义县置，属南扶州。治所在今广东信宜市西南。贞观八年（625）属窦州。北宋开宝七年（974）并入信宜县。

潭流岭 在今湖南桂阳县北一百三十里。《舆地纪胜》卷61桂阳军：潭流岭“出银铅砂矿。今废”。

潭埠墟 即今江西樟树市东潭埠。清同治《江西全省舆图》卷4：临江府清江县（临江镇）东北有潭埠。

潭湖镇 即今湖南安仁县西北十八里禾市乡。明置巡司于此。

潭溪 在今贵州黎平县南。明曹学佺《名胜志》：“潭溪司南，一水清澄可鉴者潭溪也，巨石跨其上，广二丈余，长十倍之，名天生桥。”《清一统志·黎平府》：潭溪“在府城西南潭溪司南，下流合容江、大岩江、九曲河，而并注于福禄江”。

潭溪长官司 南宋置，属诚州。治所在今贵州黎平县西南。明洪武三年（1370）改为潭溪蛮夷长官司，属湖广辰州府。后废。永乐元年（1403）复置，属贵州卫。十二年（1414）属黎平府。正统后移治今黎平县东北潭溪乡。后废。

潭溪旧城 在今贵州黎平县西南三十里。《方舆纪要》卷121黎平府潭溪司：潭溪旧城“本上黎平之官团砦，明初置司于此。正统间，始移今治”。

潭溪团 北宋置，属诚州（后改靖州）。在今贵州黎平县西南。《宋史·蛮夷传》：元丰三年（1080），湖南转运判官赵扬“言上江、多星、铜鼓、羊镇、潭溪、上和、上诚、天村、大田等团并至诚州城下贸易，可渐招抚”。即此。

潭澳墟 即今广东丰顺县东北潭江镇。清光绪《丰顺县志》卷1：潭澳墟“在北胜社。临大河之滨，距县治一百二十里。铺户七十余。嘉庆十三年建”。

灄川郡 北周改南豫州置，属唐州。治所在清嘉县（今湖北随州市西北）。隋开皇初废。

灄水 一名鲁城河。在今湖北随州市北。源出随州市北固城山，南流经厉山镇东，至随州市西入涢水。《水经·涢水注》：“灄水出桐柏山之阳。吕忱曰：水在义阳。灄水东南径灄西县西，又东南流入于溠。”

灄西县 ①北魏改阙西县置，为义阳郡治。治所在今湖北随州市西北灄水西。西魏改下溠县。

②西魏析随县置，为灄西郡治。治所在今湖北随州市西北。隋大业初废。

灄西郡 西魏析随郡置，治灄西县（今湖北随州市西北）。隋大业初废。

潦水 一作涝水。古为关中八川之一。即今陕西渭河支流涝峪河。《汉书·司马相如传》：“酆、镐、潦、潏，纡余委蛇，经营其内。”师古注：“潦音牢，亦水名也，出鄠县西南山潦谷，而北流入于渭。”

潦谷 一作劳谷。即今陕西户县西南涝谷。《汉书·司马相如传》：“酆、镐、潦、潏”，师古注：潦水“出鄠县西南山潦谷，而北流入于渭”。

潦河 在今河南南阳市西、镇平县东。《方舆纪要》卷51镇平县：潦河在“县东四十里。《志》云：源出南阳县之马峙坪，西流经县西北五十里之杏花山，又南流至新野县界，入于清河矣”。

潦浒洲 在今湖南岳阳市东北。《方舆纪要》卷77岳州府临湘县“南阳洲”条下：“又有潦浒洲，在县（治今陆城镇）西南三十里。大江夹流，一洲中峙，地可耕。”

潦溪水 在今湖南永兴县东北。《方舆纪要》卷82郴州：潦溪水“源出县东北之黄沙泉，北流经衡州府安仁县界，为永乐水之上源”。《清一统志·郴州一》：潦溪“在永兴县东北五十里。发源黄沙泉，北流合清溪水，入大步江”。

澂江县 1913年废府，改附郭河阳县置，以府名为县名，后属云南滇中道。治所即今云南澄江县。1916年直属云南省。1955年改澄江县。

澂江府 明洪武十五年（1382）改澂江路置，属云南布政司。治所在河阳县（今云南澄江县东金莲山上）。辖境约当今云南澄江、江川、路南等县及玉溪市地。正德十三年（1518）迁治今县东南四里旧城，隆庆五年（1571）迁治舞凤山麓（即今澄江县）。1913年废。

澂江路　元世祖至元十六年（1279）置，属云南行省。治所在河阳州（后改河阳县，在今云南澄江县西三里旧街子）。民国吕式斌《今县释名》：“城南有抚仙湖，……涵泓清沏，一碧万顷，故名澂江。”辖境约当今云南澄江、石林、江川等县及玉溪市地。明洪武十五年（1382）废为府。

澂县（澂 chéng）　西汉置，属左冯翊。治所在今陕西蒲城县东北避难村。东汉废。

潤水　在今湖南汨罗市境。《水经》：“潤水出豫章艾县，西过长沙罗县西，又西至累石山入于湘水。”郦道元注：“潤水又在罗水南，流注于湘，谓之东町口者也。”《清一统志·长沙府一》：“按《平江县志》无潤水，而谓汨水即潤水。今考《湘阴县图经》，县东少北有丁、傅二家湖，西流会汨水，又分流经汨罗祠之南为穆湖潭，又西北流为和包潭，而入青草湖，疑是潤水故道。”

潕阴县　即舞阴县。治所在今河南泌阳县西北。《水经·潕水》：“潕水出潕阴县西北扶予山。”《水经注疏》杨守敬按：“《说文》，潕水出南阳舞阴。潕、舞同。”

澳门　在广东省珠江口西侧。原称濠镜澳。明嘉靖三十二年（1553）葡萄牙殖民者借口曝晒水渍货物，强行上岸租占，鸦片战争后不断扩大范围，清光绪十三年（1887）进行强占。据明嘉靖四十三年（1564）庞尚鹏的奏稿《抚处濠镜澳夷疏》中说：“广州南有香山县，地当濒海，由雍麦至濠镜澳，计一日之程，有山对峙如台，即澳门也。”又清屈大均《广东新语》卷2载：澳门“凡番船停泊，必以海滨之湾环者为澳。澳者，舶口也。……澳有南台、北台。台者，山也，以相对，故谓澳门”。1999年12月20日我国收回澳门。

澳头　即今福建厦门市同安区东南澳头。旧属南安县，明正统中置巡司于此。

澳底　亦作鼎底澳。即今台湾省新北市东贡寮区澳底。民国连横《台湾通史》卷4：清光绪二十一年（1895）五月，日军抵台湾沿海，“第一旅团长川村景明潜出鼎底澳上陆。总兵曾喜照戍此，未战而溃”。日军进攻台北。

潘山　一名东山。在今广东高州市东。《寰宇记》卷161茂名县：潘山“在县东三十里。其山昔有潘茂于此炼丹升仙，乃以为山名”。《方舆纪要》卷104高州府：潘山在“府东一里。亦名东山。峰峦高耸，环抱郡治，郡之主山也。山之麓为潘仙坡。相传晋永嘉中，道士潘茂名者得仙于此”。《舆地纪胜》卷117高州：潘茂名“于东山采药，炼丹于西山，百日上升。今有潘仙石船、丹灶遗迹”。

潘川县　即潘水县。治所在今广东茂名市东北，一说在高州市东南。

潘水县　唐武德五年（622）分茂名县置，属南宕州。治所在今广东茂名市境。一说在今高州市南。《旧唐书·地理志》潘水县：“以县（潘）水为名。”贞观二十三年（649）废。开元二年（714）改毛山县复置，属潘州。治所在今广东茂名市东北。一说在今高州市东南。北宋开宝五年（972）废入茂名县。

潘仓城　唐太和中建，属黎州。在今四川汉源县北。《新唐书·地理志》：黎州有潘仓城。《资治通鉴》：五代梁乾化四年（914），南诏寇黎州，前蜀将王宗范等“败之于潘仓嶂，斩其酋长赵嵯政等”。即此。

潘氏堡　在今陕西凤翔县西。《新唐书·杨晟传》：唐光启三年（887），田令孜挟僖宗李儇逃奔宝鸡，邠宁节度使朱玫等引兵追截，乃命“杨晟为威义节度使、检校司空，守大散关。玫兵攻关，晟数却，战潘氏，遂大败”。

潘田山　在今江西广昌县东北。《方舆纪要》卷86建昌府广昌县：潘田山“在县东北十五里。山下有岩，广百步，林木稠茂，人迹罕至”。

潘田堡　即今广东丰顺县东北潘田镇。《方舆纪要》卷103潮州府海阳县：潘田堡“在县西北百三十里。僻在山谷，通潮、揭、漳、韶，为戍守要地。嘉靖中亦改设巡司。《会典》，潘田巡司旧属澄海县，后改属海阳”。清雍正十三年（1735）裁巡司。

潘光湖　即彭公湖。今西藏日土县北班公错。

潘州　①北魏置，治所在今河南泌阳县东北。隋开皇初废。

②唐贞观八年（634）改南宕州置，治所在茂名县（今广东高州市）。唐刘恂《岭表录异》卷上：“潘州：昔有方士潘茂于此升仙，遂以名郡。”十七年（643）废入高州。永徽元年（650）复置。天宝元年（742）改为南潘郡，乾元元年（758）复为潘州。辖境相当今广东高州、茂名、电白、吴川等市县地。北宋开宝五年（972）废。

③唐置，治所在今云南蒙自市北十八里碧色寨附近。辖境约当今云南蒙自、个旧二市及屏边苗族自治县西北隅地。天宝十载（751）后与归州合为潘归国。

④北宋吐蕃置，治所在今四川若尔盖县东求吉乡潘州寨。明曹学佺《蜀中广记》卷31《边防记》：“初属吐蕃首领潘罗支，此潘州之名所由起。”元属吐蕃宣慰司。明洪武十二年（1379）置潘州卫，不久并入松州，改置松潘卫。古城址尚存。

潘州营　清雍正八年（1730）置，属松潘镇。治所在今四川若尔盖县东求吉乡。《清一统志·松潘厅》潘州营：“在厅北四百八十余里，即潘州故址。……本朝雍正八年，设官兵驻防，统辖附近番夷。”后废。

潘村　即今安徽明光市东北潘村镇。旧属盱眙县。清光绪《盱眙县志稿》卷3：潘村在“西北一百里”。

潘县　西汉置，属上谷郡。治所在今河北涿鹿县西南堡岱镇。东汉初废，永元十一年（99）复置。西晋属广宁郡。北魏孝昌中废。

潘张村 在今山东鄄城县西北。《资治通鉴》：五代梁贞明五年（919），“梁筑垒贮粮于潘张，距杨村五十里”。胡三省注：“潘张，地名。盖潘、张二姓居之，因以名村，如杨村之类一姓而名村也。其他如麻家渡、赵步，又皆以姓而名津步，此皆载于《通鉴》。《薛史》云：潘张村在河曲。”

潘店镇 即今河南封丘县东潘店乡。民国《封丘县续志》卷2《乡镇》：“潘店镇，在县东二十五里。”

潘河 在今河南方城县东。《方舆纪要》卷51裕州方城县“堵水”条下：“又州城东有潘河，出州北四十里之当阳山，南流合赵河。”

潘郎桥街 即今浙江温岭县西北二十二里潘郎镇。明嘉靖《太平县志》卷3：潘郎桥“在茆岙南”。清嘉庆《太平县志》卷3《坊市》：潘郎桥街“在十五都。五、十日市”。

潘驿 唐置，即今陕西大荔县西。白居易有《潘驿桥南醉别》诗。《清一统志·同州府》：潘驿镇“在大荔县西三十里”。

潘泉 在今河北涿鹿县西南。《水经·瀔水注》：潘泉故渎，“渎旧上承潘泉于潘城中。其泉从广十数步，东出城注协阳关水，雨盛则通注，阳旱则不流，惟泍泉而已”。

潘昶堡 明置，属宁夏卫。即今宁夏贺兰县东十四里潘昶堡村。《方舆纪要》卷62宁夏镇：潘昶堡在“镇东二十五里。自堡而东南，又有金贵、李祥、魏敬、王信、王贵、任春、叶诚凡八堡”。

潘桥墟 在今江西丰城市东南八十里潘桥水库附近。清同治《江西全省舆图》卷1：丰城县东南潘家墟。

潘原县 唐天宝元年（742）改阴槃县置，属泾州。《寰宇记》卷151渭州潘原县：“以县东有潘口谷为名。”治所在今甘肃平凉市东南四十里泾水北岸庙底下村。大历后省入良原县。中和四年（884）复置。武州侨治于此。宋属渭州。元初并入平凉县。古城遗址仅存城北一段墙基。

潘家口 在今河北迁西县北潘家口。《方舆纪要》卷11遵化县：“潘家口在县东北四十里。嘉靖三十八年，朵颜导把都儿入犯，渡滦河，由潘家口而西，大掠蓟州。”

潘家口关 明置，属遵化县。为长城关口之一。在今河北迁西县北六十里。《明史·世宗纪》：“嘉靖三十八年春，二月庚午，把都儿犯潘家口渡滦河，逼三屯营。”又《天下郡国利病书》卷4：永平府极冲者有“潘家口关”。又卷7：松棚路“东自潘家口起，至罗文谷止，边垣延袤百三十九里”。

潘家山银场 在今福建浦城县西北潘家山。《元丰九域志》卷9：浦城县有通德、潘家山、余桑三银场。

潘家庄 ①即今天津市宁河县西南五十里潘庄镇。清同治《畿辅通志》卷46宁河县图：西南有潘庄集。

②在今河北抚宁县西北。明代为边路拨，并备有马军。

潘家店 即今山东齐河县西南潘店乡。清道光《长清县志》卷2《旧志·市集》：城西六十里有潘家店。

潘家河 在今湖北宜城市东。《方舆纪要》卷79宜城县：潘家河“在县东七十里。流经石板滩，合县东三十里之阴港，流入汉江”。

潘家桥镇 即今江苏常州市武进区东南七十里潘家桥镇。清光绪《江苏全省舆图》阳湖县图：东南有潘桥。民国《江苏六十一县志》：武进县东南有“潘家桥镇”。

潘家峪惨案遗址 在今河北唐山市丰润区东北七十里火石营镇潘家峪村。1941年1月25日，日本侵略军和伪军千余人包围丰润县潘家峪村，焚毁全村房屋，集中屠杀平民一千二百三十二人，制造震惊中外的“潘家峪大惨案”。现存被焚的潘家峪大院遗址，村口建有墓室四座，并建碑设祠及纪念馆。2006年定为全国重点文物保护单位。

潘家集 即今湖北应城市西二十里潘集乡。清光绪《湖北全省分图》：应城县西有潘家集。

潘家镦墩 即今江苏大丰市东南七十二里潘镦镇。旧属东台县。清嘉庆《东台县志》卷1《县图》：县东南有潘家镦墩。

潘陵尖 在今河南登封市北少室山附近。唐李商隐《自潘陵尖还少室居止秋夕凭望》诗：“月出潘陵尖，照见十六峰。”

潘葑 在今江苏无锡市西北洛社镇东。《资治通鉴》：五代梁乾化三年（913），“吴越王镠遣其子传瓘、传璙及大同节度使传瑛攻吴常州，营于潘葑”，遭徐遇夹击。即此。

潘塘 一名潘家塘镇。即今湖北武汉市新洲区东北四十四里潘塘镇。民国《湖北通志》卷73《兵事》《黄冈团练始末》：清咸丰四年（1854）六月，“知县翁汝瀛方练勇于潘塘。潘塘人户殷富”。

潘新店 即今河南罗山县西南六十二里潘新乡。清尹耕云《豫军纪略》卷1：同治三年（1864）八月，赖汶光及张总愚“以初五日困罗山之永安寨，初七日窜潘新店”。

潘溪 在今安徽淮南市西北。《水经·淮水注》：“淮水历潘城南，置潘溪戍，戍东侧潘溪。”即此。

潘溪戍 又名潘溪。在今安徽淮南市西北潘集站一带。《梁书·武帝纪下》：普通五年（524）冬十月，“又克秦墟。魏郿、潘溪守悉皆弃城走”。《水经·淮水注》：“淮水历潘城南，置潘溪戍。”即此。

潘溪渡 即今山东郓城县西北潘渡镇。《清一统志·曹州府二》：潘溪渡桥“在郓城县西北十八里。明永乐初建，为往来要道”。

潘斡簇长官司 明正统五年（1440）置，属松潘卫。治所在今四川若尔盖县境。后废。

潘镇 北宋置，属封丘县。即今河南封丘县东二十四里潘店乡。

潼口 在今湖北襄阳市襄城区南潼口乡。《清一统志·襄阳府三》：潼口“在襄阳县南五十里。当南北要路”。清置外委驻守。

潼川州 明洪武九年（1376）降潼川府置，属四川布政司。治所在今四川三台县。辖境相当今四川中江、盐亭以南，安岳及重庆市潼南区以北涪江中游地区。清雍正十二年（1734）复升为潼川府。

潼川府 北宋重和元年（1118）改梓州置，治所在郪县（今四川三台县）。明曹学佺《蜀中广记》卷54潼川州：“左倚梓林，右枕潼水”，因名。辖境相当今四川三台、中江、盐亭，射洪等县地。元属顺庆路。明洪武九年（1376）降为潼川州。清雍正十二年（1734）又升为潼川府，属四川省。1913年废。

潼川府路 北宋重和元年（1118）改梓州路置，治所在潼川府（今四川三台县）。辖境相当今四川中江、盐亭、西充、渠县以南，金堂、资阳、荣县、屏山、筠连以东，大竹、邻水、合江及重庆市合川、永川区以西地区。元初废。

潼川郡 西魏废帝二年（553）分巴西、梓潼郡置，属潼州。治所即今四川梓潼县。辖境相当今四川梓潼县地。隋开皇三年（583）废。

潼水 ①在今安徽泗县西南。俗曰南潼河。源出羊城湖，环县西门东南流，至五河县东北入淮。《水经·淮水注》：“（潼）水首受潼县西南潼陂，……又东南流，径临潼戍西，又东南至巉石，西南入淮。”

②又名驰水、梓潼水、潼江水。即今四川梓潼、盐亭、射洪等县境之梓潼水（潼江、梓江）。《汉书·地理志》梓潼县：“五妇山，驰水所出。”注：“应劭曰：潼水所出，南入垫江。”《方舆纪要》卷68梓潼县：潼江在“县西四里。即梓潼水也，源出马阁山，南流入潼川州盐亭县境，下流入于涪江”。

③在今陕西潼关县东北。亦名潼谷水。晋潘岳《西征赋》：“溯黄巷以济潼。”《水经注》谓之灌水。《元和志》卷2华州华阴县：“关西一里有潼水，因以名关。”

潼头城 一作漴头城、淙头城。在今湖北安陆市西北。《清一统志·德安府》：漴头镇“在安陆县西北二十里石漴村。亦曰潼头”。王仲荦《北周地理志》卷5安陆郡安陆县：有漴头。《周书·杨忠传》作淙头，《通鉴考异》引《三国舆略》作潼头。

潼关 在今陕西潼关县东北。古为桃林塞地。东汉建安中设潼关，故址在今潼关县东北港口镇东南四里杨家庄附近。《三国志·魏书·武帝纪》：建安十六年（211），关中诸将马超、韩遂等“屯潼关”。即此。《水经·河水注》：“河在关内南流，潼激关山，因谓之潼关。”隋南移至今杨家庄南一里城北村。唐天授二年（691）北移至今潼关县东北港口镇（即老潼关）。

潼关卫 明洪武九年（1376）置，属河南都司。治所在潼关（今陕西潼关县东北港口镇）。永乐六年（1408）直隶中军都督府。清雍正四年（1726）改置潼关县。

潼关厅 清乾隆十二年（1747）升潼关县置，属同州府。治所在今陕西潼关县东北港口镇。1913年改为潼关县。

潼关军 唐方镇名。兴元元年（784）置，治所在华州（今陕西华县）。贞元九年（793）废。

潼关县 清雍正四年（1726）改潼关卫置，属华州。治所在今陕西潼关县东北港口镇。十三年（1735）属同州府。乾隆十二年（1747）升为潼关厅。1913年复改潼关县，属陕西关中道。1928年直属陕西省。

潼关隘 在今山西古县北。《清一统志·平阳府一》：潼关隘“在岳阳县北七十里，有石城”。

潼州 ①南朝梁大通元年（527）置，治所在取虑城（今安徽灵璧县东北七十里潼郡村）。辖境相当今安徽灵璧县附近地。东魏武定六年（548）改为睢州。

②北齐置，治夏丘县（今安徽泗县）。北周改为宋州。

③西魏废帝二年（553）置，治所巴西郡巴西县（今四川绵阳市涪江东岸）。《寰宇记》卷83绵州：“潼州取潼水为名。”北周辖境相当今四川绵阳、安县、梓潼及德阳、三台部分地。隋开皇五年（585）改为绵州。

潼江水 古名驰水、潼水、五妇水。即今四川梓潼、盐亭、射洪等县境之梓潼水（潼江、梓江）。《寰宇记》卷84梓潼县：潼江水“在县西南四里。源出阴平县马阁山，来自五妇山西七曲山，下名潼水”。《舆地纪胜》卷186隆庆府：潼江水“在梓潼县西四里。其源出阴平县马阁山，经县界名潼水。《蜀志》云：夏禹于尼陈山伐梓树，神化为童子，水故曰潼水”。

潼县 ①即僮县。南朝宋侨置，在今江苏沭阳县南六里。《宋书·州郡志》作“潼县”。

②西魏置，属涪城郡。治所在今四川三台县西北。隋废。

潼陂 又名羊城湖。在今安徽泗县东北骆庙村附近的潼城村西南。《水经·淮水注》：“（潼）水首受潼县西南潼陂。”《元和志》卷9虹县：“潼陂，一名万安湖，周回二十里。在县北五里。”

潼河 在今江苏睢宁县东南。《水经·睢水注》：“睢水又东与潼水故渎会，旧上承潼县西南潼陂，东北流径潼县故城北，又东北径睢陵县下会睢水。”

潼南大佛寺摩崖像 即大佛寺。在今重庆市潼南县西五里定明山大佛岩。

潼南区 2015年撤销潼南县，设立重庆市潼南区，区政府驻桂林街道兴潼大道108号。

潼南县 1914年改东安县置，属四川嘉陵道。治所即今重庆市潼南县。民国《潼南县志》卷1："县设置于梓潼镇，归潼川府。辖地居府南，拟即定名曰潼南。"1928年直属四川省。今属重庆市。2015年撤销潼南县，改为潼南区。

潼津县 唐武则天天授二年（691）置，属虢州。治所在关口（今陕西潼关县西）。《寰宇记》卷29华州华阴县：潼津县"盖因潼川为名"。圣历二年（699）改属太州。长安中废为关西驿。

潼郡 北齐改临潼郡置，属睢州。治所在取虑城（今安徽灵璧县东北七十里高楼镇潼郡村）。辖境相当今安徽灵璧县附近地。隋开皇初废。

潼溪 即今广东仁化县东锦江。《明史·地理志》仁化县："西北有吴竹岭，吴溪水出焉，下流为潼溪，入浈。"

澜石墟 即今广东佛山市南二十里澜石镇。清同治《广东图说》卷1南海县：溶州堡有"澜石墟汛"。

澜沧山 在今云南永胜县。《方舆纪要》卷117北胜州：澜沧山"高二百余丈，卫与驿皆曰澜沧以此"。

澜沧卫 明弘治九年（1496）后废澜沧卫军民指挥使司置，属云南都司。治所即今云南永胜县。《方舆纪要》卷117北胜州：澜沧山"在城西南二里，高二百余丈，卫与驿皆曰澜沧以此"。清康熙二十六年（1687）废。

澜沧卫军民指挥使司 明洪武二十九年（1396）置，属云南都司。治所即今云南永胜县。辖境约当今云南永胜、华坪、宁蒗等县地。弘治九年（1496）后罢军民司，改为卫。

澜沧江 ①在云南西部。古称兰仓水，又作兰沧水、兰沧江。明代以来通称澜沧江。《方舆纪要》卷113："澜沧江出吐蕃嵯和歌甸鹿石山，一名鹿沧江，亦曰浪沧江，亦作兰仓水。流入丽江府兰州境，南历大理府云龙州西，又南经永昌府东北八十五里罗岷山下。两崖壁峙，截若坦墉，缆铁飞桥，悬跨千尺。"

②集镇名。一作浪沧江铺。即今云南南涧彝族自治县西南澜沧乡驻地公郎。明、清置澜沧江巡司于此。

澜沧江汛 在今云南德钦县西北澜沧江东岸。清乾隆时置汛。

澜沧县 1914年改镇边县置，属云南普洱道。治所在今云南澜沧拉祜族自治县东北九十里谦六彝族乡。民国吕式斌《今县释名》："县东临澜沧江"，因以为名。1925年迁治勐朗坝子东山上的佛房。1929年直属云南省。1950年迁治今澜沧拉祜族自治县西北四十四里募乃。1953年改澜沧拉祜族自治县。1954年迁今县治勐朗镇。

澜港 在今江苏靖江市西南。《清一统志·常州府一》：澜港"在靖江县西南，西接城河"。

澜溪 亦作烂溪。即今江苏吴江市南八十里铜罗镇。明置巡司于此。

潾山 亦作邻山。在今四川大竹县西南。《旧唐书·地理志》潾山县："潾山在县西四十里。重叠潾比为名。"

潾山县 即邻山县。在今四川大竹县东南。《新唐书·地理志》作"潾山县"。

潾水 亦作邻水。即今四川邻水县东之御临河。潾水县以此名。

潾水县 即邻水县。治所在今四川邻水县北二十里。《旧唐书·地理志》作"潾水县"。

潾州 亦作邻州。五代前蜀王建置，治所潾山县（在今四川大竹县东南）。北宋初废。《新唐书·地理志》作"潾州"。

潧水 即溱水。又名郐水。即今河南新密市东溱河。《水经·潧水注》："潧水出郐城西北鸡络坞下，……潧水又东南流历下田川，径郐城西……又南注于洧。诗所谓溱与洧者也。世亦谓之为郐水也。"

澅水 在今山东淄博市临淄区西。《水经·淄水注》：澅水"出时水，东去临淄城十八里，所谓澅中也。俗以澅水为宿留水，西北入于时水"。元于钦《齐乘》卷2称澅水"俗谓之泥河，又北径临淄城北，系水入焉"。

潺山 亦作孱山。又名潺亭山。在今四川罗江县北。《水经·涪水注》："（涪）县有潺水，出潺山，水源有金、银矿。"《清一统志·绵州》载：潺山"在罗江县（今四川罗江县）北三里"。即今云盖山。清嘉庆《罗江县志》卷1：潺亭山在"县北三里。《旧志》云：山嘴有石刻行书'云盖仙峰'四字"。

潺水 ①亦作潺江。即今重庆市涪江西支流凯江。东晋常璩《华阳国志·汉中志》：涪县"孱水出孱山，其源出金银矿，洗取，火融合之为金银"。《水经·涪水注》："（涪）县有潺水，出潺山……潺水历潺亭而下注涪水。"

②即今四川平武县东南之平通河。《隋书·地理志》：平武县有潺水。

③今四川绵阳市东北之杜家河。《方舆纪要》卷67绵州：潺水"在州东五里。源出剑州梓潼县界之潺山，流径州东三十里有石盘滩渡，又西南入于涪水"。

潺岜山 在今广西田林县西定安镇东。《方舆纪要》卷111上林长官司：潺岜山在"司东十里"。

潺沟 在今湖北襄阳市北。《梁书·萧景传》：天监八年（509）三月，"魏荆州刺史元志率七万寇潺沟，驱迫群蛮，群蛮悉渡汉水来降……乃开樊城受降。因命司马朱思远、宁蛮长史曹义宗、中兵参军孟惠儁击志于潺沟，大破之"。即此。

潺亭 即孱亭。在今四川罗江县北。《水经·涪水注》："（涪）县有潺水出潺山。水源有金银矿，洗取火合之，以成金银。潺水历潺亭而下，注入涪水。"《梁书·刘季连传》：巴西人赵续伯反，"季连复遣李奉伯由涪路讨之。奉伯别军自潺亭，与大军会于城”。即此。《寰宇记》卷83罗江县：“北三里有孱亭庙，有碑磨灭，孱亭之字犹存。”

潺亭山　亦名董叔山。在今四川盐亭县东。《寰宇记》卷82盐亭县：“董叔山在县东九十步。高一里，隔潴江水，孤峰绝岛，峭壁千仞。旧名潺亭山。隋开皇四年，县令董叔封尝游宴此，后人思其德政，号曰董叔山。”

潺亭县　亦作孱亭县。南朝梁改万安县置，属巴西梓潼郡。治所在今四川罗江县。西魏改为万安县。《隋书·地理志》金山郡万安县：“旧曰孱亭，西魏改名焉，置万安郡。”

溧川　即今甘肃西南洮河。因源出强台山（今西顷山），故洮水亦兼溧川之名。《晋书·张轨传》：东晋咸和五年（330），子张骏置溧川护军。《晋书·乞伏炽磐载记》：义熙十二年（416），“炽磐攻溧川，师次沓中，沮渠蒙逊率众攻石泉以救之。炽磐闻而引还”。

溧川城　在今甘肃迭部县白龙江流域。东晋咸和五年（330）于此城置溧川护军，西秦建义元年（385）置溧川郡。《晋书·乞伏炽磐载记》：东晋义熙十二年（416），“炽磐攻溧川，师次沓中”。元熙元年（419），“遣其左卫将匹逵，建威梯君等讨彭利和于溧川，大破之。……徙羌豪三千户于抱罕，溧川羌三万余户皆安堵如故”。

溧川郡　十六国西秦建义元年（385）乞伏国仁置，治所在今甘肃迭部县白龙江流域。《晋书·乞伏炽磐载记》：东晋义熙十二年（416），“炽磐攻溧川，师次沓中，沮渠蒙逊率众攻石泉以救之”。即此。

澄水　即今陕西麟游县东澄水河。《清一统志·凤翔府一》：澄水“源出麟游县北澄名里，南流合杜水入渭。县治居二水之中”。

澄心堂　故址在今江苏南京市内桥东。南唐时建为藏书撰述之所。宋陈师道《后山谈丛》卷2：澄心堂“南唐烈祖（李昇）节度金陵之宴居也。世以为元宗（李璟）书殿，误也。赵内翰彦若家有《澄心堂书目》，才三千余卷，有建业文房之印”。

澄平礁　在南海中中国南沙群岛南部，位于海宁礁西南约5海里。为一暗礁。1947年公布名称为澄平礁。

澄迈山　即迈山。在今海南省澄迈县东北。《元丰九域志》卷9：澄迈县“有澄迈山”。《方舆纪要》卷105澄迈县：澄迈山在“县（旧治在今老城镇）东十五里。县以此名。《志》云，山特起一峰，若树株然。一名独株山”。《清一统志》谓“澄迈山”应为迈山之误。

澄迈县　隋大业六年（610）置，属珠崖郡。治所在今海南省澄迈县境内澄迈村。后移治今县东北老城镇。治所在今海南省澄迈县东北老城镇。以境内有澄江、迈山为名。唐属崖州。北宋开宝五年（972）改属琼州。元属乾宁军民安抚司。明初属琼州府。清光绪十八年（1892）迁今治金江镇。民国初属广东琼崖道。1920年直属广东省。1988年划归海南省。

澄迈镇　在今海南省澄迈县北。《方舆纪要》卷105澄迈县：澄迈镇在“县（治今老城镇）西北十里。有巡司，洪武中置”。

澄州　①唐贞观八年（634）改南方州置，治所在上林县（今广西上林县东南澄泰乡古城村）。天宝元年（742）改为贺水郡，乾元元年（758）复改为澄州。辖境相当今广西上林、马山等县地。北宋开宝五年（972）废。

②即丰州。今内蒙古翁牛特旗（乌丹镇）。北宋沈括《熙宁使虏图抄》：广宁馆“东北行五里至澄州，路由西门之外，州有土垣，崇六七尺，宽度一里，其中半空，有民家一二百，屋多泥墁，间有瓦覆者，旧曰丰州。州将率其部落和扣河西内附，诏置丰州以处之。自尔改今名”。

③金天德三年（1151）改海州置，治所在临溟县（今辽宁海城市）。辖境相当今辽宁海城市及营口县部分地。元大德后废。

澄江　①即灵江。在今浙江东部。《方舆纪要》卷92台州府：澄江“在府城南，一名灵江……元至正十二年，泰不华招降方国珍，乘潮下澄江，触沙不行，贼至战，转为所杀”。即此。

②今江苏江阴市之别称。《方舆胜览》卷5江阴军：“郡名澄川，保大元年《招隐院记》。”光绪《江阴县志·宋绍熙五年俞巨源序》：“大江自京口来，委折而南，浩漾澎湃，势益壮越，数百里聚为澄江之区。”宋、元皆置澄江驿于城内，故江阴有澄江之名。

③一名南江。在今广西上林县南。源出大明山，东流注入清水河。《明史·地理志》上林县：“西有大明山，澄江出焉，亦名南江，东合北江，又东入迁江县入大江。”

④在今海南省澄迈县东北。《方舆纪要》卷105澄迈县：“澄江在县（治今老城镇）东。源出山谷间，下流达新安江。”《清一统志·琼州府一》：澄江“在澄迈县南里许。有二源：一出琼山县之西石山，西流经澄迈县东一里为九曲水，过南门转西门为里滩，谓之内澄江；一出琼山县虎村岭，西流绕澄迈县南，过西门为外滩，谓之外澄江。二水合流，由东水港入海。其港在县西北十里。《旧志》云，四时澄澈，隋以名县”。

澄江口　即今重庆市北碚区西北澄江镇。明正德《四川志》卷13重庆府巴县：治北有澄江铺。清同治《璧山县志》卷2：澄江口场在“县北一百二十里”。

澄江市　一作城冈。即今江西寻乌县东北三十八里澄江镇。清同治《江西全省舆图》卷9：长宁县东北有澄江墟。

澄岛山　在今海南省三亚市西崖城镇西南。《明一统志》卷82崖州：澄岛山“在崖州（治今崖城镇）西南一十五里”。《方舆纪要》卷105崖州：“澄岛山在县西南十五里，孤峭枕海。”

澄空镇 金置，属平阴县。当在今山东平阴县附近。

澄城县 北魏太平真君七年（446）置，为澄城郡治。治所即今陕西澄城县。隋开皇初属同州。大业初属冯翊郡。唐属同州。五代梁属河中府，后唐复属同州。清属同州府。民国初属陕西关中道。1928年直属陕西省。

澄城城隍庙神楼 在今陕西澄城县城内西大街。坐北朝南。神楼重建于明万历十年（1582），清代续修，现存建筑基本保持明代风格，由中楼、东楼、西楼并列组成，坐落在四十级台阶的高台上。中楼为重檐三滴水歇山顶，楼身面阔、进深均为三间，楼高二层，底层带回廊，内设木楼梯可供人登临。东、西楼大小形制相同，为方形重檐歇山十字脊，面阔、进深均为一间，高一层，下部有回廊。西楼内存唐大和四年（830）刻制的经幢一通。三座楼均覆绿色琉璃瓦。2001年定为全国重点文物保护单位。

澄城郡 北魏太平真君七年（446）置，属华州。治所在澄城县（今陕西澄城县）。辖境相当今陕西澄城、合阳二县及韩城市地。西魏属同州。隋开皇三年（583）废。

澄桥镇 又名新泾桥、新泾镇。即今上海市嘉定区东澄桥。镇以桥名。清光绪《江苏全省舆图》嘉定县："澄桥镇在城东五里。"

澄海县 明嘉靖四十二年（1563）置，属潮州府。治所即今广东汕头市澄海区。据郭子章《郡县释名》广东卷：澄海县"取海宇澄清之义也"。清康熙五年（1666）废，八年（1669）复置。民国初属广东潮循道。1920年直属广东省。1994年改设澄海市。2003年撤销澄海市，改设汕头市澄海区。

澄海营 在今广西梧州市西北。《方舆纪要》卷108梧州府苍梧县：澄海营"在府城西北，元初土军所居，明朝洪武十二年废"。

澄海楼 在今河北秦皇岛市山海关南十里南海口宁海城上。前临大海，明兵部主事王致中建。清乾隆帝多次谒盛京祖陵皆驻跸于此。

澄溪场 即今重庆市垫江县西南澄溪镇。清光绪《垫江县志》卷2：澄溪铺场在"治南五十里"。为垫江、长寿、邻水三县边境物资集散重镇。

澄碧水 在今广西凌云县西。《清一统志·泗城府》：澄碧水"在凌云县东北三里。源出灵洞，南流绕府城西，又东南合龙渊水，注分水州桥，入都阳土司界"。

澄澜县 唐置，属羁縻筠州。治所在今四川筠连县境。后废。

潏水 ①又名三交水、巢山水。即今山西临汾市东南洰河。《山海经·中山经》："牛首之山……劳水出焉，而西流注于潏水。"《水经·汾水注》："（潏）水源东南出巢山东谷，北径浮山东，又西北流与劳水合，乱流西北径高梁城北，西流入于汾水。"

②亦名沈水或泬水。关中八川之一。源出陕西西安市长安区南秦岭，西北流歧为二：一北流为皂水（今名潏河），注入渭；一西南流合高水，注于沣。宋敏求《长安志》卷11："潏水今名泬水（一作沈），自南山皇子陂西北流入（万年）县界，《字林》曰：潏水出杜陵县。许慎《说文》曰：'潏古穴反，水名。……其字或作水旁。穴与沈字相似，俗人因名沈水。"

寮竹关 在今福建武夷山市东北，与江西上饶县接界。《清一统志·建宁府》：寮竹关"在崇安县北八十里，与观音、温林向称三关"。

寮步墟 即今广东东莞市东南寮步镇。清雍正《广东通志》卷18：东莞县有寮步墟。

寘颜山（寘 tián） 今蒙古国色楞格河南，哈努伊河、胡努伊河之间的巴彦鲁集克山脉。《史记·骠骑列传》：西汉元狩四年（前119），大将军卫青出定襄，"遂至寘颜山赵信城"。

寘颜州 唐贞观二十一年（647）以白霫部置，属燕然都护府。在今内蒙古东乌珠穆沁旗东北，蒙古国东方省东南。总章二年（669）属安北都护府。后废。

窳浑县 西汉置，属朔方郡，为西部都尉治。治所在今内蒙古磴口县西北沙金套海苏木（保尔浩特）土城子村。东汉废。

窳浑泽 即屠申泽。在今内蒙古磴口县西北、杭锦后旗西。《水经·河水注》："（屠申）泽东西一百二十里。故《地理志》曰：屠申泽在（窳浑）县东，即是泽也。阚骃谓之窳浑泽矣。"《注疏》：赵增云："《寰宇记》引此作窳浑泽，县即以窳浑泽得名。"清代名腾格里鄂模。据传1950年以前，还有湖泊，其后逐渐干涸不存。

额木和索罗站 即额穆赫索罗。今吉林敦化市西北额穆镇。清吴大澂《奉使吉林日记》：光绪六年（1880）十二月，三岔口"又二十里至额木和索罗站"。

额什克巴什山 在今新疆库车县北与和静县西交界处。《清一统志·库车》：额什克巴什山"在库车北百里，北至汗腾格里山二百里，为库车北屏。……山形宽广，产硫磺"。清徐松《西域水道记》卷2："回语：额什克，小山羊也，巴什谓头，言山形似之。"

额什克巴什河 即今新疆库车县北库车河上游。清乾隆《西域图志》卷27：哈喇库勒"源出额什克巴什鄂拉，南流入额什克巴什郭勒"。又，额什克巴什郭勒"河流宽广，冬日亦五六丈，深数尺，经流二百余里，折而东，入额尔勾郭勒"。

额什墨提斯山 在今新疆和田县西南。《清一统志·和阗》：额什墨提斯山"在和阗南"。

额布图岭 在今新疆和静县西北。清乾隆《西域图志》卷21：额布图达巴"在额林哈毕尔噶鄂拉西三百里，东裕勒都斯郭勒北。……自伊犁南境之汗腾格里鄂拉东行五百里为纳喇特达巴，又东北六十里为乌得音郭勒达巴，又东北五十里至此，东西横亘。其东南一支由额林哈毕尔噶鄂拉东行，为迪化州南境之山，其西北一支，由哈喇古颜鄂拉西北行，为伊犁北山。额布图达巴其分脉处也”。

额叶（葉）尔站 亦作额玉尔、额雨尔。清康熙二十五年（1686）置，在今黑龙江省黑河市西南二站乡。《清一统志·黑龙江》“布克依站”条下：“库穆楞站，又三十三里至额叶尔站。”后废。

额叶（葉）赫河 又作额伊济密河。即今黑龙江铁力市北依吉密河。源出小兴安岭，西南流入呼兰河。《清一统志·黑龙江》“呼伦河”条下：齐齐哈尔城“又东有纳敏河、额叶赫河、呼拉库河，南入呼伦河”。

额尔古纳左翼旗 简称东额旗。1934年伪满改室韦县置，治所在奈勒穆图（今内蒙古额尔古纳市西北三河镇）。1945年划归兴安省。1947年划归内蒙古自治区，与额尔古纳右翼旗合并为额尔古纳旗，驻三河镇。1961年迁治根河镇。1966年复设额尔古纳左旗，1969年划归黑龙江省。1979年划回内蒙古自治区。1994年改设根河市。

额尔古纳右翼旗 简称西额旗。1934年伪满改奇乾县置，治所在珠儒木图（今内蒙古额尔古纳市东北奇乾村）。1945年划归兴安省。1947年撤销，并入额尔古纳旗。1966年复置，治所在三河镇。1972年迁拉布达林镇。1994年改设额尔古纳市。

额尔古纳河 亦名鄂尔姑纳河。元代称也里古纳河。即今内蒙古东北与俄罗斯分界之额尔古纳河。17世纪40年代沙皇俄国东侵，曾占该河附近地。清康熙二十八年（1689）中俄《尼布楚条约》划定中俄边界，“以流入黑龙江之额尔古纳河亦为两国之界：河以南诸地，尽属中国；河以北诸地，尽属俄国”。在注入黑龙江处有界碑，每年黑龙江城巡查额尔古纳河边界。《清一统志·黑龙江》：额尔古讷河“在呼伦布雨尔西北二百五十里。源出库楞湖，北流八百余里，会东来之数水，入黑龙江。河之北岸即俄罗斯界”。据民国《呼伦贝尔志略》：“额尔古纳四字，蒙语以手递物之谓也。人曲腰以手递物则成一六十五度之三角形，海拉尔河大势西北流至阿巴该图山忽折向东北流，其折弯处亦成一六十五度之三角形，即如人以手递物之势。”

额尔古纳旗 1947年由额尔古纳左、右翼旗合并设置，属内蒙古。治所在今内蒙古额尔古纳市西北三河镇。1961年迁治根河镇。1966年改为额尔古纳左旗。

额尔齐斯河 又名多逻斯川。亦作叶儿的石河、也儿的石河、也里的失河。上源在中国新疆维吾尔自治区北部，源出阿尔泰山南麓，西流注入哈萨克斯坦境内的斋桑湖。清徐松《西域水道记》卷3：额尔齐斯河，“准语（蒙古语）额尔齐斯，遒紧之谓。河流湍急，故名”。

额尔齐斯哈喇山 在今新疆阿合奇县西南。清乾隆《西域图志》卷23：额尔齐斯哈喇塔克“在乌什西，色帕尔拜西南五十里。山形卑小，当孔道”。

额尔克山 在今黑龙江省黑河市西。《清一统志·黑龙江》：额尔克山“在墨尔根城东北六百里”。

额尔沟河 今新疆阿克苏河与喀什噶尔河汇流后之塔里木河。清徐松《西域水道记》卷2：阿克苏河“又东过布古斯孔郭尔郭境北为额尔沟河，又东过沙雅尔城南，又东为塔里木河”。

额尔柯图 在今内蒙古四子王旗北境。清张穆《蒙古游牧记》卷5四子部落：“东北至额尔柯图鄂博，百六十里接土谢图汗左翼中旗界。”

额尔都克布拉克卡伦 清雍正十二年（1734）设，在今内蒙古新巴尔虎左旗西南沙拉尔吉河东岸。见民国《黑龙江志稿》卷33《武备志·兵事》。

额尔格图卡伦 一作额尔格图塔布图卡伦。清乾隆五十八年（1793）置，在今新疆裕民县西南。清祁韵士《西陲要略》卷1：塔尔巴哈台西南有“额尔格图卡伦”。

额尔得尼托罗辉卡伦 亦作额尔得尼托罗海。清雍正五年（1727）置，在今内蒙古陈巴尔虎旗西北。《清史稿·地理志》呼伦直隶厅：“新设卡伦三”，其中之一为“额尔得尼托罗辉”。民国《黑龙江志稿》卷4：额尔得尼托罗海“蒙古语，额尔得尼，宝贝；托罗海，山顶也”。

额尔德尼招 喀尔喀蒙古兴建的第一座喇嘛教寺庙，在今蒙古国鄂尔浑河上游东岸哈拉和林。蒙古语额尔德尼意为宝，招意为寺。又称光显寺。明万历十四年（1586）喀尔喀蒙古阿巴岱汗到土默特参见三世达赖喇嘛北还后，于鄂尔浑河上游元和林城址兴建此寺，尊崇喇嘛教。其子额列克复增建寺、塔。康熙二十七年（1688）准噶尔部噶尔丹侵入喀尔喀，寺遭战火毁坏；四十年，一世哲布尊丹巴活佛重修。雍正十年（1732），土谢图汗部额附策凌大败入侵的准噶尔部噶尔丹策零于此，史称“光显寺大捷”。

额米尔河 一作额敏勒河。即今新疆额敏县境之额敏河，西流入哈萨克斯坦境内之阿拉湖。清道光《新疆识略》卷1：额米尔河“源出鄂勒霍绰尔山，西流，北会博勒济尔水，由色特尔莫多军台南，经塔尔巴哈台城南，又西流，北会巴克图山水，注于（阿拉克图扈尔）淖尔”。

额克卫 明置，属奴儿干都司。在今黑龙江省呼玛县西南嫩江上源地区。后废。

额苏里卡伦 亦名乌苏里。清置，属黑龙江副都统。在今黑龙江省漠河县东北黑龙江南岸乌苏里村。《清史稿·地理志》：漠河直隶厅沿黑龙江南岸卡伦有“额苏里”。

额苏里城 亦作阿苏里。明末清初索伦部城寨，在今俄罗斯布拉戈维申斯克（海兰泡）北谢尔盖耶夫卡稍南。清属黑龙江副都统。乾隆《盛京、吉林、黑龙江等处标注战迹图》：精奇里江西北，黑龙江东有“额苏哩城”。康熙年间驱逐沙俄侵略军的“雅克萨之战”中，此为驻兵屯粮之地。清《平定罗刹方略》卷1：康熙二十二年（1683），“命将军巴海留镇乌拉，副都统萨布素等领兵移驻额苏里”。即此。咸丰年间被俄割占。

额吾峰 在今云南寻甸回族彝族自治县北。《清一统志·曲靖府》：额吾峰“在寻甸州北乞西里。《州志》：上有清水塘，下有温泉，乾夷往来两峰之间，以为窟宅。《通志》：其地有寨五，曰额吾，曰竹圭，曰东那，曰沙黑，曰额峰，亦乾夷所居也”。

额里齐城 一作伊里齐城。即今新疆和田市。《清一统志·和阗》：额里齐城“即和阗办事大臣所驻，地当冲要。汉于阗治西城，即其地也”。

额里野噶珊 亦名厄里耶。在今俄罗斯萨哈林岛（库页岛）东海岸北端帕罗迈河口北岸。清初属宁古塔将军。康熙《皇舆全览图》：库页岛北端东海岸有“厄里耶噶山”。后属三姓副都统。光绪《吉林通志》卷17：海滨东南库页岛、费雅喀、鄂伦春等部旧设噶珊有“额哩野”。咸丰年间通过不平等的中俄《北京条约》被俄割占。

额非尔士峰 喜马拉雅山主峰珠穆朗玛峰之外人称谓。曾译埃佛勒斯峰。

额图 在今黑龙江省同江市东北黑龙江东岸额图村。清曹廷杰《西伯利东偏纪要》：“徐尔固下六十余里松花江南岸额图地方，有石砬子两座高约十余丈，耸峙江边，西一砬略高，形如伏钟；东一砬稍矮，若伏釜。二砬顶上俱有土壕，土人呼曰卓罗哈达韦克和屯，证以国语犹言石砬顶上城也。其处据形势要害，松花黑龙二江合流经其下，上下数里，俱无沙洲。”明筑考郎兀卫城于此。

额济纳土尔扈特部 清西套蒙古二部之一。为区别于乾隆年间从俄国回归故土的土尔扈特部，故称旧土尔扈特。康熙年间，额鲁特土尔扈特部阿玉奇族子阿喇布珠尔入藏谒达赖喇嘛还，道为准噶尔部所阻，滞留嘉峪关外，请求归附清朝，诏封为固山贝子，许驻牧色尔腾湖。雍正九年（1731）定牧于额济纳河，故称额济纳土尔扈特。乾隆十八年（1753）编其部为一旗，隶理藩院。旗驻地约当今内蒙古额济纳旗以及阿拉善右旗一小部分。

额济纳土尔扈特旗 清乾隆十八年（1753）于额济纳土尔扈特部置，直隶理藩院。在今内蒙古额济纳旗境内。1914年划归甘肃省，属宁夏护军使。1928年属宁夏省。1949年改为额济纳旗。治所无定。中华人民共和国成立后驻达来呼布（今额济纳旗）。后迁赛汉陶来。1952年改设额济纳旗自治区。1954年复属甘肃省。1955年改为额济纳自治旗。1956年划归内蒙古自治区，复改额济纳旗。1959年迁今治达来呼布镇。“额济纳”即“亦集乃”的音转，意为黑水。

额济纳河 即今内蒙古额济纳旗南之额济纳河。清张穆《蒙古游牧记》卷16额济纳旧土尔扈特部：“陕西总督查郎阿，令携戚属游牧阿拉克山、阿勒坦、特卜什等处，寻定牧额济内河。”补注，“秋涛按：今作额济纳，旧作亦集乃、厄几馁、厄金馁、额济馁。徐星伯先生云：蒙古语：额齐讷，幽隐也”。

额济纳旗 1949年改额济纳土尔扈特旗置，属宁夏省。治所即今内蒙古额济纳旗驻地达来呼布镇。1952年改为额济纳自治区。1953年迁治建国营（赛汗桃来）。1954年划归甘肃省，1955年改为额济纳自治旗。1956年划归内蒙古自治区，复改为额济纳旗。1959年复迁至达来呼布。

额格尔齐山 在今新疆和硕县东南。《清一统志·喀喇沙尔》：额格尔齐山“在喀喇沙尔东库木什阿克玛山西南一百三十里，……玲珑怪石，遍地苇草，掘之得水，自此西南入于沙碛”。

额根河 两汉时名安侯河。即今蒙古国鄂尔浑河。《魏书·蠕蠕传》：社仑“北徙弱洛水，始立军法。……其西北有匈奴余种，国尤富强，部帅曰拔也稽，举兵击社仑，社仑逆战于额根河，大破之”。

额哩河 又作俄勒河、鄂尔河。即今俄罗斯阿穆尔州黑龙江支流乌鲁赤河。清乾隆《钦定盛京通志》卷28：额哩河“国语，额哩，扫也。（黑龙江）城西北一千七百七十里。源出兴安岭，南入黑龙江”。《清一统志·黑龙江一》“济噜克齐河”条下：“额哩河，在（黑龙江）城西北一千五百七十里，……俱出西北兴安岭，东南流入黑龙江。”

额敉河市 亦作额敉勒河。即今新疆额敏县。清宣统《新疆图志》卷2：塔尔巴哈台“额敉勒河（庄），城东一百四十里”。

额勒和哈达 在今内蒙古额尔古纳市东北恩和哈达村附近。其北为俄境。在石勒喀河与额尔古纳河会合处，清设中俄分界碑（额尔登额倭赫）。

额勒和哈达卡伦 清光绪十年（1884）设，在今内蒙古额尔古纳市东北恩和哈达村。《清史稿·地理志》作“额勒哈达”，为“鄂伦春与俄人交易之所”。

额勒敏河 即伊勒们河。今吉林双阳、九台、德惠等市县境之饮马河。《清一统志·吉林一》：伊勒们河“《金史》温屯噶布拉思，居长白山阿卜萨河，徙隆州额勒敏河。额勒敏即伊勒们音之转也”。

额彬格逊淖尔 一名阿雅尔淖尔。即今新疆和布克赛尔蒙古自治县南玛纳斯湖。清徐松《西域水道记》卷3：额彬格逊淖尔，“准语谓老妇为额彬，谓腹为格逊，沿其旧名也。今又曰阿雅尔淖尔。淖尔当红柳峡、清水峡之中，安济哈雅军台正北二百余里。椭圆形，东西斜长百数十里，南北广数十里”。

额敏县 1918年析塔城县置，属新疆塔城道。治所即今新疆额敏县。以额敏河为名。1930年属塔城行政区，后直属新疆省。

额敏塔 即苏公塔。在今新疆吐鲁番市东南五里。清乾隆四十二年（1777）吐鲁番郡王额敏和卓及其次子苏来曼，为报皇恩、天恩而建。塔高44米，砖砌，近圆柱形。上小下大，朴素大方。塔门外侧立有石碑一方，高1.32米，用汉文、察合台文两种文字阴刻而成，记载着建塔的有关史实。是新疆伊斯兰教著名艺术建筑。

额得墨克岭 在今吉尔吉斯斯坦塔拉斯东、塔拉斯河发源处。《清一统志·伊犁》：额得墨克岭"在伊犁西南。乌可克岭西一百里，与图斯池南境之山，逶迤相属。岭北泉流竞发，即塔拉斯河源"。

额密勒河 即今俄罗斯哈巴罗夫斯克边疆区黑龙江下游阿姆贡河的支流尼美连河。清康熙《皇舆全览图》作"厄密勒河"。《清一统志·吉林一》：额密勒河"在宁古塔城东北界。源出宁聂哩神山，东南流入兴衮河"。

额堡 西藏古代族部名。地在今西藏拉萨市林周县澎波农场。藏文史籍《敦煌吐蕃文书》载：在额堡地区，首领名叫古直森波结。额堡在隋、唐以前为西藏最早的小邦之一，后被吐蕃兼并，改称澎波。

额鲁特依克明安旗 清雍正初置，属黑龙江将军。治所在今黑龙江省依安县东。清屠寄《黑龙江舆图说·凡例》："额鲁特依克明安公旗，自准部平定，远来投顺。雍正初安置于齐齐哈尔莽乃冈东北，跨湖裕尔两岸。……归将军衙门管辖。"1929 年改置依安县。

额鲁特前旗 ①原属土谢图汗部，清乾隆二十六年（1761）改属赛音诺颜部。旗府驻地在今蒙古国后杭爱省北特，大临河北岸，巴特曾格勒东。

②清外蒙古赛音诺颜部所属二十四旗之一。驻地在今蒙古国后杭爱省塔米尔河北岸。

额鲁特旗 ①原属土谢图汗部，清乾隆二十六年（1761）改属赛音诺颜部。旗府驻地在今蒙古国前杭爱省哈尔赫林一带。

②清外蒙古赛音诺颜部所属二十四旗之一。驻地在今蒙古国后杭爱省济尔马台河与鄂尔浑河汇流处。

③清乾隆五十七年（1792）设，属蒙古科布多。旗府驻地在今蒙古国科布多省科布多西北额尔德讷布仁一带。

额敦山 即今吉林敦化市西境威虎岭南部。《清一统志·吉林一》：额敦山"在（吉林）城东南三百里。高六十里。周八十里。富勒呼河、飞虎河俱发源于此"。

额赫茂站 又作额赫穆。清置，在今吉林蛟河市西北。《清一统志·吉林二》：额赫茂站"在吉林城东南九十里"。

额赫昂阿 清雍正十年（1732）设驿站。在今内蒙古呼伦贝尔市之扎兰屯市北。

额赫河 又作二哥河、额尔格河。即今俄罗斯阿穆尔州黑龙江支流鄂力戈河。《清一统志·黑龙江》"博啰穆丹河"条下："额赫河，在（黑龙江）城西北一千三百一十里，……出西北兴安岭，……南流入黑龙江。"

额赫诺因河 今吉林抚松县东南头道江（松花江）上源之一。清乾隆《钦定盛京通志》卷 27：额赫诺因河，"国语（满语），额赫，不善也；诺音，流也。（吉林）城南八百十七里。源出长白西北，入三音额音河，其西曰喀勒齐哈博勒多"。《清一统志·吉林一》：混同江"西源亦有二脉：东曰额赫额音河，西曰三音额音河，皆自长白山西发源，北流与东派诸泉合为一"。

额默勒河 即今黑龙江省漠河县东北额木尔河。《清一统志·黑龙江》：额默勒河"在黑龙江城西北一千三百二十里。……出兴安岭，北流入黑龙江"。

额穆尔卡伦 亦作额木尔。清末置，属黑龙江副都统。在今黑龙江省漠河县东北兴安镇额木尔河口。后废。

额穆尔河 在今黑龙江省漠河县东北。源出漠河县东南治吉察山，东北流折而东流，纳老槽河、大林河、古莲河等，至兴安乡东南注入黑龙江。《清史稿·地理志》漠河直隶厅："南：额穆尔河，东北流，左受吉里玛那里多什都克河，屈东流，右受大札丹库尔、小札丹库尔，入黑龙江。"

额穆县 清宣统二年（1910）于额穆赫索罗佐领驻地置，属吉林府。治所在额穆赫索罗（今吉林敦化市西北额穆镇）。1913 年改属吉林省延吉道，1929 年直属吉林省。1932 年移治蛟河镇（今吉林蛟河市）。1939 年改名蛟河县。

额穆里河 亦名厄母里河。即今俄罗斯滨海边疆区东北流入日本海之捷秋河。清光绪《吉林通志》卷 23：额穆里河"在塔尔芬河北，东入海"。

额穆赫索罗 又作额穆和索罗或鄂摩和索罗。即今吉林敦化市西北额穆镇。清初置驿站和佐领于此。宣统二年（1910）置额穆县。民国魏声龢《吉林地志》："额穆县，土名额穆赫索罗。"

额檐湖 一作雒檐湖、迎檐湖。在今江苏南京市西北。《宋书·刘秉传》：升明元年（477），"（袁）粲败，秉逾城（石头城）出走，于額檐湖见擒，与二子承、俣并死"。《清一统志·江宁府》：迎檐湖"在上元县西北。……《建康志》：在石头城后五里。今为田"。

窴 ①同鞌。即历下。春秋时齐邑。在今山东省济南市。《春秋》：成公二年（前 589），晋攻齐，"战于窴，齐师败绩"。

②春秋宋地。在今山东定陶县南、河南商丘市北。《左传》：哀公十四年（前 481），"魋先谋公，请以窴易薄。公曰：'不可。薄，宗邑也。'乃益窴七邑。"

〔丶㇇〕

褥州 在今广东台山市南广海镇。《方舆纪要》卷 101 广海卫："在新会县南一百五十里，旧为褥州巡司。洪武二十七年改建卫。"

褥村 在今广东封开县南丰镇东北。《明史·地理志》德庆州开建县："北有古令巡检司，治古令村，治迁县东北之褥村。"

褟洲 在今广西藤县东十五里浔江中。明置巡司于此。《方舆纪要》卷 108 藤县：褟洲"在江中。纵横各数里，有陂池田舍，居民稠密”。

褫亭镇　北宋置，属襄垣县。故址在今山西襄垣县西北虒亭镇。

鹤山　①即今山东宁阳县西北鹤山。《方舆纪要》卷32宁阳县：“鹤山在县西北三十里。”

②在今湖南靖州苗族侗族自治县城内东北隅。《清一统志·靖州》：鹤山“旧名纯福坡。以宋魏了翁谪居于此，故名”。

③在今广东鹤山市西南鹤城镇。《清一统志·肇庆府》：鹤山，“其形如鹤，故得名。因以名县”。

④即白鹤山。在今四川邛崃市西八里。明曹学佺《蜀中名胜记》卷13：“魏华父《营造记》曰：州之西直治城十里所，有山曰白鹤，林麓苍翠，江流萦纡，蔚为是州之望。隋唐迄今，庵院凡十四所。”

鹤山县　清雍正九年（1731）析新会、开平二县置，属肇庆府。治所在今广东鹤山市西南鹤城镇。城内有鹤山，因名。民国初属广东粤海道。1920年直属广东省。1949年移治今鹤山市（沙坪镇）。1993年改设鹤山市。

鹤山镇　清置，属临安县。在今浙江临安市东南。

鹤五河　即今内蒙古兴安盟科尔沁右翼中旗西霍林河。《金史·地理志》：边堡“东北自达里带石堡子至鹤五河地分……取直列置堡戍”。《清一统志·科尔沁》：鹤五河“在右翼北二百六十里。源出伊克呼巴海山，经磨尔托山，东南流入右翼前旗界，会榆河”。

鹤五河堡子　在今内蒙古科尔沁右翼中旗西北。《金史·地理志》：边堡“东北自达里带石堡子至鹤五河地分，临潢路自鹤五河堡子至撒里乃，皆取直列置堡戍”。

鹤水　即今山东莒县东南三十里鹤水。《清一统志·沂州府一》：鹤水“发源日照县界。西流过县东四十里九里泊西南流，王彪诸山水入焉，又西南至西鹤水村，蛮庄水南来入焉，北转径葛湖东公婆山下，又西流，石井水南来入焉。又西入沭”。

鹤毛河镇　即今安徽无为县西南鹤毛乡。清乾隆《无为州志》卷4《镇集》：鹤毛河“在治南八十里南乡”。

鹤丘县　北宋建隆元年（960）改匡城县置，属开封府。治所在今河南长垣县西南司坡村。同年改为长垣县。

鹤市墟　即今广东龙川县东南鹤市镇。清光绪《广东舆地全图》：龙川县东有鹤市墟。

鹤立冈　在今黑龙江省鹤岗市。清光绪三十四年（1909）拟设鹤冈县于此。1946年于此置兴山市，1949年改名鹤岗市。

鹤立县　1939年伪满由汤原、萝北二县析置，属三江省。治鹤立冈（今黑龙江汤原县东北鹤立镇）。1946年改设兴山市。同年撤销鹤立县，并入兴山市。1949年改鹤岗市，移今治。

鹤穴口　一名郝穴口。在今湖北荆州市江陵区郝穴镇。《宋书·五行志》：“桓玄之国在荆州，诣刺史殷仲堪，行至鹤穴。”《清一统志·荆州府》：鹤穴口“在江陵县东南九十里。一名郝穴口。大江经此分流，东北入红马湖”。

鹤庆州　清乾隆三十五年（1770）降鹤庆府置，属丽江府。治所即今云南鹤庆县。1913年废为县。

鹤庆县　1913年改鹤庆州置，后属云南腾越道。治所即今云南鹤庆县。1929年直属云南省。

鹤庆所　明洪武二十年（1387）置鹤庆守御千户所，属大理卫。治所即今云南鹤庆县。清康熙二十六年（1687）废。

鹤庆府　明洪武十五年（1382）改鹤庆路置，属云南布政司。治所即今云南鹤庆县。辖境约当云南鹤庆、剑川两县地。三十年（1397）升军民府。清属云南省，乾隆三十五年（1770）降为州。

鹤庆路　元世祖至元二十三年（1286）升鹤州置鹤庆路军民府，属云南行省。治所即今云南鹤庆县。辖境约当今云南鹤庆、剑川两县地。明洪武十五年（1382）废为府。

鹤问寨　在今江西九江市西南。《方舆纪要》卷85九江府：鹤问寨在“府西南十五里。《志》云，即故寻阳县。宋元时置寨于此，以近鹤问湖而名。今为河泊所”。清时裁。

鹤州　①唐开元十三年（725）改舞州置，治所在夜郎县（今湖南新晃侗族自治县西南凉伞镇）。二十年（732）改为业州。

②蒙古宪宗三年（1253）改谋统府置鹤州，七年（1257）改谋统千户，元世祖至元十一年（1274）复为鹤州，属云南行省。治所即今云南鹤庆县。至元二十三年（1286）升鹤庆路。

鹤州山　在今广东阳江市南海陵岛西。《明史·地理志》阳江县：“（海）中有海陵山，山西北为鹤州山，海陵巡检司在焉。”

鹤冲堡　在今广东佛山市顺德区南。明正统十四年（1449），黄萧养据此起义，后被讨平。

鹤岗市　1949年改兴山市置，属合江省。治所即今黑龙江省鹤岗市。1954年划归黑龙江省，由省直辖。1966年升为地级市。

鹤岗铁路　自黑龙江汤原县东北莲江口，北至鹤岗煤矿区（今鹤岗市）。长55.8公里。1926年修筑。

鹤拓　南诏首府称鹤拓。明景泰《云南图经志书》卷5：“大理旧名鹤拓。”南诏后期及大理时，又以鹤拓为地区总称。《新唐书·南诏传》：“南诏，亦曰鹤拓。”方国瑜《中国西南历史地理考释》：“鹤拓之称，瑜以为乾陀之异写，即梵语称大理，而大理亦自称之。”

鹤林寺　旧名竹林寺。东晋大兴四年（321）建，在今江苏镇江市南郊磨笄山下。南朝宋改名鹤林寺。《清一统志·镇江府二》：鹤林寺，“《府志》：寺中殿前井名寄奴，宋武帝微时凿”。今遗址尚存。

鹤鸣山　①亦作鹄鸣山。在今四川大邑县西北三十里鹤鸣乡境。东晋常璩《华阳国志·汉中志》："汉末，沛国张陵学道于蜀鹤鸣山，造作道书，自称太清玄元，以惑百姓。"《后汉书·刘焉传》亦载：张鲁"祖父陵，顺帝时客于蜀，学道鹤鸣山中，造作符书，以惑百姓"。唐李贤注："山在今益州晋原县西。"《元和志》卷31蜀州晋原县：鹤鸣山"在县西北七十九里。绝壁千寻。张道陵天师学道于此"。为道教发源地。道观现存三官庙、解元亭等胜迹。

②在今四川南充市东嘉陵江东岸。《清一统志·顺庆府一》：鹤鸣山"在南充县东十里。相传唐谢自然升仙之日，有鹤飞鸣于上"。因名。山上有宋建隆间所建之白塔。

③亦名东山、南山。在今四川剑阁县（下寺镇）西南普安镇东一里。《舆地纪胜》卷186隆庆府：鹤鸣山"在普安县南二里"。《方舆纪要》卷68剑州"汉阳山"条内："治东二里曰卧龙山，亦曰九龙山，又有鹤鸣山，俱谓之南山，环绕州治南北，二山之间有大涧，石桥跨其上。"

鹤阜山　即笮崿山。在今江苏苏州市吴中区西南。《越绝书·吴地传》："笮碓山，故为鹤阜山。禹游天下，引湖中柯山置之鹤阜，更名笮碓。"南宋范成大《吴郡志》卷15："鹤阜山亦名笮萼山。世传禹治水时，令童男童女入太湖，引出此山，欲以填水，至鹤邑墟，不肯进，因此以名。"

鹤泽　在今湖北荆州市荆州区（故江陵县）西。《舆地纪胜》卷64江陵府：鹤泽"晋羊祜镇荆州，江陵泽中多有鹤，常取之教舞，以娱宾客。因名曰鹤泽"。

鹤城　在今河南长垣县南。《寰宇记》卷2长垣县："故鹤城在县南十七里。《左传》云：'狄伐卫，卫懿公好鹤，鹤有乘轩者。国人曰，鹤实有禄位，余焉能战。'此即养鹤城也。又《城冢记》云：'昔夏累养鹤于此，遂号鹤城。'"

鹤度岭口　在今河北内丘县西北。《清一统志·顺德府二》：鹤度岭口"在内丘县西一百七十里。……接山西平定州界"。

鹤洲　在今四川夹江县北二里。《明一统志》卷72嘉定州：鹤洲"在夹江县，近江滨。张方开新河以杀水势，正由此洲，虞允文子方筒卜居于此。有花竹之胜"。

鹤峰州　清雍正十三年（1735）改容美土司置，属宜昌府。治所即今湖北鹤峰县。光绪三十年（1904）改为鹤峰直隶厅。

鹤峰县　1912年改鹤峰直隶厅置，治所即今湖北鹤峰县。《鹤峰土家族自治县地名志》云：鹤峰"以城后诸山奇峰如鹤飞翔而名"。1914年属湖北荆南道。1921年属施鹤道。1932年直属湖北省。

鹤峰直隶厅　清光绪三十年（1904）改鹤峰州置，直属湖北省。治所即今湖北鹤峰县。1912年改为鹤峰县。

鹤萨罗城　亦名阿娑你城。唐西域漕矩吒国别都。在今阿富汗南部赫尔曼德河流域。玄奘《大唐西域记》卷12漕矩吒国："国大都城号鹤悉那，周三十余里；或都鹤萨罗城，周三十余里。并坚峻险固也。……鹤萨罗城中踊泉流派。国人利之，以溉田也。"

鹤野县　辽改渤海鸡山县置，属辽阳府。治所在今辽宁辽阳县西南唐马寨镇。《辽史·地理志》鹤野县："昔丁令威家此，去家千年，化鹤来归，集于华表柱，以咮画表云：'有鸟有鸟丁令威，去家千年今来归；城郭虽是人民非，何不学仙冢累累。'"因名。

鹤悉那城　一作伏宝瑟颠城。唐西域漕矩吒国都城。在今阿富汗喀布尔南加兹尼。《大唐西域记》卷12漕矩吒国："国大都城号鹤悉那，周三十余里。"

鹤游（遊）坪　即今重庆市垫江县南鹤游镇。《清一统志·重庆府一》：鹤游坪"在涪州北一百里。磐石为坪，周二百余里。本朝嘉庆十七年设州同驻此。因旧砦为城，名保和城"。民国初置县佐。

鹤塘村市　即今福建古田县东鹤塘镇。民国《古田县志》卷6：鹤塘村市"中有棋子坪街"。

鹤槎山　在今上海市嘉定区东南十六里，南翔镇北三里。相传为宋时韩世忠所筑墩。今废。

鹤龄寺　又名火烧寺。即今四川剑阁县（下寺镇）南鹤龄镇。1935年川陕革命根据地在此置合林县。

鹤源水　在今江西修水县东北。《明一统志》卷49南昌府：鹤源水"在宁县东北七十里。源发湖广九宫山下，南流与修水合。尝有群鹤饮集于此，故名"。

鹤壁窑　唐至元代北方著名瓷窑之一。在今河南鹤壁市北二十里鹤壁集羑河两岸。1964年发掘，清出窑址、作坊及碗盘等大量遗物。以白釉器居多，黑釉器次之，又有酱釉、黄釉、天蓝釉器等，纹饰多样，构图简练，写实性强，内有书刻题记。尤以黑釉工艺高超。

鹤壁镇　金置，属汤阴县。即今河南鹤壁市北鹤山区。1957年由汤阴、安阳二县析置鹤壁市（地级），由省直辖。相传古有双鹤栖于南山之峭壁，其山曰鹤山，其村曰鹤壁，鹤壁之名即由此而来。1958年降为县级市，1974年复为地级市，仍由省直辖。

〔7一〕

憨憨泉　在今江苏苏州市西北虎丘山上。南宋范成大《吴郡志》卷29：憨憨泉"在宝华山寺东山半，极清冽。相传为得道僧名憨憨和尚者卓锡所出"。

熨斗平堡　北宋元丰五年（1082）置，属巩州。在今甘肃定西市境内。崇宁二年（1103）废。

熨斗关　在今陕西石泉县南长水乡。《清一统志·

兴安府二》：熨斗关“在石泉县南一百里”。

熨斗陂 ①在今山西运城市解州镇西北。《元和志》卷12：解县有“熨斗陂”。《寰宇记》卷46解县：“熨斗陂在县西二十里，后魏正始三年穿以停船，今废，陂似熨斗。”

②在今湖北当阳市境。《舆地纪胜》卷78荆门军：熨斗陂“在当阳县。唐李端荆门郡赴夔州诗云：琵琶寺里响空廊，熨斗陂前湿成荒”。《方舆纪要》卷78当阳县：熨斗陂在“县东南八十里。《志》云，绿林山之水与县东六十里圆台山之水会为熨斗陂。又县北八十里亦有熨斗陂。宋绍兴中，郡守吴猎尝遏走马湖熨斗陂之水于县西北，寘李公匽以限戎马”。

劈山 即劈头山。在今山东青州市南十里。

劈头山 亦名劈山。在今山东青州市南十里。《水经·淄水注》：石井水“出南山，山顶洞开，望若门焉。俗谓是山为劈头山”。元于钦《齐乘》卷1：“云门之东曰劈山，山峰分裂如劈，古名劈头山。”

劈地口 在今天津市东。《宋史·河渠志二》：元丰四年（1081）八月，河决澶州入御河，李立之言：“臣自决口相视河流，至乾宁军分入东西两塘，次入界河，于劈地口入海。”《方舆纪要》卷13：“其地盖在小直沽东。”

劈通川堡 北宋置，属西安州。在今宁夏海原县境。后废。

履博县 唐置，属羁縻归思州。治所在今广西忻城县东南思练镇。北宋庆历时废。

〔㇆丶〕

翫当县（翫 wán） 北魏初置，为武阶郡治。治所在今甘肃陇南市武都区东南柑桔乡白龙江东岸。北周废。

遵川城 又称德源城。唐代遵赕诏治此，后为南诏遵川赕治所。在今云南洱源县南三十六里，邓川镇东北郊德源城遗址。唐樊绰《蛮书》卷5：遵川“城依山足，东距泸水，北有泥沙，自阁罗凤及异牟寻皆填固增修，最为名邑”。

遵川赕 唐南诏中心区十赕之一。治所在遵川城（今云南洱源县南三十六里，邓川镇东北郊德源城遗址）。辖境约当今云南洱源县南部。宋大理改遵赕。

遵备州 唐武德四年（621）置，治所在今云南洱源县南三十六里德源城遗址。辖境约当今云南洱源县南部。天宝后废。

遵赕诏 唐代洱海地区六诏之一。在今云南洱源县南部。开元中为南诏所并。

豫 今河南省之简称。以古为豫州之地而名。明王世性著有《豫志》。

豫水 在今江西南康市西南。《寰宇记》卷108虔州南康县：“热水昔名豫水。”《方舆纪要》卷88南安府南康县：豫水“在县西南。上源即凉热水，流至县之南野口入章江。所谓豫章水也”。

豫东道 1913年置，属河南省。治开封县（今河南开封市）。辖境约当今河南漯河、商水、项城、沈丘以北，荥阳、新密、禹州、襄城以东黄河南岸地区。1914年改名开封道。

豫北道 1913年置，属河南省。治汲县（今河南卫辉市）。辖境约当今河南济源以东，内黄、滑县、封丘以西黄河北岸地区及河北武安、涉县、临漳等地。1914年改名河北道。

豫宁县 西晋太康元年（280）改西安县置，属豫章郡。治所在今江西武宁县西石渡乡西安村。《宋书·王僧绰传》：王僧绰“袭封豫宁县侯”。即此。南朝陈武帝初，为豫宁郡治。隋平陈废。唐景云元年（710）又以武宁县改置，属洪州。治所在今武宁县西二十里石渡乡新华村。天宝四年（745）徙今武宁县北柘林水库库区。宝应元年（762）复名武宁县。

豫宁郡 南朝陈初置，属江州。治所在豫宁县（今江西武宁县西石渡乡西安村）。隋初废。

豫让桥 又名鸳水桥。在今河北邢台市北豫让桥镇。《清一统志·顺德府二》：鸳水桥“在府城（按：今邢台市）北四里。俗呼为板桥，一名广济桥，又名豫让桥。本朝乾隆十四年鸳水二源俱俊，汇流于此，改今名，并于桥畔建亭，以为冠盖宴饯之所”。

豫西道 1913年置，属河南省。治洛阳县（今河南洛阳市）。辖境约当今河南省伏牛山以北，巩义、登封、郏县、平顶山、鲁山等市县以西黄河南岸地区。1914年改名河洛道。

豫州 ①古“九州”之一。《尚书·禹贡》：“荆、河惟豫州。”《周礼·职方》、《尔雅·释地》：“河南曰豫州。”荆即荆山（今湖北南漳县西）。河指黄河。

②西汉武帝置，为“十三刺史部”之一。辖境约当今淮河以北伏牛山以东豫东、皖北地。东汉治所在谯县（今安徽亳州市）。三国魏移治安城县（今河南正阳县东北南汝河西南岸）。西晋移治陈县（今河南淮阳县）。永嘉以后迁徙无常，辖境缩小而且变化无定。十六国前赵移治许昌县（今河南许昌市东）。前秦改豫州为东豫州，另置豫州治洛阳县（今河南洛阳市东北汉魏故城）。北魏改为洛州，而改南朝宋司州为豫州，治所在悬瓠城（今河南汝南县）。北周改为舒州。隋初复改为豫州，大业初改为蔡州。而另置豫州治洛阳县（今河南洛阳市），三年（607）改为河南郡。唐初复置豫州，治所在汝阳县（今河南汝南县）。宝应初改为蔡州。

③东晋咸和四年（329）侨置，初治芜湖（今安徽芜湖市东），后移治历阳（今安徽和县）、寿春（今安徽寿县）、姑孰（今安徽当涂县）等地。有淮南、庐江、历阳等郡及梁、谯、颍川等侨郡，大致为江淮之间地。南齐永元二年（500）地入北魏，改名

扬州。南朝梁普通七年（526）复为豫州。太清元年（547）地入东魏，又改为扬州。陈太建五年（573）收复，仍名豫州。北周复改扬州。

④十六国后燕建兴七年（392）置，治所在滑台（今河南滑县东南八里城关镇）。《资治通鉴》：晋太元十七年（392），燕主慕容垂“以章武王宙为兖、豫二州刺史，镇滑台”。北魏天兴二年（399）废。

⑤十六国夏置，治李闰（今陕西大荔县东北）。《晋书·地理志》：夏国“豫州牧镇李闰”。即此。

⑥北魏泰常八年（423）改司州置，治所在虎牢（今河南荥阳市西北三十六里）。太平真君八年（447）移治大栅城（今荥阳市）。皇兴初改为北豫州。

⑦北魏皇兴中改司州置，治所在汝南郡（即今河南汝南县）。北周大象二年（580）改为舒州。隋开皇初复为豫州。大业初改为蓁州。唐武德初改汝南郡复置豫州，天宝初又为汝南郡。乾元初复为豫州。辖境相当今河南淮河以北、洪河上游以南，桐柏山以东地区。宝应元年（762）改为蔡州。

⑧辽置，属上京道。治所在今内蒙古扎鲁特旗西北。《辽史·地理志》上京道头下军州：豫州“横帐陈王牧地。南至上京三百里”。金废。

豫许汝　唐方镇名。乾元元年（758）置，治所在豫州（今河南汝南县汝宁镇），领豫、许、汝三州。宝应元年（762）改为蔡汝节度。

豫园　在今上海市黄浦区南部城隍庙内。明嘉靖三十八年（1559）尚书潘恩的次子潘允端为奉其父恩而建，取“豫（豫愉谐音）悦老亲”之义。有亭、台、楼、阁诸胜景三十余处，被誉为“东南名园之冠”。清咸丰三年（1853）园内点春堂成为小刀会指挥部。今为上海市游览胜地。1982年定为全国重点文物保护单位。1996年又将沉香阁归入本保护单位。

豫旺县　1928年改镇戎县置，属宁夏省。治所在今宁夏同心县东北下马关镇。1938年徙治同心城，改名同心县。

豫南道　1913年置，属河南省。治信阳县（今河南信阳市）。辖境约当今河南省伏牛山、沙河、洪河、淮河以南地区。1914年改名汝阳道。

豫顺关　在今云南富源县北二里。《明一统志》卷87曲靖军民府：豫顺关“在平夷卫城北二里”。

豫海县　1936年8月红军西征置，属陕甘宁省。治所即今宁夏同心县。1938年豫旺县迁此，改名为同心县。

豫章　①春秋时地区名。《左传·昭公六年》：楚“令尹子荡帅师伐吴，师于豫章”。又《昭公十三年》：“楚师还自徐，吴人败诸豫章，获其五帅。”杜预注：“此皆当在江北淮水南。”又《定公四年》：“蔡侯、吴子、唐侯伐楚，舍舟于淮汭，自豫章与楚夹汉。”杜预注：“豫章，汉东江北地名。”后人解释不一：或以为古豫章不止一处，又有淮南、汉东二处，淮南、江南二处，和淮南、汉东、江南三处等说。或以为西起豫、鄂间的淮水以南、汉水以东，东至皖西，南包赣北的鄱阳湖一带。或以为专指今安徽寿县、合肥一带。孔颖达谓，旧在江北淮南，盖后徙在江南之豫章。

②即今江西省的别称。

豫章口　在今湖北荆州市沙市区附近。《晋书·刘毅传》：“毅因率（何）无忌、（刘）道规等诸军破冯该于豫章口。”《水经·江水注》：“江水又东得豫章口，夏水所通也。西北有豫章冈，盖因冈而得名矣。或言因楚王豫章台名。”

豫章山　在今浙江龙泉市南二十里兰巨乡于章村。《新唐书·地理志》处州丽水县：“有铜，出豫章、孝义二山。”《元丰九域志》卷5：处州龙泉县“有豫章山”。均此。

豫章水　亦名湖汉水。即今江西之赣江上源章江，兼指其下流赣江。《汉书·地理志》豫章郡赣县：“豫章水出西南，北入大江。”《水经·赣水注》：“湖汉水又西北径赣县东，西入豫章水也。”《注疏》：“守敬按：《汉志》湖汉水、豫章水并言入江，二水互受通称。”

豫章台（臺）　亦名龙沙台。宋建，在今江西南昌市城北龙冈南。《舆地纪胜》卷26隆兴府：豫章台“在龙沙”。后圮。明太祖重建。《方舆纪要》卷84南昌府：龙冈“在府城北带江，亦曰龙沙。……沙南有豫章台。明太祖破陈友谅，驻跸南昌，筑台朝父老于此，亦名龙沙台”。

豫章县　东汉建安年间置，当属豫章郡。治所约在今江西南昌市附近。后废。隋开皇九年（589）又改南昌县置，为洪州治。治所在今江西南昌市西。唐为豫章郡治，徙治今南昌市。宝应元年（726）改名钟陵县。

豫章郡　西汉高帝六年（前201）分九江郡置，治所在南昌县（今江西南昌市东）。《水经·赣水注》：“应劭汉官仪曰：豫章，樟树生庭中，故以名郡矣。”汉时辖境大致相当今江西省地。三国吴以后辖境逐渐缩小。南朝陈永定中移治今南昌市西郊红石岗上。辖境包有今江西南昌、樟树等地及锦江流域。隋开皇九年（589）废郡改置洪州；大业二年（607）复为豫章郡，郡治改名豫章县。唐武德五年（622）又改为洪州；天宝元年（742）复为豫章郡，郡治已移至今南昌市城内；乾元元年（758）复改为洪州。

豫章道　1914年由原赣东道置，属江西省。治南昌县（今江西南昌市）。辖境约当今江西浙赣铁路以南，南昌、新建、丰城、乐安以东，广昌、黎川以北地区。1928年废。

豫望城　即今宁夏同心县东南豫旺镇。《方舆纪要》卷58固原州：豫望城“在州东二百里。宋时与西夏分界处也。明弘治十七年，总制秦纮言：固原迤北地名豫望城，骡子川、狮子川、石峡口及宁夏之韦州，延袤千里，可垦田土无虑数十万顷，请筑屯堡议耕种”。弘治十四年（1501）于此置平虏守御千户所。古城尚存。

〔77〕

缭水　亦名上缭水。即今江西永修县西南潦河。《水经·赣水注》：缭水“导源建昌县，缭水东径新吴县，缭水又径海昏县，谓之上缭水，又谓之海昏江。分为二水。其水东北径昌邑城，而东出豫章大江，谓之慨口。其一水支分别注入于修水也”。

缭县　西汉置，属清河郡。治所在今河北南宫市东南二十六里。东汉废。《水经·浊漳水注》：绛渎“东南径南宫城北，又东南径缭城县故城北”。即此。

缯山　即今山东苍山县东南四十里层山。《后汉书·刘永传》：建武五年（29），光武败董宪等于建阳，“宪及庞萌走入缯山”。本贤注：“缯，县名，故城在今沂州承县东北。缯山，即其县之山也。”

缯关　春秋楚地，在今河南方城县北。《左传》：哀公四年（前491），楚谋北方“致方城之外于缯关”。

缯县　秦置，属东海郡。治所在今山东苍山县西北鄫城后。东汉改为侯国。三国魏复为县，属琅邪国。西晋以后废入即丘县。

缯国　在今河南方城县。《姓纂》引《世本》：“夏小康封少子曲列于缯。”即此。

缯侯国　东汉以缯县改置，属琅邪国。治所在今山东苍山县西北鄫城后。三国魏复为县。

十　六　画

〔一一〕

鄰水　亦作瀶水。即今四川大邑、邛崃境之鄰江。《方舆胜览》卷56邛州：鄰水“在临邛”。《方舆纪要》卷71邛州：鄰水“在州西。源亦出大邑县凤凰山，流至州西南，合于邛水。《志》云：鄰水发源处，亦曰鄰坝”。

耨东宗　即乃东宗。今西藏乃东县。清乾隆《西域同文志》卷18：“西番（藏）语：耨东，髑骨也。城旁有山如髑骨者，故名。”

璞石阁　即今台湾省花莲县西南玉里镇。名称来源有二说：一是阿美语音译，意为灰尘世界，因秀姑峦溪久旱干涸，风起沙尘飞扬而名；二是传说秀姑峦溪中有石洁白如璞，砥柱中流，忽隐忽现，溪边曾建璞石阁，故名。连横《台湾通史·疆域志》云林县：“洎光绪元年，又自集集辟道，以达台东之璞石阁，为东西交通之衢。”日本占领期间于1917年改名玉里。1950年设玉里镇。

璞河瑙镇　亦作破河脑。即今湖北宜城市东南璞河镇。《清一统志·襄阳府三》：破河脑镇“在宜城县南四十里”。

璠龙营　清置，属封川县。在今广东封开县南西江西岸璠龙口。

〔一丨〕

壕坝关　即今四川通江县东北檬坝村。明置巡司于此。清乾隆元年（1736）裁。

撼合纳　元北境部族，又译合卜合纳思。在今俄罗斯叶尼塞河上源贝克穆河流域。突厥语意为“布囊”、“口袋”。《元史·地理志》：“撼合纳犹言布囊也，盖口小腹巨，地形类此，因以为名。在乌斯东，谦州之源所从出也。其境上惟有二山口可出入，山水林樾，险阻为甚。”元太祖命术赤率军征服其地，元世祖置益兰州等处五部断事官治之。

擂草坡　在今湖南凤凰县北里许。清严如熤《苗疆险要考》：擂草坡“下临沱江，峰峦不甚高，而为镇城对山，且往乾州必经之地”。清道光间新设石硐，驻外委戍守。

擂鼓山　①在今山东昌乐县西南五十里，纪山之东。《方舆纪要》卷36潍县：擂鼓山“白狼河出焉。其相近有摩旗山”。

②在今云南腾冲县西十里。《方舆纪要》卷118腾越州：“擂鼓山在州西南十里。相传孔明尝驻兵于此。”《清一统志·腾越直隶厅》：擂鼓山“在厅城西十里。又名宝峰山，上有攒峰寺，为摩伽陀禅定处。相传武侯驻兵其上，故得今名”。

擂鼓台（臺）汛　即今湖北竹山县西北擂鼓镇。民国《湖北通志》卷36竹山县：擂鼓台“《光绪舆地记》：在城西一百二十里。驻额外外委”。

擂鼓坪堡　明置，即今四川北川羌族自治县（安昌镇）北擂鼓镇。《方舆纪要》卷67安县：擂鼓坪堡“在县境。《志》云：县境之堡十一：曰擂鼓、后庄、香溪、叠溪、曲溪、三江、灵鹫、枧槽、马尾、白水、龙蟒是也”。

擂鼓城　在今四川通江县东北一百四十里永安镇东北。《方舆纪要》卷68通江县：得汉城山，“《郡志》：得汉城东二十里。山顶上有石城，周三里。相传三国时筑，谓之擂鼓城”。

擂鼓墩古墓群　在今湖北随州市西北五里，为战国早期曾国墓地。曾侯乙葬于楚惠王五十六年（前433）。1978年发掘。出土文物有礼乐器、兵器、车马器、金玉器、漆木竹器及竹简等，数量惊人。特别是六十四件青铜编钟，设计精巧，音色优美，更是稀世之宝。1988年定为全国重点文物保护单位。

操刀营　在今河南省南乐县西。《方舆纪要》卷16南乐县“仓亭”条下：“又县西三十里有操刀、留胄二营，相去六里。土人相传周武王伐纣，驻师于此。或曰，非也。宇文周灭齐，遣兵追高纬，此其故垒云。”

頳岘　亦作赖岘。即今吉林集安市西二十余里小板岔。唐杜佑《通典》卷186高句丽：魏正始五年（244），“幽州刺史毋丘俭将万人出玄菟讨之，战于沸流，位宫败走，俭追至頳岘，悬车束马，登丸都山，屠其所都，斩首虏万余级”。

頳綖部　宋大理部落之一。属建昌府。居住于亦苴龙（今四川德昌县北）。元世祖至元十二年（1275）于此置千户，十三年（1276）改为德州。《元史·地理志》德州："其地今名吾越甸，城曰亦苴龙，所居蛮苴郎，以远祖名部曰頳綖。"

榖水　即衢江。在今浙江省西部。《汉书·地理志》会稽郡大末县："榖水东北至钱唐入江。"《水经·浙江水注》："浙江又东北流至钱唐县，榖水入焉"，朱谋㙔《水经注笺》等版本作"瀔水"。《元丰九域志》卷5：衢州龙游、常山二县俱有"瀔水"。王先谦《汉书补注》："'瀔'、'瀫'皆'榖'之变字，说者遂以为水文如榖，谬也。"

榖水江　即衢江。在今浙江省西部。《元和志》卷26衢州盈川县："榖水江，在县东南一里。"

榖州　即谷州。在今浙江龙游县。《寰宇记》卷97则作榖州。

榖坡亭　在今浙江龙游县北衢江北岸。《方舆纪要》卷93龙游县：榖坡亭在"县北五里。坡在榖水旁……宋建亭于坡上"。

榖溪　又作榖水江。即衢江。在今浙江省西部。《方舆纪要》卷93龙游县：榖溪在"县北五里。衢江汇信安、定阳诸溪流入县界……至县北名榖溪"。

磬口山　亦名罄口山、罄山。在今河北沙河市西一百里。《明史·地理志》沙河县："西南有磬口山，产铁。"

磬口市　在今湖北房县西北境。清光绪《湖北全省分图》：房县西北有磬口市塘。民国《湖北通志》卷34房县：磬口市"在县西北一百八十里"。

磬玉山　即今陕西铜川市耀州区东三里药王山。《方舆纪要》卷54耀州：磬玉山"出青石，可为磬，唐天宝中采为乐器，而泗滨之石遂废。山阳有石洞，其顶五峰对峙，亦曰五台山"。

磬石山　在今安徽灵璧县北七十里。《寰宇记》卷17淮阳军下邳县：磬石山"在县西南八十里。即《尚书》云：'泗滨浮磬。'孔安国注云：'水中见石，可以为磬。'按：泗水中无此石，其山在泗水之南四十里。今取磬石上供乐府"。

磐石市　1995年撤销磐石县，改设磐石市，市人民政府驻人民路。由吉林市代管。

磐险戍　在今陕西洋县西。《资治通鉴》：东晋宁康元年（373），"梁州刺史杨亮遣其子广袭仇池，与秦梁州刺史杨安战，广兵败，沮水诸戍皆委城奔溃。亮惧，退守磐险"。

磬锤峰　俗称棒锤山。在今河北承德市东北十六里。《清一统志·承德府一》：磬锤峰"翘然秀拔，下锐上丰，即古石挺峰，俗称棒锤峰"。清康熙时赐今名。

鄹　一作"郰"或"陬"。在今山东曲阜市东南。春秋为邾国都，后为鲁邑。为孔子之乡。《论语·八佾》："孰谓鄹人之子知礼乎？入太庙，每事问。"孔安国曰："鄹，孔子父叔梁纥所治邑。"

燕　①西周封国，姬姓。金文作匽、郾。又称北燕。西周初，封召公奭于燕。《左传·昭公九年》：武王克商，其北土有"肃慎、燕、亳"。都城在今北京市房山区琉璃河镇附近，后迁于蓟（今北京城西南隅）。春秋时期国力尚弱。《史记·燕召公世家》："燕外迫蛮貉，内措齐、晋，崎岖强国之间，最为弱小。"辖境有今河北北部及辽宁西南部。战国时易王始称王，为七雄之一。又以武阳（今河北易县南）为下都。燕昭王时，以乐毅为将，联合各国攻占齐国七十余城。大将秦开又击退东胡，向东北扩展，设置上谷、渔阳、右北平、辽西、辽东等郡。燕惠王时，为齐所败，齐地复失。公元前226年被秦攻破，燕王喜迁至今辽东。前222年为秦所灭。

②又称南燕。西周封国。在今河南延津县东北三十五里。《左传》：隐公五年（前518），"卫人以燕师伐郑"。杜注："南燕国，今东郡燕县。"战国为魏邑。秦置县。

③东晋时鲜卑慕容氏称帝，先后建立前燕、后燕、西燕、南燕。汉人冯跋建立北燕。

④今河北省旧称。

燕下都遗址　在今河北易县东南八里，北易水和中易水之间。为战国时燕国都城之一。《水经·易水注》："访诸耆旧，咸言昭王礼宾，广延方士……故修建下都，馆之南垂。"这是当时燕国在南方的重要门户及军事重镇。燕太子送别荆轲即此地。约建于燕昭王时期（公元前4世纪）。城垣遗迹大部分尚可辨识，东西长约8公里，南北宽约4公里，是战国都城遗址中最大的一座。城分东西两部分，东城是当时人们聚居和活动中心。其东北部为宫殿区，东、南、西为冶铁、铸钱、兵器等手工作坊区，西北角为墓葬区。西城是为加强东城的安全而设为防御性附城。出土遗物多铁器，陶器上多文字戳记。1961年定为全国重点文物保护单位。

燕山　即今河北东北部燕山山脉。自潮白河河谷以东，历今玉田县、唐山市丰润区东至山海关入海。东西走向，蜿蜒数百里，海拔400—1000米。山中多隘口，历来为南北交通要孔。《水经·鲍丘水注》：庚水"亦谓之柘水也。南径燕山下，悬岩之侧有石鼓，去地百余丈，望若数百石囷，有石梁贯之"。又《史记·周本纪》正义引《括地志》："燕山在幽州渔阳县东南六十里。徐才宗《国都城记》云：周武王封召公奭于燕，地在燕山之野，故国取名焉。"又《资治通鉴》：东晋咸康四年（338），石虎攻段辽，"北平相阳裕，帅其民数千家，登燕山以自固"。

燕山州　唐贞观二十一年（647）置，为回纥羁縻州，属灵州都督府。侨治池温县（今宁夏盐池县西南惠安堡镇附近）。后废。

燕山府　北宋宣和四年（1122）改辽析津府置，为燕山府路治。治所在析津、宛平二县（今北京市城西南隅）。辖境相当今北京市、天津市武清、宝坻及河北固安、永清、安次、三河等县地。金天会三年（1125）复名析津府。贞元元年（1153）改名大兴府。

燕山府路　北宋宣和四年（1122）置，治所在燕山府（今北京市城西南隅）。辖境相当今天津市宁河、武清和河北容城以北，易县、紫荆关以东，内长城以南地区。金天会三年（1125）改名燕京路。贞元元年（1153）改名中都路。

燕子山　①在今湖南石门县北燕子山村。上有燕子岩。岩有洞，亦名燕子洞，人至则水涛怒涌不可入。唐张九龄有《燕子岩》诗。

②在今广西恭城瑶族自治县南一里。《方舆纪要》卷107恭城县：燕子山“外峻，中稍宽，顶平，有石岩如燕巢然”。

燕子矶　在今江苏南京市北观音山上。《清一统志·江宁府一》：观音山“有石临瞰江水，形如飞燕，曰燕子矶”。

燕子岩　在今广西象州县北。《舆地纪胜》卷105象州：燕子岩“在城北。溯流十里许，近山岩中空洞可容数十人，多有燕巢，下有碧潭。旧号龙潭山”。

燕子城　即今河北张北县旧城。辽代称为燕子城。辽主常驻跸于此。《辽史·景宗纪》：保宁五年（973）秋七月，“驻跸燕子城”。金大定十年（1170）置柔远县于此。《金史·地理志》抚州柔远县：“有燕子城，国语言曰吉甫鲁湾城。”

燕子洞　①亦名燕子岩。在今湖南慈利县东南二里。宋端平间题“燕子岩”三字于洞额。《舆地纪胜》卷70澧州：燕子洞“岩洞深广，可容数千人。岩后有穴，秉炬其中，亦有明处。四围石乳融结可观，有石榻、石像，上有石顶盖、石钟，中有石燕子，故名”。

②在今湖南安化县东南。《方舆纪要》卷80安化县“司徒岭”条下：“又燕子洞，在县（治今梅城镇）西南三十里。中多石燕。明初贼张广胜啸聚于此，官兵讨平之。”

③在今贵州福泉市西三里。明万历《贵州通志》卷12平越卫：燕子洞“深邃。燕集于中”。

燕子崖　在今湖南沅陵县西三里。《方舆纪要》卷81沅陵县：燕子崖“有石穴如屋，土人贸易于此”。

燕子崖寨　在今湖北蕲春县北。《方舆纪要》卷76蕲州“兜矛山寨”条下：“燕子崖寨在州北百二十里。元至正间，红巾‘贼’乱，江不花团聚兵立寨于此。《志》云，燕子崖岩石峻峭如燕窝然。盖与兜矛山皆因峻险置寨也。”

燕子龛　一名下岩。在今重庆市云阳县西。《舆地纪胜》卷182云安军云安县：下岩寺“在县西四十里蜀江北岸之下岩。旧属万州”。《方舆纪要》卷69云阳县：上下岩“在县西百里。下岩亦名燕子龛”。

燕子楼　在今江苏徐州市西北隅。唐贞元中，尚书张建封镇徐州，筑此楼以居爱妾盼盼。建封卒，盼盼楼居十五年，不嫁。不食而卒。《新唐书·时溥传》：景福二年（893），节度使时溥守徐州，为朱温所攻，“溥徙金玉与妻子登燕子楼，自焚死”。即此。

燕王国　秦亡后项羽封臧荼置，都于蓟（今北京市城区西南）。辖广阳、上谷、渔阳三郡。相当今北京市及河北北部大部分地区。后扩大至辽宁地区。后为刘邦所灭，改封卢绾。至西汉初废。

燕王城　辽置，在今内蒙古巴林右旗西北。北宋沈括《熙宁使虏图抄》：黑河州“西北行十余里，复东北行，出大山之东，又三十余里至中顿，顿西数里，大山之颠有废垒，曰燕王城”。

燕云（雲）十六州　即“幽蓟十六州”。五代晋石敬瑭割给契丹十六州之总称。燕指燕京，云指云州。北宋末始有燕云之名。宣和间一度建燕山府、云中府路，才有确定的地域。但两路辖境包括后唐失陷的平、营二州，和契丹所置的景州，不限于石晋割地范围。到元时修《宋史·地理志》始将燕云和十六州联系在一起，后世便沿称为“燕云十六州”。

燕支山　亦谓焉支山。今甘肃山丹县东南大黄山。《资治通鉴》：隋大业五年（609），“帝至燕支山，伯雅、吐屯设等及西域二十七国谒于道左，皆令佩金玉，被锦罽，焚香奏乐，歌舞諠譟”。

燕支县　北魏改焉支县置，属番和郡。治所在今甘肃永昌县西红山窑乡高古城。隋开皇中省入番和县。

燕支河　即啜河。今蒙古国东方省之哈拉哈河。《新唐书·室韦传》：移塞没部“稍东有塞曷支部，最强部也，居啜河之阴，亦曰燕支河”。

燕长城　①战国燕昭王以前筑。《史记·张仪列传》：张仪说燕昭王云，“今大王不事秦，秦下甲云中、九原，驱赵而攻燕，则易水长城，非大王之有也”。《水经·易水注》：“易水又东届关门城西南，即燕之长城门也。……易水又东历燕之长城，又东迳渐离城南，……（易水）东至文安县与滹沱合。《史记》苏秦曰，‘燕长城以北、易水以南，正谓此水也。’”此长城起自今河北易县西太行山西麓，东经易县、徐水、雄县，至文安县境内。秦毁。

②战国燕孝王时筑。《史记·匈奴列传》：“燕亦筑长城，自造阳至襄平。”大致自今河北张家口市附近起，东北经内蒙古东南部，辽宁北部，折东南过鸭绿江，直至朝鲜清川江口。

燕长城遗址　在今辽宁建平县北烧锅营子乡化匠沟村张家湾至蛤蟆沟脑。是辽宁境内保存最完好、时代最早的长城遗迹。燕长城的修筑方法分土筑、石筑和“天然屏障”三种，石墙一般宽2—3米，残高1—2米。建平县境内燕长城总长度约7公里，沿线保存有台址、障址和城址等设施，沿线出土了灰陶豆、盆、罐、瓮及各种席（绳）纹板瓦、兽纹瓦当和红陶釜、燕刀币等文物。2001年长城——燕长城遗址定为全国重点文物保护单位。

燕（鷰）石山　在今广西平南县东南十二里。《隋书·地理志》：武林县有燕石山。《舆地纪胜》卷110浔州：燕石，“《图经》云：春夏群燕巢其上，唐置燕州取此”。

燕石营　在今广东英德市西。《清一统志·韶州府》“瑶田营”条：“燕石营在县西清泉都……明正德中置。”

燕平县　五代唐长兴三年（932）改北平县置，属定州。治所即今河北顺平县。北宋初复为北平县。

燕乐县　北魏置，属广阳郡。治所在今河北隆化县境。东魏元象中，迁治幽州北界（在今北京市密云县东北）。隋大业初为安乐郡治。唐初属檀州。长寿二年（693）移治今密云县东北燕乐庄。五代梁废。

燕头山　在今重庆市江津区西南。儿子场（儿子坎）佣工刘万（刘承先）起义于此。民国《江津县志》：燕头山在“县西有四十里，形长方，四围峻绝。清咸丰末，‘教匪’刘万啸众于此，官兵讨之，三月乃下”。

燕台（臺）　①即黄金台。在今河北易县东南北易水南。

②在今山东莱州市东北二里。《寰宇记》卷20掖县：燕台，“南燕慕容德以东莱掖城为青州理所筑”。

燕州　①北魏太和中分恒州东部置，治广宁郡（今河北涿鹿县）。《水经·㶟水注》：“㶟水又东径下洛县故城南，王莽之下忠也，魏燕州广宁县广宁郡治。”辖境相当今河北怀安、山西广灵以东，北京市军都山以西，北至长城、南至拒马河。孝昌中废。

②西魏大统十六年（550）置，治所在襄乐县（今甘肃宁县东北湘乐镇）。北周废。

③东魏侨置，寄治并州寿阳县（今山西文水县北）。后废。

④北周天和元年（568）侨置于美阳县（即古㯳城），今陕西武功县西南永安村。建德中废。

⑤北周改北燕州置，治长宁郡怀戎县（今河北涿鹿县西南七十里）。领长宁、永丰、昌平三郡。辖境相当今河北涿鹿县、北京市昌平县一带。隋开皇初废。

⑥唐武德元年（618）改辽西郡置，治辽西县（今辽宁义县东南王民屯）。六年（623）南迁寄治幽州城内（今北京城西南）。开元二十五年（737）移治幽州北桃谷山（今北京市顺义区西北三十五里）。天宝元年（742）改为归德郡。乾元元年（758）复为燕州。建中二年（781）废。

燕（鷰）州　①唐武德五年（622）置，贞观三年（629）治所在长恭县（今广西藤县西七十里）。七年（633）改为泰州，八年（634）复为燕州。治所在安基县（今广西岑溪市西北）。十八年（644）废。

②唐贞观三年（629）置，治所即今广西平南县。七年（633）改为龚州。

燕矶街　即今湖北鄂州市东燕矶镇。清光绪《武昌县志》卷3《乡坊》：“燕矶街，在县东三十里。北滨江，市廛百余户，与蕲邑巴镇对岸。”

燕县　①战国魏置。后入秦，属东郡。治所在今河南延津县东北三十五里。西汉改为南燕县。东汉复为燕县。西晋废。

②东晋安帝时改钟离县置，为钟离郡治。治所在今安徽凤阳县东北临淮关东。《元和志》卷9钟离县：“因东郡燕县人流入钟离者，于此置燕县。”北齐复改钟离县。

燕角楼　在辽南京皇城的东北隅，今北京市广安门内南线阁胡同一带。《辽史·地理志》南京析津府载：“皇城……东北隅有燕角楼。”《京师坊巷志稿》曰：“今南北烟阁径三里许，皆以燕角楼得名。北烟阁直抵西便门，正如《辽史》所云之东北隅也。”现北京广安门内有南、北线阁胡同，即南北烟阁旧址。

燕完水　一名清水河。黄河支流。在今山西吉县南。《水经·河水注》：“河水南径北屈县故城西，……又有燕完水注之，异源合舍，西流注河。”

燕尾洲　在今湖北荆州市荆州区（故江陵县）西南十五里。《水经·江水注》：“江水又东径燕尾洲北。”又，《资治通鉴》：南齐永明八年（490），“（胡）谐之等至江津，筑城燕尾洲”。即此。

燕国　秦亡后，项羽封臧荼置，都蓟（今北京市城西南隅）。辖有广阳、上谷、渔阳三郡，相当今北京市及河北北部地。后并辽东王国，又增辖右北平、辽西、辽东三郡，扩大至今辽宁地区。汉高帝五年（前202）为刘邦所灭，改封卢绾。十二年（前195）改封王子建。吴楚之乱后仅领秦广阳一郡之地。元凤元年（前80）改为广阳郡。三国魏太和末又改为燕国。辖境相当今北京市城区、大兴、昌平区及河北安次县等地。十六国后赵改为燕郡。

燕昌城　在今山西大同市西北四十五里。《水经·㶟水注》：羊水“出平城县之西苑外武州塞，北出东转，径燕昌城南”。十六国后燕建兴十一年（396），慕容垂“舆过平城北四十里，病笃，筑燕昌城而还，即此城也，北俗谓之老公城”。

燕岩　在今四川长宁县南双河镇北。《舆地纪胜》卷166长宁军：燕岩“去城（今双河镇）北三里许，在栖真洞路旁。石峰巉巉，森列数百。虞易简有记”。《方舆纪要》卷70长宁县：燕岩“在县治北三里。列名数百，巉岩高耸”。

燕京　①今北京市别称。因春秋、战国时燕国建都于此而得名。

②唐乾元二年（759）史思明在幽州起兵，自称燕帝，以范阳（即幽州，今北京市城西南隅）为燕京，寻废。

③辽会同元年（938），以幽州（治所在今北京市城西南隅）为南京，又称燕京。金初专称燕京，贞元元年（1153）定都于此，改称中都。蒙古忽必烈复称燕京，元世祖至元元年（1264）又改称中都。

燕京山　即今山西宁武县西南管涔山。《水经·汾水注》："《十三州志》曰：（汾水）出武州之燕京山。亦管涔之异名也。"

燕京路　金天会三年（1125）以燕山府路改置，治所在析津府（今北京市城西南隅）。辖境相当今天津市宁河、武清县及河北容城以北，易县、紫荆关以东和内长城以南地区。贞元元年（1153）改名中都路。蒙古太祖十年（1215）复为燕京路，治所在大兴府（今北京城西南隅）。元世祖至元二十一年（1284）改名大都路。

燕店　即今山东莘县西北燕店镇。明正德《莘县志》卷1：燕店集"在县治西北二十里"。

燕郊店　即烟郊店。今河北三河市西燕郊镇。

燕河营　即今河北卢龙县东北五十里燕河营镇。明置城，设参将驻守。清改设都司。

燕河路　又名燕河营。即今河北卢龙县东北燕河营镇。《清一统志·永平府二》：燕河路"在卢龙县东北五十里。亦曰燕河营。有城。旧置参将驻守。本朝顺治六年改设守备。今改都司"。

燕城　在今河北易县南五里。《清一统志·易州二》：古燕城"广袤六十里，相传昭王后都于此，东西内外，皆有土台"。

燕赵镇　即今河北曲阳县东南燕赵镇。清《畿辅舆地全图》曲阳县：燕赵镇在"县东南三十里"。

燕峒　即今广西巴马瑶族自治县西南燕洞乡。清置恩阳县县丞于此。

燕郡　十六国后赵改燕国置，治所在蓟县（今北京市城西南隅）。隋开皇三年（583）改置幽州。

燕郡守捉城　唐置，属营州。治所在今辽宁义县城。《新唐书·地理志》营州柳城郡："东有镇安军，本燕郡守捉城，贞元二年为军城。"

燕都尹　南燕置，治广固（今山东青州市西北）。南燕慕容德建都于此。《十六国疆域志》卷13："胡三省云：南燕于广固置燕都尹。"

燕留城　在今河北沧县东北。《史记·燕召公世家》：庄公二十七年（前664），"山戎来侵我，齐桓公救燕，遂北伐山戎而还。燕君送齐桓公出境，桓公因割所至地予燕"。《正义》引《括地志》云："燕留故城在沧州长芦县东北十七里，即齐桓公分沟割燕君所至地与燕，因筑此城，故名燕留。"

燕（鷰）雀湖　又名前湖、白荡湖。在今江苏南京市东，中山门内明故宫遗址处。宋《景定建康志》卷18：燕雀湖"在城东三里，周回二里，流入青溪。古老相传：今斜桥即走马桥，桥之东有水平阔，是也"。又引《舆地志》云："走马桥侧有燕雀湖，穷神秘苑曰：梁昭明太子在东宫有一琉璃碗、紫玉杯，皆武帝所赐也。既薨诏置梓宫，后更葬，开坟为阉人携入大航，乃有燕雀数万击之，因为有司所缚，乃获二宝器。帝闻而惊异，诏以赐太孙。封坟之际，复有燕雀数万衔土以增其上。坟侧今有湖，后人因名燕雀湖。"宋元时为白荡湖，后堙。明太祖填土建宫殿于其上。

燕喜亭　在今广东连州市城北山下。后依中峰山，前傍海阳湖。唐贞元间王仲舒为连州司户参军时建。韩愈《燕喜亭记》曰：太原王宏中在连州，于其居之后得异处，乃为屋以避风雨，既成，"以屋曰燕喜之亭，取《诗》所谓鲁侯燕喜者颂也"。唐文学家元结、刘禹锡与北宋哲学家周敦颐等均曾到此游历和讲学。

燕然山　①在今河北宣化县东三十里。《清一统志·宣化府三》：燕然山"接应《李鸿章建筑新城炮台疏》：新城滨海河，为洋船入口所经，实属海防门户最要关键。"

②今蒙古国杭爱山。《汉书·匈奴传》：征和三年（前90），贰师将军李广利出五原塞，欲深入要功，遂北至郅居水，"引兵还至速邪乌燕然山"。《后汉书·窦宪传》：永元元年（89），宪与耿秉率军出朔方鸡鹿塞，大破北单于于稽落山，追击诸部，"遂登燕然山，去塞三千余里，刻石勒功，纪汉威德，令班固作铭"。

燕然州　唐贞观二十一年（647）以回纥多滥葛部地置，隶燕然都护府。开元元年（713）改属灵州都督府，侨治回乐县（今宁夏吴忠市北）。后废。

燕然县　唐贞观六年（632）置，属并州。治所在今山西太原市西北。八年（643）侨治阳曲县（今太原市北阳曲镇）。十七年（643）废。

燕然都护府　唐贞观二十一年（647）置，治所在今内蒙古乌拉特中旗西南。统铁勒诸部各府州。辖境相当今内蒙古河套以北、蒙古国及俄罗斯西伯利亚南部地区。龙朔三年（663）移治碛北回纥部落，改为翰海都护府。

燕然都督府　唐贞观二十一年（647）以铁勒多览葛部置，属燕然都护府。其地应在同罗水（今蒙古国色楞格省东境哈拉河）西南，乌兰巴托北。8世纪后废。

燕塘墟　即今广西钟山县西南燕塘镇。清雍正《广西通志》卷20：昭平县东北"七分塘四十里至燕塘，与富川交界"。

燕溪　一名燕江。即今九龙溪至永安市段的别称，下游为沙溪。明嘉靖《延平府志》卷2《山川》永安县：燕溪"在县治西，其源凡三派：一派出汀之宁化县境，流至吉溪；一派出汀之连城县境，经吉山下龙湾，历鸬鹚溪会吉溪；一派出漳之龙岩县界，入扫溪口，过俞皇，历张坡，出东坡，至县治西与吉溪合，是为燕水。东北流，会梅溪、郁溪、发口溪、黄沙溪，下流经沙县入之剑溪”。《方舆纪要》卷97延平府永安县：燕溪“在县城西，二水分流，中隔一冈，宛如燕尾，因名”。

燕熙城　十六国西燕筑，在今山西闻喜县北。《魏书·慕容永传》：东晋太元十一年（386），“至闻喜，知慕容垂称尊号，讬以农要弗集，筑燕熙城以自固”。

燕翼围　在今江西龙南县西南杨村镇鲤鱼寨。是客家人聚族而居的大型土堡。建于清顺治七年（1650），为一座平面呈“口”字形的四层围屋，占地3700平方米，建筑面积3741平方米。外墙下部为花岗条石，上部为青砖，三、四层共对外设一百零八个枪眼。围屋四周设有炮楼。围屋的二、三层向内设有走马廊，以便相互联络。2001年与同县的关西新围一起被定为全国重点文物保护单位。

薤山　一名伏龙山。在今湖北谷城县西南八十里。《续汉书·郡国志》筑阳侯国注引《荆州记》曰：“县北四里有开林山，西北有薤山。”《寰宇记》卷145谷城县：薤山“在县西六十里。诸山云起，此山无云，终不降雨。诸山无云，此山云起，必降大雨。土人以为恒验。因山薤为名。山上有孤竹三根，三年生一笋，干就竹死，代谢如春秋”。

蘋果河　又作旁乌河。即今黑龙江省塔河县西北盘古河。民国《黑龙江志稿》卷4：“旁乌河，亦作苹果河。《清通志》、《盛京通志》作平库，《纪略》作旁库，《提纲》作傍库，旧档作平果，语转作盘古，又讹为潘家河。”

薯山　即今福建泰宁县北上茹岭。《方舆纪要》卷97泰宁县：“薯山在县北三十里。其南有鸡笼障，西曰龙门寨。”

薛　夏代封国。任姓。在今山东滕州市南四十里皇殿岗古城址。《左传·定公元年》：“薛宰曰：‘薛之皇祖奚仲居薛，以为夏车正。’”后迁邳，亦曰下邳（今江苏睢宁县西南古邳）。仲虺又迁于故薛城之西三十里，是为上邳，即仲虺城，在今山东微山县北。春秋时仍迁于奚仲所居之薛城。战国时为齐所灭。

薛山　①又名雪山、玉屏山。在今上海市松江区西北。《清一统志·松江府一》“薛山”条引《吴地记》云：“薛道约居此，故名。”

②即今山东枣庄市西北雪山。《明一统志》卷23兖州府：高山“西有薛山，薛水源发二山之间”。《方舆纪要》卷32滕县：薛山“在县东北四十里。岩洞颇胜。下有茶泉，流入薛河”。

薛列河卫　又作失里卫、石临卫。明永乐六年（1408）置，属奴儿干都司。在今俄罗斯滨海边疆区东苏祖河流域。后废。

薛延陀部　隋、唐铁勒十五部之一。初游牧于阿尔泰山（金山）西南。西突厥大破铁勒诸部，奉薛延陀乙失钵为野咥可汗，保燕末山。唐贞观三年（629）册拜夷男为真珠毗伽可汗，建牙郁督军山（今蒙古国西南杭爱山）。势力范围相当今蒙古国。贞观二十年（646）为唐所灭。永徽元年（650）于散归者处置嵠（溪）弹州。

薛关镇　即今山西蒲县西北薛关镇。《清一统志·隰州》“化乐镇”条下：蒲县西“二十里有薛关镇”。

薛米思干　即寻思干。今乌兹别克斯坦撒马尔罕。《元史·太祖纪》：十六年（1221）春，“帝攻卜哈儿、薛米思干等城”。

薛州　亦作萨州。唐仪凤二年（677）置。治所在今四川珙县（巡场镇）南下罗乡（老堡场）。辖境相当今四川珙县南部地。先天二年（713）降为羁縻州。天宝元年（742）改为黄池郡，乾元元年（758）复为薛州，属泸州都督府。北宋熙宁后废。

薛坑口　即今安徽歙县东南坑口乡。清乾隆《歙县志》卷1《都鄙》有薛坑口。

薛村店　在今河南新郑市东北薛店街。清康熙《新郑县志》卷1：薛村店“在县东北三十五里”。

薛村镇　即今山西柳林县西南薛村乡。《清一统志·汾州府》“吴城镇”条下：薛村镇“在（石）州西八十里。有堡”。后划归柳林县。

薛县　战国齐置。后入秦，属薛郡。治所在今山东滕州市南四十里皇殿岗故城址。齐鲁出土秦封泥有“薛丞之印”。西汉属鲁国。北魏属彭城郡。北齐废。

薛良格河　即薛灵哥河。今蒙古国和俄罗斯境之色楞格河。

薛灵哥河　亦作薛良格河。即今蒙古国与俄罗斯境之色楞格河，注入贝加尔湖。《元史·巴而术阿而忒的斤传》：“先世居畏兀儿之地，有和林山，二水出焉，曰秃忽刺，曰薛灵哥。”波斯拉施特《史集》亦作薛灵哥河。

薛苞镇　明置，属乐至县。在今四川乐至县西北三十里劳动镇（薛婆镇）。以唐孝子薛苞为名。光绪《乐至县志》卷3：薛苞镇，“《裴志》云：治西四十里。相传唐孝子薛苞居此，盖镇以人称也”。

薛林山　在今内蒙古土默特左旗境。《魏书·太宗纪》：泰常四年（419），西巡“至于黄河，从君子津西渡，大狩于薛林山。五年春正月丙戌朔，自薛林东还，至于屋窦城”。《资治通鉴》：东晋元熙元年（419），“魏主嗣西巡至云中，从君子津西渡河，大猎于薛林山”。胡三省注：“按《魏书·帝纪》：薛林山在屋窦城西。”

薛固镇　即今陕西武功县（普集镇）东南薛固乡。《清一统志·乾州》“长安镇”条下：“又薛固镇在县东六十里。”

薛店　即今河南郏县西北二十四里薛店镇。《方舆纪要》卷51宝丰县：薛店，“《奉天记》：唐建中四年，讨李希烈，官军自汝州前进，至薛店，为贼所败”。即此。

薛店镇　北宋置，属当涂县。即今安徽当涂县东三十里薛津镇。相传为西晋薛兼家族故里。

薛河　①在今江苏沛县东南。《方舆纪要》卷29徐州沛县：薛河“在县东南十里。出滕县境，西流合昭阳湖，由金沟口合于泗河”。

②在今山东滕州市南四十里。《明史·地理志》滕县：“又薛水，源自县东高、薛二山间，西南流，合漷水，一名南沙河，全沛县入运。”

薛城戍　隋开皇四年（584）置，属会州。治所在今四川理县东北七十里薛城镇西南。大业十三年（617）没于羌。唐武德七年（624）于此置薛城县。

薛城县　唐武德七年（624）于故薛城戍置，属维州。治所在今四川理县东北七十里薛城镇西南。贞观二年（628）为维州治。天宝初为维川郡治。乾元初复为维州治。广德元年（763）没吐蕃。大和五年（831）收复，寻弃其地。大中三年（849）复置。五代前蜀永平二年（912）改为保宁县。

薛城遗址　又称薛国故城。在今山东滕州市南四十里官桥镇南。是东周时期薛国的都城。《方舆纪要》卷32兖州府滕县下载：薛城在“县南四十里。夏车正奚仲国也。《左传》定元年，薛宰曰：薛之皇祖奚仲居薛，为夏车正。迁于邳。仲虺居薛，为汤左相，是也。周为子男国。春秋时，与于盟会。战国时，为齐所灭。田婴封于此，谓之薛君”。城址平面呈不规则正方形，周长10600米。城墙遗迹迤逦起伏，高出地面4—7米。城内地势平坦，皇殿岗村居城中心，村址略高于四周，相传为薛国宫室遗迹。城东北角有两座高大的土冢，传为战国时孟尝君及其父田婴陵墓。1971年在城内出土春秋铜器“薛子仲安簠”和“走马薛仲赤簠”，为当时祭祀所用礼器。1984—1986年，对薛城进行系统勘探和试掘，初步查明城市布局和地下文物的分布情况。1988年定为全国重点文物保护单位。

薛迷思加　亦作薛迷思干。即今乌兹别克斯坦撒马尔罕。《元朝秘史》卷10：兔年（1219）征回回，者别等“杀败他们，使不能在不合儿、薛米思加卜、兀答剌儿等城市会合。乘胜追到申河”。《元史·武宗纪》：至大元年（1308）九月，中书省臣言，“薛迷思干，塔剌思、塔失玄等城，三年民赋以输县官……”。

薛举城　即折墌城。在今甘肃泾川县东北。《方舆纪要》卷58泾州：折墌城在“州东北十四里。亦曰薛举城。唐初薛举尝据此，因名”。

薛郡　战国秦王政二十三年（前224）置，治所在鲁县（今山东曲阜市东北二里古城村）。辖境约当今山东西南部，包括大汶河下游及其支流小汶河以南，大运河以东，蒙山、抱犊崮以西，枣庄市和鱼台县以北。西汉高后元年（前187）改为鲁国。

薛贺水　亦作萨贺水。即今辽宁丹东市西南赵家沟河。《资治通鉴》：唐总章元年（668），“泉男建复遣兵五万人救扶余城，与李勣等遇于薛贺水，合战，大破之，斩获三万余人。进攻大行城，拔之”。胡三省注：“《新（唐）书》作萨贺水。”

薛峰镇　清置，属韩城县。即今陕西韩城市西北薛峰乡。元曾移韩城县治此。

薛涛井　旧名玉女津。在今四川成都市东南郊望江公园内。相传唐女诗人薛涛家于井旁，用井水制诗笺。明蜀王建亭其上，仿制“薛涛笺”进御。明何宇度《益部谈资》卷中：薛涛井“旧名玉女津。在锦江南岸，水极清澈，石栏周环，久属蜀藩，为制笺处。有堂室数楹，令卒守之。每年定期命匠制纸，用以为入京表疏，市无贸者”。清康熙三年（1664）立“薛涛井”碑于井侧。现存五云仙馆、清腕室等为光绪间建筑物，陈列薛涛《洪度集》及相关诗文碑刻。

薛家屯　在今河北景县西。《方舆纪要》卷13景州：薛家屯“在州西。其相近者曰三老集，西接冀州、枣强县界”。

薛家岗遗址　在今安徽潜山县东南十五里河镇乡永岗村潜水西岸。为新石器时代文化遗址。为一处高2—7米的椭圆形台地，面积约6万平方米。1977年发现，1979—1980年三次发掘，发现房基、灰坑及新石器时代墓葬一百余座，出土石、陶、玉器等文物两千余件。石器有刀、斧、锛、凿、铲等，多通体精磨，尤以奇数相列的1—13孔大型石刀为我国新石器时代考古中所罕见。玉器有杯、璜、管、琮等，雕刻精美，图案对称。陶器有鼎、豆、壶、鬶、杯等，造型上具有地方特色。该遗址的时代，上距今6000年，下至商代。其新石器时代遗存明显区别于周围地区考古学文化的特征，具有独立的自身发展序列，有的学者据此提出薛家岗文化的命名。它为研究新石器时代长江与黄河流域文化的关系提供了重要资料。1996年定为全国重点文物保护单位。

薛家岛　在今山东青岛市西南薛家岛镇。《清一统志·莱州府一》：“明永乐中，岛人薛禄累建功绩，晋爵阳武侯，世袭，族人聚居于此。”《明史·河渠五》：嘉靖十九年（1540），“副使王献言：‘劳山之西有薛岛、陈岛，石砑林立，横伏海中，最险’”。

薛家集　①即今安徽阜南县治。清光绪《大清帝国全图》：安徽阜阳县西南有薛家集。1948年于此置阜南办事处（县级）。

②即今湖北老河口市东五十二里薛集镇。《清一统志·襄阳府三》：薛家集“在襄阳县西北七十里”。有把总驻防。

薛家湖　一名薛湖。即今河南永城市东北四十四里薛湖镇。明嘉靖《永城县志》卷1《坊里》：有“薛家湖集”。清光绪《永城县志》卷15《灾异志》：咸丰三年（1853）一月，刘白鸭等作乱。二月，与兵勇“战于薛湖”。

薛家窝　在今河北南皮县北二十二里，南运河东岸。清设把总驻守。

薛陵　战国时齐邑，在今山东阳谷县东北。《史记·田敬仲完世家》：齐威王七年（前350），“卫伐我，取薛陵”。即此。

薛通城　北魏筑，故址即今山西万荣县南万泉村南。《元和志》卷12万泉县：“薛通城者，后魏道武帝天赐元年，赫连勃勃僭号夏，侵河外，于时有县人薛通，率宗族千余家，西去汉汾阴县城八十里筑城自固，因名之。武德三年于薛通故城置万泉县。”

薛埠镇　即今江苏金坛市西五十里薛埠镇。清光绪《江苏全省舆图》金坛县记：“薛埠镇在城西五十里。”

薛淀（澱）湖　即今上海市青浦区与江苏昆山市间之淀山湖。《清一统志·松江府》“淀山湖”条引《水利志》称：“薛淀湖，一名淀山湖。以中有淀山也。在府西北七十二里。每岁州人以湖水之丰浑，辨岁丰凶。或清或浑，或清浑析，清丰浑凶，析亦从之。”

薛尊山　在今江西铅山县西。《清一统志·广信府》：薛尊山“在铅山县（旧治）西五里。宋皇祐中尝产铜”。

薛禄镇　北宋置，属奉天县。即今陕西乾县东南薛禄镇。雍正《乾州新志》卷3：薛禄镇“有集市，唐薛仁贵食采于此”。

薛福成故居建筑群　在今江苏无锡市崇安区健康路西侧。薛福成（1838—1894），字叔耘，号庸庵，江苏无锡人。清末外交官，改良主义政论家。其故居建于清光绪十六年至二十年（1890—1894），建筑面积1万平方米。除原照壁已拆除、西花园已造厂房、后花园改作操场外，其余大部分建筑如中门厅、桥厅、正厅、转盘楼、花厅小院、弹子房、传经楼等基本保持原状。主要建筑为木结构楼阁、厅堂。该宅院为我国近代社会转型期的江南大型钦赐府第，在传统建筑基础上吸取了西方文化建筑风格，具有适于社交活动的园林式开放格局。2001年定为全国重点文物保护单位。

薛镇　即今安徽当涂县东薛津镇。《方舆纪要》卷27太平府当涂县：薛镇“在府东二十里”。北宋置薛店镇于此。

薛稽镇　在今山西万荣县西北。《清一统志·蒲州府》“孙吉镇”条下：薛稽镇“在（荣河）县东北四十里”。

薛黎泽　疑在今内蒙古西辽河流域。《资治通鉴》：东晋太和五年（370），前燕沙城城大“涉圭追（慕容）令至薛黎泽，擒而杀之”。即此。

薇溪山　在今云南楚雄市西三十里。《明一统志》卷86楚雄府：薇溪山“高可千仞，峰峦百余，溪箐如之。每溪皆有泉，分流三十里，合流入于卧龙江”。

薄　即亳，又称北亳、景亳。商为汤都。春秋为宋邑，后入楚。在今山东曹县南二十五里。《春秋》：僖公二十一年（前639），“公会诸侯盟于薄，释宋公”。《汉书·地理志》山阳郡薄县：“臣瓒曰：汤所都。”

薄刀山　在今辽宁抚顺市东南。《方舆纪要》卷37沈阳中卫：薄刀山“在抚顺关口，亦曰剥刀山”。

薄山　即雷首山。在今山西永济市西南蒲州镇南。《史记·封禅书》：“薄山者，衰（襄）山也。”《水经·河水注》：“薄山统目总称，亦与襄山不殊。”即此。

薄太后陵　汉高祖刘邦薄姬的陵墓。在今陕西西安市东南狄寨街道鲍旗寨村西北。薄姬生刘恒，是为汉文帝。因薄太后陵在文帝霸陵之南，故又称南陵。

薄东甸　宋大理置，属腾冲府。在今缅甸克钦邦北部葡萄。元属蒙光路。

薄阳县　东魏置，属新昌郡。治所在今安徽滁州市南十五里。北齐废。

薄县　战国秦置，属砀郡。治所在今山东曹县南二十五里。西汉属山阳郡。东汉属梁国。西晋省。

薄沙　在今海南省儋州市西南。清属儋州，置巡司于此。

薄茅　一作薄茆。即今阿富汗喀布尔北帕尔万。《汉书·西域传上》：大月氏国有五翎侯，“四曰肸顿翎侯，治薄茅城，去都护五千九百六十二里”。《魏书·西域传》：“弗敌沙国，故肸顿翕侯。都薄茅城，在钳敦西，去代一万三千六百六十里。”元代作八鲁湾、巴鲁安，均为薄茅之对音。

薄茆　即薄茅。今阿富汗喀布尔北帕尔万。

薄宗城　即波密。在今西藏波密县东南。《清一统志·西藏》喀木诸城：薄宗城“在巴塘城西北六百里”。

薄姑　即蒲姑。一作亳姑。商时方国。在今山东博兴县东南十五里（寨郝镇北七里）。《汉书·地理志》：“殷末有薄姑氏……为诸侯，国此地。至周成王时，薄姑氏与四国共作乱，成王灭之，以封师尚父，是为太公。”

薄骨律渠　在今宁夏吴忠市南。《元和志》卷4灵州回乐县：薄骨律渠“在县南六十里，溉田一千余顷”。

薄骨律镇　北魏太延二年（436）置，治所在今宁夏吴忠市北。孝昌中改为灵州。《水经·河水注》：河水又北“薄骨律镇城在河渚上，赫连果城也。桑果余林仍列洲上。但语出戎方，不究城名。访诸耆旧，咸言故老宿彦云：赫连之世，有骏马死此，取马色以为邑号，故目城为白口騮韵之谬，遂仍今称”。

薄洛山　一名鸡头山。在今宁夏隆德县东、甘肃平凉市西崆峒山。亦即今宁夏南部、甘肃东南部之六盘山。

薄洛水　亦名薄洛津。漳水之别称。在今河北宁晋县东南。《史记·赵世家》："吾国东有河、薄洛之水。"《集解》引徐广曰："安平经县西有漳水，津名薄洛津。"《续汉书·郡国志》："廮陶有薄洛亭。"《清一统志·赵州一》：薄洛亭"在宁晋县东南，……盖以漳水一名薄洛河而名"。

薄洛亭　在今河北宁晋县东南。《续汉书·郡国志》巨鹿郡：廮陶县有薄落亭。《方舆纪要》卷14宁晋县：薄洛亭"战国时为齐、赵之疆，往往战戍于此。亭盖以薄落河为名"。

薄洛津　即漳水。在今河北广宗县东北漳河上。《史记·赵世家》：武灵王曰，"吾国东有河、薄洛之水"。《集解》引徐广曰："安平经县西有漳水，津名薄洛津。"《续汉书·郡国志》安平国经县："西有漳水，津名薄洛津。"《水经·浊漳水注》："漳水又历经县故城西。水有故津，谓之薄洛津。"

薄落山　即崆峒山。一作空同。今宁夏南部之六盘山。《汉书·武帝纪》："行幸雍……遂逾陇，登空同。"指此。

薄寒山　在今甘肃陇西县西南。《资治通鉴》：唐会昌二年（842），吐蕃洛门川讨击使论恐热自称国相，"至渭州，遇国相尚思罗屯薄寒山，恐热击之，思罗弃辎重西奔松州，恐热遂屠渭州"。

薄缘夷　西藏古代族部名。《隋书·附国传》："附国南有薄缘夷，风俗亦同（附国）；西有女国。"夷为氏族称，薄缘约在今西藏昌都地区南部。

薄壁集　即今河南辉县市西五十里薄壁镇。清乾隆《卫辉府志》卷8《市集》：辉县薄壁有集。

薄藏布河　亦名博藏布河、厄楚河。即今西藏东部波密县境之帕隆藏布。藏语意为祖先河。为雅鲁藏布江的主要支流之一。清乾隆《卫藏通志》卷3《山川》：落藏布河"其水源出喀木达里土宗城东南、舒板多城南，有春多大岭二水，合而入冈布河……又南……入藏面江"。

蘧澨　春秋楚地。在今湖北钟祥市南。《左传》：昭公二十三年（前519），楚司马薳越"缢于蘧澨"。即此。

檠团山　在今重庆市秀山土家族苗族自治县南九十五里。《方舆纪要》卷73邑梅洞长官司"鼎柱山"条下：檠团山"在司西北四里。四围峭壁，檠摩云汉"。

擎雷山　亦作惊雷山。在今广东雷州市南。《寰宇记》卷169海康县：惊雷山"在县南八里。雷震破成山"。《元丰九域志》卷9：雷州海康县"有擎雷山"。《方舆纪要》卷104海康县：擎雷山"府治之案山也。擎雷水出焉"。

擎雷水　即今广东雷州市南之南渡河。《舆地纪胜》卷118雷州：擎雷水"在海康县南一十里。源出遂溪县界"。《方舆纪要》卷104海康县：擎雷水"在府南擎雷山下。一名南渡水。《志》云：水源有三：一出海康县北铜鼓村，一出县西鹧鸪坡，一出徐闻县界。三水合流，环绕郡治，南流七十里，东入于海"。

颠角城　在今甘肃宕昌县西。《明一统志》卷37岷州卫：颠角城"在卫城南一百三十五里……本朝有官军守御"。

颠卧山　在今云南富民县西十余里。一名滇和山。《明一统志》卷86云南府："颠卧山，今名滇和山；噜卧山，今名鲁和山；蒙课卧山，今名无怯和山，俱在富民县西十余里。"

颠軨　中条山上古坂道名。在今山西平陆县北二十里軨轿村附近。《左传·僖公二年》："冀为不道，入自颠軨。"杜预注："河东大阳县东北有颠軨坂。"《水经·河水注》："傅岩东北十余里，即颠軨坂也。……有东西绝涧，左右幽空穷深，地壑中则筑以成道，指南北之路，谓之为軨桥也。"

翰海　亦作瀚海。所指因时而异。西汉南北朝时指今俄罗斯贝加尔湖。西汉武帝时，霍去病击匈奴出代二千余里，经狼居胥山（今蒙古国乌兰巴托东之肯特山），"临翰海而还"。唐代指蒙古高原大沙漠以北及以西之准噶尔盆地一带地区。元代专指金山（今阿尔泰山）。明以后指戈壁沙漠。

翰海军　唐长安三年（703）改烛龙军置，治所在北庭大都护府（今新疆吉木萨尔县北二十五里破城子）。后废。

翰海都护府　①唐永徽元年（650）置，领狼山、云中、桑乾三都督府，苏农等十四州。辖境包括贞观四年灭突厥颉利可汗后所置漠南诸府州及永徽元年灭突厥车鼻可汗后所置漠北西部诸府州。龙朔三年（663）改为云中都护府。

②即瀚海都护府。唐龙朔三年（663）改燕然都护府置，治所在今蒙古国西南鄂尔浑河上游西岸（哈拉和林西北）。《唐会要》卷73：翰海都护府"仍以碛为界，碛以北诸部府州悉隶之"。辖境相当今蒙古国及俄罗斯西伯利亚南部地区。总章二年（669）改为安北都护府。

翰堂镇　即今江西上高县西南翰堂镇。清同治《江西全省舆图》卷4：上高县西南有翰堂。

榿槽镇　北宋属平阳县，即今浙江苍南县东舥艚镇。《元丰九域志》卷5：温州平阳县有榿槽镇。

橛查州　唐开元后置羁縻州，属雅州都督府。治所在今四川石棉县西北挖角乡。北宋属雅州。后废。

橑阳　或作轑阳。战国赵邑，即今山西左权县。《史记·秦始皇本纪》：十一年（前236），"王翦攻阏与、橑阳"。即此。东汉末置轑河县，西晋改轑阳县。

橑杨　战国赵地，即今山西左权县。《史记·秦始皇本纪》：始皇十一年（前236），"王翦攻阏舆、橑杨"。《正义》："《十三州志》：橑阳，上党西北百八十里也。"

槜（檇）李　又作醉李、就李。春秋吴、越战地。在今浙江嘉兴市南。《春秋》定公十四年（前496）："於越败吴于槜李。"即此。旧时为浙江嘉兴的别称。

樵川驿 宋置，在今福建邵武市城内。

樵川站 元置，在今福建邵武市北。明改为驿。

樵风泾 在今浙江绍兴县东南。《舆地纪胜》卷10绍兴府：樵风泾“在会稽东南二十五里，郑弘少采薪，得一遗箭。顷之，有人觅箭，问弘何欲，弘知其神人，答曰：‘常患若耶溪载薪为难，愿朝南风、暮北风。’后果然。世号樵风泾”。

樵岚山 在今福建邵武市西下樵岚。《明一统志》卷78邵武府：樵岚山“在府城西，樵水所出”。《清一统志·邵武府》：樵岚山“在邵武县西少南十里。一名金莲峰。宋石正言、孙谔居此。一名三谏山。俗名钟家岐”。

樵舍镇 北宋置，属新建县。即今江西新建县东北七十里樵舍镇。《明史·武宗本纪》：正德四年（1509）王守仁“败宸濠于樵舍，擒之”。即此。

樵溪 ①又名邵武溪。即今福建邵武市东富屯溪。《舆地纪胜》卷134邵武军：樵溪“在邵武县”。《清一统志·邵武府》：邵武溪“以受樵岚水，又名樵溪”。

②即今福建邵武市西古山溪。《清一统志·邵武府》：樵溪“在邵武县西。源出樵岚山。东流十里，分为二支：一入城，名九曲溪；一经城南为濠，曰石枧水。皆至城东入大溪”。

橹港河 亦名鲁港河。即今安徽芜湖县西北潭河（漳河）。为长江支流。《方舆纪要》卷27芜湖县：橹港河“在县（今芜湖市）南。源亦出徽、宁境内，流入县境，西注大江”。

橘山 在今广西贺州市东。《新唐书·地理志》临贺县：“东有铜冶，有橘山。”《舆地纪胜》卷123贺县：橘山“在临贺县（故治在今贺街镇）东二十五里。高八百余丈。其山七十一峰。《九域志》云：多橘株。五季时，上有南岳祠”。《清一统志·平乐府一》：橘山“旧尝产银，宋置银场于此”。

橘子洲戍 在今湖南长沙市西湘江中。《水经·湘水注》：“湘水又北径南津城西，为南津洲尾。水西有橘子洲戍，故郭尚存。”

橘子铺营 明嘉靖年间建，在今广东博罗县西北。

橘井 在今湖南郴州市东半里。《舆地纪胜》卷57郴州：橘井“在汉苏仙君宅。传云，仙君将去世，谓母潘曰：‘明年郡有灾，民大疫，母取橘叶井水饮之。’如期疫果作，郡人忆前言，竟诣饮，下咽即愈”。

橘园 在今湖南岳阳市西南君山寺中。相传即柳毅传书处。《山海经·中山经》：“洞庭之山……其木多柤梨橘櫾。”宋宠元英《文昌杂录》卷4：“南方柑橘虽多，然亦畏霜。每霜时，亦不甚收。唯洞庭霜虽多，即无所损。询彼人云，洞庭四面皆水也。水气上腾，尤能避霜。所以洞庭柑橘最佳，岁收不耗，正为此尔。”

橘洲 一名水鹭洲。俗名下洲。即今湖南长沙市西湘江中橘子洲。《水经·湘水注》：“湘水又北径南津城西，西对橘洲。”《寰宇记》卷114长沙县：“橘洲在县西南四里江中。时有大水，诸洲皆没，此洲独浮。上多美橘，故以为名。”

蠚草滩（蠚 zhǎ） 即今四川乐山市东南四十里五通桥区东北柑子乡（蓥草滩）。民国《犍为县志》：草滩在“县西北七十五里，属五通镇”。

罿乡 亦作垂乡、缶乡、甀乡。西汉属蕲县，在今安徽宿州市西南。《汉书·黥布传》：高帝十二年（前195），高帝率军平黥布叛乱，布军“遂西，与上兵遇蕲西，会罿”。

整平郡 唐天宝元年（742）改环州置，治所在正平县（今广西环江毛南族自治县西北大环江西岸）。辖境相当今广西河池市及环江毛南族自治县南部。乾元元年（758）复为环州。

整董 即今云南江城哈尼族彝族自治县西南七十六里整董镇。版纳整董、播剌、易武为明代车里宣慰司所辖十二版纳之一。傣语“整”为城，“董”为看见，意即看见的城。清雍正十年（1732）置整董土把总。

整濑川 在今重庆市潼南县西南。《旧唐书·地理志》崇龛县：“旧治整濑川，久视元年移治波罗川。”

槖县 西汉置，属山阳郡。治所在今山东微山县西北一百四里两城乡。东汉改为高平侯国。

槖驼口 在今陕西定边县南。《宋史·夏国传上》：“继迁复令军主史不乩驻屯槖驼口以阻归宋人，继隆遣田敏等击之。”

槖驼岘 在今江苏徐州市北。《资治通鉴》：南朝梁太清元年（547），萧渊明攻彭城，军于寒山，东魏将慕容绍宗“帅众十万据槖驼岘”。渊明大败，被俘。

槖泉宫 秦离宫。在今陕西凤翔县西南长青镇孙家南头一带。《史记·秦本纪》集解引《皇览》曰：“秦缪公冢在槖泉宫祈年观下。”《正义》引《庙记》曰：“槖泉宫，秦孝公造。”

槖皋 春秋吴邑。即今安徽巢湖市西北四十四里柘皋镇。《左传》：哀公十二年（前483），“公会吴于槖皋”。即此。西汉置槖皋县。

槖皋县 西汉置，属九江郡。治所在今安徽巢湖市西北四十四里柘皋镇。东汉并入居巢县。

融水 即今广西融江。《明史·地理志》柳州府怀远县：“福禄江自贵州永从县流径其中，至融县为融江，至柳城县为柳江。”

融水县 唐武德六年（623）改义熙县置，为融州治。治所即今广西融水苗族自治县。天宝初为融水郡治，乾元初复为融州治。元为融州路治，后为融州治。明洪武二年（1369）废入融州。

融水郡 唐天宝元年（742）改融州置，治所在融水县（今广西融水苗族自治县）。辖境相当今广西融水、罗城、融安、三江等县地。乾元元年（758）复为融州。

融州　隋开皇十八年（598）改东宁州置，治所在义熙县（今广西融水苗族自治县）。《元和志》卷37融州："因州界内融山为名。"大业二年（606）废。唐武德四年（621）复置，治所在义熙县（后改融水县）。天宝元年（742）改为融水郡。乾元元年（758）复为融州。辖境相当今广西融水苗族自治县、罗城仫佬族自治县、融安县及三江侗族自治县地。元世祖至元十六年（1279）改为融州路。二十二年（1285）复改为融州。明洪武二年（1369）省融水县入州，十年（1377）改为融县。

融州路　元世祖至元十六年（1279）改融州置，属广西两江道。治所在融水县（今广西融水苗族自治县）。辖境相当今广西融水苗族自治县、融安县及三江侗族自治县、罗城仫佬族自治县等地。二十二年（1285）复为融州。

融江　亦名融溪水。即今广西融水苗族自治县东。因在旧融县境，故称融江。《明史·地理志》柳州府怀远县："福禄江自贵州永从县流径其中，至融县为融江。至柳城县为柳江。"

融江六峒　即六峒。在今广西兴安县西四十里。明置融江六峒巡司。

融江砦　北宋元丰七年（1084）置，属融州。当在今广西三江侗族自治县境。《元丰九域志》卷9融州："融江砦，州东北三百里。"后废。

融县　明洪武十年（1377）降融州置，属柳州府。治所即今广西融水苗族自治县。民国初属广西柳江道。1928年直属广西省。1952年改为大苗山苗族自治区，1955年改为大苗山苗族自治县。1966年改为融水苗族自治县。

融城　即今福建福清县。因玉融山而名。《舆地纪胜》卷128福州：玉融山"在福清县"。《清一统志·福州府》：灵鹫山"在福清县北。县之主山也。……《通志》：县北枕灵鹫，南拱案山，曰玉融山"。

融溪水　亦名融江。即今广西浔江支流融江。《元和志》卷37融水县："融溪水在县北五十二里。"《舆地纪胜》卷114融州：融江水，"《元和志》：在融水县北。《图经》：在怀远县南一百步，受浔江王口水合流至柳、象、浔、藤、梧、封、康、靖，广州入海"。《方舆纪要》卷109柳城县：融江"在县东。即柳江之上流也。自怀远县流入境，亦谓之融水。又南入马平县界，龙江流合焉"。

瓢里汛　即今广西龙胜各族自治县西瓢里镇。清设外委驻防。

瓢和井　即今贵州大方县北瓢井镇。旧有外委驻防。

瓢泉　在今江西铅山县东南。《清一统志·广信府》：瓢泉"在铅山县（治今永平镇）东二十五里。形如瓢。宋辛弃疾有《瓢泉词》，稼轩书院即在其中"。

醒酒池　在今河南洛阳市旧城内。宋李格非《洛阳名园记》：董氏东园"西有大池，中为堂，榜之曰含碧。水四面喷泻池中而阴出之。故朝夕如飞瀑而池不溢。洛人盛醉者走登其堂辄醒。故俗目曰醒酒池"。

〔一丿〕

磺山　在今台湾省新北市东北。清乾隆间范咸《重修台湾府志》卷1：磺山"在（淡水）厅治东一百八十里。其土生硫，故名"。

磺溪　在今台湾省新北市北。清乾隆间范咸《重修台湾府志》卷1：磺溪"源发磺山，西过内北投，出关渡门入于海"。

碟碌金场　北宋置，属归化县（后改泰宁县）。故址即今福建泰宁县西北大田乡垒碌村。《元丰九域志》卷9邵武军归化县、《宋史·地理志》邵武军泰宁县均有碟碌金场。《方舆纪要》卷98邵武府作螺潦。《清一统志·邵武府一》古迹作琮际。

碌下隘　在今江西于都县西北。《清一统志·赣州府二》：碌下隘"在雩都县西北三十五里，接赣县界"。

碌头山　在今广东紫金县东南端碌头村一带。《清一统志·惠州府》：碌头山"在归善县东北二百里，东去永安县（今紫金县）之南岭二十里。其山高大，明嘉靖中巨盗杨立据此，佥事尤瑛讨平之"。

〔一丶〕

霖田　在今广东揭西县东。《清一统志·潮州府》"桃山隘"条下："霖田隘，在（揭阳）县西……旧皆为戍守处。"

霖岩洞　在今浙江淳安县东。《方舆纪要》卷90淳安县：霖岩洞在"县东五十里。峰峦千仞，下多源泉，引流溉田，岁旱不涸"。

霖落山　在今河南卫辉市西北三十里。《清一统志·卫辉府一》：霖落山，"卫郡诸山，独此最称幽胜。重峦叠巘，瑰特千状。一作林落山。中有狮子岩、香泉"。

霓奥　即今浙江洞头县西北霓屿岛。《方舆纪要》卷94温州府：霓奥在"府东百余里。《海防考》：倭舶南比往来，多泊于此，径达盘石卫城，最为险要。嘉靖三十三年，倭由此登劫，突犯湖头，官军击却之"。

霍　①西周国名。在今山西霍州市西南十六里。西周初武王封叔处于霍，即此。《左传》：闵公元年（前661），晋侯"灭霍"。

②春秋周南鄙。在今河南汝州市西南汝水南岸。《左传》：哀公四年（前491），楚人"为一昔之期，袭梁及霍"。杜注："梁南有霍阳山，皆蛮子

邑也。”

③即盂。春秋宋地，在今河南睢县西北。《公羊传》：僖公二十一年（前639），“宋公、楚子、陈侯、蔡侯、郑伯、许男、曹伯会于霍”。即此。

霍人　春秋晋邑，在今山西繁峙县东。《左传·襄公十年》：“晋侯有间，以偪阳子归，……使周内史选其族嗣纳诸霍人。”

霍人县　秦置，属太原郡。治所在今山西繁峙县东圣水头。西汉高帝改为葰人县。

霍大山　又作霍太山。即今山西霍州市东之霍山。《汉书·地理志》河东郡彘县：“霍大山在东，冀州山。”

霍口溪　即今福建罗源县西四十里霍口溪。《清一统志·福州府一》：霍口溪“自古田县流入，又南流入连江县，即鳌江之上流也”。

霍山　①亦名霍太山、太岳山。在今山西霍州市东南。《周礼·夏官司马》：“河内曰冀州，其山镇曰霍山。”

②即今安徽霍山县西南天柱山。《尔雅·释山》：“霍山为南岳。”郭璞注：“即天柱山，潜水所出。”《史记·封禅书》：西汉元封五年（前106），“上巡南郡，至江陵而东。登礼灊之天柱山，号曰南岳”。即此山。《方舆胜览》卷48安丰军：霍山，“《元和郡县志》：汉武帝以霍山为南岳，遂祭其神。今其土俗呼南岳。隋以江南衡山为南岳”。

③又名霍阳山。在今河南汝州市西南。《左传》：哀公四年（前491），楚“袭梁及霍”。杜注：“梁南有霍阳山。”《寰宇记》卷8梁县：霍阳山，“俗谓现山，在县西南七十里”。《方舆纪要》卷51汝州：霍山在“州东南二十里”。

④在今湖北竹山县东。《方舆纪要》卷79竹山县“龙祇山”条下：“县东三里曰霍山，有莲花池在山上。”

⑤在今广东龙川县东北。《寰宇记》卷160惠州府河源县：霍山“山上有灵龛寺”。《方舆纪要》卷103惠州府龙川县“敖山”条内：霍山“在县北百里，高七百余丈，周三百里，有峰三百六十，其可居者七十二。峰之秀者，曰大佛迹、曰老公楼、曰先殿前、曰白牛塔、曰大独石，又有石楼、石瓮、仙乐、仙游等峰。……相传秦时邑人霍龙者隐此山，因名，盖郡境之名山也”。

霍山县　隋开皇初改岳安县置，属庐州。治所即今安徽霍山县。大业初属庐江郡。唐神功初改为武昌县，神龙初复为霍山县。开元二十七年（739）废入盛唐县。天宝元年（742）复置，属寿州。北宋开宝四年（971）废入六安县。明弘治二年（1489）复置，属六安州。民国初属安徽安庆道。1928年直属安徽省。

霍山驿　明置，在今山西霍州市东。《清一统志·霍州》：霍山驿“在州东关。明洪武中置，在治西，成化中移此。今废”。

霍山郡　隋义宁元年（617）置，治所霍邑县（今山西霍州市）。辖境相当今山西霍山、汾西、灵石等县地。唐武德元年（618）改为吕州。

霍太山　即霍山。在今山西霍州市东南。《史记·赵世家》：“晋大旱，卜之曰：‘霍太山为祟。’使赵夙召霍君于齐，复之以奉霍太山之祀”。皆此。

霍水　①汾水支流。源出今山西霍州市霍山南麓，西南流至洪洞县北入于汾水。《水经·汾水注》：“（霍）水出霍太山，发源成潭，涨七十步而不测其深。西南径赵城南，西流注于汾水。”

②即今湖北竹山县东南、房县西之秦口河、霍河。为堵河支流。《隋书·地理志》：光迁县有霍水。《舆地纪胜》卷86房州：霍水“导源自房陵，至竹山入堵”。《清一统志·郧阳府》：霍水“在房县西。北流入竹山县界，入堵水。俗名章落河”。

霍去病墓　在今陕西兴平市东北三十里。西至汉武帝茂陵一里。《汉书·霍去病传》：“元狩六年薨。上悼之，发属国玄甲，军陈自长安至茂陵，为冢象祁连山。”颜师古注：“在茂陵旁，冢上有竖石，冢前有石人马者是也。”1961年定为全国重点文物保护单位。

霍龙门　即今黑龙江嫩江县东北霍龙门乡。为霍黑铁路的起点站。

霍丘戍　南朝梁置，即今安徽霍邱县。《梁书·武帝纪》：天监五年（506）五月，“丁亥，庐江太守裴邃克羊石城；庚寅，又克霍丘城”。即此。隋开皇十九年（599）改置霍丘县。

霍尔开图卡伦　清雍正十二年（1734）设，在今内蒙古呼伦贝尔市新巴尔虎右旗西南墨尔根哈玛尔山。何秋涛《朔方备乘》卷10《北徼喀伦考》作“和尔哈图”；西清《黑龙江外纪》卷2作“阔尔海图”。

霍尔沁卡伦　清光绪末置，属瑷珲副都统。在今黑龙江省黑河市西北上马厂乡霍尔沁村。民国《黑龙江志稿》卷4：霍勒戈壁河“又东南流径霍尔沁卡伦南，注于黑龙江”。后废。

霍尔果斯厅　清光绪十四年（1888）置，属伊犁府。治所在拱宸城（今新疆霍城县西北霍尔果斯）。1914年改为霍尔果斯县。

霍尔果斯市　2014年撤销霍尔果斯县，设立霍尔果斯市，由新疆伊犁哈萨克自治州管辖。霍尔果斯市人民政府驻陇海路3号。

霍尔果斯县　1914年改霍尔果斯厅置，属新疆伊犁道。治所在拱宸城（今新疆霍城县西北九十里霍尔果斯）。以霍尔果斯得名。1930年属伊犁行政区，后直属新疆省。1947年改名霍城县。

霍尔果斯河　为伊犁河支流。在今新疆霍城县西。清道光《新疆识略》卷1：伊犁河“又西经拱宸城南，霍尔果斯水北来入之。霍尔果斯水出北山，左右各分三渠溉绿营屯地，经拱宸城西入大河”。光绪七年（1881）《中俄伊犁条约》，以霍尔果斯河为中、俄两国之界。今为中国与哈萨克斯坦之界。

霍尔莫津卡伦　清光绪末置，属瑷珲副都统。在今黑龙江省孙吴县东北沿江满族达斡尔族乡。后废。

霍尼迈拉呼卡伦　一作和尼迈拉虎卡伦。清乾隆年间置，在今哈萨克斯坦东北境，额尔齐斯河东岸。清徐松《西域水道记》卷5：额尔齐斯河“每岁夏，塔尔巴哈台置辉迈拉呼卡伦于河西，科布多置霍尼迈拉呼卡伦于（那玛）岭间，临河，以几禁俄罗斯之通商者（《理藩院事例》云：俄罗斯等除在恰克图交易外，霍尼迈拉呼卡伦不准通商）”。

霍耳孔撒安抚司　俗称孔撒司。清雍正六年（1728）置，属打箭炉厅。治所在今四川道孚县西北孔色乡。宣统三年（1911）改流，归属道坞委员。

霍耳甘孜麻书安抚司　清雍正六年（1728）置，属雅州府。治所即今四川甘孜县。宣统三年（1911）改流，置甘孜委员。

霍耳东科长官司　简称东科司。清雍正六年（1728）置，属雅州府。治所在今四川甘孜县东北四通达乡。一说在甘孜县西北扎科乡。宣统三年（1911）改流。

霍耳白利长官司　简称白利土司。清雍正六年（1728）置，属雅州府。治所在今四川甘孜县西生康乡。宣统三年（1911）改流，置甘孜委员。

霍耳竹窝安抚司　简称竹窝、卓倭土司。清雍正六年（1728）置，属雅州府。治所在今四川炉霍县西北朱倭乡。宣统三年（1911）改流，属章谷委员。

霍耳咱安抚司　清雍正六年（1728）置，属雅州府。治所在今四川甘孜县西北扎科乡。宣统三年（1911）改流。

霍耳章谷安抚司　简称章谷土司。清雍正六年（1728）置，属雅州府。治所在今四川炉霍县西南下街。光绪三十年（1904）改置炉霍屯。

霍伦河　又作和伦河。辽金称活论河。即今吉林舒兰市东呼兰河。《清一统志·吉林一》“拉林河”条下：“和伦河，在（吉林）城东北二百三十里。源出和伦窝集。……西北流入拉林河。”

霍州　①南朝梁天监六年（507）置，治所在岳安郡（今安徽霍山县）。北周辖境相当今安徽六安、霍山、霍邱等市县地。隋开皇初废。

②唐武德四年（621）置，治所在霍山县（今安徽霍山县）。辖境相当今安徽六安、霍山等市县地。贞观元年（627）废。

③金贞祐三年（1215）置，属平阳府。治所在霍邑县（今山西霍州市）。辖境相当今山西霍州市，灵石、汾西二县及洪洞县北部地。元属晋宁路。明不辖县，属平阳府。清乾隆三十七年（1772）升为直隶州。1912年改霍县。

霍州市　1989年撤销山西省霍县，改设霍州市，市人民政府驻东大街。属临汾地区。2000年由临汾市代管。

霍州州署大堂　在今山西霍州市东城，为元代所建州府衙署建筑。现存大门、仪门、甬道、牌坊、戒石亭、大堂、二堂、内宅、科房、静怡轩等。大堂是州署中的主要建筑，建于元大德八年（1304），面阔、进深均为五间，悬山式屋顶，是我国元代木构建筑的典型代表。1996年定为全国重点文物保护单位。

霍州窑址　在今山西霍州市西南陈村。为宋、元古窑址。元时所烧白瓷以造型小巧、胎薄体轻、制作精工、纹饰精细为特色。窑具有一种圆饼形带数个小支钉的支托。烧制方法有叠烧与支烧两种。叠烧器里一圈无釉；支烧器里有细小支钉痕，有时在器物的圈足上还粘有五六个细小的支钉。这是霍州窑瓷器的一个特征。烧制的器物有碗、折腰盘、碟、高足杯等。器物胎釉洁白，器里施满釉，器外施釉不到底。胎体一般在口沿处较薄，底部较厚。有的器物光素无纹，有的装饰以印花。纹饰题材以花草居多，线条精细流畅，纹饰清晰。元代瓷器中的珍品高足杯，在霍州窑中有大量发现。2006年定为全国重点文物保护单位。

霍阳山　一名霍山。在今河南汝州市西南。《左传》：哀公四年（前491），楚“袭梁及霍”。杜注：“梁南有霍阳山。”《续汉书·郡国志》：河南尹梁县“有霍阳山”。《水经·汝水注》：霍阳山水“出南山。其水东北流径霍阳聚东，霍阳山水又径梁城西，……今置治城县，治霍阳山”。

霍阳城　即霍阳聚。在今河南汝州市东南。《清一统志·汝州》：霍阳聚“在州东南。亦名霍阳城”。

霍阳聚　一名霍阳城、张侯城。在今河南汝州市西南，汝水南岸。《左传》：哀公四年（前491），楚“袭梁及霍”。宋元人注：“梁霍在河南梁县西南故城。梁南有霍阳山。”《后汉书·祭遵传》：祭遵“遂攻得霍阳聚”。李贤注：“有霍阳山，故名焉。俗谓之张侯城。在今汝州西南。”《水经·汝水注》：“汝水之右有霍阳聚，汝水径其北。”《清一统志·汝州》：霍阳聚“在州东南。亦名霍阳城。……《通典》：梁县有汉霍阳县，因山为名。俗谓之张侯城”。

霍县　1912改霍州置，属山西河东道。治所即今山西霍州市。1928年直属山西省。1989年改设霍州市。

霍邑县　隋开皇十八年（598）改永安县置，为吕州治。治所即今山西霍州市。《元和志》卷12霍邑县：“因霍山为名。”大业初属临汾郡。唐武德元年（618）为吕州治。贞观十七年（643）改属晋州。北宋属平阳府。金贞祐三年（1215）属霍州。明洪武初废入霍州。

霍邱戍　南朝梁置，即今安徽霍邱县。

霍邱县　隋开皇十九年（599）置，属寿州。治所即今安徽霍邱县。大业初属淮南郡。唐武德四年（621）于县置蓼州，七年（624）属寿州。神功元年（697）改为武昌县。景龙元年（707）复为霍丘县。北宋属寿春府，南宋属安丰军。元属安丰路。明属寿州。清属颍州府。民国初属安徽淮泗道。1928 年直属安徽省。

霍罕　亦作浩罕、敖罕。清代藩属国。18 世纪初期乌孜别克族明格部所建。都霍罕城（今乌兹别克斯坦浩罕）。乾隆《西域图志》卷 45：霍罕“在鄂什西北七百八十里，喀什噶尔西北八百八十里。……东北为那木干，皆有城郭，四城地当平陆，南控葱岭，北滨那林河”。乾隆二十四年（1759）归附于清。光绪二年（1876）为沙俄吞并。

霍城县　1947 年改霍尔果斯县置，属新疆省。治所在今新疆霍城县西北九十里霍尔果斯。以霍尔果斯河得名。1966 年徙治水定城（今霍城县）。

霍赵堡　在今山西运城市东北霍赵村。《清一统志·解州》：霍赵堡“在安邑县东北三十八里”。

霍骨山　一作露骨山。在今甘肃渭源县南五十里。《方舆纪要》卷 60 渭源县：霍谷山，“山高峻，为南面之胜”。

霍侯山　在今山东昌邑市南四十里。一名陆山。《元丰九域志》卷 1 昌邑县：“有霍侯山。”《汉书·霍光传》：“光为博陆侯。”颜师古曰：“取乡聚之名以为国号。”《方舆纪要》卷 36 昌邑县：霍侯山“此山本名陆山。或以为即光所食邑。唐天宝六载，赐名霍侯山”。

霍洛起　清雍正十年（1732）设驿站，即今内蒙古呼伦贝尔市之牙克石市东南伊列克德。

霍泰山　即霍太山。今山西霍州市东南之霍山。

霍家桥　即今江苏扬州市邗江区东南霍桥镇。清光绪《江苏全省舆图》：江都县东南有霍桥。民国《江都县续志》卷 1：霍家桥“在县城东南沙河与廖家沟合流之西岸，轮船可达本镇。距城陆路十五里，水路二十里”。

霍诺海　①一作和纳海。即今新疆昭苏县东上洪纳海。清道光《新疆识略》卷 4：霍诺海台“在大霍诺海东、小霍诺海西，距博尔台一百里”。后徙今昭苏县东郊。

②在今新疆察布查尔锡伯自治县西南霍诺海麻扎（村）附近。清祁韵士《西陲要略》卷 3：“霍诺海种地回子八百户，引用山泉。”

霍阐没辇　亦作忽章河。今中亚之锡尔河。元《长春真人西游记》卷下：邪米思干大城“又三日东过霍阐没辇，大河也，至行在”。

霍清县　唐武德五年（622）置，属威州。治所在今广东怀集县境。贞观元年（627）废。

霍渠　在今山西洪洞县东北。《方舆纪要》卷 41 赵城县：霍渠“在县东南四十里，即霍山之水也。唐贞元中引流分二渠，名曰北霍、南霍。其北渠分三道，专溉赵城境内之田，南渠分五道，兼溉洪洞境内之田，凡九百有余顷，下流注于汾水”。今名霍泉北干渠、霍泉南干渠。

霍博　一名火孛、虎八。西辽属地。在今新疆和布克赛尔蒙古族自治县。《元史·太祖纪》：窝阔台，“太祖崩，自霍博之地来会丧”。元为察合台汗国属地。

霍博克赛里　一作和博克萨哩。即今新疆和布克赛尔蒙古自治县。清道光《新疆识略》卷 2 塔尔巴哈台：土尔扈特“乾隆三十六年由伊犁移住在城东六百余里霍博克赛里地方游牧”。即此。

霍博里　在今蒙古国西南哈尔和林北。《元史·太宗纪》：“太祖崩，自霍博之地来会丧。”《方舆纪要》卷 45：霍博里“在和林北。宋绍定二年，铁木真死，其第三子窝阔台自霍博之地来会丧”。

霍斯库鲁克岭　即和什库珠克岭。在今塔吉克斯坦东北境喀拉湖以西。《清高宗实录》卷 594：乾隆二十四年（1759）八月谕，明瑞奏称：“追剿逆回于霍斯库鲁克岭，贼众六千，负隅固守。时我兵到队者九百人，整阵奋勇鏖战，经历三时，贼众大败。寻复恃其马力，前来抗拒，我兵直前击剿，贼众越岭逃窜。”

霍黑铁路　自今黑龙江嫩江县东北的霍龙门至黑河（实际上至滨黑线上的禄神）。长 172.1 公里。1939 年动工修筑，1941 年建成。1945 年被日本拆除。

霍堡　在今天津市武清区西北。《资治通鉴》：唐武德元年（618），窦建德帅众攻幽州，“分兵掠霍堡及雍奴等县，（罗）艺复邀击败之”。胡三省注：“霍堡，盖世乱，霍氏宗党筑堡以自固，因以为名。”

霍童　即今福建宁德市北霍童镇。清乾隆三十一年（1766）置巡司于此。因霍童山为名。

霍童山　又称仙游山、游仙山。即今福建宁德市西北天下第一山。《寰宇记》卷 100 福州长溪县（今霞浦县）“霍童山”条引《闽中记》云：“邓（伯）元、伯王（玉）、玄甫于此山吞白霞丹，得上升之法，内见五藏。山下涌泉，味甘如蜜，云是列仙霍童游处。天宝六年敕改为霍童山，亦曰游仙山。”《新定九域志》卷 9 福州：仙游山“列仙霍童游处之所，本名霍童山，天宝中改之”。《方舆胜览》卷 10 福州《山川》：霍童山“在宁德县北七十里。《洞天记》所谓霍林洞天是也。唐武后时，司马炼师于此修炼，后驾鹤升天，遂赐名鹤林”。五代王闽时曾封为东岳。

〔一7〕

獠水　又名辽水、潦水、潦阳水、西漳水。即今山西左权县南清漳西源。源出山西和顺县西北八赋岭，东南流入清漳水。《水经·清漳水注》：“獠水出獠阳县西北獠山，南流径獠阳县故城西南。东流至粟城，注于清漳也。”

獠阳　①春秋楚邑，在今河南南阳市西北。《左传》：宣公四年（前 605），子越“乃以若敖氏之族，囿伯嬴于辕阳而杀之”。即此。

②又作橑阳。战国赵邑。即今山西左权县。《资治通鉴》：始皇十一年（前236），“王翦攻阏与、辕阳”。即此。

③在今河北馆陶县西北。《汉书·昭帝纪》：元凤四年（前76），“太常辕阳侯德免为庶人”。注引文颖曰：“辕言料。德，江德也。辕阳在魏郡清渊。”

辕阳县 西晋改辕阿县置，属乐平郡。治所即今山西左权县。北魏太平真君九年（448）废。孝昌二年（526）复置，改为辽阳县。

辕阿县 东汉末置，属上党郡。治所即今山西左权县。西晋改辕阳县。

臻州 一作溱州。隋大业元年（605）改豫州置，治上蔡县（即今河南汝南县）。二年（606）改为蔡州。

臻剖六洞横坡等处长官司 明洪武间改溱洞涪洞长官司置，属镇远卫。治所在今贵州施秉县西北。后废。

〔丨一〕

冀 ①商、周国名。在今山西河津市东北冀亭。《左传·僖公二年》：晋荀息曰：“冀之既病，则亦为君故。”杜预注：“冀，国名，平阳皮氏县东北有冀亭。”春秋时为晋所灭。

② 春秋战国时秦所置县，治所在今甘肃甘谷县东。《史记·秦本纪》：秦武公十年（前689），“伐邽、冀戎，初县之”。即此。

冀氏县 ①北魏建义元年（528）析禽昌、襄陵县置，为冀氏郡治。治所在今山西安泽县东南二十八里冀氏镇。北周属义宁郡。隋属临汾郡。唐属晋州。北宋属平阳府。元世祖至元三年（1266）废。

②1941年晋冀鲁豫边区由安泽县析置，属太岳区。治冀氏镇（今山西安泽县东南冀氏镇）。1945年9月撤销，并入安泽县。

冀氏郡 北魏建义元年（528）置，属晋州。治所在冀氏县（今山西安泽县东南二十八里冀氏镇）。辖境相当今山西安泽县地。北齐初废。

冀氏镇 即今山西安泽县东南冀氏镇。民国《岳阳县志》卷4：冀氏镇“距城百四十五里”。

冀宁道 1914年由中路道改置，属山西省。治阳曲县（今山西太原市）。辖境约当今山西沁源、屯留、长子、沁水、阳城以东，兴县、岢岚、岚县、方山、古交、太原、阳曲、盂县以南，石楼、交口、介休以北地区。1928年废。

冀宁路 元大德九年（1305）改太原路置，属河东山西道肃政廉访司。治所在阳曲县（今山西太原市）。《元史·地理志》：“以地震改冀宁路。”辖境相当今山西介休市以北、长城以南地区。明洪武元年（1368）改为太原府。

冀戎 春秋时西戎之一。在今甘肃甘谷县。《史记·秦本纪》：“秦武公十年伐邽、冀戎。”即此。后置冀县。

冀州 ①指中国。顾炎武《日知录·惟彼陶唐有此冀方》：“古之天子常居冀州，后人因之遂以冀州为中国之号。”

②古九州之一。《尚书·禹贡》中的冀州，西、南、东三面都以当时黄河与雍、豫、兖、青等州为界，指今山西和陕西间黄河以东、河南和山西间黄河以北及山东西部、河北东南部地。《尔雅·释地》：“两河间曰冀州。”《周礼·职方》：“河内曰冀州。”因另有幽、并二州，故范围较《禹贡》冀州为小。

③西汉武帝时置，为十三刺史部之一。辖境相当今河北中、南部，山东西端及河南北端。东汉治所在高邑县（今河北柏乡县北）。后又移治邺县（今临漳县西南）。三国魏移治信都县（今冀州市），晋又移治房子县（今高邑县西南）。辖境缩小。北魏复治信都县。隋大业初改为信都郡。唐武德四年（621）复为冀州，六年（623）移治下博县（今深州市东南）。贞观元年（627）还治信都，龙朔二年（662）改为魏州，咸亨三年（672）复为冀州。天宝元年（742）改为信都郡，乾元元年（758）复为冀州。元属真定路，明洪武二年（1369）省信都县入州，属真定府。清雍正二年（1724）升为直隶州，辖今冀州、衡水、武邑、枣强、南宫、新河等县市地。1913年改为冀县。1993年改设冀州市。

④南朝宋泰始中与青州合侨置于郁洲（今江苏连云港市东云台山一带）。梁侯景乱后地入东魏，改置海州。

⑤前秦置，治所在邺县（今河北临漳县西南邺镇）。后废。

⑥十六国后秦皇初三年（396）置，治所在蒲坂县（今山西永济市蒲州镇东南）。东晋义熙十三年（417）废。

⑦十六国北燕正始二年（408）侨置，治所在肥如县（今河北迁安市东北）。后废。

⑧西魏置，治所在厉城县（今湖北随州市北一百里）。寻改置顺州。

冀州市 1993年撤销河北省冀县，改设冀州市，市人民政府驻冀州镇。属衡水地区。1996年划归衡水市代管。

冀阳郡 十六国前燕以冀州人置，治所在平刚县（今辽宁凌源市南大凌河南岸）。北齐废。

冀村 即今山西汾阳市东北四十里冀村镇。清置巡司于此。

冀县 ①春秋秦武公十年（前688）置，治所在今甘肃甘谷县东。始皇时属陇西郡。西汉属天水郡。东汉移天水郡治此。永平十七年（74）为汉阳郡治。西晋后废。

②1913年改冀州置，属直隶大名道。治所即今河

北冀州市。1928年直属河北省。1993年改设冀州市。

冀城县　北周改当亭县置，属天水郡。治所在今甘肃甘谷县西南四十里。寻废。隋大业二年（606）复置，属秦州。三年仍属天水郡，移治今甘谷县。唐武德三年（620）改为伏羌县。

冀亭　在今山西稷山县北。《续汉书·郡国志》河东郡皮氏县："有冀亭。"

冀鲁豫边区革命根据地旧址　在今河南范县、清丰县。1940年在清丰县成立冀鲁豫边区革命根据地的区委和军区。1944年5月冀南区党委并入，成立平原分局。同年8月，分局迁到清丰县城东南三十里的单拐村。1945年3月，八路军一二九师政委、北方局书记邓小平到单拐村传达中央减租减息会议精神。同年八月，一二九师改为晋冀鲁豫军区司令部。1945年春至1946年10月，邓小平、杨勇、宋任穷等先后在此指挥锡山战役和解放阳谷、封丘、延津等战役。分局旧址已废，现仅存冀鲁豫军区司令部旧址，为一四合院，坐东向西，东屋三间内当年设司令部，南屋两间瓦房是杨勇旧居。邓小平旧居在东西大街中间路南，原有楼房三间已废，仅存砖券拱门。兵工厂旧址在村东陈氏祠堂。2006年定为全国重点文物保护单位。

〔丨㇇〕

蹀　战国楚邑。《鄂君启节》铭文：自鄂往，"内入湘，庚蹀"。当在湘水之滨，疑为《水经·湘水注》中的锡口戍，在今湖南湘阴县南湘水西岸濠河口与乔口之间。

瞰下寨　在今广东汕尾市西北城内村。《清一统志·惠州府》：瞰下寨"在海丰县南少西五十里，捷胜所西北。明崇祯十年置，有城"。清以碣石镇左营守备分防于此。

瞰羯城　在今乌兹别克斯坦塔什干。唐显庆三年（658）为大宛都督府治所。

嘴子前墓群　在今山东海阳市东北盘石店镇嘴子前村东北。面积约1500平方米，为春秋时期贵族墓地。一号墓为木椁墓，20世纪70年代清理出铜器、铜编钟等二十余件。四号墓为长方形竖穴式，长7.32米，宽约6米，残深3.44米，棺椁三重，为卿大夫礼制，墓室用青泥封土，随葬器物保存较好。出土器物多达二百四十余件，其中铜器六十余件，漆木器四十余件，玉石器十余件，其余均为陶器。青铜礼器有七鼎，还有由七件甬钟组成的一组编钟，以及壶、盘、匜等。规模较小的二号墓出土有贵重的漆器。嘴子前墓葬中除礼器外，还有颇具生活情趣的日用器物。2006年定为全国重点文物保护单位。

蹛林　在今蒙古国鄂尔浑河发源处之杭爱山北侧。《辽史·太祖纪下》：天赞三年（924）九月丙申朔，"次古回鹘城，勒石纪功。庚子，拜日于蹛林"。按古回鹘城即今鄂尔浑河上游西之哈剌巴尔哈孙古城，则此处之蹛林应指该地之杭爱山北侧多树林区域。《辽史·语解》："蹛林，地名，即松林故地。"或以为即辽代之平地松林，误。

蹛林州　唐羁縻州。贞观二十一年（647）以回纥思结别部置，属燕然都护府。约在今蒙古国鄂尔浑河上游杭爱山北侧。总章元年（668）侨寄于凉州（州治姑臧县，今甘肃武威市）界内。

蟒山　即今河北迁安市东北十五里大蟒山。《方舆纪要》卷17迁安县：蟒山"以山形蜿蜒而名。产铁。旧有冶"。

蟒山寨　在今北京市延庆县东南。《方舆纪要》卷17延庆州："州东南二十里蟒山上，山形如蟒头，置寨。"为昔人据险避兵处。

蟒水寨　即今云南昌宁县东北二十五里漭水镇。明置巡司于此。

蟆（蟇）颐山　①在今四川崇州市西北五十六里。《方舆胜览》卷52崇庆府：蟆颐山"在永康县西七里。山有穴类蟆颐。山中多鹿，号鹿市"。《方舆纪要》卷67崇庆州"鹤鸣山"条下："蟆颐山在州西五十六里。山心如蟆颐，因名。"

②在今四川眉山市东，岷江东岸。《寰宇记》卷74通义县：蟆颐山"在州东七里。形似虾蟆颐"。《方舆纪要》卷71眉州：蟆颐山"自象耳山连峰壁立，西瞰玻璃江，五十余里至此，磅礴蹲踞，形类蟆颐。上有淘丹井。山腹有穴曰龙洞，大江流至山下曰蟆颐津"。《清一统志·眉州》：蟆颐山"在州东七里"。山上有唐建蟆颐观，观外有"甘泉益寿"等八景，历为名人雅士所称颂。

蟆（蟇）颐津　在今四川眉山市东七里蟆颐山下，为岷江津渡。《新唐书·田令孜传》：僖宗时，"（田令孜）矫诏贬（孟）昭图嘉州司户参军，使人沉于蟆颐津"。《明史·地理志》眉州："东为蟆颐山，西面临江，下为蟆颐津。"

蟆（蟇）颐堰　在今四川眉山市东七里蟆颐山下，岷江东岸。唐开元中益州长史章仇兼琼开创，障蜀江水溉眉山、青神田七万余亩。《宋史·魏了翁传》：嘉定间，知眉州，"复蟆颐堰，筑江乡馆，利民之事，知无不为"。

螃蟹镇　清初设螃蟹屯，即今贵州凯里市东北三十六里旁海镇。乾隆元年（1736）设临江堡。1932年置临江镇，1941年改名螃蟹镇。"螃蟹"系苗语八夯音转。苗语称清水江为欧夯，"八"意为江岸，因位于清水江畔，故名。

蠙洲　在今江西鄱阳县西南。《寰宇记》卷107饶州鄱阳县：蠙洲"在县西南二十五里溪中。有蚌出珠。《鄱阳记》云，贞观年中，因雨雹乃有蚌出珠，百姓采之咸亦不空。其水平浅可涉"。

瞫城　上海市原嘉定县（今嘉定区）的别称。因隋唐时为昆山县瞫城乡而得名。又别称瞫塘。

罢狐　又名罢狐聚。战国秦邑。在今河南汝州市西北四十里。《史记·周本纪》："秦取九鼎宝器，而迁西周公于罢狐。"即此。《正义》引《括地志》："汝州外古梁城即罢狐聚也。"

罴狐聚　即罴狐。在今河南汝州市西北四十里。《水经·汝水注》："汝水又左合三里水。水北出梁县西北，而东南流，径其县故城西，故罴狐聚也。"

巘山　在今江西永丰县北。《明一统志》卷56吉安府：巘山"在永丰县北三十里。上有五峰如圆廪，有石峙立如碑"。

襄尖砦　一作蚁尖砦。在今河南林州市西北四十里倚阳山巅。《金史·张开传》：元光二年（1223），"林州襄尖寨众乱，逐招抚使康塘"。即此。

圜丘坛（壇）　亦名祭天台、拜天台、祭台。在今北京市天坛公园内。建于明嘉靖九年（1530），为明、清皇帝冬至祭天之地。圜丘坛附属建筑为皇穹宇及其配庑、神库、神厨、宰牲亭、祭器库、乐器库、棕荐库。

圜阳县（圜 yín）　西汉惠帝五年（前190）置，属西河郡。治所在今陕西神木县南秃尾河北岸。东汉末废。

圜阴县　一作圁阴县。西汉惠帝五年（前190）置，属西河郡。治所在今陕西佳县北秃尾河南岸。《汉书·地理志》西河郡圜阴县注：师古曰，"圜字本作圁，县在圁水之阴，因以为名也"。东汉末年废。

鹦哥嘴　在今四川巴塘县东五里鹦哥嘴水电站处。因岩石陡壁，形似鹦哥嘴得名。《清史稿·土司传》：光绪三十一年（1905），巴塘七沟村民起义，攻巴塘，杀都司，驻藏帮办大臣凤全东走，"东行数里，至鹦哥嘴，被杀"。即此。史称"凤全事件"。

鹦鹉山　在今湖北随州市东北一百十五里。《隋书·地理志》：汉东郡上明县"有鹦鹉山"。《寰宇记》卷144随县：鹦鹉山"在县东北百十五里。石状如鹦鹉"。

鹦鹉谷　在今陕西西安市临潼区东北十里骊山下。《方舆纪要》卷53临潼县：鹦武谷"层崖叠壑，飞淙瀑水。《唐史》武德元年，鹦鹉谷水清。世传此水清，天下平也。又韦嗣立营别庐于此，中宗临幸，赐名幽栖谷"。

鹦鹉坡　在今贵州盘县东。《清一统志·普安厅》：鹦鹉坡"在厅东五十里。《滇行记》：度板桥乃上鹦鹉坡，长松夹道，盘折数十折"。

鹦鹉洲　①即今浙江平湖市东当湖中之平湖墩。明天启《平湖县志》卷2："当湖在县治东三百步，周四十余里。按《括异志》：南北十二里，东西六里……或云鹦鹉洲，《图经》不载。"

②在今湖北武汉市武昌城区黄鹄矶西长江中。《水经·汉水注》："江之右岸当鹦鹉洲。"《寰宇记》卷112鄂州江夏县：鹦鹉洲"在大江东，县西南二里。西过此洲从北头七十步，大江中流与汉阳县分界。《后汉书》云，黄祖为江夏太守时，黄祖长子射大会宾客，有献鹦鹉于此洲，故名"。明末渐沉于江。清乾隆三十四年（1769），长江汉阳一侧淤出新洲，名补课洲。嘉庆二十年（1815）改称鹦鹉洲。

鹦鹉湖　即当湖。在今浙江平湖市城区东。光绪《嘉兴府志》卷13引《吴地记》：当湖"隆安五年改名东武湖，或曰鹦鹉湖"。

鹦鹉溪　在今贵州思南县北。《清一统志·思南府》：鹦鹉溪"在府城北五十里。产茶。又北二十里有马蹄溪，与鹦鹉溪合流，东入德江"。

赠科　即邓柯。今四川石渠县南洛须镇（旧邓柯县）。《清史稿·四川土司传》：光绪三十四年（1908），赵尔丰率兵讨德格土司之乱，"攻逆酋昂翁，降白仁青等于赠科"。民国《邓柯县图志》："邓柯一名赠科。"

赠科土千户　在今四川石渠县南洛须镇（旧邓柯县）。清置赠科土千户。《清史稿·四川土司传》：光绪三十四年（1908），赵尔丰率军讨德格土司乱，"十二月，攻逆酋昂翁，降白仁青等于赠科，匪窜杂渠卡"。民国《邓柯县图志》："邓柯一名赠科，历归德格土司管辖之地。"宣统元年（1909）于此置登科府。1913年改为邓柯县。

默水县　唐武德二年（619）析内乡县置，属淅州。治所在今河南内乡县东北。贞观八年（634）废入内乡县。

默尔彻尔山　亦名乌赤山、燕子山。在今新疆乌什县城内。清徐松《西域水道记》卷2：永宁城"城据山之东南面。其山孤立，四面距众山皆七八里。《阿文成公年谱》载，公奏乌什之乱云：'贼运粮于城内默尔彻尔山'。是其名矣。山势险峻。回语谓山石突出为乌赤，乌什即乌赤也"。

默亭县　亦作里亭县。北魏置，属高平郡。治所在今宁夏固原市南大湾乡瓦亭村。隋属平凉郡。唐废。

默勒王旗　和硕特前左翼头旗的俗称。在今青海刚察县东北。

默勒扎萨克旗　和硕特西右翼前旗的俗称。在今青海祁连县西南。

默德那国　亦作蓦底纳。即今沙特阿拉伯西部麦地那。有伊斯兰教创始者穆罕默德陵墓。《明史·西域传》："默德那，回回祖国也，地近天方。"《方舆纪要》卷65：默德那国"即回回祖国，与天方国接界。……明宣德中，其国使臣随天方国使臣来朝"。

黔　贵州省的简称。因省境东北部在战国、秦代属黔中郡，在唐代属黔中道，故名。

黔山　在今湖南保靖县西。《元和志》卷30三亭县：黔山"在县西五十里。后汉时陆康伐蛮假此，即祷请为援，诸树木皆有人马之形，因平群寇，改为武神山"。

黔川州　唐开元十七年（729）置羁縻州，属黎州都督府。治所在今四川泸定或石棉、甘洛等县境。北宋以后废。

黔中　①唐方镇名。开元二十六年（738）置五溪诸州经略使于黔州（今重庆市彭水苗族土家族自治县），天宝中已称其辖境为黔中，宝应以后称黔中经略招讨观察处置等使。大历十二年（777）领黔、施、夷、辰、思、费、溆、播、南、榛、珍、锦十二州，约当今重庆市彭水、綦江，湖北利川、建始等县市以南，湖南沅陵、溆浦等县以西，贵州铜仁、思南、遵义等县市以北地区。贞元元年（785）增领奬、溪二州，并徙治辰州（今湖南沅陵县），三年还治黔州。元和三年（808）增领涪州。大顺元年（890）号为武泰军节度使。

②即今贵州省之别称。因省境在唐代属黔中道而得名。

黔中郡　①战国时楚置，后入秦。秦代治所在临沅县（今湖南常德市）。辖境相当今湖南沅水、澧水流域，湖北清江流域，四川黔江流域和贵州东北部。西汉改为武陵郡。

②唐天宝元年（742）改黔州置，治所在彭水县（今重庆市彭水苗族土家族自治县）。辖境相当今重庆市黔江区及彭水、酉阳，贵州省沿河、务川等县部分地。乾元元年（758）复为黔州。

黔中道　①唐开元二十一年（733）分江南道西部置，为开元十五道之一。治所在黔州（今重庆市彭水苗族土家族自治县）。辖境相当今湖北清江中上游、湖南沅江上游，贵州桐梓、金沙、毕节、晴隆等市县以东，重庆市黔江区及綦江、彭水与广西西林、凌云、东兰、南丹等县地。乾元元年（758）废。但作为地理区划一直延至五代。

②1914年由原黔中道袭置，属贵州省。治贵阳县（今贵州贵阳市）。辖境约当今贵州习水、仁怀、遵义、息烽、修文、贵阳、长顺、罗甸以东，道真、正安、湄潭、余庆、瓮安、福泉、凯里、雷山、三都、荔波以西地区。1920年废。

黔水　即今湖北咸丰县中部龙潭河。为乌江支流唐崖河的上游。《方舆纪要》卷82龙潭安抚司：黔水“在司治南。即清江也。《志》云，流经四川彭水县至涪州入岷江。误”。按：不仅志误，《方舆纪要》亦误乌江为清江。

黔艾山　在今山东胶南市西。《水经・胶水注》：拒艾水“出（黔陬）县西南拒艾山，即《齐记》所谓黔艾山也”。清光绪《山东通志》卷27谓即今铁橛山。一说即艾山。

黔西州　清康熙二十二年（1683）改黔西府置，属大定府。治所即今贵州黔西县。1913年改为黔西县。古为黔州西境，故名。

黔西县　1913年改黔西州置，属贵州贵西道。治所即今贵州黔西县。1923年直属贵州省。

黔西府　清康熙三年（1664）置，属贵州省。治所即今贵州黔西县。二十二年（1683）改为黔西州。

黔州　①北周建德四年（575）改奉州置，治所在今重庆市彭水苗族土家族自治县东北郁山镇。隋开皇十三年（593）置彭水县为附郭县。大业三年（607）改为黔安郡。唐武德元年（618）复改为黔州，贞观四年（630）移治今彭水苗族土家族自治县。天宝元年（742）改为黔中郡。乾元元年（758）复为黔州。辖境相当今重庆市黔江区、彭水、酉阳及贵州沿河、务川等县部分地。南宋绍定元年（1228）升为绍庆府。

②辽置，属兴中府。治所在盛吉县（今辽宁北票市东南）。辖境相当今辽宁北票市东南地。金废。

黔州都督府　唐贞观四年（630）于黔州（今重庆市彭水苗族土家族自治县）置，督黔、务、施、业、辰、智、牂、充、应、庄等州，后增督播、思、费、夷、琰、矩等州。开元、天宝时督黔、施、夷、播、思、费、珍、溱、南等州，又领充、明、劳、琰、庄、牂等五十羁縻州，辖境相当今湖北清江上游和重庆市綦江县以南，贵州大部，以及广西、湖南部分地区。

黔州镇　唐方镇名。大历十四年（779）置，治所在彭水县（今重庆市彭水苗族土家族自治县）。辖境相当今湖北恩施以南，贵州遵义、铜仁以北，湖南沅陵以西地区。大顺元年（890）改为武泰军节度。

黔江　①沅水支流。在今湖南洪江市西南。《方舆纪要》卷81黔阳县：黔江“亦曰黔水。《志》云，源出牂牁，经县（治今黔城镇）南一里七宝山下，合于沅江”。

②即今重庆、贵州两省市境之乌江。《舆地纪胜》卷174涪州：黔江“自思州之上费溪州发源，经五十八节名滩，方至黔州溉，自黔州溉与施州江合流，九十里经彭水、武德二县，凡五百余里，与蜀江会于州之东。水常湛然彻底，以其出于黔州，呼为黔江。坡诗云：合水来如电，黔江绿似蓝。又名涪江”。黔州治即今彭水苗族土家族自治县。

③指今广西红水河合柳江以后之名称，东南流至桂平县与郁水合流为浔江。为西江上游。《舆地纪胜》卷110浔州：黔江“在州（治今桂平县）北二十步。其源出牂牁，自宜州东南行，经柳、象至州之城，与郁江合流”。

黔江千户所　明洪武十一年（1378）置，属重庆卫。治所即今重庆市黔江区。后废。

黔江县　唐天宝元年（742）改石城县置，属黔中郡。治所在今重庆市黔江区东南。明郭子章《郡县释名》：黔江县“邑有黔江，自思州发源，凡五百余里，与岷江会于涪州之东。水常湛然彻底，以其出于黔州，呼为黔江，县因以名”。乾元元年（758）属黔州。北宋移治今黔江区。南宋绍定元年（1228）属绍定府。元属绍定路。明洪武五年（1372）废人彭水县，十四年（1381）复置，属重庆府。清雍正四年（1726）为黔江厅治，十二年（1734）为黔彭厅治。乾隆元年（1736）属酉阳直隶州。民国初属四川东川道。1928年直属四川省。1983年改为黔江土家族苗族自治县。1997年划归重庆市，撤销黔江土家族苗族自治县，改设黔江区。

黔江城　北宋熙宁七年（1074）置，属沅州。即今湖南洪江市黔城镇。元丰三年（1080）改置黔阳县。1949年黔阳县移治安江镇，此地名黔江镇。

黔安郡　隋大业三年（607）改黔州置，治所在彭水县（今重庆市彭水苗族土家族自治县东北郁山镇）。辖境相当今重庆市黔江区彭水、酉阳，贵州务川、德江、沿河等县部分地。唐武德元年（618）复为黔州。

黔阳县　北宋元丰三年（1080）置，属沅州。治所即今湖南洪江市黔城镇。元属沅州路。明属沅州。清乾隆元年（1736）属沅州府。民国初属湖南辰沅道。1922年直属湖南省。1949年迁治安江镇（即今洪江市驻地黔城镇）。1997年撤销黔阳县，并入洪江市。

黔阳堡　在今湖南洪江市西南。《方舆纪要》卷81黔阳县"托口寨"条下："又有黔阳堡在城（治今黔城镇）北。"又"安江堡"条下："《志》云，黔阳、竹滩、安江三堡，皆景泰初，以溪洞蛮僚出没为患，增设戍防，俱沅州卫官军哨守。"

黔灵山　在今贵州贵阳市西北角，号称"黔南第一山"。弘福寺始建于清康熙十一年（1672），有天王殿、观音殿、大雄宝殿三重大殿，巍峨壮观，当年香火之盛为全黔寺庙之冠。山下有麒麟洞，1941年5月至1942年2月及1949年2月至9月，著名爱国将领张学良、杨虎城先后被囚禁于此。

黔城镇　金改盛吉县置，属兴中县。在今辽宁北票市东南。

黔南　贵州省的别称。贵州简称黔，又因位于国土南部，故名。

黔南道　亦名黔江道、牂柯道。唐代四川盆地至贵州道路之一。自重庆市涪陵溯乌江而上，经武隆、彭水而入贵州，由沿河至思南。《唐会要》卷98昆弥国：武德四年（621），"遣使朝贡，因求内附。自是每岁不绝。其使多由黔南路而至"。

黔南路　北宋大观元年（1107）分广南西路置，治融州（治今广西融水苗族自治县）。以在唐黔中道之南而得名。辖境相当今广西三江县、柳州市以西，河池县以东和忻城县以北地区。三年（1109）并入广西，称广西黔南路。四年（1110）依旧称广南西路。

黔敖墓　在今山东淄博市临淄区齐都镇东南。黔敖为春秋齐庄公时大夫。据《礼记·檀弓下》载："齐大饥，黔敖为食于路，以待饿者而食之。有饿者，蒙袂辑屦，贸贸然来。黔敖左奉食，右执饮，曰：嗟，来食。扬其目而视之，曰：予唯不食嗟来之食，以至于斯也。从而谢焉，终不食而死。"此即"嗟来之食"典故的由来。1988年刻立"黔敖墓"碑。

黔桂铁路　从广西柳州至贵州贵阳。全长615公里。1939年动工兴建，次年修至金城江（今广西河池）。长161公里。1941—1943年又完成金城江至独山段237公里。1944年通至都匀，又延筑73公里，并筑至煤矿区清泰波（距都匀十二里）。此路在中华人民共和国成立后才修至贵阳。

黔陬县　西汉置，属琅邪郡。治所在今胶州市西南黔陬东三十里，谓之东陬城。东汉为侯国，属东莱郡。西晋属城阳郡。南朝宋属高密郡，移今胶州市西南黔陬，谓之西黔城。《南齐书·刘怀珍传》：南朝宋泰始三年（467）青州刺史沈文秀拒命，诏刘怀珍进击，怀珍"遂进至黔陬"。北齐置平昌郡于此。隋开皇初郡废，大业初省黔陬县入胶西县。

黔彭厅　清雍正十二年（1734）改黔江厅置，属四川省。治所黔江县（今重庆市黔江区）。辖境相当今重庆市黔江区及彭水、酉阳、秀山等土家族苗族自治县地。乾隆元年（1736）废。

黔彭营　清置，属重庆镇。在黔江县（今重庆市黔江区）。设都司、千总驻防。

〔丿一〕

镛州　五代闽天德元年（后晋天福八年，943）王延政升将乐县置，治所即今福建将乐县。开运三年（946）复降为将乐县。《说文》："大钟谓之镛。"《方舆纪要》卷97延平府将乐县：西台山"在县治西，县之主山也。巍然高峙，其上坦夷如台。亦名钟楼山，形若钟也。五代置镛州，盖以山名"。

镞曷山　在今哈萨克斯坦阿拉木图东北恰林河西。《新唐书·突厥传》："咄陆可汗建廷镞曷山西，谓之北庭。"《清一统志·伊犁》：布喀山"在伊犁西北，伊犁河南岸，图赍爱古尔山西北。《唐书》伊列河以西，咄陆可汗建庭镞曷山西，即其地也"。

镜山　①在今江西上高县东。《方舆纪要》卷84瑞州府上高县：镜山"在县东二里。山有三端，圆如镜，相对而峙。中有径，可通人行"。

②在今四川屏山县西。《方舆纪要》卷73马湖府屏山县：镜山"在府西三十五里。山下有水，澄清如镜"。

镜水　即鉴湖、镜湖。在今浙江绍兴市南。唐元稹《以州宅夸于乐天》诗云："州城回绕拂云堆，镜水稽山满眼来。"

镜坝墟　即今江西南康市北章水北岸镜坝镇。清同治《江西全省舆图》卷8：南康县北有境坝墟。

镜河　玉带河流经河北任丘市为镜河。《方舆纪要》卷13任丘县：镜河"在城南。其上源即肃宁县之玉带河也，流经县南八里，会马圈泊，又北至县南三里，会莲花泊。又东南齐家泊，亦流合焉。环城为濠，亦名玉带河。又北至五龙潭，东出斜沟，会于五官淀"。今已湮。

镜泊　即今黑龙江宁安市西南镜泊镇。1946—1948年东北革命根据地在此置镜泊县。

镜泊县　1946年东北革命根据地由宁安县析置，属牡丹江行政区。治镜泊（今黑龙江宁安县西南镜泊镇）。1947年属牡丹江省。1948年撤销，并入宁安县。

镜泊湖　古名忽汗海、毕尔腾湖。在今黑龙江省宁安市西南一百四十里。《清史稿·地理志》宁安府："西南：牡丹江自额穆入，汇为镜泊。"此湖系玄武岩流堰塞牡丹江而成，为我国最大的山地堰塞湖。湖面海拔351米。最深达62米，由西南向东北曲折，长约45公里，最宽处6公里，面积95平方公里。为我国著名的自然保护区和旅游区。

镜湖　一名鉴湖。古代大型农田水利工程。故址在今浙江绍兴市城区南至会稽山北麓。东汉永和五年（140）会稽太守马臻创建。历代续有增筑。筑堤东起今上虞县西南曹娥附近，经郡城（今绍兴市）南，西抵今绍兴市西北钱清附近。尽纳南山三十六源之水潴而成湖。《水经·渐江水注》记载："湖广五里，东西百三十里。"有闸门六十九座，遇旱则泄湖灌田，逢潦则闭湖泄田中水入海。据唐杜佑《通典》卷182越州会稽县载："其堤塘周回三百一十里，都灌田九千余顷。"北宋大中祥符年间开始围垦，至南宋初已基本湮废。今绍兴市西南四里处鉴湖乃其残迹。

镲水镇　金置，属密县。在今河南新密市东南。

镲宝直之地　在今黑龙江省黑河市及黑龙江以东一带。《元史·口儿吉传》：口儿吉之子的迷的儿，"领阿速军，从指挥王爪失征叛王乃颜，却金刚奴军于镲宝直之地，降哈丹秃鲁干，累以功受赏"。即此。

赞皇山　在今河北赞皇县西南二十里。《汉书·地理志》常山郡房子县："赞皇山，济水所出。"《寰宇记》卷60赵州赞皇县：赞皇山，"《穆天子传》曰：至房子，登赞皇山"。即此。

赞皇县　隋开皇十六年（596）置，属栾州。治所即今河北赞皇县。《寰宇记》卷60赞皇县："以县南有赞皇山，因以为名。"大业初属赵郡。唐属赵州。北宋熙宁五年（1072）省入高邑县，元祐元年（1085）复置，属庆源府。金属沃州。元世祖至元二年（1265）省入高邑县，七年（1270）复置，属赵州。清属正定府。民国初属直隶保定道。1928年直属河北省。

赞章　即今伊朗里海西南赞詹。《元史·地理志·西北地附录》有"赞章"。

赞善镇　即今河北沙河市西十里赞善村。清乾隆《沙河县志》建置志：布集有赞善。

赞摩寺　在今新疆和田县南。《魏书·西域传》："（于阗城）南五十里有赞摩寺，即昔罗汉比丘卢旃为其王造覆盆浮图之所，石上有辟支佛跣处，双迹犹存。"

憩桥　在今江苏苏州市城西南。《吴地记》曰："吴军憩歇于此，因名。"

穆王城　在今浙江安吉县（递铺镇）西南二里穆王城村。《方舆纪要》卷91安吉州：穆王城，"宋建炎中，岳飞拒寇于此，垒土结营，寇不能犯，飞谥武穆，土人因以穆王城呼之"。

穆公城　在今山东临沂市西北九十里。《方舆纪要》卷33沂州"中丘城"条下载：穆公城"相传鲁穆公所筑"。

穆公砦　在今陕西蒲城县东北三十里。《方舆纪要》卷54蒲城县：穆公砦，"《志》云：秦穆公屯兵处"。

穆丹山　在今俄罗斯哈巴罗夫斯克边疆区黑龙江下游亚马林山北端。清乾隆《钦定盛京通志》卷27：穆丹山，"国语，穆丹，声音也。（宁古塔）城东北三千九百十三里"。穆尼克河源于此。

穆书图库　亦作穆舒吐、木舒图屯。在今黑龙江省佳木斯市西南，松花江南岸。清光绪《吉林通志》卷17：穆书图库"正东松花江南岸，距（三姓）城一百一十五里木舒图屯"。即此。

穆乐墟　即今广西桂平市东木乐镇。清乾隆四十六年（1781）设穆乐墟巡司于此。

穆尔津冈　亦名穆津冈。在今四川金川县北。《清史稿·温福传》：清征金川，自丹坝至勒乌围，"中有穆津天险。为岳钟琪进兵路"。

穆册镇关　亦作木栅镇。即今河南宜阳县西南七十里穆册关。南接嵩县界。明置巡司于此。

穆尼乌拉　一作牟纳山、午腊蒻山、穆尼乌拉。即今内蒙古乌拉特前旗东北乌拉山。

穆尼克河　在今俄罗斯哈巴罗夫斯克边疆区东北，为图古尔的支流。清康熙《皇舆全览图》：兔呼鲁河支流有"磨尼可河"。《清一统志·吉林一》"钮斡哩河"条下："穆尼克河、密密勒河，源俱出穆丹山。……东流入图呼勒河。"

穆州　①唐渤海国置，属龙原府。治所在会宁县（今朝鲜咸镜北道庆源南龙北洞）。辖境约当今朝鲜庆源一带。辽时与州治会农县同移治今辽宁岫岩县东南洋河附近。金废。

②辽置，属开州。治所在会农县（今辽宁岫岩满族自治县东南洋河镇一带）。后废。

穆阳　即今福建福安市西南穆阳镇。明王应山《闽都记》卷33：穆阳"在十八都。缪氏聚族于斯，缪与穆同音义也"。

穆克图里山　在今俄罗斯滨海边疆区乌苏里江支流噶尔玛河北岸。清《乾隆内府舆图》：乌苏里江东支流噶尔玛必拉北有"穆克图阿林"。光绪《吉林通志》卷19：穆克图哩山在"三姓界，距吉林城东北二千一百里"。

穆克德和站　又作德通站。在今吉林图们市北。清光绪《吉林通志》卷57："大坎子站，……南四十五里穆克德和站。"

穆苏噶珊　亦作木苏。在今俄罗斯哈巴罗夫斯克边疆区黑龙江下游东岸辛达附近。清初属宁古塔将军。康熙《皇舆全览图》：黑龙江下游东岸有“木苏噶山”。后属三姓副都统。光绪《吉林通志》卷17：混同江南岸，东至海滨旧设噶珊有“穆苏”。咸丰年间通过不平等的中俄《北京条约》被俄割占。

穆村 即今河北深州市西北二十里穆村乡。清同治《畿辅通志》卷55深州图：西北有穆村。

穆坪设治局 1928年改董卜韩胡宣慰司置，属四川省。治所即今四川宝兴县。1930年改设宝兴县。

穆和勒噶珊 原为明黑勒里站。在今俄罗斯哈巴罗夫斯克边疆区黑龙江下游东岸沃斯克烈先斯科耶附近，属三姓副都统。《乾隆内府舆图》：黑龙江下游阿克齐必拉口南有“穆和勒噶珊”。光绪《吉林通南》卷17：混同江南岸，东至海滨旧设噶珊有“穆和勒”。咸丰年间通过不平等的中俄《北京条约》被俄割占。

穆店 即今江苏盱眙县东南穆店乡。清光绪《盱眙县志稿》卷3：穆店在“东南三十五里”。

穆肃堡 明置，属茂州。在今四川茂县西北六十六里岷江东岸两河口。《方舆纪要》卷73叠溪所：穆肃堡“所南五十里，江水经此，黑水流合焉。志所云：穆肃为两河之会也，南与茂州接界，为控扼之所”。

穆洋市 即今福建福安市西穆阳镇。《清一统志·福宁府》：穆洋市“在福安县西三十里廉溪上游。盐货从富溪过者，居积于此。亦泰顺诸县咽喉也”。

穆垒河 即今新疆木垒哈萨克自治县木垒河。《清史稿·兆惠传》：乾隆二十二年（1757），讨阿睦尔撒纳之乱，“及图伦楚兵至，围解，兆惠得新兵，复逐捕巴雅尔，至穆垒河源”。

穆家峪 即今北京市密云县东北穆家峪镇。清《日下旧闻考》卷140密云县：“密云县尖营坐落有四：……一在穆家峪庄南。”乾隆三十八年（1773）御制《过穆家峪即事》四首。

穆家营 即今宁夏西吉县。民国《甘肃省县总分图》：海原县南有穆家营。1942年于此置西吉县。

穆家堡 明置，即今辽宁辽阳县西南穆家镇。清《太祖实录》卷7：后金天命六年（明天启元年，1621）三月，辽阳既下，其辽东之奉集堡、穆家堡、武靖营等“大小七十余城官民俱薙发降”。

穆陵 春秋时齐地。即今山东临朐县东南穆陵关。《左传·僖公四年》：管仲云，齐地“南至于穆陵”。即此。一说春秋时楚地。《史记·齐太公世家》：“南至穆陵”。唐司马贞《索隐》：“今淮南有故穆陵门，是楚之境。”杨伯峻《春秋左传注》则疑其地在今湖北麻城市北一百里之穆陵关。

穆陵山 亦作木陵山。在今河南新县南鄂、豫两省交界处。山上有穆陵关。《资治通鉴》唐元和十四年（817）胡三省注：“黄州麻城县西北有穆陵关，在穆陵山上。”

穆陵关 ①宋嘉祐四年（1059）置，即今陕西永寿县西北穆陵关。

②清置，故址在今山西万荣县西南六十里黄河岸侧。《清一统志·蒲州府一》：穆陵关“两壁对立，中间一线为南北孔道，亦荣河之咽喉也”。

③在今山东临朐县东南大岘山上。道径危恶，一名破车岘。《左传·僖公四年》：管仲云，齐地“南至于穆陵”。即此。为战国时齐长城关隘。明、清置巡司于此。

④一作木陵关。在今河南新县南小潢河源鄂、豫两省交界处。《元和志》卷27麻城县：穆陵关“在县西北一百里”。《梁书·夏侯夔传》：天监八年（509），“敕夔帅壮武将军裴之礼、直阁将军任思祖出义阳道，攻平静、穆陵、阴山三关，克之”。

穆陵关齐长城遗址 在今山东临朐县城东南穆陵关两侧，东西横亘，长约九十里，为古齐国所建长城的一段。齐为西周分封诸侯国之一，至齐宣王时疆域扩大，东至海，西至黄河，南达穆陵关、泰山。穆陵关一段长城大都建在山岭上，以石砌筑。残墙断续可见，高约1—2米。今尚存明嘉靖年间修葺关楼时所立石碑。穆陵关山谷峻狭，古称“齐南天险”。

穆陵县 金贞祐四年（1216）升临朐县之穆陵镇置，属益都府。治所在今山东临朐县东南穆陵关。元省。

穆勒恩卡伦 一作穆棱河卡伦。清置，属宁古塔副都统。在今黑龙江省穆棱市西南穆棱镇。宣统元年（1909）于此置穆棱县。

穆敏河 即今俄罗斯阿穆尔州东北、谢列姆扎河支流马门河。《清一统志·黑龙江》“鄂尔谟拉河”条下：“穆敏河，在（黑龙江）城东北一千九十里。……西南流入西林穆丹河。”

穆喜站 清置，即今辽宁新宾满族自治县西北木奇镇。《清一统志·兴京》：穆喜站“在城西北四十里”。

穆棱市 1995年撤销黑龙江省穆棱县，改设穆棱市，市人民政府驻八面通镇。由牡丹江市代管。

穆棱县 清光绪二十八年（1902）设穆棱河分防知事，属绥芬厅。宣统元年（1909）改穆棱县，属吉林省。治所在穆棱河（今黑龙江省穆棱市西南穆棱镇）。据《增订吉林地理纪要》：“县治土名穆棱河。穆棱，（满）语本音作摩琳，其义马也。史事作毛憐。”1914年属吉林省依兰道。1928年直属吉林省，1930年移治八面通镇（今黑龙江省穆棱县），1938年再迁穆棱街（今穆棱镇）。1940年伪满时属牡丹江省。1945年划归松江省。1949年又迁八面通镇。1954年划归黑龙江省。1995年撤销穆棱县，改设穆棱市。

穆棱河 又作莫力河、穆轮河。在今黑龙江省穆棱市西。《清一统志·吉林一》：穆棱河“在宁古塔城东四百里。源出穆棱窝集，东北流会数水，凡五百余里，入乌苏哩江”。

穆棱铁路 从今黑龙江穆棱市南下城子向北至梨树镇（今鸡西市西南）。长62公里。1924年动工修筑，次年建成。

穆棱站 在今黑龙江省穆棱市西南穆棱镇。清光绪《皇朝直省图》吉林图：宁古塔东北有穆陵河。光绪《吉林全省地舆图》：东清铁路台马沟站东有穆林站。民国徐曦《东三省纪略》卷8吉林东清铁路占地表作穆棱站。

穆棱窝集 即今黑龙江省穆棱市东南太平岭。《清一统志·吉林一》"塔克通阿窝集"条下："穆棱窝集在（宁古塔）城东南二百里。"绥芬河发源于此。

穆鲁尔河 又作谟鲁尔河。即今黑龙江省嫩江县北门鲁河。《清一统志·黑龙江》：穆鲁尔河"在墨尔根城东北四百一十里。源出东北兴安岭，西流入嫩江"。

穆鲁苏苏城 在今俄罗斯阿穆尔州布拉戈维申斯克海兰泡泡苏赫基诺附近。乾隆《钦定盛京通志》卷32：穆鲁苏苏"在（黑龙江）城西北一百里"。

穆溪 在今浙江嘉兴市东北。《方舆纪要》卷91嘉兴府：穆溪在"府东北四里。水接海盐县之上谷湖，西北出吴江县界，入于莺脰湖"。

篱子径（逕） 在今广东恩平市东南。《方舆纪要》卷101肇庆府恩平县：篱子径在"县东南二十里，东通十三村，达岘冈"。

篱渭县 唐贞观五年（631）置，属羁縻诸州。治所在今四川松潘县西北。后废。

篛姑山 在今湖北崇阳县西七十里。《清一统志·武昌府一》：篛姑山"路达临湘，商贾通衢"。

〔丿丨〕

儒山 在今福建龙海市东南。《方舆纪要》卷99海澄县：儒山在"县（治今海澄镇）西南二里。县之主山也。圆秀突起，俗呼蔡前山"。

儒州 ①本西盐州。唐贞观五年（631）以拓拔部置，治故后魏洪和郡之兰川县地。八年（634）更名，开元中废，后为羁縻州，属安化州都督府。寄治在庆州界，当在今甘肃庆城县地。后废。

②唐末置，治所在缙山县（今北京市延庆县）。金皇统元年（1141）废。

儒池镇 北宋置，属南充县。在今四川南充市东老君镇一带。

儒灵镇 北宋置，属阳安县。在今四川简阳市东南六十里施家镇。

儒林县 隋开皇三年（583）置，为银州治。治所在今陕西横山县东党岔镇附近。大业初属雕阴郡。唐贞观二年（628）复为银州治。唐末废。

儒峒水 即今广东阳西县西南儒洞河。《方舆纪要》卷101阳江县：儒峒水"在县西百六十里。源出望夫山，南流九十里，由北额港入海"。

儒洞墟 即今广东阳西县西南儒洞河东岸儒洞镇。清道光《阳江县志》卷1有儒峒墟。清设儒峒墟汛。

邀城 亦曰邀驾城。在今江苏丰县西南。《方舆纪要》卷29徐州丰县：邀城"在县西南二十里。相传汉高祖还乡，父老邀之于此，因名"。

邀笛步 在今江苏南京市旧城东南青溪桥右。《舆地纪胜》卷17建康府：邀笛步"在上元县。乃王徽之邀桓伊吹笛之处"。

〔丿丿〕

衡口镇 北宋置，属西城县。即今陕西安康市西恒口镇。《清一统志·兴安府二》谓衡口镇"即衡河合月河之口也"。

衡山 ①即横望山。在今安徽当涂县东北六十里。《左传》：襄公三年（前570），楚令尹"子重伐吴，为简之师，克鸠兹，至于衡山"。即此。一说在今浙江湖州市。

②即霍山。今安徽霍山县南天柱山。《隋书·地理志》：庐江郡开化县"有衡山"。《明史·地理志》霍山县："南有霍山，亦曰天柱山，亦曰衡山，又谓之南岳也。"

③即会稽山。在今浙江绍兴市南。《史记·封禅书》："禹封泰山，禅会稽。"《正义》引《括地志》："会稽山一名衡山，在越州会稽县东南一十二里。"

④五岳之一。在今湖南衡阳市南岳区和衡山、衡阳县境，为湘水与资水的分水岭。《周礼·职方》："正南曰荆州，其山镇曰衡山。"《尚书·舜典》："南巡守，至于南岳。"传："南岳，衡山。"《元和志》卷29衡山县："衡山，南岳也，一名岣嵝山，在县西三十里。"又引《南岳记》曰："以其宿当翼、轸，度应机、衡，故为名。"

衡山县 ①西晋改衡阳县置，属衡阳郡。治所在今湖南衡山县南。隋废。

②隋改湘西县置，属长沙郡。治所在今湖南株洲县南。唐天宝八年（749）改为湘潭县。

③唐天宝八年（749）改湘潭县置，属衡阳郡（后改衡州）。治所在今湖南衡山县东。五代移今治。明《寰宇通志》卷56衡山县："取南岳衡山为名。"宋属潭州。元属天临路。明属衡州府。民国初属湖南衡阳道。1922年直属湖南省。

衡山国 楚汉之际，项羽以秦衡山郡置国，都邾（今湖北黄冈市黄州区西北），以境内包有衡山（今安徽霍山）周围地区而得名。辖境相当今河南信阳市、湖北红安县、黄冈市以东，安徽霍山、怀宁县以西，南至长江，北至淮河。汉初为郡，属淮南国。文帝十六年（前164）复为国。治所依旧。武帝时辖境缩小。元狩元年（前122）复改为郡。

衡山郡 ①秦置，治邾（今湖北黄冈市西北），以郡境包有衡山（今安徽霍山）周围地区而得名。辖境相当今河南信阳市、湖北红安县、黄冈市以东，安徽霍山、怀宁县以西，南抵长江，北至淮河。楚汉之际，项羽以郡为衡山国，封吴芮。治所、辖境依旧。西汉初复为郡。文帝十六年（前164）又改为国。武帝元狩元年（前122）复改为郡。次年分东部属庐江郡，西部属江夏郡。

②隋大业初改衡州置，治所在衡阳县（今湖南衡阳市）。辖境相当今湖南衡山、常宁、耒阳间湘水流域。唐武德四年（621）复为衡州。

衡水市 1982年以河北省衡水县的衡水镇设立衡水市，属衡水地区，为地区行署驻地。1983年撤销衡水县，并入衡水市。1996年撤销衡水地区和县级衡水市，设立地级衡水市；原衡水县改置桃城区。市人民政府驻桃城区。

衡水县 隋开皇十六年（596）置，属冀州，大业初属信都郡。治所在今河北衡水市西南十五里旧城。《元和志》卷17衡水县："县在长芦河西，长芦河则衡漳故渎也，因以为名。"唐属冀州。元属深州。明永乐十三年（1415）因漳水泛滥而移治今衡水市。清属冀州。民国初属直隶大名道。1928年直属河北省。1982年析置衡水市。1983年撤销衡水县，并入衡水市。1996年撤销衡水地区，设立地级衡水市。

衡头市 在今湖南常宁市东南六十里舂水西岸。《清一统志·衡州府二》"客铺市"条下："衡头市，产锡。"

衡州 ①南朝梁天监六年（507）置，治所在含洭县（今广东英德市西北浛洸镇）。南朝陈改为西衡州。

②北齐天保六年（555）置，治所在南安县（今湖北武汉市新洲区）。隋开皇初改为黄州。

③北周置，治所在崇义县（今湖南桑植县）。隋开皇十八年（598）改为崇州。

④隋开皇九年（589）置，治所在衡阳县（今湖南衡阳市）。以衡山得名。大业初改为衡山郡。唐武德四年（621）复为衡州。天宝元年（742）改为衡阳郡，乾元元年（758）复为衡州。辖境相当今湖南衡山、常宁、耒阳间湘水流域。元世祖至元十四年（1277）改为衡州路。

衡州府 元至正二十四年（1364）朱元璋改衡州路置，属湖广行省（后改湖广布政使司）。治所在衡阳县（今湖南衡阳市）。辖境相当今湖南衡阳、耒阳、常宁三市及衡阳、衡山、衡东、安仁、炎陵、桂阳、嘉禾、蓝山、临武等县地。清代将桂阳、嘉禾、蓝山、临武等县划出设立桂阳州，辖境缩小。1913年废。

衡州路 元世祖至元十四年（1277）升衡州置，属湖广行省。治所在衡阳县（今湖南衡阳市）。辖境相当今湖南衡阳市及衡阳县一带。十五至十八年间曾为湖南道宣慰司治。至正二十四年（1364）朱元璋改为衡州府。

衡阳 在今江苏金湖县西。旧属宝应县。《明史·地理志》：宝应县"西南有衡阳巡检司"。

衡阳市 1934年由衡阳县城区析置，由省直辖（地级）。治所即今湖南衡阳市。1949年后两度改为县级市。1980年复升地级市，由省直辖。

衡阳县 ①三国吴太平二年（257）置，属衡阳郡。治所在今湖南衡山县南。西晋改衡山县。

②隋改临烝县置，为衡州治。治所即今湖南衡阳市。《舆地纪胜》卷55衡州："《图经》云，衡阳自隋始为州，以其居衡山之阳，故名。"大业初为衡山郡治。唐武德四年（621）复名临烝县，开元二十年（732）又改衡阳县，为衡州治。天宝元年（742）为衡阳郡治，乾元元年（758）复为衡州治。元为衡州路治。明、清为衡州府治。1943年析置衡阳市。1952年迁治今衡阳县（西渡镇）。

衡阳河 在今江苏金湖县境。《清一统志·扬州府一》：衡阳河"在宝应县西南。源出安徽盱眙县界，东流绕云山东，北流二十里经衡阳镇，又东北流四十里经洒火湖，又东北二十五里，通氾光湖，长百余里。明万历中，于氾光湖西北，挑浚六百余丈，为泊舟处，并资灌溉，谓之阴鹭河"。

衡阳郡 ①三国吴置，属荆州。治所在湘南县（今湖南湘潭县西南）。辖境相当今湖南益阳市以南，衡阳市以北，安化县及涟源市以东，湘潭市以西地。南朝宋元嘉中移治湘西县（今湖南株洲县南）。隋开皇中废。

②唐天宝元年（742）改衡州置，治所在衡阳县（今湖南衡阳市）。辖境相当今湖南衡山、常宁、耒阳间湘水流域。乾元元年（758）复为衡州。

衡阳道 1914年由衡永郴桂道改置，属湖南省。治衡阳县（今湖南衡阳市）。辖境约当今湖南东安、祁阳、祁东、衡阳、衡山、衡东、安仁、炎陵县以南地区。1922年废。

衡阳镇 在今江苏金湖县西。《方舆纪要》卷23宝应县"黎城镇"条下："又西南百里为衡阳镇，有衡阳巡司。"

衡村镇 金置，属莱阳县。即今山东海阳市西南行村镇。

衡岭 在今河南灵宝市南。《水经·河水注》："（烛）水有二源，左水南出于衡岭。"即此。

衡鱼河 在今山东肥城市西南三十余里。注于汇河。《清一统志·泰安府二》：衡鱼河"盖即古泌水也"。

衡河 即今陕西安康市西北恒河。《舆地纪胜》卷189金州：衡河源，"《皇朝郡县志》云，出乾祐县，合月河入汉江"。《方舆纪要》卷56兴安州：衡河在"州西七十里。流合汉阴县东之月川水，入于汉水。亦谓之恒河。今有千工堰，在州西北七十里，引恒河灌田三十里"。

衡雍 春秋郑邑。在今河南原阳县西圈城。《左传》：僖公二十八年（前632），晋大破楚师于城濮，还，“至于衡雍”。杜注：“郑地。今荥阳卷县。”战国名垣雍。

衡漳 即古漳水。《尚书·禹贡》：“覃怀底绩，至于衡漳。”“衡”即横。“覃怀”，旧说在今河南武陟、沁阳、温县一带。古大河（黄河）自南而北，流经今河北南部，漳水自西而来东流注之，故称衡漳。

〔丿丶〕

歙州 隋开皇九年（589）置，治所在海宁县（后改为休宁县，今安徽休宁县东十里万安镇）。《寰宇记》卷104歙州：“以汉旧县为郡之名。”大业三年（607）改为新安郡。隋末移治歙县（今安徽歙县）。唐武德四年（621）复为歙州，治所仍在歙县。天宝元年（742）改为新安郡。乾元元年（758）又改为歙州。辖境相当今安徽新安江流域，祁门县及江西婺源等地。北宋宣和三年（1121）改名徽州。隋末汪华、唐方清、宋方腊等曾起义于此。

歙县 秦置，属鄣郡。治所即今安徽歙县（徽城镇）。西汉元封二年（前109）属丹阳郡，郡都尉驻此。《说文》释歙：“缩鼻也。”以其地形如塌鼻状盆地，为古越语方言地名。旧说以县境诸水交汇之口歙浦为名，不确。东汉建安十三年（208），分属新都郡。西晋太康元年（280）属新安郡。隋开皇九年（589）废。十一年（591）复置，属歙州。隋末为新安郡治。唐武德四年（621）为歙州治。北宋宣和三年（1121）为徽州治。元世祖至元十四年（1277）为徽州路治。明为徽州府治。民国初属安徽芜湖道。1928年直属安徽省。

歙浦 在今安徽歙县东南十五里。源出黄山诸溪汇此与新安江合流，新安江名自此始。《舆地纪胜》卷20徽州：歙浦“在歙县，休宁率水会之，桴筏所聚也”。秦置歙县之名取此。《江南通志·山川五·徽州府》：歙浦“在府南十五里。今名浦口，练江、浙江合流奔驶。任昉赴郡有‘沧江路穷此，湍险方自兹’之句”。

歙港 即新安江。指今钱塘江干流自安徽歙县浦口至浙江建德市梅城镇一段江道。宋《景定严州续志》卷2建德县：新安江“一名歙江，一名歙港”。

〔丿乛〕

膳房堡 明成化十五年（1479）筑，属万全右卫。在今河北万全县北二十四里。《方舆纪要》卷18万全右卫：膳房堡，“《边防考》：沿边关口，永乐中北征之路也。弘治九年，敌从此入犯镇城及南路东西顺圣城一带，防御最切”。

雕山 ①即雕阴山。在今陕西甘泉县南。

②亦名雕阴山。在今陕西绥德县西南。即《山海经·海内西经》之疏属山。《元和志》卷4绥州：隋改上州为雕阴郡，“以雕山在西南，故名”。

雕马河 在今河北大名县北。《方舆纪要》卷16大名县：雕马河“在县北，与元城县接界。今亦涸”。

雕龙碑遗址 在今湖北枣阳市东北鹿头镇北。是一处距今约6200—5000年前的大型原始氏族部落遗址。面积4.5万多平方米。1977年发现，1990年开始全面发掘，出土大批建筑房屋基址、窖穴、成人墓葬、婴幼儿瓮棺、生产生活用具及其他遗物。雕龙碑遗址发现有二十多座保存较为完整的房基，其中两座大型多间室房屋基址，现存有50厘米高的墙体和室内居住面及房顶、房体的倒塌物，并首次发现了推拉式屋门结构。该遗址地处我国古代南北交通要道的随（州）枣（阳）走廊，文化内涵丰富，兼有古代南北文化特征，对研究古代长江、黄河流域文化交流融合有重要意义。1996年定为全国重点文物保护单位。

雕阴 战国魏地，后入于秦。在今陕西甘泉县南。《史记·苏秦列传》：“（秦）惠王使犀首攻魏，禽将龙贾，取魏之雕阴。”即此。

雕阴山 ①在今陕西甘泉县南。《汉书·地理志》上郡雕阴注：“应劭曰：‘雕山在西南。’”《寰宇记》卷36甘泉县：“雕阴山在县南二十里。山夹土石，鹰雕之所居。”

②即古疏属山。在今陕西绥德县西南二里。《元和志》卷4绥州龙泉县：“疏属山，亦名雕阴山，即《山海经》云：‘贰负之臣曰危，与贰负杀窫，帝乃梏之疏属之山，即此也。”

雕阴县 秦置，属上郡。治所在今陕西甘泉县南。西汉为雕阴道。《史记·傅靳蒯成列传》：阳陵侯傅宽“从定三秦，赐食邑雕阴”。即此。

雕阴郡 隋大业三年（607）改上州置，治所在上县（今陕西绥德县）。《元和志》卷4：“以雕山在西南，故名。”辖境相当今陕西绥德、清涧、横山等县以北至边墙之地。唐武德三年（620）复为绥州。

雕阴道 西汉改雕阴县置，属上郡。治所在今陕西甘泉县南。三国魏废。

雕林山 又作凋林山。在今云南禄丰县西北。《清一统志·楚雄府》：凋林山“在广通县（今广通镇）东北十里。《府志》：旧名雕龙山，又名雕翎山。高峻为楚雄诸山之长”。今为雕林山自然保护区。

雕岭 在今甘肃正宁县东南。《方舆纪要》卷57真宁县：雕岭在“县东五十里。绵延高耸，亦即子午山之别阜矣。上有秦时驰道，今有雕岭巡司”。

雕岭镇 在今甘肃正宁县（山河镇）东南雕岭（子午岭支峰）上。明初置雕山岭巡司。后废。

雕陵 在今河南扶沟县西北二十里。《庄子·山木》：“游乎雕陵之樊，覩一异鹊。”《魏书·地形志》扶沟县：“有刁陵岗。”《寰宇记》卷2扶沟县作“雕陵亭”。

雕黄岭 又作刁黄岭。在今山西长子县西五十里。《资治通鉴》：唐武宗会昌三年（843），刘稹以泽、潞反，使其将“李佐尧守彫黄岭”。即此。

雕崖山　在今山东沂源县南。《方舆纪要》卷35沂水县：雕崖山在“县西北百七十里。岩壑耸秀，如雕凿然。连络蒙阴县界。《志》云：山即沂山西峰也，沂水盖出于此”。

雕（鵰）崖山　在今河北抚宁县西北三十里。《方舆纪要》卷17抚宁县：雕崖山“怪石耸立，旁峰平漫。其东北面卓立如削，因险为砦，周里许，昔时避兵处。《志》云，山在台头营北，营南有刀崖，平顶可容千余人，惟北面有微径可陟，号为绝险”。

雕窠岭　在今山西长子县西南。《资治通鉴》：五代周显德元年（954），“北汉主自高平被褐戴笠，乘契丹所赠黄骝，帅百余骑由雕窠岭遁归”。

雕（鵰）窠城　在今青海同仁县东北。《元和志》卷39大夏县：振威军，“天宝十三年，哥舒翰攻吐蕃雕窠城置”。

雕窠峡　在今甘肃平凉市南。《明一统志》卷35平凉府：雕窠峡“在府城南三十里。宋蔡挺诗：‘既有雕窠峡，何须会盟坛。朔风吹戍云，言之泪潸潸’”。

雕窠崖　在今河北涞源县西六十里。《方舆纪要》卷44广昌县：雕窠崖“有洞产铜，旧设铜山冶。唐贞观中废”。

雕（鵰）鹗堡　明永乐中改浩岭驿置，属万全都司。在今河北赤城县南四十里雕鹗镇。为往来要道。《明史·成祖纪三》：永乐二十二年（1424）北征，还次榆木川死，皇太孙迎于“雕鹗谷，皇太孙于军中发丧”。即此。

鲸海　指今俄罗斯滨海边疆区以东之日本海。《明太祖实录》卷142：洪武十五年（1382）二月壬戌，“故元鲸海千户速哥帖木耳、木答千户完者帖木耳、牙兰千户皂化，自女真来归”。

鲸海千户所　元置，属开元路。在今俄罗斯滨海边疆区东北，科皮河以南捷尔内伊以北滨海地带。《明太祖实录》卷142：“故元鲸海千户速哥帖木耳、木答千户完者帖木耳、牙兰千户皂化，自女真来归。”即此。

鲹鱼坝　在今四川会东县城附近。清会川营外委驻防于此。1952年设会川县治此。

獭河　在今山东章丘市东。即《水经·济水注》之杨绪沟。《寰宇记》卷19章丘县：“杨绪水一名獭河，在县东十里，阔一丈。”今为小清旧渠之上源。《明一统志》卷22以獭为漯，误。

獭窟山　即今福建惠安县东南獭窟岛。《方舆纪要》卷99惠安县：獭窟山在“县南五十里大海中。宋开禧间，僧道询运石成桥七百七十间，直渡海门，约五里，潮平则没，半落则通人行，至今藉其利”。明洪武二十年（1387）置巡司于山下。清初废。

〔丶一〕

褱德县　又作怀德县。战国秦置，属内名。治所在今陕西大荔县东南。西汉属左冯翊。东汉末徙治今陕西富平县西北。后废。

鹧鸪　在今福建泉州市东南。清置鹧鸪巡司于此。

鹧鸪洞　在今江西吉水县西北。《方舆纪要》卷87吉安府吉水县“黎洞”条下：鹧鸪洞“在县西北五十里。四面环山，中分南洞、西洞，有田数百亩。南唐时，盗吴申先据此，今其地犹有马家营田、鼓楼洲”。

磨丁　又作磨顶。在今老挝的班博腾。清代属勐腊。光绪年间中法划界时被法国占去的三盐井之一。

磨儿山　即今湖北武汉市武昌东湖南岸磨山。《清一统志·武昌府》：磨儿山“在江夏县东十五里”。

磨儿勘招讨司　明置，属朵甘卫指挥使司。为六招讨司之一。治所在今西藏芒康县。后废。

磨刀石河　即今黑龙江牡丹江市东铁岭河。民国《宁安县志》卷1：瑚尔哈河，“磨刀河……出城东北磨刀石，折西北，铁岭河合小水二自东来会”。河边有磨刀河屯（今磨刀河镇）。

磨刀角　在今广东中山市南五十里，扼磨刀海之口。清设水师把总防守。

磨刀溪　即今湖北利川市西北谋道镇。清同治《万县志》卷8：磨刀溪在“（县东南）二百四十里”。

磨刀寨　即今江西赣县东北磨刀。明初置巡司于此。清乾隆四十三年（1778）改名长兴镇巡司。

磨下寨　在今四川若尔盖县西北麦溪乡境。清雍正元年（1723）置磨下寨土百户。

磨山　在今河南永城市东北芒砀山。《资治通鉴》：唐咸通九年（868），庞勋据徐州，“宋州东有磨山，民逃匿其上，勋遣其将张玄稔围之。会旱，山泉绝，数万口皆渴死”。《方舆纪要》卷50永城县：磨山“在县东北。砀山之别阜也”。

磨山县　①唐贞观五年（631）置，属羁縻肆州。治所在今四川若尔盖县西北境。后废。

②唐贞观六年（632）置，属羁縻冉州。治所在今四川黑水、红原县境。后废。

磨山镇　即今山东苍山县东南二十里磨山镇。《方舆纪要》卷33郯城县：磨山镇“其地有磨山池，镇因以名”。明置巡司于此。

磨子场　即今四川乐山市南岷江东岸金粟镇。清嘉庆《犍为县志》卷2：磨子场在“县东北五十里。通乐山”。

磨叉山　在今安徽望江县北。《明一统志》卷14安庆府：磨叉山“在望江县北三十里。山趾有巨石如驼象形，上有磨叉痕及马蹄、人迹”。

磨冈隘　在今湖南石门县西北。《清一统志·澧州》：磨冈隘“在石门县西北。接安福县添平所界”。

磨玉山　在今四川井研县西南。《舆地纪胜》卷150隆州：磨玉山“在井研县西南三十里。据嘉、眉、荣、隆之四境”。

磨石口　在今北京市怀柔区西北二十八里。长城关口之一。顾炎武《昌平山水记》卷上：渤海所城“北而西有擦石口堡、磨石口堡”。

磨头镇　即今河北深州市南前磨头镇。清《畿辅舆地全图》深州：磨头镇在“州南五十里”。

磨西面　在今四川泸定县西南磨西镇一带。《清史稿·唐希顺传》：康熙三十九年（1700），昌则集列为乱，希顺渡大渡河，分兵三路，“自督兵出咱威攻磨西面及磨冈”。

磨池铺　即今四川井研县西南磨池镇。清嘉庆《四川通志》卷89犍为县：磨池铺“在县东一百一十里”。1951年划归井研县。

磨杏　在今云南勐腊县南部界外老挝境。清代属勐腊。光绪年间中法划界时被法国占去的三盐井之一。

磨里溪　即木乃奚。在今伊朗北部里海南岸。元刘郁《西使记》：吾古孙仲端出使“历城百余，皆非汉名。访其人云，有磨里奚”。即此。

磨别　又作磨闭。在今云南勐腊县南部界外老挝境。清代属勐腊。光绪年间中法划界时被法国占去的三盐井之一。

磨环川　在今甘肃卓尼县西。《资治通鉴》：唐天宝十三载（754），陇右节度使哥舒翰奏，“于所开九曲之地置洮阳、浇河二郡及神策军”。胡三省注：“洮州西八十里磨环川置神策军。”

磨坡雷波等处长官司　元置，属顺元路安抚司。治所在今贵州织金县附近。后废。

磨枪（鎗）岭　在今福建安溪县西境。《方舆纪要》卷99安溪县：磨枪岭在“县西百里。山岭险峨，路通漳州府长泰县。《志》云，自岭而西南为银场，即龙溪县界也”。

磨枪垭　约在今贵州遵义县北。《明史·吴广传》：万历二十八年（1600）征播之役，“广伏炮手五百于磨枪垭外南冈下，……垭夹两山中，甚隘”。即此。

磨些江　即今塔城以下至与雅砻江汇合处的一段金沙江。在云南维西傈僳族自治县至四川攀枝花市之间。唐代称磨些江。樊绰《蛮书》卷2：“环绕弄视川，南流过铁桥上下磨些部落，即谓之磨些江。”

磨河山　即摩诃山。在今江苏如皋市南大江中。《舆地纪胜》卷40泰州：磨河山“在如皋县南一百二十里扬子江中流，去石庄二十里。水势甚湍”。

磨弥部　又作末迷部。宋大理置，属石城郡。在今云南宣威市境。元改沾益州。

磨弥殿部　又作磨弥敛部。唐南诏置，属拓东节度。在今云南宣威市境。

磨城　在今湖北当阳市东南。《水经·沮水注》：“沮水又东南径驴城西、磨城东。”《舆地纪胜》卷78引《元和志》云：磨城“在当阳县东四十里”。

磨侯国　汉高帝八年（前199）封置，见《史记·高祖功臣侯者年表》。治所在今河北景县西南。《汉书》作历侯国。景帝中元元年（前149）国除，仍置历县。

磨脐隘　亦作磨哆隘。在今宁夏海原县（三河镇）北李旺乡东。《宋史·夏国下》：元丰四年（1081），泾原总管刘昌祚将卒五万出庆州伐夏，“昌祚遇夏人于磨脐隘，夏之拒者二三万人，昌祚乃分兵渡葫芦河，夺其隘，与统军国母弟梁大王战，遂大破之”。即此。

磨容　西藏古地名。又作縻谷。地在今墨竹工卡县墨竹工卡镇。《册府元龟·外臣部》载：唐使刘元鼎入吐蕃，“至磨容馆之间，与蕃结事中论悉答热，拥千余骑，议盟于臧河北川中”。

磨砦　①当在今四川西昌市境。《明史·李应祥传》：万历十五年（1587），讨五咱、安守之乱，“诸将遂进攻西溪，逐北至磨砦、七板番”。

②在今贵州岑巩县北。《方舆纪要》卷122思州府：“磨砦在府北五里。有磨砦渡。”

磨盘口　亦作磨般口。在今江苏淮安市清江区西南。宋时为沙河入淮处。《舆地纪胜》卷39楚州：“乔维岳，雍熙元年为淮南运使。先是淮河西流三十里曰山阳湾，水势湍悍，运舟多罹覆溺，维岳开故沙湖自末口至淮阴磨般口，凡四十里。”

磨盘山　①在今辽宁庄河市东滨海处。《清一统志·奉天府一》：磨盘山“在岫岩厅南一百三十五里”。

②即今吉林磐石市驻地。清属伊通州。光绪八年（1882）于此置磨盘山巡司，十三年（1887）改为州。二十八年（1902）改为磐石县。

③在今吉林盘石市北。《清史稿·地理志》盘石县：“盘石山，东北二里。”

④即连枝山。在今山西临县东北。《清一统志·汾州府》：连枝山“在临县东六十里。一名磨盘山”。

⑤在今云南马龙县西北。《方舆纪要》卷114马龙州：磨盘山“在州西北。天启五年，乌撒土酋安效良再叛，犯马龙州，官军败之。又追败之于磨盘山，贼自寻甸遁去”。

⑥在今云南保山县西高黎贡山。清顺治十六年（1659），南明将李定国伏精兵六千于永昌之磨盘山，俟清师至，横突截攻。后因大理寺卿卢桂生降清泄计而败。即此。

⑦在今贵州黎平县西南。《明一统志》卷88黎平府：磨槃山“在潭溪长官司西北。上有石如磨，遇旱击之则雨”。

磨盘山寨　在今重庆市合川区东北。清光绪《合州志》卷4：磨盘山寨在“州东北五十里，界连天平、钓鱼诸寨，山势耸拔，亦天险也”。

磨盘山遗址　在今湖北当阳市东南五十四里沮河东岸。是一处墓葬密集的大型楚国古墓群。以河溶镇的赵家塝、金家山、郑家洼子、李家洼子、杨家山等墓地为中心，周围依山势分布着众多墓葬和遗址群，包括磨盘山、赵家巷、曹家岗、新火村等墓群及众多的冢子包等，形成南北15公里、东西5公里楚墓分布区。出土的“楚子超乍食繁鼎”、“番仲戈”、“许戈”等极为精美。磨盘山遗址是东周时期的一处具有代表性的楚国墓群，对研究东周楚国的葬制、葬俗具有重要意义。2001年定为全国重点文物保护单位。

磨盘张庄　在今山东巨野县东北。清光绪二十三年（1897）九月，曹作胜大刀会在此攻打德国天主教堂。

磨盘洲市　即今湖北松滋市南十四里磨盘洲镇。清置巡司于此。

磨盘寨　在今山西高平市西北。《方舆纪要》卷43高平县：磨盘寨“明初冯宗异取泽州，破磨盘寨，进克潞州，是也”。

磨黑井　即今云南宁洱哈尼族彝族自治县东北三十二里磨黑镇。傣语“磨”为井，“黑”为盐，意即盐井。清代称磨黑井，以产盐著称。

磨禅川　在今甘肃临潭县西南。《新唐书·地理志》洮州临洮郡：“西八十里磨禅川有神策军，天宝十三载置。”

磨榆　北宋时藏族地方政权辖地，在今西藏阿里地区西北部及毗邻克什米尔东部拉达克地区。治所在今印度现辖克什米尔列城。公元10世纪时，藏族吐蕃王朝（约629—842）王室后裔的一支在吐蕃西部羊同故地建立地方政权三个，其地遂称阿里（领主辖区）。其一为磨榆（或作麻域、芒域），辖今拉达克地区。

磨歇井　即今云南勐腊县东南四十二里磨歇盐厂。傣语“磨”为盐井，“歇”为尾随，意即尾随盐井。1946年6月法国武装入侵，烧毁磨歇等五寨，用石头填了盐井。1958年建磨歇盐厂。

磨滩河　即今重庆市万州区西南瀼渡河。同治《万县志》卷17：“溪径狭，沿溪上至三正铺，下至甘宁坝四十余里，皆两山相关，巉岩险通。”清嘉庆四年（1799），冷天禄率白莲教义军与官军激战于此。

磨哆隘　即磨脐隘。在今宁夏海原县（三河镇）北李旺乡东。《方舆纪要》卷62灵州守御千户所：“磨哆隘在所南百余里。宋元丰四年，刘昌祚引泾原兵伐夏，次磨哆隘，夏人据险以拒昌祚，大破之。”

磨箕山　一名磨脐山。在今辽宁灯塔市东。民国《奉天通志》卷75辽阳县：磨脐山在“城东北六十五里。山顶形如磨脐，故名”。产煤。清光绪间开采，属烟台煤矿。

磨旗山　①即今安徽省枞阳县北幕旗山，滨临长江。《方舆纪要》卷26桐城县：“磨旗山在县南百二十里。相传关羽曾于此驻兵，有镇，有隘口。”

②即今山东莒县东南六十里，与莒南县交界处之马亓山。民国《重修莒志》卷2《大事记中》：南宋“宁宗嘉定四年（金大安三年），益都人杨安儿起掠莒密。安儿死，其妹四娘子统其众，复掠食至莒之磨旗山（即马鬐山）”。在今县东南山口路西，有一块平滑巨石，上刻“嘉定九年四娘子此山下寨”。

③在今四川西昌市北。《明史·李应祥传》：万历年间，讨建昌五咱，“五咱拂磨旗山挑战，官军夹击，贼退保毛牛山”。

磨旗砦　在今安徽六安市西南龙门冲村西南磨旗尖。《方舆纪要》卷26六安州“九公寨”条下：“又磨旗砦在州西百里。”

磨豫县　唐武德七年（624）置，为西豫州治。治所在今云南元谋县境。贞观三年（629）为靡州治。天宝后废。

廧咎如　春秋时赤狄部落名。在今山西太原市一带。《左传·僖公二十三年》：“狄人伐廧咎如，获其二女叔隗、委隗，纳诸公子。”一说在今河南安阳市西南。

廪山　①在今江西南康市东南。《隋书·地理志》：南康郡南康县“有廪山”。《寰宇记》卷108虔州信丰县：廪山，“《舆地志》云，山下有湖，水中有五色鲤。山高一千五百五十丈”。《清一统志·南安府》：廪山“在南康县东南六十里龙回村，与信丰县接界。上有石，高圆如廪”。

②在今江西黎川县东北。《方舆纪要》卷86建昌府新城县：廪山“在县东北十里。耸立平冈中，圆峻如高廪，俗呼为点山”。

廪丘　春秋时齐邑，在今山东郓城县西北三十八里水堡乡。《左传·襄公二十六年》：“齐人城郏之岁（按指公元前549年），其夏，齐乌余以廪丘奔晋。”即此。

廪丘县　西汉置，属东郡。治所在今山东郓城县西北三十八里水堡乡。东汉属济阴郡。西晋属濮阳国。魏晋时为兖州治。北魏属濮阳郡。隋属郓州。大业初省入郓城县。

廪延　春秋郑邑。在今河南延津县东北。《左传》：隐公元年（前722），郑叔段侵郑，“至于廪延”。杜注：“廪延郑邑。陈留酸枣县北有延津。”

廪城县　唐武德四年（621）分雷泽县置，属濮州。治所在今山东郓城县西北三十八里水堡乡。贞观八年（634）并入雷泽县。

麇　①春秋楚地。在今湖南岳阳市东南三十里。《左传》：定公五年（前505），“秦师又败吴师。吴师居麇”。又，楚王“使（王孙）由于城麇”。唐杜佑《通典》谓在巴陵郡岳州（今岳阳市）。清江永《春秋地理考实》称：当是楚灭麇后，迁麇人于此。

②春秋时国名。在今陕西白河县东南。《左传》：文公十六年（前611），“楚子伐麇，成大心败麇师于防渚。潘崇复伐麇，至于锡穴”。后灭于楚。

麈岭　即今安徽宁国市西南八十里主岭，或称朱岭。《方舆纪要》卷28误作尘岭，谓“岭高险，与篁丛相埒。隋末，汪华尝驻兵于此。有藏马洞、卓戈泉”。

瘴江　亦作漳江。即今广西合浦县之南流江。《舆地纪胜》卷120廉州引《元和志》云：“州界有瘴江，名为合浦江。”又曰“自瘴江至此，瘴疠尤甚，中之者多死，举体如墨”。

䣓国　即有莘。在今陕西合阳县东南。

辨强隘　在今广西宁明县东南。《方舆纪要》卷111思陵州：辨强隘“在州西南。道出安南，为戍守处”。

辩州　唐贞观九年（635）改南石州置，治所在石龙县（今广东化州市）。天宝元年（742）改为陵水郡，乾元元年（758）复为辩州。辖境相当今广东化州市及广西陆川县部分地。天祐元年（904），朱全忠以“辩”、“汴”声近，上表更名勋州。五代南汉复为辩州。北宋太平兴国五年（980）改为化州。

嬴　春秋时齐地。在今山东莱芜市西北四十里羊里镇城子庄。《春秋》：桓公三年（前709），“公会齐侯于嬴”。又《左传》：哀公十一年（前484），“公会吴子伐齐。五月，克博。壬申，至于嬴”。皆此。

嬴县　秦置，属济北郡。治所在今山东莱芜市西北四十里北汶水之北，俗名城子庄。西汉属泰山郡。《汉书·灌婴传》：汉高帝四年（前202），灌婴随韩信破齐，“追齐相田横至嬴、博，击破其骑”。《后汉书·陈俊传》：张步“遣其将击俊，战于嬴下”。建安中曾为嬴郡治。后仍属泰山郡。北魏移治今莱芜市东北八十里文字城。唐贞观元年（627）废入博城县。

嬴汶　晋郭缘生《述征记》：“泰山郡水皆名曰汶。汶凡有五：北汶、嬴汶、牟汶、柴汶、浯汶，皆源别而流同。”据《水经·汶水注》：“汶水又西南径嬴县故城南。”所谓“嬴汶”当指汶水径流上游流经古嬴县南的一段。近志所载嬴汶发源山东莱芜市南新甫山，北流入牟汶，非古之嬴汶。

嬴郡　东汉建安中置，属兖州。治所在嬴县（今山东莱芜市西北四十里羊里镇城子庄）。旋废。《三国志·蜀书·糜竺传》：曹操“表竺领嬴郡太守”。即此。

〔丶丿〕

羲州　唐置羁縻州，属黔州都督府。治所在今贵州黔西县东北。后废。

甑山　①在今山东兖州市东北十里，逶迤绵亘，接曲阜市和宁阳县界。《北史·张华原传》：甑山中“有六驳食猛兽”。即此。

②一名小别山。在今湖北汉川市东南十里。《晋书·朱伺传》：朱伺为杜曾所败，负伤，“乃还甑山”。《寰宇记》卷132汉川县：小别山“山形如甑，土谚谓之甑山”。

③即丹甑山。在今广西贺州市东南贺街镇西。《舆地纪胜》卷123贺州：甑山“在州（故治在今贺街镇）西五里，高千余丈。《寰宇记》及《郡国志》：旧名幽山。唐太和中，李郃以中台郎出刺是州，宽惠爱民，山有彩烟覆其上，旬日不散，遂易名甑山”。

④在今广西柳州市东南。唐柳宗元《柳州山水近治可游者记》：龙壁山“南绝水有山无麓，广百寻，高五丈，下上若一，曰甑山”。

甑山县　北周置，为沔州及汉川郡治。治所在今湖北汉川市东南十里。隋大业初属沔阳郡。大业末废。

甑山镇　在今湖北汉川市东南十里喻家河村。《周书·司马消难传》：隋文帝辅政，消难以“鲁山、甑山”等镇降陈。《隋书·元景山传》：陈遣樊毅等援司马消难，“（景山）与毅战于漳口，二合皆克，毅等退保甑山镇”。

甑皮岩遗址　在今广西桂林市西南独山南麓。是岭南保存最完整的一处新石器时代洞穴遗址。文化层面积360平方米。遗存分两期：第一期为公元前8000—前7000年的居住遗存；第二期为公元前6000—前5500年的居住和墓葬遗存，是岭南新石器时代的典型代表。第二期发现的三十多座独特的蹲踞葬和捡骨葬墓，为研究古百越族的体质特征、埋葬习俗等提供了珍贵的实物资料。从各期地层中发现的动植物种类之多居华南新石器时代遗址之首。2001年定为全国重点文物保护单位。

燎石冈　即辽石冈。在今北京市房山区东。《清一统志·顺天府一》：料石冈，“《旧志》：亦名燎石冈，冈石赤色如燎，可以取火”。

燉煌县　即敦煌县。治所在今甘肃敦煌市西。《元和志》卷40：燉煌县“皇朝以敦煌为燉煌”。

燉煌郡　即敦煌郡。治所在燉煌县（今甘肃敦煌市西）。《新唐书·地理志》作燉煌郡。

燊海古盐井　在今四川自贡市大安区北街长堰塘。清道光年间凿，深1001.4米。是世界上第一口超千米深井，采用我国传统的“冲击式顿钻凿井法”凿成。今保存天井（井架）、大车（绞车）、碓架等生产设备。为“盐都”主要文物古迹。1988年定为全国重点文物保护单位。

〔丶丶〕

凝寿寺塔　在今甘肃庆阳市宁县南政平乡政平村泾河北岸。《清一统志·庆阳府》：凝寿寺“在宁州南六十里定平废县。宋张舜民记谓定平山不如水，水不如寺，寺不如凝寿”。塔因寺名。清代山洪冲毁寺院，仅存此塔。依外观推测约建于唐宋。塔平面方形，通体用砖和黄土胶泥砌筑。无基座，五层楼阁，单壁中空，通高21.2米。首层边长6米，南面辟一券门，塔心室边长2米。塔内木楼梯已毁，仅存木架。各层塔身上部隐出普拍枋。斗栱之上叠涩十四层砖挑出塔檐。二至五层塔身逐渐收分。第二至第五层均辟二券门，上下层之间位置相错。斗栱、勾栏形式保留五代特征，第五层栏板作勾片式样。塔顶收分成覆斗状，其上竖立石雕相轮七重。2001年定为全国重点文物保护单位。

凝碧池　①在今河南洛阳市西。《唐六典》：禁苑在皇城之西。中有“凝碧之池”。

②故址在今河南开封市东南。《清一统志·开封府一》：凝碧池“祥符县东南平台侧。唐牧泽也。宋真宗时凿为池。今淤”。

③在今陕西西安市北，唐禁苑中。《唐诗纪事》卷2：“安禄山引梨园子弟大宴于凝碧池，乐工雷海青不胜愤，掷乐器西向大恸，为贼所磔死。”

濩泽　战国魏邑。即今山西阳城县西北泽城。《水经·沁水注》引《竹书纪年》：梁惠成王十九年（前352），“晋取泫氏、濩泽”。又引《墨子》曰：“舜渔濩泽”。皆此。汉置濩泽县以此名。

濩泽水　即今山西阳城县西南菏泽水。《水经·沁水注》：濩泽水“出濩泽城西白涧岭下，东径濩泽。应昭曰，泽在县西北，又东径濩泽县故城南，盖以泽氏县也。其水际城东注，又东合清渊水”。

濩泽县　西汉置，属河东郡。治所在今山西阳城县西北二十五里泽城村。《元和志》卷15：“因濩泽为名。”三国魏属平阳郡。北魏属安平郡，兴安二年（453）移治今阳城县。隋属长平郡。唐属泽州，天宝元年（742）改为阳城县。

濩溪水　即今四川阆中市东南之构溪河。《水经·漾水注》：“汉水又东，与濩溪水合，水出獠中，世亦谓之为清水也，东南流，注汉水。”

濛水　①即青衣江。在今四川西部。《水经·江水注》：南安“有濛水，即大渡水也。水发濛溪，东南流与濛水合。水出徼外，径汶江道”。

②洋水支流。在今甘肃天水市境。《山海经·西山经》：“又西二百六十里曰邽山……濛水出焉，南流注于洋水。”《水经·渭水注》：“藉水即洋水也，北有濛水注焉，水出（上邽）县西北邽山。”

濛州　隋仁寿初置，治所在九陇县（今四川彭州市西北）。《寰宇记》卷73彭州：濛州“取濛水为名”。辖境相当今四川彭州、郫县、都江堰（旧灌县）三市县地。大业初废。唐武德三年（620）复置。贞观二年（628）又废。

濛州茶焙　北宋置，属剑浦县。在今福建南平市东北。《元丰九域志》卷9南剑州：剑浦县有濛州茶焙。《清一统志·延平府》“仙洲”条：“又蒙洲，在县东北五十里。”

濛江　①即今吉林靖宇县南之蒙江。源出县西南龙岗山，东北流合支流数道，经县治南折东入头道江。《清史稿·地理志》濛江州：“西裴德里山，头道濛江出，州以此得名。右合二道、三道水，左珠子河来会。又东北合那尔轰河，其右岸会二道江，是为松花江。”

②亦作眉江。在今广西蒙山县南。浔江支流。《舆地纪胜》卷109藤州：蒙江“自昭州立山县来，经本县宁风乡，至古燕州地，与浔江合”。《清一统志·平乐府》：眉江，“《州志》：蒙江一名眉江。在（永安）州南二十里”。

③亦名弥濛水。即今四川彭州市东北之濛阳河。《元和志》卷31濛阳县：“在濛江之水北，因曰濛阳。”

濛江口　即今广西藤县西北六十里蒙江镇。地处蒙江入浔江之口，为水陆冲要。明于此置蒙江堡。

濛江州　清光绪三十三年十二月（1908年1月）置，属吉林府。治所在二道江（今吉林靖宇县）。《清史稿·地理志》濛江州：“西裴德里山，头道濛江出，州以此得名。”辖境约当今吉林靖宇县及桦甸市、抚松县部分地。1913年降为县。

濛江县　1913年改濛江州置，属吉林省吉长道。治所在二道江（今吉林靖宇县）。1929年直属吉林省。1946年为纪念抗日英雄杨靖宇，改名靖宇县。

濛汜池　三国魏洛阳池沼。在今河南洛阳市东北汉魏故城内。晋张载《濛汜池赋》曰：“激通渠于千金，承瀍洛之长川”。即此。《元河南志》：“明帝于宫西凿池以通御沟，义取日入濛汜为名。”

濛池都护府　唐羁縻都护府名。显庆二年（657）平西突厥阿史那贺鲁，分其西部地区置，属安西都护府。领五弩失毕部落，辖境约当今哈萨克斯坦咸海东南、巴尔喀什湖及吉尔吉斯斯坦伊塞克湖以西地区。长安二年（702）改属北庭都护府。垂拱以后弩失毕部落多为东突厥侵掠，散亡殆尽。天授元年（690）都护率残部徙居内地，故土渐为突骑施所有。开元末复立阿史那昕为十姓可汗、濛池都护，遣兵护还故地。天宝元年（742）昕至碎叶西俱兰城，为突骑施莫贺达干所杀，遂废。

濛阳场　即今四川彭州市东濛阳镇。古为濛阳县治。清光绪《彭县志》卷2：濛阳场“在南乡濛阳里，距县东四十里，西南距竹瓦街十里”。

濛阳县　①亦作蒙阳县。唐武德元年（618）置，属雅州。治所在今四川雅安市西北。六年（623）废入严道县。

②唐仪凤二年（677）置，属益州。治所在今四川彭州市东四十里濛阳镇。《元和志》卷31濛阳县：“在濛江之水北，因曰濛阳。”垂拱初属彭州。《资治通鉴》：唐龙纪元年（889）正月，王建败山行章于新繁，“杨晟惧，徒屯三交，行章屯濛阳，与建相持”。明洪武十年（1377）废入彭县。

濛阳郡　唐天宝元年（742）改彭州置，治所在九陇县（今四川彭州市）。辖境相当今四川彭州、都江堰二市地。乾元元年（758）复改为彭州。

濛瀼 即今广东韶关市曲江区南乌石镇西北濛瀼村。明洪武十六年（1383）置巡司于此。

濛瀼镇 北宋置，属曲江县。治所在今广东韶关市曲江区南乌石镇西北濛瀼村。元于北江西岸置蒙里站。明于此置巡司。

濑口关 在今福建将乐县东。《清一统志·延平府》：濑口关"在将乐县东四十里高滩都。宋绍定三年汀寇据此，招捕使陈韡夺其关，贼降。废为高滩隘。明嘉靖间重建，甃以砖石"。

濑川镇 北宋置，属昌元县。即今重庆市荣昌县北六十里河包镇。附近有宋白塔。

濑水 ①即江苏溧阳市之溧水。《吴越春秋》卷3：伍子胥奔吴，乞食溧阳，适会女子击绵于濑水之上，筥中有饭，子胥乞求，女子发其簞筥与之，子胥餐毕而去，"反顾女子，已自投于濑水矣"。即此。

②即今广西荔浦县之荔浦河。为漓江支流。《水经·漓水注》："濑水出（荔浦）县西北鲁山之东，径其县西，与濡水合。水出永丰县西北濡山，东南径其县西，又东南流入荔浦县，注于濑溪，又注于漓水。"

濑水河 今滇、藏交界的一段澜沧江，唐代称濑水河。唐樊绰《蛮书》卷2："兰沧江源出吐蕃中大雪山下莎川，东南过聿赍城西，谓之濑水河。"

濑波溪 即今四川泸县及重庆市境之大足、荣昌境之濑溪河、胡市河，为沱江支流。《元和志》卷33昌元县：濑波溪"在县南五十步"。《舆地纪胜》卷161昌州：赖波溪，"《图经》在昌元县东二十里。《寰宇记》云：旧为州所理"。

濑湖 指今江苏溧阳县之永阳江及长荡湖。《史记·甘茂列传》："越国乱，故楚南塞厉门而郡江东。"《集解》："徐广曰：一作濑湖。"钱穆《史记地名考》卷19：濑湖即溧水。《汉志》应劭曰：溧阳县有溧水，出南湖。《建康志》：溧水一名濑水，东流为永阳江。有濑渚，即子胥投金处，又东流为濑溪入长荡湖。今永阳江一名九阳江，亦名颍阳江，在溧阳县西北四十里。此乃古中江水道，楚境极东至此，故曰厉门。

濑溪 在今福建莆田市西南十里，即木兰陂上流。《清一统志·兴化府》：濑溪"上流曰仙溪，自永春州德化县界流入，东南经仙游县西而南折，东北流经县城南曰南溪，又曰蓝溪，又东莒溪水自北来注之，又东经莆田县西南，又东经县南木兰山下为木兰陂"。

濑溪铺 即今福建莆田市西南濑溪。为县冲要。清光绪《莆田县志》卷6驿铺：濑溪铺"在文赋里。去城二十里"。

澑 水名。即今湖南湘水支流耒水。战国楚怀王六年（前323）所制《鄂君启节》铭文：自鄂往，"内入澑，庚鄗"。即此。汉称耒水。

澪渠 即灵渠。在今广西兴安县西，为沟通湘江与漓江之运河。《旧唐书·懿宗纪》：咸通三年（862），"南蛮陷交阯，征诸道兵赴岭南。诏湖南水运，自湘江入澪渠"。

濂水 即古崌谷水。今陕西韩城市西南濂水。《清一统志·同州府一》引《县志》："濂水在县西一里。源出麻线岭，东南合芝水入于河。"

濉江 即今福建建宁县南宁溪。《方舆纪要》卷98建宁县：濉江"在县治南。本名绥江，以绥成县名。后讹绥为濉也。俗名大溪，出宁化县界中顺山，经县南五十里，亦曰宁溪。又东北流至此，曰濉江"。

濉溪口镇 原名濉溪口子。旧属宿县。清康熙《宿州志》卷2山川载：睢溪"汴水入睢之口也，故又曰口子。人烟鳞次，舳舻凫集，盖吴会、中州于此交易云"。同书"坊乡"有睢溪口集。后称睢溪口镇，又作濉溪镇。1950年于此置濉溪县。1959年由濉溪、萧县二县地析置濉溪市（地级），由省直辖。1971年改名淮北市。

潞 西周时赤狄国。在今山西黎城县南古城。《左传》：宣公十五年（前594）六月，"晋荀林父败赤狄于曲梁。辛亥，灭潞"。战国时改置为潞县。

潞川 一作潞水。即今山西之浊漳水。《清一统志·潞安府》：浊漳水"一名潞川。《周礼职方氏》：冀州川曰漳，浸曰汾潞。……《后汉书·郡国志》注：《上党记》曰：潞，浊漳也"。

潞子县 唐天祐二年（905）改潞城县置，属潞州。治所即今山西潞城市。五代唐复改潞城县。

潞子国 本西周潞国，春秋亦称潞子国。在今山西黎城县南古城。《春秋》：宣公十五年（前594），"六月癸卯，晋师灭赤狄潞氏，以潞子婴儿归"。宋元人注："潞氏，赤狄之别种。"西汉置潞县。

潞王坟 为明潞王朱翊镠之墓。在今河南新乡市北三十里凤凰山南麓。墓西又有潞王次妃赵氏墓，俗呼娘娘坟。

潞水 ①一名潞川。即今山西东南部浊漳河。《周礼·职方》冀州："其川漳，其浸汾、潞。"《水经·浊漳水注》："世人亦谓浊漳为潞水矣。……慕容垂伐慕容永于长子，军次潞川，永率精兵拒战，阻河自固，垂阵台壁，一战破之，即是处也。"

②即潞河。今北京市通州区以下的北运河。明徐贞明撰有《潞水客谈》。

潞氏 春秋赤狄国名。在今山西潞城市东北四十里。《春秋》：宣公十五年（前594），"六月癸卯，晋师灭赤狄潞氏，以潞子婴儿归"。即此。

潞西设治局 1932年改芒遮板行政区置，直属云南省。治所在今云南芒市西南四十六里勐戛镇。民国《云南省民政厅〈有关各县更改县名〉案卷》："潞西，潞江之西也。"1950年改潞西县。1996年改设潞西市。2010年改名芒市。

潞州 北周宣政元年（578）置，治所在襄垣县（今山西襄垣县北）。《元和志》卷15："州得名，因潞子之国。"隋开皇时移治壶关县（今壶关县东南），大业初改为上党郡。唐武德元年（618）复改潞州，治所在上党县（今长治市）。辖境相当今山西长治市及武乡、沁县、襄垣、黎城、屯留、潞城、平顺、长子、壶关及河北涉县地。天宝初改上党郡，乾元元年（758）复为潞州。北宋崇宁三年（1104）升为隆德府。金复为潞州。元初改隆德府，太宗三年（1231）复改潞州。明嘉靖八年（1529）升为潞安府。

潞州卫　明洪武元年（1368）置，属山西都司。治所在潞州（今山西长治市）。后废。

潞江　①在今广西兴安县西北七里。《方舆纪要》卷107兴安县：潞江“源出瑶洞中，流入界，分南北二陂，灌田万亩，又南入灵川县境，而合于漓水”。

②即今云南西部之怒江。元代以来通称潞江。《元混一方舆胜览》：潞江“俗名怒江，出路蛮，经镇康与大盈江合，入缅中”。《方舆纪要》卷113：潞江“在永昌府潞江安抚司东北五十里，源出吐蕃雍望甸，南流经司北。两岸陡绝，瘴疠甚毒，夏秋之间，人不敢渡。本名怒江，以波涛汹涌而名也。又东经永昌府南百里，复东南流，经孟定、芒市界，达木邦、缅甸，入于南海。蒙氏封为四渎之一”。

潞江长官司　明永乐元年（1403）置，直属云南都司。治所在今云南保山市西南怒江西岸城子田。十六年（1418）升安抚司。

潞江关　在今云南保山市西怒江东岸。《清一统志·永昌府》：潞江关“在保山县潞江东岸”。

潞江安抚司　明永乐十六年（1418）升潞江长官司置，属云南都司。治所在今云南保山市西南怒江西岸城子田。《方舆纪要》卷118潞江交抚司：“旧名怒江甸，讹为潞江。”因名。宣德元年（1426）改属云南布政司。正统三年（1438）属金齿军民指挥使司，嘉靖元年（1522）属永昌军民府。天启时迁老城，后又迁新城。清代属永昌府。民国废。

潞江驿　明洪武三十五年（1402）置，在今云南保山市西，自蒲缥至腾冲途中渡怒江处，在江西岸。

潞安府　明嘉靖八年（1529）改潞州置，治所在长治县（今山西长治市）。辖境相当今山西长治市及长子、屯留、襄垣、潞城、壶关、黎城、平顺等市县地。1912年废。

潞安府城隍庙　在今山西长治市北大街庙道巷。始建于元世祖至元二十二年（1285），明、清时重修。中轴线长达400余米，自南向北依次为六龙壁、宏门、木牌楼、石牌楼、山门、玄鉴楼、戏楼、献亭、中大殿、寝宫，两侧为角殿、耳殿、配殿与厢房等建筑。中大殿和角殿为元代建筑，寝宫、戏楼、玄鉴楼等为明代建筑，其余为清代所建。2001年定为全国重点文物保护单位。

潞县　①战国赵置，秦属上党郡。治所在今山西潞城市东北四十里古城村。西晋为上党郡治。北魏太平真君十一年（450）改为刘陵县。

②东汉改路县置，属渔阳郡。治所在今河北三河市西南。隋大业初属涿郡。唐属幽州，治所在今北京市通州区东八里古城村。五代唐移至今通州区。《资治通鉴》唐长兴三年（932）：“契丹既强，寇抄卢龙诸州皆遍，……幽州东十里之外，人不敢樵牧；德钧于州东五十里城潞县而戍之，近州之民始得稼穑。”辽属析津府。金为通州治。明洪武初省入通州。

③辽置，属上京临潢府。治所在今内蒙古巴林左旗东南。《辽史·地理志》潞县：“本幽州潞县民，天赞元年，太祖破蓟州，掠潞县民，布于京东，与渤海人杂处，隶崇德宫。户三千。”衙署在上京南城（汉城）“东门之北”。金废。

潞河　①又名白河。即今北京市东南北运河。《水经·沽河篇》：“沽水从塞外来，南过渔阳狐奴县北，西南与灅余水合为潞河。”郦道元注：沽水“俗谓之西潞水……又南，左会鲍丘水，世谓之东潞也。沽水又南径潞县为潞河”。清光绪《通州志》卷1：“今通州白河自东北来，富河自西北来，至州城东北合流为潞河。以《水经注》及今地势考之，白河当为古鲍丘水，富河疑当为古沽水，富或沽之转音。”今北运河俗称潞河。

②在今山西潞城市北。《清一统志·潞安府一》：潞河“源出县东北微子城，西北流至西流里，入漳水。此水以在潞地遂蒙潞名，非《职方》冀浸之潞也”。

潞泽会馆　在今河南洛阳市九都东路北侧。系山西潞安府、泽州府两地商人集资兴建。始建于清乾隆九年（1744），初称关帝庙。占地1.57万平方米，建筑面积4155平方米。该馆为一组轴线分明的清代建筑群。现存舞楼、大殿、后殿及两侧的钟楼、鼓楼、东西穿房、东西廊房、东西配殿和西跨院等。其主体建筑为舞楼，面阔五间，进深三间，重檐歇山顶。大殿面阔五间，进深五间，重檐歇山顶，殿内大梁上保存有清代彩绘，采用沥粉贴金工艺，为中原地区罕见，是研究河南地区清代建筑彩绘的重要资料。馆内现有木雕和石雕作品一千余处，大部分木雕采用四层透雕，雕刻精美，形态各异，有一定的艺术价值。2001年定为全国重点文物保护单位。

潞城县　隋开皇十六年（596）置，属潞州。治所即今山西潞城市。大业初属上党郡。唐属潞州，天祐二年（905）改为潞子县。五代唐复改为潞城县。北宋属隆德府。金复属潞州。元初属隆德府，太宗三年（1231）改属潞州。明嘉靖八年（1529）属潞安府。民国初属山西冀宁道。1930年直属山西省。

潞城亭　即今广西田林县西北潞城瑶族乡。清乾隆三十二年（1767）设潞城巡司于此。

潞简王墓　在今河南新乡市北三十里凤凰山南麓。为明潞简王朱翊镠墓。朱翊镠（1568—1614）系明穆宗朱载垕第四子，明神宗朱翊钧同母弟。陵墓分东、西两部。东为潞王墓，西为次妃赵氏墓，两墓左右并列。为河南一座较大的藩王陵墓。1996年定为全国重点文物保护单位。

澧中　地区名。指今湖南澧水两岸。东汉时泛称其地居民为澧中蛮。因在武陵郡境内，亦称武陵澧中蛮。《后汉书·南蛮传》：建初元年（76），“武陵澧中蛮陈从等反叛”。即此。

澧水 ①又名醴河、澧河。俗名拐河。源出今河南方城县西北郦山，东流经叶县、舞阳、郾城三县，至漯河市西入沙河。《山海经·中山经·中次十一经》：“雅山，澧水出焉，东流注入视水。”《汉书·地理志》南阳郡雉县：“衡山，澧（应为‘澧’）水所出，东至渥入汝。”

②源出今河南桐柏县西北太白顶，西流至唐河县南入唐河。《水经·比水注》：“澧水源出于桐柏山，与淮同源而别流西注，故亦谓水为派水。澧水西北流径平氏县故城东北……又西注比水。”

③即今河南舞阳县北澧河。《方舆纪要》卷51舞阳县：“澧水在县北。源出方城山，经叶县界，流入县境。又东至郾城县界，入于汝水。”

④在今湖南省西北部。源出桑植县北，东流经张家界、慈利、澧县等市县，在澧县新洲入洞庭湖，长372公里。《山海经·中山经》：“澧沅之风交潇湘之渊。”屈原《九歌·湘夫人》：“沅有芷兮澧有兰。”指此。

澧水县 隋开皇末改叶县（侨县）置，属广州。治所在今河南叶县西南澧河上游。大业初废。

澧田镇 即今江西永新县西北三十里澧田镇。清同治《江西全省舆图》卷7：永新县西北有里田市。

澧州 隋开皇九年（589）改松州置，治所在澧阳县（在今湖南澧县东南，唐移今澧县）。以澧水得名。大业初改为澧阳郡，唐武德四年（621）复为澧州。天宝初又改为澧阳郡，乾元初复为澧州。元世祖至元十四年（1277）升为澧州路，至正二十四年（1364）朱元璋改为澧州府。明洪武九年（1376）降为澧州，省澧阳县入州，属常德府。三十年（1397）改属岳州府。清雍正七年（1729）升为直隶州，属湖南省。乾隆以后，今桑植县分属永顺府，辖境缩小。1913年改本州为澧县。

澧州府 元至正二十四年（1364）朱元璋改澧州路置，属湖广行省。治所在澧阳县（今湖南澧县东三十里，后迁今澧县）。洪武二十九年（1396）改为澧州。

澧州路 元世祖至元十四年（1277）升澧州置，属湖广行省。治所在澧阳县（今湖南澧县）。辖境相当今湖南澧县、临澧、安乡、石门、慈利、张家界、桑植等县市地。至正中徙治新城（在今澧县东三十里）。至正二十四年（1364）朱元璋改为澧州府。

澧阳县 西晋太康四年（283）置，属天门郡。治所即今湖南石门县。南朝陈为石门郡治。隋移治今澧县东南，为澧阳郡治。唐大历十四年（779）移今澧县，为澧州治。明初废入澧州。

澧阳郡 隋大业初改澧州置，治所在澧阳县（今湖南澧县东南）。辖境相当今湖南澧县、临澧、安乡、石门、慈利、张家界、桑植等县市地。唐武德四年（621）复改澧州。天宝初又改澧阳郡，乾元初复为澧州。

澧县 1913年改澧州置，属湖南武陵道。治所即今湖南澧县。1916年属湘江道。1922年直属湖南省。

澧陂桥市 即今江西崇仁县东南二十六里礼陂镇。明弘治《抚州府志》卷6崇仁县：“澧陂桥在县南四十里。元至治间圣容院僧修。洪武间重修。”清同治《江西全省舆图》卷2：崇仁县东南澧陂桥。

澧河 即今河北南和、任县南澧河。《元史·世祖纪》：至元三年（1266），“广济河渠司王允中请开邢、洺等处漳、滏、澧河，达泉以溉民田”。又《郭守敬传》：世祖召见，面陈水利六事：“其三，顺德澧河东至古任城，失其故道，没民田千三百余顷。此水开修成河，其田即可耕种，自小王村经滹沱，合于御河，通行舟筏。”皆此。

澧港镇 即今江西高安市东南老澧港，地近樟树市界。清同治《江西全省舆图》卷4：高安县东南有澧港。

澧湖 在今安徽和县西。《方舆纪要》卷29和州：澧湖“在州西十五里，昔时受麻湖水，至当利驿港入江。永乐初，议置田一万七千五百余亩，利病与麻湖同”。

澧溪 在今江西婺源县西。《方舆纪要》卷28徽州府婺源县：澧溪，“《志》云：岍岷山东有玉带水，又澧溪源亦出山下，合山谷诸水，南流为澧溪，纡回数百里，下流达于鄱阳”。

澧溪街 即今江西武宁县西澧溪镇，地当修水北岸。清同治《南昌府志》卷6武宁县市镇：澧溪市“距县六十里”。

澡港 ①在今江苏常州市新北区春江镇（圩塘）。《方舆纪要》卷25武进县：澡港“临江置闸，以于塘巡司兼领。既而以于塘村在江北沙新河上，改隶扬州府泰兴县，（洪武）二十八年改置澡港巡司于江口，今因之”。

②一名灶子港。即今江苏常州市新北区北澡港河。《方舆纪要》卷25常州府武进县：澡港在“府北五十里。一名灶子港。稍西即魏村镇，与烈塘河相接。港南接网头河，北入扬子江，袤四十里，岁久淀淤”。

澴水 又作环水。源出今河南信阳市南光头山北麓，南流入湖北大悟县，于孝感市西南卧龙潭，注入涢水。《寰宇记》卷132安州孝感县：“环水在县北十五里。源出应山县西鸡头山，初流一百步，绕山环流，因名环水。”

澴州 ①北周置，治所在京池县（今湖北安陆市东北吉阳城）。北周末废。

②唐武德四年（621）置，治所在孝昌县（今湖北孝昌县北）。八年（625）废。

澴阳县 唐武德四年（621）置，属澴州。治所在今湖北孝感市北。八年（625）废。

澴岳郡 西魏置，属岳州。治所在今湖北孝感市东北。隋初废。

澴河镇 北宋置，属孝感县。在今湖北孝感市北四十里。

澴潭镇　即今湖北随州市西六十二里环潭镇。民国《湖北通志》卷35随州：澴潭镇“《光绪舆地记》：澴潭在州西七十里，梅丘巡司移驻”。

澨水　亦作三澨水。即今湖北天门市西北天门河。蔡沈《书传》：“三澨，水名。今郢州长寿县磨石山发源，东南流者名澨水，至复州景陵县界又名汊水。”《寰宇记》卷132汊川县：汊水“在旧县南一里。源出郢州长寿县磨石山，东南流名澨水，至复州景陵县界名汊水，又东南流入当县”。

激江　在今广西蒙山县东南。《方舆纪要》卷107永安州：激江“在州南。源出古眉山，南流入藤县，合于藤江”。

澮水　在今湖南安乡县东。九澧之一。今名后河。《水经·澧水注》：澮水“上承澧水于作唐县，东径其县北，又东注于澧，谓之澮口”。明弘治中湮塞。

澹台（臺）山　在今山东嘉祥县南三里。《方舆纪要》卷33嘉祥县：澹台山“有澹台灭明墓，其旁有群山相接，连亘城南”。《清一统志·济宁州》：“《县志》：相传澹台灭明家此。”

澹台（臺）河　在今山东嘉祥县南三里。黄河支流。《清一统志·济宁州》：澹台河“自曹州府巨野县入境，经澹台山下，东流入莲花池。池在城南四里，长可三里，其水清莹，冬夏不涸。雨潦时，澹台河水注焉，雨止则塞”。

澹台（臺）湖　在今江苏苏州市吴中区东南，太湖之东。《史记·仲尼弟子列传》：澹台灭明“南游至江”。司马贞《索隐》：“今吴国东南有澹台湖，即其遗迹所在。”《吴地记》：“澹台湖在吴县东南十里。孔子弟子澹台灭明，字子羽，宅陷为湖，湖侧有坟。”

澹岩　即今湖南永州市南二十五里潇水畔之淡岩。《方舆胜览》卷25引唐张颢《记》云：“出乎天巧，盘伏于两江之间。其形如龟，其势如龙。周回二里，中有岩窦，可容万夫。古有老人处其下，以澹氏称，因为此山之名。”

澶水　在今河南濮阳县西。《方舆纪要》卷16清丰县：“澶水在故顿丘城西南二十里。伏流至南乐县废繁水城西南，合于繁水。亦曰繁泉。”

澶水县　唐武德四年（621）改澶渊县置，属澶州。治所在今河南濮阳市西二十里。贞观十七年（643）废入临河县。

澶州　唐武德四年（621）置，治所在澶水县（今河南濮阳县西二十里）。贞观元年（627）废。大历七年（772）复置，治所在顿丘县（今河南清丰县西南）。辖境相当今河南清丰县及濮阳县东北、范县西北各一部分地。五代晋天福四年（939）移治德胜城（今濮阳县东南五里）。后周徙治今濮阳县。北宋崇宁五年（1106）升为开德府。金又改为澶州。皇统四年（1144）改为开州。

澶渊　①古邑名。春秋宋地。约在今安徽萧县与砀山县之间。《春秋》：襄公三十年（前543），晋、齐等诸侯“会于澶渊”。《续汉书·郡国志》谓沛国杼秋有“澶渊聚”。

②一名繁渊。在今河南濮阳县西。《春秋》：襄公二十年（前553），“盟于澶渊”。杜注：“在顿丘县南，今名繁汙，此卫地，又近戚田。”《水经·河水注》：“澶渊即繁渊也。”

澶渊县　隋开皇十六年（596）置，属黎州。治所在今河南濮阳县西二十里。《寰宇记》卷57：“南临澶渊。”因名。大业初属汲郡。唐武德四年（621）改为澶水县。

濂水　①即濂江水。今江西安远县北濂江。

②即今江西龙南县东北、定南县北之濂江。《清一统志·赣州府一》：濂水“在龙南县东北。源出定南厅界横江保，西北流会形华、程岭、黄土岭、约溪诸水，至县东北入桃水”。

濂江水　又名廉水、安远水。即今江西安远县北濂江。《寰宇记》卷108虔州安远县：廉水“源出欣山，连东北流，去县西北五里，与县前上林水合流。古传饮此水令人廉洁，因名廉水”。《清一统志·赣州府一》：濂江水“在安远县南。源出欣山，西北流至县西北，会上濂水，又折东北入会昌县西界，又东北入贡水”。

濂泉　①在今江西安远县东。《清一统志·赣州府一》：濂泉“在安远县东濂江坊灵宝观后。澄深清冽，为境内第一泉”。

②一名沃泉。在今湖南邵阳市南。水出六亭山石罅。《方舆胜览》卷26宝庆府：濂泉“在通道坊。以周茂叔得名”。

濂溪　①源出今江西庐山莲花峰下，西北流合龙开河入长江。周敦颐晚年居此。因以故乡濂溪为水名。

②源出今湖南道县西都庞岭，东北流入潇水。宋理学家周敦颐世居溪上，人称为“濂溪先生”，并称其学派为“濂溪学派”。

濂溪港　在今江西九江市南十五里。《明一统志》卷52九江府：濂溪“自庐山西流，合龙开河入江。宋儒周敦颐尝寓此，因取其故里之号名之”。

濂澳镇　清置，属罗源县。即今福建罗源县东五十里濂澳镇。

澺水　即今河南西平、上蔡县以下之洪河。《水经·汝水注》：澺水“上承汝水别流于奇额城东，东南流……至上蔡西冈北为黄陵陂……又东径平舆县故城南为澺水……东南径新蔡县故城东，而东南流注于汝水”。上游本与今西平县洪河不相通流，明嘉靖末，溵水改道东出澺水，以溵水在西平县境内又称洪河。此后遂统称溵、澺全流为洪河。

澺水县　隋开皇初改永康县置，属豫州。治所在今河南新蔡县东南。大业初废。

澭水　即灉水。《吕氏春秋·察今》：“荆人欲袭宋，使人先表澭水。”

澭甘水　即雍泔水。今四川丹棱、洪雅二县境之安溪河。《寰宇记》卷74洪雅县：澭甘水“源从可募山谷涌出，县西北三十里入丹棱界，合平羌水”。

滽斯水　亦作拥斯水、拥思茫水。即今四川荣县西越溪河上游涌斯茫水。《元丰九域志》卷7：资官县有“滽斯水”。

黉山　①即今山东淄博市淄川区东南洪山镇。胶济铁路有黉山支线通此。

②在今山东淄博市淄川城东北十里。即古黄山。《寰宇记》卷19淄州淄川县：“黉山在县东北十里。《三齐略记》云，郑玄刊注《诗》、《书》日栖迟于此。山上有古井不竭，独生细草，叶形似韭，俗谓郑公书带草。”今山有郑康成祠。一名黉堂岭。《元史·张荣传》：“金季，山东群盗蜂起，荣率乡民据济南黉堂岭。”即此。

黉山支线　又称淄川支线。自山东淄川（今淄博市西南）至黉山（今洪山）。长7.4公里。是胶济铁路博山支线的支线。清光绪二十九年（1903）动工修建，次年建成。今称洪山线。

寰州　五代唐天成初置，治所在寰清县（今山西朔州市东北三十三里马邑村）。辽统和中废。

寰清县　五代唐天成初改马邑县置，属寰州。治所在今山西朔州市东北三十三里马邑村。辽复改马邑县。

窟卢　即彭衙。今陕西白水县东北四十里南彭衙村、北彭衙村。王国维《鬼方昆吾猃狁考》谓《兮甲盘》“王初格伐严允于窟卢”，窟卢与彭衙为对音，当是一地。

𥨪水　一名洺水。即今河北西南部之洺河。《汉书·地理志》魏郡武安县：“又有𥨪水，东北至东昌入虖池河，过郡五，行六百一里。”

𥨪丘　亦作寝丘。春秋战国楚邑，在今安徽临泉县。《汉书·地理志》汝南郡𥨪县：注，“应劭曰：孙叔敖子所邑之𥨪丘是也。世祖更名固始”。

𥨪县　西汉改寝县置，属汝南郡。治所即今安徽临泉县。注：“应劭曰：孙叔敖子所邑之𥨪丘是也。世祖更名固始。师古曰：𥨪音子衽反。”东汉改为固始侯国。

〔丶㇇〕

禧州　五代梁开平三年（909）改翟州置，治所在昭化县（今陕西洛川县东南）。后唐同光元年（923）废。

〔㇇一〕

壁山　①亦名重壁山。在今重庆市璧山县西南。《方舆纪要》卷69壁山县：壁山在“县西南十五里。一名巴山，亦曰重璧山。……《郡志》：山亦名茅莱山”。同治《璧山县志》卷1：壁山，“《旧志》：昔人云：四山如壁，曰壁山。又云：山出白石，明润如璧，故曰璧山”。县以此名。

②在四川通江县西。《寰宇记》卷140壁州：“壁州以县西一里壁山为名。”《舆在纪胜》卷187巴州：壁山“在通江县西，下枕诸水，与县治相对”。

壁山县　唐至德二载（757）置，属渝州。治所即今重庆市璧山县。以重璧山为名。北宋崇宁元年（1102）属恭州，淳熙中属重庆府。元世祖至元二十二年（1285）废入巴县。明成化十九年（1483）复置，属重庆府。清康熙元年（1662）废入永川县，雍正六年（1728）复置。嘉庆二十一年（1816）颁新县印，铸“壁”为“璧”，因名璧山县。

壁川县　唐贞观五年（631）置，后属羁縻穹州。治所在今四川黑水、红原县境。后废。

壁水　即今重庆市璧山县南之璧南河。为长江支流油溪上源东支流。同治《璧山县志》卷1：“金带水即龙溪，又名璧江。源出汤峡口，在县西北二十五里。自县城北流入县治前，四面环绕如带。与梅江合。流入岷江。”源出县西北温泉山东麓，南流经县城，沿缙云山西麓入江津市，在长冲镇与梅江河合流，是为油溪，南流注入长江。

壁头山　即今福建福州市南江阴岛壁头。明洪武十二年（1379）置巡司于此。

壁头山镇　在今福建福清市南江阴岛南端壁头。《方舆纪要》卷96福清县：壁头山镇“在县南百余里壁头山下。《志》云，元置于南日里，名南日巡司。明朝洪武十二年，移置于此，今改名”。

壁州　唐武德八年（625）分巴、集二州置，治诺水县（天宝间改名通江县，即今四川通江县）。以县西一里壁山为名。天宝元年（742）改为始宁郡，乾元元年（758）复为壁州。辖境相当今四川通江县和万源县部分地区。北宋熙宁五年（1072）废入巴州。

壁谷县　唐渤海国置，属庆州。治所在今吉林珲春市东北春化镇（西土门子）。辽徙废。

避暑山庄　亦称热河行宫。在今河北承德市区北部。始建于清康熙四十二年（1703），乾隆五十五年（1790）建成。为清代帝王夏日避暑和处理政务的场所。分宫殿区和苑景区，苑景区又分湖区、平原区和山区。有康熙、乾隆所题七十二景。是中国现存最大的古代皇家园林。又有藏书楼文津阁，建于乾隆三十九年（1794），曾藏有《古今图书集成》和全部《四库全书》。1961年定为全国重点文物保护单位。1994年承德避暑山庄和周围庙宇被联合国教科文组织世界遗产委员会确定为世界文化遗产，列入《世界遗产名录》。

避瘴山　在今四川汉源县南。《明史·地理志》黎州守御千户所：“南有避瘴山。”《方舆纪要》卷73黎州守御千户所“试剑山”条下：“避瘴山在所南九十里，近大渡河。山侧有二峒：一空阔高燥，一有水出其中，土人名为干湿洞。夏秋之交，境多岚瘴，飞鸢群集其中，至立冬前后，瘴已，乃飞去。土人避瘴于此，出入每以鸢为候。”

〔ㄒㄧˊ〕

隰 春秋时齐邑。即犁丘。在今山东齐河县东北。《左传》：哀公二十三年（前472），晋荀瑶伐齐，“战于犁丘，齐师败绩。知伯亲禽颜庚”。杜注：“犁丘，隰也。”又哀公二十七年（前468），陈成子召颜涿聚之子晋，曰：“隰之役，而父死焉。”即此。

隰川县 隋开皇初改长寿县置，为隰州治。治所即今山西隰县。《元和志》卷12隰川县：“南有龙泉下隰，因以为名。”大业初为龙泉郡治。唐武德元年（618）为隰州治，天宝元年（742）为大宁郡治，乾元元年（758）复为隰州治。金天会六年（1128）为南隰州治，天德三年（1151）复为隰州治。明洪武初省入隰州。

隰宁驿 又名盘谷镇。明初改牛群头站置，属开平卫。在今河北沽源县南小厂镇。后废。

隰宁堡 明成化间筑，属灵州守御千户所。即今宁夏盐池县西南隰宁堡村。

隰成县 西汉置，属西河郡。治所即今山西柳林县西南穆村镇。武帝时改置为隰成侯国，国除后仍为县。东汉废。

隰成侯国 西汉元朔三年（前126）改隰成县置，封代共王子忠为隰成侯。治所在今山西柳林县西南穆村镇。后国除仍为隰成县。

隰州 ①隋开皇五年（585）改西汾州置，治所在隰川县（今山西隰县）。《元和志》卷12隰州：“《尔雅》曰‘下湿曰隰’，以州带泉泊下湿，故以隰为名。”大业初改龙泉郡。唐武德元年（618）复置隰州，辖境相当今山西石楼、交口、永和、隰县、蒲县、大宁等县地。天宝元年（742）改大宁郡，乾元元年（758）复改隰州。金天会六年（1128）改南隰州，天德三年（1151）复改隰州。明不辖县。1912改为隰县。

②辽圣宗时置，属来州。治所在海滨县（今辽宁兴城市西南）。辖境相当今辽宁西南部六股河下游至海一带。金皇统三年（1143）废。

隰阴县 即漯阴县。在今山东齐河县东北。《续汉书·郡国志》及《寰宇记》均作隰阴县，应为传写之讹。

隰县 1912年改隰州置，属山西河东道。治所即今山西隰县。1928年直属山西省。

隰郕 一名隰城。春秋周邑。在今河南武陟县西南。《左传》：隐公十一年（前712），周王“与郑人苏忿生之田：温、原、絺、樊、隰郕”。又，僖公二十五年（前635）四月，“王入于王城。取大叔于温，杀之于隰城”。《续汉书·郡国志》：河内郡怀县“有隰城”。《水经·沁水注》：“沙沟水又东径隰城北。……京相璠曰：‘在怀县西南。’”

隰城县 ①西晋改兹氏县置，属西河国。治所即今山西汾阳市。北魏为西河郡治。北周为介州治。隋为西河郡治。唐武德元年（618）为浩州治，三年（620）改为汾州治。上元元年（760）改为西河县。

②北魏永安中桥置，属五城侨郡。治所不详。武定五年（547）徙治汲郡陈城（今河南卫辉市）附近。北齐废。

十七画

〔一〕

璩家湾　即今湖北枣阳市西南三十六里琚湾镇。清有把总驻防。

擩山　在今安徽庐江县西三十五里。《新唐书·地理志》：庐江县有擩山。《清一统志·庐州府一》：擩山"上有龙池，一名龙池山。其麓有甘泉寺，亦名甘泉山"。

擦牙山　在今辽宁北票市东南。《方舆纪要》卷37义州卫：擦牙山在"卫西北六十里。其相近者曰营成山"。

擦牙子关　一名㯓崖子关。为长城关口之一。在今河北迁西县东北三十里。《方舆纪要》卷17迁安县：擦牙子关在"县东北七十里，有关城。景泰中朵颜尝挟赏于此"。《明史·朵颜传》：嘉靖年间，打哈"先后掠冷口、擦崖、喜峰间"。清设把总。

擦玉龙　亦名益隆、玉隆。即今四川德格县东玉隆村。清代为打箭炉（今康定县）入藏北路驿站之一。《清史稿·四川土司传》：光绪三十四年(1908)，赵尔丰讨德格土司乱时经此。

擦卡龙　即今西藏芒康县南盐井寨。任乃强《西康图经·地文篇》七十九《西康三十六县名义》载：盐井"番名擦卡龙。擦，盐也。卡龙，河谷渡头也。其地江岸涌泉，煮盐成市，故名"。

擦卡洛　即察卡。今西藏芒康县南盐井寨。"擦卡洛"为藏语，意为盐湖、盐井。

擦耳营　又作擦尔、茶若。清乾隆后置，在今西藏南木林县东南查尔乡。

擦崖子关　亦名擦牙子堡。即今河北迁安市北擦崖子。《清史稿·地理志》：迁安县有擦崖子汛。民国《迁安县志》卷2：擦崖子关"县西北七十里。昔有堡，把总驻焉"。

戴　西周封国。在今河南民权县东四十五里。《春秋》：隐公十年（前713）秋，"宋人、蔡人、卫人伐戴。郑伯伐取之"。杜注："戴国，今陈留外黄县东南有戴城。"

戴天山　亦名大匡山、大康山。在今四川江油市西北。《李太白集》卷23有《访戴天山道士不遇》诗。清王琦注引《西溪丛语》："《绵州图经》云：戴天山在县北五十里。有大明寺，开元中李白读书于此寺。又名大康山，即杜甫所谓康山读书处也。"

戴云（雲）山　在今福建省中部。东北—西南走向。主峰在福建德化县西北，海拔1856米。明《寰宇通志》卷46泉州府：戴云山"在德化县西北，山顶高耸，雄跨数里，常有云气集其上"，故名。今设有戴云山自然保护区。

戴公山　在今四川巴中市东南六十里曾口镇北。隋为曾口县治。《旧唐书·地理志》曾口县："隋治戴公山。"

戴州　隋开皇十六年（596）置，治所在成武县（今山东成武县）。大业初废。唐武德四年（621）复置，贞观十七年（643）又废。

戴庄　即今山东济宁市北戴庄。1946—1950年为济北县治。

戴坊墟　即今江西乐安县西北戴坊镇。清同治《江西全省舆图》卷2抚州府乐安县：西北有"戴坊墟"。

戴村坝　在今山东东平县东南十九里大汶河与大清河交汇处。明永乐九年（1411）汶上老人白英建议，宋礼建。横截汶水，别开引河，使直趋南旺湖，自此南北分流，北下临清，南下徐州，以增加运河水量，便利南北漕运。天顺五年（1461）知州潘洪加以增筑。

戴村站　元置，在今浙江仙居县西南。

戴邑县　五代梁改考城县置，属曹州。治所在今河南民权县东。后唐复为考城县。

戴庙镇　亦曰戴家庙。即今山东东平县西北六十八里戴庙乡。清时有守备驻此。

戴家寺　即今四川富顺县东五十里代寺镇。民国《富顺县志》卷3：戴家寺"东距县五十里。地饶禾稻，城中食米，多仰给于此。道通成渝，由场十三里至烂泥桥，即隆昌界"。

戴家河口　在今河北秦皇岛市西南北戴河海滨，北戴河入海处。《方舆纪要》卷17抚宁县：戴家河海口"在县东南四十里。崇祯中由海运馈山海关，此为储积之地，并置戍守于此"。

戴家湾　即今山东临清市东南戴湾乡。旧属清平县。清嘉庆《清平县志·舆地图》：戴家湾在“城（今高唐县西南清平镇）西四十里”。

戴家湾闸　明成化元年（1465）建，在今山东临清市东南戴湾乡。《清一统志·东昌府》：戴家湾闸“在清平县西北，南距土桥闸三十八里。明成化元年建。本朝乾隆十年修，有闸官”。

戴家寨　在今河北沙河市西。《清一统志·顺德府二》：戴家寨“在沙河县西一百里。形势高峻，止通一径。其上平原广阔，中有一池，虽旱不涸”。

戴陶楼　即今江苏丰县东南套楼乡。1944年晋冀鲁豫革命根据地置华山县治此。

戴埠镇　即举善镇。今江苏溧阳市南戴埠镇。南宋《景定建康志》卷66《镇市》：“举善镇俗名戴步。在溧阳县三十五里。”光绪《江苏全省舆图》溧阳县记：“戴步镇在城东南三十六里。”民国《江苏六十一县志》溧阳县：戴埠镇“亦名举善镇”。

戴帽山　即大帽山。今福建漳浦县东北玳瑁山。

戴溪桥镇　元作戴崎，明又名戴溪。即今江苏常州市武进区东南洛阳镇南戴溪桥。清光绪《常州府志》卷5：东南安上乡有戴埼。民国《江苏六十一县志》：武进县东南有“戴溪桥镇”。

戴墟浦　在今江苏昆山市西三十里。《方舆纪要》卷24苏州府昆山县：戴墟浦“宋淳熙中，发运使魏浚疏至和塘，东自夹潮塘，西至戴墟浦，亘四十余里”。

戴燕国　即今加里曼丹岛西部杜连河北岸之塔延。清谢清高《海录》有专条记述。

壕门戍　唐置，属玉田县。在今河北玉田县北。

壕头隘　在今江西兴国县东北。《清一统志·赣州府二》“梅窖隘”条下：“花桥隘、壕头隘俱在（兴国）县东北。”

壕州　辽置，为头下军州。治所在今辽宁阜新蒙古族自治县东北。金废。

壕岭　在今浙江杭州市萧山区南。《方舆纪要》卷92萧山县：壕岭在“县南六十五里，与诸暨接界”。

壕镜　亦作濠镜、蚝镜。即今澳门之旧称。清康熙《香山县志》卷1：有濠镜澳图。同书卷10：“由前山村而南二十里曰濠镜澳。”指今澳门及整个海湾，包括浪白岛在内。明嘉靖三十二年（1553），葡萄牙人船至此。以借地晾晒据其地，遂移电白市舶司于此。葡人占领后，遂为澳门之名所取代。清有香山县丞驻此。光绪十三年（1887）被葡萄牙侵占。

盩厔县　西汉太初元年（前104）置，属右扶风。治所在今陕西周至县东终南镇。《元和志》卷2盩厔县：“山曲曰盩，水曲曰厔。”故名。东汉废。西晋复置，属始平郡。北魏属扶风郡。北周天和二年（567）迁治今户县西北三十五里，为恒州治。寻废。建德三年（574）徙治今周至县。隋属京兆郡。唐属雍州，天宝元年（742）改名宜寿县，至德二年（757）复名盩厔县，后属凤翔府。元属奉元路。明属西安府。民国初属陕西关中道。1928年直属陕西省。1964年改为周至县。

褺江县　即垫江县。在今重庆市合川区。东汉许慎《说文解字》：“褺，重衣也。巴郡有褺江县。”段注：“褺江县在今四川重庆府合州，嘉陵江、涪江、渠江会于此入大江。水如衣之重复然，以褺江名县。”民国《合川县志》卷1：“以其地有嘉陵江、涪江、渠江来会，如衣之重复。”因名。

罄口山　亦名罄山、磬口山。在今河北沙河市西一百里。《元和志》卷15沙河：罄口山“在县西南九十八里。汉、魏时旧铁官也”。《寰宇记》卷59沙河县：“卢毓《冀州论》云：淇汤罄口冶铸利器，即汉时旧冶铸官也。”

罄山　即罄口山。在今河北沙河市西一百里。《隋书·地理志》：沙河县“有罄山”。

罄险　在今陕西洋县西。《晋书·苻坚载记》：“晋梁州刺史杨亮遣子广袭仇池，与坚将杨安战，广败绩，晋沮水诸戍皆委城奔溃，亮惧而退守罄险，安遂进寇汉川。”

藉水　一名洋水，又名峄水。在今甘肃天水市南。源出天水市西界，东流入于渭水。《水经·渭水注》：“水出西山，百涧声流总成一川，东历当亭川，……又东径上邽城南，……又东入于渭。”

藉田门　即清明门。汉长安城东面中门。在今陕西西安市西北南玉女村北。《三辅黄图》卷1：“长安城东出第二门曰清明门，一曰藉田门，以门内有藉田仓。”

藏（藏 zàng）　①今西藏在元、明时称乌思藏，因在我国西境，故名西藏。亦简称藏。

②指后藏。今西藏在元、明时为乌思、藏、纳里速古鲁孙三部。藏为三部之一。

藏山　在今山西盂县北三十五里藏山村东。《方舆纪要》卷40：“相传程婴、公孙杵臼藏赵孤处。岩垒环堵，石溜灌镕，旁有泉曰圣水。”

藏马山（藏 cáng）　在今山东胶南市西南。《清一统志·青州府一》：藏马山“三峰尖峻，中俯平川。有一小山如马形，故名”。

藏马县　1944年8月山东革命根据地由诸城县东部析置，治泊里镇（今山东胶南市西南泊里镇）。因藏马山为名。1956年撤销，并入胶南、五莲二县。

藏王墓（藏 zàng）　又称吐蕃历代赞普墓。在今西藏琼结县西南木惹山上。为公元7世纪至9世纪历代吐蕃赞普（国王）的墓葬群。据传松赞干布和文成公主及前后几代赞普均埋葬于此。现有墓九座，占地面积300万平方米，墓的形制大致相同，均为方形平顶，大小不一，多数高达数十米。在山峰下一大墓前台，立有石狮一对，高1.55米。毗邻的赤德松赞墓旁，有方柱形石碑一座。碑身正面刻古藏文，内容歌颂赤德松赞赞普一生的功绩。1961年定为全国重点文物保护单位。

藏书洞 在今湖北长阳土家族自治县西三十里。《明一统志》卷62荆州府：藏书洞“在长阳县西三十里。宋郭雍藏书于此”。

藏甲岩 在今贵州贵阳市。明郭子章《黔记》卷8：“藏甲岩在城内西南隅永祥寺下。俗名鬼王洞。（三国时蜀）汉王志英武过人而貌寝，军中呼为鬼头，官至校尉，从诸葛武侯征南，擒雍闿，过此藏盔甲以镇服百蛮。”

藏甲城 在今河南柘城县西三十里。《方舆纪要》卷50：藏甲城“相传项羽藏兵于此”。

藏舟浦 遗址在今安徽合肥市西杏花村。与淝水相通，为三国魏张辽镇守合肥时藏战舰处。《寰宇记》卷126合肥县：“藏舟浦即曹操与（疑为御）孙权藏舰于此。唐贞观十年刺史杜公作斗门与肥水相接，浦内有岛屿花竹，颇为佳境。”

藏冰井 在今江苏南京市城东北覆舟山（小九华山）。据宋《景定建康志》载：“藏冰井，刘宋大明中凿以藏冰，齐、梁、陈皆因之。”宋张敦颐《六朝事迹编类》卷上亦载：藏冰井“覆舟山上有凌室，乃六朝每岁藏冰于此也”。

藏如拉 西藏吐蕃王朝（629—842）古地区名。藏文史籍载：吐蕃于全境设置乌如、要如、叶如、如拉等四大军政区域，如拉意为分支翼，约当今西藏日喀则地区北部各县，其地区在吐蕃以前称为藏钦（意为大藏），故在藏文史籍中又称如拉为藏如拉。

藏河 ①即今西藏中部之拉萨河。清《西藏图考》卷3：藏江“即噶尔招木伦江”。

②亦作臧河。即西藏雅鲁藏布江。藏语古称“藏曲”，意为藏河。《册府元龟·外臣部》载：唐使刘元鼎至吐蕃，“议盟誓于藏河北川中”。

藏经洞 即敦煌莫高窟第十七洞。据洞内遗书记载，可能是公元11世纪初西夏人征服敦煌的战争中，瓜沙曹氏政权和莫高窟僧人准备逃难时所封藏，后未回归，因而幽闭达九百年之久。直至清光绪二十六年（1900），十六窟通道清除淤沙时才被发现。此洞内藏经卷、文书、织绣、画像等文物五万余件，包括4世纪至14世纪近十个朝代的文物图书，是本世纪初发生在敦煌的一件震惊中外的大事，引起国内外学者的极大注意。自清末至中华人民共和国成立以前屡遭破坏，其中文书为中外“文化人”及官僚盗窃一空，现散藏世界各地，国内所存无几。此后，由于研究敦煌艺术的人逐渐增多，在社会科学领域里形成了“敦煌学”这一专门学科。

藏春坞 ①在今江苏镇江市南清风桥。《舆地纪胜》卷7镇江府：藏春坞“刁景纯归休京口，治其所居，命曰藏春坞。前有一冈皆松林，命曰万松。温公寄题景纯藏春坞诗曰：藏春在何许，郁郁万松林”。

②在今重庆市巫山县西北大昌镇。《明一统志》卷70：藏春坞“在大昌县治”。《清一统志·夔州府二》：藏春坞，“《府志》：今三台崖，即其地也。其中空洞，可容百人”。

藏钦 西藏古地名。藏文音译，意为“大藏”。古藏文史籍《敦煌吐蕃文书》载：猪年（687年丁亥）吐蕃登记藏钦土地，藏钦人民暴动，反抗吐蕃。藏钦故地在今西藏日喀则地区。

藏娘佛塔及桑周寺 在今青海省玉树县北仲达乡西约40公里的通天河南岸。藏娘佛塔是世界著名的藏传佛教三佛塔之一，始建于北宋天圣八年（1030），尊者孟德嘉纳在修至一半时为佛塔举行了开光仪式。公元15世纪初，孟德嘉纳二世修补了佛塔上半部分，并在佛塔脚下创建了桑周寺。佛塔高31米，为石土木结构，一层基层周长81米，塔身内游廊相通。藏娘塔的设计者是《大藏经·丹珠尔》的作者之一，对研究藏传佛教古塔的修建史具有极高价值。桑周寺占地1.3万平方米，建筑面积4000余平方米，现存主要建筑除藏娘佛塔外，还有大、小经堂及护法殿，都是典型的藏式建筑。2001年藏娘佛塔及桑周寺被定为全国重点文物保护单位。

藏溪桥 在今江西奉新县西十里。《寰宇记》卷106洪州奉新县：藏溪桥“长五丈五尺，许逊斩蛟之处，其蛟入穴，逊以片石书篆字文镇穴口，今见在”。

藐姑山 在今江西贵溪市南七十里。《寰宇记》卷107信州贵溪县：藐姑山“上有封鬼洞、幞头石，瀑泉注下”。《方舆纪要》卷85广信府贵溪县：藐姑山“高四十余丈，广三十余里，泉石甚胜。有封鬼等洞，俗传张道陵遗迹也”。

藐姑射山 一名姑射山。在今山西临汾市西北。《庄子·逍遥游》：“藐姑射之山，有神人居焉。”

藋平驿 北宋属蓝田县，在今陕西蓝田县东南。据《长安志》：藋平驿在县南五十五里。

藋藤港 在今江西星子县西南二十六里。《方舆纪要》卷84南康府：藋藤港“源出府南三十里之黄龙山”，流入鄱阳湖。

鞞县 南朝宋改牛鞞县置，属蜀郡。治所在今四川简阳市西北绛溪河北岸。齐复为牛鞞县。

鞠水 即菊水。今河南内乡县西北丹水河。《汉书·地理志》弘农郡析县：“黄水出黄谷，鞠水出析谷，俱东至郦，入湍水。”颜师古注：“鞠水即今所谓菊潭也。”

鞠和衍那国 一作久越得犍国。唐西域国名。都城在步师城（今塔吉克斯坦西南库巴的安）。玄奘《大唐西域记》卷1：鞠和衍那国“东西二百余里，南北三百余里”。龙朔元年（661）置王庭州都督府于此。

鞬都城 在今新疆策勒县南。《汉书·西域传》：“渠勒国，王治鞬都城。”一说在今于田县南。《方舆纪要》卷65于阗：鞬都城“在扜罙国南”。古扜罙国都在今于田县克里雅河东岸。

藁城市　1989年撤销河北省藁城县，改设藁城市，治丘头镇。属石家庄地区。1993年划归石家庄市代管。2014年撤销藁城市，设立石家庄藁城区，区政府驻廉州镇廉州西路2号。

藁城县　即槀城县。西汉置，治所在今河北藁城市西南二十八里丘头镇。

䌷城　三国蜀姜维筑，在今甘肃岷县东南。《三国志·魏书·陈泰传》：嘉平初，“蜀大将军姜维率众依䌷山筑二城，使牙门将句安、李歆等守之。征西将军郭淮与泰谋所以御之，泰曰：‘䌷城虽固，去蜀险远，当须运粮。羌夷患维劳役，必未肯附。今围而取之，可不血刃而拔其城，虽其有救，山道阻险，非行兵之地也。’淮从泰计，使泰率讨蜀护军。”遂皆降。《清一统志·巩昌府》：䌷城“在岷州东南一百里”。

檐车寨　在今河北涞水县西北。《金史·靖安民传》：兴定四年（1220），“出兵至矾山，复取檐车寨”。即此。

檀　一作单。西周、春秋东都畿内封国，在今河南济源市东南。《左传》：成公十一年（前580），“昔周克商，使诸侯抚封，苏忿生以温为司寇，与檀伯达封于河。”宋元人注：“檀，周邑。”

檀山　①在今河北涞水县西北。《水经·易水注》：“濡水东合檀水，水出遒县西北檀山。”《方舆纪要》卷12易州涞水县：檀山“峰峦秀丽，中多檀木，与州西北界白杨岭相连，濡水经其下”。

②在今河北赞皇县东北。《方舆纪要》卷14赞皇县：“檀山在县东北十五里，高百余丈。相传周穆王尝驻此。”

③在今河南洛宁县西四十五里。《水经·洛水注》：“洛水又东径檀山南，其山四绝孤峙。山上有坞聚，俗谓之檀山坞。”

④在今陕西富平县西二十五里。唐代宗元陵在其上。

檀山戍　在今江西都昌县北。《寰宇记》卷111南康军都昌县：檀山废戍“在县北九十里，与马颊村相对。武德五年以水陆要冲置戍，贞观元年废”。

檀山坞　在今河南洛宁县西南四十五里洛水北岸。《水经·洛水注》：“洛水又东径檀山南。其山四绝孤峙，山上有坞聚，俗谓之檀山坞。”

檀乡　在今山东兖州市东北。《后汉书·任光传》：“力子都者，东海人也。起兵乡里，……为其部曲所杀，余党复相聚，与诸贼会于檀乡，因号为檀乡。”注：“今兖州瑕丘县东北有檀乡。”

檀木场　即今四川达县东南檀木镇。清乾隆《达州志》卷1：檀木场“在州东方，去州九十里”。

檀木树坪　亦作坛木坪。即今重庆市巫溪县北檀木坪。清光绪《大宁县志》卷1：坛木坪“（北）一百里”。

檀公岘　即今安徽金寨县西南大别山，为史河发源处。《南史·裴邃传》：南朝梁普通二年（521），“魏所署义州刺史封寿据檀公岘，邃击破之，遂围其城”。

檀公城　又名檀城、北冢檀城。即今安徽蒙城县北四十里坛城集。《寰宇记》卷12亳州蒙城：山桑县，“宋将檀道济为征北将军居此，因号曰檀公城”。今尚存遗址。

檀丘　①在今山东泗水县东南。《晋书·蔡豹传》：东晋大兴三年（320），“徐龛袭取豹辎重于檀丘”。《资治通鉴》胡三省注：“檀丘，在鲁国卞县东南。”《方舆纪要》卷32谓即檀城。

②在今山东临沂市东北。《资治通鉴》：南朝梁普通五年（524），“彭宝孙拔檀丘”。即此。

檀头山　①即檀树山。在今江西都昌县北六十里。

②即檀特山。在今山东莒县西北六十里。元于钦《齐乘》卷2谓之坛头山。

檀台（臺）　①在今河北永年县（临洺关）北。《史记·赵世家》：成侯二十年（前355），“魏献荣椽，因以为檀台”。《正义》引《括地志》：“檀台在洺州临洺县（按：今永年县）北二里。”

②在今山东淄博市临淄西。《左传》：哀公十四年（前481），齐简公“与妇人饮酒于檀台”。元于钦《齐乘》卷4：“梧台里又南歇马台，土人以为晏子作歌之台，或又以为简公之檀台。”《史记·田敬仲完世家》《正义》以为在临淄东北一里。

檀州　①隋开皇十六年（596）置，治燕乐县（今北京市密云县东北）。大业三年（607）改为安东郡。唐武德元年（618）复为檀州，移治密云县（即今密云县）。天宝元年（742）改为密云郡，乾元元年（758）复为檀州。辖境相当今北京市密云县及怀柔、平谷等区地。金初废，后复置。元属大都路。明洪武元年（1368）废。

②辽太祖俘檀州民置，属辽州。治所在密云县（今辽宁康平县东南辽河南岸小塔子齐家屯）。辖境相当今辽宁康平、法库二县部分地。后改名祺州。

檀城　①故址在今江苏南京市东。宋张敦颐《六朝事迹编类》卷3“檀城”条引《舆地志》云：“本谢玄之别墅，太傅谢安与玄弈棋所胜者。至宋属檀道济，故名檀城。”

②在今山东兖州市城东北，亦曰檀乡。《后汉书·任光传》：刁子都余党“会于檀乡”。注：“今兖州瑕丘县东北有檀乡。”

檀城山　在今安徽蒙城县北四十里坛城镇。清光绪重修《安徽通志》卷31颍州府：檀城山在“故山桑城内，峰极耸秀。檀道济尝筑城于此”。

檀树山　一名檀头山。在今江西都昌县北六十里。《寰宇记》卷111南康军都昌县：檀头山“宋将军檀道济引兵登此石室，因名檀头山。山西南枕彭蠡”。

檀特山　在今山东莒县西北六十里。一名檀头山。《清一统志·沂州府一》：檀特山，“《旧志》：洛水、黄华水皆发源于此”。

檀特州　唐龙朔元年（661）置，属修鲜都督府。治所在半制城（今阿富汗喀布尔东北）。8世纪中废。

檀道济城　在今江西都昌县西北。《方舆纪要》卷84都昌县“左里城”条下：檀道济城“在县西北七十里。相传道济讨谢晦时经此所筑城也。今其地有城山”。

檀溪　在今湖北襄阳市西南。《三国志·蜀书·先主传》注引《世语》：“备屯樊城，刘表礼焉。惮其为人，不甚信用。曾请备宴会，蒯越、蔡瑁欲因会取备。备觉之，伪如厕，潜遁出。所乘马名的卢，骑的卢走，堕襄阳城西檀溪水中，溺不得出。备急曰：‘的卢，今日厄矣，可努力！’的卢乃一踊三丈，遂得过。”《梁书·武帝纪》：东昏即位，政出多门，高祖“于是潜造器械，多伐竹木，沉于檀溪，密为舟装之备”。《水经·沔水注》谓檀溪当即襄水，“水出县西柳子山下……又北径檀溪，谓之檀溪水。溪水傍城北注，……北流注于沔”。

檀溪水　在今重庆市云阳县北江口镇西北。《水经·江水注》：“汤溪下与檀溪水合。水上承巴渠水，谓之檀井水，下入汤水。”《明史·地理志》云阳县：“西有檀溪，上承巴渠水，入于汤水。”

檀墟　即今广西灵山县西南三十里檀圩镇。清宣统《广东舆地全图》灵山县图：西南有檀墟汛。设外委、千总驻守。

懋功屯　清乾隆四十八年（1783）改美诺屯置，为懋功厅附郭屯。即今四川小金县。

懋功屯务厅　清乾隆四十八年（1783）改美诺厅置，属四川省。治所在今四川小金县。辖境相当今四川小金、金川及丹巴县部分地区。1914年改为懋功县。

懋功县　1914年改懋功厅置，属四川西川道。治所即今四川小金县。1928年直属四川省。1953年改为小金县。

懋勤殿　明建。在今北京市故宫乾清宫西南。清《日下旧闻考》卷34引《明典汇》：“嘉靖十四年秋，乾清宫左右小殿成，上命礼部尚书夏言拟额。殿东贮冕弁，西藏书史。言拟左曰端凝，右曰懋勤。”图书、翰墨之具，皆贮于此。

礋头街　即今福建霞浦县东北闽江口之潭头镇。清同治《长乐县志》卷4《市》：礋头街“在方安里。商贾云集”。

磻石谷　在今陕西铜川市北石盘山。《资治通鉴》：晋建兴四年（316），刘曜围北地太守麹昌，麹允将兵来救，“曜败允于磻石谷”。《方舆纪要》卷54同官县：“磻石谷或即石盘山。”

磻阳城　在今河南林州市西北。《水经·浊漳水注》：“漳水又东，径磻阳城北。”五代及北宋置磻阳务于此。

磻溪　一名璜河。在今陕西宝鸡市陈仓区东南。源出南山，北流入渭。《水经·渭水注》：磻溪水“出南山兹谷，乘高激流，注于溪中，溪中有泉，谓之兹泉。泉水潭积，自成渊渚。即《吕氏春秋》所谓太公钓兹泉也。今人谓之丸谷……水次平石钓处，即太公垂钓之所也”。

磴口　即今内蒙古阿拉善左旗东北巴彦木仁苏木（旧磴口）。1929年于此置磴口县，1949年磴口县徙治三盛公（今磴口县驻地巴彦高勒镇）。

磴口县　1929年析平罗县置，属宁夏省。治所在磴口（今内蒙古阿拉善左旗东北巴彦木仁苏木）（旧磴口）。1949年迁治三盛公镇（今磴口县驻地巴彦高勒镇）。1954年划归甘肃省，1956年划归内蒙古巴彦淖尔盟。

磴山　在今贵州江口县西。《方舆纪要》卷122铜仁府提溪司：磴山在“司东三里。山高险，有石磴萦纡而上”。

鄾　西周、春秋时邓之附庸国，曼姓。在今湖北襄阳市北邓城东南汉水北岸。《左传》桓公九年（前703），“楚子使道朔将巴客以聘于邓。邓南鄙鄾人攻而夺之币，杀道朔及巴行人。……楚使斗廉帅师及巴师围鄾”。杜预注：“鄾在今邓县南沔水之北。”

鄾县　西晋置，属襄阳郡。治所在今湖北襄阳市东北。后废。

霜华山　一名石霜山。在今湖南浏阳市西南八十里。《方舆纪要》卷80浏阳县：霜华山“山峻水急，触石喷霜，因名”。

霜泽寨　在今山西屯留县西霜泽村。《清一统志·潞安府》：霜泽寨“在屯留县西五十里。一名双泽寨……明嘉靖十一年筑”。

霞口渡　又名下口、夏口。即今河北阜城县东七十里霞口镇。清同治《畿辅通志》卷49东光县图：北有霞口，驻外委。

霞山　在今湖南常德市南百里。《方舆纪要》卷80武陵县：霞山，“《志》云：旧有淘金场。今废”。

霞庄　在今山西黎城县东北。抗战初期八路军总部曾驻此。

霞阳镇　即今湖南炎陵县治。《宋史·地理志》茶陵军：“嘉定四年，析康乐、霞阳（中华书局版标点本误作‘云阳’）、常平三乡置酃县。”《清一统志·衡州府一》称“霞阳旧镇”。

霞坑　即今安徽歙县东北四十八里霞坑镇。民国《歙县志》附图：县东北有霞坑。

霞坊街　即今江西横峰县东北霞坊村。清同治《江西全省舆图》卷11：兴安县东北有霞坊。

霞店镇　即下店镇。在今福建厦门市西北三十六里城内。

霞洞墟　即今广东电白县东北霞洞镇。清道光《电白县志》卷8：霞洞墟“在县（治今电城镇）西北七十里”。

霞浦山　在今福建霞浦县南，下临霞浦江。《方舆纪要》卷96福宁州“洪山”条下：“又霞浦山，在州南四十里。中有青、黑、元、黄四屿，日出照映江水如霞，故名。”

霞浦县　清雍正十二年（1734）置，为福宁府治。治所即今福建霞浦县。《方舆纪要》卷96福宁州：霞浦山“在州南四十里，下临霞浦江，中有青、黑、元、黄四屿，日出照映，江水如霞，故名”。县以山为名。1913年属福建东路道。1914年属闽海道。1928年直属福建省。

霞流站　亦作霞流市。即今湖南衡东县西二十四里湘江东岸霞流镇。旧属衡山县。清光绪《湖南通志》卷1衡山县图：县南有霞流站。

霞落园　在今江西铅山县东南。《方舆纪要》卷85广信府铅山县：霞落园“在县（治今永平镇）北三里。宋绍兴间，闽寇范汝为作乱，丞相李纲将兵万五千人驻于霞落，即此。俗呼相公府”。清同治《广信府志》卷2铅山县：霞落园，“县北关三里有相公府，元时铅州故址”。

轘辕山　在今河南偃师市南缑氏东南，接巩义市和登封市界。《左传》：襄公二十一年（前552），栾盈出奔楚，过于周，周王“使候出诸轘辕”。《战国策·秦策一》张仪曰：“下兵三川，塞轘辕、缑氏之口。”《史记·高祖本纪》：“因张良遂略韩地轘辕。”《元和志》卷5缑氏县：轘辕山“道路险隘，凡十二曲，将去复还，故曰轘辕”。

轘辕关　在今河南偃师市东南轘辕山上。以山为名。东汉灵帝中平元年（184）所置八关之一。《续汉书·郡国志》河南尹缑氏县：“有轘辕关。”《左传·襄公二十一年》杜注：“轘辕关，在缑氏县东南。”

翳犊山　在今内蒙古土默特右旗北。《魏书·太宗纪》：泰常五年（420）六月，拓拔嗣“行幸翳犊山”。

〔丨〕

豳　亦作邠。古邑名。在今陕西旬邑县西三十里邠原上。周族的祖先公刘由邰迁居于此。《诗经·大雅·公刘》：“笃公刘，于豳斯馆。”《诗经》有《豳风》。《孟子·梁惠王下》：“昔者大王居邠，狄人侵之，去之岐山之下居焉。”

豳山　一作邠山。在今陕西彬县城南。《清一统志·邠州》：豳山“亦名凤凰山。俗传周初凤凰所栖之地。左列寿山，前依涧水。岩壑嶔嵚，委曲百折，亦谓之幽岩。一名安定岩”。

豳州　①北魏太和二十年（496）改邠州置，治所在赵兴郡城（今甘肃宁县）。因古豳国城得名。辖境相当今甘肃宁县及镇原县南部地。西魏废帝三年（554）改为宁州。隋大业二年（606）复改为豳州，治定安县（今宁县）。大业三年（607）改为北地郡。

②西魏废帝三年（554）改南豳州置，治所在新平郡（今陕西彬县）。辖境相当今陕西彬县、永寿、长武、旬邑等县地。隋大业二年（606）省入宁州。唐武德元年（618）复置，开元十三年（725）改为邠州。

瞫都县　西汉置，为珠崖郡治。治所在今海南省海口市琼山区东南三十里。初元三年（前46）废。

瞭墩驿　清光绪年间置，在今新疆哈密市西北瞭墩。清宣统《新疆图志》卷80哈密厅：瞭墩驿“路平旷。客店五，居民十余家。驻守备”。

螳螂川　在今云南安宁市、富民县境，为滇池出口。《方舆纪要》卷114富民县：螳螂川“在县南。源自滇池，萦流安宁州境，又东北入县界，又北历武定府境，入金沙江”。

螳螂水　源出今山东蒙阴县北松仙岭，东南流注于沂水。《水经·沂水注》：螳螂水“出鲁山东南流，右注沂水”。

螺山　①即今北京市怀柔区北二十里红螺山。《辽史·地理志》：松州有“螺山”。《金史·地理志》：顺州温阳县有“螺山”。《清一统志·顺天府》：红螺山“在怀柔县北二十里，高二百余仞。山下有潭，潭中尝有二螺，色殷红，下流为红螺山水”。今为北京著名风景名胜区。

②在今河北怀来县（沙城）东。《方舆纪要》卷18怀来卫：螺山在“卫北十余里。下有奉化寺。山多材木，资民用”。

③在今江西吉安市北。《明一统志》卷56吉安府：螺山“在府城北一十里。南临赣，宛委如螺。或云，昔有渔人游此，忽遇风雨，见神螺光彩五色，取而怀之，至山下涉水，螺失所在。俗呼螺子山”。

④一名罗峰。在今福建惠安县北。明《寰宇通志》卷46泉州府：螺山“在惠安县北。山势若螺髻，因名”。嘉靖《惠安县志》卷2：螺山“即县治所负之山，山形如螺蜥吐肉”。《方舆纪要》卷99泉州府惠安县：螺山“旧名罗峰，云罗隐尝寓此”，故名。

⑤即今圆通山。在云南昆明市城内东北隅。唐至清称螺山。《南诏德化碑》有螺山大鬼主爨彦昌。唐樊绰《蛮书》卷2：“螺山遍地悉是螺蛤，故以名焉。”《元混一方舆胜览》：螺山“在中庆北里许，山无草木，石深青色，望之盘旋如螺然，下有深洞莫可测”。明《寰宇通志》卷111：螺山“在府城北，有巨石皆深碧色，望之蟠簇如螺髻之状。下有洞曰潮音，深黑莫测”。近代于山上建昆明动物园。

螺山市　即今湖北洪湖市西南四十二里螺山镇。清属监利县，有把总驻防。

螺川驿　在今江西吉安市南。《方舆纪要》卷87吉安府庐陵县：螺川驿在“府城南三里赣江滨。螺川递运所亦置于此”。

螺川站 元置，在今江西吉安市南。

螺冈山 在今广东遂溪县西南。《寰宇记》卷169雷州海康县：螺冈“在县北八十里”。《方舆纪要》卷104遂溪县：螺冈山“在县西南七十里。高二十仞，盘曲如螺”。

螺丝嘴汛 在今江西鄱阳县西南鄱江支流注鄱阳湖之口。清于此设螺丝嘴汛。

螺江 即今福建闽侯县治甘蔗镇至桐口段的闽江。《寰宇记》卷100福州侯官县：螺江“在州西北二十五里。《搜神记》云，闽人谢瑞（端）少孤，于此钓得一螺，大如斗，置之瓮中，每日见盘馔甚丰。后归，忽见一少女美丽，燃灶之次。女曰：‘我是白水素女，天帝哀君少孤，遣妾与君具鳝。今既已知妾，当化去，留谷与君。’其米常满，瑞（端）得其米，资及子孙，因曰钓螺江”。

螺岭 在今福建福清市西北。明王应山《闽都记》卷27福清县：螺岭“在县北六十里，势高峻如青螺”，故名。《方舆纪要》卷96福州府福清县：螺岭“在县西北六十里，与闽县接界，色黛如螺”，因名。

螺城 即今福建惠安县治螺城镇。宋以来为惠安县治。《方舆纪要》卷99泉州府惠安县：螺山“在县治北，形如螺髻。旧名罗峰，云罗隐尝寓此”。镇以螺山为名。

螺亭石 在今江西赣县东南。《寰宇记》卷108虔州赣县：螺亭石山“在县东南七十里。有大石临水，号曰螺亭。按，《南康记》云，昔有贫女采螺为业，与伴侣暮宿此亭，忽夜中闻风雨之声，见众螺张口乱嘬其肉，伴吕惊走，贫女乃死。明旦往视之，但有骨存。因报其家，遂殡水滨。其冢化为巨石，螺壳无数，故号曰螺亭石山”。

螺洲 即今福建福州市南螺洲镇。原在闽江中，后与陆地相连。明王应山《闽都记》卷14：螺洲“在方山北，周回一里，环洲以居者数千家”。

螺峰山 一名罗峰山。在今福建福州市北。《清一统志·福州府一》：螺峰山，“石晋天福二年，方士言有白龙夜见于此，闽主昶因作白龙寺”。

螺峰寨 在今浙江舟山市定海区西螺头村。《方舆纪要》卷92宁波府定海县：螺峰寨“在舟山所城西南十五里。有巡司”。

螺峰镇 在今浙江舟山市定海区城关镇西南十四里螺头村。明置螺峰巡司于此。后废。

螺盘山 在今北京市怀柔区北二十里红螺山。《清一统志·顺天府二》“红螺山”条引宋王曾《上契丹事》：“顺州东北有螺盘山。”即此。

螺旋峰 在今江西黎川县东。《方舆纪要》卷86建昌府新城县：螺旋峰“在县东六十里，地名渥口。层峦叠嶂，盘延耸秀”。

螺蛳堰铺 即今贵州遵义县（南白镇）西南三合镇。清道光《遵义府志》卷6遵义县：螺蛳堰在“城西南七十里”。

螺髻山 ①即今四川西昌市东南螺髻山。《明一统志》卷73四川行都司：螺髻山“在都司城东南四十五里。其山高耸，顶如螺髻”故名。

②在今云南通海县西北。《方舆纪要》卷115河西县：“螺髻山在县（今河西镇）西五里。山峰尖峙，因名。”

巀嶭山 亦作巀㠔山。又名嵯峨山、慈峨山。即今陕西泾阳县西北，与三原、淳化二县交界处之嵯峨山。《史记·司马相如列传》《子虚赋》有曰：“九嵏、巀嶭，南山峨峨。”注：“巀嶭山在三原县西。”

巁山 即今山东平阴县西南五十里大寨山。《水经·济水注》作“大槛山”（《初学记》卷8引此作大鑑山）。《隋书·地理志》：济北郡东阿有巁山。《方舆纪要》卷33东阿县：“巁山在县（按指东阿县旧治，即今平阴县西南东阿镇）东南三十里，云峦秀拔，为境内群山之冠。”

羁马 春秋晋邑。在今山西永济市西南。《左传》：文公十二年（前615），“冬，秦伯伐晋，取羁马。”即此。

罽宾乌弋山离道 西汉时自皮山国（今新疆皮山县）向西南通乌弋山离（今阿富汗西部一带）和罽宾（今克什米尔一带）两国之交通路线，称为罽宾乌弋山离道。《汉书·西域传》：皮山国“西南当罽宾、乌弋山离道”。

罽宾国 汉、魏时西域国名。在今克什米尔及喀布尔河下游一带。都城在循鲜城（今克什米尔潘德勒坦）。《汉书·西域传》：罽宾国“户口胜兵多，大国也。……自武帝始通罽宾”。

罾石山 又名麟山。在今江西安福县东。《明一统志》卷56吉安府：罾石山“在安福县东一十五里临江。有山轮囷特起，状若渔罾。山腰有二石，高数丈，其一俯首若将压焉；其一壁立，势相支柱，中可往来”。

罾浦 在今福建福州市东南。《资治通鉴》：五代晋齐王开运三年（946），南唐兵围李仁达于福州，仁达求救于吴越，“吴越兵至福州，自罾浦南潜入州城”。即此。胡三省注：“罾，鱼网也。福州之人就此罾鱼，因以得名”。

赡县 五代吴越时改剡县置，属越州。治所即今浙江嵊州市。北宋初复名剡县。

黚水 即今贵州湄潭县西湄江。《水经·延江水注》：“黚水亦出符县，南与温水会。阚骃谓之阚水，俱南入鳖水。”《水经注疏》谓即今合湘江之仁江。

黚阳县 三国吴置，属武陵郡。治所在今湖南龙山县南。南朝梁废。

〔丿〕

镡成县 西汉置，属武陵郡。治所在今湖南靖州苗族侗族自治县南。东晋义熙中改为舞阳县。

镡州　五代晋开运初，闽王延政改剑州置，治所在龙津县（今福建南平市）。辖境相当今福建南平、将乐、尤溪、三明等市县地。南唐保大四年（946）改为延平军，不久复改剑州。

镡江　即今广西郁江、浔江。《舆地纪胜》卷109藤州：镡江，“《元和志》云：在镡津，俗名浔江”。《方舆纪要》卷108藤县：藤江“亦谓镡江也。挟蒙、绣诸川，并流入苍梧县界。一名弥江，又名剑江”。

镡封县　西汉元鼎六年（前111）置，属牂柯郡。治所在今云南砚山县西北一百二十里平远镇。三国蜀建兴三年（225）属兴古郡。西晋永嘉五年（311）属梁水郡。南朝梁末废。

镡津县　唐贞观初改永平县置，为藤州治。治所在今广西藤县东北浔江南、北流江东岸。天宝初为感义郡治。乾元初复为藤州治。北宋开宝六年（973）移于北流江西岸，即今藤县。明洪武二年（1369）省入藤州。

镈峒　北宋置，属邕州左江道。治所在今广西西南部左江流域。后废。

穗　即今广东广州市之别称。

穗石洞　在今广东广州市惠福西路陂山之阳。《清一统志·广州府》：穗石洞“裴渊《广州记》：战国高固相楚时，有五仙人乘五羊，各持谷穗，一茎六出，遗穗于州人，腾空而去，羊化为石，至今犹存”。

黏蝉县　西汉置，属乐浪郡。治所在今朝鲜平安南道龙冈西于乙洞古城。《汉书·地理志》注：“服虔曰，蝉音提。”东汉改为占蝉县。

魏　①西周封国，姬姓。开国君主是武王伐纣后受封的毕公高。故城在今山西芮城县北五里古魏城。晋献公十六年（前661）灭魏，将其封给毕万。

②战国七雄之一。开国君主魏文侯是毕万后裔。周威烈王二十三年（前403）与韩、赵分晋，始位列诸侯。都安邑（今山西夏县西北）。魏文侯任用李悝变法图强，西攻取秦国河西之地，向北攻灭中山，南败楚国，夺取大梁（今河南开封）等地。魏惠王迁都大梁，因而魏亦称梁。惠王二十六年（前344）召集逢泽之会，自称为王。辖境相当今河南北部及山西西南部。马陵之战失败后，疆土逐渐缩小。前225年为秦所灭。

魏山　在今陕西安康市西南九里。《舆地纪胜》卷189引《元和志》：“其山东、西、南三面绝险不通者，晋吉挹为梁州督护，苻坚使韦钟伐之，挹于急口岐山为垒固守，钟三年不能下。”

魏王池　在隋唐东都城中，今河南洛阳市旧城西南。《元河南志》载：洛水东流经尚善、旌善二坊之北，南溢为魏王池。“与洛水隔堤，初建都筑堤，壅水北流，余水停成此池，下与洛水潜通，深处至数顷，水鸟翔泳，荷芰翻复，为都城之胜。贞观中以赐魏王泰，故号为魏王池”。《明一统志》卷29河南府：魏王池“在洛阳县。洛水溢而为池，为都城之胜。唐贞观中，以赐魏王泰，故名”。唐韩愈《东都遇春》：“有船魏王池，往往纵孤咏。”

魏王国　秦亡后项羽徙魏王豹置，都平阳（今山西临汾市西南）。辖河东、上党二郡，相当今山西南部地区。后为刘邦所灭。

魏王堤　在今河南洛阳市旧城西南洛水岸边。《白居易集》卷58《魏王堤》诗：“何处未见先有思？柳边无力魏王堤。”

魏夫人坛（墰）　在今江西抚州市临川区西北。《寰宇记》卷110临川县：魏夫人坛“在县西北六里二百步。《神仙内传》云，夫人姓魏，讳华存，任城人也，晋司徒舒之女。少读老庄，年二十四，父母抑而嫁之，归太保掾刘文。文卒，夫人避俗江南，遂上临川西立坛修道。成帝咸和九年，夫人讬剑化形而去。……坛南有九曲池，唐睿宗使道士叶法善祭醮，仍于坛西置洞灵观，度女道士七人以奉之，刺史颜真卿撰仙坛碑，备详其事”。

魏长城　①战国魏惠成王时筑，此即《史记·秦本纪》所载：“魏筑长城，自郑滨洛，以北有上郡。”大致自今陕西华阴县南华山北行，过渭河，经大荔、澄城西、洛川县东，止于甘泉县西南。秦毁。

②战国魏筑（一说韩筑）。据《续汉书·郡国志》河南郡载：“魏有长城，经阳武到密。”即今河南原阳县西境，东行至原阳县东南，折而西南过黄河，止于郑州市东南。秦毁。

魏氏庄园　在今山东惠民县东南六十里魏集村南侧。是当地缙绅魏肇庆家族数代居住的宅第。始建于清嘉庆十八年（1813），是当地缙绅魏毓炳的宅第。其后续有增建。光绪十九年（1893）建成。庄园由住宅、广场、花园、水塘组成。住宅为城堡式，外砌砖墙，东南和西北两对角筑炮楼。住宅内分三进六院，共有房屋四十八间，均砖木结构。有前、中、后三道内庭院门，门内各为厅厢回廊组成的四合院。布局小巧，别具匠心，既有我国北方传统民居建筑的特色，又有设计独特的防御功能。1996年定为全国重点文物保护单位。

魏平县　北魏置，为朔方郡治。治所在今陕西子长县东南四十二里姜家坪。西魏改属安宁郡。隋属延安郡。隋末废。唐武德三年（620）复置，属南平州。贞观二年（628）废。

魏丘集　即今河南延津县东北三十里魏丘乡。清尹耕云《豫军纪略》卷12：同治七年（1868）三月，“贼党分掠魏丘集”。

魏宁县　西魏析石泉县置，属魏昌郡。治所在今陕西石泉县西南。北周废。

魏州　北周大象二年（580）置，治所在贵乡县（今河北大名县东北大街乡）。隋大业初改名武阳郡。唐武德中复名魏州。辖境相当今河北大名、魏县，河南南乐、清丰、范县，河北馆陶，山东冠县、莘县等市县地。五代唐同光元年（923）升为兴唐府。

魏兴县　东魏武定七年（549）置，属晋宁郡。治所在今江苏宿迁市东。北齐废。

魏兴郡　①三国魏改西城郡置，属荆州。治所在西城县（今陕西安康市西北四里汉水北岸）。辖境相当今陕西山阳、柞水、宁陕等县以南，石泉、紫阳二县以东，岚皋、平利、白河等县以北，湖北郧县、郧西县以西地。后移治洵口（今陕西旬阳县附近）。西晋太康二年（281）移治锡县(今陕西白河县东)，三年（282）移治平阳县(今湖北郧西县西)。元康中还治锡县，改属梁州。永嘉后仍移治西城县（北魏时西城县移今安康市）。西魏废帝元年（552）为东梁州治，三年（554）改为金州治。北周时治所在吉安县（西城县改名，即今安康市）。隋开皇三年（583）废。

②北魏置，属洛州。治所在阳亭县（后改南阳县，在今陕西山阳县西北）。辖境相当今陕西山阳县地。隋初废。

魏安县　北周天和二年（567）改垫江县置，为容州、容山郡治。治所即今重庆市垫江县。隋开皇十八年（598）复为垫江县。

魏安郡　①十六国前凉置，治所在今甘肃古浪县东。《十六国春秋辑补》卷81：后凉太安元年(386)，长水校尉王穆将“大豫（苻坚世子）奔秃发思复鞬，思复鞬送之魏安”。即此。北周改为白山县。

②西魏改梁安郡置，为江州治。治所在甑山（今湖北汉川市东南十里）。寻改汉川郡。

魏村市　即今河北清苑县（南大冉）西南魏村镇。明嘉靖《清苑县志》卷2有魏村市。

魏村镇　即今江苏常州市新北区西北魏村。旧名烈塘闸，亦称魏村闸。《清一统志·常州府二》：魏村闸“跨得胜河口，明洪武三年设守御百户所，舟楫由此出口入江，六十里达扬州，最为便捷”。

魏县　①西汉置，属魏郡。治所在今河北大名县西南魏城。《水经·淇水注》引应劭曰：“魏武侯别都。”因名。北齐废入昌乐县。隋开皇六年（586）复置，属魏州。大业初属武阳郡。唐天宝三年（744）移治今大名县西北魏庄。北宋属大名府，移治洹水店(今魏县西南旧魏县)。明洪武初迁治五姓店（今魏县）。清乾隆二十三年（1758）废入大名县。1946年复置，即今魏县。

②南齐置，属京兆郡。治所在今湖北襄阳市襄城区西北。梁废。

魏其侯国　西汉置，属琅邪郡。治所在今山东临沂市南。高帝封功臣周止为侯邑。景帝初，改封窦婴于此。武帝又改封胶东康王子昌为侯邑。东汉省。

魏昌县　①三国魏改汉昌县置，属中山国。治所在今河北定州市东南邢邑。北齐废。隋开皇十六年(596）复置，改名隋昌县。

②西魏置，属晋昌郡。治所即今陕西石泉县。北周以后废。

魏昌城　在今安徽寿县东北。《魏书·李崇传》：“于八公山之东南，更起一城，以备大水，州人号曰魏昌城。”

魏昌郡　西魏改晋昌郡置，属直州。治所在王水口(今陕西西乡县东古城子)。北周武成三年（561）移治东阳川（今陕西石泉县）。北周保定三年(563）废。

魏明郡　北魏置，治所在汉阳县（今陕西紫阳县西北汉城乡）。辖境相当今陕西紫阳县西北部地。北周废。

魏征（徵）墓　在今陕西礼泉县东北九嵕山唐昭陵西南五里凤凰山巅。魏征（579—643），字玄成，魏州曲城（今河北馆陶县）人。贞观著名宰相。以直谏著称。墓在山岭南端依山凿石而筑，属昭陵陪葬墓之一。墓碑为唐太宗撰文并书石。

魏店　在今河北大名县东南。清《畿辅舆地全图》大名县图：东南有魏店。

魏城县　① 春秋战国时秦所置县，地望不详。《史记·六国年表》：秦厉共公十年（前468)，“庶长将兵拔魏城”。《集解》：“《音义》‘拔’一作‘捕’。”《史记会注考证》：“魏城，秦地，不可言拔，当作补。”既然“补魏城”，故颇疑秦厉共公十年时秦已置魏城县。

②西魏废帝元年（552）置，属巴西郡。治所在今四川绵阳市东南玉河镇。隋初属潼州，大业初属金山郡，十年（590）移治今市东之魏城镇。唐武德初属绵州，天宝初属巴西郡，乾元初复属绵州。《资治通鉴》：五代唐天成元年（926），李继笈灭前蜀后还军，李继琛“将后军在魏城”。即此。元世祖至元二十年（1283）废入绵州。

魏城驿　在今四川绵阳市东北六十里魏城镇。清魏源《圣武记》卷9：嘉庆五年（1800)，白莲教冉天元等与清军德楞泰激战新店子后，“复走魏城驿，与白号张子总、庹向瑶、雷士王合”。

魏城堡　①即今四川绵阳市东六十里魏城镇。为魏城县故治。明置巡司于此。清置县丞及驿丞。清嘉庆间白莲教起义声势浩大，士民捐修石城。民国初置县佐。

②明置，属宁夏左屯卫。即今宁夏永宁县北西位村。

魏信堡　明置，属宁夏左屯卫。即今宁夏永宁县北西位村。

魏郡　①西汉高帝十二年（前195）置，治所在邺县（今河北临漳县西南邺镇）。辖境相当今河北大名、磁县、涉县、武安、临漳、肥乡、魏县、丘县、成安、广平、馆陶，河南滑县、浚县、内黄及山东冠县等地。西晋属司州。北魏天兴四年（401）属相州，东魏天平元年（534）建都于此，改为魏尹。北齐改为清都尹。北周大象二年（580）复为魏郡，移治安阳城（今河南安阳市西南）。隋开皇初废。大业初复置，移治今安阳市。唐武德初改为相州。

②东晋咸康四年（338）侨置，寄居京邑（今江苏南京市附近）。南朝宋元嘉二十年（443）废。

③南朝宋侨置，属冀州。治所在历城县（今山东济南市）。北魏为东魏郡。

魏家屯　即今河北冀州市东北十五里魏家屯镇（于家庄）。民国《冀县志》图：东北有魏家屯。

魏家庄　①即今河北南皮县西十一里大魏庄村。《元史·董抟霄传》：至正十八年（1358），"抟霄方驻兵南皮县之魏家庄，……毛贵兵已至，而营垒犹未完"。被袭杀。即此。

②即今河北隆尧县南十五里魏家庄镇。清同治《畿辅通志》卷51隆平县图：南有魏家庄。

魏家坝市　即今安徽巢湖市西南坝镇。清光绪《庐州府志》卷3巢县：魏家坝镇在"县南九十里"。

魏家岭关　明置，属广宁卫。在今辽宁北镇市西北。明《辽东志》卷2"关梁"：魏家岭关在"（广宁）城西北六十里"。

魏家店　即今湖北云梦县东北三十四里魏家店。清光绪《湖北全省分图》：云梦县东北有魏家店。

魏家屋　在今江西广昌县北。1932年中央革命根据地置南广县治此。

魏家桥镇　即今河北深州市南魏家桥镇。清《畿辅舆地全图》深州：魏家桥镇在"州南二十五里"。

魏家集　即今江苏睢宁县东北魏集镇。《清一统志·徐州府二》：魏家集"在睢宁县北二十里。主簿驻此"。

魏家湾　即今山东临清市东南，运河东岸魏湾镇。旧属清平县。明、清置魏家湾巡司。

魏家湾集　即今山东曹县西北魏湾镇。清康熙《曹县志》卷1《集镇》：魏家湾集在"县西三十五里"。

魏家寨山　在今山东宁阳县西三十里。《方舆纪要》卷32宁阳县：魏家寨山"山高峻，上有石洞，可容数百人。元季人多避兵于此"。

魏博　唐方镇名。广德元年（763）置，治所在魏州（今河北大名县东北）。管魏、贝、博、相、澶、卫六州。天祐元年（904）号为天雄军。

魏脽　即汾阴脽。在今山西万荣县西南宝井镇庙前村北。《汉书·郊祀志上》："汾阴巫锦为民祠魏脽后土营旁"。师古曰："汾脽本魏地之境，故云魏脽也。"《方舆纪要》卷41荣河县：脽丘"亦曰魏脽。如淳曰，脽者谁。脽者，河之东岸特堆崛起，长四五里，广二里，高十余丈"。

魏塘场　即今浙江嘉善县。宋置巡司于此。

魏塘河　即今浙江嘉善县境内嘉善塘。《方舆纪要》卷91嘉善县：魏塘河在"县东十二里。自县西华亭塘分流，东北出，绕县治后，又东合太平河，又南仍入华亭塘"。清光绪《嘉兴府志》卷12："魏塘河亦名武塘，相传魏武帝尝经此，故名。"

魏塘镇　即今浙江嘉善县治。《方舆纪要》卷91：魏塘镇"以宋里人魏武居此，商民成市而名"。明宣德五年（1430）于此置嘉善县。

魏榆　春秋晋邑，在今山西晋中市榆次区西北。《左传·昭公八年》："石言于晋魏榆。"杜注："魏榆，晋地。"后属赵，始称榆次。西汉置榆次县。

魏楼村　在今河南长垣县西。《金史·哀宗纪》：天兴二年（1233）一月，"上进次蒲城，复还魏楼村"。即此。

魏源故居　在今湖南隆回县西北八十四里司门前镇南。魏源（1794—1857），字默深。中国近代史上著名的爱国主义思想家、史学家和文学家，主张向西方学习的早期维新思想代表人物之一。故居建于清乾隆年间（1736—1795）。现存前后两进，占地面积约1200平方米，是一处典型的清代民居。魏源青少年时期的读书楼和他用过的桌、椅、凳及皇帝赐予的纶音箱、恩牌等保存完好。1996年定为全国重点文物保护单位。

魏德县　东魏天平二年（535）析朝歌县置，属林虑郡。治所在晋鄙城（今河南汤阴县南三十里）。北齐废。

魏德城　即晋鄙城。在今河南汤阴县南三十里。《史记·魏世家》正义引《括地志》："魏德故城一名晋鄙城，在卫县西北五十里，即公子无忌矫夺晋鄙兵，故名魏德城。"

魏磨关　在今四川茂县北二十里渭门乡东渭门。明属茂州，置巡司于此。

魏襄王冢　俗称汲冢。在今河南卫辉市西二十里。《晋书·武帝纪》：咸宁五年（279），"汲郡人不准掘魏襄王冢，得竹简小篆古书十余万言，藏于秘府"。《寰宇记》卷56汲县："今号为《汲县冢书》。"

簰洲　即簰牌洲。在今湖北嘉鱼县东北五十里簰洲镇。

簕竹墟　一作力竹墟。即今广东新兴县西三十里簕竹镇。清光绪《广东舆地全图》：新兴县西南有力竹墟。

簇桥　即今四川成都市西南武侯区簇桥街道。民国《双流县志》卷1：簇桥场"在治东二十里。市房六百五十一间，与华阳华阳场紧接，中以栅栏为界，省南通衢。……丝商云集，有丝店五座，并设统捐局卡"。

繁　西周小国。在今河南新蔡县北。春秋属楚，为邑。

繁水　一名浮水。在今河南省南乐县西北。《方舆纪要》卷16南乐县：繁水"在废繁水县南五里。

自内黄县流入境，又北注于永济渠。……《志》云：县西北三十里有王村堤，繁水所经也。其堤南入清丰，北入大名县界。今繁水浅涸，非复故流矣”。

繁水县 隋开皇六年（586）析昌乐县置，属魏州。治所在今河南南乐县西北。大业初属武阳郡。唐属魏州，贞观十八年（644）废。

繁台（臺）（繁 pó） 吹台的俗称。在今河南开封市东南。《元和志》卷7汴州开封县：“梁王吹台，在县东南六里，俗号繁台。”五代梁曾作为讲武台。《旧五代史·梁书·太祖纪》：开平二年（908）七月，“以高明门外繁台为讲武堂。是台西汉梁孝王之时，尝按歌阅乐于此，当时因名曰吹台。其后有繁氏居于其侧，里人乃以姓呼之。时代绵寝，虽官吏亦从俗焉。帝每登眺，寃乘训戎。宰臣以是事奏而名之”。不久，复名繁台。

繁阳（繁 pó） ①春秋楚邑。即今河南新蔡县北三十里韩集镇。《左传》：襄公四年（前569），“楚师为陈叛故，犹在繁阳”。杜注：“楚地。在汝南鲖阳县南。”又定公六年（前504）四月，吴败楚舟师，楚“子期又以陵师败于繁阳”。即此。

②战国魏邑。在今河南内黄县西北。《史记·赵世家》：孝成王二十一年（前245），“廉颇将，攻繁阳，取之”。《正义》引《括地志》云：“繁阳故城在相州内黄县东北二十七里。应劭云：‘繁水之北，故曰繁阳也。’”

③在今河南临颍县西北二十八里繁城回族镇。曹丕即位于此。《三国志·魏书·文帝纪》：汉帝“使兼御史大夫张音持节奉玺绶禅位，……乃为坛于繁阳”。黄初元年（220），“以颍阴之繁阳亭为繁昌县”。

繁阳山 在今四川成都市新都区南十五里。《新唐书·地理志》新都县：“有繁阳山。”《方舆纪要》卷67新都县：繁阳山“众山连接，孤峰特起。上有麻姑洞”。《清一统志·成都府一》：繁阳山“相传张道陵尝修炼于此。上有浴丹池、通仙井、麻姑洞”。

繁阳县 西汉置，属魏郡。治所在今河南内黄县西北。《汉书·地理志》繁阳县注引应劭曰：“在繁水之阳。”故名。西晋属顿丘郡。北魏太平真君六年（445）废。太和十九年（495）复置。东魏天平初改属魏尹。北齐废。隋开皇十六年（596）复置，属相州。大业初废入内黄县。唐初复置，属黎州。贞观初废。

繁县（繁 fán） 西汉置，属蜀郡。治所在今四川彭州市西北。《元和志》卷31新繁县：“因繁江以为名。”《后汉书·臧宫传》：建武十二年（36）伐公孙述，从涪水进攻，“进拔绵竹，破涪城，斩公孙述弟恢，复攻拔繁、郫”。三国蜀汉延熙十年（247）移治今新都县西北新繁镇。北周改为新繁县。

繁昌县 ①三国魏黄初元年（220）置，属颍川郡。治所即今河南临颍县西北二十八里繁城回族镇。隋属颍川郡。唐初属许州。贞观元年（627）废。

②东晋末侨置，属淮南郡。治所在今安徽繁昌县东北。南朝梁属南陵郡。隋并入当涂县。五代南唐分南陵县五乡复置，属升州。治所在今繁昌县西北四十里旧县镇（今新港镇）。宋属太平州。元属太平路。明属太平府，天顺初（1457）迁今繁昌县。民国初属安徽芜湖道。1928年直属安徽省。

③东魏武定中侨置，属南广州鲁阳侨郡。治所在今河南襄城县境。北周废。

繁昌浦 在今安徽繁昌县西北三十五里滨江。旧以泥浦港（今称谷河）与月子港、横山港三港合流入江，称三港口，又称繁昌浦。南朝梁刘孝绰有《夕逗繁昌浦》诗。

繁昌窑遗址 在今安徽繁昌县城南郊和西郊的山地丘陵地带。已发现窑址多处，其中，南郊柯家村窑址面积最大，是繁昌窑的主要生产区域，具有代表性。柯家村窑址始烧于五代，兴盛于北宋，废于南宋初。主要烧造青白釉瓷器，其次为白釉瓷器。青白釉瓷器是柯家村窑址的代表作品，种类多为壶、罐、碗、碟、杯、盏、炉等民间日常生活用器，造型工整，胎质洁白细腻，釉色白中泛青、青中显白，釉面莹润，做工精细。青白釉瓷器是南方融合南北方制瓷工艺而创烧的新产品。柯家村窑址是较早烧造青白釉瓷器的窑场之一，产品质量好，对江南制瓷业的发展有较大的影响。2001年定为全国重点文物保护单位。

繁庞城 在今陕西韩城市东南。《史记·魏世家》：文侯十三年（前433），“使子击围繁庞，出其民”。《清一统志·同州府二》引《县志》：“繁庞城在县东南。”

繁城镇 北宋置，属临颍县。在今河南临颍县西北二十八里繁城回族镇。民国初置县佐于此。

繁峙县 明洪武二年（1369）改坚州置，属太原府。治所在今山西繁峙县东南三里南关。八年（1375）属代州。成化三年（1467）移治东义村（今繁峙县西），万历十四年（1586）又移治石龙岗（即今繁峙县）。民国初属山西雁门道。1928年直属山西省。

繁畤县 西汉置，属雁门郡。治所在今山西应县东八里东张寨东北。东汉末废。西晋复置。东魏为繁畤郡治。北周废。隋开皇十八年（598）复置繁畤县，属代州。治所在今繁峙县东北五十五里砂河镇代堡。大业初属雁门郡，十二年（616）移治武州城（今繁峙县西六十里）。唐属代州，圣历二年（699）移治今繁峙县东南三里南关。金贞祐三年（1215）升为坚州。

繁畤郡 东魏天平二年（535）置，属恒州。治所在繁畤县（今山西应县东）。辖境相当今山西浑源县和应县地。北周废。

繁渊 即澶渊。在今河南濮阳县西。《水经·河水注》：“澶渊即繁渊也。”

繁梁湖　即樊梁湖。在今江苏高邮市西北。《陈书·徐度传》：子敬成，太建五年（573）“随都督吴明彻北讨，出秦郡，别遣敬成为都督，乘金翅自欧阳引埭上泝江由广陵。齐人皆城守，弗敢出。自繁梁湖下淮，围淮阴城”。《明史·地理志》高邮州：“西北有樊梁、甓社、新开等湖。”

繁塔　在今河南开封市东南郊。原名兴慈塔，又名天清寺塔，建于北宋开宝七年（974），为六角形仿楼阁式砖塔。原为九层，明初为消王气拆除上部数层后在其上加七级小塔，形成独特形式。现塔基埋入地下，露出地面的高度为36.68米。塔内外壁镶砌一百零八种佛像雕砖七千余块，为宋代砖雕艺术的杰作。塔内有梯可登。塔内尚存宋、明、清碑刻和题记一百七十八方。1996年定为全国重点文物保护单位。

黛山湖　在今内蒙古托克托县西北哈拉板申村以西一带。清齐召南《水道提纲》卷5：“黑河即古白渠、荒干水，亦曰金河。……又西南至黄河自西来折向南流之处，汇为黛山湖，又西入黄河。”《清一统志·归化城六厅》：沙陵湖“今名黛山湖。黑河之水汇入其内，又西流入黄河”。

皤滩　即今浙江仙居县西南五十里皤滩乡。地当交通要冲。明初设兵戍守。

魈港　即北港。在今台湾省云林县西南。连横《台湾通史·开辟纪》：“台湾旧志有台湾一名北港之语。北港在云林县西，亦谓之魈港。”

徽川县　金承安二年（1198）升徽川寨置，属川州。治所在今辽宁阜新蒙古族自治县西北。泰和四年（1204）废。

徽川寨　金废徽州为寨，属宜民县。在今辽宁阜新蒙古族自治县西北。承安二年（1198）升为徽川县。

徽水　青弋江支流。源出今安徽绩溪县徽岭北麓，纵贯旌德县，北入泾县，古称泾水。《舆地纪胜》卷19宁国府：徽水“在旌德县西南，源出徽岭”，指此。北宋宣和间镇压方腊起义，改歙州为徽州，即以此山水为名。

徽州　①五代楚改武阳砦置，治所在武阳砦（今湖南绥宁县东北李熙桥镇北苏洲村）。北宋元丰四年（1081）改为莳竹县。

②北宋宣和三年（1121）改歙州置，治所在歙县（今安徽歙县）。以宣、歙间通道徽水、徽岭为名。辖境相当今安徽歙县、休宁、祁门、绩溪、黟县、黄山市大部及江西婺源县地。元世祖至元十四年（1277）改为徽州路。

③辽置，为头下军州。治所在今辽宁阜新蒙古族自治县西北。金废为徽川寨。

④元世祖至元元年（1264）改南凤州置，属巩昌路。治所在河池县（今甘肃徽县）。明郭子章《郡县释名》陕西卷下：“徽州，以徽山名也。今有徽山驿。”辖境相当今甘肃徽县、两当二县地。七年废河池县入州。明洪武十年（1377）降为县，后复升为州，属巩昌府。清雍正七年（1729）又降为徽县。

徽州府　元至正二十七年（1367）朱元璋改兴安府置，明洪武元年（1368）直隶中书省。治所在歙县（今安徽歙县）。永乐元年（1403）改隶南京。辖境相当今安徽黄山市部分、歙县、休宁、祁门、绩溪、黟县等县及江西婺源县地。清顺治二年（1645）属江南省。康熙六年（1667）属安徽省。1912年废。

徽州路　元世祖至元十四年（1277）升徽州置，属江浙行省。治所在歙县（今安徽歙县）。辖境相当今安徽黄山市大部、歙县、休宁、祁门、绩溪、黟县等县及江西婺源县地。至正十七年（1357）朱元璋改为兴安府。二十七年（1367）又改为徽州府。

徽县　明洪武十年（1377）降徽州为县，属巩昌府。治所即今甘肃徽县。明郭子章《郡县释名》陕西卷下：“以徽山名也。”后复升为州。清雍正七年（1729）又改为县，属秦州。民国初属甘肃渭川道。1927年直属甘肃省。

徽岭　一作翚岭。旧名大尖山。在今安徽绩溪县西北十里。《元和志》卷28泾县：徽岭山“在县东南二百五十里。泾水所出也”。《舆地纪胜》卷20徽州：徽岭“在绩溪县西北十里。王荆公为江东提刑时，有《度翚岭》诗云：晓度藤溪霜落后，夜过翚岭月明中”。

徽岭关　亦作翚岭关。在今安徽绩溪县西北徽岭。《清一统志·徽州府二》：徽岭关“在绩溪县西北十五里太平镇。旧置于县西二十里新岭，明正德间移此”。

徽陵　在今河南新安县东北。五代唐明宗陵。《旧五代史·唐书·明宗纪》：长兴四年（933），庄宗“葬于徽陵”。《清一统志·河南府三》：徽陵“在新安县东北护驾庄”。

徽港　即新安江。指今钱塘江干流自安徽歙县浦口至浙江建德市梅城镇一段江道。《方舆纪要》卷89浙江总序：“新安江，或谓之徽港。”

徽猷殿　唐东都宫殿。在今河南洛阳市隋唐故城内。《元河南志》载：徽猷殿“在贞观殿北，殿前有石池，东西五十步，南北四十步，池中有金花草，紫茎碧叶，丹花绿食，味酸可食”。今在定鼎路以东、宫城北部发掘出徽猷殿基址。

徽溪　在今安徽绩溪县西北。《元和志》卷28绩溪县：“此县北有乳溪与徽溪，相去一里。”宋淳熙《新安志》卷5绩溪县：徽溪水“出徽岭，水分为二：其东北流者入旌德界；此水入县，经修仁乡，诘曲四十里，南入常溪，合扬之水入歙县界。”《方舆纪要》卷28绩溪县：徽溪“在县北。自徽岭南流十余里入绩溪，又西流四十里入扬之水”。

爵山　在今山东宁阳县东北七十里。《清一统志·兖州府一》：爵山，“《县志》：相传鲁义姑遇齐师，弃子于此。或谓春秋时，有神爵集于上，故名”。

爵莫拉里　即今西藏亚东县东北之绰莫拉日。清乾隆《西域同文志》卷19载：“西番（藏）语：爵莫，天女。天女示现于此山，故名。”

爵莫朗玛里　即今中国西藏自治区和尼泊尔交界处之珠穆朗玛峰。清乾隆《西域同文志》卷19载：“西番（藏）语：朗玛，牛也。山岭如牛，天女曾降于此，故名。”

爵离关　在今新疆焉耆回族自治县东北。《后汉书·班勇传》：永建二年（127）伐焉耆，“勇从南道，（张）朗从北道，约期俱至焉耆，而朗先有罪，欲徼功自赎，遂先期至爵离关”。

爵堤　在今山东高唐县西二十里。《方舆纪要》卷34高唐州：“旧筑堤于此，以御马颊河之泛溢，俗呼其地为马湾。曹魏时，平原与清河争爵堤，久不能决。冀州牧孔礼按图，堤当属平原。两郡之界遂定。”

爵溪　即今浙江象山县东爵溪。明洪武二年（1369）设巡司于此。

爵溪千户所　明洪武三十年（1397）置，属昌国卫。在今浙江象山县东十六里爵溪镇。《方舆纪要》卷92宁波府：爵溪守御千户所“西北阻山，东南负海，城周三里，孤悬海口，直冲韭山。东逼大海，西并钱仓，南以游仙寨为外户，北以象山县为喉舌，亦称要地”。清废。

獂　春秋西戎国。在今甘肃陇西县东南。《史记·匈奴列传》：“自陇以西有緜诸、绲戎、翟、獂之戎。”

獂道县　战国秦置，属陇西郡。治所在今甘肃陇西县东南文峰镇东三台村。《汉书·元帝纪》：初元二年（前47），“二月戊午，地震于陇西郡，毁落太上皇庙殿壁木饰，坏败獂道县城郭官寺及民室屋，压杀人众，山崩地裂，水泉涌出”。东汉属汉阳郡。中平五年（188）为南安郡治。北魏改名桓道县。

貔子窝　即今辽宁普兰店市东皮口镇。《清史稿·地理志》：金州厅有貔子窝市镇。清光绪二十年（1894）甲午中日战争，日军于此登陆，偷袭旅顺。

貕养　泽薮名。在今山东莱阳市东五十里。《周礼·职方》：东北曰幽州，“其泽薮曰貕养”。《汉书·地理志》琅邪郡长广县：“奚养泽在西，《秦地图》曰剧清池，幽州薮。”《方舆纪要》卷36引《录异记》：“县东北有芦塘，方八、九顷，深不可测。今涸。”

邈川城　在今青海乐都县南湟水南岸。北宋时吐蕃唃厮罗自宗哥城徙居于此，宋王朝授其为邈川大首领。元符二年（1099）收复，建为湟州（后改为乐州）。《宋会要辑稿·方域六》：“邈川系古湟中之地，北控夏国甘、凉，西接宗哥、青唐部族……”。地处交通要冲，是青海通往兰州、河州的门户。历来为兵家必争之地。

豁谷水　即清化水，今陕西延安市东北蟠龙川。《水经·河水注》：“清水又南奚谷水注之。水西出奚川，东南流入清水，清水又东注入河水。”《清一统志·延安府一》：“清化水在肤施县东，即豁谷水。”

豁泉　又作明豁泉、五道泉、明乐泉。在今河南巩义市西南。《左传》：昭公二十二年（前520），“晋籍谈、荀跞、贾辛、司马督帅师军于阴、于侯氏、于豁泉，次于社”。杜注：“贾辛所军，巩县西南有明豁泉。”《水经·洛水注》：“洛水又东，明乐泉水注之。水出南原下，五泉并导，故世谓之五道泉，即古明溪泉也。”

朦胧堡　明置，在今湖北通山县东南二十里朦胧岭上。《方舆纪要》卷76通化县：朦胧岭“在县东南二十里。险峻迤逦，道出江西武宁县。成化间建朦胧堡于其上”。

朦胧镇　在今江苏阜宁县西南永兴集。《清一统志·淮安府二》：朦胧镇“在阜宁县西南六十里。《县志》：广洋、射阳诸湖下流，昔时俱由朦胧、喻口出庙湾入海”。

鳡湖　即今安徽宿松县西南龙感湖。《寰宇记》卷125宿松县：“鳡湖在县西八十里，湖水广阔，常有鳡鱼甚大。”《方舆纪要》卷26宿松县：摄湖“又西南八十里曰鳡湖，周回甚阔，中产鳡鱼，又西南注于江”。

鳤州　唐置羁縻州，属邕州都督府。治所当在今广西西南部左江流域。后废。

鳣口　即贵口。又名贵池口、池口。即今安徽池州市秋浦河入江口。《南齐书·李安民传》：“安民率舟乘数百，越贼五城，送米与（张）兴世。伪军主沈仲、王张引军至鳣口欲断江，安民进军合战破之。”即此。

鳄鱼池　在今广西梧州市城东。晋干宝《搜神记》卷2：扶南王范寻“养鳄鱼十头，若犯罪者，投与鳄鱼。不噬，乃赦之。无罪者皆不噬。故有鳄鱼池”。

鳄（鱷）溪　又名恶溪、意溪。即今广东潮州市东韩江。《舆地纪胜》卷100潮州：鳄溪“以鳄鱼得名，旧传为恶溪。韩公刺潮谢表云：‘过海口，下恶水，涛泷壮猛。’是自广惠而循潮顺流而下，今程乡松口俗号恶溪庙、安济庙，乃其所也。庙有鳄鱼余骨尚存”。《明一统志》卷80潮州府：鳄溪“在府城东。一名恶溪。东流五十里入于海。溪有鳄鱼……往往为人害，鹿行崖上，群鳄鸣吼，鹿必怖惧，落崖为鳄所得。唐韩愈为刺史作文驱之，鳄徙六十里，潮人遂免此患。宋陈尧佐亦尝杀鳄”。清光绪《潮州府志》卷16海阳县：韩江“在城东韩山下，合汀赣循梅诸水，汇于三河坝合产溪九河凤水，过凤栖峡，经溪为韩江……”。

鰕子港　亦作虾子港、蛤蜊港。即今江苏阜宁县东北二十二里蛤蜊港。《明史·李遂传》：嘉靖三十八年（1559），倭寇据庙湾，“遂令（刘）景韶塞堑，夷木压垒陈，火焚其舟，贼乘夜雨潜遁。官军据其巢，追奔至虾子港，江北倭悉平”。

鼊鼊屿 又作鼊鼊山。即琉球国（今冲绳）之古米山。为琉球国西南海上的界山。《隋书·流求传》：大业六年（610），陈稜、张镇州率兵自义安（今广东潮安）浮海击流求，“至高华屿，又东行二日至鼊鼊屿”。即此。明嘉靖年间郑若曾编绘的《万里海防图》仍标注：“鼊鼊屿东离琉球水程一日”；“高华屿东离琉球水程三日”；“彭湖岛东离琉球五日”，与此完全一致。或指鼊鼊屿当今台湾省澎湖岛东北奎壁山，误。

〔丶〕

鹭峡 《水经·漾水注》作“塞峡”，杜甫诗作“寒峡”，《资治通鉴》作“鹭峡”。即今甘肃西和县（汉源镇）附近、漾水河流经的晚家峡。《水经·漾水注》：“建安水又东北，迳塞峡。元嘉十九年（442），宋太祖（南朝宋文帝刘义隆）遣龙骧将军裴方明伐杨难当，难当将妻子北奔，安西参军鲁尚期追出塞峡，即是峡矣。……其水出峡西北流，注（西）汉水。”

鹭峰寺塔 又称鹭峰寺斜塔。在今四川蓬溪县（赤城镇）白塔街。建于南宋嘉泰四年（1204），迄今已有八百多年的历史，但其主体建筑仍保存完好，成为建筑史上的奇迹。此塔为楼阁式四方形砖石塔，塔身共十三层，高36米，底层边长5.7米，须弥座台基高0.85米，边长8.2米。每层均为四柱三间仿木结构，一至六层柱头及补间施装饰性斗拱。底层正东方开门，其余三方设假门。二屋以上每边开龛三个，总计一百四十四个，既可采光通风，又可嵌供神像。十三层塔檐，均在撩檐枋上砌上一层砖，再向上向外叠五层，使塔檐厚重深远。塔芯为方形，内设螺旋梯道，可逐级攀登。塔刹为宝瓶顶，施五级球形葫芦，攒尖收结。2006年定为全国重点文物保护单位。

襄山 ①即雷首山。在今山西永济市西南蒲州镇南。《史记·封禅书》：“薄山者，衰山也。”《集解》：“蒲阪县有襄山，或字误也。”

②在今湖北襄阳市西。《寰宇记》卷145襄州：襄阳郡“以地在襄山之阳为名”。《方舆纪要》卷79襄阳县“土门山”条：“《志》云：县西五里又有襄山。《荆楚记》：水驾山而上曰襄。”

襄乡县 东汉置，属南阳郡。治所在今湖北枣阳市东北。西晋废。南朝宋复置，属义阳郡。大明八年（465）属河南郡。北周废。

襄水 在今湖北襄阳市南。《水经·沔水注》：檀溪水“一水东南出。应劭曰：城在襄水之阳，故曰襄阳，是水当即襄水也”。《隋书·地理志》：襄阳郡义清县有襄水。《元和志》卷21南漳县：襄水“出县北一百一十里白石山”。《寰宇记》卷145襄阳县：涑水“亦名襄水。荆楚之地水驾山而上者，皆呼为襄上也。今土人呼涑水上流亦呼为襄水，名即无定，故陆澄《地理志》云：襄阳无襄水也”。《舆地纪胜》卷82襄阳府：襄水“在襄阳县西北五里。源出柳子山下，北流为檀溪，南流为襄水”。或谓即襄阳市以下汉水河段。《方舆纪要》卷79襄阳府襄阳县：汉江“俗亦谓之襄江”。

襄牛 又名襄陵。春秋宋邑。在今河南睢县。《左传》：僖公二十八年（前632），“卫侯出居于襄牛”。又，襄公十年（前563），“卫侯救宋，师于襄牛”。《水经·淮水注》：涣水“又东径承匡城，又东径襄邑县故城南，故宋之承匡襄牛之地。宋襄公之所葬，故号襄陵矣”。

襄平 战国燕地。在今辽宁辽阳市老城。《史记·匈奴列传》：“燕亦筑长城，自造阳至襄平。”《索隐》韦昭曰：“今辽东所理也。”

襄平守捉 唐置，治所在辽东城（今辽宁辽阳市老城）。辽废。

襄平县 ①战国燕置，为辽东郡治。治所在今辽宁辽阳市老城。后属秦，仍为辽东郡治。西汉至三国魏皆属辽东郡。西晋为辽东国及东夷校尉治所，永嘉后属慕容氏，亦谓之辽东城。东晋元兴三年（404）地入高句丽。北魏寄治古徒河县界，在今辽宁义县东。北齐废。

②北魏永熙二年（533）置，属辽东郡。寄治英雄城（今河北徐水县西遂城）。北齐废。

襄丘 战国魏邑，在今山东东明县西。《水经·济水注》引《竹书纪年》：魏襄王七年（前302），“韩明帅师伐襄丘”。

襄乐县 北魏太和十一年（48）置，为襄乐郡治。治所即今甘肃宁县东北湘乐镇。隋属北地郡。唐属宁州。元世祖至元七年（1270）废。

襄乐郡 北魏太和十一年（487）置，属豳州。治所在襄乐县（今甘肃宁县东北六十里湘乐镇）。辖境相当今甘肃合水县及宁县东北部地。北周废。

襄曲县 1942年初晋冀鲁豫边区由襄陵、曲沃二县析置，属太岳区。治所在今山西襄汾县境。1947年废。

襄州 ①北魏孝昌中置，治所在宣义郡北平县（今河南方城县东南）。辖境相当今河南方城、社旗二县及泌阳、舞阳二县部分地。北齐移治叶县（今河南叶县西南二十八里旧县村）。北周废。

②西魏恭帝元年（554）改雍州置，治所在襄阳县（今湖北襄阳市襄城区）。《元和志》卷21襄州：“因州南襄水为名。”隋大业三年（607）改为襄阳郡。唐武德四年（621）复为襄州。天宝元年（742）改为襄阳郡。乾元元年（758）复为襄州。辖境相当今湖北襄阳、老河口、南漳、宜城、谷城等市县地。北宋宣和元年（1119）升为襄阳府。

襄安县 ①西汉置，属庐江郡。治所即今安徽无为县西南四十里襄安镇。三国时荒废。西晋复置，南朝宋废。

②隋开皇初改蕲县置，属庐州。治所即今安徽巢湖市。大业初属庐江郡。唐武德七年（624）改为

巢县。

襄安镇　北宋置，属无为县。即今安徽无为县西南四十里襄安镇。

襄阳“古隆中”　在今湖北襄阳市襄阳城西二十里隆中山。是三国蜀丞相诸葛亮年轻时的隐居地。东汉建安十二年（207）刘备“三顾茅庐”，诸葛亮提出统一谋略《隆中对》，辅佐刘备建立蜀汉基业。其故居晋代即有碑记。唐建武侯庙。现有武侯祠、三顾堂、三义庙、抱膝亭、古隆中石牌坊、野云庵、茅庐亭等明、清建筑。三顾堂两厢碑廊上嵌有诸葛亮《隆中对》、前后《出师表》等石刻及名人题记。1996年定为全国重点文物保护单位。

襄阳山　在今四川北川羌族自治县境。《隋书·地理志》：北川县有襄阳山。《寰宇记》卷78茂州汶山县：襄阳山，“《州郡志》云：汶山郡有襄阳山”。

襄阳王府绿影壁　在今湖北襄阳市襄阳古城内东南隅。坐南朝北，东、南两面距城墙各200米。影壁长26.2米，高7.6米，厚1.6米，用绿泥片岩作壁心，汉白玉石镶边，内镶巨形石雕龙。影壁分三堵，中堵略高，壁心浮雕二龙斗宝，上下槛各雕流云飞龙十条，左右抱框各雕流云飞龙三条。左右两堵稍低，壁心各雕一巨龙舞于云水海涛间，上下槛各雕流云飞龙五条，左右抱框各雕流云飞龙两条。壁上覆庑殿顶，略似四柱三楼牌楼状。须弥座三座相连，中座略高，上有精细仰覆莲及行龙等雕刻。明仁宗第五子于正统元年（1436）封为襄阳王，绿影壁为王府中的一座建筑，建于明正统五年（1440）。1641年张献忠破襄阳，襄王府被焚毁，石刻影壁幸存。作为明代石雕艺术与建筑遗物，绿影壁有很高的历史、艺术价值。2001年定为全国重点文物保护单位。

襄阳市　2010年湖北省襄樊市改名为襄阳市，襄樊市襄阳区改为襄阳市襄州区。

襄阳县　西汉置，属南郡。治所即今湖北襄阳市襄城区。《汉书·地理志》注：“应劭曰：在襄水之阳”，故名。东汉建安十三年（208）为襄阳郡治。东晋为雍州侨州治。西魏改为襄州治。隋为襄阳郡治。北宋宣和元年（1119）为襄阳府治。元为襄阳路治。明、清为襄阳府治。民国初为湖北襄阳道治。1932年直属湖北省。1951年析置襄樊市（地级），由省直辖。襄阳县驻襄樊市（樊城）。后改为县级市，1979年复升地级市。1992年襄阳县徙治张湾镇。2001年撤销襄阳县，改设襄樊市襄阳区。2010年改襄樊市为襄阳市，襄阳区改名襄州区。

襄阳府　北宋宣和元年（1119）改襄州置，治所在襄阳县（今湖北襄阳市襄城区）。辖境相当今湖北襄樊、襄阳、南漳、谷城、宜城等市县地。元改为襄阳路。明复为襄阳府。1912年废。

襄阳城墙　在今湖北襄阳市区汉水南岸，与樊城隔水相望。南墙依岘山，南墙长度略短于北墙，城廓平面呈长方形。城墙厚11—14米，高10.84米，城垣周长7331米。其中6408米为护壁砖墙，有三座城门瓮城及夫人城城台、城东南角台，周有护城河环绕，河宽130—250米。小北门城楼建在拱券式城门洞上，四柱三间，重檐歇山顶，为清代砖木结构。城始建于汉，南宋乾道五年（1169）曾维修，淳熙八年（1181）修护城堤，元时城废。明洪武初，因旧址修筑，并另拓城东北角。明末遭兵火。清顺治时重修各门及城楼。清雍正时建仲宣楼于东南角。襄阳城墙历史悠久、保存完好，有较高的历史、科学价值。2001年定为全国重点文物保护单位。

襄阳郡　东汉建安十三年（208）置，治所在襄阳县（今湖北襄阳市襄城区）。《太平御览》卷168引《荆州图副》：襄阳郡“以地在襄水之阳为名”。西晋移治宜城县（今湖北宜城市）。辖境相当今湖北襄阳、宜城、远安等市县地。南朝宋还治襄阳县。西魏改为襄州。隋大业三年（607）复改为襄阳郡。唐武德四年（621）改为襄州。天宝元年（742）复为襄阳郡。乾元元年（758）复为襄州。

襄阳道　1914年由鄂北道改置，属湖北省。治襄阳县（今湖北襄阳市襄城区）。辖境约当今湖北枣阳、钟祥、京山以西，竹溪、房县、保康、远安、当阳、荆门、潜江、天门以北地区。1921年将今远安、当阳、荆门3市县划归荆宜道。1932年废。

襄阳路　元改襄阳府置，治所在襄阳县（今湖北襄阳市襄城区）。辖境相当今湖北枣阳、宜城、神农架以西以北地区及陕西平利县部分地。明初复为襄阳府。

襄阴县　金大定七年（1167）改永宁县置，为弘州治。治所即今河北阳原县。元至元中废。

襄邑县　①战国秦置，属砀郡。治所即今河南睢县。《汉书·地理志》陈留郡襄邑县注：师古曰，“圈称云襄邑宋地，本承匡襄陵乡也。宋襄公所葬，故曰襄陵。秦始皇以承匡卑湿，故徙县于襄陵，谓之襄邑”。西汉属陈留郡。西晋属陈留国。南朝宋属谯郡。后废。北魏景明元年（500）复置，属梁郡。东魏属阳夏郡。北齐废。隋开皇十六年（596）复置，属杞州。大业初属梁郡。唐属宋州。五代梁属开封府。北宋崇宁四年（1105）为拱州治。金天德三年（1151）为睢州治。明洪武初废入睢州。

②北魏置，属南阳平郡。治所在今江苏徐州市铜山区地。后废。

③北魏侨置，属陈郡。治所在今河南西华县北二十里。北齐废。

④东魏武定七年（549）置，属高平郡。当在今江苏盱眙县境。北齐废。

襄邑郡　西魏改襄城郡置，属襄州。治所在赭阳城（今河南方城县东六里）。北周属广州。隋开皇初废。

襄邑堡　在今山西芮城县东。《资治通鉴》：东晋义熙十三年（417），“檀道济、沈林子自陕北渡河，拔襄邑堡”。胡三省注：“襄邑堡在河北郡河北县，汉、晋属河东郡，秦分立河北郡。”

襄武县　西汉置，属陇西郡。治所在今甘肃陇西县东南五里。东汉末移陇西郡治此。《三国志·蜀书·姜维传》：蜀汉延熙十七年（254），姜维“复出陇西，守狄道长李简举城降。进围襄武与魏将徐质交锋，斩首破敌，魏军败退”。即此。唐为渭州治，宝应后废。

襄国县 汉高帝元年（前206）项羽改信都县置，西汉属赵国。治所即今河北邢台市。《元和志》卷15邢州：“项羽改曰襄国，盖以赵襄子谥名也。”《史记·项羽本纪》：“西汉初，羽立张耳为常山王，王赵地，都襄国。”即此。三国魏、晋属广平郡。十六国后赵石勒建都于此。冉闵灭赵，刘显称帝于襄国，东晋永和八年（352）闵攻显，毁襄国城，遂废。北魏太和二十年（496）复置，属北广平郡，为襄国郡治。隋开皇九年（589）改为龙冈县。

襄国郡 北齐置，治所在襄国县（今河北邢台市西南）。领襄国、中丘二县。辖境相当今河北永年、内丘二县，沙河市及邢台市部分地。隋开皇初废。十六（596）于此置邢州，大兴初改为襄国郡。唐武德元年（608）复为邢州。

襄河 ①即今安徽全椒县之襄河。《舆地纪胜》卷42滁州：襄水“出全椒县之石臼山”。《方舆纪要》卷29滁州全椒县：襄水“在县治北。源出县西北二十里石臼山，东南流合涧谷诸水，凡十有六派，循县治后，又东南至石潭口合于滁河”。

②汉水自襄阳以下的俗称。《明史·地理志》 襄阳县：“汉水在城北，亦曰襄江。”

襄河口 在今湖北武汉市汉阳区南。《明史·地理志》 汉阳县：“汉水自汉川县流入，旧径山南襄河口入江。成化初，于县西郭师口之上决，而东从山北注于大江，即今之汉口也。”

襄垣 即今山西襄垣县北东故城。《元和志》卷15潞州襄垣县：“赵襄子所筑，因以为名。”西汉置襄垣县。

襄垣县 ①西汉置，属上党郡。治所在今山西襄垣县北三十里东故县村。《元和志》卷15：“赵襄子所筑，因以为名。”北魏移治今襄垣县北郊，属襄垣郡。北周属上党郡。隋开皇初改属潞州，大业初属上党郡。唐初属韩州，移治襄垣城甘罗水南，后属潞州。北宋属隆德府。金复属潞州，治所合南、北襄垣城为一，即今襄垣县。明嘉靖八年（1529）属潞安府。民国初属山西冀宁道。1930年直属山西省。1958年撤销，1960年复置襄垣县。

②东晋宁康中侨置，属上党郡。寄治芜湖县（今安徽芜湖市）。后属淮南郡。隋并入当涂县。

襄垣郡 北魏建义元年（528）置，属并州。治所在襄垣县（今山西襄垣县北郊）。辖境相当今山西襄垣、沁县、黎城、屯留等县地。北齐废。

襄城 ①春秋郑地，后为楚邑。即今河南襄城县。《元和志》卷6襄城县：“春秋襄王避叔带之难，出居郑地汜，在今县南一里古汜城是，盖以周襄王尝出居此，故名襄城。”战国时为魏邑，后属秦。《史记·魏世家》：昭王元年（前295），“秦拔我襄城”。秦置县。

②在今安徽全椒县西。《方舆纪要》卷29全椒县：襄城“在全椒县西。或以为姚襄所筑也。襄水经其旁”。

襄城县 ①战国楚置。楚怀王二十九年（前300）归秦，属颍川郡。治所即今河南襄城县。出土秦封泥中有“襄城丞印”可证。汉仍属颍川郡。西晋为襄城郡治。隋属颍川郡。唐属汝州。金改属许州。民国初属河南开封道。1927年直属河南省。

②北魏置，属西淮郡。治所在今河南唐河县东南。西魏废入钟离县。

襄城驿 在今河南襄城县西。《方舆纪要》卷47襄城县：“襄城驿在县治西。襄城递运所亦即置于此。”

襄城郡 ①西晋泰始二年（266）置，属豫州。治所在襄城县（今河南襄城县）。辖境相当今河南襄城、郏县、叶县、宝丰、舞阳等县及平顶山市地。东魏武定中为南广州治。北周为汝州治。隋开皇初废。

②北魏太和二十二年（498）置，属荆州。治所在陈阳县（今河南唐河县南湖阳镇）。辖境相当今河南唐河县地。孝昌中为南襄州治。西魏移治上马县（即今河南唐河县）。隋开皇三年（583）废。

③北魏太和二十二年（498）改北襄城郡置，属荆州。治所在赭阳城（今河南方城县东六里）。辖境相当今河南方城县、社旗县东部及泌阳县北部。西魏改为襄邑郡。

④北魏置，属豫州。治所在武阳县（今河南西平县西南）。辖境相当今河南西平、遂平二县各一部分。北齐改为文城郡。

⑤北魏置，治所在今河南泌阳县东北。隋开皇初废。

⑥东魏武定中侨置，属南广州。治所在扶城县（今河南襄城县境）。北周废。

⑦隋大业三年（607）改汝州置，治所在承休县（今河南汝州市）。辖境相当今河南汝州、禹州二市及汝阳、郏县、宝丰、鲁山等县地。唐武德四年（621）改为伊州。

襄城桥 在今安徽当涂县北门外。《方舆纪要》卷27当涂县：襄城桥在“府北二里。明初，太祖伏兵于此，擒元将陈埜先”。即此。

襄城寨 在今安徽濉溪县西南。《资治通鉴》：唐咸通十年（869）康承训攻庞勋，“秋七月，康承训克临涣，杀获万人，遂拔襄城、留武、小睢等寨”。即此。

襄贲 战国时齐邑。在今山东苍山县南四十二里长城镇。《水经·沂水注》 引《鲁连子》称：“陆子谓齐湣王曰，鲁费之众臣，甲舍于襄贲者。”即此。西汉置襄贲县。

襄贲县 ①西汉置，属东海郡。治所在今山东苍山县南四十二里长城镇。南齐侨置于涟口县（今江苏涟水县）。后废。

②南朝宋侨置，为东海郡治。治所在今江苏涟水县北。隋开皇五年（585）改名涟水县。

襄陵 ①春秋宋邑。即今河南睢县。《汉书·地理志》陈留郡襄邑县注：师古曰，"宋襄公所葬，故曰襄陵"。战国为魏邑。《史记·魏世家》：惠王十九年（前351），"诸侯围我襄陵"。即此。

②春秋晋大夫郤犨食邑，以有晋襄公陵墓而得名。在今山西襄汾县东北。《水经·汾水注》："汾水又南历襄陵县故城西，晋大夫郤犨之邑也，故其地有犨氏乡亭矣。"西汉置襄陵县。

襄陵县 ①西汉置，属河东郡。治所在今山西襄汾县北十五里古城庄。三国魏属平阳郡。北齐废。

②隋大业二年（606）改禽昌县置，属临汾郡。治所在今山西临汾市东南十八里县底镇。唐属晋州。北宋天圣初移治今襄汾县西北三十三里襄陵镇，政和六年（1116）属平阳府。元属晋宁路。明属平阳府。民国初属山西河东道。1928年直属山西省。1954年与汾城县合并为襄汾县。

襄樊市 1951年湖北省襄阳县城区与樊城合并设置地级襄樊市（驻樊城），由省直辖。1952年撤销襄樊市，改设襄樊镇（县级），由襄阳专区领导。1953年撤销襄樊镇，复设襄樊市。1979年襄樊市升地级市，改由省直辖。2001年襄阳县并入，改置襄阳区。2010年襄樊市改名为襄阳市。

糜村镇 北宋置，属安德县。即今山东陵县东北糜镇。

糜沟 在今山东济南市长清区境。《资治通鉴》：南朝宋泰始三年（467），北魏慕容白曜攻齐，"遂取垣苗、糜沟二戍"。即此。

糜枣堰 又名刘公堰。在今四川成都市西北郊九里堤。北宋欧阳忞《舆地广记》卷29："外江在今罗城之南笮桥下，内江在今子城之南众安桥下。自唐乾符中高骈筑罗城，遂作糜枣堰，转内江水从城北流，又屈而南与外江水合，故子城之南不复成江。"

縻家山 在今浙江上虞市东南。《方舆纪要》卷92绍兴府上虞县：縻家山在"县（治今丰惠镇）东南四十五里。当三县之界。地僻而险。元置巡司于此"。

麋谷 西藏古地名。又作磨容。地在今墨竹工卡县墨竹工卡镇。《新唐书·地理志》载：唐使刘元鼎入吐蕃，"至麋谷，就馆，臧河之北川，赞普之夏牙也"。

麋泠县 即麊泠县。治所在今越南富寿省安朗县西夏雷村。《晋书·地理下》新昌郡："麋泠，妇人徵侧为主处，马援平之。"

麋城 在今湖北当阳市东南两河镇南麋城村。《舆地纪胜》卷78荆门军：麋城"在当阳县东南五十里。地名八渠，城壁巍然。或云三国时麋芳所筑。故名"。今有古城遗址。

麋湖城 故址在今江苏无锡市东十七里。为吴王养麋处。《越绝书·吴地传》："麋湖城者，阖闾所置麋也。去县五十里。"

糠头山 即今广西钦州市东之浪头山。《寰宇记》卷169太平军石康县：糠头山"尉佗驻军处。人舂谷积糠成山，山若鸣则飞飚立至"。《方舆纪要》卷104合浦县：糠头山"一名军头山。相传秦尉陀尝驻军于此，偶乏粮，以糠头散给，因名。俗呼狼头山"。

麊泠县 亦作麋泠县、𪊨泠县。西汉在占领瓯雒地区后置，属交趾郡。治所在今越南富寿省安朗县西夏雷村。《汉书·地理志》交趾郡麊泠县："都尉治。"东汉建武十六年（40），其县雒将之女徵侧、徵贰姊妹起事，自立为王，建都于此。三国吴孙晧后，为新昌郡治。南朝宋、齐时废。

𬇙水 亦作𨚫水。即今四川大邑、邛崃境之𨚫江。《清一统志·邛州》：𬇙水"自大邑县西南凤凰山发源，东南流州西二里入邛水，俗名西河，亦曰𬇙水"。

瀼水 即今河南济源市西大峪河。《水经·河水注》："河水左会瀼水。水出垣县王屋西山瀼溪，夹山东南流，径故城东，即瀼关也。瀼水西屈径关城南，历轵关南，径苗亭西，又东流注于河。"

瀼关 即箕关。在今河南济源市西，王屋山南。《水经·河水注》：瀼水"夹山东南流，径故城东，即瀼关也。汉光武建武二年遣司空王梁北守瀼关、天井关，击赤眉别校，皆降之。献帝自陕北渡安邑，东出瀼关。即此关也"。

濡水 ①即北濡水，今河北易县西北之北易水。《汉书·地理志》涿郡故安："阎乡，易水所出，东至范阳入濡也。"《说文》："濡水，出涿郡故安，东入涞（今拒马河）。"即此。《水经·易水注》：濡水"出故安县西北穷独山南谷……濡水又东南流，于容城县西北大利亭，东南合易水，而注拒马水也"。

②即南濡水，今河北顺平县南之方顺河，又名曲逆水。《汉书·地理志》中山国曲逆："蒲阳山，蒲水所出，东入濡。又有苏水，亦东入濡。"《水经·滱水注》：濡水"出蒲阴县西昌安郭南，其水自源东径其县故城南，枉渚回湍，率多曲复，亦谓之曲逆也。张晏曰：濡水于城北曲而西流，是受此名，故县亦因水名而氏曲逆矣"。濡水东流与博水（今金钱河）、滱水（今唐河）、易水相汇后，仍通称濡水。《左传》：昭公七年（前535），齐、燕"盟于濡上"。杜注："濡水出高阳县东北，至河间、鄚县入易水。"所谓"濡上"，当指今河北任丘市西北一带。

③即今河北东北部滦河。《汉书·地理志》辽西郡肥如县："玄水东入濡水，濡水南入海阳。"王先谦补注云"阳字当衍"。《水经·濡水注》：濡水自卢龙"又东南流，径令支县故城东，……自孤竹城东南，径西乡北，……东径乐安亭北，东南入海"。《集

韵》作“潩”，唐以后作“溁”。公元3世纪末4世纪初，鲜卑拓跋部分为三部，东部居濡源之西。北魏神䴥二年（429）太武帝破走柔然，收降高车诸部数十万落，徙置于阴山以东至濡源一带。

④即今广西荔浦县北之花篢河。《水经·漓水注》：濡水“出永丰县西北濡山，东南径其县西，又东南流入荔浦县，注于濑溪，又注于漓水”。

濡须口　在今安徽含山县西南六十里濡须山与无为县西北五十里七宝山之间，两山夹峙，濡须水从中流过，古称濡须水口。《三国志·魏书·武帝纪》：东汉建安十八年（213）春，“进军濡须口，攻破（孙）权江西营，获权都督公孙阳，乃引兵还”。即此。古濡须水入长江之口，亦称濡须口，故址在今安徽无为县东南三十里泥汊镇附近。《水经·沔水注》：“江水自濡须口又东，左会栅口，水导巢湖。”

濡须山　在今安徽含山县西南六十里，东关镇西北。《舆地纪胜》卷48和州：濡须山“在含山县西南七十五里，与无为军七宝山对峙，中为石梁，凿石通水，山川险阻，最为控扼之雄。吴魏必争之地。吴据其北，筑濡须坞以拒魏”。

濡须水　又名石梁河、马尾沟、东关水。即今安徽巢湖市东南濡须水。宋王应麟《通鉴地理通释》卷12：“濡须水源出巢县西巢湖，亦谓之马尾沟。东流经亚父山，又东南流注于江。”

濡须坞　东汉末孙权为拒曹操筑。故址在今安徽含山县西南古濡须水口。因形似偃月，又名偃月坞、偃月城，亦称濡须城。《三国志·吴书·孙权传》：东汉建安十七年（212），孙权“闻曹公将来侵，作濡须坞”。

濡须城　在今安徽含山县西南东兴镇西北，裕溪河东岸濡须山上。《三国志·吴书·朱桓传》：黄武元年（222），魏大将“曹仁步骑数万向濡须……遣其子泰攻濡须城”。即此。

潕阳县　南齐改舞阳县为潕阳县，属武陵郡。治所在今湖南靖州苗族侗族自治县南。梁改为龙檦县。

濮　春秋陈地。在今安徽亳州市东南。《春秋》：隐公四年（前719），“卫人杀州吁于濮”。即此。

濮水　①一名濮渠水。流经春秋时卫地。上游一支首受济水于今河南封丘县西，东北流；一支首受河（黄河）于今原阳县北，东流经延津县南。二支合流于今长垣县西。东流经长垣县北至滑县东南，此下又分为二：一支经山东东明县北，东北至鄄城县南注于瓠子河；一支经东明县南，又东经菏泽北注入巨野泽。历代上下游各支时通时塞，故《汉书·地理志》、《左传》杜预注、《水经注》、《元和志》等书所载经流不尽相同。后因济水涸竭、黄河改道，故道渐堙。明、清之际，余流犹残存于长垣、东明一带，俗称普河。

②又名艾水、旻水、欠水、次水。即今安徽西北部茨河上游。《春秋》：隐公四年（前719），“卫人杀州吁于濮”。即此。《水经·渠水注》：濮水“俗谓之父水”。杨守敬按：“父水因城父得名，较合。”

濮水县　唐武德四年（621）置，为西濮州治。治所在今云南大姚县西北三十四里新街乡西北大古衙。贞观十一年（637）为髳州治。天宝后废。

濮水镇　金置，属济阴县。当在今山东菏泽市境及其附近。

濮州　①隋开皇十六年（596）改濮阳郡置，治所在鄄城县（今山东鄄城县北旧城镇）。大业初废。唐武德四年（621）复置。辖境相当今山东鄄城及河南濮阳南部地区。天宝初改为濮阳郡，乾元初复为濮州，其辖境屡有伸缩。金属大名府。元初属东平路，元顺帝至元五年（1339）直隶中书省。明洪武二年（1369）省鄄城县入州，改属东昌府。景泰三年（1452）移治王村（今河南范县西南旧濮县）。清不辖县。1913年改为濮县。

②唐置，为羁縻州，属芳池州都督府。在今甘肃华池县西北境。

濮阳　本帝丘。在今河南濮阳县东南二十里高城村。《春秋》：僖公三十一年（前629），“卫迁于帝丘”。即此。战国时名濮阳，仍为卫都。《水经·瓠子河注》：“河水旧东决，迳濮阳城东北。故卫也。帝颛顼之墟。昔颛顼自穷桑徙此，号曰商丘，或谓之帝丘。本陶唐氏火正阏伯之所居，亦夏伯昆吾之都，殷相土又都之。……卫成公自楚丘迁此。秦始皇徙卫君角于野王，置东郡，治濮阳县。濮水迳其南，故曰濮阳也。”

濮阳市　1945年革命根据地由濮阳县城区析置，治所即今河南濮阳市。1946年撤销，并入濮阳县。1983年改设地级濮阳市。

濮阳县　①战国秦置，为东郡治。治所在今河南濮阳县东南二十里高城村。《水经·瓠子河注》：“濮水径其南，故曰濮阳也。”西晋为濮阳国治。北魏属濮阳郡。隋属东郡。唐属濮州。五代晋天福四年（939）徙治德胜城（今濮阳县东南五里），属澶州。北宋熙宁十年（1077）移治今濮阳县，后为开德府治。金为澶州治，皇统四年（1144）为开州治。明洪武二年（1369）省入开州。

②南朝宋侨置，属阳平郡。治所在今江苏徐州市铜山区西北。北魏属南阳平郡。北周废。

③1914年改开县置，属河北大名道。治所在今河南濮阳县。1927年直属河北省。1949年改属平原省。1952年划归河南省。1983年撤销濮阳县，设立濮阳市（今濮阳市）。1987年复置濮阳县（今濮阳县）。

濮阳国　西晋咸宁三年（277）改东郡置，属兖州。治所在濮阳县（今河南濮阳县东南二十里高城村）。辖境相当今河南滑县、濮阳、范县，山东郓城、鄄城等市县地。西晋末改为濮阳郡。

濮阳郡　西晋末改濮阳国置，属兖州。治所在濮阳县（今河南濮阳县东南二十里高城村）。北魏属司州，移治鄄城县（今山东鄄城县北旧城镇）。辖境相当今山东鄄城、郓城及河南濮阳县南部地。隋开皇初废。

唐天宝元年（742）又改濮州为濮阳郡，乾元元年（758）复改濮州。

濮县 1913年改濮州置，属山东东临道。治所在今河南范县西南四十二里濮城镇。1925年改属曹濮道。1928年直属山东省。1956年撤销，并入范县。

濮岩 在今重庆市合川区西郊濮岩寺侧。《舆地纪胜》卷159合州：濮岩"在州北五里。或云即北岩"。濮岩摩崖造像始凿于唐开元间，达二里，在濮湖与北岩之间。有四处，主佛七尊，佛像八十三尊，龛壁小像以千计，大者高3—5米，小者3厘米。唐、宋、元、明历代题记二十一处。

濮院镇 清置，属秀水县。即今浙江桐乡市东北二十里濮院镇。《清一统志·嘉兴府一》：濮院镇"旧为濮氏所居，故名"。1950年改属桐乡县。

濮家店 在今安徽芜湖市东十里，青弋江北岸。相传北宋末年金兵南下时，山东曲阜以冶铁炼钢为业的濮家南迁至此，在此设冶开店，故名。濮家世代继承家业，到明代中期发展成为芜湖炼钢业首户，在城区濮家院拥有规模最大的濮家钢坊。

濮家集 即今安徽和县北濮集乡。清光绪《直隶和州志》卷4：濮家集在"州北十五里"。

濮渠 在今河南封丘县西南。《汉书·地理志》陈留郡封丘："濮渠水首受泲，东北至都关，入羊里水。"《水经·济水注》：濮水"上承济水于封丘县，即《地理志》所谓濮渠水首受济者也。阚骃曰：首受别济即北济也。其故渎自济东北流，左迤为高梁陂，方三里。濮水又东径匡城北，又东北左会别濮水"。

濞水 即今顺备河。在云南漾濞彝族自治县西南隅。唐代称濞水。《新唐书·吐蕃传》："诏灵武监军右台御史唐九征为姚巂道讨击使，率兵击之（吐蕃）。虏以铁絙梁漾、濞二水，通西洱蛮，筑城戍之。"即此。

澌渡河镇 即今四川渠县南渠江西岸澌渡镇。清同治《渠县志》卷4：澌渡场在"县南三十里"。

濠门巡司 在今福建厦门市西南嵩屿。《方舆纪要》卷99海澄县"海门镇"条："又濠门巡司，在县东嵩屿上。洪武初设于海沧洋，二十一年移于此。"

濠水 ①在今安徽凤阳县东北二十里。一名东濠水。有三源合流，北流至临淮关入淮。隋唐濠州由此水得名。

②即今安徽怀远县西南之天河。源出凤阳县南利山，西北流经怀远县南涂山之麓，北入淮。《水经·淮水注》：濠水"出莫邪山东北溪，溪水西北引渎径禹墟北，又西流注于淮"。《元和志》谓之西濠水。

濠州 隋开皇二年（582）改西楚州置，治所在钟离县（今安徽凤阳县东北临淮关东）。《元和志》卷9濠州："因（濠）水为名。"大业初改为钟离郡。唐武德三年（620）复为濠州。天宝初改为钟离郡，乾元初复为濠州。辖境相当今安徽蚌埠、定远、凤阳、明光等市县地。元世祖至元十五年（1278）改为临濠府。二十八年（1291）复为濠州。至正二十七年（1367）朱元璋改为临濠府。元末郭子兴、朱元璋起义于此。

濠村 即今湖南汝城县东北四十六里濠头乡。明于此置巡司。

濠来仓 在今黑龙江省巴彦县东。《元史·伯帖木儿传》：世祖至元二十九年（1292），"闻叛王捏怯烈尚在濠来仓，伯帖木儿率兵击。虏其妻子畜产，追至陈河，捏怯烈以二十余骑脱身走，遂定其地"。即此。

濠塘山 在今安徽凤阳县南六十里。《元和志》卷9濠州钟离县："东濠水，出县南濠塘山。"《寰宇记》卷128濠州钟离县："濠塘山在县南六十里。有濠水出焉。古老相传，缘山泉灌濠成塘，故以为名。"《方舆纪要》卷21凤阳县：濠塘山在"府东南七十里。濠水东源发于此。一名钟乳山，以山穴中出钟乳也"。

濠寨 在今安徽绩溪县西北四十里浩寨村。明置巡司于此。

濠镜 即壕镜。今澳门之旧称。

濠镜澳山 在今澳门。《清一统志·广州府一》：濠镜澳山"在香山县东南一百二十里，突出海中。明初番舶往来，泊无定所。率择滨海地之湾环者为澳……香山则有浪白、濠镜、十字门，皆置守澳官。嘉靖末，诸澳尽废，唯濠镜为泊薮。万历初，因于澳口设关。关外割为诸番住所。今迁弃"。

濠镜澳关 在今广东珠海市南，澳门北。《清一统志·广州府》：濠镜澳关"在香山县（今中山市）东南濠镜山北三里。明万历二年建，设闸官守之，以防澳夷"。

濯水关 即今贵州务川县北濯水镇。《清一统志·思南府》：濯水关"在务川县东北一百里"。

濯龙园 在今河南洛阳市东北汉魏故城西北隅。《后汉书·马皇后纪》："明帝幸濯龙中。"注引《续汉志》曰："濯龙，园名也，近北宫。"北魏时为崇虚寺。《洛阳伽蓝记》卷3："崇虚寺，在城西南，即汉之濯龙园也。延熹九年，桓帝祠老子于濯龙园，用郊天之乐，此其地也。"

濯田 即今福建长汀县南濯田镇。1931—1933年中央革命根据地置新汀县治此。

濯灵千户所 明崇祯三年（1630）置，属敷勇卫。治所即今贵州修文县西北六广镇。清康熙二十六年（1687）废。

濯河坝 即今重庆市黔江区南濯水镇。清同治《酉阳直隶州志》卷2：濯河坝场在"治北二百一十里"。

濯筋水 亦作濯金水。即今陕西北部黄河支流延水。《寰宇记》卷36延州肤施县："濯筋川水在县北二十九里，自金明县南流入县界，至州城一十五里入丰林县界。耆老云：昔日尸毘王割身救鸽，身肉并尽于此水中，濯其筋骨，因此为名。"

濯港镇 即今湖北黄梅县南濯港镇。《清一统志·

黄州府二》：濯港镇“在黄梅县南二十里”。

濯湖　在今江西宜丰县东二里。《舆地纪胜》卷27瑞州：濯湖“在新昌县东门外。昔许旌阳濯衣其中，至今水清澈不受垢污。土人名为真君濯衣湖”。

濯锦江　亦名锦江。即今四川成都市南之南河。《寰宇记》卷72华阳县：濯锦江“即蜀江水，至此濯锦，锦彩鲜润于他水，故曰濯锦江”。唐诗人杜甫《萧八明府堤处觅桃栽》诗云：“濯锦江边未满园。”指此。

濯锦坊　在今湖南长沙市西北。汉贾谊故宅在此。《水经·湘水注》：“郡廨西有陶侃庙，云旧是贾谊宅地，中有一井，是谊所凿，极小而深，上敛下大，其状似壶。傍有一脚石床，才容一人坐，形制甚古。流俗相承云谊宿所坐床。又有大柑树，亦云谊所植也。”杨守敬《水经注疏》指出：“在今县西北濯锦坊。”

濯锦桥　唐建，当今四川成都市东门外大桥。北宋黄休复《茅亭客话》卷9：“城东七十里分栋山有云气生，濯锦江桥上千人纵观”；《明史·范文光传》：崇祯十七年（1644），张献忠“杀（四川巡抚）文光于濯锦桥”。皆此。

濯缨泉　在今四川什邡市西北三十里。《方舆胜览》卷54汉州：濯缨泉“在什邡县之水陆院。上有阁，范蜀公尝留题”。明曹学佺《蜀中名胜记》卷9什邡县引任愿《蜀王庙记》云：“什邡之西，行十许里，有古佛寺曰南阳，宋大明中所建。……今寺之左有王祠。祠下有泉，汇为陂，浮于方亭，达于雒，其发源流百许里，溉田数十万顷，虽大旱，民不告病。”

濯缨堂　在今广东连州市西北。《清一统志·连州》：濯缨堂“在州西北旧湟川驿。宋张浚谪居，与子姪读书处。有记”。

濯缨湖　在今山东济南市城内西北。本名灰泉，元改今名。元于钦《齐乘》卷2：濯缨泉在“北珍珠西”。

豁吉格尔　在今新疆察布查尔锡伯自治县西。清祁韵士《西陲要略》卷3：锡伯营“镶黄、正白二旗驻豁吉格尔”。清徐松《西域水道记》卷4锡伯渠：巴图蒙柯“又西十余里至豁吉格尔北，溉锡伯镶黄、正白二旗田而止”。

豁都峪　在今山西乡宁县东北五十五里。《方舆纪要》卷41乡宁县：豁都峪“在县东北三十五里。每大雨，西山诸水汇于此，下达襄陵、太平二县境，溉田甚广”。

蹇占口渠　在今甘肃永昌县东南。《方舆纪要》卷63永昌卫：蹇占口渠“在卫东二十里。源出雪山，经蹇占山口，下流合水磨川，分为九渠，卫境之田藉以灌溉”。

蹇家园　在今湖北五峰土家族自治县西北。《方舆纪要》卷78长阳县“渔洋关”条下：“县西三百里有蹇家园，俱有巡司戍守。”

邃岩　在今云南峨山彝族自治县西。《方舆纪要》卷115嶍峨县：“邃岩在县西二百二十里兴依乡。深邃广阔，旧有兴依乡巡司。岩在其南，万历中司废。”

〔 ㇇ 〕

甓山　在今江苏泗洪县西南。《方舆纪要》卷21泗州：甓山在“州西四十里。下有甓山湖，南通淮”。《清一统志·泗州》：“山形如甓，故名。”

甓社湖　又名珠湖。今江苏高邮市西北高邮湖的一部分。《舆地纪胜》卷43高邮军：甓社湖“离城三十里有甓社湖。有明珠。崔伯阳赋叙云，莘老家于湖阴，夜读书，觉窗明如昼，循湖求之，见珠于湖。是年莘老登科”。《元史·忠义传·李齐》：至正十三年（1353），张士诚义军攻陷兴化县，河南行省“以左丞偰哲笃偕宗王镇高邮，使齐出守甓社湖”。《方舆纪要》卷23高邮州：甓社湖在“州西北二十里。东西长七十里，南北阔五十里”。

甓城　在今安徽寿县南。《梁书·裴邃传》：南朝梁普通五年（524）北伐，“邃自为黄袍骑，先攻狄丘、甓城、黎浆等城，皆拔之”。

甓桥镇　即今江苏溧阳市北别桥镇。《清一统志·镇江府二》：甓桥镇，“舟往金坛圌山者，必出此，为县孔道”。

孺子亭　又称高士亭。在今江西南昌市西湖南岸。徐穉，字孺子。南昌人，为东汉时高士。南唐时建有“孺子台”。明嘉靖年间徐樟立亭于高士祠北，以祀其祖先徐穉。今已改建为孺子亭公园。

翼　①在今山西翼城县东南十里故城村。相传唐叔虞始封，尝都于翼。春秋时亦曾为晋国都城。《左传》：隐公五年（前718），“曲沃庄伯以郑人、邢人伐翼”。“王命虢公伐曲沃，而立哀侯于翼”。皆此。

②春秋战国时秦所置县，治所在今甘肃甘谷县东。《史记·秦本纪》：秦武公十年（前689），“伐邽、冀戎，初县之”。即此。

翼水　即今四川茂县西北之黑水。《元和志》卷32翼水县：“翼水出县南。”《寰宇记》卷78翼水县：“隋初置翼水县，取县西南翼河为名。”《明一统志》卷73叠溪千户所：翼水“在所城南五十里。源有二：一出松潘卫地，一出黑水，合流如张两翼，唐置翼水县，取此为名”。

翼水县　隋开皇十八年（598）改清水县置，属翼州。治所在今四川茂县西北六十六里岷江东岸两河口。《寰宇记》卷78翼水县：“取县西南翼河为名。”大业三年（607）属汶山郡。唐武德元年（618）复属翼州，天宝元年（742）属临翼郡。乾元元年（758）复属翼州。后没入吐蕃。

翼州　①北周天和元年（566）置，治所在翼针县（今四川茂县西北一百二十里叠溪镇南叠溪古城）。《元和志》卷32翼州：“以翼针水为名。”辖境相当今四川茂县北部及相邻之松潘、黑水二县部分地。隋大业三年（607）废。唐武德元年（618）复置，贞观十七年（643）移治七里溪（今叠溪镇），咸亨三年（672）移治悉州之悉唐县（今茂县西北），上元二年（675）还治翼针县(今茂县西北叠溪镇)，天宝元年（742）改为临翼郡，乾元元年（758）复为翼州。后没入吐蕃。

②金兴定四年（1220）升翼城县置，治所即今山西翼城县。元初降为翼城县。

翼阳县 北魏置，属襄城郡。治所在今河南平顶山市西北。西魏改置雉阳县，为武山郡治。隋开皇十八年（598）改为湛水县。

翼针县 北周天和元年（566）置，为翼州及翼针郡治。治所在今四川茂县西北一百二十里叠溪镇南叠溪城。《元和志》卷32卫山县：翼针县“以翼针水为名”。隋大业三年（607）属汶山郡。唐武德元年（618）属翼州，六年（623）为翼州治。贞观十七年（643）移治七里溪（今较场乡）。天宝元年（742）改为卫山县。

翼针郡 北周武帝天和元年（566）置，属翼州。治所在翼针县（今四川茂县西北一百二十里叠溪镇南叠溪古城）。辖境相当今四川茂县北部地。隋开皇三年（583）废。

翼际山 一名鲁山、大别山。即今湖北武汉市汉阳城区东北龟山。《水经·汉水注》：“江水东径鲁山南，古翼际山也。”

翼城戍 北周置，在今山西翼城县东南。《北齐书·斛律金传》：天保九年（558），子斛律光“又率众取周绛川、白马、浍交、翼城等四戍”。

翼城县 隋开皇十八年（598）改北绛县置，属绛州。治所即今山西翼城县。《元和志》卷12翼城县：“因县东古翼城为名。”大业初属绛郡。义宁元年（617）为翼城郡治。唐武德元年（618）为浍州治，二年（619）改为北浍州治，四年（621）改属绛州。天祐二年（906）改浍川县。北宋复改翼城县。金兴定四年（1220）升为翼州。元初复为翼城县，属绛州。明属平阳府。民国初属山西河东道。1928年直属山西省。

翼城郡 隋义宁元年（617）置，治所在翼城县（今山西翼城县）。辖境相当今山西翼城、绛县等地。唐武德元年（618）改浍州。

翼斜县 即翼针县。治所在今四川茂县西北一百二十里叠溪镇。“斜”为“针”之讹。

翼望山 在今河南内乡县北与嵩县及西峡县交界处。《山海经·中山经·中次十一经》：“荆山之首，曰翼望之山，湍水出焉，东流注于济。”《水经·湍水注》：“湍水出弘农界翼望山。”

繻葛 即长葛。春秋郑邑。在今河南长葛市东北二十余里。《左传》：桓公五年（前707），“战于繻葛”。杜注：“郑地。”

十　八　画

〔一〕

鳌山　在今河南固始县东。《新唐书·吴元济传》：唐元和十一年（816）讨吴元济，寿州刺史李文通“败贼于固始，拔鳌山”。即此。

鳌山　在今湖南临澧县东南，与常德市接界。明《寰宇通志》卷57常德府：鳌山“本名兽齿山。相传昔有僧宣鉴、义存、文邃三人同游此悟道，故其徒称鳌山悟道”。

鳌山卫　明洪武二十一年（1388）置，属山东都司。治所即今山东即墨市东四十里鳌山卫镇。清雍正十二年（1734）裁。

鳌水　即今四川仪陇县（新政镇）北后溪水。《寰宇记》卷139仪陇县：鳌水“在县（旧治在今县东北金城镇）西北三十里。出鳌”。《舆地纪胜》卷188蓬州：鳌山“在仪陇县西北三十里。水旁突起一山，嶙峋若鳌状，因名”。

鳌头山　亦名武家岭。在今江西乐安县城南。《方舆纪要》卷86抚州府乐安县：鳌头山“在县治前。山有两峰，一峰特秀，山麓皆石骨，下瞰溪流如灵鳌赴海。山半又有泉，甚甘冽”。

鳌头矶　①在今山东临清市大众路南端西侧汶河分汊处。建于明弘治十七年（1504）以前。据民国《临清县志》古迹载：“鳌头矶在鳌背桥西南数十步，中洲东起处砌以石，如鳌头突出，筑观音阁于其上，旧闸、新闸各二，分左右如鳌足，而广济桥尾其后，明知州马纶题曰鳌头矶。”明弘治十七年大学士李东阳过此题诗曰：“十里人家两岸分，层楼高栋入青云。官船贾舶纷纷过，击鼓鸣锣处处闻。”旧时临清十景之一“鳌矶凝秀”指此。

②在今贵州贵阳市城南南明河边。《清一统志·贵阳府》：鳌头矶，“明巡抚江东之架石筑堤，建甲秀楼于上”。

鳌头墟　即今广东茂名市南鳌头镇。清光绪《茂名县志》卷2：县之南“九十里鳌头墟。《旧志》：牛头”。

鳌江　即今福建连江县之连江。《方舆纪要》卷96连江县：连江“在县城南。一名鳌江”。

鳌溪　①在今江西乐安县南。《明一统志》卷54抚州府：鳌溪水“在乐安县治南。源出芙蓉山，东流至县，又西流与赣水合。鳌山在其南。昔尝有人作钓鳌亭于溪上，因以名溪”。

②在今四川富顺县东北五里。《明一统志》卷69叙州府：鳌溪“在富顺县治东，合金川。宋李文渊筑室临溪，后登进士，人谓之占鳌头，故名”。

鳌溪镇　即今贵州余庆县西北敖溪镇。元为余庆长官司治。明、清为余庆县治。1932年设鳌溪镇。

藕池　在今河南渑池县南三十里。《清一统志·河南府一》：藕池“汪洋千顷。昔人栽莲于此。故名”。

藕池口　即今湖北公安县东南七十二里藕池镇。位于长江南岸、藕池河西。明嘉靖年间长江大堤溃决于此。

藕塘　即今安徽定远县东南六十里藕塘镇。《宋史·刘锜传》：绍兴十一年（1141）金人围濠州，“（刘）锜军至藕塘。”即此。

藕塘桥镇　即今江苏无锡市西藕塘镇。清光绪《无锡金匮县志》卷5：“藕荡桥跨阳溪口，道光二十年建。”民国《江苏六十一县志》：无锡县西有“藕塘桥镇”。

藤田　即今江西永丰县东南藤田镇。1934年10月国民党南京政府为进攻中央革命根据地在此置藤田政治局（县级）。

藤田政治局（县级）　1934年10月国民党南京政府为进攻中央革命根据地由永丰、乐安、吉水等县析置，驻藤田（今江西永丰县东南藤田镇）。1936年裁。

藤田镇　又名层山镇。即滕田镇。今江西永丰县东南藤田镇。

藤冲（衝）千户所　明永乐元年（1403）置腾冲守御千户所，属金齿军民司。治所即今云南腾冲县。宣德六年（1431）直属云南都司。正统十年（1445）升为腾冲军民指挥使司。

藤州　隋开皇十年（590）改石州置，治所在永平县（今广西藤县东北）。宋周去非《岭外代答》卷8：“藤州州治之外尝有古藤甚大，故以名州。”大业三年（607）改为永平郡。唐武德四年（621）复为藤州。天宝元年（742）改为感义郡，乾元元年（758）复为藤州。治所在镡津县（今广西藤县东北）。辖境相当今广西藤县地。元属广西道。明洪武十年（1377）降为藤县。

藤江　①在今江西宜丰县北。《清一统志·瑞州府》“凌江”条下：藤江“在（新昌）县北三十里。源出云峰诸山，数道合流，乱石林立，仅通一道，南流入凌江”。

②即今广西郁江、浔江。《明一统志》卷84梧州府：藤江“在藤县北。源出交阯，至邕州左右江而东，至此与绣江合，又东流至广东入海。亦名镡江”。

藤江驿　明置，在今广西藤县城南门外。《方舆纪要》卷108藤县：“《舆程记》：自藤江驿历蒙江口、白石巡司而至黄丹驿，又西四十里至浔州府平南县之乌江驿。”

藤县　明洪武十年（1377）改藤州置，属梧州府。治所即今广西藤县。民国初属广西苍梧道。1928年直属广西省。

藤岭　①在今福建将乐县西。明弘治《将乐县志》卷1：藤岭“在县西二里。其岭起伏萦回，岭侧多藤蔓，故名”。

②在今浙江温岭市南。《方舆纪要》卷92太平县：藤岭在“县南二十余里。又东南即隘顽所也，南出温州”。

藤岭隘　在今江西寻乌县东南南桥镇。《方舆纪要》卷88赣州府长宁县：藤岭隘“在县东南南桥保，与平远县接界。隘当控扼之所”。

藤茶河　在今贵州平塘县西南。《方舆纪要》卷123新添卫：藤茶河“在（丹行长官）司东南。源出藤茶山，东北流，亦瓮城河之上源也”。

藤桥水　即今海南省三亚市东北藤桥河。《舆地纪胜》卷127吉阳军：藤桥水“在吉阳县”。《清一统志·琼州府一》：藤桥水“在崖州（治今崖城镇）东北二百里。源出黎峒。流经合口港入海”。水侧有镇，明初置巡司于此。

藤桥墓群　又称伊斯兰墓葬群。在今海南省三亚市海棠湾镇（原藤桥镇）东溪村东六里。藤桥古墓群范围东西长约1000米，南北宽约500米。现古墓群占地1400平方米。目前可看到墓碑的墓尚有四十五座。古墓均为竖穴土坑墓，上无封土，长1.8—2米，宽0.8—1米，深1.2米，坟墓方向一致，都是坐东向西北，死者侧身屈肢，表示面向伊斯兰圣地麦加。没有葬具和随葬品。碑首有玉圭、双峰、山字等形状，高36—60厘米，宽35—58厘米。碑上刻圆月、卷云、花朵、生命树等图案。碑文用阿拉伯文或波斯文阳刻，内容大致为墓主姓名、死亡日期，或阿拉伯经文。墓碑雕刻精良。穆斯林古墓如此众多，且分布如此集中，正说明这里是历史上定居穆斯林的公共墓地。经考证确认，大多为唐末时期穆斯林商人的墓葬，晚期坟冢则至元明时代，与古代波斯、阿拉伯人称雄海道年代吻合。由此可见，海南岛南端三亚地区应是历史上海上丝绸之路的必经地之一。藤桥墓群2006年定为全国重点文物保护单位。

藤桥镇　即今海南省三亚市东北海棠湾镇。唐于此置吉阳县，北宋熙宁六年（1073）废为藤桥镇。南宋绍兴六年（1136）复置吉阳县。

藤越州　元世祖至元十一年（1274）置，属大理路。治所即今云南腾冲县。《徐霞客游记·永昌志略》：“以地多藤，原名藤州。”至元十四年（1277）改腾冲府。

藤越县　元世祖至元十一年（1274）置，为藤越州治。治所即今云南腾冲县。十四年（1277）为腾冲府治。二十五年（1288）废入藤冲府。

藤湖　在今湖北钟祥市东南。《元史·伯颜传》：伯颜拔黄家弯堡，“荡舟由藤湖入（汉）江”。《方舆纪要》卷77安陆府钟祥县：藤湖“在府东南。汉北诸水所溢也”。

藤溪　即今安徽泾县东南八十里榔桥河及徽河。《方舆纪要》卷28泾县：藤溪“源出县东桐岭之南，流经此。旌德县有三溪，其委流亦合焉。又西受诸山溪之水，出县南官庄，历高滩渡，北入岩潭与赏溪合”。此赏溪即泾水。《清一统志》谓泾水“亦谓之藤溪”，是与泾水合流后，泾水亦尝称为藤溪。

藤溪市　在今安徽泾县东南。《清一统志·宁国府二》：藤溪市“在泾县东南五十里。旧时商贾辏集，极为繁盛”。

藩离　即今江苏无锡市东南梅里。西周吴太伯建都于此。《史记·吴太伯世家》：“（吴）太伯弟仲雍。”《索隐》：“《系本》曰：吴孰哉居蕃离。宋忠曰：孰哉，仲雍字。藩离，今吴之余暨也。”

鞮州　唐永徽二年（651）置羁縻州，属茂州都督府。治所在今四川汶川县西南邛崃山附近地区。后废。

鞮汗山　在今蒙古国西南南戈壁省境。西汉武帝时，李陵伐匈奴，败降于此。《汉书·李广传》附李陵传：“汉军南行，未至鞮汗山，一日五十万矢皆尽，即弃车去。……遂降。”《方舆纪要》卷45：鞮汗山“在甘肃塞北。《旧志》：在遮卤障西北百八十里。李陵败降匈奴处。山盖在居延塞外”。

鞥滚卡伦　清乾隆十九年（1754）设，为大青山前十一卡伦之一。在今内蒙古呼和浩特市西北坝口子村（吴公坝南口）。光绪《山西通志》卷44：“大青山北出之中路曰吴公坝。坝口在归化城北三十里，古白道谷也。……其卡伦曰鞥滚，在山前。”民国张鼎彝《绥乘》卷7：归绥北路卡伦“鞥滚，距城二十里”。

鞠居　春秋卫邑，在今河南封丘县东。《左传》：成公二年（前589），齐师“次于鞠居”。即此。

檬仔林山　在今福建诏安县东北。《方舆纪要》卷99诏安县：檬仔林山在“县东北五十里。山势宠嵸，崖石林立，有石屋数十处，可容百人，称十八洞。嘉靖末，附山剧寇啸聚谷中，出没靡常，大为民害，久之稍息。然箐林峭险，奸慝恒伏匿焉。《志》云，山势与九侯诸山连络，为邑之镇山。自梁山逾盘陀岭而南，此山群峰插天，居然竞胜”。

覆舟山　①在今浙江德清县西南。一名马头坞。《方舆纪要》卷91武康县：覆舟山，“《志》云：山高二百三十丈，广二十八里。上有巨石横绝，状如覆舟。一名马头坞”。

②又名玄武山、龙舟山、龙山、小九华山。在今江苏南京市城区东北，太平门内西侧。《晋书·桓玄传》：东晋元兴三年（404），刘裕率义军攻桓玄，桓玄使“卞范之屯覆舟山西”，以距义军。《宋书·礼志》：“北郊，晋成帝世始立，本在覆舟山南。宋太祖以其地为东游苑，移于山西北。”《元和志》卷25润州上元县：覆舟山“钟山西足，地形如覆舟，故名。宋元嘉中改名玄武山，以为乐游苑”。

③即箕山。亦作箕屋山。即今山东莒县东北一百里五山。《淮南子·墬形训》：“维出覆舟。”即此。

覆利州　亦作覆和州。北宋置羁縻州，属邕州左江道。治所即今越南高平省广渊东南复和。后废。

覆和州　北宋置，属邕州都督府。治所即今越南高平省广渊县东南复和，后废。

覆泉山　在今江西广丰县西北。《方舆纪要》卷85广信府永丰县：覆泉山“在县西北十二里，俗名覆船。《元志》：山有泉八十四，冬夏水沸出，溉田万顷，山因以名。今堙塞，仅有泉三四处耳”。

覆盆山　在今云南江川县北。《清一统志·澂江府》：覆盆山“在江川县（今江城镇）西南三十里。其山无石，皆螺蛳甲，形如覆缶。居民社日祈年之所”。

覆津县　西魏置，为武阶郡治。治所在今甘肃陇南市武都区东。隋开皇三年（583）移治今武都县东南。唐景福元年（892）改名福津县。

覆袁川　即今青海祁连县境黑河上源八宝河。《隋书·炀帝纪》：大业五年（609），隋炀帝西巡，至浩亹川，“吐谷浑王率众保覆袁川”。即此。

覆盎门　又名杜门、下杜门。即汉长安城南出东头第一门。在今陕西西安市西北大白杨、小白杨二村之北。《三辅黄图》卷1引《庙记》曰：“覆盎门与洛门，相去十三里二百一十步。门外有鲁班输所造桥，工巧绝世。”《汉书·刘屈氂传》：戾太子军败，“南奔覆盎城门，得出”。师古注：“长安城南出东头第一门曰覆盎城门，一号杜门。”

覆釜山　①即会稽山。在今浙江绍兴市南。《水经·浙江水注》：“《吴越春秋》称覆釜山之中，有金简玉字之书，黄帝之遗谶也。山下有禹庙……山上有禹冢，昔大禹即位十年，东巡狩，崩于会稽，因而葬之。”《水经注疏》杨守敬《疏》：“注言在覆釜山之中，盖以覆釜山即会稽山。”

②即春谷岭。今安徽繁昌县西北二十五里寨山。西南接赭圻岭。《明一统志》卷15太平府：覆釜山“山顶如平掌，有古庙址，井泉冬夏不竭”。

③即今安徽天长市西西釜山。《方舆纪要》卷21天长县：覆釜山“在县西五十里。相传周世宗取淮南时，驻跸于此”。

④在今福建连江县东南二十里。《方舆纪要》卷96连江县：覆釜山“巅有巨石，状如覆釜。其傍峰峦环峙。南麓有二石相对，道出其中，曰石门”。

⑤在今浙江临海市东东海中。《寰宇记》卷98临海县：覆釜山“在县东一百七十里。《临海记》云：东海有山，形似覆釜，山上有巨迹，是夸父逐日之所践”。

⑥在今河南邓州市西北八十里。《魏书·地形志》：南阳郡新城县“有覆釜山”。《方舆纪要》卷51邓州：覆釜山“以形似名。俗呼吐雾山。上有青龙池，水尝不竭”。

⑦即荆山。在今河南灵宝市西。《新唐书·地理志》湖城县：“有覆釜山，一名荆山。”

⑧即今河南修武县东北云台山。《魏书·地形志》汲郡北修武县：“有覆釜山。”《水经·清水注》：“次陆真阜之东北得覆釜堆。”即此。

⑨一名朝山。在今广西全州县西八十里。《方舆纪要》卷107全州：覆釜山“峭险峻绝，凌逼霄汉。一名朝山。有七十二峰，其名者曰大小覆釜峰，顶皆有石如覆釜，岩壑泉石，层叠环绕”。

⑩在今云南鹤庆县西五里。《方舆纪要》卷117鹤庆军民府：覆釜山在“府西五里。为郡镇山，形如覆釜而最秀，南北诸山皆拱翼之。下有龙潭”。

覆釜河　《禹贡》九河之一。在今河北东光县北、泊头市之南，东经山东庆云、无棣，由老黄河入海。《尔雅》称覆鬴。《释文》：鬴，“郭云，古釜字”。《尚书·禹贡》疏：覆釜“水中多渚，往往而处，形如覆釜”，故名。清蒋廷锡《尚书地理今释》：“济南府德州有覆釜河，东北至海丰县（今无棣县）入海。”

覆笥山　又名福笥山。在今江西兴国县北。《寰宇记》卷108虔州赣县：覆笥山，“《舆地志》云，山上有石井通泉口，广一丈，高七丈，中有石笥贮玉牒，云是王孝子所留书。山上有平湖，湖中有石雁”。《方舆纪要》卷88赣州府兴国县：覆笥山“东望金精，西望芙蓉，北接青原，南瞰章贡，为邑境群山之宗。《真仙通鉴》，山顶有湖，周数里，多灵草药物”。《清一统志·赣州府一》：覆笥山“在兴国县西北八十里。……《省志》，山高二十余里”。

覆船山　①一名报劬山。在今福建惠安县西。《方舆纪要》卷99泉州府惠安县：覆船山在“县西二十五里，以形似名。一名报劬山，唐陈蝦葬亲山下，因更名”。

②在今福建建瓯市南。《寰宇记》卷101建州建安城：覆船山“在郡南。其山形如覆船，昔太守骆文

广移郡于此山之北”。

③亦名覆舟山、天柱山。在今四川中江县西南。《元和志》卷33玄武县：“天柱山一名覆船山，在县西南四十里。”《寰宇记》卷82玄武县：覆船山“旧名泊山。高五里，按《十道录》云：‘尧遭洪水，维舟泊此，船覆于树下，因此名焉。’又《益州记》云：覆船山中十五里有七里阪，一名羊肠阪，屈曲有壁立难升之路”。《舆地纪胜》卷154潼川府：覆舟山，“《图经》云：山腹有风穴，人往视，则风从穴而起，以至发木折屋”。

覆鼎山 即今福建漳平市南福鼎山。明嘉靖《漳平县志》卷2：覆鼎山“在县南四十里。林深谷邃。相传多产宝物。以形如覆鼎，故名”。

覆甑山 ①在今山西武乡县西北。《水经·浊漳水注》：“涅水西出覆甑山。”《魏书·地形志》乡郡阳城县：“覆甑山，涅水出焉。”

②又名塔山。即今山东潍坊市东南四十里溉源山。《汉书·地理志》北海郡桑犊县：“覆甑山，溉水所出，东北至都昌入海。”唐天宝六年（747）改名溉源山。

③在今陕西礼泉县东北，与九嵕山相接。宋敏求《长安志》卷16醴泉县：覆甑山“在县东北四十五里”。

覆鬴河 在今山东无棣县西北。《方舆纪要》卷31海丰县：覆鬴河“在县西北三十里。自直隶庆云县流入境，注于海”。

礓子阪 一作疆子岭。在今河南陕县东南。《资治通鉴》：唐乾元二年（759），“史思明遣其将李归仁将铁骑五千寇陕州，神策兵马使卫伯玉以数百骑击破之于礓子阪”。

礌石碛 在今新疆托克逊县西南。《新唐书·地理志》西州：“百二十里至天山西南入谷，经礌石碛，二百二十里至银山碛。”

磲头镇 在今江西修水县西南一百十二里山枣岭东麓，岭西为湖南平江县地。清时有外委把总驻防。

雷里国 在今印度尼西亚之寥内群岛。清谢清高《海录》有专条记述。

霏霸千户所 明洪武十九年（1386）置，属定海卫。在今浙江宁波市东北仑区郭巨镇。清废。

鹽 盐池名。在今山西运城市南。《左传》：成公六年（前585），“必居郇瑕氏之地，沃饶而近鹽”。杜注：“鹽，盐也。猗氏县盐池是。”孔疏：“《说文》云‘鹽，河东盐池’。‘鹽’虽‘盐’，唯此池之盐独名为鹽，余盐不名鹽也。”

〔丨〕

瞿上 古蜀国邑。在今四川双流县南十八里黄甲镇境与新津县交界之牧马山蚕丛祠九道拐一带。东晋常璩《华阳国志·蜀志》：杜宇“移治郫邑，或治瞿上”。即此。

瞿式耜墓 在今江苏常熟市虞山拂水岩西牛窝潭。瞿式耜（1590—1650），字起田，号稼轩。苏州常熟人。万历进士。南明弘光帝时任广西巡抚，隆武二年（1646）拥立桂王，累进文渊阁大学士。后留守桂林，兵败被杀。杨艺殓尸瘗北门外。孙瞿昌文裹骨归，葬虞山脚下。清乾隆四十一年（1776）土坟前立“清赐谥忠宣明文忠瞿公墓”。

瞿阳县 南朝宋改灈阳县置，属汝南郡。治所在今河南遂平县东南。北齐废。

瞿巫滩 在今重庆市云阳县东长江中。《水经·江水注》：“江水又东左径朐忍县故城南……江水又东径瞿巫滩，即下瞿滩也，又谓之博望滩，左则汤溪水注之。”

瞿昙寺 明洪武末建，在今青海乐都县南瞿坛镇罗汉山下。《明史·西域传·西番诸卫》：“西宁番僧三剌……建佛刹于碾白南川，以居其众。”帝“赐额曰瞿雲寺”。为汉藏建筑结合风格的喇嘛教寺院。寺院系官式宫殿式建筑，由金刚、瞿昙、宝光、隆国等大殿、碑亭、壁画廊、钟鼓楼等组成。被誉为“乐都小故宫”。1982年定为全国重点文物保护单位。

瞿昙溪 即今福建闽清县西南芝溪。《方舆纪要》卷96闽清县“梅溪”条：瞿昙溪“在县西南三十里。源出永福县界，流入梅溪”。

瞿秋白故居 在今江苏常州市城区，由两部分组成：天香楼位于青果巷中段，清光绪年间（1875—1908）修建，为一栋三开间硬山式砖木二层楼，是瞿秋白的诞生地；瞿氏宗祠位于延陵西路西段，清光绪二十四年（1898）修建，分东西两个大院，各有四进建筑，均为硬山式砖木单层建筑。西院为宗祠正屋，1912－1916年间瞿秋白全家住在东院。今东院仍保存原貌。1996年定为全国重点文物保护单位。

瞿室锓加山 在今新疆和田县西南喀拉喀什河东岸乌恰提村附近。唐玄奘《大唐西域记》卷12瞿萨旦那国：“王城西南二十余里，有瞿室锓伽山。唐言牛角。山峰两起，岩隒四绝，于岩谷间建一伽蓝。”

瞿唐关 亦名铁锁关、夔门关、江关。在今重庆市奉节县东白帝山下。南宋陆游《入蜀记》：“晚至瞿唐关，唐故夔州与白帝城相连，……关西门正对滟滪堆。”《明史·廖永忠传》：洪武四年（1371）伐蜀夏，“进至瞿唐关，山峻水急，蜀人作铁索桥横据关口，舟不能进”。即此。

瞿唐峡 又名广溪峡、西陵峡、夔峡。长江三峡之一。在今重庆市奉节县东十三里。从今白帝城起至巫山县大溪口，全长8公里。《寰宇记》卷148夔州：瞿塘峡“连崖千丈，奔流电激，舟人为之恐惧”。南宋范成大《吴船录》：夔州“十五里至瞿唐口，每一舟入峡数里，后舟方续发，水势怒急，恐猝相遇，不可解析也。……峡中两岩，高岩峻壁，斧凿之痕皴皴然”。瞿唐乃三峡之门，赤甲、白盐两山对峙，上入霄汉，中贯一江，视天如匹练，极为壮丽。唐杜甫《长江》诗云：“众水会涪万，瞿塘争一门。”峡口旧有滟滪堆，地当全蜀江路之门户。古为兵事上攻守必争之地。

瞿家湾　即今湖北洪湖市西北六十四里瞿家湾镇。1929年洪湖赤卫队建于此。

瞿堆　一名仇池山、百顷山。在今甘肃西和县西南。东晋常璩《华阳国志·汉中志》：武都郡有“瞿堆百顷”。《水经·漾水注》：“汉水又东南径瞿堆西，又屈径瞿堆南，绝壁峭峙，孤险云高，望之形若覆壶。”

瞿萨旦那国　即于阗国。都城在今新疆和田市西二十里约特干遗址。唐玄奘《大唐西域记》卷12：瞿萨旦那国“周四千余里，沙碛太半，壤土隘狭，宜谷稼，多众果。……俗知礼义，人性温恭，好学典艺，博达技能”。

瞿塘千户所　明洪武四年（1371）置，属湖广都司。在今重庆市奉节县。十二年（1379）升为瞿塘卫。

瞿塘卫　明洪武十二年（1379）升瞿塘千户所置，属湖广都司。治所在今重庆市奉节县。后废。

瞿塘城　南宋淳祐四年（1244）筑，在今重庆市奉节县东白帝山下。道光《夔州府志》卷2引《元一统志》：“宋淳祐二年以兵火，仍州治白帝。四年，余玠命韩宣城瞿唐，至元二十二年仍还瀼西旧治。”

瞿塘滩　即瞿唐峡。在今重庆市奉节县东。《南史·庾子舆传》：梁天监间，“奉丧还乡，秋水犹壮。巴东有淫预，石高出二十余丈，及秋至，则才如见焉，次有瞿塘大滩，行旅忌之，部伍至此，石犹不见。子舆抚心长叫，其夜五更水忽退减，安流南下。及度，水复旧，行人为之语曰：滛预如幞本不通，瞿塘水退为庾公”。

瞿靖堡　明置，属宁夏左屯卫。即今宁夏青铜峡市北瞿靖镇。

瞻化县　1916年改怀柔县置，属川边特别区。治所即今四川新龙县。1939年属西康省。1951年改为新龙县。1955年属四川省。

瞻对土司　亦作占对。清置上瞻对、中瞻对、下瞻对三土司的合称。在今四川新龙县境内。三瞻地跨雅龙江上游，纵横数百里。三土司于雍、乾间归附授职，隶雅安府。咸、同间土司工布朗结兼并诸土司，复劫藏人茶商，遂为藏兵攻克。川督骆秉章奏请以其地畀藏。光绪二十年间，藏民苦藏官横暴，逐而自立。川督鹿传霖攻取之，议改流未果。然藏民仍时诉藏官骚扰状，至宣统三年（1911）始改设瞻对委员，治所在今新龙县。1912年改为怀柔县。1916年改名瞻化县。1952年改名新龙县。

瞻对委员　清宣统三年（1911）瞻对土司改流置，属登科府。治所即今四川新龙县。1912年改为怀柔县。

瞻园　在今江苏南京市中华路东侧瞻园路西口。为明中山王徐达府邸花园。清改为藩台衙门花园。太平天国初期为东王杨秀清王府，后作夏官副丞相赖汉英衙署。太平天国失败后，仍为布政司衙门。现为太平天国历史博物馆的一部分。2006年定为全为重点文物保护单位。

瞻国军　五代汉升榷盐务置，治所在今山东滨州市滨城区北滨北街道。后周显德三年（956）升为滨州。

瞻河　①一名扣河。即今辽宁开原市东北寇河。《清一统志·吉林一》：瞻河“在城西南五百七十余里。源有二：一出香岭，一出安巴和托峰，北流合为一河，西南流入威远边门为扣河，入清河”。

②即今黑龙江省逊克县西南占河。《清一统志·黑龙江》“逊河”条下：“瞻河，在（黑龙江）城西南三百五十里，源出西南兴安岭，东北会逊河。”

瞻波国　在今印度东部恒河南岸的比哈尔邦东巴加尔普尔一带。东晋法显《佛国记》：“顺恒水东下十八由延，其南岸有瞻波大国。佛精舍、经行处及四佛坐处，悉起塔，现有僧住。”唐代高僧玄奘亦曾至此。

瞻诸山　在今河南新安县东南二十五里。《山海经·中山经·中次六经》：“瞻诸之山，其阳多金，其阴多文石。谢水出焉，而东南流注于洛；少水出其阴，而东流注于谷水。”

瞻淇镇　即今安徽歙县东二十里呈村降村西南占淇。清道光《徽州府志》卷2：歙县三十五都有瞻淇村。民国《歙县志》图：县东较大村镇有瞻淇。

瞻榆县　1915年析突泉县置，属奉天省洮昌道。治所在开化镇（今吉林通榆县西南瞻榆镇）。1929年直属辽宁省。1954年改属吉林省。1958年撤销，与开通县合并为通榆县。

瞻德城　一名察罕乌苏。俗称清水河子。清乾隆四十年（1775）建。为伊犁九城之一。在今新疆霍城县西北四十里清水河镇，设都司驻守。清同治十年（1871）沙俄入侵伊犁后被毁。

曜仪城　隋唐东都宫城北，在今河南洛阳市隋唐故城内。《资治通鉴》：唐武德三年（620），“秦王李世民至新安，王世充遣……齐王世恽检校南城，楚王世伟守宝城，太子玄应守东城，汉王玄恕守含嘉城，鲁王道徇守曜仪城”。《元河南志》载：“玄武门北曰曜仪城。”

曜武军　唐天宝十三年（754）置，属廓州。治所在黑硖川（今青海同仁县北保安乡）。后废。

蹛林州　唐羁縻州。贞观二十一年（647）以回纥思结别部置，属燕然都护府。约在今蒙古国鄂尔浑河上游杭爱山北侧。总章元年（668）侨寄于凉州（州治姑臧县，今甘肃武威市）界内。

鹭鸶陂　在今湖北崇阳县东南三十里。《清一统志·武昌府二》：鹭鸶陂“明成化中，邑人汪泰筑。长三十丈有奇，广倍之，溉田六百余亩。陂内有潭，潭中有泉曰茅林”。

鹭鹚 即今福建莆田市东南鸬鹚屿。见清《海国闻见录》图。

踱口城 即墉口城。在今江西南昌县西南。《梁书·敬帝纪》：太平二年（557）广州刺史萧勃举兵反，诏平西将军周文育等率军南讨，“三月庚子，文育前军丁法洪于踱口生俘傅泰”。

蟛蜞港 在今江苏靖江市东十五里。《方舆纪要》卷25常州府靖江县：蟛琪港“正德二年议建东沙巡司于此”。

蟠山 在今河南确山县南二里。《方舆纪要》卷50确山县：蟠山“环绕邑郭，其形若龙。亦名蟠龙山”。

蟠龙 即今陕西延安市东北蟠龙镇。1947年5月初，西北野战军对国民党军坚固设防的蟠龙据点发起进攻，激战3天，全歼守敌六千七百余人。

蟠龙山 ①在今福建连城县北。《方舆纪要》卷98连城县：“蟠龙山在县北。脉自清流县蜿蜒而来，入县境。群峰连接，历数十里，至县后，屹然拔起，高耸磅礴，为县主山。一名后龙山。旁有龙子冈。”

②在今江西泰和县北。《舆地纪胜》卷31吉州：蟠龙山“在太和县北三十余里”。《方舆纪要》卷87吉安府泰和县：蟠龙山“三山势宛转，如龙盘然”。

③在今江西宜春市南。《寰宇记》卷109袁州宜春县：蟠龙山“在州南四十里。自麓至岭三十六曲”。《清一统志·袁州府一》：蟠龙山“峭壁奔湍，为一州之胜。上有蟠龙寺，唐末南平王钟傅所建”。

④在今湖南永顺县东北八十里。《清一统志·永顺府》：蟠龙山“山势蜿蜒绵亘，灵溪出此。下有马谷坡”。

⑤在今湖南洪江市黔城镇西南二里。《清一统志·沅州府》：蟠龙山“在黔阳县（今黔城）西南二里沅水南。上有石室清泉”。

⑥在今广西博白县南八十里。《舆地纪胜》卷121郁林州：蟠龙山，“《九域志》云：在白州，形蟠屈如龙”。

⑦在今重庆市梁平县东。《舆地纪胜》卷179梁山军：蟠龙山“距军东二十里。孤峙秀杰，突出众山之上。下有二洞。淳化中，知军陈昭文闻此洞之异，领百余人，秉烛而行，约十五里，乃刻石为记而回。其左洞高广亦称是。洞溪中有二石龙状，首尾相蟠，故名”。洞在山之西麓，名曰蟠龙洞。南宋诗人范成大有《蟠龙岭》诗。

⑧亦作盘龙山。在今四川阆中市北。《舆地纪胜》卷185阆州：蟠龙山“在阆中县东北二里。其势如龙，故名”。《清史稿·塔勒岱传》：康熙年间，清军讨吴三桂叛军，“进攻保宁蟠龙山”；又《杰殷传》：“趋保宁屯蟠龙山。”即此。

⑨在今四川宣汉县北。《元史·杨大渊传》：中统间，大渊“复使（杨）文安相夔、达要冲，城蟠龙山。山四面岩阻，可以进攻退守，城未毕，宋夔路提刑郑子发曰：‘蟠龙，夔之咽喉，使敌得据之，则夔难守矣，此必争之地也。’遂率兵来争”。即此。

⑩在今陕西蒲城县西三十里。《方舆纪要》卷54蒲城县：蟠龙山，“《志》云：唐明皇尝游此，于山下得石如蟠龙，因名其地为龙东乡”。

蟠龙冈隘 在今福建武平县西南。《方舆纪要》卷98武平县：“蟠龙冈隘，在县西南三十里。昔时群贼啸聚处也。”

蟠龙矶 又称蟠龙石。在今湖北鄂州市小东门外长江中。《寰宇记》卷112鄂州武昌县：“蟠龙石在州西一百七十五里。周回七十余丈。冬出夏没，曾有蟠龙出此。”

蟠龙径 在今广东阳春市东。《方舆纪要》卷101阳春县“北塞径”条内：“白水径闸、蟠龙径闸皆在县东北，设乡兵戍守。”

蟠龙城 元世祖中统三年（1262）筑，在今四川宣汉县北蟠龙山。《元史·杨文安传》：元世祖至元元年(1264)，“宋都统张喜引兵攻蟠龙，大战，败之，喜潜师宵遁”。

蟠龙洞 在今重庆市梁平县东蟠龙山西麓。《舆地纪胜》卷179梁山军：蟠龙山“洞溪中有二石龙状，首尾相蟠，故名”。洞分天洞、地洞。天洞旁崖。地洞在天洞右上方，又名水洞，水从崖直泻而下，颇为壮观。南宋诗人范成大云：“蟠龙瀑布自山顶漫汗淋漓，分数道而下，望之宛从天降，当为城中布水第一。”诗云：“银汉来从左界天，天风吹浪落苍巅。人间只见秧田润，唤作蟠龙洞里来。”

蟠龙溪 即今重庆市梁平县东南、忠县东之汝溪河。《明史·地理志》梁山县：“西南有桂溪，南有蟠龙溪，下流俱入于江。”

蟠龙墟 即今江西赣州市西蟠龙镇。清同治《江西全省舆图》卷9：赣县西有蟠龙墟。

蟠交县 唐武德六年（623）置，属庆州。治所即今甘肃合水县东北老城镇（老合水）。《元和志》卷3合水县：蟠交县“以城临大、小乐蟠二水交口，因以为名”。天宝元年（742）改名合水县。

蟠羊山 又作蟠阳山。即今内蒙古丰镇市东盘羊山。《魏书·太祖纪》：天赐四年（407）五月，“北巡，自参合陂东过蟠羊山”。同书《徒何慕容廆传》载，登国十年（395），拓跋珪军于参合陂西，慕容宝军在陂东，营于蟠羊山南水上，两军会战，慕容宝大败，全军覆灭。乾隆《大同府志》卷4《山川》谓此即丰镇东南之盘羊山。

蟠坤山 在今云南江川县北。《方舆纪要》卷115澂江府江川县：蟠坤山在“县（今江城镇）南十五里。东临抚仙湖，西际星云湖，山顶石皆赭童无草木”。

蟠溪 在今四川仁寿县东。《舆地纪胜》卷150隆州：蟠溪水“在飞泉山下，丞相何公（何㮚）居其侧，号蟠溪先生”。《明史·地理志》仁寿县：“又有蟠溪，下流入资江。”

蟠鳌镇　北宋置，属丹棱县。在今四川眉山市西北六十九里盘鳌乡。

器　一作隞。商仲丁所迁之都。故址即今河南郑州市区内商城遗址。《太平御览》卷83引《纪年》：“仲丁即位，元年，自亳迁于嚣。”《尚书·序》：“仲丁迁嚣。”《水经·济水注》：“济水又东径敖山北。……其山上有城即殷仲丁之所迁也。”此说乃出于附会。

嶑峨山　在今贵州福泉市东。一名峨万山。山为郡镇。宋嶑峨里，砦址犹存。明曹学佺《名胜志》：“绝顶有泉，又有穿岩，岩孔穿透，广容千人。”

嶲　古族名。《史记·西南夷列传》：“自同师以东北至叶榆，名为嶲、昆明。”秦、汉时期嶲族在今云南保山一带，处从蜀通身毒道上。

嶲山　①即蟀嶲山。今四川西昌市南之泸山。

②在今四川越西县西南。《隋书·地理志》：邛部县“有嶲山”。《元和志》卷32邛部县：嶲山“在县西南九里。嶲水出山下，州郡得名，因此水也”。

嶲水　①亦名越嶲水。当今四川西昌市西南之安宁河。《汉书·地理志》邛都县，注引应劭曰：“故邛都国也。有嶲水。言越此水以章休盛也。”《旧唐书·地理志》越嶲县：“有越水、嶲水。”《寰宇记》卷80越嶲县：“此地有越水、嶲水为名。”

②即今四川越西县之越西河。《元和志》卷32邛部县：“嶲水出嶲山下，州郡得名，因此水也。”

嶲州　①南朝梁大同三年（537）置，治所在越嶲郡（今四川西昌市）。不久废。

②隋开皇十八年（598）改西宁州置，治所在越嶲县（今四川西昌市）。大业三年（607）改为越嶲郡。唐武德元年（618）复为嶲州。四年（621）升为中都督府。辖境相当今四川越西、美姑以南，金沙江以西、以北，锦屏山、盐井河以东地区。天宝元年（742）改为越嶲郡。至德二载（757）没入吐蕃，贞元十三年（797）收复，大和五年（831）为南诏所破，次年徙治台登（今四川冕宁县南泸沽镇）。咸通二年（861）为南诏所据，改置建昌府。

嶲唐县　西汉元封二年（前109）置，属益州郡。治所在今云南云龙县西南七十里漕涧镇。东汉永平十年（67）为益州郡西部都尉治。永平十二年（69）为永昌郡治。建初元年（76）后郡治他移，仍属永昌郡。南朝宋废入不韦县。

黠戛斯部　在今俄罗斯萨彦岭以北叶尼塞河上游地区。《新唐书·回鹘传·黠戛斯》：“黠戛斯，古坚昆国也。……或曰居勿，曰结骨。其种杂丁零，乃匈奴西鄙也。……结骨稍号纥骨，亦曰纥扢斯。”唐贞观二十二年（648），酋长俟利发失钵屈阿栈身入朝，以其地为坚昆都督府。

黟山　今安徽黄山山脉的旧名。自黟县建县以来，古三天子都山，即以县为名，称为黟山。《水经·浙江水注》：“浙江又北历黟山，县居山之阳，故县氏之。”《方舆胜览》卷16徽州：黄山“旧名黟山。宣、歙、池、饶、江等州山，并是此山之支脉”。西起祁门、黟县，以黄山市区为中心，东连歙县、绩溪，山势走向由西南偏向东北，俗称在旧歙县境的东段为北黟山，后改称为黄山，黟县境的西段仍称为黟山。

黟县　一作黝县。秦置，属鄣郡。治所在今安徽黟县东五里。《说文》释“黟”：“黑木也。从黑，多声。丹阳有黟县。”《元和志》卷28黝县：“按县南有墨岭，出墨石。又昔贡柿心木，县由此得名。”西汉元封二年（前109）属丹阳郡。鸿嘉二年（前19）改置广德王国，东汉复为黟县。建安十三年（208）属新都郡。西晋太康元年（280）属新安郡。隋开皇九年（589）省入海宁县，十一年（591）复置，移治今黟县。十二年（592）为歙州治。大业三年（607）属新安郡。唐武德四年（621）属歙州。北宋宣和三年（1121）属徽州。元世祖至元十四年（1277）属徽州路。明属徽州府。民国初属安徽芜湖道。1928年直属安徽省。

〔丿〕

镬里　在今安徽巢湖市西北，滨巢湖。《三国志·吴书·孙亮传》：太平二年（257），“秋七月，（孙）綝率众救寿春，次于镬里”。即此。

镬沙城　一作沃沙城。在今塔吉克斯坦库尔干提尤别北瓦赫什河附近。唐置高附都督府治此。唐玄奘《大唐西域记》卷1：“镬沙国，东西三百余里，南北五百余里。国大都城周十六七里。”

镬密国　一作护密国、蔓蜜多国、获密多国、胡密国。都塞迦审城（今阿富汗东北喷赤河西岸伊什卡什姆）。唐显庆时置乌飞州都督府于此。

镙桥　在今四川理县东北。《舆地纪胜》卷148威州：镙绳桥“在保宁县东一十五里。辫竹为绳，其上施木板，长三十丈，通蕃汉路”。

镰刀弯　即今贵州黄平县东南镰刀湾。清雍正九年（1731）置镰刀弯土千总。

镰刀砦　北宋置，在今陕西志丹县南。《宋史·夏国传上》：庆历四年（1044），元昊请以“栲栳、镰刀、南安、承平故地及他边境蕃汉所居，乞画中为界，于内听筑城堡”。

鄼公营　在今甘肃西和县北。《元和志》卷22成州长道县：“鄼公营，在县西南三里。武德元年，行军元帅鄼国公窦轨讨薛举余党，营军于此是也。”

鄼阳集（鄼 cuó）　即今河南永城市西北三十二里鄼阳镇。清光绪《归德府志》卷首《永城县境图》：东北有鄼阳集。

鄼阳镇（鄼 cuó）　北宋置，属鄼县。即今河南永城市西北三十二里鄼阳镇。

鄼县　①战国秦置，属砀郡。治所即今河南永城市西四十八里鄼城镇。西汉属沛郡。东汉属沛国。三国魏属谯郡。北魏废。隋开皇十六年（596）复置，属亳州。大业初属谯郡。唐属亳州。金属永州。元世祖至元八年（1271）废。

②战国秦置，属南阳郡。治所在今湖北老河口市西北西集街北。西汉改为酂侯国。东汉复为酂县。西晋太康中为顺阳郡治。南朝宋属广平郡。

③东晋侨置，属南谯郡。治所在今安徽全椒县西南。南朝宋属历阳郡。齐属临江郡。东魏属临滁郡。后废。

酂城郡（酂 zàn） 南朝梁置，属雍州。治所在阴县（今湖北老河口市西北）。北周废。

酂侯国（酂 zàn） 西汉改酂县置，属南阳郡。治所在今湖北老河口市西北。《史记·萧相国世家》："后嗣以罪失侯者四世，绝，天子辄复求何后，封续酂侯，功臣莫得比焉。"东汉复为酂县。

酂湖 在今安徽全椒县西南。《舆地纪胜》卷42滁州：酂湖"在全椒县西南三十里。《后魏志》：临滁郡治葛城，领县曰酂，恐置县于此"。

簟山 在今浙江嵊州市东。《方舆纪要》卷92绍兴府嵊县：簟山"在县东三十里。以山势平如簟席而名"。

簝叶（葉）坞 一名箬叶坞。在今湖北兴山县东北。《方舆纪要》卷78兴山县"猫儿关"条下："县东北百二十里有簝叶坞，坞长四十里，崇林怪石，路径险狭，行者聚众乃入。亦出郧、襄间之间道也。簝亦作箬。"

簝叶（葉）堡 明置，属越巂卫。在今四川甘洛县西南蓼坪乡。清于涅此设蓼叶坪汛，设把总驻守。

簰洲 亦名箄洲。即今湖北嘉鱼县东北五十里簰洲镇。《方舆纪要》卷76嘉鱼县：簰州镇在"县东北四十里。有巡司。其地回复，舟行风色不常，俗名拗簰洲"。

㑳 群蛮国。在楚西南。《左传》：文公十六年（前611），"庸人帅群蛮以叛楚，……楚人……使庐戢黎侵庸……七遇皆北，唯裨、㑳、鱼人实逐之"。

儹拉 亦作攒拉。指小金川土司。治所在美诺寨（今四川小金县）。《清一统志·懋功屯务厅》："大小金川，番人称大金川曰促浸，小金川曰攒拉。促浸者，大河滨之谓；攒拉者，小河滨之谓。盖谓同一种人，一居于大河滨，一居于小河滨也。"乾隆《金川琐记》卷1："小金川原名儹拉，美诺为其巢穴。"

䥽山 在今河南固始县东。《资治通鉴》：唐元和十一年（816），"寿州团练使李文通奏败淮西兵于固始，拔䥽山"。即此。

翻车水 在今湖北蕲春县东南。《元和志》卷27蕲春县：翻车故城"城近翻车水，因以为名"。《方舆纪要》卷76蕲州：翻车水"在州东北八十里。《蕲春郡记》：九江王英布于翻车水北筑城，以示背楚归汉之意。今有翻车河城……流入蕲水"。

翻车岭 ①在今浙江安吉县（递铺镇）西。《方舆纪要》卷91安吉州：翻车岭在"州（治今安城镇）西南三十里，与江南宁国县接界"。

②即今广西玉林市西北翻车岭。《方舆纪要》卷108兴业县"黄岭"条内：翻车岭"在县北二十五里，龙母江之源也。山路险巇，两岩阴翳"。

翻车城 在今湖北蕲春县东南。《元和志》卷27蕲春县：翻车故城"在县东南八十二里。九江王黥布背项籍归汉，因筑此城。城近翻车水，因以为名"。

翻（繙）经台（臺） 在今江西抚州市临川区东南四里。唐颜真卿《抚州宝应寺翻经台记》曰："抚州城东南四里有翻经台，宋康乐侯谢公（灵运）元嘉年初于此翻译涅槃经，因以为号。"《寰宇记》作"繙经台"。

鳑头岔站 亦作头道卡伦。清光绪七年（1881）置，在今黑龙江省海林市东北牡丹江东江东村。光绪《吉林通志》卷17："正北以东，距（宁古塔）城……一百六十里头道卡伦，即鳑头岔站，有牡丹渡口，并上渡口俱通三姓路。"

〔丶〕

鹯阴口 在今甘肃白银市东北平川区水泉镇黄湾中村，为古麦田泉水流入鹯阴河（黄河在古鹯阴县境的名称）的河口。《三国志·魏志·张既传》：黄初二年（221），张既为凉州刺史，讨卢水胡，至金城渡河，"贼七千余骑逆拒军于鹯阴口"。即此。

鹯阴县 东汉改鹑阴县置，属武威郡。治所在今甘肃白银市东北平川区水泉镇陡城堡西北黄河东岸缠州城遗址。西晋废。

鹯阴河 指今甘肃景泰、靖远二县和白银市平川区间之黄河河段。汉、魏时，为鹯阴县所辖，因以为名。

鹰山 在今广西鹿寨县北中渡镇西二里。明曾迁洛容县治于山麓，万历间移治灵塘（今雒容镇）。故世多称旧治为鹰山旧县。

鹰山寨 一名鸣山寨。南宋淳祐间置，即今湖北英山县。咸淳初改设英山县。

鹰门山 在今四川茂县西北。《隋书·地理志》：北川县"有鹰门山"。《寰宇记》卷78茂州汶山县：鹰门山"在县北二十里。山多鹰栖，故名"。

鹰子山 在今河南淅川县南，丹江水库西。《南齐书·陈显达传》：永元元年（499），陈显达攻占马圈城，北魏"元宏自领十余万骑奄至，显达引军渡水西据鹰子山筑城"。即此。

鹰扬关 原名崖鹰关。在今广东连山壮族瑶族自治县西北。清初已废。咸丰八年（1858）连山厅同知韩凤翔为防太平军重建，改名鹰扬关。

鹰纳河 一名瀛纳河，又名英纳河。即今辽宁庄河市东北英那河。源出市东北境，南流入海。明《辽东志》卷1：鹰纳河在"（盖州卫）城南二百里"。《清一统志·奉天府一》：英纳河"在海城县西（东）南六十里。源出冰峪，南流至凤凰城界铁山，东入海"。

鹰捕岭口 在今河北顺平县西北五十里。《方舆纪要》卷12完县：鹰捕岭口，“东北去水谷口二十里。又西南去五虎岭口二十里。又西十里曰银山口”。

鹰娑川 即今新疆裕勒都斯河。《新唐书·突厥传》：永徽五年（654），“前军苏定方击贺鲁别帐鼠尼施于鹰娑川”。即此。

鹰娑都督府 唐显庆二年（657）置，属昆陵都护府。治所在今新疆裕勒都斯河。总录于安西大都护府，后移隶北庭都护府。龙朔二年（662）废。

鹰游（遊）山 又作嘤游山。即今江苏连云港市东北海中东西连岛。《寰宇记》卷22海州东海县：“嘤游山在县东北一百三里海中。去崖二十里，高二里。其山周回浮海中，群鸟翔集，嘤嘤然自相喧聒。”元时海运经此。

鹰窝山泉 在今河北怀来县东北长安岭西北侧。《方舆纪要》卷18长安岭堡：鹰窝山泉在“堡西北三里。引入堡中，汇而为池，可给居人”。

鹰窝寨 在今河南确山县西南五十里。《方舆纪要》卷50确山县：鹰窝寨“山岭高险，惟一径可通，乃昔人避兵处”。

鹰窠山 在今河北赤城县东南。《方舆纪要》卷18龙门所：鹰窠山“在所东南四里”。

鹰窠顶山 在今浙江海盐县西南三十里澉浦镇南湖村。《明一统志》卷39嘉兴府“石帆山”条：“石帆之东有鹰窠顶山。”

鹰潭镇 即今江西鹰潭市。《清一统志·广信府二》：鹰潭巡司“在贵溪县西四十里。本朝乾隆三十一年，由神前街移驻”。同治《广信府志》卷1贵溪县乡都：鹰潭镇“旧称鹰潭坊，桂氏徙居此，销盐引。乾隆三十一年改神前司为鹰潭司，鹰潭于是称镇。商民三百余家，四境贸易，喧盛之市”。1979年置为鹰潭市。1983年升为地级市。

鹰嘴岩 即今四川旺苍县东北英萃镇。1933年川陕革命根据地在此置英安县。

鳖水 即今贵州遵义市东湘江。《汉书·地理志》牂柯郡鳖县：“不狼山，鳖水所出，东入沅。”《水经·延江水注》：“（鳖）县有鳖水，出鳖邑西不狼山，东与温水合。”《水经注疏》引洪亮吉曰：“鳖水为今湘江，出遵义县北境，桐梓县南境之龙岩山，即古不狼山。”

鳖县 西汉置，为犍为郡治。治所在今贵州遵义市西。因鳖水为名。元鼎间属牂牁郡。东晋属平夷郡。南朝宋属平蛮郡。梁、陈间废。

瀫河 古名谷水。在今河南项城市南。《水经·颍水注》：“颍水又东，右合谷水。水上承平乡诸陂，东北径南顿县故城南，侧城东注。又东径项城中，谷水又东流，出城东注颍。”

瀑布山（瀑 pù） ①在今浙江嵊州市东。《南齐书·褚伯玉传》：伯玉“遂往剡，居瀑布山”。即此。

②在今浙江天台县西南。《寰宇记》卷98天台县：瀑布山，“亦天台之别岫也。西南瀑布悬流千丈，飞泻远望如布”。《方舆纪要》卷92天台县“天台山”条下：“县西四十里曰瀑布山，一名紫凝山。有瀑布千丈。”

③一名布山。在今山东肥城市东南三十一里。《方舆纪要》卷31肥城县：瀑布山“瀑水悬崖二十余丈，其上为天井峪。旁有岭，蜿蜒高耸，谓之横岭”。

瀑布泉 在今江西星子县西北庐山秀峰寺西。唐李白《望庐山瀑布》诗：“挂流三百丈；喷壑数十里。”指此。《舆地纪胜》卷25南康军：瀑布水“在开先院西，庐山南。瀑布无虑十数，皆积雨方见，惟此不竭”。《清一统志·南康府一》引桑乔《庐山纪事》：“汉阳之泉，东流为开先二瀑，在东北者曰马尾水，在西南者，则自坡顶下注双剑峰背邃壑中，汇为大龙泽，绕出双剑之东，下注大壑，悬挂数十百丈，循崖东北逝，与马尾水合，流出两山峡中，下注石潭。石碧而削，水练而飞，潭绀而渊，为开先佳境。二瀑俱奇观，而西瀑尤胜。”

瀑龙河（瀑 bào） 亦作暴龙河、抱龙河。即今重庆市巫山县东南抱龙河。清康熙《巫山县志》：瀑龙河在“治南一百二十里”。

瀑带水 在今湖南江永县北。《方舆纪要》卷81永明县：瀑带水，“《志》云：源出县北二十五里之神光遇廖山，其下流自高注下者为瀑水，平川顺流者为带水，同流异名，东北至东安县界入湘水”。

瀍水 源出今河南洛阳市西北，东南流经洛阳市旧城东入洛水。《尚书·洛诰》：“我乃卜涧水东、瀍水西，惟洛食。我又卜瀍水东。”《禹贡》：“伊、洛、瀍、涧既入于河。”孔传：“瀍出河南北山。”《汉书·地理志》河南郡谷成县：“《禹贡》瀍水出替亭北，东南入雒。”东汉及三国魏凿阳渠，瀍水入之，至偃师县东入洛水。《水经·瀍水注》：“瀍水出河南谷城县北山，又东过洛阳县（即今洛阳市东北汉魏故城）南，又东过偃师县，又东入于洛。”后阳渠堙废，复由故道入洛水。

襟山 在今宁夏隆德县南十里。《方舆纪要》卷58隆德县：襟山“山势延远，状似衣襟，因名”。

〔ㄱ〕

璧山县 清嘉庆二十一年（1816）以璧山县改名，属重庆府。治所即今重庆市璧山县。民国初属四川东川道。1928年直属四川省。
2014年撤销璧山县，设立重庆市璧山区，区政府驻璧城街道解放路44号。

璧门 汉长安建章宫南门。在今陕西西安市西北。《三辅黄图》卷2：建章“宫之正门曰阊阖，高二十五丈，亦曰璧门”。《水经·渭水注》：建章宫“南有璧门，三层，高三十余丈，中殿十三间，阶陛咸以玉为之。铸铜凤，高五丈，饰以黄金，栖屋上。椽首，薄以玉璧，因曰玉璧门也”。

璧玉山 亦作碧玉山。又名鸿鹭山。在今甘肃嘉峪关市西北。《寰宇记》卷152酒泉县：鸿鹭山，“《穆天子传》云：天子循黑水至于碧玉之山，谓此也。今为鸿鹭所栖得名”。《清一统志·肃州》“洞庭山”条：“《明统志》有嘉峪山在州西。一名玉石山。《旧志》：嘉峪山在卫西七十里。即璧玉山，西麓即嘉峪关也。”

璧邪 亦作辟邪街。即今江西南昌县（莲塘镇）东南武阳镇。《宋史·瀛国公纪》：南宋德祐元年（1275），“大元兵趋抚州，都统密佑逆战于璧邪，兵败死之”。

璧州 唐武德八年（625）置，治所在诺水县（后改通江，今四川通江县）。《寰宇记》卷140璧州：“以（诺水）县西一里璧山为名。”天宝元年（742）改为始宁郡，乾元元年（758）复为璧州。辖境相当今四川通江县地。北宋熙宁五年（1072）废。

璧阳城 即阳城。在今河北清苑县西南阳城镇。《方舆纪要》卷12清苑县：璧阳城在“府西南二十里。或云五代时营垒也。石晋开运二年，符彦卿败契丹兵于璧阳，即此”。按：《旧五代史》、《资治通鉴》璧阳城作阳城。

璧谷川 又称璧谷江。即今云南昆明市东川区小江。《明一统志》卷72东川府：璧谷川“在府西南一百三十里。源出寻甸白泽河，西入金沙江”。

鹈鹕泉 又作拂梯泉。在今内蒙古乌拉特后旗西北。《新唐书·地理志》丰州九原郡：西受降城“北三百里有鹈鹕泉”。

戳儿河 即今嫩江支流绰尔河。《水道提纲》作“戳儿河”。

彝良县 1913年析镇雄县西部置，后属云南滇中道。治所即今云南彝良县。民国《彝良县地志资料调查表》：“彝良在昔为乌蒙部所领之易娘蛮部地，易亦作益。……清季设县，命名彝良，盖取化榛丕为良善之意耳。”1916年直属云南省。

彝良寨 即今云南彝良县。明嘉靖五年（1526）于此置归化长官司。清雍正五年（1727）废。1913年于此置彝良县。

彝海结盟遗址 在今四川冕宁县东北四十四里彝海乡。原名鱼海子。彝语名乌勒苏品。“乌勒”，指大桥方向，“苏品”即海子。位于罗洪依得山顶，海拔2280米。1935年5月，中国工农红军长征经此。红军先遣部队司令刘伯承在海子边与当地彝族首领果基小叶丹歃血结盟，组织“中国彝民红军沽基支队”，顺利地通过彝区北上。1977年建纪念碑，上刻“刘伯承和果基小叶丹结盟处”。

彝惜水 即今四川峨边彝族自治县之西溪河（官料河）。《寰宇记》卷74罗目县：“夷惜水在县东北五十里。源出嶲州界。中有嘉鱼，长三尺。每年二月随水而下，八月沿水而上入穴。《蜀都赋》云：嘉鱼出于丙穴，盖此也。”清嘉庆《四川通志》卷17峨边厅：“夷惜水今名官料河。源出嶲州山中，从牛漩堡至太平墩，合平夷众流入中镇河。”

十　九　画

〔一〕

鄨（鄨 tái）　即邰。在今陕西武功县西南永安村。为周始祖后稷所封地。

鄨县（鄨 tái）　古邰国（一作鄨国）。秦孝公改置鄨县，在今陕西武功县西南永安村。秦属内史。西汉属右扶风。《汉书·地理志》鄨县注："师古曰：读与邰同，音胎。"东汉废。

蘧丘里　亦作蘧里。即春秋时齐之渠丘。在今山东淄博市临淄区西三十里。《续汉书·郡国志》齐国西安："有蘧丘里，古渠丘。"

蘧里　即春秋时莒之渠丘。在今山东莒县北。《左传》：成公八年（前583），"晋侯使申公巫臣如吴，假道于莒。与渠丘公立于池上"。杜注："渠丘，邑名。莒县有蘧里。"

蘧伯乡　在今河南长垣县东南八里。《水经·济水注》引《陈留风俗传》曰："长垣县有蘧伯乡，有蘧亭、伯玉冈、伯玉冢。"曹大家《东征赋》："蘧氏在城之东南兮，民亦飨其丘坟。"县东南有伯玉村。

蘧蒢水　即今陕西洋县东金水河。亦曰黄金水。源出陕西佛坪县西北，南流至洋县东入于汉。《水经·沔水注》："汉水又东合蘧蒢溪口，水北出就谷，……南流注于汉，谓之蒢口。"

孽多城　唐小勃律国都城。在今巴基斯坦控制下的克什米尔之吉尔吉特。《新唐书·西域传》：小勃律"王居孽多城，临娑夷水"。

藻沟湖　在今山东临沂市东北四十里。一名枣沟湖。《方舆纪要》卷33沂州：藻沟湖"夏秋水聚，一望无际，或谓之鱼梁沟"。

藻林汛　一名草林。即今江西遂川县西南二十里草林镇。清同治《江西全省舆图》卷7：吉安府龙泉县西南有藻林汛。

藻湖　在今湖北荆门市东南。《清一统志·荆门州》：藻湖"在荆门州南一百三十里。有后港，合诸陂泽水，东流入焉"。

藻溪　在今浙江临安市西。宋《咸淳临安志》卷36于潜县：藻溪"在县（今于潜镇）东二十里"。西南流入天目溪。

警州　唐景福元年（892）改定远县置，治所在今宁夏平罗县西南姚伏镇。五代晋天福七年（942），降为威肃军。

麓山　即岳麓山。在今湖南长沙市西。《水经·湘水注》："湘水左径麓山东，上有故城。"《元和志》卷29长沙县："岳麓山，在县西南，隔湘江水六里，盖衡山之足也，故以'麓'为名。"《方舆胜览》卷23：麓山，"盛弘之《荆州记》：长沙西岸有麓山，盖衡山之足。又名灵麓峰，乃岳山七十二峰之数。自湘西古渡登岸，夹径乔松，泉涧盘绕，诸峰叠秀，下瞰湘江，岳麓寺、道林寺、岳麓书院皆在此焉"。

麓山寺　亦名岳麓寺。西晋泰始四年（268）建，在今湖南长沙市西岳麓山。祝穆《方舆胜览》卷23潭州："岳麓寺在山上，百余级乃至。今名惠光寺。下有李邕《麓山寺碑》。"麓山寺建于西晋泰始四年（268），是长沙最早的一座佛寺。明神宗时更名万寿寺，民国初年复名"古麓山寺"。山门对联："汉魏最初名胜，湖湘第一道场。"寺分前后二殿，前殿毁于1944年；后殿观音阁为1955年重修，陈列有岳麓山的文物图片、历史资料。其中唐开元十八年（730）所立"岳山寺碑"（亦称岳麓寺碑），为李邕撰并书，黄仙鹤刻，是李邕书碑中之杰作。湖南省佛教协会驻此。

麓川平缅宣慰司　明洪武十七年（1384）合麓川、平缅地置，属云南布政司。治所在者兰（今瑞丽江南岸、缅甸境内的者兰）。辖境约当今云南陇川县、瑞丽市，芒市遮放及缅甸部分地。后迁治今云南瑞丽市东十二里广贺罕。正统六年（1441）废。

麓川江　即今云南西部之龙川江，为伊洛瓦底江支流。元代称麓川江。《元混一方舆胜览》：麓川江"出萼昌，经越赕，傍高黎共山，由茫施、奶孟乃甸入缅中"。明代，腾冲县境称龙川江，以下则别称麓川江。《明史·地理志》陇川宣抚司："又有麓川江，即龙川江，自南甸流入，与芒市分界，西南入于大金沙江。"

麓川路　元世祖至元十三年（1276）置，属云南行省。治所在勐卯（今云南瑞丽市西郊）。辖境约当今云南瑞丽市及缅甸部分地区。曾迁治元南乙、者兰、达本等。至正十五年（1355）改平缅宣慰司。

麓水县　1946年山东革命根据地由双山县改名，治辛庄（在今山东滕州市东南）。为纪念解放滕县战役中牺牲的华东野战军第8师王麓水师长而命名。1950年5月撤销，并入白彦县。

麓台（臺）山　①在今山西晋中市榆次区东南三十五里。《魏书·地形志》太原郡榆次县："有鹿台山祠。"《元和志》卷13："麓台山祠，俗名智伯祠，在麓台山上。"

②又名谒戾山。在今山西平遥县东南。《寰宇记》卷41平遥县："谒戾山在县东南五十里，一名麓台山。"

檏木营　在今湖南凤凰县北八十里天星寨东北万山之中。清严如熤《苗疆险要考》谓"地势宽平，纵长五六里，横广三四里，有泉塘七八口，可供汲饮，为苗巢好营地。自来有事苗疆者多扎营于此"。

攀龙书院　在今江西井冈山市西北茅坪西。红军上井冈山后前敌委员会驻此。是一栋三层楼房。一、二楼是红军医院的治疗室、药房和病房。三楼为中共井冈山前敌委员会和湘赣边界特委办公室（特委书记毛泽东），内设组织科、宣传科、秘书处等机构。

攀龙县　唐武德五年（622）置，属胥州。治所在今越南清化省清化西北。贞观元年（627）废。

攀莲街　即今四川米易县（攀莲镇）。明置迷易千户所于此。清改置迷易巡司。民国改设县佐。1952年米易县迁治于此。

麴义垒　在今河北河间市东北。《方舆纪要》卷13河间县：麴义垒"在束城镇北十四里。汉末，公孙瓒据河北，袁绍令麴义攻之，因筑此垒"。

麴城　在今甘肃岷县东南一百里。《三国志·魏书·陈泰传》：嘉平初，"蜀大将军姜维率众依麴山筑二城，使牙门将句安、李歆等守之，聚羌胡质任等寇逼诸郡。征西将军郭淮与泰谋所以御之，泰曰：'麴城虽固，去蜀险远，当须运粮。羌夷患维劳役，必未肯附。今围而取之，可不血刃而拔其城；虽其有救，山道阻险，非行兵之地也。'淮从泰计，使泰率讨蜀护军徐质、南安太守邓艾等进兵围之，断其运道及城外流水。……维惧，遁走，安等孤县，遂皆降"。《方舆纪要》卷60岷州卫：麴城"其地名翅上，亦曰鸟翅，盖翅讹为麴也"。

醯罗城　在今阿富汗贾拉特阿巴德东南。唐属安西都护府。唐玄奘《大唐西域记》卷2：那揭曷国"城东南三十里至醯罗城，周五里，坚峻险固"。

酃县　①西汉置，属长沙国。治所在今湖南衡阳市东十余里酃湖侧。东汉属长沙郡。东晋太元二十年（395）省入临烝县。《水经·耒水注》："县有酃湖，湖中有洲，洲上民居彼，人资以给酿酒甚醇美，谓之酃酒，岁常贡之。湖边尚有酃县故治。"

②南宋嘉定四年（1211）置，属茶陵军。治所即今湖南炎陵县。取古酃县为名。元属衡州路。明、清属衡州府。民国初属湖南衡阳道。1922年直属湖南省。1959年撤销，并入茶陵县。1961年复设酃县。1994年改名炎陵县。

酃湖　在今湖南衡阳市东。水可酿酒，名酃渌酒。《方舆胜览》卷24引郭仲坚《湘中记》曰："衡阳县东二十里有酃湖，周二十里，深八尺，湛然绿色，土人取以酿酒，其味醇美。"

霭石山　在今广西富川瑶族自治县北一里。《方舆纪要》卷107富川县：霭石山"山高耸，四时尝有烟霭，冒于峰顶，因名"。《明史·地理志》富川县："西南有钟山县，旧治于此，洪武二十九年十一月移治霭石山下。"

霭峰　在今安徽黟县南十五里。唐李白《钓台》诗："霭峰尖如笔，堪画不堪书。"《方舆胜览》卷16徽州：霭峰"在黟县南十五里。孤峭如削"。《清一统志·徽州府》：霭峰"《明一统志》：上有五色云气，望之霭然，故名"。

霤　又名白霤，匈奴别种。隋、唐时居于今内蒙古西拉木伦河以北。《旧唐书·北狄传》：霤"居于潢水之北。……东接靺鞨，西至突厥，南至契丹，北与乌罗浑接，地周二千里"。贞观三年（629）向唐朝贡。后迁至潢水以南，并于奚。唐末霤、奚皆附契丹，并渐融合。

〔丨〕

曝书亭　在今浙江嘉兴市郊区王店镇广平路南端。为清代著名学者朱彝尊故居。朱彝尊有《曝书亭集》著称于世。

蹲山　在今江西安福县西南。《寰宇记》卷109吉州安福县：蹲山"在县南一百里。顾野王《舆地志》云，上有风窟，缭绕百余步。无草木，每有风出，飞扬沙尘"。《清一统志·吉安府一》：蹲山"在安福县西南一百四十里，与永新县禾山相接。亘数百里，如兽蹲踞"。

蹲犬山　在今山东龙口市东南，为大沽河发源地。《续汉书·郡国志》东莱郡惤县注引《三齐记》："南有蹲犬山，山似犬蹲。"《隋书·张须陀传》：大业十年（614），"贼左孝友将众十万，屯于蹲狗山"。

蹲狮山　一名蹲师山。在今福建松溪县北。明嘉靖《建宁府志》卷3《山川》松溪县：蹲狮山"由西北万山而来，盘回起伏，屹立县北，县治之主山也。形似狮之蹲足而坐，故名。旧传谓有元索翁者修真于此，俗又谓之蹲师山"。

蹬子河　即今重庆市开江县南明月江，为渠江上游州河支流。《清一统志·绥定府二》：南江"在新宁县南。《寰宇记》南江……按《舆图》：今名蹬子河。自新宁县东北界发源，西南流经县南，转西北至县西风洞铺，东会泸滩河及七峡水，又北转西至达县东入东川江。《九域志》谓之新宁溪。《旧志》谓之联珠峡水，皆即此"。

〔丿〕

簸箕河　在今贵州龙里县北。《方舆纪要》卷123

龙里卫：簸箕河在“卫北四里。入新添卫境，下流合清水江”。

簸箕寨　在今辽宁盖州市西南簸箕寨。清乾隆《钦定盛京通志》卷33：盖平县南“三十里簸箕寨”。即此。

籁山　在今湖南平江县北九十里。《方舆纪要》卷77平江县：籁山，“石壁削立，四围悬绝，有小石径可通。多竹，故名”。

鳗井　①即今浙江绍兴市城区西南隅塔山南麓之灵鳗井。沈括《梦溪笔谈》卷20：“越州应天寺有鳗井，在一大磐石上，其高数丈，井才方数寸，乃一石窍，其深不可知。唐徐浩诗云：‘深泉鳗井开。’即此也……凡鳗出游，越中必有水旱、疫疠之灾，乡人常以此候之。”

②在今江苏镇江市北一里北固山甘露寺内。《舆地纪胜》卷7镇江府：鳗井“在甘露寺。《德安府图经》载，僧妙机住润州甘露寺，乏水，就山腰浚井，得鳗鱼二。至今祈祷，即此井也”。

鳛水　即今贵州习水县北习水。吕式斌《今县释名》谓鳛水县“有安乐溪，一名小江，亦曰鳛部水，北流至四川合江县，入大江”。引《水经注》曰：“安乐水自鳖县来，径符县北入江。鳛部水未闻，或是水之殊目。洪亮吉曰，鳛部水即今安乐水。”

鳛水县　1915年置，属贵州黔中道。治所即今贵州习水县东北温水镇。因境内有鳛水，故名。后迁治今贵州赤水市东官渡镇。1920年直属贵州省。1950年迁治东皇殿（即今习水县）。1959年改为习水县。

鳛部水　指今川、黔两省境之赤水河。《水经·江水》：江水“又东过符县北邪东南，鳛部水从符关东北注之”。《清一统志·泸州》：安乐溪“在合江县东，自贵州仁怀县流入。今名小江，即古大涉水也。亦曰鳛部水”。亦指今贵州习水、赤水及四川合江县境之习水河。

蟹浦　①故址在今江苏南京市西北十六里。宋《景定建康志》卷19引《舆地志》曰：“白下城西南有蟹浦，源出钟山，北流九里，入大江。”《南齐书·崔慧景传》：永元二年（500），崔慧景军败，“单马至蟹浦，为渔父所斩”。即此。

②即今浙江宁波市北三十八里澥浦镇。《陈书·留异传》：“梁代为蟹浦戍主”。即此。

蟹浦镇　北宋置，属定海县。即今浙江宁波市北三十八里澥浦镇。

〔丶〕

靡州　唐贞观三年（629）改西豫州置，治所在磨豫县（今云南元谋县境）。辖境约当今云南元谋县地。天宝后废。

靡莫　古族名。《史记·西南夷列传》：“滇王者，其众数万人。其旁东北有劳浸、靡莫，皆同姓相扶，未肯听。劳浸、靡莫数犯使者吏卒。元封二年，天子发巴、蜀兵击灭劳浸、靡莫，以兵临滇，滇王始首善，以故弗诛。”秦、汉时期，靡莫约在今云南寻甸回族彝族自治县一带。元封二年（前109）西汉于此置牧靡县。

靡笄山　《左传》：成公二年（前589），“师至于靡笄之下”。《史记·晋世家》：平公元年（前557），“伐齐，齐灵公与战靡下”。《集解》：“徐广曰：‘靡，一作历。’”《方舆纪要》卷31谓即历山，在今山东济南市南。《齐乘》谓即济南市东北的华不注山。但据《金史·地理志》记载，长清县“有劘笄山”，清江永《春秋地理考实》谓“劘笄山当即靡笄”。则靡笄山应在长清县境。

麒麟山　①在今湖北蕲春县西南蕲州镇，与凤凰山对峙于城内，雉堞环之，巍然耸立长江上。俯视船只往来。《方舆纪要》卷76蕲州：麒麟山“在州治北。又有凤凰山，在州治西南。俱以形似名”。

②在今贵州惠水县东。《方舆纪要》卷121定番州“连珠山”条下：“麒麟山在州（治今惠水县）东五里。”

③在今贵州石阡县西南。《清一统志·石阡府》：麒麟山“在府城西南废葛彰司南。以形似名”。

④在今广东封开县东北。《寰宇记》卷164封州封川县：麒麟山“在县北八十里。高五百丈，以居人莫麒麟所居姓名名之”。《方舆纪要》卷101封川县“丰寿山”条，谓麒麟山“秀出天表，形若麒麟，县之镇山也”。

⑤在今广西来宾市西桥巩圩北。1956年在此发现古人类化石，被称为“麒麟山人”。

麒麟门　明洪武时所建南京外郭城门之一。故址在今江苏南京市区东。

麒麟台（臺）　即麒麟殿。在汉长安城未央宫内（今陕西西安市西北）。唐李白《司马将军歌》诗：“功成献凯见明主，丹青画像麒麟台。”

麒麟寺　即今福建泉州市涂门街清净寺。据寺内现存的古阿拉伯文石碑载，始建于回历400年，即北宋大中祥符二年（1009）。元至大二年（1309）耶路撒冷人阿哈玛重修。又据中文石碑，元至正十年（1350）及明万历三十七年（1609）均曾重修。为我国现存最早的古伊斯兰教清真寺之一。

麒麟阁　在汉长安城内（今陕西西安市西北）。《汉书·苏武传》：“甘露三年，（匈奴）单于始入朝，上思股肱之美，乃图画其人于麒麟阁，法其形貌，署其官爵姓名。”关于建阁时间，据《汉书注》，有二说：（1）张晏曰：“武帝获麒麟时作此阁，图画其象于阁，遂以为名。”（2）师古曰：“《汉宫阁疏名》云：萧何造。”

麒麟洞　旧名唐山洞。在今贵州贵阳市西北黔灵公园内。1941年5月至1942年2月及1949年2—9月，著名爱国将领张学良、杨虎城先后被囚禁于此。

麒麟桥镇　即今安徽南陵县南其林桥。民国《南陵县志》卷3：麒麟桥镇在“县东五里”。

麒麟溪　在今湖北恩施市南。《方舆胜览》卷82施州卫：麒麟溪“在卫城南。源出卫西境诸山岩洞中，奔流成溪，至夏水极冷，亦名冷水河。经客星山下，又北经城南，入清江”。

麒麟镇　即今江苏海门市东北四十四里麒麟镇。清光绪《江苏全省舆图》：海门厅东北有“麒麟”。

羸娄县（羸 lián）　即羸陵县。在今越南河内市西北。《宋书·州郡》　交趾太守：“羸娄令，汉旧县。”

羸陵县（羸 lián）　亦作羸娄县。西汉元鼎六年（前111）置，为交趾郡治。治所在今越南河内市西北。东汉属交趾郡。隋改为交趾县。

懮苏郡　亦作陇苏郡。南朝宋泰始七年（471）置，属越州。治所在今广西浦北县北十里苏村。南齐改为龙苏郡。

羹脍湖　在今湖南湘阴县西北五十里。《方舆纪要》卷80湘阴县“东湖”条下：羹脍湖，“《志》曰：黄水出黄陵山下，西流三十五里入湘江。即羹脍湖也”。

羹颉山　在今河北涿鹿县东南。《史记·楚元王世家》：“（汉）高祖微时，尝辟事，时时与宾客过巨嫂食。嫂厌叔，叔与客来，嫂详为羹尽，栎釜，宾客以故去。已而视釜中尚有羹，高祖由此怨其嫂。及高祖为帝，……乃封其子信为羹颉侯。”正义引《括地志》：“羹颉山在妫州怀戎东南十五里。”又按：“高祖取其山名为侯号者，怨故也。”

羹颉城　在今安徽舒城县西北。《方舆纪要》卷26舒城县：羹颉城在“县西北三十里。相传汉高帝封兄子信为羹颉侯，食邑于舒，此城为信所筑”。

鳖子山　在今浙江杭州市萧山区东二十八里坎山镇。《明史·地理志》　绍兴府萧山县：龛山“傍有小山曰鳖子山，浙江自县西东北流，出其中，东接大海”。

鳖子门　即海门，为春秋至明时钱塘江入海口。在今浙江杭州市萧山区东北坎山镇与赭山镇之间。《方舆纪要》卷92萧山县：龛山“旁有小山曰鳖子山，江出其中，故有鳖子门之名，亦曰海门，为钱塘之锁钥”。后江道北移，清康熙、乾隆时淤为陆地。

鳖古河　又作跋苦水。即今俄罗斯哈巴罗夫斯克边疆区黑龙江支流比占河。《金史·仆忽得传》：天辅五年（1121）九月，“酬斡、仆忽得往鳖古河籍军马，烛偎水部实里古达等七人杀酬斡、仆忽得，投其尸水中”。即此。清作毕占河。

鳖沙里　即今福建上杭县东北白砂镇。北宋咸平二年（999）迁治语口市（今上杭县东北白砂西不足一里）。

鳖思马　即别失八里。在今新疆吉木萨尔县北破城子。元《长春真人西游记》卷上：“西即鳖思马大城，王官士庶僧道数百具威仪远迎，僧皆赭衣，道士衣冠与中国特异。……因问风俗，乃曰：大唐时北庭端府。”

鳖洲　在今安徽芜湖市青弋江口长江中。《寰宇记》卷105芜湖县：鳖洲，“按《江表记》云，江中有鳖洲，长三里，与芜湖相接”。

爆石岩　在今贵州晴隆县东二十里。《方舆纪要》卷123安南卫：爆石岩“岩崖高峻，挺出山半。有泉出石窦中，流注深潭”。

爆竹堡　在今湖南吉首市西南四十里。《方舆纪要》卷81镇溪千户所“阴隆江堡”条下：爆竹堡“隶辰溪卫，有官兵戍守”。

瀔水驿　在今浙江兰溪市南门外。《方舆纪要》卷93兰溪县：瀔水驿“在县城南。宋置兰皋驿，在县治西。元为兰江水站，在河东岸。后皆没于水。明朝洪武初改为兰溪驿，后移于城南门外，十四年改今名”。清康熙十二年（1673）裁。

瀚海　①一作翰海。所指因时而异。两汉六朝时代指北方之海。《史记·匈奴列传》：武帝时，霍去病击匈奴，出代二千余里，“封于狼居胥山，禅姑衍，临翰海而还”。《正义》按：“翰海自一大海名，群鸟解羽伏乳于此，因名。”或据此谓当指今贝加尔湖。唐代指蒙古高原大沙漠以北及迤西准噶尔盆地一带广大地区的泛称。元代末指今阿尔泰山，见刘郁《西使记》。明以后则指戈壁沙漠。

②在今新疆鄯善县南。明陈诚《西域番国志》：鲁陈城“在火州之东，去哈密约千余里。其间经大川，砂碛芒然，无有水草，头疋过此，死者居多，若遇大风，人马相失，道傍多骸骨，且有鬼魅，行人晓夜失侣，必致迷亡，夷人谓之瀚海”。

瀚海军　唐长安三年（703）改烛龙军置，属北庭都护府。治所即今新疆吉木萨尔县北破城子。贞元六年（970）为吐蕃攻占。

瀚海都护府　亦作翰海都护府。唐龙朔三年（663）改燕然都护府置，治所在今蒙古国西南鄂尔浑河上游西岸（哈拉和林西北）。辖境相当今蒙古国及俄罗斯西伯利亚南部地区。总章二年（669）改为安北都护府。

瀚海都督府　唐贞观二十一年（647）以铁勒回纥部置，属燕然都护府。治所在今蒙古国西南鄂尔浑河上游西岸哈尔和林西北。势力从娑陵水（今色楞格河）向南扩展到薛延陀可汗建牙之地郁督军山（今杭爱山东部）一带。后废。

灈水　①一名曲水。源出河南扶沟县蒗荡渠。上游已淤塞。《寰宇记》卷12鹿邑县：灈水“源从陈州宛丘县东北涸河”。今名黑河，下游至郸城县东入茨河。

②在今湖北安陆市西。《方舆纪要》卷77德安府安陆县“漳水”条下：灈水“在府西南九十里。亦出大洪山，东流会于漳。一云其源出白兆山，达云梦县北二十里蒿子口，入于涢水”。

瀛上　即今江西南昌县西北瀛上村。南浔铁路经此。1949年新建县曾迁治于此。

瀛山　①在今浙江淳安县西南。《清一统志·严州府》：瀛山“在遂安县西北四十里”。北宋熙宁年间詹安建“双桂堂”于其上，供其子孙后代读书。后其孙詹仪之（虚舟）以理学著名，又因其曾孙詹骙居殿试第一，则取“登瀛”之义，改名为瀛山书院。南宋淳熙八年（1181）朱熹来此讲学，遂成文人学士聚集之所。瀛山书院除主体建筑之外，并有大观亭、仰止亭、得源亭和方塘。书院和仰止亭已废毁，现仅存大观亭、得源亭及“方塘诗碑”。朱熹题所咏：“半亩方塘一鉴开，天光云影共徘徊。问渠那得清如许，为有源头活水来。”题为《观书有感》的名篇，相传即源于此。

②在今重庆市綦江县西南。《元和志》卷33南平县：瀛山“在县西南三百七十里。以其高峻，像海中蓬瀛，故名”。《舆地纪胜》卷180南平军：瀛山“在军西北七十里。周回九十里。崖壁峭峻，林翳葱郁，有类三峡。山中土人言：具山中有四十八面，而各不相同”。

瀛山县　唐贞观四年（630）置，属南平州。治所在今重庆市綦江县东南永城镇西南瀛山。《舆地纪胜》卷180南平军：故瀛山县“因山以名”。八年（634）属霸州，十三年（639）废。

瀛台（臺）　①在今北京市西城区南海之中。建于明代，称南台，亦名趯台。清顺治年间，于此建宫殿，成为皇室避暑之地，顺治帝亲题额名瀛台。康熙时复加扩建，清末为慈禧太后幽禁光绪皇帝之处。民国初副总统黎元洪曾居住于此。

②在今河北河间市东南。《方舆纪要》卷13河间府河间县：瀛台“在府城东南。高五丈，阔倍之，登台一望，四远在目下”。

瀛州　①北魏太和十一年（487）分定、冀二州置，治赵都军城（隋置河间县，即今河北河间市）。辖境相当今河北保定市、博野县以东，肃宁、泊头、沧州、盐山等县市以北，大清河以南地区。隋大业初改为河间郡。唐武德四年（621）复为瀛州，天宝元年（742）又改为河间郡，乾元元年（758）又复为瀛州。五代时为石敬瑭所割契丹十六州之一。北宋大观二年（1108）升为河间府。

②南朝梁改东扬州置，治所在海阳县（今广东潮州市东北）。陈废。

瀛洲　东海中神山。《史记·秦始皇本纪》：“齐人徐市等上书，言海中有三神山，名曰蓬莱、方丈、瀛洲，仙人居之。”或说即今琉球群岛。

濦阳城　在今河南临颍县东。《水经·颍水注》：“颍水又东迳 阳城南，《竹书纪年》曰：‘孙何取阳。’强城在东北，颍水不得迳其北也。”

〔フ〕

疆子坂　又作礓子坂。在今河南陕县东南。《旧唐书·卫伯玉传》：乾元二年（759），史思明部将李归仁铁骑三千来犯，“伯玉以数百骑于疆子坂击破之”。

歠仇水（歠 chuò）　即今内蒙古兴和县境内的后河和河北尚义县境内的东洋河。《后汉书·鲜卑传》：桓帝时，“檀石槐乃立庭于弹汗山歠仇水上”。即此。

虆宗笼城　在今云南禄丰县东北三十里姚陵。《方舆纪要》卷114禄丰县“南平山”条下：“县东北三十里有陀陵山。本名虆琮笼山。群山之中，一峰高耸。有泉，又有古营垒，即虆宗宠城也。”

二　十　画

〔一〕

鸄山　即今湖南耒阳市东北四十里骛山。《舆地纪胜》卷55衡州：鸄山“其形独秀，不与众山相连。《祥符图经》云，昔有白鸄翔于其上，因名”。《清一统志》作骛山。

壤乡　在今陕西武功县（普集镇）西北。《史记·曹相国世家》：曹参“围好畤，取壤乡，击三秦军壤东及高栎，破之”。《正义》：“壤乡，今在雍州武功县（今武功县）东南一十余里高壤坊。”

馨堰　在今四川彭山县西南、眉山市西。《元和志》卷32彭山县：馨堰“在县西南二十五里。拥江水为大堰，开六水门，用灌郡下”。

蘖儿　即御儿。在今浙江桐乡市西南崇福镇东南。《史记·建元以来侯者年表》有“蘖儿”，《索隐》：“韦昭云：在吴、越界，今为乡也。”

襄山　在今河南南阳市北二十五里。《清一统志·南阳府一》：襄山“一名黄山。昔居民患蛊，遇神女于此，教食蘘荷得解，因名”。

欑茅　春秋周邑。在今河南焦作市马村区东北大陆村。《左传》：隐公十一年（前712），周王“与郑人苏忿生之田”，其中有“欑茅”。杜注：“在修武县北。”

欑城　在今河南修武县西北二十里。《左传》：隐公十一年（前712），王“与郑人苏忿生之田”有“隰郕、欑茅”。或曰欑即欑城。

醴水　即今河南舞阳县北澧河。《水经·汝水注》：醴水“出南阳雉县，亦云导源雉衡山……醴水又东南，径唐城北，南入城，而西流出城。城盖因山以即称矣。醴水又屈而东南流，径叶县故城北……醴水东径郾县故城南，左入汝”。

醴州　北宋政和七年（1117）置，治所在奉天县（今陕西乾县）。辖境相当今陕西乾县、礼泉、永寿、武功等县地。金天德三年（1151）改名乾州。

醴阳　在今河南桐柏县西三十里。《资治通鉴》：南齐永明六年（488），“魏筑城于醴阳，陈显达攻拔之”。即此。

醴河　即澧水。俗名拐河。源出河南方城县西北郦山，东流经叶县、舞阳二县，至漯河市西入沙河。

醴泉　①又名范公泉。在今山东邹平县西南二十二里。《清一统志·济南府一》：醴泉“泉深丈许。旁有醴泉寺。相传僧宝志卓锡于此”。

②在今湖南醴陵市北三里姜岭北麓。《明一统志》卷63长沙府：醴泉“味极甘美，可以愈疾。溉田千顷”。清康熙间建亭其上，咸丰间建石坊于旁，均毁。碑刻“醴泉涌瑞”、“醴泉浸月”尚存。昔为醴陵八景之一。

③在今陕西麟游县西。《清一统志·凤翔府二》：醴泉“唐太宗避暑时，此泉涌出，味甘如醴，魏征为铭，欧阳询书”。今存“九成宫醴泉铭”碑一通。

醴泉山　在今四川眉山市西。《方舆纪要》卷71眉州：醴泉山“在州西八里。环绕州城，山半有八角井，清甘如醴”。

醴泉江　在今四川眉山市西。《方舆纪要》卷71眉州：醴泉江“在州西八里。其上流曰双河。源出蟠龙山，分流自山东者曰腊鱼堰水，自山西者曰柏椿堰水，至州西北十里而合流名双河口，又东南流为醴泉江，绕州城，与松江合，八蜀江”。

醴泉县　①隋开皇十八年（598）改宁夷县置，属雍州。治所在今陕西礼泉县东北十里。《元和志》卷1醴泉县：“以县界有周醴泉宫，因以为名。”大业初属京兆郡。唐武德初省。贞观十年（636）复置，后属京兆府。宋迁治今礼泉县东南三十里旧县村，属醴州。金属乾州。元末移治今礼泉县。明属西安府。民国初属陕西关中道。1928年直属陕西省。1964年改名礼泉县。

②清宣统元年（1909）升醴泉镇置，属奉天省洮南府。治所即今内蒙古突泉县。1914年改名突泉县。

醴泉苑　北周置，在今陕西永寿县东北。后废。唐改置醴泉监，兼置屯五所。

醴泉驿　唐置，在今河北石家庄市南。《资治通鉴》：唐天宝十四年（755），常山太守颜杲卿，知安禄山将何千年“自东京来，崔安石与瞿万福驰诣醴泉驿迎千年，又擒之”。即此。

醴泉宫　北周建，在今陕西永寿县北。《周书·武帝纪》：天和三年（568），“五月庚申，行幸醴泉宫”。

醴泉监　唐于废醴泉苑置，在今陕西永寿县北。《元和志》卷3邠州永寿县："醴泉苑在县东北十里，并宫并周所立，后废。贞观四年置醴泉监，兼置屯五所，隶司农寺。"

醴泉渠　在今陕西华阴市东南。《方舆纪要》卷54华阴县：醴泉渠"在县东南十里"。《清一统志·同州府二》：醴泉渠"其水清甘，经华岳观，潴岳庙鱼池，与小涧之水，俱灌民田"。

醴泉镇　即今内蒙古突泉县。本科尔沁右翼中旗地，清宣统元年（1909）升为醴泉县。

醴陵市　1985年撤销醴陵县，改设醴陵市，市人民政府驻解放路。由株洲市代管。

醴陵州　元元贞元年（1295）升醴陵县置，属天临路。治所即今湖南醴陵市。明洪武二年（1369）复改醴陵县。

醴陵县　东汉置，属长沙郡。治所即今湖南醴陵市。《寰宇记》卷114醴陵县："县北有陵，陵上有井，涌泉如醴，因以名县。"隋省入长沙县。唐武德四年（621）复置，属潭州。元元贞元年（1295）升为醴陵州。明洪武二年（1369）复降为县，属长沙府。民国初属湖南湘江道。1922年直属湖南省。1985年改设醴陵市。

醴陵侯国　西汉高后四年（前184）封长沙王相越为醴陵侯，属长沙国。治所即今湖南醴陵市。文帝四年（前176）废。

〔丨〕

酆　即丰。西周封国。在今陕西户县东。《左传·僖公二十四年》："管、蔡、郕、霍、鲁、卫、毛、聃、郜、雍、曹、滕、毕、原、酆、郇，文之昭也。"战国秦置酆县。

酆水　即《禹贡》沣水。在今陕西西安市长安区和咸阳市境内。《汉书·地理志》鄠县："酆水出东南，北过上林苑入渭。"

酆都山　①即平都山。今重庆市丰都县东北之名山。《方舆纪要》卷69丰都县：平都山在"县东北三里。道书七十二福地之一也。汉以此名县。……今亦名酆都山"。

②在今陕西洋县西北二十五里。《清一统志·汉中府一》：酆都山"山脉远通秦岭，为县重镇。上有池二，深各六七尺，其一冬夏不涸"。

酆都观　亦名仙都观、平都观、景德宫。即今重庆市丰都县东北名山上之天子殿（阎王殿），为道教宫观，演变为"阴曹地府"、"鬼城"之所在。《方舆胜览》卷61咸淳府：景德宫"在平都山。旧名仙都观，即白鹤观也。自丰都县东行二里许始登山，石径萦回可一二里，平莹如扫，林木邃茂，夹径皆翠柏，殆数万株。有老柏十数，云皆千年物也。麋鹿时出没林间，皆与人狎甚。又名禹庙，又名平都福地。乃前汉王方平得道之所，张孝祥为书紫府真仙之居。陆务观诗：唐碑多断蚀，梁殿半欹倾"。建观庙甚早，唐以后不断扩建。今天子殿多为清建，为名山最大建筑群，占地2431平方米，主要有二仙楼、十八层地狱、上关殿、百子殿、玉皇殿、大雄殿、报恩殿、九蟒殿等，金碧辉煌，为川江著名名胜风景区。

酆都县　明洪武十三年（1380）改丰都县置，属忠州。治所即今重庆市丰都县。清初属重庆路，雍正十二年（1734）改属忠州。民国初属四川东川道。1928年直属四川省。1958年改为丰都县。

酆家店　在今安徽宿松县北。《明史·庄烈帝纪》：崇祯十年（1637），"官军援安庆，败绩于酆家店"。

酆陵驿　在今重庆市丰都县东北长江岸。《方舆纪要》卷69丰都县"沙子关"条下：酆陵驿"在县东北三里，水驿也，东去忠州之花林驿百十里"。

酅　①春秋时纪邑。在今山东淄博市临淄东。《春秋》：庄公三年（前691），"纪季以酅入于齐"。杜注："酅，纪邑。在齐国东安平县。"《国语·齐语》：齐地"东至于纪酅"。《续汉书·郡国志》：北海国东安平县"有酅亭"。

②春秋时齐地。在今山东东阿县南。《春秋》：僖公二十六年（前634），"齐人侵我西鄙，公追齐师至酅，弗及"。《续汉书·郡国志》：谷城县有"酅下聚"。

酅下聚　在今山东东阿县南。《春秋》：僖公二十六年（前634），"公追齐师至酅，弗及"。《续汉书·郡国志》：谷城县有"酅下聚"。

甗　春秋时齐地。在今山东济南市历城区。《春秋》：僖公十八年（前642），"宋师及齐师战于甗"。即此。

耀川州　唐开元后置羁縻州，属雅州都督府。治所在今四川小金县境。北宋为辉川州。后废。

耀州　①唐天祐三年（906）置，治所在华原县（今陕西铜川市耀州区）。五代梁改名崇州，后唐同光元年（923）复名耀州。元至元初，省华原县入州，属奉元路。明属西安府。1913年改为耀县。

②辽置，隶海州。治所在岩渊县（今辽宁大石桥市西北岳州城）。辖境相当今辽宁大石桥市一带。金废。

耀州驿　明置，属盖州卫。即今辽宁大石桥市西北岳州城。明《辽东志》卷2："耀州驿去（盖州）卫六十里。"按此里程有误。清废。

耀州窑遗址　在今陕西铜川市耀州区东北黄堡镇。创造于唐，是唐、宋著名瓷窑之一。为我国北方青瓷的主要产地。1959年后对遗址进行了多次发掘，出土唐三彩和单彩标本千余件，唐、五代、宋、金、元各代瓷器约二十多万件。被誉为"古代陶瓷博物馆"。建有耀州窑遗址博物馆。1988年定为全国重点文物保护单位。

耀池镇　即今四川阆中市东南妙高镇。《方舆纪要》卷68保宁府阆中县：耀池镇"在府南六十里。旧置税课局于此。今废”。咸丰《阆中县志》卷2：耀池镇“在县东七十里。古隆州驿。明初置税局于此。今为妙高楼场。旧有院曰耀池院，有楼曰妙高楼”。

耀县 1913年降耀州为县，属关中道。治所即今陕西铜川市耀州区。1928年直属陕西省。2002年撤销耀县，改设铜川市耀州区。

耀县文庙 在今陕西铜川市耀州区城内北大街学古巷。创建于北宋嘉祐年间（1056—1063），后屡有修建。现存建筑有牌楼、戟门、大成殿及东西庑，多为明清建筑。主殿大成殿建于明成化十一年（1475），面阔七间，进深四间，单檐歇山顶，出檐深远，带有地方早期建筑特征。2001年定为全国重点文物保护单位。

耀武镇 北宋置，属平凉县。在今甘肃平凉市西北。

耀岭河 即今陕西商南县南耀岭河街。1946年当地解放后曾置商山县治此。

耀南县 1943年山东革命根据地由长山县名，治长山（今山东邹平县东长山镇）。为纪念抗日战争中牺牲的八路军山东纵队司令员马耀南而得名。1949年复名长山县。

耀德城 北宋咸平年间筑，在今宁夏灵武市东南石沟驿村北。《宋史纪事本末》卷14：通判永兴军何亮复上《安边书》言：“请筑溥乐、耀德二城，以通西河之粮道。”

矍相 在今山东曲阜市城内阙里西南，周二里。明清时曲阜县学即在矍相圃故址。《礼记·射义》：孔子“射于矍相之圃”。即此。

蠕蠕 又作芮芮、茹茹。即柔然。《魏书·蠕蠕传》：“车鹿会雄健，始有部众，自号柔然，而役属于国。后世祖以其无知，状类于虫，故改其号为蠕蠕。”实为柔然同名异译。主要游牧于今蒙古国鄂尔浑河流域。后为突厥所灭。

蠔石 在今湖南郴州市境。《资治通鉴》：五代周广顺二年（952）十二月，“王逵将兵及洞蛮五万攻郴州，南汉将潘崇沏救之，遇于蠔石”。为潘崇沏所败。即此。

鼍江 ①即今浙江富阳市西南渌渚江。《清一统志·杭州府一》：鼍江“在新城县南五里。其上流曰葛溪，有三源……至南新镇合流……又东出青云桥，名鼍江”。

②即漠阳江。今广东阳春、阳东、阳江三市县之漠阳江。《清一统志·肇州府》：漠阳江“南至县城（阳江）西百步，汇为大江，面阔一里。一名鼍江，又名恩江”。

鼍矶岛 又作砣矶、驼矶。一名龟矶。即今山东长岛县北砣矶岛。《宋会要辑稿》第186册兵29载：北宋政和八年（1118）五月二日臣僚言：熙宁中，巡检每季“下北海驼基岛驻扎”。苏轼《北海十二石记》：“登州下临大海，目力所及沙门、鼍矶、车牛、大竹、小竹凡五岛。”《清一统志·登州府》：鼍矶岛“在蓬莱县西北一百三十里，沙门岛北七十里。《县志》，产美石，可为砚”。

鼍音洞 在今贵州毕节市南五十里。《方舆纪要》卷123毕节卫：“鼍音洞在卫南五十里。一名响鼓洞。”

巍山 即今云南巍山彝族回族自治县东南之巍宝山。唐代称巍山，见南诏《中兴二年画卷》。《明一统志》卷86蒙化府：巍山“在府城东南二十里。峰峦高耸，冠于群山”。《白古通纪浅述》：“细奴罗生男罗晟，既长，父子耕于巍山。”山上有古建筑群，为风景名胜区。

巍山市 即今浙江东阳市东北四十八里巍山镇。清康熙《金华府志》卷2东阳县：巍山市在“十九都”。

巍石山 又名狮子山。在今江西鄱阳县东。《方舆纪要》卷85饶州府鄱阳县：巍石山在“府东南八十里，一名狮子山。高十丈。自顶至趾皆石，巉岩峭壁，下临溪流。山下有龙居寺，岳武穆常提兵过此，题诗寺壁。《舆程记》：自狮子山至浮梁县一百十里，为往来通道”。

巉石山 ①在今江苏泗洪县西南。南对浮山。《水经·淮水注》：“淮水又东径浮山，山北对巉石山。”《清一统志·泗州》谓即五河县东之铁锁岭。

②又名铁锁岭。在今安徽五河县东三十里淮河上。《水经·淮水注》：“淮水又东至巉石山。”《梁书·康绚传》：梁天监中，为求壅塞淮水淹灌北魏的寿阳城（今寿县），发军民二十万筑浮山堰，“于钟离南起浮山，北抵巉石，依岸以筑土，合脊于中流”。即此。

黥布城 在今安徽六安市东北。《晋书·地理志》：孝武时，“因新蔡人于汉九江王黥布旧城置南新蔡郡”。

〔丿〕

籍山 在今安徽南陵县东北隅，漳水环绕，陂陀联络。《方舆胜览》卷15宁国府：籍山“在南陵县，乃邑镇山”。

籍田铺 即今四川双流县东南籍田镇。清光绪《资州直隶州志》卷3仁寿县：籍田铺在“县北一百里”。

籍县 北周闵帝元年（557）置，属和仁郡。治所即今四川双流县东南籍田镇。《元和志》卷33陵州籍县：“因蜀先主籍田地为名。”《寰宇记》卷85陵州籍县：“席，后之语讹，今曰籍。”隋大业二年（606）废入贵平县。唐永徽四年（653）复置，属陵州。北宋熙宁五年（1072）废入广都县。南宋乾道六年（1170）复置，属隆州。元初废入仁寿县。

籍姑 在今陕西韩城市北。《史记·秦本纪》：灵公十三年（前412），“城籍姑”。《正义》引《括地志》：“籍姑故城在同州韩城县北三十五里。”

籍端水　又名冥水。汉唐时期疏勒河自今甘肃玉门市西昌马西北流入古冥泽的主要支津。《汉书·地理志》敦煌郡冥安县：“籍端水出南羌中，西北入泽，溉民田。”唐颜师古注引应劭曰：“冥水出，北入其泽。”《元和志》卷40瓜州晋昌县：“冥水，自吐谷浑界流入大泽，东西二百六十里，南北六十里。丰水草，宜畜牧。”《寰宇记》卷153瓜州晋昌县：“籍端水一名冥水。”清康熙末断流干涸。

籍镇　北宋熙宁五年（1072）省籍县置，属广都县。即今四川双流县东南籍田镇。南宋乾道六年（1170）复置籍县。

纂风镇　北宋置，属会稽县。在今浙江上虞市西北。《方舆纪要》卷92绍兴府：纂风镇“在府东北八十里，当会稽、上虞之界”。

犨县　一作犫。秦置，属南阳郡。治所在今河南平顶山市西北。西晋属南阳国。十六国后赵属南阳郡。南朝宋废。

犨城县　隋大业初改湛水县置，属襄城郡。治所在今河南平顶山市西北。隋末废。

鳝溪　在今福建福州市东。源出鼓山，南流入闽江。《寰宇记》卷100福州闽县：鳝溪“在州东二十里。源在鼓峰半，其潭有鳝长三丈余。今有庙，为村人祈求之所”。

鳍门　又名鲟门。即今江苏苏州市旧城东门。《史记·伍子胥列传》：“而抉吾眼县吴东门之上。”《正义》：“东门，鳍门，谓鲟门也，今名葑门。……越军开示浦，子胥涛荡罗城，开此门，有鳍鲟随涛入，故以名门。”

鳞山县　唐仪凤二年（677）置，属浙州。治所在今贵州习水县中部老灵山。后废。

獾儿咀　在今河北张北县西。《元史·太祖纪》：太祖七年（1214），与金将纥石烈九斤“战于獾儿咀，大败之”。即此。

〔丶〕

魔鬼城　在今新疆克拉玛依市东北二百余里乌尔禾区。这里由风蚀地形构成的山峦和城垣，千姿百态，蔚为奇观。入夜时狂风大作，飞沙走石，犹如鬼哭狼嚎，令人毛骨悚然，故称“魔鬼城”。

糯白瓦　在今四川冕宁县北洛白瓦。清康熙四十九年（1710）置糯白瓦土百户。

糯米峒　即今广西岑溪市东北糯洞镇。清属藤县，有把总驻防。

灌口　①在今江苏灌云县东北、与灌南县交界，为灌河入海之口。《明史·河渠志二》：万历二十四年，“开桃源黄河坝新河，起黄家咀，至安东五港、灌口，长三百余里，分泄黄水入海”。

②即今福建厦门市西北灌口镇。旧属同安县，明末及清置巡司于此。

灌口山　在今四川都江堰市西北。《元和志》卷31导江县：灌口山在“县西北二十六里。汉蜀文翁穿湔江溉灌，故以灌口名山”。《方舆纪要》卷67灌县：灌口山在“县西北二十六里。汉文翁穿湔江灌溉平陆处也。亦曰金灌口，以春耕时需水如金而名”。

灌口场　亦名观口场、悦来场。即今四川大邑县西北悦来镇。民国《大邑县志》卷3：悦来场“距城二十里”。以制造玻璃著称。

灌口城　即灌口镇城。在今四川都江堰市。《旧唐书·地理志》导江县：“旧治灌口城，武德元年移治今治。”《新唐书·吐蕃传》：德宗时，吐蕃“发兵攻扶、文，侵灌口”，即此。

灌口砦　亦名灌口镇。即今四川都江堰市。《宋史·王全斌传》：乾德年间，“师雄退保郫县，全斌、仁赡又攻破之，师雄走保灌口砦”。北宋熙宁五年（1072）废永康军为灌口砦，属导江县。九年（1076）复改永康军。

灌口镇　西魏置，属都安县。在今四川都江堰市。《元和志》卷31导江县：“灌口镇，在县西二十六里。后魏置。自观坂迄于顷山五百里间，两岸壁立如峰，瀑布飞流，十里而九，昔人以为井陉之阨。”

灌子滩　亦作罐子滩。在今湖北宜城市北二十里。《元史·世祖纪》：至元七年（1270），“宋将范文虎以兵船二千艘来援襄阳，阿术、合答、刘整率兵逆战于灌子滩”。即此。

灌云（雲）县　1913年析东海县置，属江苏徐海道。治所即今江苏灌云县北板浦镇。以南有灌口，北有云台山，故名。1927年直属江苏省。1948年迁治大伊镇（今灌云县）。

灌水　①即今辽宁宽甸满族自治县西北灌水镇。安奉铁路凤宽支线经此。

②即今河南固始县西南之灌河。《汉书·地理志》庐江郡雩娄县：“又有灌水，亦北至蓼入決。”《水经·決水注》：灌水“导源庐江金兰县西北东陵乡大苏山，……东北径蓼县故城西，西北注決水（今史河）”。

③即今陕西潼关县东北潼水。《水经·河水注》：灌水“出松果之山，北流径通谷，世亦谓之通谷水，东北注于河”。

④一名小赤水。在今陕西华县西。《山海经·西山经》：石脆之山“灌水出焉，而北流注于禺水”。《水经·渭水注》：“小赤水即《山海经》之灌水也。”《寰宇记》卷29华州郑县：“灌水一名小赤水，今名高谷水。”

灌田江　在今湖南攸县东九十里。《方舆纪要》卷80攸县“阳升江”条下：“又县东九十里有灌田江，乡人引流灌田，因名。”

灌丘县　北魏侨置，属钟离、陈留二郡。治所在今安徽凤阳县东北。后废。

灌宁县　唐武德元年（618）改盘龙县置，属益州。治所在今四川都江堰市。二年（619）改为导江县。

灌台（臺） 一名思故台。在今河南许昌市南。《明一统志》卷26开封府：灌台“在许州城南。汉颍阴侯灌婴故宅。今名思故台”。

灌州 五代后蜀广政十五年（952）置，属成都府。治所在今四川都江堰市。北宋改为永康军。南宋末改为灌口寨。元初复置灌州，属成都路。辖境相当今四川都江堰市地。明洪武中降为灌县。1988年改设都江堰市。

灌江 古观水。在今广西灌阳、全州两县境，为湘水支流。《元和志》卷29灌阳县：“灌水在县西南一百二里。”《舆地纪胜》卷60全州：灌水“在灌阳县南五十步，自静江府兴安县下流入清湘县界”。注入湘水。

灌阳千户所 明洪武二十八年（1395）置，属广西都司。在今广西灌阳县。后废。

灌阳县 隋大业末置，属零陵郡。治所在今广西灌阳县东灌江东岸。以在灌水之阳而得名。唐武德七年（624）废。上元二年（761）复置，属永州。后移治今灌阳县。五代晋天福中改属全州。元属全州路。明属全州。清属桂林府。民国初属广西桂林道。1928年直属广西省。

灌县 明洪武中降灌州置，属成都府。治所即今四川都江堰市。民国初属四川西川道。1928年直属四川省。1988年改设都江堰市。

灌沟 在今河南临颍县西。《方舆纪要》卷47临颍县：灌沟“在县西二十里。北接颍水，南接泥河。南北二口俱有陡门，亦曹魏时引水溉田处”。

灌顶山 在今浙江宁波市鄞州区西南龙观乡。宋《宝庆四明志》卷12鄞县：灌顶山，“近年欲采铁于此者，朝旨禁之”。

灌城 即今河北唐县西四十里灌城。《方舆纪要》卷12唐县“王陵城”条下：“又有灌城，在县西四十里唐河西岸，与王陵城相对，旧传灌婴所筑。”

灌津县 北魏改观津县置，属武定郡。治所在今河北武邑县东北二十五里观津村。北齐废。

灌家口草市 在今山东临邑县东南夏口镇。《寰宇记》卷64德州安陵县：“唐元和二年横海节度使郑权奏，德州安德县渡黄河南邻齐州临邑县有灌家口草市。”光绪《山东通志》卷34谓即今下口镇。

灌婴城 西汉高帝六年（前201）筑，为南昌县治。故址在今江西南昌市东。《水经·赣水注》：“赣水又北径南昌县故城西。……汉高祖六年，始命灌婴以为豫章郡治，此即灌婴所筑也。”

灌湖 即硕薐湖。在今江苏灌云、灌南、沭阳、涟水、东海等县之间。

灌溉城 在今河南商水县东北。《寰宇记》卷10商水县：灌溉城“在县东北二十里。隋《陈州图经》云：‘邓艾所筑也。’《魏志》：‘邓艾为典农时，于陈、项以东至寿春，开广漕渠，溉良田，筑此城’”。

灌源县 即灌阳县。在今广西灌阳县东灌江东岸。《旧唐书·地理志》灌阳县：“上元二年，荆南节度使吕諲奏，复于故城置灌阳县。灌水在城西。今名灌源。”

瀺港 在今湖北石首市东北。《资治通鉴》：五代梁开平二年（908）四月，“淮南遣兵寇石首，襄州兵败之于瀺港”。

瀼口隘 在今湖南溆浦县东北。《方舆纪要》卷81溆浦县“龙潭堡”条下：“县东北六十里为瀼口隘，皆有官兵戍守。”

瀼子港 在今江西彭泽县东南三十里。《方舆纪要》卷85九江府彭泽县：瀼子港“源出浩山，会于大泊湖，经东流县香口河入大江。其水泛瀼而清深”。

瀼水 ①今广西左江支流明江。《新唐书·西原蛮传》：“员州又有首领侬金澄、侬仲武与金勒袭黄洞首领黄伯善，伯善伏兵瀼水，鸡鸣，候其半济，击杀金澄、仲武，唯金勒遁免。”

②在今重庆市奉节县境。南宋陆游《入蜀记》云：“夔人谓山涧之流通江者曰瀼。”有大瀼、东瀼、清瀼水之分。大瀼水又名西瀼水，即今奉节县东之梅溪河。《方舆胜览》卷57夔州：大瀼水“在奉节县。州城以景德二年迁瀼西”。东瀼水即今奉节县东十里草堂河。《水经·江水注》：白帝城“东傍东瀼溪，即以为隍”。清瀼水即今奉节县西二十里朱衣河。《清一统志·夔州府一》：清瀼水“即白岩口溪，泻出两山间，东入大江，亦称头塘溪”。唐杜甫寓居夔州，《夔州歌》云：“瀼东瀼西一万家，江南江北春冬花。”

瀼西 今重庆市奉节县。因在瀼水之西，故名。南宋陆游《入蜀记》：“（夔）人谓山涧之流通江者曰瀼，分其左右，谓之瀼东、瀼西。”唐杜甫初来夔州时，家居瀼西。陆游《东屯高斋记》云：“少陵居夔三徙居，皆名高斋，质其诗曰：次水门者，白帝城之高斋也；曰依药饵者，瀼西之高斋也；曰见一川者，东屯之高斋也。”明万历间于瀼西故址建草阁。

瀼州 唐贞观十二年（638）置，治所在临江县（今广西上思县西南）。《寰宇记》卷167瀼州：“有瀼水以为名。”辖境相当今广西上思县及宁明县部分地。天宝元年（742）改为临潭郡，乾元元年（758）复为瀼州。贞元后废。

瀼江县 即临江县。在今广西上思县西南。《新唐书·地理志》作“瀼江县”。

瀼河 一名襄河，又名滚河。即今湖北枣阳市西南白水河下游。《舆地纪胜》卷88枣阳军：白水“即刘白河源，西流三十里名襄河，又二十里入漇河”。《宋史·赵方传》：南宋嘉定十二年（1219），金兵围枣阳，扈再兴“败金人于瀼河”。即此。

瀼途驿 即今重庆市万州区西南瀼渡镇。《方舆纪要》卷69万县“集贤驿”条引《舆程记》：“自忠州水程东行九十里至漕溪驿，又六十里至瀼途驿。”《清一统志·夔州府二》：瀼途驿“在万县西南六十里……明时所置水驿也。今裁”。

瀼渡镇 即今重庆市万州区西南瀼渡镇。当瀼渡溪

（瀼溪）水入长江之口。为往来孔道。明时尝置驿于此，曰瀼途驿。

瀼溪　①即今安徽黄山市黄山区西秧溪河。《方舆纪要》卷28太平县：瀼溪“在县（今仙源镇）西南二十里（《清一统志》作六十里）。有二源：一出黄山九龙泉，一出大鳌岭下，会流而东北，入于舒溪”。

②在今江西瑞昌市南。源出市西北大小二瀼山间，东南流入湓水。唐元结《瀼溪铭并序》云：“乾元戊戌，浪生元结始浪家瀼溪之滨。”《明一统志》卷52九江府：瀼溪“唐元结尝居此，自号瀼溪浪士。其诗云，犹爱一溪水，而能存瀼名”。

瀼溪驿　南宋绍兴中置，在今江西瑞昌市东南。后废。

瀵水　①在今山西临猗县西。《尔雅·释水》：“瀵，大出尾下。”郭璞注：“今河东汾阴县有水口如车轮许，喷沸涌出，其深无限，名之为瀵。”《水经·河水注》：“河水又南，瀵水入焉。水出汾阴县南四十里，西去河三里，平地开源，喷泉上涌，大几如轮，深则不测，俗呼之为瀵魁。……其水西南流，历蒲坂西，西流注于河。”

②即洽水。今陕西合阳县西金水沟。《水经·河水注》：郃阳“城北有瀵水……东入于河”。

瀵泉　在今山西临猗县西。《尔雅·释水》：“瀵，大出尾下。”郭璞注：“今河东汾阴县有水口如车轮许，喷沸涌出，其深无限，名之为瀵。”《方舆纪要》卷41临晋县：瀵泉在“县（今临晋镇）西三十里。泉有五，陕西郃阳有四，此其一”。

瀰水　一作弥水。即古之巨洋水，亦即今山东境内弥河。《方舆纪要》卷35益都县：“源出临朐县沂山西麓。瀰一作㳽。又《国语》谓之具水，袁宏以为巨昧，王韶以为巨蔑，或曰朐，瀰或曰巨沫，实一水也。又《后汉书》以为巨昧，《后魏书》以为巨洨洰。自沂山而东北，经临朐县东南，……又北经（青州）府城东北……又北径寿光县东，又东北下黑冢泊入海，亦谓之巨洋水。”

瀰江　亦名大瀰江。即今四川涪江支流梓江（梓潼水）。《舆地纪胜》卷154潼川府：大瀰江“在射洪县东。源出剑州”。《明史·地理志》射洪县：“又东南有射江，亦曰瀰江，亦曰梓潼水，自盐亭县流入经县东南之独坐山，合于涪江。”

二十一画

〔一〕

礪国 即厉国。商至春秋时之方国，在今河南鹿邑县东。金文有“礪”字。郭沫若《两周金文辞大系考释》称：“礪即厉之緐（繁）文，从石与从厂同意。”

霸上 一作灞上。又名霸头。因地处霸水西的高原上得名。在今陕西西安市东郊。《史记·王翦列传》：秦始皇二十三年（前224），王翦伐荆，“始皇自送至灞上”。又《高祖本纪》：汉高帝元年（前206）十月，“沛公兵遂先诸侯至霸上”。自古是咸阳、长安附近的军事要地。《水经·渭水注》：“霸水又左合浐水，历白鹿原东，即霸川之西故芷阳矣！……谓之霸上，汉文帝葬其上，谓之霸陵。”

霸山 ①在今河南罗山县西南六十里。《清一统志·汝宁府》：霸山“在罗山县灵山东。《魏书·地形志》：鄳有霸山庙”。山上有白马洞、九龙瀑布、枝茂叶碧的倒栽柏、直达金顶的石磴梯等胜景。

②一名武王山。在今湖北枣阳市东五十里。《隋书·地理志》：枣阳县“有霸山”。

霸子山 在今山西偏关县东南。《清一统志·宁武府》：霸子山“在偏关县东南三十里。《旧志》：金完颜宗翰尝遣罗索，筑城于其西南，以御夏人”。

霸王冈 在今安徽六安市西。《方舆纪要》卷26六安州：霸王冈“在州西二十里。其相接者曰汉王冈。相传楚汉相距时，筑垒处”。

霸王台（臺） 在今河南太康市西北。《方舆纪要》卷47太康县“阳夏城”条下：“县西北五里有霸王台，临涡水，俗谓之项王将台，亦曰汉王台。”

霸王城 指楚汉之际楚霸王项羽所建城。文献记载多处。清康熙《凤阳府志》卷23灵璧县：霸王城“一在县西南七十里；一在县北七十三里；一在县西北七十五里。昔项羽所筑屯军之垒”。据调查，县北之霸王城在灵璧县北尹集西；县西北之霸王城在今固镇县西北浍河南岸湖沟集黄火庄；县西南之霸王城在今固镇县东濠城集北打里村。《清一统志·泗州》：霸王城“在五河县西二十里。相传项羽屯兵于此。遗址尚存”。在今安徽泗县东南二十四里，石梁河东岸。

霸王槽 即今吉林集安市西北一百六十里霸王朝。产银。在霸王朝村东北五里山巅，有高句丽古城遗址。

霸水 ①在今河北霸州市南。《方舆纪要》卷11霸州：“霸水在州南三里。《旧志》云：白沟河之支流也。自雄县流入境，东会于巨马河，州以此名。今堙废。”

②一作灞水。关中八川之一。源出今陕西蓝田县东秦岭北麓，西北流经西安市入渭水。《史记·封禅书》：“霸、产、长水、沣、涝、泾、渭皆非大川，以近咸阳，尽得比山川祠，而无诸加。”《汉书·地理志》南陵县：“霸水亦出蓝田谷，北入渭。古曰兹水，秦穆公更名，以章霸功。”隋开皇五年（585）复名兹水。唐以后仍称霸水。

霸州 ①唐贞观八年（634）改南平州置，治所在南平县（今重庆市巴南区东北）。辖境相当今重庆市南川、綦江等地。十三年（639）废。

②唐乾元元年（758）改静戎军置，治所安信县（在今四川理县东北一百四十里桃坪乡古城。一说在今汶川县西北二十里）。辖境相当今四川理县东北、汶川县西北地。北宋乾德三年（965）降为羁縻州，属威州。政和四年（1114）改为亨州。

③五代周显德六年（959）于益津关置，治永清县（金改名益津县，即今河北霸州市）。辖境相当今河北霸州市及其东南至子牙河一带。明初不辖县，属顺天府。1913年改为霸县。

霸州市 1990年撤销河北省霸县，改设霸州市，市人民政府驻霸州镇。由廊坊市代管。

霸县 1913年改霸州置，属直隶京兆尹。治所即今河北霸州市。1928年直属河北省。1990年改设霸州市。

霸昌厩 在今陕西西安市东北三十八里。《汉书·王莽传》：地皇三年（22），王寻“初发长安，宿霸昌厩”。《三辅黄图》卷6：“霸昌观马厩，在长安城外。”皆此。

霸城门 一名青门，即汉长安城东南门。在今陕西西安市西北二十里。《三辅黄图》卷1：“长安城东出南头第一门霸城门，民见门色青，名曰青城门，或曰青门。门外旧出佳瓜。广陵人邵平，为秦东陵侯，秦破为布衣，种瓜青门外，瓜美，故时人谓之东陵瓜。”

霸城县　①三国魏改霸陵县置，属京兆郡。治所在今陕西西安市东北灞桥区新筑街道。北魏移京兆郡治此。北周建德二年（573）废。

②辽太祖时置，属兴中府。治所即今辽宁朝阳市。《辽史·地理志》兴中府营中县：“本汉柳城县地。太祖掠汉民居此，建霸城县。”重熙中改为兴中县。

霸桥镇　北宋置，属万年县。即今陕西西安市东北二十里灞桥区灞桥街道。

霸陵　①西汉文帝的陵墓。在今陕西西安市东二十里灞桥区东南。《三辅黄图》卷6：文帝霸陵“因山为藏，不复起坟，就其水名，因以为陵号”。陵西北十里有霸陵故城。

②古地名。故址在今陕西西安市东。《史记·李将军列传》：“还至霸陵亭，霸陵尉醉，呵止广。”即此。三国魏改名霸城。北周建德二年（573）废。北周庾信《哀江南赋》：“岂知灞陵夜猎，犹是故时将军。”

霸陵县　西汉文帝九年（前171）改芷阳县置，属京兆尹。治所在今陕西西安市东新市村附近。因其地有文帝刘恒霸陵，故名。三国魏改名霸城县。

露井镇　清置，属郃阳县。即今陕西合阳县西南路井镇。

露台（臺）　在今陕西西安市临潼区东南骊山。《汉书·文帝纪》：“尝欲作露台，召匠计之，直百金。上曰：‘百金，中人十家之产也。吾奉先帝宫室，常恐羞之，何以台为！’”颜师古注曰：“今新丰县南骊山之顶有露台乡，极为高显，犹有文帝所欲作台之处。”

露岩寺　在今山西古县北。《清一统志·平阳府》：露岩寺“在岳阳县（治今古县）北五十里凤凰山顶”。

露宝山　在今河南嵩县北六十里。《方舆纪要》卷48嵩县：露宝山“产锡矿”。

露骨山　①在今甘肃渭源县南五十里。《清一统志·兰州府一》：露骨山“俗传即宋王韶穿道入洮州处”。

②一名雪山。即今甘肃临夏县南、夏河县北之太子山。石如骨露，故名。《宋史·王韶传》：熙宁六年（1073），“瞎征以其间据河州，韶进破诃诺木藏城，穿露骨山，南入洮州境”。

③在今甘肃陇南市武都区南。《清一统志·阶州》：露骨山“在州（治今武都区）南三十里。峰峦森列，南有万象洞。洞中泥可为砚，出洞即成坚石”。

④在今甘肃岷县西南。《清一统志·岷州》：露骨山“在岷州（今岷县）西南一百里”。

露香园　在今上海市南市区西北部露香园路一带。《清一统志·松江府二》：露香园“明道州守顾名儒筑。穿池得石，有赵孟頫书‘露香池’字，遂以为名。顾氏组绣之巧，写生如画。世传露香园顾绣”。其故址清时为内演武场，俗称九亩地。

露筋庙　在今江苏江都市西北五十里露筋村。宋米芾《露筋庙碑》，言有女子露处于野，义不寄宿田家，为蚊所嚼，露筋而死。但徐昂发《畏垒笔记》称，庙之所起，本以祀五代时路金，以先有德于兹土，故为立庙。后讹传傅会为露筋。

露筋驿　在今江苏江都市西北五十里露筋村。《寰宇记》卷130泰州海陵县：露筋驿，“江德藻《聘北道记》云，江淮间有露筋。今有祠存。一名鹿筋驿。云昔有孝女为蚊蚋所食，惟存筋骸而已”。

露跳水　即今陕西延川县西南站川水。《水经·河水注》：“露跳水出西露溪东流，又东北入延水。”《水经注疏》：“会贞按：今有站川水，出延川县西山，东流入清涧河，或疑即此《注》之根水，今以当露跳水为合，以此下别无水可以当露跳水也。”

露溪　即今福建武平县东北桃澜溪。《方舆纪要》卷98武平县：“露溪在县东北一里。一溪七湾，俗呼露溪七渡。引流而东，又北入长汀县界，曰大顺岭小溪，接七里河，入于鄞江（汀江）。”

〔丨〕

曩朴（樸）寨　在今云南陇川县境。《方舆纪要》卷119陇川宣抚司：曩朴寨“在司境。自缅甸北出之道也”。

曩贡川　又作曩恭。在今四川冕宁县西南雅砻江西泸宁附近。《新唐书·南诏传》：贞元十六年（800），“吐蕃引众五万，自曩贡川分二军攻云南”。又，《蛮书·云南界内途程》：台登直北去保塞城（今四川冕宁县）八十里，吐蕃谓之北谷，“自入吐蕃，更增修崄，因城下有路，向曩恭地”。皆此。

曩宋　宋大理时为南宋甸。即今云南梁河县东北二十一里曩宋阿昌族乡。傣语“曩”为河，“宋”为双，意即双河。因地处两河之间的田坝而得名。

黯淡滩　一名黯黮滩（《方舆胜览》卷11）。又名港滩。在今福建南平市东北五里。《明一统志》卷77延平府：港滩“在南平县。东溪者五，西溪者十，南溪者七，凡二十有二。其水湍急，其石廉利，舟上下失势辄破溺，其黯淡天等”。《续资治通鉴》：南宋德祐元年（1275），“贾似道贬循州，郑虎臣监押贾，舟次南剑州黯淡滩”。即此。

〔丿〕

鳣湍　在今陕西安康市西。《水经·沔水注》：“汉水又东为鳣湍，洪波渀盪，漰浪云颓。古耆旧言：有鳣鱼奋鳍遡流，望涛直上，至此则暴鳃失济，故因名湍矣。”《水经注疏》熊会贞疏：“在今安康县西。”

〔丶〕

麝香山 在今重庆市奉节县东四十里。清杨伦《杜诗镜铨》卷15引《夔州图经》："出麝香，故名。"唐杜甫《入宅》诗云："水生鱼复浦，云暖麝香山"；又《晨雨》诗云："麝香山一半，亭午未全分。"即此。

麝香堡 北宋置，属环州。在今甘肃环县北。

麝香溪 在今重庆市石柱土家族自治县东南马武坝。清道光《石砫厅新志》卷1："又南为滥泥坝，又西南为马尾坝，亦名麝香溪，置塘汛，并设外委驻防。"

赣 今江西省之简称。因赣江纵贯全省而得名。

赣（灨）石 即今江西万安、赣州段之赣江十八滩。《陈书·高祖纪》："南康赣石，旧有二十四滩。滩多巨石，行旅者以为难。"《隋书·谯国夫人传》：侯景叛，高凉冼夫人"总兵与长城侯陈霸先会于赣石"。即此。

赣关 明属赣县，在今江西赣州市东北。《清一统志·赣州府》：赣关"在赣县北。东西两桥。章贡会流处。明弘治中，设税场于南安折梅亭。正德六年置关于此，以榷商税。本朝每年遣部员督收。雍正元年改令巡抚委官管理"。

赣州 南宋绍兴二十三年（1153）以虔州改名，治所在赣县（今江西赣州市）。辖境相当今江西赣州市、石城、兴国以南地区。元世祖至元十四年（1277）升为赣州路。

赣州卫 在今江西赣州市东南。《方舆纪要》卷88赣州府：赣州卫在"府治东南三里。洪武初建"。

赣州市 1949年当地解放后由赣县城区析置，治所即今江西赣州市。1998年撤销赣州地区和县级赣州市，改设地级赣州市。原县级赣州市改置章贡区。

赣州府 元至正二十五年（1365）朱元璋以赣州路改置，治所在赣县（今江西赣州市）。辖境相当今江西赣州市、石城、兴国以南地区。清时辖境略小。1912年废。

赣州城墙 在今江西赣州市。城墙始建于南朝梁，唐代扩建，以后各代都曾修缮和加固。《清一统志·赣州府一》载：赣州府城"周十三里。高三丈。旧有门十三，后塞其七，存六。东、西、北三面，阻章、贡之水，南引水为濠。唐时所筑。宋嘉祐中，州守孔宗翰甃石。明时屡经修葺"。清代和民国多次重修。现存城墙全长3664米，分为东西两段，保存了炮城、马面、弩台等军事设施。城墙内部为夯土，外用砖石包砌，宽在6—8米之间，高约7米。城墙上有大量的铭文砖，包括宋至民国各个时代。赣州城墙是兼军事防御和抵御洪水双重功能的古城墙。1996年定为全国重点文物保护单位。

赣州路 元世祖至元十四年（1277）升赣州置，治所在赣县（今江西赣州市）。辖境相当今江西赣州市、石城、兴国以南地区。元至正二十五年（1365）朱元璋改为赣州府。

赣江 即今江西赣江。《山海经·海内东经》：赣水"出聂都东山，东北注江，入彭泽西"。此指赣江西源章水，源出大庾岭，流至今江西赣州市与源出武夷山之赣江东源贡水合，始称赣江。北流经万安、泰和、吉安、峡江、新干、樟树、丰城等地。至丰城北分为二派，一支东北流，会盱江，主干北流，会锦江而复与支流合，到南昌市以下分为十数支，主流在星子县蛟塘东入鄱阳湖。《水经·赣水注》："刘澄之曰，（赣）县东南有章水，西有贡水，县治二水之间，合赣字，因以名县。"江亦因章、贡二水汇合而得名。

赣阳驿 北宋置，属万安县。在今江西万安县西南滨江。明初改置五云驿。清裁。

赣县 西汉高帝六年（前201）置，属豫章郡。治所在益浆溪故城（今江西赣州市西南蟠龙镇）。三国吴属庐陵郡。西晋属南康郡。东晋永和五年（349）为南康郡治，义熙七年（411）徙治葛姥城（今赣州市东北）。南朝宋为南康国治。南齐复为南康郡治。梁承圣元年（552）徙治今赣州市西南。隋开皇九年（589）改为南康县，为虔州治。大业三年（607）复为赣县，仍为南康郡治。唐为虔州治，贞观中徙治今赣州市。南宋为赣州治。元为赣州路治。明、清为赣州府治。民国初为江西赣南道治。1926年直属江西省。1949年析置赣州市。1971年赣县迁今治（梅林镇）。

赣南道 1914年由原赣南道袭置，属江西省。治赣县（今江西赣州市）。辖境约当今江西崇义、上犹、南康、赣县、赣州、兴国、宁都、石城以南地区。1928年废。

赣榆县 ①西汉置，属琅邪郡。治所在今江苏赣榆县（青口镇）东北三十二里盐仓城。东汉属东海郡。三国魏废。西晋太康元年（280）复置，移治艾不城（今连云港市东云台山一带）。北齐天保元年（550）省。唐武德四年（621）复置，属环州。八年（625）又废。

②金大定七年（1167）改怀仁县置，属海州。治所在今江苏赣榆县西北十二里城里（旧赣榆城）。元属海宁州。明属海州。民国初属江苏徐海道。1927年直属江苏省。1949年移治青口镇（今赣榆县）。2014年撤销赣榆县，设立连云港市赣榆区。区政府驻青口镇琴海路2号。

夔 ①一名隗。周诸侯国。楚同姓。在今湖北秭归县（茅坪镇）西北归州镇东夔子城。春秋时迁今秭归县归州镇东。《左传》：僖公二十六年（前634），"秋，楚成得臣、斗宜申帅师灭夔，以夔子归"。即此。

②夔州、夔州府的简称。即今重庆市奉节县。《明史·贺人龙传》：崇祯末，罗汝才等义军东西走，"监军万元吉令川将守巴，巫诸隘……及（张）应元军入夔，营土地岭"。

夔门　在今重庆市奉节县东十里长江瞿唐峡西口。赤甲山与白盐山隔江夹峙，望之如门，故名。门前江心旧有孤石滟滪堆，长约40米，宽约15米，高约25米，江水奔腾至此，声激如雷，直入夔门而下，故有“夔门天下雄”之誉。清以前，在此设瞿塘关（夔门、铁锁关），驻重兵镇守，有战事往往以铁链锁江，断绝船只往来。亦指今奉节县。《方舆胜览》卷57夔州：“郡名，夔门。”

夔子城　即夔城。春秋时夔国都城。在今湖北秭归县西北归州镇东。《寰宇记》卷148秭归县：夔子城“在县东二十里。春秋夔子之都，熊挚所治也，而此城亦称为夔子所都，盖初封于彼而灭于此”。

夔龙州　唐开元后置羁縻州，属雅州都督府。治所在今四川小金县境。北宋属雅州。后废。

夔关　①即瞿塘关。在今重庆市奉节县东十里白帝山下。《明史·明玉珍传》：（元）至正二十三年（1363），“司寇莫仁寿镇夔关”；又《邵捷春传》：崇祯十三年（1640），张献忠、罗汝才义军攻夔州，“入隘，守者溃。贼夜斩夔关，将士大惊溃”。皆此。

②清置，在今重庆市奉节县南。《清一统志·夔州府二》：夔关“在府城南。本朝康熙六年设榷关，雍正七年遣官监督，乾隆元年罢监督，属知府监收”。

夔州　唐武德二年（619）以避皇外祖独孤信讳改信州置，治所在人复县（贞观时改奉节县，在今重庆市奉节县东十里白帝城）。明郭子章《四川郡县释名》卷下：夔州府“春秋名夔国……僖公二十六年为楚灭，地属楚。夔之名泯矣。至唐武德间，复名夔州”。天宝元年（742）改为云安郡，乾元元年（758）复为夔州。辖境相当今重庆市奉节、巫溪、巫山、云阳等县地。北宋时辖境略有缩小。景德三年（1006）迁治今奉节县。元世祖至元十五年（1278）改为夔州路。明洪武四年（1371）改为夔州府，九年（1376）复改为夔州，属重庆府，十三年（1380）复升为夔州府。

夔州府　明洪武四年（1371）改夔州路置，属四川等处行中书省（后改为承宣布政使司）。治所在奉节县（今重庆市奉节县）。辖境相当今四川万源、达县、梁平以东地区及湖北建始县地。九年（1376）降为夔州，十三年（1380）复升为夔州府。清属四川省。1913年废。清初谭文等在此领导农民抗清，与李自成旧部李来亨等部合称夔东十三家，活动于川东及鄂西一带。

夔州路　①北宋咸平四年（1001）分峡路东部置，治所在夔州（今重庆市奉节县）。辖境相当今四川万源、达县及重庆市垫江、璧山、江津以东，湖北清江上游和贵州东部地区。元初废。

②亦名夔路。元世祖至元十五年（1278）改夔州置，属四川南道宣慰司。治所在奉节县（在今重庆市奉节县）。辖境相当今四川万源、达县及重庆市梁平以东以及湖北建始、恩施一带。明洪武四年（1371）改为夔州府。

夔松路　亦名碉门路、和川路。唐、宋雅州通吐蕃三道之一。《新唐书·南蛮传》：“雅州西南有通吐蕃道三：曰夏阳、曰夔松、曰始阳。”从今四川雅安市西北行，溯天全河而上，越马鞍山或二郎山西至康定县。

夔府　指夔州、夔州府，为其简称。治所在重庆市奉节县，唐代在今奉节县东十里白帝城，宋代以后移今奉节县。唐杜甫《秋兴》诗云：“夔府孤城落日斜，每依北斗望京师。”

夔城　一名夔子城。在今湖北秭归县（茅坪镇）西北香溪镇。《水经·江水注》：“江水又东南过夔城南。城跨据川阜，周回一里一十八步，西北皆枕深谷，东带乡溪，南侧大江。城内西北角有金城，东北角有圆土狱，西南角有石井口，径五尺。熊挚始治巫城，后复移此。盖夔徙也。《春秋左传》：僖公二十六年，楚令尹子玉灭夔者也。”

夔峡　①唐方镇名。唐至德二年（757）升夔州防御守捉使置，治所在夔州（今重庆市奉节县东十里白帝城）。《资治通鉴》：唐至德二载，“夔峡节度，领夔、峡等五州”。胡三省注：“夔峡兼领涪、忠、万共五州。”辖境相当今重庆市长寿、南川以东长江南北地区。乾元元年（758）废。

②即瞿唐峡。在今重庆市奉节县东十三里。为长江三峡之一。北宋苏轼《八阵图》诗云：“惟余八阵图，千古壮夔峡。”南宋范成大《吴船录》卷下：“大溪口，水稍阔，山亦差远，夔峡之险纾矣。七十里至巫山县宿。县人云：昨夕水大涨，滟滪恰在船底，故可下夔峡。”

夔峡镇　唐方镇名。唐至德二年（757）分荆南节度使置，治所在夔州（今重庆市奉节县东十里）。《资治通鉴》：唐至德二载（757），“夔峡节度，领夔、峡等五州”。胡三省注：“夔峡兼领涪、忠、万共五州。”相当今重庆市涪陵以下至湖北西部宜昌市一带。后废。

夔路　即夔州路。治所在奉节县（今重庆市奉节县）。《元史·地理志》：“夔路，下。……元至元十五年立夔州路总管府，以施、云安、万、大宁四州隶焉。二十二年又以开、达、梁山三州来属。”

灊　春秋时楚邑。即今安徽霍山县东北三十里。《左传》：鲁昭公二十七年（前515），“吴子欲因楚丧而伐之，使公子掩余、公子烛庸帅师围灊”。即此。汉置灊县。

灊山　①亦作潜山。在今安徽潜山县西北。《汉书·郊祀志》：礼“南岳灊山于灊”。《方舆纪要》卷26潜山县：灊山在“县西北二十里。绵亘深远，与六安州霍山县接界，即霍山矣。《旧志》：潜山与皖公、天柱三峰鼎峙，层峦叠嶂，为长淮之扞蔽，说者皆以为潜、皖、柱为三山，其实非也。盖以形言之，则曰潜山，谓远近山势潜伏也。以地言之，则曰皖山，谓皖伯所封之国也。或谓之皖公山，亦曰皖伯台。以峰言之则曰天柱，其峰突出众山之上，峭拔如柱也。名虽有三，实一山耳。或又谓山南为皖山，山北为潜。雪山盘其东，霍山屏其西，皆为一山而强为之说耳。《图经》：潜山高七千有二十丈，广二百五十里，周五百里，道家以为第十四洞天，有峰二十二，岭八，崖五，岩十二，原二，洞十，台四，池三，其瑰奇秀丽，不可殚纪”。

②即今安徽霍山县南之天柱山。《水经·沘水注》："灊者，山、水名也。《开山图》灊山围绕大山为霍山。郭景纯曰：灊水出焉。"

灊水　亦作潜水。即今安徽潜山县之潜水。《明史·地理志》潜山县："西北有灊山，亦曰天柱山，亦曰皖公山，即霍山也，皖水出焉，别流曰灊水，合流注大江。"

灊州　北齐置，治所未详。《隋书·地理志》西平县下云：有故灊州，后齐置，开皇初废。

灊县　西汉置，属庐江郡。治所在今安徽霍山县东北。东汉改为潜县。西晋复为灊县。南朝宋为庐江郡治。南齐属庐江郡。后废。

灊城县　唐初置，属霍州。治所在今安徽六安市西六十五里。《寰宇记》卷129六安县："取古灊城为名。"贞观元年（627）废。

灊街县　西汉置，属越嶲郡。治所在今四川雷波县东。东汉废入卑水县。

濯水　即今河南遂平县北石羊河。《水经·濯水》："濯水出汝南吴房县西北奥山，东过其县北入于汝。"《清一统志·汝宁府一》：濯水"在遂平县北五里。一名石羊河。源出沧峰垛山之黑龙池，东南流合溠水"。

濯阳县　西汉置，属汝南郡。治所在今河南遂平县东南。东汉建武二十八年（52），封吴汉孙旦为濯阳侯。《后汉书·吴汉传》注："在濯水之阳，因以为名。"南朝宋作瞿阳县。北齐废。

漯水　即今河北遵化市西沙河。《汉书·地理志》右北平郡俊靡县："漯水南至无终东入庚。"《水经·鲍丘水注》：漯水"出右北平俊靡县，王莽之俊麻也。东南流，世谓之车箭水。……漯水又东南流，谓之北黄水，又屈而为南黄水，又西南径无终山，……漯水又西南，入于庚水"。《清一统志·遵化直隶州一》谓：《旧志》"以沙河为即古漯水"。

漯陂津　在今河南孟津县东。《资治通鉴》：南朝梁中大通四年（532），斛斯椿等入据河桥，尽杀尔朱氏之党。"度律、天光欲攻之，会大雨昼夜不止，士马疲顿，弓矢不可施，遂西走，至漯陂津，为人所擒，送于椿所"。胡三省注："漯陂津在河桥西，亦曰雷波，即尔朱兆犯洛帅骑踏浅涉渡之处。"

漯南宫　亦称南宫。在漯水（今桑干河）之南，东北距平城百里，在今山西山阴县（岱岳镇）东南。《魏书·太祖纪》载：天赐三年（406）六月，"发八部五百里内男丁筑漯南宫，门阙高十余丈"。

灉水　一作澭水、雍水。《尚书·禹贡》兖州："雷夏既泽，灉、沮会同。"《伪孔传》："雷夏，泽名，灉、沮二水会同此泽。"《水经注》以为即汉之瓠子河，但瓠子河并不注入雷夏泽，可见与先秦灉水已不尽相同。据《括地志》、《元和志》记载，唐时犹有雍水在雷夏县（今山东菏泽市东北）西北，会同沮水流入雷夏泽，当系古灉水的残留部分。五代、北宋时这一带屡为黄河决流所淹灌，灉水故道遂堙。明清地方志以出自今山东东明县南，流经菏泽、郓城至阳谷县东入运河之赵王河（一名西里河）为灉河，显系附会。

禳河店　一名瀼河镇。即今河南鲁山县西南瀼河乡。明嘉靖《鲁山县志》卷1："禳河店，在县西南二十里。以店在禳河之畔，故名。"

〔 7 〕

蠡口镇　即今江苏苏州市东北相城区蠡口。北宋朱长文《吴郡图经续记》卷下：蠡口，"昔范蠡扁舟浮五湖，盖尝经此"。《方舆纪要》卷24苏州府长洲县：蠡口镇，"故有事时，以蠡口为府之北门。今有吴塔巡司，自府北四十五里常熟县界吴塔村移置于此"。

蠡台（臺）　在今河南商丘市城南。《晋书·姚襄载记》：殷浩惮其威名，"迁襄于梁国蠡台，表授梁国内史"。《水经·睢水注》：睢阳"城内有高台，甚秀广，巍然介立，超焉独上，谓之蠡台，亦曰升台焉……余按《阙子》称宋景公……登虎圈之台……蠡台即是虎圈台也，盖宋世牢虎所在矣"。

蠡州　唐武德五年（622）置，治所在博野县（今河北蠡县）。辖境相当今河北蠡县及安国、保定二市地。八年（625）废。次年复置，贞观元年（627）废。金天德三年（1151）复置，治所在博野县（今蠡县）。元世祖至元三年（1266）废县入州，属真定路。明洪武八年（1375）改为蠡县。

蠡吾县　①西汉置，属涿郡。治所在今河北博野县西南。东汉属中山国。北齐废入博野县。《后汉书·桓帝纪》：桓帝父刘翼为"蠡吾侯"。即此。

②南朝宋侨置，属魏郡。治所当在今山东章丘市西龙山镇附近。北魏属东魏郡。北齐废。

蠡吾侯国　东汉永建五年（130）改蠡吾县置，属中山国。治所在今河北博野县西南。后复为蠡吾县。西晋属高阳国。

蠡县　明洪武八年（1375）改蠡州置，属保定府。治所即今河北蠡县。民国初属直隶保定道。1928年直属河北省。

蠡园　在今江苏无锡市西南五里湖畔。由原来蠡园、渔庄两部分合并组成。蠡园为1928年由王尧臣、禹卿昆仲所建；渔庄为1930年由陈梅芳斥资建造。1952年新建长廊加以连接，总称蠡园。以假山著称，为游览胜地。

蠡城　在今河南洛宁县西二里王范回族镇。东汉建安中为渑池县治。《三国志·魏书·贾逵传》：逵除渑池令，"时县寄治蠡城，城堑不固"。《水经·洛水》：洛水"又东北过蠡城邑之南"。

蠡湖　①又名蠡渎。在今江苏无锡市东南五十里。《寰宇记》卷92常州无锡县："蠡渎又名蠡湖，西北去县五十里，范蠡伐吴开此渎。"唐时曾疏导。《新唐书·地理志》："泰伯渎东连蠡湖，亦元和八年孟简所开。"故又名孟湖。

②一作赤沙湖。在今湖南汉寿县东南三十里，接沅江市界。《舆地纪胜》卷68常德府"蠡湖"条引《寰宇记》云："传范蠡曾游，故名。"

蠡塘　在今浙江长兴县西南里塘村。《方舆纪要》卷91长兴县：蠡塘在"县西南三十五里。相传范蠡所筑"。故名。

二十二画

〔一〕

懿氏　春秋卫邑。在今河南内黄县东南。《左传》：襄公二十六年（前547），“取卫西鄙懿氏六十以与孙氏”。杜注：“戚城西北五十里有懿城。因姓以名城。”

懿州　①唐贞观八年（634）改西吉州置，为羁縻州，属松州都督府。治所在今四川若尔盖县东境。后废。

②五代唐长兴三年（932）楚马希范置，治所在潭阳县（今湖南芷江侗族自治县）。后汉乾祐三年（950）马希萼改为洽州。北宋乾德三年（965）复为懿州。后废。

③辽清宁七年（1061）改广顺军置，治所在宁昌县（在今辽宁阜新蒙古族自治县东北满汉营子附近）。辖境相当今阜新蒙古族自治县东北一带。金移治顺安县（今阜新蒙古族自治县东北塔营子乡）。元初升为懿州路，元世祖至元六年（1269）复降为州。明初置广宁后屯卫。后废。

懿路千户所　①明洪武二十九年（1396）置，属铁岭卫。治所在懿路城（今辽宁铁岭县西南懿路村）。《方舆纪要》卷37铁岭卫：懿路所“即故挹娄城也。明初置中右千户、左左千户及中左千户等所，属铁岭卫。洪武二十九年，调左左千户所于懿路城。永乐初，蒙古鬼力赤等寇辽东懿路寨，即此城也”。

②明洪武二十九年（1396）置，治所即今辽宁阜新蒙古族自治县东北塔营子乡。后废。

懿路河　又名小清河。即今辽宁铁岭县南懿路河。为辽河支流。《清一统志·奉天府一》：懿路河“在铁岭县南六十里。源出王家林山，西流至大猪儿山西散漫。旧名小清河”。

懿路城　明初筑，为懿路千户所治。即今辽宁铁岭县西南懿路村。本金挹娄县，明讹为懿路。《清太祖实录》：后金天命五年（1620）八月，努尔哈赤“率大军征明，由懿路、蒲河二路进，居民尽弃城窜，遂收军驻营”。

懿德太子墓　在今陕西乾县西北六里韩家堡。是唐中宗长子李重润墓。重润本名重照，以避武则天讳而改名。永淳元年（682）立为皇太孙。死于大足元年（701），时年19岁。神龙二年（706）由洛阳迁来陪葬乾陵。1971年发掘该墓，出土壁画有《建筑图》、《仪仗图》、《架鹞戏犬图》、《团扇宫女图》和《内侍图》及石刻、陶瓷器、各种金属随葬品共千余件，皆珍贵文物。

懿德寺　在唐长安城（今陕西西安市）延寿坊南门之西。宋敏求《长安志》卷10：“本慈门寺，隋开皇六年刑部尚书万安公李圆通所立，（唐）神龙元年，中宗为懿德太子追福改名，加饰焉。”

鹳山　又名石头山、观山。即今浙江富阳市东富春江畔之鹳山。《方舆纪要》卷90富阳县：观山“亦曰鹳山”。山腰有春江第一楼。

鹳水　在今江苏淮安市楚州区西。《资治通鉴》：五代周显德五年（958）用兵南唐。“上欲引战舰自淮入江，阻北神堰，不得渡；欲凿楚州西北鹳水以通其道，遣使行视，还言地形不便，计功甚多。上自往视之，授以规画，发楚州民夫浚之，旬日而成，用功甚省，巨舰数百艘皆达于江”。胡三省注：“今楚州城西老鹳河是也。”久堙。

鹳雀台（臺）门　即汉长安城北面东头第一门洛城门。又名高门。在今陕西西安市西北汉城乡高庙村北。《三辅黄图》卷1引《汉宫殿疏》曰：“高门，长安北门也，又名鹳雀台门，外有汉武承露盘在台上。”

鹳朝镇　又作冠朝镇。即今江西泰和县东南冠朝镇。清光绪《吉安府志》卷4泰和县：“冠朝渡在县南，云亭江水出焉。”

鹳鹊楼　亦作鹳雀楼。在今山西永济市西南蒲州镇西，旧在黄河中高阜处，时有鹳鹊栖息其上，故名。唐王之涣《登鹳鹊楼》诗即写此。北宋沈括《梦溪笔谈》卷15：“河中府鹳雀楼，三层，前瞻中条，下瞰大河，唐人留诗者甚多，唯李益、王之涣、畅诸三篇能状其景。”古楼元代为黄河冲没。现存鹳鹊楼为近年重建。

蘱草坪　在今湖北黄冈市北五十里。《宋史·理宗纪》：景定元年（1260）三月，“贾似道奏蘱草坪大战，进至黄州”。

囊　即朗宗。今西藏朗县。

囊山 在今福建莆田市东北三十里。《清一统志·兴化府》：囊山“形如悬囊，亦名土囊。有辟支岩，中可容数榻”。唐黄滔有诗。

囊如宗 又作朗如宗。原西藏地方政府设，治所即今西藏班戈县。1960年改设班戈县。

囊哈尔卫 亦作囊哈儿卫。明永乐十年（1412）置，属奴儿干都司。治所在今俄罗斯萨哈林岛（库页岛）西北部朗格里屯。后废。

囊葱山 即今云南洱海东岸玉案山。唐代称囊葱山。唐樊绰《蛮书》卷2：“囊葱山在西洱河东隅，河流俯啮山根，土山无树石，高处不过数十丈，面对宾居、越析。山下有路，从渠敛赵出登川。”

囊谦土司 或译作南称、昂欠。清雍正时为巴彦南称、南称桑巴尔、南称隆冬、南称卓达尔四族，后合并成囊谦土司。为玉树等二十五族中最大者。驻色鲁马庄（今青海囊谦县东南）。1933年改置囊谦县。

囊谦县 1933年置，属青海省。驻地香达（今青海囊谦县）。以囊谦土司为名。

霧霿河 在今辽宁康平、法库县境，疑即今秀水。《金史·食货志》：大定十八年（1178）四月，命“咸平府庆云县霧霿河等处，遇丰年多和籴”。

〔丨〕

髑髅山 在今陕西延长县东。《寰宇记》卷36延州延长县：“髑髅山神庙在县东六十里。耆老相传，古时战斗相杀，收入人首数千万于此山，因置神庙。”《方舆纪要》卷57延长县“独战山”条下：髑髅山“相传古战斗之所”。

髑髅堆 在今甘肃徽县北。《元和志》卷22河池县：髑髅堆“在县（治今徽县西北银杏树乡）东北四十三里。后魏讨仇池于此，大破其军，筑为京观，俗号其地为髑髅堆”。

〔丿〕

镶白旗 1949年以察哈尔左翼镶白旗改名，属内蒙古察哈尔盟。驻地在阿拉腾打不苏（今内蒙古正镶白旗西北阿拉坦嘎达苏）。1950年与正白旗合并为正镶白联合旗。

镶白旗察哈尔 清康熙十四年（1675）置，属察哈尔。驻地在布雅阿海苏默（今内蒙古正蓝旗西北宝绍代苏附近）。后迁阿拉腾打不苏（今内蒙古正镶白旗西北阿拉坦嘎达苏苏木）。1914年改称察哈尔左翼镶白旗。

镶红旗 1949年以察哈尔右翼镶红旗改名，属绥远省。驻地在卓资山（今内蒙古卓资县）。1950年与镶蓝旗合并为镶蓝镶红联合旗。1954年与陶林县合并，改设察哈尔右翼中旗（驻科布尔）。

镶红旗察哈尔 清康熙十四年（1676）置，属察哈尔都统。驻地在布林泉（今内蒙古卓资县东南水泉凹附近）。1914年改称察哈尔右翼镶红旗。

镶黄等四旗牧厂 清置，在今河北省张北县东北。《清一统志·牧厂》：镶黄等四旗牧厂“在张家口北一百里控果罗鄂博冈，东西距一百四十里，南北距一百五十里”。

镶黄旗 1949年以察哈尔左翼镶黄旗改名，属内蒙古察哈尔盟。驻地在今河北康保县北苏门哈达。1950年与商都旗合并，设商都镶黄联合旗，驻新宝力格。1956年改称商都镶黄旗。1958年划归锡林郭勒盟。1960年改名为镶黄旗，迁驻化德镇。1963年迁回新宝力格。

镶黄旗牛群厂 清置，属内务府庆丰司。驻地在哈根诺尔（今河北张北县北黄盖淖尔）。后废。

镶黄旗羊群厂 清置，属内务府庆丰司。驻地在翁闻山以南（今内蒙古镶黄旗东北翁贡乌拉苏木南）。后废。

镶黄旗察哈尔 清置，属察哈尔。驻地在今河北康保县北苏门哈达。1914年改称察哈尔左翼镶黄旗。

镶蓝旗 1949年以察哈尔右翼镶蓝旗改名，属察哈尔省。驻地在卓资山（今内蒙古卓资县）。1950年与镶红旗合并为镶蓝镶红联合旗。1954年改设察哈尔右翼中旗。

镶蓝旗察哈尔 清康熙十四年（1675）置，属察哈尔都统。驻地在阿巴汉喀喇山（今内蒙古凉城县西北白银厂汗村附近）。1914年改称察哈尔右翼镶蓝旗。

穰 战国楚邑，后属韩。在今河南邓州市。《史记·韩世家》：韩襄王十一年（前301），“秦伐我，取穰”。即此。后属秦。《史记·穰侯列传》：秦昭王十六年（前291），“封魏冉于穰”。

穰东镇 北宋置，属穰县。即今河南邓州市东北五十四里穰东镇。

穰廷镇 北宋置，属穰县。在今河南邓州市境。

穰县 ①战国秦置，属南阳郡。治所在今河南邓州市。《元和志》卷21：“取丰穰之义。”西晋属义阳郡，后改属新野郡。北魏为荆州及新野郡治。隋为南阳郡治。唐为邓州治。金改名穰城县。元复为穰县。明洪武初废入邓州。

②南朝梁改中庐县置，属襄阳郡。治所在今湖北南漳县东北。西魏改为义清县。

穰城县 金改穰县置，为邓州治。治所即今河南邓州市。元复为穰县。

〔丶〕

亹源县 1931年析大通县置，属青海省。治所即今青海门源回族自治县。1953年改为亹源县回族自治区。1955 年改为亹源回族自治县。1959 年改为门源回族自治县。

〔7〕

鸎马场 亦名市马务。在今四川汉源县北。《方舆胜览》卷 56 黎州：市马务“国朝以后设茶马、买马两务。成都府市于文、黎、珍、叙等州，号川马”。《方舆纪要》卷 73 黎州守御千户所：鸎马场“在司南。亦名买马务。旧又有茶马务”。

二十三画

〔一〕

趱滩　在今四川高县东南趱滩乡南广河中。清同治《高县志》卷6：趱滩“在县东五十里复宁溪。巨石纵横，驶流澌湃，舟载货起，曲岸行挽空舡，上下负载而行”。自乾隆七年（1742）开修，于是舟楫便利，盐铜上下，络绎不绝。

攫山　在今河北内丘县西北。《寰宇记》卷59内丘县：“砺水在县西北十三里。源出攫山，其水可以砺剑刀。”《方舆纪要》卷15内丘县：攫山“山峰岩错峙，势如博攫，因名。砺水出于此”。

鬷川　在今山东定陶县北。《左传·昭公二十九年》：“蔡墨对魏献子曰：‘昔有飂叔安，有裔子曰董父，实甚好龙，能求其耆欲以饮食之，龙多归之，乃扰畜龙，以服事帝舜，帝赐之姓曰董，氏曰豢龙，封诸鬷川，鬷夷氏其后也。”

鬷夷　即三嵏。在今山东定陶县北。《左传》：昭公二十九年（前513），蔡墨对魏献子曰：董父“封诸鬷川，鬷夷氏其后也”。《国语·郑语》：“董姓鬷夷、豢龙，则夏灭之矣。”

〔丨〕

鸐鸽镇　北宋置，属邓州淅川县。在今河南淅川县境。

蠮螉塞　即居庸关。在今北京市昌平区西北。《晋书·慕容皝传》：皝将图赵，“率骑兵二万出蠮螉塞，长驱至于蓟城”。《方舆纪要》卷10：“蠮螉，或曰即居庸音转。”另一说为今喜峰口。清光绪《昌平外志》卷2：“《字典·玉篇》：蠮螉，细腰蜂也。今之喜峰口其是也，细峰、喜峰，字转也。”

〔丿〕

罐子窑　即今贵州普安县北三十五里罐子窑镇。清置驿于此。爱必达《黔南识略》卷28普安县：“驿站原设罐子窑，驿丞经管，乾隆二十年改移白沙。”

罐子街　又作冠市街、冠子街。即今湖南衡南县（驻云集镇）东南冠市镇。清属清泉县。光绪《湖南通志》卷1清泉县图：衡州府东南有罐子街。

罐子滩　在今湖北襄阳市东南鹿门山南汉江西岸。《元史·张弘范传》：世祖至元六年（1269）围宋襄阳，弘范曰，“……宜城万山以断其西，栅灌子滩以绝其东，则庶几速毙之道也”。光绪《襄阳府志》卷2：“罐口滩在鹿门山南汉江西岸。”范文虎以舟师赴救，败此。

罐嘴滩　在今湖北枝江市西南。《方舆纪要》卷78枝江县：罐嘴滩“在县东五十里。沱江所经。《志》云，秋冬水涸，有倾罐声，因名”。

〔丶〕

麟山驿　在今广东封开县南。《清一统志·肇州府》：麟山驿“在封川县（今封川镇）西二里。面江枕塘。元至正中置于县西锦衣坊。明洪武六年迁堰塘埇口。弘治十二年徙此。有驿丞”。清废。

麟州　①唐武德元年（618）改麟游郡置，治所在麟游县（今陕西麟游县）。辖境相当今陕西麟游县和甘肃灵台县地。贞观元年（627）废。

②唐武德四年（621）置，治所在巨野县（今山东巨野县东北）。五年（622）废。

③唐贞观八年（634）改西麟州置，为羁縻州，属松州都督府。治所在今四川若尔盖县东境。后废。

④唐开元十二年（724）置，治所在新秦县（今陕西神木县北二十里）。十四年（726）废。天宝元年（742）改置新秦郡，乾元元年（758）复为麟州。辖境相当今陕西神木县地。五代周移治小堡。北宋乾德元年（963）移治吴儿堡（今神木县西南），五年（967）复移治杨家城（麟州旧治）。金皇统八年（1148）没入西夏，废。

麟游（遊）水　即今陕西麟游县招贤川、杜水河、漆水河。《方舆纪要》卷55麟游县：麟游水“在县治南。源出县西为招贤川，东南流入于渭”。

麟游（遊）县 隋义宁元年（617）分新平县置，为凤栖郡治。治所在仁寿宫（今陕西麟游县）。《元和志》卷2麟游县："是年获白麟于宫所，因置县"。唐武德元年（618）为麟州治。贞观元年（627）改属岐州，六年移治今麟游县东五里。至德中属凤翔府。民国初属陕西关中道。1928年直属陕西省。1968年迁今址（九成宫镇）。

麟游（遊）郡 隋义宁二年（618）改凤栖郡置，治所在麟游县（今陕西麟游县）。辖境相当今陕西麟游县和甘肃灵台县地。唐武德元年（618）改名麟州。

二十四画

〔丨〕

罿口集（罿 huán） 即今江苏丰县东北欢口镇。清道光《丰县志》卷1：罿口集在“县北四十里”。据《尔雅·释器》：“彘罟谓之罿”。罿即捕捉野猪的网。

〔丿〕

衢山 一名大衢山。即今浙江岱山县东北衢山岛。《方舆纪要》卷91海盐县：衢山“在县东南海中，亦曰大衢山，其相望者曰小衢山”。

衢州 唐武德四年（621）分婺州置，治所在信安县（今浙江衢州市）。《元和志》卷26：衢州“以州有三衢山，因取为名”。辖境相当今浙江衢州、江山二市和衢县、开化、常山、江西玉山四县地。武德六年（623）省，垂拱二年（686）复置。天宝元年（742）改信安郡，乾元元年（758）复为衢州。元世祖至元十三年（1276）改衢州路。

衢州千户所 在今浙江衢州市。《方舆纪要》卷93：衢州守御千户所“在府治西。元置镇守保甲万户府，明初改置仁和卫，寻改为守御所”。

衢州市 1949年当地解放后由衢县城区析置，治所即今浙江衢州市。1950年撤销，并入衢县。1979年复设衢州市。1985年升为地级市。2001年撤销衢县，改置衢江区。

衢州府 元至正二十六年（1366）朱元璋改龙游府置，属浙江行省。治所在西安县（今浙江衢州市）。辖境相当今浙江衢州、江山二市及常山、开化二县地。1912年废。

衢州路 元世祖至元十三年（1276）改衢州置，至元二十一年（1284）属江浙行省。治所在西安县（今浙江衢州市）。辖境相当今浙江衢州、江山二市及常山、开化二县地。至正十九年（1359）朱元璋改龙游府。二十六年（1366）又改为衢州府。

衢江 一名谷（穀，或作縠）水。亦名縠水江、縠溪、信安江、衢港、信安溪。在今浙江省西部。为钱塘江自衢州至兰溪市段的别称。《明史·地理志》 衢州府西安县：“城西南有衢江，其上源曰大溪，自江山县流入。又有西溪，亦曰信安溪，自开化县发源，流至此与大溪合焉，曰双港口。又东有定阳溪，一名东溪，自遂昌县流入，合于衢江。”

衢县 1912年改西安县置，属浙江金华道。治所即今浙江衢州市。1917年为金华道治。1927年直属浙江省。2001年撤销衢县，改设衢州市衢江区。

衢港 即衢江。在今浙江省西部。《方舆纪要》卷93西安县：衢江“亦曰衢港”。

衢港洋 即今浙江岱山县岱山岛与大衢山岛间之岱衢洋。清康熙《定海县志》卷3：衢港洋在“县北外洋”。

〔丶〕

讙 春秋时鲁邑。在今山东肥城市南夏辉。《春秋》：桓公三年（前709），“齐侯送姜氏于讙”。又，哀公八年（前487），“齐人取讙及阐”。即此。

灞上 即霸上。在今陕西西安市东北白鹿原北首。《史记·王翦列传》：秦始皇自送至灞上。《晋书·苻坚载记》：“坚南游灞上。”

灞口隘 即今江西石城县东北坝口。《清一统志·宁都州》：灞口隘“在石城县东北十里，灞、琴二水合流处”。

灞水 ①在今江西石城县北。《方舆纪要》卷88赣州府石城县：灞水“源出县东八十里之遥岭，合境内古文江诸水，西南经灞口入宁都县界，会虔化水入贡水”。《清一统志·宁都州》：琴、灞二水“俱在石城县。灞水在县北，源出遥岭，西流至灞口合琴水”。

②即霸水，在今陕西西安市和蓝田县境。

灞桥 一作霸桥。在今陕西西安市东二十里灞河上。春秋初秦穆公与东方诸侯争雄，改滋水为灞水以彰显霸功，并在水上建桥。《水经·渭水注》：“霸水又北迳枳道，水上有桥，谓之霸桥。”《三辅黄图》卷6：“灞桥在长安东，跨水作桥。汉人送客至此桥，折柳赠别。王莽时灞桥灾，数千人以水沃救不灭，更灞桥为长存桥。”隋开皇三年（583）又在秦汉桥南里许建石桥，后经历代重修。宋程大昌《雍录》卷7：“隋时更以石为之，唐人以送别者多于此，因亦谓之销魂桥。”唐李白《忆秦娥》：“年年柳色，灞桥伤别。”元以后桥迁建今址。1994年在今灞桥东约100米处发现隋开皇三年（583）石桥，发掘出三孔桥洞、四座桥墩。这是我国迄今发现的时代最早、规模最大的多孔联拱石拱桥。桥长一百多米。建造时代早于著名的安济桥，对于中国科技史、交通史研究有重大意义。1996年灞桥遗址定为全国重点文物保护单位。

灞涌岩　在今福建清流县东北。《方舆纪要》卷98清流县：“灞涌岩在县东北七里。飞泉怪石，茂林修竹，为一方之胜。”

灅水　在今山西北部及河北、北京境内。上游即今山西、河北境内桑干河及永定河，下游自今北京市西南卢沟桥以下，故道在今永定河之北，东南流至今天津市武清县入潞河（今北运河）。《水经·灅水》：“灅水出雁门阴馆县，东北过代郡桑干县南，又东过涿鹿县北，又东南出山，过广阳蓟县北，又东至渔阳雍奴县西，入笥沟。”

灅余（馀）河　即今北京市东北温榆河。《水经·灅余水》：“灅余水出上谷居庸关东，东流过军都县南，又东流过蓟县北。又北屈，东南至狐奴县。西南入于沽河。”郦道元注：“其水南流出关，谓之下口，水流潜伏十许里也。”又云：“灅余水故渎东径军都县故城南，又东，重源潜发，积而为潭，谓之灅余潭。又东流，易荆水注之。”军都古县即今北京市昌平区西南土城村，故灅余水上游为今北沙河，下游即温榆河。

二十五画以上

鸎脰湖（鸎 yīng）　即罂脰湖。在今浙江宁波市西。《清一统志·宁波府一》：广德湖“在鄞县西十二里。旧名鸎脰湖”。

篗斤城　即喝汗城。在今乌兹别克斯坦布哈拉东北。《新唐书·西域传》：东安“治喝汗城，亦曰篗斤”。唐显庆中置木鹿州于此。

鐵堠子　即今新疆鄯善县东北七克台镇。危素《耶律希亮神道碑》：元世祖中统年间，“由苦先城至哈喇火州，宿柳中，经鐵堠子，宿伊州，涉大漠以还”。

黿山　在今山西沁县西二十里开村西北。《方舆纪要》卷43沁州：“黿池在州西二十里黿山下，流入漳河。”《清一统志·沁州》：黿山“以形似名，土人不识此字，故《旧志》讹为鳖山”。

驩水　即今广西西南部左江支流黑水河。《汉书·地理志》郁林郡增食县：“驩水首受牂柯东界，入朱涯水，行五百七十里。”《水经·温水注》：驩水“水源上承牂柯水，东径增食县而下注朱涯水”。

驩州　①隋开皇十八年（598）改德州置，治所在九德县（今越南义安省荣市）。《元和志》卷38驩州：“取咸驩县为名。”辖境相当今越南义安省地。大业三年（607）改为日南郡。唐武德五年（622）改为南德州，八年（625）又改为德州。贞观元年（627）复为驩州，天宝元年（742）改为日南郡，乾元元年（758）复为驩州。后废。

②唐武德五年（622）置，治所在安人县（今越南义安省安城）。辖境相当今越南义安省演州、安城一带地区。贞观元年（627）改置演州。

驩城　即今山东微山县北欢城镇。《方舆纪要》卷32滕县“休城”条下：“又驩城在县西南五十里。相传齐王驩所居邑。”

驩潜国　在今乌兹别克斯坦咸海南阿姆河下游。《史记·大宛列传》：“（大）宛西小国驩潜、大益，宛东姑师、扜罙、苏薤之属，皆随汉使献见天子。天子大悦。”

犨　一作犫。春秋郑邑，后属楚。在今河南鲁山县东南五十五里。《左传·昭公元年》：“楚公子围使公子黑肱、伯州犁城犨、栎、郏。郑人惧。”秦置县。

爨龙颜碑　简称大爨碑。在云南陆良县城南二十八里贞元堡（今薛官堡）。碑立于南朝宋大明二年（458）。高3.38米。上刻“宋故龙骧将军护镇蛮校尉宁州刺史邛都县侯爨使君之碑”。碑文二十四行，共九百零四字，爨道庆撰文。碑文叙述爨氏世系及爨龙颜祖孙三代仕历，并提及元嘉九年（432）爨龙颜参与镇压益州赵广起义的活动。碑阴刻职官题名三列，记录职官组织及参加政权的人员情况甚详。字体属楷书，但仍保留浓重的隶书风格。书法气魄雄浑，结构多变，向为金石家和书法家所推崇。1961年定为全国重点文物保护单位。

爨底下村古建筑群　在今北京市门头沟区斋堂镇西北。相传明永乐年间韩姓家族随移民大潮由山西迁此，至清康熙年间趋于繁盛，有“古迹山庄”之称。这里有经历四百多年历史保存下来的明清四合院民居七十余套五百多间。院落坐北朝南，高低错落，主次分明。影壁、砖木石雕、颂辞、楹联、壁画等体现了深厚的文化底蕴。2006年定为全国重点文物保护单位。

爨宝子碑　又称小爨碑。在今云南曲靖市城关镇第一中学碑亭内。亭内有《爨宝子碑》及《段氏与三十七部会盟碑》。《爨宝子碑》俗称小爨碑，刻于东晋义熙元年（405），清乾隆四十三年（1778）出土于曲靖城南杨旗田。高1.83米，宽0.68米。碑额题刻“晋故振威将军建宁太守爨府君之墓”。碑文四百字，字体古朴雄劲，是研究书法艺术的宝贵资料。1961年定为全国重点文物保护单位。

附：

辨析历史地名读音手记

我本来是研究中国历史和历史地理学的，后来对地名又略有涉猎，但关注比较多的是地名的由来及其释义，也就是通常说的“释名”，而对于历史地名的读音，虽然偶尔也会遇到一些，但从来没有系统地研究过。这次修订《中国历史地名大辞典》，应广大读者的要求，准备增加一个音序索引，但要做起来却颇不容易。因为历史地名中有古民族语，又有不少地名的古音与今绝然不同。如果把这些全都不顾，肯定会闹出不少笑话。因为这是无法避开的，所以只好又从头学起。我将历史地名中，凡古今音发生过变化的挑出来，根据历史典籍中的记载加以梳理，大体理出一个眉目来。现将这些地名用字检出，逐个进行辨析。

[1] 比

(1) bǐ 此为今常见读音。比有比较之意。比又为姓氏。《姓觿》引《世本》：比“商裔，比干之后。”今山西汾阳市西北有比干山；河南卫辉市城北有比干庙。

(2) pǐ 此为古音。《广韵》房脂切。汉有比苏县，属益州郡。治所在今云南云龙

县境。《汉书·地理志》，颜师古注曰：“比音频二反。”陆德明《经典释文》音毗。

[2] 长（长）

(1) cháng 古有长勺，在今山东莱芜市东北。《春秋》：庄公十年（前 684），“公败齐师于长勺”。即此。各地又有长山。

(2) zhǎng [涨]《广韵》知丈切。春秋时晋有长子邑，秦置长子县，为上党郡治。治所在今山西长子县西南。《读史方舆纪要》卷 42 引《唐十道图》：“长子城，丹朱所筑。丹朱，尧之长子，因名。”

[3] 仇

(1) chóu《说文》：“仇，雠也。从人，九声。”今甘肃西和县南有仇池山；古又有仇池国。

（2）qiú［求］《广韵》巨鸠切。仇为姓氏。《广韵·尤韵》："仇，姓。"有些乡镇地名多取自仇姓。

［4］允

（1）yǔn《广韵》余准切。此为今常见读音。隋开皇间曾改封州为允州，治所在新会县（今广东江门市新会区北）。又，北宋崇宁间曾于安口砦置允州，治安口县（在今贵州从江县东北）。

（2）yán［沿］。汉有允吾县，为金城郡治。治所在今青海民和回族土族自治县南古鄯镇北古城。又有允街县，亦属金城郡。治所在今甘肃兰州市西北红古区花庄镇一带。据《汉书·地理志》注引应劭曰："允吾音铅牙。"又据《后汉书·明帝纪》载：中元二年（57）九月，"烧当羌寇陇西，败郡兵于允街"。李贤注："允街，县名也。音铅，街音佳。"

［5］毋

（1）wú《广韵》武夫切。此为今常见读音。《说文》："毋，止之也。"意为不要，不可以。

（2）guàn［馆］为古音。《广韵》古玩切。古地名有毋丘，在今山东曹县南十里。《史记·六国年表》："（宣公）与郑会于西城，伐卫，取毋。"司马贞《索隐》："音馆。"按《史记·田敬仲完世家》作"宣公与郑人会西城，伐卫，取毋丘。"《索隐》云："毋，音贯。古国名，卫之邑。今作毋者，字残缺耳。"

［6］厉（厉）

（1）lì《广韵》力制切。此为今常见读音。含意为厉害。

（2）lài［赖］为古音。春秋时有厉国，在今湖北随州市东北。《春秋》：僖公十五年（前645），"秋七月，齐师、曹师伐厉"。杜预注："厉，楚与国。义阳随县北有厉乡。"《汉书·地理志》南阳郡随县下原注："故国。厉乡，故厉国也。"颜师古注："厉读曰赖。"

［7］且

（1）qiě《广韵》七也切。此为今常见读音。且可用作助词或副词，又可作连词（而且）。

（2）jū［苴］为古音。《广韵》子鱼切。《史记·西南夷列传》有古且兰国，为战国至汉初古国。故地在今贵州东部以黄平为中心的沅水上游㵲水、清水江流域。汉平西南夷后，置为牂柯郡，于且兰地置故且兰县，治所在今贵州黄平县西北旧州一带。据《汉书·地理志》牂柯郡故且兰县注引应劭曰："故且兰侯邑也。且音苴。"颜师古曰："音子闾反。"又，汉西域亦有且末国，为西域三十六国之一，属西域都护府。汉时王治且末城，故址在今新疆且末县西南，其音与且兰国之且同音。

［8］叶（叶）

（1）yè《广韵》与涉切。此为今常见读音。河南省有叶县。叶又为姓氏。《通志·氏族略三》："叶氏，旧音摄，后世与木叶同音。"《风俗通》："楚沈尹戍生诸梁，食采于叶，因氏焉。"

（2）shè［摄］为古音。春秋时楚有叶邑，在今河南叶县南二十八里旧县。《左传》：成公十五年（前576），"楚公子申迁许于叶"。又，昭公十八年（前524）载，"叶在楚国，方城外之蔽也"。《史记·建元以来王子侯者年表》注，司马贞《索隐》："叶音摄，县名，属南阳。"《汉书·地理志》南阳郡叶县下原注："楚叶公邑。"按，刘向《新序·杂说》载有"叶公好龙"故事，源出于此。

[9] 乐（乐）

(1) yuè《广韵》五角切。《说文》："乐，五声八音总名。"今浙江有乐清市，实际是因乐正（乐师）而得名。乐清，本名乐成县，东晋置。五代吴越改为乐清县。据民国《乐清县志》卷1《邑里志》载："邑取大乐正造士，小成七年，大成九年之义，因名乐成。"后梁钱氏以避梁祖讳改名乐清。

(2) luò [洛] 汉有乐陵县，属平原郡。治所在今山东乐陵市东南二十五里花园镇城子后。东汉为乐陵郡治。《汉书·地理志》注，颜师古曰："乐音来各反。"汉元封间又置乐浪郡，治朝鲜县。在今朝鲜平壤市大同江南岸土城垌，或说即今平壤市。据《汉书·地理志》注引应劭曰："胡朝鲜国也。"颜师古曰："乐音洛。浪音狼。"

(3) lao [涝] 河北唐山市有乐亭县。为李大钊之故乡。

[10] 句

(1) jù《广韵》九遇切。此为今常见读音。句指语句或诗句。

(2) gōu 古同勾。句吴，即吴国。《史记·吴太伯世家》："太伯之奔荆蛮，自号句吴。"裴骃《集解》引宋忠曰："句吴，太伯始所居地名。"司马贞《索隐》："荆者，楚之旧号，以州而言之曰荆。蛮者，闽也，南夷之名；蛮亦称越。此言自号句吴，吴名起于太伯，明以前未有吴号。地在楚、越之界，故称荆蛮。颜师古注《汉书》，以吴言'句'者，夷语之发声，犹言'于越'耳。此言'号句吴'，当如颜解。"（按，《汉书·地理志》吴地说到"太伯初奔荆蛮，荆蛮归之，号曰句吴"。颜师古注的原话是："句音钩，是俗语之发声也，亦犹越为于越也。"）

[11] 冯

(1) píng 通凭。《集韵》皮冰切。汉置左冯翊，治长安城（今陕西西安市西北）。为汉代三辅之一。据王先谦《汉书补注》："先谦曰，《决录》注：冯，冯也。翊，明也。先谦按，冯也之冯，读凭。《诗·卷阿》'有冯有翼'，翊翼字通，郡名取此。"

(2) féng《广韵》房戎切。冯为姓氏。《元和姓纂·东韵》："冯，周文王第十五子毕公高之后，毕万封魏，支孙食采于冯，遂氏焉。"

[12] 汁

(1) zhī《广韵》之入切。此为今常见读音。《说文》："汁，液也。"汁即汁液。

(2) shí [十] 为古音。《集韵》寔入切。汉有汁方县。西汉高帝六年（前201）封雍齿置汁方侯国，属广汉郡。元鼎五年（前112）国除，改为汁方县。治所即今四川什邡市。据《汉书·地理志》注引应劭曰："汁音十。"汁方与今什邡音同。

[13] 召

(1) zhào 此为今常见读音。召为召唤或征召。

（2）shào［邵］为古音。《广韵》寔照切。西周初有召国，为召公奭封地，在今陕西岐山县西南。春秋时又有楚召陵邑，在今河南漯河市召陵区东三十里召陵寨。汉置召陵县，属汝南郡。据《汉书·地理志》颜师古注曰：“召读曰邵。”

［14］芍

（1）sháo《说文》：“芍，凫茈也。从屮屮，勺声”。《广韵》市若切。如芍药。

（2）què［鹊］《广韵》七雀切。如芍陂，在今安徽寿县安丰塘以东，为古代著名水利工程。《后汉书·王景传》：“（庐江）郡界有楚相孙叔敖所起芍陂稻田。”李贤注：“陂在今寿州安丰县东。陂径百里，灌田万顷。芍音鹊。”

［15］会（會）

（1）huì《广韵》黄外切。此为今常见读音。会为会合之意。

（2）kuài［郐］为古音。《广韵》古外切。古有会国，在今河南新密市东北。据《汉书·地理志下》郑国地：“子男之国，虢、会为大”。颜师古注：“会读曰郐，字或作桧。”

［16］汙

（1）wū 污。《广韵》乌路切。

（2）yú［于］《广韵》羽俱切。古有汙水，又有汙城。在今河北临漳县西南。《史记·项羽本纪》：“项羽悉引兵击秦军汙水上，大破之。”裴骃《集解》引徐广曰：“在邺西。”司马贞《索隐》：“汙音于。《郡国志》邺县有汙城。郦元云：‘汙水出武安山东南，经汙城北入漳。’”

［17］身

（1）shēn《广韵》失人切。此为今常见读音。按《说文》：身字“象人之身”。

（2）juān［捐］为古音。身毒为古印度的别译。《史记·西南夷列传》：“或闻邛西可二千里有身毒国。”司马贞《索隐》：“身音捐，毒音笃。一本作‘乾毒’。《汉书音义》一名‘天竺’也。”

［18］龟（龜）

（1）guī《广韵》居追切。此为今常见读音。春秋时有地名龟，疑在今河南睢县境内。《春秋》：桓公十二年（前700），“冬十有一月，公会宋公于龟”。杜预注：“龟，宋地。”又有龟山，在今山东新泰市西南四十里。《诗经·鲁颂·閟宫》：“奄有龟、蒙，遂荒大东。”毛《传》：“龟，山也；蒙，山也。”孔颖达《疏》：“龟、蒙今在鲁地。”又，今湖北武汉市汉阳城区东北亦有龟山。

（2）qiū［丘］为古音。《广韵》居求切。龟兹为汉西域诸国之一，受汉中央政府及西域都护府管辖。故地在今新疆库车县一带。汉又置有龟兹县，属上郡。故治在今陕西榆林市东北。《汉书·地理志》注引应劭曰：“音丘慈。”颜师古曰；“龟兹国人来降附者，处之于此，故以名云。”

［19］枞（樅）

（1）cōng［匆］《广韵》七恭切。枞为木名。又为姓氏。《正字通·木部》：“枞，姓。”

（2）zōng［宗］为古音。汉置枞阳县，属庐江郡。治所在今安徽枞阳县。《汉书·郊祀志下》：汉武帝“浮江，自浔阳出枞阳，过彭蠡，礼其名山川”。颜师古注：“枞音千庸反。”

［20］苦

（1）kǔ《说文》：“苦，大苦，苓也。从屮屮，古声。”如苦菜、苦味。此为今最常见读音。苦又为姓氏。《通志·氏族略三》：“苦氏，越大夫苦成。汉有苦灼，为会稽太守。”

（2）gǔ［古］通“盬”。《集韵》果五切。《史记·五帝本纪》：舜“陶河滨，河滨器皆不苦窳”。张守节《正义》：“苦，读如盬，音古。”

（3）hù［户］《广韵》侯古切。战国楚置苦县，汉属淮阳国。治所即今河南鹿邑县。《史记·樊郦滕灌列传》：灌婴“攻苦、谯，复得亚将周兰”。张守节《正义》：“户、焦二音。”

［21］味

（1）wèi《广韵》无沸切。此为今常见读音。味即滋味之味。

（2）mèi［昧］为古音。《广韵》莫佩切。汉有味县，属益州郡。治所在今云南曲靖市西北十五里三岔。《汉书·地理志》注引孟康曰：“音昧。”

［22］佷

（1）hěn 同很。《玉篇·人部》：“佷，戾也。本作很。”

（2）héng［恒］汉武陵郡有佷山县。治所在今湖北长阳土家族自治县西州衙坪。《汉书·地理志》注引孟康曰：“音恒。出药草恒山。”

［23］卑

（1）bēi《广韵》必移切。此为今常见读音。卑有地位卑下之意。卑又为姓氏。《广韵·支韵》：“卑，姓。”《通志·氏族略二》：“卑氏，卑耳国之后。或云鲜卑种类。汉有右北平太守卑躬。”

（2）bān［班］为古音。古有卑水，又有卑水县。卑水见于《水经·若水注》，水出卑水县东流，注入马湖江。即今四川美姑县境之美姑河。卑水县置于汉，属越巂郡。治所在今四川昭觉县北。《汉书·地理志》注引孟康曰：“音班。”

［24］征（徵）

（1）zhēng《广韵》陟陵切。此为徵字最常见的读音。

（2）chéng 同澂《集韵》持陵切。汉置徵县，属左冯翊。治所在今陕西蒲城县东北避难村，近澄城县境。《史记·河渠书》：“于是为发卒万余人穿渠，自徵引洛水至商颜山下。”裴骃《集解》引应劭曰：“徵在冯翊。”司马贞《索隐》：“音惩，县名也。小颜云即今之澄城也。”《汉书·地理志》左冯翊徵县注，颜师古曰：“徵音惩，即今之澄城县也。”

［25］于

（1）yú《广韵》央居切。于为古邑名，在今陕西丹凤县西北商镇。《史记·商君列传》：“卫鞅既破魏还，秦封之于、商十五邑，号为商君。”又，于为姓氏。《广韵·鱼韵》：“于，姓。”

（2）yú 同于。《汉书·货殖列传》曰：“辟犹戎翟（狄）之与于越，不相入矣。”注引孟康曰：“于越，南方越也。”颜师古曰：“于，发语音也。戎蛮之语则然。于越犹句吴耳。”

（3）wū［乌］《广韵》哀都切。《春秋》：定公五年（前505），“于越入吴”。又，定公十四年，“于越败吴于槜李”。昔人以于越为禹之苗裔，目前多数学者则认为是土著部族的可能性较大。春秋时强盛的越国即为本部族所建。至于“于越”一词，据《左传》杜预注：“于，发音也。”这一点在《史记·越王勾践世家》张守节《正义》亦引杜注云：“于，语发音也。”

［26］单（单）

（1）dān《广韵》都寒切。此为今最常见读音。清康熙间曾置单东安抚司，属雅州府。治所在今四川丹巴县西北丹东乡。

（2）shàn［善］《广韵》常演切。单为姓氏。《广韵·狝韵》：“单，亦姓。”《通志·氏族略三》：“成王封蔑于单邑，故为单氏。”春秋时有鲁单父邑，秦置单父县。东汉改为单父侯国，后改县。五代唐为单州治。明洪武初省县入州，改为单县。即为今山东单县。

（3）chán［禅］为古音。《广韵》市连切。汉匈奴有单于台，在今内蒙古呼和浩特市西或固阳县西北。汉武帝于元封元年（前110）曾“北登单于台”。唐又曾置单于大都护府，治所在今内蒙古和林格尔县西北土城子古城。

［27］卷

（1）juǎn《广韵》居转切。卷为姓氏。《通志·氏族略五》：“卷氏，音倦。望出琅邪。《陈留风俗传》陈留太守琅邪卷基。本圈氏，因避仇去□。”

（2）quán［圈］《集韵》驱圆切。春秋魏有卷邑，在今河南原阳县西圈城。《史记·秦本纪》：昭襄王三十三年（前274），“客卿胡阳攻魏卷。”张守节《正义》：“卷，音丘袁反。”《括地志》云：“故卷城在郑州原武县西北七里，即衡雍也。”

［28］泷

（1）lóng《广韵》卢红切。《说文》：“泷，雨泷泷貌。从水，龙声。”泷水即今山东省孝妇河，也作“笼水”。《水经·济水注》：“泷水南出长城中，北流至般阳县故城西南，与般水会。……泷水即古袁水也。”《寰宇记》卷19淄川县引《舆地志》曰：“齐有孝妇颜文姜事姑孝养，远道取水不以寒暑易心，感得灵泉生于室内。文姜尝以缉笼盖之，姑怪其须水即非意相供，值姜不在，私入姜室，去笼观之，水即喷涌坏其居宅，故俗亦呼为笼水。”

（2）shuāng［霜］《集韵》、《韵会》疎江切。《集韵》：“泷，水名。在岭南。”古泷水，即今武水，又名武溪。源出湖南临武县西北，流入广东省，经乐昌县至韶关市，南流与浈水合为北江。南朝梁有泷州，治龙乡县（今广东罗定市南）。唐复置泷州，治所仍在今广东罗定市境。

［29］泺

（1）luò《广韵》卢各切。《说文》：“泺，齐鲁间水也。从水，乐声。”《春秋》：桓公十八年（前694），“公会齐侯于泺”。杜注：“泺水在济南历城县西北，入济”。《水经·济水注》：“济水又东北，泺水入焉。水出历城县故城西南，泉源上奋，水涌若轮……俗谓之为娥姜水，以泉源有舜妃娥英庙故也。”南宋初伪齐刘豫堰泺水东流为小清河上源，后人因通称泺水为小清河。今济南市东北泺口，即泺水入古济水（此段古济水即今黄河）之口。

（2）pō 同泊。《广韵》匹各切。《正字通·水部》："泺，俗作泊。"

［30］沮

（1）jū［举］《广韵》子鱼切。汉有沮县，属武都郡。治所在今陕西略阳县东黑河东岸。《汉书·地理志》武都郡沮县下原注："沮水出东狼谷，南至沙羡南入江，过郡五，行四千里，荆州川。"颜师古曰："沮音千余反。羡音夷。"

（2）zǔ［俎］《集韵》壮所切。秦汉有沮阳县，为上谷郡治。治所在今河北怀来县（沙城）东南官厅水库南岸之大古城村古城。《汉书·地理志》注引孟康曰："音俎。"

［31］宛

（1）wǎn《广韵》于阮切。北京旧有宛平县，今有宛平城。

（2）yuān［鸳］《广韵》于袁切。春秋战国时楚有宛邑，秦汉置宛县，为南阳郡治。治所即今河南南阳市。据《史记·高祖本纪》：沛公"与南阳守齮战犨东，破之。略南阳郡，南阳守齮走，保城守宛"。张守节《正义》："宛，于元反。"又汉牂柯郡有宛温县，治所在今云南砚山县西北四十六里维摩。据《汉书·地理志》颜师古注曰："宛音于元反。"与《史记》正义注音同。

［32］承

（1）chéng《广韵》署陵切。今河北省有承德市、承德县。

（2）zhěng《集韵》诸应切。汉东海郡有承县。治所在今山东枣庄市南峄城西北。《汉书·地理志》注引应劭曰："音证。"

［33］贲（贲）

（1）bì《广韵》彼义切。贲指文饰华美。

（2）bēn［奔］《广韵》博昆切。汉有贲古县，属益州郡。治所在今云南蒙自市东南十四里新安所。《汉书·地理志》颜师古注曰："贲音奔。"

（3）pān［番］为古音。《集韵》孚袁切。《山海经·海内南经》："桂林八树在贲隅东。"郭璞注："贲隅音番禺，今番禺县。"番禺即今广东广州市番禺区。

［34］郚

（1）wú［吾］《广韵》五乎切。春秋时纪国郚邑，后入齐。在今山东安丘市西南。《春秋》：庄公元年（前693），"齐师迁纪郱、鄑、郚"。杜预注："郚音吾。"

（2）yú［鱼］《集韵》牛居切。汉东海郡有郚乡县，治所在今山东泗水县东南。据《汉书·哀帝纪》："夏六月，立鲁顷王子郚乡侯闵为王。"颜师古注引苏林曰："郚音鱼，县名也，属东海。"《汉书·地理志》师古注曰："郚音部，又音鱼。"是郚有吾、鱼二音。

［35］郦（郦）

（1）lí［丽］《广韵》郎击切。春秋时鲁有郦邑。《春秋》：僖公元年（前659），"公子友帅师败莒师于郦"。杜预注："郦，鲁地。"《公羊》作"犁"。《谷梁》作"丽"。郦又为姓氏。

《广韵·锡韵》："郦，姓。"汉有郦食其、郦商；北魏有《水经注》，作者郦道元。

（2）zhí［掷］为古音。《集韵》直炙切。春秋时楚有郦邑。秦置郦县，治所在今河南省南阳市西。《史记·楚世家》："楚之故地汉中、析、郦可得而复有也。"又，同书《越王勾践世家》称："商、于、析、郦、宗胡之地，夏路以左，不足以备秦。"司马贞《索隐》："四邑并属南阳，楚之西南也。"张守节《正义》："郦音掷。"

［36］茜

（1）qiàn［千］《广韵》仓甸切。今江苏昆山市东南旧有茜墩镇（今名千灯镇）；太仓市东北有茜泾镇。

（2）xī［西］多用于人名（人名亦有读 qian）。

［37］萯（萯）

（1）fù［负］《广韵》房九切。王萯本为植物名。

（2）bèi［倍］《集韵》薄亥切。《穆天子传》卷2："茅、萯、蒹、葽。"郭璞注："萯，今菩字，音倍。"《汉书·地理志》右扶风雩县："有萯阳宫，秦文公起。"颜师古注："萯音倍。"

［38］荡（荡）

（1）dàng《广韵》徒朗切。此为今常见读音。如声势浩浩荡荡。

（2）tāng［汤］为古音。《集韵》他郎切。古有荡水，源出河南汤阴县北。唐以后称汤水。汉又有荡阴县，属河内郡。治所即今河南汤阴县。因荡水而得名。《汉书·地理志》河内郡荡阴县下原注："荡水东至内黄泽。"颜师古注："荡音汤。"

［39］荥（荥）

（1）xíng《广韵》户扃切。《说文》："荥，绝小水也"。古有荥泽，在今河南郑州市西北古荥北。北周置荥州，治所在虎牢（今河南荥阳市西北汜水镇）。

（2）yíng［营］《集韵》娟营切。唐置荥州，即今四川荥经县。又有荥经河，为四川省青弋江上源之一。

［40］栎（栎）

（1）lì［历］《广韵》郎击切。春秋时栎邑，为郑国别都，在今河南禹州市。《春秋》：桓公十五年（前697），"秋九月，郑伯突入于栎"。杜预注："栎，郑别都也，今河南阳翟县。……栎音历。"又有楚鄗栎，在今河南新蔡县西北。《史记·郑世家》：厉公四年（前697），"厉公出居边邑栎"。即此。司马贞《索隐》按："栎音历。"

（2）yuè《广韵》以灼切。战国置栎阳县，在今陕西西安市临潼区东北渭河北岸。秦献公曾徙都此，西汉高帝亦曾以此为都。《史记·货殖列传》："献公徙栎邑。"裴骃《集解》引徐广曰："在冯翊。"司马贞《索隐》："上音药，即栎阳。"孝公十二年（前350）徙都咸阳。

［41］查

（1）chá［茶］《广韵》鉏加切。此为今常见读音。如查字典。

（2）zhā［楂］为古音。《集韵》庄加切。查为姓氏。《通志·氏族略五》："查氏，望出齐郡。宋登科雍熙有查盛，待制查通，新安人也。”今上海市金山区查山，安徽池州市查村堰均因查姓为名。河南遂平县之查牙山、青海之查灵海，“查”字均音楂。

［42］虾（虾）

（1）xiā《集韵》虚加切。上海市崇明县东北旧有虾港，是以虾命名。据《读史方舆纪要》卷24载：“俗传宋高宗南渡至此，有大虾二，涌水夹船出海，因名。”

（2）há［蛤］《广韵》胡加切。《说文》：“虾，虾蟆也。从虫，叚声。”虾蟆陵是指西汉经学大师董仲舒的陵墓，在今陕西西安城东南。李肇《唐国史补》卷下：“旧说董仲舒墓门，人过皆下马，故谓之下马陵。后语讹为虾蟆陵。”白居易诗《琵琶行》曰：“家在虾蟆陵下住。”

［43］俞

（1）yú［于］《广韵》羊朱切。俞为姓。《通志·氏族略五》有俞氏。今湖南永州市南有俞山，相传即因俞姓名人而得名。

（2）shù［输］为古音。《集韵》春朱切。汉有俞侯国，属清河郡。治所在今山东平原县西南五十里。西汉吕陀、栾布、田蚡、马武等先后封此。后改为县。《史记·惠景间侯者年表》有俞侯国。裴骃《集解》引如淳曰：“音输。”司马贞《索隐》亦曰：“俞音输。俞县属清河也。”

［44］洿

（1）wū同汙《广韵》哀都切。安徽宿松县东南六十里有洿池和洿池山。今又作污池或乌池。

（2）gù［梏］同㓥。《广韵》古沃切。陕西大荔县东北有洿谷镇。洿谷镇又作㓥谷镇，以近㓥谷口而名。

［45］洽

（1）qià［恰］《广韵》侯夹切。《说文》：“洽，霑也。从水，合声。”

（2）hé［合］《集韵》葛合切。古有洽水，一名瀵水，即今陕西合阳县西金水沟。《诗经·大雅·大明》：“在洽之阳，在渭之涘。”毛传：“合，水也。”

［46］洮

（1）táo《广韵》土刀切。古有洮河，在今甘肃西南部。《说文》：“洮，水。出陇西临洮，东北入河。”指此水。又，春秋时鲁有洮邑，在今山东泗水县东南。《春秋》：庄公二十七年（前667），“公会杞伯姬于洮”。即此。

（2）yáo［姚］《广韵》馀昭切。古有洮湖，又名长荡湖或长塘湖，为五湖之一。在今江苏金坛市南。《太平寰宇记》卷92宜兴县引《舆地志》云：“洮湖即长荡湖也。《江赋》云：‘具区洮、滆’，皆此也。”

（3）dào［道］《集韵》杜晧切。古有洮水，在江淮之间。《史记·高祖本纪》：“汉将别击布军洮水南北，皆大破之，追得斩布鄱阳。”裴骃《集解》：“徐广曰：洮，音道。在江淮间。”

［47］浒（滸）

（1）hǔ［浒］《广韵》呼古切。浒意为水边。

（2）xǔ［许］江苏苏州市西北有浒墅关，又名许市。南宋时改作浒墅（见范成大《吴船录》）。据元高德基《平江纪事》："许市去吴县西二十五里。旧传秦始皇帝求吴王名剑，白虎拒丘上，帝刺之，虎西走二十五里而没，地裂为池，因名其地曰虎疁。至南唐讳'琥'，钱氏讳'镠'，遂改名许市。后人讹旧音，于'许'字加点水为'浒'，'市'讹为'墅'，迄今两称之。"今常熟市东北长江边有浒浦，本名许浦。南宋时为水军戍守要地。建炎初，韩世忠讨苗正彦，驻军许浦，即此。后置许浦镇。清末和民国时改作浒浦。1999 年撤消浒浦镇，并入碧溪镇（同年改名新港镇，2008 年复名碧溪）。又，江西金溪县西有浒湾镇。

［48］祓

（1）fú［服］《广韵》敷物切。祓是说用祭祀的方法除恶求福。

（2）fèi［废］为古音。汉有祓侯国，属琅邪郡。治所在今山东胶州市西南七十里之里岔镇牧马城。据《汉书·地理志》注，颜师古曰："音废。"

［49］祖

（1）zǔ《广韵》则古切。广东佛山市有祖庙。内蒙古巴林左旗有祖陵。

（2）jiē［结］为古音。《字彙补》咨邪切。汉有祖厉县，属安定郡。治所在今甘肃靖远县西南平堡乡驻地平滩堡。《汉书·地理志》注引应劭曰："祖音罝。"颜师古曰："厉音赖。"

［50］费（费）

（1）fèi《广韵》芳未切。今山东有费县。春秋时鲁有费邑，在今山东鱼台县西南（鱼城西南）。《左传》：隐公元年（前 722），"费伯帅师城郎"。杜预注，"费伯，鲁大夫。"清江永《春秋地理考实》："《彙纂》鲁大夫费庈父之食邑。读如字，与季氏费邑读如秘者有别。魏武封费亭侯，即此。今鱼台县西南有费亭。"

（2）bì［秘］为古音。《广韵》兵媚切。春秋时另一费邑在今山东费县西北二十里。《左传》：僖公元年（前 659），"公赐季友汶阳之田及费"。即此。《汉书·五行志中之下》："（襄公七年）夏，城费。"颜师古注："费，鲁邑也。音秘。"

［51］莘

（1）shēn《广韵》所臻切。商周时有莘国，在今陕西合阳东南。《诗经·大雅·大明》："缵女维莘。"毛《传》："莘，大姒国也。"郑《笺》："缵，子管反；莘，所申反。"今山东有莘县。

（2）xīn《集韵》斯人切。夏商周时有莘国，在今山东曹县北莘冢集。《左传》：昭公元年（前 541）"商有姺、邳"。即《吕氏春秋·本味篇》之"有侁氏"。高诱注："姺读莘。"《文选·辨命论》李善注引作"有莘氏"。

［52］蚌

（1）bàng［棒］《广韵》步项切。春秋时虢地有蚌城，在今河南渑池县境。《左传》：庄公二十一年（前 673），"王巡虢守，虢公为王宫于蚌"。

（2）bèng 今安徽蚌埠市。

［53］铅

（1）qiān《说文·金部》:“铅，青金也。”如铅笔。

（2）yán 通沿。《广韵》与专切。清朱骏声《说文通训定声·屯部》:“铅，叚借为沿。”今江西有铅山县。元置铅山州于此。铅又为姓。《姓氏寻源·先韵》:“铅氏，《华阳国志》云:‘江州官族有铅氏。’”

［54］脩

（1）xiū 与修通，《广韵》息流切。脩又为姓氏。《广韵·尤韵》:“脩，姓。汉屯有骑校尉脩炳。”

（2）tiáo［条］为古音。《集韵》他彫切。汉有脩侯国。治所在今河北景县南十三里。《史记·汉兴以来将相名臣年表》有“条侯周亚夫”。司马贞《索隐》:“脩侯周亚夫。脩音条。”《汉书·地理志》信都国脩县注，颜师古曰:“脩音条。”

［55］隽（雋）

（1）juàn［绢］《广韵》徂兖切。隽永指意味深长。

（2）jùn［俊］隽才即俊杰。此皆今常见读音。

（3）zuì［醉］为古音。春秋时吴越有隽李，在今浙江嘉兴市南。《汉书·地理志》:“至勾践称王，与吴王阖庐战，败之隽李。”颜师古注:“隽音醉，字本作槜，其旁从木。”

［56］般

（1）bān《广韵》北潘切。此为今常见读音。般指一样、一般。通班。

（2）pán［盘］为古音。《广韵》薄官切。汉有般阳县，属济南郡。治所在今淄博市西南淄川城。《汉书·地理志》注引应劭曰;“在般水之阳。”颜师古曰:“般音盘。”

（3）bō［玻］《龙龛手鑑》音拨。“般若”，梵语 prajna 的音译，意即智慧。山西五台山有般若寺。

［57］剡

（1）yǎn《广韵》以冉切。此为今常见读音。剡意为锐利或削。

（2）shàn［善］《广韵》时染切。汉置剡县，属会稽郡。治所在今浙江嵊州市西南。《汉书·地理志》注，颜师古曰:“音上冉反。”其地又有剡山、剡水。

（3）tǎn［谈］剡又为姓氏。《广韵·琰韵》:“剡，姓。”《姓觿》:“剡，《姓考》云，春秋剡子国之后。”

［58］涡（渦）

（1）wō《广韵》乌禾切。此为今常见读音。涡意为旋涡。

（2）guō［锅］为古音。《广韵》古禾切。水名，淮河支流。北魏置涡州，治所在涡阳城（今安徽蒙城县）。又，唐置涡州，治所在下蔡县（今安徽凤台县）。

［59］浩

（1）hào《广韵》胡老切。唐武德元年（618）改西河郡为浩州，治所在隰城县（今山西汾阳市）。又，唐武德五年置浩州，治所在今江西彭泽县四十里浩山下。

（2）gé［阁］《广韵》古沓切。汉有浩亹县，属金城郡。治所在今甘肃永登县西南河桥镇。《汉书·地理志》金城郡浩亹县下原注："浩亹水出西塞外，东至允吾入湟水。"《汉志》注引孟康曰："浩亹音合门。"颜师古曰："浩音诰。浩，水名也。"亹者，水流峡山，岸深若门也。……今俗呼此水为阁门河，盖疾言之，浩为阁尔。"

［60］浚

（1）jùn 此为今常见读音。浚有疏浚之意。

（2）xùn［训］《广韵》私闰切。春秋时卫国浚邑，在今河南濮阳市西南。《诗经·鄘风·干旄》："孑孑干旄，在浚之城。"即此。北宋政和五年（1115）始置濬州，治所在黎阳县（今河南浚县东）。元初省黎阳县入州。明洪武三年（1370）降为濬县。因濬与浚相通，故改为浚县。

［61］被

（1）bèi《广韵》皮彼切。此为今常见读音。有覆盖之意。

（2）pī［疲］为古音。《集韵》攀縻切。汉有被阳侯国，属千乘郡。治所在今山东高青县东南高城镇。《汉书·地理志》注引如淳曰："一作疲，音罢军之罢"。

［62］骊（骊）

（1）lí《广韵》吕支切。今陕西西安市临潼区东南有骊山。周初有骊戎居此。秦骊邑。

（2）chí［池］《集韵》陈尼切。汉有骊靬县，属张掖郡。治所在今甘肃永昌县西南二十里焦家庄乡者来坝。《汉书·地理志》注引李奇曰："音迟虔。"

［63］掖

（1）yē［耶］是指把东西塞在兜里，意为藏。

（2）yè［夜］《广韵》羊益切。古有掖邑。汉置掖县，为东莱郡治。治所即今山东莱州市。刘向《说苑·指武》鲁仲连子对田单曰："今将军东有掖邑之封，西有淄上之宝。"王先谦《汉书补注》，先谦曰："亦作夜。战国齐邑，田单所封，见《国策》。高帝时虫达先封夜侯，见表。"可见掖与夜通。又，掖为姓氏。《广韵·昔韵》："掖，姓。"

［64］堵

（1）dǔ 此为今常见读音。堵指墙壁。

（2）zhě［者］为古音。《广韵》章也切。水名。汉南阳郡有堵阳县，治所在今河南方城县东。《汉书·地理志》注引韦昭曰："堵音者。"

［65］乾

（1）qián《广韵》渠焉切。"乾为八卦之一，又为六十四卦之一。《易·说卦》："乾为天，为圜，为君，为父，为王，为金，为寒，为冰，为大赤，为良马，为老马，为瘠马，为驳马，为木果。"乾指君主，又代表西北方。唐乾宁元年（894）置乾州，治奉天县（今陕西乾县），以位居京城长安的西北方而名。又有乾陵，为唐高宗李治与女皇武则天的合葬墓，在今陕西乾县西北梁山。

（2）gān［干］《广韵》古寒切。意为干燥。如春秋齐地名乾时，指今山东临淄西北以下时水支津。又如春秋楚地名乾谿，在今安徽亳州市东南。乾又为姓氏，见《姓苑》。

［66］朝

（1）zhāo［昭］《广韵》陟遥切。朝歌为商代帝乙、帝辛（纣）的别都，在今河南淇县。秦置朝歌县。《史记·乐书》："夫朝歌者不时也。"说明"朝"为朝暮之朝。

（2）cháo［潮］《广韵》直遥切。吴越国都城内城有朝天门。今辽宁省有朝阳市。

［67］覃

（1）tán［谈］《广韵》徒含切。覃有深思或延伸之意。覃又为姓氏。《通志·氏族略二》："覃氏，本谭，或去言为覃。梁有东宁州刺史覃无克。又音寻，今岭南多此姓焉。"

（2）qín［寻］为姓氏。壮族姓氏覃皆读 qín［寻］，因姓氏而得名的地名亦读 qín［寻］。广东吴川市有覃塘墟（今为覃塘镇）；广西贵港市西北有覃塘墟（今为覃塘镇）。

［68］曼

（1）màn《广韵》无贩切。此为今常见读音。曼有柔美之意，如轻歌曼舞。

（2）wàn［万］为古音。汉有曼柏县，属五原郡。治所在今内蒙古准格尔旗西北榆树壕古城。《汉书·地理志》注，颜师古曰："曼音万。"

［69］蛇

（1）shé《广韵》食遮切。今为湖北武汉有蛇山。

（2）yí［移］《广韵》弋支切。汉有虵（蛇）丘县，属泰山郡。治所在今山东肥城市东南。《史记·武帝本纪》：天子封禅还，"复博、奉高、蛇丘、历城，毋出今年租税"。裴骃《集解》：郑玄曰："蛇音移。"又，《汉书·地理志》注，颜师古曰："虵音移。"

［70］秺

（1）dù［妒］《广韵》当故切。汉有秺侯国，属济阴郡。治所在今山东成武县西北二十九里。《史记·建元以来侯者年表》裴骃《集解》："《汉书音义》曰：'音妒。在济阴成武，今有亭矣'。"又，《汉书·地理志》注亦引孟康曰："音妒。"

（2）zhā［查］《集韵》陟加切。旧以秺侯国亦作秅侯国。周祖谟校勘记："《汉书·地理志》秅作秺。"《说文》以秺为误。

［71］偪

（1）fú［福］《广韵》方六切。偪阳为西周、春秋时东夷小国，在今山东枣庄市峄城南五十里侯孟。《春秋》：襄公十年（前 563），"夏五月甲午，遂灭偪阳"。杜预注："偪阳，妘姓国。今彭城傅阳县也。"《汉书·地理志》楚国傅阳县下原注："故偪阳国。"《汉志》注，颜师古曰："偪音福。《左氏传》所云偪阳妘姓者也。"

（2）bī 同逼《集韵》彼侧切。此与逼迫之逼同意。

［72］徙

（1）xǐ《广韵》斯氏切。徙为迁徙之意。此为今徙字最常见的读音。

（2）sī［斯］为古音。《集韵》相支切。古有徙国、徙县，在今四川天全县东南始阳镇。《史记·大宛列传》："乃令骞因蜀犍为发间使，四道并出，出駹，出冄，出徙，出邛、僰，皆各行一二千里。"司马贞《索隐》引李奇云："徙音斯。蜀郡有徙县也。"《史记·西南夷列传》："自嶲以东北，君长以什数，徙、筰都最大。"张守节《正义》："徙音斯。"又，《汉书·地理志》蜀郡徙县注，颜师古曰："音斯。"

［73］羛

（1）yì 同"义"。《集韵》宜寄切。《字彙补》："羛，与义同。"

（2）xī 同"西"。《广韵》许羁切。古有羛阳，在今河南内黄县西南。《后汉书·光武纪》：建武二年（26）八月，"幸内黄，大破五校于羛阳"。《续汉书·郡国志》魏郡内黄县："有羛阳聚。"

［74］渑（澠）

（1）miǎn《广韵》弥兖切。古有渑池，在今河南渑池县西。《史记·廉颇蔺相如列传》："秦王使使者告赵王，欲与王为好会于西河外渑池。"即此。秦置渑池县。

（2）shéng［绳］《广韵》食陵切。古有渑水，又称绳水，在今山东淄博市东北，西北流至博兴县东南入时水。此下时水亦通称渑水。《左传》：昭公十二年（前530），"有酒如渑，有肉如陵"。指此。又，《水经·淄水注》：时人通谓浊水为阳水，故有南阳、北阳水之论，"亦或通名之为绳水。"浊水即今北阳河，阳水即今南阳河，并在今山东青州市北。古谚云："瘦马不渡渑"，指此。

［75］尉

（1）wèi《广韵》於胃切。此为今常见读音。尉古为官名，多为武职。春秋时郑有尉氏邑，战国秦置尉氏县，治所即今河南尉氏县。《汉书·地理志》注引应劭曰："古狱官曰尉氏，郑之别狱也。"臣瓒曰："郑大夫尉氏之邑，故遂以为邑。"颜师古曰："郑大夫尉氏亦以掌狱之官故为族耳。应说是也。"《通志·氏族略五》："郑有尉止、尉翩。古贤有尉缭，著书号《尉缭子》。"

（2）yù［玉］《广韵》纡物切。汉西域有尉犁国，今新疆有尉犁县。《广韵·物韵》："尉，姓。……又虏复姓，有尉迟氏，其先魏氏之别尉迟部，因而氏焉。后单姓尉。唐有将军尉迟敬德。"

［76］蒉（蕢）

（1）kuì《广韵》求位切。此为今常见读音。蒉为草或竹编的筐。

（2）kuài［块］《广韵》苦怪切。《汉书·高帝纪》："沛公引公绕峣关，逾蒉山，击秦军，大破之蓝田南。"注引郑氏曰："蒉音匮。"又引苏林曰："蒉音蒯。"颜师古曰："苏音是也，丘怪反。"

［77］莜

（1）jùn［俊］《集韵》祖峻切。莜为大之意。

（2）suǒ［索］为古音。《广韵》苏果切。莜人为汉代县名，属太原郡。故城在今山西繁峙县东三里圣水头村。《汉书·地理志》注引如淳曰："音瓅。"颜师古曰："又音山寡反。"

［78］番

（1）fān《广韵》附袁切。旧时对西部边境各少数民族和外国称为西番和番邦。

（2）pó［鄱］《集韵》蒲波切。《史记·伍子胥列传》："阖庐使太子夫差将兵伐楚，取番。"司马贞《索隐》："盖鄱阳也。"

（3）pān［潘］《广韵》普官切。汉南海郡有番禺县，治所即今广州市。《汉书·地理志》注引如淳曰："番音潘。禺音愚。"番禺应为古越语地名的遗存。另外，张掖郡有番和县，辽东郡有番汗县，《汉志》注或引如淳曰："番音盘。"或引应劭曰："番音盘。"山西境内亦有番吾。《史记·赵世家》提到"番吾君自赵来"。裴骃《集解》引徐广曰："番音盘。常山有番吾县。"此类皆是古民族语的遗留。

［79］觻（䚏）

（1）lì［历］《广韵》郎击切。指兽的角锋。

（2）lù［鹿］《广韵》卢谷切。汉武帝以匈奴地置得县，为张掖郡治。治所在今甘肃张掖市西北四十里。《汉书·霍去病传》：元狩二年（前121），"骠骑将军涉钧耆，济居延，遂臻小月氏，攻祁连山，扬武乎得"。《汉书》注引郑氏曰："音鹿，张掖县也。"颜师古曰："郑说非也。此得，匈奴中地名，而张掖县转取其名耳。"又，《汉书·地理志》注引孟康曰："音鹿。"颜师古曰："孟音是也。"说明"得"本匈奴地名的译音。

［80］甄

（1）zhēn［真］《广韵》职邻切。据《广韵·真韵》："甄，姓也。"

（2）juān［娟］《集韵》规掾切。春秋时有地名甄，又作鄄。故址在今山东甄城县北旧城集。秦汉置甄城县。《史记·田敬仲完世家》：齐威王九年（前348），"赵伐我，取甄"。张守节《正义》："音娟。即濮州甄城县也。"

［81］渁

（1）tuán［团］《广韵》通贯切。《广韵·换韵》："渁，水名。"

（2）zhuó［浊］《广韵》直角切。古有渁泽，又称浊泽。在今山西运城市解州西。《史记·赵世家》：成侯六年（前369），"伐魏，败渁泽，围魏惠王"。张守节《正义》："渁音浊。徐广长社有浊泽，非也。《括地志》云：'浊水源出蒲州解县东北平地。'尔时魏都安邑，韩、赵伐魏，岂河南至长社也？解县浊水近于魏都，当是也。"

［82］瓡

（1）zhí 同执。《广韵》之入切。汉有瓡侯国，属北海郡。在今山东省北部地区，当今潍坊市或安丘、昌邑、寿光附近一带。《汉书·地理志》注，颜师古曰："瓡即执字。"

（2）hú［胡］《字彙补》红卢切。汉有瓡侯国，即狐县，属河东郡。治所在今山西永和县西南三十里。《史记·建元以来侯者年表》：瓡侯国之下，裴骃《集解》引徐广曰："在河东。瓡音胡。讘，之涉反。"

［83］解

（1）jiě《广韵》佳买切。今四川峨眉山有解脱坡。山西寿阳县北有解愁镇。

（2）xiè［蟹］《广韵》胡买切。解为姓氏。《广韵·蟹韵》："解，姓也。自唐叔虞食邑于解，今解县也。"春秋时周畿内地有解。《左传》：昭公二十二年（前520），"王师军于氾，于解"。杜预注："洛阳西南有大解、小解。解，音蟹。"

（3）解又读作亥 hài［亥］，在今山西境内。汉置有解县，五代汉至清有解州，民国又有解县。今山西运城市境内仍有解州镇。

［84］慎

（1）shèn《广韵》时刃切。慎为姓氏。《广韵·震韵》："慎，姓。古有慎到。"今江西井冈山市茅坪有慎公祠。

（2）zhēn［真］同滇。《集韵》之刃切。楚有慎邑，在今安徽颍上县西北江口镇。《左传》：哀公十六年（前479），"吴人伐慎，白公败之"。汉又有慎阳侯国。西汉高帝十一年（前196）置，属汝南郡。治所在今河南正阳县北江口集。元狩五年（前118）国除，改为县。《史记·高祖功臣侯者年表》注：司马贞《索隐》：慎阳，属汝南。如淳曰："音震。"阚骃云：合作"滇阳"，永平五年，失印更刻，遂误以"水"为"心"。《续汉书》作"滇阳"也。《汉书·地理志》汝南郡慎阳县注亦作，颜师古曰："慎字本作滇，音真，后误为慎耳。"

［85］溱

（1）zhēn［臻］《说文》："溱，水。出桂阳临武，入洭。从水，秦声。"溱水源出湖南临武县南，东流会武溪水，遂通称武水。下游至韶关市合浈水，南流为北江。《汉书·地理志》桂阳郡临武县下载："秦水东南至浈阳入洭。"又，《诗经·郑风·蹇裳》："子惠思我，褰裳涉溱。"郑玄《笺》："溱，侧巾反。"溱水即今河南新密市东，双洎河上源的支流。《史记·三王世家》："极临北海，西溱月氏，匈奴、西域，举国奉师。"张守节《正义》："溱音臻。"又，《汉书·王褒传》："化溢四表，横波无穷，遐夷贡献，万祥毕溱。"颜师古注："溱字与臻同。"

（2）qín［秦］1945年苏中抗日根据地由江苏泰县析置溱潼县，治所即今姜堰市北溱潼镇。

［86］辟

（1）bì《广韵》必益切。汉有辟阳县，属信都国。治所在今河北冀州市东南。《汉书·地理志》注，颜师古曰："辟音珪璧。"

（2）pì 本作闢，即开辟的辟。新疆有辟展城（今鄯善县）。

［87］蔚

（1）wèi《广韵》于胃切。此为今常见读音。蔚形容草木茂盛或文采华美。

（2）yù［郁］《广韵》纡物切。蔚为姓氏。《通志·氏族略五》："尉氏，音郁。亦作蔚。"今河北有蔚县。

［88］漯

（1）tà《广韵》他合切。古有漯水和漯阴县。漯水为古黄河下游主要支津之一。故道自今河南浚县西南分出，由今黄河之北东北流，至山东滨州附近入海。漯阴县置于汉，属平原郡。治所在今山东齐河县东北。《汉书·地理志》注，颜师古曰："漯音它合反。"

（2）luò［洛］《广韵》卢各切。今河南省有漯河。

（3）léi［垒］同灅。《集韵》鲁水切。《水经注》有"灅水"篇。灅水上游即今山西、河北两省境内的桑干河、永定河。下游自今北京市西南芦沟桥以下，河道变化较大。

［89］蕃

（1）fān《广韵》附袁切。蕃有茂盛之意。亦通繁。

（2）pí［皮］《集韵》蒲糜切。夏、商时有蕃邑。汉置蕃县，属鲁国。治所即今山东滕州市。《汉书·地理志》在蕃县下注引应劭曰："邾国也，音皮。"又《后汉书·党锢列传》谓"度尚、张邈、王考、刘儒、胡母班、秦周、蕃响、王掌为'八厨'。"李贤注："蕃，姓也，音皮。"

［90］圜

（1）yuán 同圆《广韵》王权切。北京天坛公园内有圜丘坛。

（2）huán［环］《广韵》户关切。圜有环绕之意。

（3）yín［银］《广韵》语巾切。汉西河郡有圜阴、圜阳二县。《汉书·地理志》圜阴县下注，颜师古曰："圜字本作圁，县在圁水之阴，因以为名也。王莽改为方阴，则是当时已误为圜字。今有银州、银水，即是旧名犹存，但字变耳。"又，圜阳县下亦有注，颜师古曰："此县在圁水之阳。"

［91］繁

（1）fán《广韵》附袁切。汉有繁县，属蜀郡。治所在今四川彭州市西北。

（2）pó［鄱］《广韵》薄波切。繁为姓氏。《玉篇·系部》："繁，姓也。"《广韵·戈韵》："繁，姓也。《左传》殷人七族，有繁氏。"战国魏有繁阳邑，在今河南内黄县西北。《史记·赵世家》：孝成王二十一年（前245），"廉颇将，攻繁阳，取之"。即是。又，今河南开封市有繁台、繁塔。据《中华人民共和国地名词典·河南省分册》载：繁塔"在开封市区东南隅，禹王台公园西侧。传原有一土丘，附近多繁姓，名繁台。宋开宝七年（947）重修天津寺并建塔，名兴慈塔，又称天津寺塔，俗名繁塔。"

［92］斄

（1）lí《广韵》里之切。指硬而卷曲的毛。

（2）máo 通犛 牦牛。

（3）tái［台］为周始祖后稷封地，即邰。在今陕西武功县西南永安村。战国秦置斄县。《史记·曹相国世家》：曹参"初攻下辩、故道、雍、"。张守节《正义》："《括地志》云：故城一名武功，县西南二十二里，古邰国也。"《汉书·地理志》右扶风县下原注："周后稷所封。"注，颜师古曰："读与邰同。音胎。"

［93］羸

（1）léi［累］《广韵》力为切。此为今常见读音。羸为衰弱之意。

（2）lián［莲］为古音。《集韵》灵年切。汉交趾郡治羸娄县，治所在今越南河内市西北。《汉书·地理志》注引孟康曰："羸音莲。娄音受土篓。"颜师古曰："娄篓二字並音来口反。"

［94］酂

（1）Zàn《广韵》则旰切。秦南阳郡有酂县，故址在今湖北老河口市西北。《汉书·高帝纪》"相国酂侯下诸侯王"一语之下注，臣瓒曰："《茂陵书》何封国在南阳。酂音赞。"又，《汉书·萧何传》："汉五年，已杀项羽，即皇帝位，论功行封，群臣争功。岁余不决。上以何功最盛，先封为酂侯。"注，文颖曰："音赞。"

（2）Cuó［嵯］《集韵》才何切。秦砀郡有酂县，故址在今河南永城市西酂城镇。《后汉书·刘永传》："永与（苏）茂、（周）建走酂。"李贤注："今亳州县也。酂音在何反。"

此外，有些字或地名有不同的音读，如"瀑"字有二音：① bào［报］，意为急雨或暴风雨。今河北省东北部有瀑河，为滦河支流，在今承德市平泉县和宽城满族自治县境。明清时原名宽河、豹河，今名瀑河。又，今四川巫山县东南有瀑龙河，又称抱龙河。② pù［瀑］，即瀑布。作为山水名称，浙江嵊州市和天台县境都有瀑布山。江西星子县西北有瀑布泉或瀑布水。

又如藏，常见的读音亦有二：① zàng［脏］，如藏（今西藏）。又，今西藏琼结县有藏王墓。② cáng［藏］，即躲藏的藏。如山西盂城县北有藏山，相传为春秋时程婴、公孙杵臼藏赵孤处。又，山东胶南市有藏马山，甘肃敦煌莫高窟有藏经洞等等。此类情况当然也要分别注出。

中央直辖市及现有地级市 1949 年前后地名对照表

［仅将 1949 年前后地名不同的收入本表，读者依此表中的古旧地名可查对相应的中央直辖市和地级市的历史变化］

一　中央直辖市

1949 年 9 月底以前之名称	1949 年 10 月 1 日中华人民共和国成立后之名称
［1］北平市	北京市 中华人民共和国成立后改名北京市，定都北京。北京市为中央直辖市。
［2］旅大行署区 1949 年 9 月设立，为省级行政区，由东北人民政府领导。治所即今大连市。	旅大市 1950 年撤销旅大行署区，改设旅大市。为中央直辖市。 1954 年划归辽宁省，改为省辖市（地级）。 1981 年改名大连市。

二　现有地级市

1949 年 9 月底以前之名称	1949 年 10 月 1 日中华人民共和国成立后之名称
［1］河北省沧县	河北省沧州市 1958 年析置沧州市。1983 年升为地级市。
［2］河北省廊坊镇 1948 年安次县迁治于此。	河北省廊坊市 1981 年析置廊坊市。1983 年撤销安次县，并入廊坊市。1988 年升为地级市。
［3］河北省衡水县	河北省衡水市 1982 年析置衡水市。1983 年撤销衡水县，并入衡水市。1996 年撤销衡水地区和县级衡水市，改设地级衡水市。原县级衡水市改置桃城区。

［4］山西省晋城县（晋城县③）	山西省晋城市 1983年改设晋城市。1985年升为地级市。
［5］察哈尔省朔县	山西省朔州市 1952年划归山西省。1988年改设地级朔州市。
［6］山西省榆次县	山西省晋中市 1954年析置榆次市。1999年撤销晋中地区和县级榆次市，改设地级晋中市。原县级榆次市改置榆次区。
［7］山西省忻县	山西省忻州市 1983年改设忻州市。2000年撤销忻州地区和县级忻州市，改设地级忻州市。原县级忻州市改置忻府区。
［8］山西省运城 运城本山西安邑县地。	山西省运城市 1958年为运城县驻地，1983年改为运城市。2000年撤销运城地区及县级运城市，改设地级运城市。原县级运城市改置盐湖区。
［9］山西省离石县	山西省吕梁市 1996年改设离石市。2003年撤销吕梁地区和县级离石市，改设地级吕梁市。原县级离石市改置离石区。
［10］绥远省归绥市 归绥市原为绥远省会，治所即今内蒙古自治区呼和浩特市。	内蒙古自治区呼和浩特市 归绥市1954年划归内蒙古自治区，改名呼和浩特市，为内蒙古自治区首府。
［11］绥远省桌子山矿区 桌子山矿区原为绥远省鄂尔多斯右翼中旗地。	内蒙古自治区乌海市 1955年置伊克昭盟桌子山矿区，1961年改置海勃湾市。1975年与乌达市合并，改设地级乌海市。
［12］绥远省东胜县（东胜县②）	内蒙古自治区鄂尔多斯市 1983年改设东胜市。2001年撤销伊克昭盟和县级东胜市，改设地级鄂尔多斯市。原县级东胜市改置东胜区。

［13］绥远省集宁县（集宁县②）	内蒙古自治区乌兰察布市 集宁县1954年划归内蒙古自治区。1956年析置集宁市。1957年撤销集宁县，并入集宁市。2003年撤销乌兰察布盟和县级集宁市，改设地级乌兰察布市。原县级集宁市改置集宁区。
［14］绥远省临河县（临河县⑨）	内蒙古自治区巴彦淖尔市 临河县1954年划归内蒙古自治区，1984年改设临河市。2003年撤销巴彦淖尔盟和县级临河市，改设地级巴彦淖尔市。原县级临河市改置临河区。
［15］内蒙古自治区通辽县	内蒙古自治区通辽市 1951年析置通辽市。1958年撤销通辽县，并入通辽市。1999年撤销哲里木盟和县级通辽市，改设地级通辽市。原县级通辽市改置科尔沁区。
［16］内蒙古自治区海拉尔市 海拉尔市为呼伦贝尔盟驻地。	内蒙古自治区呼伦贝尔市 2001年撤销呼伦贝尔盟和县级海拉尔市，改设地级呼伦贝尔市。原县级海拉尔市改置拉尔区。
［17］辽宁省安东市 原为地级市，治所即今辽宁省丹东市。	辽宁省丹东市 安东市1954年划归辽宁省，仍由省直辖。1965年改名丹东市。
［18］辽宁省锦西县	辽宁省葫芦岛市 1985年改设锦西市。1989年升为地级市。1994年改名葫芦岛市。
［19］辽宁省盘山县 治所即今盘锦市双台子区。	辽宁省盘锦市 1984年改设地级盘锦市。
［20］热河省朝阳县（朝阳县④）	辽宁省朝阳市 朝阳县1955年划入辽宁省。1959年析置朝阳市。1984年升为地级市。

[21] 辽东省西安市（西安市②）	吉林省辽源市 1952 年西安市划属辽宁省，改名辽源市。1954 年划归吉林省。1983 年升为地级市。
[22] 吉林省临江县（临江县⑦）	吉林省白山市 1960 年改设临江市。1985 年升为地级市。1994 年改名为白山市。
[23] 吉林省扶余县（扶余县③）	吉林省松原市 1987 年改设扶余市。1992 年改置地级松原市。
[24] 吉林省洮安县	吉林省白城市 1950 年洮安县改名白城县。1958 年改设白城市。1993 年撤销白城地区和县级白城市，改设地级白城市。原县级白城市改置洮北区。
[25] 松江省鸡西县	黑龙江省鸡西市 鸡西县 1954 年划归黑龙江省。1956 年改设地级鸡西市。
[26] 松江省双鸭山地区 原为集贤县地。1949 年双鸭山煤矿由松江省直辖。	黑龙江省双鸭山市 1954 年设立双鸭山矿区，为县级。由松江省直辖。同年并入黑龙江省。1956 年改设双鸭山市。1966 年升为地级市。
[27] 松江省伊春林区 原为松江省汤原县地。	黑龙江省伊春市 1952 年设伊春县，由松江省直辖。1954 年改由黑龙江省直辖。1957 年改设伊春市。1964 年改为伊春特区。1967 年改为地级伊春市。
[28] 黑龙江省安达县	黑龙江省大庆市 1960 年改设地级安达市。1965 年迁治萨尔图。1979 年改名大庆市。
[29] 黑龙江省七台河地区 本勃利县地，1948 年设七台河地区。	黑龙江省七台河市 1965 年改设七台河特区，为县级。1970 年改为七台河市。1983 年升为地级市。

［30］黑龙江省瑷珲县 1956 年改为爱辉县。	黑龙江省黑河市 1980 年析置黑河市。1983 年撤销爱辉县，并入黑河市。1993 年撤销黑河地区和县级黑河市，改设地级黑河市。原县级黑河市改置爱辉区。
［31］黑龙江省绥化县（绥化县③）	黑龙江省绥化市 1982 年改设绥化市。1999 年撤销绥化地区和县级绥化市，改设地级绥化市。原县级绥化市改置北林区。
［32］山东省连云市 1935 年置，属山东省。治所即今江苏连云港市。1949 年改名新海连市。	江苏省连云港市 1952 年新海连市划归江苏省。1961 年改名连云港市。1962 年升为地级市。
［33］苏北行署区清河县（清河县③） 治所即今江苏省淮安市清河区。	江苏省淮安市 1950 年析置清江市。1958 年清江市与淮阴县合并，改名淮阴市。1964 年恢复淮阴县，复改淮阴市为清江市。1971 年淮阴县迁治王营镇。1983 年清江市改名淮阴市（地级）。2000 年淮阴市改名淮安市，原淮阴县改置淮阴区。
［34］江苏省宿迁县	江苏省宿迁市 1987 年改设宿迁市。1996 年升为地级市。
［35］浙江省吴兴市	浙江省湖州市 1950 年改名湖州市。1983 年升为地级市。
［36］浙江省绍兴县	浙江省绍兴市 1950 年析置绍兴市。1952 年改为地级市。后改为县级市。1962 年撤销绍兴市，并入绍兴县。1979 年复设绍兴市。1983 年升为地级市。
［37］浙江省定海县（定海县②）	浙江省舟山市 1987 年改设地级舟山市。
［38］浙江省黄岩县	浙江省台州市 1989 年改设黄岩市。1994 年撤销台州地区和黄岩、椒江 2 市，改设地级台州市（驻椒江区）。原黄岩市改置黄岩区。

[39] 浙江省丽水县	浙江省丽水市 1986 年改设丽水市。2000 年撤销丽水地区和县级丽水市，改设地级丽水市。原县级丽水市改置莲都区。
[40] 皖北行署区淮南矿区	安徽省淮南市 1951 年改设淮南市（地级）。1952 年划属安徽省。
[41] 安徽省濉溪口镇 濉溪口镇原属宿县。	安徽省淮北市 1950 年设置濉溪县。1959 年由濉溪、萧县二县析置濉溪市（地级）。1971 年改名淮北市。
[42] 安徽省铜陵县（铜陵县②）	安徽省铜陵市 1956 年改设铜官山市（地级）。1958 年改名铜陵市。1964 年改为铜陵特区。1971 年复改铜陵市（地级）。
[43] 安徽省马鞍山矿区 马鞍山矿区原属当涂县。	安徽省马鞍山市 1950 年设马鞍山矿务局。1955 年改为马鞍山矿区。1956 年改设马鞍山市（地级）。
[44] 皖南行署区屯溪市 1949 年 5 月置屯溪市，治屯溪镇（今安徽省黄山市屯溪区）。	安徽省黄山市 1987 年撤销徽州地区、屯溪市和县级黄山市，改设地级黄山市（驻屯溪区）。
[45] 安徽省滁县	安徽省滁州市 1982 年改设滁州市。1992 年撤销滁州地区和县级滁州市，改设地级滁州市。
[46] 安徽省阜阳县	安徽省阜阳市 1975 年析置阜阳市。1992 年撤销阜阳县，并入阜阳市。1996 年撤销阜阳地区和县级阜阳市，改设地级阜阳市。

[47] 安徽省宿县	安徽省宿州市 1950 年析置宿城市。1953 年并入宿县。1979 年析置宿州市。1998 年撤销宿县地区和县级宿州市，改设地级宿州市。原县级宿州市改置埇桥区。
[48] 安徽省巢县	安徽省巢湖市 1982 年析置巢湖市。1999 年撤销巢湖地区和县级巢湖市，改设地级巢湖市。
[49] 皖北行署区亳城市	安徽省亳州市 1986 年改设亳州市。2000 年改置地级亳州市。
[50] 安徽省贵池县	安徽省池州市 1988 年改设池州市。2000 年撤销池州地区和县级池州市，改设地级池州市。原县级池州市改置贵池区。
[51] 福建省三元县	福建省三明市 1960 年改置三明市（地级）。1963 年改为县级三明市。1983 年撤销三明地区和县级三明市，改设地级三明市。
[52] 福建省莆田县	福建省莆田市 1983 年析置莆田市（地级）。2002 年撤销莆田县，并入莆田市。
[53] 福建省晋江县	福建省泉州市 1951 年析置泉州市。1985 年撤销晋江地区，泉州市升为地级市。
[54] 福建省龙溪县	福建省漳州市 1950 年析置漳州市。1985 年撤销龙溪地区，漳州市升为地级市。
[55] 福建省南平县（南平县②）	福建省南平市 1956 年析置南平市。1994 年撤销南平地区和县级南平市，改设地级南平市。原县级南平市改置延平区。

[56] 福建省龙岩县	福建省龙岩市 1981 年改设龙岩市。1996 年撤销龙岩地区和县级龙岩市，改设地级龙岩市。原县级龙岩市改置新罗区。
[57] 福建省宁德县	福建省宁德市 1988 年改设宁德市。1999 年撤销宁德地区和县级宁德市，改设地级宁德市。原县级宁德市改置蕉城区。
[58] 江西省萍乡县	江西省萍乡市 1960 年改设萍乡市。1970 年升为地级市。
[59] 江西省新喻县 1957 年改名新余县。	江西省新余市 1960 年改设新余市（地级）。1963 年复改新余县。1983 年改设地级新余市。
[60] 江西省鹰潭镇	江西省鹰潭市 1979 年改设鹰潭市。1983 年升为地级市。
[61] 江西省上饶县	江西省上饶市 1950 年析置上饶市。2000 年撤销上饶地区和县级上饶市，改设地级上饶市。原县级上饶市改置信州区。
[62] 江西省宜春县	江西省宜春市 1979 年析置宜春市。2000 年撤销宜春地区和县级宜春市，改设地级宜春市。原县级宜春市改置袁州区。
[63] 江西省临川市	江西省抚州市 1954 年由抚州镇设立抚州市。1987 年与临川县合并为临川市。2000 年撤销抚州地区和县级临川市，改设地级抚州市。原县级临川市改置临川区。
[64] 鲁中南行政区淄博特区 1949 年改设淄博工矿特区。	山东省淄博市 1954 年改设地级淄博市。

［65］山东省东营（东营①） 东营原属垦利县，附近盛产石油。	山东省东营市 1982 年设立地级东营市，驻东营。
［66］山东省泰安县（泰安县①）	山东省泰安市 1958 年改设泰山市。同年改名泰安市。1985 年撤销泰安地区和县级泰安市，改设地级泰安市。原县级泰安市改置泰山区。
［67］山东省威海卫市 1948 年改为威海市	山东省威海市 1950 年改为威海县。1951 年复改威海市。1987 年升为地级市。
［68］山东省日照县	山东省日照市 1985 年改设日照市。1989 年升为地级市。
［69］山东省莱芜县（莱芜县②）	山东省莱芜市 1983 年改设莱芜市。1992 年升为地级市。
［70］山东省临沂县（临沂县③）	山东省临沂市 1958 年改设临沂市。1994 年撤销临沂地区和县级临沂市，改设地级临沂市（驻兰山区）。
［71］山东省聊城县（聊城县①）	山东省聊城市 1958 年改设聊城市。1997 年撤销聊城地区和县级聊城市，改设地级聊城市。原县级聊城市改置东昌府区。
［72］山东省滨县	山东省滨州市 1982 年析置滨州市。1987 年撤销滨县，并入滨州市。2000 年撤销滨州地区和县级滨州市，改设地级滨州市。原县级滨州市改置滨城区。
［73］山东省菏泽县	山东省菏泽市 1960 年改设菏泽市。2000 年撤销菏泽地区和县级菏泽市，改设地级菏泽市。原县级菏泽市改置牡丹区。

［74］河南省平顶山矿区	河南省平顶山市 1957年设立平顶山市（地级）。1964年改置平顶山特区。1969年复改平顶山市（地级）。
［75］河南省鹤壁镇 鹤壁镇原属汤阴县。	河南省鹤壁市 1957年改置鹤壁市（地级）。1958年降为县级市。1974年复升为地级市。
［76］河南省陕县	河南省三门峡市 1957年析置三门峡市（地级）。次年改为县级市。1986年复升为地级市。
［77］河南省商丘县	河南省商丘市 1950年析置商丘市。1951年迁治朱集。1997年撤销商丘地区和县级商丘市、商丘县，改设地级商丘市。
［78］湖北省黄石港市 黄石港市本大冶县集镇名，后称黄石港镇。1948年与石灰窑合称石黄镇。	湖北省黄石市 1949年改置石黄工矿特区。1950年改设黄石市（地级）。
［79］湖北省十堰店 十堰店原属湖北郧县。	湖北省十堰市 1967年设十堰办事处。1970年改设十堰市。1973年升为地级市。
［80］湖北省沙市市	湖北省荆州市 1979年沙市市升为地级市。1994年改设荆沙市。1996年改名荆州市。
［81］湖北省襄阳县	湖北省襄阳市 1951年析置襄樊市（地级），襄阳县驻襄樊市（樊城）。后改为县级市。1979年复升为地级市。1992年襄阳县徙治张湾镇。2001年撤销襄阳县，改设襄樊市襄阳区。2010年改襄樊市为襄阳市，襄阳区改名襄州区。

[82] 湖北省荆门县	湖北省荆门市 1979 年析置荆门市。1983 年撤销荆门县，并入荆门市。荆门市升为地级市。
[83] 湖北省鄂城县	湖北省鄂州市 1960 年改设鄂城市。1983 年撤销县级鄂城市及鄂城县，改设地级鄂州市。
[84] 湖北省孝感县	湖北省孝感市 1983 年改设孝感市。1993 年撤销孝感地区和县级孝感市，改设地级孝感市。
[85] 湖北省黄冈县	湖北省黄冈市 1990 年改设黄州市。1995 年撤销黄冈地区和县级黄州市，改设地级黄冈市。原县级黄州市改置黄州区。
[86] 湖北省咸宁县	湖北省咸宁市 1983 年改设咸宁市。1998 年撤销咸宁地区和县级咸宁市，改设地级咸宁市。原县级咸宁市改置咸安区。
[87] 湖北省随县	湖北省随州市 1979 年析置随州市。2000 年改置地级随州市。
[88] 湖南省株洲市 原为湖南湘潭县地（集镇名）。	湖南省株洲市 1957 年析置株洲市。1956 年升为地级市。
[89] 湖南省湘潭县（湘潭县②）	湖南省湘潭市 1950 年析置湘潭市。1980 年升为地级市。
[90] 湖南省邵阳县	湖南省邵阳市 1950 年析置邵阳市。1977 年升为地级市。
[91] 湖南省岳阳县（岳阳县③）	湖南省岳阳市 1961 年析置岳阳市。1962 年撤销，并入岳阳县。1975 年复置岳阳市。1983 年升为地级市。

[92] 湖南省常德县	湖南省常德市 1950 年析置常德市。1988 年撤销常德地区和常德县，改设地级常德市。
[93] 湖南省大庸县	湖南省张家界市 1958 年改设大庸市。1988 年升为地级市。1994 年改名张家界市。
[94] 湖南省郴县	湖南省郴州市 1960 年析置郴州市。1994 年撤销郴州地区和县级郴州市、郴县，改设地级郴州市。
[95] 湖南省益阳县	湖南省益阳市 1950 年析置益阳市。1981 年迁治赫山镇。1994 年撤销益阳地区和县级益阳市，改设地级益阳市。
[96] 湖南省零陵县（零陵县④）	湖南省永州市 1982 年析置永州市。1995 年撤销零陵地区和县级永州市，改设地级永州市。原县级永州市改置芝山区，2005 年芝山区改名零陵区。
[97] 湖南省怀化县（怀化县⑤）	湖南省怀化市 1979 年析置怀化市。1982 年撤销怀化县，并入怀化市。1997 年撤销怀化地区和县级怀化市，改设地级怀化市。
[98] 湖南省娄底市 或作楼底市（集镇名）。原为湖南湘乡县地。	湖南省娄底市 1952 年先后划归蓝田县和涟源县。1961 年由涟源县析置娄底市。1982 年为娄底地区驻地。1999 年撤销娄底地区和县级娄底市，改设地级娄底市。原县级娄底市改置娄星区。
[99] 广东省深圳墟 原为广东新安县地。	广东省深圳市 1953 年于此置宝安县。1979 年改设深圳市（地级）。
[100] 广东省香洲 原为广东中山县地。	广东省珠海市 1961 年为珠海县治。1979 年改设珠海市（地级）。

[101] 广东省河源县	广东省河源市 1988年改设河源市（地级）。
[102] 广东省梅县	广东省梅州市 1978年析置梅州市。1983年与梅县合并，改设梅县市。1988年撤销梅县地区和梅县市，改设地级梅州市。原梅县市改置梅州区。
[103] 广东省惠阳县	广东省惠州市 1958年析置惠州市。1959年撤销惠州市，并入惠阳县。1964年复设惠州市。1985年惠阳县迁治淡水镇（今惠州市惠阳区）。1988年改置地级惠州市。设立惠城区。
[104] 广东省汕尾镇 原为广东海丰县地	广东省汕尾市 1988年改设汕尾市（地级）。
[105] 广东省东莞县（东莞县③）	广东省东莞市 1985年改设东莞市。1988年升为地级市。
[106] 广东省中山县（中山县②）	广东省中山市 1983年改设中山市。1988年升为地级市。
[107] 广东省阳江县	广东省阳江市 1988年改设阳江市（地级）。
[108] 广东省茂名县	广东省茂名市 1959年析置茂名市。1975年改置地级茂名市。
[109] 广东省清远县	广东省清远市 1988年改设清远市（地级）。
[110] 广东省云浮县	广东省云浮市 1992年改设云浮市。1994年升为地级市。

[111] 广东省潮安县	广东省潮州市 1953 年析置潮州市（地级）。1958 年改为县级市。1991 年复升为地级市。
[112] 广东省揭阳县（揭阳县①）	广东省揭阳市 1991 年改设揭阳市（地级）。
[113] 广东省合浦县	广西壮族自治区北海市 1950 年改设北海市（地级），由广东省直辖。1952 年划归广西省。1955 又划归广东省。1958 年改为县级市。1965 年划归广西壮族自治区。1983 年升为地级市。
[114] 广东省防城县	广西壮族自治区防城港市 1952 年划归广西省。1978 年东兴各族自治县移治防城，改名防城各族自治县。1993 年改设防城港市（地级）。
[115] 广东省钦县	广西壮族自治区钦州市 1952 年划归广西省。1964 年改为钦州壮族自治县。1983 年改设钦州市。1994 年撤销钦州地区和县级钦州市，改设地级钦州市。
[116] 广西省贵县	广西壮族自治区贵港市 1988 年改设贵港市。1995 年升为地级市。
[117] 广西省郁林县	广西壮族自治区玉林市 1983 年改设玉林市。1997 年撤销玉林地区和县级玉林市，改设地级玉林市。原县级玉林市改置玉州区。
[118] 广西省崇善县	广西壮族自治区崇左市 1951 年崇善县与左县合并，改设崇左县。2002 年撤销南宁地区和崇左县，改设地级崇左市。
[119] 广西省百色县	广西壮族自治区百色市 1983 年改设百色市。2002 年撤销百色地区和县级百色市，改设地级百色市。原县级百色市改置右江区。

［120］广西省河池县（河池县②）	广西壮族自治区河池市 1953 年河池县迁治金城江。1983 年改设河池市。2002 年撤销河池地区和县级河池市，改设地级河池市。原县级河池市改置金城江区。
［121］广西省来宾县	广西壮族自治区来宾市 2002 年撤销柳州地区和来宾县，改设地级来宾市。原来宾县改置兴宾区。
［122］广西省贺县	广西壮族自治区贺州市 1997 年改设贺州市。2002 年撤销贺州地区和县级贺州市，改设地级贺州市（驻八步区）。
［123］广东省崖县	海南省三亚市 1952 年崖县迁治三亚。1984 年改设三亚市。1987 年升为地级市。1988 年改属海南省。
［124］四川省大渡口 古名仁和街。即今四川攀枝花市西大渡口片区。	四川省攀枝花市 1965 年设置渡口市（地级）。1987 年改名攀枝花市。
［125］四川省德阳县（德阳县③）	四川省德阳市 1952 年析置德阳市（地级）。1984 年撤销德阳县，并入德阳市。
［126］四川省泸县	四川省泸州市 1950 年析置泸州市。1983 年升为地级市。
［127］四川省绵阳县	四川省绵阳市 1976 年析置绵阳市。1979 年撤销绵阳县，并入绵阳市。1985 年撤销绵阳地区，绵阳市升为地级市。
［128］四川省内江县	四川省内江市 1951 年析置内江市（地级）。1989 年撤销内江县，并入内江市。

［129］四川省广元县（广元县①）	四川省广元市 1985 年改置广元市（地级）。
［130］四川省遂宁县（遂宁县③）	四川省遂宁市 1985 年改设遂宁市（地级）。
［131］四川省乐山县（乐山县④）	四川省乐山市 1979 年改设乐山市。1985 年撤销乐山地区，乐山市升为地级市。
［132］四川省南充县	四川省南充市 1950 年析置南充市。1993 年撤销南充地区和县级南充市及南充县，设立地级南充市。
［133］四川省宜宾县	四川省宜宾市 1951 年析置宜宾市。1996 年撤销宜宾地区及县级宜宾市，改设地级宜宾市。原县级宜宾市改置翠屏区。
［134］四川省广安县（广安县③）	四川省广安市 1998 年撤销广安地区和广安县，改设地级广安市。
［135］四川省达县（达县①）	四川省达州市 1976 年析置达县市。1993 年改名达川市。1999 年撤销达川地区和县级达川市，设立地级达州市。原县级达川市改置通川区。
［136］四川省眉山县	四川省眉山市 2000 年撤销眉山地区和眉山县，改设地级眉山市。原眉山县改置东坡区。
［137］四川省资阳县	四川省资阳市 1993 年改设资阳市。2000 年撤销资阳地区和县级资阳市，改设地级资阳市。原县级资阳市改置雁江区。

［138］四川省涪陵县（涪陵县③）	重庆市涪陵区 1983年改设涪陵市。1995年撤销涪陵地区和县级涪陵市，改设地级涪陵市。1997年划归重庆市，改设涪陵区。
［139］西康省雅安县	四川省雅安市 1951年析置雅安市。1958年撤销雅安市，并入雅安县。1983年改设雅安市。2000年撤销雅安地区和县级雅安市，改设地级雅安市。原县级雅安市改置雨城区。
［140］四川省巴中县（巴中县②）	四川省巴中市 1993年改设巴中市。2000年撤销巴中地区和县级巴中市，改设地级巴中市。原县级巴中市改置巴州区。
［141］贵州省遵义县	贵州省遵义市 1950年析置遵义市。1997年撤销遵义地区和县级遵义市，改设地级遵义市。原县级遵义市改置红花岗区。
［142］贵州省安顺县（安顺县②）	贵州省安顺市 1958年改设安顺市。2000年撤销安顺地区和县级安顺市，改设地级安顺市。原县级安顺市改置西秀区。
［143］贵州省水城县	贵州省六盘水市 1970年设立六盘水地区。1978年改设地级六盘水市。1987年设立钟山区，为六盘水市和水城县驻地。2003年水城县迁治滥坝镇。
［144］云南省曲靖县	云南省曲靖市 1983年改设曲靖市。1997年撤销曲靖地区和县级曲靖市，改设地级曲靖市。
［145］云南省玉溪县（玉溪县②）	云南省玉溪市 1983年改设玉溪市。1997年撤销玉溪地区和县级玉溪市，改设地级玉溪市。原县级玉溪市改置红塔区。

［146］云南省保山县	云南省保山市 1983 年改设保山市。2000 年撤销保山地区和县级保山市，改设地级保山市。原县级保山市改置隆阳区。
［147］云南省昭通县	云南省昭通市 1981 年析置昭通市。2001 年撤销昭通地区和县级昭通市，改设地级昭通市。原县级昭通市改设昭阳区。
［148］云南省丽江县	云南省丽江市 1961 年改设丽江纳西族自治县。2002 年撤销丽江地区和丽江纳西族自治县，改设地级丽江市。
［149］云南省思茅县	云南省普洱市 1993 年改设思茅市。2003 年撤销思茅地区和县级思茅市，改设地级思茅市。原县级思茅市改置翠云区。2007 年思茅市改名普洱市，翠云区更名思茅区。
［150］云南省缅宁县	云南省临沧市 1954 年改临沧县。2003 年撤销临沧地区和临沧县，改设地级临沧市。原临沧县改置临翔区。
［151］陕西省咸阳县	陕西省咸阳市 1952 年析置咸阳市。1983 年撤销咸阳地区和县级咸阳市，改设地级咸阳市。原县级咸阳市改置秦都区
［152］陕西省铜川县（铜川县②）	陕西省铜川市 1958 年改设铜川市。1979 年升为地级市。2003 年迁治耀州区。
［153］陕西省渭南县	陕西省渭南市 1983 年改设渭南市。1994 年撤销渭南地区和县级渭南市，改设地级渭南市。原县级渭南市改置临渭区。

[154] 陕西省南郑市	陕西省汉中市 1953 年改名汉中市。1996 年撤销汉中地区和县级汉中市，改设地级汉中市。原县级汉中市改置汉台区。
[155] 陕西省安康县（安康县②）	陕西省安康市 1988 年改设安康市。2000 年撤销安康地区和县级安康市，改设地级安康市。原县级安康市改置汉滨区。
[156] 陕西省商县（商县③）	陕西省商洛市 1988 年改设商州市。2001 年撤销商丘地区和县级商州市，改设地级商洛市。原县级商州市改置商州区。
[157] 甘肃省嘉峪关	甘肃省嘉峪关市 1965 年改置嘉峪关市。1971 年升为地级市。
[158] 甘肃省永昌县（永昌县⑿）	甘肃省金昌市 1981 年析置金昌市（地级）。由省直辖。
[159] 甘肃省白银厂 明清以来即有此名。以产白银等有色金属而得名。	甘肃省白银市 1958 年析置白银市。1963 年撤销。1985 年复设白银市（地级）。
[160] 甘肃省天水县（天水县③）	甘肃省天水市 1950 年析置天水市。1985 年撤销天水地区，改设地级天水市。
[161] 甘肃省武威县（武威县②）	甘肃省武威市 1985 年改设武威市。2001 年撤销武威地区和县级武威市，改设地级武威市。原县级武威市改置凉州区。
[162] 甘肃省酒泉县（酒泉县②）	甘肃省酒泉市 1958 年改设酒泉市。2002 年撤销酒泉地区和县级酒泉市，改设地级酒泉市。原县级酒泉市改置肃州区。

［163］甘肃省张掖县	甘肃省张掖市 1985 年改设张掖市。2002 年撤销张掖地区和县级张掖市，改设地级张掖市。原县级张掖市改置甘州区。
［164］陕甘苏区西峰县	甘肃省庆阳市 1937 年陕甘苏区置西峰县，后废为西峰镇。1985 年于西峰镇置西峰市。为庆阳地区行署驻地。2002 年撤销庆阳地区和西峰市，改设地级庆阳市。原县级西峰市改置西峰区。
［165］甘肃省平凉县	甘肃省平凉市 1950 年析置平凉市。2002 年撤销平凉地区和县级平凉市，改设地级平凉市。原县级平凉市改置崆峒区。
［166］甘肃省定西县（定西县②）	甘肃省定西市 2003 年撤销定西地区和定西县，改设地级定西市（驻安定区）。
［167］甘肃省武都县（武都县④）	甘肃省陇南市 2004 年撤销陇南地区和武都县，改设地级陇南市。原武都县改置武都区。
［168］甘肃省固原县	宁夏回族自治区固原市 1958 年划归宁夏回族自治区。2001 年撤销固原地区和固原县，改设地级固原市。原固原县改置原州区。
［169］宁夏省石嘴子 本宁夏省平罗县地	宁夏回族自治区石嘴山市 1960 年析置石嘴山市（驻黄渠桥）。1975 年升为地级市，迁治大武口。
［170］宁夏省吴忠堡 明置吴忠堡。1929 年改吴忠镇，属灵武县。	宁夏回族自治区吴忠市 1950 年改设吴忠市。1998 年撤销银南地区和县级吴忠市，改设地级吴忠市。

［171］宁夏省中卫县	宁夏回族自治区中卫市 2003年改设地级中卫市。原中卫县改置沙坡头区。
［172］新疆省迪化市	新疆维吾尔自治区乌鲁木齐市 1949年12月为新疆省辖市（地级），省人民政府驻地。1953年改为乌鲁木齐市。1955年新疆维吾尔自治区成立，乌鲁木齐市为自治区首府。
［173］新疆省独山子 即今新疆克拉玛依市南独山子区，是新疆石油的最早开采地。	新疆维吾尔自治区克拉玛依市 1954年独山子为新疆省直辖的地方区域。1956年改为自治区直辖镇。1958年设立克拉玛依市，将独山子地区划归克拉玛依市辖区。1982年克拉玛依市升为地级市。

1995 年以后行政区划变化资料（摘要）

1995 年

辽宁省

撤销北镇满族自治县，改设北宁市（县级）。

吉林省

①撤销双阳县，并入长春市，改设为双阳区。

②撤销磐石县，改设磐石市（县级）。

③撤销白山市三岔子区，设立江源县（县级）。

④设立扶余县，辖松原市原扶余区部分行政区域。

黑龙江省

撤销穆棱县，改设穆棱市（县级）。

江苏省

①撤销句容县，改设句容市（县级）。

②撤销武进县，改设武进市（县级）。

③撤销无锡县，改设锡山市（县级）。

④撤销吴县，改设吴县市（县级）。

浙江省

撤销嵊县，改设嵊州市（县级）。

福建省

撤销福鼎县，改设福鼎市（县级）。

江西省

撤销南康县，改设南康市（县级）。

山东省

撤销栖霞县，改设栖霞市（县级）。

湖北省

①撤销武昌县，改设为武汉市江夏区。

②撤销松滋县，改设松滋市（县级）。

③撤销黄冈地区和黄州市，设立地级黄冈市。

④由原黄州市析置团风县，设治团风镇。

湖南省

①撤销零陵地区和县级永州市，设立地级永州市。

②撤销冷水滩市，并入永州区，改为冷水滩区。

广东省

①撤销陆丰县，改设陆丰市（县级）。

②撤销信宜县，改设信宜市（县级）。

广西壮族自治区

①贵港市升为地级市。

②撤销岑溪县，改设岑溪市（县级）。

海南省

撤销文昌县，改设文昌市（县级）。

四川省

①撤销纳溪县，并入泸州市，改为纳溪区和龙马潭区。

②泸县驻地由泸州市东北小市镇迁至泸县福集镇。

③撤销什邡县，改设什邡市（县级）。

④撤销涪陵地区和县级涪陵市，设立地级涪陵市。

⑤丰都县驻地由名山镇迁至汇南乡秀才湾。

贵州省

撤销仁怀县，改设仁怀市（县级）。

云南省

①撤销安宁县，改设安宁市（县级）。

②西盟佤族自治县驻地由西盟镇迁至勐梭乡。

甘肃省

阿克塞哈萨克族自治县驻地由博罗转井镇迁至红柳湾镇。

青海省

海北藏族自治州驻地由门源回族自治县浩门镇迁至海晏县原二二一厂基地。

1996 年

河北省

①将丘县改为邱县。

②撤销迁安县，改设迁安市（县级）。

③撤销衡水地区和县级衡水市，设立地级衡水市。

山西省

①撤销晋城市郊区，设立泽州县，县政府驻南村镇。

②撤销离石县，改设离石市（县级）。

③撤销汾阳县，改设汾阳市（县级）。

内蒙古自治区

①准格尔旗驻地由沙圪堵镇迁至薛家湾镇。

②由原属科尔沁右翼前旗的阿尔山镇设置阿尔山市（县级）。

辽宁省

撤销灯塔县，改设灯塔市（县级）。

吉林省

撤销双辽县，改设双辽市（县级）。

黑龙江省

①撤销虎林县，改设虎林市（县级）。

②撤销德都县，并入五大连池市。

③五大连池市迁驻青山镇。

江苏省

①宿迁市升为地级市。

②由宿迁市析置宿豫县，驻顺河镇。

③撤销大丰县，改设大丰市（县级）。

④撤销盐城市郊区，设立盐都县，驻潘黄镇。

⑤泰州市升为地级市。

浙江省

撤销临安县，改设临安市（县级）。

安徽省

①撤销桐城县，改设桐城市（县级）。

②撤销阜阳地区和县级阜阳市，设立地级阜阳市。

福建省

①撤销同安县，改为厦门市同安区。

②撤销龙岩地区和县级龙岩市，设立地级龙岩市。

江西省

撤销贵溪县，改设贵溪市（县级）。

山东省

撤销海阳县，改设海阳市（县级）。

河南省

①撤销孟县，改设孟州市（县级）。

②撤销永城县，改设永城市（县级）。

湖北省

①荆沙市改名为荆州市。

②撤销枝江县，改设枝江市（县级）。

湖南省

①长沙县驻地由长沙市区迁至星沙镇。

②撤销常宁县，改设常宁市（县级）。

广东省

①撤销南雄县，改设南雄市（县级）。

②由云浮市云城区设立云安县，驻六都镇。

广西壮族自治区

由防城港市东兴镇设立东兴市（县级）。

海南省

撤销万宁县，改设万宁市（县级）。

四川省

①撤销绵竹县，改设绵竹市（县级）。

②由德阳县析置罗江县，驻罗江镇。

③撤销宜宾地区和县级宜宾市，设立地级宜宾市。

贵州省

撤销福泉县，改设福泉市（县级）。

云南省

撤销潞西县，改设潞西市（县级）。

陕西省

①撤销延安地区和县级延安市，设立地级延安市。

②撤销汉中地区和县级汉中市，设立地级汉中市。

甘肃省

由夏河县合作镇设立合作市（县级）。

宁夏回族自治区

撤销灵武县，改设灵武市（县级）。

新疆维吾尔自治区

①撤销米泉县，改设米泉市（县级）。

②撤销乌苏县，改设乌苏市（县级）。

1997年

北京市

①房山区驻地迁至良乡。

②撤销通县，设立北京市通州区。

上海市

撤销金山县，设立上海市金山区。

安徽省

撤销宁国县，改设宁国市（县级）。

江西省

①撤销萍乡市上栗区，设立上栗县。

②撤销萍乡市卢溪区，设立卢溪县。

山东省

撤销聊城地区和县级聊城市，设立地级聊城市。

河南省

撤销商丘地区和县级商丘市，设立地级商丘市。

湖北省

撤销汉川省，改设汉川市（县级）。

湖南省

①撤销怀化地区和县级怀化市，设立地级怀化市。

②撤销黔阳县，并入洪江市。

广西壮族自治区

①撤销玉林地区和县级玉林市，设立地级玉林市。

②设立兴业县，驻石南镇。

③将梧州地区行署驻地由梧州市迁至贺州市，梧州地区改名为贺州地区。

④撤销贺县，改设贺州市（县级）。

海南省

撤销东方黎族自治县，改设东方市（县级）。

重庆市

①撤销原重庆市，设立重庆直辖市。重庆直辖市辖原重庆市、万县市、涪陵市和黔江地区所辖行政区域。

②撤销万县市，设立重庆市万县区。同时设立重庆市万县移民开发区，相应设置党政机构，代管忠县、开县、云阳、奉节、巫山、巫溪**6**县。

③撤销涪陵市，设立重庆市涪陵区。

④撤销黔江地区，设立重庆市黔江开发区，相应设置党政机构，代管石柱、秀山、酉阳、黔江、彭水**5**个民族自治县。

四川省

①由蓬溪县析置大英县，设治蓬莱镇。

②达县驻地由达川市荷叶街迁至达县南外镇。

③设立眉山地区，管辖从乐山市划出的眉山、仁寿、彭山、洪雅、丹棱、青神**6**个县。

④南坪县改名九寨沟县。

贵州省

撤销遵义地区和县级遵义市，设立地级遵义市。

云南省

①撤销曲靖地区和县级曲靖市，设立地级曲靖市。

②复设沾益县。

③撤销玉溪地区和县级玉溪市，设立地级玉溪市。

陕西省

撤销临潼县，设立西安市临潼区。

香港特别行政区

自**1997**年**7**月**1**日起，中国政府恢复对香港行使主权，设立香港特别行政区。

1998年

北京市

撤销顺义县，设立北京市顺义区。

上海市

撤销松江县，设立上海市松江区。

安徽省

①怀宁县驻地由石牌镇迁至高河镇。

②撤销宿州地区和县级宿州市，设立地级宿州市。

江西省

撤销赣州地区和县级赣州市，设立地级赣州市。

河南省

①陕县驻地由三门峡市区迁至陕县大营镇。

②撤销信阳地区和县级信阳市，设立地级信阳市。

③撤销信阳县，改为信阳市平桥区。

湖北省

①撤销黄陂县，改为武汉市黄陂区。

②撤销新洲县，改为武汉市新洲区。

③撤销荆州市江陵区，设立江陵县。

④枝城市改名宜都市。

⑤撤销荆门市沙洋区，设立沙洋县。

⑥撤销咸宁地区和县级咸宁市，设立地级咸宁市。

⑦蒲圻市改名赤壁市。

广西壮族自治区

桂林市与桂林地区合并，组建新的地级桂林市。

重庆市

将万县区改名万州区，万县移民开发区改名为万州移民开发区。

四川省

①撤销广安地区和广安县，改设广安市（地级）。

②设立资阳地区，将内江市管辖的安岳县、乐至县和代管的县级资阳市、简阳市划归资阳地区管辖，地区行政公署驻资阳市。

云南省

①撤销地级东川市，设立昆明市东川区。

②路南彝族自治县改名为石林彝族自治县。

③元阳县驻地由新街镇迁至南沙镇。

④陇川县驻地由城子镇迁至章凤镇。

宁夏回族自治区

撤销银南地区和县级吴忠市，设立地级吴忠市。

1999年

北京市

撤销昌平县，设立北京市昌平区。

山西省

①撤销晋中地区和县级榆次市，设立地级晋中市。

②原县级榆次市改设为晋中市榆次区。

③原晋中地区的县级介休市改由省直辖。

内蒙古自治区

①撤销哲里木盟和县级通辽市，设立地级通辽市。

②原县级通辽市改设为通辽市科尔沁区。

③原哲里木盟的县级霍林郭勒市改由自治区直辖。

黑龙江省

①撤销绥化地区和县级绥化市，设立地级绥化市。

②原县级绥化市改设为绥化市北林区。

③原绥化地区的县级安达市、肇东市和海伦市改由省直辖。

上海市

撤销青浦县，设立上海市青浦区。

安徽省

①撤销巢湖地区和县级巢湖市，设立地级巢湖市。

②撤销六安地区和县级六安市，设立地级六安市。

福建省

①撤销宁德地区和县级宁德市，设立地级宁德市。

②原宁德地区的县级福安市和福鼎市改由省直辖。

湖南省

①撤销娄底地区和县级娄底市，设立地级娄底市。

②原娄底地区的冷水江市、涟源市改由省直辖。

广东省

将开平市人民政府驻地由三埠街道长江沿江东路**135**号迁至长沙街道长沙光华路**1**号。

四川省

①撤销达川地区和县级达川市，设立地级达州市。

②原达川地区的万源市改由省直辖。

贵州省

撤销盘县特区，改设盘县。将盘县人民政府驻地由原盘县特区人民政府驻地城关镇迁至红果镇。

云南省

撤销畹町市，将其管辖的城关镇、混板乡和芒棒乡划归瑞丽市管辖。

西藏自治区

撤销隆格尔、盐井、碧土、妥坝、生达**5**县。

陕西省

撤销榆林地区和县级榆林市，设立地级榆林市。

青海省

将海东地区的湟中县、湟源县划归西宁市管辖。

澳门特别行政区

1999年**12**月**20**日，中国政府恢复对澳门行使主权，设立澳门特别行政区。

2000年

天津市

撤销武清县，设立天津市武清区。

山西省

①撤销运城地区和县级运城市，设立地级运城市。

②原运城地区的永济市、河津市由省直辖。

③撤销忻州地区和县级忻州市，设立地级忻州市。

④原忻州地区的县级原平市由省直辖。

⑤撤销临汾地区和县级临汾市，设立地级临汾市。

⑥原临汾地区的县级侯马市和霍州市由省直辖。

上海市

撤销南市区。将南市区和黄浦区合并，设立新的黄浦区。

江苏省

①撤销邗江县，设立扬州市邗江区。

②撤销江宁县，设立南京市江宁区。

③将地级淮阴市改名为淮安市。

④撤销县级淮安市，设立淮安市楚州区。

⑤撤销淮阴县，设立淮安市淮阴区。

⑥撤销县级锡山市，设立无锡市锡山区和惠山区。

⑦撤销县级吴县市，设立苏州市吴中区、相城区。

浙江省

①撤销丽水地区和县级丽水市，设立地级丽水市。

②原丽水地区的县级龙泉市由省直辖。

③撤销金华县，设立金华市金东区。

安徽省

①撤销县级亳州市，设立地级亳州市。原由阜阳市管辖的涡阳县、蒙城县、利辛县划归亳州市管辖。

②原属阜阳市的界首市改由省直辖。

③撤销池州地区和县级贵池市，设立地级池州市。

④撤销宣城地区和县级宣州市，设立宣城市。

⑤原宣城地区的县级宁国市由省直辖。

福建省

设立泉州市泉港区，泉港区辖惠安县的山腰、后龙、南埔、涂岭、埭港5镇。

江西省

①撤销吉安地区和县级吉安市，设立地级吉安市。

②撤销宁冈县，将宁冈县和县级井冈山市合并，组建新的县级井冈山市，由省直辖。市人民政府驻厦坪镇。

③撤销宜春地区和县级宜春市，设立地级宜春市。

④原宜春地区的县级丰城市、樟树市、高安市由省直辖。

⑤撤销抚州地区和县级抚州市，设立地级抚州市。

⑥撤销上饶地区和县级上饶市，设立地级上饶市。

⑦原上饶地区的德兴市由省直辖。

山东省

①撤销滨州地区和县级滨州市，设立地级滨州市。

②撤销菏泽地区和县级菏泽市，设立地级菏泽市。

河南省

①撤销周口地区和县级周口市,设立地级周口市。

②原周口地区的县级项城市由省直辖。

③撤销驻马店地区和县级驻马店市，设立地级驻马店市。

湖北省

撤销县级随州市，设立地级随州市。

湖南省

将永州市人民政府驻地由芝山区徐家井路迁至冷水滩区逸云路。

广东省

①撤销县级番禺市，改设广州市番禺区。

②撤销县级花都市，改设广州市花都区。

重庆市

①撤销万州移民开发区，原万州移民开发区代管的忠县、开县、云阳县、巫山县和巫溪县由市直辖。

②撤销黔江开发区，原黔江开发区代管的秀山土家族苗族自治县、酉阳土家族苗族自治县、彭水苗族土家族自治县和石柱土家族自治县由市直辖。

③撤销黔江土家族苗族自治县，设立重庆市黔江区。

四川省

①将安县人民政府驻地由安昌镇迁至花荄镇

②撤销眉山地区和眉山县，设立地级眉山市。

③撤销雅安地区和县级雅安市，设立地级雅安市。

④撤销巴中地区和县级巴中市，设立地级巴中市。

⑤撤销资阳地区和县级资阳市，设立地级资阳市。

⑥原资阳地区管辖的简阳市由省直辖。

⑦将剑阁县人民政府驻地由普安镇迁至下寺镇。

⑧将自贡市人民政府驻地由自流井区解放路迁至大安区丹桂大街。

贵州省

撤销安顺地区和县级安顺市，设立地级安顺市。

云南省

撤销保山地区和县级保山市，设立地级保山市。

陕西省

撤销安康地区和县级安康市，设立地级安康市。

澳门特别行政区

①澳门特别行政区简称“澳”。

②在全国行政序列中，澳门特别行政区列香港特别行政区之后、台湾省之前。

2001年

北京市

①撤销大兴县，设立北京市大兴区。

②撤销怀柔县，设立北京市怀柔区。

③撤销平谷县，设立北京市平谷区。

天津市

撤销宝坻县，设立天津市宝坻区。

内蒙古自治区

①撤销呼伦贝尔盟和县级海拉尔市，设立地级呼伦贝尔市。呼伦贝尔市驻新设立的海拉尔区。

②撤销伊克昭盟和县级东胜市，设立地级鄂尔多斯市。鄂尔多斯市驻新设立的东胜区。

上海市

①撤销南汇县，设立上海市南汇区。

②撤销奉贤县，设立上海市奉贤区。

浙江省

①撤销余杭市，设立杭州市余杭区。

②撤销萧山市，设立杭州市萧山区。

③绍兴县人民政府驻地由绍兴市越城区迁至柯桥镇。

④撤销衢县，设立衢州市衢江区。

山东省

撤销长清县，设立济南市长清区。

河南省

将鹤壁市郊区改名为鹤壁市淇滨区，鹤壁市人民政府由山城区红旗街迁至淇滨区九州路。

湖北省

①撤销襄阳县，设立襄樊市襄阳区。

②撤销宜昌县，设立宜昌市夷陵区。

湖南省

泸溪县人民政府驻地由武溪镇迁至白沙镇。

广东省

撤销斗门县，新设珠海市斗门区和金湾区。

海南省

将通什市改名为五指山市。

重庆市

撤销长寿县，设立重庆市长寿区。

四川省

①撤销新都县，设立成都市新都区。

②将高县人民政府驻地由文江镇迁至庆符镇。

③将珙县人民政府驻地由珙泉镇迁至巡场镇。

云南省

①撤销昭通地区和县级昭通市，设立地级昭通市。

②将镇康县人民政府驻地由凤尾镇迁至南伞镇。

③中甸县改名为香格里拉县。

陕西省

撤销商洛地区和县级商州市，设立地级商洛市。

甘肃省

撤销武威地区和县级武威市，设立地级武威市。

宁夏回族自治区

撤销固原地区和固原县，设立地级固原市。

新疆维吾尔自治区

撤销伊犁地区。

初版后记

整整用了二十多年的时间，这部大辞典终于全面完工，不久就要面世了。在此，我们首先要感谢中国社会科学院、历史研究所领导同志的关心，正是由于他们的支持，我们才能迅速得到全国不少协作单位的有力配合。1990 年本项目被列入历史研究所的“八·五” 重点，2000 年又被列入中国社会科学院“十·五” 重点，从此更加受到各方面的重视。我们还要感谢所有协作单位的大力支持，感谢所有参加编纂工作的专家学者积极合作，有的老年教授不顾自己教学、科研工作繁忙，还抽出时间完成本辞典的撰稿任务；有的甚至伤、病在身，仍积极投入工作。没有他们的努力工作，我们要完成这项任务也是不可能的。在出版方面，我们要感谢中国社会科学出版社领导同志的大力支持，当时任出版社总编辑的王俊义先生慨然应允承担本书的出版任务，并为之提供一切方便。其后，出版社张树相社长关怀最多，事无巨细，从不推辞，不论遇到什么困难都能立刻化解，使本书能保质保量按时出版。出版社历史编辑室主任、本书的责任编辑马晓光同志也为本书的审校工作花费了不少心血，在此一并致谢。

我们还要感谢著名历史学家杨向奎教授、著名历史地理学家陈桥驿教授为本书写序；感谢著名历史学家、古文字学家张政烺教授为本书题签。感谢众多以各种方式提供资料的单位和朋友，如果没有他们的支持，本书要达到现在的水平也是不可能的。

虽然我们为编纂此书忙碌了二十几个春秋，努力吸收各方面的研究成果，力求做到言简意赅，精益求精，但由于水平所限，不可避免还会有这样那样的缺点乃至错误，敬请读者批评指正。

史为乐

2004 年 5 月

增订本后记

《中国历史地名大辞典》第一版出版后受到广泛好评，但我们清楚，书中还存在不少缺点错误。所以在一片赞扬声中，我一直保持清醒的头脑，对于那些来自各方面的批评意见，我尤其注意。每当我想到书中还有不少错误会对读者产生误导，我心里就感到不安和愧疚。所以我一直在考虑要在适当的时候对辞典进行一次大的修订。现在距该书出版时间虽然还不算太长，但由于我们在书中设定的时间断限为1994年，距这次修订设定的时间断限2010年也已有十六七年之久。在这十六七年的时间内，行政区划大幅度调整，新的考古发现层出不穷，新的研究成果不断涌现，全国重点文物保护单位在此以前一共有三批，即1961年、1982年、1988年的第一、二、三批；而在最近十多年内又推出了三批，即1996年、2001年、2006年的第四、五、六批。有大量重要考古遗址、重要文物古迹、重要古城址和重要革命遗址等，都应当补收。从这些方面看也不能不修订。但是，有的同志因为手头还有工作，不能参加；有的同志表示，现在年事已高，精力不济，不能参加修订。还有的同志持不同意见，我只好将修订的任务独自担当起来。我仍然坚持一个信念，错的一定要改，《大辞典》一定要修订，而且一定要修订好。

几年以来，我放弃了平时的休息，放弃了节假日，无论严冬酷暑，我都在坚持不懈地工作，把自己计划要写的书和整理个人文集的工作都停下来，把全部精力都集中到修订工作中来。我的妻子薛惠引原来也是作者之一，她虽然重病在身，但仍然表示会全力支持我做好修订工作。她不仅从精神上鼓励我，增强我的信心，而且还尽力帮助我做些审稿、整理及校对工作，一再表示，她最大的愿望是能够看到修订本的出版。

尽管原来参加编写的多数老先生都没有参加修订工作，但在我与他们电话联系时，有不少外单位或外地的作者都表示支持。院内外的一些专家通过各种方法提供帮助，不少历史学界、历史地理学界或地名学界的朋友也常写信提供各种信息及有关资料，供我们修订时参考。历史所老年办和历史地理研究室前后两届研究室主任毛双民同志和成一农同志都给予大力支持，研究室李万生研究员和孙靖国、张兴照等同志都给予各种帮助，特别是博士后张兴照同志，由于我不会电脑操作，有事经常要找他帮忙，他每次都是放下自己手头的工作，热情地帮助我。所有这些都使我永远不能忘怀。

感谢赵剑英社长、郭沂纹副总编等中国社会科学出版社领导同志的信任，能够果断出版此书，并一直关心本书的出版事宜，帮助解决工作中出现的各种问题和困难，使出版工作顺利进行。郭沂纹副总编率领编辑团队的精兵强将，审稿把握精、准，不少关键处的改动都亮出了真功夫，无疑将书稿的质量大大提高了一步。特别令我们感动的是，近一段时间以来郭副总编抱病工作，坚持完成书稿的审定工作，保证了本书的按时出版。感谢本书的责任编辑马晓光先生，几年以来，他坚持不懈，把所有的重要词条复审一遍，把历史地名读音复查一遍，包括书中的有关资料都认真查对，务必做到准确无误，真可谓尽职尽责，做真做实。还要感谢安芳编辑勤勤恳恳，做了大量的工作，使书稿的最后定版顺利完成。还要感谢排版室的李宗坤、赵立淑二位同志认真负责，待人态度和蔼，工作特别细致，保证了版面的质量。在这里我还要特别感谢商务印书馆张万起编审，在我撰写《辨析历史地名读音手记》及后来编制字头笔画注音索引的过程中多次给予帮助。最后，我还要对那些为本书的修订提供过支持和帮助的朋友们再次说一声谢谢。还有，该书原定截稿以2010年为限，但笔者在2011—2015年间对少数重要词条作了增补。考虑在地图上反映新的信息容易一些，故图幅延至2015年，供读者参考。不完善之处，望读者见谅。

史为乐

2016年12月

中国行政区划

(2015)

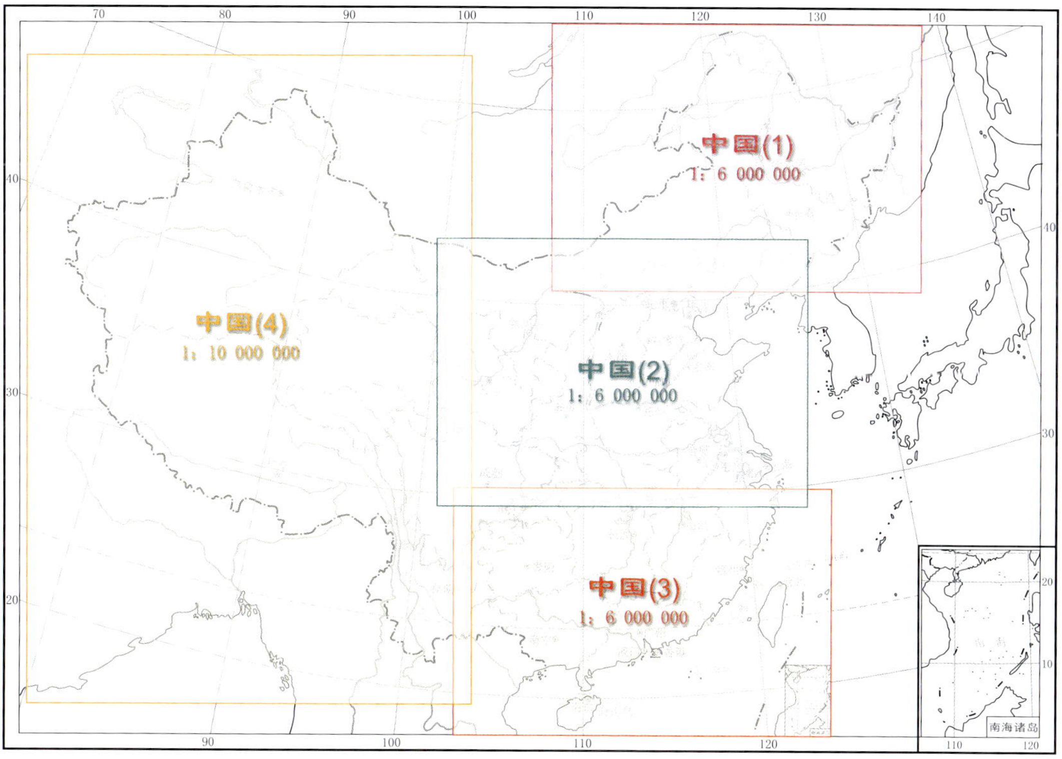

本图上中国国界线系按照中国地图出版社1989年出版的1：400万《中华人民共和国地形图》绘制。

图　　例

境　　界

国界	直辖市、省、自治区界	地区界
未定国界	特别行政区界	停火线

居　民　地

北京市	首都	武汉市	省级行政中心	昌平	县级行政中心 外国重要城市
平壤	外国首都或首府	延安市	地级行政中心	魏庄	村镇　外国重要城镇

交　　通

铁路　高速公路、高等级公路　国道　省道

水文及地形

常年河、湖泊、水库	运河	珊瑚礁
时令河	井泉	▲209　山峰及高程（米）

其　　它

长城　关隘、山口

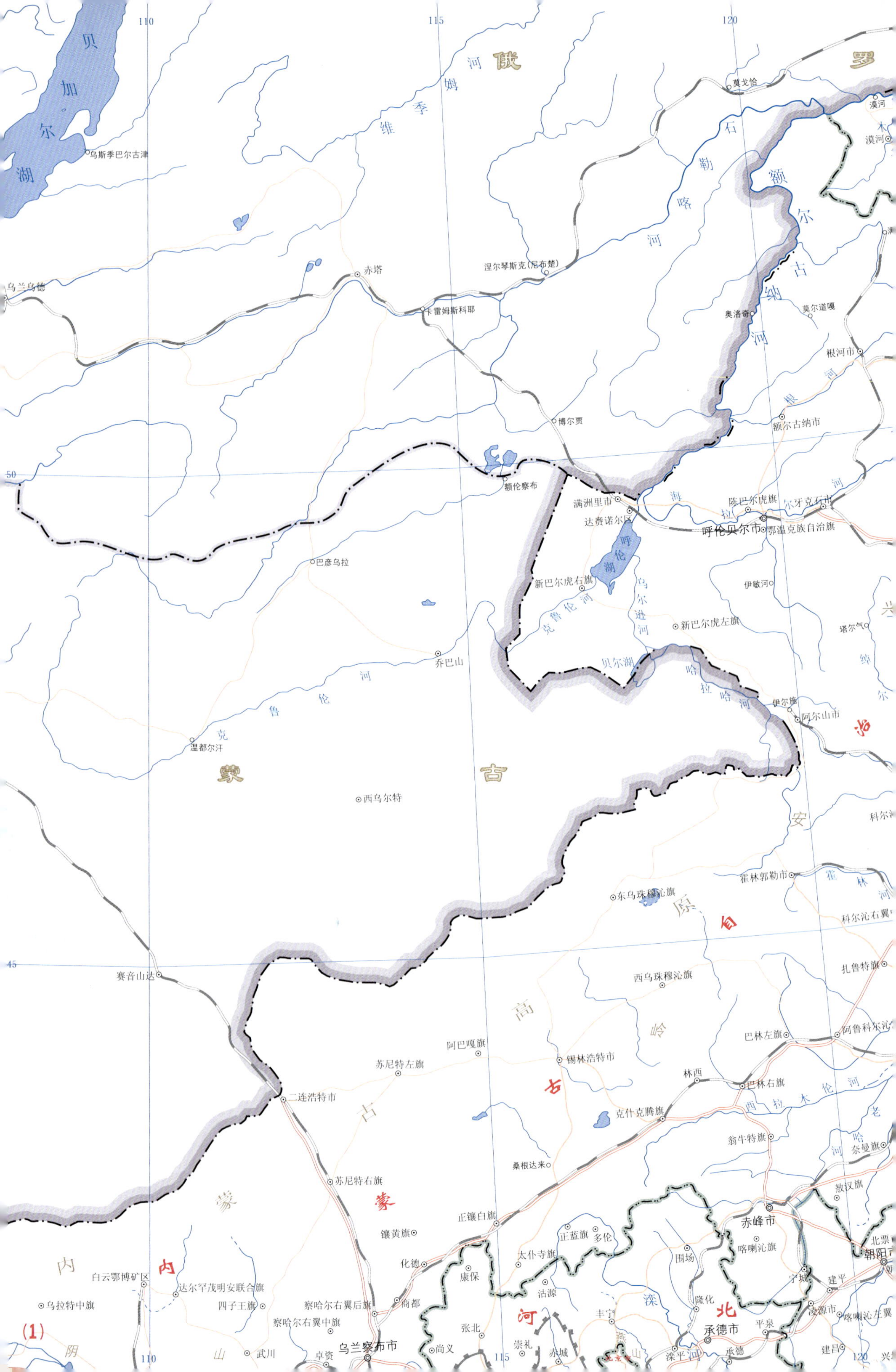
110
115
120
贝加尔湖
俄
罗
维季姆河
莫戈恰
漠河
石勒喀河
额尔古纳河
乌斯季巴尔古津
乌兰乌德
赤塔
涅尔琴斯克(尼布楚)
卡雷姆斯科耶
奥洛奇
莫尔道嘎
根河市
根河
博尔贾
额尔古纳市
50
额伦察布
满洲里市
达赉诺尔区
陈巴尔虎旗
牙克石市
海拉尔河
呼伦贝尔市
鄂温克族自治旗
呼伦湖
巴彦乌拉
新巴尔虎右旗
伊敏河
乌尔逊河
克鲁伦河
新巴尔虎左旗
塔尔气
兴
绰尔
乔巴山
贝尔湖
哈拉哈河
伊尔施
阿尔山市
治
温都尔汗
蒙
古
西乌尔特
安
科尔沁
霍林郭勒市
霍林河
东乌珠穆沁旗
原
自
科尔沁右翼
45
赛音山达
西乌珠穆沁旗
扎鲁特旗
高
岭
巴林左旗
阿鲁科尔沁
阿巴嘎旗
锡林浩特市
苏尼特左旗
林西
巴林右旗
西拉木伦河
二连浩特市
古
克什克腾旗
翁牛特旗
老哈河
奈曼旗
桑根达来
苏尼特右旗
蒙
敖汉旗
正镶白旗
赤峰市
镶黄旗
正蓝旗
多伦
北票
朝阳
太仆寺旗
喀喇沁旗
围场
内
白云鄂博矿区
内
达尔罕茂明安联合旗
化德
康保
沽源
宁城
建平
乌拉特中旗
四子王旗
察哈尔右翼后旗
商都
隆化
滦河
凌源市
喀喇沁左翼
河
北
丰宁
察哈尔右翼中旗
张北
承德市
平泉
(1)
阴山
武川
卓资
乌兰察布市
尚义
崇礼
赤城
滦平
承德
建昌
兴

125
130
135
50
45
40
斯
马格达加奇
黑
龙
江
结
雅
河
希马诺夫斯克
塔河
韩家园
呼玛
林海
别洛戈尔斯克
切格多门
乌尔加尔
杜基
共青城
布
列
亚
河
扎维京斯克
布拉戈维申斯克
(海兰泡)
黑河市
加格达奇
多宝山
爱辉区
波亚尔科沃
逊克
比罗比詹
伊兹韦斯特科威
沃洛恰耶夫卡
哈巴罗夫斯克
(伯力)
抚远
孙吴
小
兴
安
岭
嘉荫
乌伊岭区
黑
龙
江
嫩江
五大连池市
讷河市
北安市
克山
克东
依安
富裕
甘南
拜泉
海伦市
绥棱
伊春市
鹤北
箩北
鹤岗市
绥滨
同江市
前进农场
富锦市
饶河
比金
金
河
比
乌
苏
里
江
桦川
集贤
友谊
齐齐哈尔市
林甸
明水
铁力市
庆安
望奎
汤原
佳木斯市
双鸭山市
宝清
东方红
虎头
伊曼
伊
曼
河
杜尔伯特
大庆市
安达市
青冈
绥化市
呼
兰
河
依兰
桦南
七台河市
虎林市
穆
棱
河
列索扎沃茨克
泰来
兰西
呼兰区
巴彦
木兰
通河
方正
宾县
松
花
江
牡
丹
江
勃利
密山市
当壁
兴
凯
湖
图里罗格
肇东市
哈尔滨市
阿城区
延寿
林口
鸡东
鸡西市
镇赉
北
肇州
肇源
双城区
尚志市
穆棱市
海林市
牡丹江市
绥芬河市
曼佐夫卡
奥莉加
大安市
松原市
洮南市
扶余市
五常市
榆树市
宁安市
东宁市
长
乌苏里斯克
(双城子)
乾安
前郭尔罗斯
通榆
吉
平
德惠市
第
二
松
花
江
舒兰市
农安
九台区
镜泊
长岭
长春市
吉林市
蛟河市
汪清
符拉迪沃斯托克
(海参崴)
纳霍德卡
左翼中旗
辽
河
永吉
敦化市
安图
白
延吉市
图们市
珲春市
大彼得湾
双辽市
梨树
双阳区
公主岭市
伊通
林
龙井市
和龙市
图
们
江
图们江口
四平市
辽源市
磐石市
桦甸市
白山
松江
二道白河
尔沁左翼后旗
原
昌图
西丰
辉南
东丰
梅河口市
康平
开原市
靖宇
抚松
山
长白山
天池
法库
调兵山市
彰武
铁岭市
铁岭
清原
柳河
白山市
临江市
清津
新民市
沈阳市
抚顺市
抚顺
通化
通化市
新宾
长白
惠山
辽中
灯塔市
宁
本溪
本溪市
桓仁
集安市
长
江界
津
江
吉州
海
本
日
辽阳市
辽阳
鞍山市
盘锦市
大洼
海城市
大石桥市
鲜
朝
宽甸
凤城市
盖州市
岫岩
咸兴
东朝鲜湾

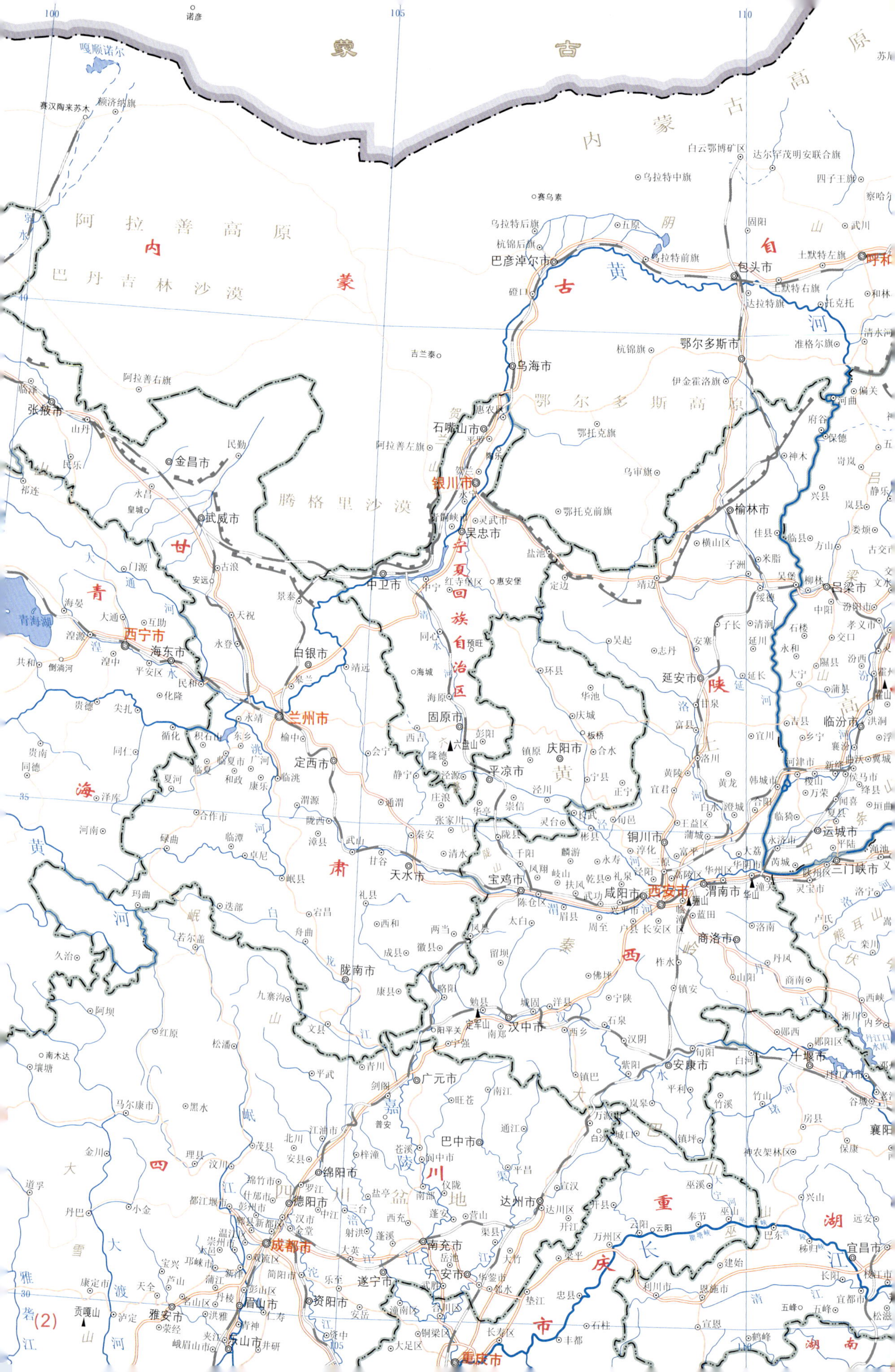

100
105
110
诺彦
蒙
古
嘎顺诺尔
赛汉陶来苏木
额济纳旗
内
蒙
古
高
原
白云鄂博矿区
达尔罕茂明安联合旗
四子王旗
乌拉特中旗
赛乌素
阿拉善高原
内
蒙
巴丹吉林沙漠
乌拉特后旗
杭锦后旗
巴彦淖尔市
五原
乌拉特前旗
阴
山
固阳
包头市
自
武川
土默特左旗
呼和
土默特右旗
达拉特旗
托克托
和林
古
黄
河
磴口
吉兰泰
乌海市
杭锦旗
鄂尔多斯市
准格尔旗
清水河
伊金霍洛旗
阿拉善右旗
临泽
张掖市
山丹
鄂尔多斯高原
惠农区
石嘴山市
平罗
贺兰山
阿拉善左旗
鄂托克旗
河曲
偏关
府谷
保德
神木
岢岚
民勒
金昌市
民乐
祁连
永昌
皇城
陶乐
贺兰
银川市
永宁
乌审旗
腾格里沙漠
武威市
青铜峡市
灵武市
吴忠市
鄂托克前旗
榆林市
兴县
静乐
岚县
娄烦
临县
方山
佳县
横山区
米脂
子洲
吴堡
柳林
吕梁市
甘
门源
古浪
安远
大通
青
天祝
景泰
中卫市
中宁
红寺堡区
惠安堡
宁
夏
回
族
自
治
区
盐池
定边
靖边
绥德
清涧
子长
中阳
汾阳市
孝义市
交口
石楼
延川
永和
隰县
海晏
青海湖
湟源
西宁市
互助
海东市
湟中
平安区
民和
乐都
永登
白银市
同心
预旺
吴起
志丹
安塞
延安市
延长
大宁
蒲县
汾西
霍州
共和
倒淌河
贵德
尖扎
化隆
循化
积石山
永靖
兰州市
皋兰
靖远
海城
海原
固原市
环县
华池
庆城
甘泉
富县
吉县
临汾市
洪洞
陕
洛川
宜川
乡宁
襄汾
贵南
同德
同仁
临夏
临夏市
东乡
广河
康乐
和政
榆中
定西市
会宁
西吉
六盘山
隆德
彭阳
泾源
镇原
庆阳市
合水
宁县
正宁
平凉市
黄陵
黄龙
宜君
韩城市
河津市
稷山
新绛
侯马市
绛县
翼城
万荣
闻喜
海
泽库
夏河
临洮
渭源
通渭
静宁
庄浪
华亭
崇信
泾川
灵台
旬邑
长武
彬县
白水
澄城
合阳
铜川市
耀州区
王益区
蒲城
临猗
夏县
运城市
垣曲
35
河南
合作市
陇西
漳县
张家川
清水
秦安
陇县
千阳
麟游
永寿
淳化
三原
富平
大荔
华阴市
潼关
芮城
平陆
永济
中条
三门峡市
渑池
陕州区
灵宝市
黄
碌曲
临潭
卓尼
岷县
甘谷
武山
天水市
宝鸡市
凤翔
岐山
扶风
乾县
礼泉
泾阳
高陵区
华州区
渭南市
华山
洛宁
肃
玛曲
迭部
宕昌
礼县
陈仓区
眉县
武功
兴平市
咸阳市
西安市
骊山
临潼
蓝田
商洛市
卢氏
洛南
熊耳山
栾川
若尔盖
舟曲
西和
两当
凤县
太白
周至
户县
长安区
秦
西
河
久治
陇南市
成县
徽县
留坝
佛坪
柞水
丹凤
山阳
商南
镇安
西峡
淅川
九寨沟
康县
略阳
勉县
定军山
城固
洋县
宁陕
阿坝
文县
阳平关
汉中市
南郑
西乡
石泉
汉阴
郧西
郧阳区
丹江口水库
十堰市
丹江口市
红原
松潘
宁强
青川
紫阳
安康市
旬阳
白河
南木达
壤塘
平武
剑阁
广元市
旺苍
南江
镇巴
平利
竹溪
竹山
谷城
马尔康市
黑水
嘉
普安
通江
万源
岚皋
大巴山
房县
襄阳
金川
茂县
北川
江油市
安县
苍溪
阆中市
巴中市
城口
镇坪
神农架林区
保康
四
理县
汶川
梓潼
陵
川
平昌
宣汉
巫溪
兴山
道孚
绵阳市
绵竹市
什邡市
盐亭
仪陇
南部
盆
地
达州市
达川区
开江
开县
云阳
奉节
巫山
湖
远安
丹巴
小金
都江堰市
彭州市
德阳市
罗江
中江
三台
西充
蓬安
营山
渠县
重
巴东
秭归
宜昌市
郫县
新都区
广汉市
金堂
射洪
蓬溪
南充市
岳池
万州区
长
江
崇州市
温江
大邑
成都市
双流区
新津
简阳市
大英
遂宁市
广安市
大竹
梁平
华蓥市
庆
忠县
石柱
建始
长阳
宝兴
邛崃市
芦山
蒲江
丹棱
眉山市
彭山区
资阳市
乐至
安岳
武胜
合川区
潼南区
邻水
垫江
利川市
恩施市
宜都市
松滋
五峰
康定市
天全
名山区
雅安市
洪雅
荥经
青神
仁寿
夹江
乐山市
井研
峨眉山市
铜梁区
大足区
长寿区
重庆市
丰都
宣恩
鹤峰
湖南
雅
砻
江
大
渡
河
雪
山
贡嘎山
泸定
(2)
30

吉林
辽宁
朝鲜
河北
北京市
天津市
山东
河南
安徽
江苏
浙江
湖北
上海市
赤峰市
承德市
张家口市
朝阳市
阜新市
沈阳市
铁岭市
抚顺市
本溪市
通化市
辽阳市
鞍山市
盘锦市
锦州市
葫芦岛市
营口市
丹东市
新义州
平壤
秦皇岛市
唐山市
廊坊市
保定市
沧州市
衡水市
石家庄市
邢台市
邯郸市
大连市
长山群岛
西朝鲜湾
辽东湾
渤海
渤海湾
渤海海峡
庙岛列岛
莱州湾
黄河口
烟台市
威海市
东营市
滨州市
德州市
淄博市
潍坊市
青岛市
胶州湾
济南市
聊城市
莱芜市
泰安市
济宁市
日照市
临沂市
枣庄市
菏泽市
黄海
海州湾
连云港市
徐州市
宿迁市
淮安市
盐城市
扬州市
泰州市
镇江市
南京市
常州市
无锡市
苏州市
南通市
长江口
嵊泗列岛
舟山群岛
舟山市
宁波市
绍兴市
杭州市
嘉兴市
湖州市
东海
濮阳市
安阳市
鹤壁市
新乡市
郑州市
开封市
商丘市
周口市
漯河市
驻马店市
信阳市
淮北市
亳州市
宿州市
阜阳市
蚌埠市
淮南市
滁州市
合肥市
六安市
芜湖市
马鞍山市
铜陵市
池州市
安庆市
宣城市
黄山市
孝感市
武汉市
黄冈市
鄂州市
黄石市
咸宁市
九江市

四川
重庆市
湖
贵州
云南
湖南
广西壮族自治区
海南
越南
老挝
泰国
北部湾
海南岛
琼州海峡
湛江港
雅安市
眉山市
乐山市
资阳市
内江市
自贡市
宜宾市
泸州市
遂宁市
广安市
重庆市
涪陵区
昭通市
毕节市
遵义市
六盘水市
贵阳市
安顺市
铜仁市
怀化市
张家界市
常德市
益阳市
荆州市
娄底市
邵阳市
永州市
桂林市
柳州市
河池市
百色市
来宾市
梧州市
贺州市
南宁市
崇左市
钦州市
防城港市
北海市
玉林市
贵港市
茂名市
湛江市
阳江市
肇庆市
云浮市
昆明市
曲靖市
兴义市
海口市
儋州市
三亚市
河内
北回归线

东海
杭州市
宁波市
绍兴市
舟山
浙江
温州市
台州市
丽水市
金华市
衢州市
黄山市
安庆市
九江市
南昌市
鄱阳湖
景德镇市
上饶市
鹰潭市
抚州市
新余市
吉安市
赣州市
江西
安徽
福建
福州市
南平市
宁德市
三明市
莆田市
泉州市
厦门市
漳州市
龙岩市
梅州市
潮州市
揭阳市
汕头市
汕尾市
惠州市
河源市
深圳市
香港
香港特别行政区
万山群岛
东沙群岛
南海
台湾海峡
澎湖列岛
台湾岛
台北市
新北市
基隆市
桃园
新竹市
台中市
台南市
高雄市
花莲
台东
绿岛
兰屿
彭佳屿
钓鱼岛
赤尾屿
马祖岛
三门湾
三沙湾
厦门湾
红海湾
巴士海峡
先岛诸岛
与那国岛
西表岛
石垣岛
日本
北回归线
大陈岛
东山岛
南日岛
南海诸岛
1:30 000 000
南宁市
广州市
海口市
海南岛
三亚市
三沙市
西沙群岛
中沙群岛
黄岩岛
南沙群岛
曾母暗沙
斯里巴加湾市
马尼拉
河内
北部湾
澳门特别行政区

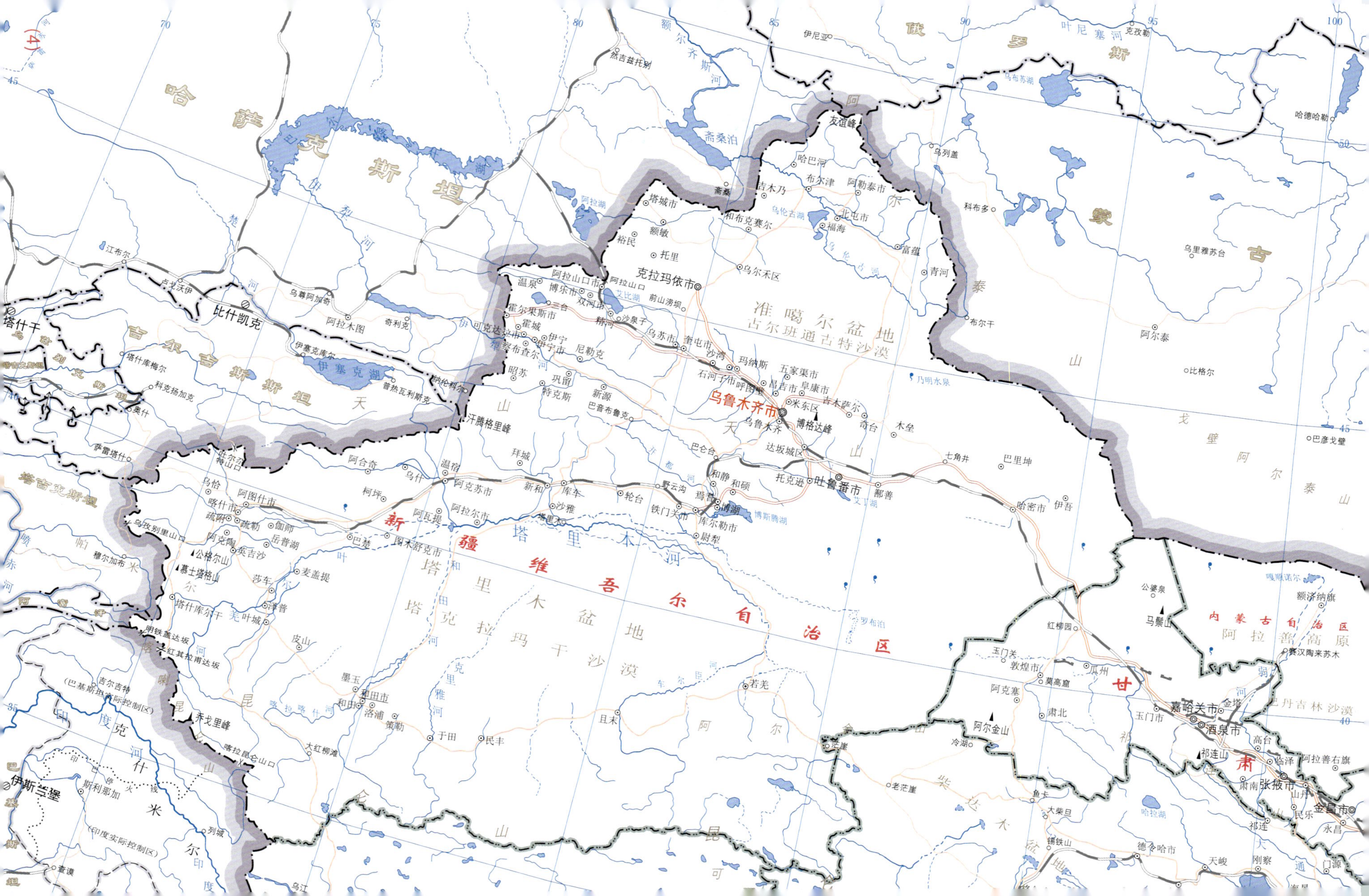
新疆维吾尔自治区
乌鲁木齐市
克拉玛依市
吐鲁番市
哈密市
准噶尔盆地
古尔班通古特沙漠
塔里木盆地
塔克拉玛干沙漠
塔里木河
天山
阿尔泰山
昆仑山
阿尔金山
博格达峰
汗腾格里峰
乔戈里峰
友谊峰
喀什市
阿克苏市
库尔勒市
和田市
伊宁市
博乐市
阿勒泰市
塔城市
石河子市
昌吉市
阜康市
五家渠市
奎屯市
乌苏市
阿拉山口市
阿拉山口
霍尔果斯市
可克达拉市
北屯市
图木舒克市
阿图什市
阿拉尔市
铁门关市
博斯腾湖
艾比湖
乌伦古湖
罗布泊
哈萨克斯坦
吉尔吉斯斯坦
塔吉克斯坦
蒙古
俄罗斯
甘肃
内蒙古自治区
嘉峪关市
酒泉市
张掖市
金昌市
玉门市
敦煌市
伊斯兰堡
比什凯克
塔什干
伊塞克湖
巴尔喀什湖
斋桑泊
阿拉湖
(巴基斯坦实际控制区)
(印度实际控制区)
(4)

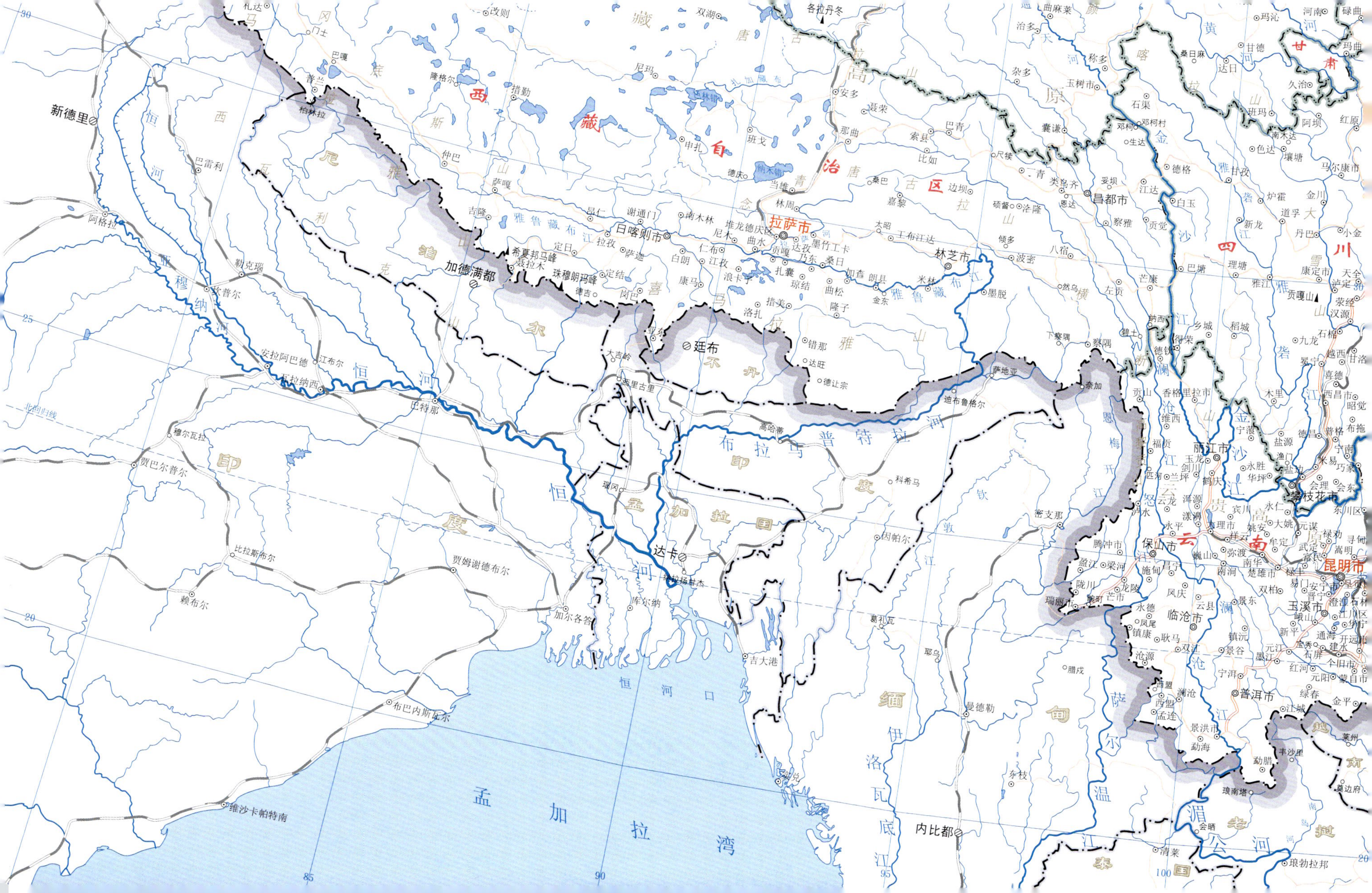

西藏自治区
拉萨市
日喀则市
林芝市
昌都市
加德满都
廷布
达卡
内比都
新德里
昆明市
玉溪市
普洱市
临沧市
保山市
丽江市
攀枝花市
孟加拉湾
恒河口
恒河
雅鲁藏布江
布拉马普特拉河
伊洛瓦底江
珠穆朗玛峰
北回归线